Revisaço®

Carreiras Jurídicas

MAGISTRATURA DO TRABALHO

JUIZ DO TRABALHO

Revisaço®

COORDENAÇÃO
HENRIQUE CORREIA

Carreiras Jurídicas

MAGISTRATURA DO TRABALHO

JUIZ DO TRABALHO

8ª edição | Revista atualizada ampliada

TOMO 1
PROIBIDA A VENDA apenas deste tomo

2024

EDITORA JusPODIVM
www.editorajuspodivm.com.br

EDITORA JusPODIVM
www.editorajuspodivm.com.br

Rua Canuto Saraiva, 131 – Mooca – CEP: 03113-010 – São Paulo – São Paulo
Tel: (11) 3582.5757
• Contato: https://www.editorajuspodivm.com.br/central-de-relacionamento

Diagramação: Equipe *Jus*PODIVM

Capa: Ana Caquetti

R454 Revisaço - Magistratura do Trabalho - Juiz do Trabalho - mais de 2.150 Questões Comentadas / coordenação de Henrique Correia – 8.ed., rev., atual. e ampl. - São Paulo: Editora JusPodivm, 2024.
1232 p.
Tomo 1

Vários autores.
Inclui bibliografia.
ISBN: 978-85-442-5353-3.

1. Concurso Público. 2. Magistratura do Trabalho. 3. Questões. I. Correia, Henrique. II. Título.

CDD 341. 33312

BIBLIOTECÁRIA RESPONSÁVEL

Ana Carolina Ribeiro Mois – CRB7 – RJ 007348/0

Apresentação da Coleção Revisaço

"REVISAÇO" é a consagrada coleção de questões comentadas da *Editora Juspodivm*.

Com cuidado, pensamos num formato que fosse além dos comentários das questões. Algo que realmente pudesse ajudar o aluno no estudo de concursos ou Exames de Ordem, principalmente na revisão final.

Para isso, estabelecemos a seguinte estrutura **didática**:

- **Questões divididas por matéria e assunto, comentadas assertiva por assertiva, item por item**, demonstrando tanto o que está certo como o que está errado na questão;
- Sempre que possível, há uma "nota do autor" em cada questão trazendo **comentários que vão além do assunto abordado no exercício**.

Ao final das disciplinas apresentamos:

- **Dicas de estudo**, funcionando como verdadeiro resumo da matéria;
- **Súmulas dos Tribunais Superiores**;
- **Informativos do STF, STJ e TST**;
- **Orientações Jurisprudenciais.**

A ideia, portanto, é apresentar a **prática do concurso ou Exame da Ordem** (questões), a **doutrina para estudo** (dicas) e a **jurisprudência** (súmulas e informativos), formando a tríade necessária para uma revisão (verdadeiro REVISAÇO!) rumo ao sucesso na aprovação.

Vários livros compõem a coleção e, para todos, chamamos grandes nomes, professores experientes, profissionais de destaque e especialistas em cada área para que organizassem as obras e comentassem as questões.

Acreditamos que essa coleção será bastante útil aos candidatos de concursos públicos e Exame de Ordem.

EDITORA JUSPODIVM

www.editorajuspodivm.com.br

Sobre os autores

ADRIANA MENEZES - *DIREITO PREVIDENCIÁRIO*

Procuradora Federal.
Graduada em Direito e em Economia.
Especialista em Direito Público e em Engenharia Econômica.
Professora de Direito Previdenciário em Cursos Preparatórios para concursos públicos e de pós-graduação.
Chefe da Procuradoria Federal junto à Universidade Federal de Juiz de Fora (PF/UFJF).
Autora de diversos livros, dentre eles, *Direito Previdenciário – Coleção Tribunais e MPU.*
Coautora de diversos Revisaços para concursos públicos – Ed. Juspodivm.

HENRIQUE CORREIA - *DIREITO DO TRABALHO*

Procurador do Trabalho. Professor de Direito do Trabalho. Autor e Coordenador de diversos livros jurídicos pela Editora Juspodivm.
Instagram: Prof_correia
YouTube: Henrique Correia

LUCIANO ALVES ROSSATO - *DIREITO PROCESSUAL CIVIL* e *DIREITO DA CRIANÇA E DO ADOLESCENTE*

Doutor em Direito pela PUC/SP. Professor de cursos de pós-graduação *lato sensu*. Professor do Complexo de Ensino Renato Saraiva. Procurador do Estado de São Paulo. Autor de livros e artigos jurídicos.
Site: www.lucianorossato.pro.br.
Instagram: @lucianorossato1.
Periscope: lucianorossato.
Youtube: professorlucianorossato

PAULO LÉPORE - *DIREITO CONSTITUCIONAL*

Pós-Doutor pela Universidade Federal de Santa Catarina – UFSC.

WELINGTON PEREIRA - *DIREITO CIVIL*

Mestre em Direito pela Pontifícia Universidade Católica de Minas Gerais. Professor no Curso de Pós-Graduação no Instituto de Educação Continuada / PUC Minas. Professor de Direito Civil nas Faculdades Estácio de Belo Horizonte. Professor no Curso Praetorium de Belo Horizonte. Advogado.

Sumário

✦ QUESTÕES 785

DIREITO DA CRIANÇA E DO ADOLESCENTE... 1163

Luciano Alves Rossato

Direito do Trabalho

Henrique Correia

TABELA DE INCIDÊNCIA DE QUESTÕES

Distribuição das questões organizada por ordem didática de assuntos	Número de Questões	Peso
1. INTRODUÇÃO AO DIREITO DO TRABALHO	6	3,51%
2. PRINCÍPIOS DO DIREITO DO TRABALHO	3	1,75%
3. RENÚNCIA E TRANSAÇÃO	2	1,17%
4. COMISSÃO DE CONCILIAÇÃO PRÉVIA	1	0,58%
5. CTPS – CARTEIRA DE TRABALHO E PREVIDÊNCIA SOCIAL	1	0,58%
6. EMPREGADO	1	0,58%
7. VÍNCULOS EMPREGATÍCIOS ESPECIAIS	20	11,70%
8. RELAÇÕES DE TRABALHO QUE NÃO CONFIGURAM VÍNCULO EMPREGATÍCIO	15	8,77%
9. EMPREGADOR	4	2,34%
10. TERCEIRIZAÇÃO	4	2,34%
11. TRABALHO TEMPORÁRIO	3	1,75%
12. RESPONSABILIDADE JURÍDICA TRABALHISTA	2	1,17%
13. CONTRATO INDIVIDUAL DE TRABALHO	21	12,28%
14. ASSÉDIO E COMBATE À DISCRIMINAÇÃO NAS RELAÇÕES DE TRABALHO	7	4,09%
15. DURAÇÃO DO TRABALHO	10	5,85%
16. PERÍODOS DE DESCANSO	4	2,34%
17. SALÁRIO E REMUNERAÇÃO	15	8,77%
18. ESTABILIDADE e GARANTIAS PROVISÓRIAS DE EMPREGO	8	4,68%
19. FGTS	2	1,17%
20. SEGURANÇA E MEDICINA DO TRABALHO	2	1,17%
21. AVISO-PRÉVIO	2	1,17%
22. TÉRMINO DO CONTRATO DE TRABALHO	9	5,26%
23. PRAZO PARA O PAGAMENTO DAS VERBAS RESCISÓRIAS	1	0,58%
24. PRESCRIÇÃO E DECADÊNCIA	2	1,17%
25. DIREITO COLETIVO DO TRABALHO	26	15,20%
Total	**171**	**100%**

Direito do Trabalho

Henrique Correia

✦ QUESTÕES

1. INTRODUÇÃO AO DIREITO DO TRABALHO

1.1. PARTE HISTÓRICA

01. (FGV – 2023 – TST – Juiz do Trabalho) A evolução histórica do trabalho demonstra que o labor humano, em suas diversas dimensões, passou por profundas transformações ao longo do tempo, o que permanece ocorrendo até os dias atuais.

Sob a perspectiva histórica do trabalho e do Direito do Trabalho, é correto afirmar que:

a) A servidão foi um tipo de trabalho característico da sociedade feudal, fundamentada na posse da terra pelos senhores feudais. Os servos não possuíam liberdade de trabalho, mas recebiam proteção militar e política dos senhores feudais, bem como tinham autonomia comercial em relação a tudo que produziam;

b) as corporações de ofício, surgidas a partir do século XII, incluíam três categorias: mestre, companheiro e aprendiz. Os mestres centralizavam todo o poder, organizando seus estatutos e estabelecendo livremente as condições de trabalho, excetuando-se a necessidade de observação do limite mínimo de idade de 14 anos para a contratação dos aprendizes;

c) por meio da Encíclica Rerum Novarum, o papa Leão XIII, dentre outros temas, abordou a condição de trabalho do proletariado, defendendo que, dentre os deveres principais do patrão, estava preservar a isonomia salarial entre os operários, pois defendia que na sociedade civil todos deveriam ter o mesmo nível social, em igualdade de condições;

d) o direito do trabalho é produto do século XIX, nascendo como reação à crescente exploração do trabalho humano. No Brasil, a Constituição de 1891 embora consagrasse o princípio da não intervenção do Estado nas relações de trabalho, destacou-se como a primeira carta constitucional a abordar em seu texto a necessidade de um direito ao "trabalho livre, justo e remunerado";

e) a Lei Chapelier, em 1791, atrelada aos cânones da Revolução Francesa de liberdade e igualdade do homem, aboliu as corporações de ofício, abrindo espaço, assim, para a liberdade de trabalho, profissão, arte ou ofício.

COMENTÁRIOS

✪ **Nota do autor:** Para que respondesse à questão, o candidato deveria conhecer o histórico do Direito do Trabalho, no Brasil e no mundo.

Alternativa "a". Conforme o artigo 1º, item "b", da Convenção Suplementar sobre Abolição da Escravatura de 1956 (promulgada no Brasil pelo Decreto nº 58.563, de 1º de junho de 1966):

> **Art. 1º, b):** *a servidão isto é, a condição de qualquer um que seja **obrigado** pela lei, pelo costume ou por um acordo, a viver e trabalhar numa terra pertencente a outra pessoa e a fornecer a essa outra pessoa, contra remuneração ou gratuitamente, determinados serviços, sem poder mudar sua condição. (grifos acrescidos)*

A principal característica da servidão é o trabalho compulsório. Apesar de não ser mais considerado coisa, de não poder mais ser vendido, trocado ou descartado, os servos não tinham liberdade de trabalho. Note-se, portanto, que ainda não havia trabalho livre propriamente dito.

O erro da alternativa consiste em afirmar que os servos tinham autonomia comercial em relação a tudo que produziam. O feudalismo foi a organização econômico-social da Idade Média, marcada pela inexistência de governos centrais fortes, de um sistema legal organizado, de um comércio intenso ou de circulação de moeda[1]. Nesse sistema, a maior parte produção ficava nas mãos do senhor feudal que, em troca, fornecia aos servos proteção.

Alternativa "b". As corporações de ofícios[2], típicas empresas dirigidas por seus respectivos mestres[3], eram oficinas hierarquicamente organizadas, originalmente compostas por mestres e aprendizes e, a partir do século XIV, por companheiros, que detinham o monopólio da exploração de determinada atividade econômica em um determinado lugar. Os mestres, que já haviam sido aprovados na prova da *obra-mestra*, eram os proprietários das oficinas e as dirigiam. Os companheiros eram trabalhadores assalariados. Já os aprendizes, **jovens entre 12 e 14 anos de idade**, cujos pais pagavam altas taxas para aprenderem os ofícios da profissão[4], ficavam sob a responsabilidade dos mestres por cerca de cinco anos de ensino metódico. As oficinas eram organizadas com base na hierarquia, de maneira que, superada as dificuldades dos ensinamentos, os aprendizes subiam ao nível de companheiros. Os companheiros, por sua vez, poderiam almejar a posição de mestres caso fossem aprovados no exame de obra-mestra (muito difícil e com altas taxas).

Alternativa "c". A segunda fase de evolução do Direito do Trabalho, segundo Mauricio Godinho Delgado[5], caracterizou-se pela *sistematização e consolidação do Direito do Trabalho* e abrange os anos de 1848 a 1919. Nesse período, ganha destaque a doutrina social da igreja e um de seus principais documentos a Encíclica *"Rerum Novarum"*, editada pelo Para Leão XIII em 1891, que exigia do Estado maior regulamentação das relações trabalhistas[6]. Apesar de ser um importante documento que colocava luz à causa operária, a Encíclica *"Rerum Novarum"* não defendia que na sociedade civil todos deveriam ter o mesmo nível social, em igualdade de condições.

Alternativa "d". A Constituição de 1891 foi a primeira constituição republicana do Brasil, mas não previu nenhuma disposição acerca do Direito do Trabalho.

Já a **Constituição de 1934**, considerada um marco no Direito do Trabalho brasileiro, muito embora tenha tido vida curta, foi a primeira a tratar da ordem econômica e social, com previsão de normas de proteção do trabalhador. Diversos direitos trabalhistas foram consagrados, como a previsão de salário mínimo, a proteção do trabalho do adolescente, o descanso semanal remunerado, as férias, a indenização por dispensa sem justa causa, a proibição de discriminação no trabalho, o reconhecimento das convenções coletivas, dentre outros. Houve, também, o reconhecimento dos sindicatos e das associações profissionais, bem como a necessidade da legislação estabelecer as condições de trabalho no intuito de proteger o trabalhador e os interesses econômicos do país.

Alternativa "e". O surgimento do Direito do Trabalho como o conhecemos hoje, pautado no trabalho subordinado data do pós a Revolução Industrial. As corporações de ofício começaram a ser abandonadas e proibidas por lei em razão das modificações sofridas pela sociedade e pela economia europeias, que não mais admitiam a estrutura rígida e oligárquica dessas instituições. A inovação tecnológica e o desenvolvimento das máquinas no âmbito da Revolução Industrial foram fatores que contribuíram para a substituição do trabalho artesanal para o capitalismo. Na França, as corporações foram extintas definitivamente pela Lei Chapelier de 1791[7]. Dessa alteração, surge a classe operária. No âmbito político e econômico, passa a vigorar os ideais do liberalismo, que preza a liberdade dos indivíduos, nela incluída a liberdade de trabalho[8].

Alternativa correta: "e".

---

02. (FCC – Juiz do Trabalho/2017) Em relação à formação histórica do Direito do Trabalho, considere:

I. Nas formações socioeconômicas centrais, como no caso da Europa Ocidental, a legislação trabalhista, desde seu nascedouro, cumpriu a importante missão de generalizar ao conjunto do mercado de trabalho aquelas condutas e direitos alcançados pelos trabalhadores nos segmentos mais avançados da economia, impondo, a partir desse modelo, condições mais modernas, ágeis e civilizadas de gestão de força de trabalho.

II. O Direito do Trabalho deve ser considerado produto cultural do século XIX e das transformações e condições sociais, econômicas e políticas que colocam a relação de trabalho subordinada como núcleo do processo produtivo característico daquela sociedade e que tornaram possível o aparecimento deste ramo novo da ciência jurídica, com características próprias e autonomia doutrinária.

---

1. SÜSSEKIND, Arnaldo. Instituições de Direito do Trabalho. 21. ed. São Paulo: LTr, 2003. p. 29.
2. SÜSSEKIND, Arnaldo. Instituições de Direito do Trabalho. 21. ed. São Paulo: LTr, 2003. p. 30-31.
3. CASSAR, Vólia Bomfim. Direito do Trabalho. 14. ed. Rio de Janeiro: Forense; São Paulo: MÉTODO, 2017 p. 13.
4. MARTINS, Sergio Pinto. Direito do Trabalho. 24. ed. São Paulo: Atlas, 2008 p. 5.
5. Para Alice Monteiro de Barros, o segundo período seria o de intensificação, que data de 1848 a 1890. Nesse sentido: BARROS, Alice Monteiro de. Curso de Direito do Trabalho. 10. ed. São Paulo: LTr, 2016. P. 54.
6. DELGADO, Mauricio Godinho. Curso de Direito do Trabalho. 14. ed. São Paulo: LTr, 2015. P. 100-102.
7. Além de extinguir as corporações de ofício, por as considerar atentatórias à dignidade do homem, a Lei Chapelier proibiu quaisquer reuniões ou agrupamentos, ainda que pacíficos, pois esses movimentos coletivos poderiam tomar ares políticos, o que não era interessante à liberdade contratual que se firmara pós Revolução Francesa.
8. BARROS, Alice Monteiro de. Curso de Direito do Trabalho. 10. ed. São Paulo: LTr, 2016. p. 50.

III. A doutrina clássica informa que o surgimento do Direito do Trabalho no Brasil se deu apenas por influências exógenas, a saber: as transformações que ocorreram na Europa, ocasionando a crescente elaboração legislativa de proteção ao trabalhador e o compromisso assumido pelo Brasil em ingressar na Organização Internacional do Trabalho, criada em 1919. Neste contexto, o Código Civil de 1916 não apresentou nenhum instituto que tenha servido de supedâneo para elaboração do Direito do Trabalho pátrio.

IV. A Constituição Federal de 1988 inovou ao trazer princípios básicos de organização sindical que não estavam presentes nas Cartas Magnas de 1937 e 1967, como a unicidade sindical compulsória por categoria profissional ou econômica e a contribuição sindical obrigatória às empresas e aos trabalhadores.

Está correto o que se afirma APENAS em

a) III.

b) III e IV.

c) I.

d) I e II.

e) II e IV.

COMENTÁRIOS

✪ **Nota do autor:** Para que respondesse à questão, o candidato deveria conhecer o histórico do Direito do Trabalho, no Brasil e no mundo.

Item I: Certo. Trata-se de literalidade de trecho da doutrina do Professor Mauricio Godinho Delgado, que, ao tratar das funções do Direito do Trabalho, esclarece o que seria a função modernizante e progressista desse ramo do Direito, que visa à distribuição de renda e estimular o empresário a investir em tecnologia e mão de obra:

> *"Uma segunda função notável do Direito do Trabalho é seu caráter modernizante e progressista, do ponto de vista econômico e social. Nas formações socioeconômicas centrais- a Europa Ocidental, em particular-, a legislação trabalhista, desde seu nascimento, cumpriu o relevante papel de generalizar ao conjunto do mercado de trabalho aquelas condutas e direitos alcançados pelos trabalhadores nos segmentos mais avançados da economia, impondo, desse modo, a partir do setor mais moderno e dinâmico da economia, condições mais modernas, ágeis e civilizadas de gestão da força de trabalho[9]".*

Item II: Certo. O Direito do Trabalho é ramo do Direito relativamente recente, datando do século XIX, período da Revolução Industrial.

> *O Direito do Trabalho é, pois, produto cultural do século XIX e das transformações econômico-sociais e políticas ali vivenciadas. Transformações todas que colocam a relação de trabalho subordinado como núcleo motor do processo produtivo característico daquela sociedade. Em fins do século XVIII e durante o curso do século XIX é que se maturaram, na Europa e Estados Unidos, todas as condições fundamentais de formação do trabalho livre mas subordinado e de concentração proletária, que propiciaram a emergência do Direito do Trabalho[10].*

Item III: Errado. Ao contrário do afirmado na questão, o Direito Civil influencia o Direito do Trabalho, em especial no tocante ao direito obrigacional e na teoria das nulidades. Além disso, não podemos nos esquecer de que o Direito do Trabalho é um ramo do direito privado.

Item IV: Errado. A unicidade sindical vigora no Brasil desde a década de 1930. O Decreto nº 19.770/1931 cria uma estrutura sindical oficial, baseada no sindical único. Passada a Constituição de 1934, aprofunda-se o modelo corporativista pela Constituição Federal de 1937.

Note-se que, com a Reforma Trabalhista, a contribuição sindical deixa de ser obrigatória, passando a depender de prévio e expresso consentimento para que haja seu respectivo desconto.

Alternativa correta: "d". Está correto o que se afirmam nas assertivas I e II.

1.2. INTERPRETAÇÃO E EFICÁCIA DAS NORMAS TRABALHISTAS

- CF, arts. 5º, XXXVI e 8º;
- LINDB, arts. 1º, 2º e 6º;
- CLT, arts. 614, 616 e 867;
- Lei nº 7.064/82, art. 3º, II.

03. (FGV - 2023 - TST - Juiz do Trabalho) José foi contratado por empresa estrangeira de cruzeiros marítimos em navio de bandeira estrangeira na cidade de Santos, situada em São Paulo, para trabalhar como camareiro na temporada de 2022, em viagens pela costa brasileira.

Ficou acertado entre as partes que José receberia o salário em moeda estrangeira em espécie: (euro), e que os direitos trabalhistas incidentes seriam os da lei do país do armador, coincidentemente a de inscrição da embarcação, que não abrange FGTS e gratificação natalina.

Desembarcado ao fim do contrato, que durou três meses, ajuizou reclamação trabalhista postulando o pagamento do salário de todo o período trabalhado, dito não legalmente recebido, bem como o FGTS e a gratificação natalina proporcional do período.

9. DELGADO, Mauricio Godinho. **Curso de Direito do Trabalho.** 15. ed. São Paulo: Ltr, 2016. P. 54-55.

10. DELGADO, Mauricio Godinho. **Curso de Direito do Trabalho.** 15. ed. São Paulo: Ltr, 2016. P. 91-92.

Com base nas normas trabalhistas vigentes no espaço e no que literalmente dispõe a Consolidação das Leis do Trabalho, o pagamento do salário deverá ser considerado:

a) como não feito ou inexistente e aplicável a lei do pavilhão, em que o FGTS e a gratificação natalina não são parcelas devidas, por se tratar de empresa estrangeira autorizada a explorar o negócio de navegação de cabotagem no Brasil;

b) nulo e aplicável a lei do pavilhão, em que o FGTS e a gratificação natalina não são parcelas devidas por se tratar de empresa estrangeira autorizada a explorar o negócio de navegação de cabotagem no Brasil;

c) anulável e aplicável a lei do pavilhão, em que o FGTS e a gratificação natalina não são parcelas devidas, por se tratar de empresa estrangeira autorizada a explorar o negócio de navegação de cabotagem no Brasil;

d) eficazmente realizado, sendo devidos o FGTS e a gratificação natalina proporcional ao período trabalhado, porque aplicável, no caso, a lei brasileira;

e) como não feito ou inexistente, sendo devidos o FGTS e a gratificação natalina proporcional ao período trabalhado, porque aplicável, no caso, a lei brasileira.

COMENTÁRIOS

✪ **Nota do autor:** A questão aborda o tema da eficácia espacial das normas trabalhistas. A Súmula nº 207 do TST, que tratava do tema, foi cancelada em abril/2012. De acordo com o texto da Súmula:

> **Súmula nº 207 do TST (CANCELADA).** *Conflitos de leis trabalhistas no espaço. Princípio da lex loci executionis.*
>
> *A relação jurídica trabalhista é regida pelas leis vigentes no país da prestação de serviço, e não por aquelas do local da contratação.*

Com base no art. 198 do Código de Bustamante[11], a jurisprudência do TST estabelecia que, se houvesse conflito entre a lei brasileira e a estrangeira, seria aplicada a lei do local da prestação de serviços – *lex loci executionis* ou princípio da territorialidade. Portanto, se o empregado fosse contratado no Brasil para prestar serviços na Dinamarca, e lá permanecesse por 3 anos, e posteriormente, ao retornar ao Brasil, ingressasse no Judiciário Trabalhista, o juiz aplicaria a lei daquele país, conforme previsto na súmula em análise, agora cancelada.

Mesmo antes do cancelamento da Súmula, o princípio da *lex loci executionis*, previsto na Súmula nº 207, não era aplicado aos empregados contratados no Brasil para prestar serviços de engenharia no exterior, pois eram regidos por norma específica – Lei nº 7.064/82. No art. 3º dessa lei, havia critério distinto, admitindo a aplicação da lei nacional brasileira, se mais favorável ao trabalhador, ainda que a prestação dos serviços se desse no estrangeiro. Essa lei foi alterada[12], sendo estendida a todos os empregados (brasileiros e estrangeiros) contratados no Brasil para prestar serviços no exterior.

Com essa alteração da lei, abrangendo todos os empregados, a Súmula nº 207 do TST foi cancelada, pois atualmente há lei específica que trata sobre todos os empregados contratados no Brasil para prestarem serviços no exterior. Hoje vigora, portanto, o **princípio da norma mais favorável**. Se a lei estrangeira for mais favorável, repita-se, será ela aplicada.

A questão, contudo, trata sobre trabalhadores embarcados, o que exige uma reflexão um pouco maior...

Alternativa "e". *Comentário serve para as demais alternativas, uma vez que versam sobre o mesmo assunto.* Com base no art. 281 do Código de Bustamante[13], as obrigações dos oficiais e marítimos e a ordem interna do navio estão sujeitas à lei da bandeira. Dessa forma, o empregado contratado para trabalhar em embarcações e aeronaves será regido, conforme posicionamento da doutrina majoritária, pela lei do país da embarcação ou aeronave, isto é, a nacionalidade de quem explora a atividade econômica[14]. Nesse caso, para o empregado contratado pela empresa aérea LATAM ou GOL, mesmo que esteja prestando serviços em outro país, será aplicada a lei brasileira.

Contudo, a questão trata de situação específica: a contratação de empregado no Brasil para trabalhar em navio de cruzeiro estrangeiro. Como explica Gustavo Filipe Barbosa Garcia[15], "(...) segundo o entendimento majoritário da jurisprudência, em cruzeiros marítimos internacionais, aos empregados contratados no Brasil para trabalharem navios estrangeiros, com viagens ou percursos em águas brasileiras e estrangeiras ou internacionais, deve ser aplicada à legislação brasileira de proteção ao trabalho, naquilo que não for incompatível com o disposto na Lei 7.064/1982, quando mais favorável do que a legislação territorial estrangeira, no conjunto de normas e em relação a cada matéria, em consonância com o art. 3º, inciso II, da lei 7.064/1982. Cf. TST, 6ª T. ARR-1370-79.2015.5.09.0012, Rel. Min. Katia Magalhaes Arruda, DEJT 14.02.2020.".

Assim, José, contratado para trabalhar em cruzeiros marítimos por empresa estrangeira (e em navio de bandeira estrangeira) será regido, no tocante ao FGTS

11. Ratificado pelo Brasil por meio do Decreto nº 18.871/1929.

12. **Art. 1º da Lei 7.064/82:** "Esta Lei regula a situação de trabalhadores contratados no Brasil ou transferidos por empregadores para prestar serviços no exterior."

13. Ratificado pelo Brasil por meio do Decreto nº 18.871/1929.

14. CASSAR, Vólia Bomfim. Direito do Trabalho. 4.ed. rev. e ampl. Niterói: Impetus, 2010. p. 151.

15. GARCIA, Gustavo Filipe Garcia. Manual de Direito do Trabalho. 15. ed. Salvador: JusPdivm, 2021. p. 81.

e a gratificação natalina proporcional ao período trabalhado, pela lei brasileira, pois mais favorável.

Alternativa correta: "e".

---

04. (TRT 1 – Juiz do Trabalho Substituto 1ª região/2016) Em relação exclusivamente à Constituição Federal, no que diz respeito aos direitos dos empregados, considere:

I. jornada de seis horas para o trabalho realizado em turnos ininterruptos de revezamento.

II. proteção do mercado de trabalho da mulher.

III. adicional para exercício de atividades penosas.

IV. assistência gratuita aos dependentes de até 5 anos de idade em creche e pré-escola.

Não tem aplicação imediata o que consta APENAS em

a) I, II e IV.

b) III e IV.

c) IV.

d) II e III.

e) III.

COMENTÁRIOS

✪ **Nota do autor:** A questão aborda o tema da eficácia constitucional dos direitos trabalhistas. O candidato deve estar atento para o fato de que a questão exige que seja assinalada as hipóteses que não tem aplicação imediata. Para responder à questão é necessário saber o conceito de norma de aplicação imediata, limitada e contida. Sobre o tema, veja os ensinamentos de Dirley da Cunha Júnior:

Normas de eficácia plena: "São normas que, desde a entrada em vigor, incidem direta e imediatamente sobre a matéria que lhes constitui objeto, independentemente de integração legislativa, eis que dotadas de normatividade suficiente para atuar. Assim, são de aplicabilidade direta, imediata e geral"[16].

Normas de eficácia contida: "Essa segunda categoria compõe-se, também, de normas que incidem imediatamente, independentemente de ulterior integração legislativa. Contudo, preveem meios ou conceitos que permitem manter sua eficácia contida em certos limites. Quer dizer, embora não necessitem de lei integrativa para incidir, esta pode ser editada, porque assim prevista, para lhes reduzir a eficácia. O certo é que, enquanto não advier esta lei, a eficácia é plena e a aplicabilidade é integral (...). Por tudo isso, essas normas são consideradas de aplicabilidade direta, imediata, mas não integral, 'porque sujeitas a restrições previstas ou dependentes de regulamentação que limite sua eficácia e aplicabilidade[17]'."

Normas de eficácia limitada: "São normas que, ao revés, dependem da intervenção legislativa para incidirem, porque o constituinte, por qualquer motivo, não lhes emprestou normatividade suficiente para isso. Isto é, embora estejam irradiando efeitos jurídicos inibidores ou impeditivos de disposições em contrário, têm a aplicabilidade mediata, porque as normas assim categorizadas reclamam uma lei futura que regulamente seus limites. Em face disso, são consideradas de aplicabilidade indireta, mediata e reduzida[18]".

Assertiva I. Norma de eficácia plena. A previsão constitucional para a jornada reduzida de turnos ininterruptos de revezamento tem aplicação imediata: "São direitos dos trabalhadores urbanos e rurais, além de outros que visem à melhoria de sua condição social: jornada de seis horas para o trabalho realizado em turnos ininterruptos de revezamento, salvo negociação coletiva" (art. 7º, XVI da CF/1988).

Assertiva II. Norma de eficácia limitada: "São direitos dos trabalhadores urbanos e rurais, além de outros que visem à melhoria de sua condição social: proteção do mercado de trabalho da mulher, mediante incentivos específicos, **nos termos da lei**" (art. 7º, XX da CF/1988 – grifos acrescidos). Historicamente, o trabalho exercido pela mulher foi desprestigiado em relação ao homem com pagamento de menores salários e realizado em condições precárias com elevada jornada de trabalho. Para auxiliar na igualdade de tratamento e condições de trabalho, a Constituição Federal de 1988 apresentou diversas medidas tais como a isonomia salarial prevista no art. 7º, inciso XXX, CF/88 e a necessidade de proteção do mercado de trabalho da mulher por meio de incentivos específicos a serem criados por lei ordinária (art. 7º, inciso XX, CF/88). Contudo, este último dispositivo constitucional ainda não foi regulamentado para inserir ações afirmativas concretas para a proteção do trabalho da mulher.

Assertiva III. Norma de eficácia limitada: "São direitos dos trabalhadores urbanos e rurais, além de outros que visem à melhoria de sua condição social: adicional de remuneração para as atividades penosas, insalubres ou perigosas, **na forma da lei**." (art. 7º, XXIII da CF/1988). Embora exista previsão expressa do adicional de penosidade na Constituição Federal, não há lei ordinária que o regulamente, inexistindo a base de cálculo e demais previsões necessárias para que seja exigido. Neste momento, prevalece o entendimento de que não há possibilidade do pagamento do adicional de penosidade.

Nesse ponto, ainda, cumpre destacar que o STF, no julgamento da ADO 74, por unanimidade, reconheceu a

---

16. CUNHA JÚNIOR, Dirley da. **Curso de Direito Constitucional.** 10. ed. Salvador: Juspodivm, 2016.P. 148.

17. CUNHA JÚNIOR, Dirley da. **Curso de Direito Constitucional.** 10. ed. Salvador: Juspodivm, 2016. P. 149.

18. CUNHA JÚNIOR, Dirley da. **Curso de Direito Constitucional.** 10. ed. Salvador: Juspodivm, 2016. P. 150.

mora do Congresso Nacional na regulamentação do art. 7º, XXIII, CF/88, no ponto em que prevê o adicional de penosidade aos trabalhadores urbanos e rurais, e fixou prazo de 18 (dezoito) meses, a contar da publicação da ata de julgamento (o que se deu em 11/06/2024), para adoção das medidas legislativas constitucionalmente exigíveis para suplantar a omissão, não se tratando de imposição de prazo para a atuação legislativa do Congresso Nacional, mas apenas da fixação de um parâmetro temporal razoável para que o Congresso Nacional supra a mora legislativa.

Assertiva IV. Norma de eficácia plena. Não há previsão constitucional para a necessidade de lei regulamentando o direito à assistência gratuita aos filhos e dependentes do trabalhador até os 5 anos de idade. Portanto, a aplicação da norma é imediata: "São direitos dos trabalhadores urbanos e rurais, além de outros que visem à melhoria de sua condição social: assistência gratuita aos filhos e dependentes desde o nascimento até 5 (cinco) anos de idade em creches e pré-escolas" (art. 7º, XXV da CF/1988);

Alternativa correta: "d". Está correto o que se afirma nos itens II e III.

---

05. (TRT 23 – Juiz do Trabalho Substituto 23ª Região/ 2014) Ronaldo é cuiabano, empregado da Construtora Sem Fronteiras S/A, com sede em Cuiabá e foi contratado para prestar serviços como engenheiro no Haiti, onde permaneceu por cinco meses, lindos os quais retornou para Cuiabá, vindo então a ser dispensado imotivadamente. Por entender não terem sido pagos todos os direitos no decorrer do contrato de trabalho, ingressou com ação trabalhista em Cuiabá, a qual você irá analisar. Acerca dessas informações, assinale a alternativa CORRETA, com base na jurisprudência dominante do TST:

a) Aplica-se ao caso a lei do Haiti, ante o Princípio Lex Loci Executionis;
b) Pode tanto ser aplicada a lei brasileira quanto a haitiana, pois atualmente tem-se adotado o Princípio da Norma Mais Favorável com aplicação da Teoria do Conglobamento por Institutos;
c) A lei aplicável é a brasileira por se tratar de trabalhador e empregador brasileiros;
d) Aplica-se o princípio da territorialidade, previsto no Código de Bustamante;
e) Pode tanto ser aplicada a lei brasileira quanto a haitiana, desde que a norma seja a mais favorável, com a aplicação da Teoria da Acumulação.

COMENTÁRIOS

Nota do autor: A questão aborda o tema do conflito das leis trabalhistas no espaço. O candidato deve estar atento para o fato de que a Súmula nº 207 do TST que versava sobre o tema foi cancelada. Ademais, apresenta maior nível de dificuldade, uma vez que exigia o conhecimento de questões relacionadas ao Direito Internacional Privado.

Alternativa "b". *Comentário serve para as demais alternativas, uma vez que versam sobre o mesmo assunto.* "A empresa responsável pelo contrato de trabalho do empregado transferido assegurar-lhe-á, independentemente da observância da legislação do local da execução dos serviços: a aplicação da legislação brasileira de proteção ao trabalho, naquilo que não for incompatível com o disposto nesta Lei, **quando mais favorável** do que a legislação territorial, no conjunto de normas e em relação a cada matéria." (art. 3º, inciso II, Lei nº 7.064/1982). Por outro lado, a cancelada Súmula nº 207 estabelecia o critério da *Lex Loci Executionis*: "A relação jurídica trabalhista é regida pelas leis vigentes no país da prestação de serviço e não por aquelas do local da contratação."

Alternativa correta: "b".

1.3. FONTES DO DIREITO DO TRABALHO

- Constituição Federal, arts: 7º a 11; 21, XXIV; 22, I; 103-A; 114; 173, § 1º, II;
- CLT (especialmente arts. 614, 616 e 867); Súmulas do TST nº: 51, I; 77; 186; 277; Tema 1046 da Repercussão Geral do STF
- Precedente Normativo nº 120 SDC-TST; OJs 41 e 322 da SBDI-I do TST.

---

06. (FCC – Juiz do Trabalho Substituto 1ª Região/ 2014) O tema relativo às fontes do ordenamento jurídico é nuclear da Filosofia Jurídica e da Teoria Geral do Direito, na medida em que examina as causas e fundamentos do fenômeno jurídico. Nessa seara, quanto às fontes justrabalhistas, é correto afirmar:

a) As greves e pressões sociais realizadas por trabalhadores objetivando melhorias nas condições sociais e de trabalho são entendidas como fontes formais heterônimas.
b) As Convenções da Organização Internacional do Trabalho – OIT ratificadas pelo Brasil classificam-se como fontes materiais autônomas.
c) As sentenças normativas proferidas em dissídios coletivos econômicos junto aos Tribunais Regionais do Trabalho são consideradas como fontes formais e também materiais, ambas heterônimas.
d) Os acordos e convenções coletivas de trabalho que estipulam normas relativas à segurança e saúde do trabalho, assim como os usos e costumes sobre o tema, são classificados como fontes formais autônomas.
e) As medidas provisórias em matéria trabalhista, editadas pelo Presidente da República, são fontes materiais autônomas.

COMENTÁRIOS

✪ **Nota do autor:** A questão aborda o tema das fontes do Direito do Trabalho. Lembre-se de que as fontes formais são a exteriorização das normas jurídicas, ou seja, as fontes formais são normas de observância obrigatória pela sociedade. Todos devem cumpri-las, pois são imperativas.

Alternativa "a". As greves e pressões sociais para melhorias nas condições de trabalho constituem fontes materiais, que são fatores ou acontecimentos sociais, políticos, econômicos e filosóficos que inspiram o legislador (deputados e senadores) na elaboração das leis. Esses movimentos influenciam diretamente o surgimento ou a modificação das leis. A fonte material (movimento de grupos sociais) é uma fase prévia ao surgimento das fontes formais.

Alternativa "b". As Convenções da OIT ratificadas pelo Brasil são tratados internacionais assinados e ratificados pelo Brasil e são fontes formais heterônomas, uma vez que são emanadas por fonte estatal sem a participação das partes envolvidas.

Alternativa "c". Por meio da sentença normativa, os tribunais colocam fim ao conflito coletivo, criando novas condições de trabalho. É o chamado Poder Normativo da Justiça do Trabalho. Nesse caso, apesar de a sentença normativa ser ato emanado pelo Poder Judiciário, apresenta caráter normativo, uma vez que cria normas gerais, abstratas e impessoais aplicáveis às relações de emprego das categorias envolvidas no dissídio. Assim, são fontes formais heterônomas.

Alternativa "d". As fontes formais autônomas são discutidas e confeccionadas pelas partes diretamente interessadas pela norma. Há, portanto, a vontade expressa das partes em criar essas normas. São espécies de fontes formais autônomas:

- **Convenção Coletiva** (art. 611 da CLT): acordo entre sindicato profissional (trabalhadores) e sindicato da categoria econômica (empregadores).
- **Acordo Coletivo** (art. 611, § 1º, da CLT): acordo entre empresa e sindicato representante da categoria profissional.

O mote da Reforma Trabalhista consistiu na valorização do negociado sobre o legislado com a ampliação das hipóteses de prevalência dos acordos e convenções coletivos de trabalho sobre a legislação. Nesse ponto, importante ressaltar que o STF, no julgamento ARE 1121633, fixou a tese de que acordos e convenções coletivas de trabalho podem restringir direitos trabalhistas não constitucionalmente assegurados (Tema 1046 da Repercussão Geral). Não deixe de conferir a nova redação dos art. 611-A e 611-B da CLT. Esses dispositivos certamente serão objeto dos próximos concursos trabalhistas.

Alternativa "e". As medidas provisórias estão previstas no art. 62 da CF/88 e constituem fontes formais heterônomas.

Alternativa correta: "d".

2. PRINCÍPIOS DO DIREITO DO TRABALHO

✪ **Nota do autor sobre o tema princípios:** Os princípios representam a base do ordenamento jurídico. O Direito do Trabalho possui princípios específicos, que desempenham funções essenciais para a interpretação e aplicação das normas trabalhistas. Esses princípios servem de orientação para os aplicadores do direito (juízes, procuradores do trabalho, advogados etc.) e têm, ainda, a função de inspirar e orientar os legisladores (deputados e senadores) na elaboração das leis. Além disso, os princípios do Direito do Trabalho têm função integrativa, ou seja, são aplicados para suprir a lacuna deixada pelo legislador.

Com a Reforma Trabalhista os princípios ganham especial relevância para que se evite a ocorrência de fraudes, como, por exemplo, na aplicação do art. 4º da CLT, que dispõe sobre tempo à disposição do empregador.

---

07. (FGV – 2023 – TST – Juiz do Trabalho) Os princípios são conceituados, segundo o professor uruguaio Américo Piá Rodriguez, como linhas diretrizes que informam algumas normas e inspiram diretamente ou indiretamente uma série de soluções, pelo que podem servir para promover e embasar a aprovação de novas normas, orientar a interpretação das existentes e resolver os casos não previstos".

Sobre os princípios de Direito do Trabalho, com base na Consolidação das Leis do Trabalho e na jurisprudência dominante do Tribunal Superior do Trabalho, é correto afirmar que:

a) diante do principio da primazia da realidade, os registros realizados pelo empregador na carteira de trabalho do empregado geram presunção juris et de jure;

b) na aplicação do princípio da prevalência da norma mais favorável, por meio do critério técnico da teoria do conglobamento, extrai-se que se prefere a norma mais favorável após o confronto em bloco das normas objeto de comparação;

c) o principio da proteção está ligado à própria razão de ser do direito individual e coletivo do trabalho, uma vez que se busca compensar a desigualdade existente no âmbito do contrato individual do trabalho e na seara das negociações coletivas de trabalho;

d) quando do exame de convenção coletiva ou acordo coletivo de trabalho, o juiz do trabalho analisará tão somente a conformidade dos elementos essenciais do negócio jurídico, e deverá balizar a sua atuação pelo principio da tutela ao hipossuficiente;

e) o principio da prevalência da condição mais benéfica revela que tudo aquilo que o empregador fornecer habitualmente ao empregado, desde que previsto de forma expressa no contrato individual de trabalho, será incorporado ao patrimônio jurídico do trabalhador, revestindo-se do caráter de direito adquirido.

COMENTÁRIOS

✪ **Nota do autor:** A questão exigia do candidato o conhecimento dos princípios que regem o Direito do Trabalho. Note que, com o advento da Reforma Trabalhista, referidos princípios devem ganhar papel de destaque para coibir a ocorrência de fraudes trabalhistas.

Alternativa "a". "As anotações apostas pelo empregador na carteira profissional do empregado não geram presunção 'juris et de jure', mas apenas 'juris tantum'" (Súmula nº 12 do TST)

Alternativa "b". A teoria do conglobamento defende a aplicação de apenas uma fonte em sua totalidade. Assim sendo, o intérprete deverá analisá-la no conjunto. Essa teoria é a majoritária na jurisprudência e doutrina[19].

Alternativa "c". Ao estudar o direito individual, a relação jurídica entre empregado e empregador é pautada pela desigualdade entre as partes. De um lado o empregador, economicamente mais forte; de outro, o trabalhador subordinado. Em razão da hipossuficiência do empregado, há princípios protetivos que devem ser aplicados a essa relação jurídica desigual. No direito coletivo, como há presença do sindicato para a defesa dos trabalhadores, as partes são equivalentes. Diante disso, não se aplica ao sindicato profissional o princípio protetivo, pois ele é um ser coletivo, com ampla possibilidade de defesa dos trabalhadores, sem qualquer tipo de subordinação às empresas. Por isso, algumas concessões e restrições aos direitos dos trabalhadores, por exemplo, a redutibilidade salarial – art. 7º, VI, CF/88 – somente são válidas se feitas via negociação coletiva. O mote da reforma trabalhista, especialmente na redação do art. 611-A da CLT, consistiu na valorização dos instrumentos coletivos de trabalho. Nesse sentido, verifica-se a prevalência do negociado sobre o legislado, o que assegura maior poder de negociação e representação dos trabalhadores pelos sindicatos. As próprias partes da relação jurídica coletiva podem transacionar com maior liberdade, pois, em um dos polos da relação jurídica está o sindicato da categoria profissional.

Alternativa "d". "No exame de convenção coletiva ou acordo coletivo de trabalho, a Justiça do Trabalho analisará exclusivamente a conformidade dos elementos essenciais do negócio jurídico, respeitado o disposto no art. 104 da Lei no 10.406, de 10 de janeiro de 2002 (Código Civil), e balizará sua atuação pelo princípio da intervenção mínima na autonomia da vontade coletiva." (art. 8º, § 3º, CLT)

Alternativa "e". O princípio da condição mais benéfica assegura ao empregado as vantagens conquistadas durante o contrato de trabalho, conforme previsto no art. 468 da CLT. Diante disso, essas conquistas não poderão ser alteradas para pior. Exemplo: o empregador fornece, todos os meses, uma cesta com produtos domésticos. Diante disso não poderá, simplesmente, cessar o fornecimento, pois o trabalhador já conquistou esse direito com base no princípio da condição mais benéfica. Não há que se falar em previsão expressa no contrato individual de trabalho para que vantagem concedida habitualmente ao empregado seja incorporada ao seu patrimônio jurídico.

Alternativa correta: "b".

---

08. (FCC – Juiz do Trabalho/2017) Sobre os princípios norteadores do Direito do Trabalho, considere:

I. O princípio da primazia da realidade ou do contrato realidade autoriza a descaracterização de uma pactuada relação civil de prestação de serviços, instrumentalizada em documento escrito, desde que, no cumprimento do contrato, despontem, objetivamente, todos os elementos fático-jurídicos da relação de emprego.

II. O princípio da intangibilidade salarial deve ser analisado de forma absoluta, admitindo-se exceção única quando se verificar a anuência expressa do trabalhador, por escrito, em razão da efetiva possibilidade de manutenção de seu emprego.

III. O princípio da continuidade do qual o contrato de trabalho constitui presunção favorável ao empregador em razão da segurança jurídica contratual, razão pela o ônus da prova, quanto ao término do contrato de trabalho, é do trabalhador, nas hipóteses em que são negadas a prestação dos serviços e o despedimento.

IV. Em consonância com o princípio da intangibilidade contratual objetiva, a mudança subjetiva perpetrada no sujeito empregador não se configura apta a produzir mudança no corpo do contrato, em seus direitos e obrigações.

Está correto o que se afirma APENAS em

a) I e IV.

b) II, III e IV.

c) I e II.

d) II e III.

e) I, III e IV.

COMENTÁRIOS

✪ **Nota do autor:** A questão exigia do candidato o conhecimento dos princípios que regem o Direito do Trabalho. Note que, com o advento da Reforma Traba-

19. "A teoria do conglobamento é certamente a mais adequada à operacionalização do critério hierárquico normativo preponderante no direito do Trabalho. A seu favor tem a virtude de não incorporar as apontadas distorções da teoria da acumulação, além de ser a única teoria a harmonizar a flexibilidade do critério hierárquico justrabalhista com a essencial noção de sistema inerente à ideia de Direito – e de ciência." DELGADO, Mauricio Godinho. Curso do Direito do Trabalho. 7. ed. São Paulo: LTr, 2008. p. 183.

lhista, referidos princípios devem ganhar papel de destaque para coibir a ocorrência de fraudes trabalhistas.

Item I: Certo. No princípio da primazia da realidade, a realidade se sobrepõe às disposições contratuais escritas. Deve-se, portanto, verificar se o conteúdo do documento coincide com os fatos.

Dois exemplos de modificações trazidas pela Reforma Trabalhista, em que o princípio da primazia da realidade deverá, obrigatoriamente, ser observado, estão contidas no art. 4º, §2º da CLT e art. 442-B da CLT. Não deixe de conferi-los!

Item II: Errado. Pelo princípio da intangibilidade salarial **são vedados** descontos no salário, exceto nos casos previstos em lei ou norma coletiva[20]. Esse princípio protege o trabalhador contra seus próprios credores, pois o salário é, em regra, impenhorável. Note-se, no entanto, que o princípio não é absoluto admitindo os descontos legais e convencionais.

Item III: Errado. Em regra, o contrato de trabalho é firmado por tempo indeterminado, ou seja, não há prazo previamente fixado para seu fim. Em razão desse princípio, a obrigação de provar a ruptura do contrato de trabalho é do empregador, isto é, em regra presume-se que o empregado não deu causa ao término do contrato de trabalho. Nesse sentido:

> **Súmula nº 212 do TST.** *O ônus de provar o término do contrato de trabalho, quando negados a prestação de serviço e o despedimento, é do empregador, pois o princípio da continuidade da relação de emprego constitui presunção favorável ao empregado.*

Item IV: Certo. Uma mudança no conteúdo do contrato de emprego seria contrária ao que estabelece o princípio da intangibilidade contratual objetiva, segundo o qual os contratos trabalhistas devem ser mantidos quando da sucessão de empregadores. Assim, se ocorresse mudança no plano do sujeito empresarial (empregador), o conteúdo dos contratos trabalhistas não poderia, a princípio, ser modificado, de acordo com o princípio mencionado. Nesse sentido, os arts. 10 e 448 da CLT:

> **Art. 10, CLT:** *"Qualquer alteração na estrutura jurídica da empresa não afetará os direitos adquiridos por seus empregados".*
>
> **Art. 448, CLT:** *"a mudança na propriedade ou na estrutura jurídica da empresa não afetará os contratos de trabalho dos respectivos empregados".*

Com a Reforma Trabalhista, estabeleceu-se, de forma expressa, que o sucessor responde pelos débitos trabalhistas da empresa sucedida, exceto no caso de fraude comprovada, em que a responsabilidade da empresa sucedida será solidária em relação ao sucessor.

> **Art. 448-A da CLT (com redação dada pela Lei nº 13.467/2017):** *Caracterizada a sucessão empresarial ou de empregadores prevista nos arts. 10 e 448 desta Consolidação, as obrigações trabalhistas, inclusive as contraídas à época em que os empregados trabalhavam para a empresa sucedida, são de responsabilidade do sucessor.*
>
> **Parágrafo único.** *A empresa sucedida responderá solidariamente com a sucessora quando ficar comprovada fraude na transferência.*

Alternativa correta: "a". Está correto o que se afirmam nas assertivas I e IV.

---

09. (TRT 2 – Juiz do Trabalho Substituto 2ª região/2016) Analise as proposituras em relação à Teoria Geral do Direito do Trabalho e responda.

I. O princípio da intangibilidade contratual subjetiva determina ao Juiz do Trabalho privilegiar a situação tática prática em confronto com documentos ou do rótulo conferido à relação jurídica material.

II. Os regulamentos empresariais não podem ser considerados como fontes formais do Direito do Trabalho uma vez que não conferem à regra jurídica o caráter de direito positivo.

III. Não há previsão expressa no texto consolidado no sentido de que a Justiça do Trabalho decidirá sempre de maneira que nenhum interesse de classe ou particular prevaleça sobre o interesse público, até mesmo em razão do "princípio tutelar" que norteia o Direito do Trabalho.

IV. A primazia dos preceitos de ordem pública na formação do conteúdo do contrato de trabalho está expressamente enunciada pela legislação brasileira, ao dispor a CLT que as relações contratuais de trabalho podem ser objeto de livre estipulação das partes interessadas em tudo quanto não contravenha às disposições de proteção ao trabalho, aos contratos coletivos que lhes sejam aplicáveis e às decisões das autoridades competentes.

V. No Direito do Trabalho são exemplos de fontes heterônomas a Constituição Federal e a Sentença Normativa e são exemplos de fontes autônomas a Convenção Coletiva de Trabalho e Acordo Coletivo de Trabalho.

Estão corretas apenas as assertivas:

a) I, II e IV.

b) II e V.

c) III, IV e V.

d) IV e V.

e) I, III e IV.

COMENTÁRIOS

✪ Nota do autor: A questão aborda aspectos da Teoria Geral do Direito do Trabalho, dentre os quais seus princípios e fontes. A lei trabalhista estabelece normas de proteção ao trabalhador, ou seja, garante direitos

20. **Orientação Jurisprudencial nº 251 da SDI – I do TST.** É lícito o desconto salarial referente à devolução de cheques sem fundos, quando o frentista não observar as recomendações previstas em instrumento coletivo.

mínimos ao hipossuficiente. Esse princípio protetivo tem por finalidade estabelecer o equilíbrio que falta à relação de emprego, ou seja, o empregador possui situação econômica favorável, enquanto o empregado terá situação a seu favor na legislação trabalhista.

Assertiva I. Incorreta. Trata-se do princípio da primazia da realidade para o qual a realidade se sobrepõe às disposições contratuais escritas. Deve-se, portanto, verificar se o conteúdo do documento coincide com os fatos.

A utilização deste princípio pelos aplicadores do Direito, diante do advento da Reforma Trabalhista, será essencial para a manutenção do sistema protetivo trabalhista, assim como para evitar a ocorrência de fraudes. Dois exemplos de modificações trazidas pela Reforma Trabalhista, em que o princípio da primazia da realidade deverá, obrigatoriamente, ser observado, estão contidas no art. 4º, §2º da CLT e art. 442-B da CLT:

> **Art. 4º, § 2º da CLT** *(Inserido pela Reforma Trabalhista)*: *Por não se considerar tempo à disposição do empregador, não será computado como período extraordinário o que exceder a jornada normal, ainda que ultrapasse o limite de cinco minutos previsto no § 1º do art. 58 desta Consolidação, quando o empregado, por escolha própria, buscar proteção pessoal, em caso de insegurança nas vias públicas ou más condições climáticas, bem como adentrar ou permanecer nas dependências da empresa para exercer atividades particulares, entre outras:*
>
> *I – práticas religiosas;*
>
> *II – descanso;*
>
> *III – lazer;*
>
> *IV – estudo;*
>
> *V – alimentação;*
>
> *VI – atividades de relacionamento social;*
>
> *VII – higiene pessoal;*
>
> *VIII – troca de roupa ou uniforme, quando não houver obrigatoriedade de realizar a troca na empresa.*
>
> **Art. 442-B da CLT** *(Inserido pela Reforma Trabalhista): A contratação do autônomo, cumpridas por este todas as formalidades legais, com ou sem exclusividade, de forma contínua ou não, afasta a qualidade de empregado prevista no art. 3º desta Consolidação.*

Assim, no caso do art. 4º, §2º, deve-se verificar se se trata de atividade particular do empregado para que não se configure o tempo à disposição do empregador. Já no caso do art. 442-B, deve-se verificar a existência da subordinação entre "autônomo" e empregador, a fim de verificar se existe a relação de emprego.

Assertiva II. Incorreta. Regulamento de empresa é o conjunto de regras elaboradas pelo empregador para mais bem organizar a empresa[21]. Será considerado fonte formal se as regras formuladas pelo empregador forem de caráter geral e impessoal. O regulamento de empresa não é reconhecido, por alguns autores, como fonte formal do direito do trabalho, sob o argumento de que é elaborado de forma unilateral pelo empregador. Entretanto, se a questão do concurso previr que o regulamento da empresa atinge a todos os trabalhadores, de forma impessoal e genérica ou, ainda, que há a participação dos empregados na elaboração do regulamento, será fonte formal autônoma. De qualquer forma, a questão é polêmica, por isso não deveria ser exigida em questões objetivas (testes). Caberá recurso seja qual for o resultado dado pela organizadora do concurso. Para fundamentação do recurso, no sentido de afirmar regulamento como fonte formal, podem-se indicar os autores: Alice Monteiro de Barros; Sérgio Pinto Martins; Gustavo Felipe Barbosa Garcia; Carlos Zangrando e Amauri Mascaro do Nascimento.

De acordo com o art. 611-A, VI da CLT (inserido pela Lei nº 13.467/2017), a convenção e o acordo coletivo de trabalho prevalecerão sobre a lei quando dispuserem sobre regulamento empresarial.

Assertiva III. Incorreta. "As autoridades administrativas e a Justiça do Trabalho, na falta de disposições legais ou contratuais, decidirão, conforme o caso, pela jurisprudência, por analogia, por equidade e outros princípios e normas gerais de direito, principalmente do direito do trabalho, e, ainda, de acordo com os usos e costumes, o direito comparado, mas sempre de maneira **que nenhum interesse de classe ou particular prevaleça sobre o interesse público**" (Art. 8º da CLT, parte final – grifos acrescidos).

Assertiva IV. Correta. "As relações contratuais de trabalho podem ser objeto de livre estipulação das partes interessadas em tudo quanto não contravenha às disposições de proteção ao trabalho, aos contratos coletivos que lhes sejam aplicáveis e às decisões das autoridades competentes" (Art. 444 da CLT).

Assertiva V. Correta. As fontes formais autônomas são discutidas e confeccionadas pelas partes diretamente interessadas pela norma. Há, portanto, a vontade expressa das partes em criar essas normas. São exemplos de fontes autônomas: convenção coletiva (art. 611 da CLT), acordo coletivo (art. 611, §1º da CLT) e costume (art. 460 da CLT).

Nas fontes heterônomas, não há participação direta dos destinatários, ou seja, essas fontes possuem origem estatal (Legislativo, Executivo ou Judiciário). São exemplos de fontes heterônomas: Constituição Federal, Tratados e Convenções Internacionais, Leis, Medida provisória, Decretos, Sentenças Normativas e Súmula Vinculante.

---

21. **Súmula nº 51 do TST.** I – As cláusulas regulamentares, que revoguem ou alterem vantagens deferidas anteriormente, só atingirão os trabalhadores admitidos após a revogação ou alteração do regulamento. II – Havendo a coexistência de dois regulamentos da empresa, a opção do empregado por um deles tem efeito jurídico de renúncia às regras do sistema do outro.

Ressalta-se que a Reforma Trabalhista ampliou significativamente as hipóteses de prevalência do negociado sobre o legislado. Não deixe de conferir a redação do novo art. 611-A da CLT. No mesmo sentido, o STF, no julgamento ARE 1121633, fixou a tese de que acordos e convenções coletivas de trabalho podem restringir direitos trabalhistas não constitucionalmente assegurados (Tema 1046 da Repercussão Geral).

Alternativa correta: "d". Estão corretas as assertivas IV e V.

3. RENÚNCIA E TRANSAÇÃO

- Art. 9º, CLT
- Art. 444, CLT
- Art. 468, CLT

10. (TRT 2 – Juiz do Trabalho Substituto 2ª região/2016) No campo da indisponibilidade de direitos a renúncia e a transação são atos jurídicos que não se confundem, embora os limites que lhe são impostos evidenciam o caráter protetor do Direito do Trabalho. Nesta seara, analisando os casos propostos a renúncia NÃO será considerada válida:

a) Isis, imediatamente após retornar de afastamento médico decorrente de acidente do trabalho sofrido, com a cessação do benefício previdenciário, pede espontaneamente sua demissão e, perante o sindicato que a representa, assina documento renunciando à estabilidade no emprego de que era detentora.

b) Hércules, advogado trabalhista experiente, é contratado para trabalhar em caráter intuitu personae, de forma subordinada e não eventual no departamento jurídico da empresa Ajax Minérios S/A, recebendo remuneração mensal fixa, mas se recusa a ser registrado como empregado, afirmando que tem conhecimento suficiente para exercer sua autonomia de vontade, escolhendo o regime jurídico de sua contratação.

c) Não havendo previsão contratual ou legal expressa, a opção de Thor, funcionário público, pelo regime trabalhista implica a renúncia dos direitos inerentes ao regime estatutário.

d) Ulysses, presidente do sindicato profissional com base territorial em Santos, solicita ao empregador transferência para Manaus, que está fora da base territorial, situação esta que corresponde a uma renúncia tácita à estabilidade do qual era detentor.

e) Afrodite, empregada antiga da empresa Deuses do Olimpo Construções Ltda., que possui dois regulamentos empresariais em vigência, opta por aderir ao regulamento mais novo, renunciando às regras do sistema do outro.

COMENTÁRIOS

Nota do autor: A questão aborda o princípio da irrenunciabilidade. Deve ser assinalada a alternativa em que a renúncia será considerada **inválida**. Renúncia é um ato unilateral que recai sobre direito certo e atual, por exemplo, o empregado conquistou o direito de férias após um ano de trabalho e abriria mão (renunciaria) desse direito já conquistado, o que não é válido no direito do trabalho (conforme previsto no art. 9º da CLT). Em razão do Princípio da Irrenunciabilidade, são raríssimos os casos de renúncia de direito na área trabalhista. A transação, por sua vez, recai sobre direito duvidoso e requer um ato bilateral das partes, concessões recíprocas. Na transação há direitos disponíveis, cujos interesses são meramente particulares.

Contudo, a Reforma Trabalhista ampliou significativamente a possibilidade de ajuste individual entre empregado e empregador, podendo negociar livremente. Nesse sentido, segue quadro com essas hipóteses trazidas pela nova legislação[22]:

Hipóteses de acordo individual entre empregado e empregador previstas na Reforma Trabalhista
A Reforma Trabalhista ampliou significativamente as possibilidades de ajuste entre empregados e empregadores em 13 hipóteses:
1) Compensação de jornada (art. 59, § 6º, CLT)
2) Banco de horas semestral (art. 59, § 5º, CLT)
3) Jornada 12 x 36 (art. 59-A, CLT)
4) Alteração do regime presencial para o teletrabalho (art. 75-C, § 1º, CLT)
5) Compra e manutenção de equipamentos necessários ao teletrabalho (art. 75-D, CLT)
6) Fracionamento das férias (art. 134, § 1º, CLT)
7) Intervalo para amamentação (art. 396, CLT)
8) Empregado "hipersuficiente" (art. 444, parágrafo único e 611-A da CLT)
9) Forma de pagamento das verbas rescisórias (art. 477, § 4º, I, da CLT)
10) Eficácia liberatória no Plano de Demissão Voluntária (art. 477-B, parte final, CLT)
11) Distrato (art. 484-A, CLT)
12) Celebração da cláusula compromissória de arbitragem (art. 507-A, CLT)
13) Quitação anual de obrigações trabalhistas (art. 507-B, CLT)

Alternativa "a". A renúncia é válida. Como Isis sofreu acidente de trabalho, tem direito à garantia provisória de emprego por período de 12 meses após a cessação do auxílio-doença (Súmula 378 do TST). Trata-se de garantia, não se exigindo do empregado que ele per-

22. Não deixe de conferir essas alterações nos tópicos respectivos aos assuntos nessa obra.

maneça prestando serviços obrigatoriamente. Para que seja válida, contudo, a demissão deve se dar mediante assistência do sindicato, nos termos do art. 500 da CLT. "O pedido de demissão do empregado estável só será válido quando feito com a assistência do respectivo sindicato e, se não o houver, perante autoridade local competente do Ministério do Trabalho e Previdência Social ou da Justiça do Trabalho" (art. 500 da CLT).

Alternativa "b". "Considera-se empregado toda pessoa física que prestar serviços de natureza não eventual a empregador, sob a dependência deste e mediante salário." (art. 3º, CLT). Tendo em vista o preenchimento dos requisitos da relação de emprego, é obrigatório o registro na CTPS de Hércules, não passível de renúncia. Destaca-se que, uma vez reconhecido o vínculo de emprego, não é possível a renúncia do trabalhador à sua condição de empregado diante do princípio da irrenunciabilidade dos direitos trabalhistas. Além disso, a CTPS é documento obrigatório em toda relação de emprego.

Alternativa "c": A renúncia de Thor é válida. "Exceto na hipótese de previsão contratual ou legal expressa, a opção do funcionário público pelo regime trabalhista implica a renúncia dos direitos inerentes ao regime estatutário" (Súmula nº 243 do TST).

Alternativa "d": A renúncia à estabilidade é válida. Em razão do Princípio da Irrenunciabilidade, são raríssimos os casos de renúncia de direito na área trabalhista. Um exemplo de renúncia, prevista em lei, é o pedido de transferência para outra cidade, feito pelo dirigente sindical. Nesse caso, como ele foi eleito para desempenhar a função naquela localidade, perderia o (renunciaria ao) direito à estabilidade, conforme o art. 543, § 1º, da CLT.

> **Art. 543, § 1º, da CLT:** *O empregado perderá o mandato se a transferência for por ele solicitada ou voluntariamente aceita.*

Alternativa "e": "Havendo a coexistência de dois regulamentos da empresa, a opção do empregado por um deles tem efeito jurídico de renúncia às regras do sistema do outro." (Súmula nº 51, II do TST). Assim, Afrodite, ao optar pelas regras de um regulamento de empresa, renuncia às regras do outro. De acordo com o art. 611-A, VI da CLT (inserido pela Lei nº 13.467/2017), a convenção e o acordo coletivo de trabalho prevalecerão sobre a lei quando dispuserem sobre regulamento empresarial.

Alternativa correta: "b".

---

11. (FCC – Juiz do Trabalho Substituto 18ª Região/ 2014) Everandy foi contratado em 17/08/1985 para trabalhar no Cartório de Registro de Imóveis de determinado Município. Em 1994, com fundamento no art. 48 da Lei nº 8.935/94, fez opção pelo regime celetista. Dispensado sem justa causa em 15/01/2014, pretende o reconhecimento da nulidade da rescisão de seu contrato de trabalho e, como consequência, a reintegração no emprego, sob o fundamento de que, na condição de escrevente, sua prestação de serviços foi regida em período pretérito por regime especial que lhe assegura a manutenção do emprego e impede a rescisão do seu contrato de trabalho. A pretensão de Everandy

a) tem fundamento, tendo em vista sua investidura ter sido estatutária ou em regime especial e o regime da contratação prevalecer para fins de proteção contra dispensa sem justa causa.

b) tem fundamento, tendo em vista que os serventuários de Cartórios não oficializados têm estabilidade no emprego, independentemente do regime de contratação, não podendo ser dispensados, salvo se cometerem justa causa.

c) tem fundamento, pois, com base no princípio da norma mais favorável, a possibilidade dada pelo legislador para que o trabalhador optasse por um ou outro regime assegurou ao mesmo as garantias dos dois regimes.

d) não tem fundamento, pois a Lei no 8.935/94 estabeleceu, com a possibilidade de opção, a coexistência de dois regimes jurídicos distintos, que não se misturam e que contêm regras, vantagens e direitos específicos incompatíveis entre si, sendo que, com a opção pelo regime celetista, o trabalhador abriu mão da garantia de emprego do regime anterior.

e) não tem fundamento, tendo em vista que após o advento da Constituição Federal de 1988, que passou a prever que os serviços dos Cartórios não oficializados são exercidos em caráter privado, por delegação do Poder Público, nenhum trabalhador dos referidos Cartórios tem direito à reintegração no emprego se dispensado sem justa causa.

COMENTÁRIOS

✪ Nota do autor: A questão aborda o tema da renúncia de direitos. Ademais, apresenta maior nível de dificuldade, uma vez que o candidato deveria ter conhecimento sobre a legislação específica sobre o tema.

Alternativa "d". *Comentário serve para as demais alternativas, uma vez que versam sobre o mesmo assunto.* "Exceto na hipótese de previsão contratual ou legal expressa, a opção do funcionário público pelo regime trabalhista implica a renúncia dos direitos inerentes ao regime estatutário." (Súmula nº 243 do TST). Nesse sentido, o art. 48 da Lei nº 8.935/1994 estabeleceu dois regimes jurídicos distintos e foi garantida a oportunidade aos auxiliarias e escreventes de alterar seu regime jurídico para o celetista. Se a alteração foi realizada, verificou-se verdadeira renúncia ao regime estatutário:

> *Os notários e os oficiais de registro poderão contratar, segundo a legislação trabalhista, seus atuais escreventes e auxiliares de investidura estatutária ou em regime especial desde que* **estes aceitem a transformação de seu regime jurídico, em opção expressa**, *no prazo improrrogável de trinta dias, contados da publicação desta lei.*
>
> *§ 1º Ocorrendo opção, o tempo de serviço prestado será integralmente considerado, para todos os efeitos de direito.*

§ 2º Não ocorrendo opção, os escreventes e auxiliares de investidura estatutária ou em regime especial continuarão regidos pelas normas aplicáveis aos funcionários públicos ou pelas editadas pelo Tribunal de Justiça respectivo, vedadas novas admissões por qualquer desses regimes, a partir da publicação desta lei. (grifos acrescidos)

Alternativa correta: "d".

4. COMISSÃO DE CONCILIAÇÃO PRÉVIA

▸ Arts. 625-A a 625-H, CLT

12. (TRT 15 – Juiz do Trabalho Substituto 15ª Região/ 2012) Relativamente às Comissões de Conciliação Prévia, analise as assertivas abaixo e, após, responda.

I. As Comissões de Conciliação Prévia não poderão ser constituídas por grupos de empresas ou ter caráter intersindical.

II. Aquelas comissões porventura instituídas no âmbito do sindicato terão sua constituição e normas de funcionamento definidas no seu estatuto social. O termo de conciliação é título executivo extrajudicial e terá eficácia liberatória geral, exceto quanto às parcelas expressamente ressalvadas.

III. Comissão instituída no âmbito da empresa será composta pelos números de dois a dez membros, respectivamente mínimo e máximo. Haverá tantos suplentes quantos forem os titulares.

IV. As empresas e os sindicatos podem constituir Comissões de Conciliação Prévia, de composição paritária, com representantes dos empregados e dos empregadores, com a atribuição de tentar conciliar os conflitos individuais e coletivos do trabalho.

V. A duração do mandato dos membros das comissões de conciliação prévia é inferior à dos membros da CIPA.

a) Todas as assertivas estão incorretas.

b) A afirmação I está correta e a II está errada.

c) Apenas as assertivas III, IV e V estão incorretas.

d) Apenas a afirmação III está correta.

e) As afirmações I e III estão corretas.

COMENTÁRIOS

✪ **Nota do autor:** A questão aborda o tema da Comissão de Conciliação Prévia. Para o julgamento dos itens, é necessário conhecer dispositivos legais referentes à CIPA (Comissão Interna de Prevenção de Acidentes) e à Comissão de Conciliação Prévia, os quais serão explicados a seguir.

Item I. Errado. O parágrafo único do art. 625-A da CLT dispõe expressamente que as Comissões de Conciliação Prévia "poderão ser constituídas por grupos de empresas ou ter caráter intersindical".

Item II. Errado. A segunda parte do item está correta, correspondendo exatamente ao expresso no parágrafo único do art. 625-E da CLT. Entretanto, a primeira parte está incorreta, pois o art. 625-C estabelece que "a Comissão instituída no âmbito do sindicato terá sua constituição e normas de funcionamento definidas **em convenção ou acordo coletivo**" (grifo nosso) – não no estatuto social, como afirmado no item.

Item III. Certo. "A Comissão instituída no âmbito da empresa será composta de, no mínimo, dois e, no máximo, dez membros, e observará as seguintes normas: haverá na Comissão tantos suplentes quantos forem os representantes titulares." (art. 625-B, "caput" e inciso II, CLT).

Item IV. Errado. "As empresas e os sindicatos podem instituir Comissões de Conciliação Prévia, de composição paritária, com representante dos empregados e dos empregadores, com a atribuição de tentar conciliar os **conflitos individuais do trabalho**." (art. 625-A, "caput", CLT – grifos acrescidos). Assim, é prevista apenas a possibilidade de que tais Comissões conciliem os conflitos individuais do trabalho apenas, não sendo incluídos os direitos coletivos.

Item V. Errado. A duração do mandato dos membros da CCP (Comissão de Conciliação Prévia) e dos membros da CIPA (Comissão Interna de Prevenção de Acidentes) é igual. O art. 625-B, inciso III, da CLT determina que o mandato dos integrantes da CCP, "titulares e suplentes, é de um ano, permitida uma recondução". O § 3º do art. 164 do mesmo diploma legal dispõe: "o mandato dos membros eleitos da CIPA terá a duração de 1 (um) ano, permitida uma reeleição".

Alternativa correta: "d". Está correto apenas o que se afirma na assertiva III.

5. CTPS – CARTEIRA DE TRABALHO E PREVIDÊNCIA SOCIAL

▸ CLT, Título II, Capítulo I

✪ **Nota do autor sobre o tema:** A Lei nº 13.874/2019 alterou a redação de diversos artigos da CLT para prever a emissão da CTPS em meio eletrônico (Carteira de Trabalho Digital). É importante mencionar que a criação da Carteira de Trabalho Digital tem o intuito de desburocratizar e de facilitar as anotações da CTPS dos empregados. Atualmente, diversos documentos públicos estão sendo emitidos em meios eletrônicos, o que facilita a consulta e a alteração das informações neles contidas.

13. (TRT 15 – Juiz do Trabalho Substituto 15ª Região/ 2013) Um dos direitos do trabalhador é a anotação de sua Carteira de Trabalho e Previdência Social. A respeito da Carteira de Trabalho é incorreto afirmar:

a) a data da cessação da relação de emprego a ser anotada na CTPS deve corresponder à do término do prazo do aviso prévio, ainda que indenizado;

b) as anotações na CTPS geram presunção relativa quanto à sua veracidade;

c) a ausência de anotação da CTPS, sobretudo quando se tenta mascarar a relação de emprego com formação de negócio jurídico fraudulento, pode gerar dano moral e material ao trabalhador, além de ser criminosa em tese;

d) segundo Precedente Normativo do TST, as normas coletivas podem prever que a retenção da CTPS do empregado pelo empregador por período superior a 48 (quarenta e oito) horas dará ensejo a uma indenização equivalente a um dia de salário para cada dia de atraso na devolução da CTPS;

e) a não apresentação de CTPS pelo empregado ao empregador justificada ausência da respectiva anotação, não incidindo multas e demais cominações ao empregador.

COMENTÁRIOS

✪ **Nota do autor:** A questão aborda o tema das anotações na Carteira de Trabalho e Previdência Social do empregado – CTPS. Esse assunto foi profundamente impactado pela Lei nº 13.874/2019 e a questão está desatualizada. Mais recentemente, a Lei nº 14.438 também trouxe novidades à disciplina legal da CTPS. Optamos pela manutenção para que o leitor possa apreender as novidades legislativas. Recomenda-se a leitura dos art. 13 a 16, 29, 29-A e 29-B da CLT, pois poderão ser exigidos no seu concurso. O candidato deve estar atento para o fato de que a questão exige que seja assinalada a alternativa **incorreta**.

Alternativa "a". "A data de saída a ser anotada na CTPS deve corresponder à do término do prazo do aviso prévio, ainda que indenizado." (Orientação Jurisprudencial nº 82 da SDI-I do TST).

Alternativa "b". "As anotações apostas pelo empregador na carteira profissional do empregado não geram presunção "juris et de jure", mas apenas "juris tantum". (Súmula nº 12 do TST). Cumpre ressaltar que as presunções "juris et de jure" e "juris tantum" significam, respectivamente, presunção absoluta e relativa. Assim, no entendimento do TST, as anotações feitas na CTPS apresentam presunção relativa, ou seja, podem haver prova em contrário que as desconsidere.

Ademais, o art. 40 da CLT versa sobre o valor das anotações na CTPS do empregado ou trabalhador. De acordo com sua antiga redação, esse documento servia como prova nos atos que se exigem a apresentação de carteiras de identidade. Serviam, ainda, de prova para comprovação de salário, gozo de férias ou tempo de serviços nos casos de dissídio entre empresa e empregado e perante a Previdência Social, para prova de dependência e para cálculo de indenização por acidente de trabalho.

A nova redação do art. 40 da CLT, dada pela Lei da Liberdade Econômica, retirou duas hipóteses que a CTPS serve como prova e passou a estabelecer que poderá ser usada para:

a) comprovação de salário, gozo de férias ou tempo de serviço nas reclamações trabalhistas; ou

b) para o cálculo de indenização por acidente de trabalho ou moléstia profissional.

Alternativa "c". A ausência de anotações na CTPS do empregado pode dar ensejo à indenização por danos morais e patrimoniais do empregado especialmente se for mascarada para a realização de um negócio jurídico fraudulento que venha a prejudicar diretamente o empregado. O TST condenou empresa pela ausência de anotação que causou prejuízos ao empregado:

> **I – AGRAVO DE INSTRUMENTO DA RECLAMADA. RECURSO DE REVISTA – DESCABIMENTO. VÍNCULO DE EMPREGO.** *Quando o acolhimento das arguições da parte depender, antes, do revolvimento de fatos e provas – iniciativa infensa ao recurso de revista (Súmula 126/TST) –, impossível se faz o processamento do apelo. Agravo de instrumento conhecido e desprovido.* **II -RECURSO DE REVISTA DO RECLAMANTE. INDENIZAÇÃO POR DANO MORAL. AUSÊNCIA DE ANOTAÇÃO DO CONTRATO NA CTPS.** *O quadro descrito no acórdão regional permite concluir pela existência de dano moral, em face da inobservância, pelo empregador do direito primordial do trabalhador de ter o seu contrato de emprego anotado em carteira de trabalho e previdência social, que lhe possibilita o acesso aos benefícios assegurados somente àqueles formalmente registrados. Recurso de revista conhecido e provido. (Recurso de Revista com Agravo nº TST-ARR-125300-74.2009.5.15.0046. Relator: Alberto Luiz Bresciani de Fontan Pereira. Data de julgamento: 29 de outubro de 2012.)*

Ainda, interessante notar que Lei nº 14.438, de 24 de agosto de 2022, incluiu os arts. 29-A e 29-B à CLT, fixando valores de multa aos empregadores que não procederem com a anotação adequada da CTPS de seus empregados:

a) Multa de R$ 3000,00 ao empregador que não especificar o salário, qualquer que seja sua forma de pagamento, seja ele em dinheiro ou em utilidades, bem como a estimativa da gorjeta, conforme determinado no art. 29, caput e § 1º, da CLT (a multa será de R$ 800,00 no caso de microempresa ou de empresa de pequeno porte); e

b) Multa de R$ 600,00 pelo descumprimento de prazo das anotações especificadas no art. 29, § 2º, da CLT

Alternativa "d". Atualmente incorreta. "Será devida ao empregado a indenização correspondente a 1 (um) dia de salário, por dia de atraso, pela retenção de sua carteira profissional após o prazo de 48 horas." (Precedente Normativo nº 98 do TST). Esse precedente normativo versava sobre o prazo previsto pela CLT de 48 horas para a devolução da CTPS ao empregado antes das alterações promovidas pela Lei nº 13.874/2019. Atualmente, o prazo é de 5 dias úteis nos termos do art. 29, "caput", da CLT:

> **Art. 29 da CLT:** *O empregador terá o prazo de 5 (cinco) dias úteis para anotar na CTPS, em relação aos trabalhadores que admitir, a data de admissão, a remuneração e as condições especiais, se houver, facultada a adoção de sistema manual, mecânico ou eletrônico, conforme instruções a serem expedidas pelo Ministério da Economia.*

Além disso, como a CTPS será emitida em meio eletrônico, a retenção do documento se tornará conduta cada vez mais rara de se observar na prática trabalhista. Por outro lado, permanecerá presente as reclamações atinentes à ausência de registro e de anotações nos documentos eletrônicos.

Alternativa "e". "A Carteira de Trabalho e Previdência Social é obrigatória para o exercício de qualquer emprego, inclusive de natureza rural, ainda que em caráter temporário, e para o exercício por conta própria de atividade profissional remunerada." (art. 13, "caput", CLT). Assim, em que pese o vínculo empregatício possa ser firmado de forma tácita, é necessária a anotação na CTPS do empregado para fins de controle e registro da relação jurídica realizada. Se o empregado não entregar a carteira de trabalho ao empregador, não há justificativa para a ausência da anotação, inclusive sendo necessária a autuação pelo Ministério do Trabalho a aplicação de multa ao empregador.

Vale ressaltar que a CTPS em meio eletrônico não precisará ser "entregue" pelo trabalhador ao empregador, sendo utilizado o CPF do titular como identificação da CTPS nos termos do art. 16 da CLT com redação dada pela Lei nº 13.874/2019:

> **Art. 16 da CLT:** *A CTPS terá como identificação única do empregado o número de inscrição no Cadastro de Pessoas Física.*

Alternativa incorreta: "e".

6. EMPREGADO

▸ Art. 3º, CLT

✪ Nota do autor sobre o tema: A relação de emprego tem como principal característica a presença do empregado, parte mais fraca da relação jurídica. O Direito do Trabalho foi pensado e criado exatamente para proteger a figura desse trabalhador – o empregado. Em razão disso, há necessidade de diferenciar o trabalhador com vínculo empregatício dos demais. A CLT e as demais normas trabalhistas são voltadas apenas à proteção dos direitos do empregado, ou seja, jornada de trabalho, FGTS, férias, descanso semanal remunerado, dentre outros direitos, são direcionados aos trabalhadores com vínculo empregatício, por isso a importância de diferenciá-los dos trabalhadores autônomos, eventuais, estagiários etc.

Note-se que a Reforma Trabalhista criou a figura do trabalhador "hipersuficiente" que será estudado neste capítulo, tratando-se de verdadeira contradição à figura do art. 3º da CLT, que não permite o tratamento diferenciado em relação à espécie de emprego e à condição de trabalhador.

14. (TRT 4 – Juiz do Trabalho Substituto 4ª região/2016) Considere as assertivas abaixo sobre relação de emprego.

I. A mera expectativa do trabalhador de perceber um ganho econômico pelo trabalho ofertado é suficiente para caracterizar a onerosidade.

II. Os serviços de natureza não eventual são aqueles imprescindíveis à consecução dos fins da empresa, do que decorre a necessidade contínua e habitual do trabalho prestado.

III. A substituição de um trabalhador por outro afasta a pessoalidade, independentemente da frequência e da forma como isso ocorreu.

Quais são corretas?

a) Apenas I

b) Apenas II

c) Apenas III

d) Apenas I e II

e) I, II e III

COMENTÁRIOS

✪ Nota do autor: Trata-se de questão que aborda os requisitos da relação empregatícia, presentes no art. 3º da CLT. Além dos requisitos da pessoa física e pessoalidade, onerosidade, não eventualidade e subordinação, alguns autores[23] destacam a **alteridade** como requisito do vínculo empregatício. A alteridade obriga que todos os riscos do empreendimento sejam suportados exclusivamente pelo empregador. Assim sendo, em momentos de crise financeira mundial, os prejuízos da empresa serão exclusivos do empregador, não se podendo dividi-los com os trabalhadores. O salário deve ser pago, portanto, tendo a empresa lucros ou prejuízos.

Assertiva I. Correta. Se presente a expectativa de prestação dos serviços com o recebimento de contraprestação, verifica-se a presença do requisito da onerosidade, ainda que o empregado não tenha recebido nenhuma quantia. Nesse sentido, sustenta Mauricio Godinho Delgado:

> *A doutrina refere-se à expressão animus contrahendi para traduzir a fundamental intenção das partes (em especial do prestador de serviços) com respeito à natureza e efeitos jurídicos do vínculo formado entre elas. Embora os autores não tendam a colocar esse aspecto da relação empregatícia como parte componente de um de seus elementos fático-jurídicos constitutivos (a onerosidade), o correto é situar exatamente nesse plano o chamado animus contrahendi. Essa expressão traduz, na verdade, a intenção do prestador de se vincular (ou não) a título oneroso e empregatício: inexistindo essa intenção,*

23. MARTINS, Sérgio Pinto. *Direito do Trabalho.* 30. ed. São Paulo: Atlas, 2014. p. 108.

> *não há o plano subjetivo do elemento fático-jurídico da onerosidade*[24].

Assertiva II. Correta. Para configurar o vínculo empregatício, é necessário que o trabalho realizado não seja eventual, ocasional. O contrato de trabalho é de trato sucessivo, ou seja, há continuidade no tempo. Logo, haverá expectativa de que o empregado retorne ao local de trabalho.

Nesse sentido, expõe Mauricio Godinho Delgado sobre a eventualidade: "A teoria dos fins do *empreendimento* (ou *fins da* empresa) é talvez a formulação teórica mais prestigiada entre as quatro aqui enfocadas. Informa tal teorização que eventual será o trabalhador chamado a realizar tarefa não inserida nos fins normais da empresa tarefas que, por essa mesma razão, serão esporádicas e de estreita duração[25]".

Assertiva III. Incorreta. Há possibilidade de substituição de um trabalhador por outro. São os ensinamentos de Mauricio Godinho Delgado:

> *Há, contudo, situações ensejadoras de substituição do trabalhador sem que se veja suprimida a pessoalidade inerente à relação empregatícia. Em primeiro lugar, citem-se as situações de substituição propiciadas pelo consentimento do tomador de serviços: uma eventual substituição consentida (seja mais longa, seja mais curta no tempo), por exemplo, não afasta, necessariamente, a pessoalidade com relação ao trabalhador original. É óbvio, contudo, que uma intermitente e constante substituição consentida pode ser parte relevante de um contrato de prestação de serviços de caráter autônomo e sem pessoalidade (como ocorre com o representante comercial que credencia prepostos seus) o que colocaria a relação jurídica examinada distante da figura legal típica da relação empregatícia.*
>
> *Em segundo lugar, citem-se as substituições normativamente autorizadas (por lei ou norma autônoma). Ilustrativamente, férias, licença-gestante, afastamento para cumprimento de mandato sindical, etc. Nesses casos, o contrato do trabalhador afastado (e substituído, se o empregador decidir colocar em seu posto um substituto) apenas se suspende ou se interrompe, sem qualquer descaracterização da pessoalidade inerente à relação de emprego*[26].

Alternativa correta: "d". Está correto o que se afirma nas assertivas I e II.

7. VÍNCULOS EMPREGATÍCIOS ESPECIAIS

7.1. EMPREGADOS BANCÁRIOS

- Art. 224 da CLT
- Súmula nº 102 do TST

24. DELGADO, Mauricio Godinho. Curso de Direito do Trabalho. 15ª ed. São Paulo: LTr, 2016. P. 309.
25. DELGADO, Mauricio Godinho. Curso de Direito do Trabalho. 15ª ed. São Paulo: LTr, 2016. P. 305.
26. DELGADO, Mauricio Godinho. Curso de Direito do Trabalho. 15ª ed. São Paulo: LTr, 2016. P. 301-302.

15. (TRT 2 – Juiz do Trabalho Substituto 2ª região/2016) Com fulcro na lei e no entendimento doutrinário majoritário e jurisprudencial sumulado do TST, em relação ao empregador, grupo econômico e situações de responsabilização empresarial é correto afirmar que:

a) Empregado de banco, que vende valores mobiliários de empresa pertencente ao mesmo grupo econômico de seu empregador, pretende a integração na sua remuneração da vantagem pecuniária auferida em decorrência dessa atividade, o que não procede considerando tratar-se de atividades correlatas, ligadas à atividade bancária em geral.

b) Ao empregado de empresa de processamento de dados que presta serviço a banco integrante do mesmo grupo econômico, cabível o reconhecimento de sua condição de bancário, tendo em vista que a empresa de processamento de dados empregadora não presta serviços a qualquer outro cliente que não o banco.

c) Mesmo sem previsão, nesse sentido, em seu contrato de trabalho, empregado que presta serviços a todas as empresas do grupo econômico a que pertence seu empregador, e que caracteriza a coexistência de mais de um contrato de trabalho, faz jus ao recebimento de direitos trabalhistas de todas as empresas para as quais presta serviços.

d) A responsabilidade solidária decorrente da existência de grupo econômico somente pode ser reconhecida judicialmente na fase cognitiva devendo o trabalhador ajuizar a ação em face de todas as empresas integrantes do grupo econômico.

e) As empresas de crédito, financiamento ou investimento, também denominadas financeiras, equiparam-se aos estabelecimentos bancários; se beneficiam do regime legal relativo aos bancários os empregados de estabelecimento de crédito pertencentes a categorias profissionais diferenciadas.

COMENTÁRIOS

Nota do autor: Trata de questão que aborda os temas do grupo econômico e do empregado bancário. Ocorre grupo econômico quando as empresas estão ligadas entre si, ou seja, quando há "empresa – mãe e empresas-irmãs". Com a aprovação da Reforma Trabalhista, a nova redação do § 2º do art. 2º da CLT estabelece o reconhecimento de duas formas de grupo econômico:

– **Grupo econômico por subordinação:** Essa modalidade já era prevista na redação anterior do art. 2º, § 2º, da CLT. No caso, o grupo pode ser formado na hipótese de existência de hierarquia entre as empresas. Para a prova de formação do grupo econômico por subordinação, é indispensável, portanto, demonstrar que há uma relação de controle entre uma ou mais empresas em relação às demais integrantes.

- **Grupo econômico por coordenação:** A Reforma Trabalhista inovou ao prever a possibilidade de formação de grupo econômico por coordenação. De acordo com a nova redação do dispositivo, mesmo que as empresas guardem cada uma sua autonomia, estará configurado o grupo econômico.

Alternativa "a". "Integra a remuneração do bancário a vantagem pecuniária por ele auferida na colocação ou na venda de papéis ou valores mobiliários de empresas pertencentes ao mesmo grupo econômico, se exercida essa atividade no horário e no local de trabalho e com o consentimento, tácito ou expresso, do banco empregador" (Súmula nº 93 do TST).

Alternativa "b". "É bancário o empregado de empresa de processamento de dados que presta serviço a banco integrante do mesmo grupo econômico, exceto quando a empresa de processamento de dados presta serviços a banco e a empresas não bancárias do mesmo grupo econômico ou a terceiros" (Súmula nº 239 do TST).

Alternativa "c". "A prestação de serviços a mais de uma empresa do mesmo grupo econômico, durante a mesma jornada de trabalho, não caracteriza a coexistência de mais de um contrato de trabalho, salvo ajuste em contrário" (Súmula nº 129 do TST). Diante da inexistência de ajuste em contrário, verifica-se a presença de contrato único de trabalho.

Alternativa "d". Como o TST trata o grupo econômico como um único empregador, não há exigência de que todas as empresas que compõem o grupo estejam no polo passivo da ação judicial. O trabalhador, portanto, poderá cobrar seus créditos trabalhistas, integralmente, de empresas que não figuraram na reclamação trabalhista, desde que elas façam parte do mesmo grupo econômico[27]. A ausência de uma ou algumas empresas do grupo não impede que elas sejam executadas e, consequentemente, obrigadas a pagar os débitos trabalhistas das demais. É o que se denomina responsabilidade solidária passiva.

Alternativa "e". "As empresas de crédito, financiamento ou investimento, também denominadas *financeiras*, equiparam-se aos estabelecimentos bancários para os efeitos do art. 224 da CLT" (Súmula nº 55 do TST). Portanto, essa parte da alternativa está correta, pois os empregadores das financeiras têm direito à jornada de trabalho reduzida de 6 horas diárias e 30 horas semanais, prevista aos bancários no art. 224 da CLT. Por outro lado, os empregados de estabelecimento de crédito pertencente e categorias profissionais diferenciadas não se beneficiam do regime legal relativo aos bancários:

> **Súmula nº 117 do TST:** *Não se beneficiam do regime legal relativo aos bancários os empregados de estabelecimento de crédito pertencentes a categorias profissionais diferenciadas.*

Alternativa correta: "b".

---

16. (FCC – Juiz do Trabalho Substituto 24ª Região/ 2015) Com base na jurisprudência consolidada do Colendo Tribunal Superior do Trabalho, em relação à função de confiança do bancário é correto afirmar:

a) O bancário que exerce a função a que se refere o § 2° do art. 224 da CLT e recebe gratificação não inferior a um terço de seu salário já tem remuneradas as duas horas extraordinárias excedentes de oitava.

b) Ao bancário exercente de cargo de confiança previsto no artigo 224, § 2°, da CLT são devidas as sétimas e oitavas horas, como extras, no período em que se verificar o pagamento a menor da gratificação de um terço.

c) O bancário sujeito à regra do art. 224, § 2°, da CLT cumpre jornada de trabalho de seis horas, sendo extraordinárias as trabalhadas além da sexta.

d) O advogado empregado de banco, pelo simples exercício da advocacia, exerce cargo de confiança, se enquadrando, portanto, na hipótese do § 2° do art. 224 da CLT.

e) O bancário exercente de função de confiança, que percebe a gratificação não inferior ao terço legal, ainda que norma coletiva contemple percentual superior, tem direito às sétima e oitava horas como extras, e às diferenças de gratificação de função, se postuladas.

COMENTÁRIOS

✪ Nota do autor: A questão aborda o tema do empregado bancário. As questões envolvendo esses trabalhadores são recorrentes nos concursos para Magistratura do Trabalho. Recomendo a prévia leitura e memorização da Súmula nº 102 do TST.

Alternativa "a". "O bancário que exerce a função a que se refere o § 2º do art. 224 da CLT e recebe gratificação não inferior a um terço de seu salário já tem remuneradas as duas horas extraordinárias excedentes de seis." (Súmula nº 102, II, TST).

Alternativa "b". "Ao bancário exercente de cargo de confiança previsto no artigo 224, § 2º, da CLT são devidas as 7ª e 8ª horas, como extras, no período em que se verificar o pagamento a menor da gratificação de 1/3." (Súmula nº 102, III, TST).

Alternativa "c". "O bancário sujeito à regra do art. 224, § 2º, da CLT cumpre jornada de trabalho de 8 (oito) horas, sendo extraordinárias as trabalhadas além da oitava." (Súmula nº 102, IV, TST).

27. Antigamente, o TST, via Súmula nº 205, defendia a necessidade de que todas as empresas que compusessem o grupo figurassem no polo passivo da reclamação trabalhista, possibilitando que participassem do contraditório. Com o entendimento de que as empresas do grupo formam um único empregador, a Súmula nº 205 foi cancelada, possibilitando a execução de empresa que não tenha participado da relação processual (fase de conhecimento).

Alternativa "d". "O advogado empregado de banco, pelo simples exercício da advocacia, não exerce cargo de confiança, não se enquadrando, portanto, na hipótese do § 2º do art. 224 da CLT." (Súmula nº 102, V, TST)

Alternativa "e". "O bancário exercente de função de confiança, que percebe a gratificação não inferior ao terço legal, ainda que norma coletiva contemple percentual superior, não tem direito às sétima e oitava horas como extras, mas tão somente às diferenças de gratificação de função, se postuladas." (Súmula nº 102, VII, TST).

Alternativa correta: "b".

---

17. (FCC – Juiz do Trabalho Substituto 23ª Região/ 2015) Sobre o cargo de confiança bancário, de acordo com o entendimento pacífico da jurisprudência do TST,

a) o fato de Roberval exercer cargo de confiança bancário e receber gratificação não inferior a um terço de seu salário não lhe retira o direito ao recebimento das duas horas extraordinárias excedentes da sexta.

b) Josiel exerce a função de caixa executivo e recebe gratificação superior a um terço do salário do posto efetivo, razão pela qual é considerado exercente de cargo de confiança e não tem direito ao recebimento das duas horas extraordinárias além da sexta.

c) Claudina, na condição de advogada do banco, trabalhando no departamento jurídico do mesmo, exerce cargo de confiança e não tem direito às duas horas extraordinárias excedentes da sexta.

d) considerando que a norma coletiva da categoria prevê gratificação de exercício de função de confiança bancário no valor de cinquenta por cento do salário do posto efetivo, o fato de Sandoval, exercente de cargo de confiança, receber gratificação equivalente a um terço do salário do posto efetivo faz com que o mesmo tenha direito de receber as horas extraordinárias além da sexta.

e) embora desde o início de vigência do seu contrato de trabalho Devonildo exerça cargo de confiança bancário, somente a partir do terceiro ano de trabalho passou a receber gratificação de um terço do salário do posto efetivo, razão pela qual tem direito a receber as horas extraordinárias excedentes da sexta em relação aos dois primeiros anos do contrato.

COMENTÁRIOS

✪ Nota do autor: A questão aborda o tema do empregado bancário. É imprescindível a prévia leitura e memorização da Súmula nº 102 do TST para responder à questão.

Alternativa "a". "O bancário que exerce a função a que se refere o § 2º do art. 224 da CLT e recebe gratificação não inferior a um terço de seu salário já tem remuneradas as duas horas extraordinárias excedentes de seis." (Súmula nº 102, II, TST)

Alternativa "b". "O caixa bancário, ainda que caixa executivo, não exerce cargo de confiança. Se perceber gratificação igual ou superior a um terço do salário do posto efetivo, essa remunera apenas a maior responsabilidade do cargo e não as duas horas extraordinárias além da sexta." (Súmula nº 102, VI, TST)

Alternativa "c". "O advogado empregado de banco, pelo simples exercício da advocacia, não exerce cargo de confiança, não se enquadrando, portanto, na hipótese do § 2º do art. 224 da CLT." (Súmula nº 102, V, TST)

Alternativa "d". "O bancário exercente de função de confiança, que percebe a gratificação não inferior ao terço legal, ainda que norma coletiva contemple percentual superior, não tem direito às sétima e oitava horas como extras, mas tão somente às diferenças de gratificação de função, se postuladas." (Súmula nº 102, VII, TST)

Alternativa "e". "Ao bancário exercente de cargo de confiança previsto no artigo 224, § 2º, da CLT são devidas as 7ª e 8ª horas, como extras, no período em que se verificar o pagamento a menor da gratificação de 1/3." (Súmula nº 102, III, TST).

Alternativa correta: "e".

7.2. EMPREGADO RURAL

▸ Lei nº 5.889/1973

---

18. (FCC – Juiz do Trabalho/2017) Conforme previsões contidas na Lei do Trabalho Rural – Lei no 5.889/1973 é INCORRETO afirmar:

a) Embora devendo integrar o resultado anual a que tiver direito o empregado rural, a plantação subsidiária ou intercalar não poderá compor a parte correspondente ao salário mínimo na remuneração geral do empregado, durante o ano agrícola.

b) A cessão pelo empregador de moradia e de sua infraestrutura básica, assim como a de bens destinados à produção para sua subsistência e de sua família, não integram o salário do trabalhador rural, desde que caracterizados como tais, em contrato escrito celebrado entre as partes, com testemunhas e notificação obrigatória ao respectivo sindicato de trabalhadores rurais.

c) Considera-se empregador rural a pessoa física ou jurídica, desde que proprietária de área rural ou prédio rústico, que explore, com auxílio de empregados, atividade agroeconômica, nela não incluindo a exploração industrial em estabelecimento agrário e a exploração do turismo rural ancilar.

d) A contratação de trabalhador rural por pequeno prazo que, dentro do período de um ano, superar dois meses fica convertida em contrato de trabalho por prazo indeterminado, observando-se os termos da legislação aplicável.

e) Toda propriedade rural que mantenha a seu serviço ou trabalhando em seus limites mais de cinquenta famílias de trabalhadores de qualquer natureza, é obrigada a possuir e conservar em funcionamento escola primária, inteiramente gratuita, para os filhos destes, com tantas classes quanto sejam os grupos de quarenta crianças em idade escolar.

COMENTÁRIOS

Nota do autor: A questão exigia do candidato o conhecimento da Lei nº 5.889/1973. Note-se que deveria ser assinalada a alternativa incorreta.

Alternativa "a". "Nas regiões em que se adota a plantação subsidiária ou intercalar (cultura secundária), a cargo do empregado rural, quando autorizada ou permitida, será objeto de contrato em separado. Embora devendo integrar o resultado anual a que tiver direito o empregado rural, a plantação subsidiária ou intercalar não poderá compor a parte correspondente ao salário mínimo na remuneração geral do empregado, durante o ano agrícola" (art. 12 e parágrafo único da Lei nº 5.889/1973).

Alternativa "b". "A cessão pelo empregador, de moradia e de sua infraestrutura básica, assim, como, bens destinados à produção para sua subsistência e de sua família, não integram o salário do trabalhador rural, desde que caracterizados como tais, em contrato escrito celebrado entre as partes, com testemunhas e notificação obrigatória ao respectivo sindicato de trabalhadores rurais" (art. 9º, §5º da Lei nº 5.889/1973).

Alternativa "c". "Considera-se empregador, rural, para os efeitos desta Lei, a pessoa física ou jurídica, proprietário ou não, que explore atividade agro-econômica, em caráter permanente ou temporário, diretamente ou através de prepostos e com auxílio de empregados. Inclui-se na atividade econômica referida no caput deste artigo, além da exploração industrial em estabelecimento agrário não compreendido na Consolidação das Leis do Trabalho – CLT, aprovada pelo Decreto-Lei no5.452, de 1º de maio de 1943, a exploração do turismo rural ancilar à exploração agro-econômica." (art. 3º e §1º da Lei nº 5.889/1973).

Empregado rural possui os mesmos requisitos dos demais para configurar o vínculo empregatício: pessoa física, não eventualidade, onerosidade e subordinação. O ponto essencial para identificar o trabalhador rural é prestar serviços ao empregador rural.

Alternativa "d". "A contratação de trabalhador rural por pequeno prazo que, dentro do período de 1 (um) ano, superar 2 (dois) meses fica convertida em contrato de trabalho por prazo indeterminado, observando-se os termos da legislação aplicável" (art. 14-A, §1º da Lei nº 5.889/1973).

Alternativa "e". "Toda propriedade rural, que mantenha a seu serviço ou trabalhando em seus limites mais de cinqüenta famílias de trabalhadores de qualquer natureza, é obrigada a possuir e conservar em funcionamento escola primária, inteiramente gratuita, para os filhos destes, com tantas classes quantos sejam os filhos destes, com tantas classes quantos sejam os grupos de quarenta crianças em idade escolar" (art. 16, *caput*, da Lei nº 5.889/1973).

Alternativa incorreta: "c".

---

19. (TRT 1 – Juiz do Trabalho Substituto 1ª região/2016) Em relação às relações de trabalho rural, conforme previstas na Lei no 5.889/73, é correto afirmar:

a) Empregador rural é apenas a pessoa, física ou jurídica, proprietária de terras que explore atividade agroeconômica, em caráter permanente ou temporário, diretamente ou por prepostos.

b) O Trabalho noturno na lavoura, permitido apenas aos empregados maiores de 16 anos, é aquele compreendido entre 21 horas de um dia e 5 horas do dia seguinte.

c) O adicional noturno será de, pelo menos, 25% sobre a remuneração normal.

d) Dadas as peculiaridades das atividades desenvolvidas, são incompatíveis com o trabalho rural as regras de equiparação salarial previstas no artigo 461 da CLT.

e) A indenização devida ao trabalhador safrista, pelo término normal do contrato, é de uma remuneração mensal.

COMENTÁRIOS

Nota do autor: A questão aborda o tema do trabalho rural, devendo o candidato se utilizar da Lei nº 5.889/1973 e do art. 7º da Constituição Federal. O importante para identificar o trabalhador rural é definir quem é o empregador rural. De acordo com a lei, é a pessoa física ou jurídica que explore a atividade agroeconômica. Assim sendo, mesmo que o prédio esteja localizado em área urbana, se a sua destinação envolver exploração agrícola ou pecuária, o empregado será rural.

Alternativa "a". "Considera-se empregador, rural, para os efeitos desta Lei, a pessoa física ou jurídica, **proprietário ou não**, que explore atividade agroeconômica, em caráter permanente ou temporário, diretamente ou através de prepostos e com auxílio de empregados" (art. 2º da Lei nº 5.889/73 – grifos acrescidos).

Alternativa "b". "Ao menor de 18 anos é vedado o trabalho noturno" (art. 8º da Lei nº 5.889/73). O trabalho noturno na lavoura é, de fato, exercido entre as vinte e uma horas de um dia e as cinco horas do dia seguinte (art. 7º da Lei nº 5.889/73).

Alternativa "c". "Todo trabalho noturno será acrescido de 25% (vinte e cinco por cento) sobre a remuneração normal" (art. 7º, parágrafo único da Lei nº 5.889/73). Durante a jornada noturna há necessidade de pagamento ao trabalhador rural de adicional noturno de, no mínimo, 25% a mais que a hora diurna.

Alternativa "d". Segundo o art. 7º, XXX da Constituição Federal: "São direitos dos trabalhadores urbanos e rurais, além de outros que visem à melhoria de sua condição social: proibição de diferença de salários, de exercício de funções e de critério de admissão por motivo de sexo, idade, cor ou estado civil." Os empregados rurais têm os mesmos direitos constitucionais assegurados aos trabalhadores urbanos regidos pela CLT e, portanto, também possuem direito à equiparação salarial.

Alternativa "e". "Expirado normalmente o contrato, a empresa pagará ao safrista, a título de indenização do tempo de serviço, importância correspondente a 1/12 (um doze avos) do salário mensal, por mês de serviço ou fração superior a 14 (quatorze) dias" (art. 14 da Lei nº 5.889/73).

Alternativa correta: "c".

---

20. (TRT 2 – Juiz do Trabalho Substituto 2ª região/2016) Sobre o trabalho rural, à luz da legislação vigente, assinale a alternativa correta:

a) Considera-se trabalho noturno o executado entre as vinte e duas horas de um dia e às cinco horas do dia seguinte, na lavoura, e entre as vinte e três horas de um dia e às seis horas do dia seguinte, na atividade pecuária.

b) É empregado rural a pessoa física que presta serviços em área rural, ainda que destinada exclusivamente ao descanso e entretenimento do empregador e de sua família.

c) Durante o prazo do aviso prévio, se a rescisão tiver sido promovida pelo empregador, o horário normal do empregado rural será reduzido de 2 (duas) horas diárias, sem prejuízo do salário integral, ou por 7 (sete) dias corridos, caso opte por trabalhar a jornada integral.

d) O produtor rural pessoa física poderá realizar contratação de trabalhador rural por pequeno prazo para o exercício de atividades de natureza temporária. A contratação de trabalhador rural por pequeno prazo que, dentro do período de 1 (um) ano, superar 2 (dois) meses fica convertida em contrato de trabalho por prazo indeterminado, observando-se os termos da legislação aplicável.

e) Salvo as hipóteses de autorização legal ou decisão judiciária, poderá ser descontada do empregado rural, calculada sobre o salário mínimo, até o limite de 30% (trinta por cento) pela ocupação da morada; rescindido ou findo o contrato de trabalho, o empregado será obrigado a desocupar a casa de imediato.

COMENTÁRIOS

✪ **Nota do autor:** A questão aborda o tema do trabalho rural e exige o conhecimento da Lei nº 5.889/1973. Em outubro de 2015, a Lei nº 5.889/1973 foi alterada para prever que o turismo realizado de forma acessória à exploração agroeconômica enquadra-se como atividade rural para fins de reconhecimento do empregador rural.

Alternativa "a". "Para os efeitos desta Lei, considera-se trabalho noturno o executado entre as vinte e uma horas de um dia e as cinco horas do dia seguinte, na lavoura, e entre as vinte horas de um dia e as quatro horas do dia seguinte, na atividade pecuária" (art. 7º da Lei nº 5.889/73). O ser humano não possui hábitos noturnos. Assim sendo, o trabalho noturno deve conter aspectos mais protetivos e possuir remuneração superior à do diurno. A hora noturna rural, ao contrário do trabalho urbano, não é reduzida, ou seja, a hora terá duração de 60 minutos, com adicional de 25%.

Alternativa "b". "Empregado rural é toda pessoa física que, em propriedade rural ou prédio rústico, presta serviços de natureza não eventual a empregador rural, sob a dependência deste e mediante salário" (art. 2º da Lei nº 5.889/73). O importante para identificar o trabalhador rural é definir quem é o empregador rural. De acordo com a lei, é a pessoa física ou jurídica que explore a atividade agroeconômica. Assim sendo, mesmo que o prédio esteja localizado em área urbana, se a sua destinação envolver exploração agrícola ou pecuária, o empregado será rural. Portanto, se o empregado é contratado exclusivamente para área destinada apenas ao entretenimento e descanso de sua família, sem finalidade lucrativa e exploração agroeconômica, não se verifica o contrato de trabalho rural.

É possível, nesse caso, o surgimento de contrato de trabalho doméstico se preenchidos os demais requisitos, quais sejam: a) prestação de serviço a pessoa ou família, b) sem finalidade lucrativa; c) em âmbito residencial; d) por período superior a 2 vezes por semana.

Alternativa "c". "Durante o prazo do aviso prévio, se a rescisão tiver sido promovida pelo empregador, o empregado rural terá direito a um dia por semana, sem prejuízo do salário integral, para procurar outro trabalho" (art. 15 da Lei nº 5.889/73). A título de comparação, o empregado urbano terá redução de duas horas diárias ou sete dias corridos, de acordo com o art. 488 da CLT.

Alternativa "d". Trata de expressão literal do art. 14-A e §1º da Lei nº 5.889/73:

> **Art. 14-A, Lei nº 5.889/1973:** *O produtor rural pessoa física poderá realizar contratação de trabalhador rural por pequeno prazo para o exercício de atividades de natureza temporária.*
>
> *§ 1º A contratação de trabalhador rural por pequeno prazo que, dentro do período de 1 (um) ano, superar 2 (dois) meses fica convertida em contrato de trabalho por prazo indeterminado, observando-se os termos da legislação aplicável.*

Alternativa "e". O salário poderá ser pago em dinheiro ou, ainda, em utilidades, como alimentação e moradia. Essa forma de pagamento é chamada de salário *in natura* ou utilidades. Há possibilidade de desconto do salário mínimo para o pagamento das utilidades, respeitando os seguintes percentuais: a) até 20%, moradia. Nesse sentido, prevê o art. 9º da Lei nº 5.889/1973:

> **Art. 9º da Lei nº 5.889/73:** *Salvo as hipóteses de autorização legal ou decisão judiciária, só poderão ser descontadas do empregado rural as seguintes parcelas, calculadas sobre o salário mínimo:*
>
> *a) até o limite de 20% (vinte por cento) pela ocupação da morada;*
>
> *(...)*
>
> *§ 3º Rescindido ou findo o contrato de trabalho, o empregado será obrigado a desocupar a casa dentro de trinta dias".*

Alternativa correta: "d".

---

21. (TRT 4 – Juiz do Trabalho Substituto 4ª região/2016) Considere as assertivas abaixo sobre contrato de trabalho rural.

I. Prédio rústico é o destinado à exploração agrícola, pecuária e extrativa ou agroindustrial. Pode estar localizado no perímetro urbano, mas deve ser utilizado na atividade agroeconômica, diretamente ou por meio de empregado, com finalidade de lucro.

II. O empregado que trabalha em atividade diretamente ligada ao manuseio da terra é rurícola, ainda que o fruto de seu trabalho seja destinado à indústria e que sua empregadora seja enquadrada jurídica e administrativamente como urbana.

III. Sítio de lazer não é propriedade rural caso não haja venda de produtos rurais, sendo seus empregados domésticos. Se nessa propriedade rural existir comercialização da produção rural, seus empregados serão rurais.

Quais são corretas?

a) Apenas I

b) Apenas II

c) Apenas III

d) Apenas I e III

e) I, II e III

COMENTÁRIOS

✪ Nota do autor: A questão aborda o trabalho rural e exige conceitos doutrinários acerca do tema. Outra particularidade desses trabalhadores diz respeito aos serviços intermitentes, em que há possibilidade de intervalos mais longos, como dos empregados que trabalham com gado leiteiro, que saem de madrugada para a primeira ordenha e voltam apenas no fim da tarde para a segunda. Esses intervalos de, no mínimo, 5 horas não são computados na jornada de trabalho do empregado rural, mas devem estar expressamente ressalvados na CTPS do rural.

Assertiva I. Correta. O importante para identificar o trabalhador rural é definir quem é o **empregador rural**. De acordo com a lei, é a pessoa física ou jurídica que explore a atividade agroeconômica. Assim sendo, mesmo que o prédio esteja localizado em área urbana, se a sua destinação envolver exploração agrícola ou pecuária, o empregado será rural. Nesse sentido, segue entendimento de Gustavo Filipe Barbosa Garcia:

> O prédio rústico pode ser entendido como aquele que, situado na zona rural ou mesmo em zona urbana, tem como destinação a exploração da atividade agroeconômica. Assim, o fator principal, na definição do empregado rural, não é o local de prestação do serviço[28].

Deve-se ressaltar que o empregado que prestar serviços ao empregador rural em âmbito residencial, por exemplo, na sede da fazenda, é empregado doméstico, pois não está inserido em atividade lucrativa.

Assertiva II. Correta. "**O empregado que trabalha** em empresa de reflorestamento, cuja atividade está **diretamente ligada ao manuseio da terra e de matéria-prima, é rurícola** e não industriário, nos termos do Decreto n.º 73.626, de 12.02.1974, art. 2º, § 4º, pouco importando que o fruto de seu trabalho seja destinado à indústria. Assim, aplica-se a prescrição própria dos rurícolas aos direitos desses empregados." (Orientação Jurisprudencial nº 38 da SDI-I do TST).

O candidato deve memorizar que o importante para identificar o trabalhador rural é definir quem é o empregador rural. De acordo com a lei, é a pessoa física ou jurídica que explore a atividade agroeconômica. Assim sendo, mesmo que o prédio esteja localizado em área urbana, se a sua destinação envolver exploração agrícola ou pecuária, o empregado será rural.

Importante, entretanto, verificar se a atividade desenvolvida mantém o produto *in natura*, sem transformá-lo em sua natureza. Assim sendo, o empregado que lida com forno, não é considerado empregado rural, pelo TST, pois transforma a madeira em carvão vegetal, pelo processo químico da carbonização[29]. Esse processo industrial transforma a madeira em um outro produto, configurando o operador de forno em industriário (urbano) e não trabalhador rural. Como na alternativa, o empregado realiza o manuseio da terra, é considerado empregado rural.

Assertiva III. Correta. O empregado rural é a pessoa física ou jurídica que explore a atividade agroeconômica. Portanto, se o sítio é destinado exclusivamente para lazer, sem finalidade lucrativa e exploração agroeconômica, não se verifica a propriedade rural para fins trabalhistas.

É possível, nesse caso, o surgimento de contrato de trabalho doméstico se preenchidos os demais requisitos dessa relação de emprego, quais sejam: a) prestação de serviço à pessoa ou família, b) sem finalidade lucrativa; c) em âmbito residencial; d) por período superior a 2 vezes por semana.

Alternativa correta: "e". Todas as assertivas estão corretas.

---

28. GARCIA, Gustavo Filipe Barbosa. **Curso de Direito do Trabalho.** 7ª ed. Rio de Janeiro: Forense, 2013. P. 240.

29. RR 498929/98.

7.3. EMPREGADO DOMÉSTICO

- LC nº 150/2015
- Art. 7º, parágrafo único, CF/88 (EC/72-2013)

✪ Nota do autor sobre empregado doméstico: Destaca-se que, após a edição da Emenda Constitucional nº 72/2013, verificou-se a ampliação dos direitos dos empregados domésticos. Em junho de 2015, foi promulgada a Lei Complementar nº 150/2015, que passou a regulamentar o trabalho doméstico a partir dos novos direitos assegurados pela EC nº 72/2013 e trouxe diversas mudanças na disciplina dessa relação de emprego.

Importante ressaltar que a antiga Lei nº 5.859/1972, que regulamentava o trabalho doméstico, foi expressamente revogada por essa nova lei complementar.

Em resumo, a regulamentação do trabalho doméstico passou a ser regida pelas mudanças trazidas na EC nº 72/2013 e pela Nova Lei dos Domésticos (LC nº 150/2015). Ainda no tocante à legislação incidente nos contratos de trabalho doméstico, cumpre destacar que o art. 19 da nova lei inovou ao prever a aplicação subsidiária da CLT à relação de emprego doméstico[30], respeitadas as peculiaridades inerentes a esses contratos.

Note-se que a Reforma Trabalhista não alterou dispositivos da LC nº 150/2015. Entretanto, tendo em vista o exposto no art. 19 da LC nº 150/2015, haverá aplicação subsidiária da CLT no que não lhe for contrária.

---

22. (FCC – Juiz do Trabalho/2017) Vulcano trabalhou na residência de Medusa, na guarita instalada na parte interna da casa, desde janeiro de 2000. Em outubro de 2016, a sua esposa Atena foi contratada para as funções de cuidadora da mãe de Medusa pelo regime de tempo parcial. Vulcano trabalhava oito horas ao dia, com duas folgas semanais, e Atena laborava no módulo semanal de vinte horas. Eram fornecidas refeições, moradia e plano de assistência médica, sendo efetuados os respectivos descontos no salário dos empregados.

Medusa recolhia apenas o FGTS de Atena, não depositando o de Vulcano, mesmo depois de outubro de 2015, porque ele não estava incluído no sistema desde o início da contratação. Por ocasião do nascimento do seu filho, Vulcano deixou de trabalhar por cinco dias. Considere a situação hipotética e as assertivas a seguir apresentadas, à luz da legislação aplicável:

I. Atena, ainda que contratada pelo regime de tempo parcial, poderia laborar uma hora extra diária, mediante acordo escrito firmado com sua empregadora Medusa, e teria direito a férias anuais remuneradas na proporção de quatorze dias corridos.

II. A ausência de recolhimento do FGTS sobre o salário de Vulcano, após outubro de 2015, não se constitui em infração trabalhista, visto que a Lei Complementar nº 150/2015 tornou obrigatório o FGTS apenas para empregados admitidos após a sua vigência e, antes disso, dependia da opção do empregador.

III. A ausência de Vulcano pelo nascimento do filho pode ser considerada falta injustificada, porque o trabalhador doméstico não faz jus à licença paternidade, sendo devida apenas a licença maternidade à empregada doméstica.

IV. O desconto com moradia seria possível, caso se referisse a local diverso da residência em que ocorria a prestação de serviço, desde que expressamente acordado entre as partes. O desconto com plano de assistência médica seria possível, caso houvesse acordo escrito e não ultrapassasse 20% do salário.

Está correto o que se afirma APENAS em

a) III e IV.

b) I, III e IV.

c) I e II.

d) I e IV.

e) II, III e IV.

COMENTÁRIOS

✪ Nota do autor: A questão aborda o tema empregado doméstico e exigia o conhecimento da LC nº 150/2015 e das disposições constitucionais sobre o assunto.

Item I: Certo. No caso do empregado doméstico, o trabalho em regime parcial é aquele cuja duração não exceda 25 horas semanais, sendo possível a prorrogação por 1 hora diária, com limite máximo de 6 horas semanais, mediante acordo escrito entre empregado e empregador. Nesse sentido:

> **Art. 3º da LC nº 150/2015:** *Considera-se trabalho em regime de tempo parcial aquele cuja duração não exceda 25 (vinte e cinco) horas semanais.*
>
> *§ 1º O salário a ser pago ao empregado sob regime de tempo parcial será proporcional a sua jornada, em relação ao empregado que cumpre, nas mesmas funções, tempo integral.*
>
> *§ 2º A duração normal do trabalho do empregado em regime de tempo parcial poderá ser acrescida de horas suplementares, em número não excedente a 1 (uma) hora diária, mediante acordo escrito entre empregador e empregado, aplicando-se-lhe, ainda, o disposto nos §§ 2º e 3º do art. 2º, com o limite máximo de 6 (seis) horas diárias.*

Note-se que as alterações promovidas pela Reforma Trabalhista, no tocante ao regime de tempo parcial, não se aplicam ao empregado doméstico pois existe regulamentação específica na LC nº 150/2015 para esses trabalhadores.

De acordo com o art. 3º, § 3º, III, da LC nº 150/2015, o empregado com duração do trabalho superior a 15 horas até 20 horas semanais tem direito a 14 dias de férias. Tendo em vista que Atena tinha jornada semanal de 20 horas, terá direito ao gozo de 14 dias de férias.

---

30. Nesse sentido, é possível afirmar que o art. 7º, "a", da CLT, que proíbe a aplicação da CLT aos empregados domésticos, foi revogado tacitamente.

Item II: Errado. Com a EC nº 72/2013, o FGTS foi estendido ao doméstico, dependendo, contudo, de regulamentação legal, o que veio a ser feito pela LC nº 150/2015. Nesse sentido, o art. 34, inciso IV, da LC nº 150/2015 passou a assegurar o depósito do valor de 8% da remuneração do empregado doméstico para o recolhimento do FGTS:

> **Art. 34.** *O Simples Doméstico assegurará o recolhimento mensal, mediante documento único de arrecadação, dos seguintes valores:*
>
> *(...) IV – 8% (oito por cento) de recolhimento para o FGTS; (...)*

A lei complementar condicionou a obrigação de inscrever e recolher o FGTS dos empregados domésticos à edição de um regulamento pelo Conselho Curador e pelo agente operador do fundo que se destine a disciplinar os aspectos técnicos dos depósitos, saques, devolução de valores e emissão de extratos, entre outros. Nesse sentido, foi editada a Resolução CC/FGTS nº 780/2015 estabelecendo a obrigatoriedade na contribuição ao FGTS a partir de 1º de outubro de 2015[31]. Com isso, passou a ser obrigatório que o empregador doméstico realize seu cadastro no portal eletrônico "eSocial" para que seja possível efetuar as contribuições do Simples Doméstico, inclusive dos depósitos de 8% do FGTS. Os depósitos devem ser realizados até o dia 07 do mês seguinte àquele em que a remuneração foi paga. Destaca-se que, se não for dia útil para pagamento no dia 07 de cada mês, o pagamento deve ser realizado até o dia de expediente bancário imediatamente anterior (art. 35, LC nº 150/2015).

Item III: Errado. A licença-paternidade já era garantida ao doméstico antes mesmo da EC nº 72/2013. Veja outros direitos que também eram assegurados antes de referida EC:

Direitos clássicos previstos anteriormente à EC/72-2013, ou seja, eram assegurados desde a promulgação da Constituição Federal ocorrida em 5.10.1988:
a) Salário mínimo
b) Irredutibilidade do salário
c) Décimo terceiro salário
d) Repouso semanal remunerado (regulamentado pela LC nº 150/2015)
e) Férias acrescidas de 1/3 a mais da remuneração (regulamentado pela LC nº 150/2015)
f) Licença-gestante de 120 dias (regulamentado pela LC nº 150/2015)
g) Licença-paternidade (5 dias)
h) Aviso-prévio (regulamentado pela LC nº 150/2015)
i) Aposentadoria

Item IV: Certo. Nesses termos, o art. 18, §§1º e 2º da LC nº 150/2015:

> **Art. 18 da LC nº 150/2015:** *É vedado ao empregador doméstico efetuar descontos no salário do empregado por fornecimento de alimentação, vestuário, higiene ou moradia, bem como por despesas com transporte, hospedagem e alimentação em caso de acompanhamento em viagem.*
>
> *§ 1º É facultado ao empregador efetuar descontos no salário do empregado em caso de adiantamento salarial e, mediante acordo escrito entre as partes, para a inclusão do empregado em planos de assistência médico-hospitalar e odontológica, de seguro e de previdência privada, não podendo a dedução ultrapassar 20% (vinte por cento) do salário.*
>
> *§ 2º Poderão ser descontadas as despesas com moradia de que trata o caput deste artigo quando essa se referir a local diverso da residência em que ocorrer a prestação de serviço, desde que essa possibilidade tenha sido expressamente acordada entre as partes. (grifo nosso)*

Alternativa correta: "d". Está correto o que se afirma nas assertivas I e IV.

---

23. (TRT 1 – Juiz do Trabalho Substituto 1ª região/2016) Em relação ao contrato de trabalho doméstico, é correto afirmar:

a) O intervalo para alimentação e repouso do empregado que não resida no local de trabalho pode, desde que previamente e por escrito ajustado, ser de 30 minutos.

b) Acordo escrito pode estabelecer regime de 12x36 (horas de trabalho por horas ininterruptas de descanso) com a supressão do intervalo para alimentação e repouso, desde que este seja remunerado com 50% de acréscimo.

c) Ressalvada a hipótese de regime de tempo parcial, o empregado tem direito a 30 dias de férias anuais, podendo, a seu critério, fracionar em dois períodos, desde que nenhum deles seja inferior a 14 dias.

d) O contrato de experiência doméstico não pode ultrapassar a 90 dias, mas, diferente da regra prevista na CLT, mesmo que estipulado em prazo inferior, não admite qualquer prorrogação.

e) Configura-se como requisito de validade do contrato de trabalho em regime de tempo parcial que o empregador não exija mais que 4 dias de efetivo trabalho do empregado, a cada semana.

COMENTÁRIOS

✪ Nota do autor: A questão aborda o tema do empregado doméstico. Note-se que a questão exige o conhecimento da Lei Complementar nº 150/2015 aplicada a esses trabalhadores.

Alternativa "a". "É obrigatória a concessão de intervalo para repouso ou alimentação pelo período de, no mínimo, 1 (uma) hora e, no máximo, 2 (duas) horas, admitindo-se, mediante prévio acordo escrito entre

---

31. **Art. 1º, Resolução CC/FGTS nº 780/2015:** "O empregado doméstico, definido nos termos da Lei Complementar nº 150, de 1º de junho de 2015, terá direito ao regime do FGTS, obrigatoriamente, a partir de 1º de outubro de 2015."

empregador e empregado, sua redução a 30 (trinta) minutos" (art. 13 da LC nº 150/2015). Para uma jornada superior a 6 horas, é obrigatória a concessão de intervalo de no mínimo, 1 hora e, no máximo, 2 horas. Há possibilidade de redução do intervalo intrajornada para 30 minutos, desde que haja acordo escrito entre o empregado e empregador. Trata-se de hipótese de flexibilização dos direitos trabalhistas.

Note-se que, para os demais empregados, a Reforma Trabalhista permite a redução do intervalo intrajornada para 30 minutos para empregados com jornada superior a 6 horas, desde que haja acordo ou convenção coletiva neste sentido:

> **Art. 611-A da CLT (com redação dada pela Lei nº 13.467/2017):** *A convenção coletiva e o acordo coletivo de trabalho têm prevalência sobre a lei quando, entre outros, dispuserem sobre: (...) III – intervalo intrajornada, respeitado o limite mínimo de trinta minutos para jornadas superiores a seis horas;*

Alternativa "b": "É facultado às partes, mediante acordo escrito entre essas, estabelecer horário de trabalho de 12 (doze) horas seguidas por 36 (trinta e seis) horas ininterruptas de descanso, observados ou indenizados os intervalos para repouso e alimentação" (Art. 10 da LC nº 150/2015). Não há norma que preveja remuneração de acréscimo de 50% do intervalo intrajornada na hipótese de sua supressão, mas que este deve ser observado ou indenizado.

O art. 59-A da CLT, inserido pela Lei nº 13.467/2017, trata do regime 12x36, devendo o intervalo para repouso e alimentação ser indenizado ou observado. Além disso, a remuneração pactuada pelo horário previsto no abrangerá os pagamentos devidos pelo descanso semanal remunerado e pelo descanso em feriados, sendo considerados compensados os feriados e as prorrogações de trabalho noturno. Referido artigo não é aplicado aos domésticos, tendo em vista a expressa previsão na LC nº 150/2015.

Alternativa "c": Em caso de fracionamento de férias, que pode se dar em até 2 (dois) períodos, 1 (um) deles deve ser de no mínimo 14 (quatorze) dias, nos termos do art. 17, §2º da LC nº 150/2015:

> **Art. 17, LC nº 150/2015:** *O empregado doméstico terá direito a férias anuais remuneradas de 30 (trinta) dias, salvo o disposto no § 3º do art. 3º, com acréscimo de, pelo menos, um terço do salário normal, após cada período de 12 (doze) meses de trabalho prestado à mesma pessoa ou família.*
>
> *§ 1º Na cessação do contrato de trabalho, o empregado, desde que não tenha sido demitido por justa causa, terá direito à remuneração relativa ao período incompleto de férias, na proporção de um doze avos por mês de serviço ou fração superior a 14 (quatorze) dias.*
>
> *§ 2º O período de férias poderá, a critério do empregador, ser fracionado em até 2 (dois) períodos, sendo 1 (um) deles de, no mínimo, 14 (quatorze) dias corridos".*

Assim, tendo em vista o fato de que as férias do doméstico são regidas por lei própria, não se aplica o ar. 134 da CLT com as alterações promovidas pela Reforma Trabalhista. Assim, a previsão de fracionamento das férias em até 3 períodos não é aplicada aos domésticos.

Alternativa "d": O contrato de experiência do empregado doméstico pode ser prorrogado uma única vez, nos termos do art. 5º, § 1º da LC nº 150/2015.

> **Art. 5º, LC nº 150/2015:** *O contrato de experiência não poderá exceder 90 (noventa) dias.*
>
> *§ 1º O contrato de experiência poderá ser prorrogado 1 (uma) vez, desde que a soma dos 2 (dois) períodos não ultrapasse 90 (noventa) dias.*

Alternativa "e": Assim como passou a estabelecer a CLT, a Lei dos Domésticos prevê a possibilidade de contratação de empregados domésticos sob o regime de tempo parcial, com a jornada de trabalho máxima de 25 horas semanais. Para o empregado doméstico há uma novidade no tocante ao regime por tempo parcial, pois permite que haja 1 hora extra, desde que não ultrapasse 6 horas diárias. Exige-se apenas que haja acordo escrito entre as partes. Nos termos do art. 3º da LC nº 150/2015:

> **Art. 3º, LC nº 150/2015:** *Considera-se trabalho em regime de tempo parcial aquele cuja duração não exceda 25 (vinte e cinco) horas semanais.*
>
> *§ 2º A duração normal do trabalho do empregado em regime de tempo parcial poderá ser acrescida de horas suplementares, em número não excedente a 1 (uma) hora diária, mediante acordo escrito entre empregador e empregado, aplicando-se-lhe, ainda, o disposto nos §§ 2º e 3º do art. 2º, com o limite máximo de 6 (seis) horas diárias.*

Note que as alterações promovidas pela Reforma Trabalhista (art. 58-A da CLT), no que toca à regulamentação do trabalho por tempo parcial, não são aplicadas ao empregado doméstico.

Com a nova redação dada ao art. 58-A da CLT, foram previstas duas modalidades distintas de regime de tempo parcial:

> **a) Jornada de trabalho superior a 26 horas e limitada a 30 horas semanais:** *Nessa hipótese, não é permitida a exigência de horas extras dos empregados. Note-se que houve ampliação da jornada de trabalho para a configuração do regime de tempo parcial, passando de 25 horas semanais para o limite de até 30 horas. Se houver trabalho, acima das 30 horas semanais permitidas, o empregador está obrigado ao pagamento do valor da hora normal acrescida do respectivo adicional de, no mínimo, 50%, pois os empregados não podem sofrer o prejuízo. Ademais, a empresa deverá ser multada pela fiscalização do trabalho por descumprimento da legislação trabalhista.*
>
> **b) Jornada de trabalho até 26 horas semanais:** *Se previstas jornadas de até 26 horas semanais, é possível a prestação de até 6 horas extras semanais. Exemplo: Empregado é contratado para prestar 24 horas extras semanais e, poderá em uma mesma semana, prestar 6 horas extras. Perceba que as horas extras poderão ser prestadas inclusive se a jornada for inferior a 26 horas.*

Alternativa correta: "a".

24. (TRT 2 – Juiz do Trabalho Substituto 2ª região/2016) Analise as assertivas seguintes sobre os empregados domésticos à luz da nova regulamentação e responda.

I. A duração normal do trabalho doméstico não excederá oito horas diárias e quarenta horas semanais, com remuneração de hora extraordinária de cinquenta por cento acima do valor da hora normal.

II. O trabalho não compensado prestado em domingos e feriados para o empregado que mora no local de trabalho deverá ser remunerado com o acréscimo de cinquenta por cento sem prejuízo da remuneração relativa ao repouso semanal.

III. Considera-se o trabalho em regime de tempo parcial para o trabalhador doméstico aquele cuja duração não exceda vinte e cinco horas semanais; podendo a duração normal do trabalho ser acrescida de horas suplementares, em número não excedente a uma hora diária, mediante acordo escrito entre empregador e empregado.

IV. É facultada a contratação, por prazo determinado, do empregado doméstico para atender necessidades familiares de natureza transitória, ficando a duração do contrato limitada ao término do evento que motivou a contratação, obedecido o limite máximo de 01 ano.

V. É facultado às partes, mediante acordo escrito entre essas, estabelecer horário de trabalho de 12 horas seguidas por 36 horas ininterruptas de descanso, observados ou indenizados os intervalos para repouso e alimentação.

Estão corretas apenas as proposições:

a) I, III e IV.

b) I, II e V.

c) III e V.

d) II, IV e V.

e) III e IV.

COMENTÁRIOS

Nota do autor: A questão aborda o tema do empregado doméstico. Note-se que a questão exige o conhecimento da Lei Complementar nº 150/2015 aplicada a esses trabalhadores.

Assertiva I. Incorreta "A duração normal do trabalho doméstico não excederá 8 (oito) horas diárias e 44 (quarenta e quatro) semanais, observado o disposto nesta Lei" (Art. 2º, *caput,* da LC nº 150/2015). A jornada de trabalho dos empregados domésticos é limitada em 8 horas diárias e 44 semanais e não em 40 (quarenta) horas semanais como afirma a assertiva.

Assertiva II. Incorreta. "O trabalho não compensado prestado em domingos e feriados deve ser **pago em dobro**, sem prejuízo da remuneração relativa ao repouso semanal" (art. 2º, §8º da LC 150/2015 – grifos acrescidos). Esse dispositivo está de acordo com a Súmula nº 146 do TST, aplicável aos demais empregados:

> **Súmula nº 146 do TST:** *O trabalho prestado em domingos e feriados, não compensado, deve ser pago em dobro, sem prejuízo da remuneração relativa ao repouso semanal.*

Assertiva III. Correta. Nesse sentido, prevê o art. 3º, §§ 1º e 2º, LC nº 150/2015:

> **Art. 3º, LC nº 150/2015:** *Considera-se trabalho em regime de tempo parcial aquele cuja duração não exceda 25 (vinte e cinco) horas semanais.*
>
> *§ 1º O salário a ser pago ao empregado sob regime de tempo parcial será proporcional a sua jornada, em relação ao empregado que cumpre, nas mesmas funções, tempo integral.*
>
> *§ 2º A duração normal do trabalho do empregado em regime de tempo parcial poderá ser acrescida de horas suplementares, em número não excedente a 1 (uma) hora diária, mediante acordo escrito entre empregador e empregado, aplicando-se-lhe, ainda, o disposto nos §§ 2º e 3º do art. 2º, com o limite máximo de 6 (seis) horas diárias.*

Note que as alterações promovidas pela Reforma Trabalhista (art. 58-A da CLT), no que toca à regulamentação do trabalho por tempo parcial, não são aplicadas ao empregado doméstico.

Assertiva IV. Incorreta. O limite máximo de contratação em caso de necessidade familiar de natureza transitória e para substituição temporária de empregado doméstico com contrato de trabalho interrompido ou suspenso é de dois anos:

> **Art. 4º, LC nº 150/2015:** *É facultada a contratação, por prazo determinado, do empregado doméstico:*
>
> *I – mediante contrato de experiência;*
>
> *II – para atender necessidades familiares de natureza transitória e para substituição temporária de empregado doméstico com contrato de trabalho interrompido ou suspenso.*
>
> *Parágrafo único. No caso do inciso II deste artigo, a duração do contrato de trabalho é limitada ao término do evento que motivou a contratação, obedecido o limite máximo de 2 (dois) anos.*

Assertiva V. Correta. "É facultado às partes, mediante acordo escrito entre essas, estabelecer horário de trabalho de 12 (doze) horas seguidas por 36 (trinta e seis) horas ininterruptas de descanso, observados ou indenizados os intervalos para repouso e alimentação" (Art. 10 da LCP nº 150/2015).

O art. 59-A da CLT, inserido pela Lei nº 13.467/2017, trata do regime 12x36, devendo o intervalo para repouso e alimentação ser indenizado ou observado. Além disso, a remuneração pactuada pelo horário previsto no abrangerá os pagamentos devidos pelo descanso semanal remunerado e pelo descanso em feriados, sendo considerados compensados os feriados e as prorrogações de trabalho noturno. Referido artigo não é aplicado aos domésticos, tendo em vista a expressa previsão na LC nº 150/2015.

Alternativa correta: "c". Está correto o que se afirma nas proposições III e V.

---

25. (FCC – Juiz do Trabalho Substituto 1ª Região/ 2015) Em relação ao contrato de trabalho doméstico, considere:

I. É considerado regime de tempo parcial aquele em que a carga horária diária não ultrapassa a 4 horas.

II. As férias dos empregados domésticos são, ressalvadas as hipóteses do regime de tempo parcial, de 30 dias, facultado ao empregador dividir em até 2 períodos, nenhum deles inferior a 14 dias.

III. Ressalvada a hipótese de o empregado comprovadamente estar matriculado em instituição de ensino e a prestação do trabalho ser compatível com a frequência escolar, é proibido o trabalho doméstico a menores de 18 anos.

IV. O empregado doméstico pode converter até 1/3 (um terço) do período de férias em abono pecuniário.

V. Havendo dispensa imotivada, o empregado que resida em morada anexa ao local de trabalho tem o direito de ali permanecer até que o empregador efetue o pagamento das verbas decorrentes do distrato.

Está correto o que se afirma em

a) II e IV, apenas.
b) I, II, III, IV e V.
c) I, III, IV e V, apenas.
d) I, III e IV, apenas.
e) II, IV e V, apenas.

COMENTÁRIOS

✪ **Nota do autor:** A questão aborda o tema do empregado doméstico. Note-se que a questão já exige o conhecimento da Lei Complementar nº 150/2015 aplicada a esses trabalhadores. Essa legislação precisa ser muito bem estudada, uma vez que certamente será exigida nos próximos concursos na área trabalhista.

Assertiva I. Incorreta. "Considera-se trabalho em regime de tempo parcial aquele cuja duração não exceda 25 (vinte e cinco) horas semanais." (art. 3º, "caput", LC nº 150/2015).

Note que as alterações promovidas pela Reforma Trabalhista (art. 58-A da CLT), no que toca à regulamentação do trabalho por tempo parcial, não são aplicadas ao empregado doméstico.

Com a nova redação dada ao art. 58-A da CLT, foram previstas duas modalidades distintas de regime de tempo parcial:

> **a) Jornada de trabalho superior a 26 horas e limitada a 30 horas semanais:** *Nessa hipótese, não é permitida a exigência de horas extras dos empregados. Note-se que houve ampliação da jornada de trabalho para a configuração do regime de tempo parcial, passando de 25 horas semanais para o limite de até 30 horas. Se houver trabalho, acima das 30 horas semanais permitidas, o empregador está obrigado ao pagamento do valor da hora normal acrescida do respectivo adicional de, no mínimo, 50%, pois os empregados não podem sofrer o prejuízo. Ademais, a empresa deverá ser multada pela fiscalização do trabalho por descumprimento da legislação trabalhista.*
>
> **b) Jornada de trabalho até 26 horas semanais:** *Se previstas jornadas de até 26 horas semanais, é possível a prestação de até 6 horas extras semanais. Exemplo: Empregado é contratado para prestar 24 horas extras semanais e, poderá em uma mesma semana, prestar 6 horas extras. Perceba que as horas extras poderão ser prestadas inclusive se a jornada for inferior a 26 horas.*

Assertiva II. Correta. Nesse sentido, estabelece a Nova Lei dos Domésticos:

> **Art. 17, LC nº 150/2015.** *O empregado doméstico terá direito a férias anuais remuneradas de 30 (trinta) dias, salvo o disposto no § 3º do art. 3º, com acréscimo de, pelo menos, um terço do salário normal, após cada período de 12 (doze) meses de trabalho prestado à mesma pessoa ou família.*
>
> *(...)*
>
> *§ 2º O período de férias poderá, a critério do empregador, ser fracionado em até 2 (dois) períodos, sendo 1 (um) deles de, no mínimo, 14 (quatorze) dias corridos.*

Assim, tendo em vista o fato de que as férias do doméstico são regidas por lei própria, não se aplica o ar. 134 da CLT com as alterações promovidas pela Reforma Trabalhista. Assim, a previsão de fracionamento das férias em até 3 períodos não é aplicada aos domésticos:

> **Art. 134, § 1º da CLT (inserido pela Lei nº 13.467/2017):** *Desde que haja concordância do empregado, as férias poderão ser usufruídas em até três períodos, sendo que um deles não poderá ser inferior a quatorze dias corridos e os demais não poderão ser inferiores a cinco dias corridos, cada um.*

Assertiva III. Incorreta. "É vedada a contratação de menor de 18 (dezoito) anos para desempenho de trabalho doméstico, de acordo com a Convenção nº 182, de 1999, da Organização Internacional do Trabalho (OIT) e com o Decreto nº 6.481, de 12 de junho de 2008." (art. 1º, parágrafo único, LC nº 150/2015)

Assertiva IV. Correta. "É facultado ao empregado doméstico converter um terço do período de férias a que tiver direito em abono pecuniário, no valor da remuneração que lhe seria devida nos dias correspondentes" (Art. 17, §3º da LC nº 150/2015).

Assertiva V. Incorreta. "O fornecimento de moradia ao empregado doméstico na própria residência ou em morada anexa, de qualquer natureza, não gera ao empregado qualquer direito de posse ou de propriedade sobre a referida moradia." (art. 18, § 4º, LC nº 150/2015). Não há nenhuma previsão na Nova Lei dos Doméstico que autorize essa permanência na residência até o pagamento das verbas rescisórias.

Alternativa correta: "a". Está correto o que se afirma nas assertivas II e IV.

7.4. PROTEÇÃO DO TRABALHO DO ADOLESCENTE

- Art. 7º, XXXIII, CF/88
- Arts. 402 a 441 (Capítulo IV), CLT

26. (FCC – Juiz do Trabalho Substituto 15ª Região/2015) Considere a seguinte notícia publicada recentemente:

O ator e diretor Carlos protestou na noite de 13/07/15, em São Paulo, antes da sessão para convidados de um musical, contra a decisão judicial que vetou dois atores de 13 e 10 anos, respectivamente, na estreia da produção. (...) O argumento para a proibição, segundo a produção, foi a presença de suposta linguagem inadequada, que poderia prejudicar o desenvolvimento psíquico dos jovens atores (...).

(Adaptado de: Jornal Folha de S. Paulo, Caderno Ilustrada, 14/07/2015)

Com base nas disposições legais é INCORRETO afirmar que

a) o Juiz da Infância e da Juventude poderá autorizar ao menor o trabalho em teatros de revista, cinemas, boates, cassinos, cabarés, dancings e estabelecimentos análogos, desde que a representação tenha fim educativo ou que a peça não prejudique sua formação moral e que seja essencial à subsistência do mesmo ou à de seus pais, avós ou irmãos.

b) segundo a CLT, ao menor nunca será permitido o trabalho prestado de qualquer modo em teatros de revista, cinemas, boates, cassinos, cabarés, dancings e estabelecimentos análogos, por serem considerados prejudiciais à moralidade do mesmo.

c) os adolescentes no Brasil têm direito à profissionalização e à proteção no trabalho, observados o respeito à condição peculiar de pessoa em desenvolvimento e a capacitação profissional adequada ao mercado de trabalho, considerando-se adolescente aquele entre doze e dezoito anos de idade.

d) o Conselho Tutelar é órgão não jurisdicional, encarregado pela sociedade de zelar pelo cumprimento dos direitos da criança e do adolescente, e será composto por membros de reconhecida idoneidade moral, com idade superior a vinte e um anos e que residam no município em que será implantado o Conselho.

e) verificado pela autoridade competente que o trabalho executado pelo menor é prejudicial à sua saúde, ao seu desenvolvimento físico ou à sua moralidade, poderá obrigá-lo a abandonar o serviço.

COMENTÁRIOS

Nota do autor: A questão aborda o tema da proteção do trabalho da criança e do adolescente. O candidato deve estar atento para o fato de que a questão exige que seja assinalada a alternativa **incorreta**. Lembre-se de que, no Brasil, é permitido a partir dos 16 anos de idade. Nessa idade, ainda há restrições, pois o adolescente não poderá prestar serviços em atividades noturnas, insalubres e perigosas. Para essas atividades em que há agressão à saúde, somente a partir dos 18 anos. A Reforma Trabalhista não impactou as normas de proteção do trabalho do adolescente contidas na CLT.

Alternativa "a". É possível o trabalho do adolescente em trabalhos artísticos desde que autorizados pelo juiz e que não prejudique sua formação moral e que seja essencial à subsistência do mesmo ou à de seus pais, avós ou irmãos (art. 406 da CLT c/c art. 405, II e § 3º, CLT).

Alternativa "b". É possível de forma excepcional a autorização para que o adolescente realize trabalhos artísticos conforme estabelece o art. 405 e 406 da CLT:

> **Art. 405 da CLT** – *Ao menor não será permitido o trabalho:*
>
> *(...)*
>
> *II – em locais ou serviços prejudiciais à sua moralidade.*
>
> *(...)*
>
> *§ 3º Considera-se prejudicial à moralidade do menor o trabalho:*
>
> *a) prestado de qualquer modo, em teatros de revista, cinemas, buates, cassinos, cabarés, dancings e estabelecimentos análogos;*
>
> *b) em emprêsas circenses, em funções de acróbata, saltimbanco, ginasta e outras semelhantes*
>
> **Art. 406 da CLT:** *O Juiz de Menores poderá autorizar ao menor o trabalho a que se referem as letras "a" e "b" do § 3º do art. 405:*
>
> *I – desde que a representação tenha fim educativo ou a peça de que participe não possa ser prejudicial à sua formação moral;*
>
> *II – desde que se certifique ser a ocupação do menor indispensável à própria subsistência ou à de seus pais, avós ou irmãos e não advir nenhum prejuízo à sua formação moral.*

Alternativa "c". Nesse sentido, estabelece o Estatuto da Criança e do Adolescente (Lei nº 8.069/1990):

> **Art. 69 do ECA**: *O adolescente tem direito à profissionalização e à proteção no trabalho, observados os seguintes aspectos, entre outros:*
>
> *I – respeito à condição peculiar de pessoa em desenvolvimento;*
>
> *II – capacitação profissional adequada ao mercado de trabalho.*

Alternativa "d". "O Conselho Tutelar é órgão permanente e autônomo, não jurisdicional, encarregado pela sociedade de zelar pelo cumprimento dos direitos da criança e do adolescente, definidos nesta Lei." (art. 131 do Estatuto da Criança e Adolescente – ECA). Ademais, são exigidos alguns requisitos para a candidatura a membro do Conselho Tutelar:

> **Art. 133 do ECA:** *Para a candidatura a membro do Conselho Tutelar, serão exigidos os seguintes requisitos:*
>
> *I – reconhecida idoneidade moral;*
>
> *II – idade superior a vinte e um anos;*
>
> *III – residir no município.*

Alternativa "e". "Verificado pela autoridade competente que o trabalho executado pelo adolescente é prejudicial à sua saúde, ao seu desenvolvimento físico ou a sua moralidade, poderá ela obrigá-lo a abandonar o serviço, devendo a respectiva empresa, quando for o caso, proporcionar ao adolescente todas as facilidades para mudar de funções." (art. 407 da CLT).

Alternativa incorreta: "b".

7.5. APRENDIZ

▸ Arts. 428 a 433, CLT

✪ **Nota do autor sobre o tema:** Em primeiro lugar, é importante destacar que o aprendiz é empregado, estando, desse modo, presentes os requisitos essenciais da relação de emprego. Não se confunde, portanto, com estagiário. Trata-se de relação empregatícia que possui normas específicas na CLT. Permite-se que o contrato de aprendizagem seja celebrado para o maior de 14 e menor de 24 anos, sendo a única possibilidade de trabalho permitida aos adolescentes com menos de 16 anos. Ao aprendiz é garantido, salvo condição mais favorável (fixada no contrato de aprendizagem ou prevista em Acordo ou Convenção coletiva), o salário-mínimo hora. Ademais, o aprendiz faz jus ao vale-transporte (art. 27, Decreto nº 5.598/05). Em 13/03/2017, foi promulgada a Lei nº 13.420/2017, que alterou a redação de diversos artigos da CLT sobre a aprendizagem.

---

27. (FCC – Juiz do Trabalho Substituto 24ª Região/2015) Em relação ao contrato de trabalho do aprendiz, considere:

I. Contrato de aprendizagem é o contrato de trabalho especial, ajustado por escrito e por prazo determinado, em que o empregador se compromete a assegurar ao maior de 14 e menor de 24 anos inscrito em programa de aprendizagem formação técnico- profissional metódica, compatível com o seu desenvolvimento físico, moral e psicológico, e o aprendiz, a executar com zelo e diligência as tarefas necessárias a essa formação.

II. A validade do contrato de aprendizagem pressupõe anotação na Carteira de Trabalho e Previdência Social, matrícula e frequência do aprendiz na escola, caso não haja concluído o ensino médio, e inscrição em programa de aprendizagem desenvolvido sob orientação de entidade qualificada em formação técnico-profissional metódica.

III. O contrato de aprendizagem não poderá ser estipulado por mais de dois anos, exceto quando se tratar de aprendiz portador de deficiência.

IV. Os estabelecimentos de qualquer natureza são obrigados a empregar e matricular nos cursos dos Serviços Nacionais de Aprendizagem número de aprendizes equivalente a cinco por cento, no mínimo, e quinze por cento, no máximo, dos trabalhadores existentes em cada estabelecimento, cujas funções demandem formação profissional.

V. O limite de cinco por cento, no mínimo, e quinze por cento, no máximo, dos trabalhadores existentes em cada estabelecimento, cujas funções demandem formação profissional não se aplica quando o empregador for entidade sem fins lucrativos.

Está correto o que se afirma APENAS em

a) I e II.

b) II e III.

c) III, IV e V.

d) IV e V.

e) I, II, III e IV.

COMENTÁRIOS

✪ **Nota do autor:** A questão aborda o tema do aprendiz. Ademais, exigia apenas o conhecimento do art. 428 e 429 da CLT.

Assertiva I. Correta. "Contrato de aprendizagem é o contrato de trabalho especial, ajustado por escrito e por prazo determinado, em que o empregador se compromete a assegurar ao maior de 14 (quatorze) e menor de 24 (vinte e quatro) anos inscrito em programa de aprendizagem formação técnico-profissional metódica, compatível com o seu desenvolvimento físico, moral e psicológico, e o aprendiz, a executar com zelo e diligência as tarefas necessárias a essa formação." (art. 428, "caput", CLT)

Assertiva II. Correta. "A validade do contrato de aprendizagem pressupõe anotação na Carteira de Trabalho e Previdência Social, matrícula e frequência do aprendiz na escola, caso não haja concluído o ensino médio, e inscrição em programa de aprendizagem desenvolvido sob orientação de entidade qualificada em formação técnico-profissional metódica." (art. 428, § 1º, CLT)

Assertiva III. Correta. "O contrato de aprendizagem não poderá ser estipulado por mais de 2 (dois) anos, exceto quando se tratar de aprendiz portador de deficiência[32]." (art. 428, § 3º, CLT)

---

32. Com a promulgação da Lei nº 13.146/2015 (Estatuto da Pessoa com Deficiência) e sua entrada em vigor em janeiro

Assertiva IV. Correta. "Os estabelecimentos de qualquer natureza são obrigados a empregar e matricular nos cursos dos Serviços Nacionais de Aprendizagem número de aprendizes equivalente a cinco por cento, no mínimo, e quinze por cento, no máximo, dos trabalhadores existentes em cada estabelecimento, cujas funções demandem formação profissional." (art. 429, "caput", CLT)

Assertiva V. Incorreta. "O limite fixado neste artigo não se aplica quando o empregador for entidade sem fins lucrativos, **que tenha por objetivo a educação profissional.**" (art. 429, § 1ª-A, CLT – grifos acrescidos).

Alternativa correta: "e". Está correto o que se afirma nas assertivas I, II, III e IV.

7.6. PROTEÇÃO DO TRABALHO DA MULHER

▸ Arts. 372 a 401 (Capítulo III), CLT

✪ **Nota do autor sobre o tema:** A igualdade de tratamento entre homens e mulheres é imposta pelo art. 5º, inciso I, da Constituição Federal. Há, entretanto, diferenças justificáveis que privilegiam o trabalho da mulher, sobretudo no tocante à proteção à maternidade e à condição física mais frágil das mulheres, se comparada à dos homens.

A Reforma Trabalhista e a Lei nº 13.509/2017 alteraram diversos dispositivos que tratam do direito das mulheres, não deixe de ver as dicas que preparamos sobre o assunto!

28. (FCC – Juiz do Trabalho Substituto 1ª Região/2015) Em relação a normas de proteção destinadas a corrigir as distorções que afetam o acesso da mulher ao mercado de trabalho, é VEDADO

I. publicar ou fazer publicar anúncio de emprego no qual haja referência ao sexo, à idade, à cor ou situação familiar, salvo quando a natureza da atividade a ser exercida, pública e notoriamente, assim o exigir.

II. recusar emprego, promoção ou motivar a dispensa do trabalho em razão de sexo, idade, cor, situação familiar ou estado de gravidez, salvo quando a natureza da atividade seja notória e publicamente incompatível.

III. considerar o sexo, a idade, a cor ou situação familiar como variável determinante para fins de remuneração, formação profissional e oportunidades de ascensão profissional.

IV. impedir o acesso ou adotar critérios subjetivos para deferimento de inscrição ou aprovação em concursos, em empresas privadas, em razão de sexo, idade, cor, situação familiar ou estado de gravidez.

Está correto o que se afirma em

a) I, II e IV, apenas.

b) I, II, III e IV.

c) II, III e IV, apenas.

d) I, II e III, apenas.

e) I, III e IV, apenas.

COMENTÁRIOS

✪ **Nota do autor:** A questão aborda o tema da proteção do trabalho da mulher. Ademais, exigia que o candidato tivesse conhecimento do art. 373-A da CLT.

Assertiva I. Correta. "Ressalvadas as disposições legais destinadas a corrigir as distorções que afetam o acesso da mulher ao mercado de trabalho e certas especificidades estabelecidas nos acordos trabalhistas, é vedado: publicar ou fazer publicar anúncio de emprego no qual haja referência ao sexo, à idade, à cor ou situação familiar, salvo quando a natureza da atividade a ser exercida, pública e notoriamente, assim o exigir." (art. 373-A, I, CLT)

Assertiva II. Correta. "Ressalvadas as disposições legais destinadas a corrigir as distorções que afetam o acesso da mulher ao mercado de trabalho e certas especificidades estabelecidas nos acordos trabalhistas, é vedado: recusar emprego, promoção ou motivar a dispensa do trabalho em razão de sexo, idade, cor, situação familiar ou estado de gravidez, salvo quando a natureza da atividade seja notória e publicamente incompatível." (art. 373-A, II, CLT)

Assertiva III. Correta. "Ressalvadas as disposições legais destinadas a corrigir as distorções que afetam o acesso da mulher ao mercado de trabalho e certas especificidades estabelecidas nos acordos trabalhistas, é vedado: considerar o sexo, a idade, a cor ou situação familiar como variável determinante para fins de remuneração, formação profissional e oportunidades de ascensão profissional." (art. 373-A, III, CLT)

Assertiva IV. Correta. "Ressalvadas as disposições legais destinadas a corrigir as distorções que afetam o acesso da mulher ao mercado de trabalho e certas especificidades estabelecidas nos acordos trabalhistas, é vedado: impedir o acesso ou adotar critérios subjetivos para deferimento de inscrição ou aprovação em concursos, em empresas privadas, em razão de sexo, idade, cor, situação familiar ou estado de gravidez." (art. 373-A, V, CLT)

Alternativa correta: "b". Está correto o que se afirma nas assertivas I, II, III e IV.

29. (FCC – Juiz do Trabalho Substituto 1ª Região/2015) Em relação à proteção à maternidade nas relações de trabalho, é INCORRETO afirmar:

---

de 2016, verificou-se mudança na terminologia adotada, uma vez que os termos "pessoa portadora de deficiência" e "pessoa com necessidades especiais" foram substituídos pelo termo mais apropriado "pessoa com deficiência".

a) A confirmação do estado de gravidez advindo no curso do contrato de trabalho, ainda que durante o prazo do aviso prévio trabalhado ou indenizado, garante à empregada gestante a estabilidade provisória prevista na alínea b do inciso II do art. 10 do Ato das Disposições Constitucionais Transitórias.

b) Em caso de morte da genitora, é assegurado ao cônjuge ou companheiro empregado o gozo de licença por todo o período da licença-maternidade ou pelo tempo restante a que teria direito a mãe, exceto no caso de falecimento do filho ou de seu abandono.

c) À empregada que adotar ou obtiver guarda judicial para fins de adoção de criança será concedida licença-maternidade de 150 dias, sem prejuízo do emprego e do salário.

d) Durante o período a que se refere o artigo 392 da CLT, a mulher terá direito ao salário integral e, quando variável, calculado de acordo com a média dos 6 últimos meses de trabalho, bem como os direitos e vantagens adquiridos, sendo-lhe ainda facultado reverter à função que anteriormente ocupava.

e) A licença-maternidade só será concedida mediante apresentação do termo judicial de guarda à adotante ou guardiã.

COMENTÁRIOS

✪ **Nota do autor:** A questão aborda o tema da proteção do trabalho da mulher. Ademais, exigia o conhecimento literal dos art. 391-A, 392-A e B da CLT. Esses artigos precisam ser memorizados. Note que a questão exigia que se assinalasse a alternativa **incorreta**!!

Alternativa "a". "A confirmação do estado de gravidez advindo no curso do contrato de trabalho, ainda que durante o prazo do aviso prévio trabalhado ou indenizado, garante à empregada gestante a estabilidade provisória prevista na alínea *b* do inciso II do art. 10 do Ato das Disposições Constitucionais Transitórias." (art. 391-A, CLT)

Note que a Lei nº 13.509/2017 estendeu à adotante a estabilidade provisória da gestante, nos termos do parágrafo único do art. 391-A da CLT:

> **Art. 391-A, parágrafo único, da CLT:** *O disposto no* **caput** *deste artigo aplica-se ao empregado adotante ao qual tenha sido concedida guarda provisória para fins de adoção.*

Alternativa "b". "Em caso de morte da genitora, é assegurado ao cônjuge ou companheiro empregado o gozo de licença por todo o período da licença-maternidade ou pelo tempo restante a que teria direito a mãe, exceto no caso de falecimento do filho ou de seu abandono." (art. 392-B, CLT).

Alternativa "c". "À empregada que adotar ou obtiver guarda judicial para fins de adoção de criança ou adolescente será concedida licença-maternidade nos termos do art. 392 desta Lei." (art. 392-A, CLT – redação dada pela Lei nº 13.509/2017) "A empregada gestante tem direito à licença-maternidade de 120 (cento e vinte) dias, sem prejuízo do emprego e do salário." (art. 392, "caput", CLT).

Veja as novidades trazidas pela Lei nº 13.509/2017:

NOVIDADES TRAZIDAS PELA LEI Nº 13.509/2017 PROTEÇÃO DO TRABALHO DA MULHER
– Estabilidade provisória da adotante: A lei acrescentou o parágrafo único ao art. 391-A da CLT para estender à adotante a estabilidade provisória da gestante prevista no art. 10, II, "b", do ADCT. > Requisito: guarda provisória para fins de adoção; > Início da estabilidade com a convivência familiar (guarda provisória, concessão de adoção, etc.) **– Licença-maternidade na adoção de adolescentes:** A Lei nº 13.509/2017 passou a assegurar o direito ao recebimento de licença-maternidade na hipótese de adoção de crianças e de adolescentes. A antiga redação o art. 392-A da CLT previa esse direito apenas à adoção de crianças. a) Criança: com menos de 12 anos (art. 2º, ECA) b) Adolescentes: Entre 12 e 18 anos (art. 2º, ECA) > Ressalta-se que, diante da ausência de previsão em lei de pagamento de salário maternidade na adoção de adolescente, caberá à empresa o pagamento do salário do empregado afastado. **– Intervalos para amamentação na adoção:** A nova redação do "caput" do art. 396 da CLT prevê o direito a dois intervalos de ½ hora cada um para amamentação do filho, inclusive se advindo de adoção. > Esses intervalos devem ser concedidos independentemente do sexo do empregado adotante, diante da possibilidade de amamentação artificial.

Alternativa "d". "Durante o período a que se refere o art. 392, a mulher terá direito ao salário integral e, quando variável, calculado de acordo com a média dos 6 (seis) últimos meses de trabalho, bem como os direitos e vantagens adquiridos, sendo-lhe ainda facultado reverter à função que anteriormente ocupava." (art. 393, CLT).

Alternativa "e". "A licença-maternidade só será concedida mediante apresentação do termo judicial de guarda à adotante ou guardiã." (art. 392-A, § 4º, CLT)

Alternativa incorreta: "c".

7.7. MÃE SOCIAL

▸ Lei nº 7.644/ 1987

30. (TRT 1 – Juiz do Trabalho Substituto 1ª região/2016) Janaína Souza ajuíza reclamação trabalhista em face de Menor Feliz – instituição privada sem fins lucrativos, que tem como objeto a assistência a menores abandonados –, dizendo-se admitida em 01/08/2014, para exercer a função de Mãe Social, na forma da Lei nº 7.644/87, em casa-lar que abrigava 8 menores de 12 anos.

Afirma, ainda, que trabalhava de segunda-feira a sábado, das 7 às 21 horas, com intervalo de uma hora para alimentação e descanso e que, duas vezes por mês, trabalhava também aos domingos. Sustenta jamais haver recebido qualquer hora extra.

Alega, também, que, sem ter gozado férias, em 05/12/2015, comunicou à instituição que, por necessidade familiar, desde a véspera, não mais residia na casa-lar, mas sim em sua residência particular (tendo informado, no entanto, que estaria presente à casa-lar sempre a tempo de providenciar a primeira refeição dos menores). Em função deste fato, prossegue narrando, foi dispensada motivadamente (por justa causa) – o que entende abusivo. Conclui pleiteando, entre outras, as seguintes parcelas:

I. Horas extras.

II. Repouso remunerado (duas vezes ao mês).

III. Aviso prévio.

IV. Férias de 30 dias.

Admita que, tendo sido corretamente citada, a Instituição Menor Feliz não compareceu à audiência designada, na qual deveria apresentar defesa, e que nenhum outro incidente ocorreu, tendo a instrução sido encerrada. Em relação aos itens acima especificados, deve ser julgado procedente o que consta em

a) I, II e IV, apenas.

b) I, II, III e IV.

c) III e IV, apenas.

d) II e IV, apenas.

e) I, II e III, apenas.

COMENTÁRIOS

Nota do autor: A questão aborda o tema da mãe social, que tem disciplina legal própria na Lei nº 7.644/1987. A atividade de Mãe Social tem o intuito de promover a assistência a adolescentes abandonados, visando propiciar ao adolescente as condições necessárias para seu desenvolvimento e integração social.

Assertiva I. Incorreta. O art. 5º da Lei nº 7.644/1987 estabelece o rol de **direitos trabalhistas** que devem ser assegurados a essas prestadoras de serviços:

> **Art. 5º, Lei nº 7.644/1987** *À mãe social ficam assegurados os seguintes direitos:*
>
> *I – anotação na Carteira de Trabalho e Previdência Social;*
>
> *II – remuneração, em valor não inferior ao salário mínimo;*
>
> *III – repouso semanal remunerado de 24 (vinte e quatro) horas consecutivas;*
>
> *IV – apoio técnico, administrativo e financeiro no desempenho de suas funções;*
>
> *V – 30 (trinta) dias de férias anuais remuneradas nos termos do que dispõe o capítulo IV, da Consolidação das Leis do Trabalho;*
>
> *VI – benefícios e serviços previdenciários, inclusive, em caso de acidente do trabalho, na qualidade de segurada obrigatória;*
>
> *VII – gratificação de Natal (13º salário);*
>
> *VIII – Fundo de Garantia do Tempo de Serviço ou indenização, nos termos da legislação pertinente.*

Nesse sentido, verifica-se que a mãe social não tem assegurado o recebimento de horas extras.

Assertiva II. Correta. "À mãe social ficam assegurados os seguintes direitos: repouso semanal remunerado de 24 (vinte e quatro) horas consecutivas" (art. 5º, III da Lei nº 7.644/1987). Note-se que são devidos apenas dois descansos semanais remunerados. Isso porque Janaína Souza trabalhou duas vezes por mês aos domingos e gozou dois descansos semanais remunerados.

Assertiva III. Incorreta. "Às relações do trabalho previstas nesta Lei, no que couber, aplica-se o disposto nos capítulos I e IV do Título II, Seções IV, V e VI do Capítulo IV do Título III e nos **Títulos IV** e VII, todos da Consolidação das Leis do Trabalho – CLT." (art. 19, Lei nº 7.644/1987). O aviso-prévio é direito assegurado à mãe social por aplicação dos dispositivos do título IV da CLT, especificamente de seu capítulo VI – Aviso-prévio. Contudo, Janaína não terá direito ao recebimento do aviso-prévio pois foi dispensada corretamente por justa causa. A mãe social não poderia ter se ausentado dos cuidados dos adolescentes para residir em sua residência particular:

> **Art. 4º, parágrafo único, Lei nº 7.644/1987:** *A mãe social, enquanto no desempenho de suas atribuições, deverá residir, juntamente com os menores que lhe forem confiados, na casa-lar que lhe for destinada.*

Assertiva IV. Correta. "À mãe social ficam assegurados os seguintes direitos: 30 (trinta) dias de férias anuais remuneradas nos termos do que dispõe o capítulo IV, da Consolidação das Leis do Trabalho" (art. 5º, V da Lei nº 7.644/1987).

Alternativa correta: "d". Estão corretos os itens II e IV.

---

31. (TRT 4 – Juiz do Trabalho Substituto 4ª região/2016) Considere as assertivas abaixo sobre mãe social.

I. As instituições sem finalidade lucrativa, ou de utilidade pública de assistência ao menor abandonado, e que funcionem pelo sistema de casas-lares, utilizarão mães sociais, existindo entre a instituição e a mãe social efetivo vínculo de emprego, e não serviço voluntário benevolente.

II. Os salários devidos à mãe social serão reajustados de acordo com as disposições legais aplicáveis, deduzido o percentual de alimentação fornecida pelo empregador.

III. É uma das atribuições da mãe social propiciar o surgimento de condições próprias de uma família, orientando e assistindo os menores colocados sob seus cuidados.

Quais são corretas?

a) Apenas I

b) Apenas II

c) Apenas III

d) Apenas I e II

e) I, II e III

COMENTÁRIOS

✪ **Nota do autor:** A questão aborda o tema da mãe social. Ademais, não apresenta alto nível de dificuldade, uma vez que apenas exigia a prévia leitura e memorização dos artigos da Lei nº 7.644/1987 que regulamenta o tema.

Assertiva I. Correta. "As instituições sem finalidade lucrativa, ou de utilidade pública de assistência ao menor abandonado, e que funcionem pelo sistema de casas-lares, utilizarão mães sociais visando a propiciar ao menor as condições familiares ideais ao seu desenvolvimento e reintegração social" (Art. 1º da Lei nº 7.644/1987).

Assertiva II. Correta. "Os salários devidos à mãe social serão reajustados de acordo com as disposições legais aplicáveis, deduzido o percentual de alimentação fornecida pelo empregador" (art. 7º da Lei nº 7.644/1987).

Assertiva III. Correta. Dentre as atribuições da mãe social dispostas no art. 4º da Lei nº 7.644/1987, a alternativa elenca a exposta no inciso I: "São atribuições da mãe social: I – propiciar o surgimento de condições próprias de uma família, orientando e assistindo os menores colocados sob seus cuidados".

Alternativa correta: "e". Os itens I, II e III estão corretos.

---

32. (FCC – Juiz do Trabalho Substituto 15ª Região/2015) Silvia, nascida em 1989, presta serviços de cunho social para uma instituição sem finalidade lucrativa, dedicando- se exclusivamente à assistência ao menor abandonado, residindo no local de trabalho, também chamado de casa- lar. Com base em tais informações, Silvia

a) tem direito a anotação em CTPS, salário mínimo, DSR, férias acrescidas de um terço, entre outros, tendo em vista que por sua habitualidade, na qualidade de trabalhadora autônoma, passa a ser empregada doméstica.

b) tem direito a anotação em CTPS, salário mínimo, DSR, férias acrescidas de um terço, entre outros, tendo em vista sua condição de empregada doméstica.

c) tem direito a anotação em CTPS, salário mínimo, DSR e férias remuneradas, entre outros, tendo em vista sua condição de Mãe Social.

d) não possui direitos trabalhistas, pois a sua prestação de serviços não desnatura sua condição de trabalhadora autônoma.

e) não possui direitos trabalhistas, pois a sua prestação de serviços não desnatura sua condição de trabalhadora eventual.

COMENTÁRIOS

✪ **Nota do autor:** A questão aborda o tema da Mãe Social. Ressalta-se que a legislação permite que as instituições sem finalidades lucrativas, ou de utilidade pública de assistência ao adolescente abandonado (aqueles que se encontram em situação irregular, seja pela morte, abandono ou incapacidade dos pais) contratem mães sociais para que seja possível o funcionamento de casas-lares.

Alternativa "c". *Comentário serve para as demais alternativas, uma vez que versam sobre o mesmo assunto.* "Considera-se mãe social, para efeito desta Lei, aquela que, dedicando-se à assistência ao menor abandonado, exerça o encargo em nível social, dentro do sistema de casas-lares." (art. 2º, Lei nº 7.644/1987). "A mãe social, enquanto no desempenho de suas atribuições, deverá residir, juntamente com os menores que lhe forem confiados, na casa-lar que lhe for destinada." (art. 4º da Lei nº 7.644/1987). São assegurados diversos direitos trabalhistas à Mãe Social:

> **Art. 5º, Lei nº 7.644/1987:** *À mãe social ficam assegurados os seguintes direitos:*
>
> **I – anotação na Carteira de Trabalho e Previdência Social;**
>
> *II – remuneração, em valor não inferior ao salário mínimo;*
>
> **III – repouso semanal remunerado de 24 (vinte e quatro) horas consecutivas;**
>
> *IV – apoio técnico, administrativo e financeiro no desempenho de suas funções;*
>
> **V – 30 (trinta) dias de férias anuais remuneradas nos termos do que dispõe o capítulo IV, da Consolidação das Leis do Trabalho;**
>
> *VI – benefícios e serviços previdenciários, inclusive, em caso de acidente do trabalho, na qualidade de segurada obrigatória;*
>
> *VII – gratificação de Natal (13º salário);*
>
> *VIII – Fundo de Garantia do Tempo de Serviço ou indenização, nos termos da legislação pertinente.* (grifos acrescidos)

Além disso, Silvia preenche o requisito de idade mínima para trabalhar como Mãe Social:

> **Art. 9º, "a", Lei nº 7.644/1987**: *São condições para admissão como mãe social: idade mínima de 25 (vinte e cinco) anos.*

Alternativa correta: "c".

33. (TRT 8 – Juiz do Trabalho Substituto 8ª Região/ 2015) Quanto a contrato de estágio, contrato de aprendizagem e mãe social, assinale a alternativa CORRETA:

a) A mãe social deverá receber meio salário mínimo por criança que esteja sob seus cuidados.

b) Devido ao tipo de atividade por ela exercida, a mãe social não tem direito a férias de trinta dias.

c) À mãe social ficam assegurados benefícios e serviços previdenciários, inclusive, em caso de acidente do trabalho, na qualidade de segurada obrigatória.

d) A duração do trabalho do aprendiz não excederá, em qualquer hipótese, 6 (seis) horas diárias, sendo vedada a prorrogação e a compensação de jornada.

e) A jornada de atividade em estágio deverá ser compatível com as atividades escolares e não poderá ultrapassar 4 (quatro) horas diárias e 20 (vinte) horas semanais, no caso de estudantes de ensino superior, da educação profissional de nível médio e do ensino médio regular.

COMENTÁRIOS

Nota do autor: A questão aborda o tema da mãe social e do aprendiz. A inserção nesse tópico justifica-se pelo fato de que a alternativa correta versa sobre mãe social. Lembre-se de que a advertência é uma sanção possível ao empregador e aceita pela doutrina e jurisprudência, mas não consta da CLT. Por outro lado, o art. 14, I, da Lei da Mãe Social prevê expressamente a advertência como modalidade penalidade possível de ser aplicada.

Alternativa "a". "Os salários devidos à mãe social serão reajustados de acordo com as disposições legais aplicáveis, deduzido o percentual de alimentação fornecida pelo empregador." (art. 7º, Lei nº 7.644/1987). "À mãe social ficam assegurados os seguintes direitos: remuneração, em valor não inferior ao salário mínimo" (art. 5º, II, Lei nº 7.644/1987).

Alternativa "b". "À mãe social ficam assegurados os seguintes direitos: 30 (trinta) dias de férias anuais remuneradas nos termos do que dispõe o capítulo IV, da Consolidação das Leis do Trabalho." (art. 5º, V, Lei nº 7.644/1987)

Alternativa "c". "À mãe social ficam assegurados os seguintes direitos: benefícios e serviços previdenciários, inclusive, em caso de acidente do trabalho, na qualidade de segurada obrigatória." (art. 5º, VI, Lei nº 7.644/1987)

Alternativa "d". De acordo com o art. 432, da CLT:

> **Art. 432 da CLT:** *A duração do trabalho do aprendiz não excederá de seis horas diárias, sendo vedadas a prorrogação e a compensação de jornada.*
>
> *§ 1º O limite previsto neste artigo poderá ser de até oito horas diárias para os aprendizes que já tiverem completado o ensino fundamental, se nelas forem computadas as horas destinadas à aprendizagem teórica.*

Alternativa "e". "A jornada de atividade em estágio será definida de comum acordo entre a instituição de ensino, a parte concedente e o aluno estagiário ou seu representante legal, devendo constar do termo de compromisso ser compatível com as atividades escolares e não ultrapassar: 6 (seis) horas diárias e 30 (trinta) horas semanais, no caso de estudantes do ensino superior, da educação profissional de nível médio e do ensino médio regular." (art. 10, II, Lei nº 11.788/2008)

Alternativa correta: "c".

7.8. ATLETA PROFISSIONAL

- Lei nº 9.615/1998
- Lei nº 14.597/2023

34. (FGV – 2023 – TST – Juiz do Trabalho) Peripécia na Bola, jogador de futebol, mantém há três aos com o PontaPé Futebol Clube, entidade de prática desportiva brasileira de renome internacional, contrato especial de trabalho desportivo.

O atleta recebe do clube salário fixo de R$ 20.000,00 mensais, mais acréscimos remuneratórios que somam, em média, R$ 9.000,00 mensais, além de direito de imagem derivado de contrato civil no valor de R$ 8.500,00 mensais.

Ocorre que há três meses o clube está, sem justificativa, em débito com o atleta em relação ao direito de imagem, não obstante em dia com todas as demais parcelas de natureza trabalhista.

Na situação descrita, com base no que expressamente dispõe a regulamentação especial da profissão de atleta, é correto afirmar que:

a) Peripécia na Bola pode considerar automaticamente rescindido o contrato especial de trabalho desportivo, ficando livre para transferir-se para qualquer outra entidade de prática desportiva da mesma modalidade, desde que nacional, e exigir cláusula compensatória desportiva, além dos haveres devidos;

b) Para considerar o contrato especial de trabalho desportivo rescindido, necessita de decisão judicial prévia que lhe autorize o direito de transferir-se para qualquer outra entidade de prática desportiva da mesma modalidade, nacional ou estrangeira;

c) PontaPé Futebol Clube terá o contrato especial de trabalho desportivo com Peripécia na Bola rescindido, ficando o atleta livre para transferir-se para qualquer outra entidade de prática desportiva da mesma modalidade, nacional ou estrangeira, e exigir cláusula compensatória desportiva e os haveres devidos;

d) somente o débito quanto a parcelas de natureza estritamente salarial dariam a Peripécia na Bola o direito de considerar automaticamente rescindido o contrato especial de trabalho desportivo e a liberdade de transferência para outra entidade de prática desportiva da mesma modalidade, desde que nacional, e exigir cláusula indenizatória desportiva, além dos haveres devidos;

e) deve Peripécia na Bola extrajudicialmente notificar a entidade de prática desportiva empregadora para, querendo, purgar a mora, no prazo de quinze dias, sob pena de rompimento do contrato e liberdade para transferir-se para qualquer outra entidade de prática desportiva da mesma modalidade, desde que nacional, e exigir cláusula indenizatória desportiva e os haveres devidos.

COMENTÁRIOS

Nota do autor: O trabalho desportivo, em geral, é regulamentado pela Lei nº 9.615/1998, com alterações introduzidas pela Lei nº 12.365/2011, chamada de Lei Pelé. Subsidiariamente, aplica-se as disposições da CLT. Ainda, o candidato deve ficar atento à Lei Geral do Esporte – Lei nº 14.597, de 14 de junho de 2023. A questão trata sobre o contrato especial de trabalho desportivo e, para respondê-la corretamente, exigia do candidato a literalidade da Lei Pelé.

Alternativa "c". *Comentário serve para as demais alternativas, uma vez que versam sobre o mesmo assunto.* "A entidade de prática desportiva empregadora que estiver com **pagamento de salário ou de contrato de direito de imagem de atleta profissional em atraso, no todo ou em parte, por período igual ou superior a três meses**, terá o contrato especial de trabalho desportivo daquele atleta **rescindido**, ficando o atleta **livre** para transferir-se para qualquer outra entidade de prática desportiva de mesma modalidade, nacional ou internacional, e exigir a cláusula compensatória desportiva e os haveres devidos." (art. 31, Lei nº 9.615/1998 – Lei Pelé, grifamos).

Alternativa correta: "c".

8. RELAÇÕES DE TRABALHO QUE NÃO CONFIGURAM VÍNCULO EMPREGATÍCIO

35. (FCC – Juiz do Trabalho/2017) A respeito de profissões com regulamentação especial, nos termos da legislação específica e da jurisprudência sumulada do Tribunal Superior do Trabalho,

a) o contrato de trabalho do atleta profissional terá prazo determinado com vigência entre três meses e cinco anos, ficando caracterizada a mora salarial contumaz pelo atraso do salário, no todo ou em parte, igual ou superior a três meses, não sendo considerados para este efeito o atraso no direito de imagem e o não recolhimento do FGTS e das contribuições previdenciárias.

b) aos ferroviários que trabalham em estação do interior, assim classificada por autoridade competente, não são devidas horas extras, sendo-lhes, entretanto, assegurado o repouso contínuo de onze horas, no mínimo, entre dois períodos de trabalho, conforme previsto no artigo 66 da CLT, além do descanso semanal.

c) é vedado aos professores, aos domingos, a regência de aulas e o trabalho em exames, sendo que, no período de exames, não será exigida a prestação de mais de seis horas de trabalho diário, ainda que mediante pagamento complementar de cada hora excedente pelo preço correspondente ao de uma aula, acrescida de adicional de 50%.

d) o vínculo empregatício entre o salão-parceiro e o profissional-parceiro ficará configurado quando, mesmo havendo contrato de parceria por escrito, com homologação sindical ou, na ausência, pelo órgão do Ministério do Trabalho e Emprego, perante duas testemunhas, o profissional-parceiro desempenhar funções diferentes das descritas no contrato de parceria.

e) a jornada de trabalho especial e reduzida para os engenheiros, prevista em lei, é de seis horas diárias e trinta horas semanais, devendo ser pagas como extraordinárias as excedentes deste limite, respeitado o salário mínimo/horário da categoria.

COMENTÁRIOS

Nota do autor: A questão exigia o conhecimento da legislação específica acerca das profissões regulamentadas.

Alternativa "a". Ao contrário do afirmado na alternativa, o atraso no recolhimento do FGTS e das contribuições previdenciárias caracteriza a mora contumaz:

> **Art. 31 da Lei nº 9.615/1998:** *A entidade de prática desportiva empregadora que estiver com pagamento de salário ou de contrato de direito de imagem de atleta profissional em atraso, no todo ou em parte, por período igual ou superior a três meses, terá o contrato especial de trabalho desportivo daquele atleta rescindido, ficando o atleta livre para transferir-se para qualquer outra entidade de prática desportiva de mesma modalidade, nacional ou internacional, e exigir a cláusula compensatória desportiva e os haveres devidos.*
>
> *§ 1º São entendidos como salário, para efeitos do previsto no caput, o abono de férias, o décimo terceiro salário, as gratificações, os prêmios e demais verbas inclusas no contrato de trabalho.*
>
> *§ 2º A mora contumaz será considerada também pelo não recolhimento do FGTS e das contribuições previdenciárias.*

A primeira parte da alternativa, entretanto, era correta: "O contrato de trabalho do atleta profissional terá prazo determinado, com vigência nunca inferior a três meses nem superior a cinco anos" (Art. 30 da Lei nº 9.615/1998).

Alternativa "b". "Para os empregados de estações do interior, cujo serviço for de natureza intermitente ou de pouca intensidade, não se aplicam os preceitos gerais sobre duração do trabalho, sendo-lhes, entretanto, assegurado o repouso contínuo de dez horas, no mínimo, entre dois períodos de trabalho e descanso semanal" (Art. 243 da CLT).

Alternativa "c". "Não se exigirá dos professores, no período de exames, a prestação de mais de 8 (oito) horas de trabalho diário, salvo mediante o pagamento complementar de cada hora excedente pelo preço correspondente ao de uma aula" (Art. 322, §1º da CLT). Entretanto, a primeira parte da alternativa é correta: "Aos professores é vedado, aos domingos, a regência de aulas e o trabalho em exames" (art. 319 da CLT).

Alternativa "d". De acordo com a Lei nº 12.592/2012, que teve sua redação alterada pela Lei nº 13.352/2016, em regra, não haverá vínculo empregatício entre salão-parceiro e profissional parceiro, mesmo que presentes os requisitos da relação de emprego (art. 1º-A, §11 da Lei nº 12.592/2012). Entretanto, para que o vínculo não se configure, devem ser obedecidas algumas formalidades, como é o caso da necessidade de contrato escrito e homologado pelo sindicato da categoria profissional e laboral e, em sua ausência pelo Ministério do Trabalho, perante 2 testemunhas.

Na ausência deste contrato e, caso o profissional-parceiro exerça atividades distintas do contrato de parceria, estará configurado o vínculo de emprego entre este profissional e o salão-parceiro:

> **Art. 1º-C da Lei nº 12.592/2012:** *Configurar-se-á vínculo empregatício entre a pessoa jurídica do salão-parceiro e o profissional-parceiro quando:*
>
> *I – não existir contrato de parceria formalizado na forma descrita nesta Lei; e*
>
> *II – o profissional-parceiro desempenhar funções diferentes das descritas no contrato de parceria.*

Vale destacar que, no dia 28/10/2021, o STF decidiu pela constitucionalidade da Lei nº 12.592/2012 e das alterações produzidas pela Lei nº 13.352/2016 (ADI 5.625).

Alternativa "e". "Tendo em vista que as Leis nº 3.999/1961 e 4.950-A/1966 não estipulam a jornada reduzida, mas apenas estabelecem o salário mínimo da categoria para uma jornada de 4 horas para os médicos e de 6 horas para os engenheiros, não há que se falar em horas extras, salvo as excedentes à oitava, desde que seja respeitado o salário mínimo/horário das categorias" (Súmula nº 370 do TST).

Alternativa correta: "d".

---

36. (TRT 2 – Juiz do Trabalho Substituto 2ª região/2016) Em se tratando de relações de trabalho lato sensu é INCORRETO afirmar:

a) Fica vedado ao órgão de gestão de mão de obra ceder trabalhador portuário avulso, em caráter permanente, ao operador portuário.

b) O órgão gestor de mão de obra do trabalho portuário avulso responde, solidariamente com os operadores portuários, pela remuneração devida ao trabalhador portuário avulso e pelas indenizações decorrentes de acidente de trabalho.

c) A Cooperativa de Trabalho não pode ser utilizada para intermediação de mão de obra subordinada e deve garantir aos sócios um adicional sobre a retirada para as atividades insalubres ou perigosas e retirada para o trabalho noturno superior à do diurno.

d) O estágio relativo a cursos que alternam teoria e prática, nos períodos em que não estão programadas aulas presenciais, poderá ter jornada de até quarenta horas semanais, desde que isso esteja previsto no projeto pedagógico do curso e da instituição de ensino.

e) Nos estágios com duração igual ou superior a um ano, é assegurado ao estagiário período de recesso de trinta dias, a ser gozado preferencialmente durante suas férias escolares, sendo concedido de maneira proporcional, nos casos de o estágio com duração inferior a um ano.

COMENTÁRIOS

Nota do autor: A questão aborda o tema relação de trabalho, ou seja, não se trata de relação de emprego. Nota-se que deve ser assinalada a alternativa **incorreta**. Destaca-se que, após a Emenda Constitucional nº 45/2004, que alterou o art. 114 da CF/88, a Justiça do Trabalho teve sua competência ampliada para processar e julgar causas envolvendo relações de trabalho em sentido amplo.

Alternativa "a". "O órgão de gestão de mão de obra pode ceder trabalhador portuário avulso, em caráter permanente, ao operador portuário" (art. 35 da Lei nº 12.815/13). O OGMO é o responsável pela seleção do trabalhador portuário avulso para que possa exercer sua profissão. Essa função do OGMO na escalação dos trabalhadores avulsos portuários não pode ser afastada por norma coletiva. Portanto, nos portos organizados, a intermediação de mão de obra feita pelo OGMO substituiu a função que antes era desempenhada pelos sindicatos. Hoje os sindicatos têm essa função restrita aos avulsos não portuários.

Alternativa "b". "Compete ao órgão de gestão de mão de obra do trabalho portuário avulso": (...) § 2º O órgão responde, solidariamente com os operadores portuários, pela remuneração devida ao trabalhador portuário avulso e pelas indenizações decorrentes de acidente de trabalho" (art. 33, §2º da Lei nº 12.815/13).

Alternativa "c". "Qualquer que seja o ramo de atividade da sociedade cooperativa, não existe vínculo empregatício entre ela e seus associados, nem entre estes e os tomadores de serviços daquela" (art. 442, § 1º, CLT – redação dada pela Lei nº 14.647/2023). Contudo, "A Cooperativa de Trabalho não pode ser utilizada para intermediação de mão de obra subordinada" (Art. 5º da Lei 12.690/12). Para que a cooperativa seja lícita, são necessárias:

– A inexistência de subordinação entre membros da cooperativa, ou seja, os cooperados não são subordinados às ordens nem da cooperativa nem dos demais cooperados, pois prestam serviços com autonomia;

– A ausência de pessoalidade: uma empresa, ao contratar serviços da cooperativa (exemplo: transporte ou limpeza), não tem possibilidade de escolher determinada pessoa, pois houve a contratação apenas de serviços.

Além disso, deve ser assegurado aos sócios a retirada para as atividades insalubres ou perigosas e a retirada superior para o trabalho noturno:

> **Art. 7º, Lei nº 12.690/2012:** *A Cooperativa de Trabalho deve garantir aos sócios os seguintes direitos, além de outros que a Assembleia Geral venha a instituir:*
>
> *(...)*
>
> *V – retirada para o trabalho noturno superior à do diurno;*
>
> *VI – adicional sobre a retirada para as atividades insalubres ou perigosas.*

Alternativa "d": "O estágio relativo a cursos que alternam teoria e prática, nos períodos em que não estão programadas aulas presenciais, poderá ter jornada de até 40 (quarenta) horas semanais, desde que isso esteja previsto no projeto pedagógico do curso e da instituição de ensino" (§1º do art. 10 da Lei nº 11.788/08).

Alternativa "e": "É assegurado ao estagiário, sempre que o estágio tenha duração igual ou superior a 1 (um) ano, período de recesso de 30 (trinta) dias, a ser gozado preferencialmente durante suas férias escolares. (...)§ 2º Os dias de recesso previstos neste artigo serão concedidos de maneira proporcional, nos casos de o estágio ter duração inferior a 1 (um) ano" (Art. 13 e § 2º da Lei nº 11.788/08).

Alternativa incorreta: "a".

8.1. TRABALHADOR AVULSO

- Art. 7º, inciso XXXIV, CF/88
- Lei nº 12.815/13

✪ Nota do autor sobre o tema: É importante atentarmos para o fato de que a Constituição garantiu a igualdade de direitos entre o trabalhador com vínculo empregatício permanente e trabalhador avulso (art. 7º, inciso XXXIV, CF/88). No mesmo sentido a previsão do art. 611-B, XXV da CLT estabelece que constituirá objeto ilícito de acordo ou convenção coletiva a supressão ou redução da "igualdade de direitos entre o trabalhador com vínculo empregatício permanente e o trabalhador avulso".

---

37. (FCC – Juiz do Trabalho/2017) A Lei no 12.815/2013 trouxe algumas alterações para o trabalho portuário, considerado pela doutrina como uma relação de trabalho *lato sensu*. Nessa modalidade, conforme legislação aplicável,

a) o Órgão Gestor de Mão de Obra – OGMO responde solidariamente com os operadores portuários pela remuneração devida ao trabalhador portuário avulso, pelas contribuições e impostos não recolhidos, mas não por indenizações decorrentes de acidente de trabalho.

b) caso celebrado contrato, acordo ou convenção coletiva de trabalho entre trabalhadores e tomadores de serviços, o disposto no instrumento precederá o órgão gestor e dispensará sua intervenção nas relações entre capital e trabalho no porto.

c) o trabalho portuário exercido pelas categorias previstas em lei não detém o enquadramento jurídico coletivo denominado categoria profissional diferenciada, em razão da ausência de dispositivo legal neste sentido.

d) o porto organizado poderá contratar trabalhadores portuários avulsos ou com vínculo empregatício, sendo que, neste último caso, não há óbice legal para seleção de pessoal que não esteja registrado no Órgão Gestor de Mão de Obra – OGMO como avulso.

e) o operador portuário poderá locar ou tomar mão de obra sob o regime de trabalho temporário de que trata a Lei no 6.019/1974 nas atividades de bloco ou vigilância de embarcações, mas não poderá fazê-lo nas atividades de capatazia, estiva, conferência de carga e conserto de carga.

COMENTÁRIOS

✪ Nota do autor: A questão exigia do candidato o conhecimento da Lei nº 12.815/2013, que regulamenta a atividade do trabalhador avulso portuário. A característica principal do trabalho avulso é a presença da intermediação de mão de obra, ou seja, o trabalhador avulso é colocado no local de trabalho com a intermediação do sindicato da categoria ou por meio do Órgão Gestor de Mão de Obra – OGMO. De acordo com a Lei nº 14.047/2020, que acrescentou o § 5º ao art. 40 da Lei nº 12.815/2013, desde que possuam a qualificação necessária, os trabalhadores portuários avulsos registrados e cadastrados poderão desempenhar quaisquer das atividades de que trata o § 1º deste artigo, vedada a exigência de novo registro ou cadastro específico, independentemente de acordo ou convenção coletiva.

Alternativa "a". "O órgão responde, solidariamente com os operadores portuários, pela remuneração devida ao trabalhador portuário avulso e pelas indenizações decorrentes de acidente de trabalho" (Art. 33, §2º da Lei nº 12.815/2013).

Alternativa "b". "Caso celebrado contrato, acordo ou convenção coletiva de trabalho entre trabalhadores e tomadores de serviços, o disposto no instrumento precederá o órgão gestor e dispensará sua intervenção nas relações entre capital e trabalho no porto" (Art. 32, parágrafo único da Lei nº 12.815/2013).

Alternativa "c". "O trabalho portuário de capatazia, estiva, conferência de carga, conserto de carga, bloco e vigilância de embarcações, nos portos organizados, será realizado por trabalhadores portuários com vínculo empregatício por prazo indeterminado e por trabalhadores portuários avulsos. (...) As categorias previstas no caput constituem categorias profissionais diferenciadas" (Art. 40, §4º da Lei nº 12.815/2013).

Alternativa "d". "A contratação de trabalhadores portuários de capatazia, bloco, estiva, conferência de carga, conserto de carga e vigilância de embarcações com vínculo empregatício por prazo indeterminado será feita exclusivamente dentre trabalhadores portuários avulsos registrados" (Art. 40, §2º da Lei nº 12.815/2013).

Alternativa "e". "O trabalho portuário de capatazia, estiva, conferência de carga, conserto de carga, bloco e vigilância de embarcações, nos portos organizados, será realizado por trabalhadores portuários com vínculo empregatício por prazo indeterminado e por trabalhadores portuários avulsos. (...) O operador portuário, nas atividades a que alude o caput, não poderá locar ou tomar mão de obra sob o regime de trabalho temporário de que trata a Lei no 6.019, de 3 de janeiro de 1974" (Art. 40, §3º da Lei nº 12.815/2013).

Alternativa correta: "b".

---

38. (TRT 1 – Juiz do Trabalho Substituto 1ª região/2016) Em relação ao trabalho portuário e a organização dos portos, com base na Lei no 12.815/2013, é correto afirmar:

a) À autoridade portuária, assim entendida aquela a quem incumbe a administração do porto organizado, compete diretamente selecionar e registrar o trabalhador portuário avulso.

b) O operador portuário responde de maneira subsidiária pelos débitos do órgão de gestão de mão de obra do trabalho portuário avulso ao trabalhador portuário avulso.

c) O crédito decorrente da relação de trabalho avulso prescreve em 5 anos, até o limite de 2 anos após a última atividade laborativa.

d) Ao órgão de gestão de mão de obra avulsa compete elaborar e divulgar norma que regule a seleção e o registro do trabalhador portuário avulso, remetendo ao sindicato dos trabalhadores avulsos o inteiro teor da norma.

e) É facultado ao órgão de gestão de mão de obra ceder trabalhador portuário avulso, em caráter permanente, ao operador portuário.

COMENTÁRIOS

✪ **Nota do autor:** A questão aborda o tema do trabalho portuário e exige o conhecimento da Lei nº 12.815/13. A escalação de trabalho do trabalhador portuário avulso funciona da seguinte forma: **1.** o operador portuário requisita ao OGMO o número de trabalhadores necessários – aliás, o operador portuário é obrigado a requisitar trabalhadores apenas do OGMO, exceto se o porto for particular; **2.** o OGMO, de acordo com o rodízio igualitário, escala os trabalhadores entre os que estão presentes no dia; **3.** o pagamento é feito pelo operador portuário ao OGMO, que, por sua vez, deve repassar em até 48 horas aos trabalhadores avulsos.

Alternativa "a". Trata-se de incumbência do órgão gestor de mão de obra. "Os operadores portuários devem constituir em cada porto organizado um órgão de gestão de mão de obra do trabalho portuário, destinado a: (...)IV – selecionar e registrar o trabalhador portuário avulso" (art. 32 da Lei nº 12.815/13).

Alternativa "b". "Compete ao órgão de gestão de mão de obra do trabalho portuário avulso": (...) §2º O órgão responde, solidariamente com os operadores portuários, pela remuneração devida ao trabalhador portuário avulso e pelas indenizações decorrentes de acidente de trabalho" (Art. 33, §2º da Lei nº 12.815/13).

Alternativa "c". É válido ressaltar que o prazo prescricional aplicável ao trabalhador avulso é o mesmo previsto aos trabalhadores urbanos e rurais conforme art. 7º, XXIX, CF/88:

> **Art. 7º, XXIX, CF/88:** *São direitos dos trabalhadores urbanos e rurais, além de outros que visem à melhoria de sua condição social: ação, quanto aos créditos resultantes das relações de trabalho, com prazo prescricional de cinco anos para os trabalhadores urbanos e rurais, até o limite de dois anos após a extinção do contrato de trabalho.*

Veja que a Constituição Federal prevê o prazo de 2 anos para ingressar na Justiça do Trabalho. É chamada de prescrição bienal. Ainda de acordo com o texto constitucional, o empregado poderá pleitear os direitos trabalhistas dos **últimos 5 anos a contar do ajuizamento da reclamação.**

Contudo, surge o questionamento acerca do início da contagem do prazo de prescrição bienal para o trabalhador avulso portuário. A OJ nº 384 da SDI-I do TST, atualmente cancelada, previa o início do prazo prescricional para ajuizamento da reclamação trabalhista com o término de cada prestação de serviço aos operadores portuários:

> **Orientação Jurisprudencial nº 384 da SDI-I do TST (CANCELADA):** *É aplicável a prescrição bienal prevista no art. 7º, XXIX, da Constituição de 1988 ao trabalhador avulso, tendo como marco inicial a cessação do trabalho ultimado para cada tomador de serviço.*

Com o cancelamento da OJ e mudança de posicionamento do TST[33], o início da prescrição bienal ocorre com o cancelamento do registro ou do cadastro do avulso junto ao OGMO. Corrobora esse posicionamento, a previsão do art. 37, § 4º, da Lei nº 12.815/2013:

> **Art. 37, § 4º, da Lei nº 12.815/2013:** *As ações relativas aos créditos decorrentes da relação de trabalho avulso prescrevem em 5 (cinco) anos até o limite de 2 (dois) anos após o cancelamento do registro ou do cadastro no órgão gestor de mão de obra.*

---

33. Informativo nº 141 do TST.

Pondo fim à discussão, em março de 2021, o Plenário do STF, no julgamento da ADI nº 5132, decidiu pela constitucionalidade do dispositivo acima, de modo que a o termo inicial para contagem do prazo prescricional relativo aos créditos decorrentes da relação de trabalho avulso consiste na data cancelamento do registro junto ao Órgão Gestor de Mão de Obra (OGMO).

Alternativa "d". "A seleção e o registro do trabalhador portuário avulso serão feitos pelo órgão de gestão de mão de obra avulsa, de acordo com as normas estabelecidas em contrato, convenção ou acordo coletivo de trabalho" (art. 42 da Lei nº 12.815/13)

Alternativa "e". "O órgão de gestão de mão de obra pode ceder trabalhador portuário avulso, em caráter permanente, ao operador portuário" (Art. 35 da Lei nº 12.815/13).

Alternativa correta: "e".

---

39. (TRT 4 – Juiz do Trabalho Substituto 4ª região/2016) Considere as assertivas abaixo sobre trabalho portuário.

I. Trabalhos de capatazia, estiva, conferência de carga, conserto de carga, bloco e vigilância de embarcações, nos portos organizados, serão realizados por trabalhadores portuários com vínculo empregatício por prazo determinado e por trabalhadores portuários avulsos.

II. O órgão de gestão de mão de obra de trabalho portuário avulso responde solidariamente com os operadores portuários pela remuneração devida ao trabalhador portuário avulso e pelas indenizações decorrentes de acidente de trabalho.

III. Não há relação jurídica de emprego entre o trabalhador portuário avulso e o órgão de gestão de mão de obra de trabalho portuário avulso, em que pese o órgão poder aplicar aos referidos trabalhadores as penalidades de repreensão verbal ou por escrito, suspensão do registro pelo período de 10 (dez) a 30 (trinta) dias ou cancelamento do registro.

Quais são corretas?

a) Apenas I

b) Apenas II

c) Apenas III

d) Apenas II e III

e) I, II e III

COMENTÁRIOS

✪ **Nota do autor:** A questão aborda o tema do trabalho portuário e demanda o conhecimento da Lei nº 12.815/13. Ressalta-se que, de acordo com o art. 41, § 1º, Lei nº 12.815/2013, somente poderá exercer a atividade de trabalhador portuário avulso aquele que realizar a inscrição no cadastro do trabalhador portuário, a qual depende de prévia habilitação profissional do interessado com a realização de treinamento pelo OGMO. Além disso, a seleção para o trabalho deverá ser realizada de acordo com a disponibilidade de vagas e a ordem cronológica do cadastro.

Assertiva I. Incorreta. "O trabalho portuário de capatazia, estiva, conferência de carga, conserto de carga, bloco e vigilância de embarcações, nos portos organizados, será realizado por trabalhadores portuários com **vínculo empregatício por prazo indeterminado** e por trabalhadores portuários avulsos" (art. 40 da Lei nº 12.815/13 – grifos acrescidos). Portanto, o trabalho portuário pode ser realizado tanto por empregados como por trabalhadores avulsos.

Assertiva II. Correta. "O órgão responde, solidariamente com os operadores portuários, pela remuneração devida ao trabalhador portuário avulso e pelas indenizações decorrentes de acidente de trabalho" (Art. 33, §2º da Lei nº 12.815/13). Tanto o OGMO como o Operador Portuário são solidariamente responsáveis pelos débitos trabalhistas e pelas contribuições previdenciárias do Trabalhador Avulso. Aliás, cabe a eles cumprir as normas ligadas ao meio ambiente de trabalho, conforme previsto na NR nº 29 do Ministério do Trabalho e demais normas regulamentadoras gerais e especiais.

Assertiva III. Correta. A característica principal do trabalho avulso é a presença da intermediação de mão de obra, ou seja, o trabalhador avulso é colocado no local de trabalho com a intermediação do sindicato da categoria ou por meio do Órgão Gestor de Mão de Obra – OGMO. Embora esse trabalhador não seja empregado, nem do sindicato, nem do OGMO, uma vez que exercem a atividade a diversos operadores portuários (ausência do requisito de pessoalidade), o art. 7º, XXXIV, da CF/88 estendeu a ele todos os direitos previstos aos empregados. Além disso, o art. 33, inciso I, alíneas "a" e "c" da Lei nº 12.815/2013 estabelece:

> **Art. 33, Lei nº 12.815/2013:** *Compete ao órgão de gestão de mão de obra do trabalho portuário avulso:*
>
> *I – aplicar, quando couber, normas disciplinares previstas em lei, contrato, convenção ou acordo coletivo de trabalho, no caso de transgressão disciplinar, as seguintes penalidades:*
>
> *a) repreensão verbal ou por escrito;*
>
> *b) suspensão do registro pelo período de 10 (dez) a 30 (trinta) dias; ou*
>
> *c) cancelamento do registro.*

Alternativa correta: "d". Está correto o que se afirma nas assertivas II e III.

---

40. (FCC – Juiz do Trabalho Substituto 15ª Região/ 2015) No tocante ao trabalho portuário, considere:

I. Os operadores portuários devem constituir em cada porto organizado um órgão de gestão de mão de obra destinado a, entre outras atribuições, arrecadar e repassar aos beneficiários os valores devidos pelos operadores portuários relativos à remuneração do trabalhador portuário avulso e aos correspondentes encargos fiscais, sociais e previdenciários.

II. No caso de celebração de contrato, acordo ou convenção coletiva de trabalho, entre trabalhadores e tomadores de serviços, estes instrumentos terão preferência ao estipulado pelo órgão gestor e dispensará sua intervenção, privilegiando a negociação direta ou coletiva.

III. Compete ao órgão de gestão de mão de obra do trabalho portuário avulso, no caso de transgressões disciplinares, aplicar as normas disciplinares pertinentes, sendo vedada, entretanto, a cessão de trabalhador portuário avulso, em caráter permanente, ao operador portuário.

Está correto o que consta em

a) II e III, apenas.

b) I e III, apenas.

c) I, II e III.

d) I e II, apenas.

e) I, apenas.

COMENTÁRIOS

Nota do autor: A questão aborda o trabalho portuário. É imprescindível a leitura da Lei nº 12.815/2013 que regulamenta essa relação de trabalho.

Assertiva I. Correta. "Os operadores portuários devem constituir em cada porto organizado um órgão de gestão de mão de obra do trabalho portuário, destinado a: arrecadar e repassar aos beneficiários os valores devidos pelos operadores portuários relativos à remuneração do trabalhador portuário avulso e aos correspondentes encargos fiscais, sociais e previdenciários." (art. 32, VII, Lei nº 12.815/2013)

Assertiva II. Correta. "Caso celebrado contrato, acordo ou convenção coletiva de trabalho entre trabalhadores e tomadores de serviços, o disposto no instrumento precederá o órgão gestor e dispensará sua intervenção nas relações entre capital e trabalho no porto." (art. 32, parágrafo único, Lei nº 12.815/2013)

Assertiva III. Incorreta. "O órgão de gestão de mão de obra pode ceder trabalhador portuário avulso, em caráter permanente, ao operador portuário." (art. 35, Lei nº 12.815/2013)

Alternativa correta: "d". Está correto o que se afirma nas assertivas I e II.

---

41. (FCC – Juiz do Trabalho Substituto 1ª Região/2015) Em relação aos portos e ao trabalho portuário, é correto afirmar:

a) A exploração dos portos e as atividades portuárias competem direta e privativamente à União.

b) Terminal de uso privado é uma instalação portuária, dentro da área do porto organizado, que pode ser administrado pela iniciativa privada, mediante autorização da União.

c) Estiva é a atividade de movimentação de mercadorias dentro do porto, compreendendo o carregamento e descarregamento de embarcações, quando feitos por aparelhamento portuário.

d) A seleção e o registro do trabalhador portuário avulso incumbem ao operador portuário.

e) Ao órgão gestor de mão de obra incumbe organizar e manter o cadastro de trabalhadores portuários, inclusive os avulsos.

COMENTÁRIOS

Nota do autor: A questão aborda o tema do trabalho portuário. O trabalhador avulso portuário se dirige até os portos para concorrer à escala de trabalho. Nem todos os dias conseguirá prestar serviços, pois há um rodízio entre eles. Cabe frisar que ele deverá receber vale-transporte mesmo nos dias em que não for escalado para o trabalho. A escalação funciona da seguinte forma: **1.** o operador portuário requisita ao OGMO o número de trabalhadores necessários – aliás, o operador portuário é obrigado a requisitar trabalhadores apenas do OGMO, exceto se o porto for particular; **2.** o OGMO, de acordo com o rodízio igualitário, escala os trabalhadores entre os que estão presentes no dia; **3.** o pagamento é feito pelo operador portuário ao OGMO que, por sua vez, deve repassar em até 48 horas aos trabalhadores avulsos.

Alternativa "a". "Art. 21. Compete à União: (...) XII – explorar, diretamente ou mediante autorização, concessão ou permissão: f) os portos marítimos, fluviais e lacustres"; (art. 21, XII, "f", CF/88 – grifos acrescidos)

No mesmo sentido é a previsão contida na Lei nº 12.815/2013:

> **Art. 1º** *da Lei nº 12.815/2013: Esta Lei regula a exploração pela União, direta ou indiretamente, dos portos e instalações portuárias e as atividades desempenhadas pelos operadores portuários.*

Alternativa "b". "Para os fins desta Lei, consideram-se: terminal de uso privado: instalação portuária explorada mediante autorização e localizada fora da área do porto organizado." (art. 2º, IV, Lei nº 12.815/2013)

Alternativa "c". "Para os fins desta Lei, consideram-se: estiva: atividade de movimentação de mercadorias nos conveses ou nos porões das embarcações principais ou auxiliares, incluindo o transbordo, arrumação, peação e despeação, bem como o carregamento e a descarga, quando realizados com equipamentos de bordo." (art. 40, II, Lei nº 12.815/2013)

Alternativa "d". "A seleção e o registro do trabalhador portuário avulso serão feitos pelo órgão de gestão de mão de obra avulsa, de acordo com as normas estabelecidas em contrato, convenção ou acordo coletivo de trabalho." (art. 42, Lei nº 12.815/2013)

Alternativa "e". Nesse sentido, estabelece o art. 41 da Lei nº 12.815/2013:

> **Art. 41, Lei nº 12.815/2013.** *O órgão de gestão de mão de obra:*

I – organizará e manterá cadastro de trabalhadores portuários habilitados ao desempenho das atividades referidas no § 1º do art. 40; e

II – organizará e manterá o registro dos trabalhadores portuários avulsos.

Alternativa correta: "e".

8.2. TRABALHO EVENTUAL

42. (Magistratura do Trabalho – TRT da 23ª Região/ 2010). Analise as seguintes proposições concernentes às teorias que buscam caracterizar o trabalho eventual, e com base na legislação, jurisprudência pacificada e doutrinas predominantes aponte a alternativa correta.

I. Para a teoria do evento, eventual é aquele trabalhador admitido na empresa em face de determinado acontecimento, o qual, ultrapassado, extingue a relação automaticamente.

II. Para a teoria dos fins, eventualidade prende-se à ideia de que esta modalidade de prestação de serviços vincula-se a atividades que não se inserem nos fins normais do empreendimento econômico, logo, tem sua duração limitada no tempo.

III. Os aceptos da teoria da descontinuidade entendem que eventual seria o trabalhador ocasional, sem permanência.

IV. Para a teoria da fixação jurídica, a eventualidade advém do fato de que este tipo de trabalhador não se fixa a uma fonte de trabalho, pois os beneficiários da sua prestação de serviços variam continuamente no tempo.

a) As proposições I, II estão corretas e as proposições III e IV incorreta.

b) As proposições II, III e IV estão corretas e a proposição I incorreta.

c) As proposições I, II, III e IV estão corretas.

d) As proposições III e IV estão corretas e a proposições I e II incorretas.

e) As proposições I e IV estão corretas e as proposições I e III incorretas.

COMENTÁRIOS

Nota do autor: A questão aborda o tema do trabalho eventual. Ademais, apresenta dificuldade maior, pois exige que o candidato conheça parte doutrinaria específica sobre o tema: não eventualidade.

Alternativa "c". Está correto o que se afirma nas proposições I, II, III e IV. Este comentário será utilizado para todas as proposições, uma vez que resume a doutrina sobre o trabalho eventual.

Existem quatro principais teorias sobre o trabalhador eventual que defendem a inexistência de relação empregatícia[34]:

Teoria do evento	Essa teoria leva em conta se o tipo do serviço para qual o trabalhador é contratado é ou não de curta duração para a empresa, sendo considerado eventual apenas o trabalhador contratado para um determinado evento, de caráter transitório, de curta duração.
Teoria dos fins da empresa	De acordo com essa teoria, é destacada a figura do serviço em relação à atividade empresarial, ou seja, uma vez identificada a tarefa a ser desenvolvida pelo trabalhador, deve se verificar se ela se insere ou não nas necessidades da empresa. Ou seja, o trabalho eventual seria aquele que depende de acontecimento incerto em relação à atividade da empresa.
Teoria da descontinuidade	Essa teoria defende que para o trabalho eventual deve se considerar o conceito temporal da prestação de serviços em relação ao trabalhador, ou seja, sendo considerado eventual o trabalho que não se repete para um mesmo trabalhador, não permanecendo um mesmo trabalhador na mesma atividade.
Teoria da fixação jurídica	Segundo essa teoria, o trabalhador eventual seria aquele que presta serviços para diversos tomadores de forma simultânea, sem se fixar definitivamente e exclusivamente em nenhuma empresa.

Alternativa correta: "c".

8.3. TRABALHO VOLUNTÁRIO

▸ Lei nº 9.608/98.

43. (TRT 4 – Juiz do Trabalho Substituto 4ª região/2016) Considere as assertivas abaixo sobre relação de emprego.

I. Apesar da similaridade à relação empregatícia, não há falar em vínculo de emprego entre pastor e igreja, quando verificada a natureza vocacional e religiosa da prestação de serviços que se destina à assistência espiritual e à propagação da fé, e não à contraprestação porventura recebida.

II. A prestação de alguns serviços de pessoa integrada a grupo familiar caracteriza a existência de relação empregatícia, quando verificados esforços em conjunto na atividade econômica exercida pela entidade familiar, ainda que em regime de colaboração mútua.

III. O serviço voluntário revela espírito de cooperação e colaboração de quem o exerce, embasado em motivações pessoais, e que busca desenvolver atividades das quais detém conhecimentos, habilidades e experiência, contribuindo, assim, com a instituição em que atua, razão pela qual não admite qualquer tipo de remuneração ou de ressarcimento.

Quais são corretas?

34. CASSAR, Vólia Bomfim. Direito do Trabalho. 3. ed. Niterói: Impetus, 2009, p. 223 e seguintes.

a) Apenas I

b) Apenas II

c) Apenas III

d) Apenas I e III

e) I, II e III

COMENTÁRIOS

✪ **Nota do autor:** A questão aborda o tema relação de emprego e de trabalho, sendo necessária a diferenciação entre estas. O termo relação de trabalho é utilizado como gênero e trata da relação de trabalho de forma ampla. Todo trabalho humano (pessoa física) prestado ao tomador de serviços (pessoa física ou jurídica) é uma relação de trabalho. Exemplo: trabalho autônomo, atividade de estágio, trabalho eventual, temporário e o próprio vínculo empregatício. Por outro lado, relação de emprego é uma das espécies do gênero relação de trabalho. A característica principal daquela relação consiste na presença da subordinação jurídica exercida sobre a figura do empregado. A CLT e demais leis trabalhistas foram criadas para proteger o empregado, que trabalha sob subordinação. Verifica-se, assim, que toda relação de emprego corresponde a uma relação de trabalho, mas nem toda relação de trabalho é uma relação de emprego.

Assertiva I. Correta. Trata-se de trabalho voluntário, que "é aquele prestado com *ânimo e causa benevolentes*[35]". No trabalho voluntário não há o requisito da onerosidade. Nesse caso, o prestador de serviços não tem a intenção de receber qualquer contraprestação pelo trabalho prestado. Logo, não há vínculo empregatício.

Sobre o tema, importante notar que, no dia 04 de agosto de 2023, foi publicada a Lei nº 14.647/2023, que alterou a CLT para estabelecer a inexistência de vínculo empregatício entre entidades religiosas ou instituições de ensino vocacional e seus ministros, membros ou quaisquer outros que a eles se equiparem.

Nos termos do § 3º do art. 442 da CLT, em caso de desvirtuamento da finalidade religiosa e voluntária, não se aplicará a exclusão da relação de emprego. Nesse mesmo sentido já determinava o art. 9º da CLT, que entende por nulos de pleno direito os atos praticados com o objetivo de desvirtuar, impedir ou fraudar a aplicação dos preceitos contidos na Consolidação. Assim, presentes os elementos caracterizadores da relação de emprego, deve-se reconhecer o vínculo entre o ministro e a entidade religiosa.

Assertiva II. Incorreta. No caso de trabalho em domicílio é possível afirmar que a pessoalidade permanece, o que diminui é a subordinação do empregado frente ao empregador.[36] Por outro lado, há autores que entendem que a pessoalidade não é extinta no caso de auxílio de familiares, mas que é atenuada por sua realização. Independentemente da posição adotada, concorda-se que o auxílio de familiares, desde que não intenso, não descaracteriza por si só o vínculo de emprego. Se verificado regime de colaboração mútua e não for possível identificar a subordinação, não há preenchimento dos requisitos da relação de emprego.

Assertiva III. Incorreta. O trabalho voluntário não admite o recebimento de remuneração pelo prestador dos serviços, pois ausente o requisito da onerosidade da relação de emprego. Contudo, é possível o ressarcimento desse trabalhador por despesas que, comprovadamente, realizar no desempenho de suas funções:

> **Art. 3º, Lei nº 9.608/1998:** *O prestador do serviço voluntário poderá ser ressarcido pelas despesas que comprovadamente realizar no desempenho das atividades voluntárias.*
>
> *Parágrafo único. As despesas a serem ressarcidas deverão estar expressamente autorizadas pela entidade a que for prestado o serviço voluntário.*

Alternativa correta: "a". Apenas a assertiva I está correta.

8.4. COOPERATIVAS

- Lei nº 5.764/71 (Lei das Cooperativas)
- Lei nº 12.690/2012
- Art. 442, § 1º, CLT

---

44. (TRT 1 – Juiz do Trabalho Substituto 1ª região/2016) De acordo com a Lei no 12.690/2012, as cooperativas de trabalho devem garantir aos seus sócios, no mínimo:

I. Duração normal do trabalho de 8 horas diárias, ressalvada a necessidade de trabalho por meio de plantão ou escala.

II. Assistência médica por meio de serviço próprio ou convênio.

III. Retirada para o trabalho noturno superior à daquele diurno.

IV. Adicional sobre a retirada para as atividades insalubres, perigosas ou penosas.

Está correto o que se afirma em

a) II e IV, apenas.

b) II e III, apenas.

c) I e III, apenas.

d) I e IV, apenas.

e) I, II, III e IV.

COMENTÁRIOS

✪ **Nota do autor:** A questão aborda o tema das cooperativas de trabalho. Ademais, exige o conheci-

---

35. DELGADO, Mauricio Godinho. Curso de Direito do Trabalho. 15ª ed. São Paulo: LTr, 2016. P. 371.

36. CASSAR, Vólia Bomfim. *Direito do Trabalho.* 6. ed. Niterói: Impetus, 2012. p.266-267.

mento da Lei nº 12.690/12. Lembre-se de que a associação em cooperativas não gera vínculo de emprego e, portanto, os direitos assegurados são diferentes daqueles previstos pela CLT.

Assertiva I. Correta. De acordo com o art. 7º, II, da Lei nº 12.690/12: "A Cooperativa de Trabalho deve garantir aos sócios os seguintes direitos, além de outros que a Assembleia Geral venha a instituir: (...) duração do trabalho normal não superior a 8 (oito) horas diárias e 44 (quarenta e quatro) horas semanais, exceto quando a atividade, por sua natureza, demandar a prestação de trabalho por meio de plantões ou escalas, facultada a compensação de horários".

Assertiva II. Incorreta. O disposto na alternativa não vem elencado como direito previstos aos sócios da cooperativa de trabalho no art. 7º, da Lei nº 12.690/12.

Assertiva III. Correta. De acordo com o art. 7º, V, da Lei nº 12.690/12: "A Cooperativa de Trabalho deve garantir aos sócios os seguintes direitos, além de outros que a Assembleia Geral venha a instituir: (...) V – retirada para o trabalho noturno superior à do diurno".

Assertiva IV. Incorreta. O art. 7º, VI, da Lei nº 12.690/12 dispõe: "A Cooperativa de Trabalho deve garantir aos sócios os seguintes direitos, além de outros que a Assembleia Geral venha a instituir: adicional sobre a retirada para as atividades insalubres ou perigosas". Portanto, ao contrário do previsto no Assertiva em questão, não há previsão do adicional sobre atividades penosas.

Alternativa correta: "c". Está correto o que se afirma nas assertivas I e III.

8.5. ESTÁGIO

▸ Lei nº 11.788/08

45. (TRT 1 – Juiz do Trabalho Substituto 1ª região/2016) Considere a Lei no 11.788/2008 que regula o estágio:

I. A carga horária da atividade do estagiário nunca pode ultrapassar a 20 horas semanais, sendo 4 horas diárias, sempre compatíveis com as atividades escolares.

II. A duração do estágio para a mesma parte concedente, exceto para os portadores de deficiência, é de, no máximo, 2 anos.

III. Na hipótese de estágio não obrigatório, a atividade do estagiário deve necessariamente ser remunerada, com a concessão de, pelo menos, bolsa e auxílio-transporte.

IV. Nos estágios com duração superior a um ano, o estagiário tem direito a recesso por período de 30 dias, preferencialmente coincidente com as férias escolares, sendo a bolsa devida neste período acrescida de um terço.

Está correto o que se afirma em

a) II e IV, apenas.

b) II e III, apenas.

c) I e III, apenas.

d) I e IV, apenas.

e) I, II, III e IV.

COMENTÁRIOS

✪ **Nota do autor:** A questão aborda o tema da relação de estágio. Ademais, exige o conhecimento da Lei nº 11.788/2008. Lembre-se de que o contrato de estágio não gera vínculo de emprego e, portanto, os direitos assegurados são diferentes daqueles previstos pela CLT e estão regulamentados pela Lei nº 11.788/2008.

Assertiva I. Incorreta. Conforme previsão no art. 10 da Lei nº 11.788/2008, ao contrário do previsto na assertiva, a duração do estágio pode ser superior a 20 horas semanais, nos termos do que dispõe o art. 10:

> **Art. 10, Lei nº 11.788/2008:** *A jornada de atividade em estágio será definida de comum acordo entre a instituição de ensino, a parte concedente e o aluno estagiário ou seu representante legal, devendo constar do termo de compromisso ser compatível com as atividades escolares e não ultrapassar:*
>
> *I – 4 (quatro) horas diárias e 20 (vinte) horas semanais, no caso de estudantes de educação especial e dos anos finais do ensino fundamental, na modalidade profissional de educação de jovens e adultos;*
>
> *II – 6 (seis) horas diárias e 30 (trinta) horas semanais, no caso de estudantes do ensino superior, da educação profissional de nível médio e do ensino médio regular.*
>
> *§ 1º O estágio relativo a cursos que alternam teoria e prática, nos períodos em que não estão programadas aulas presenciais, poderá ter jornada de até 40 (quarenta) horas semanais, desde que isso esteja previsto no projeto pedagógico do curso e da instituição de ensino".*

A jornada de atividades do estágio será elaborada de comum acordo entre as partes, devendo ser compatível com as atividades escolares. A nova lei prevê, entretanto, limites a esse acordo:

- Jornada máxima de **4 horas diárias e 20 horas semanais** para os estudantes da educação especial e nos anos finais do Ensino Fundamental, na modalidade de jovens e adultos.
- Jornada de **6 horas diárias e 30 horas semanais** para os estudantes do Ensino Superior, Educação Profissional e Ensino Médio.
- Jornada de **40 horas semanais** para os estudantes que alternam entre a teoria e a prática, nos períodos em que não estão programadas aulas presenciais. Essa jornada deverá estar prevista no projeto pedagógico do curso e da instituição de ensino.

Assertiva II. Correta "A duração do estágio, na mesma parte concedente, não poderá exceder 2 (dois) anos, exceto quando se tratar de estagiário portador de deficiência" (Art. 11, da Lei nº 11.788/2008)

Assertiva III. Correta. "O estagiário poderá receber bolsa ou outra forma de contraprestação que venha a ser acordada, sendo compulsória a sua concessão, bem como a do auxílio-transporte, na hipótese de estágio não obrigatório" (Art. 12, caput, da Lei nº 11.788/2008, parte final). A contraprestação das atividades do estágio dependerá de acordo entre as partes. Serão compulsórios a contraprestação e o auxílio-transporte para o estágio não obrigatório.

Ademais, tanto no estágio obrigatório quanto no estágio não obrigatório, a eventual concessão de benefícios relacionados a transporte, alimentação e saúde, entre outros, não caracteriza vínculo empregatício.

Assertiva IV. Incorreta. Ao contrário do previsto na assertiva IV, não há previsão de recebimento do adicional de um terço, sendo o recesso, apenas, remunerado. Nesse sentido, o art. 13, caput e §1º, da Lei nº 11.788/2008:

> **Art. 13, Lei nº 11.788/2008.** *É assegurado ao estagiário, sempre que o estágio tenha duração igual ou superior a 1 (um) ano, período de recesso de 30 (trinta) dias, a ser gozado preferencialmente durante suas férias escolares.*
>
> *§ 1º O recesso de que trata este artigo deverá ser remunerado quando o estagiário receber bolsa ou outra forma de contraprestação.*

Alternativa correta: "b". Está correto o que se afirma no Assertiva II e III.

---

46. (TRT 4 – Juiz do Trabalho Substituto 4ª região/2016) Considere as assertivas abaixo sobre contrato de estágio.

I. Entidades concedentes de estágio que possuam 6 (seis) empregados em seu quadro de pessoal poderão contratar no máximo 2 (dois) estagiários, limite que não se aplica aos estágios de nível superior e de nível médio profissional.

II. As pessoas portadoras de deficiência têm assegurado o percentual de 5% (cinco por cento) das vagas oferecidas pela parte concedente do estágio.

III. A jornada de atividade em estágio deve constar do termo de compromisso, ser compatível com as atividades escolares e não ultrapassar 6 (seis) horas diárias e 36 (trinta e seis) horas semanais no caso de estudantes do ensino superior, da educação profissional de nível médio e do ensino médio regular.

Quais são corretas?

a) Apenas I

b) Apenas II

c) Apenas III

d) Apenas I e II

e) I, II e III

COMENTÁRIOS

✪ Nota do autor: A questão aborda o tema do estágio e demanda o conhecimento da Lei nº 11.788/2008. Lembre-se de que a parte concedente é a responsável pela concessão de estágio. De acordo com a lei podem oferecer estágio:

1. pessoas jurídicas de direito privado (empresas, associações civis etc.);
2. órgãos da Administração Pública Direta, autárquica e fundacional de qualquer dos poderes da União, dos estados, do Distrito Federal e dos municípios;
3. profissionais liberais de nível superior devidamente registrados em seus respectivos conselhos de fiscalização profissional.

Assertiva I. Correta. Nesse sentido prevê o art. 17, II e § 4º, da Lei nº 11.788/2008:

> **Art. 17, Lei nº 11.788/2008:** *O número máximo de estagiários em relação ao quadro de pessoal das entidades concedentes de estágio deverá atender às seguintes proporções:*
>
> *(...) II – de 6 (seis) a 10 (dez) empregados: até 2 (dois) estagiários;*
>
> *(...) § 4º Não se aplica o disposto no caput deste artigo aos estágios de nível superior e de nível médio profissional.*

Assertiva II. Incorreta. "Fica assegurado às pessoas portadoras de deficiência o percentual de **10% (dez por cento) das vagas** oferecidas pela parte concedente do estágio" (Art. 17, §5º, da Lei nº 11.788/2008 – grifos acrescidos). A Lei do Estágio prevê hipótese de ação afirmativa[37], ou seja, cota de vagas para estagiários com deficiência[38], assegurando percentual de 10% das vagas oferecidas pela parte concedente. Nesse caso, a empresa que optar por contratar estagiários estará obrigada a garantir esse percentual de vagas, sob pena de multa administrativa e atuação do Ministério Público do Trabalho.

Assertiva III. Incorreta. Ao contrário do previsto na assertiva, a duração do estágio prestado por estudantes de ensino superior, educação profissional de

---

37. **Ações afirmativas** são medidas estatais temporárias, com finalidade de compensar situações historicamente desiguais. Possuem caráter educativo, pois tem caráter de conscientização da população sobre a desigualdade histórica sofrida pelas minorias. Essas ações positivas concretizam, em especial, o ingresso ou acesso ao mercado de trabalho para as mulheres, negros, deficientes físicos, homossexuais e índios. Pelo **princípio da máxima efetividade da Constituição e da igualdade material**, por meio das ações afirmativas, há concretização dos objetivos da Carta Constitucional, conforme art. 3º.

38. Com a promulgação da Lei nº 13.146/2015 (Estatuto da Pessoa com Deficiência) e sua entrada em vigor em janeiro de 2016, verificou-se mudança na terminologia adotada, uma vez que os termos "pessoa portadora de deficiência" e "pessoa com necessidades especiais" foram substituídos pelo termo mais apropriado, "pessoa com deficiência".

nível médio e ensino médio regular, é de 30 (trinta) horas semanais:

> **Art. 10, II, Lei nº 11.788/2008:** *A jornada de atividade em estágio será definida de comum acordo entre a instituição de ensino, a parte concedente e o aluno estagiário ou seu representante legal, devendo constar do termo de compromisso ser compatível com as atividades escolares e não ultrapassar:*
>
> *(...)*
>
> *II – 6 (seis) horas diárias e 30 (trinta) horas semanais, no caso de estudantes do ensino superior, da educação profissional de nível médio e do ensino médio regular.*

Alternativa correta: "a". Está correto o que se afirma na assertiva I.

8.6. RESIDÊNCIA MÉDICA

47. (FCC – Juiz do Trabalho Substituto 11ª Região/ 2012) Considerando-se os requisitos e elementos componentes da relação de vínculo empregatício, é correto afirmar:

a) O exercício das atribuições de seleção, treinamento e aplicação de punição prevista em lei para o caso de transgressão disciplinar, pelo órgão de gestão de mão de obra do trabalho portuário avulso implica vínculo empregatício com trabalhador portuário avulso.

b) Será considerada empregada uma podóloga que trabalha no espaço físico de uma clínica de estética, utiliza suas próprias ferramentas na execução dos serviços, divide o valor cobrado do cliente com a clínica na proporção de 50%, recebe apenas pelos serviços realizados e controla a agenda dos clientes em função da sua própria conveniência.

c) Não será considerado empregado o sócio de uma microempresa que prestou serviços de forma pessoal e direta à empresa contratante, ao qual esteve subordinado e que o remunerou por hora trabalhada, ficando estipulado o mínimo de 36 horas por semana, independentemente do resultado pretendido, ainda que não lhe tenha prestado serviços com exclusividade.

d) Em razão de ter firmado termo de adesão à Cooperativa, não será considerado empregado o associado de uma cooperativa de mão de obra que prestou serviços a uma empresa tomadora nas atividades fins dessa empresa, cumprindo horários, ordens de serviço e rotinas pré-determinadas pela tomadora, bem como recebendo valores mensais fixos com a rubrica de "produtividade mensal", não se aplicando ao caso o disposto no artigo 9º da CLT.

e) Não é empregado o médico que presta residência médica em entidade hospitalar previamente credenciada perante a Comissão Nacional de Residência Médica, desde que ausentes os requisitos do artigo 3º da CLT e preenchidos os requisitos da Lei no 6.932/81, regulamentada pelo Decreto 80.281/77, visto que a residência se constitui modalidade do ensino e pós-graduação destinada a médicos, sob a forma de curso de especialização, caracterizada por treinamento em serviço.

COMENTÁRIOS

✪ **Nota do autor:** A questão aborda diversos temas do Direito do Trabalho: trabalho avulso, trabalho autônomo, vínculo de emprego, cooperativa e residência médica. A inserção nesse tópico justifica-se pelo fato de que a alternativa correta versa sobre a residência médica.

Alternativa "a". O art. 34 da Lei nº 12.815/13 prevê que não há vínculo empregatício: "O exercício das atribuições previstas nos arts. 32 e 33 pelo órgão de gestão de mão de obra do trabalho portuário avulso não implica vínculo empregatício com trabalhador portuário avulso".

Alternativa "b". Nesta alternativa falta o requisito da subordinação entre empregador e empregado para configuração do vínculo empregatício, previsto no art. 3º da CLT. A hipótese aborda, na verdade, o trabalho autônomo. O trabalhador autônomo é o prestador de serviços que atua como patrão de si mesmo[39], ou seja, é a pessoa física que presta serviços por conta própria, assumindo os riscos do empreendimento. Exemplos de trabalhadores autônomos: médico, pedreiro, taxista, veterinário, diarista etc.

Em geral, esse trabalhador é o dono das ferramentas e demais equipamentos indispensáveis para a realização das suas atividades, possui ampla liberdade para escolher o horário de trabalho e fixar o preço de seus serviços. Verifica-se, assim, que falta ao trabalhador autônomo o requisito da subordinação para que se configure a relação empregatícia. A Reforma Trabalhista passou a regulamentar o trabalho autônomo no art. 442-B da CLT:

> **Art. 442-B, da CLT** *(acrescentado pela Lei nº 13.467/2017). A contratação do autônomo, cumpridas por este todas as formalidades legais, com ou sem exclusividade, de forma contínua ou não, afasta a qualidade de empregado prevista no art. 3º desta Consolidação.*

Alternativa "c". Da análise dos elementos fáticos do caso em questão, percebe-se que estão presentes todos os elementos caracterizadores da relação de emprego, quais sejam: pessoalidade (prestou serviços de forma pessoal e direta à empresa contratante), subordinação (ao qual esteve subordinado), onerosidade (o remunerou por hora trabalhada), não eventualidade (ficando estipulado o mínimo de 36 horas por semana) e, ainda, sem correr os riscos do empreendimento (independente do resultado pretendido). A exclusividade não é elemento essencial à caracterização, ou descaracteri-

39. BARROS, Alice Monteiro. *Curso de Direito do Trabalho.* 2. ed. São Paulo: Ltr, 2006. p. 204.

zação do vínculo empregatício. O fato de ser sócio de uma microempresa, ou seja, uma pessoa jurídica, não impede a existência de vínculo de emprego, uma vez que, presentes os elementos constitutivos da relação de emprego, esta deve ser reconhecida. Pelo princípio da primazia da realidade, no Direito do Trabalho prevalecem os fatos reais sobre as formas.

Alternativa "d". Em regra, não há vínculo de emprego entre cooperado e cooperativa (art. 442, § 1º, CLT). Ocorre que a inexistência de vínculo empregatício nesse caso é mera presunção legal de uma relação entre o cooperado e uma cooperativa verdadeira. Trata-se de presunção relativa, que será afastada, caso constatada a existência dos elementos caracterizadores da relação de emprego. Entretanto, uma vez verificada a intenção de fraude, deve-se aplicar o art. 9º da CLT, declarando-se nulo de pleno direito o Termo de Adesão firmado com a Cooperativa. Aqui também há a aplicação do princípio da primazia da realidade, devendo prevalecer a real situação fática ocorrida, ou seja, a relação empregatícia.

Alternativa "e". O programa de residência médica é uma atividade discente de pós-graduação, modalidade de ensino para complementação da formação profissional do médico, com treinamento e especialização na matéria. **Não há relação de emprego ou trabalho entre as partes envolvidas** nesse programa, mas atividade discente. A alternativa correta está de acordo com entendimento jurisprudencial, conforme exemplificado pela ementa abaixo[40]:

> **EMENTA. DIREITO CONSTITUCIONAL. COMPETÊNCIA MATERIAL. RESIDÊNCIA MÉDICA.** *A definição legal do programa de residência médica, consoante Lei nº 6932/81 e Decreto nº 80281/77, é de modalidade do ensino de pós-graduação, destinada a médicos, sob forma de cursos de especialização, caracterizada por treinamento em serviço, funcionando sob a responsabilidade de instituições de saúde, universitárias ou não, sob a orientação de profissionais médicos de elevada qualificação ética e profissional. Logo, o programa de residência médica é uma atividade discente de pós-graduação, modalidade de ensino para complementação da formação profissional do médico, com treinamento e especialização na matéria. Não há relação de emprego ou trabalho entre as partes envolvidas nesse programa, mas atividade discente. Nesse passo, quaisquer das obrigações entre as partes giram sob a órbita do Direito Civil, nunca do Direito do Trabalho. Não há, portanto, competência material desta Especializada, à luz do art. 114, CF. Recurso não provido.*

Alternativa correta: "e".

8.7. REPRESENTAÇÃO COMERCIAL

48. (TRT 4 – Juiz do Trabalho Substituto 4ª região/2016) Considere as condições abaixo.

I. Prestação de informações detalhadas pelo representante à empresa fornecedora dos produtos comercializados sobre o andamento dos negócios a seu cargo.

II. Definição e controle dos horários de visitas a clientes, além da exigência de exclusividade dos seus representantes pela empresa fornecedora de produtos.

III. Estipulação de prêmios pela empresa fornecedora dos produtos a seus representantes, quando do atingimento das metas de vendas por ela fixadas.

Com base na jurisprudência e na legislação, quais delas revelam, por si só, elementos caracterizadores de subordinação, para fins de reconhecimento de relação de emprego, em detrimento de eventual representação comercial autônoma Armada pelas partes?

a) Apenas I

b) Apenas II

c) Apenas III

d) Apenas I e II

e) I, II e III

COMENTÁRIOS

✪ Nota do autor: A questão demanda a diferenciação entre representação comercial e relação de emprego. O representante comercial presta serviços de forma autônoma, comercializando produtos ou serviços. O contrato de representação comercial é previsto na Lei nº 4.886/65. Em vários aspectos esse contrato assemelha-se ao contrato de trabalho, como: a possibilidade de cláusula de exclusividade, contrato oneroso e não eventual. O elemento que os distingue está na subordinação jurídica, presente apenas na relação de emprego.

Assertiva I. Incorreta. "O representante comercial fica obrigado a fornecer ao representado, segundo as disposições do contrato ou, sendo êste omisso, quando lhe fôr solicitado, informações detalhadas sôbre o andamento dos negócios a seu cargo, devendo dedicar-se à representação, de modo a expandir os negócios do representado e promover os seus produtos" (art. 28 da Lei nº 4.886/65). Portanto, o fornecimento das informações detalhadas sobre o andamento dos negócios não configura vínculo de emprego, mas apenas prestação de contas do trabalho efetuado.

Assertiva II. Correta. A definição e o controle de horários caracterizam a subordinação. Se o empregado está submetido a controle em seu início e saída de trabalho e durante toda a prestação dos serviços, verifica-se a presença da subordinação. Nesse sentido, estabelece Mauricio Godinho Delgado:

> *Autonomia é conceito antitético ao de subordinação. Enquanto esta traduz a circunstância juridicamente assentada de que o trabalhador acolhe a direção empresarial no tocante ao modo de concretização cotidiana de seus serviços, a autonomia traduz*

40. TRT15, RO 19270 SP 019270/2010, Rel. Min. Luciane Storel da Silva, 09/04/2010.

> *a noção de que o próprio prestador é que estabelece e concretiza, cotidianamente, a forma de realização dos serviços que pactuou prestar. Na subordinação, a direção central do modo cotidiano de prestação de serviços transfere-se ao tomador; na autonomia, a direção central do modo cotidiano de prestação de serviços preserva-se com o prestador de trabalho*[41].

Assertiva III. Incorreta. É possível a estipulação de prêmios aos representantes comerciais quando atingidas metas de vendas. Caracterizará o vínculo de emprego caso o não cumprimento dessas metas importe na aplicação de sanções ou penalidades ao representante, nítido uso do poder disciplinar do empregado.

Alternativa correta: "b". Apenas a assertiva II releva elemento caracterizador da subordinação.

8.8. TRABALHO DO INDÍGENA

49. (TRT 4 – Juiz do Trabalho Substituto 4ª região/2016) Considere as assertivas abaixo sobre empregado índio.

I. Será nulo o contrato de trabalho realizado com índios em vias de integração.

II. No caso de prestação de serviços por indígenas integrados, o órgão de proteção ao índio exercerá permanente fiscalização das condições de trabalho, denunciando os abusos e providenciando a aplicação das sanções cabíveis.

III. Os contratos de trabalho pactuados com indígenas habitantes de parques ou colônias agrícolas dependerão de prévia aprovação do órgão de proteção ao índio, obedecendo, quando necessário, a normas próprias.

Quais são corretas?

a) Apenas I

b) Apenas II

c) Apenas III

d) Apenas I e II

e) I, II e III

COMENTÁRIOS

✪ **Nota do autor:** A questão aborda o tema do empregado índio e exige o conhecimento da Lei nº 6.001/73. Cumpre ressaltar que o MPT tem atribuição para ajuizar ações em defesa dos direitos dos índios decorrentes da relação trabalhista:

> **Art. 83, V, LC nº 75/93.** *Compete ao Ministério Público do Trabalho o exercício das seguintes atribuições junto aos órgãos da Justiça do Trabalho: propor as ações necessárias à defesa dos direitos e interesses dos menores, incapazes e índios, decorrentes das relações de trabalho;*

Assertiva I. Incorreta. "Será nulo o contrato de trabalho ou de locação de serviços realizado com os índios de que trata o artigo 4º, I." (Art. 15 da Lei nº 6.001/73). O art. 4º, I da Lei nº 6.001/73 prevê:

> **Art. 4º** *Os índios são considerados: I – Isolados – Quando vivem em grupos desconhecidos ou de que se possuem poucos e vagos informes através de contatos eventuais com elementos da comunhão nacional;*

Portanto, o contrato com índio em vias de integração não é nulo.

Assertiva II. Incorreta. "Em qualquer caso de prestação de serviços por **indígenas não integrados**, o órgão de proteção ao índio exercerá permanente fiscalização das condições de trabalho, denunciando os abusos e providenciando a aplicação das sanções cabíveis" (§ 2º do art. 16 da Lei nº 6.001/73 – grifos acrescidos).

Assertiva III. Correta. "Os contratos de trabalho ou de locação de serviços realizados com indígenas em processo de integração ou habitantes de parques ou colônias agrícolas dependerão de prévia aprovação do órgão de proteção ao índio, obedecendo, quando necessário, a normas próprias" (art. 16, "caput", da Lei nº 6.001/73).

Alternativa correta: "c". Está correto o que se afirma na assertiva III.

9. EMPREGADOR

▸ Art. 2º, CLT

9.1. GRUPO ECONÔMICO

▸ Art. 2º, § 2º, CLT

▸ Súmula nº 129 do TST

✪ **Nota do autor sobre o tema:** O objetivo de se construir a figura tipificada do grupo econômico é o de ampliar as possibilidades de garantia do crédito trabalhista, responsabilizando solidariamente todas as empresas componentes de um mesmo grupo. Se, por um lado, temos a pessoalidade do empregado como um requisito para a configuração da relação de emprego, por outro, temos como característica da relação empregatícia a impessoalidade do empregador, que além de poder ser sucedido por outro (alteração subjetiva do contrato de trabalho), pode ser considerado um aglomerado de pessoas jurídicas submetidas ao mesmo controle, como é o caso do grupo econômico.

A Reforma Trabalhista inovou ao prever a possibilidade de formação de grupo econômico por coordenação. De acordo com a nova redação do art. 2º, § 2º da CLT, mesmo que as empresas guardem cada uma sua autonomia, estará configurado o grupo econômico.

---

41. DELGADO, Mauricio Godinho. Curso de Direito do Trabalho. 15ª ed. São Paulo: LTr, 2016. P. 358.

50. (TRT 4 – Juiz do Trabalho Substituto 4ª região/2016) Assinale a assertiva correta sobre grupo econômico.

a) A existência de direção, controle ou administração ostensiva de uma empresa sobre as demais caracteriza grupo econômico em regime de subordinação.

b) A Lei no 5.889/1973, que estatuiu normas reguladoras do trabalho rural, manteve a diretriz contida na Consolidação das Leis do Trabalho – CLT, definindo a responsabilidade solidária das empresas integrantes de grupo econômico, em regime de subordinação.

c) Segundo disposição expressa na CLT, para configurar o grupo econômico, é necessário que exista direção, controle ou administração de uma empresa sobre as demais, ainda que cada uma preserve sua autonomia funcional e organizacional.

d) A Lei no 5.889/1973, que estatuiu normas reguladoras do trabalho rural, é menos exigente do que a CLT, pois admite a existência de grupo econômico por subordinação.

e) A CLT consagra, expressamente, a responsabilidade solidária das empresas integrantes de grupo econômico em regime de coordenação.

COMENTÁRIOS

✪ **Nota do autor:** A questão aborda o tema do grupo econômico e exige o conhecimento da CLT e da Lei nº 5.889/73. A consequência jurídica do reconhecimento do grupo econômico é a existência da responsabilidade solidária entre as empresas, ou seja, se uma delas não quitar os débitos trabalhistas, as demais são responsáveis integralmente pela dívida.

Alternativa "a". Antes da Reforma Trabalhista, não havia previsão, na CLT, de grupo econômico por coordenação. Esse instituto, entretanto, foi alterado pela Reforma Trabalhista – Lei nº 13.467/2017. Ocorre grupo econômico quando as empresas estão ligadas entre si, ou seja, quando há "empresa-mãe e empresas-irmãs".[42] Nesse caso, cada uma dessas empresas possui personalidade jurídica própria, isto é, CNPJ próprio, quadro de pessoal próprio, exerce atividades econômicas diversas etc. Ressalta-se que a CLT não exige um documento ou prova específica para configuração do grupo econômico. Essa prova será feita levando em conta a análise do caso concreto, como utilização do mesmo imóvel, mesmo recursos humanos para contratação dos empregados etc.

A consequência jurídica do reconhecimento do grupo econômico é a existência da responsabilidade solidária entre as empresas, ou seja, se uma delas não quitar os débitos trabalhistas, as demais são responsáveis integralmente pela dívida.

Com a aprovação da Reforma Trabalhista, a nova redação do § 2º do art. 2º da CLT estabelece o reconhecimento de duas formas de grupo econômico:

- **Grupo econômico por subordinação:** Essa modalidade já era prevista na redação anterior do dispositivo em apreço. No caso, o grupo pode ser formado na hipótese de existência de hierarquia entre as empresas. Para a prova de formação do grupo econômico por subordinação, é indispensável, portanto, demonstrar que há uma relação de controle entre uma ou mais empresas em relação às demais integrantes.
- **Grupo econômico por coordenação:** A Reforma Trabalhista inovou ao prever a possibilidade de formação de grupo econômico por coordenação. De acordo com o novo dispositivo, mesmo que as empresas guardem cada uma sua autonomia, estará configurado o grupo econômico.

Assim, diante da nova redação dada ao art. 2º, §2º da CLT, haverá grupo econômico:

> *§ 2º Sempre que uma ou mais empresas, tendo, embora, cada uma delas, personalidade jurídica própria, estiverem sob a direção, controle ou administração de outra, ou ainda quando, mesmo guardando cada uma sua autonomia, integrem grupo econômico, serão responsáveis solidariamente pelas obrigações decorrentes da relação de emprego.*

Alternativa correta: à época do concurso "a". Em razão disso, atualmente, também estariam corretas as alternativas "**c**" e "**e**".

9.2. SUCESSÃO DE EMPREGADORES (ALTERAÇÃO SUBJETIVA DO CONTRATO DE TRABALHO)

- Art. 10, CLT
- Art. 448, CLT
- Orientação Jurisprudencial nº 261 da SDI-I do TST

51. (FGV – 2023 – TST – Juiz do Trabalho) Avelino celebrou contrato de trabalho com o Banco Caixa Forte S/A, em 05/02/2022, para prestar serviços na função de atendente bancário. Em 15/10/2022, o Banco Caixa Forte S/A foi integralmente adquirido pela instituição financeira Banco Fortuna S/A, operação interempresarial que se deu de forma idônea, com plena observância à lei. Diante disso, ocorreu a transferência de todo o ativo e também a integralidade das agências bancárias de uma para outra empresa, permanecendo Avelino e todos os demais empregados trabalhando normalmente para o

42. "No caso do grupo econômico, uma figura em zigue-zague, quase em formato das árvores genealógicas que aprendemos com as ciências biológicas (empregado-empregador em linha reta e empregador com as empresas-irmãs e com a empresa-mãe, se houver, dele se ramificando)." SILVA, Homero Batista Mateus da. *Curso de Direito do Trabalho aplicado*, v. 1: *Parte Geral*. Rio de Janeiro: Elsevier, 2009. p. 142.

Banco Fortuna S/A, nas mesmas funções e em idênticas condições de trabalho. Em 28/11/2022, em razão de avaliação de produtividade, Avelino foi despedido sem justa causa pelo Banco Fortuna S/A, recebendo as verbas resilitórias a que fazia jus.

Diante da situação hipotética acima, considerando que Avelino entender ser credor de horas extraordinárias realizadas durante toda a contratualidade, bem como pretende saber qual é a responsabilidade dos bancos Caixa Forte S/A e Fortuna S/A em caso de ajuizamento de reclamação trabalhista, em conformidade com a lei e o entendimento dominante do Tribunal Superior do Trabalho, é correto afirmar que:

a) o Banco Caixa Forte S/A deverá responder pelo pagamento de eventuais horas extraordinárias de Avelino contraídas desde a data da admissão até 14/10/2022, recaindo sobre o Banco Fortuna S/A as obrigações trabalhistas a partir de 15/10/2022 até o término da relação empregatícia;

b) a mudança interempresarial ocorrida entre as empresas provocou a automática transferência de direitos e obrigações trabalhistas do Banco Caixa Forte S/A para o Banco Fortuna S/A, passando este a responder por eventuais horas extraordinárias de Avelino relativas a todo o período contratual;

c) o Banco Caixa Forte S/A e o Banco Fortuna S/A deverão responder solidariamente por eventuais horas extraordinárias devidas a Avelino ao longo da contratualidade;

d) O Banco Caixa Forte S/A deverá responder de forma subsidiária ao Banco Fortuna S/A por eventuais horas extraordinárias devidas a Avelino;

e) a atribuição da responsabilidade pelo pagamento das horas extraordinárias de Avelino deverá observar a existência de cláusula restritiva de responsabilização trabalhista no contrato havido entre os bancos envolvidos.

COMENTÁRIOS

✪ **Nota do autor:** A questão aborda o tema da sucessão de empresas. Se, por um lado, a pessoalidade é requisito indispensável para configurar o empregado, por outro, a impessoalidade é traço marcante para o empregador, pois as mudanças na estrutura jurídica da empresa não afetam os contratos de trabalho em curso.

Alternativa "b". *Comentário serve para as demais alternativas, uma vez que versam sobre o mesmo assunto.* "Qualquer alteração na estrutura jurídica da empresa não afetará os direitos adquiridos por seus empregados." (art. 10, CLT). "A mudança na propriedade ou na estrutura jurídica da empresa não afetará os contratos de trabalho dos respectivos empregados." (art. 448, CLT). Para que seja configurada a sucessão trabalhista, é necessária a presença de dois requisitos:

a) Transferência do estabelecimento: há necessidade de transferência da parte produtiva (unidade econômico-jurídica), possibilitando que o sucessor (que adquiriu o estabelecimento) continue explorando a atividade econômica do sucedido.

b) Não ocorrência de paralisação da atividade: após a sucessão, o sucessor deverá dar continuidade ao empreendimento, sem que fique paralisado por muito tempo.

No caso trazido pelo enunciado, ocorreu a transferência de todo o ativo e também a integralidade das agências bancárias de uma para outra empresa, permanecendo Avelino e todos os demais empregados trabalhando normalmente para o Banco Fortuna S/A, nas mesmas funções e em idênticas condições de trabalho.

Caracterizada a sucessão empresarial, o sucessor, portanto, assumirá o bônus (riquezas produzidas pela empresa sucedida) e o ônus (débitos trabalhistas) decorrentes da sucessão. Assim, o Banco Fortuna S/A deverá responder por eventuais horas extraordinárias de Avelino relativas a todo o período contratual.

Alternativa correta: "b".

---

52. (FCC – Juiz do Trabalho Substituto 1ª Região/ 2014) A empresa Universal Industrial Ltda., que tem por sócio majoritário Dionísio, passou por grandes dificuldades financeiras que culminaram com o encerramento de suas atividades. Dionísio vendeu o galpão onde estava estabelecida a empresa com todo o mobiliário, equipamentos e instalações para Zeus, que instalou no local a empresa Olímpica Industrial Ltda., com quadro societário e inscrição no CNPJ distintos da Universal. Afrodite, que trabalhava como recepcionista empregada da Universal há um ano, permaneceu laborando para Olímpica por mais oito meses até a sua dispensa, sem receber as horas extras, as férias com 1/3, o FGTS mensal, a multa rescisória de 40% do FGTS e o aviso prévio. Nessa situação, a responsabilidade pelo pagamento das verbas trabalhistas de Afrodite será da empresa

a) Olímpica em razão da sucessão de empresas que implica a responsabilidade do sucessor por todos os direitos trabalhistas, conforme previsão legal contida na Consolidação das Leis do Trabalho.

b) Universal em caráter principal e, de forma subsidiária, na Olímpica, visto que a situação se assemelha a terceirização, conforme entendimento sumulado do Tribunal Superior do Trabalho.

c) Universal pelo período de um ano em que foi sua empregada e da Olímpica pelos oito meses finais, dividindo-se todas as verbas trabalhistas na exata proporção dos meses trabalhados.

d) Universal pela proporção do período de um ano apenas em relação às horas extras, férias com 1/3 e FGTS mensal e da Olímpica pelos oito meses finais em relação às férias com 1/3, FGTS mensal além da multa rescisória de 40% do FGTS e aviso prévio, estes últimos em razão de ter efetuado a dispensa.

e) Universal porque, sendo a empresa que contratou Afrodite, não poderia ter vendido o empreendimento sem ter quitado os contratos de trabalho de seus empregados, assumindo, assim, todo o ônus moral e jurídico da transação.

COMENTÁRIOS

✪ **Nota do autor:** A questão aborda o tema da sucessão de empresas. Se, por um lado, a pessoalidade é requisito indispensável para configurar o empregado, por outro, a impessoalidade é traço marcante para o empregador, pois as mudanças na estrutura jurídica da empresa não afetam os contratos de trabalho em curso.

Alternativa "a". *Comentário serve para as demais alternativas, uma vez que versam sobre o mesmo assunto.* "Qualquer alteração na estrutura jurídica da empresa não afetará os direitos adquiridos por seus empregados." (art. 10, CLT). "A mudança na propriedade ou na estrutura jurídica da empresa não afetará os contratos de trabalho dos respectivos empregados." (art. 448, CLT). Para que seja configurada a sucessão trabalhista, é necessária a presença de dois requisitos: a) Transferência do estabelecimento: há necessidade de transferência da parte produtiva (unidade econômico-jurídica), possibilitando que o sucessor (que adquiriu o estabelecimento) continue explorando a atividade econômica do sucedido. Assim, verifica-se o preenchimento desse requisito, uma vez que houve a transferência de toda unidade produtiva da empresa Universal para a empresa Olímpica; b) Não ocorrência de paralisação da atividade: após a sucessão, o sucessor deverá dar continuidade ao empreendimento, sem que fique paralisado por muito tempo. Nesse sentido, Afrodite prestou serviços em ambas as empresas sem que houvesse paralisação nas atividades. Preenchidos os requisitos anteriores, o sucessor responderá pelos débitos trabalhistas. O sucessor, portanto, assumirá o bônus (riquezas produzidas pela empresa sucedida) e o ônus (débitos trabalhistas) decorrentes da sucessão. Assim, a empresa Olímpica deve pagar todas as verbas devidas à empregada Afrodite.

Nesse sentido, é o art. 448-A da CLT, acrescentado pela Reforma Trabalhista:

> **Art. 448-A da CLT (inserido pela Lei nº 13.467/2017):** *Caracterizada a sucessão empresarial ou de empregadores prevista nos arts. 10 e 448 desta Consolidação, as obrigações trabalhistas, inclusive as contraídas à época em que os empregados trabalhavam para a empresa sucedida, são de responsabilidade do sucessor.*
>
> *Parágrafo único. A empresa sucedida responderá solidariamente com a sucessora quando ficar comprovada fraude na transferência.*

Alternativa correta: "a".

9.3. PODERES DO EMPREGADOR

- Art. 2º, CLT
- Art. 468, CLT

53. (TRT 4 – Juiz do Trabalho Substituto 4ª região/2016) Hugo Sinzheimer advertia, em 1927, que a relação que liga o trabalhador ao seu empregador, não é somente uma relação obrigacional. É, antes de tudo, uma relação de poder. Conforme a doutrina atual, qual o fundamento do poder empregatício?

a) Direito de propriedade

b) Contrato

c) Delegação do poder público

d) Interesse social da empresa

e) Livre iniciativa

COMENTÁRIOS

✪ **Nota do autor:** A questão aborda o fundamento do poder de direção do empregador. O poder do empregador está previsto no art. 2º da CLT, pois o empregador "dirige a prestação pessoal de serviços". Como ele assume exclusivamente os riscos da atividade econômica, há necessidade de organizar e controlar a prestação de serviços, mesmo que, para isso, seja necessária a aplicação de penalidades aos trabalhadores. Se de um lado há presença do poder de direção, por parte do empregado há também a presença da subordinação.

Alternativa "b". *Comentário serve para as demais alternativas.* O poder de direção do empregador encontra seu fundamento na própria existência do contrato de trabalho. De acordo com Gustavo Filipe Garcia Barbosa:

> *"Uma outra corrente, que pode ser considerada a mais adequada, defende que o fundamento do poder de direção encontra-se no contrato de trabalho. O fundamento, assim, seria de ordem jurídica; a existência do contrato de emprego, em si, autoriza o empregador a exercer o poder de direção, tornando o trabalho do empregado subordinado[43]".*

Alternativa correta: "b".

10. TERCEIRIZAÇÃO

- Súmula nº 331 do TST

✪ **Nota do autor sobre o tema:** A terceirização surgiu como forma de dinamizar e especializar os serviços nas empresas. Ocorre a terceirização quando uma empresa em vez de executar serviços diretamente com seus empregados, contrata outra empresa, para que esta os realize com o seu pessoal sob a sua responsabilidade. O empregado é contratado pela empresa intermediadora (empregadora), mas presta serviços em outro local (empresa contratante). Na terceirização, há três pessoas envolvidas na relação jurídica: trabalhador, empresa de prestação de serviços a terceiros (ou inter-

43. GARCIA, Gustavo Filipe Garcia. Curso de Direito do Trabalho. 10ª ed. Rio de Janeiro: Forense, 2016. P. 382.

mediadora) e empresa contratante. Verifica-se, assim, que a relação é triangular. O vínculo empregatício ocorre entre trabalhador e empresa prestadora de serviços a terceiros, embora o trabalhador preste serviços em outro local, na empresa contratante.

No ano de 2017 houve várias modificações no tocante à regulamentação da terceirização. Nesse sentido, o tema que era regulamentado pela Súmula nº 331 do TST, passou a conter expressa previsão na Lei nº 6.019/1974.

Assim, no dia 31/03/2017, foi promulgada a Lei nº 13.429/2017, que alterou e acrescentou diversos dispositivos à Lei nº 6.019/1974 para tratar sobre a terceirização. Essa lei corresponde, portanto, à primeira legislação a regulamentar o assunto. Por fim, a Lei nº 13.467/2017 – Reforma Trabalhista, promulgada em 13/07/2017, alterou a regulamentação da terceirização de serviços, com o objetivo de sanar as omissões da Lei nº 13.429/2017 e criar algumas salvaguardas aos trabalhadores.

54. (TRT 1 – Juiz do Trabalho Substituto 1ª região/2016) Maria Eduarda foi contratada pela empresa Tudo Limpo Prestadora de Serviços de Limpeza Ltda., em 24/04/2012. Por força de contrato celebrado por esta empresa com a Ora, Veja Materiais Ópticos S/A, para a realização de serviços de asseio e conservação, Maria Eduarda prestou serviços na sede da empresa tomadora dos serviços, do início do contrato de trabalho até 13/02/2014. Nesta data, em função do término do contrato de prestação de serviços entre as empresas já referidas, e por determinação da empregadora, Maria Eduarda passou a trabalhar, nas mesmas condições, em outra empresa para a qual sua empregadora prestava serviços: Rosa Rosa, Floricultura Ltda. Maria Eduarda trabalhou até 29/09/2014, quando novamente pelo término do contrato de prestação de serviços (entre Tudo Limpo e Rosa Rosa), por determinação de sua empregadora, passou, também, nas mesmas condições anteriores, a trabalhar para a Altos Móveis Armários Ltda. Maria Eduarda trabalhou até 20/09/2015, quando foi dispensada imotivadamente por sua empregadora.

Sem receber qualquer parcela decorrente da rescisão e se entendendo ainda credora de horas extras durante a integralidade do contrato de trabalho, Maria Eduarda ajuíza ação em face de Tudo Limpo Prestadora de Serviços de Limpeza Ltda. e, na qualidade de devedoras subsidiárias por todas as parcelas decorrentes do contrato, de Ora, Veja Materiais Ópticos, Rosa Rosa Floricultura e de Altos Móveis Armários.

Adotando-se o entendimento sumulado pelo TST, e partindo da premissa de que as alegações de Maria Eduarda foram comprovadas na instrução processual,

a) as três empresas tomadoras dos serviços são subsidiariamente responsáveis pela integralidade dos créditos reconhecidos em face da empresa Tudo Limpo Prestadora de Serviços de Limpeza Ltda.
b) a pluralidade de empresas tomadoras faz com que nenhuma delas seja responsável subsidiária pelos débitos da tomadora com a empregada.
c) a Altos Móveis Armários Ltda. é responsável subsidiária pela integralidade dos créditos reconhecidos à autora.
d) cada tomadora de serviços é responsável apenas pelas verbas relativas ao período em que Maria Eduarda lhes prestou serviços, mas as três tomadoras são responsáveis subsidiárias pelas verbas rescisórias.
e) a Ora, Veja Materiais Ópticos S/A somente é responsável subsidiária pelas parcelas que se constituíram no período em que Maria Eduarda prestou serviços em suas dependências.

COMENTÁRIOS

✪ Nota do autor: Trata-se de caso de terceirização, que demanda o conhecimento da Súmula nº 331 do TST e da Lei nº 6.019/1974. Note-se que, com o advento das Leis nº 13.429/2017 e nº 13.467/2017, a Súmula nº 331 do TST deverá passar por alterações.

Alternativa "e". *Comentário serve para as demais alternativas, vez que versam sobre o mesmo assunto.* A empresa Ora, Veja Materiais Ópticos S/A é tomadora de serviço e, por tal razão responde de forma subsidiária somente quanto às obrigações prestadas em sua dependência:

> **Súmula nº 331 do TST:** *(...)*
>
> *IV – O inadimplemento das obrigações trabalhistas, por parte do empregador, implica a responsabilidade subsidiária do tomador dos serviços quanto àquelas obrigações, desde que haja participado da relação processual e conste também do título executivo judicial.*
>
> *(...)*
>
> *VI – A responsabilidade subsidiária do tomador de serviços abrange todas as verbas decorrentes da condenação referentes ao período da prestação laboral.*

Sobre o tema, a Lei nº 13.429/2017 inseriu um novo artigo à Lei nº 6.019/1974 para prever a responsabilidade subsidiária da tomadora (contratante), em caso de inadimplemento das verbas trabalhista pelo real empregador (empresa de prestação de serviços a terceiros):

> **Art. 5º-A, § 5º, Lei nº 6.019/1974** *(Incluído pela Lei nº 13.429, de 2017). A empresa contratante é subsidiariamente responsável pelas obrigações trabalhistas referentes ao período em que ocorrer a prestação de serviços, e o recolhimento das contribuições previdenciárias observará o disposto no art. 31 da Lei nº 8.212, de 24 de julho de 1991.*

Persiste inalterado, portanto, o disposto nos itens IV e VI da Súmula nº 331 do TST, após as alterações promovidas pelas Leis nº 13.429/2017 e 13.467/2017.

Alternativa correta: "e".

55. (TRT 2 – Juiz do Trabalho Substituto 2ª região/2016) A empresa Deuses do Olimpo Limpeza e Conservação S/A venceu processo de licitação e celebrou contrato de prestação de serviços com o Município de Arquimedes para o fornecimento dos serviços de limpeza e conservação de vias públicas, pelo prazo de um ano, com jornadas diárias de 04 horas em período diurno. Simultaneamente, a mesma empresa prestadora firmou contrato com empresa privada Celta Comércio de Alimentos S/A para fornecimento de mão de obra de limpeza, também por um ano, com jornada de 04 horas em período noturno. Ocorre que, ao término dos contratos, houve o descumprimento parcial das obrigações trabalhistas em relação aos empregados da fornecedora de mão de obra. As tomadoras, prefeitura de Arquimedes e empresa Celta, não exerceram nenhuma fiscalização do cumprimento das obrigações legais e contratuais da prestadora de serviço enquanto empregadora. Os trabalhadores lesados ajuizaram ação trabalhista coletiva em face da empresa prestadora e das duas tomadoras. Nessa situação, com fulcro em entendimento sumulado do TST, as tomadoras da mão de obra:

a) Responderão ambas de forma solidária pelos débitos trabalhistas apenas em caso de falência da empresa prestadora dos serviços.

b) A prefeitura de Arquimedes responderá de forma solidária e a empresa Celta de forma subsidiária pelos débitos trabalhistas em razão de ser tomadora dos serviços, ainda que tivessem fiscalizado o contrato.

c) Responderão ambas de forma subsidiária pelos débitos trabalhistas da empresa prestadora dos serviços, a prefeitura de Arquimedes em razão de conduta culposa por ausência de fiscalização do contrato e a empresa Celta independentemente de fiscalização.

d) A prefeitura de Arquimedes não responderá sob qualquer modalidade, ou seja, nem de forma subsidiária ou solidária, por se tratar de órgão da administração pública direta; a empresa Celta responderá de forma solidária por falta de fiscalização.

e) A prefeitura de Arquimedes não terá qualquer responsabilidade trabalhista visto que firmou contrato regular de terceirização com a empresa prestadora, por meio de processo licitatório, nos termos da Lei n° 8.666/93 e será formado o vínculo empregatício diretamente com a empresa Celta por estar configurada a contratação irregular de trabalhador mediante empresa interposta.

COMENTÁRIOS

✪ **Nota do autor:** A questão aborda a terceirização. Em 2017, houve a edição de 2 leis que passaram a versar sobre o tema: Lei nº 13.429/2017 e Lei nº 13.467/2017. Estas leis incluíram diversos dispositivos à Lei nº 6.019/1974. Não deixe de ler esta lei!

Alternativa "c". *Comentário serve para as demais alternativas, uma vez que versam sobre o mesmo assunto.* A prefeitura de Arquimedes responde subsidiariamente em razão da ausência de fiscalização do contrato, evidenciando sua conduta culposa. Nesse sentido, prevê o item V da Súmula nº 331 do TST:

> **Súmula nº 331, V, do TST:** *Os entes integrantes da Administração Pública direta e indireta respondem subsidiariamente, nas mesmas condições do item IV, caso evidenciada a sua conduta culposa no cumprimento das obrigações da Lei n.º 8.666, de 21.06.1993, especialmente na fiscalização do cumprimento das obrigações contratuais e legais da prestadora de serviço como empregadora. A aludida responsabilidade não decorre de mero inadimplemento das obrigações trabalhistas assumidas pela empresa regularmente contratada.*

Nesse mesmo sentido, a tese fixada pelo STF na apreciação do Tema 246 da repercussão geral:

> **Tema 246 de Repercussão Geral do STF.** *O inadimplemento dos encargos trabalhistas dos empregados do contratado não transfere automaticamente ao Poder Público contratante a responsabilidade pelo seu pagamento, seja em caráter solidário ou subsidiário, nos termos do art. 71, § 1º, da Lei nº 8.666/93.*

No Informativo nº 220, o TST reforçou seu posicionamento ao manifestar que o mero inadimplemento das obrigações trabalhistas por parte do prestador de serviços não é suficiente para a responsabilização do ente público tomador de serviços. No entanto, a responsabilidade subsidiária ocorrerá quando se verificar a conduta culposa da administração na correta fiscalização do cumprimento da legislação trabalhista.

Já a empresa Celta, responde de forma subsidiária, desde que participe da relação processual e conste do título executivo judicial:

> ***Súmula nº 331 do TST: (...)***
>
> *IV – O inadimplemento das obrigações trabalhistas, por parte do empregador, implica a responsabilidade subsidiária do tomador dos serviços quanto àquelas obrigações, desde que haja participado da relação processual e conste também do título executivo judicial.*
>
> *(...)*
>
> *VI – A responsabilidade subsidiária do tomador de serviços abrange todas as verbas decorrentes da condenação referentes ao período da prestação laboral.*

De acordo com a nova legislação:

> **Art. 5º-A, § 5º, Lei nº 6.019/1974 (Incluído pela Lei nº 13.429, de 2017).** *A empresa contratante é subsidiariamente responsável pelas obrigações trabalhistas referentes ao período em que ocorrer a prestação de serviços, e o recolhimento das contribuições previdenciárias observará o disposto no art. 31 da Lei nº 8.212, de 24 de julho de 1991.*

Alternativa correta: "c".

Atenção: As duas questões a seguir apresentam o mesmo caso, mas o examinador procurou respostas a diferentes responsabilidades nas alternativas. Muita atenção nas respostas!

56. (TRT 4 – Juiz do Trabalho Substituto 4ª região/2016) A Faculdade Notório Saber decidiu ampliar seu campus e construir um novo prédio. Contratou, para tanto, a Construtora ABC Ltda., a qual, por sua vez, subcontratou a Empreiteira Faz Tudo Ltda., renomada pelo serviço de marcação do terreno e fundações. Considerando o material que seria utilizado na obra e da grande circulação de estudantes, a Faculdade ampliou seu quadro de seguranças terceirizados no local e demandou outros 3 (três) funcionários da empresa Serviços de Segurança Olho Aberto Ltda., para permanecerem 24 (vinte e quatro) horas por dia, em revezamento. Ao término da construção, a Empreiteira Faz Tudo Ltda. e a empresa Serviços de Segurança Olho Aberto Ltda. encerraram suas atividades, sem sequer terem efetuado o pagamento das parcelas resilitórias de seus empregados, os quais, por sua vez, ingressaram com ação trabalhista contra todos os envolvidos, pleiteando a responsabilidade solidária/subsidiária.

Quanto à responsabilidade, a Faculdade Notório Saber responderá

a) solidariamente pelos créditos advindos das ações ajuizadas pelos empregados da empresa Serviços de Segurança Olho Aberto e da Empreiteira Faz Tudo.

b) solidariamente pelos créditos advindos das ações ajuizadas pelos empregados da empresa Serviços de Segurança Olho Aberto e subsidiariamente pelos créditos advindos das ações ajuizadas pelos empregados da Empreiteira Faz Tudo.

c) subsidiariamente pelos créditos advindos das ações ajuizadas pelos empregados da empresa Serviços de Segurança Olho Aberto e solidariamente pelos créditos advindos das ações ajuizadas pelos empregados da Empreiteira Faz Tudo.

d) subsidiariamente pelos créditos advindos das ações ajuizadas pelos empregados da empresa Serviços de Segurança Olho Aberto e da Empreiteira Faz Tudo.

e) subsidiariamente pelos créditos advindos das ações ajuizadas pelos empregados da empresa Serviços de Segurança Olho Aberto e não terá qualquer responsabilidade pelos créditos advindos das ações ajuizadas pelos empregados da Empreiteira Faz Tudo.

COMENTÁRIOS

✪ **Nota do autor:** A questão trata do tema da terceirização e empreitada. A terceirização surgiu como forma de dinamizar e especializar os serviços nas empresas. Ocorre a terceirização quando uma empresa, em vez de executar serviços diretamente com seus empregados, contrata outra empresa para que esta os realize, com seu pessoal sob sua responsabilidade.

Alternativa "e". *Comentário serve para as demais alternativas, uma vez que versam sobre o mesmo assunto.* A Faculdade Notório Saber é a tomadora do serviço, enquanto que a empresa Serviços de Segurança Olho Aberto Ltda. se trata de empresa intermediadora. Portanto, a Faculdade Notório Saber responde de forma subsidiária pelas verbas trabalhistas, independentemente de culpa, já que se trata de caso de terceirização.

> **Súmula nº 331 do TST:**
>
> *IV – O inadimplemento das obrigações trabalhistas, por parte do empregador, implica a responsabilidade subsidiária do tomador dos serviços quanto àquelas obrigações, desde que haja participado da relação processual e conste também do título executivo judicial.*
>
> (...)
>
> *VI – A responsabilidade subsidiária do tomador de serviços abrange todas as verbas decorrentes da condenação referentes ao período da prestação laboral."*

De acordo com a atual legislação:

> **Art. 5º-A, § 5º, Lei nº 6.019/1974 (Incluído pela Lei nº 13.429, de 2017).** *A empresa contratante é subsidiariamente responsável pelas obrigações trabalhistas referentes ao período em que ocorrer a prestação de serviços, e o recolhimento das contribuições previdenciárias observará o disposto no art. 31 da Lei nº 8.212, de 24 de julho de 1991.*

No segundo caso, por sua vez, a construtora ABC Ltda. subcontratou a empreiteira Faz Tudo Ltda., configurando hipótese de subempreitada. Desse modo, a reponsabilidade pelas obrigações trabalhistas é da empresa Faz Tudo Ltda. O empregado pode, porém, exigir o pagamento das verbas trabalhistas por parte da construtora ABC Ltda., conforme previsto no art. 455, da CLT.

Contém o artigo 455 da CLT hipótese de responsabilidade subsidiária, isto é, se o subempreiteiro deixar de pagar ao empregado, este pode exigir as obrigações trabalhistas do empreiteiro principal, pois não poderia ficar sem receber pelo serviço que prestou.

> **Art. 455, CLT** – *Nos contratos de subempreitada responderá o subempreiteiro pelas obrigações derivadas do contrato de trabalho que celebrar, cabendo, todavia, aos empregados, o direito de reclamação contra o empreiteiro principal pelo inadimplemento daquelas obrigações por parte do primeiro.*
>
> *Parágrafo único – Ao empreiteiro principal fica ressalvada, nos termos da lei civil, ação regressiva contra o subempreiteiro e a retenção de importâncias a este devidas, para a garantia das obrigações previstas neste artigo.*

Quanto à Faculdade Notório Saber (dona da obra), esta não é responsável pelo pagamento das verbas trabalhistas não adimplidas pela empreiteira Faz Tudo, pois não se trata de empresa construtora ou incorporadora nos termos da OJ nº 191 SDI-I do TST:

> **OJ nº 191 da SDI-I do TST:** *Diante da inexistência de previsão legal específica, o contrato de empreitada de construção civil entre o dono da obra e o empreiteiro não enseja responsabilidade solidária ou subsidiária nas obrigações trabalhistas contraídas pelo empreiteiro, salvo sendo o dono da obra uma empresa construtora ou incorporadora.*

No julgamento do Incidente de Recurso de Revista Repetitivo do Processo Paradigma nº 190-53.2015.5.03.0090, o TST entendeu que as empresas de médio e grande porte, assim como entes públicos, não são responsáveis pelas obrigações trabalhistas dos empregados da empreiteira ou construtora que lhe presta serviços. Segue a tese firmado pelo TST:

> *RESPONSABILIDADE SUBSIDIÁRIA – DONA DA OBRA – APLICAÇÃO DA OJ 191 DA SbDI-1 LIMITADA À PESSOA FÍSICA OU MICRO E PEQUENAS EMPRESAS":*
>
> *I) A exclusão de responsabilidade solidária ou subsidiária por obrigação trabalhista a que se refere a Orientação Jurisprudencial n.º 191 da SDI-1 do TST não se restringe à pessoa física ou micro e pequenas empresas, compreende igualmente empresas de médio e grande porte e entes públicos (decidido por unanimidade);*
>
> *II) A excepcional responsabilidade por obrigações trabalhistas prevista na parte final da Orientação Jurisprudencial n.º 191, por aplicação analógica do art. 455 da CLT, alcança os casos em que o dono da obra de construção civil é construtor ou incorporador e, portanto, desenvolve a mesma atividade econômica do empreiteiro (decidido por unanimidade);*
>
> *III) Não é compatível com a diretriz sufragada na Orientação Jurisprudencial n.º 191 da SDI-1 do TST jurisprudência de Tribunal Regional do Trabalho que amplia a responsabilidade trabalhista do dono da obra, excepcionando apenas "a pessoa física ou micro e pequenas empresas, na forma da lei, que não exerçam atividade econômica vinculada ao objeto contratado" (decidido por unanimidade);*
>
> *IV) Exceto ente público da Administração Direta e Indireta, se houver inadimplemento das obrigações trabalhistas contraídas por empreiteiro que contratar, sem idoneidade econômico-financeira, o dono da obra responderá subsidiariamente por tais obrigações, em face de aplicação analógica do art. 455 da CLT e culpa in eligendo (decidido por maioria, vencido o Exmo. Ministro Márcio Eurico Vitral Amaro).*

Alternativa correta: "e".

---

57. (TRT 4 – Juiz do Trabalho Substituto 4ª região/2016) A Faculdade Notório Saber decidiu ampliar seu campus e construir um novo prédio. Contratou, para tanto, a Construtora ABC Ltda., a qual, por sua vez, subcontratou a Empreiteira Faz Tudo Ltda., renomada pelo serviço de marcação do terreno e fundações. Considerando o material que seria utilizado na obra e da grande circulação de estudantes, a Faculdade ampliou seu quadro de seguranças terceirizados no local e demandou outros 3 (três) funcionários da empresa Serviços de Segurança Olho Aberto Ltda., para permanecerem 24 (vinte e quatro) horas por dia, em revezamento. Ao término da construção, a Empreiteira Faz Tudo Ltda. e a empresa Serviços de Segurança Olho Aberto Ltda. encerraram suas atividades, sem sequer terem efetuado o pagamento das parcelas resilitórias de seus empregados, os quais, por sua vez, ingressaram com ação trabalhista contra todos os envolvidos, pleiteando a responsabilidade solidária/subsidiária.

Quanto à responsabilidade, a Construtora ABC

a) responderá subsidiariamente pelos créditos advindos das ações ajuizadas pelos empregados da empresa Serviços de Segurança Olho Aberto e da Empreiteira Faz Tudo.

b) responderá solidariamente pelos créditos advindos das ações ajuizadas pelos empregados da empresa Serviços de Segurança Olho Aberto e da Empreiteira Faz Tudo.

c) não terá qualquer responsabilidade pelos créditos advindos das ações ajuizadas pelos empregados da empresa Serviços de Segurança Olho Aberto e responderá solidariamente pelos créditos advindos das ações ajuizadas pelos empregados da Empreiteira Faz Tudo.

d) não terá qualquer responsabilidade pelos créditos advindos das ações ajuizadas pelos empregados da empresa Serviços de Segurança Olho Aberto e responderá subsidiariamente pelos créditos advindos das ações ajuizadas pelos empregados da Empreiteira Faz Tudo.

e) não terá qualquer responsabilidade pelos créditos advindos das ações ajuizadas pelos empregados da empresa Serviços de Segurança Olho Aberto e da Empreiteira Faz Tudo.

COMENTÁRIOS

✪ **Nota do autor:** A questão trata do tema empreitada, mas envolve, também, o conceito de terceirização, assim como o domínio da Lei nº 6.019/1974 e da Súmula nº 331 do TST.

Alternativa correta: "c". *Comentário serve para as demais alternativas, uma vez que versam sobre o mesmo assunto.* A Construtora ABC não terá qualquer responsabilidade pelos créditos advindos das ações ajuizadas pelos empregados da empresa Serviços de Segurança Olho Aberto, a qual é assumida de forma subsidiária pela Faculdade Notório Saber, pois esta compreende a empresa tomadora dos serviços de terceirização. Não há nenhuma relação entre a construtora ABC e a empresa Olho Aberto.

> "**Súmula nº 331 do TST:** (...)
>
> *IV –O inadimplemento das obrigações trabalhistas, por parte do empregador, implica a responsabilidade subsidiária do tomador dos serviços quanto àquelas obrigações, desde que haja participado da relação processual e conste também do título executivo judicial.*
>
> *(...)*
>
> *VI – A responsabilidade subsidiária do tomador de serviços abrange todas as verbas decorrentes da condenação referentes ao período da prestação laboral."*

De acordo com a atual legislação:

> **Art. 5º-A, § 5º, Lei nº 6.019/1974 (Incluído pela Lei nº 13.429, de 2017).** *A empresa contratante é subsidiariamente responsável pelas obrigações*

> *trabalhistas referentes ao período em que ocorrer a prestação de serviços, e o recolhimento das contribuições previdenciárias observará o disposto no art. 31 da Lei nº 8.212, de 24 de julho de 1991.*

Por sua vez, no tocante à responsabilidade da construtora ABC pelas verbas da empreiteira Faz Tudo merece alguns comentários. Durante a construção ou reforma de um imóvel, é comum que a empresa responsável pela construção do prédio, chamada de empreiteira, terceirize serviços de carpintaria, gesso, ferragens etc. Se ocorrer essa terceirização, estará configurada a **subempreitada**. Nesse caso, se o subempreiteiro contratado não pagar as verbas trabalhistas aos seus empregados, o empreiteiro principal será responsável por esses débitos trabalhistas **de forma subsidiária**, ou seja, em havendo o inadimplemento do devedor principal (subempreiteiro – real empregador), a dívida recairá sobre o empreiteiro, pois foi ele o beneficiário dos serviços dos trabalhadores. A doutrina majoritária também considera subsidiária a responsabilidade do empreiteiro principal:

> *Contém o artigo 455 da CLT hipótese de responsabilidade subsidiária, isto é, se o subempreiteiro deixar de pagar ao empregado, este pode exigir as obrigações trabalhistas do empreiteiro principal, pois não poderia ficar sem receber pelo serviço que prestou. Responsabilidade subsidiária é a residual. Não se trata de responsabilidade solidária, pois esta decorre da lei ou da vontade das partes (art. 265 do Código Civil). O artigo 455 da CLT não dispõe que o empregado pode exigir a obrigação dos dois ao mesmo tempo, mas apenas de um dos dois, e só poderá exigi-la do empreiteiro se o subempreiteiro deixar de pagar as verbas trabalhistas ou não tiver idoneidade financeira para suportá-las[44].*

Nesse mesmo sentido manifesta-se a jurisprudência majoritária do TST:

> *Agravo de instrumento. Recurso de revista. Subempreitada. Responsabilidade subsidiária. A decisão regional está de acordo com o teor do art. 455 da CLT, segundo o qual a existência de relação de subempreitada enseja a responsabilidade subsidiária do empreiteiro principal pelas obrigações trabalhistas do subempreiteiro. Agravo de instrumento a que se nega provimento (AIRR: 11134820105030060, Relator: Fernando Eizo Ono, Data de Julgamento: 04/06/2014)*

Destaca-se que há decisões do TST, de forma minoritária, que aplicam a responsabilidade solidária na subempreitada entre o empreiteiro e o subempreiteiro. Nesse sentido:

> **Recurso de revista. Admissibilidade. Contrato de subempreitada. Responsabilidade solidária da empreiteira principal.** *É firme a jurisprudência desta Corte no sentido de que o artigo 455 da CLT atribui responsabilidade solidária entre empreiteiro e subempreiteiro no caso de inadimplemento dos direitos devidos ao trabalhador. Precedentes. Recurso de revista não conhecido (TST – RR: 8557920135030077, Relator: Emmanoel Pereira, Data de Julgamento: 04/02/2015)*

Nesse sentido, entendemos que a Construtora ABC responderá subsidiariamente pelos créditos advindos das ações ajuizadas pelos empregados da Empreiteira Faz Tudo e não solidariamente como sustenta a alternativa dada como correta pela banca examinadora do concurso. Diante da ausência de consenso doutrinário e jurisprudência, esse posicionamento não deveria ser exigido em questões objetivas.

11. TRABALHO TEMPORÁRIO

▸ **Lei nº 6.019/74**

58. (FGV – 2023 – TST – Juiz do Trabalho) Fulano foi contratado pela empresa ABC Trabalho Temporário para atender demanda complementar de serviços de uma empresa varejista, Lojão Vendemos Tudo Ltda., conforme previsto em contrato escrito e regularmente celebrado entre essas empresas. O contrato de trabalho temporário de Fulano em relação à tomadora de serviços foi ajustado por um período de 180 dias, sendo ele contratado para exercer a função de vendedor no estabelecimento comercial desta. Fulano apreciava muito o ambiente de trabalho e almoçava, diariamente, no refeitório da empresa Lojão Vendemos Tudo Ltda., juntamente com seus colegas de trabalho. No entanto, certa vez, em razão de uma trivial discussão, durante a jornada de trabalho, Fulano foi agredido fisicamente por um gerente da tomadora de serviços, necessitando receber atendimento médico, o que ocorreu no ambulatório desta.

Diante da situação hipotética acima, em conformidade com a Lei nº 6.019/1974, é correto afirmar que:

a) além de Fulano estar inserido diretamente na atividade-fim da tomadora de serviços, o fato de ele almoçar no refeitório e ser atendido no ambulatório desta, demonstra a existência de subordinação jurídica e caracteriza a irregularidade do contrato de trabalho temporário;

b) o contrato de trabalho temporário de Fulano não poderá ser prorrogado em relação à empresa Lojão Vendemos Tudo Ltda., visto que o período máximo dessa modalidade contratual é de 180 dias;

c) embora Fulano tenha sido agredido fisicamente durante a jornada de trabalho, tal fato não poderia ensejar a rescisão indireta do seu contrato de trabalho temporário, pois o ato faltoso foi praticado por parte do preposto da empresa tomadora de serviços, e não pela empresa ABC Trabalho Temporário, sua real empregadora;

d) caso houvesse cláusula contratual proibindo a contratação direta de Fulano pela empresa Lojão Vendemos Tudo Ltda. ao final do prazo celebrado de 180 dias, tal disposição seria nula de pleno direito;

44. MARTINS, Sérgio Pinto. Comentários à CLT. 19. ed. São Paulo: Atlas, 2015. p. 432.

e) por disposição expressa da lei, no caso de falência da empresa ABC Trabalho Temporário, a Lojão Vendemos Tudo Ltda. seria subsidiariamente responsável pelo recolhimento das contribuições previdenciárias em relação ao período em que Fulano esteve sob suas ordens e direção.

COMENTÁRIOS

Nota do autor: A questão aborda o tema do trabalho temporário. É imprescindível a leitura atenta aos dispositivos da Lei nº 6.019/74, inclusive em razão das alterações promovidas pela Lei nº 13.429/2017 e pela Lei nº 13.467/2017. Note-se que esta última alterou apenas dispositivos relacionados à terceirização.

Alternativa "a". Com a promulgação da Lei nº 13.429/2017 e da Lei nº 13.467/2017, em 2017, permitiu-se expressamente a contratação de trabalhadores terceirizados (e temporários, consequentemente) em todas as funções da empresa, inclusive na atividade-fim. O fato de um trabalhador estar inserido na atividade-fim da tomadora de serviços, por si só, não caracteriza a relação de emprego diretamente com a contratante. O STF confirmou a validade da alteração no julgamento ADPF nº 324 e no RE nº 958.252 (Tema 725 de Repercussão Geral). Além disso, a Reforma estabeleceu, dentre os deveres da contratante, a necessidade de garantia das condições de trabalho aos trabalhadores terceirizados relativas à alimentação garantida aos empregados da contratante, quando oferecida em refeitórios.

Alternativa "b". "O contrato poderá ser prorrogado por até noventa dias, consecutivos ou não, além do prazo estabelecido no § 1º deste artigo, quando comprovada a manutenção das condições que o ensejaram." (art. 10, § 2º, Lei nº 6.019/74).

Alternativa "c". "Constituem justa causa para rescisão do contrato do trabalhador temporário os atos e circunstâncias mencionados nos artigos 482 e 483, da Consolidação das Leis do Trabalho, ocorrentes entre o trabalhador e a empresa de trabalho temporário ou entre aquele e a empresa cliente onde estiver prestando serviço" (art. 13, Lei nº 6.019/74). No caso de Fulano, o ato faltoso pode ser enquadrado na alínea "f" do art. 483 da CLT: "o empregador ou seus prepostos ofenderem-no fisicamente, salvo em caso de legítima defesa, própria ou de outrem;".

Alternativa "d". "Será nula de pleno direito qualquer cláusula de reserva, proibindo a contratação do trabalhador pela empresa tomadora ou cliente ao fim do prazo em que tenha sido colocado à sua disposição pela empresa de trabalho temporário." (art. 11, parágrafo único, Lei nº 6.019/74).

Alternativa "e". "No caso de falência da empresa de trabalho temporário, a empresa tomadora ou cliente é solidariamente responsável pelo recolhimento das contribuições previdenciárias, no tocante ao tempo em que o trabalhador esteve sob suas ordens, assim como em referência ao mesmo período, pela remuneração e indenização previstas nesta Lei." (art. 16, Lei nº 6.019/74).

Alternativa correta: "d".

59. (FCC - Juiz do Trabalho Substituto 11ª Região/ 2012) Em relação às situações de responsabilização empresarial, nos termos da lei ou da jurisprudência sumulada do TST, é correto afirmar:

a) Em caso de formação de grupo econômico a responsabilidade das empresas do grupo em relação à inadimplência trabalhista da empresa empregadora é subsidiária, valendo o benefício de ordem.

b) O inadimplemento das obrigações trabalhistas, por parte do empregador, implica a responsabilidade solidária do tomador dos serviços quanto àquelas obrigações na hipótese de intermediação de mão de obra por empresa interposta.

c) No caso de falência da empresa de trabalho temporário, a empresa tomadora é solidariamente responsável pelo recolhimento das contribuições previdenciárias, no tocante ao tempo em que o trabalhador esteve sob suas ordens, assim como em referência ao mesmo período, pela remuneração e indenizações.

d) Nos contratos de subempreitada responderá o subempreiteiro pelas obrigações derivadas do contrato de trabalho que celebrar, não cabendo qualquer responsabilidade do empreiteiro principal pelo inadimplemento daquelas obrigações por parte do primeiro.

e) Os entes integrantes da Administração Pública direta e indireta que tomarem serviços por meio de empresa interposta de mão de obra não respondem pelas obrigações trabalhistas, ainda que evidenciada a sua conduta culposa na fiscalização do cumprimento das obrigações contratuais e legais da prestadora de serviço como empregadora.

COMENTÁRIOS

Nota do autor: A questão aborda diversos temas do Direito do Trabalho: grupo econômico, terceirização, trabalho temporário, subempreitada. A inserção nesse tópico justifica-se pelo fato de que a alternativa correta versa sobre o trabalho temporário. Inicialmente, cabe ressaltar que trabalhador temporário não se confunde com empregado contratado por prazo determinado, art. 443 da CLT. O trabalho temporário está previsto na Lei nº 6.019/74, cujo conteúdo sofreu modificações pela Lei nº 13.429/2017. Trata-se de modalidade de terceirização expressamente prevista em lei.

Alternativa "a". "Sempre que uma ou mais empresas, tendo, embora, cada uma delas, personalidade jurídica própria, estiverem sob a direção, controle ou administração de outra, ou ainda quando, mesmo guardando cada uma sua autonomia, integrem grupo econômico, serão responsáveis solidariamente pelas obrigações decorrentes da relação de emprego." (art. 2º, § 2º, CLT - redação dada pela Lei nº 13.467/2017). Em caso de formação de grupo econômico, a responsabilidade em relação à inadimplência trabalhista será **solidária**. O candidato deve estar atento para não confundir responsabilidade solidária e responsabilidade subsidiária. Na primeira, todas as empresas são responsáveis integralmente pelo débito, podendo o trabalhador cobrar de apenas uma empresa ou de todas elas ao mesmo tempo; cabe ao empregado essa decisão. Na responsabilidade subsidiária, há uma ordem de preferência, isto é, aciona-se primeiro o devedor principal, somente se este não pagar, cobra-se dos demais.

Alternativa "b". De acordo com a nova regulamentação dada pela Lei nº 13.429/2017, que alterou diversos pontos da Lei nº 6.019/74: "A empresa contratante é subsidiariamente responsável pelas obrigações trabalhistas referentes ao período em que ocorrer a prestação de serviços, e o recolhimento das contribuições previdenciárias observará o disposto no art. 31 da Lei nº 8.212, de 24 de julho de 1991." (art. 5º-A, §5º da Lei nº 6.019/74)

Tal dispositivo é compatível com o disposto na Súmula nº 331, IV do TST: "o inadimplemento das obrigações trabalhistas, por parte do empregador, implica a responsabilidade subsidiária do tomador dos serviços quanto àquelas obrigações, desde que haja participado da relação processual e conste também do título executivo judicial".

Alternativa "c". "No caso de falência da empresa de trabalho temporário, a empresa tomadora ou cliente é solidariamente responsável pelo recolhimento das contribuições previdenciárias, no tocante ao tempo em que o trabalhador esteve sob suas ordens, assim como em referência ao mesmo período, pela remuneração e indenização previstas nesta Lei." (art. 16, Lei nº 6.019/74).

Alternativa "d". De acordo com o art. 455, "caput" da CLT, "nos contratos de subempreitada responderá o subempreiteiro pelas obrigações derivadas do contrato de trabalho que celebrar, cabendo, todavia, aos empregados, o direito de reclamação contra o empreiteiro principal pelo inadimplemento daquelas obrigações por parte do primeiro".

Alternativa "e". "Os entes integrantes da Administração Pública direta e indireta respondem subsidiariamente, nas mesmas condições do item IV, caso evidenciada a sua conduta culposa no cumprimento das obrigações da Lei nº 8.666, de 21.06.1993, especialmente na fiscalização do cumprimento das obrigações contratuais e legais da prestadora de serviço como empregadora. A aludida responsabilidade não decorre de mero inadimplemento das obrigações trabalhistas assumidas pela empresa regularmente contratada." (Súmula nº 331, V, do TST)

Nesse mesmo sentido, o STF, no RE nº 760.931 do STF decidiu pela responsabilidade da Administração Pública quando provada sua conduta comissiva ou omissiva na fiscalização dos contratos, corroborando com o exposto na Súmula nº 331, V do TST.

Alternativa correta: "c".

---

60. (TRT 19 – Juiz do Trabalho Substituto 19ª Região/ 2012) A respeito do trabalho temporário e à luz do ordenamento jurídico vigente, assinale a alternativa incorreta:

a) Trabalho temporário é aquele prestado por pessoa física a uma empresa, para atender à necessidade transitória de substituição de seu pessoal regular e permanente ou a acréscimo extraordinário de serviços. A condição de temporário deverá ser registrada na Carteira de Trabalho e Previdência Social do trabalhador. Esse trabalhador tem direito, ainda, a seguro contra acidente do trabalho.

b) É assegurado ao trabalhador temporário o direito à remuneração equivalente à percebida pelos empregados da mesma categoria da empresa tomadora.

c) No caso de falência da empresa de trabalho temporário, é correto afirmar que a empresa tomadora ou cliente é responsável pelo recolhimento das contribuições previdenciárias, no tocante ao tempo em que o trabalhador esteve sob suas ordens. Expressamente, a lei fixa essa responsabilidade como de caráter solidário.

d) O trabalhador temporário tem direito a vale-transporte e também é contemplado com a verba de FGTS.

e) A Lei nº 6.019/1974 é silente no que tange ao adicional por trabalho noturno.

COMENTÁRIOS

✪ **Nota do autor:** A questão aborda o tema do trabalho temporário. O candidato deve estar atento para o fato de que a questão exige que seja assinalada a alternativa **incorreta**. Ademais, é imprescindível a leitura atenta aos dispositivos da Lei nº 6.019/74, inclusive em razão das alterações promovidas pela Lei nº 13.429/2017 e pela Lei nº 13.467/2017. Note-se que esta última alterou apenas dispositivos relacionados à terceirização.

Alternativa "a". A atual redação do "caput" do art. 2º da Lei nº 6.019/1974 manteve a essência do conceito de trabalho temporário que já era previsto na legislação, trazendo de forma mais detalhada as hipóteses de contratação:

> **Art. 2º, Lei nº 6.019/1974:** *Trabalho temporário é aquele prestado por pessoa física contratada por uma empresa de trabalho temporário que a coloca à disposição de uma empresa tomadora de serviços, para atender à necessidade de substituição transitória de pessoal permanente ou à demanda complementar de serviços.*
>
> *§ 1º É proibida a contratação de trabalho temporário para a substituição de trabalhadores em greve, salvo nos casos previstos em lei.*
>
> *§ 2º Considera-se complementar a demanda de serviços que seja oriunda de fatores imprevisíveis ou, quando decorrente de fatores previsíveis, tenha natureza intermitente, periódica ou sazonal.*

O trabalhador temporário é contratado por uma empresa de trabalho temporário para prestar serviços em outra empresa, denominada empresa tomadora de serviços. Entretanto, não é permitida a contratação indiscriminada de trabalhadores temporários, pois somente será admitida essa modalidade de prestação de serviços nas seguintes hipóteses:

1) **Necessidade de substituição transitória de pessoal permanente:** Não há nessa hipótese nenhuma novidade em relação ao que já era previsto na redação antiga do art. 2° da Lei n° 6.019/1974. Diante de afastamento do pessoal permanente, é possível a contratação de trabalhadores temporários para substitui-los e permitir que a empresa continue operando normalmente.

2) **Demanda complementar de serviços:** Apesar dessa hipótese de contratação não estar prevista no conceito anterior de trabalho temporário, guarda relação com o termo "acréscimo extraordinário de serviços". Ocorre que, diferentemente da antiga previsão legal, o projeto de lei acrescentou o § 2° ao art. 2° da Lei ° 6.019/1974, que traz o conceito de demanda complementar de serviços, o que assegura maior segurança jurídica. Somente será considerada como demanda complementar aquela que decorrer de:

   - **Fatores imprevisíveis:** será possível a contratação de temporários quando se verificar a ocorrência de eventos que não eram previstos pela empresa tomadora de serviços e que exijam a contratação temporária de mão de obra.
   - **Fatores previsíveis, mas que tenham natureza intermitente, periódica ou sazonal:** é possível a contratação de empresa de trabalho temporário mesmo quando o fator que exija complementação da mão de obra seja previsível, desde que tenham natureza intermitente, periódica ou sazonal.

Ademais, é assegura ao trabalhador temporário o direito ao seguro contra acidente do trabalho e o registro na CTPS indicando sua condição de temporário (art. 12, alínea "g" e § 2°, Lei n° 6.019/74).

Alternativa "b". "Ficam assegurados ao trabalhador temporário os seguintes direitos: remuneração equivalente à percebida pelos empregados de mesma categoria da empresa tomadora ou cliente calculados à base horária, garantida, em qualquer hipótese, a percepção do salário mínimo regional." (art. 12, alínea "a" da Lei n° 6.019/74)

Alternativa "c". Está de acordo com o art. 16, caput da Lei n° 6.019/74: "No caso de falência da empresa de trabalho temporário, a empresa tomadora ou cliente é solidariamente responsável pelo recolhimento das contribuições previdenciárias, no tocante ao tempo em que o trabalhador esteve sob suas ordens, assim como em referência ao mesmo período, pela remuneração e indenização previstas nesta Lei".

Alternativa "d". O art. 12 da Lei 6019/73 garante aos temporários remuneração equivalente à dos empregados pertencentes à mesma categoria na empresa tomadora. Percebe-se, claramente que o objetivo da lei foi o de diminuir as diferenças entre os trabalhadores internos e terceirizados, impedindo maiores discriminações. Se partirmos de uma interpretação utilizando o próprio objetivo da lei que foi o de estabelecer um tratamento mais isonômico possível, podemos concluir que o trabalhador temporário terá também direito ao vale-transporte e FGTS. Aliás, a doutrina tem entendido que a indenização do art. 12, alínea "f", está revogada, porque substituída pelo FGTS. E a própria Lei n° 8036/90, estabelece que o trabalhador temporário poderá movimentar sua conta vinculada em caso de extinção normal do contrato a termo. De acordo com a Lei do FGTS:

> *Art. 20. A conta vinculada do trabalhador no FGTS poderá ser movimentada nas seguintes situações: IX – extinção normal do contrato a termo, inclusive o dos trabalhadores temporários regidos pela Lei n° 6.019, de 3 de janeiro de 1974.*

Alternativa "e". A Lei n° 6.019/74 assegura aos trabalhadores temporários o direito ao adicional noturno conforme estabelecido em seu art. 12, alínea "e". "Ficam assegurados ao trabalhador temporário os seguintes direitos: adicional por trabalho noturno".

Alternativa incorreta: "e".

12. RESPONSABILIDADE JURÍDICA TRABALHISTA

61. (FCC - Juiz do Trabalho/2017) O empregador, além de constituir e manter o meio ambiente físico do trabalho em condições que atendam as disposições legais e regulamentares de saúde e segurança no trabalho, tem responsabilidade quanto à organização do trabalho. Sobre o tema, é correto afirmar:

a) No caso de morte do empregado por acidente de trabalho, o filho menor tem direito a receber pensão, até completar dezoito anos de idade, prorrogando-se até vinte e cinco anos se matriculado em curso superior, conforme reiterada e pacífica jurisprudência das cortes superiores.

b) Havendo vários beneficiários de pensão civil por morte do trabalhador decorrente de acidente de trabalho, quando um deles deixar de ter direito de recebê-la, o valor correspondente não poderá acrescer a cota dos demais favorecidos, em razão do caráter personalíssimo da parcela.

c) Constitui assédio sexual a conduta de constranger alguém com o intuito de obter vantagem sexual, prevalecendo-se o agente da sua condição de superior hierárquico ou ascendência inerentes ao exercício de emprego.

d) No caso de incapacidade laborativa total e permanente para o ofício ou profissão da vítima, o valor da pensão civil corresponderá à importância do trabalho para que se inabilitou e poderá ser reduzido proporcionalmente quando a vítima puder exercer outro trabalho remunerado que lhe garanta subsistência.

e) No caso de incapacidade laborativa parcial e permanente, a indenização, além das despesas do tratamento e lucros cessantes, incluirá pensão civil correspondente à importância da depreciação que o trabalho sofreu, limitada a expectativa de vida da vítima.

COMENTÁRIOS

✪ **Nota do autor:** Embora a identificação da alternativa correta seja de fácil constatação, a explicação das demais alternativas se relaciona com outras áreas do Direito, mais especificamente com o Direito Civil e Previdenciário.

Alternativa "a". Em caso de morte, o filho terá direito ao recebimento do benefício pensão por morte até completar 21 anos, não sendo possível sua prorrogação (Art. 16 da Lei nº 8.213/91).

Alternativa "b". Havendo mais de um beneficiário da pensão por morte **dentro da mesma classe**, em caso de morte ou após completada a idade de recebimento do benefício, sua cota passará aos demais beneficiários.

Alternativa correta: "c". Assédio sexual é crime tipificado no Código Penal: "Constranger alguém com o intuito de obter vantagem ou favorecimento sexual, prevalecendo-se o agente da sua condição de superior hierárquico ou ascendência inerentes ao exercício de emprego, cargo ou função." (art. 216-A, Código Penal).

Alternativa "d". A reparação deve abranger os **danos emergentes** ou prejuízos efetivos e imediatos, isto é, o montante que o empregado efetivamente perdeu. Exemplo: gastos com remédio, internação em hospital, psicólogo etc. E ainda, os **lucros cessantes** que refletem no futuro, ou seja, com a diminuição potencial do patrimônio do trabalhador. Exemplo: com a perda de um braço, terá menos chances de obter um outro emprego com a mesma remuneração do anterior.

Em ambos os casos, de danos emergentes ou de lucros cessantes, torna-se necessário fazer prova, por exemplo, por documentos e recibos, do que efetivamente perdeu e deixou de ganhar, para que o empregado possa ter direito à reparação.

Além disso, a reparação do dano deve ser integral, podendo ser reduzida equitativamente se houver excessiva desproporção entre a gravidade da culpa e o dano:

> **Art. 944 do Código Civil:** *A indenização mede-se pela extensão do dano.*
>
> *Parágrafo único. Se houver excessiva desproporção entre a gravidade da culpa e o dano, poderá o juiz reduzir, eqüitativamente, a indenização.*

Alternativa "e". "Se da ofensa resultar defeito pelo qual o ofendido não possa exercer o seu ofício ou profissão, ou se lhe diminua a capacidade de trabalho, a indenização, além das despesas do tratamento e lucros cessantes até ao fim da convalescença, incluirá pensão correspondente à importância do trabalho para que se inabilitou, ou da depreciação que ele sofreu" (Art. 950 do Código Civil).

---

62. (TRT 2 – Juiz do Trabalho Substituto 2ª Região/ 2014) Em relação ao dano moral e material, observe as proposições abaixo e responda a alternativa que contenha proposituras corretas:

I. A responsabilidade por dano prevista no Código Civil aplica-se em matéria trabalhista, com apuração da responsabilidade contratual e extracontratual.

II. Responsabilidade subjetiva é a apurada conforme fatores específicos de atribuição, em função dos quais, quem provocou o dano deverá ser responsável por ele, ainda que não haja atuado dolosa ou culposamente.

III. O dano material compreende o dano emergente e o lucro cessante, constituído de vantagens que a vítima deixou de auferir durante certo período em virtude do dano.

IV. Não são cumuláveis as indenizações por dano material e por dano moral oriundos do mesmo fato.

V. Conforme entendimento sumular a Justiça do Trabalho é competente para dirimir controvérsias referentes à indenização por dano moral, quando decorrente da relação do trabalho.

Está correta a alternativa:

a) I, III e V.

b) II, III e IV.

c) I, IV e V.

d) II, IV e V.

e) I, II e III.

COMENTÁRIOS

✪ **Nota do autor:** A questão aborda o tema da responsabilidade civil na Justiça do Trabalho, tema que foi profundamente alterado pela Reforma Trabalhista, que passou a dispor sobre dano extrapatrimonial em título próprio. Ademais, exigia que o candidato tivesse conhecimento das disposições do CC/02 e a posição da doutrina especializada sobre o assunto.

Assertiva I. Correta à época do concurso. "O direito comum será fonte subsidiária do direito do trabalho." (art. 8º §1º da CLT). Nesse sentido, caberá aplicação subsidiária das disposições contidas no Código Civil sobre responsabilidade contratual e extracontratual.

No âmbito trabalhista, a Reforma Trabalhista, que entrou em vigor em data posterior à de aplicação da prova, trouxe regulamentação específica para a reparação do dano extrapatrimonial:

> **Art. 223-A da CLT (Inserido pela Lei nº 13.467/2017):** *Aplicam-se à reparação de danos de natureza extrapatrimonial decorrentes da relação de trabalho **apenas** os dispositivos deste Título.*

À época de publicação da Reforma, já defendíamos que o Direito do Trabalho, apesar de conter regramento próprio, não poderia ser visto de forma isolada do ordenamento jurídico como um todo, o que requer um constante diálogo com as demais áreas de conhecimento.

A disposição trazida pela Reforma Trabalhista gerou muita polêmica e a aplicação, ou não, de outros diplomas legais na Justiça do Trabalho para o tratamento do dano nas relações de trabalho foi um dos questionamentos levados ao STF nas ADIs 6050 (processo principal), 6069 e 6082 (apensos)[45]. O STF julgou improcedentes as ações, nesse aspecto, considerando constitucional o art. 223-A da CLT. A decisão, contudo, não legitimou o tratamento diferenciado conferido pela literalidade do art. 223-A da CLT. Segundo a Corte, ao apreciar o caso concreto, o magistrado não está atrelado exclusivamente ao Título II-A da CLT, devendo realizar uma interpretação sistemática do ordenamento jurídico.

Ainda, à título de complemento, o Tribunal, no mérito, julgou as ADIs parcialmente procedentes para conferir interpretação conforme à Constituição, de modo a estabelecer que:

1) As redações conferidas aos arts. 223-A e 223-B, da CLT, não excluem o direito à reparação por dano moral indireto ou dano em ricochete no âmbito das relações de trabalho, a ser apreciado nos termos da legislação civil; e
2) Os critérios de quantificação de reparação por dano extrapatrimonial previstos no art. 223-G, *caput* e § 1º, da CLT deverão ser observados pelo julgador como critérios orientativos de fundamentação da decisão judicial.

Assertiva II. Incorreta. A responsabilidade civil subjetiva está disciplinada no art. 186 do CC/02 e apresenta a culpa (negligência, imprudência ou imperícia) ou dolo como requisitos essenciais para a responsabilização: "Aquele que, por ação ou omissão voluntária, negligência ou imprudência, violar direito e causar dano a outrem, ainda que exclusivamente moral, comete ato ilícito."

Assertiva III. Correta. O dano material divide-se em dano emergente (aquilo que realmente se perdeu) e aquilo que deixou de ganhar em razão do acidente de trabalho (lucro cessante).[46] A primeira hipótese caracteriza-se como verdadeira redução patrimonial enquanto a segunda é o obstáculo criado para o aumento do seu patrimônio.

Assertiva IV. Incorreta. "São cumuláveis as indenizações por dano material e dano moral oriundos do mesmo fato." (Súmula nº 37 do STJ).

45. Disponível em: <https://portal.stf.jus.br/processos/detalhe.asp?incidente=5612680>; <https://portal.stf.jus.br/processos/detalhe.asp?incidente=5640983>; <https://portal.stf.jus.br/processos/detalhe.asp?incidente=5626228>.

46. DELGADO, Maurício Godinho. *Curso de Direito do Trabalho.* 11. ed. São Paulo: LTr, 2012. p. 621.

Nesse mesmo sentido é a disposição do art. 223-F da CLT, que foi inserido à CLT pela Reforma Trabalhista:

> **Art. 223-F da CLT (inserido pela Lei nº 13.467/2017):** *A reparação por danos extrapatrimoniais pode ser pedida cumulativamente com a indenização por danos materiais decorrentes do mesmo ato lesivo.*

Assertiva V. Correta. "Nos termos do art. 114, inc. VI, da Constituição da República, a Justiça do Trabalho é competente para processar e julgar ações de indenização por dano moral e material, decorrentes da relação de trabalho, inclusive as oriundas de acidente de trabalho e doenças a ele equiparadas, ainda que propostas pelos dependentes ou sucessores do trabalhador falecido." (Súmula nº 392 do TST).

Alternativa correta: "a". Está correto o que se afirma nas assertivas I, III e V.

13. CONTRATO INDIVIDUAL DE TRABALHO

▸ **Arts. 442 a 510 (Título IV), CLT**

Nota do autor: o tema sofreu alterações pela Reforma Trabalhista, que criou a figura do contrato de trabalho intermitente. Essa alteração causa profundos impactos na estrutura do Direito do Trabalho, pois cria nova modalidade contratual com disciplina jurídica própria, até então sem precedentes na área trabalhista.

63. (FCC – Juiz do Trabalho Substituto 15ª Região/2015) Paulo foi contratado como empregado para criar e desenvolver programas de software, ficando pactuado entre as partes que o mesmo deveria aprimorar o sistema da empresa com novas soluções para as demandas dos clientes. Durante sua jornada de trabalho, e em decorrência de sua atividade normal de trabalho, Paulo criou um programa original, inovando o sistema de entregas e logística da empresa, possibilitando maior agilidade e rapidez e, consequentemente, gerando aumento da lucratividade do empregador.

Diante da situação retratada,

a) Paulo terá direito a uma parcela maior quando da celebração do Plano de Participação nos Lucros e Resultados da empresa, pelo invento que criou.
b) Paulo terá direito, conforme a Lei, a uma participação sobre o lucro obtido com o aumento das vendas.
c) todo o lucro obtido com o aumento das vendas será de Paulo.
d) a Lei é omissa a este respeito, cabendo ao Poder Judiciário dirimir tal questão.
e) Paulo terá direito apenas ao seu salário normal, exceto se o seu contrato de trabalho tiver previsão de participação no lucro do seu invento.

COMENTÁRIOS

✪ Nota do autor: A questão aborda os efeitos conexos do contrato de trabalho. Ademais, destaca-se que somente pertencerá ao empregado, a invenção ou modelo de utilidade desenvolvido pelo empregado sem o uso de nenhum recurso do empregador e desvinculado do contrato de trabalho (art. 90 da Lei nº 9.279/1996).

Alternativa "e". *Comentário serve para as demais alternativas, uma vez que versam sobre o mesmo assunto.* "Salvo estipulação em contrário, pertencerão exclusivamente ao empregador, contratante de serviços ou órgão público, os direitos relativos ao programa de computador, desenvolvido e elaborado durante a vigência de contrato ou de vínculo estatutário, expressamente destinado à pesquisa e desenvolvimento, ou em que a atividade do empregado, contratado de serviço ou servidor seja prevista, ou ainda, que decorra da própria natureza dos encargos concernentes a esses vínculos." (art. 4º, "caput", Lei nº 9.609/1998). "O empregador, titular da patente, poderá conceder ao empregado, autor de invento ou aperfeiçoamento, participação nos ganhos econômicos resultantes da exploração da patente, mediante negociação com o interessado ou conforme disposto em norma da empresa." (art. 89 da Lei nº 9.279/1996).

Alternativa correta: "a". Está correto o que se afirma nas assertivas I, III e V.

---

64. (TRT 8 – Juiz do Trabalho Substituto 8ª Região/ 2015) Em se tratando de direitos intelectuais sobre o trabalho do empregado, assinale a alternativa CORRETA:

a) Os trabalhos intelectuais produzidos fora da previsão funcional do contrato de trabalho, mas com o concurso de instrumentos fornecidos pelo empregador, pertencem a ambas as partes da relação de emprego, em frações equivalentes, garantido ao empregador, preferencialmente, o direito de licença de exploração do bem imaterial.

b) O trabalho intelectual decorrente do cumprimento do objeto do contrato de trabalho executado no Brasil é de titularidade do empregador, devendo este conceder parte dos ganhos obtidos na exploração do invento ao empregado. Esse pagamento devido ao empregado constitui salário para todos os fins.

c) A exploração do objeto da patente, na falta de acordo, deverá ser iniciada pelo empregador dentro do prazo de 2 (dois) anos, contado da data de sua concessão, sob pena de passar à exclusiva propriedade do empregado a titularidade da patente, ressalvadas as hipóteses de falta de exploração por razões legítimas.

d) A invenção e o modelo de utilidade pertencem exclusivamente ao empregador quando decorrerem de contrato de trabalho cuja execução ocorra no Brasil e que tenha por objeto a pesquisa ou a atividade inventiva, ou resulte esta da natureza dos serviços para os quais foi o empregado contratado. Salvo expressa disposição contratual em contrário, a retribuição por tal espécie de trabalho limita-se ao salário ajustado. Consideram-se desenvolvidos na vigência do contrato a invenção ou o modelo de utilidade, cuja patente seja requerida pelo empregado até 1 (um) ano após a extinção do vínculo empregatício, salvo prova em contrário.

e) A propriedade de invenção ou de modelo de utilidade será comum, em partes iguais, quando resultar da contribuição pessoal do empregado e de recursos, dados, meios, materiais, instalações ou equipamentos do empregador, ressalvada expressa disposição contratual em contrário. Sendo mais de um empregado, a parte que lhes couber será sempre dividida igualmente entre todos, independente de ajuste.

COMENTÁRIOS

✪ Nota do autor: A questão aborda o tema dos efeitos conexos ao contrato de trabalho. É imprescindível que o candidato tenha conhecimento das consequências jurídicas dos inventos e modelos de utilidade desenvolvidos por empregados previstos nos art. 88 a 93 da Lei nº 9.279/1996.

Alternativa "a". "É garantido ao empregador o direito exclusivo de licença de exploração e assegurada ao empregado a justa remuneração." (art. 91, § 2º, Lei nº 9.279/1996).

Alternativa "b". "O empregador, titular da patente, **poderá** conceder ao empregado, autor de invento ou aperfeiçoamento, participação nos ganhos econômicos resultantes da exploração da patente, mediante negociação com o interessado ou conforme disposto em norma da empresa." (art. 89, "caput", Lei nº 9.279/1996) "A participação referida neste artigo não se incorpora, a qualquer título, ao salário do empregado." (art. 89, parágrafo único, Lei nº 9.279/1996)

Alternativa "c". "A exploração do objeto da patente, na falta de acordo, deverá ser iniciada pelo empregador dentro do prazo de 1 (um) ano, contado da data de sua concessão, sob pena de passar à exclusiva propriedade do empregado a titularidade da patente, ressalvadas as hipóteses de falta de exploração por razões legítimas." (art. 91, § 3º, Lei nº 9.279/1996)

Alternativa "d". Nesse sentido, estabelece o art. 88 da Lei nº 9.279/1996:

> **Art. 88, Lei nº 9.279/1996:** *A invenção e o modelo de utilidade pertencem exclusivamente ao empregador quando decorrerem de contrato de trabalho cuja execução ocorra no Brasil e que tenha por objeto a pesquisa ou a atividade inventiva, ou resulte esta da natureza dos serviços para os quais foi o empregado contratado.*
>
> *§ 1º Salvo expressa disposição contratual em contrário, a retribuição pelo trabalho a que se refere este artigo limita-se ao salário ajustado.*

§ 2º Salvo prova em contrário, consideram-se desenvolvidos na vigência do contrato a invenção ou o modelo de utilidade, cuja patente seja requerida pelo empregado até 1 (um) ano após a extinção do vínculo empregatício.

Alternativa "e". De acordo com o art. 91, "caput" e § 1º, Lei nº 9.279/1996:

> **Art. 91, Lei nº 9.279/1996:** *A propriedade de invenção ou de modelo de utilidade será comum, em partes iguais, quando resultar da contribuição pessoal do empregado e de recursos, dados, meios, materiais, instalações ou equipamentos do empregador, ressalvada expressa disposição contratual em contrário.*
>
> *§ 1º Sendo mais de um empregado, a parte que lhes couber será dividida igualmente entre todos, salvo ajuste em contrário.*

Alternativa correta: "d".

13.1. TERMINOLOGIA: RELAÇÃO DE EMPREGO X RELAÇÃO DE TRABALHO

▸ Arts. 2º e 3º, CLT

65. (FCC – Juiz do Trabalho Substituto 20ª Região/ 2012) Relação de Trabalho e Relação de Emprego. Segundo a jurisprudência dominante, pode ser considerada como típica relação de trabalho, mesmo quando não preenchidos os requisitos para o reconhecimento do vínculo empregatício, a relação jurídica que envolve

a) a corretagem de imóveis, acertada diretamente entre o corretor e o proprietário do imóvel.

b) o presidiário e a penitenciária através de processo socioeducativo e produtivo, para que o primeiro possa ser reintegrado à sociedade.

c) policial militar e empresa privada, independentemente do eventual cabimento de penalidade disciplinar prevista no Estatuto do Policial.

d) o parceiro e o proprietário do imóvel rural.

e) o paciente e o médico.

COMENTÁRIOS

✪ **Nota do autor:** A questão aborda o tema da relação de emprego e relação de trabalho.

O termo relação de trabalho é utilizado como gênero e trata da relação de trabalho de forma ampla. Todo trabalho humano (pessoa física) prestado ao tomador de serviços (pessoa física ou jurídica) é uma relação de trabalho. Exemplo: trabalho autônomo, atividade de estágio, trabalho eventual, temporário e o próprio vínculo empregatício.

Por outro lado, relação de emprego é uma das espécies do gênero relação de trabalho. A característica principal daquela relação consiste na presença da subordinação jurídica exercida sobre a figura do empregado. A CLT e demais leis trabalhistas foram criadas para proteger o empregado, que trabalha sob subordinação. Verifica-se, assim, que toda relação de emprego corresponde a uma relação de trabalho, mas nem toda relação de trabalho é uma relação de emprego.

Importante, nessa questão, conhecer os requisitos do vínculo empregatício (arts. 2º e 3º da CLT). Se o candidato conhecesse a jurisprudência do TST, acertaria facilmente a questão.

Alternativa "c". *Comentário serve para as demais alternativas, uma vez que versam sobre o mesmo assunto.* Os requisitos do vínculo empregatício são aqueles previstos nos arts. 2º e 3º da CLT, quais sejam: pessoalidade, não eventualidade, onerosidade, subordinação e prestação por pessoa física. No caso da alternativa "c", conforme a Súmula nº 386 do TST, há vínculo empregatício, se presentes os requisitos da CLT. De acordo com o posicionamento do TST: "Preenchidos os requisitos do art. 3º da CLT, é legítimo o reconhecimento de relação de emprego entre policial militar e empresa privada, independentemente do eventual cabimento de penalidade disciplinar prevista no Estatuto do Policial Militar.

Já as alternativas "a", "d" e "e" descrevem meras relações contratuais (podendo a última ser considerada relação consumerista), que não se enquadram como relações de trabalho.

Por fim, a alternativa "b" não pode ser entendida como relação de trabalho, pois, de acordo com o art. 28 da Lei de Execução Penal:

O trabalho do condenado, como dever social e condição de dignidade humana, terá finalidade educativa e produtiva.

> *§ 1º Aplicam-se à organização e aos métodos de trabalho as precauções relativas à segurança e à higiene.*
>
> *§ 2º O trabalho do preso não está sujeito ao regime da Consolidação das Leis do Trabalho.*

Alternativa correta: "c".

13.2. CARACTERÍSTICAS DO CONTRATO DE TRABALHO

66. (TRT 2 – Juiz do Trabalho Substituto 2ª região/2016) Sobre contrato de trabalho e relação empregatícia é INCORRETO afirmar que:

a) A subordinação é a concepção jurídica da dependência do empregado em relação ao empregador, atribuindo a este os poderes de direção, controle e disciplinar, não sendo necessária a supervisão técnica, mas sim a possibilidade do empregador intervir nas atividades do empregado.

b) Desde que presentes os requisitos da relação de emprego o texto consolidado trabalhista não distingue entre o trabalho realizado no estabelecimento empresarial e o executado no domicílio do empregado ou à distância.

c) Em razão de ser o contrato de trabalho de trato sucessivo e da sua continuidade inerente, resulta a consequência de que a indeterminação do prazo se presume, cabendo a quem alega o contrário o encargo de provar a celebração de contrato a termo.

d) O contrato de trabalho é bilateral e não sinalagmático ou comutativo, visto que as obrigações das partes nem sempre se equivalem, ficando a alteridade a cargo do empregador e não pode ser ajustado de forma tácita porque é indispensável a sua anotação em Carteira de Trabalho,

e) O pacto laborai atribuiu ao empregado uma obrigação de fazer infungível e intransmissível, razão pela qual a morte do empregado dissolve, ipso facto, o contrato de trabalho.

COMENTÁRIOS

✪ **Nota do autor:** A questão aborda os temas da relação de emprego e das características do contrato de trabalho. É indispensável o conhecimento dos requisitos para a configuração do emprego presentes no art. 3º da CLT. Nota-se que a questão exige que seja assinalada a alternativa **incorreta.**

Alternativa "a". A característica mais importante da relação empregatícia é a subordinação ou, ainda, de acordo com o texto da CLT: "empregado trabalha sob a dependência do empregador". Se o empregador assume todos os riscos do empreendimento, ele terá o poder de organizar e dirigir a prestação de serviços. Dessa forma, o empregado fica subordinado às ordens do empregador.

Note que, na subordinação, o empregado fica sujeito às orientações dadas pelo empregador, como horário de trabalho, utilização de maquinário etc. Essa subordinação não alcança a vida pessoal do trabalhador. A subordinação do empregado é jurídica, pois decorre de lei. Assim, quando aceita trabalhar para o empregador, consequentemente aceitará as regras e orientações dadas para que a prestação de serviços seja realizada nos moldes previstos pelo empregador. Além da subordinação, são requisitos para a relação de emprego: trabalho prestado por pessoa física, com pessoalidade, onerosidade e de forma não eventual.

Nesse sentido, prevalece o entendimento de que a subordinação que deve estar presente no contrato de trabalho é a subordinação jurídica e não a técnica ou econômica. A subordinação do empregado decorre de lei. Assim, quando aceita trabalhar para o empregador, consequentemente aceitará as regras e orientações dadas para que a prestação de serviços seja realizada nos moldes previstos pelo empregador.

Alternativa "b". "Não se distingue entre o trabalho realizado no estabelecimento do empregador, o executado no domicílio do empregado e o realizado a distância, desde que estejam caracterizados os pressupostos da relação de emprego" (art. 6º da CLT). O local da prestação de serviços também é irrelevante para configurar o vínculo empregatício. Veja, por exemplo, o trabalhador que presta serviços em domicílio desenvolvendo programas de computador; nessa situação, se houver a presença dos requisitos da relação empregatícia (habitualidade, onerosidade e subordinação), será configurada a relação de emprego, com o pagamento de todos os direitos trabalhistas.

Note que a Reforma Trabalhista estabeleceu um capítulo próprio para o teletrabalho. Essa modalidade de trabalho é uma espécie do gênero trabalho a distância, diferenciando-se desta pelo fato de que o teletrabalho exige a utilização de recursos de eletrônica, informática e de comunicação[47].

Outra novidade importante consistiu na inclusão do empregado em regime de teletrabalho como trabalhador não submetido à limitação de jornada. Alerta-se, contudo, que a Lei 14.442, de 2022, trouxe nova regulamentação à matéria e alterou as estruturas do teletrabalho. Atualmente, estão excluídos da duração do trabalho apenas os empregos em regime de teletrabalho por produção ou tarefa:

> **Art. 62 da CLT.** *Não são abrangidos pelo regime previsto neste capítulo: (...)*
>
> *III – os empregados em regime de teletrabalho que prestam serviço por produção ou tarefa.*

Alternativa "c". O contrato de trabalho pode ser firmado de forma verbal, escrita, expressa ou tácita. A regra, como preceitua o princípio da continuidade da relação de emprego, é a celebração do contrato de trabalho por prazo indeterminado, isto é, se não houver prova de que o contrato foi celebrado por prazo certo, presume-se que se trata de contrato por prazo indeterminado. Lembre-se de que a Reforma Trabalhista criou nova modalidade de contrato de trabalho: o trabalho intermitente. De acordo com o art. 443, §3 da CLT, o trabalho intermitente é caracterizado por períodos de prestação de serviços e de inatividade, que pode ser determinado em dias, horas ou meses.

Alternativa "d". São características do contrato de trabalho:

1) **bilateral ou sinalagmático:** envolve obrigações para ambas as partes. O empregado está obrigado a prestar serviços, o empregador possui a obrigação de pagar salário.

2) **consensual** (art. 443 da CLT)**:** não há forma especial para o contrato de trabalho, podendo ser celebrado de forma tácita ou expressa.

3) **trato sucessivo:** continuidade no tempo, ou seja, não se esgota em um único ato, como contrato de compra e venda, por exemplo.

---

47. GARCIA, Gustavo Filipe Barbosa. *CLT comentada*. Rio de Janeiro: Forense, 2015. p. 20.

4) **oneroso:** no contrato de trabalho há necessidade de pagar contraprestação em virtude dos serviços prestados.

5) **comutativo:** as partes (empregado e empregador) conseguem verificar, no momento da contratação, as vantagens e os sacrifícios que terão de enfrentar durante a vigência do contrato de trabalho.

6) **personalíssimo ou *intuito personae*:** essa característica é voltada apenas para o empregado, que foi contratado em razão das suas virtudes pessoais (eficiência, confiança, moral etc.). Lembre-se de que a prestação de serviços é personalíssima, ou seja, o empregado não poderá enviar seu irmão para prestar serviços em seu lugar e, quando o empregado morrer, o posto de trabalho não se transmite por herança. Importante ressaltar que o contrato de trabalho não é personalíssimo para a figura do empregador, pois a mudança na estrutura jurídica da empresa não afeta os contratos de trabalho em vigor (arts. 10 e 448 da CLT).

Alternativa "e". Conforme já dito, o contrato de trabalho é personalíssimo, sendo que a morte do empregado faz com que extinga o respectivo contrato. Nesse mesmo sentido, apresenta-se o requisito da pessoalidade, pois o empregado é contratado em razão de suas qualidades pessoais (eficiência, lealdade, conhecimentos técnicos, moral etc.). Diante disso, não se pode fazer substituir por um terceiro.

Alternativa incorreta: "d".

13.3. NULIDADES DO CONTRATO DE TRABALHO

- Art. 7º, Constituição Federal;
- arts. 9º, 468, 619, 623, CLT;
- Súmula nº 363 do TST
- OJ nº 199 da SDI-1 do TST.

---

67. (FCC – Juiz do Trabalho/2017) A respeito das formas de invalidade do contrato de emprego, a doutrina e a jurisprudência prevalentes estabelecem que

a) o reconhecimento de relação de emprego entre policial militar e empresa privada não é legítimo, mesmo que presentes os requisitos previstos em lei trabalhista, em razão de exercício de trabalho ilícito por expressa vedação legal, cabendo penalidade disciplinar prevista no estatuto administrativo da corporação militar.

b) o reconhecimento de relação empregatícia do apontador de jogo do bicho é possível, uma vez que não se trata de objeto ilícito, mas sim de um vício que gera nulidade relativa.

c) a contratação do serviço suplementar do trabalhador bancário, seja na admissão ou no curso do contrato, não é considerada nula, logo, não gera efeito pecuniário em razão do princípio da livre autonomia da vontade contratual que determina que as relações contratuais de trabalho podem ser objeto de livre estipulação das partes interessadas.

d) se convalidam os efeitos do contrato de trabalho que, considerado nulo por ausência de concurso público, quando celebrado originalmente com ente da Administração pública indireta, continua a existir após a sua privatização.

e) a contratação de servidor público, sem prévia aprovação em concurso público, encontra óbice no art. 37, II e § 2º, da Constituição Federal, sendo afastada a teoria trabalhista das nulidades e restando negada qualquer repercussão justrabalhista, porque o valor protegido é a realização da ordem pública.

COMENTÁRIOS

✪ Nota do autor: A questão trata dos temas trabalho ilícito e trabalho proibido. Trabalho proibido é aquele prestado em condições que agridem a saúde e a segurança do trabalhador, ou seja, desrespeita normas de proteção trabalhista. A lei proíbe que esse tipo de trabalho se desenvolva de forma válida. Exemplo: trabalho da criança, com 13 anos de idade, em carvoaria ou oficina mecânica. No trabalho ilícito, a prestação de serviços afronta a lei penal. Exemplos: jogo do bicho[48], o matador de aluguel, médico em clínica de abordo clandestino, contrabando do Paraguai, tráfico de drogas etc.

Alternativa "a". "Preenchidos os requisitos do art. 3º da CLT, é legítimo o reconhecimento de relação de emprego entre policial militar e empresa privada, independentemente do eventual cabimento de penalidade disciplinar prevista no Estatuto do Policial Militar" (Súmula nº 386 do TST).

Alternativa "b". No trabalho ilícito, a prestação de serviços afronta a lei penal. Exemplos: jogo do bicho[49], o matador de aluguel, médico em clínica de abordo clandestino, contrabando do Paraguai, tráfico de drogas etc.

Em todos esses casos, o contrato será declarado nulo, ou seja, o vínculo não será declarado, e não haverá pagamento de verbas rescisórias. Mesmo se presentes os quatro requisitos do vínculo empregatício, o vínculo não será reconhecido.

Alternativa "c". "A contratação do serviço suplementar, quando da admissão do trabalhador bancário, é nula. Os valores assim ajustados apenas remuneram a jornada normal, sendo devidas as horas extras com o adicional de, no mínimo, 50% (cinqüenta por cento),

---

48. Orientação Jurisprudencial nº 199 da SDI-I do TST. Jogo do bicho. Contrato de trabalho. Nulidade. Objeto ilícito. Arts. 82 e 145 do Código Civil.
49. Orientação Jurisprudencial nº 199 da SDI-I do TST. Jogo do bicho. Contrato de trabalho. Nulidade. Objeto ilícito. Arts. 82 e 145 do Código Civil.

as quais não configuram pré-contratação, se pactuadas após a admissão do bancário" (Súmula nº 199, I do TST).

Alternativa "d". "Convalidam-se os efeitos do contrato de trabalho que, considerado nulo por ausência de concurso público, quando celebrado originalmente com ente da Administração Pública Indireta, continua a existir após a sua privatização" (Súmula nº 430 do TST).

Na hipótese de privatização, as antigas contratações sem o prévio concurso serão convalidadas, pois não se exige, na iniciativa privada, o requisito do concurso. Assim sendo, o servidor que antes estava trabalhando de forma irregular, por ausência do prévio concurso público, após a privatização, terá todos os direitos trabalhistas garantidos.

Alternativa "e". "A contratação de servidor público, após a CF/1988, sem prévia aprovação em concurso público, encontra óbice no respectivo art. 37, II e § 2º, somente lhe conferindo direito ao pagamento da contraprestação pactuada, em relação ao número de horas trabalhadas, respeitado o valor da hora do salário mínimo, e dos valores referentes aos depósitos do FGTS" (Súmula nº 363 do TST).

Alternativa correta: "d".

---

68. (TRT 1 – Juiz do Trabalho Substituto 1ª região/2016) Considere as seguintes hipóteses:

I. trabalho de mulher que demande, em qualquer hipótese, força muscular superior a 25 quilos.

II. trabalho do menor em horário compreendido entre 22 e as 5 horas.

III. trabalho do menor como vendedor de drogas ilícitas.

IV. trabalho de mulher a partir da semana que anteceder ao parto marcado por médico, desde que comprovado pelo respectivo atestado.

V. trabalho do menor em atividades penosas.

Segundo expressa disposição contida na legislação trabalhista, são proibidos os trabalhos mencionados APENAS em

a) I, II e III

b) II e IV.

c) I, IV e V.

d) I, III e V.

e) I e II.

COMENTÁRIOS

✪ Nota do autor: A questão aborda o tema das nulidades no contrato de trabalho. A alternativa pede que se assinale a alternativa que esteja em conformidade com a legislação trabalhista. Há diferenciação entre trabalho proibido, cuja execução agride a saúde do trabalhador ou contraria normas trabalhistas e enseja o pagamento das verbas empregatícias, e trabalho ilícito, que afronta a lei penal.

Assertiva I. Correta. "Ao empregador é vedado empregar a mulher em serviço que demande o emprego de força muscular superior a 20 (vinte) quilos para o trabalho continuo, ou 25 (vinte e cinco) quilos para o trabalho ocasional" (art. 390 da CLT).

Assertiva II. Correta: "Ao menor de 18 (dezoito) anos é vedado o trabalho noturno, considerado este o que for executado no período compreendido entre as 22 (vinte e duas) e as 5 (cinco) horas" (art. 404 da CLT). No mesmo sentido, previsão constitucional do art. 7º, XXXIII:

> **Art. 7º, CF/88:** *São direitos dos trabalhadores urbanos e rurais, além de outros que visem à melhoria de sua condição social (...) XXXIII – proibição de trabalho noturno, perigoso ou insalubre a menores de dezoito e de qualquer trabalho a menores de dezesseis anos, salvo na condição de aprendiz, a partir de quatorze anos.*

Assertiva III. Incorreta. Trata-se de trabalho ilícito e não proibido, já que o trabalho com drogas é ato ilícito previsto na Lei nº 11.343/2006. Em todos esses casos, o contrato será declarado nulo, ou seja, o vínculo não será declarado, e não haverá pagamento de verbas rescisórias. Mesmo se presentes os quatro requisitos do vínculo empregatício, o vínculo não será reconhecido.

Assertiva IV. Incorreta. "A empregada deve, mediante atestado médico, notificar o seu empregador da data do início do afastamento do emprego, que poderá ocorrer **entre o 28º (vigésimo oitavo) dia antes do parto e ocorrência deste**." (art. 392, § 1º, CLT – grifos acrescidos). Verifica-se, portanto, que não há vedação para que a gestante permaneça trabalhando até a data do parto, o que não configura a nulidade do contrato de trabalho.

Assertiva V. Entendo que essa questão poderia ser anulada, pois a assertiva deveria ser entendida como correta. Apesar da vedação ao exercício de atividade penosa estar prevista somente no Estatuto da Criança e do Adolescente (ECA), essa disposição faz parte da legislação trabalhista, pois traz norma de proteção ao trabalho do adolescente. Além disso, em que pese inexistir disciplina jurídica para o adicional de penosidade, não se admite o trabalho do adolescente em atividades penosas, que configura hipótese de trabalho proibido:

> **Art. 67, ECA:** *Ao adolescente empregado, aprendiz, em regime familiar de trabalho, aluno de escola técnica, assistido em entidade governamental ou não governamental, é vedado trabalho:*
>
> *I – noturno, realizado entre as vinte e duas horas de um dia e as cinco horas do dia seguinte;*
>
> *II – perigoso, insalubre ou penoso;*
>
> *III – realizado em locais prejudiciais à sua formação e ao seu desenvolvimento físico, psíquico, moral e social;*
>
> *IV – realizado em horários e locais que não permitam a frequência à escola.*

Alternativa correta: "e". São proibidos os trabalhos mencionados nos itens I e II. Entendo que a questão foi mal formulada, pois a assertiva V também está correta.

69. (TRT 2 – Juiz do Trabalho Substituto 2ª região/2016) Conforme entendimento doutrinário e jurisprudencial dominante em relação às formas de invalidade do contrato de emprego é correto afirmar que:

a) Não é legítimo o reconhecimento de relação de emprego entre policial militar e empresa privada, ainda que preenchidos os requisitos da CLT, em razão de exercício de trabalho ilícito por expressa vedação legal, cabendo penalidade disciplinar prevista no Estatuto do Policial Militar.

b) É possível o reconhecimento de relação de emprego de "apontador de jogo do bicho" uma vez que não se trata de objeto ilícito, mas sim um vício que gera nulidade relativa.

c) A contratação de servidor público, sem prévia aprovação em concurso público, encontra óbice no respectivo art. 37, II e § 2º da CF, sendo afastada a teoria trabalhista das nulidades e restando negada qualquer repercussão justrabalhista, porque o valor protegido é a realização da ordem pública.

d) A contratação do serviço suplementar, tanto na admissão quanto no curso do contrato do trabalhador bancário, não é considerada nula, por consequência, não gera efeito pecuniário em razão do princípio da livre autonomia da vontade contratual que determina que as relações contratuais de trabalho podem ser objeto de livre estipulação das partes interessadas.

e) Convalidam-se os efeitos do contrato de trabalho que, considerado nulo por ausência de concurso público, quando celebrado originalmente com ente da Administração Pública Indireta, continua a existir após a sua privatização.

COMENTÁRIOS

✪ **Nota do autor:** Trata-se de questão que aborda o tema de nulidades do contrato de trabalho. Note-se que para que o contrato de trabalho se desenvolva de forma válida, é necessário que a prestação de serviços seja lícita e, ainda, não contrarie normas de proteção à saúde e à segurança do trabalhador.

Alternativa "a": "Preenchidos os requisitos do art. 3º da CLT, é legítimo o reconhecimento de relação de emprego entre policial militar e empresa privada, independentemente do eventual cabimento de penalidade disciplinar prevista no Estatuto do Policial Militar" (Súmula 386 do TST). Em razão dos baixíssimos salários recebidos pelos policiais militares, é comum que haja prestação de serviços desses servidores públicos às empresas privadas, oferecendo serviços ligados à segurança privada. A execução desses serviços gera reflexos na esfera administrativa, ou seja, o servidor poderá sofrer penalidade disciplinar. Como visto, o trabalho proibido, diferentemente do trabalho ilícito, gera efeitos no âmbito trabalhista. No caso específico do policial militar, a Justiça do Trabalho irá declarar o vínculo desde que presentes os requisitos do art. 3º da CLT, reconhecendo, portanto, todos os direitos trabalhistas para o militar que presta serviços a empresa privada.

Alternativa "b": Trata-se de trabalho ilícito (aquele que afronta a lei penal), com afronta ao Decreto-Lei nº 3.688/41 (Lei de Contravenções Penais). Nesse caso, mesmo presentes os quatro requisitos do vínculo de emprego, o vínculo não será reconhecido e não haverá pagamento das verbas rescisórias.

> **Orientação Jurisprudencial nº 199 da SDI-I do TST:** *É nulo o contrato de trabalho celebrado para o desempenho de atividade inerente à prática do jogo do bicho, ante a ilicitude de seu objeto, o que subtrai o requisito de validade para a formação do ato jurídico"*

Alternativa "c": "A contratação de servidor público, após a CF/1988, sem prévia aprovação em concurso público, encontra óbice no respectivo art. 37, II e § 2º, somente lhe conferindo direito ao pagamento da contraprestação pactuada em relação ao número de horas trabalhadas, respeitado o valor da hora do salário mínimo, e dos valores referentes aos depósitos do FGTS" (Súmula 363 do TST).

Alternativa "d": "A contratação do serviço suplementar, quando da admissão do trabalhador bancário, é nula. Os valores assim ajustados apenas remuneram a jornada normal, sendo devidas as horas extras com o adicional de, no mínimo, 50% (cinquenta por cento), as quais não configuram pré-contratação, se pactuadas após a admissão do bancário." (Súmula nº 199, I, do TST)

Alternativa "e". "Convalidam-se os efeitos do contrato de trabalho que, considerado nulo por ausência de concurso público, quando celebrado originalmente com ente da Administração Pública Indireta, continua a existir após a sua privatização" (Súmula 430 do TST). Cabe destacar que ocorrerá sucessão quando se verificar a privatização de empresa pública da Administração Indireta. A privatização ocorre quando uma empresa pública é adquirida pelo setor privado. Esse fenômeno também é conhecido por desestatização. Na hipótese de privatização, as antigas contratações sem o prévio concurso serão convalidadas, pois não se exige, na iniciativa privada, o requisito do concurso. Assim sendo, o servidor que antes estava trabalhando de forma irregular, por ausência do prévio concurso público, após a privatização, terá todos os direitos trabalhistas garantidos.

Alternativa correta: "e".

13.4. EFEITOS DO CONTRATO DE TRABALHO

70. (TRT 4 – Juiz do Trabalho Substituto 4ª região/2016) Considere as assertivas abaixo sobre efeitos conexos do contrato de trabalho.

I. Pertencerá exclusivamente ao empregado a invenção ou o modelo de utilidade por ele desenvolvido com utilização das instalações do empregador, desde que desvinculado do contrato de trabalho.

II. Salvo prova em contrário, consideram-se desenvolvidos na vigência do contrato a invenção ou o modelo de utilidade, cuja patente seja requerida pelo empregado até 6 (seis) meses após a extinção do vínculo empregatício.

III. O empregador, titular da patente, poderá conceder ao empregado, autor de invento ou aperfeiçoamento, participação nos ganhos econômicos resultantes da exploração da patente, mediante negociação com o interessado ou conforme disposto em norma da empresa, o que não será incorporado ao salário.

Quais são corretas?

a) Apenas I

b) Apenas II

c) Apenas III

d) Apenas I e III

e) I, II e III

COMENTÁRIOS

✪ **Nota do autor:** A questão aborda os efeitos conexos ao contrato de trabalho e envolve o tema de direitos intelectuais, disposto na Lei nº 9.279/1996. Os **efeitos conexos** ao contrato de trabalho são aqueles que não decorrem propriamente da natureza do contrato, mas que poderão se juntar a ele por conexão ou acessoriedade. São efeitos de natureza não trabalhista que surgem em função ou em vinculação ao contrato de trabalho, tais quais:

– direitos intelectuais e;

– dano material e moral decorrente da relação de emprego.

Assertiva I. Incorreta. "Pertencerá exclusivamente ao empregado a invenção ou o modelo de utilidade por ele desenvolvido, desde que desvinculado do contrato de trabalho e **não decorrente** da utilização de recursos, meios, dados, materiais, instalações ou equipamentos do empregador" (art. 90 da Lei nº 9.279/96).

Assertiva II. Incorreta. "Salvo prova em contrário, consideram-se desenvolvidos na vigência do contrato a invenção ou o modelo de utilidade, cuja patente seja requerida pelo empregado até 1 (um) ano após a extinção do vínculo empregatício" (§ 1º do art. 88 da Lei nº 9.279/96).

Assertiva III. Correta. Nesses termos, o art. 89 e parágrafo único da Lei nº 9.279/96:

> **Art. 89, Lei nº 9.279/1996:** *O empregador, titular da patente, poderá conceder ao empregado, autor de invento ou aperfeiçoamento, participação nos ganhos econômicos resultantes da exploração da patente, mediante negociação com o interessado ou conforme disposto em norma da empresa.*
>
> *Parágrafo único. A participação referida neste artigo não se incorpora, a qualquer título, ao salário do empregado.*

Alternativa correta: "c". Está correto o que se afirma na assertiva III.

13.5. CONTRATO POR PRAZO DETERMINADO

▸ Art. 443, §§ 1º e 2º, CLT

▸ Art. 445, CLT

▸ Art. 451, CLT

✪ **Nota do autor sobre o tema:** A regra, como preceitua o princípio da continuidade, é a celebração do contrato de trabalho por prazo indeterminado, isto é, se não houver prova de que o contrato foi celebrado por prazo certo, presume-se que se trata de contrato por prazo indeterminado. Quando a questão do concurso cobrar contrato por prazo determinado, deverá deixar claro que se trata de um contrato a termo.

---

71. (FCC – Juiz do Trabalho/2017) Heráclito foi contratado pela empresa X, por contrato de prazo determinado de dezoito meses, com termo prefixado, para execução de serviço de natureza transitória, com remuneração mensal de R$ 2.000,00 (dois mil reais). Nesse caso,

a) se o desligamento imotivado feito por Heráclito no contrato a termo e sem cláusula assecuratória do direito recíproco de rescisão antecipada, após cinco meses de prestação de trabalho, resultou prejuízos para o empregador na ordem de R$ 26.000,00 (vinte e seis mil reais), deverá indenizá-lo no valor de R$ 13.000,00 (treze mil reais).

b) Heráclito não poderá se desligar do contrato a termo prefixado, sem cláusula assecuratória do direito recíproco de rescisão antecipada, mesmo no caso de ter sido tratado por seu coordenador com rigor excessivo, sem indenizar o empregador dos prejuízos que resultarem desse fato, limitado ao maior salário que tiver recebido.

c) Heráclito, após o término do contrato de dezoito meses, poderá ser novamente contratado por novo contrato a prazo determinado, com fundamento em atividade empresarial transitória, mesmo antes do prazo de seis meses, pois o término do primeiro contrato ocorreu por expiração do termo prefixado.

d) se Heráclito desligar-se imotivadamente do contrato por prazo determinado, com ou sem cláusula assecuratória do direito recíproco de rescisão antecipada, deverá indenizar o empregador do valor correspondente à remuneração a que teria direito até o termo do contrato.

e) se no contrato por prazo determinado houve cláusula assecuratória do direito recíproco de rescisão antecipada, o empregador que resolver desligar o empregado deverá conceder aviso-prévio, observada a proporcionalidade com o tempo de serviço, mas se o desligamento partir do empregado, deverá indenizar o empregador dos prejuízos que resultarem deste fato, que não poderá exceder ao valor do aviso-prévio que teria direito.

COMENTÁRIOS

✪ **Nota do autor:** A questão aborda o tema rescisão do contrato de trabalho por prazo determinado. O término do contrato por prazo determinado poderá ocorrer de duas formas. A primeira delas ocorre no momento previamente fixado pelas partes, chamada de **extinção normal**. Nesse caso, não há necessidade de pagamento de indenização, nem mesmo de conceder aviso-prévio. A segunda forma de término do contrato poderá ocorrer de maneira **antecipada**, ou seja, antes do prazo fixado pelas partes. Nesse caso, há pagamento de indenização. Para o pagamento dessa indenização, será necessário verificar quem deu causa ao desligamento.

Alternativa "a". *Comentário serve para as demais alternativas, uma vez que versam sobre o mesmo assunto.* Se o empregado der causa ao término do contrato antes do prazo fixado, deverá pagar indenização ao empregador pelos **prejuízos** que esse desligamento antecipado causar à empresa. O valor do prejuízo não poderá ultrapassar àquela indenização a que o empregado teria direito, prevista no art. 479 da CLT:

> **Art. 479 da CLT:** *"Nos contratos que tenham termo estipulado, o empregador que, sem justa causa, despedir o empregado será obrigado a pagar-lhe, a título de indenização, e por metade, a remuneração a que teria direito até o termo do contrato".*

Nesse caso, conforme demonstrado a seguir, o trabalhador **não** terá direito de levantar os depósitos do FGTS, sendo devidas as seguintes verbas:

- Saldo de salário;
- 13º salário proporcional ao tempo trabalhado;
- Férias + 1/3 proporcional ao tempo trabalhado.

Caberá ao empregado o pagamento de indenização pelos **prejuízos** que o pedido da demissão causar à empresa.

Alternativa correta: "a".

---

72. (TRT 1 – Juiz do Trabalho Substituto 1ª região/2016) Em relação aos contratos de trabalho por prazo determinado, de acordo com o previsto na Constituição Federal, e no entendimento sumulado pelo TST, é correto afirmar:

a) Rescindido, antecipada e imotivadamente, o contrato de experiência pelo empregador é direito do empregado receber o valor equivalente ao aviso prévio.

b) Respeitado o prazo máximo de 90 dias, o contrato de experiência pode ser renovado uma vez, desde que nenhum dos períodos seja inferior a 30 dias.

c) A empregada gestante, mesmo contratada por tempo determinado, possuirá necessariamente garantia provisória de emprego da confirmação da gravidez até 5 meses após o parto.

d) Ressalvada a hipótese do contrato de experiência, o empregado submetido a contrato a prazo determinado que, afastado por, pelo menos, 16 dias tenha percebido auxílio-doença acidentário, possui garantia provisória de emprego de doze meses, contados após a cessão do auxílio.

e) Dada a excepcionalidade desta modalidade contratual, a prorrogação de contrato por prazo determinado deve ser feita por escrito.

COMENTÁRIOS

✪ **Nota do autor:** A questão aborda o contrato de trabalho por prazo determinado o qual não se confunde com o contrato temporário previsto na Lei nº 6.019/74. Lembre-se de que o contrato por prazo determinado deve ser interpretado restritivamente, pois se trata de uma exceção. Assim sendo, se extrapolados os prazos previstos em lei ou, ainda, se prorrogado mais de uma vez, o contrato será automaticamente transformado em contrato por prazo indeterminado.

Alternativa "a". Não há, no contrato por prazo determinado, inclusive no contrato de experiência, a necessidade de conceder o aviso-prévio, exceto se as partes estipularem a cláusula assecuratória de direito recíproco (cláusula de aviso-prévio). O contrato que possui a cláusula assecuratória de direito recíproco (prevista no art. 481 da CLT) obriga a parte (empregado ou empregador) que decidir terminar o contrato antes do prazo fixado a conceder o aviso-prévio.

Alternativa "b". "O contrato de experiência pode ser prorrogado, respeitado o limite máximo de 90 (noventa) dias." (Súmula nº 188 do TST). É possível a prorrogação do contrato de experiência caso um dos períodos seja inferior a 30 dias. O prazo do contrato de experiência será de 90 dias, havendo possibilidade de apenas uma prorrogação, desde que respeitados os 90 dias. Desse modo, o empregado contratado por 30 dias poderá ter seu contrato de experiência prorrogado por até 60 dias. Note-se que não há obrigatoriedade de prazos iguais como: 45 + 45 dias. Se extrapolado o prazo de 90 dias, ou efetuada mais de uma prorrogação, o contrato se tornará automaticamente de prazo indeterminado (art. 451 da CLT).

Alternativa "c". "A empregada gestante tem direito à estabilidade provisória prevista no art. 10, inciso II, alínea "b", do Ato das Disposições Constitucionais Transitórias, mesmo na hipótese de admissão mediante contrato por tempo determinado" (Súmula 244, III, do TST). Assim, mesmo na hipótese de contrato de trabalho por prazo determinado, a empregada gestante tem assegurado o direito à estabilidade provisória no emprego desde a confirmação da gravidez até 5 meses após o parto.

Houve questionamento no TST se a trabalhadora temporária teria direito à estabilidade provisória e o tema foi inserido na condição de incidente de assunção de competência. Conforme Informativo nº 211, o TST firmou a seguinte tese em incidente de assunção de competência, precedente judicial obrigatório: "é inaplicável ao regime de trabalho temporário, disciplinado pela Lei n.º 6.019/74, a garantia de estabilidade provisória à empregada gestante, prevista no art. 10, II, b, do Ato das Disposições Constitucionais Transitórias".

No serviço público, de maneira distinta, decidiu o STF, na apreciação do Tema 542 da Repercussão Geral, que "A trabalhadora gestante tem direito ao gozo de licença-maternidade e à estabilidade provisória, **independentemente do regime jurídico aplicável**, se contratual ou administrativo, **ainda que ocupe cargo em comissão ou seja contratada por tempo determinado**".

Alternativa "d". "O empregado submetido a contrato de trabalho por tempo determinado goza da garantia provisória de emprego decorrente de acidente de trabalho prevista no art. 118 da Lei nº 8.213/91" (Súmula 378, III, do TST). Assim, o empregado submetido a contrato de experiência, que é uma modalidade de contrato por tempo determinado, tem assegurado o direito à garantia provisória de emprego decorrente de acidente de trabalho.

Alternativa "e". "O contrato de trabalho por prazo determinado que, **tácita** ou expressamente, for prorrogado mais de uma vez passará a vigorar sem determinação de prazo" (art. 451 da CLT – grifo acrescido). Assim, é permitida a prorrogação tácita do contrato por prazo determinado.

Alternativa correta: "c".

---

73. (TRT 2 – Juiz do Trabalho Substituto 2ª região/2016) Posseidon firmou contrato de experiência com a empresa Cavalo de Tróia Produtora de Eventos, inicialmente por trinta dias, prorrogado por mais dois períodos de 30 dias cada um, totalizando 90 dias. Ao término do contrato a empresa dispensou o empregado sem justa causa. Nessa hipótese:

a) Não será devida a prévia comunicação do aviso prévio por se tratar de contrato a termo.

b) Será devido aviso prévio proporcional ao período de 90 dias, que será de 08 dias, visto que para contratos de 12 meses o período é de 30 dias, conforme Lei 12.506/2011.

c) Será devido o aviso prévio de 30 dias, somente se foi ajustado em contrato pelas partes, não cabendo reconsideração da parte notificante.

d) Será devido o aviso prévio de 30 dias, porque o contrato passou a viger por prazo indeterminado.

e) Não será devido aviso prévio porque não foi estipulada cláusula assecuratória do direito recíproco de rescisão antes de expirado o termo ajustado, nos termos do art. 481 da CLT.

COMENTÁRIOS

✪ **Nota do autor:** A questão aborda o tema do contrato por prazo determinado. A regra, no Direito do Trabalho, é o contrato por prazo indeterminado. Contudo, há três hipóteses de contrato por prazo determinado, previstas na CLT, nos termos do art. 443, §2º.

Alternativa "d". *Comentário serve para as demais alternativas, uma vez que versam sobre o mesmo assunto.* "O contrato de experiência pode ser prorrogado, respeitado o limite máximo de 90 (noventa) dias." (Súmula nº 188 do TST). O contrato de experiência não pode exceder a 90 dias. Desse modo, o empregado contratado por 30 dias poderá ter seu contrato de experiência prorrogado por até 60 dias. Note-se que não há obrigatoriedade de prazos iguais como: 45 + 45 dias. Se extrapolado o prazo de 90 dias, **ou efetuada mais de uma prorrogação**, o contrato se tornará automaticamente de prazo indeterminado (art. 451 da CLT). É exatamente a hipótese do contrato de trabalho de Posseidon que teve mais de 1 prorrogação e, portanto, passou a viger por prazo indeterminado. Desse modo, Posseidon terá direito a 30 dias de aviso prévio (Art. 7º, XXI da Constituição Federal/1988, art. 487, II da CLT e Art. 1º da Lei nº 12.506/11).

Ademais, o aviso prévio devido será de 30 dias, pois o empregado tinha menos de 1 ano de serviço na empresa: "O aviso prévio, de que trata o Capítulo VI do Título IV da Consolidação das Leis do Trabalho – CLT, aprovada pelo Decreto-Lei no 5.452, de 1º de maio de 1943, será concedido na proporção de 30 (trinta) dias aos empregados que contem até 1 (um) ano de serviço na mesma empresa" (Art. 1º da Lei nº 12.506/11).

Alternativa correta: "d".

---

74. (TRT 4 – Juiz do Trabalho Substituto 4ª região/2016) Considere as assertivas abaixo sobre contrato de experiência.

I. O contrato de experiência, por ser uma espécie excepcional de contrato, deve ser formalizado mediante contrato por escrito ou, ao menos, com o devido registro de tal condição na carteira de trabalho do empregado. Dessa forma, não se admite, em regra, a existência de contrato de experiência verbal, devendo haver prova de que a pactuação ocorreu por prazo determinado.

II. É lícita a previsão de prorrogação automática do contrato de experiência, desde que não ultrapassado o limite de 90 (noventa) dias.

III. No caso de rescisão antecipada do contrato de experiência, não se aplica o prazo de 10 (dez) dias para o pagamento de verbas rescisórias, independentemente da data de homologação da rescisão.

Quais são corretas?

a) Apenas I

b) Apenas II

c) Apenas III

d) Apenas I e II

e) I, II e III

COMENTÁRIOS

✪ Nota do autor: A questão aborda o contrato de experiência, o qual consiste em contrato por prazo determinado, nos termos do art. 443, §2º, "c" da CLT. Lembre-se de que não há, no contrato por prazo determinado, a necessidade de conceder aviso prévio, exceto se as partes estipularem a cláusula assecuratória de direito recíproco (art. 481 da CLT).

Assertiva I. Correta. Apesar de inexistir previsão legal acerca da solenidade do contrato de experiência, a jurisprudência trabalhista entende que, por se tratar de espécie excepcional de contrato, é necessária sua formalização em contrato escrito ou, ao menos, o registro dessa condição na CTPS do empregado:

> **Contrato de experiência – formalidade – anotação na ctps ou contrato escrito – impossibilidade de avença verbal** – *O contrato de experiência, por ser uma espécie excepcional de contrato, deve ser formalizado mediante contrato por escrito ou, ao menos, com o devido registro de tal condição na CTPS do obreiro. Assim é que, independentemente do entendimento que se professe, não se admite a existência de contrato de experiência verbal, pelo que impende reconhecer que a avença fora firmada por prazo indeterminado. (TRT-22 – PI 01947-2008-003-22-00-2, Relator: Liana Chaib, Data de Julgamento: 14/07/2009)*

No mesmo sentido, sustenta Mauricio Godinho Delgado[50]:

> *No tocante à sua formalidade, esse tipo de contrato ocupa, como já mencionado, uma posição singular no Direito do Trabalho: embora efetivamente não seja, em princípio, formal, solene- a CLT não faz menção a tal requisito (art. 443, § 22, "c")-, a jurisprudência já pacificou não ser ele passível de contratação meramente tácita; isso significa que deve, necessariamente, provar-se através de um mínimo de formalização escrita. Essa construção hermenêutica justifica-se em virtude de o prazo curto desse contrato (máximo de 90 dias) somente poder ser delimitado através de termo prefixado (art. 443, § 1°, CLT), dia certo, portanto – elemento que exige enunciação contratual clara, firme e transparente desde o nascimento do pacto.*

Assertiva II. Correta. "O contrato de experiência pode ser prorrogado, respeitado o limite máximo de 90 (noventa) dias" (Súmula nº 188 do TST). "O contrato de experiência não poderá exceder de 90 (noventa) dias" (parágrafo único do art. 445 da CLT). Não há vedação legal à prorrogação tácita do contrato de experiência, desde que respeitado o limite de 90 dias.

Assertiva III. Incorreta. "Nos contratos que tenham termo estipulado, o empregador que, sem justa causa, despedir o empregado será obrigado a pagar-lhe, a título de indenização, e por metade, a remuneração a que teria direito até o termo do contrato. Parágrafo único – Para a execução do que dispõe o presente artigo, o cálculo da parte variável ou incerta dos salários será feito de acordo com o prescrito para o cálculo da indenização referente à rescisão dos contratos por prazo indeterminado" (Art. 479 da CLT). O prazo para pagamento de verbas rescisórias, portanto, está previsto no art. 477, §6º, "b", da CLT, que sofreu alteração com a Reforma Trabalhista, para unificar o prazo para pagamento das verbas rescisórias:

> **Art. 477, § 6º, CLT:** *A entrega ao empregado de documentos que comprovem a comunicação da extinção contratual aos órgãos competentes bem como o pagamento dos valores constantes do instrumento de rescisão ou recibo de quitação deverão ser efetuados até dez dias contados a partir do término do contrato..*

Assim, com a unificação do prazo em 10 dias contados a partir do término do contrato de trabalho, deve o empregador dentro desse período:

a) realizar a entrega ao empregado de documentos, que comprovem a comunicação da extinção do contrato de trabalho aos órgãos competentes; e

b) efetuar o pagamento dos valores constantes do instrumento de rescisão ou recibo de quitação.

Há discussão quanto à contagem do prazo de 10 dias na hipótese de concessão de aviso prévio indenizado: se deverá ser iniciado com a notificação da dispensa ou após o fim da projeção do aviso. Entendemos que o prazo deve ser contado a partir da notificação da dispensa, pois, caso fosse concedido apenas após a projeção do aviso, haveria uma postergação do pagamento das verbas rescisórias, que pode trazer diversos prejuízos ao empregado.

Alternativa correta: "d". Está correto o que se afirma nas assertivas I e II.

13.6. CONTRATO DE TRABALHO INTERINO / PARA SUBSTITUIÇÃO EVENTUAL OU TEMPORÁRIA

▸ Art. 475, § 2º, CLT

75. (FGV – 2023 – TST – Juiz do Trabalho) José sofreu acidente de trabalho e foi aposentado por invalidez. Para o seu lugar, a empresa Trabalhos Raros Ltda. contratou outro trabalhador, Floriano, alertando-o, contudo, da condição de interino em relação a José.

Quatro anos após, em reavaliação obrigatória periódica realizada pelo órgão previdenciário oficial, José

50. DELGADO, Mauricio Godinho. Curso de Direito do Trabalho. 15ª ed. São Paulo: LTr, 2016. p. 618.

foi considerado apto para retorno ao trabalho, pelo que compareceu à empresa portando a guia de alta expedida pelo órgão previdenciário para retorno imediato ao serviço, sem restrições, tendo sido confirmada pelo médico da empresa a referida aptidão.

Diante do quadro descrito e considerando o que especificamente dispõe a Consolidação das Leis do Trabalho a respeito:

a) a empresa Trabalhos Raros Ltda. poderá manter Floriano e indenizar José, que, no caso, não faz jus a estabilidade;

b) a empresa Trabalhos Raros Ltda. poderá realocar José na função que exercia e romper o contrato com Florindo, sem precisar indenizá-lo.

c) empresa Trabalhos Raros Ltda. poderá realocar José na função que exercia, mas, neste caso, estará obrigada a indenizar Floriano, caso o despeça;

d) a empresa Trabalhos Raros Ltda. deverá manter Floriano, posto que o contrato com José teve rompimento automático na data da aposentadoria por invalidez;

e) a situação configura o chamado limbo previdenciário. A confirmação do médico da empresa é ineficaz, devendo ela simplesmente orientar José a reaver o benefício em razão da já consolidada aposentadoria por invalidez.

COMENTÁRIOS

✪ Nota do autor: A questão aborda o tema da contratação interina / para substituição eventual ou temporária. Trata-se de um tema pouco cobrado em provas, mas que exige tão somente o conhecimento da CLT.

Alternativa "b". *Comentário serve para as demais alternativas, uma vez que versam sobre o mesmo assunto.* Nos termos do art. 475, § 2º, da CLT, "Se o empregador houver admitido substituto para o aposentado, poderá rescindir, com este, o respectivo contrato de trabalho sem indenização, desde que tenha havido ciência inequívoca da interinidade ao ser celebrado o contrato". Dessa forma, tendo sido alertado da condição de interino em relação a José, Floriano poderá ser dispensado pela empresa Trabalhos Raros Ltda, sem direito à indenização.

Alternativa correta: "b".

13.7. ALTERAÇÃO DO CONTRATO DE TRABALHO

- Arts. 468, CLT
- Súmula nº 372 do TST

76. (FGV – 2023 – TST – Juiz do Trabalho) Em 05/12/2007, a empresa Empresta Valores Ltda, contratou o empregado Josias para o cargo de gerente da filial Norte da companhia. Recebia gratificação de função 50% superior à dos demais empregados.

No exercício da função, entre outras atribuições, podia admitir, aplicar penalidades e despedir empregados; planejar objetivos, distribuir serviços e cobrar resultados.

Contudo, em 05/04/2016, o desempenho de Josias deixou de ser habitual. Além de sucessivas reclamações direcionadas à direção pelos clientes, o faturamento da filial caiu consideravelmente.

Diante do fato e de ter sido indagado a respeito da queda de desempenho, Josias assegurou à empresa que estaria muito bem de saúde, com exames em dia e sem quaisquer problemas familiares.

Contudo, como os problemas constatados persistiram por mais nove meses, em 05/01/2017, a empresa realocou Josias no cargo de supervisor de estoque, com gratificação de função 10s inferior ao que lhe pagava anteriormente e contratou outro trabalhador para o cargo que ocupava e que, em pouquíssimo tempo, demonstrou ótimo rendimento, batendo todas as metas esperadas de desempenho. Ao novo trabalhador, direcionou o valor que pagava a Josias.

Com fundamento no que dispõe a Consolidação das Leis do Trabalho e na jurisprudência sumulada pelo Tribunal Superior do Trabalho na época dos fatos, a alteração da função, como feita, é:

a) lícita, especificamente em razão da acentuada queda de rendimento do trabalhador, mas não a redução da gratificação de função, diante do princípio da estabilidade salarial;

b) ilícita, por configurar rebaixamento, assim também a redução da gratificação de função, por ofender, nas circunstâncias, o princípio da estabilidade salarial;

c) lícita, posto não existir estabilidade em cargo de confiança podendo o empregador nesta hipótese suprimir ou reduzir a gratificação, independentemente do tempo de exercício no cargo;

d) ilícita, por configurar rebaixamento, mas a redução da gratificação de função não ofende o princípio da estabilidade salarial, porque justificada pelas circunstâncias;

e) ilícita, por configurar rebaixamento, assim também a redução da gratificação de função, por ofender o princípio da irredutibilidade salarial.

COMENTÁRIOS

✪ Nota do autor: A questão abordo o tema as diferenças entre a reversão e o rebaixamento. Esse assunto foi fortemente impactado pela Reforma Trabalhista e, desde então, aparece com frequência em provas trabalhista. Questões envolvendo a reversão e o rebaixamento já estavam batidas, mas a FVG conseguiu reinventar o tema, cobrando-o de uma forma que eu nunca tinha visto antes. Excelente questão para testar, além do "decoreba", o raciocínio jurídico do candidato.

Alternativa "e". *Comentário serve para as demais alternativas, uma vez que versam sobre o mesmo assunto.* A reversão, disciplinada no § 1º do art. 468 da CLT, determina que o empregado que ocupa cargo de confiança **poderá ser revertido ao cargo anterior**, com a retirada da gratificação de função, sem que essa reversão acarrete nulidade. Nesse caso, quando o trabalhador não corresponde às expectativas do empregador e como envolve função de confiança, há previsão na própria lei, que autoriza o retorno à função anterior, sem que esse ato seja nulo.

A gratificação de função corresponde a uma parcela paga enquanto o trabalhador exerce função de confiança na empresa. Configura-se, portanto, salário-condição, ou seja, o empregado somente irá receber a gratificação enquanto estiver exercendo a função de confiança na empresa. Portanto, não se incorpora ao patrimônio jurídico do trabalhador.

Acontece que, antes da promulgação da Lei nº 13.467/2017, o tema era tratado pela Súmula nº 372 do TST. De acordo com o posicionamento sumulado do Tribunal, se revertido ao cargo anteriormente ocupado, o empregador poderia retirar a gratificação sem que essa conduta afrontasse a legislação trabalhista. Essa decisão de modificar o contrato de trabalho era lícita e estava inserida dentro do poder dado ao empregador de dirigir seu empreendimento (*jus variandi*). Contudo, para o TST, se o empregado exercesse função de confiança há 10 ou mais anos na empresa, não poderia ter a gratificação retirada, sem justo motivo. Após o período de 10 anos, a gratificação incorporaria definitivamente o salário do empregado.

A Reforma Trabalhista passou a prever que a reversão do empregado, com ou sem justo motivo, não assegura ao empregado o direito de manter o pagamento da gratificação de função. O valor não será, em hipótese alguma, incorporado ao salário do empregado, independentemente do tempo de exercício da função. Portanto, ainda que o empregado trabalhe por períodos superiores a 10 anos em função de confiança, não terá direito à incorporação da gratificação de função recebida caso for revertido ao cargo efetivo anteriormente ocupado.

Perceba, porém, que toda essa discussão é irrelevante para o caso de Josias. O reversão, disciplinada nos §§ 1º e 2º do art. 468 da CLT, **pressupõe que o empregado, antes de exercer a função de confiança, ocupava outro cargo na empresa:**

> **Art. 468.** Nos contratos individuais de trabalho só é lícita a alteração das respectivas condições, por mútuo consentimento, e, ainda assim, desde que não resultem, direta ou indiretamente, prejuízos ao empregado, sob pena de nulidade da cláusula infringente desta garantia.
>
> § 1º. Não se considera alteração unilateral a determinação do empregador para que o respectivo empregado reverta ao cargo efetivo, anteriormente ocupado, deixando o exercício de função de confiança. (grifamos)

Josias, em momento algum ocupou cargo diferente na empresa, tendo sido contratado, desde o início, para ser gerente da filial Norte da companhia. Logo, não há que se falar em reversão. Não há como reverter a cargo que anteriormente ocupava quem nunca ocupou cargo anterior.

Trata-se, assim, de rebaixamento – alocação do trabalhador em cargo de hierarquia inferior com caráter punitivo, sendo que o trabalhador ocupava cargo efetivo mais alto. Essa medida é ilícita, pois viola o princípio da inalterabilidade contratual lesiva do trabalhador e da irredutibilidade salarial.

Alternativa correta: "e".

---

77. (FGV – 2023 – TST – Juiz do Trabalho) Firmino foi contratado em Curitiba para trabalhar no Banco Altos Valores S/A. Iniciou, em 01/12/2016, como escriturário e foi gradativamente galgando os postos de gerente de contas, gerente de posto de atendimento e gerente geral de agência, que, nos termos do contrato lhe exigiram sucessivas transferências.

Na condição de gerente de contas, trabalhou de 01/10/2017 a 01/12/2018 em pequena agência no interior de São Paulo; como gerente de posto de atendimento, de 02/12/2018 a 03/12/2019 em Florianópolis, Santa Catarina, e, finalmente, como gerente de agência, no ápice da carreira, de 03/12/2019 a 01/10/2022 em Porto Alegre, no Rio Grande do Sul, quando foi despedido. Firmino ajuizou em Curitiba, onde atualmente reside, reclamação trabalhista postulando o pagamento de adicional de transferência de 25%, bem como de ajuda de custo, esta nos valores correspondentes às despesas de mudança de uma para outra localidade, incluindo as de passagens de avião.

O Banco Altos Valores contestou a ação aduzindo que as transferências ocorridas estavam contratualmente previstas na carreira e, não bastasse, foram definitivas inclusive pelo tempo de duração de cada uma, notadamente a última, assim não ensejando pagamento de adicional e que a ajuda de custo pretendida carece de amparo legal, mormente porque, com base no Plano de Cargos e Salários da empresa, o bancário teve substancial aumento salarial em cada transferência ocorrida, o que restou comprovado nos autos.

Com base na jurisprudência uniformizada da Subseção de Dissídios Individuais I do TST, é correto afirmar que Firmino:

a) não faz jus a adicional de transferência por terem sido definitivas as ocorridas pelo tempo de duração de cada uma e não tem direito à ajuda de custo postulada, compensada com os aumentos salariais obtidos quando da aceitação das transferências;

b) não faz jus a adicional de nenhuma das transferências, por terem sido definitivas as ocorridas, considerado o tempo de duração de cada uma, mas tem direito à ajuda de custo postulada, porque os aumentos salariais obtidos quando das transferências tem natureza jurídica. Distinta da ajuda de custo postulada;

c) não faz jus apenas ao adicional da última transferência, em razão do longo tempo de sua duração e tem direito à ajuda de custo postulada, porque os aumentos salariais obtidos quando das transferências têm natureza jurídica distinta dessa parcela;

d) faz jus ao adicional apenas quanto às duas primeiras transferências, pelos exíguos tempos de duração e a condição de necessárias e provisórias para efeito de progressão funcional e não tem direito à ajuda de custo postulada, porque os aumentos salariais obtidos quando das transferências foram compensatórios dessa parcela;

e) faz jus ao adicional referente às três transferências, não sendo o lapso temporal critério único para avaliação de sucessividade e de provisoriedade de transferências, inclusive quando necessárias para progressão funcional, e tem direito à ajuda de custo postulada, que tem natureza jurídica distinta dos aumentos salariais obtidos quando das transferências.

COMENTÁRIOS

Nota do autor: A questão trata sobre transferência do empregado, exigindo o conhecimento dos artigos da CLT e da jurisprudência do TST sobre o tema.

Alternativa "e". *Comentário serve para as demais alternativas, uma vez que versam sobre o mesmo assunto.* Entre as possibilidades do *jus variandi* está a transferência de empregados. Em regra, a transferência unilateral é vedada. Essa transferência será possível desde que tenha anuência do empregado. Para configurar transferência, é necessário que acarrete mudança de domicílio do empregado.

Excepcionalmente, poderá ocorrer a transferência unilateral do empregado, se respeitados os limites impostos por lei. A seguir, as hipóteses admitidas:

a) **Empregados que exerçam cargos de confiança.** Inclusive para esses empregados, é necessário que o empregador demonstre a necessidade do serviço, ou seja, fundamente a transferência para evitar abusos e perseguições. Empregados de confiança são aqueles previstos no art. 62, II, da CLT.

b) **Empregados cujo contrato tenham como condição implícita ou explícita a necessidade de transferência.** Também nessa hipótese será necessária comprovação de real necessidade de serviço, no mesmo sentido da hipótese anterior.

c) **Extinção do estabelecimento.** Nesse caso, a transferência unilateral é permitida para evitar o término do contrato de trabalho. E, se o empregado se negar a essa transferência, ocorrerá o pedido de demissão.

d) **Transferência provisória por necessidade de serviço.** Nesse caso, com fundamento no princípio da lealdade contratual, caberá ao empregado colaborar com a empresa. Há necessidade, entretanto, de que essa necessidade seja fundamentada na real necessidade de serviço.

O adicional, pedido por Firmino, é pago em razão da **transferência provisória do empregado**, inclusive ao empregado que exerce cargo de confiança na empresa ou, ainda, se houver previsão de transferência no contrato de trabalho:

Orientação Jurisprudencial nº 113 da SDI-I do TST: "O fato de o empregado exercer cargo de confiança ou a existência de previsão de transferência no contrato de trabalho não exclui o direito ao adicional. O pressuposto legal apto a legitimar a percepção do mencionado adicional é a transferência provisória."

O valor é de, no mínimo, 25% do salário que o empregado recebia no local anterior. Há expressa previsão legal desse adicional na CLT:

> **Art. 469, § 3º, CLT:** Em caso de necessidade de serviço, o empregador poderá transferir o empregado para localidade diversa da que resultar do contrato, não obstante as restrições do artigo anterior, mas, nesse caso, ficará obrigado a um pagamento suplementar, nunca inferior a 25% (vinte e cinco por cento) dos salários que o empregado percebia naquela localidade, enquanto durar essa situação.

Perceba que o que caracteriza a definitividade de uma transferência é o **ânimo definitivo do empregado em permanecer na nova localidade**, como permanência por 9 anos no local. Nesse caso, não possibilita o pagamento do adicional de 25% em questão[51]. Infelizmente, não há definição na legislação sobre o período/duração ou qualquer outro critério objetivo para configurar quando se trata de provisório ou definitivo. Há decisões do TST que defendem a transitoriedade quando a transferência, mesmo que reiterada, dura por 2 anos e alguns meses[52] Assim, o lapso temporal não é critério único para avaliação de sucessividade e de provisoriedade de transferências.

Por fim, a ajuda de custo, parcela de natureza nitidamente indenizatória, tem a finalidade de reembolsar despesas efetuadas pelo empregado em razão da transferência, conforme previsto no art. 470 da CLT:

Art. 470, CLT: As despesas resultantes da transferência correrão por conta do empregador.

Alternativa correta: "e".

---

78. (FCC – Juiz do Trabalho/2017) Icaro ajustou um pacto laboral para trabalhar na sede da empresa Gama Logística situada no município de Belo Horizonte/MG, localidade onde o trabalhador fixou sua residência. Foi estipulada uma cláusula assegurando a transferência como condição explícita do contrato, em razão da

51. Informativo nº 2 do TST.
52. Informativo nº 5 do TST.

execução das atividades de Analista de Tecnologia da Informação – TI, especialista na implantação de sistemas virtuais. Durante o primeiro ano do contrato, o local contratual do trabalho de Icaro foi alterado em duas ocasiões: a primeira, por quatro meses, para a filial de Curitiba/PR, com objetivo de instalar um sistema informatizado, atividade esta que não poderia ser exercida por outro empregado da empresa; a segunda, por dois meses, para a filial da empresa em município contíguo a Belo Horizonte/MG, pertencente à mesma região metropolitana, sem que houvesse a real necessidade do serviço, bem como não implicando mudança da residência de Icaro. Nessa situação,

a) ambas as alterações configuram transferência lícita em razão da cláusula contida no contrato prevendo essa condição de alteração contratual dentro do *jus variandi* empresarial, razão pela qual não cabe adicional de transferência em quaisquer delas.

b) a primeira remoção é lícita diante da real necessidade dos serviços do trabalhador, situação que não ocorreu com a segunda, ainda que tenha sido pactuada cláusula assecuratória da transferência como condição explícita do contrato, razão pela qual o pagamento do adicional de transferência é devido somente na segunda situação.

c) o primeiro deslocamento se deu por remoção relevante lícita em razão da cláusula contratual prevendo essa condição de transferência e da real necessidade de serviço; o segundo implicou alteração circunstancial que não caracteriza transferência, devendo ser pago adicional de transferência apenas na primeira situação.

d) independentemente da necessidade do serviço, ambas as alterações são consideradas transferências lícitas em razão da cláusula assecuratória da transferência como condição explícita do contrato e as duas importam no pagamento de adicional de transferência.

e) a primeira remoção não é lícita porque causou prejuízos ao trabalhador em relação ao seu convívio familiar, sendo nula a cláusula contratual de transferência; a segunda é regular porque a alteração se deu em município pertencente à mesma região metropolitana, cabendo adicional de transferência em ambas, porque provisórias.

COMENTÁRIOS

✪ **Nota do autor:** A questão exigia a compreensão do candidato sobre transferência do empregado, exigindo o conhecimento dos artigos da CLT sobre o tema.

Alternativa "c". *Comentário serve para as demais alternativas, uma vez que versam sobre o mesmo assunto.* Entre as possibilidades do *jus variandi* está a transferência de empregados. Em regra, a transferência unilateral é vedada. Essa transferência será possível desde que tenha **anuência do empregado**. Para configurar transferência, é necessário que acarrete mudança de domicílio do empregado.

Excepcionalmente, poderá ocorrer a transferência unilateral do empregado, se respeitados os limites impostos por lei. A seguir, as hipóteses admitidas:

a) **Empregados que exerçam cargos de confiança.** Inclusive para esses empregados, é necessário que o empregador demonstre a necessidade do serviço, ou seja, fundamente a transferência para evitar abusos e perseguições. Empregados de confiança são aqueles previstos no art. 62, II, da CLT.

b) **Empregados cujo contrato tenham como condição implícita ou explícita a necessidade de transferência.** Também nessa hipótese será necessária comprovação de real necessidade de serviço, no mesmo sentido da hipótese anterior. Exemplo de condição **implícita**: empregados do circo. Condição **explícita**: no ato da contratação fica expresso que é condição, na prestação de serviços, a possibilidade de transferência do empregado, como ocorre em alguns bancos e em empresas com diversas filiais. Trata-se do emposto no caso em questão.

c) **Extinção do estabelecimento.** Nesse caso, a transferência unilateral é permitida para evitar o término do contrato de trabalho. E, se o empregado se negar a essa transferência, ocorrerá o pedido de demissão.

d) **Transferência provisória por necessidade de serviço.** Nesse caso, com fundamento no princípio da lealdade contratual, caberá ao empregado colaborar com a empresa. Há necessidade, entretanto, de que essa necessidade seja fundamentada na real necessidade de serviço.

O empregador, portanto, está obrigado a indicar os motivos da transferência. Essa exigência é um dos raros casos em que o empregador deverá motivar sua decisão.

Dessa forma, enquanto a primeira alteração do contrato foi lícita, pois havia real necessidade do serviço, já que apenas Ícaro poderia fazê-lo, na segunda alteração não houve mudança de residência e, por esta razão, não há que se falar em transferência do empregado. Diante da transferência provisória na primeira hipótese, o art. 469, § 3 da CLT assegura o direito ao recebimento de adicional de transferência de 25% sobre a remuneração normal.

Alternativa correta: "c".

---

79. (TRT 2 – Juiz do Trabalho Substituto 2ª região/2016) O jus variandi é um conceito doutrinário embasado na faculdade-poder conferido ao empregador de dirigir a prestação de serviços, como reflexo do "dirigismo contratual". Dessa forma, o jus variandi será exercido de forma lícita na hipótese de:

a) Transferência do empregado contratado com cláusula explícita de transferência, sem a sua anuência, para localidade diversa da que resultar do contrato, implicando em mudança de domicílio, independente da comprovação de real necessidade do serviço.

b) Transferência do empregado, por ato unilateral do empregador, para local mais distante de sua residência, sem o suplemento salarial correspondente ao acréscimo da despesa de transporte.

c) Redução salarial por acordo negociado entre empresa e seus trabalhadores em virtude de crise econômica nacional que afeta a empresa, objetivando evitar demissões, independente de acordo ou convenção coletiva de trabalho.

d) Supressão da jornada extraordinária prestada com habitualidade durante dois anos sem assegurar ao empregado o direito à indenização em razão das horas suprimidas.

e) Alteração do horário de trabalho noturno para diurno, ocasionando ao empregado apenas o prejuízo material da supressão do pagamento de adicional noturno.

COMENTÁRIOS

✪ **Nota do autor:** A questão aborda o *jus variandi*, que representa modificação unilateral do contrato pelo empregador. Deve ser assinalada a alternativa que representa uma hipótese lícita de modificação contratual pelo empregador.

Alternativa "a". "Ao empregador é vedado transferir o empregado, sem a sua anuência, para localidade diversa da que resultar do contrato, não se considerando transferência a que não acarretar necessariamente a mudança do seu domicílio. § 1º – Não estão compreendidos na proibição deste artigo: os empregados que exerçam cargo de confiança e aqueles cujos contratos tenham como condição, implícita ou explícita, a transferência, **quando esta decorra de real necessidade de serviço**" (§ 1º do art. 469 da CLT – grifos acrescidos). Nesse mesmo sentido, prevê a Súmula nº 43 do TST:

> **Súmula nº 43 do TST.** *Presume-se abusiva a transferência de que trata o § 1º do art. 469 da CLT, sem comprovação da necessidade do serviço.*

Alternativa "b". "Empregado transferido, por ato unilateral do empregador, para local mais distante de sua residência, **tem direito a suplemento salarial** correspondente ao acréscimo da despesa de transporte" (Súmula nº 29 do TST – grifos acrescidos). "As despesas resultantes da transferência correrão por conta do empregador" (Art. 470 da CLT).

Alternativa "c". "São direitos dos trabalhadores urbanos e rurais, além de outros que visem à melhoria de sua condição social: (...) VI – irredutibilidade do salário, **salvo o disposto em convenção ou acordo coletivo**" (Inciso IV do art. 7º da Constituição Federal/1988 – grifos acrescidos).

Importa destacar que a Reforma Trabalhista estabeleceu, no art. 611-A, §3º da CLT, hipótese de estabilidade aos empegados que tiverem seu salário ou jornada reduzida, durante o curso da convenção ou acordo coletivo:

> **Art. 611-A, § 3º** *da CLT: Se for pactuada cláusula que reduza o salário ou a jornada, a convenção coletiva ou o acordo coletivo de trabalho deverão prever a proteção dos empregados contra dispensa imotivada durante o prazo de vigência do instrumento coletivo.*

Alternativa "d". "A supressão total ou parcial, pelo empregador, de serviço suplementar prestado com habitualidade, durante pelo menos 1 (um) ano, **assegura ao empregado o direito à indenização** correspondente ao valor de 1 (um) mês das horas suprimidas, total ou parcialmente, para cada ano ou fração igual ou superior a seis meses de prestação de serviço acima da jornada normal. O cálculo observará a média das horas suplementares nos últimos 12 (doze) meses anteriores à mudança, multiplicada pelo valor da hora extra do dia da supressão" (Súmula 291 do TST – grifos acrescidos).

Alternativa "e". "A transferência para o período diurno de trabalho implica a perda do direito ao adicional noturno" (Súmula nº 265 do TST).

Alternativa correta: "e".

---

80. (TRT 1 – Juiz do Trabalho Substituto 1ª região/2016) Em relação às alterações nas cláusulas e condições de trabalho, de acordo com a CLT e com o entendimento sumulado pelo TST, é correto afirmar:

a) É lícita a supressão do adicional noturno, mesmo implicando redução da remuneração mensal, por alteração do contrato de trabalho que transfere o empregado do horário noturno para o diurno.

b) Ofende o princípio da igualdade salarial o empregador que expressamente extingue determinada vantagem prevista em regulamento interno e, após, admite empregado para exercer idênticas atividades a outro que, admitido menos de dois anos antes, a execute, com a mesma produtividade e perfeição técnica.

c) No curso do mandato sindical, é sempre vedado à empresa reverter dirigente sindical que exerce função de confiança ao seu cargo efetivo.

d) Se o regulamento anterior não tiver sido revogado, para que o empregado possa se valer das regras de um novo regulamento instituído pela empresa, é necessário que manifeste expressamente sua renúncia ao primeiro e adesão ao segundo, eis que impossível ser regido concomitantemente por ambos.

e) Em relação à empregada gestante, é ilícita qualquer transferência de localidade da prestação de serviço que decorra do contrato.

COMENTÁRIOS

✪ **Nota do autor:** A questão aborda o tema alteração do contrato de trabalho. Cabe ressaltar que de acordo com o art. 468 da CLT, o que foi ajustado entre empregado e empregador não pode ser alterado para prejudicar o empregado. Já nas normas coletivas há maior possibilidade de negociação em razão da paridade existente entre os entes coletivos (empresas e sindicatos profissionais e econômicos), inclusive com possibilidade de alteração prejudicial aos empregados, como a redução salarial, prevista expressamente no Texto Constitucional.

Alternativa "a". "A transferência para o período diurno de trabalho implica a perda do direito ao adicional noturno" (Súmula nº 265 do TST).

Alternativa "b". "As cláusulas regulamentares, que revoguem ou alterem vantagens deferidas anteriormente, só atingirão os trabalhadores admitidos após a revogação ou alteração do regulamento." (Súmula nº 51, I do TST). O regulamento de empresa ou regulamento interno é, na verdade, uma "lei interna" da empresa. Ele prevê regras ligadas às questões técnicas (forma de desempenhar as atividades, horário de trabalho, utilização de EPIs), disciplinares (hipóteses de aplicação da advertência e suspensão, instauração de inquérito para apuração da falta cometida) e direitos dos empregados (adicional por produtividade ou tempo de serviço, plano de cargos e salários, forma da participação nos lucros e resultados da empresa).

O empregado está obrigado a respeitar o regulamento interno da empresa, pois as cláusulas desse regulamento passam a fazer parte do contrato de trabalho. Entretanto, se houver modificação desse regulamento, causando-lhe prejuízos, essa alteração será nula, por força do art. 468 da CLT c/c art. 9º da CLT. Nesse sentido há o item I da Súmula nº 51 do TST. Caso haja alterações no regulamento interno, a inovação prejudicial atingirá apenas os empregados contratados após a vigência das novas regras.

Note que, com a Reforma Trabalhista, o regulamento interno poderá ser objeto de acordo ou convenção coletiva, prevalecendo, inclusive, sobre a lei:

> **Art. 611-A. da CLT (com redação dada pela Lei nº 13.467/2017):** *A convenção coletiva e o acordo coletivo de trabalho têm prevalência sobre a lei quando, entre outros, dispuserem sobre:*
>
> *(...)*
>
> *VI – regulamento empresarial;*

Alternativa "c". "Não se considera alteração unilateral a determinação do empregador para que o respectivo empregado reverta ao cargo efetivo, anteriormente ocupado, deixando o exercício de função de confiança" (art. 468, §1º, CLT). A reversão ao cargo anteriormente ocupado não configura hipótese de alteração ilícita do contrato de trabalho. Portanto, o dirigente sindical pode ser revertido ao cargo que ocupava efetivamente, pois essa alteração não viola sua estabilidade no emprego.

Alternativa "d". Havendo a coexistência de dois regulamentos da empresa, a opção do empregado por um deles tem efeito jurídico de renúncia às regras do sistema do outro. (Súmula nº 51, II do TST). Não é necessária renúncia expressa à regras do outro, pois a mera adesão a uma dos regulamentos tem como efeito a renúncia ao outro regulamento.

Alternativa "e". A empregada gestante e adotante têm assegurada a proteção contra a dispensa arbitrária do empregador, o que não abrange a transferência que somente pode ser realizada sem a anuência da empregada nas seguintes hipóteses:

1) **Empregados que exerçam cargos de confiança.** Inclusive para esses empregados, é necessário que o empregador demonstre a necessidade do serviço, ou seja, fundamente a transferência para evitar abusos e perseguições.

2) **Empregados cujo contrato tenham como condição implícita ou explícita a necessidade de transferência.** Também nessa hipótese será necessária comprovação de real necessidade de serviço, no mesmo sentido da hipótese anterior. Exemplo de condição **implícita**: empregados do circo. Condição **explícita**: no ato da contratação fica expresso que é condição, na prestação de serviços, a possibilidade de transferência do empregado, como ocorre em alguns bancos e em empresas com diversas filiais.

3) **Extinção do estabelecimento.** Nesse caso, a transferência unilateral é permitida para evitar o término do contrato de trabalho. E, se o empregado se negar a essa transferência, ocorrerá o pedido de demissão. Exemplo: empregado trabalhava em Belo Horizonte, mas nessa cidade o estabelecimento foi extinto. Diante desse acontecimento, o trabalhador foi transferido para a unidade da empresa em Juiz de Fora, MG, sendo lícita essa transferência.

4) **Transferência provisória por necessidade de serviço.** Nesse caso, com fundamento no princípio da lealdade contratual, caberá ao empregado colaborar com a empresa. Há necessidade, entretanto, de que essa necessidade seja fundamentada na real necessidade de serviço.

Alternativa correta: "a".

---

81. (FCC – Juiz do Trabalho Substituto 23ª Região/ 2015) Reginaldo é diretor da empresa GAR Transportadora, sendo transferido pelo empregador de Cuiabá-MT para Belém-PA. Em relação à referida transferência,

a) ainda que a mesma seja provisória, por ser exercente de cargo de confiança Reginaldo não tem direito ao adicional de transferência.

b) a mesma será válida independentemente de concordância de Reginaldo, desde que haja real necessidade de serviço.

c) por ser exercente de cargo de confiança, Reginaldo só terá direito ao adicional de transferência se a mesma for definitiva.

d) a mesma só será válida com a concordância expressa de Reginaldo.

e) a mesma só será válida se houver cláusula expressa de transferência prevista no contrato de trabalho de Reginaldo.

COMENTÁRIOS

✪ **Nota do autor:** A questão aborda o tema da transferência de empregados. Lembre-se de que para configurar transferência, é necessário que acarrete mudança de domicílio do empregado.

Alternativa "b". *Comentário serve para as demais alternativas, uma vez que versam sobre o mesmo assunto.* "Não estão compreendidos na proibição deste artigo: os empregados que exerçam cargo de confiança e aqueles cujos contratos tenham como condição, implícita ou explícita, a transferência, quando esta decorra de real necessidade de serviço." (art. 469, § 1º, CLT). "Ao empregador é vedado transferir o empregado, sem a sua anuência, para localidade diversa da que resultar do contrato, não se considerando transferência a que não acarretar necessariamente a mudança do seu domicílio." (art. 469, "caput", CLT).

Alternativa correta: "b".

13.8. SUSPENSÃO E INTERRUPÇÃO DO CONTRATO DE TRABALHO

- Arts. 471 a 476-A, CLT
- Súmula nº 155 do TST
- Súmula nº 160 do TST
- Súmula nº 118 do TST
- Súmula nº 269 do TST
- Súmula nº 440 do TST

✪ **Nota do autor sobre o tema**: De acordo com o princípio da continuidade do contrato de trabalho, há situações em que, mesmo não havendo prestação de serviços pelo trabalhador, o vínculo empregatício fica mantido. São as hipóteses de interrupção e suspensão do contrato de trabalho. A **interrupção** do contrato de trabalho consiste na ausência provisória da prestação de serviços, em que são devidos o pagamento de salário e a contagem do tempo. Cessa a obrigação do empregado, mas persiste a obrigação da empresa. Por outro lado, a **suspensão** do contrato de trabalho é a ausência provisória da prestação de serviços, sem que haja o pagamento de salário, nem a contagem do tempo. Nesse caso, cessa a obrigação tanto da empresa como do empregado, mas o vínculo empregatício permanece.

---

82. (TRT 1 – Juiz do Trabalho Substituto 1ª região/2016) De acordo com a Consolidação das Leis do Trabalho e o entendimento sumulado pelo TST, são hipóteses de interrupção do contrato de trabalho:

I. O afastamento do empregado, por até 15 dias consecutivos, por força de auxílio-doença.

II. O período de afastamento de até 9 dias em que o empregado professor se afasta em consequência do falecimento de filho.

III. O período em que o empregado exercer cargo de diretor da empresa, desde que não permaneça existindo subordinação.

IV. O período em que o empregado permanece afastado, por até 30 dias, cumprindo sanção disciplinar.

Está correto o que se afirma em

a) II e IV, apenas.

b) II e III, apenas.

c) I e III, apenas.

d) I e II, apenas.

e) I, II, III e IV.

COMENTÁRIOS

✪ **Nota do autor:** A questão aborda o tema da interrupção do contrato de trabalho. A interrupção se distingue da suspensão do contrato de trabalho, pois naquela o empregador deverá pagar salário ao empregado.

Assertiva I. Correta. A Assertiva encontra previsão do art. 60, § 3º, da Lei nº 8.213/91:

> **Art. 60, Lei nº 8.213/1991:** *O auxílio-doença será devido ao segurado empregado a contar do décimo sexto dia do afastamento da atividade, e, no caso dos demais segurados, a contar da data do início da incapacidade e enquanto ele permanecer incapaz.*
>
> *(...)*
>
> *§ 3º Durante os primeiros quinze dias consecutivos ao do afastamento da atividade por motivo de doença, incumbirá à empresa pagar ao segurado empregado o seu salário integral.*

Dentre outras, são hipóteses de interrupção do contrato de trabalho o afastamento do empregado, por doença ou acidente, nos primeiros 15 dias. Vale ressaltar que o prazo para a interrupção do contrato de trabalho, nesta hipótese, permanece de 15 dias.

Assertiva II. Correta. "A remuneração dos professores será fixada pelo número de aulas semanais, na conformidade dos horários. (...) Não serão descontadas, no decurso de **9 (nove) dias**, as faltas verificadas por motivo de gala ou de luto em consequência de **falecimento** do cônjuge, do pai ou mãe, ou **de filho**" (art. 320, § 3º, CLT – grifos acrescidos).

Assertiva III. Incorreta. Trata-se de caso de suspensão do contrato de trabalho. "O empregado eleito para ocupar cargo de diretor tem o respectivo **contrato de trabalho suspenso**, não se computando o tempo de serviço desse período, salvo se permanecer a subordinação jurídica inerente à relação de emprego" (Súmula 269 do TST – grifos acrescidos).

Assertiva IV. Incorreta. Também é hipótese de suspensão do contrato de trabalho. Lembre-se de que o prazo máximo dessa suspensão é de trinta dias. A suspensão do empregado por mais de trinta dias consecutivos importa na rescisão injusta (rescisão indireta) do contrato de trabalho, conforme previsto no art. 474 da CLT.

Segue tabela para auxiliar na memorização das principais hipóteses de suspensão e interrupção do contrato de trabalho:

<table>
<tr><th>Hipóteses de interrupção
(pagamento de salário)</th><th>Hipóteses de suspensão
(não há pagamento de salário)</th></tr>
<tr><td>• 2 dias – falecimento
• 3 dias – casamento
• 9 dias – professor (casamento e falecimento)
• 1 dia a cada 12 meses – doação de sangue
• 2 dias – alistamento eleitoral
• Pelo tempo necessário – acompanhar sua esposa ou companheira em até 6 (seis) consultas médicas, ou em exames complementares, durante o período de gravidez[53]
• 1 dia por ano – acompanhar filho de até 6 anos em consulta médica – válido para o empregado ou empregada
• 3 dias a cada 12 meses – para realização de exames preventivos de câncer devidamente comprovada
• Tempo necessário:
– serviço militar
– vestibular
– comparecimento em juízo
– reunião/organismo internacional (dirigente sindical)
• Paralisação da empresa
• Acidente nos primeiros 15 dias
• Férias
• RSR e Feriados
• Intervalos intrajornadas remunerados.
• Licença-paternidade – 5 dias para todos os empregados. E ainda, com possibilidade de prorrogação por mais 15 dias (total de 20 dias) se o Empregador aderir ao Programa Empresa Cidadã
• Gestante: consultas médicas
• Participação nas comissões de conciliação prévia
• Prontidão e sobreaviso
• Lockout
• Participação no Conselho Curador do FGTS</td><td>• Encargo público
• Mandato Sindical
• Greve
• Suspensão disciplinar
• Benefícios previdenciários
• Diretor de S/A (não empregado – Súm. nº 269 do TST)
• Intervalos
• Prisão (sem trânsito em julgado)
• Violência doméstica
• Inquérito para apuração de falta grave
• Qualificação profissional (art. 476-A da CLT)
• Períodos de inatividade no trabalho intermitente
• Suspensão temporária do contrato de trabalho durante a pandemia de coronavírus e legislação de exceção
• Programa Emprega + Mulheres – suspensão do contrato de trabalho da mulher para qualificação profissional
• Programa Emprega + Mulheres – suspensão do contrato de trabalho de pais empregados</td></tr>
<tr><th colspan="2">Casos controvertidos</th></tr>
<tr><td colspan="2">a) Licença-maternidade (interrupção)
b) Aborto não criminoso (interrupção)
c) Serviço militar obrigatório (suspensão)
d) Acidente do trabalho após 15 primeiros dias (suspensão)
e) Isolamento social</td></tr>
</table>

Alternativa correta: "d". Está correto o que se afirma nos itens I e II.

83. (TRT 2 – Juiz do Trabalho Substituto 2ª região/2016) Considerando o conceito e a classificação de interrupção e de suspensão do contrato de trabalho é correto afirmar que:

a) Nos contratos por prazo determinado, o tempo de afastamento, se assim acordarem as partes interessadas, não será computado na contagem do prazo para a respectiva terminação.

b) São hipóteses de interrupção do contrato de trabalho: os 15 (quinze) primeiros dias no caso de acidente de trabalho ou doença, o tempo da suspensão disciplinar e o período de gozo de férias.

c) O afastamento do empregado em virtude das exigências do serviço militar, ou de outro encargo público, pode constituir motivo para alteração ou rescisão do contrato de trabalho por parte do empregador.

d) Ao empregado afastado do emprego, são asseguradas, por ocasião de sua volta, apenas os reajustes salariais que, em sua ausência, tenham sido atribuídos à categoria a que pertencia na empresa.

53. Informativo nº 64 do TST.

e) São hipóteses de suspensão do contrato de trabalho: o período de prestação de serviço militar obrigatório, o tempo em que o empregado eleito para o cargo de dirigente sindical estiver no exercício de suas funções sindicais e os feriados.

COMENTÁRIOS

✪ **Nota do autor:** A questão aborda o tema da interrupção e suspensão do contrato de trabalho. Na suspensão do contrato de trabalho não há prestação de serviços pelo trabalhador. Nesse caso, não ocorre o pagamento de salário e a contagem do tempo de serviço do empregado. Veja que, na suspensão, as obrigações assumidas, tanto do empregado (fazer) como do empregador (dar), ficam paralisadas, mas o vínculo empregatício fica mantido.

Segue dica enviada por alunos que pode facilitar a memorização das diferenças entre suspensão e interrupção do contrato de trabalho:

INTERRUPÇÃO	
IN	clui salário
IN	clui contagem de tempo de serviço

Na palavra **SUSPENSÃO**, existem 3 letras S de "Sem":	
S	em trabalho
S	em salário
S	em contagem de tempo

Alternativa "a". "Nos contratos por prazo determinado, o tempo de afastamento, se assim acordarem as partes interessadas, não será computado na contagem do prazo para a respectiva terminação" (Art. 472, §2º da CLT).

Alternativa "b": São hipóteses de interrupção do contrato de trabalho: os 15 primeiros dias no caso de acidente de trabalho ou doença (art. 60, §3º, da Lei 8.213/91) e o gozo de férias (art. 129 da CLT), pois permanece a obrigação do empregador de pagar os salários e a contagem do tempo de serviço para todos os efeitos:

> **Art. 60, § 3º, Lei nº 8.213/1991**: *Durante os primeiros quinze dias consecutivos ao do afastamento da atividade por motivo de doença, incumbirá à empresa pagar ao segurado empregado o seu salário integral.*
>
> **Art. 129 da CLT:** *Todo empregado terá direito anualmente ao gozo de um período de férias,* ***sem prejuízo da remuneração***. *(grifo acrescido)*

Já o tempo de suspensão disciplinar é hipótese de suspensão do contrato de trabalho (art. 474 da CLT) e não pode ser superior a 30 dias, pois configura rescisão indireta do contrato de trabalho.

Alternativa "c": "O afastamento do empregado em virtude das exigências do serviço militar, ou de outro encargo público, não constituirá motivo para alteração ou rescisão do contrato de trabalho por parte do empregador" (art. 472, *caput*, da CLT).

Alternativa "d": "Ao empregado afastado do emprego, são asseguradas, por ocasião de sua volta, todas as vantagens que, em sua ausência, tenham sido atribuídas à categoria a que pertencia na empresa" (art. 471 da CLT).

Alternativa "e". "Excetuados os casos em que a execução do serviço for imposta pelas exigências técnicas das empresas, é vedado o trabalho em dias feriados, civis e religiosos, **garantida, entretanto, aos empregados a remuneração respectiva**, observados os dispositivos dos artigos 6º e 7º desta lei." (art. 8º, Lei nº 605/1949 – grifos acrescidos). Assim como o descanso semanal remunerado, o feriado é hipótese de interrupção do contrato de trabalho, pois o empregado não presta os serviços, mas deve receber a remuneração do período.

São hipóteses de suspensão: o período de prestação de serviço militar obrigatório (art. 472 da CLT) e o tempo em que o empregado eleito para o cargo de dirigente sindical estiver no exercício de suas funções sindicais. Nessa última hipótese, em regra, o contrato de trabalho fica suspenso. Excepcionalmente, é possível que ocorra interrupção, desde que prevista em convenção ou acordo coletivo.

Alternativa correta: "a".

14. ASSÉDIO E COMBATE À DISCRIMINAÇÃO NAS RELAÇÕES DE TRABALHO

✪ **Nota do autor:** O tema dano moral sofreu profunda alteração com a Reforma Trabalhista, que inseriu um título próprio à CLT para reger o tema. Não deixe de conferir os arts. 223-A ao 223-G da CLT. Atente-se, contudo, ao fato de que a regulamentação do dano extrapatrimonial foi objeto de questionamento junto ao STF. A Corte, no julgamento das ADIs 6050 (processo principal), 6069 e 6082 (apensos), que questionavam, justamente, a constitucionalidade do art. 223-G, §1º, I, II, III e IV da CLT[54]. No Julgamento Virtual finalizado em 26/06/2023, o Tribunal, por maioria, conheceu das ADIs 6050, 6069 e 6082 e, no mérito, as julgou parcialmente procedentes para conferir interpretação conforme à Constituição, de modo a estabelecer que:

1) As redações conferidas aos arts. 223-A e 223-B, da CLT, não excluem o direito à reparação por dano moral indireto ou dano em ricochete no âmbito das relações de trabalho, a ser apreciado nos termos da legislação civil; e
2) Os critérios de quantificação de reparação por dano extrapatrimonial previstos no art. 223-G, *caput* e § 1º, da CLT deverão ser observados pelo julgador

54. Disponível em: <https://portal.stf.jus.br/processos/detalhe.asp?incidente=5612680>; <https://portal.stf.jus.br/processos/detalhe.asp?incidente=5640983>; <https://portal.stf.jus.br/processos/detalhe.asp?incidente=5626228>.

como critérios orientativos de fundamentação da decisão judicial.

Ainda, foi reconhecida a constitucionalidade do art. 223-A da CLT, que dispõe que os danos morais serão regidos apenas pela CLT. Contudo, a Corte firmou o entendimento de que o art. 223-A da CLT não impede a aplicação de outros diplomas normativos regulatórios do dano moral e que sejam compatíveis com a CLT.

---

84. (FGV - 2023 - TST - Juiz do Trabalho) Juvenildo era há vinte anos motorista de ônibus interestadual, trabalhando para a empresa Transportadora Ligeirinha Ltda.

Ocorre que, em setembro de 2022, quando se dirigia à cidade de Cabo Frio, no Rio de Janeiro, no exato instante em que atravessava a metade de uma extensa ponte, um raio a partiu e o veículo, junto com toda a ponte e os demais veículos que no momento a atravessavam, caiu em precipício de 50 metros de altura, tendo o motorista falecido em razão do acidente, e assim, também, todos os passageiros, inclusive os dos demais veículos.

Apurou-se, posteriormente, que dois pneus do ônibus e os freios do coletivo estavam em péssimas condições de rodagem.

De acordo com a doutrina e a jurisprudência majoritárias, na situação hipotética acima descrita, a terminação do contrato tecnicamente caracteriza:

a) hipótese de resolução contratual sem culpa, fundada em caso fortuito externo, que pela imprevisibilidade dispensa a empresa transportadora do dever de indenizar quem de direito do núcleo familiar ou dependente do motorista falecido pelo acidente;

b) hipótese de resolução contratual fundada em motivo de força maior, que pela inevitabilidade não dispensa a empresa transportadora do dever de indenizar apenas por metade quem de direito do núcleo familiar ou dependente do motorista falecido pelo acidente;

c) caso típico de resilição contratual, que nos termos do Art. 2%, caput, CLT, não dispensa o dever de indenizar integralmente quem de direito do núcleo familiar ou dependente do motorista falecido diante do risco pelo exercício de qualquer atividade;

d) hipótese de resilição contratual fundada em motivo de força maior, que pela inevitabilidade não dispensa a empresa transportadora do dever de indenizar apenas por metade quem de direito do núcleo familiar ou dependente do motorista falecido pelo acidente;

e) caso típico de resolução contratual fundada em culpa recíproca, posto que um dos pneus do veículo estava em más condições e o motorista falecido não estava usando cinto de segurança quando ocorreu o acidente.

COMENTÁRIOS

✪ **Nota do autor:** A questão aborda o tema do dano moral. Dano moral é a lesão a direitos da personalidade[55], ou seja, direitos extrapatrimoniais como violação da honra, intimidade, privacidade e outros ligados à dignidade da pessoa humana. Essa lesão causa sofrimento, tristeza, depressão etc. O dano moral trabalhista ocorre no âmbito do contrato de trabalho, envolvendo empregado e empregador. Em regra, a vítima é o trabalhador, mas nada obsta que o empregador também seja vítima de eventual ofensa do empregado. Aliás, há expressa previsão, na Súmula n. 227 do STJ e no art. 223-B da CLT, de que pessoa jurídica pode sofrer dano moral.

Alternativa "a". *Comentário serve para as demais alternativas, uma vez que versam sobre o mesmo assunto.* Para que haja direito à indenização, deve haver relação entre a ação ou omissão do empregador e o resultado danoso causado ao empregado. No caso do acidente sofrido por Juvenildo, o evento (ação) que levou ao dano foi causado por um raio, que partiu e o veículo, junto com toda a ponte e os demais veículos que no momento a atravessavam. Percebe-se, então, que o estado de conservação de dois pneus do ônibus e as condições dos freios do coletivo não contribuíram com o evento danoso, afastando o dever de indenizar. Estamos diante, portanto, de uma hipótese de resilição do contrato de trabalho, que corresponde ao término do contrato de trabalho sem que tenha ocorrido o cometimento de falta grave que determine o seu fim.

Alternativa correta: "a".

---

85. (TRT 2 - Juiz do Trabalho Substituto 2ª região/2016) Sobre o dano moral, individual e coletivo, conforme legislação e entendimento sumulado do TST, no âmbito das relações de trabalho, é INCORRETO afirmar que:

a) São invioláveis a intimidade, a vida privada, a honra e a imagem das pessoas, assegurado o direito a indenização pelo dano material ou moral decorrente de sua violação.

b) Nas condenações por dano moral, a atualização monetária é devida a partir da data da decisão de arbitramento ou de alteração do valor. Os juros incidem desde o ajuizamento da ação, nos termos do art. 883 da CLT.

c) A Justiça do Trabalho é competente para processar e julgar ações de indenização por dano moral e material, decorrentes da relação de trabalho, inclusive as oriundas de acidente de trabalho e doenças a ele equiparadas, ainda que propostas pelos dependentes ou sucessores do trabalhador falecido.

---

55. MELO, Raimundo Simão. *Ações acidentárias na Justiça do Trabalho: Teoria e Prática.* São Paulo, LTr, 2011.

d) A prescrição aplicada nas ações por dano moral decorrentes de acidente de trabalho nas lesões ocorridas após a vigência da Emenda Constitucional 45 é de 3 (três) anos a rigor do disposto no artigo 206 do Código Civil de 2002.

e) O Ministério Público do Trabalho, por meio de Ação Civil Pública, tem competência para pleitear a reparação pelo dano moral experimentado pelos trabalhadores, além de buscar a responsabilização pelo ato ilícito perpetrado pela empresa, através de seus gestores.

COMENTÁRIOS

✪ **Nota do autor:** A questão aborda o tema do dano moral. O candidato deve estar atento para o fato de que a questão exige que seja assinalada a alternativa **incorreta**. Dano moral é a lesão a direitos da personalidade[56], ou seja, direitos extrapatrimoniais como violação da honra, intimidade, privacidade e outros ligados à dignidade da pessoa humana. Essa lesão causa sofrimento, tristeza, depressão etc. O dano moral trabalhista ocorre no âmbito do contrato de trabalho, envolvendo empregado e empregador. Em regra, a vítima é o trabalhador, mas nada obsta que o empregador também seja vítima de eventual ofensa do empregado. Aliás, há expressa previsão, na Súmula n. 227 do STJ e no art. 223-B da CLT, de que pessoa jurídica pode sofrer dano moral.

Alternativa "a". "São invioláveis a intimidade, a vida privada, a honra e a imagem das pessoas, assegurado o direito a indenização pelo dano material ou moral decorrente de sua violação;" (inciso X do art. 5º da Constituição Federal).

Alternativa "b". "Nas condenações por dano moral, a atualização monetária é devida a partir da data da decisão de arbitramento ou de alteração do valor. Os juros incidem desde o ajuizamento da ação, nos termos do art. 883 da CLT" (Súmula nº 439 do TST).

Alternativa "c". "Nos termos do art. 114, inc. VI, da Constituição da República, a Justiça do Trabalho é competente para processar e julgar ações de indenização por dano moral e material, decorrentes da relação de trabalho, inclusive as oriundas de acidente de trabalho e doenças *a ele equiparadas, ainda que propostas pelos dependentes ou sucessores do trabalhador falecido" (Súmula nº 392 do TST).*

Alternativa "d". "Ação, quanto aos créditos resultantes das relações de trabalho, com prazo prescricional de cinco anos para os trabalhadores urbanos e rurais, até o limite de dois anos após a extinção do contrato de trabalho" (Inciso XXIX do art. 7º da Constituição Federal/1988).

Alternativa "e". De acordo com a Lei nº 7.347/86: Art. 1º Regem-se pelas disposições desta Lei, sem prejuízo da ação popular, as ações de responsabilidade por danos morais e patrimoniais causados: (...) IV – a qualquer outro interesse difuso ou coletivo". A ação, nesse sentido, é movida pelo Ministério Público, nos termos do art. 5º da Lei.

No mesmo sentido, a Lei complementar nº 75 de 1993: "Art. 83. Compete ao Ministério Público do Trabalho o exercício das seguintes atribuições junto aos órgãos da Justiça do Trabalho: (...) III – promover a ação civil pública no âmbito da Justiça do Trabalho, para defesa de interesses coletivos, quando desrespeitados os direitos sociais constitucionalmente garantidos".

Alternativa incorreta: "d".

---

86. (TRT 2 – Juiz do Trabalho Substituto 2ª região/2016) Com relação à discriminação do trabalhador analise as proposições, conforme as disposições constitucionais, a legislação trabalhista antidiscriminatória e a jurisprudência sumulada do Tribunal Superior do Trabalho:

I. É garantido à empregada, durante a gravidez, sem prejuízo do salário e demais direitos, a transferência de função, quando as condições de saúde o exigir, porém, quando retornar ao trabalho deverá permanecer na função atual.

II. A dispensa de pessoa com deficiência ou de beneficiário reabilitado da Previdência Social ao final de contrato por prazo determinado de mais de 90 (noventa) dias e a dispensa imotivada em contrato por prazo indeterminado somente poderão ocorrer após a contratação de outro trabalhador com deficiência ou beneficiário reabilitado da Previdência Social.

III. É proibida a adoção de qualquer prática discriminatória e limitativa para efeito de acesso à relação de trabalho, ou de sua manutenção, por motivo de sexo, origem, raça, cor, estado civil, situação familiar, deficiência, reabilitação profissional, idade, entre outros, ressalvadas, nesse caso, as hipóteses de proteção à criança e ao adolescente previstas no inciso XXXIII do art. 7° da Constituição Federal.

IV. Permite-se a distinção entre trabalho manual, técnico e intelectual ou entre os profissionais respectivos.

V. E discriminatória, como presunção absoluta, a despedida de empregado portador do vírus HIV ou de outra doença grave que suscite estigma ou preconceito. Inválido o ato, o empregado tem direito à reintegração no emprego.

Responda:

a) Somente as proposições I, II e III estão corretas.

b) Somente as proposições I, IV e V estão incorretas.

c) Somente as proposições II, III e V estão corretas.

d) Somente as proposições II, IV e V estão incorretas,

e) Somente as proposições II, III e IV estão corretas.

---

56. MELO, Raimundo Simão. *Ações acidentárias na Justiça do Trabalho: Teoria e Prática.* São Paulo, LTr, 2011.

COMENTÁRIOS

✪ **Nota do autor:** A questão trata do tema de discriminação do empregador e exige o conhecimento da Lei nº 9.029/95 e da Lei nº 8.213/91. O candidato deve ter muita atenção, pois deve ser assinalada a alternativa que contenha **proposições incorretas**.

Assertiva I. Incorreta. "É garantido à empregada, durante a gravidez, sem prejuízo do salário e demais direitos: I – transferência de função, quando as condições de saúde o exigirem, assegurada a retomada da função anteriormente exercida, logo após o retorno ao trabalho;" (art. 392, § 4º, I, da CLT). Com a Reforma Trabalhista, o afastamento das atividades insalubres da gestante e lactante persiste, mas os efeitos são diversos em relação ao grau de insalubridade e entre empregada gestante e lactante:

AFASTAMENTO EM ATIVIDADES INSALUBRES		
Empregada	**Grau de insalubridade**	**Afastamento**
Gestante	Insalubridade em grau máximo	Afastamento obrigatório
	Insalubridade em graus médio e mínimo	Afastamento com atestado de médico de confiança da mulher
Lactante	Qualquer grau de insalubridade	Afastamento com atestado de médico de confiança da mulher

No dia 29/05/2019, o plenário do STF, por maioria de 10 votos a 1, decidiu pela inconstitucionalidade de trecho do art. 394-A da CLT, que previa nos incisos II e III: "quando apresentar atestado de saúde, emitido por médico de confiança da mulher, que recomende o afastamento". De acordo com o relator, a proteção à maternidade e à criança não podem ser afastadas pela simples apresentação de atestado médico.

Com a decisão na ADI 5.938, as empregadas gestantes e lactantes sempre deverão ser afastadas das atividades insalubres independentemente do grau de insalubridade.

Assertiva II. Correta. "A dispensa de pessoa com deficiência ou de beneficiário reabilitado da Previdência Social ao final de contrato por prazo determinado de mais de 90 (noventa) dias e a dispensa imotivada em contrato por prazo indeterminado somente poderão ocorrer após a contratação de outro trabalhador com deficiência ou beneficiário reabilitado da Previdência Social" (art. 93, § 1º, da Lei nº 8.213/91).

Assertiva III. Correta. "É proibida a adoção de qualquer prática discriminatória e limitativa para efeito de acesso à relação de trabalho, ou de sua manutenção, por motivo de sexo, origem, raça, cor, estado civil, situação familiar, deficiência, reabilitação profissional, idade, entre outros, ressalvadas, nesse caso, as hipóteses de proteção à criança e ao adolescente previstas no inciso XXXIII do art. 7º da Constituição Federal" (art. 1º da Lei nº 9.029/95).

Assertiva IV. Incorreta. "São direitos dos trabalhadores urbanos e rurais, além de outros que visem à melhoria de sua condição social: proibição de distinção entre trabalho manual, técnico e intelectual ou entre os profissionais respectivos;" (art. 7º, XXXII, da Constituição Federal/1988).

Assertiva V. Incorreta. "Presume-se discriminatória a despedida de empregado portador do vírus HIV ou de outra doença grave que suscite estigma ou preconceito. Inválido o ato, o empregado tem direito à reintegração no emprego" (Súmula n º 443 do TST). O TST, de acordo com a nova Súmula nº 443, presume que, uma vez tomada ciência da enfermidade, toda dispensa sem justa causa de empregados que possuam algum tipo de doença grave, como HIV, é discriminatória. Em razão desse posicionamento do TST, o ônus da prova de que a dispensa não foi arbitrária ou discriminatória passa a ser do empregador. Ou seja, trata-se de presunção relativa e não absoluta, admitindo prova em contrário.

Alternativa correta: "b". Estão incorretas as proposições I, IV e V.

---

87. (TRT 4 – Juiz do Trabalho Substituto 4ª região/2016) Considere as assertivas abaixo sobre responsabilidade patronal em caso de acidente de trabalho ou de doença ocupacional a ele equiparada.

I. A teoria do risco do negócio fundamenta-se no dever legal de cumprimento das normas de segurança, higiene e prevenção no ambiente de trabalho pelo empregador e, quando por ele não observado, dá ensejo à responsabilidade objetiva pelos prejuízos causados aos empregados.

II. Nas hipóteses de concausalidade, a doença decorre de múltiplos fatores, inclusive externos ao trabalho, o que atenua a responsabilidade do empregador por eventuais danos causados ao trabalhador. Em se tratando de doença degenerativa, ainda que os sintomas tenham sido agravados pela atividade laboral, não há falar em responsabilidade patronal na reparação dos danos causados ao empregado.

III. O acidente de trânsito sofrido pelo porteiro de um condomínio, no percurso de sua residência ao local de trabalho, quando se deslocava em seu veículo particular, não justifica a responsabilidade patronal pelos danos sofridos pelo trabalhador.

Quais são corretas?

a) Apenas I

b) Apenas II

c) Apenas III

d) Apenas I e II

e) I, II e III

COMENTÁRIOS

✪ **Nota do autor:** A questão aborda o tema da responsabilidade patronal em caso de acidente de trabalho ou doença ocupacional a ele equiparado e exige o conhecimento do entendimento dos tribunais.

Assertiva I. Incorreta. De acordo com a teoria do risco, se alguém põe em funcionamento qualquer atividade, responde pelos danos que esta gera para os indivíduos, independentemente de determinar se em cada caso, isoladamente, o dano é devido à imprudência, negligência ou a um erro de conduta. Nesse sentido, a responsabilidade do empregador será objetiva se a atividade normalmente desenvolvida colocar em risco os trabalhadores:

> *A regra geral mantém-se com a noção da responsabilidade subjetiva, mediante aferição de culpa do autor do dano, mesmo que presumida (art. 159, CCB/1916; art. 186, CCB/2002).*
>
> *Entretanto, se a atividade normalmente desenvolvida pelo autor do dano (no estudo em questão, a empresa) implicar, por sua natureza, risco para os trabalhadores envolvidos, ainda que em decorrência da dinâmica laborativa imposta por essa atividade, incide a responsabilidade objetiva fixada pelo Direito (art. 927, parágrafo único, CCB/2002)*[57].

Conforme leciona Raimundo Simão de Melo,[58] a responsabilidade civil objetiva não é presumida, uma vez que decorre de lei ou de atividade de risco. Além disso, vale ressaltar que os pressupostos para sua caracterização são idênticos ao da responsabilidade subjetiva, com a exclusão da análise da culpa ou do dolo do agente.

Assertiva II. Incorreta. Vale ressaltar que é possível ocorrer diversas causas que concorram para a lesão no trabalhador, sendo algumas, inclusive, fora de qualquer conduta do empregador. É o que se denomina multicausalidade ou concausalidade. A existência de diversas causas que concorrem para o acontecimento da lesão não elimina a presença do nexo de causalidade desde que haja fator próprio do ambiente de trabalho que tenha concorrido para a ocorrência do dano.

De acordo com Cavalieri Filho, a concausa corresponde a outra causa que, juntamente com a causa principal, concorre para o resultado danoso. A concausa não é a responsável por iniciar ou interromper o processo causal, tendo a função de reforçar o processo[59].

Assim, a concausa não elimina a responsabilidade do empregador pelo acidente de trabalho, caso também tenha havido conduta do empregador para a ocorrência do dano. Ressalta-se, contudo, que a concausa pode exercer a função de atenuar o valor da indenização.

Em caso de doença degenerativa, que se agrave em razão do trabalho, há responsabilidade do empregador. Nesse sentido, o art. 21, I da Lei nº 8.213/91:

> **Art. 21, I, Lei nº 8.213/1991:** *Equiparam-se também ao acidente do trabalho, para efeitos desta Lei: o acidente ligado ao trabalho que, embora não tenha sido a causa única, haja contribuído diretamente para a morte do segurado, para redução ou perda da sua capacidade para o trabalho, ou produzido lesão que exija atenção médica para a sua recuperação.*

No mesmo sentido, o TST sustenta que o desenvolvimento de doença que guarde relação com a atividade desenvolvida ainda que na condição de concausa, assegura o pagamento da indenização por danos morais e materiais:

> **Danos morais e materiais. Concausa entre as atividades exercidas e a doença desenvolvida. Responsabilidade da empregadora. Indenização devida.**
>
> *Nos termos do art. 21, I, da Lei nº 8.213/91, para a caracterização de acidente do trabalho (ou de doença profissional a ele equiparada) não se faz necessário que a conduta da empresa seja causa exclusiva do evento, bastando que para ela concorra. Assim, na hipótese em que o TRT reconheceu expressamente que as atividades desenvolvidas pela reclamante atuaram como concausa para o desencadeamento de esquizofrenia paranoide e depressão grave, resulta inafastável o reconhecimento da responsabilidade da empregadora pela indenização por danos morais e materiais (art. 927 do CC). Sob esses fundamentos, a SBDI-I, por unanimidade, conheceu dos embargos por divergência jurisprudencial e, no mérito, por maioria, deu-lhes provimento parcial para: I) restabelecer a sentença no tocante à condenação da reclamada ao ressarcimento das despesas com medicamentos e tratamento da doença, ao fornecimento de plano de saúde e à determinação de constituição de capital visando garantir o pagamento de pensão vitalícia; II) condenar a reclamada ao pagamento de compensação por danos morais no valor de R$ 60.000,00 e ao pagamento de pensão mensal e vitalícia, correspondente a 40% da última remuneração percebida pela autora, a partir do seu afastamento em 6.11.2003, mantendo-se o valor atualizado de acordo com os reajustes salariais concedidos. Vencidos totalmente os Ministros Aloysio Corrêa da Veiga, João Oreste Dalazen, Brito Pereira, Guilherme Augusto Caputo Bastos e Márcio Eurico Vitral Amaro, e parcialmente os Ministros Lelio Bentes Corrêa, relator, José Roberto Freire Pimenta e Alexandre de Souza Agra Belmonte, que fixavam o percentual de 80% quanto ao pagamento da pensão mensal. TST-E-RR-189600-04.2007.5.20.0005, SBDI-I, rel. Min. Lelio Bentes Corrêa, red. p/ acórdão Min. Renato de Lacerda Paiva, 10.12.2015. (Informativo nº 126)*

Assertiva III. Correta. "ACIDENTE DE TRAJETO. RESPONSABILIDADE DO EMPREGADOR. ESTABILIDADE PROVISÓRIA ACIDENTÁRIA. Não se pode responsabilizar o empregador pela ocorrência de acidente de trajeto, se o empregado estava em seu próprio veículo, no seu percurso normal o rotineiro de casa para o trabalho, sem qualquer ingerência do empregador, como, por

---

57. DELGADO, Mauricio Godinho. *Curso de Direito do Trabalho*. 15ª ed. São Paulo: LTr, 2016. p. 693.

58. MELO, Raimundo Simão. *Ações acidentárias na Justiça do Trabalho*. São Paulo: LTr, 2011. p. 44.

59. CAVALIERI FILHO, Sérgio. *Programa de responsabilidade civil*. 11. ed. São Paulo: Atlas, 2014. p. 62.

exemplo, determinação deste para mudança de percurso ou de horário.(TRT da 3.ª Região; Pje: 0010491-34.2015.5.03.0163 (RO); Disponibilização: 09/06/2016, DEJT/TRT3/Cad.Jud, Página 140; Órgão Julgador: Primeira Turma; Relator: Jose Eduardo Resende Chaves Jr.)".'

Alternativa correta: "c". Apenas a assertiva III está correta.

---

88. (TRT 4 – Juiz do Trabalho Substituto 4ª região/2016) Considere as assertivas abaixo sobre discriminação e isonomia.

I. O princípio da não discriminação é princípio de proteção, denegatório de conduta que se considera gravemente censurável, pelo qual se proíbe introduzir diferenciações por razões não admissíveis. Já o princípio da isonomia é mais amplo que o princípio da não discriminação, na medida em que busca igualizar o tratamento jurídico a pessoas ou situações que tenham relevante ponto de contato entre si.

II. É proibida a adoção de qualquer prática discriminatória e limitativa para efeito de acesso à relação de trabalho, ou de sua manutenção, por motivo de sexo, origem, raça, cor, estado civil, situação familiar, deficiência, reabilitação profissional, idade, dentre outros, ressalvadas, nesse caso, as hipóteses de proteção à criança e ao adolescente previstas no art. 7º, inc. XXXIII, da Constituição Federal de 1988.

III. Em caso de rompimento da relação de trabalho por ato discriminatório, nos moldes da Lei nº 9.029/1995, o empregado poderá pleitear somente o direito à reparação pelo dano moral e a reintegração com ressarcimento integral de todo o período de afastamento, mediante pagamento das remunerações devidas, corrigidas monetariamente e acrescidas de juros legais.

Quais são corretas?

a) Apenas I

b) Apenas II

c) Apenas III

d) Apenas I e II

e) I, II e III

COMENTÁRIOS

Nota do autor: A questão trata do tema de discriminação do empregador e exige o conhecimento da Lei nº 9.029/95.

Assertiva I. Correta. Nesse sentido, segue posicionamento de Mauricio Godinho Delgado:

> *O princípio da não discriminação é princípio de proteção, de resistência, denegatório de conduta que se considera gravemente censurável. Portanto, labora sobre um piso de civilidade que se considera mínimo para a convivência entre as pessoas. Já o princípio da isonomia é mais amplo, mais impreciso, mais pretensioso. Ela ultrapassa, sem dúvida, a mera não discriminação, buscando igualizar o tratamento jurídico a pessoas ou situações que tenham relevante ponto de contato entre si. Mas não é, necessariamente (embora em certas situações concretas possa se confundir com isso), princípio de resistência básica, que queira essencialmente evitar conduta diferenciadora por fator injustamente desqualificante. A isonomia vai além, podendo seu comando igualizador resultar de mera conveniência política, cultural ou de outra natureza (embora estas também sejam importantes, é claro), sem comparecer, no caso, fundamentalmente para assegurar um piso mínimo de civilidade para as relações entre as pessoas.*[60].

Assertiva II. Correta. "É proibida a adoção de qualquer prática discriminatória e limitativa para efeito de acesso à relação de trabalho, ou de sua manutenção, por motivo de sexo, origem, raça, cor, estado civil, situação familiar, deficiência, reabilitação profissional, idade, entre outros, ressalvadas, nesse caso, as hipóteses de proteção à criança e ao adolescente previstas no inciso XXXIII do art. 7º da Constituição Federal" (art. 1º da Lei nº 9.029/95).

Assertiva III. Incorreta. "O rompimento da relação de trabalho por ato discriminatório, nos moldes desta Lei, além do direito à reparação pelo dano moral, faculta ao empregado optar entre: (...) I – a reintegração com ressarcimento integral de todo o período de afastamento, mediante pagamento das remunerações devidas, corrigidas monetariamente e acrescidas de juros legais; II – a percepção, em dobro, da remuneração do período de afastamento, corrigida monetariamente e acrescida dos juros legais" (Art. 4º, I e II da Lei nº 9.029/95).

Alternativa correta: "d". Os itens I e II estão corretos.

---

89. (TRT 4 – Juiz do Trabalho Substituto 4ª região/2016) Assinale a assertiva correta sobre acidente de trabalho e doença ocupacional.

a) No caso de responsabilidade por danos nucleares, mesmo demonstrada a culpa exclusiva da vítima, há dever de indenizar.

b) Fica caracterizada a culpa exclusiva da vítima, rompendo o nexo causal, quando o trabalhador der causa ao acidente.

c) A fluência do prazo prescricional, na ação de indenização, inicia na data em que o trabalhador tem ciência da existência da lesão (acidente ou doença ocupacional).

d) Ainda que o trabalhador recupere parcialmente a capacidade laboral, o valor do pensionamento vitalício não pode ser alterado, em função da coisa julgada.

---

60. DELGADO, Mauricio Godinho. Curso de Direito do Trabalho. 15ª ed. São Paulo: LTr, 2016. P. 885-886.

e) Ainda que o trabalhador recupere parcialmente a capacidade laboral, o valor do pensionamento vitalício não pode ser alterado, em função do princípio da irredutibilidade salarial.

COMENTÁRIOS

Nota do autor: A questão trata do tema doença ocupacional e acidente do trabalho. Mostra-se complexa pois exige o conhecimento de súmulas e entendimento dos tribunais, além de posicionamentos doutrinários que não são unânimes.

Alternativa "a". A alternativa gera controvérsias e não deveria ser cobrada em provas objetivas. Segundo entendimento de Sebastião Geraldo de Oliveira citado por Mauricio Godinho Delgado, a responsabilidade por danos nucleares é objetiva (art. 21, XXIII, "d", CF/88)[61]. Contudo, a Convenção de Viena sobre responsabilidade civil por danos nucleares, ratificada pelo Brasil e promulgada pelo Decreto nº 911 de 3 de setembro de 1993, dispõe:

> **Artigo IV da Convenção de Viena sobre responsabilidade civil por danos nucleares:** *1 – A responsabilidade do operador por danos nucleares, de conformidade com a presente Convenção, será objetiva. 2 – Se o operador provar que a pessoa que sofreu os danos nucleares os produziu ou para eles contribui por negligência grave ou por ação ou omissão, o tribunal competente poderá, se assim o dispuser sua própria legislação, exonerar total ou parcialmente o operador da obrigação de indenizar tal pessoa pelos danos sofridos.".*

Alternativa "b". A culpa exclusiva da vítima, no caso do trabalhador, é hipótese que retira a responsabilidade civil do empregador, pois se verifica a ausência do nexo causal.

Alternativa "c". "O termo inicial do prazo prescricional, na ação de indenização, é a data em que o segurado teve ciência **inequívoca da incapacidade laboral" (Súmula nº 278 do STJ).**

Alternativa "d". Tendo em vista que se trata de uma relação de trato sucessivo, ou seja, que se repete no tempo, é possível a revisão do valor da pensão mensal, caso verificada modificação fática ou jurídica das condições que ensejaram o arbitramento do valor.

Alternativa "e". Como mencionado na alternativa anterior, é possível a revisão no valor da pensão caso verificado alteração nas circunstâncias que ensejaram o arbitramento da pensão. Se retomada ainda que parcialmente a capacidade laborativa, o valor da pensão pode ser diminuído judicialmente.

Alternativa correta: "b".

---

90. (TRT 4 – Juiz do Trabalho Substituto 4ª região/2016) PRIMEIRA TESTEMUNHA CONVIDADA PELA RECLAMADA. JOSÉ DA SILVA, RG 000000000, brasileiro, casado, nascido em 08/10/1970, vendedor, residente na rua das Casas, número 1, N/C. Advertido e compromissado. Depoimento: que trabalha na reclamada desde novembro de 2013; que a chefe do depoente é Kelly; que Kelly é gerente; que Kelly passa as metas e auxilia os vendedores; que o reclamante era vendedor; que às 8 horas há uma reunião com a gerente; que Kelly dá orientações, feedback, passa o roteiro; que durante a reunião há práticas motivacionais, como o grito de guerra e a canção da vitória, cantada por todos ao final da reunião; que depois da reunião estão liberados; que a maior parte da jornada é fazendo vendas externas; que trabalham no horário comercial; que já aconteceu de o depoente trabalhar após esse horário, mas por opção sua; que o depoente trabalha até mais tarde quase todos os dias, pois recebe por comissão e têm metas a cumprir; que não sabe se o reclamante já trabalhou até mais tarde; que foi o depoente quem indicou o reclamante para trabalhar na empresa; que a reclamada dá chance para novas contratações; que, se um vendedor fica 3 meses consecutivos abaixo da média de vendas, dá lugar para outra pessoa; que a média é o total de vendas dividido pelo número de vendedores; que não há nenhum tipo de preferência ou proteção no desligamento; que o critério é o mérito; que Gonçalo é o supervisor; que ele é o superior hierárquico de Kelly; que Gonçalo participa da reunião uma vez por mês, no último dia útil; que Gonçalo coloca uma lata de energético na mesa do vendedor que está no topo do ranking e todos aplaudem; que na mesa de quem está em último coloca uma tartaruga de pelúcia e todos vaiam; que é uma brincadeira entre os vendedores e a chefia; que o depoente não vê maldade nisso; que o depoente utiliza o veículo da reclamada; que deixa o veículo na empresa ao término da jornada; que há uma pessoa que cuida da manutenção e do abastecimento; que o depoente faz 40 minutos de intervalo, por opção sua, não sabendo informar com relação ao reclamante; que todos os vendedores participam da reunião diária; que todos os vendedores utilizam veículo da empresa; que os vendedores têm acesso às vendas efetivadas pelos demais, após o final do mês, pela intranet, pois a reclamada preza pela transparência e por critérios objetivos; que Kelly faz cobranças, mas nada exagerado; que há vendedores que necessitam de uma cobrança maior, mais incisiva; que Kelly passa orientações durante o dia por telefone; que o reclamante estava bastante desmotivado nos últimos meses; que soube que o reclamante efetuou vendas para familiares para não ficar abaixo da média, mas não houve determinação da reclamada nesse sentido; que o depoente se dava bem com o reclamante, mas nos últimos meses ele estava muito mal-humorado e se isolou dos demais; que o depoente acredita que ele tivesse problemas pessoais, mas não pode afirmar com certeza; que Kelly conversou com o reclamante em sua sala; que Kelly disse que o reclamante foi agressivo; que, depois disso, o reclamante não apareceu mais; que não sabe se o reclamante foi despedido ou pediu demissão; que acredita que ele tenha pedido para sair, pois viu ele trabalhando no shopping poucos dias depois. Nada mais.

---

61. DELGADO, Mauricio Godinho. *Curso de Direito do* Trabalho. 15. ed. São Paulo: LTr, 2016. p. 694.

Com base no depoimento transcrito, relativamente ao relacionamento interpessoal no ambiente do trabalho, qual das situações abaixo é identificada?

a) Assédio moral tradicional vertical ascendente

b) Assédio moral tradicional horizontal

c) Assédio moral tradicional vertical descendente

d) Straining ou assédio moral organizacional

e) Administração por injúria

COMENTÁRIOS

✪ **Nota do autor:** Trata-se de questão que aborda o tema do assédio moral e *straining* no ambiente de trabalho. Ademais, apresenta maior nível de dificuldade, pois exigia o conhecimento de conceitos específicos sobre o tema.

Alternativa "d". *Comentário serve para as demais alternativas, pois versam sobre o mesmo assunto.* O assédio moral, de acordo com Mauricio Godinho Delgado, pode ser conceituado como:

> *A conduta reiterada seguida pelo sujeito ativo no sentido de desgastar o equilíbrio emocional do sujeito passivo, por meio de atos, palavras, gestos e silêncios significativos que visem ao enfraquecimento e diminuição da autoestima da vítima ou a outra forma de desequilíbrio ou tensão emocionais graves*[62].

O assédio moral pode ser dividido em:

1) **Assédio moral vertical:** é aquele que ocorre em relação de hierarquia. Pode ser descendente, da chefia em direção ao chefiado, ou ascendente, do chefiado em direção à chefia[63].

2) **Assédio moral horizontal:** verifica-se quando há tentativa de desequilíbrio emocional oriundo de colegas em relação a outros colegas[64].

3) **Assédio moral organizacional ou Straining:** ocorre quando todos os trabalhadores da empresa são vítimas de terror psicológico com ameaças de sofrer castigos caso metas ou produção não sejam atingidas. Nesse sentido, José Cairo Júnior:

> *Quando as vítimas do terror psicológico são todos os trabalhadores de uma empresa, estabelecimento ou setor, a conduta passa a ser classificada como straining e não assédio moral, apesar de, na maioria dos casos, implicar dano moral, reservando a amplitude coletiva do prejuízo para o primeiro*[65].

62. DELGADO. Maurício Godinho. Curso de Direito do Trabalho. 15ª ed. São Paulo: LTr, 2016. P. 1346.
63. DELGADO. Maurício Godinho. Curso de Direito do Trabalho. 15ª ed. São Paulo: LTr, 2016. P. 1346.
64. DELGADO. Maurício Godinho. Curso de Direito do Trabalho. 15ª ed. São Paulo: LTr, 2016. P. 1346.
65. CAIRO JÚNIOR, José. Curso de Direito do Trabalho: Direito Individual e Coletivo do Trabalho. 10ª ed. Bahia: Jus Podium, 2015. P. 908.

Por fim, a administração por injúria (ou gestão por injúria), conforme salienta Antônio José de Arruda Rebouças:

> *Caracterizam a gestão por injúria, portanto, as práticas sistemáticas de administração que, abusiva e persistentemente, oprimem os trabalhadores, em determinadas empresas, ofendendo-lhes a dignidade pessoal, a honra e até a imagem, com isso atentando contra os Fundamentos Constitucionais da República Federativa do Brasil, art. 1°, inciso I, III e IV, contra a Ordem Econômica e Financeira, art. 170 e contra a Ordem Social, art. 193 e 195, destacadamente a Seguridade Social, arts. 194 e 195 (BRASIL, 1988)*[66].

Alternativa correta: "d".

15. DURAÇÃO DO TRABALHO

- Art. 7º, inciso XIII, CF/88
- Arts. 57 a 75, CLT
- Súmula nº 429 do TST

91. (FGV – 2023 – TST – Juiz do Trabalho) Aristóteles, brasileiro, casado, com formação superior em Administração de Empresas, possui vínculo de emprego com a empresa Alfa Administração Ltda. e trabalha na função de administrador pleno, recebendo salário mensal fixo de R$ 17.000,00. Juntamente com outros 23 empregados, Aristóteles labora na sede da empresa. Sua carga horária semanal de trabalho é de 44 horas, sendo a jornada fixada no contrato de trabalho a seguinte: de segunda a sexta-feira, das 8h às 12h e das 13h às 17h, com 1 hora de intervalo intrajornada (das 12h às13h), e, aos sábados, das 8h às 12h (sem qualquer período de descanso). Aristóteles registra, diariamente, de forma fidedigna, seu horário de início e de término da jornada por meio de registro eletrônico de ponto, havendo, contudo, a pré-assinalação do referido horário de intervalo intrajornada. A empresa não desconta nem computa como jornada extraordinária as variações de horário no registro de ponto não excedentes de 5 minutos.

Diante da situação hipotética acima, conforme a Consolidação das Leis do Trabalho, é correto afirmar que:

a) a anotação da hora de entrada e de saída por Aristóteles decorre da imperatividade legal, na medida em que os estabelecimentos com mais de 10 empregados estão obrigados a adotar o controle de jornada por meio de registro manual, mecânico ou eletrônico;

66. REBOUÇAS, Antônio José de Arruda. Gestão Injuriosa. **Boletim da Saúde,** Porto Alegre, v. 20, n. 1, p.181-186, jan/jun. 2006. Disponível em: <http://www.boletimdasaude.rs.gov.br/download/20140521162913v20n1_17gestaoinjurio.pdf.>. Acesso em: 30 dez. 2016.

b) os registros de ponto de Aristóteles, diante da pré-assinalação do período de repouso, são inválidos como meio de prova;

c) caso a empresa Alfa Administração Ltda. e Aristóteles entendessem oportuna a redução do intervalo intrajornada de 1 hora para até 30 minutos diários, poderiam fazê-lo mediante ajuste individual;

d) o trabalho aos sábados em jornada de 4 horas por Aristóteles não observa o intervalo mínimo legal de 15 minutos, ensejando o pagamento, de natureza indenizatória deste período suprimido, com acréscimo de 50% sobre o valor da hora normal de trabalho;

e) o trabalho aos sábados em jornada de 4 horas por Aristóteles não observa o intervalo mínimo legal de 15 minutos, ensejando o pagamento, de natureza remuneratória, deste período suprimido, com acréscimo de 50% sobre o valor da hora normal de trabalho.

COMENTÁRIOS

Nota do autor: A questão aborda diversos assuntos relativos à Duração do Trabalho. Trata-se de um tema muito importante para seu concurso. Segundo estatísticas do TST[67], "*horas extras*" lidera o ranking de assuntos mais recorrentes na Justiça do Trabalho.

Alternativas "a" e "b". "Para os estabelecimentos **com mais de 20 (vinte) trabalhadores** será obrigatória a anotação da hora de entrada e de saída, em registro manual, mecânico ou eletrônico, conforme instruções expedidas pela Secretaria Especial de Previdência e Trabalho do Ministério da Economia, **permitida a pré-assinalação do período de repouso." (art. 71, § 2º, CLT, com redação dada pela Reforma Trabalhista – grifamos).**

Alternativa "c". A Reforma Trabalhista criou a figura do trabalhador "hipersuficiente" – expressão utilizada pelo Relator da Reforma Trabalhista na Câmara dos Deputados, Rogério Marinho –, disposta no parágrafo único do art. 444 da CLT:

> **Art. 444 da CLT:** As relações contratuais de trabalho podem ser objeto de livre estipulação das partes interessadas em tudo quanto não contravenha às disposições de proteção ao trabalho, aos contratos coletivos que lhes sejam aplicáveis e às decisões das autoridades competentes.
>
> Parágrafo único. A livre estipulação a que se refere o caput deste artigo aplica-se às hipóteses previstas no art. 611-A desta Consolidação, com a mesma eficácia legal e preponderância sobre os instrumentos coletivos, no caso de empregado portador de diploma de nível superior e que perceba salário mensal igual ou superior a duas vezes o limite máximo dos benefícios do Regime Geral de Previdência Social.

Ao contrário dos demais trabalhadores, que necessitam de seus sindicatos para negociar as hipóteses de prevalência do negociado sobre o legislado, esses empregados podem negociar individualmente com seus empregadores. As cláusulas negociadas terão a mesma eficácia e a mesma preponderância dos instrumentos coletivos. Para tanto, o trabalhador precisa preencher 2 requisitos:

a) Nível de escolaridade: empregado deve ser portador de diploma de nível superior. Portanto, os empregados com menor grau de escolaridade não têm direito a negociar as cláusulas contratuais com seu empregador;

b) Valor do salário: empregado deve receber salário igual ou superior a duas vezes o limite máximo dos benefícios do Regime Geral de Previdência Social. Em 2023, o teto previdenciário passou a ser de R$ 7.507,49. Portanto, o empregado somente poderá negociar diretamente com seu empregador caso seu salário seja igual ou superior a R$ 15.014,98.

Aristóteles possui ensino superior (Administração de Empresas) e recebe salário mensal fixo de R$ 17.000,00. Portanto, pode negociar diretamente com seu empregador direitos de indisponibilidade relativa, dentre eles o "intervalo intrajornada, respeitado o limite mínimo de trinta minutos para jornadas superiores a seis horas" (art. 611-A, III, CLT).

Alternativa "d" e "e". O intervalo intrajornada ocorre durante a jornada de trabalho. É o período destinado ao descanso e refeição. Em regra, os períodos destinados aos intervalos não são computados na jornada de trabalho, isto é, não são remunerados pelo empregador. Tempo destinado ao intervalo para descanso e refeição:

a) Jornada de até 4 horas: não há previsão em lei de intervalo intrajornada.

b) Jornada que excede 4 horas, com limite de 6 horas: intervalo de 15 minutos. Se o empregador exigir horas extras habituais, excedendo a jornada de 6 horas diárias, deverá conceder intervalo mínimo de 1 hora.

c) Jornada que excede 6 horas: mínimo de 1 hora e máximo de 2 horas.

Lembre-se de que, com a Lei nº 13.467/2017, a supressão ou redução indevida do intervalo intrajornada assegura apenas o pagamento do período suprimido, cujos valores terão natureza indenizatória (art. 71, § 4º, CLT).

Alternativa correta: "c".

---

92. (TRT 2 – Juiz do Trabalho Substituto 2ª região/2016) Analise as assertivas quanto à tutela geral e especial do trabalho à luz da previsão legal e da jurisprudência sumulada do TST e responda.

I. No regime de revezamento, as horas trabalhadas em seguida ao repouso semanal de 24 (vinte e quatro) horas, com prejuízo do intervalo mínimo de 11 (onze) horas consecutivas para descanso entre

---
67 Disponível em: https://tst.jus.br/web/estatistica/jt/assuntos-mais-recorrentes. Acesso em: 28/03/2024.

jornadas, não serão remuneradas como extraordinárias visto que ocorreu mera infração de caráter administrativo.

II. Cumprida integralmente a jornada no período noturno e prorrogada esta, devido é também o adicional noturno quanto às horas prorrogadas.

III. A duração normal do trabalho dos empregados em bancos será de 6 (seis) horas contínuas nos dias úteis, com exceção dos sábados, perfazendo 30 (trinta) horas semanais e ficará compreendida entre 7 (sete) e 22 (vinte e duas) horas, assegurando-se ao empregado, no horário diário, um intervalo de 15 (quinze) minutos para alimentação.

IV. O empregado que não labore em câmara frigorífica e apenas esteja submetido a trabalho contínuo em ambiente artificialmente frio, nos termos previstos na CLT, não faz jus ao intervalo intrajornada de 20 (vinte) minutos a cada 1 (uma) hora e 40 (quarenta) minutos de trabalho contínuo.

V. A interrupção do trabalho destinada a repouso e alimentação, dentro de cada turno, ou o intervalo para repouso semanal, não descaracteriza o turno de revezamento com jornada de 6 (seis) horas previsto no art. 7°, XIV, da CF.

Estão corretas apenas as assertivas:

a) I, II e III.

b) II, III e V.

c) III, IV e V.

d) II, IV e V.

e) I, IV e V.

COMENTÁRIOS

✪ **Nota do autor:** A questão aborda o tema de duração do trabalho e exige o conhecimento das Súmulas do TST sobre o assunto. A limitação de horário não era aplicada aos empregados domésticos. Atualmente, com a nova redação do art. 7º, parágrafo único, da CF, eles passaram a ter direito à jornada de 8 horas diárias e 44 horas semanais. Diante disso, caso um empregado doméstico trabalhe mais de 8 horas diárias, terá direito a horas extras. Esse direito à limitação da jornada tem eficácia imediata.

Assertiva I. Incorreta. "No regime de revezamento, as horas trabalhadas em seguida ao repouso semanal de 24 horas, com prejuízo do intervalo mínimo de 11 horas consecutivas para descanso entre jornadas, devem ser remuneradas como extraordinárias, inclusive com o respectivo adicional" (Súmula nº 110 do TST).

Assertiva II. Correta. "Cumprida integralmente a jornada no período noturno e prorrogada esta, devido é também o adicional quanto às horas prorrogadas. Exegese do art. 73, § 5º, da CLT." (Súmula nº 60 do TST).

Assertiva III. Correta. "A duração normal do trabalho dos empregados em bancos, casas bancárias e Caixa Econômica Federal será de 6 (seis) horas continuas nos dias úteis, com exceção dos sábados, perfazendo um total de 30 (trinta) horas de trabalho por semana." (art. 224, "caput", CLT). "A duração normal do trabalho estabelecida neste artigo ficará compreendida entre 7 (sete) e 22 (vinte e duas) horas, assegurando-se ao empregado, no horário diário, um intervalo de 15 (quinze) minutos para alimentação (art. 224, § 1º da CLT).

Assertiva IV. Incorreta. "O empregado submetido a trabalho contínuo em ambiente artificialmente frio, nos termos do parágrafo único do art. 253 da CLT, ainda que não labore em câmara frigorífica, tem direito ao intervalo intrajornada previsto no caput do art. 253 da CLT" (Súmula nº 438 do TST). Note-se que o intervalo intrajornada estabelecido está previsto no art. 253 da CLT:

> **Art. 253, CLT:** *Para os empregados que trabalham no interior das câmaras frigoríficas e para os que movimentam mercadorias do ambiente quente ou normal para o frio e vice-versa, depois de 1 (uma) hora e 40 (quarenta) minutos de trabalho contínuo, será assegurado um período de 20 (vinte) minutos de repouso, computado esse intervalo como de trabalho efetivo.*

Assertiva V. Correta. "A interrupção do trabalho destinada a repouso e alimentação, dentro de cada turno, ou o intervalo para repouso semanal, não descaracteriza o turno de revezamento com jornada de 6 (seis) horas previsto no art. 7º, XIV, da CF/1988" (Súmula nº 360 do TST).

Alternativa correta: "b". Estão corretas as assertivas dispostas nos itens II, III e V.

---

93. (TRT 4 – Juiz do Trabalho Substituto 4ª região/2016) Considere as assertivas abaixo sobre duração do trabalho.

I. Na hipótese de descaracterização do regime de trabalho de 12 x 36 horas (doze horas de trabalho por trinta e seis horas de descanso), ajustado coletivamente, as horas que ultrapassarem a 12ª diária deverão ser pagas como horas extraordinárias e, quanto àquelas destinadas à compensação, deverá ser pago a mais apenas o adicional por trabalho extraordinário.

II. No caso de empregado mensalista, que percebe o pagamento de salário-base, adicional por tempo de serviço, gratificação de função, adicional de periculosidade e quilômetros rodados, o salário-hora normal, utilizado para o cálculo de horas extras, intervalos laborados e sobreaviso, será obtido dividindo-se o salário mensal correspondente à duração do trabalho, incluídas as parcelas de natureza salarial (salário-base, adicional por tempo de serviço, gratificação de função e adicional de periculosidade), por 30 (trinta) vezes o número de horas dessa duração.

III. O divisor aplicável para o cálculo das horas extras do bancário, se houver ajuste individual expresso ou coletivo no sentido de considerar o sábado como dia de descanso remunerado, será 150 (cento e cinquenta) para os empregados submetidos à jornada de 6 (seis) horas.

Quais são corretas?

a) Apenas I

b) Apenas II

c) Apenas III

d) Apenas I e III

e) I, II e III

COMENTÁRIOS

✪ Nota do autor: A questão abrange o tema duração do trabalho e demanda o conhecimento de diversos artigos da CLT, Súmulas do TST e do entendimento não sumulado do TST. Note-se que após o concurso, houve decisão da SDI-1 do TST, em 22 de novembro de 2016, em que se decidiu que as horas extras dos bancários submetidos à jornada de 6 horas, devem ser calculadas com base no divisor 180. Por maioria, a SDI-1 do TST decidiu submeter à apreciação do Tribunal Pleno a proposta de revisão do enunciado da Súmula nº 124 do TST sobre o assunto. Portanto, a questão está desatualizada.

Assertiva I. Incorreta. O TST entendia inaplicável o entendimento contido na Súmula nº 85 ao regime 12x36, devendo haver pagamento como extras das horas excedentes à 8ª diárias e 44ª semanal:

> **Recurso de revista da reclamada liderança limpeza e conservação Ltda. Regime de compensação – 12x36 -invalidade – aplica***ção da Súmula nº 85 desta Corte – Pagamento apenas do adicional – Impossibilidade.*
>
> *A composição majoritária desta SBDI-1 entende que a declaração de nulidade da pactuação de jornada de trabalho de 12x36 horas sem amparo em instrumento coletivo, com base na Súmula/TST nº 444, dá ensejo ao pagamento como extras das horas excedentes à oitava diária e quadragésima quarta semanal, sendo inaplicável o entendimento contido na Súmula/TST nº 85. Recurso de revista não conhecido. RECURSO DE REVISTA DO ESTADO DO PARANÁ. REGIME DE COMPENSAÇÃO – 12X36 -INVALIDADE – APLICAÇÃO DA SÚMULA Nº 85 DESTA CORTE – PAGAMENTO APENAS DO ADICIONAL – IMPOSSIBILIDADE. A composição majoritária desta SBDI-1 entende que a declaração de nulidade da pactuação de jornada de trabalho de 12x36 horas sem amparo em instrumento coletivo, com base na Súmula/TST nº 444, dá ensejo ao pagamento como extras das horas excedentes à oitava diária e quadragésima quarta semanal, sendo inaplicável o entendimento contido na Súmula/TST nº 85. Recurso de revista conhecido e desprovido. DOMINGOS E FERIADOS LABORADOS – REGIME DE 12X36 – INVALIDADE (alegação de divergência jurisprudencial). Não demonstrada a existência de teses diversas na interpretação de um mesmo dispositivo legal, não há que se determinar o seguimento do recurso de revista com fundamento na alínea a do artigo 896 da Consolidação das Leis do Trabalho. Recurso de revista não conhecido" (TST. RR: 960300612008509 960300-61.2008.5.09.0513. Relator: Renato de Lacerda Paiva, Data de Julgamento: 14/08/2013, 2ª Turma, Data de Publicação DJET 23/08/2013)*

Note-se que a Reforma Trabalhista passou a regulamentar o tema. Diferentemente do estabelecido pelo TST, o art. 59-A da CLT dispõe que o regime 12x36 pode ser estabelecido por:

a) acordo individual escrito; e

b) instrumentos coletivos de trabalho (convenção coletiva ou acordo coletivo de trabalho).

A prestação de horas extraordinárias habituais invalida a escala, devendo ser pagas as horas que ultrapassarem a jornada semanal normal como extraordinárias, consideradas como tais aquelas que ultrapassarem a 8ª hora diária e a 44ª semanal. Defendemos que esse posicionamento persiste mesmo após a Reforma Trabalhista.

Assertiva II. Incorreta. "O salário-hora normal, no caso de empregado mensalista, será obtido dividindo-se o salário mensal correspondente à duração do trabalho, a que se refere o art. 58, por 30 (trinta) vezes o número de horas dessa duração" (art. 64 da CLT). "Durante as horas de sobreaviso, o empregado não se encontra em condições de risco, razão pela qual é incabível a integração do adicional de periculosidade sobre as mencionadas horas." (Súmula nº 132, II, do TST). Assim, o adicional de periculosidade não é utilizado para o cálculo das horas de sobreaviso.

Assertiva III. Atualmente incorreta. A questão está desatualizada após o julgamento do primeiro recurso de revista repetitivo do TST. Segundo a nova redação dada à Súmula nº 124 do TST, o divisor aplicável aos empregados bancários submetidos a jornada de 6 horas será de 180 e não mais 150, como trazia a antiga previsão contida na súmula. Segue nova redação da Súmula nº 124 do TST:

> **Súmula nº 124 do TST:** *I – o divisor aplicável para o cálculo das horas extras do bancário será:*
>
> *a) 180, para os empregados submetidos à jornada de seis horas prevista no caput do art. 224 da CLT;*
>
> *b) 220, para os empregados submetidos à jornada de oito horas, nos termos do § 2º do art. 224 da CLT.*
>
> *II – Ressalvam-se da aplicação do item anterior as decisões de mérito sobre o tema, qualquer que seja o seu teor, emanadas de Turma do TST ou da SBDI-I, no período de 27/09/2012 até 21/11/2016, conforme a modulação aprovada no precedente obrigatório firmado no Incidente de Recursos de Revista Repetitivos nº TST-IRR-849-83.2013.5.03.0138, DEJT 19.12.2016.*

Alternativa correta: "c". Está correto apenas o que se afirma na assertiva III.

15.1. JORNADAS ESPECIAIS

94. (TRT 2 – Juiz do Trabalho Substituto 2ª região/2016) A respeito das profissões regulamentadas, conforme legislação aplicável e o entendimento sumulado do TST é correto afirmar que

a) Ao aeronauta é assegurado em lei o direito à conversão de parte de suas férias em abono pecuniário durante a vigência do pacto laboral e não apenas em caso de rescisão do contrato.

b) O trabalho para empregados em minas de subsolo somente será permitido a homens, com idade compreendida entre 18 (dezoito) e 50 (cinquenta) anos, assegurada a transferência para a superfície por motivo de saúde, nos termos da lei.

c) A duração normal do trabalho dos músicos não poderá exceder de 5 (cinco) horas, excetuados os casos previstos na Lei, e o tempo destinado aos ensaios dos músicos não é computado como de serviço efetivo.

d) A permanência do tripulante a bordo do navio, no período de repouso, além da jornada, importa presunção de que esteja à disposição do empregador ou em regime de prorrogação de horário.

e) Para os empregados ferroviários de estações do interior assim classificadas por autoridade competente, cujo serviço for de natureza intermitente ou de pouca intensidade, não se aplicam os preceitos gerais sobre duração do trabalho, não sendo devidas horas extras.

COMENTÁRIOS

Nota do autor: A questão aborda o tema das profissões regulamentadas, tendo em vista a diferenciação em razão das condições em que são prestadas. Lembre-se de que a jornada noturna do advogado empregado será entre 20 h e 5 h. O adicional noturno desse empregado é de, no mínimo, 25% superior ao valor da hora diurna, conforme o art. 20, § 3º, da Lei nº 8.906/94.

Alternativa "a". Mesmo com o advento da nova legislação - Lei nº 13.475/2017 - que revogou a Lei nº 7.183/1984, a previsão permanece a mesma aos aeronautas:

> **Art. 69 da Lei nº 13.475/2017:** *Ressalvados os casos de rescisão de contrato, as férias não serão convertidas em abono pecuniário.*

Alternativa "b". "O trabalho no subsolo somente será permitido a homens, com idade compreendida entre 21 (vinte e um) e 50 (cinquenta) anos, assegurada a transferência para a superfície nos termos previstos no artigo anterior" (art. 301, da CLT).

Alternativa "c". "A duração normal do trabalho dos músicos não poderá exceder de 5 (cinco) horas, excetuados os casos previstos nesta lei. § 1º O tempo destinado aos ensaios será computado no período de trabalho" (art. 41 e § 1º da Lei nº 3.857/60).

Alternativa "d". "A permanência do tripulante a bordo do navio, no período de repouso, além da jornada, não importa presunção de que esteja à disposição do empregador ou em regime de prorrogação de horário, circunstâncias que devem resultar provadas, dada a natureza do serviço" (Súmula nº 96 do TST).

Alternativa correta: "e". "Aos ferroviários que trabalham em *estação do interior*, assim classificada por autoridade competente, não são devidas horas extras (art. 243 da CLT)" (Súmula nº 61 do TST).

15.2. SOBREAVISO E PRONTIDÃO

Nota do autor: Note-se que, segundo o art. 611-A, VIII da CLT, inserido pela Reforma Trabalhista, haverá prevalência do negociado sobre o legislado quando convenção ou acordo coletivo versarem sobre: "teletrabalho, regime de sobreaviso, e trabalho intermitente".

---

95. (TRT 1 - Juiz do Trabalho Substituto 1ª região/2016) Em relação à duração do trabalho, de acordo com a CLT e o entendimento sumulado pelo TST, é correto afirmar:

a) O regime de sobreaviso é aplicado exclusivamente aos empregados de ferrovias e do setor elétrico.

b) Encontra-se em regime de prontidão o trabalhador que, por determinação do empregador, aguarda em casa o chamado para o serviço.

c) Para a validade do sistema de compensação de horas conhecido como banco de horas, é necessária a concordância de todos os trabalhadores que dele vão participar ou, então, a existência de norma coletiva.

d) As horas de sobreaviso e/ou as de prontidão não podem ser compensadas por meio do sistema de banco de horas.

e) É incompatível com o regime de tempo parcial a adoção de banco de horas.

COMENTÁRIOS

Nota do autor: A questão aborda o tema da duração do trabalho, em especial os conceitos de prontidão, sobreaviso, regime de tempo parcial e banco de horas. A inserção nesse tópico justifica-se pelo fato de que a alternativa correta versa sobre regime por tempo parcial. Entendo que a questão pode ser anulada, pois apresenta mais de uma alternativa correta.

Alternativa "a": Por aplicação analógica do art. 244, § 2º, da CLT, as horas de sobreaviso dos eletricitários são remuneradas à base de 1/3 sobre a totalidade das parcelas de natureza salarial. (Súmula nº 229 do TST). Os regimes de prontidão e sobreaviso eram direcionados apenas ao ferroviário (art. 244 da CLT), mas atualmente são aplicados, por analogia, **a outros trabalhadores**.

As horas de sobreaviso consistem na possibilidade de o empregado permanecer em sua residência ou outro local combinado aguardando ordens da empresa. Nesse caso, receberá apenas 1/3 da hora normal e poderá ficar nesse regime por, no máximo, 24 horas.

Note que, nos termos do art. 611-A, VIII da CLT:

> **Art. 611-A da CLT (inserido pela Lei nº 13.467/2017).** *A convenção coletiva e o acordo cole-*

tivo de trabalho têm prevalência sobre a lei quando, entre outros, dispuserem sobre: (...)VIII – teletrabalho, regime de sobreaviso, e trabalho intermitente;

Alternativa "b". Nas chamadas horas de prontidão, o empregado permanece nas dependências da empresa aguardando ordens. Nesse caso, o trabalhador não prestará serviços, mas receberá 2/3 do horário normal em razão do tempo à disposição. Poderá permanecer em prontidão por, no máximo, 12 horas.

Alternativa "c". Com o advento da Reforma Trabalhista, o tema banco de horas foi alterado, passando a admitir sua pactuação mediante acordo por escrito, desde que a compensação se dê no período de 6 meses.

Por sua vez, os §§ 2º, 3º e 5º do artigo 59 estabelecem a disciplina jurídica direcionada especificamente ao banco de horas, que foi dividido em duas modalidades: banco de horas anual e semestral:

a) **Banco de horas anual:** Para o estabelecimento dessa modalidade de banco de horas, o § 2º do art. 59 da CLT prevê a necessidade de previsão em acordo ou convenção coletiva de trabalho, desde que o excesso de horas em um dia seja compensado em outro, de modo que a soma das jornadas semanais de trabalho sejam respeitadas no período máximo de 1 ano. Além disso, é necessário o respeito ao limite de 10 horas diárias de trabalho. Por ser mais gravosa, exigia-se (e ainda exige-se) a formalização por instrumento coletivo de trabalho.

b) **Banco de horas semestral:** A novidade trazida pela Reforma Trabalhista consistiu na possibilidade de se estabelecer banco de horas por meio de acordo individual escrito entre empregado e empregador. Nesse caso, o prazo máximo para a compensação é de 6 meses. Portanto, além de permitir a compensação individual tácita mensal, a legislação passou a admitir a previsão de banco de horas individual desde que conste em acordo escrito e realizado no prazo máximo de 6 meses.

Note que antes da Reforma Trabalhista, o banco de horas só poderia se dar mediante negociação coletiva, nos termos da Súmula nº 85, V do TST.

Alternativa "d". Entendo que a questão podia ser anulada, pois essa alternativa deve ser considerada como correta. As horas de sobreaviso e prontidão têm natureza jurídica diversa das horas em jornada de trabalho, pois o empregado não trabalha efetivamente, mas fica aguardando ordens. Nesse mesmo sentido, o TST considerou que as horas excedentes em regime de sobreaviso não asseguram o direito ao recebimento de horas extras, diante da ausência de previsão legal para seu pagamento:

> **Regime de sobreaviso e prontidão. Art. 244, §§ 2º e 3º, da CLT. Horas excedentes ao limite máximo estabelecido em lei. Pagamento como horas extraordinárias. Impossibilidade. Ausência de previsão.** *Não há previsão legal para o pagamento, como extraordinárias, das horas de sobreaviso e de prontidão que excedam os limites previstos no art. 244, §§ 2º e 3º, da CLT, de modo que, havendo o descumprimento da duração máxima estabelecida em lei, o empregador se sujeita tão somente a sanções administrativas, na forma do art. 626 e seguintes da CLT. Com esse entendimento, a SBDI-I, em sua composição plena, decidiu, por unanimidade, conhecer dos embargos interpostos pelo reclamante e, no mérito, pelo voto prevalente da Presidência, negar-lhes provimento. Vencidos os Ministros Augusto César Leite de Carvalho, relator, Lelio Bentes Corrêa, Luiz Philippe Vieira de Mello Filho, Márcio Eurico Vitral Amaro, José Roberto Freira Pimenta, Hugo Carlos Scheuermann e Alexandre Agra Belmonte, que proviam os embargos para restabelecer o acórdão do Regional ao fundamento de que a extrapolação da jornada máxima das escalas de sobreaviso e de prontidão deve ser remunerada como serviço extraordinário, incidindo o respectivo adicional, porquanto o empregado, ainda que esteja apenas aguardando ordens, mantém a sua energia de trabalho à disposição do empregador. TST-E-ED-RR-172440-31.2004.5.18.0003, SBDI-I, rel. Min. Augusto César Leite de Carvalho, red. p/ acórdão Min. Maria Cristina Irigoyen Peduzzi, 21.8.2014(TST. Informativo nº 87)*

Alternativa "e". A Reforma Trabalhista alterou, de forma significativa, o regramento acerca do trabalho em regime de tempo parcial.

Com a nova redação dada ao art. 59 da CLT, foram previstas duas modalidades distintas de regime de tempo parcial:

a) **Jornada de trabalho superior a 26 horas e limitada a 30 horas semanais:** Nessa hipótese, não é permitida a exigência de horas extras dos empregados.

b) **Jornada de trabalho até 26 horas semanais:** Se previstas jornadas de até 26 horas semanais, é possível a prestação de até 6 horas extras semanais.

Assim, passa a ser possível a prestação de horas extras pelo empregado sujeito ao regime de tempo parcial e, consequentemente, torna possível a compensação de jornada.

Na compensação de jornada, o empregado trabalhará além da jornada normal em alguns dias para descansar em outros. Exemplo: trabalha-se uma hora a mais de segunda a quinta-feira para descansar no sábado. Note-se que, na compensação, há verdadeira redistribuição de horas, não sendo devido o adicional de 50%, pois o trabalho prestado além do horário normal será compensado com descanso. De acordo com o § 5º do art. 58-A da CLT, as horas extras realizadas em regime de tempo parcial poderão ser compensadas até a semana imediatamente posterior à sua execução. Portanto, se o empregado prestar horas extras em uma terça-feira, terá até a terça-feira seguinte para compensar essas horas suplementares. O limite para a compensação também deve ser limitado a 6 horas extras semanais:

> **Art. 58-A, § 5º** *da CLT (inserido pela Lei nº 13.467/2017): As horas suplementares da jornada de trabalho normal poderão ser compensadas diretamente até a semana imediatamente posterior à da sua execução, devendo ser feita a sua quitação na*

folha de pagamento do mês subsequente, caso não sejam compensadas.

Mesmo com as novas mudanças na legislação, permanece incompatível com o regime de tempo parcial a adoção de banco de horas semestral ou anual, pois a compensação de jornada deve ser obrigatoriamente semanal.

Alternativa correta: "e".

15.3. EMPREGADOS NÃO SUBMETIDOS A LIMITAÇÃO DE JORNADA

- Art. 62, CLT
- Súmula nº 247 do TST

Nota do autor sobre o tema: A limitação da duração do trabalho em 8 horas diárias e 44 horas semanais não é aplicada aos empregados previstos no art. 62 da CLT, cujo ponto em comum consiste na impossibilidade de fiscalização do horário. Não possuem limitação de jornada, consequentemente não têm direito a horas extras e nem aos intervalos.

A Reforma Trabalhista inseriu um novo caso de trabalhador não sujeito ao controle de jornada, que são os empregados em regime de teletrabalho. Contudo, o teletrabalho recebeu nova regulamentação pela Lei nº 14.442/2022. Atualmente, **apenas o teletrabalho por produção ou tarefa está excluído do controle de jornada** (art. 62, III da CLT).

96. (TRT 4 – Juiz do Trabalho Substituto 4ª região/2016) PRIMEIRA TESTEMUNHA CONVIDADA PELA RECLAMADA. JOSÉ DA SILVA, RG 0000000000, brasileiro, casado, nascido em 08/10/1970, vendedor, residente na rua das Casas, número 1, N/C. Advertido e compromissado. Depoimento: que trabalha na reclamada desde novembro de 2013; que a chefe do depoente é Kelly; que Kelly é gerente; que Kelly passa as metas e auxilia os vendedores; que o reclamante era vendedor; que às 8 horas há uma reunião com a gerente; que Kelly dá orientações, feedback, passa o roteiro; que durante a reunião há práticas motivacionais, como o grito de guerra e a canção da vitória, cantada por todos ao final da reunião; que depois da reunião estão liberados; que a maior parte da jornada é fazendo vendas externas; que trabalham no horário comercial; que já aconteceu de o depoente trabalhar após esse horário, mas por opção sua; que o depoente trabalha até mais tarde quase todos os dias, pois recebe por comissão e têm metas a cumprir; que não sabe se o reclamante já trabalhou até mais tarde; que foi o depoente quem indicou o reclamante para trabalhar na empresa; que a reclamada dá chance para novas contratações; que, se um vendedor fica 3 meses consecutivos abaixo da média de vendas, dá lugar para outra pessoa; que a média é o total de vendas dividido pelo número de vendedores; que não há nenhum tipo de preferência ou proteção no desligamento; que o critério é o mérito; que Gonçalo é o supervisor; que ele é o superior hierárquico de Kelly; que Gonçalo participa da reunião uma vez por mês, no último dia útil; que Gonçalo coloca uma lata de energético na mesa do vendedor que está no topo do ranking e todos aplaudem; que na mesa de quem está em último coloca uma tartaruga de pelúcia e todos vaiam; que é uma brincadeira entre os vendedores e a chefia; que o depoente não vê maldade nisso; que o depoente utiliza o veículo da reclamada; que deixa o veículo na empresa ao término da jornada; que há uma pessoa que cuida da manutenção e do abastecimento; que o depoente faz 40 minutos de intervalo, por opção sua, não sabendo informar com relação ao reclamante; que todos os vendedores participam da reunião diária; que todos os vendedores utilizam veículo da empresa; que os vendedores têm acesso às vendas efetivadas pelos demais, após o final do mês, pela intranet, pois a reclamada preza pela transparência e por critérios objetivos; que Kelly faz cobranças, mas nada exagerado; que há vendedores que necessitam de uma cobrança maior, mais incisiva; que Kelly passa orientações durante o dia por telefone; que o reclamante estava bastante desmotivado nos últimos meses; que soube que o reclamante efetuou vendas para familiares para não ficar abaixo da média, mas não houve determinação da reclamada nesse sentido; que o depoente se dava bem com o reclamante, mas nos últimos meses ele estava muito mal-humorado e se isolou dos demais; que o depoente acredita que ele tivesse problemas pessoais, mas não pode afirmar com certeza; que Kelly conversou com o reclamante em sua sala; que Kelly disse que o reclamante foi agressivo; que, depois disso, o reclamante não apareceu mais; que não sabe se o reclamante foi despedido ou pediu demissão; que acredita que ele tenha pedido para sair, pois viu ele trabalhando no shopping poucos dias depois. Nada mais.

Com base no depoimento transcrito, relativamente à jornada de trabalho, qual das situações abaixo é identificada?

a) O depoimento indica que o reclamante exercia atividade externa, de modo que, se essa condição estiver anotada na carteira de trabalho e no registro de empregado, deverá ser reconhecida a exceção do art. 62, inc. I, da Consolidação das Leis do Trabalho – CLT.

b) O depoimento indica que o reclamante exercia atividade externa, devendo ser reconhecida a exceção do art. 62, inc. I, da CLT, independentemente da anotação na carteira de trabalho e no registro de empregado, que tem apenas função probatória.

c) O depoimento indica que, embora houvesse trabalho externo, não estão presentes todos os requisitos necessários para o reconhecimento da exceção do art. 62, inc. I, da CLT.

d) O depoimento indica que o trabalho se dava no horário comercial, de modo que resta descaracterizada, por si só, a prestação de horas extras.

e) O depoimento indica que havia prestação de horas extras, as quais devem ser calculadas sobre o valor das comissões percebidas após a jornada normal de trabalho, acrescidas do adicional de, no mínimo, 50% (cinquenta por cento).

COMENTÁRIOS

✪ **Nota do autor:** A questão aborda o tema dos empregados não submetidos à limitação de jornada. A limitação da duração do trabalho em 8 horas diárias e 44 horas semanais não é aplicada aos empregados previstos no art. 62 da CLT. O ponto em comum desses dois empregados consiste na impossibilidade de fiscalização do horário. Não possuem jornada de 8 horas, consequentemente não têm direito a horas extras, intervalos e adicional noturno.

Alternativa "c". *Comentário serve para as demais alternativas.* O art. 62 da CLT exclui o trabalhador exercente de função externa e o empregado ocupante de cargo de gestão da limitação da jornada de trabalho de 8 horas diárias, impossibilitando, consequentemente, que esses prestadores de serviço recebam horas extras, intervalos e adicional noturno. É válido ressaltar que essa condição deve ser anotada na CTPS e no registro de empregados. Essa exclusão existe diante da impossibilidade de fiscalização da jornada. Ressalta-se que, se fiscalizado ou controlado o horário de trabalho, por qualquer meio, o trabalhador terá direito à limitação da jornada. Assim, tendo em vista que havia o controle de jornada e fiscalização, há limitação de jornada, excluindo-se a hipótese prevista no art. 62 da CLT.

Além disso, no depoimento, não há elementos para concluir se o reclamante trabalhava apenas no horário comercial. Veja-se: "que já aconteceu de o depoente trabalhar após esse horário, mas por opção sua; que o depoente trabalha até mais tarde quase todos os dias, pois recebe por comissão e têm metas a cumprir; que não sabe se o reclamante já trabalhou até mais tarde."

Por fim, o pagamento da hora extraordinária será a hora normal acrescida de adicional de, no mínimo, 50% (art. 7º, XVI, da Constituição Federal/1988):

> **Súmula nº 264 do TST:** *A remuneração do serviço suplementar é composta do valor da hora normal, integrado por parcelas de natureza salarial e acrescido do adicional previsto em lei, contrato, acordo, convenção coletiva ou sentença normativa" (Súmula nº 264 do TST).*

Alternativa correta: "c".

15.4. TRABALHO NOTURNO

- Art. 7º, inciso IX, CF/88
- Art. 73, CLT
- Súmula nº 265 do TST
- Orientação Jurisprudencial nº 388 da SDI – I do TST

✪ **Nota do autor sobre o tema:** O ser humano não possui hábitos noturnos. Assim, o trabalho realizado nesse período requer do trabalhador mais esforço físico e mental para ser executado. Lembre-se de que o empregado com menos de 18 anos de idade, mesmo que emancipado, não poderá trabalhar nesse horário. Há previsão de adicional noturno como forma de compensar o trabalho desenvolvido nesse período, de acordo com o art. 7º, IX, da CF: "São direitos dos trabalhadores urbanos e rurais, além de outros que visem à melhoria de sua condição social: remuneração do trabalho noturno superior a do diurno".

---

97. (FCC – Juiz do Trabalho Substituto 1ª Região/ 2014) A legislação do trabalho dedica especial atenção às normas de tutela do trabalho, em especial quanto a sua duração. Nesta seara, conforme previsão legal e da jurisprudência sumulada do TST,

a) a insuficiência de transporte público gera o direito ao pagamento de horas in itinere, o mesmo não ocorre quando houver incompatibilidade entre os horários de início e término da jornada do empregado e os do transporte público regular.

b) o fato de o empregador cobrar, ainda que parcialmente importância pelo transporte fornecido, para local de difícil acesso ou não servido por transporte regular, retira o direito à percepção das horas in itinere.

c) não serão abrangidos pelo regime da duração do trabalho os empregados que exerçam atividade externa incompatível com a fixação de horário de trabalho, sendo desnecessária a anotação de tal condição na Carteira Profissional e no registro de empregados.

d) cumprida integralmente a jornada no período noturno e prorrogada esta, devido é também o adicional noturno quanto às horas prorrogadas.

e) no regime de revezamento, as horas trabalhadas em seguida ao repouso semanal de vinte e quatro horas, com prejuízo do intervalo mínimo de onze horas consecutivas para descanso entre jornadas, não são remuneradas como extraordinárias por caracterizar somente uma infração de caráter administrativo.

COMENTÁRIOS

✪ **Nota do autor:** A questão aborda diversos temas relacionados à duração do trabalho. A inserção nesse tópico justifica-se pelo fato de que a alternativa versa sobre trabalho noturno. Ademais, exigia o conhecimento da jurisprudência sumulada do TST sobre o assunto.

Alternativa "a". A Reforma Trabalhista alterou significativamente a disciplina jurídica das horas *in itinere*. De acordo com a nova redação do § 2º do art. 58 da CLT, o tempo despendido pelo empregado desde sua residência até a efetiva ocupação do posto de trabalho e para o seu retorno **não será computado na jornada de trabalho**, ainda que o empregador forneça o transporte, por não ser tempo à disposição do empregador.

Vale destacar que é possível que a negociação coletiva preveja o cômputo das horas *in itinere*.

Todas as discussões doutrinárias e jurisprudenciais que envolviam a configuração e a remuneração das horas *in itinere* devem ser superadas com a nova redação do dispositivo. As Súmulas nº 90 e 320 do TST, que apresentavam o entendimento pacífico do TST sobre o assunto, poderão ser canceladas ou modificadas para tratar, apenas, de situações pretéritas.

> ***Súmula nº 90 do TST:*** *(...)*
>
> *II – A incompatibilidade entre os horários de início e término da jornada do empregado e os do transporte público regular é circunstância que também gera o direito às horas "in itinere".*
>
> *III – A mera insuficiência de transporte público não enseja o pagamento de horas "in itinere"*

Alternativa "b". No mesmo sentido do exposto na alternativa "a", a Súmula nº 320 do TST, que previa o direito à percepção das horas "in itinere" mesmo diante da cobrança pelo transporte fornecido pelo empregador, perdeu o sentido com o advento da Reforma Trabalhista, não havendo mais que se falar em horas *in itinere*.

Alternativa "c". "Não são abrangidos pelo regime previsto neste capítulo: os empregados que exercem atividade externa incompatível com a fixação de horário de trabalho, devendo tal condição ser anotada na Carteira de Trabalho e Previdência Social e no registro de empregados." (art. 62, I, CLT).

Alternativa "d". "Cumprida integralmente a jornada no período noturno e prorrogada esta, devido é também o adicional quanto às horas prorrogadas. Exegese do art. 73, § 5º, da CLT." (Súmula nº 60, II, TST). "Às prorrogações do trabalho noturno aplica-se o disposto neste capítulo." (art. 73, § 5º, CLT).

Alternativa "e". "No regime de revezamento, as horas trabalhadas em seguida ao repouso semanal de 24 horas, com prejuízo do intervalo mínimo de 11 horas consecutivas para descanso entre jornadas, devem ser remuneradas como extraordinárias, inclusive com o respectivo adicional." (Súmula nº 110 do TST).

15.5. TRABALHO EXTRAORDINÁRIO (PRORROGAÇÃO DE JORNADA)

- Arts. 59 a 61, CLT
- Súmula nº 85 do TST (Compensação de jornada)

✪ **Nota do autor sobre o tema:** O trabalho que ultrapassar a jornada normal será remunerado com adicional de, no mínimo, 50% sobre a hora normal. Está previsto no art. 7º, XVI, da Constituição Federal: "São direitos dos trabalhadores urbanos e rurais, além de outros que visem à melhoria de sua condição social: remuneração do serviço extraordinário superior, no mínimo, em cinquenta por cento à do normal".

As possibilidades de trabalho extraordinário devem ser interpretadas restritivamente, porque, prestadas habitualmente, agridem a saúde do trabalhador. O valor recebido é um exemplo dos chamados salário-condição, pois o empregado receberá adicional apenas quando prestar serviços além do horário normal. O valor das horas extras prestadas reflete nas demais verbas trabalhistas, mas não integra, de forma definitiva, a sua remuneração.

O tema sofreu profunda modificação com o advento da Reforma Trabalhista, que alterou o regramento acerca da compensação de jornada e banco de horas. Não deixe de ler o art. 59, 59-A e 59-B da CLT.

---

98. (FCC – Juiz do Trabalho Substituto 24ª Região/ 2015) Com base na jurisprudência consolidada (súmula) do Colendo Tribunal Superior do Trabalho, em relação à compensação de jornada de trabalho é INCORRETO afirmar:

a) A compensação de jornada de trabalho deve ser ajustada por acordo individual escrito, acordo coletivo ou convenção coletiva.

b) O acordo individual para compensação de horas é válido, salvo se houver norma coletiva em sentido contrário.

c) O mero atendimento das exigências legais para a compensação de jornada, inclusive quando encetada mediante acordo tácito, não implica a repetição do pagamento das horas excedentes à jornada normal diária, se não dilatada a jornada máxima semanal, sendo devido apenas o respectivo adicional.

d) A prestação de horas extras habituais descaracteriza o acordo de compensação de jornada. Nesta hipótese, as horas que ultrapassarem a jornada semanal normal deverão ser pagas como horas extraordinárias e, quanto àquelas destinadas à compensação, deverá ser pago a mais apenas o adicional por trabalho extraordinário.

e) O regime compensatório na modalidade "banco de horas", somente pode ser instituído por negociação coletiva.

COMENTÁRIOS

✪ **Nota do autor: :** A questão aborda o tema da compensação de jornada. O candidato deve estar atento para o fato de que a questão exige que seja assinalada a alternativa **incorreta**. Ademais, somente exigia a prévia leitura e memorização da Súmula nº 85 do TST. Diante das mudanças realizadas pela Reforma Trabalhista, a questão encontra-se desatualizada., mas foi mantida para fins de fixação do conteúdo.

Alternativa "a". Atualmente incorreta. Conforme previsto na Constituição Federal, é permitida a compensação mediante "acordo ou convenção coletiva". Antes da Reforma Trabalhista, já se admitia, além da negociação coletiva, o acordo individual **escrito**, firmado diretamente entre empregado e empregador. Nesse sentido, estabelece a jurisprudência consolidada do TST:

> *"A compensação de jornada de trabalho deve ser ajustada por acordo individual escrito, acordo coletivo ou convenção coletiva." (Súmula nº 85, I, TST)*

Ocorre que o § 6º do art. 59 da CLT, acrescentado pela Reforma Trabalhista, prevê a possibilidade de o regime de compensação ser estabelecido por **acordo individual tácito** ou escrito entre empregado e empregador. Note-se, portanto, que, ainda que as partes não tenham formalizado documento permitindo a compensação de jornada, é possível o reconhecimento da validade da compensação de jornada caso o acordo tenha ocorrido de forma tácita. Trata-se de hipótese de total flexibilização individual das normas atinentes à duração do trabalho:

> **Art. 59 da CLT (com redação dada pela Lei nº 13.467/2017):** *A duração diária do trabalho poderá ser acrescida de horas extras, em número não excedente de duas, por acordo individual, convenção coletiva ou acordo coletivo de trabalho. (...)§ 6º É lícito o regime de compensação de jornada estabelecido por acordo individual, tácito ou escrito, para a compensação no mesmo mês.*

Alternativa "b". "O acordo individual para compensação de horas é válido, salvo se houver norma coletiva em sentido contrário." (Súmula nº 85, II, TST).

Alternativa "c". De acordo com a redação dada pela Reforma Trabalhista:

> **Art. 59-B da CLT (com redação dada pela Reforma Trabalhista):** *O não atendimento das exigências legais para compensação de jornada, inclusive quando estabelecida mediante acordo tácito, não implica a repetição do pagamento das horas excedentes à jornada normal diária se não ultrapassada a duração máxima semanal, sendo devido apenas o respectivo adicional.*

Nesse mesmo sentido, a Súmula 85, III do TST, em vigor à data do concurso:

> *"O **mero não atendimento** das exigências legais para a compensação de jornada, inclusive quando encetada mediante acordo tácito, não implica a repetição do pagamento das horas excedentes à jornada normal diária, se não dilatada a jornada máxima semanal, sendo devido apenas o respectivo adicional." (Súmula nº 85, III, TST).*

Ou seja, terá de pagar a hora excedente à jornada normal com adicional de 50%. Importante frisar que as horas excedentes observaram o limite de 44 horas semanas, isto é, ocorreu a distribuição de horas, mas manteve a jornada normal, prevista na CF/88. Outro ponto importante é que não serão pagas horas extras (hora + 50%), pois ocorreu a folga compensatória. Houve, portanto, o descanso. Será pago apenas o adicional de 50%, em razão da ausência do cumprimento dos requisitos legais (folga + 50%).

Alternativa "d". Atualmente incorreta. Com a Reforma Trabalhista, o art. 59-B, parágrafo único da CLT é claro ao dispor que a prestação de horas extras habituais não descaracteriza o acordo de compensação e o banco de horas. Dessa forma, ainda que prestadas horas extras que ultrapassem a jornada mensal de 220 horas mensais, não há necessidade de pagamento do adicional de horas extras para a jornada diária que ultrapassa a 8ª hora diária, pois o sistema de compensação ou o banco de horas firmado continuam vigentes.

Em suma, com a alteração promovida pela Reforma Trabalhista, houve 2 mudanças estruturais nas horas extras em compensação de jornada e banco de horas:

a) As horas destinadas à compensação e que efetivamente foram compensadas pelo trabalhador não serão pagas com adicional de 50%, pois o trabalhado extraordinário de um dia foi compensado em outro. Em resumo, retirou-se o adicional de 50% nas horas já compensadas mesmo que ausentes os requisitos exigidos em lei;

b) As horas que ultrapassam o limite permitido para a compensação mensal ou para o banco de horas semestral e anual serão devidas como horas extras, isto é, paga-se o valor das horas acrescido do adicional de horas extras. Pagam-se as horas extras sem desconfigurar o acordo de compensação

Nesse sentido, a previsão contida na Súmula nº 85, IV do TST deve passar por alterações.

Alternativa "e". Atualmente incorreta. O art. 59 da CLT, em seus §§ 2º, 3º e 5º estabelecem a disciplina jurídica direcionada especificamente ao banco de horas, que foi dividido em duas modalidades: banco de horas anual e semestral:

a) **Banco de horas anual:** Para o estabelecimento dessa modalidade de banco de horas, o § 2º do artigo em apreço prevê a necessidade de previsão em acordo ou convenção coletiva de trabalho, desde que o excesso de horas em um dia seja compensado em outro, de modo que a soma das jornadas semanais de trabalho sejam respeitadas no período máximo de 1 ano. Além disso, é necessário o respeito ao limite de 10 horas diárias de trabalho. Por ser mais gravosa, exigia-se (e ainda exige-se) a formalização por instrumento coletivo de trabalho.

b) **Banco de horas semestral:** A novidade trazida pela Reforma Trabalhista consistiu na possibilidade de se estabelecer banco de horas por meio de acordo individual escrito entre empregado e empregador. Nesse caso, o prazo máximo para a compensação é de 6 meses. Portanto, além de permitir a compensação individual tácita mensal, a legislação passou a admitir a previsão de banco de horas individual desde que conste em acordo escrito e realizado no prazo máximo de 6 meses.

Nesse sentido, a previsão contida na Súmula 85, V do TST, da exigência de negociação coletiva para o banco de horas, deve passar por alterações.

Alternativa incorreta: "c" (Gabarito à época do concurso).

15.6. JORNADA 12X36

✪ Nota do autor: O tema foi alterado pela Reforma Trabalhista. A jornada 12 × 36 é uma modalidade de compensação de jornada. Nesse sistema, o empregado trabalha além das 8 horas permitidas, ficando 12 horas prestando serviços. Por outro lado, goza de um descanso bastante prolongado de 36 horas consecutivas. Nesse ponto, interessante notar que o STF, por maioria, no julgamento da ADI 5994, manteve a regra trazida pela Reforma Trabalhista que possibilita a pactuação da jornada 12x36 por acordo individual escrito entre empregado e empregador. Ainda, vale a ressalva de que para motoristas profissionais, por expressa disposição legal (art. 235-F da CLT), o acertamento da jornada 12 x 36 depende de norma coletiva.

---

99. (FGV - 2023 - TST - Juiz do Trabalho) Considere as três situações hipotéticas a seguir.

Heráclito é empregado da Fazenda Que Encanto, que explora, atividade agroeconômica, e trabalha no cultivo e na colheita de arroz, que é destinado à venda para as indústrias da região, encerrando sua jornada de trabalho sempre às 21h.

Sócrates é empregado de Sofia, mãe de João e de Maria, e exerce a função de motorista particular, tendo como atribuições levá-la na hidroginástica, bem como buscar os filhos dela na faculdade, na natação e nas aulas de espanhol, encerrando sua jornada de trabalho às 22h30.

Fiona é empregada da Clínica Curamos Você Ltda. e exerce a função de técnica de enfermagem, laborando em jornada de 12 horas seguidas por 36 horas ininterruptas de descanso.

Diante das assertivas acima, em conformidade com a legislação trabalhista, é correto afirmar que:

a) em razão dos horários de trabalho de Heráclito, no que se refere ao período das 20h até as 21h, ele fará jus ao adicional noturno de 25% sobre a remuneração normal pelo labor realizado nesta última hora de jornada;

b) a jornada de trabalho de Fiona, por se tratar de horário em exceção à regra sobre duração normal do trabalho, não pode ser ajustada mediante contrato individual escrito com a empresa Clínica Curamos Você Ltda, pois depende de convenção ou acordo coletivo de trabalho;

c) caso Fiona desempenhe atividades insalubres ao longo de sua jornada, este regime de trabalho não exigirá licença prévia das autoridades em matéria de higiene do trabalho;

d) por se tratar de empregado doméstico, a hora noturna de Sócrates terá duração de 60 minutos, e não de 52 minutos e 30 segundos;

e) por se tratar de empregado doméstico, Sócrates não terá direito ao adicional noturno.

COMENTÁRIOS

✪ Nota do autor: A questão aborda três temas distintos: empregado rural, empregado doméstico e jornada 12 x 36. Optamos por incluí-la neste subtópico, pois a alternativa correta trata especificamente sobre a jornada 12 x 36.

Alternativa "a". Heráclito é empregado rural:

> **Art. 2º, Lei nº 5.889/1973:** Empregado rural é toda pessoa física que, em propriedade rural ou prédio rústico, presta serviços de natureza não eventual a empregador rural, sob a dependência deste e mediante salário.
>
> **Art. 3º, Lei nº 5.889/1973:** Considera-se empregador, rural, para os efeitos desta Lei, a pessoa física ou jurídica, proprietário ou não, que explore atividade agro-econômica, em caráter permanente ou temporário, diretamente ou através de prepostos e com auxílio de empregados.

O horário noturno do empregador rural será de acordo com a atividade desenvolvida: a) na pecuária inicia-se às 20 horas e termina às 4 horas; b) na agricultura, a jornada será das 21 horas às 5 horas. A hora noturna rural, ao contrário do trabalho urbano, não é reduzida, ou seja, a hora terá duração de 60 minutos. Durante a jornada noturna há necessidade de pagamento de adicional noturno de, no mínimo, 25% a mais que a hora diurna. Como Heráclito trabalho na agricultura, a jornada será das 21 horas às 5 horas. Logo, não receberá adicional noturno referente ao trabalho no período das 20h até as 21h.

Alternativa "b". A Reforma Trabalhista previu a jornada de 12 x 36 pode ser pactuada por acordo individual ou instrumento coletivo. Nesse ponto, a Confederação Nacional dos Trabalhadores na Saúde (CNTS) ajuizou a ADI 5994/DF, para que fosse declarada a incompatibilidade com a Constituição Federal da expressão "acordo individual escrito" contida no art. 59-A da CLT. No julgamento da ADI 5994/DF, finalizado em 03/07/2023, a Corte considerou constitucional o art. 59-A da CLT, introduzido pela Reforma Trabalhista, que permite a pactuação da jornada 12 x 36 por acordo individual escrito entre empregado e empregador.

Alternativa "c". "Excetuam-se da exigência de licença prévia as jornadas de doze horas de trabalho por trinta e seis horas ininterruptas de descanso." **(art. 60, parágrafo único, da CLT).**

Alternativa "d". "A hora de trabalho noturno terá duração de 52 (cinquenta e dois) minutos e 30 (trinta) segundos." **(art. 14, § 1º, LC nº 150/2015).**

Alternativa "e". "A remuneração do trabalho noturno deve ter acréscimo de, no mínimo, 20% (vinte por cento) sobre o valor da hora diurna." **(art. 14, § 2º, LC nº 150/2015).**

Alternativa correta: "c".

---

100. (TRT 4 - Juiz do Trabalho Substituto 4ª região/2016) João foi contratado pela empresa Serviços de Vigilância Alerta Ltda., em 05/03/2014, tendo sempre se submetido ao regime de 12 (doze) horas de trabalho intercaladas por 36 (trinta e seis) horas de descanso, devidamente autorizado por norma coletiva da categoria. Trabalhava sozinho em um dos postos existentes em um shopping center local. A empregadora exigia que chegasse, ao menos, 15 (quinze) minutos antes do horário de início da jornada, para troca de turno e ciência das ocorrências do shopping até então. Ainda assim, costumava chegar em torno de 30 (trinta) minutos antes, pois gostava de tomar banho e fazer um lanche antes de começar a trabalhar, o que o mantinha desperto durante a noite de trabalho, já que não havia outro colega para rendê-lo. Não mantinha contato com os outros trabalhadores no local, pois um posto ficava bastante distante do outro. A partir de 07/01/2015, em função dos constantes atrasos do colega que assumia no turno de trabalho subsequente ao seu, passou a estender sua jornada por, pelo menos, 1 (uma) hora. Asseverou que, desde o início, sua jornada poderia ocorrer em domingos e/ou feriados, conforme escala, sem que gozasse outro dia de folga compensatória. No dia 14/04/2016, João foi despedido sem justa causa e, logo em seguida, decidiu ingressar com ação trabalhista contra sua antiga empregadora.

Considere as assertivas abaixo sobre o regime de trabalho de 12 X 36 horas.

I. É descaracterizado pela supressão do intervalo intrajornada.

II. É descaracterizado pela prestação de horas extras habituais.

III. É descaracterizado pelo descumprimento da hora noturna reduzida.

Quais são corretas?

a) Apenas I

b) Apenas II

c) Apenas III

d) Apenas I e II

e) I, II e III

COMENTÁRIOS

✪ **Nota do autor:** A questão aborda o tema de jornada 12x36. A questão é complexa, pois não há previsão legal ou sumulada pelo TST ou TRT 4 sobre o exposto nos itens I, II e III. Ainda, interessante notar que o STF, por maioria, no julgamento da ADI 5994, manteve a regra trazida pela Reforma Trabalhista que possibilita a pactuação da jornada 12x36 por acordo individual escrito entre empregado e empregador.

Assertiva I. Incorreta. O intervalo intrajornada de, no mínimo, 1 hora deve ser concedido na jornada 12 por 36. A CLT impõe como regra a concessão do intervalo para almoço e descanso de, no mínimo, 1 hora nas jornadas superiores a 6 horas diárias. Logo, a não concessão ou redução do intervalo a esses empregados submetidos ao sistema 12 x 36 causa efeitos desastrosos no organismo. Na prática, principalmente entre os vigilantes, ou mesmo entre os enfermeiros, é muito comum que eles permaneçam prestando serviços de forma ininterrupta. As empresas alegam que a presença de um outro empregado, chamado de "almocista", apenas para substituir 1 hora de almoço ou 1 hora de jantar dificulta muito a logística do empreendimento. Nesse sentido, confira interessante jurisprudência do TRT da 4ª Região:

> *O fato do reclamante perceber uma hora extra por dia de trabalho, correspondente ao intervalo intrajornada, bem como a ausência de controles de horários (menos de dez empregados), não descaracterizam o regime de doze horas de labor por trinta e seis de descanso. Dá-se provimento ao apelo do réu*[68].

Com o advento da Reforma Trabalhista, a CLT passou a prever o regime 12x36 em seu art. 59-A. Neste artigo encontramos expressa previsão no sentido de que o intervalo intrajornada pode ser concedido ou indenizado pelo empregador:

> **Art. 59-A da CLT** *(inserido pela Lei nº 13.467/2017): Em exceção ao disposto no art. 59 desta Consolidação, é facultado às partes, mediante acordo individual escrito, convenção coletiva ou acordo coletivo de trabalho, estabelecer horário de trabalho de doze horas seguidas por trinta e seis horas ininterruptas de descanso, observados ou indenizados os intervalos para repouso e alimentação.*

Dessa forma, o empregado poderia prestar 12 horas de trabalho continuamente sem nenhuma pausa para descanso, recebendo posteriormente uma verba de natureza indenizatória pelo intervalo não concedido. O art. 59-A da CLT é extremamente prejudicial à saúde dos trabalhadores, pois impede o descanso necessário durante longas jornadas de trabalho.

Além disso, a não concessão ou a concessão parcial do intervalo intrajornada mínimo para repouso e alimentação implica o pagamento apenas do período suprimido, de forma indenizada, com acréscimo de 50% sobre o valor da remuneração da hora normal de trabalho:

> **Art. 71, § 4º da CLT (inserido pela Lei nº 13.467/2017):** *A não concessão ou a concessão parcial do intervalo intrajornada mínimo, para repouso e alimentação, a empregados urbanos e rurais, implica o pagamento, de natureza indenizatória, apenas do período suprimido, com acréscimo de 50% (cinquenta por cento) sobre o valor da remuneração da hora normal de trabalho.*

Assertiva II. Correta. Tendo em vista que a jornada de 12 horas de trabalho por 36 horas de descanso apresenta maior desgaste à saúde do empregado, sendo exigida inclusive a previsão em norma coletiva de trabalho autorizando sua instituição. Nesse sentido, a prestação de horas extras descaracteriza a jornada, pois o

68. TRT-4-RO: RO 00009506620125040029 RS 0000950-66.2012.5.04.0029. Relator: Maria Madalena Telesca. Data de Julgamento: 07/08/2013, 29ª Vara do Trabalho de Porto Alegre.

empregado não poderá gozar de intervalo de 36 horas para compensar as 12 horas seguidas de trabalho. Interessante súmula do TRT da 17ª Região estabelece que a prestação de horas extras além da 12ª hora diária descaracteriza essa escala de trabalho, devendo ser pagas, como extras, as horas que ultrapassarem 8 horas diárias:

> **Súmula nº 38 do TRT da 17ª Região:** *Horas extras habituais. Escala 12 x 36. Invalidação. Pagamento das horas excedentes da 8ª diária e 44ª semanal como extras.*
>
> *Nos termos da Súmula 444 do E. TST, a jornada de 12 horas de trabalho e 36 horas de descanso, prevista em lei, acordo ou convenção coletiva de trabalho é válida, em caráter excepcional, uma vez garantida a dobra da remuneração do labor em feriados. No entanto, a prestação de horas extraordinárias habituais invalida a escala, caso em que as horas que ultrapassarem a jornada semanal normal, consideradas como tais aquelas que ultrapassarem a 8ª hora diária e 44ª semanal, deverão ser pagas como horas extraordinárias.*

Assertiva III. Incorreta. Com a alteração promovida pela Reforma Trabalhista, as prorrogações de horário noturno já são consideradas compensadas. Portanto, o empregado não terá direito ao adicional noturno e à hora reduzida caso preste serviços durante o período noturno e continue prestando após as 5 horas da manhã.

De acordo com o posicionamento do TST anterior à Reforma Trabalhista, persistia o pagamento do adicional noturno ao empregado que trabalhasse no sistema 12 × 36 no período noturno e continuasse prestando serviços após as 5 horas da manhã. Nesse sentido é o que prevê a jurisprudência do TST, que parece superada:

> **Orientação Jurisprudencial nº 388 da SDI - I do TST.** *Jornada 12 × 36. Jornada mista que compreenda a totalidade do período noturno. Adicional noturno. Devido.*
>
> *O empregado submetido à jornada de 12 horas de trabalho por 36 de descanso, que compreenda a totalidade do período noturno, tem direito ao adicional noturno, relativo às horas trabalhadas após as 5 horas da manhã.*

Permanece ausente de previsão a descaracterização da jornada 12x36 pelo descumprimento da hora noturna reduzida.

Alternativa correta: "b". Apenas a assertiva II está correta.

16. PERÍODOS DE DESCANSO

16.1. INTERVALOS

- Art. 66, CLT
- Arts. 71 e 72, CLT

✪ Nota do autor sobre o tema: Os intervalos, assim como os demais períodos de descanso (descanso semanal remunerado, feriados, férias etc.), têm como finalidade evitar o cansaço excessivo do empregado, sendo conteúdo de normas destinadas à proteção da saúde do trabalhador.

Com a Reforma Trabalhista, as regras sobre duração do trabalho e intervalos não são consideradas como normas de saúde, higiene e segurança do trabalho (art. 611-B, parágrafo único, CLT). Além disso, a não concessão ou a concessão parcial do intervalo intrajornada mínimo para repouso e alimentação implica o pagamento apenas do período suprimido, de forma indenizada, com acréscimo de 50% sobre o valor da remuneração da hora normal de trabalho.

Além disso, deve-se destacar a possibilidade de se reduzir o intervalo intrajornada para 30 minutos, desde que essa redução seja feita por meio de acordo ou convenção coletiva, nos termos do art. 611-A, III da CLT.

---

101. (FCC – Juiz do Trabalho Substituto 24ª Região/ 2015) Considerando os intervalos interjornadas estabelecidos na Consolidação das Leis do Trabalho, assinale a alternativa correta:

a) 11 horas de descanso para jornalista.

b) 10 horas de descanso para operadores cinematográficos.

c) 12 horas de descanso para cabineiros (ferroviários).

d) 17 horas de descanso para telefonistas.

e) 13 horas de descanso para os empregados celetistas.

COMENTÁRIOS

✪ Nota do autor: A questão aborda o tema do intervalo interjornada. Ademais, exigia o conhecimento dos intervalos previstos para diferentes profissões.

Alternativa "a". "Em seguida a cada período diário de trabalho haverá um intervalo mínimo de 10 (dez) horas, destinado ao repouso." (art. 308 da CLT). Esse artigo está inserido dentro da Seção XI do Capítulo I (Das disposições especiais sobre duração e condições de trabalho) que versa sobre os jornalistas profissionais.

Alternativa "b". "Em seguida a cada período de trabalho haverá um intervalo de repouso no mínimo de 12 (doze) horas." (art. 235, § 2º, CLT). Referido artigo está inserido na Seção IV que versa sobre os operadores cinematográficos.

Alternativa "c". "O horário normal de trabalho dos cabineiros nas estações de tráfego intenso não excederá de 8 (oito) horas e deverá ser dividido em 2 (dois) turnos com intervalo não inferior a 1 (uma) hora de repouso, não podendo nenhum turno ter duração superior a 5 (cinco) horas, com um período de descanso entre 2 (duas) jornadas de trabalho de 14 (quatorze) horas consecutivas." (art. 245, CLT).

Alternativa "d". "Para os empregados sujeitos a horários variáveis, fica estabelecida a duração máxima de 7 (sete) horas diárias de trabalho e 17 (dezessete) horas de folga, deduzindo-se deste tempo 20 (vinte) minutos para descanso, de cada um dos empregados, sempre que se verificar um esforço contínuo de mais de 3 (três) horas." (art. 229, "caput", CLT)

Alternativa "e". "Entre 2 (duas) jornadas de trabalho haverá um período mínimo de 11 (onze) horas consecutivas para descanso." (art. 66, CLT).

Alternativa correta: "d".

16.2. DESCANSO SEMANAL REMUNERADO E FERIADO

- Art. 7º, inciso XV, CF/88
- Arts. 67 e 68, CLT
- Lei nº 605/49
- Súmula 146 do TST
- Orientação Jurisprudencial nº 410 da SDI – I do TST

✪ **Nota do autor:** o art. 611-B, IX da CLT – inserido pela Lei nº 13.467/2017 – dispõe que constituirá objeto ilícito de convenção coletiva ou acordo coletivo de trabalho, a supressão ou a redução do repouso semanal remunerado.

102. (FCC – Juiz do Trabalho Substituto 6ª Região/ 2015) De acordo com o previsto na legislação trabalhista, NÃO é considerada falta justificada ao serviço para fins da manutenção do direito ao descanso semanal remunerado,

a) a ausência do empregado, devidamente justificada, a critério da administração do estabelecimento.

b) o período em que o empregado tiver de cumprir as exigências do Serviço Militar.

c) a ausência do representante de entidade sindical em razão de estar participando, nessa qualidade, de reunião oficial de organismo internacional do qual o Brasil seja membro.

d) a paralisação do serviço nos dias em que, por conveniência do empregador, não tenha havido trabalho.

e) os dias em que o empregado estiver, comprovadamente, realizando provas escolares.

COMENTÁRIOS

✪ **Nota do autor:** A questão aborda o tema do descanso semanal remunerado. Lembre-se de que esse período é de, no mínimo, vinte e quatro horas consecutivas, e será concedido pelo menos uma vez por semana, preferencialmente aos domingos. Independentemente da jornada do empregado (mesmo que trabalhe seis horas por dia), terá direito ao descanso de vinte e quatro horas consecutivas. Esse período de descanso corresponde a uma interrupção do contrato de trabalho, pois, embora não tenha prestação de serviços, há pagamento de salário.

Alternativa "a". Nesse sentido, estabelece o art. 6º, § 1º, "b", Lei nº 605/1949:

> *Art. 6º Não será devida a remuneração quando, sem motivo justificado, o empregado não tiver trabalhado durante toda a semana anterior, cumprindo integralmente o seu horário de trabalho.*
>
> *§ 1º São motivos justificados:*
>
> *b) a ausência do empregado devidamente justificada, a critério da administração do estabelecimento;*

Alternativa "b". "São motivos justificados: os previstos no artigo 473 e seu parágrafo único da Consolidação das Leis do Trabalho;" (art. 6º, § 1º, "a", Lei nº 605/1949). "O empregado poderá deixar de comparecer ao serviço sem prejuízo do salário: no período de tempo em que tiver de cumprir as exigências do Serviço Militar referidas na letra "c" do art. 65 da Lei nº 4.375, de 17 de agosto de 1964 (Lei do Serviço Militar)." (art. 473, VI, CLT)

Alternativa "c". "São motivos justificados: os previstos no artigo 473 e seu parágrafo único da Consolidação das Leis do Trabalho;" (art. 6º, § 1º, "a", Lei nº 605/1949). "O empregado poderá deixar de comparecer ao serviço sem prejuízo do salário: pelo tempo que se fizer necessário, quando, na qualidade de representante de entidade sindical, estiver participando de reunião oficial de organismo internacional do qual o Brasil seja membro." (art. 473, IX, CLT).

Alternativa "d". "São motivos justificados: a paralisação do serviço nos dias em que, por conveniência do empregador, não tenha havido trabalho." (art. 6º, § 1º, "c", Lei nº 605/1949)

Alternativa "e". "São motivos justificados: os previstos no artigo 473 e seu parágrafo único da Consolidação das Leis do Trabalho;" (art. 6º, § 1º, "a", Lei nº 605/1949). De acordo com o art. 473, VII, CLT, o empregado tem direito a faltar ao serviço sem prejuízo do salário apenas para prestar provas de vestibular e não para quais provas escolares como afirma a alternativa:

> **Art. 473, da CLT:** *O empregado poderá deixar de comparecer ao serviço sem prejuízo do salário:*
>
> *(...)*
>
> *VII – nos dias em que estiver comprovadamente realizando provas de exame vestibular para ingresso em estabelecimento de ensino superior.*

Alternativa correta: "e".

16.3. FÉRIAS

- Art. 7º, inciso XVII, CF/88
- Arts. 129 a 141, CLT
- Súmula nº 46 do TST
- Súmula nº 328 do TST
- Súmula nº 450 do TST

✪ **Nota do autor:** as férias tiveram sua regulamentação alterada pela Reforma Trabalhista. Nesse sentido, passa a ser possível o seu fracionamento em até 3 períodos, sendo que um deles não poderá ser inferior a 14 dias e os demais não poderão ser inferiores a 5 dias. Além disso, passa a ser vedado o início das férias no período de dois dias que antecede feriado ou repouso semanal remunerado.

Ainda, chamo sua atenção à Súmula nº 450 do TST, publicada em maio de 2014, que prevê que a concessão das férias, sem o devido pagamento do salário e do adicional de 1/3, com dois dias de antecedência, além de ensejar multa administrativa, leva ao pagamento da dobra do valor das férias. A penalidade de dobra das férias no caso de atraso no seu pagamento não encontra suporte na legislação. Havia, em verdade, o estabelecimento de uma sanção ao empregador através de uma interpretação analógica do TST dos arts. 134 e 137 da CLT.

Justamente por isso (imposição de penalidade por analogia), a constitucionalidade do verbete sumular foi questionada. O STF, no julgamento da ADPF 501/SC, por maioria de por 7 a 4, julgou procedente a ação para:

(a) declarar a inconstitucionalidade da Súmula 450 do Tribunal Superior do Trabalho; e

(b) invalidar decisões judiciais não transitadas em julgado que, amparadas no texto sumular, tenham aplicado a sanção de pagamento em dobro com base no art. 137 da CLT.

---

103. (FCC – Juiz do Trabalho/2017) José, vendedor em loja de confecções, solicitou ao empregador Marcelo, dez dias antes do término do respectivo período aquisitivo, a conversão de 1/3 do período de férias em abono pecuniário. Por sua vez, em momento posterior e com antecedência de sessenta dias, Marcelo informou a José a respeito do período designado para o respectivo gozo de férias. O pagamento de férias acrescidas do terço constitucional foi efetuado ao trabalhador no primeiro dia após o início das férias. Marcelo não pagou o abono pecuniário, por entender indevida no caso concreto a conversão parcial, diante da data de solicitação da providência. Considere que, durante o período aquisitivo, José havia faltado sete vezes ao serviço, de forma injustificada, tendo havido desconto salarial. Além disso, no mesmo período aquisitivo, José ausentou-se do trabalho, de modo justificado, por vinte e quatro dias não consecutivos. Nesta situação hipotética,

a) é devido o pagamento a José, de forma simples, da remuneração de férias de vinte e quatro dias, incluído o terço constitucional, sem direito à conversão de 1/3 das férias em abono pecuniário.

b) José não faz jus à fruição de férias, pois possuiu mais de trinta e duas faltas no período aquisitivo.

c) José tem direito à conversão de 1/3 do período das férias em abono pecuniário, razão pela qual a falta de pagamento do abono gera o direito à remuneração das férias em dobro, incluído o terço constitucional.

d) José faz jus ao gozo e remuneração de trinta dias de férias, acrescidas do terço constitucional, mas não à conversão de 1/3 do período de férias em abono pecuniário.

e) é devido a José o pagamento em dobro da remuneração de férias de vinte e quatro dias, incluído o terço constitucional, por ter sido realizada a quitação pelo empregador fora do prazo legal.

COMENTÁRIOS

✪ **Nota do autor:** A questão aborda o tema das férias, demandando do candidato o conhecimento de vários institutos a ela relacionados, tais quais, período de pagamento do adicional de 1/3, abono pecuniário de férias, relação entre faltas e período de férias. O gabarito da questão exigia do candidato o conhecimento da Súmula nº 450 da TST. Contudo, referido dispositivo foi declarado inconstitucional pelo STF e, assim, a questão está, atualmente, desatualizada. Optamos por mantê-la no material dada sua relevância didática para explicar a decisão da Corte Constitucional.

Alternativa "e". *Comentário serve para as demais alternativas, uma vez que versam sobre o mesmo assunto.* Tendo em vista as faltas injustificadas de José, o período de férias será de 24 dias. Veja a tabela abaixo, que relaciona o número de faltas injustificadas ao respectivo período de férias devido ao empregado:

Duração das férias do empregado (art. 130)	
Número de faltas	**Dias de Férias**
Até 5 faltas	30 dias
6 a 14 faltas	24 dias
15 a 23 faltas	18 dias
24 a 32 faltas	12 dias
Acima de 32 faltas	Não há férias a usufruir

A época de férias deverá ser comunicada ao empregado, com antecedência **mínima de trinta dias**. Essa comunicação prévia, por escrito, tem o objetivo de possibilitar ao trabalhador programar melhor suas férias. Ademais, o empregado deverá fornecer recibo de que foi devidamente comunicado.

O empregador não poderá se opor ao pagamento do abono pecuniário, desde que solicitado dentro do prazo de até **15 dias** antes do término do período aquisitivo.

O pagamento das férias, bem como do abono pecuniário, deverá ocorrer em até 2 dias antes do início das férias, nos termos do art. 145 da CLT. Caso a quitação das férias se desse fora do prazo legal, nos termos da **Súmula nº 450 do TST**, o empregador deveria pagá-las em dobro:

> **Súmula nº 450 do TST:** *"É devido o pagamento em dobro da remuneração de férias, incluído o terço constitucional, com base no art. 137 da CLT, quando, ainda que gozadas na época própria, o empregador tenha descumprido o prazo previsto no art. 145 do mesmo diploma legal".*

A penalidade de dobra das férias no caso de atraso no seu pagamento não encontra suporte na legislação. Havia, em verdade, o estabelecimento de uma sanção ao empregador através de uma interpretação analógica do TST dos arts. 134 e 137 da CLT.

Justamente por isso (imposição de penalidade por analogia), a constitucionalidade do verbete sumular foi questionada. O STF, no julgamento da ADPF 501/SC, por maioria de por 7 a 4, julgou procedente a ação para:

(a) **declarar a inconstitucionalidade da Súmula 450 do Tribunal Superior do Trabalho**; e

(b) invalidar decisões judiciais não transitadas em julgado que, amparadas no texto sumular, tenham aplicado a sanção de pagamento em dobro com base no art. 137 da CLT.

Tratando-se de uma decisão proferida em sede de controle concentrado de constitucionalidade, com efeitos vinculantes (eficácia *erga omnes*), o Judiciário Trabalhista não poderá mais impor a dobra das férias pela sua quitação em atraso com fundamento da Súmula nº 450 do TST.

Alternativa correta à época do concurso: "e".

---

104. (TRT 2 – Juiz do Trabalho Substituto 2ª região/2016) Analise os casos seguintes relacionados com ausências ao trabalho no primeiro período aquisitivo de férias e indique a sequência correta quanto aos respectivos períodos de gozo dessas férias:

I. Hermes, caixa de Banco, ausentou-se por 05 dias seguidos em virtude de seu casamento e 05 dias por falecimento de seu cunhado que não vivia sob sua dependência econômica, mas residia no Paraguai.

II. Zeus, torneiro mecânico, contratado pelo regime de tempo parcial com jornada semanal de 20 horas, faltou por 04 dias para doação voluntária de sangue devidamente comprovada, além de 06 faltas injustificadas.

III. Hera, balconista em supermercado, percebeu do INSS prestações por acidente de trabalho por 07 meses contínuos, sem qualquer outra ausência no período aquisitivo.

a) 18 dias, 14 dias, 30 dias.

b) 30 dias, 24 dias, perde o direito.

c) 24 dias, 07 dias, perde o direito.

d) 24 dias, 14 dias, 30 dias.

e) 20 dias, 07 dias, perde o direito.

COMENTÁRIOS

✪ **Nota do autor:** A questão aborda o período de férias a que fazem jus os empregados. Lembre-se de que as férias compreendem hipótese de interrupção do contrato de trabalho, pois apesar de suspensa a prestação dos serviços, permanece o pagamento do salário. Diante da modificação no regime de férias dos empregados sob regime de tempo parcial, a questão encontra-se desatualizada.

Item I. Hermes tem direito ao gozo de 24 dias de férias. "Após cada período de 12 (doze) meses de vigência do contrato de trabalho, o empregado terá direito a férias, na seguinte proporção: (...) II – 24 (vinte e quatro) dias corridos, quando houver tido de 6 (seis) a 14 (quatorze) faltas" (Inciso II do art. 130 da CLT).

No caso concreto, Hermes teve o total de 7 faltas injustificadas. Isso porque, além de seu cunhado não ser seu dependente econômico, o empregado só pode deixar de comparecer, sem prejuízo do salário, por até 3 dias consecutivos, em virtude do casamento:

> **Art. 473, CLT:** *O empregado poderá deixar de comparecer ao serviço sem prejuízo do salário:*
>
> *I – até 2 (dois) dias consecutivos, em caso de falecimento do cônjuge, ascendente, descendente, irmão ou pessoa que, declarada em sua carteira de trabalho e previdência social, viva sob sua dependência econômica;*
>
> *II – até 3 (três) dias consecutivos, em virtude de casamento;*

Item II. Desatualizado. Com o advento da Reforma Trabalhista, o regime de férias do empregado submetido ao regime de tempo parcial passa a ser regido pelo art. 130 da CLT, nos termos do que estabelece o art. 58-A, §7º da CLT:

> ***Art. 58-A da CLT (inserido pela Reforma Trabalhista):*** *Considera-se trabalho em regime de tempo parcial aquele cuja duração não exceda a trinta horas semanais, sem a possibilidade de horas suplementares semanais, ou, ainda, aquele cuja duração não exceda a vinte e seis horas semanais, com a possibilidade de acréscimo de até seis horas suplementares semanais.*
>
> *(...)*
>
> *§ 7º As férias do regime de tempo parcial são regidas pelo disposto no art. 130 desta Consolidação.*

Nesse sentido, Zeus teria direito a 24 dias de férias, tendo em vista um total de 9 faltas injustificadas.

Duração das férias do empregado (art. 130)	
Número de faltas	**Dias de Férias**
Até 5 faltas	30 dias
6 a 14 faltas	24 dias
15 a 23 faltas	18 dias
24 a 32 faltas	12 dias
Acima de 32 faltas	Não há férias a usufruir

À época do concurso, Zeus teria direito ao gozo de 7 dias de férias. Isso porque, a duração das férias do empregado submetido a regime de trabalho por tempo parcial estava disciplinada no art. 130-A da CLT:

> **Art. 130-A, CLT:** *Na modalidade do regime de tempo parcial, após cada período de doze meses de vigência do contrato de trabalho, o empregado terá direito a férias, na seguinte proporção:*
>
> *(...)*
>
> *III – quatorze dias, para a duração do trabalho semanal superior a quinze horas, até vinte horas;*
>
> *(...)*
>
> *Parágrafo único. O empregado contratado sob o regime de tempo parcial que tiver mais de sete faltas injustificadas ao longo do período aquisitivo terá o seu período de férias reduzido à metade.*

Item III. Hera perdeu seu direito às férias. "Não terá direito a férias o empregado que, no curso do período aquisitivo: (...) IV – tiver percebido da Previdência Social prestações de acidente de trabalho ou de auxílio-doença por mais de 6 (seis) meses, embora descontínuos" (Inciso IV do art. 133 da CLT). No caso concreto, Hera percebeu por 7 meses prestações por acidente de trabalho.

Alternativa correta: "c".

17. SALÁRIO E REMUNERAÇÃO

▸ Arts. 457 a 467, CLT

✪ **Nota do autor:** o tema sofreu profundo impacto com a reforma trabalhista. Não deixe de ler o art. 457 da CLT!

---

105. (TRT 4 – Juiz do Trabalho Substituto 4ª região/2016) Considere as assertivas abaixo sobre acúmulo e desvio de função.

I. O radialista não pode exercer, por força de um só contrato de trabalho, atividades de diferentes setores assim definidos em norma específica.

II. O exercício de atividades cumuladas dentro de um mesmo setor assegura ao radialista o pagamento de um adicional de, no máximo, 20% (vinte por cento) pela função acumulada, tomando-se por base a função melhor remunerada, nas emissoras de potência inferior a 10 (dez) quilowatts e superior a 1 (um) quilowatt.

III. O empregado vendedor que, de forma cumulada, prestar serviços de inspeção e fiscalização, além de sua atividade de vender, tem direito ao pagamento de adicional equivalente a 1/10 (um décimo) de sua remuneração.

Quais são corretas?

a) Apenas I

b) Apenas II

c) Apenas III

d) Apenas I e III

e) I, II e III

COMENTÁRIOS

✪ **Nota do autor:** A questão aborda o tema desvio e acúmulo de função. Ademais, apresenta maior nível de dificuldade, pois exige o conhecimento das Leis nº 6.615/78 e 3.207/57.

Assertiva I. Correta. "Não será permitido, por força de um só contrato de trabalho, o exercício para diferentes setores, dentre os mencionados no art. 4º" (art. 14 da Lei nº 6.615/78).

Assertiva II. Incorreta. "Na hipótese de exercício de funções acumuladas dentro de um mesmo setor em que se desdobram as atividades mencionadas no art. 4º, será assegurado ao Radialista um **adicional mínimo de:** 20% (vinte por cento), pela função acumulada, tomando-se por base a função melhor remunerada, nas emissoras de potência inferior a 10 (dez) quilowatts e, superior a 1 (um) quilowatt;" (art. 13, II da Lei nº 6.615/78 – grifos acrescidos).

Assertiva III. Correta. "Quando for prestado serviço de inspeção e fiscalização pelo empregado vendedor, ficará a empresa vendedora obrigada ao pagamento adicional de 1/10 (um décimo) da remuneração atribuída ao mesmo" (Art. 8º da Lei nº 3.207/57).

Alternativa correta: "d". As assertivas I e III estão corretas.

---

106. (TRT 4 – Juiz do Trabalho Substituto 4ª região/2016) Considere as definições abaixo.

I. Quantia paga pelo exercício de atividade mais gravosa.

II. Importância alcançada ao empregado para a assinatura do contrato, podendo ser em dinheiro, títulos ou bens.

III. Adiantamento pecuniário efetuado pelo empregador ao empregado.

IV. Valor pago ao atleta normalmente em razão de vitórias ou empates, com natureza de prêmio individual resultante de trabalho coletivo.

Assinale a alternativa que corresponde, correta e respectivamente, às definições acima.

a) Prêmio – bônus – abono – direito de arena

b) Prêmio – luvas – adicional – direito de arena

c) Bônus – prêmio – adicional – bicho

d) Adicional – bônus – gratificação – luvas

e) Adicional – luvas – abono – bicho

COMENTÁRIOS

✪ **Nota do autor:** A questão aborda o tema da remuneração do empregado. Ademais, exige que se saibam conceitos referentes às parcelas de natureza salarial. O bicho, por sua vez, só é dotado de caráter salarial quando pago com habitualidade.

Alternativa "e". *Comentário serve para as demais alternativas, pois versam sobre o mesmo assunto.* O **adicional** é pago em razão de trabalho prestado em situações prejudiciais à saúde ou, ainda, que prejudiquem o convívio familiar e social. Nesse sentido, tem direito ao recebimento de adicional de insalubridade, o empregado que está submetido a atividades insalubres com exposição a agentes biológicos, físicos ou químicos que possam prejudicar sua saúde. Por sua vez, as **luvas** compreendem o montante pago ao atleta profissional diante de sua contratação ou renovação no contrato de trabalho:

> *Esta parcela consiste na retribuição material paga pela entidade empregadora ao atleta profissional em vista da celebração de seu contrato de trabalho, seja originalmente, seja por renovação. Tem sua natureza salarial reconhecida pelo Direito brasileiro, tanto no art. 12 da antiga Lei n. 6.354176, como no art. 31, § 1º, da Lei n. 9.615/98 (esta se referindo às "demais verbas inclusas no contrato de trabalho"). Sendo parcela eminentemente contratual, seu conteúdo e forma de pagamento são estabelecidos livremente na respectiva pactuação*[69].

Os **abonos** são parcelas pagas em decorrência de ato de liberalidade do empregado, correspondente a um acréscimo efetuado em parcela única se a necessidade de um motivo específico para seu recebimento.[70] Essas parcelas tinham expressamente natureza jurídica salarial. Com a Reforma Trabalhista, os abonos também passaram a integrar as parcelas sem natureza salarial.Deve-se destacar que esse abono não se confunde com o abono pecuniário de férias, previsto no art. 144 da CLT, que tem natureza indenizatória. Por fim, de acordo com Gustavo Filipe Barbosa Garcia, a parcela **bicho** compreende:

> *A parcela conhecida como "bicho", paga aos atletas profissionais em razão de vitórias ou empates, é uma modalidade especial de prêmio, com natureza salarial quando devida de forma habitual*[71]*".*

Apesar de não previstos na CLT antes da Reforma, havia o entendimento de que os prêmios eram parcelas salariais. Com a regulamentação do assunto pela Reforma Trabalhista, foi estabelecida a natureza não salarial da parcela recebida.

Alternativa correta: "e".

17.1. DÉCIMO TERCEIRO SALÁRIO

- Art. 7º, inciso VIII, CF/88
- Lei nº 4.090/62
- Lei nº 4.749/65

107. (TRT 2 – Juiz do Trabalho Substituto 2ª Região/ 2013) Com base nas Súmulas do TST, observe as proposições abaixo e ao final responda. Aponte a alternativa que só contenha propostas corretas:

I. Só é válido o quadro do pessoal organizado em carreira das empresas particulares e das entidades de direito público da administração direta e indireta, quando homologado pelo Ministério Público do Trabalho.

II. O adicional regional instituído pela Petrobrás não contraria o art. 7º, XXXII, da CF/1988 (proibição de distinção entre trabalho manual, técnico e intelectual ou entre os profissionais respectivos).

III. A gratificação natalina, instituída pela Lei nº 4.090, de 13.07.1962, é devida pela empresa cessionária ao servidor público cedido, enquanto durar a cessão.

IV. É devida a remuneração do repouso semanal e dos dias feriados ao empregado comissionista, salvo se pracista.

V. A licença-prêmio, na vigência do contrato de trabalho, não pode ser convertida em pecúnia, mesmo se expressamente admitida a conversão no regulamento da empresa.

Está correta a alternativa:

a) I e V.
b) II e III.
c) I e IV.
d) IV e V.
e) II e V.

COMENTÁRIOS

✪ **Nota do autor:** A questão aborda diversos temas de Direito do Trabalho. A inserção nesse tópico justifica-se pelo fato de que uma das assertivas corretas versa sobre o décimo terceiro salário. Cumpre ressaltar que a questão exige o conhecimento de diversas Súmulas do TST, inclusive algumas muito específicas, como as da Petrobrás. Note que a Reforma Trabalhista inseriu o art. 611-B, V à CLT para prever que constituirá objeto ilícito de convenção ou acordo coletivo a redução ou supressão do: "valor nominal do décimo terceiro salário".

Assertiva I. Incorreta. Com o advento da Reforma Trabalhista, para a validade do quadro de carreira ou do plano de cargos e salários, não é necessária sua homologação pelo Ministério do Trabalho:

> **Art. 461, §2º da CLT (com redação dada pela Lei nº 13.467/2017):** *Os dispositivos deste artigo não prevalecerão quando o empregador tiver pessoal organizado em quadro de carreira ou adotar, por meio de norma interna da empresa ou de negociação coletiva, plano de cargos e salários, dispensada qualquer forma de homologação ou registro em órgão público.*

Assertiva II. Correta. "O adicional regional, instituído pela Petrobras, não contraria o art. 7º, XXXII,

69. DELGADO. Maurício Godinho. *Curso de Direito do Trabalho.* 15ª ed. São Paulo: LTr, 2016. P. 856.
70. CAIRO JÚNIOR, José. *Curso de Direito do Trabalho. Direito Individual e Direito Coletivo de Trabalho.* 4. ed. Salvador: JusPodivm, 2009. p. 342.
71. GARCIA, Gustavo Filipe Barbosa. *Curso de Direito do Trabalho.* 10. ed. Rio de Janeiro: Forense, 2016. p. 441.

da CF/1988." (Súmula nº 84 do TST). O art. 7º, XXXII, da CF/88 prevê, com base no princípio da igualdade, a "proibição de distinção entre trabalho manual, técnico e intelectual ou entre os profissionais respectivos". O adicional regional não contraria, segundo a jurisprudência do TST, o texto constitucional. Aliás, esse adicional é benéfico ao trabalhador que lida com situações específicas, muitas vezes penosas em razão da região do País.

Assertiva III. Correta. "A gratificação natalina, instituída pela Lei nº 4.090, de 13.07.1962, é devida pela empresa cessionária ao servidor público cedido enquanto durar a cessão." (Súmula nº 50 do TST).

Assertiva IV. Incorreta. "É devida a remuneração do repouso semanal e dos dias feriados ao empregado comissionista, ainda que pracista." (Súmula nº 27 do TST).

Assertiva V. Incorreta. "A licença-prêmio, na vigência do contrato de trabalho, não pode ser convertida em pecúnia, salvo se expressamente admitida a conversão no regulamento da empresa." (Súmula nº 186 do TST).

Alternativa correta: "b". Está correto o que se afirma nas assertiva II e III.

17.2. ADICIONAIS DE INSALUBRIDADE E PERICULOSIDADE

- Arts. 189 a 197, CLT
- Súmula nº 191 do TST
- Súmula nº 447 do TST
- Súmula nº 448 do TST
- Súmula nº 453 do TST

108. (FCC – Juiz do Trabalho/2017) A constatação de que a execução de atividades profissionais podem gerar riscos à saúde e à integridade física do trabalhador construiu um arcabouço de proteção, elevando a questão relativa à saúde e segurança do trabalho ao patamar de direito fundamental do empregado. Nesse aspecto, à luz da legislação e da jurisprudência consolidada do Tribunal Superior do Trabalho,

a) a constatação da insalubridade por meio de laudo pericial oficial é suficiente para que o empregado tenha direito ao respectivo adicional em razão da exigência legal da realização da perícia a cargo de médico ou engenheiro do trabalho, ainda que a atividade não se insira na relação oficial exemplificativa elaborada pelo Ministério do Trabalho e Emprego.

b) o adicional de periculosidade será devido ao trabalhador exposto de forma permanente à violência física na execução de atividades profissionais de segurança pessoal ou patrimonial, mas serão descontados ou compensados do adicional outros da mesma natureza eventualmente já concedidos ao vigilante por meio de acordo coletivo.

c) o direito do trabalhador ao adicional de insalubridade ou de periculosidade cessará com a eliminação do risco à sua saúde ou integridade física, entretanto, havendo percepção por dez anos ou mais, haverá incorporação do adicional ao salário do empregado para reparar os riscos sofridos.

d) o adicional de periculosidade, pago em caráter permanente, integra o cálculo de indenização de horas extras e horas de sobreaviso, como forma de reparação integral do risco à vida sofrido pelo trabalhador.

e) o mero fornecimento gratuito do equipamento de proteção individual – EPI, com a devida indicação do Certificado de Aprovação do órgão ministerial do trabalho, exime o empregador do pagamento do adicional de insalubridade.

COMENTÁRIOS

✪ **Nota do autor:** A questão aborda o tema segurança e saúde no trabalho, em especial no que toca aos adicionais de insalubridade e periculosidade. Assim, na forma do enunciado, era importante que se conhecessem as disposições legais e sumuladas sobre o assunto.

Alternativa "a". Não basta a constatação da insalubridade por meio de laudo pericial para que o empregado tenha direito ao respectivo adicional, sendo necessária a classificação da atividade insalubre na relação oficial elaborada pelo Ministério do Trabalho (Súmula nº 448, I do TST).

Alternativa "b". "São consideradas atividades ou operações perigosas, na forma da regulamentação aprovada pelo Ministério do Trabalho e Emprego, aquelas que, por sua natureza ou métodos de trabalho, impliquem risco acentuado em virtude de exposição permanente do trabalhador a: (...) roubos ou outras espécies de violência física nas atividades profissionais de segurança pessoal ou patrimonial. (...) Serão descontados ou compensados do adicional outros da mesma natureza eventualmente já concedidos ao vigilante por meio de acordo coletivo" (art. 193, II, §3º da CLT).

O pagamento dos adicionais de periculosidade e insalubridade tem previsão constitucional. De acordo com art. 7º, XXIII, da CF/88:

> **Art. 7º, XXIII, CF/88:** *São direitos dos trabalhadores urbanos e rurais, além de outros que visem à melhoria de sua condição social: adicional de remuneração para as atividades penosas*[72]*, insalubres ou perigosas, na forma da lei.*

72. Embora exista previsão expressa do adicional de penosidade, não há lei que o regulamente, inexistindo a base de cálculo e demais previsões necessárias para que seja exigido. Nesse ponto, aliás, importante mencionar a ADO nº 74, proposta pela Procuradoria-Geral da República, que foi julgada na Sessão Virtual de 24/05/2024 a 04/06/2024,

Além disso, a Reforma Trabalhista estabeleceu, no art. 611-B da CLT, que constituirá objeto ilícito de convenção ou acordo coletivo, cláusula que disponha sobre "adicional de remuneração para as atividades penosas, insalubres ou perigosas" (art. 611-B, XVIII da CLT).

Note-se que o adicional de periculosidade é de **30% sobre o salário-base**, ou seja, o cálculo não leva em conta outros acréscimos.

Alternativa "c". "O direito do empregado ao adicional de insalubridade ou de periculosidade cessará com a eliminação do risco à sua saúde ou integridade física, nos termos desta Seção e das normas expedidas pelo Ministério do Trabalho" (art. 194 da CLT). Os adicionais de horas extras, noturno, transferência, insalubridade e periculosidade, são pagos em razão de trabalho prestado em situações prejudiciais à saúde ou, ainda, que prejudiquem o convívio familiar e social. Esses adicionais são chamados salário-condição, isto é, paga-se o adicional enquanto o empregado estiver em condição prejudicial, por exemplo, prestando horas extras, ou trabalhando no período noturno. Cessada a condição gravosa, cessa o adicional sem que esse fato configure alteração prejudicial.

Alternativa "d". "O adicional de periculosidade, pago em caráter permanente, integra o cálculo de indenização e de horas extras. Durante as horas de sobreaviso, o empregado não se encontra em condições de risco, razão pela qual é incabível a integração do adicional de periculosidade sobre as mencionadas horas" (Súmula nº 132, I e II do TST).

Alternativa "e". "O simples fornecimento do aparelho de proteção pelo empregador não o exime do pagamento do adicional de insalubridade. Cabe-lhe tomar as medidas que conduzam à diminuição ou eliminação da nocividade, entre as quais as relativas ao uso efetivo do equipamento pelo empregado" (Súmula nº 289 do TST).

Alternativa correta: "b".

109. (TRT 1 – Juiz do Trabalho Substituto 1ª região/2016) Em relação ao trabalho em condições de periculosidade ou de insalubridade, com base no entendimento sumulado pelo TST, é correto afirmar:

a) Especificado o agente insalubre na petição inicial, a verificação, por meio de perícia, da existência de condição nociva diversa, impede a condenação no respectivo adicional, por violação à ampla defesa.

b) A só intermitência na exposição, pelo empregado, a condições insalubres, não retira o direito ao recebimento do respectivo adicional.

c) O fornecimento de equipamento de proteção pelo empregador faz presumir a existência de ambiente nocivo à saúde do empregado.

d) A exposição intermitente a condições de risco gera, para o trabalhador, o direito ao recebimento de adicional de periculosidade proporcional ao efetivo tempo de exposição.

e) O pagamento por mais de 10 anos ininterruptos de adicional da insalubridade gera a incorporação definitiva da rubrica à remuneração do empregado, sendo vedada a sua supressão posterior, ainda que eliminado o agente nocivo.

tendo o Supremo Tribunal Federal reconhecido, por unanimidade, a mora inconstitucional do Congresso Nacional em regulamentar o adicional de penosidade, previsto no art. 7º, XXIII, da Constituição Federal. Ao final, a Corte julgou procedente a ação e fixou o prazo de 18 meses, contados da publicação da ata de julgamento, "para adoção das medidas legislativas constitucionalmente exigíveis para suplantar a omissão". De acordo com o Ministro Relator, Gilmar Mendes, "Não se trata de imposição de prazo para a atuação legislativa do Congresso Nacional, mas apenas da fixação de um parâmetro temporal razoável para que o Congresso Nacional supra a mora legislativa". O prazo conferido pelo STF termina no dia 11/12/2025.

COMENTÁRIOS

✪ **Nota do autor:** A questão aborda os temas dos adicionais de periculosidade e insalubridade. Ademais, demanda o domínio das Súmulas do Tribunal Superior do Trabalho pelo candidato.

Alternativa "a". "A verificação mediante perícia de prestação de serviços em condições nocivas, considerado agente insalubre diverso do apontado na inicial, não prejudica o pedido de adicional de insalubridade" (Súmula nº 293 do TST).

Alternativa "b". "O trabalho executado em condições insalubres, em caráter intermitente, não afasta, só por essa circunstância, o direito à percepção do respectivo adicional" (Súmula nº 47 do TST). Vale ressaltar que o trabalho eventual em condições insalubres não dá direito ao adicional, entretanto, se executado em **caráter intermitente**, com intervalos ou descontínuo, mas diário, terá direito à percepção do adicional de insalubridade. O juiz analisará o caso concreto para decidir se o contato é meramente eventual ou não. Aliás, a constatação no local será feita mediante perícia.

Alternativa "c". "O simples fornecimento do aparelho de proteção pelo empregador não o exime do pagamento do adicional de insalubridade. Cabe-lhe tomar as medidas que conduzam à diminuição ou eliminação da nocividade, entre as quais as relativas ao uso efetivo do equipamento pelo empregado" (Súmula 289 do TST). O mero fornecimento do EPI não faz presumir a existência de ambiente nocivo ao empregado. Para isso, é necessária a constatação mediante perícia, exceto se houver pagamento espontâneo pelo empregador:

> **Súmula nº 453 do TST:** *O pagamento de adicional de periculosidade efetuado por mera liberalidade da empresa, ainda que de forma proporcional ao tempo de exposição ao risco ou em percentual inferior ao máximo legalmente previsto, dispensa a realização da prova técnica exigida pelo art. 195 da CLT, pois torna incontroversa a existência do trabalho em condições perigosas.*

Alternativa "d". "Não é válida a cláusula de acordo ou convenção coletiva de trabalho fixando o adicional de periculosidade em percentual inferior ao estabelecido em lei e proporcional ao tempo de exposição ao risco, pois tal parcela constitui medida de higiene, saúde e segurança do trabalho, garantida por norma de ordem pública (arts. 7º, XXII e XXIII, da CF e 193, §1º, da CLT)." (Súmula nº 364, II, do TST). Nem mesmo por negociação coletiva é possível o pagamento do adicional de periculosidade proporcional ao tempo de exposição ao risco. Se houver contato intermitente, o pagamento deve ser integral:

> **Súmula nº 361 do TST:** *O trabalho exercido em condições perigosas, embora de forma intermitente, dá direito ao empregado a receber o adicional de periculosidade de forma integral, porque a Lei nº 7.369, de 20.09.1985, não estabeleceu nenhuma proporcionalidade em relação ao seu pagamento.*

Nesse mesmo sentido, o art. 611-B, XVIII da CLT estabelece que constitui objeto ilícito de convenção coletiva ou acordo coletivo de trabalho, a supressão ou redução do "adicional de remuneração para as atividades penosas, insalubres ou perigosas";

Alternativa "e". "O direito do empregado ao adicional de insalubridade ou de periculosidade cessará com a eliminação do risco à sua saúde ou integridade física, nos termos desta Seção e das normas expedidas pelo Ministério do Trabalho" (Art. 194 da CLT). Os adicionais de insalubridade e periculosidade são hipóteses de salário-condição, somente devidos enquanto persistirem as condições que deram origem ao seu recebimento. Cessada a atividade perigosa ou insalubre, o adicional não é mais devido.

Alternativa correta: "b".

---

110. (FCC – Juiz do Trabalho Substituto 15ª Região/ 2015) Conforme entendimento pacificado do TST em matéria de Segurança e Medicina do Trabalho, é INCORRETO afirmar que

a) o adicional de insalubridade já remunera os dias de repouso semanal e feriados.

b) o adicional de periculosidade deve compor a base de cálculo do adicional noturno, já que também neste horário o trabalhador permanece sob as condições de risco.

c) a realização de perícia é obrigatória para a constatação de insalubridade, sendo permitido ao julgador a utilização de outros meios de prova, quando impossível sua realização, como em caso de fechamento da empresa.

d) a eliminação da insalubridade mediante fornecimento de aparelhos protetores aprovados pelo órgão competente do Poder Executivo não exclui a percepção do respectivo adicional, dependendo de perícia a apuração de tal fato.

e) em face de ausência de previsão legal, é indevido o adicional de insalubridade ao trabalhador em atividade a céu aberto por sujeição à radiação solar.

COMENTÁRIOS

✪ **Nota do autor:** A questão aborda o tema dos adicionais de periculosidade e insalubridade. O candidato deve estar atento para o fato de que a questão exige que seja assinalada a alternativa **incorreta**.

Alternativa "a". "O adicional de insalubridade já remunera os dias de repouso semanal e feriados." (Orientação Jurisprudencial nº 103 da SDI-I do TST).

Alternativa "b". "O adicional de periculosidade deve compor a base de cálculo do adicional noturno, já que também neste horário o trabalhador permanece sob as condições de risco." (Orientação Jurisprudencial nº 259 da SDI-I do TST).

Alternativa "c". "A realização de perícia é obrigatória para a verificação de insalubridade. Quando não for possível sua realização, como em caso de fechamento da empresa, poderá o julgador utilizar-se de outros meios de prova." (Orientação Jurisprudencial nº 278 da SDI-I do TST).

Alternativa "d". "A eliminação da insalubridade mediante fornecimento de aparelhos protetores aprovados pelo órgão competente do Poder Executivo exclui a percepção do respectivo adicional." (Súmula nº 80 do TST).

Alternativa "e". "Ausente previsão legal, indevido o adicional de insalubridade ao trabalhador em atividade a céu aberto, por sujeição à radiação solar (art. 195 da CLT e Anexo 7 da NR 15 da Portaria Nº 3214/78 do MTE)." (Orientação Jurisprudencial nº 173, I da SDI-I do TST).

Alternativa incorreta: "d". "

17.2.1. ADICIONAL DE PERICULOSIDADE

- Art. 7º, inciso XXIII, CF/88
- Art. 193, CLT
- Súmula nº 364 do TST
- Súmula nº 191 do TST
- Súmula nº 447 do TST
- Súmula nº 453 do TST

---

111. (FCC – Juiz do Trabalho Substituto 23ª Região/ 2015) Analise as proposições abaixo:

I. Em razão das restrições constitucionais impostas à Administração pública, não se pode falar em equiparação salarial entre empregados de sociedade de economia mista.

II. O pagamento de adicional de periculosidade em valor inferior ao previsto em lei, efetuado por mera liberalidade da empresa, não dispensa a realização de perícia para constatação da existência de condição perigosa de trabalho, tendo em vista tratar-se de prova obrigatória e, ainda, da restrição imposta por lei às hipóteses de periculosidade.

III. Empregado dispensado sem justa causa no mês de setembro tem direito à participação nos lucros e resultados de forma proporcional aos meses trabalhados, tendo em vista que concorreu para os resultados positivos da empresa no ano.

IV. É devido o pagamento em dobro da remuneração de férias, incluído o terço constitucional, quando não respeitado o prazo legal para pagamento das mesmas, ainda que o gozo tenha se dado na época própria.

V. Não têm direito ao adicional de periculosidade os tripulantes e demais empregados em serviços auxiliares de transporte aéreo que permanecem a bordo de aeronave no momento do abastecimento da mesma.

De acordo com a jurisprudência pacífica do TST, está INCORRETO o que consta APENAS em

a) III, IV e V.

b) II, III e IV.

c) I, II e V.

d) I e II.

e) I e V.

COMENTÁRIOS

✪ **Nota do autor:** A questão aborda diversos temas relacionados ao Direito do Trabalho. A inserção nesse tópico justifica-se uma vez que duas assertivas versam sobre adicional de periculosidade. O candidato deve estar atento para o fato de que a questão exige que seja assinalada a alternativa que apresenta as assertivas **incorretas**. A assertiva IV exigia do candidato o conhecimento da Súmula nº 450 da TST e estava correta na época do concurso. Contudo, referido verbete foi declarado inconstitucional pelo STF e, assim, a questão está, atualmente, desatualizada. Optamos por mantê-la no material dada sua relevância didática para explicar a decisão da Corte Constitucional.

Assertiva I. Incorreta. "À sociedade de economia mista não se aplica a vedação à equiparação prevista no art. 37, XIII, da CF/1988, pois, ao admitir empregados sob o regime da CLT, equipara-se a empregador privado, conforme disposto no art. 173, § 1º, II, da CF/1988." (Súmula nº 455 do TST).

Assertiva II. Incorreta. "O pagamento de adicional de periculosidade efetuado por mera liberalidade da empresa, ainda que de forma proporcional ao tempo de exposição ao risco ou em percentual inferior ao máximo legalmente previsto, dispensa a realização da prova técnica exigida pelo art. 195 da CLT, pois torna incontroversa a existência do trabalho em condições perigosas." (Súmula nº 453 do TST).

Assertiva III. Correta. "Fere o princípio da isonomia instituir vantagem mediante acordo coletivo ou norma regulamentar que condiciona a percepção da parcela participação nos lucros e resultados ao fato de estar o contrato de trabalho em vigor na data prevista para a distribuição dos lucros. Assim, inclusive na rescisão contratual antecipada, é devido o pagamento da parcela de forma proporcional aos meses trabalhados, pois o ex-empregado concorreu para os resultados positivos da empresa." (Súmula nº 451 do TST).

Assertiva IV. Correta à época do concurso. "É devido o pagamento em dobro da remuneração de férias, incluído o terço constitucional, com base no art. 137 da CLT, quando, ainda que gozadas na época própria, o empregador tenha descumprido o prazo previsto no art. 145 do mesmo diploma legal." (Súmula nº 450 do TST)

A penalidade de dobra das férias no caso de atraso no seu pagamento não encontra suporte na legislação. Havia, em verdade, o estabelecimento de uma sanção ao empregador através de uma interpretação analógica do TST dos arts. 134 e 137 da CLT.

Justamente por isso (imposição de penalidade por analogia), a constitucionalidade do verbete sumular foi questionada. O STF, no julgamento da ADPF 501/SC, por maioria de por 7 a 4, julgou procedente a ação para:

(a) **declarar a inconstitucionalidade da Súmula 450 do Tribunal Superior do Trabalho**; e

(b) invalidar decisões judiciais não transitadas em julgado que, amparadas no texto sumular, tenham aplicado a sanção de pagamento em dobro com base no art. 137 da CLT.

Tratando-se de uma decisão proferida em sede de controle concentrado de constitucionalidade, com efeitos vinculantes (eficácia *erga omnes*), o Judiciário Trabalhista não poderá mais impor a dobra das férias pela sua quitação em atraso com fundamento da Súmula nº 450 do TST.

Assertiva V. Correta. "Os tripulantes e demais empregados em serviços auxiliares de transporte aéreo que, no momento do abastecimento da aeronave, permanecem a bordo não têm direito ao adicional de periculosidade a que aludem o art. 193 da CLT e o Anexo 2, item 1, "c", da NR 16 do MTE." (Súmula nº 447 do TST)

Alternativa correta à época do concurso: "d". Está **incorreto** o que se afirma nas assertivas I e II.

112. (FCC – Juiz do Trabalho Substituto 6ª Região/ 2015) A empresa Sucesso Empresarial S/A funciona em um edifício de dezesseis andares, que é considerado um "edifício inteligente", tendo em vista a tecnologia de ponta utilizada para o funcionamento de elevadores, sistema de segurança e de equipamentos em geral. Para o funcionamento de todos esses aparatos tecnológicos, o edifício conta com geradores potentes, que são alimentados por óleo diesel armazenado em grandes tanques desenterrados, que estão localizados no 3° subsolo e no 16° andar. Considerando que nos três subsolos do edifício funcionam as garagens e que no 16° andar funciona um restaurante, têm direito ao recebimento de adicional de periculosidade

a) os trabalhadores que param seus carros no 3° subsolo e os que frequentam o restaurante.

b) os trabalhadores encarregados da manutenção dos tanques de combustível e os que estejam em um raio de cento e cinquenta metros distantes dos tanques.

c) os trabalhadores que, de alguma forma, manipulam o combustível.

d) os trabalhadores que frequentam as garagens e o restaurante, e aqueles que trabalham nos dois andares abaixo do restaurante.

e) todos os trabalhadores que desenvolvem suas atividades no interior do edifício, independentemente de estarem em pavimento igual ou distinto de onde estão instalados os tanques.

COMENTÁRIOS

Nota do autor: A questão aborda o tema do adicional de periculosidade. Lembre-se de que o adicional de periculosidade é de 30% sobre o salário-base, ou seja, o cálculo não leva em conta outros acréscimos.

Alternativa "e". *Comentário serve para as demais alternativas, uma vez que versam sobre o mesmo assunto.* "É devido o pagamento do adicional de periculosidade ao empregado que desenvolve suas atividades em edifício (construção vertical), seja em pavimento igual ou distinto daquele onde estão instalados tanques para armazenamento de líquido inflamável, em quantidade acima do limite legal, considerando-se como área de risco toda a área interna da construção vertical." (Orientação Jurisprudencial nº 385 da SDI-I do TST). Assim, todos os empregados terão direito ao recebimento do adicional de periculosidade.

Alternativa correta: "e".

17.2.2. ADICIONAL DE INSALUBRIDADE

- Art. 7º, inciso XXIII, CF/88
- Art. 189, CLT
- Súmula nº 448 do TST

113. (TRT 4 – Juiz do Trabalho Substituto 4ª região/2016) Um empregado de empresa de asseio e conservação trabalha, como prestador de serviços, em uma indústria metalúrgica. Considerando que a Convenção Coletiva da categoria do trabalhador – ao contrário da Convenção Coletiva dos metalúrgicos – não estipula salário normativo, qual a base de cálculo do adicional de insalubridade?

a) A remuneração do empregado

b) O salário-mínimo nacional

c) O salário-mínimo regional

d) O salário-base

e) O salário normativo dos metalúrgicos

COMENTÁRIOS

Nota do autor: A questão exige o conhecimento do adicional de insalubridade. Lembre-se de que as atividades insalubres são aquelas que expõem o empregado a agentes nocivos à sua saúde e que ultrapassam o seu limite de tolerância. Exemplo: agentes químicos (chumbo), biológicos (bactérias) e físicos (ruídos).

Alternativa "b". *Comentário serve para as demais alternativas, pois versam sobre o mesmo assunto.* O adicional de insalubridade era calculado com base no salário mínimo, variando de acordo com a agressividade do agente nocivo, 10% (grau mínimo), 20% (grau médio) e 40% (grau máximo). Ocorre, entretanto, que o Supremo Tribunal Federal – STF –proibiu que o salário mínimo sirva de base de cálculo (indexador) do adicional de insalubridade. Após essa decisão, o art. 192 da CLT não mais pode ser utilizado. De acordo com a Súmula Vinculante nº 4 do STF:

> **Súmula Vinculante nº 4 do STF:** *Salvo nos casos previstos na Constituição, o salário mínimo não pode ser usado como indexador de base de cálculo de vantagem de servidor público ou de empregado, nem ser substituído por decisão judicial.*

Nesse sentido, há necessidade de lei para fixar o novo patamar, seja no valor do salário contratual ou um valor nominal. É possível que acordos e convenções coletivas fixem essa base de cálculo, deixando claro e expresso que se trata de parâmetro para fins de adicional de insalubridade. Por outro lado, o TST[73] entende atualmente que, enquanto não houver lei específica, ou ainda norma coletiva que fixe expressamente a base de cálculo, o salário mínimo continua sendo utilizado conforme previsto no art. 192 da CLT.

O salário mínimo deverá ser previsto em lei e será nacionalmente unificado. Nada impede que seja fixado em valor superior ao mínimo fixado em lei, como ocorre em alguns estados da Federação onde existe o piso estadual.

Alternativa correta: "b".

17.3. ADICIONAL NOTURNO

- Art. 7º, inciso IX, CF/88
- Art. 73, CLT
- Súmula 60, item I, do TST

Nota do autor: segundo o disposto no art. 611-B, VI da CLT, inserido pela Reforma Trabalhista, consti-

73. Sobre o assunto, confira o Informativo nº 89 do TST.

tuirá objeto ilícito de convenção ou acordo coletivo, a redução ou supressão da: "remuneração do trabalho noturno superior à do diurno".

114. (Magistratura do Trabalho – TRT da 21ª Região/ 2010). Carlos e Roberto foram admitidos em 20.04.2008 para trabalhar, respectivamente, como advogado e engenheiro na Empresa das Águas S/A. Carlos cumpre jornada laboral das 17 às 21 horas, de segunda à sexta-feira. Roberto trabalha das 22 às 04 horas, igualmente de segunda à sexta-feira. Entre outras garantias fixadas em lei, é correto afirmar que:

a) Carlos faz jus ao adicional noturno no percentual mínimo de 25% e Roberto de 20%;

b) Carlos não faz jus ao adicional noturno, ao passo que Roberto faz jus ao adicional mínimo de 20%;

c) Carlos não faz jus ao adicional noturno, contudo, Roberto faz jus ao adicional mínimo de 25%;

d) Carlos e Roberto fazem jus ao adicional noturno no percentual mínimo de 25%;

e) Carlos e Roberto fazem jus ao adicional noturno no percentual mínimo de 20%;

COMENTÁRIOS

✪ **Nota do autor:** A questão exige que o candidato conheça regulamentações específicas acerca do trabalho noturno do engenheiro e do advogado. Considero uma questão difícil.

Alternativa "d". *O comentário serve para as demais alternativas, uma vez que versam sobre o mesmo assunto.* Quanto a Carlos, temos que "[a]s horas trabalhadas no período das vinte horas de um dia até as cinco horas do dia seguinte são remuneradas como noturnas, acrescidas do adicional de vinte e cinco por cento" (art. 20, § 3º, da Lei 8.906/94 – Estatuto da Advocacia e a Ordem dos Advogados do Brasil). Desse modo, faz jus ao recebimento de adicional de 25% pela hora trabalhada após as 20h (uma hora noturna diária, portanto). Quanto a Roberto, por sua vez, temos que "A remuneração do trabalho noturno [de profissionais diplomados em Engenharia, Química, Arquitetura, Agronomia e Veterinária] será feita na base da remuneração do trabalho diurno, acrescida de 25% (vinte e cinco por cento)" (art. 7º da Lei nº 4.950-A/66). Não dispondo a referida lei sobre qual período é considerado noturno para seus efeitos, deve-se aplicar a norma geral (CLT), a qual dispõe que se considera "noturno, para os efeitos deste artigo, o trabalho executado entre as 22 (vinte e duas) horas de um dia e as 5 (cinco) horas do dia seguinte" (art. 73, § 2º, CLT). Portanto, faz jus ao recebimento de adicional de 25% por todo o período diariamente trabalhado.

Alternativa correta: "d".

17.4. SALÁRIO-UTILIDADE OU SALÁRIO *IN NATURA*

▸ Art. 458, CLT

✪ **Nota do autor sobre o tema:** Além do pagamento em dinheiro, compreende-se no salário, para todos os efeitos legais, o salário-utilidade ou *in natura*, como alimentação, habitação, vestuário ou outras prestações que a empresa, por força do contrato ou do costume, fornecer habitualmente ao empregado (art. 458, "caput", CLT).

115. (FCC – Juiz do Trabalho Substituto 1ª Região/ 2014) A empresa Apocalipse Produções Artísticas e Cinematográficas contratou Apolo, conceituado produtor de vídeos, para trabalhar como diretor de arte. Houve a pactuação de salário fixo mensal e comissões sobre venda de vídeos produzidos pagas em dinheiro, além de alguns benefícios fornecidos em espécie. Das utilidades fornecidas pela empresa sob a forma de benefícios, constituem salário in natura:

a) aluguel mensal de apartamento previsto em contrato.

b) as comissões sobre as vendas de vídeos e vale-cultura.

c) automóvel utilizado de transporte destinado ao deslocamento para o trabalho e retorno.

d) mensalidade de curso de pós-graduação, compreendendo livros e material didático.

e) plano de previdência privada e seguro de vida e acidentes pessoais.

COMENTÁRIOS

✪ **Nota do autor:** A questão aborda o tema do salário *in natura*. É imprescindível que o candidato tenha pleno conhecimento das hipóteses previstas no art. 458, § 2º, CLT que não configuram salário *in natura*. Note que a Reforma Trabalhista inseriu o §5º ao art. 458 da CLT para prever que todos os valores referentes à assistência prestada por serviço médico ou odontológico não integram o salário do empregado, inclusive no tocante ao reembolso de despesas com medicamentos, óculos, aparelhos ortopédicos, próteses, órteses, despesas médico-hospitalares e outras similares.

Alternativa "a". "Além do pagamento em dinheiro, compreende-se no salário, para todos os efeitos legais, a alimentação, **habitação**, vestuário ou outras prestações "in natura" que a empresa, por fôrça do contrato ou do costume, fornecer habitualmente ao empregado. Em caso algum será permitido o pagamento com bebidas alcoólicas ou drogas nocivas." (art. 458, "caput", CLT). Assim, se a utilidade é fornecida pelo trabalho do empregado, configura-se salário *in natura*.

Alternativa "b". "Para os efeitos previstos neste artigo, não serão consideradas como salário as seguintes utilidades concedidas pelo empregador: o valor correspondente ao vale-cultura." (art. 458, § 2º, VIII, CLT).

Alternativa "c". "Para os efeitos previstos neste artigo, não serão consideradas como salário as seguintes utilidades concedidas pelo empregador: transporte destinado ao deslocamento para o trabalho e retorno, em percurso servido ou não por transporte público." (art. 458, § 2º, III, CLT). "A habitação, a energia elétrica e veículo fornecidos pelo empregador ao empregado, quando indispensáveis para a realização do trabalho, não têm natureza salarial, ainda que, no caso de veículo, seja ele utilizado pelo empregado também em atividades particulares." (Súmula nº 367, I, TST).

Alternativa "d". "Para os efeitos previstos neste artigo, não serão consideradas como salário as seguintes utilidades concedidas pelo empregador: educação, em estabelecimento de ensino próprio ou de terceiros, compreendendo os valores relativos a matrícula, mensalidade, anuidade, livros e material didático." (art. 458, § 2º, II, CLT).

Alternativa "e". Essas utilidades não configuram salário *in natura* conforme estabelece o art. 458, § 2º, V e VI, CLT:

> **Art. 458, § 2º, CLT:** *Para os efeitos previstos neste artigo, não serão consideradas como salário as seguintes utilidades concedidas pelo empregador:*
>
> *(...)*
>
> *V – seguros de vida e de acidentes pessoais;*
>
> *VI – previdência privada*

Alternativa correta: "a".

17.5. PARCELAS SEM NATUREZA SALARIAL

- Art. 457, §§ 2º e 4º, CLT
- Art. 470, CLT
- Lei nº 10.101/2000
- Lei nº 7.418/85
- Lei nº 9.279/1996

116. (FGV – 2023 – TST – Juiz do Trabalho) A empresa ABC Ltda., por meio de negociação com seus empregados, instituiu programa de participação nos lucros ou resultados, mediante comissão composta por cinco empregados eleitos como representantes dos trabalhadores e outros cinco empregados escolhidos pelo empregador, além de um representante designado pelo respectivo sindicato profissional, o qual foi indicado após a entidade sindical ter sido notificada quanto à formação da comissão paritária. Após o fornecimento de todas as informações necessárias pela empresa à comissão de empregados e amplo processo de debate sobre o tema, restou definido o instrumento da PLR (Participação nos Lucros e Resultados), contendo claramente as regras aplicáveis; os mecanismos de aferição quanto ao pactuado, o período da distribuição e vigência do programa, além das metas e índices de produtividade aplicáveis.

Diante da situação hipotética acima, do entendimento dominante do Tribunal Superior do Trabalho e da Lei que regula a participação dos trabalhadores nos lucros ou resultados da empresa, é correto afirmar que:

a) o programa de PLR da empresa ABC Ltda. poderá contemplar metas individuais ou coletivas, além de metas referentes à saúde e à segurança do trabalho;

b) em havendo paridade quanto ao número de representantes dos empregados e dos representantes da empresa ABC Ltda. na comissão de PLR, será facultativa a ciência à entidade sindical para que indique um representante seu para integrar a comissão paritária;

c) em caso de impasse entre a empresa e a comissão paritária quanto à negociação da PLR, deverá o representante sindical deveria acionar o sindicato, por escrito, no prazo de dez dias, para o ajuizamento de dissídio coletivo, visando buscar a fixação das condições da PLR por meio do poder normativo da Justiça do Trabalho;

d) considerando que a PLR não foi instituída por meio de convenção coletiva de trabalho, ou acordo coletivo de trabalho, os valores pagos e distribuidos a tal título aos empregados terão natureza remuneratória e sobre eles incidirão os encargos trabalhistas cabíveis;

e) a empresa ABC Ltda. e a comissão paritária poderão estabelecer múltiplos programas de PLR, contudo, sendo vedado o pagamento de qualquer antecipação ou distribuição de valores a título de PLR em mais de duas vezes no mesmo ano civil e em periodicidade inferior a um trimestre civil.

COMENTÁRIOS

✪ **Nota do autor:** Há expressa previsão da participação nos lucros e resultados na Constituição Federal, inclusive prevendo a **natureza indenizatória dessa parcela** (art. 7º, XI, da CF/88). Atente-se ao fato de que referida parcela foi regulamentada pela Lei nº 10.101/2001. Ainda, interessante notar que o empregado que contribuiu com a empresa para a obtenção do resultado positivo terá direito a participação nos lucros, mesmo se extinto o contrato antes da data prevista para o pagamento da parcela. A negociação coletiva, segundo o TST, não poderá retirar do empregado o direito à PLR. Nesse sentido:

> **Súmula nº 451 do TST.** *Fere o princípio da isonomia instituir vantagem mediante acordo coletivo ou norma regulamentar que condiciona a percepção da parcela participação nos lucros e resultados ao fato de estar o contrato de trabalho em vigor na data prevista para a distribuição dos lucros. Assim, inclusive na rescisão contratual antecipada, é devido o pagamento da parcela de forma proporcional aos meses trabalhados, pois o ex-empregado concorreu para os resultados positivos da empresa.*

Alternativa "a". Nos termos do art. 2º da Lei nº 10.101/2001, a PLR será objeto de negociação entre a empresa e seus empregados. No instrumento coletivo, deverão constar regras claras e objetivas quanto à fixação e pagamento da PLR, periodicidade da distribuição, período de vigência e prazos para revisão do acordo, podendo ser considerados, entre outros, os seguintes critérios e condições: índices de produtividade, qualidade ou lucratividade da empresa; e programas de metas, resultados e prazos, pactuados previamente. **Não se pode, contudo, considerar as metas referentes à saúde e segurança no trabalho:**

> **Art. 2º, Lei nº 10.101/2001:** A participação nos lucros ou resultados será objeto de negociação entre a empresa e seus empregados, mediante um dos procedimentos a seguir descritos, escolhidos pelas partes de comum acordo: (...)
>
> § 1º Dos instrumentos decorrentes da negociação deverão constar regras claras e objetivas quanto à fixação dos direitos substantivos da participação e das regras adjetivas, inclusive mecanismos de aferição das informações pertinentes ao cumprimento do acordado, periodicidade da distribuição, período de vigência e prazos para revisão do acordo, podendo ser considerados, entre outros, os seguintes critérios e condições:
>
> I – índices de produtividade, qualidade ou lucratividade da empresa;
>
> II – programas de metas, resultados e prazos, pactuados previamente. (...)
>
> § 4º Quando forem considerados os critérios e condições definidos nos incisos I e II do § 1o deste artigo: (...)
>
> II – não se aplicam as metas referentes à saúde e segurança no trabalho.

Alternativa "b". A ciência à entidade sindical para que indique um representante seu para integrar a comissão paritária não é uma faculdade da comissão, mas uma imposição legal:

> **Art. 2º, § 10, Lei nº 10.101/2001:** Uma vez composta, a comissão paritária de que trata o inciso I do caput deste artigo dará ciência por escrito ao ente sindical para que indique seu representante no prazo máximo de 10 (dez) dias corridos, findo o qual a comissão poderá iniciar e concluir suas tratativas.

Alternativa "c". Em caso de impasse entre a empresa e a comissão paritária quanto à negociação da PLR, as partes poderão utilizar-se dos seguintes mecanismos de solução do litígio: mediação; e arbitragem de ofertas finais, utilizando-se, no que couber, os termos da Lei no 9.307, de 23 de setembro de 1996 (art. 4º, Lei nº 10.101/2001).

Alternativa "d". O art. 2º, inciso I, da Lei nº 10.101/2001 autoriza a instituição de PLR sem negociação coletiva (acordo ou convenção coletiva de trabalho), por meio de uma "comissão paritária escolhida pelas partes, integrada, também, por um representante indicado pelo sindicato da respectiva categoria". Ainda, nos termos do art. 3º do referido diploma legal, "A participação de que trata o art. 2o não substitui ou complementa a remuneração devida a qualquer empregado, nem constitui base de incidência de qualquer encargo trabalhista, não se lhe aplicando o princípio da habitualidade.".

Alternativa "e". A alternativa está correta e é o gabarito da questão. Nos termos do art. 2º, § 5º, da Lei nº 10.101/2001, "As partes podem: I – adotar os procedimentos de negociação estabelecidos nos incisos I e II do caput deste artigo, simultaneamente; e II – estabelecer múltiplos programas de participação nos lucros ou nos resultados, observada a periodicidade estabelecida pelo § 2º do art. 3º desta Lei." – Novidade trazida pela Lei nº 14.020, de 2020. Além disso, conforme § 2º do art. 3º, "É vedado o pagamento de qualquer antecipação ou distribuição de valores a título de participação nos lucros ou resultados da empresa em mais de 2 (duas) vezes no mesmo ano civil e em periodicidade inferior a 1 (um) trimestre civil.".

Alternativa correta: "e".

17.6. DA FORMA, DO TEMPO E DO LOCAL DO PAGAMENTO

- Art. 459, CLT
- Arts. 463 a 467, CLT

---

117. (TRT 3 – Juiz do Trabalho Substituto 3ª Região/ 2012) Acerca dos juros e correção monetária, leia as afirmações abaixo e, em seguida, assinale a alternativa correta, de acordo com a lei e a jurisprudência cristalizada do Tribunal Superior do Trabalho:

I. Os débitos trabalhistas das entidades submetidas aos regimes de intervenção ou liquidação extrajudicial estão sujeitos a correção monetária desde o respectivo vencimento até seu efetivo pagamento, sem interrupção ou suspensão, não incidindo, entretanto, sobre tais débitos, juros de mora.

II. O pagamento dos salários até o 5º dia útil do mês subsequente ao vencido não está sujeito à correção monetária. Se essa data limite for ultrapassada, incidirá o índice da correção monetária do mês subsequente ao da prestação dos serviços, a partir do dia 1º.

III. Os créditos referentes ao FGTS, decorrentes de condenação judicial não serão corrigidos pelos mesmos índices aplicáveis aos débitos trabalhistas, porque o FGTS tem correção específica, regulada pela lei própria.

IV. A Fazenda Pública, quando condenada subsidiariamente pelas obrigações trabalhistas devidas pela empregadora principal, não se beneficia da limitação dos juros de 0,5% ao mês.

V. É devida a incidência de juros de mora em relação aos débitos trabalhistas de empresa em liquidação extrajudicial sucedida nos moldes dos arts. 10 e 448 da CLT. O sucessor responde pela obrigação do sucedido, não se beneficiando de qualquer privilégio a este destinado.

a) Somente as afirmativas III e V estão corretas.

b) Somente as afirmativas I, II, III e IV estão corretas

c) Somente as afirmativas I, IV e V estão corretas

d) Somente as afirmativas I, II, IV e V estão corretas

e) Todas as afirmativas estão corretas.

COMENTÁRIOS

✪ Nota do autor: A questão aborda o tema da aplicação de juros e correção monetária. O candidato deve ter um bom conhecimento a respeito da jurisprudência sumulada do TST para responder a essa questão.

Assertiva I. Correta. "Os débitos trabalhistas das entidades submetidas aos regimes de intervenção ou liquidação extrajudicial estão sujeitos a correção monetária desde o respectivo vencimento até seu efetivo pagamento, sem interrupção ou suspensão, não incidindo, entretanto, sobre tais débitos, juros de mora" (Súmula nº 304 do TST).

Assertiva II. Correta. "O pagamento dos salários até o 5º dia útil do mês subsequente ao vencido não está sujeito à correção monetária. Se essa data limite for ultrapassada, incidirá o índice da correção monetária do mês subsequente ao da prestação dos serviços, a partir do dia 1º" (Súmula nº 381 do TST).

Assertiva III. Incorreta. "Os créditos referentes ao FGTS, decorrentes de condenação judicial, **serão corrigidos pelos mesmos índices aplicáveis aos débitos trabalhistas**" (OJ nº 302 da SDI-I do TST – grifos acrescidos).

Assertiva IV. Correta. "A Fazenda Pública, quando condenada subsidiariamente pelas obrigações trabalhistas devidas pela empregadora principal, não se beneficia da limitação dos juros, prevista no art. 1º-F da Lei nº 9.494, de 10.09.1997" (OJ nº 382 da SDI-I do TST).

Assertiva V. Correta. "É devida a incidência de juros de mora em relação aos débitos trabalhistas de empresa em liquidação extrajudicial sucedida nos moldes dos arts. 10 e 448 da CLT. O sucessor responde pela obrigação do sucedido, não se beneficiando de qualquer privilégio a este destinado" (OJ nº 408 da SDI-I do TST).

Alternativa correta: "d". As assertivas I, II, IV e V estão corretos.

17.7. EQUIPARAÇÃO SALARIAL

- Art. 7º, inciso XXX, CF/88
- Art. 461, CLT
- Súmula nº 6 do TST

✪ Nota do autor sobre o tema: Com base no princípio da igualdade, é vedado o tratamento diferenciado para trabalhadores que exerçam a mesma função. Nesse compasso, há previsão de equiparação salarial, nas hipóteses de tratamento diferenciado. A Reforma Trabalhista alterou o tema em questão, de forma que recomendamos a leitura do art. 461 da CLT.

Ainda, atente-se ao fato de que o referido dispositivo foi alterado pela Lei nº 14.611/2023 para prever, em seus §§ 6º e 7º, multa de 10 vezes o valor do novo salário devido pelo empregador ao empregado discriminado, elevada ao dobro, no caso de reincidência, no caso de discriminação por motivo de sexo, raça, etnia, origem ou idade

---

118. (FCC – Juiz do Trabalho Substituto 6ª Região/ 2015) De acordo com a jurisprudência pacificada do TST, em relação à equiparação salarial é INCORRETO afirmar que

a) na ação de equiparação salarial, a prescrição é parcial e só alcança as diferenças salariais no período de cinco anos que precedeu o ajuizamento.

b) à sociedade de economia mista não se aplica a vedação à equiparação salarial prevista constitucional- mente, pois, ao contratar empregados sob o regime da CLT, equipara-se a empregador privado.

c) a cessão de empregados não exclui a equiparação salarial, embora exercida a função em órgão governamental estranho à cedente, se esta responde pelos salários do paradigma e do reclamante.

d) constitui óbice à equiparação salarial a existência de plano de cargos e salários que, referendado por norma coletiva, prevê critério de promoção apenas por merecimento ou apenas por antiguidade.

e) é vedada a equiparação de qualquer natureza para efeito de remuneração do pessoal do serviço público, sendo juridicamente impossível a aplicação da norma infraconstitucional quando se pleiteia equiparação salarial entre servidores públicos, independentemente de terem sido contratados pela CLT.

COMENTÁRIOS

✪ Nota do autor: A questão aborda o tema da equiparação salarial. O candidato deve estar atento para o fato de que a questão exige que seja assinalada a alternativa **incorreta**. O tema foi afetado pela Reforma Trabalhista e a questão está desatualizada, mas foi mantida para fixação do conteúdo. Veja quadro resumo de como ficou a regulamentação da equiparação salarial:

QUADRO RESUMO – EQUIPARAÇÃO SALARIAL

1) Restrição aos pedidos de equiparação salarial:

- Mesmo estabelecimento;
- Tempo de serviço na empresa inferior a 4 anos;
- Possibilidade de quadro de carreira "de gaveta" – sem homologação;

2) Critérios flexíveis de promoção (merecimento e/ou antiguidade);

3) Vedação à indicação de paradigmas remotos: impossibilidade de equiparação salarial em cadeia;

4) Fixação de multa por conduta discriminatória: 50% do limite máximo dos benefícios do Regime Geral de Previdência Social.

Alternativa "a". "Na ação de equiparação salarial, a prescrição é parcial e só alcança as diferenças salariais vencidas no período de 5 (cinco) anos que precedeu o ajuizamento." (Súmula nº 6, IX, TST)

Alternativa "b". "À sociedade de economia mista não se aplica a vedação à equiparação prevista no art. 37, XIII, da CF/1988, pois, ao contratar empregados sob o regime da CLT, equipara-se a empregador privado, conforme disposto no art. 173, § 1º, II, da CF/1988." (Súmula nº 455 do TST)

Alternativa "c". "A cessão de empregados não exclui a equiparação salarial, embora exercida a função em órgão governamental estranho à cedente, se esta responde pelos salários do paradigma e do reclamante." (Súmula nº 6, V, do TST)

Alternativa "d". Com as alterações promovidas pela Reforma Trabalhista, as promoções não necessitam observar a alternância entre os critérios de merecimento e antiguidade, podendo o empregador adotar apenas um desses critérios isoladamente:

> **Art. 461, da CLT:** *(...)*
>
> *§ 2º Os dispositivos deste artigo não prevalecerão quando o empregador tiver pessoal organizado em quadro de carreira ou adotar, por meio de norma interna da empresa ou de negociação coletiva, plano de cargos e salários, dispensada qualquer forma de homologação ou registro em órgão público.*
>
> *§ 3º No caso do § 2º deste artigo, as promoções poderão ser feitas por merecimento e por antiguidade, ou por apenas um destes critérios, dentro de cada categoria profissional.*

Houve uma flexibilização nos critérios de promoção com a Lei nº 13.467/2017. Mesmo que adotado somente o critério do merecimento, o empregado não terá direito à equiparação salarial. Nesse sentido, o entendimento adotado pela Orientação Jurisprudencial nº 418 da SDI-I do TST fica superado:

> **Orientação Jurisprudencial nº 418 da SDI-I do TST.** *Não constitui óbice à equiparação salarial a existência de plano de cargos e salários que, referendado por norma coletiva, prevê critério de promoção apenas por merecimento ou antiguidade, não atendendo, portanto, o requisito de alternância dos critérios, previsto no art. 461, § 2º, da CLT.*

Com a Reforma Trabalhista, os critérios em questão poderão ser utilizados, independentemente de alternância.

Alternativa "e". "O art. 37, inciso XIII, da CF/1988, veda a equiparação de qualquer natureza para o efeito de remuneração do pessoal do serviço público, sendo juridicamente impossível a aplicação da norma infraconstitucional prevista no art. 461 da CLT quando se pleiteia equiparação salarial entre servidores públicos, independentemente de terem sido contratados pela CLT." (Orientação Jurisprudencial nº 297 da SDI-I do TST). "A administração pública direta e indireta de qualquer dos Poderes da União, dos Estados, do Distrito Federal e dos Municípios obedecerá aos princípios de legalidade, impessoalidade, moralidade, publicidade e eficiência e, também, ao seguinte: é vedada a vinculação ou equiparação de quaisquer espécies remuneratórias para o efeito de remuneração de pessoal do serviço público." (art. 37, XIII, CF/88).

Para facilitar a memorização do tema, segue quadro resumo acerca dos requisitos para a equiparação salarial:

REQUISITOS PARA A EQUIPARAÇÃO SALARIAL
1. Identidade de empregadores
2. Trabalho no mesmo estabelecimento empresarial (*Alteração pela Reforma Trabalhista*).
3. Empregados devem possuir a mesma função.
4. Trabalhos de igual valor.
5. Tempo no serviço não poderá ser superior a 4 anos (*Alteração pela Reforma Trabalhista*).
6. Tempo na função não poderá ser superior a 2 anos.
7. Inexistência de quadro de carreira ou de plano de cargos e salários (*Alteração pela Reforma Trabalhista*).

Alternativa incorreta: "d". A alternativa está correta atualmente.

17.8. GARANTIAS DE PROTEÇÃO AO SALÁRIO

- Art. 7º, incisos VI e X, CF/88
- Art. 462, CLT
- Súmula nº 342 do TST
- Orientação Jurisprudencial nº 160 da SDI – I do TST

119. (FCC – Juiz do Trabalho Substituto 6ª Região/ 2015) A intangibilidade ou integralidade caracteriza-se como a restrição imposta pelo legislador em relação aos descontos que o empregador pode efetuar nos salários de seus empregados. Nesse sentido, considere:

I. É inválida a presunção de vício de consentimento resultante do fato de o empregado ter anuído expressamente com descontos salariais na oportunidade da admissão, sendo exigível a demonstração concreta do vício de vontade.

II. É lícito o desconto salarial referente à devolução de cheques sem fundos, quando o frentista não observar as recomendações previstas em instrumento coletivo.

III. Para os trabalhadores rurais é lícito o desconto no salário referente à ocupação de moradia, até o limite de 25% do valor do referido salário.

IV. São efetuados os descontos nos salários dos empregados quando estes resultarem de previsão em convenção ou acordo coletivo de trabalho, inclusive quando se tratar de descontos referentes à contribuição confederativa.

V. Descontos autorizados pelo empregado são válidos desde que inexista vício de consentimento e desde que o desconto refira-se a efetiva vantagem ao trabalhador ou a sua família.

Em relação a tal regra de proteção aos salários, está correto o que consta APENAS em

a) II, III e V.

b) I, III e IV.

c) I, II, III e IV.

d) III, IV e V.

e) I, II e V.

COMENTÁRIOS

✪ **Nota do autor:** A questão aborda o tema dos descontos no salário do empregado. Lembre-se de que é possível descontos no salário em razão de dano causado pelo empregado. Neste caso, se o dano foi cometido por dolo, ou seja, de forma intencional, o desconto é sempre possível, em razão da falta de lealdade do trabalhador. Se cometido por culpa (sem intenção), o desconto será possível desde que previsto no contrato de trabalho ou norma coletiva (ajuste feito entre as partes).

Assertiva I. Correta. "É inválida a presunção de vício de consentimento resultante do fato de ter o empregado anuído expressamente com descontos salariais na oportunidade da admissão. É de se exigir demonstração concreta do vício de vontade." (Orientação Jurisprudencial nº 160 da SDI-I do TST).

Assertiva II. Correta. "É lícito o desconto salarial referente à devolução de cheques sem fundos, quando o frentista não observar as recomendações previstas em instrumento coletivo." (Orientação Jurisprudencial nº 251 da SDI-I do TST).

Assertiva III. Incorreta. "Salvo as hipóteses de autorização legal ou decisão judiciária, só poderão ser descontadas do empregado rural as seguintes parcelas, calculadas sobre o salário mínimo: até o limite de 20% (vinte por cento) pela ocupação da morada." (art. 9º, "a", Lei nº 5.889/1973)

Assertiva IV. Incorreta. "As cláusulas coletivas que estabeleçam contribuição em favor de entidade sindical, a qualquer título, obrigando trabalhadores não sindicalizados, são ofensivas ao direito de livre associação e sindicalização, constitucionalmente assegurado, e, portanto, nulas, sendo passíveis de devolução, por via própria, os respectivos valores eventualmente descontados." (Orientação Jurisprudencial nº 17 da SDC do TST)

Note-se que, com a Reforma Trabalhista, até mesmo a contribuição sindical, antes obrigatória, passa a depender de prévia e expressa autorização pelo empregado, empregador ou profissional liberal. O principal efeito dessa modificação nos dispositivos mencionados consistiu na extinção da compulsoriedade da contribuição sindical obrigatória. É importante destacar que a Lei nº 13.467/2017 **não revogou a contribuição sindical, pois os artigos referentes à sua cobrança e destinação permanecem vigentes**, mas somente serão aplicados caso haja a prévia e expressa autorização dos integrantes das categorias profissionais, econômicas e de profissionais liberais. A Reforma Trabalhista tornou, portanto, facultativa a contribuição sindical.

A assertiva, atualmente, continua incorreta, pois não há mais a possibilidade de imposição indiscriminada de contribuições ao sindicato para desconto direto nos salários dos empregados. Contudo, sobre o tema, houve uma importante decisão do STF que possibilita a instituição de contribuição assistencial a todos os trabalhadores, filiados ou não, desde que assegurado o direito de oposição. Acompanhe comigo!

A contribuição assistencial ou taxa de reversão é prevista no art. 513, e, da CLT. Essa contribuição tem como finalidade compensar os custos decorrentes da participação nas negociações coletivas e, ainda, em razão da conquista de condições mais benéficas aos trabalhadores. Não tem natureza de tributo, ou seja, não poderá ser compulsoriamente exigida de todos os empregados.

Com a edição da Súmula Vinculante nº 40 do STF, parecia-nos que a contribuição assistencial não pode ser cobrada ou mesmo descontada dos empregados não associados ao sindicato, ainda que tal possibilidade fosse prevista em instrumento coletivo.

O tema, contudo, foi revisitado pelo STF, que instituiu nova sistemática à **contribuição assistencial**. Na sessão virtual finalizada em 24/04/2023, nos mesmos autos do processo em que o STF entendeu pela inconstitucionalidade da imposição, por meio de norma coletiva, de contribuições compulsórias descontadas de empregados não filiados ao sindicato respectivo (RG-ARE 1.018.459/PR), acolhendo embargos de declaração com efeitos infringentes, propôs-se a seguinte tese:

> Tema 935 da Repercussão Geral: É constitucional a instituição, por acordo ou convenção coletivos, de contribuições assistenciais a serem impostas a todos os empregados da categoria, ainda que não sindicalizados, desde que assegurado o direito de oposição

Apreciando o Tema, a Corte, em 11 de setembro de 2023, decidiu pela **constitucionalidade** da instituição, por acordo ou convenção coletiva de trabalho, de **contribuições assistenciais** (para o custeio das despesas com a negociação coletiva) a serem impostas a todos os empregados da categoria profissional, ainda que não sindicalizados, desde que **assegurado o direito de oposição.**

A Ata de Julgamento foi publicada em 19/09/2023, adquirindo a tese, a partir de então, força vinculante e devendo ser observada por todos os tribunais do País.

Assertiva V. correta. "Descontos salariais efetuados pelo empregador, com a autorização prévia e por escrito do empregado, para ser integrado em planos de assistência odontológica, médico-hospitalar, de seguro, de previdência privada, ou de entidade cooperativa, cultural ou recreativo-associativa de seus trabalhadores, em seu benefício e de seus dependentes, não afrontam o disposto no art. 462 da CLT, salvo se ficar demonstrada a existência de coação ou de outro defeito que vicie o ato jurídico." (Súmula nº 342 do TST).

Alternativa correta: "e". Está correto o que se afirma nas assertivas I, II e V.

18. ESTABILIDADE E GARANTIAS PROVISÓRIAS DE EMPREGO

- Arts: 8º; 41; 61; 132; 142, CF/88
- Arts. 10, 18, 19, 21, 29 e 53, ADCT
- Arts: 4º; 391-A, CLT
- Lei nº 8.036/90;
- Súmulas do TST nº 54; 62; 98; 148; 244; 331; 345; 355; 369; 378; 390;
- OJs nº 41; 253; 268; 364; 365; 369; 399 do SDI-I do TST;
- OJs nº 30 e 31 da SDC do TST;

120. (FCC – Juiz do Trabalho/2017) Observadas as normas aplicáveis e a jurisprudência dominante junto ao Tribunal Superior do Trabalho, caracteriza estabilidade e garantia provisória de emprego:

a) A empregada dispensada com aviso-prévio indenizado informa ao ex-empregador, no dia seguinte à dispensa, o seu estado gravídico de quatro semanas. Nesse caso, o desconhecimento do estado gravídico pelo empregador no momento da rescisão afasta o direito ao pagamento da indenização decorrente da estabilidade constitucional.

b) É possível a transferência do dirigente sindical para outro município vizinho da mesma região metropolitana e base territorial do seu sindicato que não dificulte ou torne impossível o desempenho de suas atribuições sindicais, mantida a estabilidade prevista em lei.

c) O empregado que sofre acidente do trabalho no curso do contrato de experiência não goza da garantia provisória de emprego, decorrente de acidente de trabalho, prevista no artigo 118 da Lei no 8.213/1991, em razão da modalidade de contrato a termo firmado.

d) O empregado de empresa pública ou de sociedade de economia mista, desde que admitido mediante aprovação em concurso público, tem assegurada a estabilidade prevista no artigo 41 da Constituição de República de 1988.

e) O empregado membro da Comissão Interna de Prevenção de Acidentes – CIPA que foi indicado pelo empregador é detentor de garantia de emprego por até um ano após o final de seu mandato, constituindo-se tal garantia em vantagem pessoal que prevalece mesmo em caso de extinção do estabelecimento.

COMENTÁRIOS

✪ **Nota do autor:** A questão aborda o tema estabilidade e garantia provisória no emprego. Alguns autores diferenciam os termos estabilidade e garantia provisória de emprego. Estabilidade refere-se ao direito conquistado pelo empregado de não perder o emprego, exceto se a dispensa for por justa causa. Estabilidade provisória ou especial ou, ainda, garantia de emprego, consiste em garantir provisoriamente o emprego enquanto presente uma das situações excepcionais previstas em lei (gestante, membro da Cipa etc.). Nas provas de concursos, é comum que o termo estabilidade seja utilizado para abranger também as hipóteses de estabilidade provisória.

Alternativa "a". "O desconhecimento do estado gravídico pelo empregador não afasta o direito ao pagamento da indenização decorrente da estabilidade (art. 10, II, "b" do ADCT)" (Súmula nº 244, I do TST).

Alternativa "b". Se o empregado não for eleito, não terá a garantia da estabilidade. Ademais, não persiste a estabilidade se houver extinção do estabelecimento[74]. Contudo, se o empregado for transferido para outro estabelecimento da empresa na mesma base territorial onde exerce suas atividades de dirigente sindical, a estabilidade permanecerá. De acordo com posicionamento do TST, o dirigente sindical mantém o seu direito à estabilidade mesmo na hipótese de pendência de registro sindical no Ministério do Trabalho. Somente com o indeferimento definitivo do registro, após julgamento de eventuais recursos, a estabilidade deixa de existir.

Alternativa "c". "O empregado submetido a contrato de trabalho por tempo determinado goza da garantia provisória de emprego decorrente de acidente de trabalho prevista no art. 118 da Lei nº 8.213/91" (Súmula nº 378, III do TST).

Alternativa "d". "Ao empregado de empresa pública ou de sociedade de economia mista, ainda que admitido mediante aprovação em concurso público, não é garantida a estabilidade prevista no art. 41 da CF/1988. (Súmula nº 390, II do TST)."

Alternativa "e". "A estabilidade provisória do cipeiro não constitui vantagem pessoal, mas garantia para as atividades dos membros da CIPA, que somente tem razão de ser quando em atividade a empresa. Extinto o estabelecimento, não se verifica a despedida arbitrária, sendo impossível a reintegração e indevida a indenização do período estabilitário" (Súmula nº 339, II do TST). Além disso, somente têm direito à estabilidade os membros indicados pelos empregados.

Alternativa correta: "b".

121. (TRT 1 – Juiz do Trabalho Substituto 1ª região/2016) Tem garantia provisória de emprego, EXCETO:

74. **Súmula nº 369, item IV do TST.** "Havendo extinção da atividade empresarial no âmbito da base territorial do sindicato, não há razão para subsistir a estabilidade."

a) o empregado que, não tendo optado pelo regime do FGTS, em 05/10/1988, contasse mais de 10 anos ininterruptos de trabalho para a mesma empresa.

b) o empregado eleito vice-presidente de CIPA, até um ano após o término do mandato.

c) o empregado no exercício do cargo de presidente de entidade sindical que firme acordo coletivo com seu empregador.

d) a empregada, da confirmação da gravidez até 5 meses após o parto.

e) o empregado que recebeu auxílio-doença acidentário por 45 dias, até 1 ano após a cessação do auxílio.

COMENTÁRIOS

Nota do autor: A questão trata da distinção entre estabilidade e garantias provisórias. Estabilidade refere-se ao direito conquistado pelo empregado de não perder o emprego, exceto se a dispensa for por justa causa. Estabilidade provisória ou especial ou, ainda, garantia de emprego, consiste em garantir provisoriamente o emprego enquanto presente uma das situações excepcionais previstas em lei (gestante, membro da CIPA etc.). Note-se que deve ser assinalada a alternativa que **não** traz uma hipótese de estabilidade.

Alternativa "a". Trata-se de caso de estabilidade por tempo de serviço. Inicialmente, a CLT previa estabilidade para os empregados após 10 anos de efetivo serviço. Era a chamada estabilidade decenal, prevista nos arts. 492 até 500. O empregado estável não poderia ser dispensado sem justa causa[75]. Se rescindido antes de completar 10 anos, o empregador era obrigado a pagar indenização equivalente a um mês de salário por ano, ou fração igual ou superior a 6 meses trabalhados, art. 478 da CLT.

A Constituição Federal de 5 de outubro de 1988 tornou o FGTS obrigatório para todos os empregados. Diante disso, não mais se aplica aos empregados contratados, após essa data, a estabilidade decenal. Aqueles trabalhadores já detentores de estabilidade na data da promulgação da CF/88 possuem direito adquirido.

Alternativa "b". "Os titulares da representação dos empregados nas Cipa (s) não poderão sofrer despedida arbitrária, entendendo-se como tal a que não se fundar em motivo disciplinar, técnico, econômico ou financeiro" (art. 165 da CLT). "Até que seja promulgada a lei complementar a que se refere o art. 7º, I, da Constituição: (...)II - fica vedada a dispensa arbitrária ou sem justa causa: a) do empregado eleito para cargo de direção de comissões internas de prevenção de acidentes, desde o registro de sua candidatura até um ano após o final de seu mandato". (Art. 10, II, "a", ADCT).

Alternativa "c". "É livre a associação profissional ou sindical, observado o seguinte: é vedada a dispensa do empregado sindicalizado a partir do registro da candidatura a cargo de direção ou representação sindical e, se eleito, ainda que suplente, até um ano após o final do mandato, salvo se cometer falta grave nos termos da lei." (art. 8º, VIII, CF/88). "Fica vedada a dispensa do empregado sindicalizado ou associado, a partir do momento do registro de sua candidatura a cargo de direção ou representação de entidade sindical ou de associação profissional, até 1 (um) ano após o final do seu mandato, caso seja eleito inclusive como suplente, salvo se cometer falta grave devidamente apurada nos termos desta Consolidação" (art. 543, §3º da CLT § 3º).

Alternativa "d". "Até que seja promulgada a lei complementar a que se refere o art. 7º, I, da Constituição: (...)II - fica vedada a dispensa arbitrária ou sem justa causa: (...) b) da empregada gestante, desde a confirmação da gravidez até cinco meses após o parto" (Art. 10, II, "b" ADCT).

Com a Lei nº 13.509/2017, referida estabilidade foi estendida ao adotante ao qual tenha sido concedida guarda provisória:

> **Art. 391-A da CLT (com redação dada pela Lei nº 13.509/2017):** A confirmação do estado de gravidez advindo no curso do contrato de trabalho, ainda que durante o prazo do aviso prévio trabalhado ou indenizado, garante à empregada gestante a estabilidade provisória prevista na alínea b do inciso II do art. 10 do Ato das Disposições Constitucionais Transitórias.
>
> Parágrafo único. O disposto no **caput** deste artigo aplica-se ao empregado adotante ao qual tenha sido concedida guarda provisória para fins de adoção.

Alternativa "e". "O segurado que sofreu acidente do trabalho tem garantida, pelo prazo mínimo de doze meses, a manutenção do seu contrato de trabalho na empresa, após a cessação do auxílio-doença acidentário, independentemente de percepção de auxílio-acidente." (art. 188, Lei nº 8.213/1991). "São pressupostos para a concessão da estabilidade o afastamento superior a 15 dias e a consequente percepção do auxílio-doença acidentário, salvo se constatada, após a despedida, doença profissional que guarde relação de causalidade com a execução do contrato de emprego." (Súmula nº 378, II, do TST).

Alternativa incorreta: "a".

---

122. (TRT 2 - Juiz do Trabalho Substituto 2ª região/2016) Em se tratando de estabilidade e garantias provisórias de emprego, considerando a legislação vigente e a jurisprudência sumulada do Tribunal Superior do Trabalho, analise as seguintes proposições:

I. Os titulares da representação dos empregados na CIPA não poderão sofrer despedida arbitrária, entendendo-se como tal a que não se fundar em

75. Lembre-se de que mesmo o empregado estável pode ser dispensado por justa causa. Exemplo: o empregado que viola segredo da empresa, ou ainda ofende fisicamente seu superior hierárquico, perderá o emprego, mesmo se detentor de estabilidade ou garantia provisória de emprego.

motivo disciplinar, técnico, econômico ou financeiro.

II. A empregada gestante goza de estabilidade desde a confirmação da gravidez até cinco meses após o parto.

III. O empregado de categoria diferenciada eleito dirigente sindical só goza de estabilidade se exercer na empresa atividade pertinente à categoria profissional do sindicato para o qual foi eleito dirigente.

IV. O segurado que sofreu acidente de trabalho tem garantida, pelo prazo mínimo de doze meses, a manutenção do seu contrato de trabalho na empresa, após a cessação do auxílio-doença acidentário, independentemente de percepção de auxílio-acidente.

V. Exaurido o período de estabilidade, são devidos ao empregado apenas os salários do período compreendido entre a data da despedida e o final do período de estabilidade, não lhe sendo assegurada a reintegração no emprego.

Responda:

a) Somente as proposições I, II e IV estão corretas.

b) Somente as proposições III e IV estão incorretas.

c) Somente as proposições I, III e V estão corretas.

d) Somente as proposições II e V estão incorretas.

e) Todas as proposições estão corretas.

COMENTÁRIOS

✪ **Nota do autor:** A alternativa versa sobre o tema estabilidade e garantia provisória de emprego. É indispensável o conhecimento de diversas súmulas do TST acerca da estabilidade provisória no emprego, pois são frequentemente exigidas nos concursos para a área trabalhista.

Assertiva I. Correta. "Os titulares da representação dos empregados nas Cipa (s) não poderão sofrer despedida arbitrária, entendendo-se como tal a que não se fundar em motivo disciplinar, técnico, econômico ou financeiro" (Art. 165 da CLT). "Até que seja promulgada a lei complementar a que se refere o art. 7º, I, da Constituição: (...) II – fica vedada a dispensa arbitrária ou sem justa causa: a) do empregado eleito para cargo de direção de comissões internas de prevenção de acidentes, desde o registro de sua candidatura até um ano após o final de seu mandato". (Art. 10, II, "a", ADCT).

Assertiva II. Correta. "Até que seja promulgada a lei complementar a que se refere o art. 7º, I, da Constituição: (...)II – fica vedada a dispensa arbitrária ou sem justa causa: (...) b) da empregada gestante, desde a confirmação da gravidez até cinco meses após o parto" (Art. 10, II, "b" ADCT).

Com a Lei nº 13.509/2017, referida estabilidade foi estendida ao adotante ao qual tenha sido concedida guarda provisória:

> **Art. 391-A da CLT (com redação dada pela Lei nº 13.509/2017):** *A confirmação do estado de gravidez advindo no curso do contrato de trabalho, ainda que durante o prazo do aviso prévio trabalhado ou indenizado, garante à empregada gestante a estabilidade provisória prevista na alínea b do inciso II do art. 10 do Ato das Disposições Constitucionais Transitórias.*
>
> *Parágrafo único. O disposto no* ***caput*** *deste artigo aplica-se ao empregado adotante ao qual tenha sido concedida guarda provisória para fins de adoção.*

Assertiva III. Correta. "O empregado de categoria diferenciada eleito dirigente sindical só goza de estabilidade se exercer na empresa atividade pertinente à categoria profissional do sindicato para o qual foi eleito dirigente." (Súmula 369, III do TST).

Assertiva IV. Correta. "O segurado que sofreu acidente do trabalho tem garantida, pelo prazo mínimo de doze meses, a manutenção do seu contrato de trabalho na empresa, após a cessação do auxílio-doença acidentário, independentemente de percepção de auxílio-acidente" (Art. 118 da Lei nº 8.213/91).

Assertiva V. Correta. "Exaurido o período de estabilidade, são devidos ao empregado apenas os salários do período compreendido entre a data da despedida e o final do período de estabilidade, não lhe sendo assegurada a reintegração no emprego." (Súmula 396, I do TST).

Alternativa correta: "e". Todas as proposições estão corretas.

18.1. ESTABILIDADE DO DIRIGENTE SINDICAL

- Art. 8º, inciso VIII, CF/88
- Súmula nº 369 do TST
- Súmula nº 379 do TST

123. (FGV – 2023 – TST – Juiz do Trabalho) Almerindo trabalha na empresa Meteoro Ltda. Há quinze anos e há cinco anos preside o sindicato da categoria profissional correlata à atividade principal da empresa. Desde então, diante das demandas exigidas pelo mandato, encontra-se afastado de suas funções na empresa, que possui duas unidades de estabelecimento: uma na cidade de Cubatão/SP, à qual Almerindo está ligado desde o início do contrato, a outra na cidade de Porto Alegre/RS.

Diante dos prejuízos acumulados experimentados na unidade de Cubatão, resultantes de causas climáticas que há cerca de três anos alteraram substancialmente o mercado na localidade para o tipo de negócio desenvolvido pela empresa, ela decidiu fechar essa filial e concentrar a sua atividade em Porto Alegre.

Com base na hipótese relatada, a empresa Meteoro:

a) poderá despedir Almerindo independentemente de inquérito, bastando indenizá-lo;

b) poderá despedir Almerindo, mas, por se tratar de dirigente sindical, precisará valer-se de prévio inquérito;

c) poderá despedir Almerindo independentemente de inquérito, sendo, no entanto, lícita a transferência para a cidade de Porto Alegre;

d) pelo princípio da inamovibilidade deverá manter Almerindo em seu quadro funcional até o término do mandato de dirigente sindical, mesmo que feche a unidade de Cubatão;

e) deverá oferecer a Almerindo a transferência para a cidade de Porto Alegre, mas só poderá despedi-lo após comprovação da necessidade de fechamento da filial mediante prévio inquérito.

COMENTÁRIOS

Nota do autor: A questão aborda o tema da estabilidade provisória do dirigente sindical. Exigia que o candidato conhecesse as possíveis soluções contratuais quando da extinção do estabelecimento que o empregado estável trabalha.

Alternativa "c". *Comentário serve para as demais alternativas, uma vez que versam sobre o mesmo assunto.* O art. 8º, VIII[76], da CF/88 prevê a estabilidade para o dirigente sindical. Esse direito dado ao dirigente sindical tem por objetivo proteger não só o empregado, mas também toda a categoria que ele representa, pois proporciona tranquilidade e independência na defesa dos interesses dos trabalhadores. A estabilidade terá início com o registro da candidatura para o cargo de dirigente sindical. Se eleito, a estabilidade persistirá até um ano após o fim do mandato.

A estabilidade do dirigente sindical, assim como a do empregado representante da CIPA e do membro da Comissão de Conciliação Prévia, é tida como **estabilidade objetiva**, ou seja, está ligada ao cargo e funções exercidos pelo trabalhador. A estabilidade subjetiva, por sua vez, está ligada à figura do empregado, como é o caso da gestante e do acidentado.

Diante disso, caso ocorra a extinção do estabelecimento, não persistirá a garantia de emprego. Consequentemente, o empregado não terá direito à reintegração nem à indenização pelo restante do período do mandato.

Por fim, cumpre ressaltar que, em regra, é vedada a transferência do empregado eleito para dirigente sindical, conforme previsto no art. 543 da CLT. Contudo, caso ocorra a extinção do estabelecimento, a transferência unilateral é permitida para evitar o término do contrato de trabalho. E, se o empregado se negar a essa transferência, ocorrerá o pedido de demissão.

Alternativa correta: "c".

---

124. (FCC – Juiz do Trabalho Substituto 24ª Região/ 2015) Em relação à estabilidade do dirigente sindical, de acordo com a Consolidação das Leis do Trabalho – CLT e da jurisprudência consolidada do Colendo Tribunal Superior do Trabalho, assinale a alternativa correta:

a) É assegurada a estabilidade provisória ao empregado dirigente sindical, desde que a comunicação do registro da candidatura ou da eleição e da posse seja realizada dentro do prazo previsto no art. 543, § 5°, da CLT.

b) O art. 522 da CLT foi recepcionado pela Constituição Federal de 1988. Fica limitada, assim, a estabilidade a que alude o art. 543, § 3°, da CLT a dez dirigentes sindicais titulares.

c) O empregado de categoria diferenciada eleito dirigente sindical só goza de estabilidade se exercer na empresa atividade pertinente à categoria profissional do sindicato para o qual foi eleito dirigente.

d) Mesmo havendo extinção da atividade empresarial no âmbito da base territorial do sindicato, subsiste a estabilidade do dirigente sindical, pois que amparado por norma de ordem pública.

e) O registro da candidatura do empregado a cargo de dirigente sindical durante o período de aviso prévio, ainda que indenizado, lhe assegura a estabilidade, visto que aplicável a regra do § 3° do art. 543 da Consolidação das Leis do Trabalho.

COMENTÁRIOS

Nota do autor: A questão aborda o tema da estabilidade provisória do dirigente sindical. Ademais, exigia a prévia leitura e memorização da Súmula nº 369 do TST, frequentemente exigida nos concursos da área trabalhista.

Alternativa "a". "É assegurada a estabilidade provisória ao empregado dirigente sindical, ainda que a comunicação do registro da candidatura ou da eleição e da posse seja realizada fora do prazo previsto no art. 543, § 5º, da CLT, desde que a ciência ao empregador, por qualquer meio, ocorra na vigência do contrato de trabalho." (Súmula nº 369, I, TST)

Alternativa "b". "O art. 522 da CLT foi recepcionado pela Constituição Federal de 1988. Fica limitada, assim, a estabilidade a que alude o art. 543, § 3.º, da CLT a sete dirigentes sindicais e igual número de suplentes." (Súmula nº 369, II, TST).

Alternativa "c". "O empregado de categoria diferenciada eleito dirigente sindical só goza de estabilidade se exercer na empresa atividade pertinente à categoria profissional do sindicato para o qual foi eleito dirigente." (Súmula nº 369, III, TST).

---

76. **Art. 8º, VIII, da CF/88:** "É vedada a dispensa do empregado sindicalizado a partir do registro da candidatura a cargo de direção ou representação sindical e, se eleito, ainda que suplente, até um ano após o final do mandato, salvo se cometer falta grave nos termos da lei."

Alternativa "d". "Havendo extinção da atividade empresarial no âmbito da base territorial do sindicato, não há razão para subsistir a estabilidade." (Súmula nº 369, IV, TST)

Alternativa "e". "O registro da candidatura do empregado a cargo de dirigente sindical durante o período de aviso prévio, ainda que indenizado, não lhe assegura a estabilidade, visto que inaplicável a regra do § 3º do art. 543 da Consolidação das Leis do Trabalho." (Súmula nº 369, V, TST)

Alternativa correta: "c".

---

125. (FCC – Juiz do Trabalho Substituto 6ª Região/ 2015) Em relação às garantias aos dirigentes sindicais, é INCORRETO afirmar que

a) o dirigente sindical somente poderá ser dispensado por falta grave mediante a apuração em inquérito judicial.

b) a estabilidade do empregado dirigente sindical é assegurada desde que o empregador tome ciência do registro da candidatura ou da eleição e da posse do mesmo, por qualquer meio, na vigência do contrato de trabalho.

c) a estabilidade é assegurada a todos os componentes da diretoria do sindicato, inclusive aos suplentes.

d) o empregado de categoria diferenciada eleito dirigente sindical só goza de estabilidade se exercer na empresa atividade pertinente à categoria profissional do sindicato para o qual foi eleito dirigente.

e) havendo extinção da atividade empresarial no âmbito da base territorial do sindicato, não há razão para subsistir a estabilidade.

COMENTÁRIOS

✪ **Nota do autor:** A questão aborda o tema da estabilidade do dirigente sindical. O candidato deve estar atento para o fato de que a questão exige que seja assinalada a alternativa **incorreta.** É fundamental a memorização da Súmula nº 369 do TST tendo em vista sua cobrança frequente nos concursos trabalhistas.

Alternativa "a". "O dirigente sindical somente poderá ser dispensado por falta grave mediante a apuração em inquérito judicial, inteligência dos arts. 494 e 543, §3º, da CLT." (Súmula nº 379 do TST). "O empregado acusado de falta grave poderá ser suspenso de suas funções, mas a sua despedida só se tornará efetiva após o inquérito e que se verifique a procedência da acusação." (art. 494, CLT). "Fica vedada a dispensa do empregado sindicalizado ou associado, a partir do momento do registro de sua candidatura a cargo de direção ou representação de entidade sindical ou de associação profissional, até 1 (um) ano após o final do seu mandato, caso seja eleito inclusive como suplente, salvo se cometer falta grave devidamente apurada nos termos desta Consolidação." (art. 543, § 3º, CLT).

Alternativa "b". "É assegurada a estabilidade provisória ao empregado dirigente sindical, ainda que a comunicação do registro da candidatura ou da eleição e da posse seja realizada fora do prazo previsto no art. 543, § 5º, da CLT, desde que a ciência ao empregador, por qualquer meio, ocorra na vigência do contrato de trabalho." (Súmula nº 369, I, TST).

Alternativa "c". "O art. 522 da CLT foi recepcionado pela Constituição Federal de 1988. Fica limitada, assim, a estabilidade a que alude o art. 543, § 3.º, da CLT a sete dirigentes sindicais e igual número de suplentes." (Súmula nº 369, II, TST)

Alternativa "d". "O empregado de categoria diferenciada eleito dirigente sindical só goza de estabilidade se exercer na empresa atividade pertinente à categoria profissional do sindicato para o qual foi eleito dirigente." (Súmula nº 369, III, TST).

Alternativa "e". "Havendo extinção da atividade empresarial no âmbito da base territorial do sindicato, não há razão para subsistir a estabilidade." (Súmula nº 369, IV, TST).

Alternativa incorreta: "c".

18.2. ESTABILIDADE DA GESTANTE

- Art. 10, inciso II, alínea "b", ADCT
- Art. 391-A, CLT
- Súmula nº 244 do TST
- Orientação Jurisprudencial nº 30 da SDC do TST

✪ **Nota do autor:** Importante ressaltar que o art. 391-A da CLT foi alterado pela Lei nº 13.509/2017 para estender a estabilidade ao empregado ao qual tenha sido concedida guarda provisória para fins de adoção:

> **Art. 391-A:** *A confirmação do estado de gravidez advindo no curso do contrato de trabalho, ainda que durante o prazo do aviso prévio trabalhado ou indenizado, garante à empregada gestante a estabilidade provisória prevista na alínea b do inciso II do art. 10 do Ato das Disposições Constitucionais Transitórias.*
>
> ***Parágrafo único.*** *O disposto no* ***caput*** *deste artigo aplica-se ao empregado adotante ao qual tenha sido concedida guarda provisória para fins de adoção.*

Houve questionamento no TST se a trabalhadora temporária teria direito à estabilidade provisória e o tema foi inserido na condição de incidente de assunção de competência. Esse incidente é admitido "quando o julgamento de recurso, de remessa necessária ou de processo de competência originária envolver relevante questão de direito, com grande repercussão social, sem repetição em múltiplos processos" (CPC/15, art. 947, *caput*). A tese firmada nesse incidente é considerada precedente obrigatório a ser observado pelos tribunais.

Conforme Informativo nº 211, o TST firmou a seguinte tese em incidente de assunção de competência, precedente judicial obrigatório: "é inaplicável ao regime de trabalho temporário, disciplinado pela Lei n.º 6.019/74, a garantia de estabilidade provisória à empregada gestante, prevista no art. 10, II, b, do Ato das Disposições Constitucionais Transitórias".

Já em relação ao serviço público, o tratamento jurídico dispensado à trabalhadora gestante contratada de maneira temporária é bem diferente. O STF, na apreciação do Tema 542 da Repercussão Geral, fixou a tese de que "A trabalhadora gestante tem direito ao gozo de licença-maternidade e à estabilidade provisória, **independentemente do regime jurídico aplicável**, se contratual ou administrativo, **ainda que ocupe cargo em comissão ou seja contratada por tempo determinado**".

Portanto, ao contrário do entendimento fixado pelo TST na tese nº 2 em Incidente de Assunção de Competência, de que é inaplicável ao regime de trabalho temporário, disciplinado pela Lei nº 6.019/74, a garantia de estabilidade provisória à empregada gestante, no setor público, todas as trabalhadoras, independentemente do regime jurídico aplicável, se celetista ou estatutário, ainda que ocupantes de cargo em comissão ou contratadas por tempo determinado, terão assegurada a garantia provisória no emprego desde a confirmação da gravidez até 5 meses após o parto.

Entendo que a tese fixada pelo STF não vincula os tribunais trabalhistas a reconhecerem a garantia provisória no emprego à gestante contrata no regime de trabalho temporário (Lei nº 6.019/1974), pois não foi sobre isso que versou a Suprema Corte no tema 542 (*distinguishing*) – contratação temporária no serviço público (art. 37, IX da Constituição Federal). Contudo, a posição da Corte Trabalhista resta enfraquecida, pois o principal argumento utilizado para afastar a estabilidade nas contratações pelo regime de trabalho temporário (**ausência de expectativa de continuidade da relação de trabalho**) não foi adotado pelo STF, que privilegiou, com razão, a proteção à maternidade e ao nascituro.

---

126. (FCC – Juiz do Trabalho Substituto 15ª Região/ 2015) Isabel trabalhou como Secretária para a empresa "A" apenas durante contrato de experiência de noventa dias. Dois meses após tal data, Isabel teve conhecimento de que, quando da extinção do contrato de experiência, estava grávida, e imediatamente informou seu ex-empregador e seu sindicato. As partes foram orientadas que, com base no disposto em cláusula da convenção coletiva da categoria, poderiam firmar acordo perante a Comissão de Conciliação Prévia, recebendo Isabel uma indenização compensatória e transigindo sobre o período estabilitário. Com base em entendimento pacificado do TST,

a) um acordo firmado nestes moldes seria válido de pleno direito, uma vez que prevista tal possibilidade em norma coletiva, estando assistida a gestante pelo seu sindicato de classe e firmada a transação perante Comissão de Conciliação Prévia, não tendo sido noticiada qualquer ressalva quanto à matéria acordada.

b) a empresa não tem obrigação de pagar salários e demais direitos decorrentes do período estabilitário, tendo em vista que a própria gestante desconhecia seu estado gravídico na data da rescisão contratual de trabalho, não tendo, portanto, informado seu empregador em tempo hábil.

c) um acordo firmado nestes moldes não produziria efeitos jurídicos, sendo nula de pleno direito a transação, uma vez que a cláusula normativa que estabelece a possibilidade de renúncia ou transação, pela gestante, das garantias à manutenção do emprego e salário não é considerada legítima em face dos direitos constitucionais à estabilidade provisória no emprego.

d) a empresa não está obrigada a arcar com os salários e consectários legais do período da estabilidade decorrente da gravidez, uma vez que Isabel estava dentro de seu contrato de experiência, considerado contrato de trabalho a termo, incompatível com o instituto da estabilidade que objetiva a continuidade do vínculo empregatício o que não se coaduna com a essência do contrato a prazo, que encerra-se com o advento do termo final ou da condição resolutiva.

e) um acordo firmado nestes moldes seria válido de pleno direito, uma vez que prevista tal possibilidade em norma coletiva, estando assistida a gestante pelo seu sindicato de classe e firmada a transação perante Comissão de Conciliação Prévia, desde que o procedimento fosse feito ainda dentro do prazo do período da estabilidade provisória no emprego, senão, haveria a renúncia de tal período por Isabel, por não exercê-lo dentro do prazo legal.

COMENTÁRIOS

✪ **Nota do autor:** A questão aborda o tema da estabilidade provisória da gestante. Cumpre destacar que, em junho de 2014, foi promulgada a Lei Complementar nº 146/2014 que estendeu o direito à estabilidade provisória do art. 10, inciso II, alínea "b", do ADCT, no caso de falecimento da genitora, àquele que detiver a guarda de seu filho (independentemente de ser o pai ou companheiro da empregada).

Alternativa "c". *Comentário serve para as demais alternativas, uma vez que versam sobre o mesmo assunto.* "Nos termos do art. 10, II, "b", do ADCT, a proteção à maternidade foi erigida à hierarquia constitucional, pois retirou do âmbito do direito potestativo do empregador a possibilidade de despedir arbitrariamente a empregada em estado gravídico. Portanto, a teor do artigo 9º, da CLT, torna-se nula de pleno direito a cláusula que estabelece a possibilidade de renúncia ou transação, pela gestante, das garantias referentes à manutenção do emprego e salário." (Orientação Jurisprudencial nº

30 da SDC do TST). "O desconhecimento do estado gravídico pelo empregador não afasta o direito ao pagamento da indenização decorrente da estabilidade (art. 10, II, "b" do ADCT)." (Súmula nº 244, I, TST). Além disso, a empregada tem direito à estabilidade provisória da gestante mesmo na hipótese de contratação por prazo determinado conforme preceitua a Súmula nº 244 do TST:

> **Súmula nº 244, III, TST:** *A empregada gestante tem direito à estabilidade provisória prevista no art. 10, inciso II, alínea "b", do Ato das Disposições Constitucionais Transitórias, mesmo na hipótese de admissão mediante contrato por tempo determinado.*

Alternativa correta: "c".

18.3. MEMBROS DA COMISSÃO DE CONCILIAÇÃO PRÉVIA

▸ Art. 625-B, § 1º, CLT

---

127. (TRT da 23ª Região/ 2010). No que tange à estabilidade provisória assinale a alternativa correta.

a) Os membros da diretoria do sindicato tem estabilidade no emprego desde o registro da candidatura até um ano após o término do mandato. O número de diretores estáveis é definido pelo estatuto do sindicato.

b) Tem estabilidade no emprego a empregada urbana, rural, avulsa e doméstica desde a confirmação da gravidez até cinco meses após o parto, entendendo-se como confirmação a comunicação inequívoca da gravidez ao empregador.

c) Os suplentes dos titulares da comissão interna de prevenção de acidentes – CIPA – não em estabilidade, uma vez que atuam apenas eventualmente na ausência do titular.

d) O titular da comissão interna de prevenção de prevenção de acidentes indicado pelo empregado como seu representante, tem estabilidade nos mesmos moldes dos membros escolhidos em eleição pelos empregados.

e) Os membros titulares de comissão de conciliação prévia constituída no âmbito da empresa, representantes dos trabalhadores, gozam de estabilidade no emprego até um ano após o final do mandato, exceto de cometerem falta grave.

COMENTÁRIOS

✪ **Nota do autor:** A questão aborda o tema da estabilidade provisória de emprego. A inserção nesse tópico justifica-se pelo fato de que a alternativa correta versa sobre a estabilidade dos representantes dos empregados na Comissão de Conciliação Prévia. É imprescindível a leitura do art. 625-B da CLT.

Alternativa "a". O art. 522 da CLT, que limita a sete o número de dirigentes sindicais, foi recepcionado pela Constituição Federal de 1988 (Súmula nº 369, II, TST). Ainda, de acordo com o art. 543, § 3º da CLT: "Fica vedada a dispensa do empregado sindicalizado ou associado, a partir do momento do registro de sua candidatura a cargo de direção ou representação de entidade sindical ou de associação profissional, até um ano após o final do seu mandato, caso seja eleito inclusive como suplente, salvo se cometer falta grave devidamente apurada nos termos desta Consolidação".

Alternativa "b". Direito à estabilidade independe da comunicação da gravidez ao empregador. Nesse sentido, Súmula nº 244 do TST, item I: "O desconhecimento do estado gravídico pelo empregador não afasta o direito ao pagamento da indenização decorrente da estabilidade".

Segundo o art. 10, inciso II, alínea "b" do ADCT, até que a Lei Complementar a que se refere o art. 7º, inciso I da CF/88, é vedado a dispensa arbitrária ou sem justa causa da empregada gestante, desde a confirmação da gravidez até 5 meses após o parto.

Ainda, de acordo com a LC nº 150/2015: "A confirmação do estado de gravidez durante o curso do contrato de trabalho, ainda que durante o prazo do aviso prévio trabalhado ou indenizado, garante à empregada gestante a estabilidade provisória prevista na alínea "b" do inciso II do art. 10 do Ato das Disposições Constitucionais Transitórias" (parágrafo único do art. 25, da LC nº 150/2015).

Note que, com o advento da Lei nº 13.509/2017, referida estabilidade foi estendida ao adotante ao qual tenha sido concedida guarda provisória para fins de adoção:

> **Art. 391-A da CLT.** *A confirmação do estado de gravidez advindo no curso do contrato de trabalho, ainda que durante o prazo do aviso prévio trabalhado ou indenizado, garante à empregada gestante a estabilidade provisória prevista na alínea b do inciso II do art. 10 do Ato das Disposições Constitucionais Transitórias.*
>
> *Parágrafo único. O disposto no* **caput** *deste artigo aplica-se ao empregado adotante ao qual tenha sido concedida guarda provisória para fins de adoção.*

Alternativa "c". "O suplente da CIPA goza da garantia de emprego prevista no art. 10, II, "a", do ADCT a partir da promulgação da Constituição Federal de 1988." (Súmula nº 339, item I, do TST)

Alternativa "d". Os titulares da representação dos empregados nas CIPA (s) não poderão sofrer despedida arbitrária, entendendo-se como tal a que não se fundar em motivo disciplinar, técnico, econômico ou financeiro (art. 165, caput, CLT).

Alternativa "e". É vedada a dispensa dos representantes dos empregados membros da Comissão de Conciliação Prévia, titulares e suplentes, até um ano após o final do mandato, salvo se cometerem falta, nos termos da lei (art. 625-B, § 1º, CLT).

Alternativa correta: "e".

19. FGTS

- Constituição Federal, art. 7º, III;
- Lei nº 8.036/90;
- Súmulas do TST n.: 63; 98; 206; 305; 362;
- OJs da SDI-I do TST n.: 42; 195; 232; 302; 341; 344; 361; 362; 370; 394;

128. (TRT 1 – Juiz do Trabalho Substituto 1ª região/2016) Em relação ao Fundo de Garantia do Tempo de Serviço, com base na Lei nº 8.036/90, é correto afirmar:

a) As pessoas jurídicas de direito privado, sem fins lucrativos, reconhecidas na forma da lei como entidades beneficentes de assistência social, estão dispensadas do recolhimento do FGTS.

b) É direito dos trabalhadores, a qualquer tempo da vigência do contrato, optar pelo regime do FGTS, retroativamente à 05/10/1978 ou à data da sua admissão, se esta última for mais recente.

c) Na hipótese de dispensa sem justa causa, a sociedade anônima empregadora pagará, juntamente com as demais parcelas devidas pelo distrato, diretamente ao empregado, importância igual a 40% do montante de todos os depósitos realizados na conta vinculada durante o contrato de trabalho, atualizados monetariamente e acrescidos os respectivos juros.

d) É hipótese de movimentação pelo trabalhador de sua conta vinculada, no curso do contrato de trabalho, quando algum dependente seu for portador do vírus HIV.

e) A critério da empresa, seus diretores, apenas os que forem empregados, poderão ser incluídos no regime do FGTS.

COMENTÁRIOS

✪ **Nota do autor:** A questão aborda o tema do FGTS e demanda o conhecimento da Lei nº 8.036/90.

Alternativa "a". "Para os fins previstos nesta Lei, **todos os empregadores** ficam obrigados a depositar, até o vigésimo dia de cada mês, em conta vinculada, a importância correspondente a 8% (oito por cento) da remuneração paga ou devida, no mês anterior, a cada trabalhador, incluídas na remuneração as parcelas de que tratam os arts. 457 e 458 da Consolidação das Leis do Trabalho (CLT), aprovada pelo Decreto-Lei nº 5.452, de 1º de maio de 1943, e a Gratificação de Natal de que trata a Lei nº 4.090, de 13 de julho de 1962." (art. 15, "caput", Lei nº 8.036/1990 – Redação dada pela Lei nº 14.438, de 2022 – grifos acrescidos). Todos os empregadores, inclusive as instituições privadas sem fins lucrativos estão obrigadas ao pagamento do FGTS, pois a legislação não apresenta nenhuma exclusão a esses empregadores:

> **Art. 15, § 1º, Lei nº 8.036/1990:** *Entende-se por empregador a pessoa física ou a pessoa jurídica de direito privado ou de direito público, da administração pública direta, indireta ou fundacional de qualquer dos Poderes, da União, dos Estados, do Distrito Federal e dos Municípios, que admitir trabalhadores a seu serviço, bem assim aquele que, regido por legislação especial, encontrar-se nessa condição ou figurar como fornecedor ou tomador de mão-de-obra, independente da responsabilidade solidária e/ou subsidiária a que eventualmente venha obrigar-se.*

Alternativa "b". "Os trabalhadores poderão a qualquer momento optar pelo FGTS com efeito retroativo a 1º de janeiro de 1967 ou à data de sua admissão, quando posterior àquela" (Art. 14, § 4º da Lei nº 8.036/90).

Alternativa "c". "Na hipótese de despedida pelo empregador sem justa causa, depositará este, na conta vinculada do trabalhador no FGTS, importância igual a quarenta por cento do montante de todos os depósitos realizados na conta vinculada durante a vigência do contrato de trabalho, atualizados monetariamente e acrescidos dos respectivos juros" (Art. 18, § 1º da Lei nº 8.036/90). Portanto, o pagamento da multa de 40% do FGTS não é realizado diretamente ao empregado, pois deve ser realizado depósito do valor na conta vinculado do empregado com correção monetária e juros.

Alternativa "d". A alternativa expressa uma das hipóteses de movimentação da conta vinculada do trabalhador no FGTS. Diante da importância do art. 20 da Lei nº 8.036/1990, recomenda-se a prévia leitura e memorização das hipóteses de saque do FGTS:

> **Art. 20, XIII, Lei nº 8.036/1990:** *A conta vinculada do trabalhador no FGTS poderá ser movimentada nas seguintes situações: quando o trabalhador ou qualquer de seus dependentes for portador do vírus HIV".*

No ano de 2019, foram incluídas três novas hipóteses de movimentação do FGTS. São elas:

XX – anualmente, no mês de aniversário do trabalhador, por meio da aplicação dos valores constantes do Anexo desta Lei, observado o disposto no art. 20-D desta Lei;

XXI – a qualquer tempo, quando seu saldo for inferior a R$ 80,00 (oitenta reais) e não houver ocorrido depósitos ou saques por, no mínimo, 1 (um) ano, exceto na hipótese prevista no inciso I do § 5º do art. 13 desta Lei;

XXII – quando o trabalhador ou qualquer de seus dependentes for, nos termos do regulamento, pessoa com doença rara, consideradas doenças raras aquelas assim reconhecidas pelo Ministério da Saúde, que apresentará, em seu sítio na internet, a relação atualizada dessas doenças

Alternativa "e". "Para efeito desta lei, as empresas sujeitas ao regime da legislação trabalhista poderão equiparar seus **diretores não empregados** aos demais trabalhadores sujeitos ao regime do FGTS. Considera-se diretor aquele que exerça cargo de administração previsto em lei, estatuto ou contrato social, independente da denominação do cargo" (Art. 16 da Lei nº 8.036/90). No tocante aos diretores empregados, é obrigatório o depósito do FGTS. Portanto, o único empregado com FGTS facultativo atualmente é o diretor não empregado.

Alternativa correta: "d".

---

129. (TRT 4 – Juiz do Trabalho Substituto 4ª região/2016) Assinale a assertiva correta sobre Fundo de Garantia por Tempo de Serviço – FGTS.

a) É devido o acréscimo de 40% (quarenta por cento) sobre o montante dos depósitos do FGTS efetuados na conta vinculada do trabalhador na rescisão antecipada e sem justa causa do contrato temporário.

b) O depósito do FGTS é obrigatório nos casos de afastamento do trabalhador para prestação de serviço militar obrigatório e de gozo de auxílio-doença previdenciário.

c) A nulidade do contrato, por força art. 37, inc. II e § 2º, da Constituição Federal de 1988, confere ao trabalhador o direito ao pagamento das horas trabalhadas e dos valores referentes aos depósitos do FGTS, incluindo o acréscimo de 40% (quarenta por cento).

d) À Caixa Econômica Federal, na qualidade de agente operador do FGTS, não cabe expedir atos normativos referentes aos procedimentos administrativo-operacionais dos bancos depositários, dos agentes financeiros, dos empregadores e dos trabalhadores, integrantes do sistema do FGTS.

e) A conta vinculada do trabalhador no FGTS poderá ser movimentada, dentre outras situações, no caso de extinção normal do contrato a termo, inclusive o dos trabalhadores temporários regidos pela Lei nº 6.019/1974, e suspensão total do trabalho avulso por período igual ou superior a 60 (sessenta) dias, comprovada por declaração do sindicato representativo da categoria profissional.

COMENTÁRIOS

✪ **Nota do autor:** A questão aborda o tema do FGTS. É considera difícil, pois demanda o conhecimento do Decreto nº 99.684/90, do entendimento sumulado do TST e da Lei nº 8.036/90. Importa ressaltar que o trabalho temporário é regido pela lei nº 6.019/74, que sofreu modificações pela Lei nº 13.429/2017 e pela Lei nº 13.467/2017.

Alternativa "a". Nesse sentido, prevê o art. 9º, "caput" e § 1º, do Decreto nº 99.684/1990, que regulamenta o FGTS:

> **Art. 9º, Decreto nº 99.684/1990:** *Ocorrendo despedida sem justa causa, ainda que indireta, com culpa recíproca por força maior ou extinção normal do contrato de trabalho a termo,* ***inclusive a do trabalhador temporário****, deverá o empregador depositar, na conta vinculada do trabalhador no FGTS, os valores relativos aos depósitos referentes ao mês da rescisão e, ao imediatamente anterior, que ainda não houver sido recolhido, sem prejuízo das cominações legais cabíveis.*
>
> *§ 1º – No caso de despedida sem justa causa, ainda que indireta, o empregador depositará na conta vinculada do trabalhador no FGTS, importância igual a quarenta por cento do montante de todos os depósitos realizados na conta vinculada durante a vigência do contrato de trabalho atualizados monetariamente e acrescidos dos respectivos juros, não sendo permitida, para este fim a dedução dos saques ocorridos. (grifos acrescidos)*

Note que o Decreto em questão não foi atualizado pela Reforma Trabalhista, devendo-se ressaltar que, no caso de distrato, os trabalhadores terão direito ao recebimento das seguintes verbas rescisórias:

- 50% do aviso prévio, se for indenizado. Na hipótese de aviso prévio trabalhado, terá direito ao recebimento de seu valor integral.
- 20% de multa sobre os depósitos do FGTS;
- Saldo de salário (dias efetivamente trabalhadores);
- Décimo terceiro salário proporcional;
- Férias + 1/3 vencidas, se houver;
- Férias + 1/3 proporcionais;

Lembre-se de que a multa de 20% sobre os depósitos do FGTS é devida agora em 3 hipóteses:

1) Distrato (art. 484-A, CLT);
2) Força maior (art. 18, § 2º, Lei nº 8.036/1990);
3) Culpa recíproca (art. 18, § 2º, Lei nº 8.036/1990).

Alternativa "b". "O depósito de que trata o **caput** [FGTS] deste artigo é obrigatório nos casos de afastamento para prestação do serviço militar obrigatório e licença por acidente do trabalho" (Art. 15, §5º da Lei nº 8.036/90).

Alternativa "c". "A contratação de servidor público, após a CF/1988, sem prévia aprovação em concurso público, encontra óbice no respectivo art. 37, II e § 2º, somente lhe conferindo direito ao pagamento da contraprestação pactuada, em relação ao número de horas trabalhadas, respeitado o valor da hora do salário mínimo, e dos valores referentes aos depósitos do FGTS" (Súmula nº 363 do TST). O servidor de fato, que presta serviços sem a prévia aprovação em concurso público tem direito apenas à remuneração pactuada e aos depósitos do FGTS. O valor recebido não inclui a multa de 40%, mas somente aos valores dos depósitos.

Alternativa "d". "À Caixa Econômica Federal, na qualidade de agente operador, cabe: expedir atos normativos referentes aos procedimentos administrativo-operacionais dos bancos depositários, dos agentes financeiros, dos empregadores e dos trabalhadores, integrantes do sistema do FGTS" (Art. 7º, II, da Lei nº 8.036/90).

Alternativa "e". Ao contrário do previsto na alternativa, a suspensão total do trabalho avulso assegura o saque dos depósitos do FGTS após período igual ou superior a 90 dias:

> **Art. 20, Lei nº 8.036/1990:** *A conta vinculada do trabalhador no FGTS poderá ser movimentada nas seguintes situações:*
>
> *(...)*
>
> *IX – extinção normal do contrato a termo, inclusive o dos trabalhadores temporários regidos pela Lei nº 6.019, de 3 de janeiro de 1974;*
>
> *X – suspensão total do trabalho avulso por período igual ou superior a* ***90 (noventa) dias****, comprovada por declaração do sindicato representativo da categoria profissional (grifos acrescidos).*

Alternativa correta: "a".

20. SEGURANÇA E MEDICINA DO TRABALHO

✪ **Nota do autor:** Segundo o exposto no art. 611-B, XVII da CLT, acrescido pela Lei nº 13.467/2017, constituem objeto ilícito de convenção ou acordo coletivo, a redução ou supressão de "normas de saúde, higiene e segurança do trabalho previstas em lei ou em normas regulamentadoras do Ministério do Trabalho".

Além disso, há previsão no parágrafo único do art. 611-B da CLT, no sentido de que "regras sobre duração do trabalho e intervalos não são consideradas como normas de saúde, higiene e segurança do trabalho para os fins do disposto neste artigo".

---

130. (FCC – Juiz do Trabalho/2017) O empregador deve cumprir e fazer cumprir as disposições legais e regulamentares de saúde e segurança no trabalho. Sobre o tema, é correto afirmar:

a) De acordo com a jurisprudência sumulada do Tribunal Superior do Trabalho, o pedido de adicional de insalubridade não pode ser acolhido se a perícia, muito embora verifique a prestação de serviços em condições nocivas à saúde, considere agente insalubre diverso do apontado na petição inicial.

b) No trabalho em altura, assim considerado o executado acima de dois metros do nível inferior, onde haja risco de queda, cabe ao trabalhador interromper suas atividades, exercendo direito de recusa, sempre que constatar evidências de riscos graves e iminentes para sua segurança e saúde ou de terceiros, comunicando o fato imediatamente a seu superior.

c) Embargo e interdição são medidas de urgência adotadas quando constatada situação de trabalho de risco grave e iminente ao trabalhador, podendo ser total ou parcial, de todo estabelecimento ou de setor, máquina ou equipamento, no caso da interdição; e de obra, no caso de embargo, hipóteses em que os empregados envolvidos terão os contratos suspensos.

d) Nas atividades com risco à saúde e segurança do trabalhador, o empregador deve fornecer, gratuitamente, equipamentos individuais de segurança, mediante registro físico ou eletrônico, cabendo-lhe ainda fazer as manutenções periódicas ou substituição, quando danificado ou extraviado, sendo do empregado a responsabilidade de higienização.

e) O Programa de Controle Médico de Saúde Ocupacional – PCMSO deverá ser elaborado e implementado por todas as empresas com mais de dez empregados e, independentemente do número de empregados, para as empresas enquadradas no grau de risco 3 ou 4 de direcionamento do Serviço Especializado em Engenharia de Segurança e em Medicina do Trabalho – SESMT.

COMENTÁRIOS

✪ **Nota do autor:** A questão aborda o tema segurança e saúde no trabalho e exigia o conhecimento das súmulas do TST e das Normas Regulamentadoras expedidas pelo Ministério do Trabalho, sendo considerada de nível difícil. Ademais, a questão está desatualizada em relação à atualização da NR 35 do Ministério do Trabalho, mas foi mantida para fins de fixação do conteúdo.

Alternativa "a". "A verificação mediante perícia de prestação de serviços em condições nocivas, considerado agente insalubre diverso do apontado na inicial, não prejudica o pedido de adicional de insalubridade" (Súmula nº 293 do TST).

Alternativa correta: "b". Essa alternativa havia sido dada como correta pela banca examinadora à época do concurso. Diante de atualização na NR 35, ela está desatualizada. A primeira parte da questão está correta ao estabelecer o conceito de trabalho em altura. Segundo a NR 35 do Ministério do Trabalho, considera-se trabalho em altura toda atividade executada "acima de 2,00 m (dois metros) do nível inferior, onde haja risco de queda". No entanto, o item 35.2.2. alínea "c", que permitia aos trabalhadores "interromper suas atividades exercendo o direito de recusa, sempre que constatarem evidências de riscos graves e iminentes para sua segurança e saúde ou a de outras pessoas, comunicando imediatamente o fato a seu superior hierárquico, que diligenciará as medidas cabíveis" foi revogado pela Portaria SEPRT nº 915, de 30 de julho de 2019. Atualmente, não há alternativas corretas.

Alternativa "c". Segundo a NR 3 do Ministério do Trabalho: "Embargo e interdição são medidas de urgência, adotadas a partir da constatação de situação de trabalho que caracterize risco grave e iminente ao trabalhador". "A interdição implica a paralisação total ou parcial do estabelecimento, setor de serviço, máquina ou equipamento", já o embargo "implica a paralisação parcial ou total da obra".

Alternativa "d". Segundo a NR 6 do Ministério do Trabalho "Cabe à organização, quanto ao EPI: (...) fornecer ao empregado, gratuitamente, EPI adequado ao risco, em perfeito estado de conservação e funcionamento, nas situações previstas no subitem 1.5.5.1.2 da Norma Regulamentadora nº 01 (NR-01) – Disposições Gerais e Gerenciamento de Riscos Ocupacionais, observada a hierarquia das medidas de prevenção", sendo uma das obrigações do empregador "registrar o seu fornecimento ao empregado, podendo ser adotados livros, fichas ou sistema eletrônico, inclusive, por sistema biométrico" e "responsabilizar-se pela higienização e manutenção periódica, quando aplicáveis esses procedimentos, em conformidade com as informações fornecidas pelo fabricante ou importador".

Alternativa "e". Segundo a redação da NR 7 à época do concurso, a alternativa estava errada. De lá para cá, a NR 7 passou por 5 alterações. Atualmente, a alternativa continua incorreta, porém, por novos fundamentos. É que, segundo o item 7.2.1 da Norma, todas as organizações e aos órgãos públicos que possuam empregados regidos pela CLT estão obrigados à elaboração e implementação do PCMSO. O grau de risco, agora, é importante tão somente para a extensão do Relatório Analítico de responsabilidade do Médico Responsável:

> ***7.6.2*** *O médico responsável pelo PCMSO deve elaborar relatório analítico do Programa, anualmente, considerando a data do último relatório, contendo, no mínimo:*
>
> ***a) o número de exames clínicos realizados;***
>
> ***b) o número e tipos de exames complementares realizados;***
>
> *c) estatística de resultados anormais dos exames complementares, categorizados por tipo do exame e por unidade operacional, setor ou função;*
>
> *d) incidência e prevalência de doenças relacionadas ao trabalho, categorizadas por unidade operacional, setor ou função;*
>
> *e) informações sobre o número, tipo de eventos e doenças informadas nas CAT, emitidas pela organização, referentes a seus empregados;*
>
> *f) análise comparativa em relação ao relatório anterior e discussão sobre as variações nos resultados*
>
> ***7.6.6*** *As organizações de graus de risco 1 e 2 com até 25 (vinte e cinco) empregados e as organizações de graus de risco 3 e 4 com até 10 (dez) empregados podem elaborar relatório analítico apenas com as informações solicitadas nas alíneas "a" e "b" do subitem 7.6.2.*

Alternativa correta à época do concurso: "b".

---

131. (TRT 8 – Juiz do Trabalho Substituto 8ª Região/ 2015) Sobre Segurança e Medicina do Trabalho, analise as proposições abaixo e assinale a CORRETA:

I – Será obrigatório exame médico, por conta do empregador, na admissão, demissão, bem como periodicamente. Outros exames complementares poderão ser exigidos, a critério médico, para apuração da capacidade ou aptidão física e mental do empregado para a função que deva exercer.

II – O peso máximo que um empregado pode remover individualmente é de 60kg, para o homem, para as mulheres e menores, o peso máximo é fixado em 25kg para trabalho contínuo ou 30kg para o trabalho ocasional.

III – Em todos os locais de trabalho, deverá haver iluminação adequada, natural ou artificial, apropriada à natureza da atividade. Além disso, a iluminação deverá ser uniformemente distribuída, geral e difusa, a fim de evitar ofuscamento, reflexos incômodos, sombras e contrastes excessivos.

IV – Cabe aos empregados observar as normas de segurança e medicina do trabalho, sendo que constitui ato faltoso do empregado a recusa injustificada ao uso de equipamentos de proteção individual fornecidos pela empresa, podendo inclusive ensejar a aplicação de justa causa.

V – No cumprimento das normas de segurança e saúde no trabalho, a ordem jurídica prevê diversos procedimentos atinentes à fiscalização do trabalho. Um desses procedimentos, a interdição, corresponde à paralisação, total ou parcial, de serviços ou atividades executadas em canteiro de obras, quando os Auditores Fiscais do Trabalho constatam uma situação de risco grave e iminente no ambiente de trabalho.

a) Somente as alternativas I, II e III estão corretas.

b) Somente as alternativas I, III e IV estão corretas.

c) Somente as alternativas I, II e V estão corretas.

d) Somente as alternativas I, II e IV estão corretas.

e) Somente as alternativas II, III e V estão corretas.

COMENTÁRIOS

✪ Nota do autor: A questão aborda o tema de Segurança e Medicina do Trabalho. Cabe ressaltar que o simples fornecimento de EPI não afasta a obrigatoriedade do pagamento do adicional de periculosidade ou insalubridade. Para cessar o pagamento desses adicionais, o empregador deverá eliminar, por completo, o agente nocivo e perigoso.

Assertiva I. Correta. Nesse sentido, estabelece o art. 168, I, II e III e § 2º, da CLT:

> **Art. 168 da CLT** – *Será obrigatório exame médico, por conta do empregador, nas condições estabelecidas neste artigo e nas instruções complementares a serem expedidas pelo Ministério do Trabalho:*
>
> *I – a admissão;*
>
> *II – na demissão;*
>
> *III – periodicamente.*
>
> *(...)*
>
> *§ 2º – Outros exames complementares poderão ser exigidos, a critério médico, para apuração da capacidade ou aptidão física e mental do empregado para a função que deva exercer.*

Assertiva II. Incorreta. "Ao empregador é vedado empregar a mulher em serviço que demande o emprego de força muscular superior a 20 (vinte) quilos para o trabalho continuo, ou 25 (vinte e cinco) quilos para o trabalho ocasional." (art. 390, CLT) "Aplica-se ao menor o disposto no art. 390 e seu parágrafo único." (art. 405, § 5º, CLT). Por outro lado, o limite máximo para o homem é de 60 Kg:

> **Art. 198, "caput", CLT:** *É de 60 kg (sessenta quilogramas) o peso máximo que um empregado pode remover individualmente, ressalvadas as disposições especiais relativas ao trabalho do menor e da mulher.*

Assertiva III. Correta. Nesse sentido, estabelece o art. 175 da CLT:

> **Art. 175 da CLT** – *Em todos os locais de trabalho deverá haver iluminação adequada, natural ou artificial, apropriada à natureza da atividade.*
>
> *§ 1º – A iluminação deverá ser uniformemente distribuída, geral e difusa, a fim de evitar ofuscamento, reflexos incômodos, sombras e contrastes excessivos.*

Assertiva IV. Correta. "Constitui ato faltoso do empregado a recusa injustificada: ao uso dos equipamentos de proteção individual fornecidos pela empresa." (art. 158, parágrafo único, "b", CLT). "Cabe aos empregados: observar as normas de segurança e medicina do trabalho, inclusive as instruções de que trata o item II do artigo anterior." (art. 158, I, CLT).

Assertiva V. Incorreta. O Delegado Regional do Trabalho (atualmente, Superintendente Regional do Trabalho), à vista do laudo técnico do serviço competente que demonstre grave e iminente risco para o trabalhador, poderá **interditar estabelecimento, setor de serviço, máquina ou equipamento**, ou **embargar obra**, indicando na decisão, tomada com a brevidade que a ocorrência exigir, as providências que deverão ser adotadas para prevenção de infortúnios de trabalho (art. 161, "caput", CLT). "O **embargo** implica a paralisação parcial ou total da obra" (item 3.2.2.1 da NR 3). "A **interdição** implica a paralisação parcial ou total da atividade, da máquina ou equipamento, do setor de serviço ou do estabelecimento." (item 3.2.2.2 da NR 3)

Alternativa correta: "b". Está correto o que se afirma nas alternativas I, III e IV.

21. AVISO-PRÉVIO

- Art. 7º, inciso XXI, CF/88
- Lei nº 12.506/11
- Arts. 487 a 491, CLT
- Súmulas nº 10, 44, 164, 182, 229, 230, 276, 305, 348, 355, 371, 380, 428, 441

Nota do autor sobre o tema: O aviso-prévio tem por finalidade indicar a data do término do contrato de trabalho. O período do aviso possibilita ao trabalhador procurar outro emprego, e, ainda, ao empregador buscar um substituto para o cargo vago. Dessa forma, torna-se possível que uma parte não seja surpreendida com a ruptura do contrato por ato unilateral da outra. Afasta-se, portanto, o evento surpresa.

Segundo o art. 611-B, XVI da CLT, inserido pela Lei nº 13.467/2017, constitui objeto ilícito de convenção ou acordo coletivo a supressão ou redução do "aviso prévio proporcional ao tempo de serviço, sendo no mínimo de trinta dias, nos termos da lei".

---

132. (FCC – Juiz do Trabalho/2017) Marcos trabalhou como recepcionista no consultório odontológico de Henrique, com exercício efetivo de atividades no período de 30/11/2016 a 31/03/2017, sendo dispensado sem justa causa. Não houve comunicação regular e prévia acerca da terminação contratual. Na CTPS do trabalhador, foi registrada como data de saída 31/03/2017. Diante do ajuizamento de ação trabalhista por Marcos em 10/06/2017, Henrique quitou, em audiência, aviso-prévio indenizado, décimo terceiro salário e férias mais 1/3, comprovando os recolhimentos de FGTS + multa de 40%. Recusou-se, entretanto, à retificação da data de saída na CTPS e à indenização do valor correspondente ao benefício do seguro-desemprego, sob os argumentos de que a data constante na CTPS se tratou do último dia efetivamente trabalhado por Marcos e de que não forneceu as guias para habilitação à época por ter sido reduzida a duração o período do contrato de emprego. Considere que, à época do vínculo havido com Henrique, já existia, na CTPS do trabalhador Marcos, anterior registro de emprego com empregador distinto, no que tange ao período de 10/04/2016 a 13/08/2016. Considere também que se trataria da segunda solicitação de Marcos quanto ao benefício do seguro-desemprego, tendo a primeira ocorrido há cinco anos. Nessa situação hipotética:

I. Marcos não faz jus à indenização do valor relativo ao seguro-desemprego, pois a relação laboral com Henrique somente teve duração de quatro meses.

II. Marcos deve receber indenização substitutiva, observando-se parâmetro correspondente a três parcelas do seguro-desemprego.

III. Apenas o mês integralmente trabalhado será reputado para os efeitos de apuração do período máximo de percepção das parcelas de seguro-desemprego ou indenização substitutiva, quando frustrado o benefício pelo ex-empregador.

IV. Deve ser corrigida a data de saída registrada na CTPS do trabalhador, a fim de fazer constar 30/04/2017.

Está respaldado na legislação vigente, nas Súmulas e nas Orientações Jurisprudenciais do Tribunal Superior do Trabalho o que se afirma APENAS em

a) I.

b) IV.

c) II e III.

d) II e IV.

e) I e III.

COMENTÁRIOS

✪ **Nota do autor:** A questão abarca o tema rescisão do contrato do trabalho e suas consequências. Note que, para responder à questão, o candidato deveria atrelar o conhecimento do Direito do Trabalho com Direito Previdenciário, devendo conhecer a Lei nº 7.998/1990.

Item I: Errado. Após as mudanças trazidas pela Lei nº 13.134/2015, a quantidade de parcelas a ser concedida ao segurado será variável de acordo com o número de solicitações do benefício e a quantidade de meses trabalhados:

Solicitação do benefício	Quantidade de meses trabalhados	Quantidade de parcelas
1ª vez	No mínimo 12 e no máximo 23 meses.	4
	No mínimo 24 meses.	5
2ª vez	No mínimo 9 meses e no máximo 11 meses.	3
	No mínimo 12 e no máximo 23 meses.	4
	No mínimo 24 meses.	5
3ª vez ou mais	No mínimo 6 e no máximo 11 meses.	3
	No mínimo 12 e no máximo 23 meses.	4
	No mínimo 24 meses.	5

Tendo em vista que se trata da segunda solicitação de Marcos, era necessário o trabalho por, pelo menos, 9 meses, para ter direito a 3 parcelas do seguro-desemprego. Tendo em vista a prestação de serviços para Henrique por 4 meses, acrescido de mais 1 mês do aviso-prévio indenizado e também a prestação em emprego anterior por mais 4 meses de trabalho, Marcos tem direito ao recebimento do benefício do seguro-desemprego.

Item II: Certo. "O reconhecimento judicial da ilegalidade da dispensa por justa causa retroage no tempo, de modo a ensejar o pagamento da indenização substitutiva pela não liberação das guias do seguro-desemprego de que trata a Súmula nº 389, II, do TST. No caso, ressaltou-se que não importa o fato de o empregador não estar obrigado a fornecer as mencionadas guias no momento da rescisão contratual, pois o pagamento da indenização visa minimizar o prejuízo sofrido pelo empregado. Com esse entendimento, a SBDI-I, por unanimidade, conheceu dos embargos da reclamante, por divergência jurisprudencial, mas, no mérito, negou-lhes provimento". (TST-E-RR-54800-83.2007.5.12.0030, SBDI-I, rel. Min. Brito Pereira, 15.8.2013).

Tendo em vista se tratar de segunda solicitação de Marcos, este terá direito ao recebimento de 3 parcelas do benefício, pois como demonstrado no item anterior, há contagem de 9 meses de trabalho entre seu trabalho com Henrique e o vínculo anterior.

Item III: Errado. Nos termos do art. 4º, §3º da Lei nº 7.998/1990: "A fração igual ou superior a 15 (quinze) dias de trabalho será havida como mês integral para os efeitos do § 2º".

Item IV: Certo. O período de aviso-prévio integra o contrato de trabalho, devendo sua projeção ser considerada como a data de extinção do contrato de trabalho:

> **Art. 487, § 1º da CLT** – *A falta do aviso prévio por parte do empregador dá ao empregado o direito aos salários correspondentes ao prazo do aviso, garantida sempre a integração desse período no seu tempo de serviço.*

Alternativa correta: "d". Está correto o que se afirmam nos itens II e IV.

---

133. (FCC – Juiz do Trabalho Substituto 15ª Região/ 2015) Maria do Carmo era balconista da loja Amor e Alegria quando foi dispensada sem justa causa. Após sete dias, pediu ao seu empregador a liberação do cumprimento de seu aviso prévio, pois já havia obtido novo emprego, comprovando sua alegação com uma declaração do novo empregador informando que a mesma havia sido aprovada em processo seletivo e deveria comparecer ao serviço no dia seguinte munida de sua CTPS e documentos pertinentes para o imediato registro. Diante do narrado, o proprietário da loja Amor e Alegria deverá

a) pagar as verbas rescisórias com a integração do período do aviso prévio integral, uma vez que se trata de instituto irrenunciável pelo trabalhador.

b) deixar de pagar nas verbas rescisórias da empregada o aviso prévio integral, operando-se a renúncia do mesmo quando da comprovação de novo emprego.

c) pagar as verbas rescisórias de Maria do Carmo, excluindo o valor equivalente aos dias faltantes do prazo do aviso prévio.

d) descontar das verbas rescisórias de Maria do Carmo o período do aviso prévio que deixou de ser cumprido pela mesma, ocasionando prejuízos à loja.

e) pagar as verbas rescisórias apenas pela metade, com a inclusão do período faltante do cumprimento do aviso prévio, tendo se operado a culpa recíproca das partes.

COMENTÁRIOS

✪ **Nota do autor:** A questão aborda o tema do aviso prévio. Lembre-se de que o período do aviso prévio possibilita ao trabalhador procurar outro emprego. Trata-se, portanto, de norma protetiva do trabalhador, pois possibilita que, durante o período de 30 dias, ou mais, dependendo da duração do contrato, ele tenha chance de uma nova colocação no mercado de trabalho.

Alternativa "c". *Comentário serve para as demais alternativas, uma vez que versam sobre o mesmo assunto.* "O direito ao aviso prévio é irrenunciável pelo empregado. O pedido de dispensa de cumprimento não exime o empregador de pagar o respectivo valor, salvo comprovação de haver o prestador dos serviços obtido novo emprego." (Súmula nº 276 do TST). Para que essa renúncia ao aviso-prévia seja válida, é necessário que a comprovação de que o empregado já possui um novo emprego seja feita por escrito. Aliás, essa renúncia poderá ser de todo o período do aviso, inclusive nos casos em que supere os 30 dias, em razão do contrato de trabalho com mais de um ano de duração (Lei nº 12.506/2011).

Nesse sentido, conforme entendimento pacificado do TST em dissídios coletivos, se obtiver novo emprego, a empresa fica desonerada de pagar os dias não trabalhados:

> **Precedente Normativo nº 24 do TST:** *O empregado despedido fica dispensado do cumprimento do aviso prévio quando comprovar a obtenção de novo emprego, desonerando a empresa do pagamento dos dias não trabalhados.*

Alternativa correta: "c".

22. TÉRMINO DO CONTRATO DE TRABALHO

▸ Arts. 477 a 486, CLT

134. (TRT 1 – Juiz do Trabalho Substituto 1ª região/2016) O acontecimento decorrente de imprevidência, que leva à cessação das atividades da empresa e ao término dos contratos dos trabalhadores da empresa, à luz da CLT, é classificado como:

a) força maior.

b) caso fortuito.

c) fato do príncipe.

d) dispensa injusta.

e) culpa qualificada.

COMENTÁRIOS

✪ **Nota do autor:** Trata de questão que versa sobre o tema do término do contrato de trabalho. A resilição é a manifestação unilateral imotivada que coloca fim ao contrato de trabalho. Admite-se a livre resilição, pois ninguém é obrigado a manter-se vinculado permanentemente. Trata-se de direito potestativo de empregados e empregadores. Ademais, entendo que essa questão merece críticas, pois exigia o conhecimento de termo não usual ao Direito do Trabalho para a sua solução.

Alternativa "a": "Força maior é o acontecimento inevitável, em relação à vontade do empregador, e para cuja realização este não concorreu direta ou indiretamente" (art. 501 da CLT). Tendo em vista que o término do contrato de trabalho ocorreu por imprevidência do empregador, não se verifica a ocorrência de término do contrato de trabalho por força maior (acontecimento inevitável).

Alternativa "b": "Caso Fortuito, caracterizado por ser imprevisível, é gerado por fato humano, como falhas mecânicas[77].". Da mesma forma, o término do contrato por imprevidência não se configura como caso fortuito, diante da previsibilidade dos acontecimentos.

Alternativa "c": Fato do príncipe ocorre quando a Administração Pública é a responsável pela paralisação empresarial (art. 486 da CLT). É interessante destacar que somente se configura fato do príncipe quando se verifica a ocorrência de fato inevitável que impeça completamente a continuidade da atividade empresarial desenvolvida.

Alternativa "d". O acontecimento decorrente de imprevidência que leva à cessão das atividades da empresa e ao término do contrato de trabalho é hipótese de dispensa injusta ou sem justa causa do trabalhador. A palavra imprevidência é sinônima de descuido, desleixo, negligência. Portanto, se a empresa vier a encerrar suas atividades por negligência do empregador, ocorrerá a dispensa sem justa casa do trabalhador. Nesse caso, o trabalhador receberá a totalidade das verbas rescisórias:

- Saldo de salário (dias efetivamente trabalhados);
- Décimo terceiro salário proporcional;
- Férias + ½ vencidas, se houver;
- Férias + ½ proporcionais;
- Aviso-prévio;
- Saque dos depósitos do FGTS;
- Indenização de 40% sobre os depósitos do FGTS;
- Direito ao benefício do seguro-desemprego, desde que atenda aos requisitos próprios estabelecidos na legislação previdenciária.

Alternativa "e": Não se verifica a ocorrência de culpa de nenhuma das partes pelo término do contrato de trabalho por não se enquadrar a hipótese nos art. 482 e 483 da CLT.

Alternativa correta: "d".

135. (TRT 4 – Juiz do Trabalho Substituto 4ª região/2016) Maria é auxiliar de cozinha em um restaurante há mais de 5 (cinco) anos. Em função da redução da clientela e do número de refeições servidas, o empregador começou a enfrentar dificuldades para pagar os salários dos seus empregados, tanto que o salário de dezembro de 2015 somente foi adimplido no dia 12/01/2016. No dia 03/02/2016, Maria pediu demissão, o que foi homologado pelo sindicato da categoria,

77. GARCIA, Gustavo Filipe Barbosa. **Curso de Direito do Trabalho.** 7ª ed. Rio de Janeiro: Forense. P. 695.

sem qualquer ressalva, e ingressou com ação trabalhista, solicitando a conversão do pedido de demissão em despedida indireta. Com base neste relato, assinale a assertiva correta.

a) A mora salarial pelo restaurante revela o descumprimento das obrigações contratuais pelo empregador, de modo a justificar a despedida indireta.

b) A demissão é ato jurídico perfeito e sua conversão em despedida indireta depende da demonstração de vício de consentimento da trabalhadora.

c) A despedida indireta não se caracteriza, pois a mora do empregador não indica gravidade suficiente para justificar o rompimento do contrato.

d) A conversão em despedida indireta deve ser deferida pelo Juízo, porque o risco do negócio não pode ser transferido à empregada.

e) A demissão é inválida e a homologação sindical é ineficaz, diante do estado de necessidade presumido da trabalhadora, pois os salários são indispensáveis à sua sobrevivência.

COMENTÁRIOS

✪ **Nota do autor:** A questão aborda o tema do término do contrato de trabalho. Ademais, é complexa, pois exige do candidato o domínio do entendimento dos tribunais.

Alternativa "c". *Comentário serve para as demais alternativas, uma vez que versam sobre o mesmo assunto.* No caso, trata-se de mora eventual, tanto que Maria trabalhou por mais de 5 anos no restaurante, e o empregador atrasou o pagamento de salário apenas uma vez (princípio da razoabilidade). Nesse sentido:

> **Rescisão indireta. Mora salarial. Configuração.** *O Decreto-lei n.º 368/1968 apenas repercute nas esferas administrativa, penal e fiscal, e não na trabalhista em sentido estrito. Assim, no âmbito do Direito do Trabalho, a mora contumaz ali albergada somente tem importância para a área da fiscalização a cargo dos órgãos de inspeção do trabalho, não incidindo no campo do direito individual, para fins de caracterização do ato faltoso do empregador. Até porque o prazo previsto no § 1º do artigo 2º do referido diploma legal – três meses – é extremamente longo para ter aplicação no domínio contratual, mormente considerando-se a natureza alimentar do crédito devido ao obreiro. Não é crível que um empregado tenha que aguardar pacificamente mais de noventa dias para receber a contraprestação pecuniária pelo trabalho já realizado. Dessa forma, o atraso no pagamento dos salários, independentemente de configurar a mora contumaz nos moldes do artigo 2º, § 1º, do Decreto-lei n.º 368/1968 e desde que não seja meramente eventual, caracteriza inadimplemento das obrigações contratuais por parte do empregador, ensejando a resolução do contrato por ato culposo da reclamada, na forma do artigo 483, d, da Consolidação das Leis do Trabalho, que dispõe: "o empregado poderá considerar rescindido o contrato e pleitear a devida indenização quando (...) não cumprir o empregador as obrigações do contrato". Lembre-se que o salário é a principal obrigação do empregador no âmbito do contrato de trabalho. Recurso de revista conhecido e provido" (RR-43300-75.2005.5.10.0020, Ac. 1ª Turma, Rel. Ministro Lelio Bentes Corrêa, DEJT 18/9/2009).*

Alternativa correta: "c".

136. (TRT 4 – Juiz do Trabalho Substituto 4ª região/2016) PRIMEIRA TESTEMUNHA CONVIDADA PELA RECLAMADA. JOSÉ DA SILVA, RG 000000000, brasileiro, casado, nascido em 08/10/1970, vendedor, residente na rua das Casas, número 1, N/C. Advertido e compromissado. Depoimento: que trabalha na reclamada desde novembro de 2013; que a chefe do depoente é Kelly; que Kelly é gerente; que Kelly passa as metas e auxilia os vendedores; que o reclamante era vendedor; que às 8 horas há uma reunião com a gerente; que Kelly dá orientações, feedback, passa o roteiro; que durante a reunião há práticas motivacionais, como o grito de guerra e a canção da vitória, cantada por todos ao final da reunião; que depois da reunião estão liberados; que a maior parte da jornada é fazendo vendas externas; que trabalham no horário comercial; que já aconteceu de o depoente trabalhar após esse horário, mas por opção sua; que o depoente trabalha até mais tarde quase todos os dias, pois recebe por comissão e têm metas a cumprir; que não sabe se o reclamante já trabalhou até mais tarde; que foi o depoente quem indicou o reclamante para trabalhar na empresa; que a reclamada dá chance para novas contratações; que, se um vendedor fica 3 meses consecutivos abaixo da média de vendas, dá lugar para outra pessoa; que a média é o total de vendas dividido pelo número de vendedores; que não há nenhum tipo de preferência ou proteção no desligamento; que o critério é o mérito; que Gonçalo é o supervisor; que ele é o superior hierárquico de Kelly; que Gonçalo participa da reunião uma vez por mês, no último dia útil; que Gonçalo coloca uma lata de energético na mesa do vendedor que está no topo do ranking e todos aplaudem; que na mesa de quem está em último coloca uma tartaruga de pelúcia e todos vaiam; que é uma brincadeira entre os vendedores e a chefia; que o depoente não vê maldade nisso; que o depoente utiliza o veículo da reclamada; que deixa o veículo na empresa ao término da jornada; que há uma pessoa que cuida da manutenção e do abastecimento; que o depoente faz 40 minutos de intervalo, por opção sua, não sabendo informar com relação ao reclamante; que todos os vendedores participam da reunião diária; que todos os vendedores utilizam veículo da empresa; que os vendedores têm acesso às vendas efetivadas pelos demais, após o final do mês, pela intranet, pois a reclamada preza pela transparência e por critérios objetivos; que Kelly faz cobranças, mas nada exagerado; que há vendedores que necessitam de uma cobrança maior, mais incisiva; que Kelly passa orientações durante o dia por telefone; que o reclamante estava bastante desmotivado nos últimos meses; que soube que o reclamante efetuou vendas para familiares para não ficar abaixo da média, mas não houve determinação da reclamada nesse sentido; que o depoente se dava bem com o reclamante, mas nos últimos meses ele estava muito mal-humorado e se isolou dos demais; que o depoente acredita que ele tivesse problemas pessoais, mas não pode afirmar com certeza; que Kelly conversou com o reclamante em sua sala; que Kelly disse que o reclamante foi agressivo; que, depois disso, o reclamante não apareceu mais; que não sabe se o reclamante foi despedido ou pediu demissão; que acredita que ele tenha pedido para sair, pois viu ele trabalhando no shopping poucos dias depois. Nada mais.

Com base no depoimento transcrito, relativamente ao término do contrato de trabalho, assinale a assertiva correta.

a) O reclamante pode pleitear a despedida indireta, mas não faz jus ao aviso-prévio.

b) O reclamante não pode pleitear a despedida indireta, pois falta imediaticidade em relação aos descumprimentos contratuais, operando-se o perdão tácito.

c) Diante da falta de entrega das guias do seguro-desemprego, o reclamante faz jus ao pagamento de indenização substitutiva.

d) Optando o reclamante pelo afastamento do trabalho, caso não seja reconhecida a despedida indireta, estará automaticamente caracterizado o abandono de emprego.

e) Deferida a despedida indireta, a data de saída a ser registrada na carteira de trabalho do reclamante deve considerar a projeção do período do aviso-prévio indenizado.

COMENTÁRIOS

✪ Nota do autor: A questão aborda o término do contrato de trabalho, envolvendo a possibilidade ou não de despedida indireta no caso concreto.

Alternativa "e". Os empregados da reclamada foram vítimas de terror psicológico denominado *straining*, que apesar de não se confundir com o assédio moral propriamente dito, já que este depende da existência de um grupo social, repetição prolongada no tempo da conduta e escolha de uma ou algumas vítimas determinadas para efetivar o cerco, tratam-se de figuras bastante próximas e produzem os mesmos efeitos[78]. Assim, em razão da conduta do empregador, é permitido ao trabalhador colocar fim ao contrato de trabalho como se houvesse dispensa sem justa causa. A rescisão indireta é chamada, também, de justa causa patronal. As hipóteses estão elencadas no art. 483 da CLT.

Ademais, na rescisão indireta, o empregado receberá a totalidade das verbas salariais, como se tivesse sido dispensado sem justa causa, conforme demonstrado a seguir:

- Saldo de salário (dias efetivamente trabalhados);
- Décimo terceiro salário proporcional;
- Férias + ⅓ vencidas, se houver.
- Férias + ⅓ proporcionais;
- Aviso-prévio;
- Saque dos depósitos do FGTS;
- Indenização de 40% sobre os depósitos do FGTS;
- Direito ao benefício do seguro-desemprego, desde que atenda aos requisitos próprios estabelecidos na legislação previdenciária.

Portanto, é devido o aviso prévio em hipótese de rescisão indireta e a data de saída a ser anotada na CTPS deve corresponder ao término do prazo do aviso prévio, ainda que indenizado (OJ nº 82 da SDI-I do TST).

Ademais, como o reclamante está empregado no shopping, não faz jus ao seguro-desemprego:

> **Art. 3º, V, Lei nº 7.998/1990:** *Terá direito à percepção do seguro-desemprego o trabalhador dispensado sem justa causa que comprove: não possuir renda própria de qualquer natureza suficiente à sua manutenção e de sua família.*

Caso não seja reconhecida a despedida indireta, não estará automaticamente configurado o abandono de emprego, pois, para que este ocorra, devem estar presentes dois elementos: 1) Elemento objetivo, que é a constatação da ausência continuada por 30 dias ao serviço; 2) Elemento subjetivo, que é a intenção do empregado em deixar o trabalho. Como o empregado não teria a intenção de abandonar o emprego, não estaria configurado o abandono.

Alternativa correta: "e".

22.1. DISPENSA OU DESPEDIDA SEM JUSTA CAUSA

137. (FCC – Juiz do Trabalho Substituto 1ª Região/ 2014) Minerva foi admitida como frentista no Auto Posto Centuriões do Olimpo para operar em bomba de combustível. O contrato perdurou de 01/03/2013 até 16/08/2013. Houve a dispensa sem justa causa, com o aviso prévio trabalhado com redução de duas horas diárias. Recebia o salário fixo mensal no valor de R$ 1.000,00. Nessa situação, Minerva fará jus a

a) 06/12 avos de férias com um terço; 06/12 avos de 13° salário; liberação da guia para saque do FGTS com a multa rescisória de 40% e da guia do seguro desemprego; adicional de periculosidade, calculado em 30% sobre o salário base, independentemente de perícia técnica.

b) 06/12 avos de férias com um terço; 06/12 avos de 13° salário; liberação da guia para saque do FGTS com a multa rescisória de 40% e da guia do seguro desemprego; adicional de insalubridade, calculado em

78. CAIRO JÚNIOR, José. Curso de Direito do Trabalho: Direito Individual e Coletivo do Trabalho. 10ª ed. Bahia: Juspodivm, 2015. P. 907-909.

30% sobre o salário mínimo, caso seja reconhecido em perícia técnica.

c) 07/12 avos de férias com um terço; 07/12 avos de 13° salário; liberação da guia para saque do FGTS com a multa rescisória de 40%; adicional de periculosidade, calculado em 30% sobre o salário mínimo, independentemente de perícia técnica.

d) 07/12 avos de férias com um terço; 07/12 avos de 13° salário; liberação da guia para saque do FGTS com a multa rescisória de 40% e da guia do seguro desemprego; adicional de periculosidade, calculado em 30% sobre o salário base, caso seja reconhecido em perícia técnica.

e) 05/12 avos de férias com um terço; 05/12 avos de 13° salário; liberação da guia para saque do FGTS com a multa rescisória de 40%; adicional de periculosidade, calculado em 30% sobre o salário mínimo, caso seja reconhecido em perícia técnica.

COMENTÁRIOS

✪ **Nota do autor:** A questão aborda o tema da dispensa sem justa causa e o pagamento das verbas rescisórias. O candidato deve estar atento para o cômputo do prazo do aviso prévio no cálculo das parcelas devidas, bem como ter conhecimento da Súmula nº 39 do TST.

Alternativa "a". *Comentário serve para as demais alternativas, uma vez que versam sobre o mesmo assunto.* "Os empregados que operam em bomba de gasolina têm direito ao adicional de periculosidade (Lei nº 2.573, de 15.08.1955)." (Súmula nº 39 do TST). Assim, Minerva tem direito ao recebimento do adicional de periculosidade na proporção de 30% do salário base sem os acréscimo legais (art. 193, § 1º, CLT). Há posicionamento doutrinário[79] no sentido de que a atividade de frentista dispensa prova técnica, pois existe a periculosidade presumida para o empregado que lida diretamente com a bomba de gasolina. Algumas atividades são notoriamente perigosas, como frentistas, bombeiros etc., e, nesses casos, o juiz poderá dispensar a prova pericial com base nos art. 374, I, e 464, § 1º do CPC. No tocante às férias proporcionais, é importante ressaltar que o empregado terá direito a 1/12 de férias por mês ou fração superior a 14 dias:

> **Art. 146, parágrafo único, CLT:** *Na cessação do contrato de trabalho, após 12 (doze) meses de serviço, o empregado, desde que não haja sido demitido por justa causa, terá direito à remuneração relativa ao período incompleto de férias, de acordo com o art. 130, na proporção de 1/12 (um doze avos) por mês de serviço ou fração superior a 14 (quatorze) dias.*

Assim, levando em consideração o cumprimento do aviso prévio proporcional de 30 dias a que tem direito a empregada Minerva, as férias proporcionais deverão ser concedidas na proporção de 6/12 avos acrescidas do terço constitucional. O mesmo raciocínio deve ser aplicado ao pagamento do decimo terceiro salário com a concessão de 1/12 avos da remuneração para cada mês trabalhado ou fração igual ou superior a 15 dias, totalizando 6/12 avos para recebimento do 13º proporcional:

> **Art. 1º, § 2º, Lei nº 4.090/1962:** *A fração igual ou superior a 15 (quinze) dias de trabalho será havida como mês integral para os efeitos do parágrafo anterior.*

Ademais, tendo em vista a dispensa sem justa causa, a empregada tem direito às guias para o saque do FGTS acrescida da multa de 40% sobre o valor dos depósitos e para o recebimento do seguro-desemprego.

Alternativa correta: "a".

22.2. DISPENSA POR JUSTA CAUSA

▸ Art. 482, CLT

✪ **Nota do autor:** a Reforma Trabalhista inseriu uma nova hipótese de configuração de justa causa por culpa do empregado, que consiste na perda da habilitação ou dos requisitos estabelecidos em lei para o exercício da profissão, em decorrência da conduta dolosa do empregado (art. 482, "m", da CLT).

138. (TRT 1 – Juiz do Trabalho Substituto 1ª região/2016) A respeito da extinção do contrato de trabalho por justa causa por culpa do empregado, e aquela por falta grave cometida pelo empregador, em conformidade com o que estabelece a CLT e ao entendimento sumulado pelo TST, é correto afirmar:

a) Na hipótese de culpa recíproca para a extinção do contrato, o empregado perde o direito às férias e ao décimo-terceiro salário proporcionais.

b) Para o empregado de estabelecimento bancário, a falta contumaz de pagamento de dívida legalmente exigível é motivo para a extinção do contrato por justa causa.

c) A imotivada ofensa física contra superior hierárquico, mesmo praticada fora do ambiente de trabalho, é suficiente à extinção do contrato por justa causa.

d) A redução da quantidade de trabalho destinado a empregado contratado por tarefa, que implique qualquer tipo de diminuição salarial, é suficiente para a extinção do contrato por culpa do empregador.

e) Em qualquer momento, a ocorrência de justa causa desobriga o empregador do pagamento de verbas rescisórias de natureza indenizatória.

COMENTÁRIOS

✪ **Nota do autor:** Trata de questão que versa sobre o tema do término do contrato de trabalho, por justa

79. CASSAR, Vólia Bonfim. Direito do Trabalho. 4. ed. rev. e ampl. Niterói: Impetus, 2010. p. 831.

causa do empregado e do empregador. É indispensável que o candidato realize a prévia leitura e memorização do art. 482 e 483 da CLT.

Alternativa "a". Na culpa recíproca, empregado e empregador praticaram faltas graves concomitantes (ao mesmo tempo). Essa modalidade de término do contrato de trabalho deverá ser reconhecida em juízo. Nesse caso, de acordo com o posicionamento do TST, haverá divisão das verbas rescisórias, tendo o empregado direito aos 50% do aviso, décimo terceiro e férias proporcionais e 20% de indenização sobre o FGTS. Vale ressaltar que o saldo salarial, as férias e o décimo terceiro vencidos serão pagos integralmente.

> **Art. 484.** *Havendo culpa recíproca no ato que determinou a rescisão do contrato de trabalho, o tribunal do trabalho reduzirá a indenização à que seria devida em caso de culpa exclusiva do empregador, por metade.*
>
> **Súmula nº 14 do TST.** *Reconhecida a culpa recíproca na rescisão do contrato de trabalho (art. 484 da CLT), o empregado tem direito a 50% (cinquenta por cento) do valor do aviso-prévio, do décimo terceiro salário e das férias proporcionais.*

Note-se, portanto, que o distrato, previsto no art. 484-A da CLT, não gera os mesmos efeitos econômicos do reconhecimento judicial da culpa recíproca, hipótese de término do contrato de trabalho em razão da prática de faltas graves concomitantes (ao mesmo tempo) entre empregado e empregador. Enquanto na culpa recíproca o empregado tem direito aos 50% do aviso, do décimo terceiro e das férias proporcionais e 20% de indenização sobre o FGTS, no distrato a redução pela **metade** abrange somente o aviso prévio **indenizado** e a indenização sobre o FGTS:

- 50% do aviso prévio, se for indenizado. Na hipótese de aviso prévio trabalhado, terá direito ao recebimento de seu valor integral.
- 20% de multa sobre os depósitos do FGTS;
- Saldo de salário (dias efetivamente trabalhadores);
- Décimo terceiro salário proporcional;
- Férias + 1/3 vencidas, se houver;
- Férias + 1/3 proporcionais;

Alternativa "b". Essa hipótese de término do contrato de trabalho estava prevista no art. 508 da CLT, que foi revogado pela Lei nº 12.347/2010.

Alternativa "c". "Constituem justa causa para rescisão do contrato de trabalho pelo empregador: ato lesivo da honra ou da boa fama ou ofensas físicas praticadas contra o empregador e superiores hierárquicos, salvo em caso de legítima defesa, própria ou de outrem." (Art. 482, "k" da CLT). A falta grave pode ocorrer mesmo que a ofensa física ocorra fora do ambiente de trabalho. Nesse sentido, sustenta Gustavo Filipe Barbosa Garcia:

> *"Na situação específica, a violência é praticada pelo empregado contra o empregador ou superiores hierárquicos, podendo ocorrer não só no serviço, mas em qualquer localidade, novamente em razão das pessoas lesadas[80]."*

Alternativa "d". Para a configuração da rescisão indireta do contrato de trabalho, a redução do trabalho deve afetar de forma sensível a importância dos salários. Trata-se de redução indireta do salário, o que é vedado pelo art. 7º, VI, da Constituição Federal. Encontra-se disposto na CLT:

> **Art. 483, "g" da CLT:** *O empregado poderá considerar rescindido o contrato e pleitear a devida indenização quando: o empregador reduzir o seu trabalho, sendo este por peça ou tarefa, de forma a* ***afetar sensivelmente a importância dos salários****. (grifos acrescidos)*

Alternativa "e". "A ocorrência de justa causa, salvo a de abandono de emprego, no decurso do prazo do aviso prévio dado pelo empregador, retira do empregado qualquer direito às verbas rescisórias de natureza indenizatória" (Súmula 73 do TST).

Alternativa correta: "c".

22.3. TÉRMINO DO CONTRATO DECORRENTE DE PRÁTICA DISCRIMINATÓRIA

139. (TRT 8 – Juiz do Trabalho Substituto 8ª Região/ 2015) De acordo com o entendimento sumulado do Tribunal Superior do Trabalho – TST, assinale a alternativa CORRETA:

a) A prestação de serviços a mais de uma empresa do mesmo grupo econômico durante a mesma jornada de trabalho configura coexistência de mais de um contrato de trabalho, salvo ajuste em contrário.

b) O empregado portador do vírus HIV é dispensado sem justa causa pelo seu empregador, sendo que a doença não guarda nexo de causalidade com a atividade laboral desenvolvida, nesse caso, presume-se a dispensa discriminatória, posto tratar-se de doença grave que causa estigma ou preconceito, cabendo ao empregador comprovar que não praticou conduta discriminatória.

c) Reconhecida a culpa recíproca na rescisão do contrato de trabalho, o empregado tem direito a 5 0% (cinquenta por cento) do valor do aviso prévio, do décimo terceiro salário e das férias proporcionais, além do direito à multa de 20% (vinte por cento) sobre os depósitos do FGTS e 50% (cinquenta por cento) do valor relativo ao seguro-desemprego.

d) Enquanto perdurar a substituição que não tenha caráter meramente eventual, inclusive nas férias, o empregado substituto fará jus ao salário contratual do substituído. Vago o cargo em definitivo, o empregado que passa a ocupá-lo tem direito a salário igual ao do antecessor.

---

80. GARCIA, Gustavo Filipe Barbosa. **Curso de Direito do Trabalho.** 7ª ed. Rio de Janeiro: Forense, 2013. P. 667.

e) Exaurido o período de estabilidade, são devidos ao empregado os salários do período compreendido entre a data da despedida e o final do período de estabilidade ou a reintegração no emprego, havendo nulidade por julgamento extra petita da decisão que deferir salário quando o pedido for de reintegração.

COMENTÁRIOS

Nota do autor: A questão aborda diversos temas relacionados ao Direito do Trabalho. A inserção nesse tópico justifica-se pelo fato de que a alternativa correta versa sobre dispensa discriminatória. Cumpre destacar que o ato discriminatório do empregador que dispensa em razão da condição peculiar do trabalhador fere diversos preceitos básicos constitucionais, como: **1.** Art. 1º, inciso III, da CF estabelece como base de todo ordenamento jurídico o respeito à dignidade da pessoa humana; **2.** Art. 3º, inciso IV, da CF prevê que um dos objetivos da República é erradicar qualquer tipo de preconceito e discriminação; **3.** Art. 5º, *caput*, e art. 7º da CF que preveem o princípio da igualdade. E ainda, afronta a legislação infraconstitucional específica, prevista na Lei n. 9.029/1995.

Alternativa "a". "A prestação de serviços a mais de uma empresa do mesmo grupo econômico, durante a mesma jornada de trabalho, não caracteriza a coexistência de mais de um contrato de trabalho, salvo ajuste em contrário." (Súmula nº 129 do TST).

Alternativa "b". "Presume-se discriminatória a despedida de empregado portador do vírus HIV ou de outra doença grave que suscite estigma ou preconceito. Inválido o ato, o empregado tem direito à reintegração no emprego." (Súmula nº 443 do TST)

Ainda, vale ressaltar que, nos termos dos arts. 2º e 6º da Lei nº 14.289/2022, caso essa dispensa discriminatória exponha a condição de pessoa que vive com infecção pelos vírus da imunodeficiência humana (HIV) em seu local de trabalho, o empregador, responsável por manter sigilo sobre essa condição, estará sujeito às sanções previstas no art. 52 da Lei Geral de Proteção de Dados, bem como às demais sanções administrativas cabíveis, além de ser obrigado indenizar a vítima por danos materiais e morais, nos termos do art. 927 do Código Civil.

Alternativa "c". "Reconhecida a culpa recíproca na rescisão do contrato de trabalho (art. 484 da CLT), o empregado tem direito a 50% (cinqüenta por cento) do valor do aviso prévio, do décimo terceiro salário e das férias proporcionais." (Súmula nº 14 do TST).

Note-se, portanto, que o distrato, previsto no art. 484-A da CLT, não gera os mesmos efeitos econômicos do reconhecimento judicial da culpa recíproca, hipótese de término do contrato de trabalho em razão da prática de faltas graves concomitantes (ao mesmo tempo) entre empregado e empregador. Enquanto na culpa recíproca o empregado tem direito aos 50% do aviso, do décimo terceiro e das férias proporcionais e 20% de indenização sobre o FGTS, no distrato a redução pela **metade** abrange somente o aviso prévio **indenizado** e a indenização sobre o FGTS:

- 50% do aviso prévio, se for indenizado. Na hipótese de aviso prévio trabalhado, terá direito ao recebimento de seu valor integral.
- 20% de multa sobre os depósitos do FGTS;
- Saldo de salário (dias efetivamente trabalhadores);
- Décimo terceiro salário proporcional;
- Férias + 1/3 vencidas, se houver;
- Férias + 1/3 proporcionais;

Alternativa "d". "Enquanto perdurar a substituição que não tenha caráter meramente eventual, inclusive nas férias, o empregado substituto fará jus ao salário contratual do substituído." (Súmula nº 159, I, TST). "Vago o cargo em definitivo, o empregado que passa a ocupá-lo não tem direito a salário igual ao do antecessor." (Súmula nº 159, II, TST)

Alternativa "e". De acordo com a Súmula nº 396 do TST:

> *I – Exaurido o período de estabilidade, são devidos ao empregado apenas os salários do período compreendido entre a data da despedida e o final do período de estabilidade, não lhe sendo assegurada a reintegração no emprego.*
>
> *II – Não há nulidade por julgamento "extra petita" da decisão que deferir salário quando o pedido for de reintegração, dados os termos do art. 496 da CLT.*

Alternativa correta: "b".

22.4. CULPA RECÍPROCA

▸ Art. 484, CLT

140. (TRT 14 – Juiz do Trabalho Substituto 14ª Região/ 2013) Observe as assertivas abaixo e marque aquela que NÃO corresponde a entendimento sumulado pelo Tribunal Superior do Trabalho:

a) O direito aos salários do período de férias escolares assegurado aos professores não exclui o direito ao aviso prévio, na hipótese de dispensa sem justa causa ao término do ano letivo ou no curso das férias escolares.

b) Reconhecida a culpa recíproca na rescisão do contrato de trabalho, desde que por força de previsão normativa, o empregado tem direito a 50% (cinquenta por cento) do valor do aviso prévio, do décimo terceiro salário e das férias proporcionais.

c) A compensação, na Justiça do Trabalho, está restrita a dívidas de natureza trabalhista.

d) No caso de se converter a reintegração em indenização dobrada, o direito aos salários é assegurado até a data da primeira decisão que determinou essa conversão.

e) Presume-se o abandono de emprego se o trabalhador não retornar ao serviço no prazo de 30 (trinta) dias após a cessação do benefício previdenciário nem justificar o motivo de não o fazer.

COMENTÁRIOS

✪ **Nota do autor:** A questão aborda diversos temas de Direito do Trabalho. A inserção nesse tópico justifica-se pelo fato de que a alternativa a ser assinalada versa sobre culpa recíproca. Ademais, o candidato deve estar atento para o fato de que a questão exige que seja assinalada a alternativa com o conteúdo **incorreto** (que não corresponde ao entendimento sumulado do TST).

Alternativa "a". "O direito aos salários do período de férias escolares assegurado aos professores (art. 322, caput e § 3º, da CLT) não exclui o direito ao aviso prévio, na hipótese de dispensa sem justa causa ao término do ano letivo ou no curso das férias escolares." (Súmula nº 10 do TST). Para ter direito ao pagamento do período do recesso (férias escolares), é necessário que a dispensa seja no fim do ano letivo ou no curso dessas férias escolares. Se dispensado durante o ano, por exemplo, em setembro, não terá direito ao pagamento. Também não terá direito se dispensado por justa causa ou pedir demissão.

Alternativa "b". "Reconhecida a culpa recíproca na rescisão do contrato de trabalho (art. 484 da CLT), o empregado tem direito a 50% (cinqüenta por cento) do valor do aviso prévio, do décimo terceiro salário e das férias proporcionais." (Súmula nº 14 do TST). Assim, independentemente de previsão normativa, o empregado sempre terá direito à metade das verbas a que teria direito no caso de culpa do empregador. Nesse sentido, estabelece o art. 484, CLT:

> **art. 484, CLT:** *Havendo culpa recíproca no ato que determinou a rescisão do contrato de trabalho, o tribunal de trabalho reduzirá a indenização à que seria devida em caso de culpa exclusiva do empregador, por metade.*

Alternativa "c". "A compensação, na Justiça do Trabalho, está restrita a dívidas de natureza trabalhista." (Súmula nº 18 do TST). A Súmula nº 18 versa sobre a proteção ao salário, pois impossibilita a compensação de outras obrigações que não sejam de natureza trabalhista (natureza alimentar), como empréstimos tomados com o empregador e a futura compensação com créditos trabalhistas. Ressalta-se que, eventuais empréstimos tomados pelo trabalhador poderão ser cobrados pelo empregador, mas não poderão ser compensados com créditos trabalhistas que o empregado tem a receber.

Alternativa "d". "No caso de se converter a reintegração em indenização dobrada, o direito aos salários é assegurado até a data da primeira decisão que determinou essa conversão." (Súmula nº 28 do TST).

Alternativa "e". "Presume-se o abandono de emprego se o trabalhador não retornar ao serviço no prazo de 30 (trinta) dias após a cessação do benefício previdenciário nem justificar o motivo de não o fazer." (Súmula nº 32 do TST). Cumpre ressaltar que a Súmula foi editada para os casos em que o empregado não retornava após cessado o benefício previdenciário, entretanto, hoje é aplicada a todos os casos de ausência reiterada e injustificada do serviço. A doutrina indica dois elementos essenciais para configurar o abando: 1. Elemento objetivo que é a constatação da ausência continuada por 30 dias ao serviço; 2. Elemento subjetivo que é a intenção do empregado em deixar o trabalho. Poderá ser comprovado mediante o recebimento da carta registrada sem o respectivo retorno ao trabalho ou a comprovação de que o empregado está prestando serviços em outro local.

Alternativa incorreta: "b".

22.5. TÉRMINO DO CONTRATO POR FATO DO PRÍNCIPE

▸ Art. 486, CLT

141. (FGV - 2023 - TST - Juiz do Trabalho) Determinada empresa, que contava com vinte empregados lotados em cargos distintos, desenvolvia há muitos anos certa atividade de exploração de dado tipo de minério, que veio a ser considerada ilícita por hipotética lei federal.

Em decorrência da nova lei, a empresa despediu os trabalhadores e determinou que procurassem seus direitos junto ao poder público. Considerando a situação exposta e o que expressamente dispõe a Consolidação das Leis do Trabalho quanto ao exame da responsabilidade pelas indenizações acaso devidas pelas terminações contratuais:

a) somente por ato administrativo de autoridade federal, estadual ou municipal, e não por ato legislativo como ocorreu no caso, a pessoa de direito público responsável pela paralisação definitiva da atividade responderia pelos ônus trabalhistas decorrentes da necessária extinção dos referidos contratos;

b) a resolução ou promulgação de lei que impossibilite a continuação da atividade, como ocorreu no caso, leva a pessoa de direito público responsável pela paralisação temporária ou definitiva a arcar com a indenização decorrente da necessária extinção dos contratos de trabalho por ela afetados;

c) a hipótese caracteriza motivo de força maior diante da necessidade do desligamento por motivo inevitável e imprevisível, e assim a empresa deve diretamente aos trabalhadores indenização por metade, não se configurando fato do príncipe;

d) é do empregador a responsabilidade pelo risco do negócio, pelo que cabe exclusivamente a ele, salvo nos casos de falta grave, pedido de demissão e força maior, indenizar os trabalhadores despedidos;

e) a hipótese caracteriza fato previsível pela arriscada natureza do negócio, respondendo a empresa integralmente perante os trabalhadores pelos efeitos, exclusivamente porque definitivos, da paralisação da atividade.

COMENTÁRIOS

✪ **Nota do autor:** Havia discussão se o fechamento e paralisação de empresas por medidas de isolamento e "lockdown" configurariam fato do príncipe. Essa discussão foi pacificada pela Lei nº 14.020/2020, que estabeleceu o Programa Emergencial de Manutenção do Emprego e da Renda. De acordo com seu art. 29, a dispensa por fato do príncipe não pode ser aplicada na hipótese de paralisação de atividades empresariais determinada por ato de autoridade pública para o enfrentamento do estado de calamidade pública decorrente da pandemia de COVID-19.

Alternativa "b". *Comentário serve para as demais alternativas, uma vez que versam sobre o mesmo assunto.* Ocorre o chamado **fato do príncipe ou *factum principis (paralisação temporária ou definitiva do trabalho)*** ocorre quando a Administração Pública é a responsável pela paralisação empresarial. É interessante destacar que somente se configura fato do príncipe quando se verifica a ocorrência de fato inevitável que impeça completamente a continuidade da atividade empresarial desenvolvida. Nesse caso, nos termos do art. 486 da CLT, o pagamento da indenização ficará a cargo do governo responsável.

Alternativa correta: "b".

---

142. (TRT 14 – Juiz do Trabalho Substituto 14ª Região/ 2013) Sobre suspensão, interrupção e rescisão do contrato de trabalho, assinale a opção correta:

a) O empregado que for aposentado por invalidez terá interrompido o seu contrato de trabalho durante o prazo fixado pelas leis de previdência social para a efetivação do benefício.

b) O empregado poderá deixar de comparecer ao serviço sem prejuízo do salário por até 5 (cinco) dias consecutivos, em virtude casamento.

c) O contrato de trabalho poderá ser suspenso, por um período de dois a cinco anos, para participação do empregado em curso ou programa de qualificação profissional oferecido pelo empregador, com duração equivalente à suspensão contratual, mediante previsão em convenção ou acordo coletivo de trabalho e aquiescência formal do empregado.

d) No caso de paralisação temporária ou definitiva do trabalho, motivada por ato de autoridade municipal, estadual ou federal, ou pela promulgação de lei ou resolução que impossibilite a continuação da atividade, prevalecerá o pagamento da indenização, que ficará a cargo do governo responsável.

e) É dispensável que do instrumento de rescisão ou do recibo de quitação, qualquer que seja a causa ou forma de dissolução do contrato, conste a especificação da natureza de cada parcela paga.

COMENTÁRIOS

✪ **Nota do autor:** A questão aborda o tema do término, suspensão e interrupção do contrato de trabalho. Cumpre ressaltar que a inserção nesse tópico se justifica pelo fato de que a alternativa correta versa sobre o término do contrato de trabalho por fato do príncipe. Não apresenta alto nível de dificuldade, uma vez exige apenas o conhecimento do texto legal para a resposta.

Alternativa "a". "O empregado que for aposentado por invalidez terá suspenso o seu contrato de trabalho durante o prazo fixado pelas leis de previdência social para a efetivação do benefício." (art. 475, "caput", CLT). Lembre-se de que a interrupção do contrato de trabalho consiste na ausência provisória da prestação de serviços, em que são devidos o pagamento de salário e a contagem do tempo. Cessa a obrigação do empregado, mas persiste a obrigação da empresa.

Por outro lado, a suspensão do contrato de trabalho é a ausência provisória da prestação de serviços, sem que haja o pagamento de salário, nem a contagem do tempo. Nesse caso, cessa a obrigação tanto da empresa como do empregado.

Alternativa "b". "O empregado poderá deixar de comparecer ao serviço sem prejuízo do salário: até 3 (três) dias consecutivos, em virtude de casamento." (art. 473, inciso II, CLT).

Alternativa "c". "O contrato de trabalho poderá ser suspenso, por um período de dois a cinco meses, para participação do empregado em curso ou programa de qualificação profissional oferecido pelo empregador, com duração equivalente à suspensão contratual, mediante previsão em convenção ou acordo coletivo de trabalho e aquiescência formal do empregado, observado o disposto no art. 471 desta Consolidação." (art. 476-A, CLT) Em razão da crise econômica mundial, as empresas têm se utilizado dessa hipótese de suspensão para evitar demissões em massa (*lay off*).

Alternativa "d". "No caso de paralisação temporária ou definitiva do trabalho, motivada por ato de autoridade municipal, estadual ou federal, ou pela promulgação de lei ou resolução que impossibilite a continuação da atividade, prevalecerá o pagamento da indenização, que ficará a cargo do governo responsável." (art. 486, "*caput*", CLT). Ocorre fato do príncipe quando a Administração Pública é a responsável pela paralisação empresarial, art. 486 da CLT. Exemplo: município que desapropria a área onde se situa o estabelecimento comercial. Nesse caso, o ente estatal será o responsável pelo pagamento das verbas trabalhistas provenientes da ruptura do contrato (aviso-prévio e indenização do FGTS). As demais parcelas, provenientes da prestação de serviços, serão suportadas pelo empregador, pois é ele o responsável pelo pagamento das férias, décimo terceiro e depósitos do FGTS.

Alternativa "e". "O instrumento de rescisão ou recibo de quitação, qualquer que seja a causa ou forma de dissolução do contrato, deve ter especificada a natureza de cada parcela paga ao empregado e discriminado o seu valor, sendo válida a quitação, apenas, relativamente às mesmas parcelas." (art. 477, § 2º, CLT).

Alternativa correta: "d".

23. PRAZO PARA O PAGAMENTO DAS VERBAS RESCISÓRIAS

Nota do autor: A Reforma Trabalhista promoveu diversas alterações ao art. 477 da CLT, dentre as quais, podemos citar o prazo para pagamento das verbas rescisórias que passou a ser unificado em 10 dias, devendo o empregador dentro desse período:

a) realizar a entrega ao empregado de documentos, que comprovem a comunicação da extinção do contrato de trabalho aos órgãos competentes; e

b) efetuar o pagamento dos valores constantes do instrumento de rescisão ou recibo de quitação.

---

143. (FCC – Juiz do Trabalho Substituto 15ª Região/ 2015) Em relação à multa prevista no artigo 477, § 8° da CLT, considere:

I. Marina ingressou com reclamação trabalhista contra massa falida de Tudo Azul Segurança Patrimonial Ltda., para recebimento de suas verbas rescisórias, tendo em vista que, passados seis meses do encerramento das atividades da empresa, nada recebeu.

II. Joana cumpriu o aviso prévio em casa, tendo recebido suas verbas rescisórias no prazo de dez dias da notificação da despedida.

III. Helena, dispensada por justa causa, por desídia no desempenho de suas funções, recebeu suas verbas rescisórias dez dias após a notificação da rescisão de seu contrato de trabalho.

Nestes casos,

a) em todas as situações narradas é devida a multa por atraso no pagamento das verbas rescisórias.

b) será devida a multa apenas no item II, uma vez que não existe a modalidade do aviso prévio cumprido em casa.

c) será devida a multa apenas no item III, uma vez que na rescisão por justa causa o prazo para pagamento das verbas rescisórias é no dia seguinte ao da notificação da rescisão do contrato de trabalho.

d) será devida a multa apenas no item i, uma vez que todas as verbas rescisórias são preservadas no caso de decretação de falência, tendo em vista o crédito de natureza alimentar do trabalhador.

e) em nenhuma das situações expostas é devida a referida multa por atraso no pagamento das verbas rescisórias.

COMENTÁRIOS

Nota do autor: A questão aborda o tema do pagamento das verbas rescisórias. Ressalta-se que a Reforma Trabalhista extinguiu o procedimento de homologação das verbas trabalhistas no término do contrato de trabalho junto ao sindicato ou órgão do MTE.

Assertiva I. "A Massa Falida não se sujeita à penalidade do art. 467 e nem à multa do § 8º do art. 477, ambos da CLT." (Súmula nº 388 do TST).

Assertiva II. "Em caso de aviso prévio cumprido em casa, o prazo para pagamento das verbas rescisórias é até o décimo dia da notificação de despedida." (Orientação Jurisprudencial nº 14 da SDI-I do TST)

Com a Reforma Trabalhista, o prazo foi unificado para 10 dias contados a partir do término do contrato de trabalho, devendo o empregador dentro desse período:

a) realizar a entrega ao empregado de documentos, que comprovem a comunicação da extinção do contrato de trabalho aos órgãos competentes; e

b) efetuar o pagamento dos valores constantes do instrumento de rescisão ou recibo de quitação.

Assertiva III. A antiga redação do § 6º do art. 477 da CLT estabelecia dois prazos distintos para o pagamento das verbas rescisórias:

a) o 1º dia útil imediato ao término do contrato nas hipóteses de aviso prévio trabalhado ou contrato por prazo determinado.

b) o décimo dia, contado da data em que o empregado foi informado da dispensa, nas hipóteses de aviso prévio indenizado, dispensa por justa causa ou no caso de o empregado que pede demissão ser liberado do cumprimento do aviso-prévio.

Com a Reforma Trabalhista, o prazo foi unificado para 10 dias contados a partir do término do contrato de trabalho, devendo o empregador dentro desse período:

a) realizar a entrega ao empregado de documentos, que comprovem a comunicação da extinção do contrato de trabalho aos órgãos competentes; e

b) efetuar o pagamento dos valores constantes do instrumento de rescisão ou recibo de quitação.

Alternativa correta: "e". Não será devido pagamento da multa do art. 477 da CLT em nenhuma das hipóteses apresentadas na questão.

24. PRESCRIÇÃO E DECADÊNCIA

- Art. 7º, inciso XXIX, CF/88
- Súmula nº 153 do TST
- Súmula nº 156 do TST
- Súmula nº 308 do TST

Nota do autor sobre o tema: O fundamento para a existência do prazo prescricional encontra-se na paz social. Se não existisse a prescrição, as empresas deveriam guardar documentos eternamente, esperando que um ex-empregado, algum dia, ajuizasse reclamações trabalhistas. Tal fato ocasionaria insegurança nas relações jurídicas. Nesse contexto, violado o direito do trabalhador, nasce a pretensão de exigi-lo judicialmente, tendo o empregado um determinado prazo para exigir, na Justiça do Trabalho, o cumprimento da obrigação não respeitada pelo empregador. A prescrição diferencia-se da decadência pelo fato de que, diferentemente desta, não recai sobre o direito, mas sim sobre a exigibilidade judicial dele.

A Reforma Trabalhista alterou dispositivos sobre prescrição, estabelecendo a possibilidade de prescrição intercorrente no processo do trabalho, pelo prazo de 2 anos (art. 11-A da CLT).

---

144. (TRT 2 – Juiz do Trabalho Substituto 2ª região/2016) Com fundamento na legislação e no entendimento sumulado do Tribunal Superior do Trabalho, quanto à prescrição e decadência no Direito do Trabalho é correto afirmar que:

a) É prescricional o prazo de 30 (trinta) dias, contados da data da suspensão do empregado, para a instauração do inquérito visando a apuração de falta grave contra empregado garantido com estabilidade, ocasião em que o empregador apresentará reclamação por escrito à Justiça do Trabalho.

b) Respeitado o biênio subsequente à cessação contratual, a prescrição da ação trabalhista concerne às pretensões imediatamente anteriores a cinco anos, contados da data da extinção do contrato.

c) Na hipótese de colusão das partes, o prazo decadencial da ação rescisória somente começa a fluir para o Ministério Público, que não interveio no processo principal, a partir do momento em que tem ciência da fraude.

d) Para os casos em que a ciência da lesão ocorreu a partir de 13.11.2014, é trintenária a prescrição do direito de reclamar contra o não recolhimento de contribuição para o FGTS, observado o prazo de dois anos após o término do contrato de trabalho.

e) O prazo de decadência, na ação rescisória, de 5 (cinco) anos, conta-se do dia imediatamente subsequente ao trânsito em julgado da última decisão proferida na causa, seja de mérito ou não.

COMENTÁRIOS

✪ **Nota do autor:** A questão aborda o tema da decadência e prescrição. Enquanto na decadência extingue-se o próprio direito pelo decurso do prazo, sendo contada a partir do nascimento do direito; na prescrição retira-se a possibilidade de exigir determinado direito em razão do decurso do tempo, começando a fluir a partir da violação do direito.

Alternativa "a". Trata-se de prazo decadencial. "É de decadência o prazo de trinta dias para instauração do inquérito judicial, a contar da suspensão, por falta grave, de empregado estável" (Súmula nº 403 do STF).

Alternativa "b". "Respeitado o biênio subsequente à cessação contratual, a prescrição da ação trabalhista concerne às pretensões imediatamente anteriores a cinco anos, **contados da data do ajuizamento da reclamação** e, não, às anteriores ao quinquênio da data da extinção do contrato." (Súmula nº 308, I do TST – grifos acrescidos).

Alternativa "c". "Na hipótese de colusão das partes, o prazo decadencial da ação rescisória somente começa a fluir para o Ministério Público, que não interveio no processo principal, a partir do momento em que tem ciência da fraude." (Súmula nº 100, VI do TST).

Alternativa "d". "Para os casos em que a ciência da lesão ocorreu a partir de 13.11.2014, é quinquenal a prescrição do direito de reclamar contra o não recolhimento de contribuição para o FGTS, observado o prazo de dois anos após o término do contrato." (Súmula nº 362, I, do TST).

Alternativa "e". "O prazo de decadência, na ação rescisória, conta-se do dia imediatamente subsequente ao trânsito em julgado da última decisão proferida na causa, seja de mérito ou não." (Súmula nº 100, I do TST). O prazo, contudo, é de 2 anos, nos termos do art. 975 do CPC: "O direito à rescisão se extingue em 2 (dois) anos contados do trânsito em julgado da última decisão proferida no processo".

Alternativa correta: "c".

---

145. (TRT 4 – Juiz do Trabalho Substituto 4ª região/2016) Considerando a distinção entre direitos a uma prestação e direitos potestativos, bem como a jurisprudência dos Tribunais Superiores, identifique se os prazos abaixo são de prescrição (P) ou de decadência (D).

( ) Prazo para promover a desconstituição da sentença por meio de ação rescisória.

( ) Prazo para o empregado pleitear o reenquadramento funcional.

( ) Prazo, previsto em acordo coletivo, para adesão ao programa de demissão voluntária.

( ) Prazo para o empregado desligado da empresa optar pela manutenção do plano de saúde.

A coluna dos prazos deverá ser preenchida, de cima para baixo, com

a) D P D D

b) D P D P

c) D P P P

d) D P P D

e) P D P P

COMENTÁRIOS

✪ **Nota do autor:** A questão exige o domínio dos conceitos de prescrição e decadência. Assim, enquanto na decadência extingue-se o próprio direito pelo decurso do prazo, sendo contada a partir do nascimento do direito; na prescrição retira-se a possibilidade de exigir determinado direito em razão do decurso do tempo, começando a fluir a partir da violação do direito. Questão com nível de dificuldade elevado, por exigir conhecimento específico de prazos prescricionais e decadenciais.

Alternativa "a". *Comentário serve para as demais alternativas, pois versam sobre o mesmo assunto.* Seguem as informações acerca dos prazos apontados na questão:

- **O prazo para ajuizar ação rescisória** é decadencial de 2 anos, nos termos do art. 975 do CPC.
- **O prazo para pleitear reenquadramento de função** é prescricional, de acordo com a Súmula nº 275, II, do TST:

> **Súmula nº 275, II, do TST:** *Em se tratando de pedido de reenquadramento, a prescrição é total, contada da data do enquadramento do empregado.*

Com a Reforma Trabalhista, a CLT passou a prever a prescrição total e parcial em seu texto:

> ***Art. 11, § 2º da CLT*** *(inserido pela Lei nº 13.467/2017): Tratando-se de pretensão que envolva pedido de prestações sucessivas decorrente de alteração ou descumprimento do pactuado, a prescrição é total, exceto quando o direito à parcela esteja também assegurado por preceito de lei.*

- **O Prazo para aderir a um Plano de Demissão Voluntária** (PDV) instituído pelo empregador é decadencial.
- **O prazo para que o empregado afastado da empresa opte pela manutenção do plano de saúde** é decadencial de 30 dias, nos termos da Resolução Normativa nº 275/2011 da ANS. "A contagem desse prazo somente inicia-se a partir da "comunicação inequívoca ao ex-empregado sobre a opção de manutenção da condição de beneficiário de que gozava quando da vigência do contrato de trabalho" (parágrafo único do art. 10 da RN 275/2011 da ANS)" (STJ – REsp 1237054 PR 2011/0032003-8. Data de publicação: 19/05/2014).

Alternativa correta: "a".

25. DIREITO COLETIVO DO TRABALHO

25.1. INTRODUÇÃO. INSTITUTOS BÁSICOS DO DIREITO COLETIVO DO TRABALHO

146. (FCC – Juiz do Trabalho/2017) Sobre o poder normativo da Justiça do Trabalho, em conformidade com a Constituição Federal, a Consolidação das Leis do Trabalho e o entendimento dominante do Tribunal Superior do Trabalho, considere:

I. A primeira Constituição Federal que autorizou e delegou à Justiça do Trabalho competência normativa para solução dos conflitos coletivos do trabalho foi a de 1934.

II. A Emenda Constitucional nº 45/2004 inclui na Constituição Federal de 1988 a exigência às partes do "comum acordo" para ajuizamento do dissídio coletivo de natureza jurídica.

III. O dissídio coletivo é o instrumento hábil para que determinado sindicato obtenha o reconhecimento de que a categoria que representa se trata de categoria diferenciada.

IV. Em face de pessoa jurídica de direito público que mantenha empregados, cabe dissídio coletivo exclusivamente para apreciação de cláusulas de natureza social.

Está correto o que se afirma APENAS em

a) IV.

b) I.

c) II, III e IV.

d) I, II e III.

e) I e IV.

COMENTÁRIOS

Nota do autor: A questão aborda o tema dissídio coletivo e exigia do candidato o conhecimento de sua parte histórica.

Item I. O poder normativo da Justiça do Trabalho foi conhecido de forma expressa pela Constituição de 1946:

> **Art 123 da Constituição de 1946:** *Compete à Justiça do Trabalho conciliar e julgar os dissídios individuais e coletivos entre empregados e empregadores, e, as demais controvérsias oriundas de relações, do trabalho regidas por legislação especial.*
>
> *(...)*
>
> *§ 2º – A lei especificará os casos em que as decisões, nos dissídios coletivos, poderão estabelecer normas e condições de trabalho.*

Item II. A EC nº 45/2004 conferiu nova redação ao art. 114, §2º, da CF/88, criando pressuposto processual do comum acordo para propositura da ação do dissídio coletivo **de natureza econômica**[81].

O **dissídio jurídico** "busca a interpretação de cláusulas de sentenças normativas, de instrumentos de negociação coletiva, acordos e convenções coletivas, de disposições legais particulares de categoria profissional ou econômica e de atos normativos".

Item III. Dissídio coletivo é "entendido como o processo judicial destinado à solução de conflitos coletivos de interesses nas relações de trabalho, buscando criar e modificar normas e condições gerais de trabalho, além de declarar o alcance de uma norma jurídica". Não serve, portanto, como instrumento processual para reconhecimento de categoria profissional diferenciada.

81. DELGADO, Mauricio Godinho. **Curso de Direito do Trabalho.** 15. ed. São Paulo: Ltr, 2016. P. 134.

Item IV. As cláusulas sociais, segundo definição de Elisson Miessa, "fixam e regulam as novas condições para as relações de trabalho sem que tenham conteúdo econômico como, por exemplo, aquelas que tratam de intervalos para descanso e refeição, substituição de empregados etc[82]". Quando as pessoas jurídicas de direito pública seguirem o regime celetista, "caberá o dissídio coletivo **exclusivamente** para apreciação de cláusulas de natureza social[83]":

> **OJ nº 5 da SDC do TST:** *Em face de pessoa jurídica de direito público que mantenha empregados, cabe dissídio coletivo exclusivamente para apreciação de cláusulas de natureza social. Inteligência da Convenção nº 151 da Organização Internacional do Trabalho, ratificada pelo Decreto Legislativo nº 206/2010.*

Alternativa correta: "a". Está correto o que se afirma apenas no item IV.

---

147. (TRT 2 – Juiz do Trabalho Substituto 2ª região/2016) Assinale a única alternativa INCORRETA:

a) A mediação como uma técnica de composição dos conflitos é caracterizada pela participação de um terceiro, supra partes, o mediador, cuja função é ouvir as partes e formular propostas.

b) Tendo-se iniciado a ação judicial podem as partes se socorrer da mediação.

c) Segundo a Lei nº 9.307/96 que disciplinou por completo a arbitragem no Brasil, dando novo alento à sua utilização, ela é um processo de solução de conflitos jurídicos pelo qual o terceiro, estranho aos interesses das partes, tenta conciliar e, sucessivamente, decide a controvérsia.

d) A utilização da arbitragem está adstrita a direitos passíveis de serem transacionados, ou seja, direitos de índole patrimonial, sendo possível utilizá-la em matéria de Direito de Família, Direito Penal, Falimentar e Previdenciário.

e) A arbitragem é uma forma de solução de conflitos entre indivíduos.

COMENTÁRIOS

✪ Nota do autor: Trata-se de questão acerca dos conflitos coletivos de trabalho. No dissídio coletivo, busca-se, em regra, a defesa do interesse do grupo considerado como um todo ou ainda de membros que o compõem. Atente-se que a questão pede que se assinale a **alternativa incorreta**. Ademais, o edital do concurso adotou, em matéria de Direito Processual Civil, o Código de Processo Civil vigente na data da publicação do Edital (CPC/73).

Alternativa "a". A mediação compreende uma técnica caracterizada pela presença de um terceiro imparcial que exerce a função de estimular as partes a celebrar um acordo que venha a resolver o conflito. "O mediador conduzirá o procedimento de comunicação entre as partes, buscando o entendimento e o consenso e facilitando a resolução do conflito" (§1º do art. 4º da Lei nº 13.140/15).

Alternativa "b". As partes podem, a qualquer tempo, socorrerem-se da mediação para a solução de um conflito.

Alternativa "c". A arbitragem é regida pela Lei nº 9.307/1996 e ocorre quando um terceiro escolhido ou indicado pelas partes é responsável por decidir o conflito. Note-se, portanto, que a arbitragem é facultativa, ou seja, em que pese um terceiro seja o prolator da decisão, as partes é que deverão, antes ou após o início do conflito, submetê-lo à arbitragem. Difere-se da conciliação e da mediação pelo fato de que o árbitro não terá a função de orientar as partes para que cheguem a uma decisão, mas, após a instrução do processo arbitral, irá proferir uma decisão que colocará fim ao conflito.

Alternativa "d". "As pessoas capazes de contratar poderão valer-se da arbitragem para dirimir litígios relativos a direitos patrimoniais disponíveis" (Art. 1º da Lei nº 9.307/1996). A alternativa traz exemplos em que os direitos não são passíveis de transação. Assim, não é possível a aplicação de arbitragem para solução de conflitos penais, por exemplo.

Antes da Reforma Trabalhista, a arbitragem era prevista tão somente para os conflitos coletivos de trabalho, conforme prevê o art. 114, § 1º, da CF/88: "Frustrada a negociação coletiva, as partes poderão eleger árbitros". No entanto, o art. 507-A da CLT, introduzido pela Lei nº 13.467/2017, passa a admitir a arbitragem para os empregados que possuem remuneração superior a duas vezes o limite máximo estabelecido para os benefícios do Regime Geral de Previdência Social. Cria-se, nesse caso, a presunção de que tais trabalhadores, embora subordinados, têm capacidade de manifestar sua vontade de forma livre, ante seu padrão remuneratório:

> **Art. 507-A, CLT** *(acrescentado pela Lei nº 13.467/2017). Nos contratos individuais de trabalho cuja remuneração seja superior a duas vezes o limite máximo estabelecido para os benefícios do Regime Geral de Previdência Social, poderá ser pactuada cláusula compromissória de arbitragem, desde que por iniciativa do empregado ou mediante a sua concordância expressa, nos termos previstos na Lei nº 9.307, de 23 de setembro de 1996.*

Alternativa "e". "As pessoas capazes de contratar poderão valer-se da arbitragem para dirimir litígios relativos a direitos patrimoniais disponíveis" (art. 1º da Lei nº 9.307/1996).

Alternativa incorreta: "d".

25.2. DISPENSA EM MASSA

---

148. (FGV – 2023 – TST – Juiz do Trabalho) Em recente julgamento do RE 999.435/SP, apreciando o Tema 638

---

82. MIESSA, Elisson. **Processo do Trabalho:** para concursos. 4. ed. Salvador: Juspodivm, 2017. P. 1131.

83. MIESSA, Elisson. **Processo do Trabalho:** para concursos. 4. ed. Salvador: Juspodivm, 2017. P. 1147.

da repercussão geral, o Supremo Tribunal Federal fixou tese acerca da necessidade de negociação coletiva para a dispensa em massa de trabalhadores.

Com base nesse julgado, é correto afirmar que:

a) a iniciativa da rescisão consiste em ato unilateral do empregador, razão pela qual a dispensa em massa de trabalhadores prescinde de negociação coletiva;

b) a intervenção sindical pode ocorrer no curso do processo de desligamento em massa dos trabalhadores, desde que celebrada norma coletiva sobre o pagamento das parcelas resilitórias;

c) considera-se dispensa em massa aquela que envolver o término simultâneo ou em curto espaço de tempo de mais de duzentos contratos de trabalho, por razões de ordem técnica, econômica e financeira enfrentadas pela empresa;

d) é imprescindível a participação prévia dos sindicatos profissionais como requisito de validade das dispensas massivas, de modo a envolvê-los no processo coletivo com foco na manutenção dos empregos;

e) a dispensa em massa decorre da necessidade de o ente empresarial reduzir definitivamente o quadro de empregados, exigindo-se a intervenção sindical inclusive nos términos dos contratos a prazo determinado.

COMENTÁRIOS

✪ **Nota do autor:** Com a Reforma Trabalhista, reconhece-se que o empregador tem o direito potestativo de dispensar seus empregados independentemente da modalidade de término, seja ela individual.

Alternativa "d". *Comentário serve para as demais alternativas, uma vez que versam sobre o mesmo assunto.* Antes da Reforma Trabalhista, não havia dispositivo legal que regulamentasse o assunto. O TST tinha o entendimento de que havia a necessidade de prévia negociação coletiva para a dispensa em massa (Informativos nº 17 e 34 do TST). Contudo, a Lei nº 13.467/2017 estabeleceu que o empregador tem o direito potestativo de dispensar seus empregados independentemente da hipótese de dispensa, seja ela individual, plúrima ou coletiva. Dessa forma, excluiu-se expressamente a necessidade de negociação coletiva e do estabelecimento de acordo ou convenção coletiva de trabalho para a dispensa em massa.

O tema, contudo, é polêmico e já estava em discussão no STF, com repercussão geral reconhecida (Tema nº 638 – ARE 647651). O caso concreto levado à apreciação da Corte diz respeito à demissão de 4.270 (quatro mil, duzentos e setenta) empregados da Empresa Brasileira de Aeronáutica (Embraer) em 2009. Por conta disso, entidades sindicais representantes dos trabalhadores ingressaram na Justiça do Trabalho, pedindo a nulidade da dispensa em massa, pois não houve negociação coletiva prévia.

Conforme tese fixada pelo STF no **Tema 638 da Repercussão Geral**, a validada das dispensas em massa depende da participação do sindicato dos empregados nesse processo, mas não de sua autorização ou da celebração de acordo ou convenção coletiva de trabalho.

Por fim, importante mencionar que houve modulação de efeitos em relação à tese fixada pelo STF na apreciação do Tema 638 da repercussão geral, que somente deverá ser aplicada após a publicação da ata de julgamento na qual foi fixada (o que ocorreu em 14 de junho de 2022).

Alternativa correta: "d".

---

149. (TRT 15 – Juiz do Trabalho Substituto 15ª Região/ 2013) A jurisprudência é fonte integrativa do Direito do Trabalho. Recentes decisões de alguns Tribunais Regionais do Trabalho e do TST estabeleceram parâmetros jurídicos sobre o tema da dispensa coletiva (em massa) de trabalhadores. Dentre as alternativas abaixo, qual traduz, de maneira, mais precisa, esses parâmetros?

a) a dispensa de trabalhadores, estando inserida no padrão da liberdade contratual, não pode ser alvo de interferência judicial;

b) a dispensa coletiva é legítima quando precedida de negociação coletiva chancelada pelo Ministério do Trabalho e Emprego;

c) a dispensa coletiva é legítima em caso de previsão contratual que autorize, previamente, a conduta, nos casos de força maior;

d) a negociação coletiva prévia, que requer comprovação dos motivos técnicos e econômicos por parte do empregador, é condição de validade para a cessação coletiva de vínculos de emprego, considerando exercício abusivo do direito a dispensa que não atenda essa condição;

e) ó termo de ajustamento de conduta, firmado perante o Ministério Público do Trabalho, é via necessária para a fixação dos padrões de comportamento a serem seguidos na hipótese.

COMENTÁRIOS

✪ **Nota do autor:** A questão aborda o tema da dispensa coletiva de trabalhadores. Antes da Reforma Trabalhista, não havia na CLT previsão acerca da dispensa em massa. O TST, então, firmou o entendimento de que havia necessidade de **prévia negociação coletiva para a dispensa em massa**. Esse posicionamento jurisprudencial surgiu em razão das repercussões econômicas e sociais causadas por essa dispensa coletiva que, aliás, extrapolava o vínculo empregatício, alcançando a coletividade dos trabalhadores, bem como a comunidade e a economia locais.

Com a Reforma Trabalhista, reconheceu-se que o empregador tem o direito potestativo de dispensar seus empregados independentemente da modalidade de término, seja ela individual, plúrima ou coletiva.

Dessa forma, excluiu-se expressamente a necessidade de negociação coletiva prévia e do estabelecimento de acordo ou convenção coletiva de trabalho para a dispensa em massa.

O tema, contudo, é polêmico e já estava em discussão no STF, com repercussão geral reconhecida (Tema nº 638 – ARE 647651). O caso concreto levado à apreciação da Corte diz respeito à demissão de 4.270 (quatro mil, duzentos e setenta) empregados da Empresa Brasileira de Aeronáutica (Embraer) em 2009. Por conta disso, entidades sindicais representantes dos trabalhadores ingressaram na Justiça do Trabalho, pedindo a nulidade da dispensa em massa, pois não houve negociação coletiva prévia.

Conforme tese fixada pelo STF no **Tema 638 da Repercussão Geral**, a validade das dispensas em massa depende da participação do sindicato dos empregados nesse processo, mas não de sua autorização ou da celebração de acordo ou convenção coletiva de trabalho.

Por fim, importante mencionar que houve modulação de efeitos em relação à tese fixada pelo STF na apreciação do Tema 638 da repercussão geral, que somente deverá ser aplicada após a publicação da ata de julgamento na qual foi fixada (o que ocorreu em 14 de junho de 2022).

Portanto, atualmente, não há que se falar de "negociação coletiva prévia", "chancelada pelo Ministério do Trabalho e Emprego" ou "termo de ajustamento de conduta, firmado perante o Ministério Público do Trabalho". De outra sorte, não se pode dizer, também, que a dispensa plúrima é ato de liberdade (direito potestativo) do empregador. O que se tem é a necessidade de envolvimento do sindicato dos trabalhadores nesse processo, como mediada necessário ao saudável e democrático **diálogo social;** como tentativa de se encontrar alternativas que evitem ou diminuam os danos sociais de uma dispensa em massa.

Atualmente não há alternativa correta.

25.3. PRINCÍPIOS DO DIREITO COLETIVO

✪ **Nota do autor:** embora não tenha sido ratificada pelo Brasil, a Convenção nº 87 da OIT é muito cobrada em provas da Magistratura do Trabalho. Não deixe de lê-la!

---

150. (FCC – Juiz do Trabalho/2017) A Constituição Federal estabelece no art. 8º, V, que *ninguém será obrigado a filiar-se ou a manter-se filiado a sindicato.* Sobre o sistema sindical brasileiro, com base na CLT e no entendimento dominante do Tribunal Superior do Trabalho, é correto afirmar:

a) Diante da liberdade sindical individual, a decisão do sindicato de não admissão de associado ou de expulsão daquele que pertencia ao seu quadro associativo estará sujeita a recurso para o Ministério do Trabalho e Emprego, o qual avaliará o motivo que levou o trabalhador a ser considerado indesejado pela entidade sindical.

b) A disposição de cláusula de instrumento normativo que estabelece a preferência na contratação de mão de obra do trabalhador sindicalizado sobre os demais trabalhadores viola a liberdade sindical.

c) Constitui conduta violadora da liberdade sindical de filiação a negativa do sindicato no sentido de não associar trabalhador empregado que não pertença à categoria profissional agregada ou ao âmbito territorial sobre o qual ela se organizou.

d) É condição substancial para que a sindicalização de trabalhador se mantenha permanente a vinculação do sindicalizado à categoria profissional que a entidade representa, razão pela qual se o trabalhador sindicalizado se aposentar, não terá mais direito a votar, nem ser votado nas organizações sindicais.

e) Os sindicatos, com base na autonomia privada, poderão criar livremente suas regras estatutárias de filiação e recusa de associados ao ingresso na entidade sindical, pois a liberdade sindical coletiva de cunho regulamentar prevalece indistintamente sobre as normas jurídicas internas preexistentes no ordenamento jurídico brasileiro.

COMENTÁRIOS

✪ **Nota do autor:** A questão aborda o tema organização dos sindicatos no Brasil, devendo o candidato estar atento ao princípio da liberdade sindical. É importante destacar os principais elementos da liberdade sindical assegurados pela Convenção nº 87 da OIT, que, embora não tenha sido ratificada pelo Brasil, traz importantes preceitos acerca do tema e é cobrada em provas:

a) liberdade de elaboração dos sindicatos;

b) liberdade de organização e constituição dos sindicados;

c) liberdade de filiação e desfiliação do sindicato;

d) vedação de dissolução dos sindicatos pela via administrativa.

Alternativa "a". "É livre a associação profissional ou sindical (...)", sendo vedada a interferência e intervenção do Poder Público na organização sindical" (Art. 8º, I da CF/88).

Alternativa "b". São consideradas antissindicais as cláusulas em convenções e acordos coletivos que determinam a filiação automática ou forçada dos trabalhadores ou, ainda, cláusulas que proíbam ou dificultem a desfiliação do trabalhador são nulas de pleno direito. Nesse sentido:

> **Orientação Jurisprudencial nº 20 da SDC do TST:** *Viola o art. 8º, V, da CF/1988 cláusula de instrumento normativo que estabelece a preferência, na contratação de mão de obra, do trabalhador sindicalizado sobre os demais.*

Especificamente quanto à hipótese em apreço, verifica-se a proibição da instituição da denominada *prefe-*

rencial shop, que favorece a contratação de empregados sindicalizados[84]. Cumpre ressaltar que o art. 544 da CLT, que versava sobre diversas hipóteses de preferência na contratação dos empregados sindicalizados sobre os demais, foi revogado tacitamente pela garantia constitucional da liberdade de filiação (art. 8, inciso V, CF/88).

Alternativa "c". A liberdade de filiação é manifestação da liberdade sindical individual, que consiste na participação do indivíduo nas atividades dos sindicatos. É comumente dividida em positiva, que consiste no ingresso ou filiação na entidade, e negativa, que se refere à liberdade de não se filiar ou de se desfiliar de um ente sindical. É plenamente assegurada aos sindicatos a não filiação de trabalhadores cuja base territorial e/ou categoria seja diversa da entidade sindical, pois estes trabalhadores não podem ser representados pelo sindicato. Trata-se do respeito ao princípio da unicidade sindical, que exige apenas um sindicato representativo de categoria profissional ou econômica em uma mesma base territorial, nunca inferior ao limite de 1 município.

Alternativa "d". "O aposentado filiado tem direito a votar e ser votado nas organizações sindicais" (art. 8º, VII da CF/88).

Alternativa "e". A liberdade de filiação é manifestação da liberdade sindical individual, que consiste na participação do indivíduo nas atividades dos sindicatos. É comumente dividida em positiva, que consiste no ingresso ou filiação na entidade, e negativa, que se refere à liberdade de não se filiar ou de se desfiliar de um ente sindical.

As cláusulas em convenções e acordos coletivos que determinam a filiação automática ou forçada dos trabalhadores ou, ainda, cláusulas que proíbam ou dificultem a desfiliação do trabalhador são nulas de pleno direito. Nesse caso específico de filiação, a vontade coletiva prevista em convenções e acordos coletivos não supre a decisão individual do empregado.

De acordo com o art. 611-B, XXVI, da CLT, não é possível a celebração de instrumento coletivo que reduza ou suprima direitos relacionados à liberdade sindical do trabalhador:

> **Art. 611-B, XXVI, CLT** *(acrescentado pela Lei nº 13.467/2017). Constituem objeto ilícito de convenção coletiva ou de acordo coletivo de trabalho, exclusivamente, a supressão ou a redução dos seguintes direitos: XXVI – liberdade de associação profissional ou sindical do trabalhador, inclusive o direito de não sofrer, sem sua expressa e prévia anuência, qualquer cobrança ou desconto salarial estabelecidos em convenção coletiva ou acordo coletivo de trabalho;*

Alternativa correta: "b".

---

151. (TRT 1 – Juiz do Trabalho Substituto 1ª região/2016) Em relação às disposições da Convenção nº 87, da Organização Internacional do Trabalho, é correto afirmar:

a) Dada sua função de defesa das respectivas nações, às forças armadas não se deve permitir a organização sindical.

b) Não deve demandar qualquer tipo de autorização prévia a constituição, pelos trabalhadores e pelas entidades patronais, de organizações da sua livre escolha. Se conformar com o estatuto deve ser a única condição para filiação.

c) A legislação nacional deve resguardar a autonomia das organizações de trabalhadores e de entidades patronais, competindo-lhe apenas fixar parâmetros para a eleição de seus dirigentes, que deve necessariamente ser livre e com resultados soberanos.

d) Para efetividade no resguardo dos interesses coletivos, e como forma de evitar influências de âmbito local, as organizações de trabalhadores devem se agrupar em federações e confederações.

e) Aos dirigentes das entidades de trabalhadores deve, durante o período de mandato, e na forma da lei local, ser protegida a relação de trabalho contra a dispensa.

COMENTÁRIOS

Nota do autor: A questão exige o conhecimento da Convenção nº 87 da OIT sobre Liberdade Sindical e Direito de Sindicalização, a qual não foi ratificada pelo Brasil. Essa convenção adota o princípio da pluralidade sindical, o que possibilitaria mais de um sindicato, representante da mesma categoria, na mesma base territorial. Esse sistema não impõe um modelo sindical a ser seguido pelo Estado, mas determina que não são de competência legal a estruturação e organização dos sindicatos, tarefa exclusiva dessas próprias entidades.

Alternativa "a". "A medida segundo a qual as garantias previstas pela presente Convenção se aplicarão às forças armadas e à polícia será determinada pela legislação nacional" (art. 9º — 1 da Convenção nº 87 da OIT).

Alternativa "b". " Os trabalhadores e os empregadores, sem distinção de qualquer espécie, terão direito de constituir, sem autorização prévia, organizações de sua escolha, bem como o direito de se filiar a essas organizações, sob a única condição de se conformar com os estatutos das mesmas" (art. 2º da Convenção nº 87 da OIT).

Alternativa "c". "As organizações de trabalhadores e de empregadores terão o direito de elaborar seus estatutos e regulamentos administrativos, de eleger livremente seus representantes, de organizar a gestão e a atividade dos mesmos e de formular seu programa de ação" (art. 3º — 1 da Convenção nº 87 da OIT).

Alternativa "d". "As organizações de trabalhadores e de empregadores terão o direito de constituir federações e confederações, bem como o de filiar-se às

---

84. DELGADO. Maurício Godinho. *Direito Coletivo do Trabalho*. 4. ed. São Paulo: LTr, 2011. p. 49.

mesmas, e toda organização, federação ou confederação terá o direito de filiar-se às organizações internacionais de trabalhadores e de empregadores". (art. 5º da Convenção nº 87 da OIT).

Alternativa "e". Não há referida previsão na Convenção nº 87 da OIT.

Alternativa correta: "b".

25.4. PRÁTICAS OU ATOS ANTISSINDICAIS

152. (FGV – 2023 – TST – Juiz do Trabalho) A partir de uma noção ampla de liberdade, é possível chegar à contextualização de uma conduta antissindical.

Dentre as hipóteses abaixo, NÃO implica cerceamento do direito garantido constitucionalmente de livre associação para fins lícitos:

a) pagamento de bonificação pela empresa a empregados que não participaram de movimento grevista, em razão da sobrecarga de trabalho que tiveram pela paralisação dos grevistas;

b) na assinatura do contrato de emprego, a entrega, a pedido do empregado recém-contratado, de formulário pendente de assinatura, contendo declaração de oposição do trabalhador ao desconto das contribuições assistencial e confederativa;

c) despedida imotivada de empregado eleito dirigente sindical de entidade associativa que ainda não obteve a concessão do registro sindical do órgão estatal competente;

d) omissão da empregadora de enquadrar apenas os dirigentes sindicais recentemente eleitos, antes de sua posse efetiva, conforme novo plano de cargos e salários implementado pela empresa;

e) empresa que, para concluir uma negociação coletiva, compromete-se a pagar uma quantia em dinheiro para o sindicato dos trabalhadores.

COMENTÁRIOS

✪ **Nota do autor:** As cláusulas antissindicais são proibidas pelo ordenamento jurídico brasileiro, pois violam o princípio da liberdade sindical. Ressalta-se novamente que, apesar da vigência do princípio da unicidade sindical, o art. 8º da CF/88 assegurou a liberdade sindical como direito fundamental e, por isso, não pode estar sujeito a determinadas condutas que visam prejudicar sua aplicação.

Alternativa "a". É considerada antissindical a conduta do empregador de obstar a realização de greve ou a perseguição a grevistas: a tentativa do empregador de obstar a realização de greves pelos empregados, seja por ameaças em dispensas daqueles que aderirem ao movimento, seja pela perseguição a líderes do movimento grevista, ou até mesmo pelo pagamento de bonificação aos empregados que não participaram de movimento grevista constituem hipótese de conduta antissindical vedada pelo ordenamento jurídico, uma vez que impede o exercício do direito social fundamental consagrado pela Constituição Federal:

> **Art. 9º, CF/88:** *É assegurado o direito de greve, competindo aos trabalhadores decidir sobre a* ***oportunidade*** *de exercê-lo e sobre os* ***interesses*** *que devam por meio dele defender.*

Alternativa "b". O STF, no Julgamento Virtual do ARE 1018459 – processo paradigma do Tema 935 de Repercussão Geral, finalizado em 11 de setembro de 2023, decidiu pela constitucionalidade da instituição, por acordo ou convenção coletiva de trabalho, de contribuições assistenciais (para o custeio das despesas com a negociação coletiva) a serem impostas a todos os empregados da categoria profissional, ainda que não sindicalizados, desde que assegurado o direito de oposição. Dessa forma, se a declaração de oposição do trabalhador ao desconto das contribuições assistencial e confederativa foi uma solicitação do trabalhador, não há que se falar em conduta antissindical.

Alternativa "c". "A pendência de registro de entidade sindical junto ao Ministério do Trabalho e Emprego não afasta a garantia da estabilidade provisória de dirigente sindical, consoante atual jurisprudência do STF. No caso concreto, não obstante o pedido de registro tenha sido indeferido pelo Ministério do Trabalho, a entidade sindical interpôs recurso administrativo, o qual está pendente de apreciação. Assim, à luz da interpretação conferida pelo Supremo Tribunal Federal ao art. 8º, VIII, da CF, o empregado eleito dirigente sindical somente não goza da estabilidade provisória a partir do momento em que a solicitação de registro seja definitivamente negada pelo órgão ministerial. Sob esse fundamento, a SBDI-II, por unanimidade, negou provimento ao recurso ordinário interposto pelo impetrante, mantendo incólume a decisão que, ao denegar a segurança, ratificou o deferimento do pedido de antecipação de tutela que determinou a reintegração do dirigente sindical."[85].

Alternativa "d". A alternativa apresenta uma redação muito confusa e que me tomou tempo para entender. No caso, a empresa estava implementando um novo plano de cargos e salários e deixou de incluir nesse novo plano apenas os dirigentes sindicais recentemente eleitos, antes de sua posse efetiva. É que, com a posse, tem-se a **suspensão do contrato de trabalho do dirigente sindical** e, então, sua inclusão automática no novo plano – quando finalizado o mandato. Assim, a empresa se antecipa e deixa de incluí-lo, o que configura uma forma de discriminação, pois confere tratamento diferenciado ao trabalhador simplesmente pela condição frente à representação dos trabalhadores.

Alternativa "e". Cláusulas de controle da atividade sindical: é possível mencionar ainda as denominadas *company unions*, pelas quais o próprio empregador con-

85. TST-RO – 21386-31.2015.5.04.0000, SBDI-II, rel. Min. Douglas Alencar Rodrigues, 7.6.2016 (Informativo nº 139).

trola a organização do sindicato profissional e estimula a sindicalização dos empregados[86]. No Brasil, os sindicatos controlados pelos empregadores são chamados "Sindicatos Pelegos".

Alternativa correta: "b".

---

153. (FCC – Juiz do Trabalho/2017) Um sindicato, reunindo um grupo de quatrocentos trabalhadores, sem prévio aviso, decidiu, invocando os direitos de liberdade sindical e de livre expressão, fazer um protesto contra a dispensa de sessenta e três empregados de uma empresa privada da região, no horário de maior circulação de pedestres e de automóveis, bloqueando a avenida mais movimentada da cidade, ao lado de hospitais, empresas, escolas e de órgãos do governo. Na situação hipotética descrita,

a) não pratica conduta antissindical a manifestação da imprensa local em relação à conduta do sindicato, por meio de matéria jornalística no periódico da região, expendendo críticas contundentes à entidade sindical, as quais contrariaram as expectativas dos trabalhadores envolvidos no protesto.

b) não pratica conduta antissindical a empresa alvo do referido protesto, diante da sua autonomia individual privada, ao firmar com seus candidatos a emprego compromissos de não filiação ou de afastamento da condição de filiado no sindicato em tela.

c) como o protesto do sindicato decorre da manifestação do direito da liberdade sindical, a atuação da força policial, restringindo o protesto para possibilitar a passagem de ambulâncias aos hospitais da cercania, pode ser entendida como uma conduta antissindical estatal.

d) não caracteriza conduta antissindical o compromisso firmado entre a empresa alvo dos protestos e o respectivo sindicato profissional no sentido de admitir como futuros empregados somente os trabalhadores associados à entidade sindical em tela.

e) caso o grupo de trabalhadores esteja aglomerado em frente à empresa alvo do protesto, não caracterizará conduta antissindical a determinação do empregador para que, mediante seu serviço de segurança privada, seja reprimida a manifestação e retirados os trabalhadores das imediações do estabelecimento patronal mediante uso da força física.

COMENTÁRIOS

✪ **Nota do autor:** A questão aborda o tema de condutas antissindicais. É importante destacar que a prática do ato antissindical não está restrita tão somente ao sindicato e seus dirigentes, mas pode ocorrer por ato do empregador, dos empregados ou do Estado. Nesses casos, seja praticado por quaisquer dessas pessoas, o ato será considerado nulo por violar a liberdade sindical.

Alternativa "a". Não há previsão de conduta sindical praticada pela mídia ao relatar a paralisação dos trabalhadores que, ao bloquearem a rua, podem ter trazidos diversos prejuízos à população.

Alternativa "b". As cláusulas que impeçam a filiação dos trabalhadores são consideradas cláusulas antissindicais. São também denominadas *yellow dog contracts*, que obrigam o empregado a não se filiar a nenhum sindicato depois de ser admitido pela empresa. De acordo com Mauricio Godinho Delgado[87], em alguns países como o Brasil, é comum que essa prática ocorra de forma informal no ambiente de trabalho, ao induzir os empregados a não se filiar ao sindicato.

Nesse mesmo sentido é a Convenção nº 98 da OIT:

> **Art. 1. 1.** *Os trabalhadores deverão gozar de proteção adequada contra quaisquer atos atentatórios à liberdade sindical em matéria de emprego.2. Tal proteção deverá, particularmente, aplicar-se a atos destinados a: a) subordinar o emprego de um trabalhador à condição de não se filiar a um sindicato ou deixar de fazer parte de um sindicato;*

Alternativa "c". "Em nenhuma hipótese, os meios adotados por empregados e empregadores poderão violar ou constranger os direitos e garantias fundamentais de outrem" (art. 6º, §1º da Lei nº 7.783/1989).

Alternativa "d". Tratam-se de cláusulas de sindicalização forçada. São as denominadas *closed shop*, por meio das quais o empregador se obriga perante o sindicato para contratar trabalhadores a ele filiados[88].

Alternativa "e". A tentativa do empregador de obstar a realização de greves pelos empregados, seja por ameaças em dispensas daqueles que aderirem ao movimento, seja pela perseguição a líderes do movimento grevista, constituem hipótese de conduta antissindical vedada pelo ordenamento jurídico, uma vez que impede o exercício do direito social fundamental consagrado pela Constituição Federal:

> **Art. 9º, CF/88:** *É assegurado o direito de greve, competindo aos trabalhadores decidir sobre a* ***oportunidade*** *de exercê-lo e sobre os* ***interesses*** *que devam por meio dele defender.*

No mesmo sentido é o art. 611-B da CLT, que estabelece que constituirá objeto ilícito de convenção ou acordo coletivo a supressão ou redução:

> *XXVII – direito de greve, competindo aos trabalhadores decidir sobre a oportunidade de exercê-lo e sobre os interesses que devam por meio dele defender;*

Alternativa correta: "a".

---

86. DELGADO, Mauricio Godinho. Direito Coletivo do Trabalho. 4. ed. São Paulo: LTr, 2011. p. 49.

87. DELGADO, Mauricio Godinho. *Direito Coletivo do Trabalho.* 4. ed. São Paulo: LTr, 2011. p. 49.

88. DELGADO, Mauricio Godinho. **Curso de Direito do Trabalho.** 15. ed. São Paulo: Ltr, 2016. P. 1450.

154. (FCC – Juiz do Trabalho Substituto 1ª Região/ 2014) NÃO caracteriza prática ou conduta antissindical

a) o privilégio para os empregados sindicalizados para a admissão nos trabalhos de empresa que explore serviços públicos.

b) a dispensa imotivada do empregado dirigente sindical, na hipótese da empregadora extinguir a atividade empresarial no âmbito da base territorial do sindicato.

c) a divulgação interna entre empresas de empregados com atuação sindical significativa.

d) a retenção de contribuição associativa por parte do empregador.

e) a cláusula inserida em acordo coletivo de trabalho que fixa índice percentual de desconto assistencial mais oneroso para os empregados não associados ao sindicato.

COMENTÁRIOS

✪ **Nota do autor:** A questão aborda o tema das condutas antissindicais. O candidato deve estar atento para o fato de que a questão exige que seja assinalada a alternativa que não contenha conduta antissindical. Essas condutas são proibidas pelo ordenamento jurídico brasileiro, uma vez que violam o princípio da liberdade sindical. Ressalta-se que apesar da vigência do princípio da unicidade sindical, o art. 8º da CF/88 assegurou a liberdade sindical como direito fundamental e, por isso, não pode estar sujeito a determinadas condutas que visam prejudicar sua aplicação.

Alternativa "a". "Viola o art. 8º, V, da CF/1988 cláusula de instrumento normativo que estabelece a preferência, na contratação de mão de obra, do trabalhador sindicalizado sobre os demais." (Orientação Jurisprudencial nº 20 da SDC do TST). Trata-se da proibição da denominada "preferencial shop", a qual favorece a contratação de empregados sindicalizados[89]. Cumpre ressaltar que o art. 544 da CLT, que versava sobre diversas hipóteses de preferência na contratação dos empregados sindicalizados sobre os demais, foi revogado tacitamente pela garantia constitucional da liberdade de filiação (art. 8, inciso V, CF/88).

Alternativa "b". "Havendo extinção da atividade empresarial no âmbito da base territorial do sindicato, não há razão para subsistir a estabilidade." (Súmula nº 369, IV, TST)

Alternativa "c". A "lista suja de trabalhadores sindicalizados", também chamada de "Mise à l'index", que corresponde a uma lista negra pela qual os empregadores divulgam os nomes daqueles que possuem atuação sindical expressiva para excluí-los do mercado de trabalho[90], é considerada como conduta antissindical.

89. DELGADO. Maurício Godinho. Direito Coletivo do Trabalho. 4. ed. São Paulo: LTr, 2011. p. 49.

90. CASSAR, Vólia Bomfim. Direito do Trabalho. 8. ed. São Paulo: Forense, 2013. p. 1.212.

Alternativa "d". Também se constitui como conduta antissindical, uma vez que o empregador retém as contribuições dos entes sindicais e, assim, prejudica sua atuação na defesa dos direitos da categoria.

Alternativa "e". "As cláusulas coletivas que estabeleçam contribuição em favor de entidade sindical, a qualquer título, obrigando trabalhadores não sindicalizados, são ofensivas ao direito de livre associação e sindicalização, constitucionalmente assegurado, e, portanto, nulas, sendo passíveis de devolução, por via própria, os respectivos valores eventualmente descontados." (Orientação Jurisprudencial nº 17 da SDC do TST)

Alternativa correta: "b".

25.5. INTERESSES INDIVIDUAIS HOMOGÊNEOS, COLETIVOS E DIFUSOS

155. (TRT 1 – Juiz do Trabalho Substituto 1ª região/ 2016) Considerando a Lei nº 8.078/90 (Código de Defesa do Consumidor) e sua aplicação subsidiária ao Direito do Trabalho, por força do artigo 8°, da Consolidação das Leis do Trabalho:

I. São direitos difusos aqueles transindividuais, de natureza indivisível, de que sejam titulares pessoas determinadas e ligadas por circunstâncias de fato.

II. São interesses individuais homogêneos aqueles decorrentes de origem comum.

III. São direitos coletivos aqueles de que são titulares grupos, categorias ou classes de pessoas ligadas entre si ou com a parte contrária por relação jurídica base e que, embora sem transcender a esfera individual, são indivisíveis.

IV. São direitos coletivos de natureza plena aqueles que, sendo indivisíveis, decorrem de origem comum.

Está correto o que se afirma APENAS em

a) I.

b) II.

c) I e IV.

d) II e III.

e) III e IV.

COMENTÁRIOS

✪ **Nota do autor:** A questão aborda o tema da tutela dos interesses difusos e coletivos. A questão exige o conhecimento da Lei nº 8.078/90 – Código de Defesa do Consumidor.

Assertiva I. Incorreta. "A defesa coletiva será exercida quando se tratar de: interesses ou direitos difusos, assim entendidos, para efeitos deste código, os transindividuais, de natureza indivisível, de que sejam titulares pessoas indeterminadas e ligadas por circunstâncias de fato." (art. 81, parágrafo único, CDC).

Assertiva II. Correta. "A defesa coletiva será exercida quando se tratar de: interesses ou direitos individuais homogêneos, assim entendidos os decorrentes de origem comum." (art. 81, parágrafo único, III, CDC).

Assertiva III. Incorreta. "A defesa coletiva será exercida quando se tratar de: interesses ou direitos coletivos, assim entendidos, para efeitos deste código, os transindividuais, de natureza indivisível de que seja titular grupo, categoria ou classe de pessoas ligadas entre si ou com a parte contrária por uma relação jurídica base." (art. 81, parágrafo único, II, CDC).

Assertiva IV. Incorreta. "A defesa coletiva será exercida quando se tratar de: interesses ou direitos coletivos, assim entendidos, para efeitos deste código, os transindividuais, de natureza indivisível de que seja titular grupo, categoria ou classe de pessoas ligadas entre si ou com a parte contrária por uma relação jurídica base." (art. 81, parágrafo único, II, CDC).

Alternativa correta: "b". Está correto o que se afirma na assertiva II.

25.6. ORGANIZAÇÃO SINDICAL BRASILEIRA

- Art. 8º, CF/88
- Arts. 511 a 610, CLT
- Convenção nº 98 da OIT

156. (FGV – 2023 – TST – Juiz do Trabalho) A Convenção nº 87 da Organização Internacional do Trabalho trata da liberdade sindical e da proteção ao direito de sindicalização.

O modelo sindical brasileiro diverge dos preceitos propostos pelo normativo internacional principalmente pela:

a) liberdade plena de organização sindical em todos os níveis de representação profissional e econômica;

b) sujeição das organizações de trabalhadores e de empregadores à dissolução ou à suspensão administrativas;

c) proibição de filiação dos trabalhadores e dos empregadores a organizações internacionais de mesma natureza;

d) proibição de sindicalização dos integrantes das forças armadas e da polícia;

e) necessidade de autorização para constituição de um sindicato.

COMENTÁRIOS

✪ **Nota do autor:** A questão aborda o tema sindicatos e demanda o conhecimento da CLT, da Constituição Federal e da Convenção nº 87 da OIT.

Alternativa "a". O Brasil não ratificou a Convenção Internacional nº 87 da OIT. Essa convenção adota o **princípio da pluralidade sindical**, o que possibilitaria mais de um sindicato, representante da mesma categoria, na mesma base territorial. Na legislação brasileira, contudo, vigora o **princípio da unicidade sindical**, isto é, não poderá existir mais de um sindicato profissional (trabalhadores) ou sindicato da categoria econômica (empregadores) na mesma base territorial, que não pode ter tamanho inferior a um município. De acordo com a legislação brasileira, não há vedação para o sindicato que represente a categoria em várias cidades, por exemplo, Sindicato dos Trabalhadores Rurais de Catanduva – SP, São José do Rio Preto – SP, Fernandópolis – SP e Votuporanga – SP. Entretanto, não é permitido dois sindicatos representarem a mesma categoria em um mesmo município. Além disso, de acordo com o TST, existindo sindicato de âmbito nacional e outro cuja base territorial é inferior, prevalecerá aquele cuja base for mais restrita, desde que seja representativo da categoria econômica ou profissional.

Alternativa "b". Tendo em vista a vedação de interferência ou intervenção estatal na organização sindical prevista no art. 8º, inciso I, CF/88, não é possível realizar a dissolução do sindicato por via administrativa. Cumpre ressaltar que essa proibição é fundamental para o desenvolvimento das atividades sindicais na defesa dos interesses judiciais e extrajudiciais da categoria representada. No mesmo sentido, estabelece o art. 4º da Convenção nº 87 da OIT que, apesar de não estar ratificada pelo Brasil, é de extrema importância ao Direito Coletivo do Trabalho, por estabelecer o princípio da plena liberdade sindical e proibir a interferência estatal na organização dos sindicatos, inclusive em sua dissolução. Nesse sentido: "As organizações de trabalhadores e de empregadores não estarão sujeitas à dissolução ou à suspensão por via administrativa."

Alternativa "c". A CLT, em seu art. 565, dispõe que "As entidades sindicais reconhecidas nos termos desta Lei não poderão filiar-se a organizações internacionais, nem com elas manter relações, sem prévia licença concedida por decreto do Presidente da República.". Em sentido contrário, o art. 5º da Convenção nº 87 da OIT estabelece que "As organizações de trabalhadores e de empregadores terão o direito de constituir federações e confederações, bem como o de filiar-se às mesmas, e toda organização, federação ou confederação terá o direito de filiar-se às organizações internacionais de trabalhadores e de empregadores.". Parece, então, que alternativa está correta, certo? Não, caro concurseiro. A doutrina majoritária, com a qual me filio, entende que o art. 565 da CLT **não foi recepcionado pela Constituição de 1988**, por incompatível com o princípio da não intervenção. Logo, a alternativa está errada.

Alternativa "d". Em relação à sindicalização dos membros das forças armadas, a Convenção nº 87 da OIT atribui à legislação nacional do Estado-membro o seu estabelecimento:

> **Art. 9 — 1.** A medida segundo a qual as garantias previstas pela presente Convenção se aplicarão às forças armadas e à polícia será determinada pela legislação nacional.

A legislação brasileira, no caso, proíbe expressamente o direito de greve e a sindicalização dos servidores militares, conforme previsto na Constituição Federal de 1988:

> **Art. 142, § 3º, IV, CF/88:** Os membros das Forças Armadas são denominados militares, aplicando-se-lhes, além das que vierem a ser fixadas em lei, as seguintes disposições: ao militar são proibidas a sindicalização e a greve.

Nesse sentido, não há incompatibilidade entre os sistemas nacional e internacional.

Alternativa "e". Nos termos do art. 2º da Convenção nº 87 da OIT, "Os trabalhadores e os empregadores, sem distinção de qualquer espécie, terão direito de constituir, sem autorização prévia, organizações de sua escolha, bem como o direito de se filiar a essas organizações, sob a única condição de se conformar com os estatutos das mesmas.". No mesmo sentido, o ART. 8º, I, da Constituição de 1988 estabelece que "a lei não poderá exigir autorização do Estado para a fundação de sindicato, ressalvado o registro no órgão competente, vedadas ao Poder Público a interferência e a intervenção na organização sindical;".

Alternativa correta: "a".

---

157. (TRT 1 – Juiz do Trabalho Substituto 1ª região/2016) Em relação à organização sindical, considere:

I. Constituem associações de grau superior as federações, as confederações e as centrais sindicais.

II. Os profissionais liberais somente podem constituir entidades sindicais patronais.

III. A associação sindical é livre, sendo, no entanto, vedada a criação de mais de uma entidade sindical, de qualquer grau, representativa de categoria profissional ou econômica, na mesma base territorial.

IV. Os sindicatos de empregadores têm as prerrogativas de criar agências de colocação.

Com base na CLT e na Constituição Federal, está correto o que se afirma em

a) I, II, III e IV.
b) II e III, apenas.
c) II e IV, apenas.
d) III, apenas.
e) I e II, apenas.

COMENTÁRIOS

✪ Nota do autor: A questão aborda o tema sindicatos e demanda o conhecimento da CLT e da Constituição Federal.

Assertiva I. Incorreta. "Constituem associações sindicais de grau superior as federações e confederações organizadas nos termos desta Lei" (art. 533 da CLT).

Assertiva II. Incorreta. "É lícita a associação para fins de estudo, defesa e coordenação dos seus **interesses econômicos ou profissionais** de todos os que, como empregadores, empregados, agentes ou trabalhadores autônomos ou profissionais liberais exerçam, respectivamente, a mesma atividade ou profissão ou atividades ou profissões similares ou conexas" (art. 511 da CLT – grifos acrescidos).

Assertiva III. Correta. "É livre a associação profissional ou sindical, observado o seguinte: é vedada a criação de mais de uma organização sindical, em qualquer grau, representativa de categoria profissional ou econômica, na mesma base territorial, que será definida pelos trabalhadores ou empregadores interessados, não podendo ser inferior à área de um Município" (art. 8º, II da Constituição Federal/1988).

Trata-se do princípio da unicidade sindical, segundo o qual não poderá existir mais de um sindicato profissional (trabalhadores) ou sindicato da categoria econômica (empregadores) na mesma base territorial, que não pode ter tamanho inferior a um município.

Assertiva IV. Incorreta. "Os sindicatos de empregados terão, outrossim, a prerrogativa de fundar e manter agências de colocação" (art. 513, parágrafo único, da CLT).

Alternativa correta: "d". Está correto apenas o que se afirma na assertiva III.

---

158. (TRT 2 – Juiz do Trabalho Substituto 2ª região/2016) Considerando as disposições contidas no artigo 8° da Carta Política de 88 e à luz da Convenção 87 da Organização Internacional do Trabalho, é possível afirmar que:

I. A coexistência de diversos sindicatos na mesma base serve apenas para fragmentar e fragilizar a categoria de empregados.

II. O unitarismo sindical não revela a interferência do Estado na atividade sindical.

III. O modelo brasileiro prevê a liberdade sindical desde que haja apenas um sindicato numa mesma base territorial.

IV. A unidade sindical da Convenção nº 87 da OIT conflita com a unicidade sindical e contribuição sindical compulsória previstas na Constituição Federal.

V. A atual Constituição adotou um modelo sindical híbrido ao proibir a intervenção estatal na criação dos sindicatos, hoje bastante o registro em cartório, para que adquira personalidade jurídica de direito privado.

Responda as alternativas corretas:

a) Somente as proposições I, III, IV e V.
b) Somente as proposições III e IV.
c) Somente as proposições I e III.

d) Somente a proposição II.

e) Somente as proposições II e III.

COMENTÁRIOS

Nota do autor: A questão versa sobre organização sindical no Brasil e exige, além do conhecimento da lei, o domínio da parte doutrinária sobre o tema.

Item I. Correto. Atualmente, os próprios trabalhadores interessados podem criar novos sindicatos, desmembrando-os em relação aos anteriores, atentando-se apenas ao princípio da unicidade sindical, conforme o art. 8º, inciso II, da CF/88. No Brasil, vige o princípio da unicidade sindical que veda a criação de mais de um sindicato, seja representativo de categoria profissional (trabalhadores), seja da categoria econômica (empregadores), numa mesma base territorial. Ressalta-se que esta vedação vai de encontro ao estabelecido na Convenção nº 87 da OIT que prevê a pluralidade sindical. Sobre o tema, são os ensinamentos de Alice Monteiro de Barros:

> *Os defensores do monismo sustentam, em geral, que o sindicato nasceu da proximidade e não representa apenas os seus associados, mas toda uma comunidade profissional, cujos interesses são semelhantes, e, em consequência, os objetivos são os mesmos, impondo-se a unidade de representação. Asseveram que as lutas advindas de sindicatos múltiplos os enfraquecem, reduzindo-lhes a capacidade de reivindicar, tornando mais vulnerável a ação destruidora pelos Estados totalitários*[91].

Item II. Incorreto. O unitarismo sindical corresponde à unicidade sindical. Nesse sentido, os ensinamentos de Mauricio Godinho Delgado:

> *De outro lado, situa-se a contraposição entre dois modelos, segundo a regulação legal do unitarismo ou pluralismo sindicais. Há, em um polo, o sistema jurídico de sindicalismo único representativo de trabalhadores, imposto por lei. Em outro polo há o modelo jurídico que não impõe, legalmente, o unitarismo, viabilizando a pluralidade sindical ou a unidade construída pela prática mesma do movimento obreiro. Trata-se, em suma, do conhecido debate entre unicidade determinada por lei e a não prefixação legal da unidade ou pluralidade sindicais*[92].

Item III. Correto. Trata-se do princípio da unicidade sindical, o qual restringe a liberdade sindical porque impede a criação de mais de um sindicato, seja representativo de categoria profissional (trabalhadores), seja da categoria econômica (empregadores), numa mesma base territorial.

Item IV. Atualmente incorreto. A liberdade sindical não é plena no Brasil, uma vez que ainda é aplicado o princípio da unicidade sindical. O princípio da unicidade sindical restringe a liberdade sindical porque impede a criação de mais de um sindicato, seja representativo de categoria profissional (trabalhadores), seja da categoria econômica (empregadores), numa mesma base territorial. Limita, portanto, o direito de escolha dos trabalhadores.

Antes da Reforma Trabalhista, havia a obrigatoriedade de se recolher a contribuição sindical, o que passou a ser facultativo com o seu advento. Dessa forma, o recolhimento da contribuição sindical só será possível em caso de prévia e expressa autorização do integrante da categoria profissional, econômica e de profissionais autônomos.

Item V. Correto. O sindicato é uma pessoa jurídica de direito privado, portanto é necessário, para que adquira personalidade jurídica, o registro no cartório de registro civil de pessoas jurídicas. A lei não poderá exigir formalidade especial para a fundação do sindicato. Assim sendo, não há necessidade de prévia autorização do Estado para que o sindicato possa ser criado.

Alternativa correta: "a". Os itens I, III, IV e V estão corretos.

---

159. (TRT 4 – Juiz do Trabalho Substituto 4ª região/2016) Considere as assertivas abaixo sobre entidades e liberdades sindicais.

I. O princípio da unicidade sindical que sempre vigeu no Brasil republicano estabelece ser vedada a criação de mais de uma organização sindical, em qualquer grau, representativa de categoria profissional ou econômica, na mesma base territorial, esta não inferior à área de um Município, garantindo a intangibilidade desta base territorial.

II. É possível o desmembramento do sindicato quando nova unidade sindical é formada a partir da cisão da base territorial da entidade sindical originária, assim como é possível a dissociação do sindicato quando um novo ente sindical é formado a partir do desligamento de uma categoria específica do sindicato-mãe, respeitando-se sempre a área de abrangência mínima de um Município.

III. Com suporte no princípio da especificidade, os sindicatos serão constituídos por categorias econômicas ou profissionais específicas, abrangendo categorias similares e conexas.

Quais são corretas?

a) Apenas I

b) Apenas II

c) Apenas III

d) Apenas I e II

e) I, II e III

COMENTÁRIOS

Nota do autor: A questão aborda o tema sindical e demanda o conhecimento de seu histórico e dos dispositivos da CLT.

Item I. Incorreto. A Constituição de 1934 previa a pluralidade sindical. Contudo, foi suspensa logo após o início de sua vigência, com o estado de sitio de 1935.

91. BARROS, Alice Monteiro de. **Curso de Direito do Trabalho.** 10. ed. São Paulo: Ltr, 2016.P. 800-801.

92. DELGADO, Mauricio Godinho. Curso de Direito do Trabalho. 15ª ed. São Paulo: LTr, 2016. P. 1471.

Pouco tempo depois foi definitivamente revogada, com o advento do Estado Novo, em novembro de 1937[93].

Item II. Correto. Atualmente, os próprios trabalhadores interessados podem criar novos sindicatos, desmembrando-os em relação aos anteriores, atentando-se apenas ao princípio da unicidade sindical, conforme o art. 8º, inciso II, da CF/88. O desmembramento, seja por dissociação de categorias ou redução da base territorial, deverá ocorrer pelos próprios empregados que desejam criar um novo ente sindical, uma vez que não se admite nenhuma interferência estatal na organização do sindicato, por expressa previsão no art. 8º, inciso I, da Constituição Federal:

> *Cabe esclarecer que o sistema brasileiro, ainda que seja de unicidade sindical, admite o desmembramento ou dissociação da categoria, dando origem a categorias específicas, seja quanto à atividade econômica, seja quanto à área territorial de atuação.*
>
> *Assim, eventual categoria profissional concentrada ou eclética, reunindo empregados em diferentes atividades econômicas, similares ou conexas (art. 511, § 2º, da CLT), pode se desmembrar ou se dissociar, resultando na formação de dois entes sindicais autônomos, cada um representando a respectiva atividade específica, passando a alcançar os empregados que trabalham no mesmo setor da atividade econômica (identidade).*
>
> *Do mesmo modo, o ente sindical que represente certa categoria profissional em mais de um município pode se desmembrar ou se dissociar dando origem a sindicatos distintos, cada um em área territorial distinta, abrangendo no mínimo um município*[94].

Item III. Incorreto. Apenas os empregados podem se reunir segundo o especificado no item. "Quando os exercentes de quaisquer atividades ou profissões se constituírem, seja pelo número reduzido, seja pela natureza mesma dessas atividades ou profissões, seja pelas afinidades existentes entre elas, em condições tais que não se possam sindicalizar eficientemente pelo critério de especificidade de categoria, é-lhes permitido sindicalizar-se pelo critério de categorias similares ou conexas, entendendo-se como tais as que se acham compreendidas nos limites de cada grupo constante do Quadro de Atividades e Profissões" (Parágrafo único do art. 570 da CLT).

Alternativa correta: "b". Está correto apenas o que se afirma no item II.

25.7. ENTIDADES SINDICAIS DE GRAU SUPERIOR (FEDERAÇÕES E CONFEDERAÇÕES)

160. (FCC – Juiz do Trabalho Substituto 4ª Região/ 2012) A administração das federações e confederações será exercida

a) pela Diretoria, pelo Conselho de Representantes e pelo Conselho Fiscal e terá seu presidente escolhido pelo Conselho de Representantes e pelo Conselho Fiscal, dentre os seus membros.

b) apenas pela Diretoria, constituída no mínimo de 3 membros, os quais serão eleitos pelo Conselho de Representantes com mandato de 3 anos.

c) pela Diretoria, pelo Conselho de Representantes e pelo Conselho Fiscal, sendo que a competência deste último limita-se à fiscalização da gestão financeira.

d) apenas pelo Conselho de Representantes que será formado pelas delegações dos Sindicatos ou das Federações filiadas, constituída cada delegação de 2 membros, com mandato de 3 anos, cabendo 1 voto a cada delegação.

e) apenas pela Diretoria e pelo Conselho de Representantes e poderão escolher seu presidente dentre os seus membros ou não.

COMENTÁRIOS

✪ Nota do autor: A questão aborda o tema das entidades sindicais de grau superior. Para essa questão, basta conhecer o art. 538 da CLT. As federações são organizadas nos Estados-membros e são entidades de segundo grau, compostas de, no mínimo, 5 (cinco) sindicatos que representem a maioria absoluta de um grupo de atividades ou profissões idênticas, similares ou conexas. O objetivo da federação é coordenar interesses e reunir os sindicatos.

As confederações são entidades de âmbito nacional, com sede em Brasília. São formadas por, no mínimo, 3 (três) federações. Têm como objetivo coordenar as federações e sindicatos do seu setor. Exemplo: Confederação Nacional da Indústria. Cabe frisar que a confederação possui legitimidade para propor ação direta de inconstitucionalidade, conforme previsto no art. 103, IX, da CF/88.

Alternativa "c". *Comentário serve para as demais alternativas, uma vez que versam sobre o mesmo assunto.* Assim dispõe o art. 538 da CLT:

> ***Art. 538, CLT:*** *A administração das federações e confederações será exercida pelos seguintes órgãos:*
>
> *a) Diretoria;*
>
> *b) Conselho de Representantes;*
>
> *c) Conselho Fiscal.*
>
> *(...)*
>
> *§ 5º – A competência do Conselho Fiscal é limitada à fiscalização da gestão financeira.*

Alternativa correta: "c".

25.8. CENTRAIS SINDICAIS

161. (FCC – Juiz do Trabalho Substituto 15ª Região/ 2015) Segundo a legislação aplicável, as centrais sindicais

93. DELGADO, Mauricio Godinho. Curso de Direito do Trabalho. 15ª ed. São Paulo: LTr, 2016. P. 1476.

94. GARCIA, Gustavo Filipe Garcia. Curso de Direito do Trabalho. 10ª ed. Rio de Janeiro: Forense, 2016. P. 1340-1341.

a) deverão possuir, para o exercício de suas atribuições e prerrogativas, a filiação de, no mínimo 100 sindicatos distribuídos em, pelo menos, 3 regiões do país e, em no mínimo, 3 setores da atividade econômica.

b) têm por atribuição e prerrogativa celebrar acordos coletivos de trabalho e convenções coletivas de trabalho.

c) têm por uma de suas atribuições e prerrogativas, participar de negociações em fóruns, colegiados de órgãos públicos e demais espaços de diálogo social que possuam composição tripartite, nos quais estejam em discussão assuntos de interesse geral dos trabalhadores.

d) a aferição dos requisitos de sua representatividade será realizada pelos próprios sindicatos da categoria profissional a elas filiados.

e) são beneficiárias de 5% da contribuição sindical recolhida pelos trabalhadores e empregadores, salvo se não houver indicação da central sindical, hipótese em que o percentual que lhe caberia será destinado, em parcelas iguais, aos sindicatos, federações e confederações.

COMENTÁRIOS

Nota do autor: A questão aborda o tema da organização sindical brasileira. Lembre-se de que as centrais sindicais passaram a ser reconhecidas juridicamente com a promulgação da Lei nº 11.648/2008.

Alternativa "a". Os requisitos que viabilizam a atuação das centrais sindicais está estabelecido no art. 2º da Lei nº 11.648/2008:

> **Art. 2º** *Para o exercício das atribuições e prerrogativas a que se refere o inciso II do caput do art. 1º desta Lei, a central sindical deverá cumprir os seguintes requisitos:*
>
> *I – filiação de, no mínimo, 100 (cem) sindicatos distribuídos nas 5 (cinco) regiões do País;*
>
> *II – filiação em pelo menos 3 (três) regiões do País de, no mínimo, 20 (vinte) sindicatos em cada uma;*
>
> *III – filiação de sindicatos em, no mínimo, 5 (cinco) setores de atividade econômica; e*
>
> *IV – filiação de sindicatos que representem, no mínimo, 7% (sete por cento) do total de empregados sindicalizados em âmbito nacional.*

Alternativa "b". As centrais sindicais não têm legitimidade para celebrar acordos ou convenções coletivas, ingressar com ação de cumprimento ou instaurar dissídio coletivo, uma vez que não representam categoria profissional específica. As atribuições das centrais sindicais estão estabelecidas no art. 1º da Lei nº 11.648/2008:

> **Art. 1º** *A central sindical, entidade de representação geral dos trabalhadores, constituída em âmbito nacional, terá as seguintes atribuições e prerrogativas:*
>
> *I – coordenar a representação dos trabalhadores por meio das organizações sindicais a ela filiadas; e*
>
> *II – participar de negociações em fóruns, colegiados de órgãos públicos e demais espaços de diálogo social que possuam composição tripartite, nos quais estejam em discussão assuntos de interesse geral dos trabalhadores.*

Alternativa "c". "A central sindical, entidade de representação geral dos trabalhadores, constituída em âmbito nacional, terá as seguintes atribuições e prerrogativas: participar de negociações em fóruns, colegiados de órgãos públicos e demais espaços de diálogo social que possuam composição tripartite, nos quais estejam em discussão assuntos de interesse geral dos trabalhadores." (art. 1º, II, Lei nº 11.648/2008).

Alternativa "d". "A aferição dos requisitos de representatividade de que trata o art. 2º desta Lei será realizada pelo Ministério do Trabalho e Emprego." (art. 4º, "caput", Lei nº 11.648/2008).

Alternativa "e". Da importância da arrecadação da contribuição sindical serão feitos os seguintes créditos pela Caixa Econômica Federal, na forma das instruções que forem expedidas pelo Ministro do Trabalho: para os trabalhadores: 10% (dez por cento) para a central sindical." (art. 589, II, "b", CLT). "Não havendo indicação de central sindical, na forma do § 1º do art. 589 desta Consolidação, os percentuais que lhe caberiam serão destinados à 'Conta Especial Emprego e Salário'." (art. 590, § 4º, CLT).

Alternativa correta: "c".

25.9. CUSTEIO OU FINANCIAMENTO DO SINDICATO

162. (FGV – 2023 – TST – Juiz do Trabalho) Com base no julgamento da ADI 5794/DF, o Supremo Tribunal Federal posicionou-se acerca da alteração legislativa que suprimiu a compulsoriedade da contribuição sindical.

Nos termos dessa decisão, é correto afirmar que:

a) a extinção da contribuição sindical necessita de aprovação por lei complementar, em paralelismo à idêntica obrigatoriedade existente para a criação de contribuições;

b) a instituição da facultatividade do pagamento de contribuições sindicais demanda lei específica, de modo a evitar a inserção de benefícios fiscais em diplomas sobre matérias completamente distintas;

c) a alteração normativa, ao afastar o pagamento obrigatório da contribuição sindical, configurou indevida interferência na autonomia da organização dos sindicatos garantida constitucionalmente;

d) a contribuição sindical compulsória, criada no período do Estado Novo, converge com a liberdade de associação dos trabalhadores aos sindicatos;

e) a previsão de pagamento de honorários sucumbenciais representou a ampliação das formas de financiamento da assistência judiciária gratuita prestada pelos sindicatos dos trabalhadores perante a Justiça do Trabalho.

COMENTÁRIOS

✪ **Nota do autor:** Em 29/06/2018, o STF decidiu, no julgamento da ADI nº 5794, por maioria de 6 votos contra 3 contrários, pela constitucionalidade dos dispositivos da Reforma Trabalhista que extinguiram a obrigatoriedade da contribuição sindical. Votaram a favor da mudança promovida pela Reforma os Ministros Luiz Fux, Alexandre de Moraes, Luís Roberto Barroso, Marco Aurélio Mello, Gilmar Mendes e Carmem Lúcia e, de forma contrária, os Ministros Edson Fachin, Rosa Weber e Dias Toffoli. Estiveram ausentes justificadamente os Ministros Ricardo Lewandowski e Celso de Mello. Ressalta-se que todas as ADIs e a ADC tramitaram conjuntamente e, portanto, a decisão do STF será aplicada a todos esses processos. Dessa forma, ao menos no âmbito jurisprudencial, foi pacificada a questão atinente à facultatividade da contribuição sindical. A questão exigia, basicamente, conhecimento da ementa da referida ADI, conforme trechos transcritos abaixo[95]:

Alternativa "a". "2. A extinção de contribuição pode ser realizada por lei ordinária, em paralelismo à regra segundo a qual não é obrigatória a aprovação de lei complementar para a criação de contribuições, sendo certo que a Carta Magna apenas exige o veículo legislativo da lei complementar no caso das contribuições previdenciárias residuais, nos termos do art. 195, § 4º, da Constituição. Precedente (ADI 4697, Relator(a): Min. EDSON FACHIN, Tribunal Pleno, julgado em 06/10/2016).".

Alternativa "b". "3. A instituição da facultatividade do pagamento de contribuições sindicais não demanda lei específica, porquanto o art. 150, § 6º, da Constituição trata apenas de "subsídio ou isenção, redução de base de cálculo, concessão de crédito presumido, anistia ou remissão", bem como porque a exigência de lei específica tem por finalidade evitar as chamadas "caudas legais" ou "contrabandos legislativos", consistentes na inserção de benefícios fiscais em diplomas sobre matérias completamente distintas, como forma de chantagem e diminuição da transparência no debate público, o que não ocorreu na tramitação da reforma trabalhista de que trata a Lei nº 13.467/2017. Precedentes (ADI 4033, Relator(a): Min. JOAQUIM BARBOSA, Tribunal Pleno, julgado em 15/09/2010; RE 550652 AgR, Relator(a): Min. RICARDO LEWANDOWSKI, Segunda Turma, julgado em 17/12/2013)".

Alternativa "c". "10. Esta Corte já reconheceu que normas afastando o pagamento obrigatório da contribuição sindical não configuram indevida interferência na autonomia dos sindicatos: ADI 2522, Relator(a): Min. EROS GRAU, Tribunal Pleno, julgado em 08/06/2006.".

Alternativa "d". "11. A Constituição consagra como direitos fundamentais as liberdades de associação, sindicalização e de expressão, consoante o disposto nos artigos 5º, incisos IV e XVII, e 8º, caput, tendo o legislador democrático decidido que a contribuição sindical, criada no período autoritário do estado novo, tornava nula a liberdade de associar-se a sindicatos.".

Alternativa "e". "13. A Lei nº 13.467/2017 não compromete a prestação de assistência judiciária gratuita perante a Justiça Trabalhista, realizada pelos sindicatos inclusive quanto a trabalhadores não associados, visto que os sindicatos ainda dispõem de múltiplas formas de custeio, incluindo a contribuição confederativa (art. 8º, IV, primeira parte, da Constituição), a contribuição assistencial (art. 513, alínea 'e', da CLT) e outras contribuições instituídas em assembleia da categoria ou constantes de negociação coletiva, bem assim porque a Lei n.º 13.467/2017 ampliou as formas de financiamento da assistência jurídica prestada pelos sindicatos, passando a prever o direito dos advogados sindicais à percepção de honorários sucumbenciais (nova redação do art. 791-A, caput e § 1º, da CLT), e a própria Lei n.º 5.584/70, em seu art. 17, já dispunha que, ante a inexistência de sindicato, cumpre à Defensoria Pública a prestação de assistência judiciária no âmbito trabalhista.".

Alternativa correta: "e".

163. (FCC – Juiz do Trabalho Substituto 1ª Região/ 2015) No tocante à importância arrecadada a título de contribuição sindical, para a categoria dos empregadores são feitos os créditos pela Caixa Econômica Federal no percentual de

a) 10% para a confederação correspondente.

b) 10% para a federação.

c) 50% para o sindicato respectivo.

d) 20% para a Conta Especial Emprego e Salário.

e) 10% para a central sindical.

COMENTÁRIOS

✪ **Nota do autor:** A questão aborda o tema do custeio do sindicato. Lembre-se de que, para os empregadores, o valor cobrado a título de contribuição sindical será proporcional ao capital social da empresa, e o recolhimento ocorrerá no mês de janeiro. Vale ressaltar que não há cobrança de contribuição sindical dos empregadores para custeio das centrais sindicais. Lembre-se de que o recolhimento da contribuição sindical deixou de ser obrigatório com a Reforma Trabalhista, dependendo de prévia e expressa autorização do empregado.

Alternativa "d". *Comentário serve para as demais alternativas, uma vez que versam sobre o mesmo assunto.* Nesse sentido, estabelece o art. 589, I, "d", da CLT:

95. Para mais informações, confira a ADI nº 5794, de Relatoria do Ministro Edson Fachin, Data de julgamento: 29/06/2018. Fonte: https://redir.stf.jus.br/paginadorpub/paginador.jsp?docTP=TP&docID=749631162.

> **Art. 589 da CLT:** *Da importância da arrecadação da contribuição sindical serão feitos os seguintes créditos pela Caixa Econômica Federal, na forma das instruções que forem expedidas pelo Ministro do Trabalho:*
>
> *I – para os empregadores:*
>
> *a) 5% (cinco por cento) para a confederação correspondente;*
>
> *b) 15% (quinze por cento) para a federação;*
>
> *c) 60% (sessenta por cento) para o sindicato respectivo; e*
>
> **d) 20% (vinte por cento) para a 'Conta Especial Emprego e Salário.** *(grifos acrescidos)*

Alternativa correta: "d".

25.10. NEGOCIAÇÃO COLETIVA – CONVENÇÃO E ACORDO COLETIVO

- Tema 1046 de Repercussão Geral do STF
- Arts. 7º, 8º e 114, CF/88
- Título VI e Cap. IV do Título X, CLT
- Convenções da OIT nº 98 e 154;
- Súmula do TST nº 277.

164. (FGV – 2023 – TST – Juiz do Trabalho) Com relação à validade de norma coletiva de trabalho que limita ou restringe direito trabalhista não assegurado constitucionalmente, o Supremo Tribunal Federal fixou no Tema 1046 tese com repercussão geral.

Segundo tal entendimento, a título exemplificativo, poderá ser considerado inconstitucional, dentro do nosso ordenamento jurídico:

a) alterar a data de pagamento da folha de salários para o décimo dia útil de cada mês;

b) deixar de aplicar a hora reduzida noturna, com a adoção da contagem da hora normal;

c) reduzir o adicional de penosidade para 15%;

d) reduzir o adicional de extras para o mínimo de 40%;

c) definir o gozo do repouso semanal remunerado para apenas dois domingos por mês.

COMENTÁRIOS

✪ **Nota do autor:** Em 02/06/2022, o STF, no julgamento do ARE 1121633, fixou a tese de que acordos e convenções coletivas de trabalho podem restringir direitos trabalhistas não constitucionalmente assegurados, sem a necessidade de contrapartida, ressalvados os direitos absolutamente indisponíveis (Tema 1046 da Repercussão Geral), tese essa que reforça a posição adotada pela Lei nº 13.467/2017 (art. 611-A, CLT).

Alternativa "a". Nos termos do art. 459, § 1º, da CLT, "Quando o pagamento houver sido estipulado por mês, deverá ser efetuado, o mais tardar, **até o quinto dia útil do mês subsequente ao vencido**." (grifei). Apesar da previsão legal, o *dia de pagamento dos salários* não se trata de um direito assegurado constitucionalmente ou de um direito de indisponibilidade absoluta, motivo pelo qual a convecção ou o acordo coletivo de trabalho podem dispor de maneira diversa.

Alternativa "b". Em relação ao trabalho noturno, a Constituição Federal, em seu art. 7º, inciso IX, assegura a "remuneração do trabalho noturno superior à do diurno;". Portanto, a negociação coletiva não pode flexibilizar o **adicional noturno**. Contudo, a hora reduzida, de 52 minutos e 30 segundo, é direito assegura aos trabalhadores urbanos e empregados domésticos pelo art. 73, § 1º, da CLT e pelo art. 14, § 1º, da LC nº 150/2015, respectivamente. Assim, previsto tão somente na legislação infraconstitucional, o horário reduzido pode ser objeto de negociação coletiva de trabalho.

Alternativa "c". Embora exista previsão expressa do adicional de penosidade na Constituição (art. 7º, XXIII), o Texto Maior não indicou seu valor ou sua base de cálculo. Ainda, também não há lei ordinária que o regulamente. Assim, nada impede que sua regulamentação se dê por acordo ou convenção coletiva de trabalho. Nesse ponto, cumpre destacar que o STF, no julgamento da ADO 74, por unanimidade, reconheceu a mora do Congresso Nacional na regulamentação do art. 7º, XXIII, CF/88, no ponto em que prevê o adicional de penosidade aos trabalhadores urbanos e rurais, e fixou prazo de 18 (dezoito) meses, a contar da publicação da ata de julgamento (o que se deu em 11/06/2024), para adoção das medidas legislativas constitucionalmente exigíveis para suplantar a omissão, não se tratando de imposição de prazo para a atuação legislativa do Congresso Nacional, mas apenas da fixação de um parâmetro temporal razoável para que o Congresso Nacional supra a mora legislativa.

Alternativa "d". A Constituição Federal estabelece que "remuneração do serviço extraordinário superior, no mínimo, em cinqüenta por cento à do normal;" (art. 7º, XVI). Portanto, cláusula coletiva que reduz o adicional de extras para o mínimo de 40% é considerada inconstitucional, pois não se admite flexibilização de direito constitucionalmente assegurado.

Alternativa "e". Não há previsão legal de um número mínimo de DSRs que devem coincidir com o domingo, apenas uma indicação de preferência:

> **Art. 7º, XV:** *São direitos dos trabalhadores urbanos e rurais, além de outros que visem à melhoria de sua condição social: (...) repouso semanal remunerado, preferencialmente aos domingos;*

Nas atividades de comércio em geral, por exemplo, o repouso semanal remunerado deverá coincidir com o domingo pelo menos uma vez no período máximo de três semanas.

Portanto, nada impede que acordo ou convenção coletiva de trabalho pactue o gozo do repouso semanal remunerado para apenas dois domingos por mês.

Alternativa correta: "d".

165. (FCC – Juiz do Trabalho/2017) Em se tratando do conteúdo obrigatório das Convenções e Acordos Coletivos de Trabalho e de descumprimento de cláusulas constantes de instrumentos normativos, em conformidade com a Consolidação das Leis do Trabalho e o entendimento do Tribunal Superior do Trabalho, considere:

I. Não faz parte do conteúdo obrigatório das Convenções Coletivas de Trabalho as condições ajustadas para reger as relações individuais de trabalho durante sua vigência.

II. As normas para a conciliação das divergências surgidas entre os convenentes por motivos da aplicação de seus dispositivos fazem parte do conteúdo obrigatório dos Acordos Coletivos de Trabalho.

III. É incabível a aplicação de multa prevista em Convenção Coletiva de Trabalho em caso de descumprimento de obrigação prevista em lei, quando a norma coletiva se trata de simples repetição de texto legal.

IV. O valor da multa aplicada em razão de descumprimento de obrigação prevista em cláusula penal de Convenção Coletiva de Trabalho não poderá ser superior à obrigação principal corrigida, uma vez que se aplica, subsidiariamente, ao Direito do Trabalho, as disposições do Código Civil acerca desta matéria.

Está correto o que se afirma em

a) II, apenas.

b) IV, apenas.

c) I, II, III e IV.

d) I, II e III, apenas.

e) II e IV, apenas.

COMENTÁRIOS

✪ **Nota do autor:** A questão aborda o tema convenções e acordos coletivos de trabalho e exigia que o candidato conhecesse tanto os dispositivos legais como os jurisprudenciais sobre o tema.

Note que, com o advento da Reforma Trabalhista, as convenções e acordos coletivos de trabalho prevalecerão sobre a lei nos casos expostos no art. 611-A da CLT. Além disso, as condições estabelecidas em acordo coletivo de trabalho sempre prevalecerão sobre as estipuladas em convenções coletivas, nos termos do art. 620 da CLT.

Importante, ainda, que o candidato conheça a tese fixada pelo STF quando da apreciação do tema 1046 da repercussão geral, que valida a prevalência do negociado sobre o legislado, independentemente de contrapartida, desde que respeitados os direitos de indisponibilidade absoluta:

> *São constitucionais os acordos e as convenções coletivos que, ao considerarem a adequação setorial negociada, pactuam limitações ou afastamentos de direitos trabalhistas, independentemente da explicitação especificada de vantagens compensatórias, desde que respeitados os direitos absolutamente indisponíveis*

Item I: Errado. As condições ajustadas para reger as relações individuais de trabalho são conteúdo obrigatório de acordos e convenções coletivas.

> **Art. 613 da CLT**- *As Convenções e os Acordos deverão conter obrigatòriamente: (...) IV – Condições ajustadas para reger as relações individuais de trabalho durante sua vigência;*

Item II: Certo. "Art. 613 – As Convenções e os Acordos deverão conter obrigatòriamente: (...)V – Normas para a conciliação das divergências sugeridas entre os convenentes por motivos da aplicação de seus dispositivos;"

Há possibilidade de cláusulas que prevejam a forma de solução de conflitos via mediação e arbitragem. Lembre-se de que, na mediação, as próprias partes resolvem o conflito, pois o papel do mediador é apenas dar sugestões de como colocar fim ao conflito e aproximar as partes. Já na arbitragem é eleito um terceiro (árbitro), que decidirá o conflito. Aliás, a arbitragem, antes da Reforma Trabalhista, era permitida somente no direito coletivo (art. 114 da CF/88), pois as partes são iguais. Com a Reforma Trabalhista, a arbitragem passa a ser possível aos empregados "hipersuficientes" (art. 444, parágrafo único da CLT). Ao contrário dos demais trabalhadores que necessitam de seus sindicatos para negociar as hipóteses de prevalência do negociado sobre o legislado, esses empregados podem negociar individualmente com seus empregadores. As cláusulas negociadas terão a mesma eficácia e a mesma preponderância dos instrumentos coletivos. Para a caracterização do empregado "hipersuficiente", é necessário o preenchimento de dois requisitos:

a) **Nível de escolaridade:** empregado deve ser portador de diploma de nível superior. Portanto, os empregados com menor grau de escolaridade não tem direito a negociar as cláusulas contratuais com seu empregador, que serão realizadas pelo sindicato de sua categoria;

b) **Valor do salário:** empregado deve receber salário superior a duas vezes o limite máximo dos benefícios do Regime Geral de Previdência Social.

Além disso, há a possibilidade de conciliação dos conflitos individuais nas Comissões de Conciliação Prévia (art. 625-A da CLT[96]).

Item III: Errado. "É aplicável multa prevista em instrumento normativo (sentença normativa, convenção ou acordo coletivo) em caso de descumprimento de obrigação prevista em lei, mesmo que a norma coletiva seja mera repetição de texto legal" (Súmula nº 384, II do TST).

96. Para maiores informações, veja o tópico específico sobre as Comissões de Conciliação Prévia no final deste capítulo.

Item IV: Certo. "O valor da multa estipulada em cláusula penal, ainda que diária, não poderá ser superior à obrigação principal corrigida, em virtude da aplicação do artigo 412 do Código Civil de 2002 (art. 920 do Código Civil de 1916)" (OJ nº 54 da SDI-I do TST).

Alternativa correta: "e". Apenas os itens II e IV estão corretos.

---

166. (TRT 2 – Juiz do Trabalho Substituto 2ª região/2016) Dentre as assertivas, é INCORRETO afirmar que:

a) A exigibilidade do dever de negociar se mostra imprescindível no âmbito do direito coletivo de trabalho cujo princípio se constitui na inescusabilidade negocial.

b) A negociação coletiva envolve um empregador ou um grupo de empregadores ou organização de empregadores e uma ou várias organizações de trabalhadores visando fixar condições de trabalho e disciplinar as relações entre empregadores e trabalhadores.

c) A negociação coletiva é obrigatória, enquanto a Convenção e o Acordo Coletivo são facultativos.

d) A negociação coletiva é feita por categoria, de acordo com a Recomendação nº. 163 da OIT, porém, no direito brasileiro isso não ocorre, uma vez que as negociações restringem-se ao âmbito dos entes sindicais.

e) O ponto comum entre a Convenção e o Acordo são as estipulações de condições de trabalho que serão aplicadas aos contratos individuais dos trabalhadores, tendo efeito normativo, não havendo diferença dos sujeitos envolvidos.

COMENTÁRIOS

Nota do autor: A questão aborda o tema da negociação coletiva e demanda o conhecimento de Convenções da OIT. Note-se que deve ser assinalada a alternativa incorreta.

Alternativa "a". A Declaração da OIT sobre os Princípios e Direitos Fundamentais no Trabalho estabeleceu a obrigação dos Estados-Membros da Organização Internacional do Trabalho de reconhecer efetivamente o direito de negociação coletiva como um princípio fundamental, ainda que as Convenções nº 87 e 98 da OIT não tenham sido ratificadas. Ademais, de acordo com o art. 616 da CLT, caso os sindicatos e as empresas forem provocados, não poderão se recusar à negociação coletiva.

Alternativa "b". "Para efeito da presente Convenção, a expressão "negociação coletiva" compreende todas as negociações que tenham lugar entre, de uma parte, um empregador, um grupo de empregadores ou uma organização ou várias organizações de empregadores, e, de outra parte, uma ou várias organizações de trabalhadores, com o fim de:

a) fixar as condições de trabalho e emprego; ou

b) regular as relações entre empregadores e trabalhadores; ou

c) regular as relações entre os empregadores ou suas organizações e uma ou várias organizações de trabalhadores, ou alcançar todos estes objetivos de uma só vez" (art. 2º da Convenção nº 154 da OIT).

Alternativa "c". "Os Sindicatos representativos de categorias econômicas ou profissionais e as empresas, inclusive as que não tenham representação sindical, quando provocados, não podem recusar-se à negociação coletiva" (art. 616 da CLT). Contudo, é possível que as partes não entrem em acordo, o que pode suscitar a instauração de dissídio coletivo, cabendo à sentença normativa, colocar fim ao conflito e não ao acordo e convenção coletiva.

Alternativa "d". "É obrigatória a participação dos sindicatos nas negociações coletivas de trabalho" (Inciso VI do art. 8º da CLT). Para que a negociação coletiva seja considerada válida, é necessário que os sindicatos participem obrigatoriamente da construção da norma coletiva. Lembre-se que nem sempre será necessária a presença do sindicato representativo da categoria econômica, uma vez que o próprio empregador poderá ser considerado ente coletivo diante de sua capacidade de negociação com o sindicato profissional (acordo coletivo). Portanto, quando a Constituição exige a participação do sindicato, está se referindo ao sindicato da categoria profissional, ou seja, ligado aos trabalhadores. Entendo que a questão foi mal formulada, pois não há nenhuma menção na Recomendação 163 da OIT para que a negociação seja realizada por categoria, apenas ressaltando a necessidade de se assegurar a negociação em todos os níveis em consonância com a pluralidade sindical prevista na Convenção nº 87 da OIT.

Alternativa "e". O ponto em comum entre acordo e convenção: serão fixadas condições de trabalho que serão aplicadas aos contratos individuais de trabalho, como utilização de EPIs, reajuste salarial, estabilidades etc. Entretanto, a diferença entre acordos e convenções reside no fato de a convenção coletiva ser mais abrangente, pois envolve os sindicatos de ambas as categorias. Já o acordo tem abrangência mais restrita, envolvendo apenas os empregados da empresa ou empresas que o celebraram. Assim, o acordo coletivo se dá entre o sindicato representativo da categoria profissional diretamente com a empresa ou empresas.

Alternativa incorreta: "e".

25.11. VIGÊNCIA DO INSTRUMENTO NORMATIVO

- Art. 614, §3º da CLT
- Arts. 856 a 875 da CLT
- Súmula nº 277 do TST

167. (TRT 1 – Juiz do Trabalho Substituto 1ª região/2016) Em relação aos instrumentos normativos e ao poder normativo da Justiça do trabalho, com base na Consolidação das Leis do Trabalho e no entendimento sumulado pelo TST, é correto afirmar:

a) Por ultratividade dos efeitos de norma coletiva se entende a possibilidade de, na coexistência de convenção e acordo aplicáveis à mesma categoria profissional, verificação da norma que, em seu conjunto, for mais favorável aos empregados.

b) A revisão de sentença normativa, decorrido mais de um ano de sua vigência e quando tiverem se modificado as circunstâncias que a motivaram, tornando injustas as condições impostas, pode ser feita por iniciativa do tribunal prolator da decisão.

c) As entidades sindicais não possuem legitimidade para, em sede de dissídio coletivo, ajustar cláusulas que prevejam multa para a hipótese de descumprimento de regras que sejam mera repetição de texto legal.

d) A instauração de instância, quando existente a suspensão do trabalho, deve ser feita apenas pelo sindicato representativo da categoria profissional ou, havendo interesse público, pela Procuradoria Regional do Trabalho.

e) O não comparecimento injustificado à audiência de conciliação e julgamento do representante legal da parte, em ação de dissídio coletivo, implica, para a ausente, confissão quanto à matéria de fato.

COMENTÁRIOS

✪ **Nota do autor:** A questão versa sobre instrumentos normativos e sobre o poder normativo da Justiça do Trabalho. Demanda o conhecimento da CLT e das Súmulas do TST sobre o assunto.

Alternativa "a". A Lei nº 13.467/2017 – Reforma Trabalhista – alterou a redação do art. 614, § 3º, da CLT para prever expressamente a vedação à ultratividade da convenção e do acordo coletivo de trabalho. Portanto, findo o prazo de duração do instrumento coletivo de trabalho, fixado pelas partes, ou no silêncio de no máximo de 2 anos, a norma coletiva perde automaticamente sua vigência, e os benefícios e demais alterações promovidas deixam de ser aplicados ao contrato de trabalho:

> **Art. 614, §3º da CLT (com redação dada pela Lei nº 13.467/2017):** *Não será permitido estipular duração de convenção coletiva ou acordo coletivo de trabalho superior a dois anos, sendo vedada a ultratividade.*

À época do concurso, aplicava-se a Súmula nº 277 do TST, que foi declarada inconstitucional pelo STF no julgamento da ADPF nº 323/DF:

> ***Súmula nº 277 do TST:*** *As cláusulas normativas dos acordos coletivos ou convenções coletivas integram os contratos individuais de trabalho e somente poderão ser modificadas ou suprimidas mediante negociação coletiva de trabalho.* ***(inconstitucional)***

Alternativa "b". "Decorrido mais de 1 (um) ano de sua vigência, caberá revisão das decisões que fixarem condições de trabalho, quando se tiverem modificado as circunstâncias que as ditaram, de modo que tais condições se hajam tornado injustas ou inaplicáveis" (Art. 873 da CLT). "A revisão será julgada pelo Tribunal que tiver proferido a decisão, depois de ouvida a Procuradoria da Justiça do Trabalho" (art. 875 da CLT).

Alternativa "c". "É aplicável multa prevista em instrumento normativo (sentença normativa, convenção ou acordo coletivo) em caso de descumprimento de obrigação prevista em lei, mesmo que a norma coletiva seja mera repetição de texto legal." (Súmula nº 384, II do TST).

Alternativa "d". "A instância será instaurada mediante representação escrita ao Presidente do Tribunal. Poderá ser também instaurada por iniciativa do presidente, ou, ainda, a requerimento da Procuradoria da Justiça do Trabalho, sempre que ocorrer suspensão do trabalho" (art. 856 da CLT).

Alternativa "e". "Não havendo acordo, ou não comparecendo ambas as partes ou uma delas, o presidente submeterá o processo a julgamento, depois de realizadas as diligências que entender necessárias e ouvida a Procuradoria" (art. 864 da CLT).

Alternativa correta: "b".

25.12. GREVE

- Arts. 9º; 37, inciso VII; 114; 142, inciso IV da CF/88
- Lei nº 7.783/89
- Orientação Jurisprudencial nº 10 da SDC do TST
- Orientação Jurisprudencial nº 11 da SDC do TST
- Orientação Jurisprudencial nº 38 da SDC do TST

168. (FGV – 2023 – TST – Juiz do Trabalho) O direito fundamental de greve emana do exercício da autonomia privada coletiva e consiste em instrumento de pressão, com vistas ao atendimento de rol de reivindicações da categoria.

A respeito do tema, é correto afirmar, com base na jurisprudência dominante dos Tribunais Superiores, que:

a) o ordenamento jurídico pátrio consagra expressamente a possibilidade de seu cabimento para defesa de interesses que transcendem a esfera dos deveres atribuídos ao empregador;

b) considerando o descompasso entre a titularidade coletiva do interesse tutelado e a responsabilidade individual do trabalhador, a declaração de abusividade da greve não permite necessariamente a punição do empregado partícipe;

c) o empregador está autorizado a realizar a contratação de trabalho temporário, bem como a transferir seus empregados de um setor para o outro, com vistas à substituição de trabalhadores em greve;

d) a adesão ao movimento paredista gera a suspensão do contrato de trabalho, não devendo ser pagos os dias de paralisação, ressalvada a hipótese de quando a greve é deflagrada pelo atraso no pagamento de salários;

e) não é considerado abusivo o movimento paredista direcionado contra os poderes públicos e que reivindique condições não suscetíveis de negociação coletiva.

COMENTÁRIOS

Nota do autor: A greve, mesmo causando prejuízos econômicos ao empregador, é um direito fundamental, previsto na CF/88. Anteriormente, não era considerado como direito pelo ordenamento jurídico brasileiro. No âmbito constitucional, somente com a Constituição brasileira de 1946 o direito de greve deixou de ser considerado ato antissocial e passou a ser reconhecido como direito dos trabalhadores. Por sua vez, a Constituição Federal de 1988 foi responsável por enquadrá-lo no rol de direitos fundamentais, o que realça sua importância no cenário político, jurídico e social brasileiro.

Alternativa "a". A Greve consiste na paralisação coletiva, total ou parcial, pacífica e temporária do trabalho com o objetivo de defender **interesses profissionais**. É uma arma poderosa de reivindicação dos direitos trabalhistas, sendo classificada também como forma de solução de conflitos, pois é um meio da pressão exercida sobre o empregador para atender aos pedidos dos trabalhadores e, consequentemente, colocar fim à discussão. A Lei nº 7.783/89 regulamenta o exercício de direito de greve. Aliás, o art. 2º dessa lei prevê o conceito de greve.

> **Art. 2º, Lei de Greve:** *Para os fins desta Lei, considera-se legítimo exercício do direito de greve a suspensão coletiva, temporária e pacífica, total ou parcial, de prestação pessoal de serviços a empregador.*

Portanto, o ordenamento jurídico pátrio consagra expressamente a possibilidade de seu cabimento para defesa de interesses que transcendem a esfera dos deveres atribuídos ao empregado, não ao empregador.

Alternativa "b". A greve é um típico direito coletivo, sendo necessária a paralisação total ou, pelo menos, de setores da empresa. Portanto, não configura greve a suspensão individual da prestação de serviços. Caso ocorra essa paralisação individual, o empregado poderá ser dispensado por justa causa, em razão de insubordinação. Contudo, no caso de paralisação coletiva, ainda que abusiva, o trabalhador, individualmente considerado, não poderá ser punido.

Alternativa "c". "É proibida a contratação de trabalho temporário para a substituição de trabalhadores em greve, salvo nos casos previstos em lei." (art. 2º, § 1º, Lei nº 6.019/74).

Alternativa "d". Sob a ótica do contrato individual de trabalho, a greve tem natureza jurídica de **suspensão do contrato de trabalho**, pois não há prestação de serviço nem pagamento de salários. Se, após o movimento grevista, houver acordo ou convenção coletiva para pagamento dos dias de paralisação, estaremos diante de interrupção do contrato de trabalho. Nesse caso, não cabe a decisão posterior da empresa de descontar os salários diante da prevalência do instrumento coletivo anterior[97]. Ressalta-se que há posicionamento minoritário na doutrina que sustenta que o não pagamento de salário inviabilizaria o direito fundamental de greve. Nesse sentido, somente se a greve fosse declarada abusiva os salários não deveriam ser pagos. Contudo, essa posição de pagar os dias de paralisação não é a posição majoritária adotada pela jurisprudência do TST[98]. O TST entende que a greve tem o efeito de suspensão do contrato de trabalho e o não pagamento dos salários durante o período da greve, sob o argumento de que os trabalhadores se sujeitam ao risco de realizar o movimento paredista. Ressalta-se que os servidores públicos também terão seus contratos suspensos e os dias de paralisação descontados. De acordo com o tribunal, as únicas exceções que admitem o pagamento do salário são: **a) incentivo da greve pelo empregador; ou b) atraso no pagamento de salários**. No mesmo sentido, o STF, no RE nº 693.456 decidiu, no ano de 2016, que os dias parados pelo servidor devem ser descontados, salvo compensação. Ainda, o Tribunal entendeu que, no caso de conduta ilícita do Poder Público, o desconto não poderá ser efetuado.

Alternativa "e". A greve política[99] ocorre quando não se visa a uma reivindicação específica, mas são defendidos interesses políticos, partidários ou religiosos – interesses não tuteláveis por negociação coletiva. A greve puramente política é vedada, uma vez que o direito constitucional de greve somente pode ser exercido no interesse dos trabalhadores, de acordo com o art. 9º da CF/88. Nesse sentido, o art. 10 da Convenção nº 87 da OIT sustenta que a greve puramente política não está abrangida pelo princípio da liberdade sindical[100]. Assim, por exemplo, seria vedada a greve contra a obrigatoriedade do voto nas eleições por não se relacionarem com os interesses da categoria profissional. A jurisprudência do TST[101] também definiu a greve meramente política como abusiva. Por fim, é importante destacar que a SDI-I do TST[102], por maioria, estabeleceu

97. Nesse sentido, veja o Informativo nº 92 do TST.

98. TST – RR 202200-73.2009.5.02.0042, Relator: Márcio Eurico Vitral Amaro, Data de Julgamento: 06/11/2013, 8ª Turma, Data de Publicação: DEJT 08/11/2013.

99. MELO, Raimundo Simão. A greve no Direito brasileiro. 3. ed. São Paulo: LTr, 2011. p. 44.

100. MELO, Raimundo Simão. A greve no Direito brasileiro. 3. ed. São Paulo: LTr, 2011. p. 46.

101. Informativo nº 85 do TST.

102. Para mais informações, confira o Processo nº 1000418-66.2018.5.0000 de Relatoria do Ministro Mauricio Godinho Delgado.

que a greve contra a privatização é considerada abusiva. Segundo os Ministros, as greves não podem ter objetivos políticos não relacionados às relações de trabalho.

Alternativa correta: "b".

---

169. (FCC – Juiz do Trabalho/2017) A Constituição Federal de 1988 assegurou o direito de greve no capítulo dos direitos sociais, inserido no título dos direitos e garantias fundamentais. Sobre esse direito, no ordenamento jurídico brasileiro e conforme jurisprudência dominante do Tribunal Superior do Trabalho,

a) uma vez firmado Acordo Coletivo de Trabalho encerrando a greve, haverá direito ao pagamento dos salários do período de afastamento aos trabalhadores que aderiram ao movimento grevista, em não havendo cláusula expressa quanto aos efeitos do período de paralisação nos contratos individuais de trabalho.

b) não constitui abuso do direito de greve, na vigência de Acordo Coletivo de Trabalho, a paralisação motivada por acontecimento imprevisto que modifique substancialmente a relação de trabalho.

c) tratando-se de um direito fundamental de caráter coletivo, compete aos sindicatos das respectivas categorias econômica ou profissional a decisão sobre o momento conveniente para deflagrar greve ou *lockout*, assim como para definir os interesses que devam ser defendidos.

d) é abusiva a greve envolvendo serviços funerários, quando não assegurado o atendimento básico aos usuários e não forem notificados da paralisação a entidade patronal correspondente ou os empregadores interessados, com antecedência mínima de quarenta e oito horas.

e) a iniciativa da instauração do dissídio coletivo de greve é exclusiva do Ministério Público do Trabalho, cabendo ao Tribunal do Trabalho decidir sobre o exercício abusivo ou não do direito de greve.

COMENTÁRIOS

✪ **Nota do autor:** A questão aborda o tema greve e exigia o conhecimento da Lei nº 7.783/1989 e do entendimento jurisprudencial do TST sobre o assunto.

Note que a Reforma Trabalhista inseriu o art. 611-B à CLT para prever que constituirá objeto ilícito de acordo ou convenção coletiva a supressão ou redução dos seguintes direitos:

> *XXVII – direito de greve, competindo aos trabalhadores decidir sobre a oportunidade de exercê-lo e sobre os interesses que devam por meio dele defender;*
>
> *XXVIII – definição legal sobre os serviços ou atividades essenciais e disposições legais sobre o atendimento das necessidades inadiáveis da comunidade em caso de greve;*

Alternativa "a". Sob a ótica do contrato individual de trabalho, a greve tem natureza jurídica de **suspensão do contrato de trabalho**, pois não há prestação de serviço nem pagamento de salários. Se após o movimento grevista houver acordo ou convenção coletiva para pagamento dos dias de paralisação, estaremos diante de interrupção do contrato de trabalho. Nesse caso, não cabe a decisão posterior da empresa de descontar os salários diante da prevalência do instrumento coletivo anterior. Nesse sentido, segue entendimento majoritário do TST sobre o assunto:

> *I – Agravo de instrumento em recurso de revista. Processo eletrônico. Direito de greve. Remuneração dos dias de paralisação. Constatada divergência jurisprudencial, nos termos do art. 896, a, da CLT, impõe-se o provimento do agravo de instrumento para determinar o processamento do recurso de revista. Agravo de instrumento conhecido e provido.*
>
> *II – Recurso de revista. Processo eletrônico. Direito de greve. Remuneração dos dias de paralisação. Impossibilidade. Esta Corte firmou posicionamento no sentido de que, conquanto não abusiva, a **greve suspende o contrato de trabalho**, conforme o art. 7º da Lei nº 7.783/89. Parte-se da premissa de que, embora reconhecido o direito de greve, **os trabalhadores sujeitam-se ao risco da paralisação da prestação de serviços**, na forma da lei. Fortaleceu a diretriz encampada por esta Corte a circunstância de que, no julgamento do Mandado de Injunção nº 670, o Supremo Tribunal Federal – STF reforçou o entendimento de que a greve deflagrada por servidores públicos acarreta, igualmente, a suspensão do contrato de trabalho, ensejando a possibilidade de desconto de dias parados. Assim, em virtude da suspensão do contrato de trabalho, é possível o desconto da remuneração relativa aos dias de paralisação, ressalvadas as hipóteses de o empregador contribuir decisivamente, mediante conduta recriminável, para que a greve ocorra, como no caso de atraso do pagamento de salários ou no caso de lock out e de acordo entre as partes. Ressalte-se que, na hipótese dos autos, não ocorreu nenhuma das situações que permitem o pagamento dos dias parados, conforme o consignado pelo Tribunal Regional. Recurso de revista conhecido e não provido (TST – RR 202200-73.2009.5.02.0042, Relator: Márcio Eurico Vitral Amaro, Data de Julgamento: 06/11/2013, 8ª Turma, Data de Publicação: DEJT 08/11/2013).*

No mesmo sentido, o STF, no RE nº 693.456 decidiu, no ano de 2016, que os dias parados pelo servidor devem ser descontados, salvo compensação. Ainda, o tribunal entendeu que, no caso de conduta ilícita do Poder Público, o desconto não poderá ser efetuado.

Alternativa "b". "Na vigência de acordo, convenção ou sentença normativa não constitui abuso do exercício do direito de greve a paralisação que: (...) seja motivada pela superveniência de fatos novo ou acontecimento imprevisto que modifique substancialmente a relação de trabalho" (art. 14, parágrafo único, II da Lei nº 7.783/1989).

A greve poderá ser classificada como **abusiva**, aquela que é contrária à legislação, ou **não abusiva**, quando exercida com razoabilidade e de acordo com a legislação.

Cabe frisar que parte da doutrina[103] entende que o abuso do direito de greve não deve ser entendido restritivamente, tal como formulado pela Lei de Greve, somente ao não cumprimento dos requisitos legais, mas que será abusivo o exercício de determinado direito quando não for atendido o interesse coletivo a que se destina, em observância ao Código Civil de 2002:

> **Art. 187, CC/02:** *"Também comete ato ilícito o titular de um direito que, ao exercê-lo, excede manifestamente os limites impostos pelo seu fim econômico e social, pela boa-fé ou pelos bons costumes."*

Alternativa "c". O *lockout* é vedado pelo ordenamento jurídico brasileiro. A paralisação das atividades empresariais por iniciativa do empregador, a fim de frustrar uma negociação coletiva, não é considerada greve. Essa conduta, chamada de *lock out*, é vedada pela Lei de Greve. De acordo com a jurisprudência do TST[104], o *lock out* não é aplicado aos trabalhadores avulsos, uma vez que, diante da natureza punitiva dos dispositivos que vedam sua realização, não é possível a interpretação extensiva ou aplicação por analogia para aqueles trabalhadores. No caso do trabalho avulso, não existe a presença do empregador e, dessa forma, é permitido que o operador portuário deixe de requisitar trabalhadores para a função quando assim não for necessário. A consequência do *lock out* para o contrato de trabalho é o pagamento dos dias em que houve paralisação da empresa, ou seja, será hipótese de interrupção do contrato.

Alternativa "d". A comunicação, ao empregador e aos usuários, no caso de greve em atividades essenciais deverá ocorrer com 72 horas de antecedência à paralisação, conforme previsto no art. 13 da Lei de Greve. Nas atividades que não são consideradas essenciais, esse aviso deve ser realizado com antecedência mínima de 48 horas.

A Lei de Greve, no art. 10, elenca 15 atividades essenciais. O candidato aos concursos na área trabalhista deverá estar atento, pois o questionamento de quais são as atividades essenciais é cobrado, também, com frequência. Recomenda-se a memorização das 15 atividades essenciais apontadas pela lei.

De acordo com a lei, são atividades essenciais:

> *I. tratamento e abastecimento de água; produção e distribuição de energia elétrica, gás e combustíveis;*
>
> *II. assistência médica e hospitalar;*
>
> *III. distribuição e comercialização de medicamentos e alimentos;*
>
> *IV. funerários;*
>
> *V. transporte coletivo;*
>
> *VI. captação e tratamento de esgoto e lixo;*
>
> *VII. telecomunicações;*
>
> *VIII. guarda, uso e controle de substâncias radioativas, equipamentos e materiais nucleares;*
>
> *IX. processamento de dados ligados a serviços essenciais;*
>
> *X. controle de tráfego aéreo e navegação aérea;*
>
> *XI. compensação bancária.*
>
> *XII – atividades médico-periciais relacionadas com o regime geral de previdência social e a assistência social;*
>
> *XIII – atividades médico-periciais relacionadas com a caracterização do impedimento físico, mental, intelectual ou sensorial da pessoa com deficiência, por meio da integração de equipes multiprofissionais e interdisciplinares, para fins de reconhecimento de direitos previstos em lei, em especial na Lei nº 13.146, de 6 de julho de 2015 (Estatuto da Pessoa com Deficiência); e*
>
> *XIV – outras prestações médico-periciais da carreira de Perito Médico Federal indispensáveis ao atendimento das necessidades inadiáveis da comunidade.*
>
> *XV – atividades portuárias.*

Alternativa "e". "Em caso de greve em atividade essencial, com possibilidade de lesão do interesse público, o Ministério Público do Trabalho poderá ajuizar dissídio coletivo, competindo à Justiça do Trabalho decidir o conflito" (Art. 114, §3º da CF/88).

Nos demais casos, a legitimidade será dos sindicatos, dos empregadores ou da comissão de trabalhadores:

> **Art. 857 da CLT** – *A representação para instaurar a instância em dissídio coletivo constitui prerrogativa das associações sindicais, excluídas as hipóteses aludidas no art. 856, quando ocorrer suspensão do trabalho.*
>
> *Parágrafo único. Quando não houver sindicato representativo da categoria econômica ou profissional, poderá a representação ser instaurada pelas federações correspondentes e, na falta destas, pelas confederações respectivas, no âmbito de sua representação.*
>
> **Art. 4º da Lei nº 7783/1989:** *Caberá à entidade sindical correspondente convocar, na forma do seu estatuto, assembleia geral que definirá as reivindicações da categoria e deliberará sobre a paralisação coletiva da prestação de serviços.*
>
> *§ 1º O estatuto da entidade sindical deverá prever as formalidades de convocação e o quórum para a deliberação, tanto da deflagração quanto da cessação da greve.*
>
> *§ 2º Na falta de entidade sindical, a assembleia geral dos trabalhadores interessados deliberará para os fins previstos no «caput», constituindo comissão de negociação.*
>
> **Art. 5º da Lei nº 7783/1989:** *A entidade sindical ou comissão especialmente eleita representará os interesses dos trabalhadores nas negociações ou na Justiça do Trabalho.*

Alternativa correta: "b".

---

103. MELO, Raimundo Simão de. *A greve no Direito brasileiro*. 3. ed. São Paulo: LTr, 2011. p. 101.

104. Para maiores informações, veja Informativo nº 30 do TST no final do capítulo.

170. (TRT 1 – Juiz do Trabalho Substituto 1ª região/2016) Em relação aos direitos de associação e de greve, considerada a Constituição da República e a Lei nº 7.783/89, é correto afirmar:

a) O militar possui direito de se associar em sindicatos, mas lhe é vedado o direito de greve.

b) O empregador pode contratar substitutos para os trabalhadores em greve, para manutenção dos serviços essenciais à retomada das atividades após o fim do movimento.

c) Em respeito à liberdade sindical, torna-se desnecessária a tentativa de solução pacífica do conflito antes da deflagração de movimento grevista.

d) Celebrado acordo para por fim a movimento grevista, a ausência de previsão expressa sobre os efeitos do período de paralisação torna devido aos trabalhadores que dela participaram o pagamento de salários do período.

e) São, dentre outros, considerados serviços ou atividades essenciais: assistência médica e hospitalar, serviços funerários, controle de tráfego aéreo e serviço de telecomunicações.

COMENTÁRIOS

✪ **Nota do autor:** A questão aborda os temas associação e direito à greve e demanda o conhecimento da Lei nº 7.783/89, da Constituição Federal/1988 e de OJ da SDC. A inserção nesse tópico se justifica em razão de a alternativa correta versar sobre greve.

Alternativa "a". "Ao militar são proibidas a sindicalização e a greve" (Inciso IV do art. 142 da Constituição Federal).

Alternativa "b". "É vedada a rescisão de contrato de trabalho durante a greve, bem como a contratação de trabalhadores substitutos, exceto na ocorrência das hipóteses previstas nos arts. 9º e 14". (art. 7º, parágrafo único, Lei de Greve). "Não havendo acordo, é assegurado ao empregador, enquanto perdurar a greve, o direito de contratar diretamente os serviços necessários a que se refere este artigo". (art. 9º, parágrafo único, Lei de Greve). Nesse sentido, podem ser substituídos enquanto perdurar a greve. Após o fim do movimento, não é possível a substituição dos trabalhadores.

Alternativa "c". "É abusiva a greve levada a efeito sem que as partes hajam tentado, direta e pacificamente, solucionar o conflito que lhe constitui o objeto" (OJ nº 11 da SDC do TST).

Alternativa "d". Trata-se de caso de suspensão do contrato de trabalho, em que não há pagamento de salário. "Observadas as condições previstas nesta Lei, a participação em greve suspende o contrato de trabalho, devendo as relações obrigacionais, durante o período, ser regidas pelo acordo, convenção, laudo arbitral ou decisão da Justiça do Trabalho" (art. 7º da Lei nº 7.783/89). Entretanto, caso haja acordo coletivo, no sentido de pagar os dias de paralisação, configurará hipótese de interrupção. Esse caso, de pagamento dos dias sem trabalho, trata-se de uma exceção.

Alternativa "e". As hipóteses de serviços e atividades essenciais estão previstas no art. 10 da Lei de Greve. É indispensável a prévia leitura e memorização desse dispositivo:

Art. 10, Lei nº 7.783/1989: *São considerados serviços ou atividades essenciais:*

> *I – tratamento e abastecimento de água; produção e distribuição de energia elétrica, gás e combustíveis;*
>
> *II –* ***assistência médica e hospitalar****;*
>
> *III – distribuição e comercialização de medicamentos e alimentos;*
>
> *IV –* ***funerários****;*
>
> *V – transporte coletivo;*
>
> *VI – captação e tratamento de esgoto e lixo;*
>
> *VII –* ***telecomunicações****;*
>
> *VIII – guarda, uso e controle de substâncias radioativas, equipamentos e materiais nucleares;*
>
> *IX – processamento de dados ligados a serviços essenciais;*
>
> *X. controle de tráfego aéreo e navegação aérea;*
>
> *XI. compensação bancária.*
>
> *XII – atividades médico-periciais relacionadas com o regime geral de previdência social e a assistência social;*
>
> *XIII – atividades médico-periciais relacionadas com a caracterização do impedimento físico, mental, intelectual ou sensorial da pessoa com deficiência, por meio da integração de equipes multiprofissionais e interdisciplinares, para fins de reconhecimento de direitos previstos em lei, em especial na Lei nº 13.146, de 6 de julho de 2015 (Estatuto da Pessoa com Deficiência); e*
>
> *XIV – outras prestações médico-periciais da carreira de Perito Médico Federal indispensáveis ao atendimento das necessidades inadiáveis da comunidade.*
>
> *XV – atividades portuárias.*

A Reforma Trabalhista estabelece, em seu art. 611-B, XXVIII da CLT, que constitui objeto ilícito de convenção ou acordo coletivo a supressão ou redução da: "definição legal sobre os serviços ou atividades essenciais e disposições legais sobre o atendimento das necessidades inadiáveis da comunidade em caso de greve".

Alternativa correta: "e".

25.13. REPRESENTAÇÃO DOS EMPREGADOS NAS EMPRESAS (REFORMA TRABALHISTA)

- Art. 11, CF/88
- Arts. 510-A e seguintes, CLT

171. (FGV – 2023 – TST – Juiz do Trabalho) Com base no que dispõe a Consolidação das Leis do Trabalho, o mandato dos membros da comissão de representantes dos empregados nas empresas com mais de duzentos empregados, com a finalidade de promover-lhes o entendimento direto com os empregadores, será de:

a) um ano, composta por quatro candidatos eleitos pelos trabalhadores em escrutínio secreto e por um nomeado pelo empregador, que a presidirá. Os membros escolhidos, com exceção do representante da empresa, só poderão ser despedidos por falta grave ou motivo de força maior;

b) dois anos e decorrerá de lista sêxtupla, composta por candidatos eleitos pelos trabalhadores em escrutínio secreto, para escolha de três nomes pelo empregador. Os membros escolhidos só poderão ser despedidos por motivo disciplinar, técnico, econômico ou financeiro;

c) um ano e decorrerá de eleição realizada pelos trabalhadores para a escolha de três a sete membros, conforme o porte da empresa. Desde o registro da candidatura até o fim de seus mandatos, os membros escolhidos só poderão ser despedidos por motivo disciplinar, técnico, econômico ou financeiro;

d) um ano e decorrerá de lista sêxtupla, composta por candidatos eleitos pelos trabalhadores em escrutínio secreto, para escolha de três nomes pelo empregador. Desde o registro das candidaturas até o fim de seus mandatos, os membros escolhidos só poderão ser despedidos por falta grave ou motivo de força maior;

e) um ano, prorrogável por apenas um período igual, e decorrerá de eleição realizada pelos trabalhadores para escolha de três a sete membros, conforme o porte da empresa. Desde o registro da candidatura até o fim de seus mandatos, os membros escolhidos só poderão ser despedidos por falta grave ou motivo de força maior.

COMENTÁRIOS

✪ **Nota do autor:** A Reforma Trabalhista disciplinou a comissão de representantes nas empresas nos art. 510-A a 510-D da CLT. De acordo com o art. 510-A da CLT, em consonância com o art. 11 da CF/88, em empresas com mais de 200 empregados, é assegurada a eleição de comissão para representar os trabalhadores, que tem a finalidade de promover o entendimento direto com os empregadores. O art. 510-C da CLT estabelece o procedimento para eleição dos representantes dos empregados.

Alternativa "c". *Comentário serve para as demais alternativas, uma vez que versam sobre o mesmo assunto.* Para responder a questão, bastava o conhecimento dos dispositivos da CLT que regulamentam a Comissão de Representantes dos Empregados (arts. 510-A e seguintes):

Art. 510-A, CLT: Nas empresas com mais de duzentos empregados, é assegurada a eleição de uma comissão para representá-los, com a finalidade de promover-lhes o entendimento direto com os empregadores.

§ 1º A comissão será composta:

I – nas empresas com mais de duzentos e até três mil empregados, por três membros;

II – nas empresas com mais de três mil e até cinco mil empregados, por cinco membros;

III – nas empresas com mais de cinco mil empregados, por sete membros.

Art. 510-D, CLT: O mandato dos membros da comissão de representantes dos empregados será de um ano.

§ 3º Desde o registro da candidatura até um ano após o fim do mandato, o membro da comissão de representantes dos empregados não poderá sofrer despedida arbitrária, entendendo-se como tal a que não se fundar em motivo disciplinar, técnico, econômico ou financeiro.

Alternativa correta: "c".

Direito do Trabalho

Henrique Correia

✦ DICAS

1. DIREITO DO TRABALHO

- **Conceito de Direito do Trabalho.** De acordo com Mauricio Godinho Delgado, o Direito do Trabalho pode ser definido como o "complexo de princípios, regras e institutos jurídicos que regulam a relação empregatícia de trabalho e outras relações normativamente especificadas, englobando, também, os institutos, regras e princípios jurídicos concernentes às relações coletivas entre trabalhadores e tomadores de serviços, em especial através de suas associações coletivas"[1]. O Direito do Trabalho é, portanto, a disciplina jurídica das relações individuais e coletivas de trabalho.
- **Função do Direito do Trabalho.** Consiste, basicamente, na melhoria das condições de pactuação de força de trabalho na ordem socioeconômica. Note-se que esta função não pode ser vista sob a ótica individualista, devendo ser considerado o ser coletivo obreiro, a categoria, o universo global de trabalhadores. Além disso, deve-se destacar a função modernizante e progressista do Direito do Trabalho, do ponto de vista econômico e social. Pode-se citar, ainda, sua função política conservadora, pois o Direito do Trabalho confere legitimidade política e cultural às relações de trabalho. Por fim, há a função civilizatória e democrática, pois se trata de um dos principais mecanismos de controle e atenuação das distorções do mercado capitalista[2].
- **Características.** No que tange à sua origem e evolução histórica, caracteriza-se por ser ramo especializado do Direito, tendo origem no Direito Civil, mas dele se afastando, em razão de sua especialização. Quanto às suas funções e atuação na comunidade, é segmento que cumpre objetivos sociais, econômicos, culturais e políticos. No que diz respeito à sua estrutura jurídica, é composto por normas imperativas, sendo que os princípios têm importante presença. Possui, internamente, a dimensão individual – voltada ao contrato de trabalho – e a dimensão coletiva – voltada a seres coletivos trabalhistas. Por fim, sua estrutura é marcada por normas nacionais heterônomas; normas nacionais autônomas e normas internacionais heterônomas[3].

1 DELGADO, Mauricio Godinho. **Curso de Direito do Trabalho.** 14. ed. São Paulo: Ltr, 2015. P. 47.

2 DELGADO, Mauricio Godinho. **Curso de Direito do Trabalho.** 14. ed. São Paulo: Ltr, 2015.

3 DELGADO, Mauricio Godinho. ***Curso de Direito do Trabalho.*** 14. ed. São Paulo: Ltr, 2015.

- **Divisão do Direito do Trabalho:** O Direito do Trabalho divide-se basicamente em Direito Individual do Trabalho e Direito Coletivo do Trabalho:
  - **Direito Individual:** estabelece diversas normas voltadas à regulamentação do contrato individual de trabalho, com a criação de direitos e obrigações para as duas partes da relação empregatícia, empregado e empregador. São exemplos de regulamentação da relação individual, o estabelecimento da jornada de trabalho, dos períodos de descanso, da remuneração do empregado, etc. No direito individual do trabalho, em razão da subordinação do empregador, há aplicação dos princípios protetivos, como: princípio da condição mais benéfica, princípio da primazia da realidade, princípio da continuidade etc. Nessa relação jurídica, vivida entre empregado e empregador, há forte intervenção estatal, reduzindo a possibilidade de negociação entre as partes.
  - **Direito coletivo:** permite que entidades que representam uma coletividade de empregados ou empregadores possam criar direitos e obrigações a seus representados. As entidades sindicais têm prerrogativas para estabelecer acordos e convenções coletivas de trabalho, que alteram as condições de trabalho dos trabalhadores representados.
- **Autonomia do Direito do Trabalho.** Para que haja autonomia de um certo campo do Direito, deve haver: campo temático vasto e específico, elaboração de teorias próprias ao ramo jurídico, observância de metodologia própria e existência de perspectivas e questionamentos específicos e próprios. O Direito do Trabalho atende aos requisitos apontados[4].
- **Natureza jurídica do Direito do Trabalho[5].** O Direito do Trabalho, segundo Mauricio Godinho Delgado é um ramo jurídico unitário que se enquadra no campo do Direito Privado.

4 DELGADO, Mauricio Godinho. *Curso de Direito do Trabalho*. 16. ed. São Paulo: Ltr, 2017. p. 73.

5 "Encontrar a natureza jurídica de um instituto do Direito (ou até de um ramo jurídico, como o Direito do Trabalho) consiste em se apreenderem os elementos fundamentais que integram sua composição específica, contrapondo-os, em seguida, ao conjunto mais próximo de figuras jurídicas (ou de segmentos jurídicos, no caso do ramo justrabalhista), de modo a classificar o instituto enfocado no universo de figuras existentes no Direito". DELGADO, Mauricio Godinho. ***Curso de Direito do Trabalho.*** 14. ed. São Paulo: Ltr, 2015. p. 7.

- **Particularismo do Direito do Trabalho.** Dentre os particularismos do Direito do Trabalho, podemos citar a hierarquia entre suas normas, que não segue um critério rígido, tendo em vista a aplicação da norma mais favorável ao trabalhador.
- **Fundamentos do Direito do Trabalho.** A existência do trabalho livre é pressuposto do surgimento do trabalho subordinado. Assim, enquanto o trabalho livre surge a partir da Idade Moderna, o trabalho subordinado surge com a Revolução Industrial. Ou seja, foi apenas com a Revolução Industrial que a relação empregatícia se estrutura, passando a responder pelo modelo principal de vinculação do trabalhador livre ao sistema produtivo, que se afirma ao longo do século XIX. O Direito do Trabalho é produto cultural do século XIX e das transformações econômico-sociais e políticas vivenciadas na Europa e Estados Unidos da América. Note-se que antes disso, não há que se falar em Direito do Trabalho, pois nas sociedades feudais o trabalho subordinado não era categoria relevante nem socialmente dominante. O Direito do Trabalho é fenômeno do século XIX e das condições ali reunidas[6].
- **Fases históricas do Direito do Trabalho.** Um dos marcos fundamentais do Direito do Trabalho está no Manifesto Comunista, de 1848 e na Encíclica Rerum Novarum, de 1891. Outro marco reside no processo da Primeira Guerra Mundial e seus desdobramentos, como a formação da OIT (1919) e das Constituições Mexicana (1917) e Alemã (1919). De acordo com Mauricio Godinho Delgado[7], é possível dividir o Direito do Trabalho em 4 fases históricas:
  - **1ª fase:** Consistiu na fase das **manifestações incipientes ou esparsas** (1802-1848), que se caracterizou pela existência de leis voltadas à redução da superexploração de mulheres e crianças. Leis trabalhistas dessa época não deram consistência à formação de um ramo jurídico especializado. Aliás, por toda a Europa, foram inúmeras as revoltas contra os regimes autocráticos, com caráter nacional, liberal e socialista. Esse período ficou conhecido como **Primavera dos Povos**[8].
  - **2ª fase:** A segunda fase caracterizou-se pela **sistematização e consolidação** (1848-1919) em razão de avanços e recuos entre a ação do movimento operário, sindical e socialista e à estratégia da ação do Estado. É nessa fase que há o reconhecimento do direito de livre associação sindical de trabalhadores e o surgimento crescente de leis trabalhistas em países europeus.
  - **3ª fase:** A terceira fase é de **institucionalização ou oficialização do Direito do Trabalho** (1919 até o final do século XX), definindo-se como instante histórico em que o Direito do Trabalho passa a ser assimilado à estrutura e dinâmica da sociedade civil e do Estado, formando a OIT e produzindo a constitucionalização do Direito do Trabalho. Além disso, é nessa fase que a legislação autônoma ou heterônoma do Direito do Trabalho ganha consistência e autonomia. Ou seja, é nessa fase que o ramo trabalhista se incorpora às ordens jurídicas dos países.
  - **4ª Fase:** Corresponde à fase **de crise e transição** do Direito do Trabalho data do final do século XX. Nesse período, há movimentos de desregulação das políticas sociais e das regras jurídicas, com a crescente desregulamentação e flexibilização do Direito do Trabalho. Assim, o que para alguns é denominado crise para a ruptura final do ramo trabalhista, para outros é denominada transição para um Direito do Trabalho renovado.
- **Origem e evolução do Direito do Trabalho, no Brasil.** A Lei Áurea pode ser vista como marco inicial de referência histórica, no Brasil. Na **fase de manifestações incipientes ou esparsas** (1888-1930), a relação empregatícia se apresenta de modo mais relevante no segmento agrícola cafeeiro, em São Paulo e na emergente industrialização por que passa o Rio de Janeiro – o qual era, à época, a capital do Brasil. Há presença de um movimento operário sem efetiva organização e uma dinâmica legislativa marcada pelo liberalismo, com edição de algumas leis esparsas. O período de **institucionalização** do Direito do Trabalho (1930-1945) é marcado pela intensa atividade administrativa e legislativa do Estado, com maior intervenção estatal. Nesse período, há rigorosa repressão sobre manifestações operárias, que é acompanhada de uma legislação que instaura um novo modelo de Direito do Trabalho, estritamente regulamentado pelo Estado. Surge o Ministério do Trabalho, Indústria e Comércio e o Departamento Nacional do Trabalho, há normatização sobre a área sindical e a criação de Comissões Mistas de Conciliação e Julgamento. A Constituição de 1937 refere-se à Justiça do Trabalho, que vem a ser regulamentada por um Decreto-lei nº 1.237/1939, sendo instalada e passando a funcionar em 1º de maio de 1941. Há edição de leis profissionais e protetivas, além de Lei de Nacionalização do Trabalho, restringindo o trabalho de estrangeiros. O modelo de direito trabalhista existente foi compilado e ampliado, passando a ser disposto na Consolidação das Leis do Trabalho (1943). A fase autoritária do Direito do Trabalho persiste até 1988, com a Constituição Federal.
- **Tendências atuais do Direito do Trabalho**
- **Modelo tradicional e relação de emprego.** Desde a Revolução Industrial e do desenvolvimento do capitalismo, a base de trabalho é caracterizada pela relação de trabalho subordinado e livre com a presença do vínculo de emprego.

6 DELGADO, Mauricio Godinho. **Curso de Direito do Trabalho.** 14. ed. São Paulo: Ltr, 2015. P. 47.

7 DELGADO, Mauricio Godinho. **Curso de Direito do Trabalho.** 14. ed. São Paulo: Ltr, 2015.

8 Esse conceito foi cobrado na primeira fase do 22º Concurso Nacional para Procuradora e Procurador do Trabalho (2023).

- **Reestruturação das relações sociais.** O uso de redes sociais, aplicativos, inteligências artificiais e o aumento da automação estão redesenhando as relações de trabalho, exigindo a elaboração de novas leis e jurisprudência atualizada para acompanhar o processo evolutivo da prestação de serviços.
- **Novo cenário.** atualização dos institutos e princípios trabalhistas diante do aumento do teletrabalho, dos novos meios de subordinação e de controle decorrentes do uso da tecnologia ("uberização") e da substituição da mão de obra humana pela automação.
- **"Uberização das relações de trabalho".** Pode ser conceituada como a nova forma de contratação informal, dinâmica e flexível de trabalhadores por empresas de aplicativos na condição de parceiros e não de empregados.
- **Lei nº 14.297/2022.** Dispõe sobre medidas de proteção asseguradas ao entregador que presta serviço por intermédio de empresa de aplicativo de entrega durante a vigência, no território nacional, da emergência de saúde pública decorrente do coronavírus responsável pela COVID-19. De acordo com seu art. 10, a previsão de benefícios ou as conceituações trazidas pela lei não serviriam de base para a caracterização da natureza jurídica da relação entre os entregadores e as empresas de aplicativo. Note-se, portanto, que a lei foi evasiva sobre o tema do reconhecimento do vínculo de emprego.
- STF. No STF, a questão também aguarda definição. O prognóstico, contudo, aponta para o entendimento de que não existe vínculo de emprego entre trabalhador e aplicativo. A Primeira Turma, por exemplo, em sessão virtual finalizada em 20/02/2024, por unanimidade, cassou decisão da Justiça do Trabalho que reconhecia vínculo de emprego entre entregador de mercadorias e a plataforma digital Rappi (Reclamação Constitucional 63.823/SP). O Ministro Alexandre de Moraes, de maneira semelhante, em decisão monocrática, retirou da Justiça do Trabalho a competência para apreciar demanda envolvendo pedido de vínculo de emprego com plataforma digital – Cabify (Reclamação Constitucional 59795/MG). Dos 11 ministros que atualmente ocupam uma cadeira na Corte, 6 já se manifestaram, em casos diversos, pela inexistência da relação de emprego. A questão, contudo, ainda não foi analisada pelo plenário da Corte e não se tem um precedente vinculante. Na data de fechamento desta edição, o STF, no RE 1446336, por unanimidade, havia reputado constitucional a questão e reconhecido a existência de repercussão geral para a formação de tese sobre o tema.
- PL para regulamentar o trabalho de motoristas por aplicativo. Cumpre ressaltar, ainda, que a discussão também ocupa a pauta dos Poderes Executivo e Legislativo. No dia 04/03/2024, o presidente da República, Luiz Inácio Lula da Silva, assinou Proposta de Projeto de Lei Complementar (PLC) com o objetivo de regulamentar a prestação de serviços de transporte individual de passageiros em veículos de 4 rodas por meio de aplicativos. Segundo a proposta do Governo Federal e que, ao tempo de fechamento desta edição, aguarda análise do Congresso Nacional, não haveria vínculo de emprego entre a empresa operadora da plataforma e o trabalhador. Esse, na verdade, integraria uma nova categoria de prestador de serviços autônomo: trabalhador autônomo por plataforma. O PLC, ainda, assegura ao trabalhador autônomo por plataformas direitos relacionados à remuneração mínima proporcional ao salário-mínimo nacional, limitação da jornada de trabalho e sindicalização. Reconhece-se, também, a inclusão do trabalhador ao Regime Geral de Previdência Social na qualidade de contribuinte individual. Os trabalhadores em veículos de 2 rodas (entregadores, motociclistas, motofretistas) ficaram de fora dessa primeira tentativa de regulamentação, pois não houve acordo entre Governo, classe trabalhadora e empresas operadoras de aplicativos.
- **Outras formas de contratação que não a relação de emprego.** Conforme argumentou a 1ª Turma[9], o STF firmou entendimento pela constitucionalidade das relações de trabalho diversas da de emprego regida pela CLT, conforme decidido na ADPF 324, na ADC 48, na ADI 3.961, na ADI 5.625, bem como o Tema 725 da Repercussão Geral. Assim, eventuais decisões de Cortes Trabalhistas que afastem a eficácia de contratos firmados entre **sociedade de advogados e advogado associado**, afirmando-se a existência de relação de emprego, afirmando ser a relação específica em questão utilizada como meio para se fraudar a legislação trabalhista, violam a autoridade das decisões proferidas pela STF. Portanto, são passíveis de cassação via Reclamação constitucional (ação constitucional usada para preservar a competência do Tribunal ou garantir a autoridade das suas decisões). Da mesma forma como decidiu pela cassação de decisões de Cortes Trabalhistas que afastem a eficácia de contratos firmados entre sociedade de advogados e advogados associados, tem-se formado vasta jurisprudência na Suprema corte entendendo pela validade de diversas formas de contratação além da relação de emprego. Nesse sentido, o STF também cassou decisões dos tribunais trabalhistas que entendiam pela invalidade de contratos de prestação de serviços firmados entre **médicos e hospitais**[10], entre **corretores de imóveis e construtoras**[11], entre **diretores de programas e emissoras de TV**[12], ou, até mesmo, entre entregadores e aplicativos[13].
- Com o devido respeito à Corte Constitucional, entendemos que a Justiça do Trabalho, principalmente

9 STF, Ag.Reg. na reclamação 57.918 Rio de Janeiro. 20 de março de 2023.
10 RECLAMAÇÃO 61.115 BAHIA.
11 RECLAMAÇÃO 61.514 RIO GRANDE DO SUL.
12 RECLAMAÇÃO 63.380 SÃO PAULO.
13 RECLAMAÇÃO 59795 MINAS GERAIS.

nas Varas do Trabalho e nos Tribunais Regionais do Trabalho, **instâncias jurisdicionais que possuem a atribuição de avaliar o conteúdo fático-probatório,** é órgão jurisdicional competente para avaliar a ocorrência de fraude trabalhista resultante do fenômeno da "pejotização". Se, no entender da Justiça Especializada, foi formalizado contrato com título diverso, mas, no caso concreto, verificou-se a presença dos elementos caracterizadores da relação de emprego, trata-se de relação de emprego, não havendo ofensa à autoridade das decisões da Suprema Corte.

- Entendemos que impera, no Direito do Trabalho, o **princípio da primazia da realidade**. Se presentes, no caso concreto, os requisitos caracterizadores da relação de emprego, o vínculo deverá ser reconhecido e a contratante (sociedade de advogados, hospital, construtoras, emissoras de TV, aplicativos etc.) condenada ao pagamento de todas as verbas trabalhistas ao trabalhador; ao empregado (art. 9º da CLT).

2. DOS PRINCÍPIOS E FONTES DO DIREITO DO TRABALHO

2.1. PRINCÍPIOS DO DIREITO DO TRABALHO

- **Distinção entre princípio, regra e norma:** Antes da análise dos princípios, é indispensável a apresentação das diferenças entre princípios, regras e normas[14]:
  - **a) Norma jurídica:** referem-se a preceitos gerais, abstratos, impessoais e imperativos aplicáveis à vida em sociedade. A norma jurídica é o gênero que engloba a regra jurídica e o princípio jurídico.
  - **b) Regra jurídica:** por ser uma espécie de norma jurídica, corresponde a um preceito geral, abstrato e impessoal, aprovado por meio de ritos e formalidades instucionalizados que incide sobre a vida social.
  - **c) Princípio jurídico:** o princípio tende a apresentar grau de generalidade, abstração e impessoalidade mais acentuado que as regras jurídicas, inclusive em relação aos princípios específicos de determinado ramo do Direito. A consideração dos princípios como norma é recente e decorre do constitucionalismo humanista e social ocorrido após a 2ª Guerra Mundial.
- **Funções dos princípios:** Os princípios representam a base do ordenamento jurídico. Esses princípios servem de orientação para os aplicadores do direito (juízes, procuradores do trabalho, advogados etc.) e têm, ainda, a função de inspirar e orientar os legisladores (deputados e senadores) na elaboração das leis. Além disso, os princípios do Direito do Trabalho têm função integrativa, ou seja, são aplicados para suprir a lacuna deixada pelo legislador.
- O Direito do Trabalho possui princípios específicos, que desempenham funções essenciais para a interpretação e aplicação das normas trabalhistas. Não há consenso sobre quantos são os princípios do Direito do Trabalho, pois varia de um autor para outro, mas podemos destacar os mais citados pela doutrina:
- **Princípio da norma mais favorável:** entre duas ou mais normas possíveis de ser aplicadas, utiliza-se a mais favorável em relação ao trabalhador. A aplicação de uma norma leva à renúncia da outra. A Reforma Trabalhista, entretanto, passou a prever a prevalência do negociado sobre o legislado. Além disso, havendo conflito entre acordo coletivo e convenção coletiva, aquele deverá prevalecer:

  > "**Art. 620 da CLT (com redação dada pela Reforma Trabalhista):** As condições estabelecidas em acordo coletivo de trabalho sempre prevalecerão sobre as estipuladas em convenção coletiva de trabalho."

- **Princípio da condição mais benéfica.** Esse princípio assegura ao empregado as vantagens conquistadas durante o contrato de trabalho, conforme previsto no art. 468 da CLT. Diante disso, essas conquistas não poderão ser alteradas para pior.
- **Princípio da primazia da realidade.** A realidade se sobrepõe às disposições contratuais escritas. Deve-se, portanto, verificar se o conteúdo do documento coincide com os fatos. Exemplo: recibo assinado em branco no ato da contratação, posteriormente apresentado em juízo como prova de pagamento das verbas trabalhistas.
- **Princípio da imperatividade das normas trabalhistas.** No Direito do Trabalho prevalecem as regras cogentes, obrigatórias. Diante desse princípio, há restrição da autonomia das partes em modificar as cláusulas contratuais previstas no contrato de trabalho. Com a Reforma Trabalhista, referido princípio é mitigado, pois há valorização do negociado sobre o legislado, especialmente nas hipóteses previstas no art. 611-A da CLT. Além disso, a Lei nº 13.467/2017 amplia as hipóteses de acordo individual entre empregado e empregador, o que também relativiza a aplicação do princípio da imperatividade.

Hipóteses de acordo individual entre empregado e empregador previstas na Reforma Trabalhista
A Reforma Trabalhista ampliou significativamente as possibilidades de ajuste entre empregados e empregadores em 13 hipóteses:
1) Compensação de jornada (art. 59, § 6º, CLT)
2) Banco de horas semestral (art. 59, § 5º, CLT)
3) Jornada 12 x 36 (art. 59-A, CLT)
4) Alteração do regime presencial para o teletrabalho (art. 75-C, § 1º, CLT)

14 DELGADO, Mauricio Godinho. *Curso de Direito do Trabalho.* 16. ed. São Paulo: LTr, 2017. p. 150-151.

Hipóteses de acordo individual entre empregado e empregador previstas na Reforma Trabalhista
5) Compra e manutenção de equipamentos necessários ao teletrabalho (art. 75-D, CLT)
6) Fracionamento das férias (art. 134, § 1º, CLT)
7) Intervalo para amamentação (art. 396, CLT)
8) Empregado "hipersuficiente" (art. 444, parágrafo único e 611-A da CLT)
9) Forma de pagamento das verbas rescisórias (art. 477, § 4º, I, da CLT)
10) Eficácia liberatória no Plano de Demissão Voluntária (art. 477-B, parte final, CLT)
11) Distrato (art. 484-A, CLT)
12) Celebração da cláusula compromissória de arbitragem (art. 507-A, CLT)
13) Quitação anual de obrigações trabalhistas (art. 507-B, CLT)

- **Princípio da inalterabilidade contratual lesiva.** É vedada qualquer alteração contratual que seja lesiva ao empregado, mesmo se houver consentimento deste (artigo 468, caput, da CLT). Assim, conforme previsto no art. 2º da CLT, os riscos do empreendimento são suportados exclusivamente pelo empregador, não sendo permitido a ele dividir os prejuízos com seus trabalhadores. A Lei nº 13.467/2017 cria o trabalho intermitente, nova modalidade de contrato de trabalho que é caracterizada pela alternância entre períodos de prestação de serviços e de inatividade. Nesse caso, o trabalhador somente prestará os serviços quando convocado por seu empregador. Dessa forma, os riscos do empreendimento passam a ser suportados inclusive pelo trabalhador, pois o empregado não trabalhará e, portanto, não receberá seu salário nos momentos de dificuldade financeira e econômica da empresa.
- **Princípio da continuidade da relação de emprego.** Em regra, o contrato de trabalho é firmado por tempo indeterminado, ou seja, não há prazo previamente fixado para seu fim. Aliás, é de interesse público que esses contratos sejam firmados para prazos de longa duração, pois, enquanto o empregado estiver trabalhando, haverá fonte de sustento, garantindo sua dignidade. Em razão desse princípio, a obrigação de provar a ruptura do contrato de trabalho é do empregador, isto é, em regra presume-se que o empregado não deu causa ao término do contrato de trabalho (Súmula nº 212 do TST).

  Este princípio também é mitigado pela criação da figura do trabalhador intermitente (Art. 452-A da CLT). Para mais informações, confira os comentários ao trabalho intermitente nestas dicas.
- **Princípio da irrenunciabilidade ou indisponibilidade dos direitos trabalhistas.** Na vigência do contrato de trabalho, os direitos trabalhistas são, em regra, irrenunciáveis, porque há presença da subordinação do empregado perante o empregador. Assim sendo, mesmo que o ato seja bilateral (comum acordo entre as partes), se houver prejuízo ao empregado, esse ato deverá ser declarado nulo, pois o empregado não pode renunciar aos direitos e vantagens assegurados em lei. Ao estudar o princípio da irrenunciabilidade, cabe destacar dois princípios:

  a) **Princípio da irredutibilidade salarial.** Veda-se a redução (diminuição) dos salários dos trabalhadores, exceto por convenção ou acordo coletivo (artigo 7º, inciso VI, da Constituição Federal). Portanto, para que essa redução salarial seja válida, há necessidade da participação do sindicato dos trabalhadores.

     Com a Lei nº 13.467/2017, caso venha a ser pactuada cláusula que reduza o salário do empregado, deverá haver garantia de que ele não será dispensado sem justa causa no prazo de vigência do instrumento coletivo, nos termos do novo art. 611-A, § 3º, incluído pela Reforma Trabalhista:

     > **Art. 611-A, § 3º da CLT:** Se for pactuada cláusula que reduza o salário ou a jornada, a convenção coletiva ou o acordo coletivo de trabalho deverão prever a proteção dos empregados contra dispensa imotivada durante o prazo de vigência do instrumento coletivo.

     – **Lei nº 14.020/2020, MP 1.045/2021 (vigência encerrada):** permitiram a redução de salários e de jornadas por acordo individual durante a pandemia de coronavírus. Essas medidas foram adotadas até 31/12/2020.

     – **Lei nº 14.437/2022.** Institucionaliza autorização genérica para a adoção de medidas trabalhistas de enfrentamento a momentos de crise, dentre elas: a redução proporcional da jornada de trabalho e do salário; e a suspensão temporária do contrato de trabalho. Ainda que reservada essa possibilidade aos períodos de reconhecida calamidade, temos sérias dúvidas quanto à constitucionalidade dessas normas, pois a Constituição Federal autoriza a redução salarial apenas por meio de convenção ou acordo coletivo de trabalho (art. 7º, VI).

  b) **Princípio da intangibilidade salarial.** Vedam-se descontos no salário, exceto nos casos previstos em lei ou norma coletiva. Esse princípio protege o trabalhador contra seus próprios credores, pois o salário é, em regra, impenhorável.
- Para a semana antes da prova, segue o quadrinho de memorização dos princípios do Direito do Trabalho:

PRINCÍPIOS DO DIREITO DO TRABALHO

Protetivo
- *in dubio pro operario*
- norma mais favorável
- condição mais benéfica

Imperatividade

Primazia

Inalterabilidade contratual lesiva

Continuidade da relação de emprego

Irrenunciabilidade
- irredutibilidade salarial
- intangibilidade salarial

2.2. FONTES

- **Fontes materiais:** são fatores ou acontecimentos sociais, políticos, econômicos e filosóficos que inspiram o legislador (deputados e senadores) na elaboração das leis. Esses movimentos influenciam diretamente o surgimento ou a modificação das leis.
- **Fontes formais**: são a exteriorização das normas jurídicas, ou seja, as fontes formais são normas de observância obrigatória pela sociedade. Todos devem cumpri-las, pois são imperativas. Exemplo: convenção, acordo coletivo e leis.
- Há 2 tipos de fontes formais: **1. Fontes formais autônomas**: são discutidas e confeccionadas pelas partes diretamente interessadas pela norma. Há, portanto, a vontade expressa das partes em criar essas normas. Exemplo: uma determinada negociação coletiva entre sindicato e empresa resulta em um acordo coletivo. **2. Fontes formais heterônomas**: nas fontes heterônomas não há participação direta dos destinatários, ou seja, essas fontes possuem origem estatal (Legislativo, Executivo ou Judiciário).
- **O regulamento de empresa é fonte formal do Direito do Trabalho?** O Regulamento de empresa é o conjunto de regras elaboradas pelo empregador para mais bem organizar a empresa.
- **Regulamento como fonte formal:** Será considerado fonte formal se as regras formuladas pelo empregador forem de caráter geral e impessoal, como fixação de horários e utilização de EPIs ou, ainda, plano de cargos e salários etc.
- **Hierarquia entre as fontes do Direito do Trabalho.** Nos demais ramos do direito (D. Constitucional, D. Administrativo etc.) há uma rígida hierarquia das fontes formais (CF prevalece sobre as leis; leis são superiores aos decretos etc.). No Direito do Trabalho, por força do princípio da norma mais favorável, aplica-se a fonte mais favorável aos trabalhadores. Com a Reforma Trabalhista, há valorização do negociado sobre o legislado, prevalecendo o disposto nos instrumentos coletivos de trabalho sobre a legislação nas hipóteses previstas no art. 611-A da CLT. Além disso, deve ser observado o art. 620 da CLT, prevalecendo o acordo sobre a convenção coletiva[15].
- **Conflito entre as fontes.** Na hipótese de conflito entre instrumentos coletivos, sempre deve prevalecer o acordo sobre a convenção coletiva. Para as demais fontes, a resposta para o conflito entre as fontes formais dependerá da teoria adotada:
- **Conflito entre as fontes.** Ocorre, com frequência, o conflito entre fontes formais do direito e a resposta dependerá da teoria adotada:
  - A **teoria do conglobamento**defende a aplicação de apenas uma fonte em sua totalidade. Assim sendo, o intérprete deverá analisá-la no conjunto. Essa teoria é a majoritária na jurisprudência e doutrina[16].

---

15 Ver também os comentários ao Tema 1.046 da Repercussão Geral do STF na parte de Direito Coletivo do Trabalho.

16 "A teoria do conglobamento é certamente a mais adequada à operacionalização do critério hierárquico normativo preponderante no Direito do Trabalho. A seu favor tem a virtude de não incorporar as apontadas distorções da teoria da acumulação, além de ser a única teoria a harmonizar a flexibilidade do critério hierárquico justrabalhista com a essencial noção de *sistema* inerente à ideia de Direito – e de ciência." DELGADO, Mauricio Godinho. *Curso do Direito do Trabalho*. 7. ed. São Paulo: LTr, 2008. p. 183.

- A **teoria da acumulação**, por sua vez, é no sentido de que o intérprete deverá aplicar todas as fontes no caso concreto, utilizando-se ao mesmo tempo dos artigos e cláusulas que são favoráveis ao trabalhador, desprezando os dispositivos desfavoráveis. A aplicação dessa teoria onera o empregador e fragmenta o sistema jurídico. É, portanto, a teoria minoritária.
- A **teoria do conglobamento mitigado**, por fim, estabelece a aplicação de normas que estejam agrupadas em um determinado instituto jurídico. Dessa forma, a análise não ocorrerá atomisticamente tal como prevê a teoria da acumulação ou sobre todo o instrumento coletivo como a teoria do conglobamento. A verificação da norma mais favorável ocorre sobre um conjunto de normas de determinado assunto[17]. Contudo, essa teoria também recebe críticas. De acordo com Sergio Pinto Martins[18], a análise de instituto por instituto também deve ser considerada como teoria da acumulação, uma vez que o conglobamento exige a verificação do conjunto da norma para se aferir o que é mais favorável. Para o autor, a convenção coletiva é realizada em equilíbrio, pois ao mesmo tempo em que se confere uma condição, negocia-se outra menos benéfica. Se selecionarmos instituto por instituto, ora da convecção coletiva, ora do acordo coletivo, ocorrerá desequilíbrio em relação ao que foi negociado pelos entes sindicais. Esta teoria é aplicada aos trabalhadores contratados no Brasil para a prestação de serviços no exterior, nos termos do art. 3º, II da Lei nº 7.064/1982.

• **Para a semana antes da prova**, segue o quadrinho de resumo sobre as fontes de Direito do Trabalho:

Fontes
- Materiais
  - – não são obrigatórias
  - – fase prévia ao surgimento das normas
  - – fatores sociais, econômicos que influenciam a elaboração das normas (reividicação dos trabalhadores e das empresas)
- Formais (Obrigatórias)
  - Autônomas
    - – elaborada pelas partes interessadas
    - – Exemplos: acordo e convenção coletiva
  - Heterônomas
    - – origem estatal
    - – Exemplos: Cf, leis e decretos
- – Prevalência do negociado sobre o legislado (art. 611-A da CLT)
- – Prevalência do acordo coletivo sobre a convenção coletiva (Art. 620 da CLT)
- – Primazia da norma mais favorável
- – conflito das fontes formais
  - – Teoria do conglobamento
  - – Teoria da acumulação

2.3. INTEGRAÇÃO

• **Integração.** Diante da complexidade da sociedade contemporânea e de suas constantes mudanças, o legislador não possui condições de prever todos os acontecimentos sociais e editar lei específica para todos os eventos que venham a ocorrer na sociedade. A fim de evitar que o conflito fique sem solução, surge a importante tarefa dos juristas de integrar o ordenamento jurídico, criando-se a ideia de completude do ordenamento. Portanto, integrar significa completar as lacunas deixadas pelo legislador.

• **Tipos de integração.** De acordo com o art. 8º da CLT, na ausência de legislação ou disposição contratual, a Justiça do Trabalho e as autoridades administrativas poderão se valer de técnicas de integração. Se houver um caso ainda não previsto em lei, o juiz estará obrigado a julgá-lo, pois a função do magistrado é pacificar os conflitos, mesmo não existindo lei específica para aquele caso. São técnicas de integração:

a) **Analogia:** ocorre quando uma lei semelhante é utilizada para regular o caso em que não há lei específica;

b) **Equidade:** deve ser entendida como a justiça aplicada com bom senso, com razoabilidade. Nesse caso, permite-se a criação de norma jurídica ao caso concreto, pautada por critérios de

17 CASSAR, Vólia Bomfim. *Direito do Trabalho*. 8. ed. São Paulo: Método, 2013. p. 95.

18 MARTINS, Sergio Pinto. *Comentários à CLT*. 19. ed. São Paulo: Atlas, 2015. p. 713-714.

justiça sem que haja nenhuma previsão legal a respeito[19];

c) **Princípios gerais de Direito:** exercem importante função integrativa, pois coexistem com as regras jurídicas, podendo suprir eventual lacuna.

d) **Costumes:** compreendem a prática reiterada de uma conduta em dada região ou empresa, por exemplo, o costume em determinada atividade de pagar gorjetas. Assim, na ausência de dispositivo legal a respeito de determinado assunto e desde que não contrarie a Constituição Federal ou outra legislação, permite-se a utilização dos costumes para suprir a lacuna da lei trabalhista.

e) **Direito comparado:** refere-se ao confronto das leis de diversos Estados em diversos momentos históricos para estabelecer diferenças e semelhanças entre ordens jurídicas. Se verificada determinada lacuna no ordenamento brasileiro, é possível supri-la pela análise de outros ordenamentos quando for possível encontrar uma tendência para a solução de determinado conflito.

f) **Jurisprudência:** é a decisão reiterada no mesmo sentido sobre a mesma matéria. Discute-se se a jurisprudência pode ser considerada como fonte de integração. Há duas correntes sobre o tema:

   1) A primeira delas, tradicional e majoritária, defende que não, pois as decisões reiteradas dos Tribunais não têm força normativa;

   2) A segunda corrente é no sentido de que, com base no do artigo 8º da CLT, há possibilidade de utilização como norma. Aliás, na prática trabalhista, os juízes utilizam-se das súmulas e OJs do TST como forma de suprir as diversas lacunas deixadas pela CLT.

- **Reforma Trabalhista.** A Reforma Trabalhista modificou o art. 8º da CLT e trouxe impactos no âmbito da integração do Direito do Trabalho:

2.4. EFICÁCIA DAS NORMAS TRABALHISTAS

- **Eficácia das normas trabalhistas.** Corresponde à aplicação do direito do trabalho no caso concreto.

A) **Eficácia territorial da norma trabalhista:** consiste na sua aplicação em todo o território nacional.

- **Competência privativa da União.** Legislar sobre direito do trabalho (art. 22, I, da CF/88).
- Excepcionalmente: os estados poderão legislar sobre direito do trabalho, desde que haja Lei Complementar autorizando tal delegação legislativa.

B) **Eficácia temporal das normas trabalhistas:** aplicação das normas trabalhistas no tempo

- **Aplicação imediata.** As normas trabalhistas, por se tratarem de normas de ordem pública, têm aplicação imediata aos contratos, incidindo o Princípio da Aplicação Imediata (art. 912 da CLT).
- **Irretroatividade.** Em regra, a norma trabalhista não retroage para atingir situações passadas, respeitando-se o art. 5º, XXXVI, CF/88. Há autores que defendem a possibilidade de retroatividade benigna no Direito do Trabalho.
- **Princípio da aderência contratual.** Há diferenças entre a aderência ao contrato de trabalho de normas e cláusulas contratuais.
- **Contrato de trabalho.** As cláusulas passam a integrar o contrato de trabalho e não podem ser modificadas ou suprimidas a não ser que haja concordância do empregado e ausência de prejuízos (art. 468 da CLT).
- **Normas.** As disposições normativas não se aderem de forma definitiva ao contrato de trabalho e produzem efeitos enquanto vigorarem. Mesmo nessa hipótese, é necessário respeitar as prestações já consolidadas no tempo[20].

C) **Eficácia espacial:** determina a legislação do país que será aplicada à relação de emprego.

- **Empregados contratados no Exterior ou por empresas sem sede no Brasil.** A lei a ser aplicada é a lei do local da execução dos serviços.
- **Empregados contratados no Brasil para prestar serviços no exterior.** Norma mais favorável (art. 3º, Lei nº 7.064/1982)
- **Empregados contratados para trabalhar em embarcações e aeronaves.** Serão regidos, conforme posicionamento da doutrina majoritária, pela lei do país da embarcação ou aeronave, isto é, a nacionalidade de quem explora a atividade econômica[21].
- **Empregados contratados no Brasil para trabalhar em navio de cruzeiro estrangeiro.** Norma mais favorável (art. 3º, Lei nº 7.064/1982)[22].
- **Empregados admitidos no Brasil que optarem pela realização de teletrabalho fora do território nacional.** A Lei nº 14.442/2022, entre outras providências, alterou a CLT, realizando mudanças estruturais no regime de teletrabalho. Em relação à eficácia espacial das normas trabalhistas, foi incluído o § 8º ao art. 75-B da CLT para prever que ao contrato de trabalho do empregado admitido no Brasil que optar pela realização de teletrabalho fora do terri-

19 GARCIA, Gustavo Filipe Barbosa. *Curso de Direito do Trabalho*. 7. ed. Rio de Janeiro: Forense, 2013. p. 71.

20 DELGADO, Mauricio Godinho. *Curso do Direito do Trabalho*. 7. ed. São Paulo: LTr, 2008.

21 CASSAR, Vólia Bomfim. Direito do Trabalho. 4.ed. rev. e ampl. Niterói: Impetus, 2010. p. 151.

22 TST, 6ª T. ARR-1370-79.2015.5.09.0012, Rel. Min. Katia Magalhaes Arruda, DEJT 14.02.2020.

tório nacional aplica-se a legislação brasileira, salvo estipulação em contrário. Portanto, não se trata de uma transferência (nem provisória, nem permanente), não sendo, nesse caso, aplicadas as disposições da Lei nº 7.064/82.

- Ainda, aplicam-se ao empregado em teletrabalho as regras locais e as convenções e acordos coletivos de trabalho relativas à base territorial do estabelecimento de lotação do empregado, ou seja, do local onde foi contratado.

2.5. FLEXIBILIZAÇÃO

- **Flexibilização.** Redução da rigidez das leis trabalhistas pela negociação coletiva, ou seja, é dar ênfase ao negociado em detrimento do legislado. Na flexibilização permanecem as normas básicas de proteção ao trabalhador, mas permite-se maior amplitude dos acordos e convenções para adaptação das cláusulas contratuais às realidades econômicas da empresa e às realidades regionais. Foi o que ocorreu com a Reforma Trabalhista, pois foram criadas normas que preveem a valorização do negociado sobre o legislado (art. 611-A, CLT). Nesse ponto, importante anotar que, na apreciação do Tema 1.046 da Repercussão Geral, o STF validou a prevalência do negociado sobre o legislado, sem a necessidade de contrapartida, ressalvados os direitos absolutamente indisponíveis.
- **Desregulamentação.** Ocorre quando há ausência total da legislação protetiva, isto é, substituição do legislado pelo negociado. Nesse caso, não haveria a intervenção do Estado na elaboração das leis, deixando para as partes a elaboração das condições de trabalho.
- ***Lay off*:** Diante de retrações no mercado e crises econômicas, é comum que empresas reduzam o número de empregados para viabilizar a continuação da atividade produtiva. Nesse sentido, para evitar a ocorrência de demissões em massa de empregados e permitir maior qualificação profissional dos empregados, é necessário adotar medidas que garantam a manutenção dos contratos de trabalho mesmo em momentos de crise. Uma dessas hipóteses é o denominado *lay off*, que se refere ao afastamento temporário do empregado mediante recebimento de licença remunerada.

  Nesse sentido, o art. 476-A da CLT estabelece hipótese de suspensão do contrato de trabalho pelo período de 2 a 5 meses para que o empregado participe de curso de qualificação profissional, na qual não será devido o pagamento de salários.
- Lei nº 14.457, de 2022. Institui o **Programa Emprega + Mulheres**, cujo objetivo é a inserção e manutenção de mulheres no mercado de trabalho por meio da implementação de diversas medidas, dentre elas: a suspensão do contrato de trabalho da mulher para qualificação profissional e a suspensão do contrato de trabalho de pais empregados. Essas hipóteses de *lay off*

  (i) dependerão de requisição formal do empregado interessado;

  (ii) serão formalizadas por meio de acordo individual, de acordo coletivo ou de convenção coletiva de trabalho;

  (iii) ocorrerão nos termos do art. 476-A da CLT;

  (iv) haverá a incidência de multa caso ocorra a dispensa do empregado durante a suspensão do contrato ou nos 6 meses subsequentes ao seu retorno ao trabalho etc.

  A suspensão do contrato de trabalho do pai empregado somente poderá ocorrer após o término da licença-maternidade da esposa ou companheira. Conforme consta da própria Lei, seu objetivo é possibilitar que os pais possam prestar cuidados e estabelecer vínculos com os filhos; acompanhar o desenvolvimento dos filhos; e apoiar o retorno ao trabalho de sua esposa ou companheira.

2.6. RENÚNCIA E TRANSAÇÃO

- Em razão do Princípio da Irrenunciabilidade e da Indisponibilidade que vigora no Direito do Trabalho, há restrição da autonomia da vontade, isto é, limita-se a possibilidade de negociação de direitos trabalhistas entre empregado e empregador. Ressalta-se que nesse tópico não será tratada a negociação coletiva (com participação do sindicato), pois nela há ampla possibilidade de transação, inclusive redução de direitos dos trabalhadores.
- Com a Reforma Trabalhista não poderão ser objeto de acordo ou convenção coletiva o disposto no art. 611-B da CLT[23].
- **Pandemia de coronavírus e legislação de exceção.** Ampliaram significativamente as hipóteses de negociação direta entre empregado e empregador sobre direitos trabalhistas ou de *jus variandi*.
- Ex.: alteração do regime presencial para teletrabalho, redução de salário e de jornada ou suspensão do contrato de trabalho, antecipação de férias etc.
- **Lei nº 14.437/2022.** Institucionaliza autorização genérica para a adoção de medidas trabalhistas de enfrentamento a momentos de crise, dentre elas: a redução proporcional da jornada de trabalho e do salário; e a suspensão temporária do contrato de trabalho. Ainda que reservada essa possibilidade aos períodos de reconhecida calamidade, temos sérias dúvidas quanto à constitucionalidade dessas normas, pois a Constituição Federal autoriza a redução salarial apenas por meio de convenção ou acordo coletivo de trabalho (art. 7º, VI).
- **Renúncia.** É um ato unilateral que recai sobre direito certo e atual, por exemplo, o empregado conquistou o direito de férias após um ano de trabalho e abriria mão (renunciaria) desse direito já conquistado, o

---

23 Ver também os comentários ao Tema 1.046 da Repercussão Geral do STF na parte de Direito Coletivo do Trabalho.

que não é válido no direito do trabalho (conforme previsto no art. 9º da CLT).

A) **Transferência do dirigente sindical:** se aceita pelo empregado, há perda do direito à estabilidade provisória;

B) **Audiência judicial:** diante das explicações do juiz, o empregado poderia renunciar a direitos já conquistados;

C) **Aviso prévio (Súmula 276 TST):** é possível a renúncia se encontrar novo emprego;

D) **Empregado "hipersuficiente" (art. 444, parágrafo único, CLT):** negociar com maior liberdade com seu empregador. Deve ter ensino superior completo e receber mais de 2 vezes o teto da Previdência Social.

- A **transação**, por sua vez, recai sobre direito duvidoso e requer um ato bilateral das partes, concessões recíprocas. Na transação há direitos disponíveis, cujos interesses são meramente particulares. Hipóteses:

A) **Comissão de Conciliação Prévia (art. 625-A da CLT):** é possível que o trabalhador, individualmente, transacione, diretamente com seu empregador, seus direitos trabalhistas. Se as partes aceitarem a conciliação realizada pela Comissão, o termo de conciliação terá eficácia liberatória geral.

B) **Homologação de acordo extrajudicial (art. 855-B a 855-E da CLT – Reforma Trabalhista):** na celebração do acordo extrajudicial, permite-se que as partes transacionem direitos trabalhistas. Ressalta-se que o controle do conteúdo firmado pelas partes será realizado na homologação pelo Juiz do Trabalho.

- **Quitação geral do contrato – PDV (Previsão em instrumento coletivo).** Em abril de 2015, o plenário do STF[24] adotou posição contrária à OJ nº 270 da SDI-I do TST ao decidir pela **validade da cláusula de quitação geral ampla e irrestrita das verbas trabalhistas** decorrentes do contrato de trabalho, desde que **previstas em acordo coletivo** e nos demais instrumentos assinados pelo empregado. Sustentou-se que a igualdade existente entre os entes coletivos (sindicato da categoria profissional e a empresa) possibilitaria a quitação geral das verbas trabalhistas no PDV.

- Com a Reforma Trabalhista, o PDV, para dispensa individual, plúrima ou coletiva, ensejará a quitação plena e irrevogável dos direitos da relação de emprego desde que previsto em convenção coletiva ou acordo coletivo de trabalho (art. 477-B da CLT). Trata-se de mais um artigo que enfatiza a força dos instrumentos coletivos de trabalho, pois a previsão em acordo ou convenção coletiva de trabalho pode levar à renúncia de direitos trabalhistas pelo empregado caso aceitem a adesão ao PDV.

- **Posicionamento doutrinário sobre transação.** De acordo com o professor Mauricio Godinho Delgado, para as normas de **indisponibilidade absoluta** não cabe transação individual por atingirem o patamar mínimo civilizatório, por exemplo, o direito à anotação da CTPS, ao salário mínimo, à incidência das normas de proteção à saúde e segurança do trabalhador[25]. As normas de **indisponibilidade relativa**, por sua vez, não atingem o patamar mínimo civilizatório, o interesse é meramente particular. Exemplo de possibilidade de transação individual: forma de pagamento do salário (salário fixo ou salário variável). As parcelas de indisponibilidade relativa não podem ser objeto de renúncia.

- **Tema nº 1.046 da Repercussão Geral do STF.** O STF, no julgamento ARE 1121633, oportunidade em que fixou a tese de que acordos e convenções coletivas de trabalho podem restringir direitos trabalhistas não constitucionalmente assegurados (Tema 1.046 da Repercussão Geral), adotou expressamente a tese de Mauricio Godinho Delgado no sentido de impossibilitar a transação sobre normas de indisponibilidade absoluta.

3. DIREITOS CONSTITUCIONAIS DOS TRABALHADORES

- Os direitos constitucionais dos trabalhadores estão previstos especialmente nos arts. 7º a 11 da CF/88. É imprescindível que o candidato faça a leitura prévia desses artigos antes de sua prova para o TST.

- Além disso, o candidato deve estar atento ao previsto no arts. 5º, I a VI, VIII a XVIII, XX, XXIII, XXIX, 6º, 37, II e 170, da CF/88 e 10, I e 19, do ADCT da CF/88.

- Optamos por incluir a transcrição dos artigos para facilitar os estudos:

Constituição Federal
Art. 5º Todos são iguais perante a lei, sem distinção de qualquer natureza, garantindo-se aos brasileiros e aos estrangeiros residentes no País a inviolabilidade do direito à vida, à liberdade, à igualdade, à segurança e à propriedade, nos termos seguintes: I – homens e mulheres são iguais em direitos e obrigações, nos termos desta Constituição; II – ninguém será obrigado a fazer ou deixar de fazer alguma coisa senão em virtude de lei; III – ninguém será submetido a tortura nem a tratamento desumano ou degradante; IV – é livre a manifestação do pensamento, sendo vedado o anonimato;

24 RE nº 590415/SC – Relator Min. Roberto Barroso – Data de julgamento: 30/04/2015.

25 DELGADO, Mauricio Godinho. *Curso do Direito do Trabalho*. 9. ed. São Paulo: LTr, 2010. p. 201.

Constituição Federal

V – é assegurado o direito de resposta, proporcional ao agravo, além da indenização por dano material, moral ou à imagem;

VI – é inviolável a liberdade de consciência e de crença, sendo assegurado o livre exercício dos cultos religiosos e garantida, na forma da lei, a proteção aos locais de culto e a suas liturgias;

(...)

VIII – ninguém será privado de direitos por motivo de crença religiosa ou de convicção filosófica ou política, salvo se as invocar para eximir-se de obrigação legal a todos imposta e recusar-se a cumprir prestação alternativa, fixada em lei;

IX – é livre a expressão da atividade intelectual, artística, científica e de comunicação, independentemente de censura ou licença;

X – são invioláveis a intimidade, a vida privada, a honra e a imagem das pessoas, assegurado o direito a indenização pelo dano material ou moral decorrente de sua violação;

XI – a casa é asilo inviolável do indivíduo, ninguém nela podendo penetrar sem consentimento do morador, salvo em caso de flagrante delito ou desastre, ou para prestar socorro, ou, durante o dia, por determinação judicial;

XII – é inviolável o sigilo da correspondência e das comunicações telegráficas, de dados e das comunicações telefônicas, salvo, no último caso, por ordem judicial, nas hipóteses e na forma que a lei estabelecer para fins de investigação criminal ou instrução processual penal;

XIII – é livre o exercício de qualquer trabalho, ofício ou profissão, atendidas as qualificações profissionais que a lei estabelecer;

XIV – é assegurado a todos o acesso à informação e resguardado o sigilo da fonte, quando necessário ao exercício profissional;

XV – é livre a locomoção no território nacional em tempo de paz, podendo qualquer pessoa, nos termos da lei, nele entrar, permanecer ou dele sair com seus bens;

XVI – todos podem reunir-se pacificamente, sem armas, em locais abertos ao público, independentemente de autorização, desde que não frustrem outra reunião anteriormente convocada para o mesmo local, sendo apenas exigido prévio aviso à autoridade competente;

XVII – é plena a liberdade de associação para fins lícitos, vedada a de caráter paramilitar;

XVIII – a criação de associações e, na forma da lei, a de cooperativas independem de autorização, sendo vedada a interferência estatal em seu funcionamento;

(...)

XX – ninguém poderá ser compelido a associar-se ou a permanecer associado;

(...)

XXIII – a propriedade atenderá a sua função social;

Constituição Federal

(...)

XXIX – a lei assegurará aos autores de inventos industriais privilégio temporário para sua utilização, bem como proteção às criações industriais, à propriedade das marcas, aos nomes de empresas e a outros signos distintivos, tendo em vista o interesse social e o desenvolvimento tecnológico e econômico do País;

(...)

Art. 6º São direitos sociais a educação, a saúde, a alimentação, o trabalho, a moradia, o transporte, o lazer, a segurança, a previdência social, a proteção à maternidade e à infância, a assistência aos desamparados, na forma desta Constituição.

Art. 7º São direitos dos trabalhadores urbanos e rurais, além de outros que visem à melhoria de sua condição social:

I – relação de emprego protegida contra despedida arbitrária ou sem justa causa, nos termos de lei complementar, que preverá indenização compensatória, dentre outros direitos;

II – seguro-desemprego, em caso de desemprego involuntário;

III – fundo de garantia do tempo de serviço;

IV – salário mínimo, fixado em lei, nacionalmente unificado, capaz de atender a suas necessidades vitais básicas e às de sua família com moradia, alimentação, educação, saúde, lazer, vestuário, higiene, transporte e previdência social, com reajustes periódicos que lhe preservem o poder aquisitivo, sendo vedada sua vinculação para qualquer fim;

V – piso salarial proporcional à extensão e à complexidade do trabalho;

VI – irredutibilidade do salário, salvo o disposto em convenção ou acordo coletivo;

VII – garantia de salário, nunca inferior ao mínimo, para os que percebem remuneração variável;

VIII – décimo terceiro salário com base na remuneração integral ou no valor da aposentadoria;

IX – remuneração do trabalho noturno superior à do diurno;

X – proteção do salário na forma da lei, constituindo crime sua retenção dolosa;

XI – participação nos lucros, ou resultados, desvinculada da remuneração, e, excepcionalmente, participação na gestão da empresa, conforme definido em lei;

XII – salário-família pago em razão do dependente do trabalhador de baixa renda nos termos da lei;

XIII – duração do trabalho normal não superior a oito horas diárias e quarenta e quatro semanais, facultada a compensação de horários e a redução da jornada, mediante acordo ou convenção coletiva de trabalho;

XIV – jornada de seis horas para o trabalho realizado em turnos ininterruptos de revezamento, salvo negociação coletiva;

Constituição Federal
XV – repouso semanal remunerado, preferencialmente aos domingos;
XVI – remuneração do serviço extraordinário superior, no mínimo, em cinqüenta por cento à do normal;
XVII – gozo de férias anuais remuneradas com, pelo menos, um terço a mais do que o salário normal;
XVIII – licença à gestante, sem prejuízo do emprego e do salário, com a duração de cento e vinte dias;
XIX – licença-paternidade, nos termos fixados em lei[26];
XX – proteção do mercado de trabalho da mulher, mediante incentivos específicos, nos termos da lei;
XXI – aviso prévio proporcional ao tempo de serviço, sendo no mínimo de trinta dias, nos termos da lei;
XXII – redução dos riscos inerentes ao trabalho, por meio de normas de saúde, higiene e segurança;
XXIII – adicional de remuneração para as atividades penosas, insalubres ou perigosas, na forma da lei;
XXIV – aposentadoria;
XXV – assistência gratuita aos filhos e dependentes desde o nascimento até 5 (cinco) anos de idade em creches e pré-escolas;
XXVI – reconhecimento das convenções e acordos coletivos de trabalho;
XXVII – proteção em face da automação, na forma da lei;
XXVIII – seguro contra acidentes de trabalho, a cargo do empregador, sem excluir a indenização a que este está obrigado, quando incorrer em dolo ou culpa;
XXIX – ação, quanto aos créditos resultantes das relações de trabalho, com prazo prescricional de cinco anos para os trabalhadores urbanos e rurais, até o limite de dois anos após a extinção do contrato de trabalho;
a) (Revogada).

Constituição Federal
b) (Revogada).
XXX – proibição de diferença de salários, de exercício de funções e de critério de admissão por motivo de sexo, idade, cor ou estado civil;
XXXI – proibição de qualquer discriminação no tocante a salário e critérios de admissão do trabalhador portador de deficiência;
XXXII – proibição de distinção entre trabalho manual, técnico e intelectual ou entre os profissionais respectivos;
XXXIII – proibição de trabalho noturno, perigoso ou insalubre a menores de dezoito e de qualquer trabalho a menores de dezesseis anos, salvo na condição de aprendiz, a partir de quatorze anos;
XXXIV – igualdade de direitos entre o trabalhador com vínculo empregatício permanente e o trabalhador avulso.
Parágrafo único. São assegurados à categoria dos trabalhadores domésticos os direitos previstos nos incisos IV, VI, VII, VIII, X, XIII, XV, XVI, XVII, XVIII, XIX, XXI, XXII, XXIV, XXVI, XXX, XXXI e XXXIII e, atendidas as condições estabelecidas em lei e observada a simplificação do cumprimento das obrigações tributárias, principais e acessórias, decorrentes da relação de trabalho e suas peculiaridades, os previstos nos incisos I, II, III, IX, XII, XXV e XXVIII, bem como a sua integração à previdência social.
Art. 8º É livre a associação profissional ou sindical, observado o seguinte:
I – a lei não poderá exigir autorização do Estado para a fundação de sindicato, ressalvado o registro no órgão competente, vedadas ao Poder Público a interferência e a intervenção na organização sindical;
II – é vedada a criação de mais de uma organização sindical, em qualquer grau, representativa de categoria profissional ou econômica, na mesma base territorial, que será definida pelos trabalhadores ou empregadores interessados, não podendo ser inferior à área de um Município;
III – ao sindicato cabe a defesa dos direitos e interesses coletivos ou individuais da categoria, inclusive em questões judiciais ou administrativas;
IV – a assembléia geral fixará a contribuição que, em se tratando de categoria profissional, será descontada em folha, para custeio do sistema confederativo da representação sindical respectiva, independentemente da contribuição prevista em lei;
V – ninguém será obrigado a filiar-se ou a manter-se filiado a sindicato;
VI – é obrigatória a participação dos sindicatos nas negociações coletivas de trabalho;
VII – o aposentado filiado tem direito a votar e ser votado nas organizações sindicais;
VIII – é vedada a dispensa do empregado sindicalizado a partir do registro da candidatura a cargo de direção ou representação sindical e, se eleito, ainda que suplente, até um ano após o final do mandato, salvo se cometer falta grave nos termos da lei.

---

26 Importante que o candidato saiba que o STF, por maioria, no julgamento da ADO 20, reconheceu a existência de omissão inconstitucional do Congresso Nacional na regulamentação da licença-paternidade prevista no art. 7º, XIX, da CF/1988, com fixação do prazo de dezoito meses para legislar a respeito da matéria, a contar da ata de publicação de julgamento (o que se deu em 18/12/2023). Ao final, não sobrevindo a lei regulamentadora no prazo estabelecido, caberá à própria Corte fixar o período da licença-paternidade. Na sequência, por unanimidade, foi fixada a seguinte tese de julgamento: "1. Existe omissão inconstitucional relativamente à edição da lei regulamentadora da licença-paternidade, prevista no art. 7º, XIX, da Constituição. 2. Fica estabelecido o prazo de 18 meses para o Congresso Nacional sanar a omissão apontada, contados da publicação da ata de julgamento. 3. Não sobrevindo a lei regulamentadora".

Constituição Federal
Parágrafo único. As disposições deste artigo aplicam-se à organização de sindicatos rurais e de colônias de pescadores, atendidas as condições que a lei estabelecer.
Art. 9º É assegurado o direito de greve, competindo aos trabalhadores decidir sobre a oportunidade de exercê-lo e sobre os interesses que devam por meio dele defender.
§ 1º A lei definirá os serviços ou atividades essenciais e disporá sobre o atendimento das necessidades inadiáveis da comunidade.
§ 2º Os abusos cometidos sujeitam os responsáveis às penas da lei.
Art. 10. É assegurada a participação dos trabalhadores e empregadores nos colegiados dos órgãos públicos em que seus interesses profissionais ou previdenciários sejam objeto de discussão e deliberação.
Art. 11. Nas empresas de mais de duzentos empregados, é assegurada a eleição de um representante destes com a finalidade exclusiva de promover-lhes o entendimento direto com os empregadores.
(...)
Art. 37. A administração pública direta e indireta de qualquer dos Poderes da União, dos Estados, do Distrito Federal e dos Municípios obedecerá aos princípios de legalidade, impessoalidade, moralidade, publicidade e eficiência e, também, ao seguinte:
(...)
II – a investidura em cargo ou emprego público depende de aprovação prévia em concurso público de provas ou de provas e títulos, de acordo com a natureza e a complexidade do cargo ou emprego, na forma prevista em lei, ressalvadas as nomeações para cargo em comissão declarado em lei de livre nomeação e exoneração;
Art. 170. A ordem econômica, fundada na valorização do trabalho humano e na livre iniciativa, tem por fim assegurar a todos existência digna, conforme os ditames da justiça social, observados os seguintes princípios:
I – soberania nacional;
II – propriedade privada;
III – função social da propriedade;
IV – livre concorrência;
V – defesa do consumidor;
VI – defesa do meio ambiente, inclusive mediante tratamento diferenciado conforme o impacto ambiental dos produtos e serviços e de seus processos de elaboração e prestação;
VII – redução das desigualdades regionais e sociais;
VIII – busca do pleno emprego;
IX – tratamento favorecido para as empresas de pequeno porte constituídas sob as leis brasileiras e que tenham sua sede e administração no País.

Constituição Federal
Parágrafo único. É assegurado a todos o livre exercício de qualquer atividade econômica, independentemente de autorização de órgãos públicos, salvo nos casos previstos em lei.
ADCT
Art. 10. Até que seja promulgada a lei complementar a que se refere o art. 7º, I, da Constituição:
I – fica limitada a proteção nele referida ao aumento, para quatro vezes, da porcentagem prevista no art. 6º, "caput" e § 1º, da Lei nº 5.107, de 13 de setembro de 1966;
II – fica vedada a dispensa arbitrária ou sem justa causa:
a) do empregado eleito para cargo de direção de comissões internas de prevenção de acidentes, desde o registro de sua candidatura até um ano após o final de seu mandato;
b) da empregada gestante, desde a confirmação da gravidez até cinco meses após o parto.
(...)
Art. 19. Os servidores públicos civis da União, dos Estados, do Distrito Federal e dos Municípios, da administração direta, autárquica e das fundações públicas, em exercício na data da promulgação da Constituição, há pelo menos cinco anos continuados, e que não tenham sido admitidos na forma regulada no art. 37, da Constituição, são considerados estáveis no serviço público.
§ 1º O tempo de serviço dos servidores referidos neste artigo será contado como título quando se submeterem a concurso para fins de efetivação, na forma da lei.
§ 2º O disposto neste artigo não se aplica aos ocupantes de cargos, funções e empregos de confiança ou em comissão, nem aos que a lei declare de livre exoneração, cujo tempo de serviço não será computado para os fins do "caput" deste artigo, exceto se se tratar de servidor.
§ 3º O disposto neste artigo não se aplica aos professores de nível superior, nos termos da lei.

4. SUJEITOS DO CONTRATO DE TRABALHO

4.1. EMPREGADO

- **Necessária distinção:**
  - **A) Relação de trabalho.** É gênero e trata de relação de trabalho de forma ampla;
  - **B) Relação de emprego.** É espécie do gênero relação de trabalho e possui como característica principal a presença de subordinação do empregado.
- **Importância de identificar o empregado.** A relação de emprego tem como principal característica a presença do empregado, parte mais fraca da relação jurídica. O Direito do Trabalho foi pensado e criado exatamente para proteger a figura desse trabalhador. Há necessidade, entretanto, de diferenciar o trabalhador em sentido amplo e o trabalhador com vínculo empregatício.

- A CLT e as demais normas trabalhistas são voltadas apenas à proteção dos direitos do empregado, ou seja, jornada de trabalho, FGTS, férias, descanso semanal remunerado, entre outros direitos, são direcionados aos empregados, por isso a importância de diferenciá-los dos trabalhadores autônomos, eventuais, estagiários etc. Veja o quadro a seguir, com os 4 requisitos para identificar o empregado:

PROTEÇÃO PREVISTA NA CF/88 E NA CLT

Princípios protetivos:
- Salário-mínimo
- Limitação da jornada (8 horas diárias)
- Intervalos
- Descanso semanal e férias
- Estabilidade
- Demais direitos trabalhistas

Empregado

Requisitos:
- Pessoa física (Pessoalidade)
- Não eventualidade
- Onerosidade
- Subordinação

**Importante diferenciá-lo dos demais trabalhadores, porque os direitos trabalhistas são direcionados ao empregado.*

1) **Pessoa física:** O empregado é pessoa física ou natural. A lei trabalhista foi criada para proteger o ser humano. Assim, excluem-se da figura do empregado a pessoa jurídica (empresa, associação, cooperativa etc.) e a prestação de serviços por animais.
   - **Pessoalidade:** O empregado é contratado em razão de suas qualidades pessoais (eficiência, lealdade, conhecimentos técnicos, moral etc.). Diante disso, não se pode fazer substituir por um terceiro.
2) **Não eventualidade:** Para configurar o vínculo empregatício, é necessário que o trabalho realizado não seja eventual, ocasional. O contrato de trabalho é de trato sucessivo, ou seja, há continuidade no tempo. Logo, haverá expectativa de que o empregado retorne ao local de trabalho. A não eventualidade na prestação de serviços não se confunde com trabalho realizado diariamente.
   - **Obs.: Continuidade:** não se confunde com habitualidade, pois o trabalho contínuo é aquele que não admite referido fracionamento, exigindo certa regularidade na prestação dos serviços.
   - **Trabalho contínuo na legislação do doméstico:** somente será configurado o trabalho doméstico quando realizado por período superior a 2 dias por semana (art. 1º, "caput", LC nº 150/2015).
3) **Onerosidade:** O contrato de trabalho é oneroso, como prevê o art. 3º da CLT: "mediante salário". Em regra, presume-se que a prestação de serviços é onerosa, pois de um lado o empregado assume a obrigação de prestar serviços; de outro, o empregador, a obrigação de pagar salário.
   - **Forma de pagamento de salário:** é irrelevante para a configuração da onerosidade. Portanto, o empregado pode receber o salário fixo, variável, por comissão e percentagem ou mesmo "in natura".
4) **Subordinação:** A característica mais importante da relação empregatícia é a subordinação ou, ainda, de acordo com o texto da CLT: "empregado trabalha sob a dependência do empregador". Se o empregador assume todos os riscos do empreendimento, ele terá o poder de organizar e dirigir a prestação de serviços.

Teorias da subordinação:

1. **Subordinação técnica:** a subordinação existe porque o empregador detém todo o conhecimento técnico dos meios de produção.
2. **Subordinação econômica:** essa teoria defende a subordinação em razão da dependência do salário para o empregado sobreviver.
3. **Subordinação jurídica:** é a tese aceita atualmente. A subordinação do empregado decorre de lei. Assim, quando aceita trabalhar para o empregador, consequentemente aceitará as regras e orientações dadas pelo empregador.

Mutações da subordinação:

- Conforme explica Mauricio Godinho Delgado, "a subordinação, como qualquer fenômeno social, tem sofrido ajustes e adequações ao longo dos dois últimos séculos, quer em decorrência de alterações na realidade do mundo do trabalho, quer em virtude de novas percepções aferidas pela Ciência do Direito acerca desse crucial elemento fático-jurídico da relação empregatícia"[27].

---

27 DELGADO, Mauricio Godinho. Curso de Direito do trabalho. 18. ed. São Paulo: LTr, 2018. p. 312.

- **Parassubordinação.** O conceito de **parassubordinação** é polêmico na doutrina, entendido como manifestação tênue da subordinação. Em que pese a divergência doutrinária a respeito do tema, a parassubordinação apresenta poucos efeitos práticos, uma vez que, no **ordenamento jurídico brasileiro**, haverá apenas a distinção entre o trabalho realizado sem nenhuma subordinação jurídica, como o contrato do trabalhador autônomo, e aquele desenvolvido com subordinação, configurando, portanto, o vínculo empregatício. A análise das relações de trabalho será realizada pelos fatos apresentados, o que permitirá concluir a presença ou não de subordinação.
- **Subordinação estrutural.** A subordinação estrutural ou integrativa consiste na inserção do trabalhador na dinâmica produtiva do tomador de serviços[28]. Assim, se o empregado executar serviços ligados à atividade-fim da empresa, mesmo sem receber ordens diretas do tomador, estará configurada a subordinação estrutural ou integrativa. Nesse caso, os terceirizados, embora não recebam ordens diretas do tomador, estariam participando diretamente da atividade econômica principal da empresa tomadora de serviços.
- **Subordinação reticular.** Reticular significa "efeito de rede", "em forma de rede". A subordinação reticular envolve estruturas empresariais complexas e a intermediação de mão de obra, em que as empresas em rede fragmentam a cadeia produtiva, tornando mais difícil identificar a verdadeira empregadora. Nesse processo de fragmentação da cadeia produtiva, a empresa prestadora de serviços é economicamente subordinada à empresa tomadora, devendo esta (empresa tomadora) ser reconhecida como verdadeira empregadora.
- **Subordinação por programação, algorítmica e por meios telemáticos e informatizados.** Com a inserção das tecnologias da informação e comunicação, da aplicação de algoritmos e da utilização de inteligência artificial nos processos produtivos, observa-se uma alteração na forma como o empregador dirige seu empreendimento. Ordens direitas e pessoalmente dadas, hoje, podem ser substituídas por direcionamentos automatizados, concebidos dentro desses meios informatizados, conduzindo a prestação de serviços do empregado. Nesse sentido, a 3ª Turma do TST, em acórdão que reconhece a existência de relação de emprego entre motorista de aplicativo e a empresa Uber, afirma que a "subordinação algorítmica, em vista de a empresa valer-se de um sistema sofisticado de arregimentação, gestão, supervisão, avaliação e controle de mão de obra intensiva, à base de ferramentas computadorizadas, internáuticas, eletrônicas, de inteligência artificial e hipersensíveis, aptas a arquitetarem e manterem um poder de controle empresarial minucioso sobre o modo de organização e de prestação dos serviços de transportes justificadores da existência e da lucratividade da empresa reclamada"[29].
  - **Obs.: Alteridade:** alguns autores destacam a **alteridade** como requisito do vínculo empregatício (Sergio Pinto Martins). A alteridade obriga que todos os riscos do empreendimento sejam suportados exclusivamente pelo empregador.

    Assim sendo, em momentos de crise financeira mundial, os prejuízos da empresa serão exclusivos do empregador, não se podendo dividi-los com os trabalhadores. O salário deve ser pago, portanto, tendo a empresa lucros ou prejuízos.

4.1.1. REQUISITOS NÃO ESSENCIAIS AO VÍNCULO DE EMPREGO

- **Exclusividade.** Não há, na CLT, exigência de que o empregado preste serviços com exclusividade. Não é requisito para configurar o vínculo empregatício que ele trabalhe para apenas um único empregador. Há possibilidade de vários contratos de trabalho, com empresas diversas, simultaneamente.
- **Exemplo**: empregado presta serviços na padaria, pela manhã. À tarde, é empregado da central de telemarketing. Nesse caso, a Carteira de Trabalho será assinada pelos dois empregadores, possuindo o empregado dois contratos de trabalho ao mesmo tempo.
- **Cláusula de não concorrência ("quarentena"):** Nesse caso, o empregado se comprometeria, após o término do contrato de trabalho, a não exercer a mesma atividade econômica do empregador durante um prazo determinado.
- Diante da livre pactuação das cláusulas contratuais, a jurisprudência trabalhista tende a aceitar a validade dessas cláusulas como decorrência do princípio da lealdade e boa-fé do trabalhador, desde que haja justo pagamento durante o período (TRT-2 – RO: 16201820125020 SP, Relator: Patricia Therezinha de Toledo, Data de Julgamento: 22/10/2013, 4ª Turma, Data de Publicação: 30/10/2013)
- **Local da prestação de serviços.** O local da prestação de serviços também é irrelevante para configurar o vínculo empregatício. Veja, por exemplo, o trabalhador que presta serviços em domicílio desenvolvendo programas de computador; nessa situação, se houver a presença dos requisitos da relação empregatícia (habitualidade, onerosidade e subordinação), será configurada a relação de emprego, com o pagamento de todos os direitos trabalhistas.
- **Profissionalidade:** a profissionalidade é outro elemento não essencial à caracterização da relação

---

28 DELGADO, Mauricio Godinho. Curso de Direito do trabalho. 14. ed. São Paulo: LTr, 2015. p. 314.

29 Processo: RR-100353-02.2017.5.01.0066. Relator: Min. Mauricio Godinho Delgado. Acórdão Publicado em 11/04/2022.

de emprego. Nesse sentido, será empregado tanto o trabalhador braçal como o alto executivo, artista, médico, advogado, desde que presentes os quatro requisitos do vínculo empregatício (pessoa física, habitualidade, onerosidade e subordinação).

Presentes os requisitos do vínculo de emprego, portanto, estará configurada a relação de emprego, não se tratando de opção do empregado, tendo em vista se tratar de norma de natureza cogente.

- **Experiência prévia (art. 442-A da CLT).** A CLT foi alterada para incentivar o ingresso de novos profissionais no mercado de trabalho. Como forma de proporcionar que trabalhadores, ainda sem experiência, possam ocupar novos postos de trabalho, o empregador está proibido de exigir do candidato comprovação de experiência prévia por tempo superior a 6 meses.

4.1.2. TRABALHO EM DOMICÍLIO E TELETRABALHO (OU TRABALHO REMOTO)

- **Trabalho em domicílio.** O empregado em domicílio não se confunde com doméstico. Ele presta serviços na sua própria residência, nas mais diferentes funções, e possui todos os direitos trabalhistas previstos na CLT. Lembre-se de que o local da prestação de serviços também é irrelevante para configurar o vínculo empregatício. Portanto, desde que presentes os requisitos da relação empregatícia (pessoalidade, habitualidade, onerosidade e subordinação), será configurada a relação de emprego do trabalhador em domicílio.
- **Teletrabalho.** A CLT foi alterada em 2011, para prever o teletrabalho, ou seja, o trabalho executado à distância. Nesse caso, se as ordens são passadas pelo celular ou *e-mail* (meios telemáticos), configuram-se a subordinação e, consequentemente, o vínculo empregatício:

  > **Art. 6º, CLT:** Não se distingue entre o trabalho realizado no estabelecimento do empregador, o executado no domicílio do empregado e o realizado a distância, desde que estejam caracterizados os pressupostos da relação de emprego.

- **Teletrabalho e a Reforma Trabalhista.** A Lei nº 13.467/2017 regulamentou o tema em seu título II, capítulo II-A (arts. 75-A a 75-E) e definiu o teletrabalho como a prestação de serviços preponderantemente fora das dependências do empregador. De acordo com a regulamentação trazida pela Reforma, o teletrabalhador não estaria sujeito às regras de duração do trabalho, ou seja, não teria direito a horas extras, pagamento de adicional noturno e intervalos, nos termos do art. 62, III, da CLT. Ademais, o acordo ou convenção coletiva que dispuser sobre o teletrabalho terá prevalência sobre o disposto na legislação trabalhista (art. 611-A, VIII da CLT).
- **Contrato solene.** Para a contratação de empregado na modalidade de teletrabalho, a legislação exige solenidade, pois a condição de teletrabalhador deve constar expressamente do contrato individual de trabalho. Havia expressa exigência de que o empregador especificasse detalhadamente as atividades que o empregado deveria exercer.
- Com as alterações promovidas pela Lei nº 14.442, de 2022, detalhadas no tópico abaixo, não há mais a expressa necessidade de que o empregador especifique detalhadamente as atividades que o empregado deve exercer no contrato (ou aditivo) solene de teletrabalho.
- **Alteração de trabalho presencial para teletrabalho.** A Reforma Trabalhista permite que o empregado passe a trabalhar na condição de teletrabalhador desde que haja:
  a) Mútuo acordo entre as partes;
  b) Acordo escrito em aditivo contratual.
- **Alteração de teletrabalho para trabalho presencial.** Também é possível a alteração do regime de teletrabalho para o presencial. Todavia, nesse caso, a alteração se dá por determinação do empregador, sendo necessário o preenchimento dos seguintes requisitos:
  a) Prazo de transição mínimo de 15 dias;
  b) Aditivo contratual.
- **Responsabilidade pela aquisição, manutenção ou fornecimento dos equipamentos.** Nos termos do art. 75-D à CLT, a responsabilidade pela aquisição, manutenção ou fornecimento dos equipamentos tecnológicos e da infraestrutura necessária e adequada à prestação do trabalho remoto, além do reembolso de despesas arcadas pelo trabalhador, poderá ser regulada por acordo escrito entre empregado e empregador.
- **Meio ambiente do trabalho.** O empregador deverá instruir os empregados, de maneira expressa e ostensiva, quanto às precauções a tomar a fim de evitar doenças e acidentes de trabalho, e o empregado deverá assinar termo de responsabilidade comprometendo-se a seguir as instruções fornecidas pelo empregador (art. 75-E, CLT).

4.1.2.1. NOVA REGULAMENTAÇÃO DO TELETRABALHO DADA PELA LEI Nº 14.442/2022

- **Lei nº 14.442/2022.** Dispõe sobre o pagamento de auxílio-alimentação e altera estruturalmente as regras relativas ao teletrabalho.
- **Novo conceito.** "Teletrabalho" ou "trabalho remoto" é a prestação de serviços fora das dependências do empregador, **de maneira preponderante <u>ou não</u>**, com a utilização de tecnologias de informação e de comunicação, que, por sua natureza, não se configure como trabalho externo (art. 75-B, da CLT, com redação dada pela Lei nº 14.442/2022).
- Ressalta-se, ainda, que o comparecimento do empregado às dependências da empresa, ainda que de modo habitual, **não descaracteriza o regime** de teletrabalho.

- **Controle de jornada.** A Lei nº 14.442/2022 criou duas modalidades de teletrabalho:
  1) **Teletrabalho por jornada:** nesse caso, com duração de 8h nos moldes tradicionais (intervalos, horas extras etc.); e
  2) **Teletrabalho por produção e tarefa (novidade).**
- Somente o teletrabalho por produção ou tarefa está excluído do controle de jornada, não havendo, portanto, limitação da jornada em 8 horas diária ou 44 horas semanais, intervalos intra e interjornada, nem horas extras ou adicional noturno:

> **Art. 62 da CLT (Redação dada pela Lei nº 14.442, de 2022):** Não são abrangidos pelo regime previsto neste capítulo: (...)
>
> III - os empregados em regime de teletrabalho que prestam serviço por produção ou tarefa.

- **Operador de telemarketing.** Não se enquadra ao regime de teletrabalho a ocupação de operador de telemarketing.
- **Tempo à disposição.** O uso dos equipamentos tecnológicos e de infraestrutura utilizados para o teletrabalho, fora da jornada de trabalho normal do empregado, não constitui tempo à disposição, regime de prontidão ou de sobreaviso, exceto se houver previsão em acordo individual ou em acordo ou convenção coletiva de trabalho.
- **Aprendizes e estagiários.** Agora há autorização para que aprendizes e estagiários trabalhem em regime de teletrabalho.
- **Necessidade de controle de jornada.** Como há regras específicas sobre a jornada de trabalho dos aprendizes e estagiários, entendemos que esses trabalhadores não poderão ser excluídos da duração do trabalho (teletrabalho por produção ou tarefa).
- **Aplicação territorial da lei e das normas coletivas.** Aplicam-se ao empregado em teletrabalho as regras locais e as convenções e acordos coletivos de trabalho relativas à base territorial do estabelecimento do empregado.
- **Trabalhador contratado no Brasil que opta por prestar serviços fora do país.** Aplica-se a legislação brasileira, salvo disposição em contrário estipulada entre as partes.
- Não se aplica para a situação de trabalhadores contratados no Brasil ou transferidos por seus empregadores para prestar serviço no exterior (Lei nº 7.064/82).
- **Horários e os meios de comunicação entre empregado e empregador.** Poderão ser regulados por acordo individual, desde que assegurados os repousos legais.
- **Prioridade de vagas.** Empresas deverão priorizar as vagas de teletrabalho aos empregados com deficiência e empregados e empregadas com filhos ou criança sob guarda judicial até quatro anos de idade.

4.1.3. EMPREGADO HIPERSUFICIENTE

- **Empregado "hipersuficiente".** Com a Reforma Trabalhista, criou-se a figura do empregado "hipersuficiente", permitindo a estipulação contratual entre este e o empregador com maior liberdade, nas hipóteses do art. 611-A da CLT.

> **Art. 444 da CLT (Alterado pela Reforma Trabalhista):** *As relações contratuais de trabalho podem ser objeto de livre estipulação das partes interessadas em tudo quanto não contravenha às disposições de proteção ao trabalho, aos contratos coletivos que lhes sejam aplicáveis e às decisões das autoridades competentes.*
>
> *Parágrafo único. A livre estipulação a que se refere o caput deste artigo aplica-se às hipóteses previstas no art. 611-A desta Consolidação, com a mesma eficácia legal e preponderância sobre os instrumentos coletivos, no caso de empregado* ***portador de diploma de nível superior e que perceba salário mensal igual ou superior a duas vezes o limite máximo dos benefícios do Regime Geral de Previdência Social.*** *(grifo nosso)*

- Ao contrário dos demais trabalhadores que necessitam de seus sindicatos para negociar as hipóteses de prevalência do negociado sobre o legislado, esses empregados podem negociar individualmente com seus empregadores. As cláusulas negociadas terão a mesma eficácia e a mesma preponderância dos instrumentos coletivos. Para a caracterização do empregado "hipersuficiente", é necessário o preenchimento de dois requisitos:

a) **Nível de escolaridade:** empregado deve ser portador de diploma de nível superior. Portanto, os empregados com menor grau de escolaridade não tem direito a negociar as cláusulas contratuais com seu empregador, que serão realizadas pelo sindicato de sua categoria;

b) **Valor do salário:** empregado deve receber salário superior a duas vezes o limite máximo dos benefícios do Regime Geral de Previdência Social.

- **Arbitragem nas relações de trabalho:** a arbitragem era prevista tão somente para os conflitos coletivos. No entanto, o art. 507-A da CLT, introduzido pela Lei nº 13.467/2017, passa a admitir a arbitragem para os empregados que possuem remuneração superior a duas vezes o limite máximo estabelecido para os benefícios do Regime Geral de Previdência Social.

  Obs.: Nesse caso, não se exige que o empregado tenha escolaridade de nível superior.

4.2. CARTEIRA DE TRABALHO E PREVIDÊNCIA SOCIAL

- **Documento obrigatório.** Não há formalidade específica para contratar o empregado, pois o contrato de trabalho poderá ser celebrado, inclusive, de forma verbal. Há, entretanto, exigência de um documento obrigatório do empregado, chamado de Carteira de Trabalho e Previdência Social – CTPS. Esse documento é utilizado para identificação do empregado. A falta de anotação da CTPS não afasta o vínculo empregatício, mas possibilita que a empresa seja autuada pela fiscalização.

- **Lei nº 13.874/2018 (Estatuto da Liberdade Econômico).** No dia 20/09/2019, foi promulgada a Lei nº 13.874, em decorrência da conversão em lei da MP nº 881/2019, que instituiu a Declaração de Direitos de Liberdade Econômico. Essa legislação modificou alguns dispositivos da CLT, inclusive sobre as normas referentes à CTPS.
- **Carteira de Trabalho Digital.** De acordo com a atual redação do art. 14 da CLT, a Carteira de Trabalho será emitida preferencialmente em meio eletrônico. Ademais, os procedimentos referentes à emissão da CTPS serão estabelecidos pelo Ministério do Trabalho e Emprego em regulamento próprio.
- **Registros informatizados e anotações.** Os registros eletrônicos gerados pelo empregador nos sistemas informatizados da CTPS em meio digital equivalem às anotações na CTPS. O registro informatizado deve ser utilizado também para anotação das férias, nos termos do art. 135, § 3º da CLT.
- **Identificação do empregado.** A Lei de Liberdade Econômica previu, também, que a CTPS terá como identificação única do empregado o número de inscrição no Cadastro de Pessoas Físicas (CPF). A comunicação pelo trabalhador do número de inscrição no CPF ao empregador equivale à apresentação da CTPS em meio digital, dispensado o empregador da emissão de recibo.
- **Apresentação da CTPS.** Basta a comunicação pelo trabalhador do número do CPF, dispensado o empregador da emissão de recibo (art. 29, § 6º, da CLT).
- **Prazo de anotação da CTPS.** Antes da Lei nº 13.874/2019, o empregado deveria anotar a CTPS do empregado em até 48 horas sob pena de pagamento de multa. O Estatuto da Liberdade Econômica ampliou o prazo de anotação para 5 dias úteis. Além disso, a lei estabelece que o trabalhador deverá ter acesso às informações de sua CTPS no prazo de até 48 horas a partir de sua anotação.
- **Lei nº 14.438, de 24 de agosto de 2022.** Incluiu os arts. 29-A e 29-B à CLT, fixando valores de multa aos empregadores que não procederem com a anotação adequada da CTPS de seus empregados:
  - **a)** Multa de R$ 3000,00 ao empregador que não especificar o salário, qualquer que seja sua forma de pagamento, seja ele em dinheiro ou em utilidades, bem como a estimativa da gorjeta, conforme determinado no art. 29, caput e § 1º, da CLT (a multa será de R$ 800,00 no caso de microempresa ou de empresa de pequeno porte); e
  - **b)** Multa de R$ 600,00 pelo descumprimento de prazo das anotações especificadas no art. 29, § 2º, da CLT
- **Quando o trabalhador deverá ter acesso às anotações?** Em até 48 horas a partir de sua anotação (art. 29, § 8º, CLT).
- **Valor das anotações da CTPS.** A atual redação do art. 40 da CLT retirou duas hipóteses que a CTPS serve como prova:
  - **a)** Deixa de ser documento hábil a ser apresentado em atos em que sejam exigidas carteiras de identidade. Modificação, pois será emitida em meio eletrônico.
  - **b)** Deixa de ser documento capaz de provar a dependência perante a Previdência Social.
- Permanece como meio de prova para:
  - **a)** Comprovação de salário, gozo de férias ou tempo de serviço nas reclamações trabalhistas; e
  - **b)** Para o cálculo de indenização por acidente de trabalho ou moléstia profissional.
- **Anotações desabonadoras.** É proibido ao empregador efetuar anotações desabonadoras à conduta do empregado. Exemplo: empregado que é dispensado por justa causa, com suspeita de furto na empresa ou, ainda, o empregado que falta ao trabalho injustificadamente. O empregador, mesmo diante dessas condutas, não poderá descrevê-las na CTPS do empregado.
- **Imprescritibilidade das anotações na CTPS e retificação do PPP.** Na anotação da CTPS, para fins de comprovação perante o INSS, não se aplica o prazo previsto da Constituição Federal, ou seja, o prazo de 2 anos a partir do término do contrato de trabalho. Esse direito é imprescritível, conforme previsto no art. 11, § 1º, da CLT. Ainda, conforme jurisprudência sólida do TST, também é imprescritível o pedido de retificação do Perfil Profissiográfico Previdenciário (PPP) para fins de prova junto à Previdência Social, aplicando-se a regra do art. 11, § 1º, da CLT[30].

4.2.1. REGISTRO DE EMPREGADOS

- **Registro de empregados.** Diferentemente da CTPS, que é documento pessoal do trabalhador, o empregador é obrigado a efetuar o registro de seus empregados em livros, fichas ou sistemas eletrônicos, o que corresponde a documento interno da empresa (próprio do empregador). A falta desse registro possibilita a aplicação de multa pela fiscalização do trabalho.
- **Valor da multa por ausência de registro.** Com a Reforma Trabalhista, caso não haja o registro, o valor da multa será de R$ 3.000,00 por empregado não registrado, acrescido de igual valor em caso de reincidência (art. 47 da CLT, alterado pela Reforma Trabalhista). Tra-

30 Ag-AIRR-100364-42.2018.5.01.0342, 3ª Turma, Relator Ministro Alexandre de Souza Agra Belmonte, DEJT 19/11/2021.

tando-se de microempresa ou empresa de pequeno porte, a multa será de R$ 800,00.

- **Valor da multa por informações incompletas no registro de empregados:** Com a Lei nº 13.467/2017, a multa será de R$ 600,00 por empregado (art. 47-A da CLT).
- **Reajuste da multa.** É importante destacar que a nova redação do art. 634, § 2º da CLT dada pela Reforma Trabalhista assegura o reajuste no valor das multas estabelecidas em moeda corrente de acordo com a Taxa Referencial (TR) divulga pelo Banco Central:

> **Art. 634, § 2º da CLT** *(Redação dada pela Lei de Reforma Trabalhista): Os valores das multas administrativas expressos em moeda corrente serão reajustados anualmente pela Taxa Referencial divulgada pelo Banco Central do Brasil, ou pelo índice que vier a substituí-lo.*

- Tendo em vista que a Taxa Referencial não repõe o valor da inflação anual, os valores previstos às multas trabalhistas perderão valor real com o passar dos anos e passarão a ter cada vez menos impacto no caso de descumprimento pelo empregador.

4.3. EXIGÊNCIA DE ANTECEDENTES CRIMINAIS

- **Tema nº 1 em Incidente de Recurso de Revista Repetitivo do TST:** "A exigência de apresentação de certidão de antecedentes criminais pelos candidatos ao emprego gera dano moral?".
- **Tese firmada:** não é possível exigir antecedentes quando:
  1) Configurar tratamento discriminatório
  2) não se justificar em razão de previsão de lei, natureza do ofício ou do grau especial de fidúcia existente na relação de emprego
- **Direito a indenização por danos morais:** nesse caso, o TST decidiu que o trabalhador tem direito a danos morais, independentemente se o trabalhador foi ou não contratado pela empresa.
- **Exceções que permitem a exigência de antecedentes:**
  1) **Se existir previsão em lei.** Ex.: vigilante (art. 12 da Lei nº 7.102/1983)
  2) **Se a natureza do ofício desenvolvido exigir.** Ex.: transporte de valores;
  3) **Se houver grau especial de fidúcia** (confiança entre as partes). Ex.: empregada doméstica, babá, etc.

4.4. EMPREGADO RURAL (LEI Nº 5.889/73)

- **Direitos equiparados.** Inicialmente, o empregado rural não possuía os mesmos direitos dos empregados urbanos. Com a promulgação da Constituição Federal de 1988, ocorreu a equiparação de direitos entre empregados urbanos e rurais.
- **Reforma Trabalhista:** não modificou nenhum dispositivo da Lei do Rural – Lei nº 5.889/1973. Entretanto, haverá impactos indiretos da Lei nº 13.467/2017 à regulamentação dos direitos dos empregados rurais, pois a CLT tem aplicação naquilo em que não colidir com a legislação específica.
- **Identificação do emprego rural:** O ponto essencial para identificar o trabalhador rural é prestar serviços ao empregador rural.
- **Empregador rural:** De acordo com a lei, é a pessoa física ou jurídica que explore a atividade agroeconômica. Assim sendo, mesmo que o prédio esteja localizado em área urbana, se a sua destinação envolver exploração agrícola ou pecuária, o empregado será rural.
- **Prescrição para o empregado rural.** Houve alteração do art. 7º, XXIX, da CF/88, e o prazo prescricional do trabalhador rural passou a ser o mesmo do urbano: 2 anos para ingressar com a ação judicial, após a extinção do contrato, com possibilidade de pleitear os direitos trabalhistas dos últimos 5 anos, a contar da propositura da ação.

A redação do art. 11 da CLT foi alterada pela Reforma Trabalhista para se adequar à Constituição Federal:

> ***Art. 11 da CLT (com redação dada pela Reforma Trabalhista):*** *A pretensão quanto a créditos resultantes das relações de trabalho prescreve em cinco anos para os trabalhadores urbanos e rurais, até o limite de dois anos após a extinção do contrato de trabalho.*

- Em outubro de 2015, foi incluída na atividade econômica prevista no caput do art. 3º – que conceitua empregador rural – a exploração do turismo rural acessório à exploração agroeconômica (art. 3º, § 1º da Lei nº 5.889/73).

4.4.1. PECULIARIDADES DOS EMPREGADOS RURAIS

- **Aviso-prévio.** O aviso-prévio é dado pela parte (empregado ou empregador) que decidir pôr fim à relação empregatícia. Se a iniciativa partir do empregador, a legislação trabalhista prevê a redução da jornada de trabalho, como forma de proporcionar ao trabalhador a busca por um outro emprego. O empregado rural notificado da dispensa sem justa causa tem direito à redução de 1 dia por semana para buscar novo emprego, sem prejuízo da sua remuneração.
- **Intervalo intrajornada.** O intervalo concedido ao empregado rural para descanso e refeição, na jornada superior a 6 horas, será de acordo com os usos e costumes da região. Cabe frisar, entretanto, que o TST tem se posicionado no sentido de que o empregado rural que tenha jornada superior a 6 horas diárias possui o direito ao **intervalo de, no mínimo, 1 hora**. Caso não seja concedido esse intervalo mínimo, haverá o pagamento de horas extras, com base no art. 71, § 4º, da CLT. Com a Reforma Trabalhista, há alteração na natureza jurídica da parcela devida na hipótese de supressão ou redução do intervalo intrajornada, que será inde-

nizatória, não refletindo nas demais verbas trabalhistas. Além disso, somente será devido o período suprimido do intervalo.

- **Serviços intermitentes:** Outra particularidade diz respeito aos serviços intermitentes, em que há possibilidade de intervalos mais longos, como dos empregados que trabalham com gado leiteiro, que saem de madrugada para a primeira ordenha e voltam apenas no fim da tarde para a segunda. Esses intervalos de, no mínimo, 5 horas (art. 91, parágrafo único, Decreto 10.854/2021), não são computados na jornada de trabalho do empregado rural, mas devem estar expressamente ressalvados na CTPS do rural.
- **Trabalho noturno.** O ser humano não possui hábitos noturnos. Assim sendo, o trabalho noturno deve conter aspectos mais protetivos e possuir remuneração superior à do diurno. O horário noturno será de acordo com a atividade desenvolvida: a) na pecuária inicia-se às 20 horas e termina às 4 horas; b) na agricultura, a jornada será das 21 horas às 5 horas. A hora noturna rural, ao contrário do que acontece com o trabalhador urbano, não é reduzida, ou seja, a hora terá duração de 60 minutos. Durante a jornada noturna há necessidade de pagamento de adicional noturno de, no mínimo, 25% a mais que a hora diurna.
- **Salário-utilidade ou salário *in natura*.** O salário poderá ser pago em dinheiro ou, ainda, em utilidades, como alimentação e moradia. Essa forma de pagamento é chamada de salário *in natura* ou utilidades. Há possibilidade de desconto do salário mínimo para o pagamento das utilidades, respeitando os seguintes percentuais: a) até 20%, moradia; b) até 25%, pelo fornecimento de alimentação sadia e farta, atendidos os preços vigentes na região. Para esses descontos, há necessidade de prévia autorização do empregado rural; sem tal autorização, essas deduções serão nulas de pleno direito.

4.4.2. CONTRATO TEMPORÁRIO RURAL (ART. 14-A DA LEI Nº 5.889/73)

- **Quem pode contratar?** Houve alteração na lei para disciplinar a contratação por pequeno prazo do trabalhador rural, na tentativa de formalizar as contratações dos "diaristas do campo". Apenas o empregador pessoa física poderá contratar sob essa modalidade, o que exclui as empresas rurais, cooperativas e demais pessoas jurídicas.
- **Contrato por prazo determinado.** Esse contrato será por prazo determinado, com duração máxima de 2 meses dentro do período de um ano. Veja que esse contrato possibilita vários períodos descontínuos.
- **CTPS opcional.** O empregador rural é obrigado a recolher as contribuições previdenciárias e efetuar os depósitos do FGTS – Fundo de Garantia do Tempo de Serviço. Ademais, deverá anotar na CTPS – Carteira de Trabalho e Previdência Social – ou poderá fazer contrato escrito com o trabalhador rural.
- **Direitos trabalhistas.** O trabalhador rural contratado por curto período terá direito à remuneração equivalente à do trabalhador rural permanente, e todos os demais direitos de natureza trabalhista, relativos ao contrato por prazo determinado. Essas parcelas serão calculadas dia a dia e pagas diretamente ao trabalhador.
- **Para a semana antes da prova** segue o quadro de resumo sobre empregado rural:

EMPREGADO RURAL (Lei nº 5.889/73)	
Empregado rural	equiparação de direitos como os urbanos (art. 7º, CF/88).
	identificação: trabalha para empregador rural.
	prescrição: mesmo período dos trabalhadores urbanos (2 anos para ingressar na justiça/pedido dos últimos 5 anos).
Peculiaridades do trabalhador rural	aviso-prévio: redução de 1 dia por semana (iniciativa do empregador).
	intervalo: de acordo com usos e costumes da região.
	trabalho noturno (hora de 60 min): • pecuária 20 h às 4 h. • agricultura 21 h às 5 h. • adicional noturno: 25%.
	salário-utilidade (desconto sobre salário mínimo): • 20% moradia. • 25% alimentação. • prévia autorização.
Contrato temporário rural (art. 14-A, Lei Rural)	empregador: pessoa física.
	duração: 2 meses dentro do período de 1 ano.
	recolher FGTS e contribuições previdenciárias.
	mesmos direitos dos demais empregados permanentes.

4.5. TRABALHO DOMÉSTICO

- O Brasil deu um importante passo rumo à efetivação dos direitos fundamentais trabalhistas, reconhecendo direitos básicos do empregado doméstico via EC-72 – 2013.
- Em junho de 2015, foi promulgada a **Lei Complementar nº 150/2015**, que passou a regulamentar o trabalho doméstico a partir dos novos direitos assegurados pela EC nº 72/2013 e trouxe diversas mudanças na disciplina dessa relação de emprego.

  Obs.: não houve equiparação de direitos do doméstico em relação ao empregado urbano e rural, pois alguns direitos ainda não foram estendidos aos empregados domésticos.

- **Aplicação subsidiária da CLT à relação de emprego doméstico:** o art. 19 da nova Lei inovou ao prever a aplicação subsidiária da CLT à relação de emprego doméstico, respeitadas as peculiaridades inerentes a esses contratos.
- **Reforma Trabalhista:** não modificou nenhum dispositivo da Lei dos Domésticos – LC nº 150/2015. Entretanto, haverá impactos indiretos da Lei nº 13.467/2017 à regulamentação dos direitos dos empregados domésticos em razão dessa aplicação subsidiária da CLT.
- **Requisitos específicos para identificar o empregado doméstico permanecem intactos, mesmo após a alteração constitucional (EC/72-2013).** O empregado doméstico tem os 4 requisitos "clássicos" para configurar o vínculo empregatício (pessoa física, onerosidade, subordinação e *continuidade*). Entretanto, para esse trabalhador há duas particularidades que o candidato deve sempre lembrar:

  1) **Finalidade não lucrativa.** É vedado que o empregado doméstico esteja inserido em uma atividade lucrativa da família, ou seja, não poderá prestar serviços a terceiros, mas apenas à família.

  2) **Trabalho contínuo.** O art. 1º, *caput*, da recém-promulgada LC nº 150/2015 estabelece que será configurado o trabalho doméstico quando realizado por período **superior a 2 dias.** Em razão dessa previsão, entendemos pela impossibilidade de contratação de empregado doméstico em trabalho intermitente, modalidade de contrato de trabalho criada pela Reforma Trabalhista. O trabalho intermitente é caracterizado pela alternância entre períodos de prestação de serviços e períodos de inatividade. Tendo em vista que a legislação do doméstico exige que o trabalhador trabalhe mais de 2 dias na semana, não será possível a contratação em regime de trabalho intermitente.

- Assim, não há dúvidas de que, se os serviços forem prestados em 1 ou 2 dias por semana, ficará configurada a "faxineira" ou a "diarista", que representam trabalhadoras autônomas, sem direitos trabalhistas.
- **Idade mínima para o trabalho doméstico:** era também um importante ponto, alvo de discussão pela doutrina. Parte da doutrina defendia a idade mínima de 16 anos, em razão de o art. 7º da CF possibilitar o trabalho a partir dessa idade. Outros entendiam que, devido à limitação de 18 anos prevista na Convenção nº 182 da OIT, era esse posicionamento que deveria prevalecer.
- **LC nº 150/2015:** a questão foi completamente pacificada. A idade mínima para contratação de trabalhadores domésticos é 18 anos.
- Na tentativa de tornar mais didática essa nova matéria ligada ao empregado doméstico, vamos dividir o tema em **5 partes.** Isso tornará mais fácil a memorização para seu concurso público:

1. direitos clássicos previstos na CF e na Lei dos Domésticos antes da EC-72/2013;
2. novos direitos incluídos com a EC-72/2013, com aplicação imediata;
3. novos direitos concedidos, que agora são aplicados em razão da regulamentação efetuada pela Lei Complementar nº 150/2015;
4. direitos não estendidos aos domésticos;
5. discussão a respeito do instituto da prescrição; no entanto, com a LC nº 150/2015, a matéria está regulamentada.

1. Direitos clássicos previstos anteriormente à EC/72-2013, ou seja, eram assegurados desde a promulgação da Constituição Federal ocorrida em 05.10.1988:
a) Salário mínimo;
b) Irredutibilidade do salário;
c) Décimo terceiro salário;
d) Repouso semanal remunerado (regulamentado pela LC nº 150/2015);
e) Férias acrescidas de 1/3 a mais da remuneração (regulamentado pela LC nº 150/2015);
f) Licença-gestante de 120 dias (regulamentado pela LC nº 150/2015);
g) Licença-paternidade (5 dias);
h) Aviso-prévio (regulamentado pela LC nº 150/2015);
i) Aposentadoria.
2. Direitos, com eficácia IMEDIATA do empregado doméstico previstos no art. 7º, parágrafo único, da CF/88:
A partir de 03.04.2013, já estão assegurados aos empregados domésticos os direitos a seguir:
a) jornada de trabalho de até 8 horas diárias e 44 horas semanais (regulamentado pela LC nº 150/2015);
b) horas extras remuneradas com adicional mínimo de 50% (regulamentado pela LC nº 150/2015);
c) garantia de salário mínimo para os que recebem salário variável;
d) proteção legal ao salário;
e) redução dos riscos inerentes ao trabalho por meio de normas de higiene, saúde e segurança;
f) reconhecimento das convenções e dos acordos coletivos de trabalho;
g) proibição de diferença de salários, de exercício de funções e de critérios de admissão por motivo de sexo, idade, cor ou estado civil;
h) proibição de discriminação no tocante a salário e critérios de admissão de portadores de deficiência[31];
i) proibição de trabalho noturno, insalubre e perigoso à pessoa com menos de 18 anos e de qualquer trabalho com menos de 16 anos (regulamentado pela LC nº 150/2015).

31 Com a promulgação da Lei nº 13.146/2015 (Estatuto da Pessoa com Deficiência) e sua entrada em vigor em janeiro de 2016, verificou-se mudança na terminologia adotada, uma vez que os termos "pessoa portadora de deficiência" e "pessoa com necessidades especiais" foram substituídos pelo termo mais apropriado, "pessoa com deficiência".

3. Outros direitos concedidos aos domésticos pela EC/72-2013, que, agora, se encontram em vigor em razão da regulamentação da LC nº 150/2015. São eles:

a) proteção da relação de emprego contra a dispensa arbitrária ou sem justa causa;

b) seguro-desemprego em caso de desemprego involuntário (regulamentado pela LC nº 150/2015);

c) obrigatoriedade do Fundo de Garantia do Tempo de Serviço (FGTS) (regulamentado pela LC nº 150/2015);

d) remuneração do trabalho noturno superior à do diurno (regulamentado pela LC nº 150/2015);

e) salário-família;

f) assistência gratuita aos filhos e dependentes até 5 anos de idade em creches e pré-escolas;

g) seguro contra acidentes do trabalho a cargo do empregador, sem excluir a indenização a que este está obrigado, quando incorrer em dolo ou culpa.

4. Alguns direitos constitucionalmente assegurados aos trabalhadores em geral não foram estendidos à categoria dos empregados domésticos. São eles:

a) piso salarial proporcional à extensão e à complexidade do trabalho;

b) participação nos lucros ou resultados (já que a sua atividade não tem fim lucrativo);

d) proteção do mercado de trabalho da mulher mediante incentivos específicos nos termos da lei;

e) adicional de insalubridade, penosidade e periculosidade;

f) proteção em face da automação, na forma da lei;

g) proibição de distinção entre o trabalho manual, técnico e intelectual ou entre os profissionais respectivos.

5. Existia a discussão sobre a aplicação do direito a seguir. No entanto, a LC nº 150/2015 regulamentou a prescrição aplicável aos empregados domésticos:

a) **PRESCRIÇÃO**: "ação quanto aos créditos resultantes das relações de trabalho, com prazo prescricional de 5 anos até o limite de 2 anos após a extinção do contrato de trabalho". Nesse caso, o instituto da prescrição, não se trata de direito trabalhista, mas norma ligada à paz social. O prazo prescricional, mesmo antes da EC/72-2013, era o previsto no art. 7º da CF. O art. 43 da LC nº 150/2015 pacificou a questão, uma vez que foram expressamente previstas as prescrições bienal e quinquenal para o empregado doméstico: "O direito de ação quanto a créditos resultantes das relações de trabalho prescreve em 5 (cinco) anos até o limite de 2 (dois) anos após a extinção do contrato de trabalho."

- **Para a semana antes da prova**, segue o quadro de resumo sobre as principais diferenças entre a Nova Lei dos Domésticos e as regras celetistas previstas aos demais empregados:

	Empregado Doméstico (LC nº 150/2015)	**Demais empregados (CLT)**
Requisitos para configuração da relação de emprego	– Pessoalidade; – Subordinação; – Continuidade (mais de 2 vezes por semana); – Onerosidade; – Prestação de serviço para pessoa ou família; – Serviços prestados em âmbito residencial; – Finalidade não lucrativa.	– Pessoalidade; – Subordinação; – Não eventualidade; – Onerosidade.
Idade mínima para contratação	– 18 anos (art. 1º, parágrafo único).	– A partir de 16 anos (art. 7º, XXXIII, CF/88, e art. 403, CLT); – *Exceção*: aprendizes (maiores de 14 anos).
Hipóteses de contratação por prazo determinado	1) Contrato de experiência (art. 4º, I); 2) Atendimento de necessidades familiares de natureza transitória (art. 4º, II); 3) Substituição temporária de empregado doméstico com contrato de trabalho interrompido (art. 4º, II). Obs: o contrato de trabalho intermitente não é aplicável ao empregado doméstico.	1) Contrato de experiência (art. 443, § 2º, III); 2) Atividades empresariais de caráter transitório (art. 443, § 2º, II); 3) Serviço cuja natureza ou transitoriedade justifique a predeterminação do prazo (art. 443, § 2º, I). **Obs.: Reforma Trabalhista cria nova modalidade: trabalho intermitente (art. 443, § 3º e 452-A da CLT)**
Cláusula assecuratória de direito recíproco	– Não há previsão de pagamento de aviso-prévio no contrato por prazo determinado (art. 9º).	– Faculta às partes estabelecerem a cláusula asseguratória do direito recíproco de rescisão antes de expirado o termo ajustado (art. 481, CLT).
Controle de jornada	– Obrigatório o controle para todos empregados domésticos (art. 12).	– Empresas com mais de 20 empregados (art. 74, § 2º – redação dada pela Lei nº 13.874/2019).

	Empregado Doméstico (LC nº 150/2015)	Demais empregados (CLT)
Compensação de jornada	– Acordo escrito entre as partes. (art. 2º, § 4º); – Primeiras 40 horas devem ser remuneradas como extras, salvo compensação em outro dia da semana (art. 2º, § 5º, I e III); – Horas excedentes às primeiras 40 horas extras devem ser compensadas no prazo máximo de 1 ano (art. 2º, § 5º, II).	**Reforma Trabalhista:** – Compensação de jornada pode ser realizada dentro do período de 1 mês por acordo tácito ou escrito. – Para o banco de horas, é exigida a compensação no prazo máximo de 6 meses, por acordo individual escrito ou 1 ano por negociação coletiva.
Jornada de Trabalho 12x36	– Suficiente a realização de acordo escrito entre as partes (art. 10, *caput*); – Necessidade de se respeitar ou de indenizar os intervalos para repouso e alimentação; – Descanso de 36 horas compensa o trabalho no DSR e nos **feriados**. Não há pagamento em dobro.	Com a Lei nº 13.467/2017, é possível a formalização mediante acordo individual escrito, convenção coletiva ou acordo coletivo. – Há a possibilidade de se respeitar ou indenizar os intervalos para repouso e alimentação. – Descanso de 36 horas compensará o trabalho no DSR e nos feriados. Não há pagamento em dobro.
Trabalho em regime de tempo parcial (máximo de 25 horas semanais)	– Possibilidade de realização de 1 hora extra diária, desde que respeitado o limite máximo de 6 horas diárias e mediante acordo escrito entre as partes (art. 3º, § 2º).	– **Reforma Trabalhista:** Possibilidade de realização de horas extras aos empregados que trabalharem entre 26 horas e 30 horas semanais (art. 58-A, CLT)

	Empregado Doméstico (LC nº 150/2015)	Demais empregados (CLT)
Intervalos	– Possibilidade de **redução** do intervalo intrajornada de 1 hora para 30 minutos mediante acordo escrito entre as partes (art. 13, *caput*); – Se o empregado residir no local de trabalho, é possível o **fracionamento** do intervalo intrajornada em 2 períodos de no mínimo 1 hora cada um (art. 13, § 1º); – **Prenotação**: Se houver fracionamento, é proibida a prenotação do intervalo no registro diário de horário (art. 13, § 2º).	– **Reforma Trabalhista:** Possibilidade de redução do intervalo intrajornada para trinta minutos, mediante acordo coletivo ou convenção coletiva (art. 611-A, III) – 2 outras hipóteses de redução do intervalo para almoço: 1) Motoristas do setor de transporte coletivo de passageiros: art. 71, § 5º, CLT. 2) Autorização do Ministério do Trabalho: art. 71, § 3º, CLT. – Nesse caso, deve-se atender a três requisitos: a) estabelecimento atenda às exigências dos refeitórios. b) empregador não exija horas extras. c) autorização do Ministério do Trabalho (Superintendência Regional do Trabalho). – Pré-assinalação do período de repouso é permitida para empresas com mais de 20 empregados (art. 74, § 2º, CLT).
Fracionamento das férias	– Fracionamento em até 2 períodos, a critério do empregador, sendo que 1 deles não poderá ser inferior a 14 dias. (art. 17, § 2º);	– **Reforma Trabalhista:** Mediante concordância do empregado, as férias poderão ser fracionadas em até 3 períodos (Art. 134, § 1º, CLT). – Um dos períodos não deve ser inferior a 14 dias e os demais não poderão ser inferiores a 5 dias cada um (Art. 134, § 1º, CLT).
Abono pecuniário de férias	– Deve ser requerido até 30 dias do término do período aquisitivo de férias (art. 17, § 4º).	– Deve ser requerido até 15 dias do término do período aquisitivo de férias (art. 143, § 1º).
Vale-transporte	– Permite o pagamento dos vales em dinheiro ao empregado mediante recibo (art. 19, parágrafo único).	– Não é possível o pagamento em dinheiro. É necessária a aquisição dos vales-transporte (art. 4º da Lei nº 7.418/1985).

	Empregado Doméstico (LC nº 150/2015)	**Demais empregados (CLT)**
Indenização compensatória da perda do emprego	– Obrigação do empregador doméstico de depositar mensalmente a quantia de 3,2% da remuneração devida ao empregado na conta vinculado do empregado doméstico em variação distinta dos depósitos do FGTS (art. 22). – Multa de 40% sobre os depósitos de FGTS não é devida ao doméstico.	– Pagamento de multa de 40% sobre os depósitos do FGTS nas hipóteses de dispensa sem justa causa ou rescisão indireta (art. 18, § 1º, Lei nº 8.036/1990); – Pagamento de multa de 20% para as hipóteses de término do contrato de trabalho por força maior, culpa recíproca e distrato (art. 484-A da CLT.
Dispensa por justa causa (falta grave do empregado)	– Nova hipótese de dispensa por justa causa que não é aplicada aos demais empregados diante da relação de estrita confiança do trabalho doméstico: 1) submissão a maus-tratos de idoso, de enfermo, de pessoa com deficiência ou de criança sob cuidado direto ou indireto do empregado (art. 27, I); – As hipóteses que dizem respeito ao resguardo da atividade econômica do empregador previstas na CLT não são reproduzidas na lei dos domésticos em razão da ausência de finalidade lucrativa inerente a essa relação de emprego.	– Art. 482, CLT. – Inserção de nova hipótese pela Reforma Trabalhista: • perda da habilitação ou dos requisitos estabelecidos em lei para o exercício da profissão, em decorrência de conduta dolosa do empregado (art. 482, m).
Seguro-Desemprego	– Tem direito ao recebimento do seguro-desemprego no valor de 1 salário mínimo pelo período máximo de 3 meses, de forma contínua ou alternada a cada período aquisitivo de 16 meses (art. 26 da LC nº 150/2015 e arts. 46 e 47 da Resolução Codefat nº 957/2022).	– A quantidade de parcelas a ser concedida ao segurado é variável de acordo com o número de solicitações do benefício e a quantidade de meses trabalhados: **1)** Se for a **1ª solicitação** do benefício: a) o empregado tem direito a 4 parcelas caso tenha trabalhado, no mínimo, 12 e, no máximo, 24 meses; b) o empregado tem direito a 5 parcelas caso tenha trabalhado, no mínimo, 24 meses. **2)** Se for a **2ª solicitação** do benefício: a) o empregado tem direito a 3 parcelas caso tenha trabalhado, no mínimo, 9 meses e no máximo 11 meses; b) o empregado tem direito a 4 parcelas caso tenha trabalhado, no mínimo, 12 meses e no máximo 23 meses;
Seguro-Desemprego		c) o empregado tem direito a 5 parcelas caso tenha trabalhado, no mínimo, 24 meses; **3)** A partir da **3ª solicitação** do benefício: a) o empregado tem direito a 3 parcelas caso tenha trabalhado, no mínimo, 6 meses e, no máximo, 11 meses; b) o empregado tem direito a 4 parcelas caso tenha trabalhado, no mínimo, 12 e no máximo 23 meses; c) o empregado tem direito a 5 parcelas caso tenha trabalhado, no mínimo, 24 meses; – Valor pago[32]: 1) Salário de até R$ 1.968,36: multiplica-se o salário médio por 0,8 (80%). 2) Salário de R$ 1.968,37 até R$ 3.280,93: o que exceder a R$ 1.968,36 multiplica-se por 0,5 e soma-se com R$ 1.574,69

32 Os valores tomam como referência o ano de 2023, conforme dados mais atualizados disponíveis na data de fechamento dessa edição. Disponível em: https://www.gov.br/trabalho-e-emprego/pt-br/noticias-e-conteudo/2023/janeiro/divulgada-tabela-anual-do-seguro-desemprego-para-o-ano-de-2023. Acesso em: 04 jan. 2024.

	Empregado Doméstico (LC nº 150/2015)	Demais empregados (CLT)
Rescisão indireta (falta grave do empregador)	– Nova hipótese de rescisão indireta que não é aplicada aos demais empregados: 1) o empregador praticar qualquer das formas de violência doméstica ou familiar contra mulheres (Lei Maria da Penha).	– Art. 483, CLT.

4.6. EMPREGADO PÚBLICO

- **Servidores públicos.** A Administração Pública direta, autárquica e fundacional, de qualquer dos poderes da união, dos estados e dos municípios poderá contratar empregados públicos, regidos pela CLT ou servidores estatutários, regidos por estatuto próprio, disciplinada pelo direito administrativo. Além disso, a contratação de empregados públicos é realizada no âmbito da administração pública indireta, nas empresas públicas, sociedades de economia mista e fundações públicas regidas pelo direito privado.
- **Empregado público.** É o vínculo profissional existente entre a Administração Pública e seus agentes que são regidos pela CLT com a celebração de contrato que define seus direitos e obrigações[33].
- **Concurso público.** Para a investidura tanto em emprego como em cargo público é necessária a aprovação em concurso público de provas ou de provas e títulos, ressalvadas as nomeações para cargo em comissão. De acordo com o texto constitucional:

> **Art. 37, II, CF/88:** a investidura em cargo ou emprego público depende de aprovação prévia em concurso público de provas ou de provas e títulos, de acordo com a natureza e a complexidade do cargo ou emprego, na forma prevista em lei, ressalvadas as nomeações para cargo em comissão declarado em lei de livre nomeação e exoneração;

- **Salário mínimo.** Nos termos dos arts. 7º, IV, e 39, §3º, CF/88; do item II da OJ nº 358 da SDI-I do TST; e da tese fixada pelo STF na apreciação do Tema 900 da repercussão geral, a remuneração do servidor público não pode ser inferior ao salário mínimo, ainda que trabalhe em jornada reduzida.

> **Súmula Vinculante 16 do STF:** Os artigos 7º, IV, e 39, § 3º (redação da EC 19/98), da Constituição, referem-se ao total da remuneração percebida pelo servidor público.

- **Princípios trabalhistas e administrativos.** Os empregados públicos estão sujeitos aos princípios que regem as relações de emprego, sempre resguardadas as particularidades da prestação de serviço público, devendo ser observados todos os princípios aplicáveis à Administração Pública, como prevalência do interesse público sobre o particular, dentre outros. Nesse sentido, por exemplo, já entendeu o TST que "a divulgação, na internet, da lista dos cargos ocupados e dos valores da remuneração mensal pagos ao servidor público não configura dano moral, pois o princípio da publicidade dos atos administrativos deve prevalecer sobre o direito à intimidade, à privacidade e à segurança do agente público"[34].
- **Competência da Justiça do Trabalho.** Cabe destacar que a Justiça do Trabalho não tem competência para apreciar e julgar ações envolvendo servidor estatutário (ADI 3395/6-DF). O judiciário trabalhista somente poderá apreciar causas envolvendo empregados públicos.
- **Contratação por tempo determinado (necessidade temporária de excepcional interesse público).** A contratação por tempo determinado está prevista no art. 37, IX da Constituição Federal e é exceção no ordenamento jurídico brasileiro, já que é realizada sem concurso público. São servidores temporários e submetem-se a regime jurídico especial, instituído por lei específica de cada entidade estatal. Exercem função temporária, podendo existir tanto na Administração Direta como na Administração Indireta. No âmbito da União, há a Lei de nº 8.745/93, alterada pela Lei nº 9.849/99 e outros instrumentos posteriores, que rege o tema[35].
- **Funções comissionadas.** São também chamadas funções de confiança e não apresentam cargo vinculado. Somente podem ser realizadas em atribuições de direção, chefia e assessoramento. Além disso, devem ser exercidas por aquele que já foi investido em cargo efetivo[36].
- **Cargo em comissão.** O cargo em comissão é direcionado para a execução de atribuições referentes à direção, chefia e assessoramento ou funções que exijam confiança direta e pessoal da autoridade. São cargos de livre nomeação e exoneração.[37]
- **Servidor de fato e nulidade do contrato de trabalho.** O chamado servidor de fato, que está no serviço público sem prévia aprovação em concurso, não poderá alegar o desconhecimento da lei, e nem que estava prestando serviços de boa-fé, para o reconhecimento do vínculo e pagamento das verbas rescisórias. A Constituição Federal, no art. 37, II e § 2º, veda, expressamente, a contratação sem o prévio

33 CARVALHO, Matheus. *Manual de Direito Administrativo*. 4. ed. Salvador: Juspodivm, 2017. p. 788.

34 Informativo nº 40 do TST.

35 CUNHA JÚNIOR, Dirley da. *Curso de Direito Constitucional*. 10. ed. Salvador: Juspodivm, 2016. P. 850.

36 CARVALHO, Matheus. *Manual de Direito Administrativo*. 4. ed. Salvador: Juspodivm, 2017. p. 793.

37 CARVALHO, Matheus. *Manual de Direito Administrativo*. 4. ed. Salvador: Juspodivm, 2017. p. 791.

concurso público com base nos princípios da legalidade, moralidade, impessoalidade e publicidade. Não há, portanto, aplicação do princípio da primazia da realidade e tampouco a possibilidade de contrato de trabalho tácito com a Administração Pública (art. 442 da CLT). Nesse caso, o servidor de fato terá direito ao pagamento da contraprestação pactuado e aos depósitos do FGTS:

> **Súmula nº 363 do TST.** Contrato nulo. Efeitos
>
> A contratação de servidor público, após a CF/1988, sem prévia aprovação em concurso público, encontra óbice no respectivo art. 37, II e § 2º, somente lhe conferindo direito ao pagamento da contraprestação pactuada, em relação ao número de horas trabalhadas, respeitado o valor da hora do salário-mínimo, e dos valores referentes aos depósitos do FGTS.

- **Tema nº 1004 da Repercussão Geral do STF.** No julgamento virtual do RE 629647, com repercussão geral reconhecida, o STF fixou a tese de que quando o Ministério Público do Trabalho ajuíza ação civil pública em face de empresa estatal (empresa pública ou sociedade de economia mista), com o propósito de invalidar a contratação irregular de pessoal, não é cabível o ingresso, no polo passivo da causa, de todos os empregados atingidos, pois isso descaracterizaria a natureza coletiva da ACP. Contudo, em atenção aos princípios processuais do devido processo legal, do contraditório e da ampla defesa (art. 5º, LV, CF/88), esses trabalhadores devem ter a oportunidade de se manifestarem nos autos, motivo pelo qual é indispensável a representação pelo sindicato da categoria.
- **Estabilidade do empregado público.** O art. 41 da CF/88 foi alterado para garantir a estabilidade apenas ao detentor de cargo público (servidores públicos estatutários). Dessa forma, para o direito administrativo, a estabilidade não se estende aos detentores de emprego público, chamados de celetistas.
- **Empregados celetistas da Administração Direta, autárquica e fundacional.** De acordo com o posicionamento manifestado nas decisões da Corte Constitucional[38], a estabilidade do art. 41 da CF/88 só se estende aos empregados celetistas da Administração Direta, autarquias e fundações públicas que ingressaram no serviço público antes da promulgação da Emenda 19/98, que se deu em 5/6/1998. Após essa data, só se aplica aos servidores titulares de cargo efetivo.
- **Empresas públicas e sociedades de economia mista (necessidade de motivação).** Em 08 de fevereiro de 2024, o STF, apreciando o Tema 1022 da repercussão geral, formou maioria para a fixação de tese no sentido de que empresas públicas e sociedades de economia mista podem dispensar seus empregados concursados sem justa causa, porém devem motivar o ato de dispensa. Em continuidade de julgamento, em 28 daquele mês, por maioria, fixou a seguinte tese (tema 1.022 da repercussão geral):

> As empresas públicas e as sociedades de economia mista, sejam elas prestadoras de serviço público ou exploradoras de atividade econômica, ainda que em regime concorrencial, têm o dever jurídico de motivar, em ato formal, a demissão de seus empregados concursados, não se exigindo processo administrativo. Tal motivação deve consistir em fundamento razoável, não se exigindo, porém, que se enquadre nas hipóteses de justa causa da legislação trabalhista

- Resta superado, assim, **o item I da Orientação Jurisprudencial nº 247 da SDI-I do TST**, que autorizava a dispensa desses empregados sem justa causa, independentemente de motivação:

> **Orientação Jurisprudencial nº 247 da SDI-I do TST**
>
> *I – A despedida de empregados de empresa pública e de sociedade de economia mista, mesmo admitidos por concurso público, independe de ato motivado para sua validade;*
>
> *II – A validade do ato de despedida do empregado da Empresa Brasileira de Correios e Telégrafos (ECT) está condicionada à motivação, por gozar a empresa do mesmo tratamento destinado à Fazenda Pública em relação à imunidade tributária e à execução por precatório, além das prerrogativas de foro, prazos e custas processuais.*

- **Estabilidade da gestante no serviço público.** O STF, na apreciação do Tema 542 da Repercussão Geral, fixou a tese de que "A trabalhadora gestante tem direito ao gozo de licença-maternidade e à estabilidade provisória, **independentemente do regime jurídico aplicável**, se contratual ou administrativo, **ainda que ocupe cargo em comissão ou seja contratada por tempo determinado**".
- Portanto, ao contrário do entendimento fixado pelo TST na tese nº 2 em Incidente de Assunção de Competência, de que é inaplicável ao regime de trabalho temporário, disciplinado pela Lei nº 6.019/74, a garantia de estabilidade provisória à empregada gestante, no setor público, todas as trabalhadoras, independentemente do regime jurídico aplicável, se celetista ou estatutário, ainda que ocupantes de cargo em comissão ou contratadas por tempo determinado, terão assegurada a garantia provisória no emprego desde a confirmação da gravidez até 5 meses após o parto.
- Entendo que a tese fixada pelo STF não vincula os tribunais trabalhistas a reconhecerem a garantia provisória no emprego à gestante contrata no regime de trabalho temporário (Lei nº 6.019/1974), pois não foi sobre isso que versou a Suprema Corte no tema 542 (*distinguishing*) – contratação temporária no

---

38 Nesse sentido, no AI 634.719, julgado em 26/4/2011, assentou o Min. Dias Toffoli que a "jurisprudência da Corte é firme no sentido de se **estender ao empregado público celetista, admitido em período anterior ao advento da Emenda Constitucional nº 19/98, o direito à estabilidade** prevista no artigo 41 da Constituição Federal". No mesmo sentido: AI 476.685, AI 628.888, AI 480.432-AgR, AI 472.685-5-AgR. Inclusive, no TST, podem ser conferidos o RR 3007/2003-015-02-00 e o RR 208800-50.2003.5.02.0033, ambos relatados pela Min. Maria Cristina Irigoyen Peduzzi, sendo o último de 8/7/2011.

serviço público (art. 37, IX da Constituição Federal). Contudo, a posição da Corte Trabalhista resta enfraquecida, pois o principal argumento utilizado para afastar a estabilidade nas contratações pelo regime de trabalho temporário (**ausência de expectativa de continuidade da relação de trabalho**) não foi adotado pelo STF, que privilegiou, com razão, a proteção à maternidade e ao nascituro.

4.7. CONTRATOS DE TRABALHO ESPECIAIS

4.7.1. BANCÁRIO

- **Peculiaridades.** A execução das atividades bancárias possui aspectos peculiares, quanto à natureza e à responsabilidade, exigindo dos empregados atenção constante no exercício de suas funções.
- **Jornada de trabalho.** O empregado bancário conquistou ao longo do tempo o direito à jornada reduzida de 6 horas diárias e 30 horas semanais, conforme previsto no art. 224 da CLT. A duração normal do trabalho ficará compreendida entre 7 h e 22 h, assegurando-se ao empregado um intervalo de 15 minutos para alimentação.
- **Cargo de confiança específica.** O bancário ocupante de cargo de confiança específica, ou seja, que exerça função de gerência, chefia, ou ainda cargo de confiança não terá direito à jornada reduzida de 6 horas e 30 horas semanais. Para configurar essa confiança específica, o gerente deverá preencher dois requisitos cumulativos:
  a) exercer funções de direção, gerência, fiscalização, chefia e equivalentes ou desempenhar cargo de confiança; e
  b) receber gratificação não inferior a 1/3 do salário do cargo efetivo.
- **Jornada do gerente.** Uma vez preenchidos esses dois requisitos, o gerente terá jornada de trabalho de 8 horas diárias e 40 horas semanais, conforme previsto no art. 224, § 2º, da CLT.
- **Gerente-geral de agência bancária.** Seus poderes equiparam-se ao próprio empregador – toma decisões importantes para o andamento da empresa, contratar e dispensar empregados, por exemplo –, não terá nenhuma limitação de jornada, aplicando-se o art. 62, II, da CLT.
- **Divisor do salário-hora.** A jurisprudência do TST, tradicionalmente, considerou o sábado do bancário como dia útil não trabalhado. Portanto, foi essa a regra adotada na prática trabalhista (Súmula nº 113 do TST). Em novembro/2016, o TST decidiu, em incidente de recursos de revista repetitivos, que a alteração do sábado para dia de repouso semanal remunerado não acarreta a alteração no divisor utilizado para o cálculo de horas extras, o que gerou a alteração da Súmula nº 124 do TST:

> **Súmula nº 124 do TST:** I – o divisor aplicável para o cálculo das horas extras do bancário será:
>
> a) 180, para os empregados submetidos à jornada de seis horas prevista no caput do art. 224 da CLT;
>
> b) 220, para os empregados submetidos à jornada de oito horas, nos termos do § 2º do art. 224 da CLT.
>
> II – Ressalvam-se da aplicação do item anterior as decisões de mérito sobre o tema, qualquer que seja o seu teor, emanadas de Turma do TST ou da SBDI-I, no período de 27/09/2012 até 21/11/2016, conforme a modulação aprovada no precedente obrigatório firmado no Incidente de Recursos de Revista Repetitivos nº TST-IRR-849-83.2013.5.03.0138, DEJT 19.12.2016.

- Para a semana antes da prova:

BANCÁRIO (Resumo)	
1. Jornada: 6 horas diárias e 30 horas semanais. Intervalo de 15 minutos não remunerado. **2.** Sábado: dia útil não trabalhado. **3.** Gerente: entre 8 e 40 horas semanais, desde que: a) poderes de chefia/cargo de confiança; b) receber gratificação não inferior a 1/3. **4.** Gerente-geral de agência: não tem limitação de jornada. **5.** Caixa: jornada de 6 horas.	
Equiparados aos bancários (6h)	**Não são equiparados aos bancários**
Empregados do mesmo grupo econômico (Súm. 239) • Empregados de financeiras (Súm. 55) • Empregados de portaria e limpeza contratados diretamente pelo banco (art. 226, CLT)	• Empregados de corretoras de títulos e valores mobiliários (Súm. 119) • Empregados de cooperativas de crédito (OJ 379) • Vigilante (Súm. 257) • Categoria diferenciada (Súm. 117)

4.7.2. MOTORISTA PROFISSIONAL

Esse tópico foi impactado, consideravelmente, por decisão do STF, em julho de 2023, como se verá a seguir.

- **Motoristas profissionais.** Os motoristas eram citados como exemplos de empregados sem direito à jornada de trabalho, em razão da prestação de serviços externos, art. 62 da CLT. Em março/2015, foi promulgada a Lei dos Motoristas Profissionais – Lei nº 13.103/2015 –, que alterou a regulamentação da profissão, especialmente no tocante à jornada de trabalho.
- Contudo, dois meses após sua promulgação, a Confederação Nacional dos Trabalhadores em Transportes – CNTT propôs, perante o STF, a ADI nº 5322[39], cujo objetivo era a declaração da inconstitucionalidade da Lei nº 13.103/15, que, entre outras providências, alterou a redação da Seção IV-A – Do Serviço do Motorista Profissional Empregado (arts. 235-A a 235-H).
- Em seu voto, 8 anos após o ajuizamento da ADI, em julho de 2023, o Ministro Alexandre de Moraes, relator, julgou a ação parcialmente procedente, declarando como inconstitucionais diversas passagens do diploma legal, como a expressão "sendo facultados

39. ADI 5322. Disponível em: https://portal.stf.jus.br/processos/detalhe.asp?incidente=4778925. Acesso em 03/10/2023.

o seu fracionamento e a coincidência com os períodos de parada obrigatória na condução do veículo estabelecida pela Lei nº 9.503, de 23 de setembro de 1997 - Código de Trânsito Brasileiro, garantidos o mínimo de 8 (oito) horas ininterruptas no primeiro período e o gozo do remanescente dentro das 16 (dezesseis) horas seguintes ao fim do primeiro período", prevista na parte final do § 3º do art. 235-C, e a expressão "não sendo computadas como jornada de trabalho e nem como horas extraordinárias", prevista na parte final do § 8º do art. 235-C. Acompanhado pelos Ministros Marco Aurélio, Nunes Marques, Gilmar Mendes, Roberto Barroso, Luiz Fux e pela Ministra Cármen Lúcia, seu voto se sagrou vencedor no Julgamento Virtual finalizado no dia 05/07/2023.

- Na referida ADI, **o STF declarou a inconstitucionalidade de 11 dispositivos trazidos ou alterados pela Lei nº 13.103/2015**, que alteraram tanto a CLT quanto o Código de Trânsito Brasileiro. Em alguns casos, o dispositivo inteiro foi declarado inconstitucional. Em outros, apenas um trecho. Os argumentos levantados pelo Relator giram em torno do comprometimento da segurança nas estradas e do reconhecimento de que os descansos e intervalos configuram norma de saúde e segurança no trabalho, portanto, indisponíveis.
- Para facilitar e sistematizar o estudo da matéria e os impactos do julgamento da ADI 5322, **preparei 3 quadros-resumo:**
  1) No primeiro, transcrevo os principais dispositivos reconhecidos **constitucionais pelo STT** no julgamento da ADI 5322;
  2) No segundo, indico os dispositivos impactados pela ADI 5322 e a nova sistemática estabelecida a partir dessa decisão; e
  3) No terceiro, faço um comparativa entre a atual disciplina da matéria e as disposições relativas aos demais empregados celetistas:

Principais dispositivos julgados constitucionais pelo STF
Art. 71, § 5º, CLT: O intervalo expresso no caput poderá ser reduzido e/ou fracionado, e aquele estabelecido no § 1o poderá ser **fracionado**, quando compreendidos entre o término da primeira hora trabalhada e o início da última hora trabalhada, desde que previsto em convenção ou acordo coletivo de trabalho, ante a natureza do serviço e em virtude das condições especiais de trabalho a que são submetidos estritamente os motoristas, cobradores, fiscalização de campo e afins nos serviços de operação de veículos rodoviários, empregados no setor de transporte coletivo de passageiros, mantida a remuneração e concedidos intervalos para descanso menores ao final de cada viagem.
Art. 168, § 6º, CLT: Serão exigidos **exames toxicológicos**, previamente à admissão e por ocasião do desligamento, quando se tratar de motorista profissional, assegurados o direito à contraprova em caso de resultado positivo e a confidencialidade dos resultados dos respectivos exames. **Art. 168, § 7º, CLT:** Para os fins do disposto no § 6º, será obrigatório exame toxicológico com janela de detecção mínima de 90 (noventa) dias, específico para substâncias psicoativas que causem dependência ou, comprovadamente, comprometam a capacidade de direção, podendo ser utilizado para essa finalidade o exame toxicológico previsto na Lei no 9.503, de 23 de setembro de 1997 - Código de Trânsito Brasileiro, desde que realizado nos últimos 60 (sessenta) dias.
Art. 235-A, CLT: Os preceitos especiais desta Seção aplicam-se ao motorista profissional empregado: I - de transporte rodoviário coletivo de passageiros; II - de transporte rodoviário de cargas.
Art. 235-C, *caput*, CLT: A jornada diária de trabalho do motorista profissional será de 8 (oito) horas, admitindo-se a sua prorrogação por até 2 (duas) horas extraordinárias ou, mediante previsão em convenção ou acordo coletivo, por até **4 (quatro) horas extraordinárias**. (...) **Art. 235-C, § 13, CLT:** Salvo previsão contratual, a jornada de trabalho do motorista empregado não tem horário fixo de início, de final ou de intervalos.
Art. 235-D, § 3º, CLT: O motorista empregado, em viagem de longa distância, que ficar com o veículo parado após o cumprimento da jornada normal ou das horas extraordinárias fica dispensado do serviço, exceto se for expressamente autorizada a sua permanência junto ao veículo pelo empregador, hipótese em que o tempo será considerado de espera. **Art. 235-D, § 6º, CLT:** Em situações excepcionais de inobservância justificada do limite de jornada de que trata o art. 235-C, devidamente registradas, e desde que não se comprometa a segurança rodoviária, a duração da jornada de trabalho do motorista profissional empregado poderá ser elevada pelo tempo necessário até o veículo chegar a um local seguro ou ao seu destino. **Art. 235-D, § 7º, CLT:** Nos casos em que o motorista tenha que acompanhar o veículo transportado por qualquer meio onde ele siga embarcado e em que o veículo disponha de cabine leito ou a embarcação disponha de alojamento para gozo do intervalo de repouso diário previsto no § 3º do art. 235-C, esse tempo será considerado como **tempo de descanso**. **Art. 235-D, § 8º, CLT:** Para o transporte de cargas vivas, perecíveis e especiais em longa distância ou em território estrangeiro poderão ser aplicadas regras conforme a especificidade da operação de transporte realizada, cujas condições de trabalho serão fixadas em convenção ou acordo coletivo de modo a assegurar as adequadas condições de viagem e entrega ao destino final.
Art. 235-F, CLT: Convenção e acordo coletivo poderão prever jornada especial de **12 (doze) horas de trabalho por 36 (trinta e seis) horas de descanso** para o trabalho do motorista profissional empregado em regime de compensação.
Art. 235-G, CLT: É permitida a **remuneração do motorista** em função da distância percorrida, do tempo de viagem ou da natureza e quantidade de produtos transportados, inclusive mediante oferta de comissão ou qualquer outro tipo de vantagem, desde que essa remuneração ou comissionamento não comprometa a segurança da rodovia e da coletividade ou possibilite a violação das normas previstas nesta Lei.
Art. 67-C, CTB: É vedado ao motorista profissional dirigir por mais de **5 (cinco) horas e meia ininterruptas veículos** de transporte rodoviário coletivo de passageiros ou de transporte rodoviário de cargas. § 1º Serão observados 30 (trinta) minutos para descanso dentro de cada 6 (seis) horas na condução de veículo de transporte de carga, sendo facultado o seu fracionamento e o do tempo de direção desde que não ultrapassadas 5 (cinco) horas e meia contínuas no exercício da condução. § 1º-A. Serão observados 30 (trinta) minutos para descanso a cada 4 (quatro) horas na condução de veículo rodoviário de passageiros, sendo facultado o seu fracionamento e o do tempo de direção.

<table>
<tr><th colspan="3">Impactados da ADI 5322 aos direitos trabalhistas do Motorista Profissional</th></tr>
<tr><th></th><th>Dispositivo impactado</th><th>Como ficou depois da ADI 5322?</th></tr>
<tr><td rowspan="3">Tempo de espera</td><td>**Art. 235-C, § 1º, CLT:** Será considerado como trabalho efetivo o tempo em que o motorista empregado estiver à disposição do empregador, excluídos os intervalos para refeição, repouso e descanso e o **tempo de espera.**</td><td rowspan="3">O STF declarou **inconstitucional** as partes grifadas dos dispositivos.
Portanto, é inconstitucional a exclusão das horas em que o motorista profissional empregado fica aguardando carga ou descarga do veículo nas dependências do embarcador ou do destinatário e o período gasto com a fiscalização da mercadoria transportada em barreiras fiscais ou alfandegárias (tempo de espera) da sua jornada de trabalho.
Essas horas deverão ser computadas como tempo à disposição do empregador e deverão ser regulamente remuneradas.</td></tr>
<tr><td>**Art. 235-C, § 8º, CLT:** São considerados tempo de espera as horas em que o motorista profissional empregado ficar aguardando carga ou descarga do veículo nas dependências do embarcador ou do destinatário e o período gasto com a fiscalização da mercadoria transportada em barreiras fiscais ou alfandegárias, **não sendo computados como jornada de trabalho e nem como horas extraordinárias.**</td></tr>
<tr><td>**Art. 235-C, § 9º, CLT: As horas relativas ao tempo de espera serão indenizadas na proporção de 30% (trinta por cento) do salário-hora normal.**</td></tr>
<tr><td>Movimentações necessárias durante o tempo de espera</td><td>**Art. 235-C, § 12, CLT:** Durante o tempo de espera, o motorista poderá realizar movimentações necessárias do veículo, **as quais não serão consideradas como parte da jornada de trabalho, ficando garantido, porém, o gozo do descanso de 8 (oito) horas ininterruptas aludido no § 3º.**</td><td>O STF declarou **inconstitucional** a parte grifada do dispositivo.
Portanto, é inconstitucional a exclusão do tempo gasto com movimentações necessárias do veículo, durante o tempo de espera, da jornada de trabalho.</td></tr>
<tr><td rowspan="2">Fracionamento do interjornada (11h)</td><td>**Art. 235-C, § 3º, CLT:** Dentro do período de 24 (vinte e quatro) horas, são asseguradas 11 (onze) horas de descanso, **sendo facultados o seu fracionamento e a coincidência com os períodos de parada obrigatória na condução do veículo estabelecida pela Lei no 9.503, de 23 de setembro de 1997 - Código de Trânsito Brasileiro, garantidos o mínimo de 8 (oito) horas ininterruptas no primeiro período e o gozo do remanescente dentro das 16 (dezesseis) horas seguintes ao fim do primeiro período.**</td><td rowspan="2">O STF declarou **inconstitucional** as partes grifadas dos dispositivos.
Portanto, é inconstitucional fracionar o intervalo interjornada ou fazê-lo coincidir com os períodos de parada obrigatória na condução do veículo estabelecidos no Código de Trânsito Brasileiro.</td></tr>
<tr><td>**Art. 67-C, § 3º, CTB:** O condutor é obrigado, dentro do período de 24 (vinte e quatro) horas, a observar o mínimo de 11 (onze) horas de descanso, **que podem ser fracionadas, usufruídas no veículo e coincidir com os intervalos mencionados no § 1º, observadas no primeiro período 8 (oito) horas ininterruptas de descanso.**</td></tr>
<tr><td rowspan="2">Gozo do interjornada com o veículo em movimento</td><td>**Art. 235-D, § 5º, CLT: Nos casos em que o empregador adotar 2 (dois) motoristas trabalhando no mesmo veículo, o tempo de repouso poderá ser feito com o veículo em movimento, assegurado o repouso mínimo de 6 (seis) horas consecutivas fora do veículo em alojamento externo ou, se na cabine leito, com o veículo estacionado, a cada 72 (setenta e duas) horas.**</td><td rowspan="2">O STF declarou **inconstitucional** as partes grifadas dos dispositivos.
Portanto, é inconstitucional o gozo do intervalo interjornada no interior do veículo em movimento.</td></tr>
<tr><td>**Art. 235-E, III, CLT: nos casos em que o empregador adotar 2 (dois) motoristas no curso da mesma viagem, o descanso poderá ser feito com o veículo em movimento, respeitando-se os horários de jornada de trabalho, assegurado, após 72 (setenta e duas) horas, o repouso em alojamento externo ou, se em poltrona correspondente ao serviço de leito, com o veículo estacionado.**</td></tr>
<tr><td>Adiamento do DSR</td><td>**Art. 235-D, *caput*, CLT:** Nas viagens de longa distância com duração superior a 7 (sete) dias, o repouso semanal será de 24 (vinte e quatro) horas por semana ou fração trabalhada, sem prejuízo do intervalo de repouso diário de 11 (onze) horas, totalizando 35 (trinta e cinco) horas, **usufruído no retorno do motorista à base (matriz ou filial) ou ao seu domicílio, salvo se a empresa oferecer condições adequadas para o efetivo gozo do referido repouso.**</td><td>O STF declarou **inconstitucional** a parte grifada do dispositivo.
Portanto, é inconstitucional adiar o DSR do motorista profissional para que o gozo se dê no retorno do motorista à base ou ao seu domicílio.</td></tr>
</table>

Fracionamento do DSR	**Art. 235-D, § 1º, CLT: É permitido o fracionamento do repouso semanal em 2 (dois) períodos, sendo um destes de, no mínimo, 30 (trinta) horas ininterruptas, a serem cumpridos na mesma semana e em continuidade a um período de repouso diário, que deverão ser usufruídos no retorno da viagem.**	O STF declarou **inconstitucional** a parte grifada do dispositivo. Portanto, é inconstitucional fracionar o DSR do motorista profissional.
Cumulação de DSRs	**Art. 235-D, § 2º, CLT: A cumulatividade de descansos semanais em viagens de longa distância de que trata o caput fica limitada ao número de 3 (três) descansos consecutivos.**	O STF declarou **inconstitucional** a parte grifada do dispositivo. Portanto, é inconstitucional cumular DSRs em viagens de longa distância.

	MOTORISTA PROFISSIONAL (arts. 235-A a 235-G da CLT e ADI 5322 – STF)	Demais empregados (CLT)
Jornada de trabalho	– 8 horas diárias com possibilidade prorrogação em (art. 235-C, *caput*): a) 2 horas extras; ou b) 4 horas extras, desde que celebrado acordo ou convenção coletiva de trabalho.	– 8 horas diárias e 44 horas semanais (art. 7º, XIII, CF/88), sendo possível a prorrogação em, no máximo, 2 horas diárias (art. 59, *caput*).
Flexibilização do tempo à disposição do empregador	– **Tempo de espera (INCONSTITUCIONAL):** – **Art. 235-C, § 9º, CLT:** considerava-se tempo de espera aquele dispendido com carga ou descarga do veículo, bem como com fiscalização da mercadoria transportada. Era indenizado na proporção de 30% do salário-hora normal e não era computado na jornada de trabalho. – ADI 5322: passa a integrar a jornada de trabalho por ser tempo a disposição do empregador. Dessa forma, é remunerado como salário e, extrapolado os limites legais, será remunerado como hora extra.	– **Sobreaviso:** aguardando ordens do empregador em casa ou em outro local combinado. Recebimento de 1/3 da hora normal. Duração máxima de 24 horas. – **Prontidão:** aguardando ordens na empresa. Recebimento de 2/3 da hora normal. Duração máxima de 12 horas.
Jornada 12 x 36	– Previsão expressa dessa modalidade com o requisito de que seja instituído mediante acordo ou convenção coletiva (art. 235-F, CLT).	– Possibilidade de instituição mediante acordo individual escrito, acordo coletivo ou convenção coletiva (art. 59-A da CLT – Reforma Trabalhista). Obs.: **Doméstico:** *possibilidade de instituição mediante acordo escrito entre as partes.*
Redução e fracionamento do Intervalo intrajornada	– Redução e fracionamento do intervalo intrajornada de 1 hora dos motoristas do setor de transporte coletivo de passageiros desde que o intervalo seja concedido entre o término da primeira hora trabalhada e o início da última hora de trabalho (art. 71, § 5º, CLT).	– Possibilidade de redução do intervalo intrajornada para 30 minutos, mediante acordo ou convenção coletiva. – Obs.: **Empregados domésticos**: *possibilidade de redução do intervalo de 1 hora para 30 minutos por acordo escrito entre as partes (art. 13,* caput*, LC nº 150/2015).* Se o empregado doméstico residir no local de trabalho, é possível o fracionamento do intervalo em 2 períodos desde que cada um deles tenha, no mínimo, 1 hora até o limite de 4 horas diárias (art. 13, § 1º, LC nº 150/2015).
Intervalo interjornada	– Art. 235-C, § 3º, CLT: Intervalo interjornada de 11 horas. Era possível seu fracionamento desde que garantidos o mínimo de 8 horas ininterruptas no primeiro período do fracionamento e o gozo do restante dentro das 16 horas seguintes ao final do primeiro período. – **ADI 5322: inconstitucionalidade** do fracionamento do intervalo interjornada.	– Intervalo interjornada de 11 horas consecutivas, sendo vedados os fracionamento e redução (art. 66 da CLT).

	MOTORISTA PROFISSIONAL (arts. 235-A a 235-G da CLT e ADI 5322 – STF)	Demais empregados (CLT)
DSR	– Repouso semanal remunerado de 24 horas. – Art. 235-D, *caput*, CLT: permitia o adiamento do DSR, para que fosse usufruído no retorno do motorista à base (matriz ou filial) ou ao seu domicílio. – Art. 235-D, § 1º, CLT: permitia o fracionamento do DSR em 2 períodos, sendo um destes de, no mínimo, 30 horas ininterruptas, a serem cumpridos na mesma semana e em continuidade a um período de repouso diário, que deverão ser usufruídos no retorno da viagem. – Art. 235-D, § 2º, CLT: permitia cumulatividade de descansos semanais em viagens de longa distância, limitada ao número de 3 descansos consecutivos. – **ADI 5322: inconstitucionalidade** do adiamento, do fracionamento e da cumulação do DSR.	– Repouso semanal remunerado de 24 horas concedido preferencialmente aos domingos (art. 7º, XV, CF/88). – Impossibilidade de redução ou fracionamento do DSR. – Pagamento em dobro se não concedido DSR ou se concedido após o 7º dia (Súmula nº 146 do TST e OJ nº 410 da SDI-I do TST).

4.7.3. PROFESSOR

- **Jornada de trabalho do professor.** A jornada de trabalho dos professores foi alterada pela Lei nº 13.415/2017, também denominada Lei do Ensino Médio. De acordo com a antiga redação do art. 318 da CLT, a jornada de trabalho do professor era de, no máximo, 4 aulas consecutivas ou 6 aulas intercaladas:

> **Art. 318 da CLT (REDAÇÃO ANTIGA):** Num mesmo estabelecimento de ensino não poderá o professor dar, por dia, mais de 4 aulas consecutivas, nem mais de 6 intercaladas.

- Ocorre que, em 17/02/2017, foi promulgada a Lei nº 13.415/2017 que alterou a redação do art. 318 da CLT. De acordo com o novo texto da norma, não persiste a limitação da jornada do professor pelo número de aulas prestadas, contínuas ou intercaladas, mas passa a ser permitido que o professor lecione em um mesmo estabelecimento por mais de um turno, desde que não ultrapasse a jornada de trabalho semanal estabelecida legalmente. A jornada semanal máxima permitida está prevista no art. 7º, XIII, da Constituição Federal de 1988 no total de 44 horas semanais:

> **Art. 318 da CLT (REDAÇÃO ATUAL).** O professor poderá lecionar em um mesmo estabelecimento por mais de um turno, desde que não ultrapasse a jornada de trabalho semanal estabelecida legalmente, assegurado e não computado o intervalo para refeição.

- **Intervalo intrajornada.** Com a nova regulamentação, o professor pode, por exemplo, prestar serviços em uma mesma escola no período da manhã e da tarde até o limite semanal de 44 horas. Além disso, deve ser assegurado intervalo intrajornada de acordo com a jornada prevista:

  a) Jornada de até 4 horas: não há previsão em lei de intervalo intrajornada.

  b) Jornada que excede 4 horas, com limite de 6 horas: intervalo de 15 minutos. Se o empregador exigir horas extras habituais, excedendo a jornada de 6 horas diárias, deverá conceder intervalo mínimo de 1 hora.

  c) Jornada que excede 6 horas: mínimo de 1 hora e máximo de 2 horas. Com a Reforma Trabalhista, é possível a redução do intervalo intrajornada para 30 minutos via acordo ou convenção coletiva (Art. 611-A, III da CLT).

- **Prorrogação de jornada.** Diante da imprecisão do dispositivo legal ao apenas mencionar a limitação semanal da jornada de trabalho, surgem dúvidas quanto ao limite diário de jornada que passou a ser permitida a esse trabalhador. Entendemos que a jornada de trabalho não pode ultrapassar a 8 horas diárias com possibilidade de prorrogação por mais 2 horas, nos mesmos moldes aplicados aos demais empregados em acordo de prorrogação de jornada.
- **Jornada 12x36.** Outra questão diz respeito à possibilidade de se estabelecer a jornada de 12 horas de trabalho por 36 horas de descanso ao professor. A nova redação do art. 318 da CLT, apesar de apenas garantir limite semanal de jornada, não prevê expressamente a possibilidade de se estabelecer a jornada 12x36. Diante da excepcionalidade dessa modalidade de jornada, entendemos que somente seria possível sua implementação caso prevista em instrumento coletivo de trabalho e que a atividade desenvolvida justifique a o aumento no número de horas trabalhadas.
- Entretanto, devemos ressaltar que a Reforma Trabalhista permite a estipulação via acordo individual da jornada 12x36 (art. 59-A da CLT). Dessa forma, essa

modalidade passa a ser admitida também aos professores.

- **Salário proporcional.** Além das discussões acerca da jornada de trabalho, a alteração da redação do art. 318 da CLT causará impactos também no tocante ao salário proporcional do professor. O salário proporcional à jornada de trabalho é lícito e aceito pela jurisprudência do TST na OJ nº 358 da SDI-I:

> **OJ nº 358 da SDI-I do TST. I** – *Havendo contratação para cumprimento de jornada reduzida, inferior à previsão constitucional de oito horas diárias ou quarenta e quatro semanais, é lícito o pagamento do piso salarial ou do salário mínimo proporcional ao tempo trabalhado.*
>
> *II – Na Administração Pública direta, autárquica e fundacional não é válida remuneração de empregado público inferior ao salário mínimo, ainda que cumpra jornada de trabalho reduzida. Precedentes do Supremo Tribunal Federal.*

- Assim sendo, se o empregado for contratado para trabalhar em jornada inferior à duração normal de 8 horas diárias e 44 horas semanais, ele receberá o salário-mínimo proporcional ou o piso salarial proporcional aos dias (1/30) ou às horas trabalhadas (1/220 para jornada de 8 horas ou 1/180 para jornada de 6 horas). Em razão dos baixos salários pagos a essa categoria profissional, havia discussão sobre a possibilidade de pagamento do salário-mínimo proporcional ao professor. O TST publicou a OJ nº 393 da SDI-I no sentido de que o professor que trabalhasse a jornada máxima de 4 aulas consecutivas ou 6 aulas intercaladas, deveria ter garantido um salário-mínimo integral. Nesse caso, portanto, não poderia ser pago salário proporcional à jornada de 8 horas previstas na CF/88, porque os professores gozavam de jornada especial.
- Com a mudança no artigo 318 da CLT, prevendo apenas a limitação semanal da jornada de trabalho, é possível que os professores sejam contratados para jornada de trabalho de 8 horas diárias e 44 horas semanais. Assim, deixou de existir a previsão de jornada específica para esses trabalhadores, o que permite o pagamento de salário mínimo proporcional à jornada de trabalho, conforme previsto aos demais empregados na OJ nº 358, I, da SDI-I do TST.

4.7.4. SERVIÇOS EM FRIGORÍFICOS

- **Intervalo remunerado (art. 253 da CLT).** Tendo em vista que a mudança de temperatura é prejudicial à saúde do trabalhador, após 1 hora e 40 minutos de trabalho contínuo, o empregado que presta serviços em frigoríficos e câmaras frias terá direito ao intervalo de 20 minutos, computado como tempo efetivo de trabalho. Para que o empregado tenha direito a esse intervalo não é necessário que exerça suas atividades necessariamente em frigoríficos, mas fique comprovada a existência de ambiente frio. Nesse sentido, prevê a jurisprudência do TST:

> **Súmula n. 438 do TST.** *O empregado submetido a trabalho contínuo em ambiente artificialmente frio, nos termos do parágrafo único do art. 253 da CLT, ainda que não labore em câmara frigorífica, tem direito ao intervalo intrajornada previsto no caput do art. 253 da CLT.*

- **Norma Regulamentadora nº 36 do Ministério do Trabalho e Emprego.** A NR 36 do MTE, norma setorial, tem como objetivo estabelecer os requisitos mínimos para a avaliação, controle e monitoramento dos riscos existentes nas atividades desenvolvidas na indústria de abate e processamento de carnes e derivados destinados ao consumo humano, de forma a garantir permanentemente a segurança, a saúde e a qualidade de vida no trabalho, sem prejuízo da observância do disposto nas demais NRs. Sua leitura é obrigatória para os concursos da área trabalhista.

4.7.5. TRABALHO EM MINAS DE SUBSOLO

- **Jornada de trabalho.** Os trabalhadores em minas de subsolo têm jornada de trabalho limitada a 6 horas diárias e 36 horas semanais em razão dos prejuízos que a atividade pode causar à saúde do trabalhador.
- **Intervalo remunerado (art. 298 da CLT).** Em razão das atividades peculiares, o empregado terá direito, após 3 horas consecutivas de trabalho, a um intervalo de 15 minutos.
- **Norma Regulamentadora nº 22 do Ministério do Trabalho e Emprego.** A NR 22 do MTE, norma setorial, tem como objetivo disciplinar os preceitos a serem observados na organização e no ambiente de trabalho na indústria da mineração, de forma a tornar compatível o planejamento e o desenvolvimento da atividade mineira com a busca permanente da segurança e saúde dos trabalhadores. Recomenda-se aos concurseiros a leitura atenta da Norma.

5. EMPREGADOR

Empregador	Grupo econômico
	Sucessão trabalhista
	Sócio retirante
	Poderes do empregador

- **Conceito.** O conceito de empregador está previsto no art. 2º da CLT:

> **Art. 2º da CLT:** *Considera-se empregador a empresa, individual ou coletiva, que, assumindo os riscos da atividade econômica, admite, assalaria e dirige a prestação pessoal de serviços.*

- **Princípio da alteridade.** O empregado não divide os riscos da atividade econômica com o empregador. Assim sendo, momentos de crise mundial, baixa produtividade, vendas abaixo das expectativas não autorizam o empregador a reduzir ou descontar salários de seus empregados. Não poderia ser diferente, pois as empresas não estão obrigadas a dividir os lucros com seus trabalhadores, logo os prejuízos também não poderão ser repartidos. A responsabilidade exclusiva da empresa pelos prejuízos ou fracasso do empreendimento é chamada de princípio da alteridade.

5.1. GRUPO ECONÔMICO

- Ocorre grupo econômico quando as empresas estão ligadas entre si, ou seja, quando há "empresa-mãe e empresas-irmãs"[40]. Nesse caso, cada uma dessas empresas possui personalidade jurídica própria, isto é, CNPJ próprio, quadro de pessoal próprio, exercem atividades econômicas diversas etc. Com a Lei nº 13.467/2017, a nova redação dada ao § 2º do art. 2º da CLT estabelece o reconhecimento de duas formas de grupo econômico:

> – **Grupo econômico por subordinação:** *Essa modalidade já era prevista na redação do art. 2º, § 2º da CLT. No caso, o grupo pode ser formado na hipótese de existência de hierarquia entre as empresas. Para a prova de formação do grupo econômico por subordinação, é indispensável, portanto, demonstrar que há uma relação de controle entre uma ou mais empresas em relação às demais integrantes.*
>
> – **Grupo econômico por coordenação:** *A Reforma Trabalhista inovou ao prever a possibilidade de formação de grupo econômico por coordenação. De acordo com o novo dispositivo, mesmo que as empresas guardem cada uma sua autonomia, estará configurado o grupo econômico.*

- Contudo, conforme preceitua o novo § 3º do artigo 2º da CLT, não há caracterização do grupo econômico apenas pela mera identidade de sócios entre as empresas, sendo necessária a demonstração do preenchimento de três requisitos:

> *a) interesse integrado;*
>
> *b) a efetiva comunhão de interesses; e*
>
> *c) a atuação conjunta das empresas integrantes.*

- **Contrato único.** Se o empregado for contratado por uma das empresas, mas seu trabalho estiver sendo aproveitado pelas demais, por exemplo, no período da manhã trabalha para empresa A, e, à tarde, presta serviços para a empresa B, do mesmo grupo, terá um único contrato de trabalho, ou seja, sua carteira de trabalho não será assinada pelas duas empregadoras, mas apenas uma delas. Assim sendo, mesmo prestando serviços para duas empresas, a jurisprudência do TST tem entendido tratar-se de empregador único, ou seja, o grupo é o empregador. Nesse mesmo sentido, se o empregado receber pagamento de outra empresa pertencente ao mesmo grupo, em razão de serviços executados durante a sua jornada de trabalho, o valor recebido deverá integrar a remuneração do trabalhador.

5.1.1. RESPONSABILIDADE SOLIDÁRIA E SUBSIDIÁRIA

- O candidato deve estar atento para não confundir responsabilidade solidária e responsabilidade subsidiária. Na primeira, todas as empresas são responsáveis integralmente pelo débito, podendo o trabalhador cobrar de apenas uma empresa ou de todas elas ao mesmo tempo; cabe ao empregado essa decisão. É a hipótese de configuração do grupo econômico, onde todas as empresas podem ser acionadas.
- Por sua vez, na responsabilidade subsidiária, há uma ordem de preferência, isto é, aciona-se primeiro o devedor principal, somente se este não pagar, cobra-se dos demais.

5.2. SUCESSÃO DE EMPREGADORES

- O fundamento legal da sucessão trabalhista está previsto nos seguintes artigos da CLT:

> **Art. 10.** *Qualquer alteração na estrutura jurídica da empresa não afetará os direitos adquiridos por seus empregados.*
>
> **Art. 448.** *A mudança na propriedade ou na estrutura jurídica da empresa não afetará os contratos de trabalho dos respectivos empregados.*
>
> **Art. 448-A.** *Caracterizada a sucessão empresarial ou de empregadores prevista nos arts. 10 e 448 desta Consolidação, as obrigações trabalhistas, inclusive as contraídas à época em que os empregados trabalhavam para a empresa sucedida, são de responsabilidade do sucessor.*
>
> *Parágrafo único. A empresa sucedida responderá solidariamente com a sucessora quando ficar comprovada fraude na transferência.*

- **Requisitos**. Para que seja configurada a sucessão trabalhista, é necessária a presença de 2 requisitos:

  a) **Transferência do estabelecimento**: há necessidade de transferência da parte produtiva (unidade econômico-jurídica), possibilitando que o sucessor (que adquiriu o estabelecimento) continue explorando a atividade econômica do sucedido. A transferência apenas de partes separadas da sucedida (venda de equipamentos isolados para diversos compradores, um carro para determinado comprador, equipamentos eletrônicos para outro etc.), sem que proporcione a continuidade da atividade, não configura a sucessão. A transferência da unidade produtiva ocorre com a cessão do ponto comercial e da clientela, equipamentos, marca, banco de dados etc. Essa transferência poderá ser realizada mediante venda, incorporação, arrendamento, cisão, fusão etc.

  b) **Não ocorrência de paralisação da atividade:** após a sucessão, o sucessor deverá dar continui-

---

40 "No caso do grupo econômico, uma figura em zigue-zague, quase em formato das árvores genealógicas que aprendemos com as ciências biológicas (empregado-empregador em linha reta e empregador com as empresas-irmãs e com a empresa-mãe, se houver, dele se ramificando)." SILVA. Homero Batista Mateus da. *Curso de Direito do Trabalho aplicado*, vol. 1: *Parte Geral*. Rio de Janeiro: Elsevier, 2009. p. 142.

dade ao empreendimento, sem que fique paralisado por muito tempo[41].

- **Consequência da sucessão trabalhista.** Preenchidos os requisitos anteriores, o sucessor responderá pelos débitos trabalhistas. O sucessor, portanto, assumirá o bônus (riquezas produzidas pela empresa sucedida) e o ônus (débitos trabalhistas) decorrentes da sucessão.
- **Reforma Trabalhista:** Estabelece expressamente que o sucessor responde por todas as obrigações trabalhistas na redação do novo art. 448-A da CLT. No caso de fraude na transferência das empresas, a responsabilidade será solidária.
- **Grupo econômico e sucessão trabalhista.** A formação do grupo econômico gera responsabilidade solidária entre as pessoas jurídicas que compõem o grupo. Desse modo, há discussão em torno da responsabilidade solidária entre o **sucessor** (novo empregador) que adquiriu apenas uma das empresas pertencentes ao grupo, e o **grupo econômico**, por débitos de empresas não adquiridas. O TST entendeu que não há responsabilidade solidária do novo empregador com o grupo econômico, exceto se comprovada má-fé ou fraude na sucessão (OJ nº 411 da SDI-I do TST).
- **Falência e sucessão trabalhista.** A Lei de Falências[42] alterou profundamente o instituto da sucessão. Após a vigência dessa lei, a aquisição do estabelecimento em leilão ou hasta pública, seja no caso de recuperação judicial ou, ainda, na falência, não acarretará ônus ao comprador. Assim sendo, com fundamento na segurança jurídica para os compradores e na continuidade dos postos de trabalho, quando a transferência do empreendimento tiver origem na falência ou na recuperação judicial, não se configurará a sucessão trabalhista.
- **Entes de Direito Público.** Não haverá sucessão trabalhista entre entes de direito público. Exemplo: no desmembramento de municípios, o novo município não assumirá os débitos trabalhistas decorrentes do desmembramento[43]. Dessa forma, o antigo município é o responsável pelos direitos trabalhistas dos empregados que lhe prestavam serviços antes do desmembramento.
- **Privatização.** Cabe destacar que ocorrerá sucessão quando ocorrer a **privatização** de empresa pública da Administração Indireta. A privatização ocorre quando uma empresa pública é adquirida pelo setor privado. Esse fenômeno também é conhecido por desestatização. Exemplos: Vale do Rio Doce foi adquirida e se tornou a empresa Vale; o banco Banespa foi comprado pela Santander. Na hipótese de privatização, as antigas contratações sem o prévio concurso serão convalidadas, pois não se exige, na iniciativa privada, o requisito do concurso. Assim sendo, o servidor que antes estava trabalhando de forma irregular, por ausência do prévio concurso público, após a privatização, terá todos os direitos trabalhistas garantidos. Consequentemente, o novo adquirente (sucessor) assumirá todos os débitos trabalhistas do antigo proprietário (Estado). Deverá pagar os contratos de trabalho, inclusive dos empregados admitidos sem concurso público.

5.3. SÓCIO RETIRANTE

- **Sócio retirante**: A Reforma Trabalhista passa a regulamentar a figura do sócio retirante no art. 10-A da CLT, que compreende aquele que se retira da sociedade mediante notificação prévia aos demais sócios, devendo ocorrer alteração no contrato social da empresa.
- **Responsabilidade do sócio retirante:** O sócio retirante responderá subsidiariamente pelas obrigações trabalhistas da sociedade relativas ao período em que figurou como sócio. Para a responsabilização do sócio, é necessário que a reclamação trabalhista seja ajuizada no período de até 2 anos depois de averbada a modificação do contrato. A responsabilidade subsidiária é determinada por um benefício de ordem, ou seja, o empregado somente poderá exigir dos sócios retirantes caso sigam a ordem de preferência exigida em lei:

  I - Empresa devedora;

  II - Sócios atuais;

  III - Sócios retirantes.

5.4. PODERES DO EMPREGADOR

- **Poderes do empregador:** O poder do empregador está previsto no art. 2º da CLT, pois o empregador "dirige a prestação pessoal de serviços". Como ele assume exclusivamente os riscos da atividade econômica, há necessidade de organizar e controlar a prestação de serviços, mesmo que, para isso, seja necessária a aplicação de penalidades aos trabalhadores. Se de um lado há presença do poder de direção, por parte do empregado há também a presença da subordinação.

---

41 De acordo com Délio Maranhão: "Para que exista a sucessão de empregadores, são os requisitos indispensáveis: a) que um estabelecimento, como unidade econômico-jurídica, passe de um para outro titular; b) que a prestação de serviço pelos empregadores não sofra solução de continuidade." SUSSEKIND, Arnaldo et al. Instituições de Direito do Trabalho, vol. I. 21. ed. São Paulo: LTr, 2004. p. 305.

42 Lei nº 11.101/2005, ver art. 60, parágrafo único e art. 141, II, ambos com redação dada pela Lei nº 14.112, de 2020, que preveem que a venda do estabelecimento na recuperação judicial e na falência é livre de qualquer ônus, não havendo sucessão do arrematante nas obrigações do devedor de qualquer natureza, incluídas, mas não exclusivamente, as de natureza ambiental, regulatória, administrativa, penal, anticorrupção, tributária e **trabalhista**.

43 **Orientação Jurisprudencial nº 92 da SDI-I do TST:** "Em caso de criação de novo município, por desmembramento, cada uma das novas entidades responsabiliza-se pelos direitos trabalhistas do empregado no período em que figurarem como real empregador."

- **Poderes não são absolutos:** limites previstos na CLT e na CF/88, por exemplo, respeitar a intimidade e a dignidade do empregado. Aliás, se transmitida ordem ilegal (comprar entorpecentes, fazer sexo com clientes da empresa), alheia ao contrato (empregado contratado como professor de inglês, sendo exigido que transporte os filhos do empregador para escola e que faça suas compras de supermercado), ou desproporcional (trabalhar 18 horas por dia, ou sem equipamentos básicos de proteção), o empregado poderá se recusar[44] a cumprir a ordem dada.
- **Poder de organização:** "seria o conjunto de prerrogativas tendencialmente concentradas no empregador dirigidas à organização da estrutura e espaço empresariais internos, inclusive o processo de trabalho adotado no estabelecimento e na empresa, com a especificação e orientação cotidianas no que tange à prestação de serviços."[45]
- **Poder regulamentar:** "Poder regulamentar seria o conjunto de prerrogativas tendencialmente concentradas no empregador dirigidas à fixação de regras gerais a serem observadas no âmbito do estabelecimento e da empresa."[46]
- Regulamento de empresa: O regulamento é uma "lei interna" da empresa, que prevê regras ligadas às questões técnicas (forma de desempenhar as atividades, horário de trabalho, utilização de EPIs), disciplinares (hipóteses de aplicação da advertência e suspensão, instauração de inquérito para apuração da falta cometida) e direitos dos empregados (adicional por produtividade ou tempo de serviços, plano de cargos e salários, forma da participação nos lucros e resultados da empresa).
- Prevalência do negociado sobre o legislado: De acordo com o inciso VI do art. 611-A da CLT, o instrumento coletivo prevalecerá sobre a lei quando versar sobre regulamento de empresa. O regulamento empresarial é o conjunto de regras elaboradas pelo empregador para mais bem organizar a empresa. Esta matéria não encontra previsão na CLT.
- **Padrão de vestimentas e uso do empregado para publicidades.** Dentre os aspectos do poder do empregador, insere-se o poder de organização, que consiste na distribuição das tarefas aos empregados, fixação do horário de trabalho, utilização de uniformes etc. Dentro desse poder de organização, pode-se acrescentar a possibilidade dada ao empregador de expedir ordens gerais, por meio do regulamento da empresa. Essa atribuição é chamada de Poder Regulamentar.

  Insere-se nos poderes o empregador a possibilidade de definir o padrão de vestimenta no meio ambiente de trabalho, sendo lícita a inclusão, no uniforme dos empregados, de logomarcas da própria empresa ou de empresas parceiras e de outros itens de identificação relacionados à atividade desempenhada.

  Note-se que o uniforme não se trata de salário-utilidade. Se a utilidade fornecida é **para** o trabalho, ou seja, como ferramenta indispensável à realização dos serviços, não terá natureza salarial, mas sim de indenização. Portanto, os uniformes são ferramentas de trabalho e não configuram hipótese de salário in natura. De acordo com o parágrafo único do artigo 456-A da CLT, inserido pela Lei nº 13.467/2017, a higienização do uniforme é, em regra, de responsabilidade do trabalhador, salvo nas hipóteses em que forem necessários procedimentos ou produtos diferentes daqueles usados para a limpeza de vestimentas de uso comum.

  > **Art. 456-A da CLT (acrescentado pela Lei nº 13.467/2017).** Cabe ao empregador definir o padrão de vestimenta no meio ambiente laboral, sendo lícita a inclusão no uniforme de logomarcas da própria empresa ou de empresas parceiras e de outros itens de identificação relacionados à atividade desempenhada.
  >
  > Parágrafo único. A higienização do uniforme é de responsabilidade do trabalhador, salvo nas hipóteses em que forem necessários procedimentos ou produtos diferentes dos utilizados para a higienização das vestimentas de uso comum.

- **Poder de controle.** Por meio do controle, o empregador fiscaliza as tarefas executadas, verifica o cumprimento da jornada de trabalho e protege seu patrimônio, mediante o controle de estoque, produtividade etc.
- **Direitos da personalidade do trabalhador e poder empregatício (dignidade, privacidade e intimidade).** O poder do empregador está sempre limitado ao respeito dos direitos de personalidade dos trabalhadores, previstos na Constituição Federal, tais como o respeito à dignidade da pessoa humana (art. 1º, III), intimidade, privacidade, honra e imagem do trabalhador (art. 5º, X).
- **Limitação ao uso de banheiros.** De acordo com o TST, ocorre abuso do poder de direção quando o empregador impede o empregado de utilizar o banheiro para evitar interrupção na produção[47]. De acordo com o tribunal, a limitação ao uso do banheiro, ainda que seja nas "linhas de produção" acarreta risco à saúde do empregado ao compro-

44. De acordo com Délio Maranhão, o direito de resistência ou jus resistentiae: "A personalidade do empregado não se anula com o contrato de trabalho, razão pela qual lhe é reconhecido certo jus resistentiae no que respeita às determinações do empregador. Assim, pode ele, legitimamente, recusar-se ao cumprimento de uma ordem, por exemplo, que o coloque em grave risco, que fuja à natureza do trabalho contratado, que o humilhe ou diminua moralmente, ou seja ilícita, ilegal ou de execução extraordinariamente difícil."

45 DELGADO, Mauricio Godinho. **Curso de Direito do Trabalho.** 19. ed. São Paulo: LTr, 2019, p. 792.

46 DELGADO, Mauricio Godinho. **Curso de Direito do Trabalho.** 19. ed. São Paulo: LTr, 2019, p. 792.

47 Informativo nº 120 do TST.

meter o atendimento às necessidades fisiológicas impostergáveis.

- **Uso de câmeras televisivas de segurança.** É permitido ao empregado utilizar câmeras de segurança para proteção de seu patrimônio e controle do trabalho realizado. Ocorre que não é permitida a instalação de câmeras em banheiros e refeitórios, pois invadem o direito à privacidade e intimidade do trabalhador, o que permite o pedido de indenização por danos morais.
- **Dinâmica de metas de desempenho.** De acordo com a jurisprudência trabalhista, a cobrança de metas do empregado insere-se no poder de comando do empregado e não configura assédio moral, desde que respeita a dignidade do trabalhador:

> **Súmula nº 42 do TRT - 1ª Região.** Cobrança de metas. Dano moral. Inexistência.
>
> A cobrança de metas está inserida no poder de comando do empregador, não configurando assédio moral, desde que respeitada a dignidade do trabalhador.

- **Exercício de atividade em estresse acentuado.** No caso de atividades que causam estresse acentuado ao trabalhador, é possível o pedido de indenização por danos morais caso verificada a conduta reiterada do empregador em exigir o cumprimento da tarefa. Portanto, o cumprimento de metas não assegura, por si só, a indenização por dano moral. Contudo, se essa atividade causar estresse acentuado é possível a configuração do assédio moral.
- **Quebra de sigilo bancário.** De acordo com a jurisprudência do TST, é permitida a quebra de sigilo bancário de empregado de banco, pois os empregados que são correntistas do banco estão sujeitos às mesmas regras de monitoramento financeiro dos demais correntistas não empregados[48].
- **Monitoramento do perfil do empregado em redes sociais.** Há grande discussão doutrinária se o empregador pode realizar o monitoramento do perfil de seu empregador nas redes sociais. No âmbito das organizações de tendências, é possível o controle das manifestações dos trabalhadores que sejam contrárias ao posicionamento da empresa e que possam vir a comprometer sua imagem. No entanto, não é possível realizar o controle acerca das atividades do trabalhador ou de questões que envolvem o direito à privacidade e intimidade.
- **Violação à imagem.** A noção de imagem refere-se à projeção da pessoa em seus relacionamentos e na comunidade que está inserida. O direito à imagem é tutelado pela Constituição Federal no âmbito do patrimônio moral do indivíduo. Pode haver violação à imagem do trabalhador com a utilização não autorizada ou não retribuída da imagem ou a utilização com a finalidade de denegrir o trabalhador. Em todos os casos, é possível a reparação do dano causado[49].
- **"Lista suja" de trabalhadores.** A divulgação de lista com nomes de trabalhadores que ingressaram com reclamação trabalhista enseja a indenização por danos morais aos trabalhadores prejudicados e à toda sociedade por meio de dano moral coletivo[50], pois é uma medida discriminatória para impedir o exercício constitucional do direito de ação.
- **Fiscalização do correio eletrônico.** Há discussão sobre a possibilidade de fiscalizar o correio eletrônico (*e-mail*) do empregado. Prevalece o entendimento de que, se o *e-mail* é da empresa (corporativo), utilizado como ferramenta de trabalho, há possibilidade de fiscalização, pois é responsabilidade da própria empresa verificar o conteúdo dessas mensagens. O controle, entretanto, não pode recair sobre o correio eletrônico pessoal/particular do trabalhador, sob pena de configurar afronta à intimidade.
- **Programas espiões de controle de atividade.** Programas espiões, também chamados de *Bosswares*, são programas de computador usados por alguns empregadores para o controle e a fiscalização das atividades de seus empregados durante a jornada de trabalho. A utilização indiscriminada dessas tecnologias pode representar ofensa à vida privada e à dignidade dos trabalhadores. Conforme jurisprudência do TRT 2, a utilização, ainda que com a ciência do empregado, de programas espiões em computadores da empresa, com invasão da privacidade e intimidade dos empregados agride a dignidade humana (art. 1º, III, CF/88)[51].
- **Revistas íntimas.** Outra questão que poderá ser cobrada no concurso é a possibilidade de revistas íntimas e pessoais dos empregados. O(a) trabalhador(a) que lida com joias ou munição de armas poderá ser revistado? Há expressa previsão em lei vedando revistas íntimas nas mulheres, art. 373-A, VI, da CLT. Essa proibição à revista íntima tem sido estendida também aos empregados do sexo masculino, com fundamento no princípio da igualdade. Em abril de 2016, foi promulgada a Lei nº 13.271/2016, que estabelece a proibição de revistas íntimas de funcionários e clientes do sexo femnino por empresas privadas e órgãos e entidades da Administração Pública:

> **Art. 1º** As empresas privadas, os órgãos e entidades da Administração Pública, Direta e Indireta, ficam proibidos de adotar qualquer prática de revista íntima de suas funcionárias e de clientes do sexo feminino.

48 DELGADO, Mauricio Godinho. *Curso de Direito do Trabalho*. 16. ed. São Paulo: LTr, 2017. p. 736.

49 DELGADO, Mauricio Godinho. *Curso de Direito do Trabalho*. 16. ed. São Paulo: LTr, 2017. p. 740.

50 DELGADO, Mauricio Godinho. *Curso de Direito do Trabalho*. 16. ed. São Paulo: LTr, 2017. p. 743.

51 TRT-2 02197002020095020086 São Paulo - SP, Relator: RICARDO ARTUR COSTA E TRIGUEIROS, Data de Julgamento: 18/09/2012, 4ª Turma, Data de Publicação: 28/09/2012.

> **Art. 2º** Pelo não cumprimento do art. 1º, ficam os infratores sujeitos a:
>
> I – multa de R$ 20.000,00 (vinte mil reais) ao empregador, revertidos aos órgãos de proteção dos direitos da mulher;
>
> II – multa em dobro do valor estipulado no inciso I, em caso de reincidência, independentemente da indenização por danos morais e materiais e sanções de ordem penal.

- **Revistas pessoais.** Quando realizadas com razoabilidade, sem que envolvam nudez, têm sido admitidas, desde que a atividade exercida justifique esse controle. O TST tem aceitado essas revistas pessoais, de bolsas, mochilas e sacolas, desde que não submeta o trabalhador a situação constrangedora. Aliás, a revista generalizada e impessoal desses pertences do empregado pode, segundo a jurisprudência do TST, ser realizada por pessoa do sexo oposto, por exemplo, segurança do sexo masculino fiscaliza a bolsa da empregada (sem que haja contato físico com a trabalhadora).
- **Restrições ao porte e uso do celular.** Para a corrente majoritária, a restrição ao porte e ao uso do celular durante a jornada de trabalho e/ou nas dependências da empresa está dentro do poder de fiscalização e controle do empregador e, portanto, é permitido. Essa limitação, contudo, deve ser pautada pelos princípios da razoabilidade, proporcionalidade e boa-fé objetiva. O empregador deve esclarecer os motivos da proibição, utilizando como fundamentos à proibição, por exemplo: 1. Serviços que exigem especial concentração do empregado (como no caso de caixa bancário); 2. Proteção de dados de terceiros (como no caso de empregado que trabalho no Serasa); e 3. Proibição legal (como no caso de empregados que trabalham dirigindo).
- **Exigência de apresentação ao serviço com cabelo e barba aparados.** Conforme posicionamento da 3ª Turma do TST, no informativo nº 250, é discriminatória a exigência do empregador de que seus empregados se apresentem ao serviço com cabelo e barba aparados. Segundo a Corte, a restrição discriminatória quanto à imagem pessoal dos empregados do setor de vigilância contraria a conquista e afirmação da dignidade da pessoa humana, que não mais podem se restringir à sua liberdade e intangibilidade física e psíquica, envolvendo também a conquista e afirmação de sua individualidade no meio econômico e social, considerado o conjunto mais amplo e diversificado das pessoas, mediante o trabalho e, particularmente, o emprego. Dessa forma, está fora dos limites dos poderes do empregador a exigência de apresentação ao serviço com cabelo e barba aparados.
- **Poder disciplinar:** "Poder disciplinar é o conjunto de prerrogativas concentradas no empregador dirigidas a propiciar a imposição de sanções aos empregados em face do descumprimento por esses de suas obrigações contratuais."[52]
- **Penalidades admitidas:**
  - **a) Advertência verbal ou escrita.** Embora a advertência não esteja prevista na CLT, é admitida pela doutrina e jurisprudência, pois é, entre as penalidades, a mais benéfica ao empregado. Ressalta-se que a advertência não pode constar da CTPS – Carteira de Trabalho e Previdência Social, porque configurará anotação desabonadora.
  - **b) Suspensão disciplinar de, no máximo, 30 dias consecutivos (art. 474 da CLT).** Nesse caso, o empregado ficará afastado das suas atividades, não receberá remuneração nem terá contado seu tempo de serviço, para adquirir férias, por exemplo. Ademais, não há depósitos do FGTS durante esse período. Se a suspensão ultrapassar os 30 dias, é possível a rescisão indireta do contrato de trabalho.
  - **c) Dispensa por justa causa (art. 482 da CLT).** Essa é a penalidade mais grave, colocando fim ao contrato de trabalho. Se o empregado cometer alguma das condutas previstas no art. 482 da CLT (violar sigilo da empresa, agressão física, desídia etc.), será dispensado por justa causa.
- Segue quadro para facilitar a memorização sobre o tema: empregador.

EMPREGADOR	
Princípio da alteridade:	empregador assume exclusivamente os riscos da atividade econômica. Não divide os prejuízos com os empregados.
Empregador por equiparação	também são empregadores os profissionais liberais e outras instituições sem fins lucrativos.
Grupo econômico:	a) duas ou mais empresas estiverem sobre o comando único ou coordenadas;
	b) consequência: responsabilidade solidária entre as empresas do grupo.
Sucessão trabalhista (arts. 10, 448 e art. 448-A da CLT):	a) transferência do estabelecimento;
	b) não ocorrência de paralisação das atividades;
	c) consequência: sucessor assume os débitos trabalhistas (art. 448-A, da CLT).
Poderes do empregador:	a) poder de organização: – poder regulamentar.
	b) poder de controle;
	c) poder disciplinar: – advertência verbal ou escrita; – suspensão de até 30 dias; – dispensa por justa causa, art. 482 da CLT.

52 DELGADO, Mauricio Godinho. **Curso de Direito do Trabalho.** 19. ed. São Paulo: LTr, 2019, p. 797.

5.4.1. ASSÉDIO NAS RELAÇÕES DE TRABALHO

- **Assédio moral.** O assédio moral é a conduta reiterada no sentido de desgastar o equilíbrio emocional do sujeito passivo, seja por meio de atos, palavras, gestos, que vise ao enfraquecimento da vítima ou ao seu desequilíbrio emocional. [53]

  O assédio moral pode ser dividido em:

  1) **Assédio moral vertical:** é aquele que ocorre em relação de hierarquia. Pode ser descendente, da chefia em direção ao chefiado, ou ascendente, do chefiado em direção à chefia[54].
  2) **Assédio moral horizontal:** verifica-se quando há tentativa de desequilíbrio emocional oriundo de colegas em relação a outros colegas[55].
  3) **Assédio moral organizacional ou Straining:** ocorre quando todos os trabalhadores da empresa são vítimas de terror psicológico com ameaças de sofrer castigos caso metas ou produção não sejam atingidas.

- **Assédio sexual.** Trata-se da conduta reiterada com conotação libidinosa de uma pessoa em relação à outra. É uma ofensa de natureza essencialmente emocional, podendo em alguns casos atingir inclusive a dimensão física[56]. O empregado sujeito a assédio sexual tem direito à indenização por danos morais sofridos, além da possibilidade de rescindir indiretamente o contrato de trabalho.
- **Assédio eleitoral.** O assédio eleitoral corresponde à conduta reiterada e intencional de promoter a uma pessoa um emprego ou uma promoção no emprego desde que o trabalhador vote em determinado candidato ou trabalhe em sua eleição. Caso não vote ou não venha a trabalhar para o candidato, está sujeito a retaliações como redução de parcelas salariais ou até mesmo a perda no emprego[57].
- **Assédio religioso.** É a discriminação reiterada e intencional de uma pessoa em relação à outra em razão de suas crenças, conduta claramente vedada pela Constituição Federal que, em seu art. 5º, inciso VI, assegura a liberdade religiosa. No ambiente de trabalho, o assédio religioso se apresenta quando um empregado é prejudicado ou deixa de ser beneficiado na rotina de trabalho por conta de seu credo, bem como quando é pressionado por outros trabalhadores ou pelo empregador a adotar outra religião.

53 DELGADO. Mauricio Godinho. Curso de Direito do Trabalho. 15ª ed. São Paulo: LTr, 2016. p. 1346.

54 DELGADO. Mauricio Godinho. Curso de Direito do Trabalho. 15ª ed. São Paulo: LTr, 2016. p. 1346.

55 DELGADO. Mauricio Godinho. Curso de Direito do Trabalho. 15ª ed. São Paulo: LTr, 2016. p. 1346.

56 DELGADO. Mauricio Godinho. Curso de Direito do Trabalho. 16ª ed. São Paulo: LTr, 2017. p.731.

57 SHIRADO, Nayana. *Assédio eleitoral no ambiente de trabalho: a ingerência do empregador na escolha política do empregado.* Disponível em: http://www.justicaeleitoral.jus.br/arquivos/tre-am-artigo-da-revista-de-jurisprudencia-no-15-de-2015-escrito-por-nayana-shirado.

- **Consequências do assédio nas relações de trabalho.** Comprovada a prática de assédio por parte do empregador, o trabalhador poderá ser indenizado pelo dano moral sofrido (arts. 186, 187 e 927 do CC), bem como pleitear a rescisão indireta do contrato de trabalho (art. 483, "e", CLT). Caso o assediador seja outro empregado, haverá a possibilidade de dispensa por justa causa (art. 482, "j", CLT). Ainda, no caso de assédio processual, a parte assediadora responderá por eventuais perdas e danos (art. 793-A, CLT), bem como poderá ser condenada às penalidades da litigância de má-fé (art. 793-B, IV, CLT).

6. RELAÇÕES DE TRABALHO *LATO SENSU*

- **Trabalhador autônomo:** O trabalhador autônomo é o prestador de serviços que atua como patrão de si mesmo[58], ou seja, é a pessoa física que presta serviços por conta própria, assumindo os riscos do empreendimento. Exemplos de trabalhadores autônomos: médico, pedreiro, taxista, veterinário, diarista etc.
- Em geral, esse trabalhador é o dono das ferramentas e demais equipamentos indispensáveis para a realização das suas atividades, possui ampla liberdade para escolher o horário de trabalho e fixar o preço de seus serviços. Verifica-se, assim, que falta ao trabalhador autônomo o requisito da subordinação para que se configure a relação empregatícia.
- **Reforma Trabalhista:** A Lei nº 13.467/23017 inseriu o art. 442-B à CLT para prever que a contratação de autônomo, cumpridas as formalidades legais, com ou sem exclusividade, de forma contínua ou não, afasta a condição de empregado. Entendemos que haverá a incidência do princípio da primazia da realidade em caso de discussão de vínculo trabalhista, já que, configurada a subordinação, estará caracterizada a relação de emprego.

> **Art. 442-B da CLT:** *A contratação do autônomo, cumpridas por este todas as formalidades legais, com ou sem exclusividade, de forma contínua ou não, afasta a qualidade de empregado prevista no art. 3º desta Consolidação.*

- **Trabalhador eventual:** O trabalhador eventual é aquele que presta serviços ocasionais, esporádicos. Ademais, outro critério para identificar o trabalhador eventual é que ele atue em atividades não permanentes da empresa. Exemplo: faculdade de direito contrata programador de sistemas por três dias, para atualização dos computadores. Veja que esse trabalho não é uma atividade permanente da faculdade, e, ainda, não há repetição das atividades desse profissional.
- Verifica-se, no trabalho eventual, a ausência de expectativa de retorno ao local de trabalho, portanto falta o requisito da não eventualidade para configurar o vínculo empregatício.

58 BARROS, Alice Monteiro. *Curso de Direito do Trabalho*. 2. ed. São Paulo: LTr, 2006. p. 204.

- **Trabalhador avulso:** A característica principal do trabalho avulso é a presença da intermediação de mão de obra, ou seja, o trabalhador avulso é colocado no local de trabalho com a intermediação do sindicato da categoria ou por meio do Órgão Gestor de Mão de Obra – OGMO.
- Embora esse trabalhador não seja empregado, nem do sindicato, nem do Ogmo, uma vez que exerce a atividade a diversos operadores portuários (ausência do requisito de pessoalidade), o art. 7º, XXXIV, da CF/88 estendeu a ele todos os direitos previstos aos empregados. Diante disso, o trabalhador avulso terá direito a férias, décimo terceiro salário, depósitos do FGTS etc.
- **Trabalhador voluntário:** no trabalho voluntário, não há o requisito onerosidade. É possível o ressarcimento do trabalhador pelas despesas que realizou no trabalho, as quais não configuram contraprestação pelo serviço prestado.
- Ministros e membros de entidades religiosas. No dia 04 de agosto de 2023, foi publicada a Lei nº 14.647/2023, que alterou a CLT para estabelecer a inexistência de vínculo empregatício entre entidades religiosas ou instituições de ensino vocacional e seus ministros, membros ou quaisquer outros que a eles se equiparem. Nos termos do § 3º do art. 442 da CLT, em caso de desvirtuamento da finalidade religiosa e voluntária, não se aplicará a exclusão da relação de emprego. Nesse mesmo sentido já determinava o art. 9º da CLT, que entende por nulos de pleno direito os atos praticados com o objetivo de desvirtuar, impedir ou fraudar a aplicação dos preceitos contidos na Consolidação. Assim, presentes os elementos caracterizadores da relação de emprego, deve-se reconhecer o vínculo entre o ministro e a entidade religiosa.

7. PROTEÇÃO DO TRABALHO DA CRIANÇA E DO ADOLESCENTE

- **Doutrina de Proteção Integral e da Prioridade Absoluta**: consiste em prestigiar a prioridade da criança e do adolescente, a garantir seus direitos, com a destinação de recursos para a produção do bem comum desses sujeitos, a fim de que o orçamento prestigie e proteja os direitos assegurados pela lei[59]
- **Idade para trabalho.** É proibido o trabalho noturno, perigoso ou insalubre a menores de dezoito e de qualquer trabalho a menores de dezesseis anos, salvo na condição de aprendiz, a partir de quatorze anos.

> **Art. 7º.** São direitos dos trabalhadores urbanos e rurais, além de outros que visem à melhoria de sua condição social:
>
> XXX – proibição de diferença de salários, de exercício de funções e de critério de admissão por motivo de sexo, **idade**[60], cor ou estado civil: (grifo acrescido)
>
> XXXIII – proibição de trabalho noturno, perigoso ou insalubre a menores de dezoito anos e de qualquer trabalho a menores de dezesseis anos, salvo na condição de aprendiz, a partir de quatorze anos.

- **Lista TIP:** Destaca-se que o Brasil ratificou a Convenção nº 182 da OIT, que visa à eliminação das piores formas de trabalho infantil, em caráter de urgência. Nesse sentido, o Decreto nº 6.481/2008 estabelece a Lista das Piores Formas de Trabalho Infantil (Lista TIP), que contém a classificação das atividades, locais e trabalhos prejudiciais à saúde, à segurança e à moral dos menores.
- **Profissões com idades diferenciadas:** Destaca-se que algumas profissões apresentam restrição de idade diferenciada diante das condições exigidas para o trabalho. Note-se que essas limitações são sempre para ampliar a idade mínima permitida, e nunca permitindo trabalho com idade inferior à prevista Constituição Federal. Nesse sentido, a idade mínima para o empregado doméstico é de 18 anos (art. 1º, parágrafo único, LC nº 150/2015), 21 anos para a profissão de vigilante (art. 16, II, Lei nº 7.102/1983) e 25 anos para a atividade de Mãe Social (art. 9º, a, Lei nº 7.644/1987).
- **Prestação de serviços em locais prejudiciais à moralidade, à saúde e segurança do adolescente:** Entre os locais e atividades em que é vedado o trabalho do adolescente, em razão de serem considerados prejudiciais à moralidade, destacam-se os expressos no art. 405 da CLT e na Lista de Piores Formas de Trabalho Infantil (TIP), contida no Decreto nº 6.481/2008:

a) teatro de revista, cinemas, boates, cassinos, cabarés, *dancings* e estabelecimentos análogos;

b) empresas circenses, em funções de acrobata, saltimbanco, ginasta e outras semelhantes;

c) produção, composição, entrega ou venda de escritos impressos, cartazes, desenhos, gravuras, pinturas, emblemas, imagens e quaisquer outros objetos que possam, a juízo da autoridade competente, prejudicar sua formação moral;

d) venda, a varejo, de bebidas alcoólicas.

e) com exposição a abusos físicos, psicológicos ou sexuais.

---

59. MARQUES, Geny Helena Barroso; JOSVIAK, Mariane; BESSA, Sueli Teixeira. Aprendizagem e qualificação profissional de adolescentes em cumprimento de medidas socioeducativas em meio aberto e fechado. In: CARELLI, Rodrigo de Lacerda et al (Ed.). Revista do Ministério Público do Trabalho. Brasília: Procuradoria Geral do Trabalho, 2014. p. 262.

60. Há jurisprudência do TST no mesmo sentido: Orientação Jurisprudencial nº 26 da SDC: "Salário normativo. Menor empregado. Art. 7º, XXX, da CF/88. Violação. Os empregados menores não podem ser discriminados em cláusula que fixa salário mínimo profissional para a categoria."

- **Trabalho infantil artístico:** Vale destacar, ainda. que é comum o trabalho artístico de pessoas com menos de 14 anos em programas de televisão e teatro. No entanto, esse trabalho somente pode ser autorizado judicialmente caso constatado que não haverá nenhum prejuízo ao adolescente.
- **Requisitos:** No caso de autorização para trabalho artístico e configurados os requisitos da relação de emprego, deve haver anotação da CTPS, realização de exames admissionais e periódicos para que se avalie o estado de saúde do menor e comprovação de continuidade das atividades escolares. Quanto à retribuição, deve-se determinar que ao menos 50% da remuneração seja depositada em caderneta de poupança de banco oficial, que só poderá ser movimentada quando o menor completar 18 anos, ou antes dos 18 anos mediante análise pelo Ministério Público do Trabalho e autorização por alvará judicial.
- **Competência:** Havia grande discussão acerca do órgão judicial competente para a autorização do trabalho de crianças e adolescentes. O tema foi pacificado pelo STF na ADI nº 5.326/DF. O Ministro Marco Aurélio Mello, em medida liminar, suspendeu a eficácia de recomendações que previam a competência da Justiça do Trabalho para autorização do trabalho do menor em atividades artísticas. Após apreciar a ADI, o Tribunal, por maioria, decidiu que é competência da Justiça Comum apreciar pedido de autorização visando a participação de crianças e adolescentes e eventos de caráter artístico.
- **Conselho tutelar:** A disciplina jurídica do Conselho Tutelar e os direitos das crianças e dos adolescentes estão expressos no Estatuto da Criança e do Adolescente – Lei nº 8.069/1990. De acordo com o art. 131 do ECA, o Conselho Tutelar é órgão permanente e autônomo que tem a função de zelar pelo cumprimento dos direitos da criança e do adolescente. Deve haver em cada município no mínimo 1 Conselho Tutelar como órgão integrante da administração pública local, sendo composto por 5 membros, escolhidos pela população local para mandato de 4 anos, permitida uma recondução (art. 132 do ECA).
- **Trabalho educativo:** O trabalho educativo está previsto no art. 68 do Estatuto da Criança e do Adolescente:

> **Art. 68, Lei nº 8.069/1990.** *O programa social que tenha por base o trabalho educativo, sob responsabilidade de entidade governamental ou não-governamental sem fins lucrativos, deverá assegurar ao adolescente que dele participe condições de capacitação para o exercício de atividade regular remunerada.*
>
> *§ 1º. Entende-se por trabalho educativo a atividade laboral em que as exigências pedagógicas relativas ao desenvolvimento pessoal e social do educando prevalecem sobre o aspecto produtivo.*
>
> *§ 2º. A remuneração que o adolescente recebe pelo trabalho efetuado ou a participação na venda dos produtos de seu trabalho não desfigura o caráter educativo.*

- Dessa forma, o trabalho educativo consiste no desenvolvimento de atividades em que as exigências pedagógicas prevalecem sobre o aspecto produtivo, sendo que o recebimento de remuneração não modifica sua natureza e **não gera vínculo empregatício**[61].
- **Jornada de trabalho do adolescente:** A jornada de trabalho do menor possui a mesma duração que a do trabalhador adulto, ou seja, limitada a 8 horas diárias e 44 horas semanais. A diferença consiste na proibição ao menor de prestar horas extras. Há, entretanto, duas exceções, em que é permitido o trabalho em regime extraordinário.
- **Hora extra.** De acordo com o art. 413 da CLT, o empregado com menos de 18 anos poderá prorrogar a jornada somente em duas hipóteses excepcionais: a) compensação de jornada, desde que: 1. haja negociação coletiva; e 2. não ultrapasse 44 horas semanais; b) Força maior, desde que não ultrapasse 12 horas diárias e haja pagamento de adicional de serviço extraordinário de, no mínimo, 50%. Fora esses 2 casos excepcionais, o adolescente não poderá prestar serviços suplementares (horas extras).
- **Intervalo de 15 minutos.** Importante ressaltar que o intervalo de 15 minutos entre o final da jornada de trabalho e o início da jornada extraordinária não é mais devido aos adolescentes e às mulheres, tendo em vista a revogação do art. 384 da CLT pela Reforma Trabalhista.
- **Jornadas somadas.** Caso o adolescente preste serviços a mais de uma empresa, ou seja, haja contratos de trabalho simultâneos, as horas de trabalho em cada uma delas serão somadas, conforme previsto no art. 414 da CLT. Exemplo: empregado adolescente, 17 anos de idade, trabalha 4 horas diárias em um supermercado. Foi contratado para trabalhar em uma papelaria à tarde. Poderá cumular os contratos, desde que tenha jornada, na papelaria, de até 4 horas diárias, pois não poderá ultrapassar as 8 horas, somados os horários.
- **Assistência para quitação.** Para a assinatura do recibo de quitação das verbas rescisórias, há a necessidade de assistência dos representantes legais, sob pena de nulidade, conforme previsto no art. 439 da CLT.
- **Prescrição.** Contra o menor de 18 anos não corre prazo prescricional, ou seja, há uma causa impeditiva de contagem do prazo. Exemplo: o término do contrato ocorreu quando o trabalhador completou 17 anos de idade. Não correrá o prazo prescricional até que ele complete 18 anos. Ao completar essa idade, inicia-se o prazo de 2 anos para ingressar com a ação na Justiça do Trabalho. Ressalta-se que não é

---

61. ROSSATO, Luciano Alves; LÉPORE, Paulo Eduardo; CUNHA, Rogério Sanches. Estatuto da criança e do adolescente comentado artigo por artigo. 7. ed. São Paulo: Saraiva, 2015, p. 237.

vedado ao adolescente ingressar com a reclamação trabalhista antes de completar 18 anos.

- **Meio ambiente do trabalho.** As normas referentes ao meio ambiente de trabalho da mulher previstas na CLT são aplicadas subsidiariamente aos adolescentes. Nesse sentido, destaca-se a limitação de força muscular (art. 405, § 5º, CLT). Lembre-se de que a Reforma Trabalhista revogará o art. 384 da CLT, deixando de existir o intervalo na hipótese de prorrogação de jornada.

7.1. SALÁRIO DO ADOLESCENTE

- O art. 7º, inciso XXX, da CF/88 proíbe que os menores de 18 anos tenham salários diferentes no exercício de funções idênticas se comparados com o salário de um empregado adulto. Nesse sentido:

> **Art. 7º, inciso XXX, CF/88**: São direitos dos trabalhadores urbanos e rurais, além de outros que visem à melhoria de sua condição social: proibição de diferença de salários, de exercício de funções e de critério de admissão por motivo de sexo, idade, cor ou estado civil.

- Além disso, a própria jurisprudência do TST determina que não é possível a fixação de salário mínimo profissional diferenciado aos menores:

> **Orientação Jurisprudencial nº 26 da SDC do TST:** Os empregados menores não podem ser discriminados em cláusula que fixa salário mínimo profissional para a categoria.

- Dessa forma, o art. 11, parágrafo único, Lei nº 5.889/1973 (empregado rural), que garante ao menor de 16 anos salário mínimo fixado em valor correspondente à metade do salário mínimo de um empregado adulto, foi revogado com a promulgação da Constituição Federal de 1988. Portanto, é assegurado a todos os empregados menores de 18 anos o mesmo salário recebido por um empregado adulto no exercício da mesma função.

7.2. DAS FÉRIAS DO EMPREGADO ADOLESCENTE

- **Fracionamento.** Com a Reforma Trabalhista, há a revogação do art. 134, § 2º da CLT que estabelecia essa vedação de fracionamento de férias ao menor de 18 anos e para empregados com mais de 50 anos. Dessa forma, será permitido a todos os empregados, inclusive aos adolescentes, o fracionamento das férias individuais.

> **Art. 134, § 1º da CLT:** Desde que haja concordância do empregado, as férias poderão ser usufruídas em até três períodos, sendo que um deles não poderá ser inferior a quatorze dias corridos e os demais não poderão ser inferiores a cinco dias corridos, cada um.

- **Coincidência com as férias escolares.** O adolescente tem o direito de fazer coincidir as férias no trabalho com o período das férias escolares.
- **Para a semana antes da prova**, segue o quadro de resumo sobre empregado menor de 18 anos:

Trabalho do ADOLESCENTE	
Trabalho a partir dos 16 anos, exceto:	- |N|oturno - |I|nsalubre - |P|erigoso
A partir dos 14 anos:	- somente como aprendiz
Proibido trabalhar em horas extras, exceto:	- compensação - máximo 2 horas extras diárias - força maior - até 12 horas
Intervalo de 15 minutos entre:	- jornada normal - horas extras
Trabalho em mais de uma empresa:	- 8 horas somadas
Representante legal:	- assistência na quitação das verbas rescisórias
Férias:	- A Reforma Trabalhista permite o fracionamento a todos os empregados - direito de coincidir férias no trabalho com as férias escolares

7.3. APRENDIZ

- **Aprendiz:** o aprendiz é empregado; logo, estão presentes os requisitos essenciais da relação de emprego. A particularidade do contrato de aprendizagem consiste em permitir o trabalho a partir dos 14 anos. Para os maiores de 14 e menores de 16 anos, somente é permitido o trabalho na aprendizagem.
- **Idade.** A idade permitida para o contrato de aprendizagem é do maior de 14 anos e do menor de 24 anos. Esse limite máximo, 24 anos, não se aplica aos aprendizes com deficiência.
- A contratação de aprendizes deverá atender, prioritariamente, os adolescentes entre 14 e 18 anos. Atividades relacionadas à insalubridade, à periculosidade ou se incompatíveis com o desenvolvimento físico e moral dos adolescentes deverão ser ministradas para os jovens de 18 a 24 anos.
- **Requisitos indispensáveis para configurar o contrato de aprendizagem.** Esses requisitos estão previstos no art. 428 da CLT:

> **Art. 428.** *Contrato de aprendizagem é o contrato de trabalho especial, ajustado por* **escrito** *e por prazo determinado, em que o empregador se compromete a assegurar ao* **maior de 14** *(quatorze) e* **menor de 24** *(vinte e quatro) anos inscrito em* **programa de aprendizagem** *formação técnico-profissional metódica, compatível com o seu desenvolvimento físico, moral e psicológico, e o aprendiz, a executar com zelo e diligência as tarefas necessárias a essa formação (grifos acrescidos).*

- **1º Requisito:** O contrato de aprendizagem deve ser obrigatoriamente escrito;
- **2º Requisito:** A CTPS do empregado deve ser devidamente anotada constando a aprendizagem. Note-se que, atualmente, a CTPS é emitida preferencialmente em meio eletrônico após as alterações promovidas pela Lei 13.874/2019.
- **3º Requisito:** Matrícula e frequência do aprendiz na escola caso não tenha concluído o ensino médio. Note-se, portanto, que a aprendizagem é possí-

vel desde que a formação escolar seja garantida. Nas localidades onde não houver oferta de ensino médio, a contratação do aprendiz poderá ocorrer sem a frequência à escola, desde que ele já tenha concluído o ensino fundamental.

- **Atenção!** Nos termos do art. 428, § 6º, da CLT, a comprovação da escolaridade do aprendiz com deficiência deve considerar as habilidades e competência relacionadas com a profissionalização. Além disso, para o aprendiz com deficiência com 18 (dezoito) anos ou mais, a validade do contrato de aprendizagem pressupõe anotação na CTPS e matrícula e frequência em programa de aprendizagem desenvolvido sob orientação de entidade qualificada em formação técnico-profissional metódica.
- **4º Requisito:** Inscrição em programa de aprendizagem desenvolvido sob orientação de entidade qualificada em formação técnico-profissional metódica.
- **Requisitos para validade do contrato de aprendizagem para maiores de 18 anos.** A Lei nº 13.146/2015 (Estatuto da Pessoa com Deficiência) acrescentou o § 8º do art. 428 da CLT, que prevê a necessidade de anotação na CTPS e frequência em programa de aprendizagem desenvolvido por entidade qualificada em formação técnico-profissional metódica.
- **Entidades qualificadas em formação técnico-profissional metódica:** os cursos e formação deverão ser ministrados especialmente pelos Serviços Nacionais de Aprendizagem como SESC, SENAI, SENAC, SESI, dentre outros. No entanto, se os cursos não forem oferecidos ou se não houver vagas suficientes para atender à demanda dos estabelecimentos, é possível suprir por outras entidades qualificadas em formação técnico-profissional metódica nos termos do art. 430 da CLT:

  I – Escola Técnicas de Educação;

  II – entidades sem fins lucrativos, que tenham por objetivo a assistência ao adolescente à educação profissional, registradas no Conselho Municipal dos Direitos da Criança e do Adolescente. Deve cadastrar cursos, turmas e aprendizes no Ministério do Trabalho.

  III – entidades de prática desportiva das diversas modalidades filiadas ao Sistema Nacional do Desporto e aos Sistemas de Desporto dos Estados, do Distrito Federal e dos municípios. Devem cadastrar cursos, turmas e aprendizes no Ministério do Trabalho.
- **Descumprimento dos requisitos de validade do contrato de aprendizes:** De acordo com o art. 9º da CLT e 47 do Decreto nº 9.579/2018, o descumprimento desses requisitos importará a nulidade do contrato de aprendizagem, estabelecendo-se o vínculo empregatício diretamente com o empregador responsável pelo cumprimento da cota de aprendizagem, com exceção da pessoa jurídica de direito público
- **Salário mínimo hora.** A antiga redação do art. 428, § 2º, CLT determinava que, ao menor aprendiz, deveria ser assegurado salário mínimo hora salvo condição mais favorável. A Lei nº 13.420/2017 estendeu essa previsão não apenas ao aprendiz, mas a todos os aprendizes. Lembre-se de que a aprendizagem é permitida entre 14 e 24 anos, sendo que não há limitação de idade para pessoas com deficiência. Ocorre que, desde a promulgação da CF/88, é assegurado a todos os trabalhadores, inclusive aos aprendizes, o recebimento nunca inferior ao salário mínimo hora. Trata-se, portanto, de alteração apenas na redação do art. 428, § 2º, da CLT para se adequar ao texto constitucional:

  > **Art. 428, § 2º, CLT (atual redação):** *Ao aprendiz, salvo condição mais favorável, será garantido o salário mínimo hora.*
- **Jornada de trabalho:** é reduzida, em regra, a 6 horas diárias. Excepcionalmente, poderá ser ampliada para 8 horas, se o aprendiz já tiver completado o Ensino Fundamental, e, ainda, se nessas horas forem computadas as horas destinadas à aprendizagem teórica.
- **Vedação à prorrogação de jornada e à compensação de jornada:** De qualquer forma, é vedada a prorrogação da jornada (horas extras) e a compensação de horas aos aprendizes.
- **Prazo determinado.** O contrato de aprendizagem é por prazo determinado. Assim sendo, não poderá ser firmado por mais de **2 anos** com o mesmo empregador. Se extrapolado o limite de 2 anos, o contrato será automaticamente convertido em prazo indeterminado. Esse limite máximo de 2 anos não se aplica ao aprendiz com deficiência.
- **FGTS.** Os depósitos do FGTS – Fundo de Garantia do Tempo de Serviço – são suportados exclusivamente pelo empregador. A alíquota do aprendiz é de apenas 2% sobre a remuneração. O percentual dos demais empregados é de 8% sobre a remuneração.
- **Obrigatoriedade na contratação de aprendizes.** Como forma de incentivar a inserção de novos profissionais no mercado de trabalho, a CLT prevê obrigatoriedade na contratação desses profissionais. As empresas estão obrigadas a contratar, no mínimo, 5% e, no máximo, 15% do quadro de trabalhadores como aprendizes. Essa obrigatoriedade não se aplica aos empregadores sem fins lucrativos, às microempresas e às empresas de pequeno porte.
- **Vínculo empregatício do aprendiz.** O vínculo empregatício do aprendiz poderá ocorrer:
  a) diretamente com a empresa para a qual ele presta serviços. Nesse caso, o estabelecimento assumirá a condição de empregador, devendo inscrever o aprendiz em programa de aprendizagem a ser ministrado pelos cursos dos Serviços Nacionais de Aprendizagem. Se não houver vagas suficientes nesses Serviços, é possível que o curso seja ministrado por:
  1) Escolas Técnicas de Educação;
  2) Entidades sem fins lucrativos que tenham por objetivos a assistência ao adolescente e à educação profissional, registradas no conselho municipal dos direitos da criança e do adolescente; e
  3) Entidades de prática desportiva das diversas modalidades filiadas ao Sistema Nacional do Desporto e aos sistemas de desporto estaduais, distrital e municipais. Essas entidades foram incluídas em 13/03/2017 pela Lei nº 13.420/2017.

b) supletivamente, com as entidades sem fins lucrativos[62], simultaneamente ao desenvolvimento do programa de aprendizagem. Essas entidades atuam como intermediadoras de mão de obra, ou seja, embora formalmente empregadoras, os aprendizes prestam serviços (experiência prática) nas empresas tomadoras de serviços. Nesse caso, haverá contrato entre entidade sem fins lucrativos e empresa tomadora de serviços de aprendizagem. A Lei nº 13.420/2017 passou a prever que o contrato de aprendizagem também pode ser firmado, com as entidades de prática desportiva das diversas modalidades filiadas ao Sistema Nacional do Desporto e aos Sistemas de Desporto dos Estados, do Distrito Federal e dos Municípios.

- **Extinção do contrato de aprendizagem.** A extinção poderá ocorrer normalmente, nos casos de término do prazo do contrato de dois anos, ou ainda se o aprendiz completar 24 anos, conforme o art. 428, *caput* e § 3º, da CLT.

Ocorre, entretanto, a possibilidade de rescisão antecipada (art. 433, CLT) nos casos de:

I. desempenho insuficiente ou inadaptação do aprendiz, salvo para o aprendiz com deficiência quando desprovido de recursos de acessibilidade, de tecnologias assistivas e de apoio necessário ao desempenho de suas atividades. Essa exceção ao aprendiz com deficiência foi acrescentada pelo Estatuto da Pessoa com Deficiência (Lei nº 13.146/2015);

II. falta disciplinar grave;

III. ausência injustificada à escola que implique perda do ano letivo;

IV. pedido do aprendiz.

- **Para a semana antes da prova**, segue o quadro de resumo sobre aprendiz:

Aprendiz

- Idade permitida: a partir de 14 anos até 24 anos, exceto deficiente
- Requisitos → contrato escrito; matrícula e frequência na escola; inscrição em programa de aprendizagem
- Prazo do contrato: 2 anos, exceto deficiente
- FGTS: 2%
- Obrigatoriedade na contratação → mínimo 5%; máximo 15% (Exceto: entidades sem fins lucrativos e pequenas e microempresas)
- Jornada: 6 horas, exceto se completou o ensino fundamental, 8 horas

8. PROTEÇÃO DO TRABALHO DA MULHER

- **Princípio da igualdade.** A igualdade de tratamento entre homens e mulheres é imposta pelo art. 5º, inciso I, da Constituição Federal. Especificamente à igualdade salarial, há a vedação de diferença de salários, de exercício de funções e de critério de admissão por motivo de sexo, idade, cor ou estado civil (art. 7º, XXX, CF/88).

- **Violência doméstica (art. 9º, § 2º, II, da Lei nº 11.340/06 – Lei Maria da Penha).** O juiz poderá determinar, para preservar a integridade física e psicológica da mulher, o afastamento do local de trabalho com a manutenção do vínculo empregatício, por até 6 meses. Como não há previsão na lei que obrigue o empregador ao pagamento de salário, prevalece o entendimento de que se trata de suspensão contratual.

62 **Art. 57, Decreto nº 9.579 de 22 de novembro de 2018:** A contratação do aprendiz deverá ser efetivada diretamente pelo estabelecimento a que se refere o caput do art. 51, que assumirá a condição de empregador e deverá inscrever o aprendiz em programa de aprendizagem a ser ministrado pelas entidades de que trata o art. 50. § 1º Na hipótese de impossibilidade de contratação direta pelo estabelecimento, para fins do cumprimento da cota referente ao número de aprendizes prevista no caput do art. 51, a contratação poderá ser feita, supletivamente, pelas entidades sem fins lucrativos a que se refere o inciso III do caput do art. 50, desde que haja prévia celebração de contrato com o estabelecimento. § 2º O contrato de que trata o § 1º deverá conter, entre outras, as seguintes obrigações: I - a entidade sem fins lucrativos, simultaneamente ao desenvolvimento do programa de aprendizagem: a) assumirá a condição de empregador, com os ônus dela decorrentes; e b) assinará a Carteira de Trabalho e Previdência Social do aprendiz, na qual anotará, no espaço destinado às anotações gerais, a informação de que o contrato de trabalho decorre de contrato firmado com determinado estabelecimento para fins do cumprimento de sua cota de aprendizagem; e II - o estabelecimento assumirá a obrigação de proporcionar ao aprendiz a experiência prática da formação técnico-profissional metódica a que este será submetido. **Art. 50, Decreto nº 9.579 de 22 de novembro de 2018:** Consideram-se entidades qualificadas em formação técnico-profissional metódica: I - os serviços nacionais de aprendizagem, assim identificados: a) Serviço Nacional de Aprendizagem Industrial - Senai; b) Serviço Nacional de Aprendizagem Comercial - Senac; c) Serviço Nacional de Aprendizagem Rural - Senar; d) Serviço Nacional de Aprendizagem do Transporte - Senat; e e) Serviço Nacional de Aprendizagem do Cooperativismo - Sescoop; II - as escolas técnicas de educação; III - as entidades sem fins lucrativos que tenham por objetivos a assistência ao adolescente e à educação profissional, registradas no conselho municipal dos direitos da criança e do adolescente; e IV - as entidades de prática desportiva das diversas modalidades filiadas ao Sistema Nacional do Desporto e aos sistemas de desporto estaduais, distrital e municipais.

- **Proteção à maternidade.** Durante a gravidez é garantida à empregada gestante e adotante a dispensa do horário de trabalho pelo tempo necessário para a realização de, no mínimo, 6 consultas médicas e demais exames complementares. Importa destacar que a Lei nº 13.509/2017 estendeu referida garantia à adotante.
- **Convenção nº 103 da OIT.** A Convenção sobre Amparo à Maternidade, ratificada pelo Brasil em 18 de junho de 1965, dispõe sobre uma série de garantias à mulher gestante e lactante, como o direito a licença-maternidade, nunca inferior a 6 semanas. Em qualquer caso, nos termos do art. III, item 8, da Convenção, o empregador não será pessoalmente responsável pelo custo das prestações devidas às mulheres que ele emprega. Trata-se de medida protetiva ao mercado de trabalho da mulher, na tentativa de assegurar que não haja discriminação em razão do gênero.
- **Afastamento de atividades insalubres.** O tema é regulamentado pela Lei nº 13.467/2017 - Reforma Trabalhista. De acordo com a lei, o afastamento das atividades insalubres da gestante e lactante persiste, mas os efeitos serão diversos em relação ao grau de insalubridade e entre empregada gestante e lactante:

AFASTAMENTO EM ATIVIDADES INSALUBRES		
Empregada	**Grau de insalubridade**	**Afastamento**
Gestante	Insalubridade em grau máximo	Afastamento obrigatório
	Insalubridade em graus médio e mínimo	Afastamento com atestado de médico de confiança da mulher
Lactante	Qualquer grau de insalubridade	Afastamento com atestado de médico de confiança da mulher

- Nesse caso, se o empregador mantiver a empregada em atividade insalubre mesmo com o atestado médico exigindo seu afastamento, poderá a gestante ou lactante ingressar com ação para exigir seu afastamento. Além disso, é possível o reconhecimento da rescisão indireta do contrato de trabalho pelo empregador.
- No período de afastamento, a empregada continua recebendo sua remuneração, bem como o adicional de insalubridade, por expressa previsão legal (art. 394-A da CLT – alterado pela Reforma Trabalhista).
- **Decisão do STF (29/05/2019).** O plenário do STF, por maioria de 10 votos a 1, decidiu pela inconstitucionalidade de trecho do art. 394-A da CLT. Com a decisão, as empregadas gestantes e lactantes sempre deverão ser afastadas das atividades insalubres independentemente do grau de insalubridade (ADI 5.938).
- **Transferência de função (art. 392, § 4º, I, CLT).** É assegurada, também, a transferência de função, quando as condições de saúde o exigirem, tendo garantida a retomada da função anteriormente exercida logo após o retorno ao trabalho.
- **Gravidez de risco.** Na impossibilidade de transferir a gestante ou a lactante para atividade salubre na empresa, a empregada terá direito à percepção de salário maternidade, pois a gravidez será considerada de risco. Nesse caso, durante todo o período de afastamento, a empregada perceberá o benefício previdenciário. Note-se que, diferentemente do prazo habitual da licença-maternidade de 120 dias, a Reforma Trabalhista cria uma espécie de "supersalário-maternidade", pois a empregada poderá perceber o benefício durante os 9 meses de gestação além dos meses necessários à lactação da criança. Criou-se, portanto, previsão de recebimento de benefício previdenciário sem prévia fonte de custeio.
- **Amamentação.** Outra garantia dada à mulher, mesmo após a gestação, é amamentar o próprio filho, até que este complete 6 meses de idade. Nesse caso, terá direito, durante a jornada de trabalho, a 2 descansos especiais de meia hora cada um. Aliás, nos estabelecimentos com pelo menos **30 mulheres com mais de 16 anos** de idade, estas terão local apropriado onde seja permitido guardar, sob vigilância e assistência, os seus filhos no período da amamentação. O empregador, entretanto, tem a opção de manter convênio com entidades públicas ou privadas para suprir a exigência da creche no próprio estabelecimento (art. 389, §§ 1º e 2º, da CLT). Com a Reforma Trabalhista, os períodos para amamentação deverão ser definidos por acordo individual entre a mulher e o empregador. Com o advento da Lei nº 13.509/2017, o intervalo para amamentação foi estendido à empregada adotante.
- **Aborto não criminoso.** No caso de aborto não criminoso, devidamente comprovado por exame médico oficial, a mulher terá direito a um repouso remunerado de duas semanas, ficando-lhe assegurado o direito de retornar à função que ocupava antes de seu afastamento.
- **Locais para guarda dos filhos durante amamentação (art. 389, § 1º, CLT).** Os estabelecimentos com pelo menos 30 mulheres com mais de 16 anos de idade terão local apropriado onde seja permitido às empregadas guardar sob vigilância e assistência os seus filhos no período da amamentação.
- Programa Emprega + Mulheres. No dia 21 de setembro de 2022, foi publicada a Lei nº 14.457/2022, que institui o Programa Emprega + Mulheres, destinado à inserção e à manutenção de mulheres no mercado de trabalho. Segundo o texto, os empregadores poderão adotar **reembolso-creche** para trabalhadores que possuam filhos com até 5 anos e 11 meses de idade, por meio de acordo individual ou negociação coletiva. Os empregadores que adotarem esse benefício, ficam desobrigados de da instalação de

local apropriado para a guarda e a assistência de filhos de empregadas no período da amamentação.

8.1. LICENÇA-MATERNIDADE

- **Licença-maternidade.** A licença-maternidade compreende o afastamento remunerado da gestante, com duração de 120 dias. Sabe-se que, mesmo em caso de parto antecipado, a mulher terá direito à licença. Ademais, essa licença não está condicionada ao nascimento da criança com vida, porque, nesse caso, a empregada terá o repouso de 120 dias para se recuperar do trauma.
- **Aumento da duração da licença (art. 392, § 2º, CLT):** Os períodos de repouso, antes e depois do parto, poderão ser aumentados de 2 (duas) semanas cada um, mediante atestado médico.
- **Vedação à supressão ou redução da licença maternidade (art. 611-B, XIII, CLT):** A Reforma Trabalhista veda que a licença maternidade possa ser objeto de instrumento coletivo para a redução desse direito.
- **Adoção.** Além da empregada gestante, tem direito à licença-maternidade a empregada que adotar ou obtiver guarda judicial para fins de adoção. Ressalta-se que essa licença somente será concedida mediante apresentação do termo judicial de guarda à adotante ou guardiã. Atualmente, após a alteração da lei, a duração de licença para essa empregada será também de 120 dias. Com o advento da Lei nº 13.509/2017, conferiu-se nova redação ao art. 392-A da CLT, para estender a licença-maternidade à adotante de crianças e de adolescentes:

> **Art. 392-A da CLT:** *À empregada que adotar ou obtiver guarda judicial para fins de adoção de criança ou adolescente será concedida licença-maternidade nos termos do art. 392 desta Lei.*

- **Guarda conjunta.** Se a guarda judicial for conjunta, apenas um dos adotantes terá direito à licença. Aliás, mesmo que o adotante seja do sexo masculino, passa a ter direito à licença remunerada de 120 dias. Lembre-se que a jurisprudência do STF não permite qualquer forma de discriminação para casais do mesmo sexo (união homoafetiva). Logo, o empregado que adotar uma criança, qualquer que seja sua opção sexual, solteiro ou casado, terá direito à "licença-maternidade".
- **Mulher que morre durante da licença.** Caso a empregada venha a falecer no parto ou durante a licença-maternidade, o marido ou companheiro poderá usufruir da licença integralmente (120 dias) ou pelo período restante.
- **Prorrogação da licença-maternidade.** Cabe ressaltar a prorrogação do período da licença-maternidade, por mais 60 dias, com a promulgação da Lei nº 11.770/2008. Nem todas as empregadas, entretanto, terão direito à prorrogação. Somente se preenchidos os 2 requisitos a seguir:
  I. empregada da pessoa jurídica que tenha aderido ao Programa da Empresa Cidadã;
  II. pedido de prorrogação deve ser feito, pela empregada, até o fim do 1º mês após o parto.
- A Lei nº 14.457/2022 promoveu alterações no Programa Empresa Cidadã, para estabelecer que essa prorrogação poderá ser compartilhada entre a empregada e o empregado, desde que ambos sejam empregados de pessoa jurídica aderente ao Programa e que a decisão seja adotada conjuntamente.
- Ainda, a empresa participante do Programa Empresa Cidadã autorizada a substituir o período de prorrogação da licença-maternidade pela redução de jornada de trabalho em 50% pelo período de 120 dias. Para tanto, dois são os requisitos:
  I. pagamento integral do salário à empregada ou ao empregado pelo período de 120 dias; e
  II. acordo individual firmado entre o empregador e a empregada ou o empregado interessados em adotar a medida.
- **Exigências:** Durante a prorrogação da licença, a empregada não poderá exercer atividade remunerada, e a criança não poderá ser mantida em creche, sob pena de perder o direito à prorrogação.
- **Benefícios às empresas pela prorrogação:** Em contrapartida, as empresas tributadas com base no lucro real poderão deduzir do imposto devido o total da remuneração paga nos dias de prorrogação.
- **Pagamento do benefício de salário maternidade:** Em regra, o benefício é pago pelo empregador e será reembolsado pela Previdência Social com o recolhimento das contribuições previdenciárias. Para as empregadas de microempreendedor individual e para as demais seguradas da Previdência Social, o benefício é pago diretamente pela Previdência Social.
- **Empregadas domésticas:** tem assegurado o direito à licença-maternidade (art. 25 da LC nº 150/2015). Ressalta-se que esse direito era assegurado antes mesmo da EC 72/2013.

8.1.1. DATA DE INÍCIO DA LICENÇA-MATERNIDADE (ADI Nº 6327/DF)

- De acordo com a literalidade do art. 392, § 1º, da CLT, o início do afastamento da gestante poderá ocorrer entre o 28º dia antes do parto e ocorrência deste. Ainda, os períodos de repouso, antes e depois do parto, poderão ser aumentados de 2 (duas) semanas cada um, mediante atestado médico (art. 392, § 2º, da CLT).
- Em muitos casos, a mulher ou o recém-nascido precisam estender sua estadia no hospital para os devidos cuidados médicos. Essa prolongação da internação dificulta que mãe e filho desenvolvam laços afetivos, bem como impede a convivência comunitária. Além disso, não se pode considerar o tempo em ambiente hospitalar como período de efetivo

descanso e recuperação para a mãe. Nesse sentido, o partido SOLIDARIEDADE ingressou com a ADI nº 6327, no STF, questionando o termo inicial da licença-maternidade.

- No dia 24/10/2022, o Tribunal, por unanimidade, julgou procedente a ADI 6327/DF para conferir interpretação conforme à Constituição ao art. 392, § 1º, da CLT, assim como ao art. 71 da Lei nº 8.213/91 e, por arrastamento, ao art. 93 do seu Regulamento (Decreto nº 3.048/99), de modo a se considerar como **termo inicial da licença-maternidade e do respectivo salário-maternidade a alta hospitalar do recém-nascido e/ou de sua mãe**, o que ocorrer por último. Ainda, segundo a Corte, a melhor interpretação é que se prorrogue em todo o período o benefício, quando a internação exceder as duas semanas previstas no art. 392, § 2º, da CLT, e no art. 93, § 3º, do Decreto nº 3.048/99. Conforme Acórdão, publicado em 07/11/2022, o pagamento do benefício, no caso de licenças prolongadas, ficará a cargo da Previdência Social, pois o benefício e sua fonte de custeio já existem.

8.2. ESTABILIDADE DA GESTANTE

- **Estabilidade da gestante.** A estabilidade, ou garantia provisória de emprego, veda que o empregador dispense arbitrariamente ou sem justa causa a empregada gestante, desde a confirmação da gravidez até 5 meses após o parto. A confirmação da gravidez não se confunde com a comunicação ao empregador, pois, mesmo se ele não tiver conhecimento da gestação, não poderá dispensar a trabalhadora. Este entendimento foi reforçado pelo STF, em julgamento do RE nº 629.053, em 10 de outubro de 2018. Segundo o STF, basta que a gravidez seja anterior à dispensa para que se fale em estabilidade: "A incidência da estabilidade prevista no art. 10, II, do ADCT, somente exige a anterioridade da gravidez à dispensa sem justa causa".
- **STF:** No dia 10/10/2018, o STF, negou provimento ao RE 629.053 e fixou a tese com repercussão geral: "A incidência da estabilidade prevista no art. 10, inc. II, do ADCT, somente exige a anterioridade da gravidez à dispensa sem justa causa".
- **Estabilidade da adotante:** Adotante tem direito à estabilidade provisória no emprego (art. 391-A, parágrafo único, CLT – acrescentado pela Lei nº 13.509/2017).
- **Estabilidade remanescente (LC nº 146/2014):** estendeu o direito à estabilidade provisória do art. 10, inciso, alínea "b", do ADCT, no caso de falecimento da genitora, àquele que detiver a guarda de seu filho (independentemente de ser o pai ou companheiro da empregada).
- **Qual é a data inicial da estabilidade?** De acordo com a jurisprudência trabalhista sobre o tema é a data da concepção, que corresponde ao momento em que o espermatozoide fecunda o óvulo, dando início ao processo de gestação.
- Assim, os exames que confirmam a gravidez exercem a função apenas de declarar situação pré-existente (TST – RR: 2982-85.2010.5.03.0144, Relator: Kátia Magalhães Arruda, Data de Julgamento: 07/12/2011, 5ª Turma, Data de Publicação: DEJT 16/12/2011)
- **Hipóteses de término do contrato da empregada gestante:** pedido de demissão ou dispensa por justa causa. Nesse caso, não há a exigência de instauração de inquérito para apuração de falta grave.
- **Jurisprudência do TST** – Assistência sindical na demissão: o pedido de demissão da gestante está condicionado à homologação no sindicato da categoria profissional ou na gerência regional do trabalho nos termos do art. 500 da CLT. (TST – RR: 10018529520175020315, Relator: Dora Maria Da Costa, Data de Julgamento: 18/11/2020, 8ª Turma, Data de Publicação: 20/11/2020)
- **Extinção do estabelecimento e estabilidade da gestante:** o empregador terá de pagar todas as verbas trabalhistas como se tivesse dispensado sem justa causa, pois os riscos do empreendimento correm por conta do empregador.
- **Súmula nº 244, II, do TST:** A garantia de emprego à gestante só autoriza a reintegração se esta se der durante o período de estabilidade. Do contrário, a garantia restringe-se aos salários e demais direitos correspondentes ao período de estabilidade.
- **Estabilidade durante o contrato por prazo determinado.** O TST mudou o posicionamento, para confirmar que a gestante adquire o direito à estabilidade se o contrato for por prazo determinado ou contrato de experiência. Aliás, há expressa previsão no art. 391-A, da CLT.
- **Reintegração e indenização.** Se a gestante for dispensada durante o período da gestação, a empregada poderá pleitear a **reintegração** ao trabalho, pois essa dispensa será irregular. Após o período da estabilidade, a empregada fará jus aos direitos trabalhistas, ou seja, à indenização do período.
- **Ingresso da ação trabalhista após o período de estabilidade.** O ajuizamento de ação trabalhista após decorrido o período de garantia de emprego não configura abuso do exercício do direito de ação, pois este está submetido apenas ao prazo prescricional inscrito no art. 7º, XXIX, da CF/1988, sendo devida a indenização desde a dispensa até a data do término do período estabilitário.
- **Morte da gestante.** Foi promulgada a Lei Complementar nº 146/2014, que estendeu a estabilidade provisória da gestante nos casos de morte desta a quem detiver a guarda de seu filho.
- **A trabalhadora temporária tem direito à estabilidade provisória da gestante? Tese firmada em Incidente de Assunção de Competência (18/11/2019).** "É inaplicável ao regime de trabalho temporário, disciplinado pela Lei n.º 6.019/74, a garantia de estabilidade provisória à empregada

gestante, prevista no art. 10, II, b, do Ato das Disposições Constitucionais Transitórias".

- **Estabilidade da gestante no serviço público.** O STF, na apreciação do Tema 542 da Repercussão Geral, fixou a tese de que "A trabalhadora gestante tem direito ao gozo de licença-maternidade e à estabilidade provisória, **independentemente do regime jurídico aplicável**, se contratual ou administrativo, **ainda que ocupe cargo em comissão ou seja contratada por tempo determinado**".

- **Para a semana antes da prova**, segue o quadro de resumo sobre **estabilidade**:

Estabilidade da Gestante	
Duração:	inicia-se com a confirmação da gravidez e permanece até 5 meses após o parto.
Desconhecimento da gravidez pelo empregador:	não afasta o direito à estabilidade.
Contrato por prazo determinado:	adquire estabilidade, inclusive no contrato previsto na Lei nº 9.601/98.
Gravidez durante o aviso-prévio:	Gera estabilidade (art. 391-A, CLT).
Dispensa sem justa causa:	**a) reintegração:** somente se a decisão ocorrer durante o período estabilitário; **b) indenização:** se a decisão for dada após o período estabilitário.

ESTABILIDADE

(Reintegração/Indenização/Abuso de direito)

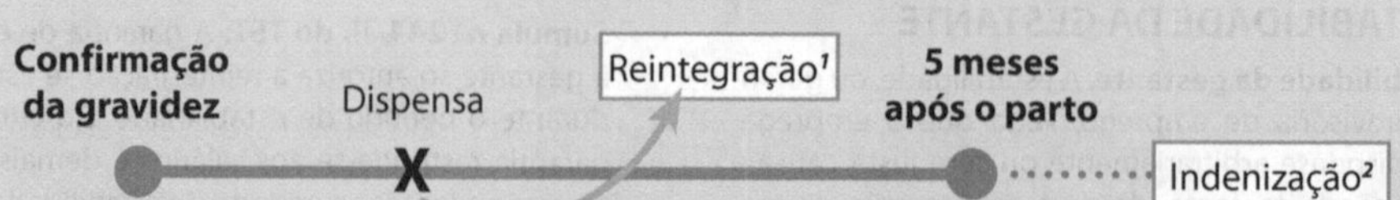

1. Somente ocorrerá a **reintegração** se a decisão ocorrer dentro do período estabilitário
2. Se a decisão ou ingresso da reclamação for posterior ao período de estabilidade, a empregada será **indenizada**
3. Não há **abuso de direito**, se a empregada ingressar com reclamação trabalhista após o período estabilitário (OJ 399)

8.3. MEIO AMBIENTE DE TRABALHO

- **Trabalho das mulheres em locais insalubres e perigosos.** É permitido às mulheres prestar serviços em locais insalubres e perigosos e no período noturno, assim como aos demais trabalhadores do sexo masculino. A proibição desses trabalhos, para as mulheres, não mais existe. A única restrição diz respeito à empregada gestante ou lactante, que deve ser afastada de atividades, operações e locais insalubres da forma exposta no item 7 (art. 394-A, CLT).

- **Descanso semanal remunerado:** Há outra distinção no tocante ao **descanso semanal remunerado**. Havendo trabalho aos domingos, será organizada uma escala de revezamento quinzenal que favoreça o repouso dominical (semanal), conforme previsto no art. 386 da CLT.

- Nesse ponto, o posicionamento adotado pelo STF, quando negou provimento ao recurso extraordinário (RE 1403904/SC) de uma grande loja varejista do ramo têxtil, foi pela constitucionalidade do art. 386 da CLT. Em placar apertado, de 3 a 2, prevaleceu na Primeira Turma do STF o entendimento da Min. Carmén Lúcia, no sentido de que a proteção diferenciada e concreta ao trabalho da mulher tem o objetivo de resguardar a saúde da trabalhadora, considerando suas condições específicas impostas pela realidade social e familiar, afastando qualquer ofensa ao princípio da isonomia.

- **Discriminação.** É vedado qualquer tipo de discriminação em razão do sexo, cor, estado civil etc. A empregada, portanto, tem proteção pré-contratual, como a proibição da exigência de teste de gravidez como requisito para preenchimento da vaga de emprego. E, ainda, a mulher terá direito à reintegração ou indenização no caso de dispensa discriminatória.

- **Intervalo.** A empregada tinha direito, entretanto, em razão de sua condição física, a tratamento diferenciado do dos homens. Dentre esses direitos destaca-se o intervalo intrajornada de 15 minutos concedido entre o horário normal de trabalho e horas suplementares. O art. 384 da CLT que trazia esta previsão, entretanto, foi revogado pela Reforma Trabalhista, não sendo mais devido o intervalo às mulheres.

- **Hipóteses de interrupção do contrato de trabalho.** A Lei nº 13.257/2016, que dispõe sobre as políticas públicas para a primeira infância, estabeleceu duas novas hipóteses de interrupção do contrato de trabalho para permitir o acompanhamento da gestante em consultas médicas e exames complementares, bem como para as consultas médicas de filhos até os 6 anos de idade. Nesse sentido, seguem os prazos conferidos pela legislação:

  > *a) **pelo tempo necessário** para acompanhar sua esposa ou companheira em até 6 (seis) consultas médicas, ou em exames complementares, durante o período de gravidez (art. 473, X, CLT, com redação dada pela Lei nº 14.457, de 2022);*
  >
  > *b) 1 dia por ano – para acompanhar filho de até 6 anos em consulta médica e é válido tanto para o empregado como para a empregada (art. 473, XI, CLT).*

- **Força muscular.** No tocante à forma muscular, há previsão específica no art. 390 da CLT: "Ao empregador é vedado empregar a mulher em serviço que demande o emprego de força muscular superior a vinte (20) quilos, para o trabalho contínuo, ou vinte e cinco (25) quilos, para o trabalho ocasional. Não está compreendida na determinação deste artigo a remoção de material feita por impulsão ou tração de vagonetes sobre trilhos, de carros de mão ou quaisquer aparelhos mecânicos."

8.4. PROGRAMA EMPREGA + MULHERES (LEI Nº 14.457/2022)

- No dia 21 de setembro de 2022, foi publicada a Lei nº 14.457/2022, que instituiu o **Programa Emprega + Mulheres**, alterou a CLT e o Programa Empresa Cidadã. Conforme dispõe seu art. 1º, o Programa Emprega + Mulheres tem o objetivo de promover a inserção e a manutenção de mulheres no mercado de trabalho, dando especial atenção à parentalidade[63].

8.4.1. DO APOIO À PARENTALIDADE NA PRIMEIRA INFÂNCIA

- **Reembolso-Creche.** O empregador poderá adotar benefício destinado ao pagamento de creche ou de pré-escola de livre escolha da empregada ou do empregado que possua filhos com até 5 anos e 11 meses de idade, bem como ao ressarcimento de gastos com outra modalidade de prestação de serviços de mesma natureza, comprovadas as despesas realizadas. Nesse caso, ficará desobrigado da instalação de local apropriado para a guarda e a assistência de filhos de empregadas no período da amamentação que prevê o art. 389, § 1º, da CLT.

8.4.2. DO APOIO À PARENTALIDADE POR MEIO DA FLEXIBILIZAÇÃO DO REGIME DE TRABALHO

- A legislação traz diversas possibilidades de flexibilização do regime de trabalho. Contudo, na maior parte dessas medidas, a Lei nº 14.457/2022 remete à regulamentação dada pela CLT, sem disciplinar maiores detalhes, o que nos leva a crer que não há nenhuma peculiaridade quando da adoção dessas medidas, tratando-se, assim, apenas de um incentivo à implementação de mediadas que possam contribuir para a criação e o fortalecimento do vínculo entre pais e filhos.

8.4.3. DAS MEDIDAS PARA QUALIFICAÇÃO DE MULHERES

- **Suspensão do contrato de trabalho para qualificação profissional.** A legislação pretende estimular a qualificação de mulheres e o desenvolvimento de habilidades e de competências em áreas estratégicas ou com menor participação feminina, tais como ciência, tecnologia, desenvolvimento e inovação. Para tanto, poderá haver a suspensão do contrato de trabalho para qualificação profissional, que dependerá de requisição formal da empregada interessada e será formalizado por meio de acordo individual, de acordo coletivo ou de convenção coletiva de trabalho, nos termos do art. 476-A da CLT.
- **Bolsa de qualificação profissional.** Durante o período de suspensão do contrato de trabalho para a realização de curso ou o programa de qualificação profissional oferecido pelo empregador, a empregada receberá bolsa de qualificação profissional de que trata o art. 2º-A da Lei nº 7.998/1990. Ainda, o empregador poderá conceder à empregada ajuda compensatória mensal, sem natureza salarial.
- **Garantia provisória ao emprego.** Se ocorrer a dispensa da empregada durante a suspensão do contrato ou nos 6 meses subsequentes ao seu retorno ao trabalho, o empregador pagará à empregada as parcelas indenizatórias, além de multa a ser estabelecida em convenção ou em acordo coletivo, que será de, no mínimo, 100% do valor da última remuneração mensal anterior à suspensão do contrato de trabalho.

8.4.4. DO APOIO AO RETORNO AO TRABALHO APÓS O TÉRMINO DA LICENÇA-MATERNIDADE

- **Da suspensão do contrato de trabalho de pais empregados.** Ocorrerá nos mesmos moldes da suspensão do contrato de trabalho da mulher para qualificação profissional. A grande diferença está no momento em que se autoriza essa hipótese de suspensão do contrato de trabalho: após o término

---

63 **Art. 1º, parágrafo único, Lei nº 14.457/2022.** Para os efeitos desta Lei, parentalidade é o vínculo socioafetivo maternal, paternal ou qualquer outro que resulte na assunção legal do papel de realizar as atividades parentais, de forma compartilhada entre os responsáveis pelo cuidado e pela educação das crianças e dos adolescentes, nos termos do parágrafo único do art. 22 da Lei nº 8.069, de 13 de julho de 1990 (Estatuto da Criança e do Adolescente).

da licença-maternidade da esposa ou companheira do empregado. Percebe-se, portanto, que é uma medida protetiva à mulher, ao recém-nascido e à parentalidade, muito mais do que ao pai.

- **Das alterações no Programa Empresa Cidadã.** A Lei nº 14.457/2022 promove alterações no Programa Empresa Cidadã, para estabelecer que a prorrogação do período da licença-maternidade (de 120 dias), por mais 60 dias, possa ser compartilhada entre a empregada e o empregado, desde que ambos sejam empregados de pessoa jurídica aderente ao Programa e que a decisão seja adotada conjuntamente.
- Ainda, a empresa participante do Programa Empresa Cidadã autorizada a substituir o período de prorrogação da licença-maternidade pela redução de jornada de trabalho em 50% pelo período de 120 dias. Para tanto, dois são os requisitos:
  I. pagamento integral do salário à empregada ou ao empregado pelo período de 120 dias; e
  II. acordo individual firmado entre o empregador e a empregada ou o empregado interessados em adotar a medida.

8.4.5. DAS MEDIDAS DE PREVENÇÃO E DE COMBATE AO ASSÉDIO SEXUAL E A OUTRAS FORMAS DE VIOLÊNCIA NO ÂMBITO DO TRABALHO

- **Comissão Interna de Prevenção de Acidentes e de Assédio.** Com a publicação da Lei, a CIPA, que agora se chama Comissão Interna de Prevenção de Acidentes e de Assédio, tem mais uma atribuição: a promoção de um ambiente laboral sadio, seguro e que favoreça a inserção e a manutenção de mulheres no mercado de trabalho.

8.4.6. DO SELO EMPREGA + MULHER

- Foi instituído o **Selo Emprega + Mulher** para reconhecer as empresas que se destaquem pela organização, pela manutenção e pelo provimento de creches e pré-escolas para atender às necessidades de suas empregadas e de seus empregados; e reconhecer as boas práticas de empregadores que visem, entre outros objetivos, estímulo à contratação, à ocupação de postos de liderança e à ascensão profissional de mulheres, divisão igualitária das responsabilidades parentais e promoção da cultura de igualdade entre mulheres e homens.
- As empresas detentoras do Selo Emprega + Mulher poderão utilizá-lo para os fins de divulgação de sua marca, produtos e serviços, vedada a extensão do uso para grupo econômico ou em associação com outras empresas que não detenham o selo.
- **Para a semana antes da prova,** segue o quadro de resumo sobre **trabalho da mulher, de acordo com a Reforma Trabalhista**:

Proteção do Trabalho da Mulher	
	– Empregada gestante terá direito à dispensa do horário para realização de, no mínimo, 6 consultas médicas. – O pai terá direito à dispensa do horário pelo tempo necessário para acompanhar sua esposa ou companheira em até 6 (seis) consultas médicas durante o período de gravidez.
	Transferência de função (motivo saúde).
Proteção à maternidade	**Reforma Trabalhista:** – Afastamento obrigatório da gestante de atividades, operações e locais insalubres em grau máximo (art. 394-A, I CLT). – Afastamento com atestado médico de lactantes em atividades insalubres de qualquer grau e gestantes em atividades insalubres em grau médio e mínimo (Art. 394-A, II da CLT).
	Amamentação até 6 meses de idade: 2 intervalos de meia hora.
	Aborto não criminoso: 2 semanas de repouso.
	Duração: 120 dias.
Licença-maternidade	Prorrogação 60 dias: **(1)** Pessoa jurídica que aderiu ao Programa Empresa Cidadã; **(2)** Pedido de prorrogação até o final do 1º mês após o parto.
	Termo inicial da licença-maternidade e do respectivo salário-maternidade: a alta hospitalar do recém-nascido e/ou de sua mãe, o que ocorrer por último (ADI 6327/DF).
	Duração: início confirmação da gravidez até 5 meses após o parto. Esta estabilidade também é garantida ao adotante.
Estabilidade	Terá direito à estabilidade nos contratos por prazo determinado e também durante o aviso-prévio (art. 391-A da CLT e Súmula n. 244 do TST).
	Se houver dispensa sem justa causa, a empregada terá direito à reintegração (Súmula 244 do TST).

9. TERCEIRIZAÇÃO

9.1. GENERALIDADES

- **Diferenças entre a simples intermediação de mão de obra e a terceirização.** A intermediação de mão de obra está presente no trabalho temporário. Nela, a empresa prestadora de serviços possibilita que um trabalhador temporário preste serviços em outra empresa, denominada tomadora. Por outro lado, a terceirização compreende a transferência de um serviço ou atividade específico de uma empresa a outra, ou seja, não se busca apenas um trabalhador para substituir outro que entrou em férias, por exemplo, mas, na terceirização, há verdadeira delegação de um setor da empresa para que outra possa atuar com seus próprios empregados terceirizados. Nesse sentido, surge a obrigação de que a empresa de prestação de serviços a terceiros preste serviços determinados e específicos.

- **CLT.** A Consolidação das Leis Trabalhistas, não sofreu nenhuma alteração decorrente da promulgação da Lei nº 13.429/2017 e da Lei nº 13.467/2017.
- **Alterações na Lei nº 6.019/1974:** A Lei nº 13.429/2017 alterou diversos dispositivos da Lei nº 6.019/1974, que versa sobre o trabalho temporário e também passou a dispor sobre as relações de trabalho na empresa de prestação de serviços a terceiros (terceirização). Portanto, há na mesma lei, a regulamentação do trabalho temporário e da terceirização em sentido estrito. Lembre-se de que as empresas prestadoras de serviços temporários e de terceirização permanecem obrigadas a pagar todos os direitos trabalhistas previstos na Constituição Federal e na CLT, pois são as reais empregadoras dos empregados temporários e terceirizados. A Reforma Trabalhista também altera alguns dispositivos da Lei nº 6.019/1974.
- **Lei da terceirização.** Até o final de março de 2017, não havia regulamentação em lei acerca da terceirização. A disciplina jurídica era realizada pela Súmula nº 331 do TST. Portanto, coube ao Poder Judiciário estabelecer os parâmetros e limites para a terceirização de serviços:

> **Súmula nº 331 do TST:** *Contrato de prestação de serviços. Legalidade.*
>
> *I – A contratação de trabalhadores por empresa interposta é ilegal, formando-se o vínculo diretamente com o tomador dos serviços, salvo no caso de trabalho temporário (Lei nº 6.019, de 03.01.1974).*
>
> *II – A contratação irregular de trabalhador, mediante empresa interposta, não gera vínculo de emprego com os órgãos da Administração Pública direta, indireta ou fundacional (art. 37, II, da CF/1988).*
>
> *III – Não forma vínculo de emprego com o tomador a contratação de serviços de vigilância (Lei nº 7.102, de 20.06.1983) e de conservação e limpeza, bem como a de serviços especializados ligados à atividade-meio do tomador, desde que inexistente a pessoalidade e a subordinação direta.*
>
> *IV – O inadimplemento das obrigações trabalhistas, por parte do empregador, implica a responsabilidade subsidiária do tomador dos serviços quanto àquelas obrigações, desde que haja participado da relação processual e conste também do título executivo judicial.*
>
> *V – Os entes integrantes da Administração Pública direta e indireta respondem subsidiariamente, nas mesmas condições do item IV, caso evidenciada a sua conduta culposa no cumprimento das obrigações da Lei n.º 8.666, de 21.06.1993, especialmente na fiscalização do cumprimento das obrigações contratuais e legais da prestadora de serviço como empregadora. A aludida responsabilidade não decorre de mero inadimplemento das obrigações trabalhistas assumidas pela empresa regularmente contratada.*
>
> *VI – A responsabilidade subsidiária do tomador de serviços abrange todas as verbas decorrentes da condenação referentes ao período da prestação laboral.*

- Ocorre que, no dia 31/03/2017, foi promulgada a Lei nº 13.429/2017, que alterou e acrescentou diversos dispositivos à Lei nº 6.019/1974 para tratar sobre a terceirização. Essa lei corresponde, portanto, à primeira legislação a regulamentar o assunto. Entretanto, essa norma sofreu diversas críticas, pois, além de ser decorrência de um projeto de lei que tramitava há mais de 20 anos no Congresso Nacional, deixou omissos diversos pontos centrais, o que gerou insegurança jurídica.
- **Pessoas envolvidas na terceirização.** Na terceirização, há três pessoas envolvidas na relação jurídica: trabalhador terceirizado, empresa de prestação de serviços a terceiros (intermediadora) e a empresa contratante (tomadora de serviços). Essa terminologia passou a ser adotada pela Lei nº 13.429/2017, que passou a regulamentar o assunto. Verifica-se, assim, que a relação é triangular. O vínculo empregatício ocorre entre trabalhador e empresa prestadora de serviços a terceiros, embora o trabalhador preste serviços em outro local, na empresa contratante. Veja ilustração abaixo:

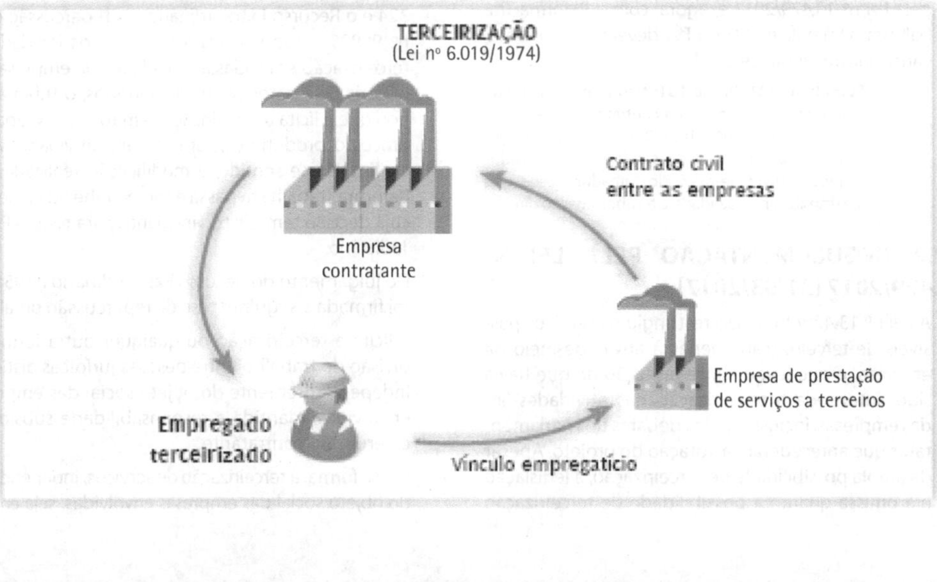

- **Terceirização no Marco Regulatório Trabalhista Infralegal (Decreto 10.854/2021):** Não havia regulamentação genérica sobre a prestação de serviços a terceiros por meio de decreto. O Decreto 9507/2018 dispunha sobre a terceirização no âmbito da Administração Pública Federal direta e indireta.
- **Principais novidades:** O Decreto permite que o reconhecimento do vínculo de emprego entre terceirizado e empresa contratante (tomadora) na hipótese de fraude com a presença dos 4 requisitos do vínculo de emprego. O TST (Informativo 219) tem decisões no sentido de que o reconhecimento de fraude na terceirização é competência da Justiça do Trabalho, não sendo atribuição dos auditores-fiscais.
- **Terceirização e cadeia produtiva:** Outra novidade trazida pelo Decreto que não encontra previsão na Lei nº 6.019/1974 relacionada à terceirização é a previsão da ausência de vínculo de emprego entre terceirizado e empresa tomadora pelo fato de o trabalhador estar integrado à cadeia produtiva ou utilizar ferramentas de trabalho ou métodos operacionais estabelecidos pela contratante.
- **Tema polêmico:** o tema insere-se dentro das fraudes à terceirização de serviços pelo fato de o trabalhador participar da atividade-fim das empresas. Com a possibilidade de terceirização irrestrita de quaisquer atividades da empresa, entendemos que a vedação trazida pelo Decreto não viola a previsão legal.

9.2. TERCEIRIZAÇÃO DAS ATIVIDADES-FIM DA EMPRESA

9.2.1. TERCEIRIZAÇÃO NA SÚMULA Nº 331 DO TST

- A Súmula nº 331 do TST não permitia a terceirização das atividades-fim ou principais da empresa e determinava que não poderia haver pessoalidade e subordinação entre o trabalhador terceirizado e a empresa contratante (tomadora). Com as modificações trazidas pela Lei nº 13.429/2017 e, agora, com a Reforma Trabalhista, a Súmula nº 331 do TST deverá ser, em breve, cancelada ou revista pelo TST.

> **Súmula nº 331, III, do TST:** Não forma vínculo de emprego com o tomador a contratação de serviços de vigilância (Lei nº 7.102/83) e de conservação e limpeza, bem como a de serviços especializados ligados à atividade-meio do tomador, desde que inexistente a pessoalidade e a subordinação direta.

9.2.2. REGULAMENTAÇÃO PELA LEI Nº 13.429/2017 (31/03/2017)

- A Lei nº 13.429/2017 não restringiu os serviços passíveis de terceirização apenas à atividade-meio da empresa, o que levou à interpretação de que havia sido autorizada a terceirização nas atividades-fim das empresas, inclusive pelos debates dos parlamentares que antecederam a votação do projeto. Apesar da ampla possibilidade de terceirização, a legislação era omissa quanto à possibilidade de terceirização da atividade-fim e gerava insegurança jurídica, pois a imprecisão da norma em admitir (ou não) a terceirização em atividade-fim levava à discussão sobre sua permissão ou não no ordenamento jurídico.

9.2.3. REFORMA TRABALHISTA – LEI Nº 13.467/2017

- A Reforma Trabalhista estabelece que a prestação de serviços a terceiros compreende a transferência de qualquer das atividades da contratante, inclusive sua atividade principal, à pessoa jurídica de direito privado prestadora de serviços. O objetivo da Reforma Trabalhista foi trazer clareza e não deixar dúvidas quanto à possibilidade de terceirização nas atividades-fim:

> **Art. 4º-A, "caput", Lei nº 6.019/1974** (redação dada ela Lei nº 13.467/2017). Considera-se prestação de serviços a terceiros a transferência feita pela contratante da execução de quaisquer de suas atividades, inclusive sua atividade principal, à pessoa jurídica de direito privado prestadora de serviços que possua capacidade econômica compatível com a sua execução.
>
> **Art. 5º-A, "caput", Lei nº 6.019/1974** *(redação dada ela Lei nº 13.467/2017). Contratante é a pessoa física ou jurídica que celebra contrato com empresa de prestação de serviços relacionados a quaisquer de suas atividades, inclusive sua atividade principal.*

- Assim, uma escola pode ter todos seus professores terceirizados, ou seja, serão empregados de uma empresa de prestação de serviços a terceiros.
- Em resumo, com a Reforma Trabalhista, dois são os requisitos da terceirização lícita:

a) Ausência de pessoalidade e subordinação entre terceirizado e empresa contratante (tomadora); e

b) Capacidade econômica da empresa prestadora de serviços a terceiros.

- **Julgamento do STF e a terceirização nas atividades-fim:** No dia 30/08/2018, o STF julgou a ADPF nº 324 e o Recurso Extraordinário em repercussão geral nº 958252, que versavam sobre a possibilidade de terceirização em todas as atividades da empresa. Por maioria de 7 votos contra 4 contrários, o Tribunal julgou que é lícita a terceirização em todas as etapas do processo produtivo, sejam elas em atividades-meio ou fim. Nesse sentido, a modificação realizada pela Reforma Trabalhista passa a ser reconhecida pelo STF, cuja decisão tem efeito vinculante para todo o Poder Judiciário.
- Do julgamento do Recurso Extraordinário nº 958252 foi firmada a seguinte tese de repercussão geral:

  É lícita a terceirização ou qualquer outra forma de divisão do trabalho entre pessoas jurídicas distintas, independentemente do objeto social das empresas envolvidas, mantida a responsabilidade subsidiária da empresa contratante.

- Dessa forma, a terceirização de serviços, independente do objeto social das empresas envolvidas, seja em atividades-meio ou fim, é lícita. Vale ressaltar que o STF manteve a responsabilidade subsidiária da empresa contratante já prevista no art. 5º-A, § 5º da Lei nº 6.019/1974. Se ausente o pagamento das verbas trabalhistas do empregado terceirizado, a empresa tomadora será subsidiariamente responsável.

9.3. QUARTEIRIZAÇÃO

- **Quarteirização:** A quarteirização compreende a transferência de parte da gestão dos serviços de uma empresa terceirizada para uma outra empresa. Assim, além da relação que existe entre prestadora de serviço e tomadora (terceirização), verifica-se a transferência de um setor da empresa terceirizada para uma nova empresa (quarteirizada). De acordo com o posicionamento antes da nova lei de terceirização, a jurisprudência trabalhista tinha o posicionamento de que essa medida constituía fraude e acarretava responsabilidade solidária das empresas envolvidas. Ocorre que a Lei nº 13.429/2017 passou a permitir, expressamente, a quarteirização:

> **Art. 4º-A, § 1º, da Lei nº 6.019/1974** (Acrescentado pela Lei nº 13.429/2017): A empresa prestadora de serviços contrata, remunera e dirige o trabalho realizado por seus trabalhadores, ou subcontrata outras empresas para realização desses serviços.

9.4. REQUISITOS PARA O FUNCIONAMENTO DA EMPRESA DE PRESTAÇÃO DE SERVIÇOS A TERCEIROS

- **Requisitos mínimos para funcionamento da empresa de prestação de serviços a terceiros:** A Lei nº 13.429/2017 estabelece alguns requisitos para o funcionamento da empresa de prestação de serviços a terceiros, que contrata e fornece mão de obra terceirizada, como inscrição no CNPJ, registro na Junta Comercial e capital social mínimo de acordo com o número de trabalhadores:

> **Art. 4º-B, Lei nº 6.019/1974** (Acrescentado pela Lei nº 13.429/2017): São requisitos para o funcionamento da empresa de prestação de serviços a terceiros:
>
> I - prova de inscrição no Cadastro Nacional da Pessoa Jurídica (CNPJ);
>
> II - registro na Junta Comercial;
>
> III - capital social compatível com o número de empregados, observando-se os seguintes parâmetros:
>
> a) empresas com até dez empregados — capital mínimo de R$ 10.000,00 (dez mil reais);
>
> b) empresas com mais de dez e até vinte empregados — capital mínimo de R$ 25.000,00 (vinte e cinco mil reais);
>
> c) empresas com mais de vinte e até cinquenta empregados — capital mínimo de R$ 45.000,00 (quarenta e cinco mil reais);
>
> d) empresas com mais de cinquenta e até cem empregados — capital mínimo de R$ 100.000,00 (cem mil reais); e
>
> e) empresas com mais de cem empregados — capital mínimo de R$ 250.000,00 (duzentos e cinquenta mil reais).

9.5. REQUISITOS DO CONTRATO DE TERCEIRIZAÇÃO

- De acordo com a nova legislação de março de 2017 (Lei nº 13.429/2017), será necessário atender a alguns requisitos para a celebração do contrato de prestação de serviços. Dessa forma, o contrato pode ser classificado como solene, pois exige uma forma estabelecida em lei para sua celebração. Os requisitos estarão previstos no art. 5º-B da Lei nº 6.019/1974:

> **Art. 5º-B, Lei nº 6.019/1974** (Acrescentado pela Lei nº 13.429/2017): O contrato de prestação de serviços conterá:
>
> I - qualificação das partes;
>
> II - especificação do serviço a ser prestado;
>
> III - prazo para realização do serviço, quando for o caso;
>
> IV - valor.

9.6. RESPONSABILIDADE DA TOMADORA

- A empresa contratante, como já visto, não é a empregadora, mas o trabalho realizado pelos terceirizados a beneficia diretamente. Logo, se a empresa prestadora de serviços não pagar aos trabalhadores, restará à tomadora os pagamentos dos encargos trabalhistas. Essa responsabilidade é chamada de subsidiária e ocorrerá apenas na hipótese de a empregadora não honrar com o pagamento dos direitos trabalhistas de seus empregados. De acordo com a nova legislação:

> **Art. 5º-A, § 5º, Lei nº 6.019/1974.** A empresa contratante é subsidiariamente responsável pelas obrigações trabalhistas referentes ao período em que ocorrer a prestação de serviços, e o recolhimento das contribuições previdenciárias observará o disposto no art. 31 da Lei nº 8.212, de 24 de julho de 1991. (Incluído pela Lei nº 13.429, de 2017)

- Para que a tomadora de serviços seja obrigada a pagar os débitos remanescentes, é necessário, de acordo com TST, que tenha tido oportunidade de manifestar-se no processo judicial, como forma de garantir o contraditório e a ampla defesa. Além disso, responderá por todas as verbas devidas ao empregado, ou seja, a sua **responsabilidade é total** (verbas salariais e indenizatórias). É esse o entendimento da jurisprudência, conforme a Súmula nº 331 do TST:

> **Súmula nº 331 do TST:** *(...)*
>
> *IV – O inadimplemento das obrigações trabalhistas, por parte do empregador, implica a responsabilidade subsidiária do tomador dos serviços quanto àquelas obrigações, desde que haja participado da relação processual e conste também do título executivo judicial.*
>
> *(...) VI – A responsabilidade subsidiária do tomador de serviços abrange todas as verbas decorrentes da condenação referentes ao período da prestação laboral.*

- Persiste inalterado, portanto, o disposto nos itens IV e VI da Súmula nº 331 do TST, após as alterações promovidas pelas Leis nº 13.429/2017 e 13.467/2017.

9.7. DIREITOS DOS TERCEIRIZADOS

- Os direitos previstos aos empregados terceirizados são aqueles pertencentes à categoria profissional da empresa prestadora de serviços.
- Se constatada a **fraude na terceirização**, as consequências trabalhistas serão distintas caso o trabalhador preste seus serviços em empresa privada ou em ente público:
  a) **Prestação dos serviços em empresa privada:** Se a empresa tomadora de serviços for entidade privada e a terceirização for considerada ilícita, haverá reconhecimento do vínculo de emprego do terceirizado com a empresa tomadora.
  b) **Prestação dos serviços na Administração Pública:** Diante da impossibilidade do reconhecimento do vínculo de emprego com a Administração Pública (art. 37, II, CF/88, e Súmula nº 331, II, TST), caso se verifique a fraude na terceirização, haverá a possibilidade de o terceirizado requerer o mesmo salário do empregado da tomadora, se constatada a igualdade de funções com o funcionário do ente público.

9.8. CONDIÇÕES DE TRABALHO

9.8.1. SÚMULA Nº 331 DO TST

- Com a Súmula nº 331 do TST não havia menção de mesmas condições de trabalho por se tratarem de empregadores diversos. O terceirizado estava sujeito às condições fornecidas pela empresa prestadora, enquanto que a tomadora dos serviços somente tinha obrigação de assegurar as condições de trabalho a seus próprios empregados.

9.8.2. LEI Nº 13.429/2017

- A Lei do final de março de 2017 deu o primeiro passo na garantia das mesmas condições de trabalho entre terceirizados e empregados da empresa contratante. No entanto, apenas assegurava a faculdade de concessão do mesmo atendimento médico, ambulatorial e de refeição.

TEMPORÁRIOS	TERCEIRIZADOS
Art. 9º, § 2º, Lei nº 6.019/1974: A contratante **estenderá** ao trabalhador da empresa de trabalho temporário o mesmo atendimento médico, ambulatorial e de refeição destinado aos seus empregados, existente nas dependências da contratante, ou local por ela designado (grifo acrescido).	**Art. 5º-A, § 4º, Lei nº 6.019/1974** *(Redação dada pela Lei nº 13.429/2017)*: A contratante **poderá estender** ao trabalhador da empresa de prestação de serviços o mesmo atendimento médico, ambulatorial e de refeição destinado aos seus empregados, existente nas dependências da contratante, ou local por ela designado. (grifos acrescidos)

9.8.3. REGULAMENTAÇÃO PELA LEI Nº 13.467/2017 (REFORMA TRABALHISTA)

- A Lei nº 13.467/2017 (Reforma Trabalhista) inseriu o art. 4º-C à Lei nº 6.019/1974 para prever a **obrigação** de a contratante assegurar aos terceirizados as seguintes condições que devem ser observadas quando e enquanto os serviços forem prestados nas dependências da tomadora de serviços:
  1) Mesmas condições referentes à alimentação garantida aos seus empregados, quando oferecida em refeitórios;
  2) Direito de utilizar os serviços de transporte;
  3) Atendimento médico ou ambulatorial existente nas dependências da contratante ou local por ela designado;
  4) Treinamento adequado fornecido pela contratada quando a atividade o exigir;
  5) Garantia das mesmas condições sanitárias, de medidas de proteção à saúde e de segurança no trabalho e de instalações adequadas à prestação do serviço.
- Por sua vez, conforme prevê o § 2º do art. 4º-C da Lei nº 6.019/1974, nos contratos que impliquem mobilização de terceirizados em número igual ou superior a 20% dos empregadores da contratante, devem ser asseguradas as mesmas condições de trabalho, mas os serviços de alimentação e atendimento ambulatorial podem ser disponibilizados em outro local para manter o pleno funcionamento dos serviços existentes.
- Tendo em vista que a empresa contratante é **obrigada a fornecer as mesmas condições de alimentação em refeitórios e de atendimento médico ou ambulatorial** aos empregados terceirizados, há nítida contradição entre o disposto no art. 4º-C da Lei nº 6.019/1974, acrescentado pela Reforma Trabalhista e aquilo que prevê o art. 5º-A, § 4º, da Lei nº 6.019/1974:

> **Art. 5º-A, § 4º, Lei nº 6.019/1974** (acrescentado pela Lei nº 13.429/2017): A contratante **poderá estender** ao trabalhador da empresa de prestação de serviços o mesmo atendimento médico, ambulatorial e de refeição destinado aos seus empregados, existente nas dependências da contratante, ou local por ela designado. (grifos acrescidos)

- Em resumo, o art. 4º-C, da Lei nº 6.019/1974 estabeleceu diversas condições de trabalho que devem ser **obrigatoriamente** observadas pela empresa contratante aos trabalhadores terceirizados, tais como condições de alimentação, atendimento médico ou ambulatorial, transporte e medidas de proteção à saúde e segurança no trabalho.

9.9. SALÁRIO EQUIVALENTE

- **Direitos dos terceirizados:** "Os direitos previstos aos empregados terceirizados são aqueles pertencentes à categoria profissional da empresa prestadora de serviços. A corrente doutrinária tradicional, portanto, defendia que não havia possibilidade de um terceirizado requerer equiparação salarial indicando como parâmetro o salário do empregado da tomadora, pois eram empregadores diversos." (CORREIA, 2021)

- **TST:** tinha o posicionamento que defendia a equiparação salarial de terceirizados e empregados da tomadora quando exercessem as **mesmas funções ligadas à atividade-fim**. Nessa situação, como o trabalho desempenhado é idêntico, haveria fraude na terceirização dos serviços.

> **Orientação Jurisprudencial nº 383 da SDI – I do TST.** *Terceirização. Empregados da empresa prestadora de serviços e da tomadora. Isonomia. Art. 12, "a", da Lei n.º 6.019, de 3.1.1974*
>
> *A contratação irregular de trabalhador, mediante empresa interposta, não gera vínculo de emprego com ente da Administração Pública, não afastando, contudo, pelo princípio da isonomia, o direito dos empregados terceirizados às mesmas verbas trabalhistas legais e normativas asseguradas àqueles contratados pelo tomador dos serviços, desde que presente a igualdade de funções. Aplicação analógica do art. 12, "a", da Lei nº 6.019, de 3.1.1974.*

- **Tema 383 de Repercussão Geral do STF:** No dia 26/03/2021, o STF fixou a tese de repercussão geral que veda expressamente a equiparação de remuneração entre empregados da empresa tomadora e empregados da empresa contratada (terceirizadas):

> *A equiparação de remuneração entre empregados da empresa tomadora de serviços e empregados da empresa contratada (terceirizada) fere o princípio da livre iniciativa, por se tratarem de agentes econômicos distintos, que não podem estar sujeitos a decisões empresariais que não são suas*

- De acordo com o Tribunal, a equiparação salarial entre empregados de agentes econômicos distintos (tomadora e prestadora) viola o princípio da livre iniciativa.
- **Posição atual do TST:** Diante da fixação pelo STF de posicionamento contrário à presente orientação jurisprudencial, o TST já vem decidindo que a OJ 383 foi superada e a equiparação salarial entre terceirizado e empregado da tomadora não é mais possível. TST – ARR: 7739520155100008, Relator: Claudio Mascarenhas Brandao, Data de Julgamento: 18/08/2021, 7ª Turma, Data de Publicação: 27/08/2021

9.10. QUARENTENA E REFORMA TRABALHISTA

- A Reforma Trabalhista trouxe inovação quanto à previsão de período de "quarentena" para que fosse possível celebrar contrato de terceirização com empresa prestadora, cujos sócios ou titulares tenham sido empregados ou trabalhadores sem vínculo empregatício da empresa contratante.

9.10.1. SÚMULA Nº 331 DO TST

- Até março de 2017, não havia regulamentação legal da terceirização de serviços, tarefa essa que foi desempenhada pelo TST na Súmula nº 331. Essa jurisprudência consolidada não estabelecia período de quarentena para contratação de empresa prestadora de serviços.

9.10.2. REGULAMENTAÇÃO PELA LEI Nº 13.429/2017 (31/03/2017)

- A Lei nº 13.429/2017, de 31/03/2017, que passou a regulamentar a terceirização, não estabeleceu nenhum requisito ou prazo para que o empregado ou o trabalhador sem vínculo empregatício da empresa contratante pudessem integrar a sociedade que forma a empresa prestadora de serviços.

9.10.3. REFORMA TRABALHISTA – LEI Nº 13.467/2017

- Para evitar a dispensa dos trabalhadores e viabilizar a licitude da terceirização, a Reforma Trabalhista (Lei nº 13.467/2017) estabeleceu um prazo de **quarentena de 18 meses** para que os empregados ou trabalhadores sem vínculo empregatício possam figurar como sócios ou titulares da empresa contratada:

> **Art. 5º-C, Lei nº 6.019/1974** *(acrescentado pela Lei nº 13.467/2017)***.** *Não pode figurar como contratada, nos termos do art. 4º-A desta Lei, a pessoa jurídica cujos titulares ou sócios tenham, nos últimos dezoito meses, prestado serviços à contratante na qualidade de empregado ou trabalhador sem vínculo empregatício, exceto se os referidos titulares ou sócios forem aposentados.*

- Exemplo: Se um empregado for dispensado sem justa causa, somente poderá figurar como empresa contratada em eventual terceirização de serviços na empresa contratante após o decurso de 18 meses da data do término do contrato de trabalho.

9.11. PERÍODO DE QUARENTENA DO EMPREGADO TERCEIRIZADO

- A Reforma Trabalhista trouxe inovação quanto à previsão de período de quarentena para que empregado "demitido" possa prestar os serviços para a mesma empresa na condição de terceirizado, ou seja, como empregado da empresa prestadora de serviços.

9.11.1. SÚMULA Nº 331 DO TST

- Até março de 2017, não havia regulamentação legal da terceirização de serviços, tarefa essa que foi desempenhada pelo TST na Súmula nº 331. Essa jurisprudência consolidada não estabelecia período de quarentena para que empregado dispensado da tomadora pudesse voltar a prestar serviços a essa empresa como terceirizado.

9.11.2. REGULAMENTAÇÃO PELA LEI Nº 13.429/2017 (31/03/2017)

- A Lei nº 13.429/2017, que regulamentou a terceirização de serviços, não estabeleceu nenhum prazo ou requisito a ser observado para que os empregados dispensados da empresa contratante pudessem prestar novamente os serviços à empresa na condição de terceirizados.

9.11.3. QUARENTENA NA REFORMA TRABALHISTA (LEI Nº 13.467/2017)

- Nesse sentido, a Reforma Trabalhista estabeleceu o prazo de **quarentena de 18 meses**, contados a partir de sua demissão, para que o empregado "demitido" possa prestar os serviços para a mesma empresa na condição de terceirizado, ou seja, como empregado da empresa prestadora de serviços:

> **Art. 5º-D da Lei nº 13.467/2017:** *O empregado que for demitido não poderá prestar serviços para esta mesma empresa na qualidade de empregado de empresa prestadora de serviços antes do decurso de prazo de dezoito meses, contados a partir da demissão do empregado.*

9.12. INAPLICABILIDADE DA LEGISLAÇÃO ÀS EMPRESAS DE VIGILÂNCIA E TRANSPORTE DE VALORES

- Tendo em vista as especificidades dos serviços de vigilância e transporte de valores e pela existência de legislação especial regulamentando o assunto, a Lei nº 6.019/1974 não será aplicada para essas relações de trabalho. Para os trabalhadores desse setor, permanece a aplicação da Lei nº 7.102/1983 e, subsidiariamente, da CLT.

9.13. CONSEQUÊNCIAS DA LEI Nº 13.429/2017 PARA A ADMINISTRAÇÃO PÚBLICA

- A Lei nº 13.429/2017 foi silente quanto ao assunto, o que deve gerar diversas discussões. É importante salientar que o foco da nova disciplina jurídica da legislação é a regulamentação do trabalho temporário e da terceirização **nas empresas**. Portanto, a lei não foi criada para aplicação na administração direta, autarquias e fundações públicas por não se equipararem às empresas privadas. Além disso, há previsão constitucional estabelecendo a necessidade de concurso público para provimento dos cargos e empregos públicos criados:

> **Art. 37, da Constituição Federal:** *A administração pública direta e indireta de qualquer dos Poderes da União, dos Estados, do Distrito Federal e dos Municípios obedecerá aos princípios de legalidade, impessoalidade, moralidade, publicidade e eficiência e, também, ao seguinte: (...) II – a investidura em cargo ou emprego público depende de aprovação prévia em concurso público de provas ou de provas e títulos, de acordo com a natureza e a complexidade do cargo ou emprego, na forma prevista em lei, ressalvadas as nomeações para cargo em comissão declarado em lei de livre nomeação e exoneração.*

- Tendo em vista que a Constituição Federal é hierarquicamente superior à legislação ordinária, seja na forma quanto no seu conteúdo, as disposições da nova legislação do trabalho temporário e terceirizado não excluirá a necessidade de concurso público para a investidura em cargo ou emprego público. Além disso, há posicionamento no sentido de que as atividades típicas e centrais do Estado não podem ser terceirizadas, como a segurança pública, cargos do Poder Judiciário, do Ministério Público, cargos de fiscalização, Tribunal de Contas e de agências reguladoras. Nesses casos, permanece, sem dúvidas, a exigência do concurso público e da relação direta com a Administração Pública.

- Em resumo, se já existe cargo ou emprego público criado por lei, não é possível a terceirização pela Administração Pública. Por outro lado, o STF no julgamento da ADI nº 1.923/DF[36], decidiu que a Lei nº 9.637/1998, que regulamenta as denominadas organizações sociais, é constitucional. Uma das formas previstas atualmente para ampliação da participação do setor privado consiste na transferência dos recursos públicos a um particular que atua em colaboração com o Poder Público. É nesse contexto que surgem as organizações sociais, que terão sua atividade voltada ao desenvolvimento tecnológico, do ensino, pesquisa e proteção do meio ambiente, da cultura e saúde.

- Trata-se, portanto, de verdadeira possibilidade legalmente permitida da Administração Pública repassar a um terceiro a prestação de serviços públicos essenciais ao Estado, como a saúde e educação. Ocorre, na prática, a terceirização da atividade-fim do Estado, que consiste em assegurar o bem-estar social. Esses serviços públicos deveriam ser prestados diretamente pelo Poder Público sem nenhum intermediário, ou ainda mediante permissão, autorização ou concessão de serviço público. Entretanto, a prestação direta ou a concessão de serviço público não ocorrem. Com a decisão do STF, a terceirização da atividade-fim do Poder Público criada pela instituição das organizações sociais tornou-se legal.

- **Responsabilidade da Administração Pública:** O item V da Súmula nº 331 e o Tema 246 de Repercussão Geral do STF versam sobre a responsabilidade da Administração Pública pelo inadimplemento das obrigações trabalhistas:

> **Súmula nº 331, V, do TST** – *Os entes integrantes da administração pública direta e indireta respondem subsidiariamente, nas mesmas condições do item IV, caso evidenciada a sua conduta culposa no cumprimento das obrigações da Lei n. 8.666/93, especialmente na fiscalização do cumprimento das obrigações contratuais e legais da prestadora de serviço como empregadora. A aludida responsabilidade não decorre de mero inadimplemento das obrigações trabalhistas assumidas pela empresa regularmente contratada.*
>
> **Tema 246 de Repercussão Geral do STF.** *O inadimplemento dos encargos trabalhistas dos empregados do contratado não transfere automaticamente ao Poder Público contratante a responsabilidade pelo seu pagamento, seja em caráter solidário ou subsidiário, nos termos do art. 71, § 1º, da Lei nº 8.666/93.*

- **Irresponsabilidade como regra:** Deve-se ressaltar que, se a empresa intermediadora não pagar aos trabalhadores terceirizados, a Administração contratante não responde, em regra, pelo pagamento dos encargos trabalhistas, ou seja, a Administração não será a responsável subsidiária. Em decisão do Supremo Tribunal Federal, na Ação Direta de Constitucionalidade nº 16, foi reconhecida a constitucionalidade do art. 71 da Lei de Licitações. Os fundamentos dos defensores da tese de que o Estado não tem responsabilidade trabalhista consiste em:

a) o processo licitatório afasta a culpa do Estado;

b) a responsabilidade subsidiária representaria um duplo pagamento pelos encargos trabalhistas, uma vez que o Poder Público já havia pago pelos serviços prestados;

c) a Administração segue o princípio da legalidade, respeita o art. 71 da Lei de Licitações.

- Ademais, de acordo com a tese de repercussão geral em análise, o inadimplemento dos encargos trabalhistas pela empresa prestadora de serviços não transfere automaticamente ao Poder Público contratante a responsabilidade pelo seu pagamento, em caráter solidário ou subsidiário, nos termos do art. 71, § 1º, da Lei nº 8.666/1993.
- **Exceção – Culpa *in vigilando:*** De acordo com o item V da Súmula nº 331 do TST, a Administração somente será responsável se comprovada culpa, isto é, se não fiscalizar o contrato de prestação de serviços.
- **Informativo nº 220:** o TST reforçou seu posicionamento ao manifestar que o mero inadimplemento das obrigações trabalhistas por parte do prestador de serviços não é suficiente para a responsabilização do ente público tomador de serviços. No entanto, a responsabilidade subsidiária ocorrerá quando se verificar a conduta culposa da administração na correta fiscalização do cumprimento da legislação trabalhista.
- Ônus de provar a fiscalização: De acordo com decisão do dia 22/05/2020, o TST aplicou a teoria dinâmica do ônus da prova, atribuindo esse dever ao ente público, pois tem maior aptidão para a produção da prova nos termos do art. 818, § 1º, da CLT. Aliás, o TST entendeu que o ônus quanto à fiscalização ou não do contrato não pode ser atribuído ao trabalhador, tendo em vista a dificuldade e, até mesmo, a impossibilidade que ele terá na obtenção dos documentos.
- **Nova Lei de Licitações e reflexos trabalhistas:** No dia 1º de abril de 2021, foi promulgada a Lei nº 14.133/2021, que estabeleceu a nova lei de licitações e contratos administrativos e revogou Lei nº 8.666/1993, que disciplinava o tema. Por ser legislação destinada especialmente ao Direito Administrativo, ressalta-se que serão comentados somente os dispositivos que impactaram diretamente as relações de trabalho.
- **Responsabilidade do poder público na terceirização de serviços:** De acordo com o art. 121, "caput" e § 1º da nova lei, quando a Administração Pública celebrar contrato administrativo com particular, somente o contratado será responsável pelos encargos trabalhistas, previdenciários, fiscais e comerciais. Nesse caso, não há transferência dos encargos à Administração Pública na hipótese de inadimplência do particular.
- **Falha na fiscalização do cumprimento das obrigações do contratado:** Os § 2º e 3º do art. 121 regulamentam a responsabilidade da Administração Pública nos contratos de terceirização de serviços, que envolvem a prestação de serviços contínuos com regime de dedicação exclusiva de mão de obra. Nesse caso, há responsabilidade solidária pelos encargos previdenciários e subsidiária pelos encargos trabalhistas se comprovada falha na fiscalização do cumprimento das obrigações do contratado.
- **Documentos que comprovem o cumprimento das obrigações:** Nas contratações envolvendo terceirização de serviços, o contrato deverá apresentar à Administração Pública, sob pena de multa, comprovação do cumprimento das obrigações trabalhistas e do FGTS, especialmente sobre:

  I – registro de ponto;

  II – recibo de pagamento de salários, adicionais, horas extras, repouso semanal remunerado e décimo terceiro salário;

  III – comprovante de depósito do FGTS;

  IV – recibo de concessão e pagamento de férias e do respectivo adicional;

  V – recibo de quitação de obrigações trabalhistas e previdenciárias dos empregados dispensados até a data da extinção do contrato;

  VI – recibo de pagamento de vale-transporte e vale-alimentação, na forma prevista em norma coletiva.
- Além dos documentos acima, para se resguardar e assegurar o cumprimento das obrigações trabalhistas, a Administração Pública pode exigir, desde que previsto em edital ou contrato, as seguintes medidas:

  I – exigir caução, fiança bancária ou contratação de seguro-garantia com cobertura para verbas rescisórias inadimplidas;

  II – condicionar o pagamento à comprovação de quitação das obrigações trabalhistas vencidas relativas ao contrato;

  III – efetuar o depósito de valores em conta vinculada;

  IV – em caso de inadimplemento, efetuar diretamente o pagamento das verbas trabalhistas, que serão deduzidas do pagamento devido ao contratado;

  V – estabelecer que os valores destinados a férias, a décimo terceiro salário, a ausências legais e a verbas rescisórias dos empregados do contratado que participarem da execução dos serviços contratados serão pagos pelo contratante ao contratado somente na ocorrência do fato gerador.

- Em resumo, a Administração Pública somente responderá subsidiariamente pelas obrigações trabalhistas dos terceirizados se houver falha na fiscalização do cumprimento das obrigações trabalhistas. Os art. 50 e 121, § 3º da Nova Lei elencam as medidas que devem ser adotadas pela Administração para essa fiscalização. Entendemos que, uma vez adotadas todas as medidas dispostas na nova lei, estará afastada a responsabilidade do poder público na terceirização pública.

9.14. DONO DA OBRA

- **Dono da obra**. Ele assume a responsabilidade pelos empregados da empreiteira ou construtora que lhe presta serviços? Em regra, o dono da obra não assume nenhuma responsabilidade pelos empregados da empreiteira. Há, entretanto, uma exceção. Se o dono da obra é empresa construtora ou incorporadora e exerce a construção com finalidade lucrativa, atividade-fim, terá responsabilidade subsidiária pelos débitos trabalhistas. Nesse caso, se a empreiteira ou construtora, contratada para prestar serviços, não quitar as dívidas trabalhistas com seus empregados, o dono da obra será o responsável.
- Em Incidente de Recurso de Revista Repetitivo do Processo Paradigma nº 190-53.2015.5.03.0090, o TST entendeu que as empresas de médio e grande porte, assim como entes públicos, não são responsáveis pelas obrigações trabalhistas dos empregados da empreiteira ou construtora que lhe presta serviços.

9.15. TRABALHO TEMPORÁRIO

- Trabalhador temporário não se confunde com empregado contratado por prazo determinado, art. 443 da CLT. O trabalho temporário está previsto na Lei nº 6.019/74. Trata-se de modalidade de terceirização expressamente prevista em lei. Há, nesse caso, uma relação triangular de trabalho:

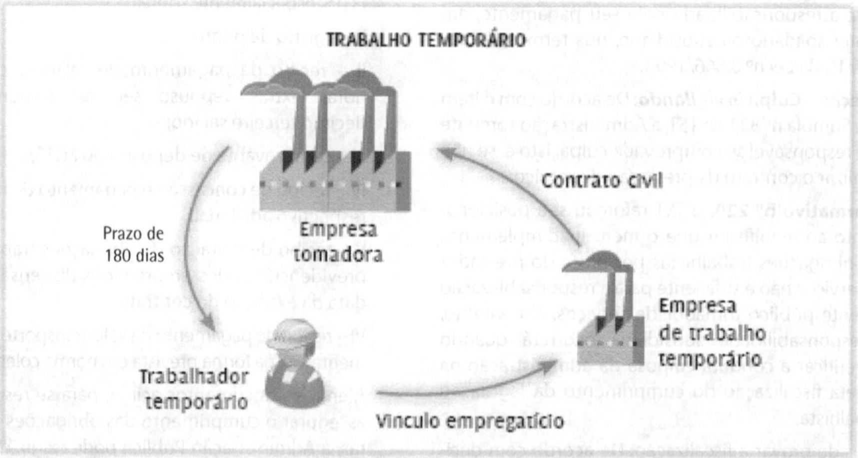

- **Hipóteses de contratação.** O trabalhador temporário é contratado por uma empresa de trabalho temporário para prestar serviços em outra empresa, denominada empresa tomadora de serviços. Entretanto, não é permitida a contratação indiscriminada de trabalhadores temporários, pois somente será admitida essa modalidade de prestação de serviços nas seguintes hipóteses conforme nova redação do art. 2º da Lei nº 6.019/1974, conferida pela Lei nº 13.429/2017:

1) **Necessidade de substituição transitória de pessoal permanente:** Não há nessa hipótese nenhuma novidade em relação ao que já era previsto na redação antiga do art. 2º da Lei nº 6.019/1974. Diante de afastamento do pessoal permanente, é possível a contratação de trabalhadores temporários para substituí-los e permitir que a empresa continue operando normalmente.

2) **Demanda complementar de serviços:** Apesar dessa hipótese de contratação não estar prevista no conceito anterior de trabalho temporário, guarda relação com o termo "acréscimo extraordinário de serviços". Ocorre que, diferentemente da antiga previsão legal, a Lei nº 13.429/2017 acrescentou o § 2º ao art. 2º da Lei nº 6.019/1974, que traz o conceito de demanda complementar de serviços, o que assegura maior segurança jurídica. Somente será considerada como demanda complementar aquela que decorrer de:

   – **Fatores imprevisíveis:** será possível a contratação de temporários quando se verificar a ocorrência de eventos que não eram previstos pela empresa tomadora de serviços e que exijam a contratação temporária de mão de obra. Por exemplo, uma empresa que se vê obrigada a acelerar a produção de um determinado produto em decorrência de um evento da natureza, poderia em razão da imprevisibilidade do evento, se utilizar de mão de obra temporária por meio de contrato com empresa de trabalho temporário para evitar prejuízos em sua produção. Essa situação guarda estreita relação com a ocorrência de eventos de força maior, cujo conceito está previsto no art. 501 da CLT:

> **Art. 501, CLT:** *Entende-se como força maior todo acontecimento inevitável, em relação à vontade do empregador, e para a realização do qual este não concorreu, direta ou indiretamente.*

- **Fatores previsíveis, mas que tenham natureza intermitente, periódica ou sazonal:** é possível a contratação de empresa de trabalho temporário mesmo quando o fator que exija complementação da mão de obra seja previsível, desde que tenham natureza intermitente, periódica ou sazonal. Trata-se da hipótese de contratação quando ocorre um aumento no volume de trabalho em determinadas épocas do ano. Por exemplo, a contratação de mais vendedores no período natalino, pois o número de vendas aumenta consideravelmente nesse período do ano.

- Em suma, a Lei nº 13.429/2017 manteve a essência do conceito de trabalho temporário, enquanto modalidade de intermediação de mão de obra, que permite que um trabalhador contratado por uma empresa de trabalho temporário preste serviços por prazo determinado a uma tomadora de serviços desde que esta última respeite as hipóteses expressamente previstas para essa contratação.
- **Abrangência do trabalho temporário:** Por outro lado, a Lei nº 13.429/2017 estabelece de forma expressa que o trabalho temporário poderá ser realizado tanto nas atividades-meio como nas atividades-fim das empresas:

> **Art. 9º, § 3º, Lei nº 6.019/1974** *(Acrescentado pela Lei nº 13.429/2017): O contrato de trabalho temporário pode versar sobre o desenvolvimento de atividades–meio e atividades—fim a serem executadas na empresa tomadora de serviços.*

- **Ampliação do prazo do trabalho temporário:** Uma das principais alterações na disciplina do contrato de trabalho temporário consistiu na ampliação do prazo de 3 meses, prorrogáveis por mais 3 ou 6 meses a depender da hipótese contratada, previsto na redação anterior do art. 10 da Lei nº 6.019/1974 para 180 dias, podendo ser prorrogado por até 90 dias, consecutivos ou não. Felizmente, o Presidente da República vetou o § 3º do art. 10 da Lei nº 6.019/1974 que possibilitava que o prazo de 180 dias fosse alterado por meio de acordo ou convenção coletiva. Essa ampliação do prazo, via instrumento coletivo, seria algo prejudicial aos trabalhadores, pois seria possível que uma empresa contratasse indefinidamente trabalhadores temporários com a prorrogação do prazo mediante acordo ou convenção coletiva de trabalho.
- **Proibição de contratação de trabalhador temporário em greves:** A nova redação da Lei nº 6.019/1974 traz a proibição expressa da contratação de trabalhador temporário durante o movimento grevista, salvos as hipóteses expressamente previstas em lei. Assim, são duas as hipóteses previstas na Lei de Greve que admitem a contratação de trabalhos substitutos, inclusive de temporários:
  - **Dever de manutenção do maquinário:** a lei estabelece o dever do sindicato ou trabalhadores de manter funcionando os maquinários da empresa cuja paralisação resulte em prejuízo ao empregador. No entanto, se descumprida a determinação, o empregador poderá contratar novos empregados para cumprir essa tarefa.
  - **Abusividade do movimento grevista:** o direito de greve não é absoluto e, portanto, deverá ser exercido dentro dos limites estabelecidos pelo ordenamento jurídico brasileiro. Assim, é necessário que sejam cumpridos os requisitos previstos na Lei nº 7.783/1989 para que a greve não seja declarada abusiva. Por exemplo, se não são mantidas as necessidades básicas da população, a greve deve ser declarada abusiva e é permitida a contratação de trabalhadores substitutos caso os grevistas não retornem ao trabalho.
- **Tese em incidente de assunção de competência:** Houve questionamento no TST se a trabalhadora temporária teria direito à estabilidade provisória. Conforme Informativo nº 211, o TST firmou a seguinte tese em incidente de assunção de competência, precedente judicial obrigatório: "é inaplicável ao regime de trabalho temporário, disciplinado pela Lei n.º 6.019/74, a garantia de estabilidade provisória à empregada gestante, prevista no art. 10, II, b, do Ato das Disposições Constitucionais Transitórias".
- **Trabalho Temporário no Marco Regulatório Trabalhista Infralegal (Decreto 10.854/2021):** O Marco Regulatório revogou o Decreto anterior que regulamentava o trabalho temporário e passou a disciplinar a matéria com poucas alterações.
- **Regulamentação extensa:** o tema é tratado em 35 artigos (art. 41 a 75 do Decreto 10.854/2021) e apresentaremos as principais disposições. Como o tema havia sido regulamentado recentemente pelo Decreto 10.060/2019, poucas foram as alterações promovidas:
  1) Exclusão da vedação da contratação de estrangeiros com visto temporário;
  2) Adequação dos valores exigidos de capital social para o funcionamento da empresa de trabalho temporário às exigências legais.
- **Principais diferenças existentes entre terceirização e trabalho temporário após as alterações promovidas na Lei nº 6.019/1974:**

Terceirização	Trabalho temporário
– não há prazo determinado para a realização dos serviços	– prazo do trabalho temporário: 180 meses Obs.: O prazo poderá ser prorrogado por 90 dias consecutivos ou não.
– A contratação é livre, não havendo hipóteses legais que permitem a contratação. Obs.: trabalhador terceirizado presta serviços na atividade-meio ou na atividade-fim da empresa contratante (expressa previsão legal nesse sentido, com a Reforma Trabalhista)	– A contratação somente poderá ocorrer nas 2 hipóteses expressamente previstas em lei. Obs.: trabalhador temporário presta serviços na atividade-fim ou na atividade-meio da empresa tomadora (expressão previsão legal nesse sentido)
– **Antes da Reforma Trabalhista:** não havia previsão legal de que os terceirizados tinham direito ao mesmo salário e jornada dos empregados da tomadora. Se constatada identidade de funções, caberá equiparação salarial, OJ 383. – **Reforma Trabalhista:** contratante e contratada **poderão** estabelecer que os empregados da contratada farão jus a salário equivalente ao pago aos empregados da contratante, além de outros direitos, que também podem ser previstos.	– salário equivalente ao percebido pelos empregados que trabalham na mesma função ou cargo da tomadora

10. CONTRATO DE TRABALHO E RELAÇÃO DE TRABALHO

10.1. RELAÇÃO DE TRABALHO X RELAÇÃO DE EMPREGO

- ***Relação de trabalho:*** O termo relação de trabalho é utilizado como gênero e trata da relação de trabalho de forma ampla. Todo trabalho humano (pessoa física) prestado ao tomador de serviços (pessoa física ou jurídica) é uma relação de trabalho. Exemplo: trabalho autônomo, atividade de estágio, trabalho eventual, temporário e o próprio vínculo empregatício.

- ***Relação de emprego:*** Por outro lado, relação de emprego é uma das espécies do gênero relação de trabalho. A característica principal daquela relação consiste na presença da subordinação jurídica exercida sobre a figura do empregado. A CLT e demais leis trabalhistas foram criadas para proteger o empregado, que trabalha sob subordinação. Verifica-se, assim, que toda relação de emprego corresponde a uma relação de trabalho, mas nem toda relação de trabalho é uma relação de emprego.

10.2. CONTRATO DE TRABALHO

- Para identificar uma relação de emprego é formado o contrato de emprego. A expressão, entretanto, consagrada na prática e nos concursos públicos é contrato de trabalho (sinônimos: contrato de trabalho stricto senso, vínculo empregatício e relação de emprego). Assim sendo, o contrato de trabalho é o ajuste verbal ou escrito, tácito ou expresso, firmado entre o empregado, que assume a obrigação de prestar serviços não eventuais e subordinados, e o empregador, que assume a obrigação de pagar salário.
- **Reforma Trabalhista:** A Lei nº 13.467/2017, passa a prever um novo tipo de contrato de trabalho, denominado intermitente. Essa alteração causará profundos impactos na estrutura do Direito do Trabalho, pois cria nova modalidade contratual com disciplina jurídica própria não existente na seara trabalhista. De acordo com o novo dispositivo legal, o trabalho intermitente compreende o contrato de trabalho, cuja prestação dos serviços ocorre com subordinação, mas não é contínua, havendo alternância de períodos de prestação de serviços e de inatividade. A prestação dos serviços pode ser determinada em horas, dias ou meses, independentemente da atividade desenvolvida pelo empregado ou pelo empregador.

> **Art. 443 da CLT (Inserido pela Reforma Trabalhista).** *O contrato individual de trabalho poderá ser acordado tácita ou expressamente, verbalmente ou por escrito, por prazo determinado ou indeterminado, ou para prestação de trabalho intermitente.*
>
> *(...)*
>
> *§ 3º Considera-se como intermitente o contrato de trabalho no qual a prestação de serviços, com subordinação, não é contínua, ocorrendo com alternância de períodos de prestação de serviços e de inatividade, determinados em horas, dias ou meses, independentemente do tipo de atividade do empregado e do empregador, exceto para os aeronautas, regidos por legislação própria.*

10.3. CARACTERÍSTICAS DO CONTRATO DE TRABALHO

- Dentre as características principais do contrato de trabalho, pode-se destacar que esse contrato é:
  - **a) bilateral ou sinalagmático**: envolve obrigações para ambas as partes. O empregado está obrigado a prestar serviços, o empregador possui a obrigação de pagar salário.
  - **b) consensual**: não há forma especial para o contrato de trabalho, podendo ser celebrado de forma tácita ou expressa.
  - **c) trato sucessivo**: continuidade no tempo, ou seja, não se esgota em um único ato, como contrato de compra e venda, por exemplo. Na relação de trabalho há um débito permanente, uma parte em prestar serviços e outra em pagar salário.

d) oneroso: no contrato de trabalho há necessidade de pagar contraprestação em virtude dos serviços prestados.

e) comutativo: as partes (empregado e empregador) conseguem verificar, no momento da contratação, as vantagens e os sacrifícios que terão de enfrentar durante a vigência do contrato de trabalho.

f) personalíssimo ou *intuito personae*: essa característica é voltada apenas para o empregado, que foi contratado em razão das suas virtudes pessoais (eficiência, confiança, moral etc.).

10.4. CLASSIFICAÇÃO DOS CONTRATOS DE TRABALHO

- O contrato de trabalho será, em regra, firmado por prazo indeterminado. Dessa forma, com base no princípio da continuidade da relação de emprego, não há data certa para o fim do vínculo empregatício. Excepcionalmente, nas hipóteses expressamente previstas em lei, é possível o contrato firmado por prazo determinado. Com a Reforma Trabalhista, também será possível a contratação de trabalho intermitente. Para mais informações, confira o próximo tópico dessas dicas.
- Importante ressaltar que o contrato expresso é aquele que não deixa dúvidas para as partes envolvidas. Poderá ser firmado expressamente de forma verbal ou escrita. Já o contrato tácito, como já dito, decorre de um comportamento entre as partes envolvidas. E, ainda, o contrato poderá ser firmado por prazo indeterminado (regra) ou determinado (exceção).
- Segue quadro de memorização acerca do contrato de trabalho por prazo determinado:

CONTRATO POR PRAZO DETERMINADO

- **Hipóteses previstas na CLT:**
  - a) Serviços cuja natureza justifique a predeterminação do prazo (prazo máximo: 2 anos);
  - b) Atividades empresariais de caráter transitório (2 anos);
  - c) Contrato de experiência (90 dias).

- **Hipóteses previstas na legislação do doméstico (LC nº 150/2015):**
  - a) Atendimento de necessidades familiares de natureza transitória (2 anos);
  - b) Substituição temporária de empregado doméstico com contrato de trabalho interrompido (2 anos);
  - c) Contrato de experiência (90 dias).
- **Prorrogação:** apenas uma única vez dentro do período máximo
- **Estabilidade:** não há, em regra, direito à estabilidade no contrato por prazo determinado (exceto: gestante e acidente do trabalho)
- **Nova contratação:** respeitar prazo de 6 meses, exceto:
  - a) execução de serviços especializados;
  - b) realização de certos acontecimentos.

- **Términos do contrato por prazo determinado na CLT:**
  - **a) Extinção normal**: não há pagamento de indenização;
  - **b) Extinção antecipada**:
    - 1) Iniciativa **empregador**: pagamento de indenização no valor da **metade da remuneração** (art. 479 da CLT);
    - 2) Iniciativa **empregado**: indenização dos **prejuízos** que esse desligamento causar à empresa (art. 480 da CLT).
  - **c) Cláusula assecuratória de direito recíproco**
    - 1) rescisão antecipada será de acordo com os contratos por prazo indeterminado;
    - 2) as partes ficam obrigadas a conceder aviso-prévio, se houver término antecipado.
- **Término do contrato por prazo determinado na legislação do doméstico:**
  - a) Extinção antecipada:
    - 1) Iniciativa **empregador doméstico**: indenização no valor da **metade da remuneração** (art. 6º da LC nº 150/2015)
    - 2) Iniciativa **empregado doméstico**: indenização dos **prejuízos** que causar ao empregador doméstico (art. 7º da LC nº 150/2015)
  - b) Impossibilidade de celebração de cláusula assecuratória de direito recíproco: segundo a LC não há direito ao recebimento de aviso-prévio nos contratos a termo (art. 9º da LC nº 150/2015)
- **Término antecipado do contrato de aprendizagem:**
  - a) desempenho insuficiente ou inadaptação do aprendiz, salvo para o aprendiz com deficiência quando desprovido de recursos de acessibilidade, de tecnologias assistivas e de apoio necessário ao desempenho de suas atividades (Redação dada pela Lei nº 13.146/2015);
  - b) falta disciplinar grave;
  - c) ausência injustificada à escola que implique perda do ano letivo;
  - d) pedido do aprendiz.

10.5. CONTRATO PARA PRESTAÇÃO DE TRABALHO INTERMITENTE

- A Reforma Trabalhista cria um novo tipo de contrato de trabalho denominado intermitente, que compreende a modalidade de contratação do trabalho por horas, dias ou meses, havendo períodos alternados de prestação de serviços e de inatividade:
- O art. 452-A da CLT foi inserido pela Reforma Trabalhista e regulamentará o trabalho intermitente, apresentando suas especificidades e seus efeitos na relação de emprego. O "caput" do dispositivo estabelecerá algumas formalidades que devem ser observados na celebração do contrato de trabalho. O trabalho intermitente será um contrato de trabalho solene, pois deverá ser necessariamente firmado por escrito e deverá conter o valor da hora de trabalho, que não poderá ser inferior ao valor horário do salário mínimo ou àquele devido aos demais empregados do estabelecimento que exerçam a mesma função em contrato intermitente.
- **Não obrigatoriedade da convocação:** Contudo, é importante destacar que, no trabalho intermitente, o empregador não será obrigado a convocar o traba-

lhador para prestar os serviços, o que poderá reduzir significativamente a remuneração desse empregado, ainda que seja proporcionalmente igual ao valor recebido pelos demais empregados.

- **Procedimento de convocação:** De acordo com o § 1º do novo art. 452-A da CLT, o empregador deverá convocar o empregado para a prestação dos serviços com, pelo menos, 3 dias corridos de antecedência. A comunicação poderá ser realizada por qualquer meio de comunicação eficaz. Além disso, na própria convocação do empregado deverá ser informada a jornada de trabalho que será realizada pelo trabalhador na ocasião de sua prestação de serviços. É importante ressaltar que a jornada não poderá ultrapassar o limite constitucional de 8 horas diárias ou 44 horas semanais, ainda que o empregado venha a trabalhar apenas por alguns dias. Preenchidos os requisitos necessários para a convocação e recebida pelo empregado, o § 2º do presente artigo assegura o prazo de 1 dia útil para que o empregado responda ao chamado.
- **Resposta do empregado:** Caso permaneça em silêncio e não se manifeste quanto à convocação, haverá presunção da recusa na prestação dos serviços. Por sua vez, o § 3º do artigo determina que a recusa da oferta pelo empregado não descaracterizará a subordinação para fins do contrato de trabalho intermitente. Portanto, ainda que o empregado recuse a prestação de serviços, a subordinação permanece, assim como o vínculo de empregado entre as partes. Outro efeito decorrente é a impossibilidade de dispensa por justa causa do empregado por ato de insubordinação diante da recusa na prestação dos serviços, pois é direito do trabalhador recusar sem que haja violação à subordinação.
- **Multa por descumprimento do acordado:** Aceita a oferta de trabalho intermitente pelo empregado, as partes que descumprirem o acordo, sem justo motivo, estarão sujeitas ao pagamento de multa à outra parte no valor de 50% da remuneração que seria devida no prazo de 30 dias, sendo possível a compensação no mesmo prazo.
- **Direitos do empregado em trabalho intermitente:** Tendo em vista a existência de vínculo empregatício, o empregado terá direito ao recebimento dos direitos trabalhistas previstos no art. 7º da Constituição Federal. O § 6º do art. 452-A da CLT dispõe o rol de direitos que deverão ser pagos ao trabalhador logo ao final de cada período de prestação de serviço:
  - Remuneração;
  - Férias proporcionais com acréscimo de um terço;
  - 13º salário proporcional;
  - Repouso semanal remunerado;
  - Adicionais legais.

10.6. ALTERAÇÃO DO CONTRATO INDIVIDUAL DE TRABALHO

- **Imperatividade, inalterabilidade contratual lesiva e condição mais benéfica.** O contrato de trabalho possui normas de caráter imperativo que não comportam transação entre as partes. Limita-se, assim, a autonomia da vontade, para garantir o mínimo de dignidade ao empregado. Devem-se respeitar os princípios da inalterabilidade contratual lesiva e da condição mais benéfica. Esse último assegura ao empregado as vantagens conquistadas durante o contrato de trabalho, que não poderão ser alteradas para pior.
- **Diferenças entre cláusulas contratuais e cláusulas coletivas.** Cabe destacar que as cláusulas contratuais se diferenciam das cláusulas coletivas. O que foi ajustado entre empregado e empregador não pode ser alterado para prejudicar o empregado, conforme o art. 468 da CLT. Já nas normas coletivas há maior possibilidade de negociação em razão da paridade existente entre os entes coletivos (empresas e sindicatos profissionais e econômicos), inclusive com possibilidade de alteração prejudicial aos empregados, como a redução salarial, prevista expressamente no Texto Constitucional.
- **Alteração bilateral.** No âmbito individual, há necessidade de observar dois requisitos para que a alteração do contrato de trabalho seja válida (art. 468 da CLT):
  a) Consentimento do empregado.
  b) Essa alteração não pode acarretar prejuízos diretos ou indiretos ao trabalhador.
- **Alteração unilateral (*jus variandi*).** Com fundamento no poder diretivo, art. 2º da CLT, cabe ao empregador efetuar algumas alterações para mais bem organizar a atividade empresarial. Aliás, como é o empregador que assume os riscos da atividade econômica, nada mais justo que exerça algumas modificações no contrato de trabalho. Essas alterações promovidas pelo empregador são chamadas *jus variandi*.
- ***Jus resistentiae*.** Esse poder de modificar o contrato de trabalho, *jus variandi*, deverá ser exercido dentro dos limites impostos por lei, sob pena de configurar alteração abusiva. Caso fique comprovado que o empregador exigiu serviços alheios ao contrato, serviços ilegais, imorais ou abusivos, o empregado tem o direito de não cumprir a determinação imposta pelo empregador, e ainda poderá pleitear rescisão indireta, com fundamento no art. 483 da CLT. Essa recusa é chamada direito de resistência ou *jus resistentiae*.
- **Alteração subjetiva e objetiva.** As alterações subjetivas compreendem as modificações referentes aos sujeitos do contrato de trabalho. Por sua vez, a alteração objetiva atinge as cláusulas contratuais,

cujo conteúdo é modificado ao longo do contrato de trabalho[64].

- **Retirada da gratificação de função de confiança.** Com a Reforma Trabalhista, é possível a retirada da gratificação da função de confiança, que não será incorporada, independentemente do tempo de exercício da função (Art. 468, § 2º da CLT).

> **Art. 468 da CLT** *(alterado pela Reforma Trabalhista) – Nos contratos individuais de trabalho só é lícita a alteração das respectivas condições por mútuo consentimento, e ainda assim desde que não resultem, direta ou indiretamente, prejuízos ao empregado, sob pena de nulidade da cláusula infringente desta garantia.*
>
> *§ 1º Não se considera alteração unilateral a determinação do empregador para que o respectivo empregado reverta ao cargo efetivo, anteriormente ocupado, deixando o exercício de função de confiança.*
>
> *§2º A alteração de que trata o § 1º deste artigo, com ou sem justo motivo, não assegura ao empregado o direito à manutenção do pagamento da gratificação correspondente, que não será incorporada, independentemente do tempo de exercício da respectiva função.*

- **Reversão.** O empregado que ocupa cargo de confiança poderá ser revertido ao cargo anterior, com a retirada da gratificação de função, sem que essa reversão acarrete nulidade. Nesse caso, quando o trabalhador não corresponde às expectativas do empregador e como envolve função de confiança, há previsão na própria lei que autoriza o retorno à função anterior, sem que esse ato seja nulo.
- **Rebaixamento.** É o retorno do empregado ao cargo efetivo anterior com caráter punitivo, sendo que o trabalhador ocupava cargo efetivo mais alto. Essa medida é ilícita, pois viola o princípio da inalterabilidade contratual lesiva do trabalhador previsto no art. 468 da CLT[65].
- **Promoção.** É o ato pelo qual o empregado é transferido em caráter permanente para um cargo superior com o recebimento de efetivas vantagens. Caso prevista em regulamento de empresa, é obrigação do empregado aceitar a promoção, salvo hipóteses justificáveis para permanecer em cargo inferior[66].
- **Remoção.** Configura-se com a alteração do local de trabalho do empregado, sendo exigida sua mudança de residência[67]. Para mais informações, confira o próximo tópico acerca da alteração do local de trabalho.
- **Redução salarial**. Não é permitida a redução salarial do empregado por ato unilateral ou mesmo por acordo individual entre as partes. A Constituição permite a redução do salário apenas na hipótese de celebração de convenção ou acordo coletivos de trabalho:

> **Art. 7º, CF/88.** *São direitos dos trabalhadores urbanos e rurais, além de outros que visem à melhoria de sua condição social:*
>
> *(...)*
>
> *VI – irredutibilidade do salário, salvo o disposto em convenção ou acordo coletivo;*

- **Legislação de exceção (Lei nº 14.437/2022).** Institucionaliza autorização genérica para a adoção de medidas trabalhistas de enfrentamento a momentos de crise, dentre elas: a redução da jornada de trabalho e do salário e a suspensão temporária do contrato de trabalho. Destacamos que essas medidas poderão ser implementadas por meio de acordo individual escrito ou de negociação coletiva. Dessa forma, agora, mesmo superado o momento de crise ocasionado pela pandemia de COVID-19, no Direito do Trabalho, é possível a redução de salários e a suspensão do contrato de trabalho por meio de acordo individual entre empregado e empregador. Ainda que reservada essa possibilidade aos períodos de reconhecida calamidade, temos sérias dúvidas quanto à constitucionalidade dessas normas, pois a Constituição Federal autoriza a redução salarial apenas por meio de convenção ou acordo coletivo de trabalho (art. 7º, VI).
- **Redução salarial do professor.** Há discussão sobre a possibilidade de redução do número de aulas do **professor**, em razão da diminuição do número de alunos. O TST, conforme OJ nº 244 da SDI-I, tem o entendimento de que, se preservado o valor da hora-aula, é possível a redução do número de aulas. Tal mudança no contrato de trabalho não afronta o art. 468 da CLT, pois o valor da hora-aula não foi alterado.
- **Alteração do horário e jornada de trabalho.** A alteração do horário é um exemplo frequente nas questões de concurso na área trabalhista acerca da alteração contratual. Se o empregado foi contratado para trabalhar 4 horas, o empregador, em regra, não poderá ampliar essa jornada, porque essa alteração é prejudicial ao trabalhador. Outro exemplo é o empregado que trabalhava 8 horas, mas, durante o contrato, o seu horário foi reduzido para 6 horas. Nesse caso, o empregador não poderá exigir a jornada anterior, sob pena de afrontar o art. 468 da CLT e o princípio da condição mais benéfica. Essa proibição de retorno à jornada inicialmente contratada não se aplica ao servidor público, pois seu horário é definido em lei.
- **Readaptação funcional.** O empregado com deficiência física ou mental superveniente à contratação pode ser readaptado em outra função exercida quando for atestado por órgão previdenciário e participar de programa de reabilitação profissional. Surge o questionamento se seria possível a redução do salário em razão da alteração de função. Parte da doutrina entende que é possível a redução proporcional ao valor do benefício previdenciário recebido

---

64 DELGADO, Mauricio Godinho. *Curso de Direito do Trabalho.* 16. ed. São Paulo: LTr, 2017. p. 1.147.

65 DELGADO, Mauricio Godinho. *Curso de Direito do Trabalho.* 16. ed. São Paulo: LTr, 2017. p. 1.167.

66 DELGADO, Mauricio Godinho. *Curso de Direito do Trabalho.* 16. ed. São Paulo: LTr, 2017. p. 1.170.

67 DELGADO, Mauricio Godinho. *Curso de Direito do Trabalho.* 16. ed. São Paulo: LTr, 2017. p. 1.170.

pelo trabalhador. Por outro lado, o posicionamento majoritário é no sentido de não admitir a redução salarial desse empregado[68].

Para a semana antes da prova, segue o quadro de resumo sobre alteração do contrato:

Alteração do Contrato		
1. A alteração é permitida apenas	**2. Possibilidade de reversão**	**3. *Jus variandi* – alteração unilateral do contrato**
a) com consentimento do empregado; **b)** se não acarretar prejuízos diretos e indiretos.	Reversão ao cargo de confiança ao cargo anteriormente ocupado é permitido por lei. Essa modificação não é considerada ilegal. Obs.: Com a Reforma Trabalhista, o valor de gratificação não é incorporado (Art. 468, § 2º da CLT).	Hipóteses de alteração unilateral do contrato (*jus variandi*): **a)** Transferência do horário noturno para o diurno; **b)** Alteração da data do pagamento, desde que respeitado o 5º dia útil; **c)** Transferência, desde que observados os limites impostos em lei.

10.7. TRANSFERÊNCIA DE LOCAL DE TRABALHO

- **Requisitos:** A transferência será possível desde que tenha anuência do empregado. Para configurar transferência, é necessário que acarrete mudança de domicílio do empregado.
- **Dirigente sindical:** É vedada a transferência do empregado eleito para dirigente sindical, conforme previsto no art. 543 da CLT.
- **Transferência unilateral:** Excepcionalmente, poderá ocorrer a transferência unilateral do empregado, se respeitados os limites impostos por lei. A seguir, as hipóteses admitidas:
  - **a) Empregados que exerçam cargos de confiança.** Inclusive para esses empregados, é necessário que o empregador demonstre a necessidade do serviço.
  - **b) Empregados cujo contrato tenham como condição implícita ou explícita a necessidade de transferência.** Também nessa hipótese será necessária comprovação de real necessidade de serviço, no mesmo sentido da hipótese anterior. Exemplo de condição implícita: empregados do circo. Condição explícita: no ato da contratação fica expresso que é condição, na prestação de serviços, a possibilidade de transferência do empregado, como ocorre em alguns bancos e em empresas com diversas filiais.
  - **c) Extinção do estabelecimento.** Nesse caso, a transferência unilateral é permitida para evitar o término do contrato de trabalho.
  - **d) Transferência provisória por necessidade de serviço.** Nesse caso, com fundamento no princípio da lealdade contratual, caberá ao empregado colaborar com a empresa. Há necessidade, entretanto, de que essa necessidade seja fundamentada na real necessidade de serviço.
- **Adicional de transferência.** No caso de transferência provisória por necessidade de serviço, mesmo em se tratando de cargo de confiança e condição implícita ou explícita no contrato, o empregador ficará obrigado a pagar adicional de, no mínimo, 25%, dos salários que o empregado recebia na localidade de origem, enquanto durar a transferência. Se ocorrer transferência definitiva, o empregado não terá direito ao adicional.
- Para a semana antes da prova, segue esse quadrinho de resumo sobre a transferência do empregado:

Transferência
Possibilidades de transferência: • Desde que tenha consentimento (anuência) do empregado • Transferência unilateral (necessidade de comprovar a necessidade de serviço) a) Cargo de confiança; b) Contrato que tenha condição implícita ou explícita; c) Extinção do estabelecimento; d) Necessidade de serviço. • **Adicional de transferência (art. 469 § 3º, da CLT)** a) Apenas para transferências provisórias; b) Empregados que exercem cargo de confiança também têm direito ao adicional; c) Esse adicional possui natureza salarial. • **Ajuda de custo (art. 470 da CLT)** a) Despesas resultantes da transferência; b) Natureza indenizatória;

10.8. SUSPENSÃO E INTERRUPÇÃO DO CONTRATO DE TRABALHO

- **Conceito.** A **interrupção** do contrato de trabalho consiste na ausência provisória da prestação de serviços, em que são devidos o pagamento de salário e a contagem do tempo. Cessa a obrigação do empregado, mas persiste a obrigação da empresa. Por outro lado, a **suspensão** do contrato de trabalho é a ausência provisória da prestação de serviços, sem que haja o pagamento de salário nem a contagem do tempo. Nesse caso, cessa a obrigação tanto da empresa como do empregado.
- **Para a semana antes da prova**, segue esse importante quadro de resumo com as hipóteses de interrupção e suspensão do contrato de trabalho (importantíssimo memorizar!):

68 DELGADO, Maurício Godinho. *Curso de Direito do Trabalho.* 16. ed. São Paulo: LTr, 2017. p. 1.169.

Hipóteses de interrupção (pagamento de salário)	Hipóteses de suspensão (não há pagamento de salário)
• 2 dias – falecimento • 3 dias – casamento • 9 dias – professor (casamento e falecimento) • 1 dia a cada 12 meses – doação de sangue • 2 dias – alistamento eleitoral • Pelo tempo necessário – acompanhar sua esposa ou companheira em até 6 (seis) consultas médicas, ou em exames complementares, durante o período de gravidez[69] • 1 dia por ano – acompanhar filho de até 6 anos em consulta médica – válido para o empregado ou empregada • 3 dias a cada 12 meses – para realização de exames preventivos de câncer devidamente comprovada • Tempo necessário: – serviço militar – vestibular – comparecimento em juízo – reunião/organismo internacional (dirigente sindical) • Paralisação da empresa • Acidente nos primeiros 15 dias • Férias • RSR e Feriados • Intervalos intrajornadas remunerados. • Licença-paternidade – 5 dias para todos os empregados. E ainda, com possibilidade de prorrogação por mais 15 dias (total de 20 dias) se o Empregador aderir ao Programa Empresa Cidadã • Gestante: consultas médicas • Participação nas comissões de conciliação prévia • Prontidão e sobreaviso • Lockout • Participação no Conselho Curador do FGTS	• Encargo público • Mandato Sindical • Greve • Suspensão disciplinar • Benefícios previdenciários • Diretor de S/A (não empregado – Súm. nº 269 do TST) • Intervalos • Prisão (sem trânsito em julgado) • Violência doméstica • Inquérito para apuração de falta grave • Qualificação profissional (art. 476-A da CLT) • Períodos de inatividade no trabalho intermitente • Suspensão temporária do contrato de trabalho durante a pandemia de coronavírus e legislação de exceção • Programa Emprega + Mulheres – suspensão do contrato de trabalho da mulher para qualificação profissional • Programa Emprega + Mulheres – suspensão do contrato de trabalho de pais empregados
Casos controvertidos	
a) Licença-maternidade (interrupção) b) Aborto não criminoso (interrupção) c) Serviço militar obrigatório (suspensão) d) Acidente do trabalho após 15 primeiros dias (suspensão) e) Isolamento social	

- **Licença-paternidade de 5 dias.** Essa licença é válida tanto para o pai casado como para o solteiro, e deve ser gozada no decorrer da primeira semana após o parto[70] (art. 473 da CLT e art. 10, § 1º, ADCT). Com a promulgação da Lei de políticas públicas para a primeira infância (Lei nº 13.257/2016), foi introduzida a possibilidade de prorrogação da licença-paternidade em 15 dias na Lei nº 11.770/2008 (Programa Empresa Cidadã), totalizando o período de 20 dias. Para se ter direito à prorrogação, é necessário o preenchimento de alguns requisitos:
  1) empregador deve integrar o Programa Empresa Cidadã;
  2) benefício de prorrogação deve ser requerido no prazo de até 2 dias úteis após o parto;
  3) comprovação de participação em programa ou atividade de orientação sobre paternidade responsável;
  4) impossibilidade de exercer atividade remunerada durante o período.

69. Informativo nº 64 do TST.
70 JORGE NETO, Francisco Ferreira; CAVALCANTE, Jouberto de Quadros Pessoa. *Curso de Direito do Trabalho*. São Paulo: Atlas, 2009. p. 251.

- **Lei nº 14.457/2022.** A Lei nº 14.457/2022 promoveu alterações no Programa Empresa Cidadã, para estabelecer que essa prorrogação possa ser compartilhada entre a empregada e o empregado, desde que ambos sejam empregados de pessoa jurídica aderente ao Programa e que a decisão seja adotada conjuntamente. Ainda, a empresa participante do Programa Empresa Cidadã autorizada a substituir o período de prorrogação da licença-maternidade pela redução de jornada de trabalho em 50% pelo período de 120 dias. Para tanto, dois são os requisitos:
  I. pagamento integral do salário à empregada ou ao empregado pelo período de 120 dias; e
  II. acordo individual firmado entre o empregador e a empregada ou o empregado interessados em adotar a medida.
- **Reforma Trabalhista:** constitui objeto ilícito da convenção ou acordo coletivo, a supressão ou redução da licença-paternidade, nos termos fixados em lei (art. 611-B, XIV da CLT).

10.9. EFEITOS DO CONTRATO DE TRABALHO

- **Efeitos do contrato (obrigações do contrato de trabalho).** O contrato de trabalho gera obrigações tanto para o **empregado**, que assume a obrigação de prestar serviços não eventuais e subordinados, como para o **empregador**, que assume a obrigação de pagar salário. Nesse sentido, surgem diversos efeitos decorrentes da relação jurídica. De acordo com Mauricio Godinho Delgado[71], é possível a divisão desses efeitos em:

  a) *efeitos próprios ao contrato de trabalho e;*

  b) *efeitos conexos ao contrato de trabalho.*
- **Efeitos próprios.** São aqueles que decorrem da natureza do contrato de trabalho e da conjuntura natural das cláusulas contratuais.
- **Efeitos conexos.** São aqueles que não decorrem propriamente da natureza do contrato, mas que poderão se juntar a ele por conexão ou acessoriedade. São efeitos de natureza não trabalhista que surgem em função ou em vinculação ao contrato de trabalho.
- **Direitos intelectuais e invenções do empregado.** Os direitos intelectuais, como o próprio nome sugere, são aqueles que decorrem da produção intelectual de um indivíduo. As criações e produções científicas, literárias e artísticas são tuteladas pelo direito por normas específicas diante da importância dessas manifestações no ordenamento jurídico. Esses direitos desdobram-se em tipos específicos, tais como os direitos de autor, regulamentados pela Lei nº 9.610/1998, os direitos de propriedade intelectual, regidos pela Lei nº 9.279/1992, e, por fim, os direitos intelectuais relativos à criação e utilização de *software* (Lei nº 9.609/1998)[72].
- **Produção intelectual decorre do contrato de trabalho ou da natureza dos serviços prestados.** Nesse caso, o empregado é contratado com a finalidade específica de desenvolver o invento. Para tanto, receberá seu salário mensal (e demais verbas salariais e indenizatórias) até que o novo produto seja lançado, num desenvolvimento que pode levar anos. A invenção pertencerá **exclusivamente** ao empregador, salvo previsão expressa em contrário. Contudo, permite-se que o acordo entre as partes da relação empregatícia para que o empregado participe dos ganhos econômicos decorrentes da exploração da patente.
- **Produção intelectual desvinculada do contrato de trabalho sem a utilização de recursos do empregador.** Nesse caso, a invenção ou modelo de utilidade criado pertencerá apenas ao empregado, uma vez que o empregador em nada colaborou para sua criação. Ressalta-se que há presunção relativa de que foi desenvolvida durante o contrato de trabalho a patente de invenção requerida até 1 ano após a extinção do vínculo empregatício.
- **Produção intelectual decorrente da contribuição pessoal do empregado com a utilização de recursos do empregador.** Salvo disposição expressa em contrário, se houver concorrência entre a contribuição pessoal do empregado e os recursos do empregador, a propriedade do invento será comum, em partes iguais, entre empregado e empregador. Será garantido ao empregador o direito exclusivo de exploração, e ao empregado, a justa remuneração resultante dessa exploração. Destaca-se que o empregador, salvo justo motivo, terá 1 ano para iniciar a exploração, sob pena de passar a exclusividade na exploração ao empregado.

10.9.1. DANO MATERIAL E MORAL

- **Dano material.** O dano material atinge diretamente o patrimônio do ofendido. A reparação deve abranger os **danos emergentes** ou prejuízos efetivos e imediatos, isto é, o montante que o empregado efetivamente perdeu. E ainda, os **lucros cessantes** que refletem no futuro, ou seja, com a diminuição potencial do patrimônio do trabalhador. Em ambos os casos, de danos emergentes ou de lucros cessantes, torna-se necessário fazer prova, por exemplo, por documentos e recibos, do que efetivamente perdeu e deixou de ganhar, para que o empregado possa ter direito à reparação.
- Pensionamento. Em muitos acidentes de trabalho[73], o trabalhador perde total ou parcialmente sua capacidade laborativa.
- **Dano moral.** Dano moral é a lesão a direitos da personalidade[74], ou seja, direitos extrapatrimoniais

71 DELGADO, Mauricio Godinho. Curso de Direito do Trabalho. 14. ed. São Paulo: LTr, 2015. p. 659.

72 DELGADO, Mauricio Godinho. Curso de Direito do Trabalho. 14. ed. São Paulo: LTr, 2015. p. 662.

73 Veja o item 26.5 deste capítulo.

74 MELO, Raimundo Simão. *Ações acidentárias na Justiça do Trabalho: Teoria e Prática*. São Paulo, LTr, 2011.

como violação da honra, intimidade, privacidade e outros direitos ligados à dignidade da pessoa humana. Essa lesão causa sofrimento, tristeza, depressão etc. Ao contrário da indenização por danos materiais, facilmente comprovados com documentos, a prova para comprovar o dano moral torna-se praticamente impossível, pois não se comprovam a tristeza, a raiva, a angústia, o sofrimento etc. Assim sendo, o que se comprova, para que possa haver a reparação, são os fatos que originaram o ato lesivo/ilícito.

- **Fixação da indenização.** A Reforma Trabalhista estabeleceu um sistema de tarifação do dano moral, que estipula parâmetros para a fixação de sua indenização:

SISTEMA DE TARIFAÇÃO DO DANO EXTRAPATRIMONIAL	
Gravidade da ofensa	**Limitação da indenização**
Natureza leve	Até 3x o último salário contratual
Natureza média	Até 5x o último salário contratual
Natureza grave	Até 20x o último salário contratual
Natureza gravíssima	Até 50x o último salário contratual

- O critério elencado pela Reforma Trabalhista eleva em consideração o salário contratual do ofendido ou do ofensor, o que **fere o princípio da isonomia**, já que 2 empregados poderão receber quantias distintas, mesmo que se encontrem em situações idênticas. Assim, por exemplo, se 2 empregados sofrem acidente de trabalho e perdem um dos membros superiores, sendo que 1 deles recebia o valor de R$ 1200,00 e o outro R$ 5.000,00, o valor da indenização do primeiro poderá chegar a R$ 60.000,00 (50x o salário contratual) e do segundo a R$ 250.000,00. Por esse motivo, desde a publicação da Lei nº 13.467/2017, defendíamos a inconstitucionalidade do dispositivo.
- A discussão chegou ao STF no julgamento das ADIs 6050 (processo principal), 6069 e 6082 (apensos), que questionavam, justamente, a constitucionalidade do art. 223-G, §1º, I, II, III e IV da CLT[75]. No Julgamento Virtual finalizado em 26/06/2023, o Tribunal, por maioria, conheceu das ADIs 6050, 6069 e 6082 e, no mérito, as julgou parcialmente procedentes para conferir interpretação conforme à Constituição, de modo a estabelecer que:
  1) As redações conferidas aos arts. 223-A e 223-B, da CLT, não excluem o direito à reparação por dano moral indireto ou dano em ricochete no âmbito das relações de trabalho, a ser apreciado nos termos da legislação civil; e
  2) Os critérios de quantificação de reparação por dano extrapatrimonial previstos no art. 223-G, caput e § 1º, da CLT deverão ser observados pelo julgador como critérios orientativos de fundamentação da decisão judicial.
- Ainda, foi reconhecida a constitucionalidade do art. 223-A da CLT, que dispõe que os danos morais serão regidos apenas pela CLT. Contudo, a Corte firmou o entendimento de que o art. 223-A da CLT não impede a aplicação de outros diplomas normativos regulatórios do dano moral e que sejam compatíveis com a CLT.
- Ademais, ao apreciar o pedido, o juiz considerará (Art. 223-G da CLT):

> *I - a natureza do bem jurídico tutelado;*
>
> *II - a intensidade do sofrimento ou da humilhação;*
>
> *III - a possibilidade de superação física ou psicológica;*
>
> *IV - os reflexos pessoais e sociais da ação ou da omissão;*
>
> *V - a extensão e a duração dos efeitos da ofensa;*
>
> *VI - as condições em que ocorreu a ofensa ou o prejuízo moral;*
>
> *VII - o grau de dolo ou culpa;*
>
> *VIII - a ocorrência de retratação espontânea;*
>
> *IX - o esforço efetivo para minimizar a ofensa;*
>
> *X - o perdão, tácito ou expresso;*
>
> *XI - a situação social e econômica das partes envolvidas;*
>
> *XII - o grau de publicidade da ofensa.*

- Por fim, na reincidência entre partes idênticas o juiz poderá elevar ao dobro o valor da indenização. Exemplo: João foi ofendido em sua honra e ingressa com ação pleiteando indenização por danos morais em face da empresa "ABC" Ltda. Julgada procedente a ação, após 2 anos, João ingressa novamente com ação em razão do término de seu contrato de trabalho e pleiteia indenização por danos morais tendo em vista a ocorrência de acidente de trabalho. Nesse caso o juiz poderá elevar o valor da indenização ao dobro.
- **Dano moral coletivo.** O empregador poderá ser condenado a pagar **indenização por danos morais coletivos**. O Ministério Público do Trabalho, ao ingressar com a ação civil pública, requer o pagamento de uma reparação à coletividade, em razão do sentimento negativo (raiva, angústia, vergonha) que as pessoas da sociedade sentem ao ver que ainda há essa exploração do ser humano em pleno século XXI. A melhor definição de dano moral coletivo é dada pelo autor Xisto Tiago de Medeiros Neto[76]:

> *O dano moral coletivo corresponde à lesão injusta e intolerável a interesses ou direitos titularizados pela coletividade (considerada em seu todo ou em qualquer de suas expressões – grupos, classes ou categorias de pessoas), os quais possuem natureza extrapatrimonial, refletindo valores e bens fundamentais para a sociedade.*

75 Disponível em: <https://portal.stf.jus.br/processos/detalhe.asp?incidente=5612680>; <https://portal.stf.jus.br/processos/detalhe.asp?incidente=5640983>; <https://portal.stf.jus.br/processos/detalhe.asp?incidente=5626228>.

76 MEDEIROS NETO, Xisto Tiago. *Dano Moral Coletivo*. 2. ed. São Paulo: LTr, 2007. p. 136.

- **Dano existencial.** Trata-se do prejuízo causado a uma atividade não remunerada da pessoa com a violação de um direito inviolável tutelado constitucionalmente[77]. Está sujeito ao mesmo sistema de tarifação do dano extrapatrimonial previsto no art. 223-G da CLT.
- **Dano estético.** O dano estético é uma alteração corporal interna ou externa que causa desagrado ou repulsa à vítima, como também à pessoa que a observa[78]. Esse dano repercute, portanto, não só na esfera individual como também na vida social da vítima. A indenização pode ocorrer mesmo que o acidente não tenha reduzido a capacidade laborativa do empregado, por exemplo, cicatriz no rosto ou queimadura no braço. Aliás, é possível cumular as indenizações por danos morais e estéticos com origem no mesmo fato[79].

10.9.2. TEMAS CORRELATOS – LEI GERAL DE PROTEÇÃO DE DADOS NAS RELAÇÕES DE TRABALHO

- **Lei nº 13.709, de 14 de agosto de 2018.** Lei Geral de Proteção de Dados Pessoais (LGPD), nomenclatura conferida pela Lei nº 13.853/2019. De acordo com o seu art. 1º, esta legislação é voltada ao tratamento de dados pessoais, inclusive nos meios digitais, por pessoa natural ou por pessoa jurídica de direito público ou privado, com o objetivo de proteger os direitos fundamentais de liberdade e de privacidade e o livre desenvolvimento da personalidade da pessoa natural.
- **Emenda Constitucional nº 115/2022.** Nesse ponto, ressalta-se que agora é expressa a previsão do direito à proteção dos dados pessoais, inclusive nos meios digitais, no rol de direitos fundamentais, por meio da inclusão do inciso LXXIX ao art. 5º da Constituição de 1988 com a promulgação da EC 115/2022.
- **Aplicação nas relações de trabalho.** Por se tratar de uma lei geral, a LGPD não traz nenhum dispositivo expresso que se refere especificamente à proteção de dados pessoais nas relações de trabalho, o que poderia suscitar discussões quanto ao seu alcance na seara trabalhista. No entanto, o próprio art. 1º da LGPD deixa claro que a lei é voltada para proteger os dados pessoais de pessoas naturais que sejam tratados por pessoas físicas ou jurídica de direito público ou privado.
- Assim, a LGPD deve ser utilizada nas relações de trabalho para a proteção dos dados pessoais dos empregados, que são tratados constantes pelos empregadores e que o uso indiscriminado pode causar prejuízos aos seus titulares.
- **Tratamento de dados pessoais.** De acordo com o art. 5º, X, da LGPD, tratamento de dados é toda operação realizada com dados pessoais, como (rol exemplificativo) as de coleta, produção, recepção, classificação, utilização, acesso, reprodução, transmissão, distribuição, processamento, arquivamento, armazenamento, eliminação, avaliação ou controle da informação, modificação, comunicação, transferência, difusão ou extração.
- **Dados pessoais.** Por sua vez, os dados pessoais são toda informação relacionada a pessoa natural identificada ou identificável. Note-se que a LGPD não protege os dados de pessoas jurídicas. Esses dados são protegidos por outros diplomas normativos como os referentes à propriedade industrial.

Parâmetros para o tratamento dos dados pessoais. A Lei Geral de Proteção de Dados Pessoais estabeleceu parâmetros para o tratamento de dados pessoais que devem ser seguidos por controladores e operadores. Um dado pessoal somente pode ser tratado quando se enquadrar em uma das bases legais de tratamento de dados previstas na LGPD (arts. 7º e 11) e quando atender aos princípios da LGPD.

- Note-se, portanto, que são dois requisitos prévios para que os dados sejam tratados:
  1) Enquadramento em umas hipóteses legais (bases legais) de tratamento de dados (arts. 7º e 11); e
  2) Atendimento aos princípios da LGPD (art. 6º)
- Essa fórmula é um parâmetro mínimo de análise, mas pode trazer insegurança diante da subjetividade de análise. Sendo assim, é importante analisar também os princípios e normas trabalhistas.
- **Tratamento de dados de empregados adolescentes.** A LGPD dedicou tópico específico acerca do tratamento de dados de crianças e adolescentes. De acordo com o art. 14 da lei, os dados de criança e adolescentes devem ser tratados em seu melhor interesse. Além disso, é indispensável que haja consentimento específico e em destaque dados por pelo menos um dos pais ou responsável legal. É dispensado o consentimento somente para que seja possível, uma única vez e sem armazenamento, para que o controlador entre em contato com os pais ou representantes legais.

11. DURAÇÃO DO TRABALHO E JORNADA DE TRABALHO

- **Limitação da jornada na CF/88.** A limitação da jornada de trabalho é uma das maiores vitórias conquistadas pelos empregados. Atualmente, a duração máxima é limitada a 8 horas diárias e 44 horas semanais, tanto aos homens quanto às mulheres.

---

77 FARIAS, Cristiano Chaves de; ROSENVALD, Nelson; BRAGA NETTO, Felipe Peixoto. *Curso de Direito Civil: Responsabilidade Civil.* 4. ed. Salvador: Juspodivm, 2017. p. 308.

78 MELO, Raimundo Simão. *Ações acidentárias na Justiça do Trabalho: Teoria e Prática.* São Paulo, LTr, 2011. p. 192. *Os livros de Raimundo Simão de Melo são excelentes! Foram decisivos para minha aprovação no concurso do MPT. Indico todos os livros do autor.*

79 **Súmula nº 387 do STJ.** É lícita a cumulação das indenizações de dano estético e dano moral.

- **Empregados domésticos:** Até 2013, não tinham limitação da jornada de trabalho. Com a EC nº 72/2013, passaram a ter direito à jornada de 8 horas diárias e 44 horas semanais.
- **Reforma Trabalhista (art. 611-A, CLT):** permite que a negociação coletiva com o sindicato preveja novas modalidades de jornada, desde que respeite o limite constitucional.
- **Jornada de trabalho:** compreende o tempo em que o empregado está à disposição do empregador.
- **Tempo à disposição (art. 4º da CLT):** é o período em que o empregado está executando ou aguardando ordens de seu empregador.
- **Flexibilização do tempo à disposição do empregador:** 1) tempo de espera do motorista profissional; 2) Sobreaviso; 3) prontidão.
- **Motorista profissional:** Em março de 2015, foi promulgada a nova Lei dos Motoristas Profissionais – Lei nº 13.103/2015, que alterou a regulamentação da profissão, especialmente no tocante à jornada de trabalho.
- **Tempo de espera (art. 235-C, § 8º, CLT - inconstitucional).** Correspondia ao período em que o motorista profissional ficava aguardando carga ou descarga do veículo, bem como o período gasto com a fiscalização da mercadoria transportada. Esse período não era computado na jornada de trabalho e não era devido como horas extraordinárias. As horas relativas ao tempo de espera eram indenizadas na proporção de 30% (trinta por cento) do salário-hora normal.
- Contudo, no julgamento da **ADI nº 5322**, de autoria da Confederação Nacional dos Trabalhadores em Transportes – CNTT, o STF entendeu pela **inconstitucionalidade do tempo de espera**. Segundo o Ministro Alexandre de Moraes, relator, o "tempo de espera", tal como disposto na CLT, além de trazer prejuízos direitos ao trabalhador, acaba por descaracterizar a própria relação de trabalho, criando hipótese de prestação de serviço que não é computada na jornada diária normal de trabalho e nem como jornada extraordinária. Portanto, se o motorista profissional presta serviços em prol do sucesso do empreendimento, mas não é remunerado por isso, está, na verdade, dividindo os riscos da atividade econômica com o empregador.
- Em resumo, as horas em que o motorista profissional empregado ficar aguardando carga ou descarga do veículo nas dependências do embarcador ou do destinatário e o período gasto com a fiscalização da mercadoria transportada em barreiras fiscais ou alfandegárias (tempo de espera) deverão ser computadas como jornada de trabalho e, ultrapassados os limites legais, deverão ser remuneradas horas extraordinárias.
- **Prontidão:** Nas chamadas horas de prontidão, o empregado permanece nas dependências da empresa aguardando ordens. Nesse caso, o trabalhador não prestará serviços, mas receberá 2/3 do horário normal em razão do tempo à disposição. Poderá permanecer em prontidão por, no máximo, 12 horas.
- **Sobreaviso:** consistem na possibilidade de o empregado permanecer em sua residência ou outro local combinado aguardando ordens da empresa. Nesse caso, receberá apenas 1/3 da hora normal e poderá ficar nesse regime por, no máximo, 24 horas.
- **Controle de jornada e registro de ponto:**
  - **a) Antes da Lei da Liberdade Econômica:** obrigatório para estabelecimentos com mais de 10 empregados.
  - **b) Nova redação:** passou a ser exigido apenas de empresas com mais de 20 empregados (art. 74, § 2º, da CLT).
- **Registro de ponto por exceção:** A Lei nº 13.874/2019 passou a permitir o registro de ponto por exceção firmado mediante acordo individual ou instrumento coletivo de trabalho.
- **Como funciona o registro por exceção?** Somente serão anotadas as exceções na jornada, como faltas, horas extras, intervalos diferentes. É a inversão da lógica do registro de ponto.

11.1. LIMITE DE TOLERÂNCIA

- **Tempo de deslocamento (portaria – Local do trabalho).** O TST, embora não haja previsão em lei, trouxe uma inovação importante ao prever que deslocamento do trabalhador entre a portaria da empresa e o local de trabalho pode ser considerado tempo à disposição do empregador caso supere o limite de 10 minutos diários (Súmula nº 429 do TST). A interpretação dada pelo TST tem como fundamento o princípio da razoabilidade. Entendemos que, mesmo após a Reforma Trabalhista, esse limite de tolerância de 10 minutos, previsto no art. 58, § 1º, da CLT, não poderá ser ampliado, nem mesmo se houver previsão em negociação coletiva. A cláusula em acordo coletivo, por exemplo, que fixa em 30 minutos de tolerância, não será válida. Nesse sentido, permanece a aplicação da jurisprudência consolidada do TST.
- Com a Reforma Trabalhista, há a inserção do § 2º ao art. 4º da CLT. O novo dispositivo apresentará duas hipóteses em que o limite de tolerância de 10 minutos diários previsto no art. 58, § 1º, da CLT pode ser ultrapassado sem que o período seja considerado como tempo à disposição do empregador:
  - **a) Proteção pessoal:** Caso o empregado permaneça no local de trabalho, por escolha própria, para buscar proteção pessoal em caso de insegurança nas vias públicas ou más condições climáticas, o tempo que ultrapassar o limite de tolerância não será considerado como tempo à disposição do empregador. Exemplo: Na hipótese de alagamentos nas grandes cidades que impede o deslocamento do trabalhador com segurança para sua residência, é possível a per-

manência na empresa. No entanto, esse período não será computado como horas extras. Essa medida é interessante, pois permite que o trabalhador permaneça com segurança no local de trabalho sem que o empregador tenha que remunerar o período em que o empregado não está aguardando ou executando ordens.

Por outro lado, por aplicação do princípio da primazia da realidade, as horas extras serão devidas caso comprovado que o empregado permaneceu na empresa e continuou prestando serviços ao empregador. Nesse caso, o empregado não está apenas buscando proteção pessoal, mas se encontra à disposição do empregador.

b) **Atividades particulares.** Se o trabalhador adentrar ou permanecer na empresa para o desenvolvimento de atividades particulares, o período também não será considerado como tempo à disposição do empregador. Vale destacar que o legislador trouxe um rol exemplificativo das hipóteses consideradas como atividades particulares do empregado. Portanto, é fundamental para a caracterização da atividade como particular a análise concreta da natureza dessa atividade. Pela aplicação do princípio da primazia da realidade, independentemente se o empregador considerar a atividade como particular ou não, será analisado se o empregado permanece aguardando ou executando ordens. As atividades elencadas exemplificativamente são as seguintes:

I – práticas religiosas;

II – descanso;

III – lazer;

IV – estudo;

V – alimentação;

VI – atividades de relacionamento social;

VII – higiene pessoal;

VIII – troca de roupa ou uniforme, quando não houver obrigatoriedade de realizar a troca na empresa.

11.2. EMPREGADOS NÃO SUBMETIDOS À LIMITAÇÃO DE JORNADA

a) **Empregados que exercem atividade externa incompatível com a fixação de horário de trabalho.** Para esses trabalhadores que exercem atividades externas não há limite de 8 horas, logo não terão direito às horas extras, adicional noturno e intervalos. Essa exclusão existe diante da impossibilidade de fiscalização da jornada.

b) **Gerentes que exercem cargos de gestão e recebem gratificação de função não inferior a 40% do respectivo salário efetivo.** Há necessidade de o gerente exercer poderes de gestão, ou seja, contratar e dispensar empregados, dar ordens, controlar estoque de mercadorias etc. Em resumo, ter poderes de gestão significa representar a figura do empregador. Ademais, a lei equipara ao gerente, para exclusão da limitação de jornada, os diretores e chefes de departamento e/ou filial. Cabe ressaltar que a fiscalização do horário é incompatível com o cargo de gerente. Assim sendo, esses empregados devem ter ampla liberdade nos horários de chegada, saída etc. Para os gerentes que exercem poderes de gestão não há limite de 8 horas, logo não terão direito às horas extras, adicional noturno e intervalos.

c) **Teletrabalho ou trabalho remoto por produção ou tarefa:** Com a Reforma Trabalhista, **os empregados em regime de teletrabalho** foram excluídos do controle de jornada.

Com a nova regulamentação do teletrabalho dada pela Lei nº 14.442/2022, **somente o teletrabalho por produção ou tarefa está excluído do controle de jornada** (art. 62, III da CLT), não havendo, portanto, limitação da jornada em 8 horas diária ou 44 horas semanais, intervalos intra e interjornada, nem horas extras ou adicional noturno.

11.3. REGIME DE TEMPO PARCIAL

- **Regime de tempo parcial.** Este regime foi criado como forma de incentivar o aumento dos postos de trabalho. Além disso, a remuneração dos empregados submetidos a essa jornada reduzida será proporcional à remuneração recebida pelos empregados que cumprem, nas mesmas funções, tempo integral.
- **Com a Reforma Trabalhista**, será considerado trabalho em regime de tempo parcial o que não exceder a 30 horas semanais, quando não poderão ser prestadas horas extras ou 26 horas semanais, em que se possibilitará o acréscimo de até 6 horas suplementares semanais. Note-se que mesmo que estipulada por tempo inferior a 26 horas, as horas suplementares serão consideradas horas extras.
- **Abono pecuniário de férias.** Importante frisar, ainda, que com a nova legislação, será facultado ao empregado contratado sob o regime de tempo parcial converter 1/3 do período de férias a que tiver direito em abono pecuniário, ou seja, poderá converter até 1/3 dos dias de férias em dinheiro (Art. 58-A, § 6º da CLT, com redação dada pela Reforma Trabalhista).
- Com a entrada em vigor da Lei nº 13.467/2017, as férias do regime de tempo parcial serão regidas pelo art. 130 da CLT, na mesma proporção devida aos demais empregados. Nesse sentido, o art. 130-A da CLT foi revogado.

Duração das férias do empregado (art. 130)	
Número de faltas	**Dias de Férias**
Até 5 faltas	30 dias
6 a 14 faltas	24 dias
15 a 23 faltas	18 dias
24 a 32 faltas	12 dias
Acima de 32 faltas	Não há férias a usufruir

- **Alteração para o regime por tempo parcial.** Por fim, para os atuais empregados, já contratados, a adesão ao regime por tempo parcial deverá ocorrer mediante seu consentimento, e, ainda, ser submetida à negociação coletiva (acordo ou convenção coletiva), porque há possibilidade de acarretar redução salarial. De acordo com o § 2º do art. 58-A da CLT: "Para os atuais empregados, a adoção do regime de tempo parcial será feita mediante opção manifestada perante a empresa, na forma prevista em instrumento decorrente de negociação coletiva."

11.4. TURNOS ININTERRUPTOS DE REVEZAMENTO

- **Turnos ininterruptos de revezamento.** Ocorre quando há **alternância de horários** dos empregados. Exemplo: trabalhador presta serviços no horário **diurno** durante os primeiros 15 dias do mês de abril. Nos outros 15 dias, é transferido para o período **noturno**. Veja que não há obrigatoriedade de esse empregado laborar em todos os períodos disponíveis na empresa; a mera alternância – noturno e diurno – já caracteriza o turno ininterrupto.

  No caso do trabalhador contratado nessa modalidade, a jornada de trabalho será se 6 horas diárias, salvo o disposto em negociação coletiva (Art. 7º, XIV da CF/88).

- **Jornada reduzida.** Os empregados submetidos ao turno ininterrupto de revezamento têm desgaste biológico maior. Ademais, o convívio social e familiar fica diretamente prejudicado, em razão dessa alternância no horário.

- **Para a semana antes da prova** (importante memorizar essa parte geral de duração do trabalho, porque há grande chance de ser cobrada no seu concurso):

DURAÇÃO DO TRABALHO	
Limitação da jornada prevista na CF/88	- 8 horas diárias. - 44 horas semanais.
Controle da jornada	a) Obrigatório nas empresas com mais de 20 empregados (Lei nº 13.874/2019). **Obs.:** Doméstico: controle obrigatório independentemente do número de empregados. b) Presunção relativa de veracidade nas declarações do empregado: - empresas não apresentam os controles de frequência; - horários de entrada e saída uniformes.
Prontidão	- Empregado permanece nas dependências da empresa. - Receberá 2/3 do horário normal. - Máximo de 12 horas.
Sobreaviso	- Permanece em sua residência, aguardando ordens. - Receberá 1/3 do horário normal. - Máximo de 24 horas.
Não possuem limitação ou jornada (art. 62 da CLT)	- Atividade externa e incompatível com a fiscalização: - Gerentes com poderes de gestão e gratificação 40%. - Teletrabalhador por produção ou tarefa.
Regime tempo parcial	**Reforma Trabalhista:** - Duração máxima de 30 horas semanais, sem a possibilidade de horas extras. - Duração de até 26 horas, com a possibilidade de até 6 horas extras suplementares semanais. - Faculdade do empregado converter 1/3 das férias em abono pecuniário de férias. - Regime de férias: art. 130 da CLT.
Turnos ininterruptos de revezamento (alternância de horários)	- Jornada reduzida de 6 horas, exceto negociação coletiva (8 horas). - A mera alternância entre o período diurno e noturno gera a jornada reduzida de 6 horas (OJ 360). - Jornada reduzida de 6 horas é compatível com hora noturna reduzida de 52:30 (OJ 395).

11.5. HORAS *IN ITINERE*

- **Regulamentação anterior à Reforma Trabalhista:** Antes da Reforma Trabalhista, o período de deslocamento não era computado na jornada de trabalho, exceto se a empresa estivesse em local de difícil acesso ou não servido por transporte público e o empregador fornecesse o transporte ao empregado.
- A mera insuficiência de transporte público, no entanto, não ensejava o pagamento das horas in itinere.
- Restando configurados os requisitos, as horas in itinere eram computadas na jornada de trabalho.

- Havia, ainda, a possibilidade de previsão de tempo médio das horas in itinere.
- **Reforma Trabalhista:** Não há mais previsão de horas *in itinere*, já que, durante este período, o empregado não se encontra à disposição do empregador:

> **Art. 58 da CLT** – *A duração normal do trabalho, para os empregados em qualquer atividade privada, não excederá de 8 (oito) horas diárias, desde que não seja fixado expressamente outro limite.*
>
> *(...)*
>
> *§ 2º O tempo despendido pelo empregado desde a sua residência até a efetiva ocupação do posto de trabalho e para o seu retorno, caminhando ou por qualquer meio de transporte, inclusive o fornecido pelo empregador,* **não será computado na jornada de trabalho, por não ser tempo à disposição do empregador.** *(grifo nosso)*

11.6. TRABALHO NOTURNO

- Considera-se noturno o trabalho executado entre as 22 horas de um dia e as 5 horas do dia seguinte. Durante esse período, o empregado receberá adicional de, no mínimo, 20% sobre a hora diurna. Esse adicional possui natureza salarial, portanto reflete nas demais verbas trabalhistas.
- A hora noturna para o trabalhador urbano é reduzida, ou seja, uma hora noturna será computada como de 52 minutos e 30 segundos. Os empregados rurais e os petroleiros não têm direito à hora reduzida. No tocante ao rural, a jornada noturna inicia-se às 20h e termina às 4h na pecuária. Na lavoura, será das 21h até as 5h. Adicional noturno é de, no mínimo, 25% superior à hora diurna.
- ***Horários mistos:*** Ocorrerá o horário misto quando o empregado prestar serviços no período diurno e noturno. Exemplo: inicia o trabalho às 20 horas e vai até às 4 horas. Veja que nesse caso, o período entre 20 h e 22 h será pago como hora diurna. Ao ultrapassar as 22 horas, incide o adicional noturno e a redução da hora para 52 minutos e 30 segundos.
- **Prorrogação do horário noturno:** A prorrogação, por sua vez, ocorre quando houver a continuidade da prestação de serviços além do limite previsto em lei, ou seja, 5 horas da manhã. Nesse caso, o empregado continuará recebendo o adicional noturno e terá direito à hora reduzida.

11.7. TRABALHO EXTRAORDINÁRIO

- O trabalho que ultrapassar a jornada normal será remunerado com adicional de, no mínimo, 50% sobre a hora normal.
- Cabe frisar que as variações no registro de ponto não excedentes a cinco minutos, observado o limite máximo de dez minutos, não serão descontadas, nem consideradas como jornada extraordinária (art. 58, § 1º, da CLT).
- **Acordo de prorrogação:** Nesse caso, para que a prestação de horas extraordinárias seja lícita, há necessidade de dois requisitos (art. 59 da CLT):

1) **acordo escrito entre empregado e empregador.** Poderá ser autorizado via negociação coletiva (acordo ou convenção) ou acordo individual.
2) **prorrogação máxima de duas horas diárias.** Se houver prestação de horas suplementares sem a observância do acordo escrito, ou ainda, além das duas horas diárias, a empresa será autuada pela fiscalização.

- **Prorrogação da jornada por necessidade imperiosa:** A CLT prevê hipótese de prorrogação da jornada de trabalho por necessidade imperiosa. De acordo com a doutrina[80], necessidade imperiosa é considerada gênero, do qual são espécies prorrogação por motivo de força maior e prorrogação para conclusão de serviços inadiáveis ou cuja inexecução possa acarretar prejuízos ao empregador.
- **Comunicação ao Ministério do Trabalho:** De acordo com a antiga redação do § 1º do artigo 61 da CLT, as horas extras prestadas nas hipóteses mencionadas no presente artigo poderiam ser exigidas independentemente de acordo ou convenção coletiva de trabalho desde que houvesse comunicação ao Ministério do Trabalho no prazo de 10 dias ou, antes desse prazo, quando a justificativa fosse necessária no momento da fiscalização. Com a alteração da Reforma Trabalhista, remove-se a exigência de comunicação prévia à autoridade em matéria de trabalho. Além disso, permanece a desnecessidade de acordo ou convenção coletiva de trabalho para a prestação de horas extras nas hipóteses elencadas no art. 61 da CLT.

11.8. COMPENSAÇÃO

- **Compensação.** Nesse regime o empregado trabalhará além da jornada normal em alguns dias, para descansar em outros (art. 59, § 2º, da CLT).
- **Observância do limite máximo de 10 horas diárias.** A prestação de trabalho extraordinário acima do limite permitido desconfigura o sistema de compensação. Nesse caso, as horas extraordinárias compensadas, com descanso, serão pagas apenas acrescidas do adicional de 50%. Por outro lado, as horas que ultrapassarem a jornada semanal serão pagas como horas extras (paga-se a hora normal acrescida do adicional de 50%).
- Com a Reforma Trabalhista, esse regime de compensação poderá ocorrer mediante acordo individual, tácito ou escrito, desde que a compensação se dê no mesmo mês (Art. 59, § 6º da CLT, com redação dada pela Reforma Trabalhista).
- **Diferença de banco de horas e compensação.** Com a Reforma Trabalhista, o regime de compensa-

80 Nesse sentido: CASSAR, Vólia Bomfim. *Direito do Trabalho.* 11. ed. São Paulo: Método, 2015. p. 680; GARCIA, Gustavo Filipe Barbosa. *CLT comentada.* São Paulo: Método, 2015. p. 91; e MARTINS, Sergio Pinto. *Comentários à CLT.* 19. ed. São Paulo: Atlas, 2015. p. 103.

ção de jornadas pode ser estabelecido por acordo individual tácito ou escrito, para compensação no mesmo mês.

- Já o banco de horas pode ser pactuado por acordo individual escrito, desde que a compensação ocorra no período máximo de seis meses. Se pactuado mediante negociação coletiva, as horas podem ser compensadas no prazo de 1 ano.

> **Art. 59 da CLT (inserido pela Reforma Trabalhista).** *A duração diária do trabalho poderá ser acrescida de horas extras, em número não excedente de duas, por acordo individual, convenção coletiva ou acordo coletivo de trabalho.*
>
> *(...)*
>
> *§ 5º O banco de horas de que trata o § 2º deste artigo poderá ser pactuado por acordo individual escrito, desde que a compensação ocorra no período máximo de seis meses.*
>
> *§ 6º É lícito o regime de* ***compensação de jornada*** *estabelecido por acordo individual, tácito ou escrito, para a compensação no mesmo mês.*

- Além disso, com a Reforma Trabalhista a prestação de horas extras habituais não descaracteriza o acordo de compensação de jornada e o banco de horas.
- **Compensação de jornada em atividades insalubres.** Havia discussão quanto à aplicação do art. 60 da CLT que prevê requisito específico para autorizar a prestação de serviços extraordinários em atividades insalubres. De acordo com a CLT, deve-se obter a **prévia permissão da autoridade competente** em matéria de segurança e higiene do trabalho, no caso, o Ministério do Trabalho e Emprego. Aliás, prevê o art. 60 da CLT que "quaisquer prorrogações" nessas atividades insalubres somente poderão ser acordadas mediante prévia permissão. Com a edição do item VI da Súmula nº 85, o TST, felizmente, estabeleceu que é indispensável a realização da inspeção prévia e da autorização da autoridade competente para que seja válido o acordo de compensação de jornada em atividade insalubre. Além disso, mesmo mediante norma coletiva, não é possível afastar a exigência do art. 60 da CLT. Com a Reforma Trabalhista, não é exigida licença prévia nas jornadas de 12x36, nos termos do novo art. 60, parágrafo único.
- **Compensação para pessoas com menos de 18 anos.** Ainda sobre esse tópico, cabe destacar que o empregado **com menos de 18 anos** poderá prestar serviços além das 8 horas para fins de compensação de jornada. Nesse caso, é exigida norma coletiva para que o ajuste seja válido.
- **Semana espanhola.** O TST admite a chamada **semana espanhola**, em que há alternância de 40 h de trabalho numa semana e 48 h na semana seguinte. Esse sistema de compensação é utilizado para que o empregado não trabalhe aos sábados.
- **Jornada 12 x 36.** Com a Reforma Trabalhista, é facultado às partes, mediante acordo individual escrito, convenção ou acordo coletivo, estabelecer horário de trabalho de 12X36, observados ou indenizados os intervalos para repouso e alimentação. A remuneração pactuada pelo horário em questão abrangerá o pagamento devido pelo descanso semanal remunerado e pelo descanso em feriados. Além disso, excetuam-se de licença prévia para prestação de horas extras às jornadas de 12x36, nos termos do art. 60, parágrafo único.

> **Art. 60, Parágrafo único da CLT:** *Excetuam-se da exigência de licença prévia as jornadas de doze horas de trabalho por trinta e seis horas ininterruptas de descanso.*

11.9. PERÍODOS DE DESCANSO

11.9.1. INTERVALOS

- **Intervalo intrajornada.** O intervalo intrajornada ocorre durante a jornada de trabalho. É o período destinado ao descanso e refeição. Em regra, os períodos destinados aos intervalos não são computados na jornada de trabalho, isto é, não são remunerados pelo empregador.

Jornada normal (8 h diárias)	=	**4 h de trabalho**	+	**no mín., 1 h; no máx., 2 h de intervalo** (não é remunerado)	+	**4 h de trabalho**

- A duração do intervalo está intimamente ligada à jornada de trabalho. Tempo destinado ao intervalo para descanso e refeição:

  a) **Jornada de até 4 horas:** não há previsão em lei de intervalo intrajornada.

  b) **Jornada que excede 4 horas, com limite de 6 horas:** intervalo de 15 minutos. Se o empregador exigir horas extras habituais, excedendo a jornada de 6 horas diárias, deverá conceder intervalo mínimo de 1 hora.

  c) **Jornada que excede 6 horas:** mínimo de 1 hora e máximo de 2 horas. Existe previsão no art. 71 da CLT de intervalo superior a 2 horas, mas haverá necessidade de prévia negociação coletiva (acordo ou convenção coletiva).

- Com a Reforma Trabalhista, o intervalo intrajornada pode ser pactuado via negociação coletiva, devendo ser respeitado o limite mínimo de trinta minutos para jornadas superiores a 6 horas (Art. 611-A, III da CLT, inserido pela Reforma Trabalhista).

  d) **Intervalos não previstos em lei:** serão considerados tempo efetivo à disposição do empregador. Nesse caso, se a empresa conceder intervalo de 15 minutos no período da manhã, e mais 15 minutos no período da tarde, e extrapolar as 8 horas em que o trabalhador está à disposição do empregador, o tempo referente aos intervalos concedidos, 30 minutos, deverá ser remunerado como hora extraordinária, acrescido do pagamento de adicional de, no mínimo, 50% sobre a hora normal.

- **Redução do intervalo e as consequências da sua supressão ou redução**
  - **Redução.** Em regra, era vedada a redução do intervalo para descanso e refeição, cabendo à empresa observar os limites mínimos citados anteriormente (15 minutos e 1 hora), porque são normas ligadas à saúde do trabalhador.
- Entretanto, com a Reforma Trabalhista, a redução do intervalo intrajornada passa a ser para todos os empregados, desde que realizada por meio de instrumento coletivo de trabalho, devendo ser respeitado o limite mínimo de trinta minutos para jornadas superiores a 6 horas (Art. 611-A, III da CLT, inserido pela Reforma Trabalhista). Além disso, a Reforma Trabalhista estabelece, de forma expressa, que as regras sobre duração do trabalho não serão consideradas como normas de saúde, higiene e segurança do trabalho, para fins do art. 611-B da CLT (inserido pela Reforma Trabalhista), de forma que poderão ser objeto de negociação coletiva.
  - **Possibilidades de redução**. Além da previsão contida na Reforma Trabalhista, existem 3 casos que já permitiam a redução do intervalo, sendo que duas delas estão previstas na CLT:

a) **Motoristas do setor de transporte coletivo de passageiros[81]:** A Lei nº 13.103/2015, que passou a permitir o fracionamento e a redução do intervalo intrajornada desses trabalhadores:

> **Art. 71, § 5º, CLT:** *O intervalo expresso no caput poderá ser* **reduzido e/ou fracionado,** *e aquele estabelecido no § 1º poderá ser* **fracionado,** *quando compreendidos entre o término da primeira hora trabalhada e o início da última hora trabalhada, desde que previsto em convenção ou acordo coletivo de trabalho, ante a natureza do serviço e em virtude das condições especiais de trabalho a que são submetidos estritamente os motoristas, cobradores, fiscalização de campo e afins nos serviços de operação de veículos rodoviários, empregados no setor de transporte coletivo de passageiros, mantida a remuneração e concedidos* **intervalos para descanso menores ao final de cada viagem** *(grifos acrescidos).*

b) **Autorização do Ministério do Trabalho:** o art. 71, § 3º, CLT estabelece a possibilidade de reduzir o intervalo de 1 hora (redução do intervalo de 15 minutos não é permitida) desde que observados 3 requisitos:

1) estabelecimento deve atender integralmente às exigências acerca de refeitórios;

2) empregados não estiverem prestando horas extraordinárias;

3) prévia autorização do Ministério do Trabalho e Emprego.

c) **Empregado doméstico.** Além dessas hipóteses, a LC nº 150/2015 trouxe a possibilidade de redução e fracionamento do intervalo intrajornada dos empregados domésticos. De acordo com a nova regulamentação, o empregado doméstico cuja jornada diária é superior a 6 horas tem direito ao intervalo de, no mínimo, 1 hora e, no máximo, 2 horas. Contudo, existe previsão no art. 13 da LC nº 150/2015 de **redução do intervalo** para 30 minutos desde que haja acordo escrito entre empregado e empregador. Não é exigida, portanto, negociação coletiva para a redução no intervalo.

- Além disso, se o empregado doméstico residir no local de trabalho, é possível o **fracionamento do intervalo** intrajornada em 2 períodos, desde que cada um deles tenha, no mínimo, 1 hora até o limite de 4 horas diárias.
  - **Consequências da supressão ou redução do intervalo.**
- Com a Reforma Trabalhista, caso o intervalo intrajornada não venha a ser gozado ou ainda gozado apenas parcialmente por empregados urbanos e rurais, há o pagamento apenas do período suprimido, com o adicional de 50% sobre o valor da remuneração da hora de trabalho, verba esta que terá natureza indenizatória, nos termos do art. 71, § 4º da CLT.

Para a semana antes da prova, segue quadro de memorização:

Intervalo intrajornada	
• Ocorre durante a jornada de trabalho • Intervalo não é inserido na jornada de trabalho (suspensão do contrato)	
Duração do intervalo dependerá da jornada	a) jornada de até 6 horas: no mínimo 15 minutos; b) jornada superior a 6 horas: no mínimo 1 hora, no máximo 2 horas. Reforma Trabalhista: Possibilidade de negociação coletiva para redução até, no mínimo, 30 minutos (Art. 611-A, III da CLT). • Intervalo não previsto em lei: tempo à disposição do empregador (Súmula nº 118 do TST)

81 No julgamento da ADI nº 5322, o STF reconheceu a constitucionalidade do art. 71, § 5º, CLT. ADI 5322. Disponível em: https://portal.stf.jus.br/processos/detalhe.asp?incidente=4778925. Acesso em 03/10/2023.

Intervalo intrajornada	
Redução do intervalo intrajornada	a) em regra, não é admitida, mesmo que haja negociação coletiva. • Intervalo não previsto em lei: tempo à disposição do empregador (Súmula nº 118 do TST); • **Redução do intervalo intrajornada:** **Reforma: Trabalhista:** Permite a redução via negociação coletiva para 30 minutos. b) Casos que já possibilitavam a redução do intervalo para almoço: **1) Motoristas do setor de transporte coletivo de passageiros:** art. 71, § 5º, CLT; **2) Autorização do Ministério do Trabalho:** art. 71, § 3º, CLT. – Necessário atender 3 requisitos: a. estabelecimento atenda às exigências dos refeitórios; b. empregador não exija horas extras; c. autorização do Ministério do Trabalho (Superintendência Regional do Trabalho). **3) Lei dos Domésticos (LC nº 150/2015):** Redução do intervalo de 1 hora para 30 minutos por acordo escrito entre as partes; b) sobre o tema redução do intervalo, o candidato deve estar muito atento ao texto da Súmula nº 437 do TST[82].
Redução do intervalo intrajornada	Importante! Com a Reforma Trabalhista, se houver a redução ou supressão do intervalo intrajornada, (1) o empregador deverá pagar apenas o período suprimido; (2) esse pagamento tem natureza indenizatória. a) mecanografia e digitação (10 minutos); b) frigoríficos (20 minutos); c) minas de subsolo (15 minutos); d) amamentação (2 intervalos de meia hora cada um deles).

11.9.2. DESCANSO SEMANAL REMUNERADO (DSR)

- Descanso semanal remunerado (DSR) ou repouso semanal remunerado (RSR) está previsto no art. 7º, XV, da CF, sendo garantido aos empregados urbanos e rurais e aos trabalhadores avulsos. Esse período é de, no mínimo, 24 horas consecutivas, e será concedido pelo menos uma vez por semana, **preferencialmente** aos domingos.
- Para ter direito à remuneração durante o descanso semanal, é necessário que o empregado preencha 2 requisitos:
  a) **Frequência no trabalho,** na semana em que ocorrer o descanso. Assim sendo, faltas injustificadas possibilitam o desconto do dia em que houve a falta e do DSR. Faltas justificadas, como doação de sangue, comparecimento a audiência judicial, falecimento do cônjuge, não autorizam nenhum desconto.
  b) **Pontualidade do empregado.** Atrasos injustificados durante a semana possibilitam o não pagamento do DSR.
- ***Consequências do trabalho no DSR:*** O descanso semanal foi criado para evitar o cansaço excessivo, constituindo norma de proteção à saúde do trabalhador. Assim sendo, se houver trabalho no dia destinado ao repouso, há necessidade de folga compensatória em outro dia da semana. Se o empregado descansar em outro dia, não há pagamento de nenhuma indenização.
- Na ausência da folga compensatória, o empregador estará obrigado a pagar remuneração em dobro, ou seja, além da remuneração normal, já contratada, deverá pagar a hora trabalhada mais adicional de 100%. Essa regra é aplicada ao trabalho no DSR e também nos **feriados**. Aliás, se o descanso for concedido após o sétimo dia consecutivo de trabalho, também haverá pagamento em dobro[83].
- **Orientação Jurisprudencial nº 394 da SDI - I do TST.** Em 2010, o TST publicou a OJ nº 394, prevendo que o valor acrescido ao DSR, em razão do reflexo das horas extras, não repercutiria no cálculo das férias, do décimo terceiro, do aviso-prévio e do FGTS, pois configuraria duplo pagamento (*bis in idem*). Por outro lado, a jurisprudência do TRT da 5ª Região estabelece que a repercussão das horas extras habituais no DSR incide no cálculo das demais parcelas da remuneração do trabalhador sem a incidência de "*bis in idem*". Diante do conflito de posicionamentos entre a jurisprudência do TST e a Súmula do TRT da 5ª Região, o tema foi levado à discussão no âmbito do TST na condição de recurso de revista repetitivo[84]. Em sessão realizada no dia

82 Esta súmula poderá ser impactada pela nova redação do art. 71, § 4º da CLT e pelo art. 611-A, III da CLT acrescentado pela Reforma Trabalhista – Lei nº 13.467/2017.

83 **OJ nº 410 da SDI-I do TST:** Viola o art. 7º, XV, da CF a concessão de repouso semanal remunerado após o sétimo dia consecutivo de trabalho, importando no seu pagamento em dobro.

84. A Lei nº 13.015/14 introduziu o recurso de revista repetitivo (CLT, arts. 896-B e 896-C). Trata-se de um julgamento por amostragem, já que o C. TST escolhe alguns processos e forma uma tese jurídica a ser aplicada aos demais processos idênticos ou semelhantes. Antigamente, essa

20/03/2023, o Tribunal Superior do Trabalho decidiu, em sua configuração Plena e por maioria, em **alterar a redação da OJ nº 394 da SDI-I**, aprovando a seguinte tese jurídica para o Tema Repetitivo 9, que orientou a nova redação da OJ 394:

> **DAS HORAS EXTRAS. REPERCUSSÃO NO CÁLCULO DAS FÉRIAS, DÉCIMO TERCEIRO SALÁRIO, AVISO PRÉVIO E DEPÓSITOS DO FGTS.**
>
> *I. A majoração do valor do repouso semanal remunerado decorrente da integração das horas extras habituais deve repercutir no cálculo, efetuado pelo empregador, das demais parcelas que têm como base de cálculo o salário, não se cogitando de bis in idem por sua incidência no cálculo das férias, da gratificação natalina, do aviso prévio e do FGTS.*
>
> *II. O item I será aplicado às horas extras trabalhadas a partir de 20.03.2023.*

- **Feriados.** A Constituição Federal não fez menção aos feriados. Entretanto, esse instituto é regulamentado pela mesma lei do DSR (nº 605/49). Consiste no período de 24 horas em que não há prestação de serviços, mas o empregador fica obrigado a pagar a remuneração. Em regra, é proibido o trabalho nos feriados nacionais e feriados religiosos. A sistemática é a mesma do descanso semanal remunerado – DSR. Se houver trabalho no feriado sem que haja folga compensatória, há necessidade de pagamento em dobro, sem prejuízo da remuneração do feriado. Ademais, os requisitos para que o feriado seja remunerado são os mesmos: frequência e pontualidade.

- **Autorização aos domingos e feriados na MP nº 905:** A MP nº 905/2019 autorizava o trabalho aos domingos e feriados. Para isso, havia algumas regras de coincidência do DSR com os domingos a depender do setor econômico:

11.9.3. FÉRIAS

O descanso durante o período de férias tem como objetivo evitar o cansaço excessivo e preservar a saúde do trabalhador. Nesse período de descanso prolongado, não há prestação de serviços, mas há pagamento de salário e o período de afastamento é contado para todos os efeitos.

11.9.3.1. DIREITOS ÀS FÉRIAS E SUA DURAÇÃO

- ***Período aquisitivo:*** Para que o empregado tenha direito às férias, é necessário que preste doze meses de serviços. Após esse período terá adquirido o direito de férias. Esse intervalo de doze meses para aquisição do direito de férias é chamado de período aquisitivo.
- ***Duração do período de férias:*** A duração das férias estará intimamente ligada ***às*** faltas injustificadas cometidas pelo empregado ao longo do período aquisitivo. Com a Reforma Trabalhista, o prazo de duração de férias será o mesmo para todos os empregados. Segue quadro de memorização acerca da duração das férias do empregado:

DURAÇÃO DE FÉRIAS

JORNADA NORMAL	
Duração das férias	**Faltas injustificadas**
30 dias	5 faltas
24 dias	de 6 a 14 faltas
18 dias	de 15 a 23 faltas
12 dias	de 24 a 32 faltas

Obs1: Para fins de duração das férias, serão considerados dias corridos, não suspendendo durante domingos e feriados.

Obs2. Se o empregado ficar doente durante as férias, não há suspensão do período, correndo normalmente.

Obs3. O adicional de ⅓ de férias é proporcional aos dias conquistados, ou seja, se o empregado tem apenas 12 dias férias, somente nesses 12 dias terá o adicional de ⅓.

- **Convenção nº 132 da OIT e direito às férias.** A convenção da OIT que dispõe sobre as férias remuneradas entrou em vigor no Brasil em 23/09/1999 e não apresenta regulamentação tão diferenciada em relação ao que já previa a CLT. Inclusive, alguns de

aplicação era obrigatória apenas para os processos que estavam em curso. Com o CPC/2015, tal decisão é considerada um precedente obrigatório, de modo a ser observado para os julgamentos futuros (art. 15, I, "a", Instrução Normativa nº 39 do TST).

seus dispositivos são inclusive menos favoráveis que a CLT, pois prevê duração de férias de 3 semanas, período concessivo de 18 meses[84].

11.9.3.2. CONCESSÃO E ÉPOCA DAS FÉRIAS

- **Período concessivo.** É o ato exclusivo de o empregador determinar quando o trabalhador terá direito a gozar de suas férias. Há, entretanto, exceção no tocante ao empregado estudante com menos de 18 anos de idade, que terá **direito** de fazer coincidir suas férias com as férias escolares. Já os membros da mesma família que trabalharem na mesma empresa terão direito de gozar as férias no mesmo período, desde que não resulte prejuízo para o serviço

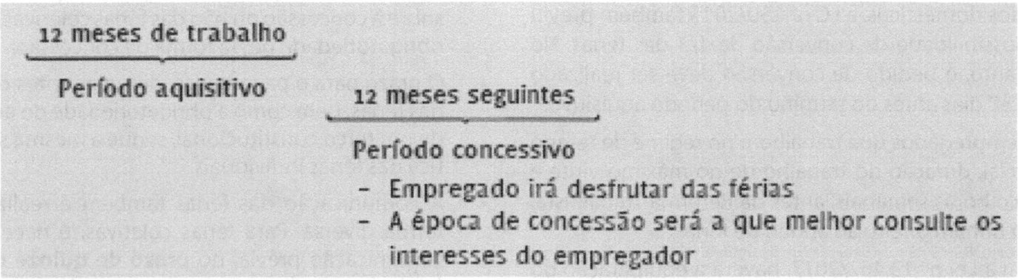

- **Parcelamento das férias:** Com a Reforma Trabalhista, é possível o fracionamento das férias em até 3 períodos, desde que haja concordância do empregado, sendo que um dos períodos não poderá ser inferior a 14 dias corridos e os demais não poderão ser inferiores a 5 dias corridos. Além disso, é vedado o início das férias no período de 2 dias que antecede feriado ou DSR.

11.9.3.3. REMUNERAÇÃO DAS FÉRIAS

- **Remuneração das férias.** O empregado receberá, durante as férias, a remuneração devida na data de sua concessão, e não aquela que recebia quando da aquisição do direito. O pagamento das férias vem acompanhado do adicional de ⅓ previsto na Constituição Federal. Assim, se o empregado possui salário de R$ 1.800,00, no mês das férias receberá R$ 2.400,00 (R$ 1.800,00 de salário acrescidos de ⅓ constitucional de R$ 600,00).
- Se o empregado receber adicionais legais como hora extra, adicional noturno, adicional de insalubridade e periculosidade, eles irão refletir no valor das férias. Se, no momento das férias, o empregado já não estiver mais recebendo o adicional ou, ainda, se o adicional não for uniforme, será feita a média dos doze meses do período aquisitivo.

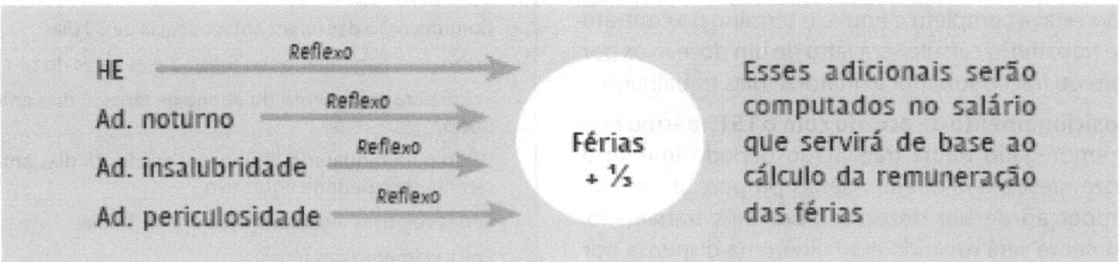

- **Súmula nº 450 do TST.** Publicada em maio de 2014 pelo TST, corresponde à conversão literal da OJ nº 386 da SDI-I, prevê que a concessão das férias, sem o devido pagamento do salário e do adicional de 1/3, com dois dias de antecedência, além de ensejar multa administrativa, leva ao pagamento da dobra do valor das férias.
- **ADPF 501-SC.** O Plenário do STF, por 7 votos a 4, no julgamento virtual finalizado em 05/08/2022, julgou procedente a ADPF 501 para:

  (a) declarar a inconstitucionalidade da Súmula 450 do Tribunal Superior do Trabalho; e

  (b) invalidar decisões judiciais não transitadas em julgado que, amparadas no texto sumular, tenham aplicado a sanção de pagamento em dobro com base no art. 137 da CLT.

11.9.3.4. ABONO PECUNIÁRIO DE FÉRIAS

- ***Abono pecuniário de férias:*** O empregado tem o direito de converter 1/3 de férias em abono pecuniário, no valor da remuneração que lhe seria devida nos dias correspondentes. Na prática, esse direito do empregado é chamado de "vender as férias". É

85 DELGADO, Mauricio Godinho. *Curso de Direito do Trabalho.* 16. ed. São Paulo: LTr, 2017. p. 1104.

importante frisar que o abono pecuniário não se confunde com o adicional de 1/3, previsto na Constituição.

- O empregador não poderá se opor ao pagamento do abono pecuniário, desde que solicitado dentro do prazo de até **quinze dias** antes do término do período aquisitivo. O pagamento das férias, bem como do abono pecuniário, deverá ocorrer em até dois dias antes do início das férias. Para os empregados domésticos, a LC nº 150/2015 também previu a possibilidade de conversão de 1/3 das férias. No entanto, o pedido de conversão deve ser realizado até 30 dias antes do término do período aquisitivo.
- Os empregados que trabalhem no regime de tempo parcial, duração do trabalho de no máximo vinte e cinco horas semanais, antes da Reforma Trabalhista, não tinham direito ao abono de férias.
- Com a Lei nº 13.467/2017, haverá a equiparação do período de férias com os empregados submetidos à jornada normal de trabalho, o abono pecuniário de férias passa a ser direito dos empregados submetidos ao regime de tempo parcial.

11.9.3.5. TÉRMINO DO CONTRATO DE TRABALHO E PAGAMENTO DAS FÉRIAS PROPORCIONAIS

- As férias cujo período aquisitivo já esteja completo são sempre devidas na rescisão, pois já fazem parte do patrimônio do empregado. Note-se que mesmo que esse empregado seja dispensado por justa causa (furtou a empresa, agrediu empregador, violou segredo etc.), o pagamento das férias vencidas será devido.
- **Férias proporcionais:** No tocante às **férias proporcionais**, ou seja, quando o período aquisitivo ainda não estava completo e houve o término do contrato de trabalho, o cálculo será feito de um doze avos por mês ou fração superior a quatorze dias trabalhado.
- **Posicionamento de acordo com o TST**: mesmo que o empregado tenha trabalhado período inferior a doze meses, terá direito a férias proporcionais[86], na proporção de um doze avos por mês trabalhado. Somente será excluído esse direito na dispensa por justa causa. Exemplo: empregado trabalha 4 meses e pede demissão[87]. Terá direito a 4/12 de férias proporcionais (se houver aviso-prévio, terá direito a 5/12). Se ocorrer hipótese de culpa recíproca[88], em que empregado e empregador tiveram parcela de culpa pelo término, há necessidade de pagamento de 50% das férias proporcionais.

11.9.3.6. FÉRIAS COLETIVAS

- ***Férias coletivas:*** As férias coletivas poderão ser concedidas a todos os empregados da empresa ou apenas a setores da empresa, nos termos do art. 139 da CLT. Verifica-se que o empregador é quem decidirá sobre a concessão ou não das férias coletivas. Não há obrigatoriedade nessa forma de concessão.
- O prazo para o pagamento, dois dias antes do início das férias, bem como a obrigatoriedade do adicional de um terço constitucional, segue a mesma sistemática das férias individuais.
- A comunicação das férias também é realizada de forma diversa. Para férias coletivas, é necessária a comunicação prévia, no **prazo de quinze dias**, ao Ministério do Trabalho e Emprego. Nessa comunicação, a empresa deverá informar as datas de início e fim das férias e quais estabelecimentos ou setores serão abrangidos pela medida. Nesse mesmo prazo de quinze dias, o empregador deverá comunicar o sindicato representativo da categoria profissional (sindicato dos trabalhadores) e afixar avisos nos locais de trabalho.
- Os empregados admitidos a menos de doze meses gozarão férias *proporcionais* com os demais trabalhadores da empresa. Neste caso, o empregado terá direito ao pagamento do salário acrescido do adicional constitucional de um terço, apenas nos dias em que já conquistou o direito às férias. Nos demais, o empregador pagará salário normal, tornando-se licença remunerada ao trabalhador.

FÉRIAS

Memorização dos prazos

- Comunicação das férias: antecedência de 30 dias
- Prazo para pagamento das férias: 2 dias antes do seu início
- Prazo para pagamento do abono de férias: 2 dias antes do início
- Prazo para requerer o abono pecuniário: 15 dias antes de terminado o período aquisitivo
- Férias coletivas – comunicação prévia: 15 dias
- Fracionamento das férias:

a) Com a reforma Trabalhista, as férias individuais poderão ser fracionadas em 3 períodos, sendo que um deles não pode ser inferior a 14 dias.

b) Coletivas: nenhum dos períodos poderá ser inferior a 10 dias

12. SALÁRIO E REMUNERAÇÃO

- **Salário** é a contraprestação paga diretamente pelo empregador.
- **Remuneração** é a contraprestação paga diretamente pelo empregador e, ainda, por terceiros, por

86 **Súmula nº 171 do TST.** "Salvo na hipótese de dispensa do empregado por justa causa, a extinção do contrato de trabalho sujeita o empregador ao pagamento da remuneração das férias proporcionais, ainda que incompleto o período aquisitivo de 12 (doze) meses.

87 **Súmula nº 261 do TST.** "O empregado que se demite antes de completar 12 (doze) meses de serviço tem direito a férias proporcionais."

88 **Súmula nº 14 do TST.** "Reconhecida a culpa recíproca na rescisão do contrato de trabalho (art. 484 da CLT), o empregado tem direito a 50% (cinquenta por cento) do valor do aviso-prévio, do décimo terceiro salário e das férias proporcionais."

meio de gorjetas. As gorjetas são pagas de forma espontânea ou obrigatória, não integrando o salário, mas a remuneração do empregado. Nesse sentido:

Remuneração	=	Salário	+	Gorjetas

- **Reflexo das gorjetas sobre as demais parcelas.** Esse valor, calculado sobre a média, reflete-se nas demais verbas trabalhistas, calculadas com base na remuneração, como: férias + 1/3, décimo terceiro salário e FGTS. Não integra, contudo, as seguintes verbas: aviso-prévio, adicional noturno, hora extra e descanso semanal remunerado.
- **Lei das Gorjetas.** Foi promulgada a Lei nº 13.419/2017, também denominada "Lei das Gorjetas". Essa legislação alterou a redação do art. 457 da CLT e trouxe a regulamentação do pagamento das gorjetas, antes omisso na CLT. Nesse sentido, ganhava destaque a obrigação legal de reverter toda a gorjeta aos empregados. A redação dada ao art. 457, § 3º e 4º da CLT esclarecia que o valor recebido a título de gorjetas, seja como serviço ou adicional, constituía receita exclusiva dos empregados.
- **Revogação das normas sobre gorjetas.** Devido à má técnica legislativa, o legislador da Reforma Trabalhista revogou os dispositivos acerca da regulamentação das gorjetas (art. 457, § 5º ao 11 da CLT). Para rever essa situação, a MP nº 808/2017 havia trazido de volta as normas sobre o assunto. Com a perda de vigência da Medida Provisória no dia 23/04/2018, a CLT deixa de apresentar regulamentação específica sobre as gorjetas. Contudo, o rateio e a distribuição das gorjetas aos empregados devem se manter na forma dos usos e costumes, diante da ausência de previsão legal.

12.1. SALÁRIO MÍNIMO

- **Salário mínimo**[89] é o patamar mais baixo que um empregado pode ganhar. Lembre-se de que esse patamar mínimo é estendido também ao trabalhador com menos de 18 anos, inclusive aprendizes.
- **Servidor público.** Nos termos dos arts. 7º, IV, e 39, §3º, CF/88; do item II da OJ nº 358 da SDI-I do TST; e da tese fixada pelo STF no julgamento do Tema 900 da repercussão geral, a remuneração do servidor público não pode ser inferior ao salário mínimo.

Súmula Vinculante nº 16 do STF: *Os artigos 7º, IV, e 39, § 3º (redação da EC 19/98), da Constituição, referem-se ao total da remuneração percebida pelo servidor público.*

- O salário mínimo deverá ser previsto em **lei** e será **nacionalmente unificado**. Nada impede que seja fixado em valor superior ao mínimo fixado em lei, como ocorre em alguns estados da Federação onde existe o piso estadual. Ademais, é vedada a utilização do salário mínimo como **indexador**, ou seja, é "**vedada sua vinculação para qualquer fim**". Veja resumo a seguir, para memorização:

Salário mínimo	• Previsto em lei • Nacionalmente unificado • Reajustes periódicos • Vedada sua vinculação para qualquer fim • Irredutibilidade nominal
Necessidades básicas	• Moradia • Alimentação • Educação • Saúde • Lazer
Necessidades básicas	• Vestuário • Higiene • Transporte • Previdência Social

- Note-se que havia previsão de salário-mínimo regional nos artigos 84 e 86 da CLT. Referidos artigos não foram recepcionados pela Constituição Federal, que exige o salário mínimo nacionalmente unificado. Dessa forma, não tem aplicação o previsto no dispositivo diante de sua incompatibilidade com o texto constitucional. A Lei nº 13.467/2017 – Reforma Trabalhista revoga expressamente os artigos. Ressalta-se que a alteração não trará efeitos práticos, pois o saláio mínimo regional não é aplicado desde 1988.

12.2. MODALIDADES DE SALÁRIO

- **Piso salarial.** Consiste no patamar mínimo para determinada categoria, previsto em norma coletiva (acordo ou convenção). O parâmetro para a fixação do piso salarial é a categoria a que pertence o trabalhador (metalúrgicos, por exemplo), e não a sua profissão. Nesse caso, o empregador somente estará obrigado a respeitar o valor do piso normativo se participou da negociação coletiva.
- **Salário Profissional.** Algumas profissões organizadas possuem patamar mínimo fixado em lei. São os chamados **salários profissionais.** Esses salários independem de negociação coletiva (acordo ou convenção). Exemplo: os médicos possuem salário

89 "Da mesma forma, o salário mínimo será devido em 13 vezes por ano. Porque não exclui o direito ao décimo terceiro salário, sofre o acréscimo de um terço do pagamento das férias, produz incidência no fundo de garantia e é acoplado de todos os adicionais condicionais existentes na legislação, como o adicional de insalubridade, o adicional de periculosidade, o adicional noturno e o que mais houver, não se podendo dizer que ele já contenha algum adicional embutido. Somente não terá o pagamento em separado dos descansos semanais remunerados, porque, como estudado no art. 67 da CLT, a parcela mensal já os quita em seu bojo, na forma do art. 7º, § 2º, da Lei nº 605/1949.". SILVA, Homero Batista Mateus da. *Curso de Direito do Trabalho aplicado*. v. 2: Jornadas e Pausas. Rio de Janeiro: Elsevier, 2009. p. 238.

profissional previsto na Lei nº 3.999/1961[90]. Assim sendo, o salário profissional do médico não leva em conta a categoria em que o profissional trabalha, e sim a sua profissão.

- Piso nacional da enfermagem[91]. No dia 4 de agosto de 2022, foi publicada a Lei nº 14.434/2022, que institui o piso salarial nacional do Enfermeiro, do Técnico de Enfermagem, do Auxiliar de Enfermagem e da Parteira. Segundo a novidade legislativa, piso salarial nacional, tanto aqueles contratados sob o regime da CLT como aqueles contratados sob o regime dos servidores públicos da Administração Pública Direta, autárquica e fundacional é:
  a) **Para os Enfermeiros:** de R$ 4.750,00 (quatro mil setecentos e cinquenta reais) mensais;
  b) **Para os Técnicos de Enfermagem:** de R$ 3.325,00 (três mil trezentos e vinte e cinco reais) mensais; e
  c) **Para os Auxiliares de Enfermagem e Parteiras:** de R$ 2.375,00 (dois mil trezentos e setenta e cinco reais) mensais.
- ADI 7222. A Confederação Nacional de Saúde, Hospitais e Estabelecimentos e Serviços – CNSAÚDE ingressou no STF com a Ação Direta de Inconstitucionalidade (ADI 7222) contra o referido diploma, alegando vícios formais (como vício de iniciativa) e vícios materiais (teoria da reserva do possível).
- Após intensa discussão e mudança de posicionamento pela Suprema Corte, restou decidido que o Piso Nacional da Enfermagem não é mais nacional, e sim **regionalizado**, apresentando as seguintes características:
  1) **Necessidade de negociação coletiva:** para viabilizar o pagamento do piso, o sindicato dos empregados e os empregadores ou seus sindicatos **devem** celebrar acordo ou convenção coletiva de trabalho. Caso as partes não chegam em um consenso, poderão, de comum acordo, ajuizar um **dissídio coletivo na Justiça do Trabalho**. Ainda, se não houver concordância de trabalhadores e empregadores para o ajuizamento do dissídio coletivo no TRT, essa ação somente poderá ser ajuizada caso os trabalhadores exerçam o **direito greve**. Nos dois casos (comum acordo para o ajuizamento de dissídio coletivo ou greve), a Justiça do Trabalho é quem irá fixar o valor do piso a ser pago aos trabalhadores e ela deverá levar em consideração três critérios: (a) manutenção dos empregos; (b) qualidade no atendimento de pacientes; e (c) realidade econômica de cada região.
  2) **Refere-se à remuneração global**, não ao vencimento básico;
  3) **Corresponde à carga horária de 44h semanais**;
  4) **Setor público:** (a) aos servidores públicos civis da União, autarquias e fundações públicas federais, a implementação do piso salarial nacional deve ocorrer na forma prevista na Lei nº 14.434/2022; e (b) em relação aos servidores públicos dos Estados, Distrito Federal, Municípios e de suas autarquias e fundações, bem como aos profissionais contratados por entidades privadas que atendam, no mínimo, 60% de seus pacientes pelo SUS, a implementação da diferença remuneratória resultante do piso salarial nacional deve ocorrer na extensão do quanto disponibilizado, a título de "assistência financeira complementar", pelo orçamento da União.
- Inconstitucionalização progressiva. A generalização de pisos salariais nacionais coloca em risco grave o princípio federativo (arts. 1º, *caput*, 18, 25, 30 e 60, § 4º, todos da CF/88) e a livre-iniciativa (arts. 1º, IV e 170, *caput*, ambos da CF/88), de modo que se consolida a percepção no sentido da inconstitucionalização progressiva dessa medida. Por essa razão, outras iniciativas nessa direção passarão a ser vistas como potencialmente incompatíveis com a Constituição.
- **Salário normativo.** É aquele fixado em sentença normativa proferida em dissídio coletivo pelos Tribunais da Justiça do Trabalho. Essa Justiça especializada possui o poder de criar normas jurídicas em determinadas situações, chamado poder normativo.
- **Salário proporcional.** Se o trabalhador for contratado para trabalhar em jornada inferior à duração normal de 8 horas diárias e 44 horas semanais, ele receberá o **salário mínimo proporcional** ou o piso salarial proporcional às horas trabalhadas. No entanto, em fevereiro/2016, o TST inseriu o item II à OJ nº 358 para prever que o empregado público da Administração Direta, autárquica e fundacional tem direito ao recebimento de remuneração nunca inferior ao salário mínimo, ainda que trabalhe em jornada reduzida.
- **Salário proporcional do professor.** Em 17/02/2017, foi promulgada a Lei nº 13.415/2017 que alterou a redação do art. 318 da CLT. Assim, a jornada do professor passou a ser a mesma dos demais empregados regidos pela CLT, qual seja, 8 horas diárias e 44 horas semanais.

> **Art. 318 da CLT**: *O professor poderá lecionar em um mesmo estabelecimento por mais de um turno, desde que não ultrapasse a jornada de trabalho semanal estabelecida legalmente, assegurado e não computado o intervalo para refeição.*

90 **Súmula nº 370 do TST.** Tendo em vista que as Leis nº 3.999/1961 e 4.950-A/1966 não estipulam a jornada reduzida, mas apenas estabelecem o salário mínimo da categoria para uma jornada de 4 horas para os médicos e de 6 horas para os engenheiros, não há que se falar em horas extras, salvo as excedentes à oitava, desde que seja respeitado o salário mínimo/horário das categorias.

91 O resumo da decisão final sobre o Piso Nacional da Enfermagem foi extraído do compilado feito pelo brilhante professor, autor e colega de MPT Ednaldo Brito, disponibilizado gratuitamente em sua página no Instagram (@**prof_ednaldobrito**). Aliás, se você pretende prestar o concurso do MPT, recomendo que siga o prof. Ednaldo nas redes sociais. Sempre atualização e tecnicamente impecável, é, certamente, o local mais seguro e confiável para acompanhar as decisões do STF em matéria trabalhista, Disponível em: https://drive.google.com/file/d/1V-tCNyWMat5qN7r5VcLD5HLL_cEAyUHkf/view. Acesso em: 09 jan. 2024.

- Em razão disso, deve ser aplicada a previsão do salário-mínimo proporcional, com a possível alteração na OJ nº 393 da SDI-I do TST, que parece superada. Nesse sentido:

> **OJ nº 393 da SDI-I do TST:** *A contraprestação mensal devida ao professor, que trabalha no limite máximo da jornada prevista no art. 318 da CLT, é de um salário-mínimo integral, não se cogitando do pagamento proporcional em relação à jornada prevista no art. 7º, XIII, da Constituição Federal.*

- **Salário complessivo.** O pagamento do salário deve ser realizado de forma clara e transparente. Desse modo, o empregado saberá exatamente o que está recebendo. É vedado o salário complessivo, ou seja, o pagamento sem que haja discriminação, detalhamento de cada uma das verbas recebidas.
- Em resumo, sobre o tema **salário**:

Salário (parcela paga diretamente pelo empregador)	
Salário profissional	fixado por lei (exemplos: médicos e engenheiros)
Piso salarial	fixado por instrumento coletivo (acordo ou convenção)
Salário normativo	fixado via sentença normativa (TRT ou TST)
Salário proporcional	salário mínimo ou piso salarial proporcional ao tempo trabalhado (OJ 358, I), exceto empregado público da Administração Direta, autárquica e fundacional (OJ 358, II e Tema 900)
Salário complessivo	pagamento realizado sem detalhar as parcelas. Não é cabível (Súmula 91)

12.3. PARCELAS SALARIAIS (COMPOSIÇÃO DO SALÁRIO)

- **Reflexos.** Para o estudo da remuneração torna-se imprescindível a diferenciação das parcelas salariais e as verbas recebidas sem natureza salarial (parcelas indenizatórias). Essa diferença é importante porque as primeiras se refletem nas demais verbas trabalhistas. Segue quadro que facilita a memorização:

Parcelas salariais	Parcelas indenizatórias
(Refletem nas demais verbas, como férias, 13º e aviso) • Comissões • Gratificações legais • Quebra de caixa • Adicionais salariais: – Adicional hora extra – Adicional noturno – Adicional de transferência – Adicional de insalubridade – Adicional de periculosidade ***Obs.:** Ao efetuar o pagamento dessas parcelas, o empregador deverá efetuar o respectivo depósito do FGTS.*	(Não há reflexo nas demais parcelas. Sobre o valor não incidem depósitos do FGTS) • PLR – Participação nos Lucros e Resultados • Ajuda de custo • Diárias para viagem • Abonos • Prêmios • Vale-transporte • Salário-família • Seguro-desemprego • PIS/Pasep • *Stock option* • Parcelas recebidas em razão da exploração de direito intelectual

Caso controvertido
• *Gueltas* (remuneratória – equiparada à gorjeta)

- **Comissões.** As comissões são parcelas com valores fixos recebidas em razão da venda de determinado produto.

Com a Reforma Trabalhista, as comissões continuam integrando o salário:

> **Art. 457, § 1º, da CLT:** *Integram o salário a importância fixa estipulada, as gratificações legais e as comissões pagas pelo empregador.*

- **Comissionista puro.** É chamado de comissionista puro o empregado que recebe, exclusivamente, por comissão. Já o comissionista misto recebe parte do salário em comissão e a outra, em salário fixo. Para esses trabalhadores que recebem por produção também é garantido o direito ao descanso semanal remunerado e feriados.
- **Comissionista puro e horas extras.** Se o **comissionista puro** é sujeito ao controle de horários, o pagamento das suas horas extraordinárias é diferente do pagamento dos demais empregados. Como esse empregado continua recebendo as comissões durante as horas que ultrapassarem o horário normal, ele receberá apenas o adicional de, no mínimo, 50%, pois as horas trabalhadas já estão sendo pagas pelo valor da comissão. Lembre-se de que os demais empregados recebem: valor da hora normal + 50% de adicional. O comissionista, segundo o TST, recebe apenas o adicional de 50% (a hora trabalhada já estaria sendo paga com o valor das comissões).
- **Cortador de cana-de-açúcar.** Importante ressaltar que o **cortador de cana-de-açúcar** que é remunerado por produção (comissão) receberá horas extras (hora normal + adicional de 50%), pois seu trabalho é exaustivo. Ressalta-se que, de acordo com o art. 611-A, IX, da CLT, acrescentado pela Reforma Trabalhista, a convenção e o acordo coletivo de trabalho tem prevalência sobre a legislação quando versar sobre a remuneração por produtividade. Caso previsto em norma coletiva, é possível, portanto, que esses trabalhadores tenham direito apenas ao adicional de horas extras, como os demais trabalhadores por recebem por produção.
- **Comissionista misto.** Se se tratar de **comissionista misto** (parte do salário fixo e a outra variável), o empregado receberá horas extras da seguinte forma: **a)** hora normal, acrescida de adicional de 50% relativa ao salário fixo; **b)** apenas o adicional, em relação ao salário variável (comissão).

12.4. GRATIFICAÇÕES

- **Conceito e reflexos.** Trata-se de contraprestação paga pelo serviço prestado em certas condições, ou em ocasiões especiais diferenciadas, como a gratificação de função, a gratificação de tempo etc. De acordo com a Reforma Trabalhista, somente as gratificações legais integram o salário dos empregados.

- **Gratificações ajustadas e firmadas de forma tácita.** Essas gratificações poderão ocorrer de forma expressa ou tácita. De forma expressa, é o pagamento realizado em razão do ajuste entre empregado e empregador. Exemplo: a empresa paga a todos os empregados o 14º salário em dezembro. Poderá ocorrer, ainda, o pagamento habitual de certa quantia, em razão de metas conquistadas, sem que haja qualquer menção prévia do empregador a respeito. Essa habitualidade no pagamento caracteriza a forma tácita. Estas gratificações não integram o salário do empregado (art. 457, § 1º da CLT).
- **Gratificação de função e integração permanente ao contrato de trabalho.** Caso ocorra o pagamento da gratificação, em razão de função de confiança na empresa (gerente, por exemplo), ela poderá ser retirada, com o retorno do empregado ao cargo anterior. A reversão não configura alteração ilícita do contrato, conforme o art. 468, §1º, da CLT.

  A Reforma Trabalhista altera a redação do art. 468, da CLT para prever que o empregado que ocupe função de confiança não terá a gratificação incorporada em se salário, independentemente do tempo de exercício da respectiva função.
- **Gratificações por tempo de serviço.** A **gratificação ou adicional por tempo de serviço** não é prevista na CLT. Ela tem o objetivo de beneficiar o empregado que permanece por anos na empresa, retribuindo o tempo de serviço prestado ao empregador. Com a Reforma Trabalhista, tendo em vista a ausência de previsão legal, não será considerada verba de natureza salarial.
- **Existência de duas gratificações.** Caso haja a existência ao mesmo tempo de duas gratificações por tempo de serviço, uma prevista no regulamento interno e outra em instrumento coletivo, caberá ao empregado **optar pela norma mais favorável**. A escolha de uma ocasionará a renúncia da outra gratificação, sob pena de o empregador pagar a mesma parcela duas vezes.

12.5. DÉCIMO TERCEIRO SALÁRIO

- **Conceito e destinação.** O décimo terceiro salário é uma gratificação salarial obrigatória prevista na CF/88 e na Lei nº 4.090/1962. São destinatários dessa gratificação empregados urbanos e rurais, os trabalhadores avulsos e os empregados domésticos. De acordo com o art. 7º, VIII, da CF/88: "São direitos dos trabalhadores urbanos e rurais, além de outros que visem à melhoria de sua condição social: décimo terceiro salário com base na remuneração integral ou no valor da aposentadoria".
- **Data do pagamento.** O pagamento deverá ocorrer até o dia 20 de dezembro, e corresponderá a um doze avos da remuneração devida em dezembro, por mês trabalhado ou fração igual ou superior a quinze dias.
- **Adiantamento.** Entre os meses de fevereiro e novembro, o empregador pagará, de uma só vez, em razão do adiantamento do décimo terceiro, metade do salário recebido pelo empregado no mês anterior. Esse adiantamento é obrigatório e não é necessário que seja pago a todos os empregados da empresa no mesmo mês. É possível, ainda, que o adiantamento seja pago juntamente com as férias, desde que o empregado requeira esse direito no mês de janeiro do correspondente ano.

12.6. ADICIONAIS SALARIAIS

- **Salário-condição.** Os adicionais descritos a seguir (horas extras, noturno, transferência, insalubridade e periculosidade) são pagos em razão de trabalho prestado em situações prejudiciais à saúde ou, ainda, que prejudiquem o convívio familiar e social. Esses adicionais são chamados salário-condição, isto é, paga-se o adicional enquanto o empregado estiver em condição prejudicial, por exemplo, prestando horas extras, ou trabalhando no período noturno. Cessada a condição gravosa, cessa o adicional sem que esse fato configure alteração prejudicial.
- **Reflexos.** Serão pagos sobre o salário do empregado e, quando os serviços nessas situações são prestados de forma habitual, irão se refletir nas demais verbas trabalhistas, como férias, décimo terceiro salário, depósitos do FGTS etc.

12.6.1. ADICIONAL DE HORA EXTRAORDINÁRIO

- **Conceito de horas extraordinárias.** A duração normal do tempo de trabalho do empregado é de 8 horas diárias e 44 horas semanais. Se ultrapassado esse período, terá incidência de adicional, chamado de hora extraordinária ou suplementar. De acordo com o art. 7º, XVI, da CF/88: São direitos dos trabalhadores urbanos e rurais, além de outros que visem à melhoria de sua condição social: remuneração do serviço extraordinário superior, no mínimo, em cinquenta por cento à do normal.
- De acordo com a Reforma Trabalhista, o intervalo intrajornada não gozado ou gozado parcialmente será pago como hora extra somente no período suprimido, porém, terá caráter indenizatório e não salarial (art. 71, § 4º da CLT – com redação dada pela Reforma Trabalhista).

12.6.2. ADICIONAL NOTURNO

- **Adicional noturno do empregado urbano:** jornada noturna inicia-se às 22 h e termina às 5 h. Adicional de, no mínimo, **20%** sobre a hora diurna. Ademais, a hora noturna será reduzida, ou seja, terá 52 minutos e 30 segundos.
- **Adicional noturno do empregado rural:** jornada noturna inicia-se às 20 h e termina às 4 h na pecuária. Na lavoura, será das 21 h até as 5 h. Adicional noturno é de, no mínimo, **25%** superior à hora diurna. Por fim, a hora noturna não é reduzida, ou seja, possui 60 minutos.

- **Reflexos do adicional noturno:** O adicional noturno possui natureza salarial, refletindo-se nas demais verbas trabalhistas. Assim sendo, o valor recebido em razão desse adicional irá integrar as parcelas demonstradas a seguir.

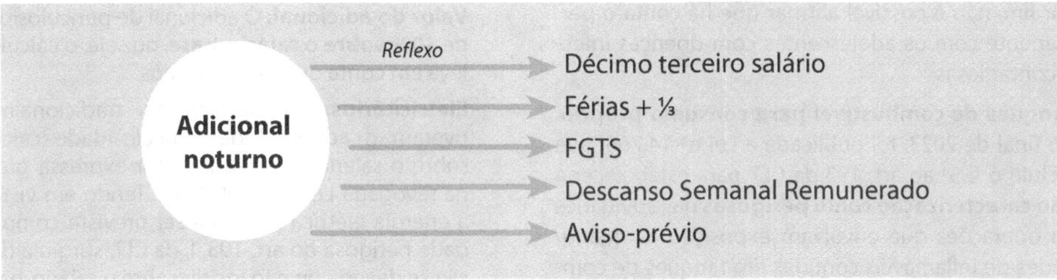

12.6.3. ADICIONAL DE TRANSFERÊNCIA

- **Conceito.** Esse adicional é pago em razão da transferência **provisória** do empregado. Também é pago ao empregado que exerce cargo de confiança na empresa ou, ainda, se houver previsão de transferência no contrato de trabalho. O valor é de, no mínimo, **25%** do salário que o empregado recebia no local anterior.
- **Reflexos do adicional de transferência.** O adicional de transferência possui natureza salarial, refletindo-se nas demais verbas trabalhistas. Assim sendo, o valor recebido em razão desse adicional irá integrar as demais verbas.

12.6.4. ADICIONAL DE PERICULOSIDADE

- **Previsão constitucional.** O pagamento dos adicionais de periculosidade e insalubridade tem previsão constitucional. De acordo com o art. 7º, XXIII, da CF/88: São direitos dos trabalhadores urbanos e rurais, além de outros que visem à melhoria de sua condição social: adicional de remuneração para as atividades penosas[92], insalubres ou perigosas, na forma da lei.
- **Conceito.** Atividade perigosa é aquela em que há contato permanente com explosivos ou inflamáveis em condições de risco acentuado. A atividade perigosa é comprovada mediante perícia (art. 195 da CLT). Exemplos: empregados em contato com energia elétrica, operadores de bomba de gasolina, instaladores de linhas e aparelhos de telefonia e exposição a substância radioativa e armazenamento de líquido inflamável no prédio.
- **Novas atividades de risco (incluídas na CLT).** A CLT foi alterada três vezes para incluir, como atividades perigosas, aquelas desenvolvidas por trabalhador em motocicleta ("motoboy"), pelos trabalhadores sujeitos a roubos e violência física, como ocorre com os vigilantes e os seguranças, e pelos agentes das autoridades de trânsito expostos a colisões, atropelamentos ou outras espécies de acidentes ou violências.
- **Radiações ionizantes ou substâncias radioativas.** Conforme OJ nº 345 da SDI-I do TST, a exposição do empregado à radiação ionizante ou à substância radioativa enseja a percepção do adicional de periculosidade. Em 2019, ao julgar incidente de recurso de revista repetitivo (Tema nº 10), o TST estabeleceu que não é devido o adicional de periculosidade a trabalhador que, sem operar o equipamento móvel de Raios X, permaneça, habitual, intermitente ou eventualmente, nas áreas de seu uso.
- **[PERICULOSIDADE] Agente de Apoio Socioeducativo da Fundação Casa.** No final de 2021, em sede de recurso de revista repetitivo (Tema nº 16), o Tribunal entendeu que os Agentes de Apoio Socioeducativo da Fundação Casa (nomenclatura que abarca os antigos cargos de Agente de Apoio Técnico e de Agente de Segurança) têm direito ao recebimento do adicional de periculosidade, pois exercem atividades com risco acentuado em virtude de exposição permanente à violência física no desempenho das atribuições profissionais de segurança pessoal e patrimonial em fundação pública estatal.
- **[INSALUBRIDADE] Agente de Apoio Socioeducativo da Fundação Casa.** Na Tese nº 8, o TST decidiu que os Agentes de Apoio Socioeducativo da Fundação Casa **não têm direito ao adicional de insalubridade** pelo eventual risco de contato com adolescentes que possuem doenças infectocontagiosas. Conforme razões da Corte, no local da prestação de serviços desses trabalhadores ocorrem atividades ligadas à tutela de adolescentes em conflito com a lei, e não de cuidados da saúde humana. Além disso,

---

92 Embora exista previsão expressa do **adicional de penosidade** na Constituição Federal, não há lei ordinária que o regulamente, inexistindo a base de cálculo e demais previsões necessárias para que seja exigido. Neste momento, prevalece o entendimento de que não há possibilidade do pagamento do adicional de penosidade. Ainda, cumpre destacar que o STF, no julgamento da ADO 74, por unanimidade, reconheceu a mora do Congresso Nacional na regulamentação do art. 7º, XXIII, CF/88, no ponto em que prevê o adicional de penosidade aos trabalhadores urbanos e rurais, e fixou prazo de 18 (dezoito) meses, a contar da publicação da ata de julgamento (o que se deu em 11/06/2024), para adoção das medidas legislativas constitucionalmente exigíveis para suplantar a omissão, não se tratando de imposição de prazo para a atuação legislativa do Congresso Nacional, mas apenas da fixação de um parâmetro temporal razoável para que o Congresso Nacional supra a mora legislativa.

a atividade do Agente de Apoio Socioeducativo da Fundação Casa não consta do anexo 14 da NR-15. Por fim, não é possível afirmar que há contato permanente com os adolescentes com doenças infectocontagiosas.

- **Tanques de combustível para consumo próprio.** No final de 2023, foi publicada a Lei nº 14.766, que incluiu o § 5º ao art. 193 da CLT para estabelecer a **não caracterização como perigosas** das atividades ou operações que envolvam exposição às quantidades de inflamáveis contidas em tanques de combustíveis originais de fábrica e suplementares. Essa exclusão já constava da NR 16, que regulamenta o trabalho em atividades perigosas:

> **NR, 16:** *16.6 As operações de transporte de inflamáveis líquidos ou gasosos liquefeitos, em quaisquer vasilhames e a granel, são consideradas em condições de periculosidade, exclusão para o transporte em pequenas quantidades, até o limite de 200 (duzentos) litros para os inflamáveis líquidos e 135 (cento e trinta e cinco) quilos para os inflamáveis gasosos liquefeitos.*
>
> *16.6.1 As quantidades de inflamáveis, contidas nos tanques de consumo próprio dos veículos, não serão consideradas para efeito desta Norma.*
>
> *16.6.1.1 Não se aplica o item 16.6 às quantidades de inflamáveis contidas nos tanques de combustível originais de fábrica e suplementares, certificados pelo órgão competente. (Incluído pela Portaria SEPRT n.º 1.357, de 09 de dezembro de 2019)*

ATIVIDADES PERIGOSAS

Atividades perigosas previstas na CLT (arts. 193 e 200):

> Inflamáveis;

> Explosivos;

> Energia elétrica;

> Roubos ou outras espécies de violência física nas atividades profissionais de segurança pessoal ou patrimonial;

> Atividades de trabalhador em motocicleta;

> Agentes das autoridades de trânsito (**Lei nº 14.684/2023**);

Atividades perigosas segundo a jurisprudência consolidada do TST:

> Radiações ionizantes ou substâncias radioativas (Art. 200, CLT e OJ nº 345 da SDI-I do TST).

> Agente de Apoio Socioeducativo da Fundação Casa, a partir de 03/12/2013 (Tema nº 16).

- **Quando o pagamento será devido?** O adicional de periculosidade é **devido** quando a exposição ao risco é permanente ou intermitente. É **indevido** se o contato for meramente eventual ou se, mesmo que habitual, ocorrer por tempo extremamente reduzido.
- **Valor do adicional.** O adicional de periculosidade é de **30% sobre o salário-base**, ou seja, o cálculo não leva em conta outros acréscimos.
- **Eletricitários:** Os eletricitários, tradicionalmente, tiveram o adicional de periculosidade calculado sobre o salário + adicionais, por expressa previsão na revogada Lei nº 7.369/1985. Tendo em vista que a energia elétrica passou a ser prevista como atividade perigosa no art. 193, I, da CLT, surgiu a discussão se deveria ou não incidir sobre o salário-base ou sobre o complexo salarial. O TST alterou a redação da Súmula nº 191 e cancelou a OJ nº 279 da SDI-I do TST acerca da base de cálculo do adicional de periculosidade aos eletricitários. Segue a nova redação da Súmula:

> **Súmula nº 191 do TST:** *Adicional de periculosidade. Incidência. Base de cálculo*
>
> *I – O adicional de periculosidade incide apenas sobre o salário básico e não sobre este acrescido de outros adicionais.*
>
> *II – O adicional de periculosidade do empregado eletricitário, contratado sob a égide da Lei nº 7.369/1985, deve ser calculado sobre a totalidade das parcelas de natureza salarial. Não é válida norma coletiva mediante a qual se determina a incidência do referido adicional sobre o salário básico.*
>
> *III – A alteração da base de cálculo do adicional de periculosidade do eletricitário promovida pela Lei nº 12.740/2012 atinge somente contrato de trabalho firmado a partir de sua vigência, de modo que, nesse caso, o cálculo será realizado exclusivamente sobre o salário básico, conforme determina o § 1º do art. 193 da CLT.*

- De acordo com a nova redação da Súmula nº 191 do TST, o adicional de periculosidade será calculado de forma distinta em relação aos empregados contratados antes e após a revogação da Lei nº 7.369/1985 da seguinte forma:
  1) **Empregados contratados na vigência da Lei nº 7.369/1985:** o pagamento do adicional de periculosidade deve ser calculado sobre a totalidade das parcelas de natureza salarial (salário + acréscimos). Nesse caso, não é válida norma coletiva que restringe a incidência apenas ao salário básico;
  2) **Empregados contratados após a inserção da energia elétrica como atividade perigosa no art. 193 da CLT (revogação da Lei nº 7.369/1985):** Nesse caso, o cálculo do adicional de periculosidade para os eletricitários é realizado sobre o salário-base, ou seja, o cálculo não leva em conta outros acréscimos. (art. 193, § 1º, CLT).
- **Perícia.** A atividade perigosa é comprovada **mediante perícia** (art. 195 da CLT). Assim sendo, a prova técnica é, em regra, um dos requisitos para o recebimento do adicional, pois nem o juiz nem os procuradores do trabalho e advogados têm condições de atestar, com certeza, se o ambiente coloca ou não em risco a integridade física do trabalhador.

- **Dispensa da perícia.** Quando o pagamento do adicional de periculosidade já vem sendo pago, de forma espontânea pelo empregador, torna-se incontroverso que o trabalho é realizado em condições perigosas. Dessa forma, dispensa-se a produção de perícia. Ademais, quando o estabelecimento já se encontra encerrado, a perícia também é dispensada. Segue quadro que facilita a memorização:

ADICIONAL DE PERICULOSIDADE	
Necessidade de prova técnica	Perícia (art. 195, CLT).
Em 2 casos a perícia é dispensada	– Pagamento espontâneo pelo empregador (Súmula nº 453 do TST); – Local desativado (OJ nº 278 da SDI-I do TST).

- **Reflexos do adicional de periculosidade.** Esse adicional integra as demais verbas trabalhistas. Assim sendo, o valor recebido em razão desse adicional irá integrar as demais parcelas, como férias, décimo terceiro, FGTS, aviso-prévio. Ressalta-se que o adicional de periculosidade não se reflete no DSR.
- **Cumulação dos adicionais: periculosidade + insalubridade.** Na hipótese de o empregado laborar em atividade insalubre e perigosa, prevalece o entendimento de que **não** há possibilidade de cumulação desses 2 adicionais. Dessa forma, cabe ao empregado optar por um deles. Ademais, se o empregado estiver em sobreaviso, ou seja, aguardando em sua casa eventual chamado da empresa, não está em situação de risco, logo não receberá o adicional de periculosidade.
- Contudo, o tema era polêmico na jurisprudência do TST e foi pacificado por incidente de recurso de revista repetitivo.
- **Tese firmada em Recurso de Revista Repetitivo (26/09/2019):** o art. 193, § 2º, da CLT foi recepcionado pela Constituição Federal e veda a cumulação dos adicionais de insalubridade e de periculosidade, ainda que decorrentes de fatos geradores distintos e autônomos.
- **Tempo de contato com atividades perigosas:** O adicional de periculosidade é devido quando a exposição ao risco é permanente ou intermitente (com intervalos). É indevido se o contato for meramente eventual ou se, mesmo que habitual, ocorrer por tempo extremamente reduzido, conforme prevê a Súmula nº 364, I, do TST.
- **Redução do adicional e pagamento proporcional ao tempo de exposição.** Em 31/05/2016, foi acrescentado o item II à Súmula nº 364, estabelecendo expressamente a impossibilidade de redução do percentual de periculosidade em patamar inferior aos 30% do salário básico ou seu pagamento proporcional ao tempo de exposição.
- **Reforma Trabalhista:** constitui objeto ilícito do acordo ou convenção coletiva a supressão ou redução do adicional de periculosidade, nos termos do art. 611-B, XVIII da CLT.
- **Para a semana antes da prova**, segue quadro para memorização:

Pagamento do Adicional de Periculosidade (30% sobre o salário básico)	
Tempo de contato com atividades perigosas	Adicional de periculosidade
Permanente	Adicional devido
Intermitente, desde que sujeito às condições de risco	Adicional devido
Eventual (fortuito)	Adicional não é devido
Habitual, mas com contato extremamente reduzido	Adicional não é devido
Obs. 1: A norma coletiva não tem o poder de fixar o pagamento do adicional proporcional ao tempo de exposição.	
Obs.2: Impossibilidade de supressão ou redução, via instrumento coletivo, de percentual inferior a 30% (art. 611-B, XVIII da CLT).	

12.6.5. ADICIONAL DE INSALUBRIDADE

- **Atividades insalubres.** São aquelas que expõem o empregado a agentes nocivos à sua saúde e que ultrapassam o seu limite de tolerância. Exemplo: agentes **químicos** (chumbo), **biológicos** (bactérias) e **físicos** (ruídos).
- **Requisitos.** Para a obtenção do adicional de insalubridade, há necessidade de preencher 2 requisitos:

a) Atividade nociva deverá ser constatada via **perícia** por profissional habilitado, médico ou engenheiro do trabalho;

b) É necessário que o agente nocivo à saúde esteja incluído na **relação oficial do Ministério do Trabalho.** Se a atividade desenvolvida pelo empregado não estiver prevista nessa listagem, o empregado não terá direito ao adicional. Aliás, eventual reclassificação ou descaracterização da insalubridade, pelo Ministro do Trabalho (autoridade competente), repercutirá no recebimento do adicional, ou seja, o empregado somente receberá enquanto a atividade desenvolvida estiver enquadrada como insalubre.

- **Valor do adicional.** O adicional de insalubridade era calculado com base no salário mínimo, variando de acordo com a agressividade do agente nocivo. Está previsto no art. 192 da CLT:

> **Art. 192 da CLT:** *O exercício de trabalho em condições insalubres, acima dos limites de tolerância estabelecidos pelo Ministério do Trabalho, assegura a percepção de adicional respectivamente de 40% (quarenta por cento), 20% (vinte por cento) e 10% (dez por cento) do salário mínimo da região, segundo se classifiquem nos graus máximo, médio e mínimo.*

- **Posicionamento do STF sobre a vinculação ao salário mínimo.** O Supremo Tribunal Federal proibiu que o salário mínimo sirva de base de cálculo (indexador) do adicional de insalubridade. Após essa decisão, o art. 192 da CLT não mais pode ser utilizado. Hoje, como não existe outro parâmetro, persiste o pagamento sobre o salário mínimo.
- **Reflexos do adicional de insalubridade.** Esse adicional integra as demais verbas trabalhistas. Assim sendo, o valor recebido em razão desse adicional irá integrar as demais parcelas, como férias, décimo terceiro, FGTS, aviso-prévio. Ressalta-se que o adicional de insalubridade não se reflete no DSR.
- **Contato intermitente.** Vale ressaltar que o trabalho eventual em condições insalubres não dá direito ao adicional. Entretanto, se executado em caráter intermitente (descontínuo, mas diário), terá direito à percepção do adicional de insalubridade, conforme previsto na Súmula nº 47.
- **Fornecimento de EPIs.** O mero fornecimento de EPIs – equipamentos de proteção individual – não exime o empregador de continuar pagando o adicional.
- **Jurisprudência recente do TST:** Em julgamento de Recurso Repetitivo[93], o TST decidiu que aos operadores de telemarketing que trabalham em atividade com utilização constante de fone de ouvido, não é devido o adicional de insalubridade.
- **Enquadramento do grau de insalubridade:** Com a Reforma Trabalhista, o enquadramento do grau de insalubridade poderá ser fixado via acordo ou convenção coletiva[94] (art. 611-A, XII da CLT – com redação dada pela Reforma Trabalhista). Entretanto, constituem objeto ilícito da negociação coletiva a supressão ou redução do adicional de remuneração para atividades insalubres (art. 611-B, XVIII da CLT). Há, portanto, contradição entre os dispositivos, devendo prevalecer o disposto no art. 611-B, XVIII, que restringe a negociação coletiva para proteção do trabalhador.
- **Para a semana antes da prova**, segue esse importante quadro de resumo com os adicionais e os respectivos percentuais (importantíssimo memorizar!):

Adicionais Pagos sobre o salário do empregado – salário-condição	
Adicional de hora extra	Adicional de, no mínimo, **50%** sobre a hora normal. Calculado sobre a globalidade salarial (hora normal acrescida de adicionais).
Adicional noturno	• Empregado urbano: **20%** sobre a hora diurna. • Empregado rural: **25%** sobre a hora diurna.
Adicional de transferência	Pago em razão da transferência provisória. Valor de, no mínimo, **25%** dos salários que o empregado recebia no local anterior.
Adicional de periculosidade	Condições de risco acentuado. Adicional de, no mínimo, **30%** do salário-base.
Adicional de insalubridade	Adicional calculado sobre o salário mínimo, variando de acordo com a agressividade do agente nocivo: 10% (grau mínimo), 20% (grau médio) e 40% (grau máximo) Requisitos para obtenção: a) perícia por profissional habilitado; b) agente deve constar da relação oficial do Ministério do Trabalho. A Súmula Vinculante nº 4 do STF proíbe que esse adicional seja calculado sobre o salário mínimo. Com a Reforma Trabalhista, será possível a fixação do enquadramento do grau de insalubridade via acordo ou negociação coletiva.

12.7. PARCELAS SEM NATUREZA SALARIAL (INDENIZATÓRIAS)

- **Conceito.** As parcelas a seguir não terão reflexo nas demais verbas trabalhistas, sendo pagas a título de indenização, ou seja, não integram outras parcelas nem se refletem nelas, como férias, décimo terceiro etc.
- A Reforma Trabalhista aumenta o rol de parcelas indenizatórias em seu art. 457, § 2º da CLT. Nesse sentido, serão inseridas nos tópicos a seguir as parcelas que, a partir da entrada em vigor da Lei nº 13.467/2017, serão consideradas sem natureza salarial.

12.7.1. PARTICIPAÇÃO NOS LUCROS E RESULTADOS – PLR

- **Previsão constitucional e ausência de reflexos.** Há expressa previsão da participação nos lucros e resul-

93 Acórdão paradigma nº 356-84.2013.5.04.0007.

94 Baixe e-book que acompanha este livro. Lá foram feitos comentários detalhados sobre a MP nº 808/2017, que alterou diversos dispositivos da Reforma Trabalhista.

tados na Constituição Federal, inclusive prevendo a natureza indenizatória dessa parcela. Verifica-se que a PLR não substitui nem complementa a remuneração do empregado. Assim sendo, não a integra para nenhum efeito trabalhista (art. 7º, XI, CF/88).

- **Direito ao PLR.** Nem todos os empregados possuem direito ao pagamento da PLR. De acordo com a Lei nº 10.101/2000, que regulamentou essa matéria, há necessidade de negociação entre a empresa e seus empregados, mediante negociação coletiva (acordo ou convenção coletiva) ou comissão escolhida pelas partes, para que seja fixada a PLR.
- **Pagamento proporcional da PLR e princípio da igualdade.** O empregado que contribuiu com a empresa para a obtenção do resultado positivo terá direito à participação nos lucros, mesmo se extinto o contrato antes da data prevista para o pagamento da parcela. A negociação coletiva, segundo o TST, não poderá retirar do empregado o direito à PLR.
- **Reforma Trabalhista:** A convenção e o acordo coletivo prevalecerão sobre a lei quando dispuser sobre participação nos lucros ou resultados da empresa (art. 611-A, XV da CLT).

12.7.2. AJUDA DE CUSTO

- **Conceito e ausência de reflexos.** A ajuda de custo é outra parcela com natureza nitidamente indenizatória. Sua finalidade é reembolsar despesas efetuadas pelo empregado. Exemplo: despesas realizadas em razão da transferência, conforme previsto no art. 470 da CLT: As despesas resultantes da transferência correrão por conta do empregador.

  Note-se que a ajuda de custo é considerada parcela com natureza nitidamente indenizatória[95]. Sua finalidade é reembolsar despesas efetuadas pelo empregado. Exemplo: despesas realizadas em razão da transferência de empregado. A natureza indenizatória da ajuda de custo permanece mesmo após a entrada em vigor da Lei nº 13.467/2017.

12.7.3. DIÁRIAS PARA VIAGEM

- **Conceito e ausência de reflexos.** Compreendem a parcela recebida em razão das despesas gastas pelo empregado em viagens. Antes da Reforma Trabalhista, se as diárias excedessem a 50% do salário do empregado, havia a presunção de fraude, e neste caso teriam natureza salarial. Por outro lado, se o valor fosse inferior a 50%, diante de seu caráter de ressarcimento de despesas, seriam consideradas parcelas sem natureza salarial.
- Com as modificações trazidas pela Lei nº 13.467/2017, as diárias serão sempre consideradas parcelas sem natureza salarial, inexistindo percentual máximo para a alteração de sua natureza jurídica.

12.7.4. VALE-TRANSPORTE

- **Conceito.** O vale-transporte é pago pelo empregador de forma antecipada e tem como objetivo cobrir as despesas de deslocamento da residência para o trabalho, por meio do sistema de transporte coletivo público. Todos os empregados urbanos e rurais têm direito de receber essa quantia. Cabe ressaltar que o empregado doméstico terá direito ao recebimento do vale-transporte previsto na Lei nº 7.418/1985 conforme estabelece o art. 19 da LC nº 150/2015. Contudo, é permitido ao empregador substituir a aquisição dos vales-transportes, obrigação prevista no art. 4º da Lei nº 7.418/1985, pelo **pagamento em dinheiro**, mediante recibo, dos valores necessários para a aquisição das passagens utilizadas para o deslocamento da residência ao trabalho e para seu retorno.
- **Ausência de reflexos.** Essa parcela, por expressa previsão em lei, não possui natureza salarial nem se incorpora à remuneração para quaisquer efeitos. Consequentemente, não é base de incidência de contribuição previdenciária ou de FGTS.

12.7.5. AUXÍLIO-ALIMENTAÇÃO

- **Natureza jurídica.** De acordo com a Reforma trabalhista, o auxílio-alimentação passa a ser considerado como parcela sem natureza salarial. Além disso, é vedado seu pagamento em dinheiro.
- **Lei nº 14.442, de 2022.** As importâncias pagas sob essa rubrica devem ser usadas exclusivamente para o pagamento de refeições em restaurantes e estabelecimentos similares ou para a aquisição de gêneros alimentícios em estabelecimentos comerciais.
- Além disso, a execução inadequada, o desvio ou o desvirtuamento das finalidades do auxílio-alimentação podem acarretar multa de R$ 5.000,00 (cinco mil reais) a R$ 50.000,00 (cinquenta mil reais) às empresas contratantes e fornecedores dos tíquetes, que serão aplicadas em dobro em caso de reincidência ou embaraço à fiscalização.

12.7.6. PRÊMIOS

- Os prêmios decorrem da produtividade do trabalhador, dizendo respeito a fatores de ordem pessoal dele, como a produção, a assiduidade, a qualidade. Não podem, porém, ser a única forma de pagamento do salário, por serem dependentes de uma condição, devendo o obreiro perceber pelo menos um salário fixo[96]. Apesar de não previsto na CLT antes

95 "Tal como as diárias de viagem, também as ajudas de custo constituem indenização e não salário. Realmente, elas se destinam a indenizar as despesas do empregado, oriundas de sua transferência para local diverso daquele em que tem domicílio." SUSSEKIND, Arnaldo *et al. Instituições de Direito do Trabalho*. 21. ed. São Paulo: LTr, 2004. vol. I. p. 382.

96 MARTINS, Sergio Pinto. *Direito do Trabalho*. 24. ed. São Paulo: Atlas, 2008. p. 257.

da Reforma Trabalhista, havia o entendimento de que os prêmios eram parcelas salariais. Com a regulamentação do assunto pela Reforma Trabalhista, foi estabelecida a natureza não salarial da parcela recebida.

12.7.7. ABONOS

- São parcelas pagas em decorrência de ato de liberalidade do empregado, correspondente a um acréscimo efetuado em parcela única se a necessidade de um motivo específico para seu recebimento[97]. Essas parcelas têm expressamente natureza jurídica salarial. Com a Reforma Trabalhista, os abonos também passarão a integrar as parcelas sem natureza salarial.

12.7.8. SALÁRIO-FAMÍLIA

- **Conceito:** É um benefício previdenciário concedido aos segurados de baixa renda (artigos 65 a 70 da Lei nº 8213/91), em razão dos filhos menores de 14 anos ou inválidos de qualquer idade. A sua finalidade é ajudar os pais a custear a educação dos filhos. Esse benefício **não** possui natureza salarial, e para a sua obtenção há necessidade de preencher dois requisitos:
  a) Trabalhador de **baixa renda**. O trabalhador de baixa renda é aquele que, em 2023, possui remuneração mensal de até $ 1.754,18 (mil setecentos e cinquenta e quatro reais e dezoito centavos). Diante disso, o empregado ou trabalhador avulso que possuir remuneração superior a essa não terá direito ao benefício.
  b) Filhos menores de 14 anos, ou inválidos[98] de qualquer idade.
- Os empregados urbanos e rurais[99] e trabalhadores avulsos têm direito a esse benefício previdenciário. Os empregados domésticos, com a nova EC/72-2013, que alterou o art. 7º, parágrafo único, da CF/88, passaram a ter esse direito. A LC nº 150/2015 alterou a Lei nº 8.213/1991 para assegurar o benefício também aos domésticos.
- O pagamento do salário-família é feito pelo empregador ao empregado. Posteriormente, o valor é compensado pelo INSS. Para o trabalhador avulso, o pagamento é realizado diretamente pelo INSS.

12.7.9. SALÁRIO-EDUCAÇÃO

- Trata-se de modalidade de recolhimento parafiscal, que se relaciona às obrigações empresariais relativas à prestação de facilidades de educação e ensino. Tem natureza de contribuição social[100].

12.7.10. PIS/PASEP

- **Pasep** – Programa de Formação do Patrimônio do Servidor Público. Os participantes do Pasep são os funcionários públicos ou empregados públicos (celetistas).
- **PIS** quer dizer Programa de Integração Nacional. Há expressa previsão desse programa no art. 239 da CF. O PIS é calculado sobre o faturamento da empresa e não sobre o lucro, o que o diferencia da PLR – Participação nos Lucros e Resultados.
- Após a CF/88, o abono do PIS, no valor de um salário mínimo por ano, é devido aos trabalhadores, urbanos, rurais e trabalhadores avulsos, cadastrados há 5 anos no Fundo de Participação PIS/Pasep ou no Cadastro Nacional de Trabalho e tenham ganho de até dois salários mínimos mensais. Ademais, o valor do abono salarial será calculado proporcionalmente ao número de meses trabalhados ao longo do ano anterior (ano-base).
  Atualmente, o abono do Pasep (funcionários públicos) é pago no Banco do Brasil, e o do PIS é feito na Caixa Econômica Federal.

12.8. SALÁRIO-UTILIDADE OU SALÁRIO *IN NATURA*

- O salário poderá ser pago em dinheiro ou, ainda, em utilidades, como alimentação e moradia. Essa forma de pagamento é chamada de salário in natura ou utilidades. Há possibilidade de desconto do salário mínimo para o pagamento das utilidades, respeitando os seguintes percentuais, no caso dos rurais: a) até 20%, moradia; b) até 25%, pelo fornecimento de alimentação sadia e farta, atendidos os preços vigentes na região. Para esses descontos, há necessidade de prévia autorização do empregado rural; sem tal autorização essas deduções serão nulas de pleno direito.
- A título de comparação, os limites máximos permitidos para os empregados urbanos são: 25% para habitação e 20% para alimentação; esses descontos serão sobre o salário contratual do empregado, de acordo com § 3º do art. 458 da CLT. Não há, na CLT, previsão de prévia autorização do trabalhador urbano.
- **Requisitos para configurar salário-utilidade:**
  a) Utilidade deverá ser fornecida habitualmente. Exemplo: empregado recebe todos os meses duas cestas básicas.

---

97 CAIRO JÚNIOR, José. *Curso de Direito do Trabalho. Direito Individual e Direito Coletivo de Trabalho*. 4. ed. Salvador: Editora Juspodivm, 2009. p. 342.

98 Cabe ressaltar que, após a promulgação do Estatuto da Pessoa com Deficiência (Lei nº 13.146/2015), a nomenclatura correta que deveria ser empregada é "pessoa com deficiência" em vez do uso do termo "inválido", o que requer alteração legislativa. Nesse sentido, confirma a previsão legal: **Art. 66, Lei nº 8.213/1991:** "O valor da cota do salário-família por filho ou equiparado de qualquer condição, até 14 (quatorze) anos de idade ou inválido de qualquer idade é de: (...)".

99 **Súmula nº 344 do TST.** "O salário-família é devido aos trabalhadores rurais somente após a vigência da Lei nº 8.213/91."

100 DELGADO, Mauricio Godinho. Curso de Direito do Trabalho. 15. ed. São Paulo: Ltr, 2016. P. 789.

b) Utilidade fornecida terá caráter de contraprestação, ou seja, é paga pelo trabalho desempenhado pelo empregado.

Obs.: Se a utilidade fornecida é para o trabalho, ou seja, como ferramenta indispensável à realização dos serviços, não terá natureza salarial, mas sim de indenização.

SALÁRIO *IN NATURA*		
PELO	=	Salário-utilidade (contraprestação)
PARA	=	Não é salário-utilidade (ferramenta de trabalho)

- **Utilidades não salariais.** Há previsão de algumas utilidades que, em regra, não possuem natureza salarial quando fornecidas pelo empregador. A previsão dessas utilidades não consideradas salário in natura são muito importantes ao seu concurso, pois são exigidas com frequência. Aliás, há alteração na lei prevendo o vale-cultura como parcela indenizatória (não salarial). De acordo com o art. 458, § 2º, da CLT:

> **Art. 458.** *Além do pagamento em dinheiro, compreende-se no salário, para todos os efeitos legais, a alimentação, habitação, vestuário ou outras prestações in natura que a empresa, por força do contrato ou do costume, fornecer habitualmente ao empregado. Em caso algum será permitido o pagamento com bebidas alcoólicas ou drogas nocivas.*
>
> *§ 1º Os valores atribuídos às prestações in natura deverão ser justos e razoáveis, não podendo exceder, em cada caso, os dos percentuais das parcelas componentes do salário mínimo (arts. 81 e 82).*
>
> *§ 2º Para os efeitos previstos neste artigo, não serão consideradas salário as seguintes utilidades concedidas pelo empregador:*
>
> *I – vestuários, equipamentos e outros acessórios fornecidos aos empregados e utilizados no local de trabalho, para a prestação do serviço;*
>
> *II – educação, em estabelecimento de ensino próprio ou de terceiros, compreendendo os valores relativos a matrícula, mensalidade, anuidade, livros e material didático;*
>
> *III – transporte destinado ao deslocamento para o trabalho e retorno, em percurso servido ou não por transpor-te público;*
>
> *IV – assistência médica, hospitalar e odontológica, prestada diretamente ou mediante seguro-saúde;*
>
> *V – seguros de vida e de acidentes pessoais;*
>
> *VI – previdência privada;*
>
> *VII – (Vetado)*
>
> *VIII – o valor correspondente ao vale-cultura.*

- **Reforma Trabalhista:** Além desses casos, a Reforma Trabalhista inclui um novo parágrafo ao art. 458 da CLT. Com esse novo dispositivo, o legislador da Reforma Trabalhista estabelece que todos os valores referentes à assistência prestada por serviço médico ou odontológico não integrarão o salário do empregado, inclusive no tocante ao reembolso de despesas com medicamentos, óculos, aparelhos ortopédicos, próteses, órteses, despesas médico-hospitalares e outras similares:

> **Art. 458, § 5º da CLT (redação dada pela Reforma Trabalhista):** *O valor relativo à assistência prestada por serviço médico ou odontológico, próprio ou não, inclusive o reembolso de despesas com medicamentos, óculos, aparelhos ortopédicos, próteses, órteses, despesas médico-hospitalares e outras similares, mesmo quando concedido em diferentes modalidades de planos e coberturas, não integram o salário do empregado para qualquer efeito nem o salário de contribuição, para efeitos do previsto na alínea q do § 9o do art. 28 da Lei no 8.212, de 24 de julho de 1991.*

12.9. FORMAS E MEIOS DE PAGAMENTO DO SALÁRIO

- O salário poderá ser fixado de 3 formas:
  - **a) Salário por unidade de tempo.** O empregado receberá pelos minutos e horas que estiver à disposição do empregador, aguardando ou executando ordens. Nesse caso, o salário independe da produtividade do trabalhador.
  - **b) Salário por unidade de obra ou salário por produção**: empregado receberá de acordo com a quantidade produzida, ou seja, o salário estará intimamente ligado ao seu desempenho pessoal, independentemente do tempo gasto.
  - **c) Salário por tarefa**. Forma mista de pagamento. Receberá conforme o serviço prestado (produção) e em período previamente fixado (tempo).
- **Periodicidade do pagamento:** deverá ocorrer em intervalos não superiores a um mês, exceto o pagamento das gratificações, comissões e percentagens. O salário poderá ser pago por dia, semana, quinzena ou mês. Se fixado por mês, o pagamento deve ser efetuado até o 5º dia útil subsequente ao mês vencido.
- Segue importante quadro de resumo acerca das formas e meios de pagamento do salário do empregado.

SALÁRIO
• **Salário poderá ser fixado:**
– por tempo
– por produção
– por tarefa
• **Periodicidade:**
– prazo não superior a um mês, exceto comissões, percentagens e gratificações
– pagamento mensal: até 5º dia útil
• **Pagamento em moeda corrente – real**

12.10. EQUIPARAÇÃO SALARIAL

- **Princípio da igualdade de salário.** Com base no princípio da igualdade, é vedado o tratamento diferenciado para trabalhadores que exerçam a mesma função. Há previsão do direito à equiparação salarial, nas hipóteses de tratamento diferenciado.

- **Requisitos da equiparação salarial (Lei nº 13.467/2017).** Com a Reforma Trabalhista, os requisitos para a equiparação salarial foram alterados, dificultando a sua aplicação. Para que haja equiparação salarial, desta forma, devem estar presentes os seguintes requisitos de forma cumulativa:

  a. Identidade de empregadores.

  b. Trabalho no mesmo estabelecimento empresarial *(Alteração pela Reforma Trabalhista)*.

  c. Empregados devem possuir a mesma função.

  d. Trabalhos de igual valor.

  e. Tempo no serviço não poderá ser superior a 4 anos *(Alteração pela Reforma Trabalhista)*.

  f. Tempo na função não poderá ser superior a 2 anos.

  g. Inexistência de quadro de carreira ou de plano de cargos e salários *(Alteração pela Reforma Trabalhista)*.

- **Identidade de empregadores:** compreende a exigência de que o trabalho exercido pelo empregado requerente (trabalhador equiparando) e o empregado paradigma (pessoa com quem se pretende a equiparação) deve ser prestado para o mesmo empregador.

- **Trabalho no mesmo estabelecimento do empregador (alteração pela Lei nº 13.467/2017):** É importante destacar a diferença entre empresa e estabelecimento. A empresa é a unidade econômica produtiva, que consiste na atividade exercida pelo empresário. Por sua vez, o estabelecimento corresponde ao complexo de bens que viabilizam o exercício dessa atividade[101]. A justificativa apresentada para a alteração na redação do dispositivo consistiu no fato de que a expressão "mesma localidade" seria abrangente e não definiria adequadamente o conceito. Para isso, optou-se pela adoção do termo "mesmo estabelecimento". Dessa forma, se uma empresa tiver em uma mesma cidade dois estabelecimentos diferentes, não seria assegurado o direito à equiparação salarial. O requisito para a equiparação salarial deixa de ser a localidade e passa a ser o estabelecimento onde é prestado os serviços.

- **Identidade de funções:** Equiparando e paradigma devem exercer funções idênticas. É irrelevante que a terminologia utilizada pela empresa seja diversa. Exemplo: paradigma exerce a função de "encarregado de vendas", já o equiparando atua como "divulgador dos novos produtos", mas se verificado, na prática, que exercem a mesma função, há direito à equiparação salarial.

- **Trabalho de igual valor**: É necessário, ainda, que as mesmas funções sejam desempenhadas com a mesma perfeição técnica (qualidade) e produtividade (quantidade), isto é, o trabalho exercido por equiparando e paradigma tenha igual valor. É o que estabelece a parte inicial do § 1º do artigo em análise. Dessa forma, o empregado que detém maiores conhecimentos com a realização de cursos técnicos e profissionalizantes não pode servir como paradigma, para fins de equiparação.

- **Diferença de tempo de serviço de, no máximo, 4 anos e na mesma função de, no máximo, 2 anos:** Com a Reforma Trabalhista, o tempo de serviço ou o tempo do empregado no emprego deve ser também considerado para fins de equiparação salarial. Assim, novo requisito foi acrescentado, exigindo que o empregado não tenha tempo de serviço superior a 4 anos em relação ao paradigma para se viabilizar a equiparação salarial. Mesmo que o empregado tenha menos de 2 anos de diferença no exercício de determinada função, se houver diferença superior a 4 anos em relação ao tempo de serviço na empresa, não terá direito à equiparação. Exemplo: O empregado João acaba de ser contratado para trabalhar como balconista e recebe salário de R$ 1.000,00. Por sua vez, a empregada Ana, que exerce a mesma função de balconista há apenas 6 meses, recebe o salário de R$ 1.500,00. Antes de ser balconista, Ana exerceu outras funções e já trabalha há 5 anos para esse mesmo empregador. Na hipótese narrada, apesar de Ana e João exercerem a mesma função com diferença de tempo inferior a 2 anos, Ana já tem tempo de serviço superior a 4 anos em relação a João, não tendo este empregado direito à equiparação salarial.

- **Inexistência de quadro de carreira ou de plano de cargos e salários:** Com a Reforma Trabalhista, foram previstos dois instrumentos diferentes que impedem a equiparação salarial:

  a) Existência de pessoal organizado em quadro de carreira; ou

  b) Plano de cargos e salários adotado em norma interna da empresa ou mediante negociação coletiva.

  Portanto, caso existente documento estabelecendo quadro de carreira ou plano de cargos e salários, fica excluída a possibilidade de equiparação salarial entre empregados que exerçam a mesma função em trabalho de igual valor, para o mesmo empregador, em um determinado estabelecimento. Ressalta-se que a convenção coletiva e o acordo coletivo terão prevalência sobre a lei no tocante à adoção de plano de cargos, salários e funções conforme prevê o art. 611-A, V, da CLT.

- Além do estabelecimento desse novo instrumento que viabiliza a exclusão da equiparação salarial, a nova redação do dispositivo prevê a desnecessidade de homologação ou registro em órgão público. Portanto, para a validade do quadro de carreira ou do plano de cargos e salários, não é necessária sua homologação pelo Ministério do Trabalho.

- **Readaptado.** O empregado readaptado não poderá servir como paradigma, em razão das peculiaridades de suas condições pessoais.

---

101 CASSAR, Vólia Bomfim. *Direito do Trabalho*. 11. ed. Rio de Janeiro: Forense, 2015. p. 420.

- **Servidor público estatutário.** O instituto da equiparação salarial não é aplicado aos servidores da Administração Direta, autárquica ou fundacional, por força do art. 37, XIII, da CF/88. As regras da equiparação salarial, entretanto, são aplicáveis aos empregados públicos de sociedades de economia mista e empresas públicas. Essas empresas são organizadas com regras próprias das empresas privadas.
- **Equiparação por equivalência.** O art. 460 da CLT prevê a equiparação por equivalência, ou seja, trata-se de uma forma de arbitrar o valor da remuneração. De acordo com essa norma, diante da ausência de estipulação do salário, ou inexistência de prova sobre a importância ajustada entre as partes, paga-se o mesmo que outro trabalhador receber nas mesmas condições.
- **Salário-substituição.** Nesse caso, o empregado substituto terá direito ao salário contratual do substituído, como ocorre nas férias e outros afastamentos. A substituição não poderá, entretanto, ser meramente eventual, como substituição de apenas 2 ou 3 dias. Cabe frisar que, se o cargo estiver vago e for ocupado de forma definitiva, o trabalhador ocupante não terá direito ao salário-substituição.
- **Vedação à indicação de paradigmas remotos:** De acordo com a jurisprudência do TST, o empregado, desde que atendidos os requisitos previstos no artigo em análise, tinha direito à equiparação salarial, mesmo que o paradigma tenha obtido aumento salarial via decisão judicial. De acordo com o item VI da súmula nº 6 do TST, é irrelevante se o desnível salarial tenha origem em decisão judicial. No entanto, a Reforma Trabalhista, ao inserir o § 5º ao art. 461 da CLT, passa a proibir a equiparação salarial em cadeia, pois exige como novo requisito da equiparação salarial a contemporaneidade no cargo ou na função entre paradigma e equiparando, não sendo permitida a indicação de paradigma remoto.
- **Lei nº 14.611/2023.** Para tornar efetiva a previsão constitucional, em 3 de julho de 2023, foi publicada a Lei nº 14.611, tornando obrigatória igualdade salarial e de critérios remuneratórios entre homens e mulheres para a realização de trabalho de igual valor ou no exercício da mesma função. Além disso, referida Lei altera a CLT para prever maior transparência remuneratória e ampliar a fiscalização e o combate à discriminação salarial.
- Conforme a redação dos novos §§ 6º e 7º do art. 461 da CLT, na hipótese de discriminação por motivo de sexo, raça, etnia, origem ou idade, o pagamento das diferenças salariais devidas ao empregado discriminado não afasta seu direito de ação de indenização por danos morais, consideradas as especificidades do caso concreto. Ainda, haverá a imposição de multa de 10 vezes o valor do novo salário devido pelo empregador ao empregado discriminado, elevada ao dobro, no caso de reincidência, sem prejuízo das demais cominações legais.

Equiparação salarial (Resumo)	
Empregado readaptado	não poderá servir de paradigma.
Trabalho intelectual	cabe equiparação desde que haja critérios objetivos.
Prescrição	equiparação é parcial, renova-se mês a mês.
Administração Pública	a) não cabe equiparação de servidores públicos (OJ 297); b) cabe equiparação de empregados de economia mista e empresa pública (Súmula nº 455).
Cessão de empregados	cabe equiparação desde que o órgão cessionário seja o responsável pelos pagamentos.

12.11. DESVIO E ACÚMULO DE FUNÇÃO

- Ocorre o **desvio de função** quando o empregado que deveria estar desempenhando uma determinada função está prestando serviços esporádicos em outra, com salário mais elevado. Uma vez comprovado o desvio, dará ao empregado remuneração mais elevada enquanto esteve desempenhando aquela atividade que não era originariamente sua. O empregado será designado, novamente, para a antiga atividade, sem que esse fato acarrete redução salarial ilícita.
- **Acúmulo de função.** Diferentemente do desvio de função, o acúmulo de função compreende o exercício de atividades funcionais diferentes daquelas para as quais o trabalhador foi contratado. Há discussão quanto à possibilidade de acréscimo salarial quando o empregado exerce outras funções que possam abalar suas condições físicas e psíquicas.

13. AVISO-PRÉVIO

- **Conceito.** O aviso-prévio tem como finalidade indicar a data do término do contrato de trabalho. O período do aviso possibilita ao trabalhador procurar outro emprego, e, ainda, ao empregador buscar um substituto para o cargo vago. Dessa forma, torna-se possível que uma parte não seja surpreendida com a ruptura do contrato por ato unilateral da outra. Afasta-se, portanto, o evento-surpresa.
- **Formalidade.** A CLT não exige formalidade específica para concessão do aviso-prévio. Dessa forma,

pelo menos em tese, caberia a notificação do aviso verbalmente. A concessão verbal, embora admitida, dificulta a comprovação de que ele tenha sido efetivamente dado.

- **Duração.** A parte que decidir colocar fim ao contrato deverá avisar a outra com **antecedência mínima de 30 dias.** Nesse sentido, estabelece o art. 7º, XXI, da CF/88: São direitos dos trabalhadores urbanos e rurais, além de outros que visem à melhoria de sua condição social: aviso-prévio proporcional ao tempo de serviço, **sendo no mínimo de 30 dias**, nos termos da lei (grifos acrescidos).
- **Proporcionalidade.** Em razão dessa previsão constitucional, o aviso-prévio é proporcional ao tempo de serviço. Para empregados com até um ano de contrato, o aviso-prévio será de 30 dias. A cada ano de contrato, serão acrescidos 3 dias na duração do aviso, até o limite de 60 dias. Assim sendo, a duração do aviso-prévio poderá ter até 90 dias (prazo mínimo de 30 dias + 60 dias do aviso proporcional). Esse dispositivo foi regulamentado pela Lei nº 12.506, de 11 de outubro de 2011.
- **Reforma Trabalhista:** A nova legislação cria a possibilidade de término do contrato de trabalho por meio de distrato[102], que compreende um acordo entre as partes da relação de empregado que põe fim ao contrato de trabalho. Ressalta-se que o novo art. 484-A que regulamenta o assunto prevê o pagamento de metade do aviso prévio ao trabalhador caso seja indenizado. Essa alteração trará diversas discussões quanto a sua constitucionalidade, pois a CF/88 determina o pagamento de aviso prévio de, no mínimo, 30 dias.

Além disso, há previsão no art. 611-B da CLT (inserido pela Lei nº 13.467/2017) de que a redução ou supressão do aviso-prévio proporcional ao tempo de serviço de no mínimo 30 dias constitui objeto ilícito da convenção ou acordo coletivo.

- **Em resumo, antes da prova, sobre aviso-prévio:**

Aviso-prévio proporcional ao tempo de serviço (Lei nº 12.506/2011)	
Duração mínima	30 dias
Proporcionalidade	– A cada ano de contrato: acrescem-se 3 dias – Acréscimo máximo de 60 dias
Total do período	90 dias (30 dias iniciais + 60 dias da proporcionalidade)
Observação	Posicionamento majoritário de que a ampliação do prazo é apenas direito do empregado (não é direito do empregador)

Hipóteses em que é devido o aviso-prévio
• Dispensa sem justa causa.
• Rescisão indireta (art. 483 da CLT).
• Pedido de demissão feito pelo empregado.
• Extinção do estabelecimento (Súmula 44 do TST).
• Contrato por prazo determinado com cláusula assecuratória de direito recíproco (art. 481 da CLT).
• Culpa recíproca: empregado tem direito a 50% do valor do aviso (Súmula 14 do TST).
• Acordo entre empregado e empregador: 50% do aviso-prévio, se indenizado (art. 484-A da CLT – com redação dada pela Reforma Trabalhista).
Obs.: Não será devido o aviso-prévio:
a) contratos por prazo determinado.
b) dispensa por justa causa (art. 482 da CLT).
c) morte do empregado.

Aviso-prévio (Resumo)	
Conceito	evitar que uma parte seja surpreendida com a ruptura do contrato por ato unilateral da outra.
Prazo	no mínimo, 30 dias.
Concedido pelo empregador	a) empregado urbano terá redução de 2 horas diárias ou 7 dias consecutivos; b) empregado rural terá direito a redução de 1 dia por semana.
Concedido pelo empregado	a) obrigado a conceder o aviso na hipótese de pedido de demissão; b) se não for concedido, possibilita desconto no salário do empregado.
Aviso-prévio indenizado	ocorre a substituição do período trabalhado por indenização pecuniária. Esse período é projetado no contrato para todos os fins.
Reconsideração	ato bilateral, depende do consentimento da parte contrária.

14. FUNDO DE GARANTIA DO TEMPO DE SERVIÇO – FGTS

- **Conceito.** O FGTS é uma "poupança forçada" suportada exclusivamente pelo empregador. Todos os meses, ao quitar o salário e demais adicionais, o empregador deverá depositar, numa conta vinculada do trabalhador, 8% da sua remuneração. Exemplo: empregado recebe R$ 2.000,00 de salário. Logo, o **empregador** deverá depositar R$ 160,00 na conta vinculada do trabalhador, a título de FGTS. Veja que, para fins de FGTS, não há desconto a ser suportado pelo trabalhador. Esses depósitos destinam-se à indenização por tempo de serviço do empregado.
- Os depósitos efetuados nas contas vinculadas serão **corrigidos monetariamente** com base nos parâme-

102 Sobre o tem distrato conferir o item 15.4.

tros fixados para atualização dos saldos dos depósitos de poupança e capitalização de **juros de 3% ao ano**.

- **Reforma Trabalhista:** O valor dos depósitos mensais e de indenização rescisória do FGTS constituem objeto ilícito de convenção ou acordo coletivo de trabalho (Art. 611-B da CLT – com redação dada pela Reforma Trabalhista).
- **Lei nº 14.438/2022.** Alterou a data limite para o depósito dos valores do FGTS para até o **vigésimo dia de cada mês**. Contudo, a produção de efeitos dessa alteração está condicionada ao início, pelo empregador, da elaboração da folha de pagamento e a declaração os dados relacionados aos valores do FGTS e outras informações de interesse do Poder Público por meio de eSocial – entrada do FGTS digital[103].

14.1. HIPÓTESES DE SAQUE DOS DEPÓSITOS

- **Conta vinculada e hipóteses de saque.** A conta corrente do trabalhador, fruto dos depósitos do FGTS, é chamada de conta vinculada. Vinculada porque o empregado não tem a liberdade de sacar o dinheiro quando bem entender, mas somente nas hipóteses expressamente previstas em lei. Assim, não lhe é dada ampla disponibilidade sobre o dinheiro lá depositado, porém pode movimentar a conta nas seguintes hipóteses:

Art. 19-A:	– Contrato nulo (Súmula nº 363 do TST)
Arts. 20 e 20-A:	– Aposentadoria pela Previdência Social. – Compra da casa própria. – Doenças graves ou raras do trabalhador e de seus dependentes (terminal, AIDS e câncer). – Compra de ações (disponíveis para esse fim – exemplo, ações da Vale e Eletrobras). – 70 anos ou mais. – Calamidades públicas – recuperar os bens perdidos. – Término do contrato de trabalho, exceto se ocorrer por justa causa ou pedido de demissão. – Extinção total da empresa, fechamento de quaisquer de seus estabelecimentos, filiais ou agências, supressão de parte de suas atividades ou ainda falecimento do empregador individual sempre que qualquer dessas ocorrências implique rescisão de contrato de trabalho. – Término do contrato a termo, inclusive o dos trabalhadores temporários; – Término do contrato de trabalho por distrato (art. 20, I-A – acrescentado pela Reforma Trabalhista)
Arts. 20 e 20-A:	– Conta inativa após 3 anos ininterruptos. – Falecimento do trabalhador. – Suspensão total do trabalho **avulso** por período igual ou superior a 90 dias, comprovada por declaração do sindicato. – Aquisição de órtese ou prótese por trabalhador com deficiência para promoção de acessibilidade e de inclusão social (Lei nº 13.146/2015). – Pagamento total ou parcial do preço de aquisição de imóveis da União inscritos em regime de ocupação ou aforamento, a que se referem o art. 4º da Lei no 13.240, de 30 de dezembro de 2015, e o art. 16-A da Lei no 9.636, de 15 de maio de 1998, observadas as condições legais. – Anualmente no mês de aniversário do trabalhador. – A qualquer tempo, quando seu saldo for inferior a R$ 80,00 (oitenta reais) e não houver ocorrido depósitos ou saques por, no mínimo, 1 (um) ano. – Integralização de cotas do FI-FGTS; - Quando o trabalhador ou qualquer de seus dependentes for, nos termos do regulamento, pessoa com doença rara, consideradas doenças raras aquelas assim reconhecidas pelo Ministério da Saúde, que apresentará, em seu sítio na internet, a relação atualizada dessas doenças.

- **Indenização pela perda do emprego doméstico:** Segue quadro com as hipóteses de levantamento do percentual de 3,2% pago ao empregado doméstico como indenização pela perda do emprego:

Hipóteses de saque da Multa de 3,2% do FGTS Empregado doméstico	
Forma do término do contrato de trabalho	**Responsável pelo levantamento dos depósitos**
Dispensa sem justa causa	Empregado doméstico (indenização devida)
Rescisão indireta	Empregado doméstico (indenização devida)
Término antecipado do contrato por prazo determinado por culpa do empregador	Empregado doméstico (indenização devida)
Pedido de demissão	Empregador
Dispensa por justa causa	Empregador
Término normal do contrato por prazo determinado	Empregador
Aposentadoria	Empregador
Falecimento do doméstico	Empregador
Culpa recíproca	½ Empregado e ½ Empregador

- **Para a semana antes da prova**, segue quadros referentes ao FGTS:

103 O FGTS Digital já se encontra em fase de testes. Você pode acompanhar a agenda de implementação da ferramenta pelo site do Ministério do Trabalho e Emprego: https://www.gov.br/trabalho-e-emprego/pt-br/servicos/empregador/fgtsdigital. Acesso em: 17/11/2023.

FGTS (Resumo)	
Conceito	poupança forçada. Suportada exclusivamente pelo empregador.
Direito ao FGTS	empregados urbanos e rurais e trabalhadores avulsos. – **Empregado doméstico:** foi garantido (obrigatório) pela LC nº 150/2015, que regulamentou os direitos prescritos aos domésticos após a EC nº 72/2013
FGTS facultativo	Diretor não empregado (art. 16, Lei nº 8.036/1990 e Súmula nº 269 do TST).
Alíquota	8% sobre a remuneração. Aprendiz, a alíquota é de 2% sobre a remuneração.
Prazo para o depósito	até o vigésimo dia de cada mês.
Indenização de 40% sobre o FGTS	dispensa sem justa causa e rescisão indireta.
Indenização de 20%[78]	– culpa recíproca e força maior. – acordo entre empregado e empregador (distrato).
Empréstimo consignado com o FGTS	Limites (Lei nº 13.313/2016): – 10% do saldo na conta vinculada do FGTS; e – Até 100% do valor da multa do FGTS paga pelo empregador na hipótese de despedida sem justa causa ou de despedida por culpa recíproca ou força maior.
Parcelas indenizatórias	Não há incidência do FGTS, exceto aviso-prévio indenizado.
Prescrição	2 anos a contar da extinção do contrato para ingressar na justiça. Poderá pleitear os últimos 5 anos (Súm. 362 – nova redação). STF (novembro/2014): reduziu o prazo de 30 anos para 5 anos (art. 7º, inciso XXIX, CF/88).

15. ESTABILIDADE

- **Conceito.** Estabilidade é o direito do trabalhador de permanecer no emprego, mesmo contra a vontade do empregador.

15.1. DIRIGENTE SINDICAL

- **Início e fim da estabilidade.** O art. 8º, VIII, da CF/88 prevê a estabilidade para o dirigente sindical. A estabilidade terá início com o registro da candidatura para o cargo de dirigente sindical. Se eleito, a estabilidade persistirá até um ano após o fim do mandato. Se o empregado não for eleito, não terá a garantia da estabilidade. O mandato do dirigente sindical é de 3 anos, conforme o art. 515, *b*, da CLT. Ademais, não persiste a estabilidade se houver extinção do estabelecimento.

- **Número de membros com estabilidade.** O suplente do cargo de direção ou representação sindical também terá direito à estabilidade. O número de dirigentes sindicais, com estabilidade, é limitado a 7 membros titulares e 7 membros suplentes. A estabilidade abrange apenas os membros que atuam na defesa da categoria, excluindo, portanto, os membros do conselho fiscal e delegados sindicais.

- **Contrato por prazo determinado.** Em regra, não gera direito à estabilidade o fato de a candidatura ser realizada durante o contrato por prazo determinado, exceto se se tratar do contrato por prazo determinado previsto na Lei nº 9.601/98. Nessa lei há expressa previsão de estabilidade para o dirigente sindical (art. 1º, § 4º), na vigência do contrato.

- **Aviso-prévio.** Se o registro da candidatura ocorrer durante o período de aviso-prévio, ainda que indenizado, não assegura a estabilidade do empregado.

- **Inquérito para apuração da falta grave.** O dirigente sindical somente poderá ser dispensado por falta grave mediante a apuração em inquérito judicial. Esse "inquérito" é uma ação judicial que será proposta na Justiça do Trabalho, conforme prevê o art. 853 da CLT. De acordo com esse artigo, o prazo para ingressar com a ação é de trinta dias, a contar da suspensão do trabalhador. Sem a observância ao inquérito para apuração da falta grave, a dispensa é inválida.

- **Empresas com mais de 200 empregados.** Os representantes eleitos nas empresas com mais de 200 empregados gozam de estabilidade, nos termos do art. 510-D, §3º da CLT. A Lei nº 13.467/2017 regulamenta o art. 11 da CF/88. Para mais informações, consulte o tópico 21 dessas dicas.

15.2. EMPREGADO REPRESENTANTE DA CIPA

- **Conceito e estabilidade.** A Comissão Interna de Prevenção a Acidentes e Assédio desempenha importante papel para manter um ambiente de trabalho saudável, seguro e que favoreça a inserção e a manutenção de mulheres no mercado de trabalho.

- Na constituição dessas comissões haverá representantes dos empregados (eleitos pelos demais trabalhadores da empresa) e dos empregadores (indicados). Os empregados eleitos para cargo de direção da Cipa possuem garantia provisória de emprego, desde o registro da candidatura até um ano após o mandato (art. 10, II, *a*, do ADCT).

- **Suplente.** O art. 10, II, *a*, do ADCT não estende o direito à estabilidade ao suplente do diretor eleito, mas o TST possui entendimento majoritário ampliando essa garantia de emprego ao suplente do empregado eleito para representar a Cipa.

- **Extinção do estabelecimento.** A estabilidade provisória do cipeiro não constitui vantagem pessoal, mas garantia para as atividades dos membros da CIPA, que somente tem razão de ser quando em atividade a empresa. Extinto o estabelecimento, não se verifica a despedida arbitrária, sendo impossível a reintegração e indevida a indenização do período estabilitário.

15.3. EMPREGADO ACIDENTADO

- **Prazo da estabilidade.** Como forma de incentivar o retorno ao trabalho e garantir prazo para readaptação ao serviço, foi dado ao empregado acidentado o direito à estabilidade provisória de doze meses após a cessação do auxílio-doença. Esse período de doze meses não poderá ser reduzido via negociação coletiva.
- **Requisitos.** Para adquirir essa garantia provisória, há necessidade de preencher, cumulativamente, os seguintes requisitos:
  a) afastamento ser superior a 15 dias. Dessa forma, o empregado acidentado que retornou ao trabalho em menos de quinze dias não é detentor dessa garantia provisória de emprego;
  b) percepção de auxílio-doença acidentário.
- **Doenças decorrentes do trabalho.** Nesse caso, mesmo que o trabalhador não tenha recebido auxílio-doença, pois os afastamentos foram de poucos dias, terá direito à estabilidade. Isso porque a doença do trabalho ou profissional tem ligação com o trabalho desenvolvido na empresa.
- **Contrato por prazo determinado.** Atualmente o empregado submetido a contrato de trabalho por tempo determinado goza da garantia provisória de emprego, decorrente de acidente de trabalho (Súmula nº 378, III, do TST).

15.4. EMPREGADO PÚBLICO[104]

- **Estabilidade do empregado público.** O art. 41 da CF/88 foi alterado para garantir a estabilidade apenas ao detentor de cargo público (servidores públicos estatutários). Dessa forma, para o direito administrativo, a estabilidade não se estende aos detentores de emprego público, chamados de celetistas.
- **Empregados celetistas da Administração Direta, autárquica e fundacional.** De acordo com o posicionamento manifestado nas decisões da Corte Constitucional[105], a estabilidade do art. 41 da CF/88 só se estende aos empregados celetistas da Administração Direta, autarquias e fundações públicas que ingressaram no serviço público antes da promulgação da Emenda 19/98, que se deu em 5/6/1998. Após essa data, só se aplica aos servidores titulares de cargo efetivo.
- **Empresas públicas e sociedades de economia mista (necessidade de motivação).** Em 08 de fevereiro de 2024, o STF, apreciando o Tema 1022 da repercussão geral, formou maioria para a fixação de tese no sentido de que empresas públicas e sociedades de economia mista podem dispensar seus empregados concursados sem justa causa, porém devem motivar o ato de dispensa. Em continuidade de julgamento, em 28 daquele mês, por maioria, fixou a seguinte tese (tema 1.022 da repercussão geral):

> *As empresas públicas e as sociedades de economia mista, sejam elas prestadoras de serviço público ou exploradoras de atividade econômica, ainda que em regime concorrencial, têm o dever jurídico de motivar, em ato formal, a demissão de seus empregados concursados, não se exigindo processo administrativo. Tal motivação deve consistir em fundamento razoável, não se exigindo, porém, que se enquadre nas hipóteses de justa causa da legislação trabalhista*

- **Estabilidade da gestante no serviço público.** O STF, na apreciação do Tema 542 da Repercussão Geral, fixou a tese de que "A trabalhadora gestante tem direito ao gozo de licença-maternidade e à estabilidade provisória, **independentemente do regime jurídico aplicável**, se contratual ou administrativo, **ainda que ocupe cargo em comissão ou seja contratada por tempo determinado**".

15.5. ESTABILIDADE GESTANTE E ADOTANTE (LEI Nº 13.509/2017)

- **Duração:** inicia-se com a confirmação da gravidez e permanece até 5 meses após o parto.
- **Desconhecimento da gravidez pelo empregador:** não afasta o direito à estabilidade.
- **Adotante:** A Lei nº 13.509/2017 passou a assegurar a estabilidade provisória no emprego à adotante (novo art. 391-A, parágrafo único, da CLT)
- **Contrato por prazo determinado:** adquire estabilidade (Súmula nº 244 do TST e art. 391-A da CLT), inclusive no contrato previsto na Lei nº 9.601/98.
- **Gravidez durante o aviso-prévio, inclusive indenizado:** o TST já vinha decidindo que gerava estabilidade. Hoje a matéria está prevista no art. 391-A da CLT.
- **Morte da gestante:** A Lei Complementar nº 146/2014 estende a estabilidade provisória da gestante, nos casos de morte desta, a quem detiver a guarda de seu filho.

15.6. ESTABILIDADE DO REPRESENTANTE DOS EMPREGADOS (REFORMA TRABALHISTA)

- A Lei nº 13.467/2017 acaba com a discussão em torno da estabilidade do representante dos empregados – cuja eleição é obrigatória nas empresas com mais de 200 empregados por expressa determinação no art. 11

---

104. Ver item 4.6 EMPREGADO PÚBLICO.

105 Nesse sentido, no AI 634.719, julgado em 26/4/2011, assentou o Min. Dias Toffoli que a "jurisprudência da Corte é firme no sentido de se **estender ao empregado público celetista, admitido em período anterior ao advento da Emenda Constitucional nº 19/98, o direito à estabilidade** prevista no artigo 41 da Constituição Federal". No mesmo sentido: AI 476.685, AI 628.888, AI 480.432-AgR, AI 472.685-5-AgR. Inclusive, no TST, podem ser conferidos o RR 3007/2003-015-02-00 e o RR 208800-50.2003.5.02.0033, ambos relatados pela Min. Maria Cristina Irigoyen Peduzzi, sendo o último de 8/7/2011.

da Constituição Federal – pois passa a prever de forma expressa a estabilidade do membro da comissão de representante dos empregados, que terá garantia contra despedida arbitrária desde o registro de sua candidatura até um ano após o fim do mandato. A despedida arbitrária é aquela que não se fundar em motivo disciplinar, técnico, econômico ou financeiro.

- A estabilidade prevista aos membros da comissão de representantes é a mesma aplicada aos cipeiros:

> **Art. 165, CLT** – *Os titulares da representação dos empregados nas CIPA (s) não poderão sofrer despedida arbitrária, entendendo-se como tal a que não se fundar em motivo disciplinar, técnico, econômico ou financeiro*

15.7. DESPEDIDA E REINTEGRAÇÃO DO EMPREGADO ESTÁVEL

- **Dispensa sem justa causa:**

a) reintegração: somente se a decisão ocorrer durante o período estabilitário;

b) Indenização: se a decisão for dada após o período estabilitário.

15.8. TEORIA DA NULIDADE DA DESPEDIDA ARBITRÁRIA – CONVENÇÃO 158 DA OIT

- **Dispensa arbitrária.** Conforme dispõe o art. 7º, I, da CF/88, é vedada a dispensa arbitrária: "(…) a relação de emprego protegida contra despedida arbitrária ou sem justa causa, **nos termos de lei complementar**, que preverá indenização compensatória, entre outros direitos". Esse inciso, contudo, ainda não foi regulamentado.
- **Convenção nº 158 da OIT.** A Convenção 158 da OIT, sobre o término da relação de trabalho, de 1982, em seu art. 4º, dispõe que "não se dará término à relação de trabalho de um trabalhador a menos que exista para isso uma **causa justificada**".
- **Causa justificada**. Como a própria Convenção 158 da OIT dispõe, pode estar relacionada à capacidade ou ao comportamento do empregado, bem como baseada nas necessidades de funcionamento da empresa, estabelecimento ou serviço. Já a "justa causa", do art. 482 da CLT, constitui falta grave praticada pelo empregado, que impossibilita a continuidade da relação de emprego.
- **ADI 1625 e ADC 39.** Convenção 158 da OIT foi ratificada pelo Brasil em 1995, sendo publicada e entrando em vigor em 1996. Poucos meses depois, em 20/12/1996, foi denunciada pelo, então, Presidente da República Fernando Henrique Cardoso.
- O processo de internalização de uma convenção da OIT passa pelo Congresso Nacional (art. 49, I, CF/88). Primeiro, o Poder Legislativo aprova e, depois, vem a aprovação do Poder Executivo. Quando o Presidente Fernando Henrique Cardoso denunciou a Convenção 158 da OIT, o fez por ato unilateral, de sorte a não envolver o Congresso Nacional. A grande discussão era se o Presidente da República teria poderes para isso ou se, com fundamento no princípio do paralelismo das formas, o Congresso Nacional também teria que participar do processo de denúncia.
- A ADI 1625 está sob julgamento no STF há mais de **25 anos**. A ADC 39, mais recente – de 2015, teve seu resultado proclamado antes e, enfim, resolveu a questão. No dia 19/06/2023, por maioria de votos, o STF declarou válido o Decreto presidencial 2.100/1996, que comunicou a retirada do Brasil do cumprimento da Convenção 158 da OIT.
- Para as próximas denúncias de tratados internacionais pelo Presidente da República, será necessária a anuência do Congresso Nacional, conforme tese fixada pela Corte:

> *A denúncia pelo Presidente da República de tratados internacionais aprovados pelo Congresso Nacional, para que produza efeitos no ordenamento jurídico interno, não prescinde da sua aprovação pelo Congresso*

- **Para a semana antes da prova**, segue quadro referente à estabilidade:

Estabilidade	
Estabilidade decenal	Após 10 de efetivo serviço. Não optante pelo FGTS. Após CF/88 não está em vigor.
Dirigente sindical	• Início da estabilidade ocorre com o registro da candidatura e permanece até 1 ano após o mandato. – Estabilidade aos titulares e suplentes. – Dirigentes com estabilidade: 7 membros titulares e 7 suplentes. – Não gera direito à estabilidade se a candidatura ocorre durante: a) contrato por prazo determinado; b) aviso-prévio. • Comunicação do registro da candidatura ao empregador: durante a vigência do contrato de trabalho. • Somente poderá ser dispensado se cometer falta grave. Há necessidade de prévio inquérito para apuração dessa falta grave.
Empregada gestante e adotante	Início com a confirmação da gravidez até 5 meses após o parto. Empregadas domésticas também possuem esse direito.
Empregado acidentado	Estabilidade de 12 meses após o término do auxílio-doença. Requisitos: a) Afastamento superior a 15 dias. b) Percepção do auxílio-doença.
Empregado representante da CIPA	Apenas o representante dos empregados (eleitos). Início com o registro do candidato até 1 ano. Titulares e suplentes (Súmula nº 399).
Empregado representante da CCP	Apenas representantes dos empregados (eleitos). Início com a eleição até 1 ano após o mandato. Titulares e suplentes.

Estabilidade	
Representante dos empregados (Reforma Trabalhista)	Desde o início da candidatura até um ano após o fim do mandato.

16. TÉRMINO DO CONTRATO DE TRABALHO

- **Resilição:** É o término do contrato de trabalho pela manifestação da vontade das partes. Pode ser unilateral (pedido de demissão e dispensa sem justa causa) ou bilateral (distrato). A legislação atual permite tão somente a resilição unilateral. Com a Reforma Trabalhista, será permitida a resilição por distrato no art. 484-A da CLT.
- **Resolução:** A extinção do contrato de trabalho ocorre pela prática de ato culposo pelas partes do contrato. Nesse caso, são três as espécies de resolução: dispensa por justa causa, rescisão indireta e culpa recíproca.
- **Rescisão:** A extinção contratual ocorre pela nulidade do contrato de trabalho.

TÉRMINO DO CONTRATO DE TRABALHO

Resilição (manifestação unilateral ou bilateral)
- Pedido de demissão (empregado).
- Dispensa sem justa causa (empregador).
- Distrato.

Resolução (alto faltoso)
- Dispensa por justa causa (falta praticada pelo empregador - art. 482 da CLT).
- Rescisão indireta (falta praticada pelo empregador - art. 483 da CLT
- Culpa recíproca (ambos praticam a falta grave - art. 484 e Súmula nº 14 do TST).

Rescisão
- Nulidade do contrato de trabalho

16.1. DISPENSA SEM JUSTA CAUSA OU ARBITRÁRIA

- Ocorre quando o empregador é quem decide colocar fim ao contrato sem motivação. Salvo nos casos de garantia provisória de emprego (gestante, membro da Cipa etc.), o empregado não poderá se opor a essa decisão. Nesse caso, receberá a totalidade das verbas rescisórias:
  - Saldo de salário (dias efetivamente trabalhados).
  - Décimo terceiro salário proporcional.
  - Férias + 1/3 vencidas, se houver.
  - Férias + 1/3 proporcionais.
  - Aviso-prévio.
  - Saque dos depósitos do FGTS.
  - Indenização de 40% sobre os depósitos do FGTS.
  - Direito ao benefício do seguro-desemprego, desde que atenda aos requisitos próprios estabelecidos na legislação previdenciária.

16.2. PEDIDO DE DEMISSÃO

- **Demissão.** Ocorre quando o empregado decide colocar fim ao contrato. Independe de qualquer motivação. O empregador não poderá se opor a essa decisão do trabalhador. Nessa hipótese de pedido de demissão, o empregado terá direito às seguintes verbas rescisórias:
- Saldo de salário (dias efetivamente trabalhados);
- Décimo terceiro salário proporcional;
- Férias + 1/3 vencidas, se houver;
- Férias + 1/3 proporcionais.

  Obs.: No pedido de demissão, o empregado não saca os depósitos do FGTS e deverá conceder aviso-prévio de 30 dias ao empregador. Por fim, ressalta-se que perderá a estabilidade provisória de emprego que eventualmente possuía no caso de formulação de pedido de demissão.

16.3. DISTRATO (REFORMA TRABALHISTA)

- A resilição bilateral compreende o acordo entre as partes contratantes que colocam fim ao contrato de trabalho e que se denomina distrato[106]. Antes da Reforma Trabalhista não se admitia o distrato, cabendo aos empregados apresentar pedido de demissão ou aos empregadores realizar a dispensa sem justa causa.
- A Reforma Trabalhista passa a admitir o distrato como nova hipótese de término do contrato de

106 CASSAR, Vólia Bomfim. *Direito do Trabalho.* 11ª Edição. Rio de Janeiro: Forense, 2015. p. 1.019.

trabalho no art. 484-A da CLT. Na hipótese de celebração de distrato, os trabalhadores terão direito ao recebimento das seguintes verbas rescisórias:

- 50% do aviso prévio, se for indenizado. Na hipótese de aviso prévio trabalhado, terá direito ao recebimento de seu valor integral.
- 20% de multa sobre os depósitos do FGTS;
- Saldo de salário (dias efetivamente trabalhadores);
- Décimo terceiro salário proporcional;
- Férias + 1/3 vencidas, se houver;
- Férias + 1/3 proporcionais;

- Antes da Reforma Trabalhista não se admitia o saque dos depósitos do FGTS baseado no distrato realizado entre empregado e empregador, pois essa modalidade de extinção contratual não era prevista no ordenamento jurídico. Com a regulamentação da nova lei trabalhista. O trabalhador poderá movimentar sua conta vinculada do FGTS até o limite de 80% do valor dos depósitos (art. 484-A, § 1º, CLT).
- Cumpre ressaltar que o art. 20 da Lei nº 8.036/1990, que estabelece as hipóteses de saque dos depósitos do FGTS, foi alterado para prever o distrato como nova modalidade:

> **Art. 20, I-A, Lei nº 8.036/1990.** *A conta vinculada do trabalhador no FGTS poderá ser movimentada nas seguintes situações: extinção do contrato de trabalho prevista no art. 484-A da Consolidação das Leis do Trabalho (CLT), aprovada pelo Decreto-Lei nº 5.452, de 1º de maio de 1943.*

- O empregado que celebrar distrato para extinguir seu contrato de trabalho não terá direito ao recebimento de seguro-desemprego.

16.4. JUSTA CAUSA: DISPENSA POR JUSTA CAUSA, RESCISÃO INDIRETA E CULPA RECÍPROCA

- **Justa causa.** O contrato poderá terminar em razão de conduta grave de uma das partes ou, ainda, de ambas as partes. Ocorrerá, portanto, a **dispensa por justa causa** (quando empregado cometer falta grave), **a rescisão indireta** (quando o empregador praticar conduta grave) ou, ainda, a **culpa recíproca**, quando ambos praticarem a conduta grave.

Resumo para a prova:

Resolução (falta grave)	
Dispensa por justa causa (art. 482 da CLT)	**Rescisão indireta (art. 483 da CLT)**
– Ato de improbidade – Incontinência de conduta – Mau procedimento – Negociação habitual ou concorrência à empresa – Condenação criminal sem suspensão da execução da pena – Desídia – Embriaguez – Violação de segredo da empresa – Indisciplina ou insubordinação – Abandono de emprego – Ato lesivo à honra e à boa fama – Ofensa física, exceto legítima defesa – Prática de jogos de azar – Prática de atos atentatórios à segurança nacional **Obs.:** Reforma Trabalhista cria nova hipótese: – perda da habilitação ou dos requisitos estabelecidos em lei para o exercício da profissão, em decorrência de conduta dolosa do empregado.	– Serviços: • superiores às forças do trabalhador • defesos em lei • contrários aos bons costumes • alheios ao contrato – Rigor excessivo – Possibilidade de perigo – Descumprimento das obrigações do contrato – Ato lesivo à honra e à boa fama – Ofensa física, exceto legítima defesa – Redução do trabalho pago por peça ou tarefa
Hipóteses de faltas graves do empregado não previstas no art. 482 da CLT	**Hipótese de falta grave do empregador não prevista no art. 483 da CLT**
– **Empregado doméstico:** maus-tratos de idoso, de enfermo, de pessoa com deficiência ou de criança sob cuidado direto ou indireto do empregado (art. 27, I, LC nº 150/2015); – **Greve:** Abuso do direito de greve (art. 14, Lei nº 7.783/1989); – **Recusa em usar EPI:** Empregado que se recusa a usar EPI ou a cumprir demais normas de segurança e medicina do trabalho (art. 158 da CLT); – **Motorista profissional:** recusa em se submeter a testes e programa de controle de drogas e de bebida alcoólica (art. 235-B, VII e parágrafo único, CLT); – **Ferroviário:** Recusa do ferroviário à realização de horas extras em situações de urgência e acidente (art. 240, *caput*, CLT). – **Declaração falsa para recebimento do vale-transporte ou o uso indevido:** é **falta grave** que corresponde a ato de improbidade (art. 112, § 3º, do Decreto nº 10.854/2021).	– **Empregador doméstico:** empregador praticar qualquer das formas de violência doméstica ou familiar contra mulheres (art. 27, parágrafo único, VII, LC nº 150/2015. e art. 5º, Lei nº 11.340/2006).

Culpa recíproca (art. 484 da CLT e Súmula nº 14 do TST)
a) Empregado e empregador praticam, simultaneamente, falta grave (*arts. 482 e 483 da CLT ao mesmo tempo*); b) Reconhecida pela Justiça do Trabalho; c) Empregado terá direito a 50% de: • Aviso-prévio; • 13º salário; • Férias proporcionais; • 20% indenização do FGTS. **Obs. 1:** Nesse caso, o empregado saca os depósitos na conta vinculado do FGTS. **Obs. 2:** *Não tem direito ao seguro*-desemprego.

Verbas rescisórias devidas ao trabalhador nas diferentes formas de término do contrato			
Dispensa por justa causa (Falta grave – art. 482 da CLT)	**Dispensa sem justa causa e rescisão indireta**	**Pedido de demissão**	**Distrato**
• Saldo de salário (dias efetivamente trabalhados). • Férias vencidas + 1/3. ***Obs.:*** *Não terá direito ao seguro-desemprego, pois não se trata de desemprego involuntário.*	• Saldo de salário (dias efetivamente trabalhados). • 13º salário proporcional. • Férias + 1/3 vencidas. • Férias + 1/3 proporcionais. • Aviso-prévio. • Saque dos depósitos do FGTS. • Indenização de 40% sobre os depósitos do FGTS. • Seguro-desemprego, *desde que atenda aos requisitos próprios estabelecidos na legislação previdenciária.*	• Saldo de salário (dias efetivamente trabalhados). • 13º salário proporcional. • Férias + 1/3 vencidas. • Férias + 1/3 proporcionais. • ***Obs.1:*** *Empregado deve conceder o aviso-prévio ao empregador.* • ***Obs.2:*** *Não saca os valores depositados na conta do FGTS.* • ***Obs.3:*** *Não terá direito ao seguro-desemprego, pois não se trata de desemprego involuntário.*	– 50% do aviso prévio, se for indenizado. Na hipótese de aviso prévio trabalhado, terá direito ao recebimento de seu valor integral. – 20% de multa sobre os depósitos do FGTS; – Saldo de salário (dias efetivamente trabalhadores); – Décimo terceiro salário proporcional; – Férias + 1/3 vencidas, se houver; – Férias + 1/3 proporcionais; – ***Obs. 1:*** *pode movimentar 80% dos valores depositados na conta do FGTS.* – ***Obs. 2:*** *Não terá direito ao seguro-desemprego, pois não se trata de desemprego involuntário.*

16.5. DEMAIS HIPÓTESES DE TÉRMINO DO CONTRATO DE TRABALHO

16.5.1. TÉRMINO DO CONTRATO POR PRAZO DETERMINADO

- O término do contrato por prazo determinado poderá ocorrer de duas formas: a) extinção normal e b) extinção antecipada. Há, ainda, a possibilidade de se estabelecer c) cláusula assecuratória de direito recíproco.

  A) Extinção normal: A primeira delas ocorre no momento previamente fixado pelas partes. Nesse caso, não há necessidade de pagamento de indenização, nem mesmo de conceder aviso-prévio. O empregador deverá pagar as verbas rescisórias referentes ao período de trabalho. São elas:

  - Saldo de salário dos dias trabalhados;
  - 13º salário proporcional ao tempo trabalhado;
  - Férias + 1/3 proporcional ao tempo trabalhado.

  Obs.: Nesse caso, o empregado terá direito de levantar os depósitos do FGTS.

  B) Extinção antecipada: A segunda forma de término do contrato poderá ocorrer de maneira antecipada, ou seja, antes do prazo fixado pelas partes. Nesse caso, há pagamento de indenização. Para o pagamento dessa indenização, será necessário verificar quem deu causa ao desligamento.

  1) Término antecipado por iniciativa do empregador: Nesse caso, o empregador estará obrigado a pagar, a título de indenização, a metade da remuneração a que o empregado teria direito até o fim do contrato de trabalho fixado anteriormente (art. 479, CLT). Além dessa indenização prevista na CLT, deverá pagar as verbas rescisórias, acrescidas da multa de 40% sobre os depósitos do FGTS (art. 14 do Decreto nº 99.684/90), conforme demonstrado a seguir:

  - Saldo de salário;
  - 13º salário proporcional ao tempo trabalhado;
  - Férias + 1/3 proporcional ao tempo trabalhado;
  - Direito de levantar os depósitos do FGTS + multa de 40% sobre os depósitos efetuados;
  - Indenização prevista no art. 479 da CLT (metade da remuneração a que teria direito até o fim do contrato por prazo determinado).

  2) Término antecipado por iniciativa do empregado: Se o empregado der causa ao término do contrato antes do prazo fixado, deverá pagar indenização ao empregador pelos prejuízos que esse desligamento antecipado causar à empresa (art. 480, CLT). O valor do prejuízo não poderá ultrapassar àquela indenização a que o empregado teria direito, prevista no art. 479 da CLT. Nesse caso, conforme demonstrado a seguir, o trabalhador não terá direito de levantar os depósitos do FGTS:

- Saldo de salário;
- 13º salário proporcional ao tempo trabalhado;
- Férias + 1/3 proporcional ao tempo trabalhado.

  Obs.: Caberá ao empregado o pagamento de indenização pelos prejuízos que o pedido da demissão causar à empresa.

C) **Cláusula assecuratória de direito recíproco (art. 481, CLT):** O contrato que possui essa cláusula obriga a parte (empregado ou empregador) que decidir terminar o contrato antes do prazo fixado a conceder o aviso-prévio. Lembre-se de que não há, no contrato por prazo determinado, a necessidade de conceder o aviso-prévio, exceto se as partes estipularem a cláusula assecuratória de direito recíproco (cláusula de aviso-prévio).

1) **Iniciativa do empregado:** o empregado que decidir colocar fim ao contrato antes do prazo (pedido de demissão) deverá prestar serviços por mais 30 dias, sob pena de ver seu salário descontado nesse período. Nesse caso, não estará obrigado a pagar a indenização pelos prejuízos causados (art. 480 da CLT), e receberá as verbas a seguir:

   - Saldo de salário;
   - 13º salário proporcional ao tempo trabalhado;
   - Férias + 1/3 proporcional ao tempo trabalhado.

   Obs.: Empregado estará obrigado a conceder o aviso-prévio, ou seja, deverá permanecer trabalhando por 30 dias.

2) **Iniciativa do empregador:** o empregador, ao dispensar o empregado antes do prazo final, deverá conceder-lhe aviso-prévio de 30 dias e, nesse caso, as verbas rescisórias serão iguais ao contrato por prazo indeterminado. Importante ressaltar que a presença dessa cláusula não transforma o contrato por prazo determinado em prazo indeterminado, mas, se houver rescisão antecipada, será nos moldes do contrato por prazo indeterminado, sem a multa prevista no art. 479 (pagamento de metade da remuneração), conforme a seguir demonstrado:

   - Pagamento do aviso-prévio (trabalhado ou indenizado);
   - Saldo de salário;
   - 13º salário proporcional ao tempo trabalhado;
   - Férias + 1/3 proporcional ao tempo trabalhado;
   - Direito de levantar os depósitos do FGTS + multa de 40% sobre os depósitos efetuados.

   Obs.: Nesse caso, não há pagamento da multa prevista no art. 479 da CLT (metade da remuneração).

16.5.2. FORÇA MAIOR

- **Força maior:** É o acontecimento inevitável, em relação à vontade do empregador, e para cuja realização este não concorreu direta ou indiretamente (art. 501 da CLT). Uma vez configurada a hipótese de força maior, o empregado terá direito à indenização pela metade, isto é, 20% da indenização do FGTS. O pagamento das demais verbas rescisórias, inclusive o pagamento do aviso-prévio, devem ser suportadas pelo empregador. Dessa maneira, o empregado possui o direito às seguintes verbas rescisórias:
- Saldo de salário (dias efetivamente trabalhados);
- Décimo terceiro salário proporcional;
- Férias vencidas e proporcionais, ambas com o terço constitucional (Súmula nº 328, TST);
- Aviso-prévio indenizado, conforme Súmula nº 44 do TST;
- Saque de depósitos do FGTS e multa de 20% sobre os valores do depósito;
- Seguro-desemprego, caso atendidos os requisitos da legislação previdenciária.
- **Pandemia de COVID-19.** A pandemia de Covid-19 suscitou diversos questionamentos acerca da dispensa dos trabalhadores. Nesse sentido, seria possível reconhecer a dispensa por força maior? Entendemos que, se houver encerramento da atividade empresarial por conta da pandemia de coronavírus, é cabível a aplicação da força maior na dispensa dos empregados. Nesse mesmo sentido, a 5ª Turma do TST, em 23/03/2022, decidiu que a pandemia de Covid-19 somente é justificativa para o término do contrato de trabalho por motivo de força maior quando demonstrado pelo empregador o impacto substancial na saúde econômica e financeira da empresa, caracterizado pela sua extinção ou pelo fechamento do estabelecimento em que o empregado trabalhe[107].

107 Informativo nº 252 do TST.

16.5.3. MORTE DO EMPREGADOR

- A morte do empregador pode ou não levar ao término do contrato de trabalho. Em regra, não leva à extinção do contrato de trabalho, pois mudanças jurídicas da empresa não afetam os contratos em curso (arts. 10 e 448, ambos da CLT).

16.5.4. MORTE DO EMPREGADOR PESSOA FÍSICA (EXTINÇÃO DO ESTABELECIMENTO)

- A morte do empregador pessoa física (pessoa jurídica não morre), entretanto, pode gerar duas hipóteses de término do contrato de trabalho. A primeira delas, prevista no art. 485, CLT, ocorre com o fechamento da empresa e cessação da atividade empresarial. Dessa forma, o empregado será dispensado e o contrato de trabalho será extinto, o que equivale à dispensa sem justa causa, e todas as verbas rescisórias devem ser pagas. Dessa maneira, o empregado possui as mesmas verbas rescisórias como se fosse dispensado sem justa causa, pois houve o fim do contrato:

- Saldo de salário (dias efetivamente trabalhados);
- Décimo terceiro salário proporcional;
- Férias vencidas e proporcionais, ambas com o terço constitucional (Súmula nº 328, TST);
- Aviso-prévio indenizado, conforme Súmula nº 44 do TST;
- Saque de depósitos do FGTS e multa de 40% (art. 18, § 1º, Lei do FGTS);
- Seguro-desemprego, caso atendidos os requisitos da legislação previdenciária.

16.5.5. MORTE DO EMPRESÁRIO INDIVIDUAL

- Com a morte do empresário individual, se outra pessoa continua o negócio, há a possibilidade de o empregado continuar ou terminar o vínculo empregatício (art. 483, § 2º, CLT). Trata-se, portanto, de uma mera faculdade do trabalhador. Se decidir terminar o vínculo, será pedido de demissão. Receberá as verbas decorrentes desse pedido. Prevalece, na doutrina, que nesse caso não há necessidade de conceder o aviso-prévio[108].

16.5.6. FATO DO PRÍNCIPE OU *FACTUM PRINCIPIS* (PARALISAÇÃO TEMPORÁRIA OU DEFINITIVA DO TRABALHO)

- **Conceito:** Ocorre fato do príncipe quando a Administração Pública é a responsável pela paralisação empresarial, art. 486 da CLT. É interessante destacar que somente se configura fato do príncipe quando se verifica a ocorrência de fato inevitável que impeça completamente a continuidade da atividade empresarial desenvolvida.

- **Efeitos:** Nesse caso, o ente estatal será o responsável pelo pagamento das verbas trabalhistas provenientes da ruptura do contrato (aviso-prévio e indenização do FGTS). As demais parcelas, provenientes da prestação de serviços, serão suportadas pelo empregador, pois é ele o responsável pelo pagamento das férias, décimo terceiro e depósitos do FGTS. Assim, o empregado tem direito ao recebimento da totalidade das verbas rescisórias como se houvesse dispensa sem justa causa.
- **Fato do príncipe e pandemia:** Havia discussão se o fechamento e paralisação de empresas por medidas de isolamento e "lockdown" configurariam fato do príncipe. Essa discussão foi pacificada pela Lei nº 14.020/2020, que estabeleceu o Programa Emergencial de Manutenção do Emprego e da Renda. De acordo com seu art. 29, a dispensa por fato do príncipe não pode ser aplicada na hipótese de paralisação de atividades empresariais determinada por ato de autoridade pública para o enfrentamento do estado de calamidade pública decorrente da pandemia de COVID-19.

16.6. DISPENSA COLETIVA

- **Antes da Reforma Trabalhista.** O TST havia entendimento de que havia necessidade de prévia negociação coletiva para a dispensa em massa. Esse posicionamento jurisprudencial surgiu em razão das repercussões econômicas e sociais causadas por essa dispensa coletiva que, aliás, extrapola o vínculo empregatício, alcançando a coletividade dos trabalhadores, bem como a comunidade e a economia locais[109]. Cumpre ressaltar que a ausência de negociação coletiva prévia, nesse caso, poderia garantir a reintegração dos empregados dispensados. Tanto o sindicato da categoria profissional (trabalhadores) como o Ministério Público do Trabalho têm legitimidade para ingressar com a ação civil pública.
- **Com a Reforma Trabalhista.** Reconhece-se que o empregador tem o direito potestativo de dispensar seus empregados independentemente da hipótese de dispensa, seja ela individual, plúrima ou coletiva. Dessa forma, exclui-se expressamente a necessidade de negociação coletiva e do estabelecimento de acordo ou convenção coletiva de trabalho para a dispensa em massa:

> **Art. 477-A da CLT (inserido pela Reforma Trabalhista):** *As dispensas imotivadas individuais, plúrimas ou coletivas equiparam-se para todos os fins, não havendo necessidade de autorização prévia de entidade sindical ou de celebração de convenção coletiva ou acordo coletivo de trabalho para sua efetivação.*

- **Tema 638 da Repercussão Geral (STF).** Conforme tese fixada pelo STF, a validade das dispensas em massa depende da participação do sindicato dos empregados nesse processo, mas não de sua auto-

108 MARTINS, Sergio Pinto. *Comentários à CLT*. 28. ed. São Paulo: Atlas, 2014. p. 559.

109 Informativo n. 34 do TST.

rização ou da celebração de acordo ou convenção coletiva de trabalho.

- **Modulação de efeitos.** Importante mencionar que houve modulação de efeitos em relação à tese fixada pelo STF na apreciação do Tema 638 da repercussão geral, que somente deverá ser aplicada após a publicação da ata de julgamento na qual foi fixada (o que ocorreu em 14 de junho de 2022.

16.7. HOMOLOGAÇÃO DAS VERBAS TRABALHISTAS E OBRIGAÇÕES DECORRENTES DA EXTINÇÃO DO CONTRATO DE TRABALHO

- A Lei nº 13.467/2017 revogou os §§ 1º e 3º do art. 477, que previam a homologação das verbas rescisórias para os trabalhadores com mais de um ano de serviço e passa a estabelecer apenas a necessidade de comunicação da dispensa aos órgãos competentes. Além disso, o empregador deverá realizar o pagamento das verbas rescisórias.
- Com a extinção da homologação das verbas rescisórias, o § 7º do art. 477 da CLT também foi revogado pela Reforma Trabalhista, pois não existe mais ato de assistência na rescisão do contrato de trabalho, seja pelo sindicato ou pelo Ministério do Trabalho.
- Com a Reforma Trabalhista a quitação passa a ser realizada sem a assistência do sindicato ou do Ministério do Trabalho. As parcelas que expressamente constarem no recibo terão a eficácia liberatória. No tocante a essas parcelas quitadas, não cabe, em regra, ação judicial.
- Segue quadro que resume as hipóteses de eficácia liberatória do contrato de trabalho:

EFICÁCIA LIBERATÓRIA DO CONTRATO
– **Comissão de Conciliação Prévia**: eficácia liberatória geral, com exceção das parcelas expressamente ressalvadas (art. 625-E, parágrafo único, CLT e Informativo 29 TST).
– **Programa de Demissão Voluntária (PDV):** eficácia liberatória somente em relação às parcelas expressamente consignadas (OJ nº 270 da SDI-I do TST). Na existência de acordo ou convenção coletiva, terá eficácia liberatória geral (art. 477-B da CLT – acrescentado pela Lei nº 13.467/2017).
– **Quitação anual das verbas trabalhistas:** A celebração de termo de quitação anual das obrigações trabalhistas perante o sindicato profissional tem eficácia liberatória em relação às parcelas expressamente especificadas (art. 507-B da CLT).
– **Homologação em juízo:** De acordo com a OJ nº 132 da SDI-II do TST, é possível que, mediante acordo judicial, seja conferida eficácia liberatória geral das verbas trabalhistas. Nesse sentido, o acordo judicial em que o empregado daria plena e ampla quitação, sem nenhuma ressalva, alcançaria todos os direitos decorrentes do contrato de trabalho. Com a vigência da Lei nº 13.467/17, há necessidade de alteração dessa orientação jurisprudencial, uma vez que o art. 855-E prevê que apenas há a suspensão do prazo prescricional com relação aos **direitos nela especificados**. Assim, os direitos decorrentes do contrato de trabalho que não forem expressamente objeto do acordo extrajudicial não terão a prescrição suspensa, podendo, consequentemente, ser objeto de nova reclamação trabalhista. Possibilita-se, portanto, que a parte ingresse com reclamação trabalhista para a discussão dos direitos que não estiverem expressamente integrados ao acordo extrajudicial, sem que isso viole a coisa julgada.
– ***Obs.: Recibo de quitação ou instrumento de rescisão:*** *O recibo de quitação deve especificar as parcelas paga ao empregado, sendo válida a quitação apenas quanto às parcelas especificadas (art. 477, § 2º, da CLT). Ressalta-se que, com a Reforma Trabalhista, não há mais homologação das verbas trabalhistas no final do contrato de trabalho. O recibo de quitação não assegura eficácia liberatória, podendo o empregado discutir em juízo os valores e as parcelas pagos.*

- A Reforma Trabalhista altera a redação do "caput" do artigo 477 para estabelecer as três principais obrigações aos empregadores após o término do contrato de trabalhado:
  a) Anotação do término do contrato de trabalho na CTPS do empregado;
  b) Comunicação da dispensa aos órgãos competentes: essa exigência tem a função de permitir aos empregados o saque do FGTS e o requerimento do benefício do seguro-desemprego; e
  c) Pagamento das verbas rescisórias no prazo estabelecido.
- A anotação da CTPS deve ser realizada no prazo de até 10 dias e devolvida ao trabalhador (art. 15, V, Portaria MTP 671/2021 e art. 477, § 6º, CLT).
- Não há necessidade do pagamento das verbas rescisórias no ato de homologação da rescisão do contrato de trabalho. O empregado deve receber o valor em dinheiro, depósito bancário ou cheque visado na forma como for acordado entre as partes. Por sua vez, para os trabalhadores analfabetos, é obrigatório o pagamento em dinheiro ou depósito bancário.
- Antes da Reforma Trabalhista, o prazo para o pagamento das verbas rescisórias deveria ser realizado até:
  a) o 1º dia útil imediato ao término do contrato nas hipóteses de aviso-prévio trabalhado ou contrato por prazo determinado.
  b) o décimo dia, contado da data em que o empregado foi informado da dispensa, nas hipóteses de aviso-prévio indenizado, dispensa por justa causa ou no caso de o empregado que pede demissão ser liberado do cumprimento do aviso-prévio.
- Com a Reforma Trabalhista, o prazo é unificado para 10 dias contados a partir do término do contrato de trabalho, devendo o empregador realizar dentro desse período:
  a) realizar a entrega ao empregado de documentos, que comprovem a comunicação da extinção do contrato de trabalho aos órgãos competentes; e

b) efetuar o pagamento dos valores constantes do instrumento de rescisão ou recibo de quitação.

- **Multa do art. 477, § 8º, CLT.** Se o empregador descumprir o prazo para pagamento das verbas rescisórias, será obrigado ao pagamento de **multa** no valor equivalente ao salário do empregado, exceto se, comprovadamente, o trabalhador foi quem deu causa ao atraso do pagamento. Importante ressaltar que essa multa, prevista no art. 477 da CLT, incide nos contratos por prazo determinado e indeterminado, inclusive nos casos em que a rescisão contratual se tenha operado por justa causa do trabalhador.
- **Reconhecimento judicial do vínculo empregatício.** O TST editou a Súmula nº 462, que estabelece o pagamento da **multa do art. 477, § 8º, CLT, mesmo na hipótese de reconhecimento do vínculo de emprego pelo Judiciário Trabalhista.** O fato que enseja o pagamento da multa do art. 477 da CLT não depende da data de reconhecimento do vínculo de emprego, seja de forma judicial ou não, mas tão somente o desrespeito aos prazos para pagamento das verbas rescisórias.
- **Administração Pública.** Deve respeitar os prazos previstos no art. 477 da CLT, sob pena de pagar a multa de um salário do empregado público.
- **Massa falida:** não está sujeita à multa do art. 477 da CLT. Já a empresa em recuperação judicial não está isenta dessa multa.
- **Responsabilidade jurídica pós-contratual:** Após o término do contrato de trabalho, as partes devem agir de acordo com o princípio da boa-fé. Aquele que causar dano à outra parte por violação do dever de lealdade e probidade tem o dever de ressarci-lo, ainda que o contrato já tenha sido extinto. É o caso do empregado que fornece segredos comerciais de sua empresa para uma concorrente, em violação à boa-fé nas relações entre as partes. Sempre que guardar vinculação com o contrato de trabalho, a Justiça do Trabalho será competente para processar e julgar as ações envolvendo a responsabilidade jurídica pós-contratual.
- O art. 477, § 10º da CLT (inserido pela Reforma Trabalhista) prevê que a anotação da extinção do contrato de trabalho na CTPS é documento suficiente para que o empregado requeira o seguro-desemprego e a movimentação de sua conta vinculada do FGTS caso o empregador tenha efetuado a comunicação da extinção do contrato de trabalho aos órgãos competentes.
- **Certidão negativa de débitos trabalhistas.** A Lei nº 12.440/11 instituiu a certidão negativa de débitos trabalhistas (CNDT), incluindo o art. 642-A na CLT. Tem como objetivo minimizar a violação de direitos trabalhistas, bem como dar efetividade e celeridade na execução trabalhista. Nesse contexto, a referida lei impôs que somente poderá se habilitar nas licitações aquele que tiver regularidade trabalhista (Lei nº 8666/93, art. 27, IV). Desse modo, para se habilitar no processo licitatório, deverá apresentar documentação relativa à regularidade trabalhista, a qual será feita por meio de prova de inexistência de débitos inadimplidos perante a Justiça do Trabalho, mediante a apresentação de certidão negativa (Lei nº 8666/93, art. 29, V). A certidão negativa de débitos trabalhistas (CNDT) é expedida gratuita e eletronicamente pela Justiça do Trabalho (CLT, art. 642-A, *caput*).

16.8. QUITAÇÃO ANUAL DAS OBRIGAÇÕES TRABALHISTAS

- **Quitação anual das obrigações trabalhistas.** A Lei nº 13.467/2017 faculta aos empregados e empregadores firmar o termo de quitação anual de obrigações trabalhistas perante o sindicato dos empregados da categoria (art. 507-B). O termo deverá discriminar as obrigações de dar e fazer cumpridas mensalmente e terá eficácia liberatória das parcelas nele especificadas. A quitação com a devida assistência do órgão sindical possibilitará a eficácia liberatória em relação às parcelas expressamente previstas. No tocante a essas parcelas quitadas, não caberá, em regra, ação judicial. Somente seria possível questionar a validade do termo de quitação caso comprovado em juízo a existência de vício de consentimento do empregado, como a ocorrência de erro, dolo, coação, dentre outros. Por outro lado, as parcelas não consignadas no termo de quitação poderão ser discutidas futuramente na Justiça do Trabalho.

17. PRESCRIÇÃO E DECADÊNCIA

Prescrição e decadência

- **Prazo.** O prazo para ingressar com a reclamação trabalhista está previsto no art. 7º, XXIX, da CF/88: "São direitos dos trabalhadores urbanos e rurais, além de outros que visem à melhoria de sua condição social: ação, quanto aos créditos resultantes das relações de trabalho, com prazo prescricional de **cinco anos** para os trabalhadores urbanos e rurais, até o limite de **dois anos** após a extinção do contrato" (grifos acrescidos).
- Com a Reforma Trabalhista, a redação do artigo 11 da CLT foi atualizada de forma a se compatibilizar com o ordenamento constitucional:

> **Art. 11 da CLT (com redação dada pela Reforma Trabalhista):** *A pretensão quanto a créditos resultantes das relações de trabalho prescreve em cinco anos para os trabalhadores urbanos e rurais, até o limite de dois anos após a extinção do contrato de trabalho.*

- **Início do prazo prescricional.** O empregado poderá pleitear os direitos trabalhistas dos **últimos 5 anos a contar do ajuizamento da reclamação.** Ressalta-se que o pedido dos últimos 5 anos não conta da extinção do contrato, mas do ingresso da reclamação trabalhista. Assim sendo, se demorar para ingressar com a ação judicial, consequentemente estará deixando escoar o período pleiteado.

- **Para a semana antes da prova:**

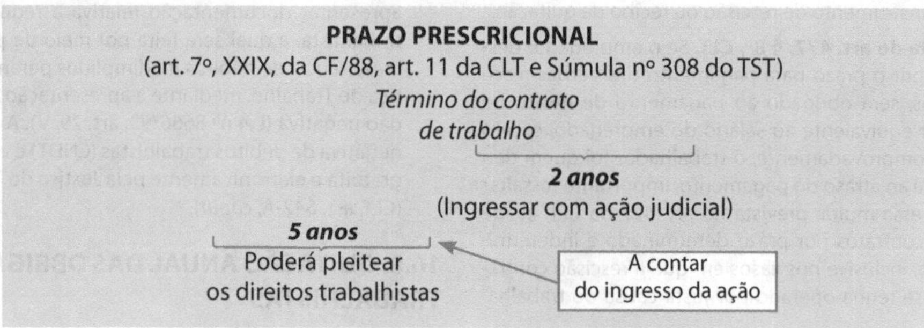

- **Causas que interferem na contagem do prazo.** A contagem do prazo prescricional poderá ser afetada em razão de causas impeditivas, suspensivas e interruptivas. **Causa suspensiva.** O prazo, nesse caso, ficará congelado, ou seja, haverá uma parada temporária até que seja cessado o obstáculo. Após o término do obstáculo, retoma-se a contagem. Exemplo: ingresso do empregado com pedido de conciliação na Comissão de Conciliação Prévia.
- **Suspensão do prazo prescricional.** Importante destacar que a suspensão do contrato de trabalho, por exemplo, o afastamento do empregado para o recebimento de auxílio-doença, não suspende a contagem do prazo prescricional, exceto se o trabalhador estiver impossibilitado, física ou mentalmente, de comparecer à Justiça do Trabalho.
- **Causa interruptiva.** Ocorre quando o prazo reinicia a contagem por inteiro. Exemplo: empregador, ao ingressar com a ação judicial (reclamação trabalhista) ou protesto judicial, interrompe o prazo prescricional.
- **Reforma Trabalhista:** De acordo com o novo § 3º do art. 11 da CLT, acrescentado pela Reforma Trabalhista, a interrupção da prescrição somente ocorrerá pelo ajuizamento de reclamação trabalhista, mesmo se for realizada em juízo incompetente. Nesse caso, ainda que venha a ser extinta sem resolução do mérito, haverá interrupção da prescrição, produzindo efeitos apenas em relação aos pedidos idênticos.
- **Causa impeditiva.** Nessa hipótese, não há início da contagem do prazo. Exemplo: não corre prazo prescricional contra o empregado com menos de 18 anos, conforme previsto no art. 440 da CLT.
- **Prescrição do FGTS.** Importante ressalvar que o prazo para requerer os depósitos do **FGTS** é de 2 anos para ingressar com a reclamatória, a contar do término do contrato. A antiga redação da Súmula nº 362 do TST dispunha que, se observado o prazo de 2 anos para ingresso com a reclamação trabalhista, o trabalhador poderá pleitear os últimos trinta anos. Era a chamada prescrição trintenária. Cabe ressaltar, entretanto, que, o STF[110] determinou, por maioria de votos, a redução do prazo de prescrição dos depósitos do FGTS para 5 anos. Abandonou-se, portanto, a tese da prescrição trintenária. Foi utilizado como argumento para defender a redução a discussão em torno da natureza jurídica do fundo. Para os ministros, os valores devidos ao FGTS apresentam natureza jurídica trabalhista, e deve ser aplicado prazo do art. 7º, inciso XXIX, da CF/88 (5 anos). Diante da nova posição assumida pelo STF, o TST alterou, em junho/2015, o teor da Súmula nº 362 do TST para também prever a prescrição quinquenal (5 anos) para o direito de reclamar o não recolhimento dos depósitos do FGTS.
- **Momento da arguição.** Aliás, a prescrição na área trabalhista somente é decretada se alegada na vara do trabalho ou no TRT (instâncias ordinárias), conforme posicionamento da jurisprudência:

Súmula nº 153 do TST. Não se conhece de prescrição não argüida na instância ordinária

- **Prescrição intercorrente.** Essa prescrição ocorreria no curso da execução, depois do trânsito em julgado, em razão da paralisação do processo por muito tempo. De acordo com a Súmula nº 114 do TST, é inaplicável na Justiça do Trabalho a prescrição intercorrente.
- Com a Reforma Trabalhista, entretanto, essa prescrição passa a ser possível, podendo ser, inclusive, declarada de ofício em qualquer grau de jurisdição, nos termos do art. 11-A da CLT:

> **Art. 11-A da CLT (com redação dada pela Reforma Trabalhista):** *Ocorre a prescrição intercorrente no processo do trabalho no prazo de dois anos.*
>
> *§ 1º A fluência do prazo prescricional intercorrente inicia-se quando o exequente deixa de cumprir determinação judicial no curso da execução.*
>
> *§ 2º A declaração da prescrição intercorrente pode ser requerida ou declarada de ofício em qualquer grau de jurisdição.*

- **Prescrição total e parcial no Direito do Trabalho:** O § 2º do art. 11 da CLT foi acrescentado pela Lei de Reforma Trabalhista e aborda a tese da prescrição total e parcial no Direito do Trabalho, antes omissa na CLT. O novo texto assemelha-se ao que já era previsto pelo TST na Súmula nº 294:

110 Ver ARE 709.212/DF. Relator: Ministro Gilmar Mendes. Data de Julgamento: 13/11/2014.

> **Súmula nº 294 do TST:** *Tratando-se de demanda que envolva pedido de prestações sucessivas decorrente de alteração do pactuado, a prescrição é total, exceto quando o direito à parcela esteja também assegurado por preceito de lei.*

- A prescrição total e parcial refere-se à lesão do direito e decurso do prazo enquanto o empregado estiver prestando serviços. Se o contrato estiver em curso, o empregado terá o prazo de 5 anos para ingressar com a reclamatória, contado a partir da violação do direito.
- Na prescrição total, de acordo com o TST, o trabalhador terá 5 anos para ingressar com a reclamação a contar do ato único do empregador. Esse ato do trabalhador decorre da alteração contratual lesiva de suprimir direito não previsto em lei, como no caso de redução do percentual de comissão. Nesse caso, a partir desse ato ilícito (ato único), inicia-se a contagem do prazo.
- Em resumo, o empregador, ao retirar ou reduzir as prestações que vinham sendo pagas de forma periódica, descumpre o que foi pactuado com o empregado, iniciando-se a contagem do prazo. Aliás, poderia ensejar, ainda, o pedido de rescisão indireta.

Prescrição
– **Causas que interferem na contagem do prazo prescricional**
a) Impeditiva: Não se inicia a contagem do prazo. Ex.: Empregado com menos de 18 anos (art. 440, CLT).
b) Suspensiva: Parada temporária na contagem do prazo. Ex.: Pedido de conciliação na Comissão de Conciliação Prévia (art. 625-G, CLT).
Obs.: Auxílio-doença não suspende a prescrição, salvo impossibilidade de comparecimento à Justiça do Trabalho.
c) Interruptiva: Contagem do prazo é reiniciada. Ex.: Ingresso com ação judicial (art. 11, § 3º da CLT e Súm. 268, TST).
– **Depósitos do FGTS:** 2 anos a contar da extinção do contrato para ingressar na justiça. Poderá pleitear os últimos 5 anos (Súm. 362 – nova redação[84]). STF (novembro/2014): reduziu o prazo de 30 anos para 5 anos (art. 7º, inciso XXIX, CF/88).
– **CTPS:** Imprescritível o reconhecimento do vínculo para fins previdenciários.
– **Prescrição de ofício** (art. 11-A, §2º da CLT): A declaração da prescrição intercorrente pode ser requerida ou declarada de ofício em qualquer grau de jurisdição.

18. SEGURANÇA E MEDICINA DO TRABALHO (MEIO AMBIENTE DE TRABALHO)

- **Meio ambiente de trabalho.** Mais que o local onde o trabalhador presta serviços, ambiente de trabalho é a relação de interdependência que o trabalhador tem com os elementos animados e inanimados, corpóreos e intangíveis que fazem parte do ambiente em que se ativa. Em razão disso, é dever do empregador manter esse ambiente o mais seguro possível, evitando acidentes de trabalho.
- **Princípio da indisponibilidade das normas de saúde e segurança do trabalho.** As normas que tratam da proteção à saúde e à segurança do trabalho são de ordem pública, portanto, são normas de indisponibilidade absoluta, e não cabe flexibilização para a redução de direitos dos empregados nesse aspecto de segurança. Essas normas representam cláusulas implícitas ao contrato de trabalho, não havendo a necessidade de previsão expressa no contrato.
- Com a Reforma Trabalhista, as normas de saúde, higiene e segurança do trabalho previstas em lei ou em normas regulamentadoras do Ministério do Trabalho constituem objeto ilícito de convenção ou acordo coletivo, nos termos do art. 611-B XVII da CLT.
- Entretanto, de acordo com o parágrafo único do art. 611-B em questão, as regras sobre duração do trabalho e intervalos não são consideradas como normas de saúde, higiene e segurança do trabalho para os fins do disposto neste artigo.
- Além disso, o enquadramento do grau de insalubridade poderá ser disposto por convenção e acordo coletivo, nos termos do art. 611-A, XII da CLT.
- **Proteção legal (fontes).** A CLT estabelece no Capítulo V do Título II normas que abordam a saúde e segurança do trabalho. Essas disposições são complementadas com diversas normativas internacionais como as convenções da OIT e também por Portaria do Ministério do Trabalho que estabelecem Normas Regulamentadoras das relações de trabalho.
- **Saúde mental.** Muitas vezes, a discussão sobre as normas de saúde e segurança no trabalho fica restrita à saúde física do trabalhador (como o fornecimento de EPIs, adicionais de insalubridade e periculosidade). Contudo, um meio ambiente ecologicamente equilibrado pressupõe a garantia da saúde mental. Conforme explica Guilherme Guimarães Feliciano[112], "(...) um conceito mais lato de ergonomia alcança, inclusive, o tema da higidez mental. A fadiga mental compromete a qualidade e a produtividade do trabalho, ao mesmo tempo em que predispõe o trabalhador ao acidente de trabalho (desatenção, perda de sensibilidade, retardamento de reflexos) ou ao desenvolvimento de doenças psíquicas ou psicossomáticas (esquizofrenia, depressão, psicoses)".

111 **Súmula nº 362 do TST:** FGTS. Prescrição. I – Para os casos em que a ciência da lesão ocorreu a partir de 13.11.2014, é quinquenal a prescrição do direito de reclamar contra o não recolhimento de contribuição para o FGTS, observado o prazo de dois anos após o término do contrato; II – Para os casos em que o prazo prescricional já estava em curso em 13.11.2014, aplica-se o prazo prescricional que se consumar primeiro: trinta anos, contados do termo inicial, ou cinco anos, a partir de 13.11.2014 (STF-ARE-709212/DF).

112 FELICIANO, Guilherme Guimarães. Meio ambiente do trabalho: aspectos gerais e propedêuticos. Síntese Trabalhista, Porto Alegre, v. 14, n. 162, p. 122- 153, dez. 2002. Disponível em: https://juslaboris.tst.jus.br/handle/20.500.12178/109018. Acesso em 21/03/2021. p. 198.

18.1. DEVERES DO EMPREGADOR

- Compete ao empregador manter o ambiente de trabalho seguro e saudável. Deve, portanto, adotar todas as normas preventivas como forma de proteger a integridade física e psíquica dos trabalhadores.
- **Entrega de EPIs**: Conforme o inciso I do art. 157 da CLT, o empregador deverá cumprir as normas de saúde e medicina do trabalho. Uma dessas normas é entregar, gratuitamente, equipamentos de proteção. Cabe ressaltar que o simples fornecimento de EPI não afasta a obrigatoriedade do pagamento do adicional de periculosidade ou insalubridade. Para cessar o pagamento desses adicionais, o empregador deverá eliminar, por completo, o agente nocivo e perigoso (Súmula nº 289 do TST).
- **Trabalho em condições prejudiciais à saúde e à segurança.** Se houver trabalho em atividades insalubres ou perigosas, é obrigação do empregador efetuar o pagamento dos adicionais de insalubridade ou periculosidade a seus empregados e adotar medidas para reduzir os prejuízos à saúde do trabalhador. Para mais informações acerca desses adicionais, consulte o tópico de adicionais salariais.
- **Serviços especializados em segurança e medicina do trabalho (SESMT).** O art. 162 da CLT estabelece a necessidade de as empresas estabelecerem serviços especializados em segurança e medicina do trabalho. Esses órgãos, de caráter eminentemente técnico, devem promover a saúde e proteger a integridade do trabalhador no local de trabalho.
- **Programa de Controle Médico de Saúde Ocupacional (PCMSO).** A Norma Regulamentadora nº 7 do Ministério do Trabalho estabelece a obrigatoriedade por parte dos empregadores de elaborar e implementar o Programa de Controle Médico de Saúde Ocupacional que tem o objetivo de promover e preservar a saúde do conjunto de seus trabalhadores. Esse programa deve ter caráter de prevenção, rastreamento e diagnóstico precoce dos agravos à saúde relacionados ao trabalho, inclusive pela constatação de doenças profissionais ou danos irreversíveis à saúde do trabalhador.
- **Programa de Gerenciamento de Riscos (PGR).** A Norma Regulamentadora nº 9 do Ministério do Trabalho previa a obrigatoriedade na elaboração e implementação do Programa de Prevenção de Riscos Ambientais (PPRA), que tinha como função antecipar, reconhecer e avaliar os riscos ambientais existentes ou que possam surgir no ambiente de trabalho. Contudo, em 2020, foi publicada a Portaria 6.730/2020 (com início de vigência em 03/01/2022), aprovando nova redação à NR-01 e instituindo o Programa de Gerenciamento de Riscos (PGR), que substitui o PPRA (tratado na NR-09).
- **Gerenciamento de Riscos Ocupacionais (GRO).** É um **processo contínuo** de identificação, avaliação e controle dos fatores de riscos existentes no meio ambiente de trabalho. O seu objetivo principal é a prevenção de acidentes e doenças relacionadas ao trabalho.
- O GRO deve identificar, avaliar e controlar todos os riscos ocupacionais das atividades realizadas pela empresa, incluindo os perigos externos previsíveis que podem ser de duas naturezas: atividades realizadas fora do estabelecimento, como por exemplo coleta de resíduos sólidos, obras em rodovias, serviços em infraestrutura elétrica e telecomunicações, transportes etc.; perigos existentes no entorno do estabelecimento, como por exemplo a proximidade de uma planta química, risco de incêndio na vizinhança etc. Cabe à organização identificar esses perigos externos previsíveis e trabalhar na redução das consequências e severidade.
- Para tanto, as organizações deverão implantar o Gerenciamento de Riscos Ocupacionais, por estabelecimento, por meio de um Programa de Gerenciamento de Riscos – PGR ou um Sistema de Gestão, desde que este cumpra com as exigências previstas na NR 01 e demais dispositivos legais de segurança e saúde no trabalho[113].

18.2. DEVERES DO EMPREGADO

- Compete aos trabalhadores obedecer às normas de medicina e segurança e colaborar com a empresa para a aplicação dessas normas. Aliás, deverá utilizar os equipamentos de proteção fornecidos pelo empregador. Se o empregado se recusa, injustificadamente, ao cumprimento das normas de segurança e à utilização dos equipamentos de proteção, caberá dispensa por justa causa, como determina o art. 158 da CLT.

18.3. MINISTÉRIO DO TRABALHO E NORMAS REGULAMENTADORAS SOBRE SEGURANÇA E SAÚDE DO TRABALHO

- **Competência.** A competência para legislar sobre direito do trabalho é privativa da União, conforme o art. 22, I, da CF/88. Já a competência legislativa acerca de norma de saúde e segurança é **concorrente**, competindo à União, estados e DF, nos termos do art. 24, XII, CF/88.
- **Normas regulamentadoras.** A CLT delegou à autoridade administrativa (Ministério do Trabalho) a regulamentação detalhada das normas de saúde e segurança. O Ministério do Trabalho tem competência para expedir as Normas Regulamentadoras (NR), que regulamentam matérias específicas sobre normas de saúde e segurança, como a NR nº 18, que trata da construção civil; a NR nº 15, que trata das atividades insalubres etc.
- **Fiscalização.** A fiscalização do trabalho tem a atribuição de verificar se as normas trabalhistas estão sendo respeitadas. Caso haja descumprimento,

113 CORREIA, Henrique; SILVA, Kleber Pereira de Araújo e. **Manual Completo de Saúde e Segurança no Trabalho:** NRs 1 a 38 comentadas e esquematizadas. São Paulo: Juspodivm, 2024, p. 58.

caberá a aplicação de multa. As microempresas também estão sujeitas à fiscalização quanto ao meio ambiente de trabalho

18.4. INTERDIÇÃO OU EMBARGO E INSPEÇÃO PRÉVIA

- **Inspeção prévia.** A inspeção prévia ocorre antes do início das atividades de qualquer estabelecimento, e é realizada pelo Ministério do Trabalho, nos termos do art. 160 da CLT. Todos os novos empreendimentos devem ser vistoriados pela autoridade competente. Novas inspeções devem ser realizadas quando ocorrer modificação substancial em sua estrutura.
- Recentemente, o art. 2º da Portaria nº 915, de 30 de julho de 2019, da Secretaria Especial de Previdência e Trabalho do Ministério da Economia, à época com atribuição para tanto (atualmente atribuição do Ministério do Trabalho e Emprego), revogou a Norma Regulamentadora nº 2 – Inspeção Prévia. Desde então, **não há norma do Ministério do Trabalho e Emprego que regulamente a inspeção prévia.**
- **Interdição ou embargo está previsto na NR 3.** A **interdição** ocorre em estabelecimentos ou setores da empresa, ao passo que os **embargos** são utilizados quando há obra em construção:

> **NR 3, item 3.2.1**: *Considera-se grave e iminente risco toda condição ou situação de trabalho que possa causar acidente ou doença com lesão grave ao trabalhador.*
>
> *3.2.2 Embargo e interdição são medidas de urgência adotadas a partir da constatação de condição ou situação de trabalho que caracterize grave e iminente risco ao trabalhador.*
>
> *3.2.2.1 O embargo implica a paralisação parcial ou total da obra.*
>
> *3.2.2.2 A interdição implica a paralisação parcial ou total da atividade, da máquina ou equipamento, do setor de serviço ou do estabelecimento.*

18.5. ACIDENTE DE TRABALHO

- **Acidente de trabalho típico.** A Lei nº 8.213/1991, que dispõe sobre os Planos de Benefícios da Previdência Social, estabelece o conceito de acidente de trabalho para fins previdenciários. O acidente de trabalho típico é aquele que ocorre pelo exercício do trabalho a serviço de determinada empresa que venha a provocar lesão corporal ou perturbação funcional que cause a morte ou a perda ou redução da capacidade laboral. Lesão corporal ocorre quando o dano atinge a integridade física do indivíduo, causando-lhe um dano físico-anatômico, enquanto perturbação funcional corresponde a um ano fisiológico ou psíquico, relacionado com órgãos ou funções específicas do organismo humano, sem aparentar lesão física[114].
- **Acidente de trabalho equiparado.** Além disso, a lei de benefícios previdenciários estabelece um rol de hipóteses equiparadas ao acidente de trabalho, seja por doenças ocupacionais (art. 20) ou eventos acidentários que não são incluídos no conceito típico (art. 21). Alguns autores[115] realizam a divisão terminológica entre acidentes de trabalho atípicos, que compreendem as doenças ocupacionais, e acidentes de trabalho por equiparação ao se referir às demais hipóteses de acidente de trabalho previstas no art. 21 da Lei nº 8.213/1991. Cumpre ressaltar que a equiparação com o acidente de trabalho ocorre para que os efeitos jurídicos aplicados ao acidente de trabalho sejam estendidos para essas outras modalidades. Entretanto, apresentam conceitos totalmente diversos do acidente de trabalho típico.
- **Doenças ocupacionais.** As doenças ocupacionais – doença profissional e do trabalho – não se configuram como fatos repentinos, violentos, abruptos que causam a morte ou incapacidade do indivíduo, mas compreendem situações que, progredindo no tempo, mantém nexo de causalidade com a redução ou fim da capacidade laborativa[116].
  a) **doença profissional:** é aquela peculiar a determinada atividade ou profissão, cujo exercício pode produzir ou desencadear certar patologias no trabalhador. Nesse caso, o nexo causal da doença com a atividade é presumido[117].
  b) **doença do trabalho:** ocorre em razão de determinadas condições em que o trabalho é realizado e não é vinculada a determinada atividade ou profissão. Seu aparecimento decorre da forma em que o trabalho é realizado ou das condições do meio ambiente do trabalho.

Responsabilidade civil. A responsabilidade civil brasileira sempre esteve fundamentada no delito ou quase-delito, ou seja, aquele que pratica um ato ilícito deverá indenizar a parte contrária quando esse ato for praticado por culpa ou dolo do agente. Entretanto, conforme salienta Raimundo Simão de Melo[118], após a promulgação do Código Civil de 2002, é possível afirmar que o legislador adotou tanto a teoria da responsabilidade civil subjetiva como a teoria da responsabilidade objetiva baseada no risco da atividade desenvolvida.

- **Responsabilidade civil subjetiva.** Os pressupostos para a responsabilidade subjetiva são: a) ação ou omissão do agente; b) o elemento subjetivo (culpa ou dolo); c) o nexo de causalidade entre a conduta e o resultado; e d) ocorrência de um dano efetivo.

---

114 MENEZES, Adriana. *Direito Previdenciário*. Coleção Tribunais. 6ª Edição. Salvador: Juspodivm, 2016. p. 260.

115 MENEZES, Adriana. *Direito Previdenciário*. Coleção Tribunais. 6ª Edição. Salvador: Juspodivm, 2016. p. 260-262.

116 MENEZES, Adriana. *Direito Previdenciário*. Coleção Tribunais. 6ª Edição. Salvador: Juspodivm, 2016. p. 260.

117 OLIVEIRA, Sebastião Geraldo. *Indenizações por acidente do trabalho ou doença ocupacional*. 7. ed. São Paulo: LTr, 2013. p. 51.

118 MELO, Raimundo Simão. *Ações acidentárias na Justiça do Trabalho*. São Paulo: LTr, 2011. p. 28.

- **Responsabilidade civil objetiva.** A responsabilidade civil objetiva não é presumida, uma vez que decorre de lei ou de atividade de risco. Além disso, vale ressaltar que os pressupostos para sua caracterização são idênticos ao da responsabilidade subjetiva, com exclusão da culpa ou dolo[119].
- **Responsabilidade civil por acidente de trabalho.** A tendência da jurisprudência trabalhista é a adoção da responsabilidade objetiva do empregador decorrente de acidente de trabalho para as atividades de risco. Para as demais atividades, permanece a necessidade de se comprovar a culpa ou dolo do empregador em caso de acidente de trabalho (responsabilidade subjetiva).
- **Tema 932 de Repercussão Geral do STF.** O artigo 927, parágrafo único, do Código Civil é compatível com o artigo 7º, XXVIII, da Constituição Federal, sendo constitucional a responsabilização objetiva do empregador por danos decorrentes de acidentes de trabalho, nos casos especificados em lei, ou quando a atividade normalmente desenvolvida, por sua natureza, apresentar exposição habitual a risco especial, com potencialidade lesiva e implicar ao trabalhador ônus maior do que aos demais membros da coletividade.
- **Nexo de causalidade.** Para a configuração da responsabilidade do empregador por acidente de trabalho, é indispensável a causalidade entre a conduta do empregador e o dano sofrido pelo empregado. Essa conduta deve ser a causa do dano do empregado. Assim, há nexo de causalidade, por exemplo, quando o empregado sofre acidente de trabalho com amputação de um membro caso o empregador tenha deixado de efetuar reparos de segurança em seu maquinário.
- **Concausalidade.** Vale ressaltar que é possível ocorrer diversas causas que concorram para a lesão no trabalhador, sendo algumas, inclusive, fora de qualquer conduta do empregador. É o que se denomina multicausalidade ou concausalidade. A existência de diversas causas que concorrem para o acontecimento da lesão não elimina a presença do nexo de causalidade desde que haja fator próprio do ambiente de trabalho que tenha concorrido para a ocorrência do dano.
- **Culpa exclusiva da vítima.** A configuração de culpa exclusiva da vítima pelo acidente exclui o nexo causal e, portanto, não se verifica a ocorrência de acidente de trabalho. Não haverá, nesse caso, dever de indenização pelo empregador.
- **Caso fortuito e força maior.** São outros dois exemplos de excludentes do nexo causal, caracterizados pela externalidade (fato externo à conduta do agente, no caso, do empregador) e a inevitabilidade (que não poderia ser controlado pelo empregador).

O que diferencia as duas excludentes, segundo a clássica doutrina civilista, é que a força maior se relaciona a eventos produzidos pelas forças da natureza (por exemplo, enchentes, deslizamentos), enquanto o caso fortuito de relaciona à fatores humanos não individualizados (por exemplo, rebeliões, conflitos armados)[120]. De qualquer maneira, na ocorrência de caso fortuito ou de força maior, não haverá dever de indenização pelo empregador:

> *Art. 393, CC. O devedor não responde pelos prejuízos resultantes de caso fortuito ou força maior, se expressamente não se houver por eles responsabilizado.*
>
> *Parágrafo único. O caso fortuito ou de força maior verifica-se no fato necessário, cujos efeitos não era possível evitar ou impedir.*

- **Nexo técnico epidemiológico.** O nexo técnico epidemiológico refere-se ao cruzamento das informações de código da Classificação Internacional de Doenças – CID-10 e do código da Classificação Nacional de Atividade Econômica – CNAE para apontar a existência de uma relação entre a lesão ou agravo e a atividade desenvolvida pelo trabalhador. Essa indicação tem a função de auxiliar a perícia do INSS a estabelecer se a incapacidade do trabalho tem natureza previdenciária ou acidentária[121].
- **Reparação do dano decorrente de acidentes de trabalho.** O empregado tem direito ao recebimento de indenização em razão de dano material ou moral decorrente de acidentes de trabalho. Para mais informações consulte o tópico de danos morais e materiais.
- **Indenização por morte da vítima.** O art. 948 do CC/02 estabelece uma pensão a ser paga às pessoas que dependiam da vítima. Verifica-se que não houve nenhuma fixação de prazo para esse pagamento, tendo somente se referido à duração provável da vida da vítima. Assim, caberá ao juiz analisar caso a caso para definir o período em que será paga a pensão. Diversos parâmetros podem ser adotados pelo juiz, mas há autores que recomendam a aplicação do índice de sobrevida da vítima baseado em estatísticas realizadas pelo IBGE. O valor a ser pago como pensão alimentar deve ser realizado com base na renda obtida pela vítima antes de seu falecimento, uma vez que essa pensão tem natureza indenizatória, ou seja, reparar o prejuízo causado pela morte do empregado no caso de acidente de trabalho.
- **Indenização por incapacidade transitória.** No mesmo sentido da indenização por morte da vítima, será devida indenização quando ocorrer incapacidade decorrente de acidente de trabalho. Nesse caso, será devido pagamento de uma quantia, a

---

119 MELO, Raimundo Simão. *Ações acidentárias na Justiça do Trabalho*. São Paulo: LTr, 2011. p. 44.

120 *FARIAS, Cristiana Chaves de; ROSENVALD, Nelson; NETTO, Felipe Peixoto Braga. Curso de Direito Civil: responsabilidade civil. 4. ed. rev. e atual. Salvador: Juspodivm, 2017. p. 420-421.*

121 Fonte: http://www.previdencia.gov.br/a-previdencia/saude-e-seguranca-do-trabalhador/politicas-de-prevencao/nexo-tecnico-epidemiologico-previdenciario-ntep/.

título de lucros cessantes, ao acidentado no caso de ficar afastado de seu trabalho por determinado período. O valor deverá incluir toda a verba a que teria direito o empregado até o momento em que é possível o retorno ao trabalho.

- **Indenização por incapacidade permanente (invalidez).** A lesão causada à vítima em decorrência do acidente de trabalho poderá deixar sequelas e, dessa forma, permanecerá com a incapacidade mesmo após cessados os principais efeitos danosos do ato. O empregador terá o dever de pagar as despesas com o tratamento e lucros cessantes até que o empregado esteja com a saúde recuperada. Entretanto, lembre-se de que, nesse caso, diferentemente da incapacidade transitória, será devida pensão ainda que parcial ao empregado em razão das sequelas deixadas pelo ato danoso. Em que pese a recuperação do empregado, poderá haver sequelas que impedem ou dificultam a realização de trabalhos pelo empregado.

18.6. CIPA – COMISSÃO INTERNA DE PREVENÇÃO DE ACIDENTES E ASSÉDIO

- A **CIPA** é órgão de caráter preventivo e está previsto no art. 163 da CLT e na NR nº 5. Em regra, todos os empregadores, sejam de natureza pública ou privada, estão obrigados a constituir a CIPA. Essa obrigatoriedade dependerá, entretanto, do número de empregados e do grau de risco da atividade desenvolvida, conforme previsão no Quadro I – Dimensionamento da CIPA da NR nº 5 (empresas com menos de 20 empregados, em regra, não estão obrigadas a constituir esse órgão protetivo). Aliás, a CIPA também é obrigatória para as atividades rurais, conforme a NR nº 31.
- **Da composição da Cipa:** Esse órgão é presidido por empregado indicado pelo empregador, e o vice-presidente será empregado eleito pelos trabalhadores. A eleição é secreta e dela podem participar todos os empregados, independentemente de filiação sindical.
- **Mandato do Cipeiro.** O mandato tem duração de 1 ano, sendo permitida uma reeleição. Ao membro suplente que tiver participado de menos da metade de reuniões não será permitida a sua reeleição.
- **Estabilidade.** Os representantes dos empregados na Cipa, titulares e suplentes, gozam de estabilidade, desde o registro da candidatura até 1 ano após o mandato. Somente poderão ser dispensados por justa causa. Essa estabilidade não persiste no caso de extinção do estabelecimento. Com o término do estabelecimento, portanto, o empregado não tem direito a indenização pelo período remanescente do mandato.
- Em 2022, foi publicada Lei 14.457/2022 que, entre outas providência, conferiu mais uma atribuição à Comissão Interna de Prevenção de Acidentes e, agora, de Assédio (CIPA): a promoção de um ambiente laboral sadio, seguro e que favoreça a inserção e a manutenção de mulheres no mercado de trabalho. Para tanto, deverão ser adotas medidas como a) inclusão de regras de conduta a respeito do assédio sexual e de outras formas de violência nas normas internas da empresa, com ampla divulgação do seu conteúdo aos empregados e às empregadas; e b) fixação de procedimentos para recebimento e acompanhamento de denúncias, para apuração dos fatos e, quando for o caso, para aplicação de sanções administrativas aos responsáveis diretos e indiretos pelos atos de assédio sexual e de violência, garantido o anonimato da pessoa denunciante, sem prejuízo dos procedimentos jurídicos cabíveis.

18.7. DA COMPETÊNCIA PARA APRECIAR E JULGAR QUESTÕES LIGADAS AO AMBIENTE DE TRABALHO

- Os conflitos ligados ao ambiente de trabalho serão apreciados pela Justiça do Trabalho, conforme art. 114, I, da CF/88. Aliás, será também da competência dessa justiça especializada a apreciação de ações anulatórias de autos de infração que multaram o empregador por descumprimento de normas ligadas à saúde e medicina do trabalho. Compete à Justiça do Trabalho processar e julgar causas envolvendo o ambiente de trabalho dos empregados públicos, como a falta de EPI ou CIPA nas mais diversas repartições públicas da união, estados-membros e dos municípios. Nesse sentido:

> **Súmula nº 736 do STF**: *Compete à Justiça do Trabalho julgar as ações que tenham como causa de pedir o descumprimento de normas trabalhistas relativas à segurança, higiene e saúde dos trabalhadores.*

19. DIREITO COLETIVO

- **Conceito:** O Direito Coletivo do Trabalho compreende o complexo de institutos, princípios e regras que regulamentam a relação entre empregados e empregadores e suas organizações coletivas, realizada de forma autônoma ou por meio de entidades sindicais[122].
- **Denominação.** Esse ramo do Direito do Trabalho é comumente denominado Direito Coletivo do Trabalho ou Direito Sindical. A primeira acepção é mais técnica, pois se refere às estruturas e institutos decorrentes das relações coletivas de trabalho. Por outro lado, direito sindical remonta a uma das partes dessa relação jurídica, os sindicatos. Entretanto, é necessário ponderar que há ordenamentos que reconhece a possibilidade de existir relações jurídicas coletivas entre entidades não sindicais[123].
- **Conteúdo e função.** O Direito Coletivo do Trabalho tem a função de regulamentar as relações coletivas de trabalho realizadas entre as entidades sindicais ou entre o ente sindical representativo da categoria pro-

---

122 DELGADO, Mauricio Godinho. **Curso de Direito do Trabalho.** 13. ed. São Paulo: Ltr, 2014. P. 1351.

123 DELGADO, Mauricio Godinho. **Curso de Direito do Trabalho.** 16. ed. São Paulo: LTr, 2017. p. 1.456.

fissional e o empregador. Ao estudar o direito individual, a relação jurídica entre empregado e empregador é pautada pela desigualdade entre as partes. De um lado o empregador, economicamente mais forte; de outro, o trabalhador subordinado. Em razão da hipossuficiência do empregado, há princípios protetivos que devem ser aplicados a essa relação jurídica desigual. No direito coletivo, como há presença do sindicato para a defesa dos trabalhadores, as partes são equivalentes. Diante disso, não se aplica ao sindicato profissional o princípio protetivo, pois ele é um ser coletivo, com ampla possibilidade de defesa dos trabalhadores, sem qualquer tipo de subordinação às empresas. Por isso, algumas concessões e restrições aos direitos dos trabalhadores, por exemplo, a redutibilidade salarial – art. 7º, VI, CF/88 – somente são válidas se feitas via negociação coletiva.

- **Formação Histórica:** O Direito Coletivo tem origem no século XVIII, em face de abusos cometidos durante a Revolução Industrial, nos movimentos de união de trabalhadores, com intuito de lutar contra as péssimas condições de trabalho, reivindicando, por exemplo, melhores salários e redução da jornada de trabalho.
- **Manifesto Comunista (1848):** defende a necessidade de união de trabalhadores, possibilitando a manifestação de opiniões e obtenção de melhores condições de trabalho.
- **Inglaterra (1824):** O berço do sindicalismo ocorre na Inglaterra em razão da Revolução Industrial ter ocorrido em primeiro lugar nesse país. O Parlamento inglês aprova legislação que tolera a união de trabalhadores, o que faz com que os sindicatos surjam, conhecidos como "trade unions".
- **Corporativismo e intervenção estatal.** Durante os regimes fascistas na Europa, os sindicatos assumem natureza pública, pois o Poder Público passa a intervir e interferir na fundação, organização e funcionamento dessas entidades. Esse modelo influenciou fortemente o desenvolvimento do sindicalismo brasileiro e do Direito Coletivo do Trabalho nas décadas de 1930 e 1940.
- **Concepção fundada na autonomia e liberdade sindical.** Após o final da II Guerra Mundial e o término dos regimes fascistas, surgem as concepções que visam desvincular o sindicato do Estado, seguindo o princípio democrático, hoje predominante. Nesse sentido, a OIT estabelece a necessidade dos Estados assegurarem a liberdade sindical plena conforme previsto na Convenção nº 87 da OIT.
- **Sistemas sindicais.** Há 4 padrões de agregação de trabalhadores em sindicatos, os quais não são, necessariamente, excludentes entre si[124]:

  a) Sindicatos por ofício ou profissão: sindicatos agregam trabalhadores tendo em vista sua profissão. No Brasil, é o que ocorre com a categoria profissional diferenciada (art. 511, §3º). Recebe o nome de sindicatos horizontais, já que se estende a várias empresas, atingindo, apenas, os trabalhadores que exercem aquela determinada profissão.

  b) Sindicatos por categoria profissional: similitude laborativa em razão da atividade econômica do empregador, sejam estas similares, idênticas ou conexas. A CLT concebe categoria econômica em seu art. 511, §2. Recebe o nome de sindicato vertical, já que atinge, de forma vertical, as empresas economicamente afins.

  c) Sindicato por empresa: sindicatos que se agregam em razão da empresa a que se vinculam os trabalhadores. No Brasil, não há sindicatos por empresa, pois a Constituição Federal estabelece o município como base territorial mínima, além de ficar o critério de categoria profissional para estruturação dos sindicatos.

  d) Sindicatos por ramo empresarial de atividades: como o próprio nome diz, são sindicatos que se agregam em razão do segmento empresarial de atividade. Por exemplo: sindicatos dos trabalhadores do segmento financeiro. Favorece a criação de sindicatos grandes e fortes, com grande abrangência territorial. O modelo favorece a solidariedade entre trabalhadores de empresas distintas.
- **Fontes normativas.** Assim como o Direito Individual do Trabalho, o Direito Coletivo baseia-se em fontes materiais e formais. Estas últimas compreendem a exteriorização das normas jurídicas, ou seja, as fontes formais são normas de observância obrigatória pela sociedade. Todos devem cumpri-las, pois são imperativas. Exemplo: convenção, acordo coletivo e leis.
- **Principais pontos.** Recomenda-se ao candidato uma leitura atenta da matéria, e principalmente a memorização dos arts. 8º, 9º, 10 e 11 da Constituição Federal.

Em resumo, os pontos principais sobre Direito Coletivo:

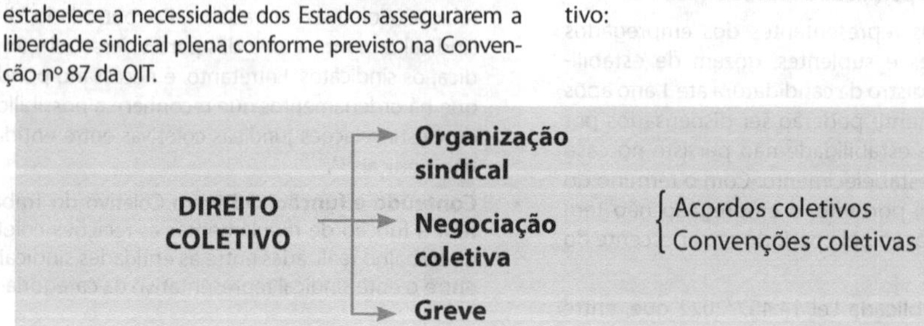

124 DELGADO, Mauricio Godinho. **Curso de Direito do Trabalho.** 16. ed. São Paulo: LTr, 2017. p. 1.513.

- **Sistema confederativo.** A organização sindical brasileira é dividida entre sindicatos e entidades de grau superior, que são as federações e as confederações. Essa divisão é chamada de sistema confederativo. Veja a seguir:

- **Federações.** As federações são organizadas nos estados-membros, art. 534 da CLT. São entidades de segundo grau, compostas de, no mínimo, 5 sindicatos que representem a maioria absoluta de um grupo de atividades ou profissões idênticas, similares ou conexas. O objetivo da federação é coordenar interesses e reunir os sindicatos.
- **Confederações.** As confederações são entidades de âmbito nacional, com sede em Brasília. São formadas por, no mínimo, 3 federações. Têm como objetivo coordenar as federações e sindicatos do seu setor. Exemplo: Confederação Nacional da Indústria. Cabe frisar que a confederação possui legitimidade para propor ação direta de inconstitucionalidade, conforme previsto no art. 103, IX, da CF/88.
- **Centrais sindicais.** São entidades abrangentes, que não representam um grupo ou categoria específica, por exemplo, podem a elas se filiar sindicatos dos trabalhadores rurais e do comércio. Ademais, tanto os sindicatos como as federações e confederações poderão se filiar às centrais sindicais. Por fim, essas entidades representam apenas os trabalhadores, pois são formadas apenas por categorias profissionais. Não há, portanto, centrais sindicais de empregadores.
- **Estabilidade e negociação coletiva das centrais sindicais.** Os dirigentes das centrais sindicais não gozam de estabilidade, em razão da ausência de previsão em lei. Ademais, as centrais sindicais não têm legitimidade para celebrar acordos ou convenções coletivas, ingressar com ação de cumprimento ou instaurar dissídio coletivo.

Como forma de facilitar a memorização na semana da prova, segue quadro:

Entidades de grau superior	
Federações	organizadas nos estados-membros
	composta de, no mínimo, 5 sindicatos
	objetivo é coordenar e reunir os sindicatos

Entidades de grau superior	
Confederações	entidade de âmbito nacional (sede em Brasília)
	compostas de, no mínimo, 3 federações
	possuem legitimidade para propor ADI (art. 103, IX, da CF/88)
Órgãos internos das federações e confederações	conselho de representantes – formado por delegações dos sindicatos e das federações
	diretoria – no mínimo, 3 membros
	conselho fiscal – composto por 3 membros

CENTRAIS SINDICAIS

- Entidades abrangentes, formadas por sindicatos, federações e confederações.
- Representam apenas os trabalhadores.
- Atribuições:
  a) coordenar a representação dos trabalhadores;
  b) participar de negociação em que haja interesse dos trabalhadores.
- Não têm legitimidade para celebrar acordos e convenções coletivas.

19.1. LIBERDADE SINDICAL (CONVENÇÃO Nº 87 DA OIT)

- A liberdade sindical é o princípio estruturante do direito coletivo do trabalho em um Estado Democrático de Direito. É pautada na democracia e no pluralismo das relações sindicais. De acordo com esse princípio, **o Estado não poderá intervir ou interferir na entidade sindical.** O sindicato é, portanto, livre quanto a sua fundação, organização e filiação.
- Contudo, é necessário ressaltar que a liberdade sindical não é plena no Brasil. Ainda hoje, é aplicado o **princípio da unicidade** (art. 8º, II, da Constituição

Federal). O princípio da unicidade sindical restringe a liberdade sindical porque impede a criação de mais de um sindicato, seja representativo de categoria profissional (trabalhadores), seja da categoria econômica (empregadores) uma mesma base territorial. Limita, portanto, o direito de escolha dos trabalhadores. Em razão desse ponto, o Brasil é criticado por não ter ratificado a Convenção nº 87 da OIT que prevê a plena liberdade sindical.

- Com a Reforma Trabalhista, a compulsoriedade da contribuição sindical obrigatória deixa de existir, pois o desconto do valor passa a ser condicionado à expressa e prévia autorização do trabalhador ou empregador. Ressalta-se que o princípio da unicidade sindical permanecerá em vigor mesmo após a entrada em vigor da Lei nº 13.467/2017, pois está previsto no texto constitucional (art. 8º, II, CF/88).

19.2. ORGANIZAÇÃO SINDICAL BRASILEIRA

19.2.1. FORMAÇÃO HISTÓRICA DO SINDICALISMO NO BRASIL

- **Sindicalismo e Direito Coletivo do Trabalho no Brasil.** A formação de sindicatos no país surge no início do Século XX, fortemente influenciados pela chegada dos imigrantes europeus por meio da criação de ligas operárias. A primeira regulamentação dos sindicatos ocorre no âmbito rural em 1903 e no âmbito urbano em 1907. Diversas greves foram realizadas durante a República Velha (1889-1930), sendo reprimidas pelo Estado.
- **Revolução de 1930.** Ocorre que, com a Revolução de 1930 e o aumento de poder político de Getúlio Vargas, verificou-se uma intensa produção legislativa no âmbito dos direitos sociais, inclusive no tocante ao Direito Coletivo do Trabalho.
- **Decreto nº 19.770/1931.** Sob influência dos regimes corporativistas e intervencionistas europeus, é editado o Decreto nº 19.770/1931, conhecido como "lei dos sindicatos", que prevê o caráter público dos sindicatos e permite a intervenção do Estado em seu funcionamento. Nesse momento, é estabelecida a representação dos trabalhadores por sindicato único e a distinção entre sindicato de empregados e empregadores, que permanece até os dias de hoje.
- **Pluralismo sindical em 1934.** A Constituição de 1934 previu o pluralismo sindical. No entanto, o Decreto nº 24.694/1934, trouxe diversas restrições a essa pluralidade, com a necessidade de atendimento a diversos requisitos para a criação da entidade sindical.
- **Constituição de 1937.** A Constituição de 1937 outorgada no regime do Estado Novo por Getúlio Vargas trouxe a noção de corporação, que reuniu representantes dos trabalhadores e empregadores para dentro da estrutura estatal, evitando a luta de classes. Os movimentos grevistas e reivindicatórios foram reprimidos pelo Governo.
- **CLT.** Esse modelo intervencionista foi mantido com a promulgação da CLT em 1943 e prevaleceu até a promulgação da Constituição Federal de 1988.
- **Sistema constitucional e legislação ordinária.** A Constituição Federal de 1988 assegurou o respeito à liberdade sindical e determinou que o Estado não pode intervir ou interferir no funcionamento dos sindicatos. No entanto, manteve dois pilares do modelo corporativistas: a unicidade sindical e a contribuição sindical, que deixa de ser obrigatória com o advento da Reforma Trabalhista. A CLT ainda estabelece as principais regras acerca da organização sindical brasileira, inclusive acerca da organização do sistema confederativo, da divisão em categorias e das regras atinentes à contribuição sindical.
- **Modelo complexo de organização sindical.** O modelo sindical brasileiro é complexo, uma vez que ora adota dispositivos que asseguram a plena liberdade sindical, como a liberdade de fundação e a de livre filiação, ora adota dispositivos que restringem essa liberdade e remontam à formação corporativista dos sindicatos no Brasil, como o princípio da unicidade sindical.

19.2.2. DIVISÃO EM CATEGORIAS

- A organização dos sindicatos é feita com base no sistema de categorias. Há sindicatos que defendem interesses da categoria profissional (trabalhadores) e os que representam e defendem interesses da categoria econômica (empregadores). Existem ainda sindicatos que representam categorias profissionais diferenciadas. Para identificar a qual categoria pertence o trabalhador, é necessário identificar a atividade principal ou preponderante da empresa. Vale ressaltar:

a) **Categoria econômica (art. 511, § 1º, da CLT):** ocorre quando há solidariedade de interesses econômicos dos que empreendem atividades idênticas, similares ou conexas, constituindo vínculo social básico entre essas pessoas.

b) **Categoria profissional (art. 511, § 2º, da CLT):** ocorre quando há similitude de condições de vida oriunda da profissão ou trabalho em comum, em situação de emprego na mesma atividade econômica ou em atividades econômicas similares ou conexas. Para identificar a categoria profissional, é necessário, primeiro, verificar a categoria econômica, ou seja, qual a atividade da empresa.

c) **Categoria profissional diferenciada (art. 511, § 3º, da CLT):** é a que se forma dos empregados que exerçam profissões ou funções diferenciadas por força do estatuto profissional especial ou em consequência de condições de vida singulares. Entendemos que somente é possível identificar uma categoria profissional diferenciada se houver sido criado, mediante aprovação de lei, estatuto profissional próprio. Em que pese a CLT estabelecer as condições de vida singulares como uma das hipóteses para o surgimento dessas categorias, observa-se que sua efetivação na prática se mostra incerta, uma vez que não existem parâmetros para se determinar que profissão apresenta condições de vida singulares.

- **Princípio da unicidade sindical.** Não poderá existir mais de um sindicato profissional (trabalhadores) ou sindicato da categoria econômica (empregadores) na mesma base territorial. O Brasil não ratificou a Convenção Internacional nº 87 da OIT. Essa convenção adota o princípio da pluralidade sindical, o que possibilitaria mais de um sindicato, representante da mesma categoria, na mesma base territorial.
- **Pluralidade e unidade sindicais.** A pluralidade sindical possibilita a existência de mais de um sindicato, representante da mesma categoria, na mesma base territorial. Por sua vez, a unidade sindical é um fenômeno que decorre da prática histórica do sindicalismo em determinado país, segundo a qual um sindicato único é formado para representar determinado grupo de trabalhadores sem que haja imposição legal, ou seja, decorre da própria maturidade da organização sindical. Esses dois modelos não podem ser aplicados no Brasil pela exigência da unicidade sindical pelo art. 8º, II, da Constituição Federal.

19.2.3. REQUISITOS DE EXISTÊNCIA E ATUAÇÃO

- **Registro no órgão competente.** Em razão dessa obrigatoriedade de sindicato único, há necessidade de registro do sindicato no Ministério do Trabalho e Emprego, para que esse órgão fiscalize se a unicidade sindical está sendo cumprida. Apenas após o registro no Ministério do Trabalho Emprego é que o sindicato adquire natureza sindical, isto é, terá legitimidade para defender a categoria. Em resumo, a lei não pode exigir formalidade para a criação de sindicato, exceto o registro no órgão competente. Em março de 2017, o STF entendeu que o registro sindical no Ministério do Trabalho não viola o exposto no art. 8º, I da CF. Ou seja, a Constituição não vedou, de todo, a participação estatal no procedimento administrativo referente ao registro sindical, a efetivar-se, no entanto, mediante ato do Poder Público necessariamente vinculado (Informativo nº 857 do STF).

19.2.4. ORGANIZAÇÃO INTERNA DOS SINDICATOS

- **Assembleia geral.** É o órgão deliberativo do sindicato. Por tomar decisões em diversas matérias, apresenta-se como órgão máximo de um sindicato[125].
- **Diretoria do sindicato.** A diretoria tem a função de administrar o sindicato e é composta por, no mínimo, 3 e, no máximo, 7 membros eleitos pela assembleia geral. A estabilidade alcança apenas os membros que representam a categoria, em número não superior a 7 membros titulares e mais 7 membros suplentes, conforme prevê o art. 522 da CLT e a Súmula nº 369, II, do TST.
- **Conselho fiscal do sindicato.** O conselho fiscal tem a atribuição de fiscalizar as contas e gastos do sindicato. Esse órgão é formado por 3 membros eleitos pela assembleia geral. De acordo com o posicionamento do TST (OJ 365), esses membros do conselho fiscal não gozam de estabilidade, pois não representam a categoria.
- **Delegados sindicais.** São indicados pela diretoria, com a função de representar e defender os interesses do sindicato perante os poderes públicos e as empresas. De acordo com a jurisprudência do TST, não possuem estabilidade, pois não possuem poderes de direção sindical e são indicados pela diretoria.
- Segue quadro com resumo acerca do processo eleitoral da diretoria e do conselho fiscal do sindicato:

PROCESSO ELEITORAL
• **Assembleia eleitoral** – Eleição dos cargos: diretoria e conselho fiscal do sindicato – CLT: parâmetro para os dispositivos do estatuto do sindicato – Voto secreto por 6 horas contínuas – sede ou delegacias sindicais – Impossibilidade de intervenção do Ministério do Trabalho e MPT no processo eleitoral (liberdade sindical) – Presidência da mesa apuradora dos votos: indicação dos integrantes em estatuto
• **Quórum de instalação e votação** – 3 convocações: 1ª: Presença de 2/3 dos associados 2ª: Presença de 50% dos associados 3ª: Presença de 40% dos associados – Não alcançado quórum mínimo: impossibilidade de intervenção do Ministério do Trabalho
• **Quórum de eleição** – Maioria absoluta dos associados – Se não atingido o quórum, admite-se a eleição pela maioria relativa (maioria entre os presentes)
• **Condições de elegibilidade (art. 529 da CLT)** a) 6 meses de inscrição no sindicato e 2 anos de atividade profissional ou econômica; b) Idade mínima de 18 anos; c) Gozo dos direitos sindicais; d) Possibilidade de sucessivas reeleições; e) Estatuto pode prever novas regras.

19.2.5. CUSTEIO DAS ENTIDADES SINDICAIS

- **Fontes de custeio do sindicato.** Há quatro espécies de contribuição para o custeio do sistema sindical. As fontes de custeio têm a finalidade de fornecer as

125 MARTINS, Sergio Pinto. *Direito do Trabalho*. 30. ed. São Paulo: Atlas, 2014. 812.

condições financeiras possíveis para que o sindicato exerça plenamente suas funções e prerrogativas na defesa dos interesses da categoria. Assim, a arrecadação é responsável pela manutenção da estrutura da entidade, pagamento da remuneração dos empregados dos sindicatos etc.

- **Contribuição sindical.** Era chamada, antigamente, de imposto sindical. É prevista em lei e no texto constitucional sendo e, antes da Reforma Trabalhista era obrigatória para todos os empregados, profissionais liberais e, ainda, aos empregadores, conforme previsto nos artigos 578 a 610 da CLT. Essa contribuição compulsória tinha natureza de tributo.
- Com a Reforma Trabalhista, a contribuição sindical passa a ser **facultativa**, pois dependerá de prévia e expressa autorização dos empregados, empregadores e trabalhadores autônomos para que seu desconto possa ser realizado. A contribuição sindical passa a ter natureza trabalhista e ser objeto do direito coletivo do trabalho, exatamente como ocorre com outras cobranças sindicais, tais como a contribuição confederativa e as taxas associativas.
- Em 29/06/2018, o STF decidiu, no julgamento da ADI nº 5794[126], por maioria de 6 votos contra 3 contrários, pela constitucionalidade dos dispositivos da Reforma Trabalhista que extinguiram a obrigatoriedade da contribuição sindical. Votaram a favor da mudança promovida pela Reforma os Ministros Luiz Fux, Alexandre de Moraes, Luís Roberto Barroso, Marco Aurélio Mello, Gilmar Mendes e Carmem Lúcia e, de forma contrária, os Ministros Edson Fachin, Rosa Weber e Dias Toffoli. Estiveram ausentes justificadamente os Ministros Ricardo Lewandowski e Celso de Mello. Ressalta-se que todas as ADIs e a ADC tramitaram conjuntamente e, portanto, a decisão do STF será aplicada a todos esses processos. Dessa forma, ao menos no âmbito jurisprudencial, foi pacificada a questão atinente à facultatividade da contribuição sindical.
- Segue quadro com informações acerca do rateio da contribuição sindical recolhida dos empregados e do empregador:

RATEIO DA CONTRIBUIÇÃO SINDICAL	
Empregados (art. 589, II, CLT)	Empregador (art. 589, I, CLT)
5% para as confederações	5% para as confederações;
10% para centrais sindicais;	15% para as federações;
15% para as federações;	60% para os sindicatos;
60% para os sindicatos;	20% para a "Conta Especial Emprego e Salário";
10% restantes para Conta Especial do Emprego e Salário.	

- **Contribuição confederativa.** A contribuição confederativa serve para custear o sistema confederativo, isto é, sindicatos, federações e confederações. Há expressa previsão constitucional que possibilita a contribuição confederativa, art. 8, IV, CF/88. É fixada mediante decisão da assembleia geral, e o desconto é feito na folha de pagamento dos empregados. Diferentemente da contribuição sindical, a confederativa nunca teve natureza jurídica de tributo, portanto não pode ser cobrada de trabalhadores não associados ao sindicato, sob pena de grave violação à liberdade sindical. Com a publicação da Súmula Vinculante nº 40, o STF já havia colocado fim a uma antiga discussão sobre a possibilidade ou não de cobrança de não filiados. Atualmente, somente pode ser cobrada contribuição confederativa dos filiados ao sindicato.
- **Contribuição assistencial.** A contribuição assistencial ou taxa de reversão é prevista no art. 513, e, da CLT. Essa contribuição tem como finalidade compensar os custos decorrentes da participação nas negociações coletivas e, ainda, em razão da conquista de condições mais benéficas aos trabalhadores. Não tem natureza de tributo, ou seja, não poderá ser compulsoriamente exigida de todos os empregados.
- Com a edição da Súmula Vinculante nº 40 do STF, parecia-nos que a contribuição assistencial não pode ser cobrada ou mesmo descontada dos empregados não associados ao sindicato, ainda que tal possibilidade fosse prevista em instrumento coletivo.
- O tema, contudo, foi revisitado pelo STF, que instituiu nova sistemática à **contribuição assistencial**. Na sessão virtual finalizada em 24/04/2023, nos mesmos autos do processo em que o STF entendeu pela inconstitucionalidade da imposição, por meio de norma coletiva, de contribuições compulsórias descontadas de empregados não filiados ao sindicato respectivo (RG-ARE 1.018.459/PR), acolhendo embargos de declaração com efeitos infringentes, propôs-se a seguinte tese:

> **Tema 935 da Repercussão Geral:** *É constitucional a instituição, por acordo ou convenção coletivos, de contribuições assistenciais a serem impostas a todos os empregados da categoria, ainda que não sindicalizados, desde que assegurado o direito de oposição*

- Apreciando o Tema, a Corte, em 11 de setembro de 2023, decidiu pela **constitucionalidade** da instituição, por acordo ou convenção coletiva de trabalho, de **contribuições assistenciais** (para o custeio das despesas com a negociação coletiva) a serem impostas a todos os empregados da categoria profissional, ainda que não sindicalizados, desde que **assegurado o direito de oposição**.
- A Ata de Julgamento foi publicada em 19/09/2023, adquirindo a tese, a partir de então, força vinculante e devendo ser observada por todos os tribunais do País.
- **Mensalidade sindical.** Mensalidade sindical ou estatutária está prevista no art. 548, b, da CLT. É contribuição prevista no estatuto do sindicato e cobrada

126 Para mais informações, confira a ADI nº 5794, de Relatoria do Ministro Edson Fachin, Data de julgamento: 29/06/2018.

apenas do trabalhador filiado. É voltada para a manutenção de atividades recreativas e assistenciais do sindicato. Ex.: manutenção de clubes, dentista, colônias de férias etc.

19.3. NEGOCIAÇÃO COLETIVA (ACORDOS E CONVENÇÕES COLETIVAS DE TRABALHO)

- **Acordo coletivo (AC).** Instrumento normativo que decorre da negociação coletiva, firmado pelo sindicato da categoria profissional (trabalhadores) com uma ou mais empresas.
- **Convenção coletiva (CC).** Instrumento normativo que decorre da negociação coletiva, firmado pelos **sindicatos** da categoria profissional e sindicato da categoria econômica.
- **O ponto em comum entre acordo e convenção.** Acordos e convenções coletivas de trabalho são negócios jurídicos pactuado entre sujeitos privados, mas com caráter coletivo, pelos quais serão fixadas condições de trabalho a serem aplicadas aos contratos individuais de trabalho, como utilização de EPIs, reajuste salarial, estabilidades etc., ou seja, serão ajustadas normas jurídicas[127]. Uma vez firmado o acordo ou convenção coletiva, os direitos, vantagens e obrigações serão aplicados a todos os trabalhadores, filiados e não filiados ao sindicado. O instrumento coletivo tem, portanto, efeitos *erga omnes*.
- **A diferença entre acordos e convenções** reside no fato de a convenção coletiva ser mais abrangente, pois envolve os sindicatos de ambas as categorias. Já o acordo tem abrangência mais restrita, envolvendo apenas os empregados da empresa ou empresas que o celebraram. No acordo coletivo são discutidas questões do dia a dia da empresa, como locais de amamentação, posicionamento das máquinas na empresa e uso do telefone e *e-mail*.
- Com a Reforma Trabalhista, as condições estabelecidas em acordo coletivo **sempre** prevalecerão sobre as estipuladas em convenção coletiva (nova redada dada ao art. 620 da CLT).
- **Prevalência do negociado sobre o legislado:** O mote da reforma trabalhista consistiu na valorização dos instrumentos coletivos de trabalho. Em diversas hipóteses previstas pela Reforma Trabalhista, verifica-se a prevalência do negociado sobre o legislado, o que assegura maior poder de negociação e representação dos trabalhadores pelos sindicatos. Nesse caso, as próprias partes da relação jurídica coletiva podem transacionar com maior liberdade, pois, em um dos polos da relação jurídica está o sindicato da categoria profissional. A convenção coletiva e acordo coletivo prevalecerão sobre a lei, nos termos do art. 611-A da CLT, quando tratarem sobre:

> I – pacto quanto à jornada de trabalho, observados os limites constitucionais;
>
> II – banco de horas anual;
>
> III – intervalo intrajornada, respeitado o limite mínimo de trinta minutos para jornadas superiores a seis horas;
>
> IV – adesão ao Programa Seguro-Emprego (PSE), de que trata a Lei no 13.189, de 19 de novembro de 2015;
>
> V – plano de cargos, salários e funções compatíveis com a condição pessoal do empregado, bem como identificação dos cargos que se enquadram como funções de confiança;
>
> VI – regulamento empresarial;
>
> VII – representante dos trabalhadores no local de trabalho;
>
> VIII – teletrabalho, regime de sobreaviso, e trabalho intermitente;
>
> IX – remuneração por produtividade, incluídas as gorjetas percebidas pelo empregado, e remuneração por desempenho individual;
>
> X – modalidade de registro de jornada de trabalho;
>
> XI – troca do dia de feriado;
>
> XII – enquadramento do grau de insalubridade;
>
> XIII – prorrogação de jornada em ambientes insalubres, sem licença prévia das autoridades competentes do Ministério do Trabalho;
>
> XIV – prêmios de incentivo em bens ou serviços, eventualmente concedidos em programas de incentivo;
>
> XV – participação nos lucros ou resultados da empresa.

- **Tema 1.046 da Repercussão Geral.** O STF, no julgamento ARE 1121633 finalizado no dia 02/06/2022, fixou a seguinte tese:

> *São constitucionais os acordos e as convenções coletivos que, ao considerarem a adequação setorial negociada, pactuam limitações ou afastamentos de direitos trabalhistas, independentemente da explicitação especificada de vantagens compensatórias, desde que respeitados os direitos absolutamente indisponíveis.*

- Na prática, o STF validou a prevalência do negociado sobre o legislado, sem a necessidade de contrapartida, ressalvados os direitos absolutamente indisponíveis.
- **Restrições a políticas públicas afirmativas: flexibilização de cotas de aprendizes e de pessoas com deficiência.** Conforme o relator, Min. Gilmar Mendes, acompanhado pela maioria, a prevalência do negociado sobre o legislado não abrange políticas públicas de inclusão de pessoa com deficiência e dos jovens e adolescentes no mercado de trabalho. Dessa forma, vedou-se expressamente a flexibilização da cota de aprendizagem e de pessoas com deficiência.
- **Contornos da prevalência do negociado sobre o legislado.** Depois da fixação da tese de repercussão geral, pelo STF, no julgamento do Tema 1046, o TST vem definindo alguns contornos à expressão "indisponibilidade absoluta". Como no concurso 22 foi exigido conhecimento da jurisprudência recente da TST, preparamos essa tabela com alguns informativos do TST que tratam sobre a prevalência do negociado sobre o legislado:

127 FREITAS, Cláudio. *Direito Coletivo do Trabalho*. 2. ed. rev. e atual. São Paulo: Juspodivm, 2021. p. 191.

POSICIONAMENTO DO TST EM RELAÇÃO AO TEMA 1.046 DA REPERCUSSÃO GERAL DO STF	
Direitos de indisponibilidade absoluta: impossibilidade de flexibilização	
Número do informativo	**Resumo da decisão**
Informativo nº 270 do TST	A SDC do TST manteve o acórdão regional que declarou nula cláusula prevista em convenção coletiva que obrigava a empregada gestante dispensada sem justa causa a comunicar e comprovar seu estado gravídico, com o fim de exercer o direito relativo à garantia de emprego. Segundo o Órgão fracionário, **os direitos que visam à proteção da gestante e do nascituro** são normas de indisponibilidade absoluta e, dessa forma, não podem ser objeto de negociação coletiva, nos termos da tese firmada pelo STF no Tema 1.046 de Repercussão Geral.
Informativo nº 271 do TST	Em Decisão de relatoria do Min. e ex-companheiro de MPT, Alberto Bastos Balazeiro, a 3ª Turma do TST entendeu que, muito embora a CLT assegure a prevalência do negociado sobre o legislado, inclusive quanto ao **enquadramento do grau de insalubridade** (arts. 611-A, XII), normas que visem assegurar um **patamar mínimo civilizatório ao trabalhador** constituem matéria de ordem pública, nos termos do art. 7º, XXIII, da Constituição da República. Dessa forma, **enquadramento das atividades tipificadas como insalubres** não pode ser objeto de negociação coletiva. Em decisão também da 3ª Turma, essa de relatoria do Min. Mauricio Godinho Delgado, a Corte decidiu que é inválida a cláusula coletiva que **suprime o direito às férias** (do marítimo), pois este representa direito social trabalhista de indisponibilidade absoluta (art. 7º, XVII, da CF), elencado, inclusive, no art. 611-B, XII da CLT
Informativo nº 273 do TST	Para a 7ª Turma do TST, **a prorrogação e compensação jornada em atividade insalubre depende de autorização da autoridade competente**, nos termos do art. 7º, XXII, da Constituição da República, que assegura ao trabalhador a redução dos riscos inerentes ao trabalho por meio de normas de saúde, higiene e segurança, e do art. 60 da CLT. A matéria, assim, está abarcada por direito absolutamente indisponível, não podendo ser objeto de flexibilização por norma coletiva.

POSICIONAMENTO DO TST EM RELAÇÃO AO TEMA 1.046 DA REPERCUSSÃO GERAL DO STF	
Direitos de indisponibilidade absoluta: impossibilidade de flexibilização	
Número do informativo	**Resumo da decisão**
Informativo nº 275 do TST	A SDC do TST, sem mencionar expressamente o Tema 1.046 da repercussão geral do STF, por unanimidade, entendeu pela invalidade de cláusula coletiva com **autorização genérica para que profissional da saúde, após jornada de 12h, permaneça em serviço para substituir trabalhador que não compareceu ao plantão seguinte**. Segundo o Órgão fracionário, isso poderia resultar em jornada de 24h, incompatível com as normas constitucionais relativas à garantia da saúde e segurança no trabalho. Para a 3ª Turma do TST, **é válida a ampliação da jornada especial em turnos ininterruptos de revezamento**, conforme autoriza o art. 7º, XIV, CF/88, **mas até o limite padrão constitucional** (8h diárias e 44h na semana) estabelecido no art. 7º, XIII, da Constituição de 1988, o que não foi observado no caso concreto (em que havia a prestação habitual de horas extras).
Informativo nº 276 do TST	Para a 3ª Turma do TST, é invalidade de norma coletiva que dispôs sobre a **concessão do intervalo intrajornada de quinze minutos apenas ao final da jornada**. O caso concreto tratava sobre trabalhador avulso. Como explicou o Ministro Relator, Mauricio Godinho Delgado, a norma que regulamenta a concessão do intervalo intrajornada é de ordem pública (art. 71, caput, CLT), garantida aos avulsos por força da extensão prevista no art. 7º, XXXIV, da CF. Como o intervalo intrajornada visa recuperar as energias do empregado, concentra-se essencialmente em torno de considerações de saúde e segurança do trabalho, como instrumento relevante de preservação da higidez física e mental do trabalhador ao longo da prestação diária de serviços. Assim, não pode ser objeto de flexibilização por norma coletiva.
Informativo nº 277 do TST	De acordo com a 2º Turma do TST, é inválida norma coletiva que autorizava a **concessão do repouso semanal obrigatório após 7 dias de trabalho consecutivos**, por violação do art. 7º, XV, da Constituição Federal, ao entendimento de que a concessão do repouso semanal deve ser feita dentro da mesma semana, respeitando-se, portanto, o período de, no máximo, seis dias consecutivos de trabalho.

POSICIONAMENTO DO TST EM RELAÇÃO AO TEMA 1.046 DA REPERCUSSÃO GERAL DO STF	
Direitos de indisponibilidade absoluta: impossibilidade de flexibilização	
Número do informativo	**Resumo da decisão**
Informativo nº 277 do TST	Conforme explicou a 3ª Turma do TST, é válida a ampliação da jornada especial em turnos ininterruptos de revezamento (6 horas diárias e 36 horas semanais), conforme autoriza o art. 7º, XIV, CF/88, mas **até o limite padrão constitucional (8 horas diárias e 44 horas na semana)** estabelecido no art. 7º, XIII. Este limite padrão **não pode ser alargado**, regra geral, conforme a jurisprudência pacífica desta Corte, retratada na Súmula 423/TST.
Informativo nº 280 do TST	Segundo entendimento da 6ª Turma do TST, não se mostra válida cláusula de acordo ou convenção coletiva de trabalho que **suprime ou reduz intervalo intrajornada**, o qual constitui medida de higiene, saúde e segurança do trabalho, garantido por norma de ordem pública.
Informativo nº 281 do TST	Conforme explicou a 3ª Turma do TST, o **adicional de periculosidade** é medida de saúde e segurança do trabalho, garantido por norma de ordem pública (art. 193, 1º, da CLT e 7º, XXII e XXIII, da CF), e o direito ao seu pagamento é absolutamente indisponível, não podendo o percentual, a base de cálculo e os reflexos do referido adicional ser flexibilizados por negociação coletiva.
Informativo nº 282 do TST	Segundo a SDC do TST, se exercem os trabalhadores exercem idêntica função, a **distinção remuneratória** entre a contratação por experiência e por prazo indeterminado configura afronta aos princípios da isonomia e da equidade salarial, os quais integram o rol de direitos absolutamente indisponíveis. Assim, por unanimidade, declarou a nulidade da cláusula da convenção coletiva de trabalho que fixou **piso salarial diferenciado ao empregado em contrato de experiência**.
Informativo nº 272 do TST	Para a 4ª Turma do TST, é válida a estipulação de **natureza indenizatória para o auxílio-alimentação** por meio de norma coletiva, inclusive em relação aos empregados que percebiam o benefício com natureza salarial anteriormente, por não se tratar de uma norma de indisponibilidade absoluta.

POSICIONAMENTO DO TST EM RELAÇÃO AO TEMA 1.046 DA REPERCUSSÃO GERAL DO STF	
Direitos de indisponibilidade absoluta: impossibilidade de flexibilização	
Número do informativo	**Resumo da decisão**
Informativo nº 272 do TST	A 1ª Turma entendeu que **a compensação, no regime 12x36, em atividade insalubre** não envolve direito de indisponibilidade absoluta. Tanto que a Reforma Trabalhista previu a desnecessidade de licença prévia do MTE para prorrogações de jornadas em atividades insalubres para os trabalhadores submetidos à jornada 12x36. Assim, é válido o regime compensatório 12x36, sem prévia autorização do MTE, previsto em norma coletiva. Conforme entendimento sumulado do TST, o bancário não enquadrado no § 2º do art. 224 da CLT, que recebe gratificação de função, não pode ter o salário relativo a horas extras compensado com o valor daquela vantagem (Súmula nº 109 do TST). O caso concreto analisado, também, pela 1ª Turma do TST tratava de situação muito parecida, em que o a **gratificação de função percebida pela Reclamante era compensada no valor recebido pela prestação de serviço após a 6ª hora diária** por expressa autorização em norma coletiva. Segundo o entendimento da Corte, na situação, não se têm direitos de indisponibilidade absoluta, motivo pelo qual a norma coletiva é válida.
Informativo nº 273 do TST	No mesmo sentido do informativo acima, a 4ª Turma do TST entendeu pela validade de cláusula de Convenção Coletiva de Trabalho que possibilita a **compensação do valor recebido pelo bancário a título de gratificação de função com o valor das horas extras deferidas em juízo.** Conforme argumentou a Turma, se os incisos VI, XIII e XIV do art. 7º da CF admitem a redução de salário e jornada mediante negociação coletiva, que são as duas matérias básicas do contrato de trabalho, todos os demais direitos que tenham a mesma natureza salarial ou temporal são passíveis de flexibilização. Portanto, **afastado o entendimento da Súmula 109 do TST**, neste caso específico de previsão da possibilidade de compensação em norma coletiva.
Informativo nº 275 do TST	Esse foi o mesmo entendimento adotado pela 5ª Turma do TST, ao considerar válido o instrumento coletivo que estabeleceu que, em caso de decisão judicial que afaste o enquadramento do bancário no § 2º do art. 224 da CLT, o valor da gratificação de função percebido como contrapartida a sétima e a oitava horas trabalhadas, acrescido de reflexos, deve ser compensado com as horas extras e reflexos deferidos em juízo.

POSICIONAMENTO DO TST EM RELAÇÃO AO TEMA 1.046 DA REPERCUSSÃO GERAL DO STF	
Direitos de indisponibilidade absoluta: impossibilidade de flexibilização	
Número do informativo	**Resumo da decisão**
Informativo nº 278 do TST	Tal como acima disposto, a 7ª Turma do TST também entendeu pela validade da cláusula de norma coletiva que possibilita a compensação da gratificação de função com as horas extras deferidas, que por força de decisão judicial, fora afastado do enquadramento no art.224, § 2º, da CLT.
Informativo nº 282 do TST	Ao encontro do já decidido pelas 1ª, 4ª, 5ª e 7ª Turmas, a 3ª entendeu pela validade da **compensação da gratificação de função percebida pelos empregados bancários com os valores deferidos a título de horas extras, pelas 7ª e 8ª horas trabalhadas**, em condenação judicial que afasta o enquadramento do empregado bancário do cargo de confiança do artigo 224, § 2º, da CLT.
	Para a SBDI-II, é válida cláusula prevista em acordo coletivo de trabalho que estabelece a possibilidade de **jornada superior a 8 horas para regime compensação em turnos ininterruptos de revezamento**. No caso, foi fixada jornada de 8h48min, de segunda a sexta, a fim de compensação dos sábados, o que, segundo o Órgão fracionário, está em conformidade com o entendimento firmado pelo STF no julgamento do Tema nº 1.046.
Informativo nº 273 do TST	Para a 5ª Turma do TST, é válida a norma coletiva que, ao dispor sobre a **compensação da jornada de trabalho**, previu a **possibilidade de labor extraordinário aos sábados com pagamento de adicional superior ao legal**. Conforme consignado, a prorrogação de jornada não se trata de direito indisponível. Para a 5ª Turma do TST, é válida a norma coletiva que atribuiu aos trabalhadores que **exercem atividade externa a exceção do inciso I do art. 62 da CLT**, segundo a qual não envolve matéria de indisponibilidade absoluta. Para a Turma, as premissas consignadas no Acórdão regional não importam na existência de um roteiro preestabelecido que indique a possibilidade de controle da jornada. Para a 5ª Turma do TST, é válida a norma coletiva que, ao dispor sobre a estabilidade pré-aposentadoria, a condiciona à comprovação de o trabalhador se encontrar a um máximo de 12 meses da aquisição do direito, em seus prazos mínimos. Desse modo, a Turma entendeu não se tratar a **estabilidade pré-aposentadoria** de direito indisponível.

POSICIONAMENTO DO TST EM RELAÇÃO AO TEMA 1.046 DA REPERCUSSÃO GERAL DO STF	
Direitos de indisponibilidade absoluta: impossibilidade de flexibilização	
Número do informativo	**Resumo da decisão**
Informativo nº 273 do TST	Para a 7ª Turma do TST, é válida a norma coletiva que **afasta como tempo à disposição do empregador** o período em que o trabalhador permanece dentro da empresa fora da efetiva jornada de trabalho, com a finalidade de utilização do tempo para fins particulares, como transações bancárias, serviço de lanche ou café, ou atividade de conveniência do empregado, pois, para a Turma, permitida a flexibilização da jornada de trabalho (Tema 1.046, art. 7º, XIII, da CF e art. 611-A, I, da CLT).
Informativo nº 274 do TST	Para a SBDI-II do TST, são válidas as cláusulas do acordo coletivo de trabalho que estipulam **jornada de trabalho de 12 horas, em escalas de 4x4, em turnos ininterruptos de revezamento**, ainda que extrapole a jornada diária e semanal sem a correspondente compensação. No caso dos autos, os reclamantes laboravam na escala 4x4, trabalhando dois dias das 7h00min às 19h00min, seguidos de dois dias das 19h00min às 7h00min, com quatro dias de folga, conforme autorizado pelos instrumentos coletivos. Segundo o Órgão fracionário, havendo previsão constitucional (art. 7º, VI, XIII e XIV) admitindo a redução de salários e de jornada mediante negociação coletiva, os demais direitos daí decorrentes, que tenham a mesma natureza, também permitem flexibilização.
Informativo nº 275 do TST	No mesmo sentido da decisão acima, em outro informativo, a SBDI-II do TST entendeu pela validade da estipulação da **jornada de trabalho de 12 horas, em escalas de 4x4, em turnos ininterruptos de revezamento**, por meio de norma coletiva.
Informativo nº 274 do TST	Para a 1ª Turma do TST, é válida negociação coletiva que define o **salário básico do eletricitário como base de cálculo do adicional de periculosidade**, mesmo que a atual redação da Súmula nº 191 do TST defina que o adicional de periculosidade deva ser calculado de forma distinta em relação aos empregados contratados antes da revogação da Lei nº 7.369/1985 (sobre a totalidade das parcelas de natureza salarial (salário + acréscimos).
Informativo nº 274 do TST	A jurisprudência do TST é firme do sentido de que é **200 o divisor para cálculo de horas extras para os trabalhadores sujeitos à jornada de 40 horas semanais** (Súmula nº 431 do TST). Não obstante, para a 1ª Turma, é válida a negociação coletiva que fixa a jornada de 40 horas e expressamente determine a adoção do divisor 220.

POSICIONAMENTO DO TST EM RELAÇÃO AO TEMA 1.046 DA REPERCUSSÃO GERAL DO STF	
Direitos de indisponibilidade absoluta: impossibilidade de flexibilização	
Número do informativo	**Resumo da decisão**
Informativo nº 274 do TST	Para a 7ª Turma do TST, são válidas as cláusulas contidas em acordos e convenções coletivas de trabalho que tratam da **redução da jornada, bem assim como da forma a ser aplicada à remuneração da hora extra**.
Informativo nº 275 do TST	A SDC do TST, sem mencionar expressamente o Tema 1.046 da repercussão geral do STF, por unanimidade, entendeu pela validade de norma coletiva que **reduziu o salário de empregados que, impedidos de trabalhar, porquanto inseridos no grupo de risco da COVID-19, receberam o auxílio emergencial instituído pelas autoridades públicas para a preservação do emprego e renda**.
Informativo nº 275 do TST	A 1ª Turma do TST entendeu pela validade de cláusula de norma coletiva que estabeleceu o **pagamento das horas *in itinere*, sem o cômputo do adicional de 50%.**
Informativo nº 275 do TST	A 1ª Turma do TST entendeu pela validade de norma coletiva que institui **o controle de ponto por exceção.**
Informativo nº 275 do TST	A 5ª Turma do TST analisou um caso muito específico, sobre as atividades do petroleiro. Segundo a Turma, as peculiaridades da categoria dos petroleiros impõem a **dobra de jornada como condicionante implícita à regularidade das atividades exercidas por esse segmento laboral**. Assim, quando ocorrem as dobras, pode haver a prestação contínua de serviços por mais de 24h, sem o efetivo gozo do intervalo interjornada (11h – art. 66, CLT). Restou decidido que, por não estar o interjornada disciplinado constitucionalmente, e diante das especificidades da categoria, a previsão em norma coletiva de remuneração extraordinária por dobras de turno, ainda que mais de uma, é válida, devendo ser respeitada pelas instâncias judiciais.
Informativo nº 276 do TST	A SDI-II do TST entendeu válida a norma coletiva que **fixa adicional noturno de 50% e prevê o seu pagamento apenas para as horas trabalhadas entre 22h e 5h**.
Informativos nºs 276 e 279 do TST	A 3ª Turma do TST entendeu pela validade da norma coletiva que, no caso concreto, dispôs sobre a natureza indenizatória e o pagamento de forma simples, sem adicional, das **horas *in itinere***, por se tratar de parcela de indisponibilidade relativa.

POSICIONAMENTO DO TST EM RELAÇÃO AO TEMA 1.046 DA REPERCUSSÃO GERAL DO STF	
Direitos de indisponibilidade absoluta: impossibilidade de flexibilização	
Número do informativo	**Resumo da decisão**
Informativo nº 276 do TST	A 4ª Turma do TST reconheceu a validade da norma coletiva que autoriza a **concessão de férias em período coincidente com o de folgas decorrentes do sistema 1x1 (um dia de trabalho por um de descanso)**, aplicável aos empregados marítimos por força da mesma norma coletiva.
Informativo nº 277 do TST	Diversamente do decidido pela 3ª Turma no mesmo informativo, a 5ª Turma entendeu pela validade de norma coletiva que estipula **jornada de trabalho além da 8ª diária para trabalhadores em regime de turnos ininterruptos de revezamento**. Conforme explicou a Turma, havendo expressa previsão constitucional acerca da possibilidade de elaborar normas coletivas para prorrogar a jornada de trabalho realizada em turnos ininterruptos de revezamento (art. 7º, XIV, da Constituição Federal), e tendo sido respeitado, na referida norma, o módulo mensal de 220 horas há de ser privilegiada a autonomia das partes, reconhecendo a validade do acordo coletivo. Recurso de revista conhecido e provido.
Informativo nº 278 do TST	Segundo a 7ª Turma do TST, é válida norma coletiva que prevê a redução do pagamento das **horas *in itinere***, não se amoldando referido direito no rol de direitos de indisponibilidade absoluta, ante seu caráter estritamente patrimonial.
Informativo nº 279 do TST	Para a 7º Turma do TST, é válida cláusula de acordo coletivo de trabalho que estabeleceu a **base de cálculo de horas extras**, prevendo percentual de 70%, incidente sobre o salário-base.
Informativo nº 280 do TST	Entendeu a 1ª Turma do TST que é válida cláusula coletiva que dispõe sobre a forma de divisão e repasse das **gorjetas**. Aliás, ponto importante do julgado é o entendimento da Turma de que o **art. 611-B da CLT**, com redação dada pela Reforma Trabalhista, **inventariou, de modo exaustivo, os direitos cuja supressão ou redução constitui objeto ilícito** (CC, 104, II) de negociação coletiva, ou seja, entendeu o Órgão se tratar de um rol taxativo.

POSICIONAMENTO DO TST EM RELAÇÃO AO TEMA 1.046 DA REPERCUSSÃO GERAL DO STF	
Direitos de indisponibilidade absoluta: impossibilidade de flexibilização	
Número do informativo	**Resumo da decisão**
Informativo nº 280 do TST	Segundo a 1ª Turma do TST, a **Participação nos Lucros** (art. 7º, XI, da Constituição Federal) não é direito indisponível, tanto que o art. 611-A, XV, da CLT o inclui entre as hipóteses em que a negociação coletiva prevalece sobre o legislado. Assim, entendeu pela **validade da exclusão da percepção da parcela aos trabalhadores cujo contrato de trabalho não esteja em vigor na data prevista para a distribuição dos lucros, em desacordo com o estabelecido na Súmula nº 451 do TST.**
Informativo nº 280 do TST	Ao argumento de que o direito ao **intervalo interjornadas** não se encontra assegurado pela Constituição Federal e de que o art. 611-B da CLT, ao dispor sobre o que seria objeto ilícito de negociação coletiva, nada referiu em relação ao intervalo interjornadas, ao revés, em seu parágrafo único estabeleceu que as "regras sobre duração do trabalho e intervalos não são consideradas como normas de saúde, higiene e segurança do trabalho", a 1ª Turma do TST julgou válida a **redução do intervalo interjornadas por norma coletiva** pela via negocial coletiva.
Informativo nº 280 do TST	Considerando que o contrato de trabalho foi celebrado na vigência da Reforma Trabalhista, ou seja, sob a égide dos artigos 611-A, III, e 611-B, parágrafo único, da CLT, e considerando que tais normas possuem presunção de constitucionalidade, a 6ª Turma do TST entendeu pela possibilidade, via norma coletiva, de **redução do intervalo intrajornada para 30 minutos.**
Informativo nº 280 do TST	Para a 7ª Turma do TST, é válida a norma coletiva que elastece a jornada para o labor em turnos ininterruptos de revezamento, sendo certo que a duração máxima de 8 horas não deve ser ultrapassada.
Informativo nº 281 do TST	A 1ª Turma do TST entendeu pela validade da cláusula que **indeniza** o aluguel pela utilização dos veículos dos próprios empregados para o trabalho - negociação coletiva que atribui à parcela "aluguel de veículo" **natureza indenizatória.**
Informativo nº 282 do TST	Para a 4ª Turma do TST, é válida cláusula do instrumento coletivo que adota, para motorista carreteiro, acordo de compensação de jornada (**10x5**) de 10 dias de trabalho - com jornada diária de 12 horas -, por 5 dias de descanso.

POSICIONAMENTO DO TST EM RELAÇÃO AO TEMA 1.046 DA REPERCUSSÃO GERAL DO STF	
Direitos de indisponibilidade absoluta: impossibilidade de flexibilização	
Número do informativo	**Resumo da decisão**
Informativo nº 282 do TST	Para a 8ª Turma do TST, é válida cláusula do instrumento coletivo que adota jornada diferenciada de trabalho (**15x15**), sendo 15 dias consecutivos de labor, 11 horas por dia, com intervalo de 1 hora de descanso, seguidos de 15 dias de folga.
Informativo nº 282 do TST	Segundo a 8ª Turma do TST, é válida a norma coletiva que estabeleceu o **regime de compensação semanal** e **permitiu expressamente o labor extraordinário aos sábados com adicional de 80%.**

- **Controle dos instrumentos coletivos.** As cláusulas das convenções e dos acordos coletivos de trabalho podem ser discutidas no âmbito do Poder Judiciário, de forma incidental em reclamação trabalhista individual ou por meio de ação anulatória.
- No entanto, os arts. 8º, § 3º e 611-A, § 1º da CLT estabeleceram uma limitação no controle do Poder Judiciário desses instrumentos coletivos de trabalho:

> **Art. 8º, § 3º, CLT:** *No exame de convenção coletiva ou acordo coletivo de trabalho, a Justiça do Trabalho analisará exclusivamente a conformidade dos elementos essenciais do negócio jurídico, respeitado o disposto no art. 104 da Lei nº 10.406, de 10 de janeiro de 2002 (Código Civil), e balizará sua atuação pelo princípio da intervenção mínima na autonomia da vontade coletiva.*

- Assim, no exame da convenção ou acordo coletivo, a Justiça do Trabalho apenas poderá analisar se foram cumpridos os requisitos do art. 104 do Código Civil, entre os quais está elencado o objeto lícito, possível, determinado ou determinável.
- Nesse ponto, importante ressaltar que o STF, no julgamento ARE 1121633, oportunidade em que fixou a tese de que acordos e convenções coletivas de trabalho podem restringir direitos trabalhistas não constitucionalmente assegurados (Tema 1046 da Repercussão Geral), não restringiu a possibilidade de o Poder Judiciário exercer o controle da legalidade das normas coletivas, mas indicou alguns limites a essa intervenção. A negociação coletiva não pode atingir direitos constitucionalmente assegurados nem flexibilizar normas de indisponibilidade absoluta. Caso assim proceda, o Poder Judiciário poderá declarar sua invalidade.
- **Limites ao negociado.** Em seus incisos, o art. 611-B estabelece um rol de direitos que não poderão ser suprimidos ou reduzidos via negociação ou acordo coletivo, os quais, em sua maioria, tratam-se de uma mera repetição do rol exposto no art. 7º da Constituição Federal/1988:

I - normas de identificação profissional, inclusive as anotações na Carteira de Trabalho e Previdência Social;

II - seguro-desemprego, em caso de desemprego involuntário;

III - valor dos depósitos mensais e da indenização rescisória do Fundo de Garantia do Tempo de Serviço (FGTS);

IV - salário mínimo;

V - valor nominal do décimo terceiro salário;

VI - remuneração do trabalho noturno superior à do diurno;

VII - proteção do salário na forma da lei, constituindo crime sua retenção dolosa;

VIII - salário-família;

IX - repouso semanal remunerado;

X - remuneração do serviço extraordinário superior, no mínimo, em 50% (cinquenta por cento) à do normal;

XI - número de dias de férias devidas ao empregado;

XII - gozo de férias anuais remuneradas com, pelo menos, um terço a mais do que o salário normal;

XIII - licença-maternidade com a duração mínima de cento e vinte dias;

XIV - licença-paternidade nos termos fixados em lei;

XV - proteção do mercado de trabalho da mulher, mediante incentivos específicos, nos termos da lei;

XVI - aviso prévio proporcional ao tempo de serviço, sendo no mínimo de trinta dias, nos termos da lei;

XVII - normas de saúde, higiene e segurança do trabalho previstas em lei ou em normas regulamentadoras do Ministério do Trabalho;

XVIII - adicional de remuneração para as atividades penosas, insalubres ou perigosas;

XIX - aposentadoria;

XX - seguro contra acidentes de trabalho, a cargo do empregador;

XXI - ação, quanto aos créditos resultantes das relações de trabalho, com prazo prescricional de cinco anos para os trabalhadores urbanos e rurais, até o limite de dois anos após a extinção do contrato de trabalho;

XXII - proibição de qualquer discriminação no tocante a salário e critérios de admissão do trabalhador com deficiência;

XXIII - proibição de trabalho noturno, perigoso ou insalubre a menores de dezoito anos e de qualquer trabalho a menores de dezesseis anos, salvo na condição de aprendiz, a partir de quatorze anos;

XXIV - medidas de proteção legal de crianças e adolescentes;

XXV - igualdade de direitos entre o trabalhador com vínculo empregatício permanente e o trabalhador avulso;

XXVI - liberdade de associação profissional ou sindical do trabalhador, inclusive o direito de não sofrer, sem sua expressa e prévia anuência, qualquer cobrança ou desconto salarial estabelecidos em convenção coletiva ou acordo coletivo de trabalho;

XXVII - direito de greve, competindo aos trabalhadores decidir sobre a oportunidade de exercê-lo e sobre os interesses que devam por meio dele defender;

XXVIII - definição legal sobre os serviços ou atividades essenciais e disposições legais sobre o atendimento das necessidades inadiáveis da comunidade em caso de greve;

XXIX - tributos e outros créditos de terceiros;

XXX - as disposições previstas nos arts. 373-A, 390, 392, 392-A, 394, 394-A, 395, 396 e 400 desta Consolidação.

Parágrafo único. Regras sobre duração do trabalho e intervalos não são consideradas como normas de saúde, higiene e segurança do trabalho para os fins do disposto neste artigo

19.4. VIGÊNCIA DOS INSTRUMENTOS COLETIVOS

- **Prazo de vigência.** Para facilitar os estudos, vamos dividir o estudo quanto à vigência dos instrumentos coletivos em 5 períodos:
- **Antes da alteração da Súmula nº 277 do TST.** Antes da alteração promovida pelo TST (setembro/2012), o prazo de vigência dos acordos e convenções não poderia ser superior a 2 anos, de acordo com o art. 614, § 3º, da CLT. O objetivo desse prazo é fomentar negociações periódicas, adequando os instrumentos à realidade econômica e regional. O TST, antes da alteração da Súmula nº 277, adotava a **teoria da aderência limitada ao prazo.**
- **Após a alteração da Súmula nº 277 do TST.** Mesmo antes da alteração promovida pelo TST, havia uma corrente doutrinária que defendia a teoria da **aderência limitada por revogação**[128], ou seja, enquanto não houvesse um novo acordo ou convenção que modificasse a situação do instrumento ajustado, ele continuava em vigor, mesmo após terminado o seu prazo de vigência. De acordo com o professor Maurício Godinho Delgado: "os dispositivos dos diplomas negociados vigoram até que novo diploma negocial os revogue"[129]. om a redação dada à Súmula nº 277 do TST em 2012, as conquistas obtidas deveriam vigorar até que um novo instrumento coletivo as revogasse ou alterasse:

  > **Súmula nº 277 do TST:** *As cláusulas normativas dos acordos coletivos ou convenções coletivas integram os contratos individuais de trabalho e somente poderão ser modificadas ou suprimidas mediante negociação coletiva de trabalho.*

- **Liminar do STF (APDF 323/DF).** No julgamento da ADPF 323-DF, o STF concedeu medida liminar para suspender todos os processos e decisões judiciais proferidas pela Justiça do Trabalho acerca da Súmula nº 277 do TST, enquanto estiver pendente o julgamento de constitucionalidade de referida súmula. Na decisão monocrática, o Ministro Gilmar Mendes sustenta que a Súmula nº 277 do TST fere os prin-

---

128 "A ultra-atividade segue ao menos dois modelos, que se distinguem pelo seu caráter condicionado ou incondicionado: a ultra-atividade incondicionada dá-se em alguns países nos quais uma conquista obreira obtida mediante negociação coletiva não pode ser jamais suprimida, incorporando-se definitivamente ao patrimônio dos trabalhadores; noutros países, a ultra-atividade da cláusula resultante de negociação coletiva está condicionada à inexistência de norma coletiva posterior que a revogue, ou seja, a cláusula normativa pode ser suprimida ou quiçá ter o seu alcance reduzido mediante norma coletiva superveniente, imunizando-se seu conteúdo somente quanto à incidência das alterações individuais do contrato de trabalho." GODINHO, Maurício Delgado; CARVALHO, Augusto César Leite; ARRUDA, Kátia Magalhães. *A Súmula nº 277 e a Defesa da Constituição.* Artigo retirado do site do TST: www.tst.jus.br.

129 DELGADO, Maurício Godinho. *Direito Coletivo do Trabalho.* 4. ed. São Paulo: LTr, 2011. p. 173.

cípios da legalidade e da separação dos poderes, pois ausente previsão legal ou constitucional que permita a ultratividade da norma coletiva (aderência limitada por revogação).

- **Alteração promovida pela Reforma Trabalhista.** Com o advento da Reforma Trabalhista, o art. 614, § 3º da CLT teve sua redação alterada para prever a vedação da ultratividade das convenções e acordos coletivos, que terão seus efeitos cessados após o prazo final de vigência do instrumento coletivo que não poderá ser superior a 2 anos. Cumpre destacar que essa modificação retorna a vigência do instrumento coletivo de trabalho à **teoria da aderência limitada ao prazo**, pois as conquistas somente vigoram pelo prazo fixado na norma coletiva.

> **Art. 614, § 3º da CLT:** *Não será permitido estipular duração de convenção coletiva ou acordo coletivo de trabalho superior a dois anos, sendo vedada a ultratividade.*

- **Decisão final do STF (APDF 323/DF).** No julgamento da ADPF nº 323/DF, o STF, por maioria, decidiu pela inconstitucionalidade da Súmula nº 277 do TST e das decisões judiciais que interpretam o art. 114, § 2º, CF/88, como autorização à aplicação do princípio da ultratividade das normas coletivas. Segundo o voto do Relator, Ministro Gilmar Mendes, a Súmula nº 277 do TST não é compatível com os princípios da legalidade, da separação dos Poderes e da segurança jurídica. Reforçou-se, assim, o posicionamento trazido pela Reforma Trabalhista, no sentido de vedar a ultratividade das normas coletivas, concretizando nas relações de trabalho a teoria da aderência limitada ao prazo.

19.5. GREVE

- **Greve.** Greve consiste na paralisação coletiva, pacífica e temporária do trabalho com o objetivo de defender interesses profissionais. É uma arma poderosa de reivindicação dos direitos trabalhistas, sendo classificada também como forma de solução de conflitos, pois é um meio da pressão exercida sobre o empregador para atender aos pedidos dos trabalhadores e, consequentemente, colocar fim à discussão. A Lei nº 7.783/89 regulamenta o exercício de direito de greve. Segundo o art. 611-B, XXVII da CLT, constitui objeto ilícito da convenção ou acordo coletivo a supressão ou redução do direito de greve, competindo aos trabalhadores decidir sobre a oportunidade de exercê-lo e sobre os interesses que devam por meio dele defender.

- **Greve abusiva.** A greve poderá ser classificada como abusiva, contrária à legislação, ou não abusiva, exercida com razoabilidade e de acordo com a legislação. A greve **abusiva** não atende às necessidades básicas da população. Exemplo é a paralisação de 100% dos atendimentos do hospital ou, ainda, a falta de prévia comunicação à sociedade e ao empregador sobre o início da greve. Aliás, se a greve for declarada abusiva pela Justiça do Trabalho, não serão reconhecidos os direitos e vantagens pleiteados pelo movimento grevista. Também será considerada abusiva se iniciado o movimento grevista sem tentativa prévia de negociação. Ressalta-se que também será **abusiva** a manutenção da greve após a celebração de acordo, convenção coletiva ou decisão normativa. Com a assinatura do instrumento coletivo ou da decisão da Justiça do Trabalho, é necessário que os grevistas coloquem fim à paralisação, conforme previsto no art. 14 da Lei de Greve.

19.5.1. GREVE EM SERVIÇOS ESSENCIAIS

- De acordo com a Constituição Federal, a lei definirá os serviços essenciais. Verifica-se, assim, que o próprio texto constitucional possibilitou a greve em serviços ou atividades essenciais. A Lei de Greve, no art. 10, elenca 11 atividades essenciais.

- **Reforma Trabalhista:** segundo o art. 611-B, XXVIII da CLT constitui objeto ilícito da convenção ou acordo coletivo, supressão ou redução da definição legal sobre serviços ou atividades essenciais e disposições legais sobre o atendimento das necessidades inadiáveis da comunidade em caso de greve.

- É obrigatório que sejam atendidos os serviços inadiáveis à população. Os serviços inadiáveis estão ligados à saúde, segurança e sobrevivência. Esse limite mínimo de atendimento não é fixado por lei, mas estipulado por comum acordo entre empregadores, empregados e sindicatos. Caso não seja garantido o mínimo de atendimento à população, a greve será considerada abusiva.

GREVE	
Serviços das atividades essenciais previstas em lei (art. 10 da Lei de Greve)	– abastecimento de água, energia e gás; – assistência médica; – distribuição de alimentos e medicamentos; – funerários; – transporte coletivo; – esgoto e lixo; – telecomunicações; – substâncias radioativas; – tráfego aéreo e navegação aérea;; – compensação bancária; – processamentos de dados ligados a serviços essenciais. – atividades médico-periciais relacionadas com o regime geral de previdência social e a assistência social; – atividades médico-periciais relacionadas com a caracterização do impedimento físico, mental, intelectual ou sensorial da pessoa com deficiência, por meio da integração de equipes multiprofissionais e interdisciplinares, para fins de reconhecimento de direitos previstos em lei, em especial na Lei nº 13.146, de 6 de julho de 2015 (Estatuto da Pessoa com Deficiência); e

GREVE	
Serviços das atividades essenciais previstas em lei (art. 10 da Lei de Greve)	– outras prestações médico-periciais da carreira de Perito Médico Federal indispensáveis ao atendimento das necessidades inadiáveis da comunidade. – atividades portuárias.
Atendimento básico	será fixado em comum acordo entre sindicato, empresa e trabalhador.
Requisitos para a greve	a) convocação de assembleia geral; b) tentativa de solução amigável; c) comunicação prévia (72 h serviços essenciais e 48 h para os demais).

GREVE ABUSIVA (Resumo)
1. Lei de Greve (art. 14): Greve abusiva é aquela que não cumpre os requisitos previstos em lei. 2. Raimundo Simão de Melo: Conceito apresentado na Lei de Greve é insuficiente. Greve abusiva é aquela que não atende ao seu fim econômico e social, aos bons costumes e à boa-fé (art. 187 CC). 3. Principais hipóteses de abusividade da greve: **a)** Não atendimento das necessidades básicas da população na greve de serviços essenciais (OJ 38, SDC); **b)** Início da greve sem a tentativa prévia de negociação (OJ 11, SDC); **c)** Manutenção da greve após a celebração de acordo, convenção coletiva ou de sentença normativa (greve dos dissidentes), salvo quando se pretenda exigir o cumprimento de cláusula ajustada ou em razão de fatos supervenientes (art. 14, Lei de Greve); **d)** Prática de atos violentos pelos grevistas. 4. MPT: ajuizamento de dissídio coletivo de greve se houver lesão ao interesse público nas greves em atividades essenciais (art. 114, § 3º, CF/88).

19.5.2. GREVE NO SERVIÇO PÚBLICO

- **Greve no serviço público.** A primeira Constituição Federal brasileira a permitir o direito de greve dos servidores públicos foi a atual, de 1988. Conforme previsto no art. 37, VII, da CF/88, a greve é autorizada nos limites de lei específica. Contudo, não há legislação específica que regulamente os limites do direito de greve para os servidores públicos. Verifica-se, assim, uma omissão legislativa. Após vários mandados de injunção, o Supremo Tribunal Federal decidiu aplicar, por analogia, a Lei de Greve (nº 7.783/89) para os servidores estatutários, atendendo às peculiaridades do serviço público.
- Pela aplicação analógica da Lei de Greve, os grevistas deverão respeitar o princípio da continuidade dos serviços públicos e a notificação prévia da Administração com antecedência de 72 horas sobre o início da greve.
- Em 27/10/2016, o STF julgou, em repercussão geral reconhecida, o RE nº 693.456-RJ de relatoria do Ministro Dias Toffoli, que discutia a constitucionalidade do desconto dos dias parados em razão de greve de servidor público. Pela maioria de 6 votos a 4 dos Ministros do Tribunal, foi firmada a seguinte tese: "A administração pública deve proceder ao desconto dos dias de paralisação decorrentes do exercício do direito de greve pelos servidores públicos, em virtude da suspensão do vínculo funcional que dela decorre, permitida a compensação em caso de acordo. O desconto será, contudo, incabível se ficar demonstrado que a greve foi provocada por conduta ilícita do Poder Público".
- Em 25/05/2017 o STF, no RE nº 846.854 entendeu que é da Justiça Comum a competência para julgar a abusividade de greve de servidores públicos celetistas.
- **Greve no serviço militar.** A legislação brasileira proíbe expressamente o direito de greve e a sindicalização dos servidores militares, conforme previsto na Constituição Federal de 1988:

> **Art. 142, § 3º, IV, CF/88:** *Os membros das Forças Armadas são denominados militares, aplicando-se-lhes, além das que vierem a ser fixadas em lei, as seguintes disposições: ao militar são proibidas a sindicalização e a greve.*

20. COMISSÃO DE CONCILIAÇÃO PRÉVIA

- **Finalidade.** As Comissões de Conciliação Prévia foram criadas como forma de tentar solucionar os conflitos existentes entre empregados e empregadores. Poderão ser criadas pelas empresas ou pelos sindicatos e, caso existam, na mesma localidade e para a mesma categoria, Comissão de Empresa e Comissão Sindical, o interessado deve optar por uma delas. De acordo com o art. 625-A da CLT: "As empresas e os sindicatos podem instituir Comissões de Conciliação Prévia, de composição paritária, com representantes dos empregados e dos empregadores, com a atribuição de tentar conciliar os conflitos individuais do trabalho."
- **Conflitos individuais.** Essa comissão poderá conciliar apenas conflitos individuais de trabalho, ou seja, não tem atribuição para firmar acordos em dissídios coletivos. Aliás, é a única forma, prevista em lei, de transação individual (entre empregado e empregador) de verbas trabalhistas.
- **Composição e número de membros.** A composição dos membros da Comissão de Conciliação Prévia será paritária, ou seja, o mesmo número de representantes dos trabalhadores e de representantes do empregador. A composição da comissão em âmbito sindical terá sua constituição e normas definidas em acordo ou convenção coletiva. O número de membros, em **âmbito empresarial**, será de, no mínimo, 2 e, no máximo, 10 membros.
- **Representante dos empregados.** Importante destacar que os representantes dos trabalhadores serão eleitos em votação secreta. Em razão disso, para que não haja perseguição, titulares e suplentes possuirão garantia provisória de emprego (estabilidade) até um ano após o fim do mandato, salvo se

cometerem falta grave. Nesse caso, o art. 625-B, § 1º, da CLT não prevê a estabilidade dos representantes dos empregados a partir do registro da candidatura; portanto, nas provas objetivas, importante memorizar nos exatos termos da lei.

- **Necessidade de submeter a demanda à Comissão de Conciliação Prévia.** Nas localidades onde houver Comissão de Conciliação Prévia, a demanda será submetida à tentativa de conciliação antes de ingressar com a reclamação trabalhista na Justiça do Trabalho (art. 625-D da CLT). Entretanto, o Supremo Tribunal Federal – STF – entende que é **facultativa** ao trabalhador a tentativa de conciliação perante a CCP, ou seja, ele poderá ingressar diretamente na Justiça do Trabalho.
- **Prazo e prescrição.** Ao submeter a demanda à comissão, há um prazo de 10 dias para realizar a sessão de tentativa de conciliação. Durante esse prazo, a prescrição ficará suspensa. Se não houver conciliação, será fornecida às partes declaração da tentativa conciliatória frustrada, que deverá ser juntada à futura reclamação trabalhista.
- **Termo de conciliação.** Se as partes aceitarem a conciliação, será lavrado termo de conciliação. Esse termo terá **eficácia liberatória geral**, ou seja, o empregado não poderá rediscutir as matérias objeto de conciliação na Justiça do Trabalho, pois já houve acordo entre as partes. Há exceção, entretanto, no tocante às parcelas expressamente ressalvadas.
- **Eficácia do termo de conciliação.** Esse documento terá força de **título executivo extrajudicial**, isto é, poderá ser executado diretamente na Justiça do Trabalho. A título de exemplo, o termo de conciliação vale como "cheque" dado pelo empregador: se não for pago, será executado. Na reclamação trabalhista, há necessidade de juntar provas (documentos, testemunhas etc.), por isso o processo é mais demorado. Já na execução, o processo é rápido, pois a instrução é realizada com o título executivo.

Para a semana antes da prova, segue o quadro de resumo sobre CCP:

Comissão de Conciliação Prévia

- Objetivo de solucionar conflitos entre empregados e empregadores
- Podem ser criadas em âmbito empresarial ou sindical

Composição da CCP:
- composição paritária → Representantes dos empregados; Representante dos empregadores
- mínimo 2 e máximo 10
- eleição: representantes dos empregados
- estabilidade titulares e suplentes (representantes dos empregados)
- mandato de 1 ano permitido uma recondução

Submeter a demanda à CCP:
- Art. 625-D: demanda "será submetida"
- Posicionamento do STF: opção do trabalhador
- Prazo de 10 dias: tentativa de conciliação
- Termo de conciliação:
  a) Eficácia liberatória geral
  b) Título executivo extrajudicial

21. DA REPRESENTAÇÃO DOS EMPREGADOS (REFORMA TRABALHISTA)

- **Obrigatoriedade da eleição de representante de empregados:** a eleição de um representante dos trabalhadores nas empresas com mais de 200 empregados é obrigatória, nos termos do art. 11 da CF/88.
- **Convenção nº 135 da OIT – Proteção de Representantes de Trabalhadores.** Referida Convenção foi ratificada pelo Brasil (Decreto nº 131/1991), sendo aplicada aos representantes sindicais e aos trabalhadores eleitos no âmbito da empresa, para funções que não sejam prerrogativas do sindicato. Estabelece que "os representantes dos trabalhadores nas empresas devem gozar de proteção eficaz contra todas as medidas que possam ser tomadas contra eles, inclusive despedida, quando motivadas pela qualidade ou pelas atividades decorrentes da representação, da filiação sindical ou da participação em atividades sindicais, desde que eles atuem de conformidade com as leis, convenções coletivas ou outros instrumentos em vigor[130]".
- **Relação com a representação sindical.** A Convenção nº 135 da OIT estabelece, ainda, que "Quando

130 SÜSSEKIND, Arnaldo. *Direito Internacional do Trabalho*. 3. ed. São Paulo: Ltr, 2000. P. 349.

uma empresa contar ao mesmo tempo com representantes sindicais e representantes eleitos, medidas adequadas deverão ser tomadas, cada vez que for necessário, para garantir que a presença de representantes eleitos não venha a ser utilizada para o enfraquecimento da situação dos sindicatos interessados ou de seus representantes e para incentivar a cooperação, relativa a todas as questões pertinentes, entre os representantes eleitos, por uma Parte, e os sindicatos interessados e seus representantes, por outra Parte." (art. 5º).

- A representação dos empregados foi regulamentada pela Reforma Trabalhista, em seus arts. 510-A a 510-D da CLT.
- De acordo com a nova legislação, será eleita uma comissão para representação dos empregados, nas empresas com mais de 200 empregados. A composição da comissão varia de acordo com o total de empregados das empresas:
  - Em empresas com mais de 200 e até 3.000 empregados: 3 membros;
  - Em empresas com mais de 3.000 e até 5.000 empregados: 5 membros;
  - Em empresas com mais de 5.000 empregados: 7 membros.
- **Atribuições da comissão de representantes**:

I - representar os empregados perante a administração da empresa: A comissão eleita exerce a função de representação dos empregados perante a administração da empresa. Dessa forma, permite-se ao órgão a apresentação de demandas, questionamentos ou pedidos aos administradores da empresa em benefício de todos os seus representados. Podem e devem ser recebidos pelo empregador para exercerem suas funções na busca pelo entendimento direto com este;

II - aprimorar o relacionamento entre a empresa e seus empregados com base nos princípios da boa-fé e do respeito mútuo: Em empresas com mais de 200 empregados, é possível que haja falta de comunicação entre os anseios da empresa e as necessidades dos empregados. Portanto, a comissão de representantes dos empregados deve buscar aprimorar o relacionamento da empresa com seus funcionários, apontando as queixas e necessidades dos trabalhadores e explicando a estes as medidas que estão sendo tomadas pela empresa na solução dos problemas;

III - promover o diálogo e o entendimento no ambiente de trabalho com o fim de prevenir conflitos: Em consonância com a atribuição anterior, a comissão de representantes é um órgão intermediador entre o empregado e empregador e pode, por meio do diálogo, evitar a ocorrência de conflitos, seja pela correta apresentação dos problemas identificados pelos trabalhadores no ambiente de trabalho, jornada e remuneração, seja pela explicação das medidas tomadas pelo empregador;

IV - buscar soluções para os conflitos decorrentes da relação de trabalho, de forma rápida e eficaz, visando à efetiva aplicação das normas legais e contratuais: Além de intervir para a prevenção de conflitos, a comissão também tem a atribuição de tentar apresentar soluções para os conflitos existentes nas relações de trabalho, prezando pela rapidez e eficácia sempre em atendimento das normas legais e contratuais;

V - assegurar tratamento justo e imparcial aos empregados, impedindo qualquer forma de discriminação por motivo de sexo, idade, religião, opinião política ou atuação sindical: A comissão deve sempre atuar com imparcialidade em relação aos empregados, não podendo buscar soluções voltadas a apenas alguns trabalhadores em detrimentos de outros, quando pautada por conduta discriminatória, seja ela motivada por sexo, idade, religião, opinião política ou atuação sindical.

VI - encaminhar reivindicações específicas dos empregados de seu âmbito de representação: Não se exige que a comissão apresente apenas as reivindicações gerais dos trabalhadores ou de um grupo de trabalhadores à empresa, podendo encaminhar também reivindicações específicas dos empregados, ainda que de apenas um deles, desde que não haja tratamento discriminatório na atuação como preceitua a atribuição anterior;

VII - acompanhar o cumprimento das leis trabalhistas, previdenciárias e das convenções coletivas e acordos coletivos de trabalho: A comissão de representantes tem a importante atribuição de acompanhar o cumprimento das leis trabalhistas, previdenciária e das convenções e acordos coletivos de trabalho. Essas comissões permitem que o órgão seja mais um instrumento na defesa de seus direitos, podendo apresentar ao empregador eventuais irregularidades identificadas, bem como denunciar práticas ilícitas à fiscalização do trabalho ao Ministério Público do Trabalho. Tendo em vista que a Reforma Trabalhista valoriza o negociado sobre o legislador, é um importante órgão para se verificar o cumprimento correto e eventual abuso presente nos instrumentos coletivos de trabalho.

- **Eleições:**
  - as eleições serão convocadas com antecedência mínima de 30 dias contados do término do mandato anterior;
  - será formada comissão eleitoral integrada por 5 empregados não candidatos para organização e acompanhamento do processo eleitoral;
  - não poderão se candidatar empregados com contrato de trabalho por prazo determinado, com contrato suspenso ou que estejam em período de aviso prévio, ainda que indenizado;
  - serão eleitos os candidatos mais votados, em votação secreta;

- a comissão tomará posse no 1º dia útil seguinte à eleição ou ao término do mandato anterior;
- não havendo candidatos suficientes, a comissão de representantes poderá ser formada com número inferior ao do art. 510-A da CLT;
- não havendo candidatura, haverá nova eleição no prazo de 1 ano.

- **Mandato dos membros da comissão:** será de 1 ano, vedada a candidatura nos 2 períodos subsequentes. O mandato não implica interrupção ou suspensão do contrato de trabalho, devendo o empregado permanecer no exercício de suas funções.
- **Estabilidade do membro da comissão:** o membro da comissão terá estabilidade desde o registro da candidatura até um ano após o fim do mandato. Ressalta-se que, diante da inexistência de previsão de eleição de suplentes, a estabilidade somente é aplicada aos membros titulares.

22. DIREITOS DIFUSOS E COLETIVOS

- Os direitos difusos e coletivos são tutelados por ação civil pública, por meio da aplicação da Lei nº 7.347/85 e do Código de Defesa do Consumidor. No âmbito da Justiça do Trabalho[131], o art. 83, III da LC nº 75/93 prevê que compete ao Ministério Público Federal "promover a ação civil pública no âmbito da Justiça do Trabalho, para defesa de interesses coletivos, quando desrespeitados os direitos sociais constitucionalmente garantidos".
- Apesar da vedação contida no art. 1º da Lei nº 7.347/85, no sentido de que a ação civil pública não seria cabível para veicular pretensões que envolvam FGTS, a doutrina majoritária entende pela inconstitucionalidade do dispositivo, levando-se em conta o princípio da inafastabilidade da jurisdição[132].
- A definição do que sejam direitos difusos e direitos coletivos está prevista no art. 81 do CDC:

a) Interesses ou direitos difusos: são direitos transindividuais, de natureza indivisível, com titulares indeterminados e ligados por circunstância de fato. Ex.: MPT ajuíza ação para que empresa pública contrate trabalhadores por meio de concurso público[133].

b) interesses ou direitos coletivos: são direitos transindividuais, de natureza indivisível, cujos titulares são grupos, categoria ou classe de pessoas ligadas entre si ou com a parte contrária, por uma relação jurídica base. Ex: MPT ajuíza ação civil pública para impor obrigação de fazer à determinada empresa para que instale equipamento de proteção coletivo na empresa[134].

c) Interesses ou direitos individuais homogêneos: são direitos individuais e divisíveis, de origem comum, não sendo necessária a ligação entre as partes. Ex: Sindicato ajuíza ação coletiva requerendo a condenação da empresa ao pagamento do adicional de insalubridade a todos os trabalhadores do setor X[135].

	Difusos	Coletivos	Individuais homogêneos
DIREITOS	Transindividuais	Transindividuais	Individuais
NATUREZA	Indivisível	Indivisível	Divisível
TITULARIDADE	Pessoas indeterminadas, ligadas por circunstância de fato	Grupo, categoria ou classe de pessoas, ligadas entre si ou com a parte contrária por uma relação jurídica base	Sujeitos plúrimos e determinados

131 MIESSA, Élisson. **Processo do Trabalho:** para concursos. 4. ed. Salvador: Juspodivm, 2017. p. 1177.

132 MIESSA, Élisson. **Processo do Trabalho:** para concursos. 4. ed. Salvador: Juspodivm, 2017. P. 1177.

133 MIESSA, Élisson. **Processo do Trabalho:** para concursos. 4. ed. Salvador: Juspodivm, 2017. P. 1178.

134 MIESSA, Élisson. **Processo do Trabalho:** para concursos. 4. ed. Salvador: Juspodivm, 2017. P. 1178.

135 MIESSA, Élisson. **Processo do Trabalho:** para concursos. 4. ed. Salvador: Juspodivm, 2017. P. 1178.

✦ SÚMULAS E ORIENTAÇÕES JURISPRUDENCIAIS DO TST

1. REGULAMENTO DE EMPRESA (NORMA REGULAMENTAR)

Súmula nº 51 do TST[136]. *Norma regulamentar. Vantagens e opção pelo novo regulamento. Art. 468 da CLT.*

I – As cláusulas regulamentares, que revoguem ou alterem vantagens deferidas anteriormente, só atingirão os trabalhadores admitidos após a revogação ou alteração do regulamento.

II – Havendo a coexistência de dois regulamentos da empresa, a opção do empregado por um deles tem efeito jurídico de renúncia às regras do sistema do outro.

Súmula nº 202 do TST[137]. *Gratificação por tempo de serviço. Compensação.*

Existindo, ao mesmo tempo, gratificação por tempo de serviço outorgada pelo empregador e outra da mesma natureza prevista em acordo coletivo, convenção coletiva ou sentença normativa, o empregado tem direito a receber, exclusivamente, a que lhe seja mais benéfica.

Súmula nº 77 do TST. *Punição.*

Nula é a punição de empregado se não precedida de inquérito ou sindicância internos a que se obrigou a empresa por norma regulamentar.

Súmula nº 186 do TST. *Licença-prêmio. Conversão em pecúnia. Regulamento da empresa.*

A licença-prêmio, na vigência do contrato de trabalho, não pode ser convertida em pecúnia, salvo se expressamente admitida a conversão no regulamento da empresa.

OJ nº 56 da SDI – I do TST. *Nossa Caixa-Nosso Banco (Caixa Econômica do Estado de São Paulo). Regulamento. Gratificação especial e/ou anuênios.*

Direito reconhecido apenas àqueles empregados que tinham 25 anos de efetivo exercício prestados exclusivamente à Caixa.

1.1. COMPLEMENTAÇÃO DE APOSENTADORIA

Súmula nº 288 do TST. *Complementação dos proventos da aposentadoria*

I – A complementação dos proventos de aposentadoria, instituída, regulamentada e paga diretamente pelo empregador, sem vínculo com as entidades de previdência privada fechada, é regida pelas normas em vigor na data de admissão do empregado, ressalvadas as alterações que forem mais benéficas (art. 468 da CLT);

II – Na hipótese de coexistência de dois regulamentos de planos de previdência complementar, instituídos pelo empregador ou por entidade de previdência privada, a opção do beneficiário por um deles tem efeito jurídico de renúncia às regras do outro;

III – Após a entrada em vigor das Leis Complementares n.ºs 108 e 109 de 29/5/2001, reger-se-á a complementação dos proventos de aposentadoria pelas normas vigentes na data da implementação dos requisitos para obtenção do benefício, ressalvados o direito adquirido do participante que anteriormente implementara os requisitos para o benefício e o direito acumulado do empregado que até então não preenchera tais requisitos.

IV – O entendimento da primeira parte do item III aplica-se aos processos em curso no Tribunal Superior do Trabalho em que, em 12/4/2016, ainda não haja sido proferida decisão de mérito por suas Turmas e Seções.

Súmula nº 87 do TST. *Previdência privada*

Se o empregado, ou seu beneficiário, já recebeu da instituição previdenciária privada, criada pela empresa, vantagem equivalente, é cabível a dedução de seu valor do benefício a que faz jus por norma regulamentar anterior.

Súmula nº 92 do TST. *Aposentadoria*

O direito à complementação de aposentadoria, criado pela empresa, com requisitos próprios, não se altera pela instituição de benefício previdenciário por órgão oficial.

Súmula nº 97 do TST. *Aposentadoria. Complementação*

Instituída complementação de aposentadoria por ato da empresa, expressamente dependente de regulamentação, as condições desta devem ser observadas como parte integrante da norma.

OJ nº 276 da SDI – I do TST. *Ação declaratória. Complementação de aposentadoria*

É incabível ação declaratória visando a declarar direito à complementação de aposentadoria, se ainda não atendidos os requisitos necessários à aquisição do direito, seja por via regulamentar, ou por acordo coletivo.

Súmula nº 72 do TST. *Aposentadoria*

O prêmio-aposentadoria instituído por norma regulamentar da empresa não está condicionado ao disposto no § 2º do art. 14 da Lei nº 8.036, de 11.05.1990.

OJ nº 224 da SDI – I do TST. *Complementação de aposentadoria. Reajuste. Lei nº 9.069, de 29.06.1995.*

I – A partir da vigência da Medida Provisória nº 542, de 30.06.1994, convalidada pela Lei nº 9.069, de 29.06.1995, o critério de reajuste da complementação de aposentadoria passou a ser anual e não semestral, aplicando-se o princípio *rebus sic stantibus* diante da nova ordem econômica.

II – A alteração da periodicidade do reajuste da complementação de aposentadoria – de semestral para anual –, não afeta o direito ao resíduo inflacionário apurado nos meses de abril, maio e junho de 1994, que deverá incidir sobre a correção realizada no mês de julho de 1995.

Súmula nº 313 do TST. *Complementação de aposentadoria. Proporcionalidade. Banespa*

A complementação de aposentadoria, prevista no art. 106, e seus parágrafos, do regulamento de pessoal editado em 1965, só é integral para os empregados que tenham 30 (trinta) ou mais anos de serviços prestados exclusivamente ao banco.

---

136 Esta súmula poderá ser impactada pelo art. 611-A, VI da CLT acrescentado pela Reforma Trabalhista – Lei nº 13.467/2017.

137 Esta súmula poderá ser impactada pelo art. 611-A, VI da CLT acrescentado pela Reforma Trabalhista – Lei nº 13.467/2017.

➘ Súmula nº 332 do TST. ***Complementação de aposentadoria. Petrobras. Manual de pessoal. Norma programática***

As normas relativas à complementação de aposentadoria, inseridas no Manual de Pessoal da Petrobras, têm caráter meramente programático, delas não resultando direito à referida complementação.

➘ OJ nº 18 da SDI - I do TST. ***Complementação de aposentadoria. Banco do Brasil***

I – O valor das horas extras integra a remuneração do empregado para o cálculo da complementação de aposentadoria, desde que sobre ele incida a contribuição à Caixa de Previdência dos Funcionários do Banco do Brasil – PREVI, observado o respectivo regulamento no tocante à integração;

II – Os adicionais AP e ADI não integram o cálculo para a apuração do teto da complementação de aposentadoria;

III – No cálculo da complementação de aposentadoria deve-se observar a média trienal;

IV – A complementação de aposentadoria proporcional aos anos de serviço prestados exclusivamente ao Banco do Brasil somente se verifica a partir da Circular Funci nº 436/1963;

V – O telex DIREC do Banco do Brasil nº 5003/1987 não assegura a complementação de aposentadoria integral, porque não aprovado pelo órgão competente ao qual a instituição se subordina.

2. PRINCÍPIO DA IRRETROATIVIDADE DA LEI

➘ OJ nº 362 da SDI - I do TST. ***Contrato nulo. Efeitos. FGTS. Medida provisória 2.164-41, de 24.08.2001, e art. 19-A da Lei nº 8.036, de 11.05.1990. Irretroatividade***

Não afronta o princípio da irretroatividade da lei a aplicação do art. 19-A da Lei nº 8.036, de 11.05.1990, aos contratos declarados nulos celebrados antes da vigência da Medida Provisória nº 2.164-41, de 24.08.2001.

➘ Súmula nº 307 do TST. ***Juros. Irretroatividade do Decreto-lei nº 2.322, de 26.02.1987***

A fórmula de cálculo de juros prevista no Decreto-Lei nº 2.322, de 26.02.1987 somente é aplicável a partir de 27.02.1987. Quanto ao período anterior, deve-se observar a legislação então vigente.

3. PROGRAMA DE INCENTIVO À DEMISSÃO VOLUNTÁRIA

➘ OJ nº 270 da SDI - I do TST[138]. ***Programa de incentivo à demissão voluntária. Transação extrajudicial. Parcelas oriundas do extinto contrato de trabalho. Efeitos***

A transação extrajudicial que importa rescisão do contrato de trabalho ante a adesão do empregado a plano de demissão voluntária implica quitação exclusivamente das parcelas e valores constantes do recibo.

➘ OJ nº 356 da SDI - I do TST[139]. ***Programa de incentivo à demissão voluntária (PDV). Créditos trabalhistas reconhecidos em juízo. Compensação. Impossibilidade***

Os créditos tipicamente trabalhistas reconhecidos em juízo não são suscetíveis de compensação com a indenização paga em decorrência de adesão do trabalhador a Programa de Incentivo à Demissão Voluntária (PDV).

➘ OJ nº 207 da SDI - I do TST. ***Programa de incentivo à demissão voluntária. Indenização. Imposto de renda. Não-incidência***

A indenização paga em virtude de adesão a programa de incentivo à demissão voluntária não está sujeita à incidência do imposto de renda.

4. EMPREGADO

4.1. DIRETOR ELEITO

➘ Súmula nº 269 do TST. ***Diretor eleito. Cômputo do período como tempo de serviço***

O empregado eleito para ocupar cargo de diretor tem o respectivo contrato de trabalho suspenso, não se computando o tempo de serviço desse período, salvo se permanecer a subordinação jurídica inerente à relação de emprego.

4.2. EMPREGADO BANCÁRIO

➘ Súmula nº 287 do TST. ***Jornada de trabalho. Gerente bancário***

A jornada de trabalho do empregado de banco gerente de agência é regida pelo art. 224, § 2º, da CLT. Quanto ao gerente-geral de agência bancária, presume-se o exercício de encargo de gestão, aplicando-se-lhe o art. 62 da CLT.

➘ Súmula nº 102 do TST. ***Bancário. Cargo de confiança***

I – A configuração, ou não, do exercício da função de confiança a que se refere o art. 224, § 2º, da CLT, dependente da prova das reais atribuições do empregado, é insuscetível de exame mediante recurso de revista ou de embargos.

II – O bancário que exerce a função a que se refere o § 2º do art. 224 da CLT e recebe gratificação não inferior a um terço de seu salário já tem remuneradas as duas horas extraordinárias excedentes de seis.

III – Ao bancário exercente de cargo de confiança previsto no artigo 224, § 2º, da CLT são devidas as 7ª e 8ª horas, como extras, no período em que se verificar o pagamento a menor da gratificação de 1/3.

IV – O bancário sujeito à regra do art. 224, § 2º, da CLT cumpre jornada de trabalho de 8 (oito) horas, sendo extraordinárias as trabalhadas além da oitava.

V – O advogado empregado de banco, pelo simples exercício da advocacia, não exerce cargo de confiança, não se enquadrando, portanto, na hipótese do § 2º do art. 224 da CLT.

VI – O caixa bancário, ainda que caixa executivo, não exerce cargo de confiança. Se perceber gratificação igual ou superior a um terço do salário do posto efetivo, essa remunera apenas a maior

138 Esta orientação jurisprudencial poderá ser impactada pelo art. 477-B da CLT acrescentado pela Reforma Trabalhista – Lei nº 13.467/2017.

139 Esta orientação jurisprudencial poderá ser impactada pelo art. 477-B da CLT acrescentado pela Reforma Trabalhista – Lei nº 13.467/2017.

responsabilidade do cargo e não as duas horas extraordinárias além da sexta.

VII – O bancário exercente de função de confiança, que percebe a gratificação não inferior ao terço legal, ainda que norma coletiva contemple percentual superior, não tem direito às sétima e oitava horas como extras, mas tão somente às diferenças de gratificação de função, se postuladas.

Súmula nº 109 do TST. *Gratificação de função*

O bancário não enquadrado no § 2º do art. 224 da CLT, que receba gratificação de função, não pode ter o salário relativo a horas extraordinárias compensado com o valor daquela vantagem.

Súmula nº 199 do TST. *Bancário. Pré-contratação de horas extras*

I – A contratação do serviço suplementar, quando da admissão do trabalhador bancário, é nula. Os valores assim ajustados apenas remuneram a jornada normal, sendo devidas as horas extras com o adicional de, no mínimo, 50% (cinquenta por cento), as quais não configuram pré-contratação, se pactuadas após a admissão do bancário.

II – Em se tratando de horas extras pré-contratadas, opera-se a prescrição total se a ação não for ajuizada no prazo de cinco anos, a partir da data em que foram suprimidas.

Súmula nº 124 do TST[140]. *Bancário. Salário-hora. Divisor*

I – o divisor aplicável para o cálculo das horas extras do bancário será:

a) 180, para os empregados submetidos à jornada de seis horas prevista no caput do art. 224 da CLT;

b) 220, para os empregados submetidos à jornada de oito horas, nos termos do § 2º do art. 224 da CLT.

II – Ressalvam-se da aplicação do item anterior as decisões de mérito sobre o tema, qualquer que seja o seu teor, emanadas de Turma do TST ou da SBDI-I, no período de 27/09/2012 até 21/11/2016, conforme a modulação aprovada no precedente obrigatório firmado no Incidente de Recursos de Revista Repetitivos nº TST-IRR-849-83.2013.5.03.0138, DEJT 19.12.2016.

Súmula nº 113 do TST[141]. *Bancário. Sábado. Dia útil*

O sábado do bancário é dia útil não trabalhado, não dia de repouso remunerado. Não cabe a repercussão do pagamento de horas extras habituais em sua remuneração.

OJ nº 178 da SDI – I do TST. *Bancário. Intervalo de 15 minutos. Não computável na jornada de trabalho*

Não se computa, na jornada do bancário sujeito a seis horas diárias de trabalho, o intervalo de quinze minutos para lanche ou descanso.

140 Para mais informações, confira o Informativo nº 149 do TST acerca do Incidente de Recursos de Revista Repetitivos nº TST-IRR-849-83.2013.5.03.0138, DEJT 19.12.2016.

141 Para mais informações, confira o Informativo nº 149 do TST acerca do Incidente de Recursos de Revista Repetitivos nº TST-IRR-849-83.2013.5.03.0138, DEJT 19.12.2016.

Súmula nº 226 do TST[142]. *Bancário. Gratificação por tempo de serviço. Integração no cálculo das horas extras*

A gratificação por tempo de serviço integra o cálculo das horas extras.

Súmula nº 240 do TST. *Bancário. Gratificação de função e adicional por tempo de serviço*

O adicional por tempo de serviço integra o cálculo da gratificação prevista no art. 224, § 2º, da CLT.

Súmula nº 247 do TST. *Quebra de caixa. Natureza jurídica*

A parcela paga aos bancários sob a denominação "quebra de caixa" possui natureza salarial, integrando o salário do prestador de serviços, para todos os efeitos legais.

Súmula nº 93 do TST. *Bancário*

Integra a remuneração do bancário a vantagem pecuniária por ele auferida na colocação ou na venda de papéis ou valores mobiliários de empresas pertencentes ao mesmo grupo econômico, se exercida essa atividade no horário e no local de trabalho e com o consentimento, tácito ou expresso, do banco empregador.

Súmula nº 239 do TST. *Bancário. Empregado de empresa de processamento de dados*

É bancário o empregado de empresa de processamento de dados que presta serviço a banco integrante do mesmo grupo econômico, exceto quando a empresa de processamento de dados presta serviços a banco e a empresas não bancárias do mesmo grupo econômico ou a terceiros.

OJ nº 123 da SDI – I do TST. *Bancários. Ajuda alimentação*

A ajuda alimentação prevista em norma coletiva em decorrência de prestação de horas extras tem natureza indenizatória e, por isso, não integra o salário do empregado bancário.

Súmula nº 55 do TST. *Financeiras*

As empresas de crédito, financiamento ou investimento, também denominadas financeiras, equiparam-se aos estabelecimentos bancários para os efeitos do art. 224 da CLT.

Súmula nº 119 do TST. *Jornada de trabalho*

Os empregados de empresas distribuidoras e corretoras de títulos e valores mobiliários não têm direito à jornada especial dos bancários.

OJ nº 379 da SDI – I do TST. *Empregado de cooperativa de crédito. Bancário. Equiparação. Impossibilidade*

Os empregados de cooperativas de crédito não se equiparam a bancário, para efeito de aplicação do art. 224 da CLT, em razão da inexistência de expressa previsão legal, considerando, ainda, as diferenças estruturais e operacionais entre as instituições financeiras e as cooperativas de crédito. Inteligência das Leis n.os 4.595, de 31.12.1964, e 5.764, de 16.12.1971

142 Esta súmula poderá ser impactada pela nova redação dada ao art. 457, § 1º da CLT pela Reforma Trabalhista – Lei nº 13.467/2017.

Súmula nº 257 do TST. *Vigilante*

O vigilante, contratado diretamente por banco ou por intermédio de empresas especializadas, não é bancário.

Súmula nº 117 do TST. *Bancário. Categoria diferenciada*

Não se beneficiam do regime legal relativo aos bancários os empregados de estabelecimento de crédito pertencentes a categorias profissionais diferenciadas.

OJ nº 16 da SDI – I do TST. *Banco do Brasil. ACP. Adicional de caráter pessoal. Indevido*

A isonomia de vencimentos entre servidores do Banco Central do Brasil e do Banco do Brasil, decorrente de sentença normativa, alcançou apenas os vencimentos e vantagens de caráter permanente. Dado o caráter personalíssimo do Adicional de Caráter Pessoal – ACP e não integrando a remuneração dos funcionários do Banco do Brasil, não foi ele contemplado na decisão normativa para efeitos de equiparação à tabela de vencimentos do Banco Central do Brasil.

OJ nº 17 da SDI – I do TST. *Banco do Brasil. AP e ADI*

Os adicionais AP, ADI ou AFR, somados ou considerados isoladamente, sendo equivalentes a 1/3 do salário do cargo efetivo (art. 224, § 2º, da CLT), excluem o empregado ocupante de cargo de confiança do Banco do Brasil da jornada de 6 horas.

4.3. EMPREGADO RURAL

4.3.1. ENQUADRAMENTO COMO TRABALHADOR RURAL

OJ nº 38 da SDI – I do TST. *Empregado que exerce atividade rural. Empresa de reflorestamento. Prescrição própria do rurícola. (Lei nº 5.889/73, art. 10 e decreto nº 73.626/74, art. 2º, § 4º)*

O empregado que trabalha em empresa de reflorestamento, cuja atividade está diretamente ligada ao manuseio da terra e de matéria-prima, é rurícola e não industriário, nos termos do Decreto nº 73.626, de 12.02.1974, art. 2º, § 4º, pouco importando que o fruto de seu trabalho seja destinado à indústria. Assim, aplica-se a prescrição própria dos rurícolas aos direitos desses empregados.

4.3.2. PRESCRIÇÃO DO TRABALHADOR RURAL

OJ nº 271 da SDI – I do TST. *Rurícola. Prescrição. Contrato de emprego extinto. Emenda constitucional nº 28/2000. Inaplicabilidade*

O prazo prescricional da pretensão do rurícola, cujo contrato de emprego já se extinguira ao sobrevir a Emenda Constitucional nº 28, de 26/05/2000, tenha sido ou não ajuizada a ação trabalhista, prossegue regido pela lei vigente ao tempo da extinção do contrato de emprego.

OJ nº 417 da SDI – I do TST. *Prescrição. Trabalhador rural. Rurícola. Contrato de trabalho em curso. Emenda const. 28/2000. CF/88, art. 7º, XXIX. CLT, art. 11.*

Não há prescrição total ou parcial da pretensão do trabalhador rural que reclama direitos relativos a contrato de trabalho que se encontrava em curso à época da promulgação da Emenda Constitucional 28, de 26/05/2000, desde que ajuizada a demanda no prazo de cinco anos de sua publicação, observada a prescrição bienal.

4.3.3. SALÁRIO-FAMÍLIA RURÍCOLA

Súmula nº 344 do TST. *Salário-família. Trabalhador rural*

O salário-família é devido aos trabalhadores rurais somente após a vigência da Lei nº 8.213, de 24.07.1991.

4.4. EMPREGADO DOMÉSTICO

Súmula nº 377 do TST[143]. *Preposto. Exigência da condição de empregado*

Exceto quanto à reclamação de empregado doméstico, ou contra micro ou pequeno empresário, o preposto deve ser necessariamente empregado do reclamado. Inteligência do art. 843, § 1º, da CLT e do art. 54 da Lei Complementar nº 123, de 14 de dezembro de 2006.

5. EMPREGADOR

Súmula nº 129 do TST[144]. *Contrato de trabalho. Grupo econômico*

A prestação de serviços a mais de uma empresa do mesmo grupo econômico, durante a mesma jornada de trabalho, não caracteriza a coexistência de mais de um contrato de trabalho, salvo ajuste em contrário.

OJ nº 261 da SDI – I do TST[145]. *Bancos. Sucessão trabalhista*

As obrigações trabalhistas, inclusive as contraídas à época em que os empregados trabalhavam para o banco sucedido, são de responsabilidade do sucessor, uma vez que a este foram transferidos os ativos, as agências, os direitos e deveres contratuais, caracterizando típica sucessão trabalhista.

OJ nº 225 da SDI – I do TST. *Contrato de concessão de serviço público. Responsabilidade trabalhista*

Celebrado contrato de concessão de serviço público em que uma empresa (primeira concessionária) outorga a outra (segunda concessionária), o todo ou em parte, mediante arrendamento, ou qualquer outra forma contratual, a título transitório, bens de sua propriedade:

I – em caso de rescisão do contrato de trabalho após a entrada em vigor da concessão, a segunda concessionária, na condição de sucessora, responde pelos direitos decorrentes do contrato de trabalho, sem prejuízo da responsabilidade subsidiária da primeira concessionária pelos débitos trabalhistas contraídos até a concessão;

II – no tocante ao contrato de trabalho extinto antes da vigência da concessão, a responsabilidade pelos direitos dos trabalhadores será exclusivamente da antecessora.

143 Esta súmula poderá ser impactada pelo art. 843, § 3º da CLT acrescentado pela Reforma Trabalhista – Lei nº 13.467/2017.

144 Esta súmula poderá ser impactada pelo art. 8º, § 2º da CLT acrescentado pela Reforma Trabalhista – Lei nº 13.467/2017.

145 Esta orientação jurisprudencial poderá ser impactada pelo art. 448-A da CLT acrescentado pela Reforma Trabalhista – Lei nº 13.467/2017.

➘ OJ nº 411 da SDI – I do TST[146]. *Sucessão trabalhista. Aquisição de empresa pertencente a grupo econômico. Responsabilidade solidária do sucessor por débitos trabalhistas de empresa não adquirida. Inexistência.*

O sucessor não responde solidariamente por débitos trabalhistas de empresa não adquirida, integrante do mesmo grupo econômico da empresa sucedida, quando, à época, a empresa devedora direta era solvente ou idônea economicamente, ressalvada a hipótese de má-fé ou fraude na sucessão.

➘ OJ nº 92 da SDI – I do TST. *Desmembramento de municípios. Responsabilidade trabalhista*

Em caso de criação de novo município, por desmembramento, cada uma das novas entidades responsabiliza-se pelos direitos trabalhistas do empregado no período em que figurarem como real empregador.

➘ Súmula nº 430 do TST. *Administração pública indireta. Contratação. Ausência de concurso público. Nulidade. Ulterior privatização. Convalidação. Insubsistência do vício.*

Convalidam-se os efeitos do contrato de trabalho que, considerado nulo por ausência de concurso público, quando celebrado originalmente com ente da Administração Pública Indireta, continua a existir após a sua privatização.

➘ OJ nº 343 da SDI – I do TST. *Penhora. Sucessão. Art. 100 da CF/1988. Execução*

É válida a penhora em bens de pessoa jurídica de direito privado, realizada anteriormente à sucessão pela União ou por Estado-membro, não podendo a execução prosseguir mediante precatório. A decisão que a mantém não viola o art. 100 da CF/1988.

➘ Súmula nº 51 do TST[147]. *Norma regulamentar. Vantagens e opção pelo novo regulamento. Art. 468 da CLT*

I – As cláusulas regulamentares, que revoguem ou alterem vantagens deferidas anteriormente, só atingirão os trabalhadores admitidos após a revogação ou alteração do regulamento.

II – Havendo a coexistência de dois regulamentos da empresa, a opção do empregado por um deles tem efeito jurídico de renúncia às regras do sistema do outro.

➘ Súmula nº 77 do TST. *Punição*

Nula é a punição de empregado se não precedida de inquérito ou sindicância internos a que se obrigou a empresa por norma regulamentar.

6. TERCEIRIZAÇÃO

Nota: A terceirização das relações de trabalho sofreu profundas alterações pelas Leis nº 13.429/2017 e Lei nº 13.467/2017 (Reforma Trabalhista), sendo permitida expressamente a terceirização das atividades-fim das empresas. Para mais informações, confira a redação da Lei nº 6.019/1974, que passou a regulamentar o tema.

➘ Súmula nº 331 do TST[148]. *Contrato de prestação de serviços. Legalidade*

I – A contratação de trabalhadores por empresa interposta é ilegal, formando-se o vínculo diretamente com o tomador dos serviços, salvo no caso de trabalho temporário (Lei nº 6.019, de 03.01.1974).

II – A contratação irregular de trabalhador, mediante empresa interposta, não gera vínculo de emprego com os órgãos da administração pública direta, indireta ou fundacional (art. 37, II, da CF/1988).

III – Não forma vínculo de emprego com o tomador a contratação de serviços de vigilância (Lei nº 7.102, de 20.06.1983) e de conservação e limpeza, bem como a de serviços especializados ligados à atividade-meio do tomador, desde que inexistente a pessoalidade e a subordinação direta.

IV – O inadimplemento das obrigações trabalhistas, por parte do empregador, implica a responsabilidade subsidiária do tomador dos serviços, quanto àquelas obrigações, desde que hajam participado da relação processual e constem também do título executivo judicial (art. 71 da Lei nº 8.666, de 21.06.1993).

V – Os entes integrantes da administração pública direta e indireta respondem subsidiariamente, nas mesmas condições do item IV, caso evidenciada a sua conduta culposa no cumprimento das obrigações da Lei nº 8.666/93, especialmente na fiscalização do cumprimento das obrigações contratuais e legais da prestadora de serviço como empregadora. A aludida responsabilidade não decorre de mero inadimplemento das obrigações trabalhistas assumidas pela empresa regularmente contratada.

VI – A responsabilidade subsidiária do tomador de serviços abrange todas as verbas decorrentes da condenação referentes ao período da prestação laboral.

➘ OJ nº 321 da SDI – I do TST. *Vínculo empregatício com a administração pública. Período anterior à CF/88*

Salvo os casos de trabalho temporário e de serviço de vigilância, previstos nas Leis nºs 6.019, de 03.01.74, e 7.102, de 20.06.83, é ilegal a contratação de trabalhadores por empresa interposta, formando-se o vínculo empregatício diretamente com o tomador dos serviços, inclusive ente público, em relação ao período anterior à vigência da CF/88.

➘ OJ nº 185 da SDI – I do TST. *Contrato de trabalho com a associação de pais e mestres – APM. Inexistência de responsabilidade solidária ou subsidiária do estado*

O Estado-Membro não é responsável subsidiária ou solidariamente com a Associação de Pais e Mestres pelos encargos trabalhistas dos empregados contratados por esta última, que deverão ser suportados integral e exclusivamente pelo real empregador.

➘ OJ nº 383 da SDI – I do TST[149]. *Terceirização. Empregados da empresa prestadora de serviços e da tomadora. Isonomia. Art. 12, "a", da Lei nº 6.019, de 03.01.1974*

A contratação irregular de trabalhador, mediante empresa interposta, não gera vínculo de emprego com ente da Administração Pública, não afastando, contudo, pelo princípio da isonomia, o

146 Esta súmula poderá ser impactada pelo art. 448-A da CLT acrescentado pela Reforma Trabalhista – Lei nº 13.467/2017.

147 Esta súmula poderá ser impactada pelo art. 611-A, VI da CLT acrescentado pela Reforma Trabalhista – Lei nº 13.467/2017.

148 Esta súmula poderá ser impactada pela Lei nº 6.019/1974 acrescentado pela Lei nº 13.467/2017 (Reforma Trabalhista).

149 Esta súmula poderá ser impactada pelas alterações na Lei nº 6.019/1974 promovidas pelas Leis nº 13.429/2017 e Lei nº 13.467/2017 (Reforma Trabalhista).

direito dos empregados terceirizados às mesmas verbas trabalhistas legais e normativas asseguradas àqueles contratados pelo tomador dos serviços, desde que presente a igualdade de funções. Aplicação analógica do art. 12, "a", da Lei nº 6.019, de 03.01.1974.

➘ OJ nº 191 da SDI – I do TST[150]. *Contrato de empreitada. Dono da obra de construção civil. Responsabilidade*

Diante da inexistência de previsão legal específica, o contrato de empreitada de construção civil entre o dono da obra e o empreiteiro não enseja responsabilidade solidária ou subsidiária nas obrigações trabalhistas contraídas pelo empreiteiro, salvo sendo o dono da obra uma empresa construtora ou incorporadora.

7. CONTRATO DE TRABALHO

7.1. IDENTIFICAÇÃO PROFISSIONAL DE EMPREGADO. CARTEIRA DE TRABALHO E PREVIDÊNCIA SOCIAL – CTPS

➘ Súmula nº 12 do TST. *Carteira profissional*

As anotações apostas pelo empregador na carteira profissional do empregado não geram presunção *juris et de jure*, mas apenas *juris tantum*.

➘ OJ nº 82 da SDI – I do TST. *Aviso-prévio. Baixa na CTPS*

A data de saída a ser anotada na CTPS deve corresponder à do término do prazo do aviso-prévio, ainda que indenizado.

7.2. CONTRATO DE EXPERIÊNCIA E CONTRATO POR PRAZO DETERMINADO

➘ Súmula nº 188 do TST. *Contrato de trabalho. Experiência. Prorrogação*

O contrato de experiência pode ser prorrogado, respeitado o limite máximo de 90 dias.

➘ Súmula nº 163 do TST. *Aviso-prévio. Contrato de experiência*

Cabe aviso prévio nas rescisões antecipadas dos contratos de experiência, na forma do art. 481 da CLT (ex-Prejulgado nº 42).

➘ Súmula nº 125 do TST. *Contrato de trabalho. Art. 479 da CLT*

O art. 479 da CLT aplica-se ao trabalhador optante pelo FGTS admitido mediante contrato por prazo determinado, nos termos do art. 30, § 3º, do Decreto nº 59.820, de 20.12.1966.

7.3. DA NULIDADE DO CONTRATO DE TRABALHO

➘ Súmula nº 363 do TST. *Contrato nulo. Efeitos*

A contratação de servidor público, após a CF/1988, sem prévia aprovação em concurso público, encontra óbice no respectivo art. 37, II e § 2º, somente lhe conferindo direito ao pagamento da contraprestação pactuada, em relação ao número de horas trabalhadas, respeitado o valor da hora do salário mínimo, e dos valores referentes aos depósitos do FGTS.

➘ OJ nº 335 da SDI – I do TST. *Contrato nulo. Administração pública. Efeitos. Conhecimento do recurso por violação do art. 37, II e § 2º, da CF/88*

A nulidade da contratação sem concurso público, após a CF/88, bem como a limitação de seus efeitos, somente poderá ser declarada por ofensa ao art. 37, II, se invocado concomitantemente o seu § 2º, todos da CF/88.

➘ OJ nº 65 da SDI – I do TST. *Professor adjunto. Ingresso no cargo de professor titular. Exigência de concurso público não afastada pela constituição federal de 1988 (CF/1988, arts. 37, II e 206, V)*

O acesso de professor adjunto ao cargo de professor titular só pode ser efetivado por meio de concurso público, conforme dispõem os arts. 37, inciso II, e 206, inciso V, da CF/88.

➘ OJ nº 366 da SDI – I do TST. *Estagiário. Desvirtuamento do contrato de estágio. Reconhecimento do vínculo empregatício com a administração pública direta ou indireta. Período posterior à constituição federal de 1988. Impossibilidade*

Ainda que desvirtuada a finalidade do contrato de estágio celebrado na vigência da Constituição Federal de 1988, é inviável o reconhecimento do vínculo empregatício com ente da Administração Pública direta ou indireta, por força do art. 37, II, da CF/1988, bem como o deferimento de indenização pecuniária, exceto em relação às parcelas previstas na Súmula nº 363 do TST, se requeridas.

➘ OJ nº 164 da SDI – I do TST. *Oficial de justiça ad hoc. Inexistência de vínculo empregatício*

Não se caracteriza o vínculo empregatício na nomeação para o exercício das funções de oficial de justiça *ad hoc*, ainda que feita de forma reiterada, pois exaure-se a cada cumprimento de mandado.

➘ OJ nº 199 da SDI – I do TST. *Jogo do bicho. Contrato de trabalho. Nulidade. Objeto ilícito. Arts. 82 e 145 do código civil*

É nulo o contrato de trabalho celebrado para o desempenho de atividade inerente à prática do jogo do bicho, ante a ilicitude de seu objeto, o que subtrai o requisito de validade para a formação do ato jurídico.

➘ Súmula nº 386 do TST. *Policial militar. Reconhecimento de vínculo empregatício com empresa privada*

Preenchidos os requisitos do art. 3º da CLT, é legítimo o reconhecimento de relação de emprego entre policial militar e empresa privada, independentemente do eventual cabimento de penalidade disciplinar prevista no Estatuto do Policial Militar.

➘ Súmula nº 430 do TST – *Administração pública indireta. Contratação. Ausência de concurso público. Nulidade. Ulterior privatização. Convalidação. Insubsistência do vício.*

Convalidam-se os efeitos do contrato de trabalho que, considerado nulo por ausência de concurso público, quando celebrado originalmente com ente da Administração Pública Indireta, continua a existir após a sua privatização.

150 Esta orientação jurisprudencial deve sofrer impactos decorrentes do julgamento de Incidente de Recurso de Revista Repetitivo nº TST-IRR-190-53.2015.5.03.0090. Confira o Informativo nº 159 do TST.

7.4. ALTERAÇÃO DO CONTRATO DE TRABALHO

Súmula nº 372 do TST[151]. *Gratificação de função. Supressão ou redução. Limites*

I - Percebida a gratificação de função por dez ou mais anos pelo empregado, se o empregador, sem justo motivo, revertê-lo a seu cargo efetivo, não poderá retirar-lhe a gratificação tendo em vista o princípio da estabilidade financeira.

II - Mantido o empregado no exercício da função comissionada, não pode o empregador reduzir o valor da gratificação.

OJ nº 208 da SDI - I do TST. *Radiologista. Gratificação de raios X. Redução. Lei nº 7.923/89.*

A alteração da gratificação por trabalho com raios X, de quarenta para dez por cento, na forma da Lei nº 7.923/89, não causou prejuízo ao trabalhador porque passou a incidir sobre o salário incorporado com todas as demais vantagens.

Súmula nº 265 do TST. *Adicional noturno. Alteração de turno de trabalho. Possibilidade de supressão*

A transferência para o período diurno de trabalho implica a perda do direito ao adicional noturno.

OJ nº 308 da SDI - I do TST. *Jornada de trabalho. Alteração. Retorno à jornada inicialmente contratada. Servidor público*

O retorno do servidor público (administração direta, autárquica e fundacional) à jornada inicialmente contratada não se insere nas vedações do art. 468 da CLT, sendo a sua jornada definida em lei e no contrato de trabalho firmado entre as partes.

OJ nº 244 da SDI - I do TST. *Professor. Redução da carga horária. Possibilidade*

A redução da carga horária do professor, em virtude da diminuição do número de alunos, não constitui alteração contratual, uma vez que não implica redução do valor da hora-aula.

OJ nº 159 da SDI - I do TST. *Data de pagamento. Salários. Alteração*

Diante da inexistência de previsão expressa em contrato ou em instrumento normativo, a alteração da data de pagamento pelo empregador não viola o art. 468, desde que observado o parágrafo único do art. 459, ambos da CLT.

Súmula nº 381 do TST. *Correção monetária. Salário. Art. 459 da CLT*

O pagamento dos salários até o 5º dia útil do mês subsequente ao vencido não está sujeito à correção monetária. Se essa data limite for ultrapassada, incidirá o índice da correção monetária do mês subsequente ao da prestação dos serviços, a partir do dia 1º.

OJ nº 28 da SDI - I do TST. *Correção monetária sobre as diferenças salariais. Universidades federais. Devida. Lei nº 7.596/1987*

Incide correção monetária sobre as diferenças salariais dos servidores das universidades federais, decorrentes da aplicação retroativa dos efeitos financeiros assegurados pela Lei nº 7.596/87, pois a correção monetária tem como escopo único minimizar a desvalorização da moeda em decorrência da corrosão inflacionária.

Súmula nº 43 do TST. *Transferência*

Presume-se abusiva a transferência de que trata o § 1º do art. 469 da CLT, sem comprovação da necessidade do serviço.

OJ nº 113 da SDI - I do TST. *Adicional de transferência. Cargo de confiança ou previsão contratual de transferência. Devido. Desde que a transferência seja provisória*

O fato de o empregado exercer cargo de confiança ou a existência de previsão de transferência no contrato de trabalho não exclui o direito ao adicional. O pressuposto legal apto a legitimar a percepção do mencionado adicional é a transferência provisória.

Súmula nº 29 do TST. *Transferência*

Empregado transferido, por ato unilateral do empregador, para local mais distante de sua residência, tem direito a suplemento salarial correspondente ao acréscimo da despesa de transporte.

7.5. SUSPENSÃO E INTERRUPÇÃO DO CONTRATO DE TRABALHO

Súmula nº 155 do TST. *Ausência ao serviço*

As horas em que o empregado falta ao serviço para comparecimento necessário, como parte, à Justiça do Trabalho não serão descontadas de seus salários.

Súmula nº 160 do TST. *Aposentadoria por invalidez*

Cancelada a aposentadoria por invalidez, mesmo após cinco anos, o trabalhador terá direito de retornar ao emprego, facultado, porém, ao empregador, indenizá-lo na forma da lei.

OJ nº 375 da SDI - I do TST. *Auxílio-doença. Aposentadoria por invalidez. Suspensão do contrato de trabalho. Prescrição. Contagem*

A suspensão do contrato de trabalho, em virtude da percepção do auxílio-doença ou da aposentadoria por invalidez, não impede a fluência da prescrição quinquenal, ressalvada a hipótese de absoluta impossibilidade de acesso ao Judiciário.

Súmula nº 440 do TST[152]. *Auxílio-doença acidentário. Aposentadoria por invalidez. Suspensão do contrato de trabalho. Reconhecimento do direito à manutenção de plano de saúde ou de assistência médica*

Assegura-se o direito à manutenção de plano de saúde, ou de assistência médica, oferecido pela empresa ao empregado, não obstante suspenso o contrato de trabalho em virtude de auxílio-doença acidentário ou de aposentadoria por invalidez.

8. DURAÇÃO DO TRABALHO

8.1. DURAÇÃO DO TRABALHO

Súmula nº 429 do TST[153]. *Tempo à disposição do empregador. Art. 4º da CLT. Período de deslocamento entre a portaria e o local de trabalho.*

Considera-se à disposição do empregador, na forma do art. 4º da CLT, o tempo necessário ao deslocamento do trabalhador entre a portaria da empresa e o local de trabalho, desde que supere o limite de 10 minutos diários.

151 Esta súmula poderá ser impactada pelo art. 468, § 2º da CLT acrescentado pela Reforma Trabalhista - Lei nº 13.467/2017.
152 Esta súmula pode poderá ser impactada pelo art. 8º, § 2º da CLT acrescentado pela Reforma Trabalhista - Lei nº 13.467/2017.
153 Esta súmula poderá ser impactada pelo art. 8º, § 2º, da CLT acrescentado pela Reforma Trabalhista - Lei nº 13.467/2017.

8.2. SOBREAVISO

➘ Súmula nº 229 do TST. *Sobreaviso. Eletricitários*

Por aplicação analógica do art. 244, § 2º, da CLT, as horas de sobreaviso dos eletricitários são remuneradas à base de 1/3 sobre a totalidade das parcelas de natureza salarial.

➘ Súmula nº 428 do TST[154]. *Sobreaviso. Aplicação analógica do art. 244, § 2º, da CLT*

I – O uso de instrumentos telemáticos ou informatizados fornecidos pela empresa ao empregado, por si só, não caracteriza regime de sobreaviso.

II – Considera-se em sobreaviso o empregado que, à distância e submetido a controle patronal por instrumentos telemáticos ou informatizados, permanecer em regime de plantão ou equivalente, aguardando a qualquer momento o chamado para o serviço durante o período de descanso.

8.3. FISCALIZAÇÃO DA JORNADA

➘ Súmula nº 338 do TST[155]. *Fiscalização da jornada. Registro. Ônus da prova.*

I – É ônus do empregador que conta com mais de 10 (dez) empregados o registro da jornada de trabalho na forma do art. 74, § 2º, da CLT. A não apresentação injustificada dos controles de frequência gera presunção relativa de veracidade da jornada de trabalho, a qual pode ser elidida por prova em contrário.

II – A presunção de veracidade da jornada de trabalho, ainda que prevista em instrumento normativo, pode ser elidida por prova em contrário.

III – Os cartões de ponto que demonstram horários de entrada e saída uniformes são inválidos como meio de prova, invertendo-se o ônus da prova, relativo às horas extras, que passa a ser do empregador, prevalecendo a jornada da inicial se dele não se desincumbir.

➘ Súmula nº 366 do TST[156]. *Cartão de ponto. Registro. Horas extras. Minutos que antecedem e sucedem a jornada de trabalho*

Não serão descontadas nem computadas como jornada extraordinária as variações de horário do registro de ponto não excedentes de cinco minutos, observado o limite máximo de dez minutos diários. Se ultrapassado esse limite, será considerada como extra a totalidade do tempo que exceder a jornada normal, pois configurado tempo à disposição do empregador, não importando as atividades desenvolvidas pelo empregado ao longo do tempo residual (troca de uniforme, lanche, higiene pessoal, etc).

➘ Súmula nº 449 do TST. *Minutos que antecedem e sucedem a jornada de trabalho. Lei nº 10.243, de 19.06.2001. Norma coletiva. Flexibilização. Impossibilidade*

A partir da vigência da Lei nº 10.243, de 27.06.2001, que acrescentou o § 1º ao art. 58 da CLT, não mais prevalece cláusula prevista em convenção ou acordo coletivo que elastece o limite de 5 minutos que antecedem e sucedem a jornada de trabalho para fins de apuração das horas extras.

8.4. HORAS *IN ITINERE*

➘ Súmula nº 90 do TST[157]. *Horas* in itinere. *Tempo de serviço*

I – O tempo despendido pelo empregado, em condução fornecida pelo empregador, até o local de trabalho de difícil acesso, ou não servido por transporte público regular, e para o seu retorno é computável na jornada de trabalho.

II – A incompatibilidade entre os horários de início e término da jornada do empregado e os do transporte público regular é circunstância que também gera o direito às horas *"in itinere"*.

III – A mera insuficiência de transporte público não enseja o pagamento de horas *"in itinere"*.

IV – Se houver transporte público regular em parte do trajeto percorrido em condução da empresa, as *horas "in itinere"* remuneradas limitam-se ao trecho não alcançado pelo transporte público.

V – Considerando que as horas *"in itinere"* são computáveis na jornada de trabalho, o tempo que extrapola a jornada legal é considerado como extraordinário e sobre ele deve incidir o adicional respectivo.

➘ Súmula nº 320 do TST[158]. *Horas* in itinere. *Obrigatoriedade de cômputo na jornada de trabalho*

O fato de o empregador cobrar, parcialmente ou não, importância pelo transporte fornecido, para local de difícil acesso ou não servido de transporte regular, não afasta o direito à percepção das *horas in itinere*.

8.5. MOTORISTA, GERENTE E FERROVIÁRIO SUBMETIDOS AO ART. 62 DA CLT

➘ OJ nº 332 da SDI – I do TST. *Motorista. Horas extras. Atividade externa. Controle de jornada por tacógrafo. Resolução nº 816/1986 do Contran*

O tacógrafo, por si só, sem a existência de outros elementos, não serve para controlar a jornada de trabalho de empregado que exerce atividade externa.

➘ Súmula nº 287 do TST. *Jornada de trabalho. Gerente bancário*

A jornada de trabalho do empregado de banco gerente de agência é regida pelo art. 224, § 2º, da CLT. Quanto ao gerente-geral de agência bancária, presume-se o exercício de encargo de gestão, aplicando-se-lhe o art. 62 da CLT.

➘ Súmula nº 61 do TST. *Ferroviário*

Aos ferroviários que trabalham em estação do interior, assim classificada por autoridade competente, não são devidas horas extras (art. 243 da CLT).

---

154 Esta súmula poderá ser impactada pelo art. 611-A, VIII da CLT acrescentado pela Reforma Trabalhista – Lei nº 13.467/2017.

155 Esta súmula poderá ser impactada pelo art. 611-A, X da CLT acrescentado pela Reforma Trabalhista – Lei nº 13.467/2017.

156 Esta súmula poderá ser impactada pelo art. 4º, § 2º da CLT acrescentado pela Reforma Trabalhista – Lei nº 13.467/2017.

157 Esta súmula poderá ser impactada pelo art. 58, § 2º da CLT modificado pela Reforma Trabalhista – Lei nº 13.467/2017.

158 Esta súmula poderá ser impactada pelo art. 58, § 2º da CLT modificado pela Reforma Trabalhista – Lei nº 13.467/2017.

8.6. TURNOS ININTERRUPTOS DE REVEZAMENTO

➘ Súmula nº 423 do TST. *Turno ininterrupto de revezamento.*

Fixação de jornada de trabalho mediante negociação coletiva. Validade.

Estabelecida jornada superior a seis horas e limitada a oito horas por meio de regular negociação coletiva, os empregados submetidos a turnos ininterruptos de revezamento não têm direito ao pagamento da 7ª e 8ª horas como extras.

➘ OJ nº 420 da SDI - I do TST. *Turnos ininterruptos de revezamento. Elastecimento da jornada de trabalho. Norma coletiva com eficácia retroativa. Invalidade.*

É inválido o instrumento normativo que, regularizando situações pretéritas, estabelece jornada de oito horas para o trabalho em turnos ininterruptos de revezamento

➘ OJ nº 360 da SDI - I do TST. *Turno ininterrupto de revezamento. Dois turnos. Horário diurno e noturno. Caracterização*

Faz jus à jornada especial prevista no art. 7º, XIV, da CF/1988 o trabalhador que exerce suas atividades em sistema de alternância de turnos, ainda que em dois turnos de trabalho, que compreendam, no todo ou em parte, o horário diurno e o noturno, pois submetido à alternância de horário prejudicial à saúde, sendo irrelevante que a atividade da empresa se desenvolva de forma ininterrupta.

➘ Súmula nº 360 do TST. *Turnos ininterruptos de revezamento. Intervalos intrajornada e semanal*

A interrupção do trabalho destinada a repouso e alimentação, dentro de cada turno, ou o intervalo para repouso semanal, não descaracteriza o turno de revezamento com jornada de 6 (seis) horas previsto no art. 7º, XIV, da CF/1988.

➘ OJ nº 395 da SDI - I do TST. *Turno ininterrupto de revezamento. Hora noturna reduzida. Incidência.*

O trabalho em regime de turnos ininterruptos de revezamento não retira o direito à hora noturna reduzida, não havendo incompatibilidade entre as disposições contidas nos arts. 73, § 1º, da CLT e 7º, XIV, da Constituição Federal.

➘ OJ nº 275 da SDI - I do TST. *Turno ininterrupto de revezamento. Horista. Horas extras e adicional. Devidos*

Inexistindo instrumento coletivo fixando jornada diversa, o empregado horista submetido a turno ininterrupto de revezamento faz jus ao pagamento das horas extraordinárias laboradas além da 6ª, bem como ao respectivo adicional.

➘ OJ nº 396 da SDI - I do TST. *Turnos ininterruptos de revezamento. Alteração da jornada de 8 para 6 horas diárias. Empregado horista. Aplicação do divisor 180.*

Para o cálculo do salário hora do empregado horista, submetido a turnos ininterruptos de revezamento, considerando a alteração da jornada de 8 para 6 horas diárias, aplica-se o divisor 180, em observância ao disposto no art. 7º, VI, da Constituição Federal, que assegura a irredutibilidade salarial.

➘ OJ nº 274 da SDI - I do TST. *Turno ininterrupto de revezamento. Ferroviário. Horas extras. Devidas*

O ferroviário submetido a escalas variadas, com alternância de turnos, faz jus à jornada especial prevista no art. 7º, XIV, da CF/1988.

➘ Súmula nº 391 do TST. *Petroleiros. Lei nº 5.811/1972. Turno ininterrupto de revezamento. Horas extras e alteração da jornada para horário fixo*

I - A Lei nº 5.811/1972 foi recepcionada pela CF/88 no que se refere à duração da jornada de trabalho em regime de revezamento dos petroleiros.

II - A previsão contida no art. 10 da Lei nº 5.811/1972, possibilitando a mudança do regime de revezamento para horário fixo, constitui alteração lícita, não violando os arts. 468 da CLT e 7º, VI, da CF/1988.

8.7. TRABALHO NOTURNO

➘ OJ nº 127 da SDI - I do TST. *Hora noturna reduzida. Subsistência após a CF/1988*

O art. 73, § 1º da CLT, que prevê a redução da hora noturna, não foi revogado pelo inciso IX do art. 7º da CF/1988

➘ Súmula nº 265 do TST. *Adicional noturno. Alteração de turno de trabalho. Possibilidade de supressão*

A transferência para o período diurno de trabalho implica a perda do direito ao adicional noturno.

➘ OJ nº 388 da SDI - I do TST[159]. *Jornada 12x36. Jornada mista que compreenda a totalidade do período noturno. Adicional noturno. Devido.*

O empregado submetido à jornada de 12 horas de trabalho por 36 de descanso, que compreenda a totalidade do período noturno, tem direito ao adicional noturno, relativo às horas trabalhadas após as 5 horas da manhã.

➘ Súmula nº 112 do TST. *Trabalho noturno. Petróleo*

O trabalho noturno dos empregados nas atividades de exploração, perfuração, produção e refinação do petróleo, industrialização do xisto, indústria petroquímica e transporte de petróleo e seus derivados, por meio de dutos, é regulado pela Lei 5.811/72, não se lhe aplicando a hora reduzida de 52 (cinquenta e dois) minutos e 30 (trinta) segundos do art. 73, § 2º, da CLT.

➘ OJ nº 60 da SDI - I do TST. *Portuários. Hora noturna. Horas extras. (Lei nº 4.860/65, arts. 4º e 7º, § 5º)*

I - A hora noturna no regime de trabalho no porto, compreendida entre dezenove horas e sete horas do dia seguinte, é de sessenta minutos.

II - Para o cálculo das horas extras prestadas pelos trabalhadores portuários, observar-se-á somente o salário básico percebido, excluídos os adicionais de risco e produtividade.

8.8. COMPENSAÇÃO DE JORNADA

➘ Súmula nº 85 do TST[160]. *Compensação de jornada*

I - A compensação de jornada de trabalho deve ser ajustada por acordo individual escrito, acordo coletivo ou convenção coletiva.

II - O acordo individual para compensação de horas é válido, salvo se houver norma coletiva em sentido contrário.

---

159 Esta orientação jurisprudencial poderá ser impactada pelo art. 59-A, parágrafo único da CLT acrescentado pela Reforma Trabalhista - Lei nº 13.467/2017.

160 Esta súmula poderá ser impactada pelos art. 59, 59-A e 59-B da CLT alterados pela Reforma Trabalhista - Lei nº 13.467/2017.

III – O mero não-atendimento das exigências legais para a compensação de jornada, inclusive quando encetada mediante acordo tácito, não implica a repetição do pagamento das horas excedentes à jornada normal diária, se não dilatada a jornada máxima semanal, sendo devido apenas o respectivo adicional.

IV – A prestação de horas extras habituais descaracteriza o acordo de compensação de jornada. Nesta hipótese, as horas que ultrapassarem a jornada semanal normal deverão ser pagas como horas extraordinárias e, quanto àquelas destinadas à compensação, deverá ser pago a mais apenas o adicional por trabalho extraordinário.

V – As disposições contidas nesta súmula não se aplicam ao regime compensatório na modalidade "banco de horas", que somente pode ser instituído por negociação coletiva.

VI – Não é válido acordo de compensação de jornada em atividade insalubre, ainda que estipulado em norma coletiva, sem a necessária inspeção prévia e permissão da autoridade competente, na forma do art. 60 da CLT.

➘ Súmula nº 444 do TST[161]. *Jornada de trabalho. Escala 12 por 36. Validade*

É valida, em caráter excepcional, a jornada de 12 horas de trabalho por trinta e seis de descanso, prevista em lei ou ajustada exclusivamente mediante acordo coletivo de trabalho ou convenção coletiva de trabalho, assegurada a remuneração em dobro dos feriados trabalhados. O empregado não tem direito ao pagamento de adicional referente ao labor prestado na décima primeira e décima segunda horas

➘ OJ nº 323 da SDI – I do TST. *Acordo de compensação de jornada. "Semana espanhola". Validade*

É válido o sistema de compensação de horário quando a jornada adotada é a denominada "semana espanhola", que alterna a prestação de 48 horas em uma semana e 40 horas em outra, não violando os arts. 59, § 2º, da CLT e 7º, XIII, da CF/1988 o seu ajuste mediante acordo ou convenção coletiva de trabalho.

8.9. JORNADA DO TELEFONISTA, JORNALISTA E ADVOGADO

➘ Súmula nº 178 do TST. *Telefonista. Art. 227, e parágrafos, da CLT. Aplicabilidade*

É aplicável à telefonista de mesa de empresa que não explora o serviço de telefonia o disposto no art. 227, e seus parágrafos, da CLT

➘ OJ nº 213 da SDI – I do TST. *Telex. Operadores. Art. 227 da CLT. Inaplicável*

O operador de telex de empresa, cuja atividade econômica não se identifica com qualquer uma das previstas no art. 227 da CLT, não se beneficia de jornada reduzida.

➘ OJ nº 407 da SDI – I do TST. *Jornalista. Empresa não jornalística. Jornada de trabalho reduzida. Arts. 302 e 303 da CLT*

O jornalista que exerce funções típicas de sua profissão, independentemente do ramo de atividade do empregador, tem direito à jornada reduzida prevista no artigo 303 da CLT.

➘ OJ nº 403 da SDI – I do TST. *Advogado empregado. Contratação anterior a Lei nº 8.906, de 04.07.1994. Jornada de trabalho mantida com o advento da lei. Dedicação exclusiva. Caracterização*

O advogado empregado contratado para jornada de 40 horas semanais, antes da edição da Lei nº 8.906, de 04.07.1994, está sujeito ao regime de dedicação exclusiva disposto no art. 20 da referida lei, pelo que não tem direito à jornada de 20 horas semanais ou 4 diárias.

8.10. INTERVALOS

➘ Súmula nº 118 do TST. *Jornada de trabalho. Horas extras*

Os intervalos concedidos pelo empregador na jornada de trabalho, não previstos em lei, representam tempo à disposição da empresa, remunerados como serviço extraordinário, se acrescidos ao final da jornada.

➘ Súmula nº 437 do TST[162]. *Intervalo intrajornada para repouso e alimentação. Aplicação do art. 71 da CLT.* *(Conversão das Orientações Jurisprudenciais n.os 307, 342, 354, 380 e 381 da SBDI-1)*

I – Após a edição da Lei nº 8.923/94, a não concessão total ou a concessão parcial do intervalo intrajornada mínimo, para repouso e alimentação a empregados urbanos e rurais, implica o pagamento total do período correspondente, e não apenas daquele suprimido, com acréscimo de, no mínimo, 50% sobre o valor da remuneração da hora normal de trabalho (art. 71 da CLT), sem prejuízo do cômputo da efetiva jornada de labor para efeito de remuneração.

II – É inválida cláusula de acordo ou convenção coletiva de trabalho contemplando a supressão ou redução do intervalo intrajornada porque este constitui medida de higiene, saúde e segurança do trabalho, garantida por norma de ordem pública (art. 71 da CLT e art. 7º, XXII, da CF/1988), infenso à negociação coletiva.

III – Possui natureza salarial a parcela prevista no art. 71, § 4º, da CLT, com redação introduzida pela Lei nº 8.923, de 27 de julho de 1994, quando não concedido ou reduzido pelo empregador o intervalo mínimo intrajornada para repouso e alimentação, repercutindo, assim, no cálculo de outras parcelas salariais.

IV – Ultrapassada habitualmente a jornada de seis horas de trabalho, é devido o gozo do intervalo intrajornada mínimo de uma hora, obrigando o empregador a remunerar o período para descanso e alimentação não usufruído como extra, acrescido do respectivo adicional, na forma prevista no art. 71, caput e § 4º, da CLT."

➘ Súmula nº 446 do TST. *Maquinista ferroviário. Intervalo intrajornada. Supressão parcial ou total. Horas extras devidas. Compatibilidade entre os arts. 71, § 4º, e 238, § 5º, da CLT.*

A garantia ao intervalo intrajornada, prevista no art. 71 da CLT, por constituir-se em medida de higiene, saúde e segurança do empregado, é aplicável também ao ferroviário maquinista integrante da categoria "c" (equipagem de trem em geral), não havendo incompatibilidade entre as regras inscritas nos arts. 71, § 4º, e 238, § 5º, da CLT.

---

161 Esta súmula poderá ser impactada pelo art. 59-A da CLT acrescentado pela Reforma Trabalhista – Lei nº 13.467/2017.

162 Esta súmula poderá ser impactada pela nova redação do art. 71, § 4º da CLT e pelo art. 611-A, III da CLT acrescentado pela Reforma Trabalhista – Lei nº 13.467/2017.

Súmula nº 346 do TST. ***Digitador. Intervalos intrajornada. Aplicação analógica do art. 72 da CLT***

Os digitadores, por aplicação analógica do art. 72 da CLT, equiparam-se aos trabalhadores nos serviços de mecanografia (datilografia, escrituração e cálculo), razão pela qual têm direito a intervalos de descanso de 10 (dez) minutos a cada 90 (noventa) de trabalho consecutivo.

Súmula nº 438 do TST. ***Intervalo para recuperação térmica do empregado. Ambiente artificialmente frio. Horas extras. Art. 253 da CLT. Aplicação analógica***

O empregado submetido a trabalho contínuo em ambiente artificialmente frio, nos termos do parágrafo único do art. 253 da CLT, ainda que não labore em câmara frigorífica, tem direito ao intervalo intrajornada previsto no caput do art. 253 da CLT.

OJ nº 355 da SDI - I do TST[163]. ***Intervalo interjornadas. Inobservância. Horas extras. Período pago como sobrejornada. Art. 66 da CLT. Aplicação analógica do § 4º do art. 71 da CLT.***

O desrespeito ao intervalo mínimo interjornadas previsto no art. 66 da CLT acarreta, por analogia, os mesmos efeitos previstos no § 4º do art. 71 da CLT e na Súmula nº 110 do TST, devendo-se pagar a integralidade das horas que foram subtraídas do intervalo, acrescidas do respectivo adicional.

Súmula nº 110 do TST. ***Jornada de trabalho. Intervalo.***

No regime de revezamento, as horas trabalhadas em seguida ao repouso semanal de 24 horas, com prejuízo do intervalo mínimo de 11 horas consecutivas para descanso entre jornadas, devem ser remuneradas como extraordinárias, inclusive com o respectivo adicional.

8.11. DESCANSO SEMANAL REMUNERADO E FERIADOS (LEI Nº 605/1949)

Súmula nº 15 do TST. Atestado médico

A justificação da ausência do empregado motivada por doença, para a percepção do salário-enfermidade e da remuneração do repouso semanal, deve observar a ordem preferencial dos atestados médicos estabelecida em lei.

Súmula nº 282 do TST. ***Abono de faltas. Serviço médico da empresa***

Ao serviço médico da empresa ou ao mantido por esta última mediante convênio compete abonar os primeiros 15 (quinze) dias de ausência ao trabalho.

Súmula nº 146 do TST. ***Trabalho em domingos e feriados, não compensado***

O trabalho prestado em domingos e feriados, não compensado, deve ser pago em dobro, sem prejuízo da remuneração relativa ao repouso semanal.

OJ nº 410 da SDI - I do TST. ***Repouso semanal remunerado. Concessão após o sétimo dia consecutivo de trabalho. Art. 7º, XV, da CF. Violação***

Viola o art. 7º, XV, da CF a concessão de repouso semanal remunerado após o sétimo dia consecutivo de trabalho, importando no seu pagamento em dobro.

Súmula nº 225 do TST. ***Repouso semanal. Cálculo. Gratificações por tempo de serviço e produtividade***

As gratificações por tempo de serviço e produtividade, pagas mensalmente, não repercutem no cálculo do repouso semanal remunerado.

OJ nº 103 da SDI - I do TST. ***Adicional de insalubridade. Repouso semanal e feriados***

O adicional de insalubridade já remunera os dias de repouso semanal e feriados.

Súmula nº 172 do TST. ***Repouso remunerado. Horas extras. Cálculo***

Computam-se no cálculo do repouso semanal remunerado as horas extras habitualmente prestadas.

OJ nº 394 da SDI - I do TST. ***Repouso semanal remunerado. Integração das horas extras. Repercussão no cálculo das férias, décimo terceiro salário, aviso prévio e depósitos do FGTS.***

I - A majoração do valor do repouso semanal remunerado, decorrente da integração das horas extras habituais, deve repercutir no cálculo, efetuado pelo empregador, das demais parcelas que têm como base de cálculo o salário, não se cogitando de "bis in idem" por sua incidência no cálculo das férias, da gratificação natalina, do aviso prévio e do FGTS;

II - O item I será aplicado às horas extras trabalhadas a partir de 20/3/2023.

Súmula nº 27 do TST. ***Comissionista***

É devida a remuneração do repouso semanal remunerado e dos dias feriados ao empregado comissionista, ainda que pracista.

Súmula nº 354 do TST[164]. ***Gorjetas. Natureza jurídica. Repercussões***

As gorjetas, cobradas pelo empregador na nota de serviço ou oferecidas espontaneamente pelos clientes, integram a remuneração do empregado, não servindo de base de cálculo para as parcelas de aviso-prévio, adicional noturno, horas extras e repouso semanal remunerado.

Súmula nº 351 do TST. ***Professor. Repouso semanal remunerado. Art. 7º, § 2º, da Lei nº 605, de 05.01.1949 e art. 320 da CLT***

O professor que recebe salário mensal à base de hora-aula tem direito ao acréscimo de 1/6 a título de repouso semanal remunerado, considerando-se para esse fim o mês de quatro semanas e meia.

Súmula nº 113 do TST. ***Bancário. Sábado. Dia útil***

O sábado do bancário é dia útil não trabalhado, não dia de repouso remunerado. Não cabe a repercussão do pagamento de horas extras habituais em sua remuneração.

8.12. FÉRIAS

Súmula nº 89 do TST. ***Falta ao serviço***

Se as faltas já são justificadas pela lei, consideram-se como ausências legais e não serão descontadas para o cálculo do período de férias.

163 Esta súmula poderá ser impactada pela nova redação do art. 71, § 4º da CLT dada pela Reforma Trabalhista – Lei nº 13.467/2017.

164 Esta súmla poderá ser impactada pelo art. 611-A, IX da CLT acrescentado pela Reforma Trabalhista – Lei nº 13.467/2017.

➘ Súmula nº 46 do TST. ***Acidente de trabalho***

As faltas ou ausências decorrentes de acidente do trabalho não são consideradas para os efeitos de duração de férias e cálculo da gratificação natalina.

➘ Súmula nº 328 do TST. ***Férias. Terço constitucional***

O pagamento das férias, integrais ou proporcionais, gozadas ou não, na vigência da CF/88, sujeita-se ao acréscimo do terço previsto no respectivo art. 7º, XVII.

➘ Súmula nº 149 do TST. ***Tarefeiro. Férias***

A remuneração das férias do tarefeiro deve ser calculada com base na média da produção do período aquisitivo, aplicando-se-lhe a tarifa da data da concessão.

➘ Súmula nº 81 do TST. ***Férias***

Os dias de férias gozados após o período legal de concessão deverão ser remunerados em dobro.

➘ Súmula nº 450 do TST[165]. ***Férias. Gozo na época própria. Pagamento fora do prazo. Dobra devida. Arts. 137 e 145 da CLT.***

É devido o pagamento em dobro da remuneração de férias, incluído o terço constitucional, com base no art. 137 da CLT, quando, ainda que gozadas na época própria, o empregador tenha descumprido o prazo previsto no art. 145 do mesmo diploma legal.

➘ Súmula nº 7 do TST. ***Férias***

A indenização pelo não-deferimento das férias no tempo oportuno será calculada com base na remuneração devida ao empregado na época da reclamação ou, se for o caso, na da extinção do contrato.

➘ Súmula nº 171 do TST. ***Férias proporcionais. Contrato de trabalho. Extinção***

Salvo na hipótese de dispensa do empregado por justa causa, a extinção do contrato de trabalho sujeita o empregador ao pagamento da remuneração das férias proporcionais, ainda que incompleto o período aquisitivo de 12 (doze) meses.

➘ Súmula nº 261 do TST. ***Férias proporcionais. Pedido de demissão. Contrato vigente há menos de um ano***

O empregado que se demite antes de completar 12 (doze) meses de serviço tem direito a férias proporcionais.

➘ Súmula nº 10 do TST. ***Professor. Dispensa sem justa causa. Término do ano letivo ou no curso de férias escolares. Aviso-prévio***

O direito aos salários assegurados (artigo 322, caput e parágrafo 3º da CLT) não exclui o direito também ao aviso-prévio, na hipótese de dispensa sem justa causa ao término do ano letivo ou no curso das férias escolares.

➘ OJ nº 195 da SDI - I do TST. ***Férias indenizadas. FGTS. Não-incidência***

Não incide a contribuição para o FGTS sobre as férias indenizadas.

9. REMUNERAÇÃO

9.1. SALÁRIO E REMUNERAÇÃO

➘ Súmula nº 354 do TST[166]. ***Gorjetas. Natureza jurídica. Repercussões***

As gorjetas, cobradas pelo empregador na nota de serviço ou oferecidas espontaneamente pelos clientes, integram a remuneração do empregado, não servindo de base de cálculo para as parcelas de aviso-prévio, adicional noturno, horas extras e repouso semanal remunerado.

➘ OJ nº 358 da SDI - I do TST. ***Salário mínimo e piso salarial proporcional à jornada reduzida. Empregado. Servidor público***

I – Havendo contratação para cumprimento de jornada reduzida, inferior à previsão constitucional de oito horas diárias ou quarenta e quatro semanais, é lícito o pagamento do piso salarial ou do salário mínimo proporcional ao tempo trabalhado.

II – Na Administração Pública direta, autárquica e fundacional não é válida remuneração de empregado público inferior ao salário mínimo, ainda que cumpra jornada de trabalho reduzida. Precedentes do Supremo Tribunal Federal.

➘ OJ nº 393 da SDI - I do TST[167]. ***Professor. Jornada de trabalho especial. Art. 318 da CLT. Salário mínimo. Proporcionalidade***

A contraprestação mensal devida ao professor, que trabalha no limite máximo da jornada prevista no art. 318 da CLT, é de um salário mínimo integral, não se cogitando do pagamento proporcional em relação a jornada prevista no art. 7º, XIII, da Constituição Federal.

➘ OJ nº 244 da SDI - I do TST. ***Professor. Redução da carga horária. Possibilidade***

A redução da carga horária do professor, em virtude da diminuição do número de alunos, não constitui alteração contratual, uma vez que não implica redução do valor da hora-aula.

➘ Súmula nº 370 do TST. ***Médico e engenheiro. Jornada de trabalho. Leis nºs 3.999/1961 e 4.950-A/1966***

Tendo em vista que as Leis nº 3.999/1961 e 4.950-A/1966 não estipulam a jornada reduzida, mas apenas estabelecem o salário mínimo da categoria para uma jornada de 4 horas para os médicos e de 6 horas para os engenheiros, não há que se falar em horas extras, salvo as excedentes à oitava, desde que seja respeitado o salário mínimo/horário das categorias.

➘ Súmula nº 143 do TST. ***Salário profissional***

O salário profissional dos médicos e dentistas guarda proporcionalidade com as horas efetivamente trabalhadas, respeitado o mínimo de 50 (cinquenta) horas.

➘ Súmula nº 358 do TST. ***Radiologista. Salário profissional. Lei nº 7.394, de 29.10.1985***

---

165 O Plenário do STF, por 7 votos a 4, no julgamento virtual finalizado em 05/08/202, julgou procedente a ADPF 501 para declarar a inconstitucionalidade da Súmula 450 do Tribunal Superior do Trabalho.

166 Esta súmula poderá ser impactada pelo art. 611-A, IX da CLT acrescentado pela Reforma Trabalhista – Lei nº 13.467/2017.

167 Esta orientação jurisprudencial pode sofrer impactos em decorrência da aprovação da Lei nº 13.415/2017 que alterou a jornada de trabalho do professor.

O salário profissional dos técnicos em radiologia é igual a 2 (dois) salários mínimos e não a 4 (quatro).

Súmula nº 91 do TST. ***Salário complessivo***

Nula é a cláusula que fixa determinada importância ou percentagem para atender englobadamente vários direitos legais ou contratuais do trabalhador.

9.2. AUMENTO SALARIAL CONCEDIDO PELA EMPRESA E SALÁRIO UTILIDADE

OJ nº 325 da SDI - I do TST. ***Aumento salarial concedido pela empresa. Compensação no ano seguinte em antecipação sem a participação do sindicato profissional. Impossibilidade***

O aumento real, concedido pela empresa a todos os seus empregados, somente pode ser reduzido mediante a participação efetiva do sindicato profissional no ajuste, nos termos do art. 7º, VI, da CF/1988.

Súmula nº 258 do TST. ***Salário-utilidade. Percentuais***

Os percentuais fixados em lei relativos ao salário *in natura* apenas se referem às hipóteses em que o empregado percebe salário-mínimo, apurando-se, nas demais, o real valor da utilidade.

Súmula nº 367 do TST. ***Utilidades "in natura". Habitação. Energia elétrica. Veículo. Cigarro. Não integração ao salário***

I - A habitação, a energia elétrica e veículo fornecidos pelo empregador ao empregado, quando indispensáveis para a realização do trabalho, não têm natureza salarial, ainda que, no caso de veículo, seja ele utilizado pelo empregado também em atividades particulares.

II - O cigarro não se considera salário-utilidade em face de sua nocividade à saúde.

Súmula nº 241 do TST[168]. ***Salário-utilidade. Alimentação***

O vale refeição, fornecido por força do contrato de trabalho, tem caráter salarial, integrando a remuneração do empregado para todos os efeitos legais.

OJ nº 123 da SDI - I do TST. ***Bancários. Ajuda alimentação***

A ajuda-alimentação prevista em norma coletiva em decorrência de prestação de horas extras tem natureza indenizatória e, por isso, não integra o salário do empregado bancário.

OJ nº 133 da SDI - I do TST. ***Ajuda alimentação. PAT. Lei nº 6.321/76. Não integração ao salário***

A ajuda-alimentação fornecida por empresa participante do programa de alimentação ao trabalhador, instituído pela Lei nº 6.321/76, não tem caráter salarial. Portanto, não integra o salário para nenhum efeito legal.

OJ nº 413 da SDI - I do TST. ***Auxílio-alimentação. Alteração da natureza jurídica. Norma coletiva ou adesão ao PAT. (DEJT divulgado em 14, 15 e 16.02.2012)***

A pactuação em norma coletiva conferindo caráter indenizatório à verba "auxílio-alimentação" ou a adesão posterior do empregador ao Programa de Alimentação do Trabalhador - PAT - não altera a natureza salarial da parcela, instituída anteriormente, para aqueles empregados que, habitualmente, já percebiam o benefício, a teor das Súmulas nºs 51, I, e 241 do TST.

9.3. COMISSÕES

OJ nº 181 da SDI - I do TST. ***Comissões. Correção monetária. Cálculo***

O valor das comissões deve ser corrigido monetariamente para em seguida obter-se a média para efeito de cálculo de férias, 13º salário e verbas rescisórias.

Súmula nº 27 do TST. ***Comissionista***

É devida a remuneração do repouso semanal remunerado e dos dias feriados ao empregado comissionista, ainda que pracista.

Súmula nº 340 do TST. ***Comissionista. Horas extras***

O empregado, sujeito a controle de horário, remunerado à base de comissões, tem direito ao adicional de, no mínimo, 50% (cinquenta por cento) pelo trabalho em horas extras, calculado sobre o valor-hora das comissões recebidas no mês, considerando-se como divisor o número de horas efetivamente trabalhadas.

OJ nº 235 da SDI - I do TST[169]. ***Horas extras. Salário por produção***

O empregado que recebe salário por produção e trabalha em sobrejornada tem direito à percepção apenas do adicional de horas extras, exceto no caso do empregado cortador de cana, a quem é devido o pagamento das horas extras e do adicional respectivo.

OJ nº 397 da SDI - I do TST. ***Comissionista misto. Horas extras. Base de cálculo. Aplicação da Súmula nº 340 do TST.***

O empregado que recebe remuneração mista, ou seja, uma parte fixa e outra variável, tem direito a horas extras pelo trabalho em sobrejornada. Em relação à parte fixa, são devidas as horas simples acrescidas do adicional de horas extras. Em relação à parte variável, é devido somente o adicional de horas extras, aplicando-se à hipótese o disposto na Súmula nº 340 do TST.

9.4. GRATIFICAÇÕES

Súmula nº 152 do TST. ***Gratificação. Ajuste tácito***

O fato de constar do recibo de pagamento de gratificação, o caráter de liberalidade não basta, por si só, para excluir a existência de um ajuste tácito.

Súmula nº 225 do TST. ***Repouso semanal. Cálculo. Gratificações por tempo de serviço e produtividade***

As gratificações por tempo de serviço e produtividade, pagas mensalmente, não repercutem no cálculo do repouso semanal remunerado.

---

168 Esta súmula poderá ser impactada pela nova redação dada ao art. 457, § 2º da CLT pela Reforma Trabalhista - Lei nº 13.467/2017.

169 Esta orientação jurisprudencial poderá ser impactada pelo art. 611-A, IX da CLT acrescentado pela Reforma Trabalhista - Lei nº 13.467/2017.

➘ Súmula nº 203 do TST[170]. *Gratificação por tempo de serviço. Natureza salarial*

A gratificação por tempo de serviço integra o salário para todos os efeitos legais.

➘ Súmula nº 226 do TST[171]. *Bancário. Gratificação por tempo de serviço. Integração no cálculo das horas extras*

A gratificação por tempo de serviço integra o cálculo das horas extras.

➘ Súmula nº 202 do TST[172]. *Gratificação por tempo de serviço. Compensação*

Existindo, ao mesmo tempo, gratificação por tempo de serviço outorgada pelo empregador e outra da mesma natureza prevista em acordo coletivo, convenção coletiva ou sentença normativa, o empregado tem direito a receber, exclusivamente, a que lhe seja mais benéfica.

➘ Súmula nº 372 do TST[173]. *Gratificação de função. Supressão ou redução. Limites*

I – Percebida a gratificação de função por dez ou mais anos pelo empregado, se o empregador, sem justo motivo, revertê-lo a seu cargo efetivo, não poderá retirar-lhe a gratificação tendo em vista o princípio da estabilidade financeira.

II – Mantido o empregado no exercício da função comissionada, não pode o empregador reduzir o valor da gratificação.

➘ Súmula nº 67 do TST. *Gratificação. Ferroviário*

Chefe de trem, regido pelo estatuto dos ferroviários (Decreto nº 35.530, de 19.09.1959), não tem direito à gratificação prevista no respectivo art. 110.

9.5. ADICIONAL DE RISCO DO PORTUÁRIO

➘ OJ nº 316 da SDI – I do TST. *Portuários. Adicional de risco. Lei nº 4.860/65*

O adicional de risco dos portuários, previsto no art. 14 da Lei nº 4.860/65, deve ser proporcional ao tempo efetivo no serviço considerado sob risco e apenas concedido àqueles que prestam serviços na área portuária.

9.6. ADICIONAL POR TEMPO DE SERVIÇO E ADICIONAL REGIONAL

➘ Súmula nº 52 do TST. *Tempo de serviço*

O adicional de tempo de serviço (quinquênio) é devido, nas condições estabelecidas no art. 19 da Lei nº 4.345, de 26.06.1964, aos contratados sob o regime da CLT, pela empresa a que se refere a mencionada lei, inclusive para o fim de complementação de aposentadoria.

➘ Súmula nº 84 do TST. *Adicional regional*

O adicional regional, instituído pela Petrobras, não contraria o art. 7º, XXXII, da CF/1988.

9.7. ABONO PREVISTO EM NORMA COLETIVA

➘ OJ nº 346 da SDI – I do TST. *Abono previsto em norma coletiva. Natureza indenizatória. Concessão apenas aos empregados em atividade. Extensão aos inativos. Impossibilidade*

A decisão que estende aos inativos a concessão de abono de natureza jurídica indenizatória, previsto em norma coletiva apenas para os empregados em atividade, a ser pago de uma única vez, e confere natureza salarial à parcela, afronta o art. 7º, XXVI, da CF/88.

9.8. GRATIFICAÇÃO NATALINA OU DÉCIMO TERCEIRO SALÁRIO

➘ Súmula nº 45 do TST. *Serviço suplementar*

A remuneração do serviço suplementar, habitualmente prestado, integra o cálculo da gratificação natalina prevista na Lei nº 4.090/62.

➘ Súmula nº 253 do TST[174]. *Gratificação semestral. Repercussões*

A gratificação semestral não repercute no cálculo das horas extras, das férias e do aviso-prévio, ainda que indenizados. Repercute, contudo, pelo seu duodécimo na indenização por antiguidade e na gratificação natalina.

➘ Súmula nº 46 do TST. *Acidente de trabalho*

As faltas ou ausências decorrentes de acidente do trabalho não são consideradas para os efeitos de duração de férias e cálculo da gratificação natalina.

➘ Súmula nº 157 do TST. *Gratificação*

A gratificação instituída pela Lei nº 4.090, de 13.7.62, é devida na resilição contratual de iniciativa do empregado.

➘ Súmula nº 14 do TST. *Culpa recíproca*

Reconhecida a culpa recíproca na rescisão do contrato de trabalho (art. 484 da CLT), o empregado tem direito a 50% (cinquenta por cento) do valor do aviso prévio, do décimo terceiro salário e das férias proporcionais.

➘ Súmula nº 148 do TST. *Gratificação natalina*

É computável a gratificação de Natal para efeito de cálculo de indenização.

➘ Súmula nº 242 do TST. *Indenização adicional. Valor*

A indenização adicional, prevista no art. 9º da Lei nº 6.708, de 30.10.1979 e no art. 9º da Lei nº 7.238 de 28.10.1984, corresponde ao salário mensal, no valor devido na data da comunicação do des-

170 Esta súmula poderá ser impactada pela nova redação dada ao art. 457, § 1º da CLT pela Reforma Trabalhista – Lei nº 13.467/2017.

171 Esta súmula poderá ser impactada pela nova redação dada ao art. 457, § 1º da CLT pela Reforma Trabalhista – Lei nº 13.467/2017.

172 Esta jurisprudência poderá ser impactada pelo art. 611-A, VI da CLT acrescentado pela Reforma Trabalhista – Lei nº 13.467/2017.

173 Esta súmula poderá ser impactada pelo art. 468, § 2º da CLT acrescentado pela Reforma Trabalhista – Lei nº 13.467/2017.

174 Esta súmula poderá ser impactada pela nova redação dada ao art. 457, § 1º da CLT pela Reforma Trabalhista – Lei nº 13.467/2017.

pedimento, integrado pelos adicionais legais ou convencionados, ligados à unidade de tempo mês, não sendo computável a gratificação natalina.

Súmula nº 50 do TST. *Gratificação natalina*

A gratificação natalina, instituída pela Lei nº 4.090, de 13.07.1962, é devida pela empresa cessionária ao servidor público cedido enquanto durar a cessão.

9.9. ADICIONAIS

9.9.1. ADICIONAL DE HORAS EXTRAORDINÁRIAS

Súmula nº 347 do TST. *Horas extras habituais. Apuração. Média física*

O cálculo do valor das horas extras habituais, para efeito de reflexos em verbas trabalhistas, observará o número de horas efetivamente prestadas e a ele aplica-se o valor do salário-hora da época do pagamento daquelas.

Súmula nº 264 do TST. *Hora suplementar. Cálculo*

A remuneração do serviço suplementar é composta do valor da hora normal, integrado por parcelas de natureza salarial e acrescido do adicional previsto em lei, contrato, acordo, convenção coletiva ou sentença normativa.

OJ nº 97 da SDI - I do TST. *Horas extras. Adicional noturno. Base de cálculo*

O adicional noturno integra a base de cálculo das horas extras prestadas no período noturno.

OJ nº 47 da SDI - I do TST. *Hora extra. Adicional de insalubridade. Base de cálculo*

A base de cálculo da hora extra é o resultado da soma do salário contratual mais o adicional de insalubridade.

Súmula nº 132 do TST. *Adicional de periculosidade. Integração*

I - O adicional de periculosidade, pago em caráter permanente, integra o cálculo de indenização e de horas extras.

II - Durante as horas de sobreaviso, o empregado não se encontra em condições de risco, razão pela qual é incabível a integração do adicional de periculosidade sobre as mencionadas horas.

Súmula nº 376 do TST. *Horas extras. Limitação. Art. 59 da CLT. Reflexos*

I - A limitação legal da jornada suplementar a duas horas diárias não exime o empregador de pagar todas as horas trabalhadas.

II - O valor das horas extras habitualmente prestadas integra o cálculo dos haveres trabalhistas, independentemente da limitação prevista no "caput" do art. 59 da CLT.

Súmula nº 172 do TST. *Repouso remunerado. Horas extras. Cálculo*

Computam-se no cálculo do repouso semanal remunerado as horas extras habitualmente prestadas.

OJ nº 394 da SDI - I do TST. *Repouso semanal remunerado. Integração das horas extras. Repercussão no cálculo das férias, décimo terceiro salário, aviso prévio e depósitos do FGTS.*

I - A majoração do valor do repouso semanal remunerado, decorrente da integração das horas extras habituais, deve repercutir no cálculo, efetuado pelo empregador, das demais parcelas que têm como base de cálculo o salário, não se cogitando de "bis in idem" por sua incidência no cálculo das férias, da gratificação natalina, do aviso prévio e do FGTS;

II - O item I será aplicado às horas extras trabalhadas a partir de 20/3/2023.

Súmula nº 45 do TST. *Serviço suplementar*

A remuneração do serviço suplementar, habitualmente prestado, integra o cálculo da gratificação natalina prevista na Lei nº 4.090/62.

Súmula nº 63 do TST. *Fundo de Garantia*

A contribuição para o Fundo de Garantia do Tempo de Serviço incide sobre a remuneração mensal devida ao empregado, inclusive horas extras e adicionais eventuais.

Súmula nº 115 do TST[175]. *Horas extras. Gratificações semestrais*

O valor das horas extras habituais integra a remuneração do trabalhador para cálculo das gratificações semestrais.

Súmula nº 253 do TST[176]. *Gratificação semestral. Repercussões*

A gratificação semestral não repercute no cálculo das horas extras, das férias e do aviso-prévio, ainda que indenizados. Repercute, contudo, pelo seu duodécimo na indenização por antiguidade e na gratificação natalina.

Súmula nº 24 do TST. *Serviço extraordinário*

Insere-se no cálculo da indenização por antiguidade o salário relativo a serviço extraordinário, desde que habitualmente prestado.

Súmula nº 291 do TST[177]. *Horas extras. Habitualidade. Supressão. Indenização*

A supressão total ou parcial, pelo empregador, do serviço suplementar prestado com habitualidade, durante pelo menos 1 (um) ano, assegura ao empregado o direito à indenização correspondente ao valor de 1 (um) mês das horas suprimidas, total ou parcialmente, para cada ano ou fração igual ou superior a seis meses de prestação de serviço acima da jornada normal. O cálculo observará a média das horas suplementares efetivamente trabalhadas nos últimos 12 (doze) meses, anteriores à mudança, multiplicada pelo valor da hora extra do dia da supressão.

OJ nº 206 da SDI - I do TST. *Professor. Horas extras. Adicional de 50%*

Excedida a jornada máxima (art. 318 da CLT), as horas excedentes devem ser remuneradas com o adicional de, no mínimo, 50% (art. 7º, XVI, CF/1988).

Súmula nº 96 do TST. *Marítimo*

A permanência do tripulante a bordo do navio, no período de repouso, além da jornada, não importa presunção de que

175 Esta súmula poderá ser impactada pela nova redação dada ao art. 457, § 1º da CLT pela Reforma Trabalhista - Lei nº 13.467/2017.

176 Esta súmula poderá ser impactada pela nova redação dada ao art. 457, § 1º da CLT pela Reforma Trabalhista - Lei nº 13.467/2017.

177 Esta súmula poderá ser impactada pelo art. 8º, § 2º da CLT acrescentado pela Reforma Trabalhista - Lei nº 13.467/2017.

esteja à disposição do empregador ou em regime de prorrogação de horário, circunstâncias que devem resultar provadas, dada a natureza do serviço.

➘ OJ nº 233 da SDI – I do TST. *Horas extras. Comprovação de parte do período alegado*

A decisão que defere horas extras com base em prova oral ou documental não ficará limitada ao tempo por ela abrangido, desde que o julgador fique convencido de que o procedimento questionado superou aquele período.

➘ Súmula nº 431 do TST. *Salário hora. Empregado sujeito ao regime geral de trabalho. (art. 58, caput, da CLT). 40 horas semanais. Cálculo. Aplicação do divisor 200.*

Para os empregados a que alude o art. 58, caput, da CLT, quando sujeitos a 40 horas semanais de trabalho, aplica-se o divisor 200 para o cálculo do valor do salário hora.

➘ OJ nº 415 da SDI – I do TST. *Horas extras. Reconhecimento em juízo. Critério de dedução/abatimento dos valores comprovadamente pagos no curso do contrato de trabalho.*

A dedução das horas extras comprovadamente pagas daquelas reconhecidas em juízo não pode ser limitada ao mês de apuração, devendo ser integral e aferida pelo total das horas extraordinárias quitadas durante o período imprescrito do contrato de trabalho.

9.9.1.1. CÁLCULO DAS HORAS EXTRAS

➘ Súmula nº 124 do TST. *Bancário. Salário-hora. Divisor*

I – o divisor aplicável para o cálculo das horas extras do bancário será:

a) 180, para os empregados submetidos à jornada de seis horas prevista no caput do art. 224 da CLT;

b) 220, para os empregados submetidos à jornada de oito horas, nos termos do § 2º do art. 224 da CLT.

II – Ressalvam-se da aplicação do item anterior as decisões de mérito sobre o tema, qualquer que seja o seu teor, emanadas de Turma do TST ou da SBDI-I, no período de 27/09/2012 até 21/11/2016, conforme a modulação aprovada no precedente obrigatório firmado no Incidente de Recursos de Revista Repetitivos nº TST-IRR-849-83.2013.5.03.0138, DEJT 19.12.2016.

9.9.2. ADICIONAL NOTURNO

➘ Súmula nº 60 do TST. *Adicional noturno. Integração no salário e prorrogação em horário diurno*

I – O adicional noturno pago com habitualidade integra o salário do empregado para todos os efeitos.

II – Cumprida integralmente a jornada no período noturno e prorrogada esta, devido é também o adicional quanto às horas prorrogadas. Exegese do art. 73, § 5º, da CLT.

➘ OJ nº 259 da SDI – I do TST. *Adicional noturno. Base de cálculo. Adicional de periculosidade. Integração*

O adicional de periculosidade deve compor a base de cálculo do adicional noturno, já que também neste horário o trabalhador permanece sob as condições de risco.

➘ OJ nº 395 da SDI – I do TST. *Turno ininterrupto de revezamento. Hora noturna reduzida. Incidência.*

O trabalho em regime de turnos ininterruptos de revezamento não retira o direito à hora noturna reduzida, não havendo incompatibilidade entre as disposições contidas nos arts. 73, § 1º, da CLT e 7º, XIV, da Constituição Federal.

➘ Súmula nº 140 do TST. *Vigia*

É assegurado ao vigia, sujeito ao trabalho noturno, o direito ao respetivo adicional.

➘ Súmula nº 65 do TST. *Vigia*

O direito à hora reduzida de 52 minutos e 30 segundos aplica-se ao vigia noturno.

9.9.3. ADICIONAL DE TRANSFERÊNCIA

➘ OJ nº 113 da SDI – I do TST. *Adicional de transferência. Cargo de confiança ou previsão contratual de transferência. Devido. Desde que a transferência seja provisória*

O fato de o empregado exercer cargo de confiança ou a existência de previsão de transferência no contrato de trabalho não exclui o direito ao adicional. O pressuposto legal apto a legitimar a percepção do mencionado adicional é a transferência provisória.

➘ Súmula nº 29 do TST. *Transferência*

Empregado transferido, por ato unilateral do empregador, para local mais distante de sua residência, tem direito a suplemento salarial correspondente ao acréscimo da despesa de transporte.

9.10. ADICIONAL DE PERICULOSIDADE

➘ Súmula nº 364 do TST. *Adicional de periculosidade. Exposição eventual, permanente e intermitente*

I – Tem direito ao adicional de periculosidade o empregado exposto permanentemente ou que, de forma intermitente, sujeita-se a condições de risco. Indevido, apenas, quando o contato dá-se de forma eventual, assim considerado o fortuito, ou o que, sendo habitual, dá-se por tempo extremamente reduzido.

II – Não é válida a cláusula de acordo ou convenção coletiva de trabalho fixando o adicional de periculosidade em percentual inferior ao estabelecido em lei e proporcional ao tempo de exposição ao risco, pois tal parcela constitui medida de higiene, saúde e segurança do trabalho, garantida por norma de ordem pública (arts. 7º, XXII e XXIII, da CF e 193, §1º, da CLT).

9.10.1. INTEGRAÇÃO DO ADICIONAL DE PERICULOSIDADE

➘ Súmula nº 132 do TST. *Adicional de periculosidade. Integração*

I – O adicional de periculosidade, pago em caráter permanente, integra o cálculo de indenização e de horas extras.

II – Durante as horas de sobreaviso, o empregado não se encontra em condições de risco, razão pela qual é incabível a integração do adicional de periculosidade sobre as mencionadas horas.

➘ OJ nº 259 da SDI – I do TST. *Adicional noturno. Base de cálculo. Adicional de periculosidade. Integração*

O adicional de periculosidade deve compor a base de cálculo do adicional noturno, já que também nesse horário o trabalhador permanece sob as condições de risco.

➘ OJ nº 172 da SDI - I do TST. ***Adicional de insalubridade ou periculosidade. Condenação. Inserção em folha de pagamento***

Condenada ao pagamento do adicional de insalubridade ou periculosidade, a empresa deverá inserir, mês a mês e enquanto o trabalho for executado sob essas condições, o valor correspondente em folha de pagamento.

➘ Súmula nº 70 do TST. ***Adicional de periculosidade***

O adicional de periculosidade não incide sobre os triênios pagos pela Petrobras.

9.10.2. CLASSIFICAÇÃO DE ATIVIDADES PERIGOSAS

9.10.2.1. ELETRICITÁRIOS

➘ Súmula nº 191 do TST. ***Adicional de Periculosidade. Incidência. Base de cálculo.***

I - O adicional de periculosidade incide apenas sobre o salário básico e não sobre este acrescido de outros adicionais.

II - O adicional de periculosidade do empregado eletricitário, contratado sob a égide da Lei nº 7.369/1985, deve ser calculado sobre a totalidade das parcelas de natureza salarial. Não é válida norma coletiva mediante a qual se determina a incidência do referido adicional sobre o salário básico.

III - A alteração da base de cálculo do adicional de periculosidade do eletricitário promovida pela Lei nº 12.740/2012 atinge somente contrato de trabalho firmado a partir de sua vigência, de modo que, nesse caso, o cálculo será realizado exclusivamente sobre o salário básico, conforme determina o § 1º do art. 193 da CLT.

➘ Súmula nº 361 do TST. ***Adicional de periculosidade. Eletricitários. Exposição intermitente***

O trabalho exercido em condições perigosas, embora de forma intermitente, dá direito ao empregado a receber o adicional de periculosidade de forma integral, porque a Lei n. 7.369/85 não estabeleceu nenhuma proporcionalidade em relação ao seu pagamento.

9.10.2.2. PORTUÁRIOS

➘ OJ nº 402 da SDI - I do TST. ***Adicional de risco. Portuário. Terminal privativo. Arts. 14 e 19 da Lei nº 4.860, de 26.11.1965. Indevido***

O adicional de risco previsto no artigo 14 da Lei nº 4.860, de 26.11.1965, aplica-se somente aos portuários que trabalham em portos organizados, não podendo ser conferido aos que operam terminal privativo.

9.10.2.3. BOMBA DE GASOLINA

➘ Súmula nº 39 do TST. ***Periculosidade***

Os empregados que operam em bomba de gasolina têm direito ao adicional de periculosidade (Lei nº 2.573, de 15.8.55).

9.10.2.4. PERMANÊNCIA A BORDO DE AERONAVES

➘ Súmula nº 447 do TST. ***Adicional de periculosidade. Permanência a bordo durante o abastecimento da aeronave. Indevido.***

Os tripulantes e demais empregados em serviços auxiliares de transporte aéreo que, no momento do abastecimento da aeronave, permanecem a bordo não têm direito ao adicional de periculosidade a que aludem o art. 193 da CLT e o Anexo 2, item 1, "c", da NR 16 do MTE.

9.10.2.5. SISTEMA ELÉTRICO DE POTÊNCIA

➘ OJ nº 347 da SDI - I do TST. ***Adicional de periculosidade. Sistema elétrico de potência. Lei nº 7.369, de 20.09.1985, regulamentada pelo Decreto nº 93.412, de 14.10.1986. Extensão do direito aos cabistas, instaladores e reparadores de linhas e aparelhos em empresa de telefonia***

É devido o adicional de periculosidade aos empregados cabistas, instaladores e reparadores de linhas e aparelhos de empresas de telefonia, desde que, no exercício de suas funções, fiquem expostos a condições de risco equivalente ao do trabalho exercido em contato com sistema elétrico de potência.

➘ OJ nº 324 da SDI - I do TST. ***Adicional de periculosidade. Sistema elétrico de potência. Decreto nº 93.412/86, art. 2º, § 1º***

É assegurado o adicional de periculosidade apenas aos empregados que trabalham em sistema elétrico de potência em condições de risco, ou que o façam com equipamentos e instalações elétricas similares, que ofereçam risco equivalente, ainda que em unidade consumidora de energia elétrica.

9.10.2.6. RADIAÇÃO IONIZANTE OU SUBSTÂNCIA RADIOATIVA

➘ OJ nº 345 da SDI - I do TST. ***Adicional de periculosidade. Radiação ionizante ou substância radioativa. Devido***

A exposição do empregado à radiação ionizante ou à substância radioativa enseja a percepção do adicional de periculosidade, pois a regulamentação ministerial (Portarias do Ministério do Trabalho nºs 3.393, de 17.12.1987, e 518, de 07.04.2003), ao reputar perigosa a atividade, reveste-se de plena eficácia, porquanto expedida por força de delegação legislativa contida no art. 200, "caput", e inciso VI, da CLT. No período de 12.12.2002 a 06.04.2003, enquanto vigeu a Portaria nº 496 do Ministério do Trabalho, o empregado faz jus ao adicional de insalubridade.

9.10.2.7. ARMAZENAMENTO DE LÍQUIDO INFLAMÁVEL NO PRÉDIO. CONSTRUÇÃO VERTICAL

➘ OJ nº 385 da SDI - I do TST. ***Adicional de periculosidade. Devido. Armazenamento de líquido inflamável no prédio. Construção vertical.***

É devido o pagamento do adicional de periculosidade ao empregado que desenvolve suas atividades em edifício (construção vertical), seja em pavimento igual ou distinto daquele onde estão instalados tanques para armazenamento de líquido inflamável, em quantidade acima do limite legal, considerando-se como área de risco toda a área interna da construção vertical.

9.10.3. PERÍCIA

➘ Súmula nº 453 do TST. ***Adicional de periculosidade. Pagamento espontâneo. Caracterização de fato incontroverso. Desnecessária a perícia de que trata o art. 195 da CLT***

O pagamento de adicional de periculosidade efetuado por mera liberalidade da empresa, ainda que de forma proporcional ao tempo de exposição ao risco ou em percentual inferior ao máximo legalmente previsto, dispensa a realização da prova técnica exigida pelo art. 195 da CLT, pois torna incontroversa a existência do trabalho em condições perigosas.

OJ nº 165 da SDI – I do TST. *Perícia. Engenheiro ou médico. Adicional de insalubridade e periculosidade. Válido. Art. 195 da CLT*

O art. 195 da CLT não faz qualquer distinção entre o médico e o engenheiro para efeito de caracterização e classificação da insalubridade e periculosidade, bastando para a elaboração do laudo seja o profissional devidamente qualificado.

OJ nº 278 da SDI – I do TST. *Adicional de insalubridade. Perícia. Local de trabalho desativado*

A realização da perícia é obrigatória para verificação de insalubridade. Quando não for possível sua realização como em caso de fechamento da empresa, poderá o julgador utilizar-se de outros meios de prova.

9.11. ADICIONAL DE INSALUBRIDADE

9.11.1. INTEGRAÇÃO

Súmula nº 139 do TST. *Adicional de insalubridade*

Enquanto percebido, o adicional de insalubridade integra a remuneração para todos os efeitos legais.

Súmula nº 47 do TST. *Hora extra. Adicional de insalubridade. Base de cálculo*

O trabalho executado em condições insalubres, em caráter intermitente, não afasta, só por essa circunstância, o direito à percepção do respectivo adicional. » 102

OJ nº 47 da SDI – I do TST. *Hora extra. Adicional de insalubridade. Base de cálculo*

A base de cálculo da hora extra é o resultado da soma do salário contratual mais o adicional de insalubridade.

OJ nº 103 da SDI – I do TST. *Adicional de insalubridade. Repouso semanal e feriados*

O adicional de insalubridade já remunera os dias de repouso semanal e feriados.

9.11.2. BASE DE CÁLCULO

Súmula Vinculante nº 4 do STF.

Salvo nos casos previstos na Constituição, o salário-mínimo não pode ser usado como indexador de base de cálculo de vantagem de servidor público ou de empregado, nem ser substituído por decisão judicial.

Súmula nº 228 do TST. *Adicional de insalubridade. Base de cálculo. Súmula cuja eficácia está suspensa por decisão liminar do Supremo Tribunal Federal*

A partir de 9 de maio de 2008, data da publicação da Súmula Vinculante nº 4 do Supremo Tribunal Federal, o adicional de insalubridade será calculado sobre o salário básico, salvo critério mais vantajoso fixado em instrumento coletivo.

9.11.3. PERÍCIA

OJ nº 278 da SDI – I do TST. *Adicional de insalubridade. Perícia. Local de trabalho desativado*

A realização da perícia é obrigatória para verificação de insalubridade. Quando não for possível sua realização como em caso de fechamento da empresa, poderá o julgador utilizar-se de outros meios de prova.

OJ nº 165 da SDI – I do TST. *Perícia. Engenheiro ou médico. Adicional de insalubridade e periculosidade. Válido. Art. 195 da CLT*

O art. 195 da CLT não faz qualquer distinção entre o médico e o engenheiro para efeito de caracterização e classificação da insalubridade e periculosidade, bastando para a elaboração do laudo seja o profissional devidamente qualificado.

9.11.4. CLASSIFICAÇÃO DA ATIVIDADE INSALUBRE. RELAÇÃO OFICIAL ELABORADA PELO MTE

9.11.4.1. INSTALAÇÕES SANITÁRIAS

Súmula nº 448 do TST. *Caracterização. Previsão na Norma Regulamentadora nº 15 da Portaria do Ministério do Trabalho nº 3.214/78. Instalações sanitárias.*

I – Não basta a constatação da insalubridade por meio de laudo pericial para que o empregado tenha direito ao respectivo adicional, sendo necessária a classificação da atividade insalubre na relação oficial elaborada pelo Ministério do Trabalho.

II – A higienização de instalações sanitárias de uso público ou coletivo de grande circulação, e a respectiva coleta de lixo, por não se equiparar à limpeza em residências e escritórios, enseja o pagamento de adicional de insalubridade em grau máximo, incidindo o disposto no Anexo 14 da NR-15 da Portaria do MTE nº 3.214/78 quanto à coleta e industrialização de lixo urbano.

9.11.4.2. RAIOS SOLARES

OJ nº 173 da SDI – I do TST. *Adicional de insalubridade. Atividade a céu aberto. Exposição ao sol e ao calor.*

I – Ausente previsão legal, indevido o adicional de insalubridade ao trabalhador em atividade a céu aberto por sujeição à radiação solar (art. 195 da CLT e Anexo 7 da NR 15 da Portaria Nº 3.214/78 do MTE).

II – Tem direito à percepção ao adicional de insalubridade o empregado que exerce atividade exposto ao calor acima dos limites de tolerância, inclusive em ambiente externo com carga solar, nas condições previstas no Anexo 3 da NR 15 da Portaria nº 3.214/78 do MTE.

9.11.4.3. ÓLEOS MINERAIS

OJ nº 171 da SDI – I do TST. *Adicional de insalubridade. Óleos minerais. Sentido do termo "manipulação"*

Para efeito de concessão de adicional de insalubridade não há distinção entre fabricação e manuseio de óleos minerais – Portaria nº 3214 do Ministério do Trabalho, NR 15, Anexo XIII.

9.11.4.4. DIREITO ADQUIRIDO

Súmula nº 248 do TST. *Adicional de insalubridade. Direito adquirido*

A reclassificação ou a descaracterização da insalubridade, por ato da autoridade competente, repercute na satisfação do respectivo adicional, sem ofensa a direito adquirido ou ao princípio da irredutibilidade salarial.

9.11.5. FORNECIMENTO DE APARELHO DE PROTEÇÃO

Súmula nº 289 do TST. *Insalubridade. Adicional. Fornecimento do aparelho de proteção. Efeito*

O simples fornecimento do aparelho de proteção pelo empregador não o exime do pagamento do adicional de insalubridade. Cabe-lhe tomar as medidas que conduzam à diminuição ou eliminação da nocividade, entre as quais as relativas ao uso efetivo do equipamento pelo empregado.

Súmula nº 80 do TST. *Insalubridade*

A eliminação da insalubridade mediante fornecimento de aparelhos protetores aprovados pelo órgão competente do Poder Executivo exclui a percepção do respectivo adicional.

9.11.6. SUBSTITUIÇÃO PROCESSUAL

OJ nº 121 da SDI - *I* do TST. *Substituição processual. Diferença do adicional de insalubridade. Legitimidade*

O sindicato tem legitimidade para atuar na qualidade de substituto processual para pleitear diferença de adicional de insalubridade.

9.11.7. CAUSA DE PEDIR

Súmula nº 293 do TST. *Adicional de insalubridade. Causa de pedir. Agente nocivo diverso do apontado na inicial*

A verificação mediante perícia de prestação de serviços em condições nocivas, considerado agente insalubre diverso do apontado na inicial, não prejudica o pedido de adicional de insalubridade.

9.12. PARCELAS INDENIZATÓRIAS

9.12.1. PARTICIPAÇÃO NOS LUCROS E RESULTADOS

Súmula nº 451 do TST. *Participação nos lucros e resultados. Rescisão contratual anterior à data da distribuição dos lucros. Pagamento proporcional aos meses trabalhados. Princípio da isonomia*

Fere o princípio da isonomia instituir vantagem mediante acordo coletivo ou norma regulamentar que condiciona a percepção da parcela participação nos lucros e resultados ao fato de estar o contrato de trabalho em vigor na data prevista para a distribuição dos lucros. Assim, inclusive na rescisão contratual antecipada, é devido o pagamento da parcela de forma proporcional aos meses trabalhados, pois o ex-empregado concorreu para os resultados positivos da empresa.

9.12.2. DIÁRIAS

Súmula nº 101 do TST[178]. *Diárias de viagem. Salário*

Integram o salário, pelo seu valor total e para efeitos indenizatórios, as diárias de viagem que excedam a 50% (cinquenta por cento) do salário do empregado, enquanto perdurarem as viagens.

Súmula nº 318 do TST[179]. *Diárias. Base de cálculo para sua Integração no salário*

Tratando-se de empregado mensalista, a integração das diárias no salário deve ser feita tomando-se por base o salário mensal por ele percebido e não o valor do dia de salário, somente sendo devida a referida integração quando o valor das diárias, no mês, for superior à metade do salário mensal.

9.12.3. VALE-TRANSPORTE

OJ nº 216 da SDI - I do TST. *Vale-transporte. Servidor público celetista. Lei nº 7.418/85. Devido*

Aos servidores públicos celetistas é devido o vale-transporte, instituído pela Lei nº 7.418/85, de 16 de dezembro de 1985.

9.12.4. SALÁRIO-FAMÍLIA

Súmula nº 344 do TST. *Salário-família. Trabalhador rural.*

O salário-família é devido aos trabalhadores rurais somente após a vigência da Lei nº 8.213/91.

Súmula nº 254 do TST. *Salário-família. Termo inicial da obrigação*

O termo inicial do direito ao salário-família coincide com a prova da filiação. Se feita em juízo, corresponde à data de ajuizamento do pedido, salvo se comprovado que anteriormente o empregador se recusara a receber a respectiva certidão.

9.12.5. SEGURO-DESEMPREGO

Súmula nº 389 do TST. *Seguro-desemprego. Competência da justiça do trabalho. Direito à indenização por não liberação de guias*

I - Inscreve-se na competência material da Justiça do Trabalho a lide entre empregado e empregador tendo por objeto indenização pelo não-fornecimento das guias do seguro-desemprego.

II - O não-fornecimento pelo empregador da guia necessária para o recebimento do seguro-desemprego dá origem ao direito à indenização.

9.12.6. AUXÍLIO-ALIMENTAÇÃO

OJ nº 413 da SDI - *I* do TST. *Auxílio-alimentação. Alteração da natureza jurídica. Norma coletiva ou adesão ao PAT.*

A pactuação em norma coletiva conferindo caráter indenizatório à verba "auxílio-alimentação" ou a adesão posterior do empregador ao Programa de Alimentação do Trabalhador - PAT - não altera a natureza salarial da parcela, instituída anteriormente, para aqueles empregados que, habitualmente, já percebiam o benefício, a teor das Súmulas nº 51, I, e 241 do TST.

OJ nº 123 da SDI - I do TST. *Bancários. Ajuda alimentação*

A ajuda alimentação prevista em norma coletiva em decorrência de prestação de horas extras tem natureza indenizatória e, por isso, não integra o salário do empregado bancário.

178 Esta súmula poderá ser impactada pela nova redação dada ao art. 457, § 1º e 2º da CLT pela Reforma Trabalhista - Lei nº 13.467/2017.

179 Esta súmula poderá ser impactada pela nova redação dada ao art. 457, § 1º e 2º da CLT pela Reforma Trabalhista - Lei nº 13.467/2017.

9.13. EQUIPARAÇÃO SALARIAL

➘ Súmula nº 6 do TST[180]. *Equiparação salarial. Art. 461 da CLT*

I – Para os fins previstos no § 2º do art. 461 da CLT, só é válido o quadro de pessoal organizado em carreira quando homologado pelo Ministério do Trabalho, excluindo-se, apenas, dessa exigência o quadro de carreira das entidades de direito público da administração direta, autárquica e fundacional aprovado por ato administrativo da autoridade competente.

II – Para efeito de equiparação de salários em caso de trabalho igual, conta-se o tempo de serviço na função e não no emprego.

III – A equiparação salarial só é possível se o empregado e o paradigma exercerem a mesma função, desempenhando as mesmas tarefas, não importando se os cargos têm, ou não, a mesma denominação.

IV – É desnecessário que, ao tempo da reclamação sobre equiparação salarial, reclamante e paradigma estejam a serviço do estabelecimento, desde que o pedido se relacione com situação pretérita.

V – A cessão de empregados não exclui a equiparação salarial, embora exercida a função em órgão governamental estranho à cedente, se esta responde pelos salários do paradigma e do reclamante.

VI – Presentes os pressupostos do art. 461 da CLT, é irrelevante a circunstância de que o desnível salarial tenha origem em decisão judicial que beneficiou o paradigma, exceto: a) se decorrente de vantagem pessoal ou de tese jurídica superada pela jurisprudência de Corte Superior; b) na hipótese de equiparação salarial em cadeia, suscitada em defesa, se o empregador produzir prova do alegado fato modificativo, impeditivo ou extintivo do direito à equiparação salarial em relação ao paradigma remoto, considerada irrelevante, para esse efeito, a existência de diferença de tempo de serviço na função superior a dois anos entre o reclamante e os empregados paradigmas componentes da cadeia equiparatória, à exceção do paradigma imediato.VII – Desde que atendidos os requisitos do art. 461 da CLT, é possível a equiparação salarial de trabalho intelectual, que pode ser avaliado por sua perfeição técnica, cuja aferição terá critérios objetivos.

VIII – É do empregador o ônus da prova do fato impeditivo, modificativo ou extintivo da equiparação salarial.

IX – Na ação de equiparação salarial, a prescrição é parcial e só alcança as diferenças salariais vencidas no período de 5 (cinco) anos que precedeu o ajuizamento.

X – O conceito de "mesma localidade" de que trata o art. 461 da CLT refere-se, em princípio, ao mesmo município, ou a municípios distintos que, comprovadamente, pertençam à mesma região metropolitana.

➘ OJ nº 418 da SDI – I do TST[181]. *Equiparação salarial. Plano de cargos e salários. Aprovação por instrumento coletivo. Ausência de alternância de critérios de promoção por antiguidade e merecimento.*

Não constitui óbice à equiparação salarial a existência de plano de cargos e salários que, referendado por norma coletiva, prevê critério de promoção apenas por merecimento ou antiguidade, não atendendo, portanto, o requisito de alternância dos critérios, previsto no art. 461, § 2º, da CLT.

➘ OJ nº 297 da SDI – I do TST. *Equiparação salarial. Servidor público da administração direta, autárquica e fundacional. Art. 37, XIII, da CF/1988*

O art. 37, inciso XIII, da CF/1988, veda a equiparação de qualquer natureza para o efeito de remuneração do pessoal do serviço público, sendo juridicamente impossível a aplicação da norma infraconstitucional prevista no art. 461 da CLT quando se pleiteia equiparação salarial entre servidores públicos, independentemente de terem sido contratados pela CLT.

➘ Súmula nº 455 do TST. *Equiparação salarial. Sociedade de economia mista. Art. 37, XIII, da CF/1988. Possibilidade*

À sociedade de economia mista não se aplica a vedação à equiparação prevista no art. 37, XIII, da CF/1988, pois, ao admitir empregados sob o regime da CLT, equipara-se a empregador privado, conforme disposto no art. 173, § 1º, II, da CF/1988.

➘ Súmula nº 159 do TST. *Substituição de caráter não eventual e vacância do cargo*

I – Enquanto perdurar a substituição que não tenha caráter meramente eventual, inclusive nas férias, o empregado substituto fará jus ao salário contratual do substituído.

II – Vago o cargo em definitivo, o empregado que passa a ocupá-lo não tem direito a salário igual ao do antecessor.

➘ OJ nº 296 da SDI – I do TST. *Equiparação salarial. Atendente e auxiliar de enfermagem. Impossibilidade*

Sendo regulamentada a profissão de auxiliar de enfermagem, cujo exercício pressupõe habilitação técnica, realizada pelo Conselho Regional de Enfermagem, impossível a equiparação salarial do simples atendente com o auxiliar de enfermagem.

➘ Súmula nº 301 do TST. *Auxiliar de laboratório. Ausência de diploma. Efeitos*

O fato de o empregado não possuir diploma de profissionalização de auxiliar de laboratório não afasta a observância das normas da Lei nº 3.999, de 15.12.1961, uma vez comprovada a prestação de serviços na atividade.

➘ Súmula nº 19 do TST. *Quadro de carreira*

A Justiça do Trabalho é competente para apreciar reclamação de empregado que tenha por objeto direito fundado em quadro de carreira

➘ Súmula nº 127 do TST[182]. *Quadro de carreira*

Quadro de pessoal organizado em carreira, aprovado pelo órgão competente, excluída a hipótese de equiparação salarial, não obsta reclamação fundada em preterição, enquadramento ou reclassificação.

➘ OJ nº 125 da SDI – I do TST. *Contrato de trabalho. Art. 479 da CLT*

O simples desvio funcional do empregado não gera direito a novo enquadramento, mas apenas às diferenças salariais res-

180 Esta súmula poderá ser impactada pela nova redação dada ao art. 461 da CLT pela Reforma Trabalhista – Lei nº 13.467/2017.

181 Esta súmula poderá ser impactada pela nova redação dada ao art. 461, § 3º da CLT pela Reforma Trabalhista – Lei nº 13.467/2017.

182 Esta súmula poderá ser impactada pela nova redação dada ao art. 461, § 2º da CLT pela Reforma Trabalhista – Lei nº 13.467/2017.

pectivas, mesmo que o desvio de função haja iniciado antes da vigência da CF/1988.

OJ nº 383 da SDI – I do TST[183]. *Terceirização. Empregados da empresa prestadora de serviços e da tomadora. Isonomia. Art. 12, "a", da lei nº 6.019, de 03.01.1974*

A contratação irregular de trabalhador, mediante empresa interposta, não gera vínculo de emprego com ente da Administração Pública, não afastando, contudo, pelo princípio da isonomia, o direito dos empregados terceirizados às mesmas verbas trabalhistas legais e normativas asseguradas àqueles contratados pelo tomador dos serviços, desde que presente a igualdade de funções. Aplicação analógica do art. 12, "a", da Lei nº 6.019, de 03.01.1974.

9.14. DESCONTOS SALARIAIS

Súmula nº 342 do TST[184]. *Descontos salariais. Art. 462 da CLT*

Descontos salariais efetuados pelo empregador, com a autorização prévia e por escrito do empregado, para serem integrados em planos de assistência odontológica, médico-hospitalar, de seguro, de previdência privada, ou de entidade cooperativa, cultural ou recreativo-associativa de seus trabalhadores, em seu benefício e de seus dependentes, não afrontam o disposto no art. 462 da CLT, salvo se ficar demonstrada a existência de coação ou de outro defeito que vicie o ato jurídico.

OJ nº 160 da SDI – I do TST. *Descontos salariais. Autorização no ato da admissão. Validade*

É inválida a presunção de vício de consentimento resultante do fato de ter o empregado anuído expressamente com descontos salariais na oportunidade da admissão. É de se exigir demonstração concreta do vício de vontade.

OJ nº 251 da SDI – I do TST. *Descontos. Frentista. Cheques sem fundos*

É lícito o desconto salarial referente à devolução de cheques sem fundos, quando o frentista não observar as recomendações previstas em instrumento coletivo.

9.14.1. MULTA PREVISTA NOS ARTIGOS 467 E 477

Súmula nº 388 do TST. *Massa falida. Arts. 467 e 477 da CLT. Inaplicabilidade*

A Massa Falida não se sujeita à penalidade do art. 467 e nem à multa do § 8º do art. 477, ambos da CLT.

9.14.2. RESCISÃO DO CONTRATO. PAGAMENTO DAS VERBAS RESCISÓRIAS

Súmula nº 69 do TST. *Rescisão do contrato*

A partir da Lei nº 10.272, de 05.09.2001, havendo rescisão do contrato de trabalho e sendo revel e confesso quanto à matéria de fato, deve ser o empregador condenado ao pagamento das verbas rescisórias, não quitadas na primeira audiência, com acréscimo de 50% (cinquenta por cento).

9.14.3. INADIMPLEMENTO DE VERBAS TRABALHISTAS. FRUTOS. POSSE DE MÁ-FÉ

Súmula nº 445 do TST. *Inadimplemento de verbas trabalhistas. Frutos. Posse de má-fé. Art. 1.216 do Código Civil. Inaplicabilidade ao Direito do Trabalho – Res. 189/2013, DEJT divulgado em 13, 14 e 15.03.2013*

A indenização por frutos percebidos pela posse de má-fé, prevista no art. 1.216 do Código Civil, por tratar-se de regra afeta a direitos reais, mostra-se incompatível com o Direito do Trabalho, não sendo devida no caso de inadimplemento de verbas trabalhistas.

9.15. REAJUSTES SALARIAIS E PLANOS ECONÔMICOS

Súmula nº 375 do TST. *Reajustes salariais previstos em norma coletiva. Prevalência da legislação de política salarial*

Os reajustes salariais previstos em norma coletiva de trabalho não prevalecem frente à legislação superveniente de política salarial.

Súmula nº 322 do TST. *Diferenças salariais. Planos econômicos. Limite*

Os reajustes salariais decorrentes dos chamados "gatilhos" e URPs, previstos legalmente como antecipação, são devidos tão-somente até a data-base de cada categoria.

OJ nº 58 da SDI – I do TST. *Plano Bresser. IPC Jun/1987. Inexistência de direito adquirido*

Inexiste direito adquirido ao IPC de junho de 1987 (Plano Bresser), em face da edição do Decreto-Lei nº 2.335/87.

OJ nº 59 da SDI – I do TST. *Plano verão. URP de fevereiro de 1989. Inexistência de direito adquirido*

Inexiste direito adquirido à URP de fevereiro de 1989 (Plano Verão), em face da edição da Lei nº 7.730/89.

Súmula nº 315 do TST. *IPC de março/1990. Lei nº 8.030, de 12.04.1990 (Plano Collor). Inexistência de direito adquirido*

A partir da vigência da Medida Provisória nº 154, de 15.03.1990, convertida na Lei nº 8.030, de 12.04.1990, não se aplica o IPC de março de 1990, de 84,32% (oitenta e quatro vírgula trinta e dois por cento), para a correção dos salários, porque o direito ainda não se havia incorporado ao patrimônio jurídico dos trabalhadores, inexistindo ofensa ao inciso XXXVI do art. 5º da CF/1988.

OJ nº 43 da SDI – I do TST. *Conversão de salários de cruzeiros para cruzados. Decreto-lei nº 2.284/86*

A conversão de salários de cruzeiros para cruzados, nos termos do Decreto-Lei nº 2.284/86, não afronta direito adquirido dos empregados.

OJ nº 57 da SDI – I do TST. *PCCS. Devido o reajuste do adiantamento. Lei nº 7.686/88, Art. 1º*

É devido o reajuste da parcela denominada "adiantamento do PCCS", conforme a redação do art. 1º da Lei nº 7.686/88.

183 Esta súmula poderá ser impactada pelas alterações na Lei nº 6.019/1974 promovidas pelas Leis nº 13.429/2017 e Lei nº 13.467/2017 (Reforma Trabalhista).

184 Esta súmula poderá ser impactada pelo art. 458, §5º da CLT pela Reforma Trabalhista – Lei nº 13.467/2017.

➘ OJ nº 79 da SDI – I do TST. ***URP de abril e maio de 1988. Decreto-lei nº 2.425/1988***

Existência de direito apenas ao reajuste de 7/30 de 16,19% a ser calculado sobre o salário de março e incidente sobre o salário dos meses de abril e maio, não cumulativamente e corrigidos desde a época própria até a data do efetivo pagamento.

➘ Súmula nº 319 do TST. ***Reajustes salariais ("gatilhos"). Aplicação aos servidores públicos contratados sob a égide da legislação trabalhista***

Aplicam-se aos servidores públicos, contratados sob o regime da CLT, os reajustes decorrentes da correção automática dos salários pelo mecanismo denominado "gatilho", de que tratam os Decretos-Leis nºs 2.284, de 10.03.1986 e 2.302, de 21.11.1986.

➘ OJ nº 339 da SDI – I do TST. ***Teto remuneratório. Empresa pública e sociedade de economia mista. Art. 37, XI, da CF/1988***

As empresas públicas e as sociedades de economia mista estão submetidas à observância do teto remuneratório previsto no inciso XI do art. 37 da CF/1988, sendo aplicável, inclusive, ao período anterior à alteração introduzida pela Emenda Constitucional nº 19/1998.

➘ Súmula nº 336 do TST. ***Constitucionalidade. § 2º do art. 9º do Decreto-lei nº 1.971, de 30.11.1982***

É constitucional o § 2º do art. 9º do Decreto-Lei nº 1.971, de 30.11.1982, com a redação dada pelo Decreto-Lei nº 2.100, de 28.12.1983.

➘ OJ nº 272 da SDI – I do TST. ***Salário-mínimo. Servidor. Salário-base inferior. Diferenças. Indevidas***

A verificação do respeito ao direito ao salário-mínimo não se apura pelo confronto isolado do salário-base com o mínimo legal, mas deste com a soma de todas as parcelas de natureza salarial recebidas pelo empregado diretamente do empregador.

➘ OJ nº 100 da SDI – I do TST. ***Salário. Reajuste. Entes Públicos***

Os reajustes salariais previstos em legislação federal devem ser observados pelos Estados-membros, suas Autarquias e Fundações Públicas nas relações contratuais trabalhistas que mantiverem com seus empregados.

➘ OJ nº 51 da SDI – I do TST. ***Legislação eleitoral. Empresas públicas e sociedades de economia mista.***

Aos empregados das empresas públicas e das sociedades de economia mista regidos pela CLT aplicam-se as vedações dispostas no art. 15 da Lei nº 7.773, de 08.06.1989.

9.16. EFEITOS FINANCEIROS DA ANISTIA. EMENDA CONSTITUCIONAL Nº 26/1985

➘ OJ nº 12 da SDI – I do TST. ***Anistia. Emenda constitucional nº 26/1985. Efeitos financeiros da promulgação***

Os efeitos financeiros decorrentes da anistia concedida pela Emenda Constitucional nº 26/1985 contam-se desde a data da sua promulgação.

➘ OJ nº 91 da SDI – I do TST. ***Anistia. Art. 8º, § 1º, ADCT. Efeitos financeiros. ECT***

Em 19.05.1997, a SDI – Plena decidiu, pelo voto prevalente do Exmo. Sr. Presidente, que os efeitos financeiros da readmissão do empregado anistiado serão contados a partir do momento em que este manifestou o desejo de retornar ao trabalho e, na ausência de prova, da data do ajuizamento da ação.

10. ESTABILIDADE E GARANTIAS PROVISÓRIAS DE EMPREGO

10.1. ESTABILIDADE PROVISÓRIA

➘ Súmula nº 396 do TST. ***Estabilidade provisória. Pedido de reintegração. Concessão do salário relativo ao período de estabilidade já exaurido. Inexistência de julgamento extra petita***

I – Exaurido o período de estabilidade, são devidos ao empregado apenas os salários do período compreendido entre a data da despedida e o final do período de estabilidade, não lhe sendo assegurada a reintegração no emprego.

II – Não há nulidade por julgamento *extra petita* da decisão que deferir salário quando o pedido for de reintegração, dados os termos do art. 496 da CLT.

➘ Súmula nº 28 do TST. ***Indenização***

No caso de converter a reintegração em indenização dobrada, o direito aos salários é assegurado até a data da primeira decisão que determinou essa conversão.

10.2. ESTABILIDADE PREVISTA NA CTL (DECENAL)

➘ Súmula nº 54 do TST. ***Optante***

Rescindindo por acordo seu contrato de trabalho, o empregado estável optante tem direito ao mínimo de 60% (sessenta por cento) do total da indenização em dobro, calculada sobre o maior salário percebido no emprego. Se houver recebido menos do que esse total, qualquer que tenha sido a forma de transação, assegura-se-lhe a complementação até aquele limite.

➘ Súmula nº 98 do TST. ***FGTS. Indenização. Equivalência. Compatibilidade***

I – A equivalência entre os regimes do Fundo de Garantia do Tempo de Serviço e da estabilidade prevista na CLT é meramente jurídica e não econômica, sendo indevidos valores a título de reposição de diferenças.

II – A estabilidade contratual ou a derivada de regulamento de empresa são compatíveis com o regime do FGTS. Diversamente ocorre com a estabilidade legal (decenal, art. 492 da CLT), que é renunciada com a opção pelo FGTS.

10.3. DIRIGENTE SINDICAL

➘ Súmula nº 379 do TST. ***Dirigente sindical. Despedida. Falta grave. Inquérito judicial. Necessidade***

O dirigente sindical somente poderá ser dispensado por falta grave mediante a apuração em inquérito judicial, inteligência dos arts. 494 e 543, § 3º, da CLT.

➘ Súmula nº 369 do TST. ***Dirigente sindical. Estabilidade provisória***

I – É assegurada a estabilidade provisória ao empregado dirigente sindical, ainda que a comunicação do registro da candidatura ou da eleição e da posse seja realizada fora do prazo previsto no art. 543, § 5º, da CLT, desde que a ciência ao empregador, por qualquer meio, ocorra na vigência do contrato de trabalho.

II – O art. 522 da CLT foi recepcionado pela Constituição Federal de 1988. Fica limitada, assim, a estabilidade a que alude o art. 543, § 3.º, da CLT a sete dirigentes sindicais e igual número de suplentes.

III – O empregado de categoria diferenciada eleito dirigente sindical só goza de estabilidade se exercer na empresa atividade pertinente à categoria profissional do sindicato para o qual foi eleito dirigente.

IV – Havendo extinção da atividade empresarial no âmbito da base territorial do sindicato, não há razão para subsistir a estabilidade.

V – O registro da candidatura do empregado a cargo de dirigente sindical durante o período de aviso prévio, ainda que indenizado, não lhe assegura a estabilidade, visto que inaplicável a regra do § 3º do art. 543 da Consolidação das Leis do Trabalho.

10.3.1. ESTABILIDADE PROVISÓRIA DO CONSELHEIRO FISCAL

OJ nº 365 da SDI – I do TST. ***Estabilidade provisória. Membro de conselho fiscal de sindicato. Inexistência***

Membro do conselho fiscal de sindicato não tem direito a estabilidade prevista nos arts. 543, § 3º, da CLT e art. 8º, VIII, da CF/88, porquanto não representa ou atua na defesa de direitos da categoria respectiva, tendo sua competência limitada à fiscalização da gestão financeira do sindicato.

10.3.2. ESTABILIDADE PROVISÓRIA DO DELEGADO SINDICAL

OJ nº 369 da SDI – I do TST. ***Estabilidade provisória. Delegado sindical. Inaplicável***

O delegado sindical não é beneficiário da estabilidade provisória prevista no art. 8º, VIII, da CF/88, a qual é dirigida, exclusivamente, àqueles que exerçam ou ocupem cargos de direção nos sindicatos, submetidos a processo eletivo.

10.4. GESTANTE

Súmula nº 244 do TST. ***Gestante. Estabilidade provisória***

I – O desconhecimento do estado gravídico pelo empregador não afasta o direito ao pagamento da indenização decorrente da estabilidade (art. 10, II, "b" do ADCT).

II – A garantia de emprego à gestante só autoriza a reintegração se esta se der durante o período de estabilidade. Do contrário, a garantia restringe-se aos salários e demais direitos correspondentes ao período de estabilidade.

III – A empregada gestante tem direito à estabilidade provisória prevista no art.10, inciso II, alínea b, do ADCT, mesmo na hipótese de admissão mediante contrato por tempo determinado.

OJ nº 399 da SDI – I do TST. ***Estabilidade provisória. Ação trabalhista ajuizada após o término do período de garantia no emprego. Abuso do exercício do direito de ação. Não configuração. Indenização devida.***

O ajuizamento de ação trabalhista após decorrido o período de garantia de emprego não configura abuso do exercício do direito de ação, pois este está submetido apenas ao prazo prescricional inscrito no art. 7º, XXIX, da CF/1988, sendo devida a indenização desde a dispensa até a data do término do período estabilitário.

OJ nº 30 da SDC do TST. ***Estabilidade da gestante. Renúncia ou transação de direitos constitucionais. Impossibilidade.***

Nos termos do art. 10, II, "b", do ADCT, a proteção à maternidade foi erigida à hierarquia constitucional, pois retirou do âmbito do direito potestativo do empregador a possibilidade de despedir arbitrariamente a empregada em estado gravídico. Portanto, a teor do artigo 9º, da CLT, torna-se nula de pleno direito a cláusula que estabelece a possibilidade de renúncia ou transação, pela gestante, das garantias referentes à manutenção do emprego e salário.

OJ nº 44 da SDI – I do TST. ***Gestante. Salário maternidade***

É devido o salário maternidade, de 120 dias, desde a promulgação da CF/1988, ficando a cargo do empregador o pagamento do período acrescido pela Carta.

10.5. ESTABILIDADE DECORRENTE DE ACIDENTE DO TRABALHO

Súmula nº 378 do TST. ***Estabilidade provisória. Acidente do trabalho. Art. 118 da Lei nº 8.213/1991. Constitucionalidade. Pressupostos***

I – É constitucional o artigo 118 da Lei n. 8.213/91 que assegura o direito à estabilidade provisória por período de 12 meses após a cessação do auxílio-doença ao empregado acidentado.

II – São pressupostos para a concessão da estabilidade o afastamento superior a 15 dias[185] e a consequente percepção do auxílio-doença acidentário, salvo se constatada, após a dispensa, doença profissional que guarde relação de causalidade com a execução do contrato de emprego.

III – O empregado submetido a contrato de trabalho por tempo determinado goza da garantia provisória de emprego, decorrente de acidente de trabalho, prevista no art. 118 da Lei nº 8.213/1991.

OJ nº 41 da SDI – I do TST. ***Estabilidade. Instrumento normativo. Vigência. Eficácia***

Preenchidos todos os pressupostos para a aquisição de estabilidade decorrente de acidente ou doença profissional, ainda durante a vigência do instrumento normativo, goza o empregado de estabilidade mesmo após o término da vigência deste.

OJ nº 31 da SDC do TST – ***Estabilidade do acidentado. Acordo homologado. Prevalência. Impossibilidade. Violação do art. 118 da lei nº 8.213/91.***

Não é possível a prevalência de acordo sobre legislação vigente, quando ele é menos benéfico do que a própria lei, porquanto o caráter imperativo dessa última restringe o campo de atuação da vontade das partes.

---

185 Vale ressaltar que o prazo para a interrupção do contrato de trabalho na hipótese de afastamento por doença ou acidente permanece em 15 dias. A MP nº 664/2014, que ampliava para 30 dias esse prazo, foi convertida na Lei nº 13.135/2015. A nova lei revogou a previsão de 30 dias. Em resumo, aplica-se o prazo de 15 dias.

10.6. CIPA

➘ Súmula nº 339 do TST. *CIPA. Suplente. Garantia de emprego. CF/1988.*

I – O suplente da CIPA goza da garantia de emprego prevista no art. 10, II, "a", do ADCT a partir da promulgação da Constituição Federal de 1988.

II – A estabilidade provisória do cipeiro não constitui vantagem pessoal, mas garantia para as atividades dos membros da CIPA, que somente tem razão de ser quando em atividade a empresa. Extinto o estabelecimento, não se verifica a despedida arbitrária, sendo impossível a reintegração e indevida a indenização do período estabilitário.

10.7. DIRETORES DE COOPERATIVAS

➘ OJ nº 253 da SDI – I do TST. *Estabilidade provisória. Cooperativa. Lei nº 5.764/71. Conselho fiscal. Suplente. Não assegurada*

O art. 55 da Lei n. 5.764/71 assegura a garantia de emprego apenas aos empregados eleitos diretores de Cooperativas, não abrangendo os membros suplentes.

10.8. SERVIDOR PÚBLICO CELETISTA. EMPREGADO DE EMPRESA PÚBLICA E SOCIEDADE DE ECONOMIA MISTA

➘ Súmula nº 390 do TST. *Estabilidade. Art. 41 da CF/1988. Celetista. Administração direta, autárquica ou fundacional. Aplicabilidade. Empregado de empresa pública e sociedade de economia mista. Inaplicável*

I – O servidor público celetista da administração direta, autárquica ou fundacional é beneficiário da estabilidade prevista no art. 41 da CF/88.

II – Ao empregado de empresa pública ou de sociedade de economia mista, ainda que admitido mediante aprovação em concurso público, não é garantida a estabilidade prevista no art. 41 da CF/88.

➘ OJ nº 247 da SDI – I do TST. *Servidor público. Celetista concursado. Despedida imotivada. Empresa pública ou sociedade de economia mista. Possibilidade*

I – A despedida de empregados de empresa pública e de sociedade de economia mista, mesmo admitidos por concurso público, independe de ato motivado para sua validade;

II – A validade do ato de despedida do empregado da Empresa Brasileira de Correios e Telégrafos (ECT) está condicionada à motivação, por gozar a empresa do mesmo tratamento destinado à Fazenda Pública em relação à imunidade tributária e à execução por precatório, além das prerrogativas de foro, prazos e custas processuais.

10.8.1. SERVIDOR PÚBLICO DE FUNDAÇÃO REGIDO PELA CLT

➘ OJ nº 364 da SDI – I do TST. *Estabilidade. Art. 19 do ADCT. Servidor público de fundação regido pela CLT.*

Fundação instituída por lei e que recebe dotação ou subvenção do Poder Público para realizar atividades de interesse do Estado, ainda que tenha personalidade jurídica de direito privado, ostenta natureza de fundação pública. Assim, seus servidores regidos pela CLT são beneficiários da estabilidade excepcional prevista no art. 19 do ADCT.

10.9. ESTABILIDADE PREVISTA EM REGULAMENTO INTERNO

➘ Súmula nº 345 do TST. *BANDEPE. Regulamento interno de pessoal não confere estabilidade aos empregados.*

O Regulamento Interno de Pessoal (RIP) do Banco do Estado de Pernambuco – BANDEPE, na parte que trata de seu regime disciplinar, não confere estabilidade aos seus empregados.

➘ Súmula nº 355 do TST. *CONAB. Estabilidade. Aviso DIREH nº 2 de 12.12.1984*

O aviso DIREH nº 2, de 12.12.1984, que concedia estabilidade aos empregados da CONAB, não tem eficácia, porque não aprovado pelo Ministério ao qual a empresa se subordina.

11. FGTS

11.1. INCIDÊNCIA DO FGTS

➘ Súmula nº 63 do TST. Fundo de Garantia

A contribuição para o Fundo de Garantia do Tempo de Serviço incide sobre a remuneração mensal devida ao empregado, inclusive horas extras e adicionais eventuais.

➘ OJ nº 232 da SDI – I do TST. *FGTS. Incidência. Empregado transferido para o exterior. Remuneração*

O FGTS incide sobre todas as parcelas de natureza salarial pagas ao empregado em virtude de prestação de serviços no exterior.

➘ Súmula nº 305 do TST. *Fundo de garantia do tempo de serviço. Incidência sobre o aviso – prévio*

O pagamento relativo ao período de aviso-prévio, trabalhado ou não, está sujeito à contribuição para o FGTS.

11.1.1. NÃO INCIDÊNCIA DO FGTS

➘ OJ nº 195 da SDI – I do TST. *Férias indenizadas. FGTS. Não-incidência*

Não incide a contribuição para o FGTS sobre as férias indenizadas.

11.1.2. ÍNDICE DE CORREÇÃO

➘ OJ nº 302 da SDI – I do TST. *FGTS. Índice de correção. Débitos trabalhistas*

Os créditos referentes ao FGTS, decorrentes de condenação judicial, serão corrigidos pelos mesmos índices aplicáveis aos débitos trabalhistas.

11.2. MULTA DE 40% DO FGTS

➘ OJ nº 42 da SDI – I do TST. *FGTS. Multa de 40%*

I – É devida a multa do FGTS sobre os saques corrigidos monetariamente ocorridos na vigência do contrato de trabalho.

II – O cálculo da multa de 40% do FGTS deverá ser feito com base no saldo da conta vinculada na data do efetivo pagamento das verbas rescisórias, desconsiderada a projeção do aviso prévio indenizado, por ausência de previsão legal.

➘ Súmula nº 125 do TST. *Contrato de trabalho. Art. 479 da CLT*

O art. 479 da CLT aplica-se ao trabalhador optante pelo FGTS admitido mediante contrato por prazo determinado, nos termos do art. 30, § 3º, do Decreto nº 59.820, de 20.12.1966.

11.3. CONTRATO NULO

➘ Súmula nº 363 do TST. *Contrato nulo. Efeitos*

A contratação de servidor público, após a CF/1988, sem prévia aprovação em concurso público, encontra óbice no respectivo art. 37, II e § 2º, somente lhe conferindo direito ao pagamento da contraprestação pactuada, em relação ao número de horas trabalhadas, respeitado o valor da hora do salário mínimo, e dos valores referentes aos depósitos do FGTS.

➘ OJ nº 362 da SDI - I do TST. *Contrato nulo. Efeitos. FGTS. Medida provisória 2.164-41, de 24.08.2001, e art. 19-A da Lei nº 8.036, de 11.05.1990. Irretroatividade*

Não afronta o princípio da irretroatividade da lei a aplicação do art. 19-A da Lei nº 8.036, de 11.05.1990, aos contratos declarados nulos celebrados antes da vigência da Medida Provisória nº 2.164-41, de 24.08.2001.

11.4. PRESCRIÇÃO

➘ Súmula nº 362 do TST. *FGTS. Prescrição*

I - Para os casos em que a ciência da lesão ocorreu a partir de 13.11.2014, é quinquenal a prescrição do direito de reclamar contra o não-recolhimento de contribuição para o FGTS, observado o prazo de dois anos após o término do contrato;

II - Para os casos em que o prazo prescricional já estava em curso em 13.11.2014, aplica-se o prazo prescricional que se consumar primeiro: trinta anos, contados do termo inicial, ou cinco anos, a partir de 13.11.2014 (STF-ARE-709212/DF).

➘ Súmula nº 206 do TST. *Incidência sobre parcelas prescritas*

A prescrição da pretensão relativa às parcelas remuneratórias alcança o respectivo recolhimento da contribuição para o FGTS.

11.5. EXPURGOS INFLACIONÁRIOS

➘ OJ nº 341 da SDI - I do TST. *FGTS. Multa de 40%. Diferenças decorrentes dos expurgos inflacionários. Responsabilidade pelo pagamento*

É de responsabilidade do empregador o pagamento da diferença da multa de 40% sobre os depósitos do FGTS, decorrente da atualização monetária em face dos expurgos inflacionários.

➘ OJ nº 344 da SDI - I do TST. *FGTS. Multa de 40%. diferenças decorrentes dos expurgos inflacionários. Prescrição. Termo inicial*

O termo inicial do prazo prescricional para o empregado pleitear em juízo diferenças da multa do FGTS, decorrentes dos expurgos inflacionários, deu-se com a vigência da Lei Complementar nº 110, em 30.06.01, salvo comprovado trânsito em julgado de decisão proferida em ação proposta anteriormente na Justiça Federal, que reconheça o direito à atualização do saldo da conta vinculada.

➘ OJ nº 370 da SDI - I do TST. *FGTS. Multa de 40%. Diferenças dos expurgos inflacionários. Prescrição. Interrupção decorrente de protestos judiciais*

O ajuizamento de protesto judicial dentro do biênio posterior à Lei Complementar nº 110, de 29.06.2001, interrompe a prescrição, sendo irrelevante o transcurso de mais de dois anos da propositura de outra medida acautelatória, com o mesmo objetivo, ocorrida antes da vigência da referida lei, pois ainda não iniciado o prazo prescricional, conforme disposto na Orientação Jurisprudencial nº 344 da SBDI-1.

12. AVISO PRÉVIO E TÉRMINO DO CONTRATO DE TRABALHO

12.1. AVISO-PRÉVIO

➘ Súmula nº 441 do TST. *Aviso-prévio. Proporcionalidade*

O direito ao aviso-prévio proporcional ao tempo de serviço somente é assegurado nas rescisões de contrato de trabalho ocorridas a partir da publicação da Lei nº 12.506, em 13 de outubro de 2011.

➘ Súmula nº 380 do TST. *Aviso prévio. Início da contagem. Art. 132 do Código Civil de 2002*

Aplica-se a regra prevista no *caput* do art. 132 do Código Civil de 2002 à contagem do prazo do aviso-prévio, excluindo-se o dia do começo e incluindo o do seu vencimento.

➘ Súmula nº 276 do TST. *Aviso prévio. Renúncia pelo empregado*

O direito ao aviso-prévio é irrenunciável pelo empregado. O pedido de dispensa de cumprimento não exime o empregador de pagar o respectivo valor, salvo comprovação de haver o prestador dos serviços obtido novo emprego.

➘ Súmula nº 348 do TST. *Aviso prévio. Concessão na fluência da garantia de emprego. Invalidade*

É inválida a concessão do aviso prévio na fluência da garantia provisória de emprego, ante a incompatibilidade dos dois institutos.

➘ OJ nº 268 da SDI - I do TST. *Indenização adicional. Leis nºs 6.708/79 e 7.238/84. Aviso-prévio. Projeção. Estabilidade provisória*

Somente após o término do período estabilitário é que se inicia a contagem do prazo do aviso prévio para efeito das indenizações previstas nos artigos 9º da Lei nº 6.708/79 e 9º da Lei nº 7.238/84.

➘ Súmula nº 230 do TST. *Aviso prévio. Substituição pelo pagamento das horas reduzidas da jornada de trabalho*

É ilegal substituir o período que se reduz da jornada de trabalho, no aviso-prévio, pelo pagamento das horas correspondentes.

➘ Súmula nº 163 do TST. *Aviso prévio. Contrato de experiência*

Cabe aviso prévio nas rescisões antecipadas dos contratos de experiência, na forma do art. 481 da CLT (ex-Prejulgado nº 42).

➘ Súmula nº 44 do TST. *Aviso-prévio*

A cessação da atividade da empresa, com o pagamento da indenização, simples ou em dobro, não exclui, por si só, o direito do empregado ao aviso-prévio.

➘ OJ nº 82 da SDI – I do TST. *Aviso-prévio. Baixa na CTPS*

A data de saída a ser anotada na CTPS deve corresponder à do término do prazo do aviso-prévio, ainda que indenizado.

➘ OJ nº 367 da SDI – I do TST. *Aviso-prévio de 60 dias. Elastecimento por norma coletiva. Projeção. Reflexos nas parcelas trabalhistas*

O prazo de aviso-prévio de 60 dias, concedido por meio de norma coletiva que silencia sobre alcance de seus efeitos jurídicos, computa-se integralmente como tempo de serviço, nos termos do § 1º do art. 487 da CLT, repercutindo nas verbas rescisórias.

➘ Súmula nº 305 do TST. *Fundo de Garantia do Tempo de Serviço. Incidência sobre o aviso prévio.*

O pagamento relativo ao período de aviso-prévio, trabalhado ou não, está sujeito a contribuição para o FGTS.

➘ OJ nº 83 da SDI – I do TST. *Aviso prévio. Indenizado. Prescrição*

A prescrição começa a fluir no final da data do término do aviso prévio. Art. 487, § 1º, CLT.

➘ Súmula nº 371 do TST. *Aviso-prévio indenizado. Efeitos. Superveniência de auxílio-doença no curso deste*

A projeção do contrato de trabalho para o futuro, pela concessão do aviso-prévio indenizado, tem efeitos limitados às vantagens econômicas obtidas no período de pré-aviso, ou seja, salários, reflexos e verbas rescisórias. No caso de concessão de auxílio-doença no curso do aviso-prévio, todavia, só se concretizam os efeitos da dispensa depois de expirado o benefício previdenciário.

➘ Súmula nº 14 do TST. *Culpa recíproca*

Reconhecida a culpa recíproca na rescisão do contrato de trabalho (art. 484 da CLT), o empregado tem direito a 50% (cinquenta por cento) do valor do aviso-prévio, do décimo terceiro salário e das férias proporcionais.

➘ OJ nº 14 da SDI – I do TST[186]. *Aviso-prévio cumprido em casa. Verbas rescisórias. Prazo para pagamento*

Em caso de aviso-prévio cumprido em casa, o prazo para o pagamento das verbas rescisórias é até o décimo dia da notificação da despedida.

➘ Súmula nº 73 do TST. *Despedida. Justa causa*

A ocorrência de justa causa, salvo a de abandono de emprego, no decurso do prazo de aviso-prévio dado pelo empregador, retira do empregado qualquer direito às verbas rescisórias de natureza indenizatória.

➘ Súmula nº 10 do TST. *Professor. Dispensa sem justa causa. Término do ano letivo ou no curso de férias escolares. Aviso-prévio*

O direito aos salários assegurados (artigo 322, caput e parágrafo 3º da CLT) não exclui o direito também ao aviso-prévio, na hipótese de dispensa sem justa causa ao término do ano letivo ou no curso das férias escolares.

186 Esta orientação jurisprudencial poderá ser impactada pela nova redação dada ao art. 477, § 6º da CLT pela Reforma Trabalhista – Lei nº 13.467/2017.

➘ Súmula nº 182 do TST. *Aviso-prévio. Indenização compensatória. Lei nº 6.708, de 30.10.1979*

O tempo do aviso prévio, mesmo indenizado, conta-se para efeito da indenização adicional prevista no art. 9º da Lei nº 6.708/1979.

➘ Súmula nº 242 do TST. *Indenização adicional. Valor*

A indenização adicional, prevista no art. 9º da Lei nº 6.708, de 30.10.1979 e no art. 9º da Lei nº 7.238 de 28.10.1984, corresponde ao salário mensal, no valor devido na data da comunicação do despedimento, integrado pelos adicionais legais ou convencionados, ligados à unidade de tempo mês, não sendo computável a gratificação natalina.

➘ Súmula nº 314 do TST. *Indenização adicional. Verbas rescisórias. Salário corrigido*

Se ocorrer a rescisão contratual no período de 30 dias que antecede à data-base, o pagamento das verbas rescisórias com o salário já corrigido não afasta o direito à indenização adicional.

12.2. TÉRMINO DO CONTRATO DE TRABALHO

12.2.1. FÉRIAS PROPORCIONAIS

➘ Súmula nº 171 do TST. *Férias proporcionais. Contrato de trabalho. Extinção*

Salvo na hipótese de dispensa do empregado por justa causa, a extinção do contrato de trabalho sujeita o empregador ao pagamento da remuneração das férias proporcionais, ainda que incompleto o período aquisitivo de 12 (doze) meses.

➘ Súmula nº 261 do TST. *Férias proporcionais. Pedido de demissão. Contrato vigente há menos de um ano*

O empregado que se demite antes de completar 12 (doze) meses de serviço tem direito a férias proporcionais.

12.2.2. DISPENSA DISCRIMINATÓRIA

➘ Súmula nº 443 do TST[187]. *Dispensa discriminatória. Presunção. Empregado portador de doença grave. Estigma ou preconceito. Direito à reintegração.*

Presume-se discriminatória a despedida de empregado portador do vírus HIV ou de outra doença grave que suscite estigma ou preconceito. Inválido o ato o empregado tem direito à reintegração no emprego.

12.2.3. FALTA GRAVE

➘ Súmula nº 32 do TST. *Abandono de emprego*

Presume-se o abandono de emprego se o trabalhador não retornar ao serviço no prazo de 30 dias após a cessação do benefício previdenciário nem justificar o motivo de não o fazer.

➘ Súmula nº 13 do TST. *Mora*

O só pagamento dos salários atrasados em audiência não elide a mora capaz de determinar a rescisão do contrato de trabalho.

187 Esta súmula poderá ser afetada pelo art. 8º, §2º da CLT, inserido pela Reforma Trabalhista – Lei nº 13.467/2017.

12.2.3.1. CULPA RECÍPROCA

Súmula nº 14 do TST. *Culpa recíproca*

Reconhecida a culpa recíproca na rescisão do contrato de trabalho (art. 484 da CLT), o empregado tem direito a 50% (cinquenta por cento) do valor do aviso prévio, do décimo terceiro salário e das férias proporcionais.

12.2.4. APOSENTADORIA ESPONTÂNEA. EXTINÇÃO DO CONTRATO

OJ nº 361 da SDI - I do TST. *Aposentadoria espontânea. Unicidade do contrato de trabalho. Multa de 40% do FGTS sobre todo o período*

A aposentadoria espontânea não é causa de extinção do contrato de trabalho se o empregado permanece prestando serviços ao empregador após a jubilação. Assim, por ocasião da sua dispensa imotivada, o empregado tem direito à multa de 40% do FGTS sobre a totalidade dos depósitos efetuados no curso do pacto laboral.

12.2.5. DESPEDIDA IMOTIVADA DO SERVIDOR PÚBLICO

OJ nº 247 da SDI - I do TST. *Servidor público. Celetista concursado. Despedida imotivada. Empresa pública ou sociedade de economia mista. Possibilidade*

I - A despedida de empregados de empresa pública e de sociedade de economia mista, mesmo admitidos por concurso público, independe de ato motivado para sua validade;

II - A validade do ato de despedida do empregado da Empresa Brasileira de Correios e Telégrafos (ECT) está condicionada à motivação, por gozar a empresa do mesmo tratamento destinado à Fazenda Pública em relação à imunidade tributária e à execução por precatório, além das prerrogativas de foro, prazos e custas processuais.

12.2.6. READMISSÃO

Súmula nº 138 do TST. *Readmissão*

Em caso de readmissão, conta-se a favor do empregado o período de serviço anterior, encerrado com a saída espontânea.

12.2.7. MULTA PREVISTA NO ART. 477 DA CLT

Súmula nº 462 do TST. *Multa do art. 477, § 8º, da CLT. Incidência. Reconhecimento judicial da relação de emprego.*

A circunstância de a relação de emprego ter sido reconhecida apenas em juízo não tem o condão de afastar a incidência da multa prevista no art. 477, §8º, da CLT. A referida multa não será devida apenas quando, comprovadamente, o empregado der causa à mora no pagamento das verbas rescisórias.

OJ nº 162 da SDI - *I* do TST. *Multa. Art. 477 da CLT. Contagem do prazo. Aplicável o art. 132 do Código Civil de 2002*

A contagem do prazo para quitação das verbas decorrentes da rescisão contratual prevista no artigo 477 da CLT exclui necessariamente o dia da notificação da demissão e inclui o dia do vencimento, em obediência ao disposto no artigo 132 do Código Civil de 2002 (artigo 125 do Código Civil de 1916).

OJ nº 238 da SDI - *I* do TST. *Multa. Art. 477 da CLT. Pessoa jurídica de direito público. Aplicável*

Submete-se à multa do artigo 477 da CLT a pessoa jurídica de direito público que não observa o prazo para pagamento das verbas rescisórias, pois nivela-se a qualquer particular, em direitos e obrigações, despojando-se do *jus imperii* ao celebrar um contrato de emprego.

12.2.8. TÉRMINO DAS ATIVIDADES EMPRESARIAIS. PAGAMENTO DO SALÁRIO

Súmula nº 173 do TST. *Salário. Empresa. Cessação das atividades*

Extinto, automaticamente, o vínculo empregatício com a cessação das atividades da empresa, os salários só são devidos até a data da extinção.

12.2.9. CONTRATO NULO

Súmula nº 363 do TST. *Contrato nulo. Efeitos*

A contratação de servidor público, após a CF/1988, sem prévia aprovação em concurso público, encontra óbice no respectivo art. 37, II e § 2º, somente lhe conferindo direito ao pagamento da contraprestação pactuada, em relação ao número de horas trabalhadas, respeitado o valor da hora do salário mínimo, e dos valores referentes aos depósitos do FGTS.

12.2.10. QUITAÇÃO E COMPENSAÇÃO

Súmula nº 330 do TST[188]. *Quitação. Validade*

A quitação passada pelo empregado, com assistência da entidade sindical de sua categoria, ao empregador, com observância dos requisitos exigidos nos parágrafos do art. 477, da CLT, tem eficácia liberatória em relação às parcelas expressamente consignadas no recibo, salvo se oposta ressalva expressamente e especificada ao valor dado à parcela ou parcelas impugnadas.

I - A quitação não abrange parcelas não consignadas no recibo de quitação e, consequentemente, seus reflexos em outras parcelas, ainda que essas constem desse recibo.

II - Quanto a direitos que deveriam ter sido satisfeitos durante a vigência do contrato de trabalho, a quitação é válida em relação ao período expressamente consignado no recibo de quitação.

Súmula nº 18 do TST. *Compensação*

A compensação, na Justiça do Trabalho, está restrita a dívidas de natureza trabalhista.

OJ nº 148 da SDI - I do TST. *Lei nº 8.880/94, Art. 31. Constitucionalidade*

É constitucional o art. 31 da Lei nº 8.880/94, que prevê a indenização por demissão sem justa causa.

---

188 Esta súmula poderá ser impactada pelos art. 477 e 507-B da CLT acrescentado pela Reforma Trabalhista - Lei nº 13.467/2017.

13. PRESCRIÇÃO E DECADÊNCIA

13.1. PRESCRIÇÃO

Súmula nº 153 do TST[189]. *Prescrição*

Não se conhece de prescrição não arguida na instância ordinária

Súmula nº 156 do TST. *Prescrição. Prazo*

Da extinção do último contrato começa a fluir o prazo prescricional do direito de ação em que se objetiva a soma de períodos descontínuos de trabalho.

OJ nº 83 da SDI – I do TST. *Aviso-prévio. Indenizado. Prescrição*

A prescrição começa a fluir no final da data do término do aviso prévio. Art. 487, § 1º, CLT.

Súmula nº 308 do TST. *Prescrição quinquenal*

I – Respeitado o biênio subsequente à cessação contratual, a prescrição da ação trabalhista concerne às pretensões imediatamente anteriores a cinco anos, contados da data do ajuizamento da reclamação e, não, às anteriores ao quinquênio da data da extinção do contrato.

II – A norma constitucional que ampliou o prazo de prescrição da ação trabalhista para 5 (cinco) anos é de aplicação imediata e não atinge pretensões já alcançadas pela prescrição bienal quando da promulgação da CF/1988.

OJ nº 401 da SDI – I do TST. *Prescrição. Marco inicial. Ação condenatória. Trânsito em julgado da ação declaratória com mesma causa de pedir remota ajuizada antes da extinção do contrato de trabalho.*

O marco inicial da contagem do prazo prescricional para o ajuizamento de ação condenatória, quando advém a dispensa do empregado no curso de ação declaratória que possua a mesma causa de pedir remota, é o trânsito em julgado da decisão proferida na ação declaratória e não a data da extinção do contrato de trabalho.

13.1.1. PRESCRIÇÃO TOTAL

Súmula nº 294 do TST[190]. *Prescrição. Alteração contratual. Trabalhador urbano*

Tratando-se de ação que envolva pedido de prestações sucessivas decorrente de alteração do pactuado, a prescrição é total, exceto quando o direito à parcela esteja também assegurado por preceito de lei.

OJ nº 175 da SDI – I do TST. *Comissões. Alteração ou Supressão. Prescrição total*

A supressão das comissões, ou a alteração quanto à forma ou ao percentual, em prejuízo do empregado, é suscetível de operar a prescrição total da ação, nos termos da Súmula nº 294 do TST, em virtude de cuidar-se de parcela não assegurada por preceito de lei.

OJ nº 242 da SDI – I do TST. *Prescrição total. Horas extras. Adicional. Incorporação*

Embora haja previsão legal para o direito à hora extra, inexiste previsão para a incorporação ao salário do respectivo adicional, razão pela qual deve incidir a prescrição total.

Súmula nº 199 do TST. *Bancário. Pré-contratação de horas extras*

I – A contratação do serviço suplementar, quando da admissão do trabalhador bancário, é nula. Os valores assim ajustados apenas remuneram a jornada normal, sendo devidas as horas extras com o adicional de, no mínimo, 50% (cinquenta por cento), as quais não configuram pré-contratação, se pactuadas após a admissão do bancário.

II – Em se tratando de horas extras pré-contratadas, opera-se a prescrição total se a ação não for ajuizada no prazo de cinco anos, a partir da data em que foram suprimidas.

Súmula nº 275 do TST. *Prescrição. Desvio de função e reenquadramento*

I – Na ação que objetive corrigir desvio funcional, a prescrição só alcança as diferenças salariais vencidas no período de 5 (cinco) anos que precedeu o ajuizamento.

II – Em se tratando de pedido de reenquadramento, a prescrição é total, contada da data do enquadramento do empregado.

Súmula nº 326 do TST. *Complementação de aposentadoria. Prescrição total*

A pretensão à complementação de aposentadoria jamais recebida prescreve em 2 (dois) anos contados da cessação do contrato de trabalho.

OJ nº 243 da SDI – I do TST. *Prescrição total. Planos econômicos*

Aplicável a prescrição total sobre o direito de reclamar diferenças salariais resultantes de planos econômicos.

OJ nº 76 da SDI – I do TST. *Substituição dos avanços trienais por quinquênios. Alteração do contrato de trabalho. Prescrição total. CEEE*

A alteração contratual consubstanciada na substituição dos avanços trienais por quinquênios decorre de ato único do empregador, momento em que começa a fluir o prazo fatal de prescrição.

13.1.2. PRESCRIÇÃO PARCIAL

Súmula nº 294 do TST[191]. *Prescrição. Alteração contratual. Trabalhador urbano*

Tratando-se de ação que envolva pedido de prestações sucessivas decorrente de alteração do pactuado, a prescrição é total, exceto quando o direito à parcela esteja também assegurado por preceito de lei.

Súmula nº 6, IX, do TST.

Na ação de equiparação salarial, a prescrição é parcial e só alcança as diferenças salariais vencidas no período de 5 (cinco) anos que precedeu o ajuizamento.

189 Esta súmula poderá ser impactada pelo art. 11-A, § 2º da CLT acrescentado pela Reforma Trabalhista – Lei nº 13.467/2017.

190 Esta súmula poderá ser impactada pelo art. 11, § 2º da CLT acrescentado pela Reforma Trabalhista – Lei nº 13.467/2017.

191 Esta súmula poderá ser impactada pelo art. 11, § 2º da CLT acrescentado pela Reforma Trabalhista – Lei nº 13.467/2017.

➘ Súmula nº 452 do TST. *Diferenças salariais. Plano de cargos e salários. Descumprimento. Critérios de promoção não observados. Prescrição parcial.*

Tratando-se de pedido de pagamento de diferenças salariais decorrentes da inobservância dos critérios de promoção estabelecidos em Plano de Cargos e Salários criado pela empresa, a prescrição aplicável é a parcial, pois a lesão é sucessiva e se renova mês a mês.

➘ Súmula nº 327 do TST. *Complementação de aposentadoria. Diferenças. Prescrição parcial*

A pretensão a diferenças de complementação de aposentadoria sujeita-se à prescrição parcial e quinquenal, salvo se o pretenso direito decorrer de verbas não recebidas no curso da relação de emprego e já alcançadas pela prescrição, à época da propositura da ação.

➘ Súmula nº 373 do TST. *Gratificação semestral. Congelamento. Prescrição parcial*

Tratando-se de pedido de diferença de gratificação semestral que teve seu valor congelado, a prescrição aplicável é a parcial.

13.1.3. AÇÃO RESCISÓRIA. PRESCRIÇÃO TOTAL E PARCIAL

➘ Súmula nº 409 do TST. *Ação rescisória. Prazo prescricional. Total ou parcial. Violação do art. 7º, XXIX, da CF/1988. Matéria infraconstitucional*

Não procede ação rescisória calcada em violação do art. 7º, XXIX, da CF/1988 quando a questão envolve discussão sobre a espécie de prazo prescricional aplicável aos créditos trabalhistas, se total ou parcial, porque a matéria tem índole infraconstitucional, construída, na Justiça do Trabalho, no plano jurisprudencial.

13.1.4. SUSPENSÃO DO CONTRATO DE TRABALHO

➘ OJ nº 375 da SDI - I do TST. *Auxílio-doença. Aposentadoria por invalidez. Suspensão do contrato de trabalho. Prescrição. Contagem*

A suspensão do contrato de trabalho, em virtude da percepção do auxílio-doença ou da aposentadoria por invalidez, não impede a fluência da prescrição quinquenal, ressalvada a hipótese de absoluta impossibilidade de acesso ao Judiciário.

13.1.5. INTERRUPÇÃO DA PRESCRIÇÃO

➘ Súmula nº 268 do TST[192]. *Prescrição. Interrupção. Ação trabalhista Arquivada*

A ação trabalhista, ainda que arquivada, interrompe a prescrição somente em relação aos pedidos idênticos.

➘ OJ nº 392 da SDI - I do TST[193]. *Prescrição. Interrupção. Ajuizamento de protesto judicial. Marco inicial*

O protesto judicial é medida aplicável no processo do trabalho, por força do art. 769 da CLT e do art. 15 do CPC de 2015. O ajuizamento da ação, por si só, interrompe o prazo prescricional, em razão da inaplicabilidade do § 2º do art. 240 do CPC de 2015 (§ 2º do art. 219 do CPC de 1973), incompatível com o disposto no art. 841 da CLT.

13.1.6. RURÍCOLA

➘ OJ nº 271 da SDI - I do TST *Rurícola. Prescrição. Contrato de emprego extinto. Emenda constitucional nº 28/2000. Inaplicabilidade*

O prazo prescricional da pretensão do rurícola, cujo contrato de emprego já se extinguira ao sobrevir a Emenda Constitucional nº 28, de 26/05/2000, tenha sido ou não ajuizada a ação trabalhista, prossegue regido pela lei vigente ao tempo da extinção do contrato de emprego.

13.1.7. PRESCRIÇÃO INTERCORRENTE

➘ Súmula nº 114 do TST[194]. *Prescrição intercorrente*

É inaplicável na Justiça do Trabalho a prescrição intercorrente.

13.1.8. FGTS

➘ Súmula nº 362 do TST. *FGTS. Prescrição*

I – Para os casos em que a ciência da lesão ocorreu a partir de 13.11.2014, é quinquenal a prescrição do direito de reclamar contra o não-recolhimento de contribuição para o FGTS, observado o prazo de dois anos após o término do contrato;

II – Para os casos em que o prazo prescricional já estava em curso em 13.11.2014, aplica-se o prazo prescricional que se consumar primeiro: trinta anos, contados do termo inicial, ou cinco anos, a partir de 13.11.2014 (STF-ARE-709212/DF).

➘ Súmula nº 206 do TST. *Incidência sobre parcelas prescritas*

A prescrição da pretensão relativa às parcelas remuneratórias alcança o respectivo recolhimento da contribuição para o FGTS.

13.1.9. EXPURGOS INFLACIONÁRIOS

➘ OJ nº 344 da SDI - I do TST. *FGTS. Multa de 40%. Diferenças decorrentes dos expurgos inflacionários. Prescrição. Termo inicial*

O termo inicial do prazo prescricional para o empregado pleitear em juízo diferenças da multa do FGTS, decorrentes dos expurgos inflacionários, deu-se com a vigência da Lei Complementar nº 110, em 30.06.01, salvo comprovado trânsito em julgado de decisão proferida em ação proposta anteriormente na Justiça Federal, que reconheça o direito à atualização do saldo da conta vinculada.

➘ OJ nº 341 da SDI - I do TST. *FGTS. Multa de 40%. Diferenças decorrentes dos expurgos inflacionários. Responsabilidade pelo pagamento*

É de responsabilidade do empregador o pagamento da diferença da multa de 40% sobre os depósitos do FGTS, decorrente da atualização monetária em face dos expurgos inflacionários.

---

192 Esta súmula poderá ser impactada pelo art. 11, § 3º da CLT acrescentado pela Reforma Trabalhista – Lei nº 13.467/2017.

193 Esta orientação jurisprudencial poderá ser impactada pelo art. 11, § 3º da CLT acrescentado pela Reforma Trabalhista – Lei nº 13.467/2017.

194 Esta súmula poderá ser impactada pelo art. 11-A da CLT acrescentado pela Reforma Trabalhista – Lei nº 13.467/2017.

13.1.10. AÇÃO DE CUMPRIMENTO

➘ Súmula nº 350 do TST. *Prescrição. Termo inicial. Ação de cumprimento. Sentença normativa*

O prazo de prescrição com relação à ação de cumprimento de decisão normativa flui apenas da data de seu trânsito em julgado.

13.1.11. MUDANÇA DO REGIME CELETISTA PARA ESTATUTÁRIO

➘ Súmula nº 382 do TST. *Mudança de regime celetista para estatutário. Extinção do contrato. Prescrição bienal*

A transferência do regime jurídico de celetista para estatutário implica extinção do contrato de trabalho, fluindo o prazo da prescrição bienal a partir da mudança de regime.

➘ Súmula nº 243 do TST. *Opção pelo regime trabalhista. Supressão das vantagens estatutárias*

Exceto na hipótese de previsão contratual ou legal expressa, a opção do funcionário público pelo regime trabalhista implica a renúncia dos direitos inerentes ao regime estatutário.

13.1.12. COMPLEMENTAÇÃO DE PENSÃO E AUXÍLIO FUNERAL

➘ OJ nº 129 da SDI - I do TST. *Prescrição. Complementação da pensão e auxílio funeral*

A prescrição extintiva para pleitear judicialmente o pagamento da complementação de pensão e do auxílio-funeral é de 2 anos, contados a partir do óbito do empregado.

13.1.13. MINISTÉRIO PÚBLICO

➘ OJ nº 130 da SDI - I do TST. *Prescrição. Ministério Público. Arguição. Custos legis. Ilegitimidade.*

Ao exarar o parecer na remessa de ofício, na qualidade de *custos legis*, o Ministério Público não tem legitimidade para arguir a prescrição em favor de entidade de direito público, em matéria de direito patrimonial.

13.2. DECADÊNCIA

➘ Súmula nº 62 do TST. *Abandono de emprego*

O prazo de decadência do direito do empregador de ajuizar inquérito em face do empregado que incorre em abandono de emprego é contado a partir do momento em que o empregado pretendeu seu retorno ao serviço.

14. DIREITO COLETIVO DO TRABALHO

14.1. PODER NORMATIVO DO TST

➘ Súmula nº 190 do TST. *Poder normativo do TST. Condições de trabalho. Inconstitucionalidade. Decisões contrárias ao STF*

Ao julgar ou homologar ação coletiva ou acordo nela havido, o Tribunal Superior do Trabalho exerce o poder normativo constitucional, não podendo criar ou homologar condições de trabalho que o Supremo Tribunal Federal julgue iterativamente inconstitucionais.

14.2. VIGÊNCIA DA CONVENÇÃO E DO ACORDO COLETIVO DE TRABALHO. ULTRATIVIDADE

➘ Súmula nº 277 do TST[195]. *Convenção coletiva de trabalho ou acordo coletivo de trabalho. Eficácia. Ultratividade.*

As cláusulas normativas dos acordos coletivos ou convenções coletivas integram os contratos individuais de trabalho e somente poderão ser modificadas ou suprimidas mediante negociação coletiva de trabalho.

➘ OJ nº 322 da SDI - I do TST[196]. *Acordo coletivo de trabalho. Cláusula de termo aditivo prorrogando o acordo para prazo indeterminado. Inválida*

Nos termos do art. 614, § 3º, da CLT, é de 2 anos o prazo máximo de vigência dos acordos e das convenções coletivas. Assim sendo, é inválida, naquilo que ultrapassa o prazo total de 2 anos, a cláusula de termo aditivo que prorroga a vigência do instrumento coletivo originário por prazo indeterminado.

14.3. CATEGORIA DIFERENCIADA

➘ Súmula nº 374 do TST. *Norma coletiva. Categoria diferenciada. Abrangência*

Empregado integrante de categoria profissional diferenciada não tem o direito de haver de seu empregador vantagens previstas em instrumento coletivo no qual a empresa não foi representada por órgão de classe de sua categoria.

14.4. MULTA PREVISTA EM INSTRUMENTO NORMATIVO

➘ Súmula nº 384 do TST. *Multa convencional. Cobrança*

I – O descumprimento de qualquer cláusula constante de instrumentos normativos diversos não submete o empregado a ajuizar várias ações, pleiteando em cada uma o pagamento da multa referente ao descumprimento de obrigações previstas nas cláusulas respectivas.

II – É aplicável multa prevista em instrumento normativo (sentença normativa, convenção ou acordo coletivo) em caso de descumprimento de obrigação prevista em lei, mesmo que a norma coletiva seja mera repetição de texto legal.

➘ OJ nº 54 da SDI - I do TST. *Multa. Cláusula penal. Valor superior ao principal*

O valor da multa estipulada em cláusula penal, ainda que diária, não poderá ser superior à obrigação principal corrigida, em virtude da aplicação do artigo 412 do Código Civil de 2002 (art. 920 do Código Civil de 1916).

195 Esta súmula poderá ser impactada pela nova redação dada ao art. 614, § 3º da CLT acrescentado pela Reforma Trabalhista – Lei nº 13.467/2017.

196 Esta orientação jurisprudencial poderá ser impactada pela nova redação dada ao art. 614, § 3º da CLT acrescentado pela Reforma Trabalhista – Lei nº 13.467/2017.

14.5. CONTRIBUIÇÃO SINDICAL, CONFEDERATIVA E ASSISTENCIAL

Súmula nº 432 do TST[197]. *Contribuição sindical rural. Ação de cobrança. Penalidade por atraso no recolhimento. Inaplicabilidade do art. 600 da CLT. Incidência do art. 2º da Lei nº 8.022/1990.*

O recolhimento a destempo da contribuição sindical rural não acarreta a aplicação da multa progressiva prevista no art. 600 da CLT, em decorrência da sua revogação tácita pela Lei nº 8.022, de 12 de abril de 1990.

OJ nº 17 da SDC do TST – *Contribuições para entidades sindicais. Inconstitucionalidade de sua extensão a não associados.*

As cláusulas coletivas que estabeleçam contribuição em favor de entidade sindical, a qualquer título, obrigando trabalhadores não sindicalizados, são ofensivas ao direito de livre associação e sindicalização, constitucionalmente assegurado, e, portanto, nulas, sendo passíveis de devolução, por via própria, os respectivos valores eventualmente descontados.

Súmula Vinculante nº 40 do STF

A contribuição confederativa de que trata o art. 8º, IV, da Constituição, só é exigível dos filiados ao sindicato respectivo.

14.6. ORGANIZAÇÃO SINDICAL

OJ nº 9 da SDC do TST – *Enquadramento sindical. Incompetência material da justiça do trabalho.*

O dissídio coletivo não é meio próprio para o sindicato vir a obter o reconhecimento de que a categoria que representa é diferenciada, pois esta matéria – enquadramento sindical – envolve a interpretação de norma genérica, notadamente do art. 577 da CLT.

OJ nº 16 da SDC do TST – *Taxa de homologação de rescisão contratual. Ilegalidade.*

É contrária ao espírito da lei (art. 477, § 7º, da CLT) e da função precípua do sindicato a cláusula coletiva que estabelece taxa para homologação de rescisão contratual, a ser paga pela empresa a favor do sindicato profissional.

OJ nº 17 da SDC do TST – *Contribuições para entidades sindicais. Inconstitucionalidade de sua extensão a não associados.*

As cláusulas coletivas que estabeleçam contribuição em favor de entidade sindical, a qualquer título, obrigando trabalhadores não sindicalizados, são ofensivas ao direito de livre associação e sindicalização, constitucionalmente assegurado, e, portanto, nulas, sendo passíveis de devolução, por via própria, os respectivos valores eventualmente descontados.

OJ nº 28 da SDC do TST – *Edital de convocação da AGT. Publicação. Base territorial. Validade.*

O edital de convocação para a AGT deve ser publicado em jornal que circule em cada um dos municípios componentes da base territorial.

OJ nº 35 da SDC do TST – *Edital de convocação da agt. Disposição estatutária específica. Prazo mínimo entre a publicação e a realização da assembleia. Observância obrigatória.*

Se os estatutos da entidade sindical contam com norma específica que estabeleça prazo mínimo entre a data de publicação do edital convocatório e a realização da assembleia correspondente, então a validade desta última depende da observância desse interregno.

OJ nº 36 da SDC do TST – *Empregados de empresa de processamento de dados. Reconhecimento como categoria diferenciada. Impossibilidade.*

É por lei e não por decisão judicial, que as categorias diferenciadas são reconhecidas como tais. De outra parte, no que tange aos profissionais da informática, o trabalho que desempenham sofre alterações, de acordo com a atividade econômica exercida pelo empregador.

14.7. NEGOCIAÇÃO COLETIVA

OJ nº 2 da SDC do TST – *Acordo homologado. Extensão a partes não subscreventes. Inviabilidade.*

É inviável aplicar condições constantes de acordo homologado nos autos de dissídio coletivo, extensivamente, às partes que não o subscreveram, exceto se observado o procedimento previsto no art. 868 e seguintes, da CLT.

OJ nº 5 da SDC do TST. *Dissídio coletivo. Pessoa jurídica de direito público. Possibilidade jurídica. Cláusula de natureza social.*

Em face de pessoa jurídica de direito público que mantenha empregados, cabe dissídio coletivo exclusivamente para apreciação de cláusulas de natureza social. Inteligência da Convenção nº 151 da Organização Internacional do Trabalho, ratificada pelo Decreto Legislativo nº 206/2010.

OJ nº 8 da SDC do TST – *Dissídio coletivo. Pauta reivindicatória não registrada em ata. Causa de extinção.*

A ata da assembleia de trabalhadores que legitima a atuação da entidade sindical respectiva em favor de seus interesses deve registrar, obrigatoriamente, a pauta reivindicatória, produto da vontade expressa da categoria.

OJ nº 18 da SDC do TST – *Descontos autorizados no salário pelo trabalhador. Limitação máxima de 70% do salário base.*

Os descontos efetuados com base em cláusula de acordo firmado entre as partes não podem ser superiores a 70% do salário base percebido pelo empregado, pois deve-se assegurar um mínimo de salário em espécie ao trabalhador.

OJ nº 20 da SDC do TST – *Empregados sindicalizados. Admissão preferencial. Condição violadora do art. 8º, V, da CF88.*

Viola o art. 8º, V, da CF/1988 cláusula de instrumento normativo que estabelece a preferência, na contratação de mão de obra, do trabalhador sindicalizado sobre os demais.

OJ nº 23 da SDC do TST – *Legitimidade "ad causam". Sindicato representativo de segmento profissional ou patronal. Impossibilidade.*

A representação sindical abrange toda a categoria, não comportando separação fundada na maior ou menor dimensão de cada ramo ou empresa.

197 Esta súmula poderá ser impactada pela nova redação dada aos art. 545 578, 579, 582, 583, 587 e 602 da CLT pela Reforma Trabalhista – Lei nº 13.467/2017.

➘ OJ nº 25 da SDC do TST – *Salário normativo. Contrato de experiência. Limitação. Tempo de serviço. Possibilidade.*

Não fere o princípio da isonomia salarial (art. 7º, XXX, da CF/88) a previsão de salário normativo tendo em vista o fator tempo de serviço.

➘ OJ nº 26 da SDC do TST – *Salário normativo. Menor empregado. Art. 7º, XXX, da CF/88. Violação.*

Os empregados menores não podem ser discriminados em cláusula que fixa salário mínimo profissional para a categoria.

➘ OJ nº 30 da SDC do TST – *Estabilidade da gestante. Renúncia ou transação de direitos constitucionais. Impossibilidade.*

Nos termos do art. 10, II, "b", do ADCT, a proteção à maternidade foi erigida à hierarquia constitucional, pois retirou do âmbito do direito potestativo do empregador a possibilidade de despedir arbitrariamente a empregada em estado gravídico. Portanto, a teor do artigo 9º, da CLT, torna-se nula de pleno direito a cláusula que estabelece a possibilidade de renúncia ou transação, pela gestante, das garantias referentes à manutenção do emprego e salário.

➘ OJ nº 31 da SDC do TST – *Estabilidade do acidentado. Acordo homologado. Prevalência. Impossibilidade. Violação do art. 118 da lei nº 8.213/91.*

Não é possível a prevalência de acordo sobre legislação vigente, quando ele é menos benéfico do que a própria lei, porquanto o caráter imperativo dessa última restringe o campo de atuação da vontade das partes.

14.8. GREVE

➘ OJ nº 10 da SDC do TST. *Greve abusiva não gera efeitos.*

É incompatível com a declaração de abusividade de movimento grevista o estabelecimento de quaisquer vantagens ou garantias a seus partícipes, que assumiram os riscos inerentes à utilização do instrumento de pressão máximo.

➘ OJ nº 11 da SDC do TST. *Greve. Imprescindibilidade de tentativa direta e pacífica da solução do conflito. Etapa negocial prévia.*

É abusiva a greve levada a efeito sem que as partes hajam tentado, direta e pacificamente, solucionar o conflito que lhe constitui o objeto.

➘ OJ nº 38 da SDC do TST. *Greve. Serviços essenciais. Garantia das necessidades inadiáveis da população usuária. Fator determinante da qualificação jurídica do movimento.*

É abusiva a greve que se realiza em setores que a lei define como sendo essenciais à comunidade, se não é assegurado o atendimento básico das necessidades inadiáveis dos usuários do serviço, na forma prevista na Lei nº 7.783/89.

✦ INFORMATIVOS DO TST

1. REGULAMENTO INTERNO

➘ CEF. Norma interna. CI/SUPES/GERET 293/2006. Validade. Opção pela jornada de oito horas. Ingresso em juízo. Retorno automático à jornada de seis horas. Orientação Jurisprudencial Transitória nº 70 da SBDI-I.

É válida a norma interna CI/SUPES/GERET 293/2006, expedida pela Caixa Econômica Federal (CEF), que determina o retorno automático à jornada de seis horas, no caso de o empregado ingressar em juízo contra a opção pela jornada de oito horas. Essa providência se harmoniza com o reconhecimento da nulidade da opção de jornada consagrada na Orientação Jurisprudencial Transitória nº 70 da SBDI-I, não havendo falar, portanto, em ofensa ao direito constitucional de acesso ao poder judiciário ou em configuração de ato discriminatório. Com esse entendimento, a SBDI-I, em sua composição plena, conheceu dos embargos interpostos pela CEF, por divergência jurisprudencial, e, no mérito, pelo voto prevalecente da Presidência, deu-lhes provimento para julgar improcedentes os pedidos deduzidos na reclamação trabalhista. Vencidos o Desembargador Convocado Sebastião Geraldo de Oliveira, relator, e os Ministros Lelio Bentes Corrêa, Horácio Raymundo de Senna Pires, Rosa Maria Weber, Augusto César Leite de Carvalho, José Roberto Freire Pimenta e Delaíde Miranda Arantes. *TST-E-ED-RR-13300-70.2007.5.15.0089, SBDI-I, rel. Des. Convocado Sebastião Geraldo de Oliveira, red. p/ acórdão Min. Brito Pereira, 18.4.2013. (Informativo nº 43)*

1.1. REQUISITOS PARA DISPENSA PREVISTOS EM REGULAMENTO INTERNO

➘ Sociedade de economia mista. Privatização. Demissão por justa causa. Necessidade de motivação do ato demissional. Previsão em norma interna. Descumprimento. Nulidade da despedida. Reintegração. Art. 182 do CC.

A inobservância da norma interna do Banestado, sociedade de economia mista sucedida pelo Itaú Unibanco S.A., que previa a instauração de procedimento administrativo para apuração de falta grave antes da efetivação da despedida por justa causa, acarreta a nulidade do ato de dispensa ocorrido antes do processo de privatização, assegurando ao trabalhador, por conseguinte, a reintegração no emprego, com base no disposto no art. 182 do CC, segundo o qual, anulado o negócio jurídico, deve-se restituir as partes ao "status quo ante". Com esse entendimento, a SBDI-I, por maioria, conheceu dos embargos, por divergência jurisprudencial, e, no mérito, negou-lhes provimento. Vencidos os Ministros Aloysio Corrêa da Veiga, relator, Ives Gandra Martins Filho, Brito Pereira e Maria Cristina Peduzzi, que davam parcial provimento ao recurso para, reconhecendo a nulidade da justa causa aplicada, convertê-la em demissão imotivada e determinar o pagamento das diferenças relativas às verbas rescisórias devidas. *TST-E-ED-RR-22900-83.2006.5.09.0068, SBDI-I, rel. Min. Aloysio Corrêa da Veiga, red. p/ acórdão Min. João Oreste Dalazen, 6.12.2012 (Informativo 33)*

1.2. DESCUMPRIMENTO DE NORMA INTERNA

➘ Progressão salarial anual. Ausência de avaliações de desempenho. Descumprimento de norma interna. Art. 129 do CC. Diferenças salariais devidas.

Diante da omissão do empregador em proceder à avaliação de desempenho estabelecida como requisito à progressão salarial anual prevista em norma interna da empresa, considera-se implementada a referida condição, conforme dispõe o art. 129 do CC. A inércia do reclamado em atender critérios por ele mesmo estabelecidos não pode redundar em frustração da legítima expectativa do empregado de obter aumento salarial previsto em regulamento da empresa, sob pena de se caracterizar condição suspensiva que submete a eficácia do negócio jurídico ao puro arbítrio das partes, o que é vedado pelo art. 122 do CC. Com esse entendimento, a SBDI-I, por unanimidade, conheceu dos embargos, por divergência jurisprudencial e, no mérito, deu-lhes provimento para julgar procedente o pedido de diferenças salariais decorrente da progressão salarial anual por desempenho obstada pelo recorrido. *TST-E-ED-RR-25500-23.2005.5.05.0004, SBDI-I, rel. Min. Augusto César Leite de Carvalho, 12.4.2012. (Informativo nº 5)*

Promoção por antiguidade. Resolução da empresa que fixa em zero o percentual de empregados passíveis de promoção. Equivalência à inobservância do regulamento interno. Prescrição parcial. Orientação Jurisprudencial nº 404 da SBDI-I.

A resolução da empresa que fixa em zero o percentual de empregados passíveis de promoção por antiguidade, assegurada em regulamento interno, não implica alteração do pactuado e a consequente prescrição total (Súmula nº 294 do TST), mas sim a inobservância da norma interna a ensejar a incidência da prescrição parcial, nos termos da Orientação Jurisprudencial nº 404 da SBDI-I. Comesse entendimento, a SBDI-I, por maioria, vencidos os Ministros Ives Gandra Martins Filho e Brito Pereira, deu provimento ao agravo e, ainda por maioria, vencida a Ministra Dora Maria da Costa, julgou desde logo o recurso de embargos para dele conhecer, por contrariedade à Orientação Jurisprudencial nº 404 da SBDI-I, e dar-lhe provimento para, reformando o acórdão embargado, determinar o retorno dos autos à Turma de origem a fim de prosseguir no julgamento do recurso de revista, afastada a prescrição total da pretensão às promoções. *TST-Ag-E--RR-36740-87.2007.5.04.0611, SBDI-I, rel. Min. Ives Gandra da Silva Martins Filho, red. p/ acórdão Min. Augusto César Leite de Carvalho, 7.2.2013 (Informativo nº 35)*

1.3. REGULAMENTO INTERNO – PROGRESSÃO HORIZONTAL POR MERECIMENTO

ECT. Plano de Cargos e Salários. Progressão horizontal por merecimento. Deliberação da diretoria. Requisito essencial. Não caracterização de condição puramente potestativa.

A deliberação da diretoria a que se refere o Plano de Cargos e Salários da Empresa de Correios e Telégrafos – ECT constitui requisito essencial à concessão de progressão horizontal por merecimento, na medida em que esta envolve critérios subjetivos e comparativos inerentes à excelência profissional do empregado, os quais somente podem ser avaliados pela empregadora, não cabendo ao julgador substituí-la. Ademais, trata-se de condição simplesmente potestativa, pois dependente não apenas da vontade da empregadora, mas também de fatores alheios ao desígnio do instituidor dos critérios de progressão (desempenho funcional e existência de recursos financeiros), distinguindo-se, portanto, da promoção por antiguidade, cujo critério de avaliação é meramente objetivo, decorrente do decurso do tempo. Com esse entendimento, a SBDI-I, em sua composição plena, por maioria, vencido o Ministro Lelio Bentes Corrêa, conheceu dos embargos, no tópico, por divergência jurisprudencial. No mérito, ainda por maioria, a Subseção negou provimento ao recurso, vencidos os Ministros Aloysio Corrêa da Veiga, relator, Lelio Bentes Corrêa, Alberto Luiz Bresciani de Fontan Pereira, Augusto César Leite de Carvalho, José Roberto Freire Pimenta e Delaíde Miranda Arantes, que entendiam caracterizada a condição puramente potestativa, e, como tal, inválida, nos termos do art. 122 do CC, uma vez que, ao vincular a progressão por merecimento à deliberação da diretoria, estabeleceu-se critério subjetivo ligado exclusivamente ao arbítrio da empresa, privando os trabalhadores da obtenção da referida promoção. *TST-E-RR-51-16.2011.5.24.0007, SBDI-I, rel. Min. Aloysio Corrêa da Veiga, red. p/ acórdão Min. Renato de Lacerda Paiva, 8.11.2012 (Informativo nº 29)*

1.4. COMPLEMENTAÇÃO DE APOSENTADORIA

CEF. Complementação de aposentadoria. CTVA. Integração. Natureza salarial.

A parcela denominada Complemento Temporário Variável de Ajuste de Piso de Mercado – CTVA, instituída pela Caixa Econômica Federal – CEF com o objetivo de compatibilizar a gratificação de confiança com os valores pagos a esse título no mercado, possui natureza jurídica salarial e integra a remuneração do empregado, devendo, por consequência, compor o salário de contribuição, para fins de recolhimento à FUNCEF, e refletir no cálculo da complementação de aposentadoria. Com esse entendimento, a SBDI-I, por unanimidade, conheceu dos embargos interpostos pela CEF, por divergência jurisprudencial e, no mérito, negou-lhes provimento. Na espécie, consignou-se, ainda, que o próprio regulamento da FUNCEF prevê a inclusão das funções de confiança no salário de contribuição. *TST-E--ED-RR-16200-36.2008.5.04.0141, SBDI-I, rel. Min. Brito Pereira, 23.8.2012. (Informativo nº 19)*

Comissão de Conciliação Prévia. Termo de quitação. Eficácia liberatória. Diferenças em complementação de aposentadoria. Não abrangência.

A eficácia liberatória geral do termo de quitação referente a acordo firmado perante a Comissão de Conciliação Prévia (art. 625-E, parágrafo único, da CLT) possui abrangência limitada às verbas trabalhistas propriamente ditas, não alcançando eventuais diferenças de complementação de aposentadoria. Com esse entendimento, a SBDI-I, por unanimidade, conheceu dos embargos, por divergência jurisprudencial, e, no mérito, deu-lhes parcial provimento para, afastada a quitação do termo de conciliação quanto aos reflexos das horas extras e do desvio de função sobre a complementação de aposentadoria, determinar o retorno dos autos à Vara do Trabalho, para que prossiga no julgamento do feito como entender de direito. Ressaltou-se, no caso, que a complementação de aposentadoria, embora decorrente do contrato de trabalho, não possui natureza trabalhista. Ademais, não se pode estender os efeitos da transação firmada na CCP a entidade de previdência privada, por se tratar de terceiro que não participou do negócio jurídico. *TST-E-RR-141300-03.2009.5.03.0138, SBDI-I, rel. Min. Renato de Lacerda Paiva, 6.12.2012. (Informativo nº 33)*

Previdência privada. Complementação de aposentadoria. Reajuste salarial reconhecido judicialmente. Contribuição para a fonte de custeio. Indevida. Ausência de previsão contratual.

Não cabe imputar ao empregado aposentado a contribuição para a fonte de custeio de diferenças de complementação de aposentadoria decorrentes de reajuste salarial sob o rótulo de "avanço de nível"disfarçado, reconhecido judicialmente, quando a paridade salarial com o pessoal em atividade foi assegurada no contrato, sem a respectiva previsão de contribuição do assistido para a preservação do equilíbrio atuarial. Com esse posicionamento, a SBDI-I, à unanimidade, conheceu dos embargos, por divergência jurisprudencial e, no mérito, deu-lhes provimento para afastar da condenação o recolhimento da cota previdenciária dos reclamantes. *TST-ARR-217400-15.2008.5.07.0011, SBDII, rel. Min. Aloysio Corrêa da Veiga, 14.2.2013. (Informativo nº 36)*

2. BANCÁRIO

Caixa bancário. Intervalo do digitador. Indevido.

O caixa bancário não tem direito ao intervalo do digitador previsto no art. 72 da CLT, na NR 17 e nas normas coletivas da categoria, porquanto não desenvolve atividade preponderantemente de digitação. Com esses fundamentos, a SBDI-I, por unanimidade, conheceu do recurso de embargos, por divergência jurisprudencial, e, no mérito, por maioria, deu-lhe provimento para, reformando a decisão embargada, restabelecer o acórdão do Regional que indeferiu o pagamento dos 10 minutos de intervalo para cada 50 minutos trabalhados. Vencidos os Ministros Cláudio Mascarenhas Brandão, Augusto César Leite de Carvalho, José Roberto Freire Pimenta e Hugo Carlos Scheuermann. TST-E-RR-100499-71.2013.5.17.0152, SBDI-I, rel. Min. Alexandre de Agra Belmonte, 9.2.2017 (Informativo nº 152 do TST).

➘ Dano moral. Não configuração. Empregado de instituição bancária. Quebra de sigilo bancário. Procedimento indistinto adotado para todos os correntistas de instituição financeira. Determinação do Banco Central.

Não configura dano moral a quebra do sigilo bancário do empregado na hipótese em que haja determinação do Banco Central para, em procedimento geral adotado indistintamente em relação a todos os correntistas da instituição financeira, e não só aos empregados, monitorar contas correntes com o objetivo de detectar existência de movimentação extraordinária, emissão de cheques sem fundos e evitar lavagem de dinheiro. Com esse entendimento, a SBDI-I, por unanimidade, conheceu do recurso de embargos por divergência jurisprudencial, e, no mérito, negou-lhe provimento. Na espécie, consignou-se que não há quebra de isonomia, nem mitigação do direito fundamental privacidade e à intimidade, nem do dever de sigilo, dispostos nos arts. 5º, X, da CF e 1º da Lei Complementar nº 105/2001. Ademais, o caso em tela não se confunde com as hipóteses em que o TST, diante do exame da movimentação financeira do empregado, em procedimento de auditoria interna do banco empregador, sem autorização judicial, tem reconhecido a existência de dano moral. *TST-EEDRR-82600-37.2009.5.03.0137, SBDI-I, rel. Min. Augusto César Leite de Carvalho, 7.2.2013 (*No mesmo sentido e julgado na mesma sessão, TST-E-RR-1517-92.2010.5.03.0030). (Informativo nº 35)*

➘ Dano moral. Indenização. Bancário. Assalto a instituição bancária. Responsabilidade objetiva. Atividade de risco. Art. 927, parágrafo único, do CC.

A SBDI-I, em sua composição plena, confirmando decisão da Turma, entendeu devida a indenização por danos morais a empregado bancário que foi vítima de três assaltos na agência em que trabalhava. Na hipótese, restou configurada a responsabilidade objetiva do empregador, na forma do parágrafo único do art. 927 do CC, pois a atividade bancária, por envolver contato com expressivas quantias de dinheiro, está sujeita à ação frequente de assaltantes, sendo considerada, portanto, como atividade de risco a atrair a obrigação de indenizar os danos sofridos pelo trabalhador. Com esse entendimento, a Subseção, por unanimidade, conheceu do recurso de embargos do reclamado, por divergência jurisprudencial, e, no mérito, por maioria, negou-lhes provimento. Vencidos os Ministros Ives Gandra Martins Filho e Maria Cristina Irigoyen Peduzzi, que entendiam indevida a indenização por não enquadrarem como de risco a atividade exercida pelo reclamante. *TST-E-RR-94440-11.2007.5.19.0059, SBDI-I, rel. Min. Aloysio Corrêa da Veiga, 18.4.2013. (Informativo nº 43)*

➘ Incidente de Recursos de Revista Repetitivos. "Tema nº 0001 – Bancário. Salário-hora. Divisor. Forma de cálculo. Empregado mensalista". Modulação de efeitos. Proclamação do resultado. Encaminhamento da matéria ao Tribunal Pleno para modificação da Súmula nº 124 do TST. A SBDI-I, por maioria, definiu as seguintes teses jurídicas para o Tema Repetitivo Nº 0001 – BANCÁRIO. SALÁRIO-HORA. DIVISOR. FORMA DE CÁLCULO. EMPREGADO MENSALISTA:

1. O número de dias de repouso semanal remunerado pode ser ampliado por convenção ou acordo coletivo de trabalho, como decorrência do exercício da autonomia sindical; 2. As convenções coletivas dos bancários não deram ao sábado a natureza de repouso semanal remunerado; 3. O divisor corresponde ao número de horas remuneradas pelo salário mensal, independentemente de serem trabalhadas ou não; 4. O divisor aplicável para cálculo das horas extras do bancário, inclusive para os submetidos à jornada de oito horas, é definido com base na regra geral prevista no art. 64 da CLT (resultado da multiplicação por 30 da jornada normal de trabalho), sendo 180 e 220, para a jornada normal de seis e oito horas, respectivamente; 5. A inclusão do sábado como dia de repouso semanal remunerado não altera o divisor, em virtude de não haver redução do número de horas semanais, trabalhadas e de repouso; 6. O número de semanas do mês é 4,2857, resultante da divisão de 30 (dias do mês) por 7 (dias da semana), não sendo válida, para efeito de definição do divisor, a multiplicação da duração semanal por 5; 7. Em caso de redução da duração semanal do trabalho, o divisor é obtido na forma prevista na Súmula nº 431 (multiplicação por 30 do resultado da divisão do número de horas trabalhadas por semana pelos dias úteis). Vencidos, quanto à tese nº 2, os Ministros Cláudio Mascarenhas Brandão, relator, Emmanoel Pereira, Augusto César Leite de Carvalho, Aloysio Corrêa da Veiga, José Roberto Freire Pimenta, Hugo Carlos Scheuermann e Alexandre Agra Belmonte. Ainda por maioria, decidiu a Subseção modular os efeitos da decisão, a fim de definir que a nova orientação não alcança estritamente decisão de mérito sobre divisor emanada de Turma do TST ou da SBDI-I, proferida no período de 27.09.2012 (DEJT em que se publicou a nova redação da Súmula nº 124, mediante acréscimo do atual item I) até a data de 21.11.2016. Vencidos, neste tópico, os Ministros Márcio Eurico Vitral Amaro, Augusto César Leite de Carvalho e Ives Gandra Martins filho, que não modulavam a decisão, e, parcialmente, os Ministros Brito Pereira, José Roberto Freire Pimenta e Hugo Carlos Scheuermann. Por fim, pelo voto prevalente da Presidência, a SBDI-I decidiu proclamar o resultado e remeter a matéria ao Tribunal Pleno, ouvida a Comissão de Jurisprudência e de Precedentes Normativos, para deliberar acerca da modificação da redação da Súmula nº 124 do TST. Vencidos os Ministros Cláudio Mascarenhas Brandão, relator, Renato de Lacerda Paiva, Augusto César Leite de Carvalho, Aloysio Corrêa da Veiga, José Roberto Freire Pimenta, Hugo Carlos Scheuermann e Alexandre Agra Belmonte. *TST-IRR-849-83.2013.5.03.0138, SBDI-I, rel. Min. Cláudio Mascarenhas Brandão, 21.11.2016. (Informativo nº 149)*

➘ Caixa bancário. Intervalo do digitador. Indevido.

O caixa bancário não tem direito ao intervalo do digitador previsto no art. 72 da CLT, na NR 17 e nas normas coletivas da categoria, porquanto não desenvolve atividade preponderantemente de digitação. Com esses fundamentos, a SBDI-I, por unanimidade, conheceu do recurso de embargos, por divergência jurisprudencial, e, no mérito, por maioria, deu-lhe provimento para, reformando a decisão embargada, restabelecer o acórdão do Regional que indeferiu o pagamento dos 10 minutos de intervalo para cada 50 minutos trabalhados. Vencidos os Ministros Cláudio Mascarenhas Brandão, Augusto César Leite de Carvalho, José Roberto Freire Pimenta e Hugo Carlos Scheuermann. *TST-E-RR-100499-71.2013.5.17.0152, SBDI-I, rel. Min. Alexandre de Agra Belmonte, 9.2.2017. (Informativo nº 152 do TST).*

2.1. PRÉ-CONTRATAÇÃO DE HORAS EXTRAS

Bancário. Ausência de contrato para trabalho extraordinário. Pagamento mensal e habitual de horas extras. Pré-contratação. Configuração. Aplicação da Súmula nº 199, I, do TST.

A diretriz do item I da Súmula nº 199 desta Corte tem como fim evitar a violação do direito do bancário à jornada específica (arts. 224 e 225 da CLT). Assim, ainda que o empregado não tenha formalmente assinado contrato para trabalho extraordinário, o pagamento mensal e habitual da 7ª e 8ª horas, durante o vínculo de emprego, denota intenção de fraude à relação de trabalho, configurando a pré-contratação. Com esse entendimento, a SBDI-I, por maioria, conheceu do recurso de embargos do reclamante, por divergência jurisprudencial e, no mérito, deu-lhe provimento para declarar nula a pré-contratação de horas extraordinárias e condenar o banco a pagar a 7ª e 8ª horas trabalhadas, como extraordinária, no período imprescrito. Vencidos os Ministros Renato de Lacerda Paiva, João Batista Brito Pereira, Maria Cristina Peduzzi e Delaíde Miranda Arantes. *TST-E-RR-792900-15.2004.5.09.0011, SBDI-I, rel. Min. Aloysio Corrêa da Veiga, 12.4.2012. (Informativo nº 5)*

Bancário. Norma coletiva. Repercussão das horas extras na remuneração do sábado. Reconhecimento do sábado como descanso semanal remunerado. Incidência da Súmula nº 124, I, "a", do TST. Divisor 150. Indevidas.

A previsão, em norma coletiva, de repercussão das horas extras prestadas ao longo da semana sobre o sábado descaracteriza a sua natureza de dia útil não trabalhado. Assim, o sábado adquire feição de repouso semanal remunerado, fazendo incidir a Súmula nº 124, I, "a" do TST. Com base nesses fundamentos, a SBDI-I, por maioria, conheceu dos embargos interpostos pelo reclamante, por contrariedade à Súmula nº 124, I, "a", do TST, e, no mérito, deu-lhes provimento para determinar que se adote o divisor 150 para o cálculo das horas extraordinárias a que faz jus o reclamante no período em que trabalhou em jornada de seis horas, observada a vigência da norma coletiva que estabelece o sábado como dia de repouso semanal remunerado. Ressalvou a fundamentação o Ministro Renato de Lacerda Paiva. Vencidos os Ministros João Oreste Dalazen, Antonio José de Barros Levenhagen e Márcio Eurico Vitral Amaro, que não conheciam do recurso. *TST-E-ED-RR-754-24.2011.5.03.0138, SBDI-I, rel. Min. Aloysio Corrêa da Veiga, 5.6.2014 (Informativo nº 85)*

Horas extraordinárias. Contratação após admissão. Súmula 199, I, do TST. Não contrariedade.

Não contraria o item I da Súmula 199 do TST, o reconhecimento de pré-contratação de horas extras nas hipóteses em que o ajuste tenha ocorrido poucos meses após a admissão do empregado se, conforme consignado no acórdão regional, o pagamento das horas extras pré-contratadas era, na verdade, mera contraprestação pelo serviço prestado pela reclamante, e que, ainda, a prorrogação de jornada foi uma constante no curso do contrato, sem que, contudo, nenhuma justificativa tenha sido apresentada para a permanente necessidade de elastecimento de trabalho, o que levou o Tribunal Regional do Trabalho da 9ª Região, inclusive, à conclusão de que a intenção do empregador era burlar a aplicação da referida súmula. Sob esses fundamentos, a SBDI-1, por maioria, não conheceu do recurso de embargos. Vencidos os Ministros Marcio Eurico Vitral Amaro, relator e Ives Gandra Martins Filho. *TST-E-ED-RR 286-82.2010.5.09.0088, SBDI-1, rel. Min. Márcio Eurico Vitral Amaro, red. p/ acórdão Min. José Roberto Freire Pimenta, 1º.10.2015. (Informativo nº 119)*

Bancário. Pré-contratação de horas extras. Pactuação posterior à admissão do empregado. Intuito de burlar o entendimento sufragado na Súmula nº 199, I, do TST. Configuração.

É nula a contratação de labor extraordinário do empregado bancário, ainda que realizada em momento posterior à sua admissão, se constatada a intenção do empregador de obstar a incidência da Súmula nº 199, I, do TST. No caso, ainda que a contratação de horas extras tenha ocorrido quase dois anos após a admissão do empregado, ficou demonstrado nos autos o intuito fraudulento do empregador de mascarar a pré-contratação de horas extras. Por esse fundamento, a SBDI-I, por maioria, vencidos os Ministros Alexandre Luiz Ramos, relator, Renato de Lacerda Paiva, Guilherme Augusto Caputo Bastos e as Ministras Dora Maria da Costa e Maria Cristina Irigoyen Peduzzi, conheceu dos embargos por divergência jurisprudencial e, ainda por maioria, deu-lhes provimento para restabelecer o acórdão regional no aspecto, vencidos o Ministro Alexandre Luiz Ramos, relator, e as Ministras Dora Maria da Costa e Maria Cristina Irigoyen Peduzzi. TST-E-ED-RR-1833000-79.2005.5.09.0004, SBDI-I, red. p/ acórdão Min. Breno Medeiros, 19/8/2021. (Informativo nº 242)

2.2. GERENTE E GERENTE-GERAL DA AGÊNCIA

Bancário. Gerente geral de agência. Art. 62, II, da CLT. Intervalo intrajornada. Não concessão. Horas extras. Indevidas.

O bancário que exerce o cargo de gerente geral de agência, por estar enquadrado no art. 62, II, da CLT, não tem direito ao pagamento de horas extras decorrentes da não concessão ou da concessão parcial do intervalo intrajornada. Tal intervalo está previsto no Capítulo II do Título II da CLT (Da Duração do Trabalho), o qual, nos termos do "*caput*" do art. 62 da CLT, não se aplica aos empregados que exercem cargo de gestão, em razão da dificuldade ou da impossibilidade de controle de horário. Com esse entendimento, a SBDI-I, por unanimidade, conheceu dos embargosdo banco reclamado, por divergência jurisprudencial, e, no mérito, deu-lhes provimento para excluir da condenação o pagamento das horas extras e reflexos decorrentes do intervalo intrajornada nos meses de setembro e outubro de 2003, período em que o reclamante exerceu o cargo de gerente geral de agência. *TST-E-ED-RR-34300-85.2007.5.04.0331, SBDI-I, rel. Min. Dora Maria da Costa, 25.4.2013 (Informativo nº 44)*

2.2.1. CONTROLE DE HORÁRIO

Bancário. Superintendente de negócio. Pagamento de horas extras. Controle de frequência. Art. 62, II, da CLT. Não incidência.

A regra do enquadramento no art. 62, II, da CLT, do bancário exercente de cargo de direção, quando é a autoridade máxima na agência ou região, não prevalece na hipótese de haver prova de controle de frequência ou pagamento espontâneo de horas extras. In casu, o reclamante era superintendente de negócio, recebeu horas extras e teve controle de frequência em algumas oportunidades durante o período contratual. Assim, a SBDI-I, por maioria, conheceu dos embargos por contrariedade à Súmula nº 287 e, no mérito, deu-lhes provimento para condenar a reclamada ao pagamento das horas extras e reflexos, a partir da oitava hora. Vencidos os Ministros Dora Maria da Costa, Brito Pereira e Maria Cristina Peduzzi. *TST-E-ED-ED-ED-RR-116101-50.2005.5.12.0014, SBDI-I, rel. Min. Horácio Raymundo de Senna Pires, 24.5.2012. (Informativo nº 10)*

2.2.2. TEMPO DESPENDIDO NA REALIZAÇÃO DE CURSOS PELA INTERNET E À DISTÂNCIA

➘ Bancário. Gerente-geral. Tempo despendido na realização de cursos pela internet e à distância, fora do horário de trabalho. Horas extras. Indeferimento.

Os cursos realizados por exigência do empregador, via internet e à distância, fora do horário de trabalho, por empregado gerente-geral de agência bancária, não ensejam o pagamento de horas extras, porquanto o trabalhador que se enquadra no art. 62, II, da CLT não tem direito a qualquer parcela regida pelo capítulo "Da Duração do Trabalho". Com esse entendimento, a SBDI-I, por maioria, conheceu dos embargos, por contrariedade à Súmula nº 287 do TST, e, no mérito, deu-lhes provimento para excluir da condenação o pagamento das horas extras decorrentes da realização de cursos desempenhados via internet e à distância, fora do horário de trabalho. Vencidos os Ministros Lelio Bentes Corrêa, relator, Luiz Philippe Vieira de Mello Filho, Augusto César Leite de Carvalho, José Roberto Freire Pimenta e Delaíde Miranda Arantes. *TST-ERR-82700-69.2006.5.04.0007, SBDI-I, rel. Min. Lelio Bentes Corrêa, red. p/ acórdão Min. João Oreste Dalazen, 20.09.2012 (Informativo nº 22)*

2.2.3. AUTORIZAÇÃO PARA SE AUSENTAR DA AGÊNCIA

➘ Bancário. Gerente geral. Presunção relativa. Ausência de poderes de mando e gestão. Horas extras. Devidas.

Levando-se em conta ser relativa a presunção de que trata a Súmula nº 287 do TST, tem-se que o gerente geral de agência bancária faz jus ao recebimento de horas extraordinárias quando a prova carreada aos autos revele a ausência total de poderes de mando e gestão. Com esse entendimento, a SBDI-I, por maioria, não conheceu dos embargos, mantendo a decisão turmária que afastou a incidência do inciso II do art. 62 da CLT e a contrariedade à Súmula nº 287 do TST, porquanto a prova produzida perante o TRT registrou de forma expressa que o reclamante, conquanto denominado gerente geral de agência, não detinha poderes de mando e gestão ou "grau de fidúcia distinto daquele inerente a qualquer contrato de trabalho", estando, inclusive, subordinado à "autorização para se ausentar do serviço", a evidenciar a existência de controle de jornada. Vencidos os Ministros Brito Pereira, Maria Cristina Peduzzi e Ives Gandra Martins Filho. *TST-E-RR-114740-98.2005.5.13.0004, SBDI-I, rel. Min. Luiz Philippe Vieira de Mello Filho, 9.8.2012. (Informativo nº 17)*

2.2.4. GERENTE QUE POSSUI RESTRIÇÕES A DETERMINADAS ATIVIDADES

➘ AR. Bancário. Gerente de negócios. Configuração. Art. 224, § 2º, da CLT e Súmula nº 287 do TST. Pagamento de horas extras apenas a partir da 8ª diária.

Tendo em conta que em qualquer atividade empresarial de médio ou grande porte há divisões e subdivisões, cabendo a cada seguimento, conforme a estrutura, o cumprimento de determinadas funções atreladas ao seu setor, não desnatura o exercício do cargo de gerente de negócios o fato de o reclamante bancário ter restrições quanto a determinadas atividades, como não possuir alçada para liberação de créditos e admitir e demitir funcionários, não possuir subordinados, responder ao gerente administrativo, assinar folha de ponto e, ainda, não assinar isoladamente. A impossibilidade de realização das referidas atividades não leva à conclusão, por si só, de que o trabalhador não exerce função de confiança, principalmente quando há maior responsabilidade quanto às suas próprias atribuições e percepção de remuneração diferenciada. Ademais, na hipótese, o trabalhador participava das reuniões do comitê, integrando, de alguma forma, a cúpula gerencial do estabelecimento bancário, e era reconhecido pelos demais colegas como gerente de negócios, a atrair, portanto, a disciplina do art. 224, § 2º, da CLT e da Súmula nº 287 do TST. Assim, a SBDI-II, por unanimidade, conheceu do recurso ordinário em ação rescisória e, no mérito, deu-lhe provimento para, no tocante ao enquadramento do reclamante na hipótese do *caput* do art. 224 da CLT, rescindir o acórdão prolatado pelo TRT nos autos de reclamação trabalhista e, em juízo rescisório, restabelecer a sentença no que se reconhecera a subsunção do caso concreto na hipótese prevista no art. 224, § 2º, da CLT, e, por conseguinte, se deferiram as horas extras apenas a partir da 8.ª diária. *TST-RO-1985-85.2011.5.04.0000, SBDI-II, rel. Min. Maria de Assis Calsing. 7.8.2012. (Informativo nº 17)*

➘ CEF. Bancário. Horas extras. Avaliador Executivo. Fidúcia especial. Cargo de Confiança. Enquadramento na exceção do art. 224, § 2º, da CLT.

As atividades desempenhadas pelos empregados da Caixa Econômica Federal que exercem a função de "avaliador executivo", consistentes na certificação das garantias oriundas das operações de penhor, com possibilidade de significativo impacto no patrimônio da empresa, evidenciam a fidúcia especial do cargo, não se tratando, pois, de função meramente técnica. Assim, o bancário que exerce a função de avaliador executivo e recebe gratificação superior a 1/3 do salário do cargo efetivo, enquadra-se na exceção contida no § 2º do artigo 224 da CLT, razão pela qual não faz jus ao pagamento da sétima e oitava horas como extras. Com esse entendimento, a SBDI-1, por maioria, conheceu do recurso de embargos, por divergência jurisprudencial, vencidos os Ministros Alexandre Luiz Ramos, Renato de Lacerda Paiva, Guilherme Augusto Caputo Bastos e as Ministras Dora Maria da Costa e Maria Cristina Irigoyen Peduzzi, e, no mérito, também por maioria, negoulhe provimento, vencidos os Ministros José Roberto Freire Pimenta, Relator, Hugo Carlos Scheuermann, Lelio Bentes Corrêa, Alberto Luiz Bresciani de Fontan Pereira e Augusto César Leite de Carvalho. TST-E-ED-RR-60100-34.2010.5.17.0013, SBDI-I, red. p/ acórdão Min. Cláudio Mascarenhas Brandão, 25/11/2021. (Informativo nº 248)

2.2.5. QUEBRA DE CAIXA

➘ Bancário. Gratificação "quebra de caixa". Descontos de diferenças de caixa. Licitude. Art. 462, § 1º, da CLT.

É lícito o desconto da gratificação denominada "quebra de caixa", a despeito da natureza salarial da rubrica, porquanto a finalidade da parcela é remunerar o risco da atividade, cobrindo eventuais diferenças de numerário quando do fechamento do caixa. Ademais, o bancário, ao ser investido na função de caixa e acordar o pagamento da verba com o empregador, está ciente do encargo que assume pelos eventuais danos que causar. Incidência do art. 462, § 1º, da CLT. Com base nesse entendimento, a SBDI-I, por unanimidade, conheceu dos embargos por divergência jurisprudencial e, no mérito, deu-lhes provimento para excluir da condenação a devolução dos valores descontados a título de "quebra de caixa". *TST-E-ED-RR-217100-61.2009.5.09.0658, SBDI-I, rel. Min. Aloysio Corrêa da Veiga, 16.8.2012. (Informativo nº 18)*

➘ Bancário. Gratificação "quebra de caixa". Descontos de diferenças no caixa. Licitude.

A gratificação "quebra de caixa", percebida pelo bancário que exerce a função de caixa, serve para saldar eventuais diferenças de numerário verificadas durante o fechamento do caixa. Assim sendo, é lícito ao empregador efetuar os descontos no salário do empregado sempre que constatar as mencionadas diferenças e desde que não tenha havido demonstração de que esse evento resultou de fato estranho à atividade, a exemplo de assalto à agência bancária. Com esse entendimento, a SBDI-I, em sua composição plena, decidiu, por unanimidade, conhecer dos embargos interpostos pelo reclamado, por divergência jurisprudencial, e, no mérito, dar-lhe provimento para restabelecer o acórdão do Regional quanto ao tema. *TST-E-ED--RR-1658400-44.2003.5.09.0006, SBDI-I, rel. Min. Brito Pereira, red. p/ acórdão Min. Lelio Bentes Corrêa, 21.8.2014(Informativo nº 87)*

2.2.6. ADVOGADO

➘ Empregado de banco. Advogado. Jornada de trabalho. Inaplicabilidade do art. 224 da CLT. Dedicação exclusiva. Horas extras. Sétima e oitava horas indevidas.

Inaplicável o art. 224 da CLT ao advogado empregado de instituição bancária que desempenha funções inerentes a advocacia, porquanto equiparado, no particular, aos membros de categoria diferenciada, uma vez que exerce atividade regulada em estatuto profissional próprio (Lei nº 8.906/94, art. 20). Por outro lado, havendo expressa pactuação no contrato de trabalho acerca do regime de dedicação exclusiva, serão remuneradas como extraordinárias apenas as horas trabalhadas excedentes da jornada de oito horas diárias (art. 12, parágrafo único, do Regulamento Geral do Estatuto da Advocacia e da OAB). Com esse entendimento, a SBDI-I, por unanimidade, conheceu dos embargos por divergência jurisprudencial, e, no mérito, por maioria, deu-lhes provimento para restabelecer a sentença no tópico, excluindo da condenação o pagamento das sétima e oitava horas diárias como extras e seus reflexos. Vencidos os Ministros Lelio Bentes Corrêa e Delaíde Miranda Arantes. *TST-E-ED-RR-87700-74.2007.5.02.0038, SBDI-I, rel. Min. Renato de Lacerda Paiva, 22.3.2012. (Informativo nº 3)*

➘ Empregado de banco. Advogado. Jornada de trabalho. Inaplicabilidade do art. 224 da CLT. Dedicação exclusiva. Horas extras excedentes à sexta diária. Indevidas. Lei nº 8.906/94.

O advogado que trabalha em instituição bancária, em regime de exclusividade, não faz jus ao pagamento de horas extraordinárias excedentes à sexta diária, não se beneficiando, portanto, da jornada especial dos bancários prevista no art. 224 da CLT, em face da disciplina específica a que está submetido (art. 20 da Lei nº 8.906/94). Com esse entendimento, a SBDI-I, por unanimidade, deu provimento aos embargos para excluir da condenação as horas extraordinárias além da sexta diária e seus reflexos. *TST-E--ED-RR-887300-67.2007.5.09.0673, SBDI-I, rel. Min. Aloysio Corrêa da Veiga, 17.5.2012. (Informativo nº 9)*

3. EMPREGADOR

➘ Uniformes. Uso obrigatório ou necessário para a concepção da atividade econômica. Despesas com lavagem. Ressarcimento. Devido.

As despesas decorrentes de lavagem de uniformes, quando seu uso é imposto pelo empregador ou necessário para a concepção da atividade econômica, devem ser ressarcidas ao empregado, uma vez que os riscos do empreendimento são suportados pela empresa, cabendo a ela zelar pela higiene do estabelecimento. Inteligência do art. 2º da CLT. No caso, as reclamadas forneciam gratuitamente uniformes e impunham a sua utilização durante o horário de serviço em razão da atividade desenvolvida (indústria de laticínios). Assim, a SBDI-I, por unanimidade, conheceu do recurso de embargos, por divergência jurisprudencial, e, no mérito, por maioria, negou-lhe provimento, mantendo a decisão da Turma que ratificara a condenação ao ressarcimento das despesas efetuadas pelo reclamante com a lavagem de uniformes. Vencidos os Ministros Guilherme Caputo Bastos, relator, Ives Gandra Martins Filho, Márcio Eurico Vitral Amaro e Cláudio Mascarenhas Brandão, que davam provimento aos embargos para julgar improcedente o pedido de ressarcimento das despesas com a lavagem do fardamento, ao fundamento de que a higienização ordinária de uniformes não causa prejuízo indenizável, nem transfere os riscos do empreendimento ao empregado. *TST-E-RR-12-47.2012.5.04.0522, SBDI-I, rel. Min. Guilherme Augusto Caputo Bastos, red. p/ acórdão Min. João Oreste Dalazen, 12.3.2015 (Informativo nº 101)*

3.1. GRUPO ECONÔMICO

➘ Grupo econômico. Não configuração. Mera ocupação do mesmo espaço físico. Prestação concomitante de serviço a mais de uma empresa.

Não é suficiente à configuração de grupo econômico a mera ocupação do mesmo espaço físico ou que os empregados prestem serviço a mais de uma empresa de forma concomitante. O art. 2º, § 2º, da CLT exige a subordinação à mesma direção, controle ou administração, embora cada uma das empresas possua personalidade jurídica própria. Sob esse fundamento, a SBDI-I, por unanimidade, conheceu dos embargos, no tópico, por divergência jurisprudencial, e, no mérito, por maioria, negou-lhes provimento, mantendo a decisão turmária que excluiu a responsabilidade solidária imposta a uma das reclamadas por entender necessária a relação hierárquica entre as empesas, bem como o efetivo controle de uma sobre as outras para a configuração de grupo econômico. Vencidos os Ministros Augusto César Leite de Carvalho e José Roberto Freire Pimenta. *TST-E-ED-RR-996–63.2010.5.02.0261, SBDI-I, rel. Min. Brito Pereira, 12.5.2016. (Informativo nº 136)*

3.2. PODER DE FISCALIZAÇÃO OU CONTROLE

➘ Dano moral. Indenização indevida. Revista visual de bolsas, sacolas ou mochilas. Inexistência de ofensa à honra e à dignidade do empregado. Poder diretivo e de fiscalização do empregador

A revista visual em bolsas, sacolas ou mochilas, realizada de modo impessoal e indiscriminado, sem contato físico ou exposição do trabalhador a situação constrangedora, decorre do poder diretivo e fiscalizador do empregador e, por isso, não possui caráter ilícito e não gera, por si só, violação à intimidade, à dignidade e à honra, a ponto de ensejar o pagamento de indenização a título de dano moral ao empregado. Com base nessa premissa, a SBDI-I, por unanimidade, conheceu do recurso de embargos, por divergência jurisprudencial, e, no mérito, por maioria, negou-lhe provimento. Vencidos os Ministros Delaíde Miranda Arantes e Augusto César Leite de Carvalho. TST-E-RR-306140-53.2003.5.09.0015, SBDI-I, rel. Min. Brito Pereira, 22.3.2012. (Informativo nº 3)

➘ Revista impessoal e indiscriminada de bolsas dos empregados. Dano moral. Não configuração. Indenização indevida.

A inspeção de bolsas, sacolas e outros pertences de empregados, desde que realizada de maneira generalizada e sem a adoção de qualquer procedimento que denote abuso do direto do empregador de zelar pelo próprio patrimônio, é lícita, pois não importa em ofensa à intimidade, à vida privada, à honra ou à imagem dos trabalhadores. Na espécie, não obstante a revista em bolsa da reclamante, muitas vezes, fosse realizada por seguranças do sexo masculino, restou consignada a inexistência de contato físico, e que a inspeção era impessoal, englobando todos os empregados, não se podendo presumir, portanto, dano ou abalo moral apto a ensejar o pagamento de indenização. Com esse entendimento, a SBDI-I, por unanimidade, conheceu dos embargos por divergência jurisprudencial e, no mérito, por maioria, negou-lhes provimento. Vencidos os Ministros José Roberto Freire Pimenta, que não admitia revista masculina em bolsa feminina, e Augusto César Leite de Carvalho e Delaide Miranda Arantes, que não admitiam qualquer revista. (Informativo nº 17)

➘ Revista em pertences de empregados. Esvaziamento de bolsas e sacolas. Impessoalidade. Ausência de contato físico. Empresa do ramo de comercialização de medicamentos (drogaria). Interesse público envolvido. Potencialidade de grave risco decorrente de desvio dos produtos comercializados. Poder de fiscalização do empregador. Dano moral. Não caracterizado.

A imposição patronal de esvaziamento do conteúdo de bolsas, sacolas e demais pertences de empregados, por si só, não acarreta dano moral, desde que efetuada de maneira impessoal e respeitosa e derive de imposição da natureza da atividade empresarial. No caso, empresa do ramo de comercialização de medicamentos (drogaria), impunha a seus empregados, indistintamente, no início e ao final do expediente, a abertura e o esvaziamento de bolsas e sacolas, sem qualquer contato físico por parte de outros trabalhadores. Concluiu-se que o interesse público justifica o rigor no controle, em prol da segurança da coletividade, ante a potencialidade de grave risco decorrente de eventual desvio dos produtos comercializados. Assim, a conduta patronal é legítima e inerente ao poder-dever de fiscalização do empregador, logo não rende ensejo ao pagamento de indenização por dano moral. Sob esse entendimento, a SBDI-I, por unanimidade, conheceu dos embargos, por divergência jurisprudencial, e, no mérito, negou-lhes provimento. Ressalva de entendimento do Ministro Cláudio Mascarenhas Brandão. *TST-E-RR-2111-32.2012.5.12.0048, SBDI-I, rel. Min. João Oreste Dalazen, 25.6.2015. (Informativo nº 112)*

➘ Dano moral. Indenização. Revista pessoal de controle. Apalpamento de partes do corpo do empregado. Toques na cintura.

O controle exercido pelo empregador com o intuito de fiscalizar o seu patrimônio deve observar os ditames do ordenamento jurídico, dentre os quais figura como essencial a estabilidade nas relações laborais e o respeito à intimidade e à dignidade do trabalhador. Caracteriza revista pessoal de controle e, portanto, ofende o direito à intimidade e à dignidade do empregado, a conduta do empregador que, excedendo os limites do poder diretivo e fiscalizador, impõe a realização de vistoria íntima consistente no apalpamento de partes do corpo do empregado – "toques na cintura". Devida, portanto, a indenização por dano moral, ainda que o contato físico se dê sem "excesso ou exagero" – o que não afastaria o reconhecimento da lesão ao patrimônio moral do empregado. Sob esses fundamentos, a SBDI-1, por unanimidade, conheceu dos embargos, por divergência jurisprudencial e, no mérito, por maioria, deu-lhes provimento para restabelecer o acórdão regional quanto à declaração de procedência do pedido de indenização por dano moral, inclusive no tocante ao valor fixado (R$ 3.000,00 – três mil reais), vencidos os Ministros Márcio Eurico Vitral Amaro e Guilherme Augusto Caputo Bastos. *TST-E-RR-22800-62.2013.5.13.0007, SBDI-I, rel. Min. João Oreste Dalazen, 29.10.2015. (Informativo nº 121)*

➘ Empregado impedido de sair do hospital no período do intervalo intrajornada. Afronta ao princípio da livre locomoção. Ofensa à honra subjetiva do empregado. In re ipsa.

Trata-se de pedido de indenização por danos morais pelo fato de a empresa proibir os funcionários de saírem do hospital - local de trabalho - durante o gozo do intervalo intrajornada. O Tribunal Regional manteve a decisão proferida em sentença, que condenou a reclamada ao pagamento da indenização, sob o fundamento de que 'ficaram comprovados pela prova oral produzida (ata de audiência - ID. 4817e0b) os fatos narrados na inicial no sentido de que a reclamada impedia seus empregados de saírem do local de trabalho no horário destinado ao intervalo intrajornada'. Consignou, portanto, que 'o reclamante demonstrou a conduta ilícita da ré, que indubitavelmente lhe causou abalo psicológico, ônus que lhe competia, nos termos dos artigos 818 da CLT e 373, I do CPC'. Nesse contexto, a conduta da empresa agravante, de proibir os empregados de sair do local de trabalho durante o intervalo intrajornada, indubitavelmente fere seu direito à liberdade de locomoção, previsto no artigo 5º, inciso XV, da Constituição Federal, extrapolando a seara do poder diretivo da empregadora, pelo que avulta a convicção de o reclamante fazer jus à indenização por danos morais. Agravo de instrumento desprovido.TST-AIRR-101786- 94.2017.5.01.0501, 3ª Turma, rel. Min. José Roberto Freire Pimenta, julgado em 8/3/2023. (Informativo nº 268)

3.3. INTERMEDIAÇÃO DE MÃO DE OBRA

➘ Terceirização. Cláusula convencional que veda a intermediação de mão de obra por condomínios e edifícios. Validade.

É válida a cláusula convencional que veda a contratação de empresas prestadoras de serviços por condomínios e edifícios para o fornecimento de mão de obra para atuar nas funções relacionadas à atividade fim, discriminadas na norma coletiva como de zelador, vigia, porteiro, jardineiro, faxineiro, ascensorista, garagista, manobrista e foguista. Na espécie, destacou-se que o ajuste agregou vantagem à categoria profissional, na medida em que valorizou a contratação direta de empregados, em detrimento da prática da terceirização. Com esse posicionamento, a SDC, por unanimidade, conheceu do recurso ordinário e, no mérito, por maioria, julgou improcedente o pedido de declaração de nulidade da referida cláusula. Vencido o relator, Ministro Walmir Oliveira da Costa. *TST-RO-116000-32.2009.5.15.0000, SDC, rel. Min. Walmir Oliveira da Costa, red. p/ acórdão Min. Márcio Eurico Vitral Amaro, 4.9.2012 (Informativo nº 21)*

➘ Responsabilidade subsidiária. Ajuizamento de ação autônoma apenas contra o tomador de serviços. Impossibilidade. Existência de sentença condenatória definitiva prolatada em ação em que figurou como parte somente o prestador de serviços.

Não é possível o ajuizamento de ação autônoma pleiteando a responsabilidade subsidiária do tomador de serviços quando há sentença condenatória definitiva prolatada em ação anteriormente proposta pelo mesmo reclamante, em que figurou como parte apenas o prestador de serviços. Tal procedimento afrontaria a coisa julgada produzida na primeira ação e o direito à ampla defesa e ao contraditório, resguardado ao tomador de serviços. Assim, reiterando a jurisprudência da Corte, a SBDI-I, por unanimidade, conheceu dos embargos por divergência jurisprudencial e, no mérito, por maioria, negou-lhes provimento. Vencidos os Ministros Augusto César Leite de Carvalho, José Roberto Freire Pimenta e Delaíde Miranda Arantes. *TST-E-RR-9100-62.2006.5.09.0011, SBDI-I, rel. Min. Horácio Raymundo de Senna Pires, 8.3.2012. (Informativo nº 1)*

3.4. RESPONSABILIDADE E DANO MORAL

Acidente de trabalho com óbito. Cortador de cana. Queda de raio. Caso fortuito externo. Ausência de responsabilidade civil objetiva. Indenização por dano moral. Indevida.

A indenização por dano moral somente é devida quando houver dano, culpa e nexo de causalidade entre o dano e a conduta antijurídica, conforme o art. 186 do CC. Assim, não há como atribuir à reclamada conduta culposa ou dolosa em relação à morte de empregado cortador de cana atingido por um raio durante o exercício de sua atividade laboral, visto que o acidente decorreu unicamente de caso fortuito externo. De igual modo, não há falar em responsabilidade objetiva da empregadora, pois a atividade desenvolvida pela vítima não ensejava risco de morte inerente à descarga elétrica. Sob esses fundamentos, a SBDI-I, pelo voto prevalente da presidência, conheceu dos embargos, por divergência jurisprudencial, e, no mérito, deu-lhes provimento para restabelecer a sentença que indeferira o pedido de indenização por danos morais. Vencidos os Ministros Alexandre Agra Belmonte, João Oreste Dalazen, Renato de Lacerda Paiva, Augusto César Leite de Carvalho, José Roberto Freire Pimenta, Hugo Carlos Scheuermann e Cláudio Mascarenhas Brandão. TST-E-E-DRR-195-49.2011.5.19.0000, SBDI-I, rel. Min. Aloysio Corrêa da Veiga, 22.6.2017 (Informativo nº 161).

Responsabilidade civil objetiva. Configuração. Técnico em informática. Condução de veículo em rodovias intermunicipais. Óbito. Culpa exclusiva de terceiro. Teoria do risco da atividade econômica. Ação de regresso.

A SBDI-I, por maioria, negou provimento aos embargos, mantendo a decisão da 8ª Turma, que reconhecera a responsabilidade objetiva da empregadora no caso em que o trabalhador, técnico em informática, cuja atividade envolvia a condução de veículo em rodovias intermunicipais, veio a falecer em decorrência de acidente automobilístico causado por culpa exclusiva de terceiro. Na espécie, asseverou o relator que as más condições nas rodovias brasileiras são fato notório, razão pela qual o perigo ocasionado ao reclamante permite classificar o trabalho por ele exercido como atividade de risco. Assim, ainda que ausente culpa do empregador, a teoria do risco da atividade econômica atrai a responsabilidade da empresa pelos danos gerados, facultando-lhe, tão somente, o ajuizamento de ação de regresso contra aquele que efetivamente provocou o dano objeto de reparação. Vencidos os Ministros Ives Gandra, Brito Pereira e Renato de Lacerda Paiva. *TST-ERR-1299000-69.2008.5.09.0016, SBDI-I, rel. Min. Aloysio Corrêa da Veiga, 16.2.2012. (Informativo nº 1)*

Acidente do trabalho. Morte do empregado. Indenização por danos morais e materiais. Ambiente de trabalho. Negligência. Responsabilidade do empregador.

Havendo negligência do empregador com o ambiente de trabalho e a segurança do trabalhador, não se pode retirar a responsabilidade da empresa, ainda que comprovada a culpa concorrente da vítima. Na hipótese, o empregado rural, que exercia a atividade de "bituqueiro", ou seja, recolhia a cana-de-açúcar que a máquina deixava de colocar no caminhão, foi atropelado por veículo da empresa que fazia manobra, enquanto descansava, de madrugada, sobre a cana cortada, vindo a falecer. Não obstante o quadro fático delineado nos autos revelar que houve o fornecimento dos equipamentos de segurança ao trabalhador acidentado, e que as reclamadas ministravam treinamento a todos os contratados e os alertavam a não dormir na lavoura, ressaltou-se não ser viável, no caso, atribuir culpa exclusiva à vítima. Se a atividade demanda descanso, cabe ao empregador atribuir local seguro para o momento de pausa, adotando critérios de prudência e vigilância, a fim de evitar o dano, ainda que potencial, especialmente quando o trabalho é prestado em ambiente adverso, de difícil acesso e de baixa visibilidade, a exemplo da lavoura de cana-de-açúcar. Com esse entendimento, a SBDI-I, por maioria, vencido o Ministro Renato de Lacerda Paiva, conheceu dos embargos, por divergência jurisprudencial, e, no mérito, ainda por maioria, negou-lhes provimento,mantendo a decisão turmária, que conheceu do recurso de revista por violação do art. 927 do CC, e, no mérito, deu-lhe parcial provimento para condenar as rés, solidariamente, ao pagamento de indenização pelo dano moral e de pensão mensal, a título de dano material. Vencidos os Ministros Ives Gandra Martins Filho, Brito Pereira e Maria Cristina Irigoyen Peduzzi. Ressalvou fundamentação o Ministro Renato de Lacerda Paiva, porquanto entendia presente a culpa "in eligendo" e "in vigilando", mas não reconhecia a responsabilidade objetiva. *TST-E-ED-RR-470-43.2010.5.15.0000, SBDI-I, rel. Min. Aloysio Côrrea da Veiga, 25.10.2012. (Informativo nº 27)*

Dano moral. Configuração. Uso indevido da imagem. Uniforme com propagandas comerciais. Ausência de autorização.

A veiculação de propagandas comerciais de fornecedores da empresa nos uniformes, sem que haja concordância do empregado, configura utilização indevida da imagem do trabalhador a ensejar o direito à indenização por dano moral, nos termos dos arts. 20 do CC e 5º, X, da CF, sendo desnecessária a demonstração concreta de prejuízo. Com esse entendimento, a SBDI-I, em sua composição plena, conheceu do recurso de embargos, por divergência jurisprudencial, e, no mérito, por maioria, negou-lhe provimento. Vencidos os Ministros Aloysio Corrêa da Veiga, relator, Brito Pereira e Maria Cristina Irigoyen Peduzzi. *TST-E-RR-40540-81.2006.5.01.0049, SBDI-I, rel. Min. Aloysio Corrêa da Veiga, red. p/ acórdão Min. João Oreste Dalazen, 13.12.2012. (Informativo nº 34)*

Acidente do trabalho ocorrido na vigência do Código Civil de 1916. Responsabilidade objetiva prevista no art. 927, parágrafo único, do Código Civil de 2002. Aplicação.

A teoria da responsabilidade objetiva, consagrada no art. 927, parágrafo único, do Código Civil de 2002, aplica-se aos casos em que o acidente do trabalho, fato gerador do falecimento do empregado durante o desempenho de atividade de risco em rede elétrica, ocorreu na vigência do Código Civil de 1916. Mesmo antes da nova codificação civilista, o ordenamento jurídico brasileiro já contemplava a responsabilidade objetiva, seja por leis esparsas, a exemplo do Decreto nº 2.881/1912, da Lei nº 8.123/91 e do Código de Defesa do Consumidor (Lei nº 8.078/90), seja por meio da jurisprudência, conforme revela a Súmula nº 341 do STF, segundo a qual "é presumida a culpa do patrão ou comitente pelo ato culposo do empregado ou preposto". Ademais, o próprio art. 2º da CLT sempre autorizou a aplicação da culpa presumida no âmbito do Direito do Trabalho, ao estabelecer que recai sobre o empregador os riscos da atividade econômica. Assim, não se pode dizer que o Código Civil de 2002 trouxe uma absoluta inovação legislativa, a impedir a sua aplicação retroativa, mas apenas condensou entendimento jurisprudencial e doutrinário há muito consagrado sobre a teoria do risco. Com esse entendimento, a SBDI-I, em sua composição plena, conheceu, por maioria, dos embargos, por divergência jurisprudencial, e, no mérito, também por maioria, negou-lhes provimento. Vencidos, no conhecimento, os Ministros Horácio Raymundo de Senna Pires e Aloysio Corrêa da Veiga, e, no mérito, os Ministros Brito Pereira, relator, Antônio José de Barros Levenhagen, Ives Gandra Martins Filho, Maria Cristina Irigoyen Peduzzi e Renato de Lacerda Paiva, os quais entendiam que a aplicação retroativa do parágrafo único do art.

927 do CC é vedada com base nos arts. 6º da LICC e 5º, XXXVI, da CF. *TST-E-ED-RR-40400-84.2005.5.15.0116, SBDI-I, rel. Min. Brito Pereira, red. p/ acórdão Min. Augusto César Leite de Carvalho, 13.12.2012. (Informativo nº 34)*

➘ Ação civil pública. Condenação a não utilizar-se de trabalhadores em testes de cigarro no "Painel de Avaliação Sensorial". Impossibilidade. Atividade lícita e regulamentada, mas de risco. Indenização. Dano moral coletivo.

A SBDI-I, por maioria, conheceu, por divergência jurisprudencial, dos embargos da Souza Cruz S.A. quanto ao tema relativo à condenação, nos autos de ação civil pública, a obrigação de não fazer, e, no mérito, ainda por maioria, deu-lhes provimento para afastar a obrigação de não utilizarse de trabalhadores, empregados próprios ou de terceiros, inclusive de cooperativas, em testes de cigarro no denominado "Painel de Avaliação Sensorial". No caso, prevaleceu a tese de que, não obstante os riscos à saúde do trabalhador, o consumo de cigarros é lícito e a atividade de provador de tabaco é regulamentada pelo Ministério do Trabalho e Emprego, não cabendo à Justiça do Trabalho proibir ou impor condições ao exercício profissional que implique a prática de fumar. Vencidos, no conhecimento, os Ministros Augusto César de Carvalho, relator, Lelio Bentes Corrêa, José Roberto Freire Pimenta e Delaíde Miranda Arantes, e, no mérito, totalmente, os Ministros Lelio Bentes Corrêa, que não conhecia dos embargos, Augusto César de Carvalho, relator, Alberto Luiz Bresciani de Fontan Pereira, José Roberto Freire Pimenta e Delaíde Miranda Arantes, que negavam provimento aos embargos, e, parcialmente, o Ministro Luiz Philippe Vieira de Mello Filho, que dava provimento parcial ao recurso. Não obstante a licitude da participação de trabalhadores no denominado "Painel de Avaliação Sensorial", acima assentada, as indiscutíveis lesões à saúde decorrentes do contato com o tabaco permitem enquadrar a atividade de provador de cigarro como de risco, a atrair a aplicação da responsabilidade civil objetiva prevista no art. 927 do CC. Assim, a imposição de indenização, no caso, tem finalidade pedagógica, na medida em que desestimula a exposição dos empregados a agentes nocivos, uma vez que cabe à empregadora zelar pela saúde e segurança de seus trabalhadores. Com esses fundamentos, a SBDI-I, por unanimidade, conheceu dos embargos do Ministério Público do Trabalho, por divergência jurisprudencial, e, no mérito, pelo voto prevalente da Presidência, deu-lhes provimento para restabelecer a decisão do Regional, que manteve a condenação da Souza Cruz S.A. à indenização pelos danos aos interesses difusos e coletivos dos trabalhadores, no valor de R$1.000.000,00 (um milhão de reais), reversível ao FAT – Fundo de Amparo ao Trabalhador, corrigido monetariamente, mês a mês, pelos mesmos índices utilizados para a atualização dos débitos trabalhistas. Vencidos os Ministros Ives Gandra Martins Filho, Brito Pereira, Maria Cristina Irigoyen Peduzzi, Luiz Philippe Vieira de Mello Filho, Alberto Luiz Bresciani de Fontan Pereira e Dora Maria da Costa. *TST-E-ED-RR-120300-89.2003.5.01.0015, SBDI-I, rel. Min. Augusto César Leite de Carvalho, red. p/ acórdão Min. João Oreste Dalazen, 21.2.2013 (Informativo nº 37)*

➘ Doença ocupacional. Inversão do ônus da prova. Presunção de culpa do empregador. Indenização por danos morais. Devida.

A SBDI-I, por unanimidade, conheceu de embargos, por divergência jurisprudencial e, no mérito, por maioria, negou-lhes provimento, mantendo, ainda que por fundamento diverso, a condenação de empresa do ramo de consultoria em tecnologia da informação ao pagamento de indenização por danos morais à digitadora que fora acometida de doença osteomuscular decorrente de posições forçadas e movimentos repetitivos durante a jornada de trabalho. Na hipótese, a Turma não conheceu do recurso de revista, mantendo decisão do TRT que, tipificando as atribuições da porém, o entendimento de que, tratando-se de doença ocupacional, há uma inversão do ônus da prova, presumindo-se, portanto, a culpa do empregador pelos danos causados à saúde da trabalhadora. Vencidos os Ministros Ives Gandra Martins Filho, relator, e Brito Pereira, que davam provimento ao recurso para julgar improcedente o pedido de indenização, uma vez que a função de digitadora não pode ser considerada de risco, e não houve demonstração de culpa apta a caracterizar a responsabilidade subjetiva do reclamado; e os Ministros João Oreste Dalazen e Dora Maria da Costa, que davam provimento aos embargos para fixar a premissa da responsabilidade subjetiva e determinar a baixa dos autos ao Tribunal de origem para que nova decisão fosse proferida. Ressalvaram fundamentação o Ministro Augusto César Leite de Carvalho, que negava provimento aos embargos por entender ser hipótese de aplicação da teoria da responsabilidade objetiva, visto que a NR 17 indica os serviços de entrada de dados como atividade de risco, amoldando-se, portanto, ao art. 927, parágrafo único, do Código Civil; e os Ministros Barros Levenhagen, Luiz Philippe Vieira de Mello Filho e Lelio Bentes Corrêa, que entendiam ser incontroversa a culpa da reclamada, pois, adquirida a doença profissional, resta patente a omissão da empresa ao não adotar medidas preventivas. *TST-E-RR-80500-83.2007.5.04.0030, SBDI-I, rel. Min. Ives Gandra da Silva Martins Filho, red. p/ o acórdão Min. Renato de Lacerda Paiva, 7.3.2013 (Informativo nº 39)*

➘ Dano moral. Divulgação da lista nominal dos servidores públicos e da correspondente remuneração mensal na internet. Prevalência do princípio da publicidade dos atos administrativos em detrimento do direito à intimidade, à privacidade e à segurança do empregado público.

A divulgação, na internet, da lista dos cargos ocupados e dos valores da remuneração mensal pagos ao servidor público não configura dano moral, pois o princípio da publicidade dos atos administrativos deve prevalecer sobre o direito à intimidade, à privacidade e à segurança do agente público, conforme decidido pelo Tribunal Pleno do STF nos autos do processo nº SS – 3902-AgRsegundo/SP, rel. Min. Ayres Britto. Com esse entendimento, a SBDI-I, por unanimidade, conheceu dos embargos, por divergência jurisprudencial, e, no mérito, negou-lhes provimento, mantendo decisão da Turma que excluiu da condenação o pagamento de indenização por danos morais decorrentes da disponibilização no sítio da Administração dos Portos de Paranaguá e Antonina – APPA, na internet, de relação com nomes, cargos e remunerações de seus empregados. *TST-E-RR-336000-02.2008.5.09.0411, SBDI-I, rel. Min. Augusto César Leite de Carvalho, 21.3.2013 (Informativo nº 40)*

➘ Indenização por danos morais. Devida. Amputação do dedo indicador. Torneiro mecânico. Atividade de risco. Culpa presumida.

A SBDI-I, por maioria, conheceu dos embargos, por divergência jurisprudencial, e, no mérito, ainda por maioria, negou-lhes provimento, mantendo a decisão da 6ª Turma que, reconhecendo a responsabilidade do empregador no caso em que o trabalhador teve seu dedo indicador decepado ao trocar a pastilha do torno mecânico que operava, deferiu o pedido de indenização por dano moral. Na espécie, prevaleceu a tese de que o ofício de torneiro mecânico é atividade de risco, uma vez que implica operação de máquina potencialmente ofensiva, presumindo-se, portanto, a culpa da empresa. Vencidos, quanto ao conhecimento, os Ministros Lelio Bentes Corrêa, Alberto Luiz Bresciani de Fontan Pereira, Augusto César Leite de Carvalho e Delaíde Miranda Arantes, e, no mérito, os Ministros Ives Gandra Martins Filho, relator, Brito Pereira, Renato de Lacerda Paiva e Dora Maria da Costa. *TST-E-ED-RR-154785-83.2007.5.15.0016, SBDI-I, rel. Min. Ives Gandra da Silva Martins Filho, red. p/ acórdão Min. Aloysio Corrêa da Veiga, 11.4.2013 (Informativo nº 42)*

Acidente de Trabalho. Vigilante. Condução de motocicleta em rodovia estadual. Atividade de risco. Responsabilidade civil objetiva do empregador. Art. 927, parágrafo único, do CC.

Nos termos do art. 927, parágrafo único, do CC, aplica-se a responsabilidade civil objetiva ao empregador no caso em que houve morte do trabalhador que, no exercício de suas atribuições de vigilante, sofreu acidente de trânsito na condução de motocicleta da empresa em rodovia estadual, durante trajeto à residência de cliente para verificação de disparo de alarme. Trata-se de atividade de risco, pois os condutores de motocicleta, notoriamente, estão sujeitos a mais acidentes de trânsito e de piores consequências em comparação aos que utilizam outros tipos de veículos, de modo que o empregador, ainda que não haja provocado diretamente o acidente, figurou como autor mediato do dano sofrido pelo trabalhador falecido. Com esse entendimento, a SBDI-I, por unanimidade, conheceu dos embargos da reclamada, por divergência jurisprudencial, e, no mérito, negou-lhes provimento. *TST-E-ED-RR-324985-09.2009.5.12.0026, SBDI-I, rel. Min. João Oreste Dalazen, 6.6.2013 (Informativo nº 50)*

Dano moral. Configuração. Retificação de registro na Carteira de Trabalho e Previdência Social. Inclusão da informação de que se trata de cumprimento de decisão judicial.

Configura lesão moral a referência, na Carteira de Trabalho e Previdência Social do empregado, de que algum registro ali constante decorreu de determinação judicial, constituindo anotação desnecessária e desabonadora, nos termos do art. 29, § 4º, da CLT. Tal registro dificulta a obtenção de novo emprego e acarreta ofensa a direito da personalidade do trabalhador. Sob esse fundamento, a SBDI-1, à unanimidade, não conheceu do recurso de embargos da reclamada, com ressalva de entendimento dos Ministros Antonio José de Barros Levenhagen, João Oreste Dalazen, Ives Gandra Martins Filho, Renato de Lacerda Paiva e Guilherme Augusto Caputo Bastos. *TST-EEDRR-148100-34.2009.5.03.0110, SBDII, rel. Min. Hugo Carlos Scheuermann, 18.6.2015. (Informativo nº 111)*

Dano moral. Transporte de valores por empregado não habilitado. Exposição do trabalhador a risco excessivo. Indenização devida. Dano in re ipsa.

Atribuir a atividade de transporte de valores a empregado que não foi contratado para esta finalidade, e sem o necessário treinamento, exigido pela Lei nº 7.102/83, configura exposição a risco excessivo e, portanto, enseja o pagamento de indenização por dano moral in re ipsa. Na hipótese, a indenização foi requerida por motorista de distribuidora de bebida que realizava habitualmente transporte de valores, sem a devida habilitação técnica. Registrou-se, ademais, que o transporte de valores em veículos da empresa contendo cofre evidencia o risco potencial a que submetido o empregado responsável pela guarda do numerário recebido pelas vendas, sendo inócua a discussão a respeito da quantidade de dinheiro existente no cofre. Sob esse entendimento, a SBDII, por unanimidade, conheceu dos embargos, por divergência jurisprudencial, e, no mérito, negoulhes provimento. *TST-E-RR-514-11.2013.5.23.0008, SBDI-I, rel. Min. Walmir Oliveira da Costa, 23.6.2015 (Informativo nº 139)*

Ação civil pública. Descumprimento da legislação trabalhista. Dano moral coletivo. Configuração.

A sistemática inobservância de normas trabalhistas, oriunda de irregularidades praticadas pelo empregador, transgride valores fundamentais à própria coletividade, dando ensejo à reparação por dano moral coletivo, independentemente da demonstração efetiva do dano. No caso, entendeu-se que a conduta ilícita praticada pelas empresas rés (não recolhimento do FGTS, ausência de assinatura da CTPS, contratos de experiência por prazo superior ao legal e pagamento de salários de forma complessiva) transcendeu a esfera individual dos empregados prejudicados, uma vez que não só fragilizou a proteção constitucional dada à dignidade da pessoa humana e ao valor social do trabalho, mas também fomentou uma lógica perversa em que os bons empregadores se sentem compelidos a depreciar as condições de trabalho de seus empregados como forma de se manterem competitivos no mercado. Sob esses fundamentos, a SBDI-I, por maioria, conheceu do recurso de embargos, por divergência jurisprudencial, e, no mérito, deu-lhes provimento para condenar as rés ao pagamento de indenização por dano moral coletivo, no valor de R$ 200.000,00 (duzentos mil reais), revertida ao Fundo de Amparo ao Trabalhador (FAT). Vencidos os Ministros Breno Medeiros, Alexandre Luiz Ramos e Maria Cristina Irigoyen Peduzzi. TST-E-ED-ED-ARR3224600-55.2006.5.11.0019, SBDI-I, rel. Min. Alberto Luiz Bresciani de Fontan Pereira, 9.5.2019 (Informativo nº 195)

Doença ocupacional. Estabilidade provisória. Determinação judicial de reintegração em função readaptada. Possibilidade de percepção cumulada de salário e de indenização por dano material (pensão mensal). Marco inicial da obrigação.

Tratando-se de determinação judicial de reintegração em outra função, em face de estabilidade provisória decorrente de doença ocupacional, é possível a percepção cumulada de salário e de indenização por da-nos materiais (pensão mensal). Isso porque os salários do período de reintegração e a pensão mensal possuem natureza jurídica e fatos geradores distintos. Com efeito, o direito à pensão mensal emana do dano sofrido pelo empregado, decorrente de doença ocupacional, e possui fundamento no instituto da responsabilidade civil (artigos 186 e 927 do CC). Por outro lado, a remuneração percebida pelo empregado reintegrado tem natureza trabalhista e decorre diretamente da prestação de serviços em benefício da reclamada. Com base nesses fundamentos, a SBDI-I, por unanimidade, conheceu dos embargos por divergência jurisprudencial e, no mérito, por maioria, deu-lhes provimento para majorar a condenação ao pagamento de pensão mensal, fixando como termo inicial da obrigação a data do retorno ao trabalho, após o término do benefício previdenciário. Vencidos os Ministros Cláudio Mascarenhas Brandão, Alexandre Luiz Ramos, Renato de Lacerda Paiva e as Ministras Dora Maria da Costa e Maria Cristina Irigoyen Peduzzi, que negavam provimento aos embargos. TST-E-RR266300-17.2008.5.02.0060, SBDI-I, rel. Min. Hugo Scheuer-mann, 4/11/2021. (Informativo nº 247)

Recurso de embargos em recurso de revista. Acidente de trabalho. Óbito de motorista carreteiro. Atividade de risco. Culpa exclusiva da vítima não configurada.

Hipótese em que o empregado desempenhava a função de motorista carreteiro e veio a óbito em razão de acidente ocorrido no desempenho de suas atividades. Mas ainda que evidenciada a culpa da vítima, o contexto não exclui a responsabilidade da empregadora, pois o trabalho de condução de veículos de cargas gera uma condição de risco permanente, em ordem a contribuir também para a o sinistro, caracterizando uma situação de culpa concorrente. Sob esses fundamentos, a SBDI-I decidiu, por maioria, conhecer dos Embargos, por divergência jurisprudencial, e, no mérito, dar-lhes provimento para assegurar a reparação por dano extrapatrimonial. Vencidos os Ministros Renato de Lacerda Paiva, Relator, Maria Cristina Irigoyen Peduzzi, Breno Medeiros e Alexandre Luiz Ramos. (TST-E-RR-10206-03.2015.5.15.0100,

SBDI-I, red. p/acórdão Min. Augusto César Leite de Carvalho, julgado em 9/2/2023) (Informativo nº 267).

➘ (...) 1. Indenização por dano moral. Assédio moral e sexual. (...)

Tratando-se de assédio sexual no trabalho, retratado por ações reiteradas de índole sexual ou por grave ação dessa natureza, praticadas por pessoa que integra a organização ou quadros da empresa contra subordinado ou colega, desponta ainda mais relevante a responsabilização pela afronta moral sofrida, porque abala sobremaneira e por longo período a autoestima, honra, vida privada e imagem da vítima, denotando também gestão empresarial desrespeitosa e descuidada em aspecto de alta relevância, segundo a Constituição da República (respeito à dignidade da pessoa humana; respeito à mulher trabalhadora). Registre-se que a diferença de tratamento de gênero ainda é uma lamentável realidade no Brasil, que gera elevado nível de tolerância a certos tipos de violência contra a mulher, caso do assédio sexual. Nesse sentido, a relação laboral, em face da assimetria de poder a ela inerente, mostra-se, infelizmente, como campo fértil à repercussão nociva da desigualdade estrutural de gênero. Diante disso, é dever do Poder Judiciário enfrentar esse problema grave da sociedade brasileira, buscando conferir efetividade ao princípio da igualdade substantiva previsto na Constituição e nos tratados internacionais dos quais o Brasil é parte em matéria de direitos humanos, a fim de evitar a continuidade das desigualdades e opressões históricas decorrentes da influência do machismo, do sexismo, do racismo e outras práticas preconceituosas, eliminando todas as formas de discriminação, em especial contra a mulher. Visando esse objetivo, o Conselho Nacional de Justiça editou a Recomendação 128, publicada em 15/2/022, que aconselha a magistratura brasileira a adotar o Protocolo para Julgamento com Perspectiva de Gênero, nos casos que envolvem, entre outros, situações de assédio sexual. (...) Na hipótese, observa-se que o Tribunal Regional seguiu uma linha decisória consentânea com as recomendações do Protocolo para Julgamento com Perspectiva de Gênero, ao manter a sentença que reconheceu o acintoso dano moral sofrido pela Reclamante, derivado de importunação maliciosa e reiterada praticada por seu superior hierárquico. Conforme se observa no acórdão regional, o agressor habitualmente se utilizava de sua posição hierárquica (Gerente Geral da loja) para manter contato físico indesejado, com abraços não consentidos, bem como conversas inconvenientes, a exemplo de diversos convites para saírem juntos. Ele também exercia uma vigilância absolutamente inapropriada e anormal sobre o espaço de trabalho da Autora, lançando mão de seu poder de direção na rotina laboral para isolá-la de outros colegas homens e mantê-la sempre no seu campo de visão. Com efeito, o conteúdo da prova oral, transcrito no acórdão regional, mostrou com muita clareza a ofensa emocional/psicológica sofrida pela Trabalhadora, bem como a gravidade do constrangimento causado e a conduta censurável do agressor. De outro lado, a omissão da Empregadora em garantir um meio ambiente do trabalho livre de ocorrências de tal natureza necessariamente atrai a sua responsabilização pela reparação do dano sofrido. (...). TST-AIRR-10139-94.2021.5.03.0186, 3ª Turma, rel. Min. Mauricio Godinho Delgado, julgado em 10/5/2023 (Informativo nº 272)

3.5. SUCESSÃO TRABALHISTA

➘ Sucessão trabalhista. Contrato de trabalho extinto antes da sucessão. Responsabilidade do sucessor.

Nos termos dos arts. 10 e 448 da CLT, a sucessão trabalhista tem contornos diferentes da sucessão do direito civil, de modo que a responsabilidade do sucessor alcança não apenas os débitos provenientes dos contratos de trabalho em vigor à época da venda do fundo de comércio, mas também aqueles oriundos dos contratos extintos antes da sucessão de empresas. Com esse entendimento, a SBDI-I, por unanimidade, conheceu dos embargos interpostos pela empresa reclamada (sucessora), por divergência jurisprudencial, e, no mérito, por maioria, negou-lhes provimento. Vencidos os Ministros Luiz Philippe Vieira de Mello Filho e Delaíde Miranda Arantes, que entendiam ser a prestação do serviço elemento essencial para a configuração da sucessão trabalhista. *TST-E-RR-93400-11.2001.5.02.0048, SBDI-I, rel. Min. Brito Pereira, 4.4.2013 (Informativo nº 41)*

4. TERCEIRIZAÇÃO ILÍCITA

➘ Instituição financeira. Telemarketing. Atividade-fim. Terceirização ilícita. Contrato de trabalho celebrado e extinto na vigência da Lei nº 6.019/74. Não incidência da Lei nº 13.429/2017.

A Lei nº 13.429/2017 não se aplica às relações de trabalho regidas e extintas sob a égide da Lei nº 6.019/1974, sob pena de afronta ao direito adquirido do empregado a condições de trabalho mais vantajosas. No caso, a reclamada insurgiu-se contra decisão da SBDI-I que, invocando a Súmula nº 331, I, do TST, estabeleceu que a prestação de serviços de cobrança a clientes de instituição financeira, mediante contato telefônico, se insere na atividade-fim bancária. Alegou que a Lei nº 13.429/2017, ao acrescentar o art. 4º-A, § 2º, à Lei nº 6.019/74, afastou a ilicitude na terceirização dos serviços prestados e tem aplicação imediata. Todavia, por se tratar de contrato celebrado e findo antes da entrada em vigor da Lei nº 13.429/2017, prevaleceu o entendimento jurisprudencial firmado no item I da Súmula nº 331 do TST, amparado no antigo teor da Lei nº 6.019/1974. Sob esses fundamentos, a SBDI-I, por unanimidade, deu provimento a embargos de declaração apenas para prestar esclarecimentos. TST-ED-E-ED-RR-1144-53.2013.5.06.0004, SBDI-I, rel. Min. João Oreste Dalazen, 3.8.2017 (Informativo nº 162).

➘ Terceirização. Isonomia salarial entre empregados da empresa prestadora de serviços e os da tomadora de serviços. Orientação Jurisprudencial nº 383 da SBDI-I. Exigência de identidade de funções e não de tarefas.

A Orientação Jurisprudencial nº 383 da SBDI-I, ao garantir aos trabalhadores irregularmente contratados, mediante empresa interposta, as mesmas verbas trabalhistas asseguradas aos empregados do tomador de serviços, exige a identidade de funções, e não de tarefas. Dessa forma, dá-se efetividade ao princípio constitucional da isonomia e evita-se que a terceirização de serviços seja utilizada como prática discriminatória. No caso, a Celg Distribuição S.A. possui em seu quadro de pessoal eletricistas contratados mediante concurso público e também eletricistas de empresas terceirizadas, todos eles trabalhando como eletricistas e prestando serviços ligados à sua atividade fim e em seu benefício, razão pela qual o fato de o TRT ter registrado que os empregados da tomadora realizavam tarefas mais especializadas que os empregados da prestadora de serviço não afastam o direito à isonomia salarial. Sob esse entendimento, a SBDI-I, por maioria, conheceu dos embargos, no tópico, por contrariedade à Orientação Jurisprudencial nº 383 da SBDI-I, e, no mérito, deu-lhes provimento para restabelecer a decisão do Regional quanto à condenação das reclamadas ao pagamento de diferenças salariais e reflexos decorrentes da isonomia do reclamante com os eletricistas empregados da Celg Distribuição S.A. Vencidos os Ministros Guilherme Augusto Caputo Bastos, relator, e Márcio Eurico Vitral Amaro. TST-E-RR-11623-36.2013.5.18.0016, SBDI-I, rel. Min. Guilherme Augusto Caputo Bastos, red. p/ acórdão Min. José Roberto Freire Pimenta, 1º.12.2016. (Informativo nº 150)

➘ Terceirização ilícita. Configuração. Empregado contratado por empresa especializada em vigilância e transporte de valores. Exercício de atividades tipicamente bancárias. Reconhecimento do vínculo de emprego. Súmula nº 331, I, do TST.

Configura terceirização ilícita a utilização por instituição financeira de empregados contratados por empresa especializada em vigilância e transporte de valores para a prestação de serviços diários de tesouraria, in casu, o recebimento, abertura, conferência de conteúdo e encaminhamento de envelopes recolhidos em caixas eletrônicos, na medida em que tais atribuições se relacionam com a atividade fim dos bancos. Adotando essa premissa, a SBDI-1, por unanimidade, conheceu do recurso de embargo por contrariedade à Súmula nº 331, I, do TST e, no mérito, deu-lhe provimento para restabelecer a sentença que reconheceu o vínculo de emprego diretamente com o banco-reclamado. *TST-E-RR-2600-75.2008.5.03.0140, SBDI-I, rel. Min. Augusto César Leite de Carvalho, 6.9.2012. (Informativo nº 21)*

➘ Multa administrativa. Descumprimento do art. 41 da CLT. Falta de registro de empregados. Terceirização ilícita. Empresa tomadora integrante da administração pública indireta. Invalidade do auto de infração.

É inválida a lavratura de auto de infração pelo descumprimento do disposto no art. 41 da CLT por parte de sociedade de economia mista, tomadora dos serviços, que não mantinha o registro dos empregados contratados por intermédio de empresa interposta, ainda que reconhecida a ilicitude da terceirização. Na hipótese, não se pode exigir o cumprimento do art. 41 da CLT, pois o art. 37, II, da CF proíbe, expressamente, o reconhecimento de vínculo de emprego com entes da administração pública direta e indireta sem a prévia aprovação em concurso público. Assim sendo, conclui-se que a multa administrativa aplicada pelo auditor-fiscal do trabalho com base na não observância do art. 41 da CLT pressupõe a possibilidade de livre contratação de empregados pela empresa autuada, o que não ocorre no caso concreto em razão da natureza jurídica ostentada pela reclamada, sociedade de economia mista. Com esse entendimento, a SBDI-I, por unanimidade, conheceu dos embargos interpostos pela tomadora dos serviços, por divergência jurisprudencial, e, no mérito, por maioria, deu-lhes provimento para julgar procedente o pedido constante da ação anulatória e, por conseguinte, declarar nulo o auto de infração lavrado em face da ora embargante, bem como as multas administrativas decorrentes. Vencidos os Ministros Luiz Philippe Vieira de Mello Filho, Lelio Bentes Corrêa, Augusto César Leite de Carvalho, José Roberto Freire Pimenta e Hugo Carlos Scheuermann. *TST-E-ED-RR-113600-56.2008.5.18.0013, SBDI-I, rel. Min. Guilherme Augusto Caputo Bastos 11.12.2014 (Informativo nº 97)*

4.1. REQUISITOS DA TERCEIRIZAÇÃO LÍCITA

➘ Empresa de telecomunicações. "Call center". Terceirização. Impossibilidade. Atividade-fim.

A terceirização dos serviços de "call center" em empresas de telecomunicações configura intermediação ilícita de mão de obra, gerando vínculo direto com o tomador dos serviços, nos termos da Súmula nº 331, I e III, do TST. Os arts. 25 da Lei nº 8.987/95 e 94, II, da Lei nº 9.472/97 devem ser interpretados de forma sistemática e harmônica com o Direito do Trabalho, cujo núcleo central é o princípio da proteção, de modo que a expressão "atividades inerentes", adotada pela legislação que rege o setor de telecomunicações – de cunho administrativo e econômico, voltada à relação entre as concessionárias e os usuários ou o Poder Público –, não pode servir de sinônimo de atividades-fim. Noutro giro, esse sentido que se confere aos dispositivos de lei acima mencionados não viola a Súmula Vinculante 10 do STF, na medida em que não implica declaração de inconstitucionalidade dos referidos preceitos ou afastamento de sua aplicação, mas apenas interpretação de normas de natureza infraconstitucional. Outrossim, não há como afastar a condição de atividade-fim dos serviços de atendimento telefônico prestados pelas empresas de telecomunicações, pois é por meio da central de atendimento que o consumidor solicita ou, até mesmo, obtém reparos e manutenção em sua linha telefônica, recebe informações acerca dos serviços prestados pela concessionária e faz reclamações, não sendo possível distinguir ou desvincular o "call center" da atividade precípua da prestação dos serviços de telefonia. Com esse entendimento, a SBDI-I, em sua composição plena, por unanimidade, conheceu dos embargos, por divergência jurisprudencial, e, no mérito, por maioria, negou-lhes provimento. Vencidos os Ministros Ives Gandra Martins, relator, Brito Pereira, Maria Cristina Irigoyen Peduzzi, Renato de Lacerda Paiva, Aloysio Corrêa da Veiga e Dora Maria da Costa, que entendiam possível a terceirização dos serviços de "call center", pois, ao englobar diversas modalidades de intermediação da comunicação com os clientes, sendo utilizados com o mesmo objetivo por empresas que desempenham as mais diversas atividades econômicas, configuram atividade-meio, a par de o art. 94, II, da Lei nº 9.472/97 autorizar a contratação de terceiros para atividades inerentes à telefonia e não ter sido declarado inconstitucional pelo Plenário da Corte. *TST-E-ED-RR-2938-13.2010.5.12.0016, SBDI-I, rel. Min. Ives Gandra da Silva Martins Filho, red. p/ acórdão Min. José Roberto Freire Pimenta, 8.11.2012 (Informativo nº 29)*

➘ Empresa concessionária de energia elétrica. Agente de cobrança, leiturista e eletricista. Terceirização. Impossibilidade. Funções ligadas à atividade-fim da empresa.

A atuação de empregado terceirizado em atividade-fim de empresa de concessão de serviçospúblicos enseja o reconhecimento do vínculo empregatício direto com a concessionária, pois a Lei nº 8.987/95 (Lei das Concessões Públicas) não autoriza a terceirização ampla e irrestrita, pois não tem o condão de afastar o princípio constitucional do trabalho. No caso concreto, as funções desempenhadas pelo reclamante – agente de cobrança, leiturista e eletricista – se enquadram nas atividades-fim da tomadora de serviço, porque essenciais à distribuição e à comercialização de energia. Com base nesse entendimento, a SBDI-I, por unanimidade, conheceu dos embargos da reclamada, por divergência jurisprudencial, e, no mérito, por maioria, negou-lhes provimento. Vencido o Ministro Brito Pereira. *TST-E-ED-RR-36600-21.2011.5.21.0003, SBDI-I, rel. Min. Aloysio Corrêa da Veiga, 8.8.2013 (Informativo nº 54)*

➘ Terceirização. Atividade fim. Cláusula normativa proibitiva. Validade.

É válida a cláusula de instrumento normativo que proíbe que a atividade fim da empresa seja objeto de terceirização, na medida em que promove o fortalecimento do sindicato da categoria profissional e resguarda o trabalhador dos efeitos prejudiciais inerentes a essa modalidade de contratação. Com esse entendimento, a SDC, por maioria, conheceu de recurso ordinário e, no mérito, negou-lhe provimento, no tópico. Vencidos os Ministros Ives Gandra da Silva Martins Filho, Dora Maria da Costa e Walmir Oliveira da Costa. *TST-RO-11501-23.2010.5.02.0000, SDC, rel. Min. Mauricio Godinho Delgado, 8.9.2014 (Informativo nº 88)*

➘ Terceirização. Piso salarial previsto em norma coletiva firmada com empresa tomadora de serviços. Aplicação ao empregado terceirizado que labora na atividade fim. Incidência analógica da Orientação Jurisprudencial nº 383 da SBDI-I.

Aplica-se o piso salarial previsto em norma coletiva firmada com empresa tomadora de serviços ao empregado terceirizado que labora em sua atividade fim, ainda que não tenha havido pedido de reconhecimento de vínculo de emprego ou a comprovação do exercício de mesmas funções pelos seus empregados. Na hipótese, o sindicato profissional celebrou acordo coletivo tanto com a empresa tomadora, quanto com a prestadora dos serviços, tendo fixado pisos salariais diferentes. Assim, fundado o pedido no compartilhamento do mesmo enquadramento sindical, porque inserida a atividade terceirizada na finalidade da empresa tomadora, mostra-se discriminatória a adoção de pisos salariais distintos, a atrair, portanto, a aplicação analógica da Orientação Jurisprudencial nº 383 da SBDI-I, que garante aos terceirizados as mesmas verbas trabalhistas legais e normativas asseguradas aos empregados do tomador dos serviços. Nesse contexto, a SBDI-I decidiu, à unanimidade, conhecer dos embargos interpostos pela empresa prestadora dos serviços e negar-lhes provimento. *TST-E-ED-RR-201000-88.2009.5.12.0030, SBDI-I, rel. Min. Alexandre de Souza Agra Belmonte, 20.11.2014. (Informativo nº 96)*

➘ Terceirização. Isonomia salarial entre empregados da empresa prestadora de serviços e os da tomadora de serviços. Orientação Jurisprudencial nº 383 da SBDI-I. Exigência de identidade de funções e não de tarefas.

A Orientação Jurisprudencial nº 383 da SBDI-I, ao garantir aos trabalhadores irregularmente contratados, mediante empresa interposta, as mesmas verbas trabalhistas asseguradas aos empregados do tomador de serviços, exige a identidade de funções, e não de tarefas. Dessa forma, dá-se efetividade ao princípio constitucional da isonomia e evita-se que a terceirização de serviços seja utilizada como prática discriminatória. No caso, a Celg Distribuição S.A. possui em seu quadro de pessoal eletricistas contratados mediante concurso público e também eletricistas de empresas terceirizadas, todos eles trabalhando como eletricistas e prestando serviços ligados à sua atividade fim e em seu benefício, razão pela qual o fato de o TRT ter registrado que os empregados da tomadora realizavam tarefas mais especializadas que os empregados da prestadora de serviço não afastam o direito à isonomia salarial. Sob esse entendimento, a SBDI-I, por maioria, conheceu dos embargos, no tópico, por contrariedade à Orientação Jurisprudencial nº 383 da SBDI-I, e, no mérito, deu-lhes provimento para restabelecer a decisão do Regional quanto à condenação das reclamadas ao pagamento de diferenças salariais e reflexos decorrentes da isonomia do reclamante com os eletricistas empregados da Celg Distribuição S.A. Vencidos os Ministros Guilherme Augusto Caputo Bastos, relator, e Márcio Eurico Vitral Amaro. *TST-E-RR-11623-36.2013.5.18.0016, SBDI-I, rel. Min. Guilherme Augusto Caputo Bastos, red. p/ acórdão Min. José Roberto Freire Pimenta, 1º.12.2016. (Informativo nº 150)*

4.2. DONO DA OBRA – RESPONSABILIDADE

➘ Dono da obra. Acidente de trabalho. Indenização por danos morais, materiais e estéticos. Pretensão de natureza civil. Orientação Jurisprudencial nº 191 da SBDI-I. Não incidência. Envolvimento na execução dos serviços. Omissão em relação à segurança do ambiente laboral. Culpa comprovada. Responsabilidade solidária.

A aplicação da Orientação Jurisprudencial nº 191 da SBDI-I tem sua abrangência restrita às obrigações trabalhistas, não alcançando pleitos de indenização por danos morais, estéticos e materiais decorrentes de acidente de trabalho, na medida em que apresentam natureza civil, oriundos de culpa por ato ilícito (arts. 186 e 927, "*caput*", do Código Civil), não constituindo, portanto, verba trabalhista "stricto sensu". Ainda que assim não fosse, o quadro fático delineado nos autos revelou o envolvimento do dono da obra na execução dos serviços contratados e no desenvolvimento das atividades do reclamante, bem como a culpa pelo acidente que vitimou o trabalhador, ante a comprovada omissão em relação à segurança do ambiente laboral, atraindo, assim, a responsabilidade solidária pelo pagamento das indenizações pleiteadas. Com esse entendimento, a SBDI-I, por maioria, não conheceu dos embargos no tópico. Vencidos os Ministros Ives Gandra Martins Filho, Brito Pereira, Maria Cristina Irigoyen Peduzzi e João Oreste Dalazen. *TST-E-RR-9950500-45.2005.5.09.0872, SBDI-I, rel. Min. Augusto César Leite de Carvalho, 22.11.2012 (Informativo nº 31)*

➘ Acidente do trabalho. Responsabilidade civil objetiva. Configuração. Motociclista. Atividade de risco.

A SBDI-I, por unanimidade, conheceu dos embargos, por divergência jurisprudencial, e, no mérito, por maioria, negou-lhes provimento, mantendo a decisão da 8ª Turma, que reconhecera a responsabilidade objetiva da empregadora, intermediadora de mão de obra junto a concessionária de energia elétrica, no caso em que o trabalhador, no desempenho da função de oficial eletricista, foi vítima de acidente do trabalho no trânsito, sofrendo amputação da perna direita, decorrente da colisão entre sua motocicleta e outro automóvel. Na espécie, além de o infortúnio ter ocorrido durante o expediente, restou consignado que o veículo de propriedade da vítima era utilizado para a prestação dos serviços de corte e religação de energia elétrica em unidades consumidoras de baixatensão, em virtude do contrato de locação firmado com a empregadora, restando demonstrado, portanto, o nexo de causalidade entre o dano sofrido e o trabalho realizado. Ademais, a condução de motocicleta configura-se atividade de risco, na medida em que os condutores desse tipo de veículo estão mais sujeitos a acidentes, com consequências mais nocivas, distanciando-se, portanto, das condições dos demais motoristas. Noutro giro, ainda que o risco, a que se refere parágrafo único do art. 927 do Código Civil, esteja relacionado à natureza da "atividade normalmente desenvolvida pelo autor do dano", a interpretação teleológica do referido dispositivo, aliada à concepção histórica da responsabilidade objetiva, permitiria concluir que o conceito de atividade de risco deve advir do ofício concretamente desempenhado pelo trabalhador, e da exposição acima dos níveis considerados normais a que submetido, ainda que o empreendimento não contenha, por si só, elementos de risco. Finalmente, não há falar em inaplicabilidade do art. 927, parágrafo único, do CC aos casos anteriores à entrada em vigor do Código Civil, pois a teoria do risco em atividade perigosa não foi inaugurada com a nova codificação civilista, mas, ao contrário, é fruto da interpretação sistêmica do arcabouço histórico, legal e doutrinário sobre o tema. Vencidos os Ministros Ives Gandra Martins Filho, relator, e Brito Pereira. *TST-E-ED-RR-81100-64.2005.5.04.0551, SBDI-I, rel. Min. Ives Gandra Martins Filho, red. p/ acórdão Min. João Oreste Dalazen. 29.11.2012 (Informativo nº 32)*

➘ Dono da obra. Pessoa física. Construção de imóveis para locação. Responsabilidade subsidiária. Não configuração. Lei nº 4.591/64.

Nos termos da Lei nº 4.591/64, a construção de imóveis para locação não se enquadra no conceito de incorporação imobiliária a autorizar o reconhecimento da responsabilidade subsidiária da dona da obra, pessoa física, com base na parte final da Orientação Jurisprudencial nº 191 da SBDI-I. Assim, a referida Subseção, por maioria, conheceu dos embargos, por contrariedade ao mencionado verbete jurisprudencial, e, no mérito, deu-lhes provimento para julgar improcedentes os pedidos formulados em relação à reclamada Ilma Cortina Ramos. Vencido o Ministro José Roberto Freire Pimenta. *TST-E-RR-214700-44.2008.5.12.0038, SBDI-I, rel. Min. Alberto Luiz Bresciani de Fontan Pereira,16.5.2013 (Informativo nº 47)*

➘ Contrato de empreitada. Fornecimento de mão--de-obra especializada em montagem e manutenção industrial para a construção de um pátio de madeiras. Obra certa. Construção civil. Aplicação da Orientação Jurisprudencial nº 191 da SBDI-I. Responsabilidade da dona da obra. Não configuração.

Na hipótese em que firmado contrato para empreitada, tendo como objeto o fornecimento de mãode-obra especializada em montagem e manutenção industrial no canteiro de obras da Klabin S.A. para a construção de um pátio de madeiras, a SBDI-I, por maioria, conheceu dos embargos da empresa por má aplicação da Orientação Jurisprudencial nº 191 da SBDI-I e, no mérito, deu-lhes provimento para afastar a responsabilidade da reclamada pelos débitos trabalhistas, excluindo-a do polo passivo da ação. Prevaleceu o entendimento de que o contrato envolve construção civil, não havendo falar em inaplicabilidade da Orientação Jurisprudencial nº 191 da SBDI-I, pois não se trata de terceirização de serviços, mas de empreitada para obra certa, a afastar, portanto, a responsabilidade da dona da obra. Vencidos os Ministros José Roberto Freire Pimenta, Lelio Bentes Corrêa, Augusto César Leite de Carvalho e Delaíde Miranda Arantes. *TST--E-ED-RR-23300-59.2009.5.04.0221, SBDI-I, rel. Min. Aloysio Côrrea da Veiga, 15.8.2013 (Informativo nº 55)*

4.3. TRABALHO TEMPORÁRIO

➘ Contrato temporário. Lei nº 6.019/74. Rescisão antecipada. Indenização prevista no art. 479 da CLT. Inaplicabilidade.

A rescisão antecipada do contrato de trabalho temporário disciplinado pela Lei nº 6.019/74 não enseja o pagamento da indenização prevista no art. 479 da CLT. Trata-se de forma específica de contratação, regulada por legislação especial e não pelas disposições da CLT. Sob esse entendimento, a SBDI-I, por unanimidade, conheceu do recurso de embargos da reclamante, por divergência jurisprudencial, e, no mérito, por maioria, negou-lhe provimento. Vencidos os Ministros Lelio Bentes Corrêa, relator, João Oreste Dalazen, Ives Gandra Martins Filho e Hugo Carlos Scheuermann, que entendiam ser aplicável a indenização prevista no art. 479 da CLT também aos trabalhadores regidos pela Lei n.º 6.019/74, por se tratar de espécie de contrato a termo. Registrou ressalva de fundamentação o Ministro José Roberto Freire Pimenta. *TST-RR-1342- 91.2010.5.02.0203, SBDI-I, rel. Min. Lelio Bentes Corrêa, red. p/ acórdão Min. Renato de Lacerda Paiva, 30.4.2015 (Informativo nº 105)*

5. REVERSÃO

5.1. GRATIFICAÇÃO DE FUNÇÃO

➘ Gratificação de função. Exercício por mais de dez anos. Períodos descontínuos. Aplicação da Súmula nº 372, I, do TST. Princípio da estabilidade financeira.

O exercício de cargo de confiança em períodos descontínuos, mas que perfizeram um período superior a dez anos, não afasta, por si só, o reconhecimento do direito à estabilidade financeira abraçada pela Súmula nº 372, I, do TST. Cabe ao julgador, diante do quadro fático delineado nos autos, decidir sobre a licitude da exclusão da gratificação de função percebida, à luz do princípio da estabilidade financeira. Assim, na hipótese, o fato de o empregado ter exercido funções distintas ao longo de doze anos, percebendo gratificações de valores variados, e ter um decurso de quase dois anos ininterruptos sem percepção de função, não afasta o direito à incorporação da gratificação. Com esse entendimento, a SBDI-I, por maioria, conheceu dos embargos, por divergência jurisprudencial, vencido o Ministro João Oreste Dalazen, e, no mérito, ainda por maioria, vencidos os Ministros Ives Gandra Martins Filho e Maria Cristina Peduzzi, deu provimento ao recurso para restabelecer amplamente a decisão do TRT, no particular. *TST-E-RR-124740-57.2003.5.01.0071, SBDI-I, rel. Min. Lelio Bentes Corrêa, 3.5.2012. (Informativo nº 7)*

➘ CEF. Supressão de gratificação de função. Adicional compensatório. Nova gratificação. Cumulação. Impossibilidade.

Não é possível cumular o adicional compensatório, estipulado em norma interna da Caixa Econômica Federal (CEF) e pago em razão da supressão de gratificação de função exercida por mais de dez anos, com a gratificação correspondente ao desempenho de nova função de confiança, sendo devida tão somente a diferença entre o adicional e a gratificação atualmente percebida. Na hipótese, ressaltou-se que a acumulação, ao invés de assegurar o princípio da estabilidade econômica, geraria um "plus" em razão de sucessivas incorporações. Com esse entendimento, a SBDI-I, por unanimidade, conheceu dos embargos, por divergência jurisprudencial, e, no mérito, por maioria, negou-lhes provimento. Vencidos os Ministros Brito Pereira, relator, Alberto Luiz Bresciani de Fontan Pereira, José Roberto Freire Pimenta e Delaíde Miranda Arantes. *TST-E-ED-RR-65600-67.2008.5.07.0001, SBDI-I, rel. Min. Brito Pereira, red. p/ o acórdão Min. Luiz Philippe Vieira de Mello Filho. 28.2.2013 (Informativo nº 38)*

➘ Companhia Vale do Rio Doce – CVRD. Transformação da verba de representação em gratificação de função. Alteração da natureza jurídica da parcela. Revogação prejudicial ao empregado. Ilicitude.

A revogação, pela Companhia Vale do Rio Doce – CVRD, do ato que conferiu natureza salarial àverba de representação e alterou sua denominação para gratificação de função, ainda que motivada pela suposta incompetência do Diretor Presidente da CVRD para proceder à transformação da aludida verba, não afeta negativamente os direitos dos empregados beneficiados pela modificação, visto que cabe ao empregador suportar os riscos das decisões administrativas de seus prepostos, conforme preceituam os arts. 2º e 10 da CLT. Assim, invocando o item I da Súmula nº 51 do TST e precedentes da Corte, a SBDI-I, por unanimidade, conheceu dos embargos, por divergência jurisprudencial, e, no mérito, negou-lhes provimento para manter a decisão da Turma que determinou a integração da verba nos limites da pretensão. *TST-E-RR-146900-68.1999.5.01.0022, SBDI-I, rel. Min. Dora Maria da Costa, 9.5.2013 (Informativo nº 46)*

➘ Gratificação de função. Percepção por mais de 10 anos. Reversão ao cargo efetivo antes da entrada em vigor da Lei nº 13.467/2017. Irretroatividade. Incorporação devida. Aplicação da Súmula nº 372, I, do TST.

Não se aplica o disposto no art. 468, § 2º, da CLT, incluído pela reforma trabalhista promovida pela Lei nº 13.467/2017, aos empregados que, em conformidade com a diretriz do item I da Súmula nº 372 do TST, completaram 10 anos de exercício em função gratificada anteriormente à vigência da referida novel legislação. No caso, a reclamante recebeu gratificação de função no período de 31/12/1993 a 2/8/2018, tendo sido preenchido o requisito da percepção da gratificação por 10 anos em 2003. Sob esse fundamento, a SBDI-I, por unanimidade, conheceu dos embargos por divergência jurisprudencial e, por maioria, deu-lhe provimento para restabelecer o acórdão prolatado pelo Tribunal Regional, que condenara a reclamada à incorporação da função gratificada à remuneração da reclamante desde a data da dispensa da função. Vencido o Ministro Alexandre Luiz Ramos. TST-E-ED-RR-43-82.2019.5.11.0019, SBDI-I, rel. Min. Lelio Bentes Corrêa, 9/9/2021. (Informativo nº 243)

➘ Gratificação de função recebida por mais de 10 anos. Incorporação. Período anterior à vigência da Lei 13.467/2017. Impossibilidade de aplicação retroativa do art. 468, § 2º, da CLT. Proteção ao ato jurídico perfeito, à estabilidade econômica e à irredutibilidade salarial. Súmula 372, I, do TST.

A SBDI-1, considerando a premissa fática de que o reclamante exerceu função gratificada de 2002 a 2016 de modo praticamente ininterrupto, entendeu devida a incorporação pretendida pela parte, nos termos da Súmula 372, I, do TST. Com efeito, a inovação legislativa contida no art. 468, §2º, da CLT, introduzida pela Lei 13.467/2017, não pode ser aplicada de forma retroativa, sob pena de violar ato jurídico perfeito. Ressaltou-se que, no plano dos direitos resultantes da relação de trabalho, a eficácia imediata de novas leis apenas é cabível para proteger o titular de direitos fundamentais, entre eles o da irredutibilidade salarial, não sendo possível que parcelas que compunham o salário sejam reduzidas ou suprimidas por lei ordinária. Ademais, a construção jurisprudencial sobre a matéria, consubstanciada na Súmula 372, I, do TST, teve como base preceitos normativos nos quais consagrada a estabilidade econômica dos trabalhadores. Argumentou-se, ainda, que a aplicação da nova norma constitui retrocesso social não justificado, em total afronta ao art. 26 da Convenção Americana de Direitos Humanos. Destacou-se, por fim, a possibilidade de se computar o período de 10 anos de forma descontínua, para fins de reconhecimento do direito à incorporação da gratificação de função. Sob esses fundamentos, a SBDI-I, por unanimidade, conheceu do recurso de embargos, por divergência jurisprudencial, e, no mérito, deu-lhe provimento para restabelecer o acórdão regional quanto ao direito do autor à referida incorporação. TST-E-ED-RR-21424-76.2016.5.04.0010, SBDI-I, rel. Min. Augusto César Leite de Carvalho, 24/3/2022. (Informativo nº 252)

6. SUSPENSÃO DO CONTRATO

6.1. DEPÓSITO DO FGTS

➘ Aposentadoria por invalidez decorrente de acidente de trabalho. Suspensão do contrato de trabalho. Recolhimento do FGTS. Indevido. Art. 15, § 5º, da Lei nº 8.036/90. Não incidência.

Tendo em conta que a aposentadoria por invalidez suspende o contrato de trabalho, conforme dicção do art. 475 da CLT, é indevido o recolhimento do FGTS no período em que o empregado estiver no gozo desse benefício previdenciário, ainda que o afastamento tenha decorrido de acidente de trabalho. Com esse entendimento, a SBDI-I, em sua composição plena, por maioria, negou provimento ao recurso de embargos, vencidos os Ministros Renato de Lacerda Paiva, Lelio Bentes Corrêa, José Roberto Freire Pimenta e Delaíde Miranda Arantes. Ressaltou o Ministro relator que o art. 15, § 5º, da Lei nº 8.036/90, ao determinar que a licença por acidente de trabalho será causa de interrupção do contrato de trabalho, com obrigatoriedade de recolhimento do FGTS, estabeleceu situação excepcional que não admite interpretação ampliativa para abarcar a aposentadoria por invalidez decorrente de acidente de trabalho. *TST-EE-DRR-133900-84.2009.5.03.0057, SBDI-I, rel. Min. Horácio Raymundo de Senna Pires, 24.5.2012. (Informativo nº 10)*

7. JORNADA DE TRABALHO

➘ Trabalho em dois turnos de oito horas. Avanço em horário noturno em razão do cumprimento de intervalo intrajornada. Contrariedade à Orientação Jurisprudencial nº 360 da SBDI-I. Configuração.

O trabalho realizado com alternância de horários em apenas dois turnos de oito horas, em que há o avanço no período noturno após as vinte e duas horas, decorrente do cumprimento do intervalo intrajornada legalmente assegurado, não descaracteriza o trabalho em regime de turnos ininterruptos de revezamento, de modo que ao trabalhador é assegurada a jornada especial de seis horas prevista no art. 7º, XIV, da CF. Com esse entendimento, a SBDI-I, por maioria, conheceu dos embargos do reclamante, por contrariedade à Orientação Jurisprudencial nº 360 da SBDI-I, e, no mérito, deu-lhes provimento para condenar a reclamada ao pagamento das horas extras decorrentes da caracterização do regime de turnos ininterruptos de revezamento. Vencidos os Ministros Ives Gandra Martins Filho, relator, Brito Pereira, Maria Cristina Irigoyen Peduzzi, Renato de Lacerda Paiva e Dora Maria da Costa. *TST-E-RR-59300-35.2004.5.02.0465, SBDI-I, rel. Min. Ives Gandra Martins Filho, red. p/ acórdão Min. Aloysio Corrêa da Veiga, 21.2.2013 (Informativo nº 37)*

➘ Cartões de ponto sem assinatura. Validade.

A assinatura do empregado não é elemento essencial para a validade formal dos cartões de ponto. O art. 74, § 2º, da CLT não traz qualquer exigência no sentido de que os controles de frequência devam contar com a assinatura do trabalhador para serem reputados válidos. Ademais, no caso concreto, os horários consignados nos espelhos de ponto sem assinatura se assemelham queles consignados nos documentos assinados trazidos à colação pela reclamada e que contam com a chancela do reclamante, não havendo nos autos qualquer elemento que aponte para existência de fraude a justificar a declaração de invalidade dos referidos registros de ponto. Com esse entendimento, a SBDI-I, por maioria, conheceu dos embargos interpostos pela reclamada, no tópico, por divergência jurisprudencial, e, no mérito, deu-lhes provimento para restabelecer a decisão do Regional que, ao validar os espelhos de ponto não assinados pelo reclamante, indeferiu o pedido de pagamento de horas extras diante da ausência de prova do labor extraordinário. Vencido o Ministro Alexandre Agra Belmonte, relator. *TST-E-ED-RR-893-14.2011.5.05.0463, SBDI-I, rel. Min. Alexandre Agra Belmonte, red. p/ acórdão Min. Renato de Lacerda Paiva, 16.10.2014 (Informativo nº 92)*

7.1. HORA *IN ITINERE*

➘ Ação anulatória. Acordo coletivo de trabalho. Horas in itinere. Cláusula que estabelece quitação geral e indiscriminada. Período anterior à vigência. Impossibilidade.

A SDC, por unanimidade, deu provimento a recurso ordinário em ação anulatória para declarar a nulidade de cláusula de acordo coletivo de trabalho que previa a quitação geral e indiscriminada de horas in itinere relativas a todo o período anterior à vigência da norma. Esclareceu o Ministro relator que, no caso, não houve estabelecimento de qualquer contrapartida aos trabalhadores, o que equivale à renúncia aos salários correspondentes ao tempo à disposição do empregador, em contraste com os arts. 9º, 58, § 2º, e 444 da CLT. Ademais, cláusulas que transacionam direitos referentes a lapso temporal anterior à sua vigência são ineficazes, ante o disposto no art. 614, § 3º, da CLT e na Súmula nº 277 do TST, restando claro que a referida cláusula foi instituída com o intuito de liberar a empresa do pagamento de eventuais débitos a título de horas de percurso que possam vir a ser apurados em reclamações trabalhistas, inibindo, portanto, o acesso dos empregados ao Poder Judiciário. *TST-RO-22700-15.2010.5.03.0000, SDC, rel. Min. Fernando Eizo Ono, 15.5.2012. (Informativo nº 8)*

➘ Horas *in itinere*. Norma coletiva que fixa o número de horas a serem pagas em quantidade muito inferior ao tempo gasto no trajeto. Invalidade.

Em regra, é válida a norma coletiva que estabelece um tempo fixo diário a ser pago a título de horas in itinere (art. 7º, XXVI, da

CF). Todavia, o tempo ajustado deve guardar proporcionalidade com o tempo efetivamente gasto nos deslocamentos, a fim de não configurar subversão ao direito à livre negociação coletiva e verdadeira renúncia a direito garantido por lei (art. 58, § 2º, da CLT), resultando em prejuízo ao empregado. In casu, foi ajustado o pagamento de uma hora diária, a despeito de o tempo efetivamente gasto nos percursos de ida e volta ao trabalho ser de duas horas e quinze minutos. Com esse entendimento, a SBDI-I, em sua composição plena, por unanimidade, conheceu do recurso de embargos, por divergência jurisprudencial, e, no mérito, por maioria, deu-lhe provimento para restabelecer o acórdão do TRT que condenara a empresa ao pagamento, como extras, de duas horas e quinze minutos diários a título de horas in itinere e reflexos. Vencidos os Ministros Maria Cristina Irigoyen Peduzzi, João Oreste Dalazen, Antonio José de Barros Levenhagen, Ives Gandra da Silva Martins Filho, Brito Pereira e Dora Maria da Costa. *TST-E-RR-470-29.2010.5.09.0091, SBDI-I, rel. Min. Renato de Lacerda Paiva, 24.5.2012. (Informativo nº 10)*

➘ Horas "in itinere". Base de cálculo. Fixação por meio de norma coletiva. Impossibilidade.

É inválida a norma coletiva que estabelece o salário normativo como base de cálculo das horas "in itinere", porquanto as horas de percurso possuem a mesma natureza das horas extras, devendo ser calculadas como tal. Com esse entendimento, a SBDI-I, por unanimidade, conheceu dos embargos, por divergência jurisprudencial e, no mérito, por maioria, negou-lhes provimento. Vencidos os Ministros Ives Gandra Martins Filho, relator, Aloysio Corrêa da Veiga, Dora Maria da Costa e Maria Cristina Irigoyen Peduzzi. *TST-E-ED-RR-135000-41.2008.5.15.0036. SBDI-I, rel. Min. Ives Gandra Martins Filho, red. p/ acórdão Min. Luiz Philippe Vieira de Mello Filho, 18.10.2012 (Informativo nº 26)*

7.2. SOBREAVISO

➘ Motorista de caminhão. Pernoite no veículo. Sobreaviso ou tempo à disposição do empregador. Não caracterização.

O pernoite de motorista no interior de caminhão, por contingência das condições de trabalho e sem expectativa de convocação, não configura tempo de sobreaviso ou à disposição do empregador. No caso, não houve prova de que o empregado permanecia no caminhão aguardando chamado para o trabalho. Assim, a SBDI-I, por unanimidade, conheceu do recurso de embargos, por divergência jurisprudencial, e, no mérito, negou-lhe provimento, mantendo decisão do Regional que não reconhecera o direito às horas de sobreaviso a motorista de longas distâncias que dormia na boleia do caminhão. TST-E-RR-196-39.2013.5.09.0195, SBDI-I, rel. Min. Renato de Lacerda Paiva, 4.5.2017 (Informativo nº 158).

➘ Regime de sobreaviso. Caracterização. Uso do aparelho celular. Submissão à escala de atendimento.

Na hipótese em que o acórdão turmário, ao transcrever a decisão do Regional, consigna que, no caso, restou caracterizado o regime de sobreaviso, em razão não apenas da utilização do uso do aparelho celular, mas pela constatação de que o empregado permanecia efetivamente à disposição do empregador fora do horário normal de trabalho, pela submissão à escala de atendimento, a SBDI-I, por maioria, não conheceu do recurso de embargos, não vislumbrando contrariedade à Súmula nº 428 do TST, vencido o Ministro Ives Gandra Martins Filho, relator. In casu, ressaltou-se também o fato de ter havido confissão do preposto quanto ao estabelecimento do regime de sobreaviso e ao pagamento das horas, ainda que a menor, conforme apurado pelas provas trazidas aos autos. *TST-E-ED-RR-3843800-92.2009.5.09.0651, SBDI-I, rel. Min. Ives Gandra Martins Filho, red. p/ acórdão Min. José Roberto Freire Pimenta, 23.8.2012. (Informativo nº 19)*

➘ Regime de sobreaviso e prontidão. Art. 244, §§ 2º e 3º, da CLT. Horas excedentes ao limite máximo estabelecido em lei. Pagamento como horas extraordinárias. Impossibilidade. Ausência de previsão.

Não há previsão legal para o pagamento, como extraordinárias, das horas de sobreaviso e de prontidão que excedam os limites previstos no art. 244, §§ 2º e 3º, da CLT, de modo que, havendo o descumprimento da duração máxima estabelecida em lei, o empregador se sujeita tão somente a sanções administrativas, na forma do art. 626 e seguintes da CLT. Com esse entendimento, a SBDI-I, em sua composição plena, decidiu, por unanimidade, conhecer dos embargos interpostos pelo reclamante e, no mérito, pelo voto prevalente da Presidência, negar-lhes provimento. Vencidos os Ministros Augusto César Leite de Carvalho, relator, Lelio Bentes Corrêa, Luiz Philippe Vieira de Mello Filho, Márcio Eurico Vitral Amaro, José Roberto Freira Pimenta, Hugo Carlos Scheuermann e Alexandre Agra Belmonte, que proviam os embargos para restabelecer o acórdão do Regional ao fundamento de que a extrapolação da jornada máxima das escalas de sobreaviso e de prontidão deve ser remunerada como serviço extraordinário, incidindo o respectivo adicional, porquanto o empregado, ainda que esteja apenas aguardando ordens, mantém a sua energia de trabalho à disposição do empregador. *TST-E-ED-RR-172440-31.2004.5.18.0003, SBDI-I, rel. Min. Augusto César Leite de Carvalho, red. p/ acórdão Min. Maria Cristina Irigoyen Peduzzi, 21.8.2014 (Informativo nº 87)*

➘ Embargos. Horas de sobreaviso. Exercente de cargo de confiança. Art. 62, II, da CLT. Incompatibilidade.

O empregado exercente de cargo de confiança previsto no art. 62, II, da CLT não tem direito a horas de sobreaviso, haja vista a necessidade de um controle dos horários de trabalho para sua concessão e a incompatibilidade entre a sistemática do controle de jornada e a atividade exercida pelo trabalhador inserido no referido dispositivo. Sob esses fundamentos, a SBDI-I, por maioria, conheceu do recurso de embargos, por divergência jurisprudencial, vencido o Ministro Breno Medeiros, e, no mérito, por maioria, negou-lhe provimento, vencidos os Ministros Renato de Lacerda Paiva, Lelio Bentes Corrêa, Augusto César Leite de Carvalho, José Roberto Freire Pimenta e Cláudio Mascarenhas Brandão. TST-E-RR-10070-04.2015.5.01.0065, SBDI-I, rel. Min. Hugo Carlos Scheuermann, 5/8/2021. (Informativo nº 241)

7.3. TURNOS ININTERRUPTOS DE REVEZAMENTO

➘ Regime 12x36 e turnos ininterruptos de revezamento. Alternância. Invalidade da norma coletiva. Contrariedade à Súmula nº 423 do TST. Horas extras. Devidas.

Conforme disciplina a Súmula nº 423 do TST, a prorrogação da jornada em turnos ininterruptos de revezamento somente é possível até o limite de oito horas diárias. Assim sendo, contraria o referido verbete a decisão que considera válidos os instrumentos coletivos que, alternando o regime de 12x36 com os turnos ininterruptos de revezamento, estabeleceram escala de 4 tempos, com jornada de 7h às 19h em dois dias da semana, 19h às 7h, em dois dias, folgando o empregado, além do dia no qual deixou o trabalho, mais 3 dias. Com base nessas premissas, a SBDI-I, à unanimidade, conheceu do recurso de embargos do reclamante, por contrariedade à Súmula nº 423 do TST, e, no mérito, deu-lhe provimento para julgar procedente o pedido de condenação em horas extraordinárias e reflexos a partir da 9ª hora laborada. *TST-E-ED-RR-174500-06.2009.5.03.0007, SBDI-I, rel. Min. Augusto César Leite de Carvalho, 18.9.2014(Informativo nº 90 do TST)*

➘ Turnos ininterruptos de revezamento. Regime de 4X2. Norma coletiva. Fixação de jornada superior a oito horas. Invalidade.

A extrapolação habitual da jornada de oito horas, ajustada por negociação coletiva para o trabalho realizado em turnos ininterruptos de revezamento no regime de 4x2, invalida o ajuste, por frustrar a proteção constitucional prevista no art. 7º, XIV, da CF, além de ofender os princípios de proteção da dignidade da pessoa humana e dos valores sociais do trabalho. Assim, uma vez que a norma coletiva não produz efeitos jurídicos, aplica-se ao caso concreto a jornada de seis horas, devendo o período excedente à sexta hora ser pago como extra. Com esse entendimento, a SBDI-I, por unanimidade, negou provimento ao agravo regimental interposto pelo reclamado visando reformar decisão que denegara seguimento aos embargos por não vislumbrar divergência jurisprudencial específica, nem contrariedade à Súmula nº 423 do TST. *TST-Ag-E-ED-RR-97300-08.2011.5.17.0121, SBDI-I, rel. Min. João Oreste Dalazen, 26.2.2015 (Informativo nº 100)*

➘ Turnos ininterruptos de revezamento. Norma coletiva. Fixação da jornada de trabalho em 8 horas diárias. Intervalo intrajornada parcialmente concedido. Súmula nº 423 do TST.

Nos termos da Súmula nº 423 do Tribunal Superior do Trabalho, é válida a norma coletiva que fixa a jornada de oito horas diárias para o trabalho em turnos ininterruptos de revezamento quando extrapolada a jornada pelo descumprimento do intervalo intrajornada. A não concessão, parcial ou integral, do intervalo mínimo para refeição implica o pagamento do total correspondente, com acréscimo de, no mínimo, 50% do valor da remuneração da hora normal de trabalho, mas não torna essa hora ficta equivalente à hora extraordinária, tampouco invalida a jornada de oito horas pactuada. Sob esses fundamentos, a SBDI-I, por maioria, negou provimento ao agravo regimental, vencidos os Ministros Alexandre de Souza Agra Belmonte, relator, Augusto César Leite de Carvalho, José Roberto Freire Pimenta e Hugo Carlos Scheuermann. *TST-AgR-E-ED-RR-423- 68.2012.5.15.0107, SBDI-I, red. Min. Cláudio Mascarenhas Brandão, 25.6.2015. (Informativo nº 112)*

7.4. TRABALHO EXTRAORDINÁRIO

7.4.1. PAGAMENTO EM VALOR FIXO MENSAL

➘ Horas extras. Fixação em norma coletiva. Impossibilidade. Prejuízo ao empregado.

A fixação das horas extras pagas mensalmente ao empregado, mediante negociação coletiva, afronta o direito à percepção integral das horas efetivamente trabalhadas em sobrejornada, causando prejuízo ao trabalhador. Com base nesse entendimento, a SBDI-I, por unanimidade, conheceu dos embargos, por divergência jurisprudencial e, no mérito, deu-lhes provimento para declarar inválida a cláusula normativa que prevê o pagamento de horas extras de forma fixa, vencidos os Ministros Ives Gandra Martins Filho, Brito Pereira e Maria Cristina Irigoyen Peduzzi. Na espécie, a Turma manteve o acórdão do Regional que havia concluído pela validade da norma coletiva que fixou o pagamento de sessenta horas extras mensais, porquanto atendia às peculiaridades dos motoristas da empresa acordante, remunerando satisfatoriamente as eventuais horas extras prestadas durante os longos intervalos intrajornada a que eram submetidos, o que acabava por desdobrar a jornada em três períodos, sem caracterizar, porém, tempo à disposição do empregador. *TST-ERR-1219-71.2010.5.18.0131, SBDI-I, Min. Horácio Raymundo de Senna Pires, 30.8.2012. (Informativo nº 20)*

8. PERÍODOS DE DESCANSO

8.1. INTERVALO INTRAJORNADA

➘ Trabalhador rural. Intervalo intrajornada. Fracionamento. Possibilidade. Art. 5º da Lei nº 5.889/73. Usos e costumes regionais.

Não há vedação para a concessão, de forma fracionada, do intervalo intrajornada estabelecido no art. 5º da Lei nº 5.889/73, pois o referido dispositivo de lei estabelece que a concessão do período destinado ao repouso e à alimentação do trabalhador rural observará os usos e os costumes da região. Assim, na hipótese em que a reclamada concedia ao reclamante um intervalo para o almoço e outro, de 30 minutos, para o café, em consonância com o costume do meio rural, não há falar em cômputo deste último intervalo na jornada de trabalho. Sob esses fundamentos, a SBDI-I, por unanimidade, conheceu do recurso de embargos, por divergência jurisprudencial, e, no mérito, deulhe provimento para excluir da condenação a determinação de que o intervalo de 30 minutos para café seja computado na jornada de trabalho do reclamante, e, consequentemente, as horas extras e reflexos legais deferidos a esse título. TST-E-RR-932-60.2010.5.09.0325, SBDI-I, rel. Min. Renato de Lacerda Paiva, 4.5.2017 (Informativo nº 158).

➘ Intervalo intrajornada. Redução. Horas extras. Norma coletiva. Percentual superior ao previsto no art. 71, § 4º, da CLT. Prevalência.

Havendo norma coletiva assegurando a remuneração das horas extras em percentual superior ao previsto no art. 71, § 4ª, da CLT, esse adicional deverá ser utilizado para o pagamento das horas suplementares decorrentes da redução do intervalo intrajornada, ainda que não consignado expressamente nos autos a porcentagem acordada. Nessa esteira, a SBDI-I, por maioria, vencidos os Ministros Maria Cristina Irigoyen Peduzzi, Brito Pereira, Horácio Raymundo de Senna Pires e os Desembargadores Convocados Sebastião Geraldo de Oliveira e Hugo Carlos Scheuermann, conheceu do recurso de embargos, no tópico, por violação do art. 896 da CLT, ante a má aplicação da Súmula nº 126 do TST e, no mérito, deu-lhe provimento para restabelecer a sentença em que fora determinado o cômputo da parcela devida pela redução do intervalo intrajornada com base no percentual previsto na norma coletiva para o cálculo das horas extras. Na espécie, a decisão turmária apontara o óbice da Súmula nº 126 do TST, uma vez que o TRT de origem, apesar de ter consignado a existência de percentual mais vantajoso em norma coletiva, não registrou expressamente esse valor. A Subseção, porém, entendeu que a matéria se restringe ao enquadramento jurídico da incidência, ou não, do percentual normativo em detrimento da previsão legal, razão pela qual, confirmada a existência de adicional mais vantajoso tanto pelo TRT quanto pela Turma, a ausência de registro da porcentagem estabelecida em instrumento coletivo não é dado imprescindível à solução da controvérsia *TST-E-ED-RR-21300-73.2005.5.04.0012, SBDI-I, rel. Min. Augusto César Leite de Carvalho,16.8.2012. (Informativo nº 18)*

➘ Intervalo intrajornada de 15 minutos. Concessão ao final da jornada. Previsão em instrumento coletivo. Invalidade. Art. 71, § 1º, da CLT. Norma cogente.

É inválida cláusula de instrumento coletivo que prevê a concessão do intervalo intrajornada de 15 minutos apenas ao final da jornada, antecipando o seu final e permitindo ao empregado chegar mais cedo em casa. A previsão contida no § 1º do art. 71 da CLT é norma cogente que tutela a higiene, a saúde e a segurança do trabalho, insuscetível, portanto, à negociação. Ademais, a concessão do intervalo apenas ao final da jornada não atende à finalidade da norma, que é a de reparar o desgaste físico e intelectual do trabalhador durante a prestação de serviços, sobretudo quando se trata de atividade extenuante, como a executada pelos trabalhadores portuários. Com esse entendimento, a SBDI-I, por unanimidade, conheceu dos embargos, por divergência jurisprudencial, e, no mérito,por maioria, negou-lhes provimento, confirmando a decisão do Regional que condenou o reclamado ao pagamento de 15 minutos diários, como extras, referentes ao intervalo intrajornada não usufruído, com os reflexos postulados. Vencidos os Ministros Aloysio Corrêa da Veiga, Ives Gandra Martins Filho e Maria Cristina Irigoyen Peduzzi. *TST--ERR-126-56.2011.5.04.0122, SBDII, rel. Augusto César Leite de Carvalho, 14.2.2013 (Informativo nº 36)*

➘ Maquinista da categoria "C". Intervalo intrajornada. Compatibilidade entre os arts. 71, § 4º e 238, § 5º, ambos da CLT. Pagamento do intervalo não concedido como horas extras.

O intervalo intrajornada de que trata o art. 71 da CLT, por ser norma de ordem pública, constituindo-se em medida de higiene, saúde e segurança, deve ser concedido a todos os trabalhadores, inclusive ao maquinista da categoria "C". Assim, não se pode excluir dessa categoria o direito ao pagamento, como horas extras, do intervalo não concedido, havendo total compatibilidade entre os arts. 71, § 4º e 238, § 5º, ambos da CLT. Com esse entendimento, a SBDII, em sua composição plena, conheceu dos embargos da reclamada, por divergência jurisprudencial, e, no mérito, por maioria, negou-lhes provimento. Vencidos os Ministros Maria Cristina Irigoyen Peduzzi, relatora, Ives Gandra Martins Filho, Brito Pereira, Renato de Lacerda Paiva e Dora Maria da Costa. *TST-E-ED-RR-65200-84.2007.5.03.0038, SBDI-I, rel. Min. Maria Cristina Irigoyen Peduzzi, red. p/ acórdão Min. Aloysio Corrêa da Veiga, 18.4.2013 (Informativo nº 43)*

➘ Intervalo intrajornada. Excesso de jornada. Período anterior à Lei n.º 8.923/94 (§ 4º no art. 71 da CLT). Horas extras devidas.

Anteriormente à edição da Lei n.º 8.923/94 (que incluiu o § 4º no art. 71 da CLT), o desrespeito ao intervalo mínimo entre dois turnos de trabalho, sem importar em excesso na jornada efetivamente trabalhada, caracterizava mera infração sujeita à penalidade administrativa, não ensejando direito a qualquer ressarcimento ao empregado (Súmula nº 88, já cancelada). Todavia, o excesso na jornada efetivamente trabalhada garante o direito ao pagamento de horas extras, mesmo em relação a período anterior à edição daquela lei. Em outras palavras, a Súmula nº 88 do TST previa que o descumprimento do intervalo intrajornada antes da vigência da Lei nº 8.923/94 somente não ensejava o pagamento de horas extraordinárias nas hipóteses em que observada a jornada de trabalho do empregado, ou seja, quando o trabalho ocorria de forma contínua, sem interrupção para descanso e refeição, e não havia elastecimento da jornada normal. Com esse entendimento, a SBDII, por maioria, não conheceu dos embargos interpostos pela reclamada. Vencidos os Ministros Brito Pereira, relator, e Márcio Eurico Vitral Amaro, que davam provimento ao recurso para limitar a condenação relativa às horas extras decorrentes da concessão parcial do intervalo intrajornada ao período posterior à vigência da Lei nº 8.923/94. *TST-E-ED-ED-RR-672543-25.2000.5.17.0006, SBDI-I, rel. Min. Brito Pereira, red. p/ acórdão Min. Lelio Bentes Corrêa, 18.12.2014. (Informativo nº 98)*

➘ "[...] II - Recurso de Revista. Lei nº 13.467/2017. Sumaríssimo. Reclamante. Supressão do intervalo intra-jornada. Direito material. Reforma trabalhista. Princípio do *tempus regit actum*. Discussão acerca da aplicação da nova redação do § 4º do art. 71 aos contratos de trabalho vigentes à época da entrada em vigor da Lei nº 13.467/2017.

1 – Registre-se que o recurso tramita sob o rito sumaríssimo, e que a parte demonstrou o prequestionamento ficto dos dispositivos constitucionais que embasam suas razões recursais, nos termos da S. 297, III, do TST, inclusive mediante a transcrição dos embargos de declaração opostos perante o TRT. 2 - A controvérsia dos autos limita-se em saber se a concessão parcial do intervalo intrajornada implica o pagamento do período total correspondente, nos termos da Súmula 437, I, do TST, no período posterior à Reforma Trabalhista, uma vez que o contrato de trabalho fora firmado antes da vigência da Lei nº 13.467/2017, perdurando até 14/08/2018. 3 – A questão já foi apreciada por essa Turma, no julgamento do RR-1556-35.2017.5.12.0017, de minha relatoria, com acórdão publicado no DEJT em 21/02/2020: "Tratando-se de parcela salarial, devida se configuradas determinadas circunstâncias, a alteração legislativa que suprimiu o direito à parcela não alcança os contratos daqueles trabalhadores que já possuíam o direito a seu pagamento, enquanto aquelas circunstâncias não forem alteradas. Do contrário, estaríamos albergando a redução da remuneração do trabalhador, embora não alterada a situação de fato que a amparava, o que é vedado pelo art. 7º, VI, da Constituição Federal". 4 - Sob a ótica do direito intertemporal, aplicam-se as normas de Direito Material do Trabalho do tempo dos fatos, em respeito ao princípio da irretroatividade da lei *tempus regit actum* (art. 5º, XXXVI, da CF/88). 5 – E, quando contrato já se encontra em curso quando da inovação legislativa, tratando-se de parcela salarial, a alteração legislativa que suprimiu ou alterou o direito à parcela não alcança os contratos daqueles trabalhadores que já possuíam o direito a seu pagamento, enquanto aquelas circunstâncias não forem alteradas, sob pena de se chancelar a redução da remuneração do trabalhador e ferir direito adquirido. 6 – Recurso de revista a que se dá provimento." (TST-RR-11109-34.2018.5.03.0143, 6ª Turma, rel. Min. Kátia Magalhães Arruda, julgado em 5/5/2021. – Informativo 237 do TST)

8.2. DSR E FERIADOS

➘ Ação anulatória. Trabalho em feriados no comércio em geral. Autorização em acordo coletivo. Impossibilidade. Exigência de previsão em convenção coletiva. Art. 6º-A da Lei nº 10.101/00.

Nos termos do art. 6º-A da Lei nº 10.101/00, conforme alteração introduzida pela Lei nº 11.603/07, o trabalho no comércio em geral em feriados é possível tão somente mediante autorização firmada em convenção coletiva de trabalho, ou seja, negociação ajustada entre os sindicatos representativos das categorias econômica e profissional. Trata-se de dispositivo de interpretação restritiva que, fundada no princípio da proteção ao trabalho, não pode ser alargada para abarcar as autorizações concedidas em sede de acordo coletivo. Assim, a SDC, por unanimidade, deu provimento ao recurso ordinário do Sindicato do Comércio Varejista de Itapetininga para, julgando parcialmente procedente a ação anulatória, declarar a nulidade da cláusula quadragésima quarta (calendário de funcionamento do comércio em datas especiais) do ACT 2009/2010, firmado entre o réu e a empresa Arthur Lundgren Tecidos S.A. – Casas Pernambucanas, e da cláusula quadragésima terceira (calendário de funcionamento do comércio em datas especiais) do ACT 2009/2010, firmado entre o réu e a empresa Cofesa – Comercial Ferreira Santos Ltda. *TST-*

-RO-13955-13.2010.5.15.0000, SDC, rel. Min. Kátia Magalhães Arruda, 13.8.2012. (Informativo nº 17)

➘ Ação civil pública. Comércio varejista. Trabalho aos domingos e feriados. Período anterior a 9 de novembro de 1997. Necessidade de ajuste em norma coletiva.

Mesmo no período anterior a 9 de novembro de 1997, a que se refere o parágrafo único do art. 6º da edição nº 36 da MP nº 1539, convertida na Lei nº 10.101/00, posteriormente alterada pela Lei nº 11.603/07, fazia-se necessário o ajuste em norma coletiva autorizando o trabalho aos domingos e feriados no comércio varejista. Com base nessa premissa, a SBDI-I, por maioria, conheceu dos embargos e, no mérito, deu-lhes provimento para julgar procedente o pedido formulado na ação civil pública, determinando aos réus que se abstenham de exigir de seus empregados labor em domingos e feriados sem o amparo de norma coletiva. Vencidos os Ministros Maria Cristina Irigoyen Peduzzi, relatora, Milton de Moura França, Ives Gandra da Silva Martins Filho e Renato de Lacerda Paiva. *TST-E-ED-RR-89600-90.2002.5.08.0009, SBDI-I, rel. Min. Maria Cristina Irigoyen Peduzzi, red. p/ acórdão Min. Brito Pereira, 16.2.2012. (Informativo nº 1)*

➘ Incidente de recurso repetitivo. Tema nº 9. Orientação jurisprudencial nº 394 da SBDI-1 do TST. Repouso semanal remunerado. Integração das horas extras. Repercussão nas parcelas calculadas com base no salário. Incidência sobre férias, décimo terceiro salário, aviso prévio e depósitos do FGTS.

O Tribunal Pleno, por unanimidade, reconheceu o conflito de teses a justificar a submissão do incidente de recurso repetitivo e, por maioria, alterou a redação da Orientação Jurisprudencial nº 394 da SBDI-I do TST, atribuindo-lhe a seguinte redação: "REPOUSO SEMANAL REMUNERADO. INTEGRAÇÃO DAS HORAS EXTRAS. REPERCUSSÃO NO CÁLCULO DAS FÉRIAS, DÉCIMO TERCEIRO SALÁRIO, AVISO PRÉVIO E DEPÓSITOS DO FGTS. I. A majoração do valor do repouso semanal remunerado, decorrente da integração das horas extras habituais, deve repercutir no cálculo, efetuado pelo empregador, das demais parcelas que têm como base de cálculo o salário, não se cogitando de bis in idem por sua incidência no cálculo das férias, da gratificação natalina, do aviso prévio e do FGTS; II - O item I será aplicado às horas extras trabalhadas a partir de 20/3/2023". Vencidos os Ministros Ives Gandra da Silva Martins Filho, Maria Cristina Irigoyen Peduzzi, Dora Maria da Costa e Sergio Pinto Martins. Vencidos, parcialmente, em relação à modulação dos efeitos da decisão, os Ministros Amaury Rodrigues Pinto Junior, Relator, Alberto Bastos Balazeiro, Augusto César Leite de Carvalho, José Roberto Freire Pimenta, Alexandre de Souza Agra Belmonte, Douglas Alencar Rodrigues e Breno Medeiros. TST-IncJulgRREmbRep10169-57.2013.5.05.0024, Tribunal Pleno, rel. Min. Amaury Rodrigues Pinto Junior, julgado em 20/3/2023. (Informativo nº 269)

8.3. FÉRIAS

➘ Terço constitucional. Art. 7º, XVII, da CF. Férias não usufruídas em razão de concessão de licença remunerada superior a 30 dias. Art. 133, II, da CLT. Devido.

O empregado que perdeu o direito às férias em razão da concessão, durante o período aquisitivo, de licença remunerada por período superior a trinta dias, nos termos do art. 133, II, da CLT, faz jus à percepção do terço constitucional (art. 7º, XVII, da CF). À época em que editado o Decreto-lei nº 1.535/77, que conferiu nova redação ao art. 133 da CLT, vigia a Constituição anterior, que assegurava ao trabalhador apenas o direito às férias anuais remuneradas, sem o respectivo adicional, de modo que o referido dispositivo consolidado não tem o condão de retirar direito criado após a sua edição. Ademais, na espécie, a referida licença não decorreu de requerimento do empregado, mas de paralisação das atividades da empresa por força de interdição judicial, razão pela qual a não percepção do terço constitucional também implicaria em transferir os riscos da atividade econômica ao trabalhador, impondo-lhe prejuízo inaceitável. Com esse entendimento, a SBDI-I, em sua composição plena, por maioria, deu provimento aos embargos para acrescer à condenação o pagamento do adicional de 1/3 das férias, previsto no art. 7º, XVII, da CF, atinente aos períodos em que o autor foi afastado em razão de gozo de licença remunerada, observada a prescrição pronunciada. Vencidos os Ministros Maria Cristina Peduzzi, João Oreste Dalazen, Brito Pereira, Lelio Bentes Corrêa e Dora Maria da Costa. *TST-E-RR-42700-67.2002.5.02.0251, SBDI-I, rel. Min. Rosa Maria Weber, 24.5.2012. (Informativo nº 10)*

➘ Férias. Fracionamento. Inexistência de situação excepcional. Pagamento em dobro. Devido.

O objetivo do art. 134, *caput* e § 1º, da CLT, ao estabelecer que as férias devem ser concedidas em um só período e que somente em situações excepcionais é possível o seu parcelamento, é permitir ao trabalhador a reposição de sua energia física e mental após longo período de prestação de serviços. Nesse contexto, resulta irregular o fracionamento de férias sem a existência de circunstância excepcional que o justifique, dando ensejo ao pagamento das férias em dobro. Com esse entendimento, a SBDI-I, por unanimidade, conheceu dos embargos por divergência jurisprudencial e, no mérito, negou-lhes provimento. *TST-E-RR-6500-92.2008.5.04.0381, SBDI-I, rel. Min. Augusto César Leite de Carvalho, 31.5.2012. (Informativo nº 11)*

9. REMUNERAÇÃO

➘ Remuneração do emprego público. Proventos de aposentadoria recebidos pelo regime geral da previdência social. Acumulação. Possibilidade.

A vedação de acumulação de proventos de aposentadoria com a remuneração de cargo, emprego ou função pública, descrita no art. 37, § 10, da CF, destina-se apenas aos servidores sujeitos a regime especial de previdência, a exemplo dos titulares de cargo efetivo da União, dos Estados, do Distrito Federal e dos Municípios, incluídas as suas autarquias e fundações, não alcançando os empregados públicos que percebem proventos de aposentadoria pelo regime geral da previdência social, nos termos do art. 201, § 7º, da CF. Assim, a SBDI-I, por unanimidade, conheceu dos embargos por divergência jurisprudencial e, no mérito, negou-lhes provimento. *TST-E-RR-366000-19.2009.5.12.0038, SBDI-I, rel. Min. Aloysio Corrêa da Veiga, 16.8.2012 (Informativo nº 18)*

➘ Cesta básica. Exclusão de empregados em contrato de experiência. Impossibilidade.

A exclusão dos trabalhadores em contrato de experiência do pagamento de cesta básica não se coaduna com o princípio consagrado pelo art. 3º, IV, parte final, da Constituição da República, que veda qualquer forma de discriminação na promoção do bem de todos. Com base nesse entendimento, a SDC, por unanimidade, deu parcial provimento ao recurso ordinário do sindicato da categoria profissional, suscitante do dissídio de natureza econômica, para deferir a "Cláusula Oitava – Cesta básica" conforme a redação proposta pelo sindicato suscitado, porém incluindo os empregados em contrato de experiência.

TST-RO-20260-19.2010.5.04.0000, SDC, Min. Kátia Magalhães Arruda, 9.10.2012 (Informativo nº 25)

CEF. Auxílio-alimentação. Adesão ao PAT. Modificação da natureza jurídica. Empregados que continuaram a trabalhar e a receber a parcela. Pretensão de pagamento das diferenças decorrentes da não incorporação às demais verbas de natureza salarial. Prescrição parcial.

Na hipótese em que não obstante a transformação da natureza jurídica do auxílio-alimentação de salarial para indenizatória, em razão da adesão da Caixa Econômica Federal (CEF) ao Programa de Alimentação do Trabalhador (PAT), os reclamantes continuaram a trabalhar e a receber o referido auxílio, aplica-se a prescrição parcial quinquenal à pretensão de pagamento de diferenças decorrentes da não integração da parcela às demais verbas de natureza salarial. Não se trata de alteração do pactuado, mas de não reconhecimento da natureza salarial do auxílio-alimentação, nos termos do art. 458 da CLT, lesão que se renova mês a mês. Com esse entendimento, a SBDI-I, em sua composição plena, conheceu de embargos, por divergência jurisprudencial, e, no mérito, por maioria, deu-lhes provimento para, afastada a prescrição total, determinar o retorno dos autos à Turma de origem, a fim de dar prosseguimento ao julgamento do recurso de revista da reclamada, como entender de direito. Vencidos os Ministros Ives Gandra Martins Filho, Carlos Alberto Reis de Paula, Antônio José de Barros Levenhagen, Brito Pereira, Renato de Lacerda Paiva e Dora Maria da Costa. *TST-E-RR-72400-51.2008.5.19.0010, SBDI-I, rel. Min. Augusto César Leite de Carvalho, 18.4.2013 (Informativo nº 43)*

Gorjetas. Cláusula de acordo coletivo que prevê a retenção e o rateio de parte dos valores arrecadados. Invalidade. Art. 457 da CLT e Súmula nº 354 do TST.

É invalida cláusula de acordo coletivo que autoriza a retenção de parte do valor das gorjetas para fins de indenização e ressarcimento das despesas e benefícios inerentes à introdução do próprio sistema de taxa de serviço, bem como para contemplar o sindicato da categoria profissional, principalmente quando constatado que a retenção atinge mais de um terço do respectivo valor. De outra sorte, nos termos do art. 457 da CLT e da Súmula nº 354 do TST, as gorjetas, ainda que não integrem o salário, constituem acréscimo remuneratório e configuram contraprestação paga diretamente pelo cliente, não podendo ter outro destino que não o próprio empregado. Com esse entendimento, a SBDI-I, por unanimidade, conheceu dos embargos interpostos pelo reclamado, por divergência jurisprudencial e, no mérito, negou-lhe provimento. *TST-E-ED-RR-139400-03.2009.5.05.0017, SBDI-I, rel. Min. Márcio Eurico Vitral Amaro,13.11.2014 (Informativo nº 95)*

Diárias de viagem. Depósito em conta corrente. Prestação de contas. Súmula nº 101 do TST. Não incidência.

A Súmula nº 101 do TST, ao tratar da natureza jurídica das diárias de viagem, não abordou a premissa fática registrada no acórdão do TRT, segundo a qual o reclamante "recebia diárias em razão dos deslocamentos, mediante depósito em conta corrente" e "prestava contas dos gastos efetivos para pagamento das diárias". Assim, a SBDI-I, por unanimidade, conheceu dos embargos interpostos pela reclamada por contrariedade à Súmula nº 101 do TST (má aplicação), e, no mérito, deu-lhes provimento para determinar o retorno dos autos à Turma de origem a fim de que, afastado o conhecimento do recurso de revista adesivo do autor por aplicação da súmula em questão, prossiga no julgamento do recurso como entender de direito. *TST-E-ED-RR-489900– 35.2003.5.09.0005, SBDI-I, rel. Min. Renato de Lacerda Paiva, 19.3.2015 (Informativo nº 102)*

Salário-substituição. Substituição apenas de parte das atribuições do substituído. Pagamento de forma proporcional às atividades substituídas. Apuração em liquidação de sentença.

Consoante entendimento consagrado na Súmula 159, I, do TST, o empregado substituto faz jus ao salário do substituído, enquanto perdurar a substituição que não tenha caráter meramente eventual, inclusive nas férias. Nos casos em que a substituição for parcial, ou seja, não abarcar todas as atividades e responsabilidades do substituído, o valor do salário-substituição poderá se dar proporcionalmente às tarefas desempenhadas. Na hipótese dos autos, o substituído era responsável pela segurança da empresa em toda região metropolitana de Belo Horizonte, enquanto o substituto assumiu as atribuições do supervisor apenas na cidade de Betim. Assim, adotando esse entendimento, a SBDI-I, no ponto, conheceu dos embargos da reclamada, por divergência jurisprudencial, e, no mérito, por maioria, deu-lhes provimento parcial para limitar a condenação das diferenças salariais em virtude de substituição do supervisor, em suas férias, de forma proporcional às atividades substituídas, a ser apurado em liquidação da sentença. Vencido o Ministro Aloysio Corrêa da Veiga. *TST-E-ED-RR-66600-35.2008.5.03.0027, SBDI-I, rel. Min. Dora Maria da Costa, 14.5.2015 (Informativo nº 107)*

9.1. SALÁRIO COMPLESSIVO

Horas extras e diárias de viagens. Pagamento incorporado às comissões por meio de norma coletiva. Impossibilidade. Salário complessivo. Configuração. Súmula nº 91 do TST.

A inclusão das verbas denominadas horas extras e diárias de viagens no valor a ser pago ao trabalhador a título de comissões, ainda que prevista em instrumento coletivo, caracteriza salário complessivo, conduzindo à nulidade da avença, a teor da Súmula nº 91 do TST. Entendeu o Ministro redator que, na hipótese, há necessidade do pagamento destacado das parcelas, a fim de assegurar ao empregado que presta serviços à empresa de transporte rodoviário e, portanto, se submete a constantes viagens e de duração variada, o conhecimento e o controle do que lhe é pago. Com base nesse entendimento, a SBDI-I, por unanimidade, conheceu do recurso de embargos, por divergência jurisprudencial, e, no mérito, por maioria, deu-lhe provimento para, reformando a decisão embargada, determinar o retorno dos autos à Vara do Trabalho de origem, a fim de que examine os pedidos relativos às diárias de viagem e às horas extraordinárias, afastada a incidência da cláusula normativa que prevê a sua quitação por força do pagamento das comissões. Vencidos os Ministros Renato de Lacerda Paiva, relator, Ives Gandra Martins Filho, Brito Pereira, Maria Cristina Irigoyen Peduzzi e Dora Maria da Costa. *TST-E-ED-RR-200-35.2006.5.09.0094, SBDI-I, rel. Min. Renato de Lacerda Paiva, red. p/ acórdão Min. Lelio Bentes Côrrea, 16.8.2012. (Informativo nº 18)*

Tíquete-alimentação. Valores diferenciados. Previsão em norma coletiva. Validade.

A Constituição Federal, ao mesmo tempo em que proíbe qualquer discriminação no tocante a salários, exercício de funções e critérios de admissão (art. 7º, XXX), também impõe proteção aos acordos e convenções negociados coletivamente (art. 7º, XXVI). Assim, na hipótese em que a norma coletiva prevê o fornecimento de tíquetes-alimentação em valores diferenciados para os empregados da mesma empresa em razão de particularidades nos contratos celebrados entre a tomadora e a prestadora, tais como local de prestação dos serviços e o valor global do respectivo contrato, a norma coletiva em questão deve ser validada, pois regula um direito disponível, não existindo razão para impedir sua flexibilização. Com esse entendimento, a SBDI-I, por unanimidade, conheceu dos embargos da reclamante, por divergência jurisprudencial, e, no mérito, por maioria, negou-lhes provimento. Vencido o Ministro José Roberto Freire Pimenta. *TST-E-RR– 2150-14.2011.5.03.0113, SBDI-I, rel. Min. Alexandre de Souza Agra Belmonte, 20.11.2014. (Informativo nº 96)*

9.2. PISO SALARIAL

Ação declaratória. Piso salarial. Lei Estadual. Não observância. Pedido abstrato. Configuração. Incidência da Orientação Jurisprudencial nº 7 da SDC.

Considerando o fato de o interesse de agir na ação declaratória pressupor a incerteza jurídica quanto a direitos e obrigações individualizadas no caso concreto, e tendo em vista a inviabilidade do manejo da referida ação para se discutir lei em abstrato, a SDC, por unanimidade, negou provimento ao recurso ordinário, fazendo incidir, na hipótese, a Orientação Jurisprudencial nº 7 da referida Seção. In casu, a Federação das Indústrias do Estado de Santa Catarina (FIESC) ajuizou ação declaratória requerendo a exclusão da aplicação da Lei Complementar do Estado de Santa Catarina nº 459/2009 aos empregados que tenham piso salarial definido em convenção ou acordo coletivo de trabalho firmado com os sindicatos representados pela referida federação, bem como a declaração da possibilidade de firmar cláusula de piso salarial em instrumento coletivo com valores abaixo dos patamares estabelecidos na referida lei. *TST-RO-491-03.2010.5.12.0000, SDC, rel. Min. Mauricio Godinho Delgado, 12.3.12. (Informativo nº 1)*

10. ADICIONAIS SALARIAIS

10.1. ADICIONAL DE TRANSFERÊNCIA

Adicional de transferência. Indevido. Ânimo definitivo. Período imprescrito. Contrariedade à Orientação Jurisprudencial nº 113 da SBDI-I.

A transferência do empregado para localidade diversa da estipulada no pacto laboral, em que permanece, por largo período de tempo, até o fim do contrato, evidencia o ânimo de definitividade da alteração e afasta, por consequência, o pagamento do adicional de transferência ao trabalhador. No caso dos autos, ressaltou-se ainda que, não obstante a ocorrência de sucessivas transferências durante a contratualidade, apenas esta última, com duração de nove anos, ocorreu no período imprescrito, afastando-se, portanto, seu caráter provisório. Com esse posicionamento, decidiu a SBDI-I, por maioria, vencidos os Ministros Augusto César Leite de Carvalho, relator, José Roberto Freire Pimenta, Renato de Lacerda Paiva, Horácio Raymundo de Senna Pires e Delaíde Miranda Arantes, conhecer dos embargos por contrariedade à Orientação Jurisprudencial nº 113 da Subseção e, no mérito, dar-lhes provimento para excluir da condenação o adicional de transferência. *TST-E-ED-RR-1345800-08.2001.5.09.0015, SBDI-1, rel. Min. Augusto César Leite de Carvalho, red. p/ acórdão Min. Ives Gandra da Silva Martins Filho, 15.3.2012. (Informativo nº 2)*

Adicional de transferência. Devido. Transferências sucessivas e de curta duração.

Alterações sucessivas e de curta duração do local de prestação laboral configuram transferência provisória, ensejando o pagamento do adicional respectivo. Com esse entendimento, a SBDI-I, por maioria, não conheceu do recurso de embargos, na hipótese em que restou consignada a ocorrência de três transferências no período de sete anos, cada uma delas de pouco mais de dois anos. Vencidos os Ministros Ives Gandra da Silva Martins Filho e Maria Cristina Irigoyen Peduzzi. *TST-E-RR-804872-13.2001.5.09.0661, SBDI-I, rel. Min. Lelio Bentes Corrêa, 12.4.2012. (Informativo nº 5)*

Adicional de transferência. Indevido. Provisoriedade. Não configuração. Permanência superior a dois anos em cada localidade.

Na hipótese em que restou consignada a ocorrência de duas transferências no período imprescrito de um contrato de quase dezoito anos, cada uma delas com duração superior a dois anos, e, a última, para local onde se deu a extinção do contrato de trabalho, não há que falar em provisoriedade apta a ensejar o pagamento do adicional de transferência, nos termos da Orientação Jurisprudencial nº 113 da SBDI-I. Assim, a referida Subseção, por unanimidade, conheceu dos embargos, por divergência jurisprudencial, e, no mérito, por maioria, deu-lhes provimento para excluir da condenação o pagamento do adicional de transferência. Vencidos os Ministros Lelio Bentes Corrêa, Alberto Luiz Bresciani de Fontan Pereira, Augusto César Leite de Carvalho, José Roberto Freire Pimenta eDelaíde Miranda Arantes. *TST-E-RR-1988400-27.2003.5.09.0014, SBDI-I, rel. Min. Brito Pereira, 16.8.2012. (Informativo nº 18)*

Adicional de transferência. Indevido. Mudança única que perdurou por quase dois anos até a data da rescisão contratual. Caráter definitivo.

Na hipótese em que o acórdão regional registra a existência de uma única transferência, que perdurou por quase dois anos até a data da rescisão contratual, resta demonstrado o caráter definitivo da mudança e a consequente ausência de direito ao adicional de transferência. Na espécie, não há falar em incidência da Orientação Jurisprudencial nº 113 da SBDI-I, porquanto o pressuposto apto a legitimar a percepção do adicional em tela é apenas a mudança provisória. Com esse entendimento, a SBDI-I, por unanimidade, não conheceu dos embargos. *TST-E-ED-RR-91700-30.2001.5.04.0020, SBDI-I, rel. Min. Delaíde Miranda Arantes, 25.10.2012 (Informativo nº 27)*

Transferências sucessivas. Provisoriedade. Configuração. Adicional de transferência. Devido.

O empregado transferido sucessivamente tem direito ao recebimento do adicional de transferência porquanto configurada a transitoriedade dos deslocamentos, não importando o fato de ter retornado à cidade de sua contratação ou mesmo que a última transferência tenha perdurado por mais de dois anos. Com esses fundamentos, e não divisando contrariedade à Orientação Jurisprudencial nº 113 da SBDI-I, a Subseção, por unanimidade, não conheceu do recurso de embargos do reclamado. *TST-EED-ED-RR-87100-24.2005.5.09.0072, SBDI-I, rel. Min. Dora Maria da Costa, 13.6.2013 (Informativo nº 51)*

Deslocamentos sucessivos. Transferências provisórias. Caracterização. Adicional de transferência. Devido.

Na hipótese em que o empregado foi admitido em Cascavel/PR no ano de 1984, transferido para São Jorge do Oeste/PR e para Corbélia/PR em 1995, voltou para Cascavel/PR em 1996 e foi transferido para Curitiba/PR em 2000, onde se manteve até a data da rescisão contratual (16/07/2003), resta caracterizado o caráter provisório dos deslocamentos, ante a ocorrência de sucessividade, não importando o fato de a última transferência ter durado mais de dois anos. Assim, a SBDI-I, por unanimidade, conheceu dos embargos do reclamante, por divergência jurisprudencial, e, no mérito, por maioria, deu-lhes provimento para restabelecer a decisão do Regional quanto ao pagamento do adicional de transferência e reflexos. Vencidos os Ministros Renato de Lacerda Paiva, Brito Pereira, Aloysio Corrêa da Veiga e Dora Maria da Costa. *TST-E-ED-RR-1545100-89.2003.5.09.0011, SBDI-I, rel. Min. Lelio Bentes Corrêa, 15.8.2013 (Informativo nº 55)*

10.2. ADICIONAL NOTURNO – JORNADA MISTA

Jornada mista. Trabalho prestado majoritariamente à noite. Adicional noturno. Súmula nº 60, II, do TST.

Na hipótese de jornada mista, iniciada pouco após às 22h, mas preponderantemente trabalhada à noite (das 23:10h às 07:10h do dia seguinte), é devido o adicional noturno quanto às horas que se seguem no período diurno, aplicando-se o entendimento da Súmula nº 60, II, do TST. Assim, a SBDI-I, por unanimidade, conheceu dos embargos por divergência jurisprudencial e, no mérito, negou-lhes provimento. No caso, ressaltou-se que a interpretação a ser dada ao item II da Súmula nº 60 do TST não pode estimular o empregador a adotar jornada que se inicia pouco depois das 22h com o propósito de desvirtuar o preceito. Ademais, a exegese do art. 73, §§ 3º e 4º, da CLT, à luz dos princípios da proteção ao trabalhador e da dignidade da pessoa humana, permite concluir que, para garantir a higidez física e mental do trabalhador, o adicional noturno deve incidir sobre o labor executado durante o dia em continuidade àquele majoritariamente prestado à noite. *TST-E-RR-154-04.2010.5.03.0149, SBDI-I, rel. Min. Augusto César Leite de Carvalho, 4.10.2012 (Informativo nº 24)*

10.3. ADICIONAL DE HORAS EXTRAS

Horas extras. Motorista. Rastreamento de veículo por satélite. Controle indireto da jornada de trabalho. Inaplicabilidade do art. 62, I, da CLT.

A adoção, pelo empregador, de recursos tecnológicos de rastreamento de veículo por satélite, para garantir a segurança ininterrupta da carga transportada, possibilita o controle indireto da jornada desempenhada pelo empregado motorista, razão pela qual não há falar em aplicação do art. 62, I, da CLT. O direito ao pagamento de horas extraordinárias não subsiste apenas nas hipóteses em que seja absolutamente impossível fiscalizar os horários cumpridos pelo empregado. Sob esse entendimento, a SBDI-I, por unanimidade, conheceu do recurso de embargos, por divergência jurisprudencial, e, no mérito, por maioria, negou-lhe provimento. Vencidos os Ministros Walmir Oliveira da Costa, Ives Gandra Martins Filho, Guilherme Augusto Caputo Bastos e Márcio Eurico Vitral Amaro TST-E-RR-45900-29.2011.5.17.0161, SBDI-I, rel. Min. Cláudio Mascarenhas Brandão, 23.2.2017 (informativo nº 153).

AR. Horas extraordinárias. Base de cálculo. Inclusão da gratificação semestral paga com habitualidade. Aplicação posterior da Súmula nº 115 do TST. Bis in idem. Configuração. Violação dos arts. 884 e 885 do CC.

O fato de a gratificação semestral paga com habitualidade já haver integrado o cálculo das horas extraordinárias torna inaplicável a diretriz fixada na Súmula nº 115 do TST, sob pena de caracterização de bis in idem. Com esse entendimento, a SBDI-II, à unanimidade, conheceu do recurso ordinário do autor e, no mérito, deu-lhe provimento para, reconhecida a afronta aos arts. 884 e 885 do CC, rescindir parcialmente o acórdão do Regional e, em juízo rescisório, excluir da condenação as diferenças de gratificação semestral decorrentes dos reflexos das horas extraordinárias deferidas. Na espécie, a despeito de a Vara do Trabalho de origem, ao deferir à reclamante como extraordinárias as horas laboradas além da 6ª diária, ter computado na respectiva base de cálculo a gratificação semestral percebida com habitualidade, o TRT da 9ª Região reconheceu, firmado na Súmula nº 115 do TST, o direito aos reflexos das horas extras habituais no cálculo da gratificação semestral. *TST-RO-4300-19.2009.5.09.0000, SBDI-II, rel. Min. Guilherme Augusto Caputo Bastos, 6.3.2012. (Informativo nº2)*

Horas Extras. Habitualidade. Pagamento suspenso transitoriamente por força do Decreto nº 29.019/2008 do Distrito Federal. Indenização devida. Súmula nº 291 do TST.

A suspensão transitória de serviço suplementar prestado com habitualidade, por força do Decreto nº 29.019/2008 do Distrito Federal, assegura ao empregado o direito à indenização correspondente ao valor de um mês das horas suprimidas, total ou parcialmente, para cada ano ou fração igual ou superior a seis meses de prestação de serviço acima da jornada normal, a que se refere a Súmula nº 291 do TST. Com esse entendimento, a SBDI-I, por unanimidade, conheceu dos embargos, por divergência jurisprudencial, e, no mérito, por maioria, negou-lhes provimento. Vencidos os Ministros Ives Gandra Martins Filho, relator, João Batista Brito Pereira, Dora Maria da Costa, Augusto César Leite de Carvalho e Maria Cristina Irigoyen Peduzzi, os quais davam provimento ao recurso por entender pela má aplicação da Súmula nº 291 do TST na medida em que o referido verbete não trata da hipótese de suspensão temporária de horas extras *TST-E-RR-2706-06.2010.5.10.0000, SBDI-I, rel. Min. Ives Gandra Martins Filho, red. p/ acórdão Min. Aloysio Corrêa da Veiga, 20.9.2012 (Informativo nº 22)*

10.4. ADICIONAL DE INSALUBRIDADE

Atividade desenvolvida em ambiente artificialmente frio. Insalubridade. Neutralização. Utilização de EPI. Concessão de intervalo para recuperação térmica. Necessidade de cumulação.

No caso de atividade desenvolvida em ambiente artificialmente frio, a insalubridade somente poderá ser neutralizada se houver a cumulação de dois fatores, quais sejam, a utilização de equipamentos de proteção individual adequados (art. 191 da CLT) e a concessão do intervalo para recuperação térmica de vinte minutos a cada uma hora e quarenta de trabalho contínuo (art. 253 da CLT). Sob esse fundamento, a SBDI-I, por maioria, conheceu do recurso de embargos por divergência jurisprudencial, vencidos os Ministros Alexandre Agra Belmonte e Aloysio Corrêa da Veiga, e, no mérito, ainda por maioria, deu-lhes provimento para restabelecer o acórdão do Regional no que condenou a reclamada ao pagamento do adicional de insalubridade e reflexos, uma vez que, na hipótese, não havia a fruição do intervalo para recuperação térmica. Vencidos os Ministros Márcio Eurico Vitral Amaro e João Oreste Dalazen. TST-E-RR-25850- 56.2014.5.24.0007, SBDI-I, rel. Min. Brito Pereira, 30.3.2017. (Informativo nº 156).

Adicional de insalubridade. Devido. Exposição ao calor do sol. Inaplicabilidade da Orientação Jurisprudencial nº 173 da SBDI-1.

A Orientação Jurisprudencial nº 173 da SBDI-1 veda o pagamento de adicional de insalubridade em razão do fator radiação solar, sendo inaplicável, portanto, às hipóteses em que o laudo pericial constatar a submissão do trabalhador ao agente insalubre calor, o qual encontra previsão no Anexo nº 3 da NR 15 do MTE. Com base nessa premissa, a SBDI-I, por maioria, conheceu dos embargos por divergência jurisprudencial e, no mérito, negou-lhes provimento. Vencido o Ministro Aloysio Corrêa da Veiga. *TST-E-ED-RR-51100-73.2006.5.15.0120, SBDI-I, rel. Min. Renato de Lacerda Paiva, 28.6.2012.(Informativo nº 15)*

➘ Limpeza e coleta de lixo em banheiros de hotel e do respectivo centro de eventos. Grande fluxo de pessoas. Adicional de insalubridade. Devido. Inaplicabilidade da Orientação Jurisprudencial nº 4, II, da SBDI-I.

O adicional de insalubridade é devido na hipótese em que a prova pericial constatou a existência de contato com agente insalubre pela reclamante, que recolhia o lixo e limpava os banheiros de hotel e do respectivo centro de eventos (que possuía seis banheiros masculinos e seis femininos), locais de intensa circulação de pessoas. No caso, entendeu-se inaplicável a Orientação Jurisprudencial nº 4, II, da SBDI-I, pois trata da limpeza em residências e escritórios, envolvendo, portanto, o manuseio de lixo doméstico e não urbano, a que se refere o Anexo 14 da NR 15 da Portaria nº 3.214/78 do MTE. Com esse entendimento, a SBDI-I, por maioria, vencido o Ministro Ives Gandra Martins Filho, conheceu do recurso de embargos por contrariedade à Orientação Jurisprudencial nº 4, II, da SBDI-I, e, no mérito, deu-lhe provimento para restabelecer a sentença que condenou a reclamada ao pagamento de adicional de insalubridade e reflexos. *TST-E-ARR-746-94.2010.5.04.0351, SBDI-I, rel. Min. Renato de Lacerda Paiva, 7.3.2013 (Informativo nº 39)*

➘ Adicional de insalubridade. Devido. Limpeza, higienização e recolhimento de lixo de banheiros de universidade. Item II da Orientação Jurisprudencial nº 4 da SBDI-I. Não enquadramento.

A limpeza e o recolhimento de lixo de banheiros de universidade, frequentado por público numeroso, enquadra-se na hipótese do Anexo 14 da Instrução Normativa 15 do MTE, ensejando, portanto, o pagamento do adicional de insalubridade. Trata-se de situação diversa da prevista no item II da Orientação Jurisprudencial nº 4 da SBDI-I, a qual se restringe à higienização de banheiros em residências ou escritórios, cuja circulação é limitada a um grupo determinado de pessoas. Com esse entendimento, a SBDI-I, por unanimidade, conheceu dos embargos da reclamante, por divergência jurisprudencial, e, no mérito, deu-lhes provimento para restabelecer o acórdão do Regional no tópico. *TST-E-RR-102100-02.2007.5.04.0018, SBDI-I, rel. Min. Brito Pereira, 15.8.2013 (Informativo nº 55)*

➘ Adicional de insalubridade. Base de cálculo. Piso salarial estabelecido em convenção coletiva. Impossibilidade. Ausência de norma expressa especificando a base de cálculo.

Ausente norma coletiva determinando expressamente a base de cálculo do adicional de insalubridade, não é possível calcular o referido adicional sobre o piso salarial da categoria estabelecido em convenção coletiva de trabalho. Conforme a jurisprudência consolidada no STF, antes ou depois da edição da Súmula Vinculante nº 4, o salário mínimo continua a ser a base de cálculo do adicional (art. 192 da CLT), até que nova base seja determinada mediante lei ou norma coletiva específica. Com esse entendimento, a SBDI-I, por unanimidade, conheceu dos embargos interpostos pela reclamada, por divergência jurisprudencial e, no mérito, deu-lhes provimento para restabelecer o salário mínimo como base de cálculo do adicional de insalubridade. *TST-E-RR-77400-23.2008.5.03.0060, SBDI-I, rel. Min. Hugo Carlos Scheuermann, 11.9.2014 (Informativo nº 89 do TST)*

➘ Adicional de insalubridade. Limpeza de quartos e coleta de lixo. Hotel. Súmula n.º 448, item II, do TST. Incidência.

A realização de serviços de limpeza e higienização, inclusive de banheiros, em hotel, enseja o pagamento do adicional de insalubridade em grau máximo, nos termos da Súmula nº 448, item II, do TST. Com esse entendimento, a SBDI-I, por maioria, conheceu dos embargos interpostos pela reclamante, por divergência jurisprudencial, vencidos os Ministros Aloysio Corrêa da Veiga, Brito Pereira e Guilherme Augusto Caputo Bastos. No mérito, também por maioria, a Subseção deu provimento ao recurso para restabelecer a decisão do Regional que deferiu o pagamento do adicional de insalubridade, conforme pleiteado. Vencidos os Ministros Renato de Lacerda Paiva, Aloysio Corrêa da Veiga, Guilherme Augusto Caputo Bastos e Brito Pereira, que negavam provimento ao apelo por entenderem que a atividade desempenhada pela reclamante não se enquadra nos critérios de "uso público ou coletivo de grande circulação", previstos no item II da Súmula nº 448 do TST. *TST-E-RR-324-22.2010.5.04.0351, SBDI-I, rel. Min. Lelio Bentes Corrêa, 25.9.2014 (Informativo nº 90 do TST)*

➘ Adicional de insalubridade. Fundação Casa. Atendimento de adolescentes infratores isolados por motivo de saúde. Contato com pessoas portadoras de doenças infectocontagiosas. Anexo nº 14 da NR-15 da Portaria 3.214/78 do MTE. Adicional devido.

É devido o adicional de insalubridade em grau máximo, reconhecido por laudo pericial, a trabalhadores da Fundação Casa que tenham contato com adolescentes infratores isolados por conta de doenças infectocontagiosas, nos termos do Anexo 14 da NR 15 da Portaria 3.214/78 do Ministério do Trabalho e Emprego. Nesse contexto, não há contrariedade à Súmula nº 448, I, do TST. Sob esse fundamento, a SBDI-I, por maioria, não conheceu dos embargos, vencidos os Ministros Alexandre de Souza Agra Belmonte e Ives Gandra Martins Filho. *TST-E-RR-41500-67.2007.5.15.0031, SBDI-I, rel. Hugo Carlos Scheuermann, 21.5.2015. (Informativo nº 108)*

➘ Adicional de insalubridade. Trabalho em locais destinados a atendimento socioeducativo de menores infratores. Indevido. Orientação Jurisprudencial nº4, I, da SBDI-I. Rol taxativo da Portaria nº 3.214/78, NR 15, Anexo 14, do MTE.

Não há direito ao adicional de insalubridade nas situações de contato com pacientes ou materiais infectocontagiosos em locais destinados ao atendimento socioeducativo de menores infratores (Fundação Casa), ainda que a perícia aponte a exposição do reclamante aos agentes biológicos mencionados no Anexo 14 da NR 15 da Portaria nº 3.214/78 do Ministério do Trabalho e Emprego – MTE. Nos termos da Orientação Jurisprudencial nº 4, I, da SBDI-I, para a concessão do adicional em questão não basta a constatação da insalubridade por meio de laudo pericial, sendo necessária a classificação da atividade como insalubre na relação oficial do MTE. Na espécie, a atividade não se enquadra no rol taxativo do MTE, razão pela qual não pode ser equiparada àquelas desenvolvidas em ambientes destinados a pacientes em isolamento, hospitais ou outros estabelecimentos relacionados aos cuidados da saúde humana. Sob esses fundamentos, a SBDI-I, por unanimidade, conheceu do recurso de embargos do reclamante, por divergência jurisprudencial, e, no mérito, por maioria, negou-lhe provimento. Vencidos os Ministros João Oreste Dalazen, Augusto César Leite de Carvalho, Alexandre de Souza Agra Belmonte e Hugo Carlos Scheuermann. *TST-RR-1600– 72.2009.5.15.0010, SBDI-I, rel. Min. Renato de Lacerda Paiva, 13.10.2016 (*Ver Informativos TST nºs 79 e 108) (Informativo nº 147)*

➘ Adicional de insalubridade e de periculosidade. Fatos geradores distintos. Cumulação. Impossibilidade.

O art. 193, § 2º, da CLT veda a cumulação dos adicionais de periculosidade e insalubridade, podendo, no entanto, o empregado fazer a opção pelo que lhe for mais benéfico. Sob esses fundamentos, a SBDI-I decidiu, por unanimidade, conhecer do recurso de embargos, por divergência jurisprudencial e, no mérito, por maioria, dar-lhe provimento para excluir da condenação a possibilidade de acúmulo dos dois adicionais. Vencidos os Ministros Augusto César Leite de Carvalho, João Oreste Dalazen, José Roberto Freire Pimenta, Hugo Carlos Scheuermann, Alexandre de Souza Agra Belmonte e Cláudio Mascarenhas Brandão, que negavam provimento aos embargos para manter o pagamento cumulado dos adicionais de insalubridade e de periculosidade, sob o fundamento de que a exposição do individuo a um determinado tipo de risco não exclui a sua eventual exposição a outro risco diferente, ante a existência de fatos geradores e causa de pedir distintas. *TST-E-RR-1072-72.2011.5.02.0384, SBDI-I, rel. Min. Renato de Lacerda Paiva, 13.10.2016 (*Ver Informativo TST nº 134) (Informativo nº 147)*

➘ Incidente de Recursos Repetitivos. Tema nº 8. Adicional de Insalubridade. Agente de apoio socioeducativo da Fundação Casa. Local de prestação de serviço. Ausência de previsão legal. Adicional indevido.

O Tribunal Pleno, analisando a possibilidade ou não do agente de apoio socioeducativo da Fundação Casa ter direito ao adicional de insalubridade, em razão do local da prestação de serviço, decidiu, por maioria, aprovar a seguinte tese jurídica para o Tema Repetitivo nº 8: "O Agente de Apoio Socioeducativo da Fundação Casa não tem direito ao adicional de insalubridade, em razão do local da prestação de serviços, na medida em que o eventual risco de contato com menores que possuem doenças infectocontagiosas, não ocorre no estabelecimento cuja atividade é a tutela de adolescentes em conflito com a lei e não se trata de estabelecimento destinado aos cuidados da saúde humana". Vencidos os Ministros Hugo Carlos Scheuermann, relator, Cláudio Mascarenhas Brandão, revisor, Lelio Bentes Corrêa, Luiz Philippe Vieira de Mello Filho, Augusto César Leite de Carvalho, José Roberto Freire Pimenta, Alexandre de Souza Agra Belmonte, Mauricio José Godinho Delgado, Alberto Bastos Balazeiro e as Ministras Delaíde Alves Miranda Arantes, Maria Helena Mallmann e Kátia Magalhães Arruda. TST-IncJulgRREmbRep-1086-51.2012.5.15.0031, Tribunal Pleno, red. p/ acórdão Min. Aloysio Silva Corrêa da Veiga, 22/8/2022. (Informativo nº 259)

➘ Pagamento do adicional em grau máximo. Súmula 448, II, do TST. Previsão em norma coletiva de pagamento em grau médio. Análise dos arts. 611-A, XII E 611-B, XVII e XVIII, da CLT. Tema 1.046 da Tabela de repercussão geral do STF. Transcendência política reconhecida.

(...) 5. Assim, muito embora a CLT assegure a prevalência do negociado sobre o legislado, o enquadramento das atividades tipificadas como insalubres deve sempre ter em vista o princípio da dignidade da pessoa humana em conjunto com a necessidade de garantir segurança, higidez e saúde do empregado (arts. 611-A, XII e 611-B, XVII e XVIII, da CLT), constituindo, portanto, matéria de ordem pública, nos termos do art. 7º, XXIII, da Constituição da República, insuscetível de negociação coletiva. 6. Logo, a existência de norma infraconstitucional que expressamente veda a redução do adicional de insalubridade (art. 611-B, XVII e XVIII, da CLT), ao fundamento de que são normas de saúde, higiene e segurança do trabalho, coaduna-se e faz incidir a exceção prevista no Tema 1046 da Tabela de Repercussão Geral do STF, por tratar-se de direito absolutamente indisponível. Recurso de revista de que não se conhece. TST-RR-401- 40.2020.5.12.0001, 3ª Turma, rel. Min. Alberto Bastos Balazeiro, julgado em 18/4/2023. (Informativo nº 271)

10.5. ADICIONAL DE PERICULOSIDADE

➘ Adicional de periculosidade. Motorista que acompanha abastecimento de caminhão dentro da área de risco. Indevido. Atividade não considerada perigosa pela NR 16 do MTE.

É indevido o adicional de periculosidade ao motorista que ingressa na área de risco ao simplesmente acompanhar o abastecimento do caminhão por ele dirigido, não se admitindo interpretação extensiva da NR 16 do MTE para considerar tal atividade perigosa. Com esse entendimento, a SBDI-I, por maioria, vencidos os Ministros Augusto César Leite de Carvalho, relator, Luiz Philippe Vieira de Mello Filho, Alberto Luiz Bresciani de Fontan Pereira, José Roberto Freire Pimenta e Delaíde Miranda Arantes, conheceu dos embargos, por divergência jurisprudencial e, no mérito, deu-lhes provimento, para restabelecer o acórdão do Regional, que julgou improcedente o pedido de adicional de periculosidade. *TST-E-ED-RR-5100-49.2005.5.15.0120, SBDI-I, rel. Min. Augusto César Leite de Carvalho, red. p/ acórdão Min. Maria Cristina Irogoyen Peduzzi, 23.8.2012. (Informativo nº 19)*

➘ Adicional de periculosidade. Motorista. Abastecimento do veículo. Regularidade do contato.

A permanência habitual na presença de inflamáveis, ainda que por poucos minutos, caracteriza exposição intermitente, para efeito de pagamento de adicional de periculosidade. O tempo de exposição é irrelevante, havendo perigo de evento danoso tanto para o empregado que permanece por longo tempo na área de risco quanto para o que permanece por tempo reduzido, dada a imprevisibilidade do sinistro. Com base nesse entendimento, a SBDI-I, por unanimidade, conheceu dos embargos do reclamante, por divergência jurisprudencial, e, no mérito, deu-lhe provimento para condenar a reclamada ao pagamento do adicional de periculosidade e reflexos. Vencidos os Ministros Ives Gandra Martins Filho, Aloysio Corrêa da Veiga e Maria Cristina Irigoyen Peduzzi. Na espécie, consignou-se que o reclamante, no exercício da função de motorista, abastecia, às vezes pessoalmente, o veículo por ele utilizado, demandando um tempo médio de dez minutos. *TST-E-ED-RR-1600-72.2005.5.15.0120, SBDI-I, Min. João Batista Brito Pereira, 20.9.2012 (Informativo nº 22)*

➘ Adicional de periculosidade. Motorista. Abastecimento do veículo e acompanhamento do abastecimento realizado por outrem. Exposição a inflamáveis.

Possui direito ao adicional de periculosidade o motorista responsável pelo abastecimento do veículo, por um período de tempo não eventual ou esporádico. O referido adicional será indevido, entretanto, se o motorista somente acompanhar o abastecimento realizado por outrem. "In casu", o reclamante permanecia em área de risco, abastecendo ou acompanhando o abastecimento do veículo, duas a três vezes por semana, por dez a quinze minutos. Concluiu o relator, com base no Quadro 3 do Anexo 2 da NR 16 do MTE, que, na hipótese em que o empregado abastece o automóvel, a exposição ao risco decorre das próprias atividades por ele desenvolvidas, já que está em contato direto com inflamáveis, de forma não eventual ou esporádica. Por outro lado, no caso em que o motorista se atém a acompanhar o abastecimento do veículo, prevalece, também com base no Quadro 3 do Anexo 2 da NR 16 do MT, o mesmo fundamento que levou esta Corte a pacificar entendimento no sentido de ser indevido adicional de periculosidade aos tripulantes que permaneçam no interior da aeronave durante o seu abastecimento. Com esse posicionamento, a SBDI-I, por unanimidade, conheceu dos embargos por divergência jurisprudencial e, no mérito, por maioria, deu-lhes parcial provimento para restringir a condenação ao pagamento do adicional de periculosidade àqueles períodos em que o próprio reclamante abastecia o seu veículo, excluídos os momentos em que ele apenas acompanhava o abastecimento, conforme se apurar em sede de execução. Vencidos, em parte, os Ministros Ives Gandra Martins Filho e Aloysio Corrêa da Veiga, que davam provimento integral aos embargos, e, totalmente, os Ministros José Roberto Freire Pimenta, Augusto César Leite de Carvalho e Delaíde Miranda Arantes, que negavam provimento ao recurso. *TST-E-RR-123300-19.2005.5.15.0054, SBDI-I, rel. Min. Renato de Lacerda Paiva, 25.10.2012 (Informativo nº 27)*

➘ Adicional de periculosidade. Armazenamento de líquido inflamável em estrutura independente do local da prestação de serviços. Inaplicabilidade da Orientação Jurisprudencial nº 385 da SBDI-I.

A Orientação Jurisprudencial nº 385 da SBDI-I, ao assegurar o direito ao adicional de periculosidade, refere-se ao armazenamento de líquido inflamável no mesmo prédio em que desenvolvidas as atividades laborais. Assim, na hipótese em que o laudo pericial constatou que o armazenamento de óleo diesel ocorria em estrutura completamente independente do local da prestação de serviços, inclusive com área de segurança devidamente protegida, não há direito ao pagamento do referido adicional, ante a ausência de labor em área de risco. Sob esse fundamento, a SBDI-I, por maioria, conheceu dos embargos da reclamada por contrariedade à Súmula nº 126 do TST e à Orientação Jurisprudencial nº 385 da SBDI-I, vencidos os Ministros Alexandre Agra Belmonte, Augusto César Leite de Carvalho, José Roberto Freire Pimenta e Cláudio Mascarenhas Brandão. Ressaltou o Ministro relator que diante das premissas fáticas registradas nos autos, não poderia a Turma ter valorado o laudo pericial a fim de, concluindo de forma diversa do TRT, conceder o adicional de periculosidade. No mérito, por unanimidade, a Subseção deu provimento ao recurso para restabelecer o acórdão do Regional, que declarou a improcedência do pedido. *TST-EED-AgR-ARR-644-68.2010.5.04.0029, SBDI-I, rel. Min. João Oreste Dalazen, 12.11.2015 (Informativo nº 123)*

➘ Incidente de Recursos Repetitivos. Tema nº 16. Adicional de Periculosidade. Artigo 193, inciso II, da CLT. Fundação Casa. Agente de Apoio Socioeducativo. Atividades e Operações Perigosas. Anexo 3 da NR 16 (Portaria 1.885/2013 do Ministério do Trabalho).

A SBDI-I, em sua composição plena, analisando a questão relativa à percepção do adicional de periculosidade pelo Agente de Apoio Socioeducativo, decidiu, por maioria, aprovar, sem modulação, as seguintes teses jurídicas para o Tema Repetitivo nº 16: "I. O Agente de Apoio Socioeducativo (nomenclatura que, a partir do Decreto nº 54.873 do Governo do Estado de São Paulo, de 06.10.2009, abarca os antigos cargos de Agente de Apoio Técnico e de Agente de Segurança) faz jus à percepção de adicional de periculosidade, considerado o exercício de atividades e operações perigosas, que implicam risco acentuado em virtude de exposição permanente a violência física no desempenho das atribuições profissionais de segurança pessoal e patrimonial em fundação pública estadual. II. Os efeitos pecuniários decorrentes do reconhecimento do direito do Agente de Apoio Socioeducativo ao adicional de periculosidade operam-se a partir da regulamentação do art. 193, II, da CLT em 03.12.2013 – data da entrada em vigor da Portaria nº 1.885/2013 do Ministério do Trabalho, que aprovou o Anexo 3 da NR16". Vencidos os Ministros Aloysio Corrêa da Veiga, Guilherme Augusto Caputo Bastos e Alexandre Luiz Ramos. TST-IRR-1001796-60.2014.5.02.0382, SBDI-I, rel. Min. Hugo Carlos Scheuermann, 14/10/2021. (Informativo nº 245)

10.6. ADICIONAL POR TEMPO DE SERVIÇO

➘ Adicional por tempo de serviço. Art. 129 da Constituição do Estado de São Paulo. Base de cálculo. Pagamento sobre a remuneração e não sobre o vencimento base. Violação do art. 37, XIV, da CF. Configuração.

Viola o art. 37, XIV, da CF a decisão que determina o pagamento do adicional por tempo de serviço, previsto no art. 129 da Constituição do Estado de São Paulo, sobre a remuneração e não sobre o vencimento básico do servidor, conforme determina a Orientação Jurisprudencial Transitória nº 60 da SBDI-I. Se a própria Constituição Estadual, ao assegurar o benefício do adicional por tempo de serviço, nada dispôs acerca da sua base de cálculo, não há como se inferir que o benefício tenha a mesma base de cálculo da parcela intitulada "sexta parte", em que se determinou expressamente o pagamento sobre vencimentos integrais. Nesse contexto, e tendo em conta que o art. 37, XIV, da CF veda a acumulação ou o cômputo de acréscimos pecuniários para fins de concessão de acréscimos ulteriores, a SBDI-I, por maioria, conheceu dos embargos do reclamado, por divergência jurisprudencial, e, no mérito, deu-lhes provimento para, reformando o acórdão do Regional, declarar que a base de cálculo do adicional por tempo de serviço é o salário base das reclamantes, julgando-se improcedente a reclamação trabalhista. Vencidos os Ministros Renato de Lacerda Paiva, Augusto César Leite de Carvalho, José Roberto Freire Pimenta e Delaíde Miranda Arantes. *TST-E-ED-RR-84400-13.2007.5.15.0113, SBDI-I, rel. Min. Ives Gandra Martins Filho, 27.6.2013 (Informativo nº 53)*

10.7. QUEBRA DE CAIXA

➘ Bancário. Gratificação "quebra de caixa". Descontos de diferenças de caixa. Licitude. Art. 462, § 1º, da CLT.

É lícito o desconto da gratificação denominada "quebra de caixa", a despeito da natureza salarial da rubrica, porquanto a finalidade da parcela é remunerar o risco da atividade, cobrindo eventuais diferenças de numerário quando do fechamento do caixa. Ademais, o bancário, ao ser investido na função de caixa e acordar o pagamento da verba com o empregador, está ciente do encargo que assume pelos eventuais danos que causar. Incidência do art. 462, § 1º, da CLT. Com base nesse entendimento, a SBDI-I, por unanimidade, conheceu dos embargos por divergência jurisprudencial e, no mérito, deu-lhes provimento para excluir da condenação a devolução dos valores descontados a título de "quebra de caixa". *TST-E-ED-RR-217100-61.2009.5.09.0658, SBDI-I, rel. Min. Aloysio Corrêa da Veiga, 16.8.2012. (Informativo nº 18)*

10.8. VALE-TRANSPORTE

➘ AR. Vale-transporte. Negociação coletiva. Pagamento em pecúnia. Possibilidade. Art. 7º, XXVI, da CF. Violação.

Afronta o art. 7º, XXVI, da CF o acórdão do Regional que não reconhece a validade da cláusula convencional estipulando o pagamento do vale-transporte em pecúnia, pois a Lei nº 7.418/85, que instituiu o vale-transporte, com a alteração introduzida pela Lei nº 7.619/87, não veda, em nenhum dos seus dispositivos, a substituição do referido benefício por pagamento em espécie. Ademais, a liberdade de negociação coletiva no âmbito das relações trabalhistas encontra-se assegurada na Constituição da República, ainda que não de forma absoluta, não existindo nenhum óbice legal para que as partes, de comum acordo, negociem a substituição do vale-transporte por antecipação em dinheiro. Com esse entendimento, a SBDI-II, por unanimidade, conheceu do recurso ordinário e, no mérito, deu-lhe provimento parcial para, em juízo rescindente, configurada a afronta ao art. 7º, XXVI, da CF, desconstituir o acórdão regional e, em juízo rescisório, reconhecendo a validade da cláusula convencional estipulando o pagamento em pecúnia do vale-transporte, julgar procedente o pedido de anulação da decisão proferida no Auto de Infração e a consequente exclusão da multa administrativa então aplicada à autora, com os consectários legais daí decorrentes. *TST-RO-161-37.2011.5.06.0000, SBDI-II, rel. Min. Guilherme Augusto Caputo Bastos, 9.10.2012 (Informativo nº 25)*

10.9. DESVIO DE FUNÇÃO

Desvio de função. Regimes jurídicos distintos. Diferenças salariais. Indevidas.

A empregado público que exerce atividade típica de servidor público estatutário, em flagrante desvio de função para regime jurídico distinto, não é devido o pagamento de diferenças salariais a que alude a Orientação Jurisprudencial nº 125 da SBDI-I, sob pena de haver aumento de vencimentos ou provimento de cargo público pela via transversa, ou seja, sem a prévia aprovação em concurso público específico (art. 37, II e XIII, da CF). Com esse entendimento, a SBDI-I, por maioria, conheceu dos embargos por má aplicação da Orientação Jurisprudencial nº 125 da SBDI-I e, no mérito, deu-lhes provimento para restabelecer a decisão do Regional. Vencidos os Ministros João Oreste Dalazen, Lelio Bentes Corrêa, Augusto César Leite de Carvalho, José Roberto Freire Pimenta e Delaíde Miranda Arantes. Na espécie, a reclamante era empregada do SERPRO, contratada em 1979 para o cargo de auxiliar, tendo exercido as funções de Técnico do Tesouro Nacional ao prestar serviços na Secretaria da Receita Federal. *TST-E-ED-RR-3800-54.2002.5.02.0432, SBDI-I, rel. Min. Ives Gandra da Silva Martins Filho, 22.3.2012. (Informativo nº 3)*

10.9.1 ACÚMULO DE FUNÇÃO

Motorista e cobrador. Acúmulo de funções. Possibilidade. Atividades compatíveis com a condição pessoal do empregado. Art. 456, parágrafo único, da CLT.

O parágrafo único do art. 456 da CLT permite ao empregador exigir do empregado qualquer atividade compatível com sua condição pessoal, desde que lícita e dentro da jornada de trabalho. Assim, tendo em conta que a atividade de cobrador é, em regra, compatível com a atividade de motorista, não existe justificativa para a percepção de acréscimo salarial em decorrência do exercício concomitante das duas funções na mesma jornada. Sob esse fundamento, a SBDI-I, por unanimidade, conheceu dos embargos da reclamada, por divergência jurisprudencial, e, no mérito, deu-lhes provimento para excluir da condenação as diferenças salariais pelo acúmulo de funções. *TST-E-RR-67-15.2012.5.01.0511, SBDI-I, rel. Min. Alexandre Agra Belmonte, 14.4.2016. (Informativo nº 132)*

10.10. CARGO DE CONFIANÇA

Tesoureiro de Retaguarda. Função técnica. Fidúcia especial. Não caracterização. Art. 224, § 2º, da CLT. Não incidência. Horas extras. Devidas.

O denominado "Tesoureiro de Retaguarda" exerce função apenas técnica, sem fidúcia diferenciada, o que afasta o seu enquadramento na exceção prevista no § 2º do art. 224 da CLT. Na hipótese, registrou-se que a responsabilidade pelo manuseio de numerário e o percebimento de gratificação de função superior a um terço do salário do cargo efetivo não eram suficientes para atrair a aplicação imediata do art. 224, § 2º da CLT, porquanto imprescindível a investidura em poderes de direção ou chefia e o desempenho de atribuições diferentes daquelas delegadas aos demais empregados da instituição financeira, o que não ficou comprovado nos autos. Assim, a SBDI-I, por maioria, conheceu dos embargos e, no mérito, deu-lhes provimento para julgar procedente o pedido de horas extras excedentes à sexta hora diária, as quais deverão ser calculadas com base na gratificação relativa à jornada de seis horas, deduzindo-se a diferença entre a gratificação de função recebida, em face da opção pela jornada de oito horas, e a devida pela jornada de seis horas, nos termos da Orientação Jurisprudencial Transitória nº 70 da SBDI-I. Vencidos os Ministros Renato de Lacerda Paiva, Dora Maria da Costa e Maria Cristina Irigoyen Peduzzi. *TST-E-ED-RR-116400-46.2008.5.12.0006, SBDI-I, rel. Min. Augusto César Leite de Carvalho, 6.9.2012 (Informativo nº 21)*

Bancário. Tesoureiro de retaguarda. Cargo de confiança. Não configuração. Inaplicabilidade do art. 224, § 2º, da CLT.

Ao entendimento de que as atribuições exercidas por bancário ocupante do cargo de tesoureiro de retaguarda não constituem fidúcia especial suficiente a autorizar o seu enquadramento na exceção do art. 224, § 2º, da CLT, a SBDI-I, em sua composição plena, por unanimidade, conheceu do recurso de embargos, por divergência jurisprudencial, e, no mérito, por maioria, deu-lhe provimento para deferir o pagamento das 7ª e 8ª horas como extras, acrescidas do adicional constitucional de 50%, com a aplicação do divisor 180 (Súmula nº 124 do TST) e de todo o complexo salarial na base de cálculo (Súmula nº 264 do TST) e repercussões em repouso semanal remunerado (incluindo-se sábados, domingos e feriados, por expressa previsão nas normas coletivas), FGTS, férias com 1/3 e 13º salários, conforme os termos da inicial. Na hipótese, entendeu a Subseção que as circunstâncias de a reclamante abastecer os caixas de autoatendimento e o cofre eletrônico, controlar numerário da agência e possuir uma das senhas do cofre não são suficientes para configurar cargo de confiança bancário, pois não tem autoridade de alçada para comprometer o patrimônio da entidade financeira, tampouco para flexibilizar a prestação de contas. Vencidos os Ministros Renato de Lacerda Paiva, relator, Antônio José de Barros Levenhagen, Brito Pereira e Dora Maria da Costa. *TST-E-RR-676-45.2010.5.03.0015, SBDI-I, rel. Min. Renato de Lacerda Paiva, red. p/ acórdão Min. Aloysio Corrêa da Veiga, 23.5.2013 (Informativo nº 48)*

CEF. Gerente. Criação da parcela denominada "Complemento Temporário Variável de Ajuste ao Piso de Mercado". Adoção de critério geográfico. Afronta ao princípio da isonomia. Não configuração.

Não afronta o princípio da isonomia o pagamento da parcela denominada "Complemento Temporário Variável de Ajuste ao Piso de Mercado" – CTVA, de forma diferenciada, aos ocupantes de cargos de gerência da Caixa Econômica Federal – CEF, por observar o critério objetivo de localização geográfica das agências bancárias. Com esse entendimento, a SBDI-I, por unanimidade, conheceu dos embargos por divergência jurisprudencial e, no mérito, negou-lhes provimento. Na espécie, ressaltou-se, ainda, a impossibilidade de se conhecer dos recursos de embargos por contrariedade às Súmulas nºs23 e 296 do TST, na medida em que, mesmo na vigência da redação anterior do art. 894 da CLT, a jurisprudência desta Corte já se tinha consolidado no sentido de que "não ofende o art. 896 da CLT decisão de Turma que, examinando premissas concretas de especificidade da divergência colacionada no apelo revisional, conclui pelo conhecimento ou desconhecimento do recurso"(Súmula nº 296, II, do TST). *TST-E-ED-RR-105900-69.2007.5.07.0013, SBDI-I, rel. Min. Aloysio Corrêa da Veiga, 25.10.2012 (Informativo nº 27)*

➘ Cargo de confiança. Art. 62, II, da CLT. Repouso semanal remunerado e feriados. Não concessão. Pagamento em dobro. Incidência da Súmula nº 146 do TST.

O empregado exercente de cargo de gestão, inserido no art. 62, II, da CLT, tem direito ao gozo do repouso semanal e à folga referente aos feriados com a remuneração correspondente. Assim, caso não usufrua esse direito ou não tenha a oportunidade de compensar a folga na semana seguinte, o empregador deve pagar, em dobro, a remuneração dos dias laborados, nos termos da Súmula nº 146 do TST. O objetivo do art. 62, II, da CLT é excluir a obrigação de o empregador remunerar, como extraordinário, o trabalho prestado pelos ocupantes de cargo de confiança, mas isso não retira do empregado o direito constitucionalmente assegurado ao repouso semanal remunerado, previsto no art. 7º, XV, da CF. Sob esse entendimento, a SBDI-I, por unanimidade, conheceu do recurso de embargos, por divergência jurisprudencial, e, no mérito, negou-lhe provimento. *TST-E-RR- 3453300-61.2008.5.09.0013, SBDI-I, rel. Min. José Roberto Freire Pimenta, 17.11.2016. (Informativo nº 149)*

10.11. EQUIPARAÇÃO SALARIAL

➘ Equiparação salarial em cadeia. Tempo de serviço na função. Confronto com o paradigma remoto. Irrelevância. Comprovação necessária apenas em relação ao paradigma imediato.

O fato de haver uma diferença de tempo de serviço na função superior a dois anos entre o reclamante e os paradigmas remotos ou, ainda, de estes não terem convivido nem exercido simultaneamente essa função, não obstam o direito à equiparação salarial do autor com seus paradigmas imediatos, em relação aos quais houve comprovação das exigências estabelecidas em lei. Os requisitos firmados pelo art. 461, § 1º, da CLT apenas são plausíveis em relação ao fato constitutivo da pretensão inicial, ou seja, à equiparação com o paradigma imediato, não podendo alcançar os paradigmas remotos, sob pena de inviabilizar qualquer pedido envolvendo equiparação salarial em cadeia pela simples alegação de decurso do tempo superior a dois anos. Nesse contexto, estaria o empregador autorizado a ferir o princípio da isonomia salarial e o art. 461 da CLT em prejuízo aos demais empregados componentes da cadeia equiparatória, o que não se mostra razoável. Assim, o Tribunal Pleno, por maioria, conheceu dos embargos interpostos pela reclamante, por contrariedade à Súmula nº 6, VI, do TST, e, no mérito, deu-lhes provimento para restabelecer a decisão do Regional, que convalidou a sentença, na qual foram deferidas as diferenças salariais decorrentes da equiparação salarial e os reflexos. Vencidos, quanto à fundamentação, os Ministros João Oreste Dalazen, Ives Gandra Martins Filho e Fernando Eizo Ono. Decidiu-se, ademais, encaminhar a matéria à Comissão de Jurisprudência e de Precedentes Normativos para que formule proposta de nova redação para o item VI da Súmula nº 6 do TST com base na tese firmada no presente caso. *TST-E-ED-RR-160100-88.2009.5.03.0038, Tribunal Pleno, rel. Min. José Roberto Freire Pimenta, 24.3.2015. (Informativo nº 102)*

➘ Equiparação salarial. Quadro de carreira. Empresa privada. Ausência de homologação pelo Ministério do Trabalho. Convalidação por instrumento coletivo. Validade. Observância do requisito da alternância entre os critérios de promoção por antiguidade e por merecimento. Súmula nº 6, item I, do Tribunal Superior do Trabalho. Inaplicável.

É válido o plano de carreira empresarial nos casos em que existe norma coletiva chancelando-o, desde que seja obedecido o requisito da alternância entre os critérios de promoção por antiguidade e por merecimento. Há, portanto, óbice ao pedido de equiparação salarial. Com efeito, a intenção desta Corte Superior, quando da edição da Súmula nº 6, item I, fora apenas de excepcionar da exigência de homologação do quadro de carreira no Ministério do Trabalho as entidades de direito público, tendo em vista a presunção de legalidade de seus atos. Assim, é inviável a aplicação do entendimento contido no aludido verbete para afastar a validade do quadro de carreira de empresa privada que, conquanto não tenha sido homologado no Ministério do Trabalho, haja sido convalidado por meio de instrumento coletivo e observado o critério da alternância entre a promoção por antiguidade e por merecimento. Sob esses fundamentos, a SBDI-I decidiu, por unanimidade, conhecer do recurso de embargos por divergência jurisprudencial e, no mérito, por maioria, dar-lhe provimento para restabelecer a sentença que julgou improcedente o pedido de equiparação salarial e reflexos. Vencidos os Ministros Augusto César Leite de Carvalho, Aloysio Corrêa da Veiga, José Roberto Freire Pimenta e Hugo Carlos Scheuermann. *TST-E-ED-RR – 35941-05.2007.5.02.0254, SBDI-I, rel. Min. Renato de Lacerda Paiva, 08.10.2015. (Informativo nº 120)*

11. ESTABILIDADE

➘ Ação anulatória. Gestante. Garantia de emprego. Ampliação do prazo. Cláusula restrita às empregadas contratadas por prazo indeterminado. Validade. Inexistência de afronta ao princípio da isonomia.

É válida cláusula de acordo coletivo de trabalho que aumenta, de 180 para 210 dias, o prazo da estabilidade provisória das empregadas gestantes admitidas por prazo indeterminado. O tratamento diferenciado em relação às empregadas contratadas por prazo determinado não ofende o princípio da isonomia, pois a natureza do vínculo de trabalho, nas duas situações, é distinta. Ademais, a norma em questão é resultado da negociação entre os atores sociais e contou com a aprovação inequívoca da categoria profissional. Sob esses fundamentos, a SDC, por maioria, deu provimento ao recurso ordinário para julgar improcedente o pedido de nulidade da Cláusula Vigésima Sexta – Garantia de Emprego ou Indenização Gestantes, constante do acordo coletivo de trabalho firmado entre a Souza Cruz S.A. e o Sindicato dos Empregados Vendedores e Viajantes do Comércio no Estado do Pará. Vencido o Ministro Mauricio Godinho Delgado. TST-RO-422-69.2016.5.08.0000, SDC, rel. Min. Maria de Assis Calsing, 5.6.2017 (Informativo nº 160).

➘ Estabilidade provisória. Representante sindical e suplente eleitos para o Conselho de Representantes de federação ou confederação. Incidêcia dos arts. 8º, VIII, da CF e 543, § 3º, da CLT.

A diretriz da Orientação Jurisprudencial nº 369 da SBDI-I, que diz respeito a delegado sindical junto a empresas, não se aplica ao representante sindical eleito, e ao seu suplente, junto ao Conselho de Representantes de federação ou confederação (art. 538, da CLT), uma vez que estes últimos gozam da estabilidade provisória disposta no inciso VIII do art. 8º da CF e no § 3º do art. 543 da CLT. Ademais, não hé falar na incidêcia do limite quantitativo previsto no art. 522 da CLT e na Súmula nº 369, II, do TST, visto que aplicável tão somente aos cargos da Diretoria e do Conselho Fiscal da entidade sindical, pois o Conselho de Representantes dispõe de número fixo de membros de cada sindicato ou federação, quais sejam dois titulares e dois suplentes (CLT, art. 538, § 4º). Com esse entendimento, a SBDI-I, por maioria, conheceu e deu provimento aos embargos para restabelecer a decisão do TRT que reconheceu a estabilidade pleiteada e determinou a reintegração do reclamante com pagamento dos salários do período do afastamento.Vencida a Ministra Maria Cristina Irigoyen Peduzzi. *TST-E-ED-RR-125600-83.2003.5.10.0014, SBDI-I, rel. Min. Delaíde Miranda Arantes, 22.3.2012. (Informativo nº 3)*

➘ Estabilidade provisória em razão de acidente de trabalho no curso de contrato por prazo determinado. Arestos que tratam da estabilidade provisória durante contrato de experiêcia. Divergêcia jurisprudencial. Não configuração. Dispositivos de lei distintos.

Tendo em conta que a configuração de divergêcia jurisprudencial específica pressupõe a existêcia de teses diversas acerca da interpretação de um mesmo dispositivo legal (Súmula nº 296, I, do TST), a SBDI-I, por maioria, não conheceu de embargos na hipótese em que, para confrontar decisão da Segunda Turma que dera provimento a recurso de revista para restabelecer a sentença que julgara improcedente o pedido de estabilidade provisória em razão de acidente de trabalho no curso de contrato por prazo determinado regido pela Lei nº 6.019/74, o embargante colacionou arestos que versavam sobre estabilidade provisória durante contrato de experiêcia previsto no art. 443 da CLT. Vencidos os Ministros Horácio Raymundo de Senna Pires, José Roberto Freire Pimenta, Delaíde Miranda Arantes e Luiz Philippe Vieira de Mello Filho, os quais vislumbravam a existêcia de divergêcia jurisprudencial específica pois, ainda que o contrato temporário e o contrato de experiêcia estejam previstos em dispositivos de lei distintos, a questão central, tanto da decisão recorrida quanto dos arestos colacionados, diz respeito ao trabalhador que sofre acidente no curso de contrato com data de extinção previamente ajustada, existindo, portanto, identidade de situação fática apta a ensejar o conhecimento do recurso. *TST-E-RR-34600-17.2001.5.17.0001, SBDI-I, rel. Min. Augusto César Leite de Carvalho, 24.5.2012. (Informativo nº 10)*

➘ Ação rescisória. Gestante. Estabilidade provisória. Concessão. Gravidez no curso do aviso prévio. Art. 10, II, "b", do ADCT. Não violação.

Não viola o disposto no art. 10, II, "b", do ADCT a decisão que confere estabilidade provisória à gestante cuja gravidez tenha ocorrido no curso do aviso prévio, pois o dispositivo constitucional mencionado veda a dispensa da empregada gestante desde a confirmação da gestação até cinco meses após o parto, fixando critério objetivo ligado ao fato da gravidez e não ao momento da sua comprovação. Assim sendo, levando em conta que o aviso prévio, pela sua própria natureza, integra o contrato de trabalho, pode-se concluir que a decisão rescindenda apenas realizou interpretação finalística da norma de garantia fundamental social, não incorrendo em qualquer violação. Com esse entendimento, a SBDI-II, por unanimidade, conheceu e julgou improcedente ação rescisória. *TST-AR-4303-18.2012.5.00.0000, SBDI-II, rel. Min. Hugo Carlos Scheuermann, 12.8.2014(Informativo nº 86)*

➘ Estabilidade provisória. Membro da CIPA. Término da obra. Equivalência à extinção doestabelecimento. Súmula nº 339, II, do TST.

O encerramento da obra específica para a qual fora instituída a Comissão Interna de Prevenção de Acidentes – CIPA equivale à extinção do próprio estabelecimento, não havendo falar em despedida arbitrária do cipeiro. A garantia provisória no emprego assegurada ao membro da CIPA não se traduz em direito ilimitado, tampouco em vantagem pessoal, uma vez que fundada na necessidade de assegurar ao empregado eleito a autonomia necessária ao livre e adequado exercício das funções inerentes ao seu mandato, relativas à busca pela diminuição de acidentes e por melhores condições de trabalho. Desse modo, inativado o canteiro de obras onde o empregado exercia sua função de cipeiro, cessa a garantia de emprego, sem que haja a possibilidade de reintegração ou de pagamento de indenização pelo período estabilitário, nos termos do item II da Súmula nº 339 do TST. Com esse entendimento, a SBDI-I, por unanimidade, conheceu dos embargos das reclamadas, por divergência jurisprudencial, e, no mérito, por maioria, deu-lhes provimento para excluir da condenação o pagamento da indenização relativa aos salários correspondentes ao período compreendido entre a dispensa do reclamante e o término da estabilidade provisória. Vencido o Ministro José Roberto Pimenta. *TST-E-ED-RR-24000-48.2004.5.24.0061, SBDI-I, rel. Min. Lelio Bentes Corrêa, 6.11.2014 (Informativo nº 94)*

11.1. ESTABILIDADE PREVISTA EM NORMA COLETIVA

➘ Estabilidade pré-aposentadoria. Previsão em norma coletiva. Despedida oito meses antes do implemento da condição. Dispensa obstativa. Configuração.

A dispensa do emprego oito meses antes de alcançar os vinte e quatro meses imediatamente anteriores à complementação do tempo para aposentadoria pela previdência social, conforme exigido por norma coletiva que previu a estabilidade pré-aposentadoria, configura óbice à aquisição do direito à garantia de emprego e transfere ao empregador o ônus de provar que não impediu o implemento da condição maliciosamente (art. 129 do CC), sobretudo no caso em que o trabalhador já preenchia outro requisito para o gozo da estabilidade, qual seja, contar com mais de vinte e oito anos de vínculo ininterrupto com o reclamado. Com esse entendimento, a SBDI-I, por unanimidade, conheceu dos embargos, por divergência jurisprudencial, e, no mérito, por maioria, vencidos os Ministros Ives Gandra Martins Filho, relator, Brito Pereira, Maria Cristina Peduzzi e Dora Maria da Costa, negou-lhes provimento. *TST-E-ED-RR-3779900-06.2007.5.09.0652, SBDI-I, rel. Min. Ives Gandra da Silva Martins Filho, red. p/ acórdão Min. Luiz Philippe Vieira de Mello Filho, 3.5.2012. (Informativoº 7)*

➘ REPRESENTANTE SINDICAL ELEITO PARA FEDERAÇÃO E CONFEDERAÇÃO. Estabilidade provisória. Representante sindical e suplente eleitos para o Conselho de Representantes de federação ou confederação. Incidência dos arts. 8º, VIII, da CF e 543, § 3º, da CLT.

A diretriz da Orientação Jurisprudencial nº 369 da SBDI-I, que diz respeito a delegado sindical junto a empresas, não se aplica ao representante sindical eleito, e ao seu suplente, junto ao Conselho de Representantes de federação ou confederação (art. 538, "b", da CLT), uma vez que estes últimos gozam da estabilidade provisória disposta no inciso VIII do art. 8º da CF e no § 3º do art. 543 da CLT. Ademais, não há falar na incidência do limite quantitativo previsto no art. 522 da CLT e na Súmula nº 369, II, do TST, visto que aplicável tão somente aos cargos da Diretoria e do Conselho Fiscal da entidade sindical, pois o Conselho de Representantes dispõe de número fixo de membros de cada sindicato ou federação, quais sejam dois titulares e dois suplentes (CLT, art. 538, § 4º). Com esse entendimento, a SBDI-I, por maioria, conheceu e deu provimento aos embargos para restabelecer a decisão do TRT que reconheceu a estabilidade pleiteada e determinou a reintegração do reclamante com pagamento dos salários do período do afastamento. Vencida a Ministra Maria Cristina Irigoyen Peduzzi. *TST-E-ED-RR-125600-83.2003.5.10.0014, SBDI-I, rel. Min. Delaíde Miranda Arantes, 22.3.2012. (Informativo nº 3)*

11.2. EMPREGADA DOMÉSTICA

➘ Empregada doméstica gestante. Despedida antes da vigência da Lei nº 11.234/06. Estabilidade provisória (art. 10, II, "b", do ADCT). Possibilidade.

Possui direito à estabilidade provisória, de que trata o art. 10, II, "b", do ADCT, a empregada doméstica gestante despedida antes da vigência da Lei nº 11.234/06, a qual reconheceu expressamente tal direito. O fato de a estabilidade genérica do artigo 7º, I, da CF não ter sido assegurada às empregas domésticas não tem o condão de afastar a pretensão relativa à garantia provisória concedida às demais gestantes, pois aquelas se encontram na mesma situação de qualquer outra trabalhadora em estado gravídico. Ademais, conforme salientado pelo Ministro João Oreste Dalazen, o STF vem entendendo, reiteradamente, que o comprometimento do Brasil no plano internacional quanto à proteção à maternidade e ao nascituro, independentemente da natureza do vínculo profissional estabelecido entre a gestante e o destinatário da prestação de serviços, remonta à ratificação da Convenção nº 103 da OIT, ocorrida em 18.06.1965, e concerne não apenas à garantia à licença-maternidade, mas também à estabilidade provisória prevista no art. 10, II, "b", do ADCT. Com esse posicionamento, a SBDI-I, em sua composição plena, decidiu, pelo voto prevalente da Presidência, conhecer dos embargos, por divergência jurisprudencial, e, no mérito, negar-lhes provimento, mantendo o acórdão da Turma, que restabeleceu a sentença que julgou procedente o pedido de estabilidade à empregada doméstica gestante, condenando a reclamada ao pagamento da indenização respectiva. Vencidos os Ministros Renato de Lacerda Paiva, Antônio José de Barros Levenhagen, Ives Gandra Martins Filho, Brito Pereira, Maria Cristina Irigoyen Peduzzi, Aloysio Corrêa da Veiga e Dora Maria da Costa. *TST-E-ED--RR-5112200-31.2002.5.02.0900, SBDI-I, rel. Min. Horácio Raymundo de Senna Pires, 13.12.2012 (Informativo nº 34)*

➘ Ação rescisória. Gestante. Estabilidade provisória. Concessão. Gravidez no curso do aviso prévio. Art. 10, II, "b", do ADCT. Não violação.

Não viola o disposto no art. 10, II, "b", do ADCT a decisão que confere estabilidade provisória à gestante cuja gravidez tenha ocorrido no curso do aviso prévio, pois o dispositivo constitucional mencionado veda a dispensa da empregada gestante desde a confirmação da gestação até cinco meses após o parto, fixando critério objetivo ligado ao fato da gravidez e não ao momento da sua comprovação. Assim sendo, levando em conta que o aviso prévio, pela sua própria natureza, integra o contrato de trabalho, pode-se concluir que a decisão rescindenda apenas realizou interpretação finalística da norma de garantia fundamental social, não incorrendo em qualquer violação. Com esse entendimento, a SBDI-II, por unanimidade, conheceu e julgou improcedente ação rescisória. *TST-AR-4303-18.2012.5.00.0000, SBDI-II, rel. Min. Hugo Carlos Scheuermann, 12.8.2014(Informativo nº 86)*

12. FECHAMENTO DO ESTABELECIMENTO

➘ AR. Gestante. Estabilidade provisória. Art. 10, II, "b", do ADCT. Fechamento do estabelecimento. Transferência para outra localidade. Recusa da empregada. Justa causa. Não caracterização.

Levando em consideração que a garantia no emprego da empregada gestante prevista no art. 10, II, "b", do ADCT não está condicionada à existência de atividades regulares na empresa, e visa, em último caso, proteger não apenas a empregada, mas também o bem-estar do nascituro, a recusa da obreira em ser transferida para outra localidade em razão do fechamento da filial em que trabalhava não pode ser tida como justa causa a obstaculizar a percepção das verbas devidas em decorrência da estabilidade. Com esse entendimento, a SBDI-II, decidiu, por unanimidade, conhecer do recurso ordinário e, no mérito, dar-lhe provimento para, reconhecida a afronta ao art. 10, II, "b", do ADCT, desconstituir em parte o acórdão do regional e, em juízo rescisório, determinar o retorno dos autos à Vara do Trabalho de origem para que, afastada a justa causa que fora imposta pelas instâncias ordinárias, aprecie os pedidos postulados na reclamação trabalhista, como entender de direito. *TST-RO-298-04.2010.5.15.0000, SBDI-II, rel. Min. Guilherme Augusto Caputo Bastos. 10.4.2012. (Informativo nº 5)*

13. DEPÓSITO DO FGTS

➘ Aposentadoria por invalidez decorrente de acidente de trabalho. Suspensão do contrato de trabalho. Recolhimento do FGTS. Indevido. Art. 15, § 5º, da Lei nº 8.036/90. Não incidência.

Tendo em conta que a aposentadoria por invalidez suspende o contrato de trabalho, conforme dicção do art. 475 da CLT, é indevido o recolhimento do FGTS no período em que o empregado estiver no gozo desse benefício previdenciário, ainda que o afastamento tenha decorrido de acidente de trabalho. Com esse entendimento, a SBDI-I, em sua composição plena, por maioria, negou provimento ao recurso de embargos, vencidos os Ministros Renato de Lacerda Paiva, Lelio Bentes Corrêa, José Roberto Freire Pimenta e Delaíde Miranda Arantes. Ressaltou o Ministro relator que o art. 15, § 5º, da Lei nº 8.036/90, ao determinar que a licença por acidente de trabalho será causa de interrupção do contrato de trabalho, com obrigatoriedade de recolhimento do FGTS, estabeleceu situação excepcional que não admite interpretação ampliativa para abarcar a aposentadoria por invalidez decorrente de acidente de trabalho. *TST-EE-DRR-133900-84.2009.5.03.0057, SBDI-I, rel. Min. Horácio Raymundo de Senna Pires, 24.5.2012. (Informativo nº 10)*

➘ Prescrição trintenária. Limite temporal da demanda anterior. FGTS. Incidência sobre diferenças salariais deferidas em ação anteriormente proposta. Prescrição trintenária. Limite temporal da demanda anterior.

Reiterando entendimento já sufragado em precedentes anteriores, deliberou a SBDI-I que, nos termos da Súmula nº 362 do TST, é trintenária a prescrição incidente sobre a pretensão de recolhimento de FGTS sobre diferenças decorrentes de parcelas salarias deferidas em ação anteriormente proposta, devendo-se observar, porém, o limite temporal fixado na primeira ação em relação às verbas principais. Assim, a Subseção, por maioria, vencidos a Ministra Maria Cristina Peduzzi e o Desembargador Convocado Sebastião Geraldo de Oliveira, conheceu dos embargos por má aplicação da Súmula nº 206 e por contrariedade à Súmula nº 362, ambas do TST e, no mérito, deu-lhes provimento para declarar aplicável a prescrição trintenária à pretensão aos depósitos do FGTS incidentes sobre as parcelas deferidas no primeiro processo, cuja decisão já transitou em julgado, considerando-se, todavia, o quinquênio anterior à data do ajuizamento da ação trabalhista precedente. *TST-E-ED-RR-103800-87.2001.5.04.0029, SBDI-I, rel. Min. Augusto César Leite de Carvalho, 16.8.2012. (Informativo nº 18)*

➘ FGTS. Cláusula normativa que reduz a multa de 40% para 20% e estabelece de antemão a existência de culpa recíproca. Invalidade.

É inválida cláusula de convenção coletiva de trabalho que estabelece, de antemão, a existência de culpa recíproca na rescisão do contrato de trabalho e a consequente redução da multa de 40% do FGTS para 20%, mediante o compromisso das empresas que sucederam outras na prestação do mesmo serviço, em razão de nova licitação, de contratarem os empregados da empresa sucedida. Trata-se de direito indisponível do empregado, garantido em norma de ordem pública e, portanto, infenso à negociação coletiva. Com esse entendimento, a SBDI-I, em sua composição plena, conheceu, por unanimidade, dos embargos interpostos pela reclamada, por divergência jurisprudencial e, no mérito, por maioria, negou-lhes provimento, mantendo a decisão turmária que determinara o pagamento da multa de 40% do FGTS. Vencidos os Ministros Ives Gandra Martins Filho, relator, Maria Cristina Peduzzi, Renato de Lacerda Paiva, Aloysio Corrêa da Veiga e Márcio Eurico Vitral Amaro, que davam provimento ao recurso por entenderem que, na hipótese, a negociação coletiva não atenta contra direito indisponível, uma vez que não se trata de discussão acerca do direito ao levantamento dos depósitos do FGTS propriamente dito, mas sim de multa que tem como base de cálculo os depósitos do FGTS, além de prestigiar a permanência do trabalhador no emprego. *TST-E-ED-RR-45700-74.2007.5.16.0004, SBDI-I, rel. Min. Ives Gandra Martins Filho, red. p/ acórdão Min. Lelio Bentes Corrêa, 21.8.2014 (Informativo nº 87)*

➘ Administração Pública. Contratação pelo regime trabalhista. Cargo em comissão de livre nomeação e exoneração. Art. 37, II, da CF. Depósitos do FGTS. Devidos.

É assegurado ao servidor público ocupante de cargo em comissão de livre nomeação e exoneração, contratado sob o regime jurídico trabalhista, o direito aos depósitos do FGTS. O art. 37, II, da CF não autoriza o empregador público a se esquivar da legislação trabalhista a que vinculado no momento da contratação, nem permite concluir que a possibilidade de demissão ad nutum dos ocupantes de cargo em comissão é incompatível com o sistema de proteção social contra a dispensa sem justa causa. De outra sorte, se a Súmula nº 363 do TST assegura o direito ao FGTS mesmo diante de uma contratação nula, não se mostra razoável negar o referido direito a quem ingressa regularmente na Administração Pública. Por tais fundamentos, a SBDI-I, por unanimidade, conheceu dos embargos interpostos pelo reclamante, por divergência jurisprudencial, e, no mérito, deu-lhes provimento para deferir o pagamento do FGTS. (Informativo nº 91)

14. DISPENSA POR JUSTA CAUSA

➘ Sociedade de economia mista. Privatização. Demissão por justa causa. Necessidade de motivação do ato demissional. Previsão em norma interna. Descumprimento. Nulidade da despedida. Reintegração. Art. 182 do CC.

A inobservância da norma interna do Banestado, sociedade de economia mista sucedida pelo Itaú Unibanco S.A., que previa a instauração de procedimento administrativo para apuração de falta grave antes da efetivação da despedida por justa causa, acarreta a nulidade do ato de dispensaocorrido antes do processo de privatização, assegurando ao trabalhador, por conseguinte, a reintegração no emprego, com base no disposto no art. 182 do CC, segundo o qual, anulado o negócio jurídico, deve-se restituir as partes ao "status quo ante". Com esse entendimento, a SBDI-I, por maioria, conheceu dos embargos, por divergência jurisprudencial, e, no mérito, negou-lhes provimento. Vencidos os Ministros Aloysio Corrêa da Veiga, relator, Ives Gandra Martins Filho, Brito Pereira e Maria Cristina Peduzzi, que davam parcial provimento ao recurso para, reconhecendo a nulidade da justa causa aplicada, convertê-la em demissão imotivada e determinar o pagamento das diferenças relativas às verbas rescisórias devidas. *TST-E-ED-RR-22900-83.2006.5.09.0068, SBDI-I, rel. Min. Aloysio Corrêa da Veiga, red. p/ acórdão Min. João Oreste Dalazen, 6.12.2012 (Informativo nº 33)*

➘ Justa causa desconstituída em juízo. Indenização substitutiva pela não liberação das guias do seguro-desemprego. Devida. Súmula nº 389, II, do TST.

O reconhecimento judicial da ilegalidade da dispensa por justa causa retroage no tempo, de modo a ensejar o pagamento da indenização substitutiva pela não liberação das guias do seguro-desemprego de que trata a Súmula nº 389, II, do TST. No caso, ressaltou-se que não importa o fato de o empregador não estar obrigado a fornecer as mencionadas guias no momento da rescisão contratual, pois o pagamento da indenização visa minimizar o prejuízo sofrido pelo empregado. Com esse entendimento, a SBDI-I, por unanimidade, conheceu dos embargos da reclamante, por divergência jurisprudencial, mas, no mérito, negou-lhes provimento. *TST-E-RR-54800-83.2007.5.12.0030, SBDI-I, rel. Min. Brito Pereira, 15.8.2013 (Informativo nº 55)*

➘ Sentença criminal condenatória. Apropriação indébita. Efeitos no juízo trabalhista. Dispensa por justa causa. Art. 935 do CC.

O art. 935 do CC prescreve que as questões decididas no juízo criminal relativas à materialidade e autoria não podem mais ser questionadas. Nesse sentido, sentença penal condenatória em que se reconhecera a autoria, materialidade e a prática de crime de apropriação indébita justifica a manutenção da despedida com justa causa do empregado, especialmente quando, com supedâneo no art. 462 do CPC, verificou-se, já no TST, a ocorrência do trânsito em julgado da sentença penal. Na hipótese, motorista de caminhão-betoneira foi flagrado vendendo sobras de concreto pertencentes ao dono da obra, cliente de sua empregadora, ao que foi despedido com justa causa e instaurada a competente ação penal com a posterior condenação por crime de apropriação indébita. Com esse entendimento, a SBDI-I, unanimidade, conheceu dos embargos da empresa, por divergência jurisprudencial, e, no mérito, por maioria, deu-lhes provimento para restabelecer a sentença que entendera presentes os requisitos da despedida com justa causa. Vencido o Ministro Augusto César Leite de Carvalho, relator, que negava provimento ao recurso. *TST-E-RR-330500- 07.2005.5.12.0045, SBDI-I, rel. Min. Augusto César Leite de Carvalho, red. p/ acórdão Min. João Oreste Dalazen, 6.11.2014 (Informativo nº 94 do TST)*

14.1. ATO DE IMPROBIDADE

➘ Dano moral. Configuração. Imputação de ato de improbidade. Descaracterização da justa causa em juízo.

A descaracterização da despedida por justa causa em juízo, quando imputado ato de improbidade ao empregado (alínea "a" do art. 482 da CLT), gera direito a indenização por dano moral porquanto se verifica ofensa à honra subjetiva do trabalhador. Com esse entendimento a SBDI-I, por unanimidade, conheceu dos embargos, por divergência jurisprudencial, e, no mérito, por maioria, negou-lhes provimento, vencidos os Ministros Ives Gandra Martins Filho, relator, Brito Pereira e Maria Cristina Peduzzi. Na espécie, consignou-se que a falta (entrega de mercadoria a clientes sem receber o respectivo pagamento, em desacordo com as normas internas da empresa) não foi suficientemente grave para ensejar a imputação de ato de improbidade, principalmente em razão de o empregado, uma vez detectado o desfalque, ter ressarcido a empresa, não gerando qualquer dano patrimonial ao empregador. *TST-E-RR-20500-90.2003.5.07.0025, SBDI-I, rel. Min. Ives Gandra da Silva Martins Filho, red. p/ acórdão Min. José Roberto Freire Pimenta, 3.5.2012. (Informativo nº 7)*

➘ Justa causa. Ato de improbidade. Descaracterização em juízo. Dano moral. Não configuração.

É indevido o pagamento de indenização por danos morais se o trabalhador não produzir prova do prejuízo moral sofrido em razão da dispensa por justa causa fundada em imputação de ato de improbidade, quando descaracterizado em juízo. A despedida em tais circunstâncias não constitui prática de ato ilícito por parte do empregador, e se ele agiu de boa-fé, não dando publicidade ao fato, não imputando, de forma leviana, o ato ao trabalhador, e não abusando do direito de dispensa, não há de se falar em abalo à honorabilidade do empregado apta a configurar dano moral. Ademais, o sistema jurídico brasileiro adota, como regra, a teoria da responsabilidade subjetiva, sendo indevida a indenização quando não configurada a culpa. Com base nesse entendimento, a SBDI-I, por maioria, não conheceu do recurso de embargos no tema, vencidos os Ministros Lelio Bentes, SBDI-I, rel. Min. Lelio Bentes Corrêa, red. p/ acórdão Min. João Oreste Dalazen, 4.10.2012. (Informativo nº24)

14.2. RESCISÃO INDIRETA

➘ Rescisão indireta. Caracterização. Art. 483 da CLT. Princípio da imediatidade. Inaplicabilidade. Necessidade de manutenção do contrato de emprego por parte do empregado.

Não constitui óbice ao reconhecimento da rescisão indireta do contrato de trabalho a ausência de imediatidade entre a ocorrência da conduta patronal faltosa e a propositura da reclamação pelo empregado, diante do desequilíbrio econômico entre as partes e a necessidade de manutenção do contrato de emprego, fator preponderante para a subsistência do trabalhador e de sua família. No caso, o descumprimento reiterado das obrigações trabalhistas pelo empregador (não pagamento de adicionais, horas extras e intervalos) caracteriza a hipótese de falta grave empresarial tipificada no art. 483, "d", da CLT, de modo a autorizar a rescisão indireta do contrato de trabalho, com ônus rescisórios para a empresa. Sob esses fundamentos, a SBDI-I, por unanimidade, conheceu dos embargos por contrariedade à Súmula nº 126 do TST e, no mérito, deu-lhes provimento para reconhecer a rescisão indireta do contrato de trabalho e, por corolário, acrescer à condenação o pagamento das verbas rescisórias correlatas. TST-E-RR-1044-36.2014.5.03.0105, SBDI-I, rel. Min. Walmir Oliveira da Costa, 9.2.2017 (Informativo nº 152).

14.2.1. DESCUMPRIMENTO DAS CLÁUSULAS DO CONTRATO (ART. 483, CLT)

➘ Dano moral. Quebra de sigilo bancário de empregado de banco sem prévia autorização judicial. Auditoria interna. Violação do direito à privacidade e à intimidade.

O exame da movimentação financeira na conta corrente do empregado de instituição bancária, sem seu prévio consentimento e sem autorização judicial, durante auditoria interna, importa quebra ilegal de sigilo bancário a ensejar indenização por danos morais, em decorrência da violação do direito à intimidade e à privacidade, sendo irrelevante, para a configuração do dano, a ausência de divulgação dos dados sigilosos. Com esse entendimento, a SBDI-I, por maioria, conheceu dos embargos quanto ao tema, por violação do art. 5º, X, da CF, e, no mérito, deu-lhes parcial provimento para restabelecer a sentença quanto ao deferimento ao autor do pagamento de indenização por danos morais. Vencidos os Ministros Ives Gandra Martins Filho e Renato de Lacerda Paiva, que entendiam não se amoldar a hipótese ao conceito legal de quebra de sigilo bancário. *TST-E-ED-RR-254500-53.2001.5.12.0029, SBDI-I, rel. Min. Lélio Bentes Correa, 31.05.2012. (Informativo nº 11)*

➘ Rescisão indireta. Caracterização. Art. 483 da CLT. Princípio da imediatidade. Inaplicabilidade. Necessidade de manutenção do contrato de emprego por parte do empregado.

Não constitui óbice ao reconhecimento da rescisão indireta do contrato de trabalho a ausência de imediatidade entre a ocorrência da conduta patronal faltosa e a propositura da reclamação pelo empregado, diante do desequilíbrio econômico entre as partes e a necessidade de manutenção do contrato de emprego, fator preponderante para a subsistência do trabalhador e de sua família. No caso, o descumprimento reiterado das obrigações trabalhistas pelo empregador (não pagamento de adicionais, horas extras e intervalos) caracteriza a hipótese de falta grave empresarial tipificada no art. 483, "d", da CLT, de modo a autorizar a rescisão indireta do contrato de trabalho, com ônus rescisórios para a empresa. Sob esses fundamentos, a SBDI-I, por unanimidade, conheceu dos embargos por contrariedade à Súmula nº 126 do TST e, no mérito, deu-lhes provimento para reconhecer a rescisão indireta do contrato de trabalho e, por corolário, acrescer à condenação o pagamento das verbas rescisórias correlatas. *TST-E-RR-1044-36.2014.5.03.0105, SBDI-I, rel. Min. Walmir Oliveira da Costa, 9.2.2017 (Informativo nº 152).*

14.2.2. DISPENSA EM MASSA

➘ DC. Natureza jurídica. Cabimento. Encerramento da unidade industrial. Dispensa em massa. Prévia negociação coletiva. Necessidade.

A SDC, por maioria, entendendo cabível o ajuizamento de dissídio coletivo de natureza jurídica para se discutir a necessidade de negociação coletiva, com vistas à efetivação de despedida em massa, negou provimento ao recurso ordinário no tocante à preliminar de inadequação da via eleita, vencidos os Ministros Antônio José de Barros Levenhagen, Maria Cristina Irigoyen Peduzzi e Maria de Assis Calsing. No mérito, também por maioria, vencidos os Ministros Maria Cristina Irigoyen Peduzzi e Fernando Eizo Ono, a Seção negou provimento ao recurso, mantendo a decisão recorrida que declarou a ineficácia da dispensa coletiva e das suas consequências jurídicas no âmbito das relações trabalhistas dos empregados envolvidos. No caso, reafirmou-se o entendimento de que a exigência de prévia negociação coletiva para a dispensa em massa é requisito essencial à eficácia do ato empresarial, pois as repercussões econômicas e sociais dela advindas extrapolam o vínculo empregatício, alcançando a coletividade dos trabalhadores, bem com a comunidade e a economia locais. Ressaltou-se, ademais, que o fato de a despedida coletiva resultar do fechamento da unidade industrial, por questões de estratégia empresarial e redução dos custos de produção, não distingue a hipótese dos outros casos julgados pela Seção, pois a obrigatoriedade de o empregador previamente negociar com o sindicato da categoria profissional visa ao encontro de soluções que minimizem os impactos sociais e os prejuízos econômicos resultantes da despedida coletiva, os quais se mostram ainda mais graves quando se trata de dispensa da totalidade dos empregados do estabelecimento, e não apenas de mera redução do quadro de pessoal. *TST-RO-6-61.2011.5.05.0000, SDC, rel. Min. Walmir Oliveira da Costa, 11.12.2012. (Informativo 34)*

➘ Dissídio coletivo de natureza jurídica. Demissão coletiva. Não configuração. Ausência de fato único alheio à pessoa do empregado.

A dispensa de cento e oitenta empregados ao longo de quatro meses não configura "demissão em massa", pois esta pressupõe um fato único, seja de ordem econômica, tecnológica ou estrutural, alheio à pessoa do empregado. No caso concreto, restou demonstrado que a demissão dos empregados estava dentro dos parâmetros de normalidade do fluxo de mão de obra da empresa, e ocorreu em momento de incremento de produção e recuperação de postos de trabalho, caracterizando-se tão-somente como dispensa plúrima. Com esse entendimento, a SDC, por unanimidade, negou provimento ao recurso ordinário interposto pelo Sindicato dos Trabalhadores nas Indústrias Metalúrgicas, Mecânicas e de Material Elétrico, Eletrônico e Fibra Óptica de Campinas e Região. *TST--RO-147-67.2012.5.15.0000, SDC, rel. Min. Maria de Assis Calsing, 15.4.2013 (Informativo nº 42)*

15. PRESCRIÇÃO

Prescrição quinquenal. Art. 7º, XXIX, da CF. Aplicabilidade imediata. Desnecessidade de regulamentação do art. 7º, I, da CF.

O art. 7º, XXIX, da Constituição Federal é norma de aplicação imediata, razão pela qual não prospera a tese de que a prescrição quinquenal nele prevista é inaplicável enquanto não regulamentada a estabilidade no emprego de que trata o art. 7º, I, da CF. Sob esse entendimento, a SBDI-II, por unanimidade, conheceu do recurso ordinário e, no mérito, negou-lhe provimento, mantendo, portanto, a decisão que julgara procedente a pretensão de corte rescisório dirigida à sentença em que se deixou de declarar a prescrição quinquenal ao fundamento de que, enquanto não assegurada a plena eficácia do sistema de garantia contra a despedida arbitrária, a vigência do contrato de emprego constitui óbice ao fluxo do prazo prescricional. TST-RO-10012-64.2013.5.12.0000, SBDI-II, rel. Min. Luiz Philippe Vieira de Mello Filho, 21.2.2017 (Informativo nº 153).

15.1. PRESCRIÇÃO PARCIAL

Promoções asseguradas em regulamento empresarial. Não concessão. Prescrição parcial. Possibilidade de reconhecimento do direito às promoções em período prescrito. Restrição dos efeitos financeiros ao período não prescrito.

Nos termos da Súmula nº 452 do TST, é parcial a prescrição incidente sobre a pretensão de diferenças salariais decorrentes da não concessão pelo empregador de promoções asseguradas em regulamento empresarial, pois se trata de descumprimento contínuo e periódico de obrigação imposta por norma regulamentar. A aplicação da prescrição parcial, todavia, não impede o reconhecimento do direito às promoções em período prescrito (fundo do direito), atingindo tão somente os efeitos financeiros decorrentes das diferenças salariais anteriores ao quinquênio. Sob esse fundamento, a SBDI-I, por unanimidade, conheceu dos embargos, por divergência jurisprudencial, e, no mérito, por maioria, negou-lhes provimento. Vencidos os Ministros Brito Pereira, relator, Ives Gandra da Silva Martins Filho, Guilherme Augusto Caputo Bastos e Márcio Eurico Vitral Amaro. TST-E-ED-RR-900-31.2012.5.18.0003, SBDI-I, rel. Min. Brito Pereira, red. p/ acórdão Min. João Oreste Dalazen, 17.8.2017 (Informativo nº 162)

Redução salarial. Diferenças. Violação do art. 7º, VI, da CF e dos arts. 444 e 468 da CLT. Prescrição parcial. Parte final da Súmula nº 294 do TST.

Aplica-se a prescrição parcial à pretensão de diferenças salariais na hipótese em que o reclamante, ao retornar ao trabalho após afastamento por auxílio-doença, teve seu salário reduzido sob o argumento de que não teria mais condições físicas para exercer sua antiga função. A proteção ao salário está consagrada no art. 7º, VI, da CF e também nos arts. 444 e 468 da CLT, referentes à irredutibilidade salarial e à inalterabilidade contratual lesiva. Assim, incide a parte final da Súmula nº 294 do TST, pois a cada mês se renova a violação da norma constitucional e da CLT. Sob esses fundamentos, a SBDI-I, por maioria, conheceu dos embargos por divergência jurisprudencial, e, no mérito, deu-lhes provimento para aplicar a prescrição parcial à pretensão de diferenças salariais decorrentes da redução salarial e determinar o retorno dos autos à Vara do Trabalho de origem para que analise esse pedido, como entender de direito. Vencidos os Ministros João Oreste Dalazen, Brito Pereira, Renato de Lacerda Paiva, Márcio Eurico Vitral Amaro e Walmir Oliveira da Costa. TST-E-ED--RR-44500-65.2005.5.10.0005, SBDI-I, rel. Min. José Roberto Freire Pimenta, 9.2.2017 (Informativo nº 152).

Gratificação de função de bancário. Verba assegurada por lei. Redução. Prescrição parcial. Súmula nº 294 do TST, parte final.

Nos termos da parte final da Súmula nº 294 do TST, é parcial a prescrição para reclamar as diferenças decorrentes da redução da gratificação de função de bancário, pois seria verba assegurada por lei (art. 224, § 2º, da CLT). Com base nesse entendimento, a SBDI-I, por maioria, negou provimento ao recurso de embargos do banco reclamado. Vencidos os Ministros Ives GandraMartins Filho e Maria Cristina Peduzzi. *TST-E-ED--RR-38200-79.2007.5.03.0048, SBDI-I, rel. Min. Delaíde Miranda Arantes, 10.5.2012. (Informativo nº 8)*

Gratificação de função percebida por mais de dez anos. Incorporação a menor. Prescrição parcial. Súmula nº 294 do TST.

A incorporação a menor de gratificação de função percebida por mais de dez anos consiste em ato lesivo sucessivo, cuja omissão no pagamento integral se renova mês a mês, a determinar a incidência da prescrição parcial (Súmula nº 294 do TST) que não atinge o fundo do direito, mas apenas as parcelas anteriores a cinco anos do ajuizamento da ação. Com base nesse entendimento, a SBDI-I, por maioria, conheceu dos embargos por divergência jurisprudencial e, no mérito, deu-lhes provimento para afastar a prescrição total e determinar o retorno dos autos à Turma de origem a fim de que prossiga no julgamento do mérito, como entender de direito. Vencidos os Ministros Ives Gandra Martins Filho, Renato de Lacerda Paiva e Maria Cristina Irigoyen Peduzzi. *TST-E-ED-RR-24200-91.2009.5.09.0095, SBDI-I, rel. Min. Aloysio Corrêa da Veiga, 2.8.2012. (Informativo nº16)*

Gratificação de função percebida por dez ou mais anos. Reversão ao cargo efetivo. Incorporação devida. Pagamento a menor. Prescrição parcial.

A prescrição aplicável à hipótese, em que se postula o pagamento de diferenças salariais decorrentes do pagamento a menor da gratificação de função incorporada em decorrência do exercício por dez ou mais anos de cargo/função de confiança, é a parcial. Na espécie, prevaleceu o entendimento de que a reclamada, ao destituir o empregado da função de confiança e aplicar norma interna da empresa, que previa somente o pagamento em percentuais escalonados, variáveis conforme o tempo de exercício da função, afrontou o princípio constitucional da irredutibilidade salarial, previsto no art. 7º, VI, da CF, e da estabilidade financeira, consoante o preconizado na Súmula nº 372 do TST. Assim, tem-se que a lesão resultante do pagamento parcial da gratificação incorporada pelo empregado se renova mês a mês, porquanto ostenta natureza continuada, não havendo que falar em alteração contratual a atrair a incidência da Súmula nº 294 do TST. Com esse entendimento, a SBDI-I, por unanimidade, conheceu dos embargos, por divergência jurisprudencial, e, no mérito, por maioria, deu-lhes provimento para afastar a prescrição total, determinando o retorno dos autos ao TRT da 3ª Região para que prossiga no julgamento do recurso ordinário interposto pela reclamada, como entender de direito. Vencidos os Ministros Brito Pereira, Milton de Moura França, João Oreste Dalazen, Ives Gandra Martins Filho, Maria Cristina Irigoyen Peduzzi e Renato de Lacerda Paiva. *TST-E-RR-87300-36.2006.5.03.0016, SBDI-I, rel. Min. Lelio Bentes Corrêa, 16.8.2012. (Informativo nº 18)*

➘ CEF. Complementação de aposentadoria. Salário de contribuição. Integração da CTVA. Prescrição parcial. Súmula nº 294. Não incidência.

É parcial a prescrição aplicável ao pleito de integração da parcela Complemento Temporário Variável de Ajuste de Piso de Mercado - CTVA, instituída pela Caixa Econômica Federal - CEF, ao salário de contribuição à previdência complementar, com o objetivo de garantir o recebimento de aposentadoria em valor igual ao da remuneração percebida antes da jubilação. No caso, não há falar em incidência da Súmula nº 294 do TST, porquanto não houve alteração da norma empresarial que rege o pagamento do benefício previdenciário e, consequentemente, sua base de contribuição, sendo irrelevante para a fixação do prazo prescricional a data em que introduzida a CTVA no mundo jurídico. Ademais, a referida parcela foi recebida pelo empregado durante toda a contratualidade, e a pretensão deduzida repousa na alegação de inobservância de normas internas que supostamente determinavam a inclusão da CTVA no cálculo do salário de contribuição, o que causaria lesões de trato sucessivo, que se renovam mês a mês, a atrair, portanto, a prescrição parcial. Com esse entendimento, a SBDI-I, em sua composição plena, por maioria, conheceu dos embargos, por divergência jurisprudencial, no tópico, vencidos, em parte, os Ministros Brito Pereira, relator, Antônio José de Barros Levenhagen, Ives Gandra Martins Filho e Maria Cristina Irigoyen Peduzzi, que conheciam do recurso também por contrariedade à Súmula nº 294 do TST, e, totalmente, os Ministros Augusto César Leite de Carvalho, Renato de Lacerda Paiva, Lelio Bentes Corrêa, Luiz Philippe Vieira de Mello Filho, José Roberto Freire Pimenta e Delaíde Miranda Arantes. No mérito, também por maioria, a Subseção negou provimento aos embargos, vencidos os Ministros Brito Pereira, relator, Antônio José de Barros Levenhagen, Ives Gandra Martins Filho e Maria Cristina Irigoyen Peduzzi, que davam provimento ao recurso por contrariedade à Súmula nº 294 do TST, ao entendimento de ser incidente a prescrição total, uma vez que a criação da CTVA e a sua não inclusão no cálculo da complementação de aposentadoria decorreu de alteração do pactuado por meio de ato único do empregador, consubstanciado na implantação do PCS de 1998. *TST-E-RR-400-89.2007.5.16.0004, SBDI-I, rel. Min. Brito Pereira, red. p/ acórdão Min. Lelio Bentes Côrrea, 8.11.2012 (Informativo nº 29)*

➘ CEF. Complemento Temporário Variável de Ajuste de Mercado - CTVA. Inclusão na base de cálculo das vantagens pessoais. Prescrição parcial.

Aplica-se a prescrição parcial à pretensão da inclusão do Complemento Temporário Variável de Ajuste de Mercado - CTVA, instituída pela Caixa Econômica Federal - CEF, na base de cálculo das vantagens pessoais (VPs). Trata-se de verba de natureza salarial, instituída no PCS 1998, de modo que o pleito de integração não está calcado em lesão decorrente de ato único do empregador, mas em norma interna continuamente descumprida. Com esses fundamentos, a SBDI-I, por unanimidade, conheceu do recurso de embargos do reclamante, por divergência jurisprudencial, e, no mérito, deu-lhe provimento para afastar a prescrição pronunciada e determinar o retorno dos autos à Turma de origem, a fim de que examine o recurso de revista da CEF quanto aos demais temas de mérito, como entender de direito. *TST-E-ED-RR-132300-72.2007.5.04.0541, SBDI-I, rel. Min. Alexandre de Souza Agra Belmonte, 13.6.2013 (Informativo nº 51)*

➘ Gratificação de função que deveria ter sido incorporada. Supressão. Prescrição parcial. Art. 7º,VI, da CF.

Em face do art. 7º, VI, da CF, aplica-se a prescrição parcial à hipótese de supressão da gratificação de função que deveria ter sido incorporada. Com esse entendimento, a SBDI-I, por maioria, conheceu dos embargos da reclamante por contrariedade à Súmula nº 294 do TST, e, no mérito, deu-lhes provimento para, afastando a prescrição total, determinar o retorno dos autos à Turma de origem a fim de prosseguir no julgamento do recurso de revista, como de direito. Vencido o Ministro Renato de Lacerda Paiva. *TST-E-E-D-RR-907900-02.2007.5.12.0035, SBDI-I, rel. Min. Brito Pereira, 20.6.2013 (Informativo nº 52)*

➘ Redução salarial. Diferenças. Violação do art. 7º, VI, da CF e dos arts. 444 e 468 da CLT. Prescrição parcial. Parte final da Súmula nº 294 do TST.

Aplica-se a prescrição parcial à pretensão de diferenças salariais na hipótese em que o reclamante, ao retornar ao trabalho após afastamento por auxílio-doença, teve seu salário reduzido sob o argumento de que não teria mais condições físicas para exercer sua antiga função. A proteção ao salário está consagrada no art. 7º, VI, da CF e também nos arts. 444 e 468 da CLT, referentes à irredutibilidade salarial e à inalterabilidade contratual lesiva. Assim, incide a parte final da Súmula nº 294 do TST, pois a cada mês se renova a violação da norma constitucional e da CLT. Sob esses fundamentos, a SBDI-I, por maioria, conheceu dos embargos por divergência jurisprudencial, e, no mérito, deu-lhes provimento para aplicar a prescrição parcial à pretensão de diferenças salariais decorrentes da redução salarial e determinar o retorno dos autos à Vara do Trabalho de origem para que analise esse pedido, como entender de direito. Vencidos os Ministros João Oreste Dalazen, Brito Pereira, Renato de Lacerda Paiva, Márcio Eurico Vitral Amaro e Walmir Oliveira da Costa. *TST-E-ED-RR-44500-65.2005.5.10.0005, SBDI-I, rel. Min. José Roberto Freire Pimenta, 9.2.2017 (Informativo nº 152).*

16. PRESCRIÇÃO TOTAL

➘ CEF. Auxílio alimentação instituído em norma regulamentar. Posterior adesão ao PAT. Modificação da natureza jurídica da parcela. Prescrição total. Súmula nº 294 do TST.

O auxílio alimentação pago pela Caixa Econômica Federal aos seus empregados foi instituído por norma regulamentar, razão pela qual a pretensão às diferenças decorrentes da modificação da natureza jurídica da parcela, oriunda da inscrição da CEF no Programa de Alimentação do Trabalhador (PAT), configura pedido de prestações sucessivas decorrentes de alteração contratual envolvendo verba não prevista em lei a atrair a incidência da prescrição total, nos termos da Súmula nº 294 do TST. Com base nesse entendimento, a SBDI-I, em sua composição plena, conheceu dos embargos por contrariedade à Súmula nº 294 do TST, à unanimidade, e, no mérito, por maioria, deu provimento ao recurso para restabelecer o acórdão do Regional, que pronunciara a prescrição total da pretensão. Vencidos os Ministros Aloysio Corrêa da Veiga, relator, Horácio Raymundo de Senna Pires, Augusto César Leite de Carvalho, José Roberto Freire Pimenta, Delaíde Miranda Arantes e Lelio Bentes Corrêa. *TST-E-ED-RR-157000-82.2007.5.03.0075, SBDI-I, rel. Min. Aloysio Corrêa da Veiga, red. p/ acórdão Min. Ives Gandra da Silva Martins Filho, 24.5.2012. (Informativo nº 10)*

➘ Danos morais e materiais decorrentes da relação de emprego não oriundos de acidente de trabalho. Indenização. Lesão anterior é vigêcia da EC nº 45/2004. Prescrição cìvel.

Na hipótese em que se postula o pagamento de indenização por danos morais e materiais que tenham origem na relação de emprego, ainda que não decorram de acidente de trabalho, a regra prescricional aplicável é definida levando-se em conta a data da lesão ou da ciência inequívoca do evento danoso, se anterior ou posterior é Emenda Constitucional nº 45/2004. Assim, ocorrida a lesão antes da vigêcia da referida emenda, incide o prazo cìvel, observando-se o disposto no art. 206, § 3º, V, do CC e a regra de transição prevista no art. 2.028 do mesmo diploma legal. De outra sorte, em sendo o dano posterior é EC nº 45/2004, aplica-se a prescrição trabalhista de que trata o art. 7º, XXIX, da CF. Com base nessas premissas e tendo em conta que, no caso, o dano ocorreu em momento anterior é publicação da EC nº 45/04 e que, pela regra de transição, não há falar em prescrição, a SBDI-I, em sua composição plena, por unanimidade, conheceu dos embargos, por divergêcia jurisprudencial, e, no mérito, por maioria, deu-lhes provimento para determinar o retorno dos autos é Vara do Trabalho de origem para, afastada a prescrição trabalhista, julgar a pretensão como entender de direito. Vencidos os Ministros Maria Cristina Peduzzi, Dora Maria da Costa e António José de Barros Levenhagen. *TST-E-ED-RR-22300-29.2006.5.02.0433, SBDI-I, rel. Min. Brito Pereira, 24.5.2012. (Informativo nº 10)*

➘ Doença ocupacional. LER/DORT. Ação de indenização por danos morais e materiais.Prescrição. Termo inicial. Decisão judicial que concedeu a aposentadoria por invalidez. Reconhecimento da incapacidade definitiva para o trabalho. Súmula nº 278 do STJ.

Nos termos da Súmula nº 278 do STJ, o termo inicial do prazo prescricional da ação de indenização é a data da ciência inequívoca da incapacidade laboral. No caso de lesões decorrentes de LER/DORT, ao contrário do que ocorre nos acidentes de trabalho típicos, o dano não é instantâneo, revelando-se de forma gradual, podendo agravar a saúde do trabalhador ao longo do tempo, culminando com a sua incapacidade permanente para o trabalho. Assim, no momento em que a reclamante recebeu alta médica após gozar de auxílio-doença acidentário no período de fevereiro de 2000 a junho de 2001, a materialização de sua incapacidade definitiva para o trabalho ainda era duvidosa, tornando-se incontestável, para fins de incidência da Súmula nº 278 do STJ, somente por meio da decisão que concedeu a aposentadoria por invalidez, proferida pela Justiça comum em15/09/2004 e transitada em julgado em 23/03/2006. Desse modo, tendo em conta que reclamação trabalhista foi ajuizada em 24/11/2006, ou seja, antes do transcurso do prazo prescricional bienal, a SBDI-I, por unanimidade, conheceu dos embargos da reclamante por divergência jurisprudencial e, no mérito, deu-lhes provimento para, afastada a prescrição, determinar o retorno dos autos à Vara do Trabalho de origem, a fim de que prossiga no exame do feito, como entender de direito. *TST-EED-RR-210200-43.2006.5.18.0003, SBDI-I, rel. Min. Renato de Lacerda Paiva, 8.8.2013 (Informativo nº 54)*

➘ Majoração lesiva da jornada de trabalho. Alteração do pactuado. Pagamento de horas extras. Prescrição total. Súmula nº 294 do TST.

Incide a prescrição total sobre a pretensão de recebimento de horas extras fundada na alteração lesiva da jornada de trabalho de 180 para 220 horas, porquanto não há preceito de lei que assegure a carga horária de 180 horas mensais. Configura-se, portanto, alteração do pactuado a atrair a incidência da primeira parte da Súmula nº 294 do TST. Com esse entendimento a SBDI-I, em sua composição plena, conheceu dos embargos por unanimidade e, no mérito, por maioria, negou-lhes provimento. Vencidos os Ministros Rosa Maria Weber, relatora, Horácio Senna Pires, Augusto César de Carvalho, José Roberto Pimenta, Delaíde Miranda Arantes e o Desembargador Convocado Sebastião Geraldo de Oliveira. *TST-E-ED-RR-113840-26.2003.5.04.0008, SBDI-I, rel. Min. Rosa Maria Weber, red. p/ acórdão Min. Maria Cristina Irigoyen Peduzzi, 24.5.2012. (Informativo nº 10)*

17. PRESCRIÇÃO APLICADA AO EMPREGADO RURAL

➘ AR. Rurícola. Prazo quinquenal. Contrato iniciado e extinto antes da EC nº 28/2000. Ofensa ao art. 5º, XXXVI, da CF. Configuração.

A regra prescricional inaugurada pela Emenda Constitucional nº 28/2000 não se aplica à hipótese em que o rurícola teve seu contrato de trabalho iniciado e extinto antes da publicação da referida emenda, ainda que tenha proposto a ação em momento posterior à vigência da EC nº 28/2000, sob pena de ofensa ao direito adquirido. Com base nessa premissa, a SBDI-II, por maioria, reputando caracterizada a ofensa ao art. 5º, XXXVI, da CF, julgou procedente a ação rescisória, com fundamento no art. 485, V, do CPC, para desconstituir a decisão que declarara prescritos os créditos trabalhistas anteriores aos cinco anos da data da propositura da reclamatória e, em juízo rescisório, restabelecer o acórdão do Regional. Vencidos os Ministros Emmanoel Pereira, relator, Pedro Paulo Manus e Antônio José de Barros Levenhagen, os quais julgavam improcedente a ação rescisória ao fundamento de que o acórdão rescindendo não resolveu a controvérsia sob o prisma do art. 5º, XXXVI, da CF, não havendo, portanto, pronunciamento explícito acerca do direito adquirido a permitir o corte rescisório com base no art. 485, V, do CPC, conforme exigido pela Súmula nº 298, I, do TST. Ademais, quando da prolação da decisão rescindenda, a redação da Orientação Jurisprudencial nº 271 da SBDI-I previa a incidência do prazo prescricional vigente à época da propositura da ação. *TST-AR-1850836-58.2007.5.00.0000, SBDI-II, rel. Min. Emmanoel Pereira, red. p/ acórdão Min. Maria Cristina Irigoyen Peduzzi. 5.6.2012. (Informativo nº 12)*

18. PRESCRIÇÃO INTERCORRENTE

➘ Execução. Prescrição intercorrente. Incidência. Afronta ao art. 5º, XXXVI, da CF. Configuração.

A decisão que extingue a execução, com resolução de mérito, em virtude da incidência da prescrição intercorrente, afronta a literalidade do art. 5º, XXXVI, da CF, porquanto impede a produção dos efeitos materiais da coisa julgada, tornando sem efeito concreto o título judicial transitado em julgado. Com base nessa premissa, a SBDI-I, por unanimidade, conheceu do recurso de embargos, por divergência jurisprudencial, e, no mérito, deu-lhe provimento para, afastada a prescrição intercorrente decretada, não admitida pela Súmula nº 114 do TST, determinar o retorno dos autos à Vara do Trabalho de origem, a fim de que prossiga na execução do feito, como entender de direito. *TST-E-RR-4900-08.1989.5.10.0002, SBDI-I, rel. Min. Lelio Bentes Corrêa, 14.6.2012. (Informativo nº 13)*

➘ Reclamação trabalhista arquivada. Marco inicial para o reinício da contagem do prazo prescricional bienal e quinquenal. Prescrição. Interrupção. Reclamação trabalhista arquivada. Marco inicial para o reinício da contagem do prazo prescricional bienal e quinquenal.

O ajuizamento anterior de reclamação trabalhista, ainda que arquivada, interrompe a prescrição bienal e quinquenal, para pedidos idênticos, sendo que o cômputo do biênio é reiniciado a partir do trânsito em julgado da decisão proferida na ação anteriormente ajuizada, enquanto que a prescrição quinquenal conta-se da data da propositura dessa primeira reclamação trabalhista (art. 219, § 1º, do CPC c/c art. 202, parágrafo único, do CC). Com esse entendimento, a SBDI-I, por unanimidade, conheceu dos embargos por divergência jurisprudencial e, no mérito, por maioria, negou-lhes provimento. Vencido o Ministro Ives Gandra Martins Filho. (Informativo nº 13)

19. SUSPENSÃO DO CONTRATO DE TRABALHO

➘ AR. Aposentadoria por invalidez. Suspensão do contrato de trabalho. Fluência da prescrição bienal. Impossibilidade. Art. 7º, XXIX, da CF. Violação.

Levando em consideração que a aposentadoria por invalidez não rescinde o contrato de trabalho, mas apenas o suspende, viola a literalidade do art. 7º, XXIX, da CF a decisão que declarou a prescrição total do direito de postular indenização por danos material e moral na hipótese em que a reclamante, não obstante aposentada por invalidez, teve seu contrato de trabalho extinto um mês após a jubilação. Nesse caso, tendo em vista o contrato-realidade, não há falar em fluência do prazo bienal, mas sim do quinquenal, o qual, na espécie, não se consumou, uma vez que a ação rescisória foi ajuizada dois anos e um mês após a extinção do vínculo, e dois anos e dois meses após a aposentadoria por invalidez. Com esse entendimento, a SBDI-II, por maioria, deu provimento ao recurso ordinário para, julgando procedente a ação rescisória, desconstituir, em juízo rescindente, por ofensa ao art. 7º, XXIX, da CF, a sentença proferida nos autos de reclamação trabalhista, por meio da qual fora extinto o processo com resolução do mérito, com base no art. 269, IV, do CPC, e, em juízo rescisório, afastar a prescrição nuclear arguida e determinar o retorno dos autos à Vara do Trabalho de origem, a fim de que, rechaçada a premissa de que prescrita a pretensão de indenização por danos morais e materiais decorrentes de doença profissional, aprecie os pedidos deduzidos na reclamação trabalhista, como entender de direito. Vencidos os Ministros Pedro Paulo Manus, relator, e Guilherme Augusto *Caputo* Bastos. *TST-RO-9856-60.2010.5.02.0000, SBDI-II, rel. Min. Pedro Paulo Manus, red. p/ acórdão Min. Hugo Carlos Scheuermann, 2.10.2012 (Informativo nº 24)*

20. SINDICATO

➘ Contribuição patronal. Melhoria dos serviços médico e odontológico prestados pelo sindicato profissional. Afronta ao art. 2º da Convenção nº 98 da OIT. Não configuração.

É válida a cláusula que cria contribuição da categoria patronal visando à melhoria dos serviços médico e odontológico prestados aos trabalhadores pelo sindicato profissional. Na hipótese, não há falar em afronta ao art. 2º da Convenção nº 98 da OIT, ratificada pelo Brasil em 18.11.1952, porquanto o recurso financeiro oriundo das empresas não se destina a manter a organização sindical dos empregados, nem implica sujeição do sindicato ao controle da categoria patronal, em prejuízo à liberdade sindical. Ao contrário, traduz a cooperação do segmento patronal para o avanço das condições de saúde de seus empregados, em consonância com o disposto no art. 7º, *caput*, da CF. Com esse fundamento, a SDC, por maioria, deu provimento ao recurso ordinário para declarar a validade da "Cláusula Trigésima Terceira – Contribuição Assistencial - Empresas". Vencido, no tópico, o Ministro Fernando Eizo Ono. *TST-RO-36500-57.2009.5.17.0000, SDC, rel. Min. Walmir Oliveira da Costa, 11.6.2012. (Informativo nº 13)*

➘ Sindicato. Substituição processual. Legitimidade ativa. Equiparação salarial. Maquinistas. Direito individual homogêneo. Origem comum da pretensão.

O Sindicato dos Trabalhadores em Empresas Ferroviárias de Belo Horizonte, na condição de substituto processual, possui legitimidade ativa para postular a equiparação salarial de trinta e cinco maquinistas, ainda que o pedido esteja ligado à subjetividade de cada um dos titulares do direito, a determinar consequências distintas para cada substituído. Trata-se de direito individual homogêneo,na medida em que a pretensão tem origem comum, conforme exigido no art. 81, III, do CDC (Lei nº 8.078/90). Com esse entendimento, a SBDI-I, por unanimidade, conheceu dos embargos, por divergência jurisprudencial e, no mérito, deu-lhes provimento para reconhecer a legitimidade ativa do sindicato autor e determinar o retorno dos autos à Vara do Trabalho de origem, a fim de que aprecie a pretensão exordial, como entender de direito. *TST-E-ED-RR-256-45.2011.5.03.0002, SBDI-I, rel. Min. Aloysio Côrrea da Veiga, 14.2.2013 (Informativo nº 36)*

➘ Dano moral coletivo. Caracterização. Conduta antissindical. Convenção coletiva de trabalho. Financiamento do sindicato profissional com recursos provenientes do empregador.

O financiamento do sindicato profissional com recursos provenientes do empregador (taxa negocial), conforme firmado em cláusula de convenção coletiva de trabalho, configura conduta antissindical que, ao impossibilitar a autonomia da negociação coletiva, fragiliza o sistema sindical e a relação entre empregados e empregadores, ensejando, portanto, a reparação por dano moral coletivo. Na espécie, registrou-se que, embora a cláusula em questão tenha sido suspensa por força de liminar requerida pelo Ministério Público do Trabalho nos autos de ação civil pública, restou caracterizada a conduta ilícita, de modo que a inexistência de efetiva lesão não afasta a necessidade de reparação, sob pena de retirar a proteção jurídica dos direitos coletivos. Com esse entendimento, a SBDI-I, por unanimidade, conheceu dos embargos interpostos pelo MPT, por divergência jurisprudencial e, no mérito, deu-lhes provimento para restabelecer o acórdão do Regional, impondo a condenação no importe de R$ 10.000,00 a título de dano moral coletivo. *TST-E-ARR-64800– 98.2008.5.15.0071, SBDI-I, rel. Min. Aloysio Corrêa da Veiga, 12.2.2015. (Informativo nº 100)*

➘ Contribuição assistencial. Desconto obrigatório. Empregados não filiados ao sindicato. Direito de oposição. Nulidade da cláusula de instrumento coletivo. Art. 545 da CLT. Precedente Normativo nº 119. Orientação Jurisprudencial nº 17 da SDC.

Nos termos da Orientação Jurisprudencial nº 17 da SDC e do Precedente Normativo nº 119, não é válida cláusula de instrumento coletivo que prevê desconto obrigatório de contribuição assistencial de empregado não sindicalizado, ainda que a ele seja garantido o direito de oposição. A previsão de oposição ao desconto não tem o condão de convalidar a cláusula coletiva, pois, a teor do art. 545 da CLT, os descontos salariais em favor do sindicato de classe estão condicionados à expressa autorização do empregado. Sob esses fundamentos, a SBDI-I, por unanimidade, conheceu dos embargos, por divergência jurisprudencial, e, no mérito, por maioria, negou-lhes provimento. Vencidos os Ministros José Roberto Freire Pimenta, Augusto César Leite de Carvalho e Hugo Carlos Scheuermann. *TST-E-ED-RR-135400-05.2005.5.05.0015, SBDI-I, rel. Min. Dora Maria da Costa, 13.10.2016. (Informativo nº 147)*

➘ Contribuição sindical patronal. Holding pura. Ausência de empregados. Não recolhimento.

O sistema sindical brasileiro é fundado na agremiação de trabalhadores em contraposição simétrica a agremiações de empregadores que se unem em razão da defesa de interesses comuns pertinentes às relações de trabalho. Quando o agente econômico não possui empregados, a possibilidade de receber uma contrapartida da entidade sindical que supostamente o representa fica comprometida, colocando um óbice lógico-jurídico à representação pela entidade de classe. Em outras palavras, o objetivo das contribuições sindicais é viabilizar o funcionamento do sistema sindical brasileiro e este, por sua vez, busca favorecer o diálogo entre a classe patronal e a de trabalhadores com vistas à fixação das condições de trabalho. Assim, no caso de uma holding pura, ou seja, agente societário dedicado à administração de bens e participação em outras sociedades, sem desempenho de atividades econômicas e sem a contratação de empregados, não se pode exigir o recolhimento da contribuição sindical patronal (interpretação sistemática dos arts. 570, 579 e 580 da CLT e 109 e 114 do CTN). Sob esses fundamentos, a SBDI-I, por unanimidade, conheceu dos embargos por divergência jurisprudencial e, no mérito, por maioria, negou-lhes provimento. vencidos os Ministros Aloysio Corrêa da Veiga, relator, Renato de Lacerda Paiva e Alexandre de Souza Agra Belmonte. *TST-E-RR-2058-44.2011.5.03.0078, SBDI-I, rel. Min. Aloysio Corrêa da Veiga, red. p/ o acórdão Min. Luiz Philippe Vieira de Mello Filho, 18.2.2016. (Informativo nº 129)*

20.1. SINDICATO REPRESENTANTE DE MOTORISTAS

DC. Motoristas de transporte interno de mercadorias e de pessoas na área dos portos. Sindicato representante de motoristas rodoviários. Ilegitimidade ativa "ad causam". Configuração.

Não possui legitimidade para representar os motoristas de transporte interno de mercadorias e de pessoas na área dos portos o Sindicato dos Trabalhadores Rodoviários em Empresas de Transportes de Passageiros Municipais e Intermunicipais, Comércio e Trabalhadores em Empresas Sem Representação de Santos, Baixada Santista e Litoral, uma vez que, diante da disposição contida no art. 57, § 3º, I, da Lei 8.630/93, a atividade dos referidos trabalhadores se classifica como de capatazia. Ademais, esses profissionais não atuam fundamentalmente em rodovias, nem enfrentam rotineiros congestionamentos e riscos de acidentes fatais, condições próprias dos motoristas rodoviários, que constituem categoria diferenciada. Inteligência da Orientação Jurisprudencial nº 315 da SBDI-I. Com esse entendimento, a SDC, por maioria, deu provimento ao recurso ordinário do Sindicato dos Operadores Portuários do Estado de São Paulo – SOPESP, a fim de acolher a arguição de ilegitimidade ativa do Sindicato suscitante, e, em consequência, decretou a extinção do processo sem resolução do mérito, nos termos do art. 267, VI, do CPC. Vencido o Ministro João Oreste Dalazen. *TST-RO-2004500-21.2008.5.02.0000, SDC, rel. Min. Fernando Eizo Ono, 13.11.2012 (Informativo nº 30)*

20.2. COMISSÃO DE CONCILIAÇÃO PRÉVIA

Comissão de conciliação prévia. Suspensão do prazo prescricional. Não limitação ao período de dez dias previsto no art. 625-F da CLT.

O prazo de dez dias previsto no art. 625-F da CLT é direcionado à Comissão de Conciliação Prévia – CCP, a fim de dar maior celeridade à tentativa de conciliação, e não à parte que a provocou. Assim, elastecido o período entre a submissão da demanda à CCP e a data em que lavrado o termo de conciliação frustrada, todo esse tempo deve ser computado para efeito de suspensão do prazo prescricional a que alude o art. 625-G da CLT, sob pena de prejudicar a parte que optou em buscar a conciliação. Sob esses fundamentos, a SBDI-I, por unanimidade, conheceu do recurso de embargos do reclamante, por divergência jurisprudencial, e, no mérito, deu-lhe provimento para restabelecer a sentença. TST-E-ED-ARR-1929-04.2011.5.03.0025, SBDI-I, rel. Min. Aloysio Corrêa da Veiga, 14.9.2017 (Informativo nº 164)

Comissão de conciliação prévia. Acordo firmado sem ressalvas. Eficácia liberatória geral.

Reafirmando posicionamento da Corte no sentido de possuir eficácia liberatória geral, quanto ao contrato de trabalho, o acordo firmado perante a comissão de conciliação prévia, quando inexistentes ressalvas, a SBDI-I, por maioria, negou provimento ao agravo e manteve a decisão que negou seguimento aos embargos. Vencidos os Ministros José Roberto Freire Pimenta e Delaíde Miranda Arantes, que davam provimento ao agravo para restabelecer a decisão do Regional, ao fundamento de que, na hipótese, o termo de conciliação firmado pelas partes diante da comissão de conciliação prévia se deu em substituição ao procedimento homologatório regular, em desvio de finalidade, inviabilizando, portanto, a eficácia liberatória pretendida. *TST-Ag-E-RR-131240-28.2008.5.03.0098, SBDI-1, rel. Min. Ives Gandra Martins Filho, 20.9.2012 (Informativo nº 22)*

Comissão de Conciliação Prévia. Acordo firmado sem ressalvas. Eficácia liberatória geral. Parágrafo único do art. 625-E da CLT.

Nos termos do parágrafo único do art. 625-E da CLT, o termo de conciliação, lavrado perante a Comissão de Conciliação Prévia regularmente constituída, possui eficácia liberatória geral, exceto quanto às parcelas ressalvadas expressamente. Em outras palavras, não há limitação dos efeitos liberatórios do acordo firmado sem ressalvas, pois o termo de conciliação constitui título executivo extrajudicial, com força de coisa julgada entre as partes, equivalendo a uma transação e abrangendo todas as parcelas oriundas do vínculo de emprego. Com esse posicionamento, a SBDI-I, em sua composição plena, por unanimidade, conheceu dos embargos, por divergência jurisprudencial, e, no mérito, pelo voto prevalente da Presidência, deu-lhes provimento para julgar extinto o processo sem resolução de mérito, na forma do art. 267, IV, do CPC. Vencidos os Ministros Horácio Raymundo de Senna Pires, Rosa Maria Weber, Lelio Bentes Corrêa, Luiz Philippe Vieira de Melo Filho, Augusto César Leite de Carvalho, José Roberto Freire Pimenta e Delaíde Miranda Arantes, por entenderem que a quitação passada perante a Comissão de Conciliação Prévia não pode abranger parcela não inserida no correlato recibo. *TST-E-RR-17400-43.2006.5.01.0073, SBDI-I, rel. Min. Aloysio Corrêa da Veiga, 8.11.2012 (Informativo nº 29)*

Comissão de Conciliação Prévia. Termo de quitação. Eficácia liberatória. Diferenças em complementação de aposentadoria. Não abrangência.

A eficácia liberatória geral do termo de quitação referente a acordo firmado perante a Comissão de Conciliação Prévia (art. 625-E, parágrafo único, da CLT) possui abrangência limitada às verbas trabalhistas propriamente ditas, não alcançando eventuais diferenças de complementação de aposentadoria. Com esse entendimento, a SBDI-I, por unanimidade, conheceu dos embargos, por divergência jurisprudencial, e, no mérito, deu-lhes parcial provimento para, afastada a quitação do termo de conciliação quanto aos reflexos das horas extras e do desvio de função sobre a complementação de aposentadoria, determinar o retorno dos autos à Vara do Trabalho, para que prossiga no julgamento do feito como entender de direito. Ressaltou-se, no caso, que a complementação de aposentadoria, embora decorrente do contrato de trabalho, não possui natureza trabalhista. Ademais, não se pode estender os efeitos da transação firmada na CCP a entidade de previdência privada, por se tratar de terceiro que não participou do negócio jurídico. *TST-E-RR-141300-03.2009.5.03.0138, SBDI-I, rel. Min. Renato de Lacerda Paiva, 6.12.2012 (Informativo nº 33)*

21. GREVE

➘ Portuários. Greve. Abusividade. Paralisação por motivação política.

A greve realizada por explícita motivação política, mesmo que por curto período de tempo, é abusiva, visto que o empregador não dispõe de poder de negociação para pacificar o conflito. Sob esse fundamento, a SDC, por unanimidade, decidiu conhecer do recurso ordinário do Sindicato dos Operadores Portuários de São Paulo, e, no mérito, por maioria, deu-lhes parcial provimento para declarar abusivo o movimento de paralisação das atividades dos portuários, que teve como propósito abrir espaço para a negociação do novo marco regulatório implantado pela MP nº 595/2012, a qual passou a dispor acerca da exploração direta e indireta, pela União, dos portos e instalações portuárias e sobre as atividades dos operadores portuários, entre outras providências. Vencidos os Ministros Mauricio Godinho Delgado e Kátia Magalhães Arruda. TST-RO-1393- 27.2013.5.02.0000, SDC, rel. Min. Maria de Assis Calsing, 24.4.2017 (Informativo nº 157).

➘ Exercício do direito de greve. Deflagração por ausência de pagamento dos salários. Descumprimento dos requisitos formais previstos na Lei nº 7.783/1989. Culpa recíproca. Declaração de não abusividade da greve. Indeferimento da garantia de emprego.

Na hipótese em que a greve foi deflagrada por ausência de pagamento dos salários, mas sem o cumprimento dos requisitos formais previstos no art. 4º e § 1º, da Lei nº 7.783/1989, a SDC, concluindo pela existência de culpa recíproca, decidiu, por unanimidade, conhecer do recurso ordinário e, no mérito, por maioria, dar-lhe provimento parcial para afastar a declaração de abusividade da greve, mas indeferir o pleito da garantia de emprego. Vencidos, parcialmente, os Ministros Maria de Assis Calsing, relatora, e Fernando Eizo Ono. *TST-RO-9011-91.2011.5.02.0000, SDC, rel. Min. Maria de Assis Calsing, 10.6.2013 (Informativo nº 50)*

➘ Dissídio coletivo de greve. Mora salarial. Não exigência da observância dos parâmetros legais para deflagração da greve. Não abusividade do movimento paredista e não autorização de desconto dos dias parados.

A jurisprudência majoritária da Seção de Dissídios Coletivos do TST segue no sentido de que a greve motivada por mora salarial, mesmo que não observe as exigências legais para sua deflagração, não pode ser considerada abusiva, nem autoriza o desconto dos dias parados. No caso, houve paralisação de parte da frota de transporte coletivo – cerca de 394 ônibus – ao longo do Terminal 1, no Centro de Manaus/AM, no dia 21/11/2018, das 15h15 às 17h20, pelos empregados que protestavam contra atrasos salariais. O TRT da 11ª Região julgou abusiva a greve, autorizando o desconto das horas paradas em relação aos trabalhadores que efetivamente participaram da paralisação, porquanto não cumpridos os requisitos legais obrigatórios dispostos na Lei nº 7.783/89 para a deflagração do movimento grevista. No entanto, conforme a jurisprudência majoritária da SDC, não se exige o cumprimento dos requisitos previstos na Lei nº 7.783/1989 quando a greve é motivada pela conduta ilícita do empregador de atrasar o pagamento dos salários, bem como a participação em greve deflagrada nessa situação não autoriza a realização do desconto dos salários, sendo devido seu pagamento. Sob esses fundamentos, a SDC, por unanimidade, deu provimento ao recurso ordinário do sindicato dos trabalhadores para, declarando a não abusividade da greve e afastando a autorização de desconto salarial das horas paralisadas, julgar improcedentes os pedidos deduzidos na petição inicial. TST-RO-451-67.2018.5.11.0000, SDC, rel. Min. Ives Gandra da Silva Martins Filho, 14/6/2021 (Informativo nº 239)

21.1. EXIGÊNCIA DE APROVAÇÃO DA GREVE POR ASSEMBLEIA

➘ DC. Exigência de aprovação da greve por assembleia (art. 4º da Lei nº 7.783/89). Inobservância. Abusividade do movimento paredista. Não configuração. Requisito suprido pela ampla adesão e participação dos trabalhadores.

A despeito da inexistência de prova da ocorrência de assembleia-geral regular, se os elementos dos autos permitirem a convicção de ter havido aprovação da greve pelos empregados envolvidos, considera-se suprida a formalidade prevista no art. 4º da Lei nº 7.783/89, razão pela qual a inobservância do referido requisito não caracteriza a abusividade do movimento paredista. Com esse entendimento, a SDC, por unanimidade, conheceu do recurso ordinário e, no mérito, por voto prevalente da Presidência, negou-lhe provimento. Vencidos os Ministros Walmir Oliveira da Costa, Fernando Eizo Ono e Márcio Eurico Vitral Amaral, que davam provimento ao apelo para declarar a abusividade da greve. *TST-RODC-2017400-02.2009.5.02.0000, SDC, rel. Min. Mauricio Godinho Delgado, 12.3.2012. (Informativo nº 1)*

21.2. COMUNICAÇÃO APENAS DO "ESTADO DE GREVE"

➘ DC. Exercício do direito de greve. Abusividade. Configuração. Comunicação apenas do "estado de greve". Art. 13 da Lei nº 7.783/89. Inobservância.

Tendo em conta que o art. 13 da Lei nº 7.783/89 exige que os empregadores e a população sejam avisados, com antecedência mínima de 72 horas, da data em que concretamente terá início a greve, a SDC, por maioria, deu provimento ao recurso ordinário para declarar a abusividade do movimento paredista na hipótese em que houve apenas a comunicação da realização de assembleia deliberando pelo chamado "estado de greve" da categoria. Vencidos os Ministros Kátia Magalhães Arruda, relatora, e Mauricio Godinho Delgado, os quais mantinham a decisão do TRT, que não considerou a greve abusiva, por entender que o sindicato observou o prazo previsto no art. 13 da Lei de Greve ao emitir, com bastante antecedência, comunicado às empresas e à sociedade informando que a categoria encontrava-se em "estado de greve", aguardando o transcurso das 72 horas exigidas por lei. *TST-ReeNec-92400-15.2009.5.03.0000, SDC, rel. Min. Kátia Magalhães. (informativo nº 4)*

21.3. DISPENSA COLETIVA. EXIGÊNCIA DE NEGOCIAÇÃO COM SINDICATO PROFISSIONAL

➘ DC. Greve. Abusividade. Não configuração. Dispensa coletiva. Exigência de negociação com o sindicato profissional.

Ao contrário da dispensa individual, que se insere no poder potestativo do empregador, a dispensa coletiva tem relevante impacto econômico, social e jurídico sobre os trabalhadores, seus familiares, a comunidade empresarial, a população regional e o mercado econômico interno, configurando-se matéria própria da negociação coletiva mediante a imprescindível participação do sindicado profissional, nos termos do art. 8º, III e VI, da CF. Caberá à negociação ou à sentença normativa proferida nos autos de dissídio coletivo, caso as partes não cheguem a um acordo, fixar as condutas para o enfrentamento da crise econômica empresarial, amortizando o impacto da dispensa massiva sobre o conjunto dos trabalhadores afetados.

Com esse entendimento, e não vislumbrando abusividade na greve deflagrada pelos empregados da CAF Brasil Indústria e Comércio S.A. com o objetivo de tentar regulamentar a despedida em massa, a SDC, por unanimidade, conheceu do recurso ordinário, no tópico, e no mérito, negou-lhe provimento. *TST--RO-173-02.2011.5.15.0000, SDC, rel. Min. Mauricio Godinho Delgado, 13.8.2012. (Informativo nº 17)*

21.4. MINISTÉRIO PÚBLICO DO TRABALHO - ILEGITIMIDADE ATIVA

DC. Greve. Ministério Público do Trabalho. Ilegitimidade ativa "ad causam". Atividade não essencial.

O Ministério Público do Trabalho não possui legitimidade ativa "ad causam" para ajuizar dissídio coletivo de greve em razão da paralisação coletiva dos empregados em empresas de transporte de valores, escolta armada, ronda motorizada, monitoramento eletrônico e via satélite, agentes de segurança pessoal e patrimonial, segurança e vigilância em geral da região metropolitana de Vitória/ES, pois tais serviços não estão previstos no art. 10 da Lei nº 7.783/89, que trata das atividades tidas como essenciais. Incidência do art. 114, § 3º, da CF, com redação dada pela Emenda Constitucional nº 45/04. Com esse entendimento, a SDC, por maioria, declarou a extinção do processo, sem resolução do mérito, nos termos do art. 267, VI, do CPC, vencidos os Ministros Mauricio Godinho Delgado, Walmir Oliveira da Costa e Kátia Magalhães Arruda, que entendiam pela legitimidade do MPT, uma vez que, tratando-se de vigilância patrimonial, resta patente o interesse público, ainda que não configurada atividade essencial. *TST-RO-700-65.2009.5.17.0000, SDC, rel. Min. Fernando Eizo Ono, 11.12.2012 (Informativo nº 34)*

22. NEGOCIAÇÃO COLETIVA

Horas extras. Norma coletiva. Base de cálculo. Salário-base. Contrapartida. Adicional fixado em percentual superior ao legal. Validade.

É válida norma coletiva que estabelece o salário-base do empregado como a base de cálculo das horas extraordinárias, e, em contrapartida, fixa o respectivo adicional em percentual superior ao previsto em lei, in casu, de 70%. Prevalência das condições pactuadas no instrumento normativo, sob pena de ofensa ao art. 7º, XXVI, da CF. Com esse entendimento, a SBDI-I, à unanimidade, conheceu dos embargos, por divergência jurisprudencial e, no mérito, negou-lhes provimento. TST- E-RR-1415-47.2014.5.09.0003, SBDI-I, rel. Min. Aloysio Corrêa da Veiga, 1º.6.2017 (Informativo nº 160).

Ação anulatória. Convenção coletiva de trabalho. Atividade de segurança privada. Restrição da base de cálculo da reserva legal de vagas para portadores de deficiência. Art. 93 da Lei nº 8.213/91. Possibilidade. Validade da cláusula.

É válida cláusula de convenção coletiva, firmada entre o Sindicato dos Trabalhadores do Estado de Tocantins - Sintvisto e o Sindicato das Empresas de Segurança Privada, de Transporte de Valores, de Cursos de Formação e de Segurança Eletrônica do Estado de Tocantins - Sindestp/TO, que restringe a base de cálculo da reserva legal de vagas para pessoas com deficiência (art. 93 da Lei nº 8.213/91) aos cargos de natureza administrativa. As atividades de segurança privada exigem a utilização de armas de fogo e elevado grau de aptidão física e mental, de modo que o desempenho desta função por pessoa com deficiência pode resultar em riscos à sua própria integridade física. Sob esse entendimento, a SDC, por unanimidade, conheceu do recurso ordinário em ação anulatória e, no mérito, por maioria, negou-lhe provimento para manter a integralidade da Cláusula 16ª - Contratação de portador de deficiência física habilitado ou reabilitado. Vencidos os Ministros Mauricio Godinho Delgado e Kátia Magalhães Arruda. TST-RO-76-64.2016.5.10.0000, SDC, rel. Min. Maria Cristina Irigoyen Peduzzi, 13.3.17. (Informativo nº 154 do TST).

Vendedor-propagandista. Aplicação das normas coletivas firmadas no local da prestação dos serviços. Principio da territorialidade. Inaplicabilidade da Súmula nº 374 do TST.

O âmbito de eficácia da norma coletiva é definido de acordo com o local da prestação dos serviços pelo empregado e não da sede da empresa. No caso, verificou-se que o autor foi admitido como vendedor-propagandista no Estado de São Paulo, mas prestou serviços no Estado do Rio Grande do Sul, onde, inclusive, foi homologada a sua rescisão contratual. Assim, com base no princípio da territorialidade, são aplicáveis ao empregado as normas coletivas negociadas pelos sindicatos da categoria profissional e econômica do Estado do Rio Grande do Sul, não incidindo, portanto, o entendimento contido na Súmula nº 374 do TST. Sob esse fundamento, a SBDI-I, por maioria, conheceu do recurso de embargos por divergência jurisprudencial e por má-aplicação da Súmula nº 374 do TST e, no mérito, deu-lhe provimento para restabelecer o acórdão do Regional, no qual se determinou a incidência das normas coletivas firmadas no local da prestação dos serviços. Vencidos os Ministros Márcio Eurico Vitral Amaro, relator, João Oreste Dalazen, Ives Gandra Martins Filho, Brito Pereira, Guilherme Augusto Caputo Bastos e Alexandre Agra Belmonte. Ainda por maioria, a Subseção rejeitou a proposta de afetação da questão jurídica ao rito dos recursos repetitivos, vencidos os Ministros Guilherme Augusto Caputo Bastos, proponente, João Oreste Dalazen, Brito Pereira, Renato de Lacerda Paiva, Walmir Oliveira da Costa e Alexandre Agra Belmonte. TST-EE-D-RR-96900-23.2007.5.04.0015, SBDI-I, rel. Min. Márcio Eurico Vitral Amaro, red. p/ acórdão Min. José Roberto Freire Pimenta, 9.2.2017 (Informativo nº 152).

Prêmio produtividade. Alteração da natureza jurídica em norma coletiva. Impossibilidade.

A natureza jurídica do prêmio produtividade não pode ser alterada por meio de norma coletiva, tendo em vista o caráter indisponível da parcela, reconhecido, inclusive, pela jurisprudência do STF, consolidada na Súmula nº 209. Com esse entendimento, a SBDI-I, por unanimidade, conheceu dos embargos por divergência jurisprudencial e, no mérito, por maioria, negou-lhes provimento. Vencido o Ministro Ives Gandra Martins Filho. *TST--E-RR-36400-58.2007.5.09.0562, SBDI-I, rel. Min. João Batista Brito Pereira, 28.6.2012. (Informativo nº 15)*

Ação anulatória. Acordo coletivo de trabalho que contém norma menos favorável que aquela prevista em convenção coletiva vigente no mesmo período. Art. 620 da CLT. Nulidade afastada.

O confronto entre duas cláusulas dispondo sobre a mesma vantagem constante tanto de acordo quanto de convenção coletiva vigentes no mesmo período não enseja a anulação da norma menos favorável, mas apenas a sua inaplicabilidade ao caso concreto, conforme dicção do art. 620 da CLT. O reconhecimento de que a convenção coletiva deve ser aplicada em detrimento do acordo coletivo, quando aquela for mais favorável, não implica a declaração da nulidade do acordo, pois, para tanto, seria necessária a constatação de irregularidades de ordem formal ou material a afrontar o ordenamento jurídico. Com esse entendimento, a SDC, por unanimidade, deu provimento ao recurso ordinário para, afastando a nulidade das cláusulas terceiras dos acordos coletivos 2007/2008 e 2008/2009, firmados entre os réus, julgar improcedente a ação anulatória. Entendeu-se, outrossim, que a improcedência da presente ação não interfere na pretensão de aplicação da norma mais favorável aos empregados, a qual deve ser discutida em ação judicial própria. *TST-RO-2643-24.2010.5.12.0000, SDC, rel. Min. Kátia Magalhães Arruda,13.8.2012 (Informativo nº 17)*

➘ Horas de percurso. Limitação em norma coletiva. Razoabilidade e proporcionalidade. Possibilidade. Reconhecimento ao direito às horas "in itinere" prestadas em período anterior à negociação coletiva. Validade.

É válida cláusula de norma coletiva que limita, com razoabilidade e proporcionalidade, o quantitativo de tempo a ser considerado para o pagamento de horas "in itinere", tendo em vista a dificuldade de se apurar as horas efetivamente gastas, em razão de o local da prestação de serviços não ser o mesmo todos os dias. No caso em exame, verificou-se que o percurso a ser feito pelos empregados varia de acordo com a lavoura na qual vão prestar serviços, e que o tempo de deslocamento para locais mais distantes é compensado nos dias em há prestação de serviços nas fazendas mais próximas. Noutro giro, quanto ao período anterior à negociação coletiva – para o qual não havia remuneração pelo tempo despendido ou esse pagamento era de valor muito aquém daquele que seria devido –, também é valida a norma que reconhece o direito ao pagamento das horas "in itinere" a todos os trabalhadores, inclusive aos inativos e àqueles cujo contrato de trabalho com a empresa já fora encerrado. Na espécie, a transação coletiva não resultou em renúncia a direito indisponível, mas em expresso reconhecimento, pela empregadora, do direito às horas de percurso, e, embora se refira a período pretérito, não ostenta natureza retroativa e não objetivou conferir legalidade à lesão praticada anteriormente, mas regulamentar o direito reconhecido em relação a safras anteriores. A negociação coletiva, em sentido amplo, vai além da mera fixação de normas e condições de trabalho, servindo, também, para a prevenção de litígios. Inteligência dos arts. 7º, XXVI, e 8º, III e IV, da CF. Com esse entendimento, a SDC, por unanimidade, negou provimento ao recurso ordinário interposto pelo Ministério Público do Trabalho da 18ª Região. *TST-RO-34-66.2011.5.18.0000, SDC, rel. Min. Walmir Oliveira da Costa, 9.10.2012 (Informativo nº 25)*

➘ Horas "in itinere". Lei nº 10.243/01. Limitação por norma coletiva. Possibilidade.

É válida cláusula coletiva que prevê a limitação do pagamento das horas "in itinere", em atenção ao previsto no art. 7º, XXVI, da CF. Com esse entendimento, a SBDI-I, em sua composição plena, por maioria, vencido o Ministro Antônio José de Barros Levenhagen, conheceu dos embargos por divergência jurisprudencial, e, no mérito, pelo voto prevalente da Presidência, deu-lhes provimento para restabelecer a sentença que reconheceu a validade da cláusula de acordo coletivo, firmado após a Lei nº 10.243/01, a qual fixou o pagamento de uma hora diária a título de horas "in itinere", não obstante o tempo gasto pelo reclamante no percurso de ida e volta ao trabalho fosse de duas horas e vinte minutos. Vencidos os Ministros Renato de Lacerda Paiva, relator, Lelio Bentes Corrêa, Aloysio Corrêa da Veiga, Luiz Philippe Vieira de Mello Filho, Augusto César Leite de Carvalho, José Roberto Freire Pimenta e Delaíde Miranda Arantes, os quais negavam provimento ao recurso, sob o argumento de que, na hipótese de flagrante disparidade entre o tempo de percurso efetivamente utilizado e aquele atribuído pela norma coletiva, há subversão do direito à livre negociação, restando caracterizada, portanto, a renúncia do reclamante ao direito de recebimento das horas "in itinere", o que é vedado pela Lei nº 10.243/01. *TST-E-RR-2200-43.2005.5.15.0072, SBDI-I, rel. Min. Renato de Lacerda Paiva, red. p/ acórdão Min. Maria Cristina Irigoyen Peduzzi, 8.11.2012 (Informativo nº 29)*

➘ Ação anulatória. Convenção coletiva de trabalho. Cláusula que prevê a dispensa da concessão do aviso prévio no caso de o trabalhador ser contratado pela nova prestadora de serviços. Nulidade.

É nula a cláusula de convenção coletiva de trabalho que dispensa as empresas que perderem os contratos de prestação de serviços de conceder e indenizar o aviso prévio, desde que o trabalhador seja imediatamente contratado pela nova prestadora de serviços. Com esse entendimento, a SDC, por maioria, deu provimento ao recurso ordinário do Ministério Público do Trabalho da 17ª Região para declarar a nulidade da cláusula 34ª da convenção coletiva de trabalho firmada entre o Sindicato dos Empregados de Empresas de Segurança e Vigilância do Estado do Espírito Santo, o Sindicato dos Empregados nas Empresas de Transportes de Valores, Escolta Armada, Ronda Motorizada, Monitoramento Eletrônico e Via Satélite, Agentes de Segurança Pessoal e Patrimonial, Segurança e Vigilância em Geral da Região Metropolitana de Vitória no Estado do Espírito Santo (SINDSEG/GV/ES) e o Sindicato das Empresas de Segurança Privada no Estado do Espírito Santo (SINDESP/ES). No caso, considerou a Seção que a referida cláusula contraria o disposto na Súmula nº 276 do TST e no Precedente Normativo nº 24 da SDC. Vencidos os Ministros Fernando Eizo Ono, relator, Márcio Eurico Vitral Amaro e Maria Cristina Irigoyen Peduzzi, que negavam provimento ao recurso, no tópico, ao fundamento de que a renúncia do direito ao aviso prévio possibilitou a preservação de um bem de maior valia para o trabalhador, qual seja a imediata colocação em novo posto de trabalho. *TST-RO-100-78.2008.5.17.0000, SDC, rel. Min. Fernando Eizo Ono, 11.12.2012 (Informativo nº 34)*

➘ Turnos ininterruptos de revezamento. Norma coletiva. Extensão da jornada para além da oitava hora. Adoção de regime de compensação semanal. Invalidade. Art. 7º, XIV, da CF e Súmula nº 423 do TST.

Nos termos do art. 7, XIV, da CF e da Súmula nº 423 do TST, não é válida cláusula de instrumento normativo que estipula jornada superior a oito horas em turnos ininterruptos de revezamento, ainda que a extrapolação do limite diário decorra da adoção de regime de compensação semanal, com vistas à supressão da realização de trabalho aos sábados. Na hipótese, não se admite a majoração da jornada para além da oitava hora, pois a alternância de jornadas diurnas e noturnas a que submetidos os empregados em turnos ininterruptos de revezamento é particularmente gravosa, causando-lhes prejuízos à saúde, à vida social e à organização de atividades extraprofissionais. Com base nesse entendimento, a SBDI-I, por unanimidade, conheceu dos embargos, por contrariedade à Súmula nº 423 do TST, e, no mérito, por maioria, deu-lhes provimento para, reconhecendo a invalidade da cláusula coletiva que prevê jornada superior ao limite de oito horas fixado, condenar a reclamada ao pagamento das horas laboradas além da sexta diária (art. 7º, XIV, da CF), ficando restabelecida a sentença quanto à forma de apuração das referidas horas. Vencidos os Ministros Dora Maria da Costa, Brito Pereira, Renato de Lacerda Paiva e Aloysio Corrêa da Veiga. *TST-EED-ARR-483-91.2010.5.03.0027, SBDI-I, rel. Min. Alberto Luiz Bresciani de Fontan Pereira, 11.4.2013 (Informativo nº 42)*

➘ Empresa Brasileira de Correios e Telégrafos – ECT. Automação de serviços. Extinção do cargo de Operador Telegráfico I. Aproveitamento do empregado em outra função com jornada de trabalho maior e sem acréscimo na remuneração. Compromisso firmado em instrumento coletivo para a preservação dos empregos. Horas extras. Devidas.

O aproveitamento de empregado da Empresa Brasileira de Correios e Telégrafos – ECT em outra função com carga horária maior, e com o objetivo de lhe preservar o emprego frente à automação de serviços é lícito por haver sido previsto em norma coletiva, ter contado com a anuência expressa do empregado e ser decorrente da extinção do cargo de Operador Telegráfico I, anteriormente ocupado. Todavia, a exigência de jornada superior na nova função, sem o correspondente acréscimo salarial, importa em diminuição do salário-hora do empregado, a ensejar o pagamento das horas excedentes à jornada anterior como extras. Embora o art. 7º, VI, da CF admita a possibilidade de redução salarial mediante negociação coletiva, na espécie, o acordo coletivo estabelecia tão somente o reaproveitamento e a requalificação dos empregados para as novas atividades, sem qualquer previsão de redução salarial. Com esse entendimento, a SBDI-I, por unanimidade, conheceu dos embargos, por divergência jurisprudencial e, no mérito, por maioria, negou-lhes provimento. Vencidos totalmente os Ministros Renato de Lacerda Paiva, relator, Antônio José de Barros Levenhagen e Aloysio Corrêa da Veiga, que excluíam o pagamento das horas extras e reflexos, e, parcialmente, os Ministros Luiz Philippe Vieira de Mello Filho, Lelio Bentes Corrêa e Augusto César Leite de Carvalho, os quais deferiam o pagamento das horas excedentes de forma simples, sem o respectivo adicional. *TST-E-RR-52900-81.2006.5.04.0011, SBDI-I, rel. Min. Renato de Lacerda Paiva, red. p/ acórdão Min. João Oreste Dalazen, 16.5.2013 (Informativo nº 47)*

➘ Adicional noturno. Majoração por meio de norma coletiva. Substituição do adicional de 20% e da hora noturna reduzida. Ausência de disciplinamento quanto às horas em prorrogação da jornada noturna. Incidência do adicional convencionado. Súmula nº 60, II, do TST.

A existência de norma coletiva regulando a majoração do adicional noturno, para efeito de supressão exclusiva do percentual de 20% e da hora noturna reduzida, sem fazer qualquer menção ao trabalho realizado em prorrogação da jornada noturna, faz incidir o item II da Súmula nº 60 do TST às horas prorrogadas, de modo que a elas também se aplica o percentual convencionado. Com esse entendimento, a SBDI-I, por maioria, conheceu dos embargos por contrariedade à Súmula nº 60, II, do TST, e, no mérito, deu-lhes provimento para restabelecer a sentença na parte em que deferiu o pedido de condenação ao pagamento do adicional noturno convencional de 45% sobre as horas laboradas das cinco horas às seis horas e quarenta e cinco minutos. Vencidos os Ministros Renato de Lacerda Paiva, João Oreste Dalazen e Brito Pereira. *TST-E-RR-109300-34.2009.5.15.0099, SBDI-I, rel. Min. Alberto Luiz Bresciani de Fontan Pereira, 16.5.2013 (Informativo nº 47)*

➘ Hora noturna reduzida. Art. 73, § 1º da CLT. Substituição pelo adicional noturno de 37,14%. Acordo coletivo. Possibilidade.

É possível, por meio de acordo coletivo de trabalho, fixar duração normal para a hora noturna, em substituição à hora ficta prevista no art. 73, § 1º, da CLT, em razão da elevação do adicional noturno de 20% para 37,14%. No caso, não há falar em subtração pura e simples de direito legalmente previsto, mas, tão-somente, em flexibilização do seu conteúdo, sem traduzir prejuízo ao empregado. Trata-se da aplicação da teoria do conglobamento, segundo a qual a redução de determinado direito é compensada pela concessão de outras vantagens, de modo a garantir o equilíbrio entre as partes. Com esse entendimento, a SBDI-I, em sua composição plena, por unanimidade, conheceu dos embargos, por divergência jurisprudencial, e, no mérito, por maioria, deu-lhes provimento para restabelecer a decisão do Regional. Vencidos os Ministros Lelio Bentes Corrêa, José Roberto Freire Pimenta, Delaíde Miranda Arantes e Alexandre Agra Belmonte. *TSTE-ED-RR-31600-45.2007.5.04.0232, SBDI-I, rel. Min. Aloysio Corrêa da Veiga, 23.5.2013 (Informativo nº 48)*

➘ Horas in itinere. Norma Coletiva. Fixação prévia do número de horas a pagar. Validade. Afastamento da natureza salarial. Impossibilidade. Art. 58, § 2º, da CLT.

É válida a cláusula de norma coletiva que fixa previamente o número de horas in itinere a serem pagas, desde que não haja flagrante disparidade entre o tempo acordado e o período efetivamente gasto no trajeto. No caso, limitou-se o pagamento a uma hora diária, mesmo havendo prova de que o tempo de percurso médio era de duas horas. De outra sorte, é inválida a cláusula que retira a natureza salarial das horas in itinere, afastando sua integração aos salários dos empregados, para todos os efeitos legais, em contrariedade ao disposto no art. 58, § 2º da CLT. Com esse entendimento, a SBDI-I, por unanimidade, conheceu dos embargos da reclamada, por divergência jurisprudencial, e, no mérito, deu-lhes provimento parcial para excluir da condenação o pagamento de duas horas in itinere diárias e, quanto às horas já quitadas no curso do contrato de trabalho, nos termos do quantitativo fixado mediante negociação coletiva, manter a condenação ao pagamento dos respectivos reflexos. *TST-E-RR-414600-67.2009.5.09.0325, SBDI-I, rel. Min. João Oreste Dalazen, 13.6.2013 (Informativo nº 51)*

➘ Negociação coletiva sem a participação do sindicato. Art. 617 da CLT. Recursa em negociar não comprovada. Invalidade do acordo firmado. Art. 8º, VI, da CF.

Não obstante o 617 da CLT tenha sido recepcionado pela Constituição Federal de 1988, sua aplicação está restrita às excepcionais hipóteses em que houver comprovada recusa do sindicato em proceder à negociação, pois, nos termos do art. 8º, VI, da CF, a participação obrigatória do sindicato na negociação coletiva de trabalho é preceito de observância inafastável. Assim, não havendo nos autos a prova de que o sindicato se recusou a negociar, mas, ao revés, registrada a autoproclamação de membros de comissão de quatro empregados, sem a necessária segurança de que se tratava de iniciativa efetiva dos obreiros e sem ao menos convidar o sindicato para participar dos debates, não há como validar a negociação empreendida diretamente com os trabalhadores. Com esses fundamentos, a SDC, por unanimidade, negou provimento ao recurso ordinário da empresa, mantendo a improcedência do pedido de declaração de validade e eficácia de acordo de jornada de trabalho firmado diretamente com a comissão de empregados. Vencido parcialmente o Ministro Ives Gandra Martins Filho, quanto à legitimidade da comissão de empregados. *TST-RO-8281-17.2010.5.02.0000, SDC, rel. Min. Márcio Eurico Vitral Amaro, 12.8.2013 (Informativo nº 54)*

➘ Horas in itinere. Limitação do valor pago. Desproporção com o tempo despendido. Norma coletiva. Invalidade.

A fixação de número de horas in itinere a serem pagas deve guardar razoável proporção com o tempo efetivamente despendido no trajeto, razão pela qual é nula a cláusula de acordo coletivo que estipula quantidade de horas inferior a 50% do tempo realmente gasto pelo empregado no trajeto, porque equivalente à supressão do direito do trabalhador. No caso concreto, o tempo de deslocamento do reclamante era de 40 horas mensais, mas a norma coletiva limitou o pagamento a 14 horas, o que não alcança nem mesmo a metade do tempo efetivo de percurso. Com base nesse entendimento, a SBDI-I, por unanimidade, conheceu dos embargos da reclamada, por divergência jurisprudencial, e, no mérito, por maioria, vencido o Ministro Alberto Luiz Bresciani de Fontan Pereira, negou-lhes provimento. *TST-E-ED-RR-46800-48.2007.5.04.0861, SBDI-I, Min. Brito Pereira, 8.8.2013 (Informativo nº 54)*

➘ Turnos ininterruptos de revezamento. Instrumento coletivo. Fixação de jornada diária superior a oito horas em razão da compensação de jornada. Invalidade. Art. 7º, XIV, da CF e Súmula nº 423 do TST.

Nos termos do art. 7º, XIV, da CF e da Súmula nº 423 do TST, é inválida cláusula de instrumento coletivo que estipula jornada superior a oito horas em turnos ininterruptos de revezamento, ainda que a extrapolação do limite diário decorra da adoção de regime de compensação semanal, com vistas à supressão da realização de trabalho aos sábados. Com esse fundamento, a SBDI-I, por unanimidade, conheceu dos embargos da reclamada, por divergência jurisprudencial, e, no mérito, negou-lhes provimento, mantendo a decisão da Turma que declarou inválidas as cláusulas que estabeleciam jornada superior a seis horas para os empregados submetidos a revezamento de turno, porquanto extrapolada a jornada de oito horas, sendo devidas, como extras, as horas trabalhadas além da sexta diária. Ressalvou entendimento o Ministro Renato de Lacerda Paiva. *TST-E-ED-RR-427-67.2011.5.03.0142, SBDI-I, rel. Min. Dora Maria da Costa, 15.8.2013 (Informativo nº 55)*

➘ Ação anulatória. Atestado Médico. Exigência da inserção da Classificação Internacional de Doenças – CID. Nulidade de cláusula de convenção coletiva de trabalho.

É nula cláusula constante de convenção coletiva de trabalho que exija a inserção da Classificação Internacional de Doenças (CID) nos atestados médicos apresentados pelos empregados. Tal exigência obriga o trabalhador divulgar informações acerca de seu estado de saúde para exercer seu direito de justificar a ausência ao trabalho por motivo de doença. Essa imposição viola o direito fundamental à intimidade e à privacidade (art. 5º, X, da CF), sobretudo por não existir, no caso, necessidade que decorra da atividade profissional. Sob esses fundamentos, a Seção Especializada em Dissídios Coletivos, por unanimidade, conheceu do recurso ordinário e, no mérito, por maioria, negou-lhe provimento, vencido o Ministro Ives Gandra Martins Filho. *TST-RO-268– 11.2014.5.12.0000, SDC, rel. Min. Maria Cristina Irigoyen Peduzzi, 17.8.2015. (Informativo nº 114)*

➘ Vendedor-propagandista. Aplicação das normas coletivas firmadas no local da prestação dos serviços. Principio da territorialidade. Inaplicabilidade da Súmula nº 374 do TST.

O âmbito de eficácia da norma coletiva é definido de acordo com o local da prestação dos serviços pelo empregado e não da sede da empresa. No caso, verificou-se que o autor foi admitido como vendedor-propagandista no Estado de São Paulo, mas prestou serviços no Estado do Rio Grande do Sul, onde, inclusive, foi homologada a sua rescisão contratual. Assim, com base no princípio da territorialidade, são aplicáveis ao empregado as normas coletivas negociadas pelos sindicatos da categoria profissional e econômica do Estado do Rio Grande do Sul, não incidindo, portanto, o entendimento contido na Súmula nº 374 do TST. Sob esse fundamento, a SBDI-I, por maioria, conheceu do recurso de embargos por divergência jurisprudencial e por má-aplicação da Súmula nº 374 do TST e, no mérito, deu-lhe provimento para restabelecer o acórdão do Regional, no qual se determinou a incidência das normas coletivas firmadas no local da prestação dos serviços. Vencidos os Ministros Márcio Eurico Vitral Amaro, relator, João Oreste Dalazen, Ives Gandra Martins Filho, Brito Pereira, Guilherme Augusto Caputo Bastos e Alexandre Agra Belmonte. Ainda por maioria, a Subseção rejeitou a proposta de afetação da questão jurídica ao rito dos recursos repetitivos, vencidos os Ministros Guilherme Augusto Caputo Bastos, proponente, João Oreste Dalazen, Brito Pereira, Renato de Lacerda Paiva, Walmir Oliveira da Costa e Alexandre Agra Belmonte. *TST-EED-RR-96900-23.2007.5.04.0015, SBDI-I, rel. Min. Márcio Eurico Vitral Amaro, red. p/ acórdão Min. José Roberto Freire Pimenta, 9.2.2017 (Informativo nº 152).*

➘ Recurso ordinário em ação anulatória. Empregada gestante. Dispensa sem justa causa. Comprovação do estado gravídico para fins da estabilidade. Flexibilização do direito por norma coletiva. Impossibilidade

Os direitos que visam à proteção da gestante e do nascituro, previstos nos arts. 6º e 7º, XVIII, da Constituição Federal, estão revestidos de indisponibilidade absoluta, não podendo ser objeto de negociação coletiva, nos termos da tese firmada pelo STF no Tema 1046 de Repercussão Geral. Na hipótese, o Tribunal Regional declarou nula cláusula prevista em convenção coletiva que obrigava a empregada gestante, dispensada sem justa causa, a comunicar e comprovar seu estado gravídico, com o fim de exercer o direito relativo à garantia de emprego. Sucede que referida imposição afronta o princípio constitucional da proteção à maternidade, bem como contraria as jurisprudências consolidadas do STF e do TST, no sentido de que o direito da empregada gestante à estabilidade provisória prescinde da comprovação da gestação, por qualquer meio. Sob esses fundamentos, a SDC, por unanimidade, conheceu do recurso ordinário e, no mérito, negou-lhe provimento. (TST-RO-503-47.2018.5.08.0000, SDC, rel. Min. Dora Maria da Costa, julgado em 10/4/2023). (Informativo nº 270)

23. TÉRMINO DO CONTRATO

➘ Dispensa decorrente do ajuizamento de reclamação trabalhista. Caráter retaliativo e discriminatório. Abuso de direito. Obstáculo à garantia de acesso à justiça. Reintegração. Devida.

A dispensa do trabalhador, quando motivada pela não desistência de reclamação trabalhista ajuizada contra o empregador, possui conotação retaliativa e discriminatória, configurando abuso de direito e obstáculo à garantia de acesso à justiça. Com base nessa premissa, a SBDI-I, por unanimidade, conheceu dos embargos, por divergência jurisprudencial, e, no mérito, deu-lhes provimento para, decretada a nulidade dos atos de despedimento, condenar a reclamada à reintegração do autor, bem como ao pagamento dos salários e demais vantagens referentes ao período de afastamento. Na espécie, ressaltou o Ministro relator que o exercício do direito potestativo de denúncia vazia do contrato de trabalho sofre limites em razão dos princípios da função social da propriedade e da dignidade da pessoa humana, e dos valores sociais do trabalho, revelando-se aviltante a conduta da Infraero quando, cumprindo ameaças, demitiu os empregados públicos que não desistiram da ação em que pleiteavam adicionais de insalubridade e periculosidade. *TST-E-RR-7633000-19.2003.5.14.0900, SBDI-I, rel. Min. Ives Gandra da Silva Martins Filho, 29.3.2012. (Informativo nº 4)*

➘ Multa do § 8º do art. 477 da CLT. Atraso no pagamento das verbas rescisórias. Falecimento do Empregado. Não aplicação.

A norma do artigo 477, § 6º, da CLT não fixa prazo para o pagamento das verbas rescisórias no caso de falecimento do empregado. Trata-se de um "silêncio eloquente" do legislador ordinário. Dispositivo legal que, ao fixar prazos e circunstâncias específicas para o cumprimento da obrigação, não autoriza interpretação ampliativa. A ruptura do vínculo empregatício em virtude de óbito do empregado, por constituir forma abrupta e imprevisível de dissolução do contrato de trabalho, envolve peculiaridades que tornam incompatível a aplicação da multa prevista no § 8º do artigo 477 da CLT, tais como a necessidade de transferência da titularidade do crédito trabalhista para os dependentes/sucessores legais, a qual não se opera instantaneamente, mas mediante procedimento próprio previsto na Lei nº 6.858/80. Qualquer tentativa de fixar-se, em juízo, "prazo razoável" para o adimplemento das verbas rescisórias, em semelhante circunstância, refugiria às hipóteses elencadas no § 6º do artigo 477 da CLT e acarretaria imprópria incursão em atividade legiferante, vedada ao Poder Judiciário em face do princípio constitucional da Separação dos Poderes. De outro lado, afigura-se impróprio e de rigor insustentável afirmar-se, no caso, a subsistência do prazo para quitação das verbas rescisórias, sob pena de multa. Impraticável a observância de tal prazo, na medida em que se desconhece o(s) novo(s) titulares(s) do crédito, na forma da Lei, o que pode depender, inclusive, da morosa abertura de inventário e de nomeação do respectivo inventariante. A adoção de interpretação restritiva à literalidade do artigo 477, §§ 6º e 8º, da CLT não implica negar ou desestimular eventual ajuizamento de ação de consignação em pagamento pelo empregador, com vistas a desobrigá-lo da quitação das verbas rescisórias referentes ao contrato de trabalho de empregado falecido, mesmo antes de definida a nova titularidade do crédito trabalhista. Sob esses fundamentos, a SBDI-1, por unanimidade, conheceu dos embargos apenas quanto ao tema "multa – artigo 477, § 8º, da CLT – atraso no pagamento das verbas rescisórias – óbito do empregado", por divergência jurisprudencial, e, no mérito, por maioria, dar-lhes provimento para excluir da condenação o pagamento da multa prevista no artigo 477, § 8º, da CLT. Vencidos os Ministros José Roberto Freire Pimenta e Alexandre de Souza Agra Belmonte. *TST-E-RR-152000-72.2005.5.01.0481, SBDI-I, rel. João Oreste Dalazen, 3.9.2015. (Informativo nº 116)*

Indenização por danos morais. Despedida por justa causa. Imputação de ato de improbidade. Desconstituição em juízo.

A resolução do contrato de trabalho por justa causa, fundada em suposto ato de improbidade (desvio de numerário), quando desconstituída judicialmente, gera reflexos na vida do empregado e lesiona direitos da personalidade, em especial a honra e a imagem, na medida em que a acusação infundada atinge grave e injustamente a reputação do obreiro. Embora a reversão judicial da dispensa por justa causa não constitua, por si só e necessariamente, motivo ensejador da indenização, a acusação, sem a necessária cautela, de grave imputação de desvio de dinheiro evidencia o abuso do direito do empregador de exercer o poder disciplinar, configurando-se ato ilícito, previsto no artigo 186 do Código Civil, e indenizável, na forma do artigo 927 do mesmo diploma legal. Diferente seria se a justa causa imputada tivesse o pressuposto da conduta incontroversa (faltas ao trabalho, ofensa pessoal, desídia no cumprimento de norma geral, etc.), quando então estaria imune o empregador para exercer o direito de tentar enquadrar tal comportamento em um dos tipos legais descritivos de justa causa. Sob esse entendimento, a SBDI-I, por maioria, conheceu do recurso de embargos por divergência jurisprudencial, vencido o Ministro Luiz Philippe Vieira Mello Filho, e, no mérito, ainda por maioria, deu-lhe provimento para, reformando a decisão recorrida, reconhecer a existência de dano moral, e condenar a reclamada ao pagamento da indenização respectiva, no valor de R$ 30.000,00 (trinta mil reais), a título de acréscimo à condenação. Vencidos, totalmente, os Ministros João Oreste Dalazen, Antônio José de Barros Levenhagen, Ives Gandra da Silva Martins Filho, Luiz Philippe Vieira Mello Filho, Guilherme Augusto Caputo Bastos e Márcio Eurico Vitral Amaro, que negavam provimento ao recurso, e, parcialmente, o Ministro Renato de Lacerda Paiva, que dava provimento aos embargos, mas com a redução do valor da indenização para R$ 15.000,00. *TST-E-RR-48300-39.2003.5.09.0025, SBDI-I, rel. Min. Augusto César Leite de Carvalho, 10.9.2015. (Informativo nº 117)*

Multa do art. 477, §8º, da CLT. Incidência. Pagamento tardio da indenização compensatória de 40% sobre o FGTS.

A multa prevista no artigo 477, §8º, da CLT incide na hipótese de não pagamento, no prazo legal, da indenização compensatória de 40% sobre o FGTS, por se tratar de verba tipicamente rescisória. No caso, o autor foi dispensado em 5.4.2012, a quitação de parte das parcelas rescisórias ocorreu em 14.4.2012 e o pagamento da multa de 40% sobre os depósitos do FGTS se deu somente em 25.5.2012, quando já transcorridos 50 dias desde a dispensa. Desse modo, o adimplemento tardio da verba rescisória em foco caracterizou fato capaz de sujeitar o empregador à multa prevista no art. 477, § 8º da CLT, não se tratando de pagamento inexato do acerto rescisório, mas de desrespeito, pelo empregador, do cumprimento do prazo para a satisfação de direito vocacionado à proteção constitucional contra despedida arbitrária ou sem justa causa, na forma do artigo 7º, I, da Constituição Federal, c/c o art. 10, I, do ADCT. Sob esses fundamentos, a SBDI-I, por unanimidade, conheceu do recurso de embargos, por divergência jurisprudencial, e, no mérito, por maioria, deu-lhe provimento para restabelecer o acórdão do Tribunal Regional do Trabalho, no particular, vencidos os Ministros Aloysio Corrêa da Veiga, João Oreste Dalazen, Guilherme Augusto Caputo Bastos e Walmir Oliveira da Costa. *TST-E-ED-ARR-643-82.2013.5.09.0015, SBDI-1, rel. Min. Alexandre de Souza Agra Belmonte, 5.11.2015. (Informativo nº 122)*

Empregado com mais de um ano de serviço. Assistência sindical e homologação da rescisão do contrato de trabalho. Ausência. Nulidade do pedido de demissão. Art. 477, § 1º, da CLT. Presunção de demissão sem justa causa. Irrelevância da confissão de rescisão a pedido pelo empregado.

A rescisão de contrato de trabalho de empregado que prestou serviços por mais de um ano deve ser homologada pelo sindicato respectivo ou por autoridade do Ministério do Trabalho, nos termos do art. 477, § 1º, da CLT. Do contrário, é inválido o pedido de demissão do empregado, ainda que ele confesse em juízo a sua disposição inicial de desligamento contratual, devendo a despedida ser reconhecida como imotivada. Com efeito, a norma é cogente e assegura a prevalência do princípio da indisponibilidade dos direitos trabalhistas, de modo que a declaração de que o pedido de demissão se deu sem vício de vontade não supre o requisito da assistência sindical, imposto pela lei. Sob esse entendimento, a SBDI-I, por maioria, conheceu do recurso de embargos do reclamante, por divergência jurisprudencial, vencidos os Ministros Hugo Carlos Scheuermann, relator, Ives Gandra da Silva Martins Filho, Renato de Lacerda Paiva e Walmir Oliveira da Costa. No mérito, por unanimidade, a Subseção deu provimento aos embargos para, declarada a invalidade do pedido de demissão, determinar o retorno dos autos ao juízo de origem para novo julgamento como entender de direito, agora sob a premissa de que a despedida ocorreu sem justa causa. *TST-E-RR-825-12.2010.5.09.0003, SBDI-I, rel. Min. Hugo Carlos Scheuermann, 19.11.2015 (Informativo nº 124)*

Danos morais. Ausência ou atraso na quitação das verbas rescisórias. Indenização indevida.

A ausência ou o atraso no pagamento das verbas rescisórias não é suficiente para caracterizar a ocorrência de danos morais. No caso, embora reconhecido o atraso, pelo empregador, no adimplemento da obrigação de quitar as verbas rescisórias, não houve registro de qualquer consequência concreta (impossibilidade de saldar compromissos, constituição em mora, perda de crédito, etc) que pudesse comprometer a honra e a imagem do empregado. Sob esses fundamentos, a SBDI-I, por unanimidade, conheceu dos embargos interpostos pelo reclamante, por divergência jurisprudencial, e, no mérito, por maioria, negou-lhes provimento. Vencido o Ministro Alexandre de Souza Agra Belmonte. *TST-E-RR-571-13.2012.5.01.0061, SBDI-I, rel. Min. Lelio Bentes Corrêa, 17.3.2016 (Informativo nº 130)*

2. Adicional de periculosidade. Pagamento de percentual inferior ao previsto legalmente. Negociação coletiva. Impossibilidade.

[...] Decorrendo o adicional de periculosidade de medida de saúde e segurança do trabalho, garantido por norma de ordem pública (art. 193, 1º, da CLT e 7º, XXII e XXIII, da CF), o direito ao seu pagamento torna-se absolutamente indisponível, não podendo o percentual, a base de cálculo e os reflexos do referido adicional ser flexibilizados por negociação coletiva, porquanto caráter imperativo da parcela restringe o campo de atuação da vontade das partes (art. 611-B, XVII e XVIII, da CLT, introduzido pela Lei 13.467/2017). Tais parcelas são aquelas imantadas por uma tutela de interesse público, por constituírem um patamar civilizatório mínimo que a sociedade democrática não concebe ver reduzido em qualquer segmento econômico-profissional, sob pena de se afrontarem a própria dignidade da pessoa humana e a valorização mínima deferível ao trabalho (art. 1°, III e 170, caput, da CF/88). No caso vertente, portanto, a previsão em norma coletiva flexibilizando o pagamento do adicional de periculosidade deve ser considerada inválida. Acresça-se que o fato de a parcela ter expressão patrimonial não constitui fundamento válido para autorizar a flexibilização, pois se trata de aspecto que atinge todas as parcelas, ampliando desmesuradamente a decisão firmada pelo STF. Afinal, qualquer direito pode ser convertido em indenização, tendo esta expressão monetária. Recurso de revista não conhecido. TST-ARR-1672-68.2010.5.03.0136, 3ª Turma, rel. Min. Mauricio Godinho Delgado, julgado em 14/11/2023 (Informativo nº 281)

➘ Recurso ordinário. Ação anulatória. Invalidade de cláusula de convenção coletiva de trabalho que estabelece diferenciação do piso salarial dos empregados em contrato de experiência. Tese fixada pelo Supremo Tribunal Federal no Tema 1046.

Consoante estabelece o artigo 461, caput, da CLT, os empregados terão salários equivalentes quando exercerem idêntica função em prol do mesmo empregador e esteja configurada a igualdade do valor do trabalho no mesmo estabelecimento empresarial. Dessa forma, o aludido dispositivo trata do princípio da equidade salarial, segundo o qual deve haver uniformidade na remuneração dos trabalhadores ao desempenharem atividades laborais análogas. Logo, se exercem idêntica função, a distinção remuneratória entre a contratação por experiência e por prazo indeterminado configura afronta aos princípios da isonomia e da equidade salarial, os quais integram o rol de direitos absolutamente indisponíveis. Sob esses fundamentos, a SDC, por unanimidade, negou provimento ao recurso ordinário interposto pelo sindicato patronal, mantendo o acórdão regional que, aplicando adequadamente a tese fixada pelo Supremo Tribunal Federal no Tema 1046, declarou a nulidade da cláusula da convenção coletiva de trabalho que fixou piso salarial diferenciado ao empregado em contrato de experiência. TST-RO-230-68.2018.5.08.0000, SDC, rel. Min. Guilherme Augusto Caputo Bastos, julgado em 11/12/2023. (Informativo nº 282)

23.1. PARCELAMENTO DAS VERBAS RESCISÓRIAS

➘ Ação anulatória. Acordo Coletivo de Trabalho. Possibilidade de parcelamento do pagamento de verbas rescisórias. Matéria passível de negociação coletiva.

É válida cláusula prevista em acordo coletivo de trabalho que estabelece a possibilidade de parcelamento do pagamento de verbas rescisórias. Ainda que o § 6º do art. 477 da CLT estabeleça o prazo de dez dias a partir do término do contrato para o pagamento dos valores constantes do instrumento de rescisão ou recibo de quitação, nada impede que o sindicato profissional e as empresas ajustem forma diversa de pagamento das verbas rescisórias, uma vez que o direito não é elencado no rol taxativo do art. 611-B da CLT. No caso, a cláusula do instrumento normativo estabeleceu a possibilidade do parcelamento do pagamento das verbas rescisórias pelas empresas do ramo de transporte atingidas financeiramente pela calamidade pública decorrente da pandemia da Covid-19. Sob esses fundamentos, a SDC, por maioria, vencidas as Ministras Kátia Magalhães Arruda e Delaíde Alves Miranda Arantes e o Ministro Mauricio Godinho Delgado, deu provimento ao recurso ordinário para julgar improcedente a ação anulatória quanto ao pedido de anulação da cláusula 7ª do Acordo Coletivo de Trabalho 69/2000, restabelecendo sua redação original. TST-ROT303-04.2020.5.14.0000, SDC, rel. Min. Alexandre de Souza Agra Belmonte, julgado em 12/9/2022. (Informativo nº 261)

23.2. DISPENSA DISCRIMINATÓRIA

➘ Dispensa decorrente do ajuizamento de reclamação trabalhista. Prática discriminatória. Art. 1º da Lei nº 9.029/1995. Rol exemplificativo. Reintegração devida.

O rol de práticas consideradas discriminatórias previsto no art. 1º da Lei nº 9.029/1995 sempre foi meramente exemplificativo, mesmo antes da alteração introduzida pela Lei nº 12.146/2015, que somente acrescentou a expressão "entre outros". Ao efetuar a referida modificação, o objetivo do legislador foi apenas deixar evidente o que já estava estabelecido na redação original do dispositivo, ou seja, a vedação a qualquer atitude discriminatória que impeça o acesso ou a manutenção de relação de trabalho. Assim, na hipótese dos autos, em que houve a comprovação da ocorrência de dispensa retaliatória em razão de ajuizamento de reclamatória trabalhista anterior, a SBDI-I, por unanimidade, conheceu dos embargos, por divergência jurisprudencial, e, no mérito, por maioria, deu-lhes provimento para determinar a reintegração do reclamante ao emprego, com o pagamento de todas as verbas devidas no período de afastamento, corrigidas monetariamente e acrescidas de juros (art. 4º, I, da Lei nº 9.029/1995). Vencidos os Ministros Guilherme Augusto Caputo Bastos e Renato de Lacerda Paiva, os quais entendiam que, em razão da dispensa do autor ter se dado em julho de 2013, a ele se aplica a redação original do art. 1º da Lei nº 9.029/1995, que não comportava interpretação extensiva, na medida em que apresentava rol taxativo referente a condições pessoais do empregado (sexo, origem, raça, cor, estado civil, situação familiar ou idade), não englobando, portanto, o caso da dispensa em razão de ajuizamento de ação. TST-E-RR–807-35.2013.5.09.0892, SBDI-I, rel. Min. Brito Pereira, 26.10.2017 (Informativo nº 168 do TST).

➘ Dispensa discriminatória. Presunção. Empregado portador de tuberculose. Súmula nº 443 do TST.

A SBDI-I, por maioria, conheceu dos embargos, por contrariedade à Súmula nº 443 do TST e, no mérito, por unanimidade, deu-lhes provimento para reconhecer o caráter discriminatório da dispensa sem justa causa de empregada portadora de tuberculose. Na hipótese, a Subseção reformou decisão turmária que não conhecera do recurso de revista sob o fundamento de que a presunção prevista na Súmula nº 443 do TST não se aplica ao caso em que o vínculo foi mantido por mais de seis anos após a empresa ter ciência da doença, não houve afastamento do trabalho para tratamento de saúde, nem a percepção de benefício previdenciário, não havia incapacidade de ordem psiquiátrica ao tempo da dispensa e muito menos nexo causal com as condições laborais. Prevaleceu o entendimento de que, sendo incontroverso que a reclamada sabia que a reclamante era portadora de tuberculose, não há base legal para se exigir, como requisitos para a comprovação da dispensa discriminatória, a imediatidade da despedida, a redução da capacidade laboral, o afastamento para tratamento de saúde, a concessão de auxílio-doença ou o nexo causal entre a enfermidade e o trabalho realizado. Ademais, a fundamentação da Corte regional, endossada pela Turma do TST, adotou posicionamento diametralmente oposto aos termos da Súmula nº 443 do TST, pois reputou à reclamante o ônus de comprovar a discriminação alegada. Vencidos os Ministros João Oreste Dalazen, Ives Gandra Martins Filho, Aloysio Corrêa da Veiga, Márcio Eurico Vitral Amaro e Cláudio Mascarenhas Brandão. TST-E-ED-RR-65800-46.2009.5.02.0044, SBDI-I, rel. Min. Walmir Oliveira da Costa, 9.3.2017. (Informativo nº 154 do TST).

24. RECONHECIMENTO DE VÍNCULO EMPREGATÍCIO / CATEGORIA

➘ Empregado de cartório extrajudicial admitido antes da edição da Lei nº 8.935/94. Relação laboral submetida à normas da CLT. Autoaplicabilidade do art. 236 da CF.

A relação jurídica havida entre os serventuários e o cartório extrajudicial esté sujeita ao regime jurídico da CLT, ainda que contratados em período anterior é vigêcia da Lei nº 8.935/94, pois o art. 236 da CF jé previa o caráter privado dos serviços notariais e de registro, sendo norma constitucional autoaplicável. Nos termos do mencionado preceito constitucional, os serviços notariais e de registro são exercidos em caráter privado, por delegação do Poder Público, o que evidencia que os empregados contratados para prestar serviços em cartórios são submetidos ao regime jurídico celetista, na medida em que mantém vínculo profissional com o titular do cartório e não com o Estado. Na hipótese dos autos, extraiu-se do acórdão do Regional que o reclamante era serventuário de cartório extrajudicial quando do advento da Constituição de 1988. Assim, concluindo pela mé-aplicação da Súmula nº 126 do TST pela Turma, a SBDI-I, é unanimidade, conheceu dos embargos interpostos antes da Lei nº 11.496/2007, por violação dos arts. 896 da CLT e 236 da CF, e, no mérito, deu-lhes provimento para reconhecer o vínculo de natureza trabalhista entre as partes a partir de 5.10.1988 e determinar o retorno dos autos é Vara do Trabalho de origem, a fim de que prossiga no exame da pretensão deduzida pelo espólio, como entender de direito. *TSTE-RR-493331-32.1998.5.02.0078, SBDI-I, rel. Min. Lelio Bentes Correa, 31.5.2012. (Informativo nº 11)*

➘ Radialista. Enquadramento. Lei nº 6.615/78. Registro. Ausêcia. Princípio da primazia da realidade.

A ausêcia de registro perante a Delegacia Regional do Trabalho não é óbice para o enquadramento do empregado na condição de radialista, desde que preenchidos os requisitos essenciais previsto na Lei nº 6.615/78, quais sejam, a prestação de serviço é empresa equiparada é de radiodifusão (art. 3º) e o exercício de uma das funções em que se desdobram as atividades mencionadas no art. 4º da referida lei. No caso, prevaleceu a tese de que a inobservâcia de exigêcia meramente formal não afasta o enquadramento pretendido, em atenção ao princípio da primazia da realidade e é não recepção da norma limitativa da liberdade de expressão pela Constituição Federal de 1988, na esteira da jurisprudêcia do STF quanto é exigêcia de diploma de jornalista. Assim, a SBDI-I, por unanimidade, no tópico, conheceu dos embargos do reclamante, por divergêcia jurisprudencial e, no mérito, deu-lhes provimento para restabelecer a decisão do Regional, que enquadrou o empregado como radialista. *TST-E-ED-RR-2983500-63.1998.5.09.0012, SBDI-I, rel. Min. José Roberto Freire Pimenta, 7.3.2013 (Informativo nº 39)*

➘ Atividade Docente. Instrutora de informática. Curso profissionalizante. Reconhecimento da condição de professora. Princípio da primazia da realidade.

Tendo em conta o princípio da primazia da realidade que rege as normas de Direito do Trabalho, a empregada contratada para o exercício da atividade de instrutora de informática, em estabelecimento que oferece cursos profissionalizantes, tem direito ao reconhecimento da condição de professora e é percepção das parcelas trabalhistas próprias dessa categoria. As exigêcias formais previstas no art. 317 da CLT são dirigidas aos estabelecimentos particulares de ensino. Assim, a SBDI-I, por unanimidade, conheceu dos embargos, por divergêcia jurisprudencial, e, no mérito, negou-lhes provimento. *TST-E-ED-RR-6800-19.2007.5.04.0016, SBDI-I, rel. Min. João Oreste Dalazen, 11.4.2013 (Informativo nº 42)*

➘ Instrutora de idiomas. Atividade docente. Enquadramento na categoria profissional dos professores, ainda que ausentes as formalidades do art. 317 da CLT. Possibilidade.

Sendo incontroverso o desempenho de atividade docente na condição de instrutora de inglês em curso de idiomas, não hé como afastar o enquadramento da reclamante na categoria dos professores, ainda que ausentes as formalidades a que se refere o art. 317 da CLT. Assim, por maioria, a SBDI-I, em sua composição plena, conheceu dos embargos interpostos antes da vigêcia da Lei nº 11.496/2007, por violação do art. 317 da CLT, vencidos os Ministros Renato de Lacerda Paiva, relator, Dora Maria da Costa, João Oreste Dalazen, António José de Barros Levenhagen, Brito Pereira e Carlos Alberto Reis de Paula, e, no mérito, também por maioria, deu-lhes provimento para declarar aplicáeis é reclamante as normas coletivas da categoria dos professores e determinar o retorno dos autos é vara de origem para que analise o restante do mérito, como entender de direito.Vencido o Ministro Ives Gandra Martins Filho que conhecia do recurso, por divergêcia jurisprudencial, e, no mérito, negava-lhe provimento. *TST-E-RR-8000-71.2003.5.10.0004, SBDI-I, rel. Min. Renato de Lacerda Paiva, red. p/ acórdão Min. José Roberto Freire Pimenta, 23.5.2013 (Informativo nº 48)*

25. TRABALHADOR AVULSO

➘ Arguição de inconstitucionalidade. Trabalhador portuário avulso. Art. 27, § 3º, da Lei nº 8.630/93. Aposentadoria espontânea. Manutenção da inscrição junto ao OGMO.

O Tribunal Pleno decidiu, por maioria de votos, rejeitar a arguição de inconstitucionalidade do art. 27, § 3º, da Lei nº 8.630/93 e, conferindo-lhe interpretação conforme a Constituição Federal, declarar que a aposentadoria espontânea do trabalhador avulso não implica o cancelamento da inscrição no cadastro e registro do trabalhador portuário junto ao Órgão de Gestão de Mão-de-Obra – OGMO. Invocou-se, na hipótese, o princípio da isonomia, especificamente previsto no art. 7º, XXXIV, da CF, e os fundamentos adotados pelo STF ao declarar a inconstitucionalidade do § 2º do art. 453 da CLT com relação aos empregados com vínculo de emprego permanente (ADI 1721/DF), para sustentar que os princípios constitucionais ali enumerados, a saber, o valor social do trabalho, a existência digna e a busca do pleno emprego e o primado do trabalho, alcançam igualmente os trabalhadores avulsos, de modo que a aposentadoria espontânea, da mesma forma que não extingue automaticamente o vínculo de emprego, também não cancela a inscrição dos trabalhadores avulsos perante o OGMO. Vencidos os Ministros Aloysio Corrêa da Veiga, Antônio José de Barros Levenhagen, Brito Pereira, Maria Cristina Irigoyen Peduzzi, Maria de Assis Calsing, Renato de Lacerda Paiva, Lelio Bentes Corrêa, Alberto Luiz Bresciani de Fontan Pereira, Dora Maria da Costa e João Oreste Dalazen, que não conferiam a interpretação conforme a Constituição. Vencido, ainda, por fundamento diverso, o Ministro Luiz Philippe Vieira de Mello Filho. *Arg Inc-395400-83.2009.5.09.0322, Tribunal Pleno, rel. Min. Pedro Paulo Teixeira Manus, 15.10.2012 (Informativo nº 26)*

➘ Acidente de trabalho. Trabalhador avulso. Estivador. Responsabilidade civil subjetiva do operador portuário. Configuração. Dever de zelar pelo meio ambiente de trabalho seguro.

A SBDI-I entendeu haver responsabilidade civil subjetiva da operadora portuária pelo acidente de trabalho que causou amputação parcial da falange distal do dedo indicador direito de trabalhador avulso durante a estivagem para embarque de arroz, uma vez que, no caso, a reclamada omitiu-se em observar o dever de zelar pelo meio ambiente de trabalho seguro a que se refere o art. 157, da CLT.

Com esse entendimento, a Subseção, por unanimidade, conheceu dos embargos, por divergência jurisprudencial, e, no mérito, negou-lhes provimento. Vencidos os Ministros Brito Pereira, relator, João Oreste Dalazen, Renato de Lacerda Paiva e Dora Maria da Costa, que davam provimento aos embargos para, afastando a responsabilidade objetiva assentada pela decisão turmária, determinar o retorno dos autos à Vara do Trabalho de origem, a fim de que prossiga no exame do pedido, sob o enfoque da eventual caracterização de responsabilidade subjetiva da reclamada. Ressalvaram a fundamentação os Ministros Augusto César Leite de Carvalho, Alexandre Agra Belmonte e Delaíde Miranda Arantes, que negavam provimento ao recurso por entender configurada a responsabilidade civil objetiva, e os Ministros José Roberto Freire Pimenta e Luiz Philippe Vieira de Mello Filho, que, na hipótese, vislumbravam a presença tanto da responsabilidade subjetiva, quanto da objetiva. *TST-E-RR-99300-59.2007.5.17.0011, SBDI-I, rel. Min. Brito Pereira, red. p/ acórdão Min. Aloysio Corrêa da Veiga, 9.5.2013 (Informativo nº 46)*

26. CONCURSO PÚBLICO

➘ Ação rescisória. Servidor público municipal celetista submetido a concurso público. Dispensa com fundamento no art. 21, parágrafo único, da LRF. Inexistência de procedimento administrativo em que assegurado o devido processo legal e o direito à ampla defesa. Retorno ao trabalho. Aplicação dos arts. 169 e 182 do Código Civil.

Conforme precedentes do Supremo Tribunal Federal, o servidor público celetista da administração direta, autárquica ou fundacional ou o empregado de empresa pública ou de sociedade de economia mista, ainda que admitidos por meio de aprovação em concurso público, não têm direito à estabilidade do art. 41 da CF, a não ser que a contratação tenha se dado anteriormente à Emenda Constitucional nº 19/1998. Todavia, também de acordo com o entendimento consolidado pela Suprema Corte, viola o art. 5º, LV, da CF a dispensa de servidor municipal nomeado após aprovação em concurso público, ainda que em estágio probatório, com fundamento no art. 21, parágrafo único, da Lei de Responsabilidade Fiscal, quando não assegurado o contraditório e a ampla defesa em procedimento administrativo. Sob esses fundamentos, a SBDI-II, por unanimidade, conheceu do recurso ordinário em ação rescisória e, no mérito, negou-lhe provimento, assentando que, a despeito de não se tratar de servidor público estável, na forma do art. 41 da CF, a dispensa, sem o precedente procedimento administrativo, é nula, razão pela qual se determina o retorno ao trabalho, com pagamento dos salários vencidos e vincendos desde a data da dispensa, nos termos dos arts. 169 e 185 do Código Civil, ficando, no entanto, assegurado ao Município empregador o direito de renovar o despedimento, desde que observe a exigência do prévio procedimento administrativo em que assegurado o devido processo legal e o direito à ampla defesa. Vencidos os Ministros Luiz Philippe Vieira de Mello Filho e Ives Gandra Martins Filho. TST-RO- 5904-64.2012.5.07.0000, SBDI-II, rel. Min. Douglas Alencar Rodrigues, 21.3.2017. (Informativo nº 155).

➘ Matéria afetada ao Tribunal Pleno. Gestante. Contrato nulo. Ausência de prévia aprovação em concurso público. Estabilidade provisória. Indevida. Incidência da Súmula nº 363 do TST.

Não é possível estender a garantia provisória de emprego à empregada gestante dispensada em razão do reconhecimento da nulidade do contrato firmado com ente público, sem prévia aprovação em concurso público. Incidência dos estritos termos da Súmula nº 363 do TST que, diante da invalidade da contratação, assegura apenas o pagamento das horas trabalhadas e das contribuições ao FGTS, por expressa previsão de lei. Ao caso concreto não se aplica a Convenção nº 103 da OIT, que consagra o direito das empregadas gestantes à licença-maternidade e veda a dispensa nesse período, nem a jurisprudência do Supremo Tribunal Federal no que concerne ao alcance da estabilidade prevista no art. 10, II, "b", do ADCT, pois ambas as situações pressupõem a validade da relação jurídica estabelecida entre as partes, condição não verificada na hipótese. Sob esse entendimento, o Tribunal Pleno, por maioria, conheceu do recurso de embargos, por divergência jurisprudencial, vencidos os Ministros Hugo Carlos Scheuermann, Cláudio Mascarenhas Brandão, Alberto Luiz Bresciani de Fontan Pereira, Maria de Assis Calsing, Márcio Eurico Vitral Amaro e Kátia Magalhães Arruda. No mérito, ainda por maioria, decidiu-se negar provimento ao recurso, vencidos os Ministros Delaíde Miranda Arantes, relatora, Lelio Bentes Corrêa, Mauricio Godinho Delgado e Augusto César Leite de Carvalho. TST-E-ED-RR-175700-88.2007.5.04.0751, Tribunal Pleno, rel. Min. Delaíde Miranda Arantes, red. p/ acórdão Min. Aloysio Corrêa da Veiga, 17.4.2017. (Informativo nº 156 do TST).

➘ Concurso público. Candidato aprovado em posição superior ao número de vagas disponíveis no edital. Criação de cargos durante o prazo de validade do certame. Direito subjetivo à nomeação. Caracterização.

O candidato aprovado em concurso público e classificado em posição superior ao número de vagas disponíveis no edital tem, apenas, a simples expectativa de ingresso no serviço público. Todavia, adquire direito subjetivo à nomeação se comprovado o surgimento de novas vagas durante o prazo de validade do certame, bem como o interesse da Administração Pública em preenchê-las. Na hipótese, a presidência do TRT da 1ª Região, a despeito da criação de cargos pela Lei nº 11.877/08 e da destinação destes aos aprovados no concurso de 2008, conforme previsto na Resolução Administrativa nº 17/2007, resolveu não nomear os candidatos aprovados para o cargo de analista judiciário – área administrativa até a conclusão da pesquisa de carências de especialidades. Assim, o Órgão Especial, por unanimidade, conheceu dos recursos ordinários e, no mérito, deu-lhes provimento para conceder parcialmente a segurança, com ordem de preenchimento de 39 cargos de analista judiciário – área administrativa, criados pela Lei nº 11.877/08, pelos candidatos aprovados e habilitados em idêntico cargo na forma do concurso público realizado em 2008, observada a ordem de classificação e o prazo de validade do certame. *TST-RO-102000-17.2009.5.01.0000, Órgão Especial, rel. Min. Alberto Luiz Bresciani de Fontan Pereira, 3.9.2012 (Informativo nº 20)*

➘ Concurso público. Pessoa portadora de necessidades especiais. Deficiência auditiva. Caracterização.

As normas e princípios constitucionais insculpidos nos arts. 1º, II e III, e 3º, IV, da CF, interpretados juntamente com o art. 3º do Decreto nº 3.298/99 (com redação dada pelo Decreto nº 5.296/04), permitem concluir que a deficiência auditiva, ainda que não bilateral, conforme disposto no art. 4º, II, do Decreto nº 3.298/99, é suficiente para assegurar ao candidato inscrito em concurso público o direito de concorrer a uma das vagas destinadas aos portadores de necessidades especiais a que aludem os arts. 37, VIII, da CF e 5º, § 2º, da Lei nº 8.112/90. Com esse entendimento, o Órgão Especial, por unanimidade, deu provimento parcial ao recurso ordinário da recorrente para reconhecer sua condição de portadora de deficiência auditiva, assegurando-lhe o direito à nomeação para o cargo de Analista Judiciário – Área Judiciária, do quadro permanente do TRT da 21ª Região, em vaga reservada a portadores de necessidades especiais correspondente à classificação na listagem especial equivalente à nota por ela alcançada no concurso público. *TST-RO-11800-35.2011.5.21.0000, Órgão Especial, rel. Min. Brito Pereira, 1º.10.2012 (No mesmo sentido, TST-ReeNec e RO-29400-69.2011.5.21.0000, Órgão Especial, rel. Min. Dora Maria da costa, 1º.10.2012) (Informativo nº 23)*

➘ Concurso público para formação de cadastro reserva. Advogado. Contratação de advogados terceirizados. Preterição de candidatos aprovados. Direito à nomeação imediata.

Há direito à nomeação imediata de candidato aprovado em concurso público para formação de cadastro de reserva quando constatada a terceirização dos serviços afetos às atribuições do cargo previsto no certame. No caso, prevaleceu o entendimento de que a preterição dos candidatos aprovados para o cargo de advogado do Banco do Nordeste S.A, decorrente da contratação de escritórios de advocacia por via de licitação e no prazo de vigência do concurso, violou o princípio constitucional do concurso público (art. 37, II, da CF). Ademais, demonstrada a necessidade de provimento do cargo descrito no edital, deve-se convolar a expectativa de direito do candidato aprovado em direito subjetivo à sua nomeação. Nesse contexto, a SBDI-I, por maioria, conheceu dos embargos interpostos pelo Banco do Nordeste do Brasil S.A. - BNB, por divergência jurisprudencial, vencidos os Ministros Hugo Carlos Scheuermann, Renato de Lacerda Paiva e Lelio Bentes Corrêa. No mérito, ainda por maioria, a Subseção negou provimento ao recurso, vencidos os Ministros Márcio Eurico Vitral Amaro, relator, Ives Gandra Martins Filho, Renato de Lacerda Paiva, Luiz Philippe Vieira de Mello Filho e José Roberto Freire Pimenta. *TST-E-ED-RR-2167- 67.2011.5.22.0001, SBDI-I, rel. Min. Márcio Eurico Vitral Amaro, red. p/acórdão Min. Augusto César Leite de Carvalho, 16.4.2015 (Informativo nº 104)*

27. ATESTADO MÉDICO - CID

Ação anulatória. Atestado Médico. Exigência da inserção da Classificação Internacional de Doenças (CID). Validade da cláusula de convenção coletiva de trabalho. Não violação do direito fundamental à intimidade e à privacidade.

Não viola o direito fundamental à intimidade e à privacidade (art. 5º, X, da CF), cláusula constante de convenção coletiva de trabalho que exija a inserção da Classificação Internacional de Doenças (CID) nos atestados médicos apresentados pelos empregados. Essa exigência, que obriga o trabalhador a divulgar informações acerca de seu estado de saúde para exercer seu direito de justificar a ausência ao trabalho por motivo de doença, traz benefícios para o meio ambiente de trabalho, pois auxilia o empregador a tomar medidas adequadas ao combate de enfermidades recorrentes e a proporcionar melhorias nas condições de trabalho. Sob esse entendimento, a SDC, por unanimidade, conheceu do recurso ordinário e, no mérito, pelo voto prevalente da Presidência, deu-lhe provimento para julgar improcedente o pedido de anulação da cláusula em questão. Vencidos os Ministros Mauricio Godinho Delgado, relator, Kátia Magalhães Arruda e Maria de Assis Calsing. *TST-RO- 480-32.2014.5.12.0000, SDC, rel. Min. Mauricio Godinho Delgado, red. p/ o acórdão Min. Ives Gandra Martins Filho, 14.12.2015 (Informativo nº 126 do TST)*

27.1. LIMBO JURÍDICO PREVIDENCIÁRIO

Embargos. Controvérsia quanto à saúde do empregado. Alta previdenciária em contraposição ao atestado de inaptidão total para a atividade emitido pelo serviço médico da empresa. Impedimento do retorno do empregado às atividades e ao percebimento da contraprestação pecuniária. Limbo jurídico. Conduta abusiva da empresa. Art. 187 do Código Civil. Dano Moral in re ipsa configurado.

Configura ato ilícito, nos termos do art. 187 do Código Civil, a conduta da empresa que impede o retorno do empregado à atividade laboral e, consequentemente, inviabiliza o percebimento da contraprestação pecuniária, mesmo após a alta previdenciária. O sofrimento ensejado pela atitude abusiva da empregadora, ao sonegar direitos básicos do trabalhador, independe de comprovação fática do abalo moral, configurando-se in re ipsa (é presumido em razão do próprio fato), sendo desnecessário qualquer tipo de prova. Dessarte, exsurge a responsabilidade civil da empresa, nos termos do artigo 5º, X, da Constituição Federal, revelando-se despicienda a configuração do elemento subjetivo da conduta do empregador. Sob esses fundamentos a SBDI-I, por unanimidade, conheceu do recurso de embargos, por divergência jurisprudencial, e, no mérito, por maioria, deu-lhe provimento para restabelecer o acórdão regional quanto à condenação da reclamada ao pagamento de danos morais, com retorno dos autos à Turma de origem para prosseguir no exame do recurso de revista da autora quanto ao tema que ficara prejudicado. Vencidos os Ministros Alexandre Luiz Ramos e Guilherme Augusto Caputo Bastos e as Ministras Dora Maria da Costa e Maria Cristina Irigoyen Peduzzi. TST-E-ED-RR-51800- 33.2012.5.17.0007, SBDI-I, rel. Min. Breno Medeiros, 2/9/2021. (Informativo nº 243)

28. DISSÍDIO COLETIVO

Dissídio coletivo de natureza econômica. Reajuste salarial. Concessão por sentença normativa. Caso em que a empresa estatal está vinculada a ente público que excedeu o limite com o gasto de pessoal estabelecido na Lei de Responsabilidade Fiscal. Impossibilidade.

Não é possível a concessão de reajuste pela via do exercício do poder normativo da Justiça do Trabalho quando o ente público ao qual está vinculada a empresa estatal encontra-se no limite de gasto com pessoal estabelecido pela Lei de Responsabilidade Fiscal (Lei Complementar nº 101/2000). Embora o art. 22, parágrafo único, I, da LRF, nessa circunstância, admita os aumentos ou reajustes decorrentes de sentença judicial, enquadram-se nesse conceito somente as sentenças condenatórias e mandamentais, pois provenientes da função típica do Poder Judiciário. As sentenças normativas não representam, rigorosamente, exercício de poder jurisdicional, razão pela qual não constituem exceção à aplicação dos limites impostos pela Lei de Responsabilidade Fiscal. Sob esses fundamentos, a SDC, por maioria, negou provimento ao recurso ordinário do sindicato profissional. Vencidos os Ministros Mauricio Godinho Delgado, relator, e Kátia Magalhães Arruda, que davam provimento ao recurso para conceder o reajuste de 7,5% à categoria. TST-RO-296- 96.2015.5.10.0000, SDC, rel. Min. Mauricio Godinho Delgado, red. p/ acórdão Min. Emmanoel Pereira, 13.3.2017. (Informativo nº 154).

29. EMPREGADO COM DEFICIÊNCIA

Trabalhador com deficiência. Dispensa sem justa causa. Manutenção pela empresa do percentual previsto no art. 93 da Lei nº 8.213/1991. Reintegração indevida.

A dispensa sem justa causa de trabalhador com deficiência ou beneficiário reabilitado, sem a correspondente contratação de outro empregado nas mesmas condições, é possível desde que a empresa mantenha o percentual de cargos preenchidos por esses trabalhadores dentro dos limites estipulados pelo art. 93 da Lei nº 8.213/91. Sob esse fundamento, a SBDI-I, por unanimidade, conheceu dos embargos, por divergência jurisprudencial, e, no mérito, por maioria, deu-lhes provimento para restabelecer o acórdão do Regional que, diante da manutenção do percentual legalmente estabelecido para a contratação de pessoas com deficiência pela empresa reclamada, indeferiu o pedido de reintegração do reclamante. Vencidos os Ministros Cláudio Mascarenhas Brandão e Alexandre Agra Belmonte. TST-E-ED-ED-RR-10740-12.2005.5.17.0012, SBDI-I, rel. Min. Renato de Lacerda Paiva, 4.5.2017 (Informativo nº 158).

30. *HABEAS CORPUS*

Habeas corpus. Cabimento. Jogador de futebol. Livre exercício da profissão.

A SBDI-II, por maioria, conheceu de agravo regimental e, no mérito, negou-lhe provimento, mantendo, portanto, decisão monocrática que, em sede de habeas corpus, concedeu pedido liminar para autorizar jogador de futebol a exercer livremente sua profissão, participando de jogos e treinamentos em qualquer localidade e para qualquer empregador, conforme sua livre escolha. Na espécie, ressaltou-se que não há falar em não cabimento do habeas corpus, pois, na Justiça do Trabalho, a referida ação constitucional não se restringe à proteção do direito à locomoção, mas abrange a defesa da autonomia da vontade contra ilegalidade ou abuso de poder perpetrado tanto pela autoridade judiciária quanto pelas partes da relação de trabalho. Ademais, no caso em tela restou demonstrada a presença da fumaça do bom direito e do perigo da demora, pois o paciente encontra-se impedido de exercer a função de jogador de futebol no clube que lhe interessa, e a manutenção do vínculo com o empregador atual, por tempo indeterminado, ofende o direito de livre exercício da profissão. De outra sorte, o debate travado nos autos reclama medida urgente, pois envolve atleta que, em razão da idade, encontra-se em fim de carreira. Vencidos os Ministros Douglas Alencar Rodrigues e Renato de Lacerda Paiva. TST-AgR-HC-5451-88.2017.5.00.0000, SBDI-II, rel. Min. Delaíde Miranda Arantes, 8.8.2017 (Informativo nº 162)

31. PLANO DE DEMISSÃO VOLUNTÁRIA

BESC. Plano de demissão incentivada. Negociação coletiva. Cláusula de quitação ampla do contrato de emprego. Fato incontroverso. Ausência de contrariedade à Súmula nº 126 do TST.

Não contraria a Súmula nº 126 do TST, decisão turmária que, fundada em fato incontroverso, conclui pela existência de acordo coletivo a fim de validar o plano de demissão incentivada do BESC. Na hipótese, considerou-se fato incontroverso que o plano em questão foi firmado mediante negociação coletiva com o sindicato representativo da categoria profissional e, ainda, acordada a quitação de toda e qualquer parcela decorrente da relação de emprego, visto que afirmado pelo reclamado na contestação, nas contrarrazões ao recurso ordinário e no recurso de revista adesivo e, não negado pelo autor. Destacou-se, ademais, que, no caso, se discute idêntico programa de demissão e norma coletiva a que se referiu o Supremo Tribunal Federal, nos autos do RE 590.415/SC, com repercussão geral, razão pela qual não há falar em revolvimento de fatos e provas ou contrariedade à Súmula nº 126 do TST. Sob esse fundamento, a SBDI-I, por maioria, não conheceu dos embargos interpostos pelo reclamante. Vencido o Ministro João Oreste Dalazen. TST- E-ED-RR-115300-41.2009.5.12.0032, SBDI-I, rel. Min. Aloysio Corrêa da Veiga, 14.9.2017 (Informativo nº 164).

32. TEMPO DE DESLOCAMENTO

Trabalho em minas de subsolo. Tempo de deslocamento da boca da mina ao local de trabalho e vice-versa. Cômputo para efeito de concessão de intervalo intrajornada. Impossibilidade.

O período de deslocamento do mineiro entre a boca da mina e a frente de lavra não deve ser computado para efeito de concessão de intervalo intrajornada, pois o labor em minas de subsolo não se submete ao sistema geral de duração do trabalho, conforme excepciona o art. 57, parte final, da CLT. Ao promover o disciplinamento especial do trabalho dos mineiros (arts. 293 a 301 da CLT), o legislador adotou explicitamente tratamento diferenciado entre o tempo de "trabalho efetivo" para efeito de jornada normal e o tempo de deslocamento, dispondo que este último é computado apenas para efeito de pagamento do salário (arts. 293 e 294). Assim, na hipótese em que o empregado em mina de subsolo presta jornada efetiva de seis horas diárias, ainda que perceba 65 minutos de remuneração pelo deslocamento, não tem direito ao cômputo deste tempo para beneficiar-se do intervalo intrajornada do art. 71 da CLT, inaplicável em virtude da norma especial do art. 298 da CLT — que prevê um intervalo intrajornada mais benéfico, de 15 minutos a cada três horas de labor, computado "na duração normal de trabalho efetivo". De outra sorte, no caso concreto há registro de cláusula de acordo coletivo que se revela vantajosa para os empregados, pois, ao regular o direito previsto no art. 294 da CLT, garantiu a percepção de um adicional de 70% para os 65 minutos de deslocamento da boca da mina até a frente de lavra. Sob esses fundamentos, a SBDI-I, à unanimidade, conheceu dos embargos, por divergência jurisprudencial, e, no mérito, pelo voto prevalente da Presidência, negou-lhes provimento. Vencidos os Ministros Augusto César Leite de Carvalho, relator, Brito Pereira, Emmanoel Pereira, Márcio Eurico Vitral Amaro, José Roberto Freire Pimenta, Hugo Carlos Scheuermann e Cláudio Mascarenhas Brandão, os quais reconheciam o tempo gasto da boca da mina até o local de trabalho como tempo à disposição do empregador, razão pela qual julgavam procedente o pedido de horas extras decorrente do intervalo intrajornada não usufruído, fazendo incidir a Súmula nº 437, IV, do TST. TST-E-RR-505-29.2010.5.20.0011, SBDI-I, rel. Min. Augusto César Leite de Carvalho, red. p/ acórdão Min. João Oreste Dalazen, 21.9.2017 (Informativo nº 165)

33. AVISO PRÉVIO

Aviso prévio proporcional. Lei nº 12.506/2011. Direito exclusivo do empregado.

A proporcionalidade do aviso prévio a que se refere a Lei nº 12.506/2011 aplica-se somente aos casos em que o empregador toma a iniciativa de rescindir o contrato de trabalho. Interpretar a norma de forma diversa, ou seja, exigir que o trabalhador cumpra aviso prévio superior a trinta dias, na hipótese em que ele próprio intentar a rescisão do contrato, significaria compactuar com alteração legislativa prejudicial ao empregado. Sob esse entendimento, a SBDI-I, por unanimidade conheceu dos embargos interpostos pela reclamante, por divergência jurisprudencial, e, no mérito, deu-lhes provimento para acrescer à condenação o pagamento de três dias de trabalho prestado indevidamente no período do aviso prévio, com os reflexos cabíveis. TST-E-RR-1964-73.2013.5.09.0009 , SBDI-I, rel. Min. Hugo Carlos Scheuermann, 21.9.2017 (Informativo nº 165).

34. APRENDIZ

Contrato de aprendizagem. Base de cálculo. Atividades de faxineiro, gari, servente, coletor, varredor de rua e similares. Inclusão. Previsão na classificação brasileira de ocupações.

Em atenção ao princípio da proteção integral e ao direito do jovem à profissionalização (art. 227 da CF), as atividades de faxineiro, gari, servente, coletor, varredor de rua e similares devem ser computadas na base de cálculo para contratação de aprendizes a que se refere o art. 429 da CLT, pois estão previstas na Classificação Brasileira de Ocupações – CBO, critério objetivo para a definição das funções que demandam formação profissional adotado pelo art. 10 do Decreto nº 5.598/2005. Sob esse fundamento, a SBDI-I, à unanimidade, conheceu do recurso de embargos, por divergência jurisprudencial, e, no mérito, por maioria, deu-lhe provimento para restabelecer a sentença. Vencidos os Ministros João Oreste Dalazen, Brito Pereira e Walmir Oliveira da Costa. TST-E-RR-191-51.2010.5.03.0013, SBDI-I, rel. Min. Hugo Carlos Scheuermann, 5.10.2017 (Informativo nº 167).

Direito Constitucional

Paulo Lépore

TABELA DE INCIDÊNCIA DE QUESTÕES

Distribuição das questões organizada por ordem didática de assuntos		
Assunto	**Número de Questões**	**Peso**
1. A CONSTITUIÇÃO	29	11,28%
2. DIREITOS E GARANTIAS FUNDAMENTAIS	75	29,18%
3. ORGANIZAÇÃO DO ESTADO E ORGANIZAÇÃO DOS PODERES	125	48,64%
4. CONTROLE DE CONSTITUCIONALIDADE	28	10,89%
Total	**257**	**100%**

Direito Constitucional

Paulo Lépore

✦ QUESTÕES

1. A CONSTITUIÇÃO

1.1. CONCEITO E CLASSIFICAÇÃO. PRINCÍPIOS FUNDAMENTAIS DA CONSTITUIÇÃO DE 1988. PREÂMBULO

▸ CF, preâmbulo e artigos 1º a 4º.

01. (FCC – Juiz do Trabalho/2017) Em relação a sua eficácia jurídica, as normas de eficácia contida

a) produzem efeitos plenos na ausência de lei que contenha sua eficácia.

b) são ineficazes na ausência de lei regulamentadora.

c) não são autoaplicáveis.

d) não podem ser restringidas por lei.

e) são ineficazes na ausência de política pública.

COMENTÁRIOS

Alternativa correta: letra "a": normas de eficácia contida são aquelas que têm aplicabilidade direta, imediata, mas não integral, pois admitem que seus conteúdos sejam restringidos por normas infraconstitucionais, o que ocorre, por exemplo, com o enunciado que garante o livre exercício de qualquer trabalho, ofício ou profissão, atendidas as qualificações profissionais que a lei estabelecer (art. 5º, XIII, da CF). Assim, enquanto não for materializado o fator de restrição em norma infraconstitucional, a norma de eficácia contida tem eficácia plena e, portanto, produzem todos seus efeitos.

02. (TRT 1 – Juiz do Trabalho Substituto 1ª Região/2016) Foi um dos princípios extraídos de Montesquieu, em sua obra O Espírito das Leis, mais especificamente no capítulo sobre a Constituição da Inglaterra, que se acha expresso na Constituição de 1988 e que é considerado cláusula pétrea:

a) Autonomia do Poder Judiciário.

b) A Federação.

c) A soberania popular.

d) A separação dos Poderes.

e) A autonomia dos Estados da Federação.

COMENTÁRIOS

Alternativa "a": de acordo com o art. 99 da CF, ao Poder Judiciário é assegurada autonomia administrativa e financeira. Entretanto, esse dispositivo **não é protegido como cláusula pétrea e nem deriva das lições de Montesquieu.**

Alternativa "b": a forma federativa de Estado (Federação) é uma cláusula pétrea (art. 60, § 4º, I, da CF), mas **não pode ser reputada a Montesquieu.**

Alternativa "c": consoante art. 14 da CF, a soberania popular será exercida pelo sufrágio universal e pelo voto direto e secreto, com valor igual para todos, e, nos termos da lei, mediante:

I – plebiscito; II – referendo; III – iniciativa popular. Contudo, ela **não é protegida como cláusula pétrea e nem resulta das lições de Montesquieu em "O espírito das leis".**

Alternativa "e": segundo o art. 18 da CF, a organização político-administrativa da República Federativa do Brasil compreende a União, os Estados, o Distrito Federal e os Municípios, **todos autônomos**, nos termos desta Constituição. Essa autonomia, entretanto, **não é resguardada com cláusula pétrea e nem pode ser reputada aos ensinamentos de Montesquieu.**

Alternativa correta: letra "d": de acordo com o art. 2º da CF: "São Poderes da União, independentes e harmônicos entre si, o Legislativo, o Executivo e o Judiciário". Fundado na ideia de Aristóteles e na fórmula política de Montesquieu, o Princípio da Separação de Poderes enuncia que o poder político do Estado não pode ficar nas mãos de apenas um governante, pois deve haver uma difusão das decisões estatais em prol dos interesses do povo. As cláusulas pétreas (de pedra, duras) estão dispostas no art. 60, § 4º, da CF: I – a forma federativa de Estado; II – o voto direto, secreto, universal e periódico; III – a separação dos Poderes; IV – os direitos e garantias individuais. Não será objeto de deliberação a proposta de emenda constitucional tendente a aboli-las.

---

03. (TRT 23 – Juiz do Trabalho Substituto 23ª Região/ 2010) Analise as proposições abaixo e indique a resposta correta:

I. No sentido sociológico, a Constituição, segundo a conceituação de Ferdinand Lassalle é a somatória dos fatores reais do poder dentro de uma sociedade, e no sentido político, segundo Carl Schmitt, é a decisão política fundamental, fazendo distinção entre Constituição e leis constitucionais;

II. Para Hans Kelsen a concepção de Constituição tem dois sentidos: lógico-jurídico, que equivale à norma positiva suprema, ou seja, conjunto de normas que regula a criação de outras normas, lei nacional no seu mais alto grau, e jurídico-positivo, que significa norma fundamental hipotética;

III. A Constituição dita Cesarista é aquela em que a participação popular é democrática, pois visa ratificar a vontade do detentor do poder;

IV. Os elementos da Constituição trazem valores distintos caracterizando a natureza polifacética da Constituição, assim pode-se afirmar que o preâmbulo da Constituição constitui seu elemento formal de aplicabilidade;

a) A proposição I está correta, e as proposições II, III e IV erradas
b) Todas as proposições estão erradas
c) As proposições II e IV estão corretas e as proposições I e III estão erradas
d) Todas as proposições estão corretas
e) As proposições I e IV estão corretas, e as proposições II e III estão erradas.

COMENTÁRIOS

✪ Nota do autor: A Constituição significa a explicitação do pacto social, o ponto de partida de uma nova ordem jurídica e social: um novo começo. É um profundo ato de autodeterminação política, um poderoso símbolo político de identificação nacional e compromisso democrático, pelo qual o povo passa a se governar por si próprio.

Proposição I. O enfoque sociológico de Ferdinand Lassalle entende a Constituição como a soma dos fatores reais de poder em uma sociedade. Já o enfoque político e material de Carl Schmitt vê a Constituição como a decisão política fundamental de uma sociedade, diferenciando-a das leis constitucionais, pois, segundo ele, a Constituição escrita pode conter – principalmente as dirigentes e exaustivas como a nossa Constituição de 1988 – normas dissociadas das decisões políticas fundamentais.

Proposição II. Hans Kelsen traz um enfoque positivista da Constituição como a lei suprema da sociedade, fundamento último de validade das demais leis do ordenamento jurídico. Em sua teoria, a norma hipotética fundamental não se confunde com a Constituição, mas se refere ao fundamento de sua validade, sendo o pressuposto lógico que orienta a sociedade a cumprir as normas jurídicas de acordo com o que prescreve a Constituição[1].

Proposição III. As Constituições podem ser classificadas segundo diversos critérios ou pontos de vista. Quanto à origem, podem ser outorgadas – direito imposto autoritariamente – ou promulgadas – direito posto democraticamente. Existem, ainda, as chamadas constituições cesaristas, que são aquelas que, não obstante outorgadas, dependem da ratificação popular por meio de referendo[2].

Proposição IV. O preâmbulo da Constituição caracteriza-se como uma introdução solene, espécie de síntese do momento constitucional e dos valores consagrados naquela sociedade concreta e historicamente situada. O STF entende que o preâmbulo tem força jurídica indireta: um vetor de interpretação e aplicação do direito, porém sem densidade normativa suficientemente capaz de criar direitos e obrigações ou ainda servir de parâmetro para o controle de constitucionalidade (ADI 2.076).

Alternativa correta: letra "e".

---

04. (TRT 2 – Juiz do Trabalho Substituto 2ª Região/2012) Em relação à Constituição Federal e suas normas, é correto afirmar que:

a) Não é cabível que tenhamos uma norma com assunto tipicamente constitucional, que esteja fora da Constituição.
b) Existem Constituições escritas e não escritas; aquelas se encontram em um documento único, que sistematiza o direito constitucional de uma comunidade política. As não escritas não se encontram em um único documento solene, porquanto são compostas por costumes, pela jurisprudência, por instrumentos escritos dispersos, regulando todos os tipos de situações na vida social, desde interesses comezinhos, privados, até os interesses do Estado.
c) Constituições rígidas ou flexíveis têm essa classificação assentada segundo o critério do grau de

---

1. KELSEN, Hans. *Teoria pura do direito*: introdução à problemática científica do direito. Tradução: J. Cretella Jr. e Agnes Cretella. 5. ed. São Paulo: Editora Revista dos Tribunais, 2007.
2. MORAES, Alexandre. *Direito constitucional*. 15. ed. São Paulo: Atlas, 2004. p. 41.

formalidade do procedimento requerido para a sua mudança. A Constituição brasileira de 1988 é do tipo rígido.

d) Constituição normativa é aquela formalmente válida, mas que ainda não teve alguns de seus preceitos, ativados na prática real.

e) A Constituição, ainda que flexível, requer um sistema de controle de constitucionalidade das leis e atos normativos, como garantia eficaz da supralegalidade das normas constitucionais.

COMENTÁRIOS

Nota do autor: São diversos os modos de se compreender e classificar as Constituições. Não há, por sinal, classificação verdadeira ou falsa, mas sim útil ou inútil, a facilitar o entendimento[3].

Alternativa "a". As Constituições apresentam três *funções ou objetivos principais*: (i) organizar o poder, (ii) reconhecer os direitos fundamentais e (iii) definir os programas de ação e políticas de governo. As normas constitucionais, afinadas com os objetivos maiores da Constituição, também comportam, quanto ao seu conteúdo, três grandes categorias: (i) normas constitucionais de organização, (ii) normas constitucionais definidoras de direitos e (iii) normas constitucionais de princípio ou programáticas[4]. Evidentemente, há possibilidade de normas jurídicas materialmente constitucionais – aquelas que apresentam conteúdo relacionado com os assuntos típicos da Constituição –, além do texto formal da Constituição, como prova o catálogo de direitos fundamentais da Constituição de 1988, aberto à incorporação de novos direitos. O art. 5º, § 2º da CF (Os direitos e garantias expressos nesta Constituição não excluem outros decorrentes do regime e dos princípios por ela adotados, ou dos tratados internacionais em que a República Federativa do Brasil seja parte) encerra uma *norma de abertura* a acolher em seu seio: (i) os direitos expressamente positivados, (ii) os direitos implicitamente positivados – direitos decorrentes ou subentendidos e (iii) tratados internacionais.

Alternativa "b". As Constituições não escritas são aquelas formadas por diversos documentos ou textos – Leis Constitucionais –, costumes e precedentes judiciais que, em seu conjunto, formam a Constituição e, por conta disso, resultam de um longo processo de sedimentação histórica[5]. Logo, não podem, obviamente, cuidar de todas as situações da vida social, eis que as normas constitucionais das Constituições não escritas demandam uma evolução lenta e gradual de incorporação histórica. Nem mesmo as Constituições dirigentes e analíticas servem de exemplo de Constituição voltada a regular os interesses mais prosaicos ou comezinhos da sociedade. Nenhuma Constituição se prestaria a esse papel menor.

Alternativa "d". Essa alternativa conceitua a Constituição nominativa – não a normativa – e visa confundir o candidato utilizando palavras muito semelhantes. As Constituições podem ser, quanto a sua essência ou natureza: (i) *normativas*: adaptadas à realidade social, (ii) *nominativas*: carentes de eficácia social, embora tenham séria pretensão de sê-lo e (iii) *semânticas*: desconectadas da realidade social ou meramente instrumentais.

Alternativa "e". Nas Constituições flexíveis, o controle de constitucionalidade é instituto desnecessário, logicamente inconcebível, pois o predicado da flexibilidade significa, justamente, a possibilidade de alteração da norma constitucional sem qualquer procedimento especial ou qualificado. Como dito acima, nas Constituições flexíveis não há hierarquia formal entre a Constituição e as leis ordinárias.

Alternativa correta: letra "c". As Constituições podem ser classificadas quanto a sua forma de alteração ou estabilidade em *rígidas*, *flexíveis* e *semirrígidas*. As rígidas exigem um procedimento especial e mais rigoroso para alteração da norma constitucional, pelo reconhecimento da superioridade formal da Constituição em face das leis ordinárias. Nas flexíveis não há hierarquia formal entre a Constituição e as demais leis, isto é, a alteração da norma constitucional segue o procedimento legislativo ordinário, sem qualquer formalidade especial. As semirrígidas são uma combinação dos critérios anteriores, um meio-termo, no qual, de acordo com a matéria, algumas normas constitucionais exigem um procedimento mais dificultoso para alteração, outras não.

---

05. (TRT 3 – Juiz do Trabalho Substituto 3ª Região/2013) A Constituição brasileira classifica-se como:

a) Sistemática, rígida e sintética

b) Sistemática, flexível, analítica e codificada

c) Dogmática, semirrígida e sintética

d) Dogmática, histórica e analítica

e) Dogmática, rígida, analítica e codificada

COMENTÁRIOS

Nota do autor: A Constituição de 1988 é promulgada, escrita, dogmática ou sistemática ou codificada, analítica ou dirigente, formal, rígida e normativa.

Alternativa "a". As Constituições sintéticas têm por característica um texto sucinto, breve, conciso, com previsão de normas gerais de organização do poder e de direitos fundamentais, transferindo para o legislador o encargo de elaborar *o Direito em suas minúcias*. O

3. GRAU, Eros Roberto. *A ordem econômica na constituição de 1988*: interpretação e crítica. 13. ed. São Paulo: Malheiros Editores, 2008. p. 91.
4. BARROSO, Luís Roberto. *Curso de direito constitucional contemporâneo*: os conceitos fundamentais e a construção do novo modelo. 3. ed. São Paulo: Saraiva, 2011. p. 105.
5. SARLET, Ingo Wolfgang. In: MARINONI, Guilherme; MITIDIERO, Daniel; _______. *Curso de direito constitucional*. São Paulo: Editora Revista dos Tribunais, 2012. p. 54.

paradigma exemplar é a Constituição dos Estados Unidos da América de 1787, com seus quase 230 anos de vida e 07 artigos originais, acrescidos de 27 emendas. A Constituição do Brasil de 1988 é, a toda evidência, analítica, beirando a prolixidade, muitas vezes descendo ao *varejo das miudezas* para tratar de assuntos de menor relevância social (CF, art. 242, § 2º).

Alternativas "b" e "c". A Constituição de 1988 é rígida. Isso significa dizer que, em decorrência da supremacia formal e material das normas constitucionais no ordenamento jurídico, há previsão expressa de procedimento especial e mais rigoroso para sua modificação por emenda ou revisão.

Alternativa "d". As Constituições históricas são aquelas que "constituem-se através de um lento e contínuo processo de formação, ao longo do tempo, reunindo a história e as tradições de um povo. Aproximam-se, assim, da costumeira e têm como exemplo a Constituição inglesa"[6]. Aliás, quanto ao modo ou forma de elaboração, as Constituições são classificadas como dogmáticas *ou* históricas, jamais os dois conceitos – excludentes – simultaneamente.

Alternativa correta: letra "e". A Constituição dogmática "se apresenta como produto escrito e sistematizado por um órgão constituinte, a partir de princípios e ideias fundamentais da teoria política e do direito dominante"[7]. Trata-se de um todo, em documento único, um sistema (Constituição sistemática) ou código de abrangência global (Constituição codificada), diferente daquela Constituição histórica *dispersa e espalhada* em vários documentos dotados de envergadura constitucional.

06. (TRT 8 – Juiz do Trabalho Substituto 8ª Região/2012) Assinale a alternativa INCORRETA:

a) A República Federativa do Brasil é formada pela união indissolúvel dos Estados e Municípios e do Distrito Federal e reger-se-á, nas suas relações internacionais, por princípios como o repúdio ao terrorismo e ao racismo e a prevalência dos direitos humanos, dentre outros previstos na Constituição Federal.

b) São fundamentos da República Federativa do Brasil, a soberania, a cidadania, a dignidade da pessoa humana, os valores sociais do trabalho e da livre iniciativa e o pluralismo político.

c) A criação e a instalação dos Tribunais de Justiça Militar dos Estados Membros é facultativa.

d) Consoante o princípio da isonomia, é proibida qualquer distinção entre brasileiros, natos e naturalizados, e estrangeiros residentes no País, admitindo-se sua relativização em casos específicos, como, por exemplo, nas regras que estabelecem a proporcionalidade de empregados brasileiros natos nas empresas, individuais ou coletivas, que explorem serviços públicos.

e) Constitui um dos objetivos do Estado brasileiro a promoção do bem de todos, sem preconceitos de origem, raça, sexo, cor, idade e quaisquer outras formas de discriminação e, em decorrência deste objetivo, a lei estabelece percentuais às empresas com 100 (cem) ou mais empregados para o preenchimento dos cargos por beneficiários reabilitados ou pessoas portadoras de deficiência.

COMENTÁRIOS

✪ **Nota do autor:** O tema de relevo nessa questão é o princípio da igualdade ou isonomia e seus desdobramentos e incidência na realidade social. Quer saber o examinador se a proporcionalidade entre brasileiros e estrangeiros ainda vigora, por recepção, com a nova ordem de valores constitucionais.

Alternativa "a". A alternativa encontra-se em total consonância com a redação dos arts. 1º, parte inicial e 4º, II e VIII da CF.

Alternativa "b". A alternativa reproduz, fielmente, o texto do art. 1º da CF.

Alternativa "c". Diz o art. 122, II da CF que os Tribunais e Juízes Militares serão instituídos por lei. Em complemento, o art. 125, § 3º da CF prescreve que lei estadual *poderá* criar, mediante proposta do Tribunal de Justiça, a Justiça Militar estadual. Ou seja, não se afigura *constitucionalmente* obrigatória a criação do Tribunal de Justiça Militar nos Estados, existindo uma margem de discricionariedade no Poder Legislativo para bem decidir por criá-los ou não, sem maiores justificativas. No entanto, a *instalação* do Tribunal de Justiça Militar é ato vinculado ao Poder Judiciário, é dizer, uma vez aprovada a lei de criação, aquele Estado tem que instalar o Tribunal, sob pena de omissão ilegítima.

Alternativa "e". A alternativa reflete com exatidão o disposto no art. 3º, IV da CF e no art. 93 da Lei nº 8.213/91 (Lei dos Planos de Benefícios da Previdência Social).

Alternativa (in)correta: letra "d". O princípio em questão é o da igualdade ou isonomia, um dos valores mais caros à democracia, pois um Estado Democrático de Direito constitui-se em benefício de todos, sem distinções, preconceitos ou discriminações negativas de qualquer forma (CF, art. 5º, *caput*). A igualdade significa, em um sentido formal, o tratamento isonômico dos cidadãos perante as leis do Estado. Porém, há um aspecto material do valor igualdade da maior relevância para a promoção das liberdades substanciais e das potencialidades dos indivíduos, vinculado ao conceito de justiça. Significa, por este prisma, tratar os iguais com igualdade e os desiguais com desigualdade, na medida de suas diferenças. Nas palavras de Rui Barbosa, inspiradas em Aristóteles, tratar com desigualdade a iguais, ou a desiguais com igualdade, seria desigualdade flagrante

6. LENZA, Pedro. *Direito constitucional esquematizado*. 16. ed. São Paulo: Saraiva, 2012. p. 89.
7. MORAES, Alexandre. Op. cit., p. 40.

e não igualdade real. A Constituição Federal reconhece o direito fundamental dos brasileiros e estrangeiros residentes no País de livre exercício de profissão e ofício, observadas as qualificações estabelecidas em lei (CF, art. 5º, XIII). Por outro lado, a CLT, em seu art. 354, estabelece obrigação às empresas de contratar 2/3 de trabalhadores brasileiros. Medida de nacionalização e proteção do mercado de trabalho: uma reserva de mercado. Maurício Godinho Delgado leciona: "em face desse novo quadro constitucional tem-se considerado que as diferenciações celetistas oriundas do início da década de 1930 (por exemplo, a famosa Lei dos 2/3, incorporada depois pela CLT), já não podem subsistir no Direito brasileiro. Nessa linha, o Capítulo II do Título III da CLT (artigos 352 a 371), tratando da nacionalização do trabalho, estaria revogado (ou não recepcionado) naquilo que traduzisse discriminação ao trabalhador estrangeiro residente no Brasil"[8]. A Constituição admite tratamento favorecido para as empresas de pequeno porte constituídas sob as leis brasileiras e que tenham sua sede e administração no País (CF, art. 170, IX e art. 179), dentre outras medidas de proteção às empresas nacionais e proibição à atuação de empresas estrangeiras em áreas estratégicas (CF, art. 176, § 1º e art. 222). Mas não se justifica, por falta de razoabilidade e coerência, o discrímen entre brasileiros natos e brasileiros naturalizados ou estrangeiros para contratação por empresa prestadora de serviço público.

---

07. (TRT 2 – Juiz do Trabalho Substituto 2ª Região/2013) No que tange aos princípios fundamentais da Constituição Federal de 1988, aponte a alternativa incorreta:

a) São princípios relativos à existência, forma e tipo de Estado, o princípio republicano e o princípio federativo.

b) São princípios relativos à organização da sociedade o princípio da livre organização social e o princípio da solidariedade.

c) São princípios relativos à vida política, o princípio da cidadania e do pluralismo político.

d) São princípios relativos ao regime democrático, o princípio da soberania popular e o princípio da representação política.

e) São princípios relativos à prestação positiva do Estado o princípio do desenvolvimento nacional e o da prevalência dos direitos humanos.

COMENTÁRIOS

Nota do autor: A questão invoca a *divisão principiológica* de José Afonso da Silva, tal qual exposta em seu Curso de Direito Constitucional Positivo[9]. Não nos *seduz* esse tipo de questão objetiva, remetendo em detalhes à doutrina de autor específico, ainda que de reconhecimento indiscutível, por descaracterizar a finalidade da avaliação: verificar conhecimentos objetivos gerais.

Alternativa "b". São "princípios relativos à organização da sociedade: *princípio da livre organização social, princípio de convivência justa e princípio da solidariedade* (CF, art. 3º, I)"[10]

Alternativas "c" e "d". São "princípios relativos ao regime político: *princípio da cidadania, princípio da dignidade da pessoa humana, princípios do pluralismo, princípio da soberania popular, princípio da representação política e princípio da participação popular direta* (CF, art. 1º, § único)"[11]

Alternativa "e". São "princípios relativos à prestação positiva do Estado: *princípio da independência e do desenvolvimento nacional* (CF, art. 3º, II), *princípio da justiça social* (CF, art. 3º, III) e *princípio da não discriminação* (CF, art. 3º, IV)"[12]. A inclusão da prevalência dos direitos humanos parece conduzir essa alternativa à incorreção, pois tal *princípio* melhor se enquadra na divisão *topológica* de José Afonso da Silva como *relativo à comunidade internacional* (CF, art. 4º, II). Para nós, o erro está aqui ("e") e não lá ("a").

Alternativa (in)correta: letra "a". São "princípios relativos à existência, forma, estrutura e tipo de Estado: *República Federativa do Brasil, soberania, Estado Democrático de Direito* (CF, art. 1º)"[13]. Segundo o gabarito oficial essa alternativa afigura-se equivocada. Contudo, ao nosso sentir, o princípio republicano e o princípio federativo amoldam-se na definição acima transcrita.

---

08. (TRT 6 – Juiz do Trabalho Substituto 6ª Região/2010) Entre os objetivos fundamentais da República Federativa do Brasil situam-se, entre outros, os seguintes:

a) Construir uma sociedade livre e solidária; garantir o desenvolvimento nacional; promover os valores sociais do trabalho e da livre iniciativa.

b) Construir uma sociedade livre e solidária; garantir o desenvolvimento nacional; a prevalência dos direitos humanos.

c) Garantir o desenvolvimento nacional; erradicar a pobreza e a marginalização e reduzir as desigualdades sociais e regionais; a dignidade da pessoa humana.

d) Construir uma sociedade livre e solidária; garantir o desenvolvimento nacional; erradicar a pobreza e a marginalização e reduzir as desigualdades sociais e regionais.

---

8. DELGADO, Maurício Godinho. *Curso de direito do trabalho.* 11. ed. São Paulo: LTr, 2012. p. 811-812.
9. SILVA, José Afonso da. *Curso de direito constitucional positivo*, 19. ed., São Paulo: Malheiros Editores, 2001. p. 98.
10. Ibidem.
11. Ibidem.
12. Ibidem.
13. Ibidem.

e) A defesa da paz; garantir o desenvolvimento nacional; promover o bem de todos, sem preconceitos de origem, raça, sexo, cor, idade e quaisquer outras formas de discriminação.

COMENTÁRIOS

✪ **Nota do autor:** A questão trata dos objetivos fundamentais da República Federativa do Brasil enunciados explicitamente no art. 3º da Constituição de 1988.

Alternativa "a". Promover os valores sociais do trabalho e da livre iniciativa é *fundamento* da República Federativa do Brasil (CF, art. 1º, IV) e não objetivo fundamental.

Alternativa "b". A prevalência dos direitos humanos é um dos *princípios* pelos quais a República Federativa do Brasil rege-se nas suas *relações internacionais* (CF, art. 4º, II) e não objetivo fundamental.

Alternativa "c". A dignidade da pessoa humana é *fundamento* da República Federativa do Brasil (CF, art. 1º, III) e não objetivo fundamental.

Alternativa "e". A defesa da paz é um dos *princípios* pelos quais a República Federativa do Brasil rege-se nas suas *relações internacionais* (CF, art. 4º, VI) e não objetivo fundamental.

Alternativa correta: letra "d". Diz o art. 3º, I a IV da CF que constituem objetivos fundamentais da República Federativa do Brasil: (i) construir uma sociedade livre, justa e solidária, (ii) garantir o desenvolvimento nacional, (iii) erradicar a pobreza e a marginalização e reduzir as desigualdades sociais e regionais e (iv) promover o bem de todos, sem preconceitos de origem, raça, sexo, cor, idade e quaisquer outras formas de discriminação.

09. (TRT 3 – Juiz do Trabalho Substituto 3ª Região/2013) Na literalidade da Constituição de 1988, não se inclui entre os objetivos fundamentais da República Federativa do Brasil:

a) Construir uma sociedade livre, justa e solidária
b) Garantir o desenvolvimento nacional
c) Promover a dignidade da pessoa humana
d) Erradicar a pobreza e a marginalização
e) Reduzir as desigualdades sociais e regionais

COMENTÁRIOS

✪ **Nota do autor:** Remetemos o leitor à nota precedente.

Todas as demais alternativas. Diz o art. 3º, I a VI da CF que constituem objetivos fundamentais da República Federativa do Brasil: (i) *construir uma sociedade livre, justa e solidária,* (ii) *garantir o desenvolvimento nacional,* (iii) *erradicar a pobreza e a marginalização e reduzir as desigualdades sociais e regionais* e (iv) promover o bem de todos, sem preconceitos de origem, raça, sexo, cor, idade e quaisquer outras formas de discriminação.

Alternativa (in)correta: letra "c". A dignidade da pessoa humana é *fundamento* da República Federativa do Brasil (CF, art. 1º, III) e não objetivo fundamental.

10. (TRT 21 – Juiz do Trabalho Substituto 21ª Região/2010) Nas suas relações internacionais, a República Federativa do Brasil rege-se, entre outros, pelos seguintes princípios:

a) prevalência dos direitos humanos; coercitividade das decisões das Cortes Internacionais de Justiça; repúdio ao racismo e defesa da paz;
b) concessão de asilo político; repúdio ao racismo; solução pacífica dos conflitos e intervenção motivada;
c) autodeterminação dos povos; solução negociada dos conflitos; concessão de asilo político e intervenção motivada;
d) igualdade entre os Estados; independência nacional; prevalência dos direitos humanos e vinculação coercitiva às decisões das Cortes Internacionais de Justiça;
e) nenhuma das respostas está correta.

COMENTÁRIOS

✪ **Nota do autor:** A questão trata dos princípios pelos quais a República Federativa do Brasil rege-se nas suas relações internacionais, enunciados explicitamente no art. 4º da Constituição de 1988.

Alternativa correta: letra "e" (responde todas as demais alternativas). Diz o art. 4º, I a X da CF que a República Federativa do Brasil rege-se nas suas relações internacionais pelos seguintes princípios: (i) independência nacional, (ii) prevalência dos direitos humanos, (iii) autodeterminação dos povos, (iv) não intervenção, (v) igualdade entre os Estados, (vi) defesa da paz, (vii) solução pacífica dos conflitos, (viii) repúdio ao terrorismo e ao racismo, (ix) cooperação entre os povos para o progresso da humanidade e (x) concessão de asilo político. Os princípios da coercitividade das decisões das Cortes Internacionais de Justiça (alternativas "a" e "d") e da intervenção motivada (alternativas "a" e "d") não constam taxativamente do texto constitucional. Aliás, os princípios da independência nacional e da não intervenção parecem conflitar com os princípios citados nas alternativas equivocadas, conquanto se vislumbre a possibilidade de o Brasil, voluntariamente, aceitar vincular-se às decisões de Corte Internacional de Justiça, mas nunca sem anuência expressa, sob pena de se violar a soberania nacional (CF, arts. 1º, I e 5º, § 4º).

1.2. INTERPRETAÇÃO, EFICÁCIA E APLICABILIDADE DAS NORMAS CONSTITUCIONAIS

11. (TRT 2 – Juiz do Trabalho Substituto 2ª Região/2016) Levando em conta a interpretação da norma constitucional, é INCORRETO afirmar:

a) Que ao tratar dos poderes da União, independentes e harmônicos entre si, o Legislativo, o Executivo e o

Judiciário, estamos diante de uma norma de eficácia plena.

b) As normas constitucionais que contemplam as expressões " nos termos da lei", "na forma da lei"," a lei regulará" são normas constitucionais de eficácia restringível.

c) O estado de defesa, estado de sitio também são normas de eficácia contida porque dependem de um acontecimento de fato.

d) A norma constitucional que reza sobre o salário mínimo estabelece que este deverá ser capaz de atender às necessidades vitais básicas do indivíduo e às de sua família como moradia, alimentação, educação, saúde, lazer, vestuário, higiene, transporte e previdência social, com reajustes periódicos que lhe preservem o poder aquisitivo, por isso não é um exemplo de norma programática.

e) A aplicação do Direito consiste em enquadrar um caso concreto à norma jurídica adequada.

COMENTÁRIOS

Alternativa correta: letra "d" (responde a todas as alternativas): No que tange à eficácia, segundo classificação de José Afonso da Silva, as normas constitucionais podem ser: plenas, contidas e limitadas. Normas de eficácia plena são aquelas dotadas de aplicabilidade direta, imediata e integral, pois não necessitam de lei infraconstitucional para torná-las aplicáveis e nem admitem lei infraconstitucional que lhes restrinja o conteúdo. Em outras palavras: elas trazem todo o conteúdo necessário para a sua materialização prática. São entendidas como de aplicabilidade direta, imediata e integral, pois não necessitam de lei infraconstitucional. Exemplo: Brasília é a Capital Federal (art. 18, § 1°, da CF). Normas de eficácia contida ou restringível são aquelas que têm aplicabilidade direta, imediata, mas não integral, pois admitem que seus conteúdos sejam restringidos por normas infraconstitucionais, o que ocorre, por exemplo, com o enunciado que garante o livre exercício de qualquer trabalho, ofício ou profissão, atendidas as qualificações profissionais que a lei estabelecer (art. 5°, XIII, da CF). Para ilustrar: a função de advogado, somente pode ser exercida atendida a qualificação profissional de ser bacharel em direito, aprovado no Exame da Ordem dos Advogados do Brasil (art. 8°, IV, da Lei 8.906/94). Normas de eficácia limitada ou reduzida são aquelas que possuem aplicabilidade indireta, mediata e reduzida (não direta, não imediata e não integral), pois exigem norma infraconstitucional para que se materializem na prática. Entretanto, apesar de não se realizarem sozinhas na prática, elas são dotadas de eficácia jurídica, pois revogam as leis anteriores com elas incompatíveis; vinculam o legislador, de forma permanente, à sua realização; condicionam a atuação da administração pública e informam a interpretação e aplicação da lei pelo Poder Judiciário. Elas podem ser de princípio programático ou princípio institutivo. As normas de eficácia limitada de princípio programático (também referidas apenas como normas programáticas) são aquelas que não regulam diretamente interesses ou direitos nelas consagrados, mas se limitam a traçar alguns preceitos a serem cumpridos pelo Poder Público, como programas das respectivas atividades, pretendendo unicamente a consecução dos fins sociais pelo Estado. Podem-se citar como exemplos os objetivos da República Federativa do Brasil (art. 3°, da CF), a estruturação da política agrícola brasileira (art. 187 da CF), e a determinação de organização de um regime de colaboração dos sistemas de ensino dos Entes da Federação (art. 211 da CF). Já as normas de eficácia limitada de princípio institutivo são aquelas responsáveis pela estruturação do Estado como, por exemplo, a norma segundo a qual os Territórios Federais integram a União, e sua criação, transformação em Estado ou reintegração ao Estado de origem serão reguladas em lei complementar (art. 18, § 2°, da CF). Nesses termos é que a norma constitucional que reza sobre o salário mínimo (art. 7°, IV, da CF) **é um exemplo** de norma programática. As demais alternativas trazem exemplos que se adaptam perfeitamente à classificação proposta por José Afonso da Silva.

12. (TRT 14 – Juiz do Trabalho Substituto 14ª Região/2012) De acordo com a hermenêutica constitucional assinale a opção INCORRETA:

a) Para Dworkin não é possível a correlação entre o direito e os valores sociais.

b) Podemos afirmar que não há hierarquia normativa entre princípios. Na verdade o que existe é distinção axiomática/valorativa.

c) De acordo com o princípio da unidade da Constituição o conflito entre princípios resolve-se pelo método da ponderação.

d) De acordo com o princípio da justeza ou conformidade funcional não pode haver subversão do esquema organizatório-funcional constitucionalmente estabelecido.

e) Pelo método científico-espiritual a análise da forma constitucional não se fixa na literalidade da norma, mas parte da realidade social e dos valores subjacentes do texto da Constituição.

COMENTÁRIOS

✪ **Nota do autor:** A questão envolve os princípios e os métodos da interpretação constitucional e exige o conhecimento básico da doutrina de Ronald Dworkin, destacado jurista norte-americano, muito bem recebido pela doutrina brasileira por sua contribuição, em trabalho seminal (*Taking Rights Seriously*), para a distinção entre regras e princípios como espécies de norma constitucional e por sua análise dos casos difíceis e a concepção de que é possível encontrar uma resposta adequada e correta com a utilização de argumentos de princípios, da tradição – razão prática – e dos precedentes judiciais, mantendo-se a integridade e a coerência do sistema jurídico.

Alternativa "b". Os princípios são mandados de otimização[14] e os conflitos entre eles devem ser resolvidos pelo critério da harmonização ou preponderância relativa através do método da ponderação racional, tomando-se a dimensão de peso ou importância de cada princípio no caso concreto. Não há, portanto, hierarquia normativa entre princípios e sim uma distinção de valor em sua interpretação/aplicação no caso concreto para a resolução de conflitos entre eles.

Alternativa "c". O princípio da unidade da Constituição traduz o esforço para se alcançar coerência e integridade *na* Constituição, enquanto sistema jurídico. A Constituição deve ser vista como um todo integrado, uma unidade sistêmica, sendo certo que as colisões entre suas partes devem ser solucionadas dentro do próprio sistema, a fim de evitar rupturas estruturais.

Alternativa "d". O princípio da justeza ou conformidade funcional (ou correção funcional) "conduz a que não se deturpe, por meio de interpretação de algum preceito, o sistema de repartição de funções entre os órgãos e pessoas designados pela Constituição. Esse princípio corrige leituras desviantes da distribuição de competências entre as esferas da Federação ou entre os Poderes constituídos"[15].

Alternativa "e". Pelo método científico-espiritual "enxerga-se a Constituição como um sistema cultural e de valores de um povo, cabendo à interpretação aproximar-se desses valores subjacentes à Constituição"[16].

Alternativa (in)correta: letra "a". Ronald Dworkin propõe, ao contrário do que sugere a alternativa, uma leitura moral da Constituição em perspectiva dinâmica, de modo que os valores sociais – éticos e morais – vigentes na sociedade sejam permanente e historicamente atualizados para dar vida ao Direito, com sua incorporação no discurso jurídico. Diz o jurista: "a Constituição funde questões jurídicas e morais e os problemas de teoria de direito são, no fundo, problemas relativos a princípios morais e não a estratégias ou fatos jurídicos"[17].

13. (TRT 19 – Juiz do Trabalho Substituto 19ª Região/2012) Das alternativas abaixo, qual aquela que não corresponde à doutrina majoritária constitucional, quando enumera princípios e regras interpretativas das normas constitucionais:

a) Unidade da Constituição: a interpretação constitucional deve ser realizada de maneira a evitar contradições entre suas normas.

b) Máxima Efetividade: a uma norma constitucional deve ser atribuído o sentido que maior eficácia lhe conceda.

c) Efeito Integrador: na resolução dos problemas jurídico-constitucionais, deverá ser dada maior primazia aos critérios favorecedores da integração política e social, bem como ao reforço da unidade política.

d) Concordância Prática ou da Harmonização: exige-se a coordenação e combinação de bens jurídicos em conflito de forma a evitar o sacrifício total de uns em relação aos outros.

e) Força Normativa: entre as interpretações possíveis, deve ser adotada aquela que garanta menor eficácia, aplicabilidade e permanência das normas constitucionais.

COMENTÁRIOS

✪ **Nota do autor:** Para dar maior racionalidade ao processo – método – e orientar a atividade do intérprete, a doutrina prevê alguns princípios instrumentais de interpretação constitucional que, em maior ou menor equivalência entre os autores, são os seguintes: (i) unidade da Constituição, (ii) supremacia da Constituição, (iii) presunção de constitucionalidade dos atos do Poder Público, (iv) interpretação conforme a Constituição, (v) efetividade e (vi) proporcionalidade ou razoabilidade.[18]

Alternativa "a". O princípio da unidade da Constituição significa que "a Constituição deve ser interpretada não como um conjunto assistemático de preceitos, mas como um todo integrado de normas que se completam e se limitam reciprocamente"[19]. Como ensina Eros Roberto Grau: "A Constituição não é um mero agregado de normas; e nem se pode interpretar em tiras, aos pedaços"[20].

Alternativa "b". O princípio da – máxima – efetividade simboliza "a aproximação, tão íntima quanto possível, entre o dever ser normativo e o ser da realidade social"[21].

Alternativa "c". O princípio do efeito integrador orienta que "na resolução dos problemas jurídico-constitucionais deve dar-se primazia aos critérios favorecedores da integração política e social, bem como ao reforço da unidade política"[22]. Não há na doutrina bra-

14. ALEXY, Robert. *Teoria dos direitos fundamentais*. Tradução: Virgílio Afonso da Silva. São Paulo: Malheiros Editores, 2008. p. 90.
15. MENDES, Gilmar Ferreira; BRANCO, Paulo Gustavo Gonet. *Curso de direito constitucional*. 7. ed. (rev. e atual.). São Paulo: Saraiva, 2012. p. 108.
16. Idem, p. 103.
17. DWORKIN, Ronald. *Levando os direitos a sério*. Tradução e notas: Nelson Boeira. São Paulo: Martins Fontes, 2002. p. 12 e 285.
18. BARROSO, Luís Roberto, op. cit., p. 321-329.
19. SOUZA NETO, Cláudio Pereira de; Sarmento, Daniel. *Direito constitucional*: teoria, história e métodos de trabalho. Belo Horizonte: Fórum, 2012. p. 436.
20. GRAU, Eros Roberto. Op. cit., p. 195.
21. BARROSO, Luís Roberto. *Interpretação e aplicação da constituição*: fundamentos de uma dogmática constitucional transformadora. 6. ed. (rev., atual. e ampl.). São Paulo: Saraiva, 2004. p. 374.
22. CANOTILHO, J. J. Gomes. *Direito constitucional e teoria da constituição*. 7. ed., 11ª reimp. Coimbra: Edições Almedina, 2003. p. 1224.

sileira, salvo melhor juízo, maior desenvolvimento deste princípio, além da reprodução literal da doutrina do jusfilósofo português Gomes Canotilho.

Alternativa "d". O princípio da concordância prática ou da harmonização representa um ponto de equilíbrio entre normas constitucionais conflitantes aplicadas num caso concreto. Exige que se estabeleçam concessões recíprocas ou escolhas racionais entre direitos ou interesses colidentes, sempre buscando preservar a integridade e a coerência do sistema, de forma que se evite o sacrifício total de uns em relação aos outros.

Alternativa (in)correta: letra "e". A ideia de força normativa da Constituição deve-se ao gênio de Konrad Hesse. Significa que "a Constituição contém, ainda que de forma limitada, uma força própria, motivadora e ordenadora da vida do Estado. A Constituição adquire força normativa na medida em que logra realizar essa pretensão de eficácia"[23]. A alternativa conceitua, a bem da verdade muito erroneamente, o princípio da presunção de constitucionalidade dos atos do Poder Público: entre interpretações possíveis, o intérprete deve escolher aquela mais compatível com o espírito da Constituição, visando preservar sua identidade. Uma atitude de deferência ao legislador ou administrador público, um voto de confiança enfim.

---

14. (TRT 15 – Juiz do Trabalho Substituto 15ª Região/2010) Quanto à aplicabilidade das normas constitucionais é correta afirma:

a) as de eficácia contida têm aplicação imediata, mas se submetem à atuação restritiva nos termos em que a lei infraconstitucional estabelecer;

b) com a sistemática prevista pela Constituição Federal de 1988 não existe mais a distinção entre normas constitucionais de eficácia contida e limitada;

c) as de eficácia contida têm aplicabilidade apenas indireta e mediata, pois dependem de norma ulterior;

d) as normas de eficácia contida têm aplicabilidade integral;

e) nenhuma das anteriores.

COMENTÁRIOS

✪ Nota do autor: A questão versa sobre a eficácia e aplicabilidade das normas constitucionais.

Alternativa correta: letra "a" (responde todas as demais alternativas). As normas constitucionais têm densidade normativa diferentes, com maior ou menor liberdade de escolha do intérprete ou aplicador da lei (legislador ou administrador) para conformar – concretizar (contextualização) – seu conteúdo normativo. Algumas normas têm densidade normativa tão baixa que há necessidade de interposição legislativa para se alcançar todos os efeitos jurídicos possíveis, embora sempre dotadas de um mínimo de eficácia e aplicabilidade. Pelo critério da eficácia – qualidade ou aptidão de produzir efeitos jurídicos – e da aplicabilidade – realização da norma aos casos concretos – das normas constitucionais difundido no Brasil por José Afonso da Silva[24], há três espécies normativas básicas: (i) normas de eficácia plena, (ii) normas de eficácia contida ou restringível por lei ou interpretação e (iii) normas de eficácia limitada ou reduzida. Estas últimas divididas em normas de princípio institutivo (institutos jurídicos, entidades, órgãos) e normas de princípio programático (programas de ação do governo). Todas as normas constitucionais têm aplicação direta e imediata e produzem efeitos na realidade social – princípio da máxima efetividade. As normas de eficácia limitada produzem o efeito de (i) conformar a atividade do legislador ou administrador, (ii) invalidar leis contrárias ao seu conteúdo normativo e (iii) constituem parâmetro para a interpretação/aplicação das demais normas jurídicas, (iv) além de investirem os destinatários de direitos fundamentais em posições subjetivas negativas (deveres de proteção e proibição do retrocesso) e, em casos específicos, posições subjetivas positivas (direito a prestações e proibição da proteção insuficiente). Como exemplo de norma de eficácia contida na Constituição de 1988, tem-se o artigo 5º, XIII (é livre o exercício de qualquer trabalho, ofício ou profissão, atendidas as qualificações profissionais que a lei estabelecer); de norma de eficácia limitada de preceito institutivo o artigo 18, § 2º (Os Territórios Federais integram a União, e sua criação, transformação em Estado ou reintegração ao Estado de origem serão reguladas em lei complementar); e de princípio programático o artigo 7º, XX (proteção do mercado de trabalho da mulher, mediante incentivos específicos, nos termos da lei).

---

15. (CESPE – Juiz do Trabalho Substituto 1ª Região/2010) Com relação aos princípios constitucionais, à eficácia das normas constitucionais e à sua interpretação, assinale a opção correta.

a) Pelo princípio da conformidade funcional, a contradição entre princípios deve ser superada por meio da redução proporcional do âmbito de alcance de cada um deles ou pelo reconhecimento da preferência ou prioridade de certos princípios em relação a outros.

b) Considerando que a técnica da interpretação conforme tem por finalidade possibilitar a permanência no ordenamento jurídico de leis ou atos normativos que possuam valor interpretativo compatível com a CF, o intérprete não pode, a pretexto da aplicação

23. Hesse, Konrad. *A força normativa da constituição*. Tradução: Gilmar Ferreira Mendes. Porto Alegre: Sergio Antonio Fabris Editor, 1991. p. 11 e 16.

24. SILVA, José Afonso da. *Aplicabilidade das normas constitucionais*. 6. ed. São Paulo: Malheiros Editores, 2004. p. 49-50.

da referida técnica, declarar a inconstitucionalidade parcial do texto impugnado.

c) Na ordem jurídica nacional, o princípio da isonomia tem por exclusivo destinatário o legislador, que não pode estabelecer discriminações entre pessoas que mereçam idêntico tratamento legal.

d) Pelo princípio da força normativa da CF, às normas constitucionais deve ser atribuído o sentido que maior eficácia lhes conceda.

e) As normas constitucionais de eficácia limitada admitem restrições quanto à sua aplicabilidade, as quais podem ser concretizadas por lei infraconstitucional ou pela incidência de normas da própria CF.

COMENTÁRIOS

✪ **Nota do autor:** Essa questão também versa sobre a eficácia e aplicabilidade das normas constitucionais, além dos princípios instrumentais da interpretação constitucional.

Alternativa "a". O princípio da conformidade funcional está delineado nos comentários da questão 09, alternativa "d", logo acima, para a qual remetemos o leitor. A alternativa ora comentada conceitua, em realidade, o princípio – ou método – da ponderação racional ou balanceamento.

Alternativa "b". Um dos métodos utilizados pela técnica – ou princípio instrumental – da interpretação conforme a Constituição é, justamente, a declaração de inconstitucionalidade total ou parcial da lei, com ou sem redução do texto impugnado, a fim de se buscar uma interpretação compatível e razoável com a Constituição, preservando-se sua identidade enquanto norma fundamental.

Alternativa "c". O princípio da isonomia – ou da igualdade – vincula não somente o Poder Público (o legislador, o administrador e o julgador), mas também os particulares (eficácia horizontal ou efeito externo dos direitos fundamentais nas relações privadas), direta e imediatamente (CF, art. 5º, § 1º), eficácia extraída da dimensão objetiva dos direitos fundamentais. Essa perspectiva determina a vinculação dos particulares aos direitos fundamentais nas relações jurídicas que estabelecem entre si.

Alternativa "d". A força normativa da Constituição está conceituada nos comentários da questão 10, alternativa "e", para a qual remetemos o leitor. A alternativa aqui comentada define, isso sim, o princípio da máxima eficácia ou efetividade da Constituição.

Alternativa correta: letra "e". As normas de eficácia limitada necessitam de interposição legislativa para alcançar todos os efeitos jurídicos possíveis, devido a sua baixa densidade normativa, embora sempre dotadas de um mínimo de eficácia e aplicabilidade. As restrições em seu âmbito de proteção, legislativas ou interpretativas, pois os conceitos jurídicos indeterminados também caracterizam as normas de eficácia limitada, devem respeitar o núcleo ou conteúdo essencial dos direitos, garantias e institutos constitucionais. As colisões entre princípios constitucionais nos casos concretos, reais ou hipotéticos, devem ser solucionadas pela metodologia da concordância prática – harmonização – ou da ponderação racional, podendo haver restrições ao âmbito de proteção de normas jurídicas (limitadas por esse motivo).

---

16. (TRT 14 – Juiz do Trabalho Substituto 14ª Região/2013) Analise as assertivas abaixo e após marque a única alternativa correta.

I. É programática, com eficácia integrativa, a norma constitucional que a todos assegura o direito à saúde mediante políticas sociais e econômicas, visando à redução do risco de doença e de outros agravos e ao acesso universal e igualitário às ações e serviços para sua promoção, proteção e recuperação.

II. A liberdade de atividade profissional está contida em norma constitucional de eficácia direta, mediata e integral.

III. Através do mecanismo da interpretação conforme a Constituição, é possível compatibilizar uma norma jurídica infraconstitucional que comporte pluralidade de sentidos, buscando aquele que melhor se adeque ao preceito constitucional correspondente ao tema.

IV. O direito à greve encontra-se plasmado em norma constitucional de caráter institutivo.

a) Apenas o item I é verdadeiro.

b) Apenas o item II é verdadeiro.

c) Apenas o item III é verdadeiro.

d) Apenas o item IV é verdadeiro.

e) Todos os itens são falsos.

COMENTÁRIOS

✪ **Nota do autor:** As normas constitucionais definidoras dos direitos e garantias fundamentais têm aplicação direta e imediata (CF, art. 5º, § 1º), normas de eficácia plena, e não dependem de atuação integrativa do legislador para alcançar sua máxima exigibilidade. A problemática reside no modo de o poder público prestar as ações materiais decorrentes de tais direitos.

Proposição I. A Constituição de 1988 reconhece a todos direitos sociais, *e.g.*, direito à educação, direito à saúde, direito ao trabalho (art. 6º), direitos estes que têm por característica a imprescindibilidade de ações materiais para sua concretização no mundo real, pois dependem de pressupostos fáticos para seu pleno exercício. Diferentemente dos direitos individuais que exigem tão somente a abstenção do Estado ou o não embaraço por terceiros[25], os direitos sociais são realizados *empirica-*

---

25. Não se desconhece que também nessa seara o Estado deve implementar condições estruturais mínimas (órgãos,

mente, isto é, não basta a manifestação de vontade pura e simples de seu titular; há que se agregar a isso uma estrutura de organização mínima que lhe ofereça as condições materiais para o efetivo desfrute dessas posições jurídicas reconhecidas pelo Direito. Não se pode negar, contudo, que os direitos sociais conferem direitos subjetivos aos seus beneficiários. Seria um truísmo dizer que o direito à saúde investe seu titular em um direito subjetivo plenamente exigível. Também não avançaríamos muito ao afirmar que o devedor principal do direito à saúde é o Estado. Isso consta do texto constitucional (CF, art. 196) e ninguém bem intencionado poderá negá-lo. A problemática que aqui se impõe é o modo ou a forma de exigir e cumprir tal direito fundamental[26]. Mas uma coisa é certa: o direito à saúde não é norma de eficácia limitada ou meramente programática.

Proposição II. A liberdade de atividade profissional é norma constitucional de eficácia contida ou restringível, como prova a ressalva final do art. 5º, XIII da CF: é livre o exercício de qualquer trabalho, ofício ou profissão, atendidas as qualificações profissionais que *a lei estabelecer*. Isso importa dizer que, enquanto não for publicada a lei de regência, a liberdade de atividade profissional é plena e integral. No entanto, sobrevindo lei com as qualificações mínimas necessárias para o exercício de algumas profissões – os chamados critérios técnicos –, tal liberdade é restringida e deve ser exercida de acordo com os delineamentos legais.

Proposição III. Interpretar a lei conforme a Constituição significa buscar um *sentido de adequação* que melhor traduza os propósitos do texto fundamental, considerando-o como um todo sistemático. Significa que o intérprete deve escolher um sentido, dentre todos aqueles possíveis semanticamente, que acomode a lei nos desígnios constitucionais. "No caso de normas polissêmicas ou plurissignificativas deve dar-se preferência à interpretação que lhe dê um sentido em conformidade com a constituição"[27]. Entretanto, "a interpretação conforme a constituição só é legítima quando existe um *espaço de decisão* (= espaço de interpretação) aberto a várias propostas interpretativas, umas em conformidade com a constituição e que devem ser preferidas, e outras em desconformidade com ela"[28].

Proposição IV. "A caracterização fundamental das normas constitucionais de princípio institutivo está no fato de indicarem uma legislação futura que lhes complete a eficácia e lhes dê efetiva aplicação"[29]. O direito de greve dos trabalhadores da iniciativa privada não se encontra condicionado à legislação integrativa: reserva de lei. Pelo contrário, a Constituição Federal assegura-o em amplitude máxima – norma constitucional de eficácia plena[30] – ao aditar: competindo aos trabalhadores decidir sobre a oportunidade de exercê-lo e sobre os interesses que devam por meio dele defender (CF, art. 9º, *caput*). Há referência à lei de integração apenas para a definição dos serviços e atividades essenciais e o atendimento das necessidades inadiáveis da comunidade (CF, art. 9º, § 1º da CF). De outra banda, o direito de greve dos servidores públicos civis, enquanto não for definido por lei específica (CF, art. 37, VII), portanto, norma de eficácia limitada, deverá ser exercido, em interpretação integrativa, supletiva ou construtiva, com base na Lei nº 7.783/89 (Lei de Greve para os empregados da iniciativa privada), conforme decidido pelo STF (MI 670, 708 e 712).

Alternativa correta: letra "c".

1.3. PODER CONSTITUINTE. CONCEITO. TITULARIDADE. ESPÉCIES. REFORMA DA CONSTITUIÇÃO. MUTAÇÃO CONSTITUCIONAL. CLÁUSULAS PÉTREAS. A NORMA CONSTITUCIONAL NO TEMPO

▸ CF, artigo 60.

17. (TRT 1 – Juiz do Trabalho Substituto 1ª Região/2016) Havendo nas capitais de vários Estados da federação manifestações populares diárias e violentas, com destruição de bens públicos e privados, sempre pedindo a renúncia de determinados mandatários populares, resolveu o Presidente da República, por certo prazo e ouvidos os Conselhos da República e de Defesa Nacional, decretar, nas aludidas capitais, estado de defesa. Em seguida, visando a atender aos reclamos da população, apresentou-se no Congresso Nacional projeto de emenda constitucional, para instituição do regime de governo parlamentarista no país, prometen-

competências, institutos) para a proteção efetiva dos direitos individuais, mas a questão é mais urgente ou *visível* nos direitos sociais, econômicos e culturais, pois estes não podem ser exercidos em sua plenitude sem a ação estatal – ao menos para a maioria da população –, enquanto que aqueles necessitam do Poder Público quase que exclusivamente quando são violados de fato. É dizer: uns são direitos que carecem de prestações materiais originárias do Estado para o efetivo exercício; os outros dependem de prestações procedimentais ou de organização para efetiva tutela jurídica.

26. CASTILHO, Rodrigo. As restrições de fato ou materiais aos direitos fundamentais como violação do dever de proteção adequada e suficiente do Estado: prestações exigíveis do Estado para a tutela de direitos sociais do trabalhador. In: MIESSA, Élisson; CORREIA, Henrique (Org.). *Estudos aprofundados MPT*. 2ª ed. Salvador: Editora Jus Podivm, 2013, 2ª ed. p. 307-308.
27. CANOTILHO, J. J. Gomes. Op. cit., p. 1.226.
28. Idem, p. 1.227.
29. SILVA, José Afonso da. Op. cit., p. 123.
30. "A greve é a arma mais eficaz de que dispõem os trabalhadores como meio para a obtenção de melhoria em suas condições de vida. Consubstancia um *poder de fato*; por isso mesmo que, tal como positivado o princípio no texto constitucional, recebe concreção, imediata – sua auto-aplicabilidade é inquestionável – como direito fundamental de natureza instrumental". GRAU, Eros Roberto. Op. cit., p. 222.

do-se que a referida emenda estaria votada e decidida antes do fim do aludido estado de defesa, tudo para normalizar a situação no país.

No caso, essa emenda

a) não poderia ser apresentada, porque feria cláusula pétrea.

b) poderia ser apresentada, mas não sob pressão popular com a prática de atos ilícitos.

c) poderia ser apresentada, mas a sua votação deveria seguir o trâmite constitucional normal.

d) não poderia ser apresentada, em razão do estado de defesa.

e) já nasceu viciada, porque tudo indicava que sua aprovação teria sido decidida antes da sua apresentação.

COMENTÁRIOS

Alternativa correta: letra "d" (responde a todas as alternativas): nos termos do art. 60, § 1º, da CF, a Constituição não poderá ser emendada na vigência de intervenção federal, de estado de defesa ou de estado de sítio. Trata-se de uma limitação circunstancial ao poder constituinte derivado reformador.

---

18. (TRT 8 – Juiz do Trabalho Substituto 8ª Região/2012) A respeito do poder constituinte, assinale a alternativa CORRETA:

a) O poder constituinte originário é inicial, autônomo e incondicionado, não estando adstrito aos limites existentes no ordenamento jurídico anterior. Sendo assim, por ter, como objetivo fundamental, a criação de uma nova ordem jurídica, seu titular é a assembleia nacional constituinte, formada por parlamentares eleitos para este fim.

b) O poder constituinte derivado é sempre reformador, manifestando-se através da edição de emendas constitucionais, tendo atuação limitada, condicionada ao conteúdo das normas constitucionais existentes.

c) Em decorrência da sua capacidade de auto-organização, os Estados-membros, o Distrito Federal e os Municípios podem instaurar sua própria ordem jurídica por meio de sua Constituição, conforme previsto no Ato das Disposições Constitucionais Transitórias da Constituição Federal.

d) O Ato das Disposições Constitucionais Transitórias da Constituição Federal estabeleceu, não apenas o quorum de aprovação, mas também o período em que a revisão constitucional deveria ocorrer e não previu outras revisões além daquela por ele referida.

e) O poder constituinte reformador pode ser exercido na vigência de intervenção federal.

COMENTÁRIOS

✪ **Nota do autor:** A questão aborda o poder constituinte, suas características, e o poder constituinte derivado – ou reformador – e decorrente. A questão trata ainda da revisão constitucional prevista nos Atos das Disposições Constitucionais Transitórias – ADCT.

Alternativa "a". O poder constituinte é a instância de poder que elabora a constituição na condição de norma jurídica fundamental do Estado[31]. O poder constituinte originário tem as seguintes características: inicial, inaugural, originário, autônomo e exclusivo, soberano, superior, não vinculado às normas jurídicas anteriores (o que não quer dizer que se trate de um poder absoluto, ilimitado e incondicionado em sua integralidade, pois há limites historicamente construídos por valores sociais e políticos e comunitários), permanente e inalienável. O titular do poder constituinte originário é o povo ou a nação. Os parlamentares eleitos *em constituintes* ou para formar uma Assembleia Constituinte são meros representantes da vontade popular, simples mandatários, devendo prestar contas de seus atos àquele que lhe constituiu por delegação: o povo.

Alternativa "b". O poder constituinte reformador é o poder constituído ou instituído, um poder de direito, não de fato, juridicamente limitado, de caráter derivado e condicionado. Pode dar-se por: (i) emenda constitucional: competência juridicamente vinculada para ajustes pontuais e específicos, (ii) revisão constitucional: modificação relativamente ampla da Constituição e (iii) mutação constitucional: alteração do significado da norma por interpretação, costume ou legislação inferior sem modificação do texto constitucional.

Alternativa "c". Há ainda o chamado poder constituinte decorrente que significa a competência dos Estados membros da Federação de auto-organização, expressão de sua autonomia político-administrativa, que também tem caráter derivado e condicionado. Tal poder constituinte decorrente tem expressão no texto constitucional: os Estados organizam-se e regem-se pelas Constituições e leis que adotarem, observados os princípios desta Constituição (CF, art. 25, *caput*).

Alternativa "e". Diz o art. 60, § 1º da CF: a Constituição não poderá ser emendada na vigência de intervenção federal, de estado de defesa ou de estado de sítio.

Alternativa correta: letra "d". Diz o art. 3º do ADCT: a revisão constitucional será realizada após 05 anos, contados da promulgação da Constituição, pelo voto da maioria absoluta dos membros do Congresso Nacional, em sessão unicameral. Não há previsão de outras revisões na Constituição de 1988 ou no ADCT, além daquela prevista no artigo acima citado.

---

19. (TRT 19 – Juiz do Trabalho Substituto 19ª Região/2012) Das alternativas abaixo, assinale aquela que corresponde a características do Poder Constituinte Originário:

a) Inicial, limitado, autônomo e incondicionado.

b) Inicial, ilimitado, autônomo e incondicionado.

31. SARLET, Ingo Wolfgang. Op. cit., p. 85.

c) Derivado, ilimitado, autônomo e incondicionado.
d) Inicial, ilimitado, heterônomo e condicionado.
e) Derivado, limitado, heterônomo e condicionado.

COMENTÁRIOS

✪ **Nota do autor:** A questão aborda o poder constituinte originário e suas características básicas.

Alternativa correta: letra "b" (responde todas as demais alternativas). O poder constituinte originário tem as seguintes características: inicial, anterior, inaugural, originário, autônomo e exclusivo, soberano, superior, ilimitado (no sentido de não vinculado às normas jurídicas anteriores), incondicionado (embora haja limites historicamente construídos por valores sociais e políticos e comunitários), permanente (em estado latente após a promulgação da Constituição) e inalienável.

20. (TRT 15 – Juiz do Trabalho Substituto 15ª Região/2012) Analise as assertivas abaixo e, em seguida, responda:

I. As normas constitucionais decorrentes do Poder Constituinte Derivado estão sujeitas ao controle da constitucionalidade, sendo possível a declaração de normas constitucionais inconstitucionais.
II. A Constituição brasileira de 1988 é flexível.
III. O Poder Constituinte atribuído aos Estados Membros é denominado originário-revisor.
IV. O Poder Constituinte Revolucionário é juridicamente ilimitado, não encontra limite em princípios de direito suprapositivos, pois institui uma nova ordem Constitucional.
V. Não será objeto de deliberação a proposta de emenda tendente a abolir a forma federativa de Estado; o voto direto, secreto, universal e periódico.

a) Somente as assertivas II e IV estão corretas.
b) Somente a assertiva V está correta.
c) Somente as assertivas I e V estão corretas.
d) Somente a assertiva IV está correta.
e) Nenhuma das assertivas está correta.

COMENTÁRIOS

✪ **Nota do autor:** A questão aborda o poder constituinte e suas características e a classificação das constituições.

Proposição I. O poder constituinte reformador ou derivado – poder constituído ou instituído – é um poder juridicamente limitado e, em face da supremacia da Constituição no sistema jurídico, as emendas constitucionais por ele editadas não estão isentas do controle de constitucionalidade (*judicial review*), de modo a preservar a integridade e unidade da Lei Fundamental. A Constituição Federal prevê limites materiais ao poder de reforma constitucional (CF, art. 60, § 4º). O STF entende cabível a ação direta de inconstitucionalidade de emenda constitucional (ADI 939). Há de se ter cuidado com essa conclusão: há possibilidade de norma constitucional inconstitucional emanada do poder constituinte derivado ou reformador, jamais do poder constituinte originário (ADI 815), pois entre normas constitucionais originárias não há hierarquia jurídico-formal, talvez axiológica, mas esse assunto – hierarquia material – é muito controvertido em doutrina.

Proposição II. A Constituição de 1988 é *rígida*, não flexível, pois há previsão de procedimento especial e qualificado para sua modificação, com limites formais, materiais e circunstanciais bem delineados para a alteração de suas normas (CF, art. 60).

Proposição III. O poder constituinte atribuído aos Estados membros da Federação de autodeterminação é denominado poder constituinte derivado ou decorrente e não originário-revisor. O poder constituinte originário é – apenas – aquele que inaugura a ordem jurídica do Estado como um todo, organizando suas estruturas básicas de poder, reconhecendo direitos fundamentais e definindo as políticas públicas e ações de governo.

Proposição IV. O poder constituinte originário, histórico – fundacional – ou revolucionário, é, de fato, juridicamente ilimitado, pois não encontra limites de Direito na ordem jurídica anterior. Entretanto, o poder constituinte originário não é um poder absoluto, ilimitado, incondicionado em sua integralidade, pois há limites historicamente construídos por valores sociais e políticos e comunitários, principalmente aqueles valores compartilhados pela comunidade internacional e expressos em documentos ou declarações de direitos humanos de caráter universal.

Proposição V. Diz o art. 60, § 4º da CF: não será objeto de deliberação a proposta de emenda tendente a abolir: (i) a forma federativa de Estado, (ii) o voto direto, secreto, universal e periódico, (iii) a separação dos Poderes e (iv) os direitos e garantias individuais.

Alternativa correta: letra "c".

21. (TRT 3 – Juiz do Trabalho Substituto 3ª Região/2012) Assinale a opção correta, após a análise das afirmativas abaixo:

I. A manifestação do poder constituinte reformador verifica-se por meio das emendas constitucionais. Não será objeto de deliberação a proposta de emenda tendente a abolir: a forma federativa de Estado, o voto direto, secreto, universal e periódico, a separação dos Poderes e os direitos e garantias individuais.
II. A proposta de emenda constitucional rejeitada ou havida por prejudicada não pode ser objeto de nova proposta de emenda.
III. A Constituição poderá ser emendada mediante proposta: de um terço, no mínimo, dos membros

da Câmara dos Deputados ou do Senado Federal, do Presidente da República, de mais de metade das Assembleias Legislativas das unidades da Federação, manifestando-se, cada uma delas, pela maioria absoluta de seus membros.

IV. A revisão constitucional só pode ser realizada uma única vez. A revisão constitucional deve ocorrer pela maioria absoluta dos membros do Congresso Nacional, em sessão unicameral. A revisão constitucional deve ser realizada no máximo após cinco anos da promulgação da Constituição, não estando vinculada a resultado de plebiscito.

V. A revisão constitucional deve ser votada pela maioria absoluta do Congresso Nacional e esta revisão não pode versar sobre: a forma federativa de Estado, o voto direto, secreto, universal e periódico, a separação dos Poderes e os direitos e garantias individuais, também não pode substituir integralmente a Constituição, não pode dizer respeito a mais de um dispositivo, a não ser que se tratem de modificações correlatas e também não pode contrariar a forma republicana de Estado e o sistema presidencialista de governo.

a) Somente as afirmativas I e II estão corretas;

b) Somente as afirmativas II e III estão corretas.

c) Somente as afirmativas III e V estão corretas.

d) Somente as afirmativas I e V estão corretas.

e) Todas as afirmativas estão corretas.

COMENTÁRIOS

✪ Nota do autor: A questão envolve as manifestações do poder constituinte reformador e os limites formais, materiais e circunstanciais a sua atuação. O examinador valeu-se de pequenas alterações promovidas no texto constitucional para induzir o candidato a erro. As famosas *pegadinhas,* a exigir uma leitura minuciosa, com lente de aumento se possível, além de boa memória, para identificar o erro de redação.

Proposição I. A proposição traz a dicção do art. 60, § 4º, I a IV da CF.

Proposição II. A matéria constante de proposta de emenda constitucional rejeitada ou havida por prejudicada não pode ser objeto de nova proposta *na mesma sessão legislativa* (art. 60, § 5º da CF) e não para todo sempre como sugere a proposição.

Proposição III. Diz o art. 60 da CF: a Constituição poderá ser emendada mediante proposta: (i) de um terço, no mínimo, dos membros da Câmara dos Deputados ou do Senado Federal, (ii) do Presidente da República e (iii) de mais de metade das Assembleias Legislativas das unidades da Federação, manifestando-se, cada uma delas, pela maioria *relativa* – e não absoluta – de seus membros.

Proposições IV e V. O art. 3º do ADCT estabeleceu que a – *única* – revisão constitucional fosse realizada *após 05 anos* (e não no máximo após cinco anos, como sustenta a proposição IV) contados da promulgação da Constituição de 1988, pelo voto da maioria absoluta dos membros do Congresso Nacional, em sessão unicameral. O STF julgou constitucional a EC 2/92 que antecipou a data do plebiscito (ADCT, art. 2º) para decidir sobre a forma – república ou monarquia constitucional – e o sistema – presidencialismo ou parlamentarismo – de governo (ADI 829). Há divergência na doutrina sobre a vinculação do resultado do plebiscito na revisão constitucional, inclusive alguns autores sustentam que o resultado do plebiscito pela manutenção da forma e sistema de governo não mais justificava a revisão constitucional por desnecessidade. Contra tudo isso, prevaleceu a realidade dos fatos e o legislador constituinte revisional promoveu ampla alteração na Constituição (06 emendas de revisão) sobre assuntos dos mais variados. A revisão constitucional, expressão do poder constituinte reformador derivado, vinculado, portanto, ao poder constituinte originário, esteve, à época, sujeita aos limites materiais (CF, art. 60, § 4º) e formais (ADCT, art. 3º) estabelecidos pela Constituição e, obviamente, aos limites de natureza lógica (p.ex.: substituir integralmente a Constituição). Entretanto, a vontade popular manifestada através do plebiscito, expressão pura da democracia direta, *poderia sim contrariar a forma republicana de governo* (a forma de Estado é federal e intocável) e o *sistema presidencialista de governo*, se o resultado caminhasse nesse sentido. Aliás, tudo leva a crer que a revisão constitucional foi prevista para adequar a Constituição de 1988 ao resultado do plebiscito se este decidisse pela alteração para a monarquia constitucional e para o sistema parlamentarista de governo, situação que demandaria profundas modificações nas instituições políticas do Estado. Por isso, *entendemos* que o examinador *errou na mão* na proposição V ao afirma que a revisão constitucional não poderia "contrariar a forma republicana de Estado e o sistema presidencialista de governo".

Alternativa correta: letra "d". Discordamos da correção da proposição V (gabarito oficial), conforme exposto abaixo, e entendemos que a questão deveria ser anulada, pois não há opção de alternativa correta.

---

22. (TRT 6 – Juiz do Trabalho Substituto 6ª Região/2010) O postulado segundo o qual "a Constituição está em elaboração permanente nos Tribunais incumbidos de aplicá-la" (FRANCISCO CAMPOS) exprime um processo:

a) Formal de mudança da norma constitucional.

b) Usurpador do poder constituinte derivado.

c) De interpretação conforme a Constituição.

d) Informal de mutação constitucional.

e) Manutenção da norma constitucional, mudando-se o texto.

COMENTÁRIOS

✪ Nota do autor: A questão trata do processo informal de reforma da constituição conhecido como mutação constitucional.

Alternativa correta: letra "d" (responde, por contrariedade, todas as demais alternativas). As Constituições têm pretensão de estabilidade e de permanência – rigidez constitucional –, de modo a retirar de futura deliberação majoritária (Poder Legislativo) certas decisões fundamentais da sociedade. Contudo, há possibilidade de *mudança ou reforma da Constituição* para adaptá-la a cambiante realidade social: ideia de plasticidade da Constituição. A mutação constitucional significa a alteração do significado da norma por interpretação, costume ou legislação inferior sem modificação do texto constitucional. A mutação constitucional pela interpretação não pode ser confundida com o que se costuma designar de interpretação evolutiva – ampliação de sentido – ou interpretação construtiva – situações não previstas –, pois a mutação constitucional implica alteração de sentido da norma em relação com a compreensão anterior.

---

23. (TRT 21 – Juiz do Trabalho Substituto 21ª Região/2012) Leia as assertivas seguintes e indique a resposta correta:

I. não obstante o princípio da unidade da Constituição, admite-se a existência de hierarquia envolvendo duas normas constitucionais originárias, com a possibilidade excepcional de declaração de inconstitucionalidade de uma ou outra;

II. a proteção especial dada às normas constitucionais que são "cláusulas pétreas" lhes confere superioridade jurídica, diante do reconhecimento da sua condição peculiar de imutabilidade, elemento de distinção em face das outras normas constitucionais;

III. de acordo com o que proclamou o Supremo Tribunal Federal, os limites materiais à reforma constitucional, representados pelas denominadas "cláusulas pétreas", não são garantias de intangibilidade da literalidade de preceitos constitucionais específicos da Constituição originária, mas sim do seu conteúdo;

IV. em conformidade com o entendimento do Supremo Tribunal Federal, os direitos e garantias individuais considerados "cláusulas pétreas" encontram-se previstos exclusivamente no rol do artigo 5º da Carta Magna, uma vez que se trata de matéria de interpretação restritiva, por impedir a iniciativa de sua reforma, por meio de emenda constitucional.

a) apenas as assertivas I e III estão corretas;

b) apenas a assertiva IV está correta;

c) apenas a assertiva III está correta;

d) apenas as assertivas I e IV estão corretas;

e) apenas as assertivas II e III estão corretas.

COMENTÁRIOS

✪ **Nota do autor:** A questão trata das cláusulas pétreas (CF, art. 60, § 4º).

Proposição I. O Direito brasileiro não admite a norma constitucional inconstitucional emanada do poder constituinte originário (ADI 815), pois entre normas constitucionais originárias não há hierarquia jurídico-formal. O STF entende cabível, exclusivamente, a ação direta de inconstitucionalidade contra emenda constitucional (ADI 939).

Proposição II. As decisões políticas fundamentais da sociedade – as estruturas básicas do Estado e os direitos fundamentais – representam a identidade ou o espírito da Constituição e devem gozar de uma proteção especialíssima, a fim de que essas importantes matérias fiquem imunes às contingências e os acasos da política partidária majoritária. As cláusulas pétreas ou de eternidade ou de intangibilidade espelham exatamente os valores e os consensos morais mínimos da sociedade. São decisões tão relevantes para a convivência social que o poder constituinte originário, expressa e conscientemente, optou por retirá-las do alcance das deliberações da maioria, seguramente para garantir o direito das minorias em momento de crise institucional ou tensão social. Com efeito, apesar de não existir hierarquia formal entre normas constitucionais originárias, as cláusulas pétreas gozam de uma proteção especial que lhes confere a condição peculiar de imutabilidade, distinguindo-as juridicamente das demais normas constitucionais. Talvez o conceito de superioridade jurídica possa ser interpretado como superioridade formal e daí o examinador considerar a proposição equivocada. A meu sentir, tal expressão não se presta a macular a proposição, desde que lhe emprestando uma interpretação adequada.

Proposição III. O STF decidiu que a limitação material ao poder de reforma da Constituição alcança apenas o conteúdo – núcleo – essencial dos princípios e institutos amparados pelas cláusulas pétreas: "Reitero de logo que a meu ver as limitações materiais ao poder constituinte de reforma, que o art. 60, § 4º, da Lei Fundamental enumera, não significam a intangibilidade literal da respectiva disciplina na Constituição originária, mas apenas a proteção do núcleo essencial dos princípios e institutos cuja preservação nelas se protege. Convém não olvidar que, no ponto, uma interpretação radical e expansiva das normas de intangibilidade da Constituição, antes de assegurar a estabilidade institucional, é a que arrisca legitimar rupturas revolucionárias ou dar pretexto fácil à tentação dos golpes de Estado" *(MS* 23.047 MC).

Proposição IV. O STF entende, em evolução jurisprudencial iniciada pela paradigmática decisão proferida na ADI 939 (princípio da anterioridade tributária como garantia fundamental do contribuinte), que a expressão "direitos e garantias individuais" utilizada pelo constituinte originário engloba todas as gerações ou dimensões dos direitos fundamentais explicitados na Constituição Federal, além daqueles implícitos ou previstos em tratados internacionais sobre direitos humanos (CF, art. 5º, § 2º).

Alternativa correta: letra "c".

24. (TRT 14 – Juiz do Trabalho Substituto 14ª Região/2012) Assinale a opção INCORRETA:

a) A desconstitucionalização é fenômeno de origem francesa pelo qual as normas da constituição anterior, desde que compatíveis com a nova ordem, permanecem em vigor, mas com status de lei infraconstitucional.

b) O Brasil não adotou a teoria da desconstitucionalização.

c) A recepção constitucional consiste na análise da compatibilidade material entre as normas já existentes no ordenamento jurídico e a nova Constituição elaborada pelo Poder Constituinte originário.

d) Em relação à Constituição Federal de 1988 prevalece a tese de que a lei anterior incompatível com o novo texto constitucional está revogada por ausência de recepção, restando vencida a tese da inconstitucionalidade superveniente inspirada no Direito Italiano e Português.

e) Os Neoconstitucionalistas europeus admitem a dupla revisão em relação aos limites materiais estabelecidos pelo Poder Constituinte e o STF, em recentes decisões, tem validado a teoria no âmbito interno brasileiro.

COMENTÁRIOS

Nota do autor: A questão aborda os efeitos da nova Constituição sobre o ordenamento jurídico anterior e a doutrina da desconstitucionalização. Muitas vezes, e o Brasil é exemplo disso, as Constituições sucedem-se no tempo, sem uma ruptura radical com a ordem anteriormente constituída ou ainda apresentam um longo processo de superação do modelo de Estado anterior em uma transição pacífica e organizada.

Alternativas "a" e "b". A nova Constituição revoga integralmente a Constituição anterior, salvo as disposições *expressamente* indicadas, em geral para vigorar – ou sobreviver – por curto período, de modo a garantir a continuidade da ordem jurídica e evitar um vácuo legislativo (ADCT, art. 34). O Brasil, portanto, não adota a tese de desconstitucionalização: recepção das normas da Constituição anterior com força de lei ordinária, desde que compatíveis com a nova ordem institucional. A identidade textual porventura de algum(s) dispositivo(s) da nova e da antiga Constituição não afasta, contudo, a necessidade de contextualização[32].

Alternativas "c" e "d". A legislação ordinária – federal, estadual ou municipal – que não seja incompatível com a nova Constituição conserva sua eficácia, em razão do princípio da continuidade da ordem jurídica. Trata-se daquilo que em doutrina chama-se recepção. Não faz sentido revogar todo o sistema jurídico anterior e editar novas leis, algumas de conteúdo idêntico, somente pelo fato da promulgação de outra Constituição. Mas atenção: há necessidade de se promover uma releitura das normas jurídicas anteriores, já pela ótica da nova Constituição, com vistas na realização dos valores e princípios nela assegurados (força normativa irradiante e vetor de interpretação). No julgamento da ADI 2, o STF reafirmou seu entendimento tradicional: "O vício da inconstitucionalidade é congênito à lei e há de ser apurado em face da Constituição vigente ao tempo de sua elaboração. Lei anterior não pode ser inconstitucional em relação à Constituição superveniente; nem o legislador poderia infringir Constituição futura. A Constituição sobrevinda não torna inconstitucionais leis anteriores com ela conflitantes: revoga-as. Pelo fato de ser superior, a Constituição não deixa de produzir efeitos revogatórios. Seria ilógico que a lei fundamental, por ser suprema, não revogasse, ao ser promulgada, leis ordinárias. A lei maior valeria menos que a lei ordinária." A tese da inconstitucionalidade superveniente, capitaneada pelo então Min. Sepúlveda Pertence, restou vencida.

Alternativa (in)correta: letra "e". Não se admite no sistema jurídico brasileiro a possibilidade de dupla reforma ou revisão: alteração das normas de limitação procedimental para em seguida promover alteração em normas com limitação material (irrevisibilidade das cláusulas proibitivas de revisão). O STF reconhece a impossibilidade de dupla revisão como limitação implícita ao poder constituinte de reforma (MS 24.875).

25. (TRT 23 – Juiz do Trabalho Substituto 23ª Região/2010) Analise as proposições abaixo e indique a resposta correta:

I. Pelo princípio da máxima efetividade a Constituição deve ser interpretada em sua globalidade como um todo e, assim, as aparentes antinomias deverão ser afastadas, evitando-se contradições entre suas normas;

II. Mutação constitucional é um processo formal de mudança da constituição, por meio do qual são atribuídos novos sentidos, conteúdos até então não ressaltados à letra da constituição;

III. A interpretação conforme a Constituição opera não só como instrumento de controle de constitucionalidade mas também como princípio de interpretação do texto constitucional;

IV. O fenômeno da desconstitucionalização não é verificado no Brasil como regra geral, podendo ser autorizado pelo poder constituinte derivado;

a) Todas as proposições estão corretas

b) A proposição III está correta, e as proposições I, II e IV estão erradas

c) Todas as proposições estão incorretas

d) As proposições I, II e III estão erradas, e a proposição IV está correta

e) As proposições III e IV estão corretas e as proposições I e II estão erradas.

32. Idem, p. 191.

COMENTÁRIOS

✪ **Nota do autor:** É muito importante estudar os princípios instrumentais da interpretação constitucional, tema sempre presente em provas objetivas.

Proposição I. O princípio da máxima eficácia ou efetividade ou eficiência da Constituição implica no dever de o intérprete atribuir um sentido às normas constitucionais que lhes assegure maior capacidade de produzir efeitos jurídicos: "a uma norma constitucional deve ser atribuído o sentido que maior eficácia lhe dê"[33]. Cuida-se de princípio voltado para a otimização dos resultados da interpretação. A proposição, assim como redigida, conceitua outro princípio: o da unidade da Constituição.

Proposição II. A mutação constitucional é um processo *informal* de mudança da Constituição e consiste na alteração do significado da norma por interpretação, costume ou legislação inferior sem modificação do texto constitucional; uma alteração de sentido da norma em relação à compreensão anterior.

Proposição III. A interpretação - das leis - conforme a Constituição consiste na técnica de acordo com a qual, em face da existência de mais de uma alternativa possível de interpretação do ato normativo, das quais uma ou várias implicaria em inconstitucionalidade, há de se optar pela alternativa que, ao tempo em que preserva a integridade e coerência do dispositivo legal e do sistema jurídico como um todo, lhe atribuiu um sentido compatível com a Constituição[34]. Por essa ordem de ideias, a interpretação conforme a Constituição figura como instrumento de controle de constitucionalidade e princípio instrumental de interpretação constitucional.

Proposição IV. O Brasil, conforme já esclarecido acima, não adota a tese da desconstitucionalização. Entretanto, o poder constituinte originário pode preservar e manter em vigor determinados dispositivos da Constituição anterior (ADCT, art. 34), *nunca* o poder constituinte derivado.

Alternativa correta: letra "b".

---

26. (FCC - Juiz do Trabalho Substituto 20ª Região/2012) Em novembro de 2011, foi apresentada à Câmara dos Deputados Proposta de Emenda à Constituição (PEC), tendo por objetivo alterar o caput do artigo 7º da Constituição da República, para que passe a ter a seguinte redação:

> *"Art. 7º. São direitos dos trabalhadores urbanos e rurais, inclusive os domésticos, além de outros que visem à melhoria de sua condição social:..." (NR)*

Conforme consta de relatório de conferência de assinaturas divulgado pela própria Câmara dos Deputados, a referida PEC foi subscrita de maneira válida por 178 dos 513 membros da Casa Legislativa.

Um Deputado Federal, por entender haver irregularidades na apresentação e tramitação da referida PEC, pretende impetrar mandado de segurança, perante o Supremo Tribunal Federal, com vistas a impedir que a Câmara dos Deputados delibere sobre a proposta.

Considerada a disciplina constitucional da matéria e o entendimento do Supremo Tribunal Federal a esse respeito, é correto afirmar que o mandado de segurança, em tese,

a) não é meio hábil para defesa do direito ao devido processo legislativo, tampouco é o Supremo Tribunal Federal competente para apreciar a matéria, sob pena de ofensa ao princípio constitucional da separação de poderes.

b) não é meio hábil para defesa do direito ao devido processo legislativo, embora o Supremo Tribunal Federal seja competente para apreciar a matéria.

c) é meio hábil para defesa do direito ao devido processo legislativo, embora o Supremo Tribunal Federal não seja competente para apreciar a matéria, sob pena de ofensa aos princípios constitucionais do juiz natural e do duplo grau de jurisdição.

d) é meio hábil para defesa do direito ao devido processo legislativo, assim como o Supremo Tribunal Federal é competente para apreciar a matéria.

e) somente seria admissível se impetrado por partido político com representação na Câmara dos Deputados, uma vez que não há que se falar em direito do parlamentar, isoladamente, ao devido processo legislativo.

COMENTÁRIOS

✪ **Nota do autor:** Essa questão trata da possibilidade - atípica - do Poder Judiciário exercer controle preventivo de constitucionalidade das leis. O STF admite que a proposta de emenda à Constituição ou o projeto de lei seja objeto de mandado de segurança em que se analise, incidentalmente, a constitucionalidade da proposição, reconhecendo direito líquido e certo do parlamentar de tão somente participar de processo legislativo, formal e materialmente, idôneo e adequado à Constituição.

Alternativa correta: letra "d" (responde todas as demais alternativas). O STF admite a legitimidade do parlamentar - e somente do parlamentar, não do partido político, pois se trata de direito líquido e certo do Deputado Federal ou Senador individualmente considerado, uma vez que as votações tomadas no processo legislativo são, em regra, nominais e não partidárias (o congressista poderá inclusive votar em desacordo com a decisão de seu partido sem que isso signifique, em tese, ato de insurreição para fins de expulsão) - para impetrar mandado de segurança com a finalidade de coibir atos praticados no processo de aprovação de lei ou emenda constitucional incompatíveis com disposições constitucionais que disciplinam o devido processo legislativo (MS 20.257).

---

33. CANOTILHO, J. J. Gomes. Op. cit., p. 1.224.
34. SARLET, Ingo Wolfgang. Op. cit., p. 217.

27. (TRT 8 – Juiz do Trabalho Substituto 8ª Região/2013) A respeito das emendas à Constituição da República é CORRETO dizer:

a) As propostas deverão ser apresentadas por metade, no mínimo, dos membros da Câmara dos Deputados ou do Senado Federal.

b) A proposta será discutida e votada em cada Casa do Congresso Nacional, em dois turnos, considerando-se aprovada se obtiver, em ambos, dois quintos dos votos dos respectivos membros.

c) Não será objeto de deliberação a proposta de emenda tendente a abolir o voto direto, secreto, universal, obrigatório e periódico.

d) A matéria constante de emenda rejeitada ou havida por prejudicada não poderá ser objeto de nova proposta na mesma sessão legislativa, salvo se apresentada por proposta de dois terços do Congresso Nacional.

e) Não será objeto de deliberação a proposta de emenda tendente a abolir os direitos e garantias individuais.

COMENTÁRIOS

✪ Nota do autor: A questão cuida das limitações formais – procedimentais – e materiais – substanciais – ao poder de reforma da Constituição.

Alternativa "a". Diz o art. 60, I da CF que a Constituição poderá ser emendada mediante proposta de, no mínimo, *1/3* (*um terço*) – e não metade – dos membros da Câmara dos Deputados ou do Senado Federal.

Alternativa "b". Diz o art. 60, § 2º da CF: a proposta será discutida e votada em cada Casa do Congresso Nacional, em 02 turnos, considerando-se aprovada se obtiver, em ambos, *3/5* (*três quintos*) – e não 2/5 – dos votos dos respectivos membros.

Alternativa "c". Não consta do texto constitucional a limitação material de reforma da Constituição quanto à obrigatoriedade do voto. A norma constitucional limitadora diz apenas que não será objeto de deliberação a proposta de emenda tendente a abolir o voto direto, secreto, universal e periódico (CF, art. 60, § 4º, II). É dizer: o poder constituinte reformador pode instituir o *voto facultativo* para todos.

Alternativa "d". Diz o art. 60, § 5º em conexão com o art. 67, ambos da CF, que a matéria constante de emenda rejeitada ou havida por prejudicada não poderá ser objeto de nova proposta na mesma sessão legislativa, salvo proposta da *maioria absoluta* dos membros de qualquer das Casas do Congresso Nacional. Tal como apresentada a alternativa ora comentada, em sua faticidade ou contexto, uma proposta de emenda à Constituição apresentada por 2/3 dos membros do Congresso Nacional cumpriria o requisito constitucional, pois o art. 67 da CF, previsto expressamente para os projetos de lei, porém aplicável às emendas à Lei Fundamental por interpretação analógica, remete tão somente a maioria absoluta dos membros de *qualquer* das Casas do Congresso Nacional, um quórum inferior a 2/3 de *todos* os membros do Parlamento, segundo informa a aritmética básica. Mas aqui, parece que o examinador ateve-se ao *texto frio* da Constituição, sem se aperceber dos cálculos matemáticos.

Alternativa correta: letra "e". A alternativa traz a redação do art. 61, § 4º, IV da CF.

28. (FCC – Juiz do Trabalho Substituto 20ª Região/2012) Em novembro de 2011, foi apresentada à Câmara dos Deputados Proposta de Emenda à Constituição (PEC), tendo por objetivo alterar o caput do artigo 7º da Constituição da República, para que passe a ter a seguinte redação: "Art. 7º São direitos dos trabalhadores urbanos e rurais, inclusive os domésticos, além de outros que visem à melhoria de sua condição social..." (NR) Conforme consta de relatório de conferência de assinaturas divulgado pela própria Câmara dos Deputados, a referida PEC foi subscrita de maneira válida por 178 dos 513 membros da Casa Legislativa. Em tese, a referida PEC é

a) incompatível com a Constituição da República, por versar sobre matéria de direitos fundamentais.

b) incompatível com a Constituição da República, por vício de iniciativa, por se tratar de matéria de iniciativa privativa do Presidente da República.

c) incompatível com a Constituição da República, por não ter sido observado o número de assinaturas necessário para apresentação de propostas de emenda à Constituição.

d) desnecessária, pois todos os direitos assegurados pela Constituição da República aos trabalhadores urbanos e rurais já o são aos domésticos.

e) compatível com a Constituição da República, no que se refere a seu objeto e à iniciativa para propositura.

COMENTÁRIOS

✪ Nota do autor: A questão cuida dos limites formais e materiais de reforma da Constituição. Uma questão relativamente simples, pois, à primeira vista, o caso hipotético induz a uma *simpatia natural* com a proposta, por sua justiça e razoabilidade. Há de se ter, contudo, muito cuidado com as questões aparentemente mais fáceis, pois aí que *mora o perigo*.

Alternativa correta: letra "e" (responde todas as demais alternativas). Dentre os limites formais de reforma constitucional, encontra-se a obrigatoriedade da iniciativa da proposta emanar de *1/3* (*um terço*), no mínimo, dos membros da Câmara dos Deputados (CF, art. 60, I). Tal requisito é atendido no caso hipotético. O objeto da proposição é o direito do trabalho, assunto de iniciativa geral ou universal (CF, art. 61, *caput*) e da competência legislativa privativa da União (CF, art. 22, I). Por fim, aos empregados domésticos são assegurados alguns direitos reconhecidos aos empregados em geral, mas não todos (CF, art. 7º, § único) e, portanto, a proposta de emenda à Constituição tem pertinência[35].

35. A Emenda Constitucional nº 72 de 02 de abril de 2013 estendeu aos trabalhadores domésticos a quase totali-

29. (FCC – Juiz do Trabalho Substituto 6ª Região/2013) Em fevereiro de 2013, foi apresentada Proposta de Emenda à Constituição (PEC) à Câmara dos Deputados, objetivando modificar "a forma e os requisitos de investidura dos Ministros do Supremo Tribunal Federal". Do relatório de conferência de assinaturas respectivo, extrai-se que referida PEC foi subscrita por 166 dos 513 Deputados Federais. Nessa hipótese, a PEC em questão

a) não atende à exigência constitucional relativa à apresentação de propostas de emenda à Constituição por iniciativa de membros das Casas do Congresso Nacional.

b) possui vício de iniciativa, uma vez que a matéria relativa à organização do Poder Judiciário é de iniciativa exclusiva dos órgãos daquele Poder e, nesse caso específico, do Supremo Tribunal Federal.

c) deveria iniciar seu trâmite pelo Senado Federal, uma vez que apenas propostas de iniciativa do Presidente da República, do Supremo Tribunal Federal e dos Tribunais Superiores têm início na Câmara dos Deputados.

d) versa sobre matéria vedada à atuação do poder de reforma constitucional, por implicar ofensa ao princípio da separação de poderes.

e) reúne condições de admissibilidade quanto à matéria e à iniciativa para proposição, devendo ser submetida à apreciação das Casas do Congresso Nacional, em dois turnos, considerando-se aprovada se obtiver em ambos, três quintos dos votos dos respectivos membros.

COMENTÁRIOS

✪ **Nota do autor:** A questão se resume a um simples cálculo aritmético: 513 ÷ 3 = 171.

Alternativa "b". A forma e os requisitos de investidura dos Ministros da Corte Constitucional não se subsumem, diretamente, na organização interna do Tribunal. Trata-se, a bem dizer, de pressupostos ligados ao sujeito – de caráter pessoal, portanto – que pretende ocupar assento no Supremo Tribunal Federal. Uma alteração desse *quilate* não ocorreria na estrutura organizacional do Tribunal em si, mas nos critérios para a seleção de seus magistrados, algo anterior ao exercício do poder jurisdicional, de interesse não apenas do STF, contudo de toda a sociedade e demais poderes. Por isso, não se aplicaria a restrição do art. 96, II, *d* da CF (Compete privativamente ao Supremo Tribunal Federal, aos Tribunais Superiores e aos Tribunais de Justiça propor ao Poder Legislativo respectivo, observado o disposto no art. 169, a alteração da organização e da divisão judiciárias).

Alternativa "c". As discussões e votações das propostas legislativas têm início, regra geral, na Câmara dos Deputados (CF, art. 64, *caput*). Apenas os projetos de lei e as propostas de emenda à Constituição apresentadas por Senadores terão início no Senado Federal. Até mesmo por uma questão de lógica racional, uma emenda constitucional subscrita por Deputados Federais deve ser apresenta da Casa Congressual a que pertencem os propositores, justamente aqueles que detêm os melhores *argumentos de defesa* do projeto de lei ou emenda constitucional.

Alternativa "d". O princípio da separação dos poderes conduz a uma divisão orgânica e funcional das atividades do Estado (administrar, legislar e julgar), com intuito de limitar o poder por desconcentração. A investidura dos magistrados na Corte Constitucional é ato complexo, com participação do Poder Executivo (escolha e posse) e do Poder Legislativo (sabatina e aprovação). Essa *influência ou controle exógeno* tem uma razão de ser: dar certa legitimidade democrática ao Tribunal Constitucional a justificar o poder de invalidar leis ou atos políticos com elevado suporte de aceitação majoritária. Os Ministros do STF não são eleitos pelo povo e suas decisões em defesa da integridade da Constituição, muitas vezes, entram em rota de colisão com decisões majoritárias revestidas de ampla legitimação democrática. De mais a mais, a própria Constituição prevê um sistema de freios e contrapesos, de controle recíproco e harmonioso entre os poderes do Estado. Por isso, não há que se falar em invasão ou sobreposição de um poder sobre o outro.

Alternativa correta: letra "a" (responde a alternativa "e" por contrariedade). A proposta de emenda constitucional deve observar a formalidade de *1/3 (um terço)*, no mínimo, de *assinaturas* dos membros da Câmara dos Deputados (171 Deputados Federais) *ou* Senado Federal (27 Senadores), conforme preceitua o art. 60, I da CF. Tal requisito não é atendido no caso hipotético (166 Deputados Federais). Logo, a PEC deve(ria) ser inadmitida, preliminarmente, por vício de forma.

2. DIREITOS E GARANTIAS FUNDAMENTAIS

30. (TRT 8 – Juiz do Trabalho Substituto 8ª Região/2015) Em relação aos direitos e garantias fundamentais, assinale a alternativa INCORRETA:

---

dade dos direitos conferidos aos demais trabalhadores no art. 7º da CF: alguns (IV, VI, VIII, X, XIII, XV, XVI, XVII, XVIII, XIX, XXI, XXII, XXIV, XXVI, XXX, XXXI e XXXIII) com eficácia imediata e outros (I, II, III, IX, XII, XXV e XXVIII) a depender de interposição legislativa e simplificação das obrigações tributárias, além de sua integração na previdência social. Atualmente, apenas os direitos a piso salarial proporcional à extensão e à complexidade do trabalho, participação nos lucros ou nos resultados da empresa, jornada de 06 horas para trabalho em turno ininterrupto de revezamento, proteção do trabalho da mulher mediante incentivos específicos, adicional de remuneração para atividades penosas, insalubres ou perigosas, proteção em face da automação, prazos prescricionais, proibição de distinção entre trabalho manual, técnico e intelectual e igualdade de direitos entre o trabalhador com vínculo de emprego e o avulso, respectivamente previstos no art. 7º, V, XI, XIV, XX, XXIII, XXVII, XXIX, XXXII e XXXIV, não estão expressamente reconhecidos aos trabalhadores domésticos.

a) Embora seja inviolável a liberdade de consciência e de crença, sendo assegurado o livre exercício dos cultos religiosos e garantida, na forma da lei, a proteção aos locais de culto e a suas liturgias, esta liberdade não poderá ser invocada para eximir-se de obrigação legal a todos imposta, bem como para recusar-se a cumprir prestação alternativa, fixada em lei.

b) É direito de todos, nos termos da lei, a prestação de assistência religiosa nas entidades civis e militares de internação coletiva.

c) Não obstante seja inviolável o direito ao sigilo de correspondência e das comunicações telegráficas, de dados e das comunicações telefônicas, sua exceção é admissível, em relação à última hipótese, desde que decorrente de ordem judicial, se destinada à investigação criminal ou instrução processual penal.

d) O direito de propriedade é garantido constitucionalmente, permitindo ao seu titular, o exercício livre e irrestrito do direito de gozo, uso e disposição do bem.

e) Nenhum brasileiro será extraditado, salvo o naturalizado, em caso de crime comum, praticado antes da naturalização, ou de comprovado envolvimento em tráfico ilícito de entorpecentes e drogas afins, na forma da lei.

COMENTÁRIOS

✪ **Nota do autor:** a leitura e memorização do art. 5º da CF é imprescindível para que o candidato alcance êxito em suas provas, tendo em vista ser altíssima a incidência de questões envolvendo esse dispositivo.

Alternativa "a": conforme se depreende do art. 5º, VIII, da CF, embora sejam invioláveis as liberdades de consciência e de crença, sendo assegurado o livre exercício dos cultos religiosos e garantida, na forma da lei, a proteção aos locais de culto e a suas liturgias, estas liberdades não podem ser invocadas para o sujeito eximir-se de obrigação legal a todos imposta, bem como para recusar-se a cumprir prestação alternativa, fixada em lei.

Alternativa "b": o art. 5º, VII, da CF, assegura a todos, nos termos da lei, a prestação de assistência religiosa nas entidades civis e militares de internação coletiva.

Alternativa "c": nos termos do art. 5º, XII, da CF, não obstante seja inviolável o direito ao sigilo de correspondência e das comunicações telegráficas, de dados e das comunicações telefônicas, sua exceção é admissível, em relação à última hipótese, desde que decorrente de ordem judicial, se destinada à investigação criminal ou instrução processual penal.

Alternativa "e": consoante art. 5º, LI, da CF, nenhum brasileiro será extraditado, salvo o naturalizado, em caso de crime comum, praticado antes da naturalização, ou de comprovado envolvimento em tráfico ilícito de entorpecentes e drogas afins, na forma da lei.

Alternativa correta: "d" (a questão pede a incorreta). Em que pese o direito de propriedade esteja previsto constitucionalmente (art. 5º, XXII, da CF), ele não é garantido de modo absoluto (mesmo porque nenhum direito fundamental o é), haja vista estar vinculado ao atendimento da função social (art. 5º, XXIII, da CF).

31. (TRT 21 – Juiz do Trabalho Substituto 21ª Região/2010) Os direitos fundamentais representam importante capítulo do Direito contemporâneo, com presença crescente nas argumentações jurídicas desenvolvidas pelos juízes e tribunais de nosso país. Sobre a teoria dos direitos fundamentais, assinale a alternativa incorreta:

a) os direitos fundamentais denominados de primeira geração traduzem postulados de abstenção do Estado, cujo catálogo privilegia aspectos da vida pessoal de cada indivíduo, como a liberdade de culto e de reunião;

b) os direitos sociais, como o direito a greve, são denominados direitos fundamentais de segunda geração, por sua conexão com a justiça social;

c) apesar de não haver norma expressa na ordem jurídica brasileira, reconhece-se universalmente a aplicabilidade imediata dos direitos fundamentais;

d) as violações a direitos fundamentais não ocorrem somente no âmbito das relações entre o cidadão e o Estado, mas igualmente nas relações travadas entre pessoas físicas e jurídicas de direito privado (fenômeno conhecido como eficácia horizontal dos direitos fundamentais);

e) diante de um caso concreto, resolve-se a colisão de direitos fundamentais a partir de um juízo de ponderação, harmonizando-se, especialmente pelo princípio da proporcionalidade, os direitos fundamentais em conflito.

COMENTÁRIOS

✪ **Nota do autor:** A questão envolve a teoria dos direitos fundamentais e sua eficácia nas relações privadas.

Alternativa "a". Os direitos fundamentais surgiram com o Estado moderno. A primeira geração ou dimensão destinava-se a limitar o poder estatal, de modo a garantir o exercício da liberdade – direitos civis – pelos cidadãos e sua participação política – direitos políticos – nos destinos do Estado. São considerados como direitos de defesa – resistência, abstenção, não interferência – e participação. A primeira geração ou dimensão dos direitos fundamentais trata o homem individualmente considerado, do *homem ensimesmado* do pensamento liberal, do homem singular, isolado e apartado do contexto social e coletivo.

Alternativa "b". Com o Estado de Bem-Estar Social – *Welfare State* – decorrente do conflito social emergente entre capital e trabalho, houve uma nova conformação de forças capaz de propiciar e legitimar os direitos de igualdade material – direitos fundamentais de segunda geração ou dimensão – e impor ao Estado a obrigação de prestações positivas em favor de todos os cidadãos para o pleno desenvolvimento de suas potencialidades, o efetivo gozo das prerrogativas jurídicas e o acesso aos serviços públicos essenciais de educação, saúde, moradia e seguridade social, através de políticas públicas interventivas. Uma fase histórica em que o Estado assume um papel proativo na realização da justiça social, visando, em última análise, sua própria sobrevivência e a do pacto político, esgarçado pela questão social. A greve, direito de expressão coletiva do trabalhador enquanto grupo, é caudatária do movimento de direitos de segunda geração e manifestação visceral desse conflito social.

Alternativas "d" e "e". Para além de vincularem todos os poderes públicos, os direitos fundamentais exercem sua eficácia vinculante também na esfera jurídico-privada, isto é, no âmbito das relações jurídicas entre particulares. Esta temática tem sido versada principalmente sob os títulos eficácia privada, eficácia externa, eficácia em relação a terceiros ou horizontal dos direitos fundamentais[36]. Em uma sociedade profundamente conflituosa e desigual como o Brasil, marcada pelo domínio do capital e pelo poder de fato de entidades privadas – *state action* –, é indispensável que a ordem objetiva de valores explicitada na Constituição incida nas relações privadas e assegure os direitos fundamentais – ao menos seu conteúdo essencial – em caso de colisões de interesses em situações reais. Os conflitos entre direitos fundamentais nas relações privadas são uma realidade. Sempre há possibilidade de colisões entre iguais direitos de titulares diferentes ou entre direitos diferentes entre si. Sem dúvida, há um conflito de origem entre a liberdade e a autonomia privada com os demais direitos fundamentais (intimidade, segurança etc.) a exigir uma composição entre os interesses em jogo: quanto maior a desigualdade de fato entre as partes ou o poder social de uma delas, menor a legitimidade da restrição consensual – ainda que implícita – aos direitos fundamentais. Entretanto, quanto mais intensa a relação do direito fundamental com a esfera íntima dos indivíduos, com suas escolhas existenciais, maior a liberdade e autonomia privada. Ademais, não há direitos absolutos em Direito e os conflitos daí decorrentes devem ser resolvidos sob a ótica dos valores éticos e morais compartilhados pela sociedade, adotando-se a técnica da harmonização (concordância prática) ou ponderação racional (sopesamento) para se encontrar a melhor decisão no caso concreto, preservando a coerência e a integridade do sistema jurídico como um todo.

Alternativa (in)correta: letra "c". Há dispositivo *expresso* na Constituição Federal prescrevendo que as normas definidoras dos direitos e garantias fundamentais têm aplicação imediata (CF, art. 5º, § 1º).

36. SARLET, Ingo Sarlet. *A eficácia dos direitos fundamentais*. 6. ed. (rev. atual. e ampl.) Porto Alegre: Livraria do Advogado, 2006. p. 392.

32. (TRT 21 – Juiz do Trabalho Substituto 21ª Região/2012) A respeito do princípio da separação dos poderes, e considerando a interpretação adotada pelo Supremo Tribunal Federal (Ação de Descumprimento de Preceito Fundamental nº 45-9/DF), é correto afirmar que:

I. os juízes e Tribunais não podem determinar a inserção, na lei orçamentária, de recursos necessários para atender à realização de direitos fundamentais sociais, uma vez que existe instrumento, previsto na própria Constituição Federal, para a administração pública cumprir suas obrigações que importem em dispêndio financeiro, qual seja, o precatório;

II. diante da inércia da administração pública em tornar efetivos os direitos fundamentais sociais, o Poder Judiciário poderá atuar, determinando a inserção, na lei orçamentária, de recursos necessários para realizar aqueles direitos;

III. em princípio, o Poder Judiciário não deve intervir na esfera reservada aos outros poderes, mas a intervenção se faz necessária quando há descumprimento de decisão judicial;

IV. o Poder Judiciário deverá ter atuação subsidiária, somente determinando a inserção, em lei orçamentária, de recursos necessários para custear as prestações relativas ao cumprimento dos direitos fundamentais sociais, quando comprovada a omissão dos Poderes Executivo e Legislativo e, em se tratando do Poder Legislativo, após o término do prazo concedido em mandado de injunção para a correção da omissão.

a) as assertivas II, III e IV estão corretas;

b) as assertivas II e IV estão corretas;

c) somente a assertiva I está correta;

d) somente a assertiva II está correta;

e) somente a assertiva III está correta.

COMENTÁRIOS

Nota do autor: A ADPF 45, julgada pelo STF em abril de 2004, rel. Min. Celso de Mello, tratava, em essência, da dimensão objetiva dos direitos fundamentais e do dever de proteção do Poder Público às posições jurídicas concretas dos titulares de direitos sociais violados por prestação material – ou jurídica – insuficiente do Estado ou omissão pura e simples. A decisão envolve ainda o princípio da reserva do possível e a possibilidade de controle judicial do veto do chefe do Poder Executivo à proposta de lei (Lei de Diretrizes Orçamentárias) aprovada pelo Poder Legislativo com políticas públicas voltadas para a concretização de direitos sociais: destinação de recursos financeiros mínimos para aplicação nas ações e serviços públicos de saúde.

Alternativa correta: letra "b" (responde todas as demais alternativas). Destacamos as passagens mais relevantes da ADPF 45: "a ação constitucional em referência qualifica-se como instrumento idôneo e apto a viabilizar a concretização de políticas públicas, quando, previstas no texto da Carta Política, venham a ser descumpridas, total ou parcialmente, pelas instâncias governamentais – dimensão política da jurisdição constitucional para tornar efetivos os direitos econômicos, sociais e culturais. É certo que não se inclui nas funções institucionais do Poder Judiciário a atribuição de formular e de implementar políticas públicas. A realização dos direitos sociais depende, em grande medida, das possibilidades orçamentárias do Estado. Não se mostrará lícito, no entanto, ao Poder Público frustrar e inviabilizar condições materiais mínimas de existência. A cláusula da 'reserva do possível' não pode ser invocada, pelo Estado, com a finalidade de exonerar-se do cumprimento de suas obrigações constitucionais. Cumpre reconhecer que não se revela absoluta, nesse domínio, a liberdade de conformação do legislador, nem a de atuação do Poder Executivo".

---

33. (TRT 14 – Juiz do Trabalho Substituto 14ª Região/2012) Em relação aos Direitos Fundamentais escolha a alternativa CORRETA:

a) No ordenamento jurídico brasileiro a eficácia dos direitos e garantias fundamentais é máxima, a não ser nos casos em que a própria Constituição limita esse dispositivo pelo critério da especialidade. Em regra geral, as normas de direitos fundamentais são de eficácia plena, mas podem existir normas de eficácia contida e até limitada.

b) Segundo a teoria da eficácia horizontal indireta os direitos fundamentais geram direitos subjetivos somente na esfera privada.

c) De acordo com a teoria da eficácia horizontal direta os direitos fundamentais podem ser aplicados diretamente às relações entre particulares. Entretanto, necessita de instrumentos para a sua aplicação.

d) O Supremo Tribunal Federal, em recentes julgados, tem negado a aplicação da teoria da eficácia horizontal direta em âmbito interno.

e) A dimensão objetiva dos direitos fundamentais exclui o dever de proteção do Estado.

COMENTÁRIOS

✪ **Nota do autor:** As dimensões objetivas e subjetivas dos direitos fundamentais são temas recorrentes em provas de concursos.

Alternativa "b". Segundo Daniel Sarmento: "os defensores da teoria da eficácia horizontal mediata [ou indireta] dos direitos fundamentais vão sustentar que tais direitos são protegidos no campo privado não através dos instrumentos de Direito Constitucional, e sim através de mecanismos típicos do próprio Direito Privado"[37].

Isto é, para a teoria da eficácia indireta, há necessidade de a legislação ordinária delinear o modo de incidência direta dos direitos fundamentais nas relações entre particulares, a exemplo do que ocorre no Direito do Consumidor, do Trabalho, de Família e outros ramos da ciência jurídica, em que pululam preceitos de ordem pública restringindo a liberdade individual em prol de outros valores e direitos importantes para a sociedade.

Alternativas "c" e "e". A dimensão objetiva dos direitos fundamentais expressa a ordem de valores básicos compartilhada pela sociedade. Como consequência, essa dimensão objetiva (i) influi na interpretação do Direito, constituindo um vetor de interpretação do sistema jurídico: eficácia irradiante e (ii) impõe um dever de proteção do Estado, com a adoção de medidas, jurídicas e materiais, que efetivamente protejam os direitos fundamentais contra violações de terceiros, inclusive do próprio Estado. Há autores que sustentam ainda, com temperamentos, uma eficácia horizontal ou efeito externo dos direitos fundamentais nas relações privadas, direta e imediatamente, extraída dessa dimensão objetiva dos direitos fundamentais.[38] Essa perspectiva determina a vinculação dos particulares aos direitos fundamentais nas relações jurídicas que estabelecem entre si, pelo simples e relevante fato de constarem em norma constitucional, independente de legislação ordinária.

Alternativa "d". A jurisprudência do STF vem evoluindo para reconhecer e aplicar a teoria da eficácia horizontal direta a uma diversidade de casos concretos. Como exemplo, citamos (i) o direito de igualdade ou não discriminação nas relações de trabalho: RE 161.243 e (ii) o direito de ampla defesa, contraditório e devido processo legal em entidades ou sociedades privadas: RE 158.215 e 201.819.

Alternativa correta: letra "a". Os direitos fundamentais vinculam todos os Poderes Públicos constituídos e têm aplicação direta e imediata nos casos concretos. São normas de caráter preceptivo a prescindir de conformação legislativa para gozar de eficácia jurídica: princípio da máxima efetividade. As exceções ficam por conta das normas de direitos fundamentais que impõe prestações positivas do Estado – direitos sociais e normas de princípio programático ou institutivo. Nesses casos, a aplicabilidade das normas jurídicas pode depender de interposição legislativa para definir o modo de ação do Estado, dentre as escolhas razoavelmente possíveis, ou de decisão judicial em casos de omissão desarrazoada do Poder Público ou proteção insuficiente.

---

34. (TRT 6 – Juiz do Trabalho Substituto 6ª Região/2010) Acerca da posição hierárquico-normativa dos Tratados Internacionais de direitos humanos no ordenamento jurídico brasileiro, leia atentamente as assertivas abaixo e, depois, assinale a alternativa CORRETA:

37. SARMENTO, Daniel. *Direito fundamentais e relações privadas*. Rio de Janeiro: Editora Lumen Juris, 2004. p. 240.

38. ALEXY, Robert. Op. cit.

I. O status normativo supralegal dos Tratados Internacionais de direitos humanos subscritos pelo Brasil torna inaplicável a legislação infraconstitucional com ele conflitante, seja ela anterior ou posterior ao ato de adesão.

II. Diante da supremacia da Constituição, a adesão do Brasil a Tratado Internacional de direitos humanos não revoga os dispositivos constitucionais que o contrarie.

III. Os Tratados Internacionais de direitos humanos incorporados no direito interno antes da Emenda Constitucional n. 45/04 não podem ser submetidos ao procedimento especial de aprovação previsto no art. 5º, § 3º, da Constituição, visando a conferir-lhes estatura de Emenda Constitucional.

IV. Os Tratados e Convenções internacionais sobre direitos humanos que forem aprovados, em cada Casa do Congresso Nacional, em dois turnos, por dois terços dos votos dos respectivos membros, serão equivalentes às emendas constitucionais.

V. Todo Tratado ou Convenção internacional que institua disposição na esfera dos direitos humanos tem reflexo no ordenamento jurídico brasileiro.

a) Apenas as assertivas I e II estão corretas.

b) Apenas as assertivas I, II e IV estão corretas.

c) Apenas as assertivas II e IV estão corretas.

d) Apenas as assertivas I e III estão corretas.

e) Nenhuma das assertivas está correta.

COMENTÁRIOS

Nota do autor: Sugiro a leitura do RE 466.343, julgado pelo STF em 03/12/2008, rel. Min. Cezar Peluso, que, embora longo, contém passagens muito interessantes sobre o *status* normativo dos Tratados Internacionais sobre Direitos Humanos, principalmente, pela erudição habitual, o voto vista do Min. Celso de Mello e, pelas lições doutrinárias, o voto do Min. Gilmar Mendes.

Proposições I e II. No RE 466.343, o STF assim considerou a questão: "Parece mais consistente a interpretação que atribui a característica de *supralegalidade* aos tratados e convenções coletivas de direitos humanos. Essa tese pugna pelo argumento de que os tratados sobre direitos humanos seriam infraconstitucionais, porém, diante de seu caráter especial em relação aos demais atos normativos internacionais, também seriam dotados de um atributo de supralegalidade. Em outros termos, os tratados sobre direitos humanos não poderiam afrontar a *supremacia da Constituição*, mas teriam lugar especial reservado no ordenamento jurídico. Equipará-los à legislação ordinária seria subestimar o seu valor especial no contexto do sistema de proteção dos direitos da pessoa humana. Portanto, cuidando-se de tratados internacionais sobre direitos humanos, estes hão de ser considerados como estatutos situados em posição intermediária que permita qualificá-los como diplomas impregnados de estatura superior a das leis internas em geral, não obstante subordinados à Constituição da República".

Proposição III. Não há vedação expressa na Constituição de 1988 à submissão dos tratados internacionais sobre direitos humanos já incorporados pelo direito interno brasileiro antes da EC 45/04 ao procedimento especial previsto para lhes conferir estatura constitucional. Há, inclusive, interesse jurídico em tal proceder, pelo fato de possibilitar que esses tratados internacionais sejam manejados como parâmetro de constitucionalidade dos demais atos normativos.

Proposição IV. Diz o art. 5º, § 3º da CF: os Tratados e Convenções Internacionais sobre Direitos Humanos que forem aprovados, em cada Casa do Congresso Nacional, em dois turnos, por *3/5* (*três quintos*) – e não 2/3 – dos *votos* dos respectivos membros, serão equivalentes às emendas constitucionais. Trata-se de quórum idêntico ao previsto para as emendas à Constituição (CF, art. 60, § 2º).

Proposição V. A incorporação dos tratados ou convenções de Direito Internacional dá-se no Brasil por procedimento complexo em que atuam, sucessivamente, a vontade política do Presidente da República, enquanto chefe de Estado (CF, art. 84, VIII) e do Congresso Nacional (CF, art. 49, I), enquanto vontade democrática majoritária. Apenas com a publicação do decreto presidencial, após a deliberação do Congresso Nacional em definitivo, o tratado ou convenção passa a vigorar, com força de lei, em território nacional. É dizer: o Brasil adotou a concepção dualista no que se refere à sistemática de incorporação do Direito Internacional.

Alternativa correta: letra "a".

---

35. (TRT 14 – Juiz do Trabalho Substituto 14ª Região/2013) Analise as assertivas abaixo e após marque a única alternativa correta.

I. A Constituição de 1988 trouxe inúmeras inovações no tema do controle de constitucionalidade, dentre elas a chamada cláusula de reserva de plenário, pela qual somente pelo voto da maioria absoluta dos membros do plenário ou do órgão especial os tribunais podem declarar a inconstitucionalidade de lei ou ato normativo do Poder Público.

II. Acaso, no exercício do poder discricionário, a Comissão de Constituição e Justiça do Senado Federal entenda que determinado tratado internacional não versa propriamente sobre a temática dos direitos humanos, poderá indicar que sua recepção pelo ordenamento jurídico brasileiro ocorra com "status" diverso de Emenda Constitucional; nessa hipótese, como se trata da interpretação e da aplicação de norma "interna corporis" não comporta controle pelo Supremo Tribunal Federal.

III. É possível, pelas atuais previsões constitucionais, que tratado internacional de direitos humanos suprima direito ou garantia constitucional previamente reconhecido pela Constituição brasileira, ante a prevalência da regra segundo a qual norma posterior revoga norma anterior.

a) Apenas o item I é verdadeiro.

b) Apenas o item II é verdadeiro.

c) Apenas o item III é verdadeiro.

d) Todos os itens são verdadeiros.

e) Todos os itens são falsos.

COMENTÁRIOS

✪ **Nota do autor:** Os tratados internacionais sobre direitos humanos têm natureza jurídica diferenciada a depender do procedimento de incorporação no ordenamento jurídico nacional. Pelo procedimento especial de aprovação em quórum qualificado, são eles equivalentes às emendas constitucionais (CF, art. 5º, 3º, acrescentado pela EC 45/04). Os incorporados antes da promulgação da EC/45 ou aqueles que não alcançaram o quórum qualificado, gozam de *supralegalidade*, isto é, inferiores à Constituição, mas superiores à legislação ordinária.

Proposição I. A reserva de plenário foi introduzida em nosso ordenamento jurídico pela Constituição dos Estados Unidos do Brasil de 1934, conforme dizia seu art. 179: só por maioria absoluta de votos da totalidade dos seus Juízes, poderão os Tribunais declarar a inconstitucionalidade de lei ou ato do Poder Público.

Proposição II. As matérias *interna corporis* são aquelas que se relacionam com a organização, estrutura e funcionamento interno de determinado órgão de Estado; são normas procedimentais, formais, de interesse exclusivo daquele órgão. O STF entende que tais matérias não são sindicáveis em controle de constitucionalidade, por caracterizar indevida ingerência de um poder sobre outro (MS 22.183). No entanto, as matérias que, nada obstante constarem dos regulamentos internos, revelem estatura manifestamente constitucional são passíveis de controle pelo Poder Judiciário (MS 25.579 MC). Ora, a *desqualificação* ou interpretação de tratado internacional sobre direitos humanos é matéria constitucional a toda evidência, comportando análise pela Corte Constitucional da compatibilidade dessa decisão da CCJ do Senado Federal com o *telos* da Constituição de 1988. Do contrário, uma comissão do Parlamento restaria com a palavra final sobre a interpretação da Constituição e dos direitos humanos.

Proposição III. Os direitos fundamentais são cláusulas pétreas, imunes a qualquer tentativa de supressão (CF, art. 60, 4º, IV[39]). Trata-se do núcleo de identidade da Constituição de 1988, uma reserva intangível contra ataques externos capazes de descaracterizar sua *essência* e seus *compromissos ideológicos*. A isso se deve acrescer o princípio da proibição do retrocesso social, ou seja, as conquistas de modernidade alcançadas em um determinado momento histórico devem ser preservadas. A Constituição traduz um sistema jurídico dinâmico, aberto, sensível às demandas social, porém caminhando adiante, jamais para trás. Admite-se, no entanto, ajustes pontuais, periféricos, tangenciais, contingenciais aos direitos fundamentais, sem *tendências abolicionistas*. Um tratado internacional sobre direitos humanos supressor – que paradoxo! – de direitos humanos previstos na Constituição do Estado atrai o signo da inconstitucionalidade material. O conflito aqui se resolve pela hierarquia, não pela cronologia.

Alternativa correta: letra "e".

39. O texto constitucional fala de direitos e garantias individuais, tão somente. Contudo, uma interpretação construtiva da Constituição não pode fechar os olhos para os demais direitos fundamentais.

2.1. DIREITOS FUNDAMENTAIS EM ESPÉCIE. DIREITOS INDIVIDUAIS E COLETIVOS. DIREITOS SOCIAIS

▸ CF, artigos 5º a 11.

36. (FGV – 2023 – TST – Juiz do Trabalho) Considerando os direitos individuais e sociais trabalhistas na Constituição da República de 1988 e o entendimento do Supremo Tribunal Federal, é correto afirmar que:

a) a gestante possui direito à estabilidade no emprego desde que o empregador tenha ciência do estado gravídico em momento anterior ao da despedida imotivada;

b) é incompatível com o Art. 7º, XI, da Constituição da República de 1988, norma de Constituição Estadual que preveja a participação de empregados na diretoria de empresas públicas ou de sociedades de economia mista, mesmo quando observar os parâmetros da legislação federal;

c) o termo inicial do período da licença-maternidade prevista no Art. 7º, XVIII, da Constituição da República de 1988, pode se dar entre o vigésimo oitavo dia antes do parto e a ocorrência deste, mediante atestado médico apresentado pela empregada, sendo irrelevante a data da alta hospitalar do recém-nascido e/ou de sua mãe;

d) é compatível com o Art. 7º, XXIX, da Constituição da República de 1988, norma legal que fixa o cancelamento do registro ou cadastro no órgão gestor de mão de obra como marco inicial do prazo prescricional para ações relativas aos créditos decorrentes do trabalho avulso portuário;

e) é incompatível com o Art. 7º, XI, da Constituição da República de 1988, norma legal que determina a observância de diretrizes específicas fixadas pelo poder executivo nas negociações coletivas para a participação nos lucros e resultados pelos empregados de empresas públicas e sociedades de economia mista em que a União detenha a maioria do capital social com direito a voto.

COMENTÁRIOS

Alternativa a: Na verdade, não é necessário que o empregador tenha conhecimento antes da decisão da demissão para que a estabilidade se aplique. Somente se exige o requisito biológico, ou seja, que a gravidez seja preexistente à dispensa arbitrária, independentemente de prévio conhecimento ou comprovação (RE 629053 - SP).

Alternativa b: Não haverá incompatibilidade se forem observados os parâmetros da legislação federal, pois trata-se de diretriz constitucional voltada à realização da ideia de gestão democrática prevista no art. 7º, XI da CF/88, conforme entendeu o STF no julgamento da ADI 1167/DF.

Alternativa c: O termo inicial da licença, segundo entendeu o STF no julgamento da ADI 6327, será o nascimento ou a alta hospitalar, o que ocorrer por último, quando a internação for superior a duas semanas.

Alternativa d: Foi nesse sentido o entendimento do STF ao julgar a ADI 5132/DF.

Alternativa e: Referida determinação é constitucional, pois as empresas estatais, embora sujeitas a controle público, são competentes para celebrar negociação coletiva sobre participação em lucros e resultados, conforme entendeu o STF ao julgar a ADI 5417.

Alternativa correta: "d".

---

37. (FGV - 2023 - TST - Juiz do Trabalho) A respeito dos princípios da isonomia e não discriminação nas relações de trabalho, considerando o texto da Constituição da República de 1988 e o entendimento do Supremo Tribunal Federal, é correto afirmar que:

a) é incompatível com o princípio da isonomia a fixação da remuneração do trabalho do preso em valores inferiores ao do salário mínimo previsto no Art. 7º, IV, da Constituição da República de 1988, pois o fato de estar preso não justifica a diferenciação dos trabalhadores livres;

b) os prazos da licença adotante não podem ser inferiores aos prazos da licença gestante, o mesmo valendo para as respectivas prorrogações. Em relação à licença adotante, não é possível fixar prazos diversos em função da idade da criança adotada;

c) lei estadual que fixa piso salarial regional e exclui de sua incidência os contratos de aprendizagem é incompatível com a Constituição da República de 1988, pois afronta o princípio da isonomia e o disposto no Art. 7º, inciso XXX, que proíbe a diferença de salários por motivo de idade;

d) o fato de os trabalhadores portuários avulsos sujeitarem-se a um regime de exploração diferenciado daqueles trabalhadores portuários com vínculo permanente torna legítima a diferenciação entre eles quanto ao adicional de risco, que não é devido aos trabalhadores avulsos mesmo quando implementadas as condições legais que ensejam o pagamento aos trabalhadores com vinculo permanente;

e) é cabível, com base no princípio da isonomia, a equiparação de remuneração entre empregados da empresa tomadora de serviços e empregados da empresa contratada (terceirizada), desde que ambos desempenhem a mesma função, na mesma localidade e com igual produtividade e perfeição técnica.

COMENTÁRIOS

Alternativa a: Na verdade, o STF entende que a fixação de remuneração do preso em valor inferior ao salário-mínimo não ofende a isonomia, pois não se aplica, à hipótese, a garantia do salário mínimo (ADPF 33 MC).

Alternativa b: É nesse sentido o entendimento do STF, conforme se extrai da decisão proferida no julgamento do RE 778889.

Alternativa c: O STF, na verdade, entende que a exclusão dos contratos de aprendizagem do piso salarial regional não constitui extrapolação dos limites da delegação legislativa federal, nem viola a isonomia ou a proibição de diferença discriminatória de salários, pois o contrato de trabalho de aprendizagem tem especificidades e regime jurídico peculiar em virtude de sua função social e educativa que justificam a distinção (ADI 6223).

Alternativa d: O STF, ao julgar o RE 597124/PR, manifestou entendimento no sentido de que o fato de os trabalhadores portuários avulsos se sujeitarem a regime de exploração diferenciados daqueles com vínculo permanente, não justifica tratamento diferenciado entre eles, pois há norma constitucional de igualdade de direitos, sendo devido o adicional de riscos também ao trabalhador portuário avulso.

Alternativa e: O STF fixou tese (Tema 383- RE 635546) de que a equiparação de remuneração entre empregados da empresa tomadora de serviços e empregados da empresa contratada (terceirizada) fere o princípio da livre iniciativa, por se tratar de agentes econômicos distintos, que não podem estar sujeitos a decisões empresariais que não são suas.

Alternativa correta: "b".

---

38. (FGV - 2023 - TST - Juiz do Trabalho) Considerando a constitucionalização do Direito do Trabalho e as normas e princípio de Direito Coletivo do Trabalho na Constituição da República de 1988 e o entendimento do Supremo Tribunal Federal, é correto afirmar que:

a) a ampla legitimidade extraordinária dos sindicatos para defender em juízo os direitos e interesses coletivos ou individuais dos integrantes da categoria que representam abrange apenas a fase de conhecimento do processo, de modo que somente podem promover as liquidações e execuções de sentença mediante expressa autorização individual dos substituídos;

b) a intervenção sindical prévia é exigência procedimental imprescindível para a dispensa em massa de trabalhadores, que não se confunde com autorização prévia por parte da entidade sindical ou celebração de convenção ou acordo coletivo;

c) a exigência de comum acordo entre as partes para ajuizamento de dissídio coletivo de natureza econômica é inconstitucional, pois afronta o princípio do livre acesso à Justiça e a norma do Art. 89, III, da Constituição da República de 1988, que assegura ao sindicato legitimidade para defesa dos interesses da categoria em juízo;

d) é incompatível com o Art. 8º da Constituição da República de 1988 a criação de sindicatos de empregados de entidades sindicais, pois os organismos sindicais não formam uma categoria econômica e não possuem representação sindical, o que inviabiliza a celebração de convenções coletivas de trabalho;

e) o princípio da unicidade sindical consta expressamente nas Constituições brasileiras a partir de 1946, sendo que o texto do Art. 8°, inciso II, da Constituição Federal de 1988 reproduz norma da Constituição Federal de 1967, com redação atribuída pela Emenda Constitucional de 1969.

COMENTÁRIOS

Alternativa a: O STF entende, na verdade, que a legitimidade dos sindicatos abrange não apenas a fase de conhecimento do processo, mas também as fases de liquidação e execução de sentença, independentemente de autorização dos substituídos (RE 883.642/AL-Tema 823).

Alternativa b: Foi nesse sentido o que decidiu o STF ao julgar o RE 999.435.

Alternativa c: A exigência é, na verdade, constitucional, sendo esse o entendimento do STF proferido ao julgar o RE 1002295 (Tema 841), o que está embasado no art. 114, §2º da CF/88: "§ 2º Recusando-se qualquer das partes à negociação coletiva ou à arbitragem, <u>é facultado às mesmas, de comum acordo, ajuizar dissídio coletivo de natureza econômica,</u> podendo a Justiça do Trabalho decidir o conflito, respeitadas as disposições mínimas legais de proteção ao trabalho, bem como as convencionadas anteriormente.".

Alternativa d: O entendimento manifestado pelo STF, no julgamento da ADI 3890/DF, foi no sentido de que é possível a associação de empregados de entidades sindicais entre si para a criação de entidade de representação sindical própria. Portanto, a alternativa é incorreta.

Alternativa e: Na verdade, referido princípio somente passou a constar expressamente da Constituição Federal de 1988, inexistindo referida menção nas constituições anteriores.

Alternativa correta: "b".

39. (FGV – 2023 – TST – Juiz do Trabalho) De acordo com o texto da Constituição da República de 1988 e o entendimento do Supremo Tribunal Federal, é correto afirmar que:

a) até que seja promulgada lei complementar regulamentando o inciso I do Art. 7° da Constituição da República de 1988, a proteção contra despedida arbitrária ou sem justa causa fica limitada aos termos do Art. 10 do Ato das Disposições Constitucionais Transitórias;

b) é incompatível com a Constituição da República de 1988 a responsabilização objetiva do empregador por danos decorrentes de acidente de trabalho, independentemente da natureza da atividade desenvolvida habitualmente pelo trabalhador ou de previsão em lei ordinária, pois a norma do Art. 7º, XXVIII, prevê a obrigação de indenizar quando incorrer em dolo ou culpa;

c) é compatível com os Arts. 7º, V, e 8º, I, da Constituição da República de 1988, norma de lei estadual que determina a participação do governo do Estado nas negociações entre entidades sindicais de trabalhadores e empregadores para definição dos pisos salariais das categorias;

d) o parágrafo único do Art. 7° da Constituição da República de 1988, com a redação dada pela Emenda Constitucional nº 72/2013, assegura à categoria dos trabalhadores domésticos os direitos a adicional de remuneração para as atividades penosas, insalubres ou perigosas e a jornada de seis horas para o trabalho realizado em turnos ininterruptos de revezamento;

e) a concessão de intervalos para repouso e alimentação durante a jornada de trabalho de seis horas é incompatível com o sistema de turnos ininterruptos de revezamento e o descaracteriza para efeitos do Art. 7°, XIV, da Constituição da República de 1988.

COMENTÁRIOS

Alternativa a: Nos termos do art. 7º, I da CF/88, integra o rol de direitos dos trabalhadores urbanos e rurais a " I- relação de emprego protegida contra despedida arbitrária ou sem justa causa, nos termos de lei complementar, que preverá indenização compensatória, dentre outros direitos". Por sua vez, o art. 10 do Ato das Disposições Constitucionais Transitórias (ADCT) da Constituição Federal de 1988, estabelece: "Art. 10. Até que seja promulgada a lei complementar a que se refere o art. 7º, I, da Constituição: I – fica limitada a proteção nele referida ao aumento, para quatro vezes, da porcentagem prevista no art. 6º, "caput" e § 1º, da Lei nº 5.107, de 13 de setembro de 1966; II – fica vedada a dispensa arbitrária ou sem justa causa: a) do empregado eleito para cargo de direção de comissões internas de prevenção de acidentes, desde o registro de sua candidatura até um ano após o final de seu mandato; b) da empregada gestante, desde a confirmação da gravidez até cinco meses após o parto.". Portanto, a alternativa está correta.

Alternativa b: Na verdade, o STF entende que existem situações excepcionais nas quais se permite a responsabilização objetiva do empregador por danos decorrentes de acidentes de trabalho, nos casos previstos em lei, ou quando a atividade normalmente desenvolvida, por sua natureza, apresentar exposição habitual a risco especial, com potencialidade lesiva e implicar ao trabalhador ônus maior do que aos demais membros da coletividade (RE 929040/DF).

Alternativa c: Trata-se de situação incompatível. Entende o STF que lei que determine a participação de Governo Estadual em negociações entre entidades sindicais de trabalhadores e empregadores para atualização dos pisos salariais fixados na lei complementar, ofende o princípio da autonomia sindical e extrapola os contornos da competência legislativa delegada pela União, ao disciplinar matéria atinente ao direito coletivo do trabalho (vide ADI 4364/SC).

Alternativa d: Na verdade, não se identificam no rol elencado no parágrafo único do art. 7º da CF/88 os direitos ao adicional de remuneração para atividades penosas, insalubres ou perigosas, ou à jornada de seis horas para o trabalho realizado em turnos ininterruptos de revezamento (previstos nos incisos XIV e XXIII do art. 7º da CF/88, respectivamente).

Alternativa e: A alternativa está incorreta, pois o STF, ao julgar o RE 390662/MG manifestou entendimento no sentido de que os intervalos não descaracterizam referido sistema.

Alternativa correta: "a".

---

40. (FGV - 2023 - TST - Juiz do Trabalho) Considerando o texto da Constituição da República de 1988 e o entendimento do Supremo Tribunal Federal a respeito dos direitos e deveres individuais e coletivos, é correto afirmar que:

a) o cabimento da ação popular é condicionado à alegação e demonstração de prejuízo material aos cofres públicos, pois o Art. 5º, inciso LXXIII, da Constituição da República de 1988 define a legitimidade de qualquer cidadão para sua proposição, porém limita seu objeto à anulação de ato lesivo ao patrimônio público ou de entidade de que o Estado participe;

b) são compatíveis com o Art. 5º, XIII, da Constituição da República de 1988, que assegura o livre exercício de qualquer trabalho, ofício ou profissão, atendidas as qualificações profissionais que a lei estabelecer, a exigência de garantia para o exercício da profissão de leiloeiro e a proibição do exercício do comércio, previstas nos Arts. 6º a 8º e 36 do Decreto nº 21.981/1932;

c) o indeferimento da matrícula em cursos de reciclagem de vigilante e a recusa de registro do respectivo certificado de conclusão, em razão da existência de inquérito ou ação penal sem o trânsito em julgado de sentença condenatória, são compatíveis com o princípio da presunção de inocência, que deve ser interpretado de forma a preservar a segurança da sociedade quando se tratar de atividade exercida com porte de arma;

d) o condicionamento da desfiliação de associado à quitação de débito referente a benefício obtido por intermédio da associação ou ao pagamento de multa não ofende o direito assegurado no Art. 5º, XX, da Constituição da República de 1988, pois seu alcance deve ser interpretado à luz dos princípios da boa-fé e da vedação ao enriquecimento sem causa;

e) é compatível com os incisos IX e XIII do Art. 5º da Constituição da República de 1988 a exigência da inscrição na Ordem dos Músicos do Brasil, bem como o pagamento de anuidade, para o exercício da profissão de músico, ofício ou profissão é condicionado ao atendimento das qualificações profissionais e exigências que a lei estabelecer.

COMENTÁRIOS

Alternativa a: Nos termos do art. 5º, LXXIII da CF/88, cabe ação popular, proposta por qualquer cidadão, com o fim de "anular ato lesivo ao patrimônio público ou de entidade de que o Estado participe, à moralidade administrativa, ao meio ambiente e ao patrimônio histórico e cultural, ficando o autor, salvo comprovada má-fé, isento de custas judiciais e do ônus da sucumbência;". Portanto, ato que viole à moralidade administrativa, por exemplo, mas não causa prejuízo aos cofres públicos, pode também ser objeto de ação popular. A propósito, referido entendimento foi manifestado pelo STF ao julgar o ARE 824781 RG- Tema 836.

Alternativa b: Trata-se do entendimento adotado pelo STF no julgamento do RE 1263641/RS – Tema 455, quando entendeu que o leiloeiro lida diretamente com o patrimônio de terceiros, o que justifica a garantia.

Alternativa c: Há, na hipótese, violação ao princípio da presunção de inocência no impedimento de participação o registro no curso com tal motivação, conforme decidiu o STF ao julgar o RE 1307053- Tema 1171.

Alternativa d: Ao julgar o RE 820823 – Tema 922, o STF manifestou o entendimento de que condicionar a desfiliação à quitação é inconstitucional e viola a boa fé.

Alternativa e: O STF entendeu, no julgamento do RE 795467 – Tema 738, que referidas exigências eram incompatíveis com o livre exercício da profissão.

Alternativa correta: "b".

---

41. (FCC - Juiz do Trabalho/2017) Na redação vigente do parágrafo único do art. 7º da Constituição Federal, tal como conferida pela Emenda Constitucional nº 72 de 2013, são assegurados aos trabalhadores domésticos os direitos a

a) licença à gestante, sem prejuízo do emprego e do salário, com a duração de cento e vinte dias; e proteção em face da automação, na forma da lei.

b) piso salarial proporcional à extensão e à complexidade do trabalho; e irredutibilidade do salário, salvo o disposto em convenção ou acordo coletivo.

c) reconhecimento das convenções e acordos coletivos de trabalho; e proibição de qualquer discriminação no tocante a salário e critérios de admissão do trabalhador portador de deficiência.

d) proteção do salário na forma da lei, constituindo crime sua retenção dolosa; e participação nos lucros, ou resultados, desvinculada da remuneração.

e) duração do trabalho normal não superior a dez horas diárias e quarenta e quatro semanais, facultada a compensação de horários; e a redução da jornada, mediante acordo ou convenção coletiva de trabalho.

COMENTÁRIOS

Alternativa "a": a proteção, em face da automação, constante no inciso XXVII, não é assegurada aos trabalhadores domésticos.

Alternativa "b": piso salarial proporcional à extensão e à complexidade do trabalho, constante no inciso V do art. 7º, não é assegurado aos trabalhadores domésticos.

Alternativa "d": a proteção do salário, do inciso X do art. 7º, é assegurada aos trabalhadores domésticos; entretanto, o inciso XI do art. 7º não foi assegurado a eles ("participação nos lucros, ou resultados, desvinculada da remuneração e, excepcionalmente, participação na gestão da empresa, conforme definido em lei").

Alternativa "e": ambos os direitos são garantidos aos trabalhadores domésticos, porém a redação do inciso XIII do art. 7º prevê a duração do trabalho normal não superior a **oito horas diárias e quarenta e quatro semanais.**

Alternativa correta: letra "c": o parágrafo único do art. 7º da CF, após a Emenda Constitucional nº 72/2013, tem a seguinte redação: "São assegurados à categoria dos trabalhadores domésticos os direitos previstos nos incisos IV, VI, VII, VIII, X, XIII, XV, XVI, XVII, XVIII, XIX, XXI, XXII, XXIV, XXVI, XXX, XXXI e XXXIII e, atendidas as condições estabelecidas em lei e observada a simplificação do cumprimento das obrigações tributárias, principais e acessórias, decorrentes da relação de trabalho e suas peculiaridades, os previstos nos incisos I, II, III, IX, XII, XXV e XXVIII, bem como a sua integração à previdência social". Os direitos trazidos pela assertiva correspondem aos incisos XXVI e XXXI do art. 7º, constantes no parágrafo único deste artigo e, portanto, assegurados aos trabalhadores domésticos. In verbis: "Art. 7º São direitos dos trabalhadores urbanos e rurais, além de outros que visem à melhoria de sua condição social: XXVI – reconhecimento das convenções e acordos coletivos de trabalho; XXXI – proibição de qualquer discriminação no tocante a salário e critérios de admissão do trabalhador portador de deficiência".

42. (FCC – Juiz do Trabalho/2017) Os direitos sociais estabelecidos no art. 6° da Constituição Federal consistem em prestações positivas do Estado interligadas à concretização da igualdade. À luz do citado artigo, considere:

I. O direito à moradia não é necessariamente direito à casa própria, na medida em que não se confunde com o direito de propriedade.

II. O direito ao trabalho é um direito subjetivo a um trabalho remunerado na iniciativa privada ou disponibilizado pelo Poder Público.

III. O direito ao lazer relaciona-se com a qualidade de vida, meio ambiente sadio e equilibrado, descanso e ociosidade repousante.

IV. O direito à segurança é prerrogativa constitucional indisponível, garantido mediante a implementação de políticas públicas, impondo ao Estado a obrigação de criar condições objetivas que possibilitem o efetivo acesso a tal serviço.

Está correto o que se afirma APENAS em

a) I, III e IV.

b) I e II.

c) II, III e IV.

d) II e IV.

e) I e III.

COMENTÁRIOS

Item I: correto.

Item II: incorreto. O direito ao trabalho não tem alcance restrito ao trabalho remunerado na iniciativa privada ou remunerado pelo Poder Público, além de ter dimensão individual e também coletiva: quanto à primeira, em função das relações de trabalho potencialmente a serem desenvolvidas e, quanto à segunda, relacionando-se às políticas públicas de trabalho e emprego que visem ao objetivo do pleno emprego.

Item III: correto. De acordo com José Afonso da Silva: "Lazer e recreação são funções urbanísticas, daí porque são manifestações do direito urbanístico. Sua natureza social decorre do fato de constituírem prestações estatais que interferem com as condições de trabalho e com a qualidade de vida, donde sua relação com o direito ao meio ambiente sadio e equilibrado. Lazer é a entrega à ociosidade repousante. Recreação é entrega ao divertimento, ao esporte, ao brinquedo. Ambos se destinam a refazer as forças depois da labuta diária e semanal. Ambos requerem lugares apropriados, tranquilos num, repletos de folguedos e alegrias em outro" (SILVA, José Afonso. Curso de direito constitucional positivo. 16. ed., São Paulo: Malheiros, 2001, p. 318).

Item IV: correto. A assertiva está de acordo com jurisprudência do STF sobre o tema: "1. **O direito a segurança é prerrogativa constitucional indisponível, garantido mediante a implementação de políticas públicas, impondo ao Estado a obrigação de criar condições objetivas que possibilitem o efetivo acesso a tal serviço.** 2. É possível ao Poder Judiciário determinar a implementação pelo Estado, quando inadimplente, de políticas públicas constitucionalmente previstas, sem que haja ingerência em questão que envolve o poder discricionário do Poder Executivo. Precedentes. 3. Agravo regimental improvido". (RE 559646 AgR, rel. Min. ELLEN GRACIE, julgado em 07/06/2011)

Alternativa correta: letra "a".

---

43. (TRT 2 – Juiz do Trabalho Substituto 2ª Região/2016) O artigo 5º da Constituição Federal trata do princípio da igualdade de todos perante a Lei, trazendo garantias aos brasileiros e estrangeiros residentes no Brasil.

exceto:

a) Liberdade

b) Propriedade

c) Dignidade da pessoa humana

d) Inviolabilidade do direito à vida

e) Garantia da integridade física e moral dos indivíduos.

COMENTÁRIOS

Alternativa correta: letra "c" (responde a todas as alternativas): nos termos do art. 5°, da CF, todos são iguais perante a lei, sem distinção de qualquer natureza, garantindo-se aos brasileiros e aos estrangeiros residentes no País a **inviolabilidade do direito à vida**, à liberdade, à igualdade, à segurança e à propriedade, nos termos seguintes: [...] XLIX – é assegurado aos presos o respeito à **integridade física e moral.** A **dignidade da pessoa humana é um fundamento da República Federativa do Brasil** (art. 1°, III, da CF).

---

44. (TRT 2 – Juiz do Trabalho Substituto 2ª Região/2016) Assinale as alternativas corretas com relação aos direitos sociais:

I. Educação, saúde, alimentação, trabalho, moradia.

II. Educação, saúde, alimentação, transporte.

III. Educação, saúde, alimentação, proteção à maternidade.

IV. Educação, saúde, alimentação, assistência aos desamparados.

V. Educação, saúde, alimentação, previdência social.

Responda:

a) Somente a alternativa I é correta.

b) Somente as alternativas II e III estão corretas.

c) Somente as alternativas IV e V estão corretas.

d) Somente a alternativa II é correta.

e) Todas as alternativas estão corretas.

COMENTÁRIOS

✪ **Nota do autor:** atenção para a recente alteração do art. 6° da CF promovida pela EC 90/2015.

Alternativa correta: letra "e" (responde a todas as alternativas): consoante art. 6º da CF, são direitos sociais a educação, a saúde, a alimentação, o trabalho, a moradia, o transporte, o lazer, a segurança, a previdência social, a proteção à maternidade e à infância, a assistência aos desamparados, na forma desta Constituição. (Redação dada pela Emenda Constitucional nº 90, de 2015)

---

45. (TRT 4 – Juiz do Trabalho Substituto 4ª Região/2016) Considere as assertivas abaixo sobre o princípio constitucional da isonomia.

I. A igualdade na lei – que opera numa fase de generalidade puramente abstrata – constitui exigência destinada ao legislador que, no processo de sua formação, nela não poderá incluir fatores de discriminação, responsáveis pela ruptura da ordem isonômica.

II. Os atos normativos podem, sem violação do princípio da igualdade, distinguir situações a fim de conferir a um tratamento diverso do que atribui a outra, desde que a discriminação guarde compatibilidade com o conteúdo do princípio.

III. A vedação constitucional de diferença de critério de admissão por motivo de idade é corolário, na esfera das relações de trabalho, do princípio fundamental de igualdade, ressalvando-se, todavia, as hipóteses em que a limitação de idade se possa legitimar como imposição da natureza e das atribuições do cargo a preencher.

Quais são corretas?

a) Apenas I

b) Apenas II

c) Apenas III

d) Apenas II e III

e) I, II e III

COMENTÁRIOS

Alternativa correta: letra "e": O jurista espanhol Antonio Perez Luño define os direitos fundamentais como um conjunto de faculdades e instituições que, em cada momento histórico, concretizam as exigências da dignidade, igualdade e liberdade humanas, devendo obrigatoriamente ser reconhecidos no ordenamento jurídico positivo e por este garantidos, em âmbito internacional e nacional, gozando no ordenamento nacional de tutela reforçada em face dos poderes constituídos do Estado (Los derechos fundamentales. 5. ed. Madrid: Tecnos, 1993, p. 46-47). O caput do art. 5° da CF enuncia que "todos são iguais perante a lei, sem distinção de qualquer natureza". Segundo posição doutrinária pacífica, trata-se do reconhecimento da igualdade formal (perante a lei). Entretanto, implícita ao texto constitucional também existe a igualdade material (na lei), que significa conferir tratamento desigual, para igualar. A igualdade material leva em consideração os sujeitos e valores envolvidos e busca equilibrar as relações de fato. Interpretando a jurisprudência da Suprema Corte dos Estados Unidos da América, Joaquim Benedito Barbosa Gomes (Ministro do STF, mais conhecido apenas como Joaquim Barbosa) ensina que, no que tange à igualdade, pode haver dois tipos de discriminação: a) Discriminação por impacto desproporcional ou adverso (A Teoria do Impacto Desproporcional – "Diparate Impact Doctrine"). É a grande inovação do Direito norte-americano no que diz respeito à concretização do princípio da Igualdade. Nos termos dessa teoria, em vez da busca da igualdade através da trivial coibição do tratamento discriminatório, cumpre combater a "discriminação indireta", ou seja, aquela que redunda em uma desigualdade não oriunda de atos concretos ou de manifestação expressa de discriminação por parte de quem quer que seja, mas de práticas administrativas, empresariais ou de políticas públicas aparentemente neutras, porém dotadas de grande potencial discriminatório. [...] a teoria do impacto desproporcional pode ser singelamente resumida na seguinte formulação: toda e qualquer prática empresarial, política governamental ou semi-governamental, de cunho legislativo ou administrativo, ainda que não provida de intenção discriminatória no momento de sua concepção, deve ser condenada por violação do princípio constitucional da igualdade material, se em consequência de sua aplicação resultarem efeitos nocivos de incidência especialmente sobre certas categorias de pessoas. b) Discriminação de fato. Esta modalidade de discriminação pode ser motivada por diversos fatores. Em primeiro lugar, ela resulta da «indiferença», do «desdém» das autoridades públicas para com o destino dos grupos marginalizados, para com a sua dignidade humana. Na implementação das políticas governamentais, essas autoridades em geral optam por uma concepção do princípio da igualdade que não leva em conta as especificidades dos grupos minoritários, tendendo quase sempre a perpetuar as iniquidades de que eles historicamente são vítimas. [...] Além disso, no que concerne à discriminação em razão da raça ou cor, existe ainda o chamado "racismo inconsciente", que bem pode ser ilustrado por aquelas hipóteses em que não há propósito discriminatório por parte do legislador ao editar a norma excludente, tampouco por parte de quem a aplica. No entanto, a discriminação lá está. Palpável. Visível. Irrefutável" (Ação afirmativa & princípio constitucional da igualdade: (o Direito como instrumento de transformação social. A experiência dos EUA). Rio de Janeiro: Renovar, 2001). Ainda, sobre igualdade e idade para se ocupar cargo, incide a Súmula 683 do STF: "O limite de idade para a inscrição em concurso público só se legitima em face do art. 7º, XXX, da Constituição, quando possa ser justificado pela natureza das atribuições do cargo a ser preenchido."

46. (TRT 4 – Juiz do Trabalho Substituto 4ª Região/2016) Considere as assertivas abaixo sobre direitos sociais.

I. O direito ao transporte é considerado um direito social assegurado constitucionalmente, tendo sido prevista fonte de recursos com destinação específica, por emenda constitucional, para seu custeio.

II. É constitucional a regra que veda, no âmbito do Sistema Único de Saúde – SUS, a internação em acomodações superiores, bem como o atendimento diferenciado por médico do próprio SUS, mediante o pagamento da diferença dos valores correspondentes.

III. O direito à alimentação não é um direito social assegurado constitucionalmente, sendo falaciosa eventual garantia a todos os cidadãos, haja vista o esgotamento dos recursos públicos para seu custeio.

Quais são corretas?

a) Apenas I

b) Apenas II

c) Apenas III

d) Apenas I e II

e) I, II e III

COMENTÁRIOS

Assertiva I: O direito ao transporte é considerado um direito social assegurado constitucionalmente (art. 6°, com redação dada pela EC 90/2015), **mas não há previsão quanto** fonte de recursos com destinação específica, por emenda constitucional, para seu custeio. O que se tem é, nos termos do art. 177, § 4°, II, "c", da CF, é uma destinação de recursos arrecadados com a contribuição de intervenção no domínio econômico relativa às atividades de importação ou comercialização de petróleo e seus derivados, gás natural e seus derivados e álcool combustível, para o financiamento de programas de infraestrutura de transporte.

Assertiva II: Por unanimidade, o Plenário STF considerou inconstitucional a possibilidade de um paciente do Sistema Único de Saúde (SUS) pagar para ter acomodações superiores ou ser atendido por médico de sua preferência, a chamada diferença de classes. Os ministros negaram provimento ao Recurso Extraordinário (RE) 581488, sob a fundamentação de que esse tipo de pagamento contraria o artigo 196 da Constituição Federal, que garante a todos os cidadãos acesso universal e igualitário às ações e serviços de saúde.

Assertiva III: O direito à alimentação está **expressamente previsto no art. 6° da CF**. A relevância econômica dos objetos dos direitos sociais prestacionais (que exigem atuação estatal) faz com que a discussão, previsão e aplicação de recursos públicos, atribuições estas originárias dos órgãos políticos, notadamente do Poder Executivo, legitime o Poder Judiciário, diante da inércia ou deficiência de atuação dos legitimados ordinários, à concretização dos direitos.

Alternativa correta: letra "b":

---

47. (TRT 4 – Juiz do Trabalho Substituto 4ª Região/2016) Não constitui direito dos trabalhadores domésticos previsto na Constituição Federal de 1988

a) seguro-desemprego.

b) reconhecimento das convenções e acordos coletivos de trabalho.

c) seguro contra acidentes de trabalho.

d) redução dos riscos inerentes ao trabalho, por meio de normas de saúde, higiene e segurança.

e) adicional de insalubridade.

COMENTÁRIOS

Alternativa correta: letra "e" (responde a todas as alternativas): o adicional de insalubridade não está dentre os direitos assegurados pelo art. 7º, parágrafo único da CF (com redação dada pela EC 72/2013) aos trabalhadores domésticos. Seguro-desemprego (art. 7º, II), reconhecimento das convenções e acordos coletivos de trabalho (art. 7º, XXVI), seguro contra acidentes de trabalho (art. 7º, XXVIII) e redução dos riscos inerentes ao trabalho, por meio de normas de saúde, higiene e segurança (art. 7º, XXII) foram reconhecidos pela CF.

---

48. (TRT 1 – Juiz do Trabalho Substituto 1ª Região/2016 – Adaptada) Sobre a garantia constitucional da inviolabilidade do domicílio, é INCORRETO afirmar:

a) O juiz pode ordenar o ingresso no domicílio, à noite, para promover a prisão em flagrante delito.

b) Em caso de tragédia ambiental, o domicílio poderá ser invadido a qualquer momento.

c) Correndo iminente perigo de vida o morador, a qualquer do povo é lícito invadir o domicílio para socorrê-lo.

d) O juiz pode ordenar o ingresso no domicílio, à noite, para apreensão de coisa litigiosa.

COMENTÁRIOS

Alternativa "a": é constitucional o ingresso em domicílio a qualquer tempo para a realização de prisão em flagrante (art. 5º, XI, da CF).

Alternativa "b": em caso de tragédia ambiental (desastre), o domicílio pode ser invadido (art. 5º, XI, da CF).

Alternativa "c": havendo iminente perigo de vida o morador, qualquer do povo pode ingressar em um domicílio para prestar socorro (art. 5º, XI, da CF).

Alternativa correta: letra "d": nos termos do art. 5º, XI, da CF, a casa é asilo inviolável do indivíduo, ninguém nela podendo penetrar sem consentimento do morador, salvo em caso de flagrante delito ou desastre, ou para prestar socorro, ou, **durante o dia, por determinação judicial**. Assim, ordem judicial para ingresso em domicílio com o fito de apreender coisa litigiosa **não pode ser cumprida durante a noite**.

---

49. (TRT 8 – Juiz do Trabalho Substituto 8ª Região/2013) Nos termos da Constituição da República, é CORRETO dizer, nos termos do artigo 5º, "caput", que:

a) Todos são iguais perante a lei, sem distinção de qualquer natureza, garantindo-se aos brasileiros e aos estrangeiros residentes no País a inviolabilidade do direito à vida, à liberdade, à igualdade, à segurança e à propriedade.

b) Todos são iguais perante a lei, sem distinção de qualquer natureza, garantindo-se aos brasileiros e aos estrangeiros residentes no País a inviolabilidade do direito à vida, à liberdade, à igualdade, ao trabalho e à propriedade.

c) Todos são iguais perante a lei, sem distinção de qualquer natureza, garantindo-se aos brasileiros e aos estrangeiros residentes no País a inviolabilidade do direito à vida, à liberdade, à igualdade, ao trabalho e à segurança.

d) Todos são iguais perante a lei, sem distinção de qualquer natureza, garantindo-se, desde que brasileiros, a inviolabilidade do direito à vida, à liberdade, à igualdade, à segurança e à propriedade.

e) Todos são iguais perante a lei, sem distinção de qualquer natureza, garantindo-se, desde que brasileiros, a inviolabilidade do direito à vida, à liberdade, à igualdade, ao trabalho e à propriedade.

COMENTÁRIOS

✪ **Nota do autor:** A questão traz a literalidade do texto constitucional.

Alternativa correta: letra "a" (responde todas as demais alternativas). Diz o art. 5º, *caput* da CF: Todos são iguais perante a lei, sem distinção de qualquer natureza, garantindo-se aos brasileiros e aos estrangeiros residentes no País a inviolabilidade do direito à vida, à liberdade, à igualdade, à segurança e à propriedade, nos seguintes termos. *Dois adendos*: (i) não há distinção entre brasileiros e estrangeiros, residentes ou não no País, quanto à titularidade de direitos fundamentais. O estrangeiro, ainda que de turismo ou passagem no Brasil, goza das prerrogativas fundamentais inerentes a sua condição humana. Não se lhe pode negar dignidade por sua origem estrangeira. (ii) o direito ao trabalho é qualificado como direito social, uma dimensão distinta dos direitos individuais, conquanto inter-relacionados e complementares (CF, art. 6º e seguintes). A norma de abertura dos direitos e garantias fundamentais apresenta essa dimensão individual em primeiro lugar (CF, art. 5º). Por isso, a referência ao *direito ao trabalho* nas alternativas "b" e "c" releva o equívoco.

50. (TRT 19 – Juiz do Trabalho Substituto 19ª Região/2012) Assinale, dentre as alternativas abaixo, aquela que corresponde ao complemento da literalidade do artigo 5º, caput, da Constituição Federal, onde está preceituado que "Todos são iguais perante a lei, sem distinção de qualquer natureza, garantindo-se aos brasileiros e aos estrangeiros residentes no País a inviolabilidade do direito"...:

a) "... À vida, à liberdade, à igualdade, ao trabalho e à segurança".

b) "... À vida, à liberdade, à igualdade, à seguridade social e à propriedade".

c) "... À vida, à liberdade, à igualdade, à segurança e à propriedade".

d) "... À vida, à liberdade, à igualdade, à saúde e à propriedade".

e) "... À vida, à saúde, à educação, ao trabalho e ao lazer".

COMENTÁRIOS

✪ **Nota do autor:** Remeto o leitor à nota anterior.

Alternativa correta: letra "c" (responde todas as demais alternativas). O complemento ou a parte final do *caput* do art. 5º da CF estabelece a inviolabilidade do direito "à vida, à liberdade, à igualdade, à segurança e à propriedade".

51. (TRT 8 – Juiz do Trabalho Substituto 8ª Região/2013) São garantias fundamentais:

a) Ninguém será processado nem sentenciado senão pela autoridade competente; são a todos assegurados, independentemente do pagamento de taxas, o direito de petição aos Poderes Públicos em defesa de direitos ou contra ilegalidade ou abuso de poder; a lei não excluirá da apreciação do Poder Judiciário lesão ou ameaça a direito; não haverá juízo ou tribunal de exceção.

b) A prática do racismo constitui crime inafiançável e imprescritível, sujeito à pena de reclusão, nos termos da lei; aos litigantes, em processo judicial ou administrativo, e aos acusados em geral são assegurados o contraditório e ampla defesa, com os meios e recursos a ela inerentes; são inadmissíveis, no processo, as provas obtidas por meios ilícitos; não haverá juízo ou tribunal de exceção.

c) A prática do racismo constitui crime inafiançável e imprescritível, sujeito à pena de reclusão, nos termos da lei; ninguém será processado nem sentenciado senão pela autoridade competente; são a todos assegurados, independentemente do pagamento de taxas, o direito de petição aos Poderes Públicos em defesa de direitos ou contra ilegalidade ou abuso de poder; aos litigantes, em processo judicial ou administrativo, e aos acusados em geral são assegurados o contraditório e ampla defesa, com os meios e recursos a ela inerentes.

d) São a todos assegurados, independentemente do pagamento de taxas, o direito de petição aos Poderes Públicos em defesa de direitos ou contra ilegalidade ou abuso de poder; a lei não excluirá da apreciação do Poder Judiciário lesão ou ameaça a direito; não haverá juízo ou tribunal de exceção; é garantido o direito de herança.

e) Ninguém será processado nem sentenciado senão pela autoridade competente; são a todos assegurados, independentemente do pagamento de taxas, o direito de petição aos Poderes Públicos em defesa de direitos ou contra ilegalidade ou abuso de poder; a lei não excluirá da apreciação do Poder Judiciário lesão ou ameaça a direito; aos autores pertence o direito exclusivo de utilização, publicação ou reprodução de suas obras, transmissível aos herdeiros pelo tempo que a lei fixar.

COMENTÁRIOS

✪ **Nota do autor:** A questão convoca o candidato a apontar *apenas* as garantias fundamentais, não os direitos fundamentais ou as normas – ou princípios – constitucionais impositivas[40]. As garantias seriam aquelas disposições que asseguram o exercício do direito, dotadas de caráter instrumental, isto é, são *direitos referenciais ou secundários*, pois vinculados a um direito principal.

Alternativas "b" e "c". A criminalização de conduta pela Constituição retrata uma norma impositiva, dirigida ao legislador. O mandado constitucional impositivo previsto no art. 5º, XLII (a prática do racismo constitui crime inafiançável e imprescritível, sujeito à pena de reclusão, nos termos da lei) não se refere a uma garantia fundamental e sim a um princípio constitucional impositivo. A diferença é sutil, acadêmica, mas encontra amparo na doutrina.

Alternativas "d" e "e". Os direitos de herança e de autor são direitos fundamentais (CF, art. 5º XXX e XXVII, respectivamente), decorrências do direito de propriedade. Logo, não se tratam de garantias essencialmente.

Alternativa correta: letra "a". Na sequência, tal como exposto na alternativa, respectivamente: art. 5º, LIII, XXXIV, alínea *a*, XXXV e XXXVII da CF.

52. (TRT 2 – Juiz do Trabalho Substituto 2ª Região/2013) Em relação aos direitos e garantias individuais e coletivos e sociais, previstos na Constituição Federal, aponte a alternativa correta:

a) Ao sindicato cabe a defesa dos direitos e interesses coletivos ou individuais dos associados, inclusive em questões judiciais e administrativas.

40. "Nos princípios constitucionais impositivos subsumem-se todos os princípios que impõem aos órgãos do Estado, sobretudo ao legislador, a realização de fins e a execução de tarefas". CANOTILHO, J. J. Gomes. Op. cit., p. 1.166.

b) É assegurada a participação dos trabalhadores e empregadores nos colegiados dos órgãos públicos, mesmo que seus interesses profissionais ou previdenciários não sejam objeto de discussão e deliberação.

c) Todos têm o direito a receber dos órgãos públicos informações de interesse coletivo ou geral, que serão prestadas no prazo da lei, sob pena de responsabilidade.

d) Todos têm o direito a receber dos órgãos públicos informações, sem qualquer exceção, de seu interesse particular, que serão prestadas no prazo da lei, sob pena de responsabilidade.

e) Trata-se de direito social de interesse coletivo a utilização da propriedade particular, pelo poder público, no caso de iminente perigo, ainda que não haja ressarcimento de qualquer indenização em caso de dano.

COMENTÁRIOS

Nota do autor: Remeto o leitor à nota da questão 32.

Alternativa "a". Diz o art. 8º, III da CF que ao sindicato cabe a defesa dos direitos e interesses coletivos ou individuais *da categoria* – não dos associados –, inclusive em questões judiciais e administrativas.

Alternativa "b". O art. 10 da CF diz justamente o contrário do que sugere a alternativa comentada (É assegurada a participação dos trabalhadores e empregadores nos colegiados dos órgãos públicos em que seus interesses profissionais ou previdenciários sejam objeto de discussão e deliberação).

Alternativa "d". O Poder Público pode – ou melhor, deve – negar acesso à informação cujo sigilo seja imprescindível à segurança da sociedade e do Estado (CF, art. 5º, XXXIII, parte final). Há, portanto, uma limitação ou restrição constitucional expressa ao direito fundamental à informação. É importante compreender que tais *razões de Estado* devem ser muito bem justificadas e ponderadas, de modo a não recair em puro autoritarismo. O livre acesso à informação é a regra; o segredo, a exceção. O regime democrático pressupõe a participação e o controle popular dos atos do Poder Público: informação e transparência, eis a questão.

Alternativa "e". A Constituição de 1988 assegura ao proprietário do imóvel requisitado pelo Poder Público o direito – fundamental – de indenização em caso de dano (CF, art. 5, XXV).

Alternativa correta: letra "c". Diz o art. 5º, XXXIII da CF que todos têm o direito a receber dos órgãos públicos informações de interesse particular, ou de interesse coletivo ou geral, que serão prestadas no prazo da lei, sob pena de responsabilidade, ressalvadas aquelas cujo sigilo seja imprescindível à segurança da sociedade e do Estado.

---

53. (TRT 15 – Juiz do Trabalho Substituto 15ª Região/2010) A respeito do sigilo das comunicações telefônicas é correto afirmar:

a) constitui direito absoluto no sistema constitucional em vigor;

b) constitui direito fundamental que pode, entretanto, ser superado pela administração pública, para o atendimento de interesses fiscais relevantes;

c) a autoridade policial pode, desde que nas hipóteses autorizadas em lei, determinar o estabelecimento de escuta telefônica, para fins de investigação criminal;

d) constitui direito individual que pode ser superado por ordem judicial, nos termos da lei, para fins de instrução do processo penal;

e) o sigilo é inviolável, salvo por determinação judicial ou do Ministério Público, nas hipóteses legais, para fins de investigação criminal ou de instrução processual penal.

COMENTÁRIOS

Nota do autor: O sigilo das comunicações telefônicas – interceptação das conversas – somente pode ser violado por decisão judicial fundamentada para subsidiar investigação criminal ou instrução processual penal.

Alternativa "a". Não há direitos absolutos em Direito. Até mesmo o direito à vida, direito mais importante do ser humano enquanto ser vivo, pode ser atingido em seu núcleo (coração) essencial (morte) em caso de guerra declarada (CF, art. 5º, XLVII).

Alternativa correta: letra "d" (responde também as alternativas "b", "c" e "e"). A Constituição, em seu art. 5º, XII, parte final, é peremptória ao dizer que o sigilo de comunicações telefônicas é inviolável, salvo por ordem judicial, nas hipóteses e na forma que a lei estabelecer (Lei nº 9.296/96), para fins de investigação criminal ou instrução processual penal. De fato, o direito fundamental à intimidade proíbe que o Estado promova uma devassa nas relações privadas, invadindo a esfera mais íntima dos indivíduos – relações sociais de afeto e amizade – para averiguar se eventual ato ilícito ocorrera ou não. Daí que a violação ao direito de intimidade deve se revestir de tais formalidades (ordem emanada de autoridade judiciária em investigação criminal ou processo penal) para impedir o arbítrio ou o puro deleite de mentes insanas. Nem o Ministério Público, do alto de sua relevante função institucional, tampouco a Administração Pública ou ainda a autoridade policial podem decretar a quebra do sigilo de comunicação – interceptação telefônica –, sem antes obter a chancela do Poder Judiciário.

---

54. (TRT 15 – Juiz do Trabalho Substituto 15ª Região/2012) Sobre os direitos fundamentais é correto afirmar:

a) É assegurada a gratuidade das ações de *habeas datas* e *habeas corpus*.

b) O brasileiro naturalizado nunca pode ser extraditado.

c) O Brasil não admite a pena de morte em qualquer hipótese.

d) A lei extrapenal não poderá retroagir.

e) O ajuizamento da ação constitucional de *habeas corpus* exige a capacidade postulatória.

COMENTÁRIOS

✪ **Nota do autor:** A legitimidade ativa para impetração do *habeas corpus* é universal, todos têm legitimidade para combater a ilegalidade ou abuso de autoridade, que, diante da violação do direito de liberdade de ir, vir e permanecer, pode obstaculizar a adequada assistência profissional ou representação processual ordinária.

Alternativa "b". Os brasileiros natos não podem, *jamais*, ser extraditados. Os brasileiros naturalizados podem ser extraditados em caso de crime comum praticado antes da naturalização ou de comprovado envolvimento com o tráfico ilícito de entorpecentes ou drogas afins, na forma da lei (CF, art. 5º, LI).

Alternativa "c". O Brasil admite a pena de morte em caso de guerra declarada, desde que cumpridas as formalidades previstas na Constituição de 1988 (CF, art. 5º, XLVII, *a*).

Alternativa "d". A lei penal não retroagirá, *salvo* para beneficiar o réu (CF, art. 5º, XL).

Alternativa "e". O art. 654, *caput* do Código de Processo Penal dispõe que o *habeas corpus* poderá ser impetrado por qualquer pessoa, em seu favor ou de outrem, bem como pelo Ministério Público. Há legitimação ativa universal para a proposição desse remédio heroico. Qualquer pessoa *significa* qualquer pessoa, inclusive o absolutamente incapaz em nome e por conta própria, sem representação legal ou assistência jurídica.

Alternativa correta: letra "a". Diz o art. 5º, LXXVII da CF que são gratuitas as ações de *habeas corpus* e *habeas data*, e, na forma da lei, os atos necessários ao exercício da cidadania.

---

55. (TRT 2 – Juiz do Trabalho Substituto 2ª Região/2012) Observe as assertivas seguintes e ao final responda.

I. O "homicídio piedoso" por seu objetivo humanitário vai ao encontro do direito à vida digna.

II. A pena de morte é proibida no Brasil, salvo em caso de guerra declarada, nos termos da própria Constituição Federal.

III. Os internos de entidades civis e militares de internação coletiva são destinatários de prestação de assistência religiosa assegurada nos termos da lei.

IV. A liberdade de expressão é livre, independente de censura, licença ou qualquer regulamentação, como as decorrentes de atividade artística, científica, de comunicação e de espetáculos públicos.

V. A casa é o asilo inviolável do indivíduo, esteja ele no espaço de sua moradia, residência, restaurante ou loja de sua propriedade, quando neles encerram as portas, mesmo que tais espaços não se consagrem como domicílios.

Estão corretas apenas as assertivas:

a) I e II.

b) II e III.

c) III e IV.

d) I e IV.

e) II e V.

COMENTÁRIOS

✪ **Nota do autor:** O direito à morte digna ainda é tema pouco desenvolvido na doutrina brasileira e provoca desacordos morais muito intensos em uma sociedade predominantemente conservadora.

Proposição I. A proposição trata do suicídio assistido (o ato consciente e deliberado de vontade de uma pessoa de por fim a própria vida para evitar um sofrimento físico insuportável) e a eutanásia (ato de terceiro – familiar ou responsável legal –, com auxílio médico, visando interromper tratamento que mantém vivo um ser desencorajado pela medicina e cujo caminho inexorável levará à morte sem alteração do quadro clínico). A Lei Penal brasileira pune a assistência ao suicídio (Decreto-Lei nº 2.848/40, art. 122) e são poucas vozes na doutrina a sustentar o direito à morte digna[41]. De toda forma e a despeito da subjetividade manifesta, a proposição comete um equívoco ao relacionar o homicídio piedoso com o direito à vida digna. Vida e morte são conceitos inconciliáveis.

Proposição II. A Constituição Federal, por seu art. 5º, XLVIII, *a*, garante que não haverá penas de morte, salvo em caso de guerra declarada, nos termos de seu art. 84, XIX (Compete privativamente ao Presidente da República declarar guerra, no caso de agressão estrangeira, autorizado pelo Congresso Nacional ou referendado por ele, quando ocorrida no intervalo das sessões legislativas, e, nas mesmas condições, decretar, total ou parcialmente, a mobilização nacional).

Proposição III. A proposição traz a dicção do art. 5º, VII da CF (É assegurada, nos termos da lei, a prestação de assistência religiosa nas entidades civis e militares de internação coletiva).

Proposição IV. A Constituição de 1988 outorga ao Poder Público a legitimidade para restringir o âmbito de proteção normativa do direito de liberdade de expressão, principalmente visando a proteção integral da criança e do adolescente, possibilitando-lhe (i) regular

41. BARROSO, Luís Roberto. *A dignidade da pessoa humana no direito constitucional contemporâneo*: a construção de um conceito jurídico à luz da jurisprudência mundial. Belo Horizonte: Fórum, 2012. p. 110.

as diversões e espetáculos públicos, prestando informações sobre a natureza e indicando as faixas etárias recomendadas, os horários e locais de apresentação adequada, (ii) controlar a propaganda de produtos, práticas e serviços nocivos à saúde e ao meio ambiente e (iii) limitar a propaganda comercial de tabaco, bebidas alcoólicas, agrotóxicos, medicamentos e terapias (CF, art. 220, §§ 3º e 4º).

Proposição V. A conceito de casa para fins de proteção normativa é bastante elástico, mas se limita àqueles locais em que a pessoa goza de privacidade em relação aos demais, um recanto íntimo indevassável sem convite prévio. O *domicílio* compreende o espaço físico reservado que alguém ocupa com exclusividade, quer para fins de residência, quer para fins profissionais. Inclusive os quartos de habitações coletivas – repúblicas – ou temporárias – hotéis – são protegidos pela cláusula da inviolabilidade (RHC 90.376). O conceito de casa envolve um lugar avesso à curiosidade alheia. O local pode também ser móvel, tais como os trailers ou os barcos. O STF, em precedente sempre lembrado, assim decidiu: "Amplitude dessa noção conceitual, que também compreendem os espaços privados não abertos ao público, onde alguém exerce atividade profissional: necessidade, em tal hipótese, de mandado judicial (CF, art. 5º, XI). Para os fins da proteção jurídica a que se refere o art. 5º, XI, da CR, o conceito normativo de 'casa' revela-se abrangente e, por estender-se a qualquer compartimento privado não aberto ao público, onde alguém exerce profissão ou atividade (CP, art. 150, § 4º, III), compreende, observada essa específica limitação espacial (área interna não acessível ao público), os escritórios profissionais, inclusive os de contabilidade, embora sem conexão com a casa de moradia propriamente dita" (HC 93.050). Não obstante essa abertura semântica, o conceito de domicílio não alcança os locais abertos ao público, ainda que de propriedade privada, como os restaurante e lojas.

Alternativa correta: letra "b".

---

56. (TRT 15 – Juiz do Trabalho Substituto 15ª Região/2010) Em relação ao princípio da legalidade e da reserva legal, é correto afirmar que:

a) possuem a mesma abrangência;

b) podem, ser empregados nas mesmas situações jurídicas;

c) possuem finalidades diversas, sendo que o primeiro tem abrangência mais ampla;

d) são utilizados com a mesma finalidade;

e) nenhuma das anteriores.

COMENTÁRIOS

✪ **Nota do autor:** Os princípios da legalidade e da reserva de lei costumam ser empregados de forma equivocada para induzir o candidato a erro. Muita atenção nas sutis diferenças entre eles.

Alternativa correta: letra "c" (responde todas as demais alternativas por exclusão). "A doutrina não raro confunde ou não distingue suficientemente o princípio da legalidade e o da reserva de lei. O primeiro significa a submissão e o respeito à lei, ou a atuação dentro da esfera estabelecida pelo legislador. O segundo consiste em estatuir que a regulamentação de determinadas matérias há de fazer-se necessariamente por lei formal. Outra diferença importante entre o princípio da legalidade (genérica) e o princípio da reserva de lei (legalidade específica) está em que o primeiro envolve primariamente uma situação de hierarquia das fontes normativas, enquanto o segundo envolve a questão de competência"[42].

---

57. (CESPE – Juiz do Trabalho Substituto 5ª Região/2013) Acerca dos direitos fundamentais de caráter judicial e das garantias constitucionais do processo, assinale a opção correta.

a) A gravação ambiental não autorizada realizada por um dos interlocutores sem o conhecimento do outro não é admitida pelo ordenamento constitucional, pois viola o direito à intimidade e à vida privada das pessoas, ainda que se comprove a existência de alguma excludente de ilicitude, como a legítima defesa.

b) Para fins de prova em processo, não é necessária uma ordem judicial para a apreensão de computador pessoal e a utilização dos dados nele armazenados, já que a situação não caracteriza violação ao sigilo de comunicação de dados previsto na CF.

c) Dado o direito à liberdade, previsto na CF, somente se admite a prisão de alguém em caso de flagrante delito ou mediante ordem escrita e fundamentada da autoridade judiciária competente, inclusive nos casos de crime propriamente militar.

d) O direito de ampla defesa aplica-se aos processos judiciais e administrativos e abrange o direito à informação dos atos praticados no processo, o direito de manifestação acerca de tais atos e a garantia de consideração dos argumentos utilizados na defesa.

e) A busca e a apreensão de documentos realizada mediante violação do domicílio caracteriza-se como prova ilícita por derivação.

COMENTÁRIOS

✪ **Nota do autor:** Uma democracia constrói-se com publicidade dos atos, transparência no agir, licitude na motivação e informação pública.

Alternativa "a". O STF tem vários precedentes sobre a licitude da gravação ambiental por um dos interlocutores, sem autorização judicial ou conhecimento

42. SILVA, José Afonso. *Curso de direito constitucional positivo*, 19. ed., São Paulo: Malheiros Editores, 2001. p. 425.

da outra parte na conversação, quando há investida criminosa ou em legítima defesa: "É lícita a gravação de conversa telefônica feita por um dos interlocutores, ou com sua autorização, sem ciência do outro, quando há investida criminosa deste último" (HC 75.338); "Captação, por meio de fita magnética, de conversa entre presentes, ou seja, a chamada gravação ambiental, autorizada por um dos interlocutores, vítima de concussão, sem o conhecimento dos demais. Ilicitude da prova excluída por caracterizar o exercício da legítima defesa de quem a produziu" (RE 212. 081) e "Ação penal. Gravação ambiental. Realização por um dos interlocutores sem conhecimento do outro. Validade. Jurisprudência reafirmada. [...] É lícita a prova consistente em gravação ambiental realizada por um dos interlocutores sem o conhecimento do outro" (RE 583.937 QO-RG).

Alternativa "b". O STF assim decidiu a questão: "Inadmissibilidade, como prova, de laudos de degravação de conversa telefônica e de registros contidos na memória de microcomputador, obtidos por meios ilícitos (art. 5º, LVI, da CF); no primeiro caso, por se tratar de gravação realizada por um dos interlocutores, sem conhecimento do outro, havendo a degravação sido feita com inobservância do princípio do contraditório, e utilizada com violação à privacidade alheia (art. 5º, X, da CF); e, no segundo caso, por estar-se diante de microcomputador que, além de ter sido apreendido com violação de domicílio, teve a memória nele contida sido degradada ao arrepio da garantia da inviolabilidade da intimidade das pessoas (art. 5º, X e XI, da CF)" (AP 307). Vale ressaltar que, ainda que a autoridade policial esteja legitimada por mandado judicial a realizar a busca e apreensão na residência do investigado, a ordem deve se revestir dos requisitos da proporcionalidade e razoabilidade, sob pena de ilicitude da prova (HC 95.009). O que significa dizer que o Poder Judiciário pode analisar a correção e adequação da ordem de busca e apreensão anteriormente expedida, invalidando a prova obtida por ofensa ao direito de intimidade, no caso de descompasso flagrante com a Constituição. Por outro lado, a apreensão da base de dados dos microcomputadores não configura interceptação de comunicação – informação em fluxo ou tráfego – para efeito de incidência do art. 5º, XII, parte final da CF (RE 418.416).

Alternativa "c". O art. 5º, LXI da CF diz justamente o contrário do que sugere a alternativa comentada (Ninguém será preso senão em flagrante delito ou por ordem escrita e fundamentada da autoridade judiciária competente, salvo nos casos de transgressão militar ou crime propriamente militar, definidos em lei). Aliás, o art. 142, § 2º da CF prescreve, inclusive, que não caberá *habeas corpus* em relação a punições disciplinares militares, salvo para questionar pressupostos formais ou requisitos de legalidade, nunca o mérito do ato, pois se trata de juízo discricionário de conveniência e oportunidade da autoridade militar. Tudo isso para preservar a hierarquia e disciplina nas Forças Armadas.

Alternativa "e". A ilicitude da prova por derivação, também chamada de teoria dos frutos da árvore envenenada, informa que a prova obtida por meio ilícito contamina todos os atos direta ou logicamente dela decorrentes, uma mácula incorrigível, insanável, ineludível, a retirar do processo quaisquer resquícios ou influência da prova envenenada e as demais *provas consequenciais*. A alternativa sugere a ilicitude em toda e qualquer busca e apreensão de documentos realizada mediante violação do domicílio. Faltou dizer em complementação: desde que careça de ordem judicial e justo motivo.

Alternativa correta: letra "d". Diz o art. 5º, LV da CF que aos litigantes, em processo judicial ou administrativo, e aos acusados em geral são assegurados o contraditório e a ampla defesa de seus interesses, com os meios e recursos a eles inerentes. O direito à ampla defesa e ao contraditório subsume-se no direito de manifestação, direito de influir no julgamento com argumentos seriamente levados em consideração e direito de informação. O investigado deve ter amplo acesso aos elementos de prova já documentados – prova concluída – para o exercício de seu direito de defesa e controle daqueles que lhe são adversos ou que lhe dizem respeito (súmula vinculante nº 14 do STF).

---

58. (TRT 22 – Juiz do Trabalho Substituto 22ª Região/2013) Acerca dos direitos e garantias fundamentais, assinale a opção CORRETA:

a) em razão do princípio da isonomia, a CLT viola a constituição ao prever direito a intervalo de 15 minutos, entre o término da jornada ordinária e o início da extraordinária, apenas para as mulheres;

b) a inviolabilidade de domicílio não impede que a autoridade policial nela ingresse, desde que devidamente autorizada por ordem judicial, em período noturno para proceder à instalação de equipamentos de escuta ambiental e exploração local, consoante entendimento manifestado pelo STF;

c) é admitida a extradição de brasileiro naturalizado por prática de crime comum, antes ou depois da naturalização, e ao brasileiro nato, pela prática de tráfico ilícito de entorpecentes e drogas afins;

d) induz responsabilidade civil a publicação de matéria jornalística dirigida à pessoa pública, investida ou não em autoridade governamental, e cujo conteúdo divulgue observações em caráter mordaz ou irônico ou, então, veicule opiniões em tom de crítica severa, dura ou, até, impiedosa, uma vez que a liberdade de informação e, por consequência, o livre exercício da crítica, não tem o condão de excluir o dolo típico de ofender;

e) ainda que protegidas as liberdades individuais de reunião e de manifestação de pensamento, a defesa de legalização de uso de drogas constitui ilícito penal, encontrando óbice no caráter intencional da reunião e, por isso, está abrangida pelos limites impostos ao exercício do direito individual aqui retratado.

COMENTÁRIOS

Nota do autor: Nesta questão consta uma alternativa ("a") extremamente controvertida em doutrina. O TST parece haver consolidado sua posição em decisão plenária. Porém, não há entendimento sumulado ou orientação de jurisprudência. Penso que uma questão apoiada em tema divergente em doutrina e sem posicionamento sumular dos Tribunais Superiores deve ser evitada em avaliações objetivas.

Alternativa "a". Homens e mulheres são iguais em direitos e obrigações, *nos termos da Constituição* (CF, art. 5º, I). A norma de abertura dos direitos e garantias fundamentais orienta para a plena igualdade de gênero. Entretanto, a *própria* Constituição de 1988 ressalva a possibilidade de algumas adequações, pontuais e temporárias, em situações concretas e que envolvem desigualdade entre os sexos. Essa dessemelhança aparente de tratamento tem justificativa racional em fatores fisiológicos, em especial no ciclo gestacional e na dependência exclusiva do recém-nascido a sua mãe. Por conta disso, a Constituição permite, conforme seus termos, uma diferença em direitos e obrigações entre homens e mulheres. O art. 7º, XX da CF estabelece um mandado impositivo para o legislador, conclamando-o a agir – dever de legislar – para proteger o mercado de trabalho da mulher, mediante incentivos específicos. A CLT apresenta diversos dispositivos protetivo ao trabalho da mulher (Capítulo III do Título III). Lá consta, em seu art. 384: será obrigatório um descanso de 15 minutos no mínimo, antes do início do período extraordinário do trabalho. Essa norma de proteção exclusiva da mulher sofre profunda divergência em sua constitucionalidade – no caso, recepção pela Constituição de 1988 – na doutrina especializada: "essa previsão, destinada apenas ao trabalho da mulher, confere tratamento diferenciado e protecionista, ausente para o homem, o que não se mostra razoável na atualidade, afrontando o preceito constitucional da igualdade"[43]; "em consequência da revogação expressa do art. 376 da CLT, pela Lei nº 10.244, de julho de 2001, está também revogado, tacitamente, o art. 384 da CLT, que prevê descanso especial para a mulher, na hipótese de prorrogação de jornada. Ambos os dispositivos conflitavam, sem dúvida, com os art. 5º, I, e art. 7º, XXX, da Constituição da República"[44]; "o intervalo especial de 15 minutos deferido pelo art. 384 da CLT às mulheres em caso de prorrogação do horário de trabalho antes do início da prestação das horas extras, é considerado eficaz, por ser compatível com a Constituição"[45] e "a empregada terá direito, em razão de sua condição física, a tratamento diferenciado do dos homens. Dentre esses direitos, destaca-se o intervalo intrajornada de 15 minutos concedido entre o horário normal de trabalho e horas suplementares, nos termos do art. 384 da CLT"[46]. A jurisprudência do TST, por seu lado, firmou-se pela tese da compatibilidade do art. 384 da CLT com a Constituição de 1988 (RR 1.540/2005-046-12-00.5), reconhecendo, inclusive, a legitimidade da aplicação de penalidade administrativa para aquelas empresas que não concedem tal intervalo especial para as mulheres.

Alternativa "c". Os brasileiros natos não podem ser extraditados em hipótese alguma. Uma vedação constitucional absoluta, portanto. Os brasileiros naturalizados podem ser extraditados (i) por crime comum cometido *antes* da naturalização ou (ii) por envolvimento comprovado em tráfico ilícito de entorpecentes e drogas afins, *antes ou depois* da naturalização (CF, art. 5º, LI).

Alternativa "d". O STF tem firme precedente sobre o direito de criticar: "A crítica que os meios de comunicação social dirigem às pessoas públicas, por mais dura e veemente que possa ser, deixa de sofrer, quanto ao seu concreto exercício, as limitações externas que ordinariamente resultam dos direitos de personalidade. Não induz responsabilidade civil a publicação de matéria jornalística cujo conteúdo divulgue observações em caráter mordaz ou irônico ou, então, veicule opiniões em tom de crítica severa, dura ou, até, impiedosa, ainda mais se a pessoa a quem tais observações forem dirigidas ostentar a condição de figura pública, investida, ou não, de autoridade governamental, pois, em tal contexto, a liberdade de crítica qualifica-se como verdadeira excludente anímica, apta a afastar o intuito doloso de ofender" (AI 705.630 AgR).

Alternativa "e". Em interessante decisão – *leading case* – sobre o direito de reunião e manifestação com o objetivo expresso de defender política de descriminalização de condutas – no caso, o uso do entorpecente maconha –, o STF entendeu que "a defesa, em espaços públicos, da legalização das drogas ou de proposta abolicionista a outro tipo penal, não significaria ilícito penal, mas, ao contrário, representaria o exercício legítimo do direito à livre manifestação do pensamento, propiciada pelo exercício do direito de reunião" (ADPF 187), pondo fim às discussões sobre se a liberdade de expressão – individual ou coletiva – reconduz à *apologia ao crime* quando em defesa da descriminalização de atos então considerados ilícitos.

Alternativa correta: letra "b". O STF tem firme precedente sobre a possibilidade de ingresso da autoridade policial no domicílio do investigado, em período noturno inclusive, para instalação dos equipamentos de escuta ambiental ou mera exploração do local, desde que autorizado por ordem judicial devidamente motivada: "Escuta ambiental e exploração de local. Captação de sinais óticos e acústicos. Escritório de advocacia. Ingresso da autoridade policial, no período noturno, para instalação de equipamento. Medidas autorizadas por decisão judicial. Invasão de domicílio. Não caracterização. (...) Inteligência do art. 5º, X e XI, da CF; art. 150, § 4º, III, do CP; e art. 7º, II, da Lei 8.906/1994. (...) Não opera a inviolabilidade do escritório de advocacia, quando o próprio advogado seja suspeito da prática de crime, sobretudo concebido e consumado no âmbito desse

43. GARCIA, Gustavo Filipe Barbosa. *Curso de direito do trabalho*. 6. ed. Rio de Janeiro: Forense, 2012. p. 1.002.
44. BARROS, Alice Monteiro de. *Curso de direito do trabalho*. São Paulo: LTr, 2005. p. 1.029.
45. DELGADO, Maurício Godinho. Op. cit., p. 960.
46. CORREIA, Henrique. *Direito do trabalho*: para os concursos de analista do TRT e do MPU. 2. ed. Salvador: Jus Podivm, 2011. p. 77.

local de trabalho, sob pretexto de exercício da profissão." (Inq 2.424).

59. (TRT 2 – Juiz do Trabalho Substituto 2ª Região/2012) Analise as assertivas seguintes e ao final responda.

I. É plena a liberdade de associação para fins lícitos, vedada a de caráter paramilitar.

II. As associações não poderão ser compulsoriamente dissolvidas, mas podem ter suas atividades suspensas por decisão judicial com trânsito em julgado.

III. A criação de associações independe de autorização, sendo vedada a interferência estatal em seu funcionamento.

IV. As entidades associativas, ainda que não expressamente autorizadas, têm legitimidade para representar seus filiados extrajudicialmente.

V. As entidades associativas, quando expressamente autorizadas, têm legitimidade para representar seus filiados judicialmente.

As assertivas INCORRETAS são:

a) I e III.

b) II e III.

c) III e IV.

d) II e IV.

e) I e V.

COMENTÁRIOS

✪ **Nota do autor:** A questão trata do direito de liberdade de associação.

Proposição I. A proposição transcreve o art. 5º, XVII da CF.

Proposição II. Diz o art. 5º, XIX da CF que as *associações* somente *poderão* ser *compulsoriamente dissolvidas* ou ter suas atividades suspensas por *decisão judicial*, exigindo-se, no primeiro caso, o *trânsito em julgado*.

Proposição III. A proposição traz a inteligência do art. 5º, XVIII da CF que diz que a criação de associações e, na forma da lei, a de cooperativas independe de autorização, sendo vedada a interferência estatal em seu funcionamento.

Proposições IV e V. O art. 5º, XXI da CF estabelece que as entidades associativas, *quando* expressamente *autorizadas*, têm *legitimidade* para *representar seus filiados* judicial ou extrajudicialmente.

Alternativa correta: letra "d".

60. (FCC – Juiz do Trabalho Substituto 11ª Região/2012) A Lei federal nº 10.779/03 dispõe sobre concessão de benefício de seguro-desemprego, durante o período de defeso, ao pescador profissional que exerce a atividade pesqueira de forma artesanal. A citada lei previa originalmente que, para se habilitar ao benefício, o pescador deveria apresentar ao órgão competente do Ministério do Trabalho e Emprego, dentre outros documentos, *"atestado da Colônia de Pescadores a que esteja filiado, com jurisdição sobre a área onde atue o pescador artesanal"*, a fim de comprovar exercício da profissão, dedicação ininterrupta à pesca durante o período compreendido entre o defeso anterior e o atual, além de inexistência de fonte de renda diversa, decorrente da atividade pesqueira (art. 2º, IV). Referido dispositivo de lei foi objeto de ação direta de inconstitucionalidade (ADI 3.464, Rel. Min. Menezes Direito), proposta pelo Procurador-Geral da República e ao final julgada procedente. A exigência contida no dispositivo legal referido é incompatível com a previsão constitucional segundo a qual

a) é vedada a criação de mais de uma organização sindical, em qualquer grau, representativa de categoria profissional ou econômica, na mesma base territorial, a qual não pode ser inferior à área de um Município.

b) ninguém será obrigado a filiar-se a sindicato ou a manter-se filiado a sindicato, o que se aplica à organização de sindicatos rurais e de colônias de pescadores, atendidas as condições que a lei estabelecer.

c) é livre o exercício de qualquer trabalho, ofício ou profissão, atendidas as qualificações profissionais estabelecidas em lei complementar.

d) a lei não poderá exigir autorização do Estado para a fundação de sindicato, ressalvado o registro no órgão competente, vedadas ao Poder Público a interferência e a intervenção na organização sindical.

e) ninguém será obrigado a associar-se ou manter-se associado, salvo, nesta última hipótese, previsão contrária nos atos constitutivos da associação.

COMENTÁRIOS

✪ **Nota do autor:** A questão envolve caso concreto e requer o conhecimento da jurisprudência do STF.

Alternativa correta: letra "b" (responde todas as demais alternativas). O STF assim decidiu: "viola os princípios constitucionais da liberdade de associação (CF, art. 5º, XX) e da liberdade sindical (CF, art. 8º, V), ambos em sua dimensão negativa, a norma legal que condiciona, ainda que indiretamente, o recebimento do benefício do seguro-desemprego à filiação do interessado à colônia de pescadores de sua região" (ADI 3.464).

61. (TRT 6 – Juiz do Trabalho Substituto 6ª Região/2010) A par dos direitos sociais gerais (artigo 6º da Constituição Federal), que denotam a opção do constituinte por um modelo de Estado do Bem-Estar Social, a Constituição prevê, nos seus arts. 7.º e 8.º, uma série de direitos sociais, individuais e coletivos, direcionados aos trabalhadores. Acerca destes últimos, leia atentamente as assertivas abaixo e marque a alternativa CORRETA:

I. Viola a Constituição o estabelecimento de remuneração inferior ao salário-mínimo para as praças prestadoras do serviço militar inicial.

II. A irredutibilidade do salário é direito irrenunciável do trabalhador.

III. A celebração de Convenções e Acordos Coletivos de trabalho constitui direito de todos os trabalhadores, públicos ou privados.

IV. Os sindicatos têm legitimidade processual para atuar apenas na defesa dos direitos subjetivos coletivos dos integrantes da categoria por eles representada.

V. A condição de dirigente ou representante sindical impede a exoneração do servidor estatutário regularmente reprovado em estágio probatório.

a) Apenas as assertivas I, III e IV estão corretas.

b) Apenas as assertivas II, IV e V estão corretas.

c) Apenas as assertivas I, III e V estão corretas.

d) Apenas as assertivas II e V estão corretas.

e) Nenhuma das assertivas está correta.

COMENTÁRIOS

Nota do autor: Essa questão exige profundo conhecimento da jurisprudência do STF. Vale a pena conferir os informativos semanais publicados no site: *stf.jus.br*.

Proposição I. A súmula vinculante nº 06 do STF afirma que *não* viola a Constituição Federal o estabelecimento de remuneração inferior ao salário-mínimo para as praças prestadoras do serviço militar inicial.

Proposição II. A Constituição de 1988 autoriza a redução do salário do trabalhador por convenção ou acordo coletivo, flexibilizando, via legislador constituinte originário, o princípio da irredutibilidade salarial (CF, art. 7º, VI).

Proposição III. No julgamento da ADI 492 que declarou a inconstitucionalidade do art. 240, *d* da Lei nº 8.112/90, o STF entendeu que o direito dos servidores públicos à negociação coletiva é incompatível com a sistemática adotada pela Constituição de 1988, isto é, seu art. 39 não contempla as convenções e acordos coletivos do art. 7º, XXVI da CF. Disse ainda o STF que o regime jurídico administrativo dos servidores públicos não se baseia no desequilíbrio ontológico entre as partes que caracteriza o direito do trabalho e sim em uma relação de igualdade ou paridade jurídica. Por fim, invocou o interesse público existente no regime jurídico estatutário para inviabilizar a renúncia ou transação de direitos por parte dos entes públicos em um acordo. Não há espaço, portanto e segundo o STF, para a autonomia de vontade. Há ainda a súmula nº 679 do STF que dispõe que a fixação de vencimentos dos servidores públicos não pode ser objeto de negociação coletiva, a ratificar tal entendimento.

Proposição IV. O STF já firmou posição no sentido de que o sindicato tem legitimidade para atuar como substituto processual na defesa de direitos e interesses coletivos ou *individuais homogêneos* da categoria que representa (RE 555.720 AgR). Esse posicionamento motivou o cancelamento da súmula nº 310 do TST.

Proposição V. O STF tem precedente sobre o assunto: "A condição de dirigente ou representante sindical *não* impede a exoneração do servidor público estatutário, regularmente reprovado em estágio probatório" (RE 204.625).

Alternativa correta: letra "e".

---

62. (TRT 19 – Juiz do Trabalho Substituto 19ª Região/2012) À luz do art. 8º da Constituição Federal, que acentua ser livre a associação profissional ou sindical, assinale a alternativa incorreta:

a) Ninguém será obrigado a filiar-se ou a manter-se filiado a sindicatos.

b) O aposentado filiado tem a obrigação de votar e o direito de ser votado nas organizações sindicais.

c) É obrigatória a participação dos sindicatos nas negociações coletivas de trabalho.

d) Ao sindicato cabe a defesa dos direitos e interesses coletivos ou individuais da categoria, inclusive em questões judiciais ou administrativas.

e) A lei não poderá exigir autorização do Estado para a fundação do sindicato, ressalvado o registro do órgão competente, vedadas ao Poder Público a interferência e a intervenção na organização sindical.

COMENTÁRIOS

Nota do autor: A questão envolve a literalidade do texto constitucional.

Alternativa "a". A alternativa reproduz o texto do art. 8º, V da CF.

Alternativa "c". A alternativa reproduz o texto do art. 8º, VI da CF.

Alternativa "d". A alternativa reproduz o texto do art. 8º, III da CF.

Alternativa "e". A alternativa reproduz o texto do art. 8º, I da CF.

Alternativa (in)correta: letra "b". O aposentado tem o *direito* – não a obrigação – de votar e ser votado nas organizações sindicais (CF, art. 8º, VI).

---

63. (TRT 8 – Juiz do Trabalho Substituto 8ª Região/2013) A respeito das associações sindicais, é INCORRETO dizer:

a) É obrigatória a participação das entidades sindicais nas negociações coletivas de trabalho.

b) É vedada a dispensa do empregado sindicalizado a partir do registro da candidatura a cargo de direção ou representação sindical e, se eleito, ainda que suplente, até um ano após o final do mandato, salvo se cometer falta grave nos termos da lei, ou por motivo de força maior.

c) Ao sindicato cabe a defesa dos direitos e interesses difusos, coletivos ou individuais da categoria, inclusive em questões judiciais ou administrativas.

d) É vedada a criação de mais de uma organização sindical, em qualquer grau, representativa de categoria profissional ou econômica, na mesma base territorial, que será definida livremente pelos trabalhadores ou empregadores interessados.

e) A lei não poderá exigir autorização do Estado para a fundação de sindicato, ressalvado o registro no órgão competente, vedadas ao Poder Público a interferência e a intervenção na organização sindical.

COMENTÁRIOS

✪ **Nota do autor:** Remeto o leitor à nota anterior.

Alternativa "a". A alternativa cita, na literalidade, o texto do art. 8º, VI da CF.

Alternativa "c". A alternativa cita, na literalidade, o texto do art. 8º, III da CF.

Alternativa "d". O art. 8º, II da CF diz, expressamente: é vedada a criação de mais de uma organização sindical, em qualquer grau, representativa de categoria profissional ou econômica, na mesma base territorial, que será definida pelos trabalhadores ou empregadores interessados, não podendo ser inferior à área de um Município.

Alternativa "e". A alternativa cita, na literalidade, o texto do art. 8º, I da CF.

Alternativa (in)correta: letra "b". A Constituição de 1988 não reconhece a força maior como motivo determinante para a dispensa do empregado sindicalizado *em campanha para disputa* ou em exercício no cargo de direção ou representação sindical (CF, art. 8º, VIII). Tal garantia do emprego somente pode ser superada por decisão em ação judicial – inquérito judicial – conclusiva de falta grave (CLT, arts. 494, 543, § 3º e 853 e súmulas nºs 197 do STF e 379 do TST). Por outro lado, os titulares de representação dos empregados na CIPA podem sofrer a *dispensa motivada* com base em razão disciplinar, técnica, econômica ou financeira (CLT, art. 165, *caput*).

64. (TRT 14 – Juiz do Trabalho Substituto 14ª Região/2012) Escolha a alternativa correta:

a) A Constituição Federal estabelece que a assembleia geral fixará a contribuição que, em se tratando de categoria profissional, será descontada em folha, para custeio do sistema confederativo da representação sindical, abatida a contribuição sindical prevista em lei.

b) A proteção à maternidade foi erigida à hierarquia constitucional, subtraindo do âmbito do direito potestativo do empregador a possibilidade de despedir arbitrariamente a empregada em estado gravídico.

c) A Constituição Federal assegura o salário-família a todos os empregados.

d) A Constituição Federal prevê seguro contra acidentes de trabalho, a cargo do empregador, sem excluir a indenização a que este está obrigado quando incorrer em dolo. Em caso de culpa, poderá ocorrer abatimento.

e) A Constituição Federal garante o pagamento do salário-mínimo nacionalmente unificado, não sendo possível aos Estados-Membros da Federação a estipulação de pisos diferenciados, ainda que em patamares mais elevados.

COMENTÁRIOS

✪ **Nota do autor:** A garantia de emprego à gestante tem incidência ainda que a trabalhadora desconheça seu estado de gravidez, como também incide nos contratos por prazo determinado (súmula nº 244 do TST).

Alternativa "a". Diz o art. 8º, IV da CF que a assembleia geral fixará a contribuição que, em se tratando de categoria profissional, será descontada em folha, para custeio do sistema confederativo da representação sindical respectiva, *independentemente* da contribuição prevista em lei.

Alternativa "c". A Constituição Federal assegura o salário-família, pago em razão do dependente, aos *trabalhadores* de *baixa renda*, definidos por lei (CF, art. 7º, XII).

Alternativa "d". A Constituição de 1988 não faz qualquer diferenciação nos elementos subjetivos da responsabilidade civil para fins de restituição ou compensação da indenização devida com os valores pagos a título de seguro obrigatório aos trabalhadores. É dizer: a indenização por acidente do trabalho é devida pelo empregador quando este incorrer em dolo *ou culpa*, sem mais (CF, art. 7º, XXVIII).

Alternativa "e". A Lei Complementar 103/00, em seu art. 1º, *caput*, autorizou os Estados e o Distrito Federal a instituir piso salarial por categoria (CF, art. 7º, V), desde que não haja lei federal, convenção coletiva ou acordo coletivo de trabalho dispondo sobre o assunto. No julgamento das ADI 4.375 e 4.391, o STF, *desatento* aos princípios fundamentais do Direito do Trabalho – melhoria da condição social dos trabalhadores –, considerou que a estipulação de piso salarial estadual em valor superior ao estabelecido por lei federal ou negociação coletiva extrapolaria os limites da delegação legislativa, por invadir competência privativa da União para legislar sobre direito do trabalho (CF, art. 22, I), qualificando o ato como transgressão constitucional. Portanto, segundo a atual jurisprudência do STF sobre o tema, parece-nos que essa alternativa também está correta e a questão haveria de ser *anulada*, pois o texto constitucional admite essa interpretação dentre as possibilidades razoáveis de sentido da norma.

Alternativa correta: letra "b". A Constituição Federal confere às mulheres proteção especial no mercado de trabalho, mediante incentivos específicos, nos termos da lei (CF, art. 7º, XX), dentre os quais, a vedação de dispensa arbitrária ou sem justa causa da empregada gestante, desde a confirmação da gravidez até 05 meses após o parto (ADCT, art. 10, II, *b*).

---

65. (TRT 19 – Juiz do Trabalho Substituto 19ª Região/2012) Em conformidade com o artigo 7º, parágrafo único, da atual Constituição da República Federativa do Brasil, são assegurados à categoria dos trabalhadores domésticos os seguintes direitos, exceto:

a) Irredutibilidade do salário.

b) Licença paternidade, nos termos da lei.

c) Salário família, pago em razão do dependente do trabalhador de baixa renda nos termos da lei.

d) Aposentadoria.

e) Aviso prévio proporcional ao tempo de serviço, sendo no mínimo de trinta dias, nos termos da lei.

COMENTÁRIOS

Nota do autor: A Emenda Constitucional nº 72, de 02 de abril de 2013, praticamente equiparou em direitos os trabalhadores domésticos aos demais empregados. Nada mais justo! Essa questão é anterior à recém-publicada emenda constitucional e deve ser respondida, obviamente, com base na antiga redação do art. 7º, § único da CF.

Alternativa correta: letra "c" (responde, por exclusão, todas as demais alternativas). São assegurados aos trabalhadores domésticos os seguintes direitos: (i) salário-mínimo, (ii) *irredutibilidade do salário*, (iii) décimo terceiro salário, (iv) repouso semanal remunerado, (v) férias anuais remuneradas, (vi) licença gestante, (vii) *licença paternidade*, (viii) *aviso prévio proporcional*, (ix) *aposentadoria* e (x) integração à previdência social (CF, art. 7º, § único: com a redação anterior à EC 72/13).

---

66. (TRT 21 – Juiz do Trabalho Substituto 21ª Região/2010) A proteção ao mercado de trabalho da mulher é:

a) inexistente, pois ela ocupa o mesmo espaço do homem no mundo moderno, sem diferenças de qualquer natureza;

b) garantida pela Constituição, mediante disciplina por lei;

c) prevista apenas em normas internacionais;

d) inconstitucional, em função do princípio da igualdade;

e) restrita às trabalhadoras adolescentes, com idade entre os 16 e 18 anos;

COMENTÁRIOS

Nota do autor: A compreensão do princípio da igualdade material exige diferenciações em situações de desigualdade.

Alternativa correta: letra "b" (responde, por exclusão, todas as demais alternativas). A proteção ao mercado de trabalho da mulher – todas elas e não apenas as adolescentes –, mediante incentivos específicos fixados em lei, é prevista *expressamente* na Constituição de 1988 (CF, art. 7º, XX).

---

67. (CESPE – Juiz do Trabalho Substituto 5ª Região/2013) A individualização de uma categoria de direitos e garantias dos trabalhadores, ao lado dos de caráter pessoal e político, reveste- se de um particular significado constitucional, pois traduz o abandono de uma concepção tradicional dos direitos, liberdades e garantias como direitos genéricos e abstratos do homem ou do cidadão. In: J.J. Gomes Canotilho e Vital Moreira. Constituição. 1993, p. 285 (com adaptações).

Acerca do assunto tratado no fragmento de texto acima, assinale a opção correta.

a) O direito de greve é assegurado aos trabalhadores da iniciativa privada e aos servidores públicos civis e militares, sendo de sua competência decidir sobre a oportunidade de exercê-lo.

b) De acordo com a jurisprudência do STF, a contribuição sindical definida em lei e a contribuição confederativa são obrigatórias, inclusive para os profissionais liberais não filiados.

c) A observância dos direitos sociais dos trabalhadores não se inclui entre os requisitos para o cumprimento da função social da propriedade rural.

d) O direito à segurança no emprego, previsto constitucionalmente, inclui a proteção da relação de emprego contra a despedida arbitrária ou sem justa causa, a indenização compensatória, o seguro-desemprego em caso de desemprego involuntário e o fundo de garantia por tempo de serviço.

e) A CF não previu a aposentadoria como direito social dos trabalhadores rurais e domésticos.

COMENTÁRIOS

Nota do autor: Os autores portugueses têm enorme influência na construção do novo ideário constitucional que se formou no Brasil com a Constituição de 1988. A Constituição de Portugal de 1976, também fruto da redemocratização daquela sociedade, além das afinidades culturais que nos ligam, serviu de modelo para nossos constituintes. Indico para os candidatos que pretendem empreender um estudo de direito comparado o livro "Direito Constitucional e Teoria da Constituição" de J. J. Gomes Canotilho, que reputo um dos melhores trabalhos doutrinários sobre Direito Constitucional escrito em língua portuguesa.

Alternativa "a". Aos trabalhadores da *iniciativa privada* é assegurado o direito de greve, competindo-lhes decidir sobre a oportunidade de exercê-lo e sobre os interesses que devam por ele defender (CF, art. 9º, *caput*). O direito de greve dos *servidores públicos civis*, enquanto não for definido por lei específica (CF, art. 37,

VII), deverá ser exercido, em interpretação integrativa, supletiva ou construtiva, com base na Lei nº 7.783/89 (Lei de Greve para os empregados da iniciativa privada), conforme decidido pelo STF (MI 670, 708 e 712). Aos membros das *polícias militares* e dos *corpos de bombeiros militares* e aos *militares das Forças Armadas*, por seus específicos regimes jurídicos baseados na hierarquia e disciplina, são vedadas a greve e a sindicalização (CF, arts. 42, §1º e 142, § 3º, IV).

Alternativa "b". Diz a súmula nº 666 do STF que a contribuição sindical de que trata o art. 8º, IV da Constituição, *só é exigível dos filiados* ao sindicato respectivo. O TST também mantém posição consolidada: "Contribuições sindicais. Inobservância de preceitos constitucionais. A Constituição da República, em seus arts. 5º, XX e 8º, V, assegura o direito de livre associação e sindicalização. É ofensiva a essa modalidade de liberdade cláusula constante de acordo, convenção coletiva ou sentença normativa estabelecendo contribuição em favor de entidade sindical a título de taxa para custeio do sistema confederativo, assistencial, revigoramento ou fortalecimento sindical e outros da mesma espécie, obrigando *trabalhadores não-sindicalizados*. Sendo nulas as estipulações que inobservem tal restrição, tornam-se passíveis de devolução dos valores irregularmente descontados" (Precedente Normativo nº 119).

Alternativa "c". A propriedade imóvel rural cumpre sua função social quando, simultaneamente, atende os requisitos de: (i) aproveitamento racional e adequado do solo, (ii) uso adequado dos recursos naturais disponíveis, (iii) preservação ambiental, (iv) *observância dos direitos dos trabalhadores* e (v) exploração que favoreça o bem-estar dos proprietários e trabalhadores (CF, art. 186, I a IV).

Alternativa "e". O direito à aposentadoria é reconhecido expressamente pela Constituição de 1988 aos trabalhadores rurais (CF, art. 7º, *caput* e XXIV) e aos trabalhadores domésticos (CF, art. 7º, § único, com as alterações da EC 72/13). Dois pontos adicionais: (i) não há diferença de tratamento normativo-constitucional entre os trabalhadores urbanos e rurais e (ii) com a EC 72/13, os trabalhadores domésticos foram em quase tudo equiparados aos demais trabalhadores. Apenas algumas situações específicas, vinculadas à dinâmica empresarial, mereceram exclusão por incompatibilidade de regime jurídico com os trabalhadores domésticos (v.g., participação nos lucros e resultados das empresas).

Alternativa correta: letra "d". A Constituição Federal reconhece a todos os trabalhadores urbanos e rurais, além de outros direitos que visem à melhoria de sua condição social, (i) a relação de emprego protegida contra a despedida arbitrária ou sem justa causa, nos termos de lei complementar[47], que preverá indenização compensatória, dentre outros direitos (CF, art. 7º, I); o seguro-desemprego, em caso de desemprego involuntário (CF, art. 7º, II) e o fundo de garantia por tempo de serviço (CF, art. 7º, III).

47. Ver: ADCT, art. 10, I.

---

68. (TRT 3 – Juiz do Trabalho Substituto 3ª Região/2012) Assinale a alternativa correta, após a análise das afirmativas a seguir:

I. São órgãos da Justiça Federal: (I) os Tribunais Regionais Federais e (II) os Juízes Federais. Aos juízes federais compete processar e julgar os crimes cometidos a bordo de navios e aeronaves, ressalvada a competência da Justiça Estadual.

II. No que concerne aos direitos sociais ligados à educação, o Supremo Tribunal Federal já decidiu que é inconstitucional a cobrança de taxa de matrícula nas universidades públicas.

III. É de competência comum da União Federal, dos Estados, dos Municípios e do Distrito Federal cuidar da saúde e assistência pública, da proteção e garantia das pessoas portadoras de deficiência.

IV. São direitos dos trabalhadores urbanos e rurais, além de outros que visem à melhoria de sua condição social: relação de emprego protegida contra a despedida arbitrária ou sem justa causa, nos termos da lei ordinária, que preverá indenização compensatória, dentre outros direitos.

V. São direitos dos trabalhadores urbanos e rurais, além de outros que visem à melhoria de sua condição social: proteção do salário na forma da lei, constituindo crime sua retenção culposa ou dolosa.

a) Somente as afirmativas I e II estão corretas.

b) Somente as afirmativas II e III estão corretas.

c) Somente as afirmativas III e IV estão corretas.

d) Somente as afirmativas III e V estão corretas.

e) Todas as afirmativas estão corretas.

COMENTÁRIOS

Nota do autor: A questão trata de assuntos variados e nossa opção por inseri-la na seção dos direitos fundamentais é meramente arbitrária.

Proposição I. Diz o art. 106 da CF: são órgãos da Justiça Federal os Tribunais Regionais Federais e os Juízes Federais. Por sua vez, o art. 109, IX da CF diz que compete aos juízes federais processar e julgar os crimes cometidos a bordo de navios ou aeronaves, *ressalvada* a competência da *Justiça Militar* – e não Estadual.

Proposição II. A súmula vinculante nº 12 do STF reconhece que a cobrança de taxa de matrícula nas universidades públicas viola o art. 206, IV da CF (O ensino será ministrado com base nos seguintes princípios: gratuidade do ensino público em estabelecimentos oficiais).

Proposição III. A proposição transcreve a redação do art. 23, II da CF.

Proposição IV. A proteção constitucional da relação de emprego contra a despedida arbitrária ou sem justa causa faz remissão, expressa, à reserva de lei qualificada – *lei complementar* e não lei ordinária –, conforme a redação dada ao art. 7º, I da CF.

Proposição V. A Constituição Federal prevê o *crime* de *retenção dolosa do salário*, não admitindo a modalidade culposa (CF, art. 7º, X).

Alternativa correta: letra "b".

---

69. (TRT 8 – Juiz do Trabalho Substituto 8ª Região/2013 – Adaptada) Nos termos da Constituição da República, nos termos do artigo 6°, "caput", é CORRETO dizer:

a) São direitos sociais a educação, a saúde, a alimentação, o trabalho, a moradia, o transporte, o lazer, a segurança, a previdência social, a proteção à maternidade e à infância, e a assistência aos desamparados.

b) São direitos sociais a educação, a saúde, a alimentação, o trabalho, a moradia, o lazer, o meio ambiente, a previdência social, a proteção à maternidade e à infância, e a assistência aos desamparados.

c) São direitos sociais a educação, a saúde, o meio ambiente, o trabalho, a moradia, o lazer, a segurança, a previdência social, a proteção à maternidade e à infância, e a assistência aos desamparados.

d) São direitos sociais a educação, a saúde, a alimentação, o trabalho, a moradia, o lazer, a segurança, a previdência social, a proteção à maternidade e à infância, e o meio ambiente.

e) São direitos sociais a educação, a saúde, a alimentação, o trabalho, o meio ambiente, o lazer, a segurança, a previdência social, a proteção à maternidade e à infância, e a assistência aos desamparados.

COMENTÁRIOS

✪ **Nota do autor:** Temos aqui novamente uma questão sobre literalidade do texto constitucional, a exigir tão somente memorização e uma *pitada* de bom-senso[48].

Alternativa correta: letra "a" (responde todas as demais por contrariedade). São direitos sociais: a educação, a saúde, a alimentação (acrescentado pela EC 64/10), o trabalho, a moradia (acrescentado pela EC 26/00), o transporte (incluído pela EC nº 90/2015) o lazer, a segurança, a previdência social, a proteção à maternidade e à infância, a assistência aos desamparados (CF, art. 6º).

---

70. (TRT 3 – Juiz do Trabalho Substituto 3ª Região/2012) Leias as afirmativas abaixo e assinale a alternativa correta:

I. São direitos dos trabalhadores urbanos e rurais, além de outros que visem à melhoria de sua condição social: duração do trabalho normal não superior a oito horas diárias ou quarenta e quatro semanais, facultada a compensação de horários e a redução de jornada, mediante acordo ou convenção coletiva.

II. A Constituição Federal fez previsão da existência da ação, quanto aos créditos e direitos resultantes das relações de trabalho, com prazo prescricional de cinco anos para os trabalhadores urbanos e rurais, até o limite de dois anos após a extinção do contrato de trabalho. A Constituição Federal só tem previsão de adicional de remuneração para as atividades insalubres ou perigosas, na forma da lei.

III. A Constituição Federal tem previsão de que haja participação obrigatória dos sindicatos nas negociações coletivas de trabalho, mas também prevê que, nas empresas com mais de duzentos empregados, é assegurada a eleição de um representante destes com a finalidade exclusiva de promover-lhes o entendimento direto com os empregadores.

IV. Os legitimados para propor ação direta de inconstitucionalidade são os mesmos para a propositura da arguição por descumprimento de preceito fundamental e a ação declaratória de constitucionalidade. Essas ações serão julgadas pelo Supremo Tribunal Federal e, quando este apreciar a inconstitucionalidade, em tese, de norma legal ou ato normativo, citará, previamente, o Advogado-Geral da União, que defenderá o ato ou texto impugnado.

V. A Constituição Federal prevê que a lei estabelecerá: o estatuto da juventude, destinado a regular os direitos dos jovens e o plano nacional de juventude, de duração quinquenal, visando à articulação das várias esferas do poder público para a execução das políticas públicas.

a) Somente as afirmativas I e II estão corretas.

b) Somente as afirmativas III e IV estão corretas.

c) Somente as afirmativas IV e V estão corretas.

d) Somente as afirmativas III e V estão corretas.

e) Todas as afirmativas estão corretas.

COMENTÁRIOS

✪ **Nota do autor:** Esta questão também envolve a literalidade, *fiel*, da Constituição, a ponto de considerar equivocada a proposição que não reproduz o inteiro teor de seu texto normativo.

Proposição I. A proposição é cópia fidedigna do art. 7º, XIII da CF (São direitos dos trabalhadores urbanos e rurais, além de outros que visem à melhoria de sua condição social: duração do trabalho normal não superior a oito horas diárias e quarenta e quatro semanais, facultada a compensação de horários e a redução da jornada, mediante acordo ou convenção coletiva de *trabalho*) com a extirpação da palavra final "trabalho". Não

48. O direito ao meio ambiente é um direito fundamental de terceira geração ou dimensão.

me parece que tal supressão altere o sentido da norma constitucional, pois, da expressão acordo ou convenção coletiva, subentende-se referir-se à negociação coletiva nas relações de trabalho. Não obstante isso, o gabarito oficial aponta a proposição como equivocada.

Proposição II. – A primeira parte da proposição traz o art. 7º, XXIX da CF (São direitos dos trabalhadores urbanos e rurais, além de outros que visem à melhoria de sua condição social: ação, quanto aos créditos resultantes das relações de trabalho, com prazo prescricional de 05 anos para os trabalhadores urbanos e rurais, até o limite de 02 anos após a extinção do contrato de trabalho). A segunda parte incorre em erro, pois a Constituição de 1988 faz previsão de adicional sobre a remuneração para as *atividades* insalubres, perigosas ou *penosas*, na forma da lei (CF, art. 7º, XXIII).

Proposição III. A primeira parte da proposição reproduz o art. 8º, VI (é obrigatória a participação dos sindicatos nas negociações coletivas de trabalho) e a segunda parte o art. 11 (Nas empresas de mais de 200 empregados, é assegurada a eleição de um representante destes com a finalidade exclusiva de promover-lhes o entendimento direto com os empregadores), ambos da CF.

Proposição IV. Os legitimados para propor a ação direta de inconstitucionalidade, a ação declaratória de constitucionalidade e a arguição de descumprimento de preceito fundamental são idênticos (CF, art. 103 e Lei nº 9.882/99, art. 2º, I) e estas ações são da competência originária do STF (CF, art. 102, I, *a* e Lei nº 9.882/99, art. 1º, *caput*). De fato, o art. 103, § 3º da CF determina a citação prévia do Advogado-Geral da União para defender o ato ou o texto impugnado. Contudo, "diferentemente do que decorre da literalidade do art. 103, § 3º – citação para defesa do ato impugnado –, não está ele obrigado a fazer defesa do ato questionado, especialmente se o Supremo Tribunal Federal já se tiver manifestado em caso semelhante pela inconstitucionalidade"[49]. A matéria, no entanto, ainda permanece controvertida, pois há precedentes do STF em um sentido (ADI 1.616 e 2.687) e em outro (ADI 3.413), ambos atuais.

Proposição V. O plano nacional da juventude terá *duração decenal* – e não quinquenal –, conforme o art. 227, § 8º, II da CF (A lei estabelecerá: o plano nacional de juventude, de duração decenal, visando à articulação das várias esferas do poder público para a execução de políticas públicas).

Alternativa correta: letra "b".

---

71. (TRT 8 – Juiz do Trabalho Substituto 8ª Região/2012) A respeito dos direitos e deveres individuais e coletivos, é CORRETO afirmar:

a) O Brasil submete-se à jurisdição de Tribunal Penal Internacional a cuja criação não tenha manifestado adesão.

b) A Constituição Federal assegura aos reconhecidamente pobres apenas a gratuidade do registro civil de nascimento, transferindo para a lei a possibilidade de estabelecer outras espécies de registros gratuitos.

c) Ninguém será levado à prisão ou nela mantido, quando a lei admitir a liberdade provisória, com ou sem fiança.

d) Todos têm direito a receber dos órgãos públicos informações de seu interesse particular, ou de interesse coletivo ou geral, que serão prestadas no prazo da lei, sob pena de responsabilidade, sendo vedado o sigilo.

e) No caso de iminente perigo público, a autoridade competente poderá usar de propriedade particular, assegurada ao proprietário, em qualquer caso, indenização ulterior.

COMENTÁRIOS

✪ **Nota do autor:** A questão perpassa alguns dos direitos fundamentais em espécie.

Alternativa "a". Diz o art. 5º, § 4º da CF que o Brasil submete-se à jurisdição de Tribunal Penal Internacional a cuja criação *tenha* manifestado *adesão*.

Alternativa "b". São gratuitos para os reconhecidamente pobres, na forma da lei: (i) registro civil de nascimento e (ii) *certidão de óbito* (CF, art. 5º, LXXVI).

Alternativa "d". O sigilo das informações dos órgãos públicos será admitido quando imprescindível à segurança da sociedade e do Estado (CF, art. 5º, XXXIII, *in fine*).

Alternativa "e". O art. 5º, XXV da CF delineia o instituto da requisição pelo Poder Público do uso da propriedade privada em caso de perigo iminente. A indenização ulterior assegurada ao proprietário é devida tão somente se houver *dano*.

Alternativa correta: letra "c". A alternativa é cópia do art. 5º, LXVI da CF.

---

72. (TRT 8 – Juiz do Trabalho Substituto 8ª Região/2012) A respeito dos direitos sociais, é CORRETO afirmar que:

a) É direito dos trabalhadores urbanos e rurais a relação de emprego protegida contra despedida arbitrária ou sem justa causa, nos termos de lei complementar, que preverá indenização compensatória, dentre outros direitos e, neste particular, o dispositivo encontra-se regulado pela recente Lei n. 12.506/2011, que dispõe sobre aviso prévio, além de dar outras providências.

b) A parcela denominada participação nos lucros, paga com habitualidade a cada semestre, consoante permissivo constitucional, integra o salário do empregado.

---

49. MENDES, Gilmar Ferreira; BRANCO, Paulo Gustavo Gonet. Op. cit., p. 1.251.

c) É direito da trabalhadora urbana e da trabalhadora rural a licença à gestante, prevista no art. 7°, inciso XVIII, da Constituição Federal de 1988, sem prejuízo do emprego, com duração de 180 (cento e oitenta) dias, a partir da edição da Lei n. 11.770/2008.

d) É proibido o trabalho a menores de dezesseis anos, salvo na condição de aprendiz, a partir de doze anos.

e) A Constituição Federal assegura expressamente ao trabalhador doméstico o direito ao repouso semanal remunerado, preferencialmente aos domingos.

COMENTÁRIOS

Nota do autor: A Constituição de 1988 proíbe o trabalho do menor de 18 anos em atividades noturnas, insalubres e perigosas (CF, art. 7º, XXXIII).

Alternativa "a". Temos dois equívocos em um nesta alternativa. Em primeiro lugar, a Lei nº 12.506/11 veio regulamentar o art. 7º, XXI da CF, que reconhece o direito ao aviso prévio proporcional ao tempo de serviço, e não o inciso I. Em segundo lugar, a proteção da relação de emprego contra despedida arbitrária ou sem justa causa exige reserva de lei complementar e, se fosse verdadeiro o que sugere a alternativa, a Lei nº 12.506/11 haveria de ser declarada inconstitucional por vício formal.

Alternativa "b". O art. 7º, XI da CF estabelece que a participação nos lucros ou nos resultados da empresa é desvinculada da remuneração e, portanto não integra o salário do empregado, tudo para incentivar essa modalidade de prêmio aos trabalhadores e não onerar em demasia o custo da mão de obra.

Alternativa "c". A Constituição Federal reconhece o direito à licença gestante de 120 dias de duração, sem prejuízo do emprego e do salário (CF, art. 7º, XVIII). O Programa Empresa Cidadã instituído pela Lei nº 11.770/08 e destinado à ampliação do período de licença maternidade em mais 60 dias – totalizando 180 dias –, mediante a concessão de incentivos fiscais às empresas que a ele aderirem, carece da participação voluntária do empregador para que a empregada gestante faça jus ao direito – extensão de mais 60 dias –, ou seja, um direito sob condição suspensiva.

Alternativa "d". É proibido qualquer trabalho ao menor de 16 anos, salvo na condição de aprendiz, a partir de *14 (catorze) anos* – e não 12 anos (CF, art. 5º, XXXIII).

Alternativa correta: letra "e". Essa questão é anterior à recém-publicada Emenda Constitucional nº 72/13 e deve ser respondida, obviamente, com base na antiga redação do art. 7º, § único da CF. Antes da alteração constitucional eram assegurados aos trabalhadores domésticos *apenas* os seguintes direitos: (i) salário-mínimo, (ii) irredutibilidade salarial, (iii) décimo terceiro salário, (iv) *repouso semanal remunerado, preferencialmente aos domingos* (v) férias, (vi) licença gestante, (vii) licença paternidade, (viii) aviso prévio, (ix) aposentadoria e (x) integração à previdência social.

73. (TRT 23 - Juiz do Trabalho Substituto 23ª Região/2010) Analise as proposições abaixo e assinale a alternativa correta:

I. A República Federativa do Brasil tem como fundamento a dignidade da pessoa humana, os valores sociais do trabalho e da livre iniciativa, e como objetivos fundamentais construir uma sociedade livre, fraterna e solidária, reduzindo a pobreza e a marginalização e as desigualdades sociais e regionais;

II. Os direitos sociais previstos na Constituição são a educação, a saúde, o trabalho, a moradia, o lazer, a segurança, a previdência social, a proteção à maternidade e à infância e a assistência aos desamparados;

III. Segundo classificação doutrinária consagrada pode se afirmar que a previsão constitucional do direito da participação dos trabalhadores nos lucros, ou resultados, desvinculada da remuneração, bem como do direito de greve pelo servidor público são normas aplicáveis imediatamente;

IV. a lei não poderá exigir autorização do Estado para a fundação de sindicato, ressalvado o registro no órgão competente, vedadas ao Poder Público a interferência e a intervenção na organização sindical, cabendo ao Ministério do Trabalho e Emprego zelar pela observância do princípio da unicidade sindical.

a) as proposições I e IV estão corretas e as proposições II e III estão erradas

b) as proposições I e II estão corretas, e as proposições III e IV estão erradas

c) todas as proposições estão corretas

d) as proposições III e IV estão corretas, e as proposições I e II estão erradas

e) todas as proposições estão incorretas.

COMENTÁRIOS

Nota do autor: Questão *traiçoeira*, pois o examinador promove mínimas alterações no texto da Constituição. Aconselhamos, sempre, ler e reler as questões.

Proposição I. A República Federativa do Brasil tem como fundamento: (i) a soberania, (ii) a cidadania, (iii) a dignidade da pessoa humana, (iv) os valores sociais do trabalho e da livre iniciativa e (v) o pluralismo político e, como objetivos fundamentais, (a) construir uma sociedade livre, *justa* e solidária, (b) garantir o desenvolvimento nacional, (c) *erradicar a pobreza e a marginalização* e reduzir as desigualdades sociais e regionais e (d) promover o bem de todos, sem preconceitos de origem, raça, sexo, idade e quaisquer outras formas de discriminação (CF, arts. 1º e 3º, I a IV). A proposição troca algumas palavras que, em análise minuciosa, altera o sentido da norma constitucional.

Proposição II. São direitos sociais a educação, a saúde, *a alimentação* (acrescentada pela EC 64/10), o trabalho, a moradia, o lazer, a segurança, a previdência social, a proteção à maternidade e à infância, a assistência aos desamparados (CF, art. 6º).

Proposição III. A Constituição Federal determina que as normas definidoras dos direitos e garantias fundamentais – tais como os direitos sociais de participação nos lucros e greve do servidor público – têm aplicação imediata (CF, art. 5º, § 1º). Quanto a isso, a doutrina não controverte. O que pode variar, conforme a densidade normativa do preceito, é a eficácia jurídica dessas normas constitucionais de direitos fundamentais, isto é, a aptidão para produzir efeitos jurídicos no mundo dos fatos. Temos, portanto, as normas de eficácia (i) plena, (ii) contida ou restringível e (iii) limitada ou reduzida.

Proposição IV. A proposição conjuga a redação literal do art. 8º, I da CF (a lei não poderá exigir autorização do Estado para a fundação de sindicato, ressalvado o registro no órgão competente, vedadas ao Poder Público a interferência e a intervenção na organização sindical), com o teor da súmula nº 677, parte final do STF (Até que lei venha a dispor a respeito, incumbe ao Ministério do Trabalho proceder ao registro das entidades sindicais e zelar pela observância do princípio da unicidade).

Alternativa correta: letra "d".

---

74. (TRT 15 – Juiz do Trabalho Substituto 15ª Região/2013) No que diz respeito ao direito fundamental à intimidade e à vida privada na esfera, laboral, é correto afirmar:

a) é jurisprudência dominante no Tribunal Superior do Trabalho que o empregador não pode monitorar tráfego cibernético e mensagens eletrônicas do empregado, ainda que os acessos sejam disponibilizados para o trabalho e haja prévia advertência a respeito;

b) não se discute, no panorama universal, a possibilidade jurídica de o empregador submeter o empregado a testes genéticos admissionais, já que não se enunciam, pelo atual estado da técnica, direitos fundamentais à privacidade ou à identidade biológica;

c) decorre de regra legal a proibição de que o empregador, ao dispensar por justa causa o empregado, lance na Carteira de Trabalho e Previdência Social as razões da dispensa, ainda que a Justiça do Trabalho confirme, por decisão transitada em julgado, a legalidade da justa causa aplicada;

d) independentemente das características da atividade econômica, admite-se, no ordenamento jurídico legal brasileiro, a revista íntima de homens e mulheres, mediante previsão em convenção coletiva de trabalho;

e) em razão do legítimo exercício do direito de propriedade pelo empregador, o monitoramento audiovisual do meio ambiente de trabalho não se subordina à observância dos requisitos da adequação, da necessidade e da proporcionalidade em sentido estrito;

COMENTÁRIOS

✪ **Nota do autor:** A Carteira de Trabalho e Previdência Social é o documento de identificação do trabalhador enquanto tal, devendo nela constar as principais informações sobre os contratos de trabalho firmados ao longo de sua vida. Não se pode admitir qualquer tipo de anotação que *desacredite* o trabalhador ou *desabone* sua conduta pessoal para fins de contratação futura por outra empresa.

Alternativa "a". A jurisprudência dominante do TST fixou os seguintes parâmetros de legalidade para o monitoramento do e-mail corporativo: (i) uso *para o* trabalho, isto é, uma ferramenta para a execução da prestação de serviço – ainda que não exclusivamente (o empregado poderia, assim, utilizar o e-mail corporativo para assuntos particulares que não descaracterizaria sua destinação principal); (ii) conhecimento prévio do empregado da possibilidade de controle e monitoramento e (iii) equipamento de propriedade da empresa. Vale dizer, não pode haver a apreensão e devassa no computador pessoal do empregado. O que a empresa pode fazer é acessar o provedor dos e-mails na rede virtual; jamais se apropriar indevidamente do computador pessoal de seu empregado e, a partir daí, buscar a prova que pretende produzir. O TST entende, com certo excesso talvez, que o monitoramento do e-mail corporativo relaciona-se com o direito de propriedade do empregador (RR 613/2000-013-10-00.7).

Alternativa "b". Atualmente, a filosofia da ciência discute, intensamente, os limites éticos e morais para a utilização de informações genéticas em diversas esferas da vida do homem: (i) paternidade: seleção de embriões, (ii) afetividade: escolha de parceiros, (iii) eugenismo humano, (iv) critérios de contratação pelos planos de saúde, (v) admissão em associações, escolas, empresas etc. O tema permanece na *ordem do dia*, em toda sua *aridez* e subjetividade, e vem provocando desacordos morais, o mais das vezes, inconciliáveis. A discussão, no que nos interessa, resvala na compreensão do direito à identidade genética, uma *faceta* dos direitos à intimidade e à privacidade. Em termos jurídico-normativos no Brasil, constituem práticas discriminatórias a exigência de teste, exame, perícia, laudo, atestado, declaração ou qualquer outro tipo de procedimento relativo à esterilização ou a estado de gravidez e a adoção de quaisquer medidas, de iniciativa do empregador, que configurem indução ou instigamento à esterilização genética ou promoção de controle de natalidade (Lei nº 9.029/95, art. 2º, I e II). Esses são os *topois normativos* para se considerar a sério a questão dos testes genéticos admissionais.

Alternativa "d". O art. 373-A, VI da CLT, em seção dedicada à proteção do trabalho da mulher, estabelece a proibição das revistas íntimas. Tal vedação estende-se aos homens em razão do princípio da isonomia, pois as situações são idênticas e o discrímen é injustificado. Algumas decisões do TST, mais uma vez alargando o conceito de propriedade em demasia, entendem que, conforme as características da atividade empresarial, é admissível a revista íntima – contra lei expressa! – para a defesa do patrimônio, desde que: (i) de caráter geral, impessoal, objetivo (ii) respeitando-se a moral e os costumes locais, (iii) sem contato corporal ou constrangimentos excessivos outros, (iv) para proteção de produtos com venda controlada ou de elevado valor de mercado e (v) com a chancela do sindicato de classe. A matéria, não obstante, ainda provoca divergência no TST.

Alternativa "e". Tudo em Direito, qualquer interpretação ou aplicação da norma jurídica, a atividade de dar significado ao texto para produzir a norma, a contextualização da lei aos fatos, deve observar o princípio da proporcionalidade ou razoabilidade e suas premissas – adequação, necessidade e proporcionalidade em sentido estrito. Nesse sentido, a fiscalização – poder empregatício – do local de trabalho é legítima, mas deve acomodar-se nos parâmetros da adequação (os meios adotados devem ser idôneos, apropriados e aptos para produzir os resultados ou fins almejados), necessidade (o meio escolhido deve ser o menos gravoso, desvantajoso, de menor ingerência possível, para a consecução dos fins visados, de modo que se deve evitar medidas excessivas e muito onerosas) e proporcionalidade *stricto sensu* (o benefício obtido com a medida – o bem jurídico protegido – deve superar o ônus imposto – o bem jurídico sacrificado). Com efeito, o direito da empresa de monitoramento áudio visual do local de trabalho não abrange os banheiros, refeitórios e outros lugares de descanso do trabalhador.

Alternativa correta: letra "c". O art. 29, § 4º da CLT é taxativo: é vedado ao empregador efetuar anotações desabonadoras à conduta do empregado em sua Carteira de Trabalho e Previdência Social.

---

75. (TRT 15 – Juiz do Trabalho Substituto 15ª Região/2013) Uma das características do constitucionalismo social é a integração de normas trabalhistas ao texto constitucional. No que se refere ao Brasil, a atual Constituição não expressa que:

a) é proibida a distinção entre trabalho manual, técnico; e intelectual ou entre os profissionais respectivos;
b) a relação de emprego é protegida contra despedida arbitrária ou sem justa causa, nos termos de lei complementar, que preverá indenização compensatória, dentre outros direitos;
c) o seguro-desemprego é devido em caso de desemprego involuntário;
d) o direito ao fundo de garantia do tempo de serviço não é devido em caso de pedido de demissão;
e) a garantia de salário, nunca inferior ao salário mínimo, é devido para os empregados que percebem remuneração variável.

COMENTÁRIOS

✪ **Nota do autor:** Nada mais do que a literalidade do texto constitucional.

Alternativa "a". A alternativa traz a redação do art. 7º, XXXII da CF.

Alternativa "b". A alternativa traz a redação do art. 7º, I da CF.

Alternativa "c". A alternativa traz a redação do art. 7º, II da CF.

Alternativa "e". A alternativa traz a redação, algo modificada, do art. 7º, VII da CF.

Alternativa (in)correta: letra "d". A Constituição de 1988 diz apenas, *laconicamente*, que o fundo de garantia do tempo de serviço é direito do trabalhador urbano ou rural (CF, art. 7º, III). No pedido de demissão – pelo trabalhador –, a Lei nº 8.036/90 *não admite* a movimentação da conta vinculada ao FGTS, isto é, não se admite o saque das importâncias depositadas em decorrência do contrato de trabalho (art. 20[50]), bem como o pagamento da multa compensatória de 40% sobre o total dos valores já depositados (art. 18, § 1º[51]). Mas – os valores do – o FGTS depositado durante a relação contratual é direito irrenunciável do trabalhador, nada tendo a ver com o motivo da extinção do contrato, permanecendo *incólume, guardado nos cofres* da Caixa Econômica Federal, caso não se admita, por ora, sua movimentação.

---

76. (TRT 15 – Juiz do Trabalho Substituto 15ª Região/2013) A atual Constituição brasileira, no que se refere aos direitos dos trabalhadores, enuncia, literalmente:

a) participação nos lucros não possui natureza salarial;
b) duração do trabalho normal não superior a oito horas diárias e quarenta e quatro semanais, facultada a compensação de horários e a redução da jornada mediante acordo individual ou convenção coletiva de trabalho;
c) proibição de trabalho noturno, insalubre, penoso e perigoso a menores de 18 anos de idade;
d) remuneração do serviço extraordinário superior, no mínimo, em cinquenta por cento, à do normal;
e) seguro social contra acidentes de trabalho a cargo do empregador, mediante contribuição adicional.

COMENTÁRIOS

✪ **Nota do autor:** O examinador pretende aferir o conhecimento do candidato sobre o texto *literal* da

50. A movimentação da conta vinculado do trabalhador no FGTS por extinção da relação contratual somente se pode dar por despedida sem justa causa, inclusive a indireta, culpa recíproca ou força maior (Lei nº 8.036/90, art. 20, I).
51. A multa de 40% sobre a totalidade dos depósitos do FTGS, atualizados monetariamente e acrescidos de juros, é devida, apenas, por resilição contratual sem justa causa do empregado ou por culpa do empregador – rescisão indireta (Lei nº 8.036/90, art. 18, § 1º). No caso de extinção do contrato por culpa recíproca ou evento de força maior, a multa é reduzida para 20% (Lei nº 8.036/90, art. 18, § 2º).

Constituição de 1988, *fechando os olhos* para a interpretação da doutrina e da jurisprudência e as demais leis sociais.

Alternativa "a". O art. 7º, XI da CF reconhece a todos os trabalhadores urbanos e rurais o direito de participação nos lucros, ou resultados, *desvinculada da remuneração* e, excepcionalmente, participação na gestão da empresa, conforme definido em lei. Não ter a participação dos lucros natureza jurídica salarial e sim indenizatória, *foge* da dicção literal do texto constitucional, apesar da *correção de fundo*.

Alternativa "b". A compensação de horários ou a redução da jornada de trabalho deve ser referendada por acordo ou convenção coletiva de trabalho (CF, art. 7º, XIII). A Constituição Federal não esclarece, *literalmente*, se tal acordo é coletivo *ou* individual. Em interpretação do texto constitucional, o TST posicionou-se: a compensação de jornada de trabalho deve ser ajustada por acordo individual escrito, acordo coletivo ou convenção coletiva (súmula nº 85, I) e o acordo individual para compensação de horas é válido, salvo se houver norma coletiva em sentido contrário (súmula nº 85, II)

Alternativa "c". Diz o art. 7º, XXXIII da CF, *textualmente*: proibição de trabalho noturno, perigoso e insalubre a menores de 18 anos e de qualquer trabalho a menores de 16 anos, salvo na condição de aprendiz, a partir de 14 anos. Não consta da *letra* da Constituição de 1988 a proibição do trabalho *penoso* ao menor de 18 anos. No Estatuto da Criança e Adolescente vem, expressamente, a proibição do trabalho perigoso, insalubre e *penoso* pelo adolescente empregado (Lei nº 8.069/90, art. 67, II).

Alternativa "e". Diz o art. 7º, XXXIII da CF, *fidedignamente*: seguro social contra acidentes de trabalho, a cargo do empregador, sem excluir a indenização a que este está obrigado, quando incorrer em dolo ou culpa. A contribuição social adicional para o Seguro Acidente de Trabalho (SAT) vem prevista na Lei nº 8.212/91, art. 22, II, conforme autorizado pelo art. 195, I, *a* da CF.

Alternativa correta: letra "d". A alternativa transcreve o art. 7º, XVI da CF.

2.2. AÇÕES CONSTITUCIONAIS. *HABEAS CORPUS*. MANDADO DE SEGURANÇA. MANDADO DE INJUNÇÃO. *HABEAS DATA*. AÇÃO POPULAR. AÇÃO CIVIL PÚBLICA

77. (FCC – Juiz do Trabalho/2017) Sobre direitos e garantias fundamentais de natureza processual, a Constituição Federal de 1988 prevê que

a) o mandado de injunção objetiva tornar viável o exercício de direitos inerentes à nacionalidade, à soberania e à cidadania, não sendo cabível quando a obrigação de prestar o direito deva ser cumprida por particulares.

b) qualquer pessoa é parte legítima para propor ação popular que vise a anular ato lesivo ao patrimônio público ou de entidade de que o Estado participe, à moralidade administrativa, ao meio ambiente e ao patrimônio histórico e cultural, ficando o autor, salvo comprovada má-fé, isento de custas processuais e do ônus da sucumbência.

c) a razoável duração do processo e os meios que garantam a celeridade de sua tramitação não alcançam o âmbito administrativo.

d) o mandado de segurança coletivo pode ser impetrado por partido político sem representação no Congresso Nacional.

e) cabe mandado de segurança individual para proteger direito líquido e certo não amparado por habeas corpus quando o responsável pela ilegalidade ou abuso de poder for autoridade pública ou agente de pessoa jurídica no exercício de atribuições do Poder Público.

COMENTÁRIOS

Alternativa "a": o erro da assertiva consiste em afirmar que mandado de segurança "não sendo cabível quando a obrigação de prestar o direito deva ser cumprida por particulares", uma vez que a questão exige especificamente o que está previsto no texto constitucional, e não existe, na CF, qualquer impossibilidade de particular prestar direito que carece de norma regulamentadora ou de particular integrar polo passivo de mandado de injunção. O STF, entretanto, tem jurisprudência no sentido de não reconhecer a possibilidade de particular integrar polo passivo de MI. Contudo, admite a possibilidade de decisão em MI criar obrigações a particulares. Nesse sentido: "Mandado de injunção. Agravo regimental contra despacho que não admitiu litisconsórcio passivo e indeferiu liminar. Já se firmou o entendimento desta Corte, no sentido de que, em mandado de injunção, não cabe agravo regimental contra despacho que indefere pedido de concessão de liminar. Por outro lado, na Sessão Plenária do dia 8.8.1991, ao julgar este Plenário agravo regimental interposto no mando de injunção 335, decidiu ele, por maioria dos votos, que, em face da natureza mandamental do mandado de injunção, como já afirmado por este Tribunal, ele se dirige às autoridades ou órgãos públicos que se pretendem omissos quanto à regulamentação que viabilize o exercício dos direitos e liberdades constitucionais e das prerrogativas inerentes à nacionalidade, à soberania e à cidadania, não se configurando, assim, hipótese de cabimento do litisconsórcio passivo entre essas autoridades e órgãos públicos que deverão, se for o caso, elaborar a regulamentação necessária, e particulares que, em favor do impetrante do mandado de injunção, vierem a ser obrigados ao cumprimento da norma regulamentadora, quando vier esta, em decorrência de sua elaboração, a entrar em vigor" (MI 323/DF – AgR. Pleno. Min. Rel. Moreira Alves. DJ 14/02/1992).

Alternativa "b": o erro da assertiva reside em afirmar que "qualquer pessoa" é parte legítima para propor ação popular – **o correto, segundo o art. 5º, inciso LXXIII, da CF, é "qualquer cidadão"**, ou seja, a pessoa que goza de direitos civis e políticos. *In verbis:* "LXXIII – qualquer cidadão é parte legítima para propor ação popular que vise a anular ato lesivo ao patrimônio público ou de entidade de que o Estado participe, à moralidade administrativa, ao meio ambiente e ao patrimônio histórico e cultural, ficando o autor, salvo comprovada má-fé, isento de custas judiciais e do ônus da sucumbência".

Alternativa "c": a razoável duração do processo **também alcança o âmbito administrativo, conforme art. 5º, inciso LXXVIII, da CF**: "LXXVIII – a todos, no âmbito judicial e administrativo, são assegurados a razoável duração do processo e os meios que garantam a celeridade de sua tramitação".

Alternativa "d": o mandado de segurança coletivo só pode ser impetrado por **partido político com representação no Congresso Nacional, conforme art. 5º, inciso LXX, alínea "a", da CF**: "LXX – o mandado de segurança coletivo pode ser impetrado por: a) partido político com representação no Congresso Nacional".

Alternativa correta: letra "e": a assertiva está de acordo com o disposto no **art. 5º, inciso LXIX, da CF**: "LXIX – conceder-se-á mandado de segurança para proteger direito líquido e certo, não amparado por habeas corpus ou habeas data, quando o responsável pela ilegalidade ou abuso de poder for autoridade pública ou agente de pessoa jurídica no exercício de atribuições do poder público".

---

78. (TRT 2 – Juiz do Trabalho Substituto 2ª Região/2016) Segundo a Lei do Mandado de Segurança, assinale a alternativa INCORRETA:

a) O terceiro prejudicado pode, por inércia do verdadeiro titular do direito, ter o mesmo direito e poderá impetrar Mandado de Segurança a favor do direito originário, se o seu titular não o fizer, no prazo de 30 (trinta) dias, quando este for notificado judicialmente.

b) A diferença entre o Mandado de Segurança e o habeas corpus é que o primeiro protege o cidadão de um acontecimento ilegal, com abuso de poder, enquanto o segundo garante ao indivíduo o direito de "ir e vir".

c) Cabe Mandado de Segurança contra os atos de gestão comercial praticados pelos administradores de empresas públicas, de sociedade de economia mista e de concessionárias de serviço público.

d) Não se concede Mandado de Segurança contra decisão judicial transitada em julgado.

e) É obrigatória a participação do Ministério Público.

COMENTÁRIOS

Alternativa "a": segundo o art. 3º da Lei 12.016/2009, **o titular de direito líquido e certo decorrente de direito, em condições idênticas, de terceiro** poderá impetrar mandado de segurança a favor do direito originário, se o seu titular não o fizer, no prazo de 30 (trinta) dias, quando notificado judicialmente.

Alternativa "b": de acordo com o art. 5º da CF, **conceder-se-á habeas corpus** sempre que alguém sofrer ou se achar ameaçado de sofrer violência ou coação em sua liberdade de locomoção, por ilegalidade ou abuso de poder (inciso LXVIII); e **conceder-se-á mandado de segurança** para proteger direito líquido e certo, não amparado por habeas corpus ou habeas data, quando o responsável pela ilegalidade ou abuso de poder for autoridade pública ou agente de pessoa jurídica no exercício de atribuições do Poder Público (inciso LXIX).

Alternativa "d": nos termos do art. 5 da Lei 12.016/2009, **Não se concederá mandado de segurança** quando se tratar: I – de ato do qual caiba recurso administrativo com efeito suspensivo, independentemente de caução; II – de decisão judicial da qual caiba recurso com efeito suspensivo; III – **de decisão judicial transitada em julgado**.

Alternativa "e": a participação do Ministério Público **não** é obrigatória. Impõe o art. 12 da Lei 12.016/2009, que: Findo o prazo a que se refere o inciso I do caput do art. 7º desta Lei, o juiz ouvirá o representante do Ministério Público, que opinará, dentro do prazo improrrogável de 10 (dez) dias. Parágrafo único. **Com ou sem o parecer do Ministério Público**, os autos serão conclusos ao juiz, para a decisão, a qual deverá ser necessariamente proferida em 30 (trinta) dias.

Alternativa correta: letra "c": nos termos do art. 1º, § 2º da Lei 12.016/2009, **não cabe mandado de segurança** contra os atos de gestão comercial praticados pelos administradores de empresas públicas, de sociedade de economia mista e de concessionárias de serviço público.

---

79. (TRT 4 – Juiz do Trabalho Substituto 4ª Região/2016) Considere as assertivas abaixo sobre mandado de injunção.

I. O mandado de injunção previsto na Constituição Federal de 1988 é autoaplicável.

II. O Supremo Tribunal Federal, atualmente, ao julgar mandado de injunção, fixa ao Poder Legislativo prazo para elaborar a norma regulamentadora. Findo o prazo e permanecendo a inércia do Poder Legislativo, o autor do mandado de injunção passa a ter assegurado o seu direito.

III. Não é possível ajuizar mandado de injunção coletivo.

Quais são corretas?

a) Apenas I

b) Apenas II

c) Apenas III

d) Apenas I e II

e) I, II e III

COMENTÁRIOS

Assertiva I: Segundo o STF: "Mandado de injunção. Questão de ordem sobre sua autoaplicabilidade, ou não. – em face dos textos da Constituição Federal relativos ao mandado de injunção, e ele ação outorgada ao titular de direito, garantia ou prerrogativa a que alude o artigo 5., LXXI, dos quais o exercício está inviabilizado pela falta de norma regulamentadora, e ação que visa a obter do Poder Judiciário a declaração de inconstitucionalidade dessa omissão se estiver caracterizada a mora em regulamentar por parte do Poder, órgão, entidade ou autoridade de que ela dependa, com a finalidade de que se lhe de ciência dessa declaração, para que adote as providências necessárias, à semelhança do que ocorre com a ação direta de inconstitucionalidade por omissão (artigo 103, par-2., da Carta Magna), e de que se determine, se se tratar de direito constitucional oponível contra o Estado, a suspensão dos processos judiciais ou administrativos de que possa advir para o impetrante dano que não ocorreria se não houvesse a omissão inconstitucional. – Assim fixada a natureza desse mandado, e ele, no âmbito da competência desta Corte – que está devidamente definida pelo artigo 102, i, ''q'' -, autoexecutável, uma vez que, para ser utilizado, não depende de norma jurídica que o regulamente, inclusive quanto ao procedimento, aplicável que lhe é analogicamente o procedimento do mandado de segurança, no que couber. Questão de ordem que se resolve no sentido da autoaplicabilidade do mandado de injunção, nos termos do voto do relator". MI-QO 107 – Min. Moreira Alves. Julgamento em 23/11/1989)

Assertiva II: Quanto à decisão no mandado de injunção, temos as seguintes teorias: a) teoria não concretista: assinala que a decisão do mandado de injunção possui natureza declaratória, apenas reconhecendo a omissão legislativa, mas não possuindo forças para concretizar o exercício do direito. É pautada no princípio da separação de Poderes; b) teoria concretista: reconhece a natureza constitutiva da decisão de mandado de injunção (e não apenas a declaratória). Esse reconhecimento implica viabilizar o exercício do direito carente de regulamentação. Como desdobramento da teoria concretista, temos: b.1) teoria concretista geral: a decisão produzirá efeitos erga omnes; b.2) teoria concretista individual: a decisão terá apenas efeitos inter partes, podendo ser direta (o Judiciário não aguarda que a autoridade competente edite a lei, conferindo o exercício do direito de imediato) ou intermediária (hipótese em que o Judiciário, ao reconhecer a omissão, comunicará o órgão competente, fixando-lhe prazo que, persistindo a omissão, o próprio judiciário concretizará o direito pendente de regulamentação). Em um primeiro momento, **o STF adotou a teoria não concretista. Todavia, esse posicionamento foi superado, de modo que, atualmente, o posicionamento adotado pela Suprema Corte é a teoria concretista geral.** Vale a leitura do seguinte julgado: "Mandado de injunção. Garantia fundamental (CF, art. 5º, LXXI). Direito de greve dos servidores públicos civis (CF, art. 37, VII). Evolução do tema na jurisprudência do STF. Definição dos parâmetros de competência constitucional para apreciação no âmbito da Justiça Federal e da Justiça estadual até a edição da legislação específica pertinente, nos termos do art. 37, VII, da CF. Em observância aos ditames da segurança jurídica e à evolução jurisprudencial na interpretação da omissão legislativa sobre o direito de greve dos servidores públicos civis, fixação do prazo de sessenta dias para que o Congresso Nacional legisle sobre a matéria. Mandado de injunção deferido para determinar a aplicação das Leis 7.701/1988 e 7.783/1989. Sinais de evolução da garantia fundamental do mandado de injunção na jurisprudência do STF. No julgamento do MI 107/DF, Rel. Min. Moreira Alves, DJ de 21-9-1990, o Plenário do STF consolidou entendimento que conferiu ao mandado de injunção os seguintes elementos operacionais: i) os direitos constitucionalmente garantidos por meio de mandado de injunção apresentam-se como direitos à expedição de um ato normativo, os quais, via de regra, não poderiam ser diretamente satisfeitos por meio de provimento jurisdicional do STF; ii) a decisão judicial que declara a existência de uma omissão inconstitucional constata, igualmente, a mora do órgão ou poder legiferante, insta-o a editar a norma requerida; iii) a omissão inconstitucional tanto pode referir-se a uma omissão total do legislador quanto a uma omissão parcial; iv) a decisão proferida em sede do controle abstrato de normas acerca da existência, ou não, de omissão é dotada de eficácia erga omnes, e não apresenta diferença significativa em relação a atos decisórios proferidos no contexto de mandado de injunção; v) o STF possui competência constitucional para, na ação de mandado de injunção, determinar a suspensão de processos administrativos ou judiciais, com o intuito de assegurar ao interessado a possibilidade de ser contemplado por norma mais benéfica, ou que lhe assegure o direito constitucional invocado; vi) por fim, esse plexo de poderes institucionais legitima que o STF determine a edição de outras medidas que garantam a posição do impetrante até a oportuna expedição de normas pelo legislador. Apesar dos avanços proporcionados por essa construção jurisprudencial inicial, o STF flexibilizou a interpretação constitucional primeiramente fixada para conferir uma compreensão mais abrangente à garantia fundamental do mandado de injunção. A partir de uma série de precedentes, o Tribunal passou a admitir soluções 'normativas' para a decisão judicial como alternativa legítima de tornar a proteção judicial efetiva (CF, art. 5º, XXXV). Precedentes: MI 283, Rel. Min. Sepúlveda Pertence, DJ de 14-11-1991; MI 232/RJ, Rel. Min. Moreira Alves, DJ de 27-3-1992; MI 284, Rel. Min. Marco Aurélio, Rel. p/ o ac. Min. Celso de Mello, DJ de 26-6-1992; MI 543/DF, Rel. Min. Octavio Gallotti, DJ de 24-5-2002; MI 679/DF, Rel. Min. Celso de Mello, DJ de 17-12-2002; e MI 562/DF, Rel. Min. Ellen Gracie, DJ de 20-6-2003. (...) Em razão da evolução jurisprudencial sobre o tema da interpretação da omissão legislativa do direito de greve dos servidores públicos civis e em respeito aos ditames de segurança jurídica, fixa-se o prazo de sessenta dias para que o Congresso Nacional legisle sobre a matéria. Mandado de injunção conhecido e, no mérito, deferido para, nos termos acima especificados, determinar a aplicação das Leis 7.701/1988 e 7.783/1989 aos conflitos e às ações judiciais que envolvam a interpretação do direito de greve dos servidores públicos civis." (MI 708, Rel. Min. Gilmar Mendes, julgamento em 25-10-2007, Plenário, DJE de 31-10-2008). No mesmo sentido: MI 670, Rel. p/ o ac. Min. Gilmar Mendes, e MI 712, Rel. Min. Eros Grau, julgamento em 25-10-2007, Plenário, DJE de 31-10-2008.

Assertiva III: o art. 12 da Lei 13.300/2016 reconhece expressamente a **possibilidade de ajuizamento de mandado de injunção coletivo**.

Alternativa correta: letra "A".

---

80. (TRT 4 – Juiz do Trabalho Substituto 4ª Região/2016) Considere as assertivas abaixo sobre tutelas constitucionais das liberdades.

I. A entidade de classe tem legitimação para o mandado de segurança ainda quando a pretensão veiculada interesse apenas a uma parte da respectiva categoria.

II. Sobrevindo norma regulamentadora, quando em curso mandado de injunção, prestar-se-á a via eleita para sanar a lacuna normativa do período pretérito à edição da lei regulamentadora.

III. É cabível a utilização de habeas data para a obtenção de vista de processo administrativo, na medida em que tal ação constitucional visa a assegurar o conhecimento de informações relativas à pessoa do impetrante.

Quais são corretas?

a) Apenas I

b) Apenas II

c) Apenas III

d) Apenas II e III

e) I, II e III

COMENTÁRIOS

Assertiva I: nos termos da Súmula 630 do STF: "A entidade de classe tem legitimação para o mandado de segurança ainda quando a pretensão veiculada interesse apenas a uma parte da respectiva categoria".

Assertiva II: Se, após a impetração de mandado de injunção, o diploma legal objeto da reclamação foi promulgado a ação estará prejudicada pela perda do objeto. Conforme consolidado no STF: "AGRAVO REGIMENTAL EM MANDADO DE INJUNÇÃO. SUPERAÇÃO DA MORA LEGISLATIVA. PERDA DO OBJETO. 1. A jurisprudência desta Corte se firmou no sentido de que a edição do diploma reclamado pela Constituição leva à perda de objeto do mandado de injunção. 2. **"Excede os limites da via eleita a pretensão de sanar a alegada lacuna normativa do período pretérito à edição da lei regulamentadora**" (MI 634-AgR, Rel. Min. Sepúlveda Pertence). 3. Agravo regimental improvido" (MI 3709 AgR, julgado em 2014 e Relatado pelo Min. Roberto Barroso).

Assertiva III: não é cabível a utilização de habeas data para a obtenção de vista de processo administrativo. Para tal desiderato o remédio cabível é o mandado de segurança, vez que se refere a virtual ofensa a direito líquido e certo. De acordo com o STF: " 1. O habeas data, previsto no art. 5º , LXXII , da Constituição Federal , tem como finalidade assegurar o conhecimento de informações constantes de registros ou banco de dados e ensejar sua retificação, ou de possibilitar a anotação de explicações nos assentamentos do interessado (art. 7º , III , da Lei 9.507 /97). 2. A ação de habeas data visa à proteção da privacidade do indivíduo contra abuso no registro e/ ou revelação de dados pessoais falsos ou equivocados. 3. **O habeas data não se revela meio idôneo para se obter vista de processo administrativo**. 4. Recurso improvido. STF – Ag.Reg. no HD 90 DF. Publicação em 18/03/2010.

Alternativa correta: letra "a".

---

81. (FCC – Juiz do Trabalho Substituto 4ª Região/2012) Tendo sido noticiado pela imprensa que haviam sido formuladas denúncias contra si perante a Corregedoria-Geral da União, as quais afirma serem inverídicas, um indivíduo formula pedido junto ao órgão para obter, por meio de certidão, a identificação dos autores das referidas denúncias, a fim de que a certidão em questão possa ser utilizada, na defesa de direitos, como meio de prova em processo judicial. O pedido para obtenção da certidão é indeferido. Em tal situação, a fim de ver sua pretensão acolhida perante o órgão correicional, poderá o indivíduo valer-se judicialmente da impetração de

a) *habeas corpus*.

b) *habeas data*.

c) mandado de segurança.

d) mandado de injunção.

e) ação popular.

COMENTÁRIOS

✪ **Nota do autor:** O mandado de segurança é o instrumento jurídico adequado para proteger direito líquido e certo – direito à informação em geral e direito à obtenção de certidão –, não amparado por *habeas corpus* ou *habeas data*, quando o responsável pela ilegalidade ou abuso de poder – indeferimento do pedido de certidão – for autoridade pública – Corregedoria-Geral da União.

Alternativa correta: letra "c" (responde, por exclusão, as demais alternativas). O STF já enfrentou idêntica questão no julgamento do RMS 24.617: "Mandado de segurança. *Habeas data*. CF, art. 5º, LXIX e LXXII. Lei 9.507/1997, art. 7º, I. O *habeas data* tem finalidade específica: assegurar o conhecimento de informações relativas à pessoa do impetrante, constantes de registros ou bancos de dados de entidades governamentais ou de caráter público, ou para a retificação de dados, quando não se prefira fazê-lo por processo sigiloso, judicial ou administrativo (CF, art. 5º, LXXII, *a* e *b*). No caso, visa a segurança ao fornecimento ao impetrante da identidade dos autores de agressões e denúncias que lhe foram feitas. A segurança, em tal caso, é meio adequado."

82. (TRT 3 – Juiz do Trabalho Substituto 3ª Região/2012) Assinale a alternativa correta, após a análise das afirmativas a seguir:

I. As partes legítimas para propor ação de inconstitucionalidade de leis ou atos normativos estaduais ou municipais, contestados em face da Constituição Estadual, serão especificadas em cada Constituição Estadual.

II. Nos exatos termos da Constituição Federal, apenas os tratados internacionais sobre direitos humanos que forem aprovados, em cada casa do Congresso Nacional, em dois turnos, por três quintos dos votos dos respectivos membros, serão equivalentes às emendas constitucionais.

III. Conceder-se-á mandado de segurança para proteger direito líquido e certo, não amparado por *habeas corpus* ou *habeas data*, quando o responsável pela ilegalidade ou abuso de poder for autoridade pública ou agente de pessoa jurídica no exercício de atribuições do Poder Público. O mandado de segurança coletivo pode ser impetrado por: (a) partido político com representação no Congresso Nacional; (b) organização sindical, entidade de classe ou associação, esta última, legalmente constituída e em funcionamento há mais de um ano, em defesa dos interesses de seus membros ou associados.

IV. No mandado de segurança, o "direito líquido e certo" é aquele que pode ser demonstrado de plano, mediante prova pré-constituída, sem a necessidade de dilação probatória, porque todo direito, se existente, já é líquido e certo, os fatos é que deverão ser líquidos e certos para o cabimento dessa ação.

V. O mandado de segurança pode proteger tanto direito individual, quanto metaindividual, podendo ser repressivo ou preventivo. O prazo é de cento e vinte dias para sua impetração, prazo prescricional, contado a partir da ciência pelo interessado, do ato a ser impugnado.

a) Somente as afirmativas I e II estão corretas.

b) Somente as afirmativas III e IV estão corretas.

c) Somente as afirmativas II e III estão corretas.

d) Somente as afirmativas I e IV estão corretas.

e) Todas as afirmativas estão corretas.

COMENTÁRIOS

✪ **Nota do autor:** Por direito líquido e certo se entende a comprovação de plano – prova pré-constituída – da causa de pedir remota (relação jurídica base) e próxima (o ato ilícito), sem necessidade de dilação probatória. O direito é sempre certo. Os fatos sim demandam cognição de certeza ou verossimilhança.

Proposição I. Diz o art. 125, § 2º da CF: cabe aos Estados – por sua Constituição – a instituição de representação de inconstitucionalidade de leis ou atos normativos estaduais ou municipais em face da Constituição Estadual, vedada a atribuição da legitimação para agir a um único órgão.

Proposição II. O art. 5º, § 3º da CF (Os tratados e convenções internacionais sobre direitos humanos que forem aprovados, em cada Casa do Congresso Nacional, em 02 turnos, por 3/5 dos votos dos respectivos membros, serão equivalentes às emendas constitucionais) também equipara as *convenções internacionais* sobre direitos humanos às emendas constitucionais, desde que observado o procedimento especial previsto para sua incorporação no Direito nacional.

Proposição III. O requisito do funcionamento regular há mais de 01 ano para a impetração do mandado de segurança coletivo também se dirige às entidades de classe e não apenas às associações (CF, art. 5º, LXX, *b*). O STF já afirmou que quanto às organizações sindicais basta o registro no órgão competente do Ministério do Trabalho e Emprego (RE 198.919).

Proposição IV. A consagrada expressão *direito líquido e certo* se refere aos fatos articulados no mandado de segurança, que deverão ser manifestos na existência, delimitado na extensão e aptos a produzir efeitos jurídicos. Sobre o tema, ensina Hely Lopes Meirelles: "é um conceito impróprio – e mal expressado – alusivo a precisão e comprovação do direito quando deveria aludir a precisão e comprovação dos *fatos e situações* que ensejam o exercício desse direito"[52]. A súmula nº 625 do STF corrobora tal entendimento ao afirmar que a controvérsia sobre matéria de direito não impede concessão de mandado de segurança.

Proposição V. É pacífico na doutrina e jurisprudência que o prazo para a impetração do mandado de segurança é de decadência, *caducidade do direito* e não de prescrição da ação. O art. 6º, § 6º da Lei nº 12.016/99 diz que o pedido de mandado de segurança poderá ser renovado dentro do *prazo decadencial*, se a decisão denegatória não lhe houver apreciado o mérito. O STF editou a súmula nº 632 sobre o assunto: é constitucional lei que fixa o *prazo de decadência* para a impetração de mandado de segurança.

Alternativa correta: letra "d"

83. (TRT 14 – Juiz do Trabalho Substituto 14ª Região/2013) Analise as assertivas abaixo e após marque a única alternativa correta.

I. Ao estrangeiro, residente no exterior, é assegurado o direito de impetrar mandado de segurança e habeas corpus.

52. Meirelles, Hely Lopes. *Mandado de segurança*. 28. ed. São Paulo: Malheiros Editores, 2005. p. 37.

II. Segundo a jurisprudência pacífica do Supremo Tribunal Federal, em casos de ato complexo, a impetração do mandado de segurança, para defesa de direito líquido e certo, deverá necessariamente ocorrer em face da autoridade que com a sua vontade integrou o referido ato.

III. A finalidade do mandado de segurança é proteger direito subjetivo individual líquido e certo, sendo assente a constatação de que a liquidez e a certeza se relacionam à precisão ou certeza dos fatos que, articulados, conduzem à pretensão de direito afirmada em juízo, razão pela qual tal remédio constitucional não se compatibiliza com ordem judicial genérica.

IV. Segundo a pacífica jurisprudência do Supremo Tribunal Federal, é cabível recurso extraordinário quando se pretende discutir os requisitos de admissibilidade do mandado de segurança, justamente porque se trata de ação de garantia constitucional.

a) Apenas o item I é verdadeiro.

b) Apenas o item II é verdadeiro.

c) Apenas o item III é verdadeiro.

d) Apenas o item IV é verdadeiro.

e) Todos os itens são falsos.

COMENTÁRIOS

✪ **Nota do autor:** Os direitos e garantias fundamentais são prerrogativas direcionadas ao homem enquanto *ser humano*, visando assegurar-lhe dignidade, qualidade de vida e o pleno desenvolvimento de suas potencialidades.

Proposição I. O catálogo de direitos e garantias fundamentais previstos no art. 5º da CF tem como titulares, segundo seu texto literal, os brasileiros e os *estrangeiros residentes no País*. No entanto, a expressão *estrangeiros residentes no País* deve ser entendida ou (re)lida como estrangeiros *no* território nacional sob a incidência ou dentro do âmbito de aplicação das normas constitucionais. Basta que o estrangeiro, ainda que residente em outro País, *ponha os pés* em território brasileiro para que suas prerrogativas fundamentais lhe sejam asseguradas, como elemento essencial de sua condição humana, direitos – universais – que vão muito além de qualquer vínculo de nacionalidade (HC 94.477). É dizer: o estrangeiro de passagem no Brasil, em viagem de lazer ou negócios, bem como aquele irregular no território nacional, são titulares dos direitos e garantias fundamentais por sua condição simplesmente de ser humano. Por essa ordem de ideias, o estrangeiro residente no exterior pode impetrar mandado de segurança (RE 215.267) e *habeas corpus* (HC 94.016) no Brasil, caso a violação de direitos fundamentais aqui se configure. Ora, seria difícil sustentar, racionalmente, a tese jurídica da impossibilidade de que um estrangeiro preso por ato ilegal ou abusivo de autoridade no Brasil não se possa valer do remédio heroico do *habeas corpus* apenas por sua condição de não residente em nosso País. A meu ver, a proposição mostra-se correta, divergindo do que consta do gabarito oficial.

Proposição II. O mandado de segurança impetrado contra ato administrativo complexo deve ser direcionado para aquela autoridade que, na condição de superior hierárquico, *praticou* ou *ordenou* concreta e especificamente a execução ou inexecução do ato impugnado (Lei nº 12.016/09, art. 6º, § 3º e RMS 26.211).

Proposição III. Remeto o leitor aos comentários da proposição IV da questão anterior de nº 62, com um adendo: o mandado de segurança não se presta à obtenção de uma ordem judicial genérica, aplicável a eventos futuros, cuja ocorrência seja incerta (Orientação Jurisprudencial nº 144 da SDI-II do TST). Admite-se o mandado de segurança preventivo quando houver fundado receio de que o ato – *concreto* – ilegal ou abusivo de autoridade se consumará, *cedo ou tarde*. Mas isso nada tem a ver com uma ordem judicial genérica.

Proposição IV. Diz a súmula nº 272 do STF que não se admite como recurso ordinário o recurso extraordinário interposto de decisão denegatória de mandado de segurança. Isso significa dizer que o STF não admite a fungibilidade entre tais recursos. O recurso correto para reabrir a discussão sobre os requisitos de admissibilidade do *mandamus*, quando a ordem for denegada, seria: *apelação* para os Tribunais, no caso de sentença de juízo singular (Lei nº 12.016/09, art. 14) ou *recurso ordinário* para as instâncias superiores, no caso de decisão dos Tribunais (Lei nº 12.016/09, art. 18, parte final, e CF, arts. 102, II, *a*, 105, II, *b*). O recurso extraordinário – e/ou especial – é admissível em caso de concessão da ordem mandamental em julgamento por única instância pelos Tribunais (Lei nº 12.016/09, art. 18, primeira parte).

Alternativa correta: letra "c"

---

84. (TRT 15 – Juiz do Trabalho Substituto 15ª Região/2012) De acordo com a Constituição vigente, analise as assertivas abaixo e depois responda:

I. A ação popular pode ser ajuizada para impugnar, em tese, lei inconstitucional.

II. A ordem econômica tem como princípios, dentre outros, a soberania nacional e a propriedade privada.

III. Entre as funções essenciais à Justiça encontram-se a Advocacia Pública e a Defensoria Pública.

IV. O Distrito Federal com competência de Estado Membro, pode ser divido em municípios.

a) Somente as alternativas II e III estão corretas.

b) Somente as alternativas I e IV estão corretas.

c) Somente as alternativas I, III e IV estão corretas.

d) Somente ás alternativas III e IV estão corretas.

e) Todas as alternativas estão corretas.

COMENTÁRIOS

✪ **Nota do autor:** Qualquer cidadão é parte legítima para propor ação popular visando anular ato lesivo ao patrimônio público (CF, art. 5º, LXXIII). O STF entende que a pessoa jurídica não tem legitimidade para propor a ação popular (súmula nº 365). Por seu turno, o Ministério Público tem por função institucional promover a ação civil pública para a proteção do patrimônio público (CF, art. 129, III).

Proposição I. Nem a ação popular, tampouco o mandado de segurança podem ser manejados para impugnar, em tese, lei inconstitucional (súmula nº 266 do STF), pois ambos se destinam a atacar atos concretos. O controle abstrato de constitucionalidade das leis e demais atos normativos do Poder Público é efetivado pela ação direta de inconstitucionalidade (Lei nº 9.868/99).

Proposição II. São princípios da ordem econômica: (i) a *soberania nacional*, (ii) a *propriedade privada*, (iii) a função social da propriedade, (iv) a livre concorrência, (v) a defesa do consumidor, (vi) a defesa do meio ambiente, (vii) a redução das desigualdades regionais e sociais, (viii) a busca do pleno emprego e (ix) o tratamento favorecido para empresas de pequeno porte (CF, art. 170, I a IX).

Proposição III. São funções essenciais à Justiça (i) o Ministério Público, (ii) a *Advocacia Pública*, (iii) a Advocacia Privada e (iv) a *Defensoria Pública* (CF, arts. 127 a 135).

Proposição IV. Diz o art. 32, *caput* da CF: o Distrito Federal, *vedada sua divisão em Municípios*, reger-se-á por lei orgânica...

Alternativa correta: letra "a".

---

85. (TRT 15 – Juiz do Trabalho Substituto 15ª Região/2010) Quanto ao *habeas corpus*, é incorreto afirmar que:

a) é o meio idôneo para garantir os direitos do acusado relacionados com sua liberdade de locomoção;

b) poderá ser utilizado para impedir que alguém, sendo inocente, sofra ou se ache ameaçado de sofrer qualquer tipo de pena pecuniária;

c) constitui garantia individual ao direito de locomoção, quando ameaçado por ilegalidade ou abuso de poder;

d) é uma ação constitucional, de procedimento especial;

e) a legitimidade para o ajuizamento do *habeas corpus* não exige a capacidade para estar em juízo.

COMENTÁRIOS

✪ **Nota do autor:** O assunto em voga da internação involuntária dos dependentes químicos pode atrair a atenção do examinador sobre a pertinência do *habeas corpus* para defesa do direito de ir, vir e permanecer.

Todas as demais alternativas. O *habeas corpus* é uma ação constitucional de procedimento especial e abreviado pelo rito sumaríssimo voltada a garantir o direito de liberdade de ir, vir e estar – locomoção e permanência – contra atos de violência ou coação por ilegalidade ou abuso do poder. A legitimidade ativa é universal, de modo que todo aquele – acusados ou condenados – que sofrer ou se achar ameaçado de sofrer atentados ilegais ou abusivos contra seu direito fundamental de liberdade de locomoção pode impetrar o *habeas corpus*. Trata-se de ação destinada a preservar a liberdade individual e, portanto, o paciente – titular do direito – somente pode ser uma pessoa natural, nunca pessoa jurídica. O Código de Processo Penal delineia os pormenores procedimentais do *habeas corpus* e autoriza a qualquer pessoa, em seu favor ou de outrem, bem como o Ministério Público, ou ainda de ofício pelo magistrado, a impetrar o remédio heroico para impedir ou por fim a ato ilegal ou abusivo contra a liberdade mais básica do ser humano, independentemente de capacidade processual ou postulatória (Decreto-Lei nº 3.689/41, art. 654, *caput*).

Alternativa (in)correta: letra "b". Diz a súmula nº 693 do STF: não cabe *habeas corpus* contra decisão condenatória a pena de multa ou relativa a processo em curso por infração penal a que a pena pecuniária seja a única cominada.

---

86. (TRT 15 – Juiz do Trabalho Substituto 15ª Região/2010) Em relação ao mandado de segurança, assinale a alternativa correta:

a) poderá ser repressivo de uma ilegalidade já cometida, ou preventivo, quando o impetrante demonstrar justo receio de sofrer uma violação ao seu direito líquido e certo por parte de autoridade;

b) tendo em vista a urgência na reparação da ameaça ou lesão, é cabível mesmo quando houver recurso administrativo com efeito suspensivo;

c) a fim de evitar o *periculum in mora* é cabível em relação à decisão ou ao despacho judicial para o qual haja recurso processual eficaz;

d) tendo em vista o escopo de assegurar garantias constitucionais, o direito líquido e certo poderá ser comprovado mediante ampla dilação probatória, no decorrer do seu trâmite processual;

e) como tem o escopo de garantir direito líquido e certo, o mandado de segurança coletivo só poderá ser impetrado por pessoa física.

COMENTÁRIOS

✪ **Nota do autor:** O mandado de segurança é uma ação basicamente documental.

Alternativa "b". O art. 5º, I da Lei nº 12.106/09, ancorado na tradição do instituto, determina que não se concederá mandado de segurança quando se tratar de *ato* do qual caiba recurso administrativo com efeito suspensivo, independentemente de caução. O STF admite, entretanto, a impetração do mandado de segurança, ainda que se possa valer de recurso administrativo com efeito suspensivo, contra *omissão ilegal ou abusiva* da autoridade pública (súmula nº 429), uma vez que, obviamente, o efeito suspensivo em nada aproveita quanto ao ato não realizado.

Alternativa "c". Diz o art. 5º, II da Lei nº 12.106/09 que não se concederá mandado de segurança quando se tratar de *decisão judicial* da qual caiba recurso com efeito suspensivo. No mesmo sentido a súmula nº 267 do STF: não cabe mandado de segurança contra *ato judicial* passível de recurso ou correição.

Alternativa "d". O mandado de segurança é uma ação constitucional de procedimento sumário – abreviado e ágil – e documental, não se admitindo ampla dilação probatória e cognição exauriente. O requisito do direito líquido e certo exige a demonstração documental do ato de autoridade ilegal ou abusivo e os efeitos ilegítimos daí decorrentes na esfera patrimonial do titular do direito. Na clássica lição de Hely Lopes Meirelles: "direito líquido e certo é o que se apresenta manifesto na sua existência, delimitado na sua extensão e apto a ser exercitado no momento da impetração"[53]. O STF também já se manifestou sobre o tema: "o mandado de segurança não abre margem à dilação probatória. Os fatos articulados na inicial devem vir demonstrados mediante documentos próprios, viabilizando-se requisição quando se encontrem em setor público" (RMS 26.744).

Alternativa "e". Todo aquele que sofrer ou sentir-se ameaçado de sofrer violação a direito líquido e certo por ato ilegal ou abusivo de autoridade tem legitimidade para impetrar mandado de segurança, quer seja pessoa natural, jurídica, órgãos públicos, entes despersonalizados, pessoas formais, instituições, enfim, uma ação para todos.

Alternativa correta: letra "a". Diz o art. 1º da Lei nº 12.106/09 que disciplina o mandado de segurança individual e coletivo: conceder-se-á mandado de segurança para proteger direito líquido e certo, não amparado por *habeas corpus* ou *habeas data*, sempre que, ilegalmente ou com abuso de poder, qualquer pessoa física ou jurídica *sofrer* – repressivo – violação ou houver *justo receio* – preventivo – de sofrê-la por parte de autoridade, seja de que categoria for e sejam quais forem as funções que exerça. Ajunte-se a isso, o direito fundamental de amplo acesso ao Poder Judiciário para buscar a tutela de qualquer lesão ou ameaça a direito (CF, art. 5º, XXXV).

87. (TRT 8 – Juiz do Trabalho Substituto 8ª Região/2013) Assinale a alternativa CORRETA:

a) Conceder-se-á mandado de segurança para proteger direito líquido e certo, não amparado por "habeas-corpus" ou "habeas-data", quando o responsável pela ilegalidade ou abuso de poder for autoridade pública ou agente de pessoa jurídica ou pessoa física no exercício de atribuições do Poder Público.

b) O mandado de segurança coletivo pode ser impetrado por qualquer partido político ou por organização sindical, entidade de classe ou associação legalmente constituída e em funcionamento há pelo menos um ano, em defesa dos interesses de seus membros ou associados.

c) Conceder-se-á "habeas-data" para assegurar o conhecimento de informações relativas à pessoa do impetrante ou de sua família, constantes de registros ou bancos de dados de entidades governamentais ou de caráter público.

d) Conceder-se-á mandado de injunção sempre que uma norma regulamentadora torne inviável o exercício dos direitos e liberdades constitucionais e das prerrogativas inerentes à nacionalidade, à soberania e à cidadania.

e) Qualquer cidadão é parte legítima para propor ação popular que vise a anular ato lesivo ao patrimônio público ou de entidade de que o Estado participe, à moralidade administrativa, ao meio ambiente e ao patrimônio histórico e cultural.

COMENTÁRIOS

✪ **Nota do autor:** A prova da cidadania – qualidade de cidadão – para propor a ação popular será verificada com a apresentação do título de eleitor ou documento que lhe corresponda (Lei nº 4.717/65, art. 1º, § 3º).

Alternativa "a". O art. 5º, LXIX da CF não incluiu a *pessoa física ou natural* no exercício de atribuições do Poder Público como possível autoridade coatora para fins de impetração de mandado de segurança. Entretanto, o ato ilegal ou em abuso de poder pode ser emanado de pessoa natural no exercício temporário – ou até mesmo *permanente* – de atribuições públicas. Não há porque restringir a hipótese exclusivamente ao agente público. O art. 1º, § 2º da Lei nº 12.016/09 é mais esclarecedor nesse sentido: equiparam-se às autoridades, para os efeitos desta Lei, os representantes ou órgãos de partidos políticos e os administradores de entidades autárquicas, bem como os dirigentes de pessoas jurídicas ou as *pessoas naturais* no exercício de atribuições do poder público, somente no que disser respeito a essas atribuições. A meu sentir, essa alternativa revela-se correta, conquanto o gabarito oficial não a considere como tal.

Alternativa "b". A legitimidade do partido político para impetração do mandado de segurança coletivo exige a representação no Congresso Nacional (CF, art. 5º, LXX, *a*), isto é, *um* Deputado Federal ou *um* Senador da República, no mínimo dos mínimos.

Alternativa "c". O *habeas data* é um *remédio constitucional* personalíssimo (HD 87 AgR), cuja legitimidade para a ação recai sobre o titular da informação – de quem se fala –, porém estendida a seus herdeiros e sucessores. Enquanto vivo o titular da ação, não se cogita de legitimidade extraordinária de seus familiares. De outra parte, o *habeas data* também não se presta para o conhecimento de informações sobre familiar. Se se tratar de menor, os pais assumem sua *representação*

53. Idem, p. 36.

legal em juízo, mas o direito fundamental permanece na titularidade do menor representado, intransferível a seus representantes.

Alternativa "d". O mandado de injunção é cabível sempre que *faltar* uma norma regulamentadora para viabilizar o exercício de direitos e liberdades constitucionais e das prerrogativas inerentes à nacionalidade, à soberania e à cidadania (CF, art. 5º, LXXI). Se existe ato normativo regulamentador inviabilizando o exercício das liberdades fundamentais, a questão configura uma crise de legalidade, a ser resolvida por mandado de segurança.

Alternativa correta: letra "e". A alternativa invoca a inteligência do art. 5º, LXXIII da CF. Faltou dizer que o autor da ação popular goza de isenção das custas judiciais e dos ônus da sucumbência, salvo comprovada má-fé.

---

88. (TRT 23 – Juiz do Trabalho Substituto 23ª Região/2010) Analise as proposições abaixo e assinale a alternativa correta:

I. No mandado de segurança coletivo é exigido das associações, das entidades de classe, dos sindicatos e dos partidos políticos o requisito de estarem constituídos há pelo menos 1 ano;

II. Em relação aos efeitos do mandado de injunção coletivo, pode-se afirmar que na decisão em que o STF garantiu o exercício do direito de greve não apenas aos servidores filiados aos sindicatos impetrantes, mas a todo o funcionalismo público, adotou a posição chamada concretista geral.

III. O *habeas data* cabe para assegurar o conhecimento de informações relativas à pessoa do impetrante, constante de registros ou banco de dados de entidades governamentais e de caráter privado.

IV. Regra geral, o *habeas data* destina-se a disciplinar o direito de acesso a informações, assim, é cabível no caso de haver recusa no fornecimento de certidões para defesa de direitos ou esclarecimentos de situações de interesse pessoal.

a) As proposições III e IV estão corretas, e as proposições I e II estão erradas.

b) a proposição II está correta, e as proposições I, III e IV estão erradas.

c) as proposições II, III e IV estão corretas, e a proposição I está errada.

d) todas as proposições estão corretas.

e) todas as proposições estão erradas.

COMENTÁRIOS

✪ **Nota do autor:** Todas as ações constitucionais são exploradas em provas de concurso público e não apenas aquelas mais *rotineiras* na prática judiciária.

Proposição I. O requisito constitucional de funcionamento há pelo menos 01 ano aplica-se somente às entidades de classe e às associações (CF, art. 5º, LXX, *b*). O STF já afirmou que quanto às organizações sindicais basta o registro no órgão competente do Ministério do Trabalho e Emprego (RE 198.919). A legitimidade processual do sindicato não depende de autorização expressa de seus associados – trata-se de substituição processual. Em diversos julgados, o STF decidiu que o art. 8º, III da CF estabelece a legitimidade extraordinária dos sindicatos para defender em juízo os direitos e interesses coletivos ou *individuais dos integrantes da categoria* que representam. Essa legitimidade extraordinária é ampla, abrangendo *a liquidação* e a *execução* dos créditos reconhecidos aos trabalhadores. Por se tratar de típica hipótese de substituição processual, é desnecessária qualquer autorização dos substituídos (RE 210.029). Por sua vez, os partidos políticos devem contar com representação no Congresso Nacional – um parlamentar na Câmara dos Deputados ou no Senado Federal – para preencher o requisito da legitimidade constitucional (CF, art. 5º, LXX, *a*).

Proposição II. O STF sempre guardou muitas reservas em adotar a posição de legislador positivo em caso de omissão do Poder Público, editando o ato normativo para assegurar o exercício de direitos fundamentais. A posição adotada era a de comunicar à autoridade competente a mora legislativa para instá-la a cumprir seu dever constitucional, sem qualquer efeito imediato no mundo dos fatos. Nos julgamentos recentes de mandados de injunção sobre o direito de greve dos servidores públicos (MI 670, 708 e 712), o STF alterou seu posicionamento anterior, passando a adotar a teoria concretista dos efeitos do mandado de injunção, vale dizer, atestada a inércia do Poder Público em conformar os direitos fundamentais para viabilizar seu exercício pelos respectivos titulares, a Corte Constitucional, arvorando-se na condição de legislador positivo, tem competência para definir os contornos normativos ausentes e necessários para a plenitude dos direitos nos casos concretos, com efeitos *erga omnes*, para todos, inclusive àqueles servidores públicos não associados ao sindicato de classe.

Proposições III e IV. O *habeas data* é ação constitucional com finalidade específica de: (i) assegurar o conhecimento de informações relativas à pessoa do impetrante, constantes de registros ou bancos de dados de entidade governamental ou de *caráter público*, ou (ii) retificar ou complementar os dados, quando não se prefira fazê-lo por processo sigiloso, judicial ou administrativo (CF, art. 5º, LXXII, *a* e *b*). Trata-se de ação voltada para proteger o direito fundamental de informação sobre si. No caso de violação ao direito de obter certidão em repartições públicas, para defesa de direitos ou esclarecimento de situações de interesse pessoal (CF, art. 5º, XXXIV, *b*), por ato ilegal ou abusivo de autoridade pública, a ação cabível é o mandado de segurança (RMS 24.617). É dizer: no caso de o indivíduo já ter conhecimento da informação e desejar apenas a expedição de certidão atestando-a, a negativa injustificada por parte da autoridade pública competente para a emissão do documento configura ato ilegal ou abusivo e enseja a impetração do mandado de segurança, conforme o art. 5º, LXIX da CF e a Lei nº 12.016/09.

Alternativa correta: letra "b".

89. (TRT 15 – Juiz do Trabalho Substituto 15ª Região/2010) Quanto à ação popular, é incorreto afirmar que:

a) por se tratar de garantia constitucional, qualquer pessoa que se encontre no território nacional tem legitimidade para sua propositura;

b) tem por objeto o combate ao ato ilegal e lesivo ao patrimônio público;

c) em razão de seu amplo espectro de atuação jurídico-processual, tem o escopo de preservar a moralidade administrativa;

d) o autor tem legitimidade para ajuizá-la mesmo quando o fato ocorra em local diverso de seu domicílio eleitoral;

e) a decisão tem natureza desconstitutiva e condenatória.

COMENTÁRIOS

Nota do autor: Essa questão contém uma impropriedade, pois sustenta que a sentença da ação popular assume apenas a natureza desconstitutiva ou condenatória, esquecendo-se da declaratória e mandamental. A tutela do patrimônio público enseja todas as modalidades de sentença.

Alternativas "b", "c" e "d". A ação popular tem por objeto a anulação – sentença desconstitutiva – ou declaração de nulidade – sentença declaratória – de *atos lesivos* ao *patrimônio público lato sensu*, à *moralidade administrativa*, ao meio ambiente e ao patrimônio histórico e cultural. Trata-se de uma ação constitucional que visa tutelar o interesse difuso da sociedade como um todo e não do autor em particular. Por isso, não há delimitação territorial – a circunscrição do domicílio eleitoral – à legitimidade ativa.

Alternativa "e". Diz o art. 11 da Lei nº 4.717/65 que a sentença proferida na ação popular decretará a invalidade do ato impugnado e condenará ao pagamento de perdas e danos. Interpretando tal dispositivo, Geisa de Assis Rodrigues ensina: "a depender do tipo de provimento contido na sentença exarada na ação popular a mesma pode ser declaratória, constitutiva ou condenatória"[54]. E também mandamental ou executiva, acrescentamos. No mesmo sentido, Luiz Guilherme Marinoni e Daniel Mitidiero[55]. Com efeito, entendemos que a alternativa "e" também se mostra incorreta e a questão deveria, afinal, ser anulada.

Alternativa (in)correta: letra "a". A Constituição exige a condição de *cidadão* para propor a ação popular (CF, art. 5º, LXXIII). Tal predicado político é comprovado pela apresentação do título de eleitor (Lei nº 4.717/65, art. 1º, § 3º).

90. (CESPE – Juiz do Trabalho Substituto 1ª Região/2010) No que se refere aos remédios constitucionais, assinale a opção correta.

a) Compete originariamente ao STF o julgamento de *habeas corpus* contra decisão da Turma Recursal de Juizados Especiais Criminais.

b) É cabível a impetração de mandado de segurança contra ato jurisdicional das turmas do STF.

c) De acordo com a CF, o mandado de injunção é remédio destinado a suprir lacuna ou ausência de regulamentação de direito previsto na CF e em norma infraconstitucional.

d) Como a garantia constitucional do habeas data tem por finalidade disciplinar o direito de acesso a informações constantes de registros ou banco de dados de entidades governamentais ou de caráter público relativo a dados pessoais pertinentes à pessoa do impetrante, a pessoa jurídica não tem legitimidade para o ajuizamento desse tipo de ação.

e) Cabe agravo regimental, também chamado de agravo interno, contra a decisão do relator que concede ou indefere liminar em mandado de segurança.

COMENTÁRIOS

Nota do autor: Essa questão, a meu ver, apresenta duas respostas corretas (alternativas "a" e "e") e outra controvertida (alternativa "c"). Não há como subsistir, portanto.

Alternativa "a". A alternativa reproduz o teor da súmula 690 do STF e me parece mais do que correta: compete originariamente ao Supremo Tribunal Federal o julgamento de *habeas corpus* contra decisão de turma recursal de juizados especiais criminais.

Alternativa "b". Não cabe mandado de segurança contra ato judicial passível de recurso ou correição, tais como as decisões proferidas pelas Turmas do STF, das quais cabe recurso ao Plenário (súmula nº 267 do STF e MS 25.413 AgR). A jurisprudência do STF, mesmo sob a égide da vigente Constituição, firmou-se no sentido de não admitir, por incabível, mandado de segurança contra atos decisórios de índole jurisdicional proferidos pela Suprema Corte, eis que tais decisões, ainda quando emanadas de Ministro relator, somente são suscetíveis de desconstituição mediante utilização dos recursos pertinentes, ou, tratando-se de pronunciamento de mérito já transitado em julgado, mediante ajuizamento originário da ação rescisória (MS 22.626 AgR).

54. RODRIGUES, Geisa de Assis. Da ação popular. In: Didier Jr., Fredie (org.). *Ações constitucionais*. Salvador: JusPodivm, 2006. p. 248.

55. Marinoni, Luiz Guilherme; Mitidiero, Daniel. In: Sarlet, Ingo Wolfgang; ___________. *Curso de direito constitucional*. São Paulo: Editora Revista dos Tribunais, 2012. p. 698.

Alternativa "c". O mandado de injunção é ação constitucional destinada a viabilizar o exercício dos direitos e liberdades constitucionais e das prerrogativas inerentes à nacionalidade, à soberania e à cidadania, por falta de norma regulamentadora (CF, art. 5º, LXXI). Não há acerto na doutrina sobre a possibilidade de manejar tal ação para a proteção de direitos e garantias previstos em lei e não na Constituição. A jurisprudência aponta somente para os direitos ou prerrogativas constantes da Constituição Federal ou dos Estados.

Alternativa "d". Não há qualquer restrição na Constitucional de 1988 ao âmbito de proteção normativa do *habeas data* quanto à legitimidade. Vale dizer: todos, pessoas físicas e jurídicas, têm legitimidade para valer-se do *habeas data* a fim de tomar conhecimento de informações sobre si ou para retificá-las ou complementá-las (CF, art. 5º, LXXII).

Alternativa correta: letra "e". Diz o art. 16 da Lei nº 12.016/09 que, nos casos de competência originária dos Tribunais, da decisão do relator que conceder ou denegar a medida liminar caberá agravo – interno ou regimental – ao órgão competente do Tribunal que integra. Sobre a incompatibilidade, nesse particular, entre o dispositivo acima citado e sua súmula nº 622, o STF já se manifestou: "Ante a nova lei do mandado de segurança, explicitou-se o cabimento de recurso contra decisão monocrática que implique o deferimento ou o indeferimento da liminar, havendo o Plenário declarado, na apreciação do MS 28.177 MC-AgR, a insubsistência do Verbete 622" (MS 25.563 AgR).

---

91. (TRT 16 – Juiz do Trabalho Substituto 16ª Região/2011) Sobre as ações previstas na Constituição Federal para defesa de direitos individuais, coletivos e/ou difusos analise as seguintes afirmações e marque a alternativa CORRETA:

I. O mandado de segurança coletivo pode ser impetrado por organização sindical, entidade de classe ou associação legalmente constituída e em funcionamento há pelo menos um ano, em defesa dos interesses de toda a categoria, independentemente de filiação e/ou associação.

II. Conceder-se-á *habeas data* para assegurar o conhecimento de informações relativas a pessoa do impetrante, constantes de registros ou bancos de dados de entidades governamentais ou de caráter público, bem como para a retificação de dados. Neste último caso, apenas caberá habeas data quando a retificação não puder ser feita por processo sigiloso, judicial ou administrativo.

III. Conceder-se-á mandado de segurança para proteger direito líquido e certo, não amparado por *habeas corpus* ou *habeas data*, apenas quando o responsável pela ilegalidade ou abuso de poder for autoridade pública.

IV. Qualquer cidadão é parte legítima para propor ação popular que vise a anular ato lesivo ao patrimônio público ou de entidade de que o Estado participe, à moralidade administrativa, ao meio ambiente e ao patrimônio histórico e cultural. De modo a garantir o amplo acesso à Justiça, o autor é sempre isento de custas judiciais e do ônus da sucumbência, salvo desistência da ação e comprovada má-fé.

V. Segundo a Constituição Federal são gratuitas as ações de *habeas corpus*, mandado de segurança e *habeas data*, e, na forma da lei, os atos necessários ao exercício da cidadania.

a) Somente as afirmativas I e IV estão corretas.

b) Somente as afirmativas II e III estão corretas.

c) Somente as afirmativas II e V estão corretas.

d) Somente a afirmativa IV está correta.

e) Todas as afirmativas estão erradas.

COMENTÁRIOS

✪ Nota do autor: A questão faz um *apanhado geral* das ações constitucionais.

Proposição I. Diz o art. 5º, LXX, *b* da CF: o mandado de segurança coletivo pode ser impetrado por organização sindical, entidade de classe ou associação legalmente constituída e em funcionamento há pelo menos 01 ano, em defesa dos interesses de *seus membros ou associados*.

Proposição II. A utilização de processo sigiloso, judicial ou administrativo, *ou* do *habeas data* é uma faculdade, uma liberalidade concedida à pessoa que pretende retificar ou complementar a informação sobre si, que pode valer-se de um ou de outro, alternadamente se assim desejar (CF, art. 5º, LXXII, *b*), isto é, não são instrumentos de tutela excludentes como quer a proposição.

Proposição III. Concede-se também o mandado de segurança contra ato emanado de *agente* de *pessoa jurídica* (CF, art. 5º, LXIX) ou *pessoas naturais* (Lei nº 12.016/09, art. 1º, § 2º), desde que investidos, ambos, no exercício de atribuições do Poder Público.

Proposição IV. A isenção de custas judiciais e dos ônus da sucumbência, medida salutar para incentivar o cidadão a fiscalizar a gestão do patrimônio público, abrange a desistência da ação, pois a Constituição Federal apenas ressalva a comprovada má-fé (CF, art. 5º, LXXIII, parte final). Frise-se que em caso de desistência, a Lei nº 4.717/65, por seu art. 9º, determina a publicação de editais para que qualquer outro cidadão ou o Ministério Público dê prosseguimento à ação.

Proposição V. A Constituição de 1988 confere gratuidade às ações de *habeas corpus* e *habeas data*, e, na forma da lei, aos atos necessários ao exercício da cidadania (art. 5º, LXXVII). O mandado de segurança continua *pago*.

Alternativa correta: letra "e".

---

92. (FCC – Juiz do Trabalho Substituto 6ª Região/2013) Sindicato dos trabalhadores da indústria automobilística de determinado Município impetrou mandado de segurança coletivo em defesa de interesses de seus membros. O mandado de segurança em questão foi julgado procedente. Um empregado de indústria local, filiado ao referido sindicato, pretende executar individualmente a sentença. Nessa hipótese, o interessado

a) não poderá fazê-lo, uma vez que sindicato de base municipal não possui legitimidade para impetrar mandado de segurança coletivo.

b) não poderá fazê-lo, pois não se admite a execução individual de sentença proferida em mandado de segurança coletivo.

c) poderá fazê-lo, ainda que ele próprio não tenha autorizado expressamente o sindicato a impetrar o mandado de segurança coletivo, desde que tenha havido o trânsito em julgado da sentença.

d) poderá fazê-lo, desde que tenha autorizado pessoal e expressamente o sindicato a impetrar o mandado de segurança, ainda que não tenha havido o trânsito em julgado da sentença.

e) somente poderá fazê-lo se o sindicato houver sido expressamente autorizado por seus filiados a impetrar o mandado de segurança coletivo.

COMENTÁRIOS

✪ **Nota do autor:** O mandado de segurança coletivo pode ser impetrado na defesa de individuais homogêneos, assim entendidos os decorrentes de origem comum e da atividade ou situação específica da totalidade ou *de parte* dos associados ou membros do sindicato, entidade de classe ou associação (Lei nº 12.016/09, art. 21, § único, II).

Alternativa correta: letra "c" (responde, por incompatibilidade, todas as demais alternativas). Diz o art. 21, *caput* da Lei nº 12.016/09 que o mandado de segurança pode ser impetrado por organização sindical em defesa de direito líquido e certo da totalidade ou de parte de seus membros *ou* associados, *na forma de seus estatutos* e desde que pertinentes as suas finalidades, *dispensada autorização especial*. A súmula nº 629 do STF caminha nessa mesma direção: a impetração de mandado de segurança coletivo por entidade de classe em favor de seus associados independe da autorização destes. Como sói ocorrer em todas as ações coletivas, os substituídos podem promover a liquidação e execução individual da sentença genérica, pois, em realidade, trata-se de direito a eles correspondentes. O sindicato atua aqui em substituição processual, na defesa dos direitos de terceiros – dos membros da categoria profissional ou econômica – a ele vinculados. A sentença coletiva fará coisa julgada limitadamente aos membros do grupo ou categoria substituídos (Lei nº 12.016/09, art. 22, *caput*), cabendo-lhes comprovar que sua situação particular enquadra-se nos termos da decisão. Importa dizer ainda que o mandado de segurança coletivo não induz litispendência com as ações individuais porventura em tramitação, mas para se beneficiar da sentença coletiva o litigante individual deverá desistir de sua ação no prazo de 30 dias contados da ciência comprovada da ação coletiva (Lei nº 12.016/09, art. 22, § 1º). E, por fim, não há nada – repita-se, nada – que limite a legitimidade do sindicato a uma amplitude de sua área de abrangência territorial para a impetração do mandado de segurança coletivo. Desde que sindicato registrado no Ministério do Trabalho e Emprego, sua legitimidade constitucional está assegurada, ainda que represente, apenas, o mais *escondido* e longínquo município do Brasil.

---

93. (FCC – Juiz do Trabalho Substituto 20ª Região/2012) Em 2004, professores da rede pública de ensino municipal de João Pessoa paralisaram suas atividades, como meio de protesto contra as condições em que as exerciam, o que veio a ser considerado ilegal pelo Tribunal de Justiça do Estado da Paraíba. Diante dessa situação, o Sindicato dos Trabalhadores em Educação do Município de João Pessoa (SINTEM) impetrou mandado de injunção perante o Supremo Tribunal Federal (STF), requerendo que fosse suprida a omissão do Poder Público, na regulamentação do exercício do direito de greve dos servidores públicos, mediante a elaboração de uma norma para o caso concreto, a fim de viabilizar o exercício do direito de greve por parte dos servidores associados ao sindicato impetrante. Nesse caso, considerada a disciplina constitucional da matéria e a jurisprudência do STF a esse respeito, o mandado de injunção

a) é o instrumento adequado para a tutela do direito pretendido, o SINTEM está legitimado para sua propositura e o STF é o Tribunal competente para analisar o pedido.

b) é o instrumento adequado para a tutela do direito pretendido, assim como o SINTEM está legitimado para sua propositura, mas o STF não é o Tribunal competente para analisar o pedido.

c) é o instrumento adequado para a tutela do direito pretendido, assim como o STF é o Tribunal competente para analisar o pedido, mas o SINTEM não está legitimado para sua propositura.

d) não é o instrumento adequado para a tutela do direito pretendido, embora o SINTEM esteja legitimado para promover a defesa judicial de direitos de partes de seus servidores e o STF seja o Tribunal competente para analisar pedido dessa natureza.

e) não é o instrumento adequado para a tutela do direito pretendido, nem está o SINTEM legitimado para promover a defesa judicial de direitos de partes de seus servidores, tampouco seria o STF competente para analisar pedido dessa natureza.

COMENTÁRIOS

✪ **Nota do autor:** Com a recente virada de Copérnico do STF, conferindo efeitos concretos e eficácia *erga omnes* às decisões proferidas em mandados de injunção, os concursos públicos passaram a exigir questões específicas sobre o tema.

Alternativa correta: letra "a" (responde todas as demais alternativas por contrariedade). O mandado de injunção é a ação constitucional destinada a viabilizar o exercício de direitos constitucionais (direito de greve dos servidores públicos: CF, art. 37, VII), obstaculizados por omissão do Poder Público (Congresso Nacional) em expedir atos normativos capazes de adequadamente regulamentar (nos termos e nos limites definidos em lei específica: CF, art. 37, VII, parte final) o exercício de tais prerrogativas jurídicas. *In casu*, o STF tem competência, originária, para processar e julgar o mandado de injunção, pois a elaboração da norma regulamentadora ausente é atribuição do Congresso Nacional (CF, art. 102, I, *q*), na medida em que compete à União legislar, privativamente, sobre direito do trabalho (CF, art. 22, I). Por fim, o sindicato de classe tem legitimidade, por substituição processual ampla (RE 210.029), para a defesa dos direitos e interesses coletivos (greve) da categoria, inclusive em questões judiciais (mandado de injunção), conforme o art. 8º, III da CF: ao sindicato cabe a defesa dos direitos e interesses coletivos ou individuais da categoria, inclusive em questões judiciais ou administrativas.

94. (TRT 14 – Juiz do Trabalho Substituto 14ª Região/2013) Analise as proposições abaixo e após marque a única alternativa correta:

I. O direito ao controle da circulação de dados pessoais no Brasil, através do remédio constitucional do "habeas data", tem inspiração evidente no "Freedom of Information Act" de 1974 (do direito norte-americano), que também inspirou outros diplomas constitucionais na América Latina, como o da Colômbia, Paraguai e Peru.

II. Tal como ocorre no mandado de segurança, no "habeas data" o direito é de caráter personalíssimo, e por isso mesmo a garantia é manejável pelo titular dos dados, que pode ser tanto brasileiro como estrangeiro, não sendo admissível que os herdeiros legítimos do morto ou o cônjuge supérstite possam impetrar o "writ".

III. O Supremo Tribunal Federal tem sistematicamente considerado inconstitucional dispositivo da Lei nº 9.507/97 (que disciplina o habeas data) em razão da previsão de existência de uma fase administrativa prévia, com requerimento apresentado ao órgão ou entidade depositária do registro ou banco de dados.

a) Apenas o item I é verdadeiro.
b) Apenas o item II é verdadeiro.
c) Apenas o item III é verdadeiro.
d) Todos os itens são falsos.
e) Todos os itens são verdadeiros.

COMENTÁRIOS

✪ **Nota do autor:** Segundo a jurisprudência do STF, o *habeas data* pode ser impetrado para o controle da circulação indevida da informação pessoal.

Proposição I. O *habeas data* é a ação constitucional destinada a proteger o direito fundamental de informação sobre si: para *conhecer*, *retificar* e *complementar* a informação (CF, art. 5º, LXXII). O STF admite ainda a impetração do *habeas data* para a proteção do direito de privacidade contra abuso na revelação de dados pessoais falsos ou equivocados (HD 90 AgR). Temos, então, o *habeas data* para o controle da circulação de dados pessoais constante de registro ou banco de dados de entidades governamentais ou de caráter público. As hipóteses de ilegalidade na transmissão pública da informação seriam: (i) informação falsa, (ii) dados sensíveis e (iii) sigilo imposto, mas corrompido. Como quer que seja, a inspiração do *habeas data* "adveio da Constituição portuguesa de 1976 (art. 35) e da Constituição Espanhola (art. 18), que previram instituto semelhante para resguardar o direito à informação e à transmissão de dados. A motivação fática foi possibilitar o acesso às informações obtidas pelo SNI (Serviço Nacional de Informações), que durante a ditadura militar (1964-1985) devassou a vida privada de inúmeros cidadãos, sem respeitar suas individualidades, colhendo material, muitas vezes, inverídico devido a motivações político-ideológicas. Atualmente, seu objetivo é preservar a privacidade e os dados sensíveis da coletividade, pois com o desenvolvimento de modernos aparelhos tecnológicos e a disseminação da internet abrem-se múltiplas possibilidades de ocorrência de abusos"[56].

Proposição II. O STJ, em decisão referendada pelo STF em recurso extraordinário, assim se posicionou: "É parte legítima para impetrar *habeas data* o cônjuge sobrevivente na defesa de interesse do falecido" (HD 147). A bem da verdade, os herdeiros legítimos e o cônjuge supérstite defendem o direito à informação do falecido incorporado a seu espólio.

Proposição III. O STF tem precedente sobre as condições da ação – interesse de agir – do *habeas data*, especificamente a prova do indeferimento do pedido de informação em fase administrativa prévia: "O acesso ao *habeas data* pressupõe, entre outras condições de admissibilidade, a existência do interesse de agir. Ausente o interesse legitimador da ação, torna-se inviável o exercício desse remédio constitucional. A prova do anterior indeferimento do pedido de informação de dados pessoais, ou da omissão em atendê-lo, constitui requisito indispensável para que se concretize o interesse de agir no *habeas data*. Sem que se configure situação prévia de pretensão resistida, há carência da ação constitucional do *habeas data*." (RHD 22).

Alternativa correta: letra "d".

95. (FCC – Juiz do Trabalho Substituto 20ª Região/2012) Uma entidade não governamental que

56. AGRA, Walber de Moura. Comentário ao artigo 5º, inciso LXXII. In: CANOTILHO, J. J. Gomes; MENDES, Gilmar F.; SARLET, Ingo W.; STRECK, Lenio L. (Coords). *Comentários à constituição do Brasil*. São Paulo: Saraiva/Almedina, 2013. p. 486.

atua na defesa dos direitos necessários ao exercício da cidadania impetrou *habeas data* contra diversos Deputados Federais, perante o Supremo Tribunal Federal, objetivando que se determinasse a cada um dos impetrados a divulgação de lista contendo o nome e o cargo ou função pública exercidos por quaisquer parentes seus até o terceiro grau. A Impetrante sustentou que os Impetrados estariam sendo omissos ao não exigirem uns dos outros a divulgação desses dados. Nesse caso, o *habeas data*

a) é o instrumento adequado para a tutela pretendida, assim como o STF é o Tribunal competente para conhecer do pedido.

b) é o instrumento adequado para a tutela pretendida, embora o STF não tenha competência para conhecer do pedido.

c) não é o instrumento adequado para a tutela pretendida, sendo essa hipótese de cabimento de mandado de injunção, para o qual a entidade em questão estaria legitimada, diante da existência de pertinência temática com seu objetivo institucional.

d) não é o instrumento adequado para a tutela pretendida, uma vez que, tanto os dados a que permite acesso ou retificação, como o manejo do instrumento são personalíssimos, não se prestando à obtenção de informações relativas a terceiros.

e) não é o instrumento adequado para a tutela pretendida, estando, contudo, legitimada a entidade para a propositura de ação popular, em defesa da moralidade administrativa.

COMENTÁRIOS

Nota do autor: A questão traz um caso concreto (HD 87 AgR) em que a Confederação do Elo Social Brasil impetrou *habeas data* contra diversos deputados federais, objetivando a concessão do *writ* para compeli-los a divulgar listagem contendo o nome e o cargo exercido por parentes nomeados em contrariedade à súmula vinculante nº 13 do STF (súmula contra o nepotismo).

Alternativa correta: letra "d" (responde todas as demais alternativas). O STF não conheceu da ação, por falta de interesse de agir, sob os seguintes fundamentos: "a impetrante pleiteia informações relativas a terceiros, finalidade para a qual não se presta o *habeas data*, 'remédio jurídico-processual, de natureza constitucional, que se destina a garantir, em favor da pessoa interessada, o exercício de pretensão jurídica discernível em seu tríplice aspecto: (a) direito de acesso aos registros; (b) direito de retificação dos registros e (c) direito de complementação dos registros' (RHD 22). Vê-se que o direito de conhecer e retificar os dados assim como o de interpor o *habeas data* para fazer valer esse direito, quando não espontaneamente prestados, são personalíssimos do titular dos dados, do impetrante. Não se presta, pois, o *habeas data* para o acesso a dados ou à sua retificação de terceiros, como o que na presente ação se expõe como pretensão. Cumpre anotar que o art. 102, inc. I, *d* da CF atribui a este Supremo Tribunal Federal competência para apreciar *habeas data* contra atos da Mesa da Câmara dos Deputados, e não contra cada deputado federal, como pretende a Impetrante, e, de qualquer modo, o objeto da ação constitucional não se altera, a dizer, somente se presta o instituto a garantir o direito à informação relativa a dados do impetrante, não de terceiros" (HD 87).

---

96. (TRT 8 – Juiz do Trabalho Substituto 8ª Região/2012) Em relação aos direitos e às garantias fundamentais de natureza processual, analise as proposições abaixo e assinale a alternativa CORRETA:

I. Nos termos da Constituição Federal, não caberá *habeas corpus* em relação a punições disciplinares militares.

II. A sentença que, julgando procedente a ação popular, decretar a invalidade do ato impugnado, condenará ao pagamento de perdas e danos os responsáveis pela sua prática, a pessoa jurídica de que emanou o dano e os beneficiários dele, ressalvada a ação regressiva contra os funcionários causadores de dano, quando incorrerem em culpa ou dolo.

III. É cabível mandado de injunção para obter-se uma nova legislação para fins de modificar a já existente, nos casos em que esta for claramente incongruente com a Constituição Federal.

IV. A propositura do *habeas data* exige o prévio exaurimento da esfera administrativa, devendo ser a petição inicial instruída com a prova da recusa ao acesso às informações ou do decurso de mais de dez dias sem decisão, da recusa em fazer-se a retificação ou do decurso de mais de quinze dias, sem decisão ou da recusa em fazer-se a anotação, no cadastro do interessado, da explicação ou contestação do dado, justificando possível pendência sobre o fato objeto do dado ou do decurso de mais de quinze dias sem decisão.

a) As alternativas I e II estão corretas.

b) As alternativas I e IV estão corretas.

c) As alternativas II e III estão corretas.

d) As alternativas II e IV estão corretas.

e) As alternativas I e III estão corretas.

COMENTÁRIOS

Nota do autor: O *habeas data* pode ser impetrado contra o Ministério do Trabalho e Emprego por aquele que pretenda conhecer, retificar ou complementar alguma informação, mormente em se tratando do cadastro de empregadores flagrados em exploração de mão-de-obra análoga à condição de escravo[57].

---

57. Portaria Interministerial MTE/SEDH nº 02, de 12/5/2011. Se o ato for expedido pelo Ministro de Estado, a competência recai no Superior Tribunal de Justiça (CF, art. 105, I, *b*); se

Proposição I. A proposição reproduz o texto do art. 142, § 2º da CF.

Proposição II. O art. 11 da Lei nº 4.717/65 faz ressalva à *ação regressiva* contra os funcionários – servidores ou empregados públicos – causadores de dano, quando estes incorreram em *dolo* – não em culpa.

Proposição III. A lição é antiga, porém ainda atual: "existindo lei disciplinando a matéria constitucional, não se justifica o ajuizamento de mandado de injunção, ação que pressupõe a ausência de norma que impeça o gozo de direitos ou prerrogativas instituídas pela Lei Maior" (MI 152 AgR). Em caso de legislação manifestamente incongruente com os propósitos da Constituição, cabe a ação direta de inconstitucionalidade ou o controle difuso incidental em situações concretas.

Proposição IV. A proposição traz a inteligência do art. 8º, § único, I a III da Lei nº 9.507/97: a petição inicial deverá ser instruída com prova: (i) da recusa ao acesso às informações ou do decurso de mais de 10 dias sem decisão; (ii) da recusa em fazer-se a retificação ou do decurso de mais de 15 dias, sem decisão; ou (iii) da recusa em fazer-se a anotação a que se refere o § 2° do art. 4° ou do decurso de mais de 15 dias sem decisão.

Alternativa correta: letra "b"

---

97. (CESPE – Juiz do Trabalho Substituto 5ª Região/2013) Acerca dos tipos de ação previstos na CF para a tutela das liberdades, assinale a opção correta.

a) Caso órgão público negue, ilegalmente, a determinada pessoa informação de terceiros de interesse coletivo, caberá a impetração de habeas data.

b) Estrangeiro residente no Brasil possui legitimidade ativa para ingressar com ação popular preventiva com o objetivo de evitar a prática de ato lesivo ao patrimônio público.

c) O mandado de segurança pode ser utilizado, no âmbito da justiça do trabalho, para tutelar direito líquido e certo decorrente de acordo produzido diretamente pelas partes e não homologado pelo juiz.

d) Dispositivo de constituição estadual não pode, sob pena de ser considerado inconstitucional, estabelecer a competência originária do tribunal de justiça estadual para julgar mandado de injunção que discuta norma regulamentadora estadual que torne inviável o exercício de direitos assegurados na referida constituição.

e) A impetração de mandado de segurança coletivo por entidade de classe é hipótese de legitimidade ativa extraordinária e independe de autorização dos associados, figurando a entidade, nesse caso, como substituto processual.

o ato for emanado de outra autoridade do Ministério do Trabalho e Emprego, a competência recai na Justiça do Trabalho (CF, art. 114, IV).

COMENTÁRIOS

✪ **Nota do autor:** Um estudo aprofundado das ações constitucionais é importantíssimo para a aprovação em concursos públicos. O tema é recorrente em provas objetivas e discursivas.

Alternativa "a". O *habeas data* é uma ação constitucional personalíssima. É dizer, a legitimidade ativa para a ação recai sobre o titular da informação – aquele de quem se fala –, porém estendida a seus herdeiros e sucessores. Não se presta, portanto, ao conhecimento de informação sobre terceiros, ainda que impregnada de interesse social ou coletivo (CF, art. 5º, LXXII).

Alternativa "b". A ação popular exige a condição de *cidadão* – brasileiro – da parte autora (CF, art. 5º, LXXIII). Tal prova de cidadania – condição da ação: legitimidade – é verificada com a apresentação do título de eleitor ou documento que lhe corresponda (Lei nº 4.717/65, art. 1º, § 3º). O estrangeiro, portanto, não detém legitimidade ativa para a ação popular.

Alternativa "c". O mandado de segurança é uma ação vocacionada para a defesa de direito líquido e certo violado por ato ilegal ou em abuso de poder de autoridade pública ou agente de pessoa jurídica *ou física* no exercício de *atribuição do Poder Público* (CF, art. 5º, LXIX). O negócio jurídico entabulado por particulares – relação jurídica de Direito Privado – não se enquadra nas hipóteses estreitas do *mandamus*.

Alternativa "d". Pelo princípio da simetria, o poder constituinte derivado ou decorrente – dos Estados – deve ser exercido de acordo com as limitações impostas pela Constituição Federal, guardando *certa* semelhança com o tratamento dado ao modelo federal de auto-organização, divisão de poderes, competência dos órgãos de Estado, procedimento legislativo e definição dos institutos jurídicos. A Constituição de 1988 delineou o mandado de injunção (CF, art. 5º, LXXII) e estabeleceu competência *expressa* ao STF (CF, art. 102, I, *q*), STJ (CF, art. 105, I, *h*), Tribunais Superiores (CF, art. 102, II, *a*) e TRE (CF, art. 121, § 4º, V) para processá-lo e julgá-lo. Assim sendo, diante da lacuna da Lei Fundamental, cabe aos Estados explicitar o mandado de injunção em suas Constituições e definir o órgão jurisdicional competente para seu processamento e julgamento. Nada mais similar ao modelo federal do que estabelecer no Tribunal de Justiça, órgão de cúpula do Poder Judiciário local, a competência originária para julgar o mandado de injunção contra a ausência de norma regulamentadora de atribuição de autoridade estadual. O STF tem precedente sobre o tema (RE 210.213).

Alternativa correta: letra "e". A súmula nº 629 do STF prescreve: a impetração de mandado de segurança coletivo por entidade de classe em favor de seus associados independe da autorização destes.

---

98. (TRT 14 – Juiz do Trabalho Substituto 14ª Região/2013) Analise as proposições abaixo e após marque a alternativa correta:

I. A casa é o asilo inviolável do indivíduo, por isso, nela ninguém pode penetrar sem o consentimento do morador, salvo em caso de flagrante delito ou desastre, ou para prestar socorro, ou, ainda, durante o dia, por determinação judicial.

II. O "habeas corpus" recebeu tratamento constitucional através do Texto Republicano de 1891, embora pelo menos desde 1830 a liberdade de locomoção pudesse ser garantida por tal instrumento em razão do disposto no Código Criminal.

III. Tal como ocorre com o mandado de segurança, cabe mandado de injunção coletivo que pode ser impetrado por sindicato, entidade de classe ou associação legalmente constituídas e em funcionamento há pelos menos um ano, e partido político com representação no Congresso Nacional.

a) Apenas o item I é falso.

b) Apenas o item II é falso.

c) Apenas o item III é falso.

d) Todos os itens são falsos.

e) Todos os itens são verdadeiros.

COMENTÁRIOS

✪ **Nota do autor:** Remeto o leitor à nota anterior.

Proposição I. A proposição é cópia fidedigna com art. 5º, XI da CF.

Proposição II. "No Brasil, foi o Código Criminal do Império, de *1832*, o primeiro ato normativo a prever o *writ*, já que a Constituição de 1824, apesar de tutelar o direito à liberdade, deixou de contemplar a figura do *habeas corpus*. Em 1871, a Lei nº 2.033 estendeu a garantia aos estrangeiros e, posteriormente, a Constituição de 1891 inaugurou a história constitucional do instituto"[58]. Mas antes disso, o Código Criminal de 1830 aludia à concessão de ordem de *habeas corpus*[59].

Proposição III. Não há lei de regência sobre o mandado de injunção. Logo, aplicam-se, pela *afinidade* entre os institutos, as normativas e os regramentos do mandado de segurança (CF, art. 5º, LXX e Lei nº 12.016/09, arts. 21 e 22). O STF tem posicionamento consolidado: "A jurisprudência do Supremo Tribunal Federal firmou-se no sentido de admitir a utilização, pelos organismos sindicais e pelas entidades de classe, do mandado de injunção coletivo, com a finalidade de viabilizar, em favor de seus membros ou associados dessas instituições, o exercício de direitos assegurados pela Constituição" (MI 20).

Alternativa correta: letra "e".

58. STRECK, Lenio Luiz. Comentário ao artigo 5º, inciso LXVIII. In: CANOTILHO, J. J. Gomes; MENDES, Gilmar F.; SARLET, Ingo W.; ______. (Coords). *Comentários à constituição do Brasil*. São Paulo: Saraiva/Almedina, 2013. p. 472.

59. Lei de 16 de dezembro de 1830, arts. 183 e 184.

99. (TRT 15 – Juiz do Trabalho Substituto 15ª Região/2013) Na ordem jurídica brasileira à luz da Constituição da República, das leis complementares que a regulamentam e da jurisprudência dominante no Supremo Tribunal Federal, é incorreto afirmar:

a) o rol do artigo 5º da Constituição, por tratar de direitos e garantias individuais, não contempla direitos ou posições jurídicas extensíveis a pessoas jurídicas;

b) o mandado de segurança pode ser impetrado em face de pessoa jurídica de direito privado;

c) o *habeas data* é remédio constitucional afeto à competência material da Justiça do Trabalho;

d) o mandado de injunção pode ser impetrado pelo Ministério Público do Trabalho;

e) o rol do artigo 5º da Constituição não exaure os direitos e garantias individuais no âmbito constitucional.

COMENTÁRIOS

✪ **Nota do autor:** O Ministério Público do Trabalho pode impetrar mandado de injunção em defesa dos direitos constitucionais dos trabalhadores inviabilizados no exercício por omissão estatal em regulamentá-los.

Alternativa "b". O mandado de segurança pode ser impetrado em face de *dirigente* ou *agente* de pessoa jurídica de direito privado, *desde que* no exercício de atribuições do Poder Público (CF, art. 5º, LXX e Lei nº 12.016/09, art. 1º, § 1º)

Alternativa "c". Diz o art. 114, IV da CF que compete à Justiça do Trabalho processar e julgar os mandados de segurança, *habeas corpus* e *habeas data* quando o ato questionado envolver matéria sujeita a sua jurisdição.

Alternativa "d". O art. 83, X da Lei Complementar nº 75/93 diz competir ao Ministério Público do Trabalho promover mandado de injunção, quando a competência for da Justiça do Trabalho.

Alternativa "e". A *constelação* de direitos e garantias fundamentais previstos ao longo do art. 5º da Constituição de 1988 não exclui outros direitos decorrentes do regime e dos princípios constitucionais ou dos tratados internacionais incorporados no ordenamento jurídico nacional (CF, art. 5º, § 2º). A Constituição é um sistema *aberto ao mundo* e dinâmico em seu interior, em que todas as suas partes estão em interrelações recíprocas, numa unidade complexa e em movimento (autorreferenciabilidade sistêmica). Não se pode compreender a norma de abertura dos direitos e deveres individuais e coletivos encapsulada em si mesma, como um pedaço apartado do todo, alheia ao sistema em sua globalidade. Por isso, diversos direitos e garantias fundamentais de dimensão individual encontram-se espalhados pelo *corpo* da Constituição de 1988 (*v.g.*: direitos da criança e adolescente, direitos do contribuinte).

Alternativa (in)correta: letra "a". Os direitos e garantias fundamentais são, por uma dimensão primeira, prerrogativas vinculadas à liberdade do homem e sua participação política. O homem pode exercer seus direitos individualmente ou em conjunto com os demais, formando *abstrações formais ou de fato* chamadas de pessoas jurídicas. Há, nesse contexto, direitos exercidos de modo individual e de modo coletivo. Além disso, as pessoas jurídicas formadas por interesse de pessoas naturais gozam de direitos e garantias fundamentais vinculadas a sua própria existência enquanto ser distinto de seus criadores. Por exemplo: o direito de propriedade, o direito à inviolabilidade de domicílio, o direito à liberdade de atividade econômica, as garantias processuais, as ações constitucionais. Existem, obviamente, direitos e garantias fundamentais direcionadas à pessoa natural, ao ser humano (v.g. liberdade de ir e vir, vedação da tortura, extradição, *habeas corpus*), inconciliáveis com pessoas formais e abstratas. Mas essas incompatibilidades pontuais não desautorizam *o conjunto da obra*. O STF reconhece, inclusive, em *ousada decisão*, direitos fundamentais às pessoas jurídicas de direito público: "Não se deve negar aos Municípios, peremptoriamente, a titularidade de direitos fundamentais e a eventual possibilidade de impetração das ações constitucionais cabíveis para sua proteção. Se considerarmos o entendimento amplamente adotado de que as pessoas jurídicas de direito público podem, sim, ser titulares de direitos fundamentais, como por exemplo, o direito à tutela judicial efetiva, parece bastante razoável vislumbrar a hipótese em que o Município, diante da omissão legislativa inconstitucional impeditiva do exercício desse direito, se veja compelido a impetrar mandado de injunção" (MI 725).

2.3. DIREITOS DE NACIONALIDADE. DIREITOS POLÍTICOS. PARTIDOS POLÍTICOS

100. (TRT 2 – Juiz do Trabalho Substituto 2ª Região/2012) Observe as proposições seguintes e ao final responda.

I. São brasileiros natos os nascidos no Brasil, ainda que de pais estrangeiros, mesmo que estejam a serviço de seu país.

II. São brasileiros natos os nascidos a bordo de navios de guerra brasileiros, ainda que o navio se encontre ancorado em porto estrangeiro.

III. São brasileiros natos os nascidos no estrangeiro, de pai ou mãe brasileira, desde que ambos estejam a serviço do Brasil.

IV. São brasileiros natos os nascidos no estrangeiro de pai brasileiro ou mãe brasileira, desde que registrados em repartição brasileira ou venham a residir na República Federativa do Brasil e optem, em qualquer tempo, depois de atingida a maioridade, pela nacionalidade brasileira.

V. Para que o filho de brasileiro ou de mãe brasileira, nascido no exterior, seja considerado brasileiro nato, há necessidade que tenha residido no Brasil, quando ainda menor, como condição permissiva da opção.

Estão corretas apenas as proposições:

a) I e V.

b) I e II.

c) II e III.

d) III e IV.

e) II e IV.

COMENTÁRIOS

✪ **Nota do autor:** Nacionalidade é o vínculo político e personalíssimo que o indivíduo estabelece com o Estado e que lhe garante a qualidade de cidadão.

Proposição I. Diz o art. 12, I, *a* da CF: são brasileiros natos os nascidos na República Federativa do Brasil, ainda que de pais estrangeiros, *desde que não* estejam a serviço de seu país.

Proposição II. Os nascidos a bordo de navios de guerra da Marinha do Brasil *pressupõem-se* filhos de pai ou mãe brasileiros a serviço do País e, portanto, gozam da condição de brasileiros natos, independente da embarcação estar ancorada em porto estrangeiro ou águas internacionais (CF, art. 12, I, *b*). Situação diversa ocorre com nascimentos em navios da Marinha Mercante do Brasil que, se em águas territoriais de país estrangeiro, não há que se falar em nacionalidade brasileira originária e sim dependente da opção (CF, art. 12, I, *c*).

Proposição III. A Constituição de 1988 requer, para a atribuição da nacionalidade brasileira aos nascidos no estrangeiro, que *somente um dos pais* seja *brasileiro* e esteja *a serviço do Brasil* e não ambos (CF, art. 12, I, *b*).

Proposição IV. A proposição traz a inteligência do art. 12, I, *c* da CF.

Proposição V. A opção pela nacionalidade brasileira pode ser exercida a qualquer tempo, desde que o requerente venha a residir no Brasil. A Emenda Constitucional de Revisão nº 3/94 suprimiu a exigência anterior de se fixar residência no Brasil antes da maioridade civil para o exercício da opção pela nacionalidade brasileira.

Alternativa correta: letra "e"

101. (TRT 2 – Juiz do Trabalho Substituto 2ª Região/2012) Assinale a alternativa INCORRETA:

a) Nenhum brasileiro será extraditado, salvo o naturalizado, em caso de crime comum, praticado antes da naturalização, ou de comprovado envolvimento em tráfico ilícito de entorpecentes e drogas afins, na forma da lei.

b) O civilmente identificado será submetido à identificação criminal nas hipóteses previstas em lei.

c) Ante os termos da Constituição Federal não haverá prisão civil por dívida, salvo no estrito caso do responsável por inadimplemento voluntário e inescusável de obrigação alimentícia.

d) O mandado de segurança coletivo pode ser interpretado por partido político com representação no Congresso Nacional, organização sindical, entidade de classe ou associação legalmente constituída e em funcionamento há pelo um ano, em defesa dos interesses de seus membros e associados.

e) Será admitida ação privada nos crimes de ação pública, se esta não for intentada no prazo legal.

COMENTÁRIOS

Nota do autor: A súmula vinculante nº 25 do STF decidiu que é ilícita a prisão civil de depositário infiel, qualquer que seja a modalidade de depósito.

Alternativa "a". A alternativa transcreve a redação do art. 5º, LI, da CF.

Alternativa "b". A alternativa traz a ideia contrária do art. 5º, LVIII da CF (o civilmente identificado *não* será submetido à identificação criminal, salvo nas hipóteses previstas em lei).

Alternativa "d". A alternativa reproduz o texto do art. 5º, LXX, *a* e *b* da CF.

Alternativa "e". A alternativa é fotocópia fiel do art. 5º, LIX da CF.

Alternativa (in)correta: letra "c". A Constituição Federal diz, categoricamente, que: não haverá prisão civil por dívida, salvo a do responsável por inadimplemento voluntário e inescusável de obrigação alimentícia e a *do depositório infiel* (CF, art. 5º, LXVII). A alternativa está incorreta apenas por não reproduzir a literalidade do texto constitucional, mas, em substância, está correta ante o posicionamento atual do STF.

---

102. (TRT 8 – Juiz do Trabalho Substituto 8ª Região/2013) Nos termos da Constituição da República são brasileiros natos:

a) Os nascidos no estrangeiro, de pai e mãe brasileiros, desde que ambos estejam a serviço da República Federativa do Brasil.

b) Os nascidos no estrangeiro de pai brasileiro ou de mãe brasileira, desde que sejam registrados em repartição brasileira competente e venham a residir na República Federativa do Brasil antes da maioridade, e optem, em qualquer tempo, depois de atingida a maioridade, pela nacionalidade brasileira.

c) Os nascidos na República Federativa do Brasil, ainda que de pais estrangeiros, desde que estes não estejam a serviço de seu país.

d) Os que, nascidos no estrangeiro, ainda que de pais estrangeiros, optem pela nacionalidade brasileira, desde que venham a residir no Brasil antes de atingir a maioridade.

e) Os nascidos na República Federativa do Brasil, ainda que de pais estrangeiros, mesmo que estes estejam a serviço de seu país, desde que optem pela nacionalidade brasileira depois de atingida a maioridade.

COMENTÁRIOS

Nota do autor: Há, basicamente, dois critérios para se estabelecer a nacionalidade de um indivíduo: *jus solis* (local de nascimento) ou *jus sanguinis* (filiação).

Alternativa "a". A Constituição de 1988 requer, para a atribuição da nacionalidade brasileira aos nascidos no estrangeiro, que *somente um dos pais* seja *brasileiro* e esteja *a serviço do Brasil* e não ambos (CF, art. 12, I, *b*).

Alternativa "b". Os filhos nascidos no estrangeiro de pai brasileiro ou de mãe brasileira *registrados* em repartição brasileira competente são *brasileiros natos* (CF, art. 12, I, *c*, parte inicial). Aqueles que *não* forem *registrados* no consulado brasileiro *podem* adquirir a nacionalidade brasileira originária desde que venham a residir no Brasil e *optem*, em qualquer tempo, depois de atingida a maioridade, pela qualidade de nacional (CF, art. 12, I, *c*, parte final). São duas situações distintas, portanto, e a alternativa apresenta-as, erroneamente, como se fossem cumulativas.

Alternativa "d". Os filhos nascidos no estrangeiro de pais estrangeiros podem adquirir a nacionalidade brasileira secundária – *naturalização* – desde que cumpram os requisitos constitucionais (CF, art. 12, II) e do Estatuto do Estrangeiro (Lei nº 6.815/80, arts. 111 a 124).

Alternativa "e". Os filhos de pais estrangeiros nascidos no Brasil são brasileiros natos – *jus solis* –, salvo se estes estiverem a serviço de seu(s) país(es) (CF, art. 12, I, *a*).

Alternativa correta: letra "c". A alternativa traz a redação do art. 12, I, *a* da CF.

---

103. (TRT 15 – Juiz do Trabalho Substituto 15ª Região/2010) São brasileiros naturalizados:

a) os nascidos na República Federativa do Brasil, ainda que de pais estrangeiro, desde que estes não estejam a serviço de seu país;

b) os nascidos no estrangeiro, de pai brasileiro ou mãe brasileira, desde que qualquer deles esteja a serviço da República Federal do Brasil;

c) os nascidos no estrangeiro, de pai brasileiro ou mãe brasileira, desde que sejam registrados em repartição brasileira competente;

d) os que, na forma da lei, adquiram a nacionalidade brasileira, exigidas aos originários de países de língua portuguesa apenas residência por um ano ininterrupto e idoneidade moral;

e) os estrangeiros de qualquer nacionalidade residentes na República Federativa do Brasil há pelo menos um ano ininterrupto e sem condenação.

COMENTÁRIOS

✪ **Nota do autor:** A Lei nº 6.815/80 define a situação jurídica do estrangeiro em território nacional, com regras específicas sobre as relações jurídicas de trabalho.

Alternativa "a". Os nascidos na República Federativa do Brasil, ainda que de pais estrangeiros, desde que estes não estejam a serviço de seu(s) país(es), são *brasileiros natos* (CF, art. 12, I, *a*).

Alternativa "b". Os nascidos no estrangeiro, de pai *ou* mãe brasileira, desde que qualquer deles esteja a serviço da República Federal do Brasil, são *brasileiros natos* (CF, art. 12, I, *b*).

Alternativa "c". Os nascidos no estrangeiro, de pai ou mãe brasileira, desde que sejam registrados em repartição brasileira competente, são *brasileiros natos* (CF, art. 12, I, *c*).

Alternativa "e". Os estrangeiros de qualquer nacionalidade residentes na República Federativa do Brasil há pelo menos 01 ano ininterrupto e sem condenação, são muito bem-vindos, com exceção dos originários de países de língua portuguesa, que adquirem a nacionalidade brasileira na forma da lei (CF, art. 12, II, *a*).

Alternativa correta: letra "d". A alternativa traz a inteligência do art. 12, II, *a* da CF.

---

104. (TRT 8 – Juiz do Trabalho Substituto 8ª Região/2013) A respeito dos Direitos Políticos previstos na Constituição da República, assinale a alternativa CORRETA:

a) O alistamento eleitoral e o voto são facultativos para os analfabetos, os maiores de sessenta e cinco anos, e os maiores de dezesseis e menores de dezoito anos.

b) Não podem alistar-se como eleitores os estrangeiros e, durante o período em que estiverem nas Forças Armadas, os soldados.

c) São condições de elegibilidade, na forma da lei, ser brasileiro nato, o pleno exercício dos direitos políticos, o alistamento eleitoral, a residência na circunscrição, e a filiação partidária.

d) São inelegíveis somente os inalistáveis.

e) A soberania popular será exercida pelo sufrágio universal e pelo voto direto e secreto, com valor igual para todos, e, nos termos da lei, mediante plebiscito, referendo e iniciativa popular.

COMENTÁRIOS

✪ **Nota do autor:** Os direitos políticos referem-se ao direito de participação no processo político e nas decisões democráticas de interesse social.

Alternativa "a". O alistamento eleitoral e o voto são *facultativos* para os analfabetos, os maiores de *70 (setenta) anos* – e não 65 anos – e os maiores de 16 e menores de 18 anos (CF, art. 14, § 1º, II, *a* a *c* da CF).

Alternativa "b". Diz o art. 14, § 2º da CF: não podem alistar-se como eleitores os estrangeiros e, durante o período do serviço militar obrigatório, os *conscritos*[60].

Alternativa "c". São condições de elegibilidade, na forma da lei, *a nacionalidade brasileira* – originária ou adquirida por naturalização –, o pleno exercício dos direitos políticos, o alistamento eleitoral, *o domicílio eleitoral na circunscrição*, a filiação partidária e idade mínima de (i) 35 anos para Presidente, Vice-Presidente e Senador, (ii) 30 anos para Governador, Vice-Governador de Estado e do Distrito Federal, (iii) 21 anos para Deputado Federal, Deputado Estadual ou Distrital, Prefeito, Vice-Prefeito e juiz de paz e (iv) 18 anos para Vereador (CF, art. 14, § 3º, I a VI).

Alternativa "d". Diz o art. 14, § 4º da CF que são inelegíveis os inalistáveis *e os analfabetos*.

Alternativa correta: letra "e". A alternativa transcreve o inteiro teor do art. 14, I a III da CF.

3. ORGANIZAÇÃO DO ESTADO E ORGANIZAÇÃO DOS PODERES

---

105. (TRT 2 – Juiz do Trabalho Substituto 2ª Região/2012) Observe as proposições seguintes e assinale a INCORRETA:

a) Se existe unidade de poder sobre o território, pessoas e bens, tem-se o Estado unitário.

b) O Estado do Brasil é constituído por uma organização político-administrativa, compreendendo a União, os Estados, o Distrito Federal e os Municípios.

c) A sociedade estatal é diversa da sociedade civil, que compreende uma multiplicidade de grupos sociais diferenciados e indivíduos, os quais o poder político tem que coordenar e impor regras e limites.

d) E certo dizer que o Presidente da República não interfere na função jurisdicional, embora nomeie os ministros dos Tribunais Superiores, com o controle do Senado.

e) A União não é uma entidade federada formada pela reunião dos Estados, Municípios e Distrito Federal.

COMENTÁRIOS

✪ **Nota do autor:** A questão gira em torno da organização do Estado e do princípio da separação dos poderes.

Alternativa "a". O Estado unitário é formado por apenas uma entidade estatal com centralização política

---

60. Conscritos são aqueles convocados para prestar serviço militar obrigatório, situação que os impede do alistamento como eleitores durante esse período.

absoluta do poder. Não há pluralidade de poder e sim um poder central, único.

Alternativa "b". Diz o art. 18 da CF: a organização político-administrativa da República Federativa do Brasil compreende a União, os Estados, o Distrito Federal e os Municípios, todos autônomos.

Alternativa "d". Pelo princípio da separação dos poderes, as funções do Estado são exercidas por órgãos distintos. Essa divisão funcional dá origem a um sistema de freios e contrapesos - *checks and balances* - no qual as competências são definidas pela Constituição, de modo a impedir que um poder *avance* sobre o outro e lhe usurpe alguma atribuição, estabelecendo-se, também, mecanismos de controle recíproco entre eles, para fiscalização do correto exercício de suas funções próprias. Esse sistema garante a harmonia entre os poderes do Estado. Não há interferência de um poder sobre o outro, mas sim controle e fiscalização.

Alternativa "e". A União ostenta a natureza jurídica de pessoa jurídica de direito público interno e não se confunde com os demais entes da Federação. A República Federativa do Brasil, *o todo*, é que é formado pela união indissolúvel dos Estados, dos Municípios e do Distrito Federal (CF, art. 1º, *caput*).

Alternativa (in)correta: letra "c". Não cabe ao Poder Público - ou político - coordenar e impor regras e limites à sociedade civil, além daquele mínimo necessário para garantir a segurança e a harmonia no convívio social. Os Estados de Direito e o constitucionalismo moderno firmaram suas bases na supremacia da lei e na limitação jurídica do poder político e no reconhecimento de direitos fundamentais. A democracia significa soberania popular e governo da maioria para todos ou, melhor ainda, um governo de todos para todos. Pressupõe uma efetiva e permanente participação social - diálogo público - para legitimar o poder. Não há uma relação hierárquica de subordinação ou coordenação entre o Poder Público e a sociedade civil. Há, por seu turno, uma subordinação do Poder Público à lei - princípio da legalidade - e toda restrição ou limitação às liberdades e direitos fundamentais dos cidadãos deve ser justificada racionalmente - princípio da proporcionalidade - para revestir-se de legitimidade.

---

106. (TRT 6 - Juiz do Trabalho Substituto 6ª Região/2010) A respeito da divisão territorial do poder, principalmente no constitucionalismo brasileiro, assinale a alternativa CORRETA:

a) O Estado brasileiro foi forjado com base no federalismo.

b) Nos termos da Constituição, a União é competente para realizar o desenvolvimento urbano, inclusive habitação, saneamento básico e transportes urbanos.

c) Apenas a Constituição de 1937, na história do constitucionalismo brasileiro, deixou de adotar a forma de Estado federal.

d) O Brasil constitui exemplo de Estado federal por segregação.

e) É simétrica a federação que permite a separação dos entes federados.

COMENTÁRIOS

✪ Nota do autor: Nessa questão, o examinador trata da história do constitucionalismo brasileiro e de algumas noções básicas do federalismo como forma de Estado, além de incluir uma alternativa sobre repartição de competências administrativas.

Alternativa "a". O Estado brasileiro não foi forjado com base no federalismo e sim se constituiu em Estado unitário com a declaração de independência em 1822, centralizando o poder político-administrativo na figura do imperador, titular do Poder Moderador inclusive - Constituição de 1824 -, apenas assumindo a forma de Estado federal com a proclamação da República em 1889 - Constituição de 1891.

Alternativa "b". Diz o art. 21, XX da CF, que trata das competências administrativas exclusivas da União: compete à União instituir diretrizes para o desenvolvimento urbano, inclusive habitação, saneamento básico e transportes urbanos. Por *instituir diretrizes* entende-se a definição das políticas públicas e programas de governo, *de caráter geral*, e não a realização por parte da União das ações concretas necessárias a implementar o modelo de desenvolvimento urbano delineado. Até mesmo porque tal competência é compartilhada entre os entes da Federação - interesse comum -, observadas as diretrizes gerais instituídas pela União (CF, art. 24, IX e § 1º).

Alternativa "c". A Constituição de 1937, não obstante o modelo de Estado autoritário e corporativismo que formulou, manteve a forma federativa de Estado (art. 3º).

Alternativa "e". Não há direito de secessão dos Estados membros de uma Federação (CF, art. 1º, *caput*), de modo que os conflitos entre Estados federados ou entre eles e a União Federal devem ser superados juridicamente pela Corte Constitucional ou politicamente por intervenção federal. A União é a aliança indissolúvel entre os Estados membros que renunciam sua soberania a um poder central em troca de parcela de autonomia. O princípio da simetria estabelece que os Estados membros da Federação devem seguir o modelo - federal - de auto-organização (ADI 738) e do processo legislativo (ADI 486) adotado pela Constituição Federal. A Federação é, pois, uma aliança ou união de Estados.

Alternativa correta: letra "d". Com Pedro Lenza: "no federalismo por desagregação (segregação), a federação surge a partir de um determinado Estado unitário que resolve descentralizar-se, em obediência a imperativos políticos (salvaguarda das liberdades) e de eficiência. O Brasil é exemplo de federalismo por desagregação, que surgiu a partir da proclamação da República, materializando-se, o novo modelo, na Constituição de 1891"[61].

107. (TRT 2 – Juiz do Trabalho Substituto 2ª Região/2013) Sobre a Federação Brasileira não é possível dizer. Aponte a alternativa incorreta:

a) Os Territórios Federais integram a União e sua criação, transformação em Estado ou reintegração ao Estado de origem serão reguladas por lei ordinárias.

b) Os Estados podem incorporar-se entre si, subdividir-se ou desmembrar-se para se anexarem a outros, ou formarem novos Estados ou Territórios Federais, mediante aprovação da população diretamente interessada, através de plebiscito, e do Congresso Nacional, por lei complementar.

c) Os Territórios Federais integram a União e sua criação, transformação em Estado ou reintegração ao Estado de origem serão reguladas por lei complementar.

d) A criação, a incorporação, a fusão e o desmembramento de Municípios, far-se-ão por lei estadual dentro do período determinado por Lei Complementar Federal e dependerão de consulta prévia, mediante plebiscito, às populações dos Municípios envolvidos após divulgação dos Estudos de Viabilidade Municipal, apresentados e publicados na forma da lei.

e) É vedado à União, aos Estados, ao Distrito Federal e aos Municípios recusar fé aos documentos públicos e criar distinções entre brasileiros ou preferencias entre si.

COMENTÁRIOS

✪ **Nota do autor:** Essa questão limita-se a reproduzir o texto constitucional, sem maiores complexidades.

Alternativa "b". A alternativa transcreve, textualmente, o art. 18, § 3º da CF.

Alternativa "d". A alternativa transcreve, textualmente, o art. 18, § 4º da CF.

Alternativa "e". A alternativa transcreve, textualmente, o art. 19, II e III da CF.

Alternativa (in)correta: letra "a" (responde também a alternativa "c"). Diz o art. 18, § 2º da CF que os Territórios Federais integram a União e sua criação, transformação em Estado ou reintegração ao Estado de origem serão reguladas por *lei complementar* – e não lei ordinária.

108. (TRT 2 – Juiz do Trabalho Substituto 2ª Região/2013) Em relação ao Estado Federal, observe as proposições abaixo e ao final aponte a alternativa que contenha as proposituras corretas:

I. A intervenção federal é mecanismo drástico e excepcional, destinado a manter a integridade dos princípios basilares da Constituição, enumerados de forma taxativa na Constituição Federal.

II. O Estado Federal expressa um modo de ser do Estado, em que se divisa uma organização administrativamente descentralizada, embora politicamente centralizada, com os Estados participando das deliberações da União, dispondo ao direito de secessão.

III. O Presidente da República pode, mediante fundamentada provocação, decretar a intervenção federal em um Estado.

IV. O poder constituinte de um Estado Federal, é soberano, sendo dotado de autoridade plena, para se organizar e reger-se pelas Constituições e leis que adotar.

V. A adoção de medidas parlamentaristas pelo Estado-Membro, quando no âmbito da União se acolhe o presidencialismo, é imprópria por ferir o princípio da separação dos poderes, como desenhados pela Constituição Federal.

Está correta a alternativa:

a) I e II.

b) III e V.

c) II e IV.

d) I e V.

e) II e III.

COMENTÁRIOS

✪ **Nota do autor:** O direito de secessão dos Estados federados é uma contradição em termos com a ideia de Federação.

Proposição I. A intervenção federal é um *mecanismo de autodefesa e sobrevivência* da União, um instrumento de preservação da integridade do pacto federativo, uma medida de força, drástica e excepcional, lançada em momentos de conflito ou tensão insuperáveis no plano da política ordinária, interna ou externa, para assegurar, enfim, a estabilidade de uma convenção política ontologicamente instável e em precário equilíbrio. Por seu caráter extraordinário, não usual, verdadeiro *ponto fora da curva*, a intervenção da União nos Estados ou no Distrito Federal, última esperança antes de se *pegar em armas ou destituir governos pela força*, somente se dará, pelas hipóteses *numerus clausus* do art. 34, I a VII da CF.

Proposição II. Remeto o leitor aos comentários da questão 86, alternativa "e", que trata, igualmente, do não reconhecimento formal – mais precisamente, uma proibição expressa – do direito de secessão dos Estados membros de uma Federação. O direito de secessão *de fato* sempre há de existir, pois um Estado federado pode, pelo uso da força, fazer valer sua vontade separatista. As consequências desse ato de subversão da ordem jurídica resolvem-se no plano das relações internacionais, com o reconhecimento ou não do novo Estado pelas demais nações estrangeiras.

61. LENZA, Pedro. Op. cit., p. 420.

Proposição III. As hipóteses que autorizam o Presidente da República a decretar a intervenção federal nos Estados ou Distrito Federal estão, *exaustivamente*, arroladas no art. 34, I a VII da CF. São elas: (i) manter a integridade nacional, (ii) repelir invasão estrangeira ou de uma unidade da Federação em outra, (iii) por termo a grave comprometimento da ordem pública, (iv) garantir o livre exercício dos Poderes nas unidades da Federação, (v) reorganizar as finanças da unidade da Federação que suspender o pagamento da dívida fundada por mais de 02 anos consecutivos, salvo motivo de força maior, ou deixar de entregar aos Municípios suas receitas tributárias correspondentes dentro dos prazos legais, (vi) prover a execução de lei federal, ordem ou decisão judicial, (vii) assegurar a observância dos princípios constitucionais sensíveis.

Proposição IV. O poder constituinte dos Estados é um poder constituído, derivado, decorrente, limitado e submisso às normas e *intenções* da Constituição Federal. Trata-se, a bem dizer, de uma *competência* dos Estados membros da Federação de auto-organização interna, expressão de sua autonomia político-administrativa. A soberania é qualidade tão somente do poder constituinte originário, titularizado pelo povo. Os Estados, inclusive, devem obediência irrestrita aos parâmetros traçados pela Constituição Federal – princípio da simetria –, não podendo divergir em profundidade do modelo federal de divisão orgânica dos poderes, dos procedimentos legislativos, da distribuição de competência funcional, da configuração de certos institutos jurídicos etc.

Proposição V. A Constituição de 1988 definiu o sistema de governo presidencialista. Trata-se de uma decisão vinculada à essência do Estado, a sua estrutura política, ao modo de ser do relacionamento entre os poderes Executivo e Legislativo. Para tanto, a *Constituição da Federação* explicitou diversas normas pautadas no sistema presidencialista de governo, todas de incidência determinante nas unidades federadas (Estados, Distrito Federal e Municípios). A decisão de um Estado de adotar o sistema de governo parlamentarista subverteria a ordem jurídico-constitucional, a *arquitetura política* desenhada pela Constituição Federal, uma decisão de todo inconstitucional, passível, sobretudo, de intervenção federal, por *ferir de morte* a separação de poderes estabelecida (CF, art. 34, IV).

Alternativa correta: letra "d"

3.1. ORGANIZAÇÃO POLÍTICA E ADMINISTRATIVA. COMPETÊNCIAS LEGISLATIVAS E ADMINISTRATIVAS

▸ CF, artigos 18 a 33.

109. (TRT 8 – Juiz do Trabalho Substituto 8ª Região/2015) Em relação aos bens e competência da União, Estados Membros e Distrito Federal e Municípios, é CORRETO afirmar que:

a) É da União a competência privativa para legislar sobre organização do sistema nacional de emprego e, por isso, será considerada inconstitucional lei complementar que vier a ser editada, permitindo que Estados Membros e Municípios legislem sobre essa matéria.

b) A responsabilidade por dano ao meio ambiente, ao consumidor, a bens e direitos de valor artístico, estético, histórico, turístico e paisagístico é de competência concorrente da União, Estados e Distrito Federal e, por isso, inexistindo lei federal sobre normas gerais, os Estados exercerão a competência legislativa plena, independente de suas peculiaridades.

c) São bens da União as ilhas oceânicas e as costeiras, incluindo aquelas que contenham a sede de Municípios, exceto aquelas áreas afetadas ao serviço público e a unidade ambiental federal.

d) Pertencem aos Estados as terras devolutas que estão localizadas nos limites territoriais do respectivo Estado.

e) Compete aos Municípios legislar sobre assuntos de interesse local, o que exclui matéria relativa às condições para o exercício de profissões.

COMENTÁRIOS

Alternativa "a": cabe à União legislar sobre organização do sistema nacional de emprego (art. 22, XVI, da CF) mas lei complementar **poderá** autorizar que **Estados-membros** (mas não os Municípios) legislem sobre essa matéria (art. 22, parágrafo único, da CF).

Alternativa "b": a responsabilidade por dano ao meio ambiente, ao consumidor, a bens e direitos de valor artístico, estético, histórico, turístico e paisagístico é de competência concorrente da União, Estados e Distrito Federal (art. 24, VIII, da CF) e, por isso, inexistindo lei federal sobre normas gerais, os Estados exercerão a competência legislativa plena, **para atender as suas peculiaridades** (art. 24, § 3º, da CF).

Alternativa "c": são bens da União as ilhas oceânicas e as costeiras, **excluídas, destas, as que contenham a sede de Municípios**, exceto aquelas áreas afetadas ao serviço público e a unidade ambiental federal, e as referidas no art. 26, II, da CF (art. 20, IV, da CF).

Alternativa "d": pertencem aos Estados as terras devolutas **não compreendidas entre as da União** (art. 26, IV, da CF).

Alternativa correta: "e". Compete aos Municípios legislar sobre assuntos de interesse local (art. 30, I, da CF), o que exclui matéria relativa às condições para o exercício de profissões, pois se trata de competência da União (art. 22, XVI, da CF).

110. (CESPE – Juiz do Trabalho Substituto 5ª Região/2013) Acerca da organização político-administrativa do Estado brasileiro, assinale a opção correta.

a) No que se refere à repartição de competências, a CF adotou exclusivamente a técnica da repartição horizontal.

b) Como o federalismo estabelecido na CF é assimétrico, é conferido aos estados, aos municípios e ao Distrito Federal, como entes federativos, o direito de secessão.

c) Com o objetivo de erradicar a pobreza, podem os estados e os municípios criar, com base no critério geográfico, distinções entre brasileiros.

d) A inspeção do trabalho pode ser executada pelos municípios, já que a CF estabeleceu, em relação a essa matéria, a competência material comum.

e) Compete à União, aos estados e ao Distrito Federal legislar concorrentemente sobre educação, limitando-se a União a estabelecer normas gerais que podem ser suplementadas pelos estados, pelo Distrito Federal e, no que couber, pelos municípios.

COMENTÁRIOS

✪ **Nota do autor:** As questões sobre direito de secessão se sucedem. Mas uma coisa é certa: tal direito não existe no constitucionalismo brasileiro.

Alternativa "a". "Na repartição horizontal não se admite concorrência de competências entres os entes federados. (...) Na repartição vertical de competências realiza-se a distribuição da mesma matéria entre a União e os Estados-membros. Essa técnica, no que tange às competências legislativas, deixa para a União os temas gerais, os princípios de certos institutos, permitindo aos Estados-membros afeiçoar a legislação às suas peculiaridades locais. A técnica da legislação concorrente estabelece um verdadeiro condomínio legislativo entre União e Estados-membros"[62]. O Brasil adota um sistema misto ou híbrido – horizontal e vertical – de repartição de competências, a depender da matéria em questão.

Alternativa "b". Remeto o leitor aos comentários da questão 86, alternativa "e" e da questão 88, proposição II. Limito-me aqui a reforçar: a República Federativa do Brasil constitui uma *união indissolúvel* (CF, art. 1º, *caput*), não se admitindo qualquer tipo de movimento separatista, ainda que legitimado pela vontade democrática do povo. Situação diversa se dá com a manifestação do poder *soberano* do povo – o poder constituinte originário –, mas aí estamos a lidar com um novo Estado e outra ordem jurídica.

Alternativa "c". Todos são iguais perante a lei, sem distinção de qualquer natureza (CF, art. 5º, *caput*). O Poder Público pode, entretanto, com fundamento em critérios econômicos e sociais, instituir política pública objetivando erradicar a pobreza e reduzir a desigualdades (CF, art. 3º, III) com benefícios exclusivos a determinadas pessoas que se encontrem naquela situação especificada. Esse discrímen deve ser, contudo, justificado por argumentos racionais – princípios e políticas constitucionais –, caracterizando-se, *no fundo*, uma ação afirmativa. Por outro flanco, a Constituição de 1988 admite como objetivo a redução das desigualdades regionais – entre as regiões geopolíticas do País –, instando o Poder Público a promover ações e incentivos para o desenvolvimento daquelas Regiões mais pobres e dependentes (CF, 43, § 2º). Repare bem o leitor: o critério geográfico ou espacial pode ser utilizado para distinguir *as Regiões* – complexo geoeconômico e social – do País, jamais os brasileiros por sua residência ou naturalidade.

Alternativa "d". Compete *exclusivamente* à União organizar, manter e executar a inspeção do trabalho (CF, art. 21, XXIV). Tal competência administrativa é indelegável.

Alternativa correta: letra "e". A Constituição de 1988 atribui competência privativa à União para legislar sobre as diretrizes e bases *gerais* da educação nacional (CF, art. 22, XXIV) e competência concorrente à União, Estados e Distrito Federal para legislar sobre educação *em particular* (CF, art. 24, IX). Diz ainda a Constituição que, no âmbito da legislação concorrente, a competência da União limitar-se-á a estabelecer *normas gerais* (CF, art. 24, §, 1º), cabendo aos Estados e Distrito Federal a *competência suplementar* (CF, art. 24, § 2º) e aos Municípios a competência para legislar sobre *assuntos de interesse local* (CF, art. 30, I).

---

111. (TRT 3 – Juiz do Trabalho Substituto 3ª Região/2012) Leia as afirmativas abaixo e assinale a alternativa correta:

I. Compete privativamente à União legislar sobre: direito civil, comercial, penal, processual, eleitoral, agrário, marítimo, aeronáutico, espacial e do trabalho.

II. Compete à União, aos Estados e ao Distrito Federal legislar concorrentemente sobre: proteção e integração social das pessoas portadoras de deficiência.

III. É competência comum da União, dos Estados, do Distrito Federal e dos Municípios: cuidar da saúde e assistência pública, da proteção e garantia das pessoas portadoras de deficiência.

IV. Compete privativamente à União legislar sobre serviço postal.

V. Compete à União, aos Estados e ao Distrito Federal legislar concorrentemente sobre: responsabilidade por dano ao meio ambiente, ao consumidor, a bens e direitos de valor artístico, estético, histórico, turístico e paisagístico.

a) Somente as afirmativas I, II e III estão corretas.

b) Somente as afirmativas II, III e IV estão corretas.

c) Somente as afirmativas III, IV e V estão corretas.

d) Somente as afirmativas I, III e V estão corretas.

e) Todas as afirmativas estão corretas.

62. MENDES, Gilmar Ferreira; BRANCO, Paulo Gustavo Gonet. Op. cit., p. 859.

COMENTÁRIOS

✪ **Nota do autor:** A questão apenas transcreve os dispositivos constitucionais sobre repartição de competências, sem tirar nem por.

Proposição I. A proposição está em consonância com a redação do art. 22, I da CF.

Proposição II. A proposição reproduz, *ipsis litteris*, o art. 24, XIV da CF.

Proposições III. A proposição nada acrescenta ao texto do art. 23, II da CF.

Proposição IV. A proposição apresenta, em inteiro teor, o art. 22, V da CF.

Proposição V. A proposição transcreve, com fidelidade, o art. 24, VIII da CF.

Alternativa correta: letra "e".

---

112. (CESPE – Juiz do Trabalho Substituto 1ª Região/2010) Com relação às competências dos entes federativos na ordem constitucional vigente, assinale a opção correta.

a) Invadirá a competência privativa da União lei estadual que crie carreira vinculada ao exercício de atividades penitenciárias.

b) É constitucional lei municipal que, no âmbito da competência legislativa concorrente, invocando a existência de interesse local, restringe ou amplia regras contidas em lei federal que disponha sobre a matéria de que trate a referida lei municipal.

c) Os estados-membros dispõem de competência para fixar índices de correção monetária de créditos fiscais, desde que o fator de correção utilizado seja igual ou inferior ao utilizado pela União.

d) Para a instituição de regiões metropolitanas pelos estados-membros, exige-se a edição de lei específica estadual, precedida de lei complementar federal.

e) Não invade competência privativa da União a edição de lei estadual que regule aspectos relativos ao contrato de prestação de serviços escolares ou educacionais, por se tratar de matéria inserida no âmbito da competência legislativa concorrente.

COMENTÁRIOS

✪ **Nota do autor:** Nessa questão o examinador buscou avaliar o conhecimento do candidato das decisões do STF sobre a matéria.

Alternativa "a". Diz o art. 24, I da CF que compete à União, aos Estados e ao Distrito Federal legislar concorrentemente sobre direito penitenciário.

Alternativa "b". Diz o art. 30, I da CF que compete aos Municípios legislar sobre assuntos de interesse local. Contudo, a competência constitucional – residual – dos Municípios para legislar sobre interesse local não tem o alcance de estabelecer normas que a própria Constituição, na repartição das competências, atribui à União ou aos Estados (RE 313.060).

Alternativa "d". Os Estados poderão, mediante lei complementar – estadual –, instituir regiões metropolitanas, aglomerações urbanas e microrregiões, constituídas por agrupamentos de Municípios limítrofes, para integrar a organização, o planejamento e a execução de funções públicas de interesse comum (CF, art. 25, § 3º e ADI 1.841).

Alternativa "e". Compete privativamente à União legislar sobre direito civil e comercial (CF, art. 22, I). O STF entende que prestação de serviços, incluídos os serviços de educação e as mensalidades escolares, é matéria de direito contratual e, portanto, da competência da União (ADI 1.007).

Alternativa correta: letra "c". Interpretando o art. 22, VI da CF que estabelece a competência privativa da União para legislar sobre sistema monetário e de medidas, títulos e garantias dos metais, conjugado com a possibilidade de delegação – não abdicação de competência – aos Estados e Distrito Federal, por lei complementar, para autorizar-lhes legislar sobre questão específica das matérias ali relacionadas (CF, art. 22, § único), o STF firmou entendimento, reiterado, pela incompetência – ou melhor, inconstitucionalidade – das unidades federadas para a fixação de índices de correção monetária de créditos fiscais em *percentuais superiores* aos fixados pela União para o mesmo fim (RE 183.907 e 402.503, AI 678.603 AgR e ADI 442).

---

113. (TRT 8 – Juiz do Trabalho Substituto 8ª Região/2012) Assinale a alternativa INCORRETA:

a) Compete privativamente à União legislar sobre direito civil, comercial, econômico, penal e do trabalho.

b) Constitui competência comum da União, dos Estados, do Distrito Federal e dos Municípios registrar, acompanhar e fiscalizar as concessões de direitos de pesquisa e exploração de recursos hídricos e minerais em seus territórios.

c) O número de Deputados à Assembleia Legislativa corresponderá ao triplo da representação do Estado na Câmara dos Deputados e, atingido o número de trinta e seis, será acrescido de tantos quantos forem os Deputados Federais acima de doze.

d) A Câmara Municipal não gastará mais de setenta por cento de sua receita com folha de pagamento, incluído o gasto com o subsídio de seus Vereadores.

e) Nos Territórios Federais com mais de cem mil habitantes, além do Governador nomeado na forma da Constituição Federal, haverá órgãos judiciários de primeira e segunda instância, membros do Ministério Público e defensores públicos federais.

COMENTÁRIOS

✪ **Nota do autor:** A questão envolve a repartição de competências administrativas e legislativas entre os entes da Federação e assuntos não tão correlatos.

Alternativa "b". A alternativa traz a redação do art. 23, XI da CF.

Alternativa "c". A alternativa transcreve, literalmente, o art. 27 da CF.

Alternativa "d". A alternativa reproduz o texto do art. 29-A, § 1º da CF.

Alternativa "e". A alternativa traz a parte inicial do art. 33, § 3º da CF.

Alternativa (in)correta: letra "a". Diz o art. 22, I da CF: compete privativamente à União legislar sobre direito civil, comercial, penal, processual, eleitoral, agrário, marítimo, aeronáutico, espacial e do trabalho. O art. 24, I da CF estabelece a *competência concorrente* da União, dos Estados e do Distrito Federal para legislar sobre direito tributário, financeiro, penitenciário, *econômico* e urbanístico.

---

114. (TRT 15 – Juiz do Trabalho Substituto 15ª Região/2012) Sobre os entes federados, dispõe a Constituição vigente que:

a) Compete privativamente à União legislar sobre direito civil, comercial, penal, processual e penitenciário.

b) Tratando-se de competência legislativa concorrente, a superveniência de lei federal sobre normas gerais revoga a eficácia da lei estadual no que lhe for contrária.

c) Os vereadores são invioláveis por suas opiniões, palavras e votos onde quer que se encontrem.

d) É competência comum entre a União, Estados, Distrito Federal e Municípios estabelecer e implantar política de educação para a segurança no trânsito.

e) A República Federativa do Brasil é formada pela união indissolúvel dos Estados, Municípios, Distrito Federal e Territórios.

COMENTÁRIOS

✪ **Nota do autor:** A repartição das competências administrativas e legislativas entre os entes da Federação é tema recorrente em concursos públicos, sempre presente nas provas objetivas. O assunto exige apenas memorização, inclusive porque não há uma lógica interna *determinante* na divisão estabelecida na Constituição de 1988. Vale dedicar-se ao tema para garantir alguns acertos preciosos.

Alternativa "a". Diz o art. 22, I da CF: *compete privativamente* à União legislar sobre direito civil, comercial, penal, processual, eleitoral, agrário, marítimo, aeronáutico, espacial e do trabalho. O art. 24, I da CF estabelece a *competência concorrente* da União, dos Estados e do Distrito Federal para legislar sobre direito tributário, financeiro, *penitenciário*, econômico e urbanístico.

Alternativa "b". O art. 24, § 4º da CF prescreve que a superveniência de lei federal sobre normas gerais *suspende* – e não revoga como sugere a alternativa – a eficácia da lei estadual no que lhe for contrária. O signo da suspensão dos efeitos legais evidencia uma remota possibilidade constitucional de *repristinação* de lei estadual, na hipótese de revogação da lei federal superveniente.

Alternativa "c". Os vereadores gozam de imunidade material – inviolabilidade civil e penal pelas opiniões, palavras e votos –, limitada ao território da circunscrição municipal (CF, art. 29, VIII) e não em todos os locais onde quer que se encontrem.

Alternativa "e". A República Federativa do Brasil é formada pela união indissolúvel dos Estados, Municípios, Distrito Federal (CF, art. 1º, *caput*). Os Territórios não são dotados de autonomia político-administrativa, pois integram a União (CF, art. 18, § 2º).

Alternativa correta: letra "d". A alternativa limita-se a copiar o art. 23, XII da CF.

---

115. (TRT 8 – Juiz do Trabalho Substituto 8ª Região/2012) Analise as proposições abaixo e assinale a alternativa CORRETA:

I. Aos Estados-membros pode ser delegada competência para legislar sobre questões específicas de energia, através de lei complementar, que deverá especificar a extensão da delegação e os termos do seu exercício.

II. Na competência legislativa concorrente, é possível que a edição de lei federal suspenda a vigência de lei estadual.

III. Aos Estados-membros compete, concorrentemente, planejar e promover a defesa permanente contra as calamidades públicas, especialmente as secas e as inundações.

IV. Todas as matérias que não forem de competência exclusiva da União são de competência exclusiva do Estado, inclusive a competência administrativa para organizar e prestar, diretamente ou sob regime de concessão e permissão, os serviços públicos de transporte coletivo de interesse local.

a) As alternativas I e II estão corretas.

b) As alternativas III e IV estão corretas.

c) As alternativas II e III estão corretas.

d) As alternativas II e IV estão corretas.

e) As alternativas I e III estão corretas.

COMENTÁRIOS

✪ **Nota do autor:** Remeto o leitor à nota anterior.

Proposição I. Pela Constituição de 1988, a União tem competência privativa para legislar sobre águas, *energia*, informática, telecomunicações e radiodifusão (CF, art. 22, IV); competência esta, entretanto, que pode ser delegada aos Estados por lei complementar específica (CF, art. 22, § único).

Proposição II. Diz o art. 24, § 4º da CF: a superveniência de lei federal sobre normas gerais *suspende* a eficácia da lei estadual, no que lhe for contrária.

Proposição III. A *União* tem competência administrativa exclusiva para planejar e promover a defesa permanente contra as calamidades públicas, especialmente as secas e as inundações (CF, art. 21, XVIII).

Proposição IV. Os Estados gozam de competência residual ou remanescente, isto é, todas as competências não explicitamente atribuídas aos outros entes da Federação. A organização e prestação, direta ou sob regime de concessão ou permissão, dos serviços públicos de transporte coletivo de interesse local é de competência privativa dos Municípios (CF, art. 30, V).

Alternativa correta: letra "a".

---

116. (FCC – Juiz do Trabalho Substituto 20ª Região/2012) Por meio de lei promulgada no ano de 1989, foi instituída a Unidade Fiscal do Estado de São Paulo (UFESP) como fator de atualização dos créditos tributários daquela unidade da Federação. Considerada a repartição constitucional de competências entre os entes federativos, a legislação estadual paulista, nesse caso, é

a) ofensiva à competência privativa da União para legislar sobre sistema monetário e de medidas, títulos e garantias dos metais.

b) ofensiva à competência privativa da União para legislar sobre política de crédito, câmbio, seguros e transferência de valores.

c) exercício regular de competência concorrente para legislar sobre direito financeiro, observada a legislação respectiva existente no âmbito federal, uma vez que a norma federal funciona como norma geral, em relação à norma estadual.

d) exercício regular de competência comum para legislar sobre direito tributário, devendo a legislação estadual, contudo, ter sua aplicação restrita ao atendimento às peculiaridades dos créditos tributários daquela unidade da Federação.

e) exercício regular de competência suplementar para legislar sobre política de crédito, câmbio, seguros e transferência de valores, desde que o índice estadual não seja superior ao eventualmente existente na legislação federal.

COMENTÁRIOS

Nota do autor: Trata-se de caso concreto julgado recentemente pelo STF. O candidato deve estar atento à evolução jurisprudencial da Corte Constitucional e dos Tribunais Superiores e estudar os informativos de jurisprudência do STF publicados semanalmente em seu sítio na internet.

Alternativa correta: letra "c" (responde, por exclusão, todas as demais alternativas). O STF assim julgou a questão: "Esta Corte, em oportunidades anteriores, firmou o entendimento de que, embora os Estados-membros sejam incompetentes para fixar índices de correção monetária superiores aos fixados pela União para o mesmo fim, podem defini-los em patamares inferiores – incentivo fiscal. Precedentes. A competência dos Estados-membros para fixar índices de correção monetária de créditos fiscais é tema que também foi examinado por este Tribunal. A União e os Estados-membros detêm competência legislativa concorrente para dispor sobre matéria financeira, nos termos do disposto no art. 24, I da CF/88. A legislação paulista é compatível com a Constituição de 1988, desde que o fator de correção adotado pelo Estado-membro seja igual ou inferior ao utilizado pela União. Pedido julgado parcialmente procedente para conferir interpretação conforme ao art. 113 da Lei 6.374/1989 do Estado de São Paulo, de modo que o valor da Unidade Fiscal do Estado de São Paulo (UFESP) não exceda o valor do índice de correção dos tributos federais" (ADI 442).

---

117. (TRT 14 – Juiz do Trabalho Substituto 14ª Região/2013) Acerca da discriminação de competência federativa na Constituição de 1988, analise as assertivas abaixo e após marque a única alternativa correta.

I. Nos termos da Constituição de 1988, compete privativamente à União legislar sobre Direito do Trabalho, o que significa que a legislação trabalhista deverá ser necessariamente federal, sob pena de invasão de competência federativa.

II. Nos termos da Constituição de 1988, a proteção e integração social das pessoas portadoras de deficiência inserem-se dentre as competências comuns da União, dos Estados, do Distrito Federal e dos Municípios.

III. Nos termos da Constituição de 1988, a seguridade social insere-se dentre as competências privativas da União, enquanto que a previdência social, proteção e defesa da saúde representam competências concorrentes da União, dos Estados e do Distrito Federal.

IV. Nos termos da Constituição de 1988, procedimento em matéria processual é matéria de competência exclusiva da União.

a) Apenas o item I é verdadeiro.

b) Apenas o item II é verdadeiro.

c) Apenas o item III é verdadeiro.

d) Apenas o item IV é verdadeiro.

e) Todos os itens são falsos.

COMENTÁRIOS

Nota do autor: Essa questão apresenta duas proposições corretas e nenhuma alternativa adequada de resposta. Mereceria a anulação.

Proposição I. Diz o art. 22, I da CF que compete privativamente à União legislar sobre direito do trabalho. É dizer: a legislação trabalhista deverá ser necessariamente federal, sob pena de invasão de competência federativa. O gabarito oficial, no entanto, considera está proposição, de clareza e acerto ofuscante, como equivocada. Talvez o examinador tivesse em mente a competência legislativa específica das demais unidades da Federação para instituir o regime jurídico de seus servidores públicos. Mas isso é especular sobre possibilidades na esfera da subjetividade. Objetivamente falando, a proposição está correta.

Proposição II. Compete à União, aos Estados e ao Distrito Federal legislar, concorrentemente, sobre proteção e integração social das pessoas portadoras de deficiência (CF, art. 24, XIV). Os *Municípios* não constam no texto constitucional. Aliás, as competências administrativas concorrentes abrangem os Municípios (CF, art. 23 da CF). As legislativas, *não* (CF, art. 24).

Proposição III. Compete privativamente à União legislar sobre seguridade social (CF, art. 22, XXIII), enquanto que compete à União, aos Estados e ao Distrito Federal legislar, concorrentemente, sobre previdência social, proteção e defesa da saúde (CF, art. 24, XII da CF). Dir-se-á: a seguridade social compreende a previdência social. Aqui, o aparente conflito entre normas constitucionais originárias resolve-se entendendo que a competência concorrente para legislar sobre previdência social refere-se aos servidores públicos de cada unidade da Federação respectiva.

Proposição IV. A Constituição de 1988 fixa a competência legislativa concorrente entre União, Estados e Distrito Federal sobre procedimento em matéria processual (CF, art. 24, XI).

Alternativa correta: letra "c".

3.2. ADMINISTRAÇÃO PÚBLICA. SERVIDORES PÚBLICOS

▸ CF, artigos 37 a 43.

---

118. (FCC – Juiz do Trabalho/2017) Em relação à Administração pública, em sua conformação constitucional atual, é correto afirmar que

a) na hipótese de o prazo de validade de determinado concurso público ser fixado em seis meses, admite-se uma única prorrogação por um ano.

b) é admitida a vinculação ou equiparação de espécies remuneratórias para o efeito de remuneração de pessoal do serviço público.

c) a vedação de acumulação de cargos públicos estende-se a empregos e funções e abrange empresas públicas, sociedades de economia mista, suas subsidiárias, e sociedades controladas, direta ou indiretamente, pelo Poder Público.

d) na hipótese de insuficiência de desempenho, a perda do cargo de servidor público estável que, em decorrência das atribuições de seu cargo efetivo, desenvolva atividades exclusivas de Estado, depende de decisão judicial transitada em julgado.

e) o servidor público da Administração direta no exercício de mandato eletivo de Senador da República ficará afastado de seu cargo, mas o seu tempo de serviço será contado para todos os efeitos legais, inclusive para promoção por merecimento.

COMENTÁRIOS

Alternativa "a": o prazo de validade de concurso público é de dois anos, prorrogável uma vez por igual período, conforme determinação do **art. 37, inciso III, da CF**.

Alternativa "b": a hipótese é **vedada** pelo texto constitucional, conforme **art. 37, inciso XIII, da CF**: "XIII – é vedada a vinculação ou equiparação de quaisquer espécies remuneratórias para o efeito de remuneração de pessoal do serviço público".

Alternativa "d": a perda do cargo não se dá por decisão judicial transitada em julgado, mas **após decisão de processo administrativo, conforme previsão do art. 247, parágrafo único, da CF**: "§ único. Na hipótese de insuficiência de desempenho, a perda do cargo somente ocorrerá mediante processo administrativo em que lhe sejam assegurados o contraditório e a ampla defesa".

Alternativa "e": na hipótese da assertiva, o tempo de serviço **não** será contado para promoção por merecimento, conforme **art. 38, inciso IV, da CF**: "Art. 38. Ao servidor público da administração direta, autárquica e fundacional, no exercício de mandato eletivo, aplicam-se as seguintes disposições: IV – em qualquer caso que exija o afastamento para o exercício de mandato eletivo, seu tempo de serviço será contado para todos os efeitos legais, exceto para promoção por merecimento".

Alternativa correta: letra "c": a assertiva está de acordo com o disposto no **art. 37, inciso XVII, da CF**: "XVII – a –proibição de acumular estende-se a empregos e funções e abrange autarquias, fundações, empresas públicas, sociedades de economia mista, suas subsidiárias, e sociedades controladas, direta ou indiretamente, pelo poder público".

---

119. (TRT 8 – Juiz do Trabalho Substituto 8ª Região/2013) Aos servidores ocupantes de cargo público, conforme a Constituição da República, são garantidos os seguintes direitos:

a) Salário mínimo, décimo terceiro salário, remuneração do salário noturno superior à do diurno, repouso semanal remunerado, licença à gestante.

b) Salário mínimo, décimo terceiro salário, participação nos lucros, repouso semanal remunerado, licença à gestante.

c) Salário mínimo, décimo terceiro salário, aviso prévio proporcional, repouso semanal remunerado, licença à gestante.

d) Salário mínimo, proteção em face da automação, remuneração do salário noturno superior à do diurno, repouso semanal remunerado, licença à gestante.

e) Salário mínimo, irredutibilidade salarial, salvo o disposto em acordo coletivo, proteção da automação, remuneração do salário noturno superior à do diurno, licença à gestante.

COMENTÁRIOS

Nota do autor: A questão envolve apenas memorização.

Alternativa correta: letra "a" (responde, por exclusão, todas as demais alternativas). Aplicam-se aos servidores ocupantes de cargo público, além daqueles previstos no respectivo estatuto, os seguintes direitos trabalhistas: (i) salário mínimo, inclusive para os que recebem remuneração variável, (ii) décimo terceiro salário, (iii) remuneração do salário noturno superior ao diurno, (iv) salário-família, (v) duração do trabalho não superior a 08 horas diárias e 44 horas semanais, (vi) repouso semanal remunerado, (vii) horas extras remuneradas em, no mínimo, 50% a mais do que a hora normal, (viii) férias remuneradas com acréscimo de 1/3, (ix) licença-gestante, (x) licença-paternidade, (xi) proteção do mercado de trabalho da mulher, (xii) redução dos riscos inerentes ao trabalho e (xiii) não discriminação por motivo de sexo, idade, cor ou estado civil (CF, art. 39, § 3º).

---

120. (TRT 15 – Juiz do Trabalho Substituto 15ª Região/2012) Segundo a Constituição Federal, é incorreto afirmar que:

a) O servidor público poderá perder o cargo em virtude de procedimento de avaliação periódica de desempenho, na forma da lei complementar, assegurada ampla defesa.

b) É vedada a adoção de requisitos e critério Diferenciados para a Concessão de aposentadoria para servidores titulares de cargos efetivos na União, Estados, Distrito Federal e Municípios, ressalvados os casos definidos em lei complementar, para servidores portadores de deficiência; que exerçam atividades de risco e aqueles cujas atividades sejam exercidas sob condições especiais que prejudiquem a saúde ou a integridade física.

c) É vedada a acumulação remunerada de cargos públicos, ainda que haja compatibilidade de horários no desempenho das respectivas atividades.

d) Aos membros das Polícias Militares e Corpo de Bombeiros Militares dos Estados, Distrito Federal e Territórios é vedada a sindicalização e o exercício do direito de greve.

e) Os servidores da União, Estados, Distrito Federal e Municípios se aposentam compulsoriamente aos setenta anos de idade, com proventos proporcionais ao tempo de contribuição.

COMENTÁRIOS

Nota do autor: A questão exige memorização do texto da Constituição e uma *pitada* de raciocínio para, pela lógica da exclusão, apontar a alternativa equivocada.

Alternativa "a". O servidor público estável somente perderá o cargo: (i) em virtude de sentença judicial transitada em julgado, (ii) mediante processo administrativo em que lhe seja assegurada ampla defesa e (iii) em virtude de procedimento de avaliação periódica de desempenho, na forma de lei complementar, assegurada ampla defesa (CF, art. 41, § 1º).

Alternativa "b". O art. 40, § 4º da CF permite a adoção de requisitos e critérios diferenciados para a concessão de aposentadoria aos servidores públicos nas seguintes hipóteses: (i) portadores de deficiência, (ii) atividades de risco e (iii) condições especiais que prejudiquem a saúde ou a integridade física.

Alternativa "d". Aos militares em geral é vedado o direito de sindicalização e de greve (CF, art. 142, § 3º, IV).

Alternativa "e". O art. 40, § 1º, II da CF determina a aposentadoria compulsória do servidor público aos 70 anos de idade, com proventos proporcionais ao tempo de contribuição.

Alternativa (in)correta: letra "c". É vedada a acumulação remunerada de cargos públicos, *exceto* quando haja compatibilidade de horários no desempenho das seguintes atividades, *exclusivamente*: (i) 02 cargos de professor, (b) 01 cargo de professor e outro cargo técnico ou científico e (iii) 02 cargos ou empregos públicos privativos de profissionais de saúde, com profissões regulamentadas (CF, art. 37, XVI).

---

121. (TRT 2 – Juiz do Trabalho Substituto 2ª Região/2013) Em relação ao servidor público estável e a perda de seu cargo, observe as proposições abaixo e ao final aponte a alternativa que contenha as proposituras corretas:

I. Por extinção ou por declarada a desnecessidade do cargo.

II. Por sentença transitada em julgado.

III. Por processo administrativo em que lhe seja assegurada ampla defesa.

IV. Procedimento de avaliação periódica de desempenho, na forma de Lei, assegurada ampla defesa.

V. Em virtude de excesso de despesa, não fazendo jus qualquer indenizarão.

Está correta a alternativa:

a) I, II e III.

b) II, III e IV.

c) III, IV e V.

d) I, III e V.

e) II, IV e V.

COMENTÁRIOS

✪ **Nota do autor:** Remeto o leitor à nota anterior.

Alternativa correta: letra "b" (responde todas as proposições). O servidor estável perderá o cargo tão somente por: (i) sentença judicial transitada em julgado, (ii) processo administrativo disciplinar com ampla defesa e (iii) procedimento de avaliação periódica de desempenho com ampla defesa, na forma de lei complementar (CF, art. 41, § 1º, I a III). A Constituição Federal prevê ainda a hipótese de perda do cargo do servidor estável em razão de as despesas com pessoal ativo e inativo da Administração Pública direta exceder os limites estabelecidos por lei complementar e as medidas de redução com cargos em comissão e funções de confiança e a exoneração de servidores não estáveis não forem suficientes para controlar os gastos e reduzir as despesas aos parâmetros legais (CF, art. 169, § 4º). Nesse último caso, o servidor público tem *direito a indenização*, uma vez que a perda do cargo dá-se por motivos alheios a sua vontade, não se tratando, portanto, de penalidade a ele imposta e sim à Administração Pública (CF, art. 169, § 5º).

122. (TRT 21 – Juiz do Trabalho Substituto 21ª Região/2012) Pedro Pereira foi admitido em março de 1982, como gari na Prefeitura Municipal de Cidade Feliz, sem se submeter a concurso público. Em março de 2010, requereu e obteve aposentadoria por tempo de contribuição junto ao regime previdenciário próprio do município. Em dezembro de 2009, Pedro concluiu o curso superior de contabilidade. Em fevereiro de 2010, submeteu-se a concurso público e foi aprovado para o cargo de auditor da Fazenda Federal, tendo tomado posse no mês seguinte. À luz das regras atinentes aos servidores públicos, é correto afirmar que:

a) a investidura é regular, uma vez que não se configura hipótese de acumulação ilícita de cargos, porque na data da posse no cargo de auditor já se encontrava aposentado;

b) a investidura no cargo de auditor está irregular, visto que se trata de clara hipótese de acumulação de cargos, vedada pela Constituição Federal;

c) não há qualquer ilicitude, visto que a investidura no cargo de gari é nula, pois não foi procedida de aprovação em concurso público;

d) não se configura hipótese de acumulação ilícita, visto que se trata de investidura em cargos públicos de diferente esfera administrativa;

e) é lícita a acumulação, uma vez que o cargo de auditor é um cargo técnico, logo acumulável.

COMENTÁRIOS

✪ **Nota do autor:** O caso concreto hipotético diz respeito à cumulação de cargos públicos e aos requisitos de investidura.

Alternativa correta: letra "b" (responde, por exclusão, a todas as demais alternativas). A Constituição, em seu art. 37, XVI, prescreve: é vedada a acumulação remunerada de cargos públicos, exceto, quando houver compatibilidade de horários, das seguintes atividades, exclusivamente: (i) 02 cargos de professor, (b) 01 cargo de professor e outro cargo técnico ou científico e (iii) 02 cargos ou empregos públicos privativos de profissionais de saúde, com profissões regulamentadas. A cumulação deve sempre observar o limite de remuneração ou subsídio – teto constitucional – estabelecido no art. 37, XI da CF. No caso concreto, conquanto o cargo de auditor fiscal da Fazenda Federal possa vir a ser enquadrado como de natureza técnica, o cargo anterior – gari – no qual Pedro Pereira aposentou-se não admite cumulação. Para fins de proibição de cumulação de cargos públicos, pouco importa a esfera administrativa a qual o servidor esteja vinculado, pois aqui a Administração Pública é considerada como um todo (CF, art. 37, XVII). Aplicam-se aos servidores aposentados as vedações à cumulação de cargos públicos na atividade (CF, art. 40, § 6º). Não há que se falar também em nulidade de investidura no cargo de gari em 1982, sem a formalidade do concurso público, pois a Constituição de 1988 reconheceu a estabilidade – portanto, convalidou o vício ou a nulidade de origem – aos servidores públicos municipais em exercício há mais de 05 anos continuados, ainda que contratados irregularmente (ADCT, art. 19).

123. (TRT 21 – Juiz do Trabalho Substituto 21ª Região/2010) Assinale a alternativa correta, a partir das seguintes assertivas:

I. o princípio constitucional da reserva legal confunde-se com o princípio da legalidade, uma vez que este último significa a exclusiva submissão e o respeito à lei formal, conforme estabelecido no âmbito do processo legislativo;

II. a disciplina jurídica da remuneração dos agentes públicos em geral está sujeita ao princípio da reserva legal relativa, considerando a possibilidade excepcional de decisões judiciais garantidoras do direito a reajustes remuneratórios devidos a determinadas categorias;

III. as hipóteses de reserva legal relativa são estabelecidas diretamente pela Constituição Federal, que, de forma excepcional, permite a complementação da legislação por atos normativos infraconstitucionais;

IV. o princípio da reserva legal absoluta se materializa quando a norma constitucional exige, para sua integral regulamentação, a edição de lei formal, compreendida como ato normativo emanado do Congresso Nacional elaborado de acordo com o devido processo legislativo;

V. a distinção doutrinária conferida à reserva legal absoluta e à reserva legal relativa fundamenta-se diretamente na aplicação dos princípios constitucionais da proporcionalidade e da razoabilidade.

a) apenas as assertivas I, III, IV e V estão corretas;

b) apenas as assertivas III e IV estão corretas;

c) apenas as assertivas II, III e V estão corretas;

d) apenas as assertivas II, III e IV estão corretas;

e) apenas as assertivas III, IV e V estão corretas.

COMENTÁRIOS

Nota do autor: A questão envolve conhecimentos doutrinários sobre o princípio da reserva legal.

Alternativa correta: letra "b" (responde todas as demais alternativas). Ensina J. J. Gomes Canotilho que "do conceito de reserva de lei pretende-se delimitar um conjunto de matérias ou de âmbitos materiais que devem ser regulados por lei («reservados à lei»). Esta reserva de matéria significa, logicamente, que elas não devem ser reguladas por normas jurídicas provenientes de outras fontes diferentes da lei (por exemplo: regulamento). Ainda por outras palavras: existe reserva de lei quando a constituição prescreve que o regime jurídico de determinada matéria seja regulado por lei e só por lei, com exclusão de outras fontes normativas"[63]. A distinção entre reserva absoluta e reserva relativa de lei reside na exigência de regulação por lei formal do parlamento - Congresso Nacional - para aquela e na possibilidade de regulação por outras espécies normativas para esta. Diz, em conclusão, o mestre de Coimbra: "Deve, porém, referir-se um outro sentido atribuído à distinção entre reserva absoluta e reserva relativa. Existirá uma reserva absoluta ou reserva de densificação total quando a Constituição exige que determinadas matérias sejam disciplinada na sua totalidade pela lei; haverá reserva relativa ou reserva de densificação parcial quando a lei se limita a definir as bases ou o regime jurídico geral, consentindo o seu desenvolvimento quer através de decreto-lei, quer através de actos regulamentares [atos normativos quaisquer]"[64]. Vale relembrar que o princípio da legalidade - que não se confunde com o princípio da reserva de lei - significa que "o administrador público está, em toda a sua atividade funcional, sujeito aos mandamentos da lei e às exigências do bem comum"[65] ou, de modo sintético, "a submissão do Estado à lei"[66].

---

124. (TRT 8 - Juiz do Trabalho Substituto 8ª Região/2012) Assinale a alternativa INCORRETA:

a) A competência regulamentar da Administração Pública é discricionária no que diz respeito à faculdade de expedir ou não o regulamento previsto por hipótese legal.

b) A presunção de validade dos atos da Administração Pública abrange todas as suas espécies, inclusive os regulamentos e os contratos em geral.

c) A Constituição Federal estabelece, em situações nela previstas, a normatividade excepcional, pela Administração Pública, para fazer frente a demandas sociais impossíveis de serem providas através da aplicação das normas positivadas para a regulação jurídica das condições normais da vida estatal.

d) É vedada a percepção simultânea de proventos de aposentadoria decorrentes do regime de previdência de caráter contributivo e solidário, previsto no artigo 40 da Constituição Federal, com a remuneração de cargo, emprego ou função pública, ressalvados os cargos acumuláveis na forma da Constituição Federal, os cargos eletivos e os cargos em comissão declarados em lei de livre nomeação e exoneração.

e) O Supremo Tribunal Federal já manifestou entendimento consolidado no sentido da eficácia imediata do direito de greve dos servidores públicos, a ser exercido por meio da aplicação da Lei n. 7.783/89 (Lei que dispõe sobre o exercício do direito de greve), até que sobrevenha lei específica para regulamentar a questão.

COMENTÁRIOS

Nota do autor: Há uma mudança de paradigmas no atual Direito Administrativo, passando-se da legalidade como vinculação positiva à lei para a vinculação direta da Administração Pública à Constituição e seus propósitos axiológicos.

Alternativa "b". A presunção de validade - ou legitimidade - dos atos da Administração Pública é atributo de *todos* os *atos estatais* e significa que qualquer manifestação do Poder Público se dá em conformidade com a lei - princípio da legalidade -, até prova em contrário: presunção relativa, portanto.

Alternativa "c". Pelo princípio da juridicidade administrativa[67] - vinculação positiva à Constituição ou reserva vertical de normas constitucionais -, a Administração Pública deve retirar o fundamento de validade de seus atos diretamente da Constituição. É dizer: o administrador, por esse novo paradigma, deve fundamentar suas decisões e escolhas diretamente nos fins e programas de ação definidos pela Constituição, visando concretizar a vontade constitucional, sem necessidade de interposição legislativa, decorrência dos princípios da força normativa e da máxima eficácia ou efetividade das normas constitucionais.

Alternativa "d". A alternativa traz a inteligência do art. 37, § 10 da CF.

Alternativa "e". No julgamento do MI 708, o STF assim se manifestou: "Definição dos parâmetros de competência constitucional para apreciação no âmbito da Justiça Federal e da Justiça Estadual até a edição da legislação específica pertinente, nos termos do art. 37,

---

63. CANOTILHO, J. J. Gomes. Op. cit., p. 724.
64. Idem, p. 728.
65. MEIRELLES, Hely Lopes. *Direito administrativo brasileiro*. 26. ed. São Paulo: Malheiros Editores, 2001. p. 82.
66. MELLO, Celso Antonio Bandeira de Melo. *Curso de direito administrativo*. 19. ed. São Paulo: Malheiros Editores, 2005. p. 89.
67. BINENBOJM, Gustavo. *Uma teoria do direito administrativo*: direitos fundamentais, democracia e constitucionalização. Rio de Janeiro: Renovar, 2006. p. 125-193.

VII da CF. Em observância aos ditames da segurança jurídica e à evolução jurisprudencial na interpretação da omissão legislativa sobre o direito de greve dos servidores públicos civis, fixo o prazo de sessenta dias para que o Congresso Nacional legisle sobre a matéria. Mandado de Injunção deferido para determinar a aplicação das Leis nºs 7.701/88 e 7.783/89".

Alternativa (in)correta: letra "a". Há uma margem de manobra ou discricionariedade – juízo de conveniência e oportunidade – do Poder Público para realizar escolhas racionais dentre as opções disponíveis, adequadas, necessárias e proporcionais, para se alcançar determinada finalidade. Contudo, o administrador não goza de liberalidade para escolher agir ou não agir quando obrigado por lei. Se a lei prevê o regulamento para lhe dar plena e fiel execução e delega a expedição de tal ato ao Poder Público, compete-lhe, tão somente, cumprir o mandamento legal, sem mais. Por tais motivos, fácil é compreender que, se uma lei depende de regulamentação para sua operatividade, o chefe do Poder Executivo não pode paralisar-lhe a eficácia, omitindo-se em expedir as medidas gerais indispensáveis para tanto[68].

---

125. (TRT 21 – Juiz do Trabalho Substituto 21ª Região/2012) Marcos Barnabé é servidor concursado do Instituto de Pesquisa Agropecuária, autarquia do Município de Gramorezinho. Entrou em exercício no cargo público em 10/03/2009. Em 06/02/2011 foi exonerado por insuficiência de desempenho no exercício das suas funções. Inconformado com a exoneração, Marcos Barnabé pode apresentar os seguintes fundamentos para reverter o ato:

I. que está no período de estágio probatório e não foi submetido a nenhuma avaliação especial de desempenho, por comissão constituída para tal fim, e sem essa avaliação não poderia ter sido despedido;

II. a dispensa de servidor público concursado, sob qualquer regime, sem observância do dever de motivação, constitui burla à determinação constitucional da realização de concurso público para ingresso na Administração Pública;

III. é ilícita a dispensa de servidor público, ainda que não detenha estabilidade, sem o prévio processo administrativo em que lhe sejam assegurados o contraditório e a ampla defesa;

IV. a lei complementar para estabelecer o procedimento de avaliação periódica de desempenho ainda não foi editada e, por isso, os meios usados pela autarquia para aferir o desempenho de Marcos não são válidos.

a) as assertivas I e III estão corretas;

b) as assertivas II e III estão corretas;

c) as assertivas I, II e III estão corretas;

d) as assertivas II, III e IV estão corretas;

e) todas as assertivas estão corretas.

COMENTÁRIOS

✪ **Nota do autor:** Na apreciação do caso concreto o candidato deverá aplicar as normas constitucionais que disciplinam o estágio probatório, a aquisição da estabilidade e as hipóteses de perda do cargo pelo servidor público efetivo.

Alternativa correta: letra "e" (responde todas as demais alternativas). O estágio probatório é o período dentro do qual o servidor público é aferido quanto aos requisitos necessários para o desempenho do cargo, relativos ao interesse no serviço, adequação, disciplina, assiduidade e outros do mesmo gênero[69]. O servidor adquire estabilidade após 03 anos de efetivo exercício no cargo (CF, art. 41, *caput*), desde que aprovado em avaliação especial de desempenho por comissão instituída para essa finalidade (CF, art. 41, § 4º). As súmulas nºs 20 e 21 do STF preceituam, em conjunto, que "é necessário processo administrativo, com ampla defesa, para demissão de funcionário admitido por concurso" e que o "funcionário em estágio probatório não pode ser exonerado nem demitido sem inquérito ou sem as formalidades legais de apuração de sua capacidade". Há vários precedentes do STF considerando nula a exoneração do servidor público em estágio probatório não precedida por procedimento específico, com a observância do direito de ampla defesa e contraditório (RE 222.532). Ademais, todos os atos e decisões da Administração Pública devem ser motivados (CF, art. 93, X).

3.3. PODER LEGISLATIVO. CONGRESSO NACIONAL. CÂMARA DOS DEPUTADOS. SENADO FEDERAL. COMISSÃO PARLAMENTAR DE INQUÉRITO

▸ CF, artigos 44 a 58.

---

126. (FCC – Juiz do Trabalho/2017) Sobre a competência do Poder Legislativo e sobre a edição de medidas provisórias, é correto afirmar que

a) é competência exclusiva do Congresso Nacional autorizar referendo e convocar plebiscito.

b) a matéria constante de proposta de emenda à Constituição rejeitada ou havida por prejudicada não poderá ser objeto de nova proposta na mesma sessão legislativa, salvo por iniciativa de, no mínimo, um terço dos membros da Câmara dos Deputados ou do Senado Federal.

---

68. Idem, p. 328.

69. CARVALHO FILHO, José dos Santos. *Manual de direito administrativo*. 11. ed. Rio de Janeiro: Lumen Juris, 2004. p. 541.

c) é constitucional a edição de medidas provisórias relativas a partidos políticos e a direito eleitoral.

d) compete privativamente ao Senado Federal aprovar previamente, por voto aberto, após arguição pública, a escolha do Procurador-Geral da República.

e) compete privativamente à Câmara dos Deputados autorizar, por 3/5 de seus membros, a instauração de processo contra o Presidente da República e o Vice-Presidente da República.

COMENTÁRIOS

Alternativa "b": matéria de emenda rejeitada ou prejudicada **não pode ser objeto de nova proposta na mesma sessão legislativa**, conforme determinação do **art. 60, § 5º, da CF**: "§5º A matéria constante de proposta de emenda rejeitada ou havida por prejudicada não pode ser objeto de nova proposta na mesma sessão legislativa".

Alternativa "c": é **inconstitucional** a edição de medidas provisórias relativas a partidos políticos e a direito eleitoral, conforme disposto no **art. 62, § 1º, inciso I, alínea "a", da CF**: "Art. 62. Em caso de relevância e urgência, o Presidente da República poderá adotar medidas provisórias, com força de lei, devendo submetê-las de imediato ao Congresso Nacional. § 1º É vedada a edição de medidas provisórias sobre matéria: I – relativa a: a) nacionalidade, cidadania, direitos políticos, partidos políticos e direito eleitoral".

Alternativa "d": a aprovação do Procurador-Geral da República dar-se-á por **voto secreto**, por força do **art. 52, inciso III, alínea "e", da CF**: "Art 52. Compete privativamente ao Senado Federal: III – aprovar previamente, por voto secreto, após arguição pública, a escolha de: e) Procurador-Geral da República".

Alternativa "e": a autorização deve ser dada por **dois terços** dos membros da Câmara dos Deputados, conforme **art. 51, inciso I, da CF**: "Art. 51. Compete privativamente à Câmara dos Deputados: I – autorizar, por dois terços de seus membros, a instauração de processo contra o Presidente e o Vice-Presidente da República e os Ministros de Estado".

Alternativa correta: letra "a": a assertiva está de acordo com o disposto no **art. 49, inciso XV, da CF: "Art. 49. É da competência exclusiva do Congresso Nacional: XV – autorizar referendo e convocar plebiscito"**.

---

127. (TRT 1 – Juiz do Trabalho Substituto 1ª Região/2016) NÃO é atribuição do Congresso Nacional:

a) dispor sobre limites do território nacional.

b) dispor sobre a modificação do efetivo das Forças Armadas.

c) dispor sobre planos e programas nacionais, regionais e sazonais de desenvolvimento.

d) transferência temporária da sede do Governo Federal.

e) concessão de anistia.

COMENTÁRIOS

Alternativa correta: letra "c" (responde a todas as alternativas): dispor sobre limites do território nacional (art. 48, V, da CF), fixação e modificação do efetivo das Forças Armadas (art. 48, III, da CF), transferência temporária da sede do Governo Federal (art. 48, VII, da CF) e sobre a concessão de anistia (art. 48, VIII, da CF) são atribuições do Congresso Nacional. Dispor sobre planos e programas nacionais, regionais e sazonais de desenvolvimento não é matéria arrolada pela CF à Congresso Nacional.

---

128. (TRT 15 – Juiz do Trabalho Substituto 15ª Região/2010) É da competência exclusiva do Congresso Nacional:

a) escolher dois terços dos membros do Tribunal de Contas da União;

b) aprovar a escolha dos chefes de missão diplomática de caráter permanente;

c) autorizar a instauração de processo contra o Presidente e o Vice-Presidente da República;

d) decretar o estado de defesa e o estado de sítio;

e) expedir instruções para a execução das leis, decretos e regulamentos.

COMENTÁRIOS

✪ **Nota do autor:** A questão trata das atribuições do Congresso Nacional, do Senado Federal, da Câmara dos Deputados e do Presidente da República. Atenção para não confundir: Congresso Nacional ≠ Câmara dos Deputados ≠ Senado Federal.

Alternativa "b". Compete privativamente ao *Senado Federal* aprovar previamente, por voto secreto, após arguição em sessão secreta, a escolha dos chefes de missão diplomática de caráter permanente (CF, art. 52, IV).

Alternativa "c". Compete privativamente à *Câmara dos Deputados* autorizar, por *2/3* de seus membros, a instauração de processo contra o Presidente e o Vice-Presidente da República e os Ministros de Estado (CF, 51, I).

Alternativas "d" e "e". Diz o art. 84, IV e IX da CF que compete privativamente ao Presidente da República sancionar, promulgar e fazer publicar as leis, bem como expedir decretos e regulamentos para sua fiel execução, e decretar o estado de defesa e o estado de sítio.

Alternativa correta: letra "a". A alternativa traz a redação do art. 49, XIII da CF.

---

129. (CESPE – Juiz do Trabalho Substituto 1ª Região/2010) A respeito do Poder Legislativo, assinale a opção correta.

a) Compete ao Congresso Nacional, com a sanção do presidente da República, autorizar a exploração e o aproveitamento de recursos hídricos e a pesquisa e lavra de riquezas minerais em terras indígenas.

b) O Senado Federal tem competência para fixar, por proposta do presidente da República, limites globais para o montante da dívida consolidada da União, dos estados, do Distrito Federal e dos municípios.

c) A iniciativa privativa ou reservada para deflagrar procedimento destinado à formação de determinada lei ordinária pode ser objeto de delegação.

d) A CF veda a iniciativa popular para desencadear processo legislativo destinado à edição de lei complementar.

e) A CF veda o requerimento de urgência na votação de projetos de lei fora das hipóteses por ela expressamente admitidas.

COMENTÁRIOS

✪ **Nota do autor:** A questão exige a leitura atenta da Constituição de 1988.

Alternativa "a". O aproveitamento dos recursos hídricos, incluídos os potenciais energéticos, a pesquisa e a lavra das riquezas minerais em terras indígenas só podem ser efetivadas com autorização do Congresso Nacional, *ouvidas as comunidades afetadas*, ficando-lhes assegurada participação nos resultados da lavra, *na forma da lei* (CF, art. 231, § 3º).

Alternativa "c". *Não serão objeto de delegação os atos de competência exclusiva do Congresso Nacional*, os de *competência privativa da Câmara dos Deputados ou do Senado Federal*, a matéria reservada à lei complementar, nem a legislação sobre (i) organização do Poder Judiciário e do Ministério Público, a carreira e a garantia de seus membros, (ii) nacionalidade, cidadania, direitos individuais, políticos e eleitorais e (iii) planos plurianuais, diretrizes orçamentárias e orçamentos (CF, art. 68, § 1º, I a III).

Alternativa "d". A iniciativa das leis complementares e ordinárias cabe aos cidadãos – iniciativa geral ou universal –, conforme o art. 61, *caput* e § 2º da CF. Entretanto, por mais paradoxal que possa parecer, a soberania popular, a participação do povo nos destinos e nas decisões importantes do país, o exercício da democracia direta, enfim, a iniciativa popular não é admitida para a apresentação de proposta de emenda à Constituição (CF, art. 60, I a III).

Alternativa "e". A Constituição Federal faculta ao Presidente da República, nos projetos de lei de sua iniciativa, solicitar urgência na apreciação e votação pelo Congresso Nacional (CF, art. 64, § 1º) e impõe regime de urgência às medidas provisórias não apreciadas em 45 dias contados de sua publicação (CF, art. 62, § 6º), sem, entretanto, descartar outras hipóteses expressamente. Aqui, há de se ter prudência e razoabilidade para que os requerimentos de urgência não inviabilizem a atividade legislativa normal do Congresso Nacional e, principalmente, um cuidado redobrado para que o Poder Executivo não imponha sua pauta política ao parlamento, arvorando-se na função imprópria de legislador.

Alternativa correta: letra "b". A alternativa reproduz, literalmente, do art. 52, VII da CF.

---

130. (TRT 3 – Juiz do Trabalho Substituto 3ª Região/2013) Nos termos da Constituição da República, não compete privativamente ao Senado Federal:

a) Processar e julgar o Presidente e o Vice-Presidente da República nos crimes de responsabilidade e os Ministros de Estado nos crimes da mesma natureza conexos com aqueles.

b) Proceder à tomada de contas do Presidente da República, quando não apresentadas ao Congresso Nacional dentro de sessenta dias após a abertura da sessão legislativa.

c) Processar e julgar os Ministros do Supremo Tribunal Federal, o Procurador-Geral da República e o Advogado- Geral da União nos crimes de responsabilidade.

d) Aprovar previamente, por voto secreto, após arguição pública, a escolha de Ministros do Tribunal de Contas da União indicados pelo Presidente da República.

e) Suspender a execução, no todo ou em parte, de lei declarada inconstitucional por decisão definitiva do Supremo Tribunal Federal.

COMENTÁRIOS

✪ **Nota do autor:** Remeto o leitor à nota anterior.

Alternativa "a". Diz o art. 52, I da CF que compete privativamente ao Senado Federal processar e julgar o Presidente e o Vice-Presidente da República nos crimes de responsabilidade, bem como os Ministros de Estado e os comandantes da Marinha, do Exército e da Aeronáutica nos crimes da mesma natureza conexos com aqueles.

Alternativa "c". Compete privativamente ao Senado Federal processar e julgar os Ministros do Supremo Tribunal Federal, os membros do Conselho Nacional de Justiça e do Conselho Nacional do Ministério Público, o Procurador-Geral da República e o Advogado-Geral da União nos crimes de responsabilidade (CF, art. 52, II).

Alternativa "d". A alternativa reproduz a redação do art. 52, III, *b* da CF.

Alternativa "e". A alternativa reproduz a redação do art. 52, X da CF.

Alternativa correta: letra "b". Compete privativamente à *Câmara dos Deputados* – não ao Senado Federal – proceder à tomada de contas do Presidente da República, quando não apresentadas ao Congresso Nacional dentro de 60 dias após a abertura da sessão legislativa.

131. (TRT 16 – Juiz do Trabalho Substituto 16ª Região/2011) Analise as seguintes afirmações e marque a alternativa CORRETA:

I. Compete privativamente ao Presidente da República manter relações com Estados estrangeiros e acreditar seus representantes diplomáticos, autorizado pelo Congresso Nacional ou referendado por ele.

II. A condenação do Presidente e do Vice-Presidente da República em crime de responsabilidade pelo Senado Federal somente será proferida por dois terços dos votos e limitar-se-á à perda do cargo, com inabilitação por oito anos para o exercício de função pública. Uma vez que se trata de processo e julgamento políticos, sem qualquer participação de membros do Judiciário, tal pena será aplicada sem prejuízo das demais sanções judiciais cabíveis.

III. A Câmara dos Deputados e o Senado Federal, ou qualquer de suas Comissões, poderão convocar Ministro de Estado ou quaisquer titulares de órgãos diretamente subordinados à Presidência da República para prestarem, pessoalmente, informações sobre assunto previamente determinado, importando crime de desobediência a ausência sem justificação adequada.

IV. As Mesas da Câmara dos Deputados e do Senado Federal poderão encaminhar pedidos escritos de informações a Ministros de Estado, importando em crime de desobediência a recusa, ou o não atendimento, no prazo de quinze dias, bem como a prestação de informações falsas.

V. É da competência exclusiva do Congresso Nacional apreciar os atos de concessão e renovação de concessão de emissoras de rádio e televisão.

a) Somente as afirmativas I, IV e V estão corretas.

b) Somente as afirmativas I e V estão corretas.

c) Somente as afirmativas I e III estão corretas.

d) Somente as afirmativas I, II e III estão erradas.

e) Somente a afirmativa V está correta.

COMENTÁRIOS

✪ **Nota do autor:** A questão envolve a literalidade do texto constitucional.

Proposição I. Compete privativamente ao *Presidente da República* manter relações com Estados estrangeiros e acreditar seus representantes diplomáticos (CF, art. 84, VII) e compete ao *Senado Federal* aprovar previamente, por voto secreto *em sessão secreta*, a escolha dos chefes de missões diplomática de caráter permanente (CF, art. 52, IV).

Proposição II. Nos crimes de responsabilidade do Presidente e do Vice-Presidente da República o julgamento compete privativamente ao Senado Federal (CF, art. 52, *caput*), com autorização prévia da Câmara dos Deputados (CF, art. 51, I), e será presidido pelo *Presidente do Supremo Tribunal Federal*, limitando-se a condenação, que somente será proferida por 2/3 dos votos, à perda do cargo, com inabilitação por 08 anos para o exercício de função pública (CF, art. 52, § único).

Proposição III. A ausência sem justificação adequada de Ministro de Estado ou quaisquer titulares de órgãos diretamente subordinados à Presidência da República, convocados pela Câmara dos Deputados, pelo Senado Federal ou qualquer de suas Comissões, para prestar, pessoalmente, informações sobre assunto previamente determinado, importará em *crime de responsabilidade* – e não em crime de desobediência –, conforme o art. 50, *caput* da CF.

Proposição IV. Os pedidos escritos de informações das Mesas da Câmara dos Deputados e do Senado Federal dirigidos aos Ministros de Estado ou a quaisquer titulares de órgãos diretamente subordinados à Presidência da República deverão ser atendidos no *prazo de 30 (trinta) dias* – e não 15 dias –, sob pena de crime de responsabilidade (CF, art. 50, § 2º).

Proposição V. A proposição reproduz o inteiro teor do art. 49, XII da CF.

Alternativa correta: letra "e".

132. (TRT 16 – Juiz do Trabalho Substituto 16ª Região/2011) Marque a única alternativa que NÃO representa uma competência privativa do Senado Federal:

a) Autorizar operações externas de natureza financeira, de interesse da União, dos Estados, do Distrito Federal, dos Territórios e dos Municípios.

b) Estabelecer limites globais e condições para o montante da dívida mobiliária dos Estados, do Distrito Federal e dos Municípios.

c) Proceder à tomada de contas do Presidente da República, quando não apresentadas ao Congresso Nacional dentro de sessenta dias após a abertura da sessão legislativa.

d) Avaliar periodicamente a funcionalidade do Sistema Tributário Nacional, em sua estrutura e seus componentes, e o desempenho das administrações tributárias da União, dos Estados e do Distrito Federal e dos Municípios.

e) Aprovar previamente, por voto secreto, após arguição em sessão secreta, a escolha dos chefes de missão diplomática de caráter permanente.

COMENTÁRIOS

✪ **Nota do autor:** Trata-se das competências funcionais privativas do Senado Federal.

Alternativa "a". A alternativa é confirmada pelo art. 52, V da CF.

Alternativa "b". A alternativa é confirmada pelo art. 52, IX da CF.

Alternativa "d". A alternativa é confirmada pelo art. 52, XV da CF

Alternativa "e". A alternativa é confirmada pelo art. 52, IV da CF.

Alternativa (in)correta: letra "c". Compete privativamente à *Câmara dos Deputados* proceder à tomada de contas do Presidente da República, quando não apresentadas ao Congresso Nacional dentro de 60 dias após a abertura da sessão legislativa (CF, art. 51, II).

---

133. (TRT 2 – Juiz do Trabalho Substituto 2ª Região/2012) Analise as proposições e ao final responda.

I. O Poder Legislativo é exercido pelo Congresso Nacional, que se compõe de Câmara dos Deputados e do Senado Federal. Cada legislatura terá a duração de quatro anos.

II. Salvo disposição constitucional em contrário, as deliberações de cada Casa do Congresso Nacional e de suas Comissões serão tomadas por maioria de votos, presente a maioria simples de seus membros.

III. É de competência exclusiva do Congresso Nacional aprovar, previamente, a alienação ou concessão de terras públicas com área superior a mil e quinhentos hectares.

IV. Compete privativamente à Câmara dos Deputados autorizar, por dois terços de seus membros, a instauração de processo contra o Presidente e o Vice-Presidente da República e os Ministros de Estados.

V. Compete privativamente ao Senado Federal aprovar previamente, por voto secreto, após a arguição em sessão secreta, a escolha dos chefes de missão diplomática de caráter permanente.

Estão corretas apenas as proposições:

a) I, IV e V.

b) II, III e V.

c) III, IV e V.

d) I, II e III. .

e) I, III e IV.

COMENTÁRIOS

✪ **Nota do autor:** A questão exige capacidade de memorização acima da média, pois envolve a literalidade do texto constitucional, com uma ou duas palavras mal colocadas. O erro, quase imperceptível numa leitura apressada, está em referência *fora de lugar*.

Proposição I. A proposição encontra eco no art. 44, *caput* e § único da CF. Não confundir *legislatura* com *sessões legislativas* ordinárias ou reuniões (CF, art. 57, *caput*).

Proposição II. As deliberações de cada Casa do Congresso Nacional e de suas Comissões serão tomadas por maioria de votos, *presente* a *maioria absoluta* – e não simples – *de seus membros* (CF, art. 47).

Proposição III. Compete exclusivamente ao Congresso Nacional aprovar, previamente, a alienação ou concessão de terras públicas com *área superior a 2.500 (dois mil e quinhentos)* – e não 1.500 – *hectares* (CF, art. 49, XVII).

Proposição IV. A proposição é cópia fiel do art. 51, I da CF.

Proposição V. A proposição encontra seu exato teor no art. 52, IV da CF.

Alternativa correta: letra "a".

---

134. (TRT 8 – Juiz do Trabalho Substituto 8ª Região/2012) Assinale a alternativa CORRETA:

a) Cabe, exclusivamente, ao Congresso Nacional, com a sanção do Presidente da República, apreciar os atos de concessão e de renovação de concessão de emissoras de rádio e de televisão.

b) Os Deputados e os Senadores não poderão, desde a expedição do diploma, ser proprietários, controladores ou diretores de empresa que goze de favor decorrente de contrato com pessoa jurídica de direito público, ou nela exerça função remunerada.

c) Na sessão legislativa extraordinária, o Congresso Nacional, em qualquer hipótese, somente deliberará sobre matéria para a qual foi convocado.

d) Não perderá o mandato o Deputado ou Senador licenciado, pela respectiva Casa por motivo de doença, ou para tratar, sem remuneração, de interesse particular, desde que, neste caso, o afastamento não ultrapasse cento e oitenta dias por sessão legislativa.

e) A matéria constante de proposta de emenda à Constituição rejeitada, assim como a havida por prejudicada, não pode ser objeto de nova proposta na mesma sessão legislativa.

COMENTÁRIOS

✪ **Nota do autor:** Outra questão para avaliar a memória do candidato. Não há como fugir: em provas objetivas o examinador, *cedo ou tarde*, irá valer-se do texto literal da lei, em nosso caso, a Constituição.

Alternativa "a". Os atos de competência exclusiva do Congresso Nacional, dentre os quais consta a apreciação de atos de concessão e de renovação de concessão de emissoras de rádio e de televisão (CF, art. 49, XII), são formalizados por decreto legislativo. As emendas à Constituição, as resoluções, as leis delegadas e a conversão de medida provisória em lei sem alteração não se submetem a sanção ou veto do Presidente da República. Por sua vez, os decretos legislativos ressalvados no art. 48, *caput* da CF (isto é, aqueles especificados nos arts. 49, 51 e 52 da CF) também não se submetem a sanção do chefe do Poder Executivo.

Alternativa "b". Os Deputados Federais e os Senadores não poderão, *desde a posse*, ser proprietários, controladores ou diretores de empresa que goze de favor decorrente de contrato com pessoa jurídica de direito público, ou nela exerça função remunerada (CF, art. 54, II). As vedações aos parlamentares impostas desde a diplomação constam do art. 54, I, *a* e *b* da CF: os Deputados e Senadores não poderão, *desde a expedição do diploma*, firmar ou manter contrato com pessoa jurídica de direito público, autarquia, empresa pública, sociedade de economia mista ou empresa concessionária de serviço público, salvo quando o contrato obedecer a cláusulas uniformes, e aceitar ou exercer cargo, função ou emprego remunerado, inclusive os de que sejam demissíveis *ad nutum*, nas entidades constantes da alínea anterior.

Alternativa "c". Na sessão legislativa extraordinária, o Congresso Nacional somente deliberará sobre matéria para a qual foi convocado, *ressalvada* as *medidas provisórias pendentes de votação*, vedado o pagamento de parcela indenizatória em razão da convocação (CF, art. 57, § 7º).

Alternativa "d". Não perderá o mandato o Deputado Federal ou o Senador licenciado pela respectiva Casa Legislativa por motivo de doença, ou para tratar, sem remuneração, de interesse particular, desde que, neste caso, o afastamento *não ultrapasse 120 (cento e vinte) dias* – e não 180 dias – por sessão legislativa (CF, art. 56, II).

Alternativa correta: letra "e". A alternativa traz a dicção literal do art. 60, § 5º da CF.

---

135. (TRT 14 – Juiz do Trabalho Substituto 14ª Região/2012) Observe as assertivas abaixo e marque a única alternativa correta:

I. Nos termos da moderna concepção do primado da "Separação de Poderes", adotada pelo Supremo Tribunal Federal, o princípio constitucional da reserva de administração não impede, quando necessária à manutenção da ordem pública, a ingerência normativa do Poder Legislativo em matérias sujeitas à privativa ou exclusiva competência administrativa do Poder Executivo.

II. O Poder Legislativo qualifica-se como instância de revisão dos atos administrativos emanados do Poder Executivo podendo, em caso de grave ofensa à ordem pública, desconstituir, por lei, atos administrativos editados pelo segundo.

III. Nos termos da atual jurisprudência do Supremo Tribunal Federal, é possível ao Poder Judiciário determinar a implementação pelo Estado, quando inadimplente, de políticas públicas constitucionalmente previstas, apenas quando se trate de matéria de competência privativa, do contrário, poderá ser considerada existente ingerência indevida em questão que envolve o poder discricionário do Poder Executivo.

IV. Supondo a existência de decreto legislativo estadual que estabeleça limites e condições ao ato, emanado do Poder Executivo local, de adesão dos servidores ao chamado PDV, não é viável a interferência do Poder Judiciário, na medida em que a questão não envolve, rigorosamente, controle de legalidade ou de constitucionalidade.

a) Apenas o item I é verdadeiro.
b) Apenas os itens I e II são verdadeiros.
c) Apenas o item III é verdadeiro.
d) Apenas o item IV é verdadeiro.
e) Todos os itens são falsos.

COMENTÁRIOS

✪ Nota do autor: A questão envolve a jurisprudência atual do STF.

Proposição I. A atual jurisprudência do STF entende haver usurpação do poder de iniciativa – violação ao princípio da separação e harmonia dos poderes – e inconstitucionalidade formal da proposta de lei emanada do Poder Legislativo – ou de quaisquer outros legitimados universais – sobre matéria reservada à iniciativa exclusiva do chefe do Poder Executivo (ADI 2.856). O STF, inclusive, entende superada sua própria jurisprudência anterior sobre o assunto – a súmula de nº 05 –, considerando que a sanção pelo chefe do Poder Executivo – aquiescência ulterior – ao projeto de lei não convalida o vício radical de inconstitucionalidade *na origem* resultante da usurpação do poder de iniciativa (ADI 2.867). E mais: o STF apenas admite emenda aos projetos de lei de iniciativa do chefe do Poder Executivo se tais modificações do Poder Legislativo não importarem aumento de despesa e desde que guardem estreita pertinência às matérias objeto do projeto (ADI 546).

Proposição II. O Poder Legislativo tem o poder de sustar os *atos normativos* do Poder Executivo que exorbitem do poder regulamentar ou dos limites da delegação legislativa (CF, art. 49, V) e há algumas previsões na Constituição de 1988 outorgando competência ao Poder Legislativo para referendar atos administrativos do Poder Executivo (CF, art. 52, III, IV, VI). Entretanto, o Poder Legislativo não se qualifica como instância revisora dos atos do Poder Executivo. Cabe à própria Administração Pública rever e/ou desconstituir *de ofício* seus atos por grave ofensa à ordem pública (súmula nº 473 do SFT) ou ao Poder Judiciário *por provocação*.

Proposição III. A jurisprudência do STF vem avançando para reconhecer a aplicabilidade direta e imediata dos direitos fundamentais – inclusive nas relações privadas – e a vinculação de todos, principalmente do Poder Público, a sua força normativa irradiante. Há direitos fundamentais que impõe prestações positivas ao Estado (v.g.: direitos sociais e normas de princípio programático ou institutivo), a depender de interposição legislativa para definição do modo de ação estatal, dentre as escolhas razoavelmente possíveis, ou de decisão judicial pela dimensão objetiva – deveres de proteção e proibição da proteção insuficiente – apresentada por tais direitos. O STF, em casos concretos envolvendo o princípio da dignidade humana e o direito ao mínimo existencial (v.g.: saúde, educação, saneamento básico e prestações pecuniárias), reconhece o dever – competência – do Poder Judiciário de determinar ações ou prestações materiais à Administração Pública visando assegurar o exercício de direitos constitucionais fundamentais violados por omissão desarrazoada do Poder Público. Trata-se do fenômeno da judicialização dos direitos fundamentais, com uma saudável pitada de ativismo judicial (STA 175), sem que isso signifique ingerência indevida no poder discricionário do administrador.

Proposição IV. Os decretos legislativos são atos normativos (CF, art. 59, VI) e, como tais, estão sujeitos ao controle de constitucionalidade – formal e material – e de legalidade por parte do Poder Judiciário, inclusive para apreciar eventual usurpação do poder de iniciativa de lei (ADI 460).

Alternativa correta: letra "e".

3.4. PROCESSO LEGISLATIVO

▸ CF, artigos 59 a 69.

136. (FGV – 2023 – TST – Juiz do Trabalho) A respeito do processo legislativo e das competências dos Estados-membros e Municípios, considerando o texto da Constituição da República de 1988 e o entendimento do Supremo Tribunal Federal, é correto afirmar que:

a) a iniciativa para edição de normas que alterem o padrão remuneratório dos servidores públicos é privativa do chefe do Poder Executivo, admitidas emendas parlamentares, mesmo que impliquem aumento de despesas previstas no projeto de lei;

b) é constitucional emenda à lei orgânica do Município criando vantagem remuneratória aos servidores públicos municipais, com aumento de despesa, não implicando afronta à iniciativa privativa do chefe do Poder Executivo para edição de normas que disponham sobre o aumento de remuneração dos servidores públicos;

c) o presidente da República poderá retirar medida provisória submetida à apreciação do Congresso Nacional nas situações em que, após sua edição, deixaram de existir dos motivos de relevância e urgência que a justificavam;

d) é constitucional a edição de medidas provisórias pelos Estados, desde que o instrumento esteja expressamente previsto na Constituição Estadual, com a observância dos princípios e limitações impostas pelo modelo adotado na Constituição da República de 1988;

e) a previsão em Constituição Estadual de iniciativa popular para apresentação de propostas de emendas constitucionais no processo de reforma da respectiva Constituição é incompatível com o Art. 60 da Constituição da República de 1988, pois viola o princípio da simetria no processo legislativo ao ampliar o rol de legitimados para a iniciativa de emenda constitucional.

COMENTÁRIOS

Alternativa a: O STF entendeu, ao julgar o RE 745811, que, à luz dos arts. 2º; art. 61, §1º, II, a; e art. 63 da CF/88, há reserva de iniciativa do Chefe do Poder Executivo para a edição de normas que alterem o padrão remuneratório dos servidores públicos e são formalmente inconstitucionais emendas parlamentares que impliquem aumento de despesa em projeto de lei de iniciativa privativa do Chefe do Poder Executivo.

Alternativa b: No entendimento do STF (RE 590829 – Tema 223), "É inconstitucional, por afrontar a iniciativa privativa do Chefe do Poder Executivo, a normatização de direitos dos servidores públicos em lei orgânica do Município.".

Alternativa c: O STF, ao julgar a ADI 2984, entendeu que, como a medida provisória possui força de lei e eficácia imediata a partir de sua publicação, não pode ser retirada pelo Presidente da República quando está sob a apreciação do Congresso Nacional, embora seja possível a sua ab-rogação por meio de outro diploma legal de igual ou superior hierarquia, o qual, contudo, não subtrairá do Congresso o exame da matéria.

Alternativa d: Nesse sentido foi o entendimento adotado pelo STF ao julgar a ADI 2391.

Alternativa e: Na verdade, o STF entende que a iniciativa popular de emenda à Constituição Estadual é compatível com a CF/88 (ADI 825).

Alternativa correta: "d".

137. (FCC – Juiz do Trabalho/2017) A Constituição de 1988 define diversos procedimentos legislativos, semelhantes em alguns aspectos, diferentes em outros. Em relação a pessoas, instituições e poderes envolvidos nesses procedimentos legislativos, ela estabelece que

a) membros dos três poderes são legitimados a propor tanto projetos de lei ordinária quanto propostas de emenda constitucional.

b) o Presidente da República pode vetar tanto projetos de lei ordinária quanto propostas de emenda constitucional.

c) a iniciativa popular pode ser exercida tanto por meio da apresentação de projeto de lei ordinária quanto de proposta de emenda constitucional.

d) qualquer membro do Congresso Nacional pode propor tanto projetos de leis ordinárias quanto propostas de emenda constitucional.

e) o Presidente da República pode propor tanto projetos de lei ordinária quanto propostas de emenda constitucional.

COMENTÁRIOS

Alternativa "a": não são previstos membros do Judiciário para proporem emenda à Constituição conforme **incisos do art. 60**: "Art. 60. A Constituição poderá ser emendada mediante proposta: I – de um terço, no mínimo, dos membros da Câmara dos Deputados ou do Senado Federal; II – do Presidente da República; III – de mais da metade das Assembleias Legislativas das unidades da Federação, manifestando-se, cada uma delas, pela maioria relativa de seus membros".

Alternativa "b": o texto constitucional não prevê a hipótese de veto de proposta de emenda à constituição pelo Presidente da República. O processo legislativo referente à PEC prevê apenas que a PEC deve ser aprovada em cada Casa do Congresso Nacional, em dois turnos, por três quintos dos votos dos respectivos membros, de modo que ela seja promulgada pelas Mesas da Câmara dos Deputados e do Senado Federal, com o respectivo número de ordem, nos moldes do art. 60, §§ 2º e 3º, da CF.

Alternativa "c": a iniciativa popular pode ser exercida apenas por meio da apresentação de projeto de lei ordinária, não de emenda à constituição (não está prevista nos incisos do art. 60 da CF). Conforme art. 61, § 2º, da CF: "Art. 61. A iniciativa das leis complementares e ordinárias cabe a qualquer membro ou Comissão da Câmara dos Deputados, do Senado Federal ou do Congresso Nacional, ao Presidente da República, ao Supremo Tribunal Federal, aos Tribunais Superiores, ao Procurador-Geral da República e aos cidadãos, na forma e nos casos previstos nesta Constituição. § 2º A iniciativa popular pode ser exercida pela apresentação à Câmara dos Deputados de projeto de lei subscrito por, no mínimo, um por cento do eleitorado nacional, distribuído pelo menos por cinco Estados, com não menos de três décimos por cento dos eleitores de cada um deles".

Alternativa "d": para propor emenda à constituição, deve-se haver um terço, no mínimo, dos membros da Câmara dos Deputados ou do Senado Federal, nos termos no at. 60, inciso I, da CF. Quanto à lei ordinária, qualquer membro do Congresso pode apresentar projeto, conforme art. 61, caput, da CF.

Alternativa correta: letra "e": a assertiva está de acordo com o disposto no **art. 60, inciso II, da CF** ("Art. 60. A Constituição poderá ser emendada mediante proposta: II – do Presidente da República") **c/c art. 61, *caput*, da CF** ("Art. 61. **A iniciativa das leis complementares e ordinárias cabe** a qualquer membro ou Comissão da Câmara dos Deputados, do Senado Federal ou do Congresso Nacional, **ao Presidente da República**, ao Supremo Tribunal Federal, aos Tribunais Superiores, ao Procurador-Geral da República e aos cidadãos, na forma e nos casos previstos nesta Constituição").

---

138. (TRT 8 – Juiz do Trabalho Substituto 8ª Região/2015) Com relação ao Poder Legislativo e processo legislativo, assinale a alternativa INCORRETA:

a) Cabe ao Congresso Nacional, com a sanção do Presidente da República, a criação e extinção de Ministérios e órgãos da administração pública.

b) Compete ao Senado Federal avaliar periodicamente a funcionalidade do Sistema Tributário Nacional, em sua estrutura e seus componentes, e o desempenho das administrações tributárias da União, dos Estados e do Distrito Federal e dos Municípios.

c) A matéria constante de proposta de emenda constitucional rejeitada ou havida por prejudicada poderá ser objeto de nova proposta, na mesma sessão legislativa.

d) Qualquer deliberação de cada uma das Casas do Congresso Nacional sobre o mérito das medidas provisórias dependerá de juízo prévio sobre o atendimento de seus pressupostos constitucionais.

e) Não será admitido aumento da despesa prevista nos projetos sobre organização dos serviços administrativos da Câmara dos Deputados, do Senado Federal, dos Tribunais Federais e do Ministério Público.

COMENTÁRIOS

Alternativa "a": o art. 48, XI, da CF prevê que cabe ao Congresso Nacional, com a sanção do Presidente da República, a criação e extinção de Ministérios e órgãos da administração pública.

Alternativa "b": consoante art. 52, XV, da CF, compete ao Senado Federal avaliar periodicamente a funcionalidade do Sistema Tributário Nacional, em sua estrutura e seus componentes, e o desempenho das administrações tributárias da União, dos Estados e do Distrito Federal e dos Municípios.

Alternativa "d": segundo o art. 62, § 5º, da CF, qualquer deliberação de cada uma das Casas do Congresso Nacional sobre o mérito das medidas provisórias dependerá de juízo prévio sobre o atendimento de seus pressupostos constitucionais.

Alternativa "e": o art. 63, II, da CF preceitua que não será admitido aumento da despesa prevista nos projetos sobre organização dos serviços administrativos da Câmara dos Deputados, do Senado Federal, dos Tribunais Federais e do Ministério Público.

Alternativa correta: "c" (a questão pede a incorreta). Nos termos do art. 60, § 5º, da CF, a matéria constante de proposta de emenda constitucional rejeitada ou havida por prejudicada **não poderá** ser objeto de nova proposta na mesma sessão legislativa.

---

139. (TRT 14 – Juiz do Trabalho Substituto 14ª Região/2013) Analise as proposições abaixo e após marque a alternativa correta:

I. No Processo Legislativo, a Casa iniciadora será a Câmara dos Deputados nos casos de projetos de lei populares, ou de iniciativa do Presidente da República, do Supremo Tribunal Federal ou dos Tribunais Superiores.

II. Observado o sistema bicameral federativo, o projeto aprovado por uma Casa será revisto pela outra, sendo certo que a ausência de dúplice aprovação implica no arquivamento do projeto.

III. A promulgação de lei cujo veto presidencial foi rejeitado pelo Congresso Nacional se dará pelo Presidente da República e, caso não o faça, a promulgação será feita pelo Presidente do Senado Federal e, na sua ausência, pelo Vice-Presidente do Senado.

a) Apenas o item I é falso.

b) Apenas o item II é falso.

c) Apenas o item III é falso.

d) Todos os itens são falsos.

e) Todos os itens são verdadeiros.

COMENTÁRIOS

✪ **Nota do autor:** Essa questão remete-nos ao texto constitucional.

Proposição I. A discussão e votação dos projetos de lei de iniciativa do Presidente da República, do Supremo Tribunal Federal, dos Tribunais Superiores, de membros ou Comissão da Câmara dos Deputados, do Procurador-Geral da República e dos cidadãos terão início na Câmara dos Deputados (CF, art. 61, § 2º e 64, *caput* da CF). A discussão e votação dos projetos de lei *somente* terão início no Senado Federal quando forem apresentados por membro ou Comissão do próprio Senado.

Proposição II. O projeto de lei aprovado por uma Casa Legislativa será revisto pela outra, em um só turno de discussão e votação, e enviado à sanção e promulgação se aprovado ou arquivado se rejeitado (CF, art. 65, *caput*).

Proposição III. O veto presidencial deve ser apreciado em sessão conjunta das Casas Congressuais, dentro de 30 dias de seu recebimento, só podendo ser rejeitado pelo voto da maioria absoluta de *todos os parlamentares* (CF, art. 66, § 4º). Se o *veto for derrubado*, o projeto de lei na íntegra deverá ser enviado ao Presidente da República para promulgação (CF, art. 66, § 5º). No caso do chefe do Poder Executivo quedar-se inerte e silenciar nas 48 horas seguintes, o presidente do Senado Federal deverá promulgar a lei e, se também não o fizer em 48 horas, incumbe ao vice-presidente do Senado Federal promulgá-la afinal (CF, art. 66, § 7º).

Alternativa correta: letra "e".

---

140. (FCC – Juiz do Trabalho Substituto 4ª Região/2012) Medida provisória tendo por objeto a abertura de crédito extraordinário para atendimento a despesas decorrentes de situação de calamidade pública é editada pelo Presidente da República e submetida de imediato à apreciação do Congresso Nacional. Nessa hipótese, a medida provisória

a) é incompatível com a Constituição da República, que veda a edição de medidas provisórias em matéria relativa a planos plurianuais, diretrizes orçamentárias, orçamento e créditos adicionais e suplementares.

b) perderá eficácia, desde a edição, se não for convertida em lei no prazo de quarenta e cinco dias, prorrogável uma vez por igual período, devendo o Congresso Nacional disciplinar, por decreto legislativo, as relações jurídicas dela decorrentes.

c) entrará em regime de urgência, se não for apreciada em até sessenta dias contados de sua publicação, subsequentemente, em cada uma das Casas do Congresso Nacional, ficando sobrestadas, até que se ultime a votação, todas as demais deliberações legislativas da Casa em que estiver tramitando.

d) é incompatível com a Constituição da República, que somente autoriza a abertura de crédito extraordinário, por meio de medida provisória, para atender a despesas imprevisíveis e urgentes decorrentes de guerra ou comoção interna.

e) deverá ser objeto de parecer, emitido por comissão mista de Deputados e Senadores, antes do exame, em sessão separada, pelo plenário de cada uma das casas do Congresso Nacional, fase esta de observância obrigatória no processo de conversão das medidas provisórias em lei.

COMENTÁRIOS

✪ **Nota do autor:** A questão trata da medida provisória prevista no art. 167, § 3º da CF, pouco conhecida e utilizada na prática política e muito presente em provas objetivas.

Alternativa correta: letra "e" (responde, por exclusão, todas as demais alternativas). Há uma modalidade excepcionalíssima de medida provisória para abertura de crédito extraordinário para fazer frente a despesas imprevisíveis e urgentes decorrentes de guerra, comoção interna e *calamidade pública* (CF, art. 167, § 3º). As medidas provisórias perdem eficácia, desde sua edição, se não forem convertidas em lei no *prazo de 60 (sessenta) dias* – e não 45 dias –, prorrogável uma vez por igual período, devendo o Congresso Nacional disciplinar, por decreto legislativo, as relações jurídicas delas decorrentes (CF, art. 62, § 3º) e entrarão em regime de urgência, se não forem apreciadas em até *45 (quarenta e cinco) dias* – e não 60 dias – contados de sua publicação, subsequentemente, em cada uma das Casas do Congresso Nacional, ficando sobrestadas, até que se ultime a votação, todas as demais deliberações legislativas da Casa em que estiverem tramitando (CF, art. 62, § 6º), cabendo à comissão mista de Deputados Federais e Senadores examiná-las e emitir parecer, antes de serem apreciadas, em sessão separada, pelo Plenário de cada uma das Casas Congressuais, fase esta de observância obrigatória no processo de conversão das medidas provisórias em lei (CF, art. 62, § 9º).

141. (TRT 16 – Juiz do Trabalho Substituto 16ª Região/2011) Sobre o processo legislativo analise as seguintes afirmações e marque a alternativa CORRETA:

I. A matéria constante de projeto de lei rejeitado somente poderá constituir objeto de novo projeto, na mesma sessão legislativa, mediante proposta da maioria absoluta dos membros de qualquer das Casas do Congresso Nacional.

II. A Constituição Federal poderá ser emendada mediante proposta do Presidente da República; de, no mínimo, a maioria simples dos membros da Câmara dos Deputados ou do Senado Federal e de mais da metade das Assembleias Legislativas das unidades da Federação. Neste último caso, cada uma delas deverá se manifestar pela maioria absoluta de seus membros.

III. A Constituição não poderá ser emendada na vigência de intervenção federal, de estado de defesa ou de estado de sítio, salvo declaração expressa do Congresso Nacional sobre a matéria.

IV. A proposta de Emenda será discutida e votada em cada Casa do Congresso Nacional, em dois turnos, considerando-se aprovada se obtiver, em ambos, três quintos dos votos dos respectivos membros. Apenas não será objeto de deliberação a proposta de emenda tendente a abolir a forma federativa de Estado, os direitos e garantias individuais e o voto direto, secreto, universal e periódico.

V. A iniciativa popular para a criação de leis pode ser exercida pela apresentação à Câmara dos Deputados de projeto de lei subscrito por, no mínimo, um por cento do eleitorado nacional, distribuído pelo menos por cinco Estados, com não menos de três décimos por cento dos eleitores de cada um deles.

a) Somente as afirmativas II, III e IV estão corretas.
b) Somente as afirmativas I e V estão corretas.
c) Somente as afirmativas I, III e V estão corretas.
d) Somente as afirmativas II e III estão erradas.
e) Somente a afirmativa I está correta.

COMENTÁRIOS

✪ **Nota do autor:** A questão exige apenas memorização. O erro pode estar *enrustido* na redação da questão e se limitar a uma palavra, a mais ou a menos. Então, muito cuidado.

Proposição I. A proposição remete-nos ao art. 67 da CF. Aqui, há que se ter cuidado: a matéria constante de *proposta de emenda constitucional* rejeitada ou havida por prejudicada *não poderá* ser objeto de nova proposta na mesma sessão legislativa (CF, art. 60, § 5º).

Proposição II. Diz o art. 60 da CF: a Constituição poderá ser emendada mediante proposta: (i) de *1/3* (*um terço*) – e não maioria simples –, no mínimo, dos membros da Câmara dos Deputados ou do Senado Federal, (ii) do Presidente da República e (iii) de mais da metade das Assembleias Legislativas das unidades da Federação, manifestando-se, cada uma delas, pela *maioria relativa* – e não maioria absoluta – de seus membros.

Proposição III. A Constituição Federal não poderá ser emendada na vigência de intervenção federal, de estado de defesa ou de estado de sítio, *em hipótese alguma* (CF, art. 60, § 1º).

Proposição IV. A proposição encontra-se incompleta. Além daquelas matérias que expressamente arrolou – a forma federativa de Estado; os direitos e garantias individuais e o voto direto, secreto, universal e periódico (CF, art. 60, § 4º, I, II e IV) – também não será objeto de deliberação a proposta de emenda tendente a abolir a *separação dos poderes* (CF, art. 60, § 4º, III). No mais, a proposta de emenda à Constituição será discutida e votada em cada Casa do Congresso Nacional, em 02 turnos, considerando-se aprovada se obtiver, em ambos, 3/5 dos votos dos respectivos membros (CF, art. 60, § 2º).

Proposição V. A proposição é reprodução, quase literal, do art. 61, § 2º, CF.

Alternativa correta: letra "b".

142. (TRT 16 – Juiz do Trabalho Substituto 16ª Região/2011) Ainda sobre o processo legislativo, analise as seguintes afirmações e marque a alternativa CORRETA:

I. Entre as leis de iniciativa privativa do Presidente da República estão aquelas que dispõem sobre a criação de cargos, funções ou empregos públicos na administração direta, a organização do Ministério Público e da Defensoria Pública da União, bem como normas gerais para a organização do Ministério Público e da Defensoria Pública dos Estados.

II. Segundo entendimento do STF, é possível a instituição de medida provisória estadual, desde que, primeiro, esse instrumento esteja expressamente previsto na Constituição do Estado e, segundo, sejam observados os princípios e as limitações impostas pelo modelo adotado pela Constituição Federal.

III. As leis delegadas serão elaboradas pelo Presidente da República, que deverá solicitar a delegação ao Congresso Nacional. No entanto, considerando tratar-se de situação excepcional, o legislador constituinte vedou seu uso, entre outras matérias, aos atos de competência exclusiva do Congresso Nacional. Por outro lado, há casos em que é permitida a delegação de matérias relativas aos planos plurianuais e diretrizes orçamentárias, desde que especificado seu conteúdo e os termos de seu exercício, através de resolução do Congresso Nacional.

IV. As medidas provisórias necessariamente perderão eficácia, desde a edição, se não forem convertidas em lei no prazo de sessenta dias, prorrogável uma única vez por igual período. No caso de perda de eficácia, o Congresso Nacional disciplinará, por decreto legislativo, as relações jurídicas delas decorrentes.

V. Conforme entendimento consolidado do Supremo Tribunal Federal, os requisitos constitucionais legitimadores da edição de medidas provisórias, vertidos nos conceitos jurídicos indeterminados de 'relevância' e 'urgência' (art 62 da Constituição federal de 1988), apenas em caráter excepcional se submetem ao crivo do Poder judiciário, por força da regra da separação de poderes.

a) Somente as afirmativas I e II estão corretas.

b) Somente as afirmativas I, II e V estão corretas.

c) Somente as afirmativas I, II, III e V estão corretas.

d) Somente as afirmativas I e III estão erradas.

e) Somente as afirmativas I e V estão corretas.

COMENTÁRIOS

✪ **Nota do autor:** Outra questão a indicar a importância de se conhecer, minuciosamente, o texto da Constituição e a jurisprudência do STF.

Proposição I. A proposição traz a dicção combinada do art. 61, § 1º, II, *a* e *d* da CF: são de iniciativa privativa do Presidente da República as leis que disponham sobre a criação de cargos, funções ou empregos públicos na Administração Pública direta e autárquica ou aumento de sua remuneração e a organização do Ministério Público e da Defensoria Pública da União, bem como normas gerais para a organização do Ministério Público e da Defensoria Pública dos Estados, do Distrito Federal e dos Territórios.

Proposição II. Há possibilidade de o Governador do Estado, amparado por sua Constituição Estadual, editar medidas provisórias – interpretação lógica do arts. 25, § 2º e 84, XXVI da CF –, conforme jurisprudência do STF (ADI 425 e 2.391).

Proposição III. *Não serão objeto de delegação* os atos de competência exclusiva do Congresso Nacional, os de competência privativa da Câmara dos Deputados ou do Senado Federal, a matéria reservada à lei complementar, nem a legislação sobre: (i) organização do Poder Judiciário e do Ministério Público, a carreira e a garantia de seus membros, (ii) nacionalidade, cidadania, direitos individuais, políticos e eleitorais e (iii) *planos plurianuais, diretrizes orçamentárias e orçamentos* (CF, art. 68, § 1º, I a III).

Proposição IV. A proposição traz a inteligência do art. 62, § 3º da CF: as medidas provisórias, ressalvado o disposto nos §§ 11 e 12 perderão eficácia, desde a edição, se não forem convertidas em lei no prazo de 60 dias, prorrogável, nos termos do § 7º, uma vez por igual período, devendo o Congresso Nacional disciplinar, por decreto legislativo, as relações jurídicas delas decorrentes.

Proposição V. O juízo político discricionário do Presidente da República aos pressupostos formais da urgência e relevância é sindicável, com extrema prudência e cautela, pelo Poder Judiciário (ADI 162 MC e 1.753 MC), além, evidentemente, pelo juízo prévio do Congresso Nacional ao apreciar essa espécie de ato normativo (CF, art. 62, § 5º).

Alternativa correta: letra "b".

---

143. (CESPE – Juiz do Trabalho Substituto 5ª Região/2013) Em relação ao Poder Legislativo, assinale a opção correta.

a) Os parlamentares integrantes da Câmara dos Deputados são eleitos pelo sistema majoritário.

b) As propostas de emenda à Constituição devem ser sancionadas pelo presidente da República, ressalvados os casos de sua iniciativa exclusiva.

c) Decreto do presidente da República que viole os limites legais pode ser objeto do controle político repressivo de constitucionalidade pelo Congresso Nacional.

d) Ao Tribunal de Contas da União, órgão auxiliar e integrante do Poder Legislativo, compete julgar as contas prestadas anualmente pelo presidente da República.

e) O presidente da República detém competência para vetar, por razões de inconstitucionalidade, determinada palavra contida em projeto de lei.

COMENTÁRIOS

✪ **Nota do autor:** O controle de constitucionalidade preventivo é anterior a publicação do ato normativo e se confunde com o político; o controle repressivo ou sucessivo é realizado posteriormente a publicação do ato normativo.

Alternativa "a". Os Deputados Federais, representantes do povo, são eleitos pelo sistema proporcional (CF, art. 45, *caput*); os Senadores, representantes dos Estados e do Distrito Federal, são eleitos pelo sistema majoritário. O número de deputados federais é variável, proporcional à população dos Estados e Distrito Federal, estabelecido por lei complementar e ajustável pelo Tribunal Superior Eleitoral no ano anterior às eleições, dentro de um limite mínimo de 08 e máximo de 70 parlamentares por representação das unidades federativas (CF, art. 45, § 1º).

Alternativa "b". As emendas à Constituição serão promulgadas pelas Mesas da Câmara dos Deputados *e* do Senado Federal, com o respectivo número de ordem (CF, art. 60, § 3º). Não são, portanto, encaminhadas ao Presidente da República para sanção ou veto e promulgação posterior. O próprio Congresso Nacional cuida das *formalidades últimas*, sem participação do chefe do Poder Executivo.

Alternativa "d". Compete exclusivamente ao Congresso Nacional *julgar* as contas prestadas anualmente pelo Presidente da República e apreciar os relatórios sobre a execução dos planos de governo (CF, art. 49, IX). Ao Tribunal de Contas da União cabe *apreciar* as contas anuais prestadas pelo chefe do Poder Executivo, mediante *parecer prévio* (CF, art. 71, I).

Alternativa "e". O veto parcial somente abrangerá texto integral de artigo, de parágrafo, de inciso ou de alíneas (CF, art. 66, § 2º). É dizer: não se pode vetar parcialmente um projeto de lei para retirar, *cirurgicamente*, uma palavra ou expressão, de modo a alterar todo seu sentido.

Alternativa correta: letra "c". Há alguns mecanismos de *atuação repressiva* exercidos pelo *Poder Legislativo* – como a possibilidade de o Congresso Nacional sustar atos normativos editados pelo Poder Executivo exorbitantes do poder regulamentar ou dos limites da delegação legislativa (CF, art. 49, V) – e pelo Poder Executivo – como a recusa direta em aplicar norma inconstitucional. Essa modalidade de controle de constitucionalidade pelo Poder Legislativo destina-se a assegurar a observância do princípio da legalidade, na eventualidade de vir a ser vulnerado por conduta abusiva do chefe do Poder Executivo[70].

---

144. (TRT 8 – Juiz do Trabalho Substituto 8ª Região/2013) A respeito das medidas provisórias, é vedada a sua edição em relação às seguintes matérias:

a) Direito Processual Penal, Processual Civil e Processual do Trabalho.

b) Direito Civil, Direito Penal e Direito do Trabalho.

c) Direito Penal, Direito Processual Penal e Direito Processual Civil.

d) Direito Penal, Direito Civil e Direito Comercial.

e) Direito Civil, Direito Processual Civil e Direito Processual do Trabalho.

COMENTÁRIOS

Nota do autor: Por sua *excentricidade normativa*, contrariando a *regra de ouro* da divisão funcional de poderes do Estado, a Constituição de 1988 estabeleceu restrições temáticas à edição de medidas provisórias.

Alternativa correta: letra "c" (responde, por exclusão, todas as demais alternativas). É vedada a edição de medidas provisórias sobre matérias relativas a: (i) nacionalidade, cidadania, direitos políticos, partidos políticos e direito eleitoral, (ii) *direito penal, processo penal e processo civil*, (iii) organização do Poder Judiciário e do Ministério Público, a carreira e a garantia de seus membros, (iv) planos plurianuais, diretrizes orçamentárias, orçamento e créditos adicionais e suplementares, (v) detenção ou sequestro de bens, de poupança popular ou qualquer outro ativo financeiro, (vi) reservada à lei complementar, (vii) já disciplinada em projeto de lei aprovado pelo Congresso Nacional e pendente de sanção ou veto do Presidente da República, (viii) regulamentação de artigo da Constituição com redação alterada por emenda promulgada entre 1º de janeiro de 1995 e 11 de setembro de 2001[71] (CF, arts. 62, § 1º, I a IV e 246).

---

145. (TRT 8 – Juiz do Trabalho Substituto 8ª Região/2013) Em relação às medidas provisórias, é CORRETO dizer:

a) Qualquer medida provisória que implique instituição ou majoração de impostos só produzirá efeitos no exercício financeiro seguinte, salvo se houver sido convertida em lei até o último dia daquele em que foi editada, quando poderá gerar efeitos no mesmo ano, limitados ao período restante.

b) As medidas provisórias perderão eficácia, desde a edição, se não forem convertidas em lei no prazo de noventa dias, prorrogável uma vez por igual período, devendo o Congresso Nacional disciplinar, por decreto legislativo, as relações jurídicas delas decorrentes.

c) A deliberação de cada uma das Casas do Congresso Nacional sobre o mérito das medidas provisórias não dependerá de qualquer juízo prévio.

d) Se a medida provisória não for apreciada em até quarenta e cinco dias contados de sua publicação, entrará em regime de urgência, subsequentemente, em cada uma das Casas do Congresso Nacional, ficando sobrestadas, até que se ultime a votação, todas as demais deliberações legislativas da Casa em que estiver tramitando.

e) As medidas provisórias terão sua votação iniciada, de forma alternada, na Câmara dos Deputados e no Senado Federal.

COMENTÁRIOS

Nota do autor: São requisitos formais da medida provisória a urgência e a relevância. *Esta* representa a importância – social – de seu conteúdo, do assunto tratado na norma jurídica. *Aquela* indica um estado de necessidade, um perigo na demora de legislar e prontamente regular juridicamente a situação de fato, podendo ocasionar dano irreparável ou de difícil reparação ao interesse público. Por isso, antes de deliberar sobre o mérito da medida provisória propriamente dito, o Parlamento – cada uma de suas Casas – deve apreciar, em juízo de admissibilidade – ou prévio ou prejudicial – o preenchimento dos requisitos formais daquele ato normativo excepcional.

Alternativa "a". Os impostos criados e majorados por medida provisória só produzirão efeitos no *exercício financeiro subsequente* – princípio da anterioridade tributária –, *se* esta houver sido *convertida em lei até o último dia do ano em que foi editada* (CF, art. 62, § 2º). As exce-

70. BARROSO, Luís Roberto. *O controle de constitucionalidade no direito brasileiro*: exposição sistemática da doutrina e análise crítica da jurisprudência. 2. ed. São Paulo: Saraiva, 2006. p. 46 e 73.

71. Data de promulgação da Emenda Constitucional nº 32/01.

ções ficam por conta dos impostos sobre (i) importação de produtos estrangeiros, (ii) exportação, para o exterior, de produtos nacionais ou nacionalizados, (iii) produtos industrializados, (iv) operações de crédito, câmbio e seguro, ou relativas a títulos ou valores mobiliários e (v) na iminência ou em caso de guerra externa, impostos extraordinários (CF, arts. 153, I, II, IV e V e 154, II).

Alternativa "b". As medidas provisórias perderão eficácia, desde a edição, se não forem convertidas em lei no prazo de *60 (sessenta) dias* – e não 90 dias –, prorrogável uma vez por igual período, devendo o Congresso Nacional disciplinar, por decreto legislativo, as relações jurídicas delas decorrentes (CF, art. 62, § 3º).

Alternativa "c". A deliberação de cada uma das Casas do Congresso Nacional sobre o mérito das medidas provisórias *dependerá* de juízo prévio sobre o atendimento de seus pressupostos constitucionais (CF, art. 62, § 5º).

Alternativa "e". As medidas provisórias terão sua votação iniciada, *indubitavelmente*, na Câmara dos Deputados (CF, art. 62, § 8º), pois de iniciativa privativa do Presidente da República (CF, arts. 64, *caput* e 84, XXVI).

Alternativa correta: letra "d". A alternativa transcreve o inteiro teor do art. 62, § 6º da CF.

---

146. (FCC – Juiz do Trabalho Substituto 6ª Região/2013): Medida provisória (MP) editada para abertura de crédito extraordinário, destinado à cobertura de despesas correntes de órgãos da Administração Federal, tais como o pagamento de despesas com a manutenção e o funcionamento de escritórios regionais e a continuação de programas em andamento, é objeto de ação direta de inconstitucionalidade (ADI) ajuizada, perante o Supremo Tribunal Federal, por partido político com representação no Congresso Nacional. Setenta dias após sua edição, a MP é convertida em lei, sem alterações, antes do julgamento da ADI.

Nesse caso, diante da disciplina constitucional da matéria, a MP em questão é

a) incompatível com a Constituição da República, pois deveria ter sido aprovada pelo Congresso Nacional até sessenta dias após sua edição, sob pena de perda de eficácia retroativa.

b) incompatível com a Constituição da República, que somente admite a edição de MP em matéria orçamentária para atender a despesas imprevisíveis e urgentes, como as decorrentes de guerra, comoção interna ou calamidade pública, o que não se caracterizou no caso.

c) incompatível com a Constituição da República, em sua origem, já que não se admite a edição de MP para o fim pretendido, vício que, contudo, foi convalidado por sua conversão em lei, ocorrida dentro do prazo constitucional.

d) compatível com a Constituição da República, que admite a edição de MP em matéria orçamentária para a abertura de crédito extraordinário, tal como relatado no caso.

e) compatível com a Constituição da República, já que possui objeto compatível com a edição de MP e foi convertida em lei dentro do prazo de vigência do ato normativo, embora já tenha sido aprovada em regime de urgência.

COMENTÁRIOS

✪ **Nota do autor:** Se a medida provisória for transformada ou convertida em lei ordinária por decisão do Congresso Nacional, é necessário o aditamento do pedido da ação direta de inconstitucionalidade, sob pena de perda de objeto (ADI 4.048 MC). A medida provisória rejeitada ou não apreciada pelo Congresso Nacional no prazo legal tem efeitos prejudiciais no andamento da ADI, conduzindo, por consequência lógica, à perda de objeto (ADI 293).

Alternativa "a". As medidas provisórias gozam de eficácia jurídica desde sua edição – ou publicação –, com vigência por um prazo inicial de 60 dias, *prorrogáveis* automaticamente uma única vez e por igual período se não encerrada sua votação nas Casas Congressuais (CF, art. 62, § 7º). Se não forem convertidas em lei dentro dos prazos constitucionais (*60 + 60 = 120*), as medidas provisórias perdem sua eficácia, eliminando-se seus efeitos desde sua edição, devendo o Congresso Nacional disciplinar as relações jurídicas delas decorrentes por decreto legislativo (CF, art. 62, § 3º).

Alternativa "c". Os vícios formais e materiais da medida provisória não são convalidados com sua conversão em lei (ADI 3.090 MC), cabendo o controle de constitucionalidade por ação direta ou incidental.

Alternativa "e". Reporto-me ao comentário da alternativa correta "b", com um adendo: a medida provisória não apreciada em até 45 dias contados de sua publicação, *de fato*, entrará em regime de urgência, sobrestando, até que se ultime a votação em cada uma das Casas Congressuais, todas as demais deliberações legislativas daquela Casa em que ainda estiver tramitando (CF, art. 62, § 6º).

Alternativa correta: letra "b" (responde a alternativa "d" por contrariedade). É vedada a edição de medidas provisórias sobre matéria relativa a planos plurianuais, diretrizes orçamentárias, *orçamento* e *créditos adicionais ou suplementares*, ressalvada a abertura de crédito extraordinário para atender, *única e exclusivamente*, a despesas imprevisíveis e urgentes, como as decorrentes de guerra, comoção interna ou calamidade pública (CF, art. 62, § 1º, I, *d* e 167, § 3º).

3.5. FISCALIZAÇÃO CONTÁBIL, FINANCEIRA E ORÇAMENTÁRIA. TRIBUNAL DE CONTAS

▸ CF, artigos 70 a 75.

147. (FCC – Juiz do Trabalho Substituto 11ª Região/2012) Considere os seguintes extratos de processos que tramitam perante o Tribunal de Contas do Estado do Amazonas, constantes de ata de sessão ordinária do Pleno daquela Corte, realizada no ano de 2010:

1) PROCESSO N° 2270/2010

Obj.: Consulta

Órgão: Casa Civil

Consulente: (...)

Procurador: (...)

DECISÃO: Conhecer a presente consulta. Responder ao interessado e encaminhamento de cópia ao consultante.

2) PROCESSO N° 1469/2009

Obj.: Prestação de Contas, exercício de 2008

Órgão: Hospital Isolamento "Chapot Prevost"

Responsável: (...)

Procurador: (...)

DECISÃO: Contas irregulares, e multa de R$ 3.300,00.

3) PROCESSO N° 4795/2010 (2VIs)

Obj.: Solicitação

Órgão: Comissão Geral de Licitação do Poder Executivo do Estado do Amazonas.

Responsável: (...)

DECISÃO: Determinar a sustação do procedimento Licitatório que foi realizado com a modalidade Pregão.

Diante do que dispõe a Constituição da República acerca da função de fiscalização exercida pelo Poder Legislativo com o auxílio dos Tribunais de Contas, é correto afirmar que

a) a decisão tomada no Processo no 2270/2010 é inconstitucional, uma vez que não compete às Cortes de Contas responder a consultas de órgãos da Administração, função esta que incumbe à Advocacia Geral da União ou à Procuradoria Geral dos Estados, conforme o caso.

b) a decisão tomada no Processo no 1469/2009 é incompatível com a Constituição da República, no que se refere ao julgamento de contas de órgão da Administração estadual, por se tratar de atribuição que compete ao órgão do Poder Legislativo, como titular da função de fiscalização, e não à Corte de Contas, que daquele é auxiliar.

c) a decisão tomada no Processo no 1469/2009 é incompatível com a Constituição da República, no que se refere à imposição de penalidade de natureza pecuniária a responsáveis por órgão da administração estadual, por se tratar de atribuição que compete ao órgão do Poder Legislativo, como titular da função de fiscalização, e não à Corte de Contas, que daquele é auxiliar.

d) a decisão tomada no Processo ne 4795/2010 conflita com a disciplina da matéria na Constituição da República, por se tratar de atribuição que compete ao órgão do Poder Legislativo, como titular da função de fiscalização, e não à Corte de Contas, que daquele é auxiliar.

e) as decisões adotadas pelo TCE nos três processos são compatíveis com as competências atribuídas originariamente às Cortes de Contas pela Constituição da República.

COMENTÁRIOS

Nota do autor: Remeto o leitor à nota anterior.

Alternativa correta: letra "e" (responde, por contrariedade, todas as demais). O Tribunal de Contas é órgão auxiliar do Poder Legislativo no controle externo da fiscalização contábil, financeira, orçamentária, operacional e patrimonial das unidades políticas da Federação – União, Estados, Distrito Federal e Município – e da Administração Pública em geral. Como órgão público, cabe ao Tribunal de Contas prestar esclarecimentos ou responder a consultas sobre assuntos de sua competência a qualquer cidadão, dado o direito fundamental de petição, e, principalmente, a Casa Civil – como no *primeiro caso* hipotético –, órgão consultivo do Poder Executivo, pois tais informações têm a relevante função de orientar a conduta do administrador, prevenindo atos de ilegalidade ou abuso de poder. O Tribunal de Contas tem competência para julgar as contas dos administradores ou responsáveis por dinheiro, bens e valores públicos, incluídas fundações e sociedades instituídas e mantidas pelo Poder Público – como costuma ocorrer com os Hospitais do *segundo caso* – e aplicar aos responsáveis, em caso de ilegalidade de despesa ou irregularidade de contas, multa proporcional ao dano causado ao erário (CF, art. 71, II e VIII). Além disso, o Tribunal de Contas deve assinar prazo para que o órgão ou entidade pública adote as providências necessárias ao cumprimento da lei ou, se não atendido, sustar a execução do ato impugnado, conforme o *terceiro caso* (CF, art. 71, IX e X).

3.6. PODER EXECUTIVO. PRESIDENTE E VICE-PRESIDENTE. CRIMES DE RESPONSABILIDADE. MINISTROS DE ESTADO

▸ CF, artigos 76 a 91.

148. (TRT 1 – Juiz do Trabalho Substituto 1ª Região/2016) Considerando o regramento constitucional do Poder Executivo, é correto afirmar:

a) Em caso de impedimento do Vice-Presidente da República, serão chamados a sucedê-lo o Presidente da Câmara dos Deputados, o Presidente do Senado Federal e o Presidente do Supremo Tribunal Federal.

b) Atentar contra o exercício dos direitos sociais constitui crime de responsabilidade do Presidente da República.

c) O Presidente da República será afastado de suas funções, no caso de apresentação de denúncia por crime comum pelo Procurador Geral da República.

d) Compete ao Presidente da República promover os oficiais superiores das Forças Armadas.

e) Compete privativamente ao Presidente da República prestar contas ao Congresso Nacional, do exercício anterior, dentro de 90 dias da abertura do exercício subsequente.

COMENTÁRIOS

Alternativa "a": conforme o art. 80 da CF, em caso de impedimento **do Presidente e do Vice-Presidente (não apenas do Vice)**, ou vacância dos respectivos cargos, serão sucessivamente chamados **ao exercício da Presidência** o Presidente da Câmara dos Deputados, o do Senado Federal e o do Supremo Tribunal Federal.

Alternativa "c": consoante art. 86 § 1º, I, da CF, O Presidente ficará suspenso de suas funções, nas infrações penais comuns, se **recebida a denúncia ou queixa-crime pelo Supremo Tribunal Federal** (e não na apresentação da denúncia).

Alternativa "d": nos termos do art. 84, XIII, da CF, compete privativamente ao Presidente da República **exercer o comando supremo das Forças Armadas, nomear os Comandantes da Marinha, do Exército e da Aeronáutica, promover seus oficiais-generais** e nomeá-los para os cargos que lhes são privativos. Portanto, não abrange todos os oficiais superiores, a exemplo de coronéis, tenentes-coronéis e majores.

Alternativa "e": de acordo com o art. 84, XXIV, da CF, compete privativamente ao Presidente da República prestar, anualmente, ao Congresso Nacional, dentro de **sessenta dias após a abertura da sessão legislativa**, as contas referentes ao exercício anterior.

Alternativa correta: letra "b": nos termos do art. 85 da CF, **são crimes de responsabilidade os atos do Presidente da República que atentem contra** a Constituição Federal e, especialmente, contra: I – a existência da União; II – o livre exercício do Poder Legislativo, do Poder Judiciário, do Ministério Público e dos Poderes constitucionais das unidades da Federação; **III – o exercício dos direitos políticos, individuais e sociais**; IV – a segurança interna do País; V – a probidade na administração; VI – a lei orçamentária; VII – o cumprimento das leis e das decisões judiciais.

---

149. (TRT 8 – Juiz do Trabalho Substituto 8ª Região/2015) Com relação ao Poder Executivo, assinale a alternativa INCORRETA:

a) Compete privativamente ao Presidente da República, nomear, após aprovação pelo Senado Federal, os Ministros do Supremo Tribunal Federal.

b) A delegação de competência funcional é uma faculdade do Presidente da República, nos casos permitidos na Constituição Federal, dentre eles, o de dispor, mediante decreto, sobre a organização e funcionamento da administração federal, inclusive sobre criação e extinção de órgãos públicos.

c) Compete ao Ministro de Estado, além de outras atribuições estabelecidas na Constituição Federal e na lei, referendar os atos e decretos assinados pelo Presidente da República.

d) É vedada a edição de medida provisória que trate sobre a organização do Poder Judiciário, bem como a carreira e garantia de seus membros.

e) O Parlamentarismo foi instituído no Brasil em 1961, por meio da Emenda Constitucional nº 4, da Constituição Federal de 1946, e revogado em janeiro de 1963, sendo que as funções de chefe de Governo foram exercidas pelo Primeiro Ministro e, as de chefe de Estado, pelo Presidente da República.

COMENTÁRIOS

Alternativa "a": segundo o art. 101, parágrafo único, da CF, compete privativamente ao Presidente da República, nomear, após aprovação pelo Senado Federal, os Ministros do Supremo Tribunal Federal.

Alternativa "c": nos termos do art. 87, parágrafo único, I, da CF, compete ao Ministro de Estado, além de outras atribuições estabelecidas na Constituição Federal e na lei, referendar os atos e decretos assinados pelo Presidente da República.

Alternativa "d": consoante o art. 62, § 1º, I, c, da CF, é vedada a edição de medida provisória que trate sobre a organização do Poder Judiciário, bem como a carreira e garantia de seus membros.

Alternativa "e": o Parlamentarismo foi instituído no Brasil em 1961, perdurando até janeiro de 1963. "A grande novidade era a dualidade do Executivo, exercido pelo Presidente da República e pelo Conselho de Ministros, cabendo a estes a responsabilidade política do governo" (LENZA, Pedro. *Direito constitucional esquematizado*. 19. Ed. São Paulo: Saraiva, 2015, p. 142).

Alternativa correta: "b" (a questão pede a incorreta). A delegação de competência funcional é uma faculdade do Presidente da República, nos casos permitidos no parágrafo único do art. 84 da CF. Dentre eles está o de dispor, mediante decreto, sobre a organização e funcionamento da administração federal, **quando não implicar criação e extinção de órgãos públicos**.

---

150. (TRT 3 – Juiz do Trabalho Substituto 3ª Região/2013) Relativamente ao direito constitucional, assinale a alternativa incorreta:

a) Vagando os cargos de Presidente e Vice-Presidente da República, far-se-á eleição cento e vinte dias depois de aberta a última vaga.

b) Em caso de impedimento do Presidente e do Vice-Presidente, ou vacância dos respectivos cargos, serão sucessivamente chamados ao exercício da Presidência o Presidente da Câmara dos Deputados, o do Senado Federal e o do Supremo Tribunal Federal.

c) O Presidente e o Vice-Presidente da República não poderão, sem licença do Congresso Nacional, ausentar-se do País por período superior a quinze dias, sob pena de perda do cargo.

d) Admitida a acusação contra o Presidente da República, por dois terços da Câmara dos Deputados, será ele submetido a julgamento perante o Supremo Tribunal Federal, nas infrações penais comuns, ou perante o Senado Federal, nos crimes de responsabilidade.

e) O Presidente da República, na vigência de seu mandato, não pode ser responsabilizado por atos estranhos ao exercício de suas funções.

COMENTÁRIOS

Nota do autor: A questão apenas reproduz o texto constitucional.

Alternativa "b". A alternativa traz a redação integral do art. 80 da CF.

Alternativa "c". A alternativa traz a redação integral do art. 83 da CF.

Alternativa "d". A alternativa traz a redação integral do art. 86, *caput* da CF.

Alternativa "e". A alternativa traz a redação integral do art. 86, § 4º da CF.

Alternativa (in)correta: letra "a". Vagando os cargos de Presidente e Vice-Presidente da República far-se-á eleição *90 (noventa) dias* – e não 120 dias – depois de aberta a última vaga (CF, art. 81, *caput*).

---

151. (TRT 2 – Juiz do Trabalho Substituto 2ª Região/2012) Em relação às atribuições do Presidente da República é correto afirmar:

a) O Presidente da República não poderá delegar sua atribuição em dispor mediante Decreto sobre a extinção de funções ou cargos públicos, quando vagos.

b) O Presidente da República poderá delegar sua atribuição em prover e extinguir os cargos públicos federais, na forma da lei.

c) O Presidente da República deverá prestar, anualmente, ao Congresso Nacional, dentro de cento e vinte dias, após a abertura da sessão legislativa, as contas referentes ao exercício anterior.

d) Ao Presidente da República compete iniciar o processo legislativo, sancionar, promulgar e fazer publicar as leis, bem como expedir decretos legislativos, resoluções e portarias para a sua fiel execução.

e) O Presidente da República poderá dispor mediante decreto sobre organização e funcionamento da Administração Federal, quando implicar aumento de despesas, criação ou extinção de órgãos públicos.

COMENTÁRIOS

Nota do autor: A questão trata das competências/atribuições do Presidente da República.

Alternativa "c". O Presidente da República deverá prestar, anualmente, ao Congresso Nacional, dentro de *60 (sessenta) dias* – e não 120 dias –, após a abertura da sessão legislativa, as contas referentes ao exercício anterior (CF, art. 84, XXIV).

Alternativa "d". Ao Presidente da República compete iniciar o processo legislativo, *na forma e nos casos previstos na Constituição*, e sancionar, promulgar e fazer publicar as leis, bem como expedir *decretos legislativos* e *regulamentos* para a sua fiel execução (CF. art. 84, III e IV). Diz Hely Lopes Meirelles: "Resoluções são atos administrativos normativos expedidos pelas altas autoridades do Executivo (mas não pelo Chefe do Executivo, que só deve expedir decretos)"[72] e "portarias são atos administrativos internos pelos quais os chefes de órgãos, repartições ou serviços expedem determinações gerais ou especiais a seus subordinados, ou designam servidores para funções e cargos secundários"[73].

Alternativa "e". O Presidente da República poderá dispor mediante decreto sobre organização e funcionamento da Administração Federal, quando *não* implicar aumento de despesas, criação ou extinção de órgãos públicos (CF, art. 84, VI, *a*).

Alternativa correta: letra "b" (responde também a alternativa "a"). O art. 84, § único da CF faculta ao Presidente da República delegar algumas matérias expressamente enumeradas – dispor, mediante decreto, sobre organização e funcionamento da administração federal, quando não implicar aumento de despesa nem criação ou extinção de órgão público *e* extinção de funções ou cargos públicos, quando vagos (CF, art. 84, VI, *a* e b); conceder indulto ou comutar penas, com audiência, se necessário, dos órgãos instituídos em lei (CF, art. 84, XII); e prover os cargos públicos federais (CF, art. 84, XXV, primeira parte) – de sua competência privativa aos Ministros de Estado, ao Procurador-Geral da República e ao Advogado-Geral da União, observados os limites traçados no ato específico de delegação. Por seu turno, o STF entende pela legitimidade da delegação a Ministro de Estado da competência do chefe do Poder Executivo para, com fundamento no art. 84, XXV e § único da CF, aplicar pena de demissão a servidores públicos federais (RE 633.009 AgR).

---

152. (TRT 6 – Juiz do Trabalho Substituto 6ª Região/2010) A respeito da competência e da responsabilidade do Presidente da República e dos Ministros de Estado, assinale a alternativa CORRETA:

a) A competência privativa do Presidente da República para dispor, mediante decreto, sobre a extin-

---

72. MEIRELLES, Hely Lopes. Op. cit., p. 174.

73. Idem, p. 176.

ção de funções ou cargos públicos (art. 84, VI, "b", da Constituição, incluída pela Emenda Constitucional n. 32 de 11.09.01), quando vagos, é modalidade válida de decreto autônomo, apto a revogar norma legal que criou as funções ou cargos.

b) Compete privativamente ao Presidente da República declarar guerra, em caso de agressão estrangeira, autorizado pelo Congresso Nacional ou referendado por ele, quando ocorrida no intervalo das sessões legislativas, e decretar, total ou parcialmente, a mobilização nacional, desta feita, sem a necessidade de autorização ou referendo legislativo.

c) A competência do Presidente da República para conceder anistia, indulto ou comutação de pena é delegável.

d) Todos os Ministros de Estado serão escolhidos dentre brasileiros natos ou naturalizados, maiores de vinte e um anos e no exercício dos direitos políticos.

e) O Presidente da República detém imunidade penal, civil e trabalhista, na vigência do seu mandato.

COMENTÁRIOS

✪ **Nota do autor:** A questão trata das competências e da responsabilidade do Presidente da República.

Alternativa "b". O art. 84, XIX da CF estabelece a competência privativa do Presidente da República para declarar guerra ou decretar, total ou parcialmente, a mobilização nacional, sob idênticos pressupostos – *nas mesmas condições* –, isto é, autorização ou referendo do Congresso Nacional.

Alternativa "c". As matérias da competência privativa do Presidente da República passíveis de delegação estão taxativamente arroladas (CF, art. 84, VI, XII e XXV primeira parte) e não consta a *concessão de anistia*, cuja competência é exclusiva da União, sem distinção ou *indicação da autoridade* (CF, art. 21, XVII).

Alternativa "d". Diz o art. 12, § 3º, VII da CF: o cargo de *Ministro de Estado e Defesa* é privativo de *brasileiro nato* – e não naturalizado.

Alternativa "e". O Presidente da República, na vigência de seu mandato, não pode ser responsabilizado por atos estranhos ao exercício de suas funções (CF, art. 86, § 4º). Contudo, há previsão de responsabilidade por infrações penais comuns – cometidos em decorrência ou função do exercício do cargo (CF, art. 86, *caput*), além dos crimes de responsabilidade puros (CF, art. 85).

Alternativa correta: letra "a". A doutrina do Direito Administrativo aponta distinção entre o decreto regulamentar – ato normativo secundário –, aquele expedido para dar fiel execução à lei (CF, art. 84, IV) e o *decreto autônomo* – ato normativo primário –, aquele que inova na ordem jurídica ou não depende de ato normativo antecedente, podendo, inclusive, revogar disposições precedentes sem incorrer em ilegalidade (CF, art. 84, VI, *b*).

153. (CESPE – Juiz do Trabalho Substituto 1ª Região/2010) Acerca dos comandos constitucionais relativos ao Poder Executivo, assinale a opção correta.

a) A CF admite a possibilidade de o advogado-geral da União conceder indulto e comutar penas, com audiência dos órgãos instituídos em lei, se necessário.

b) Nos casos de crimes de responsabilidade conexos com os do presidente da República e de crimes comuns, os ministros de Estado serão processados e julgados perante o STF.

c) O presidente da República detém competência indelegável para a edição de medida provisória, a qual, na ocorrência da denominada rejeição tácita, perderá a eficácia desde a sua edição, com efeitos *ex nunc*.

d) Uma vez publicada medida provisória, são revogadas as demais normas do ordenamento jurídico que com ela sejam incompatíveis.

e) O procurador-geral da República pode, mediante delegação do presidente da República, celebrar tratados, convenções e atos internacionais, os quais se sujeitam a referendo do Congresso Nacional.

COMENTÁRIOS

✪ **Nota do autor:** As medidas provisórias não aprovadas ou não deliberadas no prazo constitucional perdem eficácia, desde a edição, e seus efeitos jurídicos no mundo dos fatos deverão ser disciplinados pelo Congresso Nacional: princípio da segurança jurídica e justa confiança.

Alternativa "b". Nos crimes comuns e nos crimes de responsabilidade, os Ministros de Estado serão processados e julgados perante o STF (CF, art. 102, I, *c*). Já nos crimes de responsabilidade conexos com os do Presidente da República, os Ministros de Estados serão processados e julgados pelo *Senado Federal* (CF, art. 52, I).

Alternativa "c". A denominada rejeição tácita da medida provisória – não conversão em lei durante no prazo estabelecido pela Constituição – importará na perda de eficácia jurídica desde a sua edição. Entretanto, os efeitos já concretizados nas relações jurídicas havidas – direitos adquiridos, coisa julgada e ato jurídico perfeito – em seu efêmero tempo de vigência sob condições resolutiva serão disciplinados pelo Congresso Nacional por decreto legislativo e, na ausência da edição do ato normativo, serão preservados e conservados assim como regulados pela medida provisória, em uma espécie de ultra-atividade ou eficácia remanescente. Daí, não se poder afirmar, peremptoriamente, sobre efeitos *ex tunc* ou *ex nunc*.

Alternativa "d". A medida provisória é ato normativo infraconstitucional, lei em sentido formal, *porém* um ato complexo sob condição resolutiva que apenas se aperfeiçoará se convertida em lei após apreciação pelo Congresso Nacional. Somente então adquirirá o poder de revogar, *definitivamente*, as demais normas jurídicas a ela incompatíveis, de acordo com o tradicional critério cronológico de resolução de antinomias. Enquanto isso, pode-se dizer que há uma *revogação sob condição resolutiva*, havendo possibilidade *repristinação*.

Alternativa "e". As matérias da competência privativa do Presidente da República passíveis de delegação ao Procurador-Geral da República estão taxativamente arroladas (CF, art. 84, VI, XII e XXV primeira parte) e não consta *a celebração de tratados, convenções e atos internacionais* (CF, art. 84, VIII).

Alternativa correta: letra "a". Diz o art. 84, § único da CF que o Presidente da República poderá delegar as atribuições mencionadas nos incisos VI, XII (*conceder indulto* e *comutar penas*, com audiência, se necessário, dos órgãos instituídos em lei) e XXV, primeira parte, aos Ministros de Estado, ao Procurador-Geral da República ou ao *Advogado-Geral da União*, que observarão os limites traçados nas respectivas delegações.

---

154. (CESPE – Juiz do Trabalho Substituto 5ª Região/2013) Acerca do Poder Executivo, assinale a opção correta.

a) Estados e municípios podem legislar sobre a relação de emprego de trabalhadores domésticos, dado que a matéria é de competência concorrente dos três entes federativos.

b) No presidencialismo adotado no Brasil, sistema de governo previsto na CF, a chefia de Estado e a chefia de governo não coincidem.

c) Emenda constitucional introduziu na CF previsão de edição, pelo presidente da República, de decretos autônomos que disponham sobre a criação ou a extinção de cargos e órgãos públicos.

d) Conforme previsto na CF, a responsabilidade penal do presidente da República é relativa, já que ele não pode ser responsabilizado penalmente, na vigência do seu mandato, por atos estranhos ao exercício de suas funções.

e) Em caso de relevância e urgência, pode o presidente da República editar medida provisória para regulamentar matéria relacionada a direitos e deveres dos juízes do trabalho.

COMENTÁRIOS

Nota do autor: A *condenação criminal* do Presidente da República pelo STF por atos cometidos no exercício de suas funções importará a suspensão dos direitos políticos e, consequentemente, a perda do mandato (CF, art. 15, III).

Alternativa "a". Compete privativamente à *União* legislar sobre *direito do trabalho* (CF, art. 22, I). Os Estados somente poderão legislar sobre *relação de emprego de trabalhadores domésticos* amparados por lei complementar federal com autorização expressa (CF, art. 22, único). Contudo, os Estados e o Distrito Federal podem instituir, mediante lei de iniciativa do Poder Executivo, *piso salarial estadual ou distrital* para aqueles empregados que não forem beneficiados por piso salarial definido em lei federal, convenção ou acordo coletivo de trabalho (LC 103/00, art. 1º, *caput*).

Alternativa "b". Nas democracias presidencialistas, o chefe do Poder Executivo desempenha atos típicos de chefia de Estado – diplomacia e representação internacional – e chefia de Governo – administração interna em geral.

Alternativa "c". A Emenda Constitucional nº 32/01, na *onda* da desburocratização para dar agilidade à máquina pública, autorizou o Presidente da República a editar decretos autônomos para dispor sobre *extinção* de funções ou cargos públicos, *quando vagos* (CF, art. 84, VI, *b*). A criação de cargos, funções ou empregos públicos e a criação *e extinção* de órgãos da Administração Pública continuam vinculados a edição de lei formal (CF, art. 61, § 1º, *a* e *e*).

Alternativa "e". É vedada a edição de medidas provisórias sobre matéria relativa à organização do *Poder Judiciário* e do Ministério Público, à *carreira* e à *garantia* de seus *membros* (CF, art. 62, § 1º, *c*).

Alternativa correta: letra "d". O Presidente da República, na vigência de seu mandato, não pode ser responsabilizado por atos estranhos ao exercício de suas funções (CF, art. 86, § 4º). A esses casos impõem-se a suspensão provisória do processo enquanto durar o mandato presidencial.

3.7. PODER JUDICIÁRIO. ESTRUTURA. COMPETÊNCIAS. SÚMULA VINCULANTE. ESTATUTO DA MAGISTRATURA. MINISTÉRIO PÚBLICO

▸ CF, artigos 92 a 130.

---

155. (FGV – 2023 – TST – Juiz do Trabalho) A respeito dos órgãos do Poder Judiciário e suas competências, considerando o texto da Constituição da República de 1988 e o entendimento do Supremo Tribunal Federal, é correto afirmar que:

a) compete à Justiça do Trabalho processar e julgar demandas em que se discutem o recolhimento e o repasse de contribuição sindical de servidores públicos regidos pelo regime estatutário, pois o Art. 114, inciso III, da Constituição da República de 1988 estabelece a competência para as ações sobre representação sindical, entre sindicatos, entre sindicatos e trabalhadores e entre sindicatos e empregadores;

b) compete à Justiça do Trabalho julgar a abusividade de greve de servidores públicos celetistas da Administração pública direta, autarquias e fundações públicas, pois a competência prevista no Art. 114, incisos I e II, da Constituição da República de 1988 se define com base no regime de contratação;

c) compete ao Tribunal de Justiça processar e julgar ação rescisória proposta pela União com o objeto de desconstituir sentença transitada em julgado proferida por juiz estadual em causa não abrangida pela competência delegada prevista no Art. 108, §3º, da Constituição da República de 1988, mesmo quando afetar interesses de órgão federal, pois compete à Justiça prolatora da decisão rescindenda julgar a ação rescisória;

d) compete ao Conselho Superior da Justiça do Trabalho exercer, na forma da lei, a supervisão administrativa, orçamentária, financeira e patrimonial da Justiça do Trabalho de primeiro e segundo graus, como órgão central do sistema e com poderes correcionais sobre o regime disciplinar dos magistrados, cujas decisões terão efeito vinculante;

e) compete à Justiça do Trabalho o julgamento das ações de interdito proibitório em que se busca garantir o livre acesso de funcionários e de clientes às agências bancárias interditadas em decorrência de movimento grevista de trabalhadores da iniciativa privada

COMENTÁRIOS

Alternativa a: Na verdade, trata-se de matéria de competência da Justiça Comum (pois são **servidores públicos** regidos pelo regime estatutário). É o que decidiu o STF ao julgar o Recurso Extraordinário nº 1089282.

Alternativa b: Nesse caso, embora o regime seja celetista, será competente a justiça comum, federal ou estadual, conforme decidiu o STF no Tema 544 (RE 846854).

Alternativa c: O entendimento do STF, proferido no julgamento do RE 598650 (Tema 775), é no sentido de que compete aos **Tribunais Regionais Federais** processar e julgar ação rescisória proposta pela União com o objeto de desconstituir sentença transitada em julgado proferida por juiz estadual em causa não abrangida pela competência delegada prevista no art. 108, §3º da CF/88, quando afetar interesses de órgão federal.

Alternativa d: O art. 111-A, §2º, que trata do Conselho Superior da Justiça do Trabalho, aponta que lhe cabe "exercer, na forma da lei, a supervisão administrativa, orçamentária, financeira e patrimonial da Justiça do Trabalho de primeiro e segundo graus, como órgão central do sistema, cujas decisões terão efeito vinculante.". O poder correcional, contudo, não é parte de suas competências, mas sim do Conselho Nacional de Justiça.

Alternativa e: É o que se extrai da súmula vinculante 23: "A Justiça do Trabalho é competente para processar e julgar ação possessória ajuizada em decorrência do exercício do direito de greve pelos trabalhadores da iniciativa privada.".

Alternativa correta: "e".

156. (FCC – Juiz do Trabalho/2017) Sobre o Poder Judiciário, a Constituição Federal de 1988 estabelece que compete

a) originariamente ao Supremo Tribunal Federal processar e julgar a ação declaratória de constitucionalidade de lei ou ato normativo estadual.

b) à Justiça Federal processar e julgar as ações relativas às penalidades administrativas impostas aos empregadores pelos órgãos de fiscalização das relações de trabalho.

c) ao Tribunal Superior do Trabalho processar e julgar, originariamente, ação em que mais da metade dos membros de determinado Tribunal Regional do Trabalho estejam impedidos.

d) aos Tribunais Regionais Federais processar e julgar, originariamente, os juízes federais da área de sua jurisdição, incluídos os da Justiça do Trabalho, nos crimes comuns e de responsabilidade, ressalvada a competência da Justiça Eleitoral.

e) ao Superior Tribunal de Justiça julgar, em recurso ordinário, os mandados de segurança decididos em única instância pelos Tribunais Regionais Federais quando concessiva a decisão.

COMENTÁRIOS

Alternativa "a": a competência do STF é reservada à ADC de lei ou ato normativo **federal**, conforme determinação do **art. 102, inciso I, alínea "a", da CF**: "Art. 102. Compete ao Supremo Tribunal Federal, precipuamente, a guarda da Constituição, cabendo-lhe: I – processar e julgar, originariamente: a) a ação direta de inconstitucionalidade de lei ou ato normativo federal ou estadual e a ação declaratória de constitucionalidade de lei ou ato normativo federal".

Alternativa "b": a competência a que se refere a assertiva é da **Justiça do Trabalho, conforme art. 114, inciso VII, da CF**: "Art. 114. Compete à Justiça do Trabalho processar e julgar: VII – as ações relativas às penalidade administrativas impostas aos empregadores pelos órgãos de fiscalização das relações de trabalho".

Alternativa "c": a competência é do **Supremo Tribunal Federal, conforme art. 102, inciso I, alínea "n", da CF**: "Art. 102. Compete ao Supremo Tribunal Federal, precipuamente, a guarda da Constituição, cabendo-lhe: I – processar e julgar, originariamente: n) a ação em que todos os membros da magistratura sejam direta ou indiretamente interessados, e aquela em que mais da metade dos membros do tribunal de origem estejam impedidos ou sejam direta ou indiretamente interessados".

Alternativa "e": a competência do Superior Tribunal de Justiça é reservada quando for **denegatória** a decisão, conforme **art. 105, inciso II, alínea "b", da CF**: "Art. 105. Compete ao Superior Tribunal de Justiça: II – julgar, em recurso ordinário: b) os mandados de segurança decididos em única instância pelos Tribunais Regionais Federais ou pelos tribunais dos Estados, do Distrito Federal e Territórios, quando denegatória a decisão".

Alternativa correta: letra "d": a assertiva está completamente de acordo com o disposto no **art. 108, inciso I, alínea "a", da CF**: "Art. 108. Compete aos Tribunais Regionais Federais: I – processar e julgar, originariamente: a) os juízes federais da área de sua jurisdição, incluídos os da Justiça Militar e da Justiça do Trabalho, nos crimes comuns e de responsabilidade, e os membros do Ministério Público da União, ressalvada a competência da Justiça Eleitoral".

---

157. (FCC – Juiz do Trabalho/2017) Para que o Supremo Tribunal Federal examine a admissão do recurso extraordinário, o recorrente deverá demonstrar a repercussão geral das questões constitucionais discutidas no caso, isto é, a existência de questões relevantes do ponto de vista econômico, político, social ou jurídico que ultrapassem os interesses subjetivos do processo. Há casos, no entanto, nos quais se entende que há repercussão geral sem que seja necessária argumentação que demonstre a existência dessas questões que ultrapassem os interesses subjetivos do caso. Nesse sentido, haverá repercussão geral sempre que

a) o parecer do Procurador-Geral da República for favorável à admissão.

b) a União for parte do processo.

c) o caso envolver direitos fundamentais.

d) os preceitos constitucionais fundamentais forem questionados.

e) o recurso impugnar acórdão que contrarie súmula do Supremo Tribunal Federal.

COMENTÁRIOS

Alternativa correta: letra "e": a assertiva é a única que está de acordo com o disposto no **art. 1.035, § 3º, inciso I, do Novo CPC**: "Art. 1.035. O Supremo Tribunal Federal, em decisão irrecorrível, não conhecerá do recurso extraordinário quando a questão constitucional nele versada não tiver repercussão geral, nos termos deste artigo. § 3º **Haverá repercussão geral sempre que o recurso impugnar acórdão que: I – contrarie súmula ou jurisprudência dominante do Supremo Tribunal Federal**". A equivalência, no texto constitucional, encontra-se no **art. 102, § 3º**: "Art. 102. Compete ao Supremo Tribunal Federal, precipuamente, a guarda da Constituição, cabendo-lhe: § 3º **No recurso extraordinário, o recorrente deverá demonstrar a repercussão geral das questões constitucionais discutidas no caso**, nos termos da lei, a fim de que o Tribunal examine a admissão do recurso, somente podendo recusá-lo pela manifestação de dois terços de seus membros".

---

158. (FCC – Juiz do Trabalho/2017) Na esteira das Súmulas Vinculantes do Supremo Tribunal Federal, é INCORRETO afirmar:

a) A competência da Justiça do Trabalho prevista no art. 114, VIII, da Constituição Federal alcança a execução de ofício das contribuições previdenciárias relativas ao objeto da condenação constante das sentenças que proferir e acordos por ela homologados.

b) Salvo nos casos previstos na Constituição, o salário mínimo não pode ser usado como indexador de base de cálculo de vantagem de servidor público ou de empregado, nem ser substituído por decisão judicial.

c) A Justiça do Trabalho é competente para processar e julgar ação possessória ajuizada em decorrência do exercício do direito de greve pelos trabalhadores da iniciativa privada.

d) É inconstitucional toda modalidade de provimento que propicie ao servidor investir-se, sem prévia aprovação em concurso público destinado ao seu provimento, em cargo que não integra a carreira na qual anteriormente investido.

e) Ofende o princípio da livre concorrência lei estadual que impede a instalação de estabelecimentos comerciais do mesmo ramo em determinada área.

COMENTÁRIOS

Alternativa "a": o texto da assertiva está de acordo com a **Súmula Vinculante nº 53**: "A competência da Justiça do Trabalho prevista no art. 114, VIII, da Constituição Federal alcança a execução de ofício das contribuições previdenciárias relativas ao objeto da condenação constante das sentenças que proferir e acordos por ela homologados".

Alternativa "b": o texto da assertiva está de acordo com a **Súmula Vinculante nº 4**: "Salvo nos casos previstos na Constituição, o salário mínimo não pode ser usado como indexador de base de cálculo de vantagem de servidor público ou de empregado, nem ser substituído por decisão judicial".

Alternativa "c": o texto da assertiva está de acordo com a **Súmula Vinculante nº 23**: "A Justiça do Trabalho é competente para processar e julgar ação possessória ajuizada em decorrência do exercício do direito de greve pelos trabalhadores da iniciativa privada".

Alternativa "d": o texto da assertiva está de acordo com a **Súmula Vinculante nº 43**: "É inconstitucional toda modalidade de provimento que propicie ao servidor investir-se, sem prévia aprovação em concurso público destinado ao seu provimento, em cargo que não integra a carreira na qual anteriormente investido".

Alternativa correta: letra "e": de acordo com o texto da **Súmula Vinculante nº 49, lei municipal** que impede o disposto ofende o princípio da livre concorrência: "Ofende o princípio da livre concorrência lei municipal que impede a instalação de estabelecimentos comerciais do mesmo ramo em determinada área".

159. (TRT 4 – Juiz do Trabalho Substituto 4ª Região/2016) Considere as assertivas abaixo sobre o Poder Judiciário.

I. Um quinto dos lugares dos Tribunais Regionais Federais, dos Tribunais dos Estados e do Distrito Federal e Territórios será composto de membros oriundos do Ministério Público e da advocacia, indicados em lista sêxtupla pelos órgãos de representação das respectivas classes. Caso o número total de membros do Tribunal não seja divisível por 5 (cinco), arredonda-se a fração para o número inteiro seguinte, a fim de obter-se a quantidade de vagas reservadas ao quinto constitucional.

II. A inamovibilidade é garantia da magistratura, não alcançando o Juiz Substituto, que é designado para responder por determinada Vara ou Comarca ou para prestar auxílio, conforme exigência do interesse público e de acordo com a necessidade do Tribunal a que estiver vinculado.

III. A aferição do merecimento, para promoção do Magistrado, deve observar apenas dados objetivos, concernentes ao desempenho, à presteza no exercício da jurisdição, à produtividade e à frequência e ao aproveitamento em cursos oficiais ou reconhecidos de aperfeiçoamento.

Quais são corretas?

a) Apenas I

b) Apenas II

c) Apenas III

d) Apenas I e III

e) I, II e III

COMENTÁRIOS

Assertiva I: consoante art. 94 da CF, um quinto dos lugares dos Tribunais Regionais Federais, dos Tribunais dos Estados, e do Distrito Federal e Territórios será composto de membros, do Ministério Público, com mais de dez anos de carreira, e de advogados de notório saber jurídico e de reputação ilibada, com mais de dez anos de efetiva atividade profissional, indicados em lista sêxtupla pelos órgãos de representação das respectivas classes.

Assertiva II: de acordo com a jurisprudência do STF: "Tribunal de Justiça. **Se o número total de sua composição não for divisível por cinco, arredonda-se a fração restante (seja superior ou inferior à metade) para o número inteiro seguinte, a fim de alcançar-se a quantidade de vagas destinadas ao quinto constitucional** destinado ao provimento por advogados e membros do Ministério Público" (STF. AO 493, Rel. Min. Octávio Gallotti, Primeira Turma, DJ 10.11.2000, grifos nossos).

Assertiva III: nos termos do art. 93, II, "c", da CF, a aferição do merecimento conforme o desempenho e pelos critérios objetivos de produtividade e presteza no exercício da jurisdição e pela frequência e aproveitamento em cursos oficiais ou reconhecidos de aperfeiçoamento. Mas, **de acordo com o STF, "A aferição do merecimento é feita levando-se em conta diversos critérios, não apenas dados objetivos, mas também outros relativos à produtividade e presteza no exercício da jurisdição.**" (MS 27.960-AgR, Rel. Min. Ricardo Lewandowski, julgamento em 27-10-2011, Plenário, DJE de 11-11-2011.)

Alternativa correta: letra "a".

160. (TRT 8 – Juiz do Trabalho Substituto 8ª Região/2015) Em relação aos órgãos do Poder Judiciário, assinale a alternativa INCORRETA:

a) O Conselho Nacional de Justiça não desempenha funções jurisdicionais, mas apenas o controle administrativo e disciplinar da magistratura.

b) O Supremo Tribunal Federal possui como competência precípua a guarda da Constituição, sendo seus membros nomeados pelo Presidente da República, depois de aprovada a escolha pela maioria absoluta do Senado Federal, sendo requisitos, que possuam mais de trinta e cinco e menos de setenta anos de idade, notável saber jurídico e reputação ilibada, não vedando a Constituição que o candidato ao cargo de Ministro possua atividade político-partidária.

c) A ação em que todos os membros da magistratura sejam direta ou indiretamente interessados, e aquela em que mais da metade dos membros do tribunal de origem estejam impedidos ou sejam direta ou indiretamente interessados, será julgada pelo Supremo Tribunal Federal.

d) Compete exclusivamente ao Supremo Tribunal Federal a execução de sentença nas causas de sua competência originária, vedada a delegação de atribuições para a prática de atos processuais.

e) O *habeas corpus*, quando o coator for Tribunal Superior ou quando o coator ou o paciente for autoridade ou funcionário cujos atos estejam sujeitos diretamente à jurisdição do Supremo Tribunal Federal, ou se trate de crime sujeito à mesma jurisdição em uma única instância, será processado e julgado originariamente pelo Supremo Tribunal Federal.

COMENTÁRIOS

✪ **Nota do autor:** trata-se de mais uma questão envolvendo o Poder Judiciário. Tendo em vista que se trata de prova para magistratura, merecem a atenção do candidato todos os dispositivos constitucionais acerca do cargo.

Alternativa "a": de acordo com o art. 103-B, § 4º, da CF, compete ao CNJ o controle administrativo e disciplinar da magistratura. Em que pese ser órgão do Poder Judiciário, não possui poder jurisdicional.

Alternativa "b": o STF possui como competência precípua a guarda da Constituição (art. 102, *caput*, da CF), sendo seus membros nomeados pelo Presidente da República, depois de aprovada a escolha pela maioria absoluta do Senado Federal, sendo requisitos, que possuam mais de trinta e cinco e menos de setenta anos de idade, notável saber jurídico e reputação ilibada (art. 101 da CF). Por outro lado, a Constituição não veda que o candidato ao cargo de Ministro possua atividade político-partidária. Nesse sentido já decidiu o Supremo, afirmando que a vedação ao exercício de atividade político-partidária aos magistrados estabelecida no art. 95, parágrafo único, III, da CF, aplica-se, tão somente, aos magistrados, e não a quem está pleiteando cargo de ministro do STF (Pet 4.666, julgada em 2009 e relatada pelo Ministro Ricardo Lewandowski.

Alternativa "c": o art. 102, I, *n*, da CF, dispõe que a ação em que todos os membros da magistratura sejam direta ou indiretamente interessados, e aquela em que mais da metade dos membros do tribunal de origem estejam impedidos ou sejam direta ou indiretamente interessados, será julgada pelo Supremo Tribunal Federal.

Alternativa "e": segundo o art. 102, I, *i*, da CF, o habeas corpus, quando o coator for Tribunal Superior ou quando o coator ou o paciente for autoridade ou funcionário cujos atos estejam sujeitos diretamente à jurisdição do Supremo Tribunal Federal, ou se trate de crime sujeito à mesma jurisdição em uma única instância, será processado e julgado originariamente pelo Supremo Tribunal Federal.

Alternativa correta: "d" (a questão pede a incorreta). O art. 102, I, m, da CF, estabelece que compete ao STF processar e julgar, originariamente, a execução de sentença nas causas de sua competência originária, **facultada** a delegação de atribuições para a prática de atos processuais.

---

161. (TRT 8 - Juiz do Trabalho Substituto 8ª Região/2015) Em relação ao Poder Judiciário, assinale a alternativa CORRETA:

a) Em regra, o juiz titular residirá na respectiva comarca, salvo autorização da Corregedoria respectiva ao Tribunal a que está vinculado o magistrado.

b) O Conselho Nacional de Justiça não poderá atuar em relação aos atos de remoção, disponibilidade e aposentadoria do magistrado, por interesse público, devendo a decisão ser proferida por voto da maioria absoluta do respectivo tribunal, assegurada ampla defesa.

c) Todos os julgamentos dos órgãos do Poder Judiciário serão públicos, e suas decisões devidamente fundamentadas, sob pena de nulidade, podendo, no entanto, o juiz, a seu critério, limitar a presença, em determinados atos, apenas às partes e seus advogados, quando entender necessário.

d) Não poderá ser delegada aos servidores a prática de atos de administração e atos de mero expediente, mesmo sem caráter decisório, por ser de competência exclusiva do juiz titular.

e) É reservado à lei complementar, de iniciativa exclusiva do Supremo Tribunal Federal, dispor sobre o Estatuto da Magistratura.

COMENTÁRIOS

Alternativa "a": em regra, o juiz titular residirá na respectiva comarca, salvo autorização do **tribunal** a que está vinculado (art. 93, VII, da CF).

Alternativa "b": o CNJ **poderá** atuar em relação aos atos de remoção, disponibilidade e aposentadoria do magistrado, por interesse público, assegurada ampla defesa (art. 93, VIII, da CF).

Alternativa "c": todos os julgamentos dos órgãos do Poder Judiciário serão públicos, e suas decisões devidamente fundamentadas, sob pena de nulidade, podendo a **lei** limitar a presença, em determinados atos, às partes e seus advogados, ou somente a estes, em casos nos quais a preservação do direito à intimidade do interessado no sigilo não prejudique o interesse público à informação (art. 93, IX, da CF).

Alternativa "d": os servidores **receberão** delegação para a prática de atos de administração e atos de mero expediente **sem caráter decisório** (art. 93, XIV, da CF).

Alternativa correta: "e". É reservado à lei complementar, de iniciativa exclusiva do STF, dispor sobre o Estatuto da Magistratura (art. 93, *caput*, da CF)

---

162. (TRT 2 - Juiz do Trabalho Substituto 2ª Região/2012) Em relação ao Poder Judiciário é correto afirmar:

a) As decisões administrativas dos tribunais serão motivadas e em sessão pública, sendo as disciplinares tomadas pelo voto da maioria qualificada dos presentes na sessão.

b) Nos tribunais com número superior a vinte e cinco julgadores deverá ser constituído Órgão Especial, com o número mínimo de onze e o máximo de vinte e cinco membros, para o exercício de atribuições delegadas da competência do tribunal pleno.

c) Todos os julgamentos dos órgãos do Poder Judiciário serão públicos, bem como fundamentadas todas as decisões, sob pena de anulação, podendo a lei limitar a presença, em determinados atos à própria parte e a seus advogados ou somente a aqueles, em casos de preservação à intimidade do interessado.

d) Os juízes gozam da garantia da vitaliciedade, que, no primeiro grau só será adquirida após três anos, dependendo a perda do cargo, nesse período de sentença transitada em julgado.

e) Os Tribunais Regionais Federais compõem-se de no mínimo sete juízes, recrutados quando possível, na respectiva região e nomeados pelo Presidente da República, dentre brasileiros com mais de trinta e menos de sessenta cinco anos.

COMENTÁRIOS

✪ **Nota do autor:** Trata-se de questão sobre o texto da Constituição fidedignamente copiado ou alterado em partes mínimas.

Alternativa "a". As decisões administrativas dos tribunais serão motivadas e em sessão pública, sendo as disciplinares tomadas pelo voto da *maioria absoluta* – e não qualificada – de seus membros (CF, art. 93, X).

Alternativa "b". Os Tribunais com número superior a 25 julgadores *poderão* – uma faculdade, não um dever – constituir Órgão Especial (CF, art. 93, XI).

Alternativa "c". A não fundamentação das decisões judiciais importa em *nulidade absoluta* – e não anulabilidade, como faz entender a alternativa –, conforme o art. 93, IX da CF.

Alternativa "d". A prerrogativa da vitaliciedade é adquirida pelos juízes, no primeiro grau, *após 02* (*dois*) *anos* de exercício no cargo (CF, art. 95, I). Os servidores públicos adquirem a estabilidade após 03 (três) anos de exercício efetivo no cargo (CF, art. 41, *caput*).

Alternativa correta: letra "e". A alternativa transcreve o art. 107, *caput* da CF.

---

163. (TRT 16 – Juiz do Trabalho Substituto 16ª Região/2011) Analise as seguintes afirmações e marque a alternativa CORRETA:

I. Considerando o princípio da separação dos Poderes, cabe ao Poder Judiciário verificar a regularidade dos atos normativos e de administração do Poder Público em relação às causas e aos motivos, mas não à finalidade que os ensejam.

II. Todos os julgamentos dos órgãos do Poder Judiciário serão públicos, e fundamentadas todas as decisões, sob pena de nulidade, podendo a lei limitar a presença, em determinados atos, ás próprias partes e a seus advogados, ou somente a estes, em casos nos quais a preservação do direito à intimidade do interessado no sigilo não prejudique o interesse público à informação.

III. As decisões administrativas dos tribunais serão motivadas e em sessão pública, sendo as disciplinares tomadas pelo voto da maioria absoluta de seus membros.

IV. Nos tribunais com número superior a vinte e cinco julgadores, poderá ser constituído órgão especial, com o mínimo de onze e o máximo de vinte e cinco membros, para o exercício das atribuições administrativas e jurisdicionais delegadas da competência do tribunal pleno, provendo-se metade das vagas por antiguidade e a outra metade por eleição pelo tribunal pleno.

V. O Conselho Nacional de Justiça não tem nenhuma competência sobre o Supremo Tribunal Federal e seus ministros, sendo esse o órgão máximo do Poder Judiciário nacional, a que aquele está sujeito.

a) Somente as afirmativas II e III estão corretas.

b) Somente as afirmativas II, III e IV estão corretas.

c) Somente as afirmativas II, III, IV e V estão corretas.

d) Somente as afirmativas I e III estão erradas.

e) Todas as afirmativas estão corretas.

COMENTÁRIOS

✪ **Nota do autor:** A questão envolve vários assuntos relacionados aos Tribunais, à magistratura e ao Conselho Nacional de Justiça.

Proposição I. O desvio de poder – ou de finalidade – poderá ocorrer quando (i) o ato do Poder Público busca uma finalidade estranha ao interesse público ou (ii) o ato do Poder Público, embora revestido de boa intenção, não é adequado para alcançar a finalidade visada. Segundo o magistério de Celso Antônio Bandeira de Mello: "Em todos estes casos, a autoridade haverá desbordado o mérito do ato, evadindo-se ao campo de liberdade que lhe assistia, ou seja, terá ultrapassado a sua esfera discricionária para invadir setor proibido. O ato será ilegítimo e o Poder Judiciário deverá fulminá-lo, pois estará colhendo, a talho de foice, conduta ofensiva ao direito, que de modo algum poderá ser havida como insindicável, pena de considerar-se o direito como a mais inconsequente das normações e a mais rúptil e quebradiça das garantias"[74].

Proposição II. A proposição está em total consonância com o art. 93, IX da CF. *O direito fundamental de informação*, titularizado por todos e direcionado ao Poder Público, tem por objeto quaisquer informações de interesse particular ou de *interesse público* ou *geral* (CF, art. 5º, XXXIII), de modo a oportunizar aos cidadãos a plena participação política nos assuntos públicos e de interesse social, além de possibilitar a fiscalização dos atos da Administração Pública em geral. O princípio da publicidade dos atos do Poder Público pode ser restringido ou relativizado por direitos fundamentais a ele colidentes em situações concretas, principalmente para salvaguardar a intimidade e o interesse social, tudo segundo a lei de regência (CF, art. 5º, LX). A Constituição admite restrição ao âmbito de incidência normativa do direito fundamental à informação e à publicidade dos atos do Poder Judiciário, autorizando, expressamente, o legislador a limitar a presença, em determinadas hipóteses, às próprias partes e a seus advogados, ou somente a estes, em casos nos quais a preservação do direito à intimidade do interessado no sigilo não prejudique o interesse público à informação (CF, art. 93, IX). Trata-se da aplicação da técnica da ponderação racional – e proporcional – para solução dos conflitos de interesse no caso concreto: direito à informação x direito à intimidade e interesse público.

---

74. Mello, Celso Antônio Bandeira de. *Discricionariedade e controle jurisdicional*. 2. ed. São Paulo: Malheiros Editores, 2006. p. 83.

Proposição III. A proposição está em total consonância com o art. 93, X da CF.

Proposição IV. A proposição está em total consonância com o art. 93, XI da CF.

Proposição V. O STF assim decidiu sobre a matéria: "CNJ. Órgão de natureza exclusivamente administrativa. Atribuições de controle da atividade administrativa, financeira e disciplinar da magistratura. Competência relativa apenas aos órgãos e juízes situados, hierarquicamente, abaixo do STF. Preeminência deste, como órgão máximo do Poder Judiciário, sobre o Conselho, cujos atos e decisões estão sujeitos a seu controle jurisdicional. Inteligência dos arts. 102, caput, I, *r*, e 103-B, § 4º, da CF. O CNJ não tem nenhuma competência sobre o STF e seus ministros, sendo esse o órgão máximo do Poder Judiciário nacional, a que aquele está sujeito" (ADI 3.367).

Alternativa correta: letra "c".

---

164. (TRT 16 – Juiz do Trabalho Substituto 16ª Região/2011) Analise as seguintes afirmações e marque a alternativa CORRETA:

I. É da jurisprudência assente do Supremo Tribunal Federal que afronta o princípio fundamental da separação e independência dos poderes o trato em constituições estaduais de matéria, sem caráter essencialmente constitucional – assim, por exemplo, a relativa a fixação de vencimentos ou à concessão de vantagens específicas a servidores públicos que caracterize fraude à iniciativa reservada ao Poder Executivo de leis ordinárias a respeito.

II. Aos juízes é vedado exercer, ainda que em disponibilidade, outro cargo ou função, salvo uma de magistério; receber, a qualquer título ou pretexto, custas ou participação em processo; dedicar-se à atividade político-partidária; receber, a qualquer título ou pretexto, auxílios ou contribuições de pessoas físicas, entidades públicas ou privadas, ressalvadas as exceções previstas em lei; e exercer a advocacia no juízo ou tribunal do qual se afastou, antes de decorridos dois anos do afastamento do cargo por aposentadoria ou exoneração.

III. Segundo entendimento do STF é vedado ao Poder Judiciário determinar, ainda que em bases excepcionais, a formulação e/ou execução de políticas públicas, pois tal prerrogativa cabe aos Poderes Legislativo e Executivo.

IV. Somente pelo voto da maioria absoluta de seus membros poderão os tribunais declarar a inconstitucionalidade de lei ou ato normativo do Poder Público.

V. Não viola a cláusula de reserva de plenário a decisão de órgão fracionário de tribunal que apenas afasta a incidência, no todo ou em parte, de lei ou ato normativo do poder público, sem declarar expressamente sua inconstitucionalidade.

a) Somente as afirmativas I e II estão corretas.

b) Somente as afirmativas I, II e IV estão corretas.

c) Somente as afirmativas I, II e V estão corretas.

d) Somente as afirmativas II, III, IV e V estão erradas.

e) Todas as afirmativas estão erradas.

COMENTÁRIOS

✪ Nota do autor: Para responder essa questão o candidato deverá ter amplo conhecimento da jurisprudência atual do STF. Fique atento!

Proposição I. A proposição reproduz parte da ementa da ADI 104, rel. Min. Sepúlveda Pertence, julgada em 04/06/2007. Ainda sobre o princípio da simetria: "A CF, ao conferir aos Estados-membros a capacidade de auto-organização e de autogoverno – art. 25, caput –, impõe a obrigatória observância de vários princípios, entre os quais o pertinente ao processo legislativo. O legislador estadual não pode usurpar a iniciativa legislativa do chefe do Executivo, dispondo sobre as matérias reservadas a essa iniciativa privativa" (ADI 1.594).

Proposição II. Aos juízes é vedado exercer a advocacia no juízo ou Tribunal do qual se afastou, antes de decorridos *03 (três) anos* – e não 02 anos – do afastamento do cargo por aposentadoria ou exoneração. Trata-se da chamada *quarentena* do Poder Judiciário (CF, art. 95, § único, V).

Proposição III. O STF, em casos concretos envolvendo o princípio da dignidade humana e o direito ao mínimo existencial, reconhece o dever – competência – do Poder Judiciário de determinar ações ou prestações materiais à Administração Pública visando assegurar o exercício de direitos constitucionais fundamentais violados por omissão desarrazoada do Poder Público. Trata-se do fenômeno da judicialização dos direitos fundamentais, sem que isso signifique ingerência indevida no poder discricionário do administrador (RE 242.859, 271.286 e 607.381 e STA 328).

Proposição IV. A declaração de inconstitucionalidade de lei ou ato normativo do Poder Público poderá ser decidida pelo voto da maioria absoluta dos *membros* do Tribunal *ou* de seu *órgão especial* (CF, art. 97).

Proposição V. A súmula vinculante nº 10 do STF preceitua, exatamente, o contrário do que sugere a proposição: viola a cláusula de reserva de plenário (CF, art. 97) a decisão de órgão fracionário de tribunal que, embora não declare expressamente a inconstitucionalidade de lei ou ato normativo do poder público, afasta sua incidência, no todo ou em parte.

Alternativa correta: letra "d".

---

165. (CESPE – Juiz do Trabalho Substituto 1ª Região/2010) No que se refere ao Poder Judiciário, assinale a opção correta.

a) A CF admite a instituição de órgão especial no âmbito dos tribunais com número superior a vinte e cinco julgadores e com o limite máximo e o mínimo de componentes fixados pelos respectivos regimentos internos.

b) As decisões proferidas pelo Conselho Superior da Justiça do Trabalho, que funciona junto ao TST, não possuem efeito vinculante.

c) De acordo com entendimento do STF, não compete à justiça do trabalho processar e julgar as ações de indenização por dano moral, com base em acidente de trabalho, ainda que propostas por empregado contra empregador.

d) Compete ao STF o julgamento de conflitos de competência envolvendo tribunais superiores e juízes vinculados a outros tribunais.

e) São taxativamente previstas na CF as atribuições do Conselho Nacional de Justiça, órgão responsável pelo controle da atuação administrativa e financeira do Poder Judiciário e do cumprimento dos deveres funcionais dos juízes.

COMENTÁRIOS

✪ **Nota do autor:** A questão trata das competências dos Tribunais e das atribuições do CNJ.

Alternativa "a". O limite *mínimo* e *máximo* dos competentes do Órgão Especial nos Tribunais é determinado pela Constituição Federal em 11 e 25 membros (CF, art. 93, XI), não podendo ser fixado em quantitativo distinto pelos regimentos internos.

Alternativa "b". As *decisões* do Conselho Superior da Justiça do Trabalho, órgão central da Justiça do Trabalho vinculado ao Tribunal Superior do Trabalho, com competência de supervisão administrativa, orçamentária, financeira e patrimonial dos Tribunais Regionais do Trabalho e seus juízos, terão *efeito vinculante* (CF, art. 111-A, § 1º, II).

Alternativa "c". Diz a súmula vinculante nº 22 do STF: a Justiça do Trabalho é competente para processar e julgar as ações de indenização por danos morais e patrimoniais decorrentes de acidente de trabalho propostas por empregado contra empregador, inclusive aquelas que ainda não possuíam sentença de mérito em primeiro grau quando da promulgação da EC 45/2004.

Alternativa "e". As atribuições do Conselho Nacional de Justiça arroladas pela Constituição de 1988 são meramente *exemplificativa*, não exaustivas, pois no próprio texto constitucional há ressalva expressa a outras atribuições que lhe forem conferidas pelo Estatuto da Magistratura (CF, art. 103-B, § 4º, *in fine*).

Alternativa correta: letra "d". A alternativa encontra apoio jurídico no art. 102, I, *o* da CF: compete ao Supremo Tribunal Federal, precipuamente, a guarda da Constituição, cabendo-lhe processar e julgar, originariamente, os conflitos de competência entre o Superior Tribunal de Justiça e quaisquer tribunais, entre Tribunais Superiores, ou entre estes e qualquer outro tribunal.

---

166. (CESPE – Juiz do Trabalho Substituto 5ª Região/2013) A respeito do Poder Judiciário, assinale a opção correta.

a) De acordo com a CF, o magistrado que se candidatar ao cargo de deputado federal deve, durante o exercício do mandato eletivo, ficar afastado do seu cargo, devendo o seu tempo de serviço ser contado para todos os efeitos legais, salvo para promoção por merecimento.

b) De acordo com o STF, a justiça do trabalho é competente para julgar as causas oriundas da relação estabelecida entre o poder público e seus servidores, já que há, entre eles, relação de trabalho regida pelo regime jurídico-estatutário.

c) Com base no critério do quinto constitucional, advogado com sessenta anos de idade e com cinco anos de efetiva atividade profissional pode ser nomeado para o cargo de juiz de TRT.

d) A justiça do trabalho possui competência para processar e julgar habeas corpus, inclusive em matéria penal que envolva relação de trabalho.

e) Compete ao Conselho Nacional da Justiça, órgão integrante da estrutura constitucional do Poder Judiciário, fiscalizar o exercício dos deveres funcionais dos magistrados, mas não sua atividade jurisdicional.

COMENTÁRIOS

✪ **Nota do autor:** As matérias de competência da Justiça do Trabalho e suas complexidades, muitas delas objeto de decisão pelo STF, são tema constante em provas de concurso.

Alternativa "a". Aos juízes é vedado dedicar-se à atividade político-partidária (CF, art. 95, § único, III). Caso o magistrado pretenda candidatar-se a cargo político eletivo – Deputado Federal –, deve pedir *exoneração* do cargo jurisdicional para filiar-se a partido político e disputar as eleições.

Alternativa "b". Conforme decidido em sede cautelar pelo STF, as ações entre servidores públicos e a Administração Pública decorrentes de relação jurídica estatutária, regida, portanto, pelo Direito Administrativo, não se enquadram no conceito de relação de trabalho para fins de atrair a competência da Justiça do Trabalho. Essas ações devem ser julgadas pela Justiça Federal ou Estadual, de acordo com o ente da Federação envolvido. "O disposto no art. 114, I da Constituição da República não abrange as causas instauradas entre o Poder Público e servidor que lhe seja vinculado por relação jurídico-administrativa (ADI 3.395 MC).

Alternativa "c". *Um quinto* dos assentos nos Tribunais Regionais Federais, nos Tribunais Regionais do Trabalho e nos Tribunais de Justiça dos Estados e do Distrito Federal e Territórios será composto por membros do Ministério Público e por advogados de notório saber jurídico e reputação ilibada, todos com mais de *10 (dez) anos* – e não 05 anos – de carreira ou atividade profissional efetiva, indicados em lista sêxtupla pelos órgãos de representação das respectivas classes (CF, arts. 94, *caput* e 115, I). A *limitação geral* de idade para nomeação de juízes no TRT é de mais de 30 e menos de 70 anos (CF, art. 115, *caput*).

Alternativa "d". Há decisão do STF em controle abstrato de constitucionalidade afastando a competência criminal da Justiça do Trabalho em interpretação conforme a Constituição da EC 45/04: "Competência criminal. Justiça do Trabalho. Ações penais. Processo e julgamento. Jurisdição penal genérica. Inexistência. Interpretação conforme dada ao art. 114, I, IV e IX, da CF, acrescidos pela EC 45/2004. Ação direta de inconstitucionalidade. Liminar deferida com efeitos *ex tunc*. O disposto no art. 114, I, IV e IX, da CF, acrescidos pela EC 45, não atribui à Justiça do Trabalho competência para processar e julgar ações penais" (ADI 3.684 MC).

Alternativa correta: letra "e". Compete ao Conselho Nacional de Justiça o controle da *atuação administrativa e financeira* do Poder judiciário e do cumprimento dos *deveres funcionais* dos juízes (CF, art. 103-B, § 4º, *caput*). A atividade jurisdicional propriamente dita é controlada pelo Poder Judiciário através dos recursos e demais ações de revisão cabíveis.

---

167. (TRT 19 – Juiz do Trabalho Substituto 19ª Região/2012) Não compete à Justiça do Trabalho processar e julgar:

a) As ações oriundas da relação de trabalho, abrangidos os entes de direito público externo e da administração pública direta e indireta da União, Estados, do Distrito Federal e dos Municípios.

b) As ações que envolvam exercício de direito de greve.

c) As ações sobre representação sindical, entre sindicatos, entre sindicatos e trabalhadores, e entre sindicatos e empregadores.

d) As ações de indenização por dano moral ou patrimonial, decorrentes da relação de trabalho.

e) As ações que envolvam servidores públicos estatutários.

COMENTÁRIOS

✪ **Nota do autor:** A questão trata da *famosa* e, ao nosso juízo, equivocada decisão cautelar proferida pelo STF que excluiu da competência da Justiça do Trabalho as ações que envolvem servidores públicos estatutários.

Alternativa "a". A alternativa traz a redação do art. 114, I da CF.

Alternativa "b". A alternativa traz a redação do art. 114, II da CF.

Alternativa "c". A alternativa traz a redação do art. 114, III da CF.

Alternativa "d". A alternativa traz a redação do art. 114, VI da CF.

Alternativa (in)correta: letra "e". O STF já decidiu que a Justiça do Trabalho não detém competência constitucional para julgar as ações entre o Poder Público e seus servidores estatutários – vínculo jurídico-administrativo –, dando interpretação conforme a Constituição para excluir do âmbito de incidência normativa do art. 114, I da CF qualquer interpretação no sentido de abranger os conflitos de interesse dos servidores públicos estatutário (ADI 3.395 MC).

---

168. (TRT 3 – Juiz do Trabalho Substituto 3ª Região/2012) Leia as afirmativas abaixo e assinale a alternativa correta:

I. A Justiça Desportiva é órgão do Poder Judiciário do Brasil.

II. A Justiça Comum se divide em Justiça Federal e Estadual. A Justiça do Trabalho, que é uma das chamadas Justiças Especiais, tem competência para processar e julgar as ações relativas às penalidades administrativas impostas aos empregadores e tomadores de serviço pelos órgãos de fiscalização das relações de trabalho.

III. A Justiça do Trabalho tem competência para processar e julgar os conflitos de competência entre órgãos com jurisdição trabalhista, ressalvados os conflitos de competência entre o Superior Tribunal de Justiça e quaisquer Tribunais, entre Tribunais Superiores, ou entre estes e qualquer outro tribunal, os quais são de competência do Supremo Tribunal Federal.

IV. São órgãos da Justiça do Trabalho: (I) o Tribunal Superior do Trabalho; (II) os Tribunais Regionais do Trabalho; (III) os Juízes de Trabalho e (IV) os Juízes de Direito, investidos na jurisdição trabalhista, nas comarcas não abrangidas pela jurisdição de varas do trabalho, com recurso para o respectivo Tribunal.

V. O direito de greve do servidor público não foi ainda regulamentado por lei específica, mas o Supremo Tribunal Federal, em sede de mandado de injunção, supriu a omissão legislativa, determinando aplicação aos servidores públicos, no que couber, da lei de greve relativa aos empregados em geral, ou seja, a Lei nº 7783-89.

a) Somente as afirmativas I e II estão corretas.

b) Somente as afirmativas II e III estão corretas.

c) Somente as afirmativas III e IV estão corretas.

d) Somente as afirmativas III e V estão corretas.

e) Todas as afirmativas estão corretas.

COMENTÁRIOS

✪ **Nota do autor:** A questão cuida da literalidade do texto da Constituição e da relevante decisão do STF em mandado de injunção sobre direito de greve do servidor público estatutário.

Proposição I. Diz o art. 92 da CF: são órgãos do Poder Judiciário: o Supremo Tribunal Federalo Conselho Nacional de Justiça; o Superior Tribunal de Justiça;

o Tribunal Superior do Trabalho; os Tribunais Regionais Federais e os Juízes Federais; os Tribunais e Juízes do Trabalho;os Tribunais e Juízes Eleitorais; os Tribunais e Juízes Militares; e os Tribunais e Juízes dos Estados e do Distrito Federal e Territórios. A *Justiça Desportiva* é *instância administrativa* de deliberação sobre as práticas esportivas – competição e disciplina – estranha ao Poder Judiciário (CF, art. 217, § 2º).

Proposição II. Diz o art. 114, VII da CF: compete à Justiça do Trabalho processar e julgar as ações relativas às penalidades administrativas impostas aos empregadores pelos órgãos de fiscalização das relações de trabalho. *Não há menção no texto constitucional às penalidades administrativas impostas aos tomadores de serviço*, muito embora essa competência da Justiça do Trabalho lhe seja implicitamente reconhecida.

Proposição III. A proposição traz o *sentido dissecado* do art. 114, V da CF: compete à Justiça do Trabalho processar e julgar os conflitos de competência entre órgãos com jurisdição trabalhista, ressalvado o disposto no art. 102, I, *o* da CF.

Proposição IV. Os Juízes de Direito são órgãos do Poder Judiciário dos Estados membros da Federação, a despeito de exercerem, excepcionalmente, jurisdição trabalhista (CF, art. 112).

Proposição V. O STF adotou, em revisão de sua jurisprudência anterior, a teoria concretista dos efeitos do mandado de injunção (intervenção supletiva do Poder Judiciário) para reconhecer a mora legislativa (dever de legislar) e definir os balizamentos (normas regulamentadoras) e regras (preceitos normativos) a incidir no exercício do direito constitucional de greve dos servidores públicos estatutários com efeitos para todos (eficácia *erga omnes*), aplicando analogicamente a Lei nº 7.783/89 com alguns temperamentos (MI 670, 708 e 712). Em face do princípio da separação dos poderes, a atuação do STF como legislador positivo é medida mais do que excepcional. Portanto, os balizamentos e contornos normativos concretos dados pela Corte Constitucional aos direitos e prerrogativas carentes de regulamentação persistem até que o Poder Legislativo – ou Executivo – cumpra sua missão constitucional de legislar. É evidente que não há submissão do Poder Legislativo àquilo que o STF, excepcionalmente, decidiu. O legislador tem discricionariedade para escolher, dentre as alternativas possíveis e razoáveis, aquelas que, segundo seu juízo, melhor atendem aos interesses sociais.

Alternativa correta: letra "d".

---

169. (FCC – Juiz do Trabalho Substituto 4ª Região/2012) O sindicato dos bancários de determinado Município anunciou para o quinto dia útil do mês a paralisação das atividades de atendimento ao público e serviços internos, como forma de protesto pela melhoria das condições de trabalho da categoria que representa. Uma instituição financeira privada, visando assegurar o livre acesso de funcionários e clientes a suas agências localizadas naquele Município, em dia usualmente de grande movimento, pretende ajuizar ação de natureza possessória, em caráter preventivo, para que o sindicato se abstenha de praticar atos de esbulho e turbação contra a posse de suas agências bancárias e de impedir o ingresso de clientes e funcionários nessas localidades. Nesse caso, a competência para processar e julgar a causa é

a) da Justiça comum federal, em virtude da existência de interesse da União, a quem compete fiscalizar a atividade financeira.

b) da Justiça comum estadual, por se tratar de situação em que não há elemento vinculado à matéria ou a quaisquer das partes que determine o deslocamento da competência para a Justiça federal, comum ou especializada.

c) da Justiça do Trabalho, por se tratar de causa que envolve o exercício do direito de greve, em decorrência do qual a ação possessória seria ajuizada.

d) do Superior Tribunal de Justiça, por envolver conflito de competência entre juízos vinculados a Tribunais diversos.

e) do Supremo Tribunal Federal, por se tratar de situação em relação à qual há divergência entre o entendimento do Superior Tribunal de Justiça e o do Tribunal Superior do Trabalho.

COMENTÁRIOS

✪ **Nota do autor:** A questão exige o conhecimento de súmula vinculante do STF. Vale a pena dedicar-se ao estudo delas.

Alternativa correta: letra "c" (responde, por exclusão, todas as demais alternativas). A súmula vinculante nº 23 do STF diz, taxativamente: a Justiça do Trabalho é competente para processar e julgar ação possessória ajuizada em decorrência do exercício do direito de greve pelos trabalhadores da iniciativa privada.

---

170. (TRT 8 – Juiz do Trabalho Substituto 8ª Região/2012) Em relação ao Estatuto da Magistratura, assinale a alternativa INCORRETA:

a) O exercício de cargo de magistério superior, público ou particular, somente será permitido se houver correlação de matérias e compatibilidade de horários, vedado, em qualquer hipótese, o desempenho de função de direção administrativa ou técnica de estabelecimento de ensino.

b) Nos julgamentos, o pedido de vista não impede que votem os Juízes que se tenham por habilitados a fazê-lo, e o Juiz que o formular restituirá os autos ao Presidente dentro em dez dias, no máximo, contados do dia do pedido, devendo prosseguir o julgamento do feito na primeira sessão subsequente a este prazo.

c) Em caso de afastamento a qualquer título por período superior a trinta dias, os feitos em poder do magistrado afastado e aqueles em que tenha lançado relatório como os que pôs em mesa para julgamento, serão redistribuídos aos demais membros da Câmara, Turma, Grupo ou Seção especializada, mediante oportuna compensação. Todavia, o julgamento que tiver sido iniciado não poderá prosseguir se o magistrado afastado for o relator, pois lhe cabe manifestar-se, por último, antes da proclamação do resultado.

d) À Magistratura de primeira instância da União assegurar-se-ão vencimentos não inferiores a dois terços dos valores fixados para os membros de segunda instância respectiva, assegurados aos Ministros do Supremo Tribunal Federal vencimentos pelo menos iguais aos dos Ministros de Estado, e garantidos aos Juízes vitalícios do mesmo grau de jurisdição iguais vencimentos.

e) Os juízes remeterão, até o dia dez de cada mês, ao órgão corregedor competente de segunda instância, informação a respeito dos feitos em seu poder, cujos prazos para despacho ou decisão hajam sido excedidos, bem como indicação do número de sentenças proferidas no mês anterior.

COMENTÁRIOS

✪ Nota do autor: A questão refere-se à Lei Orgânica da Magistratura Nacional - LOMAN (ou Estatuto da Magistratura), Lei Complementar nº 35, de 14 de março de 1979, e a seu texto literal.

Alternativa "a". A alternativa traz a dicção *em cópia* do art. 26, § 1º da LOMAN.

Alternativa "b". A alternativa traz a dicção *em cópia* do art. 121 da LOMAN.

Alternativa "d". A alternativa traz a dicção *em cópia* do art. 61, § único da LOMAN.

Alternativa "e". A alternativa traz a dicção *em cópia* do art. 39 da LOMAN.

Alternativa (in)correta: letra "c". Diz o art. 115, § 1º da LOMAN: o julgamento que tiver sido iniciado prosseguirá, computando-se os votos já proferidos, *ainda que o magistrado afastado seja o relator.*

---

171. (TRT 8 - Juiz do Trabalho Substituto 8ª Região/2012) Em relação ao Poder Judiciário, é INCORRETO afirmar:

a) Os Tribunais Regionais Federais instalarão a justiça itinerante, com a realização de audiências e demais funções da atividade jurisdicional, nos limites territoriais da respectiva jurisdição, servindo-se de equipamentos públicos e comunitários.

b) As causas em que a União for autora poderão ser aforadas na seção judiciária em que for domiciliada a outra parte, naquela onde houver ocorrido o ato ou fato que deu origem à demanda ou onde esteja situada a coisa, ou, ainda, no Distrito Federal.

c) A União, inclusive no Distrito Federal e nos Territórios, criará ouvidorias de justiça, competentes para receber reclamações e denúncias de qualquer interessado contra membros ou órgãos do Poder Judiciário, ou contra seus serviços auxiliares, representando diretamente ao Conselho Nacional de Justiça.

d) No recurso extraordinário, o recorrente deverá demonstrar a repercussão geral das questões constitucionais discutidas no caso, nos termos da lei, a fim de que o Tribunal examine a sua admissão, somente podendo recusá-lo pela manifestação de dois terços de seus membros.

e) O Supremo Tribunal Federal poderá, de ofício ou por provocação, mediante decisão de dois terços dos seus membros, após reiteradas decisões sobre matéria constitucional, aprovar súmula que, a partir de sua publicação na imprensa oficial, terá efeito vinculante em relação aos demais órgãos do Poder Judiciário e à administração pública direta e indireta, nas esferas federal, estadual e municipal, bem como proceder à sua revisão ou cancelamento, na forma estabelecida em lei.

COMENTÁRIOS

✪ Nota do autor: Questão sobre a literalidade do texto da Constituição.

Alternativa "a". A alternativa reproduz na íntegra o texto do art. 107, § 2º da CF.

Alternativa "c". A alternativa encontra eco no art. 103-B, § 7º da CF: a União, inclusive no Distrito Federal e nos Territórios, criará ouvidorias de justiça, competentes para receber reclamações e denúncias de qualquer interessado contra membros ou órgãos do Poder Judiciário, ou contra seus serviços auxiliares, representando diretamente ao Conselho Nacional de Justiça.

Alternativa "d". A alternativa reproduz, literalmente, o texto do art. 102, § 3º da CF.

Alternativa "e". A alternativa copia a redação do art. 103-A, *caput* da CF.

Alternativa (in)correta: letra "b". Diz o art. 109, §§ 1º e 2º da CF: as causas em que a *União* for *autora* serão aforadas na seção judiciária onde tiver *domicílio* a outra *parte* e as causas intentadas *contra a União* poderão ser aforadas na seção judiciária em que for *domiciliado o autor*, naquela onde houver *ocorrido o ato ou fato* que deu origem à demanda ou onde esteja *situada a coisa*, ou, ainda, no Distrito Federal.

---

172. (TRT 23 - Juiz do Trabalho Substituto 23ª Região/2010) Quanto à súmula vinculante, analise as assertivas abaixo e indique a alternativa correta:

I. O STF é o exclusivo tribunal competente para a edição, a revisão e o cancelamento de enunciado de súmula vinculante, que somente poderá ter por objeto a validade, a interpretação e a eficácia de normas determinadas;

II. São legitimados a provocar a aprovação, a revisão ou o cancelamento de súmula vinculante somente os legitimados a propor ação direta de inconstitucionalidade e ação declaratória de constitucionalidade;

III. Assim como na Ação Direta de Inconstitucionalidade poderá haver modulação dos efeitos da súmula vinculante;

IV. A partir da publicação do enunciado da súmula na imprensa oficial, terá efeito vinculante aos demais órgãos do Poder Judiciário, à Administração Pública, inclusive, às empresas públicas e às sociedades de economia mista;

a) a proposição I está errada, e as proposições II, III e IV estão corretas.

b) a proposição III está incorreta, e as proposições I, II e IV estão corretas.

c) as proposições I, III e IV estão corretas, e a proposição II está errada.

d) todas as proposições estão corretas

e) as proposições I e II estão corretas, e as proposições III e IV estão erradas.

COMENTÁRIOS

✪ **Nota do autor:** A questão exige conhecimento da Lei nº 11.417/06 que disciplinou o procedimento para edição, revisão e cancelamento de súmula vinculante pelo STF.

Proposição I. A proposição traz o sentido do art. 103-A, *caput* e § 1º da CF: o *Supremo Tribunal Federal* poderá, de ofício ou por provocação, mediante decisão de 2/3 dos seus membros, após reiteradas decisões sobre matéria constitucional, *aprovar súmula* que, a partir de sua publicação na imprensa oficial, terá *efeito vinculante* em relação aos demais órgãos do Poder Judiciário e à Administração Pública direta e indireta, nas esferas federal, estadual e municipal, bem como *proceder* a sua *revisão ou cancelamento,* na forma estabelecida em lei. A súmula *terá por objetivo a validade, a interpretação e a eficácia de normas jurídicas determinadas*, acerca das quais haja controvérsia atual entre órgãos judiciários ou entre esses e a Administração Pública que acarrete grave insegurança jurídica e relevante multiplicação de processos sobre questão idêntica.

Proposição II. Diz o art. 103-A, § 2º da CF que, *sem prejuízo do que vier a ser estabelecido em lei*, a aprovação, revisão ou cancelamento de súmula vinculante poderá ser provocado por aqueles que podem propor a ação direta de inconstitucionalidade. Essa ressalva dá a entender que a lei poderá ampliar o rol dos legitimados para propor a aprovação, revisão ou cancelamento de súmula vinculante do STF. Pois bem, o art. 3º, VI, IX e § 1º da Lei nº 11.417/06 agregou os seguintes legitimados: (i) o Defensor Público-Geral da União, (ii) os Tribunais Superiores, os Tribunais de Justiça de Estados ou do Distrito Federal e Territórios, os Tribunais Regionais Federais, os Tribunais Regionais do Trabalho, os Tribunais Regionais Eleitorais e os Tribunais Militares e (iii) os Municípios, estes últimos *incidentalmente*.

Proposição III. Diz o art. 4º da Lei nº 11.417/06: a súmula com efeito vinculante tem eficácia imediata, mas o Supremo Tribunal Federal, por decisão de 2/3 dos seus membros, poderá restringir os efeitos vinculantes ou decidir que só tenha eficácia a partir de outro momento – técnica da modulação dos efeitos da decisão –, tendo em vista razões de segurança jurídica ou de excepcional interesse público.

Proposição IV. O art. 103-A, *caput* da CF estabelece a vinculação dos demais órgãos do Poder Judiciário e da Administração Pública direta e indireta – empresas públicas e sociedades de economia mista –, nos âmbitos federal, estadual e municipal, aos efeitos da súmula que o STF aprovar com as formalidades previstas: 2/3 de seus membros, após reiteradas decisões sobre matéria constitucional.

Alternativa correta: letra "c".

---

173. (TRT 15 – Juiz do Trabalho Substituto 15ª Região/2012) Segundo a Constituição Federal vigente, pode-se afirmar que:

I. A justiça de paz é composta, por cidadãos eleitos pelo voto direto, universal e secreto, com mandato de quatro anos, e competência para, na forma da lei, exercer atribuições conciliatórias, sem caráter jurisdicional.

II. A entidade de classe não tem legitimação para o mandado de segurança quando a pretensão veiculada interessa apenas a uma parte da respectiva categoria.

III. O Ministério Público que atua perante o Tribunal de Contas da União integra o Ministério Público da União.

IV. Compete a União, aos Estados e ao Distrito Federal legislar, concorrentemente sobre direito tributário, financeiro e procedimentos em matéria processual.

a) Somente as alternativas I, II e III estão corretas.

b) Somente as alternativas I e IV estão corretas.:

c) Somente as alternativas I, III e IV estão corretas.

d) Somente as alternativas III e IV estão corretas.

e) Todas as alternativas estão corretas.

COMENTÁRIOS

✪ **Nota do autor:** Nessa questão o candidato há de demonstrar conhecimento da jurisprudência do STF.

Proposição I. A proposição traz a inteligência do art. 98, II da CF: a União, no Distrito Federal e nos Territórios, e os Estados criarão justiça de paz, remunerada, composta de cidadãos eleitos pelo voto direto, universal e secreto, com mandato de 04 anos e competência para, na forma da lei, celebrar casamentos, verificar, de ofício ou em face de impugnação apresentada, o processo de habilitação e exercer atribuições conciliatórias, sem caráter jurisdicional, além de outras previstas na legislação.

Proposição II. Conforme o teor da súmula nº 630 do STF, a entidade de classe tem legitimação para o mandado de segurança ainda quando a pretensão veiculada interesse apenas a uma parte da respectiva categoria.

Proposição III. O Ministério Público da União compreende: (i) o Ministério Público Federal, (ii) o Ministério Público do Trabalho, (iii) o Ministério Público Militar e (iv) o Ministério Público do Distrito Federal e Territórios (CF, art. 128, I). O Ministério Público – especial – que atua perante o Tribunal de Contas da União, muito embora a seus membros lhes sejam aplicados idênticos direitos, vedações e forma de investidura conforme previstos na Constituição de 1988 para o Ministério Público em geral (CF, art. 130), é órgão vinculado ao Poder Legislativo ao qual pertence o Tribunal de Contas como órgão auxiliar (ADI 1.545).

Proposição IV. A proposição *pinçou* do art. 24, I (direito tributário e financeiro) e XI (procedimentos em matéria processual) da CF, matérias da competência legislativa concorrente da União, dos Estados e do Distrito Federal.

Alternativa correta: letra "b".

---

174. (FCC – Juiz do Trabalho Substituto 20ª Região/2012) Em 1996, acrescentou-se à Lei de Organização Judiciária do Estado do Ceará um dispositivo por meio do qual "os juízes em exercício nas varas do Juizado Especial da Comarca de Fortaleza ficam automaticamente promovidos a Juízes de Entrância Especial". Referido dispositivo legal foi objeto de ação direta de inconstitucionalidade, cujo pedido foi julgado procedente, para o fim de declarar sua inconstitucionalidade. A decisão do Supremo Tribunal Federal, no caso em tela, tem fundamento na norma constitucional segundo a qual

a) a promoção de entrância para entrância dar-se-á, alternadamente, por antiguidade e merecimento, atendidas as normas para tanto estabelecidas na Constituição.

b) é obrigatória a promoção do juiz que figure por três vezes consecutivas ou alternadas em lista de merecimento.

c) a promoção por merecimento pressupõe dois anos de exercício na respectiva entrância e integrar o juiz a primeira terça parte da lista de antiguidade desta.

d) o acesso aos tribunais de segundo grau far-se-á por antiguidade e merecimento, alternadamente, apurados na última ou única entrância.

e) o ato de remoção do magistrado, por interesse público, fundar-se-á em decisão por voto da maioria absoluta do respectivo Tribunal, assegurada ampla defesa.

COMENTÁRIOS

✪ **Nota do autor:** Trata-se de caso concreto julgado pelo STF em 19/03/2003, relator Min. Sydney Sanches (ADI 1.837). Isso comprova a *importância transcendental* de conhecer as decisões mais relevantes do STF.

Alternativa correta: letra "a" (responde, por exclusão, todas as demais alternativas). O STF decidiu que: "O dispositivo impugnado promove, automaticamente, à entrância especial, os juízes em exercício nas varas do Juizado Especial da Comarca de Fortaleza, sem observar o *princípio da alternância*, na promoção, por antiguidade e merecimento (art. 93, II da CF). Ação direta julgada procedente para declaração de inconstitucionalidade do art. 4º da Lei 12.646, de 17/12/1996, do Estado do Ceará, que acrescentou o parágrafo único ao art. 125 do Código de Divisão e Organização Judiciária do Estado (Lei 12.342, de 28/07/1994)" (ADI 1.837).

---

175. (TRT 21 – Juiz do Trabalho Substituto 21ª Região/2010) A Emenda Constitucional n. 45/2004 buscou também dotar o Supremo Tribunal Federal (STF) de alguns mecanismos para reduzir o número de processos em tramitação na mais alta corte de justiça do país. Sobre esse tema, leia atentamente as assertivas abaixo e marque a alternativa correta:

I. Somente por decisão de dois terços dos seus membros, poderá o STF editar súmula vinculante;

II. A edição da súmula vinculante pressupõe a existência de controvérsia nos órgãos judiciários sobre a validade, interpretação e eficácia de normas jurídicas, máxime quando essa controvérsia implica insegurança jurídica e relevante multiplicação de processos;

III. A própria Constituição prevê a possibilidade de pedido de revisão, cancelamento ou aprovação de súmula vinculante;

IV. Tem sede constitucional, e está regulamentada em lei, a exigência de demonstração, pelo recorrente, em recurso extraordinário, da repercussão geral das questões constitucionais discutidas no feito;

V. Para a aprovação da repercussão geral do recurso extraordinário, a Constituição Federal exige a manifestação favorável da maioria absoluta dos membros do Supremo Tribunal Federal.

a) apenas as assertivas I, III e V estão corretas;

b) apenas as assertivas II, IV e V estão corretas;

c) apenas as assertivas IV e V estão corretas;

d) apenas as assertivas I, II, III e IV estão corretas;

e) nenhuma das assertivas está correta.

COMENTÁRIOS

✪ **Nota do autor:** A Emenda Constitucional nº 45/04, dentre outros aspectos de relevância, teve por finalidade assegurar a efetividade da prestação jurisdicional e dotar o Poder Judiciário de mecanismos modernos para se alcançar o ideal de processo justo e ágil: princípio da celeridade e da duração razoável do processo. As súmulas vinculantes e a repercussão geral nos recursos extraordinários são os exemplos mais analisados – em concursos públicos principalmente – dessa mudança de paradigmas.

Proposição I. A proposição é confirmada pela redação do art. 103-A, *caput* da CF: o Supremo Tribunal Federal poderá, de ofício ou por provocação, mediante *decisão de 2/3 dos seus membros*, após reiteradas decisões sobre matéria constitucional, *aprovar súmula* que, a partir de sua publicação na imprensa oficial, terá *efeito vinculante* em relação aos demais órgãos do Poder Judiciário e à Administração Pública direta e indireta, nas esferas federal, estadual e municipal, bem como proceder à sua revisão ou cancelamento, na forma estabelecida em lei.

Proposição II. A proposição extrai sua inteligência do art. 103-A, § 1º da CF (A súmula terá por objetivo a validade, a interpretação e a eficácia de normas determinadas, acerca das quais haja controvérsia atual entre órgãos judiciários ou entre esses e a Administração Pública que acarrete grave insegurança jurídica e relevante multiplicação de processos sobre questão idêntica). Tal dispositivo fala, dentre outros requisitos, em *controvérsia atual* e *grave insegurança jurídica*.

Proposição III. Diz o art. 103, § 2º da CF: sem prejuízo do que vier a ser estabelecido em lei, a *aprovação, revisão* ou *cancelamento* de súmula poderá ser provocada por aqueles que podem propor a ação direta de inconstitucionalidade.

Proposições IV e V. O art. 102, § 3º da CF tem a seguinte redação: no recurso extraordinário o recorrente deverá demonstrar a repercussão geral das questões constitucionais discutidas no caso, nos termos da lei, a fim de que o Tribunal examine a admissão do recurso, somente podendo recusá-lo pela manifestação de *2/3* (*dois terços*) – e não maioria absoluta – de seus membros.

Alternativa correta: letra "d".

---

176. (TRT 21 – Juiz do Trabalho Substituto 21ª Região/2010) A Constituição Federal estabelece a arquitetura do Poder Judiciário, indicando suas estruturas principais, órgãos judicantes e seus predicamentos. Sobre esse tema, leia atentamente as assertivas abaixo e marque a alternativa correta:

I. O Tribunal Superior do Trabalho, os Tribunais Regionais do Trabalho e as Varas do trabalho constituem os órgãos da Justiça do Trabalho;

II. A Escola Nacional de Formação de Magistrados funciona junto ao Conselho Superior da Justiça do Trabalho, que também tem a função de supervisionar os órgãos da Justiça do Trabalho de primeiro e segundo graus;

III. Compete ao próprio Tribunal Regional do Trabalho prover os cargos de juiz de carreira em sua respectiva jurisdição, tanto no primeiro quanto no segundo graus, à exceção dos membros oriundos do quinto constitucional, cujo provimento depende de ato complexo, mediante o envio de uma lista tríplice, com a participação do Presidente da República;

IV. Pode o Tribunal Superior do Trabalho propor a criação de Tribunais Regionais do Trabalho, mas a sua extinção depende de proposta de lei de competência privativa do Supremo Tribunal Federal;

V. As sessões administrativas dos tribunais e do Conselho Nacional de Justiça serão públicas, salvo quando se tratar de processo disciplinar contra magistrado, hipótese em que a sessão deverá ser reservada, com a presença apenas do interessado e seu defensor.

a) apenas as assertivas I, III e V estão corretas;

b) apenas as assertivas II, IV e V estão corretas;

c) apenas as assertivas IV e V estão corretas;

d) apenas as assertivas I e III estão corretas;

e) nenhuma das assertivas está correta.

COMENTÁRIOS

✪ **Nota do autor:** A questão envolve a estrutura e a organização do Poder Judiciário com as alterações da Emenda Constitucional nº 45/04, tema sempre candente em provas de concurso público.

Proposição I. Os órgãos da Justiça do Trabalho são (i) o Tribunal Superior do Trabalho, (ii) os Tribunais Regionais do Trabalho e (iii) os *Juízes do Trabalho* – e não as Varas do Trabalho como sugere a proposição –, conforme art. 111, I a III da CF.

Proposição II. A Escola Nacional de Formação de Magistrados funciona junto ao *Tribunal Superior do Trabalho* – e não ao Conselho Superior da Justiça do Trabalho –, conforme dispõe o art. 111-A, § 2º, I da CF.

Proposição III. Os juízes dos Tribunais Regionais do Trabalho – segundo grau de jurisdição – são nomeados ou providos pelo Presidente da República, tanto os oriundos do quinto constitucional quanto os de carreira efetiva (CF, art. 115, *caput*).

Proposição IV. Diz o art. 96, II, *b* da CF: compete privativamente ao Supremo Tribunal Federal, aos Tribunais Superiores – dentre eles o TST – e aos Tribunais de Justiça propor a criação *e a extinção* de cargos e a remuneração dos seus serviços auxiliares e juízos que lhes forem vinculados, bem como a fixação dos subsídios de seus membros e juízes, inclusive dos tribunais inferiores, onde houver.

Proposição V. Todas as sessões administrativas dos Tribunais e do Conselho Nacional de Justiça – órgão do Poder Judiciário – serão públicas, inclusive, ou melhor, *sobretudo* quando se tratar de processo disciplinar contra magistrado, sendo estas decisões tomadas pelo voto da maioria absoluta de seus membros (CF, art. 93, X).

Alternativa correta: letra "e".

177. (TRT 21 – Juiz do Trabalho Substituto 21ª Região/2010) De acordo com a Constituição da República de 1988, indique a alternativa correta, diante das seguintes assertivas:

I. É da competência do Superior Tribunal de Justiça processar e julgar, originariamente, o conflito de competência entre o Tribunal de Justiça do Estado do Rio Grande do Norte e o Tribunal Superior do Trabalho, em causa em que se discute a vinculação de servidor público ao regime da contratação por tempo determinado, por parte de município do Rio Grande do Norte – RN, para atender a necessidade temporária de excepcional interesse público;

II. É da competência do Supremo Tribunal Federal processar e julgar, originariamente, o litígio entre a Organização Internacional do Trabalho e o Estado do Rio Grande do Norte, versando sobre matéria respeitante a repasse de verbas destinadas a convênio de cooperação para a erradicação do trabalho infantil;

III. É da competência do Supremo Tribunal Federal processar e julgar, originariamente, a ação em que um terço dos membros do Tribunal Regional do Trabalho da 21ª Região estejam impedidos, tratando sobre matéria respeitante a concessão de diárias de servidores lotados em seus gabinetes;

IV. É da competência do Superior Tribunal de Justiça processar e julgar, originariamente, os membros do Tribunal Regional do Trabalho da 21ª Região e da Procuradoria Regional do Trabalho que atuam perante esta Corte Regional, seja em relação aos crimes comuns, seja em relação aos crimes de responsabilidade.

a) somente as assertivas II e IV estão corretas;

b) somente as assertivas I e IV estão corretas;

c) somente as assertivas II e III estão corretas;

d) somente as assertivas III e IV estão corretas;

e) somente as assertivas I e II estão corretas.

COMENTÁRIOS

✪ **Nota do autor:** A questão envolve as competências do STF e do STJ. Há uma lógica razoável na distribuição de competências entre os Tribunais, o que facilita a memorização, devendo o candidato estar atento para estabelecer as correlações devidas.

Proposição I. Os conflitos de competência entre *Tribunal Superior* (TST) e *outro tribunal a ele não vinculado* (TJ) serão processados e julgados, originariamente, pelo Supremo Tribunal Federal (CF, art. 102, I, *o*).

Proposição II. Os litígios entre Estado estrangeiro ou *organismo internacional* (OIT) e a União, o *Estado* (RN), o Distrito Federal ou o Território serão processados e julgados, originariamente, pelo Supremo Tribunal Federal (CF, art. 102, I, *e*).

Proposição III. Compete ao Supremo Tribunal Federal processar e julgar, originariamente, a ação em que *mais da metade* dos membros do Tribunal de origem (TRT da 21ª Região) estejam impedidos ou direta ou indiretamente interessados (concessão de diárias de servidores lotados em *seus* gabinetes), conforme art. 102, I, *n* da CF.

Proposição IV. Compete ao Superior Tribunal de Justiça processar e julgar, originariamente, nos crimes comuns e de responsabilidade os membros dos *Tribunais Regionais do Trabalho* (TRT da 21ª Região) e os membros do *Ministério Público da União* (PRT) que oficiem – ou atuem – perante Tribunais (CF, art. 105, I, *a*).

Alternativa correta: letra "a".

178. (TRT 23 – Juiz do Trabalho Substituto 23ª Região/2010) Analise as proposições abaixo e indique a alternativa correta

I. A Justiça do Trabalho é competente para processar e julgar as ações de indenização por danos morais e patrimoniais decorrentes de acidente de trabalho propostas por empregado contra empregador, exceto aquelas que ainda não possuíam sentença de mérito em primeiro grau quando da promulgação da Emenda Constitucional no 45/04;

II. A Justiça do Trabalho é competente para processar e julgar as ações que envolvam o exercício do direito de greve, inclusive ação possessória, ajuizada em decorrência do exercício do direito de greve pelos trabalhadores da iniciativa privada;

III. Em caso de greve em atividade essencial, com possibilidade de lesão ao interesse público, o Ministério Público do Trabalho é legitimado a ajuizar dissídio coletivo de greve, competindo à Justiça do Trabalho decidir o conflito;

IV. Os Tribunais Regionais do Trabalho compõem-se, de no mínimo 7 juízes recrutados, necessariamente, na respectiva região, e nomeados pelo Presidente da República dentre brasileiros com mais de 35 anos e menos de 70 anos.

a) as proposições II e III estão corretas, e as proposições I e IV estão erradas.

b) Todas as proposições estão erradas.

c) Todas as proposições estão certas.

d) a proposição IV está certa, e as proposições I, II e III estão erradas.

e) a proposição III está correta, e as proposições I, II e IV estão erradas.

COMENTÁRIOS

✪ **Nota do autor:** A Emenda Constitucional nº 45/04 ampliou, consideravelmente, as competências materiais da Justiça do Trabalho, tema de fundamental importância e presença nos concursos voltados para as carreiras trabalhistas.

Proposição I. No julgamento pelo STF da CC 7.204 restou decidido que as ações em trâmite na Justiça Comum, desde que *pendentes de julgamento*, deveriam ser remetidas imediatamente à Justiça do Trabalho, órgão do Poder Judiciário competente – material e absolutamente – a partir da promulgação da EC 45/04, com total aproveitamento dos atos processuais praticados, *salvo* aquelas em que já houvesse sido *proferida sentença de mérito* – em 1º grau de jurisdição.

Proposição II. A súmula vinculante nº 23 do STF diz, peremptoriamente: a Justiça do Trabalho é competente para processar e julgar ação possessória ajuizada em decorrência do exercício do direito de greve pelos trabalhadores da iniciativa privada.

Proposição III. A proposição transcreve o texto do art. 114, § 3º da CF.

Proposição IV. Os Tribunais Regionais do Trabalho compõem-se de, no mínimo 07 juízes, recrutados, *quando possível* – e não necessariamente –, na respectiva Região, pois há possibilidade de nomeação de juiz vinculado a outra regional. Além do mais, a idade mínima para nomeação dos juízes de Tribunal Regional do Trabalho é de *30 (trinta) anos* – e não 35 anos (CF, art. 115, *caput* da CF).

Alternativa correta: letra "a".

179. (TRT 2 – Juiz do Trabalho Substituto 2ª Região/2013) Em relação à 2ª Instância da Justiça do Trabalho, é possível dizer. Aponte a alternativa correta:

a) Os Tribunais Regionais do Trabalho compõem-se de, no mínimo, oito e de, no máximo, 94 Desembargadores.

b) A Constituição Federal estabelece que haverá pelo menos um TRT em cada Estado e Distrito Federal, exceção feita ao Estado de São Paulo.

c) Na composição dos TRTs levar-se-á em conta a nomeação de advogados escolhidos em lista tríplice organizada pelo Tribunal, em cada Estado e Distrito Federal com base em lista sêxtupla organizada pelo respectivo Conselho da OAB – Ordem dos Advogados do Brasil.

d) Na composição dos TRTs levar-se-á em conta um quinto dos membros do Ministério Público do Trabalho com mais de cinco anos de efetivo exercício.

e) Os Tribunais Regionais do Trabalho têm sede nas capitais dos Estados membros da Federação, sendo vedada a sua descentralização.

COMENTÁRIOS

✪ **Nota do autor:** O STF concedeu liminar na ADI 5.017 para suspender os efeitos da Emenda Constitucional nº 73/13 que criou 04 novos Tribunais Regionais Federais, com sede em Curitiba, Belo Horizonte, Salvador e Manaus, por vício formal de iniciativa.

Alternativa "a". Os Tribunais Regionais do Trabalho compõem-se de, no mínimo, *07 (sete) juízes* – e não 08 juízes –, recrutados, quando possível, na respectiva Região, e nomeados pelo Presidente da República dentre brasileiros com mais de 30 e menos de 70 anos (CF, art. 115, *caput*). Não há previsão na Constituição de 1988 de limite máximo quanto ao número de juízes na composição dos Tribunais Regionais do Trabalho.

Alternativa "b". A *redação original* do art. 112 da CF previa que houvesse pelo menos um Tribunal Regional do Trabalho em cada Estado e no Distrito Federal. Dessa norma constitucional impositiva, duas realidades logo se mostraram a ela incompatíveis: (i) no Estado de São Paulo, já antes da promulgação da Constituição de 1988, havia sido instalado em 1986 o Tribunal Regional do Trabalho da 15ª Região, com sede na cidade de Campinas/SP e (ii) 15 anos haviam se passados e os Estados do Acre, Amapá, Roraima e Tocantins permaneciam sem Tribunais Regionais do Trabalho próprios. Diante dessa realidade de fato, a EC nº 45/04 extirpou do art. 112 qualquer referência a criação de novos Tribunais, alterando o texto constitucional por uma fórmula mais efetiva: a lei criará varas da Justiça do Trabalho, podendo, nas comarcas não abrangidas por sua jurisdição, atribuí-la aos juízes de direito, com recurso para o respectivo Tribunal Regional do Trabalho.

Alternativa "e". Os Tribunais Regionais do Trabalho poderão funcionar descentralizadamente, constituindo Câmaras Regionais, a fim de assegurar o pleno acesso do jurisdicionado à Justiça em todas as fases do processo (CF, art. 115, § 2º). Mais. Tradicionalmente, os Tribunais Regionais do Trabalho têm sede nas capitais dos Estados federados. Porém, como comprova o TRT da 15ª Região, com sede em Campinas/SP, a regra – aliás, toda regra – admite exceção.

Alternativa correta: letra "c" (responde também a alternativa "d"). Um quinto dos assentos nos Tribunais Regionais do Trabalho será composto, alternativamente, por membros do Ministério Público e por advogados de notório saber jurídico e reputação ilibada, todos com mais de *10 (dez) anos* – e não 05 anos – de carreira ou atividade profissional efetiva, indicados em lista sêxtupla pelos órgãos de representação das respectivas classes (CF, art. 115, I). Recebidas as indicações dos 06 *concorrentes* mais votados à vaga, o Tribunal escolherá 03 nomes – lista tríplice –, enviando-os ao Presidente da República para se decidir por um deles em 20 dias para posterior nomeação (CF, arts. 94, § único).

180. (TRT 22 – Juiz do Trabalho Substituto 22ª Região/2013) Quanto à composição dos tribunais, assinale a alternativa INCORRETA:

a) um terço dos Ministros do Superior Tribunal de Justiça serão nomeados dentre Membros do Ministério Público e advogados, um terço dentre juízes dos Tribunais Regionais Federais, e um terço dentre desembargadores dos Tribunais de Justiça, oriundos da magistratura da carreira, indicados em lista tríplice elaborada pelo próprio Tribunal;

b) os Tribunais Regionais Federais compõem-se de, no mínimo, sete juízes, recrutados, quando possível, na respectiva região e nomeados pelo Presidente da República dentre brasileiros com mais de trinta e menos de setenta anos;

c) o Tribunal Superior Eleitoral elegerá seu Presidente e o Vice-Presidente dentre os Ministros do Supremo Tribunal Federal, e o Corregedor Eleitoral dentre os Ministros do Superior Tribunal de Justiça;

d) no Superior Tribunal Militar haverá cinco membros civis, sendo três dentre advogados de notório saber jurídico e conduta ilibada, com mais de dez anos de efetiva atividade profissional, e dois, por escolha paritária, dentre juízes auditores e membros do Ministério Público da Justiça Militar;

e) os Ministros do Supremo Tribunal Federal serão nomeados pelo Presidente da República, depois de aprovada a escolha pela maioria absoluta do Senado Federal.

COMENTÁRIOS

✪ **Nota do autor:** A questão se limita a reproduzir o texto da Constituição.

Alternativa "b". A alternativa apresenta o *texto intacto* do art. 107, *caput* da CF.

Alternativa "c". A alternativa apresenta o *texto intacto* do art. 119, § único da CF.

Alternativa "d". O Superior Tribunal Militar é composto de 15 Ministros vitalícios, nomeados pelo Presidente da República após aprovação da indicação pelo Senado Federal, sendo: 03 oficiais-generais da Marinha, 04 oficiais-generais do Exército, 03 oficiais-generais da Aeronáutica, todos da ativa e do posto mais elevado na carreira, e 05 civis (CF, art. 123, *caput*). Continuando daqui, a alternativa transcreve, *ipsis litteris*, o art. 123, § único da CF.

Alternativa "e". A alternativa traz a redação do art. 101, § único da CF.

Alternativa (in)correta: letra "a". O STJ é composto por: (i) 1/3 de juízes dos Tribunais Regionais Federais, (ii) 1/3 de desembargadores dos Tribunais de Justiça e (ii) 1/3, alternadamente, de advogados e membros do Ministério Público Federal, Estadual e do Distrito Federal e Territórios, todos indicados em lista tríplice e nomeados pelo Presidente da República, após aprovação da escolha pela *sabatina qualificada* – maioria absoluta – do Senado Federal, dentre brasileiros com mais de 35 e menos de 70 anos de idade, de notável saber jurídico e reputação ilibada (CF, art. 104, *caput* e § único, I e II). Os juízes dos Tribunais Regionais Federais e os desembargadores dos Tribunais de Justiça nomeados para o cargo de Ministro do Superior Tribunal de Justiça *podem ser oriundos do quinto constitucional*, pois a Constituição de 1988 apenas ressalva a composição do Tribunal Superior do Trabalho contra essa forma de investidura (CF, art. 111-A, II).

---

181. (TRT 23 – Juiz do Trabalho Substituto 23ª Região/2010) Analise as proposições abaixo e indique a alternativa correta:

I. É garantia do Judiciário a autonomia orgânico-administrativa e a autonomia financeira, esta última significando que os tribunais deverão elaborar suas propostas orçamentárias dentro dos limites estabelecidos conjuntamente com os demais Poderes na Lei de Diretrizes Orçamentárias;

II. A garantia da vitaliciedade dos magistrados somente se adquire após o cumprimento obrigatório do estágio probatório, ou seja, após 2 anos de efetivo exercício no cargo;

III. As vedações constitucionais impostas aos magistrados são as mesmas impostas ao Ministério Público quais sejam: o exercício, ainda que em disponibilidade, de outro cargo ou função, salvo uma de magistério, recebimento de custas, participação no processo, auxílios e contribuições de pessoas físicas, de entidades públicas ou privadas, participação de sociedade comercial, exercício de atividade político-partidária e a chamada quarenta de saída;

IV. As funções institucionais do Ministério Público estão elencadas no artigo 129 da Constituição Federal, cujo rol é taxativo.

a) todas as proposições estão corretas.

b) todas as proposições estão erradas.

c) a proposição II está correta, e as proposições I, III e IV estão erradas.

d) as proposições III e IV estão corretas, e as proposições I e II estão erradas.

e) a proposição I está correta, e as proposições II, III e IV estão erradas.

COMENTÁRIOS

✪ **Nota do autor:** Essa questão envolve o Poder Judiciário e o Ministério Público. Tanto para uns – futuros magistrados –, quanto para outros – futuros procuradores –, o assunto guarda um interesse íntimo.

Proposição I. A correção da proposição pode ser extraída do art. 99, § 1º da CF: os tribunais elaborarão suas propostas orçamentárias dentro dos limites estipulados conjuntamente com os demais Poderes na lei de diretrizes orçamentárias.

Proposição II. A garantia da vitaliciedade dos magistrados adquire-se, após 02 anos de exercício no cargo, pela *aprovação* no estágio probatório (CF, art. 95, I).

Proposição III. Há uma vedação constitucional que consta para os membros do Ministério Público, porém não expressamente para os magistrados: *participar de* *sociedade comercial*, na forma da lei (CF, art. 128, § 5º, II, *c*).

Proposição IV. As funções institucionais do Ministério Público relacionadas no art. 129 da CF são *meramente exemplificativas*, conforme reforçado pela *cláusula de abertura* do inciso IX, que permite o exercício de outras funções que lhe forem conferidas, compatíveis com sua conformação institucional.

Alternativa correta: letra "e".

---

182. (TRT 16 – Juiz do Trabalho Substituto 16ª Região/2011) Sobre a organização e competência do Poder Judiciário, considerando ainda a jurisprudência dominante do STF, marque a alternativa CORRETA:

a) Nas hipóteses de grave violação de direitos humanos, o Procurador-Geral da República, com a finalidade de assegurar o cumprimento de obrigações decorrentes de tratados internacionais de direitos humanos dos quais o Brasil seja parte, poderá suscitar, perante o Superior Tribunal de Justiça, em qualquer fase do inquérito ou processo, incidente de deslocamento de competência para a Justiça Federal. Nesses casos, a competência será do respectivo Tribunal Regional Federal.

b) Compete aos juízes federais processar e julgar as causas em que a União, entidade autárquica ou empresa pública federal forem interessadas na condição de autoras, rés, assistentes ou oponentes, ressalvadas apenas as de falência, as de acidentes de trabalho e as sujeitas à Justiça Eleitoral.

c) Compete aos Tribunais Regionais Federais julgar, em recurso ordinário, as causas em que forem partes Estado estrangeiro ou organismo internacional, de um lado, e, do outro, Município ou pessoa residente ou domiciliada no País.

d) É da competência da Justiça Federal processar e julgar os delitos de greve e crimes contra a organização do trabalho (arts. 197 a 207 do CP), que causem prejuízo à ordem pública, econômica ou social e ao trabalho coletivo.

e) A Justiça do Trabalho é competente para processar e julgar as ações de indenização por danos morais e patrimoniais decorrentes de acidente de trabalho propostas por empregado contra empregador, inclusive aquelas que já possuíam sentença de mérito em primeiro grau proferida pela Justiça Estadual quando da promulgação da Emenda Constitucional nº 45/04.

COMENTÁRIOS

✪ **Nota do autor:** Além da competência dos órgãos do Poder Judiciário, há um tema recorrente nas provas: o Conflito de Competência nº 7.204 decidido pelo STF e que atribuiu competência para a Justiça do Trabalho julgar as ações de indenização por acidente de trabalho.

Alternativa "a". O incidente de deslocamento de competência provocado pelo Procurador-Geral da República e decidido pelo Superior Tribunal de Justiça, nas hipóteses de grave violação de direitos humanos (CF, art. 109, § 5º), importa na modificação de competência entre órgãos do Poder Judiciário, não entre graus de jurisdição, sob pena de se usurpar uma instância de julgamento, em flagrante violação ao direito do devido processo legal.

Alternativa "b". A parte final do art. 109, I da CF também faz ressalva expressa às causas sujeitas à *Justiça do Trabalho*: aos juízes federais compete processar e julgar as causas em que a União, entidade autárquica ou empresa pública federal forem interessadas na condição de autoras, rés, assistentes ou oponentes, exceto as de falência, as de acidentes de trabalho e as sujeitas à Justiça Eleitoral e à *Justiça do Trabalho*.

Alternativa "c". Compete ao *Superior Tribunal de Justiça* julgar, em recurso ordinário, as causas em que forem partes Estado estrangeiro ou organismo internacional, de um lado, e, do outro, Município ou pessoa residente ou domiciliada no País (CF, art. 105, II, *c*).

Alternativa "e". No julgamento do CC 7.204 pelo STF restou decidido que as ações em trâmite na Justiça Comum, desde que *pendentes de julgamento*, deveriam ser remetidas à Justiça do Trabalho, órgão do Poder Judiciário absolutamente competente a partir da promulgação da EC 45/04. Mas, aquelas ações com sentença de mérito proferida permaneceriam de competência da Justiça Comum: um caso *atípico* e *extravagante* de prorrogação de competência material absoluta.

Alternativa correta: letra "d". O STF entende que a Justiça do Trabalho não detém competência criminal, emprestando interpretação conforme a Constituição à EC 45/04 (ADI 3.684 MC). Com efeito, os delitos de greve e os crimes contra a organização do trabalho permanecem na competência da Justiça Federal (CF, art. 109, VI).

---

183. (TRT 15 – Juiz do Trabalho Substituto 15ª Região/2010) Observadas as normas constitucionais e a jurisprudência do Supremo Tribunal Federal, assinale a alternativa correta:

a) compete ao TST julgar o conflito de competência em matéria trabalhista envolvendo um juiz de direito e um TRT;

b) após a Emenda Constitucional 45, compete à Justiça do Trabalho julgar os crimes contra a organização do trabalho;

c) compete à Justiça do Trabalho julgar os interditos proibitórios propostos pelos empregadores em decorrência do exercício do direito de greve;

d) compete à Justiça do Trabalho julgar pedidos de indenização por dano moral apenas nas relações de trabalho regidas pela CLT;

e) com o advento da Súmula Vinculante 25, vedando a prisão do depositário infiel em qualquer modalidade, foi alterada a competência material para expedir mandado de prisão.

COMENTÁRIOS

Nota do autor: Atenção redobrada com as súmulas vinculantes do STF, principalmente aquelas sobre matéria trabalhista: 04 (salário-mínimo como indexador), 22 (ação de indenização por acidente do trabalho) e 23 (ação possessória em face de atos de greve).

Alternativa "a". Compete ao Superior Tribunal de Justiça processar e julgar, originariamente, os conflitos de competência entre *Tribunais* (TRT) e *juízes vinculados a tribunais diversos* (juiz de direito), conforme o art. 105, I, *d* da CF.

Alternativa "b". O STF entende que a Justiça do Trabalho não detém competência criminal, emprestando interpretação conforme a Constituição à EC 45/04 (ADI 3.684 MC). Com efeito, os *crimes* contra a *organização do trabalho* são da competência da *Justiça Federal* (CF, art. 109, VI).

Alternativa "d". A EC 45/04 ampliou a competência da Justiça do Trabalho para abranger toda e qualquer ação decorrente da relação de trabalho - *lato sensu* -, inclusive as ações de indenização por dano moral e patrimonial, sem embargo de outras controvérsias sobre o assunto (CF, art. 114, I, VI e IX), alterando a compreensão anterior de que a competência do juízo trabalhista estaria adstrita aos tradicionais dissídios individuais e coletivos entre trabalhadores e empregados (CF, art. 114, redação original), regulados pela CLT.

Alternativa "e". Com a proibição por ilicitude da prisão do depositário infiel, qualquer que seja a modalidade de depósito - contratual ou judicial -, a *competência material* para expedir o mandado de prisão foi *extinta*, não alterada (súmula vinculante nº 25 do STF).

Alternativa correta: letra "c". A súmula vinculante nº 23 do STF diz, categoricamente: a Justiça do Trabalho é competente para processar e julgar ação possessória ajuizada em decorrência do exercício do direito de greve pelos trabalhadores da iniciativa privada.

---

184. (FCC - Juiz do Trabalho Substituto 6ª Região/2013) Em virtude do disposto na Constituição da República, compete à Justiça do Trabalho processar e julgar

a) execução de dívida trabalhista em face de empresa cuja falência tenha sido decretada pela Justiça comum.

b) causas envolvendo complementação de aposentadoria por entidades de previdência privada.

c) ações penais relativas a ilícitos praticados em decorrência da relação de trabalho.

d) ações que envolvam o exercício de direito de greve por servidores públicos ocupantes de cargos efetivos na Administração Pública.

e) ação civil pública para impor ao Poder Público a observância das normas de saúde, higiene e segurança do trabalho.

COMENTÁRIOS

Nota do autor: A superação da jurisprudência da Corte Constitucional deve ser feita com toda reserva, com muita reflexão e sustentada por *fundamentação qualificada*, justificando *seriamente* a mutação constitucional. O jurisdicionado tem direito a um julgamento igual em casos semelhantes e nada seria mais pernicioso para a democracia do que decisões proferidas ao sabor das contingências do momento. O Direito exige coerência em sua interpretação e aplicação.

Alternativa "a". Diz o art. 76 da Lei nº 11.101/05: o juízo da falência é indivisível e competente para conhecer todas as ações sobre bens, interesses e negócios do falido, ressalvadas as causas trabalhistas, fiscais e aquelas não reguladas nesta Lei em que o falido figurar como autor ou litisconsorte ativo. Isso importa numa *cisão jurisdicional* de fases processuais, de modo que processo de conhecimento é de competência da Justiça do Trabalho, entretanto a execução da sentença, do título judicial, transfere-se para o juízo falimentar. Há, para tanto, uma razão de ser: o juízo da falência, ao congregar todos os créditos contra o falido em uma única execução universal, tem melhores condições de obedecer à ordem de pagamento dos créditos conforme sua classificação legal, resguardando as preferências e privilégios dos credores. O STF já se manifestou sobre o tema: "A opção do legislador infraconstitucional foi manter o regime anterior de execução dos créditos trabalhistas pelo juízo universal da falência, sem prejuízo da competência da Justiça laboral quanto ao julgamento do processo de conhecimento" (RE 583.955).

Alternativa "b". Remeto o leitor aos comentários da questão nº 141, alternativa "d". Conforme lá discorremos longamente, a atual jurisprudência do STF, em *repentina mudança de rumo*, fixou a competência da Justiça Comum para processar e julgar as ações envolvendo complementação de aposentadoria por entidades de previdência privada.

Alternativa "c". O STF entende que a Justiça do Trabalho não detém competência criminal, emprestando interpretação conforme a Constituição à EC 45/04 (ADI 3.684 MC). Com efeito, as ações penais relativas a atos ilícitos praticados *em decorrência* da relação de trabalho são da competência da *Justiça Federal ou Estadual*, a depender da natureza do ato (CF, art. 109).

Alternativa "d". Compete à Justiça do Trabalho processar e julgar as ações que envolvam o exercício do direito de greve (CF, art. 114, II), inclusive as ações possessórias daí decorrentes (súmula vinculante nº 23 do STF). Entretanto, o STF mantém-se inflexível quanto a tal competência ser restrita aos trabalhadores da iniciativa privada, sem incidir nos servidores estatutários - vínculo jurídico-administrativo -, dando interpretação conforme a Constituição Federal para excluir do âmbito de incidência normativa do art. 114, I da CF qualquer interpretação no sentido de abranger os conflitos de interesse dos servidores públicos estatutário ou de cargos efetivos na Administração Pública (ADI 3.395 MC).

Alternativa correta: letra "e". Compete à *Justiça do Trabalho* julgar as ações – todas as ações – que tenham como causa de pedir o descumprimento de normas trabalhistas relativas à segurança, higiene e saúde dos trabalhadores (súmula nº 736 do STF) e o Ministério Público do Trabalho, além dos demais legitimados, tem atribuição para promover a ação civil pública no âmbito da *Justiça do Trabalho* para defesa de interesses coletivos quando desrespeitados os direitos sociais constitucionalmente assegurados (LC nº 75/93, art. 83, III).

185. (TRT 6 – Juiz do Trabalho Substituto 6ª Região/2010) Sobre a composição dos Tribunais e o processo de escolha de seus membros, é CORRETO afirmar:

a) O provimento dos cargos de Ministro do Tribunal Superior do Trabalho, nas vagas reservadas aos advogados, depende de ato complexo, com a participação da Ordem dos Advogados do Brasil, do Tribunal Superior do Trabalho, do Presidente da República e do Senado Federal, do mesmo modo que ocorre no provimento das vagas de advogado nos demais Tribunais Superiores, à exceção do Tribunal Superior Eleitoral e do Supremo Tribunal Federal.

b) O prazo decadencial do direito à impetração de mandado de segurança para impugnar lista tríplice de candidatos a vaga Juiz do Tribunal Regional do Trabalho é contado da data da publicação do decreto do Presidente da República.

c) Se, para fins de atendimento ao "quinto constitucional", a divisão por cinco do número de vagas existentes no Tribunal resultar em número fracionado, e a fração for inferior a meio, o arredondamento ocorrerá para baixo.

d) Para o provimento das vagas do Superior Tribunal de Justiça reservadas aos juízes dos Tribunais de Justiça, cabe distinguir entre os Desembargadores oriundos da Magistratura e os que são originários da advocacia ou do Ministério Público.

e) A Constituição veda ao Procurador-Geral do Trabalho a possibilidade de concorrer a vaga do Tribunal Superior do Trabalho reservada a Membro do Ministério Público.

COMENTÁRIOS

✪ **Nota do autor:** Nessa questão o examinador exige profundo conhecimento da atual jurisprudência do STF. Fique atento aos informativos semanais do STF e aos principais julgamentos.

Alternativa "a". O provimento no cargo de *Ministro civil* do Superior Tribunal Militar não conta com a participação da Ordem dos Advogados do Brasil, pois o Presidente da República deverá escolher, *livremente*, 03 advogados de notório saber jurídico e conduta ilibada, com mais de 10 anos de efetiva atividade profissional e maior de 35 anos (CF, art. 123, § único, I).

Alternativa "c". O STF tem entendimento pacífico de que se o número total da composição do Tribunal não for divisível por 05, deve-se arredondar a fração restante – *seja superior ou inferior à metade* – para o *número inteiro seguinte*, a fim de se alcançar a quantidade de vagas destinadas ao quinto constitucional (AO 493).

Alternativa "d". No julgamento do MS 23.445, o STF assim decidiu: "Para o provimento dos cargos a que se refere o art. 104, parágrafo único, I, 1ª parte da CF, não cabe distinguir entre juiz de TRF, originário da carreira da magistratura federal, ou proveniente do MPF ou da Advocacia". Em idêntico sentido: ADI 4.078. É dizer, os juízes dos Tribunais Regionais Federais e os desembargadores dos Tribunais de Justiça nomeados para Ministro do Superior Tribunal de Justiça podem ser oriundos do quinto constitucional, pois a Constituição de 1988 apenas ressalva a composição do Tribunal Superior do Trabalho contra essa forma de investidura (art. 111-A, II).

Alternativa "e". A Constituição Federal, em seu art. 111-A, I, diz apenas que o Tribunal Superior do Trabalho compor-se-á de 27 Ministros, sendo 1/5 dentre advogados e membros do Ministério Público do Trabalho com mais de 10 anos de efetivo exercício no cargo, observada a regra geral do quinto constitucional disposta no art. 94 da CF. Por mais inusitado que possa parecer, o Procurador-Geral do Trabalho, enquanto chefe do MPT e no exercício do cargo, pode habilitar-se a vaga de Ministro do TST, pois essa vedação não consta do texto constitucional.

Alternativa correta: letra "b". A investidura de juiz oriundo do quinto constitucional nos Tribunais é ato administrativo complexo de cuja formação participam o Tribunal e o chefe do Poder Executivo respectivos (MS 23.972). O STF já decidiu que todas as fases ou momentos de formação do ato – *iter* procedimental – podem ser objeto de controle de constitucionalidade (Rcl 10.707 MC), inclusive para se recusar a lista nominal por razões objetivas – processo criminal ou reprovação em vários concursos públicos – que desqualifiquem os candidatos (MS 25.624 e Rcl 5.413). O STF também já firmou entendimento de que o prazo decadencial para impetração de mandado de segurança inicia-se com a publicação do decreto presidencial que escolhe um dos nomes da lista tríplice para nomeação (MS 22.323).

186. (FCC – Juiz do Trabalho Substituto 4ª Região/2012) A Consolidação das Leis do Trabalho estabelece que demanda de natureza trabalhista será submetida à Comissão de Conciliação Prévia se, na localidade da prestação de serviços, houver sido instituída a Comissão no âmbito da empresa ou do sindicato da categoria, prevendo que, se restar frustrada a conciliação, será fornecida declaração que deverá ser juntada à eventual reclamação trabalhista (art. 625-D). Em sede de medida cautelar em ação direta de inconstitucionalidade, o Supremo Tribunal Federal (STF) houve por bem deferir parcialmente a medida pleiteada, para o fim de assentar que as normas em comento "não encerram obrigatória a fase administrativa, continuando os titulares de direito substancial a terem o acesso imediato ao Judiciário, desprezando a fase que é a revelada pela atuação da Comissão de Conciliação Prévia", de modo a assegurar, "sob o ângulo dos dissídios individuais de trabalho, o livre acesso ao Judiciário" (ADI 2.139-MC, Rel. para o acórdão Min. Marco Aurélio).

Considere as afirmações abaixo a esse respeito, à luz da disciplina constitucional e legal da matéria e da jurisprudência do STF.

I. Em sua decisão, o STF adotou como parâmetro o princípio constitucional da inafastabilidade do Judiciário, como garantia contra lesão ou ameaça de lesão a direito, aplicando-o à seara das relações de trabalho.

II. Considerou o STF, ainda, que a tentativa de negociação coletiva ou arbitragem previamente ao ajuizamento de dissídios coletivos funciona como exceção à regra da desnecessidade de esgotamento da esfera administrativa para acesso ao Judiciário, exceção esta admissível porque estabelecida pela própria Constituição.

III. O STF procedeu, no caso, à interpretação conforme a Constituição.

IV. A decisão proferida no caso relatado possui efeito retroativo e eficácia contra todos.

Está correto o que se afirma APENAS em

a) I e II.

b) I e IV.

c) II e III.

d) I, II e III.

e) II, III e IV.

COMENTÁRIOS

✪ **Nota do autor:** As decisões mais importantes do STF em matéria trabalhista vêm sendo exigidas, cada vez mais, em provas objetivas, em substituição àquelas questões de mera reprodução literal do texto da lei. Por isso, é fundamental conhecer e estudar a jurisprudência do STF e dos Tribunais Superiores.

Proposições I e II. Nessa decisão (ADI 2.139 MC), o STF considerou que as exceções ao princípio da inafastabilidade do Judiciário - direito fundamental ao livre acesso ao Judiciário ou à proteção judicial efetiva - devem ter assento constitucional, ou seja, previsão expressa, por se tratar de restrição ao âmbito de incidência normativa de direito fundamental. Na seara trabalhista, o exaurimento da esfera administrativa - ou extraprocessual - como pressuposto processual limita-se aos dissídios coletivos (CF, art. 114, § 2º) e, ainda assim, a norma constitucional exige, apenas, a *tentativa frustrada* de negociação coletiva ou arbitragem.

Proposição III. Para preservar a integridade e coerência do sistema jurídico, buscando-se aquela interpretação que assegure a constitucionalidade da norma jurídica, dentre as possibilidades semânticas oferecidas pelo texto da lei, o STF deu interpretação conforme a Constituição ao art. 625-D da CLT para afastar qualquer sentido de obrigatoriedade ou exigência de submissão prévia dos conflitos de interesse decorrente das relações de trabalho às Comissões de Conciliação Prévia (ADI 2.139 MC e 2.160 MC). É dizer: as CCP caracterizam-se como etapa facultativa para as partes, que dispõem do direito fundamental de acesso irrestrito e direto ao Poder Judiciário.

Proposição IV. Diz o art. 11, § 1º da Lei nº 9.868/99: a medida cautelar proferida em ação direta de constitucionalidade tem eficácia contra todos - *erga omnes* - e será concedida com efeito prospectivo (*ex nunc*), salvo manifestação expressa em sentido contrário (efeito retroativo ou *ex tunc*). No caso concreto, o deferimento parcial da medida cautelar para dar interpretação conforme a Constituição ao art. 625-D da CLT não contou com qualquer ressalva expressa para atribuir efeito retroativo à decisão liminar (ADI 2.139 MC e 2.160 MC).

Alternativa correta: letra "d".

---

187. (FCC - Juiz do Trabalho Substituto 6ª Região/2013) Analise o seguinte excerto de ementa de julgado do Supremo Tribunal Federal:

Possui repercussão geral a controvérsia relativa à possibilidade, ou não, de cargo vago de Conselheiro do Tribunal de Contas cujo ocupante anterior fora nomeado mediante indicação da Assembleia Legislativa ser preenchido por membro do Ministério Público de Contas, em observância à representatividade do órgão no aludido Tribunal.

Diante da disciplina constitucional da matéria, infere-se do quanto transcrito que se trata de decisão

a) em que o STF admitiu o processamento de recurso extraordinário, interposto em face de decisão que julgou válida lei local contestada em face de lei federal, relativamente às regras de composição dos Tribunais de Contas.

b) prolatada em juízo de admissibilidade de recurso extraordinário, no qual o recorrente logrou comprovar a existência de repercussão geral da questão constitucional suscitada, em conformidade com o entendimento de quatro ou mais Ministros do STF.

c) preparatória de súmula vinculante, a ser adotada pelo voto de dois terços dos membros do STF, mediante provocação de qualquer dos legitimados para a propositura da ação direta de inconstitucionalidade.

d) em que o STF se manifestou sobre o mérito da questão relativa à aplicação ou não, aos Tribunais de Contas estaduais, da regra do chamado quinto constitucional na composição de órgãos do Poder Judiciário.

e) dotada de eficácia erga omnes, em relação aos demais órgãos do Poder Judiciário, aplicando-se a todos os recursos extraordinários em andamento que tenham o mesmo objeto.

COMENTÁRIOS

✪ Nota do autor: A questão invoca caso concreto (RE 717.424 RG) para daí extrair sua análise.

Alternativa correta: letra "b" (responde às demais alternativas por contrariedade). O requisito – juízo de admissibilidade – da repercussão geral dos recursos extraordinários significa que o assunto versado na situação de fato concreta deve tratar de questões relevantes do ponto de vista econômico, político, social e jurídico, em suma, questões que ultrapassem, transcendam, superem, *transbordem* os interesses subjetivos daquele caso específico (CF, art. 102, § 3º, Lei nº 11.418/06 e Emenda Regimental nº 21/07 do STF). Para se *recusar* a admissibilidade do recurso extraordinário por ausência de repercussão geral é necessário o voto de *2/3* dos Ministros do STF, em decisão irrecorrível. Pela aritmética, é necessário o voto de 08 ou mais Ministros – de um total de 11 – para se recusar a repercussão geral nos recursos extraordinários. Daí se depreende que com o voto de 04 ou mais Ministros do STF favoráveis à repercussão geral restaria, portanto, observado o requisito constitucional de admissibilidade recursal.

---

188. (FCC – Juiz do Trabalho Substituto 6ª Região/2013) Nos termos da Constituição da República, o Procurador-Geral da República – PGR

a) nomeia os Procuradores-Gerais dos Ministérios Públicos dos Estados e o do Distrito Federal e Territórios, a partir de lista tríplice formada dentre integrantes das carreiras respectivas, na forma da lei.

b) deve ser escolhido dentre membros da carreira, com mais de trinta e cinco e menos de setenta anos de idade, para um mandato de três anos, permitida a recondução.

c) é nomeado pelo Presidente da República, após arguição pública e aprovação, por voto secreto, da maioria absoluta dos membros do Congresso Nacional.

d) pode ser destituído, antes do término de seu mandato, por iniciativa do Presidente da República, mediante aprovação prévia da maioria absoluta dos membros do Senado Federal.

e) exerce a chefia do Ministério Público da União, que compreende o Ministério Público Federal, o Ministério Público do Trabalho, o Ministério Público Militar, o Ministério Público do Distrito Federal e Territórios e os Ministérios Públicos dos Estados.

COMENTÁRIOS

✪ Nota do autor: A Lei nº 8.625/93 instituiu a Lei Orgânica do Ministério Público e as normas gerais para a organização do Ministério Público dos Estados. A Lei Complementar nº 75/93 dispôs sobre a organização, atribuições e o estatuto do Ministério Público da União.

Alternativa "a". Os Procuradores-Gerais de Justiça dos Ministérios Públicos dos Estados e o do Distrito Federal e Territórios são nomeados pelos respectivos chefes do Poder Executivo – Governador de Estado e Presidente da República, respectivamente (CF, art. 128, § 3º e LC nº 75/93, art. 26, V). O PGR tem a atribuição de *nomear* e *empossar* o Vice-Procurador-Geral da República, o Procurador-Geral do Trabalho e o Procurador-Geral da Justiça Militar e *apenas* dar *posse* ao Procurador-Geral de Justiça do Distrito Federal e Territórios (LC nº 75/93, art. 26, IV).

Alternativas "b" e "c". O Ministério Público da União tem por chefe o PGR, nomeado pelo Presidente da República dentre os integrantes da carreira, maiores de 35 anos, após aprovação, em arguição pública e por voto secreto, da maioria absoluta pelo *Senado Federal* – e não do Congresso Nacional –, para mandato de *02 (dois) anos* – e não 03 anos –, permitida *a* recondução (CF, arts. 52, III, *e* e 128, § 1º).

Alternativa "e". O Ministério Público da União compreende (i) o Ministério Público Federal, (ii) o Ministério Público do Trabalho, (iii) o Ministério Público Militar e (iv) o Ministério Público do Distrito Federal e Territórios (CF, art. 128, I, *a* a *d*). O Ministério Público dos Estados pertence à instituição Ministério Público, vinculado aos Estados, não à União.

Alternativa correta: letra "d". A destituição do Procurador-Geral da República – PGR, por iniciativa do Presidente da República, deverá ser precedida de autorização da maioria absoluta do Senado Federal (CF, art. 128, § 2º).

3.8. PRECATÓRIOS

▸ CF, artigo 100.

3.9. CONSELHO NACIONAL DE JUSTIÇA. CONSELHO NACIONAL DO MINISTÉRIO PÚBLICO

▸ CF, artigos 103-B e 130-A.

---

189. (TRT 16 – Juiz do Trabalho Substituto 16ª Região/2011) Sobre o Conselho Nacional de Justiça (CNJ), marque a alternativa CORRETA:

a) Os membros do Conselho serão nomeados pelo Presidente da República, depois de aprovada a escolha pela maioria absoluta do Senado Federal.

b) Compete ao Conselho o controle da atuação administrativa e financeira do Poder Judiciário e do cumprimento dos deveres funcionais dos juízes, cabendo-lhe, entre outras atribuições, rever, apenas quando provocado, os processos disciplinares de juízes e membros de tribunais julgados há menos de um ano.

c) Também compete ao CNJ elaborar anualmente relatório estatístico sobre processos e sentenças prolatadas, por unidade da Federação, nos diferentes órgãos do Poder Judiciário.

d) O CNJ será presidido pelo Presidente do Supremo Tribunal Federal e, nas suas ausências e impedimentos, pelo Corregedor, que sempre será o Ministro do Superior Tribunal de Justiça indicado para compor o Conselho.

e) Compete ao Conselho o controle da atuação administrativa e financeira do Poder Judiciário e do cumprimento dos deveres funcionais dos juízes, cabendo-lhe, entre outras atribuições, receber e conhecer das reclamações contra membros ou órgãos do Poder Judiciário, inclusive contra seus serviços auxiliares, serventias e órgãos prestadores de serviços notariais e de registro que atuem por delegação do poder público ou oficializados, sem prejuízo da competência disciplinar e correicional dos tribunais, podendo avocar processos disciplinares em curso e determinar a remoção, a disponibilidade ou a aposentadoria com subsídios ou proventos proporcionais ao tempo de serviço e aplicar outras sanções administrativas, assegurada ampla defesa.

COMENTÁRIOS

Nota do autor: O Conselho Nacional de Justiça - CNJ é órgão colegiado do Poder Judiciário - órgão administrativo interno - de composição plural, voltado para o controle e supervisão da atuação administrativa e financeira do Poder Judiciário e do cumprimento dos deveres funcionais - controle disciplinar - dos juízes.

Alternativa "a". O Ministro Presidente do STF é membro nato do CNJ - também aqui presidente -, não sendo necessária, portanto, sua aprovação pelo Senado Federal. A EC 61/09 tornou explícito tal entendimento com alteração promovida no art. 103-B, § 2º da CF. Todos os demais membros serão nomeados pelo Presidente da República, após aprovada a escolha pela maioria absoluta do Senado Federal.

Alternativa "b". O CNJ detém autorização constitucional para rever, *de ofício* ou mediante provocação, os processos disciplinares de juízes e membros de Tribunais julgados há menos de 01 ano (CF, art. 103-B, § 4º, V).

Alternativa "c". O CNJ tem competência para elaborar *semestralmente* - e não anualmente - relatório estatístico sobre processos e sentenças prolatadas, por unidade da Federação, nos diferentes órgãos do Poder Judiciário (CF, art. 103-B, § 4º, VI). A previsão do relatório anual diz respeito às providências que julgar necessárias sobre a situação do Poder Judiciário e as atividades do CNJ (CF, art. 103-B, § 4º, VII).

Alternativa "d". O CNJ será presidido pelo Presidente do Supremo Tribunal Federal e, nas suas ausências e impedimentos, pelo *Vice-Presidente do STF* (CF, art. 103-B, § 1º) - e não pelo Ministro-Corregedor - que, como corretamente apontado, sempre será o Ministro do Superior Tribunal de Justiça (CF, art. 103-B, § 5º).

Alternativa correta: letra "e". A alternativa reproduz, *longamente*, o art. 103-B, § 4º, III.

190. (TRT 6 - Juiz do Trabalho Substituto 6ª Região/2010) Acerca da organização, competência e funcionamento do Conselho Nacional de Justiça, assinale a alternativa INCORRETA:

a) Compete ao Senado Federal julgar os Membros do Conselho Nacional de Justiça por crime de responsabilidade.

b) Integrará o Conselho Nacional de Justiça um Juiz de Tribunal Regional Federal e um Juiz Federal, indicados pelo Superior Tribunal de Justiça.

c) Os membros do Conselho, salvo seu Presidente, serão nomeados pelo Presidente da República, depois de aprovada a escolha pela maioria absoluta do Senado Federal.

d) O Conselho será presidido por um Ministro do Supremo Tribunal Federal, indicado por essa Corte, o qual não ficará impedido nos feitos que impugnam, no próprio Supremo Tribunal Federal, os atos do Conselho Nacional de Justiça de cujo julgamento participou.

e) A ausência do Procurador-Geral da República e do Presidente da Ordem dos Advogados do Brasil às sessões do Conselho Nacional de Justiça não implica a nulidade das decisões nelas tomadas.

COMENTÁRIOS

Nota do autor: Essa questão exige o conhecimento da jurisprudência do STF. O Procurador-Geral da República e o Presidente do Conselho Federal da OAB oficiam - fiscais da lei - no CNJ, porém não são membros efetivos. E não há impedimento do Presidente do *STF* nos julgamentos de ações *contra atos do CNJ*, ainda que tenha participado das sessões de votação neste último.

Alternativa "a". Diz o art. 52, II da CF: compete privativamente ao Senado Federal processar e julgar os Ministros do Supremo Tribunal Federal, os *membros* do *Conselho Nacional de Justiça* e do Conselho Nacional do Ministério Público, o Procurador-Geral da República e o Advogado-Geral da União nos crimes de responsabilidade.

Alternativa "b". O CNJ compõe-se de 15 membros assim distribuídos: (i) o Presidente do STF, (ii) 01 Ministro do STJ indicado pelo próprio Tribunal (iii) 01 Ministro do TST indicado pelo próprio Tribunal (iv) 01 Desembargador de TJ indicado pelo STF, (v) 01 Juiz Estadual indicado pelo STF (vi) *01 Juiz de TRF indicado pelo STJ*, (vii) *01 Juiz Federal indicado pelo STJ*, (viii) 01 Juiz de TRT indicado pelo TST, (ix) 01 Juiz do Trabalho indicado pelo TST, (x) 01 membro do MPU indicado pelo PGR, (xi) 01 membro do MPE, escolhido pelo PGR dentre os nomes indicados pelo órgão competente de cada instituição estadual, (xii) 02 advogados indicados pelo Conselho Federal da OAB e (xiii) 02 cidadãos de notável saber jurídico e reputação ilibada, indicados um pela Câmara dos Deputados o outro pelo Senado Federal (CF, art. 103-B, I a XIII).

Alternativa "c". O Ministro Presidente do STF é membro nato do CNJ – também aqui seu presidente –, não sendo necessária, portanto, sua aprovação pelo Senado Federal (CF, art. 103-B, § 1º). Todos os demais membros do Conselho serão nomeados pelo Presidente da República, após aprovada a escolha pela maioria absoluta do Senado Federal (CF, art. 103-B, § 2º).

Alternativa "e". O STF já se manifestou sobre o tema: "Ainda que disponha o art. 103-B, § 6º da CF que junto ao CNJ oficiarão o Procurador-Geral da República e o Presidente do Conselho Federal da OAB, a ausência destes às sessões do CNJ não importa em nulidade das mesmas" (MS 25.879 AgR).

Alternativa (in)correta: letra "d". O CNJ será presidido pelo *Presidente* do Supremo Tribunal Federal (CF, art. 103-B, § 1º da CF) e não há que se falar em impedimento de seu presidente para julgamento no STF – agora na condição de Ministro – de ações contra atos do CNJ, ainda que tivesse participado eventualmente da própria sessão que deu ensejo à prática do ato (MS 25.938).

---

191. (TRT 21 – Juiz do Trabalho Substituto 21ª Região/2010) A composição e o funcionamento do Conselho Nacional de Justiça (CNJ), criado pela Emenda Constitucional n. 45/2004, sofreu modificações recentes, com a promulgação da Emenda Constitucional n. 61/2009. Com base, portanto, na atual disposição do texto constitucional, indique a resposta correta:

a) a presidência do CNJ cabe a um ministro do Supremo Tribunal Federal, preferencialmente a seu presidente, uma vez que não recebe distribuição de processos no tribunal;

b) nas ausências e impedimentos do presidente do CNJ, seu substituto será o Corregedor Nacional de Justiça, eleito dentre os membros dos tribunais superiores;

c) os membros do CNJ serão nomeados pelo Presidente da República, após aprovação pela maioria absoluta do Senado Federal, à exceção do presidente do CNJ;

d) aos membros do CNJ não é mais admitida a recondução para um segundo mandato;

e) cabe ao Supremo Tribunal Federal a indicação dos ministros dos tribunais superiores integrantes do CNJ;

COMENTÁRIOS

✪ **Nota do autor:** Essa questão também cuida da composição do Conselho Nacional de Justiça e, como recorrente nas provas objetivas, traz a exceção da não nomeação pelo Presidente da República e aprovação pelo Senado Federal do presidente do STF, membro nato e também presidente daquele conselho.

Alternativas "a" e "b". O CNJ será, *obrigatoriamente*, presidido pelo *Presidente* do Supremo Tribunal Federal. Nas ausências ou impedimentos deste, a presidência passará ao Vice-Presidente do STF (CF, art. 103-B, § 1º da CF). O Corregedor Nacional de Justiça será, *designadamente*, o Ministro do Superior Tribunal de Justiça e não por eleição dentre os Ministros dos Tribunais Superiores (STJ e TST) com representação no CNJ (CF, art. 103-B, § 5º).

Alternativa "d". Diz o art. 103-B, *caput* da CF: o Conselho Nacional de Justiça compõe-se de 15 membros com mandato de 02 anos, *admitida uma recondução.*

Alternativa "e". Cabe aos respectivos Tribunais Superiores (STJ e TST) indicar o Ministro que o representará no CNJ. Ao STF compete a indicação de 01 Desembargador de Tribunal de Justiça e 01 Juiz Estadual (CF, art. 103-B, II a V).

Alternativa correta: letra "c". Inteligência do art. 103-B, §§ 1º e 2º da CF: o Conselho será presidido pelo Presidente do Supremo Tribunal Federal e, nas suas ausências e impedimentos, pelo Vice-Presidente do Supremo Tribunal Federal. Os demais membros do Conselho serão nomeados pelo Presidente da República, depois de aprovada a escolha pela maioria absoluta do Senado Federal.

---

192. (TRT 3 – Juiz do Trabalho Substituto 3ª Região/2013) Na literalidade do texto constitucional, compete ao Ministro-Corregedor do CNJ (Conselho Nacional de Justiça), exceto:

a) Atuar como Ouvidor do Conselho, em âmbito nacional.

b) Receber as reclamações e denúncias, de qualquer interessado, relativas aos magistrados e aos serviços judiciários

c) Exercer funções executivas do Conselho, de inspeção e de correição geral

d) Requisitar servidores de juízos ou tribunais

e) Requisitar e designar magistrados, delegando-lhes atribuições.

COMENTÁRIOS

✪ **Nota do autor:** Conforme alertado de *antemão*, a questão trata da literalidade do texto constitucional.

Alternativa "c". Literalmente o art. 103-B, § 5º, II da CF.

Alternativas "d" e "e". O Ministro-Corregedor do CNJ tem competência para *requisitar e designar magistrados, delegando-lhes atribuições,* e *requisitar servidores de juízos ou Tribunais*, inclusive nos Estados, Distrito Federal e Territórios (CF, art. 103-B, § 5º, III).

Alternativa correta: letra "a" (responde também a alternativa "b"). Diz o art. 103-B, § 5º, I da CF que compete ao Ministro-Corregedor do CNJ – o Ministro indicado pelo STJ dentre os seus – a atribuição de receber as reclamações e denúncias, de qualquer interessado, relativas aos magistrados e aos serviços judiciários. Tal atribuição tem contornos de ouvidoria, mas não em *ter-*

mos literais. Pela Resolução nº 103/10 do CNJ, em seu art. 3º, a função de *ouvidor* do Conselho Nacional de Justiça será exercida pelo Conselheiro *eleito* pela maioria do Plenário, juntamente com seu substituto, para período de 01 ano, admitida *a* recondução.

193. (TRT 22 – Juiz do Trabalho Substituto 22ª Região/2013) Quanto ao Conselho Nacional de Justiça, assinale a alternativa INCORRETA:

a) o Supremo Tribunal Federal, em sede de Ação Direta de Inconstitucionalidade, entendeu que a existência de um órgão de controle e planejamento do Judiciário, incorporado à sua estrutura e com composição majoritária de magistrados, não ofende à Constituição;

b) o CNJ não tem atribuições em relação ao Supremo Tribunal Federal, cabendo, de reverso, a este, examinar as ações contra as decisões do Conselho;

c) a nomeação dos membros do CNJ é feita pelo Presidente da República, após aprovação do Senado Federal, por maioria absoluta dos seus membros;

d) a função de Ministro-Corregedor é exercida pelo Ministro do Superior Tribunal de Justiça, indicado por esta Corte para compor o CNJ;

e) os membros do CNJ representantes da magistratura de primeiro grau são indicados pelo Supremo Tribunal Federal.

COMENTÁRIOS

Nota do autor: A questão exige o conhecimento da ADI 3.367 que deliberou sobre a constitucionalidade do CNJ sob vários aspectos.

Alternativa "a". O STF enfrentou, em sede de controle abstrato por ação direta (ADI 3.367), a constitucionalidade da EC nº 45/04 no que tange à criação do CNJ e suas atribuições de controle administrativo, financeiro e disciplinar do Poder Judiciário: "Sob o prisma constitucional brasileiro do sistema de separação dos Poderes, não se vê *a priori* como possa ofendê-lo a criação do Conselho Nacional de Justiça. À luz da estrutura que lhe deu a Emenda Constitucional nº 45/2004, trata-se de órgão do próprio Poder Judiciário (CF, art. 92, I-A), composto, na maioria, por membros deste mesmo Poder (CF, art. 103-B), nomeados sem interferência direta dos outros Poderes, dos quais o Legislativo apenas indica, fora de seus quadros e, pois, sem laivos de representação orgânica, dois dos quinze membros".

Alternativa "b". Ainda a ADI 3.367: "Poder Judiciário. Conselho Nacional de Justiça. Órgão de natureza exclusivamente administrativa, financeira e disciplinar da magistratura. Competência relativa apenas aos órgãos e juízes situados, hierarquicamente, abaixo do Supremo Tribunal Federal. Preeminência deste, como órgão máximo do Poder Judiciário, sobre o Conselho, cujos atos e decisões estão sujeitos a seu controle jurisdicional. Inteligência dos arts. 102, *caput*, I, *r* e 103-B, § 4º da CF. O Conselho Nacional de Justiça não tem nenhuma competência sobre o Supremo Tribunal Federal e seus Ministros, sendo esse o órgão máximo do Poder Judiciário nacional, a que aquele está sujeito".

Alternativa "c". O Ministro Presidente do STF é membro nato do CNJ – também aqui seu presidente –, não sendo necessária, portanto, sua aprovação pelo Senado Federal (CF, art. 103-B, § 1º). Todos os demais membros do Conselho serão nomeados pelo Presidente da República, após aprovada a escolha pela maioria absoluta do Senado Federal (CF, art. 103-B, § 2º).

Alternativa "d". O Ministro do Superior Tribunal de Justiça, indicado por seus pares, exercerá a função de Ministro-Corregedor do Conselho Nacional de Justiça (CF, art. 103-B, I e § 5º, parte inicial).

Alternativa (in)correta: letra "e". A magistratura de primeiro grau vem representada no CNJ por (i) 01 juiz estadual indicado pelo Supremo Tribunal Federal, (ii) 01 juiz federal indicado pelo *Superior Tribunal de Justiça* e (iii) 01 juiz do trabalho indicado pelo Tribunal Superior do Trabalho (CF, art. 103-B, V, VII e IX).

194. (TRT 22 – Juiz do Trabalho Substituto 22ª Região/2013) Assinale a alternativa INCORRETA. Compete ao CNJ:

a) zelar pela autonomia do Poder Judiciário e pelo cumprimento do Estatuto da Magistratura;

b) zelar pela observância do art. 37 da Constituição e apreciar, de ofício ou mediante provocação, a legalidade dos atos administrativos praticados por membros ou órgãos do Poder Judiciário;

c) representar ao Ministério Público, no caso de crime contra a administração pública ou de abuso de autoridade;

d) elaborar relatório anual, propondo as providências que julgar necessárias, sobre a situação do Poder Judiciário;

e) rever, de ofício ou mediante provocação, os processos disciplinares de juízes e membros de tribunais julgados há menos de cinco anos.

COMENTÁRIOS

Nota do autor: As questões sobre o CNJ e o CNMP são, em regra, de pura memorização e estão sempre presente em provas objetivas.

Alternativa "a". Compete ao CNJ zelar pela autonomia do Poder Judiciário e pelo cumprimento do Estatuto da Magistratura, podendo expedir atos regulamentares, no âmbito de suas competências, ou recomendar providências (CF, art. 103-B, § 4º, I).

Alternativa "b". Compete ao CNJ zelar pela observância do art. 37 da Constituição de 1988 e apreciar, de ofício ou mediante provocação, a legalidade dos atos administrativos praticados por membros ou órgãos do Poder Judiciário, podendo desconstituí-los, revê-los ou fixar prazo para que se adotem as providências necessárias ao exato cumprimento da lei, sem prejuízo da competência do Tribunal de Contas da União (CF, art. 103-B, § 4º, II).

Alternativa "c". A alternativa transcreve a redação do art. 103-B, § 4º, IV da CF.

Alternativa "d". Compete ao CNJ elaborar relatório anual, propondo as providências que julgar necessárias, sobre a situação do Poder Judiciário no País e as atividades do Conselho, o qual deve integrar mensagem do Presidente do STF a ser remetida ao Congresso Nacional, por ocasião da abertura da sessão legislativa (CF, art. 103-B, § 4º, VII).

Alternativa (in)correta: letra "e". Compete ao CNJ rever, de ofício ou mediante provocação, os processos disciplinares de juízes e membros de Tribunais julgados há menos *01 (um) ano* – e não 05 anos (CF, art. 103-B, § 4º, V).

3.10. ADVOCACIA PÚBLICA E PRIVADA. DEFENSORIA PÚBLICA

▸ CF, artigos 131 a 135.

195. (CESPE – Juiz do Trabalho Substituto 1ª Região/2010) Acerca da AGU e da consultoria jurídica dos Estados e do DF, assinale a opção correta.

a) O chefe da AGU é escolhido, entre os membros das carreiras desse órgão, pelo presidente da República.

b) Considerando-se que os procuradores do DF exercem a representação judicial do DF, é vedado ao Poder Legislativo distrital praticar, em juízo, atos processuais em nome próprio.

c) A CF assegura aos procuradores dos estados e do DF estabilidade após dois anos de efetivo exercício, mediante avaliação de desempenho perante os órgãos próprios, após relatório circunstanciado das corregedorias.

d) De acordo com o disposto na CF e com entendimento do STF, a representação judicial de Tribunal Regional Federal, por se tratar de órgão da União destituído de personalidade jurídica, cabe à AGU.

e) Segundo a CF, o ingresso nas classes iniciais das carreiras da AGU far-se-á mediante concurso público de provas e títulos, com a participação da Ordem dos Advogados do Brasil em todas as suas fases.

COMENTÁRIOS

✪ **Nota do autor:** A representação em juízo das pessoas jurídicas de direito público é tema que enseja diversos questionamentos interessantes. Vale conferir a doutrina especializada[75].

75. SOUTO, José Carlos. *A união federal em juízo*. 3. ed. Rio de Janeiro: Editora Lumen Juris, 2006.

Alternativa "a". Diz o art. 131, § 1º da CF: a Advocacia-Geral da União tem por chefe o Advogado-Geral da União, de *livre nomeação* pelo Presidente da República dentre cidadãos maiores de 35 anos, de notável saber jurídico e reputação ilibada.

Alternativa "b". No julgamento da ADI 1.557 pelo STF restou decidido: "A estruturação da Procuradoria do Poder Legislativo distrital está, inegavelmente, na esfera de competência privativa da Câmara Legislativa do Distrito Federal. A Procuradoria-Geral do Distrito Federal é a responsável pelo desempenho da atividade jurídica consultiva e contenciosa exercida na defesa dos interesses da pessoa jurídica de direito público Distrito Federal. Não obstante, a jurisprudência desta Corte reconhece a ocorrência de situações em que o Poder Legislativo necessite praticar em juízo, em nome próprio, uma série de atos processuais na defesa de sua autonomia e independência frente aos demais Poderes, nada impedindo que assim o faça por meio de um setor pertencente a sua estrutura administrativa, também responsável pela consultoria e assessoramento jurídico de seus demais órgãos".

Alternativa "c". A estabilidade dos Procuradores dos Estados e do Distrito Federal é adquirida após *03 (três) anos* – e não 02 anos – de efetivo exercício no cargo, mediante avaliação de desempenho perante os órgãos próprios, após relatório circunstanciado das corregedorias (CF, art. 132, § único).

Alternativa "e". Não consta do texto da Constituição de 1988 a participação obrigatória da OAB em todas as fases do concurso público de provas e títulos para ingresso nas carreiras da AGU, embora tal participação não seja de todo vedada, afigurando-se, ademais, medida salutar para oportunizar a fiscalização – externa – do certame pelo órgão de representação da advocacia privada, concretizando o valor democracia.

Alternativa correta: letra "d". A Advocacia-Geral da União tem a atribuição constitucional de representar, judicial e extrajudicialmente, a União, abrangidas aí todas as suas esferas de poder – Executivo, Legislativo e Judiciário –, conforme art. 131, *caput* da CF. A Lei Complementar nº 73/93 (Lei Orgânica da Advocacia-Geral da União) somente faz ressalva expressa à atividade de consultoria e assessoramento jurídico ao Poder Executivo (art. 1º, § único). Os poderes Legislativo e Judiciário mantêm *consultorias jurídicas internas* próprias. A *representação em juízo*, contudo, dá-se pela AGU para todos os poderes da União.

196. (TRT 6 – Juiz do Trabalho Substituto 6ª Região/2010) Acerca da Advocacia Pública, leia atentamente as assertivas abaixo e, depois, assinale a alternativa CORRETA:

I. A Advocacia-Geral da União pode deixar de defender a constitucionalidade de norma questionada no Supremo Tribunal Federal.

II. O Advogado-Geral da União precisa ser maior de 35 anos e ter "notável saber jurídico e reputação ilibada", mas não precisa integrar as carreiras da AGU, sendo, contudo, submetido à aprovação do Senado Federal.

III. Os Estados podem criar Procuradorias da Fazenda, conquanto estejam vinculadas à Procuradoria-Geral do Estado.

IV. Compete à Procuradoria-Geral Federal, por delegação da Procuradoria-Geral da Fazenda Nacional, a execução de multa imposta aos empregadores pelos órgãos de fiscalização das relações de trabalho.

V. É absolutamente vedada a contração de escritórios privados de advocacia para a representação da União em causas especiais, ou no exterior.

a) Apenas as assertivas I, III e IV estão corretas.

b) Apenas as assertivas II e IV estão corretas.

c) Apenas as assertivas II, IV e V estão corretas.

d) Apenas as assertivas III e IV estão corretas.

e) Nenhuma das assertivas está correta.

COMENTÁRIOS

✪ **Nota do autor:** A questão envolve matéria controvertida no STF e, em nosso ponto de vista, deveria ser anulada, pois não se presta a aferição de conhecimentos objetivos.

Proposição I. Diz o art. 103, § 3º da CF: quando o Supremo Tribunal Federal apreciar a inconstitucionalidade, em tese, de norma legal ou ato normativo, citará, previamente, o Advogado-Geral da União, que defenderá o ato ou o texto impugnado. "Diferentemente do que decorre da literalidade do art. 103, § 3º – citação para defesa do ato impugnado –, não está ele obrigado a fazer defesa do ato questionado, especialmente se o Supremo Tribunal Federal já se tiver manifestado em caso semelhante pela inconstitucionalidade"[76]. A matéria, no entanto, ainda permanece controvertida, pois há precedentes do STF em um sentido (ADI 1.616 e 2.687) e em outro (ADI 3.413); ambos atuais.

Proposição II. No texto constitucional não há a *exigência expressa* de aprovação prévia – sabatina – do Advogado-Geral da União pelo Senado Federal (CF, art. 131, § 1º).

Proposição III. Pelo princípio da simetria constitucional, os Estados membros da Federação, à semelhança da União, podem criar uma Procuradoria específica na estrutura da Procuradoria do Estado e vinculada ao órgão de cúpula – Procuradoria-Geral do Estado –, para a cobrança em execução fiscal da dívida ativa de natureza tributária (CF, art. 131, § 3º: na execução da dívida ativa de natureza tributária, a representação da União cabe à Procuradoria-Geral da Fazenda Nacional, observado o disposto em lei).

76. MENDES, Gilmar Ferreira; BRANCO, Paulo Gustavo Gonet. Op. cit., p. 1.251.

Proposição IV. A Procuradoria-Geral Federal, criada pela Lei nº 10.480/02 e vinculada à Advocacia-Geral da União, tem por atribuição precípua a representação judicial e extrajudicial das autarquias e fundações públicas federais. A Lei nº 11.457/07, em seu art. 16, § 3º, II, ampliou sua atribuição inicial para acrescentar a representação judicial e extrajudicial da União nos processos da Justiça do Trabalho relacionados com a cobrança de multas impostas aos empregadores pelos órgãos de fiscalização das relações de trabalho, por delegação da Procuradoria-Geral da Fazenda Nacional.

Proposição V. Pelo Decreto Presidencial nº 7.598/11, ao Advogado-Geral da União restou delegada a competência para autorizar a contratação de advogados e especialistas visando à defesa judicial e extrajudicial de interesse da União no exterior, nos termos do art. 4º da Lei nº 8.897/94. A contratação de escritórios privados de advocacia para a representação da União em *causas especiais*, assunto em pauta nos dias de hoje, ainda é muito controvertida internamente na AGU e não há, salvo melhor juízo, autorização/delegação expressa para tanto.

Alternativa correta: letra "a".

3.11. TRIBUTAÇÃO E ORÇAMENTO. ORDEM ECONÔMICA E FINANCEIRA

▸ CF, artigos 145 a 192.

197. (FGV – 2023 – TST – Juiz do Trabalho) Considerando os princípios e institutos das ordens econômica e social na Constituição da República de 1988 e o entendimento do Supremo Tribunal Federal, é correto afirmar que:

a) é compatível com o princípio da livre iniciativa lei estadual que exige dos supermercados que mantenham empregados próprios ou terceirizados que executem a função de empacotador, pois amparada no objetivo da busca do pleno emprego;

b) o cumprimento da função social da propriedade rural resta configurado quando atendidos, simultaneamente, Os requisitos de aproveitamento racional, utilização adequada dos recursos naturais disponíveis e preservação do meio ambiente, não sendo exigível exploração que favoreça o bem-estar dos proprietários e dos trabalhadores, por ausência de previsão constitucional;

c) é compatível com o princípio da livre iniciativa, a liberdade de exercício de atividade econômica e o Art. 7º, IV, da Constituição da República de 1988, norma legal que exige integralização de capital social mínimo para abertura de empresa, em valor estabelecido em determinado número de salários mínimos;

d) é incompatível com os princípios constitucionais da livre iniciativa e livre concorrência a edição de lei para estímulo a empresas que invistam em pesquisa e pratiquem sistemas de remuneração que assegurem ao empregado, desvinculada do salário, participação nos ganhos econômicos resultantes da produtividade de seu trabalho;

e) o princípio da proteção integral da criança e do adolescente, previsto no Art. 227 da Constituição da República de 1988, não abrange direito à proteção especial de garantia de direitos previdenciários e trabalhistas e de acesso do trabalhador adolescente e jovem à escola.

COMENTÁRIOS

Alternativa a: Na verdade, o STF, no julgamento da ADI 907/RJ, manifestou o entendimento de que as leis que obrigam supermercados ou similares a prestar serviços de acondicionamento ou embalagem de compras viola o princípio da livre iniciativa.

Alternativa b: Nos termos do art. 186 da CF/88: "A função social é cumprida quando a propriedade rural atende, simultaneamente, segundo critérios e graus de exigência estabelecidos em lei, aos seguintes requisitos: I – aproveitamento racional e adequado; II – utilização adequada dos recursos naturais disponíveis e preservação do meio ambiente; III – observância das disposições que regulam as relações de trabalho; IV – exploração que favoreça o bem-estar dos proprietários e dos trabalhadores.". Assim, a alternativa está incorreta.

Alternativa c: Trata-se do entendimento adotado pelo STF no julgamento da ADI 4637, quando manifestou que a exigência de capital social mínimo não impede o livre exercício de atividade econômica, pois constitui requisito para a limitação da responsabilidade do empresário.

Alternativa d: Na verdade, não só é compatível, como trata-se de previsão constitucional, encontrada no art. 218, §4º da CF/88, o qual estabelece: "Art. 218. § 4º A lei apoiará e estimulará as empresas que invistam em pesquisa, criação de tecnologia adequada ao País, formação e aperfeiçoamento de seus recursos humanos e que pratiquem sistemas de remuneração que assegurem ao empregado, desvinculada do salário, participação nos ganhos econômicos resultantes da produtividade de seu trabalho.".

Alternativa e: Nos termos do art. 227, §3º, II e III da CF/88: "Art. 227, § 3º O direito a proteção especial abrangerá os seguintes aspectos: (...)II – garantia de direitos previdenciários e trabalhistas; III – garantia de acesso do trabalhador adolescente e jovem à escola;". Portanto, são abrangidos referidos direitos, estando incorreta a alternativa.

Alternativa correta: "c".

198. (TRT 8 – Juiz do Trabalho Substituto 8ª Região/2015) Em relação à ordem econômica e financeira, assinale a alternativa CORRETA:

a) A Constituição Federal, ao valorizar o trabalho humano e a livre iniciativa, ao tratar da ordem econômica e financeira, admite à livre iniciativa, o seu exercício de forma absoluta, que não encontra limites, sequer dentre os princípios gerais da ordem econômica, como a defesa do consumidor, previsto no art. 170, V da Constituição Federal.

b) É assegurado a todos o livre exercício de qualquer atividade econômica, conforme previsão constitucional e, por isso, é inconstitucional lei que estabeleça exigências para que órgãos públicos autorizem o exercício dessa atividade.

c) A livre concorrência, embora princípio da ordem econômica, é incompatível com o abuso do poder econômico e, por isso, é admissível a intervenção do Estado para coibir excessos, como a formação de cartéis, oligopólios e outras práticas abusivas.

d) Consoante regra constitucional, a lei não poderá restringir os investimentos de capital estrangeiro e sequer regular a remessa de lucros ao exterior.

e) Não poderá a lei dispensar às microempresas e às empresas de pequeno porte tratamento jurídico diferenciado, sob pena de violar o princípio da igualdade, exceto se, em se tratando de empresas de pequeno porte, estas forem constituídas sob as leis brasileiras.

COMENTÁRIOS

Alternativa "a": a Constituição Federal, ao tratar da ordem econômica e financeira, valoriza o trabalho humano e a livre iniciativa, mas **não** admite o exercício desta de forma absoluta, uma vez que não existe nenhum direito absoluto. São exemplos de limite à livre iniciativa os princípios gerais da ordem econômica, como a defesa do consumidor, previsto no art. 170, V, da CF.

Alternativa "b": o art. 170, parágrafo único, da CF, assegura a todos o livre exercício de qualquer atividade econômica, independentemente de autorização de órgãos públicos, **salvo** nos casos previstos em lei.

Alternativa "d": consoante art. 172 da CF, a lei **disciplinará, com base no interesse nacional, os investimentos de capital estrangeiro, incentivará os reinvestimentos e regulará a remessa de lucros.**

Alternativa "e": o art. 179 da CF autoriza que a União, os Estados, o Distrito Federal e os Municípios dispensem **tratamento jurídico diferenciado** às microempresas e às empresas de pequeno porte, assim definidas em lei.

Alternativa correta: "c". Nos termos do art. 170, IV, da CF, a livre concorrência é princípio da ordem econômica, sendo incompatível com o abuso do poder econômico (art. 173, § 4º, da CF). Em razão disso, admite-se a intervenção do Estado para coibir excessos, como a formação de cartéis, oligopólios e outras práticas abusivas.

199. (TRT 8 – Juiz do Trabalho Substituto 8ª Região/2015) Em relação às finanças públicas e orçamentos, assinale a assertiva CORRETA:

a) Caberá à lei ordinária dispor sobre o exercício financeiro, a vigência, os prazos, a elaboração e a organização do plano plurianual.

b) As emendas individuais ao projeto de lei orçamentária serão aprovadas da receita corrente líquida prevista no projeto encaminhado pelo Poder Executivo, não se exigindo na emenda, percentual destinado a ações e serviços públicos de saúde.

c) Nenhum investimento cuja execução ultrapasse um exercício financeiro poderá ser iniciado sem prévia inclusão no plano plurianual, ou sem lei que autorize a inclusão, sob pena de crime de responsabilidade, salvo se autorizado mediante créditos suplementares ou especiais com finalidade precisa.

d) A concessão de qualquer vantagem ou aumento de remuneração, a criação de cargos, empregos e funções ou alteração de estrutura de carreiras, bem como a admissão ou contratação de pessoal, a qualquer título, pelos órgãos e entidades da administração direta, somente poderão ser feitas se houver prévia dotação orçamentária suficiente para atender às projeções de despesa de pessoal e aos acréscimos dela decorrentes, independente de autorização específica na lei de diretrizes orçamentárias.

e) Os recursos que, em decorrência de veto, emenda ou rejeição do projeto de lei orçamentária anual, ficarem sem despesas correspondentes poderão ser utilizados, conforme o caso, mediante créditos especiais ou suplementares, com prévia e específica autorização legislativa.

COMENTÁRIOS

Alternativa "a": caberá à **lei complementar** dispor sobre o exercício financeiro, a vigência, os prazos, a elaboração e a organização do plano plurianual (art. 165, § 9º, da CF).

Alternativa "b": as emendas individuais ao projeto de lei orçamentária serão aprovadas da receita corrente líquida prevista no projeto encaminhado pelo Poder Executivo, **sendo que a metade deste percentual será destinada a ações e serviços públicos de saúde** (art. 166, § 9º, da CF).

Alternativa "c": nenhum investimento cuja execução ultrapasse um exercício financeiro poderá ser iniciado sem prévia inclusão no plano plurianual, ou sem lei que autorize a inclusão, sob pena de crime de responsabilidade (art. 167, § 1º, da CF). O dispositivo não faz **nenhuma** ressalva.

Alternativa "d": A concessão de qualquer vantagem ou aumento de remuneração, a criação de cargos, empregos e funções ou alteração de estrutura de carreiras, bem como a admissão ou contratação de pessoal, a qualquer título, pelos órgãos e entidades da administração direta, somente poderão ser feitas se houver prévia dotação orçamentária suficiente para atender às projeções de despesa de pessoal e aos acréscimos dela decorrentes **e se houver autorização específica na lei de diretrizes orçamentárias** (art. 169, § 1º, da CF).

Alternativa correta: "e". Conforme o art. 166, § 8º, da CF, os recursos que, em decorrência de veto, emenda ou rejeição do projeto de lei orçamentária anual, ficarem sem despesas correspondentes poderão ser utilizados, conforme o caso, mediante créditos especiais ou suplementares, com prévia e específica autorização legislativa.

---

200. (TRT 15 – Juiz do Trabalho Substituto 15ª Região/2013) A ordem econômica, fundada na valorização do trabalho humano e na livre iniciativa, tem por fim assegurar a todos existência digna, conforme os ditames da justiça social. Para tanto, devem ser observados alguns princípios. Assinale a alternativa que contém preceito não referido na Constituição a respeito do assunto, de forma específica:

a) soberania nacional, propriedade privada, função social da propriedade;

b) livre concorrência, defesa do consumidor, habilitação em licitações mediante prova de inexistência de débitos inadimplidos perante a Justiça do Trabalho;

c) defesa do meio ambiente, inclusive mediante tratamento diferenciado conforme o impacto ambiental dos produtos e serviços e de seus processos de elaboração e prestação;

d) soberania nacional, redução das desigualdades regionais e sociais, busca do pleno emprego;

e) tratamento favorecido para as empresas de pequeno porte constituídas sob as leis brasileiras e que tenham sua sede e administração no País.

COMENTÁRIOS

✪ Nota do autor: A maior dificuldade do intérprete é lograr combinar os diversos princípios da ordem econômica – princípios que, muitas vezes, atuam por *movimentos refratários ou centrífugos* entre si –, para alcançar a dignidade de vida dos homens em uma sociedade marcadamente excludente, estamental e individualista.

Alternativa (in)correta: letra "b" (responde todas as demais alternativas). A ordem econômica tem por princípios: (i) soberania nacional, (ii) propriedade privada, (iii) função social da propriedade, (iv) livre concorrência, (v) defesa do consumidor, (vi) defesa do meio ambiente, (vii) redução das desigualdades regionais e sociais, (viii) busca do pleno emprego e (ix) tratamento favorecido para as empresas de pequeno porte constituídas sob as leis brasileiras e que tenham sua sede e administração no País (CF, art. 170, I a IX).

---

201. (TRT 2 – Juiz do Trabalho Substituto 2ª Região/2013) Em relação aos princípios relativos à ordem econômica, observe as proposições abaixo e ao final aponte a alternativa que contenha as proposituras corretas:

I. Soberania nacional, liberdade de consciência, livre expressão da atividade intelectual.

II. Livre concorrência, soberania nacional, defesa do consumidor.

III. Liberdade de consciência, defesa do meio ambiente, livre concorrência.

IV. Buscado pleno emprego, soberania nacional, redução das desigualdades regionais e sociais.

V. Tratamento favorecido para as empresas de pequeno porte, constituídas sob as leis brasileiras e que tenham sua sede e administração no País, redução das desigualdades regionais e sociais, defesa do consumidor.

Está correta a alternativa:

a) I, II e III.

b) II, III e V.

c) II, III e IV.

d) II, IV e V.

e) I, IV e V.

COMENTÁRIOS

✪ **Nota do autor:** Remeto o leitor à nota e aos comentários da questão anterior.

Alternativa correta: letra "d". Os princípios da ordem econômica estão estampados no art. 170, I a IX da CF. Transcrevemo-los, *um por um*, logo acima na questão 169.

---

202. (TRT 22 – Juiz do Trabalho Substituto 22ª Região/2013) Assinale a alternativa INCORRETA sobre a Administração Pública:

a) somente por lei específica poderá ser criada autarquia e autorizada a instituição de empresa pública, de sociedade de economia mista e de fundação, cabendo à lei complementar, neste último caso, definir as áreas de sua atuação;

b) ressalvados os casos especificados na legislação, as obras, serviços, compras e alienações serão contratados mediante processo de licitação pública que assegure igualdade de condições a todos os concorrentes, com cláusulas que estabeleçam obrigações de pagamento, mantidas as condições efetivas da proposta, nos termos da lei, o qual somente permitirá as exigências de qualificação técnica e econômica indispensáveis à garantia do cumprimento das obrigações;

c) a autonomia gerencial, orçamentária e financeira dos órgãos e entidades da administração direta e indireta poderá ser ampliada mediante contrato, a ser firmado entre seus administradores e o poder público, que tenha por objeto a fixação de metas de desempenho para o órgão ou entidade;

d) quando as despesas com pessoal exceder os limites estabelecidos em lei complementar, o servidor estável poderá perder o cargo, sem direito a indenização, desde que ato normativo motivado de cada um dos Poderes especifique a atividade funcional, o órgão ou unidade administrativa objeto da redução de pessoal e ainda que já tenha sido promovida a redução das despesas com cargos em comissão e funções de confiança e a exoneração dos servidores não estáveis.

e) as administrações tributárias da União, dos Estados, do Distrito Federal e dos Municípios, atividades essenciais ao funcionamento do Estado, exercidas por servidores de carreiras específicas, terão recursos prioritários para a realização de suas atividades e atuarão de forma integrada, inclusive com o compartilhamento de cadastros e de informações fiscais, na forma da lei ou convênio.

COMENTÁRIOS

✪ **Nota do autor:** As autarquias são criadas por lei. As empresas públicas, as sociedades de economia mista e as fundações públicas têm sua instituição autorizadas por lei e são criadas por seus estatutos sociais respectivos, pois se tratam de pessoas jurídicas de direito privado.

Alternativa "a". A alternativa traz a redação integral do art. 37, XIX da CF.

Alternativa "b". A alternativa traz a redação integral do art. 37, XXI da CF.

Alternativa "c". A alternativa encontra eco no art. 37, § 8º.

Alternativa "e". A alternativa traz a redação integral do art. 37, XXII da CF.

Alternativa (in)correta: letra "d". A Constituição de 1988 prevê a hipótese de perda do cargo do servidor estável em razão de as despesas com pessoal ativo e inativo da Administração Pública direta exceder os limites estabelecidos por lei complementar e as medidas de redução com cargos em comissão e funções de confiança e a exoneração de servidores não estáveis não forem suficientes para controlar os gastos e reduzir as despesas aos parâmetros legais (CF, art. 169, § 4º e LC nº 96/99). Nesse último caso, o servidor público tem *direito a indenização*, uma vez que a perda do cargo dá-se por motivos alheios a sua vontade, não se tratando, portanto, de penalidade a ele imposta e sim à Administração Pública (CF, art. 169, § 5º).

---

203. (TRT 8 – Juiz do Trabalho Substituto 8ª Região/2012) Assinale a alternativa INCORRETA:

a) A abertura de crédito extraordinário, por ato do Presidente República, somente será admitida para atender a despesas imprevisíveis e urgentes, como as decorrentes de guerra, comoção interna ou calamidade pública, em casos de relevância e urgência.

b) Os recursos que, em decorrência de veto, emenda ou rejeição do projeto de lei orçamentária anual, ficarem sem despesas correspondentes poderão ser utilizados, conforme o caso, mediante créditos especiais ou suplementares, com prévia e específica autorização legislativa.

c) A lei orçamentária anual não conterá dispositivo estranho à previsão da receita e à fixação da despesa, nem autorização para abertura de créditos suplementares e contratação de operações de crédito, ainda que por antecipação de receita prevista em lei.

d) É vedado ao Banco Central conceder, direta ou indiretamente, empréstimos ao Tesouro Nacional e a qualquer órgão ou entidade que não seja instituição financeira.

e) O Presidente da República poderá enviar mensagem ao Congresso Nacional para propor modificação nos projetos relativos ao plano plurianual, às diretrizes orçamentárias, ao orçamento anual e aos créditos adicionais enquanto não iniciada a votação, na Comissão mista, da parte cuja alteração é proposta.

COMENTÁRIOS

Nota do autor: As normas constitucionais sobre orçamento público são das mais variadas. Sem embargo, os examinadores costumam reproduzir, literalmente, o texto constitucional sem maiores complexidades – em provas objetivas, evidentemente.

Alternativa "a". A alternativa reproduz a inteligência do art. 167, § 3º da CF.

Alternativa "b". A alternativa transcreve, *fielmente*, o art. 166, § 8º da CF.

Alternativa "d". Cópia literal do art. 164, § 2º da CF.

Alternativa "e". A alternativa conjuga o art. 166, *caput* e § 5º da CF: os projetos de lei relativos ao plano plurianual, às diretrizes orçamentárias, ao orçamento anual e aos créditos adicionais serão apreciados pelas duas Casas do Congresso Nacional, na forma do regimento comum. O Presidente da República poderá enviar mensagem ao Congresso Nacional para propor modificação nos projetos a que se refere este artigo enquanto não iniciada a votação, na Comissão mista, da parte cuja alteração é proposta.

Alternativa (in)correta: letra "c". Diz o art. 165, § 8º da CF: a lei orçamentária anual não conterá dispositivo estranho à previsão da receita e à fixação da despesa, *não se incluindo* a *autorização* para *abertura de créditos suplementares e contratação de operações de crédito, ainda que* por *antecipação de receita* nos termos da lei.

204. (TRT 8 – Juiz do Trabalho Substituto 8ª Região/2012) Analise as proposições abaixo e assinale a alternativa CORRETA:

I. No que diz respeito à intervenção direta do Estado no domínio econômico, a Constituição Federal consagra, de forma expressa, o princípio da subsidiariedade.

II. Consoante a Constituição Federal, é plenamente possível a responsabilização penal da pessoa jurídica por atos praticados contra a ordem econômica e financeira e contra a economia popular, com a aplicação de todas as sanções previstas em lei.

III. Consoante a Constituição Federal, o atendimento de requisição de documento ou informação de natureza comercial, feita por autoridade administrativa ou judiciária estrangeira, a pessoa física ou jurídica residente ou domiciliada no País dependerá de autorização do Poder competente.

IV. O sistema financeiro nacional é regulado por leis complementares que dispõem, inclusive, sobre a participação do capital estrangeiro nas instituições que o integram, não abrangendo as cooperativas de crédito.

a) As alternativas I e III estão corretas.

b) As alternativas II e IV estão corretas.

c) As alternativas I e IV estão corretas.

d) As alternativas II e III estão corretas.

e) As alternativas III e IV estão corretas.

COMENTÁRIOS

Nota do autor: Há um equilíbrio tênue na ordem econômica entre os valores sociais do trabalho e da propriedade e a livre concorrência e a iniciativa privada. Uma tensão constante entre o capital e o trabalho. Cabe ao intérprete encontrar o ponto de equilíbrio ótimo entre tais valores fundamentais, buscando assegurar a dignidade da pessoa humana – justiça social –, preservar o meio ambiente e promover o desenvolvimento econômico.

Proposição I. Na intervenção direta, o Estado intervém no domínio econômico, isto é, no campo da atividade econômica em sentido estrito. Desenvolve ação, então, como agente – sujeito – econômico[77]. A Constituição consagra o *princípio da subsidiariedade* ao prescrever que a exploração direta de atividade econômica pelo Estado somente será permitida quando necessária aos *imperativos da segurança nacional* ou a *relevante interesse coletivo*, conforme definidos em lei (CF, art. 172, *caput*). É dizer: a exploração direta da atividade econômica incumbe, normalmente, à – livre – iniciativa privada (CF, art. 170, *caput*).

Proposição II. A única referência na Constituição de 1988 sobre a responsabilidade penal das pessoas jurídicas encontra-se no capítulo do meio ambiente, por condutas e atividades consideradas lesivas a ele (CF, art. 225, § 3º), os chamados crimes ambientais (Lei

77. GRAU, Eros Roberto. Op. cit., p. 147.

nº 9.605/98), e não há dispositivo similar no capítulo da ordem econômica (o art. 173, § 5º da CF trata apenas da responsabilidade – civil ou administrativa – da pessoa jurídica, sujeitando-a às punições compatíveis com sua natureza – jurídica).

Proposição III. A proposição transcreve, sem alterações, o art. 181 da CF.

Proposição IV. Diz o art. 192 da CF: o sistema financeiro nacional, estruturado de forma a promover o desenvolvimento equilibrado do País e a servir aos interesses da coletividade, em todas as partes que o compõem, *abrangendo as cooperativas de crédito*, será regulado por leis complementares que disporão, inclusive, sobre a participação do capital estrangeiro nas instituições que o integram.

Alternativa correta: letra "a".

---

205. (FCC – Juiz do Trabalho Substituto 20ª Região/2012) Em 25 de fevereiro de 2008, foi editada Medida Provisória (MP) abrindo crédito extraordinário em favor da União, para as finalidades que especificou. Em março daquele mesmo ano, um partido político com representação no Congresso Nacional ajuizou Ação Direta de Inconstitucionalidade (ADI) em face da edição da referida medida provisória, sob a alegação de ausência dos pressupostos constitucionais de urgência e relevância. A ADI em questão teve desde logo sua inicial indeferida por decisão do Relator, em face da qual foi interposto recurso pelo autor da ação. Antes que o recurso pudesse ser julgado, a MP foi convertida em lei, em 19 de junho de 2008. Em agosto de 2009, o Relator considerou prejudicados a ação e, por consequência, o recurso interposto, por não ter sido requerido o aditamento da inicial, para declarar a inconstitucionalidade da lei resultante da conversão da MP. Novo recurso sobreveio, tendo lhe sido negado provimento, por decisão unânime do Plenário do Supremo Tribunal Federal (STF), proferida em março de 2011, desta feita por se considerar ter havido "perda superveniente de objeto, considerado o exaurimento da eficácia jurídico-normativa do ato hostilizado".

Nesse caso, a decisão final do Plenário do STF tem fundamento na regra constitucional segundo a qual

a) créditos extraordinários terão vigência no exercício financeiro em que forem autorizados, salvo se o ato de autorização for promulgado nos últimos quatro meses daquele exercício, de maneira que, no caso em questão, já deveriam ter sido utilizados ou teriam perdido sua vigência, quando do julgamento do recurso.

b) é vedada a edição de medida provisória sobre matéria relativa a planos plurianuais, diretrizes orçamentárias, orçamento e créditos adicionais e suplementares, ressalvada a hipótese de abertura de crédito extraordinário, para atendimento a despesas imprevisíveis e urgentes, requisitos estes não observados no caso em tela.

c) as medidas provisórias perderão eficácia, desde a edição, se não forem convertidas em lei no prazo de sessenta dias, devendo o Congresso Nacional disciplinar, por decreto legislativo, as relações jurídicas delas decorrentes, de modo que a medida provisória sob comento teria perdido eficácia, quando do julgamento do recurso.

d) a lei orçamentária anual não conterá dispositivo estranho à previsão da receita e à fixação da despesa, não se incluindo na proibição a autorização para abertura de créditos suplementares e contratação de operações de crédito, aplicando-se ao caso em tela a exceção prevista na norma constitucional.

e) a abertura de crédito suplementar ou especial depende de prévia autorização legislativa e indicação dos recursos correspondentes, o que, no caso em tela, veio a ser suprido com a conversão em lei da medida provisória, razão pela qual teria a ação perdido objeto.

COMENTÁRIOS

Nota do autor: A questão envolve caso concreto julgado pelo Supremo Tribunal Federal, rel. Min. Dias Toffoli, em 24/03/2011.

Alternativa correta: letra "a" (responde todas as demais alternativas, por exclusão). O STF tem firme jurisprudência sobre o tema: "Créditos dessa natureza têm vigência temporalmente limitada ao exercício financeiro para os quais foram autorizados, salvo se editados nos últimos quatro meses desse exercício, circunstância em que suas realizações serão postergadas para o exercício financeiro seguinte. Como a medida provisória objeto desta ação foi publicada em fevereiro de 2008, é possível concluir que os créditos previstos ou já foram utilizados ou perderam sua vigência e, portanto, não subsistem situações passíveis de correção no presente, na eventualidade de se reconhecer a sua inconstitucionalidade. Há, portanto, perda superveniente de objeto, considerado o exaurimento da eficácia jurídico-normativa do ato hostilizado" (ADI 4.041 AgR). *Caso* a abertura de crédito extraordinário tivesse sido efetivada nos *últimos 04 meses* daquele exercício financeiro, a decisão, por certo, haveria de ser: "Medida provisória que abre crédito extraordinário não se exaure no ato de sua primeira aplicação. Ela somente se exaure ao final do exercício financeiro para o qual foi aberto o crédito extraordinário nela referido. Hipótese em que a abertura do crédito se deu nos últimos quatro meses do exercício, projetando-se, nos limites de seus saldos, para o orçamento do exercício financeiro subsequente (CF, art. 167, § 2º)" (ADI 4.049 MC).

---

206. (CESPE – Juiz do Trabalho Substituto 1ª Região/2010) No que diz respeito a finanças públicas e ordem econômica, assinale a opção correta.

a) É vedado ao BACEN conceder, direta ou indiretamente, empréstimos ao Tesouro Nacional, bem como comprar títulos de emissão deste.

b) Em regra, a CF assegura a todos o livre exercício de qualquer atividade econômica, mediante autorização dos órgãos públicos competentes.

c) De acordo com a CF, o Estado favorecerá a organização da atividade garimpeira em cooperativas, considerando a proteção do meio ambiente e a promoção econômico-social dos garimpeiros.

d) De acordo com a CF, depende de autorização ou concessão o aproveitamento do potencial de energia hidráulica renovável, ainda que de capacidade reduzida.

e) A União, os estados, o DF e os municípios dispensarão às microempresas e às empresas de pequeno e médio porte, assim definidas em lei, tratamento jurídico diferenciado, com a finalidade de incentivá-las pela simplificação de suas obrigações administrativas, tributárias, previdenciárias e creditícias ou mesmo pela eliminação ou redução dessas obrigações por meio de lei.

COMENTÁRIOS

Nota do autor: Um dos valores mais caros à ordem econômica – capitalista com traços sociais – instituída pela Constituição de 1988 é a liberdade: livre iniciativa.

Alternativa "a". Diz o art. 164, § 2º da CF que o Banco Central do Brasil – BACEN poderá comprar e vender títulos de emissão do Tesouro Nacional, com o objetivo de regular a oferta de moeda ou a taxa de juros.

Alternativa "b". A Constituição assegura a todos o livre exercício de qualquer atividade econômica, *independentemente* de autorização de órgãos públicos, salvo os casos expressamente previstos em lei (CF, art. 170, § único).

Alternativa "d". Não dependerá de autorização ou concessão do Estado o aproveitamento pelo particular do *potencial de energia hidráulica renovável* de *capacidade reduzida* (CF, art. 176, § 4º).

Alternativa "e". Apenas as *microempresas e as empresas de pequeno porte* – não as de médio porte – gozam de tratamento jurídico diferenciado pelo Poder Público, visando a incentivá-las pela simplificação das obrigações administrativas, tributárias, previdenciárias e creditícias, ou pela eliminação ou redução destas por meio de lei (CF, art. 179).

Alternativa correta: letra "c". A alternativa traz o sentido exato do art. 174, § 3º da CF.

---

207. (TRT 6 – Juiz do Trabalho Substituto 6ª Região/2010) Tendo em vista as normas constitucionais que tratam das finanças públicas, leia as assertivas abaixo e, depois, assinale a alternativa CORRETA.

I. Lei complementar disporá sobre dívida pública externa e interna, excetuada a das autarquias, fundações e demais entidades controladas pelo Poder Público.

II. A submissão ao Poder Legislativo da autorização ou aprovação de convênios, acordos ou contratos de que resultam encargos não previstos na lei orçamentária, contraria a separação dos poderes.

III. É absolutamente vedada a realização de operações de créditos que excedam o montante das despesas de capital.

IV. Padece de inconstitucionalidade a Resolução de Tribunal de Justiça que, sem prévia autorização legislativa, transfere para o Poder Judiciário parcela de emolumentos de serviços notariais destinada ao Poder Executivo.

V. A despesa com pessoal ativo e inativo da União, dos Estados, do Distrito Federal e dos Municípios não poderá exceder os limites estabelecidos em lei.

a) Apenas as assertivas I, IV e V estão corretas.

b) Apenas as assertivas II e V estão corretas.

c) Apenas as assertivas II e IV estão corretas.

d) Apenas as assertivas II, IV e V estão corretas.

e) Nenhuma das assertivas está correta.

COMENTÁRIOS

Nota do autor: Essa questão exige o conhecimento de jurisprudência específica do STF.

Proposição I. Diz o art. 163, II da CF que lei complementar disporá sobre dívida pública externa e interna, *incluída* a das autarquias, fundações e demais entidades controladas pelo Poder Público.

Proposição II. O Poder Executivo tem a função típica de administrar. A celebração de convênios, acordos ou contratos é atividade administrativa voltada para a descentralização da atuação do Estado – desestatização –, a fim de que a Administração Pública se dedique aos assuntos mais importantes e relevantes da sociedade, transferindo para a iniciativa privada as atividades não intrínseca ou essencialmente estatais. Não é crível, nem lógico, que todo e qualquer ato ou contrato administrativo, ainda que resulte despesa, seja submetido à autorização ou aprovação – prévia – do Poder Legislativo, sob pena de inviabilizar a função precípua do Poder Executivo de administrar o Estado e ferir o princípio da separação dos poderes. Os atos do Poder Executivo que demandam autorização do Poder Legislativo, manifestação do sistema de freios e contrapesos, estão consignados expressamente na Constituição.

Proposição III. Diz o art. 167, II da CF que é vedada a realização de operações de créditos que excedam o montante das despesas de capital, *ressalvadas* as autorizadas mediante créditos suplementares ou especiais com finalidade precisa, aprovados pelo Poder Legislativo por maioria absoluta.

Proposição IV. O STF tem precedente em que declarou inconstitucional resolução de Tribunal de Justiça – no caso o do Estado de São Paulo – que, sem prévia autorização legislativa, transferiu para o Poder

Judiciário parcela de emolumentos relativa a serviços notariais e de registros destinada ao Poder Executivo (ADI 3.401).

Proposição V. A despesa com pessoal ativo e inativo da União, dos Estados, do Distrito Federal e dos Municípios não poderá exceder os limites estabelecidos em *lei complementar* – e não em lei ordinária (CF, art. 169, *caput* e LC nº 96/99).

Alternativa correta: letra "c".

208. (TRT 23 – Juiz do Trabalho Substituto 23ª Região/2010) Analise as proposições abaixo e assinale a alternativa correta:

I. São princípios da ordem econômica a soberania nacional, a propriedade privada, a redução das desigualdades regionais e sociais, a defesa do consumidor, do meio ambiente e a garantia do desenvolvimento nacional;

II. A ordem econômica tem por fim assegurar a todos uma existência digna, conforme os ditames da justiça social, e a ordem social tem como base o primado do trabalho;

III. O sistema financeiro nacional, estruturado de forma a promover o desenvolvimento equilibrado do país e a servir aos interesses da coletividade, em todas as partes que o compõem, abrangendo as cooperativas de crédito, será regulado por leis complementares que disporão, inclusive, sobre a participação de capital estrangeiro nas instituições que o integram;

IV. A Constituição Federal proíbe a exploração direta de atividade econômica pelo Estado.

a) as proposições I e II estão erradas, e as proposições III e IV estão corretas.
b) todas as proposições estão erradas
c) as proposições II e III estão corretas, e as proposições I e IV erradas.
d) todas as proposições estão corretas.
e) as proposições II, III e IV estão corretas e a proposição I está errada.

COMENTÁRIOS

✪ **Nota do autor:** A questão trata da ordem econômica e do sistema financeiro nacional.

Proposição I. São princípios da ordem econômica: (i) a soberania nacional, (ii) a propriedade privada, (iii) a função social da propriedade, (iv) a livre concorrência, (v) a defesa do consumidor, (vi) a defesa do meio ambiente, (vii) a redução das desigualdades regionais e sociais, (viii) a busca do pleno emprego e (ix) o tratamento favorecido para empresas de pequeno porte (CF, art. 170, I a IX). A garantia do desenvolvimento nacional constitui objetivo fundamental da República Federativa do Brasil (CF, art. 3º, II).

Proposição II. A proposição invoca, com modificação na ordem das palavras, o sentido do art. 170, *caput* da CF: a ordem econômica, fundada na valorização do trabalho humano e na livre iniciativa, tem por fim assegurar a todos existência digna, conforme os ditames da justiça social, observados os seguintes princípios.

Proposição III. A proposição reproduz, com exatidão, o art. 192 da CF.

Proposição IV. A exploração direta da atividade econômica pelo Estado é regulada expressamente pela Constituição de 1988, sendo admitida, apenas, quando necessária aos imperativos da segurança nacional ou *a relevante interesse coletivo*, sempre na forma da lei (CF, art. 173), tradução do princípio da subsidiariedade.

Alternativa correta: letra "c".

209. (TRT 16 – Juiz do Trabalho Substituto 16ª Região/2011) Sobre a Ordem Econômica e Financeira instituída pela Carta de 1988, marque a alternativa CORRETA:

a) Ressalvados os casos previstos na Constituição Federal de 1988, a exploração direta de atividade econômica pelo Estado só será permitida quando houver relevante interesse coletivo, conforme definidos em lei.
b) O sistema financeiro nacional será regulado por leis complementares que disporão, inclusive, sobre a participação do capital estrangeiro nas instituições que o integram. Ele deve ser estruturado de forma a promover o desenvolvimento equilibrado do País e a servir aos interesses da coletividade, abrangendo inclusive as cooperativas de crédito.
c) Segundo entendimento consolidado no STF, as sociedades de economia mista e as empresas públicas estão sempre sujeitas, nos termos do disposto no § 1º do art. 173 da Constituição do Brasil, ao regime jurídico próprio das empresas privadas, independente das atividades por elas exercida.
d) A propriedade urbana cumpre sua função social quando atende às exigências fundamentais de ordenação da cidade expressas no plano diretor, aprovado pela Câmara Municipal e obrigatório para cidades com mais de dez mil habitantes.
e) A propriedade cumpre sua função social quando atende ao menos dois dos seguintes requisitos: I – aproveitamento racional e adequado; II – utilização adequada dos recursos naturais disponíveis e preservação do meio ambiente; III – observância das disposições que regulam as relações de trabalho; IV – exploração que favoreça o bem-estar dos proprietários e dos trabalhadores.

COMENTÁRIOS

✪ **Nota do autor:** A Empresa Brasileira de Correios e Telégrafos – ECT é uma empresa pública prestadora de serviço público (CF, art. 22, V) que integra o conceito de Fazenda Pública para efeito de impenhorabilidade de seus bens. O pagamento de suas dívidas decorrentes de decisão judicial ocorre por precatório.

Alternativa "a". A exploração direta da atividade econômica pelo Estado é regulada expressamente pela Constituição Federal, sendo admitida quando necessária *aos imperativos da segurança nacional* ou a relevante interesse coletivo, na forma da lei (CF, art. 173).

Alternativa "c". O STF tem entendimento pacífico de que às empresas públicas que não exercem atividade econômica em sentido estrito e prestam, *na realidade*, serviço público da competência da União ou por ela mantido, não se aplica o regime jurídico próprio das empresas privadas, configurando exceção ao disposto no art. 173, § 1º da CF (RE 220.906).

Alternativa "d". O plano diretor aprovado pela Câmara Municipal é obrigatório para cidades com mais de *20.000 (vinte mil) habitantes* – e não 10.000 habitantes (CF, art. 182, § 1º).

Alternativa "e". Diz o art. 186, I a IV da CF: a função social é cumprida quando a propriedade rural atende, *simultaneamente*, segundo critérios e graus de exigência estabelecidos em lei, aos seguintes requisitos (i) aproveitamento racional e adequado, (ii) utilização adequada dos recursos naturais disponíveis e preservação do meio ambiente, (iii) observância das disposições que regulam as relações de trabalho e (iv) exploração que favoreça o bem-estar dos proprietários e dos trabalhadores.

Alternativa correta: letra "b". A alternativa expressa, por suas próprias palavras, a dicção do art. 192 da CF: o sistema financeiro nacional, estruturado de forma a promover o desenvolvimento equilibrado do País e a servir aos interesses da coletividade, em todas as partes que o compõem, abrangendo as cooperativas de crédito, será regulado por leis complementares que disporão, inclusive, sobre a participação do capital estrangeiro nas instituições que o integram.

3.12. ORDEM SOCIAL

▸ CF, artigos 193 a 232

210. (FCC – Juiz do Trabalho/2017) O direito fundamental ao meio ambiente ecologicamente equilibrado encontra-se consagrado no art. 225 da Constituição Federal. Nesse contexto,

a) a Constituição Federal condiciona a responsabilização penal da pessoa jurídica por crimes ambientais à simultânea persecução penal da pessoa física em tese responsável no âmbito da empresa.

b) o direito à integridade do meio ambiente constitui prerrogativa jurídica de titularidade coletiva e destina-se somente àqueles que residam em território nacional.

c) o direito à preservação da integridade do meio ambiente consagra o postulado de solidariedade, diante da necessidade de impedir que a transgressão a esse direito faça irromper, no seio da coletividade, conflitos intergeracionais.

d) o direito à preservação da integridade do meio ambiente, prerrogativa qualificada por seu caráter de metaindividualidade, realça o princípio da liberdade e acentua o princípio da igualdade.

e) é facultado ao Estado analisar os riscos, avaliar os custos das medidas de prevenção e executar as ações necessárias, quando existir incerteza científica sobre a possibilidade de um produto, serviço ou evento desequilibrar o meio ambiente ou atingir a saúde dos cidadãos.

COMENTÁRIOS

Alternativa "a": a CF não condiciona a responsabilização penal da pessoa jurídica à simultânea persecução penal da pessoa física, conforme jurisprudência do STF: "RECURSO EXTRAORDINÁRIO. DIREITO PENAL. CRIME AMBIENTAL. RESPONSABILIDADE PENAL DA PESSOA JURÍDICA. CONDICIONAMENTO DA AÇÃO PENAL À IDENTIFICAÇÃO E À PERSECUÇÃO CONCOMITANTE DA PESSOA FÍSICA QUE NÃO ENCONTRA AMPARO NA CONSTITUIÇÃO DA REPÚBLICA. 1. **O art. 225, § 3º, da Constitui**ção Federal não condiciona a responsabilização penal da pessoa jurídica por crimes ambientais à simultânea persecução penal da pessoa física em tese responsável no âmbito da empresa. A norma constitucional não impõe a necessária dupla imputação. 2. As organizações corporativas complexas da atualidade se caracterizam pela descentralização e distribuição de atribuições e responsabilidades, sendo inerentes, a esta realidade, as dificuldades para imputar o fato ilícito a uma pessoa concreta. 3. Condicionar a aplicação do art. 225, §3º, da Carta Política a uma concreta imputação também a pessoa física implica indevida restrição da norma constitucional, expressa a intenção do constituinte originário não apenas de ampliar o alcance das sanções penais, mas também de evitar a impunidade pelos crimes ambientais frente às imensas dificuldades de individualização dos responsáveis internamente às corporações, além de reforçar a tutela do bem jurídico ambiental. 4. A identificação dos setores e agentes internos da empresa determinantes da produção do fato ilícito tem relevância e deve ser buscada no caso concreto como forma de esclarecer se esses indivíduos ou órgãos atuaram ou deliberaram no exercício regular de suas atribuições internas à sociedade, e ainda para verificar se a atuação se deu no interesse ou em benefício da entidade coletiva. Tal esclarecimento, relevante para fins de imputar determinado delito à pessoa jurídica, não se confunde, todavia, com subordinar a responsabilização da pessoa jurídica à responsabilização conjunta e cumulativa das pessoas físicas envolvidas. Em não raras oportunidades, as responsabilidades internas pelo fato estarão diluídas ou parcializadas de tal modo que não permitirão a imputação de responsabilidade penal individual. 5. Recurso Extraordinário parcialmente conhecido e, na parte conhecida, provido". (RE 548181, rel. Min. ROSA WEBER, Primeira Turma, julgado em 06/08/2013).

Alternativa "b": sendo um direito de terceira geração, estende-se a todo ser humano, não apenas aqueles residentes em território nacional.

Alternativa "d": o direito à preservação ambiental baliza o princípio da liberdade, sendo entendida como aquela nos moldes liberais individualistas, tendo em vista que este direito restringe atos que possam prejudicar o meio ambiente. Nesse sentido: "A questão do direito ao meio ambiente ecologicamente equilibrado – direito de terceira geração – princípio da solidariedade. – o direito a integridade do meio ambiente – típico direito de terceira geração – constitui prerrogativa jurídica de titularidade coletiva, refletindo, dentro do processo de afirmação dos direitos humanos, a expressão significativa de um poder atribuído, não ao indivíduo identificado em sua singularidade, mas, num sentido verdadeiramente mais abrangente, a própria coletividade social. Enquanto os direitos de primeira geração (direitos civis e políticos) – que compreendem as liberdades clássicas, negativas ou formais – realçam o princípio da liberdade e os direitos de segunda geração (direitos econômicos, sociais e culturais) – que se identifica com as liberdades positivas, reais ou concretas – acentuam o princípio da igualdade, os direitos de terceira geração, que materializam poderes de titularidade coletiva atribuídos genericamente a todas as formações sociais, consagram o princípio da solidariedade e constituem um momento importante no processo de desenvolvimento, expansão e reconhecimento dos direitos humanos, caracterizados, enquanto valores fundamentais indisponíveis, pela nota de uma essencial inexauribilidade. Considerações doutrinarias". (MS 22164, rel. Min. Celso de Mello, Tribunal Pleno, julgado em 30/10/1995)

Alternativa "e": não é faculdade do Estado, e sim dever, proteger o meio ambiente. Nesse sentido, destaca-se o princípio da precaução trazido pelo Princípio 15 da Declaração do Rio ("Com o fim de proteger o meio ambiente, o princípio da precaução deverá ser amplamente observado pelos Estados, de acordo com suas capacidades. Quando houver ameaça de danos graves ou irreversíveis, a ausência de certeza científica absoluta não será utilizada como razão para o adiamento de medidas economicamente viáveis para prevenir a degradação ambiental") e o art. 225, § 1º, incisos II e III, da CF: "§1º Para assegurar a efetividade desse direito, incumbe ao Poder Público: II – preservar a diversidade e a integridade do patrimônio genético do País e fiscalizar as entidades dedicadas à pesquisa e manipulação de material genético; III – definir, em todas as unidades da Federação, espaços territoriais e seus componentes a serem especialmente protegidos, sendo a alteração e a supressão permitidas somente através de lei, vedada qualquer utilização que comprometa a integridade dos atributos que justifiquem sua proteção".

Alternativa correta: letra "c": a assertiva está de acordo com jurisprudência do STF: "MEIO AMBIENTE – DIREITO À PRESERVAÇÃO DE SUA INTEGRIDADE (CF, ART. 225) – PRERROGATIVA QUALIFICADA POR SEU CARÁTER DE METAINDIVIDUALIDADE – DIREITO DE TERCEIRA GERAÇÃO (OU DE NOVÍSSIMA DIMENSÃO) QUE CONSAGRA O POSTULADO DA SOLIDARIEDADE – NECESSIDADE DE IMPEDIR QUE A TRANSGRESSÃO A ESSE DIREITO FAÇA IRROMPER, NO SEIO DA COLETIVIDADE, CONFLITOS INTERGENERACIONAIS (...) Todos têm direito ao meio ambiente ecologicamente equilibrado. Trata-se de um típico direito de terceira geração (ou de novíssima dimensão), que assiste a todo o gênero humano (RTJ 158/205-206). Incumbe, ao Estado e à própria coletividade, a especial obrigação de defender e preservar, em benefício das presentes e futuras gerações, esse direito de titularidade coletiva e de caráter transindividual (RTJ 164/158-161). O adimplemento desse encargo, que é irrenunciável, representa a garantia de que não se instaurarão, no seio da coletividade, os graves conflitos intergeneracionais marcados pelo desrespeito ao dever de solidariedade, que a todos se impõe, na proteção desse bem essencial de uso comum das pessoas em geral. Doutrina. (ADI 3540 MC, rel. Min. CELSO DE MELLO, Tribunal Pleno, julgado em 01/09/2005).

---

211. (TRT 1 – Juiz do Trabalho Substituto 1ª Região/2016) Segundo a Constituição de 1988, constitui patrimônio nacional a

a) Costa Azul.

b) Zona Costeira.

c) Serra da Estrela.

d) Zona Mato-Grossense.

e) Serra do Caparaó.

COMENTÁRIOS

Alternativa correta: letra "b" (responde a todas as alternativas): nos termos do art. 225, § 4º, da CF, a Floresta Amazônica brasileira, a Mata Atlântica, a Serra do Mar, o Pantanal Mato-Grossense e a **Zona Costeira** são patrimônio nacional, e sua utilização far-se-á, na forma da lei, dentro de condições que assegurem a preservação do meio ambiente, inclusive quanto ao uso dos recursos naturais.

---

212. (TRT 8 – Juiz do Trabalho Substituto 8ª Região/2015) Em relação à ordem social, assinale a alternativa INCORRETA:

a) São isentas de contribuição para a seguridade social as entidades beneficentes de assistência social, desde que atendam às exigências estabelecidas em lei.

b) É vedado o aporte de recursos a entidade de previdência privada pela União, Estados, Distrito Federal e Municípios, suas autarquias, fundações, empresas públicas, sociedades de economia mista e outras entidades públicas, salvo na qualidade de patrocinador, situação na qual, em hipótese alguma, sua contribuição normal não poderá exceder ao percentual de 70% do valor da contribuição do segurado.

c) A pessoa jurídica em débito com o sistema da seguridade social não poderá contratar com o Poder

Público, assim como receber benefícios ou incentivos fiscais ou creditícios, conforme previsão legal.

d) Os pais têm o dever de assistir, criar e educar os filhos menores, e os filhos maiores têm o dever de ajudar e amparar os pais na velhice, carência ou enfermidade.

e) As terras tradicionalmente ocupadas pelos índios, que são as por eles habitadas em caráter permanente, as utilizadas para suas atividades produtivas, as imprescindíveis à preservação dos recursos ambientais necessários a seu bem-estar e as necessárias a sua reprodução física e cultural, segundo seus usos, costumes e tradições, são inalienáveis e indisponíveis, e os direitos sobre elas, imprescritíveis.

COMENTÁRIOS

Alternativa "a": conforme art. 195, § 7º, da CF, são isentas de contribuição para a seguridade social as entidades beneficentes de assistência social, desde que atendam às exigências estabelecidas em lei.

Alternativa "c": o art. 195, § 3º, preceitua que a pessoa jurídica em débito com o sistema da seguridade social não poderá contratar com o Poder Público, assim como receber benefícios ou incentivos fiscais ou creditícios, conforme previsão legal.

Alternativa "d": nos termos do art. 229 da CF, os pais têm o dever de assistir, criar e educar os filhos menores, e os filhos maiores têm o dever de ajudar e amparar os pais na velhice, carência ou enfermidade.

Alternativa "e": consoante art. 231, §§ 1º e 4º, da CF, as terras tradicionalmente ocupadas pelos índios, que são as por eles habitadas em caráter permanente, as utilizadas para suas atividades produtivas, as imprescindíveis à preservação dos recursos ambientais necessários a seu bem-estar e as necessárias a sua reprodução física e cultural, segundo seus usos, costumes e tradições, são inalienáveis e indisponíveis, e os direitos sobre elas, imprescritíveis.

Alternativa correta: "b" (a questão pede a incorreta). É vedado o aporte de recursos a entidade de previdência privada pela União, Estados, Distrito Federal e Municípios, suas autarquias, fundações, empresas públicas, sociedades de economia mista e outras entidades públicas, salvo na qualidade de patrocinador, situação na qual, em hipótese alguma, sua contribuição normal **poderá exceder a do segurado** (art. 202, § 3º, da CF).

---

213. (TRT 8 – Juiz do Trabalho Substituto 8ª Região/2013) A respeito da saúde, integrante da seguridade social, é CORRETO dizer:

a) As ações e serviços públicos de saúde integram uma rede regionalizada e hierarquizada e constituem um sistema único, organizado de acordo com as seguintes diretrizes: I – centralização, com direção única em cada esfera de governo; II – atendimento integral, com prioridade para as atividades preventivas, sem prejuízo dos serviços assistenciais; III – participação da comunidade.

b) A saúde é direito de todos que não possam custeá-la e dever do Estado, garantido mediante políticas sociais e econômicas que visem à redução do risco de doença e de outros agravos e ao acesso universal e igualitário às ações e serviços para sua promoção, proteção e recuperação.

c) O sistema único de saúde será financiado com recursos do orçamento da seguridade social, da União, dos Estados, do Distrito Federal e dos Municípios, além de outras fontes.

d) As instituições privadas poderão participar de forma complementar do sistema único de saúde, segundo diretrizes deste, mediante contrato de direito público ou convênio, sem preferências.

e) É permitida a destinação de recursos públicos para auxílios ou subvenções às instituições privadas com ou sem fins lucrativos.

COMENTÁRIOS

Nota do autor: A Organização Mundial de Saúde – OMS define saúde como um estado de completo bem-estar físico, mental e social e não apenas a ausência de doença.

Alternativa "a". As ações e serviços públicos de saúde integram uma rede regionalizada e hierarquizada e constituem um sistema único, organizado de acordo com as diretrizes da: (i) *des*centralização, com direção única em cada esfera de governo, (ii) atendimento integral, com prioridade para as atividades preventivas, sem prejuízo dos serviços assistenciais e (iii) participação da comunidade (CF, art. 198, I a III).

Alternativa "b". A saúde é direito de todos, independentemente da capacidade econômica ou contributiva: acesso universal e igualitário de todos às ações e serviços para a promoção, proteção e recuperação da saúde (CF, art. 196, *caput*). O STF entende, por outro lado, que o direito ao recebimento de medicamente, corolário do direito fundamental à saúde, está condicionado à comprovação da impossibilidade de custeá-los com recursos próprios (RE 607.381).

Alternativa "d". As instituições privadas poderão participar de forma complementar do sistema único de saúde, segundo diretrizes deste, mediante contrato de direito público ou convênio, *tendo preferência as entidades filantrópicas e as sem fins lucrativos* (CF, art. 199, § 1º).

Alternativa "e". É *vedada* a destinação de recursos públicos para auxílios ou subvenções às *instituições privadas com fins lucrativos* (CF, art. 199, § 2º).

Alternativa correta: letra "c". A alternativa reproduz o teor do art. 198, § 1º da CF.

---

214. (FCC – Juiz do Trabalho Substituto 4ª Região/2012) Consoante previsão expressa, relativamente ao financiamento e custeio da seguridade social, na Constituição da República,

a) a proposta de orçamento da seguridade social será elaborada de forma integrada pelos órgãos responsáveis pela saúde, previdência social, assistência social e educação, tendo em vista as metas e prioridades estabelecidas na lei de diretrizes orçamentárias, assegurada a cada área a gestão de seus recursos.

b) as receitas dos Estados, do Distrito Federal e dos Municípios destinadas à seguridade social integrarão o orçamento da União, ressalvadas as relativas às contribuições pagas por suas autarquias, fundações, empresas públicas e sociedades de economia mista, que constarão dos respectivos orçamentos.

c) a União poderá instituir, mediante lei complementar, outras fontes destinadas a garantir a manutenção ou expansão da seguridade social, além das previstas na Constituição da República, desde que sejam não cumulativas e não tenham fato gerador ou base de cálculo próprios dos impostos discriminados no texto constitucional.

d) as contribuições destinadas ao financiamento da seguridade social, previstas na Constituição, só poderão ser exigidas após decorridos, no mínimo, noventa dias da data da publicação da lei que as houver instituído ou modificado, embora não no mesmo exercício financeiro em que haja sido publicada referida lei.

e) os recursos provenientes das contribuições sociais do empregador incidentes sobre a folha de salários não podem ser utilizadas para a realização de despesas distintas do pagamento de benefícios do regime geral de previdência social, ressalvadas hipóteses previstas em lei.

COMENTÁRIOS

✪ **Nota do autor:** A questão trata da seguridade social: saúde, previdência social e assistência social.

Alternativa "a". A *seguridade social* compreende um conjunto de ações de iniciativa dos Poderes Públicos e da sociedade, destinadas a assegurar os direitos relativos à *saúde*, à *previdência social* e à *assistência social*. Consequentemente, a proposta de seu orçamento será elaborada, de forma integrada, pelos órgãos responsáveis pela *saúde, previdência social, assistência social*, exclusivamente (CF, arts. 194, *caput* e 195, § 2º).

Alternativa "b". Diz o art. 195, § 1º da CF: as receitas – todas elas – dos Estados, do Distrito Federal e dos Municípios destinadas à seguridade social constarão – e integrarão – dos *respectivos orçamentos*, não integrando o orçamento da União.

Alternativa "d". O art. 195, § 6º, parte final da CF faz ressalva expressa a não aplicação do disposto no art. 150, III, *b* às contribuições destinadas ao financiamento da seguridade social. É dizer: não se lhes aplica o princípio da anualidade tributária e sim o *princípio da anterioridade nonagesimal* (exigibilidade após 90 dias contados da data de publicação da lei que instituiu ou modificou a contribuição social).

Alternativa "e". O art. 167, XI da CF não traz qualquer ressalva expressa à vedação de utilização dos recursos provenientes das contribuições sociais do empregador para a realização de despesas distintas do pagamento de benefícios do regime geral de previdência social. E onde o constituinte, ainda que reformador, não admitiu restrição, não cabe ao intérprete fazê-lo.

Alternativa correta: letra "c". A alternativa combina, adequadamente, a redação dos arts. 154, I e 195, § 4º da CF: a União poderá instituir, mediante lei complementar, impostos não previstos no art. 153, I a VII da CF, desde que sejam não cumulativos e não tenham fato gerador ou base de cálculo próprios dos discriminados nesta Constituição. A lei poderá instituir outras fontes destinadas a garantir a manutenção ou expansão da seguridade social, obedecido o disposto no art. 154, I (não cumulatividade e fato gerador ou base de cálculo distinta).

---

215. (TRT 8 – Juiz do Trabalho Substituto 8ª Região/2012) Em relação à seguridade e à previdência social, é INCORRETO afirmar:

a) A pessoa jurídica em débito com o sistema da seguridade social, como estabelecido em lei, não poderá contratar com o Poder Público, nem dele receber benefícios ou incentivos fiscais ou creditícios.

b) É vedada a filiação ao regime geral de previdência social, na qualidade de segurado facultativo, de pessoa participante de regime próprio de previdência.

c) Nenhum benefício ou serviço da seguridade social poderá ser criado, majorado ou estendido sem a correspondente fonte de custeio total.

d) O produtor, o parceiro, o meeiro e o arrendatário rurais e o pescador artesanal, bem como os respectivos cônjuges, que exerçam suas atividades em regime de economia familiar, com até 2 (dois) empregados permanentes, contribuirão para a seguridade social mediante a aplicação de uma alíquota sobre o resultado da comercialização da produção e farão jus aos benefícios, nos termos da lei.

e) A Constituição Federal veda a concessão de remissão ou anistia das contribuições sociais sobre a folha de salários e demais rendimentos do trabalhador quando se referir a débitos em montante superior ao fixado em lei complementar.

COMENTÁRIOS

✪ **Nota do autor:** O pequeno produtor, o parceiro, o meeiro e o arrendatário rurais e o pescador artesanal que não dispõem de empregados e exercem atividade em regime de economia familiar – de subsistência muitas vezes – e, portanto, nada mais justo do que contribuírem para a seguridade social em percentual incidente sobre o resultado da comercialização dos excedentes da produção.

Alternativa "a". A alternativa reproduz, com fidelidade, o art. 195, § 3º da CF.

Alternativa "b". A alternativa transcreve a redação do art. 201, § 5º da CF.

Alternativa "c". A alternativa expõe o inteiro teor do art. 195, § 5º da CF.

Alternativa "e". A alternativa traduz, alternando palavras, o art. 195, § 11 da CF: é vedada a concessão de remissão ou anistia das contribuições sociais de que tratam o art. 195, I, *a* e II da CF (do empregador, da empresa ou entidade equiparada incidente sobre a folha de salários e demais rendimentos do trabalho *e* do trabalhador e dos demais segurados da previdência social), para débitos em montante superior ao fixado em lei complementar.

Alternativa (in)correta: letra "d". Diz o art. 195, § 8º da CF: o produtor, o parceiro, o meeiro e o arrendatário rurais e o pescador artesanal, bem como os respectivos cônjuges, que exerçam suas atividades em regime de economia familiar, *sem empregados permanentes*, contribuirão para a seguridade social mediante a aplicação de uma alíquota sobre o resultado da comercialização da produção e farão jus aos benefícios, nos termos da lei.

---

216. (FCC – Juiz do Trabalho Substituto 4ª Região/2012) Em relação às terras tradicionalmente ocupadas pelos índios, a Constituição da República estabelece que

a) se destinam a sua posse permanente, cabendo-lhes o usufruto exclusivo das riquezas do solo, dos rios e dos lagos nelas existentes.

b) poderão, após deliberação do Congresso Nacional, ser desocupadas em caso de catástrofe ou epidemia que ponha em risco sua população, ou no interesse da soberania do País, garantido, em qualquer hipótese, o retorno imediato logo que cesse o risco.

c) terão prioridade na autorização ou concessão para pesquisa e lavra dos recursos e jazidas de minerais garimpáveis, nas áreas onde estejam atuando, as cooperativas de atividade garimpeira.

d) são inalienáveis e indisponíveis, e os direitos sobre elas, imprescritíveis, ressalvadas as hipóteses previstas em lei complementar.

e) poderão, com autorização do Congresso Nacional e ouvidas as comunidades afetadas, ter seus recursos hídricos aproveitados, excluídos os potenciais energéticos, ficando-lhes contudo assegurada participação nos resultados da lavra, na forma da lei.

COMENTÁRIOS

✪ **Nota do autor:** As terras tradicionalmente ocupadas pelos índios destinam-se ao seu peculiar modo de viver.

Alternativa "b". A alternativa apresenta erro quase imperceptível. Diz o art. 231, § 5º da CF: é vedada a remoção dos grupos indígenas de suas terras, salvo, *ad referendum* do Congresso Nacional, em caso de catástrofe ou epidemia que ponha em risco sua população, *ou* no interesse da soberania do País, após *deliberação* do Congresso Nacional, garantido, em qualquer hipótese, o retorno imediato logo que cesse o risco.

Alternativa "c". Diz o art. 174, § 4º da CF que as cooperativas de atividade garimpeira terão prioridade na autorização ou concessão para pesquisa e lavra dos recursos e jazidas de minerais garimpáveis, nas *áreas onde estejam atuando*, e *naquelas fixadas*, por competência exclusiva, *pela União* (CF, art. 21, XXV), nunca nas terras tradicionalmente ocupadas pelos índios, principalmente para se evitar um potencial conflito decorrente dessa superposição de interesses inconciliáveis.

Alternativa "d". Diz o art. 231, § 4º da CF que as terras tradicionalmente ocupadas pelos índios são inalienáveis e indisponíveis, e os direitos sobre elas, imprescritíveis, *sem qualquer ressalva expressa*. Não cabe, portanto, ao intérprete ou legislador restringir o âmbito de proteção normativa, sob pena de inconstitucionalidade, pois tal norma não se afigura de eficácia contida.

Alternativa "e". O aproveitamento dos recursos hídricos se dá com *inclusão* dos potenciais energéticos – e não com exclusão como sugere a alternativa –, assegurando-se às comunidades afetadas a participação nos resultados da lavra, na forma da lei (CF, art. 231, § 3º).

Alternativa correta: letra "a". A alternativa reproduz, *sem folgas*, o art. 231, § 2º da CF: as terras tradicionalmente ocupadas pelos índios destinam-se a sua posse permanente, cabendo-lhes o usufruto exclusivo das riquezas do solo, dos rios e dos lagos nelas existentes.

---

217. (TRT 8 – Juiz do Trabalho Substituto 8ª Região/2012) Analise as proposições abaixo e assinale a alternativa CORRETA:

I. As comunidades indígenas não têm legitimidade ativa para ingressar em juízo em defesa de seus direitos e interesses.

II. São indisponíveis as terras devolutas ou arrecadadas pelos Estados, por ações discriminatórias, necessárias à proteção dos ecossistemas naturais.

III. As cooperativas de garimpeiros terão prioridade na autorização ou na concessão para pesquisa e lavra dos recursos e jazidas de minerais garimpáveis, nas áreas onde estejam atuando, na forma da lei.

IV. É vedada, em qualquer hipótese, a adoção de requisitos e critérios diferenciados para a concessão de aposentadoria aos beneficiários do regime geral de previdência social.

a) As alternativas I e II estão corretas.

b) As alternativas II e III estão corretas.

c) As alternativas III e IV estão corretas.

d) As alternativas I e III estão corretas.

e) As alternativas I e IV estão corretas.

COMENTÁRIOS

✪ **Nota do autor:** O princípio da igualdade formal – igualdade perante a lei – deve ser relativizado ou matizado para se alcançar a igualdade material ou substancial – igualdade na ou pela lei. Algumas diferenciações são salutares, pois, como nos ensina Boaventura de Souza Santos: temos direito a sermos iguais quando a diferença nos inferioriza e temos direito a sermos diferentes quando a igualdade nos descaracteriza.

Proposição I. Os índios, suas comunidades e organizações são partes legítimas para ingressar em juízo em defesa de seus direitos e interesses, intervindo o Ministério Público como curador da lei em todos os atos do processo (CF, art. 232).

Proposição II. A proposição está em total consonância com a redação do art. 225, § 5º da CF.

Proposição III. A proposição reproduz o art. 174, § 4º da CF (As cooperativas de atividade garimpeira terão prioridade na autorização ou concessão para pesquisa e lavra dos recursos e jazidas de minerais garimpáveis, nas áreas onde estejam atuando e naquelas fixadas pela União), sem o *acréscimo final* que também inclui como prioritária para autorização e concessão as áreas "fixadas de acordo com o art. 21, XXV da CF, na forma da lei". Tal *dispositivo reportado* prescreve: compete à União estabelecer as áreas e as condições para o exercício da atividade de garimpagem, em forma associativa.

Proposição IV. Os requisitos ou critérios diferenciados para a aposentadoria – especial – do regime geral de previdência social são (i) pessoa com deficiência e (ii) condições especiais de trabalho prejudiciais à saúde e integridade física, em termos definidos por lei complementar (CF, art. 201, § 1º[78]).

Alternativa correta: letra "b".

---

218. (TRT 2 – Juiz do Trabalho Substituto 2ª Região/2013) Em relação às terras indígenas, não é possível dizer. Aponte a alternativa incorreta:

a) São aquelas reconhecidas que os índios tradicionalmente ocupam, competindo à União demarcá-las, proteger e fazer respeitar todos os seus bens.

b) São aquelas tradicionalmente ocupadas pelos índios, as por eles habitadas em caráter permanente, as utilizadas para as suas atividades produtiva.

c) São aquelas tradicionalmente ocupadas pelos índios, as por eles habitadas em caráter permanente, as imprescindíveis à preservação dos recursos ambientais necessários a seu bem-estar.

d) São aquelas tradicionalmente ocupadas pelos índios, favorecendo o Estado a organização da atividade garimpeira apenas em cooperativas.

e) São aquelas tradicionalmente ocupadas pelos índios, destinadas a sua posse permanente cabendo-lhes o usufruto exclusivo das riquezas do solo, dos rios e dos lagos nelas existentes.

COMENTÁRIOS

✪ **Nota do autor:** A Constituição Federal assegura às comunidades indígenas o direito de utilizar suas línguas maternas e processos próprios de aprendizagem, preservando sua cultura e tradição específica (CF, art. 210, § 2º).

Alternativa "a". A Constituição de 1988 reconhece aos índios direitos originários sobre as terras que tradicionalmente ocupam, competindo à União demarcá-las, proteger e fazer respeitar todos os seus bens (CF, art. 231, *caput*).

Alternativas "b" e "c". São terras tradicionalmente ocupadas pelos índios as por eles habitadas em caráter permanente, as utilizadas para as suas atividades produtivas, as imprescindíveis à preservação dos recursos ambientais necessários a seu bem-estar e as necessárias a sua reprodução física e cultural, segundo seus usos, costumes e tradições (CF, art. 231, § 1º).

Alternativa "e". As terras tradicionalmente ocupadas pelos índios destinam-se a sua posse permanente, cabendo-lhes o usufruto exclusivo das riquezas do solo, dos rios e dos lagos nelas existentes (CF, art. 231, § 2º).

Alternativa (in)correta: letra "d". As *terras dos índios* são aquelas por eles tradicionalmente ocupadas e habitadas em caráter permanente, utilizadas para suas atividades produtivas ou imprescindíveis à preservação dos recursos ambientais necessários a seu bem-estar e as necessárias a sua reprodução física e cultural, segundo seus usos, costumes e tradições, cabendo-lhes o usufruto exclusivo das riquezas do solo, dos rios e dos lagos nelas existentes (CF, art. 231, §§ 1º e 2º). O Poder Público deve incentivar a atividade garimpeira por cooperativas (CF, art. 174, § 4º), mas em outro lugar, *fora dali*, longe das terras indígenas, para evitar os recorrentes e violentos conflitos por disputas de terras ocupadas com propósitos distintos.

---

219. (TRT 8 – Juiz do Trabalho Substituto 8ª Região/2013) Relativamente aos indígenas, nos termos da Constituição da República, é CORRETO afirmar que:

a) É assegurado às comunidades indígenas o direito à utilização exclusiva de suas línguas maternas na educação fundamental, assim como processos próprios de aprendizagem.

b) Os índios, suas comunidades e organizações são partes legítimas para ingressar em juízo em defesa de seus direitos e interesses, devendo o Ministério

---

78. Não há previsão constitucional expressa de aposentadoria especial por *atividade de risco* no regime geral da previdência social, à semelhança do que ocorre com o regime próprio de previdência dos servidores públicos (CF, art. 40, § 4º, I a III).

Público atuar obrigatoriamente como litisconsorte necessário.

c) As terras tradicionalmente ocupadas pelos índios destinam-se a sua propriedade permanente, cabendo-lhes o usufruto exclusivo das riquezas do solo, dos rios e dos lagos nelas existentes.

d) São terras tradicionalmente ocupadas pelos índios as por eles habitadas em caráter permanente, as utilizadas para suas atividades produtivas, as imprescindíveis à preservação dos recursos ambientais necessários a seu bem-estar e as necessárias a sua reprodução física e cultural, segundo seus usos, costumes e tradições.

e) São reconhecidos aos índios sua organização social, costumes, línguas, crenças e tradições, direito de ter uma justiça própria, e os direitos originários sobre as terras que tradicionalmente ocupam, competindo à União demarcá-las, proteger e fazer respeitar todos os seus bens.

COMENTÁRIOS

✪ **Nota do autor:** Aos remanescentes das comunidades dos quilombos que estejam ocupando *suas terras* é reconhecido o *direito de propriedade definitiva*, devendo o estado emitir-lhes os títulos respectivos (ADCT, art. 68). Há aqui uma grande diferença em relação às terras indígenas, pois os *quilombolas* têm direito de propriedade plena, enquanto que os indígenas detêm o direito de posse permanente, eis que suas terras pertencem à União.

Alternativa "a". O ensino fundamental regular será ministrado em língua portuguesa, assegurada às comunidades indígenas *também* – e não exclusivamente – a utilização de suas línguas maternas e processos próprios de aprendizagem (CF, art. 210, § 2º).

Alternativa "b". Diz o art. 232 da CF que os índios, suas comunidades e organizações são *partes legítimas* para ingressar *em juízo* em defesa de seus direitos e interesses, intervindo o Ministério Público em todos os atos do processo. Essa intervenção especial se dá como curador da lei – *custos legis* – e não como parte na modalidade de litisconsorte necessário. Nada impede, contudo, que o Ministério Público promova ação coletiva para a defesa das comunidades indígenas. Mas a intervenção como fiscal da lei não se confunde com a legitimidade ativa para a ação. Os índios, suas comunidades e organizações têm plena capacidade de direito para, por si sós e diretamente, agir em juízo na defesa de seus interesses.

Alternativa "c". *As terras tradicionais dos índios* destinam-se a sua *posse coletiva permanente*, um direito originário de *ocupação*, não de propriedade plena, cabendo-lhes o usufruto exclusivo das riquezas do solo, dos rios e dos lagos nelas existentes (CF, art. 231, 2º).

Alternativa "e". São reconhecidos aos índios sua organização social, costumes, línguas, crenças e tradições, e os direitos originários sobre as terras que tradicionalmente ocupam, competindo à União demarcá-las, proteger e fazer respeitar todos os seus bens (CF, art. 231, *caput*). Não há no texto constitucional, como não poderia deixar de ser, o reconhecimento aos indígenas a qualquer direito de ter justiça própria, pois o exercício da Justiça e dos instrumentos de força são monopólios do Estado Democrático de Direito, da República Federativa do Brasil, sendo inconcebível uma *justiça paralela* no âmbito de soberania de determinado Estado.

Alternativa correta: letra "d". A alternativa traz a redação integral do art. 231, § 1º da CF.

---

220. (FCC – Juiz do Trabalho Substituto 6ª Região/2013) Considere as seguintes afirmações a respeito dos índios, à luz da disciplina constitucional da matéria:

I. São bens da União as terras tradicionalmente ocupadas pelos índios, assim consideradas as por eles habitadas em caráter permanente, as utilizadas para suas atividades produtivas, as imprescindíveis à preservação dos recursos ambientais necessários a seu bem-estar e as necessárias a sua reprodução física e cultural, segundo seus usos, costumes e tradições.

II. O aproveitamento dos recursos hídricos, incluídos os potenciais energéticos, a pesquisa e a lavra das riquezas minerais em terras indígenas só podem ser efetivados com autorização do Congresso Nacional, ouvidas as comunidades afetadas, ficando- lhes assegurada participação nos resultados da lavra, na forma da lei.

III. Os grupos indígenas poderão ser removidos de suas terras em caso de catástrofe ou epidemia que ponha em risco sua população, ou ainda no interesse da soberania do País, ad referendum do Congresso Nacional, garantido, em qualquer hipótese, o retorno imediato logo que cesse o risco.

Está correto o que se afirma APENAS em

a) II e III.

b) I.

c) II.

d) III.

e) I e II.

COMENTÁRIOS

✪ **Nota do autor:** Atualmente, o paradigma a ser observado em relação aos povos indígenas é o respeito absoluto pelos seus peculiares modos de ser, viver e estar, com suas diferenças preservadas e o reconhecimento de sua cultura e saber tradicional. Um direito a diferença quando a igualdade descaracteriza; um direito de ser quem se é num mundo de multiplicidades culturais.

Proposição I. A proposição conjuga a inteligência do arts. 21, XI (São bens da União as terras tradicionalmente ocupadas pelos índios) e 231, § 1º (São terras tradicionalmente ocupadas pelos índios as por eles habitadas em caráter permanente...) ambos da CF.

Proposição II. A proposição apresenta o inteiro teor do art. 231, § 3º da CF.

Proposição III. O erro aqui é muito *sutil*. O art. 231, § 5º da CF inicia sua preleção vedando a remoção dos grupos indígenas. Mas ressalva duas situações: (i) *ad referendum* do Congresso Nacional em caso de catástrofe ou epidemia que ponha em risco a população e (ii) após deliberação do Congresso Nacional no interesse da soberania do País; garantindo-se em ambas o retorno imediato tão logo cessado o risco. Em resumo: em (i) a remoção é realizada *imediatamente*, sem maiores delongas, pela natureza urgente da causa motivadora, por ato do Poder Executivo, e o Congresso Nacional apenas referenda tal decisão; em (ii) a remoção se dá tão somente com autorização prévia – deliberação – do Congresso Nacional.

Alternativa correta: letra "e".

---

221. (TRT 2 – Juiz do Trabalho Substituto 2ª Região/2013) A seguridade social compreende. Aponte a alternativa correta:

a) Um conjunto integrado de ações de iniciativa dos Poderes Públicos, destinadas a assegurar os direitos relativos à saúde, à previdência e à assistência social.

b) Um conjunto integrado de ações de iniciativa dos Poderes da República, destinados a assegurar direitos relativos à saúde e à assistência social.

c) Um conjunto integrado de ações de iniciativa dos Poderes Públicos e da sociedade destinados a assegurar os direitos relativos à saúde, à previdência e à assistência social.

d) Um conjunto integrado de ações de iniciativa dos Poderes da República e da iniciativa privada destinados a assegurar direitos e deveres relativo à saúde, à previdência e à assistência social.

e) Um conjunto integrado de ações dos Poderes Públicos e da sociedade destinados a assegurar os direitos relativos à saúde e à previdência social.

COMENTÁRIOS

✪ **Nota do autor:** Memorizar, memorizar, memorizar...

Alternativa correta: letra "c" (responde todas as demais alternativas, por exclusão). Diz o texto literal do art. 194, *caput* da CF: a seguridade social compreende um conjunto integrado de ações de iniciativa dos Poderes Públicos e a sociedade, destinadas a assegurar os direitos relativos à saúde, à previdência e à assistência social.

---

222. (TRT 2 – Juiz do Trabalho Substituto 2ª Região/2013) Observando que a Seguridade Social será financiada por toda sociedade, de forma direta e indireta, mediante recursos provenientes dos orçamentos da União dos Estados, do Distrito Federal e dos Municípios e das contribuições sociais, aponte a relação a esta última a alternativa correta:

a) Contribuições do empregador, da empresa e da entidade a ela equiparada na formada lei, incidentes sobre a folha de salários e demais rendimentos pagos ou creditados, a qualquer título à pessoa jurídica que lhe preste serviço.

b) Contribuições do empregador, da empresa e da entidade a ela equiparada na forma da lei, incidentes sobre a folha de salários e demais rendimentos pagos ou creditados, a qualquer título à pessoa física que lhe preste serviços subordinados.

c) Contribuições do empregador, da empresa e da entidade a ela equiparada na forma da lei, incidentes sobre a folha de salários e demais rendimentos pagos ou creditados, bem como a qualquer título à pessoa física ou jurídica que lhe preste serviço.

d) Contribuições do empregador, da empresa e da entidade a ela equiparada na forma da lei, incidentes sobre a folha de salários e demais rendimentos pagos ou creditados, o qualquer título pessoa física que lhe preste serviço, mesmo sem vínculo empregatício.

e) Contribuições do empregador, da empresa e da entidade a ela equiparada na forma da legislação em vigor, incidentes na folha de pagamento e rendimentos adimplidos ou debitados, a qualquer título à pessoa física que lhe preste serviço.

COMENTÁRIOS

✪ **Nota do autor:** Mais exercício de memória.

Alternativa correta: letra "d" (responde todas as demais alternativas, por exclusão). A alternativa traz a redação integral do art. 195, I, *a* da CF. As contribuições sociais do empregador, empresa e entidade equiparada incide sobre (i) a folha de *salários* e demais *rendimentos* do trabalhador em geral, empregado ou não empregado, com ou sem vínculo formal de emprego, (ii) a receita ou o faturamento e (iii) o lucro (CF, art. 195, I, *a* a c). Além disso, há contribuição social (i) dos trabalhadores e demais segurados da previdência social, (ii) sobre a receita de concursos de prognósticos e (iii) do importador de bens e serviços do exterior, ou de quem a lei a ele equiparar (CF, art. 195, II a IV). *Trocando em miúdos*: sobre o valor pago *pelo* trabalho, contribuem aquele que paga – o contratante – *e* aquele que recebe – o contratado. Duas contribuições numa só relação jurídica.

---

223. (TRT 16 – Juiz do Trabalho Substituto 16ª Região/2011) Marque a opção INCORRETA:

a) O sistema único de saúde tem como uma de suas diretrizes a participação da comunidade.

b) As normas de fiscalização, avaliação e controle das despesas de saúde nas esferas federal, estadual, distrital e municipal do Sistema Único de Saúde serão estabelecidas mediante Lei complementar, que será reavaliada pelo menos a cada cinco anos.

c) Os gestores locais do sistema único de saúde poderão admitir agentes comunitários de saúde e agentes de combate às endemias por meio de processo seletivo público, de acordo com a natureza e complexidade de suas atribuições e requisitos específicos para sua atuação.

d) É absolutamente vedada a destinação de recursos públicos para auxílios ou subvenções às instituições privadas com fins lucrativos, bem como a participação direta ou indireta de empresas ou capitais estrangeiros na assistência à saúde no País.

e) As instituições privadas poderão participar de forma complementar do sistema único de saúde, segundo diretrizes deste, mediante contrato de direito público ou convênio, tendo preferência as entidades filantrópicas e as sem fins lucrativos.

COMENTÁRIOS

Nota do autor: A participação da comunidade nas ações e serviços públicos de saúde concretiza o princípio democrático que significa a real possibilidade de influir nos destinos da sociedade e na vontade majoritária.

Alternativa "a". Conforme estabelece o art. 198, III da CF: as ações e serviços públicos de saúde integram uma rede regionalizada e hierarquizada e constituem um sistema único, organizado de acordo com a diretriz da participação da comunidade, dentre outras tantas.

Alternativa "b". A alternativa reproduz, em ordem contrária, o art. 198, § 3º, III da CF: lei complementar, que será reavaliada pelo menos a cada 05 anos, estabelecerá as normas de fiscalização, avaliação e controle das despesas com saúde nas esferas federal, estadual, distrital e municipal.

Alternativa "c". A alternativa transcreve, palavra por palavra, o art. 198, § 4º da CF.

Alternativa "e". Transcrição literal do art. 199, § 1º da CF.

Alternativa (in)correta: letra "d". A participação direta ou indireta de empresas ou capitais estrangeiros na assistência à saúde no País dar-se-á nos casos previstos em lei e não se afigura absolutamente proibida (CF, art. 199, § 3º).

---

224. (TRT 21 – Juiz do Trabalho Substituto 21ª Região/2012) A Constituição Federal determina a proteção ao meio ambiente, incluindo o do trabalho. Para a efetividade dessa norma, a Constituição Federal, ao longo do seu texto, estabelece que incumbe ao Poder Público:

I. controlar a produção, a comercialização e o emprego de técnicas, métodos e substâncias que comportem riscos para a vida, a qualidade de vida e o meio ambiente;

II. exigir, na forma da lei, prévio estudo de impacto ambiental, para instalação de obra ou atividade que possa causar danos ao meio ambiente;

III. executar ações de vigilância sanitária e epidemiológica, bem como de saúde do trabalhador;

IV. autorizar, mediante ato administrativo, a participação direta de empresas estrangeiras, na assistência à saúde no país, quando a expertise dos profissionais a ela vinculados for essencial para debelar epidemia, surto, doença ou catástrofe natural no país.

a) somente as assertivas I e II são corretas;

b) somente as assertivas I, II e III são corretas;

c) somente as assertivas I e III são corretas;

d) somente as assertivas I e IV são corretas;

e) somente as assertivas II, III e IV são corretas.

COMENTÁRIOS

Nota do autor: O meio ambiente é o espaço em que a vida se desenvolve. É tudo aquilo que cerca o homem e os demais seres vivos. O conceito é ampliativo e não se restringe aos elementos naturais, pois também envolve os aspectos culturais, artificiais – o espaço construído pelo homem – e do trabalho.

Proposição I. A proposição, em consonância com os princípios da precaução e prevenção aplicáveis ao Direito Ambiental, encontra-se no art. 225, § 1º, IV da CF: para assegurar a efetividade do direito ao meio ambiente ecologicamente equilibrado, incumbe ao Poder Público exigir, na forma da lei, para instalação de obra ou atividade potencialmente causadora de significativa degradação do meio ambiente, estudo prévio de impacto ambiental, a que se dará publicidade.

Proposição II. A Constituição exige o estudo prévio de impacto ambiental, definido pela Lei nº 6.938/81, para a instalação de obra ou atividade que possa causar danos *significativos* ao meio ambiente – e não quaisquer danos sem maiores consequências como parece sugerir a proposição. A proteção ambiental não pode chegar ao extremo de exigir as formalidades rígidas do estudo de impacto ambiental para atividades que causam danos menores, diminutos, insignificantes ao ambiente, pois toda e qualquer ação ou atividade do homem em integração com meio o afeta de algum modo. O gabarito indica essa proposição como correta, entretanto, não se nos afigura a resposta mais adequada à *ideologia* da Constituição e aos princípios ambientais.

Proposição III. Diz o art. 200, II da CF que compete ao Sistema Único de Saúde – SUS executar as ações de vigilância sanitária e epidemiológica, bem como de saúde do trabalhador.

Proposição IV. A proposição está deslocada, eis que se refere às normas sobre a saúde e não sobre o meio ambiente. Além disso, o texto constitucional diz, *apenas*, que é vedada a participação direta *ou indireta* de empresas ou capitais estrangeiros na assistência à saúde no País, salvo nos casos previstos em lei, não descendo às minúcias as quais se reporta a proposição (CF, art. 199, § 3º).

Alternativa correta: letra "b".

---

225. (TRT 19 – Juiz do Trabalho Substituto 19ª Região/2012) Em conformidade com o Título da Ordem Social da atual Constituição da República Federativa do Brasil, assinale a alternativa incorreta:

a) Todos têm direito ao meio ambiente ecologicamente equilibrado, bem de uso comum do povo e essencial à sadia qualidade de vida, impondo-se ao Poder Público e à coletividade o dever de defendê-lo e preservá-lo para as presentes e futuras gerações.

b) A seguridade social compreende um conjunto integrado de ações de iniciativa dos Poderes Públicos e da sociedade, destinadas a assegurar os direitos relativos à saúde, à previdência e à assistência social.

c) Aos maiores de 60 (sessenta anos) é garantida a gratuidade dos transportes coletivos urbanos.

d) A saúde é direito de todos e dever do Estado, garantido mediante políticas sociais e econômicas que visem à redução do risco de doença e de outros agravos e ao acesso universal igualitário às ações e serviços para sua promoção, proteção e recuperação.

e) Os filhos, havidos ou não da relação do casamento, ou por adoção, terão os mesmos direitos e qualificações, proibidas quaisquer designações discriminatórias relativas à filiação.

COMENTÁRIOS

✪ **Nota do autor:** O conceito de qualidade de vida com dignidade orienta para o desenvolvimento da pessoa humana em todas as suas potencialidades. A qualidade de vida significa viver a vida de um modo que se valoriza, em um meio ambiente saudável, sem privações de liberdades e com a possibilidade de promoção dos próprios objetivos e interesses. É fundamental, portanto, lograr uma plenitude de estado do ser, um equilíbrio psicossomático integral, para o bem-viver. A saúde é, assim, um estado de equilíbrio em que múltiplos e diversos fatores têm influência, um estado de equilíbrio interno – orgânico – e externo – relação com o meio.

Alternativa "a". A alternativa traz a *redação globalizante* do art. 225, *caput* da CF.

Alternativa "b". A alternativa transcreve, literalmente, o art. 194, *caput* da CF.

Alternativa "d". A alternativa conceitua a saúde enquanto direito, conforme exposto nos exatos termos do art. 196 da CF.

Alternativa "e". A alternativa é cópia fiel do art. 227, § 6º da CF.

Alternativa (in)correta: letra "c". O art. 230, § 2º da CF garante a gratuidade nos transportes coletivos às pessoas maiores de *65 (sessenta e cinco) anos* – e não 60 anos. Mas, atenção: o Estatuto do Idoso estabelece os 60 (sessenta) anos como marco temporal da *terceira idade* e a titularidade dos direitos correlatos a essa condição (Lei nº 10.741/03, art. 1º[79]).

---

226. (TRT 2 – Juiz do Trabalho Substituto 2ª Região/2013) Em relação ao meio ambiente, observe as proposições abaixo e ao final aponte a alternativa que contenha proposituras corretas.

I. Incumbe ao Poder Público preservar e restaurar os processos ecológicos essenciais e prover o manejo ecológico das espécies e ecossistema.

II. Incumbe ao Poder Público preservar e fiscalizar as entidades de pesquisa e manipulação do material genético, bem como preservar a fauna das matas cerradas, consideradas patrimônio da União, salvo as espécies em extinção.

III. Incumbe ao Poder Público controlar a produção, a comercialização e o emprego de técnicas, métodos e substâncias que comportem risco para a vida, a qualidade de vida e o meio ambiente.

IV. Incumbe ao Poder Público promover a educação ambiental em todos os níveis de ensino e a conscientização pública para a preservação do meio ambiente.

V. Incumbe ao Poder Público proteger os ecossistemas, abrangendo as espécies nativas e os animais domésticos, bem como regular a exploração dos recursos impondo a compensação de atos lesivos pela indenização correspondente.

É correta a alternativa:

a) I, III e IV.

b) II, III e IV.

c) III, IV e V.

d) I, II e V.

e) I, IV e V.

COMENTÁRIOS

✪ **Nota do autor:** Prevenir danos ao meio ambiente é a ideia central em torno do Direito Ambiental. A compensação dos danos seria, por essa linha de pensamento, a última instância em uma estratégia eficiente de preservação ambiental. Há de se evitar os danos ou as ameaças de dano em primeiro lugar. Sendo impossível evitá-las, caberia, em segundo lugar, a reparação dos

---

79. Ver também: CF, art. 203, V (benefício social à pessoa idosa sem recursos econômicos – ou familiar – para prover o próprio sustento).

danos, isto é, a recomposição do bem jurídico violado - o meio ambiente.

Proposição I. A proposição traz a redação do art. 225, § 1º, I da CF.

Proposição II. Incumbe ao Poder Público proteger a fauna e a flora, *vedadas*, na forma da lei, as práticas que coloquem em risco sua função ecológica, provoquem a extinção das espécies e submetam os animais a crueldade (CF, art. 225, § 1º, VII). A toda evidência, as *espécies em risco de extinção*, todas elas, inclusive a do bioma cerrado brasileiro, devem receber *atenção especial* do Poder Público.

Proposição III. A proposição traz a redação do art. 225, § 1º, V da CF.

Proposição IV. A proposição traz a redação do art. 225, § 1º, VI da CF.

Proposição V. A proposição parece incorrer em erro ao vincular a proteção ambiental do Poder Público aos ecossistemas com os animais domésticos. Esses animais vivem em âmbito residencial, incorporados às práticas sociais - alguns desde milênios -, retirados de seu *habitat* natural, em interação com o homem, prestando-se a sua companhia e envoltos em uma *aura lúdica*. Por óbvio que a ordem jurídico-constitucional protege os animais domésticos contra toda sorte de crueldade (CF, art. 225, § 1º, VII, parte final). No entanto, essa proteção não se encontra associada ao ecossistema em que vivem.

Alternativa correta: letra "a".

---

227. (TRT 8 - Juiz do Trabalho Substituto 8ª Região/2013) A respeito do meio ambiente, nos termos da Constituição da República, é CORRETO dizer:

a) Todos têm direito ao meio ambiente ecologicamente equilibrado, bem de uso público e privado e essencial à sadia qualidade de vida, impondo-se ao Poder Público e à coletividade o dever de defendê-lo e preservá-lo para a presente geração.

b) As condutas e atividades consideradas lesivas ao meio ambiente sujeitarão os infratores, pessoas físicas ou jurídicas, a sanções penais e administrativas, sob pena de serem obrigados a reparar os danos causados.

c) As usinas que operem com reator nuclear deverão ter sua localização definida em ato do Presidente da República, além de autorização legislativa do estado-membro em que for localizada, sem o que não poderão ser instaladas.

d) Aquele que explorar recursos minerais fica obrigado a recuperar o meio ambiente degradado, de acordo com solução técnica exigida pelo órgão público competente, na forma da lei.

e) Incumbe exclusivamente ao município exigir, na forma da lei, para instalação de obra ou atividade potencialmente causadora de significativa degradação do meio ambiente, estudo prévio de impacto ambiental, a que se dará publicidade.

COMENTÁRIOS

✪ **Nota do autor:** A responsabilidade civil por danos ambientais é *objetiva*, prescindindo-se da análise do elemento subjetivo na conduta do agente (Lei nº 6.938/81, art. 14, § 1º).

Alternativa "a". Todos têm direito ao meio ambiente ecologicamente equilibrado, bem de uso público e privado e essencial à sadia qualidade de vida, impondo-se ao Poder Público e à coletividade o dever de defendê-lo e preservá-lo para a presente *e futuras* gerações (CF, art. 225, *caput*). Trata-se do dever intergeracional: tradução da solidariedade existente entre as *gerações humanas* e a responsabilidade para com o futuro, fato de importância inclusive para a geração presente que tem justa expectativa de viver em um mundo *ecologicamente são* no futuro. Na pena de Ignacy Sachs, "à ética imperativa da solidariedade sincrônica com a geração atual somou-se a solidariedade diacrônica com as gerações futuras, para alguns, o postulado ético de responsabilidade para com o futuro"[80].

Alternativa "b". As condutas e atividades consideradas lesivas ao meio ambiente sujeitarão os infratores, pessoas físicas ou jurídicas, a sanções penais e administrativas, *independentemente* da *responsabilidade civil* de reparar os danos causados (CF, art. 225, § 3º).

Alternativa "c". As usinas que operem com reator nuclear deverão ter sua localização definida em *lei federal*, sem o que não poderão ser instaladas (CF, art. 225, § 6º). Toda atividade nuclear em território nacional somente será admitida para fins pacíficos e mediante autorização do Congresso Nacional (CF, arts. 21, XXIII, *a* e 49, XIV). A exploração da atividade nuclear é monopólio da União (CF, art. 177, V).

Alternativa "e". A competência administrativa para proteger e preservar o meio ambiente é comum entre União, Estados, Distrito Federal e Municípios (CF, art. 23, VI e VII). A Lei nº 6.938/81, dando *concretude recepcionada* ao mandamento constitucional (CF, art. 225, § 1º, IV), dispõe, em seu art. 10, que a construção, instalação, ampliação e funcionamento de estabelecimentos e atividades utilizadoras de recursos ambientais, considerados efetiva e potencialmente poluidores, bem como capazes, sob qualquer forma, de causar degradação ambiental, dependerão de prévio licenciamento de *órgão estadual* competente, integrante do Sistema Nacional do Meio Ambiente - SISNAMA, e do Instituto Brasileiro do Meio Ambiente e Recursos Naturais Renováveis - IBAMA, em caráter supletivo, *sem prejuízo de outras licenças exigíveis*. Pela relevância do bem ambiental, nada impede, aliás, tudo leva a crer pela *ressalva final da lei*, que um estabelecimento ou atividade possa vir a ter que se submeter a mais de um procedimento administrativo de licenciamento ambiental, sem

80. SACHS, Ignacy. *Caminhos para o desenvolvimento sustentável*. Tradução: Laura Teixeira Motta. 3. ed. Rio de Janeiro, Garamond, 2002. p. 49.

que tal duplicidade acarrete ilegalidade ou abuso de autoridade. "A duplicidade de autorizações, de licenças e de registros poderá existir, desde que amparada em lei"[81]. Em atividades e obras de grande repercussão geográfica, a União, os Estados, o Distrito Federal e os Municípios podem manifestar lícito interesse em promover o licenciamento ambiental, em razão dos possíveis danos em sua *área de afetação geopolítica*, vislumbrando-se, nesses casos, a multiplicidade de procedimentos, sempre apoiados na legislação de cada unidade federativa. Aqui, o espírito de cooperação há de *falar mais alto*.

Alternativa correta: letra "d". A alternativa é cópia fiel do art. 225, § 2º da CF.

228. (TRT 21 – Juiz do Trabalho Substituto 21ª Região/2012) De acordo com a Constituição da República, no que concerne o direito à proteção especial assegurado à criança e ao adolescente, é correto afirmar:

I. a garantia do benefício previdenciário do auxílio-doença, mesmo em caso de relação de trabalho subordinado mantida por uma empresa com adolescente de 13 anos de idade;

II. a garantia do pagamento de horas extras e adicional de periculosidade, mesmo em caso de relação de trabalho subordinado mantida por uma empresa com criança de 11 anos de idade;

III. a garantia do reconhecimento do tempo de serviço e assinatura da Carteira de Trabalho, mesmo em caso de relação de trabalho subordinado mantida por uma empresa com adolescente de 14 anos de idade;

IV. a garantia dos direitos rescisórios, em caso de relação de trabalho subordinado mantida por uma empresa com criança de 12 anos de idade incompletos.

a) apenas as assertivas I e II estão corretas;
b) apenas as assertivas II e IV estão corretas;
c) apenas as assertivas II e III estão corretas;
d) apenas as assertivas III e IV estão corretas;
e) as alternativas I, II, III e IV estão corretas.

COMENTÁRIOS

✪ **Nota do autor:** No trabalho do menor – criança ou adolescente – incidem, além dos princípios gerais do Direito do Trabalho, os princípios constitucionais da prioridade absoluta e da proteção integral.

Proposições I a IV. O art. 227, § 3º, II da CF dispensa à criança, ao adolescente e ao jovem proteção especial e lhes garante todos os direitos previdenciários e trabalhistas. O trabalho do adolescente de 13 anos de idade (ou de 11, 12 ou 14 anos, pouco importa) é proibido: nulidade absoluta por incapacidade do agente. Contudo, no Direito do Trabalho, os efeitos jurídicos dos atos inválidos – não os atos ilícitos – repercutem no mundo dos fatos, pois houve a prestação de serviço – obrigação de uma das partes –, para incidir nas relações e atos jurídicos já realizados. A nulidade impede, tão somente, a repercussão de novos – posteriores – efeitos jurídicos a partir de sua declaração: efeitos prospectivos, ex *nunc*. O STF tem entendimento consolidado pela impossibilidade de se dar efeitos retroativos à declaração de nulidade de contrato de trabalho de menor, uma vez que as normas de proteção do trabalhador não se interpretam em seu desfavor (AI 529.694).

Alternativa correta: letra "e".

229. (FCC – Juiz do Trabalho Substituto 6ª Região/2013) A Constituição da República prevê, como mecanismo atrelado ao cumprimento da função social da propriedade, a

a) impossibilidade absoluta de desapropriação da pequena e média propriedade rural, para fins de reforma agrária.
b) desapropriação para fins de reforma agrária, mediante indenização em títulos da dívida pública, de glebas em que localizadas culturas ilegais de plantas psicotrópicas.
c) instituição de imposto sobre a propriedade predial e territorial urbana progressivo no tempo, sucessivamente a parcelamento ou edificação compulsórios.
d) usucapião de área urbana de até cinquenta hectares, por quem a possua, ininterruptamente e sem oposição, por cinco anos.
e) requisição de propriedade particular, assegurada ao proprietário indenização ulterior, se houver dano.

COMENTÁRIOS

✪ **Nota do autor:** A ideia de função social da propriedade reduz-se ao seguinte enunciado: a propriedade obriga seu titular, vale dizer, o titular do direito de propriedade deve exercê-lo com um propósito, um objetivo, um *telos* conforme a ordem de valores sociais albergados na Constituição.

Alternativa correta: letra "c" (responde todas as alternativas por exclusão). A *propriedade ou imóvel urbano* cumpre sua função social quando atende às exigências fundamentais de ordenação da cidade expressas no Plano Diretor (CF, art. 182, § 2º). Por sua vez, a *propriedade imóvel rural* cumpre sua função social quando, simultaneamente, atende os requisitos de: (i) aproveitamento racional e adequado do solo, (ii) uso adequado dos recursos naturais disponíveis, (iii) preservação ambiental, (iv) observância dos direitos dos trabalhadores e (v) exploração que favoreça o bem-estar dos proprietários e trabalhadores (CF, art. 186, I a IV).

81. MACHADO, Paulo Affonso Leme. *Direito ambiental brasileiro*. 15. ed. São Paulo: Malheiros Editores, 2006. p. 277.

Diz o art. 182, § 4º, I a III da CF que é facultado ao Poder Público municipal, mediante lei específica para área incluída no plano diretor, exigir, nos termos da lei federal, do proprietário do *solo urbano* não edificado, subutilizado ou não utilizado, que promova seu adequado aproveitamento, sob pena, sucessivamente, de: (i) *parcelamento ou edificação compulsórios*, (ii) *imposto sobre a propriedade predial e territorial urbana progressivo no tempo* e (iii) *desapropriação* com pagamento mediante títulos da dívida pública de emissão previamente aprovada pelo Senado Federal, com prazo de resgate de até 10 anos, em parcelas anuais, iguais e sucessivas, assegurados o valor real da indenização e os juros legais. De outra banda, diz o art. 184, *caput* da CF: compete à União *desapropriar por interesse social*, para fins de reforma agrária, o *imóvel rural* que não esteja cumprindo sua função social, mediante prévia e justa indenização em títulos da dívida agrária, com cláusula de preservação do valor real, resgatáveis no prazo de até 20 anos, a partir do segundo ano de sua emissão, e cuja utilização será definida em lei.

4. CONTROLE DE CONSTITUCIONALIDADE

230. (TRT 2 – Juiz do Trabalho Substituto 2ª Região/2016) Levando em conta o controle de constitucionalidade, é INCORRETO afirmar que:

a) No Brasil, o parâmetro para o controle da constitucionalidade abrange as normas constitucionais originárias, as emendas de revisão e constitucionais, as normas do texto constitucional transitório, os tratados internacionais de direitos humanos aprovados com quorum qualificado.

b) Emendas constitucionais, leis complementares, leis ordinárias, leis delegadas; medidas provisórias, decretos legislativos, resoluções expedidas pelo poder legislativo, os tratados internacionais aprovados e os decretos autônomos expedidos pelo Presidente da República, as deliberações dos órgãos judiciários, as deliberações dos Tribunais Regionais do Trabalho, os regulamentos ou decretos regulamentares expedidos pelo Presidente da República são susceptíveis de controle de constitucionalidade.

c) A nomodinâmica é a inconstitucionalidade formal que se verifica quando a lei ou ato normativo infraconstitucional contiver um vício em sua "forma".

d) O poder Judiciário realiza tanto o controle repressivo quanto o controle preventivo da constitucionalidade.

e) O controle difuso funciona quando a qualquer juiz é dado apreciar alegação de inconstitucionalidade. É a chamada via de exceção ou defesa.

COMENTÁRIOS

Alternativa "a": no Brasil, o parâmetro para o controle da constitucionalidade abrange as normas constitucionais originárias, as emendas de revisão e constitucionais e as normas do texto constitucional transitório, ADCT (uma vez que integram formalmente a Constituição), além dos tratados internacionais de direitos humanos aprovados com quorum qualificado (que fazem parte do bloco de constitucionalidade). O bloco de constitucionalidade (ideia de Louis Favoreu, mas desenvolvida por Canotilho e consagrada nas ADIs 595 e 514, pelo Ministro Celso de Mello) consiste no conjunto de normas materialmente constitucionais, que até servem de paradigma para controle de constitucionalidade, mas que, não necessariamente, integram formalmente a Constituição.

Alternativa "c": em sede de controle de constitucionalidade, a inconstitucionalidade atacada pode ser formal ou nomodinâmica (vício de procedimento legislativo ou de afronta a regras de iniciativa/competência) ou material ou nomoestática (vício que afeta o conteúdo substantivo das normas constitucionais).

Alternativa "d": O poder Judiciário realiza tanto o controle repressivo (depois de o ato normativo se aperfeiçoar, pelas vias difusa e concentrada) quanto o controle preventivo da constitucionalidade (antes de o ato normativo se aperfeiçoar, pela via difusa, em sede de Mandado de Segurança impetrado por parlamente com base em seu direito líquido e certo de participar de um processo legislativo hígido ou devido, nos termos da jurisprudência do STF).

Alternativa "e": o Brasil adota duas formas de controle jurisdicional: difuso (realizado por qualquer juízo) e concentrado (realizado apenas por um órgão de cúpula, que em âmbito federal, é o STF). Assim, o direito brasileiro dispõe de um controle ou sistema jurisdicional misto. O Controle difuso também pode ser denominado por: concreto; Incidental ou *incidenter tantum*; Via de Exceção; Processo Subjetivo; De efeitos inter partes; Estadunidense e Aberto.

Alternativa correta: letra "b": de acordo com a doutrina e a jurisprudência do STF, os regulamentos ou decretos regulamentares expedidos pelo Presidente da República **não** são susceptíveis de controle de constitucionalidade (pois não tem abstração, generalidade e autonomia, características necessárias para um ato normativo se submeter a uma verificação de compatibilidade vertical com a CF, notadamente pela via concentrada). Os demais atos são objetos possíveis ao controle de constitucionalidade.

231. (TRT 2 – Juiz do Trabalho Substituto 2ª Região/2016) Analise as proposições corretas:

I. A arguição de descumprimento de preceito fundamental é uma ação constitucional e parte integrante e complementar do sistema concentrado.

II. No sistema difuso, tanto autor quanto réu pode propor uma ação de inconstitucionalidade, pois o caso concreto é inter partes.

III. A propositura de uma ação direta de constitucionalidade está sujeita ao prazo de natureza prescricional.

IV. O controle repressivo ocorre quando a Lei já está em vigor.

V. A cláusula de reserva de plenário deve ser feita através da maioria simples dos Membros do Tribunal, sob pena de nulidade da decisão.

Responda:

a) Somente as proposições I, V estão corretas.
b) Somente as proposições I, II estão corretas.
c) Somente as proposições III, IV estão corretas.
d) Somente as proposições I, II e IV estão corretas.
e) Somente as proposições IV e V estão corretas.

COMENTÁRIOS

Proposição I: o Controle concentrado pode ser manejado via: ADI – Ação Direta de Inconstitucionalidade (por ação, omissão ou interventiva); ADC – Ação Declaratória de Constitucionalidade e; ADPF – Arguição de Descumprimento de Preceito Fundamental.

Proposição II: o controle difuso é aquele que pode ser provocado por qualquer pessoa, no bojo de qualquer ação judicial e ser apreciado por qualquer órgão do Poder Judiciário que possua jurisdição. O controle difuso pode até mesmo ser realizado de ofício, pois a questão constitucional somente servirá de fundamentação para decisão quanto ao pedido que envolva a resolução de um caso concreto. Assim, no controle difuso, a pronúncia do Judiciário sobre a inconstitucionalidade não é feita como manifestação sobre o objeto principal da lide, mas sim sobre questão prévia, indispensável ao julgamento do mérito. Em outras palavras: no controle difuso, a questão constitucional é a causa de pedir, e não o pedido. Nesses termos é que a inconstitucionalidade pode ser aventada tanto pelo autor quanto pelo réu.

Proposição III: uma das particularidades do processo objetivo de julgamento da ADI é a inexistência de prazo prescricional ou decadencial (STF, ADI 1.247, julgada em 1995 e relatada pelo Ministro Celso de Mello).

Proposição IV: de acordo com a teoria do processo legislativo, um projeto de lei se torna lei com a sanção presidencial ou com a derrubada do veto. Assim é que, em regra, o ato normativo já existe mesmo antes de ser promulgado (por ato que atesta regularidade da inovação ao ordenamento jurídico) e publicado (por ato que insere o texto promulgado na imprensa oficial conferindo-lhe obrigatoriedade). O momento em que o ato normativo já existe, mas ainda não foi promulgado, é que separa o controle de constitucionalidade prévio ou preventivo do controle de constitucionalidade posterior ou repressivo. Simplificando: se o ato normativo ainda não foi promulgado o controle será prévio ou preventivo; se já foi promulgado, será posterior ou repressivo.

Proposição V: consoante art. 97 da CF (que versa sobre a cláusula de reserva de plenário), somente pelo voto da **maioria absoluta** de seus membros ou dos membros do respectivo órgão especial poderão os tribunais declarar a inconstitucionalidade de lei ou ato normativo do Poder Público.

Alternativa correta: letra "d".

---

232. (TRT 2 – Juiz do Trabalho Substituto 2ª Região/2012) Quanto ao controle de constitucionalidade das leis é correto afirmar que:

a) Há quanto ao órgão um controle político, um controle jurisdicional, um controle legislativo e um controle administrativo.
b) O veto oposto pelo Executivo a projeto de lei, com fundamento em inconstitucionalidade da proposta legislativa, configura típico exemplo de controle de constitucionalidade misto.
c) O veto parcial somente abrangerá texto parcial de artigo, de parágrafo, de inciso ou de alínea.
d) O sistema brasileiro admite o controle judicial preventivo, nos casos de mandado de segurança impetrado por parlamentar com objetivo de impedir a tramitação de projeto de emenda constitucional lesiva às cláusulas pétreas.
e) Há controle de constitucionalidade político quando a atividade de controle é exercida pelo órgão jurisdicional.

COMENTÁRIOS

✪ **Nota do autor:** O controle de constitucionalidade, decorrência natural do princípio da supremacia normativa da Constituição e de seu caráter rígido, tem por finalidade proteger a Lei Maior da sociedade contra atos dos poderes por ela constituídos que contrariem, direta ou indiretamente, suas disposições, seu espírito e suas melhores intenções. A consequência disso é a nulidade, a invalidade, a ineficácia, a retirada do mundo jurídico da lei contrária à Constituição. No sistema brasileiro, admite-se o controle judicial preventivo, nos casos de mandado de segurança impetrado por parlamentar com objetivo de impedir a tramitação de projeto de emenda constitucional lesiva às cláusulas pétreas.

Alternativas "a" e "e". Quanto ao órgão – quem controla – que exerce o controle de constitucionalidade dos atos normativos há o *controle jurisdicional* realizado pelo Poder Judiciário, e o *controle político* ou *não jurisdicional* realizado pelo Poder Executivo ou Legislativo. Cogita-se também de controle político quando a atividade é exercida por órgão distinto daqueles três poderes da clássica divisão de Montesquieu[82].

Alternativa "b". O veto oposto pelo Poder Executivo a projeto de lei configura típico exemplo de controle de constitucionalidade político – órgão não

82. Como exemplo, temos o sistema francês, em que o controle de constitucionalidade das leis é atribuição do *Conseil Constitutionnel*, órgão de composição múltipla, não vinculado a qualquer poder específico do Estado.

jurisdicional –, ainda que com fundamento jurídico: inconstitucionalidade material ou formal da proposta legislativa. O controle misto ou híbrido aplicado no Brasil significa a possibilidade de se exercer o controle político e o controle jurisdicional sobre um mesmo ato normativo, progressivamente.

Alternativa "c". O veto parcial somente abrangerá *texto integral* – e não parcial – de artigo, de parágrafo, de inciso ou de alínea (CF, art. 66, § 2º).

Alternativa correta: letra "d". O Direito brasileiro não admite o controle judicial preventivo de constitucionalidade material de proposição legislativa ainda em trâmite e pendente de deliberação (MS 20.257). Entretanto, o STF admite o controle judicial do processo legislativo em nome do direito subjetivo do parlamentar de impedir a elaboração de atos normativos em desvio constitucionais flagrantes, especialmente quando se tratar de proposta de emenda à Constituição tendente a abolir cláusula pétrea, com vistas a assegurar o devido processo legislativo (MS 23.334). Há, conforme se vem interpretando, um direito líquido e certo do parlamentar de não participar – e, consequentemente, obstar a tramitação – de projeto de lei ou proposta de emenda à Constituição contrária ao devido processo legislativo. A doutrina majoritária considera-o espécie atípica de controle jurisdicional preventivo, embora exista divergência sobre o tema[83].

---

233. (FCC – Juiz do Trabalho Substituto 4ª Região/2012) Considere a seguinte ementa de acórdão do Supremo Tribunal Federal (STF):

Processo Civil. Execução. Inexigibilidade do título executivo judicial (artigo 741, parágrafo único do CPC). Aplicabilidade no âmbito dos juizados especiais. Pensão por morte (Lei nº 9.032/1995). Decisão do Supremo Tribunal Federal. Extensão do precedente aos casos com trânsito em julgado. Coisa julgada (artigo 5º, XXXVI, da Constituição Federal). Existência de repercussão geral, dada a relevância da questão versada.

Nesse caso, o STF

a) declarou a inconstitucionalidade, em sede de recurso extraordinário, de dispositivo legal que considera inexigível o título judicial fundado em lei ou ato normativo declarados inconstitucionais pelo STF, ou fundado em aplicação ou interpretação da lei ou ato normativo tidas pelo STF como incompatíveis com a Constituição Federal.

b) reconheceu a existência de repercussão geral de questão constitucional suscitada em recurso extraordinário, relativa à aplicação a casos transitados em julgado de dispositivo legal que considera inexigível o título judicial fundado em lei ou ato normativo declarados inconstitucionais pelo STF, ou fundado em aplicação ou interpretação da lei ou ato normativo tidas pelo STF como incompatíveis com a Constituição Federal.

c) procedeu à interpretação conforme a Constituição de dispositivo legal que considera inexigível o título judicial fundado em lei ou ato normativo declarados inconstitucionais pelo STF, ou fundado em aplicação ou interpretação da lei ou ato normativo tidas pelo STF como incompatíveis com a Constituição Federal, para o fim de excluir de seu alcance a possibilidade de aplicação a casos transitados em julgado.

d) reconheceu a existência de repercussão geral de questão suscitada em sede de controle abstrato de constitucionalidade, tendo por objeto a possibilidade de aplicação a casos de competência dos juizados especiais de dispositivo legal que considera inexigível o título judicial fundado em lei ou ato normativo declarados inconstitucionais pelo STF, ou fundado em aplicação ou interpretação da lei ou ato normativo tidas pelo STF como incompatíveis com a Constituição Federal.

e) aprovou súmula vinculante tendo por objeto a possibilidade de aplicação a casos transitados em julgado de dispositivo legal que considera inexigível o título judicial fundado em lei ou ato normativo declarados inconstitucionais pelo STF, ou fundado em aplicação ou interpretação da lei ou ato normativo tidas pelo STF como incompatíveis com a Constituição Federal.

COMENTÁRIOS

✪ Nota do autor: A questão versa sobre caso concreto real julgado pelo STF em que se reconheceu a repercussão geral de recurso extraordinário (RE 586.068) interposto contra decisão que negava a aplicação do art. 741, § único do CPC aos processos em trâmite no Juizado Especial com fundamento na ausência de previsão legal e na violação do princípio da segurança jurídica e da coisa julgada. O STF já havia julgado casos semelhantes, e o recorrente, INSS, sustentava a aplicação – extensão – de tais precedentes com base na teoria da eficácia transcendente dos motivos determinantes das decisões da Corte Constitucional, ainda que proferidas em sede de controle concreto e incidental.

Alternativa correta: letra "b" (responde, por exclusão, as demais alternativas). A EC 45/04 instituiu a repercussão geral das questões constitucionais nos recursos extraordinários (CF, art. 102, § 3º), disciplinada posteriormente pela Lei nº 11.418/06, para conter a *avalanche* de processos recebidos anualmente pelo STF. Em bom português, o constituinte reformador quis conferir à Suprema Corte o poder de selecionar os casos que devem – ou lhe interessam – ser julgados, recuperando sua vocação de guardiã maior da Constituição. Trata-se de novo requisito intrínseco de admissibilidade recursal, isto é, se não há repercussão geral não há o direito de recorrer. Para comprovar a repercussão geral o recorrente deve demonstrar que o recurso extraordi-

83. MARINONI, Luiz Guilherme. In: SARLET, Ingo Sarlet; MITIDIERO, Daniel; ________. *Curso de direito constitucional*. São Paulo: Editora Revista dos Tribunais, 2012. p. 769.

nário cuida de questões relevantes do ponto de vista econômico, político, social ou jurídico, questões estas que transcendem o interesse meramente subjetivo das partes da causa: o caso concreto. A repercussão geral é um conceito jurídico indeterminado a carecer de valoração objetiva de seu exato sentido, sendo inconcebível a discricionariedade pura e simples.

234. (TRT 15 – Juiz do Trabalho Substituto 15ª Região/2010) Em relação ao controle da constitucionalidade é afirmar:

a) a sistemática fixada pela Constituição Federal de 1988 estabelece o controle preventivo e também o controle repressivo da inconstitucionalidade;

b) nosso ordenamento constitucional prevê apenas o controle concentrado da constitucionalidade;

c) cabe exclusivamente ao Poder Judiciário o controle preventivo da constitucionalidade;

d) o controle repressivo da constitucionalidade cabe exclusivamente ao Poder Judiciário;

e) nenhuma das anteriores.

COMENTÁRIOS

✪ **Nota do autor:** O Brasil adota o sistema difuso misto, conjugando-se os controles: incidental e principal; concreto e abstrato.

Alternativa "b". O Direito brasileiro adota o sistema misto ou híbrido de controle de constitucionalidade das leis: uma combinação toda particular da modalidade principal (concentrada na Corte Constitucional = STF) e incidental (poder deferido a todos os juízes).

Alternativa correta: letra "a" (responde também as alternativas "c" e "d"). No Brasil, o controle de constitucionalidade preventivo é exercido pelo: (i) Poder Legislativo nas Comissões de Constituição e Justiça, (ii) Poder Executivo ao vetar projetos de lei e (ii) Poder Judiciário ao obstar o processo legislativo (MS 20.257). A atuação repressiva acontece: (a) no Poder Legislativo pela possibilidade de sustar atos normativos secundários editados pelo Poder Executivo; (b) no Poder Executivo ao recusar-se dar aplicação a norma inconstitucional e (c) no Poder Judiciário, na forma difusa ou concentrada, nos casos concretos ou em abstrato.

235. (TRT 23 – Juiz do Trabalho Substituto 23ª Região/2010) Quanto ao controle de constitucionalidade é correto afirmar:

I. O controle de constitucionalidade decorre do princípio da supremacia da constituição, tendo o Brasil adotado o sistema político, cabendo ao STF precipuamente a guarda da Constituição;

II. Viola a cláusula de reserva de plenário a decisão de órgão fracionário de tribunal que, embora não declare expressamente a inconstitucionalidade de lei ou ato normativo do poder público, afasta sua incidência, no todo ou em parte;

III. No Brasil existem dois critérios de controle de constitucionalidade: o difuso e o concentrado, o primeiro por influência do direito norte-americano, também chamado de controle concreto, por via de exceção, nunca poderá ter efeitos *erga omnes*;

IV. O controle de constitucionalidade também pode ser classificado em repressivo e preventivo, este último controle pode ser realizado através do veto político do chefe do Poder Executivo;

a) todas as proposições estão corretas

b) a proposição II está correta, e as proposições I, III e IV estão erradas.

c) a proposição III está correta, e as proposições I, II e IV estão erradas.

d) as proposições II e III estão corretas, e as proposições I e IV estão erradas.

e) a proposição IV está errada, e as proposições I, II e III estão corretas.

COMENTÁRIOS

✪ **Nota do autor:** A função do Senado Federal no controle difuso de constitucionalidade tende a desaparecer por *inutilidade manifesta*.

Proposição I. O Brasil adotou, como regra, o sistema de controle judicial de constitucionalidade das leis. Vislumbra-se, entretanto, o sistema de controle não judicial ou político em algumas situações específicas: (i) Poder Legislativo: controle preventivo pelas Comissões de Constituição e Justiça e repressivo pela possibilidade de sustar atos normativos do Poder Executivo e (ii) Poder Executivo: controle preventivo pelo veto a projeto de lei e repressivo pela recusa em dar aplicação a norma inconstitucional.

Proposição II. A proposição reproduz a redação da súmula vinculante nº 10 do STF.

Proposição III. O art. 52, X da CF outorga competência privativa ao Senado Federal para suspender a execução, no todo ou em parte, de lei declarada inconstitucional por decisão definitiva do STF. Vale dizer: a declaração de nulidade da lei por inconstitucionalidade atestada no controle difuso depende do ato político – facultativo? – do Senado Federal para adquirir eficácia *erga omnes*. Esse entendimento vem sendo superado, progressivamente, pela doutrina e jurisprudência em razão da objetivação do controle difuso de constitucionalidade exercido nos recursos extraordinários e da teoria dos efeitos transcendentes dos motivos determinantes das decisões do STF. Não obstante esse giro de percurso, pela própria exegese do dispositivo constitucional pode-se afirmar que as técnicas de decisão da interpretação conforme a Constituição e da declaração parcial de nulidade sem redução do texto, bem como a declaração de constitucionalidade da lei, não se submetem ao crivo do Senado Federal para gozar de eficácia a favor de todos[84]. A Constituição fala apenas em lei

84. MARINONI, Luiz Guilherme. Op. cit., p. 1.199.

declarada inconstitucional, situação diversa das técnicas e ação antes referidas.

Proposição IV. O veto do chefe do Poder Executivo pode ser qualificado como jurídico ou político. Este, diz respeito ao interesse público, ao juízo discricionário de conveniência e oportunidade da lei; aquele, à inconstitucionalidade da proposta de lei já aprovada pelo Poder Legislativo. O controle de constitucionalidade preventivo do chefe do Poder Executivo ocorre, apenas, no *veto jurídico*.

Alternativa correta: letra "b".

---

236. (TRT 14 – Juiz do Trabalho Substituto 14ª Região/2013) Analise as assertivas abaixo e após marque a única alternativa correta.

I. Os Estados-membros podem adotar controle abstrato de normas de direito estadual ou municipal, tanto por ação, quanto por omissão, em face da Constituição Estadual ou da Constituição Federal, desde que sejam observados os princípios gerais previstos em legislação federal que normatiza o exercício do controle concentrado no âmbito do Supremo Tribunal Federal.

II. Embora seja discricionária a competência exercida pelo Senado Federal, isso no que diz respeito à suspensão da execução de lei declarada inconstitucional, em decisão definitiva, pelo Supremo Tribunal Federal em controle difuso, se for exercitada, não é possível, em face da violação ao primado da segurança jurídica, que posteriormente o Senado revogue a resolução suspensiva, para retorno da execução da aludida lei.

III. Assim como os demais produtos do processo legislativo, as emendas constitucionais estão sujeitas a controle de constitucionalidade, tanto formal quanto material, motivo pelo qual é cabível mandado de segurança coletivo no STF, proposto por partido político com representação no Congresso Nacional, a fim de que se discuta a ordem de apreciação dos vetos presidenciais.

IV. Considerando a previsão existente na Constituição de 1988, os decretos legislativos são hierarquicamente superiores às resoluções.

a) Apenas o item I é verdadeiro.

b) Apenas o item II é verdadeiro.

c) Apenas o item III é verdadeiro.

d) Apenas o item IV é verdadeiro.

e) Todos os itens são falsos.

COMENTÁRIOS

Nota do autor: Há no Congresso Nacional brasileiro mais de 3.000 vetos presidenciais pendentes de apreciação, alguns datados de 13 anos atrás. Isso demonstra a inocuidade do prazo sancionatório lançado na Constituição de 1988: o veto será apreciado em sessão conjunta do Congresso Nacional dentro de 30 dias contados de seu recebimento, sobrestando-se as demais proposições legislativas se não objeto de deliberação naquele prazo peremptório (CF, art. 66, §§ 4º e 6º). Trata-se de mutação constitucional, um costume incorporado na prática parlamentar que, justificado pela realidade dos fatos, revogou tacitamente a sanção prevista ou – o que significa o mesmo – entendeu por sua não aplicabilidade.

Proposição I. Cabe aos Estados instituir a representação de inconstitucionalidade – ação direta de inconstitucionalidade por ação ou omissão – de leis e atos normativos estaduais ou municipais em face, tão somente, da Constituição Estadual (CF, art. 125, § 2º). A verificação de compatibilidade de lei ou ato normativo estadual com a Constituição Federal, por ação direta de inconstitucionalidade, é da competência exclusiva e originária do Supremo Tribunal Federal (CF, art. 102, I, *a*). E a adequação do direito municipal aos preceitos da Constituição Federal é manejável pela arguição de descumprimento de preceito fundamental, também de competência exclusiva do STF (CF, art. 102, § 1º e Lei nº 9.882/99, art. 1º, § único, I). O STF assim se pronunciou sobre o tema: "É pacífica a jurisprudência do STF, antes e depois de 1988, no sentido de que não cabe aos tribunais de justiça estaduais exercer o controle de constitucionalidade de leis e demais atos normativos municipais em face da Constituição Federal" (ADI 347). Pelo princípio da simetria, os Estados devem adotar as diretrizes lançadas pela Constituição Federal para o exercício do controle concentrado de constitucionalidade.

Proposição II. A discricionariedade – ou *utilidade* – do Senado Federal para suspender a execução de lei declarada inconstitucional pelo STF já é, em si mesma, contestável. Mas, admitindo-se essa premissa como correta, é mais do que evidente que a publicação da resolução suspensiva, dando publicidade *erga omnes* à decisão da Corte Constitucional, com efeitos expansivos para todos, conduz à invalidade da lei declarada inconstitucional, retirando-a, definitivamente, do mundo jurídico. Não é dado ao Senado Federal voltar atrás e revigorar, tal como uma *fênix das cinzas*, uma lei já *sepultada*.

Proposição III. O STF admite que a proposta de emenda à Constituição – ou o projeto de lei – seja objeto de mandado de segurança *individual* em que se analise, incidentalmente, a constitucionalidade da proposição, reconhecendo o direito líquido e certo do parlamentar – e somente do parlamentar, não do partido político, pois se trata de direito líquido e certo do Deputado Federal ou Senador individualmente considerado, uma vez que as votações tomadas no processo legislativo são, em regra, nominais e não partidárias (o congressista poderá inclusive votar em desacordo com a decisão de seu partido sem que isso signifique, em tese, ato de insurreição para fins de expulsão) – de tão somente participar de processo legislativo formal e materialmente idôneo e adequado à Carta Constitucional (MS 20.257). É dizer: o parlamentar – não o partido político – tem o direito subjetivo de participar de um processo legislativo sem máculas inconstitucionais, em que todos os aspectos formais estão em compatibilidade com a Constituição. Seguimos apenas para argumentar: não há direito do parlamentar a uma determinada ordem – cronológica? – de apreciação dos vetos presidenciais. Imagine o leitor a confusão que seria aceitar essa tese. O Congresso Nacional restaria *paralisado* durante anos para dar conta de analisar todos os 3.000 vetos presidenciais pendentes. Um argumento consequencialista sem dúvida, mas que não pode não ser levado a sério. Nesse sentido, cabe ao presidente do Congresso Nacional, juntamente com as demais lideranças de cada Casa Parlamentar, decidir sobre a pauta dos trabalhos legislativos, incluindo os vetos presidenciais que estão *maduros* para deliberação e votação. Sobre o tema, o STF já se manifestou em sede cautelar: "Impõe-se, portanto, sob pena de ampla consagração do sistema de controle preventivo, que se estabeleça um limite na legitimação atribuída a parlamentar, para impetrar mandado de segurança no curso de processo legislativo. Tal legitimação poderá ser admitida nas hipóteses de defesa específica de direito individual, ou de prerrogativa do cargo, ou, ainda, da posição de minoria na situação parlamentar. Todavia, não se mostra compatível com o sistema brasileiro de controle de constitucionalidade, a utilização do mandado de segurança como instrumento de controle preventivo da constitucionalidade – formal ou material – de atos normativos, ainda mais quando o impetrante não detém legitimidade para provocar o controle sucessivo da legitimidade desses atos" (MS 31.816 AgR).

Proposição IV. O decreto legislativo é a espécie normativa que tem por objeto a regulamentação das matérias de competência exclusiva do Congresso Nacional (CF, art. 49, I a XVII); já as resoluções são espécies normativas emanadas pela Câmara dos Deputados ou Senado Federal (CF, arts. 51, I a IV e 52, I a XV). Não há hierarquia, portanto, pois cada qual tem seu espaço normativo bem definido.

Alternativa correta: letra "b".

---

237. (TRT 14 – Juiz do Trabalho Substituto 14ª Região/2013) Analise as assertivas abaixo e após marque a única alternativa correta.

I. A Constituição Federal, no art. 18, § 4°, prevê alguns pressupostos de constituição válida de município no Brasil, figurando dentre eles o Estudo de Viabilidade Municipal, o plebiscito local e a criação por lei estadual. Ocorre que, também na forma da aludida previsão, a lei estadual deverá observar o prazo estabelecido por lei complementar federal. No entanto, o Congresso Nacional ainda não legislou no sentido de definir em lei complementar federal os prazos referidos na Constituição, que devem ser observados pelo legislador estadual. Diante disso, o município, em razão da sua autonomia federativa, pode tanto manejar mandado de segurança quanto mandado de injunção para a defesa do direito da população ao desmembramento, desde que este desejo tenha sido manifestado em plebiscito.

II. Atualmente, quando se trata de violação a direitos humanos, o efeito vinculante e a eficácia contra todos ("erga omnes"), que qualificam os julgamentos que o Supremo Tribunal Federal profere em sede de controle normativo abstrato, notadamente através das ações diretas de inconstitucionalidade, são extensíveis ao Poder Legislativo.

III. Determinada lei estadual não vem tendo a sua presunção de constitucionalidade confirmada no âmbito do controle difuso. As diversas decisões judiciais já existentes sobre o assunto revelam que há controvérsia jurídica relevante sobre o tema, uma vez que a referida lei disciplina, em âmbito local, matéria da Constituição Federal. Determinada entidade de classe considera que a lei estadual é constitucional e que as decisões judiciais proferidas em sede de controle difuso concretizam, com tal entendimento, violação a preceito fundamental da Constituição da República, consubstanciado em determinada liberdade pública. Nesse caso, a entidade pode impetrar mandado de segurança na defesa do ato normativo impugnado.

IV. A supremacia jurídica da Constituição é que fornece o ambiente institucional favorável ao desenvolvimento do sistema de controle de constitucionalidade, sendo certo, ainda, que há relação indissociável entre o federalismo e o controle de constitucionalidade.

a) Apenas o item I é verdadeiro.

b) Apenas o item II é verdadeiro.

c) Apenas o item III é verdadeiro.

d) Apenas o item IV é verdadeiro.

e) Todos os itens são falsos.

COMENTÁRIOS

Nota do autor: O objeto do mandado de segurança é ato administrativo ou correlato equiparado, jamais ato normativo em abstrato.

Proposição I. O STF assim decidiu a questão: "Mandado de injunção. Alegada omissão legislativa quanto à elaboração da lei complementar a que se refere o § 4º do art. 18 da CF, na redação dada pela EC 15/1996. Ilegitimidade ativa do Município impetrante. Inexistência de direito ou prerrogativa constitucional do Município cujo exercício esteja sendo obstaculizado pela ausência da lei complementar federal exigida pelo art. 18, § 4º, da Constituição. Mandado de injunção não conhecido" (MI 725). O STF, por outro lado, entende haver omissão do Congresso Nacional a inviabilizar aquilo que a Constituição autoriza: a criação de Município. Com efeito, a não edição da lei complementar dentro de um prazo razoável consubstancia autêntica violação da ordem constitucional (ADI 3.316). Portanto, o meio processual adequado para suprir a inércia do Congresso Nacional é a ação direta de inconstitucionalidade por omissão (ADI 3.682). É interessante pontuar que o STF reconheceu a mora legislativa do Congresso Nacional, concedendo-

-lhe prazo para agir e reconhecendo a ultra-atividade em validade das leis estaduais editadas ao arrepio da lei complementar federal então inexistente. O mandado de segurança não pode ser manejado para atacar lei – ou não lei – em tese (súmula nº 266 do STF).

Proposição II. As decisões do STF podem, quando muito, ser um guia, fornecer uma direção, desvelar os *caminhos da constitucionalidade* das leis. São como a luz de um farol, a iluminar as possibilidades de decisões políticas adequadas ao *espírito* da Constituição. No entanto, o Poder Legislativo goza de legitimidade democrática para decidir com base na construção de maiorias futuras e consensos mais amplos. A orientação do STF pode ser levada em consideração como um argumento forte, mas não deve necessariamente prevalecer ou impedir decisões majoritárias a ela contrárias. Isso não quer dizer que o STF deva ficar tolhido de novamente analisar a constitucionalidade da lei e entender por referendar seu precedente ou superá-lo. Mas significa que o STF deve guardar certo distanciamento do jogo político majoritário, jamais se arvorando em *tábua de correção moral* para as decisões legislativas. Por isso a Constituição de 1988 escreve que as decisões definitivas do STF nas ações diretas de (in)constitucionalidade produzem eficácia contra todos e efeito vinculante aos demais órgãos do Poder Judiciário e – apenas – à Administração Pública, sem se cogitar do Poder Legislativo (CF, art. 102, § 2º).

Proposição III. Repetimos: o mandado de segurança não pode ser manejado para atacar ato normativo primário, lei em tese, ato abstrato, geral, impessoal (súmula nº 266 do STF). Para levar à discussão a pretensão de constitucionalidade das leis visando superá-la, o ordenamento jurídico brasileiro prevê 02 *mecanismos de ataque*: (i) a ação declaratória de constitucionalidade, se *lei ou ato normativo federal* (CF, art. 102, I, *a*) ou (i) a arguição de descumprimento de preceito fundamental, se ato normativo estadual ou municipal, inclusive os anteriores à Constituição de 1988 (Lei nº 9.882, art. 1º, § único, I).

Proposição IV. Para assegurar a eficácia jurídica da Constituição e sua estabilidade, enquanto lei suprema da comunidade política, há de se estabelecer um mecanismo externo de proteção de sua força normativa. Esse mecanismo exógeno é o controle de constitucionalidade dos atos dos poderes públicos, também denominado de jurisdição constitucional (*judicial review*), com a finalidade de proteger a Constituição – e os direitos fundamentais – de decisões políticas e legislativas a ela contrárias. Há uma tensão constante a exigir a busca de um equilíbrio entre o princípio da separação dos poderes (presunção de constitucionalidade das leis) e o controle de constitucionalidade (sistema de freios e contrapesos) das leis (deliberações majoritárias) com a palavra final pelo Poder Judiciário. A dificuldade contramajoritária ou déficit democrático das Cortes Constitucionais ao exercer o controle de constitucionalidade é superado pela ideia da força normativa da Constituição e pela necessidade de preservar as decisões políticas fundamentais da sociedade – a identidade ou o espírito da Constituição – contra as contingências e os sabores da política partidária.

Alternativa correta: letra "d".

---

238. (TRT 15 – Juiz do Trabalho Substituto 15ª Região/2013) Sobre controle de constitucionalidade de leis e outros atos normativos, assinale a alternativa falsa:

a) a arguição de descumprimento de preceito fundamental pode ser proposta pelos legitimados para a ação direta de inconstitucionalidade, e apenas por eles;

b) as súmulas vinculantes podem ser objeto de pedido de revisão ou cancelamento por parte de associações de classe de âmbito nacional, mas não por parte de cidadãos comuns individualmente considerados;

c) a recepção constitucional de uma norma jurídica anterior à Constituição de 05.1.1988 não se discute por meio de ações diretas de inconstitucionalidade;

d) a modulação temporal dos efeitos do controle abstrato de constitucionalidade é produto da jurisprudência criativa do Supremo Tribunal Federal, seguindo as técnicas consagradas pelo tribunal constitucional alemão, uma vez que a legislação nacional pertinente silenciou a esse respeito;

e) ao suspender liminarmente a aplicação da Súmula n. 228 do Tribunal Superior do Trabalho, no que apontava o salário contratual básico como nova base de cálculo para os adicionais de insalubridade, o Supremo Tribunal Federal aplicou a técnica da declaração de inconstitucionalidade sem pronúncia de nulidade.

COMENTÁRIOS

Nota do autor: Questão de grande complexidade reflexiva.

Alternativa "a". Podem propor arguição de descumprimento de preceito fundamental os legitimados para a ação direta de inconstitucionalidade (Lei nº 9.882/99, art. 2º, I). O rol de legitimação é taxativo, não permitindo interpretação extensiva ou integrativa.

Alternativa "b". A Lei nº 11.417/06, em seu art. 3º, I a XI e § 1º, apresenta extenso rol dos legitimados para propor a edição, revisão e cancelamento de enunciado de súmula vinculante editadas pelo STF. As associações de classe de âmbito nacional lá têm assento – no inciso VII –, à semelhança do que já ocorria com as ações diretas de inconstitucionalidade (CF, art. 103, IX). Mas não consta referência ao cidadão ou qualquer um do povo individualmente considerado.

Alternativa "c". O STF tem precedente antigo sobre o tema. O Direito brasileiro não admite a *inconstitucionalidade superveniente* e, por conseguinte, o juízo de compatibilidade constitucional de normas anteriores à – nova – Constituição resolve-se no plano da recepção, pelo critério hierárquico por revogação (ADI 2).

Logo, não há que se falar em ação direta de inconstitucionalidade contra ato normativo não recepcionado pela Constituição. Esses atos normativos do passado contrários aos novos tempos, com a promulgação da Constituição, são revogados, invalidados e prescindem de declaração expressa. Essa solução tradicional, contudo, enseja alguma sorte de problema, pois o ato anterior não recepcionado pela nova ordem constitucional, muitas vezes, continua a produzir efeitos jurídicos no mundo dos fatos, na medida em que carecem de reconhecimento judicial declarando sua invalidade numa situação concreta. E mais. Os atos passados devem ser relidos pelo filtro da nova Constituição, numa tentativa de adequá-los para sua recepção afinal. Isso reflete na justa confiança dos cidadãos e na segurança jurídica das relações sociais. Por isso, objetivando resolver tais perplexidades, a Lei nº 9.882/99 vislumbrou a arguição de descumprimento de preceito fundamental contra atos normativos – federais, estaduais e municipais – anteriores à Constituição, quando relevante o fundamento da controvérsia constitucional, isto é, se a lei antiga foi ou não revogada em termos de recepção pela nova Lei Fundamental (art. 1º, § único, I). Fechou-se, assim, o sistema de controle abstrato de constitucionalidade

Alternativa "e". A técnica da declaração de inconstitucionalidade sem pronúncia de nulidade sinaliza uma orientação para o intérprete, sem alterar ou invalidar o texto de lei. Trata, a bem dizer, de apontar uma ou mais *aplicações inconstitucionais* da lei a situações de fato concretas, reconhecendo implicitamente a constitucionalidade de todas as demais. Nada mais que *o reverso* da técnica da interpretação conforme a Constituição, em que uma ou mais *aplicações* da lei são ditas *constitucionais*, fulminando todas as demais. Ambas são declarações parciais de (in)constitucionalidade: o texto da Constituição é inconstitucional conforme o percurso de construção da norma jurídica para aquele caso concreto. Na declaração de inconstitucionalidade sem pronúncia de nulidade, o julgador já afasta de pronto um ou alguns caminhos viciados, dando plena liberdade para o intérprete seguir todos os demais, dentro de uma *racionalidade semântica*. Na interpretação conforme a Constituição se dá, justamente, o contrário: o julgador diz, desde logo, a(s) aplicação(es) compatível(is) com a Constituição, excluindo-se implicitamente todas as demais. Pois bem. O STF havia editado a súmula vinculante nº 04 (Salvo os casos previstos na Constituição, o salário mínimo não pode ser usado como indexador de base de cálculo de vantagem de servidor público ou de empregado, nem ser substituído por decisão judicial). Como consequência, o TST alterou a antiga redação de sua súmula 228 do TST (o percentual do adicional de insalubridade incide sobre o salário-mínimo) para constar: a partir de 09 de maio de 2008, data da publicação da súmula vinculante nº 04 do STF, o adicional de insalubridade será calculado sobre o *salário básico*, salvo critério mais vantajoso fixado em instrumento coletivo. Mas o STF *não gostou do que viu* e, surpreendentemente, entendeu que a convivência entre as súmulas permanecia problemática. Restou ao STF decidir por afastar essa aplicação "inconstitucional" de vinculação ao valor do salário-básico – mas não era a indexação ao *salário-mínimo* o *xis* da questão? (CF, art. 7º, IV, parte final) – voltando-se ao salário-mínimo. *As empresas foquetearam*! Pelas palavras da Suprema Corte: "à primeira vista, a nova redação estabelecida para a Súmula nº 228/TST revela *aplicação indevida* da súmula vinculante nº 04, porquanto permite a substituição do salário mínimo pelo salário básico no cálculo do adicional de insalubridade sem base normativa" (Rcl 6.266).

Alternativa (in)correta: letra "d". A modulação dos efeitos das decisões em controle de constitucionalidade abstrato por ação (Leis nºs 9.868/99, art. 27 e 9.882/99, art. 11) sinaliza a possibilidade de se atribuir efeitos prospectivos às decisões: princípio da segurança jurídica ou excepcional interesse social e da confiança justificada. Há, nesse passo, texto de lei expresso admitindo tal modulação temporal dos efeitos da decisão do STF em controle abstrato de constitucionalidade.

4.1. AÇÃO DIRETA DE INCONSTITUCIONALIDADE. AÇÃO DIRETA DE CONSTITUCIONALIDADE. AÇÃO DIRETA DE INCONSTITUCIONALIDADE POR OMISSÃO. ARGUIÇÃO DE DESCUMPRIMENTO DE PRECEITO FUNDAMENTAL. REPRESENTAÇÃO DE INCONSTITUCIONALIDADE

239. (FGV – 2023 – TST – Juiz do Trabalho)

Considerando a Constituição da República de 1988 e o entendimento do Supremo Tribunal Federal sobre o controle constitucionalidade das leis e dos atos normativos, é correto afirmar que:

a) é cabível ação direta de inconstitucionalidade ajuizada originariamente perante o Supremo Tribunal Federal impugnando abstratamente lei municipal, por alegada ofensa a normas da Constituição da República e 1988 que não são de reprodução obrigatória pelos Estados-membros;

b) é cabível arguição de descumprimento de preceito fundamental ajuizada originariamente no Supremo Tribunal Federal contra lei municipal, por alegada violação a preceito fundamental da Constituição da República de 1988, ensejando controle concentrado de constitucionalidade da norma municipal pelo Supremo Tribunal Federal;

c) a declaração de inconstitucionalidade de lei pelo Supremo Tribunal Federal, em controle abstrato, não gera efeitos repristinatórios de restauração das normas revogadas pela lei declarada inconstitucional, salvo determinação expressa no acórdão, em modulação dos efeitos da decisão;

d) considerando que se trata de ente federativo peculiar ao qual são atribuídas as competências legislativas reservadas aos Estados e Municípios, é cabível ação direta de inconstitucionalidade de lei do Distrito Federal derivada da sua competência legislativa municipal, ajuizada originariamente perante o Supremo Tribunal Federal;

e) a revogação ou alteração substancial, mesmo que implique exaurimento da eficácia dos dispositivos questionados, não prejudica a tramitação e não implica perda de objeto da ação direta de inconstitucionalidade em andamento no Supremo Tribunal Federal, que deve prosseguir para julgamento final do mérito.

COMENTÁRIOS

Alternativa a: Nos termos do art. 102, I, 'a' da CF/88, cabe ação direta de inconstitucionalidade em face de atos normativos estaduais ou federais, portanto a alternativa está incorreta. Vale destacar que a intenção do examinador foi confundir em relação ao entendimento do STF de que: "Tribunais de Justiça podem exercer controle abstrato de constitucionalidade de leis municipais utilizando como parâmetro normas da Constituição Federal, desde que se trate de normas de reprodução obrigatória pelos estados." (RE 650898/RS). Perante o STF, somente seria possível impugnar a validade de ato normativo municipal por meio de ADPF, caso no qual não há que se falar em norma de reprodução obrigatória.

Alternativa b: É o que se extrai do art. 1º, parágrafo único, inciso I da Lei nº 9.882/99.

Alternativa c: Na verdade, o art. 27 da Lei nº 9.868/99 prevê que excepcionalmente haverá modulação de efeitos para que se dê de forma *ex nunc*, quando for necessário, pois, como regra, os efeitos da declaração de inconstitucionalidade (que implicam na inexistência do ato normativo inconstitucional) são *ex tunc*, ou seja, retroagem à edição do ato, pois a inconstitucionalidade é um vício que ocorreu no surgimento da norma, que, por ser inconstitucional, nunca existiu ou foi válida. Com isso, o efeito repristinatório é decorrência natural da declaração de inconstitucionalidade, pois é como se a norma inconstitucional nunca tivesse existido.

Alternativa d: Embora trate-se de órgão com competências de âmbito estadual e âmbito municipal, somente é admitido como objeto de ação direta de inconstitucionalidade o ato normativo que decorra da competência **estadual**, o que se extrai da súmula nº 642 do STF.

Alternativa e: Na verdade, o STF entende que a revogação de norma objeto de ação direta de constitucionalidade em andamento implica a perda superveniente do objeto da ação (vide ADI 951).

Alternativa correta: "b".

---

240. (FCC - Juiz do Trabalho/2017) A Arguição de Descumprimento de Preceito Fundamental (ADPF) foi regulamentada pela Lei nº 9.882/1999. Da mesma forma que a Ação Direta de Inconstitucionalidade (ADI), a ADPF é uma ação no âmbito do controle abstrato e concentrado de constitucionalidade. Ambas as ações são iguais em diversos aspectos. Em diversas situações, a arguição da inconstitucionalidade de uma lei pode ser feita por meio de qualquer das duas ações, sem diferenças. Mas há situações em que apenas uma delas é cabível. Diante disso, a constitucionalidade de

a) leis estaduais e municipais somente pode ser questionada por meio de ADPF.

b) leis municipais e de leis anteriores à promulgação da Constituição de 1988 somente pode ser questionada por meio de ADPF.

c) emendas constitucionais e leis complementares somente pode ser questionada por meio de ADI.

d) tratados internacionais e leis anteriores à promulgação da Constituição de 1988 somente pode ser questionada por meio de ADPF.

e) tratados internacionais e de leis que envolvem direitos fundamentais somente pode ser questionada por meio de ADPF.

COMENTÁRIOS

Alternativa correta: letra "b": de acordo com o art 1º, § ún, inciso I, da Lei 9.882/99: "Art. 1º. A arguição prevista no § 1º do art. 102 da Constituição Federal será proposta perante o Supremo Tribunal Federal, e terá por objeto evitar ou reparar lesão a preceito fundamental, resultante de ato do Poder Público. Parágrafo único. Caberá também arguição de descumprimento de preceito fundamental: I - quando for relevante o fundamento da controvérsia constitucional sobre lei ou ato normativo federal, estadual ou municipal, incluídos os anteriores à Constituição". Ainda, se acordo com o STF, "até o presente momento de evolução jurisprudencial, a ação de ADPF é o único modo de se obter um controle de constitucionalidade de normas pré-constitucionais frente à atual Constituição (1988), sendo que tal posicionamento está em processo evolutivo diante dos debates ocorridos no julgamento da ADI-MC de n. 3.833" (fonte: http://www.stf.jus.br/arquivo/cms/sobreStfCooperacaoInternacional/anexo/Respostas_Venice_Forum/8Port/pdf).

---

241. (TRT 3 - Juiz do Trabalho Substituto 3ª Região/2012) Leia as afirmativas abaixo e assinale a alternativa correta:

I. Podem propor a ação direta de inconstitucionalidade e a ação declaratória de constitucionalidade apenas: o Presidente da República, a Mesa do Senado Federal, a Mesa da Câmara dos Deputados, a Mesa de Assembleia Legislativa, Governador do Estado ou do Distrito Federal, o Procurador-Geral da República, o Conselho Federal da Ordem dos Advogados do Brasil, partido político com representação no Congresso Nacional e confederação sindical ou entidade de classe de âmbito nacional.

II. Há o controle de constitucionalidade das omissões legislativas, na forma concentrada, o qual abrange as ações diretas de inconstitucionalidade por omissão e o mandado de injunção.

III. A arguição de descumprimento de preceito fundamental, decorrente da Constituição, será apreciada pelo Supremo Tribunal Federal e terá por objeto evitar ou reparar lesão a preceito fundamental, resultante de ato do Poder Público. Caberá também arguição de descumprimento de preceito fundamental quando for relevante a controvérsia sobre lei ou ato normativo federal, estadual ou municipal, incluídos os anteriores à Constituição.

IV. Ao declarar a inconstitucionalidade de lei ou ato normativo, no processo de arguição de descumprimento de preceito fundamental, e tendo em vista razões de segurança jurídica ou de excepcional interesse social, poderá o Supremo Tribunal Federal, por maioria de dois terços de seus membros, restringir os efeitos daquela declaração ou decidir que ela só tenha eficácia a partir de seu trânsito em julgado ou de outro momento que venha a ser fixado.

V. O controle difuso de constitucionalidade, também chamado de pela via da exceção, ou defesa, ou controle aberto, pode ser realizado por qualquer juízo ou tribunal do Poder Judiciário, observadas as regras de competência processual. O controle difuso dá-se em um caso concreto e seus efeitos serão "inter partes" (somente entre as partes do processo) e "ex tunc" (retroativos), mas o Supremo Tribunal Federal também entendeu que estes efeitos podem ser "ex nunc" ou para o futuro. O controle concentrado de constitucionalidade de lei ou ato normativo concentra-se em um único tribunal e pode ser verificado nas situações: de ação direta de inconstitucionalidade genérica, arguição de descumprimento de preceito fundamental, ação direta de inconstitucionalidade por omissão, ação direta de inconstitucionalidade interventiva e ação declaratória de constitucionalidade.

a) Somente as afirmativas I, II e III estão corretas.

b) Somente as afirmativas III e IV e V estão corretas.

c) Somente as afirmativas I, III e V estão corretas.

d) Somente as afirmativas II, IV e V estão corretas.

e) Todas as alternativas estão corretas.

COMENTÁRIOS

✪ **Nota do autor:** A Lei nº 9.882/99 estabelece as normativas aplicáveis à arguição de descumprimento de preceito fundamental.

Proposição I. Diz o art. 103 da CF: podem propor a ação direta de inconstitucionalidade e a ação declaratória de constitucionalidade: (i) o Presidente da República, (ii) a Mesa do Senado Federal, (iii) a Mesa da Câmara dos Deputados, (iv) a Mesa de Assembleia Legislativa ou da *Câmara Legislativa do Distrito Federal*, (v) Governador do Estado ou do Distrito Federal, (vi) o Procurador-Geral da República, (vii) o Conselho Federal da Ordem dos Advogados do Brasil, (viii) partido político com representação no Congresso Nacional e (ix) confederação sindical ou entidade de classe de âmbito nacional.

Proposição II. A modalidade concentrada de controle de constitucionalidade caracteriza-se por restringir a competência para o julgamento da questão constitucional a um único órgão jurisdicional, em regra a Corte Constitucional. A ação direta de inconstitucionalidade por omissão é modalidade de *controle concentrado* e abstrato, pois a competência para seu julgamento é originária e exclusiva do Supremo Tribunal Federal (CF, art. 102, I, *a*). Já o mandado de injunção representa modalidade de *controle difuso* e concreto da constitucionalidade da omissão legislativa, pois a competência para seu julgamento não está concentrada em um único órgão jurisdicional – a Suprema Corte – mas sim vinculada à prerrogativa de foro do órgão ou autoridade pública com atribuição para elaborar a norma regulamentadora para viabilizar o exercício do direito. Segundo a Constituição de 1988, o STF (CF, art. 102, I, *q*), o STJ (CF, art. 105, I, *h*) e o TRE (CF, art. 121, § 4º, V) têm competência expressa para processar e julgar o mandado de injunção, além de implicitamente se referir à competência da Justiça Militar, da Justiça do Trabalho e da Justiça Federal (CF, art. 105, I, *h*, parte final), a indicar um controle de constitucionalidade distribuído entre diversos órgãos jurisdicionais.

Proposição III. A proposição reproduz, literal e *sequencialmente*, o art. 102, § 1º da CF e o art. 1º, *caput* e § único, I da Lei nº 9.882/99.

Proposição IV. A proposição transcreve o texto do art. 11 da Lei nº 9.882/99.

Proposição V. O *controle difuso* de constitucionalidade das leis é aquele deferido a todo e qualquer juízo, independentemente da sua posição na estrutura do Poder Judiciário, sem que para tanto seja necessária uma ação específica, já que neste caso a aferição da constitucionalidade da norma é realizada no curso do raciocínio judicial – premissa – tendente à resolução – conclusão – do caso concreto[85]. Os efeitos da coisa julgada, por se tratar de conflito intersubjetivo de interesse, alcançarão somente as partes do processo e terão efeitos *retroativos*, pois se trata de *declaração* de nulidade, ainda que incidental, de ato normativo. O STF tem admitido a utilização da técnica de modulação dos efeitos das decisões em controle de constitucionalidade das leis, idealmente prevista para as ações diretas na modalidade concentrada e abstrata (Leis nºs 9.868/99, art. 27 e 9.882/99, art. 11), nos recursos extraordinários, modalidade difusa e concreta, para preservar a segurança jurídica, a justa confiança e excepcional interesse social (RE 197.197). O controle concentrado de constitucionalidade das leis, como já se disse acima, está todo centralizado em um único órgão jurisdicional, com competência exclusiva para julgar a questão constitucional.

85. Idem, p. 708.

No Brasil manifesta-se na ação direta de inconstitucionalidade por ação ou omissão, na ação declaratória de constitucionalidade, na arguição de descumprimento de preceito fundamental e na representação interventiva.

Alternativa correta: letra "b".

---

242. (FCC – Juiz do Trabalho Substituto 4ª Região/2012) O Governador do Estado do Paraná ajuizou ação direta de inconstitucionalidade, perante o Supremo Tribunal Federal, tendo por objeto o artigo 78, § 3º, da Constituição do Estado, segundo o qual "as decisões fazendárias de última instância, contrárias ao erário, serão apreciadas pelo Tribunal de Contas em grau de recurso" (ADI 523, Rel. Min. Eros Grau).

A esse respeito, à luz da disciplina constitucional da matéria, é correto afirmar que

a) o Governador do Estado não possui legitimidade para ajuizar ação direta de inconstitucionalidade que tenha por objeto dispositivo da Constituição estadual, fruto que esta é do poder constituinte decorrente, instituído pelo poder constituinte originário.

b) a ação merece prosperar, uma vez que não poderia a Corte de Contas, na tarefa de auxiliar o órgão legislativo, que é titular da função de controle da Administração, atuar como instância capaz de rever decisões adotadas por órgão fazendário, vinculado ao Poder Executivo, sob pena de ofensa ao princípio constitucional da separação de poderes.

c) a ação não merece prosperar, uma vez que há previsão similar na Constituição da República, dentre as competências do Tribunal de Contas da União, em relação à administração fazendária federal, tratando-se de norma de reprodução obrigatória pela Constituição estadual.

d) a ação não merece prosperar, pois, a despeito da inexistência de previsão similar na Constituição da República, dentre as competências do Tribunal de Contas da União, em relação à administração fazendária federal, trata-se de matéria que se insere na capacidade de auto-organização do Estado-membro.

e) a ação deve ser indeferida liminarmente, uma vez que não há ofensa direta à Constituição da República, a ensejar o controle de constitucionalidade por meio de ação direta.

COMENTÁRIOS

✪ **Nota do autor:** A Constituição confere ao Governador do Estado legitimidade para propor a ação direta de inconstitucionalidade (CF, art. 103, V) contra lei ou ato normativo estadual (CF, art. 102, I, *a*). Os dispositivos da Constituição do Estado são, evidentemente, normas jurídicas e podem ser objeto de controle de constitucionalidade em face da Constituição Federal (CF, art. 25, *caput*).

Alternativa correta: letra "b" (responde, por exclusão, as demais alternativas). O acórdão da ADI 523 traz a seguinte fundamentação, relevante para responder a questão: "A Constituição do Brasil, artigo 70, estabelece que compete ao Tribunal de Contas auxiliar o Legislativo na função de fiscalização a ele designada. Não cabe ao Poder Legislativo apreciar recursos interpostos contra decisões tomadas em processos administrativos nos quais se discute questão tributária. Nada justifica a atuação, neste campo, do Tribunal de Contas. Julgo procedente o pedido formulado nestes autos para declarar inconstitucional o § 3º do artigo 78 da Constituição do Estado do Paraná". Com efeito, a fiscalização patrimonial do Estado, atribuída ao Poder Legislativo com o auxílio de seu Tribunal de Contas, não admite a imposição de uma *instância revisora exógena* e obrigatória aos julgamentos administrativos do Poder Executivo, sob pena de violação do princípio da separação dos poderes.

---

243. (TRT 8 – Juiz do Trabalho Substituto 8ª Região/2012) Assinale a alternativa INCORRETA:

a) Cabe ação de arguição de descumprimento de preceito fundamental contra violação de norma constitucional fundamental perpetrada por ato administrativo.

b) A vista ao Ministério Público para manifestação após o prazo para informações não é aplicável a todas as hipóteses de ação de descumprimento de preceito fundamental.

c) Sempre que o Supremo Tribunal Federal estiver apreciando a arguição de inconstitucionalidade de ato normativo, de qualquer nível ou espécie, terá de ser citado o Advogado-Geral da União, para atuar na defesa do ato.

d) Cabe ação direta de inconstitucionalidade contra atos normativos ou administrativos, mas não se admite o controle concentrado de leis e atos normativos anteriores à Constituição Federal, vez que são compreendidos como hipóteses de não recepção.

e) A Lei da Ação Direta de Inconstitucionalidade (Lei n. 9.868/99) não admite a intervenção de terceiros em seu processo.

COMENTÁRIOS

✪ **Nota do autor:** Os atos normativos anteriores à Constituição foram *ou* não por ela recepcionados. Não há que se falar em inconstitucionalidade.

Alternativa "a". Conforme o art. 1º, *caput* da Lei nº 9.882/99, a arguição de descumprimento de preceito fundamental tem por objeto evitar ou reparar lesão a preceito fundamental resultante de ato – *lato sensu* – do Poder Público, seja ele normativo ou administrativo ou ainda judicial (ADPF 101).

Alternativa "b". Na arguição de descumprimento de preceito fundamental, o Ministério Público terá vista do processo por 05 dias após o decurso do prazo para informações, obviamente que apenas naquelas ações em que não houver ele mesmo formulado o pedido (Lei nº 9.882/99, art. 7º, § único).

Alternativa "c". O art. 6º da Lei nº 9.882 determina a solicitação de informações – leia-se citação – às autoridades responsáveis pela prática do ato questionado no prazo de 10 dias. O Advogado-Geral da União apresentará a defesa dos atos emanados da União, exclusivamente. Os atos de autoridades estaduais ou municipais serão defendidos pelas respectivas procuradorias jurídicas.

Alternativa "e". A proposição traz a inteligência do art. 7º, *caput* da Lei n. 9.868/99. Cumpre pontuar que a figura do *amicus curiae* (Lei n. 9.868/99, art. 7º, § 2º) não se confunde com o instituto da intervenção de terceiros do processo civil.

Alternativa (in)correta: letra "d". O objeto da ação direta de inconstitucionalidade são as leis ou os atos normativos primários, aptos a inovar na ordem jurídica e com as características da generalidade, abstração e impessoalidade. Os atos administrativos são atos jurídicos voltados para regular situação de fato específica, manifestação da vontade estatal para a produção de certos efeitos jurídicos com a finalidade de atender o interesse público. O controle de constitucionalidade concentrado da lei ou ato normativo anterior à Constituição pode ser exercido pela arguição de descumprimento de preceito fundamental (Lei nº 9.882/99, art. 1º, § único, I, parte final), ação que veio a suprir uma lacuna no sistema constitucional brasileiro decorrente de antigo entendimento do STF (ADI 2). De modo diverso do que sucede com o controle abstrato, que tem como parâmetro normativo a Constituição vigente, o controle incidental realiza-se em face da Constituição sob cujo império foi editada a lei ou o ato normativo hostilizado[86]. Acresça-se que, mesmo no controle abstrato, há possibilidade de se aferir a constitucionalidade formal do ato normativo editado em desacordo com norma da Constituição já superada por emenda constitucional, pois tal vício procedimental não se convalida.

---

244. (FCC – Juiz do Trabalho Substituto 20ª Região/2012) Em 25 de fevereiro de 2008, foi editada Medida Provisória (MP) abrindo crédito extraordinário em favor da União, para as finalidades que especificou. Em março daquele mesmo ano, um partido político com representação no Congresso Nacional ajuizou Ação Direta de Inconstitucionalidade (ADI) em face da edição da referida medida provisória, sob a alegação de ausência dos pressupostos constitucionais de urgência e relevância. A ADI em questão teve desde logo sua inicial indeferida por decisão do Relator, em face da qual foi interposto recurso pelo autor da ação. Antes que o recurso pudesse ser julgado, a MP foi convertida em lei, em 19 de junho de 2008. Em agosto de 2009, o Relator considerou prejudicados a ação e, por consequência, o recurso interposto, por não ter sido requerido o aditamento da inicial, para declarar a inconstitucionalidade da lei resultante da conversão da MP. Novo recurso sobreveio, tendo lhe sido negado provimento, por decisão unânime do Plenário do Supremo Tribunal Federal (STF), proferida em março de 2011, desta feita por se considerar ter havido "perda superveniente de objeto, considerado o exaurimento da eficácia jurídico-normativa do ato hostilizado".

Consideradas a disciplina constitucional e a legislação de regência do processo e julgamento da ação direta de inconstitucionalidade, bem como a jurisprudência do STF a esse respeito, no caso relatado,

a) não poderia a petição inicial ter sido liminarmente indeferida, por decisão do Relator, assistindo razão ao autor da ADI na interposição de recurso, de modo a provocar a manifestação do Plenário do Tribunal.

b) nas duas oportunidades em que se insurgiu contra decisões do STF, o autor da ADI o fez por meio de embargos de declaração, única espécie recursal admissível no curso de ação direta de inconstitucionalidade, cuja decisão não pode sequer ser objeto de ação rescisória.

c) não houvesse a inicial sido indeferida liminarmente, deveriam ter sido pedidas informações ao Presidente da República, bem como a manifestação do Advogado-Geral da União e do Procurador-Geral da República, previamente ao julgamento da ADI.

d) o autor deveria ter demonstrado, quando da interposição do recurso final, a repercussão geral das questões constitucionais discutidas no caso, a fim de que o Tribunal examinasse a admissão do recurso, o qual ao final foi recusado à unanimidade, obedecido o quorum de dois terços de seus membros para esse fim.

e) não possuía o partido político legitimidade ativa para a ação direta de inconstitucionalidade, uma vez que deste, a exemplo do que ocorre em relação a entidade de classe de âmbito nacional, Mesas das Assembleias Legislativas e Governadores, exige-se pertinência da norma impugnada com os objetivos do autor da ação.

COMENTÁRIOS

✪ **Nota do autor:** No caso concreto relatado (ADI 4.041 AgR), o STF reafirmou seu entendimento pela prejudicialidade da ação direta de inconstitucionalidade por perda superveniente de objeto na hipótese de (i) a medida provisória ser convertida em lei sem aditamento do pedido inicial, (ii) a medida provisória ser rejeitada explicitamente ou decorrido o prazo *in albis* sem deliberação do Congresso Nacional ou (iii) todos os possíveis efeitos jurídicos do ato normativo já se consumaram no plano dos fatos, exaurindo-se sua eficácia jurídico-normativa.

86. MENDES, Gilmar Ferreira; BRANCO, Paulo Gustavo Gonet. Op. cit., p. 1.180.

Alternativa "a". O art. 4º da Lei nº 9.868/99 determina o *indeferimento liminar* pelo relator da ação da petição inicial inepta, não fundamentada e manifestamente improcedente.

Alternativa "b". Diz o art. 4º, § único da Lei nº 9.868/99 que da decisão que indefere a petição inicial, *sem resolução de mérito*, cabe *agravo*. De fato, a *decisão de mérito* proferida nas ações declaratórias de constitucionalidade ou diretas de inconstitucionalidade é *irrecorrível*, salvo a interposição de embargos de declaração, não se admitindo, sequer, a ação rescisória (Lei nº 9.868/99, art. 26).

Alternativa "d". A repercussão geral – relevância objetiva da matéria e transcendência subjetiva – é requisito intrínseco de admissibilidade do *recurso extraordinário*, não da ação direta de inconstitucionalidade.

Alternativa "e". Os partidos políticos gozam de legitimidade ativa universal, vale dizer, tem capacidade processual plena. O requisito da pertinência temática entre os interesses e objetivos do legitimado e o ato normativo objeto do controle de constitucionalidade aplica-se, apenas, ao Governador de Estado ou do Distrito Federal, à Mesa de Assembleia Legislativa ou Câmara Legislativa do Distrito Federal, à confederação sindical e à entidade de classe: legitimidade ativa especial.

Alternativa correta: letra "c". Recebida a petição inicial da ADI, o relator pedirá informações aos órgãos ou às autoridades públicas das quais emanaram a lei ou o ato normativo impugnado – *in casu*: o Presidente da República –, no prazo de 30 dias contados do recebimento do pedido, e ao Advogado-Geral da União e ao Procurador-Geral da República, sucessivamente no prazo de 15 dias (Lei nº 9.868/99, arts. 6º e 8º).

---

245. (FCC – Juiz do Trabalho Substituto 11ª Região/2012) A Lei federal nº 10.779/03 dispõe sobre concessão de benefício de seguro-desemprego, durante o período de defeso, ao pescador profissional que exerce a atividade pesqueira de forma artesanal. A citada lei previa originalmente que, para se habilitar ao benefício, o pescador deveria apresentar ao órgão competente do Ministério do Trabalho e Emprego, dentre outros documentos, "atestado da Colônia de Pescadores a que esteja filiado, com jurisdição sobre a área onde atue o pescador artesanal", a fim de comprovar exercício da profissão, dedicação ininterrupta à pesca durante o período compreendido entre o defeso anterior e o atual, além de inexistência de fonte de renda diversa, decorrente da atividade pesqueira (art. 2º, IV).

Referido dispositivo de lei foi objeto de ação direta de inconstitucionalidade (ADI 3.464, Rel. Min. Menezes Direito), proposta pelo Procurador-Geral da República e ao final julgada procedente.

Considere as seguintes afirmações, a respeito da decisão tomada na ADI 3.464, à luz da disciplina constitucional e legal aplicável ao controle de constitucionalidade exercido por meio de ação direta:

I. A propositura da ADI pelo Procurador-Geral da República deve ter sido precedida da demonstração de pertinência temática ao interesse institucional perseguido, sob pena de indeferimento da petição inicial, por inépcia.

II. Para tomada da decisão de procedência da ADI, deveriam estar presentes à sessão, pelo menos, oito Ministros, exigindo-se que no mesmo sentido tenha havido a manifestação da maioria absoluta dos presentes.

III. A decisão tomada na ADI 3.464 tem eficácia contra todos e efeito vinculante em relação aos demais órgãos do Poder Judiciário e à Administração Pública, direta e indireta, nas esferas federal, estadual e municipal.

IV. Tendo em vista razões de segurança jurídica ou de excepcional interesse social, poderia o Supremo Tribunal Federal, no caso, por maioria de dois terços de seus membros, ter restringido os efeitos da declaração efetuada na ADI 3.464 ou decidido que ela só tivesse eficácia a partir de seu trânsito em julgado ou de outro momento que viesse a ser fixado.

Está correto o que se afirma APENAS em

a) I, II e III.

b) II, III e IV.

c) III e IV.

d) I e II.

e) II e III.

COMENTÁRIOS

✪ Nota do autor: A questão trata da ADI 3.464, julgada pelo STF em 29/10/08, rel. Min. Menezes Direito, na qual se declarou a inconstitucionalidade de dispositivos da Lei nº 10.779/03 que condicionavam o recebimento do benefício do seguro-desemprego durante o período do defeso – proibição da pesca para a reprodução dos espécimes – à filiação do pescador artesanal à colônia de pescadores de sua região, por violação ao princípio da liberdade de associação e sindical.

Proposição I. O Procurador-Geral da República tem legitimidade ativa universal para propor a ação direta de inconstitucionalidade, pois sua condição de chefe do Ministério Público da União lhe confere o *status* de defensor dos interesses de toda a sociedade, não havendo que se falar em demonstração de pertinência temática.

Proposição II. A sessão de julgamento das ações diretas de (in)constitucionalidade tem quórum mínimo de abertura de 08 Ministros. A decisão exige o voto da maioria absoluta – mínimo de 06 – dos Ministros da Suprema Corte (Lei nº 9.868/99, art. 23, *caput*) e *não dos presentes* à sessão como supõe a proposição. Aqui, aliás, há uma particularidade que permite a suspensão do julgamento para aguardar o comparecimento de Ministro ausente, caso isso possa influenciar no resultado final em um – inconstitucionalidade – ou outro – constitucionalidade – sentido, conforme se lê no art. 23, § único da Lei nº 9.868/99.

Proposição III. A proposição traz a dicção do art. 102, § 2º da CF: as decisões definitivas de mérito, proferidas pelo Supremo Tribunal Federal, nas ações diretas de inconstitucionalidade e nas ações declaratórias de constitucionalidade produzirão eficácia contra todos e efeito vinculante, relativamente aos demais órgãos do Poder Judiciário e à Administração Pública direta e indireta, nas esferas federal, estadual e municipal.

Proposição IV. A proposição traz o sentido, quase literal, do texto do art. 27 da Lei nº 9.868/99: ao declarar a inconstitucionalidade de lei ou ato normativo, e tendo em vista razões de segurança jurídica ou de excepcional interesse social, poderá o Supremo Tribunal Federal, por maioria de 2/3 de seus membros, restringir os efeitos daquela declaração ou decidir que ela só tenha eficácia a partir de seu trânsito em julgado ou de outro momento que venha a ser fixado.

Alternativa correta: letra "c".

246. (TRT 15 – Juiz do Trabalho Substituto 15ª Região/2012) Sobre a inconstitucionalidade das leis, é incorreto afirmar:

a) A Câmara do Distrito Federal tem legitimidade para propor ação direta de inconstitucionalidade.

b) O Supremo Tribunal Federal admite *amicus curiae* em ação direta de inconstitucionalidade.

c) Norma regulamentadora do Ministério do Trabalho e Emprego, que dispõe sobre à saúde do trabalhador, pode ser objeto de ação direta de inconstitucionalidade.

d) O juiz do Trabalho pode declarar a inconstitucionalidade de lei em sede de reclamação trabalhista.

e) Compete ao Senado Federal suspender a execução de lei declarada inconstitucional em decisão definitiva pelo Supremo Tribunal Federal.

COMENTÁRIOS

✪ **Nota do autor:** Há intensa controvérsia sobre a função do Senado Federal no controle difuso de constitucionalidade, pois, cada vez mais, se admite a objetivação das decisões proferidas nos recursos extraordinários, se lhes conferindo eficácia vinculante e efeitos *erga omnes*, inclusive aos seus fundamentos determinantes.

Alternativa "a". A Constituição confere legitimidade à Câmara Legislativa do Distrito Federal para propor a ação direta de inconstitucionalidade e a ação declaratória de constitucionalidade (CF, art. 103, IV).

Alternativa "b". A Lei nº 9.868/99, art. 7º, § 2º permite ao relator, considerando a relevância da matéria e a representatividade dos postulantes, por despacho irrecorrível, admitir a manifestação de outros órgãos ou entidades: *amicus curiae*.

Alternativa "d". O juiz do trabalho, como todo magistrado, tem o poder-dever de declarar, incidentalmente, a inconstitucionalidade de lei que se apresente como premissa para o raciocínio jurídico necessário à resolução do caso concreto. Tal situação espelha o sistema de controle de constitucionalidade difuso adotado pelo Brasil, mesclado com a modalidade concentrada no Supremo Tribunal Federal.

Alternativa "e". Diz o art. 52, X da CF: compete privativamente ao Senado Federal suspender a execução, no todo ou em parte, de lei declarada inconstitucional em decisão definitiva pelo Supremo Tribunal Federal. Tal norma constitucional sofre profundo ataque da doutrina majoritária atual e do próprio STF por sua inutilidade.

Alternativa (in)correta: letra "c". Os decretos ou regulamentos expedidos pelo chefe do Poder Executivo, ou pelos Ministros de Estado ou Secretários de Governo em competência delegada, para a fiel execução das leis ou de atos normativos primários (CF, art. 84, IV) não podem ser objeto de ação direta de constitucionalidade, pois a questão de sua (in)compatibilidade com o ordenamento jurídico resolve-se pela (i) legalidade e não por (in)constitucionalidade. Não cabe, portanto, ação direita de inconstitucionalidade quando a violação à Constituição se dá de forma indireta, reflexa ou oblíqua, pois tal situação deve ser encarada como uma típica crise de legalidade (ADI 996).

247. (TRT 19 – Juiz do Trabalho Substituto 19ª Região/2012) Podem propor a ação direta de inconstitucionalidade e a ação declaratória de constitucionalidade, exceto:

a) Conselho Federal da Ordem dos Advogados do Brasil.

b) Mesa do Senado Federal.

c) Mesa da Câmara Legislativa do Distrito Federal.

d) Associações e Fundações privadas sem fins lucrativos.

e) Procurador-Geral da República.

COMENTÁRIOS

✪ **Nota do autor:** Essa questão, que trata dos legitimados para propor a ADI e a ADC, é muito simples, porém exige memorização e um *sopro* de raciocínio.

Alternativa correta: letra "d" (responde todas as demais alternativas). Diz o art. 103 da CF: podem propor a ação direta de inconstitucionalidade e a ação declaratória de constitucionalidade: (i) o Presidente da República, (ii) a *Mesa do Senado Federal*, (iii) a Mesa da Câmara dos Deputados, (iv) a *Mesa* de Assembleia Legislativa ou ***da Câmara Legislativa do Distrito Federal***, (v) Governador do Estado ou do Distrito Federal, (vi) o *Procurador-Geral da República*, (vii) o *Conselho Federal da Ordem dos Advogados do Brasil*, (viii) partido político com representação no Congresso Nacional e (ix) confederação sindical ou entidade de classe de âmbito nacional. Não há *espaço* na norma constitucional para associações ou fundações privadas sem fins lucrativos.

248. (FCC – Juiz do Trabalho Substituto 20ª Região/2012) Ao apreciar caso que envolvia a aplicação de dispositivo de lei complementar federal relativa a prazo prescricional para o ajuizamento de ação de repetição de indébito tributário, a Primeira Turma do Superior Tribunal de Justiça (STJ) houve por bem, em sede de recurso especial (REsp. 709.805), afastar a aplicação de parte do dispositivo legal, por ofensa aos princípios constitucionais da autonomia e independência entre as funções do Estado, de um lado, e da garantia ao direito adquirido, ao ato jurídico perfeito e à coisa julgada, de outro. A decisão foi objeto de recurso extraordinário perante o Supremo Tribunal Federal (STF), que, ao final, deu provimento ao recurso (RE 482.090-1).

Nesse caso, a decisão da Primeira Turma do STJ,

I. foi tomada em sede de controle difuso de constitucionalidade.

II. violou a cláusula constitucional de reserva de plenário, ao afastar a incidência de dispositivo legal, sob o fundamento de ofensa a normas constitucionais, ainda que não tenha declarado expressamente sua inconstitucionalidade.

III. usurpou a competência, atribuída pela Constituição da República ao Supremo Tribunal Federal, para julgar, mediante recurso extraordinário, as causas em que a decisão recorrida declarar a inconstitucionalidade de lei federal.

Está correto o que se afirma APENAS em

a) I.

b) II.

c) III.

d) I e II.

e) I e III.

COMENTÁRIOS

✪ **Nota do autor:** A questão utiliza-se de caso concreto para exigir conhecimentos doutrinários.

Proposição I. O controle concentrado de constitucionalidade é exercido, exclusivamente, pelo Supremo Tribunal Federal, órgão de cúpula do Poder Judiciário e guardião maior da Constituição Federal. Os demais órgãos do Poder Judiciário, todos eles, incluído o Superior Tribunal de Justiça, ao analisar a constitucionalidade de lei ou ato normativo exercem o controle difuso.

Proposição II. Diz o art. 97 da CF: somente pelo voto da maioria absoluta de seus membros ou dos membros do respectivo órgão especial poderão os Tribunais declarar a inconstitucionalidade de lei ou ato normativo do Poder Público. O Superior Tribunal de Justiça, enquanto Tribunal, também está adstrito à reserva de plenário, de modo que seus órgãos fracionários devem remeter a questão constitucional prejudicial e incidental para votação em Plenário, sobrestando o julgamento da questão principal, sob pena de nulidade da decisão.

Proposição III. A decisão do Superior Tribunal de Justiça que, para o bem ou para o mal, declarou a inconstitucionalidade da lei complementar se deu em controle difuso, em um caso concreto, incidentalmente, em recurso especial. A competência originária do STF é para o processamento e julgamento da ação direta de inconstitucionalidade, controle concentrado e em abstrato, por ação principal.

Alternativa correta: letra "d".

249. (FCC – Juiz do Trabalho Substituto 20ª Região/2012) Em sede de ação direta de inconstitucionalidade, o Supremo Tribunal Federal (STF) concedeu medida liminar para "excluir a submissão dos membros da magistratura estadual ao subteto de remuneração" criado pela Emenda Constitucional no 41, de 2003, que conferiu nova redação ao art. 37, XI, da Constituição, prevendo que se aplica como limite, nos Estados e no Distrito Federal, "o subsídio dos Desembargadores do Tribunal de Justiça, limitado a noventa inteiros e vinte e cinco centésimos por cento do subsídio mensal, em espécie, dos Ministros do Supremo Tribunal Federal, no âmbito do Poder Judiciário". Dos votos dos Ministros, extraem-se como fundamentos da decisão: o caráter unitário e nacional da magistratura; o fato de que magistrados exercem a mesma função – jurisdicional – independentemente de integrarem a carreira na esfera federal ou estadual, variando apenas em razão da competência quanto à matéria tratada; a constatação de que a existência de um subteto de remuneração para a magistratura na esfera estadual "se revela produto de uma decisão legislativa que, destituída de razão suficiente, é, em todos os sentidos, materialmente arbitrária" (ADI-MC 3.854, Rel. Min. Cezar Peluso).

À luz da disciplina constitucional e da legislação de regência da matéria, bem como da jurisprudência do STF, considere as afirmações abaixo a esse respeito.

I. A decisão sob comento possui eficácia contra todos, embora, sob o aspecto temporal, produza apenas efeitos *ex nunc*, salvo se o Tribunal lhe houver conferido eficácia retroativa.

II. O STF conferiu à norma introduzida por emenda constitucional interpretação conforme à Constituição, adotando como parâmetro o princípio constitucional da isonomia.

III. Os Ministros do STF perquiriram acerca da razoabilidade da inovação introduzida pela emenda constitucional, considerando que se criou uma diferenciação arbitrária entre pessoas que se encontram objetivamente na mesma situação.

Está correto o que se afirma em

a) I, apenas.

b) II, apenas.

c) I e II, apenas.

d) II e III, apenas.

e) I, II e III.

COMENTÁRIOS

✪ Nota do autor: A questão segue o *costume recente* se exigir do candidato conhecimentos sobre casos concretos.

Proposição I. Diz o art. 11 da Lei nº 9.868/99: a medida cautelar, dotada de *eficácia contra todos*, será concedida com *efeito ex nunc*, salvo se o Tribunal entender que deva conceder-lhe eficácia retroativa.

Proposições II e III. A decisão liminar proferida na ADI 3.854 tem como fundamento: "neste juízo prévio e sumário, estou em que, conquanto essa ostensiva distinção de tratamento, constante do art. 37, inc. XI, da Constituição da República, entre as situações dos membros das magistraturas federal e estadual, parece vulnerar a *regra primária da isonomia* (CF, art. 5º, *caput* e inc. I). Essa heterogeneidade fere de imediato a percepção vulgar e intuitiva de que a exigência de igualdade como valor universal não suporta *tratamento desigual de pessoas em condições objetivas substancialmente idênticas*, como a dos magistrados. Do exposto, concedo a liminar, nos termos do art. 10, § 3º, da Lei nº 9.868, de 10/11/99, para, *dando interpretação conforme a Constituição* ao art. 37, inc. XI e § 12, da Constituição da República, o primeiro dispositivo, na redação da Emenda Constitucional nº 41/2003, e o segundo, introduzido pela Emenda Constitucional nº 47/2005, excluir a submissão dos membros da magistratura estadual ao subteto de remuneração, bem como para suspender a eficácia do art. 2º da Resolução nº 13/2006 e do art. 1º, § único, da Resolução nº 14, ambas do Conselho Nacional de Justiça".

Alternativa correta: letra "e".

250. (TRT 21 – Juiz do Trabalho Substituto 21ª Região/2012) O Direito Constitucional contemporâneo reconhece a abertura dos textos normativo-constitucionais, bem como a necessidade de maior pluralismo jurídico na construção das interpretações sobre as normas de raiz constitucional (cf., sobre o tema: HABERLE, Peter. Hermenêutica constitucional: a sociedade aberta de intérpretes da constituição; contribuição para a interpretação pluralista e procedimental da constituição. Porto Alegre: Fabris, 2002). Nesse contexto, a Lei Federal n. 9.868/99, que "dispõe sobre o processo e julgamento da ação direta de inconstitucionalidade e da ação declaratória de constitucionalidade perante o Supremo Tribunal Federal', prevê a possibilidade de intervenção do chamado *amicus curiae*. Sucede que, embora "admitido como terceiro interessado, não figura como parte do processo, nem ingressa no feito na condição de assistente, pois seu interesse na causa não é jurídico, mas institucional e, para legitimar-se, deve apoiar-se em razões que tornem desejável e útil a sua atuação processual na causa, em ordem a proporcionar meios que viabilizem uma adequada resolução do litígio constitucional (STF, RE n. 597.165, Rel. Min. Celso de Mello, DJE 12.4.2011). A partir desse quadro, a jurisprudência do Supremo Tribunal Federal vem, progressivamente, balizando os poderes processuais dos *amici curiae*, sobre os quais é possível afirmar, como correto:

a) o *amicus curiae* somente pode demandar sua intervenção nos autos até a data em que o relator liberar o processo para pauta;

b) em que pese não figurar tecnicamente como parte, o *amicus curiae* pode arguir suspeição ou impedimento de membro do Tribunal;

c) não é permitida a participação no processo do *amicus curiae* nas audiências públicas eventualmente designadas na ação de controle objetivo de constitucionalidade;

d) não é facultado ao *amicus curiae* a produção de sustentação oral perante o Tribunal;

e) a legitimidade do requerente para atuar como *amicus curiae* deve ser previamente examinada pelo relator, cuja decisão, se denegatória, pode ser impugnada por meio de agravo para o Plenário.

COMENTÁRIOS

✪ Nota do autor: O *amicus curiae* simboliza a efetiva participação democrática da sociedade aberta de intérpretes da Constituição – parcela da sociedade com interesse e afetada pela decisão –, conferindo caráter pluralista ao processo objetivo de controle abstrato de constitucionalidade e legitimando as decisões da Suprema Corte.

Alternativa "b". Os institutos do impedimento e da suspeição restringem-se ao plano dos processos subjetivos – em cujo âmbito se discutem situações individuais e interesses concretos –, não se estendendo nem se aplicando, ordinariamente, ao processo de fiscalização concentrada de constitucionalidade, que se define como típico processo de caráter objetivo destinado a viabilizar o julgamento, não de uma situação concreta, mas da constitucionalidade ou não, *in abstracto*, de determinado ato normativo editado pelo Poder Público (ADI 2.321 MC).

Alternativa "c". A admissão do *amicus curiae* no processo justifica-se, exatamente, para lhe permitir participar dos debates em audiência pública e manifestar-se sobre a matéria objeto da controvérsia por memoriais ou sustentação oral, pluralizando o discurso jurídico e agregando seu conhecimento específico para a *construção* de solução democrática no caso concreto.

Alternativa "d". O art. 131, § 3º do Regimento Interno do Supremo Tribunal Federal tem a seguinte redação: admitida a intervenção de terceiros [*amicus curiae*] no processo de controle concentrado de constitucionalidade, fica-lhes facultado produzir sustentação oral, aplicando-se quando for o caso, a regra do § 2º do art. 132 deste Regimento [contagem em dobro para divisão igualitária do tempo aos litisconsortes não representados pelo mesmo advogado].

Alternativa "e". Diz o art. 7º, § 2º da Lei nº 9.868/99 que o relator da ação direta de inconstitucionalidade, considerando a relevância da matéria e a representatividade dos postulantes, poderá, *por despacho irrecorrível*, admitir, observado o prazo de 30 dias, a manifestação de outros órgãos ou entidades (ADI 2.591 ED).

Alternativa correta: letra "a". A alternativa traz a parte final da ementa da decisão proferida na ADI 4.071 pelo STF. Em português claro: a admissão do *amigo da corte* dar-se-á até o momento em que os autos do processo forem *conclusos* ao gabinete do relator para que este possa, *sem mais incidentes*, redigir seu voto.

---

251. (TRT 6 – Juiz do Trabalho Substituto 6ª Região/2010) Sobre o controle de constitucionalidade, leia atentamente as assertivas abaixo e, depois, assinale a alternativa CORRETA:

I. Com a Constituição de 1934 surgiu a possibilidade de controle abstrato por meio da Ação Direta de Inconstitucionalidade Interventiva, mas só com a Emenda Constitucional n.º 16, em 1965, é que foi criada a Ação Direta de Inconstitucionalidade genérica, por meio da qual qualquer lei podia ser objeto do controle de constitucionalidade.

II. A Emenda Constitucional n. 45 de 08.12.04 estendeu o efeito vinculante, que antes atingia apenas o Judiciário e o Executivo, a toda administração direta da União, dos Estados, do Distrito Federal e dos Municípios.

III. A atuação do Poder Legislativo no processo de elaboração da lei, nas Comissões de Constituição e Justiça, não consubstancia, em nenhum sentido, controle prévio de constitucionalidade.

IV. A jurisprudência do Supremo Tribunal Federal admite mandado de segurança impetrado pelo Chefe do Poder Executivo em face de projetos de lei que violam a sua iniciativa legislativa privativa.

V. A competência exclusiva do Congresso Nacional para sustar os atos normativos do Poder Executivo é entendida, pela doutrina, como mecanismo político de controle repressivo de constitucionalidade.

a) Apenas as assertivas II, IV e V estão corretas.

b) Apenas as assertivas I e IV estão corretas.

c) Apenas as assertivas II, III e IV estão corretas.

d) Apenas as assertivas I e IV e V estão corretas.

e) Nenhuma das assertivas está correta.

COMENTÁRIOS

✪ **Nota do autor:** A questão trata de aspectos históricos do sistema de controle de constitucionalidade adotado pelo Brasil e outros assuntos correlatos.

Proposição I. Como registro histórico, vale consignar que o Procurador-Geral da República detinha legitimidade ativa exclusiva para propor a ação direta de inconstitucionalidade genérica criada pela EC 16/65 e que a Constituição de 1891 introduziu no Brasil o sistema difuso de controle de constitucionalidade[87].

Proposição II. A EC 45/04 estendeu a eficácia *erga omnes* e o efeito vinculante das decisões definitivas de mérito proferidas pelo STF nas ações diretas de (in)constitucionalidade a toda Administração Pública direta *e indireta* da União, dos Estados, do Distrito Federal e dos Municípios (CF, art. 102, § 2º).

Proposição III. No Brasil, o controle preventivo de natureza política é desempenhado pelo Poder Legislativo no âmbito das Comissões de Constituição e Justiça e pelo Poder Executivo ao exercer o poder de vetar a proposição legislativa. Há ainda a possibilidade de controle preventivo pelo Poder Judiciário no julgamento de mandado de segurança impetrado por parlamentar contra desvios procedimentais na tramitação das propostas de emenda à Constituição e dos projetos de lei (MS 20.257).

Proposição IV. O chefe do Poder Executivo tem legitimidade e interesse para impetrar mandado de segurança visando tutelar sua prerrogativa constitucional de iniciativa de lei (CF, art. 61, § 1º), usurpada por vícios de origem no processo legislativo. Não há que se objetar com a possibilidade de veto da proposição legislativa, pois o Congresso Nacional pode enfim derrubá-lo, além do desgaste político imposto ao governante por *ir contra* um projeto de lei muitas vezes benéfico à população. Aliás, a súmula nº 5 do STF, que prescreve que a sanção do Presidente da República convalida o vício formal de iniciativa da lei, foi superada pela atual jurisprudência (ADI 1.438).

Proposição V. Com Luís Roberto Barroso: "Há alguns mecanismos de atuação repressivo pelo Legislativo (como a possibilidade de sustar atos normativos exorbitantes editados pelo Executivo) e pelo Executivo (como a recusa direta em aplicar norma inconstitucional)"[88].

Alternativa correta: letra "d".

---

252. (TRT 6 – Juiz do Trabalho Substituto 6ª Região/2010) Detêm legitimação universal para a propositura de Ação Direta de Constitucionalidade:

a) A União Nacional dos Estudantes.

b) Confederação sindical ou entidade de classe de âmbito nacional.

c) Conselho Federal da Ordem dos Advogados do Brasil.

d) Governador de Estado ou do Distrito Federal.

e) Diretório estadual de partido político com representação no Congresso Nacional.

COMENTÁRIOS

✪ **Nota do autor:** A questão envolve a legitimidade para postular o controle de constitucionalidade abstrato das leis por ação principal.

Alternativa correta: letra "d" (responde todas as demais alternativas por exclusão). São legitimados

---

87. BARROSO, Luís Roberto. *O controle de constitucionalidade no direito brasileiro*: exposição sistemática da doutrina e análise crítica da jurisprudência. 2. ed. São Paulo: Saraiva, 2006. p. 62-63.

88. Idem, p. 46.

universais para propor a ação direta inconstitucionalidade e a ação declaratória de constitucionalidade: (i) o Presidente da República, (ii) a Mesa do Senado Federal, (iii) a Mesa da Câmara dos Deputados, (iv) o Procurador-Geral da República, (v) o *Conselho Federal da Ordem dos Advogados do Brasil* e (vi) partido político com representação no Congresso Nacional[89] (CF, art. 103, I, II, III, VI, VII e VIII). Os demais legitimados arrolados no art. 103, IV, V, e IX da CF (Mesa da Assembleia Legislativa ou da Câmara Distrital, Governador de Estado ou do Distrito Federal e confederação sindical ou entidade de classe de âmbito nacional) devem demonstrar a pertinência temática, sob pena de extinção do processo sem resolução de mérito por carência de ação. Frise-se que os partidos políticos devem fazer-se representar por seu diretório nacional (ADI 779) ou presidente (ADI 2.552).

253. (TRT 15 – Juiz do Trabalho Substituto 15ª Região/2010) O Ministério Público ajuíza ação civil pública para anular licitação baseada em Lei Municipal que alega ser inconstitucional por afrontar o artigo 37 da Constituição Federal. Assinale a alternativa correta:

a) não cabe questionamento incidental de inconstitucionalidade em sede de ação civil pública;

b) o questionamento incidental de inconstitucionalidade numa ação civil pública só é cabível em relação à lei federal;

c) a declaração incidental de inconstitucionalidade de uma lei nos autos de uma ação civil pública gera efeito erga omnes;

d) é cabível o questionamento incidental de inconstitucionalidade nos autos de uma ação civil pública, mas seus efeitos ficam restritos apenas às partes e somente naquele caso concreto;

e) nenhuma das anteriores.

COMENTÁRIOS

✪ Nota do autor: Essa questão, *passada de supetão*, não oferece maiores complexidades. Mas uma leitura mais fria pode suscitar muitas questões processuais de *fôlego*, que não deveriam aparecer em face da objetividade da avaliação.

Alternativa correta: letra "d" (responde todas as demais alternativas). O controle de constitucionalidade das leis – federais, estaduais, distritais ou municipais – pode e deve ser realizado por todo e qualquer magistrado em ações individuais ou coletivas, decorrência natural do sistema difuso adotado pelo Direito brasileiro. A ação civil pública tem por característica a tutela do interesse coletivo por legitimado extraordinário. Esse pormenor faz com que a decisão incidental sobre a inconstitucionalidade da lei, embora não acobertada pela coisa julgada, pois não integra a parte dispositiva da sentença, gere efeitos na esfera jurídica de terceiros que se valerão do julgado para obter os (seus) direitos – então individualizados em liquidação de sentença – que foram objetos da ação coletiva. Não se quer com isso dizer que os efeitos da declaração incidental espraiam-se a todos, *erga omnes*, disseminados para outros casos concretos. Apenas se quer insinuar que a restrição dos efeitos da sentença da ACP tão somente às partes deve ser compreendida *cum grano salis*. Pois alguns terceiros, estranhos à relação jurídico-processual, irão se beneficiar da decisão e não será lícito renovar a discussão sobre a constitucionalidade da lei em ações futuras por eles propostas. A jurisprudência do STF tem reconhecido que se pode pleitear a inconstitucionalidade de determinado ato normativo na ação civil pública, desde que *incidenter tantum* – como causa de pedir e não como objeto do pedido. Veda-se, no entanto, o uso da ação civil pública para alcançar a declaração de inconstitucionalidade com efeitos *erga omnes* (RE 424.993).

254. (TRT 21 – Juiz do Trabalho Substituto 21ª Região/2010) No julgamento da Ação Direta de Inconstitucionalidade n. 1194-DF, o Supremo Tribunal Federal (STF) examinou a constitucionalidade do art. 21, caput, da Lei 8.906/94 (Estatuto da Ordem dos Advogados do Brasil), que estabelece: "nas causas em que for parte o empregador, ou pessoa por este representada, os honorários de sucumbência são devidos aos advogados empregados". Decidiu o STF, nesse caso, que os honorários, em regra, pertencem aos advogados, por isso a constitucionalidade do dispositivo legal, o que não exclui, contudo, a possibilidade de estipulação em contrário entre a empresa e o advogado empregado, por se tratar de direito disponível. Na hipótese, o STF fez uso de que instrumento de hermenêutica constitucional?

a) princípio da força normativa da Constituição;

b) princípio da interpretação conforme a Constituição, sem redução de texto;

c) declaração de constitucionalidade, sem pronúncia de nulidade;

d) princípio da máxima efetividade constitucional;

e) princípio da correção funcional.

COMENTÁRIOS

✪ Nota do autor: A Constituição goza de supremacia formal e material no ordenamento jurídico: posição hierárquica superior às demais normas jurídicas ou atos do Poder Público. O STF é o guardião maior da Constituição e seu intérprete por excelência. Sem embargo da posição privilegiada do STF, todos, sociedade e Poder Público, devem zelar pela integridade da Constituição. Aplicar lei inconstitucional é negar aplicação à Constituição[90].

Alternativas "a", "d" e "e". As alternativas apresentam os princípios instrumentais da interpretação

89. LENZA, Pedro. Op. cit., p. 325.

90. BARROSO, Luís Roberto. Op. cit., p. 71.

constitucional, tema relevante, mas aqui deslocado. Remetemos o leitor para a primeira parte de nossas questões corrigidas (Teoria da Constituição: item 1.1.2), logo acima, para obter as informações pertinentes à matéria.

Alternativa correta: letra "b" (responde também a alternativa "c"). As técnicas de controle de constitucionalidade da interpretação das leis conforme a Constituição e da declaração parcial de nulidade sem redução do texto são as duas faces da mesma moeda. Na interpretação conforme a Constituição faz-se a definição daquela interpretação compatível com o texto constitucional, excluindo-se as demais implicitamente. Ao reverso, na declaração parcial de nulidade sem redução do texto aponta-se aquela situação ou incidência inconstitucional do ato normativo, excluindo-se essa interpretação e aplicação específica, admitindo as demais implicitamente. "A distinção está em que em um caso discute-se o âmbito de interpretação e, no outro, o âmbito de aplicação"[91].

---

255. (TRT 21 – Juiz do Trabalho Substituto 21ª Região/2010) Sobre o processo previsto em lei para a Arguição por Descumprimento de Preceito Fundamental (ADPF), é incorreto afirmar:

a) trata-se de ação com tramitação exclusiva perante o Supremo Tribunal Federal (STF);

b) é possível arguir-se o descumprimento de preceito fundamental contido na Constituição, em decorrência de ato normativo federal, estadual ou municipal, salvo se anteriores à Constituição;

c) são legitimados a propor a ADPF apenas aqueles legitimados a ajuizar ações diretas de inconstitucionalidade;

d) somente por decisão da maioria absoluta dos membros do STF é possível deferir-se medida liminar em ADPF;

e) somente por decisão de dois terços dos membros do STF é possível a modulação dos efeitos da decisão em ADPF.

COMENTÁRIOS

✪ **Nota do autor:** A questão cuida do processo e julgamento da arguição de descumprimento de preceito fundamental – ADPF, ação judicial que veio suprir uma grave lacuna no sistema de controle de constitucionalidade do Brasil, admitindo-se a aferição em abstrato e em ação principal da compatibilidade de lei anterior à Constituição.

Alternativa "a". Diz o art. 1º, *caput* da Lei nº 9.882/99 que a ADPF será proposta perante o Supremo Tribunal Federal e terá por objeto evitar ou reparar lesão a preceito fundamental resultante de ato do Poder Público.

Alternativa "c". Diz o art. 2º, I da Lei nº 9.882/99 que podem propor a ADPF os legitimados para a ação direta de inconstitucionalidade.

Alternativa "d". A alternativa traz a dicção do art. 5º, *caput* da Lei nº 9.882/99: o Supremo Tribunal Federal, por decisão da maioria absoluta de seus membros, poderá deferir pedido de medida liminar na arguição de descumprimento de preceito fundamental.

Alternativa "e". A alternativa traz a dicção do art. 11 da Lei nº 9.882/99: ao declarar a inconstitucionalidade de lei ou ato normativo, no processo de arguição de descumprimento de preceito fundamental, e tendo em vista razões de segurança jurídica ou de excepcional interesse social, poderá o Supremo Tribunal Federal, por maioria de 2/3 de seus membros, restringir os efeitos daquela declaração ou decidir que ela só tenha eficácia a partir de seu trânsito em julgado ou de outro momento que venha a ser fixado.

Alternativa (in)correta: letra "b". Cabe também a ADPF quando for relevante o fundamento da controvérsia constitucional sobre lei ou ato normativo federal, estadual ou municipal, *incluídos* os anteriores à Constituição (Lei nº 9.882/99, art. 1º, § único, I).

---

256. (FCC – Juiz do Trabalho Substituto 6ª Região/2013) No caso abaixo relatado, a ação direta de inconstitucionalidade

Medida provisória (MP) editada para abertura de crédito extraordinário, destinado à cobertura de despesas correntes de órgãos da Administração Federal, tais como o pagamento de despesas com a manutenção e o funcionamento de escritórios regionais e a continuação de programas em andamento, é objeto de ação direta de inconstitucionalidade (ADI) ajuizada, perante o Supremo Tribunal Federal, por partido político com representação no Congresso Nacional. Setenta dias após sua edição, a MP é convertida em lei, sem alterações, antes do julgamento da ADI.

a) reúne condições de admissibilidade quanto à legitimidade para propositura e objeto da ação, diante da disciplina constitucional da matéria.

b) perdeu objeto, diante da conversão da medida provisória em lei, não sendo admissível sequer a emenda da inicial para incluir a lei no escopo da ação.

c) não poderia ter por objeto medida provisória, cujos requisitos de urgência e relevância não são sindicáveis em sede de controle concentrado de constitucionalidade.

d) não poderia ter sido ajuizada por partido político, por ausência de pertinência temática com o objeto da demanda.

e) não poderia ter por objeto medida provisória que versasse sobre matéria orçamentária, por se tratar de questão típica de decisão política, não passível de controle jurisdicional.

---

91. MARINONI, Luiz Guilherme. Op. cit., p. 823.

COMENTÁRIOS

✪ **Nota do autor:** Os partidos políticos exercem a função de mediação entre a sociedade e o Estado no processo de formação da vontade política, especialmente – mas não exclusivamente – no período eleitoral.

Alternativa "b". Se a medida provisória for transformada ou convertida em lei ordinária por decisão do Congresso Nacional, sem *alterações substanciais*, é necessário o aditamento do pedido da ação direta de inconstitucionalidade, sob pena de perda de objeto (ADI 4.048). A medida provisória rejeitada ou não apreciada pelo Congresso Nacional no prazo legal tem efeitos prejudiciais no andamento da ADI, conduzindo, por consequência lógica, à perda de objeto (ADI 293). Por fim, se o Congresso Nacional promover alterações substanciais na medida provisória, descaracterizando-a por completo, a ação direta de inconstitucionalidade perde sua razão de ser – objeto –, pois se trata, em última análise, de lei nova editada pelo Poder Legislativo, em nada semelhante à medida provisória anterior. Nesse caso, o postulante deve ingressar com outra ação, adequando seus fundamentos – causa de pedir – às peculiaridades da nova lei.

Alternativa "c". O juízo político discricionário do Presidente da República aos pressupostos formais da urgência e relevância é sindicável em caráter de excepcionalidade, com extrema prudência e cautela, pelo Poder Judiciário (ADI 1.753 MC). Segundo o STF: "Os conceitos de relevância e urgência a que se refere o artigo 62 da Constituição, como pressupostos para a edição de medidas provisórias, decorrem, em princípio, do juízo discricionário de oportunidade e de valor do Presidente da República, mas admitem o controle judiciário quanto ao excesso do poder de legislar" (ADI 162 MC).

Alternativa "e". É vedada a edição de medidas provisórias sobre matéria relativa a planos plurianuais, diretrizes orçamentárias, *orçamento* e *créditos adicionais ou suplementares*, ressalvada a abertura de crédito extraordinário para atender, *única e exclusivamente*, a despesas imprevisíveis e urgentes, como as decorrentes de guerra, comoção interna ou calamidade pública (CF, art. 62, § 1º, I, *d* e 167, § 3º). Configurado o abuso no poder de legislar, evidenciado pela tentativa inconstitucional do Poder Executivo de disciplinar matéria terminantemente proibida à medida provisória pela Lei Fundamental, o Poder Judiciário deve atuar para recompor a ordem jurídica vilipendiada.

Alternativa correta: letra "a" (responde também a alternativa "d" por contrariedade). Os partidos políticos detêm legitimidade universal para a propositura da ação direta de inconstitucionalidade (CF, art. 103, VII), ou seja, não necessitam comprovar a pertinência de seu programa partidário ou de governo com a matéria versada na lei. Como representantes do povo na *cena política*, os partidos políticos cumprem um papel maior nas democracias constitucionais e gozam de posição privilegiada no processo de formação da vontade popular. Nesse contexto, todos os assuntos de interesse social são afetos aos partidos políticos, nada lhes escapando em termos de pertinência. Ainda que a ideologia do partido político caminhe ou não em uma direção totalmente contrária aquela do ato normativo objeto de contestação, existe sempre o interesse de agir.

257. (TRT 22 - Juiz do Trabalho Substituto 22ª Região/2013) Considerando as afirmativas abaixo, marque a opção correta:

I. Em razão do Princípio da Subsidiariedade, consoante o entendimento corrente no STF, a ADPF não é cabível quando, para verificar a inconstitucionalidade de norma no caso concreto, for possível o manejo de qualquer outra medida judicial;

II. O partido político com representação no Congresso Nacional pode, desde que representado pelo seu Diretório Nacional, ajuizar ação direta de inconstitucionalidade, não sendo superada a sua legitimidade caso, após iniciada a ação, venha a perder a sua representação;

III. Não viola o princípio da separação dos poderes o controle de constitucionalidade preventivo realizado pelo STF, quando da análise do processo de tramitação de proposta de Emenda à Constituição. Da mesma forma, a ciência, com a atribuição de prazo de 30 dias, para que o Poder Legislativo adote as medidas necessárias ao suprimento de omissão inconstitucional não encontra óbice em qualquer princípio orientador do sistema jurídico nacional;

IV. É de competência originária do STF o julgamento da ação direta de inconstitucionalidade e da ação declaratória de constitucionalidade em face de lei ou ato normativo federal e estadual. Em sede de controle abstrato de constitucionalidade, as decisões finais, nestas ações, têm efeitos vinculantes, erga omnes e *ex tunc*, ao passo que as liminares concedidas são dotadas de efeitos *ex nunc*. Todavia, por razões de segurança jurídica ou de excepcional interesse social e pelo voto de 2/3 de seus membros, pode o Tribunal restringir os efeitos da decisão, indicado, inclusive, um prazo a partir do qual terá eficácia.

V. A legitimidade ativa da confederação sindical, entidade de classe de âmbito nacional, Mesas das Assembleias Legislativas e governadores, para a ação direta de inconstitucionalidade, vincula-se ao objeto da ação. Em casos tais, a relação de congruência que, necessariamente, deve existir entre os objetivos estatutários ou as finalidades institucionais da entidade autora e o conteúdo material da norma questionada em sede de controle abstrato foram erigidos à condição de pressupostos qualificadores da própria legitimidade ativa ad causam, para efeito de instauração do processo objetivo de fiscalização concentrada de constitucionalidade.

a) todas as alternativas estão falsas;

b) todas as alternativas estão corretas;

c) as alternativas I, III e IV estão falsas;

d) apenas a alternativa V é verdadeira;

e) apenas as alternativas I e III estão falsas;

COMENTÁRIOS

Nota do autor: A questão exige o conhecimento dos precedentes do STF. Como último conselho: atenção redobrada à jurisprudência da Corte Constitucional.

Proposição I. O STF tem precedente sobre a atenuação do princípio da subsidiariedade nas ações de arguição de descumprimento de preceito fundamental: "A Lei 9.882, de 1999, e a extensão do controle direto de normas ao direito pré-constitucional. Cláusula da subsidiariedade ou do exaurimento das instâncias. Inexistência de outro meio eficaz para sanar lesão a preceito fundamental de forma ampla, geral e imediata. Caráter objetivo do instituto a revelar como meio eficaz aquele apto a solver a controvérsia constitucional relevante. Compreensão do princípio no contexto da ordem constitucional global. Atenuação do significado literal do princípio da subsidiariedade quando o prosseguimento de ações nas vias ordinárias não se mostra apto para afastar a lesão a preceito fundamental" (ADPF 33 MC).

Proposição II. A perda superveniente de representação parlamentar do partido político não prejudica o julgamento da ADI. O momento da aferição da legitimidade é aquele da propositura da ação (ADI 2.159 e 2.618). O processo objetivo de controle de constitucionalidade é caracterizado pela indisponibilidade da ação, não se admitindo sequer a desistência (Lei nº 9.868/99, art. 5º).

Proposição III. O princípio da separação dos poderes ou divisão orgânica e funcional das atividades do Estado impõe competências definidas a cada um dos poderes estatais. Um poder responsável por editar as leis (Poder Legislativo), outro por fazê-las aplicáveis e administrar os assuntos da cidade ou da nação ou do País (Poder Executivo) e um último para julgar e decidir os conflitos de interesses (Poder Judiciários). Todos independentes e harmônicos entre si, com previsão de modalidades específicas de fiscalização, controle e participação entre eles. O controle de um poder sobre o outro deve ser exercido com toda parcimônia, com *desculpas antecipadas*, reverenciando as escolhas próprias de cada um, atuando, apenas, contra atos eivados de ilegalidade, em abuso de poder ou decisão manifestamente desarrazoada ou contrária a racionalidade mais elementar. No caso do controle exercido pelo Poder Judiciário sobre os atos do Poder Legislativo, há um agravante a impor maior contenção: a dificuldade contramajoritária (os parlamentares são eleitos pelo povo para mandato temporário; os juízes são vitalícios e investidos no Poder por capacitação técnica). Daí decorre que o Poder Judiciário deve *aguardar* a decisão final dos legisladores, mantendo-se à distância, afastado do *calor* das discussões no Parlamento e sem influir na formação dos consensos majoritários. A intervenção judicial é a opção derradeira para se evitar um estado de coisas inconstitucional. Deve-se, portanto, respeitar a *vontade em formação* do Poder Legislativo ou seu *silêncio moderado* ou *inércia por convicção justificada.* O Poder Judiciário pode, obviamente, exercer controle sobre a atividade legislativa. Mas isso tão somente em caso de flagrante inconstitucionalidade do projeto de lei ou emenda à Constituição e omissão manifesta e prolongada no tempo. E ainda nesse último caso, a ordem mandamental ao Poder Legislativo é objeto de muitas controvérsias, pois não se afigura assim tão fácil formar os consensos necessários para editar uma lei sobre assuntos, em regra, delicados.

Proposição IV. A ação declaratória de constitucionalidade é vocacionada somente para a análise de lei ou ato normativo *federal*, jamais estadual. A ação direta de inconstitucionalidade sim, pode ter por objeto lei ou ato normativo federal *ou* estadual (CF, art. 102, I, *a*). "Por uma dessas ironias do processo legislativo, o legislador constituinte ampliou, na EC 45/2004, o direito de propositura da ADC sem ampliar o seu objeto, que continua a ser o direito federal. É de se esperar que, em um próximo passo, se conclua o aperfeiçoamento dessa ação, com a ampliação do objeto da ADC, que há de abranger também o direito estadual, tal como preconizado na proposta original"[92].

Proposição V. O requisito da pertinência temática entre os interesses e objetivos do legitimado e o ato normativo objeto do controle de constitucionalidade aplica-se, apenas, ao Governador de Estado ou do Distrito Federal, à Mesa de Assembleia Legislativa ou Câmara Legislativa do Distrito Federal, à confederação sindical e à entidade de classe (CF, art. 103, IV, V e IX). No mais, a proposição traz a ementa do ADI 1.157 MC.

Alternativa correta: letra "c".

---

92. MENDES, Gilmar Ferreira; STRECK, Lenio Luiz. Comentário ao artigo 102, inciso I, alínea *a*. In: CANOTILHO, J. J. Gomes; SARLET, Ingo W.; ____________. (Coords). *Comentários à Constituição do Brasil*. São Paulo: Saraiva/Almedina, 2013. p. 1.363.

TEORIA DA CONSTITUIÇÃO E DAS NORMAS CONSTITUCIONAIS

✦ DICAS

1. **Constitucionalismo:** movimento evolutivo de criação das Constituições.
2. **Constitucionalismo Primitivo (aproximadamente de 30.000 a. C. até 1.000 a. c):** na antiguidade clássica, os líderes das famílias ditavam e resguardavam as regras supremas para o convívio social. Segundo Karl Loewenstein, o povo hebreu, teve grande destaque no movimento constitucionalista desse período, notadamente por reconhecer que os valores garantidos pelos primeiros textos bíblicos não podiam ser violados por ninguém (*Teoria de La Constitución*. Barcelona: Ariel, 1986, p. 154-157).
3. **Constitucionalismo Antigo (aproximadamente de 1.000 a.c. ao Séc. V d.c.):** os Parlamentos e Monarcas formulavam as normas de convívio social, e já existia uma exortação aos direitos fundamentais dos indivíduos. Entretanto, o constitucionalismo tinha pouco efetividade, pois os Monarcas não cumpriam as garantias dispostas nos direitos fundamentais.
4. **Constitucionalismo Medieval (Séc. V a XVIII):** surgimento de documentos que limitavam os poderes dos Monarcas e garantiam liberdades públicas aos cidadãos, a exemplo da Magna Charta de 1215, no Reino Unido. Também é desta época o que se denomina **constitucionalismo whig ou termidoriano**, que caracteriza a evolução lenta e gradual do movimento constitucionalista, e que se materializou com a ascensão de Guilherme de Oranges e do partido whig no Reino Unido, no final do século XVII, também marcado pela edição da Bill of Rights (1689).
5. **Constitucionalismo Moderno (Séc. XVIII a Séc. XX):** materialização e afirmação das Constituições Formais Liberais, que representavam garantias sérias de limitação dos Poderes Soberanos, e eram dotadas de legitimidade democrática popular. Desenvolveu-se à partir das revoluções liberais (Revolução Francesa e Revolução das 13 Colônias Estadunidenses). Representou o início do garantismo e o surgimento das primeiras Constituições dirigentes.
6. **Constitucionalismo Contemporâneo (Séc. XX a Séc. XXI):** caracteriza-se pela consolidação da existência de Constituições garantistas, calcadas na defesa dos direitos fundamentais igualitários, sociais e solidários. As disposições constantes nas Constituições têm reafirmada sua força normativa destacada em relação às prescrições de outras fontes jurídicas (leis e atos estatais). Esse período é marcado pelas constituições dirigentes, que prescrevem programas a serem implementados pelos Estados, normalmente por meio de normas programáticas. Vale destacar que esse período acabou manchado por algumas constituições criadas apenas para justificar o exercício de um Poder não democrático, a exemplo da Carta Polaca de 1937, que sustentou a Era Vargas no Brasil, e que faz parte do que se denomina **constitucionalismo semântico**, uma vez que se busca extrair da Constituição apenas os significados que possam reconhecer a tomada e manutenção de Poder por regimes autoritários.
7. **Neoconstitucionalismo (Séc. XX e Séc. XXI):** como um aprimoramento do Constitucionalismo Contemporâneo, prega a importância destacada da moral e dos valores sociais, garantidos predominantemente por meio de princípios. Não se conforma com as normas programáticas e as constituições dirigentes, afirmando que as Constituições devem ser dotadas de força normativa. Para conferir normatividade à Constituição, destaca o Poder Judiciário como garantidor, colocando a atividade legislativa em segundo plano. Em resumo: trabalha com a ideia de extração da máxima efetividade do Texto Constitucional, pois a Constituição deve ocupar o centro do sistema jurídico.

- Segundo **Ana Paula de Barcellos** (*"Neoconstitucionalismo, Direitos Fundamentais e Políticas Públicas"*, disponível em www.mundojuridico.adv.br), **o Neoconstitucionalismo tem as seguintes características:**

1. Do ponto de vista metodológico-formal:

a) Normatividade da Constituição: todas as disposições constitucionais são normas jurídicas;

b) Superioridade da Constituição sobre o restante da ordem jurídica: o que se dá por meio de constituições rígidas;

c) Centralidade da Constituição nos sistemas jurídicos: os demais ramos do Direitos devem ser compreendidos e interpretados a partir do que dispõe a Constituição.

2. Do ponto de vista material:

a) Incorporação explícita de valores e opções políticas nos textos constitucionais, sobretudo no que diz respeito à promoção da dignidade humana e dos direitos fundamentais;

b) Expansão de conflitos específicos e gerais entre as opções normativas e filosóficas existentes dentro do próprio sistema constitucional: envolve as colisões reais e aparentes entre regras e princípios (conflitos específicos) e o papel da Constituição (conflito geral). Esse conflito geral sobre o papel da constituição divide os autores em duas correntes.

- **Correntes sobre o papel da Constituição no Neoconstitucionalismo, segundo Ana Paula de Barcellos:**

a) Percepção/Visão Substancialista: cabe à Constituição impor ao cenário político um conjunto de decisões valorativas que se consideram essenciais e consensuais.

b) Percepção/Visão Procedimentalista: cabe à Constituição apenas garantir o funcionamento adequado do sistema de participação democrático, ficando a cargo da maioria, em cada momento histórico, a definição de seus valores e de suas políticas.

- **OUTROS MODELOS DE CONSTITUCIONALISMO**

a. CONSTITUCIONALISMO SOCIAL

O constitucionalismo social surgiu quando o constitucionalismo moderno se mostrou insuficiente, no contexto pós-guerra, em que os cidadãos tinham necessidades prementes que precisavam ser garantidas pelo Estado, que teve de abandonar seu status negativo, liberalista, passivo até então assumido.

São marcos desse constitucionalismo a Constituição do México de 1917 e a Constituição de Weimar de 1919. No Brasil, essa tendência se observou em 1934, em que foi editada a primeira Constituição brasileira que previu expressamente a garantia de direitos sociais.

b. CONSTITUCIONALISMO TRANSNACIONAL

O Constitucionalismo transnacional é a concepção de constitucionalismo aplicável a vários países. Trata-se de uma consequência da globalização. Logo, seria uma constituição editada por uma Assembleia Transnacional, com representantes dos países envolvidos. Logo, essa constituição teria aplicação além das fronteiras de cada país, atingindo todos os envolvidos em sua elaboração de forma conjunta. Há quem entenda que o Tratado da União Europeia seria um exemplo.

c. CONSTITUCIONALISMO GLOBAL

O constitucionalismo global seria uma evolução do direito internacional que se tornaria um parâmetro de validade para as constituições nacionais que deveriam estar de acordo com valores supremos. Dentre esses valores estaria, para Canotilho, a dignidade da pessoa humana e outros valores mínimos que comporiam um *jus cogens* internacional. Seria uma evolução do constitucionalismo que poderia estar ocorrendo, mas que hoje ainda não existe.

d. TRANSCONSTITUCIONALISMO

Transconstitucionalismo é a ideia segundo a qual os ordenamentos jurídicos de vários Estados devem dialogar e ser aplicados em conjunto para a obtenção de soluções práticas de natureza constitucional. Tem como premissa a insuficiência das ordens nacionais ou locais para solucionar os complexos problemas de uma sociedade multicêntrica. O transconstitucionalismo também é conhecido como constitucionalismo de níveis múltiplos, multinível ou multiplex. No Brasil, o início do desenvolvimento dos estudos sobre o transconstitucionalismo é atribuído a Marcelo da Costa Pinto Neves, que defendeu tese acadêmica sobre a temática no ano de 2009.

e. CONSTITUCIONALISMO POPULAR

O constitucionalismo popular tem como característica tratar-se de um movimento contrário ao chamado *"judicial review"* e ao ativismo judicial, de modo que defende que a interpretação constitucional não deveria ser restrita ao Poder Judiciário, mas sim conferida em maior medida à população.

f. CONSTITUCIONALISMO DEMOCRÁTICO

O constitucionalismo democrático tem por precursores Robert Post e Reva Siegel que propõem que se adote o pluralismo na interpretação da Constituição, ou seja, que haja uma pluralidade de intérpretes. Ao contrário do que sugere o constitucionalismo popular, no constitucionalismo democrático não se defende a retirada do papel de intérprete do Poder Judiciário.

O constitucionalismo democrático sugere que não se deixe o efeito backlash limitar a atuação judicial, ou seja, a atividade judicial não deve buscar "evitar o conflito" ao ponto de restringir sua atuação nos casos necessários. Não se considera, no constitucionalismo democrático, contudo, que esse efeito seja deletério (ou nocivo). Ele deve ser ponderado no momento das decisões.

g. Pós-positivismo: supera e aprimora os clássicos pensamentos jusnaturalista e positivista. Ao mesmo tempo em que admite a importância de um direito claro e objetivo (positivismo jurídico), reconhece o valor da filosofia, da moral, da política e da ética para a compreensão e realização do direito (jusnaturalismo). Luís Roberto Barroso defende que o pós-positivismo é o fundamento do neoconstitucionalismo, bem como o marco filosófico das transformações do direito constitucional contemporâneo.

h. Neopositivismo: não se confunde com o pós-positivismo. Em verdade, se trata da reação a uma forma de positivismo bem antiga, o positivismo sociológico, segundo o qual, o direito precisa estar próximo do meio social, envolto a ideias de paz, harmonia, interesse público e felicidade, o que exigia uma atividade criativa dos seus aplicadores. O grande nome do neopositivismo foi Hans Kelsen. A novidade ("neo") impressa por Kelsen ao positivismo sociológico consistiu na cientificidade. O autor buscou a compreensão sobre a estrutura lógica do direito visto como um sistema, que teria o condão de explicar a ordenação de normas jurídicas em qualquer ordenamento jurídico do mundo. Por essa razão, Hans Kelsen se concentrou na forma em detrimento da essência. Cronologicamente, o neopositivismo sucedeu o positivismo sociológico e antecedeu o pós-positivismo.

- No Brasil, o início do desenvolvimento dos estudos sobre o transconstitucionalismo é atribuído a **Marcelo da Costa Pinto Neves**, que defendeu tese acadêmica sobre a temática no ano de 2009.

8. Concepções de Constituição

8.1. Constituição Sociológica (Ferdinand Lassalle – 1862): é aquela que deve traduzir a soma dos fatores reais de poder que rege determinada nação, sob pena de se tornar mera folha de papel escrita, que não corresponda à Constituição real.

8.2. Constituição Política (Carl Schmitt – 1928): é aquela que decorre de uma decisão política fundamental, e se traduz na estrutura do Estado e dos Poderes, e na presença de um rol de direitos fundamentais. As normas que não traduzirem a decisão política fundamental não serão constituição propriamente dita, mas meras leis constitucionais.

8.3. *Constituição Material*: é o arcabouço de normas que tratam da organização do poder, da forma de governo, da distribuição da competência, dos direitos da pessoa humana, considerados os sociais e individuais, do exercício da autoridade, ou seja, trata da composição e do funcionamento da ordem política. Tem relação umbilical com a Constituição Política de Carl Schimitt.

8.4. Constituição Jurídica (Hans Kelsen – 1934): é aquela que se constitui em norma hipotética fundamental pura, que traz fundamento transcendental para sua própria existência (sentido lógico-jurídico), e que, por se constituir no conjunto de normas com mais alto grau de validade, deve servir de pressuposto para a criação das demais normas que compõem o ordenamento jurídico (sentido jurídico-positivo).

8.5. Constituição Culturalista (Michele Ainis – 1986): é aquele que representa o fato cultural, ou seja, que disciplina as relações e direitos fundamentais pertinentes à cultura, tais como a educação, o desporto, e a cultura em sentido estrito.

8.6. Constituição Aberta (Peter Haberle – 1975): é aquela interpretada por todo o povo em qualquer espaço, e não apenas pelos juristas, no bojo dos processos.

8.7. Constituição Pluralista (Gustavo Zagrebelsky): não é nem um mandato nem um contrato. É aquela dotada de princípios universais, segundo as pretensões acordadas pelas "partes". Caracteriza-se pela capacidade de oferecer respostas adequadas ao nosso tempo ou, mais precisamente, da capacidade da ciência constitucional de buscar e encontrar essas respostas na constituição.

8.8. Constituição Simbólica (Marcelo Neves – 1994): é aquela que traz uma grande enunciação de direitos e valores sociais que não passam de álibis ou argumentos dilatórios frente à falta de efetivi-dade prática do que se preceitua.

8.9. Constituição transversal, multinível ou multilevel (Marcelo Neves): traduz a ideia de uma Constituição que pode se formar para além das fronteiras de um Estado Nacional, em um contexto de transconstitucionalismo. A ideia da Constituição transversal se liga com a União Europeia, na medida em se passou a cogitar a existência de uma Constituição Europeia, do-cumento que teria aptidão para resolver problemas envolvendo diferentes povos e culturas. Esse tipo de Constituição também pode ser apelidada de multinível ou *multilevel*.

9. Supremacia Constitucional: a noção de supremacia da Constituição é oriunda de dois conceitos essenciais: 1. a ideia de superioridade do Poder Constituinte sobre as instituições jurídicas vigentes; e 2. a distinção entre Constituições Rígidas e Flexíveis. Nesse sentido, a supremacia prega que as normas constitucionais representam o paradigma máximo de validade do ordenamento jurídico, de modo que todas as demais normas são hierarquicamente inferiores a ela. Na pirâmide normativa de Hans Kelsen a Constituição está no ápice e as demais normas estão abaixo dela (relação de compatibilidade vertical).

10. Classificação das Constituições

I. Quanto à Origem

1. Democrática, Promulgada ou Popular: elaborada por legítimos representantes do povo, normalmente organizados em torno de uma Assembleia Constituinte.
2. Outorgada: é aquela elaborada sem a presença de legítimos representantes do povo, imposta pela vontade de um poder absolutista ou totalitário, não democrático.
3. Constituição Cesarista, Bonapartista, Plebiscitária ou Referendária: é aquela criada por um ditador ou imperador e posteriormente submetida à aprovação popular por plebiscito ou referendo.
4. Pactuada/Dualista: originada de um compromisso instável de duas forças políticas rivais, de modo que o equilíbrio fornecido por tal espécie de Constituição é precário. Esse modelo foi muito utilizado na monarquia da Idade Média. A Magna Carta de 1215, que os barões obrigaram João Sem Terra a jurar, é um exemplo.
5. Heteroconstituição (ou "Constituição Dada"): é aquela criada fora do Estado em que irá vigorar. Ex: Constituição do Chipre (procedente dos acordos de Zurique, de 1960, entre a Grã-Bretanha, a Grécia e a Turquia).

II. Quanto ao Conteúdo:

1. Formal: compõe-se do que consta em documento solene que tem posição hierárquica de destaque no ordenamento jurídico.
2. Material: composta por regras que exteriorizam a forma de Estado, organizações dos Poderes e direitos fundamentais. Portanto, suas normas são aquelas essencialmente constitucionais, mas que podem ser escritas ou costumeiras, pois a forma tem importância secundária.

III. Quanto à Forma:

1. Escrita/Instrumental: formada por um texto.

1.1. Escrita Legal (Paulo Bonavides): formada por texto oriundo de documentos esparsos ou fragmentados.

1.2. Escrita Codificada (Paulo Bonavides): formada por texto inscrito em documento único.

2. Não Escrita: identificada a partir dos costumes, da jurisprudência predominante e até mesmo por documentos escritos (por mais contraditório que possa parecer). Como esclarece Dirley da Cunha Júnior, "não existe Constituição inteiramente não-escrita ou costumeira, pois sempre haverá normas escritas compondo o seu conteúdo. A Constituição inglesa, por exemplo, compreende importantes textos escritos, mas esparsos no tempo e no espaço, como a Magna Carta (1251), o Petition of Rights (1628), o Habeas Corpus Act (1679), o Bill of Rights (1689), entre outros" (*Direito Constitucional.* 6 ed. Salvador: Juspodivm, 2012, p. 120).

IV. Quanto à Estabilidade:

1. Imutável: não prevê qualquer processo para sua alteração.
2. Fixa: só pode ser alterada pelo Poder Constituinte Originário, "circunstância que implica, não em alteração, mas em elaboração, propriamente, de uma nova ordem constitucional" (CUNHA JÙNIOR, Dirley da. *Curso de Direito Constitucional.* 6 ed. Salvador: Juspodivm, 2012, p. 122-123)
3. Rígida: aquela em que o processo para a alteração de qualquer de suas normas é mais difícil do que o utilizado para criar leis.

* Vale ressaltar que alguns autores falam em Constituição super-rígida, como aquela em que além de o seu processo de alteração ser mais difícil do que o utilizado para criar leis, dispõe ainda de uma parte imutável (cláusulas pétreas).

4. Flexível: aquela em que o processo para sua alteração é igual ao utilizado para criar leis.
5. Semi-rígida ou semiflexível: é aquela dotada de parte rígida (em que somente pode ser alterada por processo mais difícil do que o utilizado para criar leis), e parte flexível (em que pode ser alterada pelo mesmo processo utilizado para criar leis).

V. Quanto à Extensão:

1. Sintética: é a Constituição que regulamenta apenas os princípios básicos de um Estado.
2. Analítica ou prolixa: é a Constituição que vai além dos princípios básicos, detalhando também outros assuntos.

VI. Quanto à Finalidade:

1. Garantia: contém proteção especial às liberdades públicas. Prescreve um Estado- mínimo.
2. Dirigente: confere atenção especial à implementação de programas pelo Estado. Prescreve um Estado intervencionista.

VII. Quanto ao Modo de Elaboração:

1. Dogmática: sistematizada a partir de ideias fundamentais.
2. Histórica: de elaboração lenta, pois se materializa a partir dos costumes, que se modificam ao longo do tempo.

VIII. Quanto à Ideologia:

1. Ortodoxa: forjada sob a ótica de somente uma ideologia.
2. Eclética: fundada em valores plurais.

IX. Quanto ao Valor ou Ontologia (Karl Loewenstein):

1. Normativa: dotada de valor jurídico legítimo.
2. Nominal: sem valor jurídico; com papel eminentemente social.
3. Semântica: tem importância jurídica, mas não valoração legítima, pois é criada apenas para justificar o exercício de um Poder não democrático. São meros simulacros de Constituição.

- **Máximas quanto às Classificações das Constituições**
- Toda Constituição rígida é escrita, pois não há rigidez em uma Constituição Não Escrita ou Costumeira.
- Toda Constituição costumeira é, ao menos conceitualmente, flexível, pois seu processo de alteração não se diferencia do que se utiliza para a alteração de qualquer outra norma que discipline o convívio social.
- Nem toda Constituição escrita é rígida, pois a Constituição formada por um texto pode ser imutável, fixa, rígida, flexível, ou semiflexível.
- Uma Constituição pode ter partes rígidas e partes flexíveis, e nesse caso será denominada de semi-rígida ou semiflexível.

CLASSIFICAÇÃO DA CONSTITUIÇÃO DA REPÚBLICA FEDERATIVA DO BRASIL DE 1988	
1. Democrática ou Promulgada ou Popular	Elaborada por legítimos representantes do povo
2. Formal	Documento solene

CLASSIFICAÇÃO DA CONSTITUIÇÃO DA REPÚBLICA FEDERATIVA DO BRASIL DE 1988	
3. Escrita ou Instrumental	Texto único
4. Rígida ou Super-rígida	Rígida: seu processo de alteração é mais difícil do que o utilizado para criar leis; Super-rígida: além de o seu processo de alteração ser mais difícil do que o utilizado para criar leis, ela tem uma parte imutável (cláusulas pétreas)
5. Analítica	Vai além dos princípios básicos, trazendo detalhamento também de outros assuntos
6. Dirigente	Confere atenção especial à implementação de programas pelo Estado
7. Dogmática	Sistematizada a partir de ideias fundamentais
8. Eclética	Fundada em valores plurais
9. Normativa	Tem valor jurídico legítimo (não apenas social)

12. COMPONENTES DA CONSTITUIÇÃO FEDERAL DE 1988

a) **Preâmbulo:** designa o texto introdutório à Constituição. Segundo posição exarada pelo STF no bojo da ADI 2.076, julgada em 2002, o preâmbulo da Constituição da República não tem força normativa, figurando como mero vetor interpretativo. Em seu voto, Celso de Mello sustentou que o preâmbulo não se situa no âmbito do direito, mas no domínio da política, refletindo posição ideológica do constituinte. Ademais, ele conteria proclamação ou exortação no sentido dos princípios inscritos na Constituição Federal.

Quanto à natureza jurídica do preâmbulo, a posição do STF filia-se à tese da irrelevância jurídica, afastando-se da tese da plena eficácia (que defende ter o preâmbulo a mesma eficácia das normas que constam da parte articulada da CF) e da tese da relevância jurídica indireta (para a qual o preâmbulo é parte da Constituição, mas não é dotado das mesmas características normativas da parte articulada). Por essa razão, também não serve de parâmetro para controle de constitucionalidade.

b) **Corpo ou articulado:** é a parte densa da Constituição que se encontra disposta em artigos e que tem vigência perene, ou seja, que tendem a vigorar e ter eficácia por um longo espaço de tempo. Refere-se aos Títulos I a X da CF, compostos pelos artigos 1º a 250.

c) **ADCT:** trata-se do ato das disposições constitucionais transitórias, composto por normas de eficácia exaurível. Exaurível porque seus dispositivos tendem a ter eficácia temporária, pois são normas que servem apenas à transição e depois perdem a função.

Assim, o ADCT é a parte da Constituição destinada a realizar a transição do regime constitucional anterior para o atual. Esse posicionamento do STF serviu para definir que a invocação à proteção de Deus, constante do Preâmbulo da Constituição da República vigente, somente denota inspiração do constituinte, não violando a liberdade religiosa que permeia o Estado brasileiro.

A respeito do ADCT, entendeu o STF que: "(...) o alcance de normas constitucionais transitórias há de ser demarcado pela medida da estrita necessidade do período de transição, que visem a reger, de tal modo a que, tão cedo quanto possível, possa ter aplicação a disciplina constitucional permanente da matéria (...)." [ADI 644 MC, rel. min. Sepúlveda Pertence, j. 4-12-1991, P, DJ de 21-2-1992.]

13. Elementos das Constituições (José Afonso da Silva. *Curso de Direito Constitucional Positivo*. 6 ed. São Paulo: Malheiros, 1990, p. 43-44)

13.1. Elementos Orgânicos: regulam a estrutura do Estado e do Poder

13.2. Elementos Limitativos: referem-se aos direitos fundamentais, que limitam a atuação do Estado, protegendo o povo.

13.3. Elementos Sócio-ideológicos: revelam o compromisso do Estado em equilibrar os ideais liberais e sociais ao longo do Texto Constitucional.

13.4. Elementos de Estabilização Constitucional: asseguram a solução de conflitos institucionais entre Poderes, e também protegem a integridade do Estado e da própria Constituição.

13.5. Elementos Formais de Aplicabilidade: referem-se às regras de interpretação e aplicação da Constituição, a exemplo do preâmbulo, do ADCT, e a aplicabilidade imediata dos direitos e garantias fundamentais.

14. Bloco de Constitucionalidade

- O bloco de constitucionalidade (ideia de Louis Favoreu, mas desenvolvida por Canotilho e consagrada nas ADIs 595 e 514, pelo Ministro Celso de Mello) consiste no conjunto de normas materialmente constitucionais, que até servem de paradigma para controle de constitucionalidade, mas que, não necessariamente, integram formalmente a Constituição, a exemplo dos tratados internacionais de direitos humanos aprovados de acordo com o regramento do art. 5º, § 3º, da CF.

15. Convenções Constitucionais: "(...) consistem em acordos, implícitos ou explícitos, entre as várias forças políticas, sobre o comportamento a adoptar para se dar execução ou actuação a determinadas normas constitucionais, legislativas ou regimentais." Esses acordos não necessariamente criam normas solenes, mas tem força material, apresentando-se como verdadeiras limitações aos poderes constituídos. (*Direito constitucional e teoria da Constituição*. Coimbra: Almedina, 2007).

16. Normas, Postulados Normativos, Princípio e Regras

- **Normas Jurídicas de Primeiro Grau (Princípios e Regras):** os Princípios são mandados de otimização que impõem a promoção de um fim, na maior medida possível, com abstração e generalidade, enquanto as Regras prescrevem comportamentos imediatos, de modo mais completo e preciso.
- **Normas Jurídicas de Segundo Grau/Postulados Normativos (Humberto Ávila):** situam-se num plano distinto daquele das normas cuja aplicação estruturam. A violação deles consiste na não interpretação de acordo com sua estruturação. Não impõem a promoção de um fim, mas, em vez disso, estruturam a aplicação do dever de promover um fim. Não prescrevem imediatamente comportamentos, mas modos de raciocínio e de argumentação relativamente a normas que indiretamente prescrevem comportamentos.

16. Colisão de Direitos Fundamentais: a colisão ocorrida em âmbito constitucional não pode ser considerada na mesma perspectiva do conflito entre leis (também chamadas de "regras"), ou seja, como um "conflito aparente de normas" para cuja solução seriam utilizados os critérios cronológico, hierárquico ou da especialidade, na forma do "tudo ou nada" ("all or nothing"), em que só se aplica um documento normativo daqueles que aparentemente conflitavam. Essa solução é inaplicável aos princípios, que não se sujeitam a esses critérios apontados pela doutrina, tampouco podem ser afastados um em razão de outro. Assim, em toda colisão de princípios deve ser respeitado o núcleo intangível dos direitos fundamentais concorrentes, mas sempre se deve chegar a uma posição em que um prepondere sobre outro (mas, sem eliminá-lo). A colisão deve ser resolvida por concordância prática (Konrad Hesse), com aplicação do princípio da proporcionalidade (tradição alemã) ou pela dimensão de peso e importância (Ronald Dworkin), com aplicação do princípio da razoabilidade (tradição norte-americana).

17. EXISTÊNCIA, VALIDADE e EFICÁCIA DAS NORMAS CONSTITUCIONAIS

Existência: as normas constitucionais existentes são aquelas que cumpriram com as etapas que logicamente antecedem a sua criação. Ex: uma lei existe depois de ter passado por todos os trâmites de um projeto de lei.

Validade: para Hans Kelsen, toda norma constitucional retira seu fundamento de validade de outra norma hierarquicamente superior. Considerando-se que a normas constitucionais são as hierarquicamente mais graduadas de uma ordem constitucional, faltaria uma norma superior a elas. Mas, para resolver esse problema, Kelsen inseriu em sua teoria a figura da norma hipotética fundamental, um pressuposto lógico e inquestionável para que seu raciocínio faça sentido. Assim, tem-se que as normas constitucionais retiram seu fundamento de validade da norma hipotética fundamental ou, em uma segunda análise, elas podem ser tomadas como as próprias normas hipotéticas fundamentais que, num primeiro momento, têm suas validades inquestionáveis, uma vez que normas pressupostas.

Eficácia: trata-se da aptidão que a norma constitucional tem (ou pode ter) para gerar efeitos concretos, práticos.

18. Classificação das Normas Constitucionais quanto à Eficácia

- No que tange à eficácia, segundo classificação de José Afonso da Silva, as normas constitucionais podem ser: plenas, contidas e limitadas.

18.1. Normas de eficácia plena são aquelas dotadas de aplicabilidade direta, imediata e integral, pois não necessitam de lei infraconstitucional para torná-las aplicáveis e nem admitem lei infraconstitucional que lhes restrinja o conteúdo. Em outras palavras: elas trazem todo o conteúdo necessário para a sua materialização prática. São entendidas como de aplicabilidade direta, imediata e integral, pois não necessitam de lei infraconstitucional. Exemplo: Brasília é a Capital Federal (art. 18, § 1º, da CF).

18.2. Normas de eficácia contida ou restringível são aquelas que têm aplicabilidade direta, imediata, mas não integral, pois admitem que seus conteúdos sejam restringidos por normas infraconstitucionais, o que ocorre, por exemplo, com o enunciado que garante o livre exercício de qualquer trabalho, ofício ou profissão, atendidas as qualificações profissionais que a lei estabelecer (art. 5º, XIII, da CF). Para ilustrar: a função de advogado, somente pode ser exercida atendida a qualificação profissional de ser bacharel em direito, aprovado no Exame da Ordem dos Advogados do Brasil (art. 8º, IV, da Lei 8.906/94).

18.3. Normas de eficácia limitada ou reduzida são aquelas que possuem aplicabilidade indireta, mediata e reduzida (não direta, não imediata e não integral), pois exigem norma infraconstitucional para que se materializem na prática. Entretanto, apesar de não se realizarem sozinhas na prática, elas são dotadas de eficácia jurídica, pois revogam as leis anteriores com elas incompatíveis; vinculam o legislador, de forma permanente, à sua realização; condicionam a atuação da administração pública e informam a interpretação e aplicação da lei pelo Poder Judiciário. Elas podem ser de princípio programático ou princípio institutivo.

18.3.1. As **normas de eficácia limitada de princípio programático** (também referidas apenas como normas programáticas) são aquelas que não regulam diretamente interesses ou direitos nelas consagrados, mas se limitam a traçar alguns preceitos a serem cumpridos pelo Poder Público, como programas das respectivas atividades, pretendendo unicamente a consecução dos fins sociais pelo Estado. Podem-se citar como exemplos os objetivos da República Federativa do Brasil (art. 3º, da CF), a estruturação da política agrícola brasileira (art. 187 da CF), e a determinação de organização de um regime de colaboração dos sistemas de ensino dos Entes da Federação (art. 211 da CF).

18.3.2. Já as **normas de eficácia limitada de princípio institutivo** são aquelas responsáveis pela estruturação do Estado como, por exemplo, a norma segundo a qual os Territórios Federais integram a União, e sua criação, transformação em Estado ou reintegração ao Estado de origem serão reguladas em lei complementar (art. 18, § 2º, da CF).

<table>
<tr><td rowspan="3">CLASSIFICAÇÃO DAS NORMAS CONSTITUCIONAIS QUANTO À EFICÁCIA</td><td>1. Eficácia Plena</td><td rowspan="2"></td></tr>
<tr><td>2. Eficácia Contida</td></tr>
<tr><td>3. Eficácia Limitada</td><td>a) Princípio Programático
(Programáticas)
b) Princípio Institutivo</td></tr>
</table>

19. CLASSIFICAÇÃO DAS NORMAS MATERIALMENTE CONSTITUCIONAIS (SEGUNDO LUÍS ROBERTO BARROSO):

As normas materialmente constitucionais (que organizam o exercício do poder político, definem direitos fundamentais, estabelecem princípios, e traçam fins públicos a serem alcançados) podem ser classificadas em: **a) normas constitucionais de organização; b) normas constitucionais definidoras de direitos e; c) normas constitucionais programáticas.**

a) **Normas constitucionais de organização:** estruturam e disciplinam o poder político. Ex: Forma de Estado (art. 1º da CF), Forma de Governo (art. 1º da CF) e Divisão Orgânica do Poder (art. 2º da CF)

b) **Normas constitucionais definidoras de direitos:** geram direitos subjetivos de natureza positiva ou negativa, exigindo o distanciamento ou a aproximação do Estado. Ex: Direitos Individuais (art. 5º da CF); Direitos Sociais (art. 6º e ss. da CF) e; Direitos Políticos (art. 14 e ss. da CF)

c) **Normas constitucionais programáticas:** estabelecem finalidades a serem perseguidas pelo Estado. Ex: Redução das Desigualdades Sociais e Regionais (art. 170, II, da CF); apoio à cultura (art. 215 da CF) e; c) fomento às práticas desportivas (art. 217 da CF).

1.20. EFICÁCIA DOS PRINCÍPIOS CONSTITUCIONAIS (SEGUNDO LUÍS ROBERTO BARROSO)

Eficácia direta (positiva ou simétrica): princípio incide da mesma forma que uma regra, por subsunção de um fato ao seu conteúdo normativo. Ex: ação afirmativa (fato) que se amolda à isonomia (princípio).

Eficácia interpretativa: o princípio atua como um vetor, orientando o sentido e o alcance de outras normas jurídicas. Ex: na união estável homoafetiva, entre aplicar-se a teoria da sociedade de fato ou determinar-se a extensão das regras da união estável, o princípio da isonomia orienta para a equiparação à união estável.

Eficácia negativa: o princípio imprime uma paralisação a qualquer norma que viole o seu conteúdo. Ex: se Edital limitar a 40 anos a idade para concurso de juiz de direito, o princípio da isonomia tem o condão de paralisar o ato convocatória e organizatório do certame.

21. Métodos de Interpretação Constitucional

21.1. Método Jurídico ou Hermenêutico Clássico (Ernest Forsthoff): parte de uma Tese da Identidade que existiria entre a Constituição e as demais leis, ou seja, se a constituição é uma lei, não há porque criar-se um método específico para interpretá-la. Ele se vale basicamente dos seguintes elementos: a) genético (origem do ato); b) gramatical ou filológico (análise textual e literal); c) histórico (momento e contexto de criação do ato); d) lógico (não contradição); e) sistemático (análise do todo ou conjunto); f) teleológico (finalidade social do ato).

21.2. Método Científico-espiritual, Valorativo ou Sociológico (Rudolf Smend): tem como norte o espírito constitucional, ou seja, valores consagrados nas normas constitucionais. Além dos valores, levam-se em conta também outros fatores extraconstitucionais, como a realidade social e cultural do povo, exigindo-se uma interpretação elástica do texto constitucional, alçando a Constituição a instrumento de integração e solução de conflitos em busca da construção e da preservação da unidade social.

21.3. Método Tópico-problemático (Theodor Viehweg): atua sobre as aporias (aporia: dificuldade de escolher entre duas opiniões contrárias e igualmente racionais sobre um dado problema). Topos que no plural são os topoi representam formas de pensamento, raciocínios, argumentações, pontos de vista ou lugares comuns. Os topoi são retirados da jurisprudência, da doutrina, dos princípios gerais de direito e até mesmo do senso comum. Trata-se de uma teoria de argumentação jurídica em torno do problema. A partir do problema expõem-se os argumentos favoráveis e contrários e consagra-se como vencedor aquele capaz de convencer o maior número de interlocutores. Tem aplicabilidade nos casos de difícil solução, denominados por *hard cases*.

21.4. Método Hermenêutico-concretizador (Konrad Hesse): é aquele em que o intérprete se vale de suas pré-compreensões valorativas para obter o sentido da norma e então aplicá-la à resolução de determinado problema. O conteúdo da norma somente é alcançado a partir de sua interpretação concretizadora, dotada do caráter criativo que emana do exegeta. Nesse sentido, o método de Hesse possibilita que a Constituição tenha força ativa para compreender e alterar a realidade. Mas, nesse mister, o texto constitucional apresenta-se como um limite intransponível para o intérprete, pois se o exegeta passar por cima do texto, ele estará modificando ou rompendo a Constituição, não a interpretando.

21.5. Método Normativo-estruturante (Friedrich Muller) ou Concretista (Paulo Bonavides): é aquele em que o intérprete parte do direito positivo para chegar à estruturação da norma, muito mais complexa que o texto legal. Nesse caminho, há influência da jurisprudência, da doutrina, da história, da cultura e das decisões políticas. Em outras palavras: o exegeta colhe elementos da realidade social para estruturar a norma que será aplicada.

21.6. Método Concretista da Constituição Aberta (Peter Häberle): traz a ideia que a Constituição deve ser interpretada por todos e em quaisquer espaços (abertura interpretativa), e não apenas pelos juristas no bojo de procedimentos formais.

21.7. Método da Comparação Constitucional (Peter Häberle): prega a interpretação a partir da comparação entre diversas Constituições.

- **Inexistência de hierarquia entre métodos de interpretação constitucional:** segundo Gilmar Ferreira Mendes, Inocêncio Mártires Coelho e Paulo Gustavo Gonet Branco: "Não por acaso Gustavo Zagrebelsky afirma que não existe na literatura, nem na jurisprudência, uma teoria de métodos interpretativos da Constituição que nos esclareça se é possível e mesmo necessário adotar um método previamente estabelecido ou uma ordem metodológica concreta, um dado de realidade que, se não configura lacuna inexplicável, por certo reflete a consciência de que não tem maior significado nos aproximarmos da interpretação através dos seus métodos, ainda que a palavra método, como todos sabem, signifique, precisamente, o caminho a ser percorrido para se alcançar a verdade". (*Curso de direito constitucional.* 2. ed. São Paulo: Saraiva, 2008, p. 98).

22. Leitura Moral da Constituição: Segundo Ronald Dworkin, a leitura moral da Constituição elucida que a interpretação jurídica deve valer-se de uma teoria política, sem que isso signifique uma corrupção da interpretação. Os princípios e valores dos julgadores tendem a influenciar no desvelar das normas jurídicas (*Uma questão de princípio.* São Paulo: Martins Fontes: 2001, p. 246-247).

23. Princípios de Interpretação Constitucional

23.1. Princípios Enunciados por Canotilho

23.1.1. Princípio da unidade da Constituição: preceitua que a interpretação constitucional deve ser realizada tomando-se as normas constitucionais em conjunto (interpretação sistêmica), como um sistema unitário de princípios e regras, de modo a se evitarem contradições (antinomias aparentes) entre elas.

23.1.2. Princípio do efeito integrador ou da eficácia integradora: traz a ideia que as normas constitucionais devem ser interpretadas com objetivo de integrar política e socialmente o povo de um Estado Nacional.

23.1.3. Princípio da máxima efetividade ou eficiência: exige que o intérprete otimize a norma constitucional para dela extrair a maior efetividade possível, guardando estreita relação com o princípio da força normativa. Segundo Luis Roberto Barroso, por meio dele realiza-se uma aproximação, tão íntima quanto possível, entre o dever-ser normativo e o ser da realidade social. (*Curso de direito constitucional contemporâneo.* São Paulo: Saraiva, 2009).

23.1.4. Princípio da conformidade/correção funcional/exatidão funcional ou da justeza: limita o intérprete na atividade de concretizador da Constituição, pois impede que ele atue de modo a desestruturar as premissas de organização política previstas no Texto Constitucional.

23.1.5. Princípio da concordância prática ou da harmonização: a interpretação de uma norma constitucional exige a harmonização dos bens e valores jurídicos colidentes em um dado caso concreto, de forma a se evitar o sacrifício total de um em relação a outro.

23.1.6. Princípio da força normativa: a partir dos valores sociais, o intérprete, em atividade criativa, deve extrair aplicabilidade e eficácia de todas as normas da Constituição, conferindo-lhes sentido prático e concretizador, em clara relação com o princípio da máxima efetividade ou eficiência. Por meio dele, a Constituição tem força ativa para alterar a realidade.

23.2. Outros Princípios

23.2.1. Princípio da razoabilidade ou da proporcionalidade: exige a tomada de decisões racionais, não abusivas, e que respeitem os núcleos essenciais de todos os direitos fundamentais. Por meio dele, analisa-se se as condutas são adequadas, necessárias e trazem algum sentido em suas realizações.

23.2.2. Princípio da interpretação conforme: consiste em conferir-se a um ato normativo polissêmico (que admite vários significados) a interpretação que mais se adéque ao que preceitua a Constituição, sem que essa atividade se constitua em atentado ao próprio texto constitucional. Aplicável ao controle de constitucionalidade, a interpretação conforme permite que se mantenha um texto legal, conferindo-se a ele um sentido ou interpretação de acordo com os valores constitucionais.

23.2.3. Princípio da presunção de constitucionalidade das leis: traz a ideia que todas as normas infraconstitucionais criadas estão de acordo com a Constituição. Toda lei é válida e constitucional até que se prove o contrário, portanto, a presunção de constitucionalidade é relativa (*juris tantum).*

Esse princípio ainda tem por missão orientar que o judiciário declare a inconstitucionalidade de uma norma apenas se ela for patente ou chapada, não permitindo uma interpretação conforme a constituição. Sobre o princípio, a lição de Luís Roberto Barroso: "a) não sendo evidente a inconstitucionalidade, havendo dúvida ou a possibilidade de razoavelmente se considerar a norma como válida, deve o órgão competente abster-se da declaração de inconstitucionalidade; b) havendo alguma interpretação possível que permita afirmar-se a compatibilidade da norma com a Constituição, em meio a outras que carreavam para ela um juízo de invalidade, deve o intérprete optar pela interpretação legitimadora, mantendo o preceito em vigor" (*Interpretação e aplicação da Constituição*. 2. ed. São Paulo: Saraiva. 1998, p. 165).

23.2.4. Princípio da vedação do retrocesso: significa que uma vez garantido em um ordenamento jurídico, notadamente no Texto Constitucional, um direito humano (que se torna fundamental pela positivação na Constituição) não pode mais deixar de existir naquela sociedade ou Estado. Tal princípio está implícito nos ordenamentos jurídicos de todos os países que reconhecem a importância e a validade do direito internacional dos direitos humanos.

23.2.5. Correntes interpretativista e não interpretativista: segundo a corrente interpretativista, os intérpretes têm como limites os valores expressos, ou, ao menos, claramente implícitos nas Constituições, de modo a respeitar-se a vontade do constituinte. Já a corrente não interpretativista sustenta que o intérprete pode invocar valores eventualmente não expressos ou claramente implícitos nas Constituições, a exemplo da justiça, da moral e da liberdade. A corrente não interpretativista recebe esse nome porque ela não interpretaria a partir da Constituição, mas criaria uma nova norma para servir à resolução do problema.

24. Classificação dos princípios constitucionais segundo José Afonso da Silva

24.1. Princípios Constitucionais Sensíveis: são aqueles que devem ser observados, sob pena de intervenção federal, consoante art. 34, II, da CF.

24.2. Princípios Constitucionais Extensíveis: são aqueles que trazem as normas de organização que a Constituição Federal estendeu aos Estados-membros, a exemplo do art. 6º da CF.

24.3. Princípios Constitucionais Estabelecidos: são aqueles que limitam a autonomia organizatória do Estado, a exemplo do art. 37 da CF.

25. Constituição, Cosmopolitismo e Estado Constitucional Cooperativo:

O papel do direito comparado e das normas e jurisprudência internacionais na interpretação da Constituição.

- A contemporânea forma como os países se relacionam têm desafiado as arcaicas estruturas das ordens constitucionais nacionais. As **Constituições Modernas**, fortemente marcadas por se apresentarem como projetos para Estados-Nacionais **já não mais se conformam à realidade plural da contemporaneidade**. Com a **internacionalização dos direitos humanos**, os povos se aproximam cada vez mais em culturas, valores e objetivos, em uma **concepção cosmopolita de respeito às diferenças e entusiasmo à harmonia entre as pessoas**. Nesse cenário, o **direito comparado, as normas e jurisprudências internacionais** ganham especial relevo, pois têm o **condão de ressignificar as Constituições de gênese nacionalista**. Abre-se um **diálogo permanente** entre as normas constitucionais e as demais fontes dos direitos de outros Estados, bem como com aquelas que emanam dos órgãos que compõem os sistemas global e regionais de proteção dos direitos humanos. Trata-se de uma realidade fundada na existência do que **Peter Häberle** chama de **Estado Constitucional Cooperativo**, ou seja, um momento em que as ordens constitucionais devem contribuir umas com as outras, abrindo-se para o direito internacional.

26. Filosofia Constitucional

26.1. Conceito de filosofia constitucional: estuda o modo como se relacionam os sistemas ou teorias de justiça e os sistemas ou teorias de direito com os projetos constitucionais.

26.2. Fundamentos da filosofia constitucional: a) teorias ou sistemas positivistas: direito e justiça se sustentam sobre normas jurídicas positivas impostas como decisões políticas fundamentais ou normas hipotéticas fundamentais. **b) teorias ou sistemas valorativos:** direito e justiça se fundam em normas substantivas, valoradas segundo critérios éticos e morais.

26.3. Eixos da filosofia constitucional: a) identidade de fundamentos entre teoria da justiça e teoria do direito constitucional; b) filosofia constitucional com fundamentos próprios, tendo a Constituição como epicentro, e o poder políticos e os direitos fundamentais sendo ponderados para a busca de uma democracia constitucional.

26.4. Teoria da Justiça em John Rawls (tradição liberal/escola norte-americana): trata-se de um aprofundamento à ideia de contrato social de Locke, Rosseau e Kant. Supera-se a visão do contrato social como um pacto social que funda uma sociedade e orienta a formação de um governo que devem realizar os princípios de justiça. Evolui-se para uma ideia no sentido de que os princípios de justiça existem já na formação do pacto ou contrato social e que os a sociedade e o governo já se estruturam a partir dessa orientação. Rawls aproxima a ideia de justiça aos **valores da liberdade, da igualdade (equidade) e da pluralidade**. Justa é a sociedade que permite **múltiplas concepções de justiça**, sendo, assim, igualitária, o que se reflete em valores institucionais no respeito mútuo entre as individualidades dos cidadãos a partir da **consolidação de direitos com natureza perene.**

26.5. Teoria da Justiça em Jurgen Habermas (tradição crítica ou pragmática/escola alemã): como uma crítica à teoria de Rawls, **afirma-se pragmaticamente que a sociedade está em contínua transformação (evolução social)**, não tendo a estabilidade necessária para garantir justiça por meio de uma perene consolidação de direitos individualmente titularizados. Por essa razão, com o fim de se alcançar e manter a justiça, os direitos devem ser mutáveis. **Justa é a sociedade estruturada a partir de direitos em constante mutação.** Em outras palavras: a estrutura ou sistema de direitos se altera sempre que o contexto social exigir uma nova conformação para a garantia de justiça.

27. Teorias do Discurso e da Argumentação

- Nas palavras de Robert Alexy, "uma teoria do discurso pode ser empírica, analítica e/ou normativa. Ela é empírica quando, para dar apenas alguns exemplos, ela descreve e explica a correlação entre certos grupos de oradores e o uso de certos argumentos, os efeitos dos argumentos ou os pontos de vista relativos à validade dos argumentos predominantes em certos grupos. Ela é analítica quando lida com a estrutura lógica dos argumentos que ocorrem e dos argumentos possíveis. Finalmente, ela é normativa quando propõe e justifica critérios para a racionalidade dos discursos". (*Teoria da Argumentação Jurídica*. São Paulo: Landy Editora, 2001, p. 180)

27.1. Teoria de Austin: a função da linguagem não é apenas descrever o mundo. A teoria se baseia no ato do discurso, no sentido de que ao se dizer algo, também se está fazendo alguma coisa, como, por exemplo, afirmando, negando, fazendo uma promessa.

27.2. Teoria de Hare: se funda em uma análise da linguagem moral. No campo de afirmações morais sempre há um julgamento de valor que implica em um imperativo, em uma prescrição determinante.

27.3. Teoria de Toulmin: preceitua que argumentos morais permitem a transição de afirmações de fato para afirmações normativas, ou seja, de uma transposição do mundo dos fatos para um universo em que algo dito possa ser julgado como válido ou inválido segundo elementos de que dispõe o interlocutor ou ouvinte.

27.4. Teoria de Baier: prescreve dois níveis de reflexão. Num primeiro nível são analisados os fatos (e questionada sua relevância) e num segundo nível é feita uma análise sobre os motivos apresentados com os fatos. Após todo esse processo é que se pode julgar o discurso.

27.5. Teoria do Consenso da Verdade de Habermas: analisa as expressões normativas, como ordens e julgamentos de valor que podem ser justificadas do mesmo modo que as afirmações do mundo dos fatos, ou seja, só posso afirmar a verdade de algo se houver comprovação real e se outros também o fizerem, em suma, se houver consenso.

27.6. Teoria da Deliberação Prática da Escola de Erlanger: o discurso deve ser construído a partir de certas regras. O uso de cada palavra depende do consenso e a realização de cada afirmação deve ser sustentável a qualquer tempo e em qualquer contexto.

27.7. Teoria da Argumentação de Chaim Perelman: os julgamentos de valor não podem ser justificados simplesmente por meio de observação empírica nem por uma evidência consensual. Partindo-se do ponto que a combinação de premissas pode redundar em diversas conclusões igualmente válidas, o ponto chave passa a ser a audiência (plateia). Os argumentos podem e devem ser adaptados para o convencimento dos ouvintes.

27.8. Teoria da Argumentação Jurídica de Robert Alexy: tem como pressuposto a argumentação geral prática e como limite a lei válida, ou seja, em uma discussão jurídica, ainda que os assuntos sejam eminentemente práticos, nem todas as questões estão abertas ao debate e às livres conclusões do orador, pois normas jurídicas podem impor verdades que não são tergiversáveis.

PODER CONSTITUINTE E DIREITO CONSTITUCIONAL INTERTEMPORAL

- **CF, art. 60, § 4º.**

1. PODER CONSTITUINTE

1.1. Ideia ou Teoria Clássica de Poder Constituinte (de Emmanuel Joseph Sieyès, na obra *Que é o Terceiro Estado?*): a soberania popular consiste essencialmente no poder constituinte da nação. Entretanto, atualmente, a ideia de nação cedeu lugar ao poder do povo. Assim, é o povo que atribui seus poderes a órgãos estatais especializados, que passam a se denominar Poderes (Executivo, Legislativo e Judiciário). E se o povo delega certas partes do seu poder às diversas autoridades constituintes, ele mantém o poder constituinte. Nesse sentido, o Poder Constituinte tem suas raízes em uma força geral da Nação (JJ. Gomes Canotilho).

1.2. A **titularidade** do Poder Constituinte é do povo, mas é o Estado quem o exerce.

1.3. O **Poder Constituinte Originário (também denominado por Genuíno, Primário ou de Primeiro Grau)** cria a primeira ou nova constituição de um Estado. Para atingir seu objetivo, ele é **inicial** (não existe outro poder anterior ou superior a ele), **autônomo** (o poder constituinte determina a estrutura da nova Constituição), **ilimitado** (tem autonomia para escolher o Direito que irá viger, ou seja, não se subordina a nenhuma ideia jurídica preexistente) e **incondicionado** (é dotado de liberdade quanto aos procedimentos adotados para a criação da Constituição, ou seja, não precisa seguir nenhuma formalidade preestabelecida). (LÉPORE, Paulo. *Direito constitucional*. 2. Ed. Salvador: Juspodivm, 2014, p. 25). Ademais, o poder constituinte originário pode ser qualificado como **permanente**, "[...] já que o poder constituinte originário não se esgota com a edição da nova Constituição, sobrevivendo a ela e fora dela como forma de expressão da liberdade humana, em verdadeira ideia de subsistência." (LENZA, Pedro. *Direito constitucional esquematizado*. 16. ed. São Paulo: Saraiva, 2012, p. 186).

1.4. Já o **Poder Constituinte Derivado Reformador (também denominado por Secundário, de Segundo Grau, Instituído, Constituído, ou de Reforma)** é responsável pela reforma da Constituição (no Brasil, por meio de Emendas Constitucionais ou da incorporação de tratados internacionais de direitos humanos). Vale notar que a CF de 1988 **não** prevê expressamente o poder de reforma, que materializa o poder constituinte derivado, mas este se encontra implícito, e se extrai, por exemplo, da norma constitucional que prevê propostas de emendas à Constituição.

1.5. A seu turno, o Poder Constituinte Derivado **Decorrente** é aquele exercido pelos Estados-membros, na construção das Constituições Estaduais (art. 25, da CF).

1.6. Limitações ao Poder Constituinte Derivado

1.6.1. Temporais: impedem a alteração da Constituição em um determinado período de tempo (A CF/88 não prevê nenhuma limitação temporal, em privilégio ao ganho de estabilidade).

1.6.2. Circunstanciais: impedem a alteração da CF em momentos de extrema gravidade, nos quais a livre manifestação do poder reformador possa estar ameaçada (Estado de Defesa, Estado de Sítio, e Intervenção Federal).

1.6.3. Formais/Processuais/Procedimentais, que podem ser de duas espécies: 3.1. Formal Subjetiva (há legitimados específicos para a propositura de Emendas Constitucionais); 3.2. Formal Objetiva (quórum qualificado de três quintos, em dois turnos, em cada Casa do Congresso Nacional, com promulgação pelas mesas do Senador Federal e da Câmara dos Deputados).

1.6.4. Materiais/Substanciais: cláusulas pétreas.

1.6.5. Implícitas: vedam a alteração das regras pertinentes ao processo para modificação da Constituição.

- **Atenção!** Algumas provas pedem a classificação das limitações ao Poder Constituinte na Constituição de 1988. **Para a ESAF**, as limitações são **explícitas** (englobam as circunstanciais e as materiais) e **implícitas** (se confundem com as formais/processuais/procedimentais)
- As **cláusulas pétreas** (de pedra, duras) estão dispostas no art. 60, § 4º, da CF: I – a forma federativa de Estado; II – o voto direto, secreto, universal e periódico; III – a separação dos Poderes; IV – os direitos e garantias individuais. Não será objeto de deliberação a proposta de emenda constitucional **tendente** a aboli-las.
- O STF entende que **os direitos e garantias individuais considerados cláusulas pétreas pela CF não se restringem àqueles expressos no elenco do art. 5º**, admitindo interpretação extensiva para definição de **direitos análogos,** o que restou claro na ADI 939, julgada em 1993 e relatada pelo Ministro Sydney Sanches, que considerou direito e garantia individual a anterioridade tributária, consoante art. 5º, § 2º, art. 60, § 4º, IV, e art. 150, III, "b", todos da CF.
- As cláusulas pétreas tem como significado último **prevenir a erosão da Constituição Federal**, inibindo a tentativa de abolir o projeto constitucional deixado pelo constituinte (que normalmente ocorrem em momentos de pressões e revoltas populares, consoante lição de Karl Loewenstein (*Teoria de la constitución*. Barcelona: Ariel, 1983, p. 222).
- O STF considera que os limites materiais ao poder constituinte de reforma **não significam a intangibilidade literal da disciplina dada ao tema pela Constituição originária**, mas sim a proteção do núcleo essencial dos princípios e institutos protegidos pelas cláusulas pétreas, consoante ADI 2.024, julgada em 2007 e relatada pelo Ministro Sepúlveda Pertence.
- O poder constituinte de reforma não pode criar novas cláusulas pétreas, ou seja, não pode ampliar as hipóteses do art. 60, § 4º, da CF. Entretanto, é possível que haja uma **ampliação no catálogo dos direitos fundamentais** criado pelo poder constituinte originário, notadamente dos direitos e garantias individuais protegidos pelo art. 60, § 4º, IV, da CF, a exemplo do direito à razoável duração do processo (art. 5º, LXXVIII, da CF), incluído pela EC 45/04.
- O sistema constitucional brasileiro **admite a existência de cláusulas pétreas implícitas**, a exemplo da forma republicana de governo. Essa afirmação encontra fundamento na **jurisprudência do STF** (ADI 829, Rel. Min. Moreira Alves, julgamento em 14-4-1993, Plenário, DJ de 16-9-1994; e (MS 24.875, Rel. Min. Sepúlveda Pertence, julgamento em 11-5-2006, Plenário, DJ de 6-10-2006.).
- De acordo com Luís Roberto Barroso, "[...] hierarquia, em Direito, designa o fato de uma norma colher o seu fundamento de validade em outra, sendo inválida se contravier a norma matriz. Ora bem: não é isso que se passa na situação aqui descrita. Pelo princípio da unidade da Constituição, inexiste hierarquia entre normas constitucionais originárias, que jamais poderão ser declaradas inconstitucionais umas em

face das outras. **A proteção especial dada às normas amparadas por cláusulas pétreas sobrelevam seu status político ou sua carga valorativa, com importantes repercussões hermenêuticas, mas não lhes atribui superioridade jurídica**". (Curso de direito constitucional contemporâneo. São Paulo: Saraiva, 2009, p. 167).

1.7. Segundo José Afonso da Silva, **reforma é gênero**, e tem como espécies: emenda (mudança pontual) e revisão (modificação mais amplas). Alguns autores também apontam a mutação constitucional como um procedimento não formal de reforma ou mudança da Constituição

- **Revisão constitucional**: prevista no art. 3º, do ADCT da CF, foi realizada 5 anos após a promulgação da CF/88 (em 1993, portanto) pelo voto da maioria absoluta dos membros do Congresso Nacional, em sessão unicameral, tendo gerado seis emendas constitucionais de revisão que detêm o *status* de normas constitucionais **derivadas**, porque materializadas por meio de emendas. Ademais, elas estão sujeitas ao controle de constitucionalidade, pois apenas as normas constitucionais originárias gozam de presunção absoluta de constitucionalidade.
- **Mutação constitucional:** é um processo não formal de mudança da Constituição em que o texto constitucional permanece inalterado, modificando-se apenas o significado e o sentido interpretativo de determinada norma constitucional. Em outras palavras: na mutação, altera-se a interpretação sobre o texto da Constituição, chegando-se a norma com sentido novo. O exemplo mais famoso é o empregado ao STF ao art. 52, X, da CF, para dizer que a nova norma que dele se extrai é no sentido que a resolução emitida pelo Senador Federal para suspender a execução, no todo ou em parte, de norma declarada inconstitucional no controle difuso serve apenas para conferir publicidade à decisão do STF. Outro exemplo é a interpretação do STF sobre o conceito de casa, do art. 5º, XI, da CF, para dizer que inclui também escritórios profissionais, hotéis, motéis, pensões e congêneres. Segundo Luís Roberto Barroso, a mutação constitucional pode ocorrer por interpretação, pela atuação do legislador e por via de costume. A mutação constitucional por via de interpretação "consiste na mudança de sentido da norma, em contraste com entendimento preexistente". Já a mutação pela atuação do legislador ocorrerá "quando, por ato normativo primário, procurar-se modificar a interpretação que tenha sido dada a alguma norma constitucional. É possível conceber que, ensejando a referida norma mais de uma leitura possível, o legislador opte por uma delas, exercitando o papel que lhe é próprio, de realizar escolhas políticas. A mutação terá lugar se, vigendo um determinado entendimento, a lei vier a alterá-lo. Suponha-se, por exemplo, que o § 3º do art. 226 da Constituição – que reconhece a união estável entre homem e mulher como entidade familiar – viesse a ser interpretado no sentido de considerar vedada a união estável entre pessoas do mesmo sexo. Se a lei ordinária vier a disciplinar esta última possibilidade, chancelando as uniões homoafetivas, terá modificado o sentido que vinha sendo dado à norma constitucional". Por fim, a mutação por costume é aquela que altera uma prática historicamente considerada válida. "Há outro exemplo expressivo contemporâneo, relacionado com as Comissões Parlamentares de Inquérito (CPIs). Nos últimos anos, uma prática política persistente expandiu os poderes dessas comissões e redefiniu suas competências. Passou-se a admitir, pacificamente, a determinação de providências que antes eram rejeitadas pela doutrina e pela jurisprudência, aí incluídas a quebra de sigilos bancários, telefônico e fiscais" (BARROSO, Luís Roberto. Curso de Direito Constitucional Contemporâneo. São Paulo: Saraiva, 2009, p. 128-135).
- **Atenção!** No julgamento das ADI 3.406 e 3.470, o STF retomou seu entendimento, pela manifestação do Ministro Gilmar Mendes, de que o art. 52, X da CF/88 sofreu mutação constitucional, devendo ser interpretado de modo a atribuir eficácia vinculante à decisão da Corte independente da manifestação do Senado Federal, que apenas torna pública, divulgando a decisão. [ADI 3.406 e ADI 3.470, rel. min. Rosa Weber, j. 29-11-2017, P, Informativo 886.]

1.8. Poder constituinte supranacional: tem capacidade para submeter as diversas constituições nacionais ao seu poder supremo, distinguindo-se do ordenamento jurídico positivo interno assim como do direito internacional. Exemplo concreto é a tentativa de criação de uma Constituição para a União Europeia, responsável pela regência de vários países e não se confundindo com cada um dos direitos internos e nem com os tratados internacionais.

- **Não há** manifestação de Poder Constituinte (Originário, Derivado, ou Decorrente) nos Municípios, pois estes têm sua estruturação jurídica dada por meio de Lei Orgânica, não de Constituição.

2. DIREITO CONSTITUCIONAL INTERTEMPORAL

2.1. Revogação: a Constituição nova, mesmo que não diga expressamente ou que não seja incompatível, revoga inteiramente a Constituição anterior. Trata-se de revogação por normatização geral. Ocorre uma ab-rogação da Constituição anterior.

2.2. Desconstitucionalização: quando do surgimento de uma nova Constituição, apenas a constituição propriamente dita (anterior) é revogada, e as normas constitucionais compatíveis materialmente com o novo diploma são recepcionadas com status infraconstitucional (desconstitucionalizadas). Segundo a maioria da doutrina, esse fenômeno nem ocorreu tacitamente e nem foi expressamente adotado pela Constituição Federal vigente.

2.3. **Recepção:** consiste no fenômeno em que normas pertencentes a uma ordem jurídica anterior são recebidas e consideradas válidas por uma nova ordem constitucional, porque seus conteúdos são materialmente compatíveis. Quando do surgimento de uma nova Constituição as normas materialmente incompatíveis serão revogadas (nomenclatura utilizada pelo STF) ou não recepcionadas. A incompatibilidade formal superveniente não impede a recepção, mas faz com que a norma adquira uma nova roupagem. Exemplo: CTN (Lei 5.172/66) foi recepcionado, por EC pela CF/67 e também pela CF/88 como Lei Complementar, logo, só pode ser revogado por outra lei complementar. Em outras palavras: na recepção constitucional só importa o aspecto material. Há, ainda, a recepção expressa, a exemplo da norma do art. 34 do ADCT, segundo a qual o sistema tributário nacional entraria em vigor apenas a partir do primeiro dia do quinto mês seguinte ao da promulgação da Constituição, mantido, até então, o da Constituição de 1967, com a redação dada pela Emenda nº 1, de 1969, e pelas posteriores. Assim, o art. 34 do ADCT recepcionou, expressamente, o sistema tributário da Constituição de 1967, ainda que por prazo determinado.

2.4. **Repristinação:** fenômeno que se dá pela recuperação da vigência de uma norma que tinha sido revogada, se, por acaso, a lei que a tinha revogado, por qualquer razão, perder a vigência (porque foi revogada, por exemplo). Simplificando: tomemos três leis "1", "2" e "3". Se "2" revoga "1", mas "3" revoga "2", "1" volta a ter vigência. No plano legal, esse fenômeno só existe de forma expressa (se a lei que entra em vigor revogando a lei revogadora expressar o restabelecimento da lei inicialmente revogada), não havendo repristinação tácita. Mas, no plano constitucional, fala-se na existência de um efeito repristinatório tácito, em que no controle de constitucionalidade concentrado, a concessão da medida cautelar ou decisão de mérito torna aplicável a legislação anterior acaso existente, salvo expressa manifestação em sentido contrário (art. 11, § 2º, da Lei 9.868/99). Vale ressaltar, com Pedro Lenza, que o STF vem utilizando a expressão "efeito repristinatório" da declaração de inconstitucionalidade (c.f. ADI 2.215-PE, medida cautelar, Rel. Ministro Celso de Mello, Informativo 224 do STF). Isso porque, se a lei é nula, ela nunca teve eficácia. Se nunca teve eficácia, nunca revogou nenhuma norma. Se nunca revogou nenhuma norma, aquela que teria sido supostamente "revogada" continua tendo eficácia (Direito Constitucional Esquematizado. 16 ed. São Paulo: Saraiva, 2012, p. 342).

2.5. **Constitucionalidade superveniente:** trata-se do saneamento do vício de inconstitucionalidade por uma nova constituição ou emenda. Não é admitida no Brasil. A constitucionalidade de uma lei sempre deve ser analisada em relação à Constituição vigente quando de sua edição. O vício de inconstitucionalidade, quando existente, é sempre congênito, ou seja, existe desde o momento de edição da norma. Se uma lei nasceu inconstitucional, o vício é insanável e o fato de ela não ser incompatível com uma nova Constituição é absolutamente irrelevante. Uma nova Constituição não pode constitucionalizar, tirar o vício de uma lei que é inconstitucional segundo o parâmetro constitucional anterior. Assim entende o STF: "Em nosso ordenamento jurídico, não se admite a figura da constitucionalidade superveniente. Mais relevante do que a atualidade do parâmetro de controle é a constatação de que a inconstitucionalidade persiste e é atual, ainda que se refira a dispositivos da CF que não se encontram mais em vigor. Caso contrário, ficaria sensivelmente enfraquecida a própria regra que proíbe a convalidação. (ADI 2.158, julgada em 2010 e relatada pelo Ministro Dias Tóffoli) "Constituição. Lei anterior que a contrarie. Revogação. Inconstitucionalidade superveniente. Impossibilidade. A lei ou é constitucional ou não é lei. Lei inconstitucional é uma contradição em si. A lei é constitucional quando fiel à Constituição; inconstitucional na medida em que a desrespeita, dispondo sobre o que lhe era vedado. O vício da inconstitucionalidade é congênito à lei e há de ser apurado em face da Constituição vigente ao tempo de sua elaboração. Lei anterior não pode ser inconstitucional em relação à Constituição superveniente; nem o legislador poderia infringir Constituição futura. A Constituição sobrevinda não torna inconstitucionais leis anteriores com ela conflitantes: revoga-as. Pelo fato de ser superior, a Constituição não deixa de produzir efeitos revogatórios. Seria ilógico que a lei fundamental, por ser suprema, não revogasse, ao ser promulgada, leis ordinárias. A lei maior valeria menos que a lei ordinária." (ADI 2, julgada em 1992 e relatada pelo Ministro Paulo Brossard).

2.6. **Retroatividade da norma constitucional:** há três níveis de retroatividade: máxima, média e mínima. A retroatividade máxima ou restitutória se dá na hipótese em que a norma nova prejudica coisa julgada ou fatos jurídicos já consumados. A retroatividade média ocorre no caso de a norma nova atingir efeitos pendentes de atos verificados antes dela. A retroatividade mínima, temperada ou mitigada se verifica quando a norma nova atinge apenas os efeitos de fatos anteriores, verificados após a data que ela entra em vigor (tudo conforme a ADI 493, julgada pelo STF em 1992 e relatada pelo Ministro Moreira Alves).

3. PRINCÍPIOS FUNDAMENTAIS DA CONSTITUIÇÃO DA REPÚBLICA FEDERATIVA DO BRASIL

- **CF, artigos 1º a 4º**

1. A República Federativa do Brasil (RFB), formada pela união indissolúvel dos Estados e Municípios e do Distrito Federal, constitui-se em Estado Democrático de Direito e tem como **fundamentos**: I – a

soberania; II – a cidadania; III – a dignidade da pessoa humana; IV – os valores sociais do trabalho e da livre iniciativa; V – o pluralismo político (art. 1º da CF).

- Para memorizar os fundamentos da RFB, o leitor pode se valer da expressa mnemônica: **SOCIDIVAPLU**

FUNDAMENTOS DA REPÚBLICA FEDERATIVA DO BRASIL	
SO:	Soberania
CI:	Cidadania
DI:	Dignidade da pessoa humana
VA:	Valores sociais do trabalho e da livre iniciativa
PLU:	pluralismo político
SO-CI-DI-VA-PLU	

2. **Federalismo:** pode ser classificado em: a) por agregação ou centrípeto: b) por desagregação ou centrífugo:

2.1. **Federalismo por agregação ou centrípeto:** se forma a partir de Estados ou entes independentes que se juntam para a formação de um Estado Federado, com garantia de autonomia aos seus componentes, mas que dota apenas o Estado Unido (reunião de seus entes autônomos) de independência. Assim, por serem autônomos, mas não independentes, os entes federados não têm direito à secessão, ou seja, não podem se tornar independentes do Estado Federado. Essa é a forma originária e própria de Federalismo, que ocorreu com as treze colônias que conquistaram a independência da Grã Bretanha, mas optaram pela formação dos Estados (federados) Unidos da América.

2.2. **Federalismo por desagregação ou centrífugo:** se forma a partir da subdivisão de um Estado unitário em entes independentes, que se harmonizam para a formação de um Estado Federado, com garantia de autonomia aos seus componentes, mas que dota apenas o Estado Unido (reunião de seus entes autônomos) de independência. Assim, por serem autônomos, mas não independentes, os entes federados não têm direito à secessão, ou seja, não podem se tornar independentes do Estado Federado. Essa é a forma imprópria de Federalismo, que ocorreu com o Brasil em 1891, formando os Estados Unidos do Brasil e permanece até hoje, mas sob nova roupagem, pois estamos sob a égide da República Federativa do Brasil.

- **Federalismo de terceiro grau:** é o nome que se dá à Federação que também confere autonomia aos Municípios. No Brasil, o federalismo de terceiro grau passou a existir apenas a partir da Constituição Federal de 1988, momento em que os Municípios ganharam autonomia.

3. Ninguém é obrigado a cumprir ordem ilegal, ou a ela se submeter, ainda que emanada de autoridade judicial. É dever de cidadania opor-se à ordem ilegal; caso contrário, nega-se o **Estado Democrático de Direito**. Tal posicionamento foi exarado no **HC 73.454**, julgado pelo STF em 1996 e relatado pelo Ministro Maurício Corrêa.

4. **Princípio da livre iniciativa:** segundo o STF, "o princípio da livre iniciativa não pode ser invocado para afastar regras de regulamentação do mercado e de defesa do consumidor." (RE 349.686, julgado em 2005 e relatado pela Ministra Ellen Gracie).

5. **Todo o poder emana do povo**, que o exerce por meio de representantes eleitos ou diretamente, nos termos da Constituição Federal de 1988 (art. 1º, parágrafo único, da CF). Trata-se do denominado **Princípio Democrático**.

6. São **Poderes da União**, independentes e harmônicos entre si, o Legislativo, o Executivo e o Judiciário (art. 2º da CF).

- A Primeira Constituição Brasileira, de 1824, previa um quarto Poder, chamado de **Moderador**. Por meio dele o Imperador podia interferir diretamente nas atividades exercidas pelos demais Poderes, o que se ilustrava pela possibilidade de o Governante dissolver a Câmara dos Deputados.

- Atenção! O Ministério Público é compreendido como uma Função Essencial à Justiça (art. 127 da CF), não um Poder.

- A União é pessoa jurídica de direito público interno que representa a **pessoa jurídica de direito público externo República Federativa do Brasil.**

7. Constituem **objetivos fundamentais** da República Federativa do Brasil: I – construir uma sociedade livre, justa e solidária; II – garantir o desenvolvimento nacional; III – erradicar a pobreza e a marginalização e reduzir as desigualdades sociais e regionais; IV – promover o bem de todos, sem preconceitos de origem, raça, sexo, cor, idade e quaisquer outras formas de discriminação (art. 3º da CF).

8. A República Federativa do Brasil rege-se, nas suas **relações internacionais**, pelos seguintes princípios: I – independência nacional; II – prevalência dos direitos humanos; III – autodeterminação dos povos; IV – não-intervenção; V – igualdade entre os Estados; VI – defesa da paz; VII – solução pacífica dos conflitos; VIII – repúdio ao terrorismo e ao racismo; IX – cooperação entre os povos para o progresso da humanidade; X – concessão de asilo político (art. 4º da CF).

9. São chamados de **preceitos fundamentais** não só os princípios fundamentais descritos nos artigos 1º a 4º da CF, mas também todas as prescrições que dão o sentido básico do regime constitucional, especialmente as designativas de direitos e garantias fundamentais. Assim leciona José Afonso da Silva: "Os preceitos fundamentais são, além dos princípios fundamentais, **todas as prescrições**

que dão o sentido básico do regime constitucional, como são, por exemplo, as que apontam para a autonomia dos Estados, do Distrito Federal e especialmente as designativas de direitos e garantias fundamentais" (*Curso de Direito Constitucional Positivo.* 13 ed. Malheiros. São Paulo: 1997, p. 530).

4. DIREITOS E GARANTIAS FUNDAMENTAIS

- **CF, artigos 5º a 11.**

1. Os direitos e garantias fundamentais estão formalmente alocados nos **artigos 5º a 17 da CF**.
2. Denominam-se direitos fundamentais os **direitos humanos que são positivados nas constituições**.

- O jurista espanhol **Antonio Perez Luño** define os direitos fundamentais como um conjunto de faculdades e instituições que, em cada momento histórico, concretizam as exigências da dignidade, igualdade e liberdade humanas, devendo obrigatoriamente ser reconhecidos no ordenamento jurídico positivo e por este garantidos, em âmbito internacional e nacional, gozando no ordenamento nacional de tutela reforçada em face dos poderes constituídos do Estado (Los derechos fundamentales. 5. ed. Madrid: Tecnos, 1993, p. 46-47).

3. A doutrina classifica os direitos humanos e os fundamentais em **gerações ou dimensões de direitos.** Os **direitos civis e políticos** seriam os de primeira geração ou dimensão, caracterizados pelo valor liberdade. Já os **direitos econômicos, sociais e culturais** seriam os de segunda geração ou dimensão, caracterizados pelo valor igualdade. Por fim, os **direitos de solidariedade ou fraternidade** seriam os de terceira geração ou dimensão, caracterizados pelo valor solidariedade ou fraternidade. Estes direitos formariam, assim, um conjunto indivisível de direitos fundamentais, entre os quais não há qualquer relação hierárquica.
4. **Dimensões objetiva e subjetiva dos direitos fundamentais:** "a dimensão subjetiva dos direitos fundamentais corresponde à característica desses direitos de, em maior ou menor escala, ensejarem uma pretensão a que se adote um dado comportamento ou então essa dimensão se expressa no poder da vontade de produzir efeitos sobre certas relações jurídicas". [...] "A dimensão objetiva resulta do significado dos direitos fundamentais como princípios básicos da ordem constitucional, [...] que transcendem a perspectiva da garantia de posições individuais, para alcançar a estatura de normas que filtram os valores básicos da sociedade política, expandindo-os para todo o direito positivo". [...] A perspectiva objetiva, nesse sentido, legitima até restrições aos direitos subjetivos individuais, limitando o conteúdo e o alcance dos direitos fundamentais em favor dos seus próprios titulares ou de outros bens constitucionalmente valiosos" (MENGES, Gilmar Ferreira; COELHO, Inocêncio Mártires; BRANCO, Paulo Gustavo Gonet. Curso de direito constitucional. 2. ed. São Paulo: Saraiva, 2008, p. 133)

- A **representação dos interesses individuais** sob a **ótica negativa** perante o Poder Público, que se refere a uma perspectiva subjetiva, não se compreende dentre as características da perspectiva objetiva dos direitos fundamentais. De acordo com Paulo Bonavides: "**os direitos da primeira geração** ou direitos da liberdade têm por titular o indivíduo, são oponíveis ao Estado, traduzem-se como faculdades ou atributos da pessoa e ostentam uma **subjetividade** que é seu traço mais característico; enfim, são direitos de resistência ou de oposição perante o Estado" (*Curso de Direito Constitucional.*22 ed. São Paulo: Malheiros, 2008, p. 564).
- Novamente segundo as lições de Paulo Bonavides, "**com o advento dos direitos fundamentais da segunda geração os publicistas alemães, a partir de Schmitt, descobriram também o aspecto objetivo** [...] Os direitos da segunda geração merecem um exame mais amplo. Dominam o século XX do mesmo modo como os direitos de primeira geração dominaram o século passado. São os direitos sociais, culturais e econômicos [...] Mas passaram primeiro por um ciclo de baixa normatividade ou tiveram eficácia duvidosa, em virtude de sua própria natureza de direitos que exigem do Estado determinadas prestações materiais nem sempre resgatáveis por exiguidade, carência ou limitação essencial de meios e recursos. De juridicidade questionada nessa fase, foram eles remetidos à chamada esfera programática, em virtude de não conterem para sua concretização aquelas garantias habitualmente ministradas pelos instrumentos processuais de proteção aos direitos da liberdade" (*Curso de Direito Constitucional.*22 ed. São Paulo: Malheiros, 2008, p. 564-565).

5. Segundo apontamentos doutrinários, os direitos fundamentais caracterizados pela **indivisibilidade, irrenunciabilidade e incaducabilidade**, que decorrem da exigência de atendimento do princípio da dignidade da pessoa humana.
6. **Efeito *cliquet* e vedação do retrocesso:** o efeito *cliquet* nada mais é do que a aplicação do princípio da vedação do retrocesso. Ou seja, uma vez garantido, um direito não pode mais ser revogado. Sua aplicação é evidente na temática dos direitos humanos. Uma vez reconhecido, um direito humano não pode mais ser desconsiderado.
7. No final do século XIX, na obra intitulada Sistema dos Direitos Subjetivos Públicos (System der subjektiv öffentlichen Rechte),**Georg Jellinek** desenvolveu parte de seu pensamento doutrinário sob o enfoque das diversas formas em relação as quais os indivíduos podem se colocar frente ao Estado.

Dependendo do ***status***, ou seja, da relação que os indivíduos mantêm com o Estado, é que emergirão direitos ou deveres. Das diversas formas pelas quais os indivíduos podem se relacionar com o Estado podem ser extraídas quatro espécies fundamentais: a) status subjectionis ou status passivo; b) status negativus ou status libertatis; c) status civitatis ou status positivo e; d) status activus (JELLINEK, Georg. *Teoria general del Estado*. Buenos Aires: Albatros, 1981, p. 306).

7.1. *Status subjectionis* ou status passivo, o indivíduo encontra-se subordinado aos poderes estatais, razão pela qual, deve se submeter ao cumprimento de alguns deveres, e às proibições impostas pelo Estado. Citem-se como exemplo a obrigação de exercício do direito de sufrágio pelo voto aos maiores de dezoito anos , e a proibição do direito de reunião para fins não pacíficos.

7.2. *Status libertatis*, *status negativus* ou status negativo, pode-se afirmar que se refere àqueles direitos que devem ser assegurados na situação em que o indivíduo requer um comportamento negativo do Estado, uma abstenção, para que, assim, possa exercer plenamente algumas de suas liberdades.

7.3. *Status civitatis* ou status positivo, permite que o indivíduo, subjugado pelos poderes instituídos e classes mais favorecidas, exija prestações positivas do Estado, que propiciem redução das desigualdades sociais.

7.4. *Status activus*, relaciona-se à possibilidade de participação ativa dos indivíduos na formação da vontade política estatal. Consubstancia-se, por exemplo, na iniciativa popular de lei, e na possibilidade de manejo de ação popular.

8. **Multiculturalismo e Interculturalidade:** são pensamentos que se apresentam ligados à tutela dos direitos humanos e fundamentais. O multiculturalismo prega o respeito às diferentes culturas presentes na sociedade e que normalmente tem origem nas misturas de nacionalidades, raças e etnias durante o processo de formação de um povo. Funda-se, ainda, em um movimento contra-hegemônico, que não aceita a imposição de valores homogêneos que refletem os interesses da classe dominante. Por sua vez, a interculturalidade é uma das perspectivas do multiculturalismo, que se especializa por trabalhar com as ideias de abertura e interatividade. Sob este prisma, a sociedade deve ser democrática e aceitar que todos os valores culturais devem ser respeitados, em um movimento de constante negociação e ponderação.

9. **Eficácia Vertical dos Direitos Fundamentais:** aplicação dos direitos fundamentais nas relações entre Estado e particulares.

10. **Eficácia Horizontal, Privada, Externa, ou Em Relação a Terceiros dos Direitos Fundamentais:** trata-se da aplicação dos direitos fundamentais nas relações entre particulares. O STF reconheceu a eficácia horizontal em pelo menos três oportunidades: a) Exclusão de Cooperado: cooperados não poderiam ter sido excluídos sem que fosse respeitado o devido processo legal (RE 158.215, julgado em 1996 e relatado pelo Ministro Marco Aurélio); b) Caso Air France: os franceses não poderiam conceder aumento salarial apenas aos seus funcionários franceses, discriminado os brasileiros que exerciam as mesmas funções (RE 161243-6, julgado em 2006 e relatado pelo Ministro Carlos Velloso); c) Expulsão de Associado: associado não poderia ter sido expulso da União Brasileira de Compositores sem que lhe fosse garantido a ampla defesa (RE 201819, julgado em 2005 e relatado para acórdão pelo Ministro Gilmar Mendes).

- **Teorias quanto à Eficácia Horizontal:** No que tange à eficácia horizontal, é possível apontar as seguintes teorias: a) **Teoria da Ineficácia horizontal**: nega a aplicação dos direitos fundamentais às relações privadas; b) **Teoria da Eficácia Horizontal Indireta**: reclama a necessidade de normas infraconstitucionais delimitando a aplicabilidade das normas de direito fundamental nas relações privadas; c) **Teoria da Eficácia Horizontal Direta**: consente na aplicação direta dos direitos fundamentais às relações privadas, independentemente de sua delimitação legal; d) **Teoria Integradora**: preconiza que, em um plano ideal, cabe à lei regular a aplicação dos direitos fundamentais nas relações privadas, no entanto, diante de sua ausência, a aplicação será direta.
- **Eficácia Diagonal:** trata-se da aplicação dos direitos fundamentais nas relações privadas demarcadas por patente desequilíbrio fático e visível desproporção entre as partes.

11. No HC 82.959, julgado em 2006 e relatado pelo Ministro Gilmar Mendes, o STF traz didática lição acerca das teorias sobre o **núcleo essencial dos direitos fundamentais**: "(1) Os adeptos da chamada **teoria absoluta** ("absolute Theorie") entendem o núcleo essencial dos direitos fundamentais (Wesensgehalt) como unidade substancial autônoma (substantieller Wesenskern) que, independentemente de qualquer situação concreta, estaria a salvo de eventual decisão legislativa. (...) haveria um espaço que seria suscetível de limitação por parte do legislador; outro seria insuscetível de limitação. (...) (2) Os sectários da chamada **teoria relativa** ("relative Theorie") entendem que o núcleo essencial há de ser definido para cada caso, (...) mediante a utilização de um processo de ponderação entre meios e fins (Zweck-Mittel-Prufung), com base no princípio da proporcionalidade. O núcleo essencial seria aquele mínimo insuscetível de restrição ou redução com base nesse processo de ponderação. (...). Tanto a teoria absoluta quanto a teoria relativa pretendem assegurar uma maior proteção dos direitos fundamentais, (...) Todavia, todas elas apresentam insuficiências. É verdade que a teoria absoluta, ao

acolher uma noção material do núcleo essencial, insuscetível de redução por parte do legislador, pode converter-se, em muitos casos, numa fórmula vazia, dada a dificuldade ou até mesmo a impossibilidade de se demonstrar ou caracterizar in abstracto a existência desse mínimo essencial. (...) Por seu turno, uma opção pela teoria relativa pode conferir uma flexibilidade exagerada ao estatuto dos direitos fundamentais(...) Por essa razão, **propõe Hesse uma fórmula conciliadora, que reconhece no princípio da proporcionalidade uma proteção contra as limitações arbitrárias ou desarrazoadas (teoria relativa), mas também contra a lesão ao núcleo essencial dos direitos fundamentais** (...) **a proporcionalidade não há de ser interpretada em sentido meramente econômico, de adequação da medida limitadora ao fim perseguido, devendo também cuidar da harmonização dessa finalidade com o direito afetado pela medida.**

12. **Eficácia irradiante:** segundo Daniel Sarmento (*Direitos fundamentais e relações privadas*. Rio de Janeiro: Ed. Lumen Juris, 2004) a eficácia irradiante dos direitos fundamentais é o atributo que confere caráter eminentemente objetivo a esses direitos, como critérios para o exercício das funções executiva, legislativa e judiciária do Estado, em claro afastamento da concepção privada e individualista do direito civil.

- O § 2º do artigo 5º, da CF, instituiu **cláusula de expansividade** do catálogo de direitos fundamentais no Brasil, ao dispor que os direitos e garantias expressos nesta Constituição não excluem outros decorrentes do regime e dos princípios por ela adotados, ou dos tratados internacionais em que a República Federativa do Brasil seja parte. Todavia, a Carta de 1988 não foi pioneira na abertura (expansividade) do catálogo de direitos fundamentais no Brasil. Norma semelhante era adotada desde a Constituição da República dos Estados Unidos do Brasil de 1891, e também nas Constituições de 1934, 1937, 1946 e 1967.

13. Os tratados e convenções internacionais sobre direitos humanos que forem aprovados, em cada Casa do Congresso Nacional, em dois turnos, por três quintos dos votos dos respectivos membros, **serão equivalentes às emendas constitucionais,** nos termos do art. 5º, § 3º, da CF, incluído pela EC 45/04.

- Essa nova sistemática de incorporação de tratados (art. 5º, § 3º, da CF) foi aplicada pela primeira vez em 2008, na votação do Decreto Legislativo 186, que acabou culminando na promulgação da **Convenção sobre os Direitos das Pessoas com Deficiência com força constitucional**, segundo o Decreto 6.949/2009. Como reflexo do reconhecimento de status constituição à Convenção, a Procuradora Geral da República Deborah Macedo Duprat de Britto Pereira ajuizou, em 2009, a **ADPF 182**, cujos pedidos são para que se reconheça que: a) o art. 20, § 2º, da Lei nº 8.742/93 não foi recepcionado pela Convenção dos Direitos da Pessoa com Deficiência, que foi aprovada pelo Decreto Legislativo nº 186/2008, de acordo com o procedimento previsto no art. 5º, § 3º, da Constituição Federal, **integrando, portanto, o bloco de constitucionalidade brasileiro**; b) o conceito estabelecido no art. 1º da Convenção sobre os Direitos da Pessoa com Deficiência, é de uso imperativo no direito interno brasileiro, sendo imediatamente aplicável no que tange aos critérios para concessão dos benefícios de prestação continuada disciplinados pela Lei nº 8.742/93.

- Sem prejuízo da supremacia da Constituição sobre os tratados e convenções internacionais, a norma convencional internacional em vigor e aplicável no Brasil e que disponha acerca de direitos humanos, não tendo sido objeto de processo legislativo que a equiparasse a emenda constitucional (art. 5º, § 3º, da CF, nos termos da EC 45/04), tem força jurídico-normativa suficiente para restringir a eficácia e indiretamente obstar a aplicabilidade da norma constitucional paradigma, gozando de **status supralegal**. Tal posição foi firmada no RE 466.343, julgado em 2008 e relatado pelo Ministro Cezar Peluso.

- A proteção dos direitos fundamentais não desconsidera o princípio da supremacia da constituição, **entretanto,** a norma convencional internacional sobre direitos humanos **tem** aptidão para afetar a eficácia ou a aplicabilidade da norma constitucional interna. No bojo do RE 466.343, ficou consignado que "Desde a adesão do Brasil, sem qualquer reserva, ao Pacto Internacional dos Direitos Civis e Políticos (art. 11) e à Convenção Americana sobre Direitos Humanos – Pacto de San José da Costa Rica (art. 7º, 7), ambos no ano de 1992, não há mais base legal para prisão civil do depositário infiel, pois o caráter especial desses diplomas internacionais sobre direitos humanos lhes reserva lugar específico no ordenamento jurídico, estando abaixo da Constituição, porém acima da legislação interna. O status normativo supralegal dos tratados internacionais de direitos humanos subscritos pelo Brasil, dessa forma, **torna inaplicável a legislação infraconstitucional com ele conflitante**, seja ela anterior ou posterior ao ato de adesão. Assim ocorreu com o art. 1.287 do CC de 1916 e com o DL 911/1969, assim como em relação ao art. 652 do CC (Lei 10.406/2002)."

"NOVA" PIRÂMIDE NORMATIVA
(Baseada no posicionamento do STF)

Status constitucional:	Normas da CF + Tratados de Direitos Humanos aprovados de acordo com as regras do art. 5°, § 3°, da CF (Após EC 45/04)
Status supralegal:	Tratados de Direitos Humanos aprovados sem observância das regras do art. 5°, § 3°, da CF (Antes da EC 45/04)
Status legal:	Leis Complementares e Leis Ordinárias
Status infralegal:	Demais atos normativos

14. "Os direitos e garantias individuais **não têm caráter absoluto**. Não há, no sistema constitucional brasileiro, direitos ou garantias que se revistam de caráter absoluto, mesmo porque razões de relevante interesse público ou exigências derivadas do princípio de convivência das liberdades legitimam, ainda que excepcionalmente, a adoção, por parte dos órgãos estatais, de medidas restritivas das prerrogativas individuais ou coletivas, desde que respeitados os termos estabelecidos pela própria Constituição. O estatuto constitucional das liberdades públicas, ao delinear o regime jurídico a que estas estão sujeitas – e considerado o substrato ético que as informa- permite que sobre elas incidam limitações de ordem jurídica, destinadas, de um lado, a proteger a integridade do interesse social e, de outro, a assegurar a coexistência harmoniosa das liberdades, pois nenhum direito ou garantia pode ser exercido em detrimento da ordem pública ou com desrespeito aos direitos e garantias de terceiros." (MS n.º 23.452, julgado no ano 2000 e relatado pelo Ministro Celso de Mello).

- **Limitações aos direitos fundamentais:** não existem direitos fundamentais absolutos. Nenhum se sobrepõe sobre outro e, além disso, não há imunidade a restrições constitucionais ou legais.
- **Restrições aos direitos fundamentais – Teorias Interna e Externa:** a teoria interna preceitua que os limites ao exercício de direitos fundamentais estão neles mesmos, são imanentes, alcançando o seu conteúdo. Já a teoria externa enuncia que eventuais restrições estão fora dos direitos fundamentais, não atingindo sua essência, mas apenas a sua fruição, o seu exercício, pois provém dos casos concretos.
- **Núcleo essencial e proporcionalidade:** a doutrina sustenta que todo direito fundamental tem um núcleo essencial, intangível. Assim, ainda que haja uma colisão de direitos fundamentais ou uma restrição por ato normativo de outra natureza, jamais se pode atingir o núcleo essencial. Por consequência, é correto afirmar-se que jamais se elimina por completo a aplicação de um direito fundamental no caso concreto. Pode haver uma redução ao mínimo que constitui o seu núcleo, mas nunca a supressão completa do direto fundamental. A ferramenta utilizada para se chegar ao núcleo intangível é o princípio da proporcionalidade ou razoabilidade, que permite uma análise de necessidade (a restrição é legítima ou existe alternativa menos gravosa?), adequação (a restrição se presta ao fim pretendido com precisão?) e proporcionalidade em sentido estrito (entre restringir e não restringir, a restrição é mesmo a melhor opção para o caso?)
- **"Limites dos Limites":** sob especial influência da doutrina jurídica de Portugal, o Brasil reconhece que os direitos fundamentais estão protegidos pelos limites dos limites, ou seja, por uma série de restrições estabelecidas a um ato normativo que eventualmente venha a limitar direitos fundamentais, de modo que então existem limites para o estabelecimento de limites. Canotilho classifica os limites como requisitos formais e materiais. São eles: Formais: a) lei formal (em sentido estrito); b) previsão constitucional expressa de previsão. Materiais: a) salvaguarda de outros direitos ou interesses constitucionalmente protegidos; b) caráter geral e abstrato da lei restritiva; c) proibição de retroatividade; d) proibição da diminuição da extensão e do

alcance essencial dos direitos fundamentais; e) Respeito ao Princípio da Proporcionalidade. Há ainda limites estabelecidos por outros doutrinadores, que podem ser resumos em: a) o ato normativo de restrição deve ser preciso e claro quanto aos pontos de restrição; b) respeito ao núcleo essencial ou intangível dos Direitos Fundamentais.

15. Nas hipóteses de **grave violação de direitos humanos**, o Procurador Geral da República, com a finalidade de assegurar o cumprimento de obrigações decorrentes de tratados internacionais de direitos humanos dos quais o Brasil seja parte, poderá suscitar, perante o **Superior Tribunal de Justiça**, em qualquer fase do inquérito ou processo, incidente de deslocamento de competência para a Justiça Federal. Trata-se do disposto no § 5º do art. 109 da CF.

Súmula 647-STJ: São imprescritíveis as ações indenizatórias por danos morais e materiais decorrentes de atos de perseguição política com violação de direitos fundamentais ocorridos durante o regime militar. STJ. 1ª Seção. Aprovada em 10/03/2021, DJe 15/03/2021.

16) Deveres fundamentais: Na Constituição Federal de 1988, tal como ocorre na Portuguesa, **não existe um elenco ou um capítulo especificamente destinado aos deveres fundamentais.** Não obstante, esses deveres encontram-se **dispersos por todo o Texto Constitucional, de forma explícita** (v.g. art. 227 da CF), **ou implícita**, como é o dever de pagar impostos. Para José Afonso da Silva, a Constituição não precisa mencionar uma declaração de deveres paralela à declaração de direitos, posto que os deveres decorreriam logicamente dos direitos, em uma relação simétrica. Quanto a esse ponto, há dissonância na doutrina. Para **J. J. Gomes Canotilho,** a relação de oposição simétrica entre direitos e deveres nem sempre existe.

17) Garantias constitucionais: são mecanismos destinados à efetivação dos direitos declarados nas Constituições. Enquanto os direitos são declaratórios, as garantias são assecuratórias (lição de Rui Barbosa). Segundo a doutrina, há duas espécies de garantias constitucionais: **a) materiais:** se apresentam no mesmo dispositivo constitucional que os direitos, e não tem conteúdo processual. Ex: art. 5°, VI, da CF: é inviolável a liberdade de consciência e de crença, sendo assegurado o livre exercício dos cultos religiosos (direito), garantindo-se, na forma da lei a proteção aos locais de cultos e liturgias (garantia). **b) processuais:** estão genericamente dispostas na CF para atender à efetivação de uma série de direitos materiais. Exemplo: o *habeas corpus* (art. 5°, LXVIII) serve para garantir o direito à liberdade de locomoção. Apesar de não haver unanimidade na doutrina, predomina o entendimento que todos os remédios constitucionais (*habeas corpus, habeas data*, mandado de segurança, mandado de injunção e ação popular) são garantias constitucionais processuais ou jurisdicionais.

4.1. DIREITOS E DEVERES INDIVIDUAIS E COLETIVOS

1) Direitos e deveres individuais e coletivos

- Os direitos e deveres individuais e coletivos estão concentrados no **art. 5º** da CF.
- Apesar do *caput* do artigo 5º garanti-los apenas a brasileiros e estrangeiros residentes no Brasil, a doutrina e o STF os estendem **também para estrangeiros em trânsito e pessoas jurídicas** (HC 94.016, julgado em 2008 e relatado pelo Ministro Celso de Mello).
- Segundo entendimento pacífico do Supremo Tribunal Federal, **as pessoas jurídicas também são titulares de direitos fundamentais** (AC 2.032-QO/SP, relatada pelo Ministro Celso de Mello e julgada em 2008).

O *caput* do art. 5º da CF enuncia que "todos são iguais perante a lei, sem distinção de qualquer natureza". Segundo posição doutrinária pacífica, trata-se do reconhecimento da **igualdade formal (perante a lei**). Entretanto, implícita ao texto constitucional também existe a **igualdade material (na lei)**, que significa conferir tratamento desigual, para igualar. A igualdade material leva em consideração os sujeitos e valores envolvidos e busca equilibrar as relações de fato.

Teoria do Impacto Desproporcional: tem como pressuposto o fato de que algumas práticas sociais podem impactar de forma desproporcional algum grupo de pessoas. Constatado o impacto desproporcional, a prática que lhe deu origem deve ser interrompida e eliminada, independentemente dos fatos que a motivaram, pois deve incidir o princípio da isonomia.

Igualdade e Teoria do Impacto Desproporcional: a abordagem dessa teoria se deu na inicial da ADI 4.424, ajuizada em 2010 pelo Procurador Geral da República, Paulo Gurgel. Destacamos o seguinte trecho: A doutrina e a jurisprudência alienígena designam tal situação como de discriminação indireta, correlata com a **teoria do impacto desproporcional. Segundo Joaquim Barbosa, tal teoria consiste na ideia de que "toda e qualquer prática empresarial, política governamental ou semigovernamental, de cunho legislativo ou administrativo, ainda que não provida de intenção discriminatória no momento de sua concepção, deve ser condenada por violação do princípio constitucional da igualdade material se, em consequência de sua aplicação, resultarem efeitos nocivos de incidência especialmente desproporcional sobre certas categorias de** (*Ação afirmativa e princípio constitucional da igualdade.* Rio de Janeiro: Renovar, 2001, p. 24).

2. Igualdade e política de cotas: o Plenário do STF julgou improcedente pedido formulado em arguição de descumprimento de preceito fundamental ajuizada, pelo Partido Democratas - DEM, contra atos da Universidade de Brasília - UnB, do Conselho de Ensino, Pesquisa e Extensão da Universidade de Brasília - Cepe e do Centro de Promoção de Eventos da Universidade de Brasília - Cespe, os quais instituíram sistema de reserva de 20% de vagas no processo de seleção para ingresso de estudantes, com base em critério étnico-racial. **Asseverou-se que, para efetivar a igualdade material, o Estado poderia lançar mão de políticas de cunho universalista - a abranger número indeterminado de indivíduos - mediante ações de natureza estrutural; ou de ações afirmativas - a atingir grupos sociais determinados - por meio da atribuição de certas vantagens, por tempo limitado, para permitir a suplantação de desigualdades ocasionadas por situações históricas particulares. Certificou-se que a adoção de políticas que levariam ao afastamento de perspectiva meramente formal do princípio da isonomia integraria o cerne do conceito de democracia**. Anotou-se a superação de concepção estratificada da igualdade, outrora definida apenas como direito, sem que se cogitasse convertê-lo em possibilidade. (ADPF 186, julgada em 2012 e relatada pelo Ministro Ricardo Lewandowski).

Cotas para estudantes de determinada unidade federativa: "É inconstitucional - por violar a garantia de tratamento igualitário a todos os cidadãos brasileiros, que veda a criação de distinções ou preferências entre si (CF/1988, art. 19, III) - lei estadual que assegura, de forma infundada e/ou desproporcional, percentual das vagas oferecidas para a universidade pública local a candidatos que cursaram integralmente o ensino médio em instituições públicas ou privadas da mesma unidade federativa." (STF, RE 614.873/AM, relator Ministro Marco Aurélio, redator do acórdão Ministro Alexandre de Moraes, julgamento finalizado em 19.10.2023.).

3. **Igualdade, família, orientação sexual e união homoafetiva**: "Reconhecimento e qualificação da união homoafetiva como entidade familiar. (...) **A extensão, às uniões homoafetivas, do mesmo regime jurídico aplicável à união estável entre pessoas de gênero distinto justifica-se e legitima-se pela direta incidência, dentre outros, dos princípios constitucionais da igualdade, da liberdade, da dignidade, da segurança jurídica e do postulado constitucional implícito que consagra o direito à busca da felicidade, os quais configuram, numa estrita dimensão que privilegia o sentido de inclusão decorrente da própria CR (art. 1º, III, e art. 3º, IV)**, fundamentos autônomos e suficientes aptos a conferir suporte legitimador à qualificação das conjugalidades entre pessoas do mesmo sexo como espécie do gênero entidade familiar. (...)) O **princípio constitucional da busca da felicidade**, que decorre, por implicitude, do núcleo de que se irradia o postulado da dignidade da pessoa humana, assume papel de extremo relevo no processo de afirmação, gozo e expansão dos direitos fundamentais, qualificando-se, em função de sua própria teleologia, como fator de neutralização de práticas ou de omissões lesivas cuja ocorrência possa comprometer, afetar ou, até mesmo, esterilizar direitos e franquias individuais. Assiste, por isso mesmo, a todos, sem qualquer exclusão, o direito à busca da felicidade, verdadeiro postulado constitucional implícito, que se qualifica como expressão de uma ideia força que deriva do princípio da essencial dignidade da pessoa humana." (RE 477.554-AgR, julgado em 2011 e relatado pelo Ministro Celso de Mello).

   A tese da legítima defesa da honra é inconstitucional, por contrariar os princípios da dignidade da pessoa humana [Constituição Federal (CF), art. 1º, III], da proteção à vida e da igualdade de gênero (CF, art. 5º, "caput")- STF. Plenário. ADPF 779 MC-Ref/DF, Rel. Min. Dias Toffoli, julgado em 13/3/2021 (Info 1009).

   Envolvendo a igualdade, decidiu o STF que: "É incompatível com a Constituição Federal - por ofensa ao princípio da isonomia (arts. 3º, IV; e 5º, caput, CF/88) - a previsão contida no inciso VII do art. 295 do CPP que concede o direito a prisão especial, até decisão penal definitiva, a pessoas com diploma de ensino superior." (STF. Info 1089. Plenário. ADPF 334/DF, Rel. Min. Alexandre de Moraes, julgado em 03/04/2023).

- "O caput do art. 226 confere à família, base da sociedade, especial proteção do Estado. Ênfase constitucional à instituição da família. Família em seu coloquial ou proverbial significado de núcleo doméstico, pouco importando se formal ou informalmente constituída, ou se integrada por casais heteroafetivos ou por pares homoafetivos. A Constituição de 1988, ao utilizar-se da expressão 'família', não limita sua formação a casais heteroafetivos nem a formalidade cartorária, celebração civil ou liturgia religiosa. Família como instituição privada que, voluntariamente constituída entre pessoas adultas, mantém com o Estado e a sociedade civil uma necessária relação tricotômica. Núcleo familiar que é o principal lócus institucional de concreção dos direitos fundamentais que a própria Constituição designa por 'intimidade e vida privada' (inciso X do art. 5º). **Isonomia entre casais heteroafetivos e pares homoafetivos que somente ganha plenitude de sentido se desembocar no igual direito subjetivo à formação de uma autonomizada família**. Família como figura central ou continente, de que tudo o mais é conteúdo. Imperiosidade da interpretação não reducionista do conceito de família como instituição que também se forma por vias distintas do casamento civil. Avanço da CF de 1988 no plano dos costumes. Caminhada na direção do pluralismo como categoria sócio-político-cultural. Competência do STF para manter, interpretativamente, o Texto Magno na posse do seu fundamental atributo da coerência, o que passa pela eliminação de preconceito quanto à orientação sexual das pessoas." (ADI 4.277 e ADPF 132, julgadas em 2011 e relatadas pelo Ministro Ayres Britto).

- **Direito à Adaptação Razoável:** impõe o ajuste de situações e equipamentos para que as pessoas com deficiência exercem direitos em igualdade de condições com as demais pessoas. Condiciona-se a uma análise de necessidade, adequação e razoabilidade. Segundo a Convenção Sobre os Direito da Pessoa com Deficiência (promulgada no Brasil pelo Decreto 6.949/2009, e que goza de status constitucional), haverá **"discriminação por motivo de deficiência"** em qualquer situação de diferenciação, exclusão ou restrição baseada em deficiência, com o propósito ou efeito de impedir ou impossibilitar o reconhecimento, o desfrute ou o exercício, em igualdade de oportunidades com as demais pessoas, de todos os direitos humanos e liberdades fundamentais nos âmbitos político, econômico, social, cultural, civil ou qualquer outro. Abrange todas as formas de discriminação, inclusive a recusa de adaptação razoável. Ainda segundo a Convenção, **"adaptação razoável"** significa as modificações e os ajustes necessários e adequados que não acarretem ônus desproporcional ou indevido, quando requeridos em cada caso, a fim de assegurar que as pessoas com deficiência possam gozar ou exercer, em igualdade de oportunidades com as demais pessoas, todos os direitos humanos e liberdades fundamentais.

Direito à vida e pesquisas com células-tronco: o Plenário do STF, no julgamento da ADI 3.510, declarou a constitucionalidade do art. 5º da Lei de Biossegurança (Lei 11.105/2005), por entender que as pesquisas com células-tronco embrionárias não violam o direito à vida ou o princípio da dignidade da pessoa humana." (ADI 3.510, julgada em 2008 e relatada pelo Ministro Ayres Britto).

É livre a **manifestação do pensamento**, vedado o anonimato, e assegurado direito de resposta proporcional ao agravo, **além** de eventual indenização por dano material, moral ou à imagem (a resposta não exclui o dever de indenizar).

Consequências do anonimato: "(...) (a) os **escritos anônimos** não podem justificar, só por si, desde que isoladamente considerados, a imediata instauração da *persecutio criminis*, eis que **peças apócrifas** não podem ser incorporadas, formalmente, ao processo, salvo quando tais documentos forem produzidos pelo acusado, ou, ainda, quando constituírem, eles próprios, o corpo de delito (como sucede com bilhetes de resgate no delito de extorsão mediante sequestro, ou como ocorre com cartas que evidenciem a prática de crimes contra a honra, ou que corporifiquem o delito de ameaça ou que materializem o *crimen falsi*, p. ex.); (b) nada impede, contudo, que o Poder Público provocado por delação anônima ('disque-denúncia', p. ex.), adote medidas informais destinadas a apurar, previamente, em averiguação sumária, 'com prudência e discrição', a possível ocorrência de eventual situação de ilicitude penal, desde que o faça com o objetivo de conferir a verossimilhança dos fatos nela denunciados, em ordem a promover, então, em caso positivo, a formal instauração da *persecutio criminis*, mantendo-se, assim, completa desvinculação desse procedimento estatal em relação às peças apócrifas; e (c) o Ministério Público, de outro lado, independentemente da prévia instauração de inquérito policial, também pode formar a sua *opinio delicti* com apoio em outros elementos de convicção que evidenciem a materialidade do fato delituoso e a existência de indícios suficientes de sua autoria, desde que os dados informativos que dão suporte à acusação penal não tenham, como único fundamento causal, documentos ou escritos anônimos." (Inq 1.957, Rel. Min. Carlos Velloso, voto do Min. Celso de Mello, julgamento em 11-5-2005, Plenário, DJ de 11-11-2005.)

4. Inviolabilidade do domicílio

<table>
<tr><th colspan="2">INVIOLABILIDADE DO DOMICÍLIO</th></tr>
<tr><th>Regra</th><th>Exceções: hipóteses em que se pode penetrar em casa mesmo sem o consentimento do morador</th></tr>
<tr><td rowspan="2">A casa (englobando escritórios, motéis, hotéis e congêneres, segundo o STF) é asilo inviolável do indivíduo e nela ninguém pode penetrar sem consentimento do morador.</td><td>a) a qualquer horário: em caso de flagrante delito ou desastre, ou para prestar socorro</td></tr>
<tr><td>b) somente durante o dia: por determinação judicial.</td></tr>
</table>

- De acordo com a posição do STF no HC 93.050, julgado em 2008 e relatado pelo ministro Celso de Mello, para os fins da proteção jurídica a que se refere o art. 5º, XI, da CF, **"o conceito normativo de 'casa' revela-se abrangente** e, por estender-se a qualquer compartimento privado não aberto ao público, onde alguém exerce profissão ou atividade (CP, art. 150, § 4º, III), compreende, observada essa específica limitação espacial (área interna não acessível ao público), os escritórios profissionais, inclusive os de contabilidade". Apesar disso, **há a possibilidade de se instalar escuta ambiental em escritório de advocacia que seja utilizado como reduto para a prática de crimes, conforme já decidiu o STF**: (Inq 2.424, julgado em 2008 e relatado pelo Ministro Cezar Peluso).

Para o STJ: "A habitação em prédio abandonado de escola municipal pode caracterizar o conceito de domicílio em que incide a proteção disposta no art. 5º, inciso XI da Constituição Federal." (STJ, Informativo 755, AgRg no HC 712.529-SE, Rel. Min. Ribeiro Dantas, Quinta Turma, por unanimidade, julgado em 25/10/2022, publicado em 04/11/2022.)

"O galpão destinado para atividades comerciais não se enquadra no conceito de domicílio, ainda que por extensão." (STJ, AgRg no HC 845.545-SP,

Rel. Ministra Laurita Vaz, Sexta Turma, por unanimidade, julgado em 17/10/2023, DJe 20/10/2023.).

Observa o STJ que: "É lícita a entrada de policiais, sem autorização judicial e sem o consentimento do hóspede, em quarto de hotel não utilizado como morada permanente, desde que presentes as fundadas razões que sinalizem a ocorrência de crime e hipótese de flagrante delito." (HC 659.527-SP, Rel. Min. Rogerio Schietti Cruz, Sexta Turma, por unanimidade, julgado em 19/10/2021, DJe de 25/10/2021., info 715).

Da mesma forma, entendeu o STJ que: "A indução do morador a erro na autorização do ingresso em domicílio macula a validade da manifestação de vontade e, por consequência, contamina toda a busca e apreensão." (STJ, HC 674.139-SP, Rel. Min. Rogerio Schietti Cruz, Sexta Turma, por unanimidade, julgado em 15/02/2022, INFO 725).

Entende ainda que: "A violação de domicílio com base no comportamento suspeito do acusado, que empreendeu fuga ao ver a viatura policial, não autoriza a dispensa de investigações prévias ou do mandado judicial para a entrada dos agentes públicos na residência." HC 695.980-GO, Rel. Min. Antonio Saldanha Palheiro, Sexta Turma, por unanimidade, julgado em 22/03/2022, DJe 25/03/2022.

Ainda: "A confissão do réu, por si só, não autoriza a entrada dos policiais em seu domicílio, sendo necessário que a permissão conferida de forma livre e voluntária pelo morador seja registrada pela autoridade policial por escrito ou em áudio e vídeo." (STJ, AgRg no AREsp 2.223.319-MS, Rel. Ministro Messod Azulay Neto, Quinta Turma, por unanimidade, julgado em 9/5/2023, DJe 12/5/2023. Info 778).

- Para que se considere flagrante delito a fim de justificar a invasão domiciliar, necessária justa causa. "Não configura justa causa apta a autorizar invasão domiciliar a mera intuição da autoridade policial de eventual traficância praticada por indivíduo, fundada unicamente em sua fuga de local supostamente conhecido como ponto de venda de drogas, ante iminente abordagem policial." (STJ. 6ª Turma. REsp 1574681-RS, Rel. Min. Rogério Schietti Cruz, julgado em 20/4/2017- Info 606)
- "A existência de denúncia anônima da prática de tráfico de drogas somada à fuga do acusado ao avistar a polícia, por si sós, não configuram fundadas razões a autorizar o ingresso policial no domicílio do acusado sem o seu consentimento ou sem determinação judicial." (STJ, RHC 89.853-SP, Rel. Min. Ribeiro Dantas, Quinta Turma, por unanimidade, julgado em 18/02/2020, DJe 02/03/2020, Informativo 666).

Sobre a inviolabilidade, o STJ manifestou entendimento de que "**embora não configure o crime de abuso de autoridade, mesmo que realizada a diligência depois das 5h e antes das 21h, continua sendo ilegal e sujeito à sanção de nulidade cumprir mandado de busca e apreensão domiciliar se for noite.**" STJ. 6ª Turma. AgRg no RHC 168.319/SP, Rel. Min. Laurita Vaz, Rel. para acórdão Min. Rogerio Schietti Cruz, julgado em 5/12/2023 (Info 800).

A propósito, "A prova da legalidade e da voluntariedade do consentimento para o ingresso na residência do suspeito incumbe, em caso de dúvida, ao Estado, e deve ser registrada em áudio-vídeo e preservada tal prova enquanto durar o processo." (Superior Tribunal de Justiça, AgRg no HC 821.494-MG, Rel. Ministro Sebastião Reis Júnior, Sexta Turma, por unanimidade, julgado em 6/2/2024, DJe 8/2/2024. – Info 800).

É assegurado a todos o **acesso à informação** e resguardado o sigilo da fonte, quando necessário ao exercício profissional.

- "O sigilo profissional constitucionalmente determinado não exclui a possibilidade de **cumprimento de mandado de busca e apreensão em escritório de advocacia**. O local de trabalho do advogado, desde que este seja investigado, pode ser alvo de busca e apreensão, observando-se os limites impostos pela autoridade judicial. "(HC 91.610, julgado em 2010 e relatado pelo Ministro Gilmar Mendes). "Veículo de imprensa jornalística possui direito líquido e certo de obter dados públicos sobre óbitos relacionados a ocorrências policiais."(REsp 1.852.629-SP, Rel. Min. Og Fernandes, Segunda Turma, por unanimidade, julgado em 06/10/2020, DJe 15/10/2020 – Info 682 STJ)

Ninguém será privado de direitos por motivo de crença religiosa ou de convicção filosófica ou política, salvo se as invocar para eximir-se de obrigação legal a todos imposta e recusar-se a cumprir prestação alternativa, fixada em lei;

- Apesar de a prestação de serviço militar ser obrigatória (art. 143, *caput*, da CF), a recusa em cumpri-la é admitida sob a alegação do direito de escusa de consciência, cabendo, nesse caso, às forças armadas atribuir àquele que exercer esse direito serviço alternativo em tempo de paz (art. 143, § 1º, da CF), cuja recusa enseja como sanção a declaração da **perda** dos direitos políticos (art. 15, IV, da CF). A matéria é regulamentada, ainda, pela Lei Federal nº 8.239, de 1991, segundo a qual será atribuído **serviço alternativo ao serviço militar obrigatório aos que, em tempo de paz, após alistados, alegarem imperativo de consciência decorrente de crença religiosa ou de convicção filosófica ou política, para se eximirem de atividades de caráter essencialmente militar**. O mesmo diploma legal define, ademais, o que se entende por serviço alternativo, a ser prestado em substituição às atividades de caráter essencialmente militar.
- Destaca-se que, tradicionalmente, a doutrina sempre se pronunciou no sentido de que a recusa prestação alternativa implica na **perda** dos direitos polí-

ticos. Entretanto, o art. 4º, § 2º, da Lei 8.239/91 (que regulamenta o art. 143, §§ 1º e 2º da Constituição Federal, sobre a prestação de Serviço Alternativo ao Serviço Militar Obrigatório), enuncia que a recusa de prestação alternativa gerará a **suspensão** dos direitos políticos.

Segundo o STF: "A prática e os rituais relacionados ao sacrifício animal são patrimônio cultural imaterial e constituem os modos de criar, fazer e viver de diversas comunidades religiosas, particularmente das que vivenciam a liberdade religiosa a partir de práticas não institucionais. A dimensão comunitária da liberdade religiosa é digna de proteção constitucional e não atenta contra o princípio da laicidade." [RE 494.601, rel. p/ o ac. min. Edson Fachin, j. 28-3-2019, P, DJE de 19-11-2019.]

Consoante art. 210, § 1º, da CF, o **ensino religioso**, de **matrícula facultativa**, constituirá disciplina dos horários normais das escolas públicas de ensino fundamental. Note que, por apenas o **oferecimento da disciplina ser obrigatório**, mas não a matrícula, não há que se falar em qualquer ofensa à liberdade de crença, pois aquele que não quiser participar da disciplina simplesmente não precisa se matricular.

É assegurada, nos termos da lei, a **proteção às participações individuais em obras coletivas e à reprodução da imagem e voz humanas, inclusive** nas atividades desportivas.

A **sucessão de bens de estrangeiros situados no País** será regulada pela lei brasileira em benefício do cônjuge ou dos filhos brasileiros, sempre que não lhes seja mais favorável a lei pessoal do "de cujus". Em outras palavras: **aplica-se a lei brasileira, salvo se a do falecido for mais favorável.**

O **sigilo da correspondência e das comunicações telegráficas, de dados e das comunicações telefônicas** é inviolável, **salvo**, no último caso, por **ordem judicial**, nas hipóteses e na forma que a lei estabelecer para fins de **investigação criminal ou instrução processual penal** (não para processo civil).

- Os sigilos bancário e fiscal estão incluídos na proteção ao **sigilo de dados**.
- **O STF já firmou posicionamento no sentido que a interceptação telefônica se submete à reserva de jurisdição, sem exceção**. Vale ressaltar que se a gravação for feita por um dos interlocutores, descaracteriza-se a interceptação telefônica, restando mera gravação ambiental (RE 453.562-AgR, julgado em 2008 e relatado pelo Ministro Joaquim Barbosa).
- Importante destacar que a **interceptação** (gravações de conversas presentes e futuras) **não se confunde com a quebra de sigilo** (acesso a dados passados). Tal distinção é relevante, pois as CPIs (órgãos que não são investidos de poderes jurisdicionais) até podem determinar a quebra de sigilo de dados telefônicos (registro de chamadas recebidas e efetuadas), mas não a interceptação telefônica.
- Conforme posição do STF no RE 461366, julgado em 2007 e relatado pelo Ministro Marco Aurélio: "**A atuação fiscalizadora do Banco Central do Brasil não encerra a possibilidade de, no campo administrativo, alcançar dados bancários de correntistas**, afastando o sigilo previsto no inciso XII do artigo 5º da Constituição Federal".

Interceptação e prova emprestada: Dados obtidos em interceptação de comunicações telefônicas e em escutas ambientais, judicialmente autorizadas para produção de prova em investigação criminal ou em instrução processual penal, **podem ser usados em procedimento administrativo disciplinar, contra a mesma ou as mesmas pessoas em relação às quais foram colhidos, ou contra outros servidores cujos supostos ilícitos teriam despontado à colheita dessa prova**." (Inq 2.424-QO-QO, Rel. Min. Cezar Peluso, julgamento em 20-6-2007, Plenário, DJ de 24-8-2007).**33. Interceptação e prorrogações sucessivas de prazo**: "É lícita a interceptação telefônica, determinada em decisão judicial fundamentada, quando necessária, como único meio de prova, à apuração de fato delituoso. (...) **É lícita a prorrogação do prazo legal de autorização para interceptação telefônica, ainda que de modo sucessivo**, quando o fato seja complexo e, como tal, exija investigação diferenciada e contínua. (...) O ministro relator de inquérito policial, objeto de supervisão do STF, tem competência para determinar, durante as férias e recesso forenses, realização de diligências e provas que dependam de decisão judicial, inclusive interceptação de conversação telefônica. (...) O disposto no art. 6º, § 1º, da Lei federal 9.296, de 24-7-1996, só comporta a interpretação sensata de que, salvo para fim ulterior, só é exigível, na formalização da prova de interceptação telefônica, a transcrição integral de tudo aquilo que seja relevante para esclarecer sobre os fatos da causa sub iudice." (Inq 2.424, Rel. Min. Cezar Peluso, julgamento em 26-11-2008, Plenário, DJE de 26-3-2010.)

Interceptação e encontro fortuito de prova em crime punido com detenção: Encontro fortuito de prova da prática de crime punido com detenção. (...) O STF, como intérprete maior da CR, considerou compatível com o art. 5º, XII e LVI, o uso de prova obtida fortuitamente através de interceptação telefônica licitamente conduzida, ainda que o crime descoberto, conexo ao que foi objeto da interceptação, seja punido com detenção." (AI 626.214-AgR, Rel. Min. Joaquim Barbosa, julgamento em 21-9-2010, Segunda Turma, DJE de 8-10-2010.)

Segundo o STF, **a análise dos últimos registros telefônicos em aparelhos celulares apreendidos após a efetuação de prisão em flagrante é lícita**. Assim restou decidido no HC 91.867, julgado em 2012 e relato pelo Ministro Gilmar Mendes.

"O princípio constitucional da reserva de jurisdição – que incide sobre as hipóteses de busca domiciliar (CF, art. 5º, XI), de interceptação telefônica (CF, art. 5º, XII) e de decretação da prisão, ressalvada a situação de flagrância penal (CF, art. 5º, LXI) – não se estende ao tema da quebra de sigilo, pois, em tal matéria, e por efeito de expressa autorização dada pela própria CR (CF, art. 58, § 3º), assiste competência à CPI, para decretar, sempre em ato necessariamente motivado, a excepcional ruptura dessa esfera de privacidade das pessoas." (MS 23.652, julgado no ano 2000 e relatado pelo Ministro Celso de Mello).

- Segundo a jurisprudência do STF, "**A quebra do sigilo inerente aos registros bancários, fiscais e telefônicos, por traduzir medida de caráter excepcional, revela-se incompatível com o ordenamento constitucional, quando fundada em deliberações emanadas de CPI cujo suporte decisório apoia-se em formulações genéricas, destituídas da necessária e específica indicação de causa provável**, que se qualifica como pressuposto legitimador da ruptura, por parte do Estado, da esfera de intimidade a todos garantida pela CR." (MS 25.668, julgado em 2006 e relatado pelo Ministro Celso de Mello).

  Segundo o entendimento do STF, "**A administração penitenciária**, com fundamento em razões de segurança pública, de disciplina prisional ou de preservação da ordem jurídica, **pode, sempre excepcionalmente**, e desde que respeitada a norma inscrita no art. 41, parágrafo único, da Lei 7.210/1984, **proceder à interceptação da correspondência remetida pelos sentenciados, eis que a cláusula tutelar da inviolabilidade do sigilo epistolar não pode constituir instrumento de salvaguarda de práticas ilícitas.**" (HC 70.814, Rel. Min. Celso de Mello, julgamento em 1º-3-1994, Primeira Turma, DJ de 24-6-1994.)

  No ARE 652777, julgado em 2015 e relatado pelo Ministro Teori Zavascki, em que se reconheceu repercussão geral, **o STF entendeu ser legítima a publicação, inclusive em sítio eletrônico mantido pela Administração Pública, dos nomes dos seus servidores e do valor dos correspondentes vencimentos e vantagens pecuniárias.**

  Assegura-se a todos, **independentemente do** pagamento de taxas, o **direito de petição** aos Poderes Públicos em defesa de direitos ou contra ilegalidade ou abuso de poder.

- "O **direito de petição**, presente em todas as Constituições brasileiras, qualifica-se como importante prerrogativa de caráter democrático. Trata-se de **instrumento jurídico-constitucional posto à disposição de qualquer interessado – mesmo daqueles destituídos de personalidade jurídica –**, com a explícita finalidade de viabilizar a defesa, perante as instituições estatais, de direitos ou valores revestidos tanto de natureza pessoal quanto de significação coletiva. Entidade sindical que pede ao PGR o ajuizamento de ação direta perante o STF. *Provocatio ad agendum*. Pleito que traduz o exercício concreto do direito de petição. Legitimidade desse comportamento." (STF. ADI 1.247, julgada em 2005 e relatada pelo Ministro Celso de Mello).

  É livre o direito de reunião pacífica, não sendo necessária autorização. Entretanto, exige-se **prévio aviso** (não pedido de autorização) à autoridade competente, para que não frustre outra reunião anteriormente convocada.

- **Atenção!** A finalidade do direito de reunião é a manifestação do pensamento. A liberdade ambulatorial constitui apena um meio para o exercício do direito de reunião. Nesse sentido, diante de uma violação ao direito fundamental, líquido e certo, de reunião, cabível será o **mandado de segurança**, não o habeas corpus.

  Segundo entendimento do STF: "A interpretação, segundo a qual é ilegal a reunião se não precedida de notificação, afronta o direito previsto no art. 5º, XVI, da Constituição Federal (CF). Isso porque **a exigência constitucional de aviso prévio relativamente ao direito de reunião é satisfeita com a veiculação de informação** que permita ao poder público zelar para que seu exercício se dê de forma pacífica ou para que não frustre outra reunião no mesmo local". (Tema 855 da repercussão geral - RE 806339/SE, relator Min. Marco Aurélio, redator do acórdão Min. Edson Fachin, julgamento virtual finalizado em 14.12.2020 - Info 1003)

  No caso de iminente perigo público, a autoridade competente poderá usar de propriedade particular, assegurada ao proprietário **indenização ulterior**, apenas **se houver dano** (e não em qualquer caso).

Associações

ASSOCIAÇÕES	
OBJETIVO	**EXIGÊNCIAS**
1. Criação	Não depende de autorização do poder público. É **vedada** a criação de associações de caráter paramilitar
2. Suspensão das Atividades	Somente por decisão Judicial
3. Dissolução	Somente por decisão judicial <u>com trânsito em julgado</u>

- A jurisprudência do STF **não é pacífica** quanto ao fato de as pessoas jurídicas serem titulares da liberdade de associação. Vale destacar trecho da ADI 2054: "I. Liberdade de associação. 1. Liberdade negativa de associação: sua existência, nos textos constitucionais anteriores, como corolário da liberdade positiva de associação e seu alcance e inteligência, na Constituição, quando se cuide de entidade destinada a viabilizar a gestão coletiva de arrecadação e distribuição de direitos autorais e conexos, cuja forma e organização se remeteram à lei. 2. Direitos autorais e conexos: sistema de gestão coletiva de arrecadação e distribuição por meio do ECAD (L 9610/98, art. 99), sem ofensa do art. 5º, XVII e XX, da Constituição, cuja aplicação, na esfera dos direitos autorais e conexos, hão de conciliar-se com o disposto no art. 5º, XXVIII, b, da própria Lei Fundamental. 3. **Liberdade de associação: garantia constitucional de duvidosa extensão às pessoas jurídicas** (ADI 2054, julgado em 2003 e relatado pelo Ministro Ilmar Galvão).

- Nesse sentido, ainda: "(...) não há, em princípio, impedimento insuperável a que pessoas jurídicas venham, também, a ser consideradas titulares de direitos fundamentais, não obstante estes, originalmente, terem por referência a pessoa física." [**ADI 4.636**, voto do min. Gilmar Mendes, j. 4-11-2021, P, DJE de 10-2-2022.]

- Conforme entendimento do STF, "A **obrigatoriedade do visto de advogado para o registro de atos e contratos constitutivos de pessoas jurídicas** (art. 1º, § 2º, da Lei 8.906/1994) **não ofende** os princípios constitucionais da isonomia e da liberdade associativa." (ADI 1.194, Rel. p/ o ac. Min. Cármen Lúcia, julgamento em 20-5-2009, Plenário, DJE de 11-9-2009.)

  Súmula 654 do STF: "A garantia da irretroatividade da lei, prevista no art. 5º, XXXVI, da Constituição da República, não é invocável pela entidade estatal que a tenha editado".

Somente os crimes de racismo e de ações de grupos armadas, civis ou militares, contra a ordem constitucional e o Estado Democrático são **imprescritíveis** (além de inafiançáveis). Já os crimes de tortura, tráfico ilícito de entorpecentes e drogas afins, terrorismo e os definidos em lei como hediondos, são **insuscetíveis de graça ou anistia** (além de inafiançáveis).

Vale observar, contudo, que a imprescritibilidade não se aplica às ações em que se pretende a responsabilização direta do agente público que praticou ato de tortura durante o regime militar. (STJ, REsp 2.054.390-SP, Rel. Ministro Marco Buzzi, Rel. para acórdão Ministra Maria Isabel Gallotti, Quarta Turma, por maioria, julgado em 29/11/2023).

CRIME	INAFIANÇÁVEL	IMPRESCRITÍVEL	INSUSCETÍVEL DE GRAÇA OU ANISTIA
Racismo	Sim	Sim	Não
Ações de Grupos Armados, Civis ou Militares contra a Ordem Constitucional e o Estado Democrático	Sim	Sim	Não

CRIME	INAFIANÇÁVEL	IMPRESCRITÍVEL	INSUSCETÍVEL DE GRAÇA OU ANISTIA
Tortura	Sim	Não	Sim
Tráfico Ilícito de Entorpecentes e Drogas Afins	Sim	Não	Sim
Terrorismo	Sim	Não	Sim
Hediondo	Sim	Não	Sim

- Dica para memorização: **TTTH** prescrevem! (**T**ortura, **T**ráfico Ilícito de Entorpecentes e Drogas Afins, **T**errorismo e **H**ediondos).

- Vale destacar que os crimes insuscetíveis de graça ou anistia também não admitem **indulto** (que é espécie de graça, segundo entendimento do STF exposto no HC 84.312) e **comutação de pena** (que é tipo de indulto, também segundo o STF em julgamento do HC 84.312).

- No julgamento do HC 82424, julgado em 2003 e relatado para o acórdão pelo Ministro Maurício Corrêa, em que se discutia o **alcance da expressão "racismo"**, contida no inciso XLII do art. 5º, da CF, ("a prática do racismo constitui crime inafiançável e imprescritível, sujeito à pena de reclusão, nos termos da lei;"), o Tribunal, por maioria, acompanhou o voto proferido pelo Min. Maurício Corrêa no sentido do indeferimento do writ, sob o entendimento de que **o racismo é antes de tudo uma realidade social e política, sem nenhuma referência à raça enquanto caracterização física ou biológica, refletindo, na verdade, reprovável comportamento que decorre da convicção de que há hierarquia entre os grupos humanos, suficiente para justificar atos de segregação, inferiorização e até de eliminação de pessoas.** (Informativo 321 do STF).

  Nesse mesmo sentido, entendeu que a expressão "racismo" alcança também a homotransfobia. (STF. ADO 26/DF, rel. Min. Celso de Mello, julgamento em 13.6.2019. (ADO-26) MI 4733/DF, rel. Min. Edson Fachin, julgamento em 13.6.2019. (MI-4733) (Info 944).

- A incitação de ódio público feita por líder religioso contra outras religiões pode configurar o crime de racismo, não sendo protegida pela liberdade de expressão. (STF. 2ª Turma. RHC 146303/RJ, rel. Min. Edson Fachin, red. p/ o ac. Min. Dias Toffoli, julgado em 6/3/2018- Info 893).

  Outra limitação apontada pelo STF à liberdade de expressão diz respeito a atentados contra o Estado de Direito e a democracia: "A liberdade de expressão existe para a manifestação de opiniões contrárias, jocosas, satíricas e até mesmo errôneas, mas não para opiniões criminosas, discurso de ódio ou atentados contra o Estado Democrático de Direito e a democracia." (STF, Info 1051, AP 1.044-DF, rel. min. Alexandre de Moraes, julgado em 20/04/2022).

"A liberdade de expressão não alcança a prática de discursos dolosos, com intuito manifestamente difamatório, de juízos depreciativos de mero valor, de injúrias em razão da forma ou de críticas aviltantes. É possível vislumbrar restrições à livre manifestação de ideias, inclusive mediante a aplicação da lei penal, em atos, discursos ou ações que envolvam, por exemplo, a pedofilia, nos casos de discursos que incitem a violência ou quando se tratar de discurso com intuito manifestamente difamatório." (STF, info 1053, - Pet 8242 AgR/DF, Pet 8259 AgR/DF, Pet 8262 AgR/DF, Pet 8263 AgR/ DF, Pet 8267 AgR/ DF e Pet 8366 AgR/DF rel. min. Gilmar Mendes, julgado em: 03/05/2022)

A CF garante que não haverá prisão civil por dívida, **salvo** a do responsável pelo inadimplemento voluntário e inescusável (não desculpável) de obrigação alimentícia e a do depositário infiel (mas o STF já declarou inaplicável a prisão civil do depositário infiel).

O Estado prestará **assistência jurídica integral e gratuita** (apenas) aos que comprovarem **insuficiência de recursos** (e não a todos, indistintamente).

Todos têm direito a receber dos órgãos públicos informações de seu interesse particular, ou de interesse coletivo ou geral, que serão prestadas no prazo da lei, sob pena de responsabilidade, **ressalvadas aquelas cujo sigilo seja imprescindível à segurança da sociedade e do Estado, não** havendo prevalência do direito individual neste caso.

O registro civil de nascimento e a certidão de óbito são gratuitos **apenas aos reconhecidamente pobres**.

É livre o exercício de qualquer trabalho, ofício ou profissão, **desde que** atendidas as qualificações profissionais que a lei estabelecer.

- "O **jornalismo** é uma profissão diferenciada por sua estreita vinculação ao pleno exercício das liberdades de expressão e de informação. (...). **O art. 5º, IV, IX, XIV, e o art. 220 não autorizam o controle, por parte do Estado, quanto ao acesso e exercício da profissão de jornalista. Qualquer tipo de controle desse tipo, que interfira na liberdade profissional no momento do próprio acesso à atividade jornalística, configura, ao fim e ao cabo, controle prévio que, em verdade, caracteriza censura prévia das liberdades de expressão e de informação, expressamente vedada pelo art. 5º, IX, da Constituição.** (...) O exercício do poder de polícia do Estado é vedado nesse campo em que imperam as liberdades de expressão e de informação. Jurisprudência do STF: Representação 930, Rel. p/ o ac. Min. Rodrigues Alckmin, DJ de 2-9-1977." (RE 511.961, julgado em 2009 e relatado pelo Ministro Gilmar Mendes).
- "Nem todos os ofícios ou profissões podem ser condicionadas ao cumprimento de condições legais para o seu exercício. A regra é a liberdade. Apenas quando houver potencial lesivo na atividade é que pode ser exigida inscrição em conselho de fiscalização profissional. **A atividade de músico prescinde de controle**. Constitui, ademais, manifestação artística protegida pela garantia da liberdade de expressão." (RE 414.426, Rel. Min. Ellen Gracie, julgamento em 1º-8- 2011, Plenário, DJE de 10-10-2011.)
- Já entendeu o STF, segundo noticiado no Informativo nº 748, que "**A exigência, pela Fazenda Pública, de prestação de fiança, garantia real ou fidejussória para a impressão de notas fiscais de contribuintes em débito com o Fisco viola as garantias do livre exercício do trabalho, ofício ou profissão** (CF, art. 5º, XIII), da atividade econômica (CF, art. 170, parágrafo único) e do devido processo legal (CF, art. 5º, LIV)" (RE 565048, julgado em 2014 e relatado pelo Ministro Marco Aurélio).
- "As limitações ao livre exercício das profissões serão legítimas apenas quando o inadequado exercício de determinada atividade possa vir a causar danos a terceiros e desde que obedeçam a critérios de adequação e razoabilidade, o que não ocorre em relação ao exercício da profissão de músico, ausente qualquer interesse público na sua restrição." [**ADPF 183**, rel. min. Alexandre de Moraes, j. 27-9-2019, P, *DJE* de 18-11-2019.]

A lei assegurará aos autores de inventos industriais **privilégio temporário** para sua utilização, bem como proteção às criações industriais, à propriedade das marcas, aos nomes de empresas e a outros signos distintivos, tendo em vista o interesse social e o desenvolvimento tecnológico e econômico do País.

O Supremo Tribunal Federal entende que decorre da regra que veda a utilização no processo de provas obtidas por meios ilícitos a proibição de utilização também das provas derivadas das ilícitas – teoria que se tornou conhecida pela alcunha de **"frutos da árvore envenenada"**. Todas essas provas são consideradas **nulas**. Entretanto, a jurisprudência daquele tribunal admite a utilização das provas derivadas das ilícitas em processo penal, quando a acusação demonstrar que as provas derivadas advêm de uma **fonte independente** (RHC 90.376, julgado em 2007 e relatado pelo Ministro Celso de Mello).

- O STF, como intérprete maior da Constituição Federal, considerou **compatível com o art. 5º, XII e LVI, o uso de prova obtida fortuitamente através de interceptação telefônica licitamente conduzida,** ainda que o crime descoberto, conexo ao que foi objeto da interceptação, seja punido com detenção." (AI 626.214, julgado em 2010 e relatado pelo Ministro Joaquim Barbosa).

Segundo o STF, "o acesso direto a aparelhos telefônicos e à residência de suspeitos, sem autorização judicial, fora das hipóteses de flagrante e sem o estabelecimento de procedimentos bem delimitados que garantam a observância dos direitos fundamentais, também conflita com o direito fundamental à não autoincriminação." (STF. HC 168052/SP, rel. Min. Gilmar Mendes, julgamento em 11.6.2019. (HC-168052). (Info 944).)

A prisão de qualquer pessoa e o local onde se encontre serão comunicados imediatamente ao juiz competente e à família do preso ou à pessoa por ele indicada

É assegurada, nos termos da lei, a prestação de **assistência religiosa** nas entidades civis e militares de internação coletiva.

De acordo com entendimento da **Súmula vinculante 14 do STF**, é direito do defensor, no interesse do representado, ter acesso amplo aos elementos de prova que, **já documentados em procedimento investigatório realizado por órgão com competência de polícia judiciária, digam respeito ao exercício do direito de defesa** em procedimento investigatório realizado por órgão com competência de polícia judiciária.

A aplicação da Súmula Vinculante 14 é afastada quando autos de inquérito policial se encontram indisponíveis em razão de pendência de realização de diligência sigilosa (Rcl 25012 AgR, rel. min. Edson Fachin, julgado em 14/03/2017, DJe 27/03/2017). Ademais, **não se aplica a procedimentos cíveis ou administrativos**, apenas à esfera penal (nesse sentido: Rcl 10771 AgR, rel. min. Marco Aurélio, julgado em 04/02/2014, DJe 18/02/2014; e Rcl 8458 AgR, rel. min. Gilmar Mendes, julgado em 26/06/2013, DJe 19/09/2013).

Nenhuma pena passará da pessoa do condenado, podendo a obrigação de reparar o dano e a decretação do perdimento de bens ser, nos termos da lei, estendidas aos sucessores e contra eles executadas, **até o limite** do valor do patrimônio transferido (art. 5º, XLV, da CF).

"É inconstitucional lei estadual que proíba que a Administração Pública contrate empresa cujo diretor, gerente ou empregado tenha sido condenado por crime ou contravenção relacionados com a prática de atos discriminatórios. Essa lei viola os princípios da intransmissibilidade da pena, da responsabilidade pessoal e do devido processo legal." STF. Plenário. ADI 3092, Rel. Marco Aurélio, julgado em 22/06/2020 (Info 987 – clipping).

De acordo com o art. 5º, LXVI, da CF, ninguém será levado à prisão ou nela mantido, quando a lei admitir a **liberdade provisória**, com ou sem fiança. O Plenário do **STF já declarou, incidentalmente, a inconstitucionalidade da vedação da liberdade provisória constante do art. 44, caput, da Lei 11.343/2006 (Lei de Drogas)**. "(...) essa vedação apriorística de concessão de liberdade provisória (Lei 11.343/2006, art. 44) é incompatível com o princípio constitucional da presunção de inocência, do devido processo legal, entre outros. É que a Lei de Drogas, ao afastar a concessão da liberdade provisória de forma apriorística e genérica, retira do juiz competente a oportunidade de, no caso concreto, analisar os pressupostos da necessidade do cárcere cautelar, em inequívoca antecipação de pena, indo de encontro a diversos dispositivos constitucionais. (...) a segregação cautelar – mesmo nos crimes atinentes ao tráfico ilícito de entorpecentes – deve ser analisada tal quais as prisões decretadas nos casos dos demais delitos previstos no ordenamento jurídico, o que conduz à necessidade de serem apreciados os fundamentos da decisão que denegou a liberdade provisória ao ora paciente, no intuito de verificar se estão presentes os requisitos do art. 312 do CPP que rege a matéria. (...) Ante o exposto, declaro, *incidenter tantum*, a inconstitucionalidade da vedação à liberdade provisória imposta pelo art. 44 da Lei 11.343/2006." (HC 104.339, julgado em 2012 e relatado pelo Ministro Gilmar Mendes).

Entendeu o STF que: "a presunção de inocência não impede a prisão em qualquer fase, processual ou pré-processual, desde que preenchidos os requisitos da prisão cautelar" (ADC 43/DF; ADC 44/DF; ADC 54/DF, rel. Min. Marco Aurélio, julg. 07.11.2019).

De acordo com posição consolidada do Supremo Tribunal Federal, **a exigência de depósito prévio** como requisito de admissibilidade de ação judicial na qual se pretenda discutir a exigibilidade de crédito tributário **ofende a garantia de acesso ao Poder Judiciário**. Essa é a conclusão que se extrai da **Súmula Vinculante 28**, aprovada em 2010.

Súmula 667 do STF: viola a garantia constitucional de acesso à jurisdição a **taxa judiciária calcada sem limite sobre o valor da causa**.

No bojo do RHC 79785, julgado em 2002, o STF se pronunciou no sentido de que o **duplo grau de jurisdição** não seria uma garantia constitucional. Entretanto, em 2007, no HC 88.420, julgado em 2007, a Suprema Corte relativizou a negativa, passando a entender aplicável o duplo grau de jurisdição como uma garantia constitucional implícita, que decorre da previsão da existência e competência dos Tribunais para apreciação de decisões proferidas em instâncias inferiores. Vale ainda destacar que a existência de processos com instância única ou originária (AP 470, sobre o Mensalão, v.g.) faz parte da lógica constitucional, impondo uma ponderação de valores. Nos casos de instância única, não se aplica o duplo grau, mas isso não significa que ele deixa de existir como uma garantia implícita.

59. No bojo do RE 207.732, julgado em 2002 e relatado pela Ministra Ellen Gracie, o STF definiu que: **"Cabe ao Estado o custeio do exame de DNA para os beneficiários da Assistência Judiciária gratuita, em virtude da auto-executoriedade do art. 5º, LXXIV, da CF**, possibilitando o amplo acesso à Justiça e a igualdade no litígio para os menos favorecidos, sendo incabível a discussão de descumprimento do precatório judicial, tendo em vista que não existe lide entre o Estado agravante e as partes do processo contencioso (...)". Assim, a alternativa está incorreta porque a obrigação de o Estado-membro custear o exame de DNA em favor de hipossuficientes **não é condicional**, mas sim direta, imediata e integral.

Nos autos da ADPF 87, julgada em 2011 e relatada pelo Ministro Celso de Mello, cujo tema era a "**Marcha da Maconha**", o STF assim se manifestou: "[...]esclareceu-se que **seria nociva e perigosa a pretensão estatal de reprimir a liberdade de expressão, fundamento da ordem democrática, haja vista que não poderia dispor de poder algum sobre a palavra, as ideias e os modos de sua manifestação. Afirmou-se que, conquanto a livre expressão do pensamento não se revista de caráter absoluto, destinar-se-ia a proteger qualquer pessoa cujas opiniões pudessem conflitar com as concepções prevalecentes, em determinado momento histórico, no meio social"**.

A **proibição de tratamento caricatural e humorístico a candidatos a cargos eletivos, no período eleitoral, constitui ofensa à liberdade de imprensa**. Assim decidiu o STF na ADI 4451: "Não cabe ao Estado, por qualquer dos seus órgãos, definir previamente o que pode ou o que não pode ser dito por indivíduos e jornalistas. Dever de omissão que inclui a própria atividade legislativa, pois é vedado à lei dispor sobre o núcleo duro das atividades jornalísticas, assim entendidas as coordenadas de tempo e de conteúdo da manifestação do pensamento, da informação e da criação lato sensu. Vale dizer: não há liberdade de imprensa pela metade ou sob as tenazes da censura prévia, pouco importando o poder estatal de que ela provenha. Isso porque a liberdade de imprensa não é uma bolha normativa ou uma fórmula prescritiva oca. Tem conteúdo, e esse conteúdo é formado pelo rol de liberdades que se lê a partir da cabeça do art. 220 da CF: liberdade de 'manifestação do pensamento', liberdade de 'criação', liberdade de 'expressão', liberdade de 'informação'. Liberdades constitutivas de verdadeiros bens de personalidade, porquanto correspondentes aos seguintes direitos que o art. 5º da nossa Constituição intitula de 'Fundamentais': 'livre manifestação do pensamento' (inciso IV); 'livre (...) expressão da atividade intelectual, artística, científica e de comunicação' (inciso IX); 'acesso a informação' (inciso XIV). (...) Programas humorísticos, charges e modo caricatural de pôr em circulação ideias, opiniões, frases e quadros espirituosos compõem as atividades de 'imprensa', sinônimo perfeito de 'informação jornalística' (§ 1º do art. 220). Nessa medida, gozam da plenitude de liberdade que é assegurada pela Constituição à imprensa. (...) A liberdade de imprensa assim abrangentemente livre não é de sofrer constrições em período eleitoral. Ela é plena em todo o tempo, lugar e circunstâncias. (ADI 4.451, julgada em 2010 e relatada pelo Ministro Ayres Britto).

- Em julgamento, STF entendeu que conteúdo que formula sátiras a elementos religiosos inerentes ao cristianismo não violam os valores constitucionais e não devem ser retirados de circulação, pois "Retirar de circulação produto audiovisual disponibilizado em plataforma de "streaming" apenas porque seu conteúdo desagrada parcela da população, ainda que majoritária, não encontra fundamento em uma sociedade democrática e pluralista como a brasileira." Rcl 38782/RJ, rel. Min. Gilmar Mendes, julgamento em 3.11.2020. (Rcl-38782) Info 998.
- O STJ, por sua vez, manifestou que: "A divulgação de notícia ou crítica acerca de atos ou decisões do Poder Público, ou de comportamento de seus agentes, não configuram, a princípio, abuso no exercício da liberdade de imprensa, desde que não se refiram a núcleo essencial de intimidade e de vida privada da pessoa." (REsp 1.325.938-SE, Rel. Min. Raul Araújo, Quarta Turma, por unanimidade, julgado em 23/08/2022, DJe 31/08/2022. Info. 749).

Para o STF a liberdade de expressão **não** protege os discursos racistas e preconceituosos, o que restou consignado no seguinte julgado: "Liberdade de expressão. Garantia constitucional que não se tem como absoluta. Limites morais e jurídicos. **O direito à livre expressão não pode abrigar, em sua abrangência, manifestações de conteúdo imoral que implicam ilicitude penal**. As liberdades públicas não são incondicionais, por isso devem ser exercidas de maneira harmônica, observados os limites definidos na própria CF (CF, art. 5º, § 2º, primeira parte). **O preceito fundamental de liberdade de expressão não consagra o 'direito à incitação ao racismo', dado que um direito individual não pode constituir-se em salvaguarda de condutas ilícitas, como sucede com os delitos contra a honra.** Prevalência dos princípios da dignidade da pessoa humana e da igualdade jurídica." (HC 82.424, Rel. p/ o ac. Min. Presidente Maurício Corrêa, julgamento em 17-9-2003, Plenário, DJ de 19-3-2004.)

Desde o RE 153.531, julgado em 1997 e relatado para o acórdão pelo Ministro Marco Aurélio, o STF **entende que no conflito entre o direito de manifestação cultural e a proibição de práticas de crueldade contra os animais, deve prevalecer esta última**. Vale destacar o seguinte trecho do julgado: "A manifestação cultural deve ser estimulada, mas não a prática cruel. Admitida a chamada "farra do boi", em que uma turba ensandecida vai ensandecida atrás do animal para procedimentos que estarrecem, como vimos, não há poder de polícia que consiga coibir esse procedimento. Não vejo como chegar-se a posição intermediária. A distorção alcançou tal ponto que somente uma medida que obstaculize terminantemente a prática pode evitar o que verificamos nesse ano de 1997 [...] Não se trata, no caso, de uma manifestação cultural que mereça o agasalho da Carta da República. Como disse no início de meu voto, cuida-se de uma prática cuja crueldade é ímpar e decorre das circunstâncias de pessoas envolvidas por paixões condenáveis buscarem, a todo custo, o próprio sacrifício do animal."

Segundo a jurisprudência do STF, "[...] no Brasil, sendo o princípio do respeito ao direito adquirido, ao ato jurídico perfeito e à coisa julgada de natureza constitucional, sem qualquer exceção a qualquer espécie de legislação ordinária, **não tem sentido a afirmação de muitos – apegados ao direito de países em que o preceito é de origem meramente legal – de que as leis de ordem pública se aplicam de imediato, alcançando os efeitos futuros do ato jurídico perfeito ou da coisa julgada**, e isso porque, se se alteram os efeitos, é óbvio que se está introduzindo modificação na causa, o que é vedado constitucionalmente." (Rp 1451, julgada em 1988 e relatada pelo Ministro Moreira Alves).

Princípio da Razoável Duração do Processo: a todos, no âmbito judicial e administrativo, são assegurados a razoável duração do processo e os meios que garantam a celeridade de sua tramitação.

Ações ou remédios constitucionais

Habeas Corpus

- Conceder-se-á ***habeas corpus*** sempre que alguém sofrer ou se achar ameaçado de sofrer violência ou coação em sua liberdade de locomoção (também denominada **ambulatorial**), por ilegalidade ou abuso de poder.
- "**Não cabe** *habeas corpus* originário para o Tribunal Pleno **de decisão de turma, ou do plenário,** proferida em habeas corpus ou no respectivo recurso (Súmula 606 do STF).
- "Não cabe habeas corpus quando já **extinta a pena privativa de liberdade**." (Súmula 695 do STF.)
- "Não cabe habeas corpus contra a **imposição da pena de exclusão de militar ou de perda de patente ou de função pública**." (Súmula 694 do STF)
- "Não cabe habeas corpus contra **decisão condenatória a pena de multa, ou relativo a processo em curso por infração penal a que a pena pecuniária seja a única cominada**." (Súmula 693 do STF)
- "Não se conhece de habeas **corpus contra omissão de relator de extradição, se fundado em fato ou direito estrangeiro cuja prova não constava dos autos**, nem foi ele provocado a respeito." (Súmula 692 do STF)
- "Não se conhece de recurso de habeas corpus cujo objeto seja **resolver sobre o ônus das custas, por não estar mais em causa a liberdade de locomoção**." (Súmula 395 do STF)
- Ao **estrangeiro**, residente no exterior, é assegurado o direito de impetrar habeas corpus (STF, HC 94.404, julgado em 2008 e relatado pelo Ministro Celso de Mello).
- O habeas corpus **não pode ser proposto em favor de pessoa jurídica**, pois não há que se falar em liberdade ambulatorial. Nesse sentido o STF: "Habeas corpus. Negativa de seguimento. (...) Na concreta situação dos autos, a pessoa jurídica da qual o paciente é representante legal se acha processada por delitos ambientais. Pessoa Jurídica que somente poderá ser punida com multa e pena restritiva de direitos. Noutro falar: a liberdade de locomoção do agravante não está, nem mesmo indiretamente, ameaçada ou restringida." (HC 88.747-AgR, Rel. Min. Ayres Britto, julgamento em 15-9-2009, Primeira Turma, DJE de 29-10-2009.)
- **Entretanto,** segundo a doutrina e a jurisprudência predominantes, a pessoa jurídica pode impetrar habeas corpus **em favor de pessoa física**.
- "É nulo julgamento de recurso criminal, na segunda instância, sem prévia intimação ou publicação da pauta, salvo em habeas corpus." (Súmula 431 do STF)
- "O habeas corpus é **medida idônea para impugnar decisão judicial que autoriza a quebra de sigilos fiscal e bancário em procedimento criminal**, haja vista a possibilidade destes resultarem em constrangimento à liberdade do investigado. Com base nesse entendimento, a Turma, resolvendo questão de ordem, deu provimento a agravo de instrumento interposto pelo Ministério Público Federal para, convertendo-o em recurso extraordinário, negar-lhe provimento. Alegava-se, na espécie, ofensa ao art. 5º, LXVIII, da CF, ao fundamento de que a decisão que determinara a quebra de sigilos não ameaçaria o imediato direito de locomoção do paciente, consoante exigido constitucionalmente" (STF. AI 573623 QO/RJ, julgado em 2006 e relatado pelo Ministro Gilmar Mendes).
- Admite-se a **impetração de *habeas corpus* contra ato de particular**. Assim é a lição da doutrina, que ilustra o cabimento: "contra o médico que ilegalmente promove a retenção de paciente no hospital ou contra o fazendeiro que não libera o colono da fazenda" (CUNHA, Rogério Sanches; LORENZATO, Gustavo Muller; FERRAZ, Maurício Lins e PINTO, Ronaldo Batista. *Processo Penal Prático*. 2 ed. Salvador: Juspodivm, 2007, p. 180).
- A doutrina brasileira do *habeas corpus* **não subsiste** nos dias atuais. Nesse sentido o STF: "A ação de *habeas corpus* não se revela cabível, quando inexistente situação de dano efetivo ou de risco potencial ao *jus manendi, ambulandi, eundi ultro citroque* do paciente. Esse entendimento decorre da circunstância histórica de a reforma constitucional de 1926 – que importou na cessação da doutrina brasileira do *habeas corpus* – haver res-

taurado a função clássica desse extraordinário remédio processual, destinando-o, quanto à sua finalidade, à específica tutela jurisdicional da imediata liberdade de locomoção física das pessoas." (HC 102.041, julgado em 2010 e relatado pelo Ministro Celso de Mello).

- ***Habeas corpus* e liberdade na internet:** "O *habeas corpus*, em sua condição de instrumento de ativação da jurisdição constitucional das liberdades, configura um poderoso meio de cessação do injusto constrangimento ao estado de liberdade de locomoção física das pessoas. Se essa liberdade não se expõe a qualquer tipo de cerceamento, e se o direito de ir, vir ou permanecer sequer se revela ameaçado, **nada justifica o emprego do remédio heróico do habeas corpus, por não estar em causa a liberdade de locomoção física** (de todo inconfundível com a 'liberdade de locomoção pelos sítios informativos' existentes no universo virtual, cuja proteção é ora pretendida pelo impetrante) (...)." (HC 100.231, julgado em 2009 e relatado pelo Ministro Celso de Mello).
- ***Habeas corpus* e ação de improbidade:** segundo o STF, "O *habeas corpus* é meio processual destinado à proteção do direito de ir e vir ameaçado por ilegalidade ou abuso de poder. Daí a impropriedade desse instrumento processual para solver controvérsia cível. Ainda que se admita que a ação de improbidade administrativa tem natureza penal, não há como trancá-la em habeas corpus, porquanto as sanções previstas na Lei 8.429/1992 não consubstanciam risco à liberdade de locomoção." (HC 100.244-AgR, julgado em 2009 e relatado pelo Ministro Eros Grau).

Mandado de Segurança

- Caberá **mandado de segurança** para proteger **direito líquido e certo, não amparado por habeas corpus ou habeas data,** quando o responsável pela ilegalidade ou abuso de poder for **autoridade pública ou agente de pessoa jurídica no exercício de atribuições do Poder Público**.

Observa o STJ que o conceito de autoridade pública ou agente de pessoa jurídica no exercício de atribuições do Poder Público **não abrange "dirigentes, unidades ou órgãos de entidades de administração do desporto"**, já que sobressai o caráter privado dessas atividades. (STJ, REsp 1.348.503-SE, Rel. Min. Marco Buzzi, Quarta Turma, por unanimidade, julgado em 22/02/2022., INFO 726).

Entende o STJ ainda que: "O Ministério Público possui legitimidade ativa para impetrar Mandado de Segurança a fim de promover a defesa dos interesses transindividuais e do patrimônio público material ou imaterial." (STJ, Info 732, RMS 67.108-MA, rel. min. Herman Benjamin, julg. 05/04/2022).

Mandado de segurança – reclassificação em concurso público – prazo: "A data do último ato administrativo reputado ilegal é o termo inicial do prazo decadencial para impetração de Mandado de Segurança com objetivo de reclassificação em concurso público em virtude de anulação de questões por decisão judicial após o encerramento do prazo de validade do certame." (STJ, Informativo 752, RMS 64.025-BA, Rel. Min. Assusete Magalhães, Segunda Turma, por unanimidade, julgado em 04/10/2022, DJe 10/10/2022.).

Observa o STJ que o conceito de autoridade pública ou agente de pessoa jurídica no exercício de atribuições do Poder Público **não abrange "dirigentes, unidades ou órgãos de entidades de administração do desporto"**, já que sobressai o caráter privado dessas atividades. (STJ, REsp 1.348.503-SE, Rel. Min. Marco Buzzi, Quarta Turma, por unanimidade, julgado em 22/02/2022., INFO 726).

Entende o STJ ainda que: "O Ministério Público possui legitimidade ativa para impetrar Mandado de Segurança a fim de promover a defesa dos interesses transindividuais e do patrimônio público material ou imaterial." (STJ, Info 732, RMS 67.108-MA, rel. min. Herman Benjamin, julg. 05/04/2022).

Mandado de segurança – reclassificação em concurso público – prazo: "A data do último ato administrativo reputado ilegal é o termo inicial do prazo decadencial para impetração de Mandado de Segurança com objetivo de reclassificação em concurso público em virtude de anulação de questões por decisão judicial após o encerramento do prazo de validade do certame." (STJ, Informativo 752, RMS 64.025-BA, Rel. Min. Assusete Magalhães, Segunda Turma, por unanimidade, julgado em 04/10/2022, DJe 10/10/2022.).

- "**Não cabe condenação em honorários de advogado** na ação de mandado de segurança." (Súmula 512 do STF)
- "Não cabe mandado de segurança para impugnar enquadramento da Lei 3.780, de 12-7-1960, **que envolva exame de prova ou de situação funcional** complexa." (Súmula 270 do STF)
- "Não cabe mandado de segurança contra **decisão judicial com trânsito em julgado**." (Súmula 268 do STF)
- "Não cabe mandado de segurança contra **ato judicial passível de recurso ou correição**." (Súmula 267 do STF)
- "Não cabe mandado de segurança **contra lei em tese**." (Súmula 266 do STF)
- Entretanto, segundo o STF, "**Se o decreto é**, materialmente, ato administrativo, assim **de efeitos concretos, cabe contra ele mandado de segurança**. Todavia, se o decreto tem efeito normativo, genérico, por isso mesmo sem operatividade imediata, necessitando, para a sua individualização, da expedição de ato administrativo, contra ele não cabe mandado de segurança. (Súmula 266)." (MS 21.274, julgado em 1994 e relatado pelo Ministro Carlos Velloso).

- **Vale ressaltar**, que em MC no MS 26.325, em 2007, o Ministro Gilmar Mendes entendeu pela admissão de mandado de segurança para a impugnação de leis "dotadas de eficácia imediata e capazes de afetar direito subjetivo".
- "É constitucional lei que fixa **prazo de decadência** para impetração de mandado de segurança." (Súmula 632 do STF)
- Nos termos da Súmula 474 do STF, **não há direito líquido e certo**, amparado pelo mandado de segurança, quando se escuda em lei cujos efeitos foram anulados por outra, declarada constitucional pelo Supremo Tribunal Federal.
- Ao estrangeiro, residente no exterior, é assegurado o **direito de impetrar mandado de segurança** (STF, MS 4706, julgado em 1969 e relado pelo Ministro Ari Franco)
- o STF reconhece o direito de impetração de mandado de segurança a **diferentes órgãos públicos despersonalizados que tenham prerrogativas ou direitos próprios a defender**, tais como as Chefias dos Executivos e de Ministério Público; as Presidências das Mesas dos Legislativos; as Presidências dos Tribunais; os Fundos Financeiros; as Presidências de Comissões Autônomas; as Superintendências de Serviços e demais órgãos da Administração centralizada ou descentralizada contra atos de outros órgãos públicos.
- Não compete ao Supremo Tribunal Federal conhecer originariamente de mandado de segurança contra **atos de outros Tribunais**. (Súmula 624 do STF)
- "**Controvérsia sobre matéria de direito** não impede concessão de mandado de segurança." (Súmula 625 do STF)
- "Praticado o ato por **autoridade, no exercício de competência delegada,** contra ela cabe o mandado de segurança ou a medida judicial." (Súmula 510 do STF)
- "**Pedido de reconsideração** na via administrativa não interrompe o prazo para o mandado de segurança." (Súmula 430 do STF)
- "Concessão de mandado de segurança não produz efeitos patrimoniais em relação a **período pretérito**, os quais devem ser reclamados administrativamente ou pela via judicial própria." (Súmula 271 do STF)
- "O mandado de segurança **não é substitutivo de ação de cobrança**." (Súmula 269 do STF)
- Em que pese o teor da súmula 267, do Supremo Tribunal Federal, que afirma **não caber Mandado de Segurança contra ato judicial passível de recurso ou correição**, é certo que o próprio STF, abrandando a rigidez da referida súmula, **tem admitido** o *mandamus* quando, do ato judicial impugnado, puder resultar **dano irreparável**, desde logo cabalmente demonstrado. Tal posicionamento restou assentado no MS 22.623-AgR, julgado em 1996 e relatado pelo Ministro Sydney Sanches).
- "O mandado de segurança **não substitui a ação popular**." (Súmula 101 do STF)
- Lei 12.016/09: Art. 5º: **Não se concederá mandado de segurança** quando se tratar:

I – de ato do qual caiba recurso administrativo com efeito suspensivo, independentemente de caução;

II – de decisão judicial da qual caiba recurso com efeito suspensivo;

III – de decisão judicial transitada em julgado.

A 1ª Turma do STF entendeu ser admissível o uso do mandado de segurança para impugnar ato judicial no qual se assentou a intempestividade de recurso que foi protocolado dentro do prazo legal, em razão de sua excepcionalidade (RMS 36114/AM, rel. Min. Marco Aurélio, julg. 22.10.2019 – Info 957).

- O mandado de segurança pode ser utilizado **contra ato de juiz criminal, praticado em processo penal** (STJ. REsp 96024 GO, julgado em 1998 e relatado pelo Ministro José Dantas)
- **Entende-se por direito líquido e certo** aquele que pode ser demonstrado de plano por meio de prova pré-constituída, isto é, sem que haja necessidade de dilação probatória. Na dicção de conceituada doutrina de **Hely Lopes Meirelles**, é o direito "manifesto na sua existência, delimitado na sua extensão e apto a ser exercitado no momento da impetração" (*Mandado de Segurança*. 22 ed. São Paulo: Malheiros, 2000. p. 21-22).
- Conforme decidiu o STF, diante da ausência de previsão constitucional e com fundamento no art. 21 VI, da Loman, "a competência originária para conhecer de mandado de segurança contra coação imputada a Turma Recursal dos Juizados Especiais **é dela mesma e não do Supremo Tribunal Federal**" (MS 24.691).
- Na esteira de notícia divulgada pelo STF, por maioria de votos, no dia 02/05/2013, o Plenário do Supremo Tribunal Federal (STF) decidiu que a desistência do mandado de segurança é uma prerrogativa de quem o propõe e pode ocorrer a qualquer tempo, sem anuência da parte contrária e independentemente de já ter havido decisão de mérito, ainda que favorável ao autor da ação. A decisão ocorreu no julgamento do Recurso Extraordinário (RE) 669367, com repercussão geral reconhecida, em que a empresa Pronor Petroquímica S/A questionava decisão do Superior Tribunal de Justiça (STJ), que não admitiu a desistência de um mandado de segurança movido pela empresa contra a Comissão de Valores Imobiliários (CVM). De acordo com o entendimento da maioria dos ministros, o mandado de segurança é uma ação dada ao cidadão contra o Estado e, portanto, não gera direito a autoridade pública considerada coatora, pois seria "intrínseco na defesa da liberdade do cidadão".

Entende, ainda, o STJ que: "Em mandado de segurança, a legitimidade para recorrer é da pessoa jurídica de direito público, sendo dispensável a intimação da autoridade coatora para fins de início da contagem do prazo recursal." (AgInt no AREsp 1.430.628-BA, Rel. Min. Francisco Falcão, Segunda Turma, por maioria, julgado em 18/08/2022.Info 747).

Mandado de Segurança e Defensoria Pública: Entende o STJ que: "O Defensor Público, atuando em nome da Defensoria Pública, possui legitimidade para impetrar mandado de segurança em defesa das funções institucionais e prerrogativas de seus órgãos de execução, nos termos do artigo 4°, IX, da Lei Complementar n. 80/1994." (STJ, Informativo Especial nº6. Processo sob segredo judicial, Rel. Min. Maria Isabel Gallotti, Quarta Turma, por unanimidade, julgado em 07/06/2022, DJe 10/06/2022.).

Mandado de Segurança Coletivo

- O **mandado de segurança coletivo** pode ser impetrado por: a) partido político com representação no Congresso Nacional; b) organização sindical; c) entidade de classe ou **associação legalmente constituída** e em funcionamento há **pelo menos um ano**, em defesa dos interesses de seus membros ou associados.
- Conforme entendimento do STF, **os partidos políticos não têm legitimidade ativa ad causam para impetrar mandado de segurança coletivo em defesa de terceiros**, com vistas a impugnar direito individual disponível, como a incidência de imposto. Tal posicionamento restou evidenciado em 2004, no julgamento do RE 196.184, relatado pela Ministra Ellen Gracie: "Uma exigência tributária configura interesse de grupo ou classe de pessoas, só podendo ser impugnada por eles próprios, de forma individual ou coletiva. Precedente: RE 213.631, Rel. Min. Ilmar Galvão, DJ de 7-4-2000. O partido político não está, pois, autorizado a valer-se do mandado de segurança coletivo para, substituindo todos os cidadãos na defesa de interesses individuais, impugnar majoração de tributo."

  Entende, contudo, o STJ que: "O sindicato ou a associação de servidores não têm legitimidade para a impetração de ação de mandado de segurança coletivo no interesse de direitos de <u>candidatos aprovados em concurso público</u>." (STJ, Informativo Especial nº 5. RMS 66.687-PB, Rel. Min. Mauro Campbell Marques, Segunda Turma, por unanimidade, julgado em 10/05/2022, DJe 19/05/2022.).
- A impetração de mandado de segurança coletivo por entidade de classe em favor dos associados **independe da autorização destes** (Súmula 629 do STF).
- "A entidade de classe tem legitimação para o mandado de segurança **ainda quando a pretensão veiculada interesse apenas a uma parte da respectiva categoria**." (Súmula 630 do STF)
- Segundo o STF, "a **legitimidade de sindicato** para atuar como substituto processual no mandado de segurança coletivo **pressupõe tão somente a existência jurídica**, ou seja, o registro no cartório próprio, **sendo indiferente estarem ou não os estatutos arquivados e registrados no Ministério do Trabalho.**" (RE 370.834, julgado em 2011 e relatado pelo Ministro Marco Aurélio).
- O STF já entendeu pela "legitimidade do **sindicato** para a impetração de mandado de segurança coletivo **independentemente da comprovação de um ano de constituição e funcionamento.**" (RE 198.919, julgado em 1999 e relatado pelo Ministro Ilmar Galvão).
- Segundo o STF, "A **legitimação** das organizações sindicais, entidades de classe ou associações, para a segurança coletiva, é **extraordinária**, ocorrendo, em tal caso, substituição processual. CF, art. 5º, LXX. **Não se exige, tratando-se de segurança coletiva, a autorização expressa** aludida no inciso XXI do art. 5º da Constituição, que contempla hipótese de representação." (RE 193.382, Rel. Min. Carlos Velloso, julgamento em 28-6-1996, Plenário, DJ de 20-9-1996.). Assim, por exemplo, um sindicato não dependerá de autorização expressa de seus filiados para promover a defesa de seus interesses em juízo.

Habeas Data

- Conceder-se-á ***habeas data***: a) para assegurar o conhecimento de **informações relativas à pessoa do impetrante**, constantes de registros ou bancos de dados de entidades governamentais ou de caráter público; b) para a retificação de dados, quando não se prefira fazê-lo por processo sigiloso, judicial ou administrativo. Se forem informações de **interesse pessoal**, mas não da pessoa do impetrante, cabe **mandado de segurança.**
- Segundo o STF, "O *habeas data* configura remédio jurídico-processual, de natureza constitucional, que se destina a garantir, em favor da pessoa interessada, o exercício de pretensão jurídica discernível em seu tríplice aspecto: **(a) direito de acesso aos registros; (b) direito de retificação dos registros; e (c) direito de complementação dos registros.** Trata-se de relevante instrumento de ativação da jurisdição constitucional das liberdades, a qual representa, no plano institucional, a mais expressiva reação jurídica do Estado às situações que lesem, efetiva ou potencialmente, os direitos fundamentais da pessoa, quaisquer que sejam as dimensões em que estes se projetem. O acesso ao habeas data pressupõe, entre outras condições de admissibilidade, a existência do interesse de agir. Ausente o interesse legitimador da ação, torna-se inviável o exercício desse remédio constitucional. **A prova do anterior indeferimento do pedido de informação de dados pessoais, ou da omissão em atendê-lo, constitui requisito indispensável para que se concretize o interesse de agir no *habeas data*.** Sem que se configure situação prévia de preten-

são resistida, há carência da ação constitucional do *habeas data*." (RHD 22, julgado em 1991 e relatado para o acórdão pelo Ministro Celso de Mello).

- No que se refere à legitimidade ativa, tem-se que **pessoa jurídica pode impetrar *habeas data*.** Conforme entendeu o STF no RE 673707, julgado em 2015 e relatado pelo Ministro Luiz Fux, "**A *legitimatio ad causam* para interpretação de *Habeas Data* estende-se às pessoas físicas e jurídicas, nacionais e estrangeiras, porquanto garantia constitucional aos direitos individuais ou coletivas**" (Informativo 790, de 2015).

- Atenção! Não confunda o mandado de segurança com o *habeas data*. São comuns as questões que desafiam os candidatos quanto ao cabimento dessas duas ações constitucionais. Para facilitar a compreensão, elaboramos a seguinte tabela.

MANDADO DE SEGURANÇA	*HABEAS DATA*
1. Conhecimento de informações de **interesse pessoal** do impetrante	1. Conhecimento de informações **relativas/referentes à pessoa** do impetrante
2. Obtenção de **certidão** que contenha informações de interesse pessoal do impetrante	2. Obtenção de **informações constantes em registros ou bancos de dados** (não em certidões)[1]

- **Atenção! São gratuitas** as ações de *habeas corpus* e *habeas data*, e, na forma da lei, os atos necessários ao exercício da cidadania.

Mandado de Injunção

- O mandado de injunção é utilizado **sempre que a falta de norma regulamentadora torne inviável o exercício dos direitos e liberdades constitucionais e das prerrogativas inerentes à nacionalidade, à soberania e à cidadania.**

- O entendimento atual do STF é no sentido de que **não** é cabível liminar em mandado de injunção (vide MI 680, julgado em 2008 e relatado pela Ministra Ellen Gracie).

- "Mandado de injunção. Garantia fundamental (CF, art. 5º, LXXI). Direito de greve dos servidores públicos civis (CF, art. 37, VII). Evolução do tema na jurisprudência do STF. Definição dos parâmetros de competência constitucional para apreciação no âmbito da Justiça Federal e da Justiça estadual até a edição da legislação específica pertinente, nos termos do art. 37, VII, da CF. Em observância aos ditames da segurança jurídica e à evolução jurisprudencial na interpretação da omissão legislativa sobre o direito de greve dos servidores públicos civis, fixação do prazo de sessenta dias para que o Congresso Nacional legisle sobre a matéria. Mandado de injunção deferido para determinar a aplicação das Leis 7.701/1988 e 7.783/1989. Sinais de evolução da garantia fundamental do mandado de injunção na jurisprudência do STF. No julgamento do MI 107/DF, Rel. Min. Moreira Alves, DJ de 21-9-1990, **o Plenário do STF consolidou entendimento que conferiu ao mandado de injunção os seguintes elementos operacionais**: **i)** os direitos constitucionalmente garantidos por meio de mandado de injunção apresentam-se como direitos à expedição de um ato normativo, os quais, via de regra, não poderiam ser diretamente satisfeitos por meio de provimento jurisdicional do STF; **ii)** a decisão judicial que declara a existência de uma omissão inconstitucional constata, igualmente, a mora do órgão ou poder legiferante, insta-o a editar a norma requerida; **iii)** a omissão inconstitucional tanto pode referir-se a uma omissão total do legislador quanto a uma omissão parcial; **iv)** a decisão proferida em sede do controle abstrato de normas acerca da existência, ou não, de omissão é dotada de eficácia erga omnes, e não apresenta diferença significativa em relação a atos decisórios proferidos no contexto de mandado de injunção; **v)** o STF possui competência constitucional para, na ação de mandado de injunção, determinar a suspensão de processos administrativos ou judiciais, com o intuito de assegurar ao interessado a possibilidade de ser contemplado por norma mais benéfica, ou que lhe assegure o direito constitucional invocado; **vi)** por fim, esse plexo de poderes institucionais legitima que o STF determine a edição de outras medidas que garantam a posição do impetrante até a oportuna expedição de normas pelo legislador. Apesar dos avanços proporcionados por essa construção jurisprudencial inicial, **o STF flexibilizou a interpretação constitucional primeiramente fixada para conferir uma compreensão mais abrangente à garantia fundamental do mandado de injunção. A partir de uma série de precedentes, o Tribunal passou a admitir soluções 'normativas' para a decisão judicial como alternativa legítima de tornar a proteção judicial efetiva** (CF, art. 5º, XXXV). Precedentes: MI 283, Rel. Min. Sepúlveda Pertence, DJ de 14-11-1991; MI 232/RJ, Rel. Min. Moreira Alves, DJ de 27-3-1992; MI 284, Rel. Min. Marco Aurélio, Rel. p/ o ac. Min. Celso de Mello, DJ de 26-6-1992; MI 543/DF, Rel. Min. Octavio Gallotti, DJ de 24-5-2002; MI 679/DF, Rel. Min. Celso de Mello, DJ de 17-12-2002; e MI 562/DF, Rel. Min. Ellen Gracie, DJ de 20-6-2003. (...) Em razão da evolução jurisprudencial sobre o tema da interpretação da omissão legislativa do direito de greve dos servidores públicos civis e em respeito aos ditames de segurança jurídica, fixa-se o prazo de sessenta dias para que o Congresso Nacio-

1. **O *habeas data* também não se presta para obtenção de vista em processo administrativo**, consoante posicionamento do STF: "A ação de *habeas data* visa à proteção da privacidade do indivíduo contra abuso no registro e/ou revelação de dados pessoais falsos ou equivocados. O *habeas data* não se revela meio idôneo para se obter vista de processo administrativo". (HD 90-AgR, julgado em 2010 e relatado pela Ministra Ellen Gracie).

nal legisle sobre a matéria. Mandado de injunção conhecido e, no mérito, deferido para, nos termos acima especificados, determinar a aplicação das Leis 7.701/1988 e 7.783/1989 aos conflitos e às ações judiciais que envolvam a interpretação do direito de greve dos servidores públicos civis." (MI 708, Rel. Min. Gilmar Mendes, julgamento em 25-10-2007, Plenário, DJE de 31-10-2008). No mesmo sentido: MI 670, Rel. p/ o ac. Min. Gilmar Mendes, e MI 712, Rel. Min. Eros Grau, julgamento em 25-10-2007, Plenário, DJE de 31-10-2008.

- Quanto à decisão no mandado de injunção, temos as seguintes teorias: a) **teoria não concretista**: assinala que a decisão do mandado de injunção possui natureza declaratória, apenas reconhecendo a omissão legislativa, mas não possuindo forças para concretizar o exercício do direito. É pautada no princípio da separação de Poderes; b) **teoria concretista:** reconhece a natureza constitutiva da decisão de mandado de injunção (e não apenas a declaratória). Esse reconhecimento implica viabilizar o exercício do direito carente de regulamentação. Como desdobramento da teoria concretista, temos: b.1) teoria concretista geral: a decisão produzirá efeitos *erga omnes;* b.2) teoria concretista individual: a decisão terá apenas efeitos *inter partes*, podendo ser direta (o Judiciário não aguarda que a autoridade competente edite a lei, conferindo o exercício do direito de imediato) ou intermediária (hipótese em que o Judiciário, ao reconhecer a omissão, comunicará o órgão competente, fixando-lhe prazo que, persistindo a omissão, o próprio judiciário concretizará o direito pendente de regulamentação). Em um primeiro momento, o STF adotou a teoria não concretista. Todavia, esse posicionamento foi superado, de modo que, atualmente, **o posicionamento adotado pela Suprema Corte é a teoria concretista.**
- Consoante art. 12 da Lei 13.300/2016, **o mandado de injunção coletivo pode ser promovido**: I – pelo **Ministério Público**, quando a tutela requerida for especialmente relevante para a defesa da ordem jurídica, do regime democrático ou dos interesses sociais ou individuais indisponíveis; II – por **partido político** com representação no Congresso Nacional, para assegurar o exercício de direitos, liberdades e prerrogativas de seus integrantes ou relacionados com a finalidade partidária; III – por **organização sindical, entidade de classe ou associação** legalmente constituída e em funcionamento há pelo menos 1 (um) ano, para assegurar o exercício de direitos, liberdades e prerrogativas em favor da totalidade ou de parte de seus membros ou associados, na forma de seus estatutos e desde que pertinentes a suas finalidades, dispensada, para tanto, autorização especial; IV – pela **Defensoria Pública**, quando a tutela requerida for especialmente relevante para a promoção dos direitos humanos e a defesa dos direitos individuais e coletivos dos necessitados, na forma do inciso LXXIV do art. 5º da Constituição Federal.
- O **STF já reconheceu sua competência para apreciar mandado de injunção impetrado por servidor público municipal** (vide MI 3815, relatado pelo Ministro Luiz Fux e julgado no dia 23/05/2013).
- Se, após a impetração de mandado de injunção, o diploma legal objeto da reclamação foi promulgado a ação estará prejudicada pela perda do objeto. Conforme consolidado no STF: "AGRAVO REGIMENTAL EM MANDADO DE INJUNÇÃO. SUPERAÇÃO DA MORA LEGISLATIVA. PERDA DO OBJETO. 1. A jurisprudência desta Corte se firmou no sentido de que a edição do diploma reclamado pela Constituição leva à perda de objeto do mandado de injunção. 2. "Excede os limites da via eleita a pretensão de sanar a alegada lacuna normativa do período pretérito à edição da lei regulamentadora" (MI 634-AgR, Rel. Min. Sepúlveda Pertence). 3. Agravo regimental improvido" (MI 3709 AgR, julgado em 2014 e Relatado pelo Min. Roberto Barroso).
- "Mandado de injunção é via imprópria para pleitear a regulamentação do direito militar de ascensão funcional do quadro especial do Exército Brasileiro." STJ. MI 324-DF, Rel. Min. Herman Benjamin, Corte Especial, por unanimidade, julgado em 19/02/2020, DJe 25/08/2020. INFO 679.

Ação Popular

- A **ação popular** pode ser proposta por qualquer **cidadão** (nacional no gozo dos direitos políticos) com o objetivo de anular ato lesivo ao patrimônio público ou de entidade de que o Estado participe, à moralidade administrativa, ao meio ambiente e ao patrimônio histórico e cultural, ficando o autor, **salvo comprovada má-fé**, isento de custas judiciais e do ônus da sucumbência;
- "**Pessoa jurídica** não tem legitimidade para propor ação popular." (Súmula 365.)
- "**O mandado de segurança não substitui** a ação popular." (Súmula 101.)
- Como o requisito para a propositura é ser cidadão (art. 5º, LXXIII, da CF), e formalmente isso significa ter título de eleitor, aquele que, **a partir dos 16 anos** estiver munido deste documento, poderá ajuizar ação popular.
- Nos casos de ação popular movida contra o Presidente da República, a competência originária para o seu julgamento **não é** do Supremo Tribunal Federal, pois não há previsão no art. 102, da CF, que conta com rol taxativo (regime de direito estrito). Nesse sentido, a jurisprudência do STF: **"A competência para julgar ação popular contra ato de qualquer autoridade, até mesmo do presidente da República, é, via de regra, do juízo competente de primeiro grau**. Precedentes. Julgado o feito na primeira instância, se ficar configurado o impedimento de mais da metade dos desembargadores para apreciar o recurso voluntário ou a remessa obrigatória, ocorrerá a competência do STF, com base na letra n do inciso I, segunda parte,

do art. 102 da CF." (AO 859-QO, julgado em 2001 e relatado pelo Ministro Maurício Corrêa).

- Segundo o STJ: "Em face da magnitude econômica, social e ambiental do caso concreto, é possível a fixação do juízo do local do fato para o julgamento de ação popular que concorre com diversas outras ações individuais, populares e civis públicas decorrentes do mesmo dano ambiental." (CC 164.362-MG, Rel. Min. Herman Benjamin, Primeira Seção, por unanimidade, julgado em 12/06/2019, DJe 19/12/2019)
- O prazo de contestação na ação popular é de **20 (vinte)** dias, prorrogável por mais **20 (vinte)**, a requerimento do interessado, se particularmente difícil a produção da prova documental, e será comum a todos os interessados, correndo da entrega em cartório do mandado cumprido, ou, quando for o caso, do decurso do prazo assinado em edital, de acordo com o art. 7º, IV, da Lei 4.717/65.
- A ação popular **prescreve em 05 (cinco) anos**, consoante art. 21, da Lei 4.717/65

SÚMULAS

- **Súmula Vinculante 1:** Ofende a garantia constitucional do ato jurídico perfeito a decisão que, sem ponderar as circunstâncias do caso concreto, desconsidera a validez e a eficácia de acordo constante de termo de adesão instituído pela Lei Complementar 110/2001.
- **Súmula Vinculante 5:** A falta de defesa técnica por advogado no processo administrativo disciplinar não ofende a Constituição.
- **Súmula Vinculante 11:** Só é lícito o uso de algemas em casos de resistência e de fundado receio de fuga ou de perigo à integridade física própria ou alheia, por parte do preso ou de terceiros, justificada a excepcionalidade por escrito, sob pena de responsabilidade disciplinar, civil e penal do agente ou da autoridade e de nulidade da prisão ou do ato processual a que se refere, sem prejuízo da responsabilidade civil do Estado.
- **Súmula vinculante 14:** É direito do defensor, no interesse do representado, ter acesso amplo aos elementos de prova que, **já documentados em procedimento investigatório realizado por órgão com competência de polícia judiciária, digam respeito ao exercício do direito de defesa** em procedimento investigatório realizado por órgão com competência de polícia judiciária.
- **Súmula Vinculante 25:** É ilícita a prisão civil de depositário infiel, qualquer que seja a modalidade do depósito.
- **Súmula 419 do STJ:** Descabe a prisão civil do depositário judicial infiel.
- **Súmula Vinculante 28:** É inconstitucional a exigência de **depósito prévio como requisito de admissibilidade** de ação judicial na qual se pretenda discutir a exigibilidade de crédito tributário.
- **Súmula 654 do STF**: A garantia da irretroatividade da lei, prevista no art 5º, XXXVI, da Constituição da República, não é invocável pela entidade estatal que a tenha editado.
- **Súmula 667 do STF:** viola a garantia constitucional de acesso à jurisdição a taxa judiciária calcada sem limite sobre o valor da causa.
- **Súmula 692 do STF:** Não se conhece de habeas **corpus contra omissão de relator de extradição, se fundado em fato ou direito estrangeiro cuja prova não constava dos autos**, nem foi ele provocado a respeito.
- **Súmula 693 do STF:** Não cabe habeas corpus contra decisão condenatória a pena de multa, ou relativo a processo em curso por infração penal a que a pena pecuniária seja a única cominada.
- **Súmula 694 do STF:** "Não cabe habeas corpus contra a imposição da pena de exclusão de militar ou de perda de patente ou de função pública".
- **Súmula 695 do STF:** Não cabe habeas corpus quando já **extinta a pena privativa de liberdade**.
- **Súmula 395 do STF:** Não se conhece de recurso de habeas corpus cujo objeto seja **resolver sobre o ônus das custas, por não estar mais em causa a liberdade de locomoção**.
- **Súmula 512 do STF: Não cabe condenação em honorários de advogado** na ação de mandado de segurança.
- **Súmula 270 do STF:** Não cabe mandado de segurança para impugnar enquadramento da Lei 3.780, de 12-7-1960, **que envolva exame de prova ou de situação funcional** complexa.
- **Súmula 268 do STF:** Não cabe mandado de segurança contra **decisão judicial com trânsito em julgado**.
- **Súmula 267 do STF:** Não cabe mandado de segurança contra **ato judicial passível de recurso ou correição**.
- **Súmula 266 do STF:** Não cabe mandado de segurança **contra lei em tese**.
- **Súmula 431 do STF:** É nulo julgamento de recurso criminal, na segunda instância, sem prévia intimação ou publicação da pauta, salvo em habeas corpus.
- **Súmula 632 do STF:** É constitucional lei que fixa **prazo de decadência** para impetração de mandado de segurança.
- **Súmula 630 do STF:** A entidade de classe tem legitimação para o mandado de segurança **ainda**

quando a pretensão veiculada interesse apenas a uma parte da respectiva categoria.

- **Súmula 629 do STF:** A impetração de mandado de segurança coletivo por entidade de classe em favor dos associados **independe da autorização destes.**
- **Súmula 624 do STF:** Não compete ao Supremo Tribunal Federal conhecer originariamente de mandado de segurança contra **atos de outros Tribunais.**
- **Súmula 625 do STF: Controvérsia sobre matéria de direito** não impede concessão de mandado de segurança.
- **Súmula 510, do STF:** Praticado o ato por **autoridade, no exercício de competência delegada,** contra ela cabe o mandado de segurança ou a medida judicial.
- **Súmula 430, do STF: Pedido de reconsideração** na via administrativa não interrompe o prazo para o mandado de segurança.
- **Súmula 271 do STF:** Concessão de mandado de segurança não produz efeitos patrimoniais em relação a **período pretérito,** os quais devem ser reclamados administrativamente ou pela via judicial própria.
- **Súmula 629 do STF:** O mandado de segurança **não é substitutivo de ação de cobrança.**
- **Súmula 101 do STF:** O mandado de segurança **não substitui a ação popular.**
- **Súmula 365 do STF: Pessoa jurídica** não tem legitimidade para propor ação popular.
- **Súmula 2 do STJ:** não cabe o habeas data (CF, art. 5º, LXXII, letra "a") se não houve recusa de informações por parte da autoridade administrativa.
- **Súmula 376 do STJ:** compete à turma recursal processar e julgar o mandado de segurança contra ato de juizado especial.
- **Súmula 333 do STJ:** cabe mandado de segurança contra ato praticado em licitação promovida por sociedade de economia mista ou empresa pública.
- **Súmula 105 do STJ:** na ação de mandado de segurança, não se admite condenação em honorários advocatícios.
- **Súmula 481 do STJ:** faz jus ao benefício da justiça gratuita a pessoa jurídica com ou sem fins lucrativos que demonstrar sua impossibilidade de arcar com os encargos processuais

5. DIREITOS SOCIAIS

- **CF, artigos 6º a 11.**

1. Os direitos sociais, econômicos, e culturais são **direitos humanos de segunda geração, realizáveis por meio de políticas públicas estatais, e normalmente descritos em normas programáticas,** mas isso não significa que não podem ser exigidos juridicamente. Isso porque, **todos os direitos humanos são juridicamente exigíveis,** e os direitos fundamentais expressos na Constituição têm aplicabilidade imediata.
2. Nos termos do art. 6º, da CF, **são direitos sociais:** a educação, a saúde, a alimentação, o trabalho, a moradia, o transporte, o lazer, a segurança, a previdência social, a proteção à maternidade e à infância, além da assistência aos desamparados, na forma da Constituição.

- O parágrafo único, por sua vez, estabelece que todo brasileiro em situação de vulnerabilidade social terá direito a uma renda básica familiar, garantida pelo poder público em programa permanente de transferência de renda, cujas normas e requisitos de acesso serão determinados em lei, observada a legislação fiscal e orçamentária.

  Vale notar que esse artigo já foi objeto de quatro emendas constitucionais (EC 26/2000, EC 64/2010, EC 90/2015 e EC 114/2021). A primeira emenda incluiu a moradia, a segunda inseriu a alimentação, a terceira adicionou o transporte e a quarta incluiu o parágrafo único, que instituiu a renda básica familiar.

3. A **relevância econômica dos objetos dos direitos sociais prestacionais** (que exigem atuação estatal) faz com que a discussão, previsão e aplicação de recursos públicos, atribuições estas originárias dos órgãos políticos, notadamente do Poder Executivo, **legitime o Poder Judiciário, diante da inércia ou deficiência de atuação dos legitimados ordinários, à concretização dos direitos.** Aliás, esse é uma das características do que se tem chamado de judicialização de políticas públicas, uma das facetas do neoconstitucionalismo.
4. Canotilho ensina que: "1. "**Reserva do possível**" significa total desvinculação jurídica do legislador quanto à dinamização dos direitos sociais constitucionais consagrados. 2. Reserva do possível significa a "tendência para o zero" da eficácia jurídica das normas constitucionais consagradoras de direitos sociais. 3.Reserva do possível significa gradualidade com dimensão lógica e necessária da concretização dos direitos sociais,tendo sobretudo em conta os limites financeiros. 4. Reserva do possível significa insindicabilidade jurisdicional das opções legislativas quanto à densificação legislativa das normas constitucionais reconhecedoras de direitos sociais" (CANOTILHO, J. J. Gomes. Estudos Sobre Direitos Fundamentais, Coimbra: Coimbra, 2004, p. 108)

- **"A cláusula da reserva do possível – que não pode ser invocada, pelo Poder Público, com o propósito de fraudar, de frustrar e de inviabilizar a implementação de políticas públicas definidas na própria Constituição – encontra insuperável limitação na garantia constitucional do mínimo existencial,** que representa, no contexto de nosso ordenamento positivo, emanação direta do postulado da essencial dignidade da pessoa humana. (...) A **noção de 'mínimo existencial'**, que resulta, por implicitude, de determinados preceitos constitucionais (CF, art. 1º, III, e art. 3º, III), compreende um **complexo de prerrogativas cuja concretização revela-se capaz de garantir condições adequadas de existência digna**, em ordem a assegurar, à pessoa, acesso efetivo ao direito geral de liberdade e, também, a prestações positivas originárias do Estado, viabilizadoras da **plena fruição de direitos sociais básicos, tais como o direito à educação, o direito à proteção integral da criança e do adolescente, o direito à saúde, o direito à assistência social, o direito à moradia, o direito à alimentação e o direito à segurança.** Declaração Universal dos Direitos da Pessoa Humana, de 1948 (Artigo XXV)." (ARE 639.337, julgado em 2011 e relatado pelo Ministro Celso de Mello).

- Ademais, "Embora resida, primariamente, nos Poderes Legislativo e Executivo, a prerrogativa de formular e executar políticas públicas, **revela-se possível, no entanto, ao Poder Judiciário, determinar, ainda que em bases excepcionais, especialmente nas hipóteses de políticas públicas definidas pela própria Constituição, sejam estas implementadas pelos órgãos estatais inadimplentes**, cuja omissão – por importar em descumprimento dos encargos político-jurídicos que sobre eles incidem em caráter mandatório – mostra-se apta a comprometer a eficácia e a integridade de direitos sociais e culturais impregnados de estatura constitucional. A questão pertinente à 'reserva do possível'." (RE 436.996, julgado em 2005 e relatado pelo Ministro Celso de Mello).

Ativismo judicial e seus limites no Estado Democrático de Direito: diante de flagrante inoperância tanto do Poder Legislativo quanto do Poder Executivo no que tange à previsão e efetivação de direitos, o Poder Judiciário tem atuado de forma mais ativa na garantia dos direitos dos cidadãos. Isso tem ocorrido especialmente no âmbito dos direitos sociais, a exemplo de decisões que determinam o fornecimento de medicamentos ou a oferta de vagas em creches. Nesse cenário se vem discutindo quais são os limites da atuação do Judiciário, haja vista que no Estado Democrático de Direito deve haver respeito tanto ao Princípio da Separação dos Poderes quanto às demais normas previstas na Constituição. Os elementos que compõem essa celeuma são os seguintes: a) Princípio da Separação de Poderes (cada Poder deve exercer sua função); b) Discricionariedade Legislativa e Administrativa (Legislativo e Executivo atuam a partir de critérios de conveniência e oportunidade); c) Reserva do Possível (os recursos do Estado são finitos, de modo que nem todas as demandas por direitos podem ser implementadas); d) Mínimo Existencial (as pessoas precisam de um mínimo de direitos para poderem viver com dignidade).

Populismo Jurídico: movimento que se apresenta como uma deformação de conceitos jurídicos motivada por uma preocupação ou necessidade de operar o direito de acordo com os anseios populares. O ativismo judicial exercido de forma desmedida pode redundar em um populismo jurídico.

5. A Constituição Federal, estabelece **proibição de distinção entre trabalho** manual, técnico e intelectual e entre os profissionais respectivos.
6. Há proibição de qualquer trabalho a menores de dezesseis anos, salvo na condição de aprendiz, a partir de **quatorze** anos.
7. É direito do trabalhador urbano e rural, **remuneração do serviço extraordinário** superior, no mínimo, em cinquenta por cento (50%) à do normal.

   O pagamento de 'salário-esposa' a trabalhadores urbanos e rurais, e a servidores públicos, viola regra expressa da Constituição de 1988 (art. 7º, XXX e art. 39, § 3º), e os princípios republicano, da igualdade, da moralidade e da razoabilidade. (STF. Info 1081. Plenário. ADPF 860/SP e ADPF 879/SP, Rel. Min. Roberto Barroso, julgados em 7/2/2023).

- Segundo tese fixada pelo STF: "A trabalhadora gestante tem direito ao gozo de licença-maternidade e à estabilidade provisória, independentemente do regime jurídico aplicável, se contratual ou administrativo, ainda que ocupe cargo em comissão ou seja contratada por tempo determinado." (STF, RE 842.844/SC, relator Ministro Luiz Fux, julgamento finalizado em 5.10.2023. Tema 542- RG. Info 1111).
- Entende o STF que: "O servidor público que seja pai solo - de família em que não há a presença materna - faz jus à licença maternidade e ao salário maternidade pelo prazo de 180 dias, da mesma forma em que garantidos à mulher pela legislação de regência." (STF- Plenário, RE 1.348.854-SP, rel. Min. Alexandre de Moraes, julgado em 12/05/2022)
- Cabe observar que, sobre a licença-paternidade, o STF identificou a existência de omissão inconstitucional por parte do Congresso Nacional, por não ter editado lei regulamentadora da licença paternidade, e estabeleceu prazo de 18 meses para que legisle sobre a matéria. Se expirar o prazo e a lei não for editada, apontou que o próprio STF fixará o período da licença em questão. (STF. Plenário. ADO 20/DF. Rel. Min. Marco Aurélio, redator do acórdão Min. Edson Fachin, julg. 14/12/2023- Info 1121).

8. **Trabalhador doméstico**

- Os trabalhadores **domésticos tiveram os seus direitos ampliados pela Emenda Constitucional 72** de 2 de abril de 2013. Com a alteração constitucional, passam a existir dois grupos de direitos relativos aos domésticos: **a) direitos incondicio-**

nados; e **b) direitos condicionados**. Os direitos incondicionados são aqueles que devem ser aplicados independentemente de qualquer determinação estabelecida na legislação infraconstitucional. Já os direitos condicionados são aqueles que devem ser aplicados com atendimento às condições estabelecidas em legislação infraconstitucional e observância de simplificação do cumprimento das obrigações tributárias, principais e acessórias, decorrentes da relação de trabalho e suas peculiaridades. Os detalhes estão arrolados na tabela a seguir.

	DIREITOS CONSTITUCIONALMENTE ASSEGURADOS AO TRABALHADOR DOMÉSTICO DEPOIS DA EC 72/13	
	Direitos incondicionados	**Direitos condicionados à legislação infraconstitucional e à observância de simplificação do cumprimento das obrigações tributárias, principais e acessórias, decorrentes da relação de trabalho e suas peculiaridades**
Os que já existiam antes da EC 72/13	1. Salário mínimo 2. Irredutibilidade do salário 3. Décimo terceiro salário com base na remuneração integral ou no valor da aposentadoria 4. Repouso semanal remunerado, preferencialmente aos domingos 5. Férias anuais remuneradas com, pelo menos, um terço a mais do que o salário normal 6. Licença-gestante de 120 dias 7. Licença-paternidade de 5 dias 8. Aviso-prévio 9. Aposentadoria	1. Integração à previdência social
Os que foram estabelecidos pela EC 72/13	10. Garantia de salário, nunca inferior ao mínimo, para os que percebem remuneração variável 11. Proteção do salário na forma da lei, constituindo crime sua retenção dolosa 12. Duração do trabalho normal não superior a oito horas diárias e quarenta e quatro semanais, facultada a compensação de horários e a redução da jornada, mediante acordo ou convenção coletiva de trabalho	2. Relação de emprego protegida contra despedida arbitrária ou sem justa causa, nos termos de lei complementar, que preverá indenização compensatória, dentre outros direitos; 3. Seguro-desemprego, em caso de desemprego involuntário; 4. Fundo de garantia do tempo de serviço; 5. Remuneração do trabalho noturno superior à do diurno;
Os que foram estabelecidos pela EC 72/13	13. Remuneração do serviço extraordinário superior, no mínimo, em cinquenta por cento à do normal 14. Redução dos riscos inerentes ao trabalho, por meio de normas de saúde, higiene e segurança 15. Reconhecimento das convenções e acordos coletivos de trabalho 16. Proibição de diferença de salários, de exercício de funções e de critério de admissão por motivo de sexo, idade, cor ou estado civil 17. Proibição de qualquer discriminação no tocante a salário e critérios de admissão do trabalhador portador de deficiência 18. Proibição de trabalho noturno, perigoso ou insalubre a menores de dezoito e de qualquer trabalho a menores de dezesseis anos, salvo na condição de aprendiz, a partir de quatorze anos	6. Salário-família pago em razão do dependente do trabalhador de baixa renda nos termos da lei 7. Assistência gratuita aos filhos e dependentes desde o nascimento até 5 (cinco) anos de idade em creches e pré-escolas 8. Seguro contra acidentes de trabalho, a cargo do empregador, sem excluir a indenização a que este está obrigado, quando incorrer em dolo ou culpa

9. Nos termos da doutrina de Alexandre de Moraes, o **direito de relacionamento ou de filiação** em organizações sindicais internacionais é manifestação do princípio da solidariedade internacional dos interesses dos trabalhadores (*Direito Constitucional*. 25 ed. São Paulo: Atlas, 2010, p. 204).

10. Ninguém poderá ser obrigado a **filiar-se ou manter-se filiado** a qualquer sindicato. Por isso, entendeu o STF que: "São compatíveis com a Constituição Federal os dispositivos da Lei 13.467/2017 (Reforma Trabalhista) que extinguiram a obrigatoriedade da contribuição sindical e condicionaram o seu pagamento à prévia e expressa autorização dos filiados." [ADI 5.794, rel. p/ o ac. min. Luiz Fux, j. 29-6-2018, P, Informativo 908.]

"O art. 8º, III, da Constituição não trata da necessidade de participação das entidades sindicais representativas de servidores públicos na reformulação de planos de cargos e remuneração que atinjam as categorias representadas." [ADI 4.461, rel. min. Roberto Barroso, j. 11-11-2019, P, DJE de 4-12-2019.]

11. É **vedada a dispensa** do empregado sindicalizado a partir do registro da candidatura a cargo de direção ou representação sindical e, se eleito, ainda que suplente, até um ano após o final do mandato, salvo se cometer falta grave.

12. O **aposentado filiado** tem direito a votar e ser votado nas organizações sindicais.

13. É vedada a criação de mais de uma organização sindical, em qualquer grau, representativa de categoria profissional ou econômica, na mesma base territorial, que será definida pelos trabalhadores ou empregadores interessados, não podendo ser inferior à área de um **Município** (não de um Estado).

Súmula Vinculante 40: A contribuição confederativa de que trata o art. 8º, IV, da Constituição Federal, só é exigível dos filiados ao sindicato respectivo.

6. DIREITOS DA NACIONALIDADE

- **CF, artigos 12 e 13.**

O fato natural do nascimento não é suficiente para o reconhecimento de nacionalidade, pois devem ser levados em consideração outros elementos tais como: i) o local do nascimento; ii) nacionalidade dos pais; e; iii) função exercida pelos pais no local de nascimento da criança.

A origem sanguínea firma a nacionalidade pelo critério *jus sanguinis*, e a vinculação territorial reconhece o brasileiro via critério *jus solis*.

São brasileiros **natos:** a) os **nascidos na República Federativa do Brasil**, ainda que de pais estrangeiros, desde que estes não estejam a serviço de seu país; b) os nascidos no estrangeiro, de pai brasileiro ou mãe brasileira, desde que **qualquer deles** esteja **a serviço da República Federativa do Brasil** e; c) os nascidos no estrangeiro de pai brasileiro ou de mãe brasileira, desde que sejam **registrados em repartição brasileira competente ou venham a residir na República Federativa do Brasil e optem**, em qualquer tempo, depois de atingida a maioridade, pela nacionalidade brasileira (nacionalidade potestativa).

São brasileiros **naturalizados:** a) os que, na forma da lei, **adquiram a nacionalidade brasileira**, exigidas aos originários de países de língua portuguesa apenas residência por um ano ininterrupto e idoneidade moral (ato discricionário de soberania estatal, não sendo direito público subjetivo); b) os estrangeiros de qualquer nacionalidade, residentes na República Federativa do Brasil há mais de quinze anos ininterruptos e sem condenação penal, desde que **requeiram** a nacionalidade brasileira (direito público subjetivo).

SÃO BRASILEIROS	
1. Natos (Nacionalidade Primária/Originária)	a) os **nascidos na República Federativa do Brasil**, ainda que de pais estrangeiros, desde que estes não estejam a serviço de seu país;
	b) os nascidos no estrangeiro, de pai brasileiro ou mãe brasileira, desde que **qualquer deles** esteja **a serviço da República Federativa do Brasil**.
1. Natos (Nacionalidade Primária/Originária)	c) os nascidos no estrangeiro de pai brasileiro ou de mãe brasileira, desde que sejam **registrados em repartição brasileira competente ou venham a residir na República Federativa do Brasil e optem**, em qualquer tempo, depois de atingida a maioridade, pela nacionalidade brasileira.
2. Naturalizados (Nacionalidade Secundária)	a) os que, na forma da lei, **adquiram a nacionalidade brasileira**, exigidas aos originários de países de língua portuguesa apenas residência por um ano ininterrupto e idoneidade moral;
	b) os estrangeiros de qualquer nacionalidade, residentes na República Federativa do Brasil há mais de quinze anos ininterruptos e sem condenação penal, desde que **requeiram** a nacionalidade brasileira.

São **privativos de brasileiros natos** os cargos: I – de Presidente e Vice-Presidente da República; II – de Presidente da Câmara dos Deputados; III – de Presidente do Senado Federal; IV – de Ministro do Supremo Tribunal Federal; V – da carreira diplomática; VI – de oficial das Forças Armadas; VII – de Ministro de Estado da Defesa.

- Para memorizar os cargos privativos de brasileiro nato, o amigo leitor pode valer-se da expressa mnemônica **"MP3.COM"**

Cargos privativos de brasileiro nato		
	M	inistro do STF
P3	**P**	residente da República (e Vice)
	P	residente da Câmara dos Deputados
	P	residente do Senado Federal
	C	arreira Diplomática
	O	ficial das Forças Armadas
	M	inistro de Estado da Defesa

- **Atenção** para as "pegadinhas" clássicas: a) o cargo de Ministro do STJ não é privativo de brasileiro nato, mas o de Ministro do STF é; b) o cargo de Ministro da Justiça não é privativo de brasileiro nato, mas o de Ministro de Estado da Defesa é; c) o cargo de Senador não é privativo de brasileiro nato, mas o de Presidente do Senado Federal é.

Perda da nacionalidade

O **brasileiro nato** **não pode mais perder a nacionalidade (a menos que isso seja por ele requerido)**, pois, com a edição da EC 131/2023 que alterou o § 4º, do art. 12, da CF, somente haverá perda da nacionalidade:

a) quando o brasileiro naturalizado tiver **cancelada** sua naturalização, por sentença judicial, em virtude de fraude relacionada ao processo de naturalização ou de atentado contra a ordem constitucional e o Estado Democrático; ou

b) quando o brasileiro **nato ou naturalizado** fizer pedido **expresso** de perda da nacionalidade brasileira perante autoridade brasileira competente, ressalvadas situações que acarretem apatridia.

Ademais, foi incluído § 5º ao art. 12 no qual se determina que, no caso da perda da nacionalidade por pedido expresso, será possível ao interessado readquirir sua nacionalidade brasileira originária, nos termos da lei. Verifica-se, contudo, que essa disposição trata apenas do brasileiro **nato**, e não do naturalizado, já que fala em nacionalidade **originária.**

O STF já decidiu que, o **Ministro da Justiça não tem competência para cancelar naturalização concedida**: "Conforme revela o inciso I do § 4º do art. 12 da CF, o ministro de Estado da Justiça não tem competência para rever ato de naturalização." (RMS 27.840, rel. p/ o ac. min. Marco Aurélio, julgamento em 7-2-2013, Plenário, DJE de 27-8-2013.)

A **deportação** se materializada na hipótese de entrada ou permanência irregular de estrangeiro no país, independentemente da prática de qualquer crime. Desta feita, será deportado aquele que entrar ou permanecer no território nacional violando normas administrativas, e não quiser se retirar voluntariamente no prazo fixado pela autoridade competente.

O **banimento ou degredo** se refere ao envio compulsório de um nacional ao estrangeiro, sem possibilidade de retorno, como forma de punição. Trata-se de medida vedada pelo ordenamento brasileiro.

O Supremo Tribunal Federal não fica vinculado ao juízo formulado pelo Poder Executivo na concessão administrativa de asilo político. A condição de asilado político (art. 4, X, da CF) **não** suprime, por si só, a possibilidade de o Estado brasileiro conceder a extradição que lhe haja sido requerida (vide Ext 524, julgada em 1989 e relatada pelo Ministro Celso de Mello), **salvo** quando o fato que enseja o pedido assume a qualificação de crime político ou de opinião (art. 5º, LII, da CF).

- "Deveras, antes de deliberar sobre a existência de poderes discricionários do presidente da República em matéria de extradição, ou mesmo se essa autoridade se manteve nos lindes da decisão proferida pelo Colegiado anteriormente, é necessário definir se o ato do chefe de Estado é sindicável pelo Judiciário, em abstrato. (...) **O sistema 'belga' ou 'da contenciosidade limitada', adotado pelo Brasil, investe o STF na categoria de órgão juridicamente existente apenas no âmbito do direito interno, devendo, portanto, adstringir-se a examinar a legalidade da extradição; é dizer, seus aspectos formais, nos termos do art. 83 da Lei 6.815/1980 (...). O presidente da República, no sistema vigente, resta vinculado à decisão do STF apenas quando reconhecida alguma irregularidade no processo extradicional, de modo a impedir a remessa do extraditando ao arrepio do ordenamento jurídico, nunca, contudo, para determinar semelhante remessa, porquanto, o Poder Judiciário deve ser o último guardião dos direitos fundamentais de um indivíduo, seja ele nacional ou estrangeiro, mas não dos interesses políticos de Estados alienígenas, os quais devem entabular entendimentos com o chefe de Estado, vedada a pretensão de impor sua vontade através dos tribunais internos. (...)** O princípio da separação dos Poderes (art. 2º da CRFB), indica não competir ao STF rever o mérito de decisão do presidente da República, enquanto no exercício da soberania do país, tendo em vista que o texto constitucional conferiu ao chefe supremo da Nação a função de representação externa do país. (...) A extradição não é ato de nenhum Poder do Estado, mas da República Federativa do Brasil, pessoa jurídica de direito público externo, representada na pessoa de seu chefe de Estado, o presidente da República. A reclamação por descumprimento de decisão ou por usurpação de poder, no caso de extradição, deve considerar que a Constituição de 1988 estabelece que a soberania deve ser exercida, em âmbito interno, pelos três Poderes (Executivo, Legislativo e Judiciário) e, no plano internacional, pelo chefe de Estado, por isso que é insindicável o poder exercido pelo presidente da República e, consequentemente, incabível a reclamação, porquanto juridicamente impossível submeter o ato presidencial à apreciação do Pretório Excelso." (STF. Rcl 11.243, julgada em 2011 e relatada pelo Ministro Luiz Fux).

A **expulsão** é medida política que se aplica ao estrangeiro que pratica condutas que coloquem em risco a segurança ou a ordem pública do país. Normalmente se refere à prática de crime, mas pode também decorrer da violação de normas administrativas, sendo aplicável aos casos em que a deportação não seja aconselhável.

"É inadmissível a expulsão de estrangeiro que possua filho brasileiro, dependente socioafetivo ou econômico, mesmo que o crime ensejador da expulsão tenha ocorrido em momento anterior ao reconhecimento ou adoção do filho." STF. Plenário. RHC 123891 AgR/DF, Rel. Min. Rosa Weber, julgado em 23/2/2021 (Info 1007)

"O § 1º do art. 75 da Lei 6.815/1980 (1) não foi recepcionado pela Constituição Federal de 1988 (CF), sendo vedada a expulsão de estrangeiro cujo filho brasileiro foi reconhecido ou adotado posteriormente ao fato ensejador do ato expulsório, uma vez comprovado estar a criança sob a guarda do estrangeiro e deste depender economicamente." STF. Plenário. RE 608898/DF, Rel. Min. Marco Aurélio, julgado em 25/6/2020 (Repercussão Geral -Tema 373) (Info 983).

O art. 54, §1º da Lei nº 13.445/2017, prevê como hipóteses que ensejam expulsão:" I – crime de genocídio, crime contra a humanidade, crime de guerra ou crime de agressão, nos termos definidos pelo Estatuto de Roma do Tribunal Penal Internacional; ou ii – crime comum doloso passível de pena privativa de liberdade, consideradas a gravidade e as possibilidades de ressocialização em território nacional."

Por sua vez, o art. 55 da Lei nº 13.445/2017 prevê as hipóteses **que impedem a expulsão** do estrangeiro:

a) Quando a medida configurar extradição inadmitida pela legislação brasileira;

b) Quando o extraditando:

- tiver filho brasileiro que esteja sob sua guarda ou dependência econômica ou socioafetiva ou tiver pessoa brasileira sob sua tutela;
- tiver cônjuge ou companheiro residente no Brasil, sem discriminação alguma, reconhecido judicial ou legalmente;
- tiver ingressado no Brasil até os 12 (doze) anos de idade, residindo desde então no País;
- for pessoa com mais de 70 (setenta) anos que resida no País há mais de 10 (dez) anos, considerados a gravidade e o fundamento da expulsão.

O **ostracismo** tem origem na Grécia Antiga. Em palavras simples, pode-se dizer que se trata de um "banimento ou degredo com prazo determinado". Desta feita, seria o envio compulsório de um nacional ao estrangeiro, sem possibilidade de retorno, como forma de punição, mas apenas por um determinado prazo. Assim como o banimento ou degredo, o ostracismo é prática vedada no ordenamento jurídico brasileiro.

Regras sobre **extradição**: a) O brasileiro nato **nunca** será extradito (por crime comum ou de opinião); b) O brasileiro naturalizado somente poderá ser extraditado em caso de crime comum (praticado **antes** da naturalização), ou de comprovado envolvimento em tráfico ilícito de entorpecentes e drogas afins (**antes ou depois** da naturalização), na forma da lei, mas **não** por crime político; c) O estrangeiro pode ser extraditado pela prática de crime comum, mas **não** por crime político e; d) O Brasil não extradita **ninguém** pela prática de crime político.

POSSIBILIDADE DE EXTRADIÇÃO		
	CRIME COMUM	**CRIME POLÍTICO OU DE OPINIÃO**
1. Brasileiro Nato	Não	Não
2. Brasileiro Naturalizado	Sim, desde que seja por: a) crime praticado antes da naturalização; b) comprovado envolvimento em tráfico ilícito de entorpecentes e drogas afins, na forma da lei.	Não
3. Estrangeiro	Sim	Não
REGRA GERAL:	**O Brasil não extradita ninguém pela prática de crime político ou de opinião**	

- Segundo a Súmula 421 do STF: "**Não impede a extradição** a circunstância de ser o extraditando casado com brasileira ou ter filho brasileiro".

  Para o STF, o Estado Brasileiro **deve negar extradição** quando houver possibilidade concreta de o Estado solicitante desrespeitar os direitos humanos e fundamentais dos extraditandos, como pela excessiva abertura dos tipos penais e pela possibilidade das penas de prisão perpétua ou de morte. STF. 2ª Turma. Ext 1428/DF, Rel. Min. Gilmar Mendes, julgado em 7/5/2019 (Info 939).

  A respeito da extradição, observou o STF que não se deve conceder extradição caso o país requerente esteja enfrentando uma situação de instabilidade política, como com a demissão de juízes e prisão de opositores do governo, em razão do risco de que o extraditando seja submetido a um tribunal ou juízo de exceção (STF. 2ª Turma. Ext 1578/DF, Rel. Min. Edson Fachin, julg. 06/08/2019- Info 946).

- O Supremo Tribunal Federal, em revisão da jurisprudência, firmou a orientação de que **o Estado requerente deve emitir prévio compromisso em comutar a pena de prisão perpétua**, para a pena privativa de liberdade com o prazo máximo de trinta anos (pena máxima no Brasil). Esse entendimento baseia-se na garantia individual fundamental prevista pelo art. 5º, XLVII, b, da Constituição Federal do Brasil. (Ext 985, julgada em 2006 e relatada pelo Ministro Joaquim Barbosa).

  São condições para a extradição (art. 82 da lei 13.445/2017) ter sido o crime cometido no território do Estado requerente ou serem aplicáveis ao extraditando as leis penais desse Estado; e estar o extraditando respondendo a processo investigatório ou a processo penal ou ter sido condenado pelas autoridades judiciárias do Estado requerente a pena privativa de liberdade.

A língua portuguesa é o **idioma oficial** da República Federativa do Brasil, que tem como **símbolos** a bandeira, o hino, as armas e o selo nacionais.

7. DIREITOS POLÍTICOS E SISTEMAS ELEITORAIS

- **CF, artigos 14 a 17.**

1. Conceitos Fundamentais

1.1. Democracia: podemos classificar os regimes democráticos em três espécies:

- Democracia Direta: povo exerce seus poderes diretamente, sem representantes.
- Democracia Representativa: o poder é exercido indiretamente, por meio da outorga de poderes aos representantes eleitos pelo povo.
- Democracia Semidireta ou Participativa: sistema híbrido, em que se tem uma democracia representativa com atributos da democracia direta. Nesse sistema, além da participação direta e concreta do cidadão na democracia representativa, há também um controle popular sobre os atos estatais.

OBS: Adotada pelo Brasil a partir da exegese do parágrafo único do artigo 1º c.c. o artigo 14, ambos da CF. Participação popular no poder.

1.2. Soberania Popular: é a qualidade máxima de poder extraída da soma dos atributos de cada membro da sociedade estatal, encarregado de escolher os seus representantes no governo através do sufrágio universal e do voto direto.

1.3. Nacionalidade: é o vínculo jurídico-político que liga um indivíduo a um determinado Estado, tornando-lhe apto a contrair obrigações e exercer direitos.

1.4. Cidadania: é a característica decorrente da nacionalidade que consiste na capacidade de exercer direitos políticos devido ao fato de o indivíduo ter direito de sufrágio (votar e ser votado).

1.5. Sufrágio: é o direito de votar e ser votado.

1.6. Voto: instrumento do exercício do direito de sufrágio.

1.7. Escrutínio: é a forma de exteriorização do voto, pública ou secreta.

2. Tem **capacidade eleitoral passiva** aquele que preenche as condições do direito de ser escolhido para exercício de mandato eletivo por meio de voto. Em sentido oposto, **capacidade eleitoral ativa** é atributo de quem reúne condições para votar em candidato, partido ou coligação.

3. O **alistamento eleitoral e o voto** são: I – **obrigatórios** para os maiores de dezoito anos; II – **facultativos** para: a) os analfabetos; b) os maiores de setenta anos e; c) os maiores de dezesseis e menores de dezoito anos.

ALISTAMENTO E VOTO	
1. Obrigatórios	Maiores de 18 anos
2. Facultativos	a) Maiores de 16 e menores 18 anos; b) Maiores de 70 anos; c) Analfabetos.

4. São **inalistáveis** (para votarem ou serem votados) os estrangeiros e os conscritos, durante o período militar obrigatório.

5. São **condições de elegibilidade**, na forma da lei: I – a nacionalidade brasileira; II – o pleno exercício dos direitos políticos; III – o alistamento eleitoral; IV – o domicílio eleitoral na circunscrição; V – a filiação partidária; VI – a idade mínima.

IDADE MÍNIMA PARA EXERCÍCIO DE MANDATO POLÍTICO ELETIVO	
Idade Mínima	**Mandato Político Eletivo**
18 anos	Vereador
21 anos	Prefeito, Vice-prefeito, Deputado Estadual ou Distrital e Deputado Federal
30 anos	Governador e Vice-governador de Estado e do Distrito Federal
35 anos	Presidente da República, Vice-presidente da República e Senador

6. O **quase-nacional**, português que exerce direitos de brasileiros, condicionado à existência de reciprocidade (art. 12, § 1º, da CF), também poderá exercer direitos políticos no Brasil, como eleitor ou candidato (respeitadas as restrições constitucionais), nos termos do art. 17 do Decreto 3.927/01, que versa sobre o Tratado de Amizade, Cooperação e Consulta entre a República Federativa do Brasil e a República Portuguesa. Assim, nem sempre a nacionalidade será condição de elegibilidade.

7. Nem todos os que tiverem feito alistamento eleitoral serão elegíveis, isso porque, o alistamento é facultativo entre 16 e 18 anos, e nessa idade o eleitor será absolutamente inelegível porque sequer terá adquirido capacidade eleitoral passiva.

Segundo entendimento do STF: "É válido o cancelamento do título do eleitor que, convocado por edital, não comparecer ao processo de revisão eleitoral, em virtude do que dispõe o art. 14, caput e §1º, da Constituição de 1988". [ADPF 541, rel. min. Roberto Barroso, j. 26-9-2018, P, DJE de 16-5-2019.]

8. São **inelegíveis** (não podem ser votados) os inalistáveis e os analfabetos.

9. Assim, **todo inalistável é inelegível, mas nem todo inelegível é inalistável**, pois o analfabeto é inelegível (não pode ser votado), mas é alistável (pode votar). Somente os estrangeiros e os conscritos são inalistáveis e inelegíveis.

10. Súmula Vinculante 18: "A **dissolução da sociedade ou do vínculo conjugal, no curso do mandato**, não afasta a inelegibilidade prevista no § 7º do art. 14 da CF".

11. A improbidade administrativa é caso de **suspensão** de direitos políticos (art. 15, V, c.c. art. 37, § 4º, ambos da CF)

12. A condenação **criminal** (não a cível) transitada em julgado, enquanto durarem seus efeitos, é caso de **suspensão** dos direitos políticos, lembrando que **é vedada a cassação de direitos políticos**. Destacou o STF: "A regra de suspensão dos direitos políticos, prevista no art. 15, III, da Constituição Federal, é autoaplicável e consequência imediata da sentença penal condenatória transitada em julgado, independentemente da natureza da pena imposta (privativa de liberdade, restritiva de direitos, suspensão condicional da pena, dentre outras hipóteses)." [RE 601.182, voto do rel. p/ o ac. min. Alexandre de Moraes, j. 8-5-2019, P, DJE de 2-10-2019, Tema 370.]

- "A suspensão de direitos políticos prevista no art. 15, III, da Constituição Federal (CF), aplica-se no caso de substituição da pena privativa de liberdade pela restritiva de direitos." [**RE 601.182**, rel. p/ o ac. min. Alexandre de Moraes, j. 8-5-2019, P, *Informativo 939*, Tema 370.]

13. O cancelamento de naturalização por **sentença judicial** (e não por decisão administrativa) é caso de perda de nacionalidade e, por consequência, também dos direitos políticos.

- **Cuidado!** A incapacidade civil que gera a **suspensão** (não a perda) de direitos políticos é a de natureza **absoluta**, não relativa.

SISTEMAS ELEITORAIS

14. As **eleições para Presidente e Governador** seguem o sistema majoritário com exigência de maioria absoluta ou dois turnos. Nos termos do art. 28, alterado pela EC 111/2021: "A eleição do Governador e do Vice-Governador de Estado, para mandato de 4 (quatro) anos, realizar-se-á no primeiro domingo de outubro, em primeiro turno, e no último domingo de outubro, em segundo turno, se houver, do ano anterior ao do término do mandato de seus antecessores, e **a posse ocorrerá em 6 de janeiro do ano subsequente**, observado, quanto ao mais, o disposto no art. 77 desta Constituição.". Antes dessa emenda, a posse se dava no dia primeiro de janeiro do ano subsequente. Estabelece também o art. 82 da CF/88 que: "Art. 82. O mandato do Presidente da República é de 4 (quatro) anos e **terá início em 5 de janeiro do ano seguinte ao de sua eleição**." Essas alterações, contudo, só vão ser aplicadas a partir das eleições de 2026.

15. A **eleição do Prefeito** e do Vice-Prefeito será realizada no primeiro domingo de outubro do ano anterior ao término do mandato dos que devam suceder, aplicadas as regras do art. 77 da CF (com segundo turno ou exigência de maioria absoluta) apenas no caso de Municípios com mais de duzentos mil eleitores. Sendo assim, nos Municípios de até duzentos mil eleitores considera-se eleito o candidato que obtiver a maioria (simples) dos votos, independentemente de ter obtido a aprovação da maioria absoluta dos eleitores.

16. São **Congressistas** o Deputado Federal e o Senador. O deputado federal é eleito pelo sistema proporcional (art. 45, da CF), e o Senador é eleito pelo majoritário simples (art. 46, da CF). Desta feita, é errado dizer que o Congressista é eleito mediante sistema proporcional, pois tal afirmativa ignora que o Senador se elege via sistema majoritário.

Atenção! A partir da edição da EC 111/2021, que incluiu o §12 e §13 no art. 14 da CF/88, "Serão realizadas concomitantemente às eleições municipais as consultas populares sobre **questões locais** aprovadas pelas Câmaras Municipais e encaminhadas à Justiça Eleitoral até 90 (noventa) dias antes da data das eleições, observados os limites operacionais relativos ao número de quesitos.". Ademais, eventuais manifestações a tais questões ocorrerão durante as campanhas eleitorais **sem a utilização de propaganda gratuita no rádio e na televisão**.

17. O **Vereador** será eleito mediante sistema proporcional.

18. Para concorrerem a **outros cargos**, o Presidente da República, os Governadores de Estado e do Distrito Federal e os **Prefeitos** devem **renunciar** aos respectivos mandatos **até seis meses antes** do pleito.

- "É **constitucional**, à luz dos arts. 1º, I e parágrafo único, 5º, LIV, e 14, caput e § 9º, da Constituição da República, **o § 3º do art. 224 do Código Eleitoral, com a redação dada pela Lei 13.165/2015, no que determina a realização automática de novas eleições, independentemente do número de votos anulados, sempre que o candidato eleito, em pleito majoritário, for desclassificado**, por indeferimento do registro de sua candidatura, ou em virtude de cassação do diploma ou mandato." (RE 1096029/MG, rel. Min. Dias Toffoli, julgamento em 4.3.2020. Informativo 968, Tema 986).

19. Inelegibilidade reflexa: são **inelegíveis**, no território de jurisdição do titular, o cônjuge e os parentes consanguíneos ou afins, até o segundo grau ou por adoção, do Presidente da República, de Governador de Estado ou Território, do Distrito Federal, de Prefeito ou de quem os haja substituído dentro dos seis meses anteriores ao pleito, salvo se já titular de mandato eletivo e candidato à reeleição (art. 14, § 7º, da CF).

- **Parâmetros para aplicação da inelegibilidade reflexa** (art. 14, § 7º, da CF). "É inelegível para o cargo de Prefeito de Município resultante de desmembramento territorial o irmão do atual Chefe do Poder Executivo do Município-mãe. O regime jurídico das inelegibilidades comporta interpretação construtiva dos preceitos que lhe compõem a estrutura normativa. Disso resulta a plena validade da exegese que, norteada por parâmetros axiológicos consagrados pela própria Constituição, visa a impedir que se formem grupos hegemônicos nas instâncias políticas locais. O primado da ideia republicana – cujo fundamento ético-político repousa no exercício do regime democrático e no postulado da igualdade – rejeita qualquer prática que possa monopolizar o acesso aos mandatos eletivos e patrimonializar o poder governamental, comprometendo, desse modo, a legitimidade do processo eleitoral". (STF. RE 158314, julgado em 1992 e relatado pelo Ministro Celso de Mello).

20. O **militar alistável é elegível**, sendo que, se contar mais de dez anos de serviço, será agregado pela autoridade superior e, se eleito, passará automaticamente, no ato da diplomação, para a inatividade, e, se contar **menos** (não mais) de dez anos de serviço, deverá afastar-se da atividade.

21. As hipóteses de inelegibilidade constam de rol **exemplificativo**. Prova disso é o artigo 14, § 9º, da CF, segundo o qual **lei complementar estabelecerá outros casos de inelegibilidade e os prazos de sua cessação,** a fim de proteger a probidade administrativa, a moralidade para exercício de mandato considerada vida pregressa do candidato, e a normalidade e legitimidade das eleições contra a influência do poder econômico ou o abuso do exercício de função, cargo ou emprego na administração direta ou indireta.

- Utilizando-se da classificação elaborada por José Afonso da Silva, o Supremo Tribunal Federal decidiu que a norma constitucional que prevê que '"lei complementar estabelecerá outros casos de inelegibilidade...", além das previstas no texto constitucional, é **norma de eficácia limitada** (não contida), portanto, não autoaplicável e dependente de lei para poder ser aplicada, o que se deu nos seguintes termos: "Como venho de assinalar, o § 9º do art. 14 da Constituição, por traduzir norma revestida de eficácia meramente limitada, não dispõe de autoaplicabilidade. Esta Suprema Corte não pode, por isso mesmo, substituindo-se, inconstitucionalmente, ao legislador, estabelecer, com apoio em critérios próprios, meios destinados a viabilizar a imediata incidência da regra constitucional mencionada (CF, art. 14, § 9º), ainda mais se se considerar que resultarão, dessa proposta da Associação dos Magistrados Brasileiros (AMB), restrições que comprometerão, sem causa legítima, a esfera jurídica de terceiros, a quem não se impôs sanção condenatória com trânsito em julgado. É preciso advertir que o princípio constitucional da reserva de lei formal traduz limitação ao exercício da atividade jurisdicional do Estado" (ADPF 144, julgada em 2008 e relatada pelo Ministro Celso de Mello).

22. No julgamento do Supremo Tribunal Federal (ADC 29 e 30 e ADI 4578) sobre Lei Complementar 135/2010, conhecido como **caso "ficha limpa"**, a questão central da discussão baseou-se na **interpretação do princípio da anualidade**, o qual significa que a lei que alterar o processo eleitoral entrará em vigor na data de sua publicação, não se aplicando à eleição que se realize até um ano da data de sua vigência, nos termos do art. 16, da CF, com redação dada pela EC 04/93. Por maioria de votos, prevaleceu o entendimento em favor da constitucionalidade da lei, que poderia ser aplicada nas eleições de 2012, alcançando atos e fatos ocorridos antes de sua vigência.

- Ademais, **os candidatos a cargo eletivo que tenham sido condenados, mesmo por sentença não transitada em julgado, são, conforme entendimento atual do STF (pois, anteriormente a posição da Suprema Corte era em sentido contrário), inelegíveis**, desde que assim esteja previsto em lei complementar (LC 135/2010, popularmente conhecida como Lei da Ficha Limpa). Após análise conjunta das Ações Declaratórias de Constitucionalidade (ADC 29 e 30) e da Ação Direta de Inconstitucionalidade (ADI 4578) que tratam da Lei Complementar 135/2010, por maioria de votos, prevaleceu o entendimento em favor da constitucionalidade da lei, que pode ser aplicada nas eleições de 2012, alcançando atos e fatos ocorridos antes de sua vigência. Assim, é plenamente válida a previsão no sentido de que são considerados inelegíveis os candidatos que forem condenados, em decisão transitada em julgado ou proferida por órgão judicial colegiado, em razão da prática de crimes contra a economia popular, a fé pública, a administração pública e o patrimônio público; contra o patrimônio privado, o sistema financeiro, o mercado de capitais e os previstos na lei que regula a falência; e contra o meio ambiente e a saúde pública.

  "A condenação por abuso do poder econômico ou político em ação de investigação judicial eleitoral transitada em julgado, ex vi do art. 22, XIV, da LC 64/90, em sua redação primitiva, é apta a atrair a incidência da inelegibilidade do art. 1º, inciso I, alínea d, na redação dada pela LC nº 135/2010, aplicando-se a todos os processos de registro de candidatura em trâmite". [RE 929.670, rel. p/ o ac. min. Luiz Fux, j. 1º-3-2018, P, DJE de 12-4-2019, Tema 860.]

IMPUGNAÇÃO DO MANDATO ELETIVO

23. O mandato eletivo poderá ser **impugnado** ante a Justiça Eleitoral no prazo de quinze dias contados da diplomação, instruída a ação com provas de abuso do poder econômico, corrupção ou fraude.

- A ação de impugnação de mandato **tramitará** em segredo de justiça, respondendo o autor, na forma da lei, se temerária ou de manifesta má-fé.

PARTIDOS POLÍTICOS

24. **É livre a criação, fusão, incorporação e extinção de partidos políticos**, resguardados a soberania nacional, o regime democrático, o pluripartida-

rismo, os direitos fundamentais da pessoa humana (art. 17, *caput*, da CF).

"É vedada a fusão ou incorporação de partidos políticos que tenham obtido o registro definitivo do Tribunal Superior Eleitoral há menos de 5 anos." STF. Plenário. ADI 6044/DF, Rel. Min. Cármen Lúcia, julgado em 6/3/2021 (Info 1008).

25. Nos termos do art. 17, § 2º, da CF, os **partidos políticos** adquirem personalidade jurídica (de direito privado) **na forma da lei civil, com a inscrição dos atos constitutivos no respectivo registro.** Existe ainda o dever de **posterior registro de seus estatutos no Tribunal Superior Eleitoral (TSE)**, consoante art. 44, V, art. 44 § 3º e art. 45, todos do Código Civil c.c. artigos 8º, 9º e 10 da Lei 9.096/95, mas que não é requisito para criação.

- De acordo com o art. 7º, § 2º, da Lei 9.096/95, só o partido que tenha registrado seu estatuto no Tribunal Superior Eleitoral pode participar do processo eleitoral, receber recursos do Fundo Partidário e ter acesso gratuito ao rádio e à televisão, nos termos fixados nesta Lei.
- **Atenção!** De acordo com a **Emenda Constitucional 97/2017** (que alterou alguns parágrafos do art. 17 da CF):

a) É assegurada aos partidos políticos **autonomia** para definir sua estrutura interna e estabelecer regras sobre escolha, formação e duração de seus órgãos permanentes e provisórios e sobre sua organização e funcionamento e **para adotar os critérios de escolha e o regime de suas coligações nas eleições majoritárias, vedada a sua celebração nas eleições proporcionais, sem obrigatoriedade de vinculação entre as candidaturas em âmbito nacional, estadual, distrital ou municipal**, devendo seus estatutos estabelecer normas de disciplina e fidelidade partidária;

b) Somente terão **direito a recursos do fundo partidário e acesso gratuito ao rádio e à televisão, na forma da lei**, os partidos políticos que **alternativamente**: I. obtiverem, nas eleições para a Câmara dos Deputados, no mínimo, 3% (três por cento) dos votos válidos, distribuídos em pelo menos um terço das unidades da Federação, com um mínimo de 2% (dois por cento) dos votos válidos em cada uma delas; ou II – tiverem elegido pelo menos quinze Deputados Federais distribuídos em pelo menos um terço das unidades da Federação.

c) Ao eleito por partido que não preencher esses requisitos ("b") **é assegurado o mandato e facultada a filiação, sem perda do mandato, a outro partido que os tenha atingido**, não sendo essa filiação considerada para fins de distribuição dos recursos do fundo partidário e de acesso gratuito ao tempo de rádio e de televisão.

- **Atenção!** A **Emenda Constitucional 111/2021** incluiu no art. 17, CF/88 a seguinte disposição:

"§ 6º Os Deputados Federais, os Deputados Estaduais, os Deputados Distritais e os Vereadores que se **desligarem do partido pelo qual tenham sido eleitos** PERDERÃO O MANDATO, salvo nos casos de anuência do partido ou de outras hipóteses de justa causa estabelecidas em lei, **não computada, em qualquer caso, a migração de partido para fins de distribuição de recursos do fundo partidário ou de outros fundos públicos e de acesso gratuito ao rádio e à televisão.**"

Vamos destrinchar esse parágrafo para melhor compreendê-lo. Na **primeira parte**, ele traz uma consequência àqueles que se desligam do partido pelo qual foram eleitos.

A quem se aplica? Deputados Federais, Estaduais e Distritais e Vereadores. Logo, **não** se aplica a Senadores e aos representantes do Poder Executivo (Presidente da República, Governadores e Prefeitos).

Qual a conduta? Se desligar do partido pelo qual foram eleitos.

Qual a consequência? Perda do mandato

Há exceções? Sim: 1. Em caso de anuência (concordância) do partido; 2. Em casos de justa causa (estabelecidas em lei- norma de eficácia limitada- as hipóteses estão no art. 22-A, parágrafo único da lei 9.096/95- lei orgânica dos partidos políticos- e foram incluídos nesta lei em 2015.)

Na **segunda parte** o artigo fala da distribuição de recursos do fundo partidário e de outros fundos públicos, bem como do acesso gratuito ao rádio e à televisão. Essas distribuições são feitas de acordo com o número de candidatos que aquele partido conseguiu eleger na última eleição. Como fica no caso de o candidato eleito mudar para outro partido? **As distribuições de tempo e recursos não são afetadas.**

- A fim de estimular **a inclusão progressiva de mulheres na atuação política**, foi editada a EC nº 117/2022, que incluiu os parágrafos 7º e 8º no art. 17. O §7º obriga os partidos a aplicarem no mínimo 5% dos recursos do fundo partidário na criação e manutenção de programas de promoção e difusão da participação política das mulheres. Já o §8º obriga os partidos a destinarem às candidatas mulheres no mínimo:

  o 30% do montante do Fundo especial de financiamento de campanha;

  o 30% da parcela do fundo partidário destinada a campanhas eleitorais;

  o 30% do tempo de propaganda gratuita no rádio e na televisão.

Essa distribuição deve ser proporcional ao número de candidatas, conforme critérios definidos pelos respectivos órgãos de direção e pelas normas estatutárias, considerados a autonomia e o interesse partidário.

Com a quantidade de alterações promovidas às normas constitucionais sobre eleições, importante sempre ter em mente o que dispõe o art. 16 da CF/88: "Art. 16. A lei que alterar o processo eleitoral **entrará em vigor na data de sua publicação, não se aplicando à eleição que ocorra até um ano da data de sua vigência**."

Assim, por exemplo, uma norma eleitoral editada em janeiro de 2022, entraria em vigor na data de sua aplicação, mas somente se aplicaria às eleições de 2024 (considerando que não seria aplicada às eleições de 2022 e a próxima eleição a se realizar seria em 2024). Já uma norma editada antes de outubro de 2021 poderia ser aplicada à eleição de 2022, pois se daria em período maior que um ano da data de sua vigência.

Inclusive, a esse respeito, manifestou o STF que: "A **ampliação dos limites para gasto com publicidade institucional** às vésperas das eleições pode afetar significativamente as condições da disputa eleitoral, sendo necessário postergar, em obediência ao princípio da anterioridade eleitoral (CF/1988, art. 16), a eficácia de alterações normativas nesse sentido. (...)Com base nesse entendimento, o Plenário, por maioria, em julgamento conjunto, concedeu parcialmente a medida cautelar para conferir interpretação conforme a Constituição à Lei 14.356/2022, estabelecendo que, **por força do princípio da anterioridade eleitoral, a norma não produz efeitos antes do pleito eleitoral de outubro de 2022**." (STF, Info. Nº 1062. ADI 7178/DF e ADI 7182/DF, rel. Min. Dias Toffoli, redator do acórdão Min. Alexandre de Moraes, julgamento virtual finalizado em 01/07/2022).

8. ORGANIZAÇÃO POLÍTICO-ADMINISTRATIVA

1. A **organização político-administrativa da República Federativa do Brasil** compreende a União, os Estados, o Distrito Federal e os Municípios, todos autônomos, nos termos desta Constituição (art. 18, *caput*, da CF).
2. A autonomia dos Estados federados está assegurada por meio da sua capacidade de **auto-organização** (elaboração das Constituições Estaduais e Leis Orgânicas do DF e dos Municípios), de **autolegislação** (criação de leis estaduais, distritais e municipais), de **autogoverno** (eleição de seus representantes) e **autoadministração** (organizações próprias dos Poderes Executivo, Legislativo e Judiciário, ressalvado o judiciário municipal, que não existe).
3. **Brasília** é a Capital Federal (art. 18, § 1º, da CF).
4. Os **Territórios Federais** integram a União, e sua criação, transformação em Estado ou reintegração ao Estado de origem serão reguladas em lei complementar (art. 18, § 2º, da CF).
5. **Os Estados podem incorporar-se entre si, subdividir-se ou desmembrar-se para se anexarem a outros, ou formarem novos Estados ou Territórios Federais**, mediante aprovação da população diretamente interessada, através de plebiscito, e do Congresso Nacional, por lei complementar (art. 18, § 3º, da CF).

- **Atenção!** Exige-se **lei complementar federal** (com trâmite no Congresso Nacional) para a aprovação da **criação de novos Entes Estaduais** (novos Estados).

6. Os Estados podem **incorporar-se entre si**, mas mediante aprovação da população diretamente interessada, através de **plebiscito,** não de referendo.

- Consoante art. 3º, da Lei 9.709/98, nas questões de relevância nacional, de competência do Poder Legislativo ou do Poder Executivo, e no caso do § 3º do art. 18 da Constituição Federal (Os Estados podem incorporar-se entre si, subdividir-se ou desmembrar-se para se anexarem a outros, ou formarem novos Estados ou Territórios Federais, mediante aprovação da população diretamente interessada, através de plebiscito, e do Congresso Nacional, por lei complementar), o plebiscito e o referendo são convocados **mediante decreto legislativo, por proposta de um terço, no mínimo, dos membros que compõem qualquer das Casas do Congresso Nacional**, de conformidade com esta Lei.
- A consulta à população do território que restar do Estado originário é **requisito para a reconfiguração de Estados** (art. 18, § 3º, da CF). Nesse sentido: "A expressão 'população diretamente interessada' constante do § 3º do art. 18 da CF (...) deve ser entendida como a população tanto da área desmembrada do Estado-membro como da área remanescente." (ADI 2.650, julgada em 2011 e relatado pelo Ministro Dias Toffoli).
- No bojo da ADI 2650, a Mesa da Assembleia Legislativa do Estado de Goiás (AL-GO) impugnava a primeira parte do artigo 7º da Lei 9.709/98, e o STF decidiu, por unanimidade, que **o plebiscito para o desmembramento de um estado da federação deve envolver não somente a população do território a ser desmembrado, mas a de todo o Estado.** A ação tinha como objeto o plebiscito para o desmembramento do Estado do Pará, que objetivava criar os Estados do Tapajós e de Carajás. Por fim, no dia 11 de dezembro de 2011, toda a população do Pará pode ir às urnas, e o resultado indicou que 66,59% escolheu "não" para a criação do Estado de Carajás e 66,08% rejeitou a criação do Estado de Tapajós.

7. **A criação, a incorporação, a fusão e o desmembramento de Municípios**, far-se-ão por lei estadual, dentro do período determinado por Lei Complementar Federal, e dependerão de consulta prévia, mediante plebiscito, às populações dos Municípios envolvidos, após divulgação dos Estudos de Viabilidade Municipal, apresentados e publicados na forma da lei (art. 18, § 4º, da CF).

- Nos termos do art. 5º da Lei 9.709/98 (que regulamenta os plebiscitos, os referendos e a iniciativa popular de lei), o plebiscito destinado à criação, à incorporação, à fusão e ao desmembramento de Municípios, será convocado pela **Assembléia Legislativa** (não pela Câmara de Vereadores), de conformidade com a legislação federal e estadual.
- Não obstante a **inexistência de lei complementar federal regulamentando a criação de novos municípios**, o STF deixou de pronunciar a nulidade de leis estaduais de criação de diversos municípios em razão da consolidada situação de fato e em respeito ao princípio da segurança jurídica. O art. 18, §4º, da CF diz que é necessária LC federal para criação, a incorporação, a fusão e o desmembramento de municípios. Entretanto, vários municípios foram criados sem essa LC, que ainda não existe. Com isso o STF declarou inconstitucional a criação desses municípios, mas não anulou a criação deles. O Supremo, então, fixou um prazo (em alguns casos de 18 e outros de 24 meses) para o Congresso criar a LC. Porém, ao invés de o Congresso editar a LC, editou a EC 57/2008 que acrescentou o art. 96 ao ADCT, convalidou os atos de criação dos municípios, desmembrados, fundidos ou incorporados – Art. 96 ADCT
- O STF fixou, em 2022, a tese de que: "A EC nº 57/08 não convalidou desmembramento municipal realizado sem consulta plebiscitária e, nesse contexto, não retirou o vício de ilegitimidade ativa existente nas execuções fiscais que haviam sido propostas por município ao qual fora acrescida, sem tal consulta, área de outro para a cobrança do IPTU quanto a imóveis nela localizados." (STF, RE 614384/SE, relator Min. Dias Toffoli, julgamento virtual finalizado em 29.4.2022).

8. Os **Municípios integram a federação brasileira**, possuindo autogoverno (gestão próprio de suas atividades por Prefeito, Vereadores, e demais agentes públicos), auto-organização (possuem Lei Orgânica) e autoadministração (prestam e mantêm serviços próprios).

9. O número de Vereadores não é definido por proporcionalidade. A CF, no art. 29, IV, estabelece os **limites máximos** de vereadores de acordo com **faixas que levam em consideração o número de habitantes**.

10. Município pode ter **eleição em segundo turno** se contar com mais de duzentos mil **eleitores,** não habitantes (art. 29, II, da CF).

- Portanto, **cuidado!** Para fixação de vereadores o critério é número de habitantes, mas para determinação de segundo turno em eleições para o executivo municipal o critério é número de eleitores.

11. **Não é possível** na ordem constitucional **a realização de eleições extemporâneas para a instalação de Municípios recém-criados**. Assim decidiu o TSE: "Município. Criação. Primeira eleição. Constituição. Simultaneidade. Observância. Necessidade. A eletividade do prefeito, do vice-prefeito e dos vereadores é a regra constitucional asseguradora da autonomia política do município, conforme o art. 29 da Constituição. A Constituição Federal de 1988 extinguiu a nomeação de prefeito em qualquer município. Como cediço, as regras de hermenêutica jurídica orientam que não é dado ao intérprete distinguir onde a lei não o fez. O inciso I do art. 29 da Constituição estabelece que as eleições para prefeito, vice-prefeito e vereador são realizadas simultaneamente em todo o país, não havendo distinção entre município criado e município instalado, pelo que descabida a pretendida realização de pleito específico para instituir vigência de mandato mais curto, até as eleições gerais de 2012. Nem a Constituição nem a legislação infraconstitucional tratam de situação privilegiada dos municípios recém-criados e ainda não instalados que enseje a promoção de eleições extemporâneas. Há somente uma exceção: nos casos de dupla vacância na chefia do Poder Executivo. Trata-se, contudo, de excepcionalidade prevista na própria Constituição. Além disso, existe a previsão legal de situações específicas, descritas no art. 224 do Código Eleitoral, que possibilitam a realização de novas eleições em período diverso ao das eleições ordinárias. Todavia, esses pleitos decorrem da anulação de eleição anteriormente realizada que, de alguma forma, tenha sido maculada, afastando sua incidência no caso concreto. Sendo assim, as eleições extraordinárias constituem medida extrema, excepcional e singular, e devem ocorrer apenas nas hipóteses previstas na Constituição ou em lei federal. À míngua de previsão específica sobre o tema, prevalece a simultaneidade constitucional. Ademais, a criação de um novo município não está vinculada a sua imediata estruturação e seu funcionamento, devendo ser observado o regramento constitucional. Assim, conquanto o município recém-criado possua personalidade jurídica e possa compor seu governo, a ausência de norma que disponha sobre a realização das primeiras eleições no município implica a observância do inciso I do art. 29 da Constituição Federal. Nesse caso, não haverá prejuízo algum ao município, uma vez que seu patrimônio e rendas continuarão a ser administrados pelo município-mãe. Some-se a isso o fato de que o processo eleitoral é de competência legislativa da União, nos termos do inciso I do art. 22 da Constituição, razão pela qual é vedado a outra unidade da federação legislar sobre o tema. Tampouco caberia a qualquer órgão da Justiça Eleitoral promover eleições sem amparo na Constituição Federal ou em outra lei (MS 39691-03, julgado em 2011 e relatado pelo Ministro Aldir Passarinho Junior).

12. Segundo o art. 29, X, da CF, o **Prefeito** está sujeito a julgamento perante o Tribunal de Justiça. Por sua vez, a Súmula 702 do STF determina que a competência do Tribunal de Justiça para julgar prefeitos restringe-se aos crimes de competência da justiça comum estadual; nos demais casos, a competência originária caberá ao respectivo tribunal de segundo grau", tal como o TRF ou o TRE. Tanto o texto da CF quanto a Súmula referem-se ao **julgamento de crimes comuns**. Em se tratando de crimes de responsabilidade, entra em cena o Decreto-Lei 201/66, segundo o qual, no **crime de responsabilidade próprio** (infração político administrativa punida

com a cassação do mandato), a competência será da Câmara Municipal; já no **crime de responsabilidade impróprio** (crime de responsabilidade punido com pena privativa de liberdade de detenção ou reclusão), a competência será do Tribunal de Justiça. Assim, trocando em miúdos, o TJ julgará o Prefeito tanto em caso de crime comum de competência da justiça estadual (porque se for federal, a competência será do TRF) e nos crimes de responsabilidade impróprios (punidos com pena privativa de liberdade de detenção ou reclusão).

13. Compete à Justiça Federal processar e julgar prefeito municipal por desvio de verba sujeita à prestação de contas perante órgão federal **(súmula 208 do STJ).**

14. Intervenção

- Segundo classificação doutrinária, os **princípios constitucionais sensíveis** são aqueles arrolados no art. 34, VII, da CF: a) forma republicana, sistema representativo e regime democrático; b) direitos da pessoa humana; c) autonomia municipal; d) prestação de contas da administração pública, direta e indireta; e) aplicação do mínimo exigido da receita resultante de impostos estaduais, compreendida a proveniente de transferências, na manutenção e desenvolvimento do ensino e nas ações e serviços públicos de saúde.

PRINCÍPIOS CONSTITUCIONAIS SENSÍVEIS (art. 34, VII, da CF)
a) forma republicana, sistema representativo e regime democrático;
b) direitos da pessoa humana;

PRINCÍPIOS CONSTITUCIONAIS SENSÍVEIS (art. 34, VII, da CF)
c) autonomia municipal;
d) prestação de contas da administração pública, direta e indireta;
e) aplicação do mínimo exigido da receita resultante de impostos estaduais, compreendida a proveniente de transferências, na manutenção e desenvolvimento do ensino e nas ações e serviços públicos de saúde.

- O descumprimento dos princípios sensíveis enseja intervenção da União nos Estados ou no DF, **não sendo possível intervenção nos Municípios por desrespeito a eles.**
- Nos termos do art. 35 da CF, **o Estado não intervirá em seus Municípios, nem a União nos Municípios localizados em Território Federal, exceto quando**: I - deixar de ser paga, sem motivo de força maior, por dois anos consecutivos, a dívida fundada; II – não forem prestadas contas devidas, na forma da lei; III – não tiver sido aplicado o mínimo exigido da receita municipal na manutenção e desenvolvimento do ensino e nas ações e serviços públicos de saúde; IV – o Tribunal de Justiça der provimento a representação para assegurar a observância de princípios indicados na Constituição Estadual, ou para prover a execução de lei, de ordem ou de decisão judicial.

  As **hipóteses de intervenção estadual previstas na Constituição Federal constituem rol taxativo**, que não pode ser ampliado pelas Constituições Estaduais, sob pena de violação da simetria federativa. STF. Plenário. ADI 2917, Rel. Min. Gilmar Mendes, julgado em 27/03/2020.

15. Entes federados e distribuição de competências

15.1. Regras gerais

COMPETÊNCIAS			
Natureza das Competências	**Espécie**	**Regra**	**Exceção**
I. ADMINISTRATIVAS	**1. Exclusiva:** art. 21, da CF	Somente a União exerce	
	2. Comum: art. 23, da CF	Cooperação entre União, Estados, DF e Municípios	
II. LEGISLATIVAS	**1. Privativa:** art. 22, da CF	A União legisla privativamente	Lei complementar poderá autorizar os Estados a legislar sobre questões relativas à competência privativa da União, criando a competência legislativa delegada
	2. Delegada: art. 22, p. único, da CF	Mediante LC, em que a União delega para Estados e DF.	
II. LEGISLATIVAS	**3. Concorrente:** art. 24, da CF	A União edita as normas Gerais e os Estados e o DF editam as normas específicas de seus interesses	Se a União não editar as normas gerais, os Estados e o DF passarão a ter competência plena. Se, posteriormente, a União legislar, as normas gerais feitas pelos Estados terão a sua eficácia suspensa.

15.2. A competência **material/administrativa** exclusiva, do art. 21, é indelegável. Já a competência material/administrativa comum do art. 23 segue a regra da cooperação entre União, Estados, DF e Municípios (a cooperação será regulada por Lei Complementar).

15.3. A competência legislativa da União ou é privativa (art. 22, da CF) ou é concorrente (art. 24, da CF). Já a competência administrativa da União pode ser exclusiva (art. 21, da CF) ou comum (art. 23, da CF). Portanto, **a União não exerce competência remanescente ou residual**. Na distribuição de competências feita pela CF, a competência residual ou remanescente administrativa fica com os Estados (art. 25, § 1º) e a legislativa (em razão do interesse local) resta aos Municípios (art. 30, I, da CF).

15.4. Lei complementar poderá autorizar os Estados a legislar sobre questões relativas à competência privativa da União. Assim, há a **possibilidade de delegação.**

- Para Alexandre de Moraes, há três **requisitos pertinentes à delegação de competência legislativa privativa da União para os Estados**: i. formal; ii. material e; iii. Implícito. O requisito formal se refere à necessidade de expedição de Lei complementar. Já o requisito material se refere ao fato de que a delegação deve ser pontual, ou seja, especificando-se alguma matéria expressamente disposta no art. 22 da CF, que detalhada os temas de competência privativa da União. Por fim, o requisito implícito se refere ao fato que, se a União delegar determinada matéria a um Estado, deverá estender a mesma possibilidade a todos os Estados da Federação, sob pena de afronta ao princípio do art. 19, da CF, que veda o estabelecimento de preferência entre entes federados (*Direito Constitucional*. São Paulo: Atlas, 2010, p. 309-310). Vale notar, que a questão da delegação de competência legislativa privativa da União aos Estados tem como base o art. 22, parágrafo único, da CF: "Lei complementar poderá autorizar os Estados a legislar sobre questões específicas das matérias relacionadas neste artigo".

15.5. Na competência legislativa concorrente, a União limita-se a estabelecer normas gerais. Entretanto, a competência da União para legislar sobre normas gerais **não** exclui a competência suplementar dos Estados.

15.6. Os Estados, **inexistindo** Lei Federal sobre normas gerais, exercerão a competência legislativa plena, para atender a suas peculiaridades. Nesse caso, a superveniência de Lei Federal sobre normas gerais não suspende a eficácia da Lei Estadual, **somente** no que lhe for contrário.

15.7. A União **não pode avocar** uma competência estadual ou municipal, ainda que o interesse público exigir. Isso porque, deve haver respeito à distribuição de competências feita pela CF, pois protege o equilíbrio do Pacto Federativo.

15.8. A suplementação na competência legislativa concorrente do art. 24, da CF, **cabe aos Municípios**, não à União.

16. Competência da União

- Compete privativamente à União legislar sobre **comércio exterior e interestadual**, o que engloba a importação de bens de outros países.
- Compete privativamente à União legislar sobre **direito civil**. Gratuidade de pagamento em estacionamento privado e mensalidade de serviço educacional são matérias de direito civil.
- Compete privativamente à União legislar sobre **direito processual.** Mas, é de **competência concorrente o estabelecimento de normas gerais sobre procedimentos.**
- Súmula Vinculante 46: "A definição dos crimes de responsabilidade e o estabelecimento das respectivas normas de processo e julgamento são da competência legislativa privativa da União".
- Nos termos do art. 177, V, da CF, constituem monopólio da União, a pesquisa, a lavra, o enriquecimento, o reprocessamento, a industrialização e o comércio de minérios e minerais nucleares e seus derivados, com exceção dos radioisótopos cuja, comercialização e utilização poderão ser autorizadas sob regime de permissão, conforme as alíneas b e c do inciso XXIII do caput do art. 21 desta Constituição Federal. Em seguida, no art. 177, § 1º, da CF, há regra segundo a qual a União poderá contratar com empresas estatais ou privadas a realização das atividades previstas nos incisos I a IV deste artigo observadas as condições estabelecidas em lei. Sendo assim, o inciso V, do art. 177 fica excluído, ou seja, a pesquisa, a lavra, o enriquecimento, o reprocessamento, a industrialização e o comércio de minérios e minerais nucleares e seus derivados não pode ficar a cargo de empresas estatais ou privadas, ainda que contratadas com a União.
- Caso se edite lei estadual proibindo as empresas de telecomunicações de cobrarem taxas para a instalação de segundo ponto de acesso à Internet, tal lei deverá ser considerada inconstitucional, visto que invadirá a competência privativa da União para legislar sobre telecomunicações (art. 22, IV, da CF), matéria que já foi decidida pelo STF na ADI 4.083, julgada em 2010 e relatada pela Ministra Cármen Lúcia.
- Lei estadual que institua a obrigatoriedade de instalação de cinto de segurança em veículo de transporte coletivo será **inconstitucional**, visto que trânsito e transporte é matéria de competência privativa da União (art. 22, XI, da CF e ADI 874, julgada em 2011 e relatada pelo Ministro Gilmar Mendes).
- Se for editada lei distrital de iniciativa parlamentar instituindo gratificação específica para os policiais militares e o Corpo de Bombeiros Militar do DF, essa lei será **inconstitucional**, pois é competência

da União organizar e manter a polícia civil, a polícia penal, a Polícia Militar e o Corpo de Bombeiros Militar do DF, conforme art. 21, XIV, da CF e ADI 3.791, julgada em 2010 e relatada pelo Ministro Ayres Britto.

- "A Constituição estadual representa, no plano local, a expressão mais elevada do exercício concreto do poder de auto-organização deferido aos Estados-membros pela Lei Fundamental da República. Essa prerrogativa, contudo, não se reveste de caráter absoluto, pois se acha submetida, quanto ao seu exercício, a limitações jurídicas impostas pela própria Carta Federal (art. 25). **O Estado-membro não dispõe de competência para instituir, mesmo em sua própria Constituição, cláusulas tipificadoras de crimes de responsabilidade,** ainda mais se as normas estaduais definidoras de tais ilícitos tiverem por finalidade viabilizar a responsabilização política dos membros integrantes do Tribunal de Contas. A competência constitucional para legislar sobre crimes de responsabilidade (e, também, para definir-lhes a respectiva disciplina ritual) pertence, exclusivamente, à União Federal. Precedentes. Súmula 722/STF. (ADI 4.190-MC-REF, julgada em 2010 e relatada pelo Ministro Celso de Mello).
- Segundo o STF: "Legislação sobre trânsito: **competência privativa federal**: CF, art. 22, XI, Lei 11.766, de 1997, do Estado do Paraná, que **torna obrigatório a qualquer veículo automotor transitar permanentemente com os faróis acesos nas rodovias do Estado do Paraná,** impondo a pena de multa aos que descumprirem o preceito legal: inconstitucionalidade, porque a questão diz respeito ao **trânsito**." (ADI 3.055, julgada em 2005 e relatada pelo Ministro Carlos Velloso).
- No julgamento da ADI 3.279, em 2011, relatada pelo Ministro Cezar Peluso, o STF entendeu que **a definição dos crimes de responsabilidade do Chefe do Executivo Estadual é de competência privativa da União** (art. 22, I, da CF).
- É inconstitucional lei estadual que estabeleça, em favor dos portadores de deficiência proprietários de automóveis, a gratuidade nos estacionamentos situados no estado, pois nos termos da jurisprudência do STF, há **invasão da competência da União**, *in verbis*: "Estacionamento de veículos em áreas particulares. Lei estadual que limita o valor das quantias cobradas pelo seu uso. Direito Civil. Invasão de competência privativa da União. Hipótese de inconstitucionalidade formal por invasão de **competência privativa da União para legislar sobre Direito Civil (CF, art. 22, I)**. Enquanto a União regula o direito de propriedade e estabelece as regras substantivas de intervenção no domínio econômico, os outros níveis de governo apenas exercem o policiamento administrativo do uso da propriedade e da atividade econômica dos particulares, tendo em vista, sempre, as normas substantivas editadas pela União." (ADI 1.918, julgada em 2001 e relatada pelo Ministro Maurício Corrêa).
- **Telecomunicações e energia elétrica. Abrangência.** "**O sistema federativo instituído pela CF de 1988 torna inequívoco que cabe à União a competência legislativa e administrativa para a disciplina e a prestação dos serviços públicos de telecomunicações e energia elétrica (CF, arts. 21, XI e XII, b, e 22, IV)**. A Lei 3.449/2004 do Distrito Federal, ao proibir a cobrança da **tarifa de assinatura básica 'pelas concessionárias prestadoras de serviços de água, luz, gás, TV a cabo e telefonia** no Distrito Federal' (art. 1º, caput), incorreu em inconstitucionalidade formal, porquanto necessariamente inserida a fixação da 'política tarifária' no âmbito de poderes inerentes à titularidade de determinado serviço público, como prevê o art. 175, parágrafo único, III, da Constituição, elemento indispensável para a preservação do equilíbrio econômico-financeiro do contrato de concessão e, por consequência, da manutenção do próprio sistema de prestação da atividade. Inexiste, in casu, suposto respaldo para o diploma impugnado na competência concorrente dos Estados-membros para dispor sobre direito do consumidor (CF, art. 24, V e VII), cuja interpretação não pode conduzir à frustração da teleologia da referida regra expressa contida no art. 175, parágrafo único, III, da CF, descabendo, ademais, a aproximação entre as figuras do consumidor e do usuário de serviços públicos, já que o regime jurídico deste último, além de informado pela lógica da solidariedade social (CF, art. 3º, I), encontra sede específica na cláusula 'direitos dos usuários' prevista no art. 175, parágrafo único, II, da Constituição. Ofende a denominada reserva de administração, decorrência do conteúdo nuclear do princípio da separação de poderes (CF, art. 2º), a proibição de cobrança de tarifa de assinatura básica no que concerne aos serviços de água e gás, em grande medida submetidos também à incidência de leis federais (CF, art. 22, IV), mormente quando constante de ato normativo emanado do Poder Legislativo fruto de iniciativa parlamentar, porquanto supressora da margem de apreciação do chefe do Poder Executivo Distrital na condução da administração pública, no que se inclui a formulação da política pública remuneratória do serviço público." (ADI 3.343, Rel. p/ o ac. Min. Luiz Fux, julgamento em 1º-9-2011, Plenário, DJE de 22-11-2011).

  "Compete à União definir regras de suspensão e interrupção do fornecimento dos serviços de energia elétrica." (STF, ADI 5798/TO, rel. min. Rosa Weber, julgamento em 03/11/2021, info 1036).
- "São inconstitucionais normas estaduais que imponham obrigações de compartilhamento de dados com órgãos de segurança pública às concessionárias de telefonia, por configurar ofensa à competência privativa da União para legislar sobre telecomunicações [Constituição Federal (CF), arts. 21, XI, e 22, IV (1)]." STF. ADI 5040/PI, rel. Min. Rosa Weber, julgamento virtual finalizado em 3.11.2020. (ADI-5040)- INFO 997.

- "É constitucional norma estadual que determine que as prestadoras de serviço telefônico são obrigadas a fornecer, sob pena de multa, os dados pessoais dos usuários de terminais utilizados para passar trotes aos serviços de emergência." Isso porque "não há qualquer regra relativa à efetiva prestação dos serviços de telecomunicações, às relações da concessionária com o usuário, aos padrões de prestação de serviço ou ao equilíbrio econômico-financeiro do contrato." (ADI 4924/DF, rel. min Gilmar Mendes, julgamento em 04/11/2021, info 1036).

- De acordo com notícia divulgada no Informativo 634 do STF, "O Plenário julgou procedente pedido formulado em ação direta, ajuizada pelo Governador do Estado de Santa Catarina, para declarar a **inconstitucionalidade da Lei 12.775/2003, daquela unidade federativa, que dispõe sobre o uso obrigatório de equipamento que ateste a autenticidade de cédulas de dinheiro por estabelecimentos bancários** e dá outras providências. Reputou-se que **a norma adversada teria invadido a competência privativa da União para legislar sobre o sistema financeiro nacional**" (CF, artigos 21, VIII; 22, VII; e 192, caput). ADI 3515/SC, rel. Min. Cezar Peluso, 1º.8.2011. (ADI-3515)

- **Lei estadual que disponha sobre a destinação de armas de fogo apreendidas, fazendo remissão expressa à lei federal que trata do tema e utilizando os preceitos nela contidos é inconstitucional, pois invade competência legislativa atribuída à União**. Assim entende o STF: "Competência da União para legislar sobre direito penal e material bélico. Lei 1.317/2004 do Estado de Rondônia. Lei estadual que autoriza a utilização, pelas polícias civil e militar, de armas de fogo apreendidas. A competência exclusiva da União para legislar sobre material bélico, complementada pela competência para autorizar e fiscalizar a produção de material bélico, abrange a disciplina sobre a destinação de armas apreendidas e em situação irregular." (ADI 3.258, Rel. Min. Joaquim Barbosa, julgamento em 6-4-2005, Plenário, DJ de 9-9-2005.) No mesmo sentido: ADI 3.193, rel. min. Marco Aurélio, julgamento em 9-5-2013, Plenário, DJE de 6-8-2013.

- "**Mensalidades escolares**. Fixação da data de vencimento. **Matéria de direito contratual**. (...) Os serviços de educação, seja os prestados pelo Estado, seja os prestados por particulares, configuram serviço público não privativo, podendo ser desenvolvidos pelo setor privado independentemente de concessão, permissão ou autorização. Nos termos do art. 22, I, da CB, **compete à União legislar sobre Direito Civil.**" (ADI 1.007, Rel. Min. Eros Grau, julgamento em 31-8-2005, Plenário, DJ de 24-2-2006.) No mesmo sentido: ADI 1.042, Rel. Min. Cezar Peluso, julgamento em 12-8-2009, Plenário, DJE de 6-11-2009.

- "A definição das **condutas típicas configuradoras do crime de responsabilidade e o estabelecimento de regras que disciplinem o processo e julgamento das agentes políticos** federais, estaduais ou municipais envolvidos são da **competência legislativa privativa da União** e devem ser tratados em lei nacional especial (art. 85 da CR)." (ADI 2.220, Rel. Min. Cármen Lúcia, julgamento em 16-11-2011, Plenário, DJE de 7-12-2011.).

- Segundo o entendimento da Suprema Corte, divulgado no Informativo 782, é **formalmente inconstitucional lei estadual que estabelecer restrições ao ingresso, armazenamento e comercialização de produtos agrícolas importados no âmbito do estado-membro, pois estará caracterizada invasão da competência privativa da União para legislar sobre comércio exterior**. Nesse sentido, "Ação direta de inconstitucionalidade. Lei estadual (RS) nº 12.427/2006. Restrições ao comércio de produtos agrícolas importados no Estado. Competência privativa da União para legislar sobre comércio exterior e interestadual (CF, art. 22, inciso VIII). 1. É formalmente inconstitucional a lei estadual que cria restrições à comercialização, à estocagem e ao trânsito de produtos agrícolas importados no Estado, ainda que tenha por objetivo a proteção da saúde dos consumidores diante do possível uso indevido de agrotóxicos por outros países. A matéria é predominantemente de comércio exterior e interestadual, sendo, portanto, de competência privativa da União (CF, art. 22, inciso VIII). 2. É firme a jurisprudência do Supremo Tribunal Federal no sentido da inconstitucionalidade das leis estaduais que constituam entraves ao ingresso de produtos nos Estados da Federação ou a sua saída deles, provenham esses do exterior ou não (cf. ADI nº 280, Rel. Min. Francisco Rezek, DJ de 17/6/94; e ADI nº 3.035, Rel. Min. Gilmar Mendes, DJ de 14/10/05). 3. Ação direta julgada procedente" (STF. ADI 3813, julgada em 2015 e Relatada pelo Min. Dias Toffoli).

  Não é competente o Estado para disciplinar a instalação de antenas transmissoras de telefonia celular, por violar competência privativa da União para legislar sobre telecomunicações. STF. Plenário. ADI 2902, Rel. Edson Fachin, julgado em 04/05/2020 (Info 981 – clipping).

- "É inconstitucional norma estadual que dispõe sobre a implantação de instalações industriais destinadas à produção de energia nuclear no âmbito espacial do território estadual. Ao dispor sobre a partilha de competências estatais, a Constituição Federal (CF) outorgou à União, em caráter privativo, a prerrogativa de legislar sobre "atividades nucleares de qualquer natureza" (CF, art. 22, XXVI)". STF. ADI 330/RS, rel. min. Celso de Mello, julgamento virtual em 9.10.2020. (Info 994)

  É inconstitucional lei municipal que proíba o serviço de transporte de passageiros mediante aplicativo, pois legislar sobre "trânsito e transporte" é matéria de competência da União, nos termos do art. 22, XI da CF/88, além de violação dos princípios da livre iniciativa e da livre concorrência. STF. Plenário. ADPF 449/DF, Rel. Min. Luiz Fux; RE 1054110/SP, Rel. Min. Roberto Barroso, julgados em 8 e 9/5/2019 (repercussão geral) (Info 939)

Para o STF, é inconstitucional a lei estadual que proíbe a inscrição em cadastro de proteção ao crédito de usuário inadimplente dos serviços de abastecimento de água e esgotamento sanitário. (STF. Plenário. ADI 6668/MG, Rel. Min. Gilmar Mendes, julgado em 11/2/2022 (Info 1043).

- "Compete à União, nos termos do art. 21, VI; e 22, I, da Constituição, a definição dos requisitos para a concessão do porte de arma de fogo e dos possíveis titulares de tal direito, inclusive no que se refere a servidores públicos estaduais ou municipais, em prol da uniformidade da regulamentação do tema no país, questão afeta a políticas de segurança pública de âmbito nacional. Desse modo, é inconstitucional a lei distrital que disponha sobre porte de arma de fogo, criando hipóteses não previstas na legislação federal de regência, notadamente a Lei federal nº 10.826/2003 (Estatuto do Desarmamento)." STF. Plenário. ADI 3996, Rel. Luiz Fux, julgado em 15/04/2020 (Info 987 – clipping)

Segundo entendimento do STF, a competência exclusiva da União para legislar sobre sistemas de consórcios e sorteios, inclusive loterias, não obsta a competência material para a exploração dessas atividades pelos entes estaduais ou municipais, nem a competência regulamentar dessa exploração. STF. Plenário. ADPF 492/RJ, ADPF 493/DF e ADI 4986/MT, Rel. Min. Gilmar Mendes, julgados em 30/9/2020 (Info 993).

17. Competência dos Estados e competência concorrente

- São reservadas aos Estados **as competências que não lhes sejam vedadas** pela constituição (art. 25, § 1º, da CF). Além disso, o § 2º do art. 25 da CF dispõe expressamente que cabe aos Estados (privativamente) explorar, diretamente ou mediante concessão, os **serviços locais de gás canalizado**, na forma da lei, vedada a edição de medida provisória para a sua regulamentação.
- Segundo a jurisprudência do STF, é constitucional **lei estadual** que disponha sobre o ensino de língua espanhola aos alunos da rede pública do respectivo estado, pois o legislador estadual "atuara nos limites da competência concorrente dos Estados-membros e do DF para legislar sobre educação, cultura, ensino e desporto (CF, art. 24, IX). Ademais, asseverou-se que a Constituição, ao prever a competência privativa da União para tratar de diretrizes e bases da educação nacional (art. 22, XXIV) – cujo tratamento em âmbito nacional se dá pela Lei 9.394/96 – permitira que os entes estaduais e o DF atuassem no campo de suas especificidades" (ADI 3669, julgada em 2007 e relatada pela Ministra Cármen Lúcia).
- É **constitucional** lei estadual que fixe índices de correção monetária de créditos fiscais desde que o fator de correção adotado seja igual ou inferior ao utilizado pela União, conforme decisão do STF na ADI 442, julgada em 2010 e relatada pelo Ministro Eros Graus.
- A competência para legislar sobre direito urbanístico é **concorrente** entre União, Estados e Distrito Federal, e não privativa dos Municípios.
- A competência para legislar sobre defesa dos recursos naturais é **concorrente** entre União, Estados e Distrito Federal, pois é matéria de interesse de todos os entes da Federação, e não somente da União.
- **O estado federado não tem competência para dispor sobre as condições do exercício da profissão de motoboy** no âmbito do seu território. Assim entende o STF: "Competência legislativa. Direito do Trabalho. Profissão de motoboy. Regulamentação. Inadmissibilidade. (...) Competências exclusivas da União. (...) É inconstitucional a lei distrital ou estadual que disponha sobre condições do exercício ou criação de profissão, sobretudo quando esta diga à segurança de trânsito." (ADI 3.610, julgada em 2011 e relatada pelo Ministro Cezar Peluso).
- A **Súmula Vinculante** 2 é clara ao dispor que é inconstitucional a lei ou ato normativo estadual ou distrital que disponha sobre consórcios e sorteios, inclusive bingos e loterias.
- "Custas e emolumentos são espécies tributárias, classificando-se como taxas. Precedentes do STF. **À União, ao Estado membro e ao Distrito Federal é conferida competência para legislar concorrentemente sobre custas dos serviços forenses**, restringindo-se a competência da União, no âmbito dessa legislação concorrente, ao estabelecimento de normas gerais, certo que, inexistindo tais normas gerais, os Estados exercerão a competência legislativa plena, para atender a suas peculiaridades (CF, art. 24, IV, §§ 1º e 3º)." (ADI 1.624, julgada em 2003 e relatada pelo Ministro Carlos Velloso).

  "Normas estaduais que disponham sobre obrigações destinadas às empresas de telecomunicações, relativamente à oferta de produtos e serviços, incluem-se na competência concorrente dos estados para legislarem sobre direitos do consumidor." STF. Plenário. ADI 5962/DF, Rel. Min. Marco Aurélio, julgado em 25/2/2021 (Info 1007).
- É constitucional lei estadual que estabelece a dispensa de multa no caso da quebra de fidelidade nos contratos com empresas de telefonias, caso a quebra tenha sido motivada pelo desemprego superveniente do cliente. STF. Plenário. ADI 4908/RJ, Rel. Min. Rosa Weber, julgado em 11/4/2019 (Info 937).

  Lei estadual que permite comercialização de bebidas alcoólicas em arenas desportivas e estádios é constitucional, uma vez que legislar sobre consumo é competência concorrente (art. 24, V da CF/88). STF.

Plenário. ADI 6195, Rel. Min. Alexandre de Moraes, julgado em 27/03/2020.

- Lei distrital que preveja reserva de percentual de vagas em universidades públicas a alunos que estudaram nas escolas públicas do Distrito Federal é inconstitucional por discriminar alunos de escolas públicas de outros Estados da Federação. STF. Plenário. ADI 4868, Rel. Min. Gilmar Mendes, julgado em 27/03/2020.

- "É constitucional norma estadual que disponha sobre a exposição de produtos orgânicos em estabelecimentos comerciais. A regulamentação da matéria está relacionada ao Direito do Consumidor, o que atrai a competência concorrente da União, dos estados e do Distrito Federal [Constituição Federal (CF), art. 24, V (1)]." STF. ADI 5166/SP, rel. Min. Gilmar Mendes, julgamento virtual finalizado em 3.11.2020 (ADI-5166). – Info 997.

- **Os Estados-membros e o Distrito Federal** têm competência legislativa para estabelecer **regras de postagem de boletos referentes a pagamento de serviços prestados por empresas públicas e privadas.** STF. Plenário. ARE 649379/RJ, Rel. Min. Gilmar Mendes, red. p/ o ac. Min. Alexandre de Moraes, julgado em 13/11/2020 (Repercussão Geral – Tema 491) (Info 999).

- São constitucionais as normas estaduais, editadas em razão da pandemia causada pelo novo coronavírus, pelas quais veiculados a proibição de suspensão do fornecimento do serviço de energia elétrica, o modo de cobrança, a forma de pagamentos dos débitos e a exigibilidade de multa e juros moratórios. STF. Plenário. ADI 6432/RR, Rel. Min. Cármen Lúcia, julgado em 7/4/2021 (Info 1012).

  "Não havendo norma federal disciplinadora, é **constitucional** lei estadual que proíba a utilização de animais para desenvolvimento, experimento e teste de produtos cosméticos, higiene pessoal, perfumes, limpeza e seus componentes.

  É **inconstitucional** norma estadual que vede a comercialização de produtos desenvolvidos a partir de teste em animais, bem como a que determina que conste no rótulo informação acerca da não realização de testes em animais."STF. Plenário. ADI 5995/RJ, Rel. Min. Gilmar Mendes, julgado em 28/5/2021 (Info 1019).

  Segundo entendimento do STF, "Ofende os arts. 2º e 84, II, da Constituição Federal (CF) norma de legislação estadual que estabelece prazo para o chefe do Poder Executivo apresentar a regulamentação de disposições legais." (STF, ADI 4728/DF, rel. min. Rosa Weber, julgamento em 12/11/2021 – Info 1037).

18. Competência dos Municípios

- O Município **possui** competência para suplementar a legislação federal e a estadual no que couber, além de poder legislar sobre assuntos de interesse local.

- É competente o Município para fixar o horário de funcionamento de estabelecimento comercial (súmula VINCULANTE 38).

- "É pacífica a jurisprudência desta Corte de que **os Municípios detêm competência para legislar sobre o tempo máximo de espera por atendimento nas agências bancárias,** uma vez que essa questão é de interesse local e diz respeito às normas de proteção das relações de consumo, não se confundindo com a atividade-fim das instituições bancárias". (**STF. AI 495187**, julgado em 2011 e relatado pelo Ministro Dias Tóffoli).

- Segundo o STF, ""Distrito Federal: competência legislativa para fixação de tempo razoável de espera dos usuários dos **serviços de cartórios**. A imposição legal de um limite ao tempo de espera em fila dos usuários dos serviços prestados pelos cartórios não constitui matéria relativa à disciplina dos registros públicos, mas **assunto de interesse local, cuja competência legislativa a Constituição atribui aos Municípios** (...)." (RE 397.094, julgado em 2006 e relatado pelo Ministro Sepúlveda Pertence).

- O Município dispõe de competência, para, com apoio no poder autônomo que lhe confere a Constituição, exigir, mediante lei, a **instalação de sanitários ou a colocação de bebedouros em estabelecimentos bancários** (AI-AgR 614510, julgado em 2007 e relatado pelo Ministro Celso de Mello).

- O STF firmou entendimento no sentido de que é constitucional **lei municipal que determina às agências bancárias a instalação de portas eletrônicas de segurança,** visto que é competência do Município legislar sobre assuntos de interesse local dispondo sobre medidas referentes à segurança dos usuários de serviços bancários (AI-AgR 347.717, julgado em 2005 e relatado pelo Ministro Celso de Mello)

- A Constituição de 1988, no que se refere à organização federativa aplicada aos Municípios, dispõe que compete ao Município organizar e prestar, diretamente ou sob regime de concessão ou permissão, os **serviços públicos de interesse local, incluído o de transporte coletivo, que tem caráter essencial** (art. 30. V, da CF).

- Compete aos Municípios instituir e arrecadar os tributos de sua competência, bem como aplicar suas rendas, sem prejuízo da obrigatoriedade de prestar contas e publicar balancetes nos prazos fixados em lei.

- Os Municípios podem **criar, organizar e suprimir distritos, observada a legislação estadual, não havendo necessidade de Lei Federal** para nenhuma hipótese.

- Compete aos Municípios promover, no que couber, adequado ordenamento territorial, mediante planejamento e controle do uso, do parcelamento e da ocupação do solo urbano

- A jurisprudência do STF entende que, pelo princípio da simetria, os crimes de responsabilidade praticados pelos Prefeitos serão julgados pela **Câmara Municipal**, cabendo ao **TJ** a competência para os crimes comuns (art. 29, X, da CF). No julgamento perante o TJ, a competência para a decisão poderá ser do Plenário, do Órgão Fracionário ou do Órgão Especial, o que será fixado no Regimento Interno do Tribunal, Além disso, há a Súmula 702 do STF, que dispõe: "a competência do Tribunal de Justiça para julgar prefeitos restringe-se aos crimes de competência da justiça comum estadual; nos demais casos, a competência originária caberá ao respectivo tribunal de segundo grau", o que reafirma não ser competência privativa do TJ o julgamento de Prefeito.
- É inconstitucional a Lei Estadual que determina o fornecimento gratuito de água potável à população por meio de caminhão-pipa todas as vezes que houver interrupção do fornecimento normal do serviço, pois invade o âmbito de competência legislativa municipal (STF. 2340, julgada em 2013 e relatada pelo Ministro Ricardo Lewandowski).
- Compete aos Municípios legislar sobre assuntos de interesse local, notadamente sobre a definição do tempo máximo de espera de clientes em filas de instituições bancárias. STF. Plenário virtual. RE 610221 RG, Rel. Min. Ellen Gracie, julgado em 29/04/2010 (repercussão geral).
- Para o STF: "Municípios **podem** instituir a prestação de assistência jurídica à população de baixa renda." (ADPF 279/SP, rel. min. Carmen Lucia, julgamento em 03/11/2021, info 1036).
- É cabível que os municípios, no exercício da competência suplementar, adotem legislação ambiental mais restritiva em relação aos estados-membros e à União, desde que haja a devida motivação (ARE 748206/SC, Rel. Min. Celso de Mello, julgamento em 14.3.2017, Segunda Turma).
- "É inconstitucional dispositivo da Constituição Estadual que preveja que os serviços públicos de saneamento e de abastecimento de água serão prestados por pessoas jurídicas de direito público ou por sociedade de economia mista sob controle acionário e administrativo, do Poder Público Estadual ou Municipal. **Compete aos Municípios a titularidade dos serviços públicos de saneamento básico.** Assim, a eles cabe escolher a forma da prestação desses serviços, se diretamente ou por delegação à iniciativa privada mediante prévia licitação. Isso é garantido pelo art. 30, I e IV, da CF/88. Além disso, essa previsão da Constituição Estadual também viola o art. 175 da Constituição Federal, que atribui ao poder público a escolha da prestação de serviços públicos de forma direta ou sob regime de concessão ou permissão mediante prévia licitação." STF. Plenário. ADI 4454, Rel. Cármen Lúcia, julgado em 05/08/2020 (Info 988 – clipping).
- **Súmulas**
- **Súmula 208 do STJ:** Compete à Justiça Federal processar e julgar prefeito municipal por desvio de verba sujeita à prestação de contas perante órgão federal.
- **Súmula Vinculante 2:** É inconstitucional a lei ou ato normativo estadual ou distrital que disponha sobre sistemas de consórcios e sorteios, inclusive bingos e loterias.
- **Súmula Vinculante 39:** Compete privativamente à União legislar sobre vencimentos dos membros das polícias civil e militar e do corpo de bombeiros militar do Distrito Federal.
- **Súmula Vinculante 46:** A definição dos crimes de responsabilidade e o estabelecimento das respectivas normas de processo e julgamento são da competência legislativa privativa da União.
- **Súmula Vinculante 38:** É competente o Município para fixar o horário de funcionamento de estabelecimento comercial.

9. ADMINISTRAÇÃO PÚBLICA

- **CF, artigos 37 a 42.**

1. **Constituição e a atuação administrativa:** de acordo com os ensinamentos de Gustavo Binenbojm (*Uma teoria do Direito Administrativo*: direitos fundamentais, democracia e constitucionalização. Rio de Janeiro: Renovar, 2006), as políticas públicas não estão mais restritas à interposição legislativa, pois "a reserva vertical de lei foi substituída por uma reserva vertical de Constituição. **A Constituição para passa a figurar como norma diretamente habilitadora da atuação administrativa**, havendo uma verdadeira 'osmose entre a Constituição e a lei'. Pode-se, assim, dizer, com Canotilho, que se abre caminho para 'uma legalidade sem lei'. [...] **a Constituição se presta (i) não só como norma direta e imediatamente habilitadora de competências administrativas, como também (ii) serve de critério imediato de decisão administrativa**". Assim, em apertada síntese, pode-se dizer que, na condução da máquina administrativa e das políticas públicas, o administrador não mais se submete à mera legalidade estrita, mas sim aos preceitos que emanam diretamente da Constituição Federal.
2. **Princípios da Administração Pública:** para memorizar os princípios da administração pública que constam do artigo 37, da CF, o amigo leitor pode valer-se da clássica expressa mnemônica **"LIMPE"**.

Princípios da Administração Pública	
L	egalidade
I	mpessoalidade
M	oralidade
P	ublicidade
E	ficiência
LIMPE	

3. O **conteúdo do Princípio da Legalidade** (art. 37, *caput*, da CF) **não exclui a possibilidade de atividade discricionária pela Administração Pública**, desde que observados os limites da lei, quando esta deixa alguma margem para a Administração agir conforme os critérios de conveniência e oportunidade. Isso porque, é ínsita à atividade administrativa a tomada de decisões políticas, que se referem às opções que o administrador pode escolher na administração dos bens e serviços públicos. Por exemplo: um administrador pode decidir entre a construção de uma escola ou hospital (valendo-se de critérios de conveniência e oportunidade), e ambas são opções políticas legítimas. Entretanto, para materializar a obra, ele deverá abrir procedimento licitatório, pois a Constituição Federal (art. 37, XXI) lhe impõe esse dever.

   A vedação ao nepotismo na Administração Pública decorre diretamente da Constituição Federal e sua aplicação deve ser imediata e verticalizada. Viola os princípios da moralidade, impessoalidade e isonomia diploma legal que excepciona da vedação ao nepotismo os servidores que estivessem no exercício do cargo no momento de sua edição.

   [ADI 3.094, rel. min. Edson Fachin, j. 27-9-2019, P, DJE de 15-10-2019.]

4. A Administração Pública pode ser **direta** (prestada pela própria pessoa política, União, Estado ou Município) ou **indireta** (descentralizada para outra pessoa jurídica, Autarquia, Fundação, Empresa Pública ou Sociedade de Economia Mista).

5. Somente por **lei específica** poderá ser criada autarquia e autorizada a instituição de empresa pública, de sociedade de economia mista e de fundação, cabendo à **lei complementar**, neste último caso (fundação), definir as áreas de sua atuação.

6. Depende de **autorização legislativa**, em cada caso, a criação de subsidiárias de empresa pública, assim como a participação de qualquer delas em empresa privada.

7. A **autonomia gerencial, orçamentária e financeira dos órgãos e entidades da administração direta e indireta poderá ser ampliada** mediante contrato, a ser firmado entre seus administradores e o poder público, que tenha por objeto a fixação de metas de desempenho para o órgão ou entidade, cabendo à lei dispor sobre prazo de duração do contrato, os controles e critérios de avaliação de desempenho, direitos, obrigações e responsabilidade dos dirigentes, bem como a remuneração do pessoal.

8. A **administração fazendária** e seus servidores fiscais terão, dentro de suas áreas de competência e jurisdição, **precedência sobre os demais setores administrativos**, na forma da lei (art. 37, XVIII, da CF).

9. A **publicidade dos atos, programas, obras, serviços e campanhas dos órgãos públicos** deverá ter **caráter educativo, informativo ou de orientação,** dela não podendo constar nomes, símbolos ou imagens que caracterizem promoção pessoal de autoridades ou servidores públicos.

   - No ARE 652777, julgado em 2015 e relatado pelo Ministro Teori Zavascki, em que se reconheceu repercussão geral**, o STF entendeu ser legítima a publicação, inclusive em sítio eletrônico mantido pela Administração Pública, dos nomes dos seus servidores e do valor dos correspondentes vencimentos e vantagens pecuniárias.**

10. As obras, serviços, compras e alienações, ressalvados os casos especificados na legislação, serão contratados mediante processo de **licitação pública** que assegure igualdade de condições a todos os concorrentes, com cláusulas que estabeleçam obrigações de pagamento, mantidas as condições efetivas da proposta, nos termos da lei, o qual somente permitirá as exigências de qualificação técnica e econômica indispensáveis à garantia do cumprimento das obrigações.

11. Concurso Público

- Quanto a **concurso público e o princípio da igualdade**, segundo **entendimento do STF**, é possível: a) fixação limites etários máximos para a admissão de pessoal no serviço público em atenção à natureza das atribuições do cargo a ser preenchido; e b) estabelecimento de limites mínimos de altura para candidatos em concurso público.

  Nos termos do artigo 5º, VIII, da Constituição Federal é possível a realização de etapas de concurso público em datas e horários distintos dos previstos em edital, por candidato que invoca escusa de consciência por motivo de crença religiosa, desde que presentes a razoabilidade da alteração, a preservação da igualdade entre todos os candidatos e que não acarrete ônus desproporcional à Administração Pública, que deverá decidir de maneira fundamentada (Tema 386). RE 611874/DF, rel. orig. Min. Dias Toffoli, red. p/ o ac. Min. Edson Fachin, julgamento em 19.11, 25.11 e 26.11.2020. ARE 1099099/SP, rel. Min. Edson Fachin, julgamento em 19.11, 25.11 e 26.11.2020 (Info 1000)

  É inconstitucional a fixação de critério de desempate em concursos públicos que favoreça candidatos que pertencem ao serviço público de um determinado ente federativo. (ADI 5358/PA, rel. Min. Roberto Barroso, julgamento virtual finalizado em 27.11.2020. Info 1000)

Manifestou o STJ que: "A exigência dos requisitos previstos em edital para nomeação em cargo público não pode ser afastada por legislação posterior mais benéfica ao candidato." (AgInt no RMS 61.658-RS, Rel. Min. Mauro Campbell Marques, Segunda Turma, por unanimidade, julgado em 10/05/2022, DJe 27/05/2022. Info 748).

CONCURSO PÚBLICO E O PRINCÍPIO DA IGUALDADE Segundo entendimento do STF é possível:
a) fixação **limites etários máximos** para a admissão de pessoal no serviço público em atenção à natureza das atribuições do cargo a ser preenchido (Súmula 683, do STF);
b) estabelecimento de **limites mínimos de altura** para candidatos em concurso público;

A esse respeito, entende o STJ que: "É inadequado o manejo de mandado de segurança com vistas à defesa do direito de candidato em concurso público a continuar concorrendo às vagas reservadas às pessoas pretas ou pardas, quando a comissão examinadora de heteroidentificação não confirma a sua autodeclaração." (RMS 58.785-MS, Rel. Min. Sérgio Kukina, Primeira Turma, por unanimidade, julgado em 23/08/2022. Info 746).

- Súmula 683, do STF: "O limite de idade para a inscrição em concurso público só se legitima em face do art. 7º, XXX, da Constituição, quando possa ser justificado pela natureza das atribuições do cargo a ser preenchido."

  "A fixação de limite etário, máximo e mínimo, como requisito para o ingresso na carreira da magistratura viola o disposto no artigo 93, I, da Constituição Federal (CF)." ADI 5329/DF, rel. orig. Min. Marco Aurélio, rel. p/ o ac. Min. Alexandre de Moraes, julgamento virtual finalizado em 14.12.2020 ((Info 1002)

- **Segundo a jurisprudência do STF, a isonomia é ferida quando há exigência de altura mínima para cargos nos quais a altura é irrelevante.** Nesse sentido: "Em se tratando de concurso público para escrivão de polícia, é irrelevante a exigência de altura mínima, em virtude das atribuições do cargo. Precedentes". (AI 384050 AgR, rel. Min. Carlos Velloso, Segunda Turma, julgado em 09/09/2003)

- É inconstitucional a vedação à posse em cargo público de candidato(a) aprovado(a) que, embora tenha sido acometido(a) por doença grave, não apresenta sintoma incapacitante nem possui restrição relevante que impeça o exercício da função pretendida (CF, arts. 1º, III, 3º, IV, 5º, caput, 37, caput, I e II). (STF, RE 886.131/MG, relator Ministro Luís Roberto Barroso, julgamento finalizado em 30.11.2023).

  "É inconstitucional o **aproveitamento de servidor, aprovado em concurso público a exigir formação de nível médio, em cargo que pressuponha escolaridade superior**". STF (Tema 697 da repercussão geral – RE 740008/RR, relator Min. Marco Aurélio, julgamento virtual finalizado em 19.12.2020 – Info 1003)

- Segundo a jurisprudência do STF: "Razoabilidade da exigência de altura mínima para ingresso na carreira de delegado de polícia, dada a natureza do cargo a ser exercido. Violação ao princípio da isonomia. Inexistência." (RE 140.889, Rel. p/ o ac. Min. Maurício Corrêa, julgamento em 30-5-2000, Segunda Turma, DJ de 15-12-2000.)

  Segundo o STF: "É inconstitucional a determinação de afastamento automático de servidor público indiciado em inquérito policial instaurado para apuração de crimes de lavagem ou ocultação de bens, direitos e valores." ADI 4911/DF, rel. orig. Min. Edson Fachin, red. p/ o ac. Min. Alexandre de Moraes, julgamento virtual finalizado em 20.11.2020 (Info 1000)

  Observa o STJ que: "Para a recusa à nomeação de aprovados dentro do número de vagas em concurso público devem ficar comprovadas as situações excepcionais elencadas pelo Supremo Tribunal Federal no RE 598.099/MS, não sendo suficiente a alegação de estado das coisas - pandemia, crise econômica, limite prudencial atingido para despesas com pessoal -, tampouco o alerta da Corte de Contas acerca do chamado limite prudencial."(RMS 66.316-SP, Rel. Min. Manoel Erhardt (Desembargador convocado do TRF da 5ª Região), Primeira Turma, por unanimidade, julgado em 19/10/2021., info 715).

- O STF entende que "Sem previsão constitucionalmente adequada e instituída por lei, **não é legítima a cláusula de edital de concurso público que restrinja a participação de candidato pelo simples fato de responder a inquérito ou a ação penal.**" (Informativo nº 965, RE 560900/DF, rel. Min. Roberto Barroso, julgamento em 5 e 6.2.2020.)

- Ainda, entendeu que: "É possível a nomeação e a posse de condenado criminalmente, de forma definitiva, devidamente aprovado em concurso público, desde que haja compatibilidade entre o cargo a ser exercido e a infração penal cometida, sendo que o efetivo exercício dependerá do regime de cumprimento da pena e da inexistência de conflito de horários com a jornada de trabalho."(STF, RE 1.282.553/RR, relator Ministro Alexandre de Moraes, julgamento finalizado em 4.10.2023. Tema 1.190- Info 1111).

- Segundo entendimento do STJ: "Os **pagamentos indevidos aos servidores públicos decorrentes de erro administrativo (operacional ou de cálculo),** não embasado em interpretação errônea ou equivocada da lei pela Administração, estão sujeitos à devolução, ressalvadas as hipóteses em que o servidor, diante do caso concreto, comprova sua boa-fé objetiva, sobretudo com demonstração de que não lhe era possível constatar o pagamento indevido." STJ. 1ª Seção. REsp 1.769.306/AL, Rel.

Min. Benedito Gonçalves, julgado em 10/03/2021 (Recurso Repetitivo – Tema 1009) (Info 688).

- A **Súmula 15 do STF** dispõe: "Dentro do prazo de validade do concurso, o candidato aprovado tem **direito à nomeação, quando o cargo for preenchido sem observância da classificação.**"
- "A **abertura de novo concurso**, no prazo de validade de concurso anterior, não gera direito de nomeação para os candidatos aprovados no primeiro, mas apenas **prioridade sobre os novos concursados**." (STF. RMS 22.926, julgado em 1997 e relatado pelo Ministro Ilmar Galvão).
- "A exclusão do candidato, que concorre à vaga reservada em concurso público, pelo critério da heteroidentificação, seja pela constatação de fraude, seja pela aferição do fenótipo ou por qualquer outro fundamento, exige o franqueamento do contraditório e da ampla defesa." (STJ, RMS 62.040-MG, Rel. Min. Herman Benjamin, Segunda Turma, por unanimidade, julgado em 17/12/2019, DJe 27/02/2020. Informativo 666).
- "Compete à **Justiça comum** processar e julgar controvérsias relacionadas à fase pré-contratual de seleção e de admissão de pessoal e eventual nulidade do certame em face da Administração Pública, direta e indireta, nas hipóteses em que adotado o regime celetista de contratação de pessoal."(RE 960429/RN, rel. Min. Gilmar Mendes, julgamento em 4 e 5.3.2020. Informativo 986, tema 992).
- A exigência constitucional de reserva de vagas para portadores de deficiência em concurso público **não pode** ser afastada se o percentual legalmente previsto for inferior a um, hipótese em que a fração deve ser arredondada, obedecendo a regra constitucional constante no art. 37, VIII, da CF.

12. Os cargos, empregos e funções públicas são acessíveis aos brasileiros que preencham os requisitos legais, **assim como aos estrangeiros**, na forma da lei (art. 37, I, da CF).

"Compete à Justiça comum processar e julgar controvérsias relacionadas à fase pré-contratual de seleção e de admissão de pessoal e eventual nulidade do certame em face da Administração Pública, direta e indireta, nas hipóteses em que adotado o regime celetista de contratação de pessoal." STF. Plenário. RE 960429/RN, Rel. Min. Gilmar Mendes, julgado em 4 e 5/3/2020 (repercussão geral – Tema 992) (Info 968).

"Compete à Justiça comum processar e julgar demandas em que se discute o recolhimento e o repasse de contribuição sindical de servidores públicos regidos pelo regime estatutário." RE 1089282/AM, rel. Min. Gilmar Mendes, julgamento virtual finalizado em 4.12.2020. (Info 1001 – STF)

13. É **inconstitucional** toda modalidade de provimento que propicie ao servidor investir-se, sem prévia aprovação em concurso público destinado ao seu provimento, em cargo que não integra a carreira na qual anteriormente investido (Súmula Vinculante 43).

"A transformação de carreira de nível médio em outra de nível superior, com atribuições distintas, constitui forma de provimento derivado vedada pelo art. 37, II, da CF/88". (STF, ADI 7.229/AC, relator Ministro Dias Toffoli, redator do acórdão Ministro Luís Roberto Barroso, julgamento virtual finalizado em 10.11.2023 (sexta-feira), às 23:59).

14. Adquire **estabilidade, após três anos de efetivo exercício**, o servidor nomeado para cargo de provimento efetivo em virtude de concurso público, consoante art. 41, *caput*, da CF.

15. Em 2007, no bojo dos Mandados de Injunção (MIs) 670, 708 e 712, o STF autorizou **a aplicação da lei de greve da iniciativa privada** (Lei 7.783/89) **para garantir o exercício grevista regular dos servidores públicos.**

- Vale notar, entretanto, que o STF vem entendendo pela **inadmissibilidade de exercício de greve por policiais**. "O direito constitucional de greve atribuído aos servidores públicos em geral não ampara indiscriminadamente todas as categorias e carreiras, mas antes excepciona casos como o de agentes armados e policiais cujas atividades não podem ser paralisadas, ainda que parcialmente, sem graves prejuízos para a segurança e a tranquilidade pública. (Ministro Gilmar Mendes, ao negar seguimento ao MI 774).

16. **Tanto a vinculação quanto a equiparação** de quaisquer espécies remuneratórias no serviço público **são vedadas** para o efeito de remuneração de pessoal das carreiras públicas (art. 37, XIII, da CF).

Ademais, para o STF "A equiparação de carreira de nível médio a outra de nível superior constitui forma de provimento derivado vedada pelo art. 37, II, da CF/88." (adi 5.510-PR, rel. Min. Edson Fachin, julg. 02/06/2023, Informativo 1097).

"Nos termos do artigo 5º, VIII, da Constituição Federal é possível à Administração Pública, inclusive durante o estágio probatório, estabelecer critérios alternativos para o regular exercício dos deveres funcionais inerentes aos cargos públicos, em face de servidores que invocam escusa de consciência por motivos de crença religiosa, desde que presentes a razoabilidade da alteração, não se caracterize o desvirtuamento do exercício de suas funções e não acarrete ônus desproporcional à Administração Pública, que deverá decidir de maneira fundamentada (Tema 1.021)." RE 611874/DF, rel. orig. Min. Dias Toffoli, red. p/ o ac. Min. Edson Fachin, julgamento em 19.11, 25.11 e 26.11.2020. ARE 1099099/SP, rel. Min. Edson Fachin, julgamento em 19.11, 25.11 e 26.11.2020 (Info 1000)

17. É **vedada a acumulação** remunerada de cargos ou empregos públicos, exceto, quando houver compatibilidade de horários, nos seguintes casos: a) a de dois cargos de professor; b) a de um cargo de professor com outro técnico ou científico; c) a de dois cargos ou empregos privativos de profissionais de saúde, com profissões regulamentadas.

ACUMULAÇÃO REMUNERADA DE CARGOS PÚBLICOS	
1. Regra →	Vedação/Impossibilidade
2. Exceções	a) dois cargos de professor b) um cargo de professor com outro técnico ou científico c) dois cargos ou empregos privativos de profissionais de saúde, com profissões regulamentadas

- **Cuidado! Não é possível** a acumulação nos seguintes casos:

  a) de cargo técnico com outro privativo de profissional da saúde;

  b) de mais de dois cargos ou empregos públicos (três ou mais).

  c) de dois cargos técnicos;

  Segundo o STF, é admitida a acumulação de cargos públicos de profissionais de saúde, prevista no art. 37, XVI da CF/88, **mesmo que a jornada semanal ultrapasse 60 horas** (o que somente era estabelecido como limite por norma infraconstitucional). Esse requisito não é previsto na Constituição Federal, logo, não pode obstar referida acumulação. STF. 1ª Turma. RE 1176440/DF, Rel. Min. Alexandre de Moraes, julgado em 9/4/2019 (Info 937).

  Observe-se que, em se tratando de cargos acumuláveis, entende o STF ser possível inclusive a cumulação de pensões por morte deles decorrentes (STF. Info 1080.Plenário. RE 658999/SC, Rel. Min. Dias Toffoli, julgado em 16/12/2022. Repercussão Geral – Tema 627).

18. As **funções de confiança**, exercidas exclusivamente por servidores ocupantes de cargo efetivo, e os **cargos em comissão**, a serem preenchidos por servidores de carreira nos casos, condições e percentuais mínimos previstos em lei, **destinam-se apenas às atribuições de direção, chefia e assessoramento**.

19. **A nomeação de cargos de natureza política não está incluída nas proibições elencadas pela Súmula Vinculante 13, que veda a prática do nepotismo** em qualquer dos Poderes de todos os Entes Federados no Brasil, nos seguintes termos: "A nomeação de cônjuge, companheiro ou parente em linha reta, colateral ou por afinidade, até o terceiro grau, inclusive, da autoridade nomeante ou de servidor da mesma pessoa jurídica, investido em cargo de direção, chefia ou assessoramento, para o exercício de cargo em comissão ou de confiança, ou, ainda, de função gratificada na Administração Pública direta e indireta, em qualquer dos Poderes da União, dos Estados, do Distrito Federal e dos municípios, compreendido o ajuste mediante designações recíprocas, viola a Constituição Federal."

    "Direito Administrativo. Agravo interno em reclamação. Nepotismo. Súmula Vinculante 13. 1. O Supremo Tribunal Federal tem afastado a aplicação da Súmula Vinculante 13 a cargos públicos de natureza política, ressalvados os casos de inequívoca falta de razoabilidade, por manifesta ausência de qualificação técnica ou inidoneidade moral. Precedentes. 2. Não há nos autos qualquer elemento que demonstre a ausência de razoabilidade da nomeação." [Rcl 28.024 AgR, rel. min. Roberto Barroso, 1ª T, j. 29-5-2018, DJE 125 de 25-6-2018.]

20. **Reintegração:** invalidação da pena de demissão aplicada a servidor público, com o retorno ao cargo, sem prejuízo da indenização. Se quem estiver em seu lugar for estável, será reconduzido ao cargo anteriormente ocupado, ou será afastado com vencimentos proporcionais, ou aproveitado em outro cargo (sem direito a indenização), mas se quem estava no lugar não era estável, será simplesmente exonerado.

21. A **exoneração** somente será a pedido ou por conveniência da administração, já a **demissão** é sempre a título de punição.

- O servidor público ocupante de cargo efetivo **não pode ser exonerado segundo livre critério da autoridade competente**, pois os casos de perda de cargo estão previstos no § 1º do art. 41 da CF (I – Em virtude de sentença judicial transitada em julgado; II – Mediante Processo Administrativo em que lhe seja assegurada ampla defesa; III – Mediante Procedimento de Avaliação Periódica de Desempenho, na forma da lei complementar, assegurada ampla defesa).

- No caso da **falta de necessidade do cargo**, o servidor **ficará em disponibilidade**, com remuneração proporcional ao tempo de serviço, até o seu adequado aproveitamento em outro cargo.

- O servidor público ocupante de cargo efetivo **não pode ser exonerado *ad nutum***, com base em decreto que declara a desnecessidade do cargo (Súmula 21 do STF).

  É inconstitucional lei estadual que prevê dispensa de exigências para revalidar diploma internacional de ensino superior a fim de conceder benefícios e progressões a servidores públicos, pois trata-se de competência privativa da União legislar sobre diretrizes e bases da educação nacional, nos termos do art. 22, XXIV da CF/88. STF. Plenário. ADI 6073, Rel. Min. Edson Fachin, julgado em 27/03/2020.

  Para o STF: "As empresas públicas e as sociedades de economia mista, sejam elas prestadoras de serviço público ou exploradoras de atividade econômica, ainda que em regime concorrencial, têm o dever jurídico de motivar, em ato formal, a demissão de seus empregados concursados, não se exigindo processo administrativo. Tal motivação deve consistir em fundamento razoável, não se exigindo, porém, que se enquadre nas hipóteses de justa causa da legislação trabalhista." (Supremo Tribunal Federal, Plenário, RE 688.267/CE, relator Ministro Alexandre de Moraes, redator do acórdão Ministro Luís Roberto Barroso, julgamento finalizado em 28.02.2024 – Info 1126).

22. Os **vencimentos** referem-se ao vencimento básico somado às gratificações permanentes previstas em lei (art. 1º, da Lei 8.852/94), que se aplicam aos agentes administrativos submetidos a regime estatutário, os denominados servidores públicos.

23. Já o **subsídio**, na lição de Leandro Bortoleto "é o pagamento de uma única parcela, sem subdivisões [...] forma normalmente adotada para se remunerar os agentes políticos" (*Direito Administrativo*. Salvador: Juspodivm, 2012, p. 142).

24. Segundo Hely Lopes Meirelles "**vantagens pecuniárias** são acréscimos de estipêndio do servidor, concedidas a título definitivo ou transitório, pela decorrência do tempo de serviço (*ex facto temporis*), ou pelo desempenho de funções especiais (*ex facto officii*), ou em razão das condições anormais em que se realiza o serviço (*propter laborem*), ou, finalmente, em razão de condições pessoais do servidor (*propter personam*). As duas primeiras espécies constituem os adicionais (adicionais de vencimento e adicionais de função), as duas últimas formam a categoria das gratificações (gratificações de serviço e gratificações pessoais). (*Direito Administrativo Brasileiro*, 18 ed. São Paulo: Malheiros, 1993, p. 402). Portanto, pode-se dizer que **os vencimentos abrangem vantagens pecuniárias (gratificações)**

25. O membro de Poder, o detentor de mandato eletivo, os Ministros de Estado e os Secretários Estaduais e Municipais serão remunerados exclusivamente por **subsídio fixado em parcela única** (e não em quatro parcelas, trimestrais), vedado o acréscimo de qualquer gratificação, adicional, abono, prêmio, verba de representação ou outra espécie remuneratória.

26. É vedada a **vinculação ou equiparação de quaisquer espécies remuneratórias** para o efeito de remuneração de pessoal do serviço público.

27. Os **acréscimos pecuniários percebidos por servidor público** não serão computados e acumulados para fins de concessão de acréscimos ulteriores.

É vedada a incorporação de vantagens de caráter temporário ou vinculadas ao exercício de função de confiança ou de cargo em comissão à remuneração do cargo efetivo.

28. A fixação dos **padrões de vencimento e dos demais componentes do sistema remuneratório** observará a natureza, o grau de responsabilidade e a complexidade dos cargos componentes de cada carreira; os requisitos para a investidura; e as peculiaridades dos cargos.

29. A Lei da União, dos Estados, do Distrito Federal e dos Municípios disciplinará a aplicação de recursos orçamentários provenientes da economia com despesas correntes em cada órgão, autarquia e fundação, para aplicação no desenvolvimento de programas de qualidade e produtividade, treinamento e desenvolvimento, modernização, reaparelhamento e racionalização do serviço público, **inclusive** sob a forma de adicional ou prêmio de produtividade (art. 39, § 7º, da CF).

30. A remuneração dos servidores públicos deve ser fixada por lei específica, assegurada a revisão geral anual, **sempre na mesma data e sem distinção de índices**, e não depois de decorrido o prazo mínimo de um ano do último reajuste concedido à categoria.

31. A **fixação de vencimentos dos servidores** públicos não pode ser objeto de **convenção coletiva** (Súmula 679 do STF).

32. O **teto salarial do funcionalismo público**, previsto no texto constitucional e cujo parâmetro é o subsídio dos ministros do STF, **aplica-se** aos servidores da administração direta, autárquica e fundacional, e também, aos empregados das empresas públicas e sociedades de economia mista, e suas subsidiárias, que receberem recursos da União, dos Estados, do DF ou dos Municípios para pagamento de despesas de pessoal ou de custeio em geral (art. 37, § 9º, da CF).

Existe, ainda, um **mínimo a ser respeitado**: O STF manifestou que "É **defeso** o pagamento de remuneração em valor inferior ao **salário mínimo** ao servidor público, ainda que labore em jornada reduzida de trabalho. (...)É **inconstitucional** remunerar servidor público, mesmo que exerça jornada de trabalho reduzida, em patamar inferior a um **salário mínimo**". (STF, Info nº. 1062. RE 964659/RS, relator Min. Dias Toffoli, julgamento virtual finalizado em 5.8.2022).

33. A União, os Estados e o Distrito Federal manterão escolas de governo para a formação e o aperfeiçoamento dos servidores públicos, constituindo-se a participação nos cursos um dos requisitos para a promoção na carreira, **facultada** (e não sendo obrigatória), para isso, a celebração de convênios ou contratos entre os entes federados, que deverão promovê-los anualmente.

- **Súmula Vinculante 37**: "Não cabe ao Poder Judiciário, que não tem função legislativa, aumentar vencimentos de servidores públicos sob fundamento de isonomia".

Aos servidores titulares de cargos efetivos da União, dos Estados, do Distrito Federal e dos Municípios, **incluídas** suas autarquias e fundações, é assegurado **regime de previdência de caráter contributivo e solidário**, mediante contribuição do respectivo ente público, dos servidores ativos e inativos e dos pensionistas, observados critérios que preservem o equilíbrio financeiro e atuarial.

34. Os servidores abrangidos pelo regime de previdência **serão aposentados**: I – por incapacidade permanente para o trabalho, no cargo em que estiver investido, quando insuscetível de readaptação, hipótese em que será obrigatória a realização de avaliações periódicas para verificação da continuidade das condições que ensejaram a concessão da aposentadoria; II – compulsoriamente, com proventos proporcionais ao tempo de contribuição, aos 70 (setenta) anos de idade, ou aos 75 (setenta e cinco) anos de idade, na forma de lei complementar; III – no âmbito da União, aos 62 (sessenta e dois) anos de idade, se mulher, e aos 65 (sessenta e cinco) anos de idade, se homem, e, no âmbito dos Estados, do Distrito Federal e dos Municípios, na idade mínima estabelecida mediante emenda às respectivas Constituições e Leis Orgânicas, observados o tempo de contribuição e os demais requisitos estabelecidos em lei complementar do respectivo ente federativo.

Os **proventos de aposentadoria** e as pensões, por ocasião de sua concessão, **não** poderão ser inferiores ao valor mínimo a que se refere o § 2º do art. 201 ou superiores ao limite máximo estabelecido para o Regime Geral de Previdência Social, observado o disposto nos §§ 14 a 16.

Os proventos **nunca poderão ser excedentes ao subsídio mensal, em espécie, dos Ministros do Supremo Tribunal Federal**, o que não abrange as parcelas de caráter indenizatório previstas em lei.

REGRAS CONSTITUCIONAIS PARA APOSENTADORIA DO SERVIDOR				
Modalidade	**Sexo**	**Requisito**	**Aposentadoria**	**Limite/Teto**
I – Por Incapacidade Permanente	Homem ou Mulher	Incapacidade Permanente	Condicionada à realização de avaliações periódicas para verificação da continuidade das condições que ensejaram a concessão da aposentadoria	Proventos nunca excedentes ao subsídio mensal, em espécie, dos Ministros do Supremo Tribunal Federal
II – Compulsoriamente	Homem ou Mulher	70 ou 75 anos de idade, na forma de lei complementar	Com proventos proporcionais ao tempo de contribuição.	
III – Voluntariamente	1) Homem	a) 65 anos de idade		
	2) Mulher	a) 62 anos de idade		

É **vedada a existência de mais de um regime próprio de previdência social para os servidores titulares de cargos efetivos.**

35. As pessoas jurídicas de direito público e as de direito privado prestadoras de serviços públicos **responderão pelos danos que seus agentes, nessa qualidade, causarem a terceiros**, assegurado o direito de regresso contra o responsável nos casos de dolo ou culpa.

"Danos causados a terceiros por agente público no exercício da função são de responsabilidade do Estado." (RE 1027633, Relator Min. Marco Aurélio, julgado em 14/08/2019)

36. Segundo o STF, "A **responsabilidade civil das pessoas jurídicas de direito privado prestadoras de serviço público é objetiva relativamente a terceiros usuários, e não usuários do serviço**, segundo decorre do art. 37, § 6º, da CF. A inequívoca presença do nexo de causalidade entre o ato administrativo e o dano causado ao terceiro não usuário do serviço público é condição suficiente para estabelecer a responsabilidade objetiva da pessoa jurídica de direito privado." (RE 591.874, julgado em 2009 e relatado pelo Ministro Ricardo Lewandowski).

37. A lei disporá sobre os requisitos e as restrições ao ocupante de cargo ou emprego da administração direta e indireta que possibilite o acesso a informações privilegiadas.

38. A Administração pode anular seus próprios atos, quando eivados de vícios que os tornem ilegais, porque deles não se originam direitos, ou revogá-los, por motivo de conveniência ou oportunidade, mas **não pode** fazer revisão de direitos adquiridos, consoante súmula 473 do STF.

39. Os atos de improbidade administrativa importarão a **suspensão** de direitos políticos, a perda da função pública, a indisponibilidade de bens e o ressarcimento ao erário, na forma e gradação previstas em lei, **sem prejuízo da ação penal cabível**.

- "É possível a cassação de aposentadoria de servidor público pela prática, na atividade, de falta disciplinar punível com demissão." (STJ, MS 23.608-DF, Rel. Min. Napoleão Nunes Maia Filho, Rel. Acd. Min. Og Fernandes, Primeira Seção, por maioria, julgado em 27/11/2019, DJe 05/03/2020, Informativo 666).
- "A pena de suspensão dos direitos políticos por ato de improbidade administrativa alcança qualquer mandato eletivo que esteja sendo ocupado à época do trânsito em julgado da condenação." STJ. REsp 1.813.255-SP, Rel. Min. Herman Benjamin, Segunda Turma, por unanimidade, julgado em 03/03/2020, DJe 04/09/2020- INFO 678

- **Súmulas**
- **Súmula Vinculante 21:** É inconstitucional a exigência de depósito ou arrolamento prévios de dinheiro ou bens para a admissibilidade de recurso administrativo.
- **Súmula Vinculante 42:** É inconstitucional a vinculação do reajuste de vencimentos de servidores estaduais ou municipais a índices federais de correção monetária.
- **Súmula Vinculante 43:** É inconstitucional toda modalidade de provimento que propicie ao servidor investir-se, sem prévia aprovação em concurso público destinado ao seu provimento, em cargo que não integra a carreira na qual anteriormente investido.
- **Súmula Vinculante 44:** Só por lei se pode sujeitar a exame psicotécnico a habilitação de candidato a cargo público.

10. SEPARAÇÃO DOS PODERES

- **CF, artigos 44 a 126 da CF.**

1. **Separação dos Poderes**: são **independentes e harmônicos entre si**, o Executivo, o Legislativo e o Judiciário, que se fiscalizam, uns aos outros, em mecanismo de freios e contrapesos, eliminando-se os excesso e desvios.
2. A evolução da ideia da separação dos Poderes do Estado teve dois grandes expoentes. **Aristóteles** é considerado o criador da **ideia de divisão do Poder em três funções**: legislativa, executiva e judiciária. Mas, a evolução desse pensamento, para que essas **funções fossem exercidas por órgãos distintos** (Legislativo, Executivo e Judiciário), é atribuída a **Montesquieu**.

- Piero Calamandrei ensina que o **critério orgânico** explica o exercício da função estatal a partir do órgão responsável por seu exercício. Sendo assim, a função jurisdicional (jurisdição) é aquela exercida fundamentalmente pelo Poder Judiciário. Ao seu lugar, a função de administrar ou executar pertence ao Poder Executivo. Por fim, a função de legislar é a desempenhada pelo Poder Legislativo. (c.f. Instituições de Direito Processual Civil. 1 V. Campinas: booksellers, 2003). Desta feita, é o critério orgânico que considera como jurisdição aquilo que o legislador constituinte incluiu na competência dos órgãos Judiciários e como administração o que conferiu aos órgãos do Executivo.
- O STJ manifestou entendimento de que "O Poder Judiciário pode determinar, ante injustificável inércia estatal, que o Poder Executivo adote medidas necessárias à concretização de direitos constitucionais dos indígenas." (STJ, Info 734, REsp 1.623.873-SE, Rel. Min. Gurgel de Faria, Primeira Turma, por unanimidade, julgado em 26/04/2022, DJe 28/04/2022.)
- Para o STF (Info 1084. Plenário. ADI 4727/DF, Rel. Min. Edson Fachin, redator do acórdão Ministro Gilmar Mendes, julgado em 23/2/2023):

  1ª Tese: É constitucional lei estadual que autoriza o Poder Executivo a instituir, no âmbito do ente federado, programa destinado ao pagamento de aluguel de imóvel a famílias que residam em local de situação de risco iminente ou que tenham seu imóvel atingido por catástrofes, utilizando o valor do salário-mínimo como parâmetro para a concessão do benefício de programa social.

  2ª Tese: É inconstitucional norma que estabelece prazos ao chefe do Poder Executivo para a apresentação de projetos de lei ou para a regulamentação de disposições legais.

2. Em âmbito Federal, o **Poder Legislativo** é exercido pelo Congresso Nacional, que se compõe da Câmara dos Deputados e do Senado Federal.

- O Congresso Nacional reúne-se, anualmente, na Capital Federal, de 2 de **fevereiro** (não janeiro) a **17 de julho** (não 30 de junho) e de 1º de agosto a 22 de dezembro, nos termos do art. 57, *caput*, da CF.
- Salvo disposição constitucional em contrário, as **deliberações** de cada Casa do Congresso Nacional e de suas Comissões serão tomadas por maioria dos votos, presente a maioria absoluta de seus membros.

ATIVIDADE LEGISLATIVA DO CONGRESSO NACIONAL	
Legislatura	Período de 4 anos de atividade legislativa
Sessão Legislativa	Período compreendido entre 2 de fevereiro a 17 de julho e 1º de agosto a 22 de dezembro de cada ano
Sessão Extraordinária	Ocorre por convocação ou do Presidente do Senado Federal ou do Presidente da Câmara dos Deputados ou do Presidente da República ou a requerimento da maioria dos membros de ambas as Casas, em caso de urgência ou interesse público relevante.
Sessão Conjunta	Reunião da Câmara dos Deputados e do Senado Federal destinada, por exemplo, a conhecer do veto presidencial e sobre ele deliberar.

- A **Câmara dos Deputados** compõe-se de representantes do povo, eleitos, pelo sistema proporcional, em cada Estado, em cada Território e no Distrito Federal.
- Os Deputados Federais representam o povo e possuem mandato de quatro anos (art. 45, da CF), **o mesmo período de duração da legislatura do Congresso Nacional**.
- Cada **Território** elegerá quatro Deputados Federais.
- O **Senado Federal** compõe-se de representantes dos Estados e do Distrito Federal, eleitos segundo

o princípio majoritário para mandato de oito anos. Com esse mandato, o Senador exercerá o cargo por duas legislaturas. A renovação se dará de quatro em quatro anos, alternadamente, por um e dois terços.

- Cada Estado e o Distrito Federal elegerão **3 Senadores**.

  A representação de cada Estado e do Distrito Federal será **renovada de 4 em 4 anos, alternadamente**, por **1/3 e 2/3.** Em uma eleição é escolhido 1 senador (enquanto os outros 2 representantes do Estado ou do DF estão no meio do mandato de 8 anos), na seguinte, que ocorre 4 anos depois, são escolhidos 2 senadores (enquanto o outro senador que representa o Estado ou o DF está no meio de seu mandato de 8 anos), e assim sucessivamente.

- A Câmara dos Deputados e o Senado Federal, **ou qualquer de suas Comissões**, poderão convocar **Ministro de Estado** ou quaisquer titulares de órgãos diretamente subordinados à Presidência da República para prestarem, pessoalmente, informações sobre assunto previamente determinado, **importando crime de responsabilidade a ausência sem justificação adequada,** de modo que a convocação é absolutamente constitucional, e a ausência injustificada do Ministro importaria crime de responsabilidade.

- Compete exclusivamente ao Congresso Nacional **sustar os atos normativos** do Poder Executivo que exorbitem do poder regulamentar ou dos limites de delegação legislativa.

- Compete exclusivamente ao Congresso Nacional resolver definitivamente apenas sobre tratados acordos ou atos internacionais **que acarretem encargos ou compromissos gravosos ao patrimônio nacional,** e não sobre tratados de qualquer natureza.

  Vale observar, no entanto, que o STF decidiu que: "A denúncia pelo Presidente da República de tratados internacionais aprovados pelo Congresso Nacional, para que produza efeitos no ordenamento jurídico interno, não prescinde da sua aprovação pelo Congresso." (ADC 39/DF, rel. Min Dias Toffoli, julg. Virtual 16/06/2023. Info 1099).A esse respeito, entendeu que: "Embora, à luz do ordenamento constitucional, a denúncia de tratados internacionais dependa de anuência do Congresso Nacional para surtir efeitos internamente, a prática institucional resultou em uma aceitação tácita da denúncia unilateral por reiteradas vezes e em períodos variados da história nacional, de modo que se consubstanciou em costume consolidado pelo tempo e que vinha sendo adotado de boa-fé e com justa expectativa de legitimidade, eis que, até então, não foi formalmente invalidado.". Na ocasião, julgou constitucional um decreto do Presidente da República que denunciou publicamente a Convenção 158 da OIT, que tratava da dispensa arbitrária ou sem justa causa. Foi, ainda, feito um apelo ao legislador "para que elabore disciplina acerca da denúncia dos tratados internacionais, a qual preveja a chancela do Congresso Nacional como condição para a produção de efeitos na ordem jurídica interna, por se tratar de um imperativo democrático e de uma exigência do princípio da legalidade".

- Compete exclusivamente ao Congresso Nacional aprovar o estado de defesa e a intervenção federal, e **autorizar** o estado de sítio, ou **suspender** qualquer dessas medidas, consoante disposto no art. 49, IV, da CF.

- Para não haver confusão, quanto às **contas do Presidente da República**, memorizar: TCU **aprecia** as contas (art. 71, I, da CF), o Congresso Nacional **julga** as contas (art. 49, IX, da CF) e a Câmara dos Deputados **procede a tomada** de contas (art. 51, II, da CF).

- O Presidente da República somente pode **ausentar-se do país por período superior a 15 dias se o Congresso Nacional autorizá-lo**, nos termos do art. 49, III, da CF.

  Segundo o STF: "**Não é possível a recondução dos presidentes das casas legislativas para o mesmo cargo na eleição imediatamente subsequente, <u>dentro da mesma legislatura</u>.** Admite-se a possibilidade de reeleição dos presidentes das casas legislativas em caso de nova legislatura." (ADI 6524/DF, relator Min. Gilmar Mendes, julgamento virtual finalizado em 14.12.2020. – Info 1003).

  "O art. 50, caput e § 2º, da CF/88 traduz norma de observância obrigatória pelos Estados-membros que, por imposição do princípio da simetria (art. 25 da CF/88), **não podem ampliar o rol de autoridades sujeitas à fiscalização direta pelo Poder Legislativo e à sanção por crime de responsabilidade.**" STF. Plenário. ADI 5289/SP, Rel. Min. Marco Aurélio, julgado em 7/6/2021 (Info 1020).

  Norma estadual ou municipal não pode conferir a parlamentar, individualmente, o poder de requisitar informações ao Poder Executivo.

  A Constituição Federal (CF) é taxativa quanto à atribuição exclusivamente conferida às Casas do Poder Legislativo para fiscalizar os atos do Poder Executivo (CF, art. 49, X). Nesses termos, não se admite que constituição estatual ou legislação infraconstitucional, a pretexto de fiscalizar ou controlar atividades de outro poder, disponham sobre outras modalidades de controle ou inovem em fórmulas de exercício dessa atividade que ultrapassem aquelas previstas pela CF, sob pena de violação ao princípio da separação dos poderes (CF, art. 2º). Fica ressalvada, no entanto, a possibilidade de o parlamentar atuar na condição de cidadão, nos termos constitucionais e legais aplicáveis a matéria (CF, art. 5º, XXXIII). Com base nesse entendimento, o Plenário, por unanimidade, julgou procedente a ação direta, para declarar a inconstitucionalidade da expressão "A qualquer Deputado" constante do caput do art. 101 da Constituição do Estado do Rio de Janeiro.

(STF, ADI 4700-DF, rel. min. Gilmar Mendes, info 1041, data julgamento: 13/12/2021).

3. Imunidades

- **Imunidade Material/Inviolabilidade:** Deputados e Senadores são **invioláveis**, civil e penalmente, por quaisquer de suas opiniões, palavras e votos.
- **Imunidade Formal:** desde a expedição do diploma, os membros do Congresso Nacional **não poderão ser presos**, salvo em flagrante de crime inafiançável. Nesse caso, os autos serão remetidos dentro de 24 horas à Casa respectiva, para que, pelo voto da maioria de seus membros, resolva sobre a prisão.

Deputados e Senadores gozam de foro por prerrogativa de função de modo que, desde a **expedição do diploma**, serão submetidos a julgamento perante o **Supremo Tribunal Federal**. No entanto, se já encerrada a instrução processual, não será o julgamento afetado pela diplomação. (Info 900/STF)

Deputados Estaduais gozam das mesmas imunidades formais previstas para os parlamentares federais no art. 53 da CF/88 STF. Plenário. ADI 5823 MC/RN, ADI 5824 MC/RJ e ADI 5825 MC/MT, rel. orig. Min. Edson Fachin, red. p/ o ac. Min. Marco Aurélio, julgados em 8/5/2019 (Info 939).

É incompatível com a Constituição Federal (CF) norma de Constituição estadual que disponha sobre nova hipótese de foro por prerrogativa de função, em especial relativo a ações destinadas a processar e julgar atos de improbidade administrativa. ADI 4870/ES, rel. Min. Dias Toffoli, julgamento virtual finalizado em 14.12.2020 (Info 1002)

"É indispensável a existência de prévia autorização judicial para a instauração de inquérito ou outro procedimento investigatório em face de autoridade com foro por prerrogativa de função em tribunal de justiça. O Ministério Público deve requerer judicialmente a prévia instauração de investigação contra autoridade com foro por prerrogativa de função em tribunal de justiça — ou, ao menos, deve cientificar o aludido tribunal para fins de possibilitar o exercício da atividade de supervisão judicial. A exigência de supervisão judicial se impõe mesmo em relação aos procedimentos investigativos instaurados no âmbito do próprio Ministério Público. Até porque é necessária a prévia autorização judicial para a instauração de inquérito contra autoridade com foro por prerrogativa de função em tribunal de justiça." (STF, HC 201965/RJ, relator Min. Gilmar Mendes, julgamento em 30.11.2021, Informativo 1040).

- O foro por prerrogativa de função **aplica-se apenas aos crimes cometidos durante o exercício do cargo e relacionados às funções desempenhadas.** (STF. Plenário. AP 937 QO/RJ, Rel. Min. Roberto Barroso, julgado em 03/05/2018).

"É inconstitucional dispositivo da Constituição Estadual que confere foro por prerrogativa de função, no Tribunal de Justiça, para Procuradores do Estado, Procuradores da ALE, Defensores Públicos e Delegados de Polícia." STF. Plenário. ADI 2553/MA, Rel. Min. Gilmar Mendes, red. p/ o ac. Min. Alexandre de Moraes, julgado em 15/5/2019 (Info 940).

- Recebida a denúncia contra o Senador ou Deputado, por crime ocorrido após a diplomação, o Supremo Tribunal Federal dará ciência à Casa respectiva, que, **por iniciativa de partido político** nela representado e pelo voto da maioria de seus membros, **poderá**, até a decisão final, **sustar o andamento** da ação. Assim, **o STF não precisa de licença** da Casa Legislativa para processar um de seus membros.
- No bojo do HC 89.417, julgado pelo STF em 2006 e relatado pela Ministra Carmem Lúcia ficou consignado que, nem sempre, devem ser aplicadas as regras dos parágrafos 2º e 3º do art. 52, da CF (imunidades), *in verbis*: "Os elementos contidos nos autos impõem interpretação que considere mais que a regra proibitiva da prisão de parlamentar, isoladamente, como previsto no art. 53, § 2º, da CR. Há de se buscar interpretação que conduza à aplicação efetiva e eficaz do sistema constitucional como um todo. **A norma constitucional que cuida da imunidade parlamentar e da proibição de prisão do membro de órgão legislativo não pode ser tomada em sua literalidade, menos ainda como regra isolada do sistema constitucional**. Os princípios determinam a interpretação e aplicação corretas da norma, sempre se considerando os fins a que ela se destina. A Assembleia Legislativa do Estado de Rondônia, composta de 24 deputados, dos quais, 23 estão indiciados em diversos inquéritos, afirma situação excepcional e, por isso, não se há de aplicar a regra constitucional do art. 53, § 2º, da CF, de forma isolada e insujeita aos princípios fundamentais do sistema jurídico vigente".
- A **inviolabilidade parlamentar não se estende ao congressista quando, na condição de candidato a qualquer cargo eletivo, vem a ofender, moralmente, a honra de terceira pessoa**, inclusive a de outros candidatos, em pronunciamento motivado por finalidade exclusivamente eleitoral, que não guarda qualquer conexão com o exercício das funções congressuais. Segundo o STF, "o postulado republicano – que repele privilégios e não tolera discriminações – impede que o parlamentar-candidato tenha, sobre seus concorrentes, qualquer vantagem de ordem jurídico-penal resultante da garantia da imunidade parlamentar, sob pena de dispensar-se, ao congressista, nos pronunciamentos estranhos à atividade legislativa, tratamento diferenciado e seletivo, capaz de gerar, no contexto do processo eleitoral, inaceitável quebra da essencial igualdade que deve existir entre todos aqueles que, parlamentares ou não, disputam mandatos eletivos". (Inq-QO 1400, julgado em 2002 e relatado pelo Ministro Celso de Mello).

- "O fato de o parlamentar estar na Casa legislativa no momento em que proferiu as declarações não afasta a possibilidade de cometimento de crimes contra a honra, nos casos em que as ofensas são divulgadas pelo próprio parlamentar na Internet." STF. 1ª Turma. PET 7174/DF, rel. Min. Alexandre de Moraes, red. p/ o ac. Min. Marco Aurélio, julgado em 10/3/2020 (Info 969).
- "Atentar contra a democracia e o Estado de Direito não configura exercício da função parlamentar a invocar a imunidade constitucional prevista no art. 53, caput, da Constituição Federal." STF. Plenário. Inq 4781 Ref, Rel. Min. Alexandre de Moraes, julgado em 17/2/2021 (Info 1006).

  A garantia da imunidade parlamentar não alcança os atos praticados sem claro nexo de vinculação recíproca entre o discurso e o desempenho das funções parlamentares. Isso porque as garantias dos membros do Parlamento são vislumbradas sob uma perspectiva funcional, ou seja, de proteção apenas das funções consideradas essenciais aos integrantes do Poder Legislativo, independentemente de onde elas sejam exercidas. No caso, os discursos proferidos pelo querelado teriam sido proferidos com nítido caráter injurioso e difamatório, de forma manifestamente dolosa, sem qualquer hipótese de prévia provocação ou retorsão imediata capaz de excluir a tipificação, em tese, dos atos descritos nas queixas-crimes. (STF, info 1053, - Pet 8242 AgR/DF, Pet 8259 AgR/DF, Pet 8262 AgR/DF, Pet 8263 AgR/DF, Pet 8267 AgR/DF e Pet 8366 AgR/DF, rel. min. Gilmar Mendes, julgado em: 03/05/2022)
- "Perda do mandato parlamentar. Entendimento da maioria no sentido de que **não cabe ao Poder Judiciário decretar a perda de mandato de parlamentar federal, em razão de condenação criminal. Determinação de comunicação à respectiva Casa para instauração do procedimento do art. 55, § 2º, da Constituição Federal**" (STF. AP 572, julgada em 2014 e relatada pelo Ministro Gilmar Mendes).
- **Os Vereadores gozam de imunidade material** (inviolabilidade) relativa às suas opiniões, palavras e votos, no exercício do mandato e na **circunscrição (limites territoriais) do Município** a que estejam vinculados.
- A **imunidade formal** (que garante regras especiais para a prisão e o processo de Parlamentar) **não se aplica aos Vereadores**, por falta de expressa previsão no Texto Constitucional. Aliás, esse é o posicionamento do STF sobre o tema: "O Tribunal, por maioria, julgou procedente o pedido formulado na inicial de ação direta ajuizada pelo Procurador-Geral da República para declarar a inconstitucionalidade da expressão abaixo destacada, constante da parte final do inciso XVII, do art. 13, da Constituição do Estado de Sergipe, que estabelece "a inviolabilidade do vereador por suas opiniões, palavras e votos, no exercício do mandato e na circunscrição do Município, não podendo, desde a expedição do diploma até a inauguração da legislatura seguinte, ser preso, salvo em flagrante de crime inafiançável, nem processado criminalmente sem prévia autorização da Câmara Municipal, cujo deferimento da licença ou ausência de deliberação suspende a prescrição enquanto durar o mandato;". Considerou-se caracterizada na espécie a ofensa ao art. 22, I, da CF/88, que prevê a competência privativa da União para legislar sobre direito penal e processual. O Min. Sepúlveda Pertence também julgou procedente o pedido formulado, mas por fundamento diverso, qual seja, por ofensa ao art. 29, VIII – "inviolabilidade dos vereadores por suas opiniões, palavras e votos no exercício do mandato e na circunscrição do município". – haja vista que a CF, ao estender expressamente aos vereadores a imunidade material, excluiu implicitamente a que eles se aplicasse a imunidade formal. Vencido o Min. Marco Aurélio que julgava improcedente o pedido formulado, por considerar que os vereadores devem gozar das mesmas prerrogativas quanto ao exercício do mandato no que diz respeito aos deputados federais e senadores. ADI 371, julgada em 2002 e relatada pelo Ministro Maurício Corrêa).

  Para o STF: "É inconstitucional, por violação ao princípio da simetria e à competência privativa da União para legislar sobre o tema (CF/1988, art. 22, I), norma de Constituição estadual que amplia o rol de autoridades sujeitas à fiscalização direta pelo Poder Legislativo e à sanção por crime de responsabilidade. Isso porque o art. 50, caput, e § 2º, da CF/1988 (1), que prescreve sistemática de controle do Poder Legislativo sobre o Poder Executivo, configura norma de repetição obrigatória pelos estados-membros, motivo pelo qual a ordem jurídica estadual, seguindo essa lógica, deve referir-se a cargos correspondentes ao de ministro de Estado, ou seja, a secretário de Estado ou equivalente em termos de organização administrativa." (STF. Info. Nº 1064. ADI 6645/AM e ADI 6640/PE, relator Min. Edson Fachin, julgamento virtual finalizado em 19.8.2022).

4. Comissão Parlamentar de Inquérito – CPI

- **STF e as CPIs:** "Criação de CPI: requisitos constitucionais. O Parlamento recebeu dos cidadãos, não só o poder de representação política e a competência para legislar, mas também o mandato para fiscalizar os órgãos e agentes do Estado, respeitados, nesse processo de fiscalização, os limites materiais e as exigências formais estabelecidas pela CF. O direito de investigar – que a Constituição da República atribuiu ao Congresso Nacional e às Casas que o compõem (art. 58, § 3º) – tem, no inquérito parlamentar, o instrumento mais expressivo de concretização desse relevantíssimo encargo constitucional, que traduz atribuição inerente à própria essência da instituição parlamentar. A instauração do inquérito parlamentar, para viabilizar-se no âmbito das Casas legislativas, está vinculada, unicamente, à satisfação de três exigências definidas, de modo taxativo, no texto da Carta Política: **(1) subscrição do requerimento de constituição da CPI por, no mínimo, 1/3 dos membros da Casa legislativa, (2) indicação de fato determinado a ser objeto de apuração e (3) temporariedade da CPI.** Preenchidos os requisitos constitucionais (CF, art. 58, § 3º), impõe-se a criação da CPI, que não depende, por isso mesmo, da vontade aquiescente da maioria legislativa. Atendidas tais exigências (CF, art. 58, § 3º), cumpre, ao presidente da Casa legislativa, adotar os procedimentos subsequentes e necessários à efetiva instalação da CPI, não lhe cabendo qualquer apreciação de mérito sobre o objeto da investigação parlamentar, que se revela possível, dado o seu caráter autônomo (RTJ 177/229 – RTJ 180/191-193), ainda que já instaurados, em torno dos mesmos fatos, inquéritos policiais ou processos judiciais. A prerrogativa institucional de investigar, deferida ao Parlamento (especialmente aos grupos minoritários que atuam no âmbito dos corpos legislativos), não pode ser comprometida pelo bloco majoritário existente no Congresso Nacional e que, por efeito de sua intencional recusa em indicar membros para determinada CPI (ainda que fundada em razões de estrita conveniência político-partidária), culmine por frustrar e nulificar, de modo inaceitável e arbitrário, o exercício, pelo Legislativo (e pelas minorias que o integram), do poder constitucional de fiscalização e de investigação do comportamento dos órgãos, agentes e instituições do Estado, notadamente daqueles que se estruturam na esfera orgânica do Poder Executivo. (...) Legitimidade passiva ad causam do presidente do Senado Federal – autoridade dotada de poderes para viabilizar a composição das comissões parlamentares de inquérito." (MS 24.831, julgado em 2005 e relatado pelo Ministro Celso de Mello).

- "A instauração de Comissão Parlamentar de Inquérito depende unicamente do preenchimento dos requisitos previstos no art. 58, § 3º, da Constituição Federal, ou seja:

  (a) o requerimento de um terço dos membros das casas legislativas;

  (b) a indicação de fato determinado a ser apurado; e

  (c) a definição de prazo certo para sua duração." STF. Plenário. MS 37760 MC-Ref/DF, Rel. Min. Roberto Barroso, julgado em 14/4/2021 (Info 1013).

- De acordo com o STF, "O **princípio da colegialidade** traduz diretriz de fundamental importância na regência das deliberações tomadas por qualquer CPI, notadamente quando esta, no desempenho de sua competência investigatória, ordena a adoção de medidas restritivas de direitos, como aquelas que importam na revelação (disclosure) das operações financeiras ativas e passivas de qualquer pessoa. A **legitimidade do ato de quebra do sigilo bancário**, além de supor a plena adequação de tal medida ao que prescreve a Constituição, deriva da necessidade de a providência em causa respeitar, quanto à sua adoção e efetivação, o princípio da colegialidade, sob pena de essa deliberação reputar-se nula." (MS 24.817, Rel. Min. Celso de Mello, julgamento em 3-2-2005, Plenário, DJE de 6-11-2009.) Ademais, no bojo do MS 23.669, julgado no ano 2000, o Supremo Tribunal Federal decidiu que "A quebra do sigilo bancário, que compreende a ruptura da esfera de intimidade financeira da pessoa, quando determinada por ato de qualquer Comissão Parlamentar de Inquérito, **depende, para revestir-se de validade jurídica, da aprovação da maioria absoluta dos membros que compõem o órgão de investigação legislativa** (Lei nº 4.595/64, art. 38, § 4º)".

- "A fundamentação exigida das Comissões Parlamentares de Inquérito quanto à **quebra de sigilo bancário, fiscal, telefônico e telemático não ganha contornos exaustivos** equiparáveis à dos atos dos órgãos investidos do ofício judicante. Requer-se que constem da deliberação as razões pelas quais veio a ser determinada a medida" (MS 24.749 julgado em 2004 e relatado pelo Ministro Marco Aurélio).

- De acordo com o STF, "**O sigilo bancário, o sigilo fiscal e o sigilo telefônico (sigilo este que incide sobre os dados/registros telefônicos e que não se identifica com a inviolabilidade das comunicações telefônicas) – ainda que representem projeções específicas do direito à intimidade, fundado no art. 5º, X, da Carta Política – não se revelam oponíveis, em nosso sistema jurídico, às comissões parlamentares de inquérito**, eis que o ato que lhes decreta a quebra traduz natural derivação dos poderes de investigação que foram conferidos, pela própria CR, aos órgãos de investigação parlamentar. As CPIs, no entanto, para decretarem, legitimamente, por autoridade própria, a quebra do sigilo bancário, do sigilo fiscal e/ou do sigilo telefônico, relativamente a pessoas por elas investigadas, devem demonstrar, a partir de meros indícios, a existência concreta de causa provável que legitime a medida excepcional (ruptura da esfera de intimidade de quem se acha sob investigação), justificando a necessidade de sua efetivação no procedimento de ampla investigação dos fatos determinados que deram causa à instauração do inquérito parlamentar, sem prejuízo de ulterior controle jurisdicional dos atos em referência (CF, art. 5º, XXXV). As deliberações de qualquer comissão parlamentar de inquérito, à semelhança do que também ocorre com as decisões judiciais (RTJ 140/514), quando destituídas de motivação, mostram-se írritas e despojadas de eficácia jurídica, pois nenhuma medida restritiva de direitos pode ser adotada pelo Poder Público, sem que o ato que a decreta seja adequadamente fundamentado pela autoridade estatal." (MS 23.452, julgado em 1999 e relatado pelo Ministro Celso de Mello).

- A testemunha e o indiciado, quando convocados, **não são obrigados a responder às perguntas**

que possam incriminá-los, em razão do seu direito constitucional ao silêncio e a não autoincriminação. Entretanto, tanto o indiciado quanto a testemunha tem **o dever de ao menos comparecer** à CPI.

- É possível a ampliação da atuação de CPI para além da finalidade para a qual ela tenha sido criada. Segundo o STF, **fatos inicialmente imprevistos podem ser acrescidos a uma CPI que esteja em funcionamento** (HC 71.039, julgado em 1996).

É constitucionalmente **legítima** a decisão judicial, emanada por autoridade competente, determinando o compartilhamento de registros bancários entre diversos órgãos de investigação. Também é possível a ampliação do objeto da investigação no curso dos trabalhos. Assim decidiu o STF: "Quarta preliminar. Prova emprestada. Caso 'Banestado'. **Autorização de compartilhamento tanto pela Comissão Parlamentar Mista de Inquérito como pelo STF. Legalidade.** Quinta preliminar. **Ampliação do objeto de investigação de CPI no curso dos trabalhos. Possibilidade.** Precedentes. Sexta preliminar. Quebra de sigilo pela CPMI. Fundamento exclusivo em matéria jornalística. Alegação inconsistente. Posterior autorização para quebra também pelo relator, no âmbito do inquérito e das ações cautelares incidentais. Sétima preliminar. Dados de empréstimo fornecidos pelo Banco Central. Pedido direto do Ministério Público. Ilegalidade. Ausência. Requisição feita pela CPMI dos Correios. Posterior autorização de compartilhamento com o Ministério Público para instrução do inquérito. Legalidade. (...) Oitava preliminar. Dados fornecidos ao Ministério Público pelo banco BMG. **Existência de decisão judicial de quebra de sigilo proferida pelo presidente do STF e, posteriormente, de modo mais amplo, pelo relator do inquérito. Ausência de ilegalidade.**" (Inq 2.245, Rel. Min. Joaquim Barbosa, julgamento em 28-8-2007, Plenário, DJ de 9-11-2007.)

- De acordo com o STF, "**Não aparentam caracterizar abuso de exposição da imagem pessoal na mídia, a transmissão e a gravação de sessão em que se toma depoimento de indiciado, em CPI.**" (MS 24.832, julgado em 2004, e relatado pelo Ministro Cezar Peluso).
- Nos termos da jurisprudência do STF, "**O privilégio contra a autoincriminação – que é plenamente invocável perante as CPIs – traduz direito público subjetivo** assegurado a qualquer pessoa, que, na condição de testemunha, de indiciado ou de réu, deva prestar depoimento perante órgãos do Poder Legislativo, do Poder Executivo ou do Poder Judiciário. O exercício do direito de permanecer em silêncio não autoriza os órgãos estatais a dispensarem qualquer tratamento que implique restrição à esfera jurídica daquele que regularmente invocou essa prerrogativa fundamental. Precedentes. **O direito ao silêncio** – enquanto poder jurídico reconhecido a qualquer pessoa relativamente a perguntas cujas respostas possam incriminá-la (*nemo tenetur se detegere*) – impede, quando concretamente exercido, que aquele que o invocou venha, por tal específica razão, a ser preso, ou ameaçado de prisão, pelos agentes ou pelas autoridades do Estado. Ninguém pode ser tratado como culpado, qualquer que seja a natureza do ilícito penal cuja prática lhe tenha sido atribuída, sem que exista, a esse respeito, decisão judicial condenatória transitada em julgado. O princípio constitucional da não culpabilidade, em nosso sistema jurídico, consagra uma regra de tratamento que impede o Poder Público de agir e de se comportar, em relação ao suspeito, ao indiciado, ao denunciado ou ao réu, como se estes já houvessem sido condenados definitivamente por sentença do Poder Judiciário." (HC 79.812, julgado no ano 2000 e relatado pelo Ministro Celso de Mello).
- Para facilitar, preparamos os seguintes quadros:

CPI pode	**a)** quebrar sigilo fiscal, bancário e de dados; **b)** ouvir testemunhas e, se for o caso, determinar condução coercitiva (garantido o direito ao silêncio); **c)** ouvir investigados ou indiciados (garantido o direito ao silêncio).

CPI não pode	**a)** determinar busca domiciliar; **b)** determinar interceptação telefônica ou quebra do sigilo de comunicação telefônica (mas poderá determinar quebra do sigilo de dados telefônicos, ou seja, dos registros pretéritos em lista), **c)** determinar prisão (salvo em flagrante, como no falso testemunho).

- As comissões parlamentares de inquérito **não são permanentes,** pois são criadas para a apuração de fato determinado e por prazo certo. Além disso, possuem **poderes de investigação próprios das autoridades judiciais**, mas **não podem** aplicar sanções, devendo, se for o caso, encaminhar suas conclusões ao Ministério Público, para que promova a responsabilidade civil ou criminal dos infratores.

É inconstitucional norma de Constituição Estadual que amplie rol de autoridades sujeitas à convocação pelo Poder Legislativo sob pena de incorrer em crime de responsabilidade, pois viola tanto o princípio da simetria, quanto a competência privativa da União para legislar sobre crimes de responsabilidade. STF. Plenário. ADI 5416, Rel. Gilmar Mendes, julgado em 03/04/2020 (Info 977).

"Em juízo de delibação, **não é possível a convocação de governadores de estados-membros da Federação por Comissão Parlamentar de Inquérito (CPI)** instaurada pelo Senado Federal. A convocação viola o princípio da separação dos Poderes e a autonomia federativa dos estados-membros." STF. Plenário. ADPF 848 MC-Ref/DF, Rel. Min. Rosa Weber, julgado em 25/6/2021 (Info 1023).

5. **Tribunal de Contas:** o controle externo, a cargo do Congresso Nacional, será exercido com o auxílio do Tribunal de Contas da União – TCU.

- **Natureza e Poderes do TCU:** de acordo com o STF, "A posição constitucional dos Tribunais de Contas – órgãos investidos de autonomia jurídica – inexistência de qualquer vínculo de subordinação institucional ao poder legislativo – atribuições do Tribunal de Contas que traduzem direta emanação da própria Constituição da República. Os Tribunais de Contas ostentam posição eminente na estrutura constitucional brasileira, não se achando subordinados, por qualquer vínculo de ordem hierárquica, ao Poder Legislativo, de que não são órgãos delegatários nem organismos de mero assessoramento técnico. A competência institucional dos Tribunais de Contas não deriva, por isso mesmo, de delegação dos órgãos do Poder Legislativo, mas traduz emanação que resulta, primariamente, da própria Constituição da República. Doutrina. Precedentes." (ADI 4.190-MC-REF, Rel. Min. Celso de Mello, julgamento em 10-3-2010, Plenário, DJE de 11-6-2010.)

  "O Tribunal de Contas da União (TCU) é o órgão competente para fiscalizar os recursos decorrentes do Fundo Constitucional do Distrito Federal." (STF, MS 28584/DF, rel. orig. Min. Ricardo Lewandowski, red. p/ o ac. Min. Edson Fachin, julgamento em 29.10.2019.)

- **TCU e Poderes Implícitos:** "(...) a atribuição de poderes explícitos, ao Tribunal de Contas, tais como enunciados no art. 71 da Lei Fundamental da República, supõe que se lhe reconheça, ainda que por implicitude, a titularidade de meios destinados a viabilizar a adoção de medidas cautelares vocacionadas a conferir real efetividade às suas deliberações finais, permitindo, assim, que se neutralizem situações de lesividade, atual ou iminente, ao erário público. Impende considerar, no ponto, em ordem a legitimar esse entendimento, a formulação que se fez em torno dos poderes implícitos, cuja doutrina, construída pela Suprema Corte dos Estados Unidos da América, no célebre caso McCulloch v. Maryland (1819), enfatiza que a outorga de competência expressa a determinado órgão estatal importa em deferimento implícito, a esse mesmo órgão, dos meios necessários à integral realização dos fins que lhe foram atribuídos. (...) É por isso que entendo revestir-se de integral legitimidade constitucional a atribuição de índole cautelar, que, reconhecida com apoio na teoria dos poderes implícitos, permite, ao TCU, adotar as medidas necessárias ao fiel cumprimento de suas funções institucionais e ao pleno exercício das competências que lhe foram outorgadas, diretamente, pela própria CR." (MS 24.510, Rel. Min. Ellen Gracie, voto do Min. Celso de Mello, julgamento em 19-11-2003, Plenário, DJ de 19-3-2004.)

- "Em atenção aos princípios da segurança jurídica e da confiança legítima, **os Tribunais de Contas estão sujeitos ao prazo de cinco anos para o julgamento da legalidade do ato de concessão inicial de aposentadoria, reforma ou pensão**, a contar da chegada do processo à respectiva Corte de Contas." (RE 636553/RS, rel. Min. Gilmar Mendes, julgamento em 19.2.2020. Informativo 967, Tema 445).

- "O Tribunal de Contas do Distrito Federal tem competência para fiscalizar a aplicação de recursos federais repassados ao Distrito Federal." (STJ, RMS 61.997-DF, Rel. Min. Benedito Gonçalves, Primeira Turma, por unanimidade, julgado em 16/06/2020, DJe 18/06/2020)

- "É inconstitucional lei estadual, de origem (iniciativa) parlamentar, que discipline a organização e o funcionamento do Tribunal de Contas estadual (TCE). Isso porque os Tribunais de Contas possuem reserva de iniciativa (competência privativa) para apresentar os projetos de lei que tenham por objetivo tratar sobre a sua organização ou o seu funcionamento (art. 96, II c/c arts. 73 e 75 da CF/88). Os Tribunais de Contas, conforme reconhecido pela CF/88 e pelo STF, gozam das prerrogativas da autonomia e do autogoverno, o que inclui, essencialmente, a iniciativa privativa para instaurar processo legislativo que pretenda alterar sua organização e funcionamento." STF. Plenário. ADI 4191, Rel. Roberto Barroso, julgado em 22/05/2020 (Info 986 – clipping).

  Entendeu o STJ que: "O conselheiro de Tribunal de Contas estadual não está sujeito a notificação ou intimação para comparecimento como testemunha perante comissão de investigação, podendo apenas ser convidado." (STJ, HC 590.436-MT, Rel. Min. Jorge Mussi, Corte Especial, por unanimidade, julgado em 11/11/2021, DJe 17/11/2021, info 718).

  "O preceito veiculado pelo art. 75 da Constituição Federal aplica-se, no que couber, à organização, composição e fiscalização dos Tribunais de Contas dos Estados e do Distrito Federal e dos Tribunais e

Conselhos de Contas dos Municípios, excetuando-se ao princípio da simetria os Tribunais de Contas do Município." STF. Plenário. ADPF 272/DF, Rel. Min. Cármen Lúcia, julgado em 25/3/2021 (Info 1011)

Tribunal de contas e ato de aposentadoria: manifestou o STJ que "Os Tribunais de Contas estão sujeitos ao prazo de 5 anos para o julgamento da legalidade do ato de concessão inicial de aposentadoria, reforma ou pensão, a contar da chegada do processo à respectiva Corte de Contas." (STJ, Informativo Especial nº5. AgInt no RMS 47.738-RJ, Rel. Min. Francisco Falcão, Segunda Turma, julgado em 03/05/2022, DJe 13/05/2022.). Esse entendimento foi um realinhamento da jurisprudência do STJ com a do STF, face ao Tema 445 fixado pelo STF nesse sentido. Trata-se da incidência do **prazo decadencial** previsto no art. 54 da Lei 9.784/1999 para a Administração anular ato de concessão de aposentadoria. Portanto, decorrido esse prazo, não é mais possível ao Tribunal de contas julgar a legalidade desses atos.

Sobre os Tribunais de Contas Estaduais, manifestou o STF que lhes compete, ao apreciarem as contas anuais do respectivo chefe do Poder Executivo (Governadores e Prefeitos), impor condenação administrativa quando identificada sua responsabilidade pessoal em face de irregularidades no cumprimento de convênios interfederativos de repasse de verbas, desnecessário posterior julgamento ou aprovação do ato administrativo por parte do Poder Legislativo. (STF. Plenário. ARE 1.436.197/RO, rel. Min. Luiz Fux, julg. 19/12/2023 - Tema 1287 - Info 1121).

6. Processo Legislativo

- O **processo legislativo compreende** a elaboração de: I - emendas à Constituição; II - leis complementares; III - leis ordinárias; IV - leis delegadas; V - medidas provisórias; VI - decretos legislativos e; VII - resoluções.

  "A tramitação de projeto de lei por meio de sistema de deliberação remota não viola as normas do processo legislativo. Isso porque o fato de as sessões deliberativas do Senado Federal e da Câmara dos Deputados terem acontecido por meio virtual não afasta a participação e o acompanhamento da população em geral. Ambas as Casas Legislativas fornecem meios de comunicação de amplo e fácil acesso, em tempo real, em relação ao exercício da atividade legislativa. Ademais, a circunstância de se estar diante de uma pandemia, cujo vírus se revelou altamente contagioso, justifica a prudente opção do Congresso Nacional em prosseguir com suas atividades por meio eletrônico." STF. Plenário. ADI 6442/DF, ADI 6447/DF, ADI 6450/DF e ADI 6525/DF, Rel. Min. Alexandre de Moraes, julgado em 13/3/2021 (Info 1009).

- A **Lei Complementar** exige aprovação por maioria absoluta, enquanto a **Lei Ordinária** é aprovada por maioria simples dos membros presentes à sessão, desde que presente a maioria absoluta dos membros de cada Casa ou de suas Comissões.

- As matérias que devem ser regradas por **Lei Complementar** encontram-se taxativamente indicadas no texto constitucional (ao longo dos dispositivos) e, desde que não seja assunto específico de normatização por decreto legislativo ou resolução, o regramento de todo o resíduo competirá à lei ordinária (conclusão que se extrai a partir de interpretação sistemática do texto constitucional).

- **Não** existe **hierarquia** entre lei complementar e lei ordinária, nem entre lei federal e lei estadual.

- As matérias reservadas à Lei Complementar **não** serão objeto de **delegação** do Congresso ao Presidente da República.

- Se uma **lei denominada de complementar versar sobre matéria relativa a lei ordinária** (ou seja, para a qual não seria exigível lei complementar), então ela poderá ser revogada também por lei ordinária posterior. Esse é o entendimento do STF (RE, 377.457, julgado em 2008 e relatado pelo Ministro Gilmar Mendes).

- Na apreciação de **projeto de lei delegada** pelo Congresso Nacional, não são admitidas emendas parlamentares.

- A discussão e votação dos **Projetos de Lei Ordinária não** devem, obrigatoriamente, ter início na Câmara dos Deputados. Somente os projetos de lei de iniciativa do Presidente da República, do Supremo Tribunal Federal e dos Tribunais Superiores terão início obrigatoriamente na Câmara dos Deputados (art. 64, da CF).

- A **correção redacional** a um projeto de lei ordinária **não importa** em retorno à casa iniciadora. Somente se exige o retorno à Casa iniciadora se a emenda parlamentar introduzida acarretar modificação no sentido da proposição jurídica, o que não ocorre quando há mera correção de redação.

- "**Não é necessária a reapreciação**, pela Câmara dos Deputados, de expressão suprimida pelo Senado Federal em texto de proposta de emenda constitucional que, na redação remanescente, aprovada por ambas as Casas do Congresso Nacional, **não perdeu sentido normativo**". (STF, ADI 3.367, julgada em 2005 e relatada pelo Ministro Cezar Peluso).

- **A sanção de projeto de lei não convalida o vício** de inconstitucionalidade resultante da usurpação do poder de iniciativa.

- Dá-se a chamada **sanção tácita** quando o Presidente da República permanece inerte durante o prazo de que dispõe para vetar ou sancionar o projeto de lei.

- Por isso, entende o STF que "O poder de veto previsto no art. 66, § 1º, da Constituição não pode ser exercido após o decurso do prazo constitucional de 15 (quinze) dias." (STF, plenário, Informativo 1059, APDF 893-DF, rel. min. Cármen Lúcia, julg em 20/06/2022).

- É possível o controle sobre a **intempestividade do veto,** nos termos da jurisprudência do STF: "Processo legislativo: veto mantido pelo Legislativo: decreto-legislativo que, anos depois, sob fundamento de ter sido o veto intempestivo, desconstitui a deliberação que o mantivera e declara tacitamente sancionada a parte vetada do projeto de lei. Inconstitucionalidade formal do decreto-legislativo, independentemente da indagação acerca da validade material ou não da norma por ele considerada sancionada: aplicação ao **processo legislativo, que é verdadeiro processo, da regra da preclusão que, como impede a retratação do veto, também obsta a que se retrate o Legislativo de sua rejeição ou manutenção; preclusão, no entanto, que, não se confundindo com a coisa julgada, esta sim, peculiar do processo jurisdicional, não inibe o controle judicial da eventual intempestividade do veto.**" (ADI 1.254, Rel. Min. Sepúlveda Pertence, julgamento em 9-12-1999, Plenário, DJ de 17-3-2000.)

"**Não se admite "novo veto" em lei já promulgada e publicada**. Manifestada a aquiescência do Poder Executivo com projeto de lei, pela aposição de sanção, evidencia-se a ocorrência de preclusão entre as etapas do processo legislativo, sendo incabível eventual retratação." STF. Plenário. ADPF 714/DF, ADPF 715/DF e ADPF 718/DF, Rel. Min. Gilmar Mendes, julgado em 13/2/2021 (Info 1005).

- A **iniciativa popular** pode ser exercida pela apresentação à Câmara dos Deputados de projeto de lei subscrito por, no mínimo, um por cento do eleitorado nacional, distribuído pelo menos por cinco Estados, com não menos de três décimos por cento dos eleitores de cada um deles.

- **Não** há previsão de iniciativa popular para se emendar a Constituição.

- São de iniciativa privativa do **Presidente da República** as leis que disponham sobre a criação de cargos, funções ou empregos públicos na administração direta e autárquica ou **aumento de sua remuneração** (art. 61, § 1º, II, "a", da CF). Essa regra, também deve ser aplicada ao Governador e à administração estadual, em decorrência do **Princípio da Simetria ou Parametricidade,** segundo o qual, as normas de organização do Estado dispostas na Constituição Federal e válidas para a União, devem ser reproduzidas nas Constituições Estaduais e aplicadas aos Estados Membros. O mesmo se dá em relação aos Municípios, na medida em que será de iniciativa privativa dos Prefeitos a criação de cargos, funções ou empregos públicos na administração direta e autárquica ou aumento de sua remuneração no âmbito de cada Município.

- No bojo da ADI 2813 (rel. Min. Cármen Lúcia, 1º.8.2011), **o STF entendeu pela possibilidade de emendas parlamentares a projetos de lei de iniciativa do Chefe do Poder Executivo, desde que** haja pertinência temática com o projeto de lei originário e que delas não decorra aumento da despesa global prevista (art. 166, §§ 3º e 4º da CF).

- Ainda, segundo consta do Informativo 773 do STF, no bojo da ADI 3942/DF, julgada em 2014 e relatada pela Ministra Cármen Lúcia, "**A iniciativa de competência privativa do Poder Executivo não impede a apresentação de emendas parlamentares, presente a identidade de matéria e acompanhada da estimativa de despesa e respectiva fonte de custeio**. Com base nessa orientação, o Plenário julgou improcedente pedido formulado em ação direta em face do art. 2º da Lei 11.075/2004, que dispõe sobre a criação de 435 cargos em comissão do Grupo-Direção e Assessoramento Superiores – DAS e Funções Gratificadas – FG. **O Plenário enfatizou que a Lei 11.075/2004 resultaria da fusão de conteúdo de duas normas de iniciativas presidenciais que contaram com parecer de comissão mista parlamentar incumbida da apreciação da matéria. Asseverou que, no caso, a incorporação ou a fusão de um projeto de lei em outro — projeto de conversão de medida provisória em lei — por emenda parlamentar seria admissível, desde que ambos tivessem sido propostos pela mesma autoridade, em respeito à competência para iniciar o processo legislativo.** Frisou que **a emenda parlamentar não desvirtuara a proposta inicial e tampouco incorrera na vedação ao aumento da despesa originalmente prevista (CF, art. 63, I e II)**. Ademais, a eventual superação do limite estabelecido pela LC 101/2000 para despesas com pessoal, decorrente da criação de novos cargos em comissão e das funções gratificadas, não importaria em ofensa direta e imediata à Constituição, porque seu exame estaria restrito à verificação de sua legalidade".

- A **Constituição poderá ser emendada** mediante **proposta**: I – de um terço, no mínimo, dos membros da Câmara dos Deputados ou do Senado Federal (nunca Congressista sozinho); II – do Presidente da República; III – de mais da metade das Assembléias Legislativas das unidades da Federação, manifestando-se, cada uma delas, pela maioria relativa de seus membros.

EMENDA À CONSTITUIÇÃO A Constituição poderá ser emendada mediante proposta:
1. De 1/3, no mínimo, dos membros da Câmara dos Deputados ou do Senado Federal (nunca Congressista sozinho);
2. Do Presidente da República;
3. De mais da metade das Assembleias Legislativas das unidades da Federação, manifestando-se, cada uma delas, pela maioria relativa de seus membros.

- A proposta de emenda constitucional será discutida e votada em cada Casa do Congresso Nacional, em **dois turnos**, considerando-se aprovada se obtiver, em ambos, **três quintos dos votos** (portanto, mais do que maioria absoluta) dos respectivos membros.

  Atenção: o STF entende que as regras de processo legislativo são normas de **reprodução obrigatória** pelos Estados, devendo observar o princípio da simetria federativa. Por isso: "É inconstitucional norma de Constituição estadual que preveja quórum diverso de 3/5 dos membros do Poder Legislativo para aprovação de emendas constitucionais." STF. Plenário. ADI 6453/RO, Rel. Min. Rosa Weber, julgado em 11/2/2022 (Info 1043)

- **Atenção!** Emenda à Constituição será promulgada pelas **Mesas da Câmara dos Deputados e do Senado Federal** (não pelo Presidente da República), com o respectivo número de ordem.

- A matéria constante de proposta de **emenda à Constituição rejeitada ou havida por prejudicada** não pode ser objeto de nova proposta na mesma sessão legislativa (Princípio da Irrepetibilidade).

- Em caso de relevância e urgência, o Presidente da República poderá adotar **medidas provisórias**, com força de lei, devendo submetê-las de imediato ao Congresso Nacional.

- As medidas provisórias, regra geral, perderão eficácia, desde a edição, **se não forem convertidas em lei** no prazo de sessenta dias, prorrogável uma vez por igual período, devendo o Congresso Nacional disciplinar, por **decreto legislativo**, as relações jurídicas delas decorrentes.

- **Não editado o decreto legislativo** até sessenta dias após a **rejeição ou perda de eficácia** de medida provisória, as relações jurídicas constituídas e decorrentes de atos praticados durante sua vigência conservar-se-ão por ela regidas.

- A não apreciação pela Câmara dos Deputados e, após, pelo Senado Federal, no prazo de 45 dias contados da publicação, tem como consequência a entrada em **regime de urgência**, subsequentemente, em cada uma das Casas do Congresso Nacional**, ficando sobrestadas**, até que se ultime a votação, **todas as demais deliberações** legislativas da Casa em que estiver tramitando.

- Se a Medida Provisória perder eficácia por decurso de prazo ou, em caráter expresso, for rejeitada pelo Congresso Nacional, **vedada será sua reedição na mesma sessão legislativa**.

- **Atenção! É vedada** a edição de medidas provisórias sobre matéria relativa a nacionalidade, cidadania, direitos políticos, partidos políticos, direito eleitoral, direito penal, processual penal e processual civil, **mas não sobre direito civil!**

- É **vedada** a edição de medidas provisórias sobre matéria já disciplinada em projeto de lei aprovado pelo Congresso Nacional e pendente de sanção ou veto do Presidente da República. No entanto, o STF entende que: "Não caracteriza afronta à vedação imposta pelo art. 62, § 1º, IV, da Constituição Federal (CF) a edição de medida provisória no mesmo dia em que o Presidente da República sanciona ou veta projeto de lei com conteúdo semelhante." STF. Plenário. ADI 2601/DF, Rel. Min. Ricardo Lewandowski, julgado em 19/8/2021 (Info 1026).

- É **vedada a reedição**, na mesma sessão legislativa, de medida provisória que tenha sido rejeitada ou que tenha perdido sua eficácia por decurso de prazo

- **Não é vedada** a edição de medidas provisórias para a abertura de crédito extraordinário, para a criação de normas gerais de licitações e contratos administrativos ou para aumento de **alíquota de imposto.**

- Segundo o STF, porque possui força de lei e eficácia imediata a partir de sua publicação, **a medida provisória não pode ser 'retirada' pelo presidente da República à apreciação do Congresso Nacional. (...). Entretanto, como qualquer outro ato legislativo, a medida provisória é passível de ab-rogação mediante diploma de igual ou superior hierarquia. (...). A revogação da medida provisória por outra apenas suspende a eficácia da norma ab-rogada, que voltará a vigorar pelo tempo que lhe reste para apreciação, caso caduque ou seja rejeitada a medida provisória ab-rogante**. Consequentemente, o ato revocatório não subtrai ao Congresso Nacional o exame da matéria contida na medida provisória revogada. (ADI 2.984, julgada em 2003 e relatada pela Ministra Ellen Gracie).

- De acordo com a jurisprudência atual do Supremo Tribunal Federal, **a medida provisória pode ser adotada pelos Estados-membros**, desde que: i. Esteja expressamente previsto na Constituição do Estado; e ii. Sejam observados os princípios e as limitações impostas pelo modelo adotado pela CF, tendo em vista a necessidade da observância simétrica do processo legislativo federal. *In verbis:* "Ação direta de inconstitucionalidade. Art. 51 e parágrafos da Constituição do Estado de Santa Catarina. Adoção de medida provisória por Estado-membro. Possibilidade. Arts. 62 e 84, XXVI, da CF. EC 32, de 11-9-2001, que alterou substancialmente a redação do art. 62. Revogação parcial do preceito impugnado por incompatibilidade com o novo texto constitucional. Subsistência do núcleo essencial do comando examinado, presente em seu caput. Aplicabilidade, nos Estados-membros, do processo legislativo previsto na CF. Inexistência de vedação expressa quanto às medidas provisórias. Necessidade de previsão no texto da Carta estadual e da estrita observância dos princípios e limitações impostas pelo modelo federal. Não obstante a permanência, após o superveniente advento da EC 32/2001, do comando que confere ao chefe do Executivo Federal o poder de adotar medidas provisórias com força de lei, tornou-se impossível o cotejo de todo o referido dispositivo da Carta catarinense com o teor da nova redação do art. 62, parâmetro inafastável de aferição da inconstitucionalidade arguida. Ação direta prejudicada em parte. No julgamento da ADI 425, Rel. Min. Maurício Corrêa, DJ 19-12-2003, o Plenário desta Corte já havia reconhecido, por ampla maioria, a constitucionalidade da instituição de medida provisória estadual, desde que, primeiro, esse instrumento esteja expressamente previsto na Constituição do Estado e, segundo, sejam observados os princípios e as limitações impostas pelo modelo adotado pela CF, tendo em vista a necessidade da observância simétrica do processo legislativo federal. Outros precedentes: ADI 691, Rel. Min. Sepúlveda Pertence, DJ 19-6-1992 e ADI 812-MC, Rel. Min. Moreira Alves, DJ de 14-5-1993. Entendimento reforçado pela significativa indicação na CF, quanto a essa possibilidade, no capítulo referente à organização e à regência dos Estados, da competência desses entes da Federação para 'explorar diretamente, ou mediante concessão, os serviços locais de gás canalizado, na forma da lei, vedada a edição de medida provisória para a sua regulamentação' (art. 25, § 2º). Ação direta cujo pedido formulado se julga improcedente." (ADI 2.391, julgada em 2007 e relatada pela Ministra Ellen Gracie).

- **Não será admitido aumento de despesa** prevista: I – nos projetos de iniciativa exclusiva do Presidente da República (salvo nas leis orçamentárias); II – nos projetos sobre organização dos serviços administrativos da Câmara dos Deputados, do Senado Federal, dos Tribunais Federais e do Ministério Público.
- Nos termos da ADI 4034, julgada no ano 2000 e relatada pelo Ministro Sepúlveda Pertence, **as regras básicas do processo legislativo federal são de absorção compulsória pelos Estados-membros** em tudo aquilo que diga respeito – como ocorre às que enumeram casos de iniciativa legislativa reservada – ao princípio fundamental de independência e harmonia dos poderes, como delineado na Constituição da República.
- "Inexistindo comprovação da ausência de urgência, não há espaço para atuação do Poder Judiciário no controle dos requisitos de edição de medida provisória pelo chefe do Poder Executivo." ADI 5599/DF, rel. min. Edson Fachin, julgamento virtual finalizado em 23.10.2020.- Info 996

Sobre o projeto de lei de conversão de medidas provisórias, manifestou o STF que: "O Poder Legislativo pode emendar projeto de lei de conversão de medida provisória quando a emenda estiver associada ao tema e à finalidade original da medida provisória." (STF, ADI 6298/DF, rel. Min. Carmen Lucia, julgamento em 22/11/2021 – Info 1038)

7. Poder Executivo

- A **eleição do Presidente e do Vice-Presidente da República** realizar-se-á, simultaneamente, no primeiro domingo de outubro, em primeiro turno, e no último domingo de outubro, em segundo turno, se houver, do ano anterior ao do término do mandato presidencial vigente.
- Substituirá o Presidente, no caso de impedimento, e suceder-lhe-á, no de vaga, o **Vice-Presidente.**
- O Presidente e o Vice-Presidente da República tomarão posse em sessão do Congresso Nacional, prestando o compromisso de manter, defender e cumprir a Constituição, observar as leis, promover o bem geral do povo brasileiro, sustentar a união, a integridade e a independência do Brasil. Essa é a função típica (da essência do Poder Executivo) de ordem constitucional (porque prevista na Constituição) do Presidente e do Vice. Em regra, quem a exerce é o Presidente, mas, em caso de impedimento, será substituído pelo Vice-Presidente (art. 79, da CF).
- Na hipótese de impedimento ou vacância dos cargos de PR e Vice, serão chamados, sucessivamente: Presidente da Câmara, Presidente do SF e o Presidente do SF, nessa ordem. Mas se não for simples impedimento (que [e temporário, como férias, ou doença), mas vacância (definitiva), deve-se resolver a questão em definitivo. Assim, na dupla vacância, vigem as seguintes regras:
- Vagando os cargos de Presidente e Vice-Presidente da República **nos dois primeiros anos** do mandato presidencial, far-se-á eleição noventa dias depois de aberta a última vaga.
- Ocorrendo a vacância dos cargos de Presidente e Vice-Presidente da República nos últimos dois anos do período presidencial, será feita a eleição para ambos os cargos trinta dias depois da última vaga, pelo Congresso Nacional (eleição indireta).

VACÂNCIA DOS CARGOS DE PRESIDENTE DA REPÚBLICA E VICE (DUPLA VACÂNCIA)	
1. Nos 2 primeiros anos do mandato presidencial*	Eleição direta 90 dias depois de aberta a última vaga.
2. Nos 2 últimos anos do mandato presidencial*	Eleição indireta para ambos os cargos 30 dias depois da última vaga, pelo Congresso Nacional.

* **Atenção! Em ambos os casos haverá mandato "Tampão", ou seja, pelo prazo restante.** O eleito somente completará o mandato do sucedido.

- Tendo em vista o Princípio da Simetria, vagando o cargo de Governador de Estado e diante do impedimento do Vice-Governador será chamado para governar o Presidente da Assembleia Legislativa. "Acerca do rol de substitutos (a serem acionados em caso de duplo impedimento ou durante a espera da realização das eleições em hipótese de dupla vacância) nos âmbitos estadual, distrital e municipal, a doutrina informa que, por simetria ao modelo federal estabelecido no art. 80, CF, deve-se observar o seguinte regramento: (i) **nos Estados-membros, o impedimento simultâneo do Governador e do Vice, ou quando há vacância de ambos os cargos,**

exigiria o chamamento sucessivo do Presidente da Assembleia Legislativa e do Presidente do Tribunal de Justiça local; (ii) **no Distrito Federal, o impedimento simultâneo do Governador e do Vice, ou quando há vacância de ambos os cargos, exigiria o chamamento sucessivo do Presidente da Câmara Legislativa e do Presidente do Tribunal de Justiça do Distrito Federal e Territórios**; (iii) **nos Municípios, o impedimento simultâneo do Prefeito e do Vice, ou quando há vacância de ambos os cargos, exigiria o chamamento do Presidente da Câmara Municipal. Como este também pode estar impossibilitado, convém que a Lei Orgânica do Município inclua, na sequência, o Vice-Presidente da Câmara Municipal** (como ocorre em São Paulo e no Rio de Janeiro), **nunca sendo viável, porém, que o documento municipal agregue o Presidente do Tribunal de Justiça, por ser ele integrante do Poder Judiciário estadual** (não há Poder Judiciário municipal)" (MASSON, Nathalia. *Manual de Direito Constitucional.* Salvador: Juspodivm, 2013, p. 746). Todavia, **no caso de vacância do Governador e do Vice-Governador, pode o Estado-membro, em sua Constituição Estadual, disciplinar a eleição do novo titular do Poder Executivo estadual** (ou seja, apenas o procedimento e não a ordem sucessiva), **não sendo necessário observar o modelo previsto na CF para o Poder Executivo federal**. O entendimento da Suprema Corte encontra-se no julgamento da ADI 4298, em sede de tutela antecipada, julgada em 2009 e relatada pelo Ministro Cezar Peluso, em que se reconheceu não ser norma de observância obrigatória aos Estados-membros o modelo estabelecido para eleição do novo titular do Poder Executivo federal. Em outras palavras, vale destacar que: a) em caso de impedimento do Governador e do Vice-Governador, quem deve assumir, sucessivamente, é o presidente da Assembleia Legislativa e o Presidente do Tribunal de Justiça do Estado, hipótese que deverá seguir o modelo federal, por conta do princípio da simetria; b) sendo caso de vacância dos cargos de Governador e Vice, pode o Estado-membro, em sua Constituição Estadual, disciplinar a eleição do novo titular do Poder Executivo estadual, não sendo necessário observar o modelo previsto na CF para o Poder Executivo federal, por não se tratar de norma de observância obrigatória.

Contudo: "É inconstitucional, por violação ao princípio democrático, norma de Constituição estadual que, a pretexto de disciplinar a dupla vacância no último biênio do mandato do chefe do Poder Executivo, suprime a realização de eleições." (STF. Info. Nº 1064. ADI 7472 e ADI 7137/SP, relatora Min. Rosa Weber, julgamento virtual finalizado em 19.8.2022).

- "É inconstitucional norma de iniciativa parlamentar que preveja a criação de órgão público e organização administrativa. Isso porque caracterizada afronta à iniciativa privativa do Chefe do Executivo, nos termos dos arts. 25 e 61, § 1º, II, b e e, da Constituição Federal (CF). Essa regra é linear e encerra observância ao princípio da separação dos Poderes, aplicável, por simetria, aos estados." STF. ADI 4726/AP, rel. Min. Marco Aurélio, julgamento virtual finalizado em 10.11.2020. (ADI-4726)- INFO 998
- Réus de processo criminal não podem substituir o Presidente da República. "[...]os substitutos eventuais do presidente da República a que se refere o art. 80 da Constituição Federal, caso ostentem a posição de réus criminais perante o Supremo Tribunal Federal, ficarão impossibilitados de exercer o ofício de presidente da República[...]"(STF. Plenário. ADPF 402 MC-REF/DF, Rel. Min. Marco Aurélio, julgado em 7/12/2016 – Info 850)
- Os **Ministros de Estado** serão escolhidos dentre brasileiros maiores de 21 anos e no exercício dos direitos políticos.
- Quanto à **responsabilidade dos Ministros de Estado,** nos termos dos artigos 52, I e 102, I, "c", da CF, **caso sejam crimes de responsabilidade autônomos (sem conexão), o julgamento ocorrerá perante o STF**. Em se tratando de crimes de responsabilidade conexos com crimes da mesma natureza, praticados pelo presidente ou pelo vice-presidente da República, o julgamento será perante o Senado Federal.
- Compete privativamente ao Presidente da República dispor, mediante **decreto autônomo**, sobre organização e funcionamento da administração federal, quando não implicar aumento de despesa nem criação ou extinção de órgãos públicos, bem como sobre a extinção de funções ou cargos públicos, quando vagos (conforme art. 84, VI, da CF).
- De acordo com o art. 84, parágrafo único, da CF, o Presidente da República poderá **delegar as atribuições** mencionadas nos incisos VI (dispor, mediante decreto, sobre organização e funcionamento da administração federal, quando não implicar aumento de despesa nem criação ou extinção de órgãos públicos; e sobre extinção de funções ou cargos públicos, quando vagos), XII (conceder indulto e comutar penas, com audiência, se necessário, dos órgãos instituídos em lei) e XXV, primeira parte (prover cargos públicos federais, na forma da lei), aos Ministros de Estado, ao Procurador-Geral da República ou ao Advogado-Geral da União, que observarão os limites traçados nas respectivas delegações.

  Vale observar, contudo, que "É inconstitucional – por manifesta violação ao art. 84, VI, "b", da Constituição Federal – a extinção de cargos e funções que estejam ocupados na data da edição do decreto do presidente da República." (STF. Info 1091. Plenário. ADI 6.186/DF, Rel. Min. Gilmar Mendes, julgado em 18/4/2023).
- O Presidente da República responde a processo criminal, por **crime comum** no Supremo Tribunal Federal, e por **crime de responsabilidade** perante o Senado Federal, somente após ser declarada pro-

cedente a acusação por parte da Câmara dos Deputados.

- "Enfatize-se que **a necessidade de licença não obstaculiza o inquérito policial**, muito menos o oferecimento da denúncia. Impede, contudo, o seu recebimento, que é o primeiro ato de prosseguimento exercido pelo Supremo Tribunal Federal (STF, Diário de Justiça 69. Ministro Celso de Mello. Seção I, 10.04.1995, p. 9223).
- O ato do Presidente da República que atenta contra o livre exercício do Poder Legislativo, do Poder Judiciário, do Ministério Público e dos Poderes constitucionais das unidades da Federação é considerado **crime de responsabilidade**.
- Os atos do Presidente da República que atentem contra a Constituição Federal e, especialmente, contra a lei orçamentária, são **crimes de responsabilidade.**
- Nos Crimes de Responsabilidade do Presidente da República, a Câmara autoriza a instauração do processo pelo voto da maioria **qualificada de dois terços,** e não pela maioria absoluta dos seus membros. O julgamento ocorre pelo Senado Federal, cuja decisão será proferida por **dois terços** (não maioria simples) dos votos do Senado Federal. No julgamento funcionará como Presidente o do Supremo Tribunal Federal.
- O Presidente ficará suspenso de suas funções nos crimes de responsabilidade, por **180** dias, **assim que instaurado o processo** pelo Senado Federal (**e não** após a condenação pelo órgão competente).
- Condenado o Presidente por Crime de Responsabilidade, perderá o cargo, com inabilitação, por oito anos, para o exercício de função pública, sem prejuízo das demais sanções judiciais cabíveis. Portanto **o Senado não condena ao cumprimento de pena privativa de liberdade.**
- Compete ao **Supremo Tribunal Federal** (e não ao Superior Tribunal de Justiça) processar e julgar, originariamente, nas infrações penais comuns e nos crimes de responsabilidade, os Ministros de Estado e os Comandantes da Marinha, do Exército e da Aeronáutica, ressalvado o disposto no art. 52, I, da CF, os membros dos Tribunais Superiores, os do Tribunal de Contas da União e os chefes de missão diplomática de caráter permanente (consoante art. 102, I, "c", da CF).

  O Governador de Estado não faz jus à imunidade penal temporária (que tem o Presidente da República). Ou seja, embora o Presidente da República não esteja sujeito à prisão enquanto não sobrevier sentença condenatória, nas infrações penais comuns e não possa ser responsabilizado por atos estranhos ao exercício de suas funções, essa prerrogativa não se aplica aos Governadores de Estado, não podendo assim ser disposto nas Constituições de Estado, por entendimento do STF, manifestado em 1995 no julgamento da ADI 978.

- De acordo com a doutrina, a Constituição Federal reconhece apenas a **irresponsabilidade penal relativa** (mas, não a absoluta) **do Presidente da República,** consoante art. 86, §§ 3º e 4º, da CF: enquanto não sobrevier sentença condenatória, nas infrações comuns, o Presidente da República não estará sujeito a prisão; o Presidente da República, na vigência de seu mandato, não pode ser responsabilizado por atos estranhos ao exercício de suas funções. O STF referenda esse posicionamento: "O art. 86, § 4º, da Constituição, ao outorgar privilégio de ordem político-funcional ao presidente da República, excluiu-o, durante a vigência de seu mandato – e por atos estranhos ao seu exercício –, da possibilidade de ser ele submetido, no plano judicial, a qualquer ação persecutória do Estado. A cláusula de exclusão inscrita nesse preceito da Carta Federal, ao inibir a atividade do Poder Público, em sede judicial, alcança as infrações penais comuns praticadas em momento anterior ao da investidura no cargo de chefe do Poder Executivo da União, bem assim aquelas praticadas na vigência do mandato, desde que estranhas ao ofício presidencial. A norma consubstanciada no art. 86, § 4º, da Constituição, reclama e impõe, em função de seu caráter excepcional, exegese estrita, do que deriva a sua inaplicabilidade a situações jurídicas de ordem extrapenal. O presidente da República não dispõe de imunidade, quer em face de ações judiciais que visem a definir-lhe a responsabilidade civil, quer em função de processos instaurados por suposta prática de infrações político-administrativas, quer, ainda, em virtude de procedimentos destinados a apurar, para efeitos estritamente fiscais, a sua responsabilidade tributária. **A CB não consagrou, na regra positivada em seu art. 86, § 4º, o princípio da irresponsabilidade penal absoluta do presidente da República**. O chefe de Estado, nos ilícitos penais praticados in officio ou cometidos propter officium, poderá, ainda que vigente o mandato presidencial, sofrer a persecutio criminis, desde que obtida, previamente, a necessária autorização da Câmara dos Deputados." (Inq 672-QO, Rel. Min. Celso de Mello, julgamento em 16-9-1992, Plenário, DJ de 16-4-1993.)
- A imunidade relativa à proibição de prisão do Presidente da República **não impede a prisão em flagrante por crime inafiançável**.
- O STF já se pronunciou no sentido que **o processo por crime de responsabilidade praticado pelo Presidente da República (*Impeachment*) implica em considerá-lo como acusado e, por isso, deve se desenvolver sob o manto do devido processo legal (*due processo of Law*)**, com todas as garantias a ele inerentes, sob pena de nulidade do procedimento (MS 21.623. Rel. Carlos Velloso. J. 17.12.1992). Nesse mesmo sentido, Dirley da Cunha Júnior: "[...] devem ser asseguradas ao Presidente da República as garantias constitucionais, em especial o contraditório e a ampla defesa" (*Curso de Direito*

Constitucional. 6 ed. Salvador: Juspodivm, 2012, p. 1.104).

- As consequências diante da condenação pela prática de crime de responsabilidade são **autônomas** (podem ser aplicadas isoladamente, pois são independentes) **e cumulativas** (também podem ser aplicadas em conjunto, pois geram consequências diversas). Tais características ficaram evidentes no *Impeachment* (Processo pela Prática de Crime de Responsabilidade) de 1992, envolvendo o Ex-Presidente Fernando Collor de Mello que, dado o fato de ter renunciado ao Cargo antes do julgamento, apenas recebeu a medida de inabilitação, por 8 anos, para o exercício de função pública. Para encerrar os comentários, destacamos que os termos dispostos nas demais alternativas da questão não tem qualquer pertinência com o tema.
- "**Afronta os princípios constitucionais da harmonia e independência entre os Poderes e da liberdade de locomoção norma estadual que exige prévia licença da Assembleia Legislativa para que o governador e o vice-governador possam ausentar-se do País por qualquer prazo**. Espécie de autorização que, segundo o modelo federal, somente se justifica quando o afastamento exceder a quinze dias. Aplicação do princípio da simetria." (ADI 738, julgada em 2002 e relatada pelo Ministro Maurício Corrêa).

  '**Não há necessidade de prévia autorização da Assembleia Legislativa para que o STJ receba denúncia ou queixa e instaure ação penal contra Governador de Estado**, por crime comum. Em outras palavras, não há necessidade de prévia autorização da ALE para que o Governador do Estado seja processado por crime comum. Se a Constituição Estadual exigir autorização da ALE para que o Governador seja processado criminalmente, essa previsão é considerada inconstitucional." STF. Plenário. ADI 4777/BA, ADI 4674/RS, ADI 4362/DF, rel. orig. Min. Dias Toffoli, red. p/ o acórdão Min. Roberto Barroso, julgado em 9/8/2017 (Info 872). STF. Plenário. ADI 5540/MG, Rel. Min. Edson Fachin, julgado em 3/5/2017 (Info 863). STF. Plenário. ADI 4764/AC, ADI 4797/MT e ADI 4798/PI, Rel. Min. Celso de Mello, red. p/ o ac. Min. Roberto Barroso, julgados em 4/5/2017 (Info 863)
- De acordo com o art. 29, X, da CF, os **Prefeitos** serão submetidos a julgamento perante o Tribunal de Justiça. Ainda, segundo a Súmula 702 do STF, a competência do Tribunal de Justiça para julgar Prefeitos restringe-se aos crimes de competência da justiça comum estadual (compreendendo as condutas de desvio de verba transferida e incorporada ao patrimônio municipal, conforme Súmula 209 do STJ); nos demais casos, a competência originária caberá ao respectivo Tribunal de segundo grau. Assim, o Tribunal Regional Eleitoral julgará os crimes eleitorais e o Tribunal Regional Federal será competente para as hipóteses de crimes praticados em detrimento de bens, serviços ou interesses da União, suas autarquias e empresas públicas (englobando situações de desvio de verba sujeita a prestação de contas perante órgão federal, segundo a Súmula 208 do STJ). Por fim, quanto aos crimes de responsabilidade, segundo o STF, aplica-se o princípio da simetria, de modo que os Prefeitos devem ser julgados pelas respectivas Câmaras Municipais.
- O **Conselho de Defesa Nacional** é órgão de consulta do Presidente da República nos assuntos relacionados com a soberania nacional e a defesa do Estado democrático. Ele tem como membros: I – o Vice-Presidente da República; II – o Presidente da Câmara dos Deputados; III – o Presidente do Senado Federal; IV – o Ministro da Justiça; V – o Ministro de Estado da Defesa; VI – o Ministro das Relações Exteriores; VII – o Ministro do Planejamento; VIII – os Comandantes da Marinha, do Exército e da Aeronáutica. Portanto, o **Procurador Geral da República não o compõe.**

8. Poder Judiciário

- São **órgãos** do Poder Judiciário: I – o Supremo Tribunal Federal; I-A o Conselho Nacional de Justiça; II – o Superior Tribunal de Justiça; II-A – O Tribunal Superior do Trabalho; III – os Tribunais Regionais Federais e Juízes Federais; IV – os Tribunais e Juízes do Trabalho; V – os Tribunais e Juízes Eleitorais; VI – os Tribunais e Juízes Militares; VII – os Tribunais e Juízes dos Estados e do Distrito Federal e Territórios.

  Sobre a organização do Poder Judiciário, manifestou o STF que: "**É constitucional – por não violar o princípio da legalidade – lei estadual que prevê que o Órgão Especial do Tribunal de Justiça pode transformar, instalar juizado em substituição a adjunto e fixar a competência dos juizados especiais.** Na linha da jurisprudência desta Corte, a matéria relativa à organização e ao funcionamento dos órgãos jurisdicionais e administrativos não está submetida à disciplina exclusiva da lei (CF/1988, art. 96), uma vez que a Constituição Federal conferiu aos tribunais essa competência (1). No caso, as normas impugnadas não criaram órgãos jurisdicionais, mas somente dispuseram sobre a competência de juízos já existentes, sobre a instalação progressiva dos juizados, a fim de permitir melhor organização e economicidade para a implantação do sistema de juizados introduzido pela Lei 9.099/1995 (2)." (STF, Informativo 1079, ADI 4235/RJ, relator Ministro Edson Fachin, julgamento virtual finalizado em 12.12.2022 (segunda-feira), às 23:59)

  Procedimento de manifestação de votos nos Tribunais e Sucessão de Ministro: O STF entendeu, no julgamento do QO no INQ 3.515/DF, rel. André Mendonça, que: "A superveniência de fatos novos configura circunstância excepcional que permite que ministro que atualmente ocupe a cadeira profira voto, ainda que seu antecessor, oportunamente, já tenha votado. Assim, a preservação do voto do ministro sucedido só deve ocorrer se as condições e circunstâncias levadas a julgamento permanecerem as mesmas." (Informativo 1098, STF).

- De acordo com o que dispõe o art. 93, da CF, **Lei complementar, de iniciativa do Supremo Tribunal Federal, disporá sobre o Estatuto da Magistratura**.

  Segundo entendimento do STF: "Normas estaduais, legais ou constitucionais, que disponham sobre o ingresso na carreira da magistratura violam o art. 93, caput, da Constituição Federal (CF), por usurpar iniciativa legislativa privativa do Supremo Tribunal Federal (STF).". Assim "É inconstitucional norma estadual que estabelece limites etários para ingresso na magistratura." STF. Plenário. ADI 6794-CE, rel. Min. Gilmar Mendes, julgado em 24/09/2021 (Info 1031).

  Magistrado que pede exoneração não pode ser readmitido no cargo, uma vez que a Constituição Federal de 1988 exige prévia aprovação em concurso público como condição para tanto. Lei estadual que prevê tal possibilidade é inconstitucional. STJ. 2ª Turma. RMS 61.880-MT, Rel. Min. Mauro Campbell Marques, julgado em 03/03/2020 (Info 666).

- **É obrigatória a promoção** do juiz que figure por três vezes consecutivas ou cinco alternadas em lista de merecimento.

- **Não será promovido** o juiz que, injustificadamente, retiver autos em seu poder além do prazo legal, **não** podendo devolvê-los ao cartório sem o devido despacho ou decisão. Trata-se de nova regra criada pela EC 45/04, no contexto da reforma do Poder Judiciário, que teve como vetor fundamental a busca pela celeridade processual, estampada também no princípio da razoável duração do processo (art. 5º, LXXVIII, da CF).

- A **promoção por merecimento** pressupõe **2 anos** de exercício na respectiva entrância e integrar o juiz a primeira **quinta parte** da lista de antiguidade desta, salvo se não houver com tais requisitos quem aceite o lugar vago.

- Para fins de promoção, deverá ocorrer a aferição do merecimento conforme o desempenho e pelos critérios objetivos de produtividade e presteza no exercício da jurisdição e **pela frequência e aproveitamento em cursos** oficiais ou reconhecidos de aperfeiçoamento (portanto, o aproveitamento não é dispensável), consoante art. 93, II, "c", da CF.

- Mas, de acordo com o STF, "A **aferição do merecimento é feita levando-se em conta diversos critérios, não apenas dados objetivos, mas também outros relativos à produtividade e presteza no exercício da jurisdição**." (MS 27.960-AgR, Rel. Min. Ricardo Lewandowski, julgamento em 27-10-2011, Plenário, DJE de 11-11-2011.)

- Na **apuração de antiguidade**, o tribunal somente poderá recusar o juiz mais antigo pelo voto fundamentado de **dois terços** de seus membros, conforme procedimento próprio, e assegurada ampla defesa, repetindo-se a votação até fixar-se a indicação (art. 93, II, "d", da CF).

  Para o STF: "É inconstitucional norma de constituição estadual que, ao dispor a respeito da remoção de magistrados, cria distinção indevida entre juízes titulares e substitutos. Isso porque, ao dispor sobre matéria própria do Estatuto da Magistratura, o dispositivo da constituição estadual violou, formalmente, a reserva de lei complementar nacional, de iniciativa do Supremo Tribunal Federal, prevista no art. 93, caput, da Constituição Federal (CF)." (STF, ADI 3358/PE, rel. min. Rosa Weber, julgamento em 22/10/2021, info 1035).

  A permuta de magistrados de comarcas de igual entrância passou a ser admitida com a edição da EC nº 130/2023.

- **Vitaliciedade:** de acordo com a doutrina, "todos os membros dos tribunais têm a garantia da vitaliciedade, independentemente da forma de acesso. Mesmo que um advogado ou membro do MP integre a carreira da magistratura, por exemplo, através da regra do quinto constitucional – art. 94 [...], no exato momento da posse adquirirá a vitaliciedade, não tendo de passar por qualquer estágio probatório (LENZA, Pedro. Direito constitucional esquematizado. 18. ed. São Paulo: Saraiva, 2014, p. 796)

- **Foro especial:** o STF já firmou entendimento no sentido de que: "**O foro especial por prerrogativa de função não se estende a magistrados aposentados**. Essa a conclusão do Plenário ao, por maioria, negar provimento a recurso extraordinário, afetado ao Pleno pela Primeira Turma, no qual desembargador aposentado insurgia-se contra decisão da Corte Especial do STJ, que declinara de sua competência para julgar ação penal contra ele instaurada, pois não teria direito à referida prerrogativa pelo encerramento definitivo da função — v. Informativos 485, 495 e 585. Aduziu-se que a pretensão do recorrente esbarraria em orientação jurisprudencial fixada pelo Supremo no sentido de que: a) o foro especial por prerrogativa de função teria por objetivo o resguardo da função pública; b) o magistrado, no exercício do ofício judicante, gozaria da prerrogativa de foro especial, garantia voltada não à pessoa do juiz, mas aos jurisdicionados; e c) o foro especial, ante a inexistência do exercício da função, não deveria perdurar, haja vista que a proteção dos jurisdicionados, nesse caso, não seria mais necessária. Ressaltou-se, ainda, que o provimento vitalício seria o ato que garantiria a permanência do servidor no cargo, aplicando-se apenas aos integrantes das fileiras ativas da carreira pública. Consignou-se não haver se falar em parcialidade do magistrado de 1ª instância para o julgamento do feito, porquanto a lei processual preveria o uso de exceções capazes de afastar essa situação. Enfatizou-se, também, cuidar-se de matéria de direito estrito que teria por destinatários aqueles que se encontrassem *in officio*, de modo a não alcançar os que não mais detivessem titularidades funcionais no aparelho de Estado. Assinalou-se, outrossim, que essa prerrogativa seria estabelecida *ratione muneris* e destinar-se-ia a compor o estatuto jurídico de determinados agentes públicos enquanto ostentassem essa particular condição funcional." (RE 549.560, Rel. Min. Ricardo Lewandowski, julgamento em 22-3-2012, Plenário, Informativo 659.)

- É inconstitucional regra que restrinja a concorrência dos cargos diretivos dos Tribunais de Justiça aos Desembargadores mais antigos. STF. Plenário. ADI 3976/SP e MS 32451/DF, Rel. Min. Edson Fachin, julgados em 25/6/2020 (Info 983).

  Não é possível o estabelecimento de subteto remuneratório para a magistratura estadual inferior ao teto remuneratório da magistratura federal. STF. Plenário.ADI 3854/DF e ADI 4014/DF, Rel. Min. Gilmar Mendes, julgados em 4/12/2020 (Info 1001).

- O Conselho da Justiça Federal funcionará junto ao Superior Tribunal de Justiça e lhe cabe exercer, na forma da lei, a **supervisão administrativa e orçamentária da Justiça Federal** de primeiro e segundo graus, como órgão central do sistema e com **poderes correicionais**, cujas decisões terão **caráter vinculante**. Trata-se de uma novidade instituída pela EC 45/04, no contexto da Reforma do Poder Judiciário.

- Compete ao Supremo Tribunal Federal, precipuamente, a guarda da Constituição, cabendo-lhe processar e julgar, originariamente, nas infrações penais comuns e nos crimes de responsabilidade, os Ministros de Estado e os Comandantes da Marinha, do Exército e da Aeronáutica, ressalvado o disposto no art. 52, I (crimes de responsabilidade conexos com o Presidente da República serão julgados pelo Senado Federal), os membros dos Tribunais Superiores, os do Tribunal de Contas da União e os chefes de missão diplomática de caráter permanente.

- Compete ao Supremo Tribunal Federal julgar **processar e julgar originariamente** (e não mediante recurso extraordinário) nas infrações penais comuns, o Presidente da República, o Vice-Presidente, os membros do Congresso Nacional, seus próprios Ministros e o Procurador- Geral da República (art. 102, I, "b", da CF).

- Compete ao Supremo Tribunal Federal julgar ação direta de inconstitucionalidade de lei ou ato normativo federal ou estadual e a ação declaratória de constitucionalidade de lei ou ato normativo federal, nos termos do art. 102, I, "a", da CF.

- No julgamento do HC 86.834, em 2006, sob relatoria do Ministro Marco Aurélio, DJ 9.3.2007, o STF firmou entendimento no sentido de que **a Corte Constitucional é incompetente para apreciar e julgar pedidos de habeas corpus diretamente impetrados contra atos de Turmas ou Colégios Recursais de Juizados Especiais**. A competência para o julgamento do habeas corpus é definida pelos envolvidos, paciente e impetrante. Estando os integrantes das turmas recursais dos juizados especiais submetidos, nos crimes comuns e nos de responsabilidade, à jurisdição do tribunal de justiça ou do tribunal regional federal incumbe a cada qual, conforme o caso, julgar os habeas impetrados contra ato que tenham praticado. Esse precedente implicou a superação da Súmula 690 do STF.

- Consoante art. 102, III, "d", da CF, compete ao Supremo Tribunal Federal julgar, mediante recurso extraordinário, as causas decididas em única ou última instância, quando a decisão recorrida julgar válida lei local contestada em face de lei federal. Essa competência foi incluída no Texto Constitucional pela EC 45/04, responsável pela Reforma do Poder Judiciário.

  "Não há impedimento, nem suspeição de ministro, nos julgamentos de ações de controle concentrado, exceto se o próprio ministro firmar, por razões de foro íntimo, a sua não participação." ADI 6362/DF, rel. Min. Ricardo Lewandowski, julgamento em 2.9.2020. (Info 989)

- No recurso extraordinário o recorrente deverá demonstrar a **repercussão geral** das questões constitucionais discutidas no caso, nos termos da lei, a fim de que o Tribunal examine a admissão do recurso, somente podendo recusá-lo pela manifestação de dois terços de seus membros.

- No Recurso Especial, cuja competência de julgamento é do Superior Tribunal de Justiça, conforme inclusão feita pela EC nº 125/2022, o recorrente deverá demonstrar a **relevância** das questões de direito federal **infraconstitucional** discutidas no caso. Para que um recurso não seja reconhecido por falta de relevância, é necessária manifestação de 2/3 dos membros do órgão competente para o julgamento nesse sentido. O art. 105, §3º elenca como casos em que há relevância: ações penais; ações de improbidade administrativa; ações cujo valor da causa ultrapasse 500 salários mínimos; ações que possam gerar inelegibilidade; hipóteses em que o acórdão recorrido contrarie jurisprudência dominante do STJ e outras hipóteses previstas em lei.

- **Compete ao STF julgar Mandado de Segurança em face do TCU.** "A jurisprudência desta Corte é firme no sentido de que o TCU é parte legítima para figurar no polo passivo de mandado de segurança apenas quando o ato impugnado estiver revestido de caráter impositivo. Nesse sentido o MS 24.001, Rel. Min. Maurício Corrêa, DJ de 20-5-2002. A especificação da autoridade coatora na petição inicial há de ser feita em função do órgão do TCU que tenha proferido a decisão impugnada no mandamus. Tanto o presidente daquela Corte de Contas quanto os das respectivas Câmaras podem figurar como autoridades coatoras. O Supremo, no entanto, não faz essa distinção, conhecendo dos mandados de segurança impetrados contra o presidente do TCU (MS 23.919, Rel. Min. Carlos Velloso, DJ de 20-6-

2003), contra os presidentes de suas Câmaras (MS 25.090, Rel. Min. Eros Grau, DJ de 1º-4-2005 e MS 24.381, Rel. Min. Gilmar Mendes, DJ de 13-5-2004) ou, simplesmente, contra o TCU (MS 23.596, Rel. Min. Sepúlveda Pertence, DJ de 18-5-2001). O ato emanado do TCU deve impor diretamente determinada conduta ao órgão público, configurando a coação impugnável pelo writ. Em se tratando de mandado de segurança de caráter preventivo, a concessão da ordem pressupõe a existência de efetiva ameaça a direito, ameaça que decorra de atos concretos da autoridade pública (MS 25.009, Rel. Min. Carlos Velloso, Plenário, DJ de 24-11-2004)." (MS 26.381-AgR, julgado em 2007 e relatado pelo Ministro Eros Grau).

"Nos termos do artigo 102, I, r, da Constituição Federal (CF), é competência exclusiva do Supremo Tribunal Federal (STF) processar e julgar, originariamente, todas as ações ajuizadas contra decisões do Conselho Nacional de Justiça (CNJ) e do Conselho Nacional do Ministério Público (CNMP) proferidas no exercício de suas competências constitucionais, respectivamente, previstas nos artigos 103-B, § 4º, e 130-A, § 2º, da CF." Pet 4770 AgR/DF, rel. Min. Roberto Barroso, julgamento em 18.11.2020. Rcl 33459 AgR/PE, rel. orig. Min. Rosa Weber, red. p/ o ac. Min. Gilmar Mendes, julgamento em 18.11.2020. ADI 4412/DF, rel. Min. Gilmar Mendes, julgamento em 18.11.2020 (STJ- Info 1000)

- **STF e Regime de direito estrito:** "A competência do STF – cujos fundamentos repousam na CR – submete-se a regime de direito estrito. A competência originária do STF, por qualificar-se como um complexo de atribuições jurisdicionais de extração essencialmente constitucional – e ante o regime de direito estrito a que se acha submetida –, não comporta a possibilidade de ser estendida a situações que extravasem os limites fixados, em numerus clausus, pelo rol exaustivo inscrito no art. 102, I, da CR. Precedentes. **O regime de direito estrito, a que se submete a definição dessa competência institucional, tem levado o STF, por efeito da taxatividade do rol constante da Carta Política, a afastar, do âmbito de suas atribuições jurisdicionais originárias, o processo e o julgamento de causas de natureza civil que não se acham inscritas no texto constitucional** (ações populares, ações civis públicas, ações cautelares, ações ordinárias, ações declaratórias e medidas cautelares), mesmo que instauradas contra o presidente da República ou contra qualquer das autoridades, que, em matéria penal (CF, art. 102, I, b e c), dispõem de prerrogativa de foro perante a Corte Suprema ou que, em sede de mandado de segurança, estão sujeitas à jurisdição imediata do Tribunal (CF, art. 102, I, d). Precedentes." (Pet 1.738-AgR, Rel. Min. Celso de Mello, julgamento em 1º-9-1999, Plenário, DJ de 1º-10-1999.)
- O **Superior Tribunal de Justiça** compõe-se de, no mínimo, **33 Ministros**. Os Ministros do Superior Tribunal de Justiça serão nomeados pelo Presidente da República, dentre brasileiros com mais de trinta e cinco e menos de setenta anos, de notável saber jurídico e reputação ilibada, depois de aprovada a escolha pela maioria absoluta do Senado Federal.
- A divisão de vagas no Superior Tribunal de Justiça permite o ingresso de **um terço dos membros** dentre juízes dos Tribunais Regionais Federais e **um terço** dentre desembargadores dos Tribunais de Justiça, indicados em lista tríplice elaborada pelo próprio Tribunal; **além de outro terço em partes iguais, dentre advogados e membros do Ministério Público Federal, Estadual, do Distrito Federal e Territórios**.
- A competência para julgamento dos membros do Ministério Público da União que oficiem perante Tribunais, e dos Governadores dos Estados nos crimes comuns, é do **Superior Tribunal de Justiça** (não do STF).
- Com o advento da EC 45/2004, a concessão de *exequatur* às cartas e a homologação de sentença estrangeira passaram a ser de competência do **Superior Tribunal de Justiça.**
- **Órgãos da Justiça Federal:** I – os Tribunais Regionais Federais; II – os Juízes Federais.
- **Tribunais Regionais Federais**: compõem-se de, no mínimo, 7 juízes, recrutados, quando possível, na respectiva região e nomeados pelo Presidente da República dentre brasileiros com mais de 30 e menos de 70 anos, sendo: I – um quinto dentre advogados com mais de dez anos de efetiva atividade profissional e membros do Ministério Público Federal com mais de dez anos de carreira; II – os demais, mediante promoção de juízes federais com mais de cinco anos de exercício, por antiguidade e merecimento, alternadamente.
- A lei disciplinará a **remoção ou a permuta de juízes dos Tribunais Regionais Federais** e determinará sua jurisdição e sede.
- Os Tribunais Regionais Federais instalarão a **justiça itinerante**, com a realização de audiências e demais funções da atividade jurisdicional, nos limites territoriais da respectiva jurisdição, servindo-se de equipamentos públicos e comunitários.
- Os Tribunais Regionais Federais **poderão funcionar descentralizadamente**, constituindo Câmaras regionais, a fim de assegurar o pleno acesso do jurisdicionado à justiça em todas as fases do processo.
- Nos termos do art. 108, da CF, **compete aos Tribunais Regionais Federais:**

I – processar e julgar, originariamente:

a) os juízes federais da área de sua jurisdição, incluídos os da Justiça Militar e da Justiça do Trabalho, nos crimes comuns e de responsabilidade, e os membros do Ministério Público da União, ressalvada a competência da Justiça Eleitoral;

b) as revisões criminais e as ações rescisórias de julgados seus ou dos juízes federais da região;

c) os mandados de segurança e os "habeas-data" contra ato do próprio Tribunal ou de juiz federal;

d) os "habeas-corpus", quando a autoridade coatora for juiz federal;

e) os conflitos de competência entre juízes federais vinculados ao Tribunal;

II - julgar, em grau de recurso, as causas decididas pelos juízes federais e pelos juízes estaduais no exercício da competência federal da área de sua jurisdição.

- De acordo com o art. 109, da CF, aos **juízes federais compete** processar e julgar:

I - as causas em que a União, entidade autárquica ou empresa pública federal forem interessadas na condição de autoras, rés, assistentes ou oponentes, exceto as de falência, as de acidentes de trabalho e as sujeitas à Justiça Eleitoral e à Justiça do Trabalho;

II - as causas entre Estado estrangeiro ou organismo internacional e Município ou pessoa domiciliada ou residente no País;

III - as causas fundadas em tratado ou contrato da União com Estado estrangeiro ou organismo internacional;

IV - os crimes políticos e as infrações penais praticadas em detrimento de bens, serviços ou interesse da União ou de suas entidades autárquicas ou empresas públicas, excluídas as contravenções e ressalvada a competência da Justiça Militar e da Justiça Eleitoral;

V - os crimes previstos em tratado ou convenção internacional, quando, iniciada a execução no País, o resultado tenha ou devesse ter ocorrido no estrangeiro, ou reciprocamente;

V- A as causas relativas a direitos humanos a que se refere o § 5º deste artigo;

VI - os crimes contra a organização do trabalho e, nos casos determinados por lei, contra o sistema financeiro e a ordem econômico-financeira;

VII - os "habeas-corpus", em matéria criminal de sua competência ou quando o constrangimento provier de autoridade cujos atos não estejam diretamente sujeitos a outra jurisdição;

VIII - os mandados de segurança e os "habeas-data" contra ato de autoridade federal, excetuados os casos de competência dos tribunais federais;

IX - os crimes cometidos a bordo de navios ou aeronaves, ressalvada a competência da Justiça Militar;

X - os crimes de ingresso ou permanência irregular de estrangeiro, a execução de carta rogatória, após o "exequatur", e de sentença estrangeira, após a homologação, as causas referentes à nacionalidade, inclusive a respectiva opção, e à naturalização;

XI - a disputa sobre direitos indígenas.

- As **causas em que a União for autora** serão aforadas na seção judiciária onde tiver domicílio a outra parte.
- As **causas intentadas contra a União** poderão ser aforadas na seção judiciária em que for domiciliado o autor, naquela onde houver ocorrido o ato ou fato que deu origem à demanda ou onde esteja situada a coisa, ou, ainda, no Distrito Federal.
- Nas **ações de improbidade administrativa**, a competência da Justiça Federal é definida em razão da presença das pessoas jurídicas de direito público previstas no art. 109, I, da Constituição Federal na relação processual, e não em razão da natureza da verba federal sujeita à fiscalização da Tribunal de Contas da União. (STJ, CC 174.764-MA, rel. Min. Mauro Campbell Marques, julg. 09/02/2022, info 724-STJ).
- Lei **poderá autorizar** que as causas de competência da Justiça Federal em que forem parte instituição de previdência social e segurado **possam ser processadas e julgadas na justiça estadual quando a comarca do domicílio do segurado não for sede de vara federal.** Neste caso, o recurso cabível será sempre para o Tribunal Regional Federal na área de jurisdição do juiz de primeiro grau.
- Conforme restou apurado do voto prolatado pelo Ministro Gilmar Mendes, no bojo do HC 100.772/GO, julgado em 2011 e relatado pelo Min. Gilmar Mendes, **a competência para processar e julgar ação que se discute o desvio de recursos proveniente do Fundo de Manutenção e de Desenvolvimento do Ensino Fundamente e Valorização do Magistério (FUNDEF) é da Justiça Federal**, com fundamento no artigo 109, IV, da CF. Considera o Pretório Excelso que, com base na redação do dispositivo mencionado, a Constituição atribuiu à União função supletiva e redistributiva em matéria educacional, bem como o interesse na universalização de um padrão mínimo de qualidade do ensino, sendo que isso seria condição suficiente para caracterizar o interesse da União nas ações penais concernentes a desvios do FUNDEF, independentemente de repasse de verba federal. Assim, conforme se destaca do Informativo 643 de 2011 também entendeu a Suprema Corte que a propositura da ação penal, no caso de desvio de recursos do FUNDEB, é atribuição do MPF (Ministério Público Federal), ainda que não haja repasse de verbas da União, sendo julgada pela Justiça Federal. Já no caso de investigação de improbidade administrativa e a eventual ação de responsabilização civil, a competência é do Ministério Público Estadual.
- Cada Estado, bem como o Distrito Federal, constituirá uma **seção judiciária** que terá por sede a respectiva Capital, e varas localizadas segundo o estabelecido em lei.
- Nos Territórios Federais, a jurisdição e as atribuições cometidas aos juízes federais caberão aos juízes da justiça local, **na forma da lei.**
- O **Tribunal Superior do Trabalho** compõe-se de 27 Ministros, escolhidos dentre brasileiros com mais de 35 e menos de 70 anos, de notável saber

jurídico e reputação ilibada, nomeados pelo Presidente da República após aprovação pela maioria absoluta do Senado Federal, sendo: I. um quinto dentre advogados com mais de 10 anos de efetiva atividade profissional e membros do Ministério Público do Trabalho com mais de 10 anos de efetivo exercício; II. os demais dentre juízes dos Tribunais Regionais do Trabalho, oriundos da magistratura da carreira, indicados pelo próprio Tribunal Superior. Sendo assim, apenas um quinto das 27 vagas será ocupado por advogados ou membros do Ministério Público (aliás, vale notar que o art. 111-A é oriundo da EC 45/04 e prevê o instituto do quinto constitucional, que não existia para Justiça do Trabalho), e o restante ficará com juízes dos Tribunais Regionais do Trabalho, oriundos da magistratura da carreira, indicados pelo próprio Tribunal Superior.

- Os Ministros do Tribunal Superior do Trabalho devem ser brasileiros, **mas, não necessariamente, natos (portanto, podem também ser naturalizados)**, nomeados pelo Presidente da República, após aprovação pela maioria absoluta do **Senado Federal** (não do Congresso Nacional), consoante art. 111-A, da CF.
- A **lei disporá sobre a competência do Tribunal Superior do Trabalho**, e funcionará, junto a ele a Escola Nacional de Formação e Aperfeiçoamento de Magistrados do Trabalho, cabendo-lhe, dentre outras funções, regulamentar os cursos oficiais para o ingresso e promoção na carreira. O dispositivo tem origem na EC 45/04, que promoveu a reforma do Poder Judiciário.
- O **Conselho Superior da Justiça do Trabalho** funcionará junto ao Tribunal Superior do Trabalho (não é entidade separada e independente e também não pertence à administração pública), cabendo-lhe exercer, na forma da lei, a supervisão administrativa, orçamentária, financeira e patrimonial da Justiça do Trabalho de primeiro e segundo graus, como **órgão central do sistema, cujas decisões terão efeito vinculante.**
- Previstas na redação original do art. 112, da CF, **as Juntas de Conciliação e Julgamento não mais encontram guarida constitucional, por força da EC 45/04**. Segundo nova redação do art. 112, da CF, a lei criará varas da Justiça do Trabalho, podendo, nas comarcas não abrangidas por sua jurisdição, atribuí-la aos juízes de direito, com recurso para o respectivo Tribunal Regional do Trabalho. Portanto, não há mais menção das Juntas de Conciliação e Julgamento na estrutura da Justiça do Trabalho.
- Consoante art. 114, VI, da CF, **compete à Justiça do Trabalho** processar e julgar as ações de indenização por dano moral ou patrimonial, decorrentes da relação de trabalho. Tal regra foi incluída pela Emenda Constitucional nº 45, de 2004. Interessante notar que, logo depois da inclusão da nova regra, o STF no bojo do RE 438639, chegou a entender de modo diverso, firmando competência para a justiça do trabalho. Entretanto, logo em seguida, nos autos do Conflito de Competência 7.204-1, a Suprema Corte mudou de posição firmou a competência da justiça comum para o processo e o julgamento de ações de indenização por dano moral decorrente de acidente do trabalho propostas por empregado contra empregador, alinhando-se ao Texto Constitucional. **Súmula Vinculante 53:** A competência da Justiça do Trabalho prevista no art. 114, VIII, da Constituição Federal alcança a execução de ofício das contribuições previdenciárias relativas ao objeto da condenação constante das sentenças que proferir e acordos por ela homologados.
- Os **Tribunais Regionais do Trabalho compõem-se** de, **no mínimo**, sete juízes, recrutados, quando possível, na respectiva região, e nomeados pelo Presidente da República dentre brasileiros com mais de trinta e menos de setenta anos (art. 115 da CF, com redação dada pela EC 122/22).
- Os Tribunais Regionais do Trabalho instalarão a **justiça itinerante**, com a realização de audiências e demais funções de atividade jurisdicional, nos limites territoriais da respectiva jurisdição (e não além deles), servindo-se de equipamentos públicos e comunitários (art. 115, § 1º, da CF).
- Os Tribunais Regionais do Trabalho **poderão** funcionar de forma descentralizada, **constituindo Câmaras regionais**, a fim de assegurar o pleno acesso do jurisdicionado à justiça em todas as fases do processo (art. 115, § 2º, da CF).
- Conforme determina a CF em seu art. 120, § 1º, III, o TRE é composto, entre outros, por dois juízes oriundos da classe dos advogados, os quais são nomeados pelo presidente da República, após indicação do respectivo tribunal de justiça. No entanto, **esses juízes não estão impedidos de continuar a exercer a advocacia**, conforme se pronunciou o STF na ADI 1127, julgada em 2006 e relatada pelo Ministro Ricardo Lewandowski.
- **Regra do Quinto Constitucional: um quinto dos lugares dos Tribunais Regionais Federais, dos Tribunais dos Estados, e do Distrito Federal e Territórios** será composto de membros, do **Ministério Público**, com mais de dez anos de carreira, e de **advogados** de notório saber jurídico e de reputação ilibada, com mais de dez anos de efetiva atividade profissional, indicados em lista sêxtupla pelos órgãos de representação das respectivas classes.
- Tribunal de Justiça. **Se o número total de sua composição não for divisível por cinco, arredonda-se a fração restante (seja superior ou inferior à metade) para o número inteiro seguinte, a fim de alcançar-se a quantidade de vagas destinadas ao quinto constitucional** destinado ao provimento por advogados e membros do Ministério Público" (STF. AO 493, Rel. Min. Octávio Gallotti, Primeira Turma, DJ 10.11.2000, grifos nossos).
- O Advogado oriundo do Quinto Constitucional nos Tribunais de Justiça concorre como magistrado para ocupar vagas no Superior Tribunal de Justiça, **pois disputa o terço das vagas a serem ocupadas**

por Desembargadores dos Tribunais de Justiça.

9. **Conselho Nacional de Justiça – CNJ**

Entende o STJ que: "A Ordem dos Advogados do Brasil possui autonomia para elaborar e revisar lista sêxtupla para indicação de advogados para concorrer à vaga do quinto constitucional." (STJ, AgInt na SS 3.262-SC, Rel. Presidente Min. Humberto Martins, Corte Especial, por unanimidade, julgado em 20/10/2021. Info 716).

- Os **Estados organizarão sua Justiça**, observados os princípios estabelecidos nesta Constituição.
- A **competência dos tribunais será definida na Constituição do Estado**, sendo a lei de organização judiciária de iniciativa do Tribunal de Justiça.
- O **Tribunal de Justiça poderá funcionar descentralizadamente**, constituindo Câmaras regionais, a fim de assegurar o pleno acesso do jurisdicionado à justiça em todas as fases do processo.
- O Tribunal de Justiça instalará a **justiça itinerante**, com a realização de audiências e demais funções da atividade jurisdicional, nos limites territoriais da respectiva jurisdição, servindo-se de equipamentos públicos e comunitários.
- Para dirimir **conflitos fundiários**, o Tribunal de Justiça proporá a **criação de varas especializadas**, com competência exclusiva para **questões agrárias**. Sempre que necessário à eficiente prestação jurisdicional, o juiz far-se-á presente no local do litígio.

A decisão que denega ingresso no feito como *amicus curiae* é recorrível. STF. Plenário. ADI 3396 AgR/DF, Rel. Min. Celso de Mello, julgado em 6/8/2020 (Info 985).

" Compete aos tribunais de justiça estaduais processar e julgar os delitos comuns, não relacionados com o cargo, em tese praticados por Promotores de Justiça." STJ. Terceira seção. CC 177.100-CE, rel. Joel Ilan Paciornik, julgado em 09/09/2021, publicado em 10/09/2021. (INFO 708).

CONSELHO NACIONAL DE JUSTIÇA – CNJ	
1. Natureza Jurídica	Órgão Integrante do Poder Judiciário, mas sem poder jurisdicional
2. Composição	15 membros, sendo: a) 9 do Poder Judiciário; b) 2 do Ministério Público; c) 2 advogados; d) 2 cidadãos. A Presidência do CNJ cabe ao Presidente do STF, que é um dos integrantes oriundo do Poder Judiciário.
3. Nomeação dos Membros	Pelo Presidente da República, após aprovação pela maioria absoluta do Senado Federal, salvo o Presidente e o Vice-Presidente, que não se submetem a essa exigência.
4. Mandatos dos Membros	2 anos, admitida uma recondução
5. Competência	Controle da atuação administrativa e financeira do Poder Judiciário e do cumprimento dos deveres funcionais dos juízes
6. Poderes/ Prerrogativas Especiais	a) apreciar, de ofício ou mediante provocação, a legalidade dos atos administrativos praticados por membros ou órgãos do Poder Judiciário, podendo desconstituí-los, revê-los ou fixar prazo para que se adotem as providências necessárias ao exato cumprimento da lei; b) receber e conhecer das reclamações contra membros ou órgãos do Poder Judiciário. c) avocar processos disciplinares em curso e determinar a remoção ou a disponibilidade e aplicar outras sanções administrativas, assegurada ampla defesa d) rever, de ofício ou mediante provocação, os processos disciplinares de juízes e membros de tribunais julgados há menos de um ano (portanto, não pode ser a qualquer tempo).
7. Controle Externo	Os atos do CNJ sujeitam-se ao controle do Supremo Tribunal Federal (art. 102, I, "r", da CF).

- O CNJ, órgão integrante do Poder Judiciário (art. 92, I-A, da CF), não pode julgar magistrados por crime de abuso de autoridade, pois sua **competência é administrativa e financeira**, não judicial.
- **Compete ao CNJ o controle da atuação administrativa e financeira do Poder Judiciário e do cumprimento dos deveres funcionais dos juízes**, cabendo-lhe, além de outras atribuições que lhe forem conferidas pelo Estatuto da Magistratura, zelar pela observância do art. 37 (que contém os princípios da administração) e apreciar, de ofício ou mediante provocação, a legalidade dos atos administrativos praticados por membros ou órgãos do Poder Judiciário, podendo desconstituí-los, revê-los ou fixar prazo para que se adotem as providências necessárias ao exato cumprimento da lei, sem prejuízo da competência do Tribunal de Contas da União.
- "Ação direta. EC 45/2004. Poder Judiciário. CNJ. Instituição e disciplina. Natureza meramente administrativa. Órgão interno de controle administrativo, financeiro e disciplinar da magistratura. **Constitucionalidade reconhecida**. Separação e independência dos Poderes. História, significado e alcance concreto do princípio. Ofensa a cláusula constitucional imutável (cláusula pétrea). Inexistência. Subsistência do núcleo político do princípio, mediante preservação da função jurisdicional, típica do Judiciário, e das condições materiais do seu exercício imparcial e independente. Precedentes e Súmula 649. Inaplicabilidade ao caso. Interpre-

tação dos arts. 2º e 60, § 4º, III, da CF. Ação julgada improcedente.Votos vencidos. **São constitucionais as normas que, introduzidas pela EC 45, de 8-12-2004, instituem e disciplinam o CNJ**, como órgão administrativo do Poder Judiciário nacional. Poder Judiciário. Caráter nacional. Regime orgânico unitário. Controle administrativo, financeiro e disciplinar. Órgão interno ou externo. Conselho de Justiça. Criação por Estado-membro. Inadmissibilidade. Falta de competência constitucional. Os Estados-membros carecem de competência constitucional para instituir, como órgão interno ou externo do Judiciário, conselho destinado ao controle da atividade administrativa, financeira ou disciplinar da respectiva Justiça. Poder Judiciário. CNJ. Órgão de natureza exclusivamente administrativa. Atribuições de controle da atividade administrativa, financeira e disciplinar da magistratura. Competência relativa apenas aos órgãos e juízes situados, hierarquicamente, abaixo do STF. Preeminência deste, como órgão máximo do Poder Judiciário, sobre o Conselho, cujos atos e decisões estão sujeitos a seu controle jurisdicional. Inteligência dos arts. 102, caput, I, letra r, e 103-B, § 4º, da CF. O CNJ não tem nenhuma competência sobre o STF e seus ministros, sendo esse o órgão máximo do Poder Judiciário nacional, a que aquele está sujeito." (ADI 3.367, Rel. Min. Cezar Peluso, julgamento em 13-4-2005, Plenário, DJ de 22-9-2006.)

- "As provas obtidas em razão de diligências deflagradas na esfera criminal podem ser utilizadas em processo administrativo disciplinar, uma vez submetidas ao contraditório, posto estratégia conducente à duração razoável do processo, sem conjuração das cláusulas pétreas dos processos administrativo e judicial. A instauração de um Processo Administrativo Disciplinar (PAD) prescinde de prévia sindicância, quando o objeto da apuração encontra-se elucidado à luz de outros elementos lícitos de convicção. A competência originária do CNJ resulta do texto constitucional e independe de motivação do referido órgão, bem como da satisfação de requisitos específicos. **A competência do CNJ não se revela subsidiária.** Ressalva do redator do acórdão no sentido de que o STF, por força do princípio da unidade da Constituição e como guardião da Carta Federal, não pode desconsiderar a autoridade do CNJ e a autonomia dos tribunais, por isso que a conciliação possível, tendo em vista a atividade correcional de ambas as instituições, resulta na competência originária do órgão, que pode ser exercida de acordo com os seguintes termos e parâmetros apresentados de forma exemplificativa: a) comprovação da inércia do tribunal local quanto ao exercício de sua competência disciplinar. Nesse contexto, o CNJ pode fixar prazo não inferior ao legalmente previsto de 140 dias [60 dias (art. 152 da Lei 8.112) + 60 dias (art. 152 da Lei 8.112, que admite prorrogação de prazo para a conclusão do PAD) + 20 dias (prazo para o administrador competente decidir o PAD, ex vi do art. 167 da Lei 8.112)] para que as corregedorias locais apurem fatos que cheguem ao conhecimento do órgão, avocando os feitos em caso de descumprimento imotivado do lapso temporal; sem prejuízo da apuração de responsabilidade do órgão correcional local; b) demora irrazoável na condução, pelo tribunal local, de processo administrativo com risco de prescrição; c) falta de quórum para deliberação, por suspeição, impedimentos ou vagas de magistrados do tribunal; d) simulação quanto ao exercício da competência correicional pelo Poder Judiciário local; e) prova da incapacidade de atuação dos órgãos locais por falta de condições de independência, hipóteses nas quais é lícita a inauguração de procedimento pelo referido Conselho ou a avocação do processo; f) a iminência de prescrição de punições aplicáveis pelas corregedorias no âmbito de suas atribuições autoriza o CNJ a iniciar ou avocar processos; g) qualquer situação genérica avaliada motivadamente pelo CNJ que indique a impossibilidade de apuração dos fatos pelas corregedorias autoriza a imediata avocação dos processos pelo CNJ; h) arquivado qualquer procedimento, disciplinar ou não, da competência das corregedorias, é lícito ao CNJ desarquivá-los e prosseguir na apuração dos fatos; i) havendo conflito de interesses nos tribunais que alcancem dimensão que torne o órgão colegiado local impossibilitado de decidir, conforme avaliação motivada do próprio CNJ, poderá o mesmo avocar ou processar originariamente o feito; j) os procedimentos disciplinares iniciados nas corregedorias e nos tribunais locais deverão ser comunicados ao CNJ dentro do prazo razoável de trinta dias para acompanhamento e avaliação acerca da avocação prevista nas alíneas antecedentes; k) as regras acima não se aplicam aos processos já iniciados, aos em curso e aos extintos no CNJ na data deste julgamento; l) as decisões judiciais pretéritas não são alcançadas pelos parâmetros acima. O instituto da translatio judicii, que realça com clareza solar o princípio da instrumentalidade do processo, viabiliza o aproveitamento dos atos processuais praticados no âmbito do CNJ pelo órgão correicional local competente para decidir a matéria. Denegação da segurança, mantendo-se a decisão do CNJ com o aproveitamento de todas as provas já produzidas." (MS 28.003, julgado em 2012 e relatado para o acórdão pelo Ministro Luiz Fux).

- De acordo com o entendimento da Suprema Corte, **a competência estabelecida no artigo 102, I, *r*, da CF, de processar e julgar as ações contra o Conselho Nacional de Justiça, restringe-se às ações constitucionais**, quais sejam, mandado de segurança, mandado de injunção, habeas corpus e habeas data. Desse modo, segundo dispõe o próprio Pretório: "**A competência desta Corte para conhecer e julgar ações que questionam atos do Conselho Nacional de Justiça – CNJ e do Conselho Nacional do Ministério Público – CNMP se limita às ações tipicamente constitucionais: mandados de segurança, mandados de injunção, habeas corpus e habeas data**" (STF. Pet 4794 ED, julgado em 2015 e relatado pelo Ministro Luiz Fux).

- Nos termos do art. 102, I, "r", da Constituição Federal, é **competência exclusiva do STF processar e julgar, originariamente**, todas as **ações ajuizadas contra decisões do Conselho CNJ e do CNMP** proferidas no exercício de suas competências constitucionais, respectivamente, previstas nos arts. 103-B, § 4º, e 130-A, § 2º, da CF/88. STF. Plenário. Pet 4770 AgR/DF, Rel. Min. Roberto Barroso, julgado em 18/11/2020 (Info 1000). STF. Plenário. Rcl 33459 AgR/PE, red. p/ o ac. Min. Gilmar Mendes, julgado em 18/11/2020 (Info 1000). STF. Plenário. ADI 4412/DF, Rel. Min. Gilmar Mendes, julgado em 18/11/2020 (Info 1000).

10. Precedentes e Súmula vinculante

- **Precedente Constitucional** é uma decisão anterior sobre matéria constitucional que pode ser invocada para a resolução de um caso presente ou futuro.
- Os precedentes constitucionais são comumente utilizados no **sistema do *common law*,** da **tradição anglo-saxônica,** que atribui importância destacada aos costumes e às decisões judiciais, justificando a existência do princípio do ***stare decisis*** ("já está decidido").
- No Brasil os precedentes constitucionais têm sido muito aplicados nas decisões proferidas em sede de **controle de constitucionalidade**, notadamente por conta do **efeito vinculante**. Mas, o instituto que traduz com perfeição a ideia dos precedentes constitucionais é a **súmula vinculante** que, atendidos os pressupostos constitucionais e legais, estabelece a **síntese de um precedente abstrato, de uma jurisprudência prevalente, com força vinculante.**
- Somente o **STF** pode editar Súmula Vinculante.
- O Supremo Tribunal Federal poderá, de ofício ou por provocação, mediante decisão de **dois terços** (e não da maioria absoluta) de seus membros, **após reiteradas decisões sobre matéria constitucional**, aprovar súmula que, a partir de sua publicação na imprensa oficial, terá **efeito vinculante** em relação aos demais órgãos do Poder Judiciário e à administração pública direta e indireta, nas esferas federal, estadual e municipal, bem como proceder à sua revisão ou cancelamento, na forma estabelecida em lei.
- **A súmula vinculante terá por objetivo** a validade, a interpretação e a eficácia de normas determinadas, acerca das quais haja controvérsia atual entre órgãos judiciários ou entre esses e a administração pública que acarrete **grave insegurança jurídica** e **relevante multiplicação de processos** sobre questão idêntica.
- **A edição, a revisão ou o cancelamento de enunciado de súmula vinculante podem ser provocados** pelos legitimados para a propositura da ação direta de inconstitucionalidade, e também pelo Defensor Público-Geral da União, os Tribunais Superiores, os Tribunais de Justiça de Estados ou do Distrito Federal e Territórios, os Tribunais Regionais Federais, os Tribunais Regionais do Trabalho, os Tribunais Regionais Eleitorais e os Tribunais Militares, nos termos do art. 3º da Lei 11.417/06, que regulamenta o art. 103-A da Constituição Federal, disciplinando a edição, a revisão e o cancelamento de enunciado de súmula vinculante pelo Supremo Tribunal Federal.
- Atenção! O **Município** poderá propor, **incidentalmente ao curso de processo em que seja parte**, a edição, a revisão ou o cancelamento de enunciado de súmula vinculante, o que não autoriza a suspensão do processo.
- Conforme art. 103-A, da CF, o quórum para a decisão da aprovação da Súmula será de **dois terço de seus membros,** e não da maioria simples dos Ministros presentes.
- Do ato administrativo ou decisão judicial que contrariar a súmula aplicável ou que indevidamente a aplicar, caberá **reclamação** ao Supremo Tribunal Federal que, julgando-a procedente, anulará o ato administrativo ou cassará a decisão judicial reclamada, e determinará que outra seja proferida com ou sem a aplicação da súmula, conforme o caso.
- **É plenamente cabível** revisão ou cancelamento da Súmula Vinculante mesmo após sua edição, por força do que dispõe o Art. 103-A, da CF.
- Consoante art. 7º, § 1º, da Lei 11.417/06, contra omissão ou ato da administração pública, o uso da reclamação só será admitido **após esgotamento das vias administrativas.**

11. FUNÇÕES ESSENCIAIS À JUSTIÇA

- **CF, artigos 127 a 135.**

1. Ministério Público

- O **Ministério Público** é instituição permanente, essencial à função jurisdicional do Estado, incumbindo-lhe a **defesa da ordem jurídica, do regime democrático** e **dos interesses sociais e individuais indisponíveis.**
- São **princípios institucionais** do Ministério Público: a **unidade,** a **indivisibilidade** e a **independência funcional.**
- São **funções institucionais** do Ministério Público:

a) promover, privativamente, a ação penal pública, na forma da lei;

b) zelar pelo efetivo respeito dos Poderes Públicos e dos serviços de relevância pública aos direitos assegurados nesta Constituição, promovendo as medidas necessárias a sua garantia;

c) promover o inquérito civil e a ação civil pública, para a proteção do patrimônio público e social, do meio ambiente e de outros interesses difusos e coletivos;

d) promover a ação de inconstitucionalidade ou representação para fins de intervenção da União e dos Estados, nos casos previstos nesta Constituição;

e) defender judicialmente os direitos e interesses das populações indígenas;

f) expedir notificações nos procedimentos administrativos de sua competência, requisitando informações e documentos para instruí-los, na forma da lei complementar respectiva;

g) exercer o controle externo da atividade policial, na forma da lei complementar mencionada no artigo anterior;

h) requisitar diligências investigatórias e a instauração de inquérito policial, indicados os fundamentos jurídicos de suas manifestações processuais;

i) exercer outras funções que lhe forem conferidas, desde que compatíveis com sua finalidade, sendo-lhe vedada a representação judicial e a consultoria jurídica de entidades públicas.

- Ao Ministério Público é assegurada **autonomia funcional e administrativa**, podendo propor ao Poder Legislativo a criação e extinção de seus cargos e serviços auxiliares, provendo-os por concurso público de provas ou de provas e títulos, a política remuneratória e os planos de carreira.

- O Ministério Público elaborará sua **proposta orçamentária** dentro dos limites estabelecidos na lei de diretrizes orçamentárias. Se o Ministério Público **não encaminhar a respectiva proposta** orçamentária dentro do prazo estabelecido na lei de diretrizes orçamentárias, o Poder Executivo **considerará, para fins de consolidação da proposta orçamentária anual, os valores aprovados na lei orçamentária vigente**.

- **Princípio ou Postulado do Promotor Natural**: de acordo com o STF, "O postulado do promotor natural, que se revela **imanente** ao sistema constitucional brasileiro, repele, a partir da vedação de designações casuísticas efetuadas pela chefia da instituição, a figura do acusador de exceção. Esse princípio consagra uma garantia de ordem jurídica, destinada tanto a proteger o membro do Ministério Público, na medida em que lhe assegura o exercício pleno e independente do seu ofício, quanto a tutelar a própria coletividade, a quem se reconhece o direito de ver atuando, em quaisquer causas, apenas o promotor cuja intervenção se justifique a partir de critérios abstratos e predeterminados, estabelecidos em lei. **A matriz constitucional desse princípio assenta-se nas cláusulas da independência funcional e da inamovibilidade dos membros da instituição**. O postulado do promotor natural limita, por isso mesmo, o poder do procurador-geral que, embora expressão visível da unidade institucional, não deve exercer a chefia do Ministério Público de modo hegemônico e incontrastável. Posição dos Min. Celso de Mello (relator), Sepúlveda Pertence, Marco Aurélio e Carlos Velloso. Divergência, apenas, quanto a aplicabilidade imediata do princípio do promotor natural: necessidade da interpositio legislatoris para efeito de atuação do princípio (Min. Celso de Mello); incidência do postulado, independentemente de intermediação legislativa (Min. Sepúlveda Pertence, Marco Aurélio e Carlos Velloso)." (HC 67.759, Rel. Min. Celso de Mello, julgamento em 6-8-1992, Plenário, DJ de 1º-7-1993.). Portanto, trata-se de **princípio implícito.**

- O **Princípio do Promotor Natural não é violado pela designação de Promotor de Justiça Substituto para prestar auxílio ao titular da Comarca**, ainda que ambos subscrevam a denúncia. A subscrição da denúncia pelo Promotor da Comarca e por Promotores auxiliares não a torna à margem do Direito. Nesse sentido o RHC 93.247, julgado em 2008 e relatado pelo Ministro Marco Aurélio.

- São **garantias dos membros do Ministério Público:**

a) **vitaliciedade**, após dois anos de exercício, não podendo perder o cargo senão por sentença judicial transitada em julgado;

b) **inamovibilidade**, salvo por motivo de interesse público, mediante decisão do órgão colegiado competente do Ministério Público, pelo voto da maioria absoluta de seus membros, assegurada ampla defesa

c) **irredutibilidade de subsídio.**

- **Vedações aos Membros do Ministério Público**:

a) receber, a qualquer título e sob qualquer pretexto, honorários, percentagens ou custas processuais;

b) exercer a advocacia;

c) participar de sociedade comercial, na forma da lei;

d) exercer, ainda que em disponibilidade, qualquer outra função pública, salvo uma de magistério;

e) exercer atividade político-partidária;

f) receber, a qualquer título ou pretexto, auxílios ou contribuições de pessoas físicas, entidades públicas ou privadas, ressalvadas as exceções previstas em lei.

g) exercer, ainda que em disponibilidade, outro cargo ou função, salvo uma de magistério;

h) receber, a qualquer título ou pretexto, custas ou participação em processo;

i) dedicar-se à atividade político-partidária.

j) receber, a qualquer título ou pretexto, auxílios ou contribuições de pessoas físicas, entidades públicas ou privadas, ressalvadas as exceções previstas em lei;

Atenção! O STF entende que: "A prerrogativa atribuída aos membros do Ministério Público de situar-se no mesmo plano e imediatamente à direita dos magistrados nas audiências e sessões de julgamento (Lei Complementar 75/1993, art. 18, I, "a"; e Lei 8.625/1993, art. 41, XI) não fere os princípios da isonomia, do devido processo legal, da ampla defesa e do contraditório (CF/1988, art. 5º, I, LIV e LV) nem compromete a necessária paridade de armas que deve existir entre a defesa e a acusação." (STF, Informativo 1077, ADI 4768/DF, relatora Ministra Cármen Lúcia, julgamento finalizado em 23.11.2022.).

Para o STF: "É inconstitucional, por configurar ofensa à liberdade de locomoção, a exigência de prévia comunicação ou autorização para que os membros do Ministério Público possam se ausentar da comarca ou do estado onde exercem suas atribuições." (STF, ADI 6845/AC, rel. min. Carmen Lucia, julgamento 22/10/2021, info 1035).

Para o STJ: "É ilegal a requisição, sem autorização judicial, de dados fiscais pelo Ministério Público." (RHC 82.233-MG, rel. min. Sebastião Reis Júnior, julg. 09/02/2022, info724-STJ).

Para o STF: "É inconstitucional lei estadual que prevê movimentação funcional entre membros do Ministério Público, mediante procedimentos e critérios diversos dos estabelecidos pelo modelo federal" (STF. Info. Nº 1063. ADI 6328/GO, relator Min. Alexandre de Moraes, julgamento virtual finalizado em 15.8.2022).

- Segundo entendimento do STF, **membro do MP pode exercer cargo ou função pública em órgão externo à organização do MP**, desde que tenha ingressado na instituição **antes** da promulgação da CF/88. Ressalte-se que a alternativa não citou acumulação de funções, mas sim fez referência ao exercício de cargo ou função em órgão diverso da organização do MP, questão já decidida pelo Supremo no MS 26.595, julgado em 2010 e relatado pela Ministra Cármen Lúcia.
- O Ministério Público **abrange**:

I – o Ministério Público da União, que compreende:

a) o Ministério Público Federal;

b) o Ministério Público do Trabalho;

c) o Ministério Público Militar;

d) o Ministério Público do Distrito Federal e Territórios;

II – os Ministérios Públicos dos Estados.

- O Ministério Público da União **tem por chefe o Procurador-Geral da República – PGR**, nomeado pelo Presidente da República dentre integrantes da carreira, maiores de trinta e cinco anos, após a aprovação de seu nome pela maioria absoluta dos membros do Senado Federal, para mandato de dois anos, permitida a recondução.

"Tratando-se de divergência interna entre órgãos do Ministério Público, instituição que a Carta da República subordina aos princípios institucionais da unidade e da indivisibilidade (CF, art. 127, § 1º), cumpre ao próprio Ministério Público identificar e afirmar as atribuições investigativas de cada um dos seus órgãos em face do caso concreto, devendo prevalecer, à luz do princípio federativo, a manifestação do procurador-geral da República." [Pet 4.863, rel. min. Marco Aurélio, j. 19-5-2016, P, DJE de 16-5-2017.]

- Procurador-Geral de Justiça: "A escolha do PGR deve ser aprovada pelo Senado (CF, art. 128, § 1º). A nomeação do procurador-geral de Justiça dos Estados não está sujeita à aprovação da Assembleia Legislativa. Compete ao governador nomeá-lo dentre lista tríplice composta de integrantes da carreira (CF, art. 128, § 3º). Não aplicação do princípio da simetria." (ADI 452, Rel. Min. Maurício Corrêa, Plenário, DJ de 31-10-2002.)
- É constitucional lei orgânica estadual do Ministério Público quanto à previsão que atribui competência privativa ao Procurador-Geral de Justiça para interposição de recursos ao STF e STJ, pois o rol de atribuição dos Procuradores-Gerais de Justiça, previsto na Lei Orgânica Nacional do Ministério Público, não é exaustivo, podendo ser ampliado pelas leis orgânicas dos Ministérios Públicos Estaduais. STF. Plenário. ADI 5505, Rel. Luiz Fux, julgado em 15/04/2020.
- "O Ministério Público possui legitimidade para promover a tutela coletiva de direitos individuais homogêneos, mesmo que de natureza disponível, **desde que o interesse jurídico tutelado possua relevante natureza social."** STJ. Quarta Turma. REsp 1.585.794-MG, Rel. Min. Antonio Carlos Ferreira, julgamento: 28/09/2021. Publicação: 11/10/2021. (INFO 712).

MINISTÉRIO PÚBLICO	
1. Incumbências/ Missão	a) Defesa da Ordem Jurídica b) Defesa do Regime Democrático c) Defesa dos interesses sociais e individuais indisponíveis
2. Princípios Institucionais	a) Unidade b) Indivisibilidade c) Independência Funcional
3. Funções Institucionais	a) promover, privativamente, a ação penal pública, na forma da lei; b) zelar pelo efetivo respeito dos Poderes Públicos e dos serviços de relevância pública aos direitos assegurados nesta Constituição, promovendo as medidas necessárias a sua garantia; c) promover o inquérito civil e a ação civil pública, para a proteção do patrimônio público e social, do meio ambiente e de outros interesses difusos e coletivos;

MINISTÉRIO PÚBLICO	
3. Funções Institucionais	d) promover a ação de inconstitucionalidade ou representação para fins de intervenção da União e dos Estados, nos casos previstos nesta Constituição; e) defender judicialmente os direitos e interesses das populações indígenas; f) expedir notificações nos procedimentos administrativos de sua competência, requisitando informações e documentos para instruí-los, na forma da lei complementar respectiva; g) exercer o controle externo da atividade policial, na forma da lei complementar mencionada no artigo anterior; h) requisitar diligências investigatórias e a instauração de inquérito policial, indicados os fundamentos jurídicos de suas manifestações processuais; i) exercer outras funções que lhe forem conferidas, desde que compatíveis com sua finalidade, sendo-lhe vedada a representação judicial e a consultoria jurídica de entidades públicas.
4. Garantias dos Membros	a) vitaliciedade, após dois anos de exercício, não podendo perder o cargo senão por sentença judicial transitada em julgado; b) inamovibilidade, salvo por motivo de interesse público, mediante decisão do órgão colegiado competente do Ministério Público, pelo voto da maioria absoluta de seus membros, assegurada ampla defesa c) irredutibilidade de subsídio.
5. Vedações aos Membros	a) receber, a qualquer título e sob qualquer pretexto, honorários, percentagens ou custas processuais; b) exercer a advocacia; c) participar de sociedade comercial, na forma da lei; d) exercer, ainda que em disponibilidade, qualquer outra função pública, salvo uma de magistério; e) exercer atividade político-partidária f) receber, a qualquer título ou pretexto, auxílios ou contribuições de pessoas físicas, entidades públicas ou privadas, ressalvadas as exceções previstas em lei.
5. Vedações aos Membros	g) exercer, ainda que em disponibilidade, outro cargo ou função, salvo uma de magistério; h) receber, a qualquer título ou pretexto, custas ou participação em processo; i) dedicar-se à atividade político-partidária. j) receber, a qualquer título ou pretexto, auxílios ou contribuições de pessoas físicas, entidades públicas ou privadas, ressalvadas as exceções previstas em lei;
6. Composição	6.1. Ministério Público da União a) Ministério Público Federal; b) Ministério Público do Trabalho; c) Ministério Público Militar; d) Ministério Público do Distrito Federal e Territórios; 6.2. Ministérios Públicos dos Estados
7. Chefia	7.1. Ministério Público da União – Procurador Geral da República, nomeado pelo Presidente da República dentre integrantes da carreira, maiores de 35 anos, após a aprovação de seu nome pela maioria absoluta dos membros do Senado Federal, para mandato de 2 anos, permitida a recondução.
7. Chefia	7.2. Ministérios Públicos dos Estados e do Distrito Federal e Territórios – Procuradores Gerais dos Estados e do Distrito Federal e Territórios, serão nomeados pelo Chefe do Poder Executivo, a partir de lista tríplice formada por integrantes da carreira, na forma da lei respectiva, mandato de 2 anos, permitida uma recondução.

- Segundo posicionamento do STF, **as atribuições do Ministério Público não estão sujeitas à reserva de lei complementar**: IV. Atribuições do Ministério Público: matéria não sujeita à reserva absoluta de lei complementar: improcedência da alegação de inconstitucionalidade formal do art. 66, caput e § 1º, do Código Civil (L. 10.406, de 10.1.2002). 1. O art. 128, § 5º, da Constituição, não substantiva reserva absoluta à lei complementar para conferir atribuições ao Ministério Público ou a cada um dos seus ramos, na União ou nos Estados-membros. 2. A tese restritiva é elidida pelo art. 129 da Constituição, que, depois de enumerar uma série de "funções institucionais do Ministério Público", admite que a elas se acresçam a de "exercer outras funções que lhe forem conferidas, desde que compatíveis com sua finalidade, sendo-lhe vedada a representação judicial e a consultoria jurídica de entidades públicas". 3. **Trata-se, como acentua a doutrina, de uma "norma de encerramento", que, à falta de reclamo explícito de legislação complementar, admite que leis ordinárias - qual acontece, de há muito, com as de cunho processual - possam aditar novas funções às diretamente outorgadas ao Ministério Público pela Constituição, desde que compatíveis com as finalidades da instituição e às vedações de que nelas se incluam "a representação judicial e a consultoria jurídica das entidades públicas"** (STF. ADI 2794, julgada em 2006 e relatada pelo Ministro Sepúlveda Pertence).

Os Ministérios Públicos dos Estados e do Distrito Federal têm legitimidade para propor e atuar em recursos e meios de impugnação de decisões judiciais em trâmite no STF e no STJ, oriundos de processos de sua atribuição, sem prejuízo da atuação do MPF." [RE 985.392 RG, rel. min. Gilmar Mendes, j. 26-5-2017, P, DJE de 10-11-2017, Tema 946.]

- De acordo com o STJ: "O Ministério Público Federal possui legitimidade para propor **ação civil pública** a fim de debater a **cobrança de encargos bancários supostamente abusivos praticados por instituições financeiras privadas**." (REsp 1.573.723-RS, Rel. Min. Ricardo Villas Bôas Cueva, Terceira Turma, por maioria, julgado em 10/12/2019, DJe 13/12/2019)
- No entanto, entendeu que: "O Ministério Público **não tem** legitimidade ativa para ajuizar ação civil pública objetivando a restituição de valores indevidamente recolhidos a título de empréstimo compulsório sobre aquisição de automóveis de passeio e utilitários." (STJ, Info 731, REsp 1.709.093-ES, rel. min. Benedito Gonçalves, julg. 29/03/2022).
- Quanto a outros legitimados para a propositura da Ação Civil Pública, entende que: "A legitimidade ativa na ação civil pública das pessoas jurídicas da administração pública indireta depende da pertinência temática entre suas finalidades institucionais e o interesse tutelado." (STJ, Info 731, REsp 1.978.138-SP, rel. min. Antonio Carlos Ferreira, julg. 22/03/2022).
- A **destituição do Procurador-Geral da República**, por iniciativa do Presidente da República, deverá ser precedida de autorização da maioria absoluta do Senado Federal.
- **Os Procuradores-Gerais nos Estados e no Distrito Federal e Territórios poderão ser destituídos** por deliberação da maioria absoluta do Poder Legislativo, na forma da lei complementar respectiva.
- O **ingresso na carreira do Ministério Público** far-se-á mediante concurso público de provas e títulos, assegurada a participação da Ordem dos Advogados do Brasil em sua realização, exigindo-se do bacharel em direito, no mínimo, 3 anos de atividade jurídica e observando-se, nas nomeações, a ordem de classificação.
- As funções do Ministério Público só podem ser exercidas por integrantes da carreira, que **deverão residir na comarca da respectiva lotação, salvo autorização do chefe da instituição**.

Foro por Prerrogativa de Função dos Membros do MP		
1. Membros do Ministério Público DOS ESTADOS que:		
– Oficiarem no 1° grau de jurisdição	→	respondem perante o TJ do Estado.
– Oficiarem no 2° grau de jurisdição	→	respondem perante o TJ do Estado.
2. Membros do Ministério Público DA UNIÃO (MPF/MPT/MPM/MPDFT) que:		
– Oficiarem no 1° grau de jurisdição	→	respondem perante o TRF.
– Oficiarem no 2° grau de jurisdição	→	respondem perante o STJ.

- Para julgamento do Procurador-Geral da República, a competência será do STF, nos crimes comuns, e do Senado Federal, nos crimes de responsabilidade. Quanto aos Procuradores-Gerais de Justiça, o STF se manifestou no sentido de que **cabe à Constituição de cada Estado-membro** estabelecer a competência dos seus tribunais, com base no art. 125, § 1º, da CF, inclusive para fixar a competência do Tribunal de Justiça para processar e julgar, originariamente, nos crimes comuns ou de responsabilidade, o PGJ (ADI 541, julgada em 2007 e relatada pelo Ministro Carlos Velloso).
- A **distribuição de processos** no Ministério Público será imediata.
- O Ministério Público **está legitimado** a ingressar com ação civil pública para proteger direitos individuais homogêneos. Na jurisprudência do STF: "Concurso. Isenção de taxa de inscrição de candidatos carentes. Ação civil pública. Legitimidade ativa *ad causam* do MPF. (...) A legitimação do Ministério Público para o ajuizamento de ação civil pública, não se restringe à defesa dos direitos difusos e coletivos, mas também abarca a defesa dos direitos individuais homogêneos, máxime quando presente o interesse social." (AI 737.104-AgR, julgado em 2011 e relatado pelo Ministro Luiz Fux).

  "(...) o Ministério Público tem legitimidade para a propositura de ação civil pública em defesa de direitos sociais relacionados ao FGTS." [RE 643.978, rel. min. Alexandre de Moraes, j. 9-10-2019, P, DJE de 25-10-2019, Tema 850.]
- Há decisão do STF no sentido de que "A Constituição do Brasil, em seu art. 127, confere expressamente ao Ministério Público poderes para agir em **defesa de interesses sociais e individuais indis-**

poníveis, como no caso de garantir o fornecimento de medicamentos a hipossuficiente. Não há que se falar em usurpação de competência da defensoria pública [...]". (RE 497858, julgado em 2010 e relatado pelo Ministro Joaquim Barbosa).

- Segundo o STF, "[...] as **garantias constitucionais da ampla defesa e do contraditório não são aplicáveis na fase do inquérito civil**, que tem de natureza administrativa, de caráter pré-processual, e somente se destina à colheita de informações para propositura da ação civil pública." (RE 481.955-AgR, julgado em 2011 e relatado pela Ministra Cármen Lúcia).
- **O Conselho Nacional do Ministério Público (CNMP)** compõe-se de **14 membros nomeados pelo Presidente da República,** depois de aprovada a escolha pela maioria absoluta do Senado Federal, para um **mandato de 2 anos, admitida uma recondução**, sendo:

I. o Procurador-Geral da República, que o preside;

II. quatro membros do Ministério Público da União, assegurada a representação de cada uma de suas carreiras;

III. três membros do Ministério Público dos Estados;

IV. dois juízes, indicados um pelo Supremo Tribunal Federal e outro pelo Superior Tribunal de Justiça;

V. dois advogados, indicados pelo Conselho Federal da Ordem dos Advogados do Brasil;

VI. dois cidadãos de notável saber jurídico e reputação ilibada, indicados um pela Câmara dos Deputados e outro pelo Senado Federal.

- Os membros do Conselho oriundos do Ministério Público serão **indicados pelos respectivos Ministérios Públicos**, na forma da lei.
- Compete ao Conselho Nacional do Ministério Público o **controle da atuação administrativa e financeira do Ministério Público e do cumprimento dos deveres funcionais de seus membros**, cabendo-lhe:

I. zelar pela autonomia funcional e administrativa do Ministério Público, podendo expedir atos regulamentares, no âmbito de sua competência, ou recomendar providências;

II. zelar pela observância do art. 37 e apreciar, de ofício ou mediante provocação, a legalidade dos atos administrativos praticados por membros ou órgãos do Ministério Público da União e dos Estados, podendo desconstituí-los, revê-los ou fixar prazo para que se adotem as providências necessárias ao exato cumprimento da lei, sem prejuízo da competência dos Tribunais de Contas;

III. receber e conhecer das reclamações contra membros ou órgãos do Ministério Público da União ou dos Estados, inclusive contra seus serviços auxiliares, sem prejuízo da competência disciplinar e correicional da instituição, podendo avocar processos disciplinares em curso, determinar a remoção ou a disponibilidade e aplicar outras sanções administrativas, assegurada ampla defesa;

IV. rever, de ofício ou mediante provocação, os processos disciplinares de membros do Ministério Público da União ou dos Estados julgados há menos de um ano;

V. elaborar relatório anual, propondo as providências que julgar necessárias sobre a situação do Ministério Público no País e as atividades do Conselho, o qual deve integrar a mensagem prevista no art. 84, XI.

- O Conselho escolherá, em votação secreta, um **Corregedor nacional**, dentre os membros do Ministério Público que o integram, vedada a recondução, competindo-lhe, além das atribuições que lhe forem conferidas pela lei, as seguintes:

I. receber reclamações e denúncias, de qualquer interessado, relativas aos membros do Ministério Público e dos seus serviços auxiliares;

II. exercer funções executivas do Conselho, de inspeção e correição geral;

III. requisitar e designar membros do Ministério Público, delegando-lhes atribuições, e requisitar servidores de órgãos do Ministério Público.

- **O Presidente do Conselho Federal da Ordem dos Advogados do Brasil oficiará junto ao Conselho.**
- **Leis da União e dos Estados criarão ouvidorias do Ministério Público**, competentes para receber reclamações e denúncias de qualquer interessado contra membros ou órgãos do Ministério Público, inclusive contra seus serviços auxiliares, representando diretamente ao Conselho Nacional do Ministério Público.

É competente o Conselho Nacional do Ministério Público para resolver conflitos de atribuições entre membros de Ministérios Públicos Estaduais e Ministério Público Federal. STF. Plenário. ACO 843/SP, Rel. para acórdão Min. Alexandre de Moraes, julgado em 05/06/2020.

É inconstitucional norma de Constituição Estadual que obrigue a participação de membro do Ministério Público nas comissões ou bancas de concursos públicos de cargos externos à instituição. STF. Plenário. ADI 3841, Rel. Gilmar Mendes, julgado em 16/06/2020 (Info 985 – clipping).

Ministério Público e Tribunais de Contas

"**O Ministério Público junto ao Tribunal de Contas encontra-se estritamente vinculado à estrutura da Corte de Contas e não detém autonomia jurídica e iniciativa legislativa para as leis que definem sua estrutura organizacional.** Por integrar a organização administrativa do Tribunal de Contas, a Constituição Federal (CF) não concedeu ao órgão Ministério Público especial as garantias institucionais de autonomia administrativa e orçamentária, nem a iniciativa legislativa para as regras concernentes à criação e à extinção de seus cargos e serviços auxiliares, à política remuneratória de seus membros, aos seus planos de carreira e, especialmente, à sua organização e ao seu funcionamento." (STF, ADI 3804/AL, relator Min. Dias Toffoli, julgamento virtual finalizado em 3.12.2021, Informativo 1040)

Ministério Público Especial

"**É inconstitucional a exigência de lei complementar para regular a organização do Ministério Público especial.** O domínio normativo da lei complementar somente é exigido para determinadas matérias que a CF, expressamente, determina. Desse modo, a lei complementar não é instrumento normativo adequado para a fixação de regras concernentes à organização do Ministério Público especial junto ao Tribunal de Contas da União. **A Constituição não autoriza a equiparação de "vencimentos" e "vantagens" entre membros do Ministério Público especial e membros do Ministério Público comum.** As únicas prescrições do Ministério Público comum aplicáveis ao Parquet que atua junto ao Tribunal de Contas são aquelas que concernem, estritamente, aos direitos (art. 128, § 5º, I, da CF), às vedações (art. 128, § 5º, II, da CF) e à forma de investidura na carreira (art. 129, §§ 3º e 4º, da CF). Ademais, a equiparação automática de vencimentos e vantagens dos membros do Ministério Público comum aos membros do Parquet especial implica vinculação de vencimentos, o que é vedado pelo artigo 37, XIII, da CF." (STF, ADI 3804/AL, relator Min. Dias Toffoli, julgamento virtual finalizado em 3.12.2021, Informativo 1040)

2. Advocacia Pública

- **A Advocacia-Geral da União** é a instituição que, diretamente ou através de órgão vinculado, representa a União, judicial e extrajudicialmente, cabendo-lhe, nos termos da lei complementar que dispuser sobre sua organização e funcionamento, as atividades de consultoria e assessoramento jurídico do Poder Executivo.
- O **ingresso nas classes iniciais das carreiras da AGU** far-se-á mediante concurso público de provas e títulos.
- A **Advocacia-Geral da União** tem por chefe o Advogado-Geral da União, nomeado pelo Presidente da República, **não necessariamente dentre integrantes da carreira**, maiores de 35 anos, de notável saber jurídico e reputação ilibada.
- Na execução da dívida ativa de natureza tributária, a representação da União caberá à **Procuradoria-Geral da Fazenda Nacional**.
- Os **Procuradores dos Estados e do Distrito Federal**, organizados em carreira, na qual o ingresso dependerá de concurso público de provas e títulos, com a participação da Ordem dos Advogados do Brasil em todas as suas fases, exercerão a **representação judicial e a consultoria jurídica das respectivas unidades federadas**.
- Aos **Procuradores dos Estados e do Distrito Federal**, que ingressarem na carreira mediante concurso público, é assegurada **estabilidade** (não vitaliciedade) **após 3 anos** de efetivo exercício, mediante avaliação periódica de desempenho perante os órgãos próprios, após relatório circunstanciado das corregedorias.
- Conforme decisão exarada pelo STF, "A **garantia da inamovibilidade** é conferida pela CF apenas aos magistrados, aos membros do Ministério Público e aos membros da Defensoria Pública, **não podendo ser estendida aos procuradores do Estado**." (ADI 291, julgada em 2010 e relatada pelo Ministro Joaquim Barbosa).
- **Não é** inconstitucional lei estadual que crie Procuradoria-Geral para consultoria, assessoramento jurídico e representação judicial de Assembleia Legislativa.
- Segundo a jurisprudência do STF, **dispositivo de constituição estadual que confira independência funcional aos procuradores estaduais é inconstitucional**, "dado o princípio da hierarquia que informa a atuação dos servidores da Administração Pública". (ADI 291, julgada em 2010 e relatada pelo Ministro Joaquim Barbosa).
- Na ADI 2587, cujo relator foi o Ministro Maurício Corrêa, julgada em 2004, o STF entendeu que **a Constituição estadual pode conferir prerrogativa de foro aos Procuradores de Estado**.
- **A Defensoria Pública Estadual tem autonomia funcional e administrativa (art. 134, § 2º, da CF), mas as Procuradorias Estaduais não têm**, conforme posicionamento do STF na ADI 291, sob relatoria do Ministro Joaquim Barbosa, julgada em 2010. Nesse julgado o Supremo entendeu que os Procuradores dos Estados são subordinados hierárquicos do Chefe do Poder Executivo.
- No julgamento pelo STF da ADI 94, em 2011, sob relatoria do Ministro Gilmar Mendes, "asseverou-se a **possibilidade de existência de carreiras especiais para representação judicial das assembléias e dos tribunais de contas nos casos em que estes necessitassem praticar, em juízo e em nome próprio, atos processuais na defesa de sua autonomia e independência em face dos demais Poderes.** Sublinhou-se, outrossim, que essas procuradorias poderiam ser responsáveis pela consultoria e pelo assessoramento jurídico dos demais órgãos da assembléia e do tribunal de contas. Ademais, tendo em vista a alteração na Constituição da República, estabelecida pela EC 19/98, consignou-se a não-prejudicialidade da ação em curso, de modo que se imporia a verificação da constitucionalidade das normas impugnadas em relação aos dois paradigmas constitucionais. No ponto, não se observou qualquer ofensa ao art. 135 da CF, seja na sua redação original, seja na atual."
- "As universidades estaduais também podem criar e organizar procuradorias jurídicas, em razão de

sua autonomia didático-científica, administrativa, financeira e patrimonial (art. 207, *caput*, CF/88). Tais órgãos jurídicos exercem um papel fundamental na defesa dos interesses das universidades, inclusive em face dos próprios Estados-membros que as constituíram. Portanto, em razão da autonomia universitária e seguindo a lógica da jurisprudência do Supremo Tribunal Federal na matéria, a existência dessas procuradorias não viola o art. 132 da Constituição." [**ADI 5.215**, rel. min. Roberto Barroso, j. 28-3-2019, P, *DJE* de 1º-8-2019.]

- "**As Procuradorias de Estado**, por integrarem os respectivos Poderes Executivos, **não gozam de autonomia funcional, administrativa ou financeira**, uma vez que a administração direta é una e não comporta a criação de distinções entre órgãos em hipóteses não contempladas explícita ou implicitamente pela Constituição Federal." STF. Plenário. ADI 5029, Rel. Luiz Fux, julgado em 15/04/2020.
- Procurador público tem capacidade postulatória para interpor recurso extraordinário em ações de controle concentrado de constitucionalidade se o legitimado da causa lhe outorgar poderes para tanto. STF. Plenário. RE 1068600 AgR-ED-EDv/RN, Rel. Min. Alexandre de Moraes, julgado em 4/6/2020 (Info 980).
- O recebimento de honorários de sucumbência por advogados públicos não viola a previsão do art. 39, §4º e art. 135 da CF/88 (que preveem a remuneração exclusiva mediante subsídio), desde que esse recebimento não ultrapasse o teto remuneratório do art. 37, XI da CF/88. STF. Plenário. ADI 6053, Rel. Marco Aurélio, Rel. p/ Acórdão: Alexandre de Moraes, julgado em 22/06/2020 (Info 985 – clipping).
- Para que o Procurador do Estado possa propor ação civil pública (ex: ação civil pública de improbidade administrativa), não é necessária autorização do Govenador do Estado. No entanto, é indispensável a anuência do Procurador-Geral do Estado. STF. 1ª Turma. ARE 1165456 AgR/SE, rel. orig. Min. Marco Aurélio, red. p/ o ac. Min. Roberto Barroso, julgado em 1º/9/2020 (Info 989).
- É inconstitucional, por violação do art. 132 da CF/88, a criação de órgão ou de cargos jurídicos fora da estrutura da Procuradoria do Estado, com funções de representação judicial, consultoria ou assessoramento jurídico de autarquias e fundações públicas estaduais. STF. Plenário. ADI 7.380/AM, Rel. Min. Roberto Barroso, julgado em 22/8/2023 (Info 1104).

3. Advocacia

- O **advogado é indispensável à administração da justiça**, sendo inviolável por seus atos e manifestações no exercício da profissão, nos limites da lei.

Entende o STJ que: "Excessos cometidos pelo advogado não podem ser cobertos pela imunidade profissional, sendo em tese possível a responsabilização civil ou penal do causídico pelos danos que provocar no exercício de sua atividade." (STJ, Info 732, REsp 1.731.439-DF, rel. min. Paulo de Tarso Sanseverino, julg. 05/04/2022).

Manifestou o STJ que: "**A gravação ambiental em que advogados participam do ato, na presença do inquirido e dos representantes do Ministério Público, inclusive se manifestando oralmente durante a sua realização, ainda que clandestina ou inadvertida, realizada por um dos interlocutores, não configura crime, escuta ambiental, muito menos interceptação telefônica.** Trata-se de hipótese em que o Ministério Público estadual deflagrou investigação para apuração de suposta realização de escuta ambiental indevida, realizada por advogado, delito tipificado no art. 10 da Lei n. 9.296/96. Primeiramente, acerca da inviolabilidade (art. 133 da CF; artigo 2º, § 3º, da Lei n. 8.906/94), esta é limitada quando o próprio advogado é o investigado porque, naturalmente, o sigilo profissional se presta a assegurar o exercício do direito de defesa, não tendo como vocação a proteção da prática de ilícitos. Contudo, a realização da gravação, nas circunstâncias em que levada a efeito - em oitiva formal de assistido seu, oficial e notoriamente registrada em sistema audiovisual pela autoridade administrativa responsável pelo ato - não se confunde com a escuta ambiental indevida e é legalmente permitida, independentemente de prévia autorização da autoridade incumbida da presidência do ato, nos explícitos termos do art. 387, § 6º, do Código de Processo Civil, diploma jurídico de aplicação supletiva aos procedimentos administrativos em geral. Na hipótese, trata-se de uma gravação ambiental em que as advogadas participaram do ato, na presença do inquirido e dos representantes do Ministério Público, inclusive se manifestando oralmente durante a sua realização, sendo certo que a gravação, ainda que clandestina ou inadvertida, realizada por um dos interlocutores, não configura crime, escuta ambiental, muito menos interceptação telefônica, mas apenas gravação ambiental. Com efeito, a adequação típica alvitrada pelo Ministério Público como justificativa para a instauração do procedimento investigativo é carente de mínima plausibilidade, afigurando-se insuficiência de justa causa à persecução. Em razão disso, a decisão judicial de busca e apreensão é fulminada pela nulidade por desdobramento (*fruits of the poisonous tree*). Embora não se afigure ética e moralmente louvável a realização de gravação clandestina, contrária às diretrizes preconizadas pela autoridade incumbida para o ato, a realidade é que, naquela conjuntura, não se revelou ilegal, muito menos criminosa." (STJ, AgRg no HC 716.210-DF, Rel. Min. Sebastião Reis Júnior, Sexta Turma, por unanimidade, julgado em 10/05/2022, DJe 13/05/2022., Info 737).

Segundo entendimento do STF: "É inconstitucional — por violar o princípio da separação dos Poderes (CF/1988, art. 2º), em decorrência da usurpação da iniciativa exclusiva do Poder Executivo para legislar sobre a organização e a administração dos órgãos da Administração Pública (CF/1988, art. 61, § 1º, II, "e", e art. 84, VI, "a") – lei de iniciativa parlamentar que institui regra de reserva de vagas de estacionamento aos órgãos públicos estaduais." (STF, Informativo 1076, ADI 6937/RO, relator Min. Gilmar Mendes, julgamento virtual finalizado em 21.11.2022 (segunda-feira), às 23:59).

4. Defensoria Pública

- A Defensoria Pública é **instituição permanente, essencial à função jurisdicional do Estado, incumbindo-lhe, como expressão e instrumento do regime democrático, fundamentalmente, a orientação jurídica, a promoção dos direitos humanos e a defesa, em todos os graus, judicial e extrajudicial, dos direitos individuais e coletivos, de forma integral e gratuita, aos necessitados**, na forma do inciso LXXIV do art. 5º desta Constituição Federal. ("o Estado prestará assistência jurídica integral e gratuita aos que comprovarem insuficiência de recursos").
- São **princípios institucionais da Defensoria Pública** a unidade, a indivisibilidade e a independência funcional, aplicando-se também, no que couber, o disposto no art. 93 e no inciso II do art. 96 desta Constituição Federal.
- Acerca dos **princípios institucionais da Defensoria Pública** (unidade, indivisibilidade e independência funcional), assevera Uadi Lammêgo Bulos que "Pelo vetor da unidade, a Defensoria Pública é una, vedando-se a formação de 'panelinhas' ou 'grupelhos' que busquem a satisfação de interesses particulares. Segundo o ditame da indivisibilidade, a Defensoria Pública não pode ser dividida ou fragmentada, porque a prestação da assistência jurídica é contínua, ainda quando um defensor possa vir a ser substituído por outro ao longo de sua atividade. Conforme a diretriz da independência funcional, o defensor não deve satisfações a ninguém, mas apenas a sua própria consciência, podendo desagradar aqueles que se sentirem ofendidos por sua atuação, sem que sofra represálias ou retaliações de quem quer que seja" (BULOS, Uadi Lammêgo. *Curso de Direito Constitucional.* 9 ed. São Paulo: Saraiva, 2015, p. 1443).
- Lei complementar organizará a Defensoria Pública da União e do Distrito Federal e dos Territórios e prescreverá normas gerais para sua organização nos Estados, em cargos de carreira, providos, na classe inicial, mediante concurso público de provas e títulos, assegurada a seus integrantes a garantia da **inamovibilidade** (mas não a vitaliciedade) e vedado o exercício da advocacia fora das atribuições institucionais.
- Em superação ao entendimento da Súmula 421 do STJ, STJ e STF passaram a entender que, independentemente do ente público com que litiga, será assegurado o pagamento de honorários sucumbenciais à Defensoria Pública, por inexistir subordinação deste órgão ao Poder Executivo. (STJ. 2ª Turma. REsp 2.089.489-GO, Rel. Min. Francisco Falcão, julgado em 5/9/2023 - Info 786 e STF. Plenário. RE 1.140.005/RJ, Rel. Min. Roberto Barroso, julgado em 26/06/2023. Repercussão Geral – Tema 1.002. Info 1100.).

  Na mesma decisão, o STF entendeu ser **vedado** o rateio do valor recebido à título de honorários sucumbenciais entre os membros, devendo a quantia ser destinada exclusivamente à estruturação das unidades dessa instituição.
- **Atenção!** A **EC 69/12** passou a disciplinar que compete à União organizar e manter a Defensoria Pública dos Territórios, mas que a organização e a manutenção da Defensoria Pública do Distrito Federal caberá ao próprio DF.
- Nos termos da jurisprudência do STF, "A EC 45/2004 outorgou expressamente autonomia funcional e administrativa às defensorias públicas estaduais, além da iniciativa para a propositura de seus orçamentos (art. 134, § 2º): donde, ser **inconstitucional a norma local que estabelece a vinculação da Defensoria Pública a Secretaria de Estado**. A norma de autonomia inscrita no art. 134, § 2º, da CF pela EC 45/2004 é de eficácia plena e aplicabilidade imediata, dado ser a Defensoria Pública um instrumento de efetivação dos direitos humanos." (ADI 3.569, julgada em 2007 e relatada pelo Ministro Sepúlveda Pertence).

  "A Defensoria Pública tem a garantia de estar em juízo para defesa de suas prerrogativas e funções institucionais, não se mostrando necessário, nessa hipótese, que sua representação judicial fique a cargo da Advocacia-Geral da União."[SL 866 AgR, rel. min. Dias Toffoli, j. 13-9-2019, P, DJE de 2-10-2019.]

  "A Defensoria Pública pode prestar assistência jurídica às pessoas jurídicas que preencham os requisitos constitucionais. Há a possibilidade de que pessoas jurídicas sejam, de fato, hipossuficientes. As expressões "insuficiência de recursos" e "necessitados" podem aplicar-se tanto às pessoas físicas quanto às pessoas jurídicas. **Os defensores públicos não precisam de inscrição na OAB para desempenhar suas funções."** (STF, ADI 4636/DF, rel. min. Gilmar Mendes, julgamento em 03/11/2021, info 1036).

  Já manifestou o STJ que: "No âmbito da audiência de inquirição de testemunhas, a ausência de contato prévio entre o réu e seu defensor dativo configura cerceamento de defesa." (REsp 1.794.907-RS, Rel. Min. Sebastião Reis Júnior, Sexta Turma, por unanimidade, julgado em 13/09/2022. Info. 749).
- De acordo com as jurisprudências do STJ e do STF, as **Defensorias Públicas Estaduais podem atuar perante os tribunais superiores**. O fundamento é

o art. 106 da Lei Complementar 80/94, segundo o qual, a Defensoria Pública do Estado prestará assistência jurídica aos necessitados, em todos os graus de jurisdição e instâncias administrativas do Estado e caberá a ela interpor recursos aos Tribunais Superiores, quando cabíveis.

- **Defensoria e convênio com a OAB**: "É inconstitucional toda norma que, impondo a Defensoria Pública estadual, para prestação de serviço jurídico integral e gratuito aos necessitados, a obrigatoriedade de assinatura de convênio exclusivo com a OAB, ou com qualquer outra entidade, viola, por conseguinte, a autonomia funcional, administrativa e financeira daquele órgão público." (ADI 4.163, julgada em 2012 e relatada pelo Ministro Cezar Peluso).

  Ainda, entende o STF que: "Não se harmoniza com a Constituição Federal (CF) o art. 3º da Lei 8.906/1994 ao estatuir a dupla sujeição ao regime jurídico da Ordem dos Advogados do Brasil (OAB) e ao da Defensoria Pública, federal ou estadual." (RE 1240999/SP, rel. min. Alexandre de Moraes, julgamento em 03/11/2021).

- **Ao Defensor Público aplica-se o regramento disposto no art. 41 da CF, ou seja, será estável após 3 anos de efetivo exercício** e poderá perder o cargo em virtude de sentença judicial transitada em julgado, ou mediante processo administrativo em que lhe seja assegurada ampla defesa, ou mediante procedimento de avaliação periódica de desempenho, na forma da lei complementar, assegurada ampla defesa. Aliás, o STF já entendeu inconstitucional previsão da Constituição do Rio de Janeiro que previa estabilidade com 2 anos e perda do cargo apenas por sentença judicial transitada em julgado (ADI 230, julgada em 2010 e relatada pela Ministra Cármen Lúcia).

- **Atenção! A EC 80/2014** alterou o art. 98 do ADCT, que passou a dispor o seguinte: O número de defensores públicos na unidade jurisdicional será proporcional à efetiva demanda pelo serviço da Defensoria Pública e à respectiva população. § 1º: No prazo de 8 (oito) anos, a União, os Estados e o Distrito Federal deverão contar com defensores públicos em todas as unidades jurisdicionais, observado o disposto no caput deste artigo. Durante o decurso do prazo previsto no § 1º deste artigo, a lotação dos defensores públicos ocorrerá, prioritariamente, atendendo as regiões com maiores índices de exclusão social e adensamento populacional.

  Para o STJ: "A Defensoria Pública possui legitimidade ativa para propor ação civil pública com vista a impor ao Estado o cumprimento de obrigações legais na tutela de pequenos agricultores familiares, sendo prescindível a comprovação prévia e concreta da carência dos assistidos." (REsp 1.847.991-RS, Rel. Min. Og Fernandes, Segunda Turma, por unanimidade, julgado em 16/08/2022.Info 748)

- **Súmulas**
- **Súmula 644, do STF:** "Ao titular do cargo de Procurador de autarquia não se exige a apresentação de instrumento de mandato para representá-la em juízo."

12. CONTROLE DE CONSTITUCIONALIDADE

- **CF, artigos 97 e 102 a 103 da CF.**

1. O Controle de Constitucionalidade consiste na **fiscalização da compatibilidade** entre condutas (comissivas ou omissivas) dos Poderes Públicos e o bloco de constitucionalidade, integrado pela Constituição Formal.

2. **Bloco de constitucionalidade** (ideia de Louis Favoreu, mas desenvolvida por Canotilho e consagrada nas ADIs 595 e 514, pelo Ministro Celso de Mello) consiste no **conjunto de normas materialmente constitucionais**, que servem de paradigma para controle de constitucionalidade, mas que, não necessariamente, integram formalmente a Constituição, a exemplo dos tratados internacionais de direitos humanos aprovados de acordo com o regramento do art. 5º, § 3º, da CF. Entretanto, nesse bloco não estão incluídas as normas infraconstitucionais. Assim, se uma norma ofende uma lei, mas não viola diretamente a Constituição, não é possível a realização do controle de constitucionalidade, posto que lei eventualmente violada não integra o bloco de constitucionalidade. Essa lei ofendida, que fica entre a norma objeto de questionamento e a Constituição, recebe o nome de norma interposta. **O STF tem posição firme no sentido de que não se admite controle de constitucionalidade em face de norma interposta**, ou seja, só há controle de constitucionalidade quando ocorrer violação ao bloco de constitucionalidade. Destacamos o seguinte julgado: "Ação direta de inconstitucionalidade. Lei nº 6.004, de 14/04/98, do Estado de Alagoas. Alegada violação aos arts. 150, § 6º; e 155, § 2º, XII, g, da constituição federal. **Ausência de conflito direto com o texto constitucional. Não cabe controle abstrato de constitucionalidade por violação de norma infraconstitucional interposta, sem ocorrência de ofensa direta à Constituição Federal.** Hipótese caracterizada nos autos, em que, para aferir a validade da lei alagoana sob enfoque frente aos dispositivos da Constituição Federal, seria necessário o exame do conteúdo da Lei Complementar nº 24/75 e do Convênio 134/97, inexistindo, no caso, conflito direto com o texto constitucional. Ação direta de inconstitucionalidade não conhecida". (STF. ADI 2122, julgada no ano 2000 e relatada pelo Ministro Ilmar Galvão).

3. **Evolução do controle de constitucionalidade no Brasil**

- **Constituição de 1891:** o controle difuso de constitucionalidade, que pode ser realizado por qualquer juiz mediante a provocação de qualquer indivíduo que tenha direito seu obstaculizado por uma inconstitucionalidade, tem raiz no direito norte-americano (caso Marbury vs Madison de 1803), mas somente foi introduzido no Brasil pela Constituição de 1891.

- **Constituição de 1934:** criou a ação direta de inconstitucionalidade interventiva, introduziu a cláusula da reserva de plenário (exigência que a declaração de inconstitucionalidade somente possa ser pronunciada pela maioria absoluta do tribunal), e estabeleceu ao Senado Federal atribuição para suspender a execução, no todo ou em parte, de lei ou ato normativo declarado inconstitucional por decisão definitiva.
- **Constituição de 1937:** de cunho ditatorial, criou a esdrúxula possibilidade de o Presidente da República submeter as decisões de inconstitucionalidade do Poder Judiciário ao crivo do Parlamento, para reexame. Havendo dois terços dos votos em cada Casa do Congresso, a decisão judicial de inconstitucionalidade perdia seus efeitos.
- **Constituição de 1946:** reestruturou o controle de constitucionalidade brasileiro. Ademais, a teor da Emenda Constitucional nº 16, de 1965, admitiu a representação contra inconstitucionalidade de lei ou ato de natureza normativa, federal, estadual, em face da Constituição da República, cujo julgamento competia exclusivamente ao STF. Também foi responsável por prever o controle concentrado de constitucionalidade em âmbito estadual (EC 16/65).
- **Constituição de 1967:** por meio da EC 01/69, previu o controle de constitucionalidade de lei municipal frente à Constituição Estadual. Também foi sob a égide da Constituição de 1967 que surgiu o primeiro elemento ou sucedâneo de incidência do *stare decisis*. A teor da EC 07/77, adotou-se a representação para interpretação de lei ou ato normativo federal ou estadual, que tinha, segundo o Regimento Interno do Supremo Tribunal Federal, "força vinculante". O *stare decisis* (está decidido) é o elemento que atribui efeito vinculante ao precedente judicial.
- **Constituição de 1988:** foi responsável pela democratização da legitimidade para a propositura de ações no controle concentrado, criando o rol de legitimados do art. 103, da CF, abandonando a legitimidade exclusiva do PGR. Além disso, criou a ação direta de inconstitucionalidade por omissão e o mandado de injunção, instrumentos que atacam as omissões inconstitucionais. Também é da Constituição Cidadã de 1988 o reconhecimento do controle concentrado de constitucionalidade estadual (art. 125, § 2º, da CF). Outra novidade foi a criação da ADPF – arguição de descumprimento de preceito fundamental (art. 102, parágrafo único, da CF). Por fim, a EC 03/93, fez previsão da ação declaratória de constitucionalidade, de lei ou ato normativo federal, com efeito vinculante.

4. Formas de inconstitucionalidade

- A inconstitucionalidade atacada pode ser **formal ou nomodinâmica** (vício de procedimento legislativo ou de afronta a regras de iniciativa/competência) ou **material ou nomoestática** (vício que afeta o conteúdo substantivo das normas constitucionais). Ex: projeto de lei de iniciativa de deputado federal visando criação de cargos na administração federal padecerá de vício de inconstitucionalidade **formal subjetiva** (vício de competência ou iniciativa), pois nesse caso a iniciativa é privativa do Presidente da República, nos termos do art. 61, § 1º, II, "a", da CF.
- Considerando-se que a inconstitucionalidade formal se relaciona a vício de procedimento ou de iniciativa/competência, ela só pode ser aferida em relação às regras constitucionais vigentes no momento de sua elaboração, e não em razão da mudança posterior do parâmetro constitucional.
- Segundo o STF, "Tem-se **inconstitucionalidade reflexa** – a cuja verificação não se presta a ação direta – quando o vício de ilegitimidade ir-rogado a um ato normativo é o desrespeito à Lei Fundamental por ha-ver violado norma infraconstitucional interposta, a cuja observância estaria vinculado pela Constituição" (ADI 3132, Rel. Sepúlveda Pertence. Julgamento em 15.02.2006).

5. Controle prévio ou preventivo

- **Proposta legislativa pretensamente inconstitucional pode ser impugnada** por meio de mandado de segurança individual manejado por parlamentar sob o argumento de vulneração às cláusulas pétreas e violação ao direito líquido e certo de participação de um processo legislativo hígido (STF. MS 20.257, julgado em 1981 e relatado pelo Ministro Décio Miranda).
- O **veto do Presidente da República** a projeto de lei aprovado pelas casas do Congresso Nacional, por motivo de inconstitucionalidade é considerado mecanismo de controle político prévio de constitucionalidade, a teor do art. 66, § 1º, da CF.
- A sustação, pelo Poder Legislativo, de atos normativos do presidente da República que exorbitem do poder regulamentar constitui exemplo do controle de constitucionalidade **posterior ou repressivo** (não prévio ou preventivo), manejado via **Decreto Legislativo** produzido pelo Congresso Nacional (art. 49, V, da CF).

6. Controle posterior ou repressivo

- **Em regra, o controle repressivo de constitucionalidade é exercido pelo Poder Judiciário. Excepcionalmente** o Legislativo pode realizar esse controle, o que se dá por decreto legislativo emitido pelo Congresso Nacional para sustar atos normativos do Poder Executivo que exorbitem de poder regulamentar ou da delegação legislativa (artigos 49, V, 84, IV e 68, todos da CF). O Legislativo também faz controle repressivo em relação às medidas provisórias (art. 62

da CF). O Executivo também tem a possibilidade de realizar controle repressivo, o que se materializa pelo descumprimento, por parte de seu Chefe, de lei ou ato normativo que entenda inconstitucional.

- Apesar de haver dissonância na doutrina, há julgados do STF e do STJ que sinalizam pela **possibilidade de o chefe do Executivo deixar de aplicar lei que entenda inconstitucional**, podendo ainda determinar a seus subordinados que assim procedam. (STF. ADI 221, julgada em 1993 e relatada pelo Ministro Moreira Alves: "O controle de constitucionalidade da lei ou dos atos normativos é de competência exclusiva do Poder Judiciário. Os Poderes Executivo e Legislativo, por sua chefia – e isso mesmo tem sido questionado com o alargamento da legitimação ativa na ação direta de inconstitucionalidade –, podem tão só determinar aos seus órgãos subordinados que deixem de aplicar administrativamente as leis ou atos com força de lei que considerem inconstitucionais"). (STJ, REsp 23121, julgado em 1993 e relatado pelo Ministro Humberto Gomes de Barros: "O Poder Executivo deve negar execução a ato normativo que lhe pareça inconstitucional").

7. Controle jurisdicional

- O Brasil adota duas formas de controle jurisdicional: **difuso** (realizado por qualquer juízo) e **concentrado** (realizado apenas por um órgão de cúpula, que em âmbito federal, é o STF). Assim, o direito brasileiro dispõe de um **controle ou sistema jurisdicional misto.**
- O Controle difuso também pode ser denominado por: concreto; Incidental ou *incidenter tantum*; Via de Exceção; Processo Subjetivo; De efeitos inter partes; Estadunidense e Aberto.
- O Controle concentrado pode ser denominado por: Abstrato; Principal; Via de Ação; Processo Objetivo; De efeitos *erga omnes*; Austríaco e Reservado.

DENOMINAÇÕES DAS FORMAS DE CONTROLE DE CONSTITUCIONALIDADE NO BRASIL	
1. Controle Difuso	**2. Controle Concentrado**
Concreto	Abstrato
Incidental ou *incidenter tantum*	Principal
Via de Exceção	Via de Ação
Processo Subjetivo	Processo Objetivo
De efeitos *inter partes*	De efeitos *erga omnes*
Estadunidense	Austríaco
Aberto	Reservado

8. Controle difuso

- O controle difuso é fruto de construção jurisprudencial da Suprema Corte dos Estados Unidos (no famoso **caso Marbury *versus* Madison**, em 1803), embora alguns autores defendam que decisões anteriores já indicavam a possibilidade de o Judiciário declarar uma norma contrária à Constituição, a exemplo de Uadi Lammêgo Bulos: "A justiça do Estado de New Jersy, nos idos de 1780, já havia declarado que leis contrárias à constituição reputavam-se nulas. Em 1782, um grupo de juízes da Virgínia declararam, em seus vereditos, que leis inconstitucionais afiguravam-se nulas. No ano de 1787, a Suprema Corte da Carolina do Norte invalidou leis contrárias aos artigos da Confederação. Todas essas datas demonstram o quão é equivocada a ideia de que o controle difuso nasceu no caso Madison versus Marbury. Na realidade, o *decisum* de Marshall resultou do amadurecimento de séculos. Homens e instituições, de todo o mundo, exigiam o respeito incondicional às normas constitucionais, a fim de se encontrar a tão almejada salvaguarda de direitos e garantias". (BULOS, Uadi Lammêgo. Curso de Direito Constitucional. 2. ed. São Paulo: Saraiva, 2008, p. 114).
- O controle de constitucionalidade incidental brasileiro **pode ser provocado por qualquer pessoa e realizado por todo juiz, inclusive de ofício**, pois a questão constitucional somente servirá de fundamentação para decisão quanto ao pedido que envolve a resolução de um caso concreto.
- No controle difuso, a pronúncia do Judiciário sobre a inconstitucionalidade não é feita enquanto manifestação sobre o objeto principal da lide, mas sim sobre questão prévia (**via de exceção)**, indispensável ao julgamento do mérito. Em outras palavras: na via de exceção, a questão constitucional é a **causa de pedir**, e não o pedido.
- Somente pelo voto da maioria absoluta de seus membros ou dos membros do respectivo órgão especial poderão os tribunais declarar a inconstitucionalidade de lei ou ato normativo do Poder Público. Trata-se do denominado **Princípio da Reserva de Plenário**, previsto no art. 97, da CF, e reafirmado na Súmula Vinculante 10.

  Nos termos do art. 949, parágrafo único, do CPC – Lei 13.105/2015, os órgãos fracionários dos tribunais não submeterão ao plenário, ou ao órgão especial, a arguição de inconstitucionalidade, quando já houver pronunciamento destes ou do plenário do Supremo Tribunal Federal sobre a questão. Trata-se de **abrandamento da cláusula de reserva de plenário** (art. 97, da CF), e que encontra guarida na jurisprudência do STF (RE 190.725, julgado em 1995 e relatado pelo Ministro Ilmar Galvão)
- A cláusula constitucional de reserva de plenário, insculpida no art. 97 da CF, fundada na presunção de constitucionalidade das leis, **não impede que os órgãos fracionários ou os membros julgadores dos tribunais, quando atuem monocraticamente, rejeitem a arguição de invalidade dos atos normativos, conforme consagrada lição da doutrina** (MOREIRA, José Carlos Barbosa. Comen-

tários ao Código de Processo Civil, Vol. V – Arts. 476 a 565, Rio de Janeiro: Ed. Forense, 2009, p. 40)." (STF. RE 636.359-AgR, julgado em 2011 e relatado pelo ministro Luiz Fux).

- Nos termos da Súmula Vinculante 10, **viola a cláusula de reserva de plenário** (CF, artigo 97) a decisão de órgão fracionário de tribunal que, embora não declare expressamente a inconstitucionalidade de lei ou ato normativo do poder público, afasta sua incidência, no todo ou em parte.
- Entretanto, como já decidiu o STF, "a simples ausência de aplicação de uma dada norma jurídica ao caso sob exame não caracteriza, apenas por isso, violação da orientação firmada pelo STF. Para caracterização da contrariedade à Súmula Vinculante 10, do STF, **é necessário que a decisão fundamente-se na incompatibilidade entre a norma legal tomada como base dos argumentos expostos na ação e a Constituição.**" (Rcl 6.944, julgada em 2010 e relatada pela Ministra Cármen Lúcia).
- Segundo o STF, "EMENTA: (...) 1. **A cláusula de reserva de plenário (full bench) é aplicável somente aos textos normativos erigidos sob a égide da atual Constituição.** 2. As normas editadas quando da vigência das Constituições anteriores se submetem somente ao juízo de recepção ou não pela atual ordem constitucional, o que pode ser realizado por órgão fracionário dos Tribunais sem que se tenha por violado o art. 97 da CF. (...)" AI 669.872 AgR (DJe 14.02.2013) – Relator Ministro Luiz Fux – Primeira Turma.
- "Vê-se, portanto, na linha de iterativa jurisprudência prevalecente nesta Suprema Corte e em outros tribunais (RTJ 82/44 - RTJ 99/544 - RTJ 124/415 - RTJ 135/32 - RT 179/922 - RT 208/197 - RT 231/665, v.g.), que a incompatibilidade entre uma lei anterior (como a norma ora questionada inscrita na Lei 691/1984 do Município do Rio de Janeiro/RJ, p. ex.) e uma Constituição posterior (como a Constituição de 1988) resolve-se pela constatação de que se registrou, em tal situação, revogação pura e simples da espécie normativa hierarquicamente inferior (o ato legislativo, no caso), não se verificando, por isso mesmo, hipótese de inconstitucionalidade (RTJ 145/339 - RTJ 169/763). **Isso significa que a discussão em torno da incidência, ou não, do postulado da recepção – precisamente por não envolver qualquer juízo de inconstitucionalidade (mas, sim, quando for o caso, o de simples revogação de diploma pré-constitucional) – dispensa, por tal motivo, a aplicação do princípio da reserva de Plenário (CF, art. 97), legitimando, por isso mesmo, a possibilidade de reconhecimento, por órgão fracionário do Tribunal, de que determinado ato estatal não foi recebido pela nova ordem constitucional** (RTJ 191/329-330), além de inviabilizar, porque incabível, a instauração do processo de fiscalização normativa abstrata (RTJ 95/980 - RTJ 95/993 - RTJ 99/544 - RTJ 143/355 - RTJ 145/339, v.g.)." (AI 582.280 AgR, voto do Rel. Min. Celso de Mello, julgamento em 12-9-2006, Segunda Turma, DJ de 6-11-2006.) No mesmo sentido: RE 495.370-AgR, Rel. Min. Joaquim Barbosa, julgamento em 10-8-2010, Segunda Turma, DJE de 1º-10-2010.
- De acordo com o STF, "O **art. 97 da Constituição**, ao subordinar o reconhecimento da inconstitucionalidade de preceito normativo a decisão nesse sentido da 'maioria absoluta de seus membros ou dos membros dos respectivos órgãos especiais', está se dirigindo aos tribunais indicados no art. 92 e aos respectivos órgãos especiais de que trata o art. 93, XI. A referência, portanto, **não atinge juizados de pequenas causas (art. 24, X) e juizados especiais (art. 98, I)**, os quais, pela configuração atribuída pelo legislador, não funcionam, na esfera recursal, sob regime de plenário ou de órgão especial." (ARE 792.562-AgR, rel. min. Teori Zavascki, julgamento em 18-3-2014, Segunda Turma, DJE de 2-4-2014.)
- **O princípio da reserva de plenário não se aplica ao STF no julgamento de recursos extraordinários**. Assim já assentou a jurisprudência: "O STF exerce, por excelência, o controle difuso de constitucionalidade quando do julgamento do recurso extraordinário, tendo os seus colegiados fracionários competência regimental para fazê-lo sem ofensa ao art. 97 da CF." (RE 361.829, julgado em 2010 e relatado pela Ministra Ellen Gracie).
- **Súmula 513 do STF**: "a decisão que enseja a **interposição de recurso** ordinário ou extraordinário não é a do plenário, que resolve o incidente de inconstitucionalidade, mas a do órgão (câmaras, grupos ou turmas) que completa o julgamento do feito".
- **Em regra, a ação civil pública não pode ser usada como instrumento de controle de constitucionalidade**, sob pena de usurpação das atribuições do STF (Ag. 189.601, julgado em 1997 e relatado pelo Ministro Moreira Alves).
- **Entretanto, é possível a utilização da ação civil pública** como instrumento de controle incidental de constitucionalidade de leis ou atos do poder público, **desde que a questão qualifique-se apenas como questão prejudicial, indispensável à resolução da lide principal**. Nesse sentido, é esclarecedora a RCL 1.733, apreciada no ano 2000 e relatada pelo Ministro Celso de Mello: "O Supremo Tribunal Federal tem reconhecido a legitimidade da utilização da ação civil pública como instrumento idôneo de fiscalização incidental de constitucionalidade, pela via difusa, de quaisquer leis ou atos do Poder Público, mesmo quando contestados em face da Constituição da República, desde que, nesse processo coletivo, a controvérsia constitucional, longe de identificar-se como objeto único da demanda, qualifique-se como simples questão prejudicial, indispensável à resolução do litígio principal".

- A eficácia da decisão no controle difuso é ***inter partes***, não *erga omnes*.
- Poderá haver a geração de efeitos *erga omnes* se aplicado o art. 52, X, da CF, segundo o qual o **Senado Federal pode suspender a execução**, no todo ou em parte, de lei declarada inconstitucional por decisão definitiva do Supremo Tribunal Federal. No entanto, a jurisprudência do STF tem avançado em reconhecer a mutação constitucional desse inciso, de modo que a decisão do STF, por si só, já teria efeitos vinculantes, de modo que a manifestação do Senado teria o mero caráter de publicar e divulgar a decisão. [ADI 3.406 e ADI 3.470, rel. min. Rosa Weber, j. 29-11-2017, P, Informativo 886.]
- A resolução do **Senado Federal** que suspende **a execução** (e não a eficácia)**, no todo ou em parte**, de lei declarada inconstitucional por decisão definitiva do Supremo Tribunal Federal é forma de controle político de constitucionalidade, nos termos do art. 52, X, da CF.
- No controle difuso, quando houver **declaração de não recepção** (e não de inconstitucionalidade), não há enquadramento ao art. 52, X, da CF, portanto, o STF **não** deverá encaminhar a decisão ao Senado Federal.
- Segundo o STF, uma vez expedida, a **resolução senatorial é irretratável**.
- **Predomina o entendimento** no sentido de que o Senado Federal **não é obrigado** a suspender a execução de lei declarada inconstitucional pelo STF, pois se trata de atividade discricionária desse órgão do Poder Judiciário. Quanto à extensão da suspensão, o entendimento é no sentido de que **o Senado Federal está vinculado ao que decidiu o STF**. Assim, se, por exemplo, o STF declarou uma inconstitucionalidade parcial, o Senado tem que seguir a mesma linha, não podendo suspender a execução total da lei. Por fim, também é assente o pensamento segundo o qual a suspensão da execução pelo Senado Federal pode se dar em relação a **lei federal, estadual, distrital ou municipal**.
- Ao contrário dos demais órgãos jurisdicionais, que, no controle difuso, só podem declarar a inconstitucionalidade *incidenter tantum* (como fundamento para apreciação dos pedidos de cada caso julgado) de norma que devesse ser aplicada à hipótese concreta de julgamento, **ao Supremo Tribunal Federal, conforme sua jurisprudência dominante, é possível, quando apreciada a inconstitucionalidade em sede de controle difuso, emitir juízo quanto à validade ou invalidade da norma, ainda que a aplicação ou não desta se mostre dispensável à solução concreta da controvérsia** (MENDES, Gilmar Ferreira; COELHO, Inocêncio Mártires; BRANCO, Paulo Gustavo Gonet. *Curso de Direito Constitucional.* 2 ed. São Paulo: Saraiva, 2008, p. 1.076). Referido posicionamento foi adotado pelo STF em 2005, no julgamento do MS 20.505, relatado pelo Ministro Néri da Silveira, e também na apreciação do RE 102.553, julgado em 2005 e relatado pelo Ministro Francisco Rezek.
- "O poder de que dispõe qualquer juiz ou tribunal para deixar de aplicar a lei inconstitucional a determinado processo (...) pressupõe a invalidade da lei e, com isso, a sua nulidade. **A faculdade de negar aplicação à lei inconstitucional corresponde ao direito do indivíduo de recusar-se a cumprir a lei inconstitucional, assegurando-se-lhe, em última instância, a possibilidade de interpor recurso extraordinário ao STF contra decisão judicial que se apresente, de alguma forma, em contradição com a Constituição (...) (Cf., a propósito, Rp 980, Rel. Min. Moreira Alves, RTJ 96, p. 508). Tanto o poder do juiz de negar aplicação à lei inconstitucional quanto a faculdade assegurada ao indivíduo de negar observância à lei inconstitucional (mediante interposição de recurso extraordinário) demonstram que o constituinte pressupôs a nulidade da lei inconstitucional.** Em certos casos, o efeito necessário e imediato da declaração de nulidade de uma norma, na declaração de inconstitucionalidade pelo STF ou pelos Tribunais de Justiça dos Estados, há de ser a exclusão de toda ultra-atividade da lei inconstitucional. **A eventual eliminação dos atos praticados com fundamento na lei inconstitucional terá de ser considerada em face de todo o sistema jurídico, especialmente das chamadas fórmulas de preclusão.** Na espécie, com a declaração de inconstitucionalidade, pelo tribunal local, dos atos normativos que conferiam pontuação extra a todos os servidores públicos municipais, quando submetidos a concurso público, atribuindo-lhes 40% da pontuação total das provas, entendo que o ato do Prefeito não violou direito líquido e certo dos impetrantes." (RE 348.468, voto do Relator, Ministro Gilmar Mendes, julgamento em 2009).
- **"No direito brasileiro, jamais se aceitou a ideia de que a nulidade da lei importaria na eventual nulidade de todos os atos que com base nela viessem a ser praticados.** Embora a ordem jurídica brasileira não disponha de preceitos semelhantes aos constantes do § 79 da Lei do Bundesverfassungsgericht, que prescreve a intangibilidade dos atos não mais suscetíveis de impugnação, **não se deve supor que a declaração de nulidade afete, entre nós, todos os atos praticados com fundamento na lei inconstitucional.** É verdade que o nosso ordenamento não contém regra expressa sobre o assunto, aceitando-se, genericamente, a ideia de que o ato fundado em lei inconstitucional está eivado, igualmente, de ilicei-dade (Cf., a propósito, RMS 17.976, Rel. Amaral Santos, RTJ 55, p. 744). **Concede-se, porém, proteção ao ato singular, em homenagem ao princípio da segurança jurídica, procedendo-se à diferenciação entre o efeito da decisão no plano normativo (Normebene) e no plano do ato singular (Einzelaktebene) mediante a utilização das chamadas fórmulas de preclusão** (cf. Ipsen, Jörn, Rechtsfolgen

der Verfassungswidrigkeit von Norm und Einzelakt, Baden-Baden, 1980, p. 266 e s. Ver, também, Mendes, Gilmar, Jurisdição Constitucional, 5ª ed., São Paulo: Saraiva, 2005, p. 334)." (RE 217.141-AgR, voto do Relator, Ministro Gilmar Mendes, julgamento em 2006).

- **Os efeitos da decisão no controle difuso são *ex tunc*.** Entretanto, o STF já admitiu a modulação dos efeitos das decisões proferidas em sede de controle difuso de constitucionalidade, o que representa uma flexibilização do princípio da nulidade no controle de constitucionalidade. "A declaração de inconstitucionalidade reveste-se, ordinariamente, de eficácia ex tunc (RTJ 146/461-462 – RTJ 164/506-509), retroagindo ao momento em que editado o ato estatal reconhecido inconstitucional pelo STF. **O STF tem reconhecido, excepcionalmente, a possibilidade de proceder à modulação ou limitação temporal dos efeitos da declaração de inconstitucionalidade, mesmo quando proferida, por esta Corte, em sede de controle difuso. Precedente: RE 197.917/SP, Rel. Min. Maurício Corrêa (Pleno).** Revela-se inaplicável, no entanto, a teoria da limitação temporal dos efeitos, se e quando o STF, ao julgar determinada causa, nesta formular juízo negativo de recepção, por entender que certa lei préconstitucional mostra-se materialmente incompatível com normas constitucionais a ela supervenientes. A não recepção de ato estatal pré-constitucional, por não implicar a declaração de sua inconstitucionalidade – mas o reconhecimento de sua pura e simples revogação (RTJ 143/355 – RTJ 145/339) –, descaracteriza um dos pressupostos indispensáveis à utilização da técnica da modulação temporal, que supõe, para incidir, dentre outros elementos, a necessária existência de um juízo de inconstitucionalidade. Inaplicabilidade, ao caso em exame, da técnica da modulação dos efeitos, por tratar-se de diploma legislativo, que, editado em 1984, não foi recepcionado, no ponto concernente à norma questionada, pelo vigente ordenamento constitucional." (STF. AI 589.281-AgR, julgado em 2006 e relatado pelo Ministro Celso de Mello).

- Vale destacar trecho do Informativo 304, do STF, que versa sobre o julgamento do **RE 197.917, conhecido popularmente como "Caso Mira Estrela"**, que foi o *leading case* sobre modulação de efeitos no controle difuso de constitucionalidade: "Retomado o julgamento de recurso extraordinário interposto contra acórdão do Tribunal de Justiça do Estado de São Paulo que reconhecera a constitucionalidade do parágrafo único do art. 6º da Lei Orgânica do Município de Mira Estrela, de menos de três mil habitantes, que fixara em 11 o número de vereadores da Câmara Municipal, por entender que o número estabelecido não se afastou dos limites constantes da CF, art. 29, IV, a, b e c. Na assentada anterior, o Min. Maurício Corrêa, relator, proferira voto no sentido de julgar procedente, em parte, o pedido formulado na ação, declarando a inconstitucionalidade do parágrafo único do art. 6º da Lei 226/90 do referido Município, por considerar que o citado preceito constitucional estabelece um critério de proporcionalidade aritmética para o cálculo do número de vereadores, não tendo os municípios autonomia para fixar esse número discricionariamente, sendo que, na espécie, o Município em questão somente poderia ter 9 vereadores, sob pena de incompatibilidade com a proporção determinada pela CF (v. Informativos 271 e 274). Na presente Sessão, **O Min. Gilmar Mendes, embora acompanhando o voto do Min. Maurício Corrêa, relator, proferiu voto-vista no sentido de restringir a declaração da inconstitucionalidade pro futuro, de modo que tal declaração não afete a composição da atual legislatura da Câmara Municipal, cabendo ao legislativo municipal estabelecer nova disciplina sobre a matéria, em tempo hábil para que se regule o próximo pleito eleitoral**. (STF. RE 197.917-SP, julgado em 2003 e relatado pelo Ministro Maurício Corrêa).

  O STF manifestou que: "Em respeito ao princípio da separação dos poderes, previsto no art. 2º da Constituição Federal, quando não caracterizado o desrespeito às normas **constitucionais** pertinentes ao processo legislativo, é **defeso** ao Poder Judiciário exercer o controle jurisdicional em relação à **interpretação do sentido e do alcance de normas meramente regimentais das Casas Legislativas, por se tratar de matéria 'interna corporis'**." STF. Plenário. RE 1297884/DF, Rel. Min. Dias Toffoli, julgado em 11/6/2021 (Repercussão Geral – Tema 1120) (Info 1021).

- **Repercussão Geral**

- No recurso extraordinário o recorrente deverá demonstrar a **repercussão geral** das questões constitucionais discutidas no caso, nos termos da lei, a fim de que o Tribunal examine a admissão do recurso, somente podendo recusá-lo pela manifestação de dois terços de seus membros (art. 102, § 3º, da CF).

- **Atenção!** A **preliminar formal de repercussão geral** é exigida nos recursos extraordinários interpostos de acórdãos publicados a partir de 3 de maio de 2007, data da entrada em vigor da Emenda Regimental nº 21/07 ao RISTF, que estabeleceu as normas necessárias à execução das disposições legais e constitucionais sobre o novo instituto (QO-AI 664.567, Min. Sepúlveda Pertence).

- Em regra, o **recurso extraordinário** apresenta-se como um instrumento do controle difuso de constitucionalidade. Entretanto, em sede de controle concentrado de constitucionalidade, se uma norma da Constituição Estadual violada é idêntica à norma da Constituição Federal, caso tenha sido provocado o controle de constitucionalidade estadual, será cabível um Recurso Extraordinário da decisão do TJ (que aprecia o controle concentrado estadual) para o STF, pois, nos termos do art. 102, III, "a", da CF, compete ao Supremo Tribunal Federal, precipuamente, a guarda da Constituição, cabendo-lhe julgar, mediante recurso extraordinário, as causas decididas em única ou última instância, quando a decisão recorrida contrariar dispositivo da Constituição. Assim, nesse caso excepcional, o recurso extraordinário poderá ser utilizado como um elemento do controle concentrado.

- O STF entende que os efeitos temporais da coisa julgada nas **relações jurídicas tributárias de trato sucessivo** são imediatamente cessados quando o STF se manifestar em sentido oposto em julgamento de controle concentrado de constitucionalidade ou de recurso extraordinário **com repercussão geral**. Isso porque essas decisões interrompem automaticamente os efeitos temporais das decisões transitadas em julgado nas referidas relações, respeitadas a irretroatividade, a anterioridade anual e a noventena ou a anterioridade nonagesimal, conforme a natureza do tributo. STF. INFO 1082 Plenário. RE 955227/BA, Rel. Min. Roberto Barroso, julgado em 8/02/2023(Repercussão Geral – Tema 885) e RE 949297/CE, Rel. Min. Edson Fachin, redator do acórdão Min. Roberto Barroso, julgado em 8/02/2023(Repercussão Geral – Tema 881).

9. Controle concentrado

- O Controle concentrado pode ser manejado via: **ADI** – Ação Direta de Inconstitucionalidade (por ação, omissão ou interventiva); **ADC** – Ação Declaratória de Constitucionalidade e; **ADPF** – Arguição de Descumprimento de Preceito Fundamental.
- Compete ao **Supremo Tribunal Federal**, precipuamente, a **guarda da Constituição**, cabendo-lhe processar e julgar, originariamente, entre outras, a ação direta de inconstitucionalidade de lei ou ato normativo federal ou estadual (mas, não municipal) e a ação declaratória de constitucionalidade de lei ou ato normativo federal, consoante art. 102, I, "a", da CF.
- Desde a edição da EC 45/04, o **rol de legitimados** para a propositura de ADI e de ADC é o mesmo: aquele disposto no art. 103 da CF.
- **Podem propor** a ação direta de inconstitucionalidade, a ação declaratória de constitucionalidade e a arguição de descumprimento de preceito fundamental: I – o Presidente da República; II – a Mesa do Senado Federal; III – a Mesa da Câmara dos Deputados; IV – a Mesa de Assembléia Legislativa ou da Câmara Legislativa do Distrito Federal; V – o Governador de Estado ou do Distrito Federal; VI – o Procurador-Geral da República; VII – o Conselho Federal da Ordem dos Advogados do Brasil; VIII – partido político com representação no Congresso Nacional; IX – confederação sindical ou entidade de classe de âmbito nacional.
- No caso de um partido **político perder sua representação no Congresso Nacional** após ter proposto uma ação direta de inconstitucionalidade, essa **ação não é considerada prejudicada**, pois a aferição de legitimidade deve ser feita apenas no momento da propositura, conforme jurisprudência do STF.
- Caso um **Governador seja afastado cautelarmente de suas funções, em razão do recebimento de denúncia por crime comum, não terá legitimidade ativa** para propor ações do controle concentrado de constitucionalidade, segundo jurisprudência do STF. STF. Plenário. ADI 6728 AgR/DF, Rel. Min. Edson Fachin, julgado em 30/4/2021 (Info 1015).
- Segundo a jurisprudência do STF, figuram como **requisitos qualificativos das entidades de classe de âmbito nacional**, para fins de acesso ao controle abstrato de normas, **(i) a delimitação subjetiva da associação**, que deve representar categoria delimitada ou delimitável de pessoas físicas ou jurídicas, sendo vedada a heterogeneidade de composição (ADI nº 4.230/RJ-AgR, de relatoria do Ministro Dias Tóffoli); **(ii) o caráter nacional, configurada com a comprovação da presença de associados em ao menos nove Estados da Federação** (ADI nº 108/DF-QO, Ministro Celso de Mello, DJ de 5/6/92); e **(iii) a vinculação temática entre os objetivos institucionais da postulante e a norma objeto de sindicância.**
- **Associações de associações:** Em especial, quanto às associações de associações, decidiu o STF: ""Ação direta de inconstitucionalidade: legitimação ativa: 'entidade de classe de âmbito nacional': compreensão da 'associação de associações' de classe: revisão da jurisprudência do Supremo Tribunal. **O conceito de entidade de classe é dado pelo objetivo institucional classista, pouco importando que a eles diretamente se filiem os membros da respectiva categoria social ou agremiações que os congreguem, com a mesma finalidade, em âmbito territorial mais restrito.** É entidade de classe de âmbito nacional – como tal legitimada à propositura da ação direta de inconstitucionalidade (CF, art. 103, IX) – aquela na qual se congregam associações regionais correspondentes a cada unidade da Federação, a fim de perseguirem, em todo o País, o mesmo objetivo institucional de defesa dos interesses de uma determinada classe. **Nesse sentido, altera o Supremo Tribunal sua jurisprudência, de modo a admitir a legitimação das 'associações de associações de classe', de âmbito nacional, para a ação direta de inconstitucionalidade**." (ADI 3.153-AgR, Rel. Min. Sepúlveda Pertence, julgamento em 12-8-2004, Plenário, DJ de 9-9-2005.)
- "A CF/88 e a lei preveem que a "entidade de classe de âmbito nacional" possui legitimidade para propor ADI, ADC e ADPF.

  A jurisprudência do STF, contudo, afirma que apenas as entidades de classe com associados ou membros em pelo menos 9 (nove) Estados da Federação dispõem de legitimidade ativa para ajuizar ação de controle abstrato de constitucionalidade.

Assim, **não basta que a entidade declare no seu estatuto ou ato constitutivo que possui caráter nacional. É necessário que existam associados ou membros em pelo menos 9 (nove) Estados da Federação.** Isso representa 1/3 dos Estados-membros/DF. Trata-se de um critério objetivo construído pelo STF com base na aplicação analógica da Lei Orgânica dos Partidos Políticos (art. 7º, § 1º, da Lei nº 9.096/95)." STF. Plenário. ADI 3287, Rel. Marco Aurélio, Relator p/ Acórdão Ricardo Lewandowski, julgado em 05/08/2020 (Info 988 – clipping).

- "A entidade que não representa a totalidade de sua categoria profissional não possui legitimidade ativa para ajuizamento de ações de controle concentrado de constitucionalidade." STF. ADI 6465 AgR/DF, rel. Min. Alexandre de Moraes, julgamento virtual finalizado em 19.10.2020. Info 995.
- Segundo o STF: "O rol do artigo 103 da Constituição Federal é exaustivo quanto à legitimação para a propositura da ação direta de inconstitucionalidade. **Os denominados conselhos**, compreendidos no gênero "autarquia" e tidos como a consubstanciar a espécie corporativista **não se enquadram na previsão constitucional relativa às entidades de classe de âmbito nacional**. Da Lei Básica Federal exsurge a legitimação de Conselho único, ou seja, o Federal da Ordem dos Advogados do Brasil. **Daí a ilegitimidade "ad causam" do Conselho Federal de Farmácia e de todos os demais que tenham idêntica personalidade jurídica** – de direito público (Ação Direta de Inconstitucionalidade nº 641, Relator Ministro Néri da Silveira, vencido, na qual fui designado para redigir o acórdão, publicado no Diário da Justiça de 12 de março de 1999, página 03557, Ementário 01695-02, página 00.223)".
- As **centrais sindicais não têm legitimidade ativa** para ajuizar ADI perante o STF. "Ação direta de inconstitucionalidade. Ausência de legitimidade ativa de Central Sindical (CUT)." (ADI 1.442, Rel. Min. Celso de Mello, julgamento em 3-11-2004, Plenário, DJ de 29-4-2005.)
- De acordo com o STF, "no âmbito das **associações sindicais**, apenas estão aptas a deflagrar o controle concentrado de constitucionalidade as entidades de terceiro grau, ou seja, as confederações sindicais organizadas na forma da lei, excluindo-se, portanto, os sindicatos e as federações, **ainda que possuam abrangência nacional**" (ADO 9. Relatora: Ministra Ellen Gracie. Julgamento: 21/10/2010).

  É necessária procuração com poderes específicos ao advogado para assinar petição inicial de ação direta de inconstitucionalidade, devendo tal procuração mencionar a lei ou ato normativo a ser impugnado. STF. Plenário. ADI 6051, Rel. Cármen Lúcia, julgado em 27/03/2020.
- Nos termos da jurisprudência do STF, são **legitimados especiais**, ou seja, precisam demonstrar **pertinência temática**: a) Mesa da Assembleia Legislativa ou da Câmara Legislativa do Distrito Federal; b) Governador do Estado ou do Distrito Federal; c) Confederação Sindical ou Entidade de Classe de âmbito nacional. Os demais são legitimados neutros ou universais e não precisam demonstrar pertinência temática.
- "O requisito da **pertinência temática – que se traduz na relação de congruência que necessariamente deve existir entre os objetivos estatutários ou as finalidades institucionais da entidade autora e o conteúdo material da norma questionada em sede de controle abstrato** – foi erigido à condição de pressuposto qualificador da própria legitimidade ativa ad causam para efeito de instauração do processo objetivo de fiscalização concentrada de constitucionalidade." Essa foi a conclusão do STF no bojo da ADI 1.157-MC, julgada em 1994 e relatada pelo Ministro Celso de Mello.
- No controle concentrado de constitucionalidade, a petição inicial nem sempre precisa ser assinada por advogado. Essa exigência de assinatura da inicial atinge apenas: a) partido político com representação no Congresso Nacional e; b) Confederação Sindical ou Entidade de Classe de âmbito nacional. Os demais legitimados têm **capacidade postulatória presumida ou especial**.
- O entendimento encampado pelo STF é que **o Governador de Estado deve assinar a petição inicial**, sendo **facultada a assinatura do Procurador-Geral do Estado**, tendo em vista que a legitimidade repousa sobre o Governador. Ou seja, a petição inicial pode ser assinada pelo Governador de Estado ou do DF isolada ou conjuntamente com o Procurador-Geral do Estado ou Advogado habilitado, mas o Procurador-Geral do Estado não pode assiná-la sozinho, por não possuir legitimidade *ad causam*. Nesse sentido, decisão monocrática da Ministra Rosa Weber, no bojo da ADI 5084, julgada em 2014 e ARE 893279/DF, julgado em 2015 e relatado pelo Ministro Celso de Mello.
- **Particularidades do processo objetivo do controle concentrado** (Listagem realizada com base nas lições de: LENZA, Pedro. *Direito Constitucional Esquematizado.* 16 ed. São Paulo: Saraiva, 2012, p. 329).

I. Inexistência de **prazo recursal em dobro ou diferenciado para contestar** (STF, ADI 2.130, julgada em 2001 e relatada pelo Ministro Celso de Mello);

II. Inexistência de **prazo prescricional ou decadencial** (STF, ADI 1.247, julgada em 1995 e relatada pelo Ministro Celso de Mello);

III. Inadmissibilidade de **assistência jurídica** a qualquer das partes (art. 169, § 2º, do Regimento Interno do STF);

IV. Inadmissibilidade de **intervenção de terceiros** (art. 7º, *caput*, da Lei 9.868/99 e art. 169, § 2º, do Regimento Interno do STF). Mas, o relator, considerando a relevância da matéria e a representatividade dos postulantes, poderá, por despacho irrecorrível, admitir a **manifestação de outros órgãos ou entidades** (art. 7º, § 2º, da Lei 9.868/99), o que abre espaço para a figura do *amicus curiae*, conforme já decidiu o STF na ADI 2238, julgada em 2002 e relatada pelo Ministro Ilmar Galvão. Assim, pode-se dizer que a atuação do ***amicus curiae*** tem natureza *sui generis*.

V. Vedação expressa à **desistência** da ação proposta (art. 5º, *caput*, da Lei 9.868/99 e art. 169, § 1º, do Regimento Interno do STF);

VI. **Irrecorribilidade** da decisão proferida, **salvo embargos de declaração** (art. 26 da Lei 9.868/99);

VII. **Irrescindibilidade** da decisão proferida (não pode ser atacada por ação rescisória), nos termos do art. 26 da Lei 9.868/99;

VIII. **Não vinculação do STF à tese jurídica/causa de pedir**, já que no processo objetivo de controle de constitucionalidade o que importa é a apreciação do pedido.

IX. **Possibilidade de dilação probatória com perícia ou audiência pública**: nos termos do art. 9º, § 2º, da Lei 9.868/99, em caso de necessidade de esclarecimento de matéria ou circunstância de fato ou de notória insuficiência das informações existentes nos autos, poderá o relator requisitar informações adicionais, designar perito ou comissão de peritos para que emita parecer sobre a questão, ou fixar data para, em audiência pública, ouvir depoimentos de pessoas com experiência e autoridade na matéria.

- Quanto à **participação do *amicus curiae***, vale destacar a jurisprudência do STF: "Ação direta de inconstitucionalidade. Embargos de declaração opostos por amicus curiae. Ausência de legitimidade. Interpretação do § 2º da Lei 9.868/1999. A jurisprudência deste Supremo Tribunal é assente quanto ao não cabimento de recursos interpostos por terceiros estranhos à relação processual nos processos objetivos de controle de constitucionalidade. **Exceção apenas para impugnar decisão de não admissibilidade de sua intervenção nos autos**. Precedentes." (ADI 3.615, julgada em 2008 e relatada pela Ministra Cármen Lúcia).

- Com o advento do CPC (Lei 13.105/2015), **o *amicus curiae* passou a ser admitido em qualquer processo**, de maneira ampla. Desse modo, segundo a nova norma processualística, **o juiz ou o relator, considerando a relevância da matéria, a especificidade do tema objeto da demanda ou a repercussão social da controvérsia, poderá, por decisão irrecorrível, de ofício ou a requerimento das partes ou de quem pretenda manifestar-se, solicitar ou admitir a participação de pessoa natural ou jurídica, órgão ou entidade especializada, com representatividade adequada, no prazo de 15 (quinze) dias de sua intimação** (art. 138, do CPC). Assim, interpretando a aplicação do *amicus curiae* com o advento do novel ordenamento processualista, "A intervenção do *amicus curiae* passou a ser possível em qualquer processo, desde que se trate de causa relevante, ou com tema muito específico ou que tenha repercussão social (art. 138, caput, CPC). Generalizou-se a intervenção do *amicus curiae*" (DIDIER JÚNIOR, Fredie. *Curso de Direito Processual Civil*, Vol 1, 17. Ed. Salvador: Ed. Juspodivm, 2015, p. 523). Além disso, compete destacar que **o Código inseriu o *amicus curiae* dentre as disposições relativas à intervenção de terceiros**.

- Segundo a Ministra do STF Cármen Lúcia, no julgamento da ADI 3943, "**a pertinência temática também é requisito para a admissão de *amicus curiae*** [...]. Reduzir a pertinência temática ao disposto no estatuto das entidades, desconsiderando a sua natureza jurídica e a sua finalidade precípua, colocaria o Supremo Tribunal na condição submissão de ter de admitir sempre toda entidade em qualquer ação de controle abstrato de constitucionalidade de normas jurídicas como *amicus curiae*, bastando incluir-se em seu estatuto a finalidade de defender a Constituição da República".

  "A decisão do Relator que admite ou inadmite o ingresso do amicus curiae é irrecorrível." (STF. Plenário. RE 602584 AgR, Rel. para acórdão Min. Luiz Fux, julgado em 17/10/2018.)

- **Presença do contraditório:** de acordo com o STF "CONTROLE DE CONSTITUCIONALIDADE E GARANTIA DO CONTRADITÓRIO. – [...] **O postulado do contraditório, no processo de controle abstrato de constitucionalidade, vê-se atendido**, de um lado, com a possibilidade de o órgão estatal defender, objetivamente, o próprio ato que editou, e, de outro, com a intervenção do Advogado-Geral da União, que, em atuação processual plenamente vinculada, deve assumir, na condição de garante e curador da presunção de constitucionalidade, a defesa irrestrita da validade jurídica da norma impugnada (...)". (ADI 1434 MC/SP)

- **Impedimento e suspeição:** conforme restou claro no voto do Ministro Gilmar Mendes quando do julgamento da AS 37, em 2009, "Na linha de pensamento da Corte constitucional alemã, (...), **a arguição de suspeição revela-se incabível no âmbito do processo objetivo de controle normativo abstrato de constitucionalidade**. No tocante ao **impedimento, este pode ocorrer se o julgador houver atuado no processo como requerente, requerido, Advogado-Geral da União ou Procurador-Geral da República**. (...). No voto que proferiu quando do julgamento da ADI 2.370/CE, o eminente Ministro Sepúlveda Pertence esclareceu, forte em precedentes da casa (ADI 55, Gallotti, 13.5.89; ADI 2.243, Marco Aurélio, 16.8.2000) que o Supremo Tribunal Federal não admite, no processo objetivo da ação direta de inconstitucionalidade, 'nem impedimentos, que não sejam os de formal participação na relação processual, nem de suspeição'. Ante o exposto, nego seguimento à presente arguição de suspeição (art. 21, § 1º, do RISTF).

- **"Não há impedimento, nem suspeição de ministro, nos julgamentos de ações de controle con-**

centrado, exceto se o próprio ministro firmar, por razões de foro íntimo, a sua não participação." STF. Plenário. ADI 6362/DF, Rel. Min. Ricardo Lewandowski, julgado em 2/9/2020 (Info 989).

10. ADI

- O **objeto** da ADI é lei ou ato normativo federal, estadual ou distrital. Já o objeto da **ADC** é somente lei ou ato normativo federal (art. 102, I, "a", da CF). Por sua vez, a **ADPF** admite como objeto também a lei ou ato normativo municipal.
- Enumerando os **atos que podem ser objeto de controle concentrado** de constitucionalidade, Ives Gandra da Silva Martins e Gilmar Ferreira Mendes (*Controle Concentrado de Constitucionalidade.* 2 ed. São Paulo: Saraiva, 2005, p. 171-175):

I. Direito Federal:

1. Disposições da Constituição propriamente ditas, desde que sejam normas secundárias (oriundas de emendas constitucionais, conforme ADI 829-3, julgada em 1993 e relatada pelo Ministro Moreira Alves); 2. Leis de todas as formas e conteúdos, incluídas todas as leis formais e atos normativos gerais federais, além das medidas provisórias; 3. Decreto Legislativo que contém a aprovação do Congresso Nacional aos tratados e autoriza o Presidente da República a ratificá-los em nome do Brasil (art. 49, I, da CF); 4. Decreto do Chefe do Executivo que promulga os Tratados e Convenções; 5. Decreto Legislativo do Congresso Nacional que suspende a execução de ato do Executivo, em virtude de incompatibilidade com a lei regulamentada (art. 49, V, da CF); 6. Atos normativos editados por pessoas jurídicas de direito público criadas pela União, bem como, 7. Os regimentos dos Tribunais Superiores, se configurado o seu caráter autônomo, não meramente acessório;

II. Direito Estadual:

1. Disposições das Constituições Estaduais; 2. Leis Estaduais de qualquer espécie ou conteúdo; 3. Leis Estaduais editadas para regulamentar matéria de competência exclusiva da União (art. 22, parágrafo único da CF); 4. Decreto editado com força de Lei (c.f. ADI 460-3, julgada em 1991 e relatado pelo Ministro Sepúlveda Pertence); 5. Regimento Interno dos Tribunais Estaduais; 6. Regimento Interno das Assembleias Legislativas; 7. Atos Normativos expedidos por pessoas jurídicas de direito público estadual.

ATOS QUE PODEM SER OBJETO DE CONTROLE CONCENTRADO DE CONSTITUCIONALIDADE PERANTE O STF

I. Normas de Direito Federal	II. Normas de Direito Estadual
1. Disposições da Constituição propriamente ditas, desde que sejam normas secundárias (oriundas de emendas constitucionais)	1. Disposições das Constituições Estaduais;
2. Leis de todas as formas e conteúdos, incluídas todas as leis formais e atos normativos gerais federais, além das medidas provisórias	2. Leis Estaduais de qualquer espécie ou conteúdo
3. Decreto Legislativo que contém a aprovação do Congresso Nacional aos tratados e autoriza o Presidente da República a ratificá-los em nome do Brasil;	3. Leis Estaduais editadas para regulamentar matéria de competência exclusiva da União;
4. Decreto do Chefe do Executivo que promulga os Tratados e Convenções;	4. Decreto editado com força de Lei;
5. Decreto Legislativo do Congresso Nacional que suspende a execução de ato do Executivo, em virtude de incompatibilidade com a lei regulamentada (art. 49, V, da CF);	5. Regimento Interno dos Tribunais Estaduais;
6. Atos normativos editados por pessoas jurídicas de direito público criadas pela União;	6. Regimento Interno das Assembleias Legislativas;
7. Os regimentos dos Tribunais Superiores, se configurado o seu caráter autônomo, não meramente acessório.	7. Atos Normativos expedidos por pessoas jurídicas de direito público estadual.

- Complementando, segundo a doutrina são atos normativos e, portanto, podem ser objeto de controle de constitucionalidade: a) **resoluções administrativas dos tribunais** (c.f. medida cautelar na ADI 1352-1, julgada em 1995 e relatada pelo Ministro Sepúlveda Pertence); b) **deliberações administrativas de outros órgãos do Poder Judiciário** (c.f. ADI 728, relatada pelo Ministro Marco Aurélio), inclusive dos Tribunais Regionais do Trabalho (c.f. ADI 681, julgada em 1992 e relatada pelo Ministro Néri da Silveira), salvo as convenções coletivas de trabalho; c) **atos estatais de conteúdo meramente derrogatórios, como as resoluções administrativas desde que incidam sobre atos de caráter normativo** (c.f. ADI 1716, relatado pelo Ministro Sepúlveda Pertence). (MORAES, Alexandre de. *Direito Constitucional.* 25 ed. São Paulo: Atlas, 2010, p. 739).
- O STF ainda reconhece que os **decretos autônomos** podem ser objeto de controle concentrado de constitucionalidade: "Decreto que, não se limitando a regulamentar lei, institua benefício fiscal ou introduza outra novidade normativa, reputa-se **autônomo e, como tal, é suscetível de controle concentrado de constitucionalidade** (ADI 3.664, julgada em 2011 e relatada pelo Ministro Cezar Peluso).

- **Resolução administrativa do Conselho Nacional de Justiça** que discipline determinada matéria, de forma geral e abstrata, pode ser objeto de ação direta de inconstitucionalidade. Assim entendeu o STF no bojo da ADI 3367, julgada em 2005 e relatada pelo Ministro Cezar Peluso.
- **Resolução do CNMP** também já foi reconhecida como objeto possível de ADI (Cautelar na ADI 3831, julgada em 2006 e relatada pela Ministra Cármen Lúcia).
- As **emendas constitucionais** podem ser objeto de controle de constitucionalidade, ou em outras palavras: admite-se a existência de normas constitucionais inconstitucionais, desde que não sejam originárias, mas oriundas de emendas constitucionais (vide ADIs 4357, 4372, 4400 e 4425, que versam sobre a inconstitucionalidade da EC 62/2009, que criou um regime especial de pagamento de precatórios).
- **Excepcionalmente se admite o controle concentrado de normas de efeito concreto, notadamente em se tratando de lei formal.** Na ADI 4048 MC/DF, julgada em 2008 e relatada pelo Ministro Gilmar Mendes, o STF entendeu possível o controle concentrado de normas de efeito concreto, admitindo-se o controle de constitucionalidade da Medida Provisória 405/2007, que abriu crédito extraordinário, em favor da Justiça Eleitoral e de diversos órgãos do Poder Executivo. Assim julgou o STF: "O Supremo Tribunal Federal deve exercer sua função precípua de fiscalização da constitucionalidade das leis e dos atos normativos quando houver um tema ou uma controvérsia constitucional suscitada em abstrato, independente do caráter geral ou específico, concreto ou abstrato de seu objeto. Possibilidade de submissão das normas orçamentárias ao controle abstrato de constitucionalidade".
- **Controle concentrado de Leis Orçamentárias.** Estabelecendo **mudança de posicionamento, em 2008 o STF passou a admitir o controle concentrado de leis orçamentárias**. Destacamos trecho do julgado: "A extensão da jurisprudência, desenvolvida para afastar do controle abstrato de normas os atos administrativos de efeito concreto, às chamadas leis formais suscita, sem dúvida, alguma insegurança, porque coloca a salvo do controle de constitucionalidade um sem-número de leis. (...) Outra há de ser, todavia, a interpretação, se se cuida de atos editados sob a forma de lei. Nesse caso, houve por bem o constituinte não distinguir entre leis dotadas de generalidade e aqueloutras, conformadas sem o atributo da generalidade e abstração. Essas leis formais decorrem ou da vontade do legislador ou do desiderato do próprio constituinte, que exige que determinados atos, ainda que de efeito concreto, sejam editados sob a forma de lei (v.g., lei de orçamento, lei que institui empresa pública, sociedade de economia mista, autarquia e fundação pública). Ora, se a Constituição submete a lei ao processo de controle abstrato, até por ser este o meio próprio de inovação na ordem jurídica e o instrumento adequado de concretização da ordem constitucional, não parece admissível que o intérprete debilite essa garantia da Constituição, isentando um número elevado de atos aprovados sob a forma de lei do controle abstrato de normas e, muito provavelmente, de qualquer forma de controle. É que muitos desses atos, por não envolverem situações subjetivas, dificilmente poderão ser submetidos a um controle de legitimidade no âmbito da jurisdição ordinária. Ressalte-se que não se vislumbram razões de índole lógica ou jurídica contra a aferição da legitimidade das leis formais no controle abstrato de normas, até porque abstrato – isto é, não vinculado ao caso concreto – há de ser o processo e não o ato legislativo submetido ao controle de constitucionalidade. (...) **Todas essas considerações parecem demonstrar que a jurisprudência do STF não andou bem ao considerar as leis de efeito concreto como inidôneas para o controle abstrato de normas. (...) A Corte não pode se furtar à análise do tema posto nesta ação direta. Há uma questão constitucional, de inegável relevância jurídica e política, que deve ser analisada a fundo."** (ADI 4.048, julgada em 2008 e relatada pelo Ministro Gilmar Mendes)
- **A revogação de lei ou ato normativo objeto de ação direta de inconstitucionalidade implica perda de objeto da ação**. Este é o posicionamento do STF: "É por essa razão que o magistério jurisprudencial desta Suprema Corte tem advertido que o controle concentrado de constitucionalidade reveste-se de um só e único objetivo: o de julgar, em tese, a validade de determinado ato estatal contestado em face do ordenamento constitucional, desde que em regime de plena vigência, pois – conforme já enfatizado pelo Supremo Tribunal Federal (RTJ 95/980 – RTJ 95/993 – RTJ 99/544 – RTJ 145/339) –, o julgamento da arguição de inconstitucionalidade, quando deduzida "in abstracto", não deve considerar, para efeito do contraste que lhe é inerente, a existência de paradigma revestido de valor meramente histórico" (ADC 8, julgada em 2004 e relatada pelo Ministro Celso de Mello).
- Vale ressaltar que atos normativos **secundários**, tais como decretos regulamentares que não inovam originariamente a ordem jurídica, **não** poderão ser objeto de controle concentrado de constitucionalidade.
- **Caso seja proposta ADI contra Medida Provisória e esta se converta em lei antes de a ação ser julgada (com o mesmo texto questionado na ação), não há prejudicialidade do pedido, posto que não há convalidação de vícios existentes na norma, e, portanto, o STF pode realizar o controle de constitucionalidade**. O autor da ação deve, entretanto, peticionar o aditamento da ação (ADI 1055, Rel. Min. Gilmar Mendes, julgamento em 15/12/2016).

- Nos termos da Súmula 642, do STF: "**Não cabe ação direta de inconstitucionalidade de lei do Distrito Federal derivada da sua competência legislativa municipal**". Assim, apesar de o Distrito Federal poder fazer uso das competências legislativas dos Estados (art. 32, § 1º, da CF) e dos Municípios, somente as normas criadas por ele no exercício de competência estadual poderão ser objeto de ação direta de inconstitucionalidade. Isso porque, conforme art. 102, I, "a", da CF, compete ao Supremo Tribunal Federal, precipuamente, a guarda da Constituição, cabendo-lhe processar e julgar, originariamente, a ação direta de inconstitucionalidade de lei ou ato normativo federal ou estadual.
- Lei municipal que apresenta antinomia direta e frontal, somente com a Constituição Federal, **não** pode ser objeto de ação direta de inconstitucionalidade proposta perante o Tribunal de Justiça Estadual, pois esse ajuizamento somente seria possível se também houvesse afronta à Constituição Estadual, no caso de haver normas repetidas (Rcl 383, julgada em 1992 e relatada pelo Ministro Octavio Gallotti). Por sua vez, nessa **hipótese em que um ato normativo municipal puder ser contestado em face de norma da constituição do Estado repetida da CF, por força da reprodução obrigatória, a competência para julgar a ADI somente poderá ser do TJ em face da Constituição Estadual, pois lei municipal não poder ser objeto de ADI perante o STF (art. 102, I, "a", da CF).**
- Predomina na doutrina o entendimento que **a Súmula Vinculante não pode ser objeto de ação direta de inconstitucionalidade.** Isso porque, ela tem **procedimento próprio** para edição, revisão ou cancelamento (art. 103-A, da CF), que inclusive exige quórum mais qualificado (dois terços) do que o exigido para o STF declarar um ato normativo inconstitucional (maioria absoluta).
- O STF somente admite como objeto de ação direta de inconstitucionalidade lei ou ato normativo federal ou estadual que contrariar a CF, estando **excluídos os decretos e resoluções**.
- **Lei ou norma de caráter ou efeito concreto já exaurido não pode** ser objeto de controle abstrato de constitucionalidade, em ação direta de inconstitucionalidade. (STF. ADI 2.980, julgada em 2009 e relatada pelo Ministro Cezar Peluso).
- **Procedimento para julgamento da ADI**
- A **petição inicial** da ação direta de inconstitucionalidade inepta, não fundamentada e a manifestamente improcedente será liminarmente indeferida pelo relator, **mas cabe agravo** (consoante art. 3º, parágrafo único, e art. 4º, ambos da lei 9.868/99).
- Nos termos do art. 103, § 1º, da CF, **o Procurador-Geral da República deverá ser previamente ouvido nas ações de inconstitucionalidade** e em todos os processos de competência do Supremo Tribunal Federal.
- De acordo com o art. 103, § 3º, da CF, quando o Supremo Tribunal Federal apreciar a inconstitucionalidade, em tese, de norma legal ou ato normativo, **citará, previamente, o Advogado-Geral da União, que defenderá o ato ou texto impugnado**.
- "Não se admite o aditamento à inicial após o recebimento das informações requeridas e das manifestações do Advogado-Geral da União e do Procurador-Geral da República."STF. Plenário. ADI 4541/BA, Rel. Min. Cármen Lúcia, julgado em 16/4/2021 (Info 1013)
- Salvo no período de recesso, a **medida cautelar (também chamada de liminar)** na ação direta será concedida por decisão da maioria absoluta dos membros do Tribunal, após a audiência dos órgãos ou autoridades dos quais emanou a lei ou ato normativo impugnado, que deverão pronunciar-se no prazo de cinco dias, consoante art. 10, da Lei 9.868/99.
- A **eficácia de uma liminar** concedida em sede de ação direta de inconstitucionalidade opera, regra geral, efeitos *ex nunc*, podendo ter efeitos *ex tunc*, em caráter excepcional, se o Supremo Tribunal Federal assim o declarar expressamente, demonstrando a conveniência da medida.
- A concessão de medida cautelar **torna aplicável a legislação anterior acaso existente**, salvo expressa manifestação em sentido contrário, nos exatos termos do art. 11, § 2º, da Lei 9.868/99.

  Repristinação Constitucional ou **Efeito Repristinatório Tácito em Âmbito Constitucional**: a repristinação é fenômeno que se manifesta pela recuperação da vigência de uma norma que tinha sido revogado, se, por acaso, a lei que a tinha revogado, por qualquer razão, perder a vigência (porque foi revogada, por exemplo). Simplificando: tomemos três leis "1", "2" e "3". Se "2" revoga "1", mas "3"revoga "2", "1" volta a ter vigência. No plano legal, esse fenômeno só existe de forma expressa, não havendo repristinação tácita. Mas, no plano constitucional, fala-se na existência de um efeito repristinatório tácito, em que no controle de constitucionalidade concentrado, a concessão da medida cautelar ou decisão de mérito torna aplicável a legislação anterior acaso existente, salvo expressa manifestação em sentido contrário (art. 11, § 2°, da Lei 9.868/99).
- Conforme entendimento do STF, **não cabe reclamação da decisão que conceder ou negar a liminar** proferida em ação direta de inconstitucionalidade. "O indeferimento de liminar em ação direta de inconstitucionalidade, pouco importando o fundamento, não dá margem à apresentação de reclamação" (STF. Rcl-AgR 2810, julgada em 2004 e relatada pelo Ministro Marco Aurélio).
- A decisão sobre a constitucionalidade ou a inconstitucionalidade da lei ou do ato normativo somente será tomada **se presentes na sessão pelo menos 8 Ministros** (art. 22, da Lei 9.868/99).

- Efetuado o julgamento, **proclamar-se-á a constitucionalidade ou a inconstitucionalidade da disposição ou da norma impugnada se num ou noutro sentido se tiverem manifestado pelo menos 6 Ministros**, quer se trate de ação direta de inconstitucionalidade ou de ação declaratória de constitucionalidade (art. 23, da Lei 9.868/99).
- As **decisões definitivas de mérito**, proferidas pelo Supremo Tribunal Federal, nas ações diretas de inconstitucionalidade e nas ações declaratórias de constitucionalidade produzirão eficácia contra todos (*erga omnes*) e efeito vinculante, relativamente aos demais órgãos do Poder Judiciário e à administração pública direta e indireta, nas esferas federal, estadual e municipal (art. 28, parágrafo único, da Lei 9.868/99).
- De acordo com a jurisprudência dominante do Supremo Tribunal Federal, "a mera instauração do processo de controle normativo abstrato não se reveste, só por si, de efeitos inibitórios das atividades normativas do Poder Legislativo, que não fica impossibilitado, por isso mesmo, de revogar, enquanto pendente a respectiva ação direta, a própria lei objeto de impugnação perante o Supremo Tribunal, podendo, até mesmo, reeditar o diploma anteriormente pronunciado inconstitucional, eis que **não se estende, ao Parlamento, a eficácia vinculante que resulta, naturalmente, da própria declaração de inconstitucionalidade proferida em sede concentrada**." (ADI 2.903, Rel. Min. Celso de Mello, julgamento em 1º-12-2005, Plenário, DJE de 19-9-2008.)
- **A eficácia geral e o efeito vinculante de decisão proferida pelo STF em ação declaratória de constitucionalidade ou direta de inconstitucionalidade de lei ou ato normativo federal não alcançam o Poder Legislativo**, que pode editar nova lei com idêntico teor ao texto anteriormente censurado pela Corte. Perfilhando esse entendimento, e tendo em conta o disposto no § 2º do art. 102 da CF e no parágrafo único do art. 28 da Lei 9.868/99, o Plenário negou provimento a agravo regimental em reclamação na qual se alegava que a edição da Lei 14.938/2003, do Estado de Minas Gerais, que instituiu taxa de segurança pública, afrontava a decisão do STF na ADI 2424 MC/CE (acórdão pendente de publicação), em que se suspendera a eficácia de artigos da Lei 13.084/2000, do Estado do Ceará, que criara semelhante tributo. Ressaltou-se que entender de forma contrária afetaria a relação de equilíbrio entre o tribunal constitucional e o legislador, reduzindo o último a papel subordinado perante o poder incontrolável do primeiro, acarretando prejuízo do espaço democrático-representativo da legitimidade política do órgão legislativo, bem como criando mais um fator de resistência a produzir o inaceitável fenômeno da chamada fossilização da Constituição. Rcl 2617 AgR/MG, rel. Min. Cezar Peluso, 23.2.2005. (Rcl-2617)
- **Modulação dos efeitos da decisão:** nos termos do art. 27, da Lei 9.868/99, ao declarar a inconstitucionalidade de lei ou ato normativo, e tendo em vista **razões de segurança jurídica ou de excepcional interesse social**, poderá o Supremo Tribunal Federal, por maioria de **dois terços de seus membros**, restringir os efeitos daquela declaração ou decidir que ela só tenha eficácia a partir de seu trânsito em julgado ou de outro momento que venha a ser fixado.
- **Modulação dos efeitos da decisão via embargos de declaração:** conforme argumentação exarada na ADI 2791, julgada perante o STF, como regra geral, as decisões proferidas em sede de ação direta possuem efeitos *ex tunc*, sendo nulo o ato impugnado desde a sua origem, mas, excepcionalmente, poderão ter eficácia ex nunc quando, por razões de segurança jurídica ou de relevante interesse social, mostrar-se oportuno que seja fixado outro momento de eficácia, nos termos do art. 27 da Lei 9.868/99. O Min. Gilmar Mendes, relator, **conheceu dos embargos de declaração e a eles deu provimento** para esclarecer que a declaração de inconstitucionalidade não afeta os casos de benefícios previdenciários, aposentadorias e pensões já assegurados, assim como nas hipóteses em que o serventuário já preencheu todos os requisitos legais para a obtenção desses benefícios até a data da publicação da decisão de declaração de inconstitucionalidade, ocorrida em 23.8.2006. **Entendeu que, nas hipóteses em que se reconhecesse que a declaração de inconstitucionalidade com efeitos limitados ou restritos seria uma imposição da própria Constituição, não se atribuiria valor definitivo a uma eventual omissão por parte do Tribunal. Assim, seria possível, em tese, identificar a omissão no âmbito dos embargos de declaração para os fins de explicitar a necessária limitação de efeitos da decisão de inconstitucionalidade. Afirmou que uma limitação de efeitos decorreria de algum princípio constitucional imanente, sobretudo da ideia de segurança jurídica** (Informativo 499 do STF).
- Nos termos do art. 5º da Lei 9.868/99, **não é possível a desistência** em sede de controle concentrado, pois o processo é objetivo, de interesse público.
- A Ação Direta de Inconstitucionalidade **não** se submete a qualquer **prazo prescricional ou decadencial.**
- "À vista do modelo dúplice de controle de constitucionalidade por nós adotado, **a admissibilidade da ação direta não está condicionada à inviabilidade do controle difuso**." (ADI 3.205, julgada em 2006 e relatada pelo Ministro Sepúlveda Pertence).

  Sendo editada Medida Provisória para revogar lei objeto de ADI, a ação ainda poderá ser julgada enquanto não for votada a Medida Provisória, ou seja, a MP não acarretará perda de objeto da ADI até que seja aprovada, e convertida em lei. STF. Plenário. ADI 5717/DF, ADI 5709/DF, ADI 5716/DF e ADI 5727/DF, Rel. Min. Rosa Weber, julgados em 27/3/2019 (Info 935).

É possível o aditamento de petição inicial de ação direta de inconstitucionalidade, a fim de incluir novos dispositivos legais, quando não forem necessárias novas informações e manifestações e não for prejudicado o cerne da ação. STF. Plenário. ADI 1926, Rel. Roberto Barroso, julgado em 20/04/2020 (Info 980 – clipping).

Pessoa física não pode intervir em ação direta na qualidade de *amicus curiae. STF. Plenário. ADI 3396 AgR/DF, Rel. Min. Celso de Mello, julgado em 6/8/2020 (Info 985).*

11. ADC

- Na **ADC não há** manifestação do Advogado-Geral da União, porque não há ato normativo a ser defendido quanto a sua constitucionalidade, pois o objeto é **por termo a controvérsia judicial relevante** (art. 14, da Lei 9.868/99).
- Só há exigência de **controvérsia judicial relevante** na ADC.
- A ação direta de inconstitucionalidade e a ação declaratória de constitucionalidade são consideradas **ações dúplices, ambivalentes, gêmeas, ou de sinais trocados**, quanto aos efeitos da decisão. Isso porque, nos termos do art. 24, da Lei 9.868/99, "Proclamada a constitucionalidade, julgar-se-á improcedente a ação direta ou procedente eventual ação declaratória; e, proclamada a inconstitucionalidade, julgar-se-á procedente a ação direta ou improcedente eventual ação declaratória". Assim também entende o STF: "Concluindo o julgamento de questão de ordem em agravo regimental interposto contra decisão do Min. Maurício Corrêa, relator – que não conhecera de reclamação ajuizada pelo Município de Turmalina-SP em que se pretendia ver respeitada a decisão proferida pelo STF na ADIn 1.662-SP por falta de legitimidade ativa ad causam do reclamante – o Tribunal, por maioria, decidiu todos aqueles que forem atingidos por decisões contrárias ao entendimento firmado pelo STF no julgamento de mérito proferido em ação direta de inconstitucionalidade, sejam considerados como parte legítima para a propositura de reclamação, e declarou a constitucionalidade do parágrafo único do art. 28 da Lei 9.868/99. Considerou-se que a ADC consubstancia uma ADI com sinal trocado e, tendo ambas caráter dúplice, seus efeitos são semelhantes. Vencidos os Ministros Moreira Alves, Ilmar Galvão e Marco Aurélio, que declaravam a inconstitucionalidade do mencionado dispositivo por ofensa ao princípio da separação de Poderes. (Lei 9.868/99, art. 28, parágrafo único: "A declaração de constitucionalidade ou de inconstitucionalidade, inclusive a interpretação conforme a Constituição e a declaração parcial de inconstitucionalidade sem redução de texto, têm eficácia contra todos e efeito vinculante em relação aos órgãos do Poder Judiciário e à Administração Pública federal, estadual e municipal."). Rcl (AgR-QO) 1.880, julgada em 2002 e relatada pelo Ministro Maurício Corrêa.
- O Supremo Tribunal Federal, por decisão da maioria absoluta de seus membros, poderá deferir **pedido de medida cautelar na ação declaratória de constitucionalidade**, consistente na determinação de que os juízes suspendam o julgamento dos processos que envolvam a aplicação da lei ou do ato normativo objeto da ação até seu julgamento definitivo, tudo de acordo com o art. 21, da Lei 9.868/99.

12. ADI por omissão

- Declarada a inconstitucionalidade por omissão de medida para tornar efetiva norma constitucional, **será dada ciência ao Poder competente para a adoção das providências necessárias** e, em se tratando de órgão administrativo, para fazê-lo em trinta dias.
- A ação direta de inconstitucionalidade por omissão **admite** medida cautelar. Nos termos do art. 12-F, da Lei 9.868/99 (incluído pela Lei 12.063/09), em caso de excepcional urgência e relevância da matéria, o Tribunal, por decisão da maioria absoluta de seus membros, observado o disposto no art. 22, poderá conceder medida cautelar, após a audiência dos órgãos ou autoridades responsáveis pela omissão inconstitucional, que deverão pronunciar-se no prazo de 5 (cinco) dias.
- **ADI, ADI por omissão e fungibilidade.** A jurisprudência do STF firma-se no seguinte sentido: "Senhores Ministros, Senhoras Ministras. Estamos diante de um caso deveras interessante. Temos quatro ações diretas de inconstitucionalidade (ADI n.º 1.987/DF, ADI n.º 875/DF, ADI n.º 2.727/DF e ADI n.º 3.243/DF) imbricadas por uma evidente relação de conexão, fenômeno que determina o seu julgamento conjunto, conforme a jurisprudência desta Corte (ADI-MC n.º 150, rel. min. Moreira Alves, DJ 9.3.1990). Por outro lado, é possível observar a intenção dos requerentes de estabelecer uma nítida distinção de pedidos: uns pela declaração da inconstitucionalidade por omissão e outros pela declaração da inconstitucionalidade (por ação). (...) O quadro aqui revelado, portanto, está a demonstrar uma clara imbricação de pedidos e causas de pedir e, dessa forma, a **evidenciar a patente fungibilidade que pode existir entre a ação direta de inconstitucionalidade e a ação direta de inconstitucionalidade por omissão.** (...) A Lei n.º 9.868/99 possui capítulos específicos para a ação direta de inconstitucionalidade (Capítulo II) e para a ação declaratória de constitucionalidade (Capítulo III). Com a nova Lei n.º 12.063, de 22 de outubro de 2009, a Lei n.º 9.868/99 passa a contar com o capítulo II-A, que estabelece rito procedimental e medidas cautelares específicas para a ação direta de inconstitucionalidade por omissão. A Lei n.º 9.882/99, por seu turno, trata da arguição de descumprimento de preceito fundamental. No Supremo Tribunal Federal, atualmente, todas as ações possuem uma classe específica de autuação: Ação Direta de Inconstitucionalidade (ADI); Ação Declaratória de Constitucionalidade

(ADC); Ação Direta de Inconstitucionalidade por Omissão (ADO) e Arguição de Descumprimento de Preceito Fundamental (ADPF). Portanto, ante a aparente confusão inicialmente verificada nos diversos pedidos, como demonstrado, e tendo em vista a patente defasagem da jurisprudência até então adotada pelo Tribunal, temos aqui uma valiosa oportunidade para superarmos o antigo entendimento e reconhecermos o caráter fungível entre as ações." (ADI 875; ADI 1.987; ADI 2.727, voto do rel. min. Gilmar Mendes, julgamento em 24-2-2010, Plenário, DJE de 30-4-2010.)

13. ADI interventiva

- A ação direta de inconstitucionalidade interventiva, também denominada por representação de inconstitucionalidade interventiva federal (art. 36, III, da CF), tem como legitimado ativo o **Procurador-Geral da República** e o decreto de intervenção federal, que especificará a amplitude, o prazo e as condições de execução e que, se couber, nomeará o interventor, **será submetido à apreciação do Congresso Nacional ou da Assembléia Legislativa do Estado, no prazo de vinte e quatro horas** (art. 34, § 1º, da CF).

14. ADPF

- A arguição de descumprimento de preceito fundamental é cabível para **evitar ou reparar lesão a preceito fundamental resultante de ato do poder público** e seu julgamento é da competência do Supremo Tribunal Federal (art. 1º, da Lei 9.882/99). Caberá também ADPF quando for relevante o fundamento da controvérsia constitucional sobre lei ou ato normativo federal, estadual ou municipal, incluídos os anteriores à Constituição (art. 1º, parágrafo único, da Lei 9.882/99).
- Aplica-se à arguição de descumprimento o **princípio da subsidiariedade**, pois, nos termos do art. 4º, § 1º, da Lei 9.882/99, não será admitida arguição de descumprimento de preceito fundamental quando houver qualquer outro meio eficaz de sanar a lesividade.
- **Princípio da fungibilidade e ADI:** "Aplicação do princípio da fungibilidade. (...) É lícito conhecer de ação direta de inconstitucionalidade como arguição de descumprimento de preceito fundamental, quando coexistentes todos os requisitos de admissibilidade desta, em caso de inadmissibilidade daquela." (ADI 4.180-MC-REF, Rel. Min. Cezar Peluso, julgamento em 10-3-2010, Plenário, DJE de 27-8-2010.)
- A arguição de descumprimento de preceito fundamental (ADPF), prevista do art. 102, § 1º, da CF, é a única ação do controle concentrado de constitucionalidade federal (apreciado pelo STF) que pode realizar controle de **recepção constitucional** (direito infraconstitucional anterior à Constituição vigente), nos termos do art. 1º, parágrafo único, I, da Lei nº 9.882/1999. A ADPF **também é a única ação a contemplar a hipótese de controle concentrado de constitucionalidade pelo Supremo Tribunal Federal sobre lei ou ato normativo municipal** em face da Constituição da República (art. 1º, parágrafo único, I, da Lei nº 9.882/1999).

  A arguição de descumprimento de preceito fundamental (ADPF) é instrumento eficaz de **controle da inconstitucionalidade por omissão.** A ADPF pode ter por objeto as omissões do poder público, quer totais ou parciais, normativas ou não normativas, nas mesmas circunstâncias em que ela é cabível contra os atos em geral do poder público, desde que essas omissões se afigurem lesivas a preceito fundamental, a ponto de obstar a efetividade de norma constitucional que o consagra. STF. Plenário. ADPF 272/DF, Rel. Min. Cármen Lúcia, julgado em 25/3/2021 (Info 1011).

- **Direito pré-constitucional revogado e a ADPF:** ADPF 33: "[...] 6. Cabimento de arguição de descumprimento de preceito fundamental para solver controvérsia sobre legitimidade de lei ou ato normativo federal, estadual ou municipal, **inclusive anterior à Constituição (norma pré-constitucional)**. 7. Requisito de admissibilidade implícito relativo à relevância do interesse público presente no caso. 8. Governador de Estado detém aptidão processual plena para propor ação direta (ADIMC 127/AL, Rel. Min. Celso de Mello, DJ 04.12.92), bem como arguição de descumprimento de preceito fundamental, constituindo-se verdadeira hipótese excepcional de jus postulandi. 9. ADPF configura modalidade de integração entre os modelos de perfil difuso e concentrado no Supremo Tribunal Federal. 10. **Revogação da lei ou ato normativo não impede o exame da matéria em sede de ADPF, porque o que se postula nessa ação é a declaração de ilegitimidade ou de não-recepção da norma pela ordem constitucional superveniente**. 11. Eventual cogitação sobre a inconstitucionalidade da norma impugnada em face da Constituição anterior, sob cujo império ela foi editada, não constitui óbice ao conhecimento da arguição de descumprimento de preceito fundamental, uma vez que nessa ação o que se persegue é a verificação da compatibilidade, ou não, da norma pré-constitucional com a ordem constitucional superveniente. [...] 15. Arguição de descumprimento de preceito fundamental julgada procedente para declarar a ilegitimidade (não-recepção) do Regulamento de Pessoal do extinto IDESP em face do princípio federativo e da proibição de vinculação de salários a múltiplos do salário mínimo (art. 60, § 4º, I, c/c art. 7º, inciso IV, in fine, da Constituição Federal). STF. ADPF 33. Relator(a): Gilmar Mendes. Julgamento: 07/12/2005.

  Medida cautelar: Manifestou o STF que a medida cautelar em ADPF deve se dar apenas quando preenchidos os seguintes requisitos: ": (i) a fumaça do bom direito se vislumbra pela probabilidade, se dissipadas as provas, de frustração da efetividade da prestação jurisdicional, em ofensa a preceitos fundamentais, como o do Estado de Direito (CF/1988, art. 1º) e o da segurança jurídica (CF/1988, art. 5º, "caput)"; e (ii) o perigo da demora na efetivação de uma decisão judicial decorre da possibilidade de esse atraso gerar a perda irreparável de peças essenciais ao acervo probatório da operação sob análise e de outros procedimentos correlatos." (ADPF 605 MC-Ref/DF, rel. Min. Dias Toffoli. Julg. Virt. 12/06/2023, Info 1098).

- Segundo restou evidente no julgamento da ADPF 37, em 2010, o STF segue a opinião de Gilmar Mendes no sentido de que **a arguição de descumprimento de preceito fundamental pode ter por objeto ato normativo já revogado**, segundo Gilmar Mendes, a ADPF, na hipótese de ato normativo revogado, tendo em vista o interesse jurídico da solução quanto à legitimidade de sua aplicação no passado.
- **Para o STF não cabe arguição de descumprimento de preceito fundamental em face de sentenças transitadas em julgado.** Tal posicionamento restou assentado na ADPF 134: ""O presente caso objetiva a desconstituição de decisões judiciais, dentre as quais muitas já transitadas em julgado, que aplicaram índice de reajuste coletivo de trabalho definido pelos Decretos Municipais 7.153/1985, 7.182/1985, 7.183/1985, 7.251/1985, 7.144/1985, 7.809/1988 e 7.853/1988, bem como pela Lei Municipal 6.090/86, todos do Município de Fortaleza/CE. Este instituto de controle concentrado de constitucionalidade não tem como função desconstituir coisa julgada. A arguição de descumprimento de preceito fundamental é regida pelo princípio da subsidiariedade a significar que a admissibilidade desta ação constitucional pressupõe a inexistência de qualquer outro meio juridicamente apto a sanar, com efetividade real, o estado de lesividade do ato impugnado. A ação tem como objeto normas que não se encontram mais em vigência. A ofensa à Constituição Federal, consubstanciada na vinculação da remuneração ao salário mínimo, não persiste nas normas que estão atualmente em vigência. Precedentes. A admissão da presente ação afrontaria o princípio da segurança jurídica." (STF. ADPF 134-AgR-terceiro, Relator Ministro Ricardo Lewandowski, julgamento em 2009).
- **O STF admite ato infralegal como objeto de ADPF.** "O Plenário julgou improcedente pedido formulado em arguição de descumprimento de preceito fundamental ajuizada, pelo Partido Democratas – DEM, contra atos da Universidade de Brasília – UnB, do Conselho de Ensino, Pesquisa e Extensão da Universidade de Brasília – Cepe e do Centro de Promoção de Eventos da Universidade de Brasília – Cespe, os quais instituíram sistema de reserva de 20% de vagas no processo de seleção para ingresso de estudantes, com base em critério étnico-racial. Preliminarmente, admitiu-se o cabimento da ação, por inexistir outro meio hábil para sanar a lesividade questionada. Apontou-se entendimento da Corte no sentido de que a **subsidiariedade da via eleita** deveria ser confrontada com a existência, ou não, de instrumentos processuais alternativos capazes de oferecer provimento judicial com eficácia ampla, irrestrita e imediata para solucionar o caso. Articulou-se que, diante **da natureza infralegal dos atos impugnados**, a ação direta de inconstitucionalidade não seria medida idônea para o enfrentamento da controvérsia, tampouco qualquer das ações que comporiam o sistema de jurisdição constitucional abstrata. (ADPF 186, julgada em 2012 e relatada pelo Ministro Ricardo Lewandowski).
- O **STF não reconhece a prefeito municipal legitimidade ativa para o ajuizamento de ADPF.** *In verbis*: "Ação por descumprimento de preceito fundamental (ADPF). Prefeito municipal. Autor não legitimado para ação direta de inconstitucionalidade. Ilegitimidade reconhecida. Negativa de seguimento ao pedido. Recurso, ademais, impertinente. Agravo improvido. Aplicação do art. 2º, I, da Lei federal nº 9.882/99. Precedentes. **Quem não tem legitimidade para propor ação direta de inconstitucionalidade, não a tem para ação de descumprimento de preceito fundamental**". (ADPF 148. Relator Cezar Peluso. Julgamento: 03/12/2008).

  O STF reconheceu a possibilidade de conhecimento da APDF **mesmo que a lei atacada tenha sido revogada antes do julgamento da ação**, desde que persista a utilidade de se proferir a decisão com caráter vinculante e *erga omnes*. STF. Plenário. ADPF 449/DF, Rel. Min. Luiz Fux, julgado em 8 e 9/5/2019 (Info 939).

  Cabe Arguição de Descumprimento de Preceito Fundamental contra decisão judicial na qual se tenha adotado interpretação da qual possa resultar lesão a preceito fundamental. STF. Plenário. ADPF 484/AP, Rel. Min. Luiz Fux, julgado em 4/6/2020 (Info 980).

15. Controle concentrado estadual

- É possível a **representação de inconstitucionalidade de leis ou atos normativos estaduais ou municipais diante da Constituição Estadual perante os Tribunais de Justiça dos Estados**, o que se denomina Controle Concentrado de Constitucionalidade Estadual. Assim dispõe o art. 125, § 2º, da CF: "Cabe aos Estados a instituição de representação de inconstitucionalidade de leis ou atos normativos estaduais ou municipais em face da Constituição Estadual, vedada a atribuição da legitimação para agir a um único órgão".
- Compete aos Estados a instituição de representação de inconstitucionalidade de leis ou atos normativos estaduais ou municipais em face da Constituição Estadual, **mas não é reconhecida expressamente a legitimação para agir aos mesmos órgãos e entidades legitimados a propositura de ação direta de inconstitucionalidade**. Cada Estado é livre para estabelecer o seu rol de legitimados.

Legitimidade dos Procuradores jurídicos estaduais ou municiais para interposição de recursos em face de decisão proferida em representação de inconstitucionalidade: ao contrário do que ocorre no controle concentrado perante o STF, nesse caso, entende o STF que a legitimidade dos procuradores não depende da assinatura do chefe do Poder Executivo na petição recursal.(STF, ARE 873804 AgR- segundo- ED-EDv-AgR-RJ, rel. min. Carmen Lúcia, julgado em 13/10/2022- Informativo 1072).

- **Simultaneidade de ações nos controles concentrados Estadual e Federal:** "A instauração do processo de fiscalização normativa abstrata, perante o Supremo Tribunal Federal, em que se postule a invalidação de diploma normativo editado por Estado-membro ou pelo Distrito Federal, questionado em face da Constituição da República (CF, art. 102, I, "a"), qualifica-se como **causa de suspensão prejudicial do processo de controle concentrado de constitucionalidade, que, promovido perante o Tribunal de Justiça local** (CF, art. 125, § 2º), tenha, por objeto de impugnação, exatamente os mesmos atos normativos emanados do Estado-membro ou do Distrito Federal, contestados, porém, em face da Constituição estadual ou, então, como sucede na espécie, em face da Lei Orgânica do Distrito Federal. Tal entendimento, no entanto, há de ser observado, sempre que tal impugnação – deduzida perante a Corte Judiciária local – invocar, como parâmetro de controle, princípios inscritos na Carta Política local impregnados de predominante coeficiente de federalidade, tal como ocorre com os **postulados de reprodução necessária** constantes da própria Constituição da República (RTJ 147/404 – RTJ 152/371-373, v.g.). Isso significa, portanto, que, em ocorrendo hipótese caracterizadora de "simultaneus processus", impor-se-á **a paralisação do processo de fiscalização concentrada em curso perante o Tribunal de Justiça local, até que esta Suprema Corte julgue a ação direta**, que, ajuizada com apoio no art. 102, I, "a", da Constituição da República, tenha por objeto o mesmo diploma normativo local (estadual ou distrital), embora contestado em face da Carta Federal. Cabe assinalar, neste ponto, por relevante, que **esse entendimento acha-se consagrado na jurisprudência do Supremo Tribunal Federal**, cuja orientação, no tema, tem sido reafirmada em sucessivas decisões que proclamam, em situações como a destes autos, a necessidade de suspensão prejudicial do processo de fiscalização normativa abstrata instaurado perante Tribunal de Justiça local (CF, art. 125, § 2º), se houver, em tramitação simultânea no Supremo, processo de controle concentrado em que se questione a constitucionalidade do mesmo diploma normativo, também contestado na ação direta ajuizada no âmbito local". (STF. ADI 3482, julgada em 2006 e relatada pelo Ministro Celso de Mello).

- Cabe **recurso extraordinário contra decisão de Tribunal de Justiça que julgou ação direta de inconstitucionalidade em face da Constituição Estadual**, o que se dará em duas hipóteses: "(1) na situação de a norma da Constituição estadual eleita como parâmetro ser de repetição obrigatória da Constituição Federal. [...] (2) na hipótese de o Tribunal de Justiça considerar inconstitucional o parâmetro, isto é, a própria norma da Constituição estadual invocada como norma de referência. (MASSON, Nathalia. *Manual de direito constitucional*. Salvador: Juspodivm, 2013, p. 1.111).

  "Coexistindo ações diretas de inconstitucionalidade de um mesmo preceito normativo estadual, a decisão proferida pelo Tribunal de Justiça somente prejudicará a que está em curso perante o STF se for pela procedência e desde que a inconstitucionalidade seja por incompatibilidade com dispositivo constitucional estadual tipicamente estadual (= sem similar na Constituição Federal). Havendo declaração de inconstitucionalidade de preceito normativo estadual pelo Tribunal de Justiça com base em norma constitucional estadual que constitua reprodução (obrigatória ou não) de dispositivo da Constituição Federal, subsiste a jurisdição do STF para o controle abstrato tendo por parâmetro de confronto o dispositivo da Constituição Federal reproduzido." [ADI 3.659, rel. min. Alexandre de Moraes, j. 13-12-2018, P, DJE de 8-5-2019.]

  Para o STF: "É constitucional o dispositivo de constituição estadual que confere ao **tribunal de justiça local a prerrogativa de processar e julgar ação direta de constitucionalidade contra leis e atos normativos municipais** tendo como **parâmetro a Constituição Federal, desde que se trate de normas de reprodução obrigatória pelos estados.**"(STF, Adi 5647/AP, rel. min. Rosa Weber, julgamento em 03/11/2021, info 1036).

16. Reclamação Constitucional

- A **Reclamação Constitucional** é um instrumento por meio do qual se busca assegurar a autoridade das decisões proferidas pelo STF. Nos termos do art. 102, I, "l", da CF, compete ao Supremo Tribunal Federal, precipuamente, a guarda da Constituição, cabendo-lhe processar e julgar, originariamente, reclamação para a **preservação de sua competência e garantia da autoridade de suas decisões**.
- Na linha da Súmula 734 do STF, **não cabe reclamação quando já houver transitado em julgado o ato judicial** que se alega tenha desrespeitado decisão do Supremo Tribunal Federal.
- De acordo com o STF, "a reclamação, constitucionalmente vocacionada a cumprir a dupla função a que alude o art. 102, I, l, da Carta Política (RTJ 134/1033) – embora cabível, em tese, quando se tratar de decisão revestida de efeito vinculante (como sucede com os julgamentos proferidos em sede de arguição de descumprimento de preceito fundamental,

de ação direta de inconstitucionalidade ou de ação declaratória de constitucionalidade) –, **não se qualifica como sucedâneo recursal** nem configura instrumento viabilizador do reexame do conteúdo do ato reclamado, além de não constituir meio de revisão da jurisprudência eleitoral, eis que tal finalidade revela-se estranha à destinação constitucional subjacente à instituição dessa medida processual. Precedentes." (Rcl 6.534-AgR, Rel. Min. Celso de Mello, julgamento em 25-9-2008).

- Segundo entendimento do STF, todo aquele (pessoa física ou jurídica, pública ou privada), que for atingido por deliberações que contrariem decisões de mérito do STF, **pode ajuizar reclamação** (Recl. em AgRg 1.880, julgada em 2004 e relatada pelo Ministro Maurício Corrêa).

- **Segundo o próprio STF, a reclamação é cabível tanto no controle de constitucionalidade federal, quanto no Estadual.** Nesse sentido a ADI 2480, julgada em 2007 e relatada pelo Ministro Sepúlveda Pertence "O Tribunal, por maioria, julgou improcedente pedido formulado em ação direta ajuizada pelo Governador do Estado da Bahia, na qual se requeria fosse dada interpretação conforme a Constituição Federal ao art. 357 do Regimento Interno do Tribunal de Justiça local, que determina, nos casos omissos, a aplicação subsidiária dos Regimentos Internos do STF e do STJ. Alegava-se, na espécie, que se teria criado, por analogia, o instituto da reclamação, para preservar a competência do Tribunal ou garantir a autoridade das suas decisões, conforme o art. 156 e seguintes do Regimento Interno do Supremo. Considerou-se o texto da Constituição do Estado da Paraíba que prevê cláusulas de poderes implícitos, atribuídos ao Tribunal de Justiça estadual, para fazer valer os poderes explicitamente conferidos pela ordem legal, ainda que por instrumento com nomenclatura diversa ("Art. 105. Compete ainda ao Tribunal de Justiça: I - processar e julgar:... e) a representação para assegurar a observância de princípios indicados nesta Constituição; f) a representação para prover a execução de lei, no caso de desobediência a ordem ou decisão judiciária emanada do próprio Tribunal, de juiz de direito ou de auditor militar estadual;"). Entendeu-se, em razão disso, não haver afronta ao art. 125, § 1º da CF ("Art. 125. Os Estados organizarão sua Justiça, observados os princípios estabelecidos nesta Constituição. § 1º – A competência dos tribunais será definida na Constituição do Estado, sendo a lei de organização judiciária de iniciativa do Tribunal de Justiça."), haja vista que a reclamação paraibana não fora criada com a norma regimental impugnada, a qual, na interpretação dada pelo Tribunal de Justiça estadual no exercício dos seus poderes implícitos, possibilita a observância das normas de processo e das garantias processuais das partes (CF, art. 96, I, a). Vencido o Min. Marco Aurélio que julgava procedente o pedido, ao fundamento de que a mesclagem de regimentos de Cortes diversas estaria a violar o que disposto no art. 125, § 1º, da CF. ADI 2480/PB, rel. Min. Sepúlveda Pertence, 2.4.2007. (ADI-2480)

- Segundo entendimento do STF, aos estados **não** é vedada a criação do instituto da reclamação. *In verbis:* "Ação direta de inconstitucionalidade: dispositivo do Regimento Interno do Tribunal de Justiça do Estado da Paraíba (art. 357), que admite e disciplina o processo e julgamento de reclamação para preservação da sua competência ou da autoridade de seus julgados: ausência de violação dos arts. 125, caput e § 1º, e 22, I, da CF. **O STF, ao julgar a ADI 2.212 (Pleno, 2-10-2003, Ellen Gracie, DJ de 14-11-2003), alterou o entendimento – firmado em período anterior à ordem constitucional vigente (v.g., Rp 1.092, Pleno, Djaci Falcão, RTJ 112/504) – do monopólio da reclamação pelo STF e assentou a adequação do instituto com os preceitos da Constituição de 1988: de acordo com a sua natureza jurídica (situada no âmbito do direito de petição previsto no art. 5º, XXIV, da CF) e com os princípios da simetria (art. 125, caput e § 1º)** e da efetividade das decisões judiciais, é permitida a previsão da reclamação na Constituição Estadual. Questionada a constitucionalidade de norma regimental, é desnecessário indagar se a colocação do instrumento na seara do direito de petição dispensa, ou não, a sua previsão na Constituição estadual, dado que consta do texto da Constituição do Estado da Paraíba a existência de cláusulas de poderes implícitos atribuídos ao Tribunal de Justiça estadual para fazer valer os poderes explicitamente conferidos pela ordem legal – ainda que por instrumento com nomenclatura diversa (Constituição do Estado da Paraíba, art. 105, I, e e f). Inexistente a violação do § 1º do art. 125 da CF: a reclamação paraibana não foi criada com a norma regimental impugnada, a qual – na interpretação conferida pelo Tribunal de Justiça do Estado à extensão dos seus poderes implícitos – possibilita a observância das normas de processo e das garantias processuais das partes, como exige a primeira parte da alínea a do art. 96, I, da CF. Ação direta julgada improcedente. (ADI 2212 CE, Rel. Min. Ellen Gracie, julgamento em 02/10/2003, DJ 14/11/2003).

17. Hermenêutica no controle de constitucionalidade

- **O STF não admite a inconstitucionalidade superveniente.** "Constituição. Lei anterior que a contrarie. Revogação. Inconstitucionalidade superveniente. Impossibilidade. A lei ou é constitucional ou não é lei. Lei inconstitucional é uma contradição em si. A lei é constitucional quando fiel à Constituição; inconstitucional na medida em que a desrespeita, dispondo sobre o que lhe era vedado. **O vício da inconstitucionalidade é congênito à lei e há de ser apurado em face da Constituição vigente ao tempo de sua elaboração. Lei anterior não pode ser inconstitucional em relação à Constituição superveniente; nem o legislador pode-**

ria infringir Constituição futura. A Constituição sobrevinda não torna inconstitucionais leis anteriores com ela conflitantes: revoga-as. Pelo fato de ser superior, a Constituição não deixa de produzir efeitos revogatórios. Seria ilógico que a lei fundamental, por ser suprema, não revogasse, ao ser promulgada, leis ordinárias. A lei maior valeria menos que a lei ordinária." (ADI 2. Julgada em 1997 e relatada pelo Ministro Paulo Brossard).

- **Alteração de parâmetro e inconstitucionalidade superveniente:** Conforme noticiado no Informativo 600 do STF, "o Tribunal, em apreciação conjunta de duas ações diretas, julgou, por maioria, procedente em parte o pedido formulado na ADI 2158/PR, e, por unanimidade, procedente o na ADI 2198/PR, propostas, respectivamente, pela Associação dos Magistrados Brasileiros – AMB e pelo Procurador-Geral da República, para declarar a inconstitucionalidade de expressões e dispositivos constantes da Lei 12.398/98, do Estado do Paraná. A lei impugnada prevê a incidência de contribuição previdenciária sobre os proventos de servidores inativos e pensionistas no âmbito daquela unidade federativa. **Inicialmente, em votação majoritária, rejeitou-se a preliminar de prejudicialidade das ações em face da substancial alteração de parâmetro de controle operada pela EC 41/2003**, a qual — ao contrário do que previsto na EC 20/98, em vigor à época da edição da norma impugnada — admite expressamente a incidência da contribuição previdenciária sobre os proventos dos inativos na parte em que exceder o limite máximo para os benefícios do Regime Geral de Previdência Social (CF, art. 40, § 18). Salientou-se que, no caso, apesar de até hoje não ter sido cobrada a aludida contribuição naquele Estado, uma vez que a lei adversada fora suspensa com a concessão de medidas cautelares pela Corte, a norma não fora revogada, permanecendo no mundo jurídico. **Tendo isso em conta, asseverou-se que, se o Supremo aplicasse sua jurisprudência tradicional no sentido do prejuízo das ações, revogar-se-iam, em consequência, as medidas cautelares. Além disso, a lei estadual, não obstante patentemente inconstitucional, tornaria a produzir seus efeitos à luz do regramento instituído pela EC 41/2003, a qual lhe conferiria uma aparência de validade.** Aduziu-se, na linha de precedentes, que esse inconveniente poderia ser evitado com a excepcional admissão do exame de mérito das ações. **Ao enfatizar que o sistema brasileiro não contempla a figura da constitucionalidade superveniente, consignou-se que a norma em apreço não fora convalidada e, por isso, sua inconstitucionalidade persistiria e seria atual, embora se referisse a dispositivos da Constituição que não se encontram mais em vigor, modificados pela EC 41/2003.** Desse modo, reputou-se que, **se o sistema veda a convalidação da lei inconstitucional, seria necessária a existência de mecanismos eficazes para expungir a norma ainda inconstitucional do ordenamento jurídico, mesmo que em face de parâmetro de controle alterado ou revogado.** Concluiu-se que, na situação dos autos, cumpriria ao STF, ainda que já ajuizada a ação direta, declarar a inconstitucionalidade da norma, com eficácia erga omnes e efeito vinculante, em benefício da máxima efetividade da jurisdição constitucional. Salientou-se, por fim, o progressivo reforço legislativo na expansão da jurisdição constitucional abstrata do Supremo. Vencidos os Ministros Marco Aurélio, Ellen Gracie e Celso de Mello que assentavam o prejuízo das ações. ADI 2158/PR, rel. Min. Dias Toffoli, 15.9.2010. (ADI-2158)

- A **Teoria da Transcendência dos Motivos Determinantes** prega que a *ratio decidendi* (razões de decidir ou fundamentos determinantes de uma sentença) também estaria incluída no efeito vinculante gerado pela decisão em sede de controle de constitucionalidade. O STF reconheceu a aplicação dessa teoria na apreciação da ADI 3345, julgada em 2005 e relatada pelo Ministro Celso de Mello. A ação versava sobre uma Resolução do TSE que reduzia o número de vereadores em Municípios brasileiros. Vale destacar trecho do voto do Relator: "em relação ao mérito, concluiu-se pela inexistência das apontadas violações aos princípios da reserva de lei, da separação de poderes, da anterioridade da lei eleitoral e da autonomia municipal. Esclareceu-se que a Resolução 21.702/2004 foi editada com o propósito de dar efetividade e concreção ao julgamento do Pleno no RE 197917/SP (DJU de 27.4.2004), já que nele o STF dera interpretação definitiva à cláusula de proporcionalidade inscrita no inciso IV do art. 29 da CF, conferindo efeito transcendente aos **fundamentos determinantes** que deram suporte ao mencionado julgamento". **Entretanto, na apreciação da Rcl 3014, em 2007, o STF deu sinais que irá inverter sua orientação.** Nos termos do Informativo 475 do STF: "o Tribunal retomou julgamento de reclamação ajuizada pelo Município de Indaiatuba contra acórdão do Tribunal Regional do Trabalho da 15ª Região que mantivera a expedição de requisição de pequeno valor em patamar superior ao fixado pela Lei municipal 4.233/2002, por considerá-la inconstitucional ante a ausência de fixação da quantia em número de salários mínimos. Alega-se, na espécie, desrespeito à autoridade da decisão do Supremo na ADI 2868/PI (DJU de 11.12.2004), na qual se teria reconhecido a possibilidade de fixação, pelos estados-membros, de valor referencial inferior ao do art. 87 do ADCT. Na sessão de 13.12.2006, o Min. Carlos Britto, relator, julgou improcedente a reclamação. Asseverou, inicialmente, que, no julgamento da ADI 2868/PI, o Tribunal examinara a constitucionalidade da Lei piauiense 5.250/2002, que fixou, no âmbito da Fazenda Estadual, o quantum da obrigação de pequeno valor. **Salientou que o acolhimento da pretensão ora deduzida passaria pelo exame da possibilidade de se atribuir efeitos transcendentes aos motivos determinantes da decisão tomada no controle abstrato de normas. Considerando o fato de que, no jul-**

gamento da Rcl 4219 QO/SP (v. Informativos 441 e 458) — em que retomada a discussão do tema da aplicabilidade da chamada "transcendência dos fundamentos determinantes" —, quatro ministros já teriam votado em sentido contrário à respectiva adoção, votou, preliminarmente, pelo não-conhecimento da reclamação. Rcl 3014/SP, rel. Min. Carlos Britto, 8.8.2007".

- **Interpretação Conforme a Constituição e Declaração parcial de Inconstitucionalidade sem redução de texto**
- Tanto a interpretação conforme quanto a declaração de inconstitucionalidade sem redução de texto são reconhecidas e consideradas válidas pelo STF. Nos termos da Rcl 1880, julgada em 2002 e relatada pelo Ministro Maurício Corrêa: "A declaração de constitucionalidade ou de inconstitucionalidade, **inclusive a interpretação conforme a Constituição e a declaração parcial de inconstitucionalidade sem redução de texto**, têm eficácia contra todos e efeito vinculante em relação aos órgãos do Poder Judiciário e à Administração Pública federal, estadual e municipal".
- "Ainda que se não possa negar a semelhança dessas categorias e a proximidade do resultado prático de sua utilização, é certo que, enquanto, na **interpretação conforme a Constituição** se tem, dogmaticamente, a declaração de que uma lei é constitucional com a interpretação que lhe é conferida pelo órgão judicial, constata-se, na **declaração de nulidade sem redução de texto**, a expressa exclusão, por inconstitucionalidade, de determinadas hipóteses de aplicação (Anwendungsfälle) do programa normativo sem que se produza alteração expressa do texto legal". (MENDES, Gilmar Ferreira. *Jurisdição Constitucional*. São Paulo: Saraiva, 1996, p.275).
- Caso **paradigmático sobre interpretação conforme foi o da ADPF 54, julgada em 2012 e relatada pelo Ministro Marco Aurélio, que teve como tema a antecipação terapêutica do parto de anencéfalos**. A Ministra Rosa Weber, em seu voto, se referiu expressamente à interpretação conforme: "Expressou que a tese da ausência de vontade do legislador para previsão da anencefalia como causa excludente da ilicitude não seria bom parâmetro hermenêutico para o caso. Evidenciou que, no direito contemporâneo, o processo legislativo seria muito complexo, a dificultar a aferição da vontade real do Legislativo e que seus documentos preparatórios nem sempre se mostrariam fontes seguras. Além disso, registrou que não seria rara a criação da lei de maneira ambígua e atécnica de forma proposital, a fim de que sua aprovação fosse politicamente viável, deixando-se a resolução das dúvidas futuras ao Judiciário. Também considerou que a Constituição determinaria os limites dessa vontade, de modo que a do legislador não poderia lhe ser contrária. Afastou a aplicação do precedente proferido no julgamento do RE 121336/CE (DJU de 26.6.92) à espécie, tendo em conta que não se trataria de vontade inconstitucional com atribuição de conteúdo para salvar o texto, mas de **interpretação conforme a Constituição** para mantê-lo e impedir que ele se estendesse a outra hipótese, que seria a anencefalia. No que diz respeito ao método da ponderação valorativa, recorreu à proporcionalidade em sentido estrito, pois as ações que preservariam os valores em concorrência para a situação concreta seriam necessárias e adequadas. Segundo esse princípio, que levaria à técnica da ponderação, impenderia estabelecer as razões argumentativas, que justificariam a restrição de abrangência de um princípio sobre outro, sempre com relação ao caso sob análise" (Informativo 661 do STF).
- "Ação direta de inconstitucionalidade: eficácia da suspensão cautelar da norma arguida de inconstitucional, que alcança, no caso, o dispositivo da lei primitiva, substancialmente idêntico. Ação direta de inconstitucionalidade e impossibilidade jurídica do pedido: **não se declara a inconstitucionalidade parcial quando haja inversão clara do sentido da lei**, dado que não é permitido ao Poder Judiciário agir como legislador positivo: hipótese excepcional, contudo, em que se faculta a emenda da inicial para ampliar o objeto do pedido." (ADI 1.949, julgada em 1996 e relatada pelo Ministro Sepúlveda Pertence).
- Sobre os efeitos das decisões em que há manifestação sobre interpretação conforme ou declaração parcial, vale o destaque ao seguinte julgado: "As decisões consubstanciadoras de declaração de constitucionalidade ou de inconstitucionalidade, inclusive aquelas que importem em interpretação conforme à Constituição e em declaração parcial de inconstitucionalidade sem redução de texto, quando proferidas pelo STF, em sede de fiscalização normativa abstrata, revestem-se de eficácia contra todos (erga omnes) e possuem efeito vinculante em relação a todos os magistrados e tribunais, bem assim em face da administração pública federal, estadual, distrital e municipal, impondo-se, em consequência, à necessária observância por tais órgãos esta-tais, que deverão adequar-se, por isso mesmo, em seus pronunciamentos, ao que a Suprema Corte, em manifestação subordinante, houver decidido, seja no âmbito da ação direta de inconstitucionalidade, seja no da ação declaratória de constitucionalidade, a propósito da validade ou da invalidade jurídico-constitucional de determinada lei ou ato normativo." (Rcl 2.143-AgR, Rel. Min. Celso de Mello, julgamento em 12-3-2003, Plenário, DJ de 6-6-2003.)
- "A doutrina e a jurisprudência nacionais admitem plenamente a **teoria da divisibilidade da lei**, de modo que somente deve ser proferida a inconstitucionalidade daquelas normas viciadas, não devendo se estender o juízo da censura às outras partes da lei, salvo se elas não puderem subsistir de forma autônoma. Essa é a lição de Gilmar Ferreira Mendes, que, complementando ainda ensina que:

"Faz-se mister, portanto, verificar se estão presentes as condições objetivas de divisibilidade. Para isso, impõe-se aferir o grau de dependência entre os dispositivos, isto é, examinar se as disposições estão em uma relação de vinculação que impediria sua divisibilidade. Impõe-se verificar, igualmente, se a norma que irá subsistir após a declaração de nulidade parcial corresponderia à vontade do legislador. Portanto, devem ser investigadas não só a existência de uma relação de dependência (unilateral ou recíproca), mas também a possibilidade de intervenção no âmbito da vontade do legislador (*Jurisdição constitucional: o controle abstrato de normas no Brasil e na Alemanha.* 5.ed. São Paulo: Saraiva, 2007, p. 342-343).

- O ordenamento jurídico brasileiro **admite a inconstitucionalidade por arrastamento ou atração**, que consistiria na possibilidade de o STF declarar a inconstitucionalidade de uma norma objeto de pedido e também de outro ato normativo que não tenha sido objeto do pedido, em virtude de correlação, conexão ou interdependência entre uma e outro. Trata-se de uma mitigação ao princípio da adstrição ou congruência. Assim definiu o STF, na ADI 2995, julgada em 2006 e relatada pelo Ministro Celso de Mello: "Por entender caracterizada a ofensa ao art. 22, XX, da CF, que confere à União a competência privativa para legislar sobre sistemas de consórcios e sorteios, o Tribunal, por maioria, julgou procedente pedido formulado em ação direta ajuizada pelo Procurador-Geral da República, para declarar a inconstitucionalidade da Lei 12.343/2003 **e, por arrastamento**, do Decreto 24.446/2002, ambos do Estado de Pernambuco, que dispõem sobre o serviço de loterias no âmbito da referida unidade federativa".

18. Técnicas de Decisões no Direito Comparado e o Controle de Constitucionalidade

- ***Distinguishing:*** é um termo norte-americano aplicado quando se distingue o caso concreto do precedente, ainda que sumulado. Tendo em vista condições essenciais do caso concreto, o precedente não deve ser aplicado, o que não significa que ele esteja sendo definitivamente abandonado.
- ***Overruling:*** ao contrário do distinguishing, as decisões do caso concreto significam o abandono definitivo do precedente da matéria.
- ***Stare decisis:*** A doutrina norte-americana do *stare decisis* sustenta que deve ser dado o devido peso aos precedentes judiciais, devido às bases do *common law* dos EUA. Essa doutrina é dividida em dois efeitos:

a) **Horizontal**: impõe o respeito aos precedentes dentro do mesmo tribunal. No Brasil, instituto semelhante é a "cláusula de reserva de plenário", do art. 97, da CF.

b) **Vertical:** impõe respeito dos precedentes da Suprema Corte aos demais órgãos do Judiciário e do Executivo. No âmbito do judiciário é chamado de ***binding effect*** pelo qual os precedentes de qualquer tribunal superior têm que ser observados pelos tribunais inferiores. No Brasil, esse instituto é parecido com o efeito vinculante, só que neste, o respeito aos precedentes restringe-se ao STF.

- **Súmulas**
- **Súmula Vinculante 10:** Viola a cláusula de reserva de plenário (cf, artigo 97) a decisão de órgão fracionário de tribunal que, embora não declare expressamente a inconstitucionalidade de lei ou ato normativo do poder público, afasta sua incidência, no todo ou em parte.
- **Súmula 513 do STF:** A decisão que enseja a **interposição de recurso** ordinário ou extraordinário não é a do plenário, que resolve o incidente de inconstitucionalidade, mas a do órgão (câmaras, grupos ou turmas) que completa o julgamento do feito.
- **Súmula 347 do STF:** O Tribunal de Contas, no exercício de suas atribuições, pode apreciar a constitucionalidade das leis e dos atos do Poder Público.

13. DEFESA DO ESTADO E DAS INSTITUIÇÕES DEMOCRÁTICAS

- **CF, artigos 136 a 144.**

1. **Estado de Defesa:** De acordo com o art. 136, da CF, o Presidente da República pode, ouvidos o Conselho da República e o Conselho de Defesa Nacional, decretar Estado de Defesa para preservar ou prontamente restabelecer, em locais restritos e determinados, a ordem pública ou a paz social ameaçadas por grave e iminente instabilidade institucional ou atingidas por calamidades de grandes proporções na natureza.

- O Estado de Defesa será **instituído por decreto**, que determinará o tempo de sua duração, especificará as áreas a serem abrangidas e indicará, nos termos e limites da lei, as medidas coercitivas a vigorarem, dentre as quais estão abrangidas as que imponham restrições aos direitos de: i. reunião, ainda que exercida no seio das associações; ii. sigilo de correspondência e; iii. sigilo de comunicação telegráfica e telefônica. Também ficam permitidos a ocupação e ouso temporários de bens e serviços públicos, na hipótese de calamidade pública, respondendo a União pelos danos e custos decorrentes.
- **Decretado o estado de defesa ou sua prorrogação, o Presidente da República, dentro de 24 horas, submeterá o ato com a respectiva justificação ao Congresso Nacional**, que decidirá por maioria absoluta. Se o Congresso Nacional estiver em recesso, será convocado, extraordinariamente, no prazo de cinco dias. O Congresso Nacional apreciará o decreto dentro de dez dias contados de seu recebimento, devendo continuar funcionando enquanto vigorar o estado de defesa. Rejeitado o decreto, cessa imediatamente o estado de defesa.

2. **Estado de Sítio:** O Presidente da República pode, ouvidos o Conselho da República e o Conselho de Defesa Nacional, **solicitar ao Congresso Nacional autorização para decretar o Estado de Sítio** nos casos de: I – comoção grave de repercussão nacional ou ocorrência de fatos que comprovem a ineficácia de medida tomada durante o estado de defesa; II – declaração de estado de guerra ou resposta a agressão armada estrangeira.

- O Presidente da República, ao solicitar autorização para decretar o estado de sítio ou sua prorrogação, **relatará os motivos determinantes do pedido, devendo o Congresso Nacional decidir por maioria absoluta**.
- O **decreto do estado de sítio indicará sua duração, as normas necessárias a sua execução e as garantias constitucionais que ficarão suspensas**, e, depois de publicado, o Presidente da República designará o executor das medidas específicas e as áreas abrangidas.

3. As **Forças Armadas**, constituídas pela Marinha, pelo Exército e pela Aeronáutica, são instituições nacionais permanentes e regulares, organizadas com base na hierarquia e na disciplina, sob a autoridade suprema do Presidente da República, e destinam-se à defesa da Pátria, à garantia dos poderes constitucionais e, por iniciativa de qualquer destes, da lei e da ordem.

- Lei complementar estabelecerá as normas gerais a serem adotadas na organização, no preparo e no emprego das Forças Armadas.

4. **A Segurança Pública, dever do Estado, direito e responsabilidade de todos,** é exercida para a preservação da ordem pública e da incolumidade das pessoas e do patrimônio, através dos seguintes órgãos:

I – polícia federal;

II – polícia rodoviária federal;

III – polícia ferroviária federal;

IV – polícias civis;

V – polícias militares e corpos de bombeiros militares.

VI – polícias penais federal, estaduais e distrital.

- **Rol taxativo:** conforme noticiado no informativo 600 do STF, **"o rol de órgãos encarregados do exercício da segurança pública, previsto no art. 144, I a V, da CF, é taxativo e esse modelo federal deve ser observado pelos Estados-membros e pelo Distrito Federal.** Com base nesse entendimento, o Tribunal, por maioria, julgou procedente, em parte, pedido formulado em ação direta proposta pelo Partido Social Liberal – PSL para declarar a inconstitucionalidade da EC 19/98 e da expressão "Instituto-Geral de Perícias" constante da EC 18/97, ambas da Constituição do Estado do Rio Grande do Sul, que dispõem sobre o aludido Instituto-Geral de Perícias. Preliminarmente, rejeitou-se a alegada inépcia da inicial, uma vez que o requerente indicara os dispositivos sobre os quais versaria a ação, bem como os fundamentos jurídicos do pedido. Ademais, ressaltou-se estar superada a tese relativa à prejudicialidade da ação direta em face da perda superveniente de representação do partido no Congresso Nacional. Assinalou-se, inclusive, que o requerente já teria readquirido sua representatividade. ADI 2827/RS, rel. Min. Gilmar Mendes, 16.9.2010".

Possível superação de entendimento: recentemente, o STF começou a alterar esse entendimento. Nesse sentido: "A tradicional compreensão sobre a taxatividade do rol do art. 144 da Constituição da República cedeu lugar a interpretação menos restritiva, permitindo aos entes federativos criarem polícias científicas autônomas que, do ponto de vista da organização administrativa, não estejam vinculadas à Polícia Civil." (STF – ADI: 6621 TO 0110260-60.2020.1.00.0000, Relator: EDSON FACHIN, Data de Julgamento: 08/06/2021, Tribunal Pleno, Data de Publicação: 24/06/2021)

Entende o STF que: "É inconstitucional norma estadual que assegure a independência funcional a delegados de polícia, bem como que atribua à polícia civil o caráter de função essencial ao exercício da jurisdição e à defesa da ordem jurídica" (STF, ADI 5522/SP, relator Min. Gilmar Mendes, julgamento virtual finalizado em 18.2.2022, info 1044).

Para o STF: "**É inconstitucional norma de Constituição estadual, oriunda de iniciativa parlamentar, que atribui às funções de polícia judiciária e à apuração de infrações penais exercidas pelo Delegado de Polícia natureza jurídica e caráter essencial ao Estado.** Sob o aspecto formal, compete exclusivamente ao chefe do Poder Executivo (CF/1988, art. 61, § 1º, II, b e c) a iniciativa de normas sobre a organização administrativa e os servidores públicos, seu regime jurídico e provimento de cargos (1). Já sob o aspecto material, o art. 144, § 6º, da Constituição Federal estabelece vínculo de subordinação hierárquica da Polícia Civil ao governador de estado. Sendo assim, o desenho institucional inserido constitucionalmente não legitima a governança independente da polícia judiciária, uma vez que cabem ao chefe do Poder Executivo, dirigente máximo da Administração Pública, a prerrogativa e a responsabilidade pela estruturação e pelo planejamento operacional dos órgãos locais de segurança pública, bem como a definição de programas e ações governamentais prioritários a partir do quadro orçamentário do ente federado (2)." (STF, Informativo 1076, ADI 5528/TO, relator Min. Nunes Marques, julgamento virtual finalizado em 21.11.2022 (segunda-feira), às 23:59).

Nos termos do artigo 144, § 10, da CF, com redação dada pela EC n. 82/2014, a segurança viária, exercida para a preservação da ordem pública e da incolumidade das pessoas e do seu patrimônio nas vias públicas: I – compreende a educação, engenharia e fiscalização de trânsito, além de outras atividades previstas em lei, que assegurem ao cidadão o direito à mobilidade urbana eficiente; II – compete, no âmbito dos Estados, do Distrito Federal e dos Municípios, aos respectivos órgãos ou entidades executivos e seus agentes de trânsito, estruturados em Carreira, na forma da lei.

Para o STF, a atividade policial é carreira de Estado imprescindível à manutenção da normalidade democrática, sendo impossível sua complementação ou substituição pela atividade privada. [ARE 654.432, rel. p/ o ac. min. Alexandre de Moraes, j. 5-4-2017, P, DJE de 11-6-2018, Tema 541.]

O STF entende que é constitucional a atribuição às guardas municipais do exercício de poder de polícia de trânsito, inclusive para imposição de sanções administrativas legalmente previstas. [RE 658.570, rel. p/ o ac. min. Roberto Barroso, j. 6-8-2015, P, DJE de 30-9-2015, Tema 472.]

Para o STF, são ilegítimas, por contrariar o §6º do art. 144, quaisquer pretensões legislativas de conceder maior liberdade política (autonomias) aos órgãos de direção máxima das polícias civis estaduais, mesmo que materializadas em deliberações da Assembleia Constituinte local. [ADI 5.103, rel. min. Alexandre de Moraes, j. 12-4-2018, P, DJE de 25-4-2018.]

"1.A segurança pública é de competência comum dos Estados-membros (CF, art. 144), sendo também sua competência remanescente a prerrogativa de legislar sobre transporte intermunicipal (CF, art. 25, § 1º). 2. **A concessão de dois assentos a policiais militares devidamente fardados nos transportes coletivos intermunicipais vai ao encontro da melhoria das condições de segurança pública nesse meio de locomoção**, em benefício de toda a Sociedade, questão flagrantemente de competência dos Estados-membros (CF, art. 144) e afasta qualquer alegação de desrespeito ao princípio da igualdade, uma vez que o discrímen adotado é legítimo e razoável, pois destinado àqueles que exercem atividade de polícia ostensiva e visam à preservação da ordem pública." STF. Plenário. ADI 1052, Rel. Luiz Fux, Rel. p/ Acórdão: Alexandre de Moraes, julgado em 24/08/2020 (Info 991).

14. TRIBUTAÇÃO E ORÇAMENTO

- **CF, artigos 145 a 169.**

1. A União, os Estados, o Distrito Federal e os Municípios poderão instituir os seguintes **tributos:** I – impostos; II – taxas, em razão do exercício do poder de polícia ou pela utilização, efetiva ou potencial, de serviços públicos específicos e divisíveis, prestados ao contribuinte ou postos a sua disposição; III – contribuição de melhoria, decorrente de obras públicas.

2. Sempre que possível, **os impostos terão caráter pessoal e serão graduados segundo a capacidade econômica do contribuinte**, facultado à administração tributária, especialmente para conferir efetividade a esses objetivos, identificar, respeitados os direitos individuais e nos termos da lei, o patrimônio, os rendimentos e as atividades econômicas do contribuinte.

3. As **taxas** não poderão ter base de cálculo própria de impostos.

4. Sem prejuízo de outras garantias asseguradas ao contribuinte, **é vedado à União, aos Estados, ao Distrito Federal e aos Municípios**:

I – **exigir ou aumentar tributo** sem lei que o estabeleça (**Princípio da Legalidade Tributária**);

II – **instituir tratamento desigual entre contribuintes** que se encontrem em situação equivalente, proibida qualquer distinção em razão de ocupação profissional ou função por eles exercida, independentemente da denominação jurídica dos rendimentos, títulos ou direitos (**Princípios da Isonomia e da Capacidade Contributiva**);

III – **cobrar tributos**:

a) **em relação a fatos geradores ocorridos antes do início da vigência da lei** que os houver instituído ou aumentado;

b) **no mesmo exercício financeiro** em que haja sido publicada a lei que os instituiu ou aumentou (**Princípio da Anterioridade Comum**);

c) antes de decorridos noventa dias da data em que haja sido publicada a lei que os instituiu ou aumentou (**Princípio da Anterioridade Nonagesimal**),

IV – utilizar tributo com efeito de confisco (**Princípio do Não-confisco ou Não-confiscatoriedade**);

V – **estabelecer limitações ao tráfego de pessoas ou bens, por meio de tributos** interestaduais ou intermunicipais, ressalvada a cobrança de pedágio pela utilização de vias conservadas pelo Poder Público (**Princípio da Liberdade de Tráfego**);

VI – **instituir impostos sobre**:

a) patrimônio, renda ou serviços, uns dos outros (**Princípio da Imunidade Recíproca**);

b) templos de qualquer culto;

c) patrimônio, renda ou serviços dos partidos políticos, inclusive suas fundações, das entidades sindicais dos trabalhadores, das instituições de educação e de assistência social, sem fins lucrativos, atendidos os requisitos da lei;

d) livros, jornais, periódicos e o papel destinado a sua impressão.

- Segundo decisão do STF no RE 455.017, julgado em 2009 e relatado pela Ministra Cármen Lúcia, **ofende o princípio da não confiscatoriedade** hipótese normativa que estipule multa fiscal de 300%, **ainda** que se trate de inadimplemento pelo contribuinte de obrigação tributária.

Súmula Vinculante 50: "Norma legal que altera o prazo de recolhimento de obrigação tributária não se sujeita ao princípio da anterioridade."

- "A norma imunizante contida no inciso I do § 2º do art. 149 da Constituição Federal (CF) **alcança as receitas decorrentes de operações indiretas de exportação caracterizadas por haver participação negocial de sociedade exportadora intermediária.**" (ADI 4735/DF, rel. Min. Alexandre de Moraes, julgamento em 12.2.2020; RE 759244/SP, rel. Min. Edson Fachin, julgamento em 12.2.2020. Informativo 966, tema 674).

- **A jurisprudência do STF entende cabível, em sede de controle normativo abstrato, a possibilidade de a Corte examinar se determinado tributo ofende, ou não, o princípio constitucional da não confiscatoriedade**, consagrado no art. 150, IV, da Constituição. Precedente: ADI 2.010-MC/DF, Rel. Min. Celso de Mello. A proibição constitucional do confisco em matéria tributária nada mais representa senão a interdição, pela Carta Política, de qualquer pretensão governamental que possa conduzir, no campo da fiscalidade, à injusta apropriação estatal, no todo ou em parte, do patrimônio ou dos rendimentos dos contribuintes, comprometendo-lhes, pela insuportabilidade da carga tributária, o exercício do direito a uma existência digna, ou a prática de atividade profissional lícita ou, ainda, a regular satisfação de suas necessidades vitais (educação, saúde e habitação, por exemplo). **A identificação do efeito confiscatório deve ser feita em função da totalidade da carga tributária, mediante verificação da capacidade de que dispõe o contribuinte considerado o montante de sua riqueza (renda e capital) – para suportar e sofrer a incidência de todos os tributos que ele deverá pagar, dentro de determinado período, à mesma pessoa política que os houver instituído (a União Federal, no caso), condicionando-se, ainda, a aferição do grau de insuportabilidade econômico-financeira, à observância, pelo legislador, de padrões de razoabilidade destinados a neutralizar excessos de ordem fiscal eventualmente praticados pelo Poder Público.** Resulta configurado o caráter confiscatório de determinado tributo, sempre que o efeito cumulativo – resultante das múltiplas incidências tributárias estabelecidas pela mesma entidade estatal – afetar, substancialmente, de maneira irrazoável, o patrimônio e/ou os rendimentos do contribuinte. O Poder Público, especialmente em sede de tributação (as contribuições de seguridade social revestem-se de caráter tributário), não pode agir imoderadamente, pois a atividade estatal acha-se essencialmente condicionada pelo princípio da razoabilidade." (ADC 8-MC, Rel. Min. Celso de Mello, julgamento em 13-10-1999, Plenário, DJ de 4-4-2003.)

- Súmula 657, do STF: "A imunidade prevista no art. 150, VI, d, da CF **(livros, jornais, periódicos e o papel destinado a sua impressão)**, abrange os filmes e papéis fotográficos necessários à publicação de jornais e periódicos."

  Súmula Vinculante 52: "Ainda quando alugado a terceiros, permanece imune ao IPTU o imóvel pertencente a qualquer das entidades referidas pelo art. 150, VI, "c", da Constituição Federal, desde que o valor dos aluguéis seja aplicado nas atividades para as quais tais entidades foram constituídas."

  Súmula Vinculante 57: A imunidade tributária constante do art. 150, VI, d, da CF/88 aplica-se à importação e comercialização, no mercado interno, do livro eletrônico (e-book) e dos suportes exclusivamente utilizados para fixá-los, como leitores de livros eletrônicos (e-readers), ainda que possuam funcionalidades acessórias.

ORÇAMENTO

5. A competência da União para **emitir moeda** será exercida exclusivamente pelo banco central (art. 164, *caput*, da CF).

6. É **vedado ao banco central** conceder, direta ou indiretamente, empréstimos ao Tesouro Nacional e a qualquer órgão ou entidade que não seja instituição financeira (art. 164, § 1º, da CF)..

7. Leis de iniciativa do Poder **Executivo** (não do Poder Legislativo) estabelecerão o **plano plurianual**, as **diretrizes orçamentárias** e os **orçamentos anuais** (art. 165, da CF).

- A lei que instituir o **Plano Plurianual** estabelecerá, de forma regionalizada, as diretrizes, objetivos e metas da administração pública federal para as despesas de capital e outras delas decorrentes e para as relativas aos programas de duração continuada.

  O art. 35, § 2º, I, do ADCT dispõe que a lei do plano plurianual tem vigência até 'o final do primeiro exercício financeiro do mandato presidencial subsequente', com início no segundo ano de mandato. Assim, no ano em que for editado o PPA, a Lei de Diretrizes Orçamentárias deve ser compatível com o plano então vigente (CF, art. 166, § 4º)." [ADI 4.629, rel. min. Alexandre de Moraes, j. 20-9-2019, P, DJE de 3-10-2019.]

  A Lei de Diretrizes Orçamentárias compreenderá as metas e prioridades da administração pública federal, estabelecerá as diretrizes de política fiscal e respectivas metas, em consonância com trajetória sustentável da dívida pública, orientará a elaboração da lei orçamentária anual, disporá sobre as alterações na legislação tributária e estabelecerá a política de aplicação das agências financeiras oficiais de fomento.

- A **Lei Orçamentária Anual** não conterá dispositivo estranho à previsão da receita e à fixação da despesa, não se incluindo na proibição a autorização para abertura de créditos suplementares e contratação de operações de crédito, ainda que por antecipação de receita.

- Os projetos de lei relativos ao plano plurianual, às diretrizes orçamentárias, ao orçamento anual e aos créditos adicionais serão apreciados **pelas duas Casas do Congresso Nacional, na forma do regimento comum** (e não pelo Chefe do Executivo), consoante art. 166, *caput*, da CF.

  Segundo entendimento firmado pelo STF, é inconstitucional emenda à Constituição Estadual que confira autonomia financeira e orçamentária à **universidade estadual,** ou ainda que institua procuradoria jurídica própria para universidade estadual. Da mesma forma, não pode estabelecer que a escolha de reitor se dará sem a participação do Chefe do Poder Executivo. STF. Plenário. ADI 5946/RR, Rel. Min. Gilmar Mendes, julgado em 21/5/2021 (Info 1018).

- "(I) As unidades federadas podem fixar os limites das respectivas requisições de pequeno valor em patamares inferiores aos previstos no artigo 87 do ADCT, desde que o façam em consonância com sua capacidade econômica.

  (II) A aferição da capacidade econômica, para este fim, deve refletir não somente a receita, mas igualmente os graus de endividamento e de litigiosidade do ente federado. (III) A ausência de demonstração concreta da desproporcionalidade na fixação do teto das requisições de pequeno valor impõe a deferência do Poder Judiciário ao juízo político-administrativo externado pela legislação local.

  O patamar provisório fixado no ADCT para o pagamento de RPV não é irredutível, cabendo a cada unidade federativa estipular o valor máximo para essa especial modalidade de pagamento de acordo com sua capacidade econômica, cuja aferição deve considerar, além do quantum das receitas auferidas, os graus de endividamento e de litigiosidade do ente público" (STF. Info. Nº 1066. RE 1359139 RG/CE, relator Min. Luiz Fux, julgamento finalizado no Plenário Virtual em 1º.9.2022).

c) Súmulas

- **Súmula 657 do STF**: A imunidade prevista no art. 150, VI, d, da CF (livros, jornais, periódicos e o papel destinado a sua impressão), abrange os filmes e papéis fotográficos necessários à publicação de jornais e periódicos.

  Súmula Vinculante 50: "Norma legal que altera o prazo de recolhimento de obrigação tributária não se sujeita ao princípio da anterioridade."

  Súmula Vinculante 52: "Ainda quando alugado a terceiros, permanece imune ao IPTU o imóvel pertencente a qualquer das entidades referidas pelo art. 150, VI, "c", da Constituição Federal, desde que o valor dos aluguéis seja aplicado nas atividades para as quais tais entidades foram constituídas."

  Súmula Vinculante 57: A imunidade tributária constante do art. 150, VI, d, da CF/88 aplica-se à importação e comercialização, no mercado interno, do livro eletrônico (e-book) e dos suportes exclusivamente utilizados para fixá-los, como leitores de livros eletrônicos (e-readers), ainda que possuam funcionalidades acessórias

15. ORDEM ECONÔMICA E FINANCEIRA

- **CF, artigos 170 a 192.**

1. A ordem econômica, **fundada** na valorização do trabalho humano e na livre iniciativa, tem por **fim** assegurar a todos existência digna, conforme os ditames da justiça social.

2. São **princípios da ordem econômica**: I – soberania nacional; II – propriedade privada; III – função social da propriedade; IV – livre concorrência; V – defesa do consumidor; VI – defesa do meio ambiente, inclusive mediante tratamento diferenciado conforme o impacto ambiental dos produtos e serviços e de seus processos de elaboração e prestação; VII – redução das desigualdades regionais e sociais; VIII – busca do pleno emprego; IX – tratamento favorecido para as empresas de pequeno porte constituídas sob as leis brasileiras e que tenham sua sede e administração no País.

- Súmula Vinculante 49: "**Ofende o princípio da livre concorrência** lei municipal que impede a instalação de estabelecimentos comerciais do mesmo ramo em determinada área".

  "1. A proibição ou restrição da atividade de transporte privado individual por motorista cadastrado em aplicativo é inconstitucional, por violação aos princípios da livre iniciativa e da livre concorrência; (...)".[RE 1.054.110, rel. min. Roberto Barroso, j. 9-5-2019, P, DJE de 6-9-2019, Tema 697.]

- "São inconstitucionais as leis que obrigam supermercados ou similares à prestação de serviços de acondicionamento ou embalagem das compras, por violação ao princípio da livre iniciativa (arts. 1º, IV, e 170 da Constituição)." [**RE 839.950**, rel. min. Luiz Fux, j. 24-10-2018, P, *Informativo* 921, Tema 525.]

  Para o STF: "**É constitucional – por não ofender o direito de propriedade e os princípios da ordem econômica e do equilíbrio econômico-financeiro dos contratos administrativos – lei federal que determina a reserva, por veículo, de duas vagas gratuitas e, após estas esgotarem, de duas vagas com tarifa reduzida em, no mínimo, 50%, para serem utilizadas por jovens de baixa renda no sistema de transporte coletivo interestadual de passageiros.** A norma impugnada concretiza o direito ao transporte a um grupo vulnerável, economicamente e constitucionalmente tutelado, atribuindo ao poder regulamentar a definição dos procedimentos e critérios para o seu exercício. Nesse contexto, a gratuidade dos hipossuficientes ao transporte interestadual de passageiros assegura-lhes a liberdade de locomoção, mecanismo instrumental de concretização de acesso a outros direitos básicos, além das externalidades positivas de âmbito social, como a maior integração nacional e o desenvolvimento regional (1). Ademais, a Constituição Federal preceitua que a livre iniciativa e a propriedade privada devem ser compatibilizadas com o objetivo de redução das desigualdades regionais e sociais, de forma a assegurar existência digna a todos, conforme os ditames da justiça social. Com efeito, o Estado – desde que não acarrete ônus excessivos aos atores privados, em especial no caso de contratos administrativos – pode intervir na ordem econômica para assegurar o gozo de direitos fundamentais de pessoas em condição de fragilidade econômica e social, implementando políticas públicas que estabeleçam meios para a consecução da igualdade de oportunidades e da humanização das relações sociais, e dando concretude aos valores da cidadania e da dignidade da pessoa humana (2)." (STF, Informativo 1076, ADI 5657/DF, relator Min. Luiz Fux, julgamento em 16 e 17.11.2022).

O STF entende que não viola a livre concorrência a norma que amplia as obrigações de carregamento compulsório, a cargo das distribuidoras de sinal de TV por assinatura, em relação ao conteúdo de geradoras locais, a fim de incluir canais gratuitos em todos os pacotes, sem qualquer ônus ou custos adicionais aos assinantes (STF. Plenário. ADI 6921/DF e ADI 6931/DF, Rel. Min. Alexandre de Moraes, julg. 07/02/2024- Info 1123).

EXPLORAÇÃO DE ATIVIDADES ECONÔMICAS PELO ESTADO

3. Excetuadas hipóteses previstas na Constituição da República, **o Estado poderá explorar atividade econômica quando necessária aos imperativos da segurança nacional ou a relevante interesse coletivo**, conforme definido em lei (art. 173, da CF).
4. As empresas públicas e as sociedades de economia mista **não poderão gozar de privilégios fiscais não extensivos às do setor privado**.
5. A lei **reprimirá o abuso do poder econômico** que vise à dominação dos mercados, à eliminação da concorrência e ao aumento arbitrário dos lucros.
6. Tem-se por **inadmissível**, no sistema da Constituição de 1988, que **norma de constituição estadual proíba, no estado-membro, que este possa reordenar, no âmbito da própria competência, sua posição na economia, transferindo à iniciativa privada atividades indevidas ou, sem qualquer necessidade, exploradas pelo setor público**. Assim restou decidido pelo STF na ADI 234, julgada em 1995 e relatada pelo Ministro Néri da Silveira.
7. **Política Urbana**

- Nos termos do art. 182, da CF, a **política de desenvolvimento urbano**, executada pelo Poder Público municipal, conforme diretrizes gerais fixadas em lei, tem por objetivo ordenar o pleno desenvolvimento das funções sociais da cidade e garantir o bem-estar de seus habitantes. O plano diretor, aprovado pela Câmara Municipal, obrigatório para cidades com mais de vinte mil habitantes, é o instrumento básico da política de desenvolvimento e de expansão urbana. Ademais, a propriedade urbana cumpre sua função social quando atende às exigências fundamentais de ordenação da cidade expressas no plano diretor. Nesse sentido é facultado ao Poder Público municipal, mediante lei específica para área incluída no plano diretor, exigir, nos termos da lei federal, do proprietário do solo urbano não edificado, subutilizado ou não utilizado, que promova seu adequado aproveitamento, sob pena, sucessivamente, de: I – parcelamento ou edificação compulsórios; II – imposto sobre a propriedade predial e territorial urbana progressivo no tempo; III – desapropriação com pagamento mediante títulos da dívida pública de emissão previamente aprovada pelo Senado Federal, com prazo de resgate de até dez anos, em parcelas anuais, iguais e sucessivas, assegurados o valor real da indenização e os juros legais. As desapropriações de imóveis urbanos serão feitas com prévia e justa indenização em dinheiro.

8. **Política agrícola e fundiária e da reforma agrária**

- Compete à União **desapropriar por interesse social, para fins de reforma agrária**, o imóvel rural que não esteja cumprindo sua função social, mediante prévia e justa indenização em títulos da dívida agrária, com cláusula de preservação do valor real, resgatáveis no prazo de até vinte anos, a partir do segundo ano de sua emissão, e cuja utilização será definida em lei. As benfeitorias úteis e necessárias serão indenizadas em dinheiro.
- O **decreto** que declarar o imóvel como de interesse social, para fins de reforma agrária, autoriza a União a propor a ação de desapropriação.
- Cabe à **lei complementar** estabelecer procedimento contraditório especial, de rito sumário, para o processo judicial de desapropriação.
- **São insuscetíveis de desapropriação para fins de reforma agrária**:

I – a pequena e média propriedade rural, assim definida em lei, desde que seu proprietário não possua outra;

II – a propriedade produtiva.

- A lei garantirá **tratamento especial à propriedade produtiva** e fixará normas para o cumprimento dos requisitos relativos a sua função social.

Para o STF há requisitos concomitantes: será insuscetível de desapropriação para fins de reforma agrária o imóvel que, simultaneamente, cumpra sua função social e seja propriedade produtiva (ADI 3865).

9. **Sistema financeiro nacional**

- O **sistema financeiro nacional**, estruturado de forma a promover o desenvolvimento equilibrado do País e a servir aos interesses da coletividade, em todas as partes que o compõem, abrangendo as cooperativas de crédito, será regulado por leis complementares que disporão, inclusive, sobre a participação do capital estrangeiro nas instituições que o integram.
- **Súmula Vinculante 3**: nos processos perante o Tribunal de Contas asseguram-se o contraditório e a ampla defesa quando da decisão puder resultar anulação ou revogação de ato administrativo que beneficie o interessado, excetuada a apreciação da legalidade do ato de concessão inicial de aposentadoria, reforma e pensão.

16. ORDEM SOCIAL

- **CF, artigos 193 a 232.**

1. A **ordem social tem como base** o primado do trabalho, e como objetivo o bem-estar e a justiça sociais.
2. A **seguridade social** compreende um conjunto integrado de ações de iniciativa dos Poderes Públicos e da sociedade, destinadas a assegurar os direitos relativos à **saúde**, à **previdência** e à **assistência social**.

- "No âmbito do Regime Geral de Previdência Social – RGPS, somente lei pode criar benefícios e vantagens previdenciárias, **não havendo, por ora, previsão legal do direito à 'desaposentação' ou à 'reaposentação'**, sendo constitucional a regra do art. 18, § 2º, da Lei 8.213/1991" (RE 381367 ED/RS, rel. orig. Min. Dias Toffoli, red. p/ o ac. Min. Alexandre de Moraes, julgamento em 6.2.2020. Informativo 965, Tema 503).
- A **saúde** é direito de todos e dever do Estado, garantido mediante políticas sociais e econômicas que visem à redução do risco de doença e de outros agravos e ao acesso universal e igualitário às ações e serviços para sua promoção, proteção e recuperação.
- "Consolidou-se a jurisprudência desta Corte no sentido de que, **embora o art. 196 da Constituição de 1988 traga norma de caráter programático, o Município não pode furtar-se do dever de propiciar os meios necessários ao gozo do direito à saúde por todos os cidadãos**. Se uma pessoa necessita, para garantir o seu direito à saúde, de tratamento médico adequado, é dever solidário da União, do Estado e do Município providenciá-lo." (AI 550.530, julgado em 20012 e relatado pelo Ministro Joaquim Barbosa).
- Por unanimidade, o **Plenário do STF considerou inconstitucional a possibilidade de um paciente do Sistema Único de Saúde (SUS) pagar para ter acomodações superiores ou ser atendido por médico de sua preferência, a chamada diferença de classes.** Os ministros negaram provimento ao Recurso Extraordinário (RE) 581488, sob a **fundamentação de que esse tipo de pagamento contraria o artigo 196 da Constituição Federal,** que garante a todos os cidadãos acesso universal e igualitário às ações e serviços de saúde.
- O art. 199, § 4º, da CF, **veda todo tipo de comercialização de sangue**, entretanto estabelece que a lei infraconstitucional disporá sobre as condições e requisitos que facilitem a coleta de sangue. Por isso, na visão do STF, se um ato normativo estadual não determina recompensa financeira à doação ou estimula a comercialização de sangue, mas apenas incentiva a doação, na composição entre o princípio da livre iniciativa e o direito à vida há de ser preservado o interesse da coletividade, interesse público primário." (ADI 3.512, Rel. Min. Eros Grau, julgamento em 15-2-2006.).
- **Medicamentos e o STF:** "O recebimento de medicamentos pelo Estado é direito fundamental, podendo o requerente pleiteá-los de qualquer um dos entes federativos, desde que **demonstrada sua necessidade e a impossibilidade de custeá-los com recursos próprios**. Isso por que, uma vez satisfeitos tais requisitos, o ente federativo deve se pautar no espírito de solidariedade para conferir efetividade ao direito garantido pela Constituição, e não criar entraves jurídicos para postergar a devida prestação jurisdicional." (RE 607.381, julgado em 2011 e relatado pelo Ministro Luiz Fux).
- Nos casos em que os medicamentos demandados sejam registrados na ANVISA, mas não tenham sido incorporados ao SUS, entende o STF que: "**É obrigatória a inclusão da União no polo passivo de demanda** na qual se pede o fornecimento gratuito de medicamento registrado na Agência de Vigilância Sanitária (Anvisa), mas não incorporado aos Protocolos Clínicos e Diretrizes Terapêuticas do Sistema Único de Saúde." (RE 1286407 AgR-segundo/PR, relator Min. Alexandre de Moraes, julgamento em 26.4.2022).

  Para que sejam concedidos os medicamentos, foram estabelecidos os seguintes requisitos pelo STJ: comprovação, por laudo médico, da imprescindibilidade ou necessidade do medicamento, bem como da ineficácia dos medicamentos fornecidos pelo SUS; incapacidade financeira de arcar com o custo do medicamento existência de registro na ANVISA do medicamento pleiteado (STJ. 1ª Seção. REsp 1.657.156-RJ, Rel. Min. Benedito Gonçalves, julgado em 25/04/2018 – recurso repetitivo- Info 625).

Recentemente, o STF entendeu ainda que: "Cabe ao Estado fornecer, em termos excepcionais, medicamento que, embora não possua registro na Anvisa, tem a sua importação autorizada pela agência de vigilância sanitária, desde que comprovada a incapacidade econômica do paciente, a imprescindibilidade clínica do tratamento, e a impossibilidade de substituição por outro similar constante das listas oficiais de dispensação de medicamentos e os protocolos de intervenção terapêutica do SUS." STF. Plenário. RE 1165959/SP, Rel. Marco Aurélio, redator do acórdão Min. Alexandre de Moraes, julgado em 18/6/2021 (Repercussão Geral - Tema 1161) (Info 1022).

Complementou ainda o STJ que: "O Estado não é obrigado a fornecer medicamento para utilização off label, salvo autorização da ANVISA." (STJ, PUIL 2.101-MG, Rel. Min. Sérgio Kukina, Primeira Seção, por unanimidade, julgado em 10/11/2021, info 717).

- "Ante o postulado da separação de Poderes, o Congresso Nacional não pode autorizar, atuando de forma abstrata e genérica, a distribuição de medicamento." ADI 5501/DF, rel. Min. Marco Aurélio, julgamento virtual finalizado em 23.10.2020. (ADI-5501)- Info 996
- "É possível a atribuição de efeitos erga omnes à sentença proferida em ação civil pública na qual se postula medicamento para um paciente específico." (STJ. AgInt no REsp 1.377.135-SC, Rel. Min. Sérgio Kukina, Primeira Turma, por unanimidade, julgado em 10/05/2022, DJe 13/05/2022. Info Especial nº 5).
- No art. 196 da Constituição Federal está estabelecido que a "saúde é direito de todos e dever do Estado, garantido mediante políticas sociais e econômicas que visem à redução do risco de doença e de outros agravos e ao acesso universal e igualitário às ações e serviços para sua promoção, proteção e recuperação", A referida norma é programática, ou seja, depende de ações estatais para ser implementada, mas, não obstante essa característica, **se algum paciente carente com patologia crônica com indiscutível risco de morte necessitar de remédio de alto custo não fornecido pelo SUS – Sistema Único de Saúde –, será possível mover ação judicial para sua obtenção e, se houver recurso, em última instância a pretensão será acolhida, pois o STF admite a judicialização de políticas públicas**, em especial, o fornecimento de medicamentos de alto custo (conforme Suspensões de Tutela (STA) 175, 211 e 278; Suspensões de Segurança 3724, 2944, 2361, 3345 e 3355; e Suspensão de Liminar (SL) 47, de Relatoria do Ministro Gilmar Mendes, julgadas em 2010).

O STF entende que: "É ilegítima a recusa dos pais à vacinação compulsória de filho menor por motivo de convicção filosófica." Isso porque **"é constitucional a obrigatoriedade de imunização por meio de vacina** que, registrada em órgão de vigilância sanitária, (i) tenha sido incluída no Programa Nacional de Imunizações ou (ii) tenha sua aplicação obrigatória determinada em lei ou (iii) seja objeto de determinação da União, estado, Distrito Federal ou município, com base em consenso médico-científico. Em tais casos, não se caracteriza violação à liberdade de consciência e de convicção filosófica dos pais ou responsáveis, nem tampouco ao poder familiar". (Tema 1103 da repercussão geral - ARE 1267879/SP, relator Min. Roberto Barroso, julgamento em 16 e 17.12.2020 - INFO 1003)

Sobre o tema vacinação compulsória o STF julgou as ADIs 6586 e 6587 fixando a seguinte tese: "O Tribunal, por maioria, julgou parcialmente procedente a ação direta, para conferir interpretação conforme à Constituição ao art. 3º, III, d, da Lei 13.979/2020, nos termos do voto do Relator e da seguinte tese de julgamento: "(I) A vacinação compulsória não significa vacinação forçada, porquanto facultada sempre a recusa do usuário, podendo, contudo, ser implementada por meio de medidas indiretas, as quais compreendem, dentre outras, a restrição ao exercício de certas atividades ou à frequência de determinados lugares, desde que previstas em lei, ou dela decorrentes, e (i) tenham como base evidências científicas e análises estratégicas pertinentes, (ii) venham acompanhadas de ampla informação sobre a eficácia, segurança e contraindicações dos imunizantes, (iii) respeitem a dignidade humana e os direitos fundamentais das pessoas, (iv) atendam aos critérios de razoabilidade e proporcionalidade e (v) sejam as vacinas distribuídas universal e gratuitamente; e (II) tais medidas, com as limitações acima expostas, podem ser implementadas tanto pela União como pelos Estados, Distrito Federal e Municípios, respeitadas as respectivas esferas de competência". Vencido, em parte, o Ministro Nunes Marques. Presidência do Ministro Luiz Fux. Plenário, 17.12.2020."

"AÇÕES DIRETAS DE INCONSTITUCIONALIDADE. VACINAÇÃO COMPULSÓRIA CONTRA A COVID-19 PREVISTA NA LEI 13.979/2020. PRETENSÃO DE ALCANÇAR A IMUNIDADE DE REBANHO. PROTEÇÃO DA COLETIVIDADE, EM ESPECIAL DOS MAIS VULNERÁVEIS. DIREITO SOCIAL À SAÚDE. PROIBIÇÃO DE VACINAÇÃO FORÇADA. EXIGÊNCIA DE PRÉVIO CONSENTIMENTO INFORMADO DO USUÁRIO. INTANGIBILIDADE DO CORPO HUMANO. PREVALÊNCIA DO PRINCÍPIO DA DIGNIDADE HUMANA. INVIOLABILIDADE DO DIREITO À VIDA, LIBERDADE, SEGURANÇA, PROPRIEDADE, INTIMIDADE E VIDA PRIVADA. VEDAÇÃO DA TORTURA E DO TRATAMENTO DESUMANO OU DEGRADANTE. COMPULSORIEDADE DA IMUNIZAÇÃO A SER ALÇANÇADA MEDIANTE RESTRIÇÕES INDIRETAS. NECESSIDADE DE OBSERVÂNCIA DE EVIDÊNCIAS CIENTÍFICAS E ANÁLISES DE INFORMAÇÕES ESTRATÉGICAS. EXIGÊNCIA DE COMPROVAÇÃO DA SEGURANÇA E EFICÁCIA DAS VACINAS. LIMITES À OBRIGATORIEDADE DA IMUNIZAÇÃO CONSISTENTES NA ESTRITA OBSERVÂNCIA DOS DIREITOS E GARANTIAS FUNDAMENTAIS. COMPE-

TÊNCIA COMUM DA UNIÃO, ESTADOS, DISTRITO FEDERAL E MUNICÍPIOS PARA CUIDAR DA SAÚDE E ASSISTÊNCIA PÚBLICA. ADIS CONHECIDAS E JULGADAS PARCIALMENTE PROCEDENTES."

"É incabível a requisição administrativa, pela União, de bens insumos contratados por unidade federativa e destinados à execução do plano local de imunização, cujos pagamentos já foram empenhados." STF. Plenário. ACO 3463 MC-Ref/SP, Rel. Min. Ricardo Lewandowski, julgado em 8/3/2021 (Info 1008).

- A **previdência social** será organizada sob a forma de regime geral, de caráter contributivo e de filiação obrigatória, observados critérios que preservem o equilíbrio financeiro e atuarial.

- A **assistência social** será prestada a quem dela necessitar, independentemente de contribuição à seguridade social, e tem por objetivos:

I – a proteção à família, à maternidade, à infância, à adolescência e à velhice;

II – o amparo às crianças e adolescentes carentes;

III – a promoção da integração ao mercado de trabalho;

IV – a habilitação e reabilitação das pessoas portadoras de deficiência e a promoção de sua integração à vida comunitária;

V – a garantia de um salário mínimo de benefício mensal à pessoa portadora de deficiência e ao idoso que comprovem não possuir meios de prover à própria manutenção ou de tê-la provida por sua família.

VI – a redução da vulnerabilidade socioeconômica de famílias em situação de pobreza ou de extrema pobreza.

3. A **educação**, direito de todos e dever do Estado e da família, será promovida e incentivada com a colaboração da sociedade, visando ao pleno desenvolvimento da pessoa, seu preparo para o exercício da cidadania e sua qualificação para o trabalho.

- De acordo com o art. 208, da CF, **o dever do Estado com a educação** será efetivado mediante a garantia de:

I – educação básica obrigatória e gratuita dos 4 aos 17 anos de idade, assegurada inclusive sua oferta gratuita para todos os que a ela não tiveram acesso na idade própria;

II – progressiva universalização do ensino médio gratuito;

III – atendimento educacional especializado aos portadores de deficiência, **preferencialmente na rede regular de ensino**;

IV – educação infantil, em **creche e pré-escola**, às crianças até 5 anos de idade;

V – acesso aos níveis mais elevados do ensino, da pesquisa e da criação artística, segundo a capacidade de cada um;

VI – oferta de ensino noturno regular, adequado às condições do educando;

VII – atendimento ao educando, em todas as etapas da educação básica, por meio de programas suplementares de material didático-escolar, transporte, alimentação e assistência à saúde.

A União, os Estados, o Distrito Federal e os Municípios exercerão ação redistributiva em relação a suas escolas.

- o **STF** já decidiu que: "A educação infantil representa prerrogativa constitucional indisponível, que, deferida às crianças, a estas assegura, para efeito de seu desenvolvimento integral, e como primeira etapa do processo de educação básica, o atendimento em creche e o acesso à pré-escola (CF, art. 208, IV). Essa prerrogativa jurídica, em consequência, **impõe, ao Estado, por efeito da alta significação social de que se reveste a educação infantil, a obrigação constitucional de criar condições objetivas que possibilitem, de maneira concreta, em favor das 'crianças até cinco anos de idade'** (CF, art. 208, IV), o efetivo acesso e atendimento em creches e unidades de pré-escola, sob pena de configurar-se inaceitável omissão governamental, apta a frustrar, injustamente, por inércia, o integral adimplemento, pelo Poder Público, de prestação estatal que lhe impôs o próprio texto da CF. A educação infantil, por qualificar-se como direito fundamental de toda criança, **não se expõe, em seu processo de concretização, a avaliações meramente discricionárias da administração pública nem se subordina a razões de puro pragmatismo governamental**." (ARE 639.337-AgR, julgado em 2011 e relatado pelo Ministro Celso de Mello). "A jurisprudência do STF firmou-se no sentido da existência de **direito subjetivo público de crianças até cinco anos de idade ao atendimento em creches e pré-escolas**. (...) também consolidou o entendimento de que **é possível a intervenção do Poder Judiciário visando à efetivação daquele direito constitucional**." (RE 554.075-AgR, Rel. Min. Cármen Lúcia, julgamento em 30-6-2009, Primeira Turma, DJE de 21-8-2009.)

O STF decidiu ao julgar o tema 548 da Repercussão Geral que: "O dever constitucional do Estado de assegurar o atendimento em creche e pré-escola às crianças de até 5 anos de idade é de aplicação direta e imediata, sem a necessidade de regulamentação pelo Congresso Nacional." (STF, RE 1008166, julgado em: 22/09/2022).

- As despesas com encargos previdenciários de servidores inativos e os repasses efetuados pelo Estado para cobrir o déficit no regime próprio de previdência não podem ser computados como aplicação de recursos na manutenção e desenvolvimento de ensino, para os fins do art. 212 da CF/88. Logo, é inconstitucional lei estadual que faça essa previsão. STF. Plenário. ADI 5719, Rel. Edson Fachin, julgado em 18/08/2020 (Info 990 – clipping)

- Não se admite no Brasil a educação domiciliar, devendo haver uma parceria obrigatória entre família e Estado na educação de crianças e adolescentes. (Info 915, STF)
- O STF entendeu que "É inconstitucional lei estadual que fixa critério etário para o ingresso no Ensino Fundamental diferente do estabelecido pelo legislador federal e regulamentado pelo Ministério da Educação". (ADI 6312/RS, relator Min. Roberto Barroso, julgamento virtual finalizado em 18.12.2020 – Info 1003)
- "Ementa: Direito Constitucional. Ação Declaratória de Constitucionalidade. Fixação da Idade mínima de 06 (seis) anos para o ingresso no Ensino Fundamental. 1. Ação declaratória de constitucionalidade que tem por objeto os artigos 24, II, 31, I e 32, caput, da Lei de Diretrizes e Bases da Educação Nacional, que dispõem que o ensino fundamental obrigatório se inicia aos 06 (seis) anos de idade. 2. É constitucional a norma que fixa a idade de 6 (seis) anos como marco para o ingresso no ensino fundamental, tendo em vista que o legislador constituinte utilizou critério etário plenamente compatível com essa previsão no art. 208, IV, da Constituição, de acordo com o qual a educação infantil deve ser oferecida "às crianças até 5 (cinco) anos de idade".
- "É consentânea com a Carta da República previsão normativa asseguradora, ao militar e ao dependente estudante, do acesso a instituição de ensino na localidade para onde é removido. Todavia, **a transferência do local do serviço não pode se mostrar verdadeiro mecanismo para lograr-se a transposição da seara particular para a pública, sob pena de se colocar em plano secundário a isonomia** – art. 5º, cabeça e inciso I –, a impessoalidade, a moralidade na administração pública, a igualdade de condições para o acesso e permanência na escola superior, prevista no inciso I do art. 206, bem como a viabilidade de chegar-se a níveis mais elevados do ensino, no que o inciso V do art. 208 vincula o fenômeno à capacidade de cada qual." (ADI 3.324, julgada em 2004 e relatada pelo Ministro Marco Aurélio).
- A educação será prestada com garantia de **ensino religioso**, de matrícula **facultativa** (não obrigatória) nas escolas públicas de ensino fundamental (art. 210, § 1º, da CF).

  "A imposição legal de manutenção de exemplares de Bíblias em escolas e bibliotecas públicas estaduais configura contrariedade à laicidade estatal e à liberdade religiosa consagrada pela Constituição da República de 1988." STF. Plenário. ADI 5258/AM, Rel. Min. Cármen Lúcia, julgado em 12/4/2021 (Info 1012).
- **Súmula vinculante 12:** A cobrança de taxa de matrícula nas universidades públicas viola o disposto no art. 206, IV, da Constituição Federal.

  No entanto, a garantia constitucional da gratuidade de ensino **não obsta a cobrança por universidades públicas de mensalidade em cursos de especialização.** (Tese definida no RE 597.854, rel. min. Edson Fachin, P, j. 26-4-2017, DJE 214 de 21-9-2017, Tema 535.)

  É formalmente inconstitucional lei municipal que veda a divulgação de material sobre "ideologia de gênero" em escolas municipais, uma vez que é competência privativa da União legislar sobre diretrizes e bases da educação nacional, nos termos do art. 22, XXIV da CF/88. STF. Plenário. ADPF 457, Rel. Alexandre de Moraes, julgado em 27/04/2020 (Info 980 – clipping).

  É constitucional lei estadual que determina que instituições de ensino superior privadas devolvam o valor da matrícula, retendo no máximo 5% desta quantia no caso de desistência do curso ou pedido de transferência efetuado antes do início das aulas. STF. Plenário. ADI 5951, Rel. Cármen Lúcia, julgado em 16/06/2020 (Info 985 – clipping).

  "A opção legal pela escolha dos dirigentes máximos das universidades em ato complexo não ofende a autonomia universitária, prevista no art. 207 da Constituição Federal." STF. Plenário. ADPF 759 MC-Ref/DF, Rel. Min. Edson Fachin, redator do acórdão Min. Alexandre de Moraes, julgado em 6/2/2021 (Info 1004).

  Para o STF: "É constitucional lei estadual, de iniciativa parlamentar, que determina a **reserva de vagas, no mesmo estabelecimento de ensino, para irmãos que frequentem a mesma etapa ou ciclo escolar**, pois disciplina medida que visa consolidar políticas públicas de acesso ao sistema educacional e do maior convívio familiar possível." (STF, Informativo 1069, ADI 7149-RJ).

  Norma estadual que, a pretexto de proteger os estudantes, proíbe modalidade de uso da língua portuguesa viola a competência legislativa da União." STF. Plenário. ADI 7019/RO, Rel. Min. Edson Fachin, julgado em 10/02/2023 (Info 1082).

4. **Cultura:** Art. 215, da CF: O Estado garantirá a todos o **pleno exercício dos direitos culturais e acesso às fontes da cultura nacional,** e apoiará e incentivará a valorização e a difusão das manifestações culturais. Ademais, o Estado protegerá as manifestações das culturas populares, indígenas e afro-brasileiras, e das de outros grupos participantes do processo civilizatório nacional.

- Segundo o §1º, do artigo 216-A, da CF, o **Sistema Nacional de Cultura** (e não o Plano Nacional de Cultura) **fundamenta-se na política nacional de cultura e nas suas diretrizes, estabelecidas no Plano Nacional de Cultura** (e não Sistema Nacional de Cultura) e rege-se pelos seguintes princípios: I – diversidade das expressões culturais; II – universalização do acesso aos bens e serviços culturais; III – fomento à produção, difusão e circulação de conhecimento e bens culturais; IV – cooperação entre os entes federados, os agentes públicos e privados atuantes na área cultural; V – integração e interação na execução das políticas, programas, projetos e ações desenvolvidas; VI – complementaridade nos papéis dos agentes culturais; VII – transversalidade das políticas culturais; VIII – autonomia dos entes federados e das instituições da sociedade civil; IX – transparência e compartilhamento das informações; X – democratização dos processos decisórios com participação e controle social; XI – descentralização articulada e pactuada da gestão, dos recursos e das ações; XII – ampliação progressiva dos recursos contidos nos orçamentos públicos para a cultura.

- **Sistema Nacional de Ciência, Tecnologia e Inovação (SNCTI):** Instituído pela Emenda Constitucional nº 85/2015, o artigo 219-B da CF dispõe que o Sistema Nacional de Ciência, Tecnologia e Inovação (SNCTI) será organizado em regime de colaboração entre entes, tanto públicos quanto privados, com vistas a promover o desenvolvimento científico e tecnológico e a inovação. Lei federal disporá sobre as normas gerais do SNCTI. Os Estados, o Distrito Federal e os Municípios legislarão concorrentemente sobre suas peculiaridades.

  "São constitucionais **a cota de tela**, consistente na obrigatoriedade de exibição de filmes nacionais nos cinemas brasileiros, e as sanções administrativas decorrentes de sua inobservância. A denominada "cota de tela" promove intervenção voltada a viabilizar a efetivação do direito à cultura, sem, por outro lado, atingir o núcleo dos direitos à livre iniciativa, à livre concorrência e à propriedade privada, apenas adequando as liberdades econômicas à sua função social." STF. Plenário. RE 627432/RS, Rel. Min. Dias Toffoli, julgado em 18/3/2021 (Repercussão Geral – Tema 704) (Info 1010)

  "É constitucional a exigência editalícia de percentuais mínimos e máximos para a exibição da programação especial de produção local em processos seletivos de outorga dos serviços de radiodifusão." STF. Plenário. RE 1070522/PE, Rel. Min. Luiz Fux, julgado em 18/3/2021 (Repercussão Geral – Tema 1013) (Info 1010).

  "São constitucionais os **procedimentos licitatórios que exijam percentuais mínimos e máximos a serem observados pelas emissoras de rádio n**a produção e transmissão de programas culturais, artísticos e jornalísticos locais, nos termos do art. 221 da Constituição Federal." STF. Plenário. RE 1070522/PE, Rel. Min. Luiz Fux, julgado em 18/3/2021 (Repercussão Geral – Tema 1013) (Info 1010).

5. **Meio Ambiente:** Art. 225, da CF: Todos têm direito ao **meio ambiente ecologicamente equilibrado**, bem de uso comum do povo e essencial à sadia qualidade de vida, impondo-se ao Poder Público e à coletividade o dever de defendê-lo e preservá-lo para as presentes e futuras gerações.

- Nos termos do que dispôs a EC 96/2017, não se consideram cruéis as práticas desportivas que utilizem animais, desde que sejam manifestações culturais, conforme o § 1º do art. 215 desta Constituição Federal, registradas como bem de natureza imaterial integrante do patrimônio cultural brasileiro, devendo ser regulamentadas por lei específica que assegure o bem-estar dos animais envolvidos.

  Lei estadual que proíbe a utilização de animais no desenvolvimento, experimentos e **testes de produtos cosméticos**, de higiene pessoal, perfumes e seus componentes é constitucional, uma vez que é **competência concorrente legislar sobre proteção da fauna**, nos termos do ar.t 24, VI da CF/88. STF. Plenário. ADI 5996, Rel. Alexandre de Moraes, julgado em 15/04/2020 (Info 975).

- **Sacrifício de animais em cultos religiosos de matriz africana**: entendeu o STF ser constitucional lei de proteção animal que, para resguardar a liberdade religiosa, permite o sacrifício ritual de animais nos cultos de religiões de matriz africana. STF. Plenário. RE 494601/RS, rel. orig. Min. Marco Aurélio, red. p/ o ac. Min. Edson Fachin, julgado em 28/3/2019 (Info 935).

  Interpretação da legislação ambiental: "É inconstitucional a interpretação da legislação federal que possibilita o abate imediato de animais apreendidos em situação de maus-tratos" STF. Plenário. ADPF 640 MC-Ref-DF, rel. Min. Gilmar Mendes, julgado em 17/09/2021 (Info 1030).

  Competência legislativa em matéria ambiental: "Os municípios – no limite de seu interesse local e desde que em harmonia com a disciplina estabelecida pelos demais entes federados – possuem competência para legislar sobre meio ambiente, e, caso sua regulamentação seja mais protetiva, pode ter prevalência sobre a legislação federal ou estadual." (STF, RE 732686/SP, relator Min. Luiz Fux, julgamento finalizado em 19.10.2022- Informativo 1073).

6. **Família, Criança, Adolescente, Jovem e Idoso**

- Consoante art. 226, da CF, a **família, base da sociedade, tem especial proteção do Estado**.
- O **casamento** é civil e gratuita a celebração **(Família Formal)**. O casamento religioso tem efeito civil, nos termos da lei.

  Segundo entendimento do STF, viola o princípio da isonomia entre homens e mulheres, prevista no art. 5º, I da CF/88, e é, portanto, inconstitucional, a exigência de requisitos legais diferenciados para efeito de outorga de pensão por morte de ex-servidores públicos em relação a seus respectivos cônjuges ou companheiros/companheiras (art. 201, V, da CF/88). STF. Plenário. RE 659424/RS, Rel. Min. Celso de Mello, julgado em 9/10/2020 (Repercussão Geral – Tema 457) (Info 994).

- Para efeito da proteção do Estado, é reconhecida a união estável **(Família Informal)** entre o homem e a mulher como entidade familiar, **devendo a lei facilitar sua conversão em casamento**.

- Entende-se, também, como entidade familiar a **comunidade formada por qualquer dos pais e seus descendentes (Família Monoparental)**.
- Os direitos e deveres referentes à **sociedade conjugal** são exercidos igualmente pelo homem e pela mulher.
- O casamento civil pode ser dissolvido pelo **divórcio**.
- Fundado nos princípios da dignidade da pessoa humana e da paternidade responsável, o **planejamento familiar é livre decisão do casal**, competindo ao Estado propiciar recursos educacionais e científicos para o exercício desse direito, vedada qualquer forma coercitiva por parte de instituições oficiais ou privadas.
- É dever da família, da sociedade e do Estado assegurar **à criança, ao adolescente e ao jovem**, com absoluta prioridade, o direito à vida, à saúde, à alimentação, à educação, ao lazer, à profissionalização, à cultura, à dignidade, ao respeito, à liberdade e à convivência familiar e comunitária, além de colocá-los a salvo de toda forma de negligência, discriminação, exploração, violência, crueldade e opressão.
- A lei **punirá severamente** o abuso, a violência e a exploração sexual da criança e do adolescente.
- Lei estabelecerá: I – o **estatuto da juventude**, destinado a regular os direitos dos jovens; II – o **plano nacional de juventude, de duração decenal**, visando à articulação das várias esferas do poder público para a execução de políticas públicas.
- **A família, a sociedade e o Estado têm o dever de amparar as pessoas idosas**, assegurando sua participação na comunidade, defendendo sua dignidade e bem-estar e garantindo-lhes o direito à vida.
- De acordo com o STF, o artigo da CF que assegura a **gratuidade nos transportes coletivos urbanos aos maiores de sessenta e cinco anos de idade** constitui norma de eficácia plena e de aplicabilidade imediata, conforme restou decidido no seguinte julgado: "Ação direta de inconstitucionalidade. Art. 39 da Lei 10.741, de 1º de outubro de 2003 (Estatuto da Pessoa Idosa), que assegura gratuidade dos transportes públicos urbanos e semiurbanos aos que têm mais de 65 (sessenta e cinco) anos. Direito constitucional. Norma constitucional de eficácia plena e aplicabilidade imediata. Norma legal que repete a norma constitucional garantidora do direito. Improcedência da ação. O art. 39 da Lei 10.741/2003 (Estatuto da Pessoa Idosa) apenas repete o que dispõe o § 2º do art. 230 da Constituição do Brasil. **A norma constitucional é de eficácia plena e aplicabilidade imediata, pelo que não há eiva de invalidade jurídica na norma legal que repete os seus termos e determina que se concretize o quanto constitucionalmente disposto**. Ação direta de inconstitucionalidade julgada improcedente." (ADI 3.768, julgada em 2007 e relatada pela Ministra Cármen Lúcia).
- Para o STF: "É inconstitucional – por tratar de matéria que diz respeito a norma de direito econômico e contrariar a disciplina conferida a benefício já previsto no art. 23 da Lei federal 10.741/2003 (Estatuto da Pessoa Idosa) – lei municipal que institui o acesso gratuito de idosos às salas de cinema da cidade, de segunda a sexta-feira." (STF, Informativo 1077, ARE 1307028 AgR/SP, relator Ministro Edson Fachin, redator do acórdão Ministro Gilmar Mendes, julgado em 22.11.2022).
- Para o STF: "É inconstitucional – por tratar de matéria que diz respeito a norma de direito econômico e contrariar a disciplina conferida a benefício já previsto no art. 23 da Lei federal 10.741/2003 (Estatuto do Idoso) – lei municipal que institui o acesso gratuito de idosos às salas de cinema da cidade, de segunda a sexta-feira." (STF, Informativo 1077, ARE 1307028 AgR/SP, relator Ministro Edson Fachin, redator do acórdão Ministro Gilmar Mendes, julgado em 22.11.2022).

7. Índios

- **São reconhecidos aos índios** sua organização social, costumes, línguas, crenças e tradições, e os direitos originários sobre as terras que tradicionalmente ocupam, competindo à União demarcá-las, proteger e fazer respeitar todos os seus bens
- As terras tradicionalmente ocupadas pelos **índios** destinam-se à sua posse
- As terras tradicionalmente ocupadas pelos **índios** destinam-se à sua posse permanente, **cabendo-lhes o usufruto exclusivo das riquezas do solo, dos rios e dos lagos nelas existentes** (sem qualquer participação da União), nos termos do art. 231, § 1º, da CF.
- A CF, em seu art. 231, § 5º, consagrou o **princípio da irremovibilidade dos índios de suas terras**, salvo, *ad referendum* do Congresso Nacional, em caso de catástrofe ou epidemia que ponha em risco sua população, ou no interesse da soberania do país, devendo, cessado o risco, os índios retornar, de imediato, às suas terras
- O aproveitamento dos recursos hídricos, incluídos os potenciais energéticos, a pesquisa e a lavra das riquezas minerais em terras indígenas só podem ser efetivados com autorização **do Congresso Nacional** (e não da Fundação Nacional do Índio – FUNAI), ouvidas, as comunidades afetadas, ficando-lhes assegurada participação nos resultados da lavra, na forma da lei.

O STF entendeu que é: "Cabível o deferimento de tutela provisória incidental em arguição de descumprimento de preceito fundamental para adoção de todas as providências indispensáveis para assegurar a vida, a saúde e a segurança de povos indígenas vítimas de ilícitos e problemas de saúde decorrentes da presença de invasores de suas terras, em situação agravada pelo curso da pandemia ocasionada pelo novo coronavírus (Covid-19)." STF. Plenário. ADPF 709 TPI-Ref/DF, Rel. Min. Roberto Barroso, julgado em 18/6/2021 (Info 1022).

Súmula 657, STJ: **Atendidos os requisitos de segurada especial no RGPS e do período de carência, a indígena menor de 16 anos faz jus ao salário-maternidade.**

17. DISPOSIÇÕES CONSTITUCIONAIS GERAIS

- **Título IX – CF, artigos 233 a 250.**

Normalmente as questões sobre esses artigos envolvem a literalidade dos dispositivos constitucionais. Há, contudo, algumas observações a serem feitas.

- **Serviços notariais: fiscalização**

Nos termos do art. 236, §1º da CF/88, os notários, oficiais de registro e seus prepostos terão seus atos fiscalizados pelo Poder Judiciário.

"É válida a atribuição aos Ofícios de Registro Civil das Pessoas Naturais de prestação de outros serviços remunerados, conexos aos seus serviços típicos, mediante convênio devidamente homologado pelo Poder Judiciário local, em credenciamento ou em matrícula com órgãos públicos e entidades interessadas, podendo o referido convênio ser firmado pela entidade de classe dos Registradores Civis das Pessoas Naturais de mesma abrangência territorial do órgão da entidade interessada. O exercício de serviços remunerados pelos Ofícios de Registro Civil das Pessoas Naturais, mediante celebração de convênios, depende de prévia homologação pelo Poder Judiciário, conforme o art. 96, II, alínea b, e art. 236, § 1º, da CF. Medida cautelar parcialmente confirmada e Ação Direta julgada parcialmente procedente para conferir interpretação conforme ao § 3º do art. 29, declarar nulidade parcial com redução de texto da expressão 'independe de homologação', constante do § 4º do referido art. 29 da Lei 6.015/1973, na redação dada pela Lei 13.484/2017, e declarar a constitucionalidade do Provimento 66/2018 da Corregedoria Nacional do Conselho Nacional de Justiça." [ADI 5.855, rel. min. Alexandre de Moraes, j. 10-4-2019, P, DJE de 25-9-2019.]

"O Estado responde, objetivamente, pelos atos dos tabeliães e registradores oficiais que, no exercício de suas funções, causem dano a terceiros, assentado o dever de regresso contra o responsável, nos casos de dolo ou culpa, sob pena de improbidade administrativa." [RE 842.846, rel. min. Luiz Fux, j. 27-2-2019, P, DJE de 13-8-2019, Tema 777.]

- **A Emenda Constitucional nº 81 de 2014 incluiu no artigo 243, da CF, a possibilidade de expropriação das propriedades em que localizada exploração de trabalho escravo.** Desse modo, as propriedades rurais e urbanas de qualquer região do País onde forem localizadas culturas ilegais de plantas psicotrópicas ou a exploração de trabalho escravo na forma da lei serão expropriadas e destinadas à reforma agrária e a programas de habitação popular, sem qualquer indenização ao proprietário e sem prejuízo de outras sanções previstas em lei, observado, no que couber, o disposto no art. 5º. Todo e qualquer bem de valor econômico apreendido em decorrência do tráfico ilícito de entorpecentes e drogas afins e da exploração de trabalho escravo será confiscado e reverterá a fundo especial com destinação específica, na forma da lei (art. 243, CF).

No entanto, importante observar a jurisprudência do STF sobre o assunto:

"A expropriação prevista no art. 243 da CF pode ser afastada, desde que o proprietário comprove que não incorreu em culpa, ainda que in vigilando ou in eligendo". [RE 635.336, rel. min. Gilmar Mendes, j. 14-12-2016, P, DJE de 15-9-2017, Tema 399.]

"Não se justifica, para fins da expropriação, com caráter de confisco, de que trata o art. 243 da Constituição Federal, a invocação da primazia da União sobre os Estados. Em se tratando de bem já público, sua expropriação para mera alteração de titularidade nada contribui para o alcance da finalidade do instituto." [ACO 967, rel. min. Rosa Weber, j. 27-4-2020, P, DJE de 15-5-2020.]

"É possível o confisco de todo e qualquer bem de valor econômico apreendido em decorrência do tráfico de drogas, sem a necessidade de se perquirir a habitualidade, reiteração do uso do bem para tal finalidade, a sua modificação para dificultar a descoberta do local do acondicionamento da droga ou qualquer outro requisito além daqueles previstos expressamente no art. 243, parágrafo único, da CF." [RE 638.491, rel. min. Luiz Fux, j. 17-5-2017, P, DJE de 23-8-2017, Tema 647.] Vide AC 82 MC, rel. min. Marco Aurélio, j. 3-2-2004, 1ª T, DJ de 28-5-2004

Direito Previdenciário

Adriana Menezes

TABELA DE INCIDÊNCIA DE QUESTÕES

Distribuição das questões organizada por ordem didática de assuntos		
Assunto	**Número de Questões**	**Peso**
1. A SEGURIDADE SOCIAL – CONCEITO, EVOLUÇÃO, ORGANIZAÇÃO, DISPOSIÇÕES CONSTITUCIONAIS	6	10,53%
2. PRINCÍPIOS CONSTITUCIONAIS DA SEGURIDADE SOCIAL	5	8,77%
3. DOS BENEFICIÁRIOS DO REGIME GERAL DE PREVIDÊNCIA SOCIAL (RGPS) – SEGURADOS E DEPENDENTES	7	12,28%
4. ACIDENTE DO TRABALHO	8	14,04%
5. DOS BENEFÍCIOS PREVIDENCIÁRIOS EM ESPÉCIE	16	28,07%
6. DO SEGURO-DESEMPREGO	2	3,51%
7. DO FINANCIAMENTO DA SEGURIDADE SOCIAL	3	5,26%
8. DO SALÁRIO DE CONTRIBUIÇÃO	3	5,26%
9. A CONTRIBUIÇÃO DAS EMPRESAS E DOS SEGURADOS	4	7,02%
10. DA DECADÊNCIA E DA PRESCRIÇÃO EM RELAÇÃO AOS BENEFÍCIOS PREVIDENCIÁRIOS E AOS CRÉDITOS DAS CONTRIBUIÇÕES DA SEGURIDADE SOCIAL	1	1,75%
11. CRIMES PREVIDENCIÁRIOS	1	1,75%
12. APOSENTADORIA E PENSÃO DO SERVIDOR PÚBLICO	1	1,75%
Total	**57**	**100%**

Direito Previdenciário

Adriana Menezes

✦ QUESTÕES

1. A SEGURIDADE SOCIAL – CONCEITO, EVOLUÇÃO, ORGANIZAÇÃO, DISPOSIÇÕES CONSTITUCIONAIS

- CF, título VIII, capítulo II, seções I a IV.
- Arts. 194 ao 204 da CF.
- Art. 40 da CF

01. (FCC – Juiz do Trabalho Substituto 15ª Região/2015) – Tendo por objetivo a universalidade da cobertura e do atendimento, a previdência social, de acordo com as diretivas constitucionais, é organizada mediante o regime

a) geral de previdência social e regime próprio de previdência social dos servidores dos Poderes Públicos, apenas.

b) geral de previdência social; regime próprio de previdência social dos servidores dos Poderes Públicos e regime privado de previdência complementar.

c) geral de previdência social, apenas.

d) geral público de previdência social e regime privado de previdência complementar, apenas.

e) próprio de previdência social dos servidores dos Poderes Públicos e regime de previdência complementar privado, apenas.

COMENTÁRIOS

Alternativa correta: "b". A previdência social, segundo dispõe o art. 201 da Constituição Federal deve ser organizada sob a forma do regime geral.

O regime próprio de previdência social dos servidores titulares de cargos efetivos tem caráter contributivo e solidário, mediante contribuição do respectivo ente federativo, de servidores ativos, de aposentados e de pensionistas, observados critérios que preservem o equilíbrio financeiro e atuarial.

É o que reza o art. 40, *caput,* da Constituição Federal.

Os regimes mencionados acima possuem caráter contributivo e filiação obrigatória.

O art. 202 da Constituição Federal dispõe sobre o regime privado de previdência complementar. Trata-se de regime de previdência complementar e organizado de forma autônoma em relação ao regime geral de previdência social, facultativo, baseado na constituição de reservas que garantam o benefício contratado, e regulado por lei complementar.

02. (FCC – Juiz do Trabalho Substituto 18ª Região/2014) – Sinfrônio, jovem com 13 anos de idade, em situação de hipossuficiência econômica, Georgino com 35 anos, empresário bem-sucedido no ramo imobiliário. De acordo com os destinatários da proteção social dentro do sistema público de seguridade social brasileiro, é correto afirmar que

a) Sinfrônio e Georgino podem participar como segurados do subsistema de previdência social.

b) Georgino e Sinfrônio estão atualmente alcançados pelo subsistema de assistência social.

c) Sinfrônio e Georgino podem participar do subsistema de saúde.

d) Georgino pode ser hoje destinatário dos programas de saúde e assistência social.

e) Georgino pode participar apenas do subsistema de saúde.

COMENTÁRIOS

✪ **Nota da autora:** a proteção social dentro do sistema público de seguridade social garante os direitos à saúde, à assistência e à previdência social.

A saúde é direito de todos e dever do Estado. A assistência social será prestada somente a quem dela precisar. Saúde e assistência social serão prestadas, independentemente de contribuição à seguridade social. Já a previdência social terá caráter contributivo, filiação obrigatória e será organizada sob a forma de regime geral.

Alternativa "a": incorreta. Sinfrônio não poderá participar do subsistema de previdência social. Ele não exerce atividade remunerada que o filie obrigatoriamente à Previdência Social. E, nem poderia, já que tem apenas 13 anos de idade. Os segurados da Previdência Social vão se filiar a partir dos 16 anos, salvo o menor-aprendiz que poderá se filiar ao regime geral de previdência social (RGPS) a partir dos 14 anos.

Alternativa "b": incorreta. Georgino não poderá participar do subsistema de assistência social. A assistência social, conforme dispõe o art. 203, *caput,* da Constituição Federal, será prestada a quem dela necessitar. O critério necessidade é essencial para que o indivíduo seja amparado pela assistência social. Georgino é um empresário bem-sucedido, não havendo necessidade de ter amparo social.

Alternativa "d": incorreta. Georgino pode ser destinatário dos programas de saúde, mas não dos de assistência social, conforme já explicitado anteriormente.

Alternativa "e": incorreta. Georgino poderá participar do subsistema de saúde e **obrigatoriamente** do subsistema de previdência social. Como ele é empresário será filiado obrigatoriamente ao RGPS na condição de contribuinte individual.

Alternativa correta: "c". Sinfrônio e Georgino podem participar do subsistema de saúde. Qualquer pessoa tem direito às ações e serviços públicos de saúde, independentemente de contribuição à seguridade social. O fato de Georgino ser um empresário bem-sucedido, não lhe retira o direito de participar do subsistema de saúde.

03. (TRT 8 – Juiz do Trabalho Substituto 8ª Região/ 2014) – Ao âmbito da Seguridade Social brasileira, são incorporadas convenções da OIT que tratam de normas de seguridade. Sobre as normas mínimas de Seguridade Social na Convenção n. 102, de 1952, da Organização Internacional do Trabalho (OIT), é constitucionalmente CORRETO afirmar:

a) que desde 27/4/55 (data da vigência no plano internacional) ingressaram na ordem jurídica brasileira com natureza de legislação ordinária, e naquilo que em não são incompatíveis com as normas jurídicas do direito interno relativas à Seguridade Social, são aplicáveis porque o Brasil é País-Membro da Organização Internacional do Trabalho e, nessa condição, sujeita-se à convenções dessa organização.

b) que as Normas Mínimas de Seguridade Social da Convenção nº 102, de 1952, podem integrar o conjunto de normas relativas à Seguridade Social brasileira com natureza e força de Lei Complementar, porque dependem de ato declaratório privativo de validade pelo Congresso Nacional, competente para a edição de Lei Complementar federal (LC).

c) que a Convenção nº 102, de 1952, da OIT, aprovada pelo Decreto Legislativo n. 269, de 19.09.2008, do Congresso Nacional, passou a integrar o conjunto de normas relativas à Seguridade Social porque foi ratificada em 15/06/2009 pelo Brasil, sendo que as prestações devem abranger no mínimo: a) em casos mórbidos: I) os serviços de médicos que exerçam a clínica geral, inclusive visitas domiciliares; II) os serviços de especialistas prestados em hospitais a pessoas hospitalizadas ou não e ainda os que podem ser administrados fora dos hospitais; III) fornecimento de produtos farmacêuticos indispensáveis mediante receita passada por médico; IV) hospitalização, quando necessária; b) em caso de gestação, parto e suas consequências: I) assistência pré-natal, assistência durante o parto e assistência após o parto, prestada por médico ou parteira diplomada; II) hospitalização, em caso de necessidade.

d) que as Normas Mínimas da Seguridade Social da Convenção 102/1952 são aplicáveis porque, mesmo possuindo a natureza de Lei Complementar federal declarada pelo Congresso Nacional, dependem de declaração de constitucionalidade pelo pleno do STF, em razão da cláusula de reserva relativa ao controle difuso de constitucionalidade.

e) que as Normas Mínimas da Seguridade Social da Convenção 102/1952, ratificadas em 15/06/2009 pelo Brasil, no que se refere às prestações de auxílio-doença, o evento coberto deve abranger a incapacidade de trabalho decorrente de um estado mórbido que não acarrete a suspensão de ganhos, conforme for definida pela legislação nacional.

COMENTÁRIOS

✪ **Nota da autora:** a Convenção nº 102, da Organização Internacional do Trabalho (OIT) foi aprovada na 35ª reunião da Conferência Internacional do Trabalho, em Genebra, 1952 e entrou em vigor no plano internacional em 27/04/1955. A Convenção 102/1952 adota proposições relativas às normas mínimas para a seguridade social.

A referida convenção foi aprovada, no Brasil, pelo Decreto Legislativo nº 269/2008, do Congresso Nacional e ratificada em 15/06/2009.

Alternativa "a": incorreta. A Convenção nº 102/1952 da OIT entrou em vigor, no plano internacional, em 27/04/1955. A referida convenção foi aprovada, no Brasil, pelo Decreto Legislativo nº 269/2008, do Congresso Nacional e ratificada em 15/06/2009.

Alternativa "b": incorreta. De início é importante trazer à luz o disposto no art. 49, I, da Constituição Federal:

> *Art. 49 – É da competência exclusiva do Congresso Nacional:*
>
> *I – resolver definitivamente sobre tratados, acordos ou atos internacionais que acarretem encargos ou compromissos gravosos ao patrimônio nacional.*

As convenções adotadas pela Conferência devem ser submetidas, obrigatoriamente, ao Congresso Nacional para que sejam ou não aprovadas, transformando-se, na hipótese afirmativa, depois de depositado o instrumento de ratificação e quando vigente no âmbito internacional, em verdadeira lei nacional;

Com a ratificação da convenção pelo Poder Executivo, por meio do Presidente da República, são criadas obrigações jurídicas no âmbito internacional. Com a publicação do tratado e da convenção internacional eles são incorporados ao ordenamento jurídico brasileiro como lei ordinária. Veja o quadro abaixo:

Poder Executivo		Poder Legislativo		Poder Executivo		Poder Executivo
Presidente da República celebra a negociação e assina o tratado internacional	+	Congresso Nacional aprova o tratado/convenção internacional por Decreto Legislativo	+	Presidente da República ratifica o tratado/convenção aprovado pelo Congresso Nacional	+	Publicação no Diário Oficial.

Alternativa "d": incorreta. As Normas Mínimas da Seguridade Social da Convenção 102/1952 são aplicáveis porque a Convenção foi aprovada e ratificada, incorporando ao ordenamento jurídico brasileiro como lei ordinária.

Alternativa "e": incorreta. As Normas Mínimas da Seguridade Social da Convenção 102/1952, ratificadas em 15/06/2009 pelo Brasil, no que se refere às prestações de auxílio-doença, o evento coberto deve abranger a incapacidade de trabalho decorrente de um estado mórbido **que acarrete** a suspensão de ganhos, conforme for definida pela legislação nacional. Assim, é necessário que o evento coberto pela Seguridade Social, deve acarretar a suspensão de ganhos, conforme definida pela legislação nacional. É o que se depreende pelo disposto no art. 14 da Convenção nº 102/1952 da OIT.

Alternativa correta: "c". A Convenção nº 102 da OIT determina no seu art. 10 que as prestações de serviços médicos devem abranger, no mínimo:

a) em casos mórbidos:

I) os serviços de médicos que exerçam a clínica geral, inclusive visitas domiciliares;

II) os serviços de especialistas prestados em hospitais a pessoas hospitalizadas ou não e ainda os que podem ser administrados fora dos hospitais;

III) fornecimento de produtos farmacêuticos indispensáveis mediante receita passada por médico;

IV) hospitalização, quando necessária;

b) em caso de gestação, parto e suas consequências:

I) assistência pré-natal, assistência durante o parto e assistência após o parto, prestada por médico ou parteira diplomada;

II) hospitalização, em caso de necessidade.

---

04. (TRT - Juiz do Trabalho Substituto 22ª Região/2013) - A Previdência Social, observados os critérios que preservem o equilíbrio financeiro e atuarial, nos termos da lei, visa:

a) ao amparo das crianças e adolescentes carentes;

b) à garantia de um salário mínimo mensal à pessoa portadora de deficiência e ao idoso que comprovem não possuir meios de prover a própria manutenção ou de tê-la provida por sua família;

c) à proteção à família, à maternidade, à infância, à adolescência e à velhice;

d) à proteção ao trabalhador em situação de desemprego involuntário;

e) à promoção da integração ao mercado de trabalho.

COMENTÁRIOS

Nota da autora: de acordo com o que dispõe o art. 201, da Constituição Federal, a Previdência Social deverá atender:

I – cobertura dos eventos de incapacidade temporária ou permanente para o trabalho e idade avançada[1];

II – proteção à maternidade, especialmente à gestante;

III – proteção ao trabalhador em situação de desemprego involuntário;

IV – salário-família e auxílio-reclusão para os dependentes dos segurados de baixa renda;

V – pensão por morte do segurado, homem ou mulher, ao cônjuge ou companheiro e dependentes.

Alternativas a, b, c, e: incorretas. Tratam de eventos a serem cobertos pela Assistência Social, como dispõe o art. 203 da Constituição Federal, *in verbis:*

> *A assistência social será prestada a quem dela necessitar, independentemente de contribuição à seguridade social, e tem por objetivos:*
>
> *I – a proteção à família, à maternidade, à infância, à adolescência e à velhice;*
>
> *II – o amparo às crianças e adolescentes carentes;*
>
> *III –a promoção da integração ao mercado de trabalho;*
>
> *IV – a habilitação e reabilitação das pessoas portadoras de deficiência e a promoção de sua integração à vida comunitária;*

---

1. Nova redação trazida pela EC n. 103/2019.

V – a garantia de um salário mínimo de benefício mensal à pessoa portadora de deficiência e ao idoso que comprovem não possuir meios de prover à própria manutenção ou de tê-la provida por sua família, conforme dispuser a lei;

VI – a redução da vulnerabilidade socioeconômica de famílias em situação de pobreza ou de extrema pobreza. (Incluído pela Emenda Constitucional nº 114, de 2021).

Alternativa correta: "d". O desemprego involuntário é um dos eventos a que deverá a Previdência Social atender. No entanto, é importante deixar registrado que embora o seguro-desemprego seja um benefício criado como forma de proteger o trabalhador quando este é demitido involuntariamente e possua natureza previdenciária, ele não está elencado no rol dos benefícios concedidos pelo regime geral de previdência social (RGPS).

O § 1º do art. 9º, da Lei nº 8.213/91 excluiu o desemprego involuntário da cobertura pelo regime geral de previdência social, determinando que ele será objeto de lei específica.

O seguro-desemprego é custeado com recursos do Fundo de Amparo ao Trabalhador (FAT), **não fazendo parte da lista de benefícios da Previdência Social. É administrado pelo Ministério do Trabalho e Emprego**[2].

Importante registrar que o INSS passou a ter a atribuição de processar os requerimentos do seguro-defeso (seguro-desemprego do pescador artesanal) e de habilitar os beneficiários, a partir de abril de 2015, de acordo com a Lei nº 13.134/2015. Este benefício continua sendo custeado pelo FAT.

---

05. (FCC – Juiz do Trabalho Substituto 6ª Região/ 2013) – O regime de previdência privada, firmado pelo art. 202 da Constituição Federal, tem caráter complementar, é organizado de forma

a) vinculada em relação ao regime geral de previdência social e será facultativo, baseado na constituição de reservas que garantam o benefício contratado, além de regulado por lei ordinária.

b) vinculada em relação ao regime geral de previdência social e será obrigatório, baseado na constituição de reservas que garantam o benefício contratado, além de regulado por lei complementar.

c) paralela em relação ao regime próprio de previdência social e será facultativo, baseado na constituição de reservas que garantam o benefício contratado, além de regulado por lei complementar.

d) autônoma em relação ao regime geral de previdência social e será obrigatório, desvinculado da constituição de reservas que garantam o benefício contratado, além de regulado por lei complementar.

e) autônoma em relação ao regime geral de previdência social e será facultativo, baseado na constituição de reservas que garantam o benefício contratado, além de regulado por lei complementar.

COMENTÁRIOS

Alternativa correta: "e". É exatamente o que dispõe o *caput* do art. 202 da Constituição Federal.

No Brasil, existem três modalidades de regimes previdenciários:

- o Regime Geral de Previdência Social (RGPS), de filiação obrigatória;
- o Regime Próprio de Previdência Social (RPPS) criado pelo ente federado para amparar o servidor ocupante de cargo público efetivo, também de filiação obrigatória;
- o Regime de Previdência Complementar, de filiação facultativa e caráter complementar em relação aos dois regimes acima referidos.

A previdência privada objetiva complementar a proteção oferecida pela previdência pública, por meio de organização autônoma e da adoção do regime de financiamento por capitalização, bem como contribuir para o fomento da poupança nacional.

O regime de previdência privada complementar é de natureza facultativa e organizado de forma autônoma em relação ao Regime Geral de Previdência Social. Esse regime visa garantir uma opção de complementação do nível de renda, mediante contribuições adicionais para os beneficiários cujos rendimentos, na ativa, ultrapassem o limite estabelecido para a incidência de contribuições sociais. Baseia-se na constituição de reservas que garantam o benefício contratado e é regulamentado por lei complementar, no caso, a Lei Complementar nº 109/2001.

---

06. (FCC – Juiz do Trabalho Substituto 6ª Região/ 2013) – As ações e serviços públicos de saúde integram uma rede regionalizada e hierarquizada e constituem um sistema único, organizado de acordo com as seguintes diretrizes:

a) descentralização, com direção única no governo federal; atendimento integral, com prioridade para as atividades preventivas, sem prejuízo dos serviços assistenciais; e participação dos Poderes Públicos Municipal, Estadual e Federal.

b) descentralização, com direção única em cada esfera de governo; atendimento integral, com prioridade para as atividades preventivas, sem prejuízo dos serviços assistenciais; e participação da comunidade.

c) centralização, com direção única em cada esfera de governo; atendimento integral, com prioridade para as atividades preventivas, sem prejuízo dos serviços assistenciais; e participação dos Poderes Públicos Municipal, Estadual e Federal.

---

2. O Ministério do Trabalho e Emprego foi recriado por meio da Medida Provisória nº 1.1548/2023, convertida na Lei nº 14.600/2023.

d) descentralização, com direção pulverizada em cada esfera de governo; atendimento restrito, com prioridade para as atividades preventivas, sem prejuízo dos serviços previdenciários; e participação da comunidade.

e) centralização, com direção única em cada esfera de governo; atendimento restrito, com prioridade para as atividades combativas, sem prejuízo dos serviços assistenciais; e participação da comunidade.

COMENTÁRIOS

Alternativa correta: "b".

Ações e serviços públicos de saúde integram uma rede regionalizada e hierarquizada e constituem um sistema único – SUS –, organizado de acordo com as seguintes diretrizes:

- com direção única em cada esfera de governo;
- atendimento integral, com prioridade para as atividades preventivas, sem prejuízo dos serviços assistenciais; e
- participação da comunidade.

2. PRINCÍPIOS CONSTITUCIONAIS DA SEGURIDADE SOCIAL

▸ Constituição Federal: arts. 194, parágrafo único, 195, 196 e 201.

07. (TST – Juiz do Trabalho/FGV/2023) – A respeito dos princípios previdenciários, e considerando a jurisprudência dominante nos Tribunais Superiores, é correto afirmar que:

a) o princípio da solidariedade norteia as regras dos sistemas públicos e privados de previdência social no ordenamento jurídico pátrio, sob a égide de que os indivíduos têm deveres sociais, independentemente de qualquer contraprestação;

b) a partir do princípio da universalidade de custeio da Previdência Social, justifica-se a contribuição previdenciária do aposentado que permaneça em atividade ou que retorne à atividade;

c) diante do caráter contributivo da Previdência Social, não se admite a percepção de benefício sem a contribuição específica para o regime, mesmo quando a responsabilidade pelo recolhimento tenha sido transmitida a pessoa diversa do próprio segurado;

d) o princípio da irredutibilidade do valor dos benefícios previdenciários garante o reajustamento com vistas à preservação apenas do valor nominal obtido no momento de sua concessão;

e) a partir do princípio da equivalência dos benefícios e serviços prestados às populações urbanas e rurais, os requisitos para concessão de determinado benefício devem ser os mesmos entre os trabalhadores urbanos e rurais.

COMENTÁRIOS

Alternativa "a": incorreta. O princípio da solidariedade norteia as regras do sistema público de previdência social no ordenamento jurídico pátrio (o regime geral de previdência social e os regimes próprios de previdência social), sob a égide de que os indivíduos têm deveres sociais, independentemente de qualquer contraprestação.

Alternativa "b": correta. Correta a afirmação, digna de anotação. O aposentado que retorna ao exercício de atividade remunerada deve contribuir para a previdência social em relação à nova atividade. Confira a tese fixada pelo STF no tema 1065, com repercussão geral:

> *É constitucional a contribuição previdenciária devida por aposentado pelo Regime Geral de Previdência Social (RGPS) que permaneça em atividade ou a essa retorne*

Alternativa "c": incorreta. É possível, sim, perceber benefício previdenciário quando a responsabilidade pelo recolhimento da contribuição é de outra pessoa diversa do próprio segurado. É o caso, por exemplo, do empregado. O empregador tem a responsabilidade de descontar da remuneração do empregado a contribuição e repassá-la à União. Caso não tenha havido o recolhimento previdenciário, o empregado não será prejudicado na concessão do benefício.

Alternativa "d": incorreta. Em relação aos benefícios previdenciários, a Constituição Federal assegura a irredutibilidade nominal e a irredutibilidade real do valor dos benefícios. Os benefícios previdenciários devem ser reajustados de modo a preservar-lhes o poder aquisitivo.

Alternativa "e": incorreta. O princípio da equivalência dos benefícios e serviços às populações urbanas e rurais não impede que haja requisitos diferenciados para a concessão de determinado benefício entre o trabalhador rural e urbano. Pelo contrário, reforça a ideia de tratar igualmente os iguais e, desigualmente, os desiguais. A própria Constituição Federal dispõe idades diferentes para a concessão de aposentadoria do trabalhador urbano e do rural.

08. (TRT 4 – Juiz do Trabalho Substituto 4ª Região/2016) – Considere as assertivas abaixo sobre seguridade social.

I. Trata-se de um sistema de proteção social que compreende a Previdência Social, a Assistência Social e a Saúde, sendo de caráter contributivo, ou seja, para concorrer a suas prestações e serviços, é necessário contribuir previamente.

II. O princípio da universalidade da cobertura e do atendimento deve ser aplicado ponderadamente com o princípio da seletividade e distributividade na prestação dos benefícios e serviços, ambos previstos constitucionalmente.

III. O valor dos benefícios será irredutível, significando dizer, segundo a jurisprudência do Supremo Tribunal Federal, que deve ser mantido seu valor real.

Quais são corretas?

a) Apenas I

b) Apenas II

c) Apenas III

d) Apenas I e II

e) I, II e III

COMENTÁRIOS

Assertiva "I": incorreta. A seguridade social assegura os direitos à saúde, à previdência e à assistência social. A saúde e a assistência social serão prestadas, independentemente de contribuição do beneficiário à seguridade social. Já a previdência social tem caráter contributivo, conforme prevê o *caput* do art. 201 da Constituição Federal.

Assertiva "III": incorreta. A seguridade social deverá ser organizada levando-se em conta o princípio da irredutibilidade do valor de seus benefícios. Isso significa que os benefícios da seguridade social não poderão sofrer redução nos seus valores nominais.

Alternativa correta: "b". Está correta apenas a assertiva II.

O princípio da universalidade da cobertura e do atendimento está previsto no art. 194, parágrafo único, inciso I, da Constituição Federal.

A universalidade da cobertura é vista sob a ótica objetiva do princípio. Significa que todas as espécies de infortúnios e de riscos sociais básicos devem ser cobertas pelo sistema de seguridade social por meio de seus benefícios e serviços.

Já a universalidade do atendimento é vista sob a ótica subjetiva, uma vez que diz respeito a todas as pessoas residentes no território nacional, sem distinções, inclusive quanto aos estrangeiros residentes no país, que também fazem jus aos benefícios da Seguridade Social. Deve-se procurar atender a todos.

Busca-se com o princípio da universalidade da cobertura e do atendimento a chamada seguridade social ideal.

O princípio da seletividade e da distributividade estão previstos no art. 194, parágrafo único, inciso III, da Constituição Federal.

O princípio da seletividade propicia ao legislador estudar as carências sociais, priorizando-as em relação às demais, viabilizando a promoção da Seguridade Social factível. Cobrem-se as necessidades mais essenciais e planeja-se, para o futuro, a cobertura das demais, visando alcançar a Seguridade Social ideal. Ao eleger os benefícios e serviços mais fundamentais e necessários à população, o legislador define os requisitos que devem ser preenchidos para a obtenção do benefício e aquele que se enquadrar nos requisitos da lei poderá ter a proteção social.

A seletividade funciona como uma limitadora da universalidade da seguridade social na medida em que ela é aplicada nos casos em que não há disponibilidade de recursos orçamentários para cobrir todos os riscos sociais.

---

09. (FCC – Juiz do Trabalho Substituto 6ª Região/2015) – Em relação ao conceito e objetivos da Seguridade Social considere:

I. A seguridade social compreende um conjunto integrado de ações de iniciativa dos Poderes Públicos e da sociedade, destinadas a assegurar os direitos relativos à saúde, à previdência e à assistência social.

II. Compete ao Poder Público, nos termos da lei, organizar a seguridade social, com base nos seguintes objetivos: universalidade da cobertura e do atendimento; uniformidade e equivalência dos benefícios e serviços às populações urbanas e rurais; seletividade e distributividade na prestação dos benefícios e serviços; irredutibilidade do valor dos benefícios; equidade na forma de participação no custeio.

III. A seguridade social será financiada por toda a sociedade, de forma direta e indireta, nos termos da lei, mediante recursos provenientes dos orçamentos da União, dos Estados, do Distrito Federal e dos Municípios, e das contribuições sociais, entre outras: a do empregador, da empresa e da entidade a ela equiparada na forma da lei, incidentes sobre: a folha de salários e demais rendimentos do trabalho pagos ou creditados, a qualquer título, à pessoa física que lhe preste serviço, mesmo sem vínculo empregatício; a receita ou o faturamento e o lucro.

IV. Nenhum benefício ou serviço da seguridade social poderá ser criado, majorado ou estendido sem a correspondente fonte de custeio total.

Está correto o que consta em

a) III e IV, apenas.

b) II, III e IV, apenas.

c) I, II e III, apenas.

d) I, II, III e IV.

e) I, II e IV, apenas.

COMENTÁRIOS

Item I: correto. É exatamente o que dispõe o *caput* do art. 194 da Constituição Federal. Veja que os direitos sociais assegurados pelo sistema de seguridade social são apenas os de saúde, de previdência e de assistência social.

Item II: correto. Os objetivos ou princípios da seguridade social estão expressos no art. 194 da Constituição Federal:

I - universalidade da cobertura e do atendimento;

II - uniformidade e equivalência dos benefícios e serviços às populações urbanas e rurais;

III - seletividade e distributividade na prestação dos benefícios e serviços;

IV - irredutibilidade do valor dos benefícios;

V - equidade na forma de participação no custeio;

VI - diversidade da base de financiamento;

VII - caráter democrático e descentralizado da administração, mediante gestão quadripartite, com participação dos trabalhadores, dos empregadores, dos aposentados e do Governo nos órgãos colegiados.

Item III: correto, conforme dispõe o art. 195 da Constituição Federal.

O financiamento da seguridade social se dá, de forma direta, através das contribuições sociais e, de forma indireta, com recursos provenientes dos orçamentos da União, dos Estados, do Distrito Federal e dos Municípios.

Item IV: correto. É o que dispõe o §5º do art. 195 da Constituição Federal. Trata-se do princípio da preexistência do custeio ou da precedência do custeio ou da contrapartida.

Alternativa correta: "d". Estão corretos os itens I, II, III e IV.

---

10. (FCC - Juiz do Trabalho Substituto 6ª Região/2015) - Os princípios constituem os mandamentos basilares de um sistema jurídico, ou seja, a maneira pela qual se opera determinado ramo do Direito. Diante disso, entre os princípios e diretrizes da Seguridade Social, considere:

I. Seletividade e distributividade na prestação dos benefícios e serviços e irredutibilidade do valor dos benefícios.

II. Igualdade na forma de participação no custeio e da base de financiamento.

III. A universalidade da cobertura e do atendimento e a uniformidade e equivalência dos benefícios e serviços às populações urbanas e rurais.

IV. Caráter democrático e descentralizado da gestão administrativa, com a participação da comunidade, em especial de trabalhadores, empresários e aposentados.

Está correto o que consta APENAS em

a) III e IV.

b) I, II e IV.

c) I e IV.

d) II e III.

e) I, III e IV.

COMENTÁRIOS

Item "II": incorreto. Conforme se pode verificar acima, são princípios da seguridade social a equidade na forma de participação do custeio e a diversidade da base de financiamento. A base de financiamento da seguridade social é diversificada.

Alternativa correta: "e". Estão corretos os itens I, III e IV.

Estes itens tratam dos princípios constitucionais da seguridade social, descritos no parágrafo único do art. 194 da Constituição Federal:

I - universalidade da cobertura e do atendimento;

II - uniformidade e equivalência dos benefícios e serviços às populações urbanas e rurais;

III - seletividade e distributividade na prestação dos benefícios e serviços;

IV - irredutibilidade do valor dos benefícios;

V - equidade na forma de participação no custeio;

VI - diversidade da base de financiamento;

VII - caráter democrático e descentralizado da administração, mediante gestão quadripartite, com participação dos trabalhadores, dos empregadores, dos aposentados e do Governo nos órgãos colegiados.

---

11. (FCC - Juiz do Trabalho Substituto 23ª Região/2015) - No tocante à seguridade social, considere:

I. O princípio da equidade na forma de participação no custeio é um desdobramento do princípio da igualdade.

II. A diversidade e base de financiamento corresponde à diversidade de fontes de custeio.

III. Para a extensão de determinado benefício ou serviço da seguridade social é mister que exista previamente a correspondente fonte de custeio no mínimo parcial.

IV. A irredutibilidade do valor do benefício é a real e não a nominal, independendo de lei ordinária.

Está correto o que consta APENAS em

a) I e II.

b) I, II e III.

c) II, III e IV.

d) I, III e IV.

e) I, II e IV.

COMENTÁRIOS

Item "I": correto. O princípio da equidade na forma de participação do custeio da seguridade social está intimamente atrelado aos preceitos da igualdade e da capacidade contributiva. Aqueles contribuintes que apresentarem maior capacidade contributiva para o sistema da Seguridade Social arcarão com uma parcela maior de contribuição. O sistema de custeio da seguridade social será mais justo à medida que aqueles que apresentarem maior capacidade econômica tiverem maior ônus com o financiamento do sistema de proteção social[3].

A presença desse preceito se faz sentir quando o legislador optou por aplicar alíquotas diferenciadas para empresas e empregados sobre a remuneração paga, devida ou creditada a qualquer título pelos serviços prestados. As empresas por apresentarem maior capacidade contributiva recolhem sobre a folha de salários com um percentual bem maior do que a alíquota aplicada para a contribuição previdenciária de seus empregados.

Item "II": correto. A seguridade social é financiada com recursos de várias fontes. O financiamento da seguridade social é feito, de forma direta, através dos recursos oriundos das contribuições sociais. E, de forma indireta, com os recursos provenientes dos orçamentos dos próprios entes federativos.

A diversidade da base de financiamento possibilita a evolução da seguridade social, pois permite a implementação dos mandamentos constitucionais. Com uma base diversificada de custeio da seguridade social, pode-se atender aos comandos da Constituição em relação às demandas sociais de saúde, previdência e assistência social.

Item "III": incorreto. Para que o benefício ou o serviço da seguridade seja estendido é mister que exista a correspondente fonte de custeio total. É o que determina o princípio da preexistência do custeio, disposto no §5º do art. 195, da Constituição Federal. Nenhum benefício ou serviço da seguridade social poderá ser criado, majorado ou estendido **sem a correspondente fonte de custeio total**.

Item "IV": incorreto. De acordo com o princípio da irredutibilidade do valor dos benefícios, elencado no inciso IV, do parágrafo único do art. 194, da Constituição Federal, não é possível reduzir o valor nominal dos benefícios. Este princípio decorre da segurança jurídica.

No que diz respeito aos benefícios **previdenciários,** a Constituição Federal, em seu art. 201, § 4º, garante a preservação do seu valor real, conforme critérios definidos em lei. Os benefícios previdenciários devem ser reajustados de modo a preservar-lhes o poder aquisitivo, conforme critérios definidos em lei.

Alternativa correta: "a". Estão corretos os itens I e II.

3. DOS BENEFICIÁRIOS DO REGIME GERAL DE PREVIDÊNCIA SOCIAL (RGPS) – SEGURADOS E DEPENDENTES

- Lei nº 8.212/91: arts. 12, 13 e 14.
- Lei nº 8.213/91: arts. 11, 12, 13, 15, 16 e 17.
- Lei Complementar nº 150/2015
- Decreto nº 3.048/99: arts. 9º, 10,11, 13, 14,16 ao 24.

3. MENEZES. Adriana. Direito Previdenciário. 9. Ed. Salvador: *Jus*podivm, 2022.

12. (TRT 1 – Juiz do Trabalho Substituto 1ª Região/2016) – Segundo a Lei nº 8.212/91, é considerado contribuinte individual

a) o empregado de organismo oficial internacional ou estrangeiro em funcionamento no Brasil, salvo quando coberto por regime próprio de previdência social.

b) o brasileiro ou estrangeiro domiciliado e contratado no Brasil para trabalhar como empregado em empresa domiciliada no exterior, cuja maioria do capital votante pertença a empresa brasileira de capital nacional.

c) o brasileiro civil que trabalha no exterior para organismo oficial internacional do qual o Brasil é membro efetivo, ainda que lá domiciliado e contratado, salvo quando coberto por regime próprio de previdência oficial.

d) o servidor público ocupante de cargo em comissão, sem vínculo efetivo com a União, Autarquias, inclusive em regime especial, e Fundações Públicas Federais.

e) aquele que presta serviço de natureza rural à empresa, em caráter não eventual, sob sua subordinação e mediante remuneração, inclusive como diretor empregado.

COMENTÁRIOS

✪ Nota da autora: os contribuintes individuais são tratados pelo art. 12, inciso V, da Lei nº 8.212/91. São conhecidos, também, por segurados residuais.

Alternativa "a": incorreta. O empregado de organismo oficial internacional ou estrangeiro em funcionamento no Brasil é segurado obrigatório do RGPS, na condição de empregado, salvo quando coberto por regime próprio de previdência social.

Alternativa "b": incorreta. O brasileiro ou estrangeiro domiciliado e contratado no Brasil para trabalhar como empregado em empresa domiciliada no exterior, cuja maioria do capital votante pertença à empresa brasileira de capital nacional enquadra-se como segurado empregado no RGPS.

Alternativa "d": incorreta. O servidor público ocupante de cargo em comissão, sem vínculo efetivo com a União, Autarquias, inclusive em regime especial, e Fundações Públicas Federais é enquadrado como segurado empregado no RGPS. Nesse caso, ele ocupa **exclusivamente cargo em comissão.**

Alternativa "e": incorreta. Enquadra-se como empregado no RGPS a pessoa física que presta serviço de natureza rural à empresa, em caráter não eventual, sob sua subordinação e mediante remuneração, inclusive como diretor empregado.

Alternativa correta: "c". É o que dispõe o art.12, inciso V, alínea "e", da Lei nº 8.212/91.

13. (FCC – Juiz do Trabalho Substituto 15ª Região/2015) – Nos termos definidos na Lei nº 8.213/1991, são segurados obrigatórios do Regime de Previdência Social:

a) os empregados, os empregados domésticos, os contribuintes individuais, os trabalhadores avulsos e os segurados especiais.

b) os empregados e os trabalhadores avulsos, apenas.

c) os empregados, os segurados especiais e os facultativos, apenas.

d) os empregados, os empregados domésticos e os segurados especiais, apenas.

e) os trabalhadores, os contribuintes individuais e os facultativos.

COMENTÁRIOS

Nota da autora: os segurados obrigatórios do RGPS estão elencados no art. 11 da Lei nº 8.213/91, no art. 12 da Lei nº 8.212/91 e no art. 9º do Decreto nº 3.048/99.

São divididos em 05 categorias:

Segurados Obrigatórios:	• Empregado • Empregado doméstico • Trabalhador Avulso • Contribuinte Individual • Especial

Alternativa correta: "a", conforme tabela acima.

As demais alternativas não contemplam todas as categorias de segurados obrigatórios do RGPS.

14. (FCC – Juiz do Trabalho Substituto 6ª Região/2015) – São segurados obrigatórios da Previdência Social as seguintes pessoas físicas, como empregados:

I. O exercente de mandato eletivo federal, estadual ou municipal, desde que não vinculado a regime próprio de previdência social.

II. O estrangeiro domiciliado e contratado no Brasil para trabalhar como empregado eventual em empresa domiciliada no Brasil, cuja maioria do capital votante pertença a empresa estrangeira.

III. Aquele que, contratado por empresa de trabalho temporário, definida em legislação específica, presta serviço para atender a necessidade transitória de substituição de pessoal regular e permanente ou a acréscimo extraordinário de serviços de outras empresas.

IV. Aquele que presta serviço no Brasil a missão diplomática ou a repartição consular de carreira estrangeira e a órgãos a ela subordinados, ou a membros dessas missões e repartições, excluídos o não-brasileiro sem residência permanente no Brasil e o brasileiro amparado pela legislação previdenciária do país da respectiva missão diplomática ou repartição consular.

Está correto o que consta APENAS em

a) III e IV.

b) I e III.

c) I, III e IV.

d) I, II e IV.

e) II e III.

COMENTÁRIOS

Item I: correto. Caso a pessoa física exerça mandato eletivo federal, estadual ou municipal será enquadrada como segurado obrigatório do RGPS na condição de empregado. Para isso, a pessoa não pode estar vinculada a regime próprio de previdência social.

Item II: incorreto.

Conforme dispõe o art. 11, inciso I, alínea "f", da Lei nº 8.213/91, o brasileiro ou estrangeiro domiciliado e contratado no Brasil para trabalhar como empregado em empresa domiciliada no exterior, cuja maioria do capital votante pertença a empresa brasileira de capital nacional é enquadrado como segurado obrigatório do RGPS, na condição de empregado.

Item III: correto. É o que está disposto no art. 11, inciso I, alínea "b", da Lei nº 8.213/91.

Item IV: correto. É o que dispõe o art. 11, inciso I, alínea "d", da Lei nº 8.213/91.

Alternativa correta: "c". Estão corretos os itens I, III e IV.

15. (FCC – Juiz do Trabalho Substituto 1ª Região/2015) – Nos termos da Lei nº 8.213/1991, NÃO é segurado obrigatório da Previdência Social, como empregado, o

a) brasileiro ou o estrangeiro domiciliado e contratado no Brasil para trabalhar como empregado em sucursal ou agência de empresa nacional no exterior.

b) brasileiro civil que trabalha para a União, no exterior, em organismos oficiais brasileiros ou internacionais dos quais o Brasil seja membro efetivo, ainda que lá domiciliado e contratado, salvo se segurado na forma da legislação vigente do país do domicílio.

c) exercente de mandato eletivo municipal, desde que não vinculado a regime próprio de previdência social.

d) ministro de confissão religiosa e o membro do instituto de vida consagrada, de congregação ou de ordem religiosa.

e) servidor público ocupante de cargo em comissão, sem vínculo efetivo com a União, Autarquias, inclusive em regime especial, e Fundações Públicas Federais.

COMENTÁRIOS

✪ **Nota da autora:** o candidato deve ficar atento e identificar a assertiva que NÃO traz a descrição de um segurado do RGPS como empregado

Alternativa "a" está de acordo com o que dispõe o art. 11, inciso I, alínea "a", da Lei nº 8.213/91. O leitor deve ficar atento a que o empregado vai poder ser brasileiro ou **estrangeiro, mas** deve ser domiciliado e contratado no Brasil.

Alternativa "b" está de acordo com o que dispõe o art. 11, inciso I, alínea "e", da Lei nº 8.213/91. Deve-se observar que se o brasileiro for domiciliado no exterior e for segurado segundo a legislação do país estrangeiro, não será enquadrado como segurado do RGPS.

Alternativa "c" está de acordo com o que dispõe o art. 11, inciso I, alínea "j", da Lei nº 8.213/91. O exercente de mandato eletivo federal, estadual ou municipal somente será enquadrado como segurado empregado no RGPS se ele não estiver amparado por regime próprio de previdência social.

Alternativa correta: "d". O ministro de confissão religiosa e o membro do instituto de vida consagrada, de congregação ou de ordem religiosa não figuram como segurados obrigatórios do RGPS na condição de empregados. Eles se enquadram como segurados contribuintes individuais pelo que determina o disposto no art. 11, inciso V, alínea "c", da Lei nº 8.213/91.

Alternativa "e" está de acordo com o que dispõe o art. 11, inciso I, alínea "g", da Lei nº 8.213/91. Se o servidor público exercer cargo em comissão, mas mantiver vínculo efetivo com a União, será amparado pelo regime próprio de previdência social dos servidores públicos federais.

Alternativa correta: "d". As demais alternativas elencam pessoas físicas que se enquadram como segurados obrigatórios, na condição de empregados do RGPS.

---

16. (FCC – Juiz do Trabalho Substituto 6ª Região/2015) – O segurado especial é aquele que exerce suas atividades em regime de economia familiar, sem empregados permanentes e contribuem para a seguridade social mediante a aplicação de uma alíquota sobre o resultado da comercialização da produção e fazem jus aos benefícios nos termos da lei.

Com base no exposto, NÃO descaracteriza a condição de segurado especial:

I. a participação em plano de previdência complementar instituído por entidade classista a que seja associado em razão da condição de trabalhador rural ou de produtor rural em regime de economia familiar.

II. ser beneficiário ou fazer parte de grupo familiar que tem algum componente que seja beneficiário de programa assistencial oficial de governo.

III. a utilização pelo próprio grupo familiar, na exploração da atividade, de processo de beneficiamento e venda de grãos.

IV. a associação em cooperativa agropecuária e sindicatos rurais.

Está correto o que consta APENAS em

a) II e IV.

b) I e IV.

c) I e II.

d) I e III.

e) III e IV.

COMENTÁRIOS

✪ **Nota da autora:** a lei previdenciária permite que o segurado especial exerça algumas atividades sem que, com isso, seja descaracterizada a sua condição de especial perante o RGPS.

Confira a tabela abaixo:

ATIVIDADE PERMITIDA	CONDIÇÕES
Outorga de imóvel rural	• Por meio de contrato escrito de parceria, meação ou comodato de até 50% de imóvel rural cuja área total não seja superior a 04 módulos fiscais; • desde que outorgante e outorgado continuem a exercer a respectiva atividade, individualmente ou em regime de economia familiar.
Turismo, inclusive hospedagem rústica	• Na propriedade rural; • por não mais de 120 (cento e vinte) dias ao ano.
Participação em plano de previdência complementar	• Instituído por entidade classista a que seja associado; • em razão da condição de trabalhador rural ou de produtor rural em regime de economia familiar.
Programa assistencial oficial de governo	• Ser beneficiário; ou • fazer parte de grupo familiar em que algum componente seja beneficiário.
Beneficiamento ou industrialização artesanal	• Utilizado pelo próprio grupo familiar na exploração da atividade; • considera-se processo de beneficiamento ou industrialização artesanal aquele realizado diretamente pelo próprio produtor rural, pessoa física, desde que não esteja sujeito à incidência do Imposto Sobre Produtos Industrializados (IPI).
Associação	• Em cooperativa agropecuária ou de crédito rural.

ATIVIDADE PERMITIDA	CONDIÇÕES
Sociedade empresária, sociedade simples, como empresário individual ou como titular de empresa individual de responsabilidade limitada, considerada microempresa.	• o objeto da sociedade deve ser agrícola, agroindustrial ou agroturístico; • o segurado deve manter o exercício de sua atividade rural como segurado especial; • a pessoa jurídica deve ser composta apenas de segurados de igual natureza(especiais) e sediar-se no mesmo município ou em município limítrofe àquele em que eles desenvolvam suas atividades.
Atividade sujeita à incidência de IPI sobre os produtos das atividades desenvolvidas.	• desde que seja a atividade desenvolvida nos moldes das sociedades descritas na coluna acima.

Item "I": correto. O segurado especial poderá participar de plano de previdência complementar **instituído por entidade classista** a que seja associado em razão da **condição de trabalhador rural ou de produtor rural em regime de economia familiar. É o que dispõe o art. 11, §8º, inciso III, da Lei nº 8.213/91.**

Item "II": correto. Se o segurado especial é beneficiário ou faz parte de grupo familiar que tem algum componente que seja beneficiário de programa assistencial oficial de governo não perderá seu enquadramento como especial no RGPS. É o que se verifica pelo disposto no art. 11, §8º, inciso IV, da Lei nº 8.213/91.

Item "III": incorreto. Não há previsão legal de que o segurado especial possa exercer a atividade de processo de beneficiamento e venda de grãos, mantendo tal condição de segurado no RGPS. Caso venha exercer tal atividade será enquadrado como segurado contribuinte individual.

Item "IV": incorreto. O segurado especial poderá se associar em cooperativa agropecuária ou de crédito rural. Nesse caso, manterá seu enquadramento como segurado especial.

Alternativa correta: "c". Estão corretos os itens I e II.

---

17. (FCC – Juiz do Trabalho Substituto 24ª Região/2015) – Relativamente ao segurado especial, é correto afirmar que

a) não tem o dever de recolher contribuições previdenciárias sobre o resultado da comercialização da produção rural.

b) lhe é garantida a concessão de aposentadoria por tempo de contribuição, no valor de um salário mínimo, desde que comprove o exercício de atividade rural pelo mesmo número de meses correspondentes à carência do benefício.

c) lhe é garantida a concessão de auxílio-acidente, desde que comprove o exercício de atividade rural pelo mesmo número de meses correspondentes à carência que a lei exige para este benefício.

d) lhe é devido auxílio-acidente, se comprovar o exercício de atividade rural em regime de economia familiar e ficar caracterizada redução da capacidade laboral após a consolidação das lesões decorrentes de acidente de qualquer natureza.

e) lhe é garantida a concessão de aposentadoria por idade, no valor fixo de um salário mínimo, caso contribua facultativamente para a previdência social e preencha a carência do benefício.

COMENTÁRIOS

Alternativa "a": incorreta. A contribuição previdenciária do segurado especial incide sobre a receita bruta proveniente da comercialização da sua produção. É o que descreve o art. 25 da Lei nº 8.212/91.

Alternativa "b": incorreta. O segurado especial que contribui obrigatoriamente sobre o valor bruto da comercialização da sua produção terá direito às aposentadorias por incapacidade permanente (antiga aposentadoria por invalidez) e por idade do trabalhador rural, no valor de um salário mínimo.

Deverá cumprir a carência mínima exigida para essas aposentadorias, comprovando o exercício da atividade rural pelo número de meses correspondentes à carência do benefício.

No que diz respeito à aposentadoria por idade do trabalhador rural, importante registrar o que dispõe o § 1º do art. 56 do Decreto nº 3.048/99:

> *§1º Para fins do disposto no **caput**, o segurado a que se refere o inciso VII do **caput** do art. 9º comprovará o efetivo exercício de atividade rural, ainda que de forma descontínua, no período imediatamente anterior ao requerimento do benefício ou, conforme o caso, ao mês em que tiver cumprido o requisito etário, por tempo igual ao número de meses de contribuição correspondente à carência do benefício pretendido, computados os períodos pelos quais o segurado especial tenha recebido os rendimentos a que se referem os incisos III ao VIII do § 8º do art. 9º.* (Redação dada pelo Decreto nº 10.410, de 2020).

O segurado especial não terá direito à aposentadoria programada[4], salvo se contribuir, facultativamente, para a previdência social nos moldes do contribuinte individual.

Alternativa "c": incorreta. O benefício do auxílio-acidente é concedido aos segurados empregado, empregado doméstico, trabalhador avulso e segurado especial. Este benefício não exige o cumprimento de carência mínima de contribuição ou de exercício efetivo na atividade rural para ser concedido.

---

4. Nova modalidade de aposentadoria trazida pela Reforma da Previdência em 2019. São exigidos, cumulativamente, tempo de contribuição e idade mínimos.

Alternativa "e": incorreta. Caso o segurado especial resolva contribuir facultativamente para o RGPS, nos moldes do contribuinte individual, o valor de suas aposentadorias será calculado com base no salário de benefício. No caso da aposentadoria por idade do trabalhador rural, terá o valor inicial correspondente a 70% do salário de benefício acrescido de 1% para cada ano de contribuição.

A aposentadoria por idade do segurado especial que não optar por contribuir facultativamente, nos moldes do contribuinte individual, terá o valor de 01 salário mínimo. Deverá o segurado especial comprovar o exercício efetivo da atividade rural por, no mínimo, 180 meses anteriores à data do requerimento do benefício ou ao mês em que tiver cumprido o requisito etário. A idade mínima exigida, nesse caso, será de 60 anos, se homem e de 55 anos, se mulher.

Alternativa correta: "d". O auxílio-acidente é devido aos segurados empregado, empregado doméstico, trabalhador avulso e especial.

Este benefício será concedido, como indenização, ao segurado quando, após consolidação das lesões decorrentes de acidente de qualquer natureza, resultarem sequelas que impliquem na redução da capacidade para o trabalho que habitualmente exercia.

No caso do segurado especial, é imperioso que seja comprovado o exercício da atividade rural, de forma individual ou em regime de economia familiar, na data da ocorrência do acidente de qualquer natureza que leve à produção de sequelas ou lesões irreversíveis, gerando a redução da capacidade laborativa.

18. (TRT 8 – Juiz do Trabalho Substituto 8ª Região/2015) – Assinale a alternativa INCORRETA:

a) Todo aquele que exercer, concomitantemente, mais de uma atividade remunerada sujeita ao Regime Geral de Previdência Social (RGPS) é obrigatoriamente filiado em relação a cada uma delas.

b) O aposentado pelo Regime Geral de Previdência Social (RGPS) que estiver exercendo ou que voltar a exercer atividade abrangida por este Regime é segurado obrigatório em relação a essa atividade, ficando sujeito às contribuições de que trata a Lei nº 8.212, de 24 de julho de 1991, para fins de custeio da Seguridade Social.

c) O dirigente sindical mantém, durante o exercício do mandato eletivo, o mesmo enquadramento no Regime Geral de Previdência Social (RGPS) de antes da investidura.

d) São considerados segurados especiais no Regime Geral de Previdência Social (RGPS), o cônjuge ou companheiro e os filhos maiores de 16 (dezesseis) anos ou os a estes equiparados, independente de participação ativa nas atividades rurais do grupo familiar.

e) A participação do segurado especial em sociedade empresária, em sociedade simples, como empresário individual ou como titular de empresa individual de responsabilidade limitada de objeto ou âmbito agrícola, agroindustrial ou agroturístico, considerada microempresa nos termos da Lei Complementar nº 123, de 14 de dezembro de 2006, não o exclui de tal categoria previdenciária, desde que, mantido o exercício da sua atividade rural na forma do inciso VII do caput e do § 1º, art. 11, da Lei nº 8.213/91, a pessoa jurídica componha-se apenas de segurados de igual natureza e sedie-se no mesmo Município ou em Município limítrofe àquele em que eles desenvolvam suas atividades.

COMENTÁRIOS

✪ **Nota da autora:** a atenção deve ser redobrada. O candidato terá que identificar a alternativa **incorreta.**

Alternativa "a": correta. É o que dispõe o §2º do art. 12 da Lei nº 8.212/91.

Alternativa "b": correta. É o que dispõe o §4º do art. 12 da Lei nº 8.212/91. O aposentado que retornar a exercer atividade remunerada abrangida pelo RGPS, não terá direito a benefícios previdenciários, exceto salário-família para empregado, empregado doméstico e trabalhador avulso. Terão, também, direito de receber salário-maternidade em relação à nova atividade.

Alternativa "c": correta. É o que dispõe o §5º do art. 12 da Lei nº 8.212/91.

Alternativa incorreta: "d". Para que o cônjuge ou companheiro e os filhos maiores de 16 anos ou a estes equiparados sejam considerados membros do grupo de segurados especiais e tenha o mesmo enquadramento no RGPS que o membro titular do grupo, é necessário que eles tenham, comprovadamente, participação ativa nas atividades rurais ou pesqueiras artesanais do grupo familiar.

Confira a tabela abaixo:

ENQUADRAMENTO COMO SEGURADO ESPECIAL			
CONDIÇÃO	**ATIVIDADE EXPLORADA**	**LIMITAÇÃO DA ÁREA EXPLORADA**	**EXTENSÃO DO ENQUADRAMENTO**
Produtor que seja: proprietário, usufrutuário, possuidor, assentado, parceiro, meeiro, outorgados, comodatário ou arrendatário rurais.	Agropecuária	Igual ou inferior a 04 módulos fiscais, independentemente da região do país.	Ao cônjuge ou companheiro, bem como filho maior de 16 anos de idade ou a este equiparado, do segurado enquadrado nas situações mencionadas anteriormente que, comprovadamente, tenham **participação ativa nas atividades rurais ou pesqueiras artesanais, respectivamente, do grupo familiar**.
	Seringueiro ou extrativista vegetal, que exerça suas atividades nos termos da Lei nº 9.985, de 18 de julho de 2000, e faça dessas atividades o principal meio de vida.	Sem limitação de área.	
Pescador artesanal ou assemelhado.	Que faça da pesca profissão habitual ou principal meio de vida. Pode utilizar embarcação de pequeno porte, com arqueação bruta igual ou inferior a 20**.	Sem limitação de área.	

Alternativa "e": corretíssima e digna de memorização. Essa possibilidade de o segurado especial exercer tal atividade foi incluída na Lei nº 8.213/91 pela Lei nº 12.873/2013.

Alternativa incorreta: "d".

4. ACIDENTE DO TRABALHO

- Lei nº 8.213/91: arts. 19 ao 23.
- Lei Complementar nº 150/2015.
- Decreto nº 3.048/99: arts. 338 ao 346.

19. (FCC – Juiz do Trabalho/2017) – O Regime Geral de Previdência Social disciplina situações e institui benefícios devidos e pagos aos segurados trabalhadores urbanos, dentre eles os relativos aos acidentes de trabalho. Nesse contexto, conforme regras insculpidas na Lei nº 8.213/1991,

a) o acidente sofrido pelo empregado segurado fora do local e horário de trabalho, quando estava prestando espontaneamente um serviço à empresa para lhe proporcionar proveito, não se equipara a acidente de trabalho.

b) o dia do acidente, no caso de doença profissional ou do trabalho, será considerado como sendo a data do início da incapacidade laborativa para o exercício da atividade habitual, ou o dia da segregação compulsória, ou o dia em que for realizado o diagnóstico, valendo para este efeito o que ocorrer primeiro.

c) o rol de entidades mórbidas que a lei considera como acidente de trabalho é taxativo, incluindo a doença profissional e a doença do trabalho, razão pela qual a Previdência Social não deve considerar acidente do trabalho a doença não incluída nessa relação ainda que tenha resultado das condições especiais em que o trabalho é executado e com ele se relaciona diretamente.

d) a lesão que, resultante de acidente de outra origem, se associe ou se superponha às consequências do anterior, será considerada agravação ou complicação de acidente do trabalho.

e) o acidente ligado ao trabalho que, embora não tenha sido a causa única, haja contribuído diretamente para a morte do segurado equipara-se ao acidente do trabalho, o que não ocorre quando ocasionar apenas redução da sua capacidade para o trabalho, porque esta hipótese e não será considerada como concausa.

COMENTÁRIOS

Nota da autora: a Lei nº 8.213/91 dispõe no art. 21 situações que são equiparadas a acidente de trabalho.

Alternativa "a": incorreta. O acidente sofrido pelo empregado segurado fora do local e horário de trabalho, quando estava prestando espontaneamente um serviço à empresa para lhe proporcionar proveito, **equipara-se** a acidente de trabalho. É o que dispõe o art. 21, inciso IV, "b", da Lei nº 8.213/91.

Alternativa "c": incorreta. O rol de entidades mórbidas que a lei considera como acidente de trabalho **não** é taxativo, incluindo a doença profissional e a doença do trabalho.

Em caso excepcional, constatando-se que a doença não incluída como doença profissional ou doença do trabalho resultou das condições especiais em que o trabalho é executado e com ele se relaciona diretamente, a Previdência Social deve considerá-la como acidente do trabalho.

Alternativa "d": incorreta. Não é considerada agravação ou complicação de acidente do trabalho a lesão que, resultante de acidente de outra origem, se associe ou se superponha às consequências do anterior. É o que dispõe o §2º do art. 21 da Lei nº 8.213/91.

Alternativa "e": incorreta. O acidente ligado ao trabalho que, embora não tenha sido a causa única, haja contribuído diretamente para a morte do segurado, para redução ou perda da sua capacidade para o trabalho, ou produzido lesão que exija atenção médica para a sua recuperação, **equipara-se** ao acidente do trabalho. É considerada concausa.

Alternativa correta: "b". É o que dispõe o art. 23 da Lei nº 8.213/91.

---

20. (FCC – Juiz do Trabalho/2017) – A respeito de nexo técnico epidemiológico, comunicação de acidente de trabalho, responsabilidade pelo meio ambiente do trabalho e ações regressivas, considerando as regras estabelecidas na legislação vigente, é correto afirmar:

a) O INSS terá o prazo decadencial de dez anos, contados da data do acidente, quando dele resultar a morte ou a incapacidade temporária para propor ação regressiva em face do empregador negligente que causou acidente de trabalho, nos termos do artigo 103 da Lei nº 8.213/1991.

b) A empresa poderá requerer ao INSS a não aplicação de nexo técnico epidemiológico ao caso concreto mediante a demonstração de inexistência de correspondente nexo entre o trabalho e o agravo.

c) A empresa, no primeiro dia útil seguinte ao de sua ocorrência, e o empregador doméstico, em até cinco dias da ocorrência, tem o dever de comunicar à Previdência Social de todo e qualquer acidente de trabalho por meio de emissão da CAT, independentemente do resultado que o infortúnio ocasione.

d) Havendo omissão da empresa ou do empregador doméstico, a comunicação do acidente poderá ser feita pelo próprio acidentado, seus dependentes, a entidade sindical, o médico que o atendeu ou qualquer autoridade pública, caso em que o prazo previsto ao empregador será prorrogado por mais um dia útil.

e) O empregador que efetuar o recolhimento do Seguro de Acidente de Trabalho (SAT) previsto na Lei nº 8.212/1991 ficará isento de responsabilidade em ação regressiva movida pelo INSS, ainda que tenha agido com negligência quanto às normas de segurança e higiene do trabalho.

COMENTÁRIOS

Alternativa "a": incorreta. Na verdade, o que dispõe o art. 104 da Lei nº 8.213/91 é que "as ações referentes à prestação por acidente do trabalho prescrevem em 5 (cinco) anos, observado o disposto no art. 103 desta Lei, contados da data:

> *I – do acidente, quando dele resultar a morte ou a incapacidade temporária, verificada esta em perícia médica a cargo da Previdência Social; ou*
>
> *II – em que for reconhecida pela Previdência Social, a incapacidade permanente ou o agravamento das seqüelas do acidente."*

Alternativa "b": correta. A empresa ou o empregador doméstico poderão requerer a não aplicação do nexo técnico epidemiológico, de cuja decisão caberá recurso, com efeito suspensivo, da empresa, do empregador doméstico ou do segurado ao Conselho de Recursos da Previdência Social, vinculado ao Ministério da Previdência Social. É o que se verifica pelo disposto nos §§ 1º e 2º do art. 21-A da Lei nº 8.213/91.

Alternativa "c": incorreta. A empresa ou o empregador doméstico devem fazer a comunicação do acidente do trabalho (CAT), observando-se os seguintes prazos:

- até o primeiro dia útil seguinte ao da ocorrência e
- imediatamente, à autoridade competente, no caso de morte.

Verifica-se pelo disposto no *caput* do art. 22 da Lei nº 8.213/91 que os prazos para a emissão da CAT são os mesmos para a empresa e para o empregador doméstico. Em caso de morte, a comunicação do acidente do trabalho deve ser feita imediatamente à autoridade competente.

Alternativa "d": incorreta. Havendo omissão da empresa ou do empregador doméstico, a comunicação do acidente do trabalho poderá ser feita pelo próprio acidentado, seus dependentes, a entidade sindical, o médico que o atendeu ou qualquer autoridade pública. É o que dispõe o §2º do art. 22, da Lei nº 8.213/91. Essa possibilidade não prorroga o prazo que tem o empregador doméstico de emitir a CAT.

Alternativa "e": incorreta. O empregador que efetuar o recolhimento do Seguro de Acidente de Trabalho (SAT) previsto na Lei nº 8.212/1991 **não** ficará isento de responsabilidade em ação regressiva movida pelo INSS, nos casos de negligência quanto às normas de segurança e higiene do trabalho indicados para a proteção individual e coletiva.

Alternativa correta: "b".

---

21. (TRT 1 – Juiz do Trabalho Substituto 1ª Região/2016) – A respeito das prestações em geral, previstas na Lei nº 8.213/91, considere:

I. A perícia médica do INSS considerará caracterizada a natureza acidentária da incapacidade quando constatar ocorrência de nexo técnico epidemiológico entre o trabalho e o agravo, decorrente da relação entre a atividade do empregado doméstico e a entidade mórbida motivadora da incapacidade elencada na CID, em conformidade com o que dispuser o regulamento.

II. A empresa ou o empregador doméstico poderão requerer a não aplicação do nexo técnico epidemiológico para a apreciação acerca da incapacidade, de cuja decisão caberá recurso.

III. A empresa ou o empregador doméstico deverão comunicar o acidente do trabalho à Previdência Social, em caso de morte, até o primeiro dia útil seguinte ao da ocorrência.

IV. Independe de carência a concessão de auxílio--doença e aposentadoria por invalidez nos casos de acidente de qualquer natureza ou causa e de doença profissional ou do trabalho.

Está correto o que se afirma em

a) I, II e III, apenas.

b) III e IV, apenas.

c) I e IV, apenas.

d) I, II e IV, apenas.

e) I, II, III e IV.

COMENTÁRIOS

Item "I": correto. É o que dispõe o art. 21-A da Lei nº 8.213/91. Caracteriza-se a natureza acidentária da incapacidade quando ela decorre de acidente do trabalho.

Item "II": correto. É o que se verifica pelo disposto no §2º do art. 21-A da Lei nº 8.213/91. O recurso interposto será recebido com efeito suspensivo e será julgado pelo Conselho de Recursos da Previdência Social (CRPS).

Item "III": incorreto. A empresa ou o empregador doméstico deverão comunicar o acidente do trabalho à Previdência Social até o primeiro dia útil seguinte ao da ocorrência e, em caso de morte, imediatamente à autoridade competente. Portanto, o erro do item "III" está em afirmar que a comunicação do acidente do trabalho em caso de morte deverá ser feita até o primeiro dia útil seguinte ao da sua ocorrência.

Item "IV": correto. O auxílio-doença e a aposentadoria por invalidez são isentos da carência mínima de 12 contribuições mensais, nos casos de acidente de qualquer natureza ou causa e de doença profissional ou do trabalho, bem como nos casos de segurado que, após filiar-se ao RGPS, for acometido de alguma das doenças e afecções especificadas em lista elaborada pelos Ministérios da Saúde e da Previdência Social a cada 3 (três) anos, de acordo com os critérios de estigma, deformação, mutilação, deficiência ou outro fator que lhe confira especificidade e gravidade que mereçam tratamento particularizado.

Registre-se que os benefícios de auxílio-doença e aposentadoria por invalidez passaram a ser denominados de auxílio por incapacidade temporária e aposentadoria por incapacidade permanente após a Reforma Previdenciária trazida pela EC nº 103/2019.

Alternativa correta: "d". Estão corretos os itens I, II e IV.

22. (TRT 8 – Juiz do Trabalho Substituto 8ª Região/2015) – Analise os itens abaixo e marque a alternativa CORRETA:

a) Não se requer período de carência para a concessão de auxílio-acidente, pensão por morte, auxílio-reclusão, salário-família, auxílio-doença, aposentadoria por invalidez, reabilitação profissional e salário-maternidade para as seguradas empregadas, trabalhadora avulsa, empregada doméstica e a pessoa física que exerce, por conta própria, atividade econômica de natureza urbana, com fins lucrativos ou não.

b) Equipara-se também ao acidente do trabalho, para os efeitos da Lei nº. 8213-91, o acidente ocorrido no percurso da residência para o local de trabalho ou deste para aquele, qualquer que seja o meio de locomoção, exceto veículo de propriedade do segurado.

c) O seguro-desemprego é devido apenas a empregado dispensado imotivadamente, inclusive na forma indireta, sem renda própria de qualquer natureza suficiente à sua manutenção e de sua família. Admite-se sua cumulação com auxílio-reclusão, auxílio suplementar e abono de permanência em serviço.

d) O benefício do seguro-desemprego será cancelado nos seguintes casos: 1-pela recusa por parte do trabalhador desempregado de outro emprego condizente com sua qualificação registrada ou declarada e com sua remuneração anterior pelo prazo de três anos, ressalvado o prazo de carência e, em caso de reincidência, o prazo será dobrado; 2-por comprovação de falsidade na prestação das informações necessárias à habilitação; 3-por comprovação de fraude visando à percepção indevida do benefício do seguro-desemprego; 4-por morte do segurado.

e) A empresa deverá comunicar o acidente do trabalho à Previdência Social até o 1° (primeiro)dia útil seguinte ao da ocorrência e, em caso de morte, de imediato, à autoridade competente, sob pena de multa variável entre o limite mínimo e o limite máximo do salário de contribuição, sucessivamente aumentada nas reincidências, aplicada e cobrada pela Previdência Social.

COMENTÁRIOS

Alternativa "a": incorreta. A concessão dos benefícios de auxílio por incapacidade temporária (auxílio--doença) e de aposentadoria por incapacidade permanente (aposentadoria por invalidez) exige, em regra, o cumprimento de carência mínima de 12 contribuições mensais.

O auxílio-reclusão passou a exigir, em 18/01/2019, carência mínima de 24 contribuições mensais.

O salário-maternidade requer, segundo a Lei n. 8.213/91 o cumprimento de carência de 10 contribuições mensais, quando se tratar de segurada contribuinte individual e facultativa.

Porém, o **STF julgou inconstitucional o inciso III do art. 25 da Lei n. 8.213/91 na ADI 2.110/DF "por**

violar os princípios da isonomia, da razoabilidade e da proteção constitucional à maternidade – o período de carência (10 contribuições mensais) para a concessão do benefício de salário-maternidade exigido para algumas categorias de seguradas. (Lei nº 8.213/1991, arts. 25, III, e 26, VI).”

De acordo com o julgado "a exigência de carência, nas hipóteses em que impeça o acesso ao salário maternidade, implica em negativa de acesso a direitos fundamentais, cuja leitura mais adequada obriga que sejam fruídos com a máxima eficácia. Nesse contexto, não é razoável concluir que as trabalhadoras autônomas, nominadas de contribuintes individuais pelo legislador previdenciário, passariam a se filiar ao Regime Geral de Previdência Social ao descobrirem uma gestação, apenas para obterem o benefício."

Alternativa "b": incorreta. Mesmo que o trabalhador sofra acidente de percurso com veículo de sua propriedade, esse acidente será equiparado ao acidente do trabalho. A Lei de Benefícios do RGPS não exige que o acidente tenha ocorrido com determinado veículo. É chamado de acidente de trajeto.

Alternativa "c": incorreta. O seguro-desemprego poderá ser concedido, **também,** em casos de:

a) suspensão do contrato de trabalho em virtude de participação em curso ou programa de qualificação oferecido pelo empregador;
b) resgate do trabalhador da condição análoga à de escravidão;
c) proibição da pesca para o pescador profissional no período de defeso.

Alternativa "d": incorreta. O seguro-desemprego será cancelado nos seguintes casos:

- recusa, por parte do trabalhador desempregado, de outro emprego condizente com sua qualificação e remuneração anterior;
- por comprovação de falsidade na prestação das informações necessárias à habilitação;
- por comprovação de fraude visando à percepção indevida do benefício do seguro-desemprego ou
- por morte do segurado.

Alternativa "e": correta. É o que previa o art. 22 da Lei nº 8.213/91, antes da nova redação trazida pela Lei Complementar nº 150/2015.O empregador doméstico passou a ter, também, a obrigação de emitir a CAT em caso de acidente do trabalho de seu empregado doméstico.

Confira a nova redação do art. 22 da Lei nº 8.213/91:

> *A empresa ou o empregador doméstico deverão comunicar o acidente do trabalho à Previdência Social até o primeiro dia útil seguinte ao da ocorrência e, em caso de morte, de imediato, à autoridade competente, sob pena de multa variável entre o limite mínimo e o limite máximo do salário de contribuição, sucessivamente aumentada nas reincidências, aplicada e cobrada pela Previdência Social.*

Alternativa correta: "e".

23. (FCC – Juiz do Trabalho Substituto 24ª Região/2015) – Considera-se acidente do trabalho:

a) a doença endêmica adquirida por segurado habitante de região em que ela se desenvolva, mesmo que a exposição não tenha sido determinada pela natureza do trabalho.
b) o acidente sofrido fora do local e horário de trabalho em consequência de ato de agressão praticado por companheiro de trabalho.
c) a doença degenerativa ou inerente a grupo etário.
d) o acidente ocorrido no percurso da residência para o local de trabalho, salvo se o meio de locomoção for veículo de propriedade do segurado.
e) o acidente ocorrido fora do local e horário de trabalho na prestação espontânea de qualquer serviço à empresa para lhe evitar prejuízo ou proporcionar proveito.

COMENTÁRIOS

Alternativa "a": incorreta. A doença endêmica adquirida por segurado habitante de região em que ela se desenvolva somente poderá ser considerada como doença do trabalho e, portanto, como acidente do trabalho, se restar comprovado que ela é resultante de exposição ou contato direto determinado pela natureza do trabalho.

Alternativa "b": incorreta. O acidente sofrido em consequência de ato de agressão praticado por companheiro de trabalho somente vai ser considerado como acidente do trabalho **se ocorrer dentro do local e horário do trabalho** (art. 21, inciso II, "b", Lei nº 8.213/91).

Alternativa "c": incorreta. Conforme se pode verificar pelo disposto no art. 20, §1º, alíneas "a" e "b", da Lei nº 8.213/91, as doenças degenerativas e a inerente a grupo etário não podem ser consideradas doenças do trabalho. Não podem, portanto, ser consideradas acidente do trabalho.

Alternativa "d": incorreta. Mesmo que o trabalhador sofra acidente de percurso com veículo de sua propriedade, esse acidente será equiparado ao acidente do trabalho. A Lei de Benefícios do RGPS não exige que o acidente tenha ocorrido com um determinado veículo.

Alternativa "e": correta. O acidente ocorrido fora do local e horário de trabalho na prestação espontânea de qualquer serviço à empresa para lhe evitar prejuízo ou proporcionar proveito é equiparado a acidente do trabalho, conforme se verifica pelo disposto no art. 21, inciso IV, alínea "b", da Lei nº 8.213/91.

Alternativa correta: "e".

24. (FCC – Juiz do Trabalho Substituto 6ª Região/2015) – A responsabilidade dos empregadores em indenizar o empregado por danos provenientes de acidente de trabalho ou doença ocupacional, quando incorrer em dolo ou culpa, consoante o disposto no artigo 7º, inciso XXVIII, da Constitucional Federal de 1988, inclusive nas hipóteses de concausa, insculpidas no art. 21, I, Lei no 8.213/1991, advém de seu dever legal de conduta, com o objetivo de evitar ou prevenir a ocorrência de infortúnios, velando, desta forma, pela observância das regras previstas no ordenamento jurídico vigente, relacionadas às normas de saúde, higiene e segurança do trabalho.

Com fundamento no exposto acima, considere:

I. A responsabilidade será subsidiária se o empregado não conseguir provar a culpa ou dolo do empregador na ocorrência do infortúnio que lhe vitimou.

II. A empresa é responsável pela adoção e uso das medidas coletivas e individuais de proteção e segurança da saúde do trabalhador.

III. Constitui contravenção penal, punível com multa, deixar a empresa de cumprir as normas de segurança e higiene do trabalho.

IV. É dever da empresa prestar informações pormenorizadas sobre os riscos da operação a executar e do produto a manipular.

Está correto o que consta APENAS em

a) I e IV.

b) II, III e IV.

c) I e III.

d) I, II e III.

e) II e IV.

COMENTÁRIOS

Item I: incorreto. Dispõe o art. 121 da Lei nº 8.213/91:

> *"Art. 121. O pagamento de prestações pela Previdência Social em decorrência dos casos previstos nos incisos I e II do caput do art. 120 desta Lei não exclui a responsabilidade civil da empresa, no caso do inciso I, ou do responsável pela violência doméstica e familiar, no caso do inciso II."*

Item II: correto. É o que dispõe o §1º do art. 19 da Lei nº 8.213/91.

Item III: correto. É o que dispõe o §2º do art. 19 da Lei nº 8.213/91.

Item IV: correto. É o que dispõe o §3º do art. 19 da Lei nº 8.213/91.

Alternativa correta: "b". Estão corretos os itens II, III e IV.

---

25. (FCC – Juiz do Trabalho Substituto 6ª Região/2015) – O Brasil, atualmente, tem números expressivos de acidentes de trabalho, motivados pelo descumprimento de normas de ordem públicas relacionadas à saúde, medicina e segurança no trabalho, bem como, em alguns casos, pela própria negligência do trabalhador que descumpre ditamos legais e empresariais. No tocante ao tema, considere:

I. Ato de agressão, sabotagem ou terrorismo praticado por terceiro ou companheiro de trabalho.

II. Ofensa física intencional, inclusive de terceiro, por motivo de disputa relacionada ao trabalho.

III. Desabamento, inundação, incêndio e outros casos fortuitos ou decorrentes de força maior.

Equiparam-se também ao acidente do trabalho, para efeitos da legislação previdenciária, em regra, o acidente sofrido pelo segurado no local e no horário do trabalho, em consequência dos acontecimentos indicados em

a) I, II e III.

b) III, apenas.

c) I e III, apenas.

d) I e II, apenas.

e) II e III, apenas.

COMENTÁRIOS

Alternativa correta: "a". Estão corretos os itens I, II e III.

O examinador requer do candidato a identificação das hipóteses de acidente sofrido pelo segurado no local e no horário do trabalho que vai ser equiparado ao acidente do trabalho.

Todas as hipóteses apresentadas na questão enquadram-se como acidente do trabalho e encontram-se elencadas no art. 21, inciso II, da Lei nº 8.213/91

---

26. (TRT 8 – Juiz do Trabalho Substituto 8ª Região/2015) – Sobre o acidente do trabalho, assinale a alternativa CORRETA:

a) Equipara-se ao acidente do trabalho, para efeitos da Lei nº 8.213/91, o acidente ligado ao trabalho que, como causa única, haja contribuído ainda que indiretamente para a morte do segurado, para redução ou perda da sua capacidade para o trabalho, ou produzido lesão que exija atenção médica para a sua recuperação.

b) Equipara-se ao acidente do trabalho o acidente sofrido pelo segurado no local e no horário do trabalho, em consequência de ato de agressão, sabotagem ou praticado por terceiro, este se estiver prestando serviço ao empregador, ou companheiro de trabalho.

c) Equipara-se também ao acidente do trabalho, para efeitos da Lei nº 8.213/91, o acidente sofrido pelo segurado ainda que fora do local e horário de trabalho, em viagem a serviço da empresa, inclusive para estudo quando financiada por esta dentro de seus planos para melhor capacitação da mão-de-obra, independentemente do meio de locomoção utilizado, inclusive veículo de propriedade do segurado.

d) Equipara-se ainda ao acidente do trabalho, para efeitos da Lei nº 8.213/91, o acidente sofrido pelo trabalhador ainda que fora do local e horário de trabalho, em consequência de ato de pessoa privada do uso da razão.

e) Também se equipara ao acidente do trabalho, para efeitos da Lei nº 8.213/91, o acidente sofrido pelo trabalhador mesmo que fora do local e horário de trabalho em consequência de ato de imprudência, negligência, desabamento, inundação, incêndio e outros casos fortuitos ou decorrentes de força maior.

COMENTÁRIOS

Alternativa "a": incorreta. Conforme dispõe o art. 21, inciso I, da Lei nº 8.213/91, o acidente ligado ao trabalho que, **embora não tenha sido a causa única**, haja contribuído **diretamente** para a morte do segurado, para a redução ou a perda da sua capacidade para o trabalho, ou produzido lesão que exija atenção médica para a sua recuperação, é equiparado ao acidente do trabalho.

Veja que não precisa o acidente ser a causa única da morte, redução ou perda da capacidade laborativa do segurado, mas é necessário que ele tenha contribuído diretamente para a ocorrência de tais eventos.

Alternativa "b": incorreta. O erro da afirmativa está em condicionar a equiparação do acidente ao acidente do trabalho o ato de agressão, sabotagem praticado por terceiro se este estiver prestando serviço ao empregador,

O art. 21, inciso II, alínea "a", da Lei nº 8.213/91 equipara o acidente sofrido pelo segurado no local e no horário do trabalho, em consequência de ato de agressão, sabotagem ou terrorismo praticado por terceiro ou companheiro de trabalho ao acidente do trabalho, mesmo se o terceiro não estiver prestando serviço ao empregador.

Alternativa "c": correta. É o que se encontra disposto no art. 21, inciso IV, "c", da Lei nº 8.213/91.

Alternativa "d": incorreta. O acidente sofrido pelo trabalhador em consequência de ato de pessoa privada da razão somente poderá ser equiparado ao acidente do trabalho se ocorrer no horário e no local do trabalho.

Alternativa "e": incorreta. O acidente sofrido pelo trabalhador em consequência de ato de imprudência, negligência de terceiro ou de companheiro de trabalho, desabamento, inundação, incêndio e outros casos fortuitos ou de força maior, somente poderá ser equiparado ao acidente do trabalho se ocorrer no horário e no local do trabalho.

Alternativa correta: "c".

5. DOS BENEFÍCIOS PREVIDENCIÁRIOS EM ESPÉCIE

- Lei nº 8.213/91: arts. 42 ao 86.
- Lei Complementar nº 142/2013.
- Decreto nº 3.048/99: arts. 43 ao 120.
- Súmulas STJ nº: 336, 340, 416

Os comentários relativos às questões abaixo seguem a legislação vigente, especialmente, no tocante às modificações trazidas pela EC nº 103/2019 (reforma previdenciária).

Com a reforma da previdência, o auxílio-doença passou a ser denominado de auxílio por incapacidade temporária e a aposentadoria por invalidez passou a ser chamada de aposentadoria por incapacidade permanente.

27. (FGV– TST – Juiz do Trabalho Substituto/2023) – Após quinze anos de trabalho em UTI hospitalar, Maria foi afastada para gozo de auxílio por incapacidade temporária em janeiro de 2020, para tratamento da Covid-19 e das sequelas decorrentes dessa doença: Aposentou-se por incapacidade permanente em novembro de 2021. Em dezembro de 2022, teve reconhecido na Justiça do Trabalho o nexo de causalidade da doença com o seu labor.

Com base no relato acima, é correto afirmar, acerca da renda mensal inicial e da competência jurisdicional para discussão sobre essa matéria, que:

a) a renda mensal inicial da aposentadoria por incapacidade permanente usufruída inicialmente por Maria segue idêntico critério de cálculo utilizado caso decorresse de acidente de trabalho, não havendo prejuízo financeiro da trabalhadora no particular;

b) Maria deverá ajuizar outra ação contra o empregador na Justiça do Trabalho, pleiteando diferenças da aposentadoria por incapacidade permanente, em razão do reconhecimento judicial posterior de sua origem acidentária;

c) Maria deverá ajuizar outra ação contra o INSS na Justiça do Trabalho, pleiteando diferenças da aposentadoria por incapacidade permanente, em razão do reconhecimento judicial posterior de sua origem acidentária;

d) Maria deverá ajuizar outra ação contra o INSS na Justiça Federal, pleiteando diferenças da aposentadoria por incapacidade permanente, em razão do reconhecimento judicial posterior de sua origem acidentária;

e) Maria deverá ajuizar outra ação contra o INSS na Justiça Comum Estadual, pleiteando diferenças da aposentadoria por incapacidade permanente, em razão do reconhecimento judicial posterior de sua origem acidentária.

COMENTÁRIOS

Quando Maria foi afastada do trabalho pelas sequelas decorrentes da COVID-19, não havia caracterizado o nexo de causalidade da doença com o labor. Assim, a aposentadoria por incapacidade permanente foi calculada como se fosse não decorrente de doença do trabalho (acidente do trabalho).

O valor da renda mensal inicial do benefício foi calculado em 60% da média aritmética simples dos salários de contribuição, atualizados monetariamente, correspondentes a 100% do período contributivo, com acréscimo de 2% para cada ano de contribuição que excedesse 15 anos contribuição.

Mais tarde, com o reconhecimento do nexo técnico epidemiológico previdenciário (NTEP) pela Justiça do Trabalho, a aposentadoria por incapacidade permanente ficará caracterizada como acidentária, decorrente de doença do trabalho. E, assim, a renda mensal inicial do benefício deve corresponder a 100% do salário de benefício de Maria.

Consideram-se acidente do trabalho a doença profissional e a doença do trabalho. No caso, a COVID-19 foi caracterizada como doença do trabalho.

No entanto, a natureza acidentária da aposentadoria por incapacidade permanente deve ser caracterizada pelo INSS. Poderá Maria ingressar com pedido de revisão da renda mensal inicial do benefício em face do INSS, pleiteando as diferenças dos valores devidos.

Como se trata de benefício de natureza acidentária (decorrente de doença do trabalho), a ação deve ser processada e julgada pela Justiça Comum Estadual. Trata-se de competência absoluta da Justiça Estadual.

Alternativa correta: "e".

---

28. (FGV- TST - Juiz do Trabalho Substituto/2023) – João laborava em uma propriedade rural, onde cultivam uvas posteriormente revendidas para vinícolas da região. Além de alimentar e cuidar dos poucos animais do local, também auxiliava no plantio e na colheita das uvas, sempre que necessário. João recebia dois salários mínimos por mês. Quando trabalhava nas parreiras, recebia mais um salário mínimo. Após cinco anos trabalhando na informalidade, quando mandado embora pelo novo dono da propriedade, ingressou com ação trabalhista, postulando o reconhecimento da relação de emprego e o adimplemento de verbas trabalhistas do período contratual.

Mesmo sem juntar qualquer documento no processo, na audiência designada pelo juízo, foi celebrado um acordo entre as partes, em que, ajustada a anotação de três anos do contrato de trabalho na sua carteira profissional, além do pagamento de R$ 30.000,00 a título de parcelas salariais e indenizatórias. Com base no relato acima e considerando a jurisprudência dominante no Superior Tribunal de Justiça, é correto afirmar, para efeito de futura concessão de aposentadoria por tempo de contribuição, que:

a) a anotação do contrato de trabalho de três anos na CTPS permite o reconhecimento de idêntico tempo de serviço rural, desde que efetuado o recolhimento das contribuições previdenciárias incidentes sobre o valor pago no acordo trabalhista;

b) a anotação do contrato de trabalho de três anos na CTPS permite o reconhecimento dos cinco anos de serviço rural, desde que efetuado o recolhimento das contribuições previdenciárias incidentes sobre as remunerações devidas ao longo do período contratual registrado na CTPS;

c) a anotação do contrato de trabalho na CTPS permite o reconhecimento de idêntico tempo de serviço rural, independentemente do recolhimento de contribuições previdenciárias devidas;

d) a anotação do contrato de trabalho na CTPS, aliada à produção em ação própria de prova oral relativa à parte do período contratual restante, permite o reconhecimento dos cinco anos de serviço rural, independentemente do recolhimento das contribuições previdenciárias;

e) a anotação do contrato de trabalho na CTPS, aliada a outros elementos probatórios convincentes e contemporâneos aos fatos, permite o reconhecimento de até cinco anos de serviço rural, sem prejuízo do adimplemento das contribuições previdenciárias devidas.

COMENTÁRIOS

✪ **Nota da autora:** Trata-se de reconhecimento de tempo de serviço rural com vínculo empregatício.

No caso, foi celebrado acordo entre reclamante e reclamado, reconhecendo o vínculo empregatício e anotados 03 anos de contrato de trabalho na CTPS.

No que diz respeito à contribuição previdenciária, deverá ser recolhida a contribuição incidente sobre as verbas salariais discriminadas no acordo – parte do empregador e do empregado.

Quanto ao reconhecimento de todo o tempo que João laborou como rural, há que se observar o disposto no art. 55, §3º, da Lei nº 8.213/91:

> *§ 3º A comprovação do tempo de serviço para os fins desta Lei, inclusive mediante justificativa administrativa ou judicial, observado o disposto no art. 108 desta Lei, só produzirá efeito quando for baseada em início de prova material contemporânea dos fatos, não admitida a prova exclusivamente testemunhal, exceto na ocorrência de motivo de força maior ou caso fortuito, na forma prevista no regulamento. (Redação dada pela Lei nº 13.846, de 2019)*

O entendimento do Superior Tribunal de Justiça é no sentido de que a sentença trabalhista homologatória de acordo somente será considerada início válido de prova material, para os fins do art. 55, § 3º, da Lei n.

8.213/1991, quando fundada em elementos probatórios contemporâneos dos fatos alegados, aptos a evidenciar o exercício da atividade laboral, o trabalho desempenhado e o respectivo período que se pretende ter reconhecido, em ação previdenciária.

Assim, **correta a alternativa "e"**. A anotação do contrato de trabalho na CTPS, aliada a outros elementos probatórios convincentes e contemporâneos aos fatos, permite o reconhecimento de até cinco anos de serviço rural, sem prejuízo do adimplemento das contribuições previdenciárias devidas.

Alternativa correta: "e".

---

29. (FCC – Juiz do Trabalho/2017) – Sobre auxílio-doença, aposentadoria por invalidez, auxílio-acidente e estabilidade acidentária considere:

I. Apolo, admitido na empresa Ajax por contrato de experiência de trinta dias, no quarto dia de trabalho, sofreu profundo corte em sua mão direita, quando manuseava chapas de aço. Após intervenção cirúrgica, ficou afastado pelo INSS por dois meses recebendo auxílio-doença acidentário. Não terá direito a estabilidade acidentária prevista no artigo 118 da Lei nº 8.213/1991.

II. Medusa é segurada empregada, exercendo as funções de digitadora durante o dia, além de exercer as funções de professora de contabilidade durante a noite. Foi acometida de doença que a incapacitou temporariamente para a atividade de digitadora. Nesse caso, cumprida a carência, poderá receber o auxílio-doença em relação a essa atividade e continuar laborando como professora.

III. Thor, logo após filiar-se ao Regime Geral de Previdência Social – RGPS, foi acometido de cardiopatia grave, comprovada por exame médico-pericial a cargo do INSS, que atestou a total e permanente incapacidade para o trabalho. Nessa hipótese, mesmo sem o cumprimento de carência, será devido o benefício da aposentadoria por invalidez, que consistirá numa renda mensal correspondente a 80% do salário de benefício, mais 1% deste, por grupo de doze contribuições, porque o benefício não decorre de acidente de trabalho.

IV. Isis, em razão do trabalho exercido em sua empregadora, foi acometida de perda auditiva induzida por ruído, que resultou na redução da capacidade para o trabalho que habitualmente exercia, conforme comprovado em perícia. Nessa situação, receberá o benefício de auxílio-acidente mensal no valor de 50% do salário de benefício e será devido até a véspera do início de sua aposentadoria ou até a data do seu óbito.

Está correto o que se afirma APENAS em

a) I, III e IV.

b) II e III.

c) I, II e IV.

d) I e III.

e) II e IV.

COMENTÁRIOS

Item II: correto. O auxílio por incapacidade temporária é um benefício previdenciário, não programado, concedido ao segurado que ficar incapacitado para o trabalho ou para o exercício de suas atividades habituais por mais de 15 dias consecutivos.

No caso, Medusa exerce duas atividades e é filiada obrigatória do RGPS em relação a cada uma dessas atividades. Está incapacitada temporariamente para o exercício apenas da função de digitadora. Terá direito, portanto, ao auxílio por incapacidade temporária, relativamente à atividade de digitadora e poderá continuar a exercer a função de professora.

Registra-se que o cálculo do valor do auxílio por incapacidade temporária concedido à Medusa vai considerar apenas os salários de contribuição relativos à função de digitadora.

Item IV: corretíssimo. É importante chamar a atenção de que a situação trazida na questão foi relativa à perda auditiva em razão do exercício do trabalho. Nesse caso, impõe-se, segundo o disposto no §4º do art. 86 da Lei nº 8.213/91 que a *perda da audição, em qualquer grau, somente proporcionará a concessão do auxílio-acidente, quando, além do reconhecimento de causalidade entre o trabalho e a doença, resultar, comprovadamente, na redução ou perda da capacidade para o trabalho que habitualmente exercia.*

Item I: incorreto. Apolo terá direito a estabilidade acidentária prevista no artigo 118 da Lei nº 8.213/1991, após a cessação do auxílio por incapacidade temporária acidentário, pelo prazo mínimo de 12 meses.

Item III: incorreto. Considerando as novas regras trazidas pela Emenda Constitucional n. 103/2019, o valor da aposentadoria por incapacidade permanente (invalidez) de Thor corresponderá a 60% (sessenta por cento) do salário de benefício, acrescido de mais 2% para cada ano que exceder 20 anos de contribuição. Isso porque a aposentadoria por incapacidade permanente não decorreu de acidente do trabalho[5]. Se fosse aposentadoria por incapacidade permanente decorrente de acidente do trabalho, de doença profissional ou de doença do trabalho o valor do benefício seria de 100% do salário de benefício.

Alternativa correta: "e". Os itens II e IV estão corretos.

---

30. (TRT 2 – Juiz do Trabalho Substituto 2ª Região/ 2016-adaptada) – Sobre os benefícios da previdência social conforme legislação pertinente é correto afirmar que:

5. Regra trazida pela Reforma Previdenciária de 2019 por meio da EC nº 103/2019.

a) A carência para a aposentadoria por invalidez é de dezoito contribuições mensais e a renda mensal é de 90% do salário-de-benefício, acrescido de 1 % a cada grupo de doze contribuições mensais.

b) O requisito da aposentadoria programada é 65 anos para homem e 60 anos para mulher, reduzido em cinco anos para os rurais, com carência de 180 contribuições mensais.

c) A aposentadoria programada exige 35 anos para homem e 30 anos para mulher de contribuição, com redução de 5 anos para os professores de todos os níveis e a renda mensal é de 70% do salário-de-benefício, acrescido de 1 % a cada grupo de doze contribuições mensais.

d) O requisito da aposentadoria especial é o exercício ocasional e intermitente de trabalho sujeito a exposição a agentes nocivos físicos, químicos ou biológicos, durante, 10, 15 e 20 anos, com carência de 180 contribuições mensais e renda mensal de 91% do salário-de-benefício, limitada a média dos 12 últimos salários de contribuição.

e) Para os benefícios de auxílio-doença e auxílio-acidente não há qualquer carência, a renda é de 70% do salário-de-benefício, ambos preveem o requisito da incapacidade para o trabalho e o segundo é devido apenas em caso de acidente de trabalho nos termos definidos em lei.

COMENTÁRIOS

✪ Nota da autora: com a reforma previdenciária de 2019, a aposentadoria por tempo de contribuição não será mais concedida, salvo para aqueles que completaram as exigências antes da data da publicação da EC nº 103/2019 ou se enquadrarem em uma das regras de transição.

A reforma previdenciária introduziu a concessão da aposentadoria programada que exige, cumulativamente, tempo de contribuição e carência mínimos.

Desse modo, vamos adequar a questão à legislação atual.

Alternativa "a": incorreta. A carência para a aposentadoria por incapacidade permanente é, em regra, de **12** contribuições mensais e a renda mensal inicial corresponde a 100% do salário de benefício, **no caso de acidente do trabalho.**

Se a aposentadoria por incapacidade permanente for decorrente de evento não relacionado ao trabalho, a renda mensal inicial corresponderá a 60% do salário de benefício, acrescido de 2% para cada ano que exceder 20 anos de contribuição, se homem e, 15 anos de contribuição, se mulher.

Alternativa incorreta: "b". A aposentadoria programada exige idade, tempo de contribuição e carência mínimos de contribuições mensais.

Será concedida aos 65 anos de idade, se homem e, aos 62 anos, se mulher.

O trabalhador rural tem direito à aposentadoria por idade, aos 60 anos de idade, se homem e, 55 anos, se mulher.

A carência mínima de contribuições exigida é de 180 contribuições mensais, sendo que para o segurado especial é de 180 meses de exercício efetivo na atividade rural, ainda que de forma descontínua, imediatamente anteriores à data do requerimento ou ao mês que tiver completado a idade mínima.

Alternativa "c": incorreta. A aposentadoria programada exige 20 anos de contribuição, se homem, e 15 anos de contribuição, se mulher. A idade mínima exigida é de 65 anos, se homem e, de 62 anos, se mulher.

No caso dos professores que se dedicam exclusivamente às funções de magistério na educação infantil e no ensino fundamental e médio, a exigência é de 60 anos de idade, se homem e de 57 anos de idade, se mulher. Para ambos os sexos, o tempo de contribuição no exercício das funções de magistério na educação infantil, no ensino fundamental e médio é de 25 anos.

A renda mensal inicial da aposentadoria programada corresponde a 60% do salário de benefício, acrescido de 2% para cada ano que exceder 20 anos de contribuição, se homem e, 15 anos de contribuição, se mulher.

Alternativa "d": incorreta. O requisito da aposentadoria especial é o exercício **permanente, não** ocasional e **nem** intermitente de trabalho sujeito a exposição a agentes nocivos físicos, químicos ou biológicos prejudiciais à saúde, durante, 10, 15 e 20 anos de contribuição e idade mínima de 55, 58 e 60 anos, respectivamente, com carência de 180 contribuições mensais. A renda mensal inicial da aposentadoria especial é de 60% do salário de benefício, acrescido de 2% para cada ano que exceder 20 anos de contribuição, se homem e, 15 anos de contribuição, se mulher.

O benefício do auxílio por incapacidade temporária possui renda mensal de 91% do salário de benefício, limitada a média aritmética simples dos 12 últimos salários de contribuição.

Alternativa "e": incorreta. O auxílio-acidente não exige qualquer carência e sua renda mensal inicial corresponde a 50% do salário de benefício. É devido apenas aos segurados empregado, empregado doméstico, trabalhador avulso e especial, como indenização, após consolidação das lesões decorrentes de acidente de qualquer natureza, resultarem sequelas que impliquem redução da capacidade para o trabalho que habitualmente exercia.

Já o auxílio por incapacidade temporária é concedido ao segurado que ficar incapacitado para o seu trabalho ou para a sua atividade habitual por mais de 15 dias consecutivos. A renda mensal inicial corresponde a 91% do salário de benefício, limitada a média aritmética simples dos 12 últimos salários de contribuição.

De acordo com a legislação atual, pode-se afirmar que não há alternativa correta.

31. (TRT 2 – Juiz do Trabalho Substituto 2ª Região/2016) – Perseu firmou contrato de trabalho com a Indústria Gráfica Olimpo S/A em 10/01/2013. Após dois anos de serviço, ao manusear uma máquina de corte sofreu fratura na mão esquerda. Imediatamente foi socorrido na enfermaria da empresa e após os primeiros socorros foi encaminhado a um hospital. Ficou afastado por três meses, período em que recebeu prestação previdenciária de auxílio-doença acidentário. Em razão do acidente, houve necessidade de intervenção cirúrgica que resultou na amputação da falange do indicador. Nesta situação, Perseu ainda faz jus ao benefício previdenciário de:

a) Aposentadoria especial, em razão do acidente típico de trabalho sofrido.

b) Auxílio-acidente, se após consolidadas as lesões resultarem sequelas que impliquem em redução da capacidade para o trabalho que habitualmente exercia.

c) Aposentadoria por invalidez caso tenha havida redução parcial da capacidade de trabalho, mas suscetível de reabilitação.

d) Auxílio-acidente em razão do acidente de trabalho, mesmo que não tenha havido nenhuma sequela.

e) Pecúlio por acidente típico de trabalho, uma vez que se acidentou no local de trabalho.

COMENTÁRIOS

Alternativa "a": incorreta. Em razão do fato descrito na questão, não é possível conceder aposentadoria especial para Perseu.

O requisito da aposentadoria especial é o exercício **permanente, não** ocasional e **nem** intermitente de trabalho sujeito a exposição a agentes nocivos físicos, químicos ou biológicos, durante, 10, 15 e 20 anos, com idade mínima de 55, 58 e 60 anos, respectivamente, e carência de 180 contribuições mensais. Ela não é concedida em razão de acidente do trabalho.

Alternativa "b": correta. Perseu terá direito de receber auxílio-acidente se, após consolidadas as lesões resultarem sequelas que impliquem em redução da capacidade para o trabalho que habitualmente exercia.

O auxílio-acidente não exige qualquer carência e sua renda mensal inicial corresponde a 50% do salário de benefício. É devido apenas aos segurados empregado, empregado doméstico, trabalhador avulso e especial, como indenização, após consolidação das lesões decorrentes de acidente de qualquer natureza, resultarem sequelas que impliquem redução da capacidade para o trabalho que habitualmente exercia.

Alternativa "c": incorreta. Não poderá Perseu ser aposentado por incapacidade permanente, uma vez que ele não foi considerado incapaz e insuscetível de reabilitação para o exercício de qualquer atividade que lhe garantisse a subsistência.

A aposentadoria por incapacidade permanente não é concedida quando se tratar de redução da capacidade do trabalho.

Alternativa "d": incorreta. Peço ao leitor que leia o comentário da alternativa "b".

Alternativa "e": incorreta. O regime geral de previdência social não prevê a concessão de pecúlios em razão de acidente do trabalho.

Alternativa correta: "b".

32. (TRT 4 – Juiz do Trabalho Substituto 4ª Região/2016) – Assinale a assertiva **incorreta** sobre salário-maternidade.

a) O salário-maternidade é devido à segurada da Previdência Social durante 120 (cento e vinte) dias, com início no período entre 28 (vinte e oito) dias antes do parto e a data de ocorrência deste, observadas as situações e condições previstas na legislação no que concerne à proteção à maternidade.

b) Ao segurado ou segurada da Previdência Social que adotar ou obtiver guarda judicial para fins de adoção de criança é devido salário-maternidade pelo período de 120 (cento e vinte) dias.

c) No caso de falecimento da segurada ou segurado que fizer jus ao recebimento do salário-maternidade, o benefício será pago, por todo o período ou pelo tempo restante a que teria direito, ao cônjuge ou companheiro sobrevivente que tenha a qualidade de segurado, exceto no caso do falecimento do filho ou de seu abandono, observadas as normas aplicáveis ao salário-maternidade.

d) A percepção do salário-maternidade está condicionada ao afastamento do segurado do trabalho ou da atividade desempenhada, sob pena de suspensão do benefício.

e) Assegurado o valor de um salário-mínimo, o salário--maternidade para a segurada empregada ou trabalhadora avulsa consistirá em 1/12 (um doze avos) da soma dos doze últimos salários-de-contribuição, apurados em um período não superior a 15 (quinze) meses.

COMENTÁRIOS

✪ Nota da autora: a atenção do leitor deve ser redobrada em razão de ter que identificar a assertiva incorreta sobre o benefício do salário-maternidade.

Alternativa "a": correta. É exatamente o que dispõe o art. 71 da Lei nº 8.213/91.

Alternativa "b": correta. É o que dispõe o art. 71-A da Lei nº 8.213;/91. Registra-se que o salário-maternidade será concedido por 120 dias, nos casos de adoção ou guarda judicial para fins de adoção, independentemente da idade da criança.

Alternativa "c": correta. É o que determina o art. 71-B da Lei 8.213/91. Trata-se do salário-maternidade complementar.

Alternativa "d": correta. É o que dispõe o art. 71-C da Lei nº 8.213/91. O salário-maternidade é pago ao segurado ou segurada que se afasta do trabalho, em razão da ocorrência dos fatos geradores descritos nos arts. 71, 71-A e 71-B da Lei de Benefícios do RGPS.

Alternativa "e": incorreta. No caso, o valor do salário-maternidade para as seguradas contribuinte individual e facultativa consiste em 1/12 (um doze avos) da soma dos doze últimos salários-de-contribuição, apurados em um período não superior a 15 (quinze) meses, assegurado o valor de um salário mínimo.

O valor do salário-maternidade da segurada empregada e da trabalhadora avulsa corresponde à sua remuneração integral, conforme se verifica pelo disposto no art. 72 da Lei nº 8.213/91.

Alternativa incorreta: "e".

---

33. (TRT 1 – Juiz do Trabalho Substituto 1ª Região/2016) – A respeito da pensão por morte, prevista nos arts. 74 a 79 da Lei nº 8.213/91:

I. A pensão por morte será devida ao conjunto dos dependentes do segurado que falecer, aposentado ou não, a contar da data do óbito apenas quando requerida em até 60 dias após a data do falecimento.

II. Perde o direito à pensão por morte, por decisão administrativa, garantido o direito ao contraditório, o cônjuge ou companheiro, se comprovada, a qualquer tempo, a formalização do casamento ou da união estável com o fim exclusivo de constituir benefícios previdenciários.

III. O direito à percepção de cada cota individual cessará, relativamente ao cônjuge, em quatro meses, se o óbito ocorrer sem que o segurado tenha vertido 18 contribuições mensais, ou se o casamento tiver iniciado em menos de dois anos antes do óbito do segurado.

IV. O exercício de atividade remunerada, inclusive na condição de microempreendedor individual, não impede a concessão ou manutenção da parte individual da pensão do dependente com deficiência intelectual ou mental ou com deficiência grave.

Está correto o que se afirma em

a) I, II e III, apenas.
b) III e IV, apenas.
c) I e IV, apenas.
d) I, II e IV, apenas.
e) I, II, III e IV.

COMENTÁRIOS

Item "I": incorreto. A pensão por morte será devida ao conjunto dos dependentes do segurado que falecer, aposentado ou não, a contar da data do óbito quando requerida em até 180 dias da data do óbito pelos filhos menores de 16 anos e em até **90** dias da data do óbito pelos demais dependentes. Ultrapassado esses prazos, a pensão por morte será devida a partir da entrada do requerimento administrativo.

Item "II": incorreto. No caso da assertiva, o erro está em afirmar que a perda do direito à pensão por morte se dará por decisão administrativa. Tem que haver processo judicial para apurar essas irregularidades. Veja o que dispõe o §2º do art. 74 da Lei nº 8.213/91:

> *"§ 2º Perde o direito à pensão por morte o cônjuge, o companheiro ou a companheira se comprovada, a qualquer tempo, simulação ou fraude no casamento ou na união estável, ou a formalização desses com o fim exclusivo de constituir benefício previdenciário,* ***apuradas em processo judicial*** *no qual será assegurado o direito ao contraditório e à ampla defesa." (negrito nosso).*

Item "III": correto. Essa regra surgiu com o advento da Lei nº 13.135/2015. A pensão por morte deixou de ser vitalícia, na maioria dos casos, para cônjuge, companheiro e companheira.

Será devida a pensão por morte ao cônjuge, companheiro ou companheira:

- **por 04 meses,** quando o segurado, na data de seu óbito não tiver, pelo menos, 18 contribuições mensais ou se o casamento ou a união estável tiverem sido iniciados há menos de 2 (dois) anos, **salvo se a morte for decorrente de acidente de qualquer natureza, doença profissional ou do trabalho;**
- **pelo prazo estabelecido na tabela abaixo,** caso o segurado, na data de seu óbito, possua 18 ou mais contribuições mensais e o casamento ou a união estável tenham sido iniciados há, pelo menos, 02 anos.

Idade x do cônjuge, companheiro ou companheira, em anos (E(x))	Duração do benefício de pensão por morte (em anos)
menor que 22	3
entre 22 e 27	6
entre 28 e 30	10
entre 31 e 41	15
entre 42 e 44	20
45 anos ou mais	Vitalícia

- pelo prazo estabelecido na tabela acima, quando a morte do segurado for **decorrente de acidente de qualquer natureza ou doença profissional ou do trabalho,** mesmo que não haja 18 contribuições e o casamento ou a união estável não tenham iniciado há 02 anos até a data da morte do segurado.
- até a **cessação da invalidez,** quando se tratar de inválido, sendo garantidos, no mínimo, conforme o caso, os prazos de 04 meses ou o da tabela acima.

Item "IV": correto. É o que dispõe o §6º do art. 77 da Lei nº 8.213/91, incluído pela Lei nº 13.183/2015.

Alternativa correta: "b". Estão corretos os itens III e IV.

34. (TRT 2 – Juiz do Trabalho Substituto 2ª Região/2016) – Nos termos da legislação previdenciária o benefício previdenciário não cessará imediatamente, será suspenso ou cancelado automaticamente em caso de:

a) Reaparecimento do segurado considerado falecido por decisão judicial que havia declarado morte presumida que originou o pagamento de pensão provisória aos dependentes.

b) Não apresentação do segurado beneficiário de aposentadoria por invalidez para a realização de exame médico-pericial periódico a cargo do INSS.

c) Retorno voluntário ao trabalho de segurado aposentado por invalidez.

d) Exercício de atividade remunerada pelo segurado recluso em cumprimento de pena em regime fechado ou semiaberto que contribuir na condição de segurado contribuinte individual ou facultativo, em relação ao recebimento do auxílio-reclusão pelos seus dependentes.

e) Continuidade do exercício de trabalho ou atividade que sujeite o segurado beneficiário de aposentadoria especial a condições nocivas à saúde ou à integridade física que foram considerados para fins da concessão da aposentadoria especial.

COMENTÁRIOS

✪ **Nota da autora:** questão muito bem elaborada que leva o candidato a demonstrar um conhecimento sobre mais de um benefício previdenciário no que diz respeito ao seu cancelamento, suspensão ou cessação.

O examinador requer que seja identificada a assertiva a situação em que o benefício não cessará imediatamente, será suspenso ou cancelado automaticamente.

Alternativa "a": incorreta. Verificado o reaparecimento do segurado, o pagamento da pensão por morte presumida, declarada por decisão judicial, cessará imediatamente. Os dependentes ficam desobrigados da reposição dos valores recebidos, salvo má-fé. É que se depreende do disposto no art. 78, §2º, da Lei nº 8.213/91.

Alternativa "b": incorreta. O segurado aposentado por incapacidade permanente está obrigado a submeter-se a exame médico a cargo da Previdência Social, sob pena de suspensão. Assim, uma vez convocado para a perícia médica, não comparecendo, terá seu benefício suspenso.

Mas, é importante registrar que o aposentado por incapacidade permanente que não tenha retornado à atividade estará isento do exame medido pericial periódico:

I - após completar cinquenta e cinco anos ou mais de idade e quando decorridos quinze anos da data da concessão da aposentadoria por incapacidade permanente do auxílio por incapacidade temporária que a precedeu; ou

II - após completar sessenta anos de idade.

Alternativa "c": incorreta. O aposentado por incapacidade permanente que retornar voluntariamente à atividade, terá sua aposentadoria automaticamente cancelada, a partir da data do retorno. É o que dispõe o art. 46 da Lei nº 8.213/91.

Alternativa "d": correta. O exercício de atividade remunerada pelo segurado recluso em cumprimento de pena em regime fechado ou semiaberto que contribuir na condição de segurado contribuinte individual ou facultativo, não causa a suspensão do recebimento do auxílio-reclusão pelos seus dependentes. É o que dispõe o art. 2º da Lei nº 10.666/2003.

É importante registrar que a partir de 18 de janeiro de 2019, o auxílio-reclusão deixou de ser devido para o caso de prisão em regime semiaberto.

Alternativa "e": incorreta. No caso da aposentadoria especial, é vedado ao segurado retornar ao exercício de atividade em condições especiais que prejudique a saúde. No entanto, o parágrafo único do art. 69, do Decreto nº 3.048/99 , dispõe:

> *"O segurado que retornar ao exercício de atividade ou operação que o sujeite aos riscos e agentes nocivos constantes do Anexo IV, ou nele permanecer, na mesma ou em outra empresa, qualquer que seja a forma de prestação do serviço ou categoria de segurado, será imediatamente notificado da cessação do pagamento de sua aposentadoria especial,* ***no prazo de sessenta dias*** *contado da data de emissão da notificação, salvo comprovação, nesse prazo, de que o exercício dessa atividade ou operação foi encerrado." (negrito nosso)*

Alternativa correta: "d".

35. (TRT 1 – Juiz do Trabalho Substituto 1ª Região/2016) – Em relação ao sistema de custeio e benefícios previdenciários, sumulada pelo Superior Tribunal de Justiça, considere:

I. O trabalhador rural, na condição de segurado especial, sujeito à contribuição obrigatória sobre a produção rural comercializada, somente faz jus à aposentadoria por tempo de serviço, se recolher contribuição facultativa.

II. É devida a pensão por morte aos dependentes do segurado que, apesar de ter perdido essa qualidade, preencheu os requisitos legais para a obtenção de aposentadoria até à data do seu óbito.

III. É incabível a correção monetária dos salários de contribuição considerados no cálculo do salário de benefício de auxílio-doença, aposentadoria por invalidez, pensão ou auxílio-reclusão concedidos antes da vigência da CF/1988.

IV. A acumulação de auxílio-acidente com aposentadoria pressupõe que a lesão incapacitante e a aposentadoria sejam anteriores a 11/11/1997, observado o critério do art. 23 da Lei nº 8.213/1991 para definição do momento da lesão nos casos de doença profissional ou do trabalho.

Está correto o que se afirma em

a) I, II e III, apenas.

b) III e IV, apenas.

c) I e IV, apenas.

d) I, II e IV, apenas.

e) I, II, III e IV.

COMENTÁRIOS

Nota da autora: o candidato deve tomar cuidado com essa questão. Há posicionamentos da jurisprudência nas assertivas apresentadas.

Item "I": correto. O trabalhador rural, na condição de segurado especial está sujeito à contribuição obrigatória incidente sobre a receita bruta da comercialização da sua produção rural. Nesse caso, terá direito à aposentadoria por idade do trabalhador rural ou por incapacidade permanente.

Caso queira se aposentar de forma programada (aposentadoria programada) é necessário que ele, contribua, facultativamente, nos moldes do contribuinte individual.

Item "II": correto. É o que prevê o §2º do art. 102 da Lei nº 8.213/91.

Item "III": correto. É o que diz o enunciado da súmula nº 456 do STJ.

Item "IV": correto. É o enunciado da súmula nº 507 do STJ.

Com a Lei nº 9.528/97 não é mais possível acumular auxílio-acidente com qualquer aposentadoria. Ao se aposentar, o segurado que estava recebendo auxílio-acidente terá este benefício cessado. O seu valor, no entanto, integrará o cálculo do salário de benefício da aposentadoria.

O segurado que, todavia, recebia auxílio-acidente antes da Lei nº 9.528/97, cumulado com sua aposentadoria, continuará recebendo os dois benefícios.

O entendimento acerca da acumulação do auxílio-acidente com aposentadoria foi alterado pelo STJ[6] e, consequentemente, a Advocacia Geral da União (AGU) reformou a Súmula nº 44, através da Súmula nº 65 que tem a seguinte redação, após nova alteração trazida pela súmula nº 75:

"Para a acumulação do auxílio-acidente com proventos de aposentadoria, a consolidação das lesões decorrentes de acidentes de qualquer natureza, que resulte sequelas definitivas, nos termos do art. 86 da Lei nº 8.213/91, e a concessão da aposentadoria devem ser anteriores às alterações inseridas no art. 86, § 2º da Lei nº 8.213/91, pela Medida Provisória nº 1.596-14, convertida Lei nº 9.528/97". Assim, em relação à acumulação de auxílio-acidente com aposentadoria, pode-se afirmar que:

1) se a consolidação da lesão incapacitante e a concessão da aposentadoria forem anteriores a 10 de novembro de 1997, poderá haver a acumulação do auxílio-acidente com a aposentadoria;

2) se a consolidação da lesão incapacitante for anterior a 10 de novembro de 1997, mas a aposentadoria for concedida após esta data, não poderá haver a acumulação do auxílio-acidente com a aposentadoria. O auxílio-acidente será cessado na data da concessão da aposentadoria;

3) se a consolidação da lesão incapacitante e a concessão da aposentadoria forem posteriores a 10 de novembro de 1997, não poderá haver a acumulação do auxílio-acidente com a aposentadoria. Haverá a cessação do auxílio-acidente no momento que for concedida a aposentadoria.

Alternativa correta: "e". Estão corretos os itens I, II, III e IV.

6. REsp nº 1.296.673/MG.

---

36. (FCC – Juiz do Trabalho Substituto 6ª Região/2015) – No que se refere ao salário-maternidade, a lei previdenciária dispõe que, no caso de falecimento da segurada ou segurado que fizer jus ao seu recebimento, o benefício será pago, por todo o período ou pelo tempo restante a que teria direito, ao cônjuge ou companheiro sobrevivente que tenha a qualidade de segurado, exceto no caso do falecimento do filho ou de seu abandono, observadas as normas aplicáveis ao salário-maternidade. Este benefício será pago diretamente pela Previdência Social durante o período entre a data do óbito e o último dia do término do salário-maternidade originário e será calculado sobre

a) o valor do salário mínimo estadual, para o segurado especial.

b) o valor do salário mínimo, para o segurado eventual.

c) o salário mínimo estadual, para o empregado doméstico.

d) a remuneração integral, para o empregado e trabalhador avulso.

e) 1/12 da soma dos 12 últimos salários de contribuição, apurados em um período não superior a 18 meses, para o contribuinte individual, facultativo e desempregado.

COMENTÁRIOS

Alternativa correta: "d". O salário-maternidade corresponde a:

- valor da última remuneração, limitado ao valor do subsídio do ministro do STF, para os empregados;

- remuneração equivalente a um mês de trabalho, limitado ao valor do subsídio do ministro do STF, para os trabalhadores avulsos;
- último salário de contribuição, para os empregados domésticos;
- 1/12 da soma dos últimos 12 salários de contribuição apurados em período não superior a quinze meses, limitado o valor ao teto máximo do salário de contribuição, para os segurados contribuinte individual, facultativo e desempregado;
- um salário mínimo, para o segurado especial.

---

37. (FCC – Juiz do Trabalho Substituto 6ª Região/2015) – Com exceção da existência de direito adquirido, NÃO é permitido o recebimento conjunto dos seguintes benefícios da Previdência Social:

I. Aposentadoria e abono de permanência em serviço.

II. Salário-maternidade e auxílio-doença.

III. Mais de uma pensão deixada por cônjuge ou companheiro, ressalvado o direito de opção pela mais vantajosa.

IV. Seguro-desemprego com qualquer benefício de prestação continuada da Previdência Social, exceto pensão por morte ou auxílio-acidente.

Tendo por fundamento o substrato acima, está correto o que consta em

a) I, II e III, apenas.

b) I, II, III e IV.

c) III e IV, apenas.

d) IV, apenas.

e) I e II, apenas.

COMENTÁRIOS

Alternativa correta: "b". Estão corretos os itens I, II, III e IV.

Todas as alternativas estão corretas e de acordo com o que dispõe o art. 124 da Lei nº 8.213/91.

Acrescenta-se que o seguro-desemprego poderá ser cumulado com o recebimento de auxílio-reclusão. É que são aplicadas para este benefício as mesmas condições dispostas para a pensão por morte.

Assim, o seguro-desemprego poderá ser cumulado com:

- auxílio-acidente,
- pensão por morte e
- auxílio-reclusão.

---

38. (FCC – Juiz do Trabalho Substituto 23ª Região/2015) – Durvalina, segurada do Regime Geral da Previdência Social como empregada doméstica, casada com Fabiano, deu à luz a Vera. Após um mês do nascimento de sua filha, Durvalina faleceu em decorrência de complicações ocasionadas após a cirurgia de cesariana. Neste caso, considerando que Durvalina estava recebendo salário-maternidade, este benefício.

a) não será devido para Fabiano, uma vez que a morte da segurada que deu à luz é causa de encerramento do pagamento do referido benefício.

b) será pago, pelo tempo restante a que teria direito, para Fabiano e será calculado na proporção de 1/12 da soma dos 12 últimos salários de contribuição, apurados em um período não superior a 15 meses.

c) será pago, pelo tempo restante a que teria direito, para Fabiano e será calculado com base no último valor do salário mínimo.

d) será pago, pelo tempo restante a que teria direito, para Fabiano e será calculado com base no último salário de contribuição de Durvalina.

e) só será devido para Fabiano se ele for também segurado do Regime Geral da Previdência Social e requerer tal benefício no prazo máximo de quinze dias a contar da data do óbito de Durvalina.

COMENTÁRIOS

Alternativa correta: "d", segundo gabarito oficial publicado pela banca examinadora. A autora não pode aceitar tal proposição como correta.

O salário-maternidade remanescente será pago para Fabiano, pelo tempo restante a que teria direito o cônjuge falecido, no caso, Durvalina e será calculado com base na condição de segurado do cônjuge sobrevivente.

O valor do salário-maternidade remanescente **não corresponderá ao valor do salário-maternidade originário (salário-maternidade de Durvalina).**

De acordo com o disposto no art. 360, caput, e no art. 240, §4º , da IN nº 128/2022 do INSS:

> *"No caso de falecimento do segurado que fazia jus ao benefício de salário-maternidade, será devido o pagamento do respectivo benefício ao cônjuge ou companheiro (a) sobrevivente, desde que possua qualidade de segurado e carência, na data do fato gerador.*
>
> *(...)*
>
> *§ 4º Aplicam-se as regras de cálculo previstas neste artigo ao benefício de salário-maternidade devido ao segurado sobrevivente de que trata o art. 360, de acordo com sua última categoria de filiação no fato gerador."*

A assertiva teria que mencionar o enquadramento do cônjuge sobrevivente para saber qual seria o valor do salário-maternidade remanescente.

---

39. (FCC – Juiz do Trabalho Substituto 23ª Região/2015) – Com relação ao auxílio-acidente, considere:

I. O auxílio-acidente mensal corresponderá a cinquenta por cento do salário de benefício.

II. O auxílio-acidente será devido a partir do dia seguinte ao da cessação do auxílio-doença, independentemente de qualquer remuneração ou rendimento auferido pelo acidentado, vedada sua acumulação com qualquer aposentadoria.

III. A perda da audição, em qualquer grau, somente proporcionará a concessão do auxílio-acidente, quando, além do reconhecimento de causalidade entre o trabalho e a doença, resultar, comprovadamente, na redução ou perda da capacidade para o trabalho que habitualmente exercia.

IV. O auxílio-acidente será concedido como remuneração complementar ao segurado quando, após consolidação das lesões decorrentes de acidente de qualquer natureza, resultarem sequelas que impliquem redução da capacidade para o trabalho que habitualmente exercia, não se tratando de indenização.

Está correto o que consta APENAS em

a) I, III e IV.

b) II, III e IV.

c) I, II e IV.

d) II e III.

e) I, II e III.

COMENTÁRIOS

Item I: correto. É o que dispõe o art. 86, §1º, da Lei nº 8.213/91.

Item II: correto. É o que dispõe o art. 86, §2º, da Lei nº 8.213/91.

Item III: correto. É o que dispõe o art. 86, §4º, da Lei nº 8.213/91.

Item IV: incorreto. O auxílio-acidente tem natureza indenizatória.

Alternativa correta: "e". Estão corretos os itens I, II e III.

---

40. (FCC - Juiz do Trabalho Substituto 24ª Região/2015) – Uma vez preenchidos os requisitos relativos à idade dos filhos e valor limite aplicável ao salário de contribuição, faz jus a salário-família o segurado

a) titular de firma individual urbana ou rural.

b) que presta serviço de natureza contínua a pessoa ou família, no âmbito residencial desta, em atividades sem fins lucrativos.

c) exercente de mandato de vereador, desde que não vinculado a regime próprio de previdência social e não seja enquadrado como segurado especial.

d) que exerce, por conta própria, atividade econômica de natureza urbana, com fins lucrativos ou não.

e) que se dedique exclusivamente ao trabalho doméstico no âmbito de sua residência.

COMENTÁRIOS

✪ Nota da autora

O salário-família, antes da nova redação do art. 65 da Lei nº 8.213/91, trazida pela Lei Complementar nº 150/2015, era devido aos segurados empregado e trabalhador avulso de baixa renda.

Com a nova redação do art. 65 da Lei de Benefícios, o salário-família é devido ao:

- empregado;
- empregado doméstico e
- trabalhador avulso, todos de baixa renda.

Alternativa "a": incorreta. Titular de firma individual é enquadrado como segurado contribuinte individual. O benefício de salário-família não contempla contribuinte individual.

Alternativa "b": correta. Aquele que presta serviço de natureza contínua a pessoa ou família, no âmbito residencial desta, em atividades sem fins lucrativos é enquadrado no RGPS como empregado doméstico. O empregado doméstico de baixa renda tem direito ao benefício de salário-família.

Alternativa "c": correta: O exercente de mandato eletivo federal, estadual ou municipal, desde que não vinculado a regime próprio de previdência social, é enquadrado como segurado obrigatório do RGPS na condição de empregado.

Como o empregado tem direito ao salário-família, teria direito a este benefício o indivíduo mencionado na alternativa "c".

Alternativa "d": incorreta. A pessoa que exerce, por conta própria, atividade econômica de natureza urbana, com fins lucrativos ou não, é enquadrada com segurado contribuinte individual. **O benefício de salário-família não contempla o contribuinte individual.**

Alternativa "e": incorreta. A pessoa que se dedica exclusivamente ao trabalho doméstico no âmbito de sua residência poderá ser filiada como segurada facultativa da previdência social. O segurado facultativo não tem direito ao salário-família.

Considerando a legislação atual, estão corretas as alternativas "b" e "c".

---

41. (FCC - Juiz do Trabalho Substituto 6ª Região/2015) – Em relação ao auxílio-acidente,

a) só é possível ao segurado se estiver percebendo o auxílio-doença.

b) é, em regra, possível sua percepção mesmo com o recebimento de salário ou concessão de outro benefício.

c) é devido se não houver a concessão do auxílio-doença previamente e consistirá em uma renda mensal correspondente a 91% do salário de benefício, não sendo inferior ao salário-mínimo e nem superior ao limite máximo do salário de contribuição.

d) será concedido como reparatório ao segurado, quando após consolidação das lesões decorrentes de acidente de qualquer natureza, resultem sequelas que implique incapacidade para o trabalho, que atualmente exercia.

e) o segurado que sofreu o acidente do trabalho, tem garantia pelo prazo mínimo de 18 meses à manutenção de seu contrato de trabalho na empresa, após a cessação do auxílio-acidente.

COMENTÁRIOS

✪ **Nota da autora:** o auxílio-acidente é um benefício, de natureza indenizatória, concedido aos segurados empregado, empregado doméstico e trabalhador avulso.

Ele não substitui o rendimento do trabalho ou o salário de contribuição dos segurados. O segurado poderá exercer seu trabalho e continuar recebendo o auxílio-acidente.

O auxílio-acidente cessa com a concessão de aposentadoria ou com o óbito do segurado.

Com a reforma da Previdência por meio da EC nº 103/2019, o auxílio-doença passou a ser chamado de auxílio por incapacidade temporária.

Alternativa "a": incorreta. O auxílio-acidente é parcela indenizatória que vai ser paga aos segurados empregado, empregado doméstico, trabalhador avulso e especial por ter sido reduzida sua capacidade de trabalho em face da ocorrência de um acidente de qualquer natureza que produziu sequelas irreversíveis.

Afirmar que o auxílio-acidente só vai ser recebido se o segurado estiver recebendo auxílio-doença está completamente equivocado.

Quando se tratar da mesma causa, auxílio-acidente e auxílio por incapacidade temporária (auxílio-doença) não se acumulam.

Alternativa correta: "b". É, em regra, possível a percepção do benefício de auxílio-acidente mesmo com o recebimento de salário ou concessão de outro benefício.

O segurado poderá exercer atividade remunerada e continuar a receber o auxílio-acidente, dada a natureza indenizatória.

O auxílio-acidente não poderá ser cumulado com qualquer aposentadoria ou com auxílio por incapacidade temporária cuja incapacidade tiver a mesma causa que gerou a concessão do auxílio-acidente.

Alternativa "c": incorreta. A renda mensal inicial do auxílio-acidente corresponde a 50% do salário de benefício e poderá ser inferior ao salário mínimo porque não é substituto de salário de contribuição ou de rendimento do trabalho.

O princípio do valor mínimo que determina que os benefícios que substituem o rendimento do trabalho não podem ter valor inferior ao salário mínimo. Mas, o auxílio-acidente, mais uma vez, não substitui o rendimento do trabalho. Até mesmo porque o segurado pode exercer atividade remunerada.

Alternativa "d": incorreta. O auxílio-acidente será concedido como parcela indenizatória ao segurado, quando após consolidação das lesões decorrentes de acidente de qualquer natureza, resultarem sequelas que impliquem **redução na capacidade de trabalho.**

O segurado não está incapacitado para o trabalho. Houve apenas uma redução na sua capacidade laborativa.

Alternativa "e": incorreta. A garantia da manutenção do contrato de trabalho pelo prazo mínimo de 18 meses dá-se em razão do recebimento de auxílio por incapacidade temporária acidentário e começa a contar a partir da cessação deste benefício, mesmo que o segurado venha a receber auxílio-acidente.

Alternativa correta: "b".

---

42. (FCC – Juiz do Trabalho Substituto 15ª Região/2015) – Segundo a Lei nº 8.213/1991, o aposentado pelo Regime Geral de Previdência Social – RGPS que permanecer em atividade sujeita a este Regime, ou a ele retornar, quando empregado,

a) não fará jus a prestação alguma da Previdência Social em decorrência do exercício dessa atividade, exceto ao salário-família e o auxílio reclusão.

b) fará jus a todas as prestações da Previdência Social em decorrência do exercício dessa atividade, uma vez que a aposentadoria é acumulável com todos os benefícios.

c) não fará jus a prestação alguma da Previdência Social em decorrência do exercício dessa atividade, tendo em vista que a aposentaria não se acumula com qualquer benefício.

d) não fará jus a prestação alguma da Previdência Social em decorrência do exercício dessa atividade, exceto ao seguro-desemprego e o auxílio acidentário.

e) não fará jus a prestação alguma da Previdência Social em decorrência do exercício dessa atividade, exceto ao salário-família e à reabilitação profissional.

COMENTÁRIOS

Alternativa correta: "e". Não fará jus a prestação alguma da Previdência Social em decorrência do exercício dessa atividade, **exceto** ao salário-família e à reabilitação profissional. É o que dispõe o §2º do art. 18 da Lei nº 8.213/91.

Entretanto, é bom registrar que o salário-maternidade será devido ao segurado aposentado que retornar à atividade, conforme dispõe o art. 103 do Decreto nº 3.048/99.:

As demais alternativas estão erradas, de acordo com o que foi comentado acima.

6. DO SEGURO-DESEMPREGO

- Lei nº 7.998/1990.
- Lei nº 13.134/2015
- Lei Complementar nº 150/2015

43. (FCC – Juiz do Trabalho Substituto 15ª Região/2015) – De acordo com as novas regras do seguro-desemprego, previstas na Lei no 13.134/2015, na primeira solicitação, o trabalhador que comprovar vínculo empregatício de 14 meses com pessoa jurídica, no período de referência,

a) não terá direito ao seguro-desemprego, uma vez que não atingiu o mínimo de 15 meses.

b) terá direito a 5 parcelas do seguro-desemprego.

c) terá direito a 6 parcelas do seguro-desemprego.

d) terá direito a 4 parcelas do seguro-desemprego.

e) não terá direito ao seguro-desemprego, uma vez que não atingiu o mínimo de 18 meses.

COMENTÁRIOS

✪ **Nota da autora:** vamos analisar a questão, considerando a legislação vigente na data da edição dessa obra para que o candidato tenha o material atualizado para os próximos concursos.

Alternativa correta: "d". Terá direito a 4 parcelas do seguro-desemprego.

Confira a tabela abaixo:

Solicitação do seguro-desemprego	Requisito – receber salário de pessoa jurídica ou física equiparada:	Número de parcelas do benefício
1ª SOLICITAÇÃO	pelo menos **12 meses** nos últimos **18 meses** imediatamente anteriores à data da dispensa	**04 parcelas** = vínculo empregatício de no mínimo 12 e no máximo 23 meses no período de referência. **05 parcelas** = vínculo empregatício de no mínimo 24 meses no período de referência.
2ª SOLICITAÇÃO	pelo menos **09 meses** nos últimos **12 meses** imediatamente anteriores à data da dispensa	**03 parcelas,** se o empregado tiver tido vínculo empregatício de no mínimo 09 e no máximo 11 meses no período de referência; **04 parcelas** = vínculo empregatício de no mínimo 12 e no máximo 23 meses no período de referência. **05 parcelas** = vínculo empregatício de, no mínimo, 24 meses no período de referência.
3ª SOLICITAÇÃO EM DIANTE	a cada um dos **06 meses** imediatamente anteriores à data da dispensa	**03 parcelas** = vínculo empregatício de no mínimo 06 e no máximo 11 meses no período de referência. **04 parcelas** = vínculo empregatício de no mínimo 12 e no máximo 23 meses no período de referência. **05 parcelas** = vínculo empregatício de no mínimo 24 meses no período de referência.

44. (FCC – Juiz do Trabalho Substituto 23ª Região/2015) – Marta está preocupada com sua situação perante a empresa X, uma vez que o estabelecimento está pretendendo dispensar diversos empregados no ano de 2016. Na hipótese do contrato de trabalho de Marta ser rescindido no dia 4 de julho de 2016 e não gozando ela de nenhum benefício previdenciário, bem como considerando que nesta ocasião Marta teria recebido 11 meses de salários nos últimos 12 meses imediatamente anteriores à data da dispensa, no tocante ao seguro-desemprego, tratando-se da segunda solicitação de Marta, ela

a) não terá direito ao recebimento deste benefício porque não recebeu, pelo menos, 15 meses de salários nos últimos 18 meses imediatamente anteriores.

b) não terá direito ao referido benefício porque não recebeu 12 meses de salários.

c) terá direito de receber o referido benefício.

d) terá direito de receber o referido benefício independentemente de ser a primeira ou a segunda solicitação.

e) não terá direito ao recebimento deste benefício porque não recebeu, pelo menos, 18 meses de salários nos últimos 24 meses imediatamente anteriores.

COMENTÁRIOS

✪ **Nota da autora:** vamos analisar a questão, considerando a legislação vigente na data da edição dessa obra para que o candidato tenha o material atualizado para os próximos concursos.

Alternativa correta: "c". Marta terá direito de receber o seguro-desemprego.

Como se trata da 2ª solicitação do seguro-desemprego de Marta, é necessário que ela tenha recebido salário de pessoa jurídica ou de pessoa física equiparada por, pelo menos **09 meses** nos últimos **12 meses,** imediatamente anteriores à data da dispensa.

No caso, Marta teria 11 meses de salário nos últimos 12 meses, tendo direito de receber 03 parcelas de seguro-desemprego.

Confira a tabela abaixo:

Solicitação do seguro-desemprego	**Requisito – receber salário de pessoa jurídica ou física equiparada:**	**Número de parcelas do benefício**
1ª SOLICITAÇÃO	pelo menos **12 meses** nos últimos **18 meses** imediatamente anteriores à data da dispensa	**04 parcelas** = vínculo empregatício de no mínimo 12 e no máximo 23 meses no período de referência. **05 parcelas** = vínculo empregatício de no mínimo 24 meses no período de referência.
2ª SOLICITAÇÃO	pelo menos **09 meses** nos últimos **12 meses** imediatamente anteriores à data da dispensa	**03 parcelas,** se o empregado tiver tido vínculo empregatício de no mínimo 09 e no máximo 11 meses no período de referência; **04 parcelas** = vínculo empregatício de no mínimo 12 e no máximo 23 meses no período de referência. **05 parcelas** = vínculo empregatício de, no mínimo, 24 meses no período de referência.
3ª SOLICITAÇÃO EM DIANTE	a cada um dos **06 meses** imediatamente anteriores à data da dispensa	**03 parcelas** = vínculo empregatício de no mínimo 06 e no máximo 11 meses no período de referência. **04 parcelas** = vínculo empregatício de no mínimo 12 e no máximo 23 meses no período de referência. **05 parcelas** = vínculo empregatício de no mínimo 24 meses no período de referência.

7. DO FINANCIAMENTO DA SEGURIDADE SOCIAL

- Constituição Federal: art. 195
- Lei nº 8.212/91: arts. 10 ao 21.
- Decreto nº 3.048/99: arts. 194 ao 200-B.

45. (FCC – Juiz do Trabalho Substituto 23ª Região/2015) – No tocante às contribuições, considere:

I. 50% dos valores obtidos e aplicados em razão da apreensão decorrente de tráfico ilícito de entorpecentes e drogas.

II. 50% do resultado dos leilões de bens apreendidos pelo departamento da Receita Federal.

III. Renda líquida dos concursos de prognósticos, incluindo valores destinados ao Programa de Crédito Educativo.

IV. Remuneração recebida por serviços de arrecadação, fiscalização e cobrança prestados a terceiros.

Constitui receita da Seguridade Social as indicadas APENAS em

a) I, II e III.

b) I e IV.

c) I e III.

d) II, III e IV.

e) II e IV.

COMENTÁRIOS

✪ **Nota da autora:** o orçamento da Seguridade Social é composto das seguintes receitas, consoante se verifica pelo disposto no art. 11 da Lei nº 8.212/91:

> *I – receitas da União;*
>
> *II – receitas das contribuições sociais;*
>
> *III – receitas de outras fontes.*

Item I: correto. Constitui receita da seguridade social, 50% (cinquenta por cento) dos valores obtidos e aplicados na forma do parágrafo único do art. 243 da Constituição Federal.

Item II: incorreto. Constitui receita da seguridade social, apenas 40% do resultado dos leilões de bens apreendidos pelo departamento da Receita Federal. O erro na assertiva diz respeito ao percentual do resultado dos leilões de bens apreendidos pelo departamento da Receita Federal.

Item III: incorreto. *Na época que foi realizado o concurso, o art. 26 da Lei nº 8.212/91 tinha redação de que,* quando os concursos de prognósticos fossem realizados por órgãos do Poder Público a receita da Seguridade Social, para a esfera de governo que realizar o concurso, seria a renda líquida, excetuando-se os valores destinados ao Programa de Crédito Educativo. E a renda líquida era definida como o valor total arrecadado, subtraídos o valor destinado ao pagamento de prêmios e impostos e às despesas com a administração.

O referido artigo sofreu alteração, passando a dispor:

> *Art. 26. Constitui receita da Seguridade Social a contribuição social sobre a receita de concursos de prognósticos a que se refere o inciso III do caput do art.*

195 da Constituição Federal. (Redação dada pela Lei nº 13.756, de 2018)

§ 1o (Revogado). (Redação dada pela Lei nº 13.756, de 2018)

§ 2o (Revogado). (Redação dada pela Lei nº 13.756, de 2018)

§ 3o (Revogado). (Redação dada pela Lei nº 13.756, de 2018)

§ 4o O produto da arrecadação da contribuição será destinado ao financiamento da Seguridade Social. (Incluído pela Lei nº 13.756, de 2018)

§ 5o A base de cálculo da contribuição equivale à receita auferida nos concursos de prognósticos, sorteios e loterias. (Incluído dada pela Lei nº 13.756, de 2018)

§ 6o A alíquota da contribuição corresponde ao percentual vinculado à Seguridade Social em cada modalidade lotérica, conforme previsto em lei. (Incluído pela Lei nº 13.756, de 2018)

Item IV: correto. A remuneração recebida por serviços de arrecadação, fiscalização e cobrança prestados a terceiros constitui receita da seguridade social, nos termos do art. 27 da Lei nº 8.212/91.

Alternativa correta: "b". Constitui receita da Seguridade Social apenas as indicadas nos itens I e IV.

---

46. (FCC – Juiz do Trabalho Substituto 6ª Região/2015) – NÃO fazem parte da composição das receitas do orçamento da Seguridade Social, no âmbito federal, as receitas

a) provenientes da venda de terras confiscadas pela União pelo plantio de plantas psicotrópicas.

b) de contribuições sociais provenientes dos trabalhadores, incidentes sobre o seu salário de contribuição.

c) da União.

d) de contribuições sociais provenientes dos empregadores domésticos.

e) de contribuições sociais das empresas, incidentes sobre a remuneração paga ou creditada aos segurados a seu serviço.

COMENTÁRIOS

Alternativa correta: "a". Não fazem parte das receitas do orçamento da seguridade social aquelas provenientes da venda de terras confiscadas pela União pelo plantio de plantas psicotrópicas.

No âmbito federal, o orçamento da seguridade social é composto pelas seguintes receitas:

I – receitas da União;

II – receitas das contribuições sociais;

III – receitas de outras fontes.

As alternativas "b", "d" e "e" mencionam receitas de contribuições sociais.

A alternativa "c" menciona as receitas da União como receita da seguridade social. Está correto, segundo o dispõe o art. 11 da Lei nº 8.212/91.

---

47. (FCC – Juiz do Trabalho Substituto 24ª Região/2015) – A respeito do custeio da seguridade social, é correto afirmar que

a) as pessoas físicas e jurídicas em débito com o sistema da seguridade social não podem contratar com o Poder Público.

b) as contribuições sociais de seguridade só podem ser exigidas no exercício financeiro seguinte e desde que já decorridos 90 dias da data da publicação da lei que as houver instituído.

c) a proposta de orçamento da seguridade será elaborada de forma integrada pelos órgãos responsáveis por saúde, previdência social e assistência social, em vista das metas e prioridades fixadas na lei de diretrizes orçamentárias.

d) os aposentados do regime geral que retornam à atividade não podem sofrer desconto de contribuições previdenciárias, por serem imunes.

e) as contribuições pessoais dos segurados podem ter alíquotas ou bases de cálculo diferenciadas em razão de a atividade desempenhada ser mais ou menos agressiva à saúde ou à integridade física.

COMENTÁRIOS

Alternativa "a": incorreta. Consoante dispõe o art. 195, §3º da Constituição Federal, a *pessoa jurídica em débito com o sistema da seguridade social, como estabelecido em lei, não poderá contratar com o Poder Público nem dele receber benefícios ou incentivos fiscais ou creditícios.* Não há vedação para as pessoas físicas.

Alternativa "b": incorreta. As contribuições sociais que financiam a seguridade social não precisam aguardar o exercício financeiro seguinte para serem cobradas. O princípio da anterioridade comum não é aplicado para essas contribuições.

No entanto, há que se respeitar o princípio da noventena. As contribuições sociais da seguridade social só podem ser exigidas após decorridos 90 dias da publicação da lei que as instituiu ou as modificou.

Alternativa "c": correta. A proposta de orçamento da seguridade será elaborada de forma integrada pelos órgãos responsáveis por saúde, previdência social e assistência social, em vista das metas e prioridades fixadas na lei de diretrizes orçamentárias. É o que se depreende pelo disposto no art. 8º da Lei nº 8.212/91.

Alternativa "d": incorreta. Os aposentados que continuarem ou voltarem a exercer atividade remunerada serão filiados ao RGPS em relação à nova atividade e deverão contribuir para a previdência social. Não estão imunes à tributação da contribuição previdenciária. Esta posição foi adotada também pelo STF no julgamento do tema 1065, com repercussão geral: "É constitucional a contribuição previdenciária devida por aposentado pelo Regime Geral de Previdência Social (RGPS) que permaneça em atividade ou a essa retorne.".A imunidade tributária atinge os proventos de aposentadoria e pensão por morte pagos pelo RGPS, conforme se verifica pelo disposto no art. 195, II, da Constituição Federal.

Alternativa "e": incorreta. Totalmente errada a assertiva. Não há disposição constitucional ou legal que ampare o mencionado na assertiva.

Alternativa correta: "c".

8. DO SALÁRIO DE CONTRIBUIÇÃO

- Lei nº 8.212/91: art. 28.
- Decreto nº 3.048/99.

48. (FGV – TST – Juiz do Trabalho/2023) – João ajuizou ação trabalhista contra a empresa em que laborava, como vendedor externo, pleiteando a conversão da justa causa em despedida motivada e o pagamento de verbas trabalhistas. Por ocasião da sentença, houve a reversão da justa causa para despedida imotivada, além da condenação ao pagamento das parcelas salariais e indenizatórias. Com base no relato acima, considerando a Lei n° 8.212/1991 e a Jurisprudência dominante no Superior Tribunal de Justiça, haverá à Incidência de contribuição previdenciária na seguinte parcela recebida pelo trabalhador:

a) aviso prévio indenizado;

b) terço constitucional de férias indenizadas;

c) horas extras;

d) diárias para viagens;

e) vale-transporte, na forma da legislação própria.

COMENTÁRIOS

✪ **Nota da autora:** o candidato tem que identificar qual parcela recebida pelo trabalhador sofre a incidência de contribuição previdenciária.

Das parcelas apresentadas, a única que é considerada salário de contribuição e, portanto, sofre a incidência da contribuição previdenciária é de horas extras.

O aviso prévio indenizado e o terço constitucional de férias indenizadas são parcelas indenizatórias, não incidindo sobre eles a contribuição previdenciária.

As diárias para viagens, <u>independente do seu valor, não sobrem a incidência de contribuição previdenciária.</u>

<u>A parcela de vale-transporte não sobre incidência da contribuição previdenciária,</u> ainda que pago em dinheiro.

Alternativa correta: 'c".

49. (FCC – Juiz do Trabalho Substituto 1ª Região/2015) – A respeito do salário de contribuição, conforme estabelecido pela Lei no 8.212/1991, é correto afirmar:

a) Não integram o salário de contribuição os benefícios da previdência social, nos termos e limites legais, salvo o salário-maternidade.

b) Integram o salário de contribuição, pelo seu valor total, as diárias pagas, mesmo quando o montante não exceder a 50% da remuneração mensal.

c) Integram o salário de contribuição as importâncias recebidas a título de incentivo à demissão.

d) O décimo terceiro salário (gratificação natalina) integra o salário de contribuição, inclusive para o cálculo de benefício.

e) Integram o salário de contribuição as importâncias recebidas a título de férias indenizadas e respectivo adicional constitucional.

COMENTÁRIOS

Alternativa "a": correta. Não integram o salário de contribuição os benefícios da previdência social, nos termos e limites legais, salvo o salário-maternidade.

O salário-maternidade é o único benefício do RGPS que tem incidência de contribuição previdenciária.

Registra-se que o Supremo Tribunal Federal ao julgar o tema 72 no RE 576.967, em sede de repercussão geral, declarou inconstitucional a incidência de contribuição previdenciária **patronal** sobre o salário-maternidade.

Foi fixada a seguinte tese:

> **"É inconstitucional a incidência da contribuição previdenciária a cargo do empregador sobre o salário-maternidade".**

O entendimento da Procuradoria da Fazenda Nacional e da Secretaria da Receita Federal do Brasil é no sentido de que **continua incidindo a contribuição do segurado sobre a parcela de salário-maternidade.**

Pelo Parecer SEI nº 18361/2020: (...) *parece forçoso concluir que os fundamentos determinantes invocados pelo Tribunal para reconhecer a invalidade formal da incidência da contribuição previdenciária do empregador sobre o salário-maternidade não podem ser aplicados à contribuição da empregada. (...) Em outras palavras, mesmo sendo indevida a contribuição previdenciária patronal, segundo a tese exarada no tema nº 72, o recolhimento da contribuição da segurada durante a licença maternidade lhe assegura o pleno reconhecimento de seus direitos previdenciários, na medida em que o tempo de afastamento será computado como tempo de contribuição e carência.*

Alternativa "b": correta, considerando a legislação vigente e o advento da Reforma Trabalhista trazida pela Lei nº 13.467/2017.

As diárias de viagem não integram o salário de contribuição, independente do seu valor. É o que se pode verificar pelo disposto no §2º do art. 457 da CLT.

Alternativa "c": incorreta. Não integram o salário de contribuição as importâncias recebidas a título de incentivo à demissão.

Alternativa "d": incorreta. O décimo terceiro salário (gratificação natalina) integra o salário de contribuição, **exceto** para o cálculo de benefício. O 13º salário não é considerado no cálculo do salário de benefício.

Alternativa "e": incorreta. Quando as importâncias recebidas a título de férias e o respectivo adicional constitucional são recebidas de forma indenizatória, elas não integram o salário de contribuição e, portanto, sobre esses valores não incide a contribuição previdenciária.

Alternativas corretas: "a"e "b", considerando a legislação vigente e o advento da Reforma Trabalhista trazida pela Lei nº 13.467/2017.

---

50. (FCC - Juiz do Trabalho Substituto 23ª Região/2015) - Integra o salário de contribuição:

a) Diárias para viagens que não excedam 50% da remuneração mensal.

b) Parcela recebida a título de férias indenizadas.

c) Parcela Recebida a título de vale transporte.

d) Salário-Maternidade.

e) Indenização de 40% sobre depósitos do FGTS.

Alternativa correta: "d". O benefício de salário-maternidade é o único benefício do RGPS que integra o salário de contribuição.

O Supremo Tribunal Federal ao julgar o tema 72 no RE 576.967, em sede de repercussão geral, declarou inconstitucional a incidência de contribuição previdenciária **patronal** sobre o salário-maternidade.

Foi fixada a seguinte tese:

> **"É inconstitucional a incidência da contribuição previdenciária a cargo do empregador sobre o salário-maternidade".**

O entendimento da Procuradoria da Fazenda Nacional e da Secretaria da Receita Federal do Brasil é no sentido de que **continua incidindo a contribuição do segurado sobre a parcela de salário-maternidade.**

Pelo Parecer SEI nº 18361/2020: (...) *parece forçoso concluir que os fundamentos determinantes invocados pelo Tribunal para reconhecer a invalidade formal da incidência da contribuição previdenciária do empregador sobre o salário-maternidade não podem ser aplicados à contribuição da empregada. (...) Em outras palavras, mesmo sendo indevida a contribuição previdenciária patronal, segundo a tese exarada no tema nº 72, o recolhimento da contribuição da segurada durante a licença maternidade lhe assegura o pleno reconhecimento de seus direitos previdenciários, na medida em que o tempo de afastamento será computado como tempo de contribuição e carência.*

Alternativa "a": correta, considerando a legislação atualizada após a Reforma Trabalhista (Lei nº 13.467/17). As diárias para viagem não integram a remuneração do empregado, não se incorporam ao contrato de trabalho e não constituem base de incidência de encargo trabalhista e previdenciário. Independente do seu valor, as diárias para viagem não são conceituadas como salário de contribuição.

As parcelas que estão mencionadas nas demais alternativas NÃO integram o salário de contribuição, conforme se pode extrair do disposto no art. 28, § 9º, da Lei nº 8.212/91.

9. A CONTRIBUIÇÃO DAS EMPRESAS E DOS SEGURADOS

- Lei nº 8.212/91: arts. 20 ao 28.
- Decreto nº 3.048/99: arts. 210 ao 211.

Nota da autora: as próximas questões vão tratar das contribuições previdenciárias das empresas e dos segurados para o financiamento da seguridade social.

As contribuições previdenciárias, com fundamento no art. 195, I, "a", e II da Constituição Federal, foram instituídas pela Lei nº 8.212/91.

---

51. (TRT 2 - Juiz do Trabalho Substituto 2ª Região/2016) - A seguridade social é financiada por toda a sociedade de forma direta ou indireta mediante recursos dos orçamentos dos entes do Estado somados às contribuições sociais. Conforme legislação previdenciária é INCORRETO afirmar que:

a) A alíquota de contribuição dos segurados contribuinte individual e facultativo será de vinte por cento sobre o respectivo salário-de-contribuição.

b) No caso de opção pela exclusão do direito ao benefício de aposentadoria por tempo de contribuição, a alíquota de contribuição incidente sobre o limite mínimo mensal do salário de contribuição será de cinco por cento no caso do microempreendedor individual.

c) A contribuição do empregador doméstico incidente sobre o salário de contribuição do empregado doméstico a seu serviço é de oito por cento e oito décimos por cento para o financiamento do seguro contra acidentes de trabalho.

d) Integram o salário-de-contribuição o total das diárias pagas, quando excedente a cinquenta por cento da remuneração mensal e o valor correspondente a vestuários, equipamentos e outros acessórios fornecidos ao empregado e utilizados no local do trabalho para prestação dos respectivos serviços.

e) Não integram o salário-de-contribuição o valor correspondente à dobra da remuneração de férias de que trata o art. 137 da CLT, os valores recebidos em decorrência da cessão de direitos autorais e o vale-cultura.

COMENTÁRIOS

✪ **Nota da autora:** a questão aborda temas relativos à contribuição dos segurados e salário de contribuição. Preferimos inseri-la neste capítulo para dar maior importância às contribuições dos segurados.

Alternativa "a": correta. A alíquota de contribuição dos segurados contribuinte individual e facultativo será de vinte por cento sobre o respectivo salário de contribuição. É o que dispõe o art. 21 da Lei nº 8.212/91.

Alternativa "b": correta. É o que dispõe o art. 21, §2º, alínea "a", da Lei nº 8.212/91.

Caso o MEI pretenda contar o tempo de contribuição correspondente para fins de obtenção da aposentadoria por tempo de contribuição ou da contagem recíproca do tempo de contribuição, deverá complementar a contribuição mensal mediante recolhimento, sobre o valor correspondente ao limite mínimo mensal do salário de contribuição em vigor na competência a ser complementada, da diferença entre o percentual pago e o de 20% (vinte por cento), acrescido dos juros moratórios.

Alternativa "c": correta. É o que determina o art. 24 da Lei nº 8.212/91.

Alternativa "d": incorreta. As diárias pagas, independentemente do seu valor, não mais integram o salário de contribuição. Regra trazida por meio da Lei nº 13.467/17.

No entanto, o valor correspondente a vestuários, equipamentos e outros acessórios fornecidos ao empregado e utilizados no local do trabalho para prestação dos respectivos serviços não integram o conceito de salário de contribuição e, portanto, não sofre a incidência de contribuição previdenciária.

Alternativa "e": correta, conforme dispõe o §9º do art. 28, da Lei nº 8.212/91.

Alternativa incorreta: "d".

52. (TRT 8 – Juiz do Trabalho Substituto 8ª Região/2015) – Nas ações trabalhistas de que resultar o pagamento de direitos sujeitos à incidência de contribuição previdenciária, é INCORRETO afirmar que:

a) Nas sentenças judiciais ou nos acordos homologados em que não figurarem, discriminadamente, as parcelas legais relativas às contribuições sociais, estas incidirão sobre o valor total apurado em liquidação de sentença ou sobre o valor do acordo homologado.

b) Não se considera como discriminação de parcelas legais de incidência de contribuição previdenciária a fixação de percentual de verbas remuneratórias e indenizatórias constantes dos acordos homologados.

c) Se da decisão resultar reconhecimento de vínculo empregatício, deverão ser exigidas as contribuições, tanto do empregador como do reclamante, para todo o período reconhecido, ainda que o pagamento das remunerações a ele correspondentes não tenha sido reclamado na ação, tomando-se por base de incidência, na ordem, o valor da remuneração paga, quando conhecida, da remuneração paga a outro empregado de categoria ou função equivalente ou semelhante, do salário normativo da categoria ou do salário mínimo mensal, permitida a compensação das contribuições patronais eventualmente recolhidas.

d) Na sentença ou acordo homologado, cujo valor da contribuição previdenciária devida for inferior ao limite mínimo permitido para recolhimento na Guia da Previdência Social, é autorizado o recolhimento dos valores devidos cumulativamente com as contribuições normais de mesma competência.

e) O recolhimento das contribuições do empregado reclamante, incidentes sobre os salários do período reconhecido, será feito em guia própria, distinta daquela em que são recolhidas as contribuições devidas pela empresa.

COMENTÁRIOS

✪ **Nota da autora:** o candidato deve ficar atento para identificar a assertiva incorreta.

Alternativa "a": correta. É o que dispõe o §1º do art. 43, da Lei nº 8.212/91.

Alternativa "b": correta. É o que dispõe o art. 276, §3º, do Decreto nº 3.048/99.

Alternativa "c": correta. É o que se verifica pelo disposto no §7º do art. 276 do Decreto nº 3.048/99.

Alternativa "d": correta. Está de acordo com o que dispõe o §5º do art. 276 do Decreto nº 3.048/99.

Alternativa "e": incorreta. O recolhimento das contribuições do empregado reclamante, incidentes sobre os salários do período reconhecido, será feito na mesma guia em que são recolhidas as contribuições devidas pela empresa. Veja o que dispõe o §6º do art. 276 do Decreto nº 3.048/99:

> *"§ 6ºO recolhimento das contribuições do empregado reclamante deverá ser feito na mesma inscrição em que são recolhidas as contribuições devidas pela empresa."*

Alternativa incorreta: "e".

53. (FCC – Juiz do Trabalho Substituto 23ª Região/2015) – No tocante à prova de inexistência de débito, considere:

I. É obrigatória a transcrição, em instrumento público ou particular, do inteiro teor do documento comprobatório de inexistência de débito, bem como a guarda do documento comprobatório à disposição dos órgãos competentes.

II. O prazo de validade da Certidão Negativa de Débito – CND é de noventa dias, contados da sua emissão, podendo ser ampliado por regulamento para até cento e vinte dias.

III. Independe de prova de inexistência de débito o recebimento pelos Municípios de transferência de recursos destinados a ações de assistência social, educação, saúde e em caso de calamidade pública.

IV. A prova de inexistência de débito, quando exigível ao incorporador, independe da apresentada no registro de imóveis por ocasião da inscrição do memorial de incorporação.

Está correto o que consta APENAS em

a) I e II.

b) I, II e III.

c) II, III e IV.

d) I, III e IV.

(e) III e IV.

COMENTÁRIOS

Item I: incorreto. O art. 47, inciso II, §3º, da Lei nº 8.212/91 dispõe que *fica dispensada a transcrição, em instrumento público ou particular, do inteiro teor do documento comprobatório de inexistência de débito, bastando a referência ao seu número de série e data da emissão, bem como a guarda do documento comprobatório à disposição dos órgãos competentes.*

Item II: incorreto. Conforme dispõe o art. 47, inciso II, §5º, da Lei nº 8.212/91, *o prazo de validade da certidão expedida conjuntamente pela Secretaria Especial da Receita Federal do Brasil e pela Procuradoria-Geral da Fazenda Nacional do Ministério da Economia, referente aos tributos federais e à dívida ativa da União por elas administrados, será de até 180 (cento e oitenta) dias, contado da data de emissão da certidão, prorrogável, excepcionalmente, pelo prazo determinado em ato conjunto dos referidos órgãos.* (Redação dada pela Lei nº 14.148, de 2021). Em 2023, o Ministério da Economia foi extinto e a Secretaria da Receita Federal do Brasil está vinculada ao Ministério da Fazenda, recriado pela Lei n. 14.600/2023.

Item III: correto. É o que dispõe o art. 47, inciso II, §6º, alínea "d", da Lei nº 8.212/91.

Item IV: correto. É o que dispõe o art. 47, inciso II, §2º, da Lei nº 8.212/91.

Alternativa correta: "e". Os itens III e IV são corretos.

54. (TRT 8 – Juiz do Trabalho Substituto 8ª Região/2015) – Para fins previdenciários, é INCORRETO afirmar que:

a) Considera-se empresa, a firma individual ou sociedade que assume o risco de atividade econômica urbana ou rural, com fins lucrativos ou não, bem como os órgãos e entidades da administração pública direta, indireta ou fundacional.

b) Considera-se empregador doméstico, a pessoa ou família que admite a seu serviço, sem finalidade lucrativa, empregado doméstico.

c) Equipara-se a empresa, para os efeitos da Lei nº 8.213/91, o contribuinte individual em relação a segurado que lhe presta serviço, bem como a cooperativa, a associação ou entidade de qualquer natureza ou finalidade, a missão diplomática e a repartição consular de carreira estrangeiras.

d) São segurados facultativos da Previdência Social, o associado eleito para cargo de direção em cooperativa, associação ou entidade de qualquer natureza ou finalidade, bem como o síndico ou administrador eleito para exercer atividade de direção condominial, ainda que recebam remuneração.

e) É segurado obrigatório da Previdência Social, como contribuinte individual, quem presta serviço de natureza urbana ou rural, em caráter eventual, a uma ou mais empresas, sem relação de emprego.

COMENTÁRIOS

Alternativa "a": correta. É o conceito que está previsto no art. 15, inciso I, da Lei nº 8.212/91.

Alternativa "b": correta. É o conceito que está previsto no art. 15, inciso II, da Lei nº 8.212/91.

Alternativa "c": correta, antes da nova redação do parágrafo único do art. 15 da Lei nº 8.212/91 trazida pela Lei nº 13.202/15.

Conforme a nova redação do parágrafo único do art. 15 da Lei nº 8.212/91, *equiparam-se a empresa, para os efeitos desta Lei, o contribuinte individual e a* ***pessoa física na condição de proprietário ou dono de obra de construção civil, em relação a segurado que lhe presta serviço,*** *bem como a cooperativa, a associação ou a entidade de qualquer natureza ou finalidade, a missão diplomática e a repartição consular de carreira estrangeiras.*

Alternativa "d': incorreta. O associado eleito para cargo de direção em cooperativa, associação ou entidade de qualquer natureza ou finalidade, bem como o síndico ou administrador eleito para exercer atividade de direção condominial, são enquadrados como segurados obrigatórios do RGPS, na qualidade de contribuinte individual, **quando receberem remuneração.**

Vale dizer que o síndico de condomínio que é isento da taxa condominial é enquadrado como segurado obrigatório do RGPS na qualidade de contribuinte individual.

Alternativa "e": correta. É o que dispõe o art. 12, inciso V, alínea "g", da Lei nº 8.212/91.

Alternativa incorreta: "d".

10. DA DECADÊNCIA E DA PRESCRIÇÃO EM RELAÇÃO AOS BENEFÍCIOS PREVIDENCIÁRIOS E AOS CRÉDITOS DAS CONTRIBUIÇÕES DA SEGURIDADE SOCIAL

- Lei nº 8.213/91: arts. 103 ao 104.
- Decreto nº 3.048/99: arts. 347.
- Lei nº 5.172/66 – CTN: arts. 173 e 174.

55. (FCC – Juiz do Trabalho/2017) – A empresa Ultra S/A deixou de recolher as guias de recolhimento de contribuições previdenciárias incidentes sobre a folha de salários referentes a um determinado mês. Nessa situação, quanto à decadência e a prescrição em matéria de custeio da Seguridade Social, conforme entendimento do Supremo Tribunal Federal sobre a matéria,

a) o direito de cobrar os créditos da Seguridade Social prescreve em dez anos contados da sua constituição.

b) o prazo prescricional para apuração e constituição do crédito é de cinco anos, contados do primeiro dia do mês seguinte àquele em que o crédito poderia ter sido constituído.

c) havendo vício formal na constituição do crédito que ocasione sua nulidade, o prazo decadencial para apuração e constituição do crédito é de dez anos, contados da data em que se tornar definitiva a decisão de anulação.

d) na hipótese de ocorrência de dolo, fraude ou simulação, a Seguridade Social poderá, em dez anos, apurar e constituir seu crédito, contados da data em que se reconheceu o vício.

e) a Seguridade Social terá prazo decadencial de cinco anos para apuração e constituição do crédito, contado do primeiro dia do exercício seguinte àquele em que o lançamento poderia ter sido efetuado.

COMENTÁRIOS

✪ **Nota da autora:** a questão trata dos institutos da decadência e da prescrição tributárias, previstos, respectivamente, nos art. 173 e 174 do Código Tributário Nacional e devem ser observados, inclusive, para o caso das contribuições que financiam a Seguridade Social.

Alternativa "a": incorreta. O direito de cobrar os créditos da Seguridade Social prescreve em 05 (cinco) anos contados da data da sua constituição definitiva. Aplica-se ao caso o disposto no art. 174 do CTN.

Alternativa "b": incorreta. O prazo **decadencial** para apuração e constituição do crédito das contribuições da seguridade social é de cinco anos, contados do primeiro dia do mês seguinte àquele em que o crédito poderia ter sido constituído.

Alternativa "c": incorreta. Havendo vício formal na constituição do crédito que ocasione sua nulidade, o prazo decadencial para apuração e constituição do crédito é de **cinco** anos, contados da data em que se tornar definitiva a decisão de anulação.

Alternativa "d": incorreta. Na hipótese de ocorrência de dolo, fraude ou simulação, a Seguridade Social poderá, a qualquer tempo, apurar e constituir seu crédito.

Alternativa "e": correta. De início, registra-se que as contribuições previdenciárias ostentam natureza jurídica tributária, devendo observar os preceitos contidos no CTN.

Para que a Secretaria da Receita Federal do Brasil (SRFB) possa vir a constituir os créditos relativos a tais contribuições, deve-se observar **o prazo de 05 anos** contados a partir[7]:

- do primeiro dia do exercício seguinte àquele em que o crédito poderia ser constituído;
- da data em que se tornar definitiva a decisão que houver anulado, por vício formal, a constituição de crédito anteriormente efetuada.

Vê-se, desse modo, que a SRFB tem o prazo decadencial de 05 anos para constituir possíveis créditos da Seguridade Social.

Alternativa correta: "e".

11. CRIMES PREVIDENCIÁRIOS

- Decreto-lei nº 2.848 – Código Penal – Arts. 168-A, 297, 337-A.

56. (FCC – Juiz do Trabalho/2017) – Plutão constituiu uma empresa individual para criação e desenvolvimento de sistemas informatizados, contratando quatro empregados. Decorrido o primeiro ano de funcionamento, Plutão não conseguiu atingir o faturamento planejado no início, acumulando dívidas com fornecedores e contraindo empréstimos bancários. Assim, para dar sobrevida ao empreendimento decidiu, durante seis meses, descontar as contribuições previdenciárias de seus empregados sem que houvesse o devido recolhimento aos cofres da previdência social. Nessa situação, quanto aos crimes contra a previdência social, é INCORRETO afirmar:

a) No delito de sonegação de contribuição previdenciária, o objeto jurídico é o patrimônio da Previdência Social, enquanto que, no crime de apropriação indébita previdenciária, o bem jurídico tutelado é o patrimônio do empregado, de quem a contribuição foi recolhida e não repassada.

b) Caso Plutão confesse a dívida, efetue o pagamento espontâneo integral dos valores devidos e preste as devidas informações ao órgão previdenciário, antes do início da ação fiscal, poderá ser extinta a punibilidade de sua conduta.

7. Art. 173, CTN.

c) Se os valores das contribuições previdenciárias não fossem descontados nas remunerações dos empregados, embora não tivessem sido realizados os recolhimentos devidos à previdência social, Plutão não responderia pela prática do delito de apropriação indébita previdenciária.

d) Conforme entendimento consagrado pelo STF com caráter vinculante, necessária a constituição do crédito tributário para que se dê início à persecução criminal no delito de apropriação indébita previdenciária.

e) É admitido o perdão judicial no crime de apropriação indébita previdenciária, deixando o juiz de aplicar a pena ou aplicar somente multa, desde que atendido os requisitos da primariedade e bons antecedentes do acusado.

COMENTÁRIOS

✪ **Nota da autora:** nesta questão, o candidato deverá identificar a alternativa incorreta.

Alternativa "b": correta. No crime de apropriação indébita previdenciária, é extinta a punibilidade se o agente, espontaneamente, declara, confessa e efetua o pagamento das contribuições, importâncias ou valores e presta as informações devidas à previdência social, na forma definida em lei ou regulamento, antes do início da ação fiscal.

Alternativa "c": correta. Para que se configure o crime de apropriação indébita previdenciária é necessário que o agente se aproprie dos valores descontados a título de contribuição. No caso, não procedendo ao desconto da contribuição de seus empregados, Plutão não cometera o referido crime.

Alternativa "d": correta. De acordo com o que dispõe a súmula vinculante nº 24, do STF: "Não se tipifica crime material contra a ordem tributária, previsto no art. 1º, incisos I a IV, da Lei nº 8.137/90, antes do lançamento definitivo do tributo." Esse entendimento é aplicado, também, aos crimes de apropriação indébita previdenciária e de sonegação previdenciária.

Alternativa "e": correta. É o que dispõe o §3º do art. 168-A do Código Penal:

> *§ 3º É facultado ao juiz deixar de aplicar a pena ou aplicar somente a de multa se o agente for primário e de bons antecedentes, desde que:*
>
> *I - tenha promovido, após o início da ação fiscal e antes de oferecida a denúncia, o pagamento da contribuição social previdenciária, inclusive acessórios; ou*
>
> *II - o valor das contribuições devidas, inclusive acessórios, seja igual ou inferior àquele estabelecido pela previdência social, administrativamente, como sendo o mínimo para o ajuizamento de suas execuções fiscais.*

Alternativa "a": incorreta. A situação apresentada na questão diz respeito ao crime de apropriação indébita previdenciária, previsto no art. 168-A do Código Penal.

Nos delitos de sonegação de contribuição previdenciária e de apropriação indébita previdenciária, o bem jurídico tutelado é o patrimônio da Previdência Social.

12. APOSENTADORIA E PENSÃO DO SERVIDOR PÚBLICO

- Constituição Federal: Art. 40.
- Lei Complementar nº 152/2015

57. (FCC - Juiz do Trabalho/2017) - Sobre os regimes previdenciários regulados pela Constituição da República do Brasil, considere:

I. Helena, servidora pública federal ocupante de cargo efetivo, participa de plano de benefícios de entidade fechada patrocinado pela União. Nessa condição, além das contribuições mensais normais, Helena poderá fazer aportes suplementares de recursos sem a contrapartida da União, na forma prevista no respectivo plano.

II. Baco aposentou-se como analista de sistemas pelo regime próprio de previdência social. Diante da sua grande experiência e versatilidade na execução dos seus serviços, logo após foi contratado para trabalhar como empregado em uma empresa privada que atua no ramo de desenvolvimento de sistemas para entidades públicas. Nessa situação, Baco não é segurado do regime geral, em razão de ter pertencido a um regime próprio, bem como por ser vedado o acúmulo de aposentadorias neste caso.

III. Hermes, advogado, com sessenta anos de idade, foi nomeado para o cargo de Desembargador do Tribunal Regional do Trabalho da 1ª Região – RJ na vaga reservada ao quinto constitucional. Ao completar setenta anos de idade, Hermes será aposentado compulsoriamente com proventos integrais, benefício este a ser concedido pelo Regime Próprio de Previdência Social da União.

IV. Minerva ingressou no serviço público federal no exercício de cargo efetivo no dia 20/12/1999, vinculando-se ao Regime Próprio de Previdência Social da União, de caráter eminentemente contributivo, razão pela qual não será possível a contagem de tempo fictício.

Está correta a situação apresentada APENAS em

a) II, III e IV.

b) I e IV.

c) I e II.

d) I, III e IV.

e) II e III.

COMENTÁRIOS

✪ **Nota da autora:** escolhemos abordar esta questão no tópico dos servidores públicos porque a maioria dos itens traz situações que envolvem o regime próprio de previdência social.

Item I: correto. A Lei Complementar nº 108/2001 dispõe sobre a relação entre a União, os Estados, o Distrito Federal e os Municípios, suas autarquias, fundações, sociedades de economia mista e outras entidades públicas e suas respectivas entidades de previdência complementar.

Consoante dispõe o art. 6º da mencionada lei complementar:

> *"Art. 6º. O custeio dos planos de benefícios será responsabilidade do patrocinador e dos participantes, inclusive assistidos.*
>
> *§ 1º A contribuição normal do patrocinador para plano de benefícios, em hipótese alguma, excederá a do participante, observado o disposto no art. 5º da Emenda Constitucional no 20, de 15 de dezembro de 1998, e as regras específicas emanadas do órgão regulador e fiscalizador.*
>
> *§ 2º Além das contribuições normais, os planos poderão prever o aporte de recursos pelos participantes, a título de contribuição facultativa, sem contrapartida do patrocinador.*
>
> *§ 3º É vedado ao patrocinador assumir encargos adicionais para o financiamento dos planos de benefícios, além daqueles previstos nos respectivos planos de custeio."*
>
> **A União instituiu o regime de previdência complementar por meio da Lei nº 12.618/2012 que dispõe no §4º do seu art. 16, *in verbis*:**
>
> *"Art. 16 (...)*
>
> *§ 4º Além da contribuição normal, o participante poderá contribuir facultativamente, sem contrapartida do patrocinador, na forma do regulamento do plano."*

Helena é servidora pública federal ocupante de cargo efetivo, sendo amparada pelo regime próprio de previdência para os servidores da União. Mas, aderiu ao plano de benefícios de entidade fechada de previdência complementar, patrocinado pela União.

Considerando os dispositivos legais acima transcritos, conclui-se que, além das contribuições mensais normais à previdência complementar, Helena poderá fazer aportes suplementares de recursos sem a contrapartida da União, na forma prevista no respectivo plano.

Item II: incorreto. Baco é segurado obrigatório do RGPS em relação à atividade que exerce como empregado em uma empresa privada.

É possível Baco acumular aposentadoria recebida do RPPS com outra do RGPS. Basta que ele preencha o requisito para obter os benefícios. No caso, Baco já é aposentado pelo regime próprio de previdência social. Se ele preencher os requisitos para qualquer aposentadoria do RGPS, ele terá direito de se aposentar, sem prejuízo do recebimento de sua aposentadoria pelo RPPS.

Item III: incorreto. Hermes ao ocupar cargo público efetivo no Tribunal Regional do Trabalho será amparado pelo Regime Próprio de Previdência da União.

Hermes será compulsoriamente aposentado somente quando completar 75 anos de idade, sendo o valor de seus proventos proporcionais ao tempo de contribuição.

Item IV: correto. A Constituição Federal dispõe sobre os regimes próprios de previdência social para amparar os servidores públicos que ocupam cargo efetivo. O regime próprio de previdência social dos servidores titulares de cargos efetivos da União, dos Estados, do Distrito Federal e dos Municípios, incluídas suas autarquias e fundações, tem caráter contributivo e solidário, mediante contribuição do respectivo ente público, de servidores ativos, de aposentados e de pensionistas, observados critérios que preservem o equilíbrio financeiro e atuarial.

O §10 do art. 40 da Constituição Federal veda a lei estabelecer qualquer forma de contagem de tempo de contribuição fictício nos regimes próprios de previdência social.

Assim, pode-se afirmar que Minerva, servidora pública federal, amparada pelo regime próprio de previdência social da União não poderá se utilizar de tempo fictício para contagem de tempo de contribuição.

Alternativa correta: "b". Os itens I e IV estão corretos.

Direito Previdenciário

Adriana Menezes

✦ DICAS

✪ **Nota da autora:** Nas dicas para o estudo para os concursos da Magistratura do Trabalho procuramos abordar todos os temas relacionados com a matéria previdenciária. Não escolhemos colocar apenas os tópicos relativos às questões que já foram objeto das últimas provas, mas também outros assuntos que estão sendo requeridos nos últimos editais dos concursos.

Atualizamos as dicas de acordo com a Reforma da Previdência trazida pela Emenda Constitucional nº 103/2019 e a jurisprudência recente dos Tribunais Superiores.

Assim, primeiro seguimos com os tópicos relacionados com as questões trazidas. Depois, trouxemos os demais assuntos que a matéria de Direito Previdenciário aborda e que poderão ser, no futuro próximo, objeto de questões de prova.

1. SEGURIDADE SOCIAL – CONCEITO E EVOLUÇÃO

- Apresenta-se, aqui, o histórico da evolução da Previdência Social no Mundo e no Brasil:

HISTÓRICO NO MUNDO	
Inglaterra, 1601	**Poor Relief Act – primeiro ato relativo à assistência social.**
Alemanha, 1883	**Chanceler Bismark obteve a aprovação do parlamento de seu projeto de seguro de doença, que foi seguido pelo seguro de acidentes de trabalho (1884) e pelo seguro de invalidez e velhice (1889).**
1917	A primeira Constituição a mencionar o seguro social foi a do **MÉXICO.**
1919	A Constituição de Weimar, na Alemanha, traz vários dispositivos relativos à Previdência.
Estados Unidos, 1935	A partir do modelo Bismarkiano, esta técnica protetiva espalhou-se pelo mundo, sendo que, no período entre as duas grandes guerras, houve uma maior abrangência da técnica, atingindo um número cada vez maior de pessoas. Neste período, pode-se citar o Social Security Act.
Inglaterra, 1942	Relatório **BEVERIDGE.** Este relatório, responsável pelo surgimento do plano de mesmo nome, foi que deu origem à Seguridade Social, ou seja, a responsabilidade estatal não só do seguro social, mas também de ações na área de saúde e assistência social.
1952, Genebra	Aprovação da Convenção nº 102 da OIT que adota proposições relativas às normas mínimas para a seguridade social, sendo observada pelos países signatários, dentre eles, o Brasil. A Convenção nº 102 entrou em vigor no plano internacional em 27/04/1955. Foi aprovada, no Brasil, pelo Decreto Legislativo nº 269/2008 e ratificada em 15/06/2009.

HISTÓRICO NO BRASIL	
1543	Exemplos mais antigos da proteção social brasileira – santas casas.
1808	Montepio para a guarda pessoal de D. João VI.
1824	A Constituição do Império tratou dos socorros públicos.
1835	Criação do **MONGERAL**, Montepio Geral dos Servidores do Estado.
1891	A Constituição de 1891 foi a primeira a conter a expressão "aposentadoria", que era concedida a funcionários públicos, em caso de invalidez permanente.
1923	**Ainda sob a égide da Constituição de 1891, foi editada a Lei Eloy Chaves (Decreto-Legislativo nº 4.682, de 24/01/1923), que criou caixas de aposentadorias e pensões para os ferroviários, por empresa.** Apesar de não ser o primeiro diploma legal sobre o assunto securitário (já havia o Decreto-Legislativo nº 3.724/19 sobre o seguro obrigatório de acidentes do trabalho), devido ao desenvolvimento posterior da previdência e à estrutura interna da "lei" Eloy Chaves, ficou esta conhecida como o **marco inicial da Previdência Social.**

	HISTÓRICO NO BRASIL
1926/28	A Lei nº 5.109, de 20.12.1926, estendeu o regime da Lei Eloy Chaves aos portuários e marítimos; e pela Lei nº 5.485 de 30.06.1928, ele foi estendido ao pessoal das empresas de serviços telegráficos e radiotelegráficos.
1930	Criação do Ministério do Trabalho.
1933	Criação do primeiro IAP (Instituto de Aposentadorias e Pensões). O Instituto de Aposentadoria e Pensão dos Marítimos (IAPM) foi criado por meio do Decreto nº 22.872, de 29.06.1933. OS IAP atendiam às categorias de trabalhadores. Esses IAP vão até a década de 50.
1934	A Constituição de 1934 foi a primeira a estabelecer a forma tríplice da fonte de custeio previdenciária, com contribuições do Estado, do empregador e do empregado. Foi, também, a primeira Constituição a utilizar a palavra "Previdência", sem o adjetivo "social".
1937	A Constituição de 1937 não traz novidades, a não ser o uso da palavra "seguro social" como sinônimo de previdência social.
1946	A Constituição de 1946 foi a primeira a utilizar a expressão "previdência social", substituindo a expressão "seguro social".
1960	A Lei nº 3.807, de 26/08/1960, unificou toda a legislação securitária e ficou conhecida como a Lei Orgânica da Previdência Social (LOPS).
1963	Instituição do Fundo de Assistência e Previdência do Trabalhador Rural (FUNRURAL) instituído pela Lei nº 4.214, de 02.03.1963.
1965	Ainda na CF/46, foi incluído, em 1965, parágrafo proibindo a prestação de benefício sem a correspondente fonte de custeio.
1966	**Institutos de Aposentadorias e Pensões (IAP) foram unificados no Instituto Nacional da Previdência Social (INPS) por meio do Decreto-Lei nº 72, de 21.11.1966.**
1967	A Lei nº 5.316, de 14.09.1967, integrou o seguro de acidentes de trabalho à previdência social, fazendo assim desaparecer este seguro como ramo à parte.
1971	A Lei Complementar nº 11, de 25.05.1971, instituiu o Programa de Assistência ao Trabalhador Rural (PRORURAL), de natureza assistencial, cujo principal benefício era a aposentadoria por velhice, após 65 anos de idade, equivalente a 50% do salário mínimo de maior valor no País.
1977	A Lei nº 6.439/77 institui o SINPAS (Sistema Nacional de Previdência e Assistência Social). Faziam parte dele: o INPS (Previdência Social), o INAMPS (Assistência Médica), o IAPAS (arrecadação, cobrança e fiscalização das contribuições previdenciárias), a CEME (Central de Medicamentos), a LBA (Legião Brasileira de Assistência), a Funabem (Fundação Nacional do bem-estar do menor) e a DATAPREV (Empresa Pública de Processamento de Dados da Previdência Social).
1988	A Constituição de 1988 tratou, **pela primeira vez no Brasil,** da Seguridade Social, entendida como um conjunto integrado de ações de iniciativa dos Poderes Públicos e da sociedade destinado a assegurar os direitos à saúde, à previdência e à assistência social.
1990	O SINPAS foi extinto em 1990. A Lei nº 8.029, de 12/04/1990, criou **o *INSS (Instituto Nacional do Seguro Social)***, por meio da fusão do INPS com o IAPAS. ***Atualmente, o INSS está vinculado ao Ministério da Previdência Social*[1].** Nesse mesmo ano, foi aprovada a Lei Orgânica da Saúde (Lei nº 8.080/90) que criou o SUS (Sistema Único de Saúde).
1991	Lei nº 8.212 (Plano de Custeio e Organização da Seguridade Social) e Lei nº 8.213 (Plano de Benefícios da Previdência Social).
1999	Decreto nº 3.048/99. Regulamento das Leis nº 8.212 e 8.213, ambas de 1991.
Emenda Constitucional nº 20/98	1ª Reforma da Previdência, transformando aposentadoria por tempo de serviço em aposentadoria por tempo de contribuição.
Emenda Constitucional nº 41/03	2ª Reforma da Previdência, mudando regras de aposentadoria do servidor, com o fim da integralidade e da paridade. Permite, agora, a instituição de contribuição social para o custeio de regime próprio de previdência social dos servidores públicos, sobre aposentadorias e pensões. O custeio do regime próprio de previdência social dos servidores públicos se dá, também, com a contribuição de inativos e pensionistas.

1 Recriado pela Medida Provisória n. 1.154/2023, convertida na Lei n. 14.600/2023.

HISTÓRICO NO BRASIL	
Lei nº 11457/07	A Secretaria da Receita Federal passa a ter a denominação de **Secretaria da Receita Federal do Brasil (SRFB)** com a atribuição, **a partir de maio/07,** de fiscalizar, arrecadar e cobrar as contribuições previdenciárias. A partir de maio de 2007, o INSS não mais tem atribuição de arrecadar, fiscalizar e cobrar as contribuições previdenciárias. Terá a atribuição de conceder, manter e revisar os benefícios previdenciários do Regime Geral de Previdência Social (RGPS). Os créditos das contribuições previdenciárias pertencem à União.
Lei nº 12. 618/12	A União, em observância ao disposto no art. 40, §14 da Constituição Federal, instituiu o Plano de Previdência Complementar para os servidores públicos federais, titulares de cargo efetivo.
Decreto nº 7.808/12	Foi criada a Fundação de Previdência Complementar do Servidor Público Federal do Poder Executivo (Funpresp-Exe). Este plano contempla, ainda, servidores públicos do Poder Legislativo Federal e do Tribunal de Contas da União, em razão do convênio de adesão à Funspresp-Exe.
Resolução do STF nº 496/2012	Foi criada a Fundação de Previdência Complementar do Servidor Público Federal do Poder Judiciário (Funpresp-Jud). A aprovação do Plano pela PREVIC deu-se em 14/10/13
Emenda Constitu-cional nº 72/2013	Deu nova redação ao parágrafo único do art. 7º da Constituição Federal, estendendo ao empregado doméstico o direito ao salário-família, ao depósito de FGTS, ao seguro contra acidente do trabalho, dentre outros direitos trabalhistas e previdenciários.
Lei Complementar nº 150/2015	Dispõe sobre o contrato de trabalho doméstico e traz alterações nas Leis 8.212 e 8.213, ambas de 1991.
Lei nº 13.146/2015	Instituiu a Lei Brasileira de Inclusão da Pessoa com Deficiência (Estatuto da Pessoa com Deficiência).
Lei Complementar nº 152/2015	Regulamenta a aposentadoria compulsória do servidor público aos 75 anos de idade.
Lei nº 13.467/2017	Trouxe a reforma trabalhista que repercutiu na esfera previdenciária. Alterou a CLT e a Lei nº 8.212/91 a fim de adequar a legislação às novas relações de trabalho.

HISTÓRICO NO BRASIL	
Emenda Constitucional nº 103/2019	Reforma Previdenciária. Alterou a forma de cálculo da pensão por morte do RGPS e do servidor público federal.

- A Constituição Federal de 1988, pela primeira vez, trouxe o conceito de seguridade social. Conforme dispõe o art. 194, *caput* da CF, a Seguridade Social compreende um conjunto integrado de ações de iniciativa dos poderes públicos e da sociedade destinadas a assegurar os direitos à saúde, previdência e assistência social.
- Compete privativamente à União legislar sobre seguridade social.
- Lei complementar da União poderá autorizar os Estados e o Distrito Federal a legislar sobre questões de seguridade social.
- Não são todos os direitos sociais que são assegurados pelo sistema de seguridade social. Apenas os direitos à saúde, previdência e assistência social.
- A Saúde é um direito garantido a todos e dever do Estado. Será prestada independentemente de contribuição à seguridade social.
- As ações e serviços públicos de saúde integram uma rede regionalizada e hierarquizada e constituem um sistema único, organizado de acordo com as seguintes diretrizes: descentralização, com direção única em cada esfera de governo; atendimento integral, com prioridade para as atividades preventivas, sem prejuízo dos serviços assistenciais; e participação da comunidade.
- Em relação às ações judiciais para o fornecimento de medicamentos pela rede pública de saúde, o STJ entende que a substituição de um medicamento por outro para tratar a mesma doença não constitui novo pedido, pois os objetos imediatos e mediatos não foram alterados: a requerente busca provimento jurisdicional que condene o Estado a fornecer medicamentos, para tratar as sequelas de moléstia que lhe sucedeu, com vistas à manutenção de sua saúde para garantia de uma vida digna.
- As instituições privadas poderão participar de forma complementar do SUS, segundo diretrizes deste, mediante contrato de direito público ou convênio, tendo preferência as entidades filantrópicas e as sem fins lucrativos.
- É vedada a participação direta ou indireta de empresas ou capitais estrangeiros na assistência à saúde no País, salvo nos casos previstos em lei.
- A Lei nº 13.097/2015 veio autorizar a participação direta ou indireta, inclusive o controle, de empresas ou de capital estrangeiro na assistência à saúde nos casos de:
  - I – doações de organismos internacionais vinculados à Organização das Nações Unidas, de entidades de cooperação técnica e de financiamento e empréstimos;

II – pessoas jurídicas destinadas a instalar, operacionalizar ou explorar:

a) hospital geral, inclusive filantrópico, hospital especializado, policlínica, clínica geral e clínica especializada; e

b) ações e pesquisas de planejamento familiar;

III – serviços de saúde mantidos, sem finalidade lucrativa, por empresas, para atendimento de seus empregados e dependentes, sem qualquer ônus para a seguridade social.

- A Constituição Federal determina que a União, os Estados, o Distrito Federal e os Municípios devam aplicar, anualmente, recursos mínimos em ações e serviços públicos de saúde.
- Os recursos mínimos a serem aplicados anualmente em ações e serviços públicos de saúde pela União serão calculados sobre a receita corrente líquida do respectivo exercício financeiro, não podendo ser inferior a 15% (quinze por cento)[2].
- Os percentuais mínimos sobre a arrecadação tributária que devem ser aplicados pelos Estados, Distrito Federal e Municípios em ações e serviços públicos de saúde são estabelecidos por lei complementar que será reavaliada pelo menos a cada cinco anos. Os percentuais mínimos estão fixados na Lei Complementar nº 141/2012.
- A Assistência Social é um dos subsistemas da Seguridade Social, mas não será prestada a todos, como é o caso da Saúde. A Assistência Social será prestada a quem dela necessitar, independentemente de contribuição à seguridade social.
- **Objetivos da Assistência Social**

Para o enfrentamento da pobreza, a assistência social realiza-se de forma integrada às políticas setoriais, garantindo mínimos sociais e provimento de condições para atender contingências sociais e promovendo a universalização dos direitos sociais.

I – a proteção social, que visa à garantia da vida, à redução de danos e à prevenção da incidência de riscos, especialmente:

a) a proteção à família, à maternidade, à infância, à adolescência e à velhice;

b) o amparo às crianças e aos adolescentes carentes;

c) a promoção da integração ao mercado de trabalho;

d) a habilitação e reabilitação das pessoas com deficiência e a promoção de sua integração à vida comunitária; e

e) a garantia de 1 (um) salário-mínimo de benefício mensal à pessoa com deficiência e ao idoso que comprovem não possuir meios de prover a própria manutenção ou de tê-la provida por sua família.

II – a vigilância socioassistencial, que visa a analisar territorialmente a capacidade protetiva das famílias e nela a ocorrência de vulnerabilidades, de ameaças, de vitimizações e danos;

III – a defesa de direitos, que visa a garantir o pleno acesso aos direitos no conjunto das provisões socioassistenciais.

- **Diretrizes da Assistência Social:**

I – **descentralização** político-administrativa para os Estados, o Distrito Federal e os Municípios, e comando único das ações em cada esfera de governo;

II – **participação da população**, por meio de organizações representativas, na formulação das políticas e no controle das ações em todos os níveis;

III – **primazia da responsabilidade do Estado** na condução da política de assistência social em cada esfera de governo.

- Cabe registrar que a Lei nº 12.435/2011 veio trazer alterações na LOAS, dispondo que a gestão das ações na área de assistência social ficará organizada sob a forma de sistema descentralizado e participativo, denominado Sistema Único de Assistência Social (SUAS), com os seguintes objetivos:

I – consolidar a gestão compartilhada, o cofinanciamento e a cooperação técnica entre os entes federativos que, de modo articulado, operam a proteção social não contributiva;

II – integrar a rede pública e privada de serviços, programas, projetos e benefícios de assistência social;

III – estabelecer as responsabilidades dos entes federativos na organização, regulação, manutenção e expansão das ações de assistência social;

IV – definir os níveis de gestão, respeitadas as diversidades regionais e municipais;

V – implementar a gestão do trabalho e a educação permanente na assistência social;

VI – estabelecer a gestão integrada de serviços e benefícios; e

VII – afiançar a vigilância socioassistencial e a garantia de direitos.

- As ações ofertadas no âmbito do SUAS têm por objetivo a proteção à família, à maternidade, à infância, à adolescência e à velhice e, como base de organização, o território. O SUAS é integrado pelos entes federativos, pelos respectivos conselhos de assistência social e pelas entidades e organizações de assistência social abrangidas pela LOAS.
- **Proteção social básica**: conjunto de serviços, programas, projetos e benefícios da assistência social que visa a prevenir situações de vulnerabilidade e risco social por meio do desenvolvimento de poten-

2 Regra trazida pela Emenda Constitucional nº 86/2015.

cialidades e aquisições e do fortalecimento de vínculos familiares e comunitários;

- **Proteção social especial**: conjunto de serviços, programas e projetos que tem por objetivo contribuir para a reconstrução de vínculos familiares e comunitários, a defesa de direito, o fortalecimento das potencialidades e aquisições e a proteção de famílias e indivíduos para o enfrentamento das situações de violação de direitos.
- As proteções sociais, básica e especial, serão ofertadas precipuamente no Centro de Referência de Assistência Social (Cras) e no Centro de Referência Especializado de Assistência Social (Creas), respectivamente, e pelas entidades sem fins lucrativos de assistência social.
- **Os Cras e os Creas** são unidades públicas estatais instituídas no âmbito do Suas, que possuem interface com as demais políticas públicas e articulam, coordenam e ofertam os serviços, programas, projetos e benefícios da assistência social.
- **O Cras é a unidade pública municipal**, de base territorial, localizada em áreas com maiores índices de vulnerabilidade e risco social, destinada à articulação dos serviços socioassistenciais no seu território de abrangência e à prestação de serviços, programas e projetos socioassistenciais de proteção social básica às famílias.
- **O Creas é a unidade pública de abrangência e gestão municipal, estadual ou regional**, destinada à prestação de serviços a indivíduos e famílias que se encontram em situação de risco pessoal ou social, por violação de direitos ou contingência, que demandam intervenções especializadas da proteção social especial.
- A Constituição Federal assegura à pessoa portadora de deficiência e ao idoso, que comprovem não possuir meios de prover a própria manutenção ou de tê-la provida por sua família, o benefício assistencial no valor de um salário mínimo, desde que atendam os requisitos dispostos na lei. Nesse caso, os requisitos vão estar dispostos em lei ordinária, no caso, a Lei nº 8.742/93.
- O Estado e o Distrito Federal poderão vincular até 0,5% de sua receita tributária líquida a programa de apoio à inclusão e promoção social. No entanto, é vedada a aplicação destes recursos no pagamento de despesas com pessoal e encargos sociais, de serviço da dívida ou de qualquer despesa corrente não vinculada aos investimentos ou ações socais apoiadas.
- A Previdência Social será organizada sob a forma de regime geral, terá caráter contributivo e de filiação obrigatória, observados os critérios que preservem o equilíbrio financeiro e atuarial.
- O regime geral de previdência social (RGPS) utiliza o modelo de repartição simples.
- O regime de repartição simples flui do princípio da solidariedade, daí ser chamado, inclusive, de regime da solidariedade. As contribuições oriundas dos contribuintes em atividade vão custear as prestações dos beneficiários atuais. Não há acumulação de reservas para serem utilizadas no futuro, uma vez que todas as contribuições recolhidas formarão recursos a serem utilizados para o pagamento dos benefícios daquele ano.
- A Previdência Social atenderá:

  I - cobertura dos eventos de incapacidade temporária e permanente para o trabalho e idade avançada;

  II - proteção à maternidade, especialmente à gestante;

  III - proteção ao trabalhador em situação de desemprego involuntário;

  IV - salário-família e auxílio-reclusão para os dependentes dos segurados de baixa renda;

  V - pensão por morte do segurado, homem ou mulher, ao cônjuge ou companheiro e dependentes.
- Para amparar os servidores públicos ocupantes de cargos efetivos, a União, os Estados, o Distrito Federal e os Municípios poderão criar um regime próprio de previdência social.
- A instituição de Regime Próprio de Previdência Social (RPPS) é feita por lei do respectivo ente federativo (União, Estado, Distrito Federal, Município).
- Vedada a instituição de novos regimes próprios de previdência social, lei complementar federal estabelecerá, para os que já existam, normas gerais de organização, de funcionamento e de responsabilidade em sua gestão.
- Os servidores públicos titulares apenas de cargos em comissão são segurados do RGPS, sempre. Também são filiados obrigatórios do RGPS os agentes que trabalham para a Administração Pública submetidos ao regime da CLT e os temporários (contratados por tempo determinado para atenderem a necessidade temporária de excepcional interesse público, na forma do art. 37, IX, da CF). Não vão ser amparados pelo regime próprio de previdência social dos servidores públicos.
- Tem-se, ainda, a possibilidade da Previdência de natureza complementar e facultativa como forma de aumentar a renda do trabalhador. No entanto, segundo dispõe o art. 202 da CF, essa proteção é de natureza complementar e não obriga a pessoa física dela participar.
- O regime de previdência privada, firmado pelo art. 202 da Constituição Federal, tem caráter complementar, é organizado de forma autônoma em relação ao regime geral de previdência social e será facultativo, baseado na constituição de reservas que garantam o benefício contratado, além de regulado por lei complementar.

- No Brasil, os regimes de previdência privada adotam o regime de capitalização, não havendo em se falar de solidariedade.
- No regime de capitalização, a ideia fundamental é a formação de reservas de capital que possam garantir as prestações previdenciárias futuras aos beneficiários. As contribuições previdenciárias são acumuladas em fundos de pensões ou em contas específicas e aplicadas no mercado financeiro e em outros ativos ao longo da vida ativa do segurado. Quando o segurado passa para a inatividade, terá de volta o que contribuiu acrescido dos rendimentos do capital, tudo mediante regras estabelecidas pelas normas que regem o sistema de previdência organizada sob o regime de capitalização.

SEGURIDADE SOCIAL (ARTS. 194/204, CF)	
Previdência Social	▸ Organizada sob a forma do regime geral; ▸ caráter contributivo; ▸ filiação obrigatória (art. 201, CF)

SEGURIDADE SOCIAL (ARTS. 194/204, CF)	
Assistência Social	▸ Será prestada a quem dela necessitar; ▸ independe de contribuição para a seguridade social; ▸ será financiada com recursos do orçamento da seguridade social além de outras fontes (arts. 203 e 204, CF). ▸ A gestão das ações na área de assistência social ficará organizada sob a forma de sistema descentralizado e participativo, denominado Sistema Único de Assistência Social (SUAS).
Saúde	▸ Direito de todos e dever do Estado; ▸ independe de contribuição para a seguridade social. ▸ Integra uma rede regionalizada e hierarquizada e constitui um sistema único – SUS (arts. 196 a 200, CF).

Para memorizar:

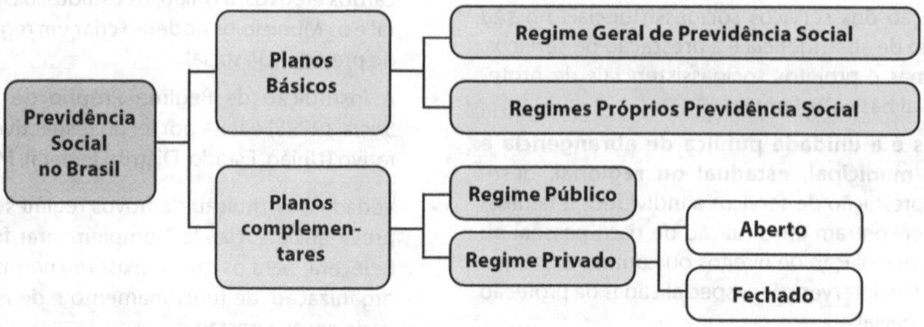

2. CONSELHOS

2.1. CONSELHO NACIONAL DE PREVIDÊNCIA (CNP)

- O Conselho Nacional de Previdência Social (CNPS) demonstra a aplicação do princípio constitucional do caráter democrático e descentralizado na organização da seguridade social, previsto no art. 194, parágrafo único, inciso VII, da Constituição Federal.
- O Conselho Nacional de Previdência Social (CNPS) é órgão superior de deliberação colegiada cuja competência está delineada no art. 4º da Lei nº 8.213/91. Está vinculado ao Ministério da Previdência Social.
- O CNP é composto por 15 membros entre representantes do Governo e da sociedade civil. São:

COMPOSIÇÃO DO CNP	
15 membros entre representantes dos quais:	
6 do Governo	9 da sociedade civil dos quais: • 3 dos aposentados e dos pensionistas; • 3 dos trabalhadores em atividade; • 3 dos empregadores.

- Os membros do CNPS e seus respectivos suplentes serão nomeados pelo Presidente da República, tendo os representantes titulares da sociedade civil mandato de 2 (dois) anos, podendo ser reconduzidos, de imediato, uma única vez.
- Os representantes dos trabalhadores em atividade, dos aposentados, dos empregadores e seus respectivos suplentes serão indicados pelas centrais sindicais e confederações nacionais.
- O CNPS reunir-se-á, ordinariamente, uma vez por mês, por convocação de seu Presidente, não podendo ser adiada a reunião por mais de 15 (quinze) dias se houver requerimento nesse sentido da maioria dos conselheiros.
- Poderá ser convocada reunião extraordinária por seu Presidente ou a requerimento de um terço de seus membros, conforme dispuser o regimento interno do CNPS.
- As ausências ao trabalho dos representantes dos trabalhadores em atividade, decorrentes das atividades do Conselho, serão abonadas, computando-se como jornada efetivamente trabalhada para todos os fins e efeitos legais.

- Aos membros do CNPS, enquanto representantes dos trabalhadores em atividade, titulares e suplentes, é assegurada a estabilidade no emprego, da nomeação até um ano após o término do mandato de representação, somente podendo ser demitidos por motivo de falta grave, regularmente comprovada através de processo judicial.

2.2. CONSELHO NACIONAL DE ASSISTÊNCIA SOCIAL (CNAS)

- O Conselho Nacional de Assistência Social é órgão superior de deliberação colegiada, vinculado à estrutura do órgão da Administração Pública Federal responsável pela coordenação da Política Nacional de Assistência Social.
- O CNAS é composto por 18 membros e respectivos suplentes, cujos nomes são indicados ao órgão da Administração Pública Federal responsável pela coordenação da Política Nacional de Assistência Social. São:

COMPOSIÇÃO DO CNAS	
18 membros entre representantes dos quais:	
9 representantes governamentais, incluindo 1 (um) representante dos Estados e 1 (um) dos Municípios.	**9 da sociedade civil** dentre representantes dos usuários ou de organizações de usuários, das entidades e organizações de assistência social e dos trabalhadores do setor, escolhidos em foro próprio sob fiscalização do Ministério Público Federal.

- Os membros do CNAS serão nomeados pelo Presidente da República, com mandato de 2 (dois) anos, permitida uma única recondução por igual período.
- O CNAS é presidido por um de seus integrantes, eleito dentre seus membros, para mandato de 01 (um) ano, permitida uma única recondução por igual período.
- A competência do CNAS está delineada no art. 18 da Lei nº 8.742/93.

2.3. CONSELHO DE RECURSOS DA PREVIDÊNCIA SOCIAL (CRPS)

- Conselho de Recursos da Previdência Social (CRPS) é um órgão colegiado integrante da estrutura do Ministério da Previdência Social, atuando como revisor das decisões administrativas do INSS nos processos de interesse dos beneficiários.
- O Conselho de Recursos da Previdência Social é composto por:

I. Juntas de Recursos com a competência para julgar, em primeira instância, os recursos interpostos contra as decisões prolatadas pelos órgãos regionais do INSS, em matéria de interesse de seus beneficiários;

II. Câmaras de Julgamento com a competência para julgar, em segunda instância, os recursos interpostos contra as decisões proferidas pelas Juntas de Recursos que infringirem lei, regulamento, enunciado ou ato normativo ministerial;

III. Conselho Pleno com a competência para uniformizar a jurisprudência previdenciária mediante enunciados, podendo ter outras competências definidas no Regimento Interno do Conselho de Recursos da Previdência Social.

- O Conselho de Recursos da Previdência Social é presidido por representante do Governo, com notório conhecimento da legislação previdenciária, nomeado pelo Ministro do Desenvolvimento Social.
- As Juntas de Recursos e as Câmaras de Julgamento são, também, presididas por representantes do Governo. São compostas por quatro membros nomeados pelo Ministro do Trabalho e Previdência.
- **As Juntas de Recursos** têm a competência para julgar:

a) os recursos das decisões proferidas pelo INSS nos processos de interesse de seus beneficiários;

b) os recursos das decisões proferidas pelo INSS relacionados à comprovação de atividade rural de segurado especial de que trata o art. art. 38-B da Lei nº 8.213, de 1991, ou às demais informações relacionadas ao CNIS de que trata o art. 29-A da referida Lei;

c) os recursos de decisões relacionadas à compensação financeira de que trata a Lei nº 9.796, de 5 de maio de 1999;

d) as contestações relativas à atribuição do fator acidentário de prevenção – FAP aos estabelecimentos da empresa;

e) os recursos relacionados aos processos sobre irregularidades verificadas em procedimento de supervisão e de fiscalização nos regimes próprios de previdência social e aos processos sobre apuração de responsabilidade por infração às disposições da Lei nº 9.717, de 1998.

- Os representantes do Governo federal são escolhidos entre servidores federais, preferencialmente do Ministério da Previdência Social ou do INSS, ou de outro órgão da administração pública federal, estadual, municipal ou distrital, com graduação em Direito, os quais prestarão serviços exclusivos ao CRPS, sem prejuízo dos direitos e vantagens percebidos no cargo de origem.
- Os representantes das empresas e dos trabalhadores serão escolhidos entre os indicados em listra tríplice pelas entidades de classe ou sindicais das respectivas jurisdições, com graduação em Direito,

e serão enquadrados como segurados obrigatórios do RGPS na condição de contribuintes individuais.

- O mandato dos conselheiros do CRPS é de 03 (três) anos, permitida a recondução.

3. PRINCÍPIOS CONSTITUCIONAIS

- O art. 194, parágrafo único, da Constituição Federal elenca os objetivos a serem perseguidos na organização da Seguridade Social. São entendidos como verdadeiros princípios constitucionais da seguridade social.
- O **princípio da universalidade da cobertura e do atendimento** visa cobrir todas as espécies de infortúnios sociais que possam ocorrer e atender a todos os residentes no Brasil, em termos de benefícios e serviços da Seguridade Social.
- O **princípio da uniformidade e equivalência dos benefícios e serviços às populações urbanas e rurais** ordena que as populações urbana e rural devam possuir os mesmos direitos a título de seguridade social. Os segurados e dependentes urbanos e rurais devem ter o mesmo tratamento.
- O **princípio da seletividade** propicia ao legislador estudar as carências sociais, priorizando-as em relação às demais, viabilizando a promoção da Seguridade Social factível. Cobrem-se as necessidades mais essenciais e planeja-se, para o futuro, a cobertura das demais, visando alcançar a Seguridade Social ideal. **A distributividade** consagra que, após cada pessoa ter contribuído com o que podia, dá-se a cada um de acordo com suas necessidades.
- Como exemplos da aplicação concreta do princípio da seletividade e distributividade na prestação dos benefícios e serviços da seguridade social podem ser citados os benefícios salário-família e auxílio-reclusão. O salário-família é concedido aos segurados empregado, empregado doméstico e trabalhador avulso de baixa renda que possuem filho até 14 anos de idade ou inválido de qualquer idade. O auxílio-reclusão é concedido aos dependentes de segurado de baixa renda recolhido à prisão em regime fechado.
- O **princípio da irredutibilidade do valor dos benefícios** preceitua que haverá nenhuma redução efetiva dos valores nominais dos benefícios. Não poderá, também, sofrer redução real o benefício da previdência social, nos termos do art. 201, § 4º, CF.
- **Não é possível a vinculação do valor dos benefícios ao número de salários mínimos. O reajuste dos benefícios previdenciários é feito mediante a aplicação do Índice Nacional de Preços ao Consumidor (INPC).**
- **Tema 996, STF:** *Não encontra amparo no Texto Constitucional revisão de benefício previdenciário pelo valor nominal do salário mínimo.*
- **O princípio da equidade na forma de participação do custeio da seguridade social** está intimamente atrelado aos preceitos da igualdade e da capacidade contributiva. Aqueles contribuintes que apresentarem maior capacidade contributiva para o sistema da Seguridade Social arcarão com uma parcela maior de contribuição.
- Com base nesse princípio, vê-se a aplicação de alíquotas ou bases de cálculo diferenciadas para as contribuições sociais das empresas em razão da atividade econômica, do uso intensivo de mão de obra, do porte da empresa e das condições estruturais do mercado de trabalho (art. 195, § 9º, CF).
- O **princípio da diversidade de financiamento** traz que a base de financiamento do sistema de seguridade social não se concentrará em uma só fonte de tributação, atingindo, em contrapartida, o maior número de pessoas capazes de contribuir e a maior constância de entradas. Isso pode ser verificado pelo disposto no art. 195 da Constituição Federal, que elenca a forma de financiamento da seguridade social de forma direta e indireta por toda a sociedade. Determina que se deve identificar, em rubricas contábeis específicas para cada área, as receitas e as despesas vinculadas a ações de saúde, previdência e assistência social, preservado o caráter contributivo da previdência social.
- O **princípio da gestão democrática e descentralizada da seguridade social** deriva dos princípios superiores atinentes à origem democrática do poder e à participação popular. A Seguridade Social terá caráter democrático e descentralizado na administração, mediante gestão quadripartite, com participação dos trabalhadores, dos empregadores, dos aposentados e do Governo nos órgãos colegiados.
- O **princípio da solidariedade contributiva** está previsto no art. 195 da Constituição Federal, que preceitua que a sociedade, de forma direta ou indireta, será responsável pelo financiamento do Sistema de Seguridade Social, visto que o orçamento será composto pelos recursos provenientes dos orçamentos dos próprios entes federativos e por todas as contribuições sociais criadas pela União para custear o sistema. O princípio da solidariedade justifica a compulsoriedade do recolhimento das contribuições sociais de financiamento da seguridade social.
- Nenhum benefício ou serviço da seguridade social poderá ser criado, estendido ou majorado sem a correspondente fonte de custeio total. Esse é o **princípio da preexistência do custeio, da precedência do custeio ou princípio da contrapartida (art. 195, § 5º, CF).**
- **Princípio da proibição da proteção insuficiente:** visa assegurar um patamar mínimo existencial, que resguarde a dignidade da pessoa humana, sem olvidar a magnitude dos interesses coletivos.
- **Princípio da dignidade da pessoa humana, mínimo existencial:** a dignidade humana é um valor moral prévio à própria organização social, uma qualidade imanente dos seres humanos que os coloca como destinatários de respeito e merecedores de igual atenção por parte do Estado e de

seus semelhantes, de tal forma que não percam a possibilidade de exercer autonomia. A dignidade pressupõe consideração pela vida e pela integridade do ser humano, garantias de presença de condições básicas para uma existência na qual se possa exercer a liberdade e receber respeito como pessoa dotada de razão.

A previdência é um direito social e fundamental assegurado pela Constituição Federal.

Ela deve ter uma configuração mínima de garantia da dignidade da pessoa humana de modo a lhe garantir condições mínimas de sobrevivência.

Os benefícios dos segurados devem ter um valor mínimo que possa garantir à manutenção do segurado em casos de infortúnios sociais. Deve ser garantido ao beneficiário o mínimo existencial.

- **Princípio da proibição do retrocesso social:** para alguns doutrinadores esse princípio é aplicado à Previdência Social que veda a redução da proteção previdenciária a fim de que seja preservado o mínimo existencial dos segurados.

A vedação ao retrocesso social é mais uma característica geral dos direitos fundamentais, visando impedir o desfazimento de avanços sociais.

- **Princípio da reserva do possível:** os benefícios devem ser concedidos para garantir o mínimo existencial dos segurados e dependentes, atentando-se para as possibilidades orçamentárias.

Conclui-se que, para além dessa configuração mínima, a proteção previdenciária depende da reserva das disponibilidades orçamentárias do Estado.

PRINCÍPIOS DA PREVIDÊNCIA SOCIAL

- Não haverá incidência de contribuição social sobre os valores de aposentadoria e pensão pagos pelo regime geral de previdência social (RGPS). Trata-se de **imunidade tributária.**
- Os salários de contribuição utilizados para o cálculo da renda mensal dos benefícios previdenciários deverão ser corrigidos monetariamente. **Trata-se do princípio da recomposição monetária dos benefícios.**
- Nenhum benefício previdenciário que substitua o salário de contribuição ou o rendimento do trabalho do segurado terá valor inferior ao salário mínimo. **Trata-se do princípio do valor mínimo.**
- É assegurado o reajustamento dos benefícios previdenciários para preservar-lhes, em caráter permanente, o valor real, conforme critérios definidos em lei.
- O valor dos benefícios previdenciários não está vinculado ao número de salários mínimos.
- Os ganhos habituais do empregado, a qualquer título, serão incorporados ao salário para efeito de contribuição previdenciária e consequente repercussão em benefícios, na forma da lei.

QUADRO RESUMO:

Princípios da Seguridade Social (Art. 194, parágrafo único, CF)	1) universalidade da cobertura e do atendimento (Art. 194, parágrafo único, I, CF) 2) uniformidade e equivalência dos benefícios e serviços às populações urbanas e rurais (Art. 194, parágrafo único, II, CF) 3) seletividade e distributividade dos benefícios e serviços. (Art. 194, parágrafo único, III, CF)
Princípios da Seguridade Social (Art. 194, parágrafo único, CF)	4) irredutibilidade do valor dos benefícios. (Art. 194, parágrafo único, IV, CF) 5) equidade na forma de participação no custeio. (Art. 194, parágrafo único, V, CF) 6) diversidade da base de financiamento. (Art. 194, parágrafo único, VI, CF) 7) da gestão democrática e descentralizada da seguridade social (Art. 194, parágrafo único, VII, CF)
Outros Princípios da Seguridade Social	Solidariedade (Art. 3º, I, CF) Solidariedade contributiva (Art. 195, CF) Preexistência de custeio ou contrapartida (Art. 195, §5º, CF)
Alguns Princípios da Previdência Social	Da recomposição monetária (Art. 201, §3º da CF) Do valor mínimo (Art. 201, §2º, CF) Da preservação do valor real dos benefícios (Art. 201, §4º, CF) Da universalidade de participação nos planos previdenciários (art. 2º, Lei nº 8.213/91) Da universalidade de participação nos planos previdenciários (art. 2º, Lei nº 8.213/91)

4. A PREVIDÊNCIA SOCIAL E O REGIME GERAL DE PREVIDÊNCIA SOCIAL (RGPS)

- É da competência concorrente da União, dos Estados, do Distrito Federal, nos termos do art. 24, XII, da Constituição Federal, legislar sobre previdência social.
- A Previdência Social será organizada sob a forma do regime geral, terá caráter contributivo e de filiação obrigatória, observados os critérios que preservem o equilíbrio financeiro e atuarial.
- A Previdência Social atenderá:

I – cobertura dos eventos de incapacidade temporária ou permanente para o trabalho e idade avançada;

II – proteção à maternidade, especialmente à gestante;

III – proteção ao trabalhador em situação de desemprego involuntário;

IV – salário-família e auxílio-reclusão para os dependentes dos segurados de baixa renda;

V – pensão por morte do segurado, homem ou mulher, ao cônjuge ou companheiro e dependentes.

- É vedada a adoção de requisitos ou critérios diferenciados para a concessão de benefícios, ressalvada, nos termos de lei complementar, a possibilidade de previsão de idade e tempo de contribuição distintos da regra geral para concessão de aposentadoria exclusivamente em favor dos segurados:
    - ➢ com deficiência, previamente submetidos a avaliação biopsicossocial realizada por equipe multiprofissional e interdisciplinar;
    - ➢ cujas atividades sejam exercidas com efetiva exposição a agentes químicos, físicos e biológicos prejudiciais à saúde, ou associação desses agentes, vedada a caracterização por categoria profissional ou ocupação.
- É vedada a filiação ao regime geral de previdência social, na qualidade de segurado facultativo, de pessoa participante de regime próprio de previdência.
- A gratificação natalina dos aposentados e pensionistas terá por base o valor dos proventos do mês de dezembro de cada ano.
- Para fins de aposentadoria, é assegurada a contagem recíproca do tempo de contribuição entre o Regime Geral de Previdência Social e os regimes próprios de previdência social, e destes entre si, observada a compensação financeira, de acordo com os critérios estabelecidos em lei.
- O tempo de serviço militar exercido nas atividades de que tratam os arts. 42, 142 e 143 e o tempo de contribuição ao Regime Geral de Previdência Social ou a regime próprio de previdência social terão contagem recíproca para fins de inativação militar ou aposentadoria, e a compensação financeira será devida entre as receitas de contribuição referentes aos militares e as receitas de contribuição aos demais regimes.
- Lei complementar poderá disciplinar a cobertura de benefícios não programados, inclusive os decorrentes de acidente do trabalho, a ser atendida concorrentemente pelo Regime Geral de Previdência Social e pelo setor privado.
- Os ganhos habituais do empregado, a qualquer título, serão incorporados ao salário para efeito de contribuição previdenciária e consequente repercussão em benefícios, nos casos e na forma da lei.
- Lei instituirá sistema especial de inclusão previdenciária, com alíquotas diferenciadas, para atender aos trabalhadores de baixa renda, inclusive os que se encontram em situação de informalidade, e àqueles sem renda própria que se dediquem exclusivamente ao trabalho doméstico no âmbito de sua residência, desde que pertencentes a famílias de baixa renda.
- Para amparar os servidores públicos ocupantes de cargos efetivos, a União, os Estados, o Distrito Federal e os Municípios poderão criar um regime próprio de previdência social.
- A instituição de Regime Próprio de Previdência Social (RPPS) é feita por lei do respectivo ente federativo (União, Estado, Distrito Federal, Município).
- Vedada a instituição de novos regimes próprios de previdência social, lei complementar federal estabelecerá, para os que já existam, normas gerais de organização, de funcionamento e de responsabilidade em sua gestão.
- Os servidores públicos titulares apenas de cargos em comissão são segurados do RGPS, sempre. Também são filiados obrigatórios do RGPS os agentes que trabalham para a Administração Pública submetidos ao regime da CLT e os temporários (contratados por tempo determinado para atenderem a necessidade temporária de excepcional interesse público, na forma do art. 37, IX, da CF). Não vão ser amparados pelo regime próprio de previdência social dos servidores públicos.
- Tem-se, ainda, a possibilidade da Previdência de natureza complementar e facultativa como forma de aumentar a renda do trabalhador. No entanto, segundo dispõe o art. 202 da CF, essa proteção é de natureza complementar e não obriga a pessoa física dela participar.
- O regime de previdência privada, firmado pelo art. 202 da Constituição Federal, tem caráter complementar, é organizado de forma autônoma em relação ao regime geral de previdência social e será facultativo, baseado na constituição de reservas que garantam o benefício contratado, além de regulado por lei complementar.
- No Brasil, os regimes de previdência privada adotam o regime de capitalização, não havendo em se falar de solidariedade.
- No regime de capitalização, a ideia fundamental é a formação de reservas de capital que possam garantir as prestações previdenciárias futuras aos beneficiários. As contribuições previdenciárias são acumuladas em fundos de pensões ou em contas específicas e aplicadas no mercado financeiro e em outros ativos ao longo da vida ativa do segurado. Quando o segurado passa para a inatividade, terá de volta o que contribuiu acrescido dos rendimentos do capital, tudo mediante regras estabelecidas pelas normas que regem o sistema de previdência organizada sob o regime de capitalização.
- A lei complementar assegurará ao participante de planos de benefícios de entidades de previdência privada o pleno acesso às informações relativas à gestão de seus respectivos planos.

- As contribuições do empregador, os benefícios e as condições contratuais previstas nos estatutos, regulamentos e planos de benefícios das entidades de previdência privada não integram o contrato de trabalho dos participantes, assim como, à exceção dos benefícios concedidos, não integram a remuneração dos participantes, nos termos da lei.
- É vedado o aporte de recursos a entidade de previdência privada pela União, Estados, Distrito Federal e Municípios, suas autarquias, fundações, empresas públicas, sociedades de economia mista e outras entidades públicas, salvo na qualidade de patrocinador, situação na qual, em hipótese alguma, sua contribuição normal poderá exceder a do segurado.
- Lei complementar disciplinará a relação entre a União, Estados, Distrito Federal ou Municípios, inclusive suas autarquias, fundações, sociedades de economia mista e empresas controladas direta ou indiretamente, enquanto patrocinadores de planos de benefícios previdenciários, e as entidades de previdência complementar. Essa lei será aplicada, no que couber, às empresas privadas permissionárias ou concessionárias de prestação de serviços públicos, quando patrocinadoras de planos de benefícios em entidades de previdência complementar.
- Lei complementar estabelecerá os requisitos para a designação dos membros das diretorias das entidades fechadas de previdência complementar instituídas pelos patrocinadores e disciplinará a inserção dos participantes nos colegiados e instâncias de decisão em que seus interesses sejam objeto de discussão e deliberação.

5. OS BENEFICIÁRIOS DO REGIME GERAL DE PREVIDÊNCIA SOCIAL

- Segundo o disposto no art. 201 da Constituição Federal, a Previdência Social será organizada sob a forma de regime geral, terá caráter contributivo e filiação obrigatória.
- O Regime Geral de Previdência Social (RGPS) foi instituído pela Lei nº 8.213/91 e tem como beneficiários (credores das prestações previdenciárias) os segurados e os dependentes.

RELAÇÃO PREVIDENCIÁRIA:

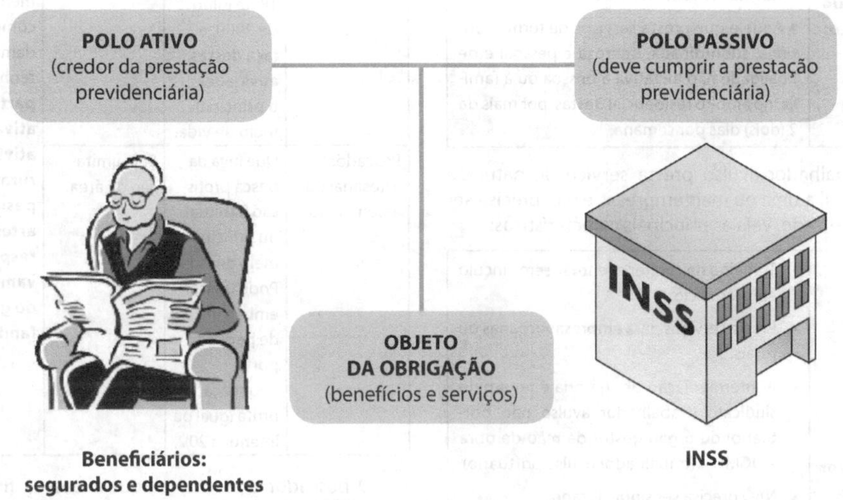

- Os segurados do regime geral de previdência social (RGPS) são divididos em segurados obrigatórios e facultativos.
- O segurado obrigatório é a pessoa física que vai exercer, **de forma lícita,** atividade remunerada abrangida pelo RGPS. Sua filiação está ligada ao exercício da atividade remunerada e é obrigatória.
- Os segurados obrigatórios estão qualificados em cinco categorias: empregado, empregado doméstico, trabalhador avulso, contribuinte individual e segurado especial.

Segurados Obrigatórios:	▸ Empregado ▸ Empregado doméstico ▸ Trabalhador Avulso ▸ Contribuinte Individual ▸ Especial

- Os segurados empregados estão elencados nos art. 11, I, da Lei nº 8.213/91.
- Entre outros, são empregados:
  – o menor aprendiz e o aprendiz;

- o exercente de mandado eletivo municipal, estadual ou federal, desde que não amparado por regime próprio de previdência social;
- o servidor que ocupa exclusivamente cargo em comissão na União, nos Estados, do Distrito Federal e nos Municípios, incluídas suas autarquias e fundações;
- o brasileiro civil que trabalha para a União, no exterior, em organismos oficiais brasileiros ou internacionais dos quais o Brasil seja membro efetivo, ainda que lá domiciliado e contratado, salvo se segurado na forma da legislação vigente do país do domicílio;
- aquele que presta serviço no Brasil a missão diplomática ou a repartição consular de carreira estrangeira e a órgãos a elas subordinados, ou a membros dessas missões e repartições, excluídos o não brasileiro sem residência permanente no Brasil e o brasileiro amparado pela legislação previdenciária do país da respectiva missão diplomática ou repartição consular.

• Características do segurado empregado doméstico:

Empregado doméstico:	▸ Trabalho doméstico para pessoa física ou unidade familiar. ▸ Caráter não eventual do serviço prestado. ▸ Atividades sem fins lucrativos. ▸ Aquele que presta serviços de forma contínua, subordinada, onerosa e pessoal e de finalidade não lucrativa à pessoa ou à família, no âmbito residencial destas, por mais de 2 (dois) dias por semana.

• O trabalhador avulso presta serviço de natureza eventual a uma ou mais empresas e não precisa ser sindicalizado. Veja as principais características:

Trabalhador avulso:	• Trabalho de caráter eventual, sem vínculo empregatício. • Presta serviços para empresas urbanas ou rurais. • A intermediação obrigatória é feita pelo sindicato (trabalhador avulso não portuário) ou órgão gestor de mão de obra – OGMO – (trabalhador avulso portuário). • NÃO precisa ser sindicalizado. • A lista de atividades do trabalhador avulso constantes no Decreto nº 3.048/99 é TAXATIVA. • Conforme dispõe o art. 7º, XXXIV, da CF, são garantidos ao trabalhador avulso os direitos trabalhistas assegurados aos empregados.

• O segurado especial vai exercer, individualmente ou em regime de economia familiar, atividade agropecuária, pesqueira, extrativista vegetal ou de seringueiro, conforme tabela abaixo.

• O segurado especial não precisa ser proprietário do imóvel rural onde exerce suas atividades. Pode ser meeiro, parceiro, arrendatário rural, usufrutuário, comodatário, etc. Não precisa, também, morar no imóvel rural. Ele pode residir em aglomerado urbano próximo ao imóvel rural.

• Veja a tabela abaixo:

<table>
<tr><th colspan="4">ENQUADRAMENTO COMO SEGURADO ESPECIAL APÓS A LEI Nº 11.718/2008</th></tr>
<tr><th>CONDIÇÃO</th><th>ATIVIDADE EXPLORADA</th><th>LIMITAÇÃO DA ÁREA EXPLORADA</th><th>EXTENSÃO DO ENQUADRAMENTO</th></tr>
<tr><td rowspan="2">Produtor que seja: proprietário, usufrutuário, possuidor, assentado, parceiro, meeiro, outorgados, comodatário ou arrendatário rurais.</td><td>Agropecuária</td><td>Até quatro módulos fiscais, independentemente da região do país.</td><td rowspan="3">Ao cônjuge ou companheiro, bem como filho maior de 16 anos de idade ou a este equiparado, do segurado enquadrado nas situações mencionadas anteriormente que, comprovadamente, tenham participação ativa nas atividades rurais ou pesqueiras artesanais, respectivamente, do grupo familiar.</td></tr>
<tr><td>Seringueiro ou extrativista vegetal, que exerça suas atividades nos termos da Lei nº 9.985, de 18 de julho de 2000, e faça dessas atividades o principal meio de vida.</td><td>Sem limitação de área.</td></tr>
<tr><td>Pescador artesanal ou assemelhado.</td><td>Que faça da pesca profissão habitual ou principal meio de vida. Pode utilizar embarcação de pequeno porte (arqueação bruta igual ou inferior a 20).</td><td>Sem limitação de área.</td></tr>
</table>

• O pescador artesanal é aquela pessoa física que, individualmente ou em regime de economia familiar, faz da pesca sua profissão habitual ou meio principal de vida desde que:
  - não utilize embarcação ou;
  - utilize embarcação de pequeno porte (com arqueação bruta igual ou menor a 20).

• Considera-se assemelhado ao pescador artesanal aquele que realiza atividade de apoio à pesca artesanal, exercendo trabalhos de confecção e de reparos de artes e petrechos de pesca e de reparos em embarcações de pequeno porte ou atuando no processamento do produto da pesca artesanal.

- O segurado especial poderá contratar empregados ou contribuintes individuais no período de até 120 pessoas/dia/ano, **não podendo ter empregados permanentes. Esse período não precisa ser em épocas de safra e não será computado nesse prazo de até 120 dias o período de afastamento em decorrência da percepção de auxílio-doença.** Caso o limite legal seja superado, o segurado especial deixará de ser assim considerado e será qualificado como contribuinte individual.
- O segurado especial poderá exercer certas atividades sem que, com isso, perca a condição de especial. Veja a tabela abaixo:

ATIVIDADE PERMITIDA	CONDIÇÕES
Outorga de imóvel rural	Por meio de contrato escrito de parceria, meação ou comodato de até 50% de imóvel rural cuja área total não seja superior a 4 módulos fiscais; desde que outorgante e outorgado continuem a exercer a respectiva atividade, individualmente ou em regime de economia familiar, como segurado especial.
Turismo, inclusive hospedagem rústica	Na propriedade rural; por não mais de 120 (cento e vinte) dias ao ano.
Participação em plano de previdência complementar	Instituído por entidade classista a que seja associado; em razão da condição de trabalhador rural ou de produtor rural em regime de economia familiar.
Programa assistencial oficial de governo	Ser beneficiário; ou fazer parte de grupo familiar em que algum componente seja beneficiário.
Beneficiamento ou industrialização artesanal	Utilizado pelo próprio grupo familiar, na exploração da atividade; considera-se processo de beneficiamento ou industrialização artesanal aquele realizado diretamente pelo próprio produtor rural, pessoa física, desde que não esteja sujeito à incidência do Imposto Sobre Produtos Industrializados (IPI).
Associação	Em cooperativa agropecuária ou de crédito rural.
Sociedade empresária, sociedade simples, como empresário individual ou como titular de empresa individual de responsabilidade limitada, considerada microempresa.	• o objeto da sociedade deve ser agrícola, agroindustrial ou agroturístico; • o segurado deve manter o exercício de sua atividade rural como segurado especial; • a pessoa jurídica deve ser composta apenas de segurados de igual natureza (especiais) e sediar-se no mesmo município ou em município limítrofe àquele em que eles desenvolvam suas atividades.
Atividade sujeita à incidência de IPI sobre os produtos das atividades desenvolvidas.	• desde que seja a atividade desenvolvida nos moldes das sociedades descritas na coluna acima.
Participação em programas e ações de pagamento por serviços ambientais	• nos termos da Lei nº 14.119/2021.

- O segurado especial poderá ter rendimentos, conforme tabela abaixo, que não o desqualificam como especial:

Outras fontes de rendimento permitidas ao segurado especial.	• benefício de pensão por morte, auxílio-acidente ou auxílio-reclusão, cujo valor não supere o do menor benefício da Previdência Social; • benefício concedido ao segurado qualificado como segurado especial, independentemente do valor; • exercício de mandato eletivo de dirigente sindical de organização da categoria de trabalhadores rurais; • exercício de mandato de vereador do Município em que desenvolve a atividade rural ou de dirigente de cooperativa rural constituída, exclusivamente, por segurados especiais, observado o disposto no § 13 do art. 12 da Lei no 8.212, de 24 de julho de 1991; • atividade artesanal desenvolvida com matéria-prima produzida pelo respectivo grupo familiar, podendo ser utilizada matéria-prima de outra origem, desde que, nesse caso, a renda mensal obtida na atividade não exceda ao menor benefício de prestação continuada da Previdência Social; e • atividade artística, desde que em valor mensal inferior ao menor benefício de prestação continuada da Previdência Social. • Sociedade empresária, sociedade simples, como empresário individual ou como titular de empresa individual de responsabilidade limitada, considerada microempresa ➢ o objeto da sociedade deve ser agrícola, agroindustrial ou agroturístico; ➢ o segurado deve manter o exercício de sua atividade rural como segurado especial
Outras fontes de rendimento permitidas ao segurado especial.	➢ a pessoa jurídica deve ser composta apenas de segurados de igual natureza (especiais) e estar sediada no mesmo município ou em município limítrofe àquele em que eles desenvolvam suas atividades • Atividade sujeita à incidência de IPI sobre os produtos das atividades desenvolvidas. desde que seja a atividade desenvolvida nos moldes das sociedades descritas na coluna acima.

Participação em programas e ações de pagamento por serviços ambientais	• nos termos da Lei nº 14.119/2021.

O segurado especial poderá ter sua inscrição *post mortem*

- Os contribuintes individuais estão elencados no art. 11, V, da Lei nº 8.213/91.
- **Entre outros contribuintes individuais estão:**
  - – o ministro de confissão religiosa;
  - – o síndico de condomínio que recebe remuneração ou mesmo que seja isento da taxa condominial pelo encargo assumido;
  - – desde que receba remuneração decorrente de trabalho na empresa:
    - a) o empresário individual e o titular de empresa individual de responsabilidade limitada, urbana ou rural;
    - b) o diretor não empregado e o membro de conselho de administração de sociedade anônima;
    - c) o sócio de sociedade em nome coletivo; e
    - d) o sócio solidário, o sócio gerente, o sócio cotista e o administrador, quanto a este último, quando não for empregado em sociedade limitada, urbana ou rural.
  - – o brasileiro civil que trabalha no exterior para organismo oficial internacional do qual o Brasil é membro efetivo, ainda que lá domiciliado e contratado, salvo quando coberto por regime próprio de previdência social;
  - – aquele que exerce atividade agropecuária, proprietário ou não, em área superior a 04 módulos fiscais;
  - – aquele que exerce atividade agropecuária, proprietário ou não, em área inferior ou igual 04 módulos fiscais, com ajuda de prepostos ou empregados permanentes;
  - – o garimpeiro;
  - – aquele que exerce atividade por conta própria;
  - – o microempreendedor individual (MEI).
- O segurado facultativo é a pessoa física que não se enquadra na qualidade de segurado obrigatório do RGPS, tampouco figura como segurado obrigatório de regime próprio de previdência social e que, por vontade própria, filia-se ao RGPS a fim de obter proteção previdenciária do Estado. Sua filiação poderá ocorrer para maiores de 16 anos, com a inscrição e o pagamento da primeira contribuição, sem atraso, à Previdência Social.

Segurado facultativo	a pessoa tem que ter mais de 16 anos; não pode ser segurado obrigatório do RGPS ou de qualquer regime próprio de previdência social (RPPS); a sua filiação se dá por ato volitivo (de vontade) com sua inscrição e o pagamento da primeira contribuição previdenciária sem atraso.

- Como exemplos de segurados facultativos, podemos citar:
  - – aquele que se dedica exclusivamente ao trabalho doméstico no âmbito da sua residência (dona de casa);
  - – o síndico de condomínio, quando não remunerado;
  - – o estudante;
  - – o brasileiro que acompanha cônjuge que presta serviço no exterior;
  - – o presidiário;
  - – aquele que deixou de ser segurado obrigatório da previdência social.
  - – o brasileiro residente e domiciliado no exterior.
- Todo aquele que exercer, concomitantemente, mais de uma atividade remunerada sujeita ao RGPS é obrigatoriamente filiado em relação a cada uma delas.
- O dirigente sindical mantém, durante o exercício do mandato eletivo, o mesmo enquadramento no RGPS de antes da investidura.
- O aposentado pelo RGPS que estiver exercendo ou que voltar a exercer atividade abrangida pelo RGPS é segurado obrigatório em relação a essa atividade, ficando sujeito às contribuições de que trata a Lei nº 8.212/91, para fins de custeio da Seguridade Social.
- O Plano de Benefícios do Regime Geral, criado por meio da Lei nº 8.213/91, permite que o segurado, mesmo sem estar contribuindo para o RGPS, permaneça na qualidade de segurado por certo período. Esse período em que o segurado permanece vinculado ao RGPS mesmo sem estar contribuindo denomina-se período de graça. Período de graça porque nesse lapso de tempo ele não contribui, mas é considerado segurado do RGPS com direitos relativos às prestações e serviços que a Previdência Social oferece.[3]

---

3 MENEZES. Adriana. DIREITO PREVIDENCIÁRIO – COLEÇÃO TRIBUNAIS E MPU: Para Técnico e Analista de Tribunais e INSS. 9ªed. Salvador. Editora JusPodivm. 2022.

- O segurado mantém-se vinculado ao Regime Geral de Previdência Social, independentemente de contribuições:

PERÍODOS DE GRAÇA – MANUTENÇÃO DA QUALIDADE DE SEGURADO	
Até 3 meses:	após o licenciamento, o segurado incorporado às Forças Armadas para prestar serviço militar.
Até 6 meses:	após a cessação das contribuições, no caso do segurado facultativo.
Até 12 meses:	cessação das contribuições para os segurados obrigatórios[1; 2, 3];
	cessação dos benefícios por incapacidade para todos os tipos de segurados[1];
	cessação da segregação, do segurado acometido de doença de segregação compulsória;
	após o livramento condicional.
Sem limite de prazo	quando o segurado estiver em gozo de benefício previdenciário, exceto de auxílio-acidente.

1. Pode ter acréscimo de 12 meses quando tiver mais de 120 contribuições ininterruptas que não acarretem a perda da qualidade de segurado.

2. Pode ter acréscimo de 12 meses quando o empregado estiver desempregado de forma involuntária e comprovar tal situação por meio do Ministério do Trabalho e Previdência. A jurisprudência aceita para comprovar a situação de desemprego outros meios admitidos em direito (súmula nº 27, TNU).

3. O INSS entende que o acréscimo de 12 meses ao período de graça quando o segurado comprovar a situação de desemprego é aplicado, inclusive, ao contribuinte individual (Instrução Normativa PRES/INSS n. 128/2022, art. 184, §§5º e 10).

- Os dependentes do RGPS são divididos em três classes dispostas no art. 16 da Lei nº 8.213/91, conforme tabela abaixo:

Dependentes	**1ª Classe:**	cônjuge, companheiro (a) e filho não emancipado de qualquer condição, menor de 21 anos ou inválido ou que tenha deficiência intelectual ou mental ou deficiência grave.
	2ª Classe:	os pais.
Dependentes	**3ª Classe:**	**o irmão** não emancipado, de qualquer condição, menor de 21 (vinte e um) anos ou inválido ou que tenha deficiência intelectual ou mental ou deficiência grave.

- O companheiro ou a companheira do mesmo sexo do segurado inscrito no RGPS integra o rol dos dependentes e, desde que comprovada a união estável, concorre para fins de pensão por morte e de auxílio-reclusão com os dependentes de 1ª classe. A dependência, no caso, é presumida.
- Se na separação judicial, no divórcio ou na dissolução da união estável restou determinado direito à pensão alimentícia, ex-cônjuges, ex-companheiros e ex-companheiras continuam como dependentes do segurado do RGPS, concorrendo para fins de pensão por morte e de auxílio-reclusão com os dependentes de 1ª classe.
- Na separação de fato, ex-cônjuges, ex-companheiros e ex-companheiras somente figuram como dependentes de 1ª classe se comprovarem dependência econômica.
- Posição do STF quanto à existência de união estável, concubinato e casamento:
- É incompatível com a Constituição Federal o reconhecimento de direitos previdenciários (pensão por morte) à pessoa que manteve, durante longo período e com aparência familiar, união com outra casada, porquanto o concubinato não se equipara, para fins de proteção estatal, às uniões afetivas resultantes do casamento e da união estável (Tema 526).
- A preexistência de casamento ou de união estável de um dos conviventes, ressalvada a exceção do artigo 1723, §1° do Código Civil, impede o reconhecimento de novo vínculo referente ao mesmo período, inclusive para fins previdenciários, em virtude da consagração do dever de fidelidade e da monogamia pelo ordenamento jurídico-constitucional brasileiro. (Tema 529).
- Os dependentes pertencentes à mesma classe vão concorrer em igualdade de condições, tendo o benefício dividido em partes iguais entre eles.
- A existência de dependente de uma classe superior exclui o direito dos dependentes pertencentes às classes seguintes.
- A dependência econômica dos dependentes de 1ª classe em relação ao segurado é presumida, e a dos demais deve ser comprovada.
- O enteado e o menor tutelado equiparam-se ao filho mediante declaração do segurado e desde que comprovada a dependência econômica na forma estabelecida no Regulamento.
- A lei previdenciária não prevê o menor sob guarda como integrante do rol de dependentes do RGPS.
- No entanto, o STF, ao julgar a ***ADI 4.878, assegurou o direito do menor sob guarda à pensão por morte. O Tribunal, por maioria, julgou procedente a ação, de modo a conferir interpretação conforme ao § 2º do art. 16 da Lei 8.213/1991, para contemplar, em seu âmbito de proteção, o "menor sob guarda". A decisão tem efeitos para períodos até 13/11/2019 (posição adotada pelo INSS).***

- A condição de filho inválido deve ser atestada pela perícia médica da Previdência Social;
- A incapacidade civil do filho e do irmão com deficiência intelectual ou mental deve ser declarada judicialmente.
- O cônjuge, o companheiro e a companheira terão direito ao benefício de pensão por morte:
  - **por 04 meses**, caso o segurado não tenha 18 contribuições mensais **ou** se o casamento ou a união estável tiverem sido iniciados há menos de 2 (dois) anos da data do óbito do segurado.

  Essa regra não é aplicada em caso de morte por acidente de qualquer natureza, doença profissional ou do trabalho.
  - **após o prazo estabelecido na tabela abaixo**, caso o segurado tenha 18 ou mais contribuições mensais **e** o casamento ou a união estável tiverem sido iniciados há, pelo menos, 02 anos da data do óbito.

  Essa regra, também, é aplicada nos casos em que a morte decorrer de acidente de qualquer natureza ou causa, mesmo que não tenha o segurado 18 ou mais contribuições e o casamento ou a união estável tenham sido iniciados há menos de 02 anos da data do óbito do segurado.

Idade x do cônjuge, companheiro ou companheira, em anos (E(x))[4]	Duração do benefício de pensão por morte (em anos)
menor que 22	3
entre 22 e 27	6
entre 28 e 30	10
entre 31 e 41	15
entre 42 e 44	20
45 anos ou mais	Vitalícia

- A idade do cônjuge, companheiro ou companheira na data do óbito do segurado vai determinar por quanto tempo lhes será paga a pensão por morte.
  - **até a cessação da invalidez,** se forem inválidos, respeitados os períodos mínimos de 04 meses ou da tabela acima.
- Em relação à perda da condição de dependente, veja a tabela abaixo:

Perda da qualidade de dependente	para o cônjuge, companheiro ou companheira:	**a) por decurso de prazo:** – após 04 meses, se **não tiver** o segurado 18 contribuições mensais ou se o casamento ou a união estável tiverem sido iniciados há menos de 02 anos do óbito/reclusão do segurado;
Perda da qualidade de dependente	para o cônjuge, companheiro ou companheira:	– após 03, 06, 10, 15, 20 anos, conforme tabela já demonstrada acima, se o segurado **tiver** 18 contribuições e o casamento ou a união estável tiverem sido iniciados, há pelo menos, 02 anos da data do óbito/reclusão do segurado **OU** mesmo não tendo 18 ou mais contribuições e, no mínimo, 02 anos de casamento ou união estável, se o segurado falecer em razão de acidente de qualquer natureza ou causa ou doença profissional ou do trabalho.
		b) Pela cessação da invalidez, respeitados os períodos mínimos descritos na letra "a". • pela separação judicial ou divórcio sem direito à prestação de alimentos.
Perda da qualidade de dependente	para o filho, pessoa a ele equiparada ou irmão, de ambos os sexos:	• Ao completar 21 anos de idade, salvo se for inválido ou com deficiência intelectual, mental ou grave.
	para o filho e o irmão inválidos:	• Com a cessação da invalidez.
	para os pais:	• Quando vierem a falecer.
	para todos os dependentes:	• Quando vierem a falecer. • Com a perda da qualidade de segurado do qual eles eram dependentes.

Filiação e Inscrição

- A **filiação** é o vínculo jurídico estabelecido entre o segurado e o Regime Geral de Previdência Social. É, conforme dispõe o art. 20 do Decreto nº 3.048/99, "o vínculo que se estabelece entre pessoas que contribuem para a previdência social e esta, do qual decorrem direitos e obrigações."
- A filiação dos segurados obrigatórios na previdência social decorre automaticamente do exercício de atividade remunerada. Ela está intimamente ligada ao exercício da atividade remunerada.
- A filiação do segurado facultativo se dá somente após a sua inscrição no RGPS e o pagamento da primeira contribuição previdenci**á**ria sem atraso.
- A **inscrição** é o cadastramento do segurado ou do dependente perante o regime previdenciário. É o ato pelo qual o segurado é cadastrado no RGPS por

4 Idade fixada por meio da Portaria do Ministério da Economia nº 424/20

meio de comprovação de dados pessoais e outros elementos necessários e úteis à sua caracterização.

- No caso do segurado empregado, a inscrição é feita por meio da formalização do contrato de trabalho e, a partir da obrigatoriedade do uso do Sistema de Escrituração Digital das Obrigações Fiscais, Previdenciárias e Trabalhistas - eSocial, instituído pelo Decreto nº 8.373, de 11 de dezembro de 2014, ou do sistema que venha a substituí-lo, por meio do registro contratual eletrônico realizado nesse Sistema.
- O **trabalhador avulso** tem sua inscrição pelo cadastramento e pelo registro no órgão gestor de mão de obra, no caso de trabalhador portuário, ou no sindicato, no caso de trabalhador não portuário, e a partir da obrigatoriedade do uso do eSocial, ou do sistema que venha a substituí-lo, por meio do cadastramento e do registro eletrônico realizado nesse Sistema.
- **O empregado doméstico** terá sua inscrição feita pelo empregador doméstico por meio do sistema e-social.
- **O contribuinte individual** será inscrito no RGPS:
  a) por ato próprio, por meio do cadastramento de informações para identificação e reconhecimento da atividade, hipótese em que o Instituto Nacional do Seguro Social - INSS poderá solicitar a apresentação de documento que comprove o exercício da atividade declarada;
  b) pela cooperativa de trabalho ou pela pessoa jurídica a quem preste serviço, no caso de cooperados ou contratados, respectivamente, se ainda não inscritos no RGPS; e
  c) pelo MEI, por meio do sítio eletrônico do Portal do Empreendedor.
- **Não se admite a inscrição *post mortem* do contribuinte individual, uma vez que sua filiação é condicionada ao pagamento tempestivo da contribuição previdenciária.**
- A inscrição do **segurado especial** será feita de forma a vinculá-lo ao respectivo grupo familiar e conterá, além das informações pessoais, a identificação da propriedade em que desenvolve a atividade e a que título, se nela reside ou o Município onde reside e, quando for o caso, a identificação e inscrição da pessoa responsável pelo grupo familiar.
- O segurado especial integrante de grupo familiar que não seja proprietário ou dono do imóvel rural em que desenvolve sua atividade deverá informar, no ato da inscrição, conforme o caso, o nome do parceiro ou meeiro outorgante, arrendador, comodante ou assemelhado.
- O segurado especial pode ter sua inscrição *post mortem.*
- **O segurado facultativo** promoverá sua inscrição por meio dos canais de atendimento, com a apresentação de documento de identidade e declaração expressa de que não exerce atividade que o enquadre na categoria de segurado obrigatório.
- Não pode haver a inscrição *post mortem* do segurado facultativo.
- A inscrição dos **dependentes** no RGPS só é, **em regra,** feita quando eles forem requerer o seu benefício.
- A condição do dependente inválido ou com deficiência intelectual, mental ou grave **poderá ser reconhecida previamente ao óbito** do segurado e, quando necessário, ser reavaliada quando da concessão do benefício.
- A partir de 13 de novembro de 2019, para fins de aquisição e manutenção da qualidade de segurado, de carência, de tempo de contribuição e de cálculo do salário de benefício exigidos para o reconhecimento do direito aos benefícios do RGPS e para fins de contagem recíproca, **somente serão consideradas as competências cujo salário de contribuição tenha valor igual ou superior ao limite mínimo estabelecido pela Previdência Social (igual ou maior do que 01 salário mínimo)**.

6. ACIDENTE DO TRABALHO

- O **acidente do trabalho TÍPICO** é o que ocorre pelo exercício do trabalho a serviço da empresa ou do empregador doméstico ou pelo exercício do trabalho dos segurados especiais, provocando lesão corporal ou perturbação funcional que cause a morte ou a perda ou redução, permanente ou temporária, da capacidade para o trabalho
- O acidente do trabalho somente contempla os segurados empregados, **inclusive o doméstico**[5]**,** trabalhador avulso e o segurado especial. Daí, conclui-se que somente empregados, empregados domésticos, trabalhadores avulsos e segurados especiais poderão ter seus benefícios caracterizados como de natureza acidentária.
- A Lei nº 8.213/91 estendeu o conceito de acidente do trabalho, considerando como tal as doenças profissionais e do trabalho. Essas doenças são deflagradas em virtude da atividade laborativa desempenhada pelo indivíduo. São os chamados **acidentes ATÍPICOS**.
- A **doença profissional** é aquela produzida ou desencadeada pelo exercício do trabalho peculiar a determinada atividade e constante da respectiva relação elaborada pela Previdência Social. É chamada de tecnopatia.
- A **doença do trabalho** é aquela adquirida ou desencadeada em função de condições especiais

5 O empregado doméstico passou a ter direito ao auxílio-acidente com a alteração do art. 19 da Lei nº 8.213/91, trazida pela Lei Complementar nº 150/2015.

em que o trabalho é realizado e com ele se relacione diretamente, constante da relação elaborada pela Previdência Social. É chamada de mesopatia.

Não são considera-das doenças do trabalho:	
	a doença degenerativa;
	a doença inerente ao grupo etário;
	a doença que não produza incapacidade laborativa;
	a doença endêmica adquirida por segurado habitante de região em que ela se desenvolva, salvo comprovação de que é resultante de exposição ou contato direto determinado pela natureza do trabalho.

- Além dos acidentes do trabalho típicos e atípicos, a Lei nº 8.213/91 elenca situações que são equiparadas ao acidente do trabalho. É o que se chama de **ACIDENTES POR EQUIPARAÇÃO**, trazidos pelo art. 21 da Lei.
- A perícia médica do INSS considerará caracterizada a natureza acidentária da incapacidade quando constatar ocorrência de nexo técnico epidemiológico entre o trabalho e o agravo decorrente da relação entre a atividade da empresa ou do empregado doméstico e a entidade mórbida motivadora da incapacidade elencada na Classificação Internacional de Doenças (CID), em conformidade com o que dispuser o regulamento.
- O nexo técnico epidemiológico previdenciário (NTEP) não gera uma presunção absoluta de que a motivação determinante da inaptidão laboral decorre da atividade exercida pela empresa ou pelo empregado doméstico.
- A empresa ou o empregador doméstico poderão requerer a não aplicação do nexo técnico epidemiológico, de cuja decisão caberá recurso com efeito suspensivo, da empresa, do empregador doméstico ou do segurado, ao Conselho de Recursos da Previdência Social (CRPS).
- A empresa é responsável pela adoção e uso de medidas coletivas e individuais de proteção e segurança da saúde do trabalhador. É seu dever prestar informações pormenorizadas sobre os riscos da operação e do produto a manipular.
- Constitui contravenção penal, punível com multa, a empresa deixar de cumprir as normas de segurança e higiene do trabalho.
- A empresa ou o empregador doméstico deverão comunicar à Previdência Social a ocorrência de acidente do trabalho através da Comunicação de Acidente do Trabalho (CAT):
- até o primeiro dia útil seguinte ao da sua ocorrência;
- imediatamente no caso de morte à autoridade competente.
- O dia do acidente, no caso de doença profissional ou do trabalho, será considerado como sendo a data do início da incapacidade laborativa para o exercício da atividade habitual, ou o dia da segregação compulsória, ou o dia em que for realizado o diagnóstico, valendo para este efeito o que ocorrer primeiro.
- Na falta de comunicação por parte da empresa, ou do empregador doméstico poderão formalizar a CAT o próprio acidentado, seus dependentes, a entidade sindical competente, o médico que o assistiu ou qualquer autoridade pública. Nesses casos, não prevalece os prazos previstos para as empresas para a entrega da CAT.
- O segurado que sofreu acidente do trabalho tem garantida, pelo prazo mínimo de doze meses, a manutenção do seu contrato de trabalho na empresa, após a cessação do auxílio por incapacidade temporária (antigo auxílio-doença) acidentário, independentemente de percepção de auxílio-acidente.
- O reconhecimento do acidente do trabalho e, por conseguinte, a concessão de um benefício previdenciário de natureza, também, acidentária gera consequências importantes que merecem ser destacadas:
  - na concessão dos benefícios de auxílio por incapacidade temporária e de aposentadoria por incapacidade permanente cuja incapacidade decorreu de acidente do trabalho, não se exigirá do segurado a carência mínima de contribuições para a Previdência Social. O cumprimento da carência, nesse caso, é dispensado;
  - o segurado que receber auxílio por incapacidade temporária acidentário terá mantido o seu contrato de trabalho, pelo prazo mínimo de doze meses, após cessação do referido benefício, mesmo que venha receber auxílio-acidente;
  - o empregador do segurado em gozo de auxílio por incapacidade temporária acidentário está obrigado a depositar a importância de título de FGTS na conta do empregado, conforme determina o disposto no art. 15, §15, da Lei nº 8.036/90;
  - o evento do acidente do trabalho será considerado na estatística da empresa para fins de majoração da contribuição do SAT/RAT em até 100%, conforme dispõe o art. 10 da Lei nº 10.666/2003;
  - as ações judiciais propostas em face do INSS que discutem acerca dos benefícios acidentários (em razão de acidente do trabalho) serão processadas e julgadas pela Justiça Estadual.
- Nos casos de negligência quanto às normas padrão de segurança e higiene do trabalho indicados para a proteção individual e coletiva, a Previdência Social proporá ação regressiva contra os responsáveis.
- O pagamento, pela Previdência Social, das prestações por acidente do trabalho não exclui a responsabilidade civil da empresa ou de outrem.

Segurados sujeitos a acidentes de trabalho	• Empregado. • **Empregado doméstico,** após a publicação da Lei Complementar nº 150/2015 • Trabalhador avulso. • Segurado especial.
Acidente do Trabalho	• **Acidente típico:** Acidente pelo exercício do trabalho. (Art. 19, Lei nº 8.213/91) • **Acidente Atípico:** decorrente de doenças ocupacionais. (Art. 20, Lei nº 8.213/91) • **Acidente por equiparação:** O legislador equipara o evento ao acidente do trabalho. (Art. 21, Lei nº 8.213/91)
Doenças ocupacionais	• **Doenças profissionais:** produzidas ou desencadeadas pelo exercício do trabalho. Também chamadas de tecnopatias, ergopatias ou idiopatias. • **Doenças do trabalho:** adquiridas ou desencadeadas em função de condições especiais em que o trabalho é realizado. Chamadas de mesopatias.

7. BENEFÍCIOS E SERVIÇOS PREVIDENCIÁRIOS

- O Regime Geral de Previdência Social (RGPS) compreende prestações expressas em benefícios e serviços.
- No atual Plano de Benefícios da Previdência Social – PBPS –, os benefícios previdenciários em espécie são distribuídos em função da titularidade ativa, na respectiva relação jurídica de direito previdenciário, conforme tabela abaixo. Os serviços são prestados para segurados e dependentes, sem distinção.
- A sentença trabalhista homologatória de acordo, assim como a anotação da CTPS e demais documentos dela decorrentes, somente será considerado início de prova material válida, conforme disposto no art. 55, §3º, da Lei 8.213/91, quando houver nos autos elementos probatórios contemporâneos aos fatos alegados, e que sejam aptos a demonstrar o tempo de serviço, no período que se pretende reconhecer na ação previdenciária, exceto na hipótese de caso fortuito ou força maior. (Tema 1188, STJ, DJ 11/09/2024)

QUADRO DOS BENEFÍCIOS E SERVIÇOS

Prestações do RGPS		
Benefícios		**Serviços**
Para os segurados	**Para os dependentes**	**Para os segurados e dependentes**
• Auxílio por incapacidade temporária • Auxílio-acidente • Aposentadoria por incapacidade permanente • Aposentadoria programada • Aposentadoria programada do professor • Aposentadoria especial • Aposentadoria da pessoa com deficiência (por idade e por tempo de contribuição) • Aposentadoria por idade do trabalhador rural • Salário-família • Salário-maternidade	• Auxílio-reclusão • Pensão por morte	• Reabilitação profissional • Serviço social

BENEFÍCIOS QUE EXIGEM CARÊNCIA MÍNIMA DE CONTRIBUIÇÕES À PREVIDÊNCIA SOCIAL:

	Benefícios	**Contribuições mensais**
COM CARÊNCIA – ART. 25 DA LEI Nº 8.213/91	Auxílio por incapacidade temporária aposentadoria por incapacidade permanente	12
	Auxílio-reclusão	24
	aposentadoria programada e programada do professor	180
	aposentadoria por idade do trabalhador rural	180
	aposentadoria especial	180

Prestações previdenciárias que não exigem CARÊNCIA MÍNIMA de contribuições – Art. 25 e 26 da Lei nº 8.213/91	• Pensão por morte e auxílio-reclusão; • auxílio-acidente; • salário-família; • Auxílio por incapacidade temporária e aposentadoria por incapacidade permanente nos casos de acidente de qualquer natureza ou causa e de doença profissional ou do trabalho e de doenças e afecções especificadas em lista elaborada pelos Ministérios da Saúde e da Previdência Social, atualizada a cada 3 (três) anos, de acordo com os critérios de estigma, deformação, mutilação, deficiência ou outro fator que lhe confira especificidade e gravidade que mereçam tratamento particularizado • salário-maternidade; • serviço social e reabilitação profissional.

- No caso de perda da qualidade de segurado, para efeito de carência para a concessão dos benefícios de auxílio por incapacidade temporária, de aposentadoria por incapacidade permanente e de auxílio-reclusão, o segurado deverá contar, a partir da nova filiação à Previdência Social, com a metade dos períodos previstos acima.

Salário de benefício

É base de cálculo dos benefícios previdenciários, com exceção do salário-família, salário-maternidade, pensão por morte e auxílio-reclusão.

- Consiste no resultado da média aritmética simples dos salários de contribuição e das remunerações adotadas como base para contribuições a regime próprio de previdência social ou como base para contribuições decorrentes das atividades militares de que tratam os art. 42 e art. 142 da Constituição, considerados para a concessão do benefício, atualizados monetariamente, correspondentes a 100% (cem por cento) do período contributivo desde a competência julho de 1994 ou desde o início da contribuição, se posterior a essa competência.
- O salário de benefício não poderá ter valor inferior ao mínimo estabelecido pela previdência social (01 salário mínimo) e nem superior ao teto fixado por Portaria Interministerial MPS/MF[6].
- No cálculo do valor da renda mensal do benefício, inclusive o decorrente de acidente do trabalho, serão computados:

I – para o segurado empregado, inclusive o doméstico, e o trabalhador avulso, os salários de contribuição referentes aos meses de contribuições devidas, ainda que não recolhidas pela empresa ou pelo empregador doméstico, sem prejuízo da respectiva cobrança e da aplicação das penalidades cabíveis;

II – para o segurado empregado, inclusive o doméstico, o trabalhador avulso e o segurado especial, o valor mensal do auxílio-acidente, considerado como salário de contribuição para fins de concessão de qualquer aposentadoria;

III – para os demais segurados, os salários de contribuição referentes aos meses de contribuições efetivamente recolhidas.

RENDA MENSAL INICIAL

Benefícios	Renda Mensal Inicial
Auxílio por incapacidade temporária	91% do salário de benefício. O valor do auxílio por incapacidade temporária não poderá exceder a média dos últimos 12 salários de contribuição ou, se não houver 12, a média dos salários de contribuição existentes.

Benefícios	Renda Mensal Inicial
Auxílio-acidente	50% do salário de benefício.
Aposentadoria por incapacidade permanente	**Acidentária** = 100% do salário de benefício.
	Não acidentária = 60% do salário de benefício, acrescido de 2% para cada ano que exceder: – 20 anos de contribuição, se homem; – 15 anos de contribuição, se mulher.
Aposentadoria programada e programada do professor	60% do salário de benefício, acrescido de 2% para cada ano que exceder: – 20 anos de contribuição, se homem; – 15 anos de contribuição, se mulher.
Aposentadoria especial	– **quando exige 20 ou 25 anos de contribuição:** 60% do salário de benefício, acrescido de 2% para cada ano que exceder: - 20 anos de contribuição, se homem; e – 15 anos de contribuição, se mulher.
	– **quando exige 15 anos de contribuição:** 60% do salário de benefício, acrescido de 2% para cada ano que exceder 15 anos de contribuição, se homem ou mulher.
Aposentadoria por idade do trabalhador rural e do garimpeiro que exerce atividade em regime de economia familiar	70% do salário de benefício, mais 1% para cada grupo de 12 contribuições mensais até o máximo de 30%, totalizando, no máximo, 100% do salário de benefício. Para o segurado especial = 01 salário mínimo.
Aposentadoria do segurado com deficiência	**Por idade** = 70% do salário de benefício, mais 1% para cada grupo de 12 contribuições mensais até o máximo de 30%, totalizando, no máximo, 100% do salário de benefício.
	por tempo de contribuição = 100% do salário de benefício.

- **REAJUSTAMENTO E REVISÃO DOS BENEFÍCIOS**
- Os reajustamentos dos benefícios visam à garantia da manutenção do seu valor real, permitindo a preservação do poder aquisitivo, considerando os períodos de intenso processo inflacionário verificado no país.

6 R$ 7.786,02 (sete mil setecentos e oitenta reais e dois centavos) para o ano de 2024, conforme Portaria Interministerial MPS/MF nº 02/2024.

- O valor dos benefícios em manutenção será reajustado, anualmente, na mesma data do reajuste do salário mínimo, pro rata, de acordo com suas respectivas datas de início ou do último reajustamento, com base no Índice Nacional de Preços ao Consumidor (INPC), apurado pela Fundação Instituto Brasileiro de Geografia e Estatística (IBGE).
- Não restou assegurada a vinculação do valor do benefício previdenciário ao número de salários mínimos. Foi dado ao legislador ordinário fixar os índices de reajustamento, somente.
- Não encontra amparo no Texto Constitucional revisão de benefício previdenciário pelo valor nominal do salário-mínimo (Tema 996, STF).

AUXÍLIO POR INCAPACIDADE TEMPORÁRIA (ANTIGO AUXÍLIO-DOENÇA)	
Beneficiários	Todos os segurados.
Requisitos	1) Incapacidade para o exercício do trabalho ou atividades habituais por mais de 15 dias consecutivos. Necessidade de perícia médica a cargo da perícia médica federal. ➢ Não será devido auxílio por incapacidade temporária ao segurado que se filiar ao Regime Geral de Previdência Social já portador da doença ou da lesão invocá-la como causa para o benefício, salvo quando a incapacidade sobrevier por motivo de progressão ou agravamento dessa doença ou lesão. 2) Estar na qualidade de segurado na data de início da incapacidade. 3) Cumprimento da carência mínima de contribuições, quando exigida, até o início da incapacidade. * Não é devido quando o segurado estiver preso em regime fechado.
Carência	- 12 contribuições mensais, exceto se a incapacidade decorrer de: - acidente de qualquer natureza ou causa ou - doenças ou afecções especificadas em lista elaborada pelos Ministérios da Saúde e da Previdência Social, segundo os critérios de estigma, deformação, mutilação, deficiência ou outro fator que lhe confira especificidade e gravidade que mereçam tratamento particularizado. No caso do segurado especial, a carência é de 12 meses de efetivo exercício efetivo na atividade rural, ainda que de forma descontínua, imediatamente anteriores à data do requerimento do benefício.

AUXÍLIO POR INCAPACIDADE TEMPORÁRIA (ANTIGO AUXÍLIO-DOENÇA)	
Carência	As condições de isenção do cumprimento de carência são aplicadas, também, ao segurado especial. No caso de perda da qualidade de segurado, para efeito de carência, o segurado deverá contar, a partir da nova filiação à Previdência Social, com a metade do período de carência exigido.
Salário de benefício (SB)	Média aritmética simples dos salários de contribuição e das remunerações adotadas como base para contribuições a regime próprio de previdência social ou como base para contribuições decorrentes das atividades militares de que tratam os art. 42 e art. 142 da Constituição, considerados para a concessão do benefício, atualizados monetariamente, correspondentes a 100% do período contributivo desde a competência julho de 1994 ou desde o início da contribuição, se posterior a essa competência.
Renda mensal inicial (RMI)	91% do salário de benefício. ➢ O valor do auxílio por incapacidade temporária não poderá ser exceder a média aritmética simples dos últimos doze salários de contribuição, inclusive no caso de remuneração variável, ou, se não alcançado o número de doze, a média aritmética simples dos salários de contribuição existentes.
Data de início do benefício (DIB)	• **para o empregado:** ➢ a partir do 16º dia do afastamento, se requerido o benefício até 30 dias da data do afastamento; ➢ a partir da data da entrada do requerimento, se entre o afastamento e a data de entrada do requerimento houver mais de 30 dias. • **para os demais segurados, incluídos o empregado com contrato de trabalho intermitente e o empregado doméstico:** ➢ a partir da data do início da incapacidade, se requerido dentro de 30 dias do início da incapacidade; ➢ da data da entrada do requerimento, se requerido após 30 dias do início da incapacidade.

AUXÍLIO POR INCAPACIDADE TEMPORÁRIA (ANTIGO AUXÍLIO-DOENÇA)	
Divisão do auxílio por incapacidade temporária em acidentário ou não acidentário ou previdenciário	**Acidentário** = incapacidade decorre de acidente do trabalho, doença do trabalho ou doença profissional. Após a cessação do auxílio por incapacidade temporária acidentário o segurado mantém pelo prazo mínimo de doze meses o contrato de trabalho, independentemente do recebimento de auxílio-acidente. **Não acidentário ou Previdenciário** = incapacidade decorre de outros eventos exceto acidente do trabalho, doença do trabalho ou doença profissional.
Suspensão do benefício	– Quando não comparecer à perícia médica ou à convocação do INSS ou recusar ao tratamento de reabilitação profissional. – Quando o segurado for recolhido à prisão em regime fechado pelo prazo máximo de 60 dias.
Cessação do benefício	• quando cessar a incapacidade; • quando transformar-se em aposentadoria por incapacidade permanente; • quando conceder auxílio-acidente. • quando o segurado falecer. • quando a prisão do segurado, em regime fechado, superar o prazo de 60 dias. ➢ Sempre que possível, o ato de concessão ou de reativação de auxílio por incapacidade temporária, judicial ou administrativo, deverá fixar o prazo estimado para a duração do benefício. ➢ Na ausência de fixação do prazo de cessação do benefício, ele cessará após 120 dias, contado da data de concessão ou de reativação, exceto se o segurado requerer a sua prorrogação junto ao INSS ou estiver em processo de reabilitação profissional.
Não pode acumular com	• Aposentadorias, • salário-maternidade, • auxílio-acidente quando as causas forem idênticas, • BPC – LOAS, • auxílio-inclusão; • seguro-desemprego
Pontos importantes	• O empregado em gozo de auxílio por incapacidade temporária terá seu contrato de trabalho suspenso.

AUXÍLIO POR INCAPACIDADE TEMPORÁRIA (ANTIGO AUXÍLIO-DOENÇA)	
Pontos importantes	• O segurado que durante o gozo do auxílio por incapacidade temporária vier a exercer atividade que lhe garanta subsistência **poderá** ter o benefício cancelado a partir do retorno à atividade. • Caso o segurado, durante o gozo do auxílio por incapacidade temporária, venha a exercer atividade diversa daquela que gerou o benefício, deverá ser verificada a incapacidade para cada uma das atividades exercidas. • O segurado em gozo de auxílio por incapacidade temporária, insuscetível de recuperação para sua atividade habitual, deverá submeter-se a processo de reabilitação profissional. • O auxílio por incapacidade temporária será mantido até que o segurado seja considerado reabilitado para o desempenho de atividade que lhe garanta a subsistência ou, quando considerado não recuperável, for aposentado por incapacidade permanente.

AUXÍLIO-ACIDENTE	
Beneficiários	Empregado, empregado doméstico, trabalhador avulso e segurado especial.
Natureza jurídica	**Caráter indenizatório** por redução na capacidade para o trabalho.
Requisitos	Consolidação das lesões decorrentes de acidente de qualquer natureza, resultando em sequela definitiva que, a exemplo das situações discriminadas no Anexo III do Decreto 3.048/99, implique redução da capacidade para o trabalho que o segurado habitualmente exercia. ➢ A perda da audição, em qualquer grau, somente proporcionará a concessão do auxílio-acidente, quando, além do reconhecimento de causalidade entre o trabalho e a doença, resultar, comprovadamente, na redução ou perda da capacidade para o trabalho que habitualmente exercia.
Carência	Não exige carência mínima de contribuições.
Renda mensal inicial (RMI)	50% do salário de benefício. ➢ Pode ter valor inferior a 01 salário mínimo. ➢ Não é substituto do rendimento do trabalho ou do salário de contribuição.

AUXÍLIO-ACIDENTE	
Data de início do benefício (DIB)	– Dia seguinte ao da cessação do auxílio por incapacidade temporária; – data do requerimento administrativo se não houver sido precedido de auxílio por incapacidade temporária. **STJ, Tema 862:** O termo inicial do auxílio-acidente deve recair no dia seguinte ao da cessação do auxílio-doença que lhe deu origem, conforme determina o art. 86, § 2º, da Lei 8.213/91, observando-se a prescrição quinquenal da Súmula 85/STJ.
Classificação em auxílio-acidente acidentário e previdenciário	**Acidentário** = a perda parcial da capacidade laborativa, decorre de acidente do trabalho (típico, atípico ou por equiparação). **Previdenciário ou não acidentário** = a perda parcial da capacidade laborativa, decorre de acidente de qualquer natureza. A causa não é acidente do trabalho.
Suspensão do benefício	Em caso de retornar incapacidade temporária cuja causa seja a mesma que originou o auxílio-acidente. Em caso de recusa: – prestar a exame médico quando convocado, – participar do processo de reabilitação profissional.
Cessação do benefício	• com a concessão de qualquer aposentadoria ao segurado; • com a morte do segurado; • com a emissão da certidão de tempo de contribuição para contagem do tempo de contribuição em regime próprio de previdência social.
Não pode acumular com	• aposentadorias; • auxílio-acidente (pode optar pelo mais vantajoso); • auxílio por incapacidade temporária quando as causas forem idênticas; • BPC – LOAS.
Pontos importantes	A percepção de salário, salário-maternidade ou seguro-desemprego não impede o recebimento do auxílio-acidente. Pode ser concedido ainda que o segurado esteja desempregado, desde que o acidente ocorra em época que o indivíduo esteja na condição de segurado do RGPS.

APOSENTADORIA POR INCAPACIDADE PERMANENTE (ANTES, APOSENTADORIA POR INVALIDEZ)	
Beneficiários	Todos os segurados
Requisitos	Incapacidade permanente para o exercício do trabalho e insuscetível de reabilitação para o exercício de atividade que lhe garanta a subsistência; – necessidade de perícia médica a cargo da Perícia Médica Federal. – qualidade de segurado na data de início da incapacidade; – cumprimento da carência mínima de contribuições, quando exigida, até o início da incapacidade.
Carência	12 contribuições mensais, **EXCETO**: – no caso da causa ter sido acidente de qualquer natureza ou causa ou – nos casos de segurado que, após filiar-se ao RGPS, for acometido de alguma das doenças e afecções especificadas em lista elaborada pelos Ministérios da Saúde e da Previdência Social, atualizada a cada 3 (três) anos, de acordo com os critérios de estigma, deformação, mutilação, deficiência ou outro fator que lhe confira especificidade e gravidade que mereçam tratamento particularizado. No caso de perda da qualidade de segurado, para efeito de carência, o segurado deverá contar, a partir da nova filiação à Previdência Social, com metade do período de carência exigido.
Renda mensal inicial (RMI)	**Aposentadoria acidentária** = 100% do salário de benefício. **Aposentadoria não acidentária** = 60% do salário de benefício acrescido de 2% para cada ano que exceder: – 20 anos de contribuição, se homem – 15 anos de contribuição, se mulher. ➢ O valor da aposentadoria por incapacidade permanente do segurado que necessitar da assistência permanente de outra pessoa será acrescido de 25% (auxílio-acompanhante) e poderá ultrapassar o valor máximo estabelecido para os benefícios do RGPS.
Data de início do benefício (DIB)	• **Se for concedida pela transformação do auxílio por incapacidade temporária**: a partir do dia seguinte ao da cessação do auxílio por incapacidade temporária; • **Se for concedida de imediato:** ➢ para o empregado, exceto o doméstico e o empregado com contrato intermitente: a partir do 16º dia do afastamento, se requerido o benefício até o 30º dia do afastamento; ➢ para os demais segurados: a partir da data do início da incapacidade, se requerido o benefício até o 30º dia do afastamento; ➢ para todos os segurados: a partir da data do requerimento, quando requerido após o 30º dia do afastamento.

APOSENTADORIA POR INCAPACIDADE PERMANENTE (ANTES, APOSENTADORIA POR INVALIDEZ)	
Dividida em acidentária ou previdenciária	**Acidentária** = incapacidade decorre de acidente do trabalho **Previdenciária ou não acidentária** = incapacidade não decorre de acidente do trabalho. Decorre de outros eventos, exceto o acidente do trabalho.
Suspensão do benefício	Quando não comparecer à perícia médica ou à convocação do INSS ou recusar ao tratamento de reabilitação profissional. O segurado aposentado por incapacidade permanente poderá ser convocado a qualquer momento para avaliação das condições que ensejaram o afastamento ou a aposentadoria, concedida judicial ou administrativamente[11]. O aposentado por incapacidade permanente que não tenha retornado à atividade estará isento do exame médico pericial periódico: ➢ após completar 55 anos ou mais de idade e quando decorridos 15 anos da data da concessão da aposentadoria por invalidez ou do auxílio por incapacidade temporária que a precedeu; ou ➢ após completar 60 anos de idade.
Cessação do benefício	• quando cessa a incapacidade; • quando o segurado falece; • quando o segurado retorna voluntariamente à atividade.
Não pode acumular com	• auxílio por incapacidade temporária; • auxílio-acidente; • salário-maternidade; • outra aposentadoria do RGPS; • BPC – LOAS; • auxílio-inclusão; • seguro-desemprego.

Mensalidade de recuperação	
Situação do aposentado por invalidez que se recuperar total ou parcialmente	**Procedimento**
I – Se a recuperação for total para o exercício de trabalho que o segurado habitualmente exercia e ocorrer dentro de 5 (cinco) anos, contados da data do início da aposentadoria por incapacidade permanente ou do auxílio por incapacidade temporária que a antecedeu sem interrupção.	a) Para o segurado empregado que tiver direito de retornar à empresa: o benefício será cessado imediatamente. b) Para os demais segurados: o benefício somente será cessado após tantos meses quantos forem os anos de duração do auxílio por incapacidade temporária e da aposentadoria por incapacidade permanente.

Mensalidade de recuperação	
Situação do aposentado por invalidez que se recuperar total ou parcialmente	**Procedimento**
II – Se a recuperação for parcial em qualquer época, ou for total após cinco anos do afastamento, ou ainda quando o segurado for declarado apto para o exercício de trabalho diverso do qual habitualmente exercia.	Para todos os segurados será paga a aposentadoria por incapacidade permanente: • nos primeiros 6 meses no seu valor integral; • do 7º ao 12º mês pelo valor com redução de 50%; • do 13º ao 18º mês pelo valor com redução de 75%; • após o 18º mês cessará definitivamente.

APOSENTADORIA PROGRAMADA (IDADE + TEMPO DE CONTRIBUIÇÃO)		
Beneficiários	Todos os segurados do RGPS.	
Requisitos	**Homem:**	**65** anos de idade. 20 anos de contribuição ➢ O tempo mínimo de contribuição poderá ser alterado por lei ordinária.
	Mulher:	**62** anos de idade. 15 anos de contribuição ➢ O tempo mínimo de contribuição poderá ser alterado por lei ordinária.
Carência	180 contribuições mensais.	
Salário de Benefício (SB)	Média aritmética simples dos salários de contribuição correspondentes a 100% do período contributivo, desde a competência de julho de 1994 ou desde o início das contribuições se posterior a essa competência. * Poderão ser excluídas do cálculo da média dos salários de contribuição e das remunerações adotadas como base para contribuições a regime próprio de previdência social ou como base para contribuições decorrentes das atividades militares de que tratam os art. 42 e art. 142 da Constituição, utilizado para definição do salário de benefício, as contribuições que resultem em redução do valor do benefício.	

APOSENTADORIA PROGRAMADA (IDADE + TEMPO DE CONTRIBUIÇÃO)	
Salário de Benefício (SB)	* A exclusão das contribuições não altera o direito à aposentadoria previamente reconhecido, desde que mantida a quantidade de contribuições equivalente ao período de carência e observado o tempo mínimo de contribuição necessário à elegibilidade da aposentadoria requerida. * É vedada a utilização das contribuições excluídas para qualquer finalidade, inclusive para: I – o acréscimo do percentual da renda mensal; II – a averbação em outro regime previdenciário. • Para o segurado filiado à Previdência Social até julho de 1994, no cálculo do salário de benefício das aposentadorias, exceto a aposentadoria por incapacidade permanente, o divisor considerado no cálculo da média dos salários de contribuição não poderá ser inferior a 108 meses.
Renda mensal inicial (RMI)	60% do salário de benefício, acrescido de 2% para cada ano que exceder: – 20 anos de contribuição, se homem; – 15 anos de contribuição, se mulher.
Data de início do benefício (DIB)	– **para o empregado, incluído o doméstico:** ➢ a partir da data do desligamento do emprego, quando requerida até 90 dias do desligamento; ➢ a partir da data do requerimento, quando requerido após o 90º dia do desligamento do emprego ou quando não se desligar do emprego. • **para os demais segurados:** ➢ a partir da data do requerimento da aposentadoria.
Cessação do benefício	Com a morte do segurado.
Não pode acumular com	• auxílio por incapacidade temporária; • auxílio-acidente; • outra aposentadoria do RGPS; • auxílio-inclusão; • BPC – LOAS; • seguro-desemprego.
Pontos importantes	• Pode o segurado retornar à atividade remunerada sem perder o benefício da aposentadoria e deverá contribuir em relação à nova atividade. • O aposentado que retornar a exercer atividade terá direito ao salário-maternidade em relação à nova atividade. • A concessão de aposentadoria requerida a partir de 14 de novembro de 2019 com utilização de tempo de contribuição decorrente de cargo, emprego ou função pública acarretará o rompimento do vínculo que gerou o referido tempo de contribuição.

APOSENTADORIA PROGRAMADA DO PROFESSOR DE MAGISTÉRIO NA EDUCAÇÃO INFANTIL, NO ENSINO FUNDAMENTAL E MÉDIO (IDADE + TEMPO DE CONTRIBUIÇÃO)	
Beneficiário	Professor que se dedica exclusivamente tempo de efetivo exercício em função de magistério na educação infantil, no ensino fundamental ou no ensino médio.
Requisitos	– Professor: 60 anos de idade – Professora: 57 anos de idade – 25 anos de contribuição no exercício do magistério na educação infantil, no ensino fundamental ou no ensino médio para ambos os sexos. ➢ O tempo mínimo de contribuição poderá ser alterado por lei complementar.
Carência	180 contribuições mensais.
Salário de Benefício (SB)	Média aritmética simples dos salários de contribuição correspondentes a 100% do período contributivo, desde a competência de julho de 1994 ou desde o início das contribuições se posterior a essa competência. * Poderão ser excluídas do cálculo da média dos salários de contribuição e das remunerações adotadas como base para contribuições a regime próprio de previdência social ou como base para contribuições decorrentes das atividades militares de que tratam os art. 42 e art. 142 da Constituição, utilizado para definição do salário de benefício, as contribuições que resultem em redução do valor do benefício. * A exclusão das contribuições não altera o direito à aposentadoria previamente reconhecido, desde que mantida a quantidade de contribuições equivalente ao período de carência e observado o tempo mínimo de contribuição necessário à elegibilidade da aposentadoria requerida. * É vedada a utilização das contribuições excluídas para qualquer finalidade, inclusive para: I – o acréscimo do percentual da renda mensal; II – a averbação em outro regime previdenciário. • Para o segurado filiado à Previdência Social até julho de 1994, no cálculo do salário de benefício das aposentadorias, exceto a aposentadoria por incapacidade permanente, o divisor considerado no cálculo da média dos salários de contribuição não poderá ser inferior a 108 meses.

APOSENTADORIA PROGRAMADA DO PROFESSOR DE MAGISTÉRIO NA EDUCAÇÃO INFANTIL, NO ENSINO FUNDAMENTAL E MÉDIO (IDADE + TEMPO DE CONTRIBUIÇÃO)	
Renda mensal inicial (RMI)	60% do salário de benefício, acrescido de 2% para cada ano que exceder: – 20 anos de contribuição, se homem; – 15 anos de contribuição, se mulher.
Data de início do benefício (DIB)	**para o empregado:** – a partir da data do desligamento do emprego, quando requerida até 90 dias do desligamento; – a partir da data do requerimento, quando requerido após o 90º dia do desligamento do emprego ou quando não se desligar do emprego.
Cessação do benefício	Com a morte do segurado.

APOSENTADORIA PROGRAMADA DO PROFESSOR DE MAGISTÉRIO NA EDUCAÇÃO INFANTIL, NO ENSINO FUNDAMENTAL E MÉDIO (IDADE + TEMPO DE CONTRIBUIÇÃO)	
Não pode acumular com	• auxílio por incapacidade temporária; • auxílio-acidente; • outra aposentadoria do RGPS; • auxílio-inclusão; • BPC – LOAS; • auxílio-inclusão; • seguro-desemprego.
Pontos importantes	• Essa regra não é aplicada ao professor que se dedica ao magistério do ensino superior. • Pode o segurado retornar à atividade remunerada sem perder o benefício da aposentadoria e deverá contribuir em relação à nova atividade. • O aposentado que retornar a exercer atividade terá direito ao salário-maternidade em relação à nova atividade.

APOSENTADORIA DA PESSOA COM DEFICIÊNCIA			
Beneficiários	**Os segurados com deficiência** – impedimento de longo prazo de natureza física, mental, intelectual ou sensorial, o qual com interação com diversas barreiras pode obstruir sua participação plena e efetiva na sociedade em igualdade de condições com as demais pessoas.		
Tipos de aposentadorias	Aposentadoria por tempo de contribuição. Aposentadoria por idade.		
Requisitos -aposentadoria por tempo de contribuição	**Grau de deficiência**	**Tempo de contribuição**	
		Homem	**Mulher**
	Leve	33 anos de contribuição	28 anos de contribuição
	Moderada	29 anos de contribuição	24 anos de contribuição
	Grave	25 anos de contribuição	20 anos de contribuição
Requisitos -aposentadoria por idade	**Homem – 60 anos de idade** **Mulher – 55 anos de idade** Idade mínima exigida para todos os graus de deficiência. **15 anos de contribuição na condição de pessoa com deficiência.**		
Carência	180 contribuições mensais.		
Salário de benefício (SB)	Média aritmética simples dos salários de contribuição correspondentes a 100% do período contributivo, desde julho de 1994 ou desde o início das contribuições, se posterior a essa competência.		
Renda mensal inicial (RMI)	• 100% do salário de benefício, **no caso de aposentadoria por tempo de contribuição.** • 70% do salário de benefício, acrescido de 1% para cada grupo de 12 contribuições, não podendo esse acréscimo ultrapassar o total de 30%, **no caso de aposentadoria por idade.**		
Data de início do benefício (DIB)	Para o empregado, incluído o doméstico:	• a partir da data do desligamento do emprego, quando requerido até 90 dias do desligamento. • a partir da data do requerimento, quando requerido após o 90º dia do desligamento do emprego ou quando não se desligar do emprego.	
	Para os demais segurados:	• a partir da data do requerimento da aposentadoria.	

<table>
<tr><th colspan="2">APOSENTADORIA DA PESSOA COM DEFICIÊNCIA</th></tr>
<tr><td>Cessação do benefício</td><td>• Com a morte do segurado.</td></tr>
<tr><td>Pontos importantes</td><td>O segurado será previamente submetido a avaliação biopsicossocial realizada por equipe multiprofissional e interdisciplinar.
• A comprovação de tempo de contribuição de segurado com deficiência em período anterior à entrada em vigor da Lei Complementar nº 142/13 não será admitida por meio de prova exclusivamente testemunhal.
• O segurado com deficiência poderá escolher a aposentadoria que lhe for mais vantajosa, atendidos os requisitos para tal.</td></tr>
</table>

<table>
<tr><th colspan="3">APOSENTADORIA ESPECIAL</th></tr>
<tr><td></td><td colspan="2">Empregado, trabalhador avulso, cooperado de cooperativa de trabalho, cooperado de cooperativa de produção.</td></tr>
<tr><td rowspan="4">Requisitos</td><td>Idade mínima</td><td>Exposição efetiva a agentes químicos, físicos ou biológicos prejudiciais à saúde, ou a associação desses por</td></tr>
<tr><td>55 anos</td><td>15 anos de contribuição</td></tr>
<tr><td>58 anos</td><td>20 anos de contribuição</td></tr>
<tr><td>60 anos</td><td>25 anos de contribuição</td></tr>
<tr><td>Carência</td><td colspan="2">180 contribuições mensais.</td></tr>
<tr><td>Salário de benefício (SB)</td><td colspan="2">Média aritmética simples dos salários de contribuição correspondentes a 100% do período contributivo, desde julho de 1994 ou desde o início das contribuições, se posterior a essa competência.</td></tr>
<tr><td rowspan="2">Renda mensal inicial (RMI)</td><td>Agente que exige 20 ou 25 anos de efetiva exposição:</td><td>• 60% da média aritmética dos salários de contribuição do segurado, atualizados monetariamente, correspondentes a 100% (cem por cento) do período contributivo desde a competência julho de 1994 ou desde o início da contribuição, se posterior a essa competência;
• com acréscimo de 2% para cada ano de contribuição que exceder o tempo de:
– 20 (vinte) anos de contribuição, se homem, e
– 15 (vinte) anos de contribuição, se mulher.</td></tr>
<tr><td>Agente que exige 15 anos de efetiva exposição:</td><td>• 60% da média aritmética dos salários de contribuição do segurado, atualizados monetariamente, correspondentes a 100% (cem por cento) do período contributivo desde a competência julho de 1994 ou desde o início da contribuição, se posterior àquela competência;
• com acréscimo de 2% para cada ano de contribuição que exceder o tempo de 15 (vinte) anos de contribuição, se homem ou mulher.</td></tr>
<tr><td rowspan="2">Data de início do benefício (DIB)</td><td>Para o empregado</td><td>• a partir da data do desligamento do emprego, quando requerido até 90 dias do desligamento;
• a partir da data do requerimento, quando requerido após o 90º dia do desligamento do emprego ou quando não se desligar do emprego.</td></tr>
<tr><td>Para os demais segurados (trabalhador avulso e cooperados do trabalho e de produção):</td><td>• a partir da data do requerimento da aposentadoria.</td></tr>
<tr><td>Cessação do benefício</td><td colspan="2">• Com a morte do segurado.
➢ Quando o segurado aposentado retornar ao trabalho que o exponha a agentes prejudiciais à saúde. Não precisa ser a mesma condição especial anteriormente exposta, mas, sim, qualquer condição especial de trabalho na mesma ou outra empresa e sob qualquer forma de prestação de serviço ou categoria de segurado.
➢ O segurado será imediatamente notificado da cessação do pagamento de sua aposentadoria, no prazo de 60 dias contados da data da emissão da notificação.</td></tr>
</table>

APOSENTADORIA ESPECIAL	
Não pode acumular com	• auxílio por incapacidade temporária; • auxílio-acidente; • outra aposentadoria do RGPS; • BPC – LOAS; • auxílio-inclusão; • seguro-desemprego.
Pontos importantes	• Caso o segurado retorne a exercer atividade remunerada, sem que seja em condições especiais, não perderá o benefício da aposentadoria especial, devendo contribuir novamente para a Previdência Social em relação à nova atividade remunerada. • A empresa deverá elaborar e manter atualizado o perfil profissiográfico previdenciário (PPP), ou o documento eletrônico que venha a substituí-lo, no qual deverão ser contempladas as atividades desenvolvidas durante o período laboral, garantido ao trabalhador o acesso às informações nele contidas, sob pena de sujeição à multa. • Não é possível converter tempo especial em tempo comum quando cumprido após 13/11/2019.

SALÁRIO-FAMÍLIA	
Beneficiários	Segurados: • empregado, empregado doméstico, trabalhador avulso de baixa renda; • empregado, empregado doméstico e trabalhador avulso em gozo de auxílio por incapacidade temporária ou aposentadoria por incapacidade permanente • trabalhador rural aposentado por idade aos 60 anos, se homem, ou 55 anos, se mulher, • demais aposentados, desde que empregados, empregados domésticos ou trabalhadores avulsos, maiores de 65 anos, homem, e de 60 anos, mulher.
Carência	Não há carência mínima de contribuições.
Requisitos	• possuir baixa renda = salário de contribuição igual ou inferior ao fixado por Portaria Interministerial*. • ter filhos menores ou equiparados até 14 anos de idade ou inválidos.
Data de início do benefício – DIB	• A partir da apresentação da certidão de nascimento do filho ou da documentação do equiparado a filho e atestado de vacinação obrigatória para filho ou equiparado de até 06 anos e frequência escolar a partir dos 04 anos de idade. • No caso de invalidez de filho ou equiparado maior de 14 anos, deve ser feita perícia médica a cargo da Perícia Médica Federal. • O empregado doméstico somente deverá apresentar a certidão de nascimento do filho ou a documentação do equiparado ao filho.

SALÁRIO-FAMÍLIA	
Suspensão do benefício	• Na falta da entrega da renovação da documentação exigida para a concessão do benefício.
Cessação do benefício	• por morte do filho ou equiparado, a contar do mês seguinte ao do óbito, • quando o filho ou equiparada completar 14 anos de idade, salvo se inválido, a contar do mês seguinte ao da data do aniversário, • pela recuperação da capacidade do filho ou equiparado, a contar do mês seguinte ao da cessação da incapacidade ou • pelo desemprego do segurado.
Outras questões	• Quando mãe e pai são, ambos, segurados do RGPS e preencherem os requisitos do benefício, será pago salário-família para os dois, pai e mãe. • As cotas do salário-família serão pagas pela empresa ou pelo empregador doméstico, mensalmente, junto com o salário, efetivando-se a compensação quando do recolhimento das contribuições, conforme dispuser o Regulamento. • A empresa ou o empregador doméstico conservarão durante 05 (cinco) anos os comprovantes de pagamento e as cópias das certidões correspondentes para exame pela fiscalização. • Quando o pagamento do salário não for mensal, o salário-família será pago juntamente com o último pagamento relativo ao mês. • O salário-família devido ao trabalhador avulso poderá ser recebido pelo sindicato de classe respectivo, que se incumbirá de elaborar as folhas correspondentes e de distribuí-lo.

SALÁRIO-FAMÍLIA
* O valor da cota do salário-família por filho ou equiparado de qualquer condição, até 14 (quatorze) anos de idade, ou inválido de qualquer idade, a partir de 1º de janeiro de 2024, é de R$62,04 (sessenta e dois reais e quatro centavos) para o segurado com remuneração mensal não superior a R$ 1.819,26 (um mil oitocentos e dezenove reais e vinte e seis centavos).

SALÁRIO-MATERNIDADE	
Beneficiárias	Todos os segurados e seguradas que preencherem os requisitos legais. **Súmula 657, STJ:** Atendidos os requisitos de segurada especial no RGPS e do período de carência, a indígena menor de 16 anos faz jus ao salário-maternidade
Requisitos	• Parto, inclusive de natimorto. • Adoção ou guarda judicial para fins de adoção de crianças. Nesse caso, o benefício poderá ser pago ao segurado ou à segurada. Não se pode pagar o benefício para ambos os segurados, no caso de adoção da mesma criança. • Aborto não criminoso. • Falecimento de segurado ou de segurada, cônjuge, ou companheiro que fazia jus ao salário-maternidade (salário-maternidade complementar). • Afastamento da empregada gestante e lactante do trabalho por não poder exercer atividades em condições insalubres (super salário-maternidade).
Carência	**O STF declarou a inconstitucionalidade da norma que passou a exigir carência de 10 meses de contribuição para a concessão do salário-maternidade para as trabalhadoras autônomas (contribuintes individuais), para as trabalhadoras rurais (seguradas especiais) e para as contribuintes facultativas.** **Para os ministros, a exigência de cumprimento de carência apenas para algumas categorias de trabalhadoras viola o princípio da isonomia (ADI 2110 e 2111, DJ 21/03/2024).** ➢ **Desse modo, salário-maternidade para qualquer categoria de segurado não exige carência mínima de contribuições.**
Período de recebimento	• **Parto** = 120 dias, podendo iniciar 28 dias antes do parto. • **Aborto não criminoso** = duas semanas.

SALÁRIO-MATERNIDADE	
Período de recebimento	• **Adoção ou guarda judicial para fins de adoção** = 120 dias, independentemente da idade da criança. • **Falecimento da segurada ou do segurado no período da licença-maternidade** = período restante entre a data do óbito e o último dia do término do salário-maternidade originário. • **ADI 6327** – prorrogação do salário-maternidade necessidade de prorrogar o benefício no caso de internação do recém-nascido ou da mãe, considerando como termo inicial da licença-maternidade e do respectivo salário-maternidade a alta hospitalar do recém-nascido e/ou de sua mãe, o que ocorrer por último.
Renda mensal inicial – valor	• **Para o empregado** = valor da última remuneração, limitado ao teto do ministro do STF. • **Para empregado com contrato intermitente** = média aritmética simples das remunerações apuradas no período referente aos 12 meses que antecederem o parto, a adoção ou a obtenção da guarda para fins de adoção. Na hipótese de empregos intermitentes concomitantes, a média aritmética será calculada em relação a todos os empregos e será pago somente 01salário-maternidade. • **Para o trabalhador avulso** = remuneração equivalente a um mês de trabalho, limitado ao teto do ministro do STF; • **Para o empregado doméstico** = o último salário de contribuição, sujeito ao limite máximo correspondente; • **Para o contribuinte individual, facultativo (a) e desempregado(a)** = 1/12 da soma dos últimos 12 salários de contribuição apurados em período não superior a quinze meses, limitado o valor ao teto máximo do salário de contribuição. Não poderá ser pago em valor inferior ao salário mínimo, • **Para o segurado especial** = um salário mínimo. ➢ Para o cônjuge ou companheiro sobrevivente seguem-se as regras acima, considerando os salários de contribuição do segurado sobrevivente*.
Data de início do benefício (DIB)	• No caso de parto = 28 dias antes do parto OU a partir do dia do parto.

SALÁRIO-MATERNIDADE	
Data de início do benefício (DIB)	• Nos casos de aborto não criminoso e adoção = a partir da data do requerimento. • No caso de segurado cônjuge ou companheiro(a) sobrevivente do segurado falecido que fazia jus ao salário-maternidade = data do óbito do(a) segurado(a), desde que requerido até o último dia previsto para o término do salário-maternidade originário.
Não pode acumular com	• Auxílio por incapacidade temporária; • aposentadoria por incapacidade permanente; • BPC – LOAS; • seguro-desemprego.
Responsável pelo pagamento	– para as empregadas, no caso de parto= a empresa pagará o benefício e será reembolsada do valor no momento do recolhimento de suas contribuições previdenciárias; – para as empregadas do MEI ou com contrato intermitente, em todos os casos = o pagamento é feito diretamente pela Previdência Social; – para todos os segurados em razão dos demais fatos geradores, incluindo as empregadas = o pagamento é feito diretamente pela Previdência Social; – super salário-maternidade = pagamento pela empresa com direito à compensação dos valores com as contribuições previdenciárias a pagar.
Pontos importantes	• Caso, no parto, ocorra nascimento de natimorto, haverá pagamento de salário-maternidade. • Se houver nascimento de um ou mais filhos, será pago apenas um salário-maternidade. • Se a mãe biológica, segurada do RGPS, tiver recebido salário–maternidade, não há óbice para conceder o benefício ao segurado ou segurada adotante. • O salário-maternidade não pode ser acumulado com benefício por incapacidade (auxílio por incapacidade temporária e aposentadoria por incapacidade permanente). • Para que o cônjuge ou companheiro tenha direito ao salário-maternidade após o falecimento do segurado ou da segurada é necessário que ele seja segurado do RGPS e se afaste do trabalho ou das atividades desempenhadas para cuidar do filho.

SALÁRIO-MATERNIDADE	
Pontos importantes	• A licença-maternidade de 120 dias pode ser prorrogada por mais 60 dias na hipótese de adesão da empresa ao Programa Empresa Cidadã nos termos da Lei nº 11.770/2008.
Cessação do benefício	• No caso de parto = após 120 dias do início do benefício; • no caso de aborto não criminoso = após duas semanas; • no caso de adoção ou guarda judicial para fins de adoção de criança = após 120 dias do início do benefício; • no caso de salário-maternidade remanescente = após último dia do término previsto para o salário-maternidade originário.
Jurisprudência	• **ADI 6327** – prorrogação do salário-maternidade necessidade de prorrogar o benefício no caso de internação do recém-nascido ou da mãe, considerando como termo inicial da licença-maternidade e do respectivo salário-maternidade a alta hospitalar do recém-nascido e/ ou de sua mãe, o que ocorrer por último.

Salário-maternidade complementar ou remanescente – Arts. 71-B e 71-C da Lei nº 8.213/91	
Contemplados	Cônjuge ou companheiro de segurado ou segurada que venha a falecer no período de licença-maternidade.
Requisitos	Falecimento da segurada ou segurado que fizer jus ao recebimento do salário-maternidade. Cônjuge ou companheiro sobrevivente deverá ser, também, segurado da Previdência Social. Cônjuge ou companheiro deverá se afastar do seu trabalho ou da atividade desempenhada para cuidar do filho.
Requerimento	Até o último dia do prazo previsto para o término do salário-maternidade originário.
Período de recebimento	Entre a data do óbito da segurada e o último dia do término do salário-maternidade originário
Renda mensal do benefício	As regras são as mesmas que são previstas para as seguradas, mas a remuneração ou o salário de contribuição a ser considerado será a do segurado sobrevivente.

PENSÃO POR MORTE	
Beneficiários	• Dependentes. • Dependentes da 1ª classe não precisam comprovar dependência econômica. • Equiparam-se ao filho, o menor sob tutela e o enteado, desde que comprovada dependência econômica em relação ao segurado. • **Tema 526, STF** – *É incompatível com a Constituição Federal o reconhecimento de direitos previdenciários (pensão por morte) à pessoa que manteve, durante longo período e com aparência familiar, união com outra casada, porquanto o concubinato não se equipara, para fins de proteção estatal, às uniões afetivas resultantes do casamento e da união estável.* • **Tema 529, STF:** *A preexistência de casamento ou de união estável de um dos conviventes, ressalvada a exceção do artigo 1.723, § 1º, do Código Civil, impede o reconhecimento de novo vínculo referente ao mesmo período, inclusive para fins previdenciários, em virtude da consagração do dever de fidelidade e da monogamia pelo ordenamento jurídico-constitucional brasileiro.*
Requisitos	• Óbito do segurado; • morte presumida declarada por decisão judicial.
Carência	• Não há carência mínima de contribuições exigida para qualquer dependente. • É devida para cônjuge/companheiro(a), ainda que tiver menos de 02 anos de casamento/união estável na data do óbito.
Renda mensal inicial (RMI)	**Regra geral:** ➢ uma cota de 50% do valor da aposentadoria que o segurado recebia ou daquela a que teria direito se estivesse aposentado por incapacidade permanente na data de seu óbito, ➢ acrescida de 10% por dependente até o máximo de 100%. **Quando houver algum dependente inválido, com deficiência mental, intelectual ou grave:** ➢ 100% do valor da aposentadoria que o segurado recebia ou daquela a que teria direito se estivesse aposentado por incapacidade permanente na data de seu óbito. • **ADI 7051** – Julga constitucional a nova forma de cálculo da pensão por morte trazida pela Emenda Constitucional n. 103/2019.

PENSÃO POR MORTE	
Benefício devido a partir de	• **Data do óbito**, quando requerido em até 180 dias deste, para filhos menores de 16 anos • Data do óbito, quando requerido em até 90 dias deste, para os demais dependentes. • **Data do requerimento**, quando superados os prazos acima mencionados. • **Data da decisão judicial**: quando se tratar de morte presumida.
Suspensão do benefício	• não comparecer à perícia médica ou à convocação do INSS ou não se submeter ao processo de reabilitação profissional quando prescrito pela previdência social. • O pensionista inválido que não tenha retornado à atividade estará isento do exame médico pericial periódico após completar 60 anos de idade.
Cessação do benefício	• **pela morte do pensionista**; • ao completar 21 anos, o filho, pessoa a ele equiparada ou irmão, salvo se inválido ou com deficiência intelectual ou mental ou com deficiência grave; • **pela cessação da invalidez** do filho ou do irmão inválido; • **pelo afastamento da deficiência** do filho ou do irmão com deficiência; • **pela adoção do filho que recebia pensão por morte dos pais biológicos, exceto** se for adotado pelo cônjuge ou companheiro(a) do outro(a). • **para o cônjuge, o companheiro ou a companheira:** **a) por decurso de prazo:** – após 04 meses, se **não tiver** o segurado, pelo menos, 18 contribuições mensais ou se o casamento ou a união estável tiverem sido iniciados há menos de 02 anos da data do óbito do segurado, salvo se a morte decorrer de acidente de qualquer natureza ou doença profissional ou do trabalho; – após 03, 06, 10, 15, 20 anos ou de forma vitalícia, conforme tabela já demonstrada, se o segurado **tiver** 18 ou mais contribuições e o casamento ou a união estável tiverem sido iniciados há, pelo menos, 02 anos da data do óbito do segurado ou se a morte decorrer de acidente de qualquer natureza ou doença profissional ou do trabalho. b) **pela cessação da invalidez**, respeitados os períodos mínimos descritos na letra "a".

PENSÃO POR MORTE	
Não se acumula com	• outra pensão de cônjuge/companheiro(a), podendo optar pela mais vantajosa; • auxílio-inclusão; • BPC – LOAS.
Pontos importantes	• Perde o direito à pensão por morte o condenado criminalmente por sentença transitada em julgado, como autor, coautor ou partícipe de homicídio doloso, ou de tentativa desse crime, cometido contra a pessoa do segurado, ressalvados os absolutamente incapazes e os inimputáveis. • O cônjuge, o companheiro ou a companheira, perderá a pensão por morte se, comprovada, a qualquer tempo, simulação ou fraude no casamento ou na união estável, ou a formalização desses com o fim exclusivo de constituir benefício previdenciário, apuradas em processo judicial no qual será assegurado o direito ao contraditório e à ampla defesa. • O exercício de atividade remunerada, inclusive na condição de microempreendedor individual, não impede a concessão ou manutenção da parte individual da pensão do dependente com deficiência intelectual ou mental ou com deficiência grave. • A pensão não se acumula com pensão deixada por cônjuge ou companheira, dando-se o direito à opção pela mais vantajosa. • O casamento do(a) cônjuge ou do(a) companheiro(a) após a concessão do benefício não faz cessar a pensão por morte. • O recebimento de pensão por morte não impede o pagamento de seguro-desemprego quando o dependente tiver direito. • Segundo entendimento do STJ (súmula 336), a mulher que renunciou aos alimentos na separação judicial ou divórcio, poderá ter direito à pensão por morte, se comprovada a dependência econômica superveniente.
Jurisprudência	• **Tema 526, STF** – *É incompatível com a Constituição Federal o reconhecimento de direitos previdenciários (pensão por morte) à pessoa que manteve, durante longo período e com aparência familiar, união com outra casada, porquanto o concubinato não se equipara, para fins de proteção estatal, às uniões afetivas resultantes do casamento e da união estável.* • **STJ, súmula 336** – A *mulher que renunciou aos alimentos na separação judicial ou divórcio, poderá ter direito à pensão por morte, se comprovada a dependência econômica superveniente.*

PENSÃO POR MORTE	
Jurisprudência	• **STJ, súmula 340:** *A lei aplicável à concessão de pensão previdenciária por morte é aquela vigente na data do óbito do segurado.* • **STJ, súmula 416:** *É devida a pensão por morte aos dependentes do segurado que, apesar de ter perdido essa qualidade, preencheu os requisitos legais para a obtenção de aposentadoria até a data do seu óbito.*

AUXÍLIO-RECLUSÃO	
Beneficiários	• Dependentes. • Dependentes da 1ª classe não precisam comprovar dependência econômica. • Equiparam-se ao filho, o menor sob tutela e o enteado, desde que comprovada dependência econômica em relação ao segurado.
Requisitos	1) Recolhimento do segurado à prisão para cumprir pena em regime fechado. 2) Não pode o segurado estar recebendo auxílio por incapacidade temporária, salário-maternidade, pensão por morte, aposentadorias, abono de permanência em serviço ou remuneração de empresa. 3) Baixa renda= média dos salários de contribuição nos 12 meses anteriores à data da prisão de valor igual ou menor que R$ 1.819,26 em 2024 – (Portaria MPS/MF nº 02/2024). ➢ Pode ser concedido quando a prisão for provisória. ➢ O cumprimento de pena em prisão domiciliar não impede o recebimento do benefício de auxílio-reclusão pelo(s) dependente(s) se o regime previsto for o fechado. ➢ Não cabe em caso de cumprimento de pena em regime semiaberto ou aberto. ➢ Não cabe no caso de prisão civil.
Carência	• **24 contribuições mensais**.
Renda mensal inicial – RMI	• 01 salário mínimo.
Data de início do benefício – DIB	• **Data do recolhimento à prisão**, quando requerido em até 180 dias após esta para os filhos menores de 16 anos. • **Data do recolhimento à prisão**, quando requerido em até 90 dias após esta para os demais dependentes. • **Data do requerimento**, quando superados os prazos acima mencionados.

AUXÍLIO-RECLUSÃO	
Suspensão do benefício	• Em caso de fuga. • No caso de o dependente não apresentar o atestado trimestral emitido pela autoridade competente. • No caso de o segurado deixar a prisão por livramento condicional ou para cumprir pena em regime semiaberto ou aberto.
Cessação do benefício	• No caso de fuga (IN PRES/INS n. 128/2022) • Quando o dependente perde essa qualidade de beneficiário; • quando o segurado passa a receber aposentadoria; • quando o segurado morre; • na data da soltura; • **pela morte do beneficiário**; • **ao completar 21 anos**, o filho, pessoa a ele equiparada ou irmão, salvo se inválido ou com deficiência intelectual, mental ou grave; • pela cessação da invalidez do filho ou do irmão inválido; • **pela adoção do filho que recebia pensão por morte dos pais biológicos, exceto** se for adotado pelo cônjuge ou companheiro(a) do outro(a). • **para o cônjuge, o companheiro ou a companheira:** a) **por decurso de prazo:** – após 04 meses, se **não tiver** o segurado, pelo menos, 18 contribuições mensais ou se o casamento ou a união estável tiverem sido iniciados há menos de 02 anos da data da reclusão do segurado; – após 03, 06, 10, 15, 20 anos, conforme tabela já demonstrada, se o segurado **tiver** 18 ou mais contribuições e o casamento ou a união estável tiverem sido iniciados há, pelo menos, 02 anos da data da reclusão do segurado. b) **pela cessação da invalidez**, respeitados os períodos mínimos descritos na letra "a". – Esses períodos de gozo do auxílio-reclusão serão observados, desde que não haja, ANTES, outra causa de cessação do benefício.
Pontos importantes	• Equipara-se à condição de recolhido à prisão a situação do maior de 16 e menor de 18 anos que se encontre internado em estabelecimento educacional ou congênere, sob custódia do Juizado da Infância e da Juventude, desde que, obviamente, segurado do RGPS.

AUXÍLIO-RECLUSÃO	
Pontos importantes	• O exercício de atividade remunerada, inclusive na condição de microempreendedor individual, não impede a concessão ou manutenção da parte individual da pensão do dependente com deficiência intelectual ou mental ou com deficiência grave.

- **O abono anual** é o valor devido ao segurado e ao dependente que, durante o ano, recebeu benefício previdenciário. Todo beneficiário que recebeu, durante o ano, auxílio por incapacidade temporária, auxílio-acidente, aposentadoria, salário-maternidade, pensão por morte ou auxílio-reclusão terá direito de receber o chamado abono anual que será calculado da mesma forma que a gratificação natalina dos trabalhadores. É o valor equivalente "ao 13º salário" pago pelo INSS aos beneficiários do RGPS. Será calculado, da mesma forma que a Gratificação de Natal dos trabalhadores, tendo por base o valor da renda mensal do benefício do mês de dezembro de cada ano. Imperioso chamar a atenção do leitor de que o benefício assistencial pago ao idoso e ao deficiente não gera direito ao recebimento de abono anual.
- Benefícios que não podem ser recebidos conjuntamente:

Benefícios que não podem ser recebidos conjuntamente	• auxílio por incapacidade temporária e aposentadoria; • auxílio por incapacidade temporária e auxílio-acidente quando a causa for a mesma para ambos os benefícios; • salário-maternidade e benefícios por incapacidade; • mais de uma aposentadoria no RGPS; • aposentadoria e abono de permanência em serviço; • mais de um auxílio-acidente, podendo optar pelo mais vantajoso; • mais de uma pensão deixada por cônjuge ou companheiro, ressalvado o direito de opção pela mais vantajosa. • salário-maternidade para segurados quando adotantes da mesma criança. Somente um deles poderá receber. • benefícios da seguridade social e BPC-LOAS, exceto assistência médica e pensão especial de natureza indenizatória; • auxílio-acidente e BPC-LOAS; • auxílio-inclusão com benefícios por incapacidade, aposentadoria, pensões, seguro-desemprego e BPC-LOAS.

- Os serviços assegurados pelo RGPS são o serviço social e a reabilitação profissional.

- As ações profissionais do serviço social do INSS visam esclarecer o usuário sobre seus direitos sociais e os meios de exercê-los, possibilitando a solução de problemas dentro ou fora do contexto previdenciário.
- A reabilitação profissional visa proporcionar aos beneficiários, incapacitados parcial ou totalmente para o trabalho, em caráter obrigatório, independentemente de carência, e às pessoas portadoras de deficiência, os meios indicados para proporcionar o reingresso no mercado de trabalho e no contexto em que vivem.
- A reabilitação profissional compreende:

a) o fornecimento de aparelho de prótese, órtese e instrumentos de auxílio para locomoção quando a perda ou redução da capacidade funcional puder ser atenuada por seu uso e dos equipamentos necessários à habilitação e reabilitação social e profissional;

b) a reparação ou a substituição dos aparelhos mencionados no inciso anterior, desgastados pelo uso normal ou por ocorrência estranha à vontade do beneficiário;

c) o transporte do acidentado do trabalho, quando necessário.

- Toda empresa com 100 ou mais empregados está obrigada a preencher 2 a 5% de seus cargos com beneficiários reabilitados ou pessoas portadoras de deficiência, habilitadas, na seguinte proporção:

Número de empregados	% obrigatória de reabilitados ou portadores de deficiência
de 100 a 200	2%
de 201 a 500	3%
de 501 a 1000	4%
acima de 1000	5%

A dispensa de pessoa com deficiência ou de beneficiário reabilitado da Previdência Social ao final de contrato por prazo determinado de mais de 90 (noventa) dias e a dispensa imotivada em contrato por prazo indeterminado somente poderão ocorrer após a contratação de outro trabalhador com deficiência ou beneficiário reabilitado da Previdência Social[7].

8. SEGURO-DESEMPREGO

- É devido seguro-desemprego ao trabalhador:

a) dispensado sem justa causa;

b) cujo contrato de trabalho foi suspenso em virtude de participação em curso ou programa de qualificação oferecido pelo empregador;

c) pescador profissional durante o período em que a pesca é proibida devido à procriação das espécies;

d) resgatado da condição análoga à de escravidão.

- É devido seguro-desemprego ao empregado doméstico que, vinculado ao FGTS, for demitido sem justa causa, no valor de um salário mínimo por 03 meses.
- **Requisitos para a obtenção do seguro-desemprego**

EMPREGADO:

I – ter recebido salários de pessoa jurídica ou pessoa física a ela equiparada:

- pelo menos 12 (doze) nos últimos 18 (dezoito) meses imediatamente anteriores à data da dispensa, quando da **primeira solicitação;**
- pelo menos 09 (nove) nos últimos 12 (doze) meses imediatamente anteriores à data da dispensa, quando da **segunda solicitação;** e
- a cada um dos **seis meses** imediatamente anteriores à data da dispensa quando das **demais solicitações;**

II. não estar em gozo de qualquer benefício previdenciário de prestação continuada, previsto no Regulamento dos Benefícios da Previdência Social, excetuado o auxílio-acidente e o auxílio suplementar previstos na Lei nº 6.367, de 19 de outubro de 1976, bem como o abono de permanência em serviço previsto na Lei nº 5.890, de 8 de junho de 1973, a pensão por morte e o auxílio-reclusão;

III. não estar em gozo do auxílio-desemprego; e

IV. não possuir renda própria de qualquer natureza suficiente à sua manutenção e de sua família. V – matrícula e frequência, quando aplicável, nos termos do regulamento, em curso de formação inicial e continuada ou de qualificação profissional habilitado pelo Ministério da Educação, nos termos do art. 18 da Lei no 12.513, de 26 de outubro de 2011, ofertado por meio da Bolsa-Formação Trabalhador concedida no âmbito do Programa Nacional de Acesso ao Ensino Técnico e Emprego (Pronatec), instituído pela Lei nº 12.513, de 26 de outubro de 2011, ou de vagas gratuitas na rede de educação profissional e tecnológica.

PESCADOR ARTESANAL[8]**.**

I. Ter registro como Pescador Profissional, categoria artesanal, devidamente atualizado no Registro Geral da Pesca (RGP), emitido pelo Ministério da Pesca e Aquicultura, com antecedência mínima de 01 ano, contados da data do requerimento do benefício;

II. apresentar ao INSS cópia do documento fiscal de venda do pescado a empresa adquirente, consumidora ou consignatária da produção, em que conste, além do registro da operação realizada, o valor da respectiva contribuição previdenciária ou comprovante

7 Nova redação dada ao art. 93, §1º da Lei nº 8.213/91 pela Lei nº 13.146/2015, que passou a vigorar em 03/01/2016.

8 Considerando as alterações trazidas pela Lei nº 13.134/2015.

do recolhimento da contribuição previdenciária, caso tenha comercializado sua produção a pessoa física;

V. não estar em gozo de benefício de nenhum benefício decorrente de programa de transferência de renda com condicionalidades ou de benefício de prestação continuada da Assistência Social ou da Previdência Social, exceto pensão por morte, auxílio-acidente e transferências de renda de que tratam o *parágrafo único do art. 6º e o inciso VI do caput do art. 203 da Constituição Federal*[9] *e o caput e o § 1º do art. 1º da Lei nº 10.835, de 8 de janeiro de 2004*[10].

VI. comprovar o exercício profissional da atividade de pesca artesanal objeto do defeso e que se dedicou à pesca, em caráter ininterrupto, durante o período compreendido entre o defeso anterior e o em curso, ou nos doze meses imediatamente anteriores ao do defeso em curso, o que for menor o defeso anterior e o em curso; e

VII. não ter outra fonte de renda diversa da decorrente da atividade pesqueira.

O pescador profissional artesanal não fará jus a mais de um benefício de seguro-desemprego no mesmo ano decorrente de defesos relativos a espécies distintas.

- O INSS, no ato da habilitação ao benefício, deverá verificar a condição de segurado pescador artesanal e o pagamento da contribuição previdenciária, nos últimos doze meses imediatamente anteriores ao requerimento do benefício ou desde o último período de defeso até o requerimento do benefício, o que for menor. O INSS deverá divulgar mensalmente lista com todos os beneficiários que estão em gozo do seguro-desemprego no período de defeso, detalhados por localidade, nome, endereço e número e data de inscrição no RGP.

EMPREGADO DOMÉSTICO

- O empregado doméstico dispensado sem justa causa, a partir de junho de 2001, deverá comprovar:
  - ter trabalhado como empregado doméstico pelo menos 15 meses, nos últimos 24 meses;
  - estar inscrito como Contribuinte Individual da Previdência Social e em dia com as contribuições;
  - não estar recebendo nenhum benefício da Previdência Social, como aposentadoria e auxílio-doença, exceto auxílio-acidente, pensão por morte e auxílio-reclusão;
  - não possuir renda própria para seu sustento e de sua família;
  - ter, no mínimo, 15 recolhimentos no FGTS, como empregado doméstico.
  - Com a redação nova do parágrafo único do art. 7º da Constituição Federal, trazida pela Emenda Constitucional nº 72/2013, o empregado doméstico passou a ter o direito ao depósito de FGTS e seguro-desemprego. A regulamentação desse direito somente veio anos depois com a publicação da Lei Complementar nº 150/2015.

- O seguro-desemprego poderá ser **suspenso:**
  - admissão do trabalhador em novo emprego;
  - início de percepção de benefício de prestação continuada da Previdência Social, exceto auxílio-acidente, auxílio-suplementar e abono de permanência em serviço;
  - início de percepção de auxílio-desemprego.

▸ TRABALHADOR RESGATADO

- Há a possibilidade de recebimento do seguro-desemprego no caso de empregado resgatado de regime de trabalho forçado ou da condição análoga à escravidão.
- O trabalhador que vier a ser identificado como submetido a regime de trabalho forçado ou reduzido a condição análoga à de escravo, em decorrência de ação de fiscalização do Ministério do Trabalho e Emprego será dessa situação resgatado e terá direito à percepção de três parcelas de seguro-desemprego no valor de 01 (um) salário mínimo cada.

São requisitos para o recebimento do benefício para os empregados resgatados do regime de **trabalho escravo**:

- □ comprovar o resgate do regime de trabalho escravo ou da condição análoga à escravidão;
- □ não receber nenhum benefício da Previdência Social, exceto auxílio-acidente e pensão por morte;
- □ não possuir renda própria para seu sustento e de sua família;
- □ pedido realizado até 90 dias após o resgate.
  - Será vedado o recebimento do mesmo benefício, em situação similar, nos 12 (doze) meses seguintes à percepção da última parcela.

▸ HIPÓTESES DE SUSPENSÃO DO SEGURO-DESEMPREGO:

- ➢ admissão do trabalhador em novo emprego;
- ➢ início de percepção de benefício de prestação continuada da Previdência Social, exceto o auxílio-acidente, o auxílio suplementar e o abono de permanência em serviço;
- ➢ início de percepção de auxílio-desemprego;
- ➢ recusa injustificada por parte do trabalhador desempregado em participar de ações de recolocação de emprego, conforme regulamentação do Codefat.

▸ HIPÓTESES DE CANCELAMENTO DO SEGURO-DESEMPREGO:

- recusa, por parte do trabalhador desempregado, de outro emprego condizente com sua qualificação e remuneração anterior;
  - por comprovação de falsidade na prestação das informações necessárias à habilitação;

---

9 Transferências de renda para reduzir a situação de vulnerabilidade socioeconômica de famílias em situação de pobreza ou de extrema pobreza.

10 Renda básica de cidadania.

- por comprovação de fraude visando à percepção indevida do benefício do seguro-desemprego ou
- por morte do segurado.

- O trabalhador que infringir o disposto na Lei do seguro-desemprego e houver percebido indevidamente parcela do benefício sujeitar-se-á à compensação automática do débito com o novo seguro-desemprego, na forma e no percentual definidos por resolução do Codefat.
- O ato administrativo de compensação automática poderá ser objeto de impugnação, no prazo de 10 (dez) dias, pelo trabalhador, por meio de requerimento de revisão simples.
- A restituição de valor devido pelo trabalhador será realizada mediante compensação do saldo de valores nas datas de liberação de cada parcela ou pagamento com Guia de Recolhimento da União (GRU), conforme regulamentação do Codefat.
- É vedado o recebimento conjunto do seguro-desemprego com qualquer benefício de prestação continuada da Previdência Social, **EXCETO:**
  - pensão por morte
  - auxílio-reclusão
  - auxílio-acidente
  - auxílio- suplementar
  - abono de permanência de serviço.

Solicitação do seguro-desemprego	Requisito – receber salário de pessoa jurídica ou física equiparada:	Número de parcelas do benefício
1ª SOLICITAÇÃO	pelo menos **12 meses** nos últimos **18 meses** imediatamente anteriores à data da dispensa.	**04 parcelas** = vínculo empregatício de no mínimo 12 e no máximo 23 meses no período de referência. **05 parcelas** = vínculo empregatício de no mínimo 24 meses no período de referência.
2ª SOLICITAÇÃO	pelo menos **09 meses** nos últimos **12 meses** imediatamente anteriores à data da dispensa.	**03 parcelas,** se o empregado tiver tido vínculo empregatício de no mínimo 09 e no máximo 11 meses no período de referência; **04 parcelas** = vínculo empregatício de no mínimo 12 e no máximo 23 meses no período de referência. **05 parcelas** = vínculo empregatício de, no mínimo, 24 meses no período de referência.
3ª SOLICITAÇÃO EM DIANTE	a cada um dos **06 meses** imediatamente anteriores à data da dispensa	**03 parcelas** = vínculo empregatício de no mínimo 06 e no máximo 11 meses no período de referência. **04 parcelas** = vínculo empregatício de no mínimo 12 e no máximo 23 meses no período de referência. **05 parcelas** = vínculo empregatício de no mínimo 24 meses no período de referência.

- Quando o trabalhador com deficiência, por prescrição, necessite adquirir órtese ou prótese para promoção de acessibilidade e de inclusão social, terá o direito de movimentar sua conta vinculada no FGTS.
- Inscreve-se na competência material da Justiça do Trabalho a lide entre empregado e empregador tendo por objeto indenização pelo não fornecimento das guias do seguro-desemprego.

9. DA DECADÊNCIA E PRESCRIÇÃO EM RELAÇÃO AOS BENEFÍCIOS PREVIDENCIÁRIOS

- O direito ao benefício previdenciário não decai nem prescreve.
- É de dez anos o prazo de decadência de todo e qualquer direito ou ação do segurado ou beneficiário para a revisão do ato de concessão de benefício, a contar do dia primeiro do mês seguinte ao do recebimento da primeira prestação ou, quando for o caso, do dia em que tomar conhecimento da decisão indeferitória definitiva no âmbito administrativo.
- Prescreve em cinco anos, a contar da data em que deveriam ter sido pagas, toda e qualquer ação para haver prestações vencidas ou quaisquer restituições ou diferenças devidas pela Previdência Social, salvo o direito dos menores, incapazes e ausentes, na forma do Código Civil.
- O direito da Previdência Social de anular os atos administrativos de que decorram efeitos favoráveis para os seus beneficiários decai em dez anos, contados da data em que foram praticados, salvo comprovada má-fé.

10. FINANCIAMENTO DA SEGURIDADE SOCIAL – PARTE CONSTITUCIONAL

- As contribuições sociais que vão financiar a Seguridade Social ostentam natureza jurídica tributária.
- Observe o quadro esquematizado a respeito das contribuições da Seguridade Social que tem a União competência para instituir através de lei ordinária ou medida provisória:

<table>
<tr><td rowspan="5">Das Contribuições Sociais de Financiamento da Seguridade Social (art. 195,CF)</td><td>Do empregador, da empresa e da entidade a ela equiparada (art. 195, I, CF):
1) Sobre a folha de salário e demais rendimentos pagos ou creditados, a qualquer título, à pessoa física que lhe preste serviço, mesmo sem vínculo empregatício (art. 195, I, a, CF).
2) Sobre a receita ou faturamento (art. 195, I, b, CF)
3) Sobre o lucro (art. 195, I, c, CF)</td></tr>
<tr><td>Do trabalhador e dos demais segurados do Regime Geral de Previdência Social (art. 195, II, CF)</td></tr>
<tr><td>Sobre a receita de concursos de prognósticos (art. 195, III, CF)</td></tr>
<tr><td>Do importador de bens ou serviços do exterior, ou de quem a lei a ele equiparar (art. 195, IV, CF).</td></tr>
<tr><td>Sobre bens e serviços, nos termos de lei complementar[11].</td></tr>
</table>

- A União poderá criar novas contribuições sociais além daquelas que já se encontram previstas no texto constitucional. Trata-se, no caso, da competência residual tributária e, por isso, as novas contribuições sócias são, muitas vezes, chamadas, de contribuições residuais da Seguridade Social.
- Para melhor compreensão, as contribuições residuais da seguridade social devem ser criadas, observando o disposto no art. 195, § 4º da CF:

Nova contribuição da Seguridade Social deve observar (art. 195, § 4º, CF)		
Ser criada por lei complementar	Ser não cumulativa	Não ter fato gerador ou base de cálculo das contribuições sociais já discriminadas na CF.

- Todas as contribuições sociais de financiamento da Seguridade Social devem respeitar o **princípio da noventena ou prazo nonagesimal.** Suas cobranças somente serão legítimas após decorridos noventa dias da data da publicação da lei que as instituiu ou as modificou.
- As contribuições sociais de financiamento da Seguridade Social não precisam respeitar o princípio da anterioridade comum. Assim, não é preciso aguardar o exercício financeiro seguinte para que sejam cobradas quando da sua instituição ou majoração.
- É possível a **diferenciação de alíquota ou base de cálculo** das contribuições das empresas sobre a folha de pagamento e demais rendimentos, sobre a receita e sobre o lucro, em razão da atividade econômica, da utilização intensiva de mão de obra, do porte da empresa ou da condição estrutural do mercado de trabalho (art. 195, § 9º, CF).
- A pessoa jurídica em débito com o sistema da Seguridade Social não poderá contratar com o Poder Público, nem dele receber benefícios ou incentivos fiscais ou creditícios (art. 195, § 3º, CF).
- São isentas de contribuição para a seguridade social as entidades beneficentes de assistência social que atendam às exigências estabelecidas em lei. Trata-se de imunidade tributária por ser regramento constitucional.
- Os proventos de pensão e aposentadorias concedidos pelo RGPS não terão incidência de contribuição social.
- No âmbito federal, o orçamento da seguridade social é composto das seguintes receitas:

<table>
<tr><td rowspan="8">Orçamento da Seguridade Social</td><td>Receitas da União</td><td>Recursos adicionais do orçamento fiscal, fixados na Lei Orçamentária Anual.</td></tr>
<tr><td rowspan="7">Receitas das contribuições sociais</td><td>– das empresas, incidentes sobre a remuneração paga ou creditada aos segurados a seu serviço;
– dos empregadores domésticos;</td></tr>
<tr><td>– dos segurados e trabalhadores sobre o seu salário de contribuição;</td></tr>
<tr><td>– das empresas sobre o lucro e sobre a receita ou o faturamento;</td></tr>
<tr><td>– incidentes sobre a receita de concursos de prognósticos;</td></tr>
<tr><td>– do importador ou a quem a lei o equiparar;</td></tr>
<tr><td>– sobre bens e serviços, nos termos da lei complementar.</td></tr>
</table>

11 Incluída pela Reforma Tributária (EC n. 132/2023).

Orçamento da Seguridade Social	**Receitas de outras fontes**	As multas, a atualização monetária e os juros moratórios;
		A remuneração recebida por serviços de arrecadação, fiscalização e cobrança prestados a terceiros;
		As receitas provenientes de prestação de outros serviços e de fornecimento ou arrendamento de bens;
		As demais receitas patrimoniais, industriais e financeiras;
		As doações, legados, subvenções e outras receitas eventuais;
		50% (cinquenta por cento) dos valores obtidos e aplicados na forma do parágrafo único do art. 243 da Constituição Federal;
		40% (quarenta por cento) do resultado dos leilões dos bens apreendidos pelo Departamento da Receita Federal;
		Outras receitas previstas em legislação específica.

- O agente operador do Seguro Obrigatório para Proteção de Vítimas de Acidentes de Trânsito (SPVAT) poderá repassar à Seguridade Social percentual, a ser estabelecido em decreto do Presidente da República, de até 40% (quarenta por cento) do valor total do prêmio recolhido e destinado ao Sistema Único de Saúde (SUS), para custeio da assistência médico-hospitalar dos segurados vitimados em acidentes de trânsito. Desses 40%, 5% será repassado para campanhas de acidente de trânsito.

11. SALÁRIO DE CONTRIBUIÇÃO

- Salário de contribuição é a expressão que quantifica a base de cálculo da contribuição previdenciária dos segurados da previdência social.
- Veja o quadro abaixo acerca do conceito de salário de contribuição para cada tipo de segurado do RGPS:

SEGURADO	SALÁRIO DE CONTRIBUIÇÃO
Empregado e Trabalhador Avulso	A remuneração auferida em uma ou mais empresas, assim entendida a totalidade dos rendimentos pagos, devidos ou creditados a qualquer título, durante o mês, destinados a retribuir o trabalho, qualquer que seja a sua forma, inclusive as gorjetas, os ganhos habituais sob a forma de utilidades e os adiantamentos decorrentes de reajuste salarial, quer pelos serviços efetivamente prestados, quer pelo tempo à disposição do empregador ou tomador de serviços nos termos da lei ou do contrato ou, ainda, de convenção ou acordo coletivo de trabalho ou sentença normativa;
Empregado Doméstico	A remuneração registrada na Carteira de Trabalho e Previdência Social, observadas as normas a serem estabelecidas em regulamento para comprovação do vínculo empregatício e do valor da remuneração;
Contribuinte Individual	A remuneração auferida em uma ou mais empresas ou pelo exercício de sua atividade por conta própria, durante o mês, observados os limites mínimo e máximo estabelecidos estabelecido por Portaria dos Ministérios da Previdência Social e da Fazenda.

SEGURADO	SALÁRIO DE CONTRIBUIÇÃO
Segurado Facultativo	O valor por ele declarado, observados os limites mínimo e máximo estabelecidos por Portaria dos Ministérios da Previdência Social e da Fazenda.

1. Limite máximo de R$7.786,02 (sete mil e setecentos e oitenta e seis reais e vinte e dois centavos). Valor reajustado pela Portaria do Interministerial MPS/MF nº 02/2024. A partir de 1º de janeiro de 2024, o salário de contribuição não poderá ser inferior a R$ 1.4212,00 (um mil duzentos e doze reais) nem superiores a R$7.786,02 (sete mil e setecentos e oitenta e seis reais e vinte e dois centavos). Valor reajustado pela Portaria Interministerial MPS/MF nº 02/2024.

- **Limites mínimos do salário de contribuição:**
  - **Para empregado, empregado doméstico e trabalhador avulso** = o piso salarial legal ou normativo da categoria ou, inexistindo este, ao salário mínimo, tomado no seu valor mensal, diário ou horário, conforme o ajustado e o tempo de trabalho efetivo durante o mês.
  - **Para o contribuinte individual e o segurado facultativo** = o salário mínimo no seu valor mensal.
- **Limite máximo do salário de contribuição:**
  - Valor fixado por Portaria Interministerial – Ministérios da Previdência Social e da Fazenda;
  - Mesmo valor para todos os segurados;

Reajustado na mesma data e com mesmo índice do reajustamento dos benefícios previdenciários – INPC.

- O segurado especial contribui sobre o valor da receita bruta da comercialização da produção e, não sobre o salário de contribuição.
- O 13º salário é considerado salário de contribuição e, sobre ele, em qualquer hipótese, recairá a contribuição previdenciária. Haverá a incidência da contribuição previdenciária sobre a parcela do 13º salário quando ele for pago no curso do contrato do trabalho ou, mesmo, sobre o 13º salário proporcional pago no momento do desligamento do emprego.

- O 13º salário não integra o cálculo do salário de benefício
- Salário-maternidade é salário de contribuição. O STJ, com o julgamento do REsp 1.230.957-RS[12] firmou o entendimento de que incide contribuição previdenciária a cargo da empresa sobre os valores pagos a título de salário-maternidade. Entendeu-se, também, que a contribuição previdenciária incide sobre os valores pagos a título de salário-paternidade.

Entendeu-se, também, que a contribuição previdenciária incide sobre os valores pagos a título de salário-paternidade[13].

- As diárias de viagem não mais integram o salário de contribuição, mesmo que o seu valor exceda 50% da remuneração do segurado.
- A verba relativa a "quebra de caixa" possui natureza salarial e sobre ela incide contribuição previdenciária.
- Observe a tabela abaixo acerca das parcelas integrantes e não integrantes do salário de contribuição, de forma exemplificativa:

Parcelas pagas, devidas ou creditadas, de acordo com a legislação	SALÁRIO DE CONTRIBUIÇÃO	
	SIM	NÃO
Salário	X	
Horas extras	X	
Comissões e percentagens	X	
Gorjetas	X	
Gratificações legais	X	
Adicional de insalubridade e de periculosidade	X	
Adicional noturno	X	
Adicional de tempo de serviço	X	
Adicional de transferência	X	
Adicional de quebra de caixa	X	
Férias gozadas	X	
Adicional de 1/3 sobre as férias gozadas	X[1]	
Férias indenizadas		X
Adicional de 1/3 sobre as férias indenizadas		X

Parcelas pagas, devidas ou creditadas, de acordo com a legislação	SALÁRIO DE CONTRIBUIÇÃO	
	SIM	NÃO
13º salário	X	
13º salário proporcional	X	
13º salário referente a 1/12 do aviso prévio indenizado	X	
Aviso prévio trabalhado	X	
Aviso prévio indenizado		X
Gratificações de desempenho pagas habitualmente	X	
Diárias para viagens		X
Participação nos lucros ou resultados		X[2]
Distribuição de lucros e dividendos		X
Salário-maternidade	X[3]	
Licença-paternidade	X[4]	
Aposentadorias e pensões pagas pelo RGPS		X[5]
Benefícios pagos pelo RGPS, exceto salário-maternidade		X[6]
Vale-transporte ainda que pago em dinheiro		X[7]
Auxílio-alimentação, vedado o seu pagamento em dinheiro		X
Auxílio-alimentação pago em dinheiro	X[8]	
Valor descontado do empregado para custeio de vale-alimentação e vale-transporte	X[9]	
Auxílio-creche e reembolso babá		X
Previdência privada complementar: valor das contribuições pago pela pessoa jurídica, desde que disponível à totalidade dos empregados e dos dirigentes da empresa.		X
O valor relativo à assistência prestada por serviço médico ou odontológico, próprio da empresa ou por ela conveniado, inclusive o reembolso de despesas com medicamentos, óculos, aparelhos ortopédicos, próteses, órteses, despesas médico-hospitalares e outras similares.		X

12 Rel. Min. Mauro Campbell Marques, julgado em 26/2/2014. Informativo nº 536.

13 REsp 1.230.957-RS, Rel. Min. Mauro Campbell Marques, julgado em 26/2/2014. Informativo nº 536.

Parcelas pagas, devidas ou creditadas, de acordo com a legislação	SALÁRIO DE CONTRIBUIÇÃO	
	SIM	NÃO
Complemento de auxílio-doença, desde que extensivo à totalidade dos empregados da empresa		X
Plano de educação		X
Bolsa de estágios		X
Bolsa de estudos		X
Pró-labore dos sócios	X	
Pagamento de multa sobre o FGTS em caso de demissão		X
Ajuda de custo para mudança paga em única parcela		X
Seguro de vida em grupo		X
Abono do PIS		X
Programa de demissão voluntária		X
Direitos autorais		X
Valores despendidos com ministros de confissão religiosa		X
Vale-cultura		X
Abonos e prêmios, ainda que pagos habitualmente.		X[10]
Bolsa-atleta		X
Indenização pela supressão de intervalo intrajornada		X
Stock Option		X
Licença-prêmio indenizada		X

1. STF julgou o tema 985, fixando a tese de que é legítima a incidência de contribuição social sobre o valor satisfeito a título de terço constitucional de férias.
2. Se a distribuição dos lucros não estiver de acordo com a legislação específica, haverá incidência da contribuição previdenciária. Se o pagamento de PLR for feito em periodicidade inferior a um trimestre civil e mais de duas vezes no mesmo ano, os valores serão considerados parcelas integrantes do salário de contribuição.
3. STF ao julgar, em sede de repercussão geral, o tema 72, considerou inconstitucional a contribuição do empregador sobre o salário-maternidade. Receita Federal entende que permanece a legitimidade da contribuição do segurado sobre o salário-maternidade.
4. Com o julgamento do REsp1.230.957-RS (Rel. Min. Mauro Campbell Marques, julgado em 26/2/2014. Informativo nº 536), entendeu-se que incide contribuição previdenciária a cargo da empresa sobre os valores pagos a título de licença-paternidade. Tema 740, julgado em sede de recurso repetitivo.
5. Há imunidade tributária (art. 195, II, CF).
6. Receita Federal entende que permanece a legitimidade da contribuição do segurado sobre o salário-maternidade.
7. Segundo entendimento do STF e Súmula nº 60 da AGU, o vale-transporte, mesmo pago em dinheiro, não terá incidência de contribuição previdenciária. O Regulamento da Previdência Social se curvou a esse entendimento.
8. Tema 1164, STJ, recursos repetitivos
9. REsp 2.033.904-RS, entendimento firmado pelo STJ.
10. Consideram-se prêmios as liberalidades concedidas pelo empregador em forma de bens, serviços ou valor em dinheiro a empregado ou a grupo de empregados, em razão de desempenho superior ao ordinariamente esperado no exercício de suas atividades.

- Não se considera como remuneração direta ou indireta, os valores despendidos pelas entidades religiosas e instituições de ensino vocacional com ministro de confissão religiosa, membros de instituto de vida consagrada, de congregação ou de ordem religiosa em face do seu mister ou para sua subsistência desde que fornecidos em condições que independam da natureza e da quantidade do trabalho executado. (art. 22, § 13 da Lei nº 8.212/91).

12. DA CONTRIBUIÇÃO DOS SEGURADOS

- A contribuição dos segurados empregado, empregado doméstico e trabalhador avulso segurados será calculada aplicando-se a alíquota de **7,5, 12 ou 14%, sobre o salário de contribuição,** observando a faixa de remuneração em que se encontra o segurado.
- Confira a tabela com valores atualizados a partir de 01 de janeiro de 2024, pela Portaria nº 02/2024 dos Ministérios da Previdência Social e da Fazenda:

Salário de contribuição (R$)	Alíquota para fins de contribuição previdenciária
até 1.412,00	7,50%
de 1.412,01 até 2.666,68	9,00%
de 2.666,69 até 4.000,03	12,00 %
de 4.000,04 até 7.786,02	14,00%

- Os empregados, os empregados domésticos e trabalhadores avulsos não têm a obrigação de recolher suas contribuições previdenciárias diretamente à União, embora sejam contribuintes. A contribuição será descontada (retida) pelos empregadores ou tomadores de serviços que ficarão com a responsabilidade de repassar aos cofres da União. Gozam de presunção de recolhimento das contribuições previdenciárias.
- Os segurados enquadrados como empregados que, no somatório de remunerações auferidas de um ou mais empregadores no período de um mês, independentemente do tipo de contrato de tra-

balho, receberem remuneração inferior ao salário mínimo mensal, poderão recolher ao Regime Geral de Previdência Social a diferença entre a remuneração recebida e o valor do salário mínimo mensal, em que incidirá a mesma alíquota aplicada à contribuição do trabalhador retida pelo empregador.

- Na hipótese de não ser feito o recolhimento complementar conforme referido acima, o mês em que a remuneração total recebida pelo segurado de um ou mais empregadores for menor que o salário mínimo mensal não será considerado para fins de aquisição e manutenção de qualidade de segurado do Regime Geral de Previdência Social nem para cumprimento dos períodos de carência para concessão dos benefícios previdenciários.
- A contribuição do contribuinte individual incide sobre o seu salário de contribuição de acordo com o quadro abaixo:

CONTRIBUINTE INDIVIDUAL	ALÍQUOTA	BASE DE CÁLCULO	RESPONSÁVEL PELO RECOLHIMENTO
Contribuinte Individual que presta serviços por conta própria	20%*	Salário de contribuição, limitado ao valor máximo estabelecido pela Previdência Social.	Contribuinte individual
Contribuinte Individual que presta serviços a outro contribuinte individual equiparado a empresa ou a produtor rural ou a missão diplomática e repartição consular de carreira estrangeira.	20%	Salário de contribuição, limitado ao valor máximo estabelecido pela Previdência Social.	Contribuinte individual
Contribuinte individual que opta pelo regime especial de inclusão previdenciária (base de cálculo = 01 salário mínimo)	11%	Um salário mínimo	Contribuinte individual
Contribuinte Individual que presta serviços às empresas em geral (inclusive as optantes pelo SIMPLES NACIONAL.)	20%**	Salário de contribuição, limitado ao valor máximo estabelecido pela Previdência Social.	Alíquota de contribuição a ser DESCONTADA (retida) pela EMPRESA.
Contribuinte Individual que presta serviços à entidade beneficente e assistência social isenta das contribuições sociais	20%	Salário de contribuição, limitado ao valor máximo estabelecido pela Previdência Social.	Alíquota de contribuição a ser DESCONTADA (retida) pela ENTIDADE BENEFICIENTE.
MEI – Microempreendedor Individual)	5%	01 salário mínimo	Recolhimento próprio

*. A base de cálculo da contribuição previdenciária do transportador rodoviário autônomo é de 20% sobre o valor total do frete ou do valor do serviço prestado.

**. O contribuinte individual que for contratado por pessoa jurídica obrigada a proceder à arrecadação e ao recolhimento da contribuição por ele devida, cuja remuneração recebida ou creditada no mês, por serviços prestados a ela, for inferior ao limite mínimo do salário de contribuição, é obrigado a complementar a sua contribuição mensal, diretamente, mediante a aplicação da alíquota de 20% sobre o valor resultante da seguinte diferença: (SALÁRIO MÍNIMO) – Remuneração mensal.

***. Não estão obrigadas a reter a contribuição do contribuinte individual as missões diplomáticas, as repartições consulares, os organismos internacionais e as pessoas físicas.

- O contribuinte individual que optar por recolher 11% sobre o limite mínimo mensal do salário de contribuição (01 salário mínimo) fica excluído do direito ao benefício de aposentadoria por tempo de contribuição. Não poderá, também, utilizar esse tempo para contagem recíproca de tempo de contribuição. É a opção pelo regime simplificado previdenciário.
- A contribuição do segurado facultativo será de 20% sobre seu salário de contribuição. O segurado poderá escolher, a cada mês, o valor do seu salário de contribuição, observando apenas que não poderá ser inferior ao valor do salário mínimo nem superior ao valor máximo[14] fixado por Portaria Interministerial. Caso o segurado facultativo seja de baixa renda terá uma alíquota menor a título de contribuição, devendo observar a tabela abaixo:

Contribuição do segurado facultativo	Alíquota
Contribuição básica	20% sobre o salário de contribuição declarado por ele, observados os limites mínimo e máximo estabelecidos por Portaria Interministerial.
Valor por ele declarado	20%
Segurado facultativo, que opta pelo regime especial de inclusão previdenciária	11% sobre um salário mínimo

14 Limite de R$ 7.786,02 para o ano de 2024 (Portaria MPS/MF n. 02/2024).

Contribuição do segurado facultativo	Alíquota
Segurado facultativo sem renda própria, que se dedica exclusivamente ao trabalho doméstico no âmbito de sua residência, pertencente à família de baixa renda (até 02 salários mínimos) e inscrito no cadastro único do Governo Federal	5% sobre um salário mínimo.

- O segurado facultativo que optar por recolher 11% ou 5% sobre o limite mínimo mensal do salário de contribuição (01 salário mínimo) fica excluído do direito ao benefício de aposentadoria por tempo de contribuição. Não poderá, também, utilizar esse tempo para contagem recíproca de tempo de contribuição. É a opção pelo regime simplificado previdenciário.
- A contribuição do segurado especial será de **1,3% sobre a receita bruta, proveniente da comercialização da sua produção (1,2% + 0,1 a título de SAT).**
- O segurado especial poderá, facultativamente, recolher nos moldes do contribuinte individual. O exercício desta faculdade não o exime da obrigatoriedade da contribuição sobre a comercialização da produção.

13. DA CONTRIBUIÇÃO DAS EMPRESAS E DO EMPREGADOR DOMÉSTICO

- Para o Direito Previdenciário empresa é conceituada como "a firma individual ou sociedade que assume o risco da atividade econômica urbana e rural, com **fins lucrativos ou não**, bem como os órgãos e entidades da administração pública direta, indireta e fundacional".

Equiparam-se a empresa, o contribuinte individual e a pessoa física na condição de proprietário ou dono de obra de construção civil, em relação a segurado que lhe presta serviço, bem como a cooperativa, a associação ou a entidade de qualquer natureza ou finalidade, a missão diplomática e a repartição consular de carreira estrangeiras.

- Em relação às contribuições previdenciárias das empresas, em geral, veja a tabela a seguir:

CONTRIBUIÇÕES SOCIAIS PREVIDENCIÁRIAS DAS EMPRESAS EM GERAL		
Contribuição	**Alíquota**	**Base de Cálculo**
Folha de salários e demais rendimentos	20%	Remunerações pagas, devidas ou creditadas, a qualquer título, no decorrer do mês, aos segurados empregados e trabalhadores avulsos.
Remunerações pagas a Contribuintes Individuais.	20%	Remunerações ou retribuições pagas, devidas ou creditadas no decorrer do mês ao segurado contribuinte individual.
SAT/GILRAT – segundo o grau de risco da empresa decorrente dos riscos ambientais do trabalho	1% – leve 2% – médio 3% – grave	Remunerações pagas, devidas ou creditadas a qualquer título, no decorrer do mês, ao segurado empregado e trabalhador avulso.
Adicional de SAT/GILRAT – Empresas que possuem segurados expostos a condições de trabalho que ensejam a concessão do benefício aposentadoria especial.	12% – 15 anos de contribuição 9% – 20 anos de contribuição 6% – 25 anos de contribuição	Remunerações pagas, devidas ou creditadas, a qualquer título, no decorrer do mês, aos segurados expostos a riscos que ensejem a concessão de aposentadoria especial após quinze, vinte ou vinte e cincos anos de contribuição.

- Na contratação de serviços de transporte rodoviário de carga ou de passageiro, de serviços prestados com a utilização de trator, máquina de terraplenagem, colheitadeira e assemelhados, a base de cálculo da contribuição da empresa corresponde a 20% (vinte por cento) do valor da nota fiscal, fatura ou recibo, quando esses serviços forem prestados por condutor autônomo de veículo rodoviário, auxiliar de condutor autônomo de veículo rodoviário, bem como por operador de máquinas.
- Veja o quadro elucidativo abaixo acerca da contribuição do produtor rural pessoa física como entidade equiparada à empresa:

Discriminação da contribuição do produtor rural pessoa física	Alíquota
Parcela básica sobre a comercialização da produção rural	1,2%
SAT/GILRAT sobre a comercialização da produção rural	0,1%
SENAR sobre a comercialização da produção rural	0,2%
Contribuição sobre a remuneração de contribuintes individuais contratados	20%

- Veja o quadro das contribuições previdenciárias da pessoa jurídica que se dedica exclusivamente à atividade rural e das agroindústrias:

Discriminação da contribuição do produtor rural pessoa jurídica	Alíquota
Parcela básica sobre a comercialização da produção rural	1,7%
SAT/GILRAT sobre a comercialização da produção rural	0,1%
SENAR sobre a comercialização da produção rural	0,25%
Contribuição sobre a remuneração de contribuintes individuais contratados	20%

COOPERATIVAS DE PRODUÇÃO

<table>
<tr><th colspan="3">Discriminação da contribuição das cooperativas de produção</th><th>Alíquota</th></tr>
<tr><td colspan="3">Remuneração básica dos cooperados</td><td>20 %</td></tr>
<tr><td rowspan="3">Adicional de aposentadoria especial dos cooperados quando expostos a condições especiais de trabalho</td><td rowspan="3">Tempo de contribuição</td><td>15 anos</td><td>12%</td></tr>
<tr><td>20 anos</td><td>9%</td></tr>
<tr><td>25 anos</td><td>6%</td></tr>
<tr><td colspan="3">Contribuição básica sobre a remuneração dos empregados</td><td>20%</td></tr>
<tr><td colspan="3">SAT/GILRAT sobre a remuneração dos empregados</td><td>1%, 2% ou 3%</td></tr>
<tr><td colspan="3">Remuneração sobre os contribuintes individuais não cooperados</td><td>20%</td></tr>
</table>

COOPERATIVAS DE TRABALHO

<table>
<tr><th colspan="3">Discriminação da contribuição da cooperativa de trabalho</th><th>Alíquota</th></tr>
<tr><td colspan="3">Remuneração básica dos cooperados</td><td>Não há</td></tr>
<tr><td rowspan="3">Adicional de aposentadoria especial dos cooperados* de trabalho expostos a condições especiais de trabalho</td><td rowspan="3">Tempo de contribuição</td><td>15 anos</td><td rowspan="2">Não há</td></tr>
<tr><td>20 anos</td></tr>
<tr><td>25 anos</td><td>Não há</td></tr>
<tr><td colspan="3">Contribuição básica sobre a remuneração dos empregados</td><td>20%</td></tr>
<tr><td colspan="3">SAT/GILRAT sobre a remuneração dos empregados</td><td>1%, 2% ou 3%</td></tr>
<tr><td colspan="3">Remuneração sobre os contribuintes individuais não cooperados</td><td>20%</td></tr>
</table>

AGROINDÚSTRIAS

Discriminação da contribuição das agroindústrias*	Alíquota
Parcela básica sobre a comercialização da produção rural	2,5 %
SAT/GILRAT sobre a comercialização da produção rural	0,1%
SENAR sobre a comercialização da produção rural	0,25%
Contribuição sobre a remuneração de contribuintes individuais contratados	20%

<table>
<tr><th colspan="3">CONTRIBUIÇÃO DO MICROEMPREENDEDOR INDIVIDUAL (MEI)</th></tr>
<tr><td rowspan="3">Contribuição Previdenciária do MEI com empregado</td><td colspan="2">Resultado da apuração das seguintes parcelas</td></tr>
<tr><td>3% x remuneração paga ao empregado</td><td>Patronal</td></tr>
<tr><td>5% sobre o valor de 01 (um) salário mínimo</td><td>Contribuição própria</td></tr>
</table>

CONTRIBUIÇÃO DO EMPREGADOR DOMÉSTICO[15]

<table>
<tr><td rowspan="3">Contribuição Previdenciária do empregador doméstico</td><td>8% x o salário de contribuição do empregado doméstico</td><td>Contribuição patronal</td></tr>
<tr><td>0,8% x o salário de contribuição do empregado doméstico</td><td>Contribuição patronal para financiamento do seguro contra acidentes do trabalho</td></tr>
<tr><td>7,5%, 9%, 12% e 14% sobre o salário de contribuição do empregado doméstico</td><td>Contribuição do doméstico descontada pelo empregador e repassada para a União.</td></tr>
</table>

14. DAS OBRIGAÇÕES ACESSÓRIAS

- As obrigações acessórias são obrigações positivas (de fazer) ou negativas (de não fazer) no interesse da arrecadação ou fiscalização dos tributos.
- O descumprimento da obrigação acessória está sujeito à imposição de multa.
- A empresa deve preparar a folha de pagamento mensal da remuneração paga, devida ou creditada a todos os segurados a seu serviço, de forma coletiva por estabelecimento, por obra de construção civil e por tomador de serviços, com a correspondente totalização e resumo geral.
- A empresa é obrigada a lançar mensalmente em títulos próprios de sua contabilidade, de forma discriminada, os fatos geradores de todas as contribuições sociais a cargo da empresa, as contribuições sociais previdenciárias descontadas dos segurados, as decorrentes de sub-rogação, as retenções e os totais recolhidos.
- Estão as empresas obrigadas a prestar à Secretaria da Receita Federal do Brasil todas as informações cadastrais, financeiras e contábeis de interesse da

15 De acordo com a Lei Complementar nº 150/2015. As contribuições serão recolhidas mediante documento único de arrecadação.

mesma, na forma por ela estabelecida, bem como os esclarecimentos necessários à fiscalização.

- A empresa é obrigada a inscrever no RGPS os segurados empregados e os trabalhadores avulsos a seu serviço, bem como os contribuintes individuais que lhe prestarem serviços.
- A empresa é obrigada a arrecadar a contribuição previdenciária a cargo dos segurados empregados, trabalhadores avulsos e contribuintes individuais que lhe prestam serviços e repassar aos cofres da União.
- A empresa deve comunicar, mensalmente, aos empregados, por intermédio de documento a ser definido em regulamento, os valores recolhidos sobre o total de sua remuneração ao INSS.
- Nos contratos de trabalho intermitente, a empresa recolherá as contribuições previdenciárias da empresa e do empregado e o valor devido ao FGTS, o qual será calculado com base nos valores pagos no período mensal, e fornecerá ao empregado o comprovante de cumprimento dessas obrigações.
- A empresa que contratar serviço através de cessão de mão de obra deverá reter 11% do valor da nota fiscal ou fatura de serviço emitida a título de contribuição previdenciária da empresa contratada.
- A empresa deverá elaborar e manter atualizado o perfil profissiográfico previdenciário (PPP) do trabalhador, no qual deverão ser contempladas as atividades desenvolvidas durante o período laboral, garantido ao trabalhador o acesso às informações nele contidas, sob pena de sujeição às sanções previstas na legislação aplicável.
- O Município e o Distrito Federal, por intermédio do órgão competente, têm a obrigação de fornecer mensalmente à Secretaria da Receita Federal do Brasil relação de alvarás para construção civil e documentos de "habite-se" concedidos.
- A empresa é obrigada a matricular a obra de construção civil executada sob sua responsabilidade, dentro do prazo de trinta dias contados do início da execução.
- O Titular do Cartório de Registro Civil de Pessoas Naturais fica obrigado a remeter ao INSS, em até 01 (um) dia útil, pelo Sistema Nacional de Informações de Registro Civil (Sirc) ou por outro meio que venha a substituí-lo, a relação dos nascimentos, dos natimortos, dos casamentos, dos óbitos, das averbações, das anotações e das retificações registradas na serventia. Para os Municípios que não dispõem de provedor de conexão à internet ou de qualquer meio de acesso à internet, fica autorizada a remessa da relação em até 5 (cinco) dias úteis.
- É de responsabilidade do empregador o arquivamento de documentos comprobatórios do cumprimento das obrigações fiscais, trabalhistas e previdenciárias, enquanto essas não prescreverem.
- O empregador doméstico tem a obrigação de inscrever seu empregado perante a Previdência Social, recolher as contribuições previdenciárias a seu cargo e de seus empregados, no documento único de arrecadação – SIMPLES DOMÉSTICO.
- O empregador doméstico fornecerá, mensalmente, ao empregado doméstico cópia do documento único de arrecadação – SIMPLES DOMÉSTICO.

15. DOS PRAZOS DE RECOLHIMENTO DAS CONTRIBUIÇÕES PREVIDENCIÁRIAS

- Veja os quadros a seguir acerca dos prazos de recolhimento das contribuições previdenciárias:

PRAZO DE RECOLHIMENTO	CONTRIBUIÇÕES
Até o **dia 20** do mês seguinte ao da competência, ou até o dia útil imediatamente anterior se não houver expediente bancário no dia 20 do mês.	As contribuições a cargo da empresa incidentes sobre a remuneração de segurado empregado, trabalhador avulso e contribuinte individual.
	As retenções de 11% sobre o valor dos serviços contidos em nota fiscal prestados mediante cessão de mão de obra ou empreitada.
	As contribuições incidentes sobre a comercialização da produção rural adquirida de produtor rural, pessoa física, ou segurado especial.
	A contribuição de 5% incidente sobre patrocínio, licenciamento de uso de marcas e símbolos, publicidade, propaganda e transmissão de espetáculos descontadas pelas empresas das associações desportivas que mantêm equipe profissional de futebol.
	As contribuições descontadas dos segurados empregados e trabalhadores avulsos e contribuintes individuais.
	As contribuições descontadas do contribuinte individual pela empresa (inclusive as descontadas do cooperado pela cooperativa de trabalho).
Até o **dia 20** do mês seguinte ao da competência, ou até o dia útil imediatamente posterior ao do vencimento se não houver expediente bancário no dia 20 do mês.	A contribuição do microempreendedor individual (MEI) como segurado e como empregador.
Até **2 dias úteis** após a realização do evento.	A contribuição de 5% incidente sobre a receita bruta de espetáculos desportivos a ser recolhida pelo promotor do espetáculo relativa à associação desportiva que mantém equipe profissional de futebol.

PRAZO DE RECOLHIMENTO	CONTRIBUIÇÕES
Dia **15** do mês seguinte ao da competência, prorrogando-se para o dia útil imediatamente posterior quando não houver expediente bancário no dia 15 do mês.	As contribuições do contribuinte individual, quando recolhidas pelo próprio segurado; As contribuições do segurado facultativo.
Até o dia **20 de dezembro**, antecipando-se para o dia útil imediatamente anterior quando não houver expediente bancário naquele dia.	A contribuição incidente sobre o valor do 13º salário a ser paga pelas empresas. -No caso de rescisão de contrato de trabalho, as contribuições devidas serão recolhidas no dia 20 do mês seguinte ao da rescisão, computando-se em separado a parcela referente ao 13º salário.
Até o **dia 20** do mês subsequente ao da competência, ou no dia útil imediatamente anterior quando não houver expediente bancário no dia 20 do mês.	O segurado especial, quando tiver a obrigação de recolher a sua própria contribuição (parte patronal correspondente a 1,3% da receita bruta da comercialização da produção). Esse mesmo prazo deve ser observado no que diz respeito às contribuições retidas das pessoas que lhes prestaram serviço durante o mês.
Até o dia 20 do mês seguinte ao da competência, antecipando-se pra o dia útil imediatamente anterior se não houver expediente bancária no dia 20 do mês[16].	Contribuição do empregador doméstico e de seu empregado.

- As contribuições previdenciárias que não forem pagas dentro do prazo previsto pela legislação tributária, acarretam para os responsáveis à imposição de multa e juros de mora, incidentes sobre o valor principal devido:

MULTA DE MORA	
Alíquota	0,33% ao dia
Base para Incidência	Valor da contribuição devido
Temo Inicial	1º dia subsequente ao do vencimento do prazo previsto para o pagamento da contribuição
Termo Final	Dia em que ocorrer o seu pagamento
Limite Máximo	20%

E

JUROS DE MORA	=	**JUROS DE SELIC (A contar do 1º dia do mês subsequente ao dia do vencimento)**	+	**1% (Mês do pagamento)**

16. DAS OUTRAS RECEITAS DA SEGURIDADE SOCIAL

- No âmbito federal, o orçamento da Seguridade Social é composto das seguintes receitas:
  1) receitas da União;
  2) receitas das contribuições sociais;
  3) receitas de outras fontes.
- A contribuição da União é constituída por recursos adicionais do Orçamento Fiscal que estão fixados na Lei Orçamentária Anual.
- Algumas fontes de receita para a seguridade social que merecem destaque:
- multas, juros moratórios, atualização monetária;
- 40% (quarenta por cento) do resultado dos leilões dos bens apreendidos pela Secretaria da Receita Federal do Brasil;
- 50% (cinquenta por cento) dos valores obtidos e aplicados na forma do parágrafo único do art. 243 da Constituição Federal;
- 45% do valor do DPVAT destinado ao Sistema Único de Saúde (SUS) para custeio da assistência médico-hospitalar dos segurados vitimados em acidentes de trânsito.

17. DA RESPONSABILIDADE SOLIDÁRIA

- A responsabilidade solidária passiva tributária não comporta benefício de ordem.
- O proprietário, o incorporador, o dono da obra ou condômino da unidade imobiliária, qualquer que seja a forma de contratação da construção, reforma ou acréscimo, são solidários com o construtor, e estes com a subempreiteira, pelo cumprimento das obrigações para com a Seguridade Social.
- As empresas que integram grupo econômico de qualquer natureza respondem solidariamente pelas obrigações previdenciárias
- Os produtores rurais integrantes do consórcio simplificado de produtores rurais respondem, também, solidariamente pelas obrigações previdenciárias do consórcio.
- O operador portuário e o órgão gestor de mão de obra são solidariamente responsáveis pelo paga-

16 Anteriormente, o pagamento da Guia DAE tinha como data de vencimento o 7º dia do mês subsequente ao trabalhado. A partir da competência de março/2024, o vencimento é no 20º dia do mês subsequente ao trabalhado. Essa mudança se deve à integração do **eSocial Doméstico** ao FGTS Digital.

mento das contribuições previdenciárias e demais obrigações, inclusive as acessórias, devidas à Seguridade Social, arrecadadas pela SRFB, relativamente à requisição de mão de obra de trabalhador avulso.

18. DA DECADÊNCIA E PRESCRIÇÃO DAS CONTRIBUIÇÕES DA SEGURIDADE SOCIAL

- O prazo de decadência para a constituição do crédito das contribuições da seguridade social é de 05 anos.
- Para que a Secretaria da Receita Federal do Brasil (SRFB) possa vir a constituir os créditos relativos a tais contribuições, deve-se observar **o prazo de 05 anos** contados a partir:
  1) do primeiro dia do exercício seguinte àquele em que o crédito poderia ser constituído;
  2) da data em que se tornar definitiva a decisão que houver anulado, por vício formal, a constituição de crédito anteriormente efetuada.
- O prazo prescricional a ser observado para a cobrança das contribuições da seguridade social é de 05 anos contados da data da constituição definitiva do crédito.
- Em relação às contribuições da seguridade social aplicam-se os prazos de decadência e prescrição dispostos no Código Tributário Nacional (CTN).

19. BENEFÍCIO DE PRESTAÇÃO CONTINUADA DA ASSISTÊNCIA SOCIAL (BPC – LOAS)

- O benefício de prestação continuada da Assistência Social não carece de contribuição prévia do beneficiário para sua obtenção, bastando a comprovação da condição de necessitado exigida pela lei.
- **Não é um benefício previdenciário.**
- **Não gera direito à pensão por morte, tampouco abono anual.**
- A sua concessão é feita pelo INSS, dada a delegação a esta autarquia federal da responsabilidade pela operacionalização do BPC-LOAS pelo Decreto nº 6.214/2007.
- A legitimidade passiva nas ações em que o indivíduo venha a reivindicar o benefício assistencial é do INSS, segundo entendimento pacificado pelo STJ.

BENEFÍCIO ASSISTENCIAL DE PRESTAÇÃO CONTINUADA – BPC-LOAS	
Beneficiários	• Idoso com 65 anos ou mais • Pessoa com deficiência
Requisitos para a pessoa idosa	• ter 65 anos ou mais • apresentar renda per capita familiar inferior ou igual a 1/4 do salário-mínimo, podendo em determinados casos, chegar até ½ salário mínimo (art. 20-B, LOAS); • Inscrição no Cadastro de Pessoas Físicas (CPF) e no Cadastro Único para Programas Sociais do Governo Federal – CadÚnico.
Requisitos para a pessoa com deficiência	• ter impedimento de longo prazo de natureza física, mental, intelectual ou sensorial, o qual, em interação com diversas barreiras, pode obstruir sua participação plena e efetiva na sociedade em igualdade de condições com as demais pessoas; • apresentar renda per capita familiar inferior ou igual a 1/4 do salário mínimo, podendo em determinados casos, chegar até ½ salário mínimo (art. 20-B, LOAS); • Inscrição no Cadastro de Pessoas Físicas (CPF) e no Cadastro Único para Programas Sociais do Governo Federal – CadÚnico.
Critérios a serem observados para que a renda per capita familiar mensal seja de até ½ salário-mínimo	I – o grau da deficiência; II – a dependência de terceiros para o desempenho de atividades básicas da vida diária; e III – o comprometimento do orçamento do núcleo familiar exclusivamente com gastos médicos, com tratamentos de saúde, com fraldas, com alimentos especiais e com medicamentos do idoso ou da pessoa com deficiência não disponibilizados gratuitamente pelo SUS, ou com serviços não prestados pelo Suas, desde que comprovadamente necessários à preservação da saúde e da vida.
Não integra o cálculo da renda per capita familiar	□ benefício previdenciário do idoso com 65 anos ou mais de idade com valor inferior ou igual a 01 salário mínimo; □ benefício previdenciário da pessoa com deficiência idade com valor inferior ou igual a 01 salário mínimo; □ BPC-LOAS do idoso e da pessoa com deficiência; □ remuneração decorrente de contrato de aprendizagem; □ bolsa de estágio supervisionado; □ benefícios e auxílios assistenciais de natureza eventual e temporária; □ valores oriundos de programas sociais de transferência de renda;

BENEFÍCIO ASSISTENCIAL DE PRESTAÇÃO CONTINUADA - BPC-LOAS	
Não integra o cálculo da renda per capita familiar	□ pensão especial de natureza indenizatória e benefícios de assistência médica; □ rendas de natureza eventual ou sazonal; □ valores recebidos a título de auxílio financeiro temporário ou de indenização por danos sofridos em decorrência de rompimento e colapso de barragens.
Carência	• Assistência Social independe de contribuição à seguridade social.
Renda mensal	• Um salário mínimo.
Data de início do benefício - DIB	• data da entrada do requerimento.
Suspensão do benefício	I – identificação de irregularidade na concessão ou manutenção do benefício; II – não inscrição no CadÚnico após o fim do prazo estabelecido em ato do Ministro de Estado da Cidadania; III – não agendamento da reavaliação da deficiência até a data limite estabelecida em convocação; IV – identificação de inconsistências ou insuficiências cadastrais que afetem a avaliação da elegibilidade do beneficiário para fins de manutenção do benefício, conforme o disposto em ato do Ministro de Estado da Cidadania; V – identificação de outras irregularidades. • Quando a pessoa com deficiência vier a exercer atividade remunerada, inclusive na condição de microempreendedor individual, salvo se for contrato de aprendizagem. • Em caso de contrato de aprendizagem com a PCD, a suspensão do benefício só ocorrerá após decorridos 02 anos. Assim, durante os primeiros 02 anos poderá a PCD receber BPC-LOAS e a remuneração do contrato de aprendizagem.
Cessação do benefício	I – nas hipóteses de óbito, de morte presumida ou de ausência do beneficiário, na forma da lei; II – quando o beneficiário, o seu representante legal ou o seu procurador não interpuser recurso ao CRPS no prazo de trinta dias, contado da suspensão do benefício; ou III – quando o recurso ao CRPS não for provido.

BENEFÍCIO ASSISTENCIAL DE PRESTAÇÃO CONTINUADA - BPC-LOAS	
Revisão do benefício	• A cada 02 (dois) anos • O beneficiário em gozo de benefício de prestação continuada concedido judicial ou administrativamente poderá ser convocado para avaliação das condições que ensejaram sua concessão ou manutenção, sendo-lhe exigida a presença dos requisitos previstos na LOAS e no regulamento.
Não pode acumular com	➢ qualquer outro no âmbito da seguridade social ou de outro regime, salvo os • da assistência médica; • da pensão especial de natureza indenizatória, • transferências de renda com objetivo de reduzir a vulnerabilidade socioeconômica de famílias em situação de pobreza ou de extrema pobreza; benefício disposto no **caput** e no *§ 1º do art. 1º da Lei nº 10.835/2004 (renda da cidadania).*
Pontos importantes	• A condição de acolhimento em instituições de longa permanência ou asilos não impede que o idoso ou a pessoa com deficiência recebam o benefício. • O benefício de prestação continuada poderá ser devido a mais de um membro da mesma família enquanto atendidos os requisitos exigidos na LOAS. • O BPC-LOAS poderá ser concedido a estrangeiro com residência regular no Brasil, desde que atenda aos requisitos da LOAS.

AUXÍLIO-INCLUSÃO – Vigência a partir de 01/10/2021	
Beneficiários	- Idoso; - pessoa com deficiência moderada ou grave.
Requisitos	I – receba o BPC-LOAS e passe a exercer atividade com remuneração limitada a 2 (dois) salários-mínimos e que enquadre o beneficiário como segurado obrigatório do RGPS ou como filiado a regime próprio de previdência social da União, dos Estados, do Distrito Federal ou dos Municípios; II – tenha inscrição atualizada no CadÚnico no momento do requerimento do auxílio-inclusão;

AUXÍLIO-INCLUSÃO – Vigência a partir de 01/10/2021	
Requisitos	III – tenha inscrição regular no CPF; e IV – atenda aos critérios de manutenção do benefício de prestação continuada, incluídos os critérios relativos à renda familiar mensal per capita exigida para o acesso ao benefício (desconsideradas as remunerações obtidas pelo requerente em decorrência de exercício de atividade laboral, desde que o total recebido no mês seja igual ou inferior a 2 salários-mínimos, e as rendas oriundas dos rendimentos decorrentes de estágio supervisionado e de aprendizagem). **OU** I – que tenha recebido o BPC-LOAS nos 5 (cinco) anos imediatamente anteriores ao exercício da atividade remunerada; e II – que tenha tido o benefício suspenso pelo exercício da atividade remunerada (art. 21-A, LOAS).
Valor	50% do valor do BPC-LOAS (1/2 salário mínimo).
Data do início do benefício	A partir da data do requerimento.
Não se acumula com	➢ BPC-LOAS; ➢ aposentadoria; ➢ pensões; ➢ benefícios por incapacidade pagos por qualquer regime de previdência social; ➢ seguro-desemprego.
Pontos importantes	➢ O valor do auxílio-inclusão percebido por um membro da família não será considerado no cálculo da renda familiar mensal per capita para fins de concessão e de manutenção de outro auxílio-inclusão no âmbito do mesmo grupo familiar. ➢ O valor do auxílio-inclusão e o da remuneração do beneficiário do auxílio-inclusão no valor total de até 02 salários mínimos percebidos por um membro da família não serão considerados no cálculo da renda familiar mensal per capita para fins de manutenção do BPC-LOAS concedido anteriormente a outra pessoa do mesmo grupo familiar. ➢ Os eventuais débitos do beneficiário decorrentes de recebimento irregular do BPC-LOAS ou do auxílio-inclusão poderão ser consignados no valor mensal desses benefícios.

20. PREVIDÊNCIA DO SERVIDOR PÚBLICO

- O regime próprio de previdência social dos servidores titulares de cargo efetivo terá caráter contributivo e solidário, mediante contribuição do respectivo ente federativo, de servidores ativos, de aposentados e de pensionistas, observados critérios que preservem o equilíbrio financeiro e atuarial.

  O rol de benefícios dos regimes próprios de previdência social fica **limitado às aposentadorias e à pensão por morte.**
- Os afastamentos por incapacidade temporária para o trabalho e o salário-maternidade serão pagos diretamente pelo ente federativo e não correrão à conta do regime próprio de previdência social ao qual o servidor se vincula.
- Apenas servidores públicos ocupantes de cargo efetivo podem ser amparados por regime próprio de previdência social. Caso o ente federativo não tenha criado seu regime próprio de previdência social, seus servidores serão amparados pelo RGPS.
- Os agentes públicos que ocupam exclusivamente cargo em comissão, cargo temporário, mandato eletivo, emprego público são segurados do RGPS. Também são filiados obrigatórios do RGPS os agentes que trabalham para a Administração Pública submetidos ao regime da CLT.
- É vedada a filiação ao regime geral de previdência social, na qualidade de segurado facultativo, de pessoa participante de regime próprio de previdência.
- Para financiar o RPPS, o ente federativo poderá instituir contribuições cobradas de seus servidores ativos, dos aposentados e dos pensionistas, que poderão ter alíquotas progressivas de acordo com o valor da base de cálculo da contribuição ou dos proventos de aposentadoria e de pensões.
- Pode ocorrer a contagem recíproca de tempo de contribuição que é a possibilidade de comunicabilidade dos tempos de contribuição na atividade privada, rural e urbana, com o do tempo de contribuição na administração pública para fins de concessão de benefício. Nesse caso, os diferentes regimes de previdência se compensarão financeiramente.
- Os entes federativos não podem adotar mais de um regime previdenciário para seus servidores.

REGIME PRÓPRIO DE PREVIDÊN CIA DOS SERVIDORES PÚBLICOS	Instituídos por **lei** do respectivo **ente da Federação** para amparar os servidores ocupantes de cargo público efetivo. Caráter contributivo e solidário, mediante contribuição do respectivo ente público, dos servidores ativos, aposentados e dos pensionistas, observados critérios que preservem o equilíbrio financeiro e atuarial. O rol de benefícios está limitado às aposentadorias e pensão por morte.

- Pela regra atual da Constituição Federal, os servidores ocupantes de cargo público efetivo, vinculados ao regime próprio de previdência social, serão aposentados:

APOSENTADORIAS DOS SERVIDORES OCUPANTES DE CARGO PÚBLICO EFETIVO AMPARADOS POR REGIME PRÓPRIO DE PREVIDÊNCIA SOCIAL	Por incapacidade permanente;
	voluntária
	de forma especial, e
	Compulsória aos 75 anos de idade, nos termos da Lei Complementar nº 152/2015.

- O servidor público de um mesmo regime próprio de previdência, não poderá ter mais de uma aposentadoria, salvo se os cargos ocupados forem acumuláveis.
- As regras para cálculo de proventos de aposentadoria serão disciplinadas em lei do respectivo ente federativo.
- O servidor será aposentado por incapacidade permanente para o trabalho, no cargo em que estiver investido, quando insuscetível de readaptação, hipótese em que será obrigatória a realização de avaliações periódicas para verificação da continuidade das condições que ensejaram a concessão da aposentadoria, na forma de lei do respectivo ente federativo.

APOSENTADORIA POR INCAPACIDADE PERMANENTE – SERVIDOR PÚBLICO FEDERAL	
	VALOR
APOSENTADORIA POR INCAPACIDADE PERMANENTE NÃO ACIDENTÁRIA (decorrente de evento que NÃO seja considerado acidente do trabalho, doença profissional ou doença do trabalho)	**60%** da média aritmética dos salários de contribuição e das remunerações adotados como base para contribuições a regime próprio de previdência social e ao RGPS, ou como base para contribuições decorrentes das atividades militares de quem tratam os arts. 42 e 142 da Constituição Federal, atualizados monetariamente, correspondentes a 100% do período contributivo desde a competência julho de 1994 ou desde o início da contribuição, se posterior a essa competência; • com acréscimo de 2% para cada ano de contribuição que exceder o tempo de 20 (vinte) anos de contribuição, para homens e mulheres.
APOSENTADORIA POR INCAPACIDADE PERMANENTE ACIDENTÁRIA (decorrente de acidente do trabalho, doença profissional ou doença do trabalho)	**100%** da média aritmética dos salários de contribuição e das remunerações adotados como base para contribuições a regime próprio de previdência social e ao RGPS, ou como base para contribuições decorrentes das atividades militares de quem tratam os arts. 42 e 142 da Constituição Federal, atualizados monetariamente, correspondentes a 100% do período contributivo desde a competência julho de 1994 ou desde o início da contribuição, se posterior a essa competência.

- O servidor será aposentado, **no âmbito da União**, aos 62 (sessenta e dois) anos de idade, se mulher, e aos 65 (sessenta e cinco) anos de idade, se homem e, no âmbito dos Estados, do Distrito Federal e dos Municípios, na idade mínima estabelecida mediante emenda às respectivas Constituições e Leis Orgânicas, observados o tempo de contribuição e os demais requisitos estabelecidos em lei complementar do respectivo ente federativo.

APOSENTADORIA VOLUNTÁRIA – SERVIDORES PÚBLICOS DA UNIÃO	65 (sessenta e cinco) anos de idade e 25 (vinte e cinco) anos de contribuição, se homem;
	62 (sessenta e dois) anos de idade e 25 (vinte e cinco) anos de contribuição, se mulher;
	tempo mínimo de 10 (dez) anos de efetivo exercício no serviço público;
	05 (cinco) anos no cargo efetivo em que se dará a aposentadoria.

- No entanto, para os professores efetivos da União que se dedicam exclusivamente às atividades de magistério da educação infantil, do ensino fundamental e médio, a aposentadoria voluntária do professor exige:

APOSENTADORIA VOLUNTÁRIA DOS PROFESSORES DA UNIÃO*	25 (vinte e cinco) anos de contribuição no exercício do magistério da educação infantil, do ensino fundamental e médio e 60 (sessenta) anos de idade, se homem;
	25 (vinte e cinco) anos de contribuição no exercício do magistério da educação infantil, do ensino fundamental e médio e 57 (cinquenta e sete) anos de idade, se mulher;
	tempo mínimo de 10 (dez) anos de efetivo exercício no serviço público;
	05 (cinco) anos no cargo efetivo em que se dará a aposentadoria;
* Segundo o art. 67 da Lei. 9.394, de 20 de dezembro de 1996, com redação dada pela Lei 11.301, de 10 de maio de 2006: "são consideradas funções de magistério as exercidas por professores e especialistas em educação no desempenho de atividades educativas, quando exercidas em estabelecimento de educação básica em seus diversos níveis e modalidades, incluídas, além do exercício da docência, as de direção de unidade escolar e as de coordenação e assessoramento pedagógico".	

- A aposentadoria compulsória dos servidores públicos ocorrerá aos 75 anos de idade, na forma de Lei Complementar nº 152/2015, com proventos proporcionais ao tempo de contribuição, sem exigir tempo mínimo de contribuição.
- A aposentadoria compulsória não exige tempo mínimo de contribuição, tampouco tempo mínimo

de exercício efetivo no serviço público. Será concedida com proventos proporcionais ao tempo de contribuição.

- É vedada a adoção de requisitos ou critérios diferenciados para concessão de benefícios em regime próprio de previdência social, ressalvado o disposto nos §§ 4º-A, 4º-B, 4º-C e 5º do art. 40 da CF.
- Poderão ser estabelecidos por lei complementar do respectivo ente federativo idade e tempo de contribuição diferenciados para aposentadoria de servidores com deficiência, previamente submetidos a avaliação biopsicossocial realizada por equipe multiprofissional e interdisciplinar.

SERVIDOR PÚBLICO FEDERAL COM DEFICIÊNCIA APOSENTADORIA POR TEMPO DE CONTRIBUIÇÃO		TEMPO DE CONTRIBUIÇÃO	
		Homem	Mulher
Grau de deficiência	Grave	25 anos	20 anos
	Moderada	29 anos	24 anos
	Leve	33 anos	28 anos
– 10 anos de efetivo exercício no serviço público e – 05 anos no cargo efetivo em que se dará a aposentadoria.			

SERVIDOR PÚBLICO FEDERAL COM DEFICIÊNCIA APOSENTADORIA POR IDADE		
IDADE	Homem	60 anos
	Mulher	55 anos
	Homem e mulher	
DEMAIS REQUISITOS	– 10 anos de efetivo exercício no serviço público, – 05 anos no cargo efetivo em que se dará a aposentadoria, – Carência mínima de 15 anos de contribuição na condição de pessoa com deficiência.	

- Poderão ser estabelecidos por lei complementar do respectivo ente federativo idade e tempo de contribuição diferenciados para aposentadoria de ocupantes do cargo de agente penitenciário, de agente socioeducativo ou de policial dos órgãos de que tratam o inciso IV do caput do art. 51, o inciso XIII do caput do art. 52 e os incisos I a IV do caput do art. 144.
- Confira o quadro abaixo acerca das regras atuais da aposentadoria especial dos policiais federais:

APOSENTADORIA ESPECIAL DO SERVIDOR POLICIAL FEDERAL, AGENTE PENITENCIÁRIO FEDERAL, AGENTE SOCIOEDUCATIVO FEDERAL	
HOMEM	MULHER
• 55 anos de idade;	• 55 anos de idade;
• **30 anos** de contribuição;	• 30 anos de contribuição;
• **25 anos** de exercício em cargo de natureza estritamente policial.	• 25 anos de exercício em cargo de natureza estritamente policial.

- Poderão ser estabelecidos por lei complementar do respectivo ente federativo idade e tempo de contribuição diferenciados para aposentadoria de servidores cujas atividades sejam exercidas com efetiva exposição a agentes químicos, físicos e biológicos prejudiciais à saúde, ou associação desses agentes, vedada a caracterização por categoria profissional ou ocupação.

SERVIDOR PÚBLICO FEDERAL APOSENTADORIA ESPECIAL efetiva exposição a agentes químicos, físicos ou biológicos prejudiciais à saúde ou a associação desses agentes			
Idade	Tempo de efetiva exposição aos agentes prejudiciais à saúde	Tempo efetivo de exercício no serviço público	Tempo no cargo efetivo em que se dará a aposentadoria
60 anos	25 anos de contribuição	10 anos	05 anos

- O servidor titular de cargo efetivo que tenha completado as exigências para a aposentadoria voluntária e que opte por permanecer em atividade **poderá fazer jus a um abono de permanência equivalente, no máximo, ao valor da sua contribuição previdenciária**, até completar a idade para aposentadoria compulsória.
- A pensão por morte concedida a dependente de servidor público federal será equivalente a uma cota familiar de 50% (cinquenta por cento) do valor da aposentadoria recebida pelo servidor ou daquela a que teria direito se fosse aposentado por incapacidade permanente na data do óbito, acrescida de cotas de 10 (dez) pontos percentuais por dependente, até o máximo de 100% (cem por cento).

Pensão por morte do servidor federal	
Cota de 50%	Valor da aposentadoria do servidor público federal
+ 10% por dependente	Valor da aposentadoria por incapacidade permanente a que teria direito o segurado na data do óbito.

- Na hipótese de existir dependente inválido ou com deficiência intelectual, mental ou grave, o valor da pensão por morte do servidor público federal será equivalente a:

  I – 100% da aposentadoria recebida pelo segurado ou servidor ou daquela a que teria direito se fosse aposentado por incapacidade permanente na data do óbito, até o limite máximo de benefícios do Regime Geral de Previdência Social; e

  II – uma cota familiar de 50% (cinquenta por cento) acrescida de cotas de 10% por dependente, até o máximo de 100%, para o valor que supere o limite máximo de benefícios do Regime Geral de Previdência Social.

Pensão por morte do servidor federal	
100% do valor até o teto do RGPS	**Valor da aposentadoria do servidor público federal**
+ **50% mais 10% por dependente do valor que exceder o teto do RGPS**	**Valor da aposentadoria por incapacidade permanente a que teria direito o segurado na data do óbito.**

- Para o custeio do regime próprio de previdência dos servidores efetivos, os entes instituirão, por meio de lei, contribuições cobradas dos servidores ativos, dos aposentados e dos pensionistas, que **poderão ter alíquotas progressivas de acordo com o valor da base de contribuição ou dos proventos de aposentadoria e de pensões.**
- Os Estados, o Distrito Federal e os Municípios **não poderão estabelecer alíquota inferior à da contribuição dos servidores da União, exceto** se demonstrado que o respectivo regime próprio de previdência social não possui déficit atuarial a ser equacionado, hipótese em que a alíquota não poderá ser inferior às alíquotas aplicáveis ao Regime Geral de Previdência Social.
- Quando houver déficit atuarial, a contribuição ordinária dos aposentados e pensionistas poderá incidir sobre o valor dos proventos de aposentadoria e de pensões que supere o valor do salário-mínimo.
- No caso da União, já foram adotadas as alíquotas progressivas para a contribuição do servidor efetivo, dos aposentados e pensionistas do regime próprio de previdência social:
- A alíquota da contribuição previdenciária será de 14% (quatorze por cento). Essa alíquota será reduzida ou aumentada, considerando o valor da base de contribuição ou do benefício recebido, de acordo com os seguintes parâmetros[17]:

17 Valores para 2024, nos termos da Portaria Interministerial MPS/MF n. 02/2024.

BASE DE CONTRIBUIÇÃO (R$)	**ALÍQUOTA PROGRESSIVA INCIDINDO SOBRE A FAIXA DE VALORES**
até 1.412,00	7,5%
de 1,412,01 até 2.666,68	9%
de 2.666,69 até 4.000,03	12%
de 4.000,04 até 7.786,02	14%
de 7.786,03 até 13.333,48	14,5%
de 13.333,49 até 26.666,94	16,5%
de 26.666,94 até 52.000,04	19%
acima de 52.000,04	22%

CONTRIBUIÇÃO SOCIAL DO SERVIDOR PÚBLICO ATIVO PARA O RPPS DA UNIÃO	
14%, com redução ou majoração incidentes sobre a	**Quando o servidor tiver ingressado no serviço público**
totalidade da base de contribuição.	até a data da vigência do regime de previdência complementar para os servidores públicos federais titulares de cargo efetivo e **não tiver optado por aderir a ele**.
parcela da base de contribuição que não exceder o limite máximo estabelecido para os benefícios do RGPS.	até a data da vigência do regime de previdência complementar para os servidores públicos federais titulares de cargo efetivo e **tiver optado por aderir a ele**.
parcela da base de contribuição que não exceder o limite máximo estabelecido para os benefícios do RGPS.	a partir da data da vigência do regime de previdência complementar para os servidores públicos federais titulares de cargo efetivo, **independentemente de adesão a ele**.

- A exigência de contribuição previdenciária alcançará os aposentados e pensionistas, cuja base de cálculo será o valor que excede o valor máximo estabelecido para os benefícios do RGPS. O percentual da contribuição (alíquota) será o mesmo para os dois grupos de inativos e pensionistas, sendo esse percentual igual ao estabelecido para os servidores em atividade.
- A alíquota de contribuição de 14%, com a redução ou a majoração, será devida pelos aposentados e pensionistas de quaisquer dos Poderes da União, incluídas suas entidades autárquicas e suas fundações, e incidirá **sobre o valor da parcela dos proventos de aposentadoria e de pensões que supere o limite máximo estabelecido para os benefícios do Regime Geral de Previdência Social, hipótese em que será considerada a totalidade do valor do benefício para fins de definição das alíquotas aplicáveis.**

- A União, os Estados, o Distrito Federal e os Municípios, instituirão, por lei de iniciativa do respectivo Poder Executivo, regime de previdência complementar para servidores públicos ocupantes de cargo efetivo, observado o limite máximo dos benefícios do Regime Geral de Previdência Social para o valor das aposentadorias e das pensões em regime próprio de previdência social.
- A União, através da Lei nº 12.618/2012 criou o regime de previdência complementar para os servidores públicos federais ocupantes de cargo efetivo.

REGIME DE PREVIDÊNCIA COMPLEMENTAR DOS SERVIDORES PÚBLICOS FEDERAIS	Instituído por meio da Lei nº 12.618/2012.
	Para os servidores públicos titulares de cargo efetivo da União, suas autarquias e fundações, inclusive para os membros do Poder Judiciário, do Ministério Público da União e do Tribunal de Contas da União.
	A União passa a poder aplicar o limite máximo estabelecido para os benefícios do regime geral de previdência social (RGPS) às aposentadorias e pensões concedidas pelo seu regime próprio de previdência aos servidores que ingressarem no serviço público a partir do início da vigência do regime de previdência complementar.

- O Decreto nº 7.808/2012 criou a Fundação de Previdência Complementar do Servidor Público Federal do Poder Executivo (Funpresp-Exe). Esse plano contempla, ainda, servidores públicos do Poder Legislativo Federal e do Tribunal de Contas da União, em razão do convênio de adesão à Funspresp-Exe.
- Foi criada a Fundação de Previdência Complementar do Servidor Público Federal do Poder Judiciário (Funpresp-Jud) através da Resolução do STF nº 496/2012 e o plano de previdência foi aprovado pela PREVIC em 14/10/13.
- A adesão ao plano de previdência complementar para os servidores federais é facultativa tanto para os aqueles que já haviam ingressado no serviço público antes da aprovação do plano de previdência complementar, quanto para os novos servidores.
- Os servidores públicos titulares de cargo efetivo da União, suas autarquias e fundações, inclusive os membros do Poder Judiciário, do Ministério Público da União e do Tribunal de Contas da União, com remuneração superior ao limite máximo estabelecido para os benefícios do Regime Geral de Previdência Social, que venham a ingressar no serviço público a partir do início da vigência do regime de previdência complementar da União, serão automaticamente inscritos no respectivo plano de previdência complementar desde a data de entrada em exercício.
- Esses servidores participantes poderão requerer, a qualquer tempo, o cancelamento de sua inscrição, nos termos do regulamento do plano de benefícios.
- Na hipótese de o cancelamento ser requerido no prazo de até noventa dias da data da inscrição, fica assegurado o direito à restituição integral das contribuições vertidas, a ser paga em até sessenta dias do pedido de cancelamento, corrigidas monetariamente.

21. PREVIDÊNCIA COMPLEMENTAR

- O regime de previdência privada complementar é de natureza facultativa e organizado de forma autônoma em relação ao Regime Geral de Previdência Social.
- A previdência privada objetiva complementar a proteção oferecida pela previdência pública, por meio de organização autônoma e da adoção do regime de financiamento por capitalização, bem como contribuir para o fomento da poupança nacional.
- As entidades de previdência privada são constituídas sob a forma de fundação privada, sociedade civil (entidades fechadas) ou sociedade anônima (entidades abertas).
- A previdência complementar privada é regulada por lei complementar. A Lei Complementar nº 109/2001 traz as regras gerais aplicáveis para a previdência complementar nas áreas privada e pública. Já a Lei Complementar nº 108/2001 regula as relações jurídicas entre as entidades da Administração Pública com as entidades fechadas de previdência complementar, os chamados fundos de pensão.
- Assim, em relação aos planos de previdência para os servidores públicos há que se observar as regras dispostas nas Leis Complementares 108 e 109, ambas de 2001.
- A previdência complementar aberta é acessível a qualquer pessoa e a entidade será constituída sob a forma de sociedade anônima sempre.
- A entidade de previdência complementar fechada é constituída sob a forma de fundação ou sociedade civil, sem finalidade lucrativa. Vai contemplar grupos fechados como empregados de empresas, servidores dos entes federativos, associados ou membros de pessoas jurídicas de caráter profissional, setorial ou classista.
- **PATROCINADORES** são as empresas e os entes federativos que instituem plano de previdência fechada para seus empregados ou servidores.
- **INSTITUIDORAS** são as associações que instituem plano de previdência fechada para seus membros associados.
- A pessoa física que aderir ao plano de benefício de previdência privada é denominada **PARTICIPANTE.**
- O participante ou seu beneficiário em gozo de benefício de prestação continuada é chamado de **ASSISTIDO.**
- Os planos de benefícios regidos pela Lei Complementar 108/2001 atenderão às seguintes regras:

  I – carência mínima de sessenta contribuições mensais a plano de benefícios e cessação do vínculo com o patrocinador, para se tornar elegível a um benefício de prestação que seja programada e continuada; e

II – concessão de benefício pelo regime de previdência ao qual o participante esteja filiado por intermédio de seu patrocinador, quando se tratar de plano na modalidade benefício definido, instituído depois da publicação da Lei Complementar 108/2001.

- É vedado o aporte de recursos à entidade de previdência privada pela União, Estados, Distrito Federal e Municípios, suas autarquias, fundações, empresas públicas, sociedades de economia mista e outras entidades públicas, salvo na condição de patrocinador, situação na qual, em hipótese nenhuma, sua contribuição normal poderá exceder a do segurado (art. 202, § 3º, CF).
- Além das contribuições normais, os planos poderão prever o aporte de recursos pelos participantes, a título de contribuição facultativa, sem contrapartida do patrocinador.
- Os planos de benefícios, regido pela Lei Complementar 109/2001 deverão prever os seguintes institutos:

I. benefício proporcional diferido, em razão da cessação do vínculo empregatício com o patrocinador ou associativo com o instituidor antes da aquisição do direito ao benefício pleno, a ser concedido quando cumpridos os requisitos de elegibilidade;

II. portabilidade do direito acumulado pelo participante para outro plano;

III. resgate da totalidade das contribuições vertidas ao plano pelo participante, descontadas as parcelas do custeio administrativo, na forma regulamentada; e

IV. faculdade de o participante manter o valor de sua contribuição e a do patrocinador, no caso de perda parcial ou total da remuneração recebida, para assegurar a percepção dos benefícios nos níveis correspondentes àquela remuneração ou em outros definidos em normas regulamentares.

- As entidades fechadas de previdência complementar gozarão da imunidade de impostos sobre patrimônio, renda e serviços, prevista no art. 150, VI, "c' da Constituição Federal, somente quando não exigirem contribuição dos beneficiários do plano.
- As entidades fechadas devem ser organizadas sob a forma de fundação ou sociedade civil, **sem fins lucrativos.**
- As entidades de previdência complementar fechada têm como **órgão regulador** o Conselho Nacional de Previdência Complementar (CNPC) e, como **órgão fiscalizador,** a Superintendência Nacional de Previdência Complementar (PREVIC).
- A Superintendência Nacional de Previdência Complementar (PREVIC), autarquia federal vinculada ao Ministério da Previdência Social, foi criada pela Lei nº 12.154/2009, dotada de autonomia administrativa, financeira, com patrimônio próprio e responsável pela:
  - fiscalização, autorização para constituição e funcionamento de planos de benefícios e de entidades fechadas de previdência;
  - apuração e julgamento das infrações, bem como da aplicação das penalidades;
  - promoção da mediação e conciliação dos interesses dos fundos de pensão, dos patrocinadores e dos participantes e assistidos.
- Ainda dentro da regulamentação dos entes fechados de previdência complementar, têm-se:
  - O Conselho Nacional de Previdência Complementar (CNPC) é o novo órgão com a função de regular o regime de previdência complementar operado pelas entidades fechadas de previdência complementar, nova denominação do Conselho de Gestão da Previdência Complementar;
  - a Câmara de Recursos da Previdência Complementar (CRPC) funciona como instância recursal e de julgamento das decisões relativas às penalidades aplicadas pela PREVIC. A CRPC, órgão colegiado, que aprecia e julga os recursos interpostos contra decisões da Diretoria Colegiada da Superintendência Nacional de Previdência Complementar (Previc) referentes a autos de infração e aos lançamentos tributários da Taxa de Fiscalização e Controle da Previdência Complementar (Tafic).
- Prescreve em cinco anos o direito a prestações não pagas nem reclamadas na época própria, resguardados os direitos dos menores dependentes, dos incapazes ou dos ausentes, na forma do Código Civil.

22. O PLANO DE PREVIDÊNCIA COMPLEMENTAR DOS SERVIDORES PÚBLICOS FEDERAIS

- A União instituiu o Plano de Previdência Complementar para os servidores públicos federais, titulares de cargo efetivo, suas autarquias e fundações, inclusive para os membros do Poder Judiciário, do Ministério Público da União e do Tribunal de Contas da União, por meio da Lei nº 12.618 de 30 de abril de 2012.

REGIME DE PREVIDÊNCIA COMPLEMENTAR DOS SERVIDORES PÚBLICOS FEDERAIS	Instituído por meio da Lei nº 12.618/2012.
	Para os servidores públicos titulares de cargo efetivo da União, suas autarquias e fundações, inclusive para os membros do Poder Judiciário, do Ministério Público da União e do Tribunal de Contas da União.
	A União passa a poder aplicar o limite máximo estabelecido para os benefícios do regime geral de previdência social (RGPS) às aposentadorias e pensões concedidas pelo seu regime próprio de previdência aos servidores que ingressarem no serviço público a partir do início da vigência do regime de previdência complementar.

- Com a finalidade de administrar e executar os planos de benefícios de caráter previdenciário, o art. 4º da Lei nº 12.618/2012 autorizou a União criar as seguintes entidades fechadas de previdência complementar:

FUNPRESP-EXE: Fundação de Previdência Complementar do Servidor Público Federal do Poder Executivo, para os servidores públicos titulares de cargo efetivo do Poder Executivo, por meio de ato do Presidente da República. Instituída por meio do Decreto nº 7.808/2012. O plano contempla, ainda, os servidores públicos do Poder Legislativo Federal e do Tribunal de Contas da União, em razão do convênio de adesão à Funpresp-Exe.
FUNPRESP-JUD: Fundação de Previdência Complementar do Servidor Público do Poder Judiciário, para os servidores públicos titulares de cargo efetivo e membros do Poder Judiciário, por meio de ato do Presidente do Supremo Tribunal Federal. Criada por meio da Resolução nº 496 do STF.
FUNPRESP-LEG: Fundação de Previdência Complementar do Servidor Público Federal do Poder Legislativo, para os servidores públicos titulares de cargo efetivo do Poder Legislativo e do Tribunal de Contas da União, por meio de ato conjunto dos Presidentes da Câmara dos Deputados e do Senado Federal. Não foi, ainda, instituída.

ESTRUTURA ORGANIZACIONAL DAS ENTIDADES DE PREVIDÊNCIA COMPLEMENTAR	**Conselho Deliberativo:** composição paritária, integrado por 06 membros. Os membros do conselho deliberativo das entidades fechadas serão designados pelos Presidentes da República e do Supremo Tribunal Federal e por ato conjunto dos Presidentes da Câmara dos Deputados e do Senado Federal, respectivamente. A presidência do conselho deliberativo será exercida pelos membros indicados pelos patrocinadores, na forma prevista no estatuto das entidades fechadas de previdência complementar.
	Conselho Fiscal: composição paritária, integrado por 04 membros. Os membros do conselho fiscal das entidades fechadas serão designados pelos Presidentes da República e do Supremo Tribunal Federal e por ato conjunto dos Presidentes da Câmara dos Deputados e do Senado Federal, respectivamente. A presidência será exercida pelos membros indicados pelos participantes e assistidos, na forma prevista no estatuto das entidades fechadas de previdência complementar.
	Diretoria Executiva: composta, no máximo, por 06 (seis) membros, nomeados pelos conselhos deliberativos das entidades fechadas de previdência complementar. No caso da FUNPRESP-JUD e FUNPRESP-EXE a Diretoria Executiva é composta por 04 membros.

- É de salientar, entretanto, que a adesão ao regime de previdência complementar é SEMPRE facultativa, à escolha do próprio servidor. Não há, em qualquer caso, a obrigatoriedade de o servidor público federal ocupante de cargo efetivo ter que participar do regime de previdência complementar instituído pela União.
- Os servidores públicos titulares de cargo efetivo da União, suas autarquias e fundações, inclusive os membros do Poder Judiciário, do Ministério Público da União e do Tribunal de Contas da União, com remuneração superior ao limite máximo estabelecido para os benefícios do Regime Geral de Previdência Social, que venham a ingressar no serviço público a partir do início da vigência do regime de previdência complementar da União, serão automaticamente inscritos no respectivo plano de previdência complementar desde a data de entrada em exercício.
- Esses servidores participantes poderão requerer, a qualquer tempo, o cancelamento de sua inscrição, nos termos do regulamento do plano de benefícios.
- Na hipótese de o cancelamento ser requerido no prazo de até noventa dias da data da inscrição, fica assegurado o direito à restituição integral das contribuições vertidas, a ser paga em até sessenta dias do pedido de cancelamento, corrigidas monetariamente.
- No atual panorama, têm-se 03 (três) situações:
  1) **Servidores que ingressarem no serviço público a partir da vigência do regime de previdência complementar instituído pela Lei nº 12.618/12:** esses servidores terão seus benefícios de aposentadoria e pensão concedidos pelo regime próprio de previdência da União, limitado o seu valor até o limite máximo estabelecido para os benefícios do RGPS, independentemente de sua adesão ao plano de benefício de previdência complementar.
  2) **Servidores que ingressaram no serviço público até a data anterior ao início da vigência do regime de previdência complementar, que nele tenham permanecido sem perda do vínculo efetivo e venham optar por participar do regime de previdência complementar instituído pela Lei nº 12.618/12:** Terão o prazo de 24 meses, contados a partir da vigência do plano de previdência complementar, para fazerem a opção. Se fizerem essa opção, terão seus benefícios de aposentadoria e pensão concedidos pelo regime próprio de previdência da União, limitado o seu valor até o limite máximo estabelecido para os benefícios do regime geral de previdência social. Terão, ainda, o direito a um benefício especial contemplado pela Lei nº 12.618/12.
- O benefício especial será pago, pelo órgão competente da União, ao servidor público por ocasião da concessão de aposentadoria, inclusive por invalidez, ou pensão por morte pelo regime próprio de previdência da União, enquanto perdurar o benefício pago por esse regime, inclusive junto com a gratificação natalina.

3) **Servidores que ingressaram no serviço público até a data anterior ao início da vigência do regime de previdência complementar, que nele tenham permanecido sem perda do vínculo efetivo e que não venham optar por participar do regime de previdência complementar instituído pela Lei nº 12.618/12:** esses servidores terão seus benefícios de aposentadoria e pensão calculados na forma disposta no art. 40 da Constituição Federal e na Emenda nº 103/2019. Não poderão ter seus benefícios limitados ao valor máximo estabelecido para os benefícios do RGPS.

- Para melhor entendimento acerca da situação dos servidores públicos efetivos quanto ao regime de previdência complementar veja a tabela abaixo:

REGIME DE PREVIDÊNCIA COMPLEMENTAR DOS SERVIDORES PÚBLICOS FEDERAIS	
Servidores que ingressaram no serviço público antes da data do início da vigência do regime de previdência complementar - Lei nº 12.618/2012.	**Servidores que ingressarem no serviço público a partir da data do início da vigência do regime de previdência complementar - Lei nº 12.618/2012.**
Só se submeterão ao teto máximo dos benefícios do RGPS e ao regime complementar por expressa opção. Com a opção pelo regime de previdência complementar terão: - benefícios pagos pelo regime próprio de previdência social, com valores limitados ao teto máximo do RGPS; - direito ao pagamento de benefício especial; - direito ao benefício de previdência complementar.	Seus benefícios de aposentadoria e pensão estarão obrigatoriamente submetidos ao limite máximo estabelecido para os benefícios do RGPS. Poderão optar por ingressar no regime de previdência complementar. Mas, se não aderirem, continuam sendo obrigatoriamente submetidos à limitação dos seus benefícios ao teto do RGPS. Com a opção pelo regime de previdência complementar terão: - benefícios pagos pelo regime próprio de previdência social, com valores limitados ao teto máximo do RGPS; - direito ao benefício de previdência complementar. • Os servidores públicos titulares de cargo efetivo da União, suas autarquias e fundações, inclusive os membros do Poder Judiciário, do Ministério Público da União e do Tribunal de Contas da União, com remuneração superior ao limite máximo estabelecido para os benefícios do Regime Geral de Previdência Social, que venham a ingressar no serviço público a partir do início da vigência do regime de previdência complementar da União, serão automaticamente inscritos no respectivo plano de previdência complementar desde a data de entrada em exercício. • Esses servidores participantes poderão requerer, a qualquer tempo, o cancelamento de sua inscrição, nos termos do regulamento do plano de benefícios. • Na hipótese de o cancelamento ser requerido no prazo de até noventa dias da data da inscrição, fica assegurado o direito à restituição integral das contribuições vertidas, a ser paga em até sessenta dias do pedido de cancelamento, corrigidas monetariamente.

23. CRIMES PREVIDENCIÁRIOS

23.1. CRIME DE APROPRIAÇÃO INDÉBITA PREVIDENCIÁRIA

Crime previsto no art. 168-A do Código Penal:

> "Deixar de repassar à previdência social as contribuições recolhidas dos contribuintes, no prazo e forma legal ou convencional:
>
> Pena – reclusão, de 2 (dois) a 5 (cinco) anos, e multa.
>
> § 1º Nas mesmas penas incorre quem deixar de:
>
> I – recolher, no prazo legal, contribuição ou outra importância destinada à previdência social que tenha sido descontada de pagamento efetuado a segurados, a terceiros ou arrecadada do público;
>
> II – recolher contribuições devidas à previdência social que tenham integrado despesas contábeis ou custos relativos à venda de produtos ou à prestação de serviços;
>
> III – pagar benefício devido a segurado, quando as respectivas cotas ou valores já tiverem sido reembolsados à empresa pela previdência social.
>
> § 2º É extinta a punibilidade se o agente, espontaneamente, declara, confessa e efetua o pagamento das contribuições, importâncias ou valores e presta as informações devidas à previdência social, na forma definida em lei ou regulamento, antes do início da ação fiscal.
>
> § 3º É facultado ao juiz deixar de aplicar a pena ou aplicar somente a multa se o agente for primário e de bons antecedentes, desde que:
>
> I – tenha promovido, após o início da ação fiscal e antes de oferecida a denúncia, o pagamento da contribuição social previdenciária, inclusive acessórios; ou
>
> II – o valor das contribuições devidas, inclusive acessórios, seja igual ou inferior àquele estabelecido pela previdência social, administrativamente, como sendo o mínimo para o ajuizamento de suas execuções fiscais.
>
> § 4º A faculdade prevista no § 3º deste artigo não se aplica aos casos de parcelamento de contribuições cujo valor, inclusive dos acessórios, seja superior àquele estabelecido, administrativamente, como sendo o mínimo para o ajuizamento de suas execuções fiscais. (Incluído pela Lei nº 13.606, de 2018"

- Extinção da punibilidade: exige-se que o agente, espontaneamente, declare, confesse e efetue o pagamento das contribuições, importâncias ou valores e preste as informações devidas à Previdência Social, antes do início da ação fiscal.
- Perdão judicial: o juiz poderá aplicar apenas a pena de multa ou não aplicar pena alguma, nos casos em que o agente seja primário e de bons antecedentes, e:

a) tenha promovido, após o início da ação fiscal e antes de oferecida a denúncia, o pagamento da contribuição social previdenciária, inclusive acessórios. Essa hipótese resta, hoje, sem aplicação, diante do entendimento que o pagamento a qualquer tempo extingue a punibilidade do crime, ou

b) se o valor das contribuições devidas, inclusive acessórios, seja igual ou inferior àquele estabelecido pela Previdência Social, administrativamente, como sendo o mínimo para o ajuizamento de suas execuções fiscais

23.2. CRIME DE SONEGAÇÃO PREVIDENCIÁRIA

- Previsto no art. 337-A do Código Penal:

> "Suprimir ou reduzir contribuição social previdenciária e qualquer acessório, mediante as seguintes condutas:
>
> I – omitir de folha de pagamento da empresa ou de documento de informações previsto pela legislação previdenciária segurados empregado, empresário, trabalhador avulso ou trabalhador autônomo ou a este equiparado que lhe prestem serviços;
>
> II – deixar de lançar mensalmente nos títulos próprios da contabilidade da empresa as quantias descontadas dos segurados ou as devidas pelo empregador ou pelo tomador de serviços;
>
> III – omitir, total ou parcialmente, receitas ou lucros auferidos, remunerações pagas ou creditadas e demais fatos geradores de contribuições sociais previdenciárias:
>
> Pena – reclusão, de 2 (dois) a 5 (cinco) anos, e multa.
>
> § 1º É extinta a punibilidade se o agente, espontaneamente, declara e confessa as contribuições, importâncias ou valores e presta as informações devidas à previdência social, na forma definida em lei ou regulamento, antes do início da ação fiscal.
>
> § 2º É facultado ao juiz deixar de aplicar a pena ou aplicar somente a de multa se o agente for primário e de bons antecedentes, desde que:
>
> I – (VETADO)
>
> II – o valor das contribuições devidas, inclusive acessórios, seja igual ou inferior àquele estabelecido pela previdência social, administrativamente, como sendo o mínimo para o ajuizamento de suas execuções fiscais.
>
> § 3º Se o empregador não é pessoa jurídica e sua folha de pagamento mensal não ultrapassa R$6.873,82 5.679,82 (seis mil oitocentos e setenta e três reais e oitenta e dois centavos) – Portaria MPS/MF nº 02/2024, o juiz poderá reduzir a pena de um terço até a metade ou aplicar apenas a de multa.
>
> § 4º O valor a que se refere o parágrafo anterior será reajustado nas mesmas datas e nos mesmos índices do reajuste dos benefícios da previdência social."

- Extinção da punibilidade: exige-se que o agente, espontaneamente, declare, confesse as contribuições, importâncias ou valores e preste as informações devidas à Previdência Social, antes do início da ação fiscal.
- Perdão judicial: o juiz poderá aplicar apenas a pena de multa ou não aplicar pena alguma, no caso em que o agente seja primário e de bons antecedentes e se o valor das contribuições devidas, inclusive acessórios, seja igual ou inferior àquele estabelecido pela Previdência Social, administrativamente, como sendo o mínimo para o ajuizamento de suas execuções fiscais.
- Causa de diminuição de pena: o juiz poderá reduzir a pena de um terço até a metade ou aplicar apenas a pena de multa quando o empregador não for pessoa jurídica e sua folha de pagamento mensal não ultrapassar R$6.873,82 (seis mil oitocentos e setenta e três reais e oitenta e dois centavos)[18].

23.3. ESTELIONATO PREVIDENCIÁRIO

Previsto no art. 171, § 3º do Código Penal:

> ***Obter**, para si ou para outrem, **vantagem ilícita**, em prejuízo alheio, induzindo ou mantendo alguém em erro, mediante artifício, ardil, ou qualquer outro meio fraudulento:*
>
> *Pena – reclusão, de 1 (um) a 5 (cinco) anos, e multa.*
>
> *(...)*
>
> ***§ 3º A pena aumenta-se de um terço, se o crime é cometido em detrimento de entidade de direito público ou de instituto de economia popular, assistência social ou beneficência** (negrito meu).*

23.4. FALSIFICAÇÃO DE DOCUMENTAÇÃO PREVIDENCIÁRIA

Previsto nos §§ 3º e 4º do art. 297 do Código Penal:

> ***Falsificar, no todo ou em parte, documento público, ou alterar documento público verdadeiro:***
>
> ***Pena – reclusão, de 2 (dois) a 6 (seis) anos, e multa.***
>
> *§ 1º Se o agente é funcionário público, e comete o crime prevalecendo-se do cargo, aumenta-se a pena de sexta parte.*
>
> *§ 2º Para os efeitos penais, equiparam-se a documento público o emanado de entidade paraestatal, o título ao portador ou transmissível por endosso, as ações de sociedade comercial, os livros mercantis e o testamento particular.*
>
> ***§ 3º Nas mesmas penas incorre quem insere ou faz inserir:***
>
> ***I – na folha de pagamento ou em documento de informações que seja destinado a fazer prova perante a previdência social, pessoa que não possua a qualidade de segurado obrigatório;***

---

18 Valor atualizado pela Portaria Interministerial MPS/MF nº 02/2024.

II – na Carteira de Trabalho e Previdência Social do empregado ou em documento que deva produzir efeito perante a previdência social, declaração falsa ou diversa da que deveria ter sido escrita;

III – em documento contábil ou em qualquer outro documento relacionado com as obrigações da empresa perante a previdência social, declaração falsa ou diversa da que deveria ter constado.

§ 4º Nas mesmas penas incorre quem omite, nos documentos mencionados no § 3º, nome do segurado e seus dados pessoais, a remuneração, a vigência do contrato de trabalho ou de prestação de serviços.

- Destaque o fato de que se o agente falsificar o documento para cometimento de estelionato, só responderá por estelionato, conforme entendimento que se extrai da **Súmula 17 do STJ:**

  "Quando o falso se exaure no estelionato, sem potencialidade lesiva, é por este absorvido."

23.5. INSERÇÃO DE DADOS FALSOS EM SISTEMA DE INFORMAÇÕES

Previsto no art. 313-A do Código Penal, *in verbis:*

Inserir ou facilitar, o funcionário autorizado, *a inserção de dados falsos, alterar ou excluir indevidamente dados corretos nos sistemas informatizados ou bancos de dados da Administração Pública* ***com o fim de obter vantagem indevida para si ou para outrem ou para causar dano.***

- **Pena** – reclusão, de 2 (dois) a 12 (doze) anos, e multa
- **Dolo específico:** o agente visa obter vantagem indevida para si ou para outrem ou para causar dano.

23.6. MODIFICAÇÃO OU ALTERAÇÃO NÃO AUTORIZADA DE SISTEMA DE INFORMAÇÕES

Modificar ou alterar, o funcionário, sistema de informações ou programa de informática sem autorização ou solicitação de autoridade competente:

Pena – detenção, de 3 (três) meses a 2 (dois) anos, e multa.

Parágrafo único. As penas são aumentadas de um terço até a metade se da modificação ou alteração resulta dano para a Administração Pública ou para o administrado.

- **Causa de aumento de pena:** se da modificação ou alteração resultar dano para a Administração Pública ou para o administrado, a pena é aumentada de um terço até a metade.

  Esta nova conduta é conhecida por data ***dilling***.

✦ SÚMULAS APLICÁVEIS

1. DOS SEGURADOS DA PREVIDÊNCIA SOCIAL

1.1. EMPREGADOS

- **TNU 27** – A ausência de registro em órgão do ministério do trabalho não impede a comprovação do desemprego por outros meios admitidos em direito.
- **TNU 18** – Para fins previdenciários, o cômputo do tempo de serviço prestado como aluno-aprendiz exige a comprovação de que, durante o período de aprendizado, houve simultaneamente: (i) retribuição consubstanciada em prestação pecuniária ou em auxílios materiais; (ii) à conta do Orçamento; (iii) a título de contraprestação por labor; (iv) na execução de bens e serviços destinados a terceiros.

1.2. SEGURADOS ESPECIAIS

- **STJ 577** – É possível reconhecer o tempo de serviço rural anterior ao documento mais antigo apresentado, desde que aparado em convincente prova testemunhal colhida sob o contraditório.
- **STJ 272** – O trabalhador rural, na condição de segurado especial, sujeito à contribuição obrigatória sobre a produção rural comercializada, somente faz jus à aposentadoria por tempo de serviço, se recolher contribuições facultativas.
- **STJ 149** – A prova exclusivamente testemunhal não basta à comprovação da atividade rurícola, para efeito da obtenção de benefício previdenciário.
- **TNU 76** – A averbação de tempo de serviço rural não contributivo não permite majorar o coeficiente de cálculo da renda mensal inicial de aposentadoria por idade previsto no art. 50 da Lei nº 8.213/91
- **TNU 46** – O exercício de atividade urbana intercalada não impede a concessão de benefício previdenciário de trabalhador rural, condição que deve ser analisada no caso concreto.
- **TNU 41** – A circunstância de um dos integrantes do núcleo familiar desempenhar atividade urbana não implica, por si só, a descaracterização do trabalhador rural como segurado especial, condição que deve ser analisada no caso concreto.
- **TNU 34** – Para fins de comprovação do tempo de labor rural, o início de prova material deve ser contemporâneo à época dos fatos a provar.
- **TNU 30** – Tratando-se de demanda previdenciária, o fato de o imóvel ser superior ao módulo rural não afasta, por si só, a qualificação de seu proprietário como segurado especial, desde que comprovada, nos autos, a sua exploração em regime de economia familiar.
- **TNU 24** – O tempo de serviço do segurado trabalhador rural anterior ao advento da Lei nº 8.213/91, sem o recolhimento de contribuições previdenciárias, pode ser considerado para a concessão de benefício previdenciário do Regime Geral de Previdência Social (RGPS), exceto para efeito de carência, conforme a regra do art. 55, § 2º, da Lei nº 8.213/91.
- **TNU 14** – Para a concessão de aposentadoria rural por idade, não se exige que o início de prova material, corresponda a todo o período equivalente à carência do benefício.
- **TNU 10** – O tempo de serviço rural anterior à vigência da Lei nº. 8.213/91 pode ser utilizado para fins de contagem recíproca, assim entendida aquela que soma

tempo de atividade privada, rural ou urbana, ao de serviço público estatutário, desde que sejam recolhidas as respectivas contribuições previdenciárias.

- **TNU 06** – A certidão de casamento ou outro documento idôneo que evidencie a condição de trabalhador rural do cônjuge constitui início razoável de prova material da atividade rurícola
- **TNU 05** – A prestação de serviço rural por menor de 12 a 14 anos, até o advento da Lei 8.213, de 24 de julho de 1991, devidamente comprovada, pode ser reconhecida para fins previdenciários.

1.3. SEGURADOS CONTRIBUINTES INDIVIDUAIS

- **STF 466** – Não é inconstitucional a inclusão de sócios e administradores de sociedades e titulares de firmas individuais como contribuintes obrigatórios da previdência social.
- **TNU 62** – O segurado contribuinte individual pode obter reconhecimento de atividade especial para fins previdenciários, desde que consiga comprovar exposição a agentes nocivos à saúde ou à integridade física.
- **TNU 52** – Para fins de concessão de pensão por morte, é incabível a regularização do recolhimento de contribuições de segurado contribuinte individual posteriormente a seu óbito, exceto quando as contribuições devam ser arrecadadas por empresa tomadora de serviços.

2. DOS DEPENDENTES DO REGIME GERAL DE PREVIDÊNCIA SOCIAL

- **STJ 416** – É devida a pensão por morte aos dependentes do segurado que, apesar de ter perdido essa qualidade, preencheu os requisitos legais para a obtenção de aposentadoria até a data do seu óbito.
- **STJ 336** – A mulher que renunciou aos alimentos na separação judicial tem direito à pensão previdenciária por morte do ex-marido, comprovada a necessidade econômica superveniente.
- **TNU 37** – A pensão por morte, devida ao filho até os 21 anos de idade, não se prorroga pela pendência do curso universitário.
- **TNU 04** – Não há direito adquirido à condição de dependente de pessoa designada, quando o falecimento do segurado deu-se após o advento da Lei 9.032/95.

3. DOS BENEFÍCIOS PREVIDENCIÁRIOS

3.1. AUXÍLIO POR INCAPACIDADE TEMPORÁRIA

- **STJ 146** – O segurado, vítima de novo infortúnio, faz jus a um único benefício somado ao salário de contribuição vigente no dia do acidente.
- **STJ 44** – A definição, em ato regulamentar, de grau mínimo de disacusia, não exclui, por si só, a concessão do benefício previdenciário.
- **TNU 78** – Comprovado que o requerente de benefício é portador do vírus HIV, cabe ao julgador verificar as condições pessoais, sociais, econômicas e culturais, de forma a analisar a incapacidade em sentido amplo, em face da elevada estigmatização social da doença.
- **TNU 77** – O julgador não é obrigado a analisar as condições pessoais e sociais quando não reconhecer a incapacidade do requerente para a sua atividade habitual.
- **TNU 73** – O tempo de gozo de auxílio-doença ou de aposentadoria por invalidez não decorrentes de acidente de trabalho só pode ser computado como tempo de contribuição ou para fins de carência quando intercalado entre períodos nos quais houve recolhimento de contribuições para a previdência social.
- **TNU 72** – É possível o recebimento de benefício por incapacidade durante período em que houve exercício de atividade remunerada quando comprovado que o segurado estava incapaz para as atividades habituais na época em que trabalhou.
- **TNU 53** – Não há direito a auxílio-doença ou a aposentadoria por invalidez quando a incapacidade para o trabalho é preexistente ao reingresso do segurado no Regime Geral de Previdência Social.
- **TST 440 –Auxílio-doença acidentário. Aposentadoria por invalidez. Suspensão do contrato de trabalho. Reconhecimento do direito à manutenção de plano de saúde ou de assistência médica.** Assegura-se o direito à manutenção de plano de saúde, ou de assistência médica, oferecido pela empresa ao empregado, não obstante suspenso o contrato de trabalho em virtude de auxílio-doença acidentário ou de aposentadoria por invalidez.
- **TST 378 – Estabilidade provisória. Acidente do trabalho. Art. 118 da Lei nº 8. 213/1991. Constitucionalidade. Pressupostos.**

I – É constitucional o artigo 118 da Lei nº 8.213/91 que assegura o direito à estabilidade provisória por período de 12 meses após a cessação do auxílio-doença ao empregado acidentado.

II – São pressupostos para a concessão da estabilidade o afastamento superior a 15 dias e a consequente percepção do auxílio-doença acidentário, salvo se constatada, após a dispensa, doença profissional que guarde relação de causalidade com a execução do contrato de emprego.

III - O empregado submetido a contrato de trabalho por tempo determinado goza da garantia provisória de emprego, decorrente de acidente de trabalho, prevista no art. 118 da Lei nº 8. 213/1991.

- **TST 371 – Aviso-prévio indenizado. Efeitos. Superveniência de auxílio-doença no curso deste.** A projeção do contrato de trabalho para o futuro, pela concessão do aviso-prévio indenizado, tem efeitos limitados às vantagens econômicas obtidas no período de pré-aviso, ou seja, salários, reflexos e verbas rescisórias. No caso de concessão de auxílio-doença no curso do aviso-prévio, todavia, só se concretizam os efeitos da dispensa depois de expirado o benefício previdenciário.

- **TST OJ nº 375 da SDI - I. Auxílio-doença. Aposentadoria por invalidez. Suspensão do contrato de trabalho. Prescrição. Contagem.** A suspensão do contrato de trabalho, em virtude da percepção do auxílio-doença ou da aposentadoria por invalidez, não impede a fluência da prescrição quinquenal, ressalvada a hipótese de absoluta impossibilidade de acesso ao Judiciário.
- **TST OJ nº 41 da SDI - I - Estabilidade. Instrumento normativo. Vigência. Eficácia.** Preenchidos todos os pressupostos para a aquisição de estabilidade decorrente de acidente ou doença profissional, ainda durante a vigência do instrumento normativo, goza o empregado de estabilidade mesmo após o término da vigência deste.
- **TST O J nº 31 da SDC - Estabilidade do acidentado. Acordo homologado. Prevalência. Impossibilidade. Violação do art. 118 da Lei nº 8. 213/91.** Não é possível a prevalência de acordo sobre legislação vigente, quando ele é menos benéfico do que a própria lei, porquanto o caráter imperativo dessa última restringe o campo de atuação da vontade das partes.

3.2. AUXÍLIO-ACIDENTE

- **STJ 507** - A acumulação de auxílio-acidente com aposentadoria pressupõe que a lesão incapacitante e a aposentadoria sejam anteriores a 11/11/97, observado o critério do artigo 23 da lei 8.213/91 para definição do momento da lesão nos casos de doença profissional ou do trabalho.
- **TNU 89** - Não há direito à concessão de benefício de auxílio-acidente quando, após consolidação das lesões decorrentes de acidente de qualquer natureza, resultarem sequelas que não reduzem a capacidade laborativa habitual nem sequer demandam dispêndio de maior esforço na execução da atividade habitual.
- **TNU 88** - A existência de limitação, ainda que leve, para o desempenho da atividade para o trabalho habitual enseja a concessão do benefício de auxílio--acidente, em observância a tese fixada sob o Tema 416 do Superior Tribunal de Justiça.

3.3. APOSENTADORIA POR INCAPACIDADE PERMANENTE

- **STJ 576** - Ausente requerimento administrativo no INSS, o termo inicial para a implantação da aposentadoria por invalidez concedida judicialmente será a data da citação válida.
- **TNU 78** - Comprovado que o requerente de benefício é portador do vírus HIV, cabe ao julgador verificar as condições pessoais, sociais, econômicas e culturais, de forma a analisar a incapacidade em sentido amplo, em face da elevada estigmatização social da doença.
- **TNU 77** - O julgador não é obrigado a analisar as condições pessoais e sociais quando não reconhecer a incapacidade do requerente para a sua atividade habitual.
- **TNU 73** - O tempo de gozo de auxílio-doença ou de aposentadoria por invalidez não decorrentes de acidente de trabalho só pode ser computado como tempo de contribuição ou para fins de carência quando intercalado entre períodos nos quais houve recolhimento de contribuições para a previdência social.
- **TNU 72** - É possível o recebimento de benefício por incapacidade durante período em que houve exercício de atividade remunerada quando comprovado que o segurado estava incapaz para as atividades habituais na época em que trabalhou.
- **TNU 53** - Não há direito a auxílio-doença ou a aposentadoria por invalidez quando a incapacidade para o trabalho é preexistente ao reingresso do segurado no Regime Geral de Previdência Social.
- **TNU 47** - Uma vez reconhecida a incapacidade parcial para o trabalho, o juiz deve analisar as condições pessoais e sociais do segurado para a concessão de aposentadoria por invalidez.
- **TNU 36** - Não há vedação legal à cumulação da pensão por morte de trabalhador rural com o benefício da aposentadoria por invalidez, por apresentarem pressupostos fáticos e fatos geradores distintos.
- **TST 440 -Auxílio-doença acidentário. Aposentadoria por invalidez. Suspensão do contrato de trabalho. Reconhecimento do direito à manutenção de plano de saúde ou de assistência médica.** Assegura-se o direito à manutenção de plano de saúde, ou de assistência médica, oferecido pela empresa ao empregado, não obstante suspenso o contrato de trabalho em virtude de auxílio-doença acidentário ou de aposentadoria por invalidez.
- **TST 160 - Aposentadoria por invalidez.** Cancelada a aposentadoria por invalidez, mesmo após cinco anos, o trabalhador terá direito de retornar ao emprego, facultado, porém, ao empregador, indenizá-lo na forma da lei.
- **TST OJ nº 375 da SDI - I - Auxílio-doença. Aposentadoria por invalidez. Suspensão do contrato de trabalho. Prescrição. Contagem.** A suspensão do contrato de trabalho, em virtude da percepção do auxílio-doença ou da aposentadoria por invalidez, não impede a fluência da prescrição quinquenal, ressalvada a hipótese de absoluta impossibilidade de acesso ao Judiciário.

3.4. APOSENTADORIAS VOLUNTÁRIAS

- **TNU 76** – A averbação de tempo de serviço rural não contributivo não permite majorar o coeficiente de cálculo da renda mensal inicial de aposentadoria por idade previsto no art. 50 da Lei nº 8.213/91.
- **TNU 75** – A Carteira de Trabalho e Previdência Social (CTPS) em relação à qual não se aponta defeito formal que lhe comprometa a fidedignidade goza de presunção relativa de veracidade, formando prova suficiente de tempo de serviço para fins previdenciários, ainda que a anotação de vínculo de emprego não conste no Cadastro Nacional de Informações Sociais (CNIS).
- **TNU 54** – Para a concessão de aposentadoria por idade de trabalhador rural, o tempo de exercício de atividade equivalente à carência deve ser aferido no período imediatamente anterior ao requerimento administrativo ou à data do implemento da idade mínima.
- **TNU 44** – Para efeito de aposentadoria por idade urbana a tabela progressiva de carência prevista no artigo 42 da Lei 8.213/91 deve ser aplicada em função do ano em que o segurado completa a idade mínima para a concessão do benefício, ainda que o período de carência só seja preenchido posteriormente.
- **TNU 33** – Quando o segurado houver preenchido os requisitos legais para concessão da aposentadoria por tempo de serviço na data do requerimento administrativo, esta data será o termo inicial da concessão do benefício.
- **TNU 14** – Para a concessão de aposentadoria rural por idade, não se exige que o início de prova material, corresponda a todo o período equivalente à carência do benefício.

3.5. APOSENTADORIA ESPECIAL

- **TNU 87** – A eficácia do EPI não obsta o reconhecimento de atividade especial exercida antes de 03/12/1998, data de início da vigência da MP 1.729/98, convertida na Lei n. 9.732/98.
- **TNU 85** – É possível a conversão de tempo comum em especial de período(s) anterior(es) ao advento da Lei nº 9.032/95, desde que todas as condições legais para a concessão do benefício pleiteado tenham sido atendidas antes da publicação da referida lei, independentemente da data de entrada do requerimento (DER).
- **TNU 82** – O código 1.3.2 do quadro anexo ao Decreto nº 53.831/64, além dos profissionais da área da saúde, contempla os trabalhadores que exercem atividades de serviços gerais em limpeza e higienização de ambientes hospitalares.
- **TNU 71** – O mero contato do pedreiro com o cimento não caracteriza condição especial de trabalho para fins previdenciários.
- **TNU 70** – A atividade de tratorista pode ser equiparada à de motorista de caminhão para fins de reconhecimento de atividade especial mediante enquadramento por categoria profissional.
- **TNU 68** – O laudo pericial não contemporâneo ao período trabalhado é apto à comprovação da atividade especial do segurado.
- **TNU 62** – O segurado contribuinte individual pode obter reconhecimento de atividade especial para fins previdenciários, desde que consiga comprovar exposição a agentes nocivos à saúde ou à integridade física
- **TNU 55** – A conversão do tempo de atividade especial em comum deve ocorrer com aplicação do fator multiplicativo em vigor na data da concessão da aposentadoria.
- **TNU 50** – É possível a conversão do tempo de serviço especial em comum do trabalho prestado em qualquer período.
- **TNU 49** – Para reconhecimento de condição especial de trabalho antes de 29/4/1995, a exposição a agentes nocivos à saúde ou à integridade física não precisa ocorrer de forma permanente.
- **TNU 09** – O uso de Equipamento de Proteção Individual (EPI), ainda que elimine a insalubridade, no caso de exposição a ruído, não descaracteriza o tempo de serviço especial prestado.

3.6. SALÁRIO-MATERNIDADE

- **STJ 657** – Atendidos os requisitos de segurada especial no RGPS e do período de carência, a indígena menor de 16 anos faz jus ao salário-maternidade.
- **TNU 45** – O salário-maternidade deve receber correção monetária desde a época do parto, independentemente da data do requerimento administrativo.
- **TST OJ nº 44 da SDI – I – Gestante. Salário-maternidade.** É devido o salário-maternidade, de 120 dias, desde a promulgação da CF/1988, ficando a cargo do empregador o pagamento do período acrescido pela Carta.
- **TST 15: Justificação – Ausência no Trabalho – Doença – Atestado Médico.** A justificação da ausência do empregado motivada por doença, para a percepção do salário-enfermidade e da remuneração do repouso semanal, deve observar a ordem preferencial dos atestados médicos, estabelecida em lei.

3.7. PENSÃO POR MORTE

- **STF 613** – Os dependentes de trabalhador rural não têm direito a pensão previdenciária, se o óbito ocorreu anteriormente à vigência da Lei Complementar 11/71.
- **STJ 663** – A pensão por morte de servidor público federal pode ser concedida ao filho inválido de qualquer idade, desde que a invalidez seja anterior ao óbito.
- **STJ 416** – É devida a pensão por morte aos dependentes do segurado que, apesar de ter perdido essa qualidade, preencheu os requisitos legais para a obtenção de aposentadoria até a data do seu óbito.

- **STJ 340** – A lei aplicável à concessão de pensão previdenciária por morte é aquela vigente na data do óbito do segurado.
- **STJ 336** – A mulher que renunciou aos alimentos na separação judicial tem direito à pensão previdenciária por morte do ex-marido, comprovada a necessidade econômica superveniente.
- **TNU 52** – Para fins de concessão de pensão por morte, é incabível a regularização do recolhimento de contribuições de segurado contribuinte individual posteriormente a seu óbito, exceto quando as contribuições devam ser arrecadadas por empresa tomadora de serviços.
- **TNU 37** – A pensão por morte, devida ao filho até os 21 anos de idade, não se prorroga pela pendência do curso universitário
- **TNU 36** – Não há vedação legal à cumulação da pensão por morte de trabalhador rural com o benefício da aposentadoria por invalidez, por apresentarem pressupostos fáticos e fatos geradores distintos.

3.8. SALÁRIO-FAMÍLIA

- **TST 344 – SALÁRIO-FAMÍLIA. TRABALHADOR RURAL.** O salário-família é devido aos trabalhadores rurais somente após a vigência da Lei nº 8.213, de 24.07.1991.
- **TST 254 – Salário-família. Termo inicial da obrigação.** O termo inicial do direito ao salário-família coincide com a prova da filiação. Se feita em juízo, corresponde à data de ajuizamento do pedido, salvo se comprovado que anteriormente o empregador se recusara a receber a respectiva certidão.

3.9. OUTRAS SÚMULAS SOBRE BENEFÍCIOS E AÇÕES PREVIDENCIÁRIAS

- **STF 729** – A decisão na ação direta de constitucionalidade não se aplica à antecipação de tutela em causa de natureza previdenciária.
- **STF 689** – O segurado pode ajuizar ação contra a instituição previdenciária perante o juízo federal do seu domicílio ou nas varas federais da capital do estado-membro.
- **STF 688** – É legítima a incidência da contribuição previdenciária sobre o 13º salário.
- **STF 687** – A revisão de que trata o art. 58 do ADCT não se aplica aos benefícios previdenciários concedidos após a promulgação da Constituição de 1988.
- **STJ 483**– O INSS não está obrigado a efetuar depósito prévio do preparo por gozar das prerrogativas e privilégios da Fazenda.
- **STJ 456** – É incabível a correção monetária dos salários de contribuição considerados no cálculo do salário de benefício de auxílio-doença, aposentadoria por invalidez, pensão ou auxílio-reclusão concedidos antes da vigência da CF/1988.
- **STJ 242**– Cabe ação declaratória para reconhecimento de tempo de serviço para fins previdenciários.
- **STJ 204** – Os juros de mora nas ações relativas a benefícios previdenciários incidem a partir da citação válida.
- **STJ 178** – O INSS não goza de isenção do pagamento de custas e emolumentos, nas ações acidentárias e de benefícios, propostas na justiça estadual.
- **STJ 175**– Descabe o depósito prévio nas ações rescisórias propostas pelo INSS.
- **STJ 148** – Os débitos relativos a benefício previdenciário, vencidos e cobrados em juízo após a vigência da Lei nº 6.899/1981, devem ser corrigidos monetariamente na forma prevista nesse diploma legal.
- **STJ 110** – A isenção do pagamento de honorários advocatícios, nas ações acidentárias, é restrita ao segurado.
- **TNU 83** – A partir da entrada em vigor da Lei n. 8.870/94, o décimo terceiro salário não integra o salário de contribuição para fins de cálculo do salário de benefício.
- **TNU 81** – A impugnação de ato de indeferimento, cessação ou cancelamento de benefício previdenciário não se submete a qualquer prazo extintivo, seja em relação à revisão desses atos, seja em relação ao fundo de direito.
- **TNU 74** – O prazo de prescrição fica suspenso pela formulação de requerimento administrativo e volta a correr pelo saldo remanescente após a ciência da decisão administrativa final.
- **TST 392 – DANO MORAL E MATERIAL. RELAÇÃO DE TRABALHO. COMPETÊNCIA DA JUSTIÇA DO TRABALHO** (redação alterada na sessão do Tribunal Pleno realizada em 27.10.2015) – Nos termos do art. 114, inc. VI, da Constituição da República, a Justiça do Trabalho é competente para processar e julgar ações de indenização por dano moral e material, decorrentes da relação de trabalho, inclusive as oriundas de acidente de trabalho e doenças a ele equiparadas, ainda que propostas pelos dependentes ou sucessores do trabalhador falecido.
- **TST OJ nº 421 – SDI** – Honorários advocatícios. Ação de indenização por danos morais e materiais decorrentes de acidente de trabalho ou de doença profissional. Ajuizamento perante a Justiça Comum antes da promulgação da Emenda Constitucional nº 45/2004. Posterior remessa dos autos à Justiça do Trabalho. Art. 85 do CPC de 2015. Art. 20 do CPC de 1973. Incidência. (atualizada em decorrência do CPC de 2015) – Res. 208/2016, DEJT divulgado em 22, 25 e 26.04.2016.

  A condenação em honorários advocatícios nos autos de ação de indenização por danos morais e materiais decorrentes de acidente de trabalho ou de doença profissional, remetida à Justiça do Trabalho após ajuizamento na Justiça comum, antes da vigência da Emenda Constitucional nº 45/2004, decorre da mera sucumbência, nos termos do art. 85 do CPC de 2015 (art. 20 do CPC de 1973), não se sujeitando aos requisitos da Lei nº 5.584/1970.

4. DO FINANCIAMENTO DA SEGURIDADE SOCIAL

4.1. DAS CONTRIBUIÇÕES SOCIAIS

- **STF - Súmula Vinculante nº 53** – A competência da Justiça do Trabalho prevista no art. 114, VIII, da Constituição Federal alcança a execução de ofício das contribuições previdenciárias relativas ao objeto da condenação constante das **sentenças que proferir e acordos por ela homologados.**
- **STF - Súmula Vinculante nº 50** – Norma legal que altera o prazo de recolhimento de obrigação tributária não se sujeita ao princípio da anterioridade.
- **STF 659** – É legítima a cobrança da COFINS, do PIS e do FINSOCIAL sobre as operações relativas a energia elétrica, serviços de telecomunicações, derivados de petróleo, combustíveis e minerais do país.
- **STJ 516** – A contribuição de intervenção no domínio econômico para o Incra (Decreto-Lei n. 1.110/1970), devida por empregadores rurais e urbanos, não foi extinta pelas Leis nº. 7.787/1989, 8.212/1991 e 8.213/1991, não podendo ser compensada com a contribuição ao INSS.
- **STJ 508** – A isenção da Cofins concedida pelo artigo 6º, II, da LC 70/91 às sociedades civis de prestação de serviços profissionais foi revogada pelo artigo 56 da lei 9.430/96.
- **STJ 468** – A base de cálculo do PIS, até a edição da MP n. 1.212/1995, era o faturamento ocorrido no sexto mês anterior ao do fato gerador.
- **STJ 423** – A Contribuição para Financiamento da Seguridade Social - COFINS incide sobre as receitas provenientes das operações de locação de bens móveis.
- **TST 454. Competência da justiça do trabalho. Execução de ofício. Contribuição social referente ao seguro de acidente de trabalho (sat). Arts. 114, VIII, e 195, i, "a", da constituição da república.** (conversão da Orientação Jurisprudencial nº 414 da SBDI-1) Compete à Justiça do Trabalho a execução, de ofício, da contribuição referente ao Seguro de Acidente de Trabalho (SAT), que tem natureza de contribuição para a seguridade social (arts. 114, VIII, e 195, I, "A", da CF), pois se destina ao financiamento de benefícios relativos à incapacidade do empregado decorrente de infortúnio no trabalho (arts. 11 e 22 da Lei nº 8.212/1991).

4.2. DO SALÁRIO DE CONTRIBUIÇÃO

- **STF 688** – É legítima a incidência da contribuição previdenciária sobre o 13º salário.
- **STF 241** – A contribuição previdenciária incide sobre o abono incorporado ao salário.
- **STJ 458** – A contribuição previdenciária incide sobre a comissão paga ao corretor de seguros.
- **STJ 456** – É incabível a correção monetária dos salários de contribuição considerados no cálculo do salário de benefício de auxílio-doença, aposentadoria por invalidez, pensão ou auxílio-reclusão concedidos antes da vigência da CF/1988.
- **STJ 310** – O Auxílio-creche não integra o salário de contribuição.
- **TNU 83** – A partir da entrada em vigor da Lei n. 8.870/94, o décimo terceiro salário não integra o salário de contribuição para fins de cálculo do salário de benefício.
- **TNU 67** – O auxílio-alimentação recebido em pecúnia por segurado filiado ao Regime Geral da Previdência Social integra o salário de contribuição e sujeita-se à incidência de contribuição previdenciária.
- **TST 367. Utilidades "in natura". Habitação. Energia elétrica. Veículo. Cigarro. Não integração ao salário.** I – A habitação, a energia elétrica e veículo fornecidos pelo empregador ao empregado, quando indispensáveis para a realização do trabalho, não têm natureza salarial, ainda que, no caso de veículo, seja ele utilizado pelo empregado também em atividades particulares. II – O cigarro não se considera salário-utilidade em face de sua nocividade à saúde.
- **TST 354. Gorjetas. Natureza jurídica. Repercussões.** As gorjetas, cobradas pelo empregador na nota de serviço ou oferecidas espontaneamente pelos clientes, integram a remuneração do empregado, não servindo de base de cálculo para as parcelas de aviso-prévio, adicional noturno, horas extras e repouso semanal remunerado.
- **TST 247 - Quebra de caixa. Natureza jurídica.** A parcela paga aos bancários sob a denominação "quebra de caixa" possui natureza salarial, integrando o salário do prestador de serviços, para todos os efeitos legais.
- **TST 203 - Gratificação por tempo de serviço. Natureza salarial.** A gratificação por tempo de serviço integra o salário para todos os efeitos legais.
- **TST 139 - Adicional de insalubridade.** Enquanto percebido, o adicional de insalubridade integra a remuneração para todos os efeitos legais.
- **TST OJ nº 123 da SDI - I - Bancários. Ajuda alimentação.** A ajuda alimentação prevista em norma coletiva em decorrência de prestação de horas extras tem natureza indenizatória e, por isso, não integra o salário do empregado bancário.

4.3. DA CONTRIBUIÇÃO DAS EMPRESAS

- **STJ 425** – A retenção da contribuição para a seguridade social pelo tomador do serviço não se aplica às empresas optantes pelo Simples.
- **STJ 360** – O benefício da denúncia espontânea não se aplica aos tributos lançados por homologação regularmente declarados, mas pagos a destempo.
- **STJ 351** – A alíquota de contribuição para o Seguro de Acidente do Trabalho (SAT) é aferida pelo grau de risco desenvolvido em cada empresa, individualizada pelo seu CNPJ, ou pelo grau de risco da atividade preponderante quando houver apenas um registro.

- **TST – Súmula nº 454** – Competência da Justiça do Trabalho. Execução de ofício. Contribuição social referente ao seguro de acidente de trabalho (SAT). Arts. 114, VIII, e 195, I, "a", da Constituição da República. (conversão da Orientação Jurisprudencial nº 414 da SBDI-1) – Compete à Justiça do Trabalho a execução, de ofício, da contribuição referente ao Seguro de Acidente de Trabalho (SAT), que tem natureza de contribuição para a seguridade social (arts. 114, VIII, e 195, I, "a", da CF), pois se destina ao financiamento de benefícios relativos à incapacidade do empregado decorrente de infortúnio no trabalho (arts. 11 e 22 da Lei nº 8.212/1991).
- **TST – 401 – AÇÃO RESCISÓRIA. DESCONTOS LEGAIS. FASE DE EXECUÇÃO. SENTENÇA EXEQÜENDA OMISSA. INEXISTÊNCIA DE OFENSA À COISA JULGADA** (conversão da Orientação Jurisprudencial nº 81 da SBDI-II) – Res. 137/2005 – DJ 22, 23 e 24.08.2005 – Os descontos previdenciários e fiscais devem ser efetuados pelo juízo executório, ainda que a sentença exeqüenda tenha sido omissa sobre a questão, dado o caráter de ordem pública ostentado pela norma que os disciplina. A ofensa à coisa julgada somente poderá ser caracterizada na hipótese de o título exeqüendo, expressamente, afastar a dedução dos valores a título de imposto de renda e de contribuição previdenciária. (ex-OJ nº 81 da SBDI-II – inserida em 13.03.2002)
- **TST – Súmula nº 368 – DESCONTOS PREVIDENCIÁRIOS. IMPOSTO DE RENDA. COMPETÊNCIA. RESPONSABILIDADE PELO RECOLHIMENTO. FORMA DE CÁLCULO. FATO GERADOR** (aglutinada a parte final da Orientação Jurispru-dencial nº 363 da SBDI-I à redação do item II e incluídos os itens IV, V e VI em sessão do Tribunal Pleno realizada em 26.06.2017) – Res. 219/2017, republicada em razão de erro material – DEJT divulgado em 12, 13 e 14.07.2017 I – A Justiça do Trabalho é competente para determinar o recolhimento das contribuições fiscais. A competência da Justiça do Trabalho, quanto à execução das contribuições previdenciárias, limita-se às sentenças condenatórias em pecúnia que proferir e aos valores, objeto de acordo homologado, que integrem o salário de contribuição. (ex-OJ nº 141 da SBDI-1 – inserida em 27.11.1998). II – É do empregador a responsabilidade pelo recolhimento das contribuições previdenciárias e fiscais, resultantes de crédito do empregado oriundo de condenação judicial. A culpa do empregador pelo inadimplemento das verbas remuneratórias, contudo, não exime a responsabilidade do empregado pelos pagamentos do imposto de renda devido e da contribuição previdenciária que recaia sobre sua quota-parte. (ex-OJ nº 363 da SBDI-1, parte final) Súmulas A-114 SÚMULAS III – Os descontos previdenciários relativos à contribuição do empregado, no caso de ações trabalhistas, devem ser calculados mês a mês, de conformidade com o art. 276, § 4º, do Decreto n º 3.048/1999 que regulamentou a Lei nº 8.212/1991, aplicando-se as alíquotas previstas no art. 198, observado o limite máximo do salário de contribuição (ex-OJs nºs 32 e 228 da SBDI-1 – inseridas, respectivamente, em 14.03.1994 e 20.06.2001). IV – Considera-se fato gerador das contribuições previdenciárias decorrentes de créditos trabalhistas reconhecidos ou homologados em juízo, para os serviços prestados até 4.3.2009, inclusive, o efetivo pagamento das verbas, configurando-se a mora a partir do dia dois do mês seguinte ao da liquidação (art. 276, "caput", do Decreto nº 3.048/1999). Eficácia não retroativa da alteração legislativa promovida pela Medida Provisória nº 449/2008, posteriormente convertida na Lei nº 11.941/2009, que deu nova redação ao art. 43 da Lei nº 8.212/91. V – Para o labor realizado a partir de 5.3.2009, considera-se fato gerador das contribuições previdenciárias decorrentes de créditos trabalhistas reconhecidos ou homologados em juízo a data da efetiva prestação dos serviços. Sobre as contribuições previdenciárias não recolhidas a partir da prestação dos serviços incidem juros de mora e, uma vez apurados os créditos previdenciários, aplica-se multa a partir do exaurimento do prazo de citação para pagamento, se descumprida a obrigação, observado o limite legal de 20% (art. 61, § 2º, da Lei nº 9.430/96). VI – O imposto de renda decorrente de crédito do empregado recebido acumuladamente deve ser calculado sobre o montante dos rendimentos pagos, mediante a utilização de tabela progressiva resultante da multiplicação da quantidade de meses a que se refiram os rendimentos pelos valores constantes da tabela progressiva mensal correspondente ao mês do recebimento ou crédito, nos termos do art. 12-A da Lei nº 7.713, de 22/12/1988, com a redação conferida pela Lei nº 13.149/2015, observado o procedimento previsto nas Instruções Normativas da Receita Federal do Brasil.
- **TST – OJ nº 398 da SDI – I.** Contribuição previdenciária. Acordo homologado em juízo sem reconhecimento de vínculo de emprego. Contribuinte individual. Recolhimento da alíquota de 20% a cargo do tomador e 11% a cargo do prestador de serviços. Nos acordos homologados em juízo em que não haja o reconhecimento de vínculo empregatício, é devido o recolhimento da contribuição previdenciária, mediante a alíquota de 20% a cargo do tomador de serviços e de 11% por parte do prestador de serviços, na qualidade de contribuinte individual, sobre o valor total do acordo, respeitado o teto de contribuição. Inteligência do § 4º do art. 30 e do inciso III do art. 22, todos da Lei nº 8.212, de 24.07.1991.
- **TST – OJ nº 368 da SDI – I.** DESCONTOS PREVIDENCIÁRIOS. IMPOSTO DE RENDA. COMPETÊNCIA. RESPONSABILIDADE PELO RECOLHIMENTO. FORMA DE CÁLCULO. FATO GERADOR (aglutinada a parte final da Orientação Jurispru-dencial nº 363 da SBDI-I à redação do item II e incluídos os itens IV, V e VI em sessão do Tribunal Pleno realizada em 26.06.2017) – Res. 219/2017, republicada em razão de erro material – DEJT divulgado em 12, 13 e 14.07.2017 I – A Justiça do Trabalho é competente para determinar o recolhimento das contribuições fiscais. A competência da Justiça do Trabalho, quanto à execução das contribuições previdenciárias, limita-se às

sentenças condenatórias em pecúnia que proferir e aos valores, objeto de acordo homologado, que integrem o salário de contribuição. (ex-OJ nº 141 da SBDI-1 – inserida em 27.11.1998). II – É do empregador a responsabilidade pelo recolhimento das contribuições previdenciárias e fiscais, resultantes de crédito do empregado oriundo de condenação judicial. A culpa do empregador pelo inadimplemento das verbas remuneratórias, contudo, não exime a responsabilidade do empregado pelos pagamentos do imposto de renda devido e da contribuição previdenciária que recaia sobre sua quota-parte. (ex-OJ nº 363 da SBDI-1, parte final) Súmulas A-114 SÚMULAS III – Os descontos previdenciários relativos à contribuição do empregado, no caso de ações trabalhistas, devem ser calculados mês a mês, de conformidade com o art. 276, § 4º, do Decreto n º 3.048/1999 que regulamentou a Lei nº 8.212/1991, aplicando-se as alíquotas previstas no art. 198, observado o limite máximo do salário de contribuição (ex-OJs nºs 32 e 228 da SBDI-1 – inseridas, respectivamente, em 14.03.1994 e 20.06.2001). IV – Considera-se fato gerador das contribuições previdenciárias decorrentes de créditos trabalhistas reconhecidos ou homologados em juízo, para os serviços prestados até 4.3.2009, inclusive, o efetivo pagamento das verbas, configurando-se a mora a partir do dia dois do mês seguinte ao da liquidação (art. 276, "caput", do Decreto nº 3.048/1999). Eficácia não retroativa da alteração legislativa promovida pela Medida Provisória nº 449/2008, posteriormente convertida na Lei nº 11.941/2009, que deu nova redação ao art. 43 da Lei nº 8.212/91. V – Para o labor realizado a partir de 5.3.2009, considera-se fato gerador das contribuições previdenciárias decorrentes de créditos trabalhistas reconhecidos ou homologados em juízo a data da efetiva prestação dos serviços. Sobre as contribuições previdenciárias não recolhidas a partir da prestação dos serviços incidem juros de mora e, uma vez apurados os créditos previdenciários, aplica-se multa a partir do exaurimento do prazo de citação para pagamento, se descumprida a obrigação, observado o limite legal de 20% (art. 61, § 2º, da Lei nº 9.430/96). VI – O imposto de renda decorrente de crédito do empregado recebido acumuladamente deve ser calculado sobre o montante dos rendimentos pagos, mediante a utilização de tabela progressiva resultante da multiplicação da quantidade de meses a que se refiram os rendimentos pelos valores constantes da tabela progressiva mensal correspondente ao mês do recebimento ou crédito, nos termos do art. 12-A da Lei nº 7.713, de 22/12/1988, com a redação conferida pela Lei nº 13.149/2015, observado o procedimento previsto nas Instruções Normativas da Receita Federal do Brasil.

5. DAS OBRIGAÇÕES ACESSÓRIAS

- **STF 439** – Estão sujeitos à fiscalização tributária ou previdenciária quaisquer livros comerciais, limitado o exame aos pontos objeto da investigação.
- **STJ 352** – A obtenção ou a renovação do Certificado de Entidade Beneficente de Assistência Social (Cebas) não exime a entidade do cumprimento dos requisitos legais supervenientes.

6. DA CERTIDÃO NEGATIVA DE DÉBITO

- **STJ 446** – Declarado e não pago o débito tributário pelo contribuinte, é legítima a recusa de expedição de certidão negativa ou positiva com efeito de negativa.

7. DA DECADÊNCIA E PRESCRIÇÃO DAS CONTRIBUIÇÕES DA SEGURIDADE SOCIAL

- **STF – Súmula Vinculante nº 8** – São inconstitucionais o parágrafo único do artigo 5º do Decreto-Lei nº 1.569/1977 e os artigos 45 e 46 da Lei nº 8.212/1991, que tratam de prescrição e decadência de crédito tributário.

8. BENEFÍCIO DE PRESTAÇÃO CONTINUADA DA ASSISTÊNCIA SOCIAL – BPC-LOAS

- **TNU 80** – Nos pedidos de benefício de prestação continuada (LOAS), tendo em vista o advento da Lei 12.470/11, para adequada valoração dos fatores ambientais, sociais, econômicos e pessoais que impactam na participação da pessoa com deficiência na sociedade, é necessária a realização de avaliação social por assistente social ou outras providências aptas a revelar a efetiva condição vivida no meio social pelo requerente.
- **TNU 79** – Nas ações em que se postula benefício assistencial, é necessária a comprovação das condições socioeconômicas do autor por laudo de assistente social, por auto de constatação lavrado por oficial de justiça ou, sendo inviabilizados os referidos meios, por prova testemunhal.
- **TNU 48** – Para fins de concessão do benefício assistencial de prestação continuada, o conceito de pessoa com deficiência, que não se confunde necessariamente com situação de incapacidade laborativa, exige a configuração de impedimento de longo prazo com duração mínima de 2 (dois) anos, a ser aferido no caso concreto, desde o início do impedimento até a data prevista para a sua cessação.
- **TNU 29** – Para os efeitos do art. 20, § 2º, da Lei n. 8.742, de 1993, incapacidade para a vida independente não é só aquela que impede as atividades mais elementares da pessoa, mas também a impossibilita de prover ao próprio sustento.
- **TNU 22** – Se a prova pericial realizada em juízo dá conta de que a incapacidade já existia na data do requerimento administrativo, esta é o termo inicial do benefício assistencial.

9. PREVIDÊNCIA DO SERVIDOR PÚBLICO

- **STF – Súmula Vinculante nº 55** – O direito ao auxílio-alimentação não se estende aos servidores inativos.
- **STF – Súmula Vinculante nº 44** – Só por lei se pode sujeitar a exame psicotécnico a habilitação de candidato a cargo público.

- **STF – Súmula Vinculante nº 43 –** É inconstitucional toda modalidade de provimento que propicie ao servidor investir-se, sem prévia aprovação em concurso público destinado ao seu provimento, em cargo que não integra a carreira na qual anteriormente investido.
- **STF – Súmula Vinculante nº 42** – É inconstitucional a vinculação do reajuste de vencimentos de servidores estaduais ou municipais a índices federais de correção monetária.
- **STF – Súmula Vinculante nº 39** – Compete privativamente à União legislar sobre vencimentos dos membros das polícias civil e militar e do corpo de bombeiros militar do Distrito Federal.
- **STF – Súmula vinculante nº 37** – Não cabe ao poder judiciário, que não tem função legislativa, aumentar vencimentos de servidores públicos sob o fundamento de isonomia.
- **STF – Súmula Vinculante nº 33 –** Aplicam-se ao servidor público, no que couber, as regras do Regime Geral de Previdência Social sobre aposentadoria especial de que trata o artigo 40, parágrafo 4º, inciso III, da Constituição Federal, até edição de lei complementar específica.
- **STJ 663** – A pensão por morte de servidor público federal pode ser concedida ao filho inválido de qualquer idade, desde que a invalidez seja anterior ao óbito.
- **TNU 66** – O servidor público ex-celetista que trabalhava sob condições especiais antes de migrar para o regime estatutário tem direito adquirido à conversão do tempo de atividade especial em tempo comum com o devido acréscimo legal, para efeito de contagem recíproca no regime previdenciário próprio dos servidores públicos.

10. PREVIDÊNCIA COMPLEMENTAR

- **STJ 590 –** Constitui acréscimo patrimonial a atrair a incidência do imposto de renda, em caso de liquidação de entidade de previdência privada, a quantia que couber a cada participante, por rateio do patrimônio, superior ao valor das respectivas contribuições à entidade em liquidação, devidamente atualizadas e corrigidas.
- **STJ 505** – a competência para processar e julgar as demandas que têm por objeto obrigações decorrentes dos contratos de planos de previdência privada firmados com a fundação rede ferroviária de seguridade social – REFER é da justiça estadual.
- **STJ 427** – A ação de cobrança de diferenças de valores de complementação de aposentadoria prescreve em cinco anos contados da data do pagamento.
- **STJ 291** – A ação de cobrança de parcelas de complementação de aposentadoria pela previdência privada prescreve em cinco anos.
- **STJ 290** – Nos planos de previdência privada, não cabe ao beneficiário a devolução da contribuição efetuada pelo patrocinador.
- **STJ 289** – A restituição das parcelas pagas a plano de previdência privada deve ser objeto de correção plena, por índice que recomponha a efetiva desvalorização da moeda.
- **TST 288** – I – A complementação dos proventos de aposentadoria, instituída, regulamentada e paga diretamente pelo empregador, sem vínculo com as entidades de previdência privada fechada, é regida pelas normas em vigor na data de admissão do empregado, ressalvadas as alterações que forem mais benéficas (art. 468 da CLT).

II – Na hipótese de coexistência de dois regulamentos de planos de previdência complementar, instituídos pelo empregador ou por entidade de previdência privada, a opção do beneficiário por um deles tem efeito jurídico de renúncia às regras do outro

III – Após a entrada em vigor das Leis Complementares nºs 108 e 109, de 29/05/2001, reger-se-á a complementação dos proventos de aposentadoria pelas normas vigentes na data da implementação dos requisitos para obtenção do benefício, ressalvados o direito adquirido do participante que anteriormente implementara os requisitos para o benefício e o direito acumulado do empregado que até então não preenchera tais requisitos.

IV – O entendimento da primeira parte do item III aplica-se aos processos em curso no Tribunal Superior do Trabalho em que, em 12/04/2016, ainda não haja sido proferida decisão de mérito por suas Turmas e Seções.

- **TST 97 – Aposentadoria. Complementação.** Instituída complementação de aposentadoria por ato da empresa, expressamente dependente de regulamentação, as condições desta devem ser observadas como parte integrante da norma.
- **TST 92 – Aposentadoria.** O direito à complementação de aposentadoria, criado pela empresa, com requisitos próprios, não se altera pela instituição de benefício previdenciário por órgão oficial.
- **TST 87 – Previdência privada.** Se o empregado, ou seu beneficiário, já recebeu da instituição previdenciária privada, criada pela empresa, vantagem equivalente, é cabível a dedução de seu valor do benefício a que faz jus por norma regulamentar anterior.
- **TST 52 – Tempo de serviço.** O adicional de tempo de serviço (quinquênio) é devido, nas condições estabelecidas no art. 19 da Lei nº 4. 345, de 26. 06. 1964, aos contratados sob o regime da CLT, pela empresa a que se refere a mencionada lei, inclusive para o fim de complementação de aposentadoria.
- **TST OJ nº 276 da SDI – I – Ação declaratória.** Complementação de aposentadoria. É incabível ação declaratória visando a declarar direito à complementação de aposentadoria, se ainda não atendidos os requisitos necessários à aquisição do direito, seja por via regulamentar, ou por acordo coletivo.
- **TST OJ nº 129 da SDI – I – Prescrição. Complementação da pensão e auxílio funeral.** A prescrição extintiva para pleitear judicialmente o paga-

mento da complementação de pensão e do auxílio-funeral é de 2 anos, contados a partir do óbito do empregado.

11. CRIMES PREVIDENCIÁRIOS

- **STF – Súmula Vinculante nº 24** – Não se tipifica crime material contra a ordem tributária, previsto no art. 1º, incisos I a IV, da Lei nº 8.137/90, antes do lançamento definitivo do tributo.
- **STF 711** – A lei penal mais grave aplica-se ao crime continuado ou ao crime permanente, se a sua vigência é anterior à cessação da continuidade ou da permanência.
- **STJ 24** – Aplica-se ao crime de estelionato, em que figure como vítima entidade autárquica da previdência social, a qualificadora do § 3º, do art. 171 do código penal.
- **STJ 17** – Quando o falso se exaure no estelionato, sem mais potencialidade lesiva, e por este absorvido.

12. SEGURO-DESEMPREGO

- **TST 389 – Seguro-desemprego. Competência da Justiça do Trabalho. Direito à indenização por não liberação de guias** I – Inscreve-se na competência material da Justiça do Trabalho a lide entre empregado e empregador tendo por objeto indenização pelo não-fornecimento das guias do seguro-desemprego. II – O não fornecimento pelo empregador da guia necessária para o recebimento do seguro-desemprego dá origem ao direito à indenização.

Direito Civil

Welington Pereira

TABELA DE INCIDÊNCIA DE QUESTÕES

Distribuição das questões organizada por ordem didática de assuntos		
Assunto	**Número de Questões**	**Peso**
1. LEI DE INTRODUÇÃO ÀS NORMAS DO DIREITO BRASILEIRO	29	8,48%
2. PARTE GERAL	142	41,52%
3. DO DIREITO DAS OBRIGAÇÕES	50	14,62%
4. DOS CONTRATOS	61	17,84%
5. DOS ATOS UNILATERAIS	2	0,58%
6. DA RESPONSABILIDADE CIVIL	32	9,36%
7. DAS PREFERÊNCIAS E PRIVILÉGIOS CREDITÓRIOS	8	2,34%
8. DO DIREITO DE EMPRESA	14	4,09%
9. DOS DIREITOS REAIS	4	1,77%
Total	**342**	**100%**

Direito Civil

Welington Pereira

✦ QUESTÕES

Obs. As questões e seus respectivos gabaritos levam em consideração a legislação vigente à data da PUBLICAÇÃO do edital e da realização da prova. Posteriores alterações legislativas, não justificam alterações na redação do enunciado ou no gabarito da questão.

1. LEI DE INTRODUÇÃO ÀS NORMAS DO DIREITO BRASILEIRO

Atualização: registramos que a lei 13.665 de 25 de abril de 2018, introduziu os artigos 20 a 30, na presente lei, cujas disposições trAtam sobre segurança jurÍdica e eficiência na criação e na aplição do direto público.

Obs: alertamos aos candidatos para que fiquem atentos a essas mudanças, pois tem sido reinteradamente cobradas em diversos concursos.

---

01. FGV - 2023 - TST - Juiz do Trabalho

A Constituição da República de 1988 e a Lei de Introdução às Normas do Direito Brasileiro dispõem sobre as normas de vigência e eficácia das leis no tempo e o princípio da irretroatividade das leis.

Com relação a esse tema, de acordo com o disposto nas normas jurídicas brasileiras, é correto afirmar que:

a) a lei revogada se restaura por ter a lei revogadora perdido a vigência;

b) a lei posterior revoga a anterior somente quando expressamente o declare;

c) o sistema normativo brasileiro admite expressamente a hipótese de perda de vigência da lei por descumprimento reiterado;

d) mesmo depois de transitada em julgado a decisão de mérito, poderão ser deduzidas ou repelidas as alegações e as defesas que a parte poderia opor tanto ao acolhimento quanto à rejeição do pedido;

e) consideram-se adquiridos assim os direitos que o seu titular, ou alguém por ele, possa exercer, como aqueles cujo começo do exercício tenha termo prefixo, ou condição preestabelecida inalterável, a arbítrio de outrem.

COMENTÁRIOS

Observação: essa questão não está na prova de direito civil, mas na prova Noções Gerais de Direito e Formação Humanística

Alternativa "a". A assertiva está incorreta, tendo em vista que contraria texto expresso de lei, conforme previsto no art. 2º, §3º, da LINDB: "§ 3º Salvo disposição em contrário, a lei revogada não se restaura por ter a lei revogadora perdido a vigência".

Alternativa "b". A assertiva está errada, pois diz menos do que a lei determina. Nesse sentido, a assertiva afirma que a lei posterior, somente revoga lei anterior quando expressamente o declara. Contudo, o §1º, do art. 2º, da LINDB, doutrina que a lei posterior revoga lei anterior quando expressamente o declare, seja com ela incompatível ou ainda, quando regule inteiramente a matéria de que tratava a lei anterior. Vejamos a literalidade do dispositivo: "§ 1º A lei posterior revoga a anterior quando expressamente o declare, quando seja com ela incompatível ou quando regule inteiramente a matéria de que tratava a lei anterior."

Alternativa "c". O desuso ou o costume negativo, chamado de desuetudo, isto é, a obsolescência de algo por deixar de ser praticado. Nesse sentido, não há norma no ordenamento jurídico que admita que um lei perca a vigência pelo seu desuso. Ao contrário, o art. 2º, da LINDB, doutrina que a lei terá vigência até que outra a modifique ou revogue, salvo se for uma lei temporária. Nesse sentido, vejamos: "Art. 2º Não se destinando à vigência temporária, a lei terá vigor até que outra a modifique ou revogue."

Alternativa "d". A assertiva contrária expressamente a norma contida no art. 508, do CPC: "Art. 508. Transitada em julgado a decisão de mérito, considerar-se-ão deduzidas e repelidas todas as alegações e as defesas que a parte poderia opor tanto ao acolhimento quanto à rejeição do pedido."

Alternativa "e". Assertiva está correta. Sua redação concorda literalmente com o que prevê a redação do §2º, do art. 6º, da LINDB: "§ 2º Consideram-se adquiridos assim os direitos que o seu titular, ou alguém por êle, possa exercer, como aquêles cujo comêço do exercício tenha têrmo pré-fixo, ou condição pré-estabelecida inalterável, a arbítrio de outrem."

---

02. (TRT 8 – Juiz do Trabalho Substituto 8ª Região/2015) Quanto às leis, é CORRETO afirmar que:

a) Se, antes de entrar a lei em vigor, ocorrer nova publicação de seu texto, destinada à correção, inclusive no estrangeiro, o prazo de 45 dias começará a correr da nova publicação.

b) A lei nova, que estabeleça disposições gerais ou especiais a par das já existentes, não revoga nem modifica a lei anterior.

c) A lei posterior só revoga a anterior quando seja com ela incompatível ou quando regule inteiramente a matéria de que tratava a lei anterior.

d) A lei revogada se restaura quando a lei revogadora perde a sua vigência.

e) A lei posterior só derroga a anterior quando expressamente o declare, quando seja com ela incompatível ou quando regule inteiramente a matéria de que tratava a lei anterior.

COMENTÁRIOS

Alternativa incorreta: letra "a". A redação da assertiva mescla as normas contidas nos §1º e §3º, do art. 1º, da LINDB. Entretanto, a assertiva contradiz o §3º, vejamos os textos legais citados: "Art. 1º Salvo disposição contrária, a lei começa a vigorar em todo o país quarenta e cinco dias depois de oficialmente publicada. § 1º Nos Estados, estrangeiros, a obrigatoriedade da lei brasileira, quando admitida, se inicia três meses depois de oficialmente publicada. § 3º Se, antes de entrar a lei em vigor, ocorrer nova publicação de seu texto, destinada a correção, o prazo deste artigo e dos parágrafos anteriores começará a correr da nova publicação."

Alternativa incorreta: letra "c". A redação da assertiva desvirtua o que preceitua o §1º, do art. 2º, da LINDB: "A lei posterior revoga a anterior quando expressamente o declare, quando seja com ela incompatível ou quando regule inteiramente a matéria de que tratava a lei anterior."

Alternativa incorreta: letra "d". O preceito contido no §3º, do art. 2º, da LINDB, contradiz o que afirma a assertiva: "Salvo disposição em contrário, a lei revogada não se restaura por ter a lei revogadora perdido a vigência."

Alternativa incorreta: letra "e". A redação da assertiva afronta o que dispõe o texto legal. Além disso, a sua redação usa a expressão derrogação, revogação parcial, que é uma espécie de revogação, expressão usada pelo texto legal. Vejamos a redação do texto legal, contido no §1º, do art. 2º, da LINDB: "A lei posterior revoga a anterior quando expressamente o declare, quando seja com ela incompatível ou quando regule inteiramente a matéria de que tratava a lei anterior."

Alternativa correta: letra "b". A afirmativa corresponde a literalidade do § 2º, do art. 2º, da LINDB: "A lei nova, que estabeleça disposições gerais ou especiais a par das já existentes, não revoga nem modifica a lei anterior."

---

03. (FCC – Juiz do Trabalho Substituto 6ª Região/2015) No tocante à revogação da lei, considere:

I. Ocorre a revogação tácita quando há a incompatibilidade das disposições normativas novas com as já existentes; na impossibilidade de coexistirem normas contraditórias, aplica-se o critério da prevalência da mais antiga.

II. Se a lei nova estabelecer disposições gerais ou especiais a par das já existentes, não haverá revogação nem modificação da lei anterior.

III. Quanto à extensão da revogação da lei, quando esta for total ocorrerá a ab-rogação, que consiste na supressão integral da norma anterior, como, por exemplo, o Código Civil atual, que ab-rogou o anterior, de 1916.

Está correto o que consta APENAS em

a) I.

b) II.

c) I e II.

d) II e III.

e) I e III.

COMENTÁRIOS

✪ **Nota do autor:** Será analisado cada item da questão para atestar o acerto da alternativa.

Item I – A assertiva está incorreta, apesar da sua primeira parte estar correta, a segunda parte não está. Na revogação tácita, aplica-se a regra da prevalência da norma mais recente, isto é, adota-se o critério cronológico (*lex posterior derogat legi priori*), contrariando o que afirma a segunda parte da assertiva. Nesse sentido, é o que dispõe o §1º do art. 2º, da LINDB: "Não se destinando à vigência temporária, a lei terá vigor até que outra a modifique ou revogue. § 1º A lei posterior revoga a anterior quando expressamente o declare, quando seja com ela incompatível ou quando regule inteiramente a matéria de que tratava a lei anterior."

Item II – A assertiva está correta, pois corresponde a literalidade do §2º, do art. 2º, da LINDB: "A lei nova, que estabeleça disposições gerais ou especiais a par das já existentes, não revoga nem modifica a lei anterior."

Item III – A afirmativa está correta. Ab-rogação é o mesmo que revogação total, por outro lado, a revogação parcial é denominada de derrogação.

Alternativa correta: letra "d".

---

04. (FCC – Juiz do Trabalho Substituto 6ª Região/2015) De acordo com a Lei de Introdução às Normas do Direito Brasileiro, na hierarquia, interpretação e integração da lei,

a) a equidade constitui meio integrativo pelo qual se supre a lacuna da lei, empregando-se sempre que o juiz considerar a hipótese concreta como passível de sua aplicação nos autos.

b) a interpretação autêntica é também denominada literal ou gramatical, atendo-se ao exame do texto normativo sob o ponto de vista semântico e linguístico.

c) no que se refere aos princípios gerais de direito, estes encontram-se sempre implícitos no sistema jurídico, tratando-se de regras de natureza genérica que orientam sua compreensão na aplicação e integração das normas jurídicas.

d) somente se aplica a interpretação extensiva da norma legal se não houver a possibilidade, primeiramente, de aplicação analógica da lei.

e) nos mecanismos de integração do sistema jurídico, a analogia figura em primeiro lugar, consubstanciando- se no fundamento pelo qual a situações semelhantes deve-se aplicar a mesma regra de direito.

COMENTÁRIOS

Alternativa incorreta: letra "a". A equidade não é meio supletivo ou integrativo de lacuna da lei, é apenas um recurso auxiliar da sua aplicação. Isso quer dizer que só se deve utilizar a equidade quando a própria lei permite, criando espaços ou lacunas que possibilite ao magistrado formular a norma mais adequada ao caso. Somente é utilizada quando a lei expressamente autoriza, não sendo, portanto, forma de integrar a lei, mas mecanismo para a sua aplicação.

Alternativa incorreta: letra "b". Interpretação autentica ou legislativa é aquela realizada pelo próprio legislador. Ocorre quando este percebe a necessidade de editar nova lei, com o objetivo de esclarecer sua intenção em outra lei, cujo texto tenha ficado ambíguo. Por sua vez, a interpretação gramatical, também chamada de literal, consiste no exame do texto sob o ponto de vista linguístico. Portanto, os métodos interpretativos são distintos e antagônicos.

Alternativa incorreta: letra "c".

Os princípios gerais do direito podem ser implícitos, encontrando-se na consciência dos povos, mas também explícitos, isto é escritos, como é o caso do que diz que "ninguém pode lesar a outrem (art. 186, CC), vedação ao enriquecimento sem causa (art. 876, 1.216, 1.220, 1.225 etc.), o que não admite escusa de não cumprimento da lei por desconhecimento (LINDB, art. 3º).

Alternativa incorreta: letra "d". Analogia é meio de integração de norma, ou seja, será utilizada naquelas hipóteses em que não há lei que regula a matéria, o que justifica que se utiliza norma existente, para regular matéria que não há norma especifica. Por outro lado, a interpretação extensiva é método de interpretar a norma existente, isto é, não busca integrar a lacuna da lei, mas tão somente ampliar o sentido da lei para abranger outras situações, nas hipóteses em que o interprete entende que o alcance da norma é mais amplo do que apresenta o seu texto.

Alternativa correta: letra "e". O Brasil adota o sistema de integração hierarquizado de normas, estando a analogia no topo da pirâmide dos mecanismos de integração. Nesse sentido, somente poderá ser utilizado os outros meios de integração, se a analogia não puder ser aplicada, pois o direito brasileiro prioriza a aplicação da lei escrita. Essa é a determinação do art. 4º, do LINDB: "Quando a lei for omissa, o juiz decidirá o caso de acordo com a analogia, os costumes e os princípios gerais de direito".

---

05. (FCC – Juiz do Trabalho Substituto 6ª Região/2015) No tocante à revogação da lei, considere:

I. Ocorre a revogação tácita quando há a incompatibilidade das disposições normativas novas com as já existentes; na impossibilidade de coexistirem normas contraditórias, aplica-se o critério da prevalência da mais antiga.

II. Se a lei nova estabelecer disposições gerais ou especiais a par das já existentes, não haverá revogação nem modificação da lei anterior.

III. Quanto à extensão da revogação da lei, quando esta for total ocorrerá a ab-rogação, que consiste na supressão integral da norma anterior, como, por exemplo, o Código Civil atual, que ab-rogou o anterior, de 1916.

Está correto o que consta APENAS em

a) I.

b) II.

c) I e II.

d) II e III.

e) I e III.

COMENTÁRIOS

Item I – O item está incorreto. Em verdade, ao contrário do que constou da redação do item em exame, via de regra, prevalece, em caso de conflito aparente de normas no tempo, o conteúdo das normas mais novas e não das mais antigas, como equivocadamente posto pelo examinador no item em apreço.

Item II – O item está correto, porquanto em conformidade com o que dispõe o art. 2º, §2º, da Lei de Introdução às Normas do Direito Brasileiro, com a seguinte redação: "A lei nova, que estabeleça disposições gerais ou especiais a par das já existentes, não revoga nem modifica a lei anterior."

Item III – O item está correto. A assertiva está correta. Isso porque, em doutrina, a ab-rogação consiste na revogação total de um determinado diploma normativo, o que, de fato, ocorreu com o vetusto Código Civil de 1916, quando da entrada em vigor do Código Civil de 2002.

Alternativa correta: letra "d". Todos os itens da questão serão analisados.

---

06. (TRT 8 – Juiz do Trabalho Substituto 8ª Região/2015) Quanto à validade e eficácia dos negócios e demais atos jurídicos, constituídos antes da entrada em vigor do atual Código Civil Brasileiro, assinale a alternativa CORRETA:

a) O ato jurídico de criação das fundações, com quaisquer fins, instituídas segundo a legislação anterior à entrada em vigor do Código Civil atual, subordina-se, quanto ao seu funcionamento, ao Código Civil de 1916 tendo em vista a eficácia temporal.

b) É válida convenção firmada sob a égide do Código Civil de 1916, ainda que contrarie preceito de ordem pública estabelecido no novo Código Civil, desde que para assegurar a função social dos contratos e da propriedade.

c) Os atos jurídicos de dissolução e liquidação de associações, sociedades, fundações, organizações religiosas, partidos políticos e empresas individuais de responsabilidade limitada, mesmo que inicialmente submetidos às regras do Código Civil de 1916, com a entrada em vigor do novo Código Civil, deverão amoldar-se às regras deste último.

d) A validade dos negócios e demais atos jurídicos, constituídos antes da entrada em vigor do atual Código Civil Brasileiro, obedece ao disposto nas leis anteriores, Código Civil de 1916 (Lei nº 3.071/16) e Código Comercial (Lei nº 556/50), mas os seus efeitos, produzidos após a vigência do atual Código Civil Brasileiro, aos preceitos dele se subordinam, salvo se houver sido prevista pelas partes determinada forma de execução.

e) As modificações dos atos constitutivos das associações, sociedades, fundações, organizações religiosas, partidos políticos e empresas individuais de responsabilidade limitada criadas na vigência do Código Civil anterior, bem como, a sua transformação, incorporação, cisão ou fusão, regem-se pelo Código Civil Brasileiro anterior tendo em vista a eficácia temporal.

COMENTÁRIOS

Alternativa incorreta: letra "a". A alternativa está incorreta, porquanto contraria o disposto no art. 2.031 do CC: "As associações, sociedades e fundações, constituídas na forma das leis anteriores, bem como os empresários, deverão se adaptar às disposições deste Código até 11 de janeiro de 2007."

Alternativa incorreta: letra "b". A assertiva contraria o disposto no art. 2.035, parágrafo único, do CC: "Nenhuma convenção prevalecerá se contrariar preceitos de ordem pública, tais como os estabelecidos por este Código para assegurar a função social da propriedade e dos contratos."

Alternativa incorreta: letra "c". A alternativa está dissonante do que prescreve o texto legal. Neste sentido, confira a redação do art. 2.031 do CC: "As associações, sociedades e fundações, constituídas na forma das leis anteriores, bem como os empresários, deverão se adaptar às disposições deste Código até 11 de janeiro de 2007. Parágrafo único. O disposto neste artigo não se aplica às organizações religiosas nem aos partidos políticos."

Alternativa incorreta: letra "e". A assertiva está incorreta, em razão dos mesmos fundamentos constantes do comentário precedente.

Alternativa correta: letra "d". A assertiva está correta, porquanto em conformidade com o art. 2.035 do CC, com a seguinte redação: "A validade dos negócios e demais atos jurídicos, constituídos antes da entrada em vigor deste Código, obedece ao disposto nas leis anteriores, referidas no art. 2.045, mas os seus efeitos, produzidos após a vigência deste Código, aos preceitos dele se subordinam, salvo se houver sido prevista pelas partes determinada forma de execução."

---

07. (FCC – Juiz do Trabalho Substituto 15ª Região/2015) Dispõe a Lei de Introdução às Normas do Direito Brasileiro que a lei em vigor terá efeito imediato e geral, respeitados o ato jurídico perfeito, o direito adquirido e a coisa julgada (art. 6º). Com a superveniência de um novo Código de Processo Civil,

a) independentemente de a lei nova favorecer ou não a qualquer das partes, os processos iniciados na vigência do Código anterior serão por ele regulados até o cumprimento da respectiva sentença, tendo em vista a impossibilidade de retroatividade da lei nova.

b) as partes poderão arguir direito adquirido a tratamento que lhes fosse mais favorável segundo o Código anterior, até o trânsito em julgado da sentença dos processos iniciados na vigência deste.

c) os atos praticados na vigência do Código antigo que forem incompatíveis com o novo deverão ser refeitos, tendo em vista a regra do efeito imediato.

d) os atos praticados na vigência do Código antigo serão preservados, mas, quanto aos que tiverem de ser praticados na vigência do novo Código, salvo disposição em contrário, a este obedecerão, não podendo as partes arguir direito adquirido a tratamento que lhes fosse mais favorável segundo o Código anterior.

e) as questões de direito intertemporal deverão ser examinadas em cada caso pelo juiz, porque Códigos sempre derrogam a Lei de Introdução às Normas do Direito Brasileiro.

COMENTÁRIOS

Alternativa incorreta: letra "a". A assertiva está equivocada. Isso porque, a teor do que preconiza o art. 6º da LINDB, a lei terá efeito imediato e geral. Desse modo, as normas de natureza processual são aplicáveis de plano, o que conduz ao desacerto da alternativa em apreço.

Alternativa incorreta: letra "b". A assertiva está equivocada, pelos motivos já expostos quando do comentário à alternativa correta, letra "d".

Alternativa incorreta: letra "c". A assertiva está equivocada, porquanto, via de regra, a legislação nova não tem o condão de produzir efeitos retroativos.

Alternativa incorreta: letra "e". A alternativa está equivocada. Em primeiro lugar, cumpre salientar que, ao contrário do que constou da alternativa em exame, novas codificações não têm o efeito de derrogar as normas da Lei de Introdução às Normas do Direito Brasileiro. Demais disso, o referido diploma legal estabelece as regras e princípios que devem nortear a entrada em vigor de uma novel legislação, afastando a conclusão acerca de uma análise casuística.

Alternativa correta: letra "d". A assertiva está correta, porquanto em conformidade com o que preceitua o art. 6º da LINDB: "A Lei em vigor terá efeito imediato e geral, respeitados o ato jurídico perfeito, o direito adquirido e a coisa julgada. §1º. Reputa-se ato jurídico perfeito o já consumado segundo a lei vigente ao tempo em que se efetuou."

---

08. (FCC - Juiz do Trabalho Substituto 23ª Região/2015) Quando o novo Código de Processo Civil entrar em vigor

a) serão atingidos todos os processos em curso, sem exceção de qualquer ato, tendo em vista o efeito retroativo da lei processual.

b) todos os processos em curso, assim como os atos processuais posteriores ao início da vigência da nova lei, continuarão regidos pelo Código de Processo Civil atual.

c) serão atingidos todos e quaisquer processos e atos processuais, tendo em vista o efeito imediato da lei processual, com exceção apenas das decisões transitadas em julgado.

d) serão atingidos todos os processos e atos processuais em curso, tendo em vista o efeito imediato da lei nova, salvo quanto aos atos que constituírem direito adquirido, ato jurídico perfeito e coisa julgada.

e) serão atingidos todos os processos, incluindo os que possuam decisão transitada em julgado, tendo em vista o efeito retroativo da lei processual.

COMENTÁRIOS

Alternativas incorretas: letras "a", "b", "c" e "e". As assertivas estão incorretas, porquanto em desconformidade com o que preconiza o art. 6º da LINDB.

Alternativa correta: letra "d". Como é cediço, o art. 6º da LINDB consagra dois princípios distintos, quais sejam, o da aplicabilidade imediata e o da irretroatividade da lei. Assim, tão logo se inicie a vigência do novel CPC, suas disposições atingirão todos os processos em curso. Entretanto, permanecem válidos e eficazes todos os atos processuais praticados na vigência do CPC de 1973, que se constituem em atos jurídicos perfeitos, os quais são infensos à vigência da nova legislação.

---

09. (FCC - Juiz do Trabalho Substituto 24ª Região/2015) A Lei no 12.016/2009, disciplinando o mandado de segurança individual e coletivo, vigora a par do Código de Processo Civil e

a) ab-rogou-o expressamente.

b) ab-rogou-o tacitamente.

c) derrogou-o expressamente.

d) não o derrogou nem o ab-rogou.

e) derrogou-o tacitamente.

COMENTÁRIOS

Alternativas incorretas: letras "a", "b", "c" e "e". As alternativas estão equivocadas por manifesta contrariedade ao disposto no art. 2º, §2º, da LINDB.

Alternativa correta: letra "d". Considerando-se que a Lei n.º 12.016/2009, apenas estabelece normas especiais a par daquelas consignadas no CPC, o referido diploma normativo não derroga, nem ab-roga o Código de Processo Civil. É o que decorre do disposto no art. 2º, §2º, da LINDB, com a seguinte redação: "A lei nova, que estabeleça disposições gerais ou especiais a par das já existentes, não revoga nem modifica a lei anterior."

---

10. (TRT 8 - Juiz do Trabalho Substituto 8ª Região/2014) Analise as proposições a seguir e marque a única alternativa que contempla as afirmações CORRETAS:

I. Salvo disposição contrária, a lei começa a vigorar em todo o país trinta dias depois de oficialmente publicada. Nos Estados estrangeiros, a obrigatoriedade da lei brasileira, quando admitida, se inicia três meses depois de oficialmente publicada. Se, antes de entrar a lei em vigor, ocorrer nova publicação de seu texto, destinada a correção, o prazo de vigência será contado da nova publicação. As correções a texto de lei já em vigor consideram-se lei nova.

II. Segundo o ordenamento jurídico brasileiro, não obstante o disposto no art. 1° da Lei de Introdução às Normas do Direito Brasileiro, admite-se prazo diverso para a vacatio legis, desde que a vigência da lei seja indicada de forma expressa e de modo a contemplar prazo razoável para que dela se tenha amplo conhecimento, reservada a cláusula "entra em vigor na data de sua publicação" para as leis de pequena repercussão.

III. Em prol da segurança jurídica, as leis civis produzem seus efeitos a partir de sua vigência. A irretroatividade é, portanto, a regra, no silêncio da lei, mas poderá haver retroatividade, se expressa e não ofender direito adquirido, ato jurídico perfeito e coisa julgada.

IV. No que tange à eficácia espacial das leis, no direito brasileiro prevalece a adoção do princípio da territorialidade moderada, admitindo-se tanto regras de territorialidade, como de extraterritorialidade. Contudo, mesmo para as hipóteses legais de aplicação da extraterritorialidade, as leis, atos e sentenças de outro país, bem como quaisquer declarações de vontade, não terão eficácia no Brasil, quando ofenderem a soberania nacional, a ordem pública e os bons costumes.

V. No âmbito do direito brasileiro, excluídas as hipóteses de vigência temporária, a lei permanece em vigor até que outra a modifique ou revogue. Essa revogação pode ser expressa, quando a nova norma enuncia a revogação dos dispositivos anteriores, ou tácita, quando, embora não enunciando a revogação, a nova norma disciplina a matéria de forma diversa e incompatível. No que diz respeito à abrangência da revogação, diz-se que há derrogação quando a nova norma revoga totalmente a anterior, e ab-rogação quando a nova norma revoga apenas parcialmente a lei anterior.

a) Estão corretas apenas as afirmações II e IV.
b) Todas as afirmações estão corretas.
c) Estão corretas apenas as afirmações III e V.
d) Estão corretas apenas as afirmações I e III.
e) Estão corretas apenas as afirmações II, III e IV.

COMENTÁRIOS

Item I: incorreto. A redação atribuída ao item está parcialmente incorreta. O equívoco da assertiva, encontra-se no fato de que ela contraria o que dispõe o art. 1º, *caput*, da Lei de Introdução às Normas do Direito Brasileiro. Eis o teor do mencionado dispositivo legal: "Salvo disposição contrária, a lei começa a vigorar em todo o país quarenta e cinco dias depois de oficialmente publicada." No tocante às demais questões versadas no item examinado, estas encontram-se em consonância ao art. 1º, §§ 3º e 4º, da Lei de Introdução.

Item II: correto. A assertiva está correta. Isso porque, o art. 1º da LINDB admite a possibilidade de a lei estabelecer prazo de *vacatio legis* diverso daquele consagrado no dispositivo em exame. Exemplo disso, é o caso do próprio Código Civil, que contemplou prazo de *vacatio legis* de 1 (um) ano.

Item III: correto. O item está correto. Como é cediço, a regra, no tocante ao marco inicial da vigência dos atos normativos, é a irretroatividade. Usualmente, a doutrina diz que o art. 6º da LINDB consagra dois princípios distintos, quais sejam, o da irretroatividade e da aplicação imediata. Obviamente, caso a lei não gere repercussões na esfera do direito adquirido, do ato jurídico perfeito e da coisa julgada, é possível, excepcionalmente, admitir a retroatividade do ato normativo. Tais circunstâncias conduzem ao acerto do enunciado do item em questão. Para corroborar o ora exposto, transcreve-se o teor do art. 6º da LINDB: "A Lei em vigor terá efeito imediato e geral, respeitados o ato jurídico perfeito, o direito adquirido e a coisa julgada."

Item IV: correto. A assertiva está correta. Existem diversos dispositivos constantes da própria Lei de Introdução que corroboram o acerto do item examinado. Vale dizer, existem hipóteses em que a lei estrangeira pode ser aplicada no território brasileiro, mitigando o princípio da territorialidade. À guisa meramente exemplificativa, é oportuno mencionar o teor do art. 11 do referido diploma normativo: "As organizações destinadas a fins de interesse coletivo, como as sociedades e as fundações, obedecem à lei do Estado em que se constituírem." Outro exemplo de possibilidade de aplicação de legislação alienígena pode ser extraído do art. 13 da LINDB, com o seguinte teor: "A prova dos fatos ocorridos em país estrangeiro rege-se pela lei que nele vigorar, quanto ao ônus e aos meios de produzir-se, não admitindo os tribunais brasileiros provas que a lei brasileira desconheça." Por derradeiro, é oportuno mencionar que a redação do item está em plena consonância ao que preceitua o art. 17 da LINDB, cujo teor ora se transcreve: "As leis, atos e sentenças de outro país, bem como quaisquer declarações de vontade, não terão eficácia no Brasil, quando ofenderem a soberania nacional, a ordem pública e os bons costumes."

Item V: incorreto. A assertiva está incorreta. A revogação total é designada na doutrina sob o epíteto de "ab-rogação", ao passo que a revogação parcial é denominada "derrogação". As demais questões abordadas pelo item estão em consonância às normas da LINDB, especialmente aquelas constantes do art. 2º do referido diploma normativo.

Alternativa correta: letra "e". Todos os itens da questão serão analisados.

---

11. (FCC – Juiz do Trabalho Substituto 18ª Região/2014) Em relação à hierarquia, integração e interpretação da lei, examine os enunciados seguintes:

I. A própria lei, prevendo a possibilidade de inexistir norma jurídica adequada ao caso concreto, indica os meios de suprir a omissão, prescrevendo caber ao julgador decidir de acordo com a analogia, os costumes e os princípios gerais de direito.

II. Nos meios de integração da norma em face de omissão da lei ao caso concreto, há rígida hierarquia, não podendo o Juiz valer-se indistintamente da analogia, usos e costumes ou princípios gerais de direito conforme seu critério discricionário, de oportunidade e conveniência.

III. Os negócios jurídicos benéficos e a renúncia não admitem o emprego da analogia, nem a interpretação extensiva, pois dispõe a lei que são interpretados estritamente.

a) III.

b) I e II.

c) II e III

d) II.

e) I e III.

COMENTÁRIOS

Afirmativa I: correta. Corresponde ao que prescreve o art. 4º da LINDB: "Quando a lei for omissa, o juiz decidirá o caso de acordo com a analogia, os costumes e os princípios gerais de direito."

Afirmativa II: incorreta (matéria polêmica). Não há consenso na doutrina quanto a existência ou não de hierarquia quanto ao uso dos meios de integração da norma em face de omissão da lei ao caso concreto. Nesse sentido, parte da doutrina entende que há uma ordem de preferência entre os instrumentos de integração, o que retira do juiz a discricionariedade no uso desses mecanismos, devendo primeiro usada da analogia, somente depois valer-se dos costumes e dos princípios gerais do direito. Por outro lado, parte da doutrina entende que não há ordem de preferência ou hierarquia entre tais instrumentos. A banca optou por acatar o posicionamento dessa segunda corrente.

Afirmativa III: correta. A assertiva corresponde ao que prescreve a norma contida no art. 114 do CC: "Os negócios jurídicos benéficos e a renúncia interpretam-se estritamente."

Alternativa correta: letra "e". A despeito da afirmativa II gerar certa polêmica, é possível afirmar que as afirmativas I e III, estão corretas.

12. (FCC – Juiz do Trabalho Substituto 18ª Região/2014) A tradicional afirmação de que a lei que permite o mais, permite o menos; a que proíbe o menos, proíbe o mais, é exemplo de interpretação:

a) lógico-sistemática.

b) sociológica ou teleológica.

c) histórica ou investigativa.

d) gramatical ou literal.

e) jurisprudencial ou judicial.

COMENTÁRIOS

Alternativa incorreta: letra "b". Esse método interpretativo tem por escopo adequar a norma às exigências sociais atuais. Portanto, não tem qualquer relação com o enunciado da questão.

Alternativa incorreta: letra "c". Esse método de interpretação investiga os antecedentes que deram origem a norma, para encontrar seu significa original.

Alternativa incorreta: letra "d". O método gramatical ou literal faz sua análise do texto normativo considerando os aspectos linguísticos.

Alternativa incorreta: letra "e". É a interpretação dos tribunais sobre o texto legal.

Alternativa correta: letra "a". Interpretação lógico-sistemática é aquele que considera o direito como um sistema lógico. Nesse sentido, a lei não existe isoladamente, devendo ser interpretada pelo sistema jurídico do qual faz parte. Portanto, é nesse contexto que se pode afirmar que a lei que permite o mais, permite o menos; a que proíbe o menos, proíbe o mais, pois sua interpretação se faz, não apenas no seu âmbito imediato de abrangência, mas considera todo o seu alcance dentro do sistema do qual faz parte.

13. (TRT 2 – Juiz do Trabalho Substituto 2ª Região/2014) A lei do país em que é domiciliada a pessoa determina as regras sobre o começo e o fim da personalidade, o nome, a capacidade e os direitos de família. Aponte a alternativa correta:

a) Quando ambos os nubentes forem estrangeiros, será aplicada a lei estrangeira, mesmo que o casamento seja realizado no Brasil.

b) O casamento de estrangeiros poderá celebrar-se perante as autoridades diplomáticas ou consulares do país de ambos os nubentes.

c) Quando os nubentes tiverem domicílio diverso, a lei do domicílio da mulher regerá os casos de invalidade do matrimônio.

d) O divórcio realizado no estrangeiro, se um ou ambos os cônjuges forem brasileiros, só será reconhecido no Brasil depois de 3 (três) anos da data da sentença, salvo se houver sido antecedida de separação judicial por igual prazo, caso em que a homologação produzirá efeito imediato, obedecidas as condições estabelecidas para a eficácia das sentenças estrangeiras no país.

e) O regime de bens, legal ou convencional, obedece à lei do país em que tiverem os nubentes domicílio, e, se este for diverso, a do chefe da família.

COMENTÁRIOS

Alternativa incorreta: letra "a". A afirmativa está incorreta, eis que o art. 7º, §1º, da Lei de Introdução às Normas do Direito Brasileiro contém disposição expressa no sentido de que, ainda que os nubentes sejam estrangeiros, aplicam-se a lei brasileira quanto a questão dos impedimentos dirimentes e as formalidades de celebração. Senão, veja-se: "Realizando-se o casamento no Brasil, será aplicada a lei brasileira quanto aos impedimentos dirimentes e às formalidades da celebração."

Alternativa incorreta: letra "c". A assertiva está incorreta, pois contraria o disposto no art. 7º, §3º, da Lei de Introdução às Normas do Direito Brasileiro, *in verbis:* "Tendo os nubentes domicílio diverso, regerá os casos de invalidade do matrimônio a lei do primeiro domicílio conjugal."

Alternativa incorreta: letra "d". A redação da presente alternativa adultera o que preceitua o art. 7º, §6º, da Lei de Introdução às Normas do Direito Brasileiro, com a seguinte redação: "O divórcio realizado no estrangeiro, se um ou ambos os cônjuges forem brasileiros, só será reconhecido no Brasil depois de 1 (um) ano da data da sentença, salvo se houver sido antecedida de separação judicial por igual prazo, caso em que a homologação produzirá efeito imediato, obedecidas as condições estabelecidas para a eficácia das sentenças estrangeiras no país. O Superior Tribunal de Justiça, na forma de seu regimento interno, poderá reexaminar, a requerimento do interessado, decisões já proferidas em pedidos de homologação de sentenças estrangeiras de divórcio de brasileiros, a fim de que passem a produzir todos os efeitos legais."

Alternativa incorreta: letra "e". A assertiva está equivocada, porquanto contraria o disposto no art. 7º, §4º, da Lei de Introdução às Normas do Direito Brasileiro. É oportuno transcrever, com o fito de corroborar o entendimento ora esposado, a literalidade do texto legal: "O regime de bens, legal ou convencional, obedece à lei do país em que tiverem os nubentes domicílio, e, se este for diverso, a do primeiro domicílio conjugal."

Alternativa correta: letra "b". A assertiva está correta, porquanto em consonância ao que dispõe o art. 7º, §2º, da Lei de Introdução às Normas do Direito Brasileiro. Eis o teor do mencionado dispositivo legal: "O casamento de estrangeiros poderá celebrar-se perante autoridades diplomáticas ou consulares do país de ambos os nubentes."

---

14. (TRT 14 – Juiz do Trabalho Substituto 14ª Região/ 2013) Analise as proposições abaixo e após marque a alternativa correta:

I. Denomina-se "vacatio legis" o lapso entre a data de publicação de uma lei e sua entrada em vigor e, pelo princípio da obrigatoriedade simultânea, quando não houver estipulação de prazo, será de 45 dias após a publicação da lei, para o País e para o Exterior.

II. Para as leis que estabeleçam período de vacância, a contagem do prazo para a entrada em vigor far-se-á com a inclusão da data da publicação e do último dia do prazo, entrando em vigor no dia subsequente à sua consumação integral.

III. Reconhecida pelo STF a inconstitucionalidade de determinada lei, a decisão afetará os atos praticados no período da "vacatio legis".

a) Apenas as proposições I e II são falsas.

b) Apenas as proposições I e III são falsas.

c) Apenas as proposições II e III são falsas.

d) Todas as proposições são verdadeiras.

e) Todas as proposições são falsas.

COMENTÁRIOS

✪ **Nota do autor:** Analisaremos cada item da questão para verificar qual alternativa está correta.

Item I: O presente item é falso, tendo em vista que o prazo de 45 (quarenta e cinco) dias, após a sua publicação, para entrar em vigor a lei no território nacional, não se aplica quando a lei brasileira é admitida no exterior, cuja obrigatoriedade inicia-se três meses depois de oficialmente publicada.

Item II: O termo inicial para a contagem do prazo de vacatio legis é a data de sua publicação, conforme o caput do art. 8º da LC nº 95/98: "A vigência da lei será indicada de forma expressa e de modo a contemplar prazo razoável para que dela se tenha amplo conhecimento, reservada a cláusula 'entra em vigor na data de sua publicação' para as leis de pequena repercussão." E a forma estabelecida para a contagem deve ser conforme estabelece o § 1º do mesmo dispositivo: "A contagem do prazo para entrada em vigor das leis que estabeleçam período de vacância far-se-á com a inclusão da data da publicação e do último dia do prazo, entrando em vigor no dia subsequente à sua consumação integral." O item está correto.

Item III: A lei não produz seus efeitos no período de "vacatio legis", portanto, não há que se falar em atos praticados nesse interregno. O item está incorreto.

Considerando que as assertivas I e III são falsas, pode-se afirmar que a alternativa correta é a letra "b".

---

15. (TRT 14 – Juiz do Trabalho Substituto 14ª Região/ 2013) De acordo com a Lei de Introdução às Normas do Direito Brasileiro, em casos de lacunas jurídicas o juiz irá recorrer a:

I. analogia;

II. equidade;

III. direito comparado;

IV. costumes;

V. máximas de experiência.

a) Apenas as proposições I, II e IV estão corretas.

b) Apenas as proposições I, III e IV estão corretas.

c) Apenas as proposições I, II e V estão corretas.

d) Apenas as proposições II, III e V estão corretas.

e) Apenas as proposições I e IV estão corretas.

COMENTÁRIOS

✪ **Nota do autor:** Considerando que todas as alternativas tratam da mesma questão, optamos por fazer um único comentário englobando todas as proposições.

Alternativa correta: letra "e". A Lei de Introdução às Normas do Direito Brasileiro determina que no caso de omissão da lei, o juiz deverá se valer da analogia, os costumes e os princípios gerais de direito. Destarte, somente as proposições I e IV estão corretas, as demais (II e III) estão incorretas. Vejamos a redação do dispositivo legal: "Art. 4º Quando a lei for omissa, o juiz decidirá o caso de acordo com a analogia, os costumes e os princípios gerais de direito."

---

16. (FCC – Juiz do Trabalho Substituto 6ª Região/ 2013) A Lei no 2 dispôs sobre toda a matéria de que tratava a Lei no 1; a Lei no 4 trouxe disposição incompatível com a Lei no 3, a Lei no 6 expressamente revogou algumas disposições da Lei no 5 e a Lei Geral no 8 trouxe, sobre a mesma matéria, disposições a par da Lei Especial no 7. Pode-se, então, afirmar que

a) a Lei nº 3 e a Lei nº 7 sofreram revogação tácita.

b) a Lei nº 5 foi derrogada e a Lei nº 7 não sofreu revogação parcial, nem total.

c) a Lei nº 5 foi ab-rogada e a Lei no 7 sofreu derrogação.

d) a Lei nº 7 foi revogada tacitamente e a Lei no 5 foi expressamente ab-rogada.

e) as Leis nº 1 e no 5 sofreram ab-rogação.

COMENTÁRIOS

Alternativa incorreta: letra "a". A assertiva encontra-se parcialmente equivocada. De fato, a Lei n.º 3 sofreu revogação tácita e parcial, tendo em vista que a Lei n.º 4 consagrou disposições incompatíveis com o mencionado diploma normativo. Entretanto, a Lei n.º 7, como exposto no comentário precedente não sofreu qualquer tipo de revogação, tendo em vista que a Lei n.º 8, que disciplinou matéria idêntica, se consubstancia em lei geral. Incorreta, pois, a alternativa em exame.

Alternativa incorreta: letra "c". A Lei n.º 5, conforme exposto alhures, não sofreu ab-rogação (revogação total), mas derrogação (revogação parcial). De outro lado, a Lei n.º 7, repise-se, permanece em pleno vigor, por força da adoção do critério da especialidade.

Alternativa incorreta: letra "d". A Lei n.º 7 não sofreu revogação parcial, já que a Lei n.º 8 se consubstancia em lei geral. Por outro lado, a Lei n.º 5, sofreu apenas revogação parcial (ou derrogação). Diante disso, a alternativa sob enfoque é falsa.

Alternativa incorreta: letra "e". A Lei n.º 1, ao contrário do que constou da assertiva em apreço, sofreu revogação tácita, tendo em vista que sua matéria foi integralmente tratada pela Lei n.º 2. A Lei n.º 5, por seu turno foi derrogada (revogação parcial), conforme amplamente exposto nos Comentários anteriores. Incorreta, portanto, a alternativa em apreço.

Alternativa correta: letra "b". A assertiva encontra-se correta. Conforme se extrai do enunciado da questão, a Lei n.º 5 foi parcialmente revogada pela Lei n.º 6, configurando-se, neste contexto, a derrogação que, nas lições de Flávio Tartuce, se opera quando "uma lei nova torna sem efeito parte de uma lei anterior"(TARTUCE, Flávio. *Manual de Direito Civil – Volume Único.* 2ª ed. São Paulo: Método, 2013, p. 7). No tocante à Lei n.º 7, é possível dizer, de forma inexorável, que não houve revogação parcial, nem total. Isso porque, consoante deflui do enunciado da questão, a matéria versada no mencionado diploma normativo foi objeto de regulação por lei geral. Nesse sentido, adotando-se o critério da especialidade, não há qualquer influência da Lei n.º 8 sobre a Lei n.º 7. Tais considerações conduzem ao acerto da assertiva sob enfoque.

---

17. (TRT 8 – Juiz do Trabalho Substituto 8ª Região/2013) Sobre lei civil (eficácia espacial e temporal; princípio da irretroatividade; revogação; derrogação; e direito adquirido) é CORRETO afirmar que:

a) O casamento e o regime de bens entre os cônjuges serão disciplinados pela lei em vigor na celebração do pacto antenupcial.

b) Os direitos sucessórios serão regidos pela lei do tempo da abertura da sucessão; a lei aplicável aos contratos será a do tempo da sua constituição; o testamento submete-se às leis do tempo em que foi elaborado; a qualificação dos direitos reais submete-se à lei nova.

c) Realizando-se o casamento no Brasil, será aplicada a lei brasileira quanto aos impedimentos dirimentes e às formalidades da celebração. O casamento de estrangeiros pode celebrar-se: perante as autoridades diplomáticas ou consulares do país de ambos os nubentes. Contudo, caso os nubentes tenham domicílio diverso, regerá os casos de invalidade do matrimônio a lei do último domicílio.

d) O estrangeiro casado, que se naturalizar brasileiro, pode, mediante anuência expressa de seu cônjuge, requerer ao juiz, no ato de entrega do decreto de naturalização, se apostile ao mesmo a adoção do regime de separação total de bens, respeitados os direitos de terceiros e dada esta adoção ao competente registro.

e) O divórcio realizado no estrangeiro, se um ou ambos os cônjuges forem brasileiros, só será reconhecido no Brasil depois de 2 (dois) anos da data da sentença, salvo se houver sido antecedida de separação judicial, caso em que a homologação produzirá efeito imediato, obedecidas as condições estabelecidas para a eficácia das sentenças estrangeiras no país. Neste caso, o Superior Tribunal de Justiça, na forma de seu regimento interno, poderá reexaminar, a requerimento do interessado, decisões já proferidas em pedidos de homologação de sentenças estrangeiras de divórcio de brasileiros, a fim de que passem a produzir todos os efeitos legais.

COMENTÁRIOS

Alternativa incorreta: letra "a". A assertiva é incorreta, uma vez que de acordo com o art. 1639, §1º, do CC, "o regime de bens entre os cônjuges começa a vigorar desde a data do casamento". Em face do princípio da autonomia privada, em regra, é possível que os cônjuges escolham o regime por meio da celebração de pacto antenupcial, desde que este não contrarie a ordem pública; e ressalvadas as hipóteses em que o Código impõe a separação obrigatória. A propósito, a validade do referido pacto depende da forma de escritura pública (art. 1653 do CC), sendo a sua eficácia dependente do advento de condição suspensiva (casamento). Por derradeiro, para que o pacto produza efeitos erga omnes, deve ser registrado no Cartório de Registro de Imóveis (art. 1657 do CC).

Alternativa incorreta: letra "c". A assertiva está parcialmente incorreta. Isso porque, ao contrário do que constou do seu respectivo enunciado, tendo os nubentes domicílio diverso, regerão os casos de invalidade do matrimônio, as normas vigentes no primeiro domicílio conjugal. É o que decorre das disposições inseridas no art. 7º, §3º, da LINDB, com a seguinte redação: "Tendo os nubentes domicílio diverso, regerá os casos de invalidade do matrimônio a lei do primeiro domicílio conjugal."

Alternativa incorreta: letra "d". Resta claro que a alternativa em apreço foi inspirada no art. 7º, §5º, da LINDB. Contudo, o referido dispositivo menciona que é possível apostilar, no ato de entrega do decreto de naturalização, o regime de comunhão parcial e não o de separação total, conforme propunha o incorreto enunciado acima. A respeito, colaciona-se a literalidade da previsão legal: "O estrangeiro casado, que se naturalizar brasileiro, pode, mediante expressa anuência de seu cônjuge, requerer ao juiz, no ato de entrega do decreto de naturalização, se apostile ao mesmo a adoção do regime de comunhão parcial de bens, respeitados os direitos de terceiros e dada esta adoção ao competente registro".

Alternativa incorreta: letra "e". A assertiva contraria as disposições insculpidas no art. 7º, §6º, da LINDB, cujo teor ora se transcreve: "O divórcio realizado no estrangeiro, se um ou ambos os cônjuges forem brasileiros, só será reconhecido no Brasil depois de 1 (um) ano da data da sentença, salvo se houver sido antecedida de separação judicial por igual prazo, caso em que a homologação produzirá efeito imediato, obedecidas as condições estabelecidas para a eficácia das sentenças estrangeiras no país. O Superior Tribunal de Justiça, na forma de seu regimento interno, poderá reexaminar, a requerimento do interessado, decisões já proferidas em pedidos de homologação de sentenças estrangeiras de divórcio de brasileiros, a fim de que passem a produzir todos os efeitos legais."

Alternativa correta: letra "b". Nos termos do art. 1.787 do CC, regula "a sucessão e a legitimação para suceder a lei vigente ao tempo da abertura daquela." Por outro lado, os liames contratuais e os negócios jurídicos em geral devem ser regulados pela legislação em vigor na data de sua constituição, não podendo a lei posterior, a rigor, retroagir para atingir relações jurídicas entabuladas em período pretérito. Isso porque, o contrato regularmente convencionado ou o testamento validamente constituído se consubstanciam em atos jurídicos perfeitos, infensos à influência de ulterior legislação. Neste sentido, aliás, preconiza a Lei de Introdução às Normas do Direito Brasileiro: "A Lei em vigor terá efeito imediato e geral, respeitados o ato jurídico perfeito, o direito adquirido e a coisa julgada." Por derradeiro, como os direitos reais foram contemplados em um rol taxativo (art. 1.225 do CC), sua qualificação como tal depende da legislação em vigor. De tal sorte, se ulterior legislação suprimir determinado direito real do rol do mencionado dispositivo legal, este perderá sua qualificação como tal, já que, repise-se, trata-se de rol *numerus clausus*. Verifica-se, pois, que os direitos reais submetem-se ao chamado princípio da tipicidade. Somente serão direitos reais, portanto, aqueles que estiverem contemplados no rol estabelecido pela legislação de regência.

---

18. (TRT 15 – Juiz do Trabalho Substituto 15ª Região/2013) A mais recente Súmula do TST, n. 445, dispõe: "A indenização por frutos percebidos pela posse de má-fé, prevista no art. 1.216 do Código Civil, por tratar-se de regra afeta a direitos reais, mostra-se incompatível com o Direito do Trabalho, não sendo devida no caso de inadimplemento de verbas trabalhistas". A propósito dos institutos relacionados na Súmula, é incorreto dizer:

a) direitos reais dizem respeito aos homens e o seu domínio sobre as coisas (direito patrimonial), mas que se constituem, efetivamente, na perspectiva obrigacional, por um dado de pessoalidade estabelecido entre o titular da coisa e todas as demais pessoas;

b) o possuidor de má fé responde por todos os frutos colhidos e percebidos, bem como pelos que, por culpa sua, deixou de perceber, desde o momento em que se constituiu de má fé;

c) inadimplemento é o descumprimento de uma obrigação assumida contratualmente;

d) o ato ilícito não se confunde com inadimplemento, sendo que aquele que, por ação ou omissão voluntária, negligência ou imprudência, violar direito e causar dano a outrem, ainda que exclusivamente moral, comete ato ilícito e também comete ato ilícito o titular de um direito que, ao exercê-lo, excede manifestamente os limites impostos pelo seu fim econômico ou social, pela boa-fé ou pelos bons costumes;

e) nos termos da Lei de Introdução às Normas do Direito Brasileiro, o juiz não está autorizado a utilizar a analogia, valendo-se do conjunto normativo de ramo do Direito alheio à sua competência jurisdicional.

COMENTÁRIOS

Nota de atualização:

O artigo 389, do CC, recebeu nova redação da Lei nº 14.905, de 2024: Art. 389. Não cumprida a obrigação, responde o devedor por perdas e danos, mais juros, atualização monetária e honorários de advogado. Redação dada pela Lei nº 14.905, de 2024)

Parágrafo único. Na hipótese de o índice de atualização monetária não ter sido convencionado ou não estar previsto em lei específica, será aplicada a variação do Índice Nacional de Preços ao Consumidor Amplo (IPCA), apurado e divulgado pela Fundação Instituto Brasileiro de Geografia e Estatística (IBGE), ou do índice que vier a substituí-lo. (Incluído pela Lei nº 14.905, de 2024)

Alternativa correta: letra "a". Os direitos reais podem ser definidos como os vínculos diretos de poder entre o sujeito e a coisa com eficácia *erga omnes*. Neste sentido, aliás, são as lições de Flávio Tartuce, para quem "o direito real constitui um poder imediato sobre a coisa, com eficácia contra todos" (TARTUCE, Flávio. *Manual de Direito Civil – Volume Único*. 2ª ed. São Paulo: Método, 2013, p. 793). Correta, portanto, a assertiva sob análise.

Alternativa correta: letra "b". A assertiva está correta. O possuidor de má-fé, nos moldes do art. 1.216 do CC, responde pelos frutos colhidos e por aqueles que não puderam ser percebidos, em razão do exercício irregular da posse. Eis o teor do mencionado dispositivo legal: "O possuidor de má-fé responde por todos os frutos colhidos e percebidos, bem como pelos que, por culpa sua, deixou de perceber, desde o momento em que se constituiu de má-fé; tem direito às despesas da produção e custeio."

Alternativa correta: letra "c". O inadimplemento pode ser definido como o descumprimento da prestação objeto de um vínculo obrigacional. Saliente-se que, na hipótese de inadimplemento, aplica-se o art. 389 do CC, com a seguinte redação: "Não cumprida a obrigação, responde o devedor por perdas e danos, mais juros e atualização monetária segundo índices oficiais regularmente estabelecidos, e honorários de advogado."

Alternativa correta: letra "d". A alternativa está correta. O inadimplemento, como analisado no comentário precedente, se configura quando o devedor descumpre a prestação objeto de um vínculo obrigacional. Em tal hipótese, estamos diante de responsabilidade contratual. A responsabilidade civil extracontratual (ou aquiliana) se funda, basicamente, em dois pilares distintos. O primeiro deles, e mais tradicional, é o ato ilícito, cuja definição encontra-se discriminada no art. 186 do CC: "Aquele que, por ação ou omissão voluntária, negligência ou imprudência, violar direito e causar dano a outrem, ainda que exclusivamente moral, comete ato ilícito." O segundo deles, inovação no âmbito da vigente codificação, é o abuso de direito, conceituado no art. 187 do CC: "Também comete ato ilícito o titular de um direito que, ao exercê-lo, excede manifestamente os limites impostos pelo seu fim econômico ou social, pela boa-fé ou pelos bons costumes." Tais considerações conduzem à inexorável conclusão de que a assertiva é verdadeira.

Alternativa incorreta: letra "e". A assertiva está incorreta, por faltar-lhe amparo normativo. Nos termos do art. 4º da LINDB, na hipótese de lacuna normativa, o magistrado deve se valer da analogia, dos costumes e dos princípios gerais de direito, para de supri-la. A analogia é, pois, um mecanismo de integração da ordem jurídica que se consubstancia na utilização de norma jurídica existente para disciplinar caso concreto semelhante e não expressamente regulamentado pela ordem legal. A partir de um mero exame perfunctório do texto legal, percebe-se que não há qualquer vedação ou óbice à utilização de normas de qualquer ramo do direito na seara juslaboral. Ademais, convém lembrar ao candidato que, hodiernamente, a tendência é que se promova o diálogo das fontes, com o desiderato de atingir uma maior efetividade das normas jurídicas.

---

19. (TRT 2 – Juiz do Trabalho Substituto 2ª Região/2013) Quanto à hierarquia, interpretação e integração da lei, observe as proposições abaixo e ao final aponte a alternativa que contenha as proposituras corretas:

I. A parêmia latina *in claris cessat interpretatio* não tem qualquer aplicabilidade, pois tanto as leis claras como as ambíguas comportam interpretação.

II. Interpretação significa estender o sentido da norma a relações novas, inéditas ao tempo de sua criação.

III. A equidade judicial é aquela em que o legislador, explícita ou implicitamente, diz incumbir ao magistrado a decisão por equidade ao caso concreto.

IV. Para integrar a lacuna o Juiz recorre à equidade, para bem interpretar o sistema.

V. É uma das funções da interpretação temperar o alcance do preceito normativo, para fazê-lo corresponder às necessidades reais e atuais de caráter social.

Está correta a alternativa:

a) I, III e V.

b) I, II e III.

c) II, III e IV.

d) III, IV e V.

e) I, IV e V.

COMENTÁRIOS

Item I – Correto. O brocardo latino *in claris cessat interpretatio*, traduz a ideia de que basta a mera interpretação semântica ou gramatical, para que o intérprete extraia o sentido e o alcance da norma jurídica enfocada. Entretanto, tal método de interpretação, embora inegavelmente seja o ponto de partida para extrair o sentido das normas, nem sempre é suficiente para atingir efetivamente a melhor interpretação do texto legal. Desse modo, ao método gramatical devem ser conjugados outros métodos, com o fito de estabelecer, de forma adequada, a correta interpretação dos dispositivos legais. De tal sorte, correta a assertiva em apreço.

Item II – Incorreto. Ao reverso do que constou do enunciado do item em apreço, a interpretação é a atividade cognitiva do magistrado tendente a fixar o sentido e o alcance da norma jurídica. Assim, tal função não tem qualquer correlação com a extensão de norma jurídica preexistente a situações de fato constituídas após a sua criação. Diante de tais considerações, não é possível admitir o acerto do item em exame.

Item III – Correto. A assertiva está correta. A equidade judicial se configura quando o legislador atribui ao magistrado a prerrogativa de decidir o caso concreto à luz da equidade. Neste sentido, é imperioso citar, à guisa de exemplo, as disposições inseridas no art. 127 do CPC, com a seguinte redação: "o juiz só decidirá por equidade nos casos previstos em lei."

Item IV – Incorreto. Tradicionalmente, a equidade não era concebida como um mecanismo de integração da ordem jurídica. Neste sentido, o magistrado, na hipótese de lacuna normativa, deveria recorrer à analogia, aos costumes e aos princípios gerais de direito, conforme determina a Lei de Introdução às Normas do Direito Brasileiro. Este, aliás, parece ter sido o entendimento adotado pela banca examinadora neste particular, já que o item em apreço foi considerado incorreto. Contudo, salienta-se que, na doutrina civilista mais contemporânea, há uma tendência em se reconhecer a equidade como fonte subsidiária do direito, conforme leciona Flávio Tartuce: "Todavia, no sistema contemporâneo privado, a equidade deve ser considerada uma fonte informal ou indireta do direito. [...] a equidade também pode ser tida como fonte do Direito Civil Contemporâneo, principalmente diante dos regramentos orientadores adotados pela nova codificação." (TARTUCE, Flávio. *Manual de Direito Civil – Volume Único*. 2ª ed. São Paulo: Método, 2013, pp. 23-24)

Item V – Correto. A interpretação, enquanto atividade cognitiva do magistrado, tem por desiderato, como amplamente exposto alhures, estabelecer o sentido e o alcance da norma jurídica. Ademais, o juiz, ao interpretar uma determinada norma jurídica, também a adapta à realidade social que o circunda, conferindo-lhe o sentido mais consentâneo ao momento histórico em que está inserida. Desse modo, correta a afirmação constante do item sob comento.

Alternativa correta: letra "a". Todos os itens da questão serão analisados, com o desiderato de demonstrar o acerto da alternativa sob enfoque.

20. (TRT/14ª RG – XVIII Concurso – 2012) Assinale a alternativa CORRETA:

a) As sentenças estrangeiras, em virtude dos tratados e convenções assinadas pelo Brasil, terão vigência interna.

b) Será executada no Brasil a sentença proferida no estrangeiro desde que as partes tenham sido citadas, todavia, havendo-se legalmente verificada a revelia esta não é exequível.

c) Verificados os requisitos para execução no Brasil de sentença proferida no estrangeiro, se houver de aplicar a lei estrangeira, ter-se-á em vista a disposição desta, sem considerar-se qualquer remissão por ela feita a outra lei.

d) Para que a sentença estrangeira seja executada no Brasil, em razão das convenções internacionais, deverá ser submetida à autorização pelo Ministério das Relações exteriores e ser homologada pelo Supremo Tribunal Federal.

e) A sentença estrangeira para ser executada no Brasil deverá ser traduzida por intérprete indicado pelas partes, cujas despesas deverão ser suportadas por estas.

COMENTÁRIOS

✪ **Nota do autor:** Cabe ressaltar que as decisões judiciais prolatadas por órgãos judiciais estrangeiros podem ser cumpridas no Brasil. Sem embargo, tais decisões não se aplicam automaticamente, elas devem ser homologadas pelo Superior Tribunal de Justiça, cuja competência para tal matéria está definida no art. 105, I, *i*, da Constituição da República. A homologação pelo STJ somente ocorrerá quando a decisão preencher determinados requisitos de regularidade formal e material, estabelecidos pelo procedimento previsto nos arts. 483 e 484 do Código de Processo Civil, na Resolução nº 9, da Presidência do STJ e na Lei nº 12.376/10 – Lei de Introdução as Normas do Direito Brasileiro.

Alternativa "a": incorreta. A incorreção da assertiva está no fato de que as sentenças estrangeiras não têm vigência interna, em virtude dos tratados e convenções internacionais. A vigência de uma decisão alienígena no Brasil depende da homologação do STJ, isto é, deve-se verificar a sua conformidade formal e material, com o que dispõe o procedimento previsto nos arts. 483 e 484 do Código de Processo Civil, na Resolução nº 9, da Presidência do STJ e o que dispõe a Lei nº 12.376/10 – Lei de Introdução as Normas do Direito Brasileiro. Preenchidos os requisitos necessários o STJ exarar o *exequatur*, que é o mesmo que *cumpra-se*. Somente depois de proferido o *exequatur* é que a decisão judicial proferida por órgão estrangeiro terá eficácia no Brasil.

Alternativa "b": incorreta. A redação da presente assertiva vai de encontro com o que dispõe o texto legal, ou seja, a assertiva afirma que "será executada no Brasil a sentença proferida no estrangeiro desde que as partes tenham sido citadas, **todavia**, havendo-se legalmente verificada a revelia esta não é exequível." Por sua vez, o texto legal caminha em sentido diametralmente oposto, pois afirma o artigo 15 da LINDB, que "Será executada no Brasil a sentença proferida no estrangeiro, que reúna os seguintes requisitos: *b)* terem sido as partes citadas ou **haver-se** legalmente verificado à revelia; ". (Grifo nosso)

Alternativa "d": incorreta. A Emenda Constitucional nº 45 de 2004, alterou a competência para a homologação de sentenças estrangeiras no Brasil, antes da sua vigência a competência era do Supremo Tribunal Federal, posteriormente a competência passou a ser do STJ, conforme determina o art. 105, I, *i*, da Constituição da República. Nesse sentido, a afirmativa da assertiva está duplamente equivocada, pois a homologação de decisões estrangeiras não é conferida ao STF, nem carece de autorização do Ministério das Relações Exteriores, haja vista que tal procedimento possui natureza jurisdicional.

Alternativa "e": incorreta. A lei determina que a tradução deve ser feita por intérprete autorizado, e não escolhido pelas partes, como assevera a assertiva. Nesse sentido, é o teor do art. 15, *alínea d,* da LINDB: "Será executada no Brasil a sentença proferida no estrangeiro, que reúna os seguintes requisitos: [...] d) estar traduzida por intérprete autorizado; ".

Alternativa "c": correta. O acerto da questão está no fato de que a sua redação reproduz o que aduz a norma contida no art. 16 da LINDB: "Quando, nos termos dos artigos precedentes, se houver de aplicar a lei estrangeira, ter-se-á em vista a disposição desta, sem considerar-se qualquer remissão por ela feita a outra lei."

---

21. (TRT/14ª RG – XVIII Concurso – 2012) Analise os itens abaixo e ao final marque a alternativa CORRETA:

a) A Lei posterior revoga a anterior quando expressamente o declare, quando seja com ela incompatível ou quando regule parcialmente a matéria de que tratava a lei anterior.

b) A lei nova, que estabeleça disposições gerais ou especiais a par das já existentes, não revoga, mas pode modificar a lei anterior.

c) A lei terá vigor até que outra a modifique ou revogue, ainda que se destine à vigência temporária. Se antes de entrar a lei em vigor, ocorrer nova publicação de seu texto, destinada a correção, o prazo da lei começará a correr da nova publicação.

d) Nos Estados estrangeiros, a obrigatoriedade da lei brasileira, quando admitida, se inicia três meses depois de iniciada da execução no Brasil.

e) A contagem do prazo para entrada em vigor das leis que estabeleçam período de vacância far– se-á com a inclusão da data da publicação e do último dia do prazo, entrando em vigor no dia subsequente à sua consumação integral.

COMENTÁRIOS

Alternativa "a": incorreta. A redação da assertiva está incorreta, tendo em vista que altera a redação original do § 1º do art. 2º da LINDB, quando afirma que a "lei posterior revoga a anterior quando expressamente o declare, quando seja com ela incompatível ou quando regule **parcialmente** a matéria de que tratava a lei anterior". Por obvio, que a redação pode enganar os desatentos, pois o seu erro encontra-se na palavra em destaque, isto é, parcialmente. A redação original do dispositivo citado, traz em seu bojo a expressão inteiramente, dando a ideia de intregralidade, totalidade. Noutros termos, para que a lei posterior revogue a anterior é preciso que a matéria regulada por esta seja integralmente abordada por aquela. Nesse sentido, é a redação do art. 2º, § 1º, da LINDB: "Não se destinando à vigência temporária, a lei terá vigor até que outra a modifique ou revogue. § 1º A lei posterior revoga a anterior quando expressamente o declare, quando seja com ela incompatível ou quando regule inteiramente a matéria de que tratava a lei anterior."

Alternativa "b": incorreta. A parte final da presente assertiva adultera a redação original do texto legal que regula a matéria quando declara que a "lei nova, que estabeleça disposições gerais ou especiais a par das já existentes, não revoga, **mas pode modificar a lei anterior**." De acordo com o texto legal, consubstanciado na norma do art. 2º, § 2º da LINDB, nesse caso a lei nova não pode modificar ou revogar a lei anterior. Nesse sentido, é que o dispõe o texto legal mencionado: "Art. 2º. Não se destinando à vigência temporária, a lei terá vigor até que outra a modifique ou revogue. [...] § 2º. A lei nova, que estabeleça disposições gerais ou especiais a par das já existentes, **não** revoga **nem modifica a lei anterior.** (Grifo nosso)

Alternativa "c": incorreta. A presente assertiva apresenta duas partes. A primeira parte está errada, pois deturpa o que prescreve a lei, porque segundo a alternativa a lei terá vigor até que outra a modifique ou revogue, ainda que se destine à vigência temporária. Nesse sentido, mesmo que a lei tenha vigência temporária, ou seja, cuja vigência seja predetermina, ainda assim, de acordo com a assertiva, só terá vigor até que outra lei a modifique ou revogue. Contudo, esse não é o magistério legal acerca da matéria, segundo o art. 2º, *caput,* da LINDB, a lei temporária, não tem sua vigência atrelada à lei modificadora ou revogadora, pois por ser temporária a sua vigência já estará previamente estabelecida. Nesse sentido, é a norma do artigo supracitado: "Art. 2º. Não se destinando à vigência temporária, a lei terá vigor até que outra a modifique ou revogue." Por sua vez, a segunda parte da assertiva está correta, considerando que sua redação reproduz a norma contida no art. 1º, § 3º da LINDB: "Se, antes de entrar a lei em vigor, ocorrer nova publicação de seu texto, destinada a correção, o prazo deste artigo e dos parágrafos anteriores começará a correr da nova publicação."

Alternativa "d": incorreta. A parte final da redação da presente afirmativa está incorreta, pois determina que a obrigatoriedade da lei brasileira, quando admitida nos Estados estrangeiros, "se inicia três meses depois de iniciada da execução no Brasil." Por sua vez, o texto legal referência, art. 1º, § 1º, diz que: "Nos Estados, estrangeiros, a obrigatoriedade da lei brasileira, quando admitida, **se inicia três meses depois de oficialmente publicada."** (Grifo nosso)

Alternativa "e": correta. O termo inicial para a contagem do prazo de *vacatio legis* é a data de sua publicação, conforme o *caput* do art. 8º da LC nº 95/98: "A vigência da lei será indicada de forma expressa e de modo a contemplar prazo razoável para que dela se tenha amplo conhecimento, reservada a cláusula 'entra em vigor na data de sua publicação' para as leis de pequena repercussão." E a forma estabelecida para a contagem deve ser conforme estabelece o § 1º do mesmo dispositivo: "A contagem do prazo para entrada em vigor das leis que estabeleçam período de vacância far-se-á com a **inclusão** da data da publicação e do último dia do prazo, entrando em vigor no dia subsequente à sua consumação integral." (Grifo nosso). O acerto da questão está justamente no fato de que sua redação reproduz a literalidade do § 1º do art. 8º da LC nº 95/98.

22. (TRT/21ª RG. VII Concurso – 2012) Sobre a eficácia da lei, considerando as assertivas abaixo, assinale a alternativa CORRETA:

I. As correções a texto de lei já em vigor considera-se mera retificação do texto anterior.

II. A lei nova, que estabeleça disposições gerais ou especiais a par das já existentes, não revoga nem modifica a lei anterior.

III. A lei revogada, salvo disposição em contrário, restaura-se imediatamente quando a lei revogadora perde a sua vigência.

IV. A lei do país onde nasceu a pessoa é que determina as regras sobre o começo e o fim da personalidade, o nome, a capacidade e os direitos de família.

V. Com o objetivo de evitar conflitos que podem surgir em razão da aplicação da nova lei, o legislador pode inserir, no próprio texto do novo diploma legal, as disposições que terão vigência temporária.

a) Apenas a assertiva III está correta.
b) Apenas a assertiva I está correta.
c) Apenas as assertivas II e V estão corretas.
d) Apenas as assertivas I e IV estão corretas
e) Apenas as assertivas II e III estão corretas.

COMENTÁRIOS

Item I – Está **incorreto.** O enunciado do item contraria o disposto no art. 1º, § 4º, da Lei de Introdução às Normas do Direito Brasileiro, que estabelece: "As correções a texto de lei já em vigor consideram-se lei nova."

Item II – Está **correto**, porquanto corresponde à literalidade do art. 2º, § 2º, da Lei de Introdução às Normas do Direito Brasileiro, com a seguinte redação: "A lei nova, que estabeleça disposições gerais ou especiais a par das já existentes, não revoga nem modifica a lei anterior."

Item III – Está **incorreto**. O enunciado do item se refere ao fenômeno da repristinação que, a teor do que preceitua o art. 2º, § 3º, da Lei de Introdução às Normas do Direito Brasileiro, não se opera automaticamente, dependendo de expressa disposição legal. Eis o teor do mencionado dispositivo legal: "Salvo disposição em contrário, a lei revogada não se restaura por ter a lei revogadora perdido a vigência." Assim, a repristinação somente se opera mediante expressa disposição legal, ao contrário do que constou do enunciado do item.

Item IV – Está **incorreto**. O enunciado do item, da forma como posto, não se coaduna com o que preceitua o art. 7º, da Lei de Introdução às Normas do Direito Brasileiro: "A lei do país em que domiciliada a pessoa determina as regras sobre o começo e o fim da personalidade, o nome, a capacidade e os direitos de família."

Item V – Está **correto**. O art. 2º, da Lei de Introdução às Normas do Direito Brasileiro, autoriza a criação de diploma legal destinado à vigência temporária. Demais disso, os dispositivos destinados a disciplinar o direito intertemporal (conflito de normas no tempo) são usualmente adotados no Direito Brasileiro. É o caso, por exemplo, do ADCT – Ato das Disposições Constitucionais Transitórias – e dos arts. 2.028 e seguintes do CC, que se referem às disposições finais e transitórias.

Alternativa "c": correta.

23. (TRT/8ª RG – Concurso nº C-320 – 2012) Acerca da eficácia da lei no tempo e no espaço, de acordo com a legislação civil brasileira, assinale a assertiva INCORRETA:

a) A lei posterior revoga a anterior quando expressamente o declare, quando seja com ela incompatível ou quando regule inteiramente a matéria de que tratava a lei anterior, ocorrendo, nesta hipótese, o fenômeno da ab-rogação.

b) A repristinação não é admitida no ordenamento jurídico, de modo que a lei revogada nunca se restaura por ter a lei revogadora perdido a vigência.

c) Em geral, a lei entra em vigor 45 dias após a sua publicação oficial e, no período de vacância, a lei é válida, mas a sua vigência e a sua eficácia são postergadas no tempo, de modo que não produz efeitos até o término da vacância.

d) A ultratividade consiste no fato de a lei revogada continuar a ser aplicável e aplicada mesmo após a sua revogação, durante o período de vacância de lei ou do ato normativo revogatório novo, de forma que, um ato praticado com base na lei revogada, mas que está vigendo, é perfeitamente legal.

e) A lei em vigor terá efeito imediato e geral, respeitados o ato jurídico perfeito, o direito adquirido e a coisa julgada.

COMENTÁRIOS

Alternativa "a": correta. Está correta, porquanto corresponde à literalidade do art. 2º, § 1º, da Lei de Introdução às Normas do Direito Brasileiro. A ab-rogação consiste na revogação total de uma lei, a qual é integralmente substituída pela lei revogadora.

Alternativa "c": correta. A alternativa está correta, uma vez que retrata a literalidade do art. 1º, da Lei de Introdução às Normas do Direito Brasileiro. Além disso, no período de vacância da lei (ou *vacatio legis*), o diploma legal é perfeito e completo, mas ainda não tem vigência, de sorte que não cria direitos e nem impõe deveres.

Alternativa "d": correta. A ultratividade é o instituto jurídico pelo qual uma lei revogada, a despeito de ter perdido a vigência, tem aptidão para produzir efeitos. É importante salientar que a ocorrência de tal fenômeno não se encontra condicionada à sua previsão expressa na nova lei, pois resulta do princípio da irretroatividade das normas, conforme estabelecem os arts. 5º, XXXVI, da Constituição da República e 6º, da Lei de Introdução às Normas do Direito Brasileiro.

Alternativa "e": correta. Está correta, eis que corresponde à literalidade do art. 6º, da Lei de Introdução às Normas do Direito Brasileiro.

Alternativa "b": incorreta. A assertiva encontra-se incorreta. A repristinação consiste no fenômeno pelo qual a lei revogada se restaura pelo fato de a lei revogadora ter perdido sua vigência. Nos termos do art. 2º, § 3º, da Lei de Introdução às Normas do Direito Brasileiro, a repristinação é admitida no ordenamento jurídico pátrio, desde que haja expressa disposição legal neste sentido.

---

24. (TRT/4ª RG – 2012) As regras estabelecidas na Constituição Federal e na Lei de Introdução às Normas do Direito Brasileiro, a respeito do direito intertemporal

a) não admitem em qualquer hipótese lei com efeito retroativo.

b) impedem o efeito imediato da lei, apenas para não atingir o ato jurídico perfeito.

c) preservam a coisa julgada dos efeitos da lei nova, mas não o direito adquirido, nem o ato jurídico perfeito.

d) permitem sempre a prevalência das normas de ordem pública, em relação ao direito adquirido.

e) estabelecem a coexistência da regra do efeito imediato da lei com a vedação de ela prejudicar o direito adquirido, o ato jurídico perfeito e a coisa julgada.

COMENTÁRIOS

Alternativa "a": incorreta. Muito embora o texto constitucional e a LINDB consagrem, como regra geral, o princípio da irretroatividade da lei, este não é dotado de um caráter absoluto. Como se sabe, a lei penal mais benéfica deve retroagir em benefício do réu, conforme, aliás, estabelece o art. 5º, XL, da CR/88, com a seguinte redação: "XL – a lei penal não retroagirá, **salvo para beneficiar o réu**." Percebe-se, pois, que a irretroatividade é a regra, e a retroatividade, a exceção. De tal sorte, o enunciado da alternativa, da forma como posto, contraria a norma do art. 5º, XL, da CR/88, o que conduz à sua incorreção.

Alternativa "b": incorreta. Ao reverso do que pretende fazer crer a banca examinadora, o efeito imediato da lei encontra limites não apenas no ato jurídico perfeito, mas também na coisa julgada e no direito adquirido, consoante as normas dos arts. 5º, XXXVI, da CR/88 e 6º da LINDB.

Alternativa "c": incorreta. Tanto a Constituição quanto a LINDB impedem que a lei nova prejudique a coisa julgada, o ato jurídico perfeito e o direito adquirido, nos moldes dos dispositivos já mencionados. Assim, o equívoco da alternativa consiste em limitar tal efeito apenas à coisa julgada.

Alternativa "d": incorreta. A assertiva está equivocada. Como exaustivamente mencionado a regra geral é a irretroatividade das leis, nos exatos moldes preconizados pela Constituição e pela Lei de Introdução às Normas do Direito Brasileiro. Assim, ainda que a lei nova estabeleça preceitos de ordem pública, prevalecerá o princípio da irretroatividade, nos moldes do art. 6º da LINDB e do art. 5º, XXXVI da CR/88.

Alternativa "e": correta. A assertiva está correta, eis que, tanto a Constituição da República, quanto a Lei de Introdução às Normas do Direito Brasileiro (LINDB), quando apreciadas de forma conjugada, consagram as regras do efeito imediato e da irretroatividade das leis. A esse respeito, é imperioso trazer à lume a norma do art. 5º, XXXVI da CR/88, com o seguinte teor: "Todos são iguais perante a lei, sem distinção de qualquer natureza, garantindo-se aos brasileiros e aos estrangeiros residentes no País a inviolabilidade do direito à vida, à liberdade, à igualdade, à segurança e à propriedade, nos termos seguintes: [...]XXXVI – a lei não prejudicará o direito adquirido, o ato jurídico perfeito e a coisa julgada." Por seu turno, a LINDB traz dispositivo similar que confirma os postulados insculpidos no bojo do texto constitucional. Trata-se do seu respectivo art. 6º, que estabelece: "A Lei em vigor terá efeito imediato e geral, respeitados o ato jurídico perfeito, o direito adquirido e a coisa julgada." De tal sorte, correta a assertiva em exame.

---

25. (TRT/24ª RG – XI Concurso – 2011) Assinale a alternativa CORRETA:

a) As disposições da Lei de Introdução às Normas do Direito Brasileiro (LINDB) regem a vigência da lei no tempo e no espaço; disciplinam a aplicação dos princípios gerais do direito, dos costumes, analogia e *equid*ade para colmatar lacunas legais em determinadas situações; dão operatividade à garantia constitucional do respeito à coisa julgada, direito adquirido e ato jurídico perfeito. No sistema constitucional brasileiro, a eficácia retroativa da lei que é sempre excepcional, que jamais se presume e que deve necessariamente emanar de disposição legal expressa, não pode gerar lesão ao ato jurídico perfeito, ao direito adquirido e à coisa julgada.

b) Salvo disposição em contrário, a lei começa a vigorar em todo o país 65 dias depois de oficialmente publicada.

c) O instituto da revogação tácita não é previsto no ordenamento jurídico pátrio.

d) O princípio da irretroatividade da lei não é aplicado no Direito do Trabalho, por força de disposição expressa de dispositivo consolidado.

e) A cláusula da irretroatividade da lei convive com outro preceito do direito intertemporal que é o da eficácia imediata e geral da lei nova, assim que entre em vigor, alcançando a todos indistintamente, atingindo os efeitos que já foram produzidos quando estava em vigor a lei revogada.

COMENTÁRIOS

Alternativa "b": incorreta. A assertiva está incorreta, porquanto contraria o que preceitua o art. 1º, da Lei de Introdução às Normas do Direito Brasileiro, que estabelece o prazo de quarenta e cinco dias para, na omissão da lei, iniciar-se a vigência do diploma normativo, a partir de sua publicação.

Alternativa "c": incorreta. A alternativa está incorreta. É possível a revogação tácita no Direito Brasileiro em duas hipóteses, quais sejam: *i)* quando a lei posterior for incompatível com a lei anterior; e *ii)* quando a lei posterior tratar integralmente da matéria disciplinada pela lei anterior. É o que decorre das disposições inseridas no art. 2º, § 1º, da Lei de Introdução às Normas do Direito Brasileiro: "A lei posterior revoga a anterior quando expressamente o declare, quando seja com ela incompatível ou quando regule inteiramente a matéria de que tratava a lei anterior."

Alternativa "d": incorreta. A alternativa está incorreta. O princípio da irretroatividade, consagrado na Lei de Introdução às Normas do Direito Brasileiro, tem plena aplicação no campo do Direito do Trabalho. O dispositivo que pode gerar dúvidas, no particular, é o art. 912 da CLT, que estabelece que os preceitos consolidados de caráter imperativo são dotados de aplicabilidade imediata às relações iniciadas, mas não consumadas, na data de entrada em vigor da CLT. Todavia, compartilha-se, neste aspecto, do entendimento de Mozart. Victor Russomano, para quem o art. 912 da CLT não afasta o princípio da irretroatividade das normas e tampouco viola o ato jurídico perfeito. Isso porque, os "dispositivos imperativos inovados pela Consolidação – pelo seu interesse público – incidiram sobre as relações jurídicas futuras e as relações jurídicas presentes (melhor fora dizer – pendentes); não se aplicaram, unicamente, às relações jurídicas pretéritas, porque se respeita o ato jurídico perfeito e não se deve subverter a situação jurídica definitivamente constituída, na forma da Constituição Federal e da Lei de Introdução ao Código Civil da República" (RUSSOMANO, Mozart. Victor. *Comentários à Consolidação das Leis do Trabalho. Volume II.* 17ª ed. Rio de Janeiro: Forense, 1997, p. 545).

Alternativa "e": incorreta. O enunciado da alternativa está **incorreto**. Inicialmente, cumpre salientar, que o princípio da irretroatividade, de fato, convive com a regra da eficácia geral e imediata. Entretanto, ao contrário do que constou da alternativa, não se pode admitir que a lei nova atinja efeitos que já foram produzidos na vigência da lei revogada, em razão da necessidade de respeito ao ato jurídico perfeito, à coisa julgada e ao direito adquirido, na forma do art. 6º, da Lei de Introdução às Normas do Direito Brasileiro.

Alternativa "a": correta. Está correta. A Lei de Introdução às Normas do Direito Brasileiro, designada pela banca examinadora como LINDB, se constitui em uma norma de sobre direito, tendo por objeto disciplinar outras normas. O mencionado diploma normativo disciplina, em seus arts. 1º e 2º, a questão da eficácia da lei no tempo. Ademais, nos seus arts. 7º a 19, estabelece regras atinentes à eficácia da lei no espaço. Por outro lado, consagra, em seu art. 4º, instrumentos de integração da ordem jurídica, na hipótese de lacuna normativa, quais sejam, os princípios gerais do direito, a analogia e os costumes. Estabelece, ainda, que a lei nova terá efeito imediato e geral, não podendo prejudicar o ato jurídico perfeito, o direito adquirido e a coisa julgada (art. 6º, da Lei de Introdução às Normas do Direito Brasileiro), conferindo efetividade à regra constante do art. 5º, XXXVI, da Constituição da República. No sistema constitucional vigente, a eficácia retroativa das normas é dotada de caráter excepcional, admitida apenas em determinadas hipóteses. Nelson Rosenvald e Cristiano Chaves admitem a retroatividade das leis, desde que haja expressa previsão legal e desde que de tal retroatividade não resulte ofensa ao ato jurídico perfeito, à coisa julgada ou ao direito adquirido (ROSENVALD, Nelson; CHAVES, Cristiano. *Direito Civil – Teoria Geral.* 9ª ed. Rio de Janeiro: *Lumen Juris*, 2011, p. 109).

26. (TRT/8ª RG – Concurso nº C-320 – 2011) Marque a alternativa INCORRETA:

a) Uma norma pode não ser válida e nem vigente, mas ter força vinculante, podendo-se falar em sua ultratividade.

b) O Código Civil de 2002 derrogou o Código Comercial, exclusive a parte que trata do Comércio Marítimo.

c) Considera-se adquirido um direito que seja consequência de um fato idôneo a produzi-lo, em virtude da lei vigente ao tempo em que se efetuou, embora a ocasião de o fazer valer não se tenha apresentado antes da atuação da lei nova, e que, sob o império da lei então vigente, integrou-se imediatamente no patrimônio do particular.

d) A obrigação resultante do contrato reputa-se constituída no lugar em que residir o proponente.

e) O regime de bens, legal ou convencional, obedece à lei em que tiverem os nubentes domicílios e, se este for diverso, ao do cônjuge varão.

COMENTÁRIOS

Alternativa "a": correta. Está correta. A ultratividade é o fenômeno pelo qual uma lei, muito embora tenha perdido sua vigência, continua a produzir regularmente seus efeitos.

Alternativa "b": correta. Está correta. O Código Civil de 2002, de acordo com o seu art. 2.045, apenas revogou a Primeira Parte do Código Comercial de 1850, de sorte que permanecem em vigor os dispositivos constantes da Parte Segunda do mencionado Código – arts. 457 e seguintes –, as quais se referem ao comércio marítimo.

Alternativa "c": correta. A alternativa está correta, pois traduz uma aplicação da regra constante do art. 6º, § 2º, da Lei de Introdução às Normas do Direito Brasileiro, com o seguinte teor: "Consideram-se adquiridos assim os direitos que o seu titular, ou alguém por ele, possa exercer, como aqueles cujo começo do exercício tenha termo pré-fixo, ou condição pré-estabelecida inalterável, a arbítrio de outrem."

Alternativa "d": correta. Está correta. A alternativa corresponde à regra do art. 9º, § 2º, da Lei de Introdução às Normas do Direito Brasileiro, que estabelece: "A obrigação resultante do contrato reputa-se constituída no lugar em que residir o proponente."

Alternativa "e": incorreta. A assertiva está incorreta, por contrariar o art. 7º, § 4º, da Lei de Introdução às Normas do Direito Brasileiro, que preconiza: "O regime de bens, legal ou convencional, obedece à lei do país em que tiverem os nubentes domicílio, e, se este for diverso, *a do primeiro domicílio conjugal.*"

---

27. (TRT/21ª RG – VI Concurso – 2010) De acordo com a lei civil, analise as seguintes assertivas e marque a resposta CORRETA:

I. Considera-se domicílio qualquer das diversas residências da pessoa natural onde ela viver alternadamente.

II. Considera-se adquirido o direito que o seu titular, ou alguém por ele, possa efetivamente exercer.

III. Considera-se adquirido o direito cujo começo do exercício tenha termo pré-fixado, ou condição pré-estabelecida inalterável, a arbítrio de seu titular.

IV. A repristinação tácita é admitida pelo ordenamento jurídico brasileiro.

V. A lei do país em que for domiciliada a pessoa determina as regras sobre o começo e o fim da personalidade, o nome, a capacidade e os direitos de família.

a) Apenas as assertivas I, III e IV estão corretas.

b) Apenas as assertivas II, IV e V estão corretas.

c) Apenas as assertivas I, II, e V estão corretas.

d) Apenas as assertivas I, II e III estão corretas.

e) Todas as assertivas estão corretas.

COMENTÁRIOS

Cada um dos itens da questão será analisado, para chegarmos ao entendimento do porquê da resposta correta, vejamos todos eles:

Item I: Correto. Confirma o que está exposto no art. 71, do CC: "Se, porém, a pessoa natural tiver diversas residências, onde, alternadamente, viva, considerar-se-á domicílio seu qualquer delas."

Item II: Correto. O direito adquirido pode ser entendido, como "a consequência de uma lei, por via direta ou por intermédio de ato idôneo que, tendo passado a integrar o patrimônio do adquirente, não se fez valer antes da vigência da lei nova sobre o mesmo objetivo" (AMARAL, Francisco. **Direito Civil: Introdução.** 5. ed. Rio de Janeiro: Renovar, 2003. p. 105). O direito adquirido tem caráter patrimonial, sendo aquele que se incorpora no patrimônio do titular, portanto, nunca será extrapatrimonial. (FARIAS, Cristiano Chaves de; ROSENVALD, Nelson. **Direito Civil: teoria Geral.** 9. ed. Rio de Janeiro: Lumen Juris, 2011. p. 111.) Por sua vez, o art. 6º, § 2º, da Lei de Introdução às Normas do Direito Brasileiro, o define como: "Consideram-se adquiridos assim os direitos que o seu titular, ou alguém por ele, possa exercer, como aqueles cujo começo do exercício tenha termo pré-fixo, ou condição pré-estabelecida inalterável, a arbítrio de outrem." Comparando a redação do dispositivo legal, com a afirmação feita no enunciado do item analisado, percebemos que há perfeita harmonia entre as duas redações, o que nos leva a afirmar o seu acerto.

Item III: Incorreto. A assertiva restou incorreta, pois a sua redação contraria o que dispõe o § 2º, do art. 6º, da Lei de Introdução às Normas de Direito Brasileiro, *in fine:* "Consideram-se adquiridos assim os direitos que o seu titular, ou alguém por ele, possa exercer, como aqueles cujo começo do exercício tenha termo pré-fixo, ou condição pré-estabelecida inalterável, ***a arbítrio de outrem."*** Como se percebe no texto destacado, a redação da lei diz que "a arbítrio de outrem", enquanto o enunciado da assertiva apregoava erroneamente que "a arbítrio de seu titular". Não havendo total simetria entre o enunciado e o texto da lei, aquele deverá ser considerado **incorreto.**

Item IV: Incorreto. A afirmativa está incorreta, por contradizer a norma do § 3º, do art. 2º, da LINDB, que diz o seguinte: "Salvo disposição em contrário, a lei revogada não se restaura por ter a lei revogadora perdido a vigência". Segundo a orientação legal, a regra é que a lei revogada não voltará a ter eficácia caso a lei que a revogou também seja revogada. Contudo, é possível que esse fenômeno ocorra, sendo chamado de **repristinação,** o qual somente se verifica quando o próprio legislador expressamente declarar que a lei que revoga a lei revogadora, estabelece a eficácia da lei anteriormente revogada, ou seja, a repristinação é aceita, mas como exceção e desde que expressamente declarada pelo legislador.

Item V: Correto. O enunciado transcreve *ipsis litteris* a redação do art. 7º, da LINDB, conforme podemos constatar: "A lei do país em que domiciliada a pessoa determina as regras sobre o começo e o fim da personalidade, o nome, a capacidade e os direitos de família."

Pela análise da questão podemos concluir que estão **corretos** os itens I, II e V, por sua estão **incorretos** os itens III e IV, o que corresponde ao que está expresso na alternativa de letra "c".

Alternativa "c": correta.

---

28. (TRT/14ª RG – XVII Concurso – 2010) Analise as seguintes proposições à luz do Direito Civil brasileiro e, ao final, responda.

I. As leis, atos e sentenças de país estrangeiro terão eficácia no Brasil, quando não ofenderem a soberania nacional e a ordem pública, ainda que atentem contra os bons costumes.

II. A lei nova, que estabeleça disposições gerais e especiais a par das já existentes, não revoga nem modifica a lei anterior.

III. Salvo disposição contrária, a lei começa a vigorar em todo o país quarenta e cinco dias depois de oficialmente publicada, sendo que nos Estados, estrangeiros, a obrigatoriedade da lei brasileira, quando admitida, se inicia seis meses depois de oficialmente publicada.

IV. As correções a texto de lei em vigor consideram-se lei nova.

V. A lei do país em que a pessoa nasceu determina as regras sobre o começo e o fim da personalidade, o nome, a capacidade e os direitos de família.

a) São corretas apenas as assertivas I, II e III.
b) São corretas apenas as assertivas I, III e IV.
c) São corretas apenas as assertivas II e V.
d) São corretas apenas as assertivas I, IV e V.
e) São corretas apenas as assertivas II e IV.

COMENTÁRIOS

Todos os itens da questão serão analisados:

Item I: Incorreto. A assertiva incorre em erro quando afirma que leis, atos e sentenças de país estrangeiros terão eficácia no Brasil, ainda que atentem contra os bons costumes, pois a parte final do art. 17 da Lei de Introdução às Normas do Direito Brasileiro declara o contrário, vejamos: "As leis, atos e sentenças de outro país, bem como quaisquer declarações de vontade, não terão eficácia no Brasil, quando ofenderem a soberania nacional, a ordem pública **e os bons costumes**." (Grifo nosso).

Item II: Correto. O enunciado traduziu para a sua redação o que dispõe o § 2º, do art. 2º da Lei de Introdução às Normas do Direito Brasileiro: "A lei nova, que estabeleça disposições gerais ou especiais a par das já existentes, não revoga nem modifica a lei anterior."

Item III: Incorreto. A afirmativa se equivoca quanto ao prazo de início da obrigatoriedade da lei brasileira, quando admitida em Estados estrangeiros, quando declara que será de "seis meses depois de oficialmente publicada". O prazo **correto**, conforme estabelece o § 1º, do art. 1º, da LINDB, será de três meses depois da publicação oficial: "Nos Estados, estrangeiros, a obrigatoriedade da lei brasileira, quando admitida, se inicia três meses depois de oficialmente publicada".

Item IV: Correto. A assertiva reproduziu de modo literal a redação do § 4º, do artigo 1º da LINDB: "As correções a texto de lei já em vigor consideram-se lei nova."

Item V: Incorreto. Segundo a legislação brasileira é a lei do domicílio da pessoa que determina as regras sobre o começo e fim da personalidade, o nome, a capacidade e os direitos de família: "Art. 7º. A lei do país em que domiciliada a pessoa determina as regras sobre o começo e o fim da personalidade, o nome, a capacidade e os direitos de família." (LINDB). Nesse sentido, a assertiva diverge do sistema legal, ao afirmar que a definição daqueles atributos se dará pela "lei do país em que a pessoa nasceu".

Depois de analisar todos os itens verificou-se que apenas os itens II e IV estão **corretos**, e que os demais itens estão **incorretos**, demonstrando o acerto da alternativa "e".

Alternativa "e": correta.

---

29. (TRT/2ª RG – XXXV Concurso – 2010) Assinale a alternativa CORRETA:

a) A irretroatividade da lei é uma garantia em favor do Estado, razão pela qual o ente estatal que editou o ato legislativo não poderá alegá-la, exceto quando se tratar de norma jurídica de ordem pública que poderá retroagir para alcançar os contratos havidos antes do início da sua vigência.

b) Via de regra, a lei começa a vigorar em todo o país na data da sua publicação, havendo *vacatio legis* de quarenta e cinco dias depois de oficialmente publicada a lei brasileira que for admitida como obrigatória nos Estados estrangeiros.

c) A *lex domicilii* não se constitui em critério fundamental do estatuto pessoal vez que não há previsão na LICC para a introdução do princípio domiciliar como elemento de conexão para determinação da lei aplicável.

d) Dá-se a "antinomia de normas" quando há incompatibilidade entre o conteúdo delas, devendo o intérprete solucionar o impasse mediante o afastamento de uma, salvo se não houver incompatibilidade absoluta das normas, quando se procederá a harmonização dos dispositivos. A "hierarquia", a "cronologia" e a "especialidade" são os principais critérios normativos utilizados para solucionar a questão.

e) O instituto da "repristinação", ou seja, a possibilidade de restauração da lei revogada por ter a lei revogadora perdido a sua vigência está previsto na LICC de forma tácita e como regra geral de aplicação automática.

COMENTÁRIOS

Alternativa "a": incorreta. A assertiva está incorreta, porquanto contraria o enunciado da Súmula nº 654, do Supremo Tribunal Federal, com o seguinte teor: "A garantia da irretroatividade da lei, prevista no art. 5º, XXXVI, da Constituição da República, não é invocável pela entidade estatal que a tenha editado." Ademais, perfilha-se o entendimento de que a vedação consagrada no verbete transcrito não é afastada ainda que se trate de matéria de ordem pública. Neste sentido, aliás, são as lições de Pablo Stolze Gagliano e Rodolfo Pamplona Filho que, ao tratarem do princípio da irretroatividade da lei, obtemperam que "nem mesmo o Estado poderá pretender retroagir os efeitos de uma nova lei para atingir situações definitivamente constituídas, razão por que nos insurgimos, com todas as nossas forças, e por amor à Constituição Federal, contra a falaciosa justificativa de que se deve reconhecer a retroação de efeitos somente às leis de 'ordem pública'"(GAGLIANO, Pablo Stolze; PAMPLONA FILHO, Rodolfo. *Novo Curso de Direito Civil. Volume 1.* 14ª ed. São Paulo: Saraiva, 2012, pp. 119-120). De tal sorte, ao reverso do que constou do enunciado da alternativa, não é possível conferir efeitos retroativos à lei civil, ainda que ela se refira a preceitos de ordem pública. Demais disso, parece mais razoável compreender que o princípio da irretroatividade da lei, ao contrário do que foi proposto na alternativa, se consubstancia em uma garantia do indivíduo em face do Estado, porquanto consagrado no art. 5º, XXXVI, da Constituição da República, que trata dos direitos e garantias individuais.

Alternativa "b": incorreta. Nos termos do art. 1º, da Lei de Introdução às Normas do Direito Brasileiro, "salvo disposição contrária, a lei começa a vigorar em todo o país quarenta e cinco dias depois de oficialmente publicada." Portanto, em regra, a lei somente começa a vigorar após o transcurso do prazo mencionado e não a partir da data de sua publicação, como equivocadamente constou do enunciado da alternativa. Por outro lado, a segunda parte da assertiva também está incorreta, eis que contraria o art. 1º, § 1º, da Lei de Introdução às Normas do Direito Brasileiro, com a seguinte redação: "Nos Estados, estrangeiros, a obrigatoriedade da lei brasileira, quando admitida, se inicia **três meses** depois de oficialmente publicada."

Alternativa "c": incorreta. Ao contrário do que constou do enunciado da alternativa, a *lex domicilii* se constitui em critério definidor do estatuto pessoal que, de acordo com Carlos Roberto Gonçalves, consiste na "situação jurídica que rege o estrangeiro pelas leis de seu país de origem"(GONÇALVES, Carlos Roberto. *Direito Civil Esquematizado.* 1ª ed. São Paulo: Saraiva, 2011, p. 85). É o que decorre das disposições inseridas no art. 7º, da Lei de Introdução às Normas do Direito Brasileiro, com a seguinte redação: "A lei do país em que **domiciliada** a pessoa determina as regras sobre o começo e o fim da personalidade, o nome, a capacidade e os direitos de família."

Alternativa "e": incorreta. Ao contrário do que constou do enunciado da questão, a repristinação não se opera de forma tácita e automática, devendo necessariamente ser objeto de dispositivo legal específico, a teor do que preceitua o art. 2º, § 3º, da Lei de Introdução às Normas do Direito Brasileiro: "**Salvo disposição em contrário**, a lei revogada não se restaura por ter a lei revogadora perdido a vigência."

Alternativa "d": correta. A antinomia é fenômeno que se caracteriza pela presença de uma contradição entre normas jurídicas. Configurada uma antinomia real, na qual há efetivo conflito entre as normas em cotejo, o intérprete deve, de fato, preterir a aplicação de uma delas, nos exatos moldes propostos pelo enunciado da alternativa. Do mesmo modo, nas clássicas lições de Carlos Maximiliano, na hipótese de se deparar com uma aparente contradição entre normas jurídicas, é "dever do aplicador comparar e procurar conciliar as disposições várias sobre o mesmo objeto e, do conjunto, **assim harmonizado**, deduzir o sentido e o alcance de cada uma."(MAXIMILIANO, Carlos. *Hermenêutica e Aplicação do Direito.* 9ª ed. Rio de Janeiro: Forense, 1984, p. 356). De tal sorte, na vertente clássica da Hermenêutica, deve o intérprete valer-se do método sistemático, com a finalidade de compatibilizar a antinomia aparente e não sacrificar integralmente uma das normas jurídicas enfocadas. Sobreleva acrescentar, ainda, que autores contemporâneos como Nelson Rosenvald e Cristiano Chaves, defendem a utilização da teoria do diálogo das fontes como forma de se compreender "a existência de um sistema jurídico uniforme e coerente, harmonizado a partir do referencial garantista da Constituição Federal"(ROSENVALD, Nelson; CHAVES, Cristiano. *Direito Civil – Teoria Geral.* 9ª ed. Rio de Janeiro: *Lumen Juris*, 2011, p. 54). Por corolário, o diálogo das fontes pode se constituir em instrumento para a incidência concomitante e harmonizada de dispositivos legais que, a partir de um exame meramente perfunctório, seriam incompatíveis entre si. Por fim, cumpre salientar que os critérios hierárquico, cronológico e da especialidade são mecanismos reconhecidos e utilizados para sanar as chamadas antinomias.

2. PARTE GERAL

2.1. DAS PESSOAS NATURAIS

2.1.1. DA PERSONALIDADE E DA CAPACIDADE

✪ **Nota de atualização:** As questões que versam sobre a teoria das incapacidades, cujo conteúdo restou sobremaneira modificado a partir da vigência da Lei n.º 13.146/2015 – Estatuto da Pessoa com Deficiência, a qual teve o efeito precípuo de modificar a redação dos arts. 3º e 4º do CC. A partir do advento do diploma legal em apreço, as hipóteses de incapacidade absoluta e relativa sofreram sensíveis modificações, por tal razão as questões dos concursos anteriores ao advento dessa lei, que dizem respeito a esse assunto, devem levar em consideração essas modificações. A esse respeito, remetemos o leitor à leitura das dicas, ao final deste capítulo.

Atenção: Segundo julgado recente do STJ, "Não se admite a declaração de incapacidade absoluta às pessoas com enfermidade ou deficiência mental. Fiquem atentos as mudanças jurisprudências sobre os temas das incapacidades". Ver informativo STJ – n. 694, 2021.

---

30. (FCC – Juiz do Trabalho/2017) Em julho de 2015, tendo como base a Convenção sobre os Direitos das Pessoas com Deficiência, foi instituída a Lei Brasileira de

Inclusão da Pessoa com Deficiência (Lei nº 13.146/2015), destinada a assegurar e promover, em condições de igualdade, o exercício dos direitos e das liberdades fundamentais por pessoa com deficiência, visando à sua inclusão social e cidadania.

Nesse sentido,

a) o Código Civil passou a considerar relativamente incapazes a certos atos ou à maneira de os exercer aqueles que, por causa transitória ou permanente, não puderem exprimir sua vontade.

b) considera-se pessoa com deficiência aquela que tem impedimento de curto, médio e longo prazos, de natureza física, mental, intelectual ou sensorial, o qual, em interação com uma ou mais barreiras, pode obstruir sua participação plena e efetiva na sociedade em igualdade de condições com as demais pessoas.

c) a pessoa com deficiência tem direito a condições justas e favoráveis de trabalho, incluindo igual remuneração por trabalho de igual valor; admitindo-se, contudo, nos termos da lei, restrição ao trabalho da pessoa com deficiência e diferenciação em razão de sua condição, inclusive nas etapas de recrutamento, seleção, contratação e admissão no emprego.

d) uma vez vigente o contrato de trabalho, a pessoa com deficiência tem direito à participação e ao acesso a cursos, treinamentos, educação continuada, planos de carreira, promoções, bonificações e incentivos profissionais oferecidos pelo empregador, com prioridade em relação aos demais empregados.

e) o Código Civil deixou de considerar absolutamente incapazes de exercer pessoalmente os atos da vida civil: (i) os ausentes, declarados tais por ato do juiz; (ii) os que, por enfermidade ou deficiência mental, não tiverem o necessário discernimento, e (iii) os que, mesmo por causa transitória, não puderem exprimir sua vontade.

COMENTÁRIOS:

Alternativa incorreta: letra " b". O art. 2º, da Lei 13.146/15, define pessoa com deficiência, dentre outros aspectos, como aquele que tem impedimento de longo prazo, mas a assertiva extrapola o preceito legal e diz que o impedimento pode ser de curto, médio ou longo prazo, contrariando a normativa legal. Vejamos na integra a redação do dispositivo legal citado: "Considera-se pessoa com deficiência aquela que tem impedimento de longo prazo de natureza física, mental, intelectual ou sensorial, o qual, em interação com uma ou mais barreiras, pode obstruir sua participação plena e efetiva na sociedade em igualdade de condições com as demais pessoas."

Alternativa incorreta: letra "C ". A assertiva contraria o que prescreve o §3º, do art. 34, da Lei 13.146/15: "Art. 34. A pessoa com deficiência tem direito ao trabalho de sua livre escolha e aceitação, em ambiente acessível e inclusivo, em igualdade de oportunidades com as demais pessoas. § 3º É vedada restrição ao trabalho da pessoa com deficiência e qualquer discriminação em razão de sua condição, inclusive nas etapas de recrutamento, seleção, contratação, admissão, exames admissional e periódico, permanência no emprego, ascensão profissional e reabilitação profissional, bem como exigência de aptidão plena."

Alternativa incorreta: letra " D". A assertiva contraria o que prescreve o §4º, do art. 34, da Lei 13.146/15: "Art. 34. A pessoa com deficiência tem direito ao trabalho de sua livre escolha e aceitação, em ambiente acessível e inclusivo, em igualdade de oportunidades com as demais pessoas. § 4º A pessoa com deficiência tem direito à participação e ao acesso a cursos, treinamentos, educação continuada, planos de carreira, promoções, bonificações e incentivos profissionais oferecidos pelo empregador, em igualdade de oportunidades com os demais empregados.

Alternativa incorreta: letra "E ". O erro da assertiva está em se afirmar que o Código Civil de 2002, com a introdução do Estatuto da Pessoa com Deficiência, deixou de considerar o ausente como absolutamente incapaz. Na atual codificação civil, o ausente já não era considerado incapaz, pois quem o considerava incapaz absolutamente era o Código Civil de 1916, em seu art. 5º, IV.

Alternativa correta: letra "a ". Antes da entrada em vigor da Lei n. 13.146/15, o art. 3º, III, do CC, incluía entre os absolutamente incapazes "os que mesmo por causa transitória, não puderem exprimir sua vontade". Contudo, com a vigência do Estatuto da Pessoa com Deficiência, essa hipótese deixou de ser considerada como causa de incapacidade absoluta e passou a ser entendida como hipótese de incapacidade relativa, conforme estabelece o art. 4º, III, do CC: São incapazes, relativamente a certos atos ou à maneira de os exercer: (Redação dada pela Lei nº 13.146, de 2015) (Vigência) III – aqueles que, por causa transitória ou permanente, não puderem exprimir sua vontade; (Redação dada pela Lei nº 13.146, de 2015)

31. (TRT 2 – Juiz do Trabalho Substituto 2ª Região/2016) Observados os termos do Código Civil, é INCORRETO afirmar que:

a) São absolutamente incapazes de exercer pessoalmente os atos da vida civil, os menores de 16 (dezesseis) anos.

b) São incapazes, relativamente a certos atos ou à maneira de os exercer, os ébrios habituais.

c) São incapazes, relativamente a certos atos ou à maneira de os exercer, os viciados em tóxico.

d) São incapazes, relativamente a certos atos ou à maneira de os exercer aqueles que, por causa transitória ou permanente, não puderem exprimir sua vontade.

e) A pessoa com deficiência mental ou intelectual em idade núbia não poderá contrair matrimônio.

COMENTÁRIOS

✪ **Nota do autor:** Questão já está em conformidade com a lei 13.146/15 – Estatuto da Pessoa com Deficiência.

Alternativas corretas: "a". Atualmente, a única hipótese de incapacidade absoluta prevista no ordenamento jurídico brasileiro, é o menor de dezesseis anos. Nesse sentido, podemos afirmar que, em regra, não se tem mais pessoas maiores e absolutamente incapazes. Vejamos a redação do art. 3º: "São absolutamente incapazes de exercer pessoalmente os atos da vida civil os menores de 16 (dezesseis) anos."

Alternativas corretas: "b", "c" e "d". Todas as alternativas estão corretas, pois se inserem nas hipóteses de incapacidade relativa, previstas nos incisos II e III, do art. 4º, do CC: "São incapazes, relativamente a certos atos ou à maneira de os exercer: II – os ébrios habituais e os viciados em tóxico; III – aqueles que, por causa transitória ou permanente, não puderem exprimir sua vontade;"

Alternativa incorreta: "e". A Lei n. 13.146, de 2015, que instituiu o Estatuto da Pessoa com Deficiência, alterou profundamente o regramento legal das incapacidades e, consequentemente, os arts. 3º e 4º, do CC. Nesse sentido, pode se afirmar que não há mais no ordenamento jurídico brasileiro, hipótese de incapacidade, absoluta ou relativa, cujo fundamento seja deficiência ou enfermidade mental. Portanto, podemos concluir que a pessoa com idade núbil, portadora de deficiência mental ou intelectual, poderá contrair matrimônio.

---

32. (TRT 4 – Juiz do Trabalho Substituto 4ª Região/2016) Considere as assertivas abaixo sobre capacidade civil.

I. São absolutamente incapazes os que, mesmo por causa transitória, não puderem exprimir sua vontade.

II. São relativamente incapazes os que, por deficiência mental, tenham o discernimento reduzido.

III. São relativamente incapazes os ébrios habituais e os viciados em tóxico.

Quais são corretas?

a) Apenas I

b) Apenas II

c) Apenas III

d) Apenas II e III

e) I, II e III

COMENTÁRIOS

✪ **Nota do autor:** Questão já está em conformidade com a lei 13.146/15 – Estatuto da Pessoa com Deficiência.

Todos os itens da questão serão analisados a seguir.

Item I: incorreto. Na redação original do Código Civil de 2002, a hipótese descrita no item sob comento se inseria dentre aquelas que ensejavam a incapacidade absoluta do agente. Contudo, a partir do advento do Estatuto da Pessoa com Deficiência, apenas subsistiu uma espécie de incapacidade absoluta – a do menor impúbere. Na atualidade, o contido neste item II consiste em uma hipótese de incapacidade relativa e não absoluta, conforme se extrai da redação do art. 4º, III, do CC: "São incapazes, relativamente a certos atos ou à maneira de os exercer: [...] III – aqueles que, por causa transitória ou permanente, não puderem exprimir sua vontade."

Item II: incorreto. O Estatuto da Pessoa com Deficiência suprimiu o inciso II, do art. 4º do CC, em sua redação original, de modo que a hipótese nele contemplada não mais se enquadra nas espécies de incapacidade relativa. Tal circunstância, à toda evidência, conduz ao desacerto da assertiva sob comento.

Item III: correto. A assertiva está correta, pois corresponde à literalidade do art. 4º, II, do CC, com a redação que lhe atribuiu a Lei n.º 13.146/2015. Eis o teor do referido dispositivo legal: "São incapazes, relativamente a certos atos ou à maneira de os exercer: [...] II – os ébrios habituais e os viciados em tóxico."

Alternativa correta: letra "c".

---

33. (FCC – Juiz do Trabalho Substituto 6ª Região/2015) No que tange à capacidade, é correto afirmar que:

a) a incapacidade relativa é suprida pelo instituto da assistência, devendo tais incapazes serem assistidos, sob pena de nulidade do ato.

b) quem possui somente a capacidade de direito, já a tem plena; quem possui a de fato, possui capacidade em regra limitada e necessita sempre ser representado nos atos jurídicos em geral.

c) a incapacidade absoluta ou relativa em nosso direito pode ser de direito ou de fato, pois os portadores de deficiência mental não possuem nem a capacidade de direito nem a de fato.

d) a incapacidade absoluta ou relativa refere-se ao exercício pessoal dos direitos na órbita civil, pois em nosso direito não existe incapacidade de direito, mas somente de fato ou de exercício.

e) a incapacidade absoluta é suprida pelo instituto da representação, devendo tais incapazes serem representados, sob pena de anulabilidade do ato jurídico.

COMENTÁRIOS

✪ Nota do autor: Conforme nota de atualização (vide no início do título), o gabarito dessa questão está de acordo com o regramento do Código Civil, antes do advento da lei 13.146/15 – Estatuto da Pessoa com Deficiência. A sua leitura deve levar em conta a redação atual dos arts. 3º e 4º, do CC.

Alternativa incorreta: letra "a". A incapacidade relativa induz a anulação do ato, e não a sua nulidade, conforme expressamente declara o art. 171, I, do CC: "Além dos casos expressamente declarados na lei, é anulável o negócio jurídico: I – por incapacidade relativa do agente;"

Alternativa incorreta: letra "b". O correto é exatamente o contrário do que diz a assertiva, ou seja, a capacidade de direito é genérica, dada a toda e qualquer pessoa, habilitando o sujeito a ter direito, mas não permite que ele exerça tais direitos (art. 1º, do CC). Por outro lado, a capacidade de fato, de exercício ou de ação é aquela que nem todos possuem, tendo em vista que a sua aquisição se dá somente quando cessam todas as hipóteses que tornam o sujeito incapaz. Essa capacidade habilita o sujeito a exercer pessoalmente os atos da vida civil, conforme prevê o art. 5º, do CC.

Alternativa incorreta: letra "c". No nosso ordenamento jurídico, não existe incapacidade de direito, tendo em vista que a capacidade para ter direitos é dada a toda e qualquer pessoa que tenha adquirido personalidade (art. 1º, do CC). Assim, o deficiente mental tem capacidade de direito, o que o torna apto para ter direitos e deveres. Contudo, não terá capacidade de fato, que é a habilitação para o exercício pessoal dos seus direitos, razão pela qual ele deverá ser assistido ou representado, na prática dos atos na esfera civil.

Alternativa incorreta: letra "e". A incapacidade absoluta realmente é suprida pela representação, mas o seu efeito, caso o ato seja praticado pessoalmente pelo absolutamente incapaz é a nulidade, e não a anulabilidade, como prescreve o art. 166, I, do CC: "É nulo o negócio jurídico quando: I – celebrado por pessoa absolutamente incapaz";

Alternativa correta: letra "d". A assertiva está correta, pois a incapacidade que o diploma civil trata é a incapacidade absoluta (art. 3º) e relativa (art. 4º). Em ambos os casos, o indivíduo estará inabilitado para o exercício, por si só, de atos na esfera civil. Nesse sentido, o sujeito será capaz para a prática de atos ou incapaz de exercer tais atos. Quanto à incapacidade de direito, realmente não existe no nosso ordenamento jurídico, tendo em vista que a capacidade para ter direitos é dada a toda e qualquer pessoa que tenha adquirido personalidade (art. 1º, do CC).

---

34. (FCC – Juiz do Trabalho Substituto 1ª Região/2014) Alexandre, casado com Maria, viajava a serviço em uma embarcação que desapareceu em um rio caudaloso, tendo, provavelmente, naufragado durante uma tempestade. Neste caso, Maria:

a) nada poderá requerer, porque o requerimento da declaração de morte presumida é privativo do Ministério Público, salvo para obtenção de benefício previdenciário, desde que encerradas as buscas e averiguações.

b) poderá requerer a declaração de ausência de seu cônjuge, cuja sucessão definitiva só se abrirá depois de cinco anos do desaparecimento, exceto para fins previdenciários, que se considerará imediatamente aberta.

c) poderá requerer, desde logo, a declaração de ausência e a abertura da sucessão definitiva, dispensando-se o prazo que a lei estabelece a partir da abertura da sucessão provisória, porque extremamente provável a morte de seu cônjuge.

d) deverá requerer ao Juiz competente a abertura da sucessão provisória e somente depois de dez anos de passada em julgado a sentença que a conceder ou se o desaparecido contar oitenta anos de idade, após cinco anos do desaparecimento, poderá abrir-se a sucessão definitiva, exceto para fins previdenciários, em que o prazo será de apenas seis meses.

e) poderá requerer a declaração de morte presumida de seu cônjuge, sem decretação de ausência, depois de esgotadas as buscas e averiguações e a sentença deverá fixar a data provável do falecimento.

COMENTÁRIOS

Alternativa incorreta: letra "a". Como dito no comentário anterior, o procedimento de justificação deve ser iniciado pelos interessados na declaração de morte sem ausência. Sendo assim, Maria está legitimada a requerer a morte presumida sem ausência de Alexandre. O ministério público, em regra, só poderá fazê-lo na hipótese do par. ún. do art. 862, do CPC: "Salvo nos casos expressos em lei, é essencial a citação dos interessados. Parágrafo único. Se o interessado não puder ser citado pessoalmente, intervirá no processo o Ministério Público."

Alternativa incorreta: letra "b". Na hipótese apresentada pelo enunciado da questão, a lei (art. 7º, I, do CC), não exige o transcurso de nenhum lapso temporal para o requerimento de morte presumida sem ausência. Ocorre o mesmo nas hipóteses em que a morte é declarada para fins de obtenção de benefício previdenciário. A lei (art. 78, §1º, da Lei n. 8.213/91) exige tão somente "a prova do desaparecimento do segurado, em consequência de acidente, desastre ou catástrofe".

Alternativa incorreta: letra "c". A hipótese do enunciado não é de ausência, mas de morte presumida sem decretação de ausência, conforme estabelece o art. 7º, I, do CC.

Alternativa incorreta: letra "d". A abertura da sucessão provisória é a segunda fase do procedimento de ausência, razão pela qual não se aplica ao caso apresentado pelo enunciado, que nitidamente é hipótese de morte presumida sem decretação de ausência. Sobre a questão previdenciária, ver comentário da alternativa anterior.

Alternativa correta: letra "e". A questão trata da hipótese de morte presumida sem declaração de ausência, regulado pelo art. 7º, inc. I e par. ún. do CC: "Pode ser declarada a morte presumida, sem decretação de ausência: I – se for extremamente provável a morte de quem estava em perigo de vida; Parágrafo único. A declaração da morte presumida, nesses casos, somente poderá ser requerida depois de esgotadas as buscas e averiguações, devendo a sentença fixar a data provável do falecimento." Outrossim, é importante salientar que o procedimento judicial adequado para se requerer a morte presumida sem declaração de ausência é a justificação (art. 88 da Lei nº 6.015/73. O Código de Processo Civil, no art. 866, declara que são os interessados que podem requerer a justificação, sendo, portanto, imperativo, afirmar que o cônjuge se enquadra entre os interessados.

---

35. (FCC - Juiz do Trabalho Substituto 24ª Região/2015) Assinale a alternativa em que nenhum ente mencionado possui personalidade jurídica:

a) a família, o espólio e a sociedade em conta de participação.

b) o espólio, a associação e o condomínio.

c) a sociedade em nome coletivo, a empresa individual de responsabilidade limitada e a firma individual.

d) a organização religiosa, a família e o partido político.

e) a fundação, o espólio e a família.

COMENTÁRIOS

Nota de atualização: Empresas Individuais de Responsabilidade Limitada (EIRELI) deixaram de constar do rol do art. 44 do CC, em decorrência da Lei 14.382/2022.

Alternativa incorreta: letra "b". A associação é uma pessoa jurídica de direito privado, sendo, pois, dotada de personalidade jurídica, o que conduz ao desacerto da alternativa.

Alternativa incorreta: letra "c". A empresa individual de responsabilidade limitada (EIRELI) é dotada de personalidade jurídica própria, distinta da de seu titular. Em consequência, a alternativa ora examinada está incorreta.

Alternativa incorreta: letra "d". Organizações religiosas e partidos políticos são pessoas jurídicas de direito privado. Em consequência, são entidades dotadas de personalidade jurídica própria.

Alternativa incorreta: letra "e". As fundações são pessoas jurídicas (ora de direito privado, ora de direito público). Em consequência, por serem classificadas como tal, são providas de personalidade jurídica, o que as desqualifica como entes despersonalizados.

Alternativa correta: letra "a". Todas as entidades mencionadas pela alternativa em apreço são desprovidas de personalidade jurídica, o que conduz ao acerto da presente assertiva.

---

36. (TRT 8 - Juiz do Trabalho Substituto 8ª Região/2014) Analise as afirmações a seguir e assinale a única alternativa CORRETA:

a) O Código Civil vigente, ao salvaguardar os direitos do nascituro desde a concepção, consagra a teoria concepcionista, vertente de pensamento segundo a qual possuindo direitos legalmente assegurados, o nascituro é considerado pessoa, uma vez que somente as pessoas são sujeitos de direitos, tendo, portanto, personalidade jurídica.

b) A capacidade de direito ou de gozo é a aptidão que o ordenamento jurídico atribui às pessoas, em geral, e a certos entes, em particular, estes formados por grupos de pessoas ou universalidades patrimoniais, para serem titulares de uma situação jurídica. Entretanto, por razões biológicas ou psicológicas, nem todos podem exercer pessoalmente esses direitos, motivo pelo qual se exige a capacidade de fato. Reunidos os dois atributos, fala-se em capacidade civil plena.

c) Os absolutamente incapazes não possuem aptidão para praticar pessoalmente quaisquer atos da vida civil e, em razão disso, estão isentos de responsabilização patrimonial. Segundo o Código Civil vigente, a incapacidade absoluta alcança os menores de dezesseis anos, os que, por enfermidade ou deficiência mental, não tiverem o necessário discernimento para a prática desses atos e aqueles que, mesmo por causa transitória, não puderem exprimir sua vontade.

d) Construída a partir de uma concepção antropocêntrica do direito, a teoria dos direitos da personalidade contemplada no Código Civil em vigor limita a possibilidade de sua aplicação à pessoa natural, sendo o ser humano o único titular da tutela de tais direitos.

e) Pode-se exigir que cesse a ameaça, ou a lesão, a direito da personalidade, e reclamar perdas e danos, sem prejuízo de outras sanções previstas em lei. Em se tratando de morto, terá legitimação para requerer a medida prevista neste artigo o cônjuge sobrevivente, ou qualquer parente em linha reta, ou colateral até o terceiro grau.

COMENTÁRIOS

✪ Nota do autor: Conforme nota de atualização (vide no início do título), o gabarito dessa questão está de acordo com o regramento do Código Civil, antes do advento da lei 13.146/15 - Estatuto da Pessoa com Deficiência. A sua leitura deve levar em conta a redação atual dos arts. 3º e 4º, do CC.

Alternativa incorreta: letra "a". A questão acerca do marco inicial da personalidade jurídica da pessoa natural é ponto extremamente controvertido na ordem jurídica brasileira. Isso porque, a redação do art. 2º do CC é dúbia, não sendo possível extrair, em um exame meramente perfunctório, qual teorização acerca da personalidade jurídica teria sido consagrada pela vigente codificação. A partir de uma leitura do dispositivo legal em apreço, é possível concluir que, em um primeiro momento, o Código parece fazer referência à teoria natalista, já que expressamente enuncia que a personalidade jurídica da pessoa natural começa do nascimento com vida (primeira parte do art. 2º do CC). Entretanto, no bojo do mesmo dispositivo legal, o Código Civil parece ter adotado a teoria concepcionista, porquanto contempla a possibilidade de o nascituro titularizar direitos na ordem legal (segunda parte do art. 2º do CC). A banca examinadora, no particular, parece ter perfilhado o entendimento de que o vigente Código Civil adotou a teoria natalista, pois considerou que o nascituro é uma entidade desprovida de personalidade jurídica. Não obstante a convicção firmada pela banca examinadora, a questão em apreço era passível de recurso, tendo em vista que há, na doutrina e na jurisprudência, divergência acerca de qual teorização teria sido adotada neste particular. Para elucidar melhor a questão, sugerimos ao candidato a leitura das dicas que se encontram ao final do presente capítulo. Por derradeiro, vale transcrever a literalidade do texto legal: "A personalidade civil da pessoa começa do nascimento com vida; mas a lei põe a salvo, desde a concepção, os direitos do nascituro."

Alternativa incorreta: letra "c". Em princípio, é oportuno ressalvar que o equívoco da assertiva examinada é apenas parcial, visto que as hipóteses de incapacidade absoluta arroladas pela banca examinadora estão em conformidade com o art. 3º do CC, *in verbis:* "São absolutamente incapazes de exercer pessoalmente os atos da vida civil: I – os menores de dezesseis anos; II – os que, por enfermidade ou deficiência mental, não tiverem o necessário discernimento para a prática desses atos; III – os que, mesmo por causa transitória, não puderem exprimir sua vontade." Entretanto, o erro da alternativa sob enfoque reside no fato de que os absolutamente incapazes não estão integralmente isentos de responsabilização patrimonial. A esse respeito, é oportuno mencionar o art. 942 do CC que consagra a responsabilidade solidária dos agentes elencados no art. 932 do CC (responsabilidade civil por fato de terceiro) pelos danos causados a outrem. Dentre as hipóteses arroladas no referido art. 932 encontra-se a responsabilidade do pai ou tutor pelo filho menor que estiver sob sua autoridade e em sua companhia (art. 932, I, do CC). É indubitável, portanto, que o absolutamente incapaz (menor impúbere, por exemplo) não está isento de responsabilidade patrimonial, respondendo pelos danos por ele causados de forma solidária. Demais disso, não é correto afirmar, como fez a alternativa, que o absolutamente incapaz não pode praticar nenhum ato da vida civil. Em verdade, a realidade diuturna encontra-se repleta de exemplos de atos praticados por agentes absolutamente incapazes e que são chancelados pela ordem jurídica. A título meramente exemplificativo, citamos o seguinte exemplo: Luana, menina de 14 (quatorze) anos de idade, vai até a padaria próxima de sua casa e adquire diversas guloseimas. Se analisarmos a questão apenas sob a ótica dos planos do negócio jurídico – notadamente sob a ótica do plano da validade – o ato negocial entabulado por Luana seria nulo de pleno direito, tendo em vista sua incapacidade para a prática de atos da vida civil. Entretanto, não é esse o entendimento mais razoável acerca da matéria. De acordo com a melhor doutrina, diante da situação hipotética descrita acima estaria configurado o chamado ato-fato jurídico que consiste em um fato jurídico qualificado pela intervenção humana. De acordo com Pablo Stolze Gagliano e Rodolfo Pamplona Filho, o tratamento de atos de tal natureza não deve passar pela sua invalidação, diante de sua ampla aceitação social (GAGLIANO, Pablo Stolze; PAMPLONA FILHO, Rodolfo. *Novo Curso de Direito Civil. Volume 1.* 14ª ed. São Paulo: Saraiva, 2012, p. 347), o que importa na conclusão óbvia de que tais atos repercutem na esfera jurídica, produzindo regularmente os seus efeitos. Todo o exposto confirma o desacerto da alternativa examinada.

Alternativa incorreta: letra "d". A assertiva está equivocada, visto que a pessoa jurídica pode se valer, no que couber, da tutela dos direitos da personalidade contemplados pelo Código Civil. É o que decorre das disposições inseridas no art. 52 do CC, com a seguinte redação: "Aplica-se às pessoas jurídicas, no que couber, a proteção dos direitos da personalidade."

Alternativa incorreta: letra "e". A redação da alternativa em apreço adultera o disposto no art. 12, p.u., do CC, cujo teor ora se transcreve: "Em se tratando de morto, terá legitimação para requerer a medida prevista neste artigo o cônjuge sobrevivente, ou qualquer parente em linha reta, ou colateral até o quarto grau."

Alternativa correta: letra "b". A assertiva está correta. Em primeiro lugar, cumpre trazer à lume, com o desiderato de corroborar o acerto da alternativa, o teor do art. 1º do CC que preconiza: "Toda pessoa é capaz de direitos e deveres na ordem civil." O referido dispositivo legal faz referência à capacidade de direito, inerente a toda e qualquer pessoa natural. O instituto jurídico em exame se confunde com o conceito de personalidade jurídica, a qual também é atribuída a determinados entes, permitindo-lhes o gozo e a fruição de direitos na ordem civil. É o caso das pessoas jurídicas em geral (sociedades, associações, fundações etc.). É oportuno gizar, neste particular, que as entidades mencionadas são dotadas de personalidade jurídica própria, distinta da de seus integrantes. Por outro lado, é necessário distinguir a capacidade de direito (ou de gozo) da capacidade de fato (ou de exercício). Isso porque, em determinadas hipóteses, a ordem jurídica estabelece restrições à capacidade de exercício (hipóteses de incapacidade absoluta ou relativa – respectivamente arts. 3º e 4º do CC). Diz-se, portanto, que a pessoa natural que é dotada de capacidade de direito e de capacidade de fato simultaneamente, é dotada de capacidade civil plena. À luz das considerações ora deduzidas, é possível concluir pelo acerto da alternativa em exame.

---

37. (TRT 8 – Juiz do Trabalho Substituto 8ª Região/2013) Segundo os ditames da lei civil relativamente às pessoas, à família e ao domicílio, é CORRETO afirmar que:

a) São considerados absolutamente incapazes de exercer pessoalmente os atos da vida civil os menores de dezesseis anos, os enfermos e as pessoas sem desenvolvimento mental completo, que tenham o discernimento reduzido para a prática desses atos, e os que, mesmo por causa transitória, não puderem exprimir sua vontade.

b) A existência da pessoa natural finda com a morte, presumindo-se sua ocorrência, quanto aos ausentes, nos casos em que a lei autoriza a abertura de sucessão definitiva, com a possibilidade de se declarar a morte presumida sem decretação de ausência, se for extremamente provável a morte de quem estava em perigo de vida, ou, se alguém, desaparecido em campanha ou feito prisioneiro, não for encontrado até um ano após o término da guerra. Nesses casos, a declaração da morte presumida somente poderá ser requerida depois de esgotadas as buscas e averiguações, devendo a sentença fixar a data provável do falecimento.

c) A menoridade cessa aos dezoito anos completos, quando a pessoa adquire habilitação para a prática de todos os atos da vida civil, sendo hipótese de cessação antecipada da menoridade a emancipação, que pode ocorrer: pela concessão dos pais, ou de um deles na falta do outro, mediante instrumento público, independentemente de homologação judicial, ou por sentença do juiz, ouvido o tutor, se o menor tiver dezesseis anos completos; pelo casamento; pelo exercício de emprego público efetivo; pela colação de grau em curso de ensino superior; ou, ainda, pelo estabelecimento civil ou comercial, ou pela existência de relação de emprego, desde que, em função deles, o menor com dezesseis anos completos tenha economia própria.

d) O domicílio do chefe da família estende-se ao outro cônjuge e aos filhos não emancipados, e o do tutor ou curador aos incapazes sob sua guarda, inclusive no caso de abandono. Quando a pessoa não tiver domicílio, considerar-se-á domiciliada no lugar de sua residência ou naquele em que se encontre.

e) Desaparecendo uma pessoa do seu domicílio sem que dela se tenha notícia, se não houver deixado representante ou procurador a quem caiba administrar-lhe os bens, o juiz, a requerimento de qualquer interessado ou do Ministério Público, declarará a ausência, e nomear-lhe-á curador, havendo também a nomeação de curador quando o ausente deixar mandatário que não queira ou não possa exercer ou continuar o mandato, ou se os seus poderes forem insuficientes. O cônjuge do ausente será o seu legítimo curador, desde que dele não esteja separado judicialmente há mais de 2 anos.

COMENTÁRIOS

✪ Nota do autor: Conforme nota de atualização (vide no início do título), o gabarito dessa questão está de acordo com o regramento do Código Civil, antes do advento da lei 13.146/15 – Estatuto da Pessoa com Deficiência. A sua leitura deve levar em conta a redação atual dos arts. 3º e 4º, do CC.

Alternativa incorreta: letra "a". A assertiva está incorreta, por contrariar o art. 3º do CC, o qual contempla, de forma taxativa, as hipóteses de incapacidade absoluta no ordenamento jurídico brasileiro. Eis o teor do mencionado dispositivo legal: "São absolutamente incapazes de exercer pessoalmente os atos da vida civil: I – os menores de dezesseis anos; II – os que, por enfermidade ou deficiência mental, não tiverem o necessário discernimento para a prática desses atos; III – os que, mesmo por causa transitória, não puderem exprimir sua vontade." Conclui-se, pois, que aqueles que por enfermidade tiverem o seu discernimento reduzido não podem ser considerados como absolutamente incapazes, diante do que preceitua o art. 3º, II, do CC, transcrito acima. Incorreta, portanto, a alternativa.

Alternativa incorreta: letra "b". A assertiva encontra-se incorreta, porquanto contraria o disposto no art. 7º, II, do CC, que contempla o prazo de **dois anos** após o término da guerra, para decretar-se a morte presumida da pessoa desaparecida em campanha ou feita prisioneira. A esse respeito, é oportuna a transcrição do dispositivo legal em exame: "Pode ser declarada a morte presumida, sem decretação de ausência: [...] II – se alguém, desaparecido em campanha ou feito prisioneiro, não for encontrado até dois anos após o término da guerra."

Alternativa incorreta: letra "d". A assertiva está incorreta, tendo em vista que o dispositivo legal correlato adota como regra que "O domicílio do chefe da família estende-se ao outro cônjuge e aos filhos não emancipados, e o do tutor ou curador aos incapazes sob sua guarda", salvo em caso se abandono. A respeito, confira-se o art. 7º, §7º, da LINDB: "salvo o caso de abandono, o domicílio do chefe da família estende-se ao outro cônjuge e aos filhos não emancipados, e o do tutor ou curador aos incapazes sob sua guarda"

Alternativa incorreta: letra "e". O teor da alternativa contraria o disposto no art. 25 do CC, que preconiza no sentido de que o cônjuge do ausente será o seu curador, salvo na hipótese de separação judicial ou de fato, por mais de dois anos antes da declaração de ausência. Senão, veja-se: "O cônjuge do ausente, sempre que não esteja separado judicialmente, ou de fato por mais de dois anos antes da declaração da ausência, será o seu legítimo curador."

Alternativa correta: letra "c". A alternativa encontra-se correta, porquanto reproduz a regra do art. 5º do CC. Saliente-se, neste particular, que o *caput* do mencionado dispositivo legal consagra o critério etário para a cessação da incapacidade, ao passo que o parágrafo único contempla as hipóteses de emancipação. O instituto da emancipação consiste na antecipação da maioridade civil, nas hipóteses expressamente consagradas pela lei civil, quais sejam: "Cessará, para os menores, a incapacidade: I – pela concessão dos pais, ou de um deles na falta do outro, mediante instrumento público, independentemente de homologação judicial, ou por sentença do juiz, ouvido o tutor, se o menor tiver dezesseis anos completos; II – pelo casamento; III – pelo exercício de emprego público efetivo; IV – pela colação de grau em curso de ensino superior; V – pelo estabelecimento civil ou comercial, ou pela existência de relação de emprego, desde que, em função deles, o menor com dezesseis anos completos tenha economia própria."

38. (TRT/8ª RG – Concurso nº C-320 – 2012) Com base na legislação civil vigente, assinale a assertiva CORRETA:

a) São incapazes, relativamente a certos atos da vida civil ou à maneira de exercê-los, os maiores de 16 (dezesseis) anos e menores de 18 (dezoito) anos, os ébrios habituais, os viciados em tóxicos e os que, por deficiência mental, tenham o discernimento reduzido, os excepcionais sem desenvolvimento mental completo e os pródigos.

b) Decorrido um ano da arrecadação dos bens do ausente, ou, se ele deixou representante ou procurador, em se passando cinco anos, poderão os interessados requerer que se declare a ausência e se abra provisoriamente a sucessão.

c) O Código Civil Brasileiro vigente autoriza a desconsideração da personalidade jurídica da empresa com a finalidade de atingir bens dos sócios para a satisfação de dívidas da pessoa jurídica, quando caracterizado o desvio de finalidade, a confusão patrimonial ou em qualquer outra hipótese em que a personalidade jurídica da empresa seja obstáculo ao ressarcimento de prejuízos causados a terceiros em geral.

d) A exclusão de um associado dos quadros da associação pode ocorrer sem justo motivo, desde que por deliberação da maioria absoluta dos presentes à assembleia geral, especialmente convocada para esse fim.

e) Será considerado domicílio da pessoa jurídica que detiver diversos estabelecimentos, em lugares diferentes, aquele em que funcionar a sua diretoria ou administração, em qualquer caso.

COMENTÁRIOS

✪ Nota do autor: Conforme nota de atualização (vide no início do título), o gabarito dessa questão está de acordo com o regramento do Código Civil, antes do advento da lei 13.146/15 – Estatuto da Pessoa com Deficiência. A sua leitura deve levar em conta a redação atual dos arts. 3º e 4º, do CC.

Alternativa "b": incorreta. Está incorreta, pois, a teor do que preceitua o art. 26 do CC, decorrido um ano da arrecadação dos bens do ausente ou, se ele não deixou procurador ou representante, em se passando três anos, poderão os interessados requerer que se declare a ausência e se abra a sucessão provisória.

Alternativa "c": incorreta. O art. 50 do CC somente contempla a possibilidade de aplicação da desconsideração da personalidade jurídica, nas hipóteses de desvio de finalidade social ou confusão patrimonial. É importante salientar que, nos termos do Enunciado nº 7, CJF/STJ, a regra em exame deve ser interpretada restritivamente, de sorte somente se admite a aplicação da *disregard doctrine* nas estritas hipóteses legais.

Alternativa "d": incorreta. A exclusão de associado, a teor do art. 57 do CC, somente pode ser implementada mediante comprovação de justo motivo, assegurando-se direito de defesa e de recurso, nos termos previstos no estatuto.

Alternativa "a": correta. A assertiva encontra-se correta, porquanto reproduz a literalidade do art. 4º, incisos I a IV, do CC, que contempla as hipóteses de incapacidade relativa no ordenamento jurídico brasileiro. No particular, é oportuna a colação do teor do mencionado dispositivo legal: "São incapazes, relativamente a certos atos, ou à maneira de os exercer: I – os maiores de dezesseis e menores de dezoito anos; II – os ébrios habituais, os viciados em tóxicos, e os que, por deficiência mental, tenham o discernimento reduzido; III – os excepcionais, sem desenvolvimento mental completo; IV – os pródigos."

39. (TRT/24ª RG – XI Concurso – 2011) Assinale a alternativa CORRETA:

a) A incapacidade civil absoluta marca-se pela impossibilidade relativa de o sujeito de direito, por si próprio, exercer direitos e contrair obrigações, quer em virtude da idade (16 anos), quer em virtude de seu constante ou transitório estado pessoal de privação.

b) As cláusulas gerais têm função instrumentalizadora porque vivificam o que se encontra contido, abstrata e genericamente, nos princípios gerais de direito e nos conceitos legais indeterminados. As cláusulas gerais são mais concretas e efetivas do que aqueles dois institutos, não sendo princípio nem regra de interpretação, mas norma jurídica de ordem pública, ou seja, fonte criadora de direitos e obrigações, devendo ser aplicada pelo juiz.

c) O direito confere personalidade às pessoas naturais e, por ficção, às pessoas jurídicas, não podendo estas últimas ser titular de direito.

d) O negócio jurídico concluído por representante legal em conflito com os interesses do representado não é anulável.

e) A incapacidade relativa de uma das partes pode ser invocada pela outra em benefício próprio, sendo aproveitada aos cointeressados capazes, no caso de ser divisível o objeto do direito ou da obrigação comum.

COMENTÁRIOS

✪ Nota do autor: Conforme nota de atualização (vide no início do título), o gabarito dessa questão está de acordo com o regramento do Código Civil, antes do advento da lei 13.146/15 – Estatuto da Pessoa com Deficiência. A sua leitura deve levar em conta a redação atual dos arts. 3º e 4º, do CC.

Alternativa "a": incorreta. A assertiva está incorreta, porquanto a incapacidade absoluta, ao contrário do que constou da questão, é marcada pela absoluta impossibilidade de o sujeito de direitos exercer pessoalmente os atos da vida civil. As hipóteses de incapacidade absoluta estão arroladas no art. 3º do CC, com a seguinte redação: "São absolutamente incapazes de exercer pessoalmente os atos da vida civil: I – os menores de dezesseis anos; II – os que, por enfermidade ou deficiência mental, não tiverem o necessário discernimento para a prática desses atos; III – os que, mesmo por causa transitória, não puderem exprimir sua vontade."

Alternativa "c": incorreta. A alternativa está incorreta, pois tanto as pessoas naturais, quanto as pessoas jurídicas, são dotadas de personalidade jurídica, podendo adquirir direitos e contrair obrigações. Desse modo, a pessoa jurídica também é sujeito de direitos. Aliás, o próprio art. 45 do CC, estabelece que inicia-se a existência legal das pessoas jurídicas de direito privado com a inscrição do ato constitutivo no respectivo registro. Além disso, a teor do que preceitua o art. 52 do CC, aplica-se às pessoas jurídicas, no que couber, a proteção aos direitos da personalidade. Por fim, é importante mencionar o entendimento consolidado na Súmula nº 227, do STJ, com o seguinte teor: "A pessoa jurídica pode sofrer dano moral."

Alternativa "d": incorreta. A assertiva está incorreta, por contrariar o que preceitua o art. 119 do CC: "É anulável o negócio concluído pelo representante em conflito de interesses com o representado, se tal fato era ou devia ser do conhecimento de quem com aquele tratou."

Alternativa "e": incorreta. Está incorreta, pois dissonante do que preceitua o art. 105 do CC: "A incapacidade relativa de uma das partes não pode ser invocada pela outra em benefício próprio, nem aproveita aos cointeressados capazes, salvo se, neste caso, for indivisível o objeto do direito ou da obrigação comum."

Alternativa "b": correta. As cláusulas gerais, conforme proposto no enunciado da alternativa, se caracterizam por encerrarem conceitos jurídicos indeterminados ou princípios gerais de direito, que conferem ao magistrado uma maior margem de interpretação da norma jurídica. O Código Civil de 2002, como adverte Flávio Tartuce, privilegiou um sistema jurídico pautado em cláusulas gerais, o que se constitui na principal diferença filosófica da atual codificação em relação ao Código Beviláqua (TARTUCE, Flávio. *Manual de Direito Civil. Volume Único*. 1ª ed. São Paulo: Método, 2011, p. 45). Desse modo, ao conferirem uma maior liberdade ao julgador, as cláusulas gerais ensejam uma efetiva observância ao princípio da operabilidade ou concretude, propugnado por Miguel Reale, porquanto privilegiam a chamada norma do caso, a qual tem o condão de propiciar ao jurisdicionado uma real segurança jurídica (ROSENVALD, Nelson; CHAVES, Cristiano. *Direito Civil – Teoria Geral*. 9ª ed. Rio de Janeiro: *Lumen Juris*, 2011, p. 29), tendo em vista as especificidades do caso levado à cognição do intérprete e aplicador do direito.

40. (TRT/3ª RG – Concurso nº 01/2011) Assinale a alternativa CORRETA, após a análise das afirmativas a seguir:

I. A Lei de Introdução ao Código Civil – LICC – estabelece que a lei posterior revoga a anterior, quando incompatível, ou quando expressamente assim o declarar, ou quando regular integralmente a matéria.

II. O fato de o nascituro ter proteção legal não deve levar a imaginar que ele tenha personalidade, tal como a concebe o ordenamento jurídico. O fato de ele ter capacidade para alguns atos não significa que o ordenamento jurídico lhe tenha atribuído personalidade.

III. São absolutamente incapazes os menores de dezesseis anos, sendo eles detentores apenas de capacidade de direito, sem capacidade de fato. Esses menores não podem praticar, por si mesmos, os atos da vida civil, senão quando representados legalmente por mãe, pai, ou tutor, conforme o caso. Os atos praticados pelos menores de dezesseis anos sozinhos são nulos. Os deficientes mentais que não têm o necessário discernimento para a prática de atos também podem ser considerados absolutamente incapazes, ou relativamente (no caso de terem o discernimento reduzido); em ambos os casos, as pessoas com deficiência devem ser sujeitas a processo de interdição.

IV. No que tange aos toxicômanos, aquele cujo discernimento é reduzido, ou tolhido por abuso de bebidas ou entorpecentes, o direito não aceita os chamados "lúcidos intervalos" e, após a interdição, estarão sujeitos à incapacidade absoluta.

V. A senilidade pode ser motivo, por si só, de incapacidade.

a) Somente as afirmativas I e II estão corretas.

b) Somente as afirmativas II e III estão corretas.

c) Somente as afirmativas III e IV estão corretas.

d) Somente as afirmativas I e III estão corretas.

e) Todas as afirmativas estão corretas.

COMENTÁRIOS

✪ Nota do autor: Conforme nota de atualização (vide no início do título), o gabarito dessa questão está de acordo com o regramento do Código Civil, antes do advento da lei 13.146/15 – Estatuto da Pessoa com Deficiência. A sua leitura deve levar em conta a redação atual dos arts. 3º e 4º, do CC.

Item I – Está **incorreto**. Muito embora o enunciado do item reproduza o teor do art. 2º, § 1º, da Lei de Introdução às Normas do Direito Brasileiro, o diploma legal em apreço, a partir do advento da Lei nº 12.376/2010, não pode mais ser designado como "**Lei de Introdução ao Código Civil**". Desse modo, o erro da questão reside na nomenclatura atribuída ao Decreto nº 4.657/52 que, na atualidade, deve ser chamado de **Lei de Introdução às Normas do Direito Brasileiro**.

Item II – A assertiva foi considerada correta. No particular, a banca examinadora interpretou o art. 2º do CC, à luz da teoria natalista. Para os adeptos de tal vertente doutrinária, o nascituro, ser humano já concebido, mas que ainda não nasceu, não é dotado de personalidade jurídica, o que somente irá se implementar a partir do nascimento com vida. Todavia, é importante destacar que o entendimento adotado pela banca examinadora não é pacífico, uma vez que há quem defenda, com fundamento na chamada teoria concepcionista, que o nascituro é ente dotado de personalidade jurídica (ROSENVALD, Nelson; CHAVES, Cristiano. *Direito Civil – Teoria Geral*. 9ª ed. Rio de Janeiro: Lumen Juris, 2011, p. 283).

Item III – Está **correto**. A teor do que preceitua o art. 3º, I, do CC, os menores de 16 (dezesseis) anos, também chamados de menores impúberes, são absolutamente incapazes de exercer pessoalmente os atos da vida civil. Todavia, isso não significa que os mencionados agentes não tenham aptidão para figurarem como titulares de direitos ou de obrigações. Em verdade, conforme acertadamente constou do enunciado da questão, os menores impúberes têm capacidade de direito (ou de gozo). Por outro lado, não são dotados de capacidade de fato (ou de exercício), eis que, na prática de atos da vida civil, os menores de 16 (dezesseis) anos devem ser representados, não podendo exercê-los pessoalmente. Ademais, conforme consta do art. 166, I, do CC, os negócios jurídicos celebrados por pessoa absolutamente incapaz – caso dos menores de 16 (dezesseis) anos –, é nulo. Demais disso, também são absolutamente incapazes aqueles que, por enfermidade ou doença mental, não tiverem o necessário discernimento para a prática dos atos da vida civil, conforme estabelece o art. 3º, II, do CC. Contudo, caso a enfermidade mental que acometa o agente apenas lhe diminua o discernimento, este poderá ser considerado relativamente incapaz, nos moldes do art. 4º, II, do CC. Em ambos os casos – supressão integral do discernimento e redução do discernimento – será necessário o ajuizamento de uma ação de interdição, que seguirá o procedimento descrito nos arts. 1.177 e seguintes, do Código de Processo Civil.

Item IV – Incorreto. Conforme estabelece o art. 4º, II, do CC, os viciados em tóxicos que tenham o discernimento reduzido são relativamente incapazes e não absolutamente incapazes, conforme constou do enunciado da questão.

Item V – A assertiva está incorreta. A senilidade refere-se tão somente ao fator etário, possuindo o significado de velhice. Desse modo, a senilidade, por si só, não acarreta a configuração de nenhuma das hipóteses de incapacidade, seja relativa, seja absoluta. O erro da questão reside, portanto, na expressão "por si só".

Alternativa "b": correta

---

41. (TRT/21ª RG – VI Concurso – 2010) De acordo com as assertivas seguintes, assinale a alternativa CORRETA:

I. A partir dos 14 anos a pessoa já pode praticar, diretamente, de maneira excepcional, atos da vida civil, como é exemplo a participação em contrato de aprendizagem.

II. Capacidade de fato, também chamada de capacidade de aquisição, é a faculdade abstrata de gozar direitos.

III. Capacidade de direito é a aptidão plena da pessoa para a prática, em plenitude, de atos da vida civil, exercendo-os por si mesma, sem necessidade de assistência ou representação.

IV. A incapacidade cessará, para o adolescente com idade de 16 anos, por força da existência de relação de emprego, que lhe garanta economia própria.

V. O adolescente com idade de 14 anos, que esteja vinculado a um contrato formal de estágio, poderá ser testemunha em processo judicial trabalhista, diante do reconhecimento jurídico de sua emancipação.

a) Apenas as assertivas I e IV estão corretas.
b) Apenas as assertivas II e III estão corretas.
c) Apenas as assertivas I, IV e V estão corretas.
d) Apenas as assertivas II, III e IV estão corretas.
e) Apenas a assertiva IV está correta.

COMENTÁRIOS

✪ Nota do autor: Apesar do fato de que a maioridade trabalhista se adquire aos 18 anos completos, há exceções a essa regra, como aquela que está prevista no art. 301 da CLT: "O trabalho no subsolo somente será permitido a homens, com idade compreendida entre 21 (vinte e um) e 50 (cinquenta) anos, assegurada a transferência para a superfície nos termos previstos no artigo anterior."

Alternativa "e": correta. Todos os itens da questão serão devidamente analisados:

Item I: Incorreto. A capacidade civil se adquire aos 18 anos de idade, mas o menor de 18 e maior de 16 anos é considerado relativamente incapaz, o que significa dizer que são providos de algum discernimento, motivo que os autoriza a praticar alguns atos jurídicos de seu interesse, desde que devidamente assistidos. Na esfera trabalhista, o sujeito adquire a capacidade plena aos 18 anos, o que lhe permite por si só, praticar todos os atos relativos à sua atividade laboral. Entre os 16 e 18 anos o trabalhador é considerado relativamente incapaz, conforme a regra do Direito Civil, no entanto, acrescenta-se a essa categoria os aprendizes, que a partir dos 14 anos podem exercer atividades laborais, mas somente quando laborarem em tais condições. Em todos esses casos, esses trabalhadores podem praticar alguns atos relativos à sua atividade laboral, mas deverão ser assistidos. O enunciado, portanto, está **incorreto**, pois afirma que a partir dos 14 anos a pessoa pode praticar, diretamente, atos da vida civil. Na verdade, na esfera civil o sujeito com 14 anos, não pode praticar nenhum ato jurídico diretamente. Ele deve ser devidamente representado.

Item II: Incorreto. O enunciado da assertiva está **incorreto**, pois o conceito que atribuiu à capacidade de fato, na verdade deveria ser atribuído à capacidade de direito. A capacidade de fato ou capacidade de exercício, é a aptidão para exercer, por si só, concretamente, os atos da vida civil. Não é a faculdade abstrata de gozar direitos, como afirma o enunciado, mas a capacidade concreta de exercitá-los.

Item III: Incorreta. A assertiva está incorreta, pois a capacidade de direito ou capacidade de aquisição, é aquela reconhecida a todo ser humano, indistintamente, basta que a pessoa tenha nascido com vida e tenha adquirido personalidade. O conceito apresentado pelo enunciado estaria mais adequado se estivesse se referindo à capacidade de fato.

Item IV. Correta. A emancipação é uma das hipóteses de cessação da incapacidade. Por intermédio da emancipação uma pessoa considerada incapaz, em razão da sua idade, passa a ser considerada juridicamente capaz, apta a pratica de atos na vida civil, sem a necessidade de representante ou assistente. A emancipação pode ocorrer de três formas: emancipação voluntária, emancipação judicial e a emancipação legal. Dentre as diferentes espécies, a que nos interessa é a última, pois é a hipótese retratada no enunciado da alternativa. A emancipação legal decorre da própria lei, ou seja, há situações previamente determinadas, cuja ocorrência concreta tem como consequência a emancipação automática do sujeito. Todas as hipóteses de emancipação, estão previstas no artigo 5º, parágrafo único do Código Civil, e as hipóteses que ensejam a cessação da incapacidade, retratadas no enunciado da alternativa, estão previstas no inciso V: "pelo estabelecimento civil ou comercial, ou pela existência de relação de emprego, desde que, em função deles, o menor com dezesseis anos completos tenha economia própria." Sobre estas hipóteses de emancipação, cabe ressaltar que não é qualquer relação de emprego que enseja a capacidade plena, mas apenas aquela exercida regularmente e que permite a autossubsistência, ou como diz a lei civil "economia própria", incluídos na hipótese os trabalhadores urbanos, rurais e domésticos. A renda mínima necessária para concluir-se pela autossubsistência, é o salário mínimo, pois a regra constitucional o reconhece como capaz de atender às necessidades vitais básicas do trabalhador e de sua família (art. 7º, inciso IV, da CR/88). Por tudo isso, propugnamos pelo acerto da assertiva.

Item V: Incorreto. O enunciado aborda diversos temas, mas o que realmente interessa para o Direito Civil, é a afirmação de que um adolescente com 14 anos, vinculado a um contrato formal de estágio, tenha reconhecida a sua emancipação. A assertiva abordou a hipótese de emancipação legal consubstanciada no art. 5º, parágrafo único, inciso V, que prevê a emancipação em razão da existência de relação de emprego, como pode ser verificado: "pelo estabelecimento civil ou comercial, ou pela existência de relação de emprego, desde que, em função deles, o menor com dezesseis anos completos tenha economia própria." Contudo, para que efetivamente ocorra a emancipação em razão do vínculo empregatício, é necessária a presença dos seguintes requisitos: a) que o menor tenha 16 anos completos, pois a Constituição da República veda "[...] qualquer trabalho a menores de dezesseis anos, salvo na condição de aprendiz, a partir de quatorze anos"; b) não ocorre nos contratos a termo, a relação de emprego se configura nos contratos por prazo indeterminados, o que exclui os contratos de estágio. Nesse caso, a assertiva incorre nos seguintes erros: 1. Afirmar que o adolescente com idade de 14 anos pode ser emancipado, quando vimos que ele terá que ter 16 anos completos; 2. que o contrato de estágio não atende as exigências do art. 5º, par. ún., inc. V, do CC. Diante desses argumentos, fica evidente que o item está **incorreto**.

Está **correto** apenas o item IV, e **incorretos** os itens I, II, III e V, comprovando o acerto da alternativa "e".

---

42. (TRT/14ª RG – XVII Concurso – 2010) Nos termos do atual Código Civil, assinale a alternativa INCORRETA:

a) A lei põe a salvo, desde a concepção, os direitos do nascituro, mas a personalidade civil da pessoa começa do nascimento com vida.

b) Os menores de dezesseis anos de idade podem ser proprietários de bens móveis e imóveis.

c) São absolutamente incapazes para o exercício pessoal de atos da vida civil os ébrios habituais, os viciados em tóxicos, os pródigos e os silvícolas, que ficarão sujeitos a regime tutelar, estabelecido em leis e regulamentos especiais.

d) Os que, mesmo por causa transitória, não puderem exprimir sua vontade, são absolutamente incapazes de exercer pessoalmente atos da vida civil.

e) Os excepcionais, sem desenvolvimento mental completo, são incapazes, relativamente a certos atos, ou à maneira de os exercer.

COMENTÁRIOS

✪ Nota do autor: Conforme nota de atualização (vide no início do título), o gabarito dessa questão está de acordo com o regramento do Código Civil, antes do advento da lei 13.146/15 – Estatuto da Pessoa com Deficiência. A sua leitura deve levar em conta a redação atual dos arts. 3º e 4º, do CC.

Alternativa "c": incorreta. Os absolutamente incapazes, segundo o art. 3º do CC, são: "I – os menores de dezesseis anos; II – os que, por enfermidade ou deficiência mental, não tiverem o necessário discernimento para a prática desses atos; III – os que, mesmo por causa transitória, não puderem exprimir sua vontade." O que destoa por completo do que afirma o enunciado da alternativa, que citou as hipóteses dos relativamente incapazes sob o título de absolutamente incapazes, pois os casos trazidos no enunciado estão previstas no art. 4º do CC, que cuida dos relativamente incapazes: "São incapazes, relativamente a certos atos, ou à maneira de os exercer: I – os maiores de dezesseis e menores de dezoito anos; II – os ébrios habituais, os viciados em tóxicos, e os que, por deficiência mental, tenham o discernimento reduzido; III – os excepcionais, sem desenvolvimento mental completo; IV – os pródigos."

Alternativa "a": correta. Apesar de a assertiva inverter a ordem das orações que formam o art. 2º do CC, não houve alteração do seu conteúdo, preservando-se a norma contida neste dispositivo legal, o que pode ser confirmado com a sua leitura: "A personalidade civil da pessoa começa do nascimento com vida; mas a lei põe a salvo, desde a concepção, os direitos do nascituro."

Alternativa "b": correta. Os menores de dezesseis anos de idade são considerados absolutamente incapazes (art. 3º, I, do CC), ou seja, são considerados sem o necessário discernimento para dirigir sua vida e negócios, motivo que justifica a figura do seu representante. Nesse caso, eles podem ser proprietários de bens imóveis, mas os atos necessários à aquisição do imóvel deverão ser praticados por seu representante. Por sua vez, quanto aos bens móveis, nada impede que o menor impúbere adquira esses bens sem a necessidade de representação, considerando que a propriedade desses bens se dá pela simples tradição e, em "se tratando de ato dotado de ampla aceitação social, deve ser enquadrado na noção de ato-fato jurídico."

Alternativa "d": correta. Assertiva está de acordo com o inc. III, do art. 3º do CC: "São absolutamente incapazes de exercer pessoalmente os atos da vida civil: III – os que, mesmo por causa transitória, não puderem exprimir sua vontade."

Alternativa "e": incorreta. A assertiva confirma o que estabelece o art. 4º, inc. III, do CC: "São incapazes, relativamente a certos atos, ou à maneira de os exercer: [...] III – os excepcionais, sem desenvolvimento mental completo; "

---

43. (TRT/6ª RG – XVIII Concurso – 2010) Analise as assertivas abaixo e, depois, assinale a alternativa CORRETA:

I. Para o menor com 16 (dezesseis) anos completos, a relação de trabalho ensejará, como consequência necessária, a maioridade plena (emancipação).

II. Desconsideração da Pessoa Jurídica é a quebra do sigilo bancário dos sócios da sociedade que, em função de desvio, má-fé ou má administração, não tiver condições patrimoniais de cumprir suas obrigações perante terceiros.

III. Os cegos, por possuírem uma redução do discernimento (a exemplo da limitação para serem admitidos como testemunhas – art. 228, Código Civil), entram na regra geral das incapacidades relativas.

IV. Uma vez concedida, a emancipação não poderá mais ser revogada.

V. A manifestação da vontade é essencial para a existência dos negócios jurídicos, por isso não podemos conceber um contrato nascido do silêncio das partes.

a) Apenas as assertivas III e V estão corretas.

b) Apenas as assertivas I e IV estão corretas.

c) As assertivas II, IV e V estão corretas.

d) Apenas a assertiva I está correta.

e) Apenas a assertiva IV está correta.

COMENTÁRIOS

✪ Nota do autor: Conforme nota de atualização (vide no início do título), o gabarito dessa questão está de acordo com o regramento do Código Civil, antes do advento da lei 13.146/15 – Estatuto da Pessoa com Deficiência. A sua leitura deve levar em conta a redação atual dos arts. 3º e 4º, do CC.

Alternativa "e": correta. Analisaremos todos os itens da questão:

Item I: Incorreta. A hipótese de emancipação, retratada no enunciado está prevista no art. 5º, parágrafo único, V, do: "pelo estabelecimento civil ou comercial, ou pela existência de relação de emprego, desde que, em função deles, o menor com dezesseis anos completos tenha economia própria." Para o enunciado a simples existência de relação de emprego já ensejaria a emancipação. Contudo, cabe ressaltar que não é qualquer relação de emprego que induzirá a capacidade plena, mas apenas aquela exercida regularmente e que permita a autossubsistência, ou como diz a lei civil "economia própria", incluídos na hipótese os trabalhadores urbanos, rurais e domésticos. A renda mínima necessária para concluir-se pela autossubsistência é o salário mínimo, pois a regra constitucional o reconhece como capaz de atender às necessidades vitais básicas do trabalhador e de sua família (art. 7º, IV, da CR/88). Diante desses argumentos, constatamos que a assertiva não está correta, pois o seu enunciado está incompleto, já que não mencionou como requisito fundamental, além da idade e da relação de emprego, que dessa relação o trabalhador obtenha economia própria. Além disso, a emancipação é uma das formas de cessação da incapacidade e não meio de se obter a maioridade, que é um fenômeno temporal.

Item II: Incorreta. A alternativa aborda o tema da teoria da desconsideração da personalidade jurídica, ou *disregard doctrine*, prevista em nosso ordenamento jurídico no art. 50 do CC. Com fundamento nessa teoria, será possível, desde que presentes os requisitos exigidos na lei (desvio de finalidade ou confusão patrimonial), que a personalidade jurídica da pessoa jurídica seja desconsiderada, pelo Poder judiciário, possibilitando que seus sócios respondam diretamente com o seu patrimônio pessoal pelos atos praticados com desvio de finalidade ou confusão patrimonial. Nesse sentido, os sócios respondem pelos atos que efetivamente praticaram, mas nos quais utilizaram a pessoa jurídica de que fazem parte como sujeito interposto, conforme estabelece a norma do art. 50, do CC, vejamos: "Em caso de abuso da personalidade jurídica, caracterizado pelo desvio de finalidade, ou pela confusão patrimonial, pode o juiz decidir, a requerimento da parte, ou do Ministério Público quando lhe couber intervir no processo, que os efeitos de certas e determinadas relações de obrigações sejam estendidos aos bens particulares dos administradores ou sócios da pessoa jurídica." Presentes esses requisitos os sócios poderão responder, com seus bens particulares, pelas obrigações contraídas pela pessoa jurídica, inclusive pelas obrigações de caráter alimentar. O enunciado está **incorreto**, pois ao afirmar que os requisitos para a desconsideração da personalidade jurídica ocorrem em função de desvio, má-fé ou má administração e falta de recursos para adimplir as obrigações, contraria o que dispõe o texto legal anteriormente citado.

Item III: Incorreta. A teoria das incapacidades comporta duas espécies: incapacidade absoluta (art. 3º, CC/02) e a incapacidade relativa (art. 4º, CC/02). Os absolutamente incapazes são aqueles que não podem manifestar livremente sua vontade, por faltar-lhes discernimento, razão que justifica a sua representação. Por outro lado, os relativamente incapazes não têm a sua vontade totalmente desprezada, motivo pela qual são assistidos. Para o sistema civil a incapacidade está atrelada à possibilidade de expressar o seu discernimento, nada tem com deficiência física, isto é, um deficiente físico não pode ser considerado presumidamente incapaz, somente pela sua deficiência. Nesse sentido, o enunciado se equivoca ao afirmar que os cegos possuem redução de discernimento e, por isso, são incapazes. Outro erro está no fato de citar o art. 228, do CC, como hipótese de limitação, que induz a incapacidade, pois o mencionado artigo apresenta nos seus incisos aqueles que não podem ser testemunhas, e dentre eles estão os cegos, mas somente serão impedidos de testemunhar, quando a ciência do fato que se quer provar dependa dos sentidos que lhes faltam (inc. III, do art. 228 do CC).

Item IV: Correto. A assertiva está correta, pois "operada a *emancipação*, por meio convencional (ato do pai e da mãe), ou legal (*v.g.*, pelo casamento ou pela colação de grau científico em nível superior) é irrevogável e irretratável. Assim, não se restitui o menor-emancipado ao *status quo ante* no caso de eventual cessação dos efeitos do ato emancipatório." (FARIAS, Cristiano Chaves de; ROSENVALD, Nelson. **Direito Civil: teoria Geral.** 9. ed. Rio de Janeiro: *Lumen Juris*, 2011. p. 330.)

Item V: Incorreto. A manifestação de vontade é elemento essencial do negócio jurídico, deve ser externalizada livremente, "sem embaraços, não podendo estar impregnada de malícia ou vício." Caso a vontade esteja eivada de algum obstáculo para a sua perfeita manifestação, estará presente algum defeito, o que acarreta em vícios que invalidam o negócio jurídico. Por sua vez, o silêncio, em regra, é a ausência de manifestação de vontade, mas, excepcionalmente, pode ser considerado como manifestação tácita de vontade e, por isso, ter eficácia jurídica. Nesse sentido, dispõe o art. 111, do CC: "O silêncio importa anuência, quando as circunstâncias ou os usos o autorizarem, e não for necessária a declaração de vontade expressa." Nesse sentido, o enunciado está **incorreto**, pois ainda que, em regra, o silêncio não produza efeitos jurídicos.

O único item **correto** da questão é o IV, todos os outros estão **incorretos**, o que demostra o acerto da letra "e".

---

44. (TRT/15ª RG – XXIV Concurso – 2010) Verifique a alternativa INCORRETA:

a) São absolutamente incapazes de exercer pessoalmente os atos da vida civil aqueles que se encontram transitoriamente impossibilitados de exprimir a sua vontade.

b) São relativamente incapazes os toxicômanos.

c) A emancipação daquele que conte 16 anos completos implica cessação de sua incapacidade relativa.

d) Entre 15 e 18 anos, a obtenção de relação de emprego que permita ao menor viver de suas próprias finanças, implica cessação da menoridade.

e) Os pródigos são relativamente incapazes de exercer certos atos da vida civil.

COMENTÁRIOS

✪ Nota do autor: Conforme nota de atualização (vide no início do título), o gabarito dessa questão está de acordo com o regramento do Código Civil, antes do advento da lei 13.146/15 – Estatuto da Pessoa com Deficiência. A sua leitura deve levar em conta a redação atual dos arts. 3º e 4º, do CC.

Alternativa "d": correta. A assertiva está incorreta, porquanto não se coaduna à regra do art. 5º, parágrafo único, V, do CC, com a seguinte redação: "Cessará, para os menores, a incapacidade: [...] V – pelo estabelecimento civil ou comercial, ou pela existência de relação de emprego, desde que, em função deles, o menor **com dezesseis anos completos** tenha economia própria." Verifica-se, pois, que o dispositivo transcrito exige como condição para a cessação da incapacidade do menor que ele tenha, pelo menos, dezesseis anos completos.

Alternativa "a": correta. Está correta, pois corresponde à regra do art. 3º, III, do CC, com a seguinte redação: "São absolutamente incapazes de exercer pessoalmente os atos da vida civil: [...] III – os que, mesmo por causa transitória, não puderem exprimir sua vontade."

Alternativa "b": correta. A assertiva reflete as disposições contidas no art. 4º, II, do CC, que estabelece: "São incapazes, relativamente a certos atos, ou à maneira de os exercer: [...] II – os ébrios habituais, os viciados em tóxicos, e os que, por deficiência mental, tenham o discernimento reduzido."

Alternativa "c": correta. A alternativa está correta. De acordo com o art. 4º, I, do CC, são incapazes os maiores de dezesseis e os menores de dezoito anos. Caso ocorra a emancipação do menor de dezesseis anos, como propõe a alternativa, cessará a incapacidade relativa.

Alternativa "e": correta. A assertiva está correta, pois encontra respaldo normativo no art. 4º, IV, do CC, com a seguinte redação: "São incapazes, relativamente a certos atos, ou à maneira de os exercer: [...] IV – os pródigos."

2.1.2. DOS DIREITOS DA PERSONALIDADE

45. (TRT 8 – Juiz do Trabalho Substituto 8ª Região/2015) Quanto aos direitos da personalidade no Código Civil Brasileiro, é CORRETO afirmar que:

a) Os direitos da personalidade, sem exceção, são intransmissíveis e irrenunciáveis, não podendo o seu exercício sofrer limitação voluntária.

b) A lei do país de nacionalidade da pessoa natural determina as regras sobre o começo e o fim da sua personalidade.

c) É válida, com objetivo científico, ou altruístico, a disposição gratuita do próprio corpo, no todo ou em parte, para depois da morte.

d) O pseudônimo adotado para atividade de qualquer natureza goza da mesma proteção que se dá ao nome.

e) A vida privada da pessoa natural é inviolável, e o juiz, de ofício, adotará as providências necessárias para impedir ou fazer cessar ato contrário a esta norma.

COMENTÁRIOS

Alternativa incorreta: letra "a". A assertiva contraria o que dispõe o art. 11, do CC: "Com exceção dos casos previstos em lei, os direitos da personalidade são intransmissíveis e irrenunciáveis, não podendo o seu exercício sofrer limitação voluntária".

Alternativa incorreta: letra "b". O erro da assertiva está no fato de que adultera o que dispõe o art. 7º, da LINDB: "A lei do país em que domiciliada a pessoa determina as regras sobre o começo e o fim da personalidade, o nome, a capacidade e os direitos de família".

Alternativa incorreta: letra "d". O uso do pseudônimo só recebe proteção se usado para atividades lícitas, e não para qualquer natureza, como afirma a assertiva. Regra legal: art. 19, do CC: "O pseudônimo adotado para atividades lícitas goza da proteção que se dá ao nome".

Alternativa incorreta: letra "e". O juiz não poderá agir de ofício, como prescreve a assertiva, para adotar as providências, previstas no art. 21 do CC: "A vida privada da pessoa natural é inviolável, e o juiz, a requerimento do interessado, adotará as providências necessárias para impedir ou fazer cessar ato contrário a esta norma".

Alternativa correta: letra "c". O acerto da afirmativa está no fato de que transcreve, literalmente, a redação do art. 14, do CC, vejamos: "É válida, com objetivo científico, ou altruístico, a disposição gratuita do próprio corpo, no todo ou em parte, para depois da morte".

46. (TRT 2 – Juiz do Trabalho Substituto 2ª Região/2014) Em relação à proteção das pessoas e de seus direitos, observe as proposições abaixo e responda a alternativa que contenha proposituras corretas:

I. Pode-se requerer a sucessão definitiva provando-se que o ausente conta com 65 (sessenta e cinco) anos de idade e que de 5 (cinco) anos datam as últimas notícias dele.

II. A retirada "post mortem" de tecidos, órgãos, ou partes do corpo humano destinados a transplante deverá ser precedida de morte encefálica, constatada e registrada por um médico, não participante das equipes de remoção, por resolução do Conselho Federal de Medicina.

III. A legislação brasileira admite a disposição do próprio corpo para fins de transplante, na forma estabelecida em lei especial.

IV. Sem autorização não se pode utilizar o nome alheio em propaganda comercial, salvo para a promoção de direito públicos.

V. O pseudônimo adotado para atividades lícitas goza da proteção que se dá ao nome.

Está correta a alternativa:

a) I e IV.

b) II e IV.

c) II e V.

d) III e V.

e) I e III.

COMENTÁRIOS

Todos os itens da questão serão analisados.

Item I: incorreto. O item está incorreto, porquanto contraria o que dispõe o art. 38 do CC. O referido dispositivo legal possibilita que os interessados formulem requerimento atinente à sucessão definitiva caso o ausente conte com 80 (oitenta) anos de idade e de 5 (cinco) anos datem as últimas notícias acerca dele. A esse respeito, confira a literalidade do texto legal: "Pode-se requerer a sucessão definitiva, também, provando-se que o ausente conta oitenta anos de idade, e que de cinco datam as últimas notícias dele."

Item II: incorreto. Como é cediço, a retirada *post mortem* de tecidos, órgãos e partes do corpo humano para fins de transplante é chancelada pelo ordenamento jurídico brasileiro. O diploma normativo que versa sobre a matéria é a Lei n.º 9.434/97, muito citada para fundamentar o marco da morte real da pessoa natural (sugere-se ao leitor a análise das dicas ao final deste capítulo). O item proposto está incorreto justamente por adulterar a redação do art. 3º da referida Lei n.º 9.434/97 que exige a intervenção de dois médicos para possibilitar a retirada de órgãos e tecidos. Com o fito de corroborar o que foi exposto, é oportuno transcrever o citado dispositivo legal: "A realização de transplante ou enxertos de tecidos, órgãos ou partes do corpo humano só poderá ser realizada por estabelecimento de saúde, público ou privado, e por equipes médico-cirúrgicas de remoção e transplante previamente autorizados pelo órgão de gestão nacional do Sistema Único de Saúde."

Item III: correto. A assertiva constante do item em exame está correta, pois se amolda ao que dispõe o art. 13, p.u., do CC: "O ato previsto neste artigo [ato de disposição do próprio corpo] será admitido para fins de transplante, na forma estabelecida em lei especial."

Item IV: incorreto. O item ora examinado está incorreto, uma vez que contraria o disposto no art. 18 do CC: "Sem autorização, não se pode usar o nome alheio em propaganda comercial." É oportuno notar, a partir de um exame da literalidade do texto legal, que não há ressalva que se refira a direitos públicos, o que conduz, por óbvio, ao equívoco da assertiva.

Item V: correto. O item está correto, pois está em consonância ao que preconiza o art. 19 do CC, com a seguinte redação: "O pseudônimo adotado para atividades lícitas goza da proteção que se dá ao nome."

Alternativa correta: letra "d".

---

47. (TRT/21ª RG – VI Concurso – 2010) Sobre os direitos de personalidade, assinale a alternativa CORRETA:

a) Não obstante o art. 11 do Código Civil brasileiro estabelecer que estes direitos são intransmissíveis, admite-se a legitimação do cônjuge sobrevivente para requerer perdas e danos sofridas em face de conduta ofensiva e lesiva ao nome do cônjuge já morto.

b) De acordo com a lei civil, é proibida a comercialização, pela própria pessoa, dos fios do seu cabelo, considerando a indisponibilidade presente, por constituírem parte integrante da própria personalidade.

c) Mesmo após a morte da pessoa, será vedada, em qualquer caso, a utilização da sua imagem, independentemente do destino comercial do respectivo uso ou de vir a atingir a honra, a boa fama ou a respeitabilidade do falecido, salvo mediante autorização judicial.

d) A pessoa é proibida pela lei civil, sem exceções, de dispor em vida do próprio corpo, quando importar tal ato em diminuição permanente da sua integridade física, mesmo quando haja finalidade terapêutica ou exigência médica.

e) A utilização de pseudônimo por pessoa autora de obra jurídica, ocultando o nome verdadeiro, não lhe assegura o gozo de direitos relativos à personalidade, mas apenas os direitos autorais.

COMENTÁRIOS

Alternativa "b": incorreta. A lei civil dispõe no art. 14, que "É válida, com objetivo científico, ou altruístico, a disposição gratuita do próprio corpo, no todo ou em parte, para depois da morte." De acordo com a redação do dispositivo legal, a lei civil permite a disposição do próprio corpo, no todo ou em parte, desde que seja com finalidade científica ou altruística, mas somente para depois da morte e, ainda, sem finalidade lucrativa. A Lei nº 9.434, de 04 de fevereiro de 1997, estabelece as regras para a disposição *post mortem*, de tecidos, órgãos e partes do corpo humano para utilização em transplantes. Pela redação do dispositivo, percebemos que o enunciado da assertiva está eivado de várias incorreções, pois a comercialização do próprio corpo, não é admitida, tanto pela própria pessoa, quanto por terceiro, pois a disposição deve ser para depois da morte e de forma gratuita. Outro erro evidente do enunciado é o de confundir direitos da personalidade, com elementos que caracterizam e individualizam uma pessoa, ou seja, o enunciado apresenta os elementos estéticos individualizadores de uma pessoa, no caso o cabelo, como se fosse um direito da personalidade. O que o ordenamento jurídico tutela são os direitos inerentes à personalidade humana, e não os atributos pessoais que compõem o conjunto de características estéticas pertencentes a individualidade de cada sujeito. Portanto, a disposição e comercialização dos fios de cabelo, não encontram óbice em nosso ordenamento jurídico. Também, como preceitua o art. 13 do CC, a disposição do próprio corpo que é proibida é aquela que importa diminuição permanente da integridade física, ou que contrarie os bons costumes, o que em nenhum dos casos alcança a comercialização de fios de cabelo. Vejamos, *in verbis*, o dispositivo legal: " Salvo por exigência médica, é defeso o ato de disposição do próprio corpo, quando importar diminuição permanente da integridade física, ou contrariar os bons costumes."

Alternativa "c": incorreta. O enunciado contraria a norma do art. 20 e parágrafo único do Código Civil, pois se for autorizado ou se necessário à administração da justiça ou à ordem pública, poderá ser divulgada a imagem de uma pessoa, mesmo que ela já esteja morta. Por sua vez, se não estiver presente uma das hipóteses anteriormente citadas, a pessoa poderá requerer a proibição do uso da sua imagem, quando atingir sua honra, a boa fama ou a sua respeitabilidade e, ainda, se objetivarem fins comerciais. No caso do morto, poderão requerer a proteção mencionada o cônjuge, os ascendentes ou os descendentes. O enunciado se equivoca ao afirmar que "mesmo depois da morte, será vedada, em qualquer caso, a utilização da sua imagem", como vimos o texto legal apresenta algumas hipóteses em que, mesmo após a morte, a imagem da pessoa poderá ser utilizada. Para maior clareza, reproduzimos o texto legal, citado logo no início: "Salvo se autorizadas, ou se necessárias à administração da justiça ou à manutenção da ordem pública, a divulgação de escritos, a transmissão da palavra, ou a publicação, a exposição ou a utilização da imagem de uma pessoa poderão ser proibidas, a seu requerimento e sem prejuízo da indenização que couber, se lhe atingirem a honra, a boa fama ou a respeitabilidade, ou se se destinarem a fins comerciais. Parágrafo único. Em se tratando de morto ou de ausente, são partes legítimas para requerer essa proteção o cônjuge, os ascendentes ou os descendentes." (art. 20, CC)

Alternativa "d": incorreta. O enunciado contraria o que dispõe o art. 13 e parágrafo único, do Código Civil: "Salvo por exigência médica, é defeso o ato de disposição do próprio corpo, quando importar diminuição permanente da integridade física, ou contrariar os bons costumes. Parágrafo único. O ato previsto neste artigo será admitido para fins de transplante, na forma estabelecida em lei especial." A lei especial de que trata o dispositivo é a Lei nº 9.434, de 04 de fevereiro de 1997, que dispõe sobre a remoção de órgãos, tecidos e partes do corpo humano para fins de transplante e tratamento e dá outras providências.

Alternativa "e": incorreta. O art. 19, do CC estabelece que: "O pseudônimo adotado para atividades lícitas goza da proteção que se dá ao nome." Não se exige que o pseudônimo esteja incorporado ao nome, ao contrário, ele pode formar-se de nome completamente diferente do original e ter sua utilização independentemente do original, afinal essa é a sua finalidade. O que se exige para a proteção do pseudônimo é que seja notório, ou seja, que a pessoa seja reconhecida com o seu uso. Por fim, destacamos que a proteção referente ao pseudônimo encontra-se regulada na Lei nº 9.610, de 19 de fevereiro de 1998, que regulamenta os direitos autorais, particularmente, nos seus artigos 12 e 24.

Alternativa "a": correta. As características dos direitos da personalidade estão dispostas no art.11, do CC, e são a intransmissibilidade e a irrenunciabilidade, conforme o texto legal: "Com exceção dos casos previstos em lei, os direitos da personalidade são intransmissíveis e irrenunciáveis, não podendo o seu exercício sofrer limitação voluntária." Por sua vez, esses direitos são oponíveis *erga omnes*, tutelados pelo ordenamento jurídico, estando disponíveis à sua tutela procedimentos específicos para garantir que cesse contra eles ameaça ou lesão. A violação a esses direitos comporta indenização, configurada nas perdas e danos, além de outras sanções previstas em lei, conforme descrito no art. 12, do CC: "Pode-se exigir que cesse a ameaça, ou a lesão, a direito da personalidade, e reclamar perdas e danos, sem prejuízo de outras sanções previstas em lei." A tutela desses direitos cabe ao seu próprio titular, que terá legitimidade ordinária para a defesa de seus direitos. No entanto, no caso de os direitos violados serem de sujeito já morto, o seu cônjuge sobrevivente, ou qualquer parente em linha reta, ou colateral até o quarto grau terá legitimidade extraordinária para a defesa desses direitos, conforme par. ún. do art. 12 do CC: "Em se tratando de morto, terá legitimação para requerer a medida prevista neste artigo o cônjuge sobrevivente, ou qualquer parente em linha reta, ou colateral até o quarto grau."

---

48. (TRT/14ª RG – XVII Concurso – 2010) Quanto aos direitos da personalidade previstos no Código Civil vigente, assinale a alternativa CORRETA:

a) Por se tratar de direito da personalidade, o pseudônimo adotado para atividades lícitas e ilícitas goza da proteção que se dá ao nome.

b) A disposição gratuita do corpo, no todo ou em parte, para depois da morte, é válida com objetivo altruístico.

c) É lícito o ato de disposição do próprio corpo, ainda que importe em diminuição permanente da integridade física, mesmo se não houver exigência médica vez que tal ato se constitui em direito personalíssimo.

d) Em se tratando de pessoa reconhecidamente pública o nome desta poderá ser utilizado em propaganda comercial, ainda que sem autorização.

e) Os direitos de personalidade destinam-se a resguardar a dignidade humana, razão pela qual, apenas em vida pode o seu titular exigir que cesse a ameaça, ou lesão a seu direito de personalidade, bem como reclamar perdas e danos, sem prejuízo de outras sanções previstas em lei.

COMENTÁRIOS

Alternativa "a": incorreta. A proteção ao pseudônimo só será possível quando utilizado para atividades lícitas, conforme estabelece o art. 19 do CC: "O pseudônimo adotado para atividades lícitas goza da proteção que se dá ao nome." Contrariando o enunciado da alternativa que sugere a proteção ao pseudônimo mesmo quando usado para atividades ilícitas."

Alternativa "c": incorreta. A lei permite ato de disposição do próprio corpo, ainda que importe diminuição permanente da integridade física, desde que feita para atender exigência médica, conforme a doutrina do art. 13 do CC: "Salvo por exigência médica, é defeso o ato de disposição do próprio corpo, quando importar diminuição permanente da integridade física, ou contrariar os bons costumes." Esta norma visa proteger a própria vida, o corpo, vivo ou morto, parcial ou totalmente (tecidos, órgãos etc.). Portanto, a afirmação feita pela assertiva de que a disposição do próprio corpo, mesmo sem exigência médica é um direito personalíssimo, não procede. A proteção jurídica da vida e da integridade física, são manifestações do princípio da dignidade humana, considerado como uma das classes de bens mais caros do nosso ordenamento jurídico, razão da limitação feita pelo artigo supracitado.

Alternativa "d": incorreta. A utilização do nome é um direito personalíssimo, privativo do seu titular. No entanto, quando autorizado por seu titular, gratuita ou onerosamente, terceiros poderão utilizar o nome mediante a cessão de direito expressamente permitida. Contudo, cabe ressalvar mais uma vez que a utilização do nome por terceiros só será legal, mediante expressa autorização do seu titular, conforme preceitua o art. 18 do CC: "Sem autorização, não se pode usar o nome alheio em propaganda comercial." Nestes termos, podemos anotar que o enunciado da alternativa afronta o texto legal, ao afirmar que a utilização de nome de pessoa pública poderá ocorrer "ainda que sem autorização."

Alternativa "e": incorreta. A assertiva vai de encontro com o prescreve o par. ún. do art. 12 do CC, motivo pelo qual deve ser considerada **incorreta**: "Pode-se exigir que cesse a ameaça ou a lesão, a direito da personalidade, e reclamar perdas e danos, sem prejuízo de outras sanções previstas em lei. Parágrafo único. Em se tratando de morto, terá legitimação para requerer a medida prevista neste artigo o cônjuge sobrevivente, ou qualquer parente em linha reta, ou colateral até o quarto grau."

Alternativa "b": correta. A lei permite a disposição gratuita do próprio corpo, depois de morto, no todo ou em parte, com objetivo altruístico, mas também científico. Nesse sentido, a assertiva concorda com a redação do artigo 14 do CC: "É válida, com objetivo científico, ou altruístico, a disposição gratuita do próprio corpo, no todo ou em parte, para depois da morte."

---

49. (TRT/9ª RG – XXII Concurso – 2009) Considere as seguintes proposições:

I. Os direitos de personalidade, como tais considerados aqueles direitos próprios da pessoa, são sempre intransmissíveis e irrenunciáveis, não podendo o seu exercício sofrer limitação voluntária.

II. Uma das soluções doutrinárias para os casos de violação à privacidade e à imagem permite a apropriação, pela vítima, dos proventos ilicitamente auferidos pelo autor da ofensa.

III. Pelo Código Civil brasileiro, a única solução possível para a vítima de ofensa aos direitos da personalidade é o pedido de indenização pelos danos sofridos.

IV. As pessoas que, por deficiência mental, não têm o necessário discernimento para a prática de atos da vida civil são consideradas absolutamente incapazes de exercê-los pessoalmente.

V. As pessoas sem desenvolvimento mental completo são consideradas incapazes, relativamente a certos atos, ou à maneira de os exercer.

a) Somente são corretas as proposições I, II e III.

b) Somente são corretas as proposições I, IV e V.

c) Somente são corretas as proposições II, IV e V.

d) Somente são corretas as proposições I, II e IV.

e) Todas as proposições são corretas.

COMENTÁRIOS

Item I – Está **incorreto**. O equívoco da alternativa reside no fato de que os direitos da personalidade nem sempre são irrenunciáveis ou intransmissíveis. Em verdade, de acordo com o Enunciado nº 4 CJF/STJ, os direitos da personalidade podem sofrer limitação voluntária, desde que não seja permanente nem geral. O civilista Flávio Tartuce esclarece o tema, com muita propriedade, mediante a apresentação de um exemplo: "A título de exemplo, podem ser citados os casos que envolvem a cessão onerosa dos direitos patrimoniais decorrentes da imagem que não pode ser permanente" (TARTUCE, Flávio. *Manual de Direito Civil. Volume Único.* 2ª ed. São Paulo: Método, 2012, p. 91).

Item II – Está **correto**. A banca examinadora considerou o presente item **correto**, muito embora haja divergência doutrinária neste particular. Há quem entenda, como os integrantes da banca, que o montante auferido pelo ofensor pode ser utilizado como parâmetro para fixação da indenização pela violação do direito à imagem. Contudo, há quem perfilhe o entendimento de que a indenização não deve se pautar em tal critério, sob pena de cercear a liberdade do magistrado que, ao analisar o caso concreto, pode entender pelo arbitramento de indenização em outro patamar.

Item III – Está **incorreto**. O enunciado do item contraria o que preconiza o art. 12 do CC que prevê, além da reparação dos danos, outras medidas que podem ser adotadas no caso de lesão aos direitos da personalidade. Eis o teor do mencionado dispositivo: "Pode-se exigir que **cesse a ameaça, ou a lesão, a direito da personalidade**, e reclamar perdas e danos, **sem prejuízo de outras sanções previstas em lei**."

Item IV – Está **correto**. O item encontra respaldo no art. 3º, II, do CC, com a seguinte redação: "São absolutamente incapazes de exercer pessoalmente os atos da vida civil: [...] II – os que, por enfermidade ou deficiência mental, não tiverem o necessário discernimento para a prática desses atos."

Item V – Está **correto**. A redação do item encontra-se em plena consonância ao que preconiza o art. 4º, III, do CC, cujo teor ora se transcreve: "São incapazes, relativamente a certos atos, ou à maneira de os exercer: [...] III – os excepcionais, sem desenvolvimento mental completo."

Alternativa "c": correta.

---

50. (TRT/2ª RG – XXXIV Concurso – 2009) O restaurante "Delícias da Culinária Brasileira" contratou o renomado "chef" Barbosa, publicando anúncio em jornal de grande circulação da cidade com publicidade da casa, utilizando o nome do "chef", enaltecendo as qualidades gastronômicas, entretanto sem obter sua autorização.

a) Não cabe ao *"chef"* qualquer reparação visto que não houve exposição ao desprezo público.

b) Não cabe ao *"chef"* qualquer reparação em razão de que o contrato de trabalho tacitamente autoriza a divulgação do nome do empregado que trabalho com atendimento ao público.

c) Cabe ao *"chef"* o direito a reparação consubstanciada em indenização uma vez que não se pode usar o nome alheio sem autorização.

d) Não havendo intenção difamatória, desnecessária a autorização do empregado, até mesmo porque não alberga o Código Civil tutela específica quanto ao nome da pessoa comum, o mesmo não ocorrendo quanto às pessoas de notório conhecimento e exposição pública.

e) Nenhuma alternativa está correta.

COMENTÁRIOS

✪ **Nota do autor:** A indisponibilidade dos direitos fundamentais pode ser mitigada em algumas situações, como, por exemplo no tocante ao uso do nome, da imagem, etc; o que significa dizer que podem ser cedidos temporariamente pelos seus titulares. Nesse sentido, foi aprovado pelo CJF/STJ, o Enunciado nº 4: "o exercício dos direitos da personalidade pode sofrer limitação voluntária, desde que não seja permanente nem geral."

Alternativa "a": incorreta. A proteção ao nome prevista no art. 18, do CC, exige como requisito configurador do dano, a mera utilização indevida do nome para fins econômicos ou comerciais. Considerando que, no caso retratado na assertiva, o uso do nome tem finalidade econômica e não tem a autorização do *"Chef"*, titular desse direito personalíssimo, já restou configurado o dano, pelas razões apresentadas no comentário da alternativa "c". Portanto, a assertiva está incorreta, por afirmar que só se configura dano e, portanto, só cabe a respectiva indenização quando a exposição exponha ao desprezo público, pois no caso em tela, realmente não se trata desse prejuízo, configurado no art. 17, do CC, mas sim do uso indevido do nome, isto é, sem autorização do seu titular para fins comerciais, ainda que não tenha exposto ao desprezo público o seu titular.

Alternativa "b": incorreta. Conforme nosso comentário, quando da análise da alternativa "c", afirmamos que o direito ao nome é intransmissível e irrenunciável, sendo personalíssimo, motivo que justifica o seu uso apenas pelo seu titular. No entanto, foi demonstrado que é possível, mediante autorização expressa do portador do direito, a sua cessão a título temporário, a um terceiro. Conforme argumentamos, esse direito é inerente à pessoa, sendo uma projeção inata dos direitos da personalidade. Desse modo, o contrato de trabalho não tem o condão de se sobrepor ao direito irrenunciável e constitucional de que goza o titular desse elemento caracterizador do ser humano de usá-lo com exclusividade. Nesses termos, pode-se afirmar que a existência de relação de emprego, consubstanciada no contrato de trabalho, não deve ser entendida como forma tácita de autorização do uso do nome do empregado, pois se assim for entendido, estaríamos colocando o contrato laboral, acima da lei civil, que exige textualmente "autorização expressa" para a utilização do "nome alheio em propaganda comercial" (art. 18, CC/02).

Alternativa "d": incorreta. A presente assertiva contraria toda a sistemática de proteção legal ao nome. O nosso ordenamento jurídico, reserva, tanto no plano constitucional (art. 5º, X), quanto no infraconstitucional (arts. 16 a 19, do CC), tutela especifica para o nome, a imagem, a honra, etc. Ademais, o dano decorrente do uso indevido do nome, que enseja indenização, não deflui do elemento volitivo, traduzido no enunciado da alternativa, pela expressão "intenção". Nesse caso, a lesão é presumida, independe de prova, e da vontade de causar a lesão, basta que seja utilizado por terceiro, com fins econômicos e comerciais, sem a devida autorização. Além disso, o art. 12, do CC, assegura tutela especifica para os direitos da personalidade, não só para pessoas públicas, mas para todo aquele que adquiriu personalidade, como podemos constatar: "Pode-se exigir que cesse a ameaça, ou a lesão, a direito da personalidade, e reclamar perdas e danos, sem prejuízo de outras sanções previstas em lei." No mesmo sentido, o Enunciado 140, aprovado pelo CJF/STJ, declara a existência de tutela especifica para os direitos da personalidade: "A primeira parte do art. 12 do Código Civil refere-se às técnicas de tutela específica, aplicáveis de ofício, enunciadas no art. 461 do Código de Processo Civil, devendo ser interpretada com resultado extensivo." Portanto, assertiva está completamente em confronto com sistema jurídico posto, o que acarreta o seu erro absoluto.

Alternativa "e": incorreta. Não há Comentários.

Alternativa "c": correta. O direito ao nome é uma das modalidades dos direitos da personalidade, sendo revestido da indisponibilidade e intransmissibilidade, características essenciais desses direitos. O seu uso é privativo do seu titular, mas é possível a sua utilização, por terceiro, desde que autorizado pelo seu titular. Portanto, para o uso do nome de uma pessoa, por um terceiro, para fins econômicos e comerciais, é imprescindível que haja autorização expressa do seu titular, conforme determinação do art. 18 do CC: "Sem autorização, não se pode usar o nome alheio em propaganda comercial." Caso seja desrespeitada essa regra, estará configurado o dano moral presumido, ou seja, aquele que prescinde da comprovação do dano, haja vista que, o dano é a própria utilização do nome indevidamente. Nesse sentido, o STJ publicou a Súmula 403: "Independe de prova do prejuízo a indenização pela publicação não autorizada da imagem de pessoa com fins econômicos ou comerciais". Com fundamento na Constituição da República, o art. 5º, inc. X, garante a indenização dos danos causados à imagem, conforme se constata: "são invioláveis a intimidade, a vida privada, a honra e a imagem das pessoas, assegurado o direito a indenização pelo dano material ou moral decorrente de sua violação". Por essas razões, a alternativa em comento está correta, considerando que houve o uso indevido do nome do *"Chef"*, o que acarreta o respectivo direito à indenização.

2.1.3. DA AUSÊNCIA

51. (TRT/15ª RG – XXVI Concurso – 2012) Analise as proposições abaixo e, após, responda:

I. O cônjuge do ausente, regularmente casado sob o regime da comunhão universal, separado de fato por pelo menos dois anos antes da declaração de ausência, será o seu legítimo curador.

II. As pessoas jurídicas de direito público interno são civilmente responsáveis por atos de seus agentes que nessa qualidade causem dano a terceiros, ressalvado o direito regressivo contra os causadores do dano, somente se houver, por parte destes, dolo.

III. São pessoas jurídicas de direito público externo os Estados estrangeiros e todas as pessoas que forem regidas pelo direito internacional público e privado.

IV. Decai em três anos o direito de anular a constituição das pessoas jurídicas de direito privado, por defeito do ato respectivo, contado o prazo da publicação de sua inscrição no registro.

V. Consideram-se imóveis para todos os efeitos legais o direito à sucessão aberta.

a) As questões I, IV e V são verdadeiras.

b) As questões I, II e III são falsas.

c) As questões II, III e IV são falsas.

d) Somente a questão V é verdadeira.

e) Todas as questões são falsas.

COMENTÁRIOS

Item I – Está **correto**. O enunciado, em princípio, tenta induzir o candidato a erro, ao consignar informação absolutamente desnecessária, relativa ao regime de bens do casal, o que é irrelevante para a questão. Na verdade, o item corresponde à regra do art. 25 do CC, que preceitua: "O cônjuge do ausente, sempre que não esteja separado judicialmente, ou de fato por mais de dois anos antes da declaração da ausência, será o seu legítimo curador."

Item II – Está **incorreto**, uma vez que contraria a regra do art. 43 do CC, que consagra o direito regressivo das pessoas jurídicas de direito público interno, caso o agente causador do dano tenha incorrido em culpa ou dolo: "As pessoas jurídicas de direito público interno são civilmente responsáveis por atos dos seus agentes que nessa qualidade causem danos a terceiros, ressalvado direito regressivo contra os causadores do dano, se houver, por parte destes, culpa ou dolo." Desse modo, o equívoco da questão reside no fato de haver sido omitida a expressão "culpa".

Item III – A assertiva está incorreta. Na verdade, nos termos do art. 42 do CC, "são pessoas jurídicas de direito público externo os Estados estrangeiros e todas as pessoas que forem regidas pelo direito internacional público." Portanto, o erro da questão reside no fato de que as entidades regidas pelo direito internacional privado não são pessoas jurídicas de direito público externo.

Item IV – Está **correto**, porquanto corresponde à literalidade do art. 45, parágrafo único, do CC: "Decai em três anos o direito de anular a constituição das pessoas jurídicas de direito privado, por defeito do ato respectivo, contado o prazo da publicação de sua inscrição no registro."

Item V – O enunciado está **correto**, pois consentâneo à regra constante do art. 80, II, do CC: "Consideram-se imóveis para os efeitos legais: [...] II – o direito à sucessão aberta."

Alternativa "a": correta.

---

52. (TRT/8ª RG – Concurso C-319 – 2009) De acordo com o Código Civil, é INCORRETO afirmar:

a) Desaparecendo uma pessoa do seu domicílio sem dela haver notícia, se não houver deixado representante ou procurador a quem caiba administrar-lhe os bens, o juiz, a requerimento de qualquer interessado ou do Ministério Público, declarará a ausência, e nomear-lhe-á curador. Também se declarará a ausência, e se nomeará curador, quando o ausente deixar mandatário que não queira ou não possa exercer ou continuar o mandato, ou se os seus poderes forem insuficientes. Decorrido um ano da arrecadação dos bens do ausente, ou, se ele deixou representante ou procurador, em se passando três anos, poderão os interessados requerer que se declare a ausência e se abra provisoriamente a sucessão.

b) Dez anos depois de passado em julgado a sentença que concede a abertura de sucessão provisória, poderão os interessados requerer a sucessão definitiva e o levantamento das cauções prestadas. Pode-se requerer a sucessão definitiva, também, provando-se que o ausente conta 75 anos de idade, e que de cinco datam as últimas notícias dele.

c) Para criar uma fundação, o seu instituidor fará, por escritura pública ou testamento, dotação especial de bens livres, especificando o fim a que se destina, e declarando, se quiser, a maneira de administrá-la, limitando-se a possibilidade de escolha dos fins a religiosos, culturais, morais ou de assistência.

d) Têm domicílio necessário o incapaz, o servidor público, o militar, o marítimo e o preso. O domicílio do incapaz é o do seu representante ou assistente; o do servidor público, o lugar em que exercer permanentemente suas funções; o do militar, onde servir, e, sendo da Marinha ou da Aeronáutica, a sede do comando a que se encontrar imediatamente subordinado; o do marítimo, onde o navio estiver matriculado; e o do preso, o lugar em que cumprir a sentença.

e) Considera-se condição a cláusula que, derivando exclusivamente da vontade das partes, subordina o efeito do negócio jurídico a evento futuro e incerto. São lícitas, em geral, todas as condições não contrárias à lei, à ordem pública ou aos bons costumes; entre as condições defesas se incluem as que privarem de todo efeito o negócio jurídico, ou o sujeitarem ao puro arbítrio de uma das partes.

COMENTÁRIOS

Alternativa "a": correta. Nessa assertiva houve a transcrição literal dos artigos 22, 23 e 26 do Código Civil:

"Art. 22. Desaparecendo uma pessoa do seu domicílio sem dela haver notícia, se não houver deixado representante ou procurador a quem caiba administrar-lhe os bens, o juiz, a requerimento de qualquer interessado ou do Ministério Público, declarará a ausência, e nomear-lhe-á curador."

"Art. 23. Também se declarará a ausência, e se nomeará curador, quando o ausente deixar mandatário que não queira ou não possa exercer ou continuar o mandato, ou se os seus poderes forem insuficientes."

"Art. 26. Decorrido um ano da arrecadação dos bens do ausente, ou, se ele deixou representante ou procurador, em se passando três anos, poderão os interessados requerer que se declare a ausência e se abra provisoriamente a sucessão."

Alternativa "c": correta. A assertiva transcreveu literalmente o art. 62 do CC e parafraseou o seu parágrafo único na sua parte final, conforme pode ser constatado, com a leitura do texto legal: "Art. 62. Para criar uma fundação, o seu instituidor fará, por escritura pública ou testamento, dotação especial de bens livres, especificando o fim a que se destina, e declarando, se quiser, a maneira de administrá-la. Parágrafo único. A fundação somente poderá constituir-se para fins religiosos, morais, culturais ou de assistência."

Alternativa "d": correta. A alternativa transcreveu literalmente o art. 76 e o seu parágrafo único, que tratam do domicílio necessário. "Art. 76. Têm domicílio necessário o incapaz, o servidor público, o militar, o marítimo e o preso. Parágrafo único. O domicílio do incapaz é o do seu representante ou assistente; o do servidor público, o lugar em que exercer permanentemente suas funções; o do militar, onde servir, e, sendo da Marinha ou da Aeronáutica, a sede do comando a que se encontrar imediatamente subordinado; o do marítimo, onde o navio estiver matriculado; e o do preso, o lugar em que cumprir a sentença."

Alternativa "e": correta. Houve a transcrição literal dos artigos 121 e 122, ambos do Código Civil:

"Art. 121. Considera-se condição a cláusula que, derivando exclusivamente da vontade das partes, subordina o efeito do negócio jurídico a evento futuro e incerto."

"Art. 122. São lícitas, em geral, todas as condições não contrárias à lei, à ordem pública ou aos bons costumes; entre as condições defesas se incluem as que privarem de todo efeito o negócio jurídico, ou o sujeitarem ao puro arbítrio de uma das partes."

Alternativa "b": incorreta. A primeira parte da alternativa transcreve literalmente o art. 37, do Código Civil: "Dez anos depois de passada em julgado a sentença que concede a abertura da sucessão provisória, poderão os interessados requerer a sucessão definitiva e o levantamento das cauções prestadas." Contudo, na segunda parte da afirmativa houve a transcrição do artigo 38 do Código Civil, mas com uma incorreção, que está no fato de se afirmar que "provando-se que o ausente conta com 75 anos de idade". O Código Civil estabelece a idade de 80 anos, conforme se verifica no texto da lei: "Art. 38. Pode-se requerer a sucessão definitiva, também, provando-se que o ausente conta oitenta anos de idade, e que de cinco datam as últimas notícias dele." É oportuno destacar que o Código Civil autoriza a sucessão definitiva quando o ausente tenha 80 anos e as últimas notícias de seu paradeiro datem de 5 anos. Isso significa que a pessoa se ausentou com a idade de 75 anos, mas a sucessão definitiva somente pode ocorrer passados 5 anos.

2.2. DAS PESSOAS JURÍDICAS

2.2.1. DISPOSIÇÕES GERAIS

Atualização: a lei 13.874 de 20 de setembro de 2019, que instituiu a declaração de direitos de liberdade econômica, acrescentou o art. 49-a, e deu nova redação ao caput do art. 50, bem como acrescentou os parágrafos 1º ao 5º, Código civil.

53. FGV – 2023 – TST – Juiz do Trabalho

A teoria menor da desconsideração da personalidade jurídica é aplicada quando:

a) for exigida do credor a prova de fraude ou de abuso do direito imputados ao sócio administrador da sociedade, conforme previsto no Art. 50 do Código Civil;

b) o credor comprova a existência de confusão patrimonial, desde que esta seja reconhecida por meio da obtenção ilícita de valores no patrimônio do administrador sócio da sociedade;

c) com base no Art. 50 do Código Civil, o administrador que não integra o quadro societário da empresa for pessoalmente responsabilizado pelos danos sofridos pelos credores da pessoa jurídica;

d) reconhecida a responsabilização dos sócios da pessoa jurídica, ainda que não haja insolvência da pessoa jurídica nem fraude comprovada, o patrimônio dos sócios for suficiente para pagar as dívidas dos credores daquela;

e) o consumidor demonstra o estado de insolvência do fornecedor ou a sua personalidade jurídica representa obstáculo ao ressarcimento dos seus danos, conforme o Art. 28, parágrafo 5º, do Código de Defesa do Consumidor.

COMENTÁRIOS

Alternativa "a". Assertiva incorreta. A assertiva confunde os elementos da teoria maior da desconsideração da personalidade jurídica, previstas no art. 50 do CC, com os elementos da teoria menor. Assim, os elementos apresentados na redação da assertiva, não são da teoria menor, mas da teoria maior que são: a demonstração de desvio de finalidade (teoria maior subjetiva) ou confusão patrimonial (teoria maior objetiva), bem como prova da insolvência. Por fim, salienta-se que a teoria menor, em regra, é usada nas relações reguladas regidas pelo CDC (art. 28, §5º).

Alternativa "b". Incorreta. A exigência de comprovação da existência de confusão patrimonial, desde que seja por meio da obtenção ilícita de valores no patrimônio do administrador sócio da sociedade, como previsto na alternativa, é exigência da teoria maior, o que torna a assertiva equivocada. Nesse sentido, é o que dispõe o inc. II, do §2º, do art. 50 do CC: "§ 2º Entende-se por confusão patrimonial a ausência de separação de fato entre os patrimônios, caracterizada por: II – transferência de ativos ou de passivos sem efetivas contraprestações, exceto os de valor proporcionalmente insignificante;"

Alternativa "c". Assertiva incorreta. A hipótese prevista no art. 50, do CC, não se aplica a teoria menos, mas somente na teoria maior, como já comentado. Nesse sentido, é o entendimento do STJ: [...] "3. A minudência na análise dos atos dolosos dos sócios e ensejadores da má utilização do véu corporativo com escopo de lesar credores tem sido reputada relevante nos processos de desconsideração da personalidade jurídica, especialmente pela adoção da teoria maior da desconsideração pelo legislador pátrio, no art. 50 do CC/2002, com alterações da Lei nº 13.874, de 2019". (AgInt no AgInt no AREsp n. 2.347.929/SP, relator Ministro Moura Ribeiro, Terceira Turma, julgado em 26/2/2024, DJe de 28/2/2024.)

Alternativa "d". Incorreto. O mero reconhecimento da responsabilização dos sócios da pessoa jurídica, não é requisito bastante para desconsiderar a personalidade jurídico, com fundamento da teoria menor. Essa teoria, com fundamento no art. 28, do CDC, exige outros elementos para autorizar a desconsideração, que é medida excepcional. Vejamos as exigências do disposto legal: "Art. 28. O juiz poderá desconsiderar a personalidade jurídica da sociedade quando, em detrimento do consumidor, houver abuso de direito, excesso de poder, infração da lei, fato ou ato ilícito ou violação dos estatutos ou contrato social. A desconsideração também será efetivada quando houver falência, estado de insolvência, encerramento ou inatividade da pessoa jurídica provocados por má administração."

Alternativa "e". A assertiva está correta. O acerto da assertiva está no fato de que sua redação, corresponde ao que preceitua a norma do §5º, art. 28, do CDC: "§ 5º Também poderá ser desconsiderada a pessoa jurídica sempre que sua personalidade for, de alguma forma, obstáculo ao ressarcimento de prejuízos causados aos consumidores." No mesmo sentido, confirma o entendimento do STJ: De acordo com a pacífica jurisprudência desta Corte Superior, para fins de aplicação da denominada Teoria Menor da desconsideração da personalidade jurídica, não se exige prova da fraude ou do abuso de direito, tampouco é necessária a prova de confusão patrimonial, bastando que o consumidor demonstre o estado de insolvência do fornecedor ou o fato de a personalidade jurídica representar um obstáculo ao ressarcimento dos prejuízos causados. Considerando que o § 5º do art. 28 do Código de Defesa do Consumidor – CDC, em virtude do mero inadimplemento e da ausência de bens suficientes à quitação do débito, admite, a princípio, a responsabilização pessoal do sócio, torna-se necessário investigar a atuação na condução dos negócios da empresa. (REsp 1.900.843-DF, Rel. Ministro Paulo de Tarso Sanseverino (in memorian), Rel. para acórdão Ministro Ricardo Villas Bôas Cueva, Terceira Turma, por maioria julgado em 23/5/2023, DJe 30/5/2023.)

Alternativa correta: letra "e".

---

54. (TRT 4 – Juiz do Trabalho Substituto 4ª Região/2016) Assinale a assertiva incorreta sobre o incidente de desconsideração da personalidade jurídica.

a) Pode ser requerido em 1º e 2º graus de jurisdição, em qualquer fase do processo e em qualquer tipo de procedimento, excetuando-se a fase de recurso especial ou extraordinário, em razão dos limites do efeito devolutivo de tais recursos.

b) Uma vez requerida a desconsideração na própria petição inicial, fica a parte dispensada da instauração do incidente, hipótese em que o processo não será suspenso, devendo o sócio ou pessoa jurídica ser citado.

c) O incidente de desconsideração da personalidade jurídica não se aplica às hipóteses de desconsideração inversa, que consiste em imputar à pessoa jurídica a responsabilidade por obrigações de seus sócios, ante a existência de pressupostos legais a serem atendidos, a exemplo de fraude e abuso de direito.

d) A decisão que julga o incidente de desconsideração da personalidade jurídica tem natureza interlocutória, a qual pode ser novamente discutida em segunda instância via agravo de instrumento.

e) Uma vez acolhido o pedido de desconsideração da personalidade jurídica, a alienação ou oneração de bens considerada em fraude à execução será tida por ineficaz em relação ao requerente.

COMENTÁRIOS

Alternativa correta: letra "a". A alternativa está em conformidade ao disposto no art. 134 do NCPC: "O incidente de desconsideração é cabível em todas as fases do processo de conhecimento, no cumprimento de sentença e na execução fundada em título executivo extrajudicial."

Alternativa correta: letra "b". O conteúdo da alternativa em exame está em conformidade ao disposto no art. 134, §2º, do NCPC, com a seguinte redação: "Dispensa-se a instauração do incidente se a desconsideração da personalidade jurídica for requerida na petição inicial, hipótese em que será citado o sócio ou a pessoa jurídica.

Alternativa correta: letra "d". A alternativa está em perfeita consonância ao que prescreve o art. 136 do NCPC, que estabelece ser interlocutória a natureza da decisão proferida no incidente de desconsideração da personalidade jurídica. Como consequência, tal decisão desafia a interposição de agravo de instrumento, na forma do art. 1.015 do NCPC.

Alternativa correta: letra "e". A assertiva está em conformidade ao que prescreve o art. 137 do NCPC: "Acolhido o pedido de desconsideração, a alienação ou a oneração de bens, havida em fraude de execução, será ineficaz em relação ao requerente."

Alternativa incorreta: letra "c". A alternativa está incorreta, porquanto contraria o que dispõe o art. 133, §2º, do NCPC. O referido dispositivo legal expressamente admite ser possível a aplicação da *disregard doctrine*, de maneira inversa, para atingir o patrimônio de pessoa jurídica, quando a personalidade das pessoas naturais se constitua em óbice à satisfação das obrigações contraídas junto ao credor. A esse respeito, confira o conteúdo literal do dispositivo legal em apreço: "Aplica-se o disposto neste Capítulo à hipótese de desconsideração inversa da personalidade jurídica."

---

55. (TRT 8 – Juiz do Trabalho Substituto 8ª Região/2014) Analise as proposições a seguir e marque a única alternativa que contempla as afirmações corretas:

I. A vontade humana criadora, a observância das condições legais para a sua instituição e a licitude de seu objeto são pressupostos existenciais da pessoa jurídica.

II. Segundo elenco disposto no Código Civil em vigor são pessoas de direito público interno: a União; os Estados, o Distrito Federal e os Territórios; os Municípios; e as autarquias, inclusive as associações públicas. As pessoas jurídicas de direito público interno são civilmente responsáveis por atos dos seus agentes que nessa qualidade causem danos a terceiros, ressalvado direito regressivo contra os causadores do dano, se houver, por parte destes, dolo ou culpa grave.

III. São pessoas jurídicas de direito público externo os Estados estrangeiros e todas as pessoas que forem regidas pelo direito internacional público.

IV. As organizações religiosas são pessoas jurídicas de direito privado, sendo-lhes conferida liberdade de criação, organização, estruturação interna e de funcionamento, não podendo o poder público negar-lhes reconhecimento ou registro dos atos constitutivos e necessários ao seu funcionamento.

V. Salvo se o ato constitutivo dispuser de modo diverso, segundo a disciplina do Código Civil em vigor, prevalece a regra geral da maioria absoluta para as decisões da pessoa jurídica submetida à administração coletiva.

a) Estão corretas apenas as afirmações I, III e IV.

b) Estão corretas apenas as afirmações II e V.

c) Estão corretas apenas as afirmações I, IV e V.

d) Estão corretas apenas as afirmações II e III.

e) Estão corretas apenas as afirmações I, II e V.

COMENTÁRIOS

Todos os itens da questão serão analisados.

Item I: correto. A assertiva está correta, visto que a melhor doutrina estabelece serem três os pressupostos existenciais para a constituição de uma pessoa jurídica. A esse respeito, é oportuno fazer referência às lições de Pablo Stolze Gagliano e Rodolfo Pamplona Filho que obtemperam: "Como um antecedente lógico ao surgimento da pessoa jurídica, faz-se mister a conjugação de três pressupostos básicos: a) vontade humana criadora; b) a observância das condições legais para sua instituição; c) a licitude de seu objeto." (GAGLIANO, Pablo Stolze; PAMPLONA FILHO, Rodolfo. *Novo Curso de Direito Civil. Volume 1.* 14ª ed. São Paulo: Saraiva, 2012, p. 233). A doutrina transcrita corrobora, portanto, o acerto do item em apreço.

Item II: incorreto. A assertiva está incorreta, pois contraria o disposto no art. 43 do CC. Confira, no particular, a literalidade do texto legal: "As pessoas jurídicas de direito público interno são civilmente responsáveis por atos dos seus agentes que nessa qualidade causem danos a terceiros, ressalvado direito regressivo contra os causadores do dano, se houver, por parte destes, culpa ou dolo." É interessante notar que se exige, para o exercício do direito de regresso por parte do ente público, que o autor do dano tenha concorrido com dolo ou culpa, não havendo qualquer referência à necessidade de culpa grave. Tal circunstância, por óbvio, conduz ao equívoco do item ora enfocado.

Item III: correto. A redação do item está em conformidade com o teor do art. 42 do CC, *in verbis*: "São pessoas jurídicas de direito público externo os Estados estrangeiros e todas as pessoas que forem regidas pelo direito internacional público."

Item IV: correto. O item está correto, porquanto encontra respaldo no art. 44, IV e §1º, do CC, cuja redação ora se transcreve:

> *"Art. 44. São pessoas jurídicas de direito privado:*
>
> *[...]*
>
> *IV – as organizações religiosas; (Incluído pela Lei nº 10.825, de 22.12.2003)*
>
> *[...]*
>
> *§1º São livres a criação, a organização, a estruturação interna e o funcionamento das organizações religiosas, sendo vedado ao poder público negar-lhes reconhecimento ou registro dos atos constitutivos e necessários ao seu funcionamento."*

Item V: incorreto. O item ora enfocado contraria o que dispõe o art. 48 do CC: "Se a pessoa jurídica tiver administração coletiva, as decisões se tomarão pela maioria de votos dos presentes, salvo se o ato constitutivo dispuser de modo diverso."

Alternativa correta: letra "a".

---

56. (TRT 8 – Juiz do Trabalho Substituto 8ª Região/2014) Analise as questões e assinale a única alternativa INCORRETA:

a) Traço peculiar às associações civis é sua finalidade não econômica, o que não lhe impede de gerar renda necessária à manutenção de suas atividades e pagamento de seu quadro funcional.

b) O órgão do Ministério Público, ou qualquer interessado, pode promover a extinção de uma fundação quando esta se tornar ilícita, impossível ou for inútil a finalidade visada, ou ainda quando vencido o prazo de sua existência. Nessas hipóteses, salvo disposição em contrário no ato constitutivo, ou no estatuto, o patrimônio da fundação será incorporado em outra, designada pelo juiz, que se proponha a fim igual ou semelhante.

c) Contemplando a teoria da desconsideração da personalidade jurídica – *disregard doctrine* – o Código Civil em vigor estabelece que, em caso de abuso da personalidade jurídica, pode o juiz decidir, de ofício ou a requerimento da parte, que os efeitos de certas e determinadas relações de obrigações sejam estendidos aos bens particulares dos administradores ou sócios da pessoa jurídica.

d) Os administradores das associações podem ser destituídos por deliberação privativa de assembleia geral especialmente convocada para esse fim, cujo quorum será o estabelecido no estatuto.

e) Começa a existência legal das pessoas jurídicas de direito privado com a inscrição do ato constitutivo no respectivo registro, precedida, quando necessário, de autorização ou aprovação do Poder Executivo, averbando-se no registro todas as alterações por que passar o ato constitutivo.

COMENTÁRIOS

Alternativa correta: letra "a". Nos moldes do art. 53 do CC, a associação surge mediante a conjugação de vontade de diversas pessoas que se unem para a consecução de objetivos não econômicos. A despeito da inexistência de intuito lucrativo, não há qualquer vedação legal no sentido de impedir que as eventuais rendas geradas pela associação sejam vertidas para fazer face às despesas da manutenção de suas atividades ou do pagamento das remunerações devidas aos empregados e demais trabalhadores que integram seu quadro funcional. Por todo o exposto, somente é possível concluir pelo acerto da alternativa enfocada.

Alternativa correta: letra "b". A redação da alterativa praticamente reproduz o teor literal do art. 69 do CC que preceitua: "Tornando-se ilícita, impossível ou inútil a finalidade a que visa a fundação, ou vencido o prazo de sua existência, o órgão do Ministério Público, ou qualquer interessado, lhe promoverá a extinção, incorporando-se o seu patrimônio, salvo disposição em contrário no ato constitutivo, ou no estatuto, em outra fundação, designada pelo juiz, que se proponha a fim igual ou semelhante."

Alternativa correta: letra "d". A assertiva em apreço encontra supedâneo normativo no art. 59 do CC, com a seguinte redação: "Art. 59. Compete privativamente à assembleia geral: [...] I – destituir os administradores; [...] Parágrafo único. Para as deliberações a que se referem os incisos I e II deste artigo é exigido deliberação da assembleia especialmente convocada para esse fim, cujo quorum será o estabelecido no estatuto, bem como os critérios de eleição dos administradores."

Alternativa correta: letra "e". Alternativa correta, pois corresponde ao que preceitua o art. 45 do CC: "Começa a existência legal das pessoas jurídicas de direito privado com a inscrição do ato constitutivo no respectivo registro, precedida, quando necessário, de autorização ou aprovação do Poder Executivo, averbando-se no registro todas as alterações por que passar o ato constitutivo."

Alternativa incorreta: letra "c". A assertiva está incorreta, porquanto contraria o que preceitua o art. 50 do CC, com a seguinte redação: "Em caso de abuso da personalidade jurídica, caracterizado pelo desvio de finalidade, ou pela confusão patrimonial, pode o juiz decidir, a requerimento da parte, ou do Ministério Público quando lhe couber intervir no processo, que os efeitos de certas e determinadas relações de obrigações sejam estendidos aos bens particulares dos administradores ou sócios da pessoa jurídica." Percebe-se, a partir de um exame superficial do dispositivo legal transcrito, que o Juiz somente pode deferir a desconsideração da personalidade jurídica mediante requerimento da parte ou do representante do *parquet* nas causas em que ele intervir. Por corolário, o equívoco da assertiva reside no fato de que ela consignou ser possível afastar a personalidade da pessoa jurídica *ex officio*, em contrariedade ao que preceitua o texto legal. (Redação do art. 50, do CC, alterado pela Lei nº 13.874, de 2019)

---

57. (TRT/20ª RG – VI Concurso – 2012) Analise as afirmações abaixo.

I. Sem exceções, os direitos da personalidade são intransmissíveis.

II. As pessoas jurídicas não são abrangidas pela proteção dos direitos da personalidade.

III. São pessoas jurídicas de direito público externo os Estados estrangeiros e todas as pessoas que forem regidas pelo direito internacional público.

IV. As organizações religiosas são consideradas pessoas jurídicas de direito privado.

Estão corretas as afirmações

a) II e IV, apenas.

b) III e IV, apenas.

c) I, III e IV, apenas.

d) II, III e IV, apenas.

e) I, II, III e IV.

COMENTÁRIOS

Para a resolução da questão vamos comentar todas as afirmativas para justificar o acerto da alternativa "b".

Item I: Incorreto. Os direitos da personalidade são indisponíveis, mas a sua indisponibilidade não é absoluta, mas sim relativa, pois a própria lei ressalva que podem haver exceções (art. 11, CC). Nesse sentido, excepcionalmente, alguns desses direitos podem ser objeto de acordo de cessão do direito de imagem para fins publicitários. No mesmo sentido, é válida a disposição do próprio corpo para depois da morte (art. 14 do CC). Vejamos o que dispõe o art. 11 do CC: "Com exceção dos casos previstos em lei, os direitos da personalidade são intransmissíveis e irrenunciáveis, não podendo o seu exercício sofrer limitação voluntária."

Item II: Incorreto. As pessoas jurídicas são abrangidas pela proteção que se dá aos direitos da personalidade da pessoa natural, naquilo que couber, por ordem da norma contida no art. 52 do CC: "Aplica-se às pessoas jurídicas, no que couber, a proteção dos direitos da personalidade."

Item III: Correto. A assertiva está correta, pois o seu texto reproduz literalmente a redação do art. 42 do CC: "São pessoas jurídicas de direito público externo os Estados estrangeiros e todas as pessoas que forem regidas pelo direito internacional público."

Item IV: Correto. A assertiva está correta ao afirmar que as organizações religiosas são pessoas jurídicas de direito privado, pois a natureza de tais organizações foi definida legalmente pelo texto civil no inc. IV do art. 44, do CC: " São pessoas jurídicas de direito privado: IV – as organizações religiosas".

Considerando todas as assertivas é possível certificar que estão corretas apenas as afirmativas III e IV, o que corresponde à letra "b" da questão.

Alternativa "b": correta.

---

58. (TRT/3ª RG – Concurso nº 01/2011) Leia as afirmativas abaixo e assinale a alternativa CORRETA:

I. São pessoas jurídicas de direito privado: (I) as associações; (II) as sociedades; (III) as fundações. Não é necessária a existência de patrimônio nas associações e sociedades, mas as fundações têm de ter. Assim, as fundações devem ser criadas por escritura pública ou testamento, com dotação especial de bens livres, especificando o fim a que se destinam, e com declaração, se houver vontade, da maneira de administrá-las. A fundação somente poderá constituir-se para fins religiosos, culturais ou de assistência.

II. Na dicção legal, as associações e sociedades podem ou não ter fins econômicos e a responsabilidade extracontratual por atos de seus agentes que, nessa qualidade, causem danos a terceiros implica responsabilidade civil das associações e sociedades, ressalvado o direito regressivo contra os causadores do dano, se houver, por parte destes, culpa ou dolo.

III. A desconsideração da pessoa jurídica ocorre em caso de abuso da personalidade jurídica, caracterizada pelo desvio de finalidade, ou pela confusão patrimonial. Nestes casos, o juiz pode decidir, a requerimento da parte ou do Ministério Público, quando couber a este último intervir no processo, que os efeitos de certas e determinadas relações de obrigações sejam estendidos aos bens particulares dos administradores ou sócios da pessoa jurídica.

IV. O juiz poderá desconsiderar a personalidade jurídica da sociedade quando, em detrimento do consumidor, houver abuso de direito, excesso de poder, infração da lei, fato ou ato ilícito ou violação dos estatutos ou contrato social. A desconsideração também será efetivada quando houver falência, estado de insolvência, encerramento ou inatividade da pessoa jurídica provocados por má administração. Também poderá ser desconsiderada a pessoa jurídica sempre que sua personalidade for, de alguma forma, obstáculo ao ressarcimento de prejuízos causados aos consumidores.

V. O fato jurídico pode ser sempre provado mediante: confissão, documento, testemunha, presunção e perícia. A confissão é irrevogável, mas pode ser anulada se emanar de erro ou coação. No que tange aos traslados e certidões, considerar-se-ão instrumentos públicos, se os originais se houverem produzido em juízo como prova de algum fato.

a) Somente as afirmativas I e II estão corretas.

b) Somente as afirmativas III e IV estão corretas.

c) Somente as afirmativas IV e V estão corretas.

d) Somente as afirmativas III e V estão corretas.

e) Todas as afirmativas estão corretas.

COMENTÁRIOS

Item I – Está **incorreto**. Ao contrário do que constou do enunciado da questão, as fundações podem ser constituídas para fins religiosos, morais, culturais ou de assistência, conforme estabelece o art. 62, parágrafo único, do CC: "A fundação somente poderá constituir-se para fins religiosos, morais, culturais ou de assistência." Desse modo, a assertiva torna-se incorreta, na medida em que estabelece que as fundações **somente** podem constituir-se para fins religiosos, culturais ou de assistência, ignorando as finalidades morais que tais entidades podem desempenhar.

Item II – A assertiva está incorreta, pois as associações não podem apresentar finalidades econômicas, conforme dispõe o art. 53 do CC: "Constituem-se as associações pela união de pessoas que se organizem para **fins não econômicos**." Por outro lado, o exercício de atividade econômica é da essência da sociedade, nos termos do art. 981 do CC, que preceitua: "Celebram contrato de sociedade as pessoas que reciprocamente se obrigam a contribuir, com bens ou serviços, para o exercício de atividade econômica e a partilha, entre si, dos resultados."

Item III – Está **correto**, uma vez que reproduz o teor literal do art. 50 do CC: "Em caso de abuso da personalidade jurídica, caracterizado pelo desvio de finalidade, ou pela confusão patrimonial, pode o juiz decidir, a requerimento da parte, ou do Ministério Público quando lhe couber intervir no processo, que os efeitos de certas e determinadas relações de obrigações sejam estendidos aos bens particulares dos administradores ou sócios da pessoa jurídica." (Redação do art. 50, do CC, alterado pela Lei nº 13.874, de 2019)

Item IV – Está **correto**. O enunciado reproduz o teor do art. 28, do Código de Defesa do Consumidor: "O juiz poderá desconsiderar a personalidade jurídica da sociedade quando, em detrimento do consumidor, houver abuso de direito, excesso de poder, infração da lei, fato ou ato ilícito ou violação dos estatutos ou contrato social. A desconsideração também será efetivada quando houver falência, estado de insolvência, encerramento ou inatividade da pessoa jurídica provocados por má administração."

Item V – Está **incorreto**. A assertiva reflete parcialmente o teor de diversos dispositivos do Código Civil, a saber, arts. 212, 214 e 216. O erro da questão reside no fato de que o art. 214 do CC não fora integralmente reproduzido. Eis o teor do mencionado dispositivo legal: "A confissão é irrevogável, mas pode ser anulada se decorreu de erro de fato ou de coação." Perceba que o examinador não faz referência ao "erro de fato", mas tão somente ao "erro", circunstância que conduz à incorreção da assertiva proposta.

Alternativa "b": correta

---

59. (TRT/2ª RG – XXXVI Concurso – 2011) Assinale a alternativa INCORRETA, observados os termos do Código Civil:

a) As pessoas jurídicas são de direito público externo e interno e de direito privado.

b) As associações, as sociedades e as organizações religiosas são pessoas jurídicas de direito privado.

c) Os partidos políticos são pessoas jurídicas de direito público interno.

d) A União, os Estados, o Distrito Federal, os Territórios, os Municípios, as autarquias, e as associações públicas são pessoas jurídicas de direito público interno.

e) Os Estados estrangeiros e todas as pessoas que forem regidas pelo direito internacional público são pessoas jurídicas de direito público externo.

COMENTÁRIOS

Alternativa "a": correta. Está correta. A alternativa corresponde à redação literal do art. 40 do CC, que estabelece: "As pessoas jurídicas são de direito público, interno ou externo, e de direito privado."

Alternativa "b": correta. Está correta. A banca examinadora, no particular, se limitou a transcrever a norma do art. 44, I, II e IV, do CC: "São pessoas jurídicas de direito privado: I – as associações; II – as sociedades; [...] IV – as organizações religiosas."

Alternativa "d": correta. O enunciado da alternativa está **correto**, porquanto em consonância à regra constante do art. 41, I, II, III e IV, do CC, que preceitua: "São pessoas jurídicas de direito público interno: I – a União; II – os Estados, o Distrito Federal e os Territórios; III – os Municípios; IV – as autarquias, inclusive as associações públicas."

Alternativa "e": correta. Está correta, uma vez que retrata a regra constante do art. 42 do CC: "São pessoas jurídicas de direito público externo os Estados estrangeiros e todas as pessoas que forem regidas pelo direito internacional público."

Alternativa "c": incorreta. A assertiva está incorreta. De acordo com o que estabelece o art. 44, V, do CC, os partidos políticos são pessoas jurídicas de direito privado e não pessoas jurídicas de direito público interno, conforme equivocadamente constou da alternativa.

---

60. (TRT/14ª RG – XVII Concurso – 2010) Analise as informações sobre pessoas jurídicas e, ao final, responda:

I. O Código Civil considera como pessoas jurídicas de direito público interno a União, os Estados, o Distrito Federal, os territórios, os Municípios, as autarquias, as fundações e os partidos políticos.

II. As associações constituem-se pela união de pessoas que se organizem para fins não econômicos e não há, entre os associados direitos e obrigações recíprocos. Entretanto, os associados devem ter direitos iguais, não podendo os estatutos instituir categorias econômicas com vantagens especiais.

III. Salvo disposição em contrário, as pessoas jurídicas de direito público, a que se tenha dado estrutura de direito privado, regem-se, no que couber, quanto ao funcionamento, pelas normas do Código Civil.

IV. Com a inscrição do ato constitutivo no respectivo registro começa a existência legal das pessoas jurídicas de direito privado. Quando necessário, a referida inscrição será precedida de autorização ou aprovação do Poder Executivo, averbando-se no registro todas as alterações por que passar o ato constitutivo.

V. O domicílio da pessoa jurídica de direito privado que possua administração ou diretoria no estrangeiro será na Capital daquele país, mesmo que a obrigação tenha sido contraída por sua agência situada no Brasil.

a) Todas as assertivas são incorretas.

b) São corretas apenas as assertivas I e III.

c) São corretas apenas as assertivas II e IV.

d) São corretas apenas as assertivas IV e V.

e) São corretas apenas as assertivas III e IV.

COMENTÁRIOS

Nota de atualização: Empresas Individuais de Responsabilidade Limitada (EIRELI) deixaram de constar do rol do art. 44 do CC, em decorrência da Lei 14.382/2022.

Alternativa "e": correta. Todos os itens da questão serão analisados:

Item I: Incorreto. O artigo 41 do CC elenca como pessoa jurídica de direito público interno os seguintes entes: "I – a União; II – os Estados, o Distrito Federal e os Territórios; III – os Municípios; IV – as autarquias; IV – as autarquias, inclusive as associações públicas; V – as demais entidades de caráter público criadas por lei." Portanto, não se incluem dentre as figuras citadas as fundações e os partidos políticos, como sugere o enunciado. Na verdade essas duas figuras estão incluídas no artigo 44 do Código Civil, que apresenta as pessoas jurídicas de direito privado: "São pessoas jurídicas de direito privado: I – as associações; II – as sociedades; III – as fundações; IV – as organizações religiosas; V – os partidos políticos. VI – as empresas individuais de responsabilidade limitada."

Item II: Incorreto. A primeira parte da assertiva concorda com o art. 53 e seu parágrafo único do Código Civil, no que diz respeito ao modo de constituição da associação, conforme pode ser constatado: "Constituem-se as associações pela união de pessoas que se organizem para fins não econômicos. Parágrafo único. Não há, entre os associados, direitos e obrigações recíprocos." Todavia, a sua segunda parte não está correta, ao afirmar que "[...]não podendo os estatutos instituir categorias econômicas com vantagens especiais", porque contrasta com o art. 55 do CC, que autoriza a instituição de categorias com vantagens especiais dentro da mesma associação, vejamos: "Os associados devem ter iguais direitos, **mas o estatuto poderá instituir categorias com vantagens especiais**." (Grifo nosso).

Item III. Correto. A assertiva fundamenta a sua redação no que dispõe o par. ún. do art. 41 do CC: "Salvo disposição em contrário, as pessoas jurídicas de direito público, a que se tenha dado estrutura de direito privado, regem- se, no que couber, quanto ao seu funcionamento, pelas normas deste Código."

Item IV: Correto. A redação da assertiva confirma o que preceitua o art. 45 do CC: "Começa a existência legal das pessoas jurídicas de direito privado com a inscrição do ato constitutivo no respectivo registro, precedida, quando necessário, de autorização ou aprovação do Poder Executivo, averbando-se no registro todas as alterações por que passar o ato constitutivo."

Item V: Incorreto. Na hipótese da pessoa jurídica de direito privado possuir a sua administração ou diretoria no estrangeiro, segundo o Direito Civil brasileiro, o seu domicílio será, no que diz respeitos às suas obrigações, o local onde cada uma das suas agencias estejam localizadas no Brasil, como determina o art. 75, § 2º, do CC: "Se a administração, ou diretoria, tiver a sede no estrangeiro, haver-se-á por domicílio da pessoa jurídica, no tocante às obrigações contraídas por cada uma das suas agências, o lugar do estabelecimento, sito no Brasil, a que ela corresponder." Deste modo, o que se afirma no enunciado confronta com o que a lei estabelece.

Estão **corretos** os itens III e IV, e **incorretos** os itens I, II e V, confirmando o que está posto na letra "e".

61. (TRT/2ª RG – XXXV Concurso – 2010) Assinale a alternativa INCORRETA.

a) Em caso de abuso de personalidade jurídica caracterizada pelo desvio de finalidade ou confusão patrimonial poderá ser declarado judicialmente que os efeitos de certas e determinadas relações de obrigações sejam estendidos aos bens particulares dos administradores ou sócios da pessoa jurídica.

b) Constituem-se as associações pela união de pessoas que se organizem para fins não econômicos; não havendo reciprocidade de direitos e obrigações entre os associados.

c) Uma pessoa jurídica de direito privado com estabelecimento no Município de Santos, onde se reúne a sua diretoria, e possuindo outros estabelecimentos em municípios de diversos Estados da Federação, tem por domicílio cada um dos estabelecimentos para os atos nele praticados.

d) As pessoas jurídicas de direito público interno são civilmente responsáveis por atos dos seus agentes que nessa qualidade causem danos a terceiros, desde que se comprove que houve por parte dos agentes culpa ou dolo.

e) Os associados devem ter iguais direitos, mas o estatuto poderá instituir categorias com vantagens especiais.

COMENTÁRIOS

Alternativa "a": correta. A assertiva está correta, referindo-se à regra do art. 50 do CC, que consagra a teoria da desconsideração da personalidade jurídica. Eis o teor do mencionado dispositivo legal: "Em caso de abuso da personalidade jurídica, caracterizado pelo desvio de finalidade, ou pela confusão patrimonial, pode o juiz decidir, a requerimento da parte, ou do Ministério Público quando lhe couber intervir no processo, que os efeitos de certas e determinadas relações de obrigações sejam estendidos aos bens particulares dos administradores ou sócios da pessoa jurídica."

Alternativa "b": correta. A alternativa está correta, porquanto em consonância ao art. 53 *caput* e parágrafo único, do CC: "Constituem-se as associações pela união de pessoas que se organizem para fins não econômicos. Parágrafo único. Não há, entre os associados, direitos e obrigações recíprocos."

Alternativa "c": correta. O enunciado está **correto**, porquanto se constitui em situação hipotética que atrai a aplicação da regra do art. 75, § 1º, do CC: "Tendo a pessoa jurídica diversos estabelecimentos em lugares diferentes, cada um deles será considerado domicílio para os atos nele praticados."

Alternativa "e": correta. A assertiva está em consonância com a regra do art. 55 do CC, que preceitua: "Os associados devem ter iguais direitos, mas o estatuto poderá instituir categorias com vantagens especiais."

Alternativa "d": incorreta. Está incorreta. A ocorrência de dolo ou culpa dos agentes vinculados a pessoas jurídicas de direito público interno não se constitui em pressuposto para a responsabilização destas. Em verdade, a caracterização de dolo ou culpa do agente assegura à pessoa jurídica de direito público interno o direito de regresso em face do causador do dano, conforme preceitua o art. 43 do CC: "As pessoas jurídicas de direito público interno são civilmente responsáveis por atos dos seus agentes que nessa qualidade causem danos a terceiros, ressalvado direito regressivo contra os causadores do dano, se houver, por parte destes, culpa ou dolo."

2.2.2. DAS ASSOCIAÇÕES

62. (TRT 2 – Juiz do Trabalho Substituto 2ª Região/2014) Em relação às Organizações da Sociedade Civil de Interesse Público – OSCIP, aponte a alternativa incorreta:

a) As entidades que não distribuam entre os seus sócios ou associados, conselheiros, diretores, empregados ou doadores, eventuais excedentes operacionais, brutos ou líquidos, dividendos, bonificações, participações ou parcelas do seu patrimônio, auferidos mediante o exercício de suas atividades, e que os aplica integralmente na consecução do respectivo objeto social são qualificadas como Organizações da Sociedade Civil de Interesse Público.

b) As Organizações da Sociedade Civil de Interesse Público – OSCIP poderão relacionar- se com o Poder Público por meio de parcerias para formação de vínculo de cooperação com objetivo de executar promoção gratuita da educação e saúde.

c) Os sindicatos, as associações de classe ou de representação de categoria profissional poderão ser qualificados como Organizações da Sociedade Civil de Interesse Público.

d) Havendo indícios fundados de malversação de bens ou recursos de origem pública, os responsáveis pela fiscalização deverão comunicar o Ministério Público para que possa ingressar com a medida adequada a fim de promover a decretação da indisponibilidade dos bens da entidade e o sequestro dos bens dos seus dirigentes, bem como de agente público ou terceiro, que possam ter enriquecido ilicitamente ou causado dano ao patrimônio público.

e) A certificação dada pelo Ministério da Justiça às pessoas jurídicas de direito privado sem fins lucrativos, não poderá ser conferida a fundações, sociedades civis ou associações de direito privado criadas por órgão público ou por fundações públicas.

COMENTÁRIOS

✪ **Nota do autor:** A qualificação de pessoas jurídicas de direito privado, sem fins lucrativos, como Organizações da Sociedade Civil de Interesse Público, encontra-se disciplinada pela Lei n.º 9.790, de 23 de março de 1999.

Alternativa correta: letra "a". A afirmativa está em consonância ao que prescreve o art. 1º, §1º, da Lei n.º 9.790/99, cujo teor ora se transcreve: "Para os efeitos desta Lei, considera-se sem fins lucrativos a pessoa jurídica de direito privado que não distribui, entre os seus sócios ou associados, conselheiros, diretores, empregados ou doadores, eventuais excedentes operacionais, brutos ou líquidos, dividendos, bonificações, participações ou parcelas do seu patrimônio, auferidos mediante o exercício de suas atividades, e que os aplica integralmente na consecução do respectivo objeto social." A partir da melhor exegese do referido dispositivo legal é possível concluir que tais pessoas jurídicas podem receber a qualificação de OSCIPs.

Alternativa correta: letra "b". A assertiva corresponde ao que preceitua o art. 9º da Lei n.º 9.790/99. A esse respeito, confira a literalidade do texto legal: "Fica instituído o Termo de Parceria, assim considerado o instrumento passível de ser firmado entre o Poder Público e as entidades qualificadas como Organizações da Sociedade Civil de Interesse Público destinado à formação de vínculo de cooperação entre as partes, para o fomento e a execução das atividades de interesse público previstas no art. 3º desta Lei."

Alternativa correta: letra "d". A alternativa se amolda ao que prescreve o art. 13 da Lei n.º 9.790/99. Senão, veja-se: "Sem prejuízo da medida a que se refere o art. 12 desta Lei, havendo indícios fundados de malversação de bens ou recursos de origem pública, os responsáveis pela fiscalização representarão ao Ministério Público, à Advocacia-Geral da União, para que requeiram ao juízo competente a decretação da indisponibilidade dos bens da entidade e o sequestro dos bens dos seus dirigentes, bem como de agente público ou terceiro, que possam ter enriquecido ilicitamente ou causado dano ao patrimônio público, além de outras medidas consubstanciadas na Lei no 8.429, de 2 de junho de 1992, e na Lei Complementar no 64, de 18 de maio de 1990."

Alternativa correta: letra "e". A afirmativa está em conformidade com o que preconiza o art. 12, XII, da Lei n.º 9.790/99, *in verbis:* "Não são passíveis de qualificação como Organizações da Sociedade Civil de Interesse Público, ainda que se dediquem de qualquer forma às atividades descritas no art. 3º desta Lei: [...] XII – as fundações, sociedades civis ou associações de direito privado criadas por órgão público ou por fundações públicas."

Alternativa incorreta: letra "c". A alternativa é incorreta, pois contraria o que dispõe o art. 2º, II, da Lei n.º 9.790/99, com a seguinte redação: "Não são passíveis de qualificação como Organizações da Sociedade Civil de Interesse Público, ainda que se dediquem de qualquer forma às atividades descritas no art. 3º desta Lei: [...] II – os sindicatos, as associações de classe ou de representação de categoria profissional."

63. (TRT/23ª RG – XVI Concurso – 2010) Analise os itens abaixo e aponte a alternativa CORRETA:

I. O estatuto das associações conterá, sob pena de nulidade, as condições para a alteração das disposições estatutárias e para dissolução.

II. Dissolvida a associação, o remanescente do patrimônio líquido, após cumpridas as formalidades legais, será destinado desde logo à instituição municipal de fins idênticos ou semelhantes.

III. A fundação pode ser constituída por negócio jurídico entre vivos, ficando o instituidor obrigado a transferir-lhe a propriedade, ou outro direito real, sobre os bens dotados.

IV. O Código Civil brasileiro, anota que o Distrito Federal é pessoa jurídica de direito público, bem como dispõe expressamente que o domicílio do Distrito Federal é a cidade de Brasília.

a) A proposição I está correta e as proposições II, III e IV, incorretas.

b) As proposições I e III estão corretas e as proposições II e IV, incorretas.

c) As proposições I, III e IV estão corretas e a proposição II, incorreta.

d) A proposição IV está correta e as proposições I, II e III, incorretas.

e) As proposições I e II estão corretas e as proposições II e IV, incorretas.

COMENTÁRIOS

Todos os itens da questão serão analisados:

Item I: Correto. A assertiva está de acordo com o que estabelece a norma do art. 54, VI, do CC: "Sob pena de nulidade, o estatuto das associações conterá: as condições para a alteração das disposições estatutárias e para a dissolução."

Item II. Incorreto. A assertiva afirma que o patrimônio remanescente da associação dissolvida "será destinado desde logo à instituição municipal de fins idênticos ou semelhantes." Contudo, essa afirmativa está incorreta, pois o diploma civilista, preconiza que: "Dissolvida a associação, o remanescente do seu patrimônio líquido, depois de deduzidas, se for o caso, as quotas ou frações ideais referidas no parágrafo único do art. 56, **será destinado à entidade de fins não econômicos designada no estatuto, ou, omisso este, por deliberação dos associados, à instituição municipal, estadual ou federal, de fins idênticos ou semelhantes.**" (Grifo nosso)

Item III: Correto. A fundação poderá ser constituída por ato *inter vivos* (escritura pública) ou por *causa mortis* (testamento), como prevê o art. 62, do CC: "Para criar uma fundação, o seu instituidor fará, por escritura pública ou testamento, dotação especial de bens livres, especificando o fim a que se destina, e declarando, se quiser, a maneira de administrá-la."

Item IV: Incorreto. O enunciado do item está **correto** ao afirmar que o Distrito Federal é pessoa jurídica de direito público, pois assim dispõe o art. 41, do CC: "São pessoas jurídicas de direito público interno: II – os Estados, o Distrito Federal e os Territórios"; No entanto, se equivoca ao afirmar que o diploma civilista dispõe expressamente que o domicílio do Distrito Federal é a cidade de Brasília, pois segundo o art. 75, a sede da pessoa jurídica de direito público interno é a **sede de seu governo.** Portanto, ainda que a sede do governo do Distrito Federal seja Brasília, a incorreção da questão está no fato de se afirmar que a lei o declara expressamente.

Alternativa "b": correta.

64. (TRT/15ª RG – XXIV Concurso – 2010) Assinale a alternativa CORRETA:

a) Os cônjuges podem destinar parte de seu patrimônio para constituir bem de família, de maneira que a dissolução da sociedade conjugal extingue tal destinação.

b) É por meio da união de pessoas que se organizam para fins não econômicos que se constituem as associações; dissolvida a associação, o remanescente de seu patrimônio deve ser destinado à entidade de fins não econômicos designada no estatuto ou, em caso de omissão deste, à instituição municipal, estadual ou federal, de fins idênticos ou semelhantes, por deliberação dos associados.

c) Para criar uma fundação, o seu instituidor fará, por escritura particular ou pública, dotação especial de bens livres, especificando o fim a que se destina, e declarando, se quiser, a maneira de administrá-la. A fundação somente poderá constituir-se para fins religiosos, morais, culturais ou de assistência.

d) A apresentação de título de crédito em juízo de inventário não interrompe a prescrição.

e) De acordo com o Código Civil, prescreve em três anos a pretensão do vencedor para haver do vencido o que despendeu em juízo.

COMENTÁRIOS

Alternativa "a": incorreta. A assertiva está incorreta, porquanto se encontra em manifesto descompasso com o que dispõe o art. 1.721 do CC, com a seguinte redação: "A dissolução da sociedade conjugal não extingue o bem de família".

Alternativa "c": incorreta. A alternativa está incorreta, pois, para criar uma fundação, seu instituidor deve se valer de escritura pública ou testamento, não podendo ser utilizado instrumento particular para tanto, conforme preconiza o art. 62 do CC: "Para criar uma fundação, o seu instituidor fará, por escritura pública ou testamento, dotação especial de bens livres, especificando o fim a que se destina, e declarando, se quiser, a maneira de administrá-la."

Alternativa "d": incorreta. Ao contrário do que constou do enunciado da alternativa, a apresentação do título de crédito no juízo de inventário tem o condão de interromper a prescrição, conforme estabelece o art. 202, IV, do CC, com a seguinte redação: "A interrupção da prescrição, que somente poderá ocorrer uma vez, dar-se-á: [...] IV – pela apresentação do título de crédito em juízo de inventário ou em concurso de credores".

Alternativa "e": incorreta. Nos termos do art. 206, § 5º, III, do CC, o prazo prescricional relativo à pretensão do vencedor para haver do vencido o que despendeu em juízo é de **cinco anos** e não de três, como equivocadamente constou da alternativa.

Alternativa "b": correta. A alternativa está correta. De fato, as associações são pessoas jurídicas que se formam pela união de pessoas que se organizam para finalidades não econômicas, a teor do que preceitua o art. 53 do CC. Além disso, a dissolução da associação rege-se pela regra insculpida no art. 61 do CC, que dispõe: "Dissolvida a associação, o remanescente do seu patrimônio líquido, depois de deduzidas, se for o caso, as quotas ou frações ideais referidas no parágrafo único do art. 56, será destinado à entidade de fins não econômicos designada no estatuto, ou, omisso este, por deliberação dos associados, à instituição municipal, estadual ou federal, de fins idênticos ou semelhantes."

2.2.3. DAS FUNDAÇÕES

✪ Nota de atualização: a Lei nº 13.151/15, altera os arts. 62, 66 e 67, do CC. Nesse sentido, ao estudar as questões que dizem respeito a tais artigos, deve-se levar em consideração a sua nova redação. Lembrando que as questões dos concursos anteriores as alterações citadas, mantem a sua redação e gabaritos originalmente definidos pela banca examinadora, segunda a legislação vigente à data do certame.

---

65. (TRT 2 – Juiz do Trabalho Substituto 2ª Região/2016) Quanto aos objetivos é INCORRETO afirmar que pode ser constituída fundação para fins de promover:

a) Assistência social, educação e saúde.

b) Cultura, defesa e conservação do patrimônio histórico e artístico.

c) Habitação de interesse social.

d) Atividades religiosas.

e) Promoção da ética, da cidadania, da democracia e dos direitos humanos.

COMENTÁRIOS

Alternativa incorreta: letra "a". O art. 62, parágrafo único, incisos I, III e IV, do CC, inclui expressamente entre as finalidades que podem ser promovidas pelas fundações, entre outras, a assistência social, a educação e a saúde.

Alternativa incorreta: letra "b". A proposição está de acordo com a literalidade do art. 62, parágrafo único, inciso II, do CC.

Alternativa incorreta: letra "d". De acordo com o art. 62, parágrafo único, IX, é possível a constituição de fundação com fins de promover atividades religiosas.

Alternativa incorreta: letra "e". A proposição está de acordo com a literalidade do art. 62, parágrafo único, VIII, do CC.

Alternativa correta: letra "c". Ao tratar dos fins para os quais pode ser constituída uma fundação, o art. 62, parágrafo único, do CC, não inclui entre eles a promoção de habitação de interesse social. Importante observar que o dispositivo de lei em comento traz rol taxativo, que não pode ser ampliado na aplicação da norma.

---

66. (CESPE – Juiz do Trabalho Substituto 5ª Região/2013) A respeito das fundações de direito privado, sob a ótica do direito civil pátrio, assinale a opção correta.

a) Poderão ser criadas fundações por pessoas físicas por si ou por seu representante legal, no caso de incapacidade relativa, por ato entre vivos ou por testamento.

b) Poderá a fundação ser instituída sem a destinação inicial de patrimônio a um fim específico e determinado, desde que isso conste formalmente no ato de sua instituição, por meio de escritura pública ou testamento.

c) Se a fundação for instituída mediante testamento, a declaração unilateral de vontade criativa dessa não poderá ser revogada, quer pelo testador, em vida, quer pelo credor quirografário do instituidor.

d) Se for judicialmente autorizada e com a participação do órgão do MP, a alienação dos bens das fundações poderá ser feita, ainda que o instituidor tenha estabelecido proibição de alienar. Nesse caso, o produto da venda deverá ser aplicado em outros bens, destinados à consecução dos mesmos fins.

e) Se a fundação for instituída por pessoa jurídica, a instituidora atua na administração da entidade, especifica a sua finalidade e estabelece dotação patrimonial ou repasses financeiros para propiciar o seu pleno funcionamento.

COMENTÁRIOS

Alternativa incorreta: letra "a". Os relativamente incapazes não são representados, mas assistidos na prática de atos na vida civil. Caso o relativamente incapaz pratique atos na vida civil, sem a devida assistência, tais atos serão passíveis de anulação (art. 171, I, CC)

Alternativa incorreta: letra "b". A redação da assertiva ao afirmar que a fundação poderá ser instituída sem a destinação inicial de patrimônio a um fim especifico e determinado, contraria o mandamento legal, cuja determinação é no sentido contrário, ou seja, que o instituidor destine bens livres e especifique o fim a que se destinam. Vejamos o mandamento legal estatuído no art. 62, CC: "Para criar uma fundação, o seu instituidor fará, por escritura pública ou testamento, dotação especial de bens livres, especificando o fim a que se destina, e declarando, se quiser, a maneira de administrá-la."

Alternativa incorreta: letra "c". O erro da presente alternativa está em declarar que o testamento não pode ser revogado. Nesse sentido, contraria expressa previsão legal que autoriza a revogação desse ato a qualquer tempo, sendo considera invalida disposição testamentária pela qual o testador declare seu testamento irrevogável. Por sua vez, a revogação poderá ser efetuada pelo próprio testador. Vejamos o que dispõe a lei sobre o tema: "Art. 1.858. O testamento é ato personalíssimo, podendo ser mudado a qualquer tempo."

Alternativa incorreta: letra "e". A administração da fundação cabe ao administrador, independentemente de quem seja o seu instituidor. Assim, o instituir poderá dispor como será a sua administração, bem como atribuir essa tarefa a alguém. Nesse sentido é a regra contida nos seguintes dispositivos legais: "Art. 62. Para criar uma fundação, o seu instituidor fará, por escritura pública ou testamento, dotação especial de bens livres, especificando o fim a que se destina, e declarando, se quiser, a maneira de administrá-la." "Art. 65. Aqueles a quem o instituidor cometer a aplicação do patrimônio, em tendo ciência do encargo, formularão logo, de acordo com as suas bases (art. 62), o estatuto da fundação projetada, submetendo-o, em seguida, à aprovação da autoridade competente, com recurso ao juiz."

Alternativa correta: letra "d". A extinção de uma fundação será promovida pelo Ministério Público ou por qualquer interessado. Na hipótese de haver patrimônio remanescente, a sua destinação, salvo disposição em contrário prevista no ato de dotação ou estatuto, será incorporado a outra fundação, designada pelo juiz, que se proponha a fim igual ou semelhante. Nesse sentido, mesmo que o instituidor tenha estabelecido proibição de alienar, ocorrendo a sua extinção e sendo autorizado pelo juiz, o patrimônio remanescente será alienado e o produto da venda será aplicado em outros bens, destinados à consecução dos mesmos fins. Assim preleciona o art. 69 do CC: "Tornando-se ilícita, impossível ou inútil a finalidade a que visa a fundação, ou vencido o prazo de sua existência, o órgão do Ministério Público, ou qualquer interessado, lhe promoverá a extinção, incorporando-se o seu patrimônio, salvo disposição em contrário no ato constitutivo, ou no estatuto, em outra fundação, designada pelo juiz, que se proponha a fim igual ou semelhante."

---

67. (FCC – Juiz do Trabalho Substituto 6ª Região/ 2013) Angélico, desejando criar uma entidade sem finalidades econômicas e com objetivo religioso imutável, mediante dotação de bens livres e declarando a maneira de administrá-la,

a) poderá, por escritura pública ou testamento, instituir uma fundação.

b) deverá criar uma sociedade sem fins lucrativos, por instrumento público ou particular.

c) somente poderá criar uma organização religiosa.

d) deverá criar uma empresa individual de responsabilidade limitada.

e) somente poderá instituí-la por testamento na forma de uma associação.

COMENTÁRIOS

Nota de atualização: Empresas Individuais de Responsabilidade Limitada (EIRELI) deixaram de constar do rol do art. 44 do CC, em decorrência da Lei 14.382/2022.

Alternativa incorreta: letra "b". Ao reverso do que constou da alternativa em apreço, as sociedades sempre ostentam finalidade econômica e lucrativa, razão pela qual sua constituição não atenderia aos interesses expostos por Angélico no enunciado da questão.

Alternativa incorreta: letra "c". A assertiva está incorreta. As organizações religiosas, a exemplo das fundações, são pessoas jurídicas de direito privado (art. 44, IV, do CC). Entretanto, não se consubstanciam nas únicas entidades que podem ser criadas para o atendimento de objetivos religiosos. Aliás, conforme analisado no comentário relativo à alternativa "a", as fundações também podem ser instituídas para o atendimento de finalidade de tal natureza. Por corolário, a assertiva equivoca-se ao enunciar que **somente** a criação de uma organização religiosa poderia atender aos interesses de Angélico.

Alternativa incorreta: letra "d". As empresas individuais de responsabilidade limitada (EIRELEs), foram recentemente inseridas no rol do art. 44 do CC, na condição de pessoas jurídicas de direito privado. A alteração em apreço foi fruto da Lei n.º 12.441/2011. Entretanto, conforme o próprio epíteto indica, as EIRELEs somente podem ser instituídas para o atendimento de finalidade econômica, sendo incompatíveis com o desiderato religioso manifestado por Angélico, o que conduz à incorreção da alternativa em apreço.

Alternativa incorreta: letra "e". Nos moldes do art. 53 do CC, as associações se constituem mediante a união de pessoas que apresentem uma finalidade comum, de caráter não econômico. De tal sorte, considerando-se que o testamento consiste em um negócio jurídico unilateral, decorrente exclusivamente de manifestação da vontade do testador, não se afigura possível a constituição de uma associação através de tal ato, porquanto, em tal hipótese, não há o concurso de vontade de outros agentes. Incorreta, portanto, a assertiva.

Alternativa correta: letra "a". A assertiva encontra-se correta, porquanto, nos moldes do art. 62, parágrafo único, do CC, as fundações, entidades sem finalidade econômica, somente podem ser instituídas para o atendimento de objetivos religiosos, morais, culturais ou de assistência. Ademais, insta salientar que os objetivos das fundações são imutáveis, já que o art. 67, II, do CC, obsta que a alteração do estatuto pertinente contrarie ou desvirtue seus fins.

---

68. (TRT 2 – Juiz do Trabalho Substituto 2ª Região/ 2013) Nos termos do Código Civil em vigor, no que trata das Fundações:

a) São pessoas jurídicas de natureza híbrida, porque podem ser administrados por particulares e por entidades públicas.

b) Os bens que integram o patrimônio das fundações podem ser incorporados ao patrimônio de seu fundador quando de sua extinção.

c) São constituídas como pessoas jurídicas de direito privado, ficando-lhes vedada atividade ligada à assistência social, ainda que constituídas por escritura pública.

d) Assim como as associações, podem empreender atividade econômica, porque tendo natureza similar, podem destinar a renda que auferirem a consecução de seu objetivo social.

e) São pessoas jurídicas de direito privado, constituídas por escritura pública ou por testamento, restringindo-se sua atividade no cumprimento de objetivos de cunho religioso moral, cultural ou assistencial.

COMENTÁRIOS

Alternativa incorreta: letra "a". Ao contrário do que constou do enunciado da alternativa, as fundações são pessoas jurídicas de direito privado, diante do que expressamente preceitua o art. 44, III, do CC. Entretanto, é importante ressalvar que, caso a fundação pública seja criada por lei, ela será uma espécie de autarquia, do que defluirá sua natureza de direito público, em tal situação.

Alternativa incorreta: letra "b". Na hipótese de extinção da fundação, o seu acervo patrimonial deve ser revertido para entidade que apresente finalidade idêntica ou semelhante, conforme preconiza o art. 69 do CC, com a seguinte redação: "Tornando-se ilícita, impossível ou inútil a finalidade a que visa a fundação, ou vencido o prazo de sua existência, o órgão do Ministério Público, ou qualquer interessado, lhe promoverá a extinção, incorporando-se o seu patrimônio, salvo disposição em contrário no ato constitutivo, ou no estatuto, em outra fundação, designada pelo juiz, que se proponha a fim igual ou semelhante."

Alternativa incorreta: letra "c". A assertiva está incorreta, pois contraria o disposto no art. 62, parágrafo único, do CC, que contempla a possibilidade de atribuir à fundação o exercício de atividade relacionada à assistência social.

Alternativa incorreta: letra "d". Como amplamente exposto alhures, as fundações, ao reverso das sociedades, não podem exercer atividades de caráter lucrativo, sendo certo que sua finalidade deve ficar adstrita àquelas consubstanciadas no art. 62, parágrafo único, do CC: religiosa, moral, cultural ou de assistência.

Alternativa correta: letra "e". As fundações são, de fato, pessoas jurídicas de direito privado, conforme preconiza o art. 44, III, do CC. Demais disso, devem ser constituídas mediante escritura pública ou testamento, sendo certo que somente poderá desempenhar atividades relacionadas a objetivos de cunho religioso, moral, cultural ou assistencial. É o que decorre das disposições inseridas no art. 62 do CC, com a seguinte redação: "Para criar uma fundação, o seu instituidor fará, por escritura pública ou testamento, dotação especial de bens livres, especificando o fim a que se destina, e declarando, se quiser, a maneira de administrá-la. Parágrafo único. A fundação somente poderá constituir-se para fins religiosos, morais, culturais ou de assistência."

---

69. (TRT/8ª RG – Concurso nº C-320 – 2011) Marque a alternativa CORRETA:

a) A sentença que determinar a abertura da sucessão provisória do ausente só produzirá efeito cento e vinte dias depois de publicada pela imprensa; mas, logo que passe em julgado, proceder-se-á à abertura do testamento, se houver, e ao inventário e partilha dos bens, como se fosse falecido.

b) Pode ser declarada a morte presumida, sem decretação de ausência, se alguém, desaparecido em campanha ou feito prisioneiro, não for encontrado até três anos após o término da guerra.

c) Prescreve em três anos o direito de anular a constituição das pessoas jurídicas de direito privado, por defeito do ato respectivo, contado o prazo da publicação de sua inscrição no registro próprio.

d) Constituída a fundação por negócio jurídico entre vivos, o instituidor é obrigado a transferir-lhe a propriedade, ou outro direito real, sobre os bens dotados, e, se não o fizer, serão registrados, em nome dela, por mandado judicial.

e) São livres a criação, a organização e a estruturação interna das organizações religiosas, dependendo seu funcionamento de autorização pelo poder público, com o posterior registro dos atos constitutivos.

COMENTÁRIOS

Alternativa "a": incorreta. A assertiva está incorreta. Em verdade, conforme a regra constante do art. 28 do CC, "a sentença que determinar a abertura da sucessão provisória só produzirá efeito **cento e oitenta dias** depois de publicada pela imprensa". O equívoco da assertiva reside, portanto, no prazo necessário para a produção de efeitos da partilha que, ao contrário do que constou da questão, não é de cento e vinte dias, mas de cento e oitenta dias.

Alternativa "b": incorreta. O prazo está **incorreto**. De acordo com a questão o prazo para a decretação da morte presumida sem decretação de ausência seria de três anos, quando na verdade, de acordo com o art. 7º, II, do CC, o prazo é de dois anos: Pode ser declarada a morte presumida, sem decretação de ausência: [...] II – se alguém, desaparecido em campanha ou feito prisioneiro, não for encontrado até dois anos após o término da guerra."

Alternativa "c": incorreta. A alternativa está incorreta, pois a natureza jurídica do prazo para anular a constituição de pessoas jurídicas de direito privado, ao contrário do que constou da assertiva, é decadencial e não prescricional, nos termos do art. 45, parágrafo único, do CC: "**Decai** em três anos o direito de anular a constituição das pessoas jurídicas de direito privado, por defeito do ato respectivo, contado o prazo da publicação de sua inscrição no registro."

Alternativa "e": incorreta. Está errada. De acordo com o art. 44, § 1º, do CC, "são livres a criação, a organização, a estruturação interna e o funcionamento das organizações religiosas, **sendo vedado ao poder público negar-lhes reconhecimento ou registro dos atos constitutivos e necessários ao seu funcionamento.**" Dessa forma, o funcionamento das organizações religiosas não depende de qualquer autorização do poder público, ao reverso do consignado na alternativa em apreço.

Alternativa "d": correta. Está correta. A alternativa corresponde à regra do art. 64 do CC: "Constituída a fundação por negócio jurídico entre vivos, o instituidor é obrigado a transferir-lhe a propriedade, ou outro direito real, sobre os bens dotados, e, se não o fizer, serão registrados, em nome dela, por mandado judicial."

---

70. (TRT/6ª RG – XVIII Concurso – 2010) Analise as assertivas abaixo e, depois, assinale a alternativa CORRETA:

I. A sentença judicial declaratória da ausência enseja a presunção *juris tantum* da morte (ou seja, admite prova em contrário) e não precisa ser levada para registro no Cartório de Registros Públicos.

II. A fundação pode ser instituída tanto por pessoa física como por pessoa jurídica.

III. Os surdos-mudos são considerados relativamente incapazes.

IV. Quanto ao domicílio, em nosso sistema legal, uma pessoa pode tê-lo sem ter residência.

V. Os frutos e os produtos se caracterizam pela periodicidade, pela inalterabilidade da substância e pela separabilidade da coisa principal.

a) As assertivas II, III e V estão corretas.

b) Apenas as assertivas I e IV estão corretas.

c) As assertivas I, III e V estão incorretas.

d) Apenas a assertiva IV está incorreta.

e) Apenas a assertiva II está incorreta.

COMENTÁRIOS

Alternativa "c": correta. Para compreender os itens que foram considerados corretos pela letra "c", será necessário analisar todos os itens da questão:

Item I: Incorreta. A sentença judicial que declara a ausência efetivamente admite prova em contrário, pois, se a ausência for declarada, mas provando-se qual é o paradeiro do ausente, será desnecessária a manutenção da sua condição de ausente. A sentença que declara a ausência deve ser registrada no cartório de Registro Civil de Pessoas Naturais, conforme estabelece o art. 9º, do CC: "Serão registrados em registro público: IV – a sentença declaratória de ausência e de morte presumida." No mesmo sentido é a redação do art. 94, da Lei nº 6.015 de 31 de Dezembro de 1973, Lei de Registros Públicos: "O registro das sentenças declaratórias de ausência, que nomearem curador, será feita no cartório do domicílio anterior do ausente, com as mesmas cautelas e efeitos do registro de interdição, declarando-se". Portanto, a assertiva está incorreta, porquanto afirma que não é necessário que a sentença que declara a ausência seja levada a registro.

Item II: Correta. As fundações são de direito privado ou público, se constituídas sob as regras do direito privado, terão sua regulamentação legal nos arts 62 a 69, do CC. Por outro lado, constituindo-se sob a luz do direito público, serão regidas por lei específica, a qual determinará o início da sua personalidade, bem como determinará a sua finalidade, conforme o inciso XIX, do art. 37, da Constituição da República: "XIX – somente por lei específica poderá ser criada autarquia e autorizada a instituição de empresa pública, de sociedade de economia mista e de fundação, cabendo à lei complementar, neste último caso, definir as áreas de sua atuação; "

Item III: Incorreto. A teoria das incapacidades comporta duas espécies: incapacidade absoluta (art. 3º, CC) e a incapacidade relativa (art. 4º, CC). Os absolutamente incapazes são aqueles que não podem manifestar livremente sua vontade, por faltar-lhes discernimento, razão que justifica a sua representação. Por outro lado, os relativamente incapazes não têm a sua vontade totalmente desprezada, motivo pela qual são assistidos. Para o sistema civil a incapacidade está atrelada a possibilidade de expressar o seu discernimento, nada tem com deficiência física, ou seja, um deficiente físico não pode ser considerado incapaz, somente pela sua deficiência. Portanto, a condição de surdo-mudo, não incapacita presumidamente uma pessoa, pois a sua capacidade será aferida, dentro da regra geral do sistema, ou seja, dependerá da sua competência em expressar a sua vontade. Nesse sentido, o surdo-mudo poderá enquadrar-se em qualquer uma das hipóteses de incapacidade (relativa ou absoluta), ou ainda ser considerado plenamente capaz. Para esse enquadramento, o surdo-mudo será avaliado como qualquer outra pessoa, independentemente da sua condição especial.

Item IV: Correta. O nosso sistema jurídico reconhece a possibilidade de que exista domicílio, sem que exista a residência especificada, ou que seja difícil a sua identificação, conceituado como *domicílio aparente*. Nesse sentido, é o que estabelece o art. 73 do CC: "Ter-se-á por domicílio da pessoa natural, que não tenha residência habitual, o lugar onde for encontrada."

Item V: Incorreto. Os frutos são as utilidades produzidas periodicamente por uma coisa, sem provocar-lhe a destruição, são caracterizados pela sua periodicidade, pela inalterabilidade da substância e pela sua separabilidade. Os produtos, também são utilidades, por sua vez, também são retirados de uma coisa, no entanto, diferentemente dos frutos, acarretam a diminuição da quantidade da coisa. Distinguem-se "dos frutos pela ausência de periodicidade e pela redução que provocam na coisa principal." (AMARAL, Francisco. **Direito Civil: Introdução.** 5.ed. Rio de Janeiro: Renovar, 2003. p. 332 – 333.) Isso quer dizer que os frutos são bens renováveis, já os produtos são bens que não se renovam, por faltar-lhes a periodicidade. Por tudo isso, é possível afirmar que a assertiva em comento está errada ao comparar o fruto ao produto.

Portanto, estão **corretos**, os itens II e IV, e **incorretos** os itens I, III e V. De acordo com a análise dos itens a alternativa correta é a letra "c".

---

71. (TRT/8ª RG – Concurso C-319 – 2009) Considerando-se as disposições expressas do Código Civil, é CORRETO afirmar:

a) Os direitos da personalidade são intransmissíveis e irrenunciáveis, não podendo o seu exercício sofrer limitação voluntária. Assim, é defeso o ato de disposição do próprio corpo, quando importar diminuição permanente da integridade física, ou contrariar os bons costumes, sendo porém admitido para fins de transplante, na forma estabelecida em lei especial. Esta disposição não impede a disposição gratuita do próprio corpo, com objetivo religioso, científico, ou altruístico, no todo ou em parte, para depois da morte, sendo possível a revogação deste ato de disposição a qualquer tempo. A proteção aos direitos de personalidade se estende a impedir que qualquer pessoa possa ser constrangida a submeter-se, com risco de vida, a tratamento médico ou a intervenção cirúrgica.

b) Toda pessoa tem direito ao nome, nele compreendidos o prenome e o sobrenome. O nome da pessoa não pode ser empregado por outrem em publicações ou representações que a exponham ao desprezo público, presente ou não a intenção difamatória. Sem autorização, não se pode usar o nome alheio em propaganda comercial. O pseudônimo não pode ser usado para manter o anonimato, apenas gozando da proteção legal quando incorporado ao nome.

c) Constituem-se as associações pela união de pessoas que se organizem para fins não econômicos, com direitos e obrigações recíprocos. Os associados devem ter iguais direitos, mas o estatuto poderá instituir categorias com vantagens especiais. A qualidade de associado é intransmissível, se o estatuto não dispuser o contrário. A exclusão do associado só é admissível havendo justa causa, assim reconhecida em procedimento que assegure direito de defesa e de recurso, nos termos previstos no estatuto.

d) A fundação somente poderá constituir-se para fins religiosos, morais, culturais ou de assistência. Para criar uma fundação, o seu instituidor fará, por escritura pública ou testamento, dotação especial de bens livres, especificando o fim a que se destina, e declarando, se quiser, a maneira de administrá-la. Tornando-se ilícita, impossível ou inútil a finalidade a que visa a fundação, ou vencido o prazo de sua existência, o órgão do Ministério Público, ou qualquer interessado, lhe promoverá a extinção, incorporando-se o seu patrimônio, salvo disposição em contrário no ato constitutivo, ou no estatuto, em outra fundação, designada pelo juiz, que se proponha a fim igual ou semelhante.

e) Opera-se o mandato quando alguém recebe de outrem poderes para, em seu nome, praticar atos ou administrar interesses. A procuração é o instrumento do mandato. A aceitação do mandato pode ser tácita, e compreendida como a mera inação do mandatário.

COMENTÁRIOS

Alternativa "a": incorreta. A redação da alternativa está quase totalmente correta, pois ao tratar das características dos direitos da personalidade, o texto concorda com o conteúdo do art. 11 do CC: "Com exceção dos casos previstos em lei, os direitos da personalidade são intransmissíveis e irrenunciáveis, não podendo o seu exercício sofrer limitação voluntária." Quando trata da proibição de ato de disposição do próprio corpo, houve a transcrição literal de quase todo o art. 13 e parágrafo único: "Salvo por exigência médica, é defeso o ato de disposição do próprio corpo, quando importar diminuição permanente da integridade física, ou contrariar os bons costumes. "Parágrafo único. O ato previsto neste artigo será admitido para fins de transplante, na forma estabelecida em lei especial." Cabe uma ressalva para esclarecer que o artigo trata da disposição de partes do corpo do sujeito vivo, o que não é proibido, desde que para fins de transplante e tratamento médico, conforme as regras estabelecidas pela legislação especial, que nesse caso é a Lei nº 9.434, de 04 de fevereiro de 1997, que dispõe sobre a remoção de órgãos, tecidos e partes do corpo humano para fins de transplante e tratamento. Contudo, a assertiva se equivoca quando trata da disposição gratuita do próprio corpo para *post mortem*, tema regulamentado genericamente pelo artigo 14, do Código Civil, e especificamente em lei especial (Lei nº 9.434/97). Segundo o artigo em tela, é "válida, ***com objetivo científico, ou altruístico***, a disposição gratuita do próprio corpo, no todo ou em parte, para depois da morte", ou seja, o enunciado da alternativa acrescenta como elemento de validade o objetivo religioso, situação que não foi aludida pelo legislador. Por fim, o enunciado continua concordando com o parágrafo único do artigo 14, e confirma o que dispõe o art. 15, sobre a possibilidade de se recursar a submeter a tratamento médico ou intervenção cirúrgica, que importe risco de vida, como um dos desdobramentos aos direitos da personalidade.

Alternativa "b": incorreta. O nome é um dos direitos da personalidade e recebe tratamento protetivo nos artigos 16 a 19 do Código Civil. Nesse sentido, o enunciado da assertiva procurou avaliar o conhecimento dos candidatos acerca desse tema que, a bem da verdade, é recorrente em provas de concurso. Para cumprir tal propósito, os examinadores se valeram fielmente do que preceituam alguns dos dispositivos legais antes mencionados, mas, numa situação, a redação da assertiva adulterou a norma contida em um destes textos legais, o que resultou no erro da alternativa. Nesse sentido, podemos dizer que foram preservadas as regras dispostas nos artigos 16, 17 e 18 do Código Civil. No entanto, o artigo 19, também do Código Civil, foi desvirtuado, vejamos: O enunciado da afirmativa, *in fine*, diz que o "pseudônimo não pode ser usado para manter o anonimato, apenas gozando da proteção legal quando incorporado ao nome", nestes termos poderíamos concluir que o pseudônimo somente receberá proteção legal quando incorporado ao nome, o que não é exigido pelo texto legal, como pode ser confirmado: "O pseudônimo adotado para atividades lícitas goza da proteção que se dá ao nome." Não se exige que o pseudônimo esteja incorporado ao nome, ao contrário, ele pode formar-se de nome completamente diferente do original. O que se exige para a proteção do pseudônimo é que seja notório, ou seja, que a pessoa seja reconhecida com o seu uso. Por fim, destacamos que a proteção referente ao pseudônimo encontra-se regulada na Lei nº 9.610, de 19 de fevereiro de 1998, que regulamenta os direitos autorais, particularmente, nos seus artigos 12 e 24.

Alternativa "c": incorreta. O enunciado transcreveu a literalidade dos artigos 55, 56 e 57, do Código Civil, mas alterou a redação do parágrafo único do artigo 53, do mesmo diploma legal ao afirmar que "constituem-se as associações pela união de pessoas que se organizem para fins não econômicos, ***com direitos e obrigações recíprocos***, pois o texto legislado é explicito em estabelecer que "constituem-se as associações pela união de pessoas que se organizem para fins não econômicos." "Parágrafo único. ***Não há, entre os associados, direitos e obrigações recíprocos***."

Alternativa "e": incorreta. A alternativa transcreveu literalmente o artigo 653 do Código Civil (Art. 653. Opera-se o mandato quando alguém recebe de outrem poderes para, em seu nome, praticar atos ou administrar interesses. A procuração é o instrumento do mandato.), mas alterou a parte final do artigo 659, do mesmo Código, quando afirmou que "a aceitação do mandato pode ser tácita, ***e compreendida como a mera inação do mandatário.***" Podemos constatar essa alteração com a leitura do mencionado dispositivo legal: "Art. 659. A aceitação do mandato pode ser tácita, ***e resulta do começo de execução***."

Alternativa "d": correta. A assertiva aborda a figura da fundação, que é uma das espécies de pessoa jurídica de direito privado (art. 44, III). Para elaborar o enunciado da assertiva foram parafraseados os seguintes dispositivos legais: art. 62 e par. ún., art. 63 e art. 69, todos do Código Civil. Desse modo, a alternativa está correta, porque traduziu fielmente o que dispõem os textos legais supracitados, como podemos constatar: "Art. 62. Para criar uma fundação, o seu instituidor fará, por escritura pública ou testamento, dotação especial de bens livres, especificando o fim a que se destina, e declarando, se quiser, a maneira de administrá-la". "Parágrafo único. A fundação somente poderá constituir-se para fins religiosos, morais, culturais ou de assistência." "Art. 63. Quando insuficientes para constituir a fundação, os bens a ela destinados serão, se de outro modo não dispuser o instituidor, incorporados em outra fundação que se proponha a fim igual ou semelhante". "Art. 69. Tornando-se ilícita, impossível ou inútil a finalidade a que visa a fundação, ou vencido o prazo de sua existência, o órgão do Ministério Público, ou qualquer interessado, lhe promoverá a extinção, incorporando-se o seu patrimônio, salvo disposição em contrário no ato constitutivo, ou no estatuto, em outra fundação, designada pelo juiz, que se proponha a fim igual ou semelhante."

2.3. DO DOMICÍLIO

72. (TRT 2 – Juiz do Trabalho Substituto 2ª Região/2016) Segundo o regramento do Código Civil, é INCORRETO afirmar que:

a) Quanto às pessoas jurídicas, o domicílio da União é o Distrito Federal, dos Estados e Territórios, as respectivas capitais, do Município, o lugar onde funcione a administração municipal, das demais pessoas jurídicas, o lugar onde funcionarem as respectivas diretorias e administrações, ou onde elegerem domicílio especial no seu estatuto ou atos constitutivos.

b) Tendo a pessoa jurídica diversos estabelecimentos em lugares diferentes, cada um deles será considerado domicílio para os atos nele praticados.

c) Se a administração, ou diretoria, tiver a sede no estrangeiro, haver-se-á por domicílio da pessoa jurídica, no tocante às obrigações contraídas por cada uma das suas agências, o lugar do estabelecimento, sito no Brasil, a que ela corresponder.

d) O domicílio do incapaz é o do seu representante ou assistente; o do servidor público, o lugar em que exercer permanentemente suas funções; o do militar, onde servir, e, sendo da Marinha ou da Aeronáutica, a sede do comando a que se encontrar imediatamente subordinado; o do marítimo, o porto onde o navio estiver atracado; e o do preso, o lugar em que cumprir a sentença.

e) Nos contratos escritos, poderão os contratantes especificar domicílio onde se exercitem e cumpram os direitos e obrigações deles resultantes.

COMENTÁRIOS

Alternativa correta: "a". Corresponde exatamente ao que prescreve a lei sobre o domicílio das pessoas jurídicas, consagrado nos incisos, do art. 75, do CC: "Quanto às pessoas jurídicas, o domicílio é: I – da União, o Distrito Federal; II – dos Estados e Territórios, as respectivas capitais; III – do Município, o lugar onde funcione a administração municipal; IV – das demais pessoas jurídicas, o lugar onde funcionarem as respectivas diretorias e administrações, ou onde elegerem domicílio especial no seu estatuto ou atos constitutivos."

Alternativa correta: "b". Cópia fiel da redação do §1º, do art. 75, do CC: "Tendo a pessoa jurídica diversos estabelecimentos em lugares diferentes, cada um deles será considerado domicílio para os atos nele praticados."

Alternativa correta: "c". A assertiva corresponde exatamente ao que prescreve a redação do §2º, do art. 75, do CC: "Se a administração, ou diretoria, tiver a sede no estrangeiro, haver-se-á por domicílio da pessoa jurídica, no tocante às obrigações contraídas por cada uma das suas agências, o lugar do estabelecimento, sito no Brasil, a que ela corresponder."

Alternativa correta: "e". A redação da assertiva é a reprodução fiel do art. 78, do CC: "Nos contratos escritos, poderão os contratantes especificar domicílio onde se exercitem e cumpram os direitos e obrigações deles resultantes."

Alternativa incorreta: "d". A incorreção da assertiva, está no fato de se afirmar que o domicílio necessário do marítimo é o porto onde o navio estiver atracado, pois não é essa a determinação legal. Vejamos o pár. ún., do art. 76, do CC: "Têm domicílio necessário o incapaz, o servidor público, o militar, o marítimo e o preso. Parágrafo único. O domicílio do incapaz é o do seu representante ou assistente; o do servidor público, o lugar em que exercer permanentemente suas funções; o do militar, onde servir, e, sendo da Marinha ou da Aeronáutica, a sede do comando a que se encontrar imediatamente subordinado; o do marítimo, onde o navio estiver matriculado; e o do preso, o lugar em que cumprir a sentença."

73. (FCC – Juiz do Trabalho Substituto 1ª Região/2015) Em virtude de ter se empregado, com CTPS registrada, em uma empresa da construção civil de Niterói, o engenheiro João por lá estabeleceu residência, comprando uma casa ampla e confortável. Algum tempo depois, João conheceu em Fortaleza a empresária Carolina, por quem se enamorou, e, após três anos se casaram. Entretanto, em virtude de suas atividades profissionais, nenhum dos dois conseguiu se mudar permanentemente para a cidade do outro, de maneira que alternavam-se semanalmente na ponte aérea, sempre compartilhando, de modo equânime, as respectivas despesas domésticas. Diante desta situação fictícia, sob o aspecto estrito da vida civil,

a) João permanece domiciliado apenas no Município de Niterói, pois foi neste local que adquiriu o imóvel onde reside com ânimo definitivo.

b) João e Carolina não possuem residência habitual, porquanto ambos se deslocam frequentemente entre Niterói e Fortaleza, não permanecendo definitivamente em nenhuma das duas cidades.

c) João e Carolina possuem mais de uma residência com ânimo definitivo, podendo-se considerá-los domiciliados em qualquer uma delas.

d) Carolina permanece domiciliada apenas no Município de Fortaleza, pois é lá que exerce sua atividade profissional.

e) João permanece domiciliado apenas no Município de Niterói, pois foi neste local que se estabeleceu seu domicílio necessário.

COMENTÁRIOS

Alternativas incorretas: "a", "b", "d" e "e". As alternativas estão incorretas, porquanto desprovidas de fundamentação legal.

Alternativa correta: letra "c". A assertiva está correta, porquanto em consonância ao que preceitua o art. 71 do CC: "Se, porém, a pessoa natural tiver diversas residências, onde, alternadamente, viva, considerar-se-á domicílio seu qualquer delas."

74. (TRT/15ª RG – XXVI Concurso – 2012) Analise as seguintes assertivas, assinalando, após, a alternativa CORRETA:

I. Uma fundação só poderá ser criada, pelo seu instituidor, através de escritura pública, e este deverá especificar o fim a que se destina, declarando, se quiser, a maneira de administrá-la.

II. Para que se possa alterar o estatuto da fundação é mister que a reforma, além de outros requisitos, seja deliberada por metade dos componentes para gerir e representar a fundação.

III. As associações públicas, à vista do direito civil, são consideradas pessoas jurídicas de direito privado e as autarquias pessoas jurídicas de direito público interno.

IV. À luz do Código Civil brasileiro, o domicílio do incapaz é o do seu representante ou assistente; o do servidor público, o lugar em que exercer permanentemente suas funções; o do militar, onde servir, e, sendo da Marinha ou da Aeronáutica, a sede do comando a que se encontrar imediatamente subordinado; o do marítimo, onde o navio estiver matriculado; e do preso, o lugar em que cumprir sentença.

V. Não dispondo a lei em contrário, a escritura pública é essencial à validade dos negócios jurídicos que visem à constituição, transferência, modificação ou renúncia de direitos reais sobre imóveis de valor superior a trinta vezes o maior salário mínimo vigente no País.

a) Apenas a assertiva II está correta.

b) Apenas as assertivas II e V estão corretas.

c) Apenas as assertivas IV e V estão corretas.

d) Apenas as assertivas I, II e III estão corretas.

e) Todas as assertivas estão erradas.

COMENTÁRIOS

Item I – Está **incorreto**, pois contraria a regra constante do art. 62 do CC, que autoriza a instituição de fundação **mediante testamento ou doação especial de bens livres**: "Para criar uma fundação, o seu instituidor fará, por escritura pública ou testamento, dotação especial de bens livres, especificando o fim a que se destina, e declarando, se quiser, a maneira de administrá-la."

Item II – A assertiva está incorreta. De acordo com o art. 67 do CC, para que haja a alteração do estatuto da fundação, é necessário que a reforma seja deliberada por **dois terços** dos componentes para geri-la e administrá-la. Dessa forma, o equívoco da questão reside na expressão **"metade dos componentes para gerir e administrar a fundação."**

Item III – Está **incorreto**. Nos termos do art. 41, IV, do CC, tanto as autarquias, quanto as associações públicas, são pessoas jurídicas de direito público interno.

Item IV – A assertiva está correta, porquanto reproduz a regra do art. 76, parágrafo único, do CC, que dispõe: "O domicílio do incapaz é o do seu representante ou assistente; o do servidor público, o lugar em que exercer permanentemente suas funções; o do militar, onde servir, e, sendo da Marinha ou da Aeronáutica, a sede do comando a que se encontrar imediatamente subordinado; o do marítimo, onde o navio estiver matriculado; e o do preso, o lugar em que cumprir a sentença."

Item V – O enunciado está **correto**, por retratar o teor do art. 108 do CC, a saber: "Não dispondo a lei em contrário, a escritura pública é essencial à validade dos negócios jurídicos que visem à constituição, transferência, modificação ou renúncia de direitos reais sobre imóveis de valor superior a trinta vezes o maior salário mínimo vigente no País."

Alternativa "c": correta

75. (TRT/15ª RG – XXV Concurso – 2011) Assinale a alternativa INCORRETA:

a) O domicílio do incapaz é o do seu representante ou assistente.

b) O domicílio do marítimo é o do local onde o navio estiver matriculado.

c) O domicílio do Oficial da Marinha é o do local onde o navio estiver ancorado.

d) O domicílio do território é o de sua capital, mas o do município é o do local onde funcione a sua administração.

e) As empresas privadas podem eleger seu domicílio em seus estatutos ou atos constitutivos.

COMENTÁRIOS

Alternativa "a": correta. Está correta, porquanto em consonância ao disposto no art. 76, parágrafo único, acima transcrito.

Alternativa "b": correta. A assertiva encontra respaldo no art. 76, parágrafo único, acima transcrito.

Alternativa "d": correta. Nos termos do art. 75, II, do CC, o domicílio dos Territórios, de fato, é a sua respectiva capital. Ademais, a segunda parte da assertiva encontra-se em consonância ao que dispõe o art. 75,III, do CC. Eis o teor do mencionado dispositivo legal: "Quanto às pessoas jurídicas, o domicílio é: [...] III – do Município, o lugar onde funcione a administração municipal."

Alternativa "e": correta. A assertiva está correta, porquanto traduz uma aplicação da regra inserida no art. 75, IV, do CC, com a seguinte redação: "Quanto às pessoas jurídicas, o domicílio é: [...] IV – das demais pessoas jurídicas, o lugar onde funcionarem as respectivas diretorias e administrações, ou onde elegerem domicílio especial no seu estatuto ou atos constitutivos."

Alternativa "c": incorreta. A alternativa está incorreta, porquanto, nos termos do art. 76, parágrafo único, do CC, o domicílio do militar vinculado à Marinha é a sede do comando a que estiver imediatamente subordinado. A esse respeito, é oportuna a colação do mencionado dispositivo legal: "O domicílio do incapaz é o do seu representante ou assistente; o do servidor público, o lugar em que exercer permanentemente suas funções; o do militar, onde servir, e, sendo da **Marinha ou da Aeronáutica, a sede do comando a que se encontrar imediatamente subordinado**; o do marítimo, onde o navio estiver matriculado; e o do preso, o lugar em que cumprir a sentença."

76. (TRT/8ª RG – Concurso nº C-320 – 2011) Analise as proposições abaixo e assinale a alternativa CORRETA:

I. A fixação de domicílio é ato jurídico em sentido estrito, tendo efeitos *ex lege*.

II. A conversão é a operação pela qual se retiram de um determinado negócio jurídico as partes inválidas, desde que separáveis e respeitada a intenção das partes, sendo decorrente do princípio da conservação.

III. É de três anos o prazo de decadência para pleitear-se a anulação do negócio jurídico, contado, no caso de coação, do dia em que ela cessar.

IV. A incapacidade relativa de uma das partes não pode ser invocada pela outra em benefício próprio, nem aproveita aos cointeressados capazes, salvo se, neste caso, for indivisível o objeto do direito ou da obrigação comum.

a) As alternativas II e III estão corretas.

b) As alternativas I e II estão corretas.

c) As alternativas III e IV estão corretas.

d) As alternativas I e IV estão corretas.

e) As alternativas II e IV estão corretas.

COMENTÁRIOS

Item I – Está **correto**. A fixação de domicílio se constitui em inequívoco ato humano de vontade com o objetivo de produzir efeitos jurídicos. Todavia, tais efeitos são previamente estabelecidos pela lei, razão pela qual a fixação de domicílio é classificada, em doutrina, como um ato jurídico em sentido estrito que, de acordo com Nelson Rosenvald e Cristiano Chaves de Farias, "é o que gera consequências jurídicas previstas em lei (tipificadas previamente), desejadas, é bem verdade, pelos interessados, mas sem qualquer regulamentação da autonomia privada" (ROSENVALD, Nelson; CHAVES, Cristiano. *Direito Civil – Teoria Geral*. 9ª ed. Rio de Janeiro: *Lumen Juris*, 2011, p. 574). A título meramente exemplificativo, é possível mencionar como efeito jurídico da fixação do domicílio, a sua inviolabilidade, nos termos do art. 5º, XI, da Constituição da República.

Item II – Está **incorreto.** O instituto jurídico da conversão, ao contrário do que constou do enunciado do item, consiste na possibilidade de se transformar um negócio jurídico absolutamente nulo em outro, desde que respeitados os requisitos deste. O instituto jurídico em apreço, de fato, inspira-se no princípio da conservação dos negócios jurídicos, estando consagrado no art. 170 do CC, cujo teor ora se transcreve: "Se, porém, o negócio jurídico nulo contiver os requisitos de outro, subsistirá este quando o fim a que visavam as partes permitir supor que o teriam querido, se houvessem previsto a nulidade."

Item III – Está **incorreto.** O erro está no prazo. De acordo com o art. 178 do CC, o prazo de decadência para se pleitear a anulação de negócio jurídico é de quatro anos e não de três anos.

Item IV – Está **correto**, pois reproduz o teor do art. 105 do CC, que dispõe: "A incapacidade relativa de uma das partes não pode ser invocada pela outra em benefício próprio, nem aproveita aos cointeressados capazes, salvo se, neste caso, for indivisível o objeto do direito ou da obrigação comum."

Alternativa "d": correta.

77. (TRT/3ª RG – Concurso nº 01/2011) Assinale a alternativa CORRETA, após a análise das afirmativas a seguir:

I. A pessoa natural, que tenha vários lugares onde estabelece sua residência com ânimo definitivo e onde alternadamente viva, poderá considerar seu domicílio como quaisquer destes lugares.

II. Podem ser considerados como domicílios quaisquer dos lugares onde a pessoa natural exerça a sua profissão.

III. O Código Civil de 2002 não admite pluralidade de domicílios.

IV. Com relação às pessoas jurídicas, o domicílio é: (I) da União, o Distrito Federal; (II) dos Estados e Territórios, as respectivas capitais; (III) do Município, o lugar onde funcione a administração municipal; (IV) das demais pessoas jurídicas, o lugar onde funcionarem as respectivas diretorias e administrações, independentemente de o estatuto ou atos constitutivos elegerem outro domicílio especial.

V. O agente diplomático do Brasil, que, citado no estrangeiro, alegar extraterritorialidade sem designar onde tem, no país, o seu domicílio, só poderá ser demandado no Distrito Federal.

a) Somente as afirmativas I e II estão corretas.

b) Somente as afirmativas II e III estão corretas.

c) Somente as afirmativas III e IV estão corretas.

d) Somente as afirmativas IV e V estão corretas.

e) Todas as afirmativas estão corretas.

COMENTÁRIOS

Item I – A assertiva está correta, pois reproduz a regra constante do art. 71 do CC, com o seguinte teor: "Se, porém, a pessoa natural tiver diversas residências, onde, alternadamente, viva, considerar-se-á domicílio seu qualquer delas."

Item II – Está **correto**. O enunciado está **correto**, porquanto apresenta a regra constante do art. 72 do CC: "É também domicílio da pessoa natural, quanto às relações concernentes à profissão, o lugar onde esta é exercida."

Item III – Está **incorreto**. Conforme já exposto em comentário ao Item I da presente questão, o Código Civil admite, em seu art. 71, a pluralidade de domicílios, o que é amplamente reconhecido pela doutrina (ROSENVALD, Nelson; CHAVES, Cristiano. *Direito Civil – Teoria Geral*. 9ª ed. Rio de Janeiro: *Lumen Juris*, 2011, p. 358).

Item IV – Está **incorreto**. Inicialmente, a assertiva pretende induzir o candidato ao erro, retratando praticamente o teor literal do art. 75, incisos I a IV, do CC. Entretanto o equívoco do enunciado reside no fato de que "as demais pessoas jurídicas" podem eleger domicílio especial em seu estatuto ou ato constitutivo, conforme preceitua o art.75, IV, do CC, com a seguinte redação: "das demais pessoas jurídicas, o lugar onde funcionarem as respectivas diretorias e administrações, ou onde elegerem domicílio especial no seu estatuto ou atos constitutivos." Desse modo é **incorreto** dizer que o domicílio das demais pessoas jurídicas será o lugar onde funcionarem as respectivas diretorias ou administrações, **independentemente de o estatuto ou atos constitutivos elegerem outro domicílio especial.**

Item V – Está **incorreto**, por contrariar a parte final do art. 77 do CC, que dispõe: "O agente diplomático do Brasil, que, citado no estrangeiro, alegar extraterritorialidade sem designar onde tem, no país, o seu domicílio, poderá ser demandado no Distrito Federal ou no último ponto do território brasileiro onde o teve." Dessa forma, o equívoco da assertiva reside na ocultação da expressão "**último ponto do território brasileiro onde o teve.**"

Alternativa "a": correta

---

78. (TRT/2ª RG - XXXVI Concurso - 2011) Assinale a alternativa CORRETA:

a) Os incapazes, em razão da idade, em casos de falecimento ou ausência dos pais, ou se estes decaírem do poder familiar, serão postos sob curatela.

b) O domicílio do incapaz, necessariamente, é o do seu representante ou assistente.

c) Nos contratos escritos poderão os contratantes especificar domicílio onde se exercitem e cumpram os direitos e obrigações deles resultantes, que prevalecerá mesmo em se tratando de relação de consumo, ainda que distante daquele em que reside o consumidor.

d) O agente diplomático do Brasil, que, citado no estrangeiro, alegar extraterritorialidade, sem designar onde tem, no país, o seu domicílio, poderá ser demandado em qualquer parte do território nacional.

e) Decorridos dois anos da arrecadação dos bens do ausente, ou quatro anos se tiver deixado procurador ou representante, os interessados poderão requerer que se declare a ausência e se abra provisoriamente a sucessão.

COMENTÁRIOS

Alternativa "b": correta. Está correta, pois reflete a aplicação do art. 76 *caput* e parágrafo único, do CC, com a seguinte redação: "Têm domicílio necessário o **incapaz**, o servidor público, o militar, o marítimo e o preso. Parágrafo único. **O domicílio do incapaz é o do seu representante ou assistente**; o do servidor público, o lugar em que exercer permanentemente suas funções; o do militar, onde servir, e, sendo da Marinha ou da Aeronáutica, a sede do comando a que se encontrar imediatamente subordinado; o do marítimo, onde o navio estiver matriculado; e o do preso, o lugar em que cumprir a sentença."

Alternativa "a": incorreta. Está incorreta. De acordo com o art. 1.767 do CC, somente sujeitam-se à curatela: "I – aqueles que, por enfermidade ou deficiência mental, não tiverem o necessário discernimento para os atos da vida civil; II – aqueles que, por outra causa duradoura, não puderem exprimir a sua vontade; III – os deficientes mentais, os ébrios habituais e os viciados em tóxicos; IV – os excepcionais sem completo desenvolvimento mental; V – os pródigos." Desse modo, os incapazes, em razão do fator etário (idade), não se sujeitam ao processo de interdição, ao contrário do que constou do enunciado da alternativa.

Alternativa "c": incorreta. Está incorreta. Inicialmente, a assertiva reproduz o teor do art. 78 do CC, que trata da cláusula de eleição de foro. Todavia, o equívoco da alternativa encontra-se em sua segunda parte. De acordo com a iterativa jurisprudência do Superior Tribunal de Justiça, a cláusula de eleição de foro, inserida em contrato de adesão abarcado pelo Código de Defesa do Consumidor, é nula, desde que dificulte o acesso do consumidor ao Poder Judiciário. Isso porque, "uma vez adotado o sistema de proteção ao consumidor, reputam-se nulas não apenas as cláusulas contratuais que impossibilitem, mas que simplesmente dificultem ou deixem de facilitar o livre acesso do hipossuficiente ao Judiciário. Desta feita, é nula a cláusula de eleição de foro que ocasiona prejuízo à parte hipossuficiente da relação jurídica, deixando de facilitar o seu acesso ao Poder Judiciário"(STJ, 4ª Turma. REsp 669990 / CE, Rel.: Ministro Jorge Scartezzini, *DJ* 11 set. 2006). Ademais, a regra constante do parágrafo único, do art. 112, do Código de Processo Civil, incluído pela Lei nº 11.280/2006, corrobora o entendimento, ao permitir que o juiz conheça de ofício da nulidade de cláusula de eleição de foro em contratos de adesão, independentemente da oposição de exceção de incompetência relativa.

Alternativa "d": correta. Está incorreta. A assertiva, da forma como posta, contraria o disposto no art. 77 do CC, que preceitua: "O agente diplomático do Brasil, que, citado no estrangeiro, alegar extraterritorialidade sem designar onde tem, no país, o seu domicílio, poderá ser demandado no Distrito Federal ou **no último ponto do território brasileiro onde o teve.**" De tal sorte, na hipótese retratada na alternativa, o agente diplomático deve ser demandado no foro último ponto do território nacional em que teve domicílio.

Alternativa "e": correta. Está incorreta. A alternativa não encontra respaldo no art. 26 do CC, que estabelece: "Decorrido um ano da arrecadação dos bens do ausente, ou, se ele deixou representante ou procurador, em se passando três anos, poderão os interessados requerer que se declare a ausência e se abra provisoriamente a sucessão."

2.4. DOS BENS

2.4.1. DOS BENS CONSIDERADOS EM SI MESMOS

---

79. (FCC – Juiz do Trabalho Substituto 1ª Região/2015) Relativamente aos bens, o Código Civil estabelece que:

a) constituem-se em bens móveis os materiais provisoriamente separados de um prédio, para nele se reempregarem.

b) consideram-se imóveis para os efeitos legais os direitos pessoais de caráter patrimonial e respectivas ações.

c) são consumíveis os bens móveis destinados à alienação.

d) consideram-se móveis para os efeitos legais o direito à sucessão aberta.

e) os bens naturalmente divisíveis não podem se tornar indivisíveis pela vontade das partes, mas apenas por força de lei.

COMENTÁRIOS

Alternativa incorreta: letra "a". A assertiva contraria a norma do art. 81, II, do CC: "Não perdem o caráter de imóveis: II – os materiais provisoriamente separados de um prédio, para nele se reempregarem".

Alternativa incorreta: letra "b". Os direitos pessoais de caráter patrimonial e suas respectivas ações são considerados bens móveis e não imóveis, segundo o art. 83, III, do CC: 83. Consideram-se móveis para os efeitos legais: III – os direitos pessoais de caráter patrimonial e respectivas ações.

Alternativa incorreta: letra "d". A sucessão aberta é considerada pela lei como um bem imóvel, conforme preceitua o art. 80, II, do CC: "Consideram-se imóveis para os efeitos legais: II – o direito à sucessão aberta".

Alternativa incorreta: letra "e". A assertiva contraria o que dispõe o art. 88, do CC: "Os bens naturalmente divisíveis podem tornar-se indivisíveis por determinação da lei ou por vontade das partes".

Alternativa correta: letra "c". A assertiva está correta, pois a lei estabelece que bens móveis destinados a alienação são considerados consumíveis por força de lei. Essa é a regra contida no art. 86, do CC: "São consumíveis os bens móveis cujo uso importa destruição imediata da própria substância, sendo também considerados tais os destinados à alienação."

---

80. (TRT 23 – Juiz do Trabalho Substituto 23ª Região/2014) Assinale a alternativa CORRETA, segundo a regra do Código Civil:

a) São fungíveis os bens móveis ou imóveis que podem substituir-se por outros da mesma espécie, qualidade e quantidade.

b) São consumíveis os bens móveis cujo uso importa destruição imediata da própria substância, sendo também considerados tais os destinados à alienação.

c) Os bens naturalmente divisíveis somente podem tornar-se indivisíveis por determinação da lei.

d) Os bens públicos dominicais não podem ser alienados.

e) O uso comum de quaisquer bens públicos pode ser gratuito ou retribuído, conforme for estabelecido legalmente pela União.

COMENTÁRIOS

Alternativa incorreta: letra "a". Somente os bens móveis podem ser fungíveis, conforme expressamente determina o art. 85 do CC: "São fungíveis os móveis que podem substituir-se por outros da mesma espécie, qualidade e quantidade."

Alternativa incorreta: letra "c". O conteúdo da afirmativa confronta o que determina o art. 88 do CC: "Os bens naturalmente divisíveis podem tornar-se indivisíveis por determinação da lei ou por vontade das partes."

Alternativa incorreta: letra "d". Contrariamente ao que dispõe a afirmativa, os bens públicos dominicais podem ser alienado, conforme estabelece o art.101 do CC: "Os bens públicos dominicais podem ser alienados, observadas as exigências da lei."

Alternativa incorreta: letra "e". A assertiva contraria o que dispõe o art. 103 do CC: "O uso comum dos bens públicos pode ser gratuito ou retribuído, conforme for estabelecido legalmente pela entidade a cuja administração pertencerem."

Alternativa correta: letra "b". A assertiva corresponde a literalidade do art. 86 do CC: "São consumíveis os bens móveis cujo uso importa destruição imediata da própria substância, sendo também considerados tais os destinados à alienação."

---

81. (TRT 8 – Juiz do Trabalho Substituto 8ª Região/2013) Relativamente aos bens, assinale a alternativa CORRETA:

a) São bens imóveis o solo e tudo quanto se lhe incorporar natural ou artificialmente, e, ainda, para os efeitos legais, os direitos reais sobre imóveis e as ações que os asseguram, e o direito à sucessão aberta. Não perdem o caráter de imóveis as edificações que, separadas do solo, mas conservando a sua unidade, forem removidas para outro local; os materiais provisoriamente separados de um prédio para nele se reempregarem. E são bens móveis os bens suscetíveis de movimento próprio, ou de remoção por força alheia, ainda que com alteração da substância ou da destinação econômico-social.

b) São fungíveis os bens móveis que podem substituir-se por outros da mesma espécie, qualidade e quantidade; consumíveis aqueles cujo uso importa destruição imediata da própria substância, sendo também considerados tais os destinados à alienação; divisíveis, os que se podem fracionar sem alteração na sua substância, diminuição considerável de valor, ou prejuízo do uso a que se destinam; singulares os bens que, embora reunidos, se consideram de per si, independentemente dos demais.

c) As benfeitorias podem ser voluptuárias, úteis ou necessárias, sendo consideradas voluptuárias as de mero deleite ou recreio, que aumentam o uso habitual do bem e ainda o tornem mais agradável ou sejam de elevado valor; úteis as que facilitam o uso do bem; e necessárias as que têm por fim conservar o bem ou evitar que se deteriore.

d) Os negócios jurídicos que dizem respeito ao bem principal não abrangem as pertenças, salvo se o contrário resultar da lei, da manifestação de vontade, ou das circunstâncias do caso, pontuando-se que, apesar de ainda não separados do bem principal, os frutos e produtos podem ser objeto de negócio jurídico. Por principal entende-se o bem que existe sobre si, abstrata ou concretamente, enquanto que acessório é o bem cuja existência supõe a do principal; e por pertenças os bens que, constituindo partes integrantes, não se destinam, de modo duradouro, ao uso, ao serviço ou ao aformoseamento de outro.

e) Constitui universalidade de direito a pluralidade de bens singulares que, pertinentes à mesma pessoa, tenham destinação unitária. Os bens que formam essa universalidade podem ser objeto de relações jurídicas próprias. Constitui universalidade de fato o complexo de relações jurídicas, de uma pessoa, dotadas de valor econômico; São singulares os bens que, embora reunidos, se consideram de per si, independentemente dos demais.

COMENTÁRIOS

Alternativa correta: letra "b". A redação da assertiva se valeu dos seguintes arts. 85, 86, 87 e 89, todos do Código Civil. E não houve nenhuma contrariedade entre os textos legais e a texto da alternativa, razão que justifica afirmar que está correta. Vejamos na íntegra os textos legais usados pela alternativa: "Art. 85. São fungíveis os móveis que podem substituir-se por outros da mesma espécie, qualidade e quantidade." "Art. 86. São consumíveis os bens móveis cujo uso importa destruição imediata da própria substância, sendo também considerados tais os destinados à alienação." "Art. 87. Bens divisíveis são os que se podem fracionar sem alteração na sua substância, diminuição considerável de valor, ou prejuízo do uso a que se destinam." "Art. 89. São singulares os bens que, embora reunidos, se consideram *de per si*, independentemente dos demais."

Alternativa incorreta: letra "a". A assertiva trata dos bens imóveis e móveis, quanto aos bens imóveis não há nenhuma impropriedade nas suas afirmações, todas estão de acordo com os arts. 79, 80 e 81 do CC. Todavia, a assertiva se equivoca ao tratar dos bens móveis, quando assevera que os bens móveis são suscetíveis de movimentação "ainda que com alteração da substância ou da destinação econômico-social." Essa afirmativa corrompe o que preleciona o art. 82 do CC: são móveis os bens suscetíveis de movimento próprio, ou de remoção por força alheia, sem alteração da substância ou da destinação econômico-social

Alternativa incorreta: letra "c". O conceito de benfeitoria voluptuária apresentado pela assertiva, não corresponde com o que prescreve a lei, vejamos: "Art. 96. As benfeitorias podem ser voluptuárias, úteis ou necessárias. § 1º São voluptuárias as de mero deleite ou recreio, que não aumentam o uso habitual do bem, ainda que o tornem mais agradável ou sejam de elevado valor. § 2º São úteis as que aumentam ou facilitam o uso do bem. § 3º São necessárias as que têm por fim conservar o bem ou evitar que se deteriore."

Alternativa incorreta: letra "d". As pertenças, de acordo com o art. 93 do CC, "se destinam de modo duradouro, ao uso, ao serviço ou ao aformoseamento de outro". No entanto, a assertiva se equivoca ao afirmar que a pertença não se destina, de modo duradouro. Vejamos os textos legais usados como referência para a construção da alternativa: "Art. 92. Principal é o bem que existe sobre si, abstrata ou concretamente; acessório, aquele cuja existência supõe a do principal." "Art. 93. São pertenças os bens que, não constituindo partes integrantes, se destinam, de modo duradouro, ao uso, ao serviço ou ao aformoseamento de outro." "Art. 94. Os negócios jurídicos que dizem respeito ao bem principal não abrangem as pertenças, salvo se o contrário resultar da lei, da manifestação de vontade, ou das circunstâncias do caso." "Art. 95. Apesar de ainda não separados do bem principal, os frutos e produtos podem ser objeto de negócio jurídico."

Alternativa incorreta: letra "e". A presente alternativa inverte os conceitos legais de universalidade de fato, com o de universalidade de direito. Na verdade, essa inversão é a pratica mais comum de todas as bancas examinadoras quando tratam desse tema. Assim, o que a alternativa chama de universalidade de fato (art.90, CC) é, na verdade, universalidade de direito (art. 91, CC) e, por sua vez, o que é chamado de universalidade de direito, constitui uma universalidade de fato. No que tange aos bens singulares (art. 89) a redação da assertiva está correta. Vejamos a redação dos dispositivos legais citados: "Art. 89. São singulares os bens que, embora reunidos, se consideram *de per si*, independentemente dos demais." "Art. 90. Constitui universalidade de fato a pluralidade de bens singulares que, pertinentes à mesma pessoa, tenham destinação unitária. Parágrafo único. Os bens que formam essa universalidade podem ser objeto de relações jurídicas próprias." "Art. 91. Constitui universalidade de direito o complexo de relações jurídicas, de uma pessoa, dotadas de valor econômico."

---

82. (TRT/2ª RG – XXXVI Concurso – 2011) Analise as seguintes preposições, em relação aos bens móveis, quanto à sua classificação:

I. São *bens móveis* as edificações que, separadas do solo, mas conservando a sua unidade, forem removidas para outro local.

II. São *bens móveis* os materiais provisoriamente separados de um prédio para nele se reempregarem.

III. São *bens móveis* os materiais destinados a alguma construção, enquanto não forem empregados.

IV. São *bens móveis* os materiais provenientes de demolição.

Responda:

a) São corretas as assertivas I e III.

b) São corretas as assertivas II e III.

c) São corretas as assertivas III e IV.

d) São corretas as assertivas II e IV.

e) São corretas as assertivas I e IV.

COMENTÁRIOS

Item I - Está **incorreto**, pois contraria a regra do art. 81, I, do CC, que dispõe no sentido de que não perdem o caráter de bens imóveis, "as edificações que, separadas do solo, mas conservando a sua unidade, forem removidas para outro local."

Item II - Está **incorreto**, uma vez que o enunciado do item encontra-se em manifesta dissonância à regra constante do art. 81, II, do CC, que preceitua: "Não perdem o caráter de imóveis: [...] II - os materiais provisoriamente separados de um prédio, para nele se reempregarem."

Item III - A assertiva está correta. A banca examinadora reproduziu, no item, a primeira parte do art. 84 do CC, que preceitua: "Os materiais destinados a alguma construção, enquanto não forem empregados, conservam sua qualidade de móveis."

Item IV - Está **correto**. A segunda parte do art. 84 do CC, estabelece que readquirem a qualidade de bens móveis os materiais provenientes de demolição de algum prédio.

Alternativa "c": correta.

2.4.2. DOS BENS RECIPROCAMENTE CONSIDERADOS

83. (TRT 1 - Juiz do Trabalho Substituto 1ª Região/2016) Sobre os bens reciprocamente considerados, e de acordo com o que estabelece o Código Civil, considere:

I. São pertenças os bens que, não constituindo partes integrantes, se destinam, de modo duradouro, ao uso, ao serviço ou ao aformoseamento de outro.

II. Os negócios jurídicos que dizem respeito ao bem principal abrangem as pertenças de acordo com as circunstâncias do caso.

III. As benfeitorias úteis são aquelas que não aumentam o uso habitual do bem, ainda que o tornem mais agradável ou sejam de elevado valor.

IV. Não se consideram benfeitorias os melhoramentos ou acréscimos sobrevindos ao bem sem a intervenção do proprietário, possuidor ou detentor.

Está correto o que se afirma APENAS em

a) I e II.

b) I e IV.

c) I, II e III.

d) I, II e IV.

e) II, III e IV.

COMENTÁRIOS

✪ **Notas do autor:** para melhor compreensão do gabarito, trataremos de cada item da questão, na alternativa correta.

Alternativa correta: "b". O item I, está de acordo com o art. 93, do CC: "São pertenças os bens que, não constituindo partes integrantes, se destinam, de modo duradouro, ao uso, ao serviço ou ao aformoseamento de outro."; Item II: contraria o que dispõe o art. 94, do CC: "Os negócios jurídicos que dizem respeito ao bem principal não abrangem as pertenças, salvo se o contrário resultar da lei, da manifestação de vontade, ou das circunstâncias do caso."; Item III: está incorreta, pois adultera o conceito de benfeitorias uteis, descrito no § 2º, do art. 96: "As benfeitorias podem ser voluptuárias, úteis ou necessárias. § 2º São úteis as que aumentam ou facilitam o uso do bem."; Item IV: está correto, pois está de acordo com o art. 97, do CC: "Não se consideram benfeitorias os melhoramentos ou acréscimos sobrevindos ao bem sem a intervenção do proprietário, possuidor ou detentor." Portanto, podemos afirmar que os itens I e IV estão corretos, o que determina o acerto da alternativa "b", o demais estão incorretos.

84. (TRT 8 - Juiz do Trabalho Substituto 8ª Região/2015) Sobre os bens no Código Civil Brasileiro, é CORRETO afirmar que:

a) Os bens naturalmente divisíveis não podem tornar-se indivisíveis por mera vontade das partes.

b) Considera-se bem imóvel os direitos pessoais de caráter patrimonial e as respectivas ações.

c) São pertenças os bens que, não constituindo partes integrantes, se destinam, de modo duradouro, ao uso, ao serviço ou ao aformoseamento de outro.

d) Os negócios jurídicos que dizem respeito ao bem principal abrangem as pertenças, salvo se o contrário resultar da lei, da manifestação de vontade, ou das circunstâncias do caso.

e) Os bens públicos de uso especial e os dominicais são inalienáveis.

COMENTÁRIOS

Alternativa incorreta: letra "a". Os bens divisíveis podem tornar-se indivisíveis, tanto por determinação legal, quanto pela vontade das partes. Nesse sentido, é a norma contida no art. 88, do CC: "Os bens naturalmente divisíveis podem tornar-se indivisíveis por determinação da lei ou por vontade das partes."

Alternativa incorreta: letra "b". A assertiva substitui bem móvel, por bem imóvel, alterando o proposito legal. Vejamos o que disserta a lei sobre o tema previsto no art. 83, do CC: "Consideram-se móveis para os efeitos legais: III – os direitos pessoais de caráter patrimonial e respectivas ações."

Alternativa incorreta: letra "d". A assertiva contraria o comando legal contido no art. 94, do CC: "Os negócios jurídicos que dizem respeito ao bem principal não abrangem as pertenças, salvo se o contrário resultar da lei, da manifestação de vontade, ou das circunstâncias do caso."

Alternativa incorreta: letra "e". A assertiva trata, respectivamente, dos arts. 100 e 101, do CC: "Art. 100. Os bens públicos de uso comum do povo e os de uso especial são inalienáveis, enquanto conservarem a sua qualificação, na forma que a lei determinar." "Art. 101. Os bens públicos dominicais podem ser alienados, observadas as exigências da lei."

Alternativa correta: letra "c". Afirmativa transcreveu o art. 93, do CC: "São pertenças os bens que, não constituindo partes integrantes, se destinam, de modo duradouro, ao uso, ao serviço ou ao aformoseamento de outro."

---

85. (TRT/19ª RG – VI Concurso – 2012) Assinale a alternativa INCORRETA:

a) Consideram-se bens móveis, para os efeitos legais, as energias que tenham valor econômico, os direitos reais sobre objetos móveis e as ações correspondentes, bem como os direitos pessoais de caráter patrimonial e respectivas ações.

b) São consumíveis os bens móveis cujo uso importa destruição imediata da própria substância, sendo também considerados tais os destinados à alienação.

c) Os negócios jurídicos que dizem respeito ao bem principal abrangem as pertenças, salvo se o contrário resultar da lei, da manifestação de vontade, ou das circunstâncias do caso.

d) Não se consideram benfeitorias os melhoramentos ou acréscimos sobrevindos ao bem sem a intervenção do proprietário, possuidor ou detentor.

e) Não perdem o caráter de bens imóveis as edificações que, separadas do solo, mas conservando a sua unidade, forem removidas para outro local, os materiais provisoriamente separados de um prédio, para nele se reempregarem.

COMENTÁRIOS

Alternativa "a": correta. A assertiva está correta, porquanto corresponde ao teor do art. 83 do CC: "Consideram-se móveis para os efeitos legais: I – as energias que tenham valor econômico; II – os direitos reais sobre objetos móveis e as ações correspondentes; III – os direitos pessoais de caráter patrimonial e respectivas ações."

Alternativa "b": correta. Está correta, em face do que preceitua o art. 86 do CC, que apresenta a seguinte redação: "São consumíveis os bens móveis cujo uso importa destruição imediata da própria substância, sendo também considerados tais os destinados à alienação."

Alternativa "d": correta. Está correta. O examinador, no caso, reproduz a regra consagrada no art. 97 do CC: "Não se consideram benfeitorias os melhoramentos ou acréscimos sobrevindos ao bem sem a intervenção do proprietário, possuidor ou detentor."

Alternativa "e": correta. Está correta. A alternativa reflete as hipóteses arroladas no art. 81 do CC: "Não perdem o caráter de imóveis: I – as edificações que, separadas do solo, mas conservando a sua unidade, forem removidas para outro local; II – os materiais provisoriamente separados de um prédio, para nele se reempregarem."

Alternativa "c": incorreta. Está incorreta. De acordo com o art. 94 do CC, "os negócios jurídicos que dizem respeito ao bem principal não abrangem as pertenças, salvo se o contrário resultar da lei, da manifestação de vontade, ou das circunstâncias do caso." Desse modo, ao contrário do que está consignado na alternativa em exame, os negócios jurídicos pertinentes ao bem principal, em regra, não abrangem as pertenças.

---

86. (TRT/23ª RG – XVIII Concurso – 2011) Analise a assertiva que contém uma afirmação falsa à luz do Código Civil:

a) Os negócios jurídicos que dizem respeito ao bem principal abrangem as pertenças, salvo se o contrário resultar da lei, da manifestação de vontade, ou das circunstâncias do caso.

b) Não dispondo a lei em contrário, a escritura pública é essencial à validade dos negócios jurídicos que visem à constituição, transferência, modificação ou renúncias de direitos reais sobre imóveis de valor superior a trinta vezes o maior salário mínimo vigente no País.

c) Têm-se por inexistentes as condições impossíveis, quando resolutivas, e as de não fazer coisa impossível.

d) Reputa-se verificada, quanto aos efeitos jurídicos, a condição cujo implemento for maliciosamente obstado pela parte a quem desfavorecer, considerando-se, ao contrário, não verificada a condição maliciosamente levada a efeito por aquele a quem aproveita o seu implemento.

e) Quando a lei dispuser que determinado ato é anulável, sem estabelecer prazo para pleitear-se a anulação, será este de dois anos, a contar da data da conclusão do ato.

COMENTÁRIOS

Alternativa "b": correta. A alternativa reflete o disposto no art. 108 do CC, que estabelece: "Não dispondo a lei em contrário, a escritura pública é essencial à validade dos negócios jurídicos que visem à constituição, transferência, modificação ou renúncia de direitos reais sobre imóveis de valor superior a trinta vezes o maior salário mínimo vigente no País."

Alternativa "c": correta. O enunciado da alternativa corresponde à regra insculpida no art. 124 do CC: "Têm-se por inexistentes as condições impossíveis, quando resolutivas, e as de não fazer coisa impossível."

Alternativa "d": correta. A assertiva está correta, uma vez que reproduz o teor do art. 129 do CC: "Reputa-se verificada, quanto aos efeitos jurídicos, a condição cujo implemento for maliciosamente obstado pela parte a quem desfavorecer, considerando-se, ao contrário, não verificada a condição maliciosamente levada a efeito por aquele a quem aproveita o seu implemento."

Alternativa "e": correta. A alternativa reflete o teor literal do art. 179 do CC: "Quando a lei dispuser que determinado ato é anulável, sem estabelecer prazo para pleitear-se a anulação, será este de dois anos, a contar da data da conclusão do ato."

Alternativa "a": incorreta. A assertiva está incorreta, porquanto contrária às disposições inseridas no art. 94 do CC, com a seguinte redação: "Os negócios jurídicos que dizem respeito ao bem principal **não abrangem as pertenças**, salvo se o contrário resultar da lei, da manifestação de vontade, ou das circunstâncias do caso."

---

87. (TRT/8ª RG – Concurso nº C-320 – 2011) Em relação aos bens, assinale a alternativa INCORRETA:

a) A impenhorabilidade do bem de família legal abrange as pertenças.

b) Não perdem o caráter de imóveis as telhas, provisoriamente separadas de um prédio, para nele se reempregarem.

c) Consideram-se móveis para os efeitos legais, as energias que tenham valor econômico.

d) São consumíveis os bens móveis cujo uso importe destruição imediata da própria substância, sendo também considerados tais os destinados à alienação

e) Os frutos e produtos podem ser objeto de negócio jurídico, desde que separados do bem principal.

COMENTÁRIOS

Alternativa "a": correta. De acordo com o art. 1.712 do CC, o bem de família se constitui em "prédio residencial urbano ou rural, com suas **pertenças** e acessórios, destinando-se em ambos os casos a domicílio familiar, e poderá abranger valores mobiliários, cuja renda será aplicada na conservação do imóvel e no sustento da família." É indubitável, portanto, que a impenhorabilidade do bem de família também se estende às pertenças, visto que estas integram o próprio conceito da modalidade de bem em exame.

Alternativa "b": correta. Está correta. O enunciado da alternativa traduz uma aplicação do disposto no art. 81, II, do CC, com o seguinte teor: "Não perdem o caráter de imóveis: [...] II – os materiais provisoriamente separados de um prédio, para nele se reempregarem."

Alternativa "c": correta. Está correta, por refletir a regra do art. 83, I, do CC: "Consideram-se móveis para os efeitos legais: I – as energias que tenham valor econômico."

Alternativa "d": correta. A assertiva reproduz a literalidade do art. 86 do CC, cujo teor ora se transcreve: "São consumíveis os bens móveis cujo uso importa destruição imediata da própria substância, sendo também considerados tais os destinados à alienação."

Alternativa "e": incorreta. Está incorreta, por contrariar a regra insculpida no art. 95 do CC, que preceitua: "Apesar de ainda não separados do bem principal, os frutos e produtos podem ser objeto de negócio jurídico." De tal sorte, a despeito de ainda não separados do bem principal, os frutos e produtos podem ser objeto de negócio jurídico.

---

88. (TRT/2ª RG – XXXVI Concurso – 2011) São chamados de "pertenças" os bens que:

a) Compõem uma universalidade de fato, como integrantes da pluralidade de bens singulares que, pertinentes à mesma pessoa, tenham destinação unitária.

b) Constituem uma universalidade de direito, como um complexo de relações jurídicas de uma pessoa, constante de direitos e obrigações, dotadas de valor econômico, a que a ordem jurídica atribui caráter unitário.

c) Não constituindo partes integrantes, se destinam, entretanto, de modo duradouro, ao uso, ao serviço ou ao aformoseamento de outro bem.

d) São destinados à permanência apenas transitória, para um melhor proveito inicial da coisa principal, sem terem com esta, entretanto, qualquer vínculo intencional, material ou ideal.

e) Necessariamente são abrangidos nos negócios jurídicos que digam respeito ao bem principal, ainda que o contrário resulte das circunstâncias do caso.

COMENTÁRIOS

Alternativa "a": incorreta. Está incorreta. A assertiva se refere às coisas coletivas que são aquelas que, compostas de diversas coisas singulares, passam a formar um todo único (ROSENVALD, Nelson; CHAVES, Cristiano. *Direito Civil – Teoria Geral*. 9ª ed. Rio de Janeiro: *Lumen Juris*, 2011, p. 498). Desse modo, a alternativa faz referência ao art. 90 do CC, com o seguinte teor: "Constitui universalidade de fato a pluralidade de bens singulares que, pertinentes à mesma pessoa, tenham destinação unitária."

Alternativa "b": incorreta. Está incorreta. A exemplo do que ocorreu na alternativa "a", o enunciado em exame faz referência às coisas coletivas, já definidas no comentário anterior. O teor do enunciado se constitui em mera reprodução do art. 91 do CC: "Constitui universalidade de direito o complexo de relações jurídicas, de uma pessoa, dotadas de valor econômico."

Alternativa "d": incorreta. A assertiva está incorreta. O examinador pretendeu induzir o candidato a erro, apresentando na alternativa um enunciado que se aproxima do conceito de benfeitoria útil que, a teor do art. 96, § 2º, do CC, são aquelas que "aumentam ou facilitam o uso do bem".

Alternativa "e": incorreta. Está incorreta, não encontrando qualquer fundamento no Código Civil.

Alternativa "c": correta. A alternativa está correta, pois reproduz a norma insculpida no art. 93 do CC, que dispõe: "São pertenças os bens que, não constituindo partes integrantes, se destinam, de modo duradouro, ao uso, ao serviço ou ao aformoseamento de outro."

---

89. (TRT/15ª RG – XXIV Concurso – 2010) A respeito dos bens, é INCORRETO afirmar que:

a) São públicos os bens do domínio nacional pertencentes às pessoas jurídicas de direito público interno e consideram-se dominicais, não dispondo a lei em contrário, os bens pertencentes às pessoas jurídicas de direito público a que se tenha dado estrutura de direito privado.

b) Não se consideram benfeitorias os melhoramentos ou acréscimos sobrevindos ao bem sem a intervenção do proprietário, possuidor ou detentor.

c) Benfeitorias úteis são as que têm por fim conservar o bem ou evitar que se deteriore.

d) São pertenças os bens que, não constituindo partes integrantes, se destinam, de modo duradouro, ao uso, ao serviço ou ao aformoseamento de outro.

e) As energias que tenham valor econômico são consideradas bem móveis para os efeitos legais.

COMENTÁRIOS

Alternativa "a": correta. Inicialmente, a alternativa reproduz, parcialmente, o teor do art. 98 do CC, que preceitua: "São públicos os bens do domínio nacional pertencentes às pessoas jurídicas de direito público interno; todos os outros são particulares, seja qual for a pessoa a que pertencerem." Ulteriormente, no tocante à questão dos bens dominicais, a banca examinadora reproduz o art. 99, parágrafo único, da vigente codificação civil, com a seguinte redação: "Não dispondo a lei em contrário, consideram-se dominicais os bens pertencentes às pessoas jurídicas de direito público a que se tenha dado estrutura de direito privado."

Alternativa "b": correta. A assertiva está correta, pois corresponde à regra do art. 97 do CC: "Não se consideram benfeitorias os melhoramentos ou acréscimos sobrevindos ao bem sem a intervenção do proprietário, possuidor ou detentor."

Alternativa "d": correta. Está correta. A alternativa se fundamenta no art. 93 do CC, que preconiza: "São pertenças os bens que, não constituindo partes integrantes, se destinam, de modo duradouro, ao uso, ao serviço ou ao aformoseamento de outro."

Alternativa "e": correta. A assertiva está correta, pois corresponde à regra do art. 83, I, do CC: "Consideram-se móveis para os efeitos legais: I – as energias que tenham valor econômico."

Alternativa "c": incorreta. Nos termos do art. 96, § 2º, do CC, as benfeitorias úteis, ao contrário do que constou do enunciado da alternativa, são aquelas que "aumentam ou facilitam o uso do bem". A assertiva, da forma como posta, faz referência às benfeitorias necessárias, definidas no art. 96, § 3º, do CC: "São necessárias as que têm por fim conservar o bem ou evitar que se deteriore."

---

90. (TRT/2ª RG – XXXV Concurso – 2010) Analise as proposições sobre os bens jurídicos nos termos das regras previstas no Código Civil.

I. Pertenças são bens que, não constituindo partes integrantes, se destinam, de modo provisório, ao uso, ao serviço ou ao aformoseamento de outro.

II. Os negócios que dizem respeito ao bem principal abrangem as pertenças, salvo se o contrário resultar da lei, da manifestação de vontade, ou das circunstâncias do caso.

III. A dissolução da sociedade conjugal extingue o bem de família.

IV. Podem instituir bem de família os cônjuges ou a entidade familiar, bem como o terceiro por testamento ou doação, independentemente da aceitação dos cônjuges ou entidade familiar beneficiados.

Responda:

a) As alternativas I, II e IV estão corretas.

b) As alternativas I, II e III estão corretas.

c) Todas alternativas estão incorretas.

d) As alternativas III e IV estão incorretas.

e) As alternativas II e IV estão incorretas.

COMENTÁRIOS

Item I – Está **incorreto**. A assertiva não encontra respaldo na definição legal de pertenças contemplada pelo art. 93 do CC, com a seguinte redação: "São pertenças os bens que, não constituindo partes integrantes, se destinam, **de modo duradouro**, ao uso, ao serviço ou ao aformoseamento de outro." Desse modo, se os bens se destinam apenas **de modo provisório** ao uso, serviço ou aformoseamento de outro, não podem se constituir em pertenças.

Item II – Está **incorreto**. O enunciado do item contraria o disposto no art. 94 do CC, cujo teor determina que os negócios jurídicos relativos ao bem principal, em regra, não abrangem as pertenças. A esse respeito, é oportuna a colação da redação do dispositivo legal em referência: "Os negócios jurídicos que dizem respeito ao bem principal **não abrangem as pertenças**, salvo se o contrário resultar da lei, da manifestação de vontade, ou das circunstâncias do caso."

Item III – Está **incorreto**. O item contraria o disposto no art. 1.721 do CC, que dispõe: "A dissolução da sociedade conjugal não extingue o bem de família."

Item IV – Está **incorreto**. A assertiva contraria o que dispõe o art. 1.711, parágrafo único, do CC, com a seguinte redação: "O terceiro poderá igualmente instituir bem de família por testamento ou doação, dependendo a eficácia do ato da **aceitação expressa** de ambos os cônjuges beneficiados ou da entidade familiar beneficiada."

Alternativa "c": correta.

2.4.3. DOS BENS PÚBLICOS

91. (TRT/15ª RG – XXVI Concurso – 2012) Aponte a alternativa INCORRETA:

a) Salvo disposição em contrário, as pessoas jurídicas de direito público, a que se tenha dado estrutura de direito privado, regem-se, no que couber, quanto ao seu funcionamento, pelas normas do Código Civil Brasileiro.

b) Nos termos do CCB, são bens públicos os de uso comum do povo, tais como rios, mares, estradas, ruas e praças, os de uso especial, tais como edifícios ou terrenos destinado a serviços ou estabelecimento da administração federal, estadual, territorial ou municipal, exceto os de suas autarquias e os dominicais, que constituem o patrimônio das pessoas jurídicas de direito público, como objeto de direito pessoal, ou real, de cada uma dessas entidades.

c) Os bens públicos dominicais podem ser alienados, observadas as exigências da lei.

d) Nos termos do CCB, os materiais provenientes de demolição de um prédio são considerados bens móveis.

e) Nos termos do CCB, nos negócios jurídicos bilaterais, o silêncio intencional de uma das partes a respeito de fato ou qualidade que a outra parte haja ignorado, constitui omissão dolosa, provando-se que sem ela o negócio não se teria celebrado.

COMENTÁRIOS

Alternativa "a": correta. Está correta, uma vez que corresponde à regra do art. 41, parágrafo único, do CC, com a seguinte redação: "Salvo disposição em contrário, as pessoas jurídicas de direito público, a que se tenha dado estrutura de direito privado, regem-se, no que couber, quanto ao seu funcionamento, pelas normas deste Código."

Alternativa "c": correta. O enunciado da questão está **correto**, porquanto reproduz a literalidade do art. 101 do CC: "Os bens públicos dominicais podem ser alienados, observadas as exigências da lei."

Alternativa "d": correta. Está correta. A assertiva corresponde à regra prevista na segunda parte do art. 84 do CC: "Os materiais destinados a alguma construção, enquanto não forem empregados, conservam sua qualidade de móveis; readquirem essa qualidade os provenientes da demolição de algum prédio."

Alternativa "e": correta. Está correta, por retratar a regra contemplada no art. 147 do CC, cujo teor ora se transcreve: "Nos negócios jurídicos bilaterais, o silêncio intencional de uma das partes a respeito de fato ou qualidade que a outra parte haja ignorado, constitui omissão dolosa, provando-se que sem ela o negócio não se teria celebrado."

Alternativa "b": incorreta. A assertiva está incorreta, uma vez que contraria o que preceitua o art. 99, II, do CC. De acordo com o mencionado dispositivo legal, são bens públicos "os de uso especial, tais como edifícios ou terrenos destinados a serviço ou estabelecimento da administração federal, estadual, territorial ou municipal, **inclusive** os de suas autarquias". O erro da questão consiste, portanto, em excepcionar os bens das autarquias, o que não se coaduna com as disposições do Código Civil.

92. (TRT/14ª RG – XVII Concurso – 2010) Sobre bens, conforme previsão contida no Código Civil, qual alternativa não está CORRETA.

a) É considerado bem imóvel por determinação legal o direito à sucessão aberta, ainda que a herança somente seja formada por bens móveis ou abranja apenas direitos pessoais.

b) São considerados bens móveis aqueles suscetíveis de movimento próprio ou de remissão por força alheia, sem alteração da substância ou da destinação econômico-social; considerando-se como bem móvel por determinação legal as energias que tenham valor econômico.

c) A fungibilidade é própria dos bens móveis, sendo o resultado da comparação entre duas coisas equivalentes, ou seja, da mesma espécie, qualidade e quantidade.

d) O edifício sede do Governo Federal integra a categoria dos bens públicos dominicais, já que destinado, por sua natureza, ao uso coletivo ou exclusivo por parte do poder público.

e) O uso comum dos bens públicos pode ser gratuito ou retribuído, conforme estabelecido legalmente pela entidade a cuja administração pertencerem.

COMENTÁRIOS

Alternativa "d": incorreta. Bens públicos dominicais são aqueles que constituem o patrimônio da pessoa jurídica de direito público, livres de afetação, ou seja, não estão destinados ao uso comum do povo, nem separados para uma atividade pública específica. São definidos pela lei como: "os dominicais, que constituem o patrimônio das pessoas jurídicas de direito público, como objeto de direito pessoal, ou real, de cada uma dessas entidades." (art. 99, III). Assim, o edifício sede do Governo Federal, tem uma destinação específica e, portanto, não se enquadra no conceito de bens dominicais. Além disso, o enunciado apresentou um conceito que se enquadra aos bens públicos de uso especial, mas sob o nome de dominicais. Por tudo isso, fica demonstrado que o enunciado da alternativa não está correto.

Alternativa "a": correta. Os bens imóveis para os efeitos legais, em regra, são bens incorpóreos, isto é, não são móveis ou imóveis em sua essência, são a bem da verdade imateriais. Entretanto, o legislador julgou conveniente dar tratamento a determinados bens, desta categoria, como se fossem imóveis, o que faz com que esses bens tenham requisitos mais rígidos para sua constituição, transferência, modificação ou renúncia. Nessa esteira, o art. 80 do CC: "Consideram-se imóveis para os efeitos legais: [...] II – o direito à sucessão aberta." O direito abstrato à sucessão aberta é considerado bem imóvel, ainda que os bens deixados pelo *de cujus* sejam todos móveis. Neste caso, o que se considera imóvel não é o direito aos bens componentes da herança, mas o direito a esta, como uma unidade. A lei não cogita das coisas que estão na herança, mas o direito a esta." (GONÇALVES, Carlos Roberto. **Direito Civil Esquematizado.** 2. ed. São Paulo: Saraiva, 2012. v. 1, p. 231.) Portanto, o enunciado está **correto**, com a afirmativa de que os bens que constituem a herança sejam formados apenas por bens móveis ou direitos pessoais, pois, como vimos, não são estes que a lei considera imóveis, mas sim o próprio direito à sucessão aberta.

Alternativa "b": correta. O art. 82 do CC apresenta o conceito legal de bens móveis, ao afirmar que: "São móveis os bens suscetíveis de movimento próprio, ou de remoção por força alheia, sem alteração da substância ou da destinação econômico-social." Além disso, a lei determina que certos direitos imateriais ou incorpóreos, isto é, não são móveis ou imóveis, mas que o legislador deu tratamento como se fossem bens móveis, com o intuito de facilitar a sua negociação, porque se considerados móveis, estão sujeitos a mera tradição para que o negócio a que estão sujeitos seja efetivado. Nesse sentido, o art. 83 do CC define tais bens, como os *bens móveis por determinação legal*, nos seguintes termos: "Art. 83. Consideram-se móveis para os efeitos legais: I – as energias que tenham valor econômico; " A redação da assertiva está de acordo com o que determina a lei.

Alternativa "c": correta. A assertiva concorda com o preceito legal de fungibilidade, consagrado no artigo 85 do Código Civil: "São fungíveis os móveis que podem substituir-se por outros da mesma espécie, qualidade e quantidade."

Alternativa "e": incorreta. O enunciado reproduz *ipsis litteris* a redação do art. 103 do CC: "O uso comum dos bens públicos pode ser gratuito ou retribuído, conforme for estabelecido legalmente pela entidade a cuja administração pertencerem."

2.4.4. DO BEM DE FAMÍLIA

Atenção:

Tese fixada pelo STF:

É constitucional a penhora de bem de família pertencente a fiador de contrato de locação, seja residencial, seja comercial.

STF. Plenário. RE 1.307.334/SP, Rel. Min. Alexandre de Moraes, julgado em 8/3/2022 (Repercussão Geral – Tema 1127) (Info 1046).

O STJ acompanhou o STF e fixou a seguinte tese:

É válida a penhora do bem de família de fiador apontado em contrato de locação de imóvel, seja residencial, seja comercial, nos termos do inciso VII, do art. 3º da Lei nº 8.009/90.

STJ. 2ª Seção.REsp 1.822.040-PR, Rel. Min. Luis Felipe Salomão, julgado em 08/06/2022 (Recurso Repetitivo – Tema 1091) (Info 740)

A lei 14.230 de 2021, que alteração a lei 8.429, de 1992 (Lei de improbidade administrativa), permite que o bem de família torne-se indisponível, caso seja fruto de vantagem indevida, por parte do réu, como previsto no §14, do art. 16: "É vedada a decretação de indisponibilidade do bem de família do réu, salvo se comprovado que o imóvel seja fruto de vantagem patrimonial indevida, conforme descrito no art. 9º desta Lei."

---

93. (FCC – Juiz do Trabalho/2017) A Lei nº 8.009/1990 estabelece, em seu art. 1°, que o imóvel residencial próprio do casal, ou da entidade familiar, é impenhorável e não responderá por qualquer tipo de dívida civil, comercial, fiscal, previdenciária ou de outra natureza, contraída pelos cônjuges ou pelos pais ou filhos que sejam seus proprietários e nele residam, salvo nas hipóteses previstas nessa lei. À luz do referido artigo, considere:

I. O STJ admite que faz jus aos benefícios da Lei nº 8.009/1990 o devedor que, mesmo não residindo no único imóvel que lhe pertence, utiliza o valor obtido com a locação desse bem como complemento da renda familiar.

II. Segundo entendimento firme do STF, é inconstitucional a regra que prevê a possibilidade de penhora do bem de família do fiador em locações urbanas, tendo em vista o princípio isonômico e o respeito à moradia do fiador como direito fundamental.

III. Segundo orientação firme do STJ, o conceito de impenhorabilidade de bem de família abrange também o imóvel pertencente a pessoas solteiras, separadas e viúvas.

IV. Segundo previsto em lei, pode ser penhorado o bem de família do empregador em razão dos créditos de trabalhadores da própria residência e das respectivas contribuições previdenciárias.

Está correto o que se afirma APENAS em

a) III e IV.

b) I e II.

c) I e III.

d) I e IV.

e) II e III.

COMENTÁRIOS

Alternativa correta: letra "c". Todas os itens da questão serão analisados conjuntamente, para se compreender o acerto e o erro de cada alternativa. O item um está de acordo com a Súmula 486, do STJ: "É impenhorável o único imóvel residencial do devedor que esteja locado a terceiros, desde que a renda obtida com a locação seja revertida para a subsistência ou a moradia da sua família." O item II, está incorreto por dois motivos, primeiro porque a Súmula que trata do assunto é do STJ, e não do STF, segundo a Súmula 549 diz que: "É válida a penhora de bem de família pertencente a fiador de contrato de locação." Item III, corresponde ao que doutrina a Súmula 364, do STJ: "O conceito de impenhorabilidade de bem de família abrange também o imóvel pertencente a pessoas solteiras, separadas e viúvas." Item IV, contrária o que dispõe o *caput* do art. 3º, da Lei n. 8.009/90: "A impenhorabilidade é oponível em qualquer processo de execução civil, fiscal, previdenciária, trabalhista ou de outra natureza, salvo se movido:" Portanto, restou correto apenas os itens I e III, estando correto a alternativa "c".

94. (TRT 2 – Juiz do Trabalho Substituto 2ª Região/2016) Considerando-se o disposto no Código Civil, quanto ao bem de família, é INCORRETO afirmar que:

a) Comprovada a impossibilidade da manutenção do bem de família nas condições em que foi instituído, poderá o juiz, a requerimento dos interessados, extingui-lo ou autorizar a sub-rogação dos bens que o constituem em outros, ouvidos o instituidor e o Ministério Público.

b) Não havendo disposição em contrário do ato de instituição, a administração do bem de família compete a ambos os cônjuges, resolvendo o juiz em caso de divergência.

c) No caso de falecimento de ambos os cônjuges, a administração do bem de família instituído nos termos do Código Civil, passará ao filho mais velho, se for maior, e, do contrário, a seu tutor.

d) A dissolução da sociedade conjugal extingue o bem de família.

e) Extingue-se o bem de família com a morte de ambos os cônjuges e a maioridade dos filhos, desde que não sujeitos a curatela.

COMENTÁRIOS

Alternativa correta: "a". Assertiva correta, transcreve o art. 1.719, do CC: "Comprovada a impossibilidade da manutenção do bem de família nas condições em que foi instituído, poderá o juiz, a requerimento dos interessados, extingui-lo ou autorizar a sub-rogação dos bens que o constituem em outros, ouvidos o instituidor e o Ministério Público."

Alternativa correta: "b". A assertiva transcreve *ipsis litteris* o que dispõe o art. 1.720, do CC: "Salvo disposição em contrário do ato de instituição, a administração do bem de família compete a ambos os cônjuges, resolvendo o juiz em caso de divergência."

Alternativa correta: "c". A assertiva concorda com a doutrina do pár. ún. do art. 1.720, do CC: "Com o falecimento de ambos os cônjuges, a administração passará ao filho mais velho, se for maior, e, do contrário, a seu tutor."

Alternativa correta: "e". A assertiva concorda com a norma contida no art. 1.722, do CC: "Extingue-se, igualmente, o bem de família com a morte de ambos os cônjuges e a maioridade dos filhos, desde que não sujeitos a curatela."

Alternativa incorreta: "d". Pode se afirmar que a assertiva está incorreta, pois contraria norma expressa, prevista no art. 1.721, *caput*, do CC: "A dissolução da sociedade conjugal não extingue o bem de família."

95. (FCC – Juiz do Trabalho Substituto 6ª Região/2013) Podem os cônjuges ou a entidade familiar destinar parte de seu patrimônio para instituir bem de família, desde que não ultrapasse um terço do patrimônio líquido existente ao tempo da instituição,

a) mediante escritura pública ou testamento, que apenas consistirá do imóvel de menor valor, entre os de propriedade do instituidor, compatível com o padrão de vida da família, e esse bem ficará livre de penhora, salvo em execuções por dívidas de alimento, débitos trabalhistas, indenização por responsabilidade civil e para saldar hipoteca ou satisfazer obrigação decorrente de fiança locatícia.

b) apenas por escritura pública, e consistirá em prédio residencial urbano ou rural, com suas pertenças e acessórios, e poderá abranger valores mobiliários, cuja renda será aplicada na conservação do imóvel e no sustento da família.

c) mediante escritura pública ou instrumento particular, sem prejuízo das regras sobre a impenhorabilidade do imóvel residencial estabelecida em lei especial, que consistirá em prédio residencial urbano ou rural, com suas pertenças e acessórios, e poderá abranger valores mobiliários, cuja renda será aplicada na conservação do imóvel e no sustento da família.

d) mediante escritura pública ou testamento, sem prejuízo das regras sobre a impenhorabilidade do imóvel residencial estabelecida em lei especial, que consistirá em prédio residencial urbano ou rural, com suas pertenças e acessórios, e poderá abranger valores mobiliários, cuja renda será aplicada na conservação do imóvel e no sustento da família.

e) somente por testamento que consistirá em prédio residencial urbano ou rural, com suas pertenças e acessórios, mas não poderá abranger quaisquer bens móveis de elevado valor, nem aplicações financeiras, exceto para, com sua renda, conservar o imóvel.

COMENTÁRIOS

Alternativa incorreta: letra "a". A assertiva encontra-se incorreta, por diversos motivos. Em primeiro lugar, vislumbra-se a contrariedade ao art. 5º, parágrafo único, da Lei n.º 8.009/90, que dispõe no sentido de que, havendo pluralidade de bens imóveis sob a titularidade da entidade familiar, a impenhorabilidade recairá sobre o de menor valor, salvo se outro tiver sido registrado como bem de família convencional no Cartório de Registro de Imóveis. Ademais, somente estará excluído da impenhorabilidade, o bem de família que tiver sido objeto de constrição judicial, em processo de execução que verse sobre dívida de caráter alimentar ou sobre hipoteca, conforme preconiza o art. 3º, incisos III e V, da Lei n.º 8.009/90. No tocante às demais espécies de execução mencionadas pela alternativa, a impenhorabilidade prevalece, nos termos do art. 3º, *caput*, da Lei n.º 8.009/90, com o seguinte teor: "A impenhorabilidade é oponível em qualquer processo de execução civil, fiscal, previdenciária, trabalhista ou de outra natureza [...]".

Alternativa incorreta: letra "b". Ao reverso do que constou do enunciado da alternativa, o bem de família convencional pode ser instituído não apenas por escritura pública, mas também testamento, consoante o disposto no art. 1.711 do CC. Incorreta, pois, a assertiva em apreço.

Alternativa incorreta: letra "c". O instrumento particular, ao contrário do exposto na alternativa sob enfoque, não se consubstancia em meio hábil à instituição do bem de família convencional. Conforme amplamente exposto nos Comentários precedentes, para tal desiderato, é imperiosa a formalização de escritura pública ou testamento.

Alternativa incorreta: letra "e". A assertiva está incorreta, já que também por escritura pública é possível a instituição de bem de família convencional, conforme preceitua o art. 1.711 do CC.

Alternativa correta: letra "d". A assertiva, da forma como posta, consiste em aplicação conjugada dos arts. 1.711 e 1.712 do CC, com a seguinte redação:

> *"Art. 1.711. Podem os cônjuges, ou a entidade familiar, mediante escritura pública ou testamento, destinar parte de seu patrimônio para instituir bem de família, desde que não ultrapasse um terço do patrimônio líquido existente ao tempo da instituição, mantidas as regras sobre a impenhorabilidade do imóvel residencial estabelecida em lei especial.*
>
> *Parágrafo único. O terceiro poderá igualmente instituir bem de família por testamento ou doação, dependendo a eficácia do ato da aceitação expressa de ambos os cônjuges beneficiados ou da entidade familiar beneficiada."*
>
> *"Art. 1.712. O bem de família consistirá em prédio residencial urbano ou rural, com suas pertenças e acessórios, destinando-se em ambos os casos a domicílio familiar, e poderá abranger valores mobiliários, cuja renda será aplicada na conservação do imóvel e no sustento da família."*

96. (TRT 15 – Juiz do Trabalho Substituto 15ª Região/ 2013) Recente matéria divulgada pelo Superior Tribunal de Justiça afirma que um dos princípios fundamentais do direito privado é o da boa-fé objetiva e que tal orientação não está limitada a determinado ramo do direito, mas escoa por todo o ordenamento jurídico. Diante dessa orientação, aponte a assertiva incorreta:

a) na hipótese de livre oferecimento de imóvel, bem de família, como garantia hipotecária, o imóvel não pode ser descaracterizado como bem de família, mantendo-se a impenhorabilidade em relação à dívida afiançada;

b) o princípio da boa-fé objetiva pode ser utilizado como cláusula geral para controle das cláusulas abusivas;

c) é dever da instituição financeira a exibição de documento requerido por cliente bancário, independentemente de a relação basear-se em contrato de mútuo ou financiamento;

d) no contrato de comodato, o comodatário fica obrigado ao pagamento de aluguel ao comodante, a partir da constituição em mora para restituição do imóvel emprestado. O arbitramento, realizado de forma unilateral pelo comodante, ainda que não respeite a média de mercado, deve observar os princípios da razoabilidade e da boa-fé objetiva;

e) ofende os princípios da confiança e da cooperação a decisão unilateral da seguradora de romper o contrato de seguro, que vem sendo renovado há longo período.

COMENTÁRIOS

Alternativa correta: letra "b". O princípio da boa-fé objetiva se consubstancia em uma expressão genérica que impõe às partes comportamentos contratuais orientados pela probidade. Em razão disso, a boa-fé, de fato, pode ser utilizada como cláusula geral para o controle de cláusulas abusivas em todas as fases do contrato (pré-contratual, formação, execução e pós-contratual). Tanto é assim, que o princípio da boa-fé objetiva deve ser utilizado como meio auxiliar para que o julgador possa interpretar cláusulas contratuais, nos moldes do art. 113 do CC, com a seguinte redação: "Os negócios jurídicos devem ser interpretados conforme a boa-fé e os usos do lugar de sua celebração."

Alternativa correta: letra "c". O princípio da boa-fé objetiva, como exposto no comentário precedente, impõe às partes comportamentos orientados essencialmente pela probidade. Por corolário, é cediço, na doutrina e na jurisprudência, que o princípio em apreço impõe às partes, ainda, os chamados deveres anexos ao contrato, os quais, muito embora não precisem estar expressos no instrumento contratual respectivo, devem ser observados pelos contratantes. Neste sentido, o dever de informação é decorrência lógica do princípio da boa-fé objetiva, de sorte que a exibição de instrumento contratual bancário, nos moldes propostos pelo enunciado da alternativa em exame, é medida imperativa. Assim, correta a assertiva sob enfoque.

Alternativa correta: letra "d". A assertiva está correta. Inicialmente, insta gizar que a possibilidade de cobrança de aluguel, após a constituição em mora do comodatário, encontra fundamento legal no art. 582 do CC, com a seguinte redação: "O comodatário é obrigado a conservar, como se sua própria fora, a coisa emprestada, não podendo usá-la senão de acordo com o contrato ou a natureza dela, sob pena de responder por perdas e danos. O comodatário constituído em mora, além de por ela responder, pagará, até restituí-la, o aluguel da coisa que for arbitrado pelo comodante." Por outro lado, considerando-se que as relações contratuais devem ser orientadas pelo princípio da boa-fé objetiva, já analisado nos Comentários precedentes, será inválido o aluguel arbitrado pelo comodante em patamares superiores àqueles praticados no mercado imobiliário. Correta, portanto, a assertiva ora analisada.

Alternativa correta: letra "e". Os princípios da confiança e da cooperação podem ser também considerados deveres anexos, decorrentes do princípio da boa-fé objetiva. Assim já decidiu o Superior Tribunal de Justiça: "Na hipótese em que o contrato de seguro de vida é renovado ano a ano, por longo período, não pode a seguradora modificar subitamente as condições da avença nem deixar de renová-la em razão do fator de idade, sem que ofenda os princípios da boa-fé objetiva, da cooperação, da confiança e da lealdade."(STJ. 3ª Turma. EDcl no Ag 1427345 RS 2011/0237916-5, Rel.: Ministro João Otávio de Noronha, *DJ* 05 set. 2013)

Alternativa incorreta: letra "a". A assertiva está equivocada. O art. 3º, V, da Lei n.º 8.009/90 estabelece que a impenhorabilidade do bem de família não prevalece, em se tratando de execução que se funde na garantia real da hipoteca. No particular, é oportuna a transcrição do mencionado dispositivo legal: "A impenhorabilidade é oponível em qualquer processo de execução civil, fiscal, previdenciária, trabalhista ou de outra natureza, salvo se movido: [...] V – para execução de hipoteca sobre o imóvel oferecido como garantia real pelo casal ou pela entidade familiar."

---

97. (TRT/20ª RG – VI Concurso – 2012) Sobre o bem de família, é INCORRETO afirmar:

a) Salvo disposição em contrário do ato de instituição, sua administração compete a ambos os cônjuges, resolvendo o juiz em caso de divergência.

b) É isento de execução por dívidas posteriores à sua instituição, salvo as que provierem de tributos relativos ao prédio, ou de despesas de condomínio.

c) Quer instituído pelos cônjuges ou por terceiro, constitui-se pelo registro de seu Título no Registro de Imóveis.

d) Não poderá abranger valores mobiliários.

e) Poderá ser instituído por terceiro por testamento ou doação, dependendo a eficácia do ato da aceitação expressa de ambos os cônjuges beneficiados ou da entidade familiar beneficiada.

COMENTÁRIOS

✪ **Nota do autor:** O bem de família é tratado em nosso ordenamento jurídico em dois sistemas distintos: o convencional e o legal. O primeiro é regulado pelo Código Civil nos arts. 1.711 a 1.721. O segundo tem sua regulamentação determinada pela Lei nº 8.009/90. A presente questão trata do bem de família convencional, ou seja, todas as assertivas têm seu fundamento nos dispositivos do Código Civil.

Alternativa "a": correta. O acerto da assertiva encontra-se no fato de que sua redação corresponde à literalidade do art. 1.720 do CC: "Salvo disposição em contrário do ato de instituição, a administração do bem de família compete a ambos os cônjuges, resolvendo o juiz em caso de divergência."

Alternativa "b": correta. A assertiva reproduz a norma contida no art. 1.715 do CC: "O bem de família é isento de execução por dívidas posteriores à sua instituição, salvo as que provierem de tributos relativos ao prédio, ou de despesas de condomínio."

Alternativa "c": correta. A redação da afirmativa encontra seu fundamento na regra contida no art. 1.714 do CC: "O bem de família, quer instituído pelos cônjuges ou por terceiro, constitui-se pelo registro de seu título no Registro de Imóveis."

Alternativa "e": correta. A afirmativa busca inspiração na norma contida no art. 1.711, par. ún. do CC: "O terceiro poderá igualmente instituir bem de família por testamento ou doação, dependendo a eficácia do ato da aceitação expressa de ambos os cônjuges beneficiados ou da entidade familiar beneficiada."

Alternativa "d": incorreta. (Lembre-se que o enunciado diz respeito à questão incorreta). O erro da alternativa está no fato de que sua redação afronta o texto legal que trata da matéria, pois a lei diz que o bem de família poderá abranger valores mobiliários, conforme está descrito no art. 1.712 do CC: "O bem de família consistirá em prédio residencial urbano ou rural, com suas pertenças e acessórios, destinando-se em ambos os casos a domicílio familiar, e poderá abranger valores mobiliários, cuja renda será aplicada na conservação do imóvel e no sustento da família."

---

98. (TRT/4ª RG – 2012) De acordo com a Lei no 8.009/90,

a) pode ser penhorado, para pagamento de qualquer dívida trabalhista, bem de família do sócio que administre a sociedade empresária.

b) considera-se bem de família o único imóvel da entidade familiar e o pequeno comércio de seus integrantes.

c) o bem de família pode ser penhorado para execução de sentença penal condenatória.

d) inclui-se na impenhorabilidade do bem de família o veículo utilizado pelos integrantes da entidade familiar.

e) pode ser penhorado, para pagamento de qualquer dívida trabalhista, bem de família do maior cotista da sociedade empresária.

COMENTÁRIOS

Alternativa "a": incorreta. A assertiva está equivocada. A impenhorabilidade do bem de família somente não prevalece se se tratar de dívida trabalhista oriunda da prestação de serviços no âmbito da residência. É o que decorre das disposições inseridas no art. 3º, I, da Lei nº 8.009/90, com a seguinte redação: "A impenhorabilidade é oponível em qualquer processo de execução civil, fiscal, previdenciária, trabalhista ou de outra natureza, salvo se movido: I – em razão dos créditos de trabalhadores da própria residência e das respectivas contribuições previdenciárias."

Alternativa "b": incorreta. O imóvel utilizado para fins de atividades comerciais, ainda que de forma diminuta, não pode ser considerado bem de família, por manifesta ausência de fundamento legal. Em verdade, o imóvel abarcado pela proteção da Lei nº 8.009/90 é aquele definido no art. 1º do mencionado diploma normativo, com a seguinte redação: "O imóvel residencial próprio do casal, ou da entidade familiar, é impenhorável e não responderá por qualquer tipo de dívida civil, comercial, fiscal, previdenciária ou de outra natureza, contraída pelos cônjuges ou pelos pais ou filhos que sejam seus proprietários e nele residam, salvo nas hipóteses previstas nesta lei."

Alternativa "d": incorreta. A assertiva está incorreta, diante do que prescreve o art. 2º da Lei nº 8.009/90, cujo teor ora se transcreve: "Excluem-se da impenhorabilidade os veículos de transporte, obras de arte e adornos suntuosos."

Alternativa "e": incorreta. A alternativa não encontra qualquer fundamento legal, sendo absolutamente equivocada.

Alternativa "c": correta. Em regra, o bem de família é impenhorável. Contudo, em determinadas hipóteses normativamente especificadas, é possível que o ato de constrição judicial recaia sobre o mencionado bem. De acordo com o art. 3º, VI, da Lei nº 8.009/90, a impenhorabilidade do bem de família não prevalece se o bem de família tiver sido adquirido com produto de crime ou para a execução de sentença penal condenatória. Destarte, **correto** o enunciado da alternativa.

---

99. (TRT/21ª RG – VI Concurso – 2010) Em relação ao bem de família, considere as assertivas a seguir e assinale a resposta CORRETA:

I. O terceiro também poderá instituir bem de família, devendo fazê-lo por testamento ou doação, sendo que a eficácia do ato dependerá da aceitação dos cônjuges ou da entidade familiar e beneficiados.

II. O bem de família visa à proteção desta, e é isento de execução por dívidas de qualquer natureza posteriores à sua instituição, inclusive aquelas oriundas de despesas de condomínio. A isenção durará enquanto viver um dos cônjuges ou, na falta destes, até que os filhos completem a maioridade.

III. O bem de família não pode abranger bens móveis, e consistirá sempre em prédio residencial urbano ou rural, destinado ao domicílio familiar.

IV. A mera dissolução da sociedade conjugal não extingue o bem de família.

a) Todas as assertivas estão corretas.

b) Apenas as assertivas I e IV estão corretas.

c) Apenas as assertivas III e IV estão corretas.

d) Apenas as assertivas I, II e III estão corretas.

e) Apenas as assertivas II, III e IV estão corretas.

COMENTÁRIOS

✪ Nota do autor: Bem de família convencional

Alternativa "b": correta. Vejamos cada um dos itens da questão para entendermos o acerto da letra "b":

Item I: Correto. A assertiva está correta, pois de acordo com a lei, terceiro também poderá instituir o bem de família, por testamento ou doação, ficando subordinada a eficácia do ato à aceitação expressa dos cônjuges beneficiados ou da entidade familiar beneficiada, conforme estabelece o parágrafo único do artigo 1.711, do Código Civil: "O terceiro poderá igualmente instituir bem de família por testamento ou doação, dependendo a eficácia do ato da aceitação expressa de ambos os cônjuges beneficiados ou da entidade familiar beneficiada."

Item II: Incorreto. O bem de família efetivamente tem o objetivo de proteger a família e, consequentemente, a própria dignidade da pessoa humana, valores tutelados pelo ordenamento civil-constitucional. Por bem de família devemos entender o instituto jurídico constituído pela "afetação de bens a um destino especial, qual seja, assegurar a dignidade humana dos componentes do núcleo familiar". (FARIAS, Cristiano Chaves de; ROSENVALD, Nelson. **Direito Civil: teoria Geral.** 9. ed. Rio de Janeiro: Lumen Juris, 2011. p. 519.) O bem de família é um gênero, que comporta duas espécies: o convencional e o legal. O bem de família convencional é a regulado pelo Código Civil, nos seus arts. 1.711 a 1.722. Noutro giro, a sua espécie legal é regulamentada pela Lei nº 8.009/90. A consequência mais significativa da instituição do bem de família, está no fato de que o bem destinado a esse fim, se torna impenhorável. Outra consequência da sua instituição está no fato de que o bem afetado ficará isento de execução por dívidas posteriores à sua instituição. Isso quer significar que a imunidade se restringe às dividas que sobrevierem à sua formalização. Contudo, essa regra não é absoluta, tendo em vista que comporta duas exceções legais, quais sejam: as dívidas que provierem de tributos relativos ao prédio (ex. IPTU, ITR), ou aquelas provenientes de despesas de condomínio. Por determinação legal, a isenção das dívidas posteriores a instituição do bem de família durará enquanto viver um dos cônjuges, pois na falta destes, ficará isento até que os filhos alcancem a maioridade. Tudo o que foi posto, encontra seu fundamento nos artigos 1.715 e 1.716 do CC. Nesse sentido, preceitua o art. 1.715 que "o bem de família é isento de execução por dívidas posteriores à sua instituição, salvo as que provierem de tributos relativos ao prédio, ou de despesas de condomínio. Parágrafo único. No caso de execução pelas dívidas referidas neste artigo, o saldo existente será aplicado em outro prédio, como bem de família, ou em títulos da dívida pública, para sustento familiar, salvo se motivos relevantes aconselharem outra solução, a critério do juiz"; "Art. 1.716. A isenção de que trata o artigo antecedente durará enquanto viver um dos cônjuges, ou, na falta destes, até que os filhos completem a maioridade." De acordo com o que foi demonstrado, a regra que isenta o bem de família de execução pelas dívidas contraídas após a sua instituição, comporta exceções, contrariando a redação do enunciado, que afirmou que "é isento de execução por dívidas de qualquer natureza posteriores à sua instituição, inclusive aquelas oriundas de despesas de condomínio." Portanto, não há dúvida de que há contrariedade entre o que determina a lei e o que afirma o enunciado, decretando a sua incorreção.

Item III: Incorreto. A assertiva contraria o que dispõe o art. 1.712, do CC, pois segundo esse dispositivo, bem de família será constituído tanto pelo bem imóvel urbano ou rural, como pelos bens móveis que compõem o interior da residência, como os móveis, eletrodomésticos e eletroeletrônicos, dentre outros. Além disso, ainda segundo a lei, os valores mobiliários (aplicações, rendimentos, ações etc), que são considerados bens móveis, desde que vinculados ao imóvel afetado, serão considerados bens de família. A afirmativa que nega aos bens móveis o caráter de bem de família está, portanto, em descompasso com o que preceitua a lei, conforme se verifica: "Art. 1.712. O bem de família consistirá em prédio residencial urbano ou rural, com suas pertenças e acessórios, destinando-se em ambos os casos a domicílio familiar, e poderá abranger valores mobiliários, cuja renda será aplicada na conservação do imóvel e no sustento da família."

Item IV: correto. A mera dissolução da sociedade conjugal não extingue o bem de família, conforme preceitua o art. 1.721, do CC: "A dissolução da sociedade conjugal não extingue o bem de família." Além disso, a sua instituição se prolonga "enquanto viver um dos cônjuges, ou, na falta destes, até que os filhos completem a maioridade." (art. 1.716). Na hipótese de extinção voluntária do bem de família, deverá ser requerido ao juízo da Vara de Família, que decidirá sobre a questão com base nos argumentos apresentados, depois de ouvir o Ministério Público.

Como constatado, somente estão **corretos** os itens I e II, os demais itens, III e IV estão **incorretos** pelos motivos acima apresentados. Assim, a alternativa correta é a letra "b", pois apresenta corretamente os itens I e II, como **corretos**.

2.5. DO NEGÓCIO JURÍDICO

2.5.1. DISPOSIÇÕES GERAIS

Atualização: a lei 13.874 de 20 de setembro de 2019, que instituiu a declaração de direitos de liberdade econômica, acrescentou ao art. 113, os parágrafos 1º e 2º, Código civil.

---

100. (FCC – Juiz do Trabalho Substituto 23ª Região/2015) Quando da venda de sua casa, para não ver prejudicadas as negociações, João deixou de mencionar a Rogério, adquirente, que, no imóvel vizinho, funcionava estridente casa noturna. Ignorando o fato, Rogério acabou por adquirir o imóvel. Considerando-se que, se conhecesse o fato, Rogério não teria celebrado o negócio, o silêncio do vendedor constituiu:

a) omissão dolosa, que obriga a satisfazer as perdas e danos e é causa de anulabilidade, a qual depende de iniciativa da parte para ser decretada.

b) lesão, que obriga somente a satisfazer as perdas e danos.

c) lesão, que obriga a satisfazer as perdas e danos e é causa de nulidade, a qual pode ser conhecida de ofício e não convalesce com o passar do tempo.

d) omissão dolosa, que não obriga a satisfazer as perdas e danos mas é causa de anulabilidade, a qual depende de iniciativa da parte para ser decretada.

e) omissão dolosa, que obriga a satisfazer as perdas e danos e é causa de anulabilidade, a qual pode ser conhecida de ofício e não convalesce com o passar do tempo.

COMENTÁRIOS

Alternativa incorreta: letra "b". A hipótese trazida pelo enunciado da questão não se refere a lesão, que segundo o art. 157, do CC, ocorre "quando uma pessoa, sob premente necessidade, ou por inexperiência, se obriga a prestação manifestamente desproporcional ao valor da prestação oposta."

Alternativa incorreta: letra "c". No comentário anterior, demostrou-se que a questão não trata de lesão, mas sim de dolo. Além disso, a presente assertiva apresenta outros erros ao afirmar que a lesão é causa de nulidade, que pode ser reconhecida de ofício ou que não convalesce com o passar do tempo. Para corrigir esses equívocos, seguem os dispositivos legais que tratam do tema, todos do CC: "Art. 157. Ocorre a lesão quando uma pessoa, sob premente necessidade, ou por inexperiência, se obriga a prestação manifestamente desproporcional ao valor da prestação oposta." "Art.

171. Além dos casos expressamente declarados na lei, é anulável o negócio jurídico: II – por vício resultante de erro, dolo, coação, estado de perigo, lesão ou fraude contra credores." "Art. 178. É de quatro anos o prazo de decadência para pleitear-se a anulação do negócio jurídico, contado:"

Alternativa incorreta: letra "d". A omissão dolosa quando for acidental, ou seja, não for a causa do negócio jurídico, só obriga a satisfação das perdas e danos. Nesse sentido, a assertiva está incorreta ao afirmar que a omissão dolosa não obriga a satisfação de perdas e danos. Nesse sentido, é a orientação do art. 146, do CC: "O dolo acidental só obriga à satisfação das perdas e danos, e é acidental quando, a seu despeito, o negócio seria realizado, embora por outro modo."

Alternativa incorreta: letra "e". O dolo, em qualquer de suas manifestações, dolosa ou culposa, não pode ser conhecida de ofício, e tem prazo decadencial, conforme determina os artigos 177 e 178, ambos do CC: "Art. 177. A anulabilidade não tem efeito antes de julgada por sentença, nem se pronuncia de ofício; só os interessados a podem alegar, e aproveita exclusivamente aos que a alegarem, salvo o caso de solidariedade ou indivisibilidade." "Art. 178. É de quatro anos o prazo de decadência para pleitear-se a anulação do negócio jurídico, contado:"

Alternativa correta: letra "a". A assertiva está correta, pois sua redação corresponde com a norma contida no art. 147, do CC: ""Nos negócios jurídicos bilaterais, o silêncio intencional de uma das partes a respeito de fato ou qualidade que a outra parte haja ignorado, constitui omissão dolosa, provando-se que sem ela o negócio não se teria celebrado."

---

101. (FCC – Juiz do Trabalho Substituto 24ª Região/2015) A pessoa que possui mais de um imóvel residencial

a) poderá instituir um deles como bem de família, ainda que seja o mais valioso, entretanto, a instituição perderá eficácia se o patrimônio do instituidor reduzir-se e esse imóvel vier a valer mais do que um terço do patrimônio do instituidor.

b) poderá instituir um deles como bem de família, ainda que seja o mais valioso, desde que o objeto dessa instituição não ultrapasse um terço do patrimônio líquido à época existente.

c) não poderá instituir como bem de família imóvel, que não seja o menos valioso.

d) poderá livremente instituir como bem de família qualquer deles, independentemente de seu valor.

e) só poderá instituir como bem de família imóvel que não seja o mais valioso.

COMENTÁRIOS

✪ **Nota do autor:** todas as alternativas dizem respeito ao mesmo dispositivo legal, razão pela qual vamos comentar apenas a assertiva correta.

Alternativa correta: letra "b". A presente alternativa é a única que está de acordo com o diz a lei sobre o assunto, todas as outras contrariam o *caput*, do art. 1.711, do CC: "Podem os cônjuges, ou a entidade familiar, mediante escritura pública ou testamento, destinar parte de seu patrimônio para instituir bem de família, desde que não ultrapasse um terço do patrimônio líquido existente ao tempo da instituição, mantidas as regras sobre a impenhorabilidade do imóvel residencial estabelecida em lei especial."

---

102. (FCC – Juiz do Trabalho Substituto 6ª Região/2015) Em relação ao negócio jurídico,

a) quando a lei dispuser que determinado ato é anulável, sem estabelecer prazo para pleitear-se a anulação, será este de quatro anos, a contar sempre da data da conclusão do ato.

b) a invalidade da obrigação principal implica a das obrigações acessórias, bem como a destas induz à invalidade da obrigação principal, dado o princípio da correspondência nos negócios jurídicos em geral.

c) a incapacidade relativa de uma das partes não pode ser invocada pela outra em benefício próprio, nem aproveita aos cointeressados capazes, salvo se, neste caso, for indivisível o objeto do direito ou da obrigação comum.

d) não ocorrendo a condição objetiva do negócio jurídico, ou seja, objeto lícito, possível, determinado ou determinável, a consequência jurídica será sua anulabilidade.

e) ninguém pode reclamar o que, por uma obrigação anulada, pagou a um incapaz, mostrando-se irrelevante eventual prova de que reverteu em proveito desse incapaz a importância paga.

COMENTÁRIOS

Alternativa incorreta: letra "a". A assertiva está errada, pois apresenta um prazo de 4 anos para se pleitear a anulação do negócio jurídico, nas hipóteses em que a lei não estabelece prazo, quando o correto é 2 anos, conforme prescreve o art. 179, do CC: "Quando a lei dispuser que determinado ato é anulável, sem estabelecer prazo para pleitear-se a anulação, será este de dois anos, a contar da data da conclusão do ato."

Alternativa incorreta: letra "b". A assertiva está equivocada, tendo em vista que os acessórios seguem a sorte do principal, mas a reciproca não é verdadeira, como determina o princípio da gravitação jurídica (*acessorium sequitur suum principale).*

Alternativa incorreta: letra "d". A ausência de qualquer elemento essencial de validade, induz a nulidade absoluta do negócio jurídico, conforme prescreve o art. 166, do CC: "É nulo o negócio jurídico quando: II – for ilícito, impossível ou indeterminável o seu objeto;"

Alternativa incorreta: letra "e". A assertiva contradiz a norma contida no art. 181, do CC: "Ninguém pode reclamar o que, por uma obrigação anulada, pagou a um incapaz, se não provar que reverteu em proveito dele a importância paga."

Alternativa correta: letra "c". A redação da assertiva corresponde a literalidade do art. 105, do CC: "A incapacidade relativa de uma das partes não pode ser invocada pela outra em benefício próprio, nem aproveita aos cointeressados capazes, salvo se, neste caso, for indivisível o objeto do direito ou da obrigação comum."

---

103. (TRT 8 – Juiz do Trabalho Substituto 8ª Região/2014) Analise as proposições a seguir e marque a única alternativa que contempla as afirmações CORRETAS:

I - O fato jurídico em sentido estrito corresponde a todo acontecimento natural para o qual não concorra a atuação humana, podendo ser classificado como ordinário (fato da natureza de ocorrência comum) ou extraordinário (aquele inesperado, imprevisível).

II - O ato jurídico em sentido estrito constitui simples manifestação de vontade, sem conteúdo negocial, que determina a produção de efeitos legalmente previstos. Não obstante despidos de conteúdo negocial, aplicam-se ao ato jurídico em sentido estrito, no que couber, as mesmas disposições estabelecidas no Código Civil em vigor para o negócio jurídico.

III - Ainda que o Código Civil vigente estabeleça que a capacidade do agente seja um dos requisitos de validade do negócio jurídico, a incapacidade de uma das partes não pode ser invocada pela outra em benefício próprio, nem aproveita aos cointeressados capazes, salvo se, neste caso, for indivisível o objeto do direito ou da obrigação comum.

IV - Quando a lei não dispuser em contrário, a escritura pública é essencial à validade dos negócios jurídicos que visem à constituição, transferência, modificação ou renúncia de direitos reais sobre imóveis de valor superior a trinta vezes o maior salário mínimo vigente no País. De igual forma, celebrado o negócio jurídico com cláusula que condicione sua validade à subscrição instrumento público, este será da substância do ato.

V - Segundo o Código Civil vigente, na celebração do negócio jurídico, a reserva mental é irrelevante para comprometer a manifestação de vontade, salvo se conhecida do destinatário.

a) Está correta apenas a afirmação III.

b) Estão corretas apenas as afirmações II, IV e V.

c) Estão corretas apenas as afirmações I e IV.

d) Está correta apenas a afirmação II.

e) Estão corretas apenas as afirmações I, III e V.

COMENTÁRIOS

Todos os itens da questão serão analisados.

Item I: incorreto. O item I está parcialmente incorreto. Inicialmente, sobreleva notar que o fato jurídico em sentido estrito corresponde, efetivamente, a todo e qualquer acontecimento natural que enseje a ocorrência de repercussões na esfera jurídica. Ademais, os fatos naturais se subdividem em fatos naturais ordinários (de ocorrência comum) e extraordinários (de ocorrência inesperada ou incerta), conforme acertadamente consignado na redação do presente item. Todavia, o equívoco da assertiva está em asseverar que os fatos naturais extraordinários seriam sempre imprevisíveis, o que não corresponde à essência do instituto. **ATENÇÃO:** O caso fortuito, considerado por parcela da doutrina como um fato natural extraordinário, tem como traço marcante a imprevisibilidade. Entretanto, isso não desnatura o entendimento de que a assertiva está equivocada, já que outros fatos naturais extraordinários são desprovidos de tal característica como, por exemplo, a força maior que não é necessariamente imprevisível, mas sempre inevitável. Por todo o exposto, incorreto o teor do item em apreço.

Item II: correto. O item está correto. Isso porque, de fato, o ato jurídico em sentido estrito consiste em uma conduta humana, desprovida de conteúdo negocial e que enseja a produção de efeitos jurídicos pré-fixados pela legislação de regência. Exemplo de ato jurídico em sentido estrito é o estabelecimento do domicílio ou o adimplemento de uma obrigação. A despeito de não serem dotados de conteúdo negocial, é cediço que os atos jurídicos em sentido estrito devem observar os mesmo requisitos de validade dos negócios jurídicos, contemplados pelo art. 104 do CC, com a seguinte redação: "A validade do negócio jurídico requer: I – agente capaz; II – objeto lícito, possível, determinado ou determinável; III – forma prescrita ou não defesa em lei."

Item III: incorreto. A assertiva está incorreta, pois contraria o que preceitua o art. 105 do CC, com a seguinte redação: "A incapacidade relativa de uma das partes não pode ser invocada pela outra em benefício próprio, nem aproveita aos cointeressados capazes, salvo se, neste caso, for indivisível o objeto do direito ou da obrigação comum." Releva notar, neste particular, que o dispositivo menciona apenas a incapacidade relativa e a redação da assertiva menciona incapacidade, o que abrangeria também a incapacidade absoluta. Diante de tais considerações, incorreto o item ora examinado.

Item IV: correto. A assertiva está correta, eis que encontra fundamento normativo nos arts. 108 e 109 do CC, com a seguinte redação:

> *"Art. 108. Não dispondo a lei em contrário, a escritura pública é essencial à validade dos negócios jurídicos que visem à constituição, transferência, modificação ou renúncia de direitos reais sobre imóveis de valor superior a trinta vezes o maior salário mínimo vigente no País."*

"Art. 109. No negócio jurídico celebrado com a cláusula de não valer sem instrumento público, este é da substância do ato."

Item V: correto. A assertiva está correta, uma vez que se consubstancia em uma aplicação do art. 110 do CC, com o seguinte teor: "A manifestação de vontade subsiste ainda que o seu autor haja feito a reserva mental de não querer o que manifestou, salvo se dela o destinatário tinha conhecimento."

Alternativa correta: letra "b".

---

104. (TRT 23 – Juiz do Trabalho Substituto 23ª Região/ 2014) Sobre negócio jurídico, é CORRETO afirmar-se à luz do Código Civil:

a) A impossibilidade inicial do objeto não invalida o negócio jurídico se for relativa ou se cessar depois de ser realizada a condição a que ele estiver subordinado.

b) No negócio jurídico celebrado com cláusula de não valer sem instrumento público, este é da substância do ato.

c) Nas declarações de vontade se atenderá à intenção nelas consubstanciada, prevalecendo, porém, o sentido literal da linguagem.

d) A validade da declaração de vontade depende de forma especial, salvo se a lei dispuser em sentido contrário.

e) A validade do negócio jurídico requer agente capaz, objeto lícito e forma prescrita em lei.

COMENTÁRIOS

Alternativa correta: letra "b". A assertiva corresponde a literalidade do art. 109 do CC: "No negócio jurídico celebrado com a cláusula de não valer sem instrumento público, este é da substância do ato."

Alternativa incorreta: letra "a". A assertiva distorce o que preceitua a norma contida no art. 106 do CC: "A impossibilidade inicial do objeto não invalida o negócio jurídico se for relativa, ou se cessar antes de realizada a condição a que ele estiver subordinado."

Alternativa incorreta: letra "c". O preceito da assertiva distorce o que prescreve o art. 112 do CC: "Nas declarações de vontade se atenderá mais à intenção nelas consubstanciada do que ao sentido literal da linguagem."

Alternativa incorreta: letra "d". O erro da assertiva está no fato de contradizer o que determina o art. 107 do CC: "A validade da declaração de vontade não dependerá de forma especial, senão quando a lei expressamente a exigir."

Alternativa incorreta: letra "e". A assertiva deixou de apresentar elementos essenciais de validade do negócio jurídico, conforme se observa no art. 104 do CC: "A validade do negócio jurídico requer: I – agente capaz; II – objeto lícito, possível, determinado ou determinável; III – forma prescrita ou não defesa em lei."

---

105. (TRT 2 – Juiz do Trabalho Substituto 2ª Região/2014) Em relação aos negócios jurídicos, observe as proposições abaixo e responda a alternativa que contenha proposituras corretas:

I. A validade da declaração de vontade não dependerá de forma especial, senão quando a lei expressamente a exigir.

II. Os negócios jurídicos benéficos e a renúncia interpretam-se extensivamente e, no caso de falecido, considerando-se a vontade dos sucessores.

III. Os poderes de representação conferem-se por lei ou pelo interessado.

IV. Os negócios jurídicos devem ser interpretados conforme a boa fé e os usos do lugar de sua celebração.

V. Nas declarações de vontade se atenderá ao sentido literal da linguagem expressa no documento.

Está correta a alternativa:

a) I, II e IV.

b) II, IV e V.

c) I, III e IV.

d) II, III e V.

e) I, III e V.

COMENTÁRIOS

Todos os itens da questão serão analisados.

Item I: correto. A redação atribuída ao item em exame está em plena consonância ao que prescreve o art. 107 do CC, com a seguinte redação: "A validade da declaração de vontade não dependerá de forma especial, senão quando a lei expressamente a exigir."

Item II: incorreto. A assertiva está incorreta, já que contraria o que preconiza o art. 114 do CC. Confira a literalidade do texto legal: "Os negócios jurídicos benéficos e a renúncia interpretam-se estritamente."

Item III: correto. O item está correto, porquanto corresponde ao teor do art. 115 do CC: "Os poderes de representação conferem-se por lei ou pelo interessado."

Item IV: correto. O item em exame está em consonância ao que preceitua o art. 113 do CC (Alterado pela Lei 13.874 de 20 de setembro de 2019), que preconiza: "Os negócios jurídicos devem ser interpretados conforme a boa-fé e os usos do lugar de sua celebração."

Item V: incorreto. A redação atribuída ao item está incorreta, pois contraria o disposto no art. 112 do CC. No particular, é oportuna a colação do teor literal do referidos dispositivo legal: "Nas declarações de vontade se atenderá mais à intenção nelas consubstanciada do que ao sentido literal da linguagem."

Alternativa correta: letra "c".

---

106. (TRT 8 – Juiz do Trabalho Substituto 8ª Região/ 2013) Em relação aos fatos jurídicos, assinale a alternativa CORRETA:

a) A incapacidade relativa de uma das partes não pode ser invocada pela outra em benefício próprio, nem aproveita aos cointeressados capazes, salvo se, neste caso, for indivisível o objeto do direito ou da obrigação comum.

b) Ainda que o autor tenha feito reserva mental de não querer o que manifestou, sua manifestação de vontade subsiste, salvo se da reserva mental o destinatário tinha conhecimento. Nas declarações de vontade se atenderá mais à intenção nelas consubstanciada do que ao sentido literal da linguagem, devendo os negócios jurídicos ser entendidos conforme a boa-fé e os usos do lugar de sua execução, interpretando-se de forma estrita os negócios benéficos e a renúncia.

c) São passíveis de anulação os negócios jurídicos quando provenientes de declarações de vontade que tenham emanado de erro substancial que poderia ser percebido por pessoa de diligência normal, em face das circunstâncias do negócio. Para a norma, erro substancial é o que diga respeito à natureza do negócio, ao objeto principal da declaração, ou a alguma das qualidades a ele essenciais, ou, ainda, o que se refira à identidade ou à qualidade essencial da pessoa a quem afete a declaração de vontade, desde que não tenha influído nesta de modo relevante, assim como, sendo de direito e não implicando recusa à aplicação da lei, seja um dos motivos do negócio jurídico.

d) São consideradas lícitas, em geral, todas as condições não contrárias à lei, à ordem pública ou aos bons costumes; e ilícitas as que privarem de todo efeito o negócio jurídico ou o sujeitarem ao puro arbítrio de uma das partes. Invalidam os negócios jurídicos as condições física ou juridicamente impossíveis, quando suspensivas; as condições ilícitas, ou de fazer coisa ilícita; e as condições incompreensíveis ou contraditórias, tendo-se por inexistentes as condições impossíveis, quando suspensivas, e as de não fazer coisa impossível.

e) Se alguém dispuser de uma coisa sob condição suspensiva, e, pendente esta, fizer quanto àquela novas disposições, estas terão valor, ainda que realizada a condição, se com ela forem incompatíveis. Sobrevindo a condição resolutiva, extingue-se, para todos os efeitos, o direito a que ela se opõe; mas, se aposta a um negócio de execução continuada ou periódica, a sua realização, salvo disposição em contrário, não tem eficácia quanto aos atos já praticados, desde que compatíveis com a natureza da condição pendente e conforme aos ditames de boa-fé.

COMENTÁRIOS

Alternativa incorreta: letra "b". A redação da presente assertiva é uma conjugação do que dispõe os arts. 110, 112, 113 e 114 do CC. O equívoco da redação reside no fato de que o art. 113 (Alterado pela Lei 13.874 de 20 de setembro de 2019), estabelece que a interpretação dos negócios jurídicos devem ser conforme a boa-fé e os usos do lugar da **celebração,** mas equivocadamente a assertiva afirma que deve ser o lugar da execução. Vejamos a redação literal de todos os dispositivos citados: "Art. 110. A manifestação de vontade subsiste ainda que o seu autor haja feito a reserva mental de não querer o que manifestou, salvo se dela o destinatário tinha conhecimento." "Art. 112. Nas declarações de vontade se atenderá mais à intenção nelas consubstanciada do que ao sentido literal da linguagem." "Art. 113. Os negócios jurídicos devem ser interpretados conforme a boa-fé e os usos do lugar de sua celebração." "Art. 114. Os negócios jurídicos benéficos e a renúncia interpretam-se estritamente."

Alternativa incorreta: letra "c". A redação da assertiva tem como referência legal os arts 138 e 139, ambos do Código Civil. Por sua vez, a redação da assertiva contraria o que dispõe os incisos II e III do art. 139. Vejamos a redação dos mencionados dispositivos: "Art. 138. São anuláveis os negócios jurídicos, quando as declarações de vontade emanarem de erro substancial que poderia ser percebido por pessoa de diligência normal, em face das circunstâncias do negócio." "Art. 139. O erro é substancial quando: I – interessa à natureza do negócio, ao objeto principal da declaração, ou a alguma das qualidades a ele essenciais; II – concerne à identidade ou à qualidade essencial da pessoa a quem se refira a declaração de vontade, desde que tenha influído nesta de modo relevante; III – sendo de direito e não implicando recusa à aplicação da lei, for o motivo único ou principal do negócio jurídico."

Alternativa incorreta: letra "d". A presente assertiva fundamenta sua redação nos arts. 122, 123 e 124 do CC. Quanto ao dois primeiros dispositivos legais, não há nenhuma impropriedade, por outro lado, a parte final da assertiva que diz respeito ao art. 124 do CC, apresenta uma contrariedade, pois afirma que "tendo-se por inexistentes as condições impossíveis, quando **suspensivas,** e as de não fazer coisa impossível". O texto legal, ao contrário da alternativa, assevera que tem-se por inexistente as condições impossíveis, quando **resolutivas.** Vejamos todos os dispositivos usados pela alternativa em comento: "Art. 122. São lícitas, em geral, todas as condições não contrárias à lei, à ordem pública ou aos bons costumes; entre as condições defesas se incluem as que privarem de todo efeito o negócio jurídico, ou o sujeitarem ao puro arbítrio de uma das partes." "Art. 123. Invalidam os negócios jurídicos que lhes são subordinados: I – as condições física ou juridicamente impossíveis, quando suspensivas; II – as condições ilícitas, ou de fazer coisa ilícita; III – as condições incompreensíveis ou contraditórias." "Art. 124. Têm-se por inexistentes as condições impossíveis, quando resolutivas, e as de não fazer coisa impossível."

Alternativa incorreta: letra "e". Os arts. 126 e 128 do CC, foram usados para a construção desse assertiva. No que tange ao art. 128 do diploma civil, não houve irregularidade. Não obstante, a redação da assertiva adulterou o que dispõe o art. 126, CC, acerca de novas disposições que foram feitas de condição suspensiva já acorda, ou seja, para o Código Civil, essas novas disposições não terão valor, se com a condição existente forem incompatíveis (princípio da retroatividade das condições). No entanto, a assertiva afirma que as disposições terão valor, contrariando o que dispõe textualmente a lei. Vejamos, *in verbis,* a redação dos artigos citados: "Art. 126. Se alguém dispuser de uma coisa sob condição suspensiva, e, pendente esta, fizer quanto àquelas novas disposições, **estas não terão valor**, realizada a condição, se com ela forem incompatíveis." (grifo nosso) "Art. 128. Sobrevindo a condição resolutiva, extingue-se, para todos os efeitos, o direito a que ela se opõe; mas, se aposta a um negócio de execução continuada ou periódica, a sua realização, salvo disposição em contrário, não tem eficácia quanto aos atos já praticados, desde que compatíveis com a natureza da condição pendente e conforme aos ditames de boa-fé."

Alternativa correta: letra "a". A assertiva é cópia literal do art. 105 do CC: "A incapacidade relativa de uma das partes não pode ser invocada pela outra em benefício próprio, nem aproveita aos cointeressados capazes, salvo se, neste caso, for indivisível o objeto do direito ou da obrigação comum."

107. (TRT 14 – Juiz do Trabalho Substituto 14ª Região/ 2013) Leia as proposições a seguir e marque a alternativa correta:

I. O fato jurídico pode ser provado por meio de confissão, documento, testemunha, presunção e perícia, salvo nos casos em que a lei estabeleça forma especial para o negócio.

II. A confissão é irrevogável, no entanto é nula de pleno direito se decorreu de erro de fato ou de coação.

III. A Lei nº 11.280/06, que determina ao juiz pronunciar de ofício a prescrição, retirou do ordenamento jurídico a figura da renúncia à prescrição.

a) Apenas as proposições I e II são falsas.
b) Apenas as proposições I e III são falsas.
c) Apenas as proposições II e III são falsas.
d) Todas as proposições são verdadeiras.
e) Todas as proposições são falsas.

COMENTÁRIOS

✪ **Nota do autor:** Analisaremos cada item da questão para verificar qual alternativa está correta.

Item I: A redação da assertiva está de acordo com o que prescreve a lei: "Art. 212. Salvo o negócio a que se impõe forma especial, o fato jurídico pode ser provado mediante: I – confissão; II – documento; III – testemunha; IV – presunção; V – perícia." O item está correto.

Item II: A confissão que decorreu de erro de fato ou de coação pode ser anulada, e não nula de pleno direito como dispõe a presente assertiva, contrariamente disposição literal da lei. Vejamos: "Art. 214. A confissão é irrevogável, mas pode ser anulada se decorreu de erro de fato ou de coação." O presente item está incorreto.

108. (TRT 14 – Juiz do Trabalho Substituto 14ª Região/ 2013) Leia as proposições a seguir e marque a alternativa correta:

I. Fato jurídico é todo acontecimento, previsto em norma jurídica, em razão do qual nascem, se modificam, subsistem e se extinguem relações jurídicas, sendo classificados em fatos naturais, aqueles que independem da vontade humana (nascimento, morte, maioridade, tempestade, naufrágio, etc.), e fatos humanos, aqueles que dependem de vontade humana (perdão, ocupação, confissão, adoção, contratos, ato ilícito).

II. O decurso do tempo, que dá azo à prescrição e à decadência, é reputado um fato jurídico natural.

III. Na hipótese de testamento firmado por menor de 16 anos, a pretensão relativa à exceção de nulidade prescreverá cinco anos após o signatário completar a maioridade ou for emancipado.

a) Apenas as proposições I e II são verdadeiras.
b) Apenas as proposições I e III são verdadeiras.
c) Apenas as proposições II e III são verdadeiras.
d) Todas as proposições são verdadeiras.
e) Todas as proposições são falsas.

COMENTÁRIOS

✪ **Nota do autor:** Analisaremos cada item da questão para verificar qual alternativa está correta.

Item I: O conceito de fato jurídico apresentado no presente item da questão está correto. Tradicionalmente, a doutrina pátria (majoritária) compreende que o fato jurídico sempre produz seus efeitos, fazendo com que as relações jurídicas viessem a nascer ou serem extintas, modificadas ou substituídas. Outrossim, os fato jurídicos são divididos em duas categorias, isto é, os fatos jurídicos naturais e os fatos jurídicos humanos. O primeiro ocorre independentemente da vontade humana, enquanto o segundo prescinde da vontade humana para produzir os seus efeitos.

Item II: Fato jurídico natural, também denominado de fato jurídico em sentido estrito, é dividido em: ordinários (acontecimentos de ocorrência costumeira, cotidiana, esperada, p.ex. morte); extraordinários (são eventos caracterizados pela excepcionalidade, pela imprevisibilidade, p.ex. caso fortuito e força maior). Nesse sentido, o decurso do tempo, que produz efeitos como à prescrição e à decadência também deve ser entendimento como um fato jurídico natural ordinário, ou seja, faz parte do cotidiano, é esperado a sua ocorrência. Concluímos que o segundo item está correto.

Item III: O absolutamente incapaz, no caso em tela o menor de 16 anos, não pode testar. O testamento elaborado por quem não tem capacidade testamentária ativa é nulo e não se convalida pela capacidade superveniente. Noutro giro, a incapacidade superveniente do testador não invalida o testamento, por expressão previsão legal: "Art. 1.860. Além dos incapazes, não podem testar os que, no ato de fazê-lo, não tiverem pleno discernimento. Parágrafo único. Podem testar os maiores de dezesseis anos".

> *"Art. 1.861. A incapacidade superveniente do testador não invalida o testamento, nem o testamento do incapaz se valida com a superveniência da capacidade." Portanto, concluímos que o presente item está incorreto.*

Concluímos que estão corretos apenas os itens I e II, o que corresponde a alternativa "a".

---

109. (TRT/14ª RG – XVIII Concurso – 2012) No que diz respeito aos atos e negócios jurídicos analise as afirmações seguintes, assinalando ao final a única alternativa CORRETA.

I. A manifestação de vontade subsiste ainda que o seu autor haja feito a reserva mental de não querer o que manifestou, mesmo que dela o destinatário tivesse conhecimento.

II. O ato nulo é o ato que embora reúna os elementos necessários a sua existência, foi praticado com violação à lei, à ordem pública, aos bons costumes ou com inobservância da forma legal. O ato inexistente é aquele que não reúne os elementos necessários à sua formação; ele não produz qualquer consequência jurídica. O ato nulo precisa de decisão judicial para a retirada da sua eficácia.

III. João Emanuel, 17 anos de idade, pessoalmente e sem assistência, redigiu o seu testamento, nos moldes do art. 1860, parágrafo único do Código Civil. O ato jurídico é nulo de pleno direito, porque ausente o requisito de validade jurídica do negócio jurídico referente à capacidade do agente. O relativamente incapaz deveria ter sido assistido por outrem.

IV. Vicia o negócio jurídico a coação exercida por terceiro, se dela tivesse ou devesse ter conhecimento a parte a que aproveite, e esta responderá solidariamente com aquele por perdas e danos.

a) Estão corretas apenas as afirmações I, II e IV.

b) Estão corretas apenas as afirmações I, III e IV.

c) Estão corretas apenas as afirmações I, II e III.

d) Estão corretas apenas as afirmações II, III e IV.

e) Estão corretas apenas as afirmações II e IV.

COMENTÁRIOS

✪ **Nota do autor:** A reserva mental ocorre quando o declarante externaliza a sua vontade, mas sem o propósito de cumpri-la, escondendo mentalmente o seu real desejo. No entanto, o negócio jurídico praticado com reserva mental subsiste (art. 110).

Afirmativa correta: letra "e". Para a resolução da questão vamos comentar todas as afirmativas para justificar o acerto da alternativa "e".

Afirmativa I: A presente assertiva está incorreta, tendo em vista que foi redigida contrariando o que prescreve o art. 110 do CC, como pode ser constatado: "A manifestação de vontade subsiste ainda que o seu autor haja feito a reserva mental de não querer o que manifestou, salvo se dela o destinatário tinha conhecimento." Salienta-se que a palavra usada na afirmativa em tela "mesmo", muda o sentido expresso na norma do dispositivo legal que se vale da expressão "salvo". No sentido legal, ainda que a manifestação de vontade tenha sido feita com a reserva mental, o negócio irá subsistir caso o destinatário não tenha conhecimento. Se, por outro lado, ele tiver conhecimento, conforme aduz a afirmativa ao utilizar a expressão mesmo, o negócio não subsistirá.

Afirmativa II: A assertiva está correta, pois é possível afirmar que o ato nulo reúne todos os elementos necessários à sua formação. Isto é, houve a manifestação de vontade, há um agente, há um objeto e uma forma. No entanto, para que o negócio seja válido, esses elementos devem ser adjetivados, pois não é qualquer manifestação de vontade, mas sim a vontade livre, não é qualquer agente e sim agente capaz, tão pouco é qualquer objeto ou forma, pois o objeto deve ser lícito, possível determinado ou determinável e a forma prescrita ou não defesa em lei. Por tudo isso, ato nulo é aquele que foi praticado com violação da lei, da ordem pública, bons costumes ou inobservância da forma prescrita em lei. A ineficácia desse ato deve ser declarada pelo juiz e, com a declaração, seus efeitos cessam desde o momento em que foi praticado. Por outro lado, o ato inexistente não reúne os elementos necessários para existir, sendo, portanto, um nada jurídico, razão pela qual não produz nenhum efeito jurídico.

Afirmativa III: A afirmativa está errada, considerando que a lei permite que os maiores de dezesseis anos possam redigir pessoalmente e sem assistência, o seu testamento. Nesse sentido, é a regra contida no par. ún. do art. 1.860: "Art. 1.860. Além dos incapazes, não podem testar os que, no ato de fazê-lo, não tiverem pleno discernimento. Parágrafo único. Podem testar os maiores de dezesseis anos."

Afirmativa IV: A assertiva está correta, pois a sua redação reproduz *ipsis litteris* o art. 154 do CC: "Vicia o negócio jurídico a coação exercida por terceiro, se dela tivesse ou devesse ter conhecimento a parte a que aproveite, e esta responderá solidariamente com aquele por perdas e danos."

Portanto, depois de analisar cada uma das assertivas podemos afirmar que estão corretas apenas as afirmativas II e IV, o que corresponde à letra "e" da questão.

---

110. (TRT/8ª RG – Concurso nº C-320 – 2012) Analise as proposições abaixo acerca do negócio jurídico e marque a alternativa

CORRETA:

I. O negócio jurídico requer, para a sua validade, agente capaz, objeto lícito, possível, determinado ou determinável, além de forma prescrita ou não defesa em lei, mas a impossibilidade inicial do objeto não invalida o negócio jurídico se for relativa ou se cessar antes de realizada a condição a que ele estiver subordinado.

II. Se for suspensiva a condição, enquanto esta se não realizar, vigorará o negócio jurídico, podendo ser exercido, desde sua conclusão, o direito por ele estabelecido.

III. São anuláveis os negócios jurídicos quando as declarações de vontade emanarem de erro substancial que poderia ser percebido por pessoa de diligência normal, em face das circunstâncias do negócio.

IV. Vicia o negócio jurídico a coação que decorrer de terceiro, mesmo que a parte a que aproveite dela não tivesse ou devesse ter conhecimento, mas apenas o autor da coação responderá por todas as perdas e os danos que houver causado ao coacto.

V. É nulo o negócio jurídico simulado, mas subsistirá plenamente o que se dissimulou, se válido for na substância e na forma.

a) As alternativas I, II e V estão corretas.
b) As alternativas II, III e V estão corretas.
c) As alternativas I, III e IV estão corretas.
d) As alternativas II, III e IV estão corretas.
e) As alternativas I, III e V estão corretas.

COMENTÁRIOS

Item I – Está **correto**, porquanto corresponde à literalidade dos arts. 104 e 106 do CC, com o seguinte teor: "A validade do negócio jurídico requer: I – agente capaz; II – objeto lícito, possível, determinado ou determinável; III – forma prescrita ou não defesa em lei."(art. 104 do CC); "A impossibilidade inicial do objeto não invalida o negócio jurídico se for relativa, ou se cessar antes de realizada a condição a que ele estiver subordinado" (art. 106 do CC).

Item II – Está **incorreto**. A condição suspensiva impede que o negócio jurídico produza seus efeitos. A banca examinadora alterou a redação original do art. 127 do CC, substituindo a expressão "resolutiva" por "suspensiva", o que redundou na incorreção do item. Eis o teor do art. 127 do CC: "Se for resolutiva a condição, enquanto esta se não realizar, vigorará o negócio jurídico, podendo exercer-se desde a conclusão deste o direito por ele estabelecido."

Item III – A assertiva está correta, pois retrata a literalidade do art. 138 do CC, com a seguinte redação: "São anuláveis os negócios jurídicos, quando as declarações de vontade emanarem de erro substancial que poderia ser percebido por pessoa de diligência normal, em face das circunstâncias do negócio."

Item IV – Está **incorreto**, uma vez que para que a coação exercida por terceiro vicie o negócio jurídico é necessário que a parte a quem aproveite dela tivesse ou devesse ter conhecimento. Ademais, nesta hipótese, tanto o autor da coação, quanto a parte que se beneficiou desta, responderão solidariamente por perdas e danos. É o que decorre das disposições inseridas no art. 154 do CC: "Vicia o negócio jurídico a coação exercida por terceiro, se dela tivesse ou devesse ter conhecimento a parte a que aproveite, e esta responderá solidariamente com aquele por perdas e danos."

Item V: Está **correto**, porquanto a redação do item corresponde à dicção do art. 167 do CC: "É nulo o negócio jurídico simulado, mas subsistirá o que se dissimulou, se válido for na substância e na forma."

Alternativa "e": correta

---

111. (TRT/24ª RG – XI Concurso – 2011) Assinale a alternativa CORRETA:

a) Prescrição é instituto concebido em favor da estabilidade e segurança jurídica, é a perda do direito em si mesmo, por não utilizá-lo no prazo previsto para seu exercício, evento, este, que sucede quando a única forma de expressão do direito coincide naturalmente com o direito de ação.
b) Decadência é instituto concebido em favor da estabilidade e segurança jurídica, é a perda da ação judicial, do meio de defesa de uma pretensão jurídica, pela exaustão do prazo legalmente previsto para utilizá-la.
c) Não pode haver renúncia à prescrição.
d) Pode haver renúncia à decadência.
e) A validade da declaração de vontade não dependerá de forma especial, salvo quando a lei expressamente a exigir.

COMENTÁRIOS

Alternativa "a": incorreta. Ao contrário do que constou do enunciado da questão, a prescrição não extingue o direito em si, mas a pretensão, na forma do art. 189 do CC: "Violado o direito, nasce para o titular a pretensão, a qual se extingue, pela prescrição, nos prazos a que aludem os arts. 205 e 206." Além disso, a pretensão não se confunde com o direito de ação. Enquanto aquela é a faculdade de exigir de alguém um determinado comportamento (ROSENVALD, Nelson; CHAVES, Cristiano. *Direito Civil – Teoria Geral*. 9ª ed. Rio de Janeiro: *Lumen Juris*, 2011, p. 719), este se constitui em um direito autônomo e abstrato à prestação jurisdicional. Assim, não se deve confundir pretensão e ação, porquanto se tratam de figuras distintas.

Alternativa "b": incorreta. A assertiva está incorreta. A decadência é a perda do direito potestativo, em razão de seu não exercício no prazo fixado em lei ou pela vontade das partes. Portanto, em hipótese alguma, a decadência redundará na perda da ação judicial ou da pretensão.

Alternativa "c": incorreta. A assertiva está incorreta, eis que o art. 191 do CC estabelece ser possível a renúncia à prescrição: "A renúncia da prescrição pode ser expressa ou tácita, e só valerá, sendo feita, sem prejuízo de terceiro, depois que a prescrição se consumar; tácita é a renúncia quando se presume de fatos do interessado, incompatíveis com a prescrição."

Alternativa "d": incorreta. A assertiva está incorreta, porquanto, a teor do que preceitua o art. 209 do CC, é nula a renúncia à decadência fixada em lei.

Alternativa "e": correta. A assertiva está correta, pois corresponde à regra do art. 107 do CC, que preconiza: "A validade da declaração de vontade não dependerá de forma especial, senão quando a lei expressamente a exigir."

2.5.2. DA CONDIÇÃO, DO TERMO E DO ENCARGO

112. FGV - 2023 - TST - Juiz do Trabalho

Por meio de manifestação de vontade expressa, que será doado imóvel de sua propriedade a João "quando ele manifestar seu interesse".

Sobre a cláusula aposta à manifestação de vontade, é correto afirmar que é condição:

a) puramente potestativa, vedada pelos Arts. 115 e 122 do Código Civil;

b) simplesmente potestativa, portanto válida, pois estipulada em benefício do credor;

c) puramente potestativa, pois confere ao devedor a) prerrogativa de impedir a eficácia do negócio jurídico;

d) defesa, pois priva de todo efeito o ato jurídico pretendido;

e) ilícita, pois subordina a eficácia do negócio jurídico à vontade exclusiva de uma das partes.

COMENTÁRIOS

Alternativa "a". Alternativa incorreta. O erro da assertiva está no fato de vincular o art. 115, ao tema condição puramente potestativa. Segundo o art. 122 do CC, a condição puramente potestativa é vedada (Art. 122. São lícitas, em geral, todas as condições não contrárias à lei, à ordem pública ou aos bons costumes; entre as condições defesas se incluem as que privarem de todo efeito o negócio jurídico, ou o sujeitarem ao puro arbítrio de uma das partes). Por sua vez, esse assunto não é tratado no art. 115 do diploma civil, cujo tema é o da representação. (Art. 115. Os poderes de representação conferem-se por lei ou pelo interessado.)

Alternativa "b". Alternativa correta. Segundo Flavio Tartuce "as condições potestativas são aquelas que dependem do elemento volitivo, da vontade humana, sendo pertinente a seguinte subclassificação: – Condições simplesmente ou meramente potestativas – dependem das vontades intercaladas de duas pessoas, sendo totalmente lícitas. Exemplo: alguém institui uma liberalidade a favor de outrem, dependente de um desempenho artístico (cantar em um espetáculo)" (Manual de Direito Civil: Volume Único. 2024.p. 243). Por sua vez, dentro dessa subclassificação, temos as condições puramente protestativas, ou seja, aquelas que "dependem de uma vontade unilateral, sujeitando-se ao puro arbítrio de uma das partes". (Manual de Direito Civil: Volume Único. 2024.p. 243). Portanto, o que temos no enunciado da questão é uma condição simplesmente potestativa, tendo em vista que a deliberação volitiva de Mária, depende da vontade de João em manifestar seu interesse, o que é permitido por lei.. Nesse sentido, é o que determina o art. 122, do CC: Art. 122. São lícitas, em geral, todas as condições não contrárias à lei, à ordem pública ou aos bons costumes; entre as condições defesas se incluem as que privarem de todo efeito o negócio jurídico, ou o sujeitarem ao puro arbítrio de uma das partes.

Alternativas "c", "d" e "e". As alternativas em tela estão incorretas. O erro das assertivas estão no fato de tratarem da hipótese de condições puramente potestativa, que de fato é proibida pela lei civil (art. 122, CC). Contudo, não é a hipótese presente no enunciado da questão. Como visto alhures, as condições puramente potestativas são aquelas que "dependem de uma vontade unilateral, sujeitando-se ao puro arbítrio de uma das partes", seria o caso se o enunciado descreve que, Maria vai doar o imóvel a João, se ela quiser. Todavia, não é o que ocorre, pois a condição para que a doação feita por Maria se aperfeiçõe, é a manifestação de interesse de João. Nesse caso, estamos diante de uma condição simplesmente potestativa, haja vista a necessidade de manifestação dos dois contraentes, o que é permitido pela lei civil. Nesse sentido, art. 122, do CC: "São lícitas, em geral, todas as condições não contrárias à lei, à ordem pública ou aos bons costumes; entre as condições defesas se incluem as que privarem de todo efeito o negócio jurídico, ou o sujeitarem ao puro arbítrio de uma das partes."

Alternativa correta: letra "b".

113. (FCC - Juiz do Trabalho Substituto 15ª Região/2015) Um cidadão doou ao Município um terreno, fazendo constar da escritura, em seguida registrada no Registro de Imóveis, que nele deverá ser construído um prédio e instalada uma creche, para atender crianças cujos pais não tivessem recursos financeiros. A hipótese configura doação:

a) a termo, que suspende o exercício, mas não a aquisição do direito de propriedade pelo Município, mas o doador poderá exigir a execução da obra e instalação da creche, ou, depois de sua morte, poderá exigi-las o Ministério Público.

b) sob condição suspensiva, que suspende a aquisição e o exercício do direito de propriedade pelo Município, por isso o doador não poderá exigir a execução da obra ou a instalação da creche.

c) com encargo, que não suspende a aquisição nem o exercício do direito de propriedade pelo Município, mas o doador poderá exigir sua execução, ou, depois de sua morte, poderá exigi-la o Ministério Público.

d) sob condição potestativa, que se considera não escrita, por isso não suspende a aquisição nem o exercício do direito de propriedade pelo Município, que, inclusive, poderá dar outra destinação ao terreno.

e) com encargo, que suspende o exercício, mas não a aquisição do direito de propriedade pelo Município, e o doador poderá exigir a execução da obra e instalação da creche, ou, depois de sua morte, poderá exigi-las o Ministério Público.

COMENTÁRIOS

Alternativa incorreta: letra "a". O enunciado não trata do termo, pois este se refere ao dia ou momento que a eficácia do negócio tem início ou fim. Apesar disso, mesmo que fosse o caso, a alternativa estaria errada, por contrariar dispositivo de lei que afirma que "O termo inicial suspende o exercício, mas não a aquisição do direito." (art. 131, do CC)

Alternativa incorreta: letra "b". Não é caso de condição suspensiva, em que a eficácia do negócio jurídico fica suspensa até que ocorre o seu implemento e, por isso, não adquire o direito, nem o seu exercício. No caso em tela, ao contrário do que ocorreria se fosse condição suspensiva, a doação já foi realizada, pois o enunciado diz que um cidadão "doou" um terreno e já se efetuou a escritura e o registro do imóvel. Portanto, não há que se falar em qualquer tipo de condição, suspensiva, resolutiva ou simplesmente potestativa, pois o negócio jurídico já se realizou, o beneficiário já tem o direito e o exercício sobre esse direito. Por fim, cabe ressaltar que encargo, não é um mero conselho e, portanto, tem caráter coercitivo. Vejamos a orientação legal sobre os assuntos, apresentados pelo CC: "Art. 136. O encargo não suspende a aquisição nem o exercício do direito, salvo quando expressamente imposto no negócio jurídico, pelo disponente, como condição suspensiva." "Art. 553. O donatário é obrigado a cumprir os encargos da doação, caso forem a benefício do doador, de terceiro, ou do interesse geral. Parágrafo único. Se desta última espécie for o encargo, o Ministério Público poderá exigir sua execução, depois da morte do doador, se este não tiver feito."

Alternativa incorreta: letra "d". Condição potestativa é aquele que deriva da vontade ou do poder de uma das partes. Existem dois tipos de condição potestativa, as puramente potestativas e as simplesmente potestativas, incluem-se entre as condições defesas, somente as primeiras, a assertiva se equivoca quando diz que são não escritas (art. 122, CC). Nesse sentido, a condição simplesmente potestativa, impede a aquisição do direito. A despeito de trazer a explicação do que seja uma condição potestativa, já foi demonstrado nos comentários anteriores que o caso aventado pelo enunciado é de encargo, razão que sugerimos a leitura do comentário da alternativa "c".

Alternativa incorreta: letra "e". A assertiva contraria o que dispõe o CC sobre o assunto: "Art. 136. O encargo não suspende a aquisição nem o exercício do direito, salvo quando expressamente imposto no negócio jurídico, pelo disponente, como condição suspensiva." "Art. 553. O donatário é obrigado a cumprir os encargos da doação, caso forem a benefício do doador, de terceiro, ou do interesse geral. Parágrafo único. Se desta última espécie for o encargo, o Ministério Público poderá exigir sua execução, depois da morte do doador, se este não tiver feito."

Alternativa correta: letra "c". O tipo de doação apresentada pelo enunciado, corresponde aquela que é feita com encargo ou modo. Isso porque, esse elemento acidental do negócio jurídico, restringe as vantagens que o donatário adquiriu, com a liberalidade do doador, sendo-lhe imposta uma obrigação. No caso do encargo, a lei determina que não há suspensão da aquisição ou do exercício do direito. Além disso, o texto legal orienta que é obrigação do donatário cumprir os encargos da doação, e o Ministério Público poderá exigir sua execução, depois da morte do doador. Nesse sentido, é o comando dos arts. 136 e par. ún. do art. 553, do CC: "Art. 136. O encargo não suspende a aquisição nem o exercício do direito, salvo quando expressamente imposto no negócio jurídico, pelo disponente, como condição suspensiva." "Art. 553. O donatário é obrigado a cumprir os encargos da doação, caso forem a benefício do doador, de terceiro, ou do interesse geral. Parágrafo único. Se desta última espécie for o encargo, o Ministério Público poderá exigir sua execução, depois da morte do doador, se este não tiver feito."

---

114. (TRT 3 – Juiz do Trabalho Substituto 3ª Região/ 2013) Assinale a alternativa correta: Nos termos do Código Civil vigente, têm-se por inexistentes (mas subsiste o negócio jurídico):

a) As condições incompreensíveis

b) As condições impossíveis, quando resolutivas, e as de não fazer coisa impossível.

c) As condições ilícitas, ou de fazer coisa ilícita

d) As condições física ou juridicamente impossíveis, quando suspensivas

e) As condições contraditórias

COMENTÁRIOS

✪ Nota do autor: O art. 123 do CC apresenta um rol de condições que se estiver presentes no negócio jurídico acarretarão na sua invalidade. Por sua vez, o art. 124 do diploma civil, indica as condições que se apostas ao negócio jurídico, não terão como consectário a sua invalidação, isto é, continuará válido. No entanto, será a própria condição que será considerada inexistente. O negócio jurídico continua válido, mas incondicionado.

Alternativas incorretas: letras "a", "c" "d" e "e". Todas as alternativas estão incorretas, tendo em vista que dizem respeito as hipóteses previstas no art. 123 do CC. De acordo com o que doutrina esse dispositivo legal, caso qualquer das condições que estão elencadas em seus incisos estejam apostas em um negócio jurídicos, elas o invalidam. Nesse sentido, iriam de encontro com o que afirma o enunciado da questão, que trata da hipótese de inexistência da condição, mas subsistindo o negócio jurídico. Por tudo isso, podemos dizer que a única hipótese em que o negócio jurídico continua válido, mesmo que inexistente a condição é aquela prevista no art. 124, CC. As hipóteses previstas no art. 123 do CC, invalidam o próprio negócio jurídico, essas hipóteses estão descritas nas aleatoriamente nas respectivas alternativas comentadas nesse item. Vejamos a redação do art. 123, CC: "Invalidam os negócios jurídicos que lhes são subordinados: I – as condições física ou juridicamente impossíveis, quando suspensivas; II – as condições ilícitas, ou de fazer coisa ilícita; III – as condições incompreensíveis ou contraditórias.".

Alternativa correta: letra "b". O sentido da presente alternativa coaduna com a norma contida no art. 124 do CC, apesar de que a sua redação inverteu a ordem apresentada pelo dispositivo legal, vejamos: "Têm-se por inexistentes as condições impossíveis, quando resolutivas, e as de não fazer coisa impossível."

---

115. (TRT/2ª RG – XXXVI Concurso – 2011) Nos termos do Código Civil, as condições abaixo invalidam os negócios jurídicos que lhes são subordinados, à exceção:

a) Das condições física ou juridicamente impossíveis, quando suspensivas.
b) Das condições física ou juridicamente impossíveis, quando resolutivas.
c) Das condições ilícitas ou de fazer coisa ilícita.
d) Das condições incompreensíveis.
e) Das condições contraditórias.

COMENTÁRIOS

Alternativa "a": correta. Está correta, porquanto reproduz o teor do art. 123, I, do CC: "Invalidam os negócios jurídicos que lhes são subordinados: I – as condições física ou juridicamente impossíveis, quando suspensivas."

Alternativa "c": correta. Está correta, uma vez que corresponde à regra do art. 123, II, do CC: "Invalidam os negócios jurídicos que lhes são subordinados: [...] II – as condições ilícitas, ou de fazer coisa ilícita."

Alternativa "d": correta. Está correta. O enunciado da alternativa retrata uma das hipóteses contempladas no art. 123, III, do CC: "Invalidam os negócios jurídicos que lhes são subordinados: [...] III – as condições incompreensíveis ou contraditórias."

Alternativa "e": correta. Está correta, pois compreende uma das hipóteses arroladas no art. 123, III, do CC: "Invalidam os negócios jurídicos que lhes são subordinados: [...] III – as condições incompreensíveis ou contraditórias."

Alternativa "b": incorreta. As condições resolutivas que sejam física ou juridicamente impossíveis não têm o condão de invalidar o negócio jurídico, porquanto não elencadas no rol do art. 123 do CC.

2.5.3. DOS DEFEITOS DO NEGÓCIO JURÍDICO

---

116. FGV – 2023 – TST – Juiz do Trabalho

João contratou compromisso de compra e venda de imóvel com Maria, assumindo a obrigação de pagamento de dez parcelas de igual valor. Após o pagamento de três parcelas devidas, João tornou-se inadimplente e o contrato foi resolvido. Constava no contrato cláusula penal prevendo a perda integral dos valores pagos. Indignado com o que denominou "desproporção da sanção", João requereu judicialmente a declaração de invalidade da cláusula penal, sob o argumento de que estariam comprovados os elementos caracterizadores da lesão.

Sobre o caso descrito, é correto afirmar que:

a) está configurada a lesão, defeito do negócio jurídico que gera a nulidade da cláusula penal, pois está presente o elemento da desproporção manifesta das obrigações assumidas;
b) a previsão contratual da cláusula penal compensatória é inválida, independentemente de sua manifesta desproporção, pois está prevista em contrato de compra e venda de imóvel;
c) para caracterizar a lesão, João deve provar a existência de desproporção manifesta entre as obrigações constituídas e a sua inexperiência, que não pode ser presumida, ou a premente necessidade de contratar;
d) tratando-se de contrato de compra e venda de imóvel entre particulares, aplica-se o Código de Defesa do Consumidor, que prevê, em seu Art. 51, II, a nulidade de cláusula que subtrai ao consumidor o reembolso de quantia já paga;
e) a cláusula penal compensatória permite a Maria exigir de João o pagamento integral dos valores já pagos, ainda que João comprove a manifesta desproporção entre as parcelas e sua inexperiência.

COMENTÁRIOS

Alternativa "a". A presente alternativa está incorreta. Ao afirmar que está configurada a lesão, a redação da alternativa desconsidera os requisitos legais que devem existir, para a correta caracterização do instituto. Nesse sentido, vejamos o que prescreve o art. 157, CC: "Art. 157. Ocorre a lesão quando uma pessoa, sob premente necessidade, ou por inexperiência, se obriga a prestação manifestamente desproporcional ao valor da prestação oposta." Para configurar o instituto de lesão, é necessário que o negócio jurídico tenha se implementado sob premente necessidade ou por inexperiência, mas além disso, que seja a prestação, a que se obrigou, manifestação desproporcional ao valor da prestação oposta. Contudo, pelo que está narrado no enunciado, João não apresentou nenhum dos requisitos legais capazes de ensejar a anulação do contrato por esse vicio do consentimento. A mera indignação ou alegação de desproporcionalidade não é fundamento para a caracterização da lesão, é preciso comprovar a efetiva presença de um desses elementos para configurar a lesão.

Alternativa "b". Alternativa incorreta. A cláusula penal moratória cuja função é de fixar indenização por atraso no contrato ou obrigação, é permitida no ordenamento jurídico e, particularmente, nos contratos de compra e venda. Vejamos o que doutrina o art. 409, do CC: "A cláusula penal estipulada conjuntamente com a obrigação, ou em ato posterior, pode referir-se à inexecução completa da obrigação, à de alguma cláusula especial ou simplesmente à mora."

Alternativa "c". A presente alternativa está correta, tendo em vista que exige os elementos legais para a configuração da lesão, como também esclarece que tais elementos não podem ser presumidos, mas devem ser concretamente demonstrados. Nesse sentido, é o que prescreve o art. 157, CC: "Art. 157. Ocorre a lesão quando uma pessoa, sob premente necessidade, ou por inexperiência, se obriga a prestação manifestamente desproporcional ao valor da prestação oposta."

Alternativa "d". Alternativa incorreta. O erro da assertiva encontra-se em configurar a relação apresentada pelo enunciado, como de consumo. Não há relação de consumo entre particulares, razão pela qual o CDC não é aplicável ao caso apresentado.

Alternativa "e". Alternativa incorreta. A mera existência de cláusula compensatória, isto é, a cláusula penal prevista no contrato, que estipula um valor de multa na hipótese de descumprimento total ou parcial da obrigação, prefixando o valor da indenização, em caso de inadimplmento. Contudo, a lei determina que o valor da cláusula não pode exceder o valor da obrigação principal, e que se a obrigação principal tiver sido cumprida em parte, o valor da multa deverá ser reduzido equitativamente pelo juiz. Dessa forma, não é correto afirmar que Maria poderá exigir pagamento integral daquilo que já foi pago, por João. Vemos como o assunto é doutrinado pelo CC: "Art. 412. O valor da cominação imposta na cláusula penal não pode exceder o da obrigação principal." "Art. 413. A penalidade deve ser reduzida eqüitativamente pelo juiz se a obrigação principal tiver sido cumprida em parte, ou se o montante da penalidade for manifestamente excessivo, tendo-se em vista a natureza e a finalidade do negócio."

Alternativa correta: letra "c".

117. (TRT 1 – Juiz do Trabalho Substituto 1ª Região/2016) A respeito dos defeitos dos negócios jurídicos previstos no Código Civil, considere:

I. São anuláveis os negócios jurídicos, quando as declarações de vontade emanarem de erro substancial que poderia ser percebido por pessoa de diligência normal, em face das circunstâncias do negócio.

II. O erro é substancial quando sendo de direito e não implicando recusa à aplicação da lei, for o motivo único ou principal do negócio jurídico.

III. O falso motivo só vicia a declaração de vontade quando expresso como razão determinante.

IV. O erro de cálculo apenas autoriza a retificação da declaração de vontade.

Está correto o que se afirma em

a) I e II, apenas.

b) I e III, apenas.

c) II e III, apenas.

d) I, II e IV, apenas.

e) I, II, III e IV.

COMENTÁRIOS

✪ **Notas do autor:** para melhor compreensão do gabarito, trataremos de cada item da questão, na alternativa correta.

Alternativa correta: "E". O item I: está de acordo com o art. 138, do CC: "São anuláveis os negócios jurídicos, quando as declarações de vontade emanarem de erro substancial que poderia ser percebido por pessoa de diligência normal, em face das circunstâncias do negócio."; Item II: concorda com o que prescreve o inc. III, do art. 139, do CC: "O erro é substancial quando: III – sendo de direito e não implicando recusa à aplicação da lei, for o motivo único ou principal do negócio jurídico."; Item III: transcreve literalmente o art. 140, do CC: "O falso motivo só vicia a declaração de vontade quando expresso como razão determinante."; Item IV: correto, pois transcreve o que dispõe o art. 143, do CC: "O erro de cálculo apenas autoriza a retificação da declaração de vontade." Diante da análise de cada um dos itens da questão, podemos afirmar que todos estão corretos, o que confirma o acerto da alternativa "e".

118. (TRT 1 – Juiz do Trabalho Substituto 1ª Região/2016) Necessitando, com urgência, comprar remédios muito caros para o tratamento de um doença da qual padecia e não possuindo rendas ou economias para tanto, o proprietário de certo imóvel o alienou a terceiro por cerca de 1/5 de seu valor de mercado. Agravando-se o quadro do mesmo ex-proprietário cerca de três anos após a alienação, seu procurador, constituído por escritura pública para representá-lo em todos os atos da vida civil enquanto estivesse em nosocômio, substabeleceu a procuração por instrumento particular e o substabelecido ajuizou ação em face de terceiro para anulação da alienação do imóvel, depositando em juízo, à disposição do mesmo terceiro, o valor recebido pelo falecido pela venda do imóvel, com juros e correções legais.

Nesse caso,

a) o substabelecido poderia mover a ação e o fundamento dela seria a lesão sofrida pelo vendedor.

b) a compra e venda já estaria perfeita e acabada quando em nosocômio o vendedor, não havendo fundamento legal para a anulação, se ele era maior e capaz ao tempo do negócio.

c) o substabelecido seria representante da parte legítima e o fundamento da ação seria a venda efetuada durante estado de perigo.

d) para que o substabelecido pudesse promover a ação, seria necessário que o substabelecimento também tivesse sido feito por instrumento público.

COMENTÁRIOS

Nota do autor:

Alternativa incorreta: "b". Considerando que a vontade manifestada pelo vendedor não foi livre, tendo em vista que a sua necessidade foi a razão de ter assumido obrigação manifestamente desproporcional ao valor da prestação oposta, podemos afirmar que o negócio nasceu com vício de consentimento, nesse caso chamado de lesão. Por conter um vício, a compra e venda não estará perfeita e acabada, enquanto estiver dentro do prazo decadencial que permite a sua anulação.

Alternativa incorreta: "c". A assertiva não está correta ao afirmar que o caso narrado trata-se de estado de perigo. Esse instituto exige como requisito (art. 156, do CC), para sua configuração, que o negócio jurídico seja feito com fim humanitário (para salvar uma vida), que diante dessa situação ocorra a assunção de obrigação manifestamente desproporcional, ainda exige que a outra parte tenha conhecimento de que aquele que aceita realizar o negócio jurídico, só o faz para salvar uma vida, ou seja, se aproveita da circunstância, razão pela qual há o dolo de aproveitamento. Com a demonstração dos requisitos, fica claro que a hipótese narrada pelo enunciado, não se enquadra no estado de perigo.

Alternativa incorreta: "d". Assertiva contraria o que dispõe norma explicita, consagrada no art. 655, do CC: "Ainda quando se outorgue mandato por instrumento público, pode substabelecer-se mediante instrumento particular."

Alternativa incorreta: "e". Na hipótese narrada pelo enunciado, a decadência do direito ocorre no prazo de quatro anos, conforme preceitua o inc. II, do art. 178 do CC: "É de quatro anos o prazo de decadência para pleitear-se a anulação do negócio jurídico, contado: II – no de erro, dolo, fraude contra credores, estado de perigo ou lesão, do dia em que se realizou o negócio jurídico;"

Alternativa correta: "a". O caso apresentado pelo enunciado da questão é hipótese de lesão, cujos requisitos são: assunção de obrigação manifestamente desproporcional ao valor da prestação oposta, que decorre da inexperiência ou necessidade e tem por objetivo solver uma questão econômica. Considerando que os requisitos acima, estão presentes no caso narrado, podemos considerar a assertiva correta, ou seja, o fundamento da ação proposta será a lesão sofrida pelo vendedor. Vejamos o texto legal: "Art. 157. Ocorre a lesão quando uma pessoa, sob premente necessidade, ou por inexperiência, se obriga a prestação manifestamente desproporcional ao valor da prestação oposta."

---

119. (FCC – Juiz do Trabalho Substituto 1ª Região/2015) NÃO constitui defeito do negócio jurídico o ato de:

a) assumir obrigação excessivamente onerosa em decorrência da necessidade de salvar-se, ou a pessoa de sua família, de grave dano conhecido pela outra parte.

b) incutir ao paciente fundado temor de dano iminente e considerável à sua pessoa, à sua família ou aos seus bens.

c) manifestar a vontade de assumir obrigação quando o seu autor não a queria e a outra parte desconhecia esta sua intenção.

d) obrigar-se a prestação manifestamente desproporcional ao valor da prestação oposta, em decorrência de premente necessidade ou de inexperiência.

e) omitir intencionalmente fato ou qualidade ignorados pela parte contrária, provando-se que sem ela o negócio não se teria realizado.

COMENTÁRIOS

Alternativa incorreta: letra "a". A assertiva representa o estado de perigo, vício do consentimento consagrado no art. 156 do CC: "Configura-se o estado de perigo quando alguém, premido da necessidade de salvar-se, ou a pessoa de sua família, de grave dano conhecido pela outra parte, assume obrigação excessivamente onerosa."

Alternativa incorreta: letra "b". A alternativa ora examinada representa a coação, defeito do negócio jurídico que encontra o seu fundamento legal no art. 151 do CC: "A coação, para viciar a declaração da vontade, há de ser tal que incuta ao paciente fundado temor de dano iminente e considerável à sua pessoa, à sua família, ou aos seus bens."

Alternativa incorreta: letra "d". O examinador tratou, na alternativa sob enfoque, do vício do consentimento denominado lesão, consagrado no art. 157 do CC: "Ocorre a lesão quando uma pessoa, sob premente necessidade, ou por inexperiência, se obriga a prestação manifestamente desproporcional ao valor da prestação oposta."

Alternativa incorreta: letra "e". A alternativa retrata o vício do consentimento denominado dolo, a teor do que preconiza o art. 147 do CC: "Nos negócios jurídicos bilaterais, o silêncio intencional de uma das partes a respeito de fato ou qualidade que a outra parte haja ignorado, constitui omissão dolosa, provando-se que sem ela o negócio não se teria celebrado."

Alternativa correta: letra "c". A alternativa está correta, eis que em conformidade com o que preceitua o art. 110 do CC: "A manifestação de vontade subsiste ainda que o seu autor haja feito a reserva mental de não querer o que manifestou, salvo se dela o destinatário tinha conhecimento." Verifica-se, portanto, que a situação representada pela alternativa em exame não consiste em defeito do negócio jurídico, circunstância que atrai o seu acerto.

120. (TRT 8 – Juiz do Trabalho Substituto 8ª Região/2013) Acerca dos negócios jurídicos, é CORRETO afirmar que:

a) Os negócios de transmissão gratuita de bens ou remissão de dívida poderão ser anulados pelos credores quirografários quando praticados pelo devedor já insolvente, ou por eles reduzido à insolvência, ainda quando o ignore, como lesivos dos direitos daqueles, sendo concedida igual faculdade aos credores cuja garantia venha a se tornar insuficiente. Também poderão sofrer anulação os negócios jurídicos onerosos do devedor insolvente, quando a insolvência for notória, ou houver motivo para ser conhecida do outro contratante. Na hipótese do devedor insolvente ainda não ter recebido o preço dos bens negociados e este for, aproximadamente, o corrente, poderá o adquirente depositá-lo em juízo e citar todos os interessados, a fim de se ter por desobrigado, conservando consigo os bens.

b) É anulável o negócio jurídico simulado, mas subsistirá o que se dissimulou, se válido for na substância e na forma, havendo simulação nos negócios jurídicos quando: aparentarem conferir ou transmitir direitos a pessoas diversas daquelas às quais realmente se conferem, ou transmitem; contiverem declaração, confissão, condição ou cláusula não verdadeira; os instrumentos particulares forem antedatados, ou pós-datados, sendo ressalvados, em qualquer hipótese, os direitos de terceiros de boa-fé em face dos contraentes do negócio jurídico simulado.

c) O negócio anulável pode ser confirmado pelas partes, salvo direito de terceiro, devendo o ato de confirmação conter a substância do negócio celebrado e a vontade expressa de mantê-lo. Na hipótese do negócio já ter sido cumprido em parte pelo devedor, tendo ele ciência do vício que o inquinava, é escusada a confirmação expressa, sendo que a confirmação expressa, ou a execução voluntária de negócio anulável, como dantes referido, provoca a extinção de todas as ações, ou exceções, de que contra ele dispusesse o devedor. E é decadencial e de dois anos o prazo para pleitear-se a anulação do negócio jurídico, contado: no caso de coação, do dia em que ela cessar; no de erro, dolo, fraude contra credores, estado de perigo ou lesão, do dia em que se realizou o negócio jurídico; no de atos de incapazes, do dia em que cessar a incapacidade.

d) O credor quirografário, que receber do devedor insolvente o pagamento da dívida ainda não vencida, ficará obrigado a repor, em proveito do acervo sobre que se tenha de efetuar o concurso de credores, aquilo que recebeu, presumindo-se fraudatórias dos direitos dos outros credores as garantias de dívidas que o devedor insolvente tiver dado a algum credor. Por outro lado, presumem-se de boa-fé e valem os negócios ordinários indispensáveis à constituição de estabelecimento mercantil, rural, ou industrial, ou à subsistência do devedor e de sua família.

e) O menor, entre dezesseis e dezoito anos, não pode, para eximir-se de uma obrigação, invocar a sua idade se culposamente a ocultou quando inquirido pela outra parte, ou se, no ato de obrigar-se, declarou-se maior. Por outro lado, ninguém pode reclamar o que, por uma obrigação anulada, pagou a um incapaz, se não provar que reverteu em proveito dele a importância paga, sendo que, uma vez anulado o negócio jurídico, restituir-se-ão as partes ao estado em que antes dele se achavam, e, não sendo possível restituí-las, serão indenizadas com o equivalente, destacando-se, ainda, que a invalidade do instrumento não induz a do negócio jurídico sempre que este puder provar- se por outro meio.

COMENTÁRIOS

Alternativa incorreta: letra "b". A simulação, ao contrário do que constou do enunciado da alternativa, não é caso de anulabilidade (ou nulidade relativa), mas de nulidade (ou nulidade absoluta), nos moldes do art. 167 do CC, com a seguinte redação: "É nulo o negócio jurídico simulado, mas subsistirá o que se dissimulou, se válido for na substância e na forma."

Alternativa incorreta: letra "c". A assertiva está incorreta, vez que o prazo para se postular a decretação de invalidade do negócio jurídico é decadencial e de quatro anos, nos moldes do art. 178 do CC, com a seguinte redação: "É de quatro anos o prazo de decadência para pleitear-se a anulação do negócio jurídico, contado: I – no caso de coação, do dia em que ela cessar; II – no de erro, dolo, fraude contra credores, estado de perigo ou lesão, do dia em que se realizou o negócio jurídico; III – no de atos de incapazes, do dia em que cessar a incapacidade."

Alternativa incorreta: letra "d". A alternativa está incorreta, pois contraria o art. 164 do CC, que estabelece uma presunção de validade dos negócios jurídicos destinados à manutenção de estabelecimento mercantil e não à sua constituição, conforme equivocadamente constou da assertiva em exame. A transcrição do dispositivo legal mencionado é esclarecedora: "Presumem-se, porém, de boa-fé e valem os negócios ordinários indispensáveis à manutenção de estabelecimento mercantil, rural, ou industrial, ou à subsistência do devedor e de sua família."

Alternativa incorreta: letra "e". A assertiva contraria o disposto no art. 180 do CC, que exige, para a sua incidência, que o menor púbere tenha ocultado sua idade dolosamente e não culposamente, como constou do enunciado da alternativa. Veja-se: "O menor, entre dezesseis e dezoito anos, não pode, para eximir-se de uma obrigação, invocar a sua idade se dolosamente a ocultou quando inquirido pela outra parte, ou se, no ato de obrigar-se, declarou-se maior."

Alternativa correta: letra "a". O teor da alternativa corresponde às regras dos arts. 158, 159 e 160 do CC, cujo teor ora se transcreve:

> *"Art. 158. Os negócios de transmissão gratuita de bens ou remissão de dívida, se os praticar o devedor já insolvente, ou por eles reduzido à insolvência, ainda quando o ignore, poderão ser anulados pelos credores quirografários, como lesivos dos seus direitos.*
>
> *§1º. Igual direito assiste aos credores cuja garantia se tornar insuficiente.*
>
> *§2º. Só os credores que já o eram ao tempo daqueles atos podem pleitear a anulação deles."*
>
> *"Art. 159. Serão igualmente anuláveis os contratos onerosos do devedor insolvente, quando a insolvência for notória, ou houver motivo para ser conhecida do outro contratante."*
>
> *"Art. 160. Se o adquirente dos bens do devedor insolvente ainda não tiver pago o preço e este for, aproximadamente, o corrente, desobrigar-se-á depositando-o em juízo, com a citação de todos os interessados."*

---

121. (TRT 22 – Juiz do Trabalho Substituto 22ª Região/ 2013) Em relação à fraude à lei e à simulação, é correto dizer:

a) os institutos são semelhantes e equivalentes em todos os seus efeitos;

b) a fraude à lei consiste, essencialmente, em desviar-se da finalidade de disposição cogente, sob aparente obediência a seu teor literal;

c) a simulação implica em anulabilidade do ato jurídico perante os terceiros prejudicados;

d) a fraude à lei não implica em nulidade do ato jurídico, mas em responsabilidade civil e penal do fraudador;

e) a simulação inclui um propósito de fraude, mas é sempre mais grave do que a fraude à lei, do ponto de vista do ordenamento jurídico.

COMENTÁRIOS

Alternativa incorreta: letra "a". A fraude à lei não se confunde com a simulação. Embora ambos ensejem a nulidade absoluta do negócio jurídico, na fraude à lei não é possível a convalidação do negócio jurídico, ao reverso do que ocorre com a simulação, em que poderá subsistir o negócio dissimulado, se for válido na substância e na forma (art. 167 do CC).

Alternativa incorreta: letra "c". A simulação, ao reverso do que constou do enunciado da alternativa, conduz à nulidade (ou nulidade absoluta) do ato negocial, nos moldes do art. 167 do CC, com a seguinte redação: "É nulo o negócio jurídico simulado, mas subsistirá o que se dissimulou, se válido for na substância e na forma."

Alternativa incorreta: letra "d". Como exposto alhures, a fraude à lei é causa de nulidade do negócio jurídico, nos moldes do art. 166, VI, do CC.

Alternativa incorreta: letra "e". A fraude à lei, por se referir a normas de ordem pública (lei imperativa), se consubstancia em mácula mais grave do que a simulação. Tanto é assim que, como exposto em Comentários precedentes, o ato negocial praticado com o objetivo de fraudar lei imperativa não é passível de conservação, ao contrário do que ocorre na simulação em que poderá subsistir o negócio dissimulado, se for válido na substância e na forma (art. 167 do CC).

Alternativa correta: letra "b". O art. 166, VI, do CC estabelece ser nulo o ato negocial que tiver por desiderato fraudar lei imperativa. A fraude à lei consiste, pois, na utilização de instrumento jurídico com aparência de licitude quando, em verdade, o agente pretende obter um resultado não respaldado pela ordem jurídica. Flávio Tartuce, valendo-se das lições de Zeno Veloso, retrata a fraude à lei com o seguinte exemplo: "A título de exemplo, o jurista [Zeno Veloso] cita o caso de uma retrovenda celebrada, cujo objetivo é o de dar aparência de legalidade a um contrato de mútuo em que foram cobrados juros abusivos." (TARTUCE, Flávio. *Manual de Direito Civil – Volume Único*. 2ª ed. São Paulo: Método, 2013, p. 249).

---

122. (TRT 2 – Juiz do Trabalho Substituto 2ª Região/ 2013) Um cidadão adquire um quadro pensando tratar de um original de um famoso pintor. Efetua o pagamento e, após lhe ser entregue o quadro, descobre que se trata de uma cópia. Conforme o Código Civil em vigor, o comprador tem contra o vendedor a ação:

a) Indenizatória com o objetivo de anular o negócio rejeitando o quadro por estar defeituoso.

b) Redibitória pelo fato de ter laborado em erro não substancial que recai sobre o objeto de compra, pleiteando a anulação do negócio.

c) Anulatória conservando o quadro e pleiteando abatimento do preço.

d) Anulatória pleiteando anulação do negócio por ter laborado em erro substancial que recaiu sobre qualidade essencial do objeto.

e) Redibitória para a rescisão do contrato e devolução do bem vendido como cópia, pedindo abatimento do preço.

COMENTÁRIOS

Alternativa incorreta: letra "a". No caso proposto pela banca examinadora, não há defeito que macule o quadro. Como exposto no comentário precedente, o agente laborou em erro substancial quanto à qualidade essencial do objeto. Assim, ausente qualquer defeito material que macule o quadro adquirido, a ação indenizatória se afigura absolutamente incabível, o que conduz ao equívoco da alternativa sob enfoque.

Alternativa incorreta: letra "b". A ação redibitória é uma espécie de ação edilícia, que pode ser manejada quando a coisa objeto de contrato comutativo apresentar um vício oculto (vício redibitório). No caso proposto pelo enunciado da questão, a coisa objeto do contrato não apresenta qualquer vício oculto que lhe diminua o valor ou a torne imprópria para os fins a que se destina. Em verdade, conforme amplamente exposto, o cidadão laborou em erro substancial, o que desautoriza o manejo de ação redibitória para resolver o contrato.

Alternativa incorreta: letra "c". A ação anulatória é modalidade de ação constitutiva negativa que objetiva a decretação de invalidade do ato, com efeitos *ex nunc*. De tal sorte, a decretação da anulabilidade do negócio jurídico sob enfoque não conduz à conservação do contrato, mas à sua resolução, o que torna equivocada a alternativa sob enfoque.

Alternativa incorreta: letra "e". Como exposto em Comentários precedentes, a ação redibitória somente tem lugar quando a coisa objeto de contrato comutativo contiver vício oculto que a torne imprópria para o uso a que se destine ou lhe diminua o valor. No caso em apreço, a coisa não apresenta defeito material que autorize o manejo da ação redibitória, sendo certo que o defeito macula a vontade do agente, que laborou em manifesto erro substancial quanto à qualidade do objeto. Demais disso, a ação redibitória, ao reverso do que constou do enunciado da alternativa, não conduz ao abatimento do preço, o que deve ser objeto de outra ação, designada sob o epíteto de ação *quanti minoris*. Equivocada, portanto, a alternativa.

Alternativa correta: letra "d". A assertiva encontra-se correta. Como é cediço, o erro, enquanto defeito do negócio jurídico, se configura quando o agente, a partir de uma falsa percepção da realidade, realiza o ato negocial, o que conduz à sua anulabilidade. No caso proposto pelo enunciado da questão, o erro recai sobre o objeto do contrato, já que o cidadão mencionado adquire o quadro pensando se tratar de um original de um famoso pintor (qualidade essencial do objeto). Com o fito de ver decretada a invalidade do negócio jurídico, o agente deve propor ação anulatória, no prazo decadencial de quatro anos, nos moldes do art. 178, II, do CC.

---

123. (TRT/19ª RG – VI Concurso – 2012) À luz da dicção da lei, assinale a alternativa INCORRETA:

a) São anuláveis os negócios jurídicos, quando as declarações de vontade emanarem de erro substancial que poderia ser percebido por pessoa de diligência normal, em face das circunstâncias do negócio. O falso motivo, ainda quando razão não determinante, vicia a declaração de vontade.

b) Se ambas as partes procederem com dolo, nenhuma pode alegá-lo para anular o negócio, ou reclamar indenização.

c) Ocorre a lesão quando uma pessoa, sob premente necessidade, ou por inexperiência, obriga-se a prestação manifestamente desproporcional ao valor da prestação oposta. Aprecia-se a desproporção das prestações segundo os valores vigentes ao tempo em que foi celebrado o negócio jurídico.

d) Configura-se o estado de perigo quando alguém, premido da necessidade de salvar-se, ou a alguém de sua família, de grave dano conhecido pela outra parte, assume obrigação excessivamente onerosa. Tratando-se de pessoa não pertencente à família do declarante, o juiz decidirá segundo as circunstâncias.

e) Ressalvam-se os direitos de terceiros de boa-fé em face dos contraentes do negócio jurídico simulado.

COMENTÁRIOS

Alternativa "b": correta. Está correta, pois retrata a hipótese prevista no art. 150 do CC, com a seguinte redação: "Se ambas as partes procederem com dolo, nenhuma pode alegá-lo para anular o negócio, ou reclamar indenização."

Alternativa "c": correta. A assertiva está correta. A banca examinadora se limitou a transcrever as regras do art. 157 *caput* e § 1º, do CC: "Ocorre a lesão quando uma pessoa, sob premente necessidade, ou por inexperiência, se obriga a prestação manifestamente desproporcional ao valor da prestação oposta. § 1º. Aprecia-se a desproporção das prestações segundo os valores vigentes ao tempo em que foi celebrado o negócio jurídico."

Alternativa "d": correta. Está correta, pois reflete as normas constantes do art. 156 *caput* e parágrafo único, do CC, que preconizam: "Configura-se o estado de perigo quando alguém, premido da necessidade de salvar-se, ou a pessoa de sua família, de grave dano conhecido pela outra parte, assume obrigação excessivamente onerosa. Parágrafo único. Tratando-se de pessoa não pertencente à família do declarante, o juiz decidirá segundo as circunstâncias."

Alternativa "e": correta. O enunciado está **correto**, por corresponder à literalidade do art. 167, § 2º, do CC que apresenta a seguinte redação: "Ressalvam-se os direitos de terceiros de boa-fé em face dos contraentes do negócio jurídico simulado."

Alternativa "a": incorreta. Está incorreta. A assertiva deve ser examinada em dois momentos distintos. A primeira parte do enunciado está correta, pois retrata a hipótese prevista no art. 138 do CC, que estabelece: "São anuláveis os negócios jurídicos, quando as declarações de vontade emanarem de erro substancial que poderia ser percebido por pessoa de diligência normal, em face das circunstâncias do negócio." Por outro lado, a incorreção da questão encontra-se em sua segunda parte, pois, de acordo com o art. 140 do CC, somente o falso motivo que se constitua em razão determinante do negócio jurídico, vicia a vontade do agente. Eis o teor do dispositivo legal em referência: "O falso motivo só vicia a declaração de vontade quando expresso como razão determinante." Dessa forma, a equívoco da questão reside na expressão "ainda quando razão não determinante", pois contrária ao disposto no art. 140 do CC acima referido.

---

124. (TRT/15ª RG – XXVI Concurso – 2012) Assinale a alternativa INCORRETA:

a) O erro é substancial quando sendo de direito e não implicando recusa à aplicação da lei, for o motivo único ou principal do negócio jurídico.

b) A transmissão errônea da vontade por meios interpostos é anulável nos mesmos casos em que o é a declaração indireta.

c) Subsistirá o negócio jurídico se a coação decorrer de terceiro, sem que a parte a que aproveite dela tivesse ou devesse ter conhecimento; mas o autor da coação responderá por todas as perdas e danos que houver causado ao coacto.

d) Nos termos da lei civil, configura-se o estado de perigo quando alguém, premido da necessidade de salvar-se, ou a pessoa de sua família, de grave dano conhecido pela outra parte, assume obrigação excessivamente onerosa.

e) O dolo do representante legal de uma das partes não obriga o representado a responder civilmente; se, porém, o dolo for do representante convencional, o representado responderá solidariamente com ele por perdas e danos.

COMENTÁRIOS

Alternativa "a": correta. Está correta, uma vez que corresponde à norma consagrada no art. 139, III, do CC: "Art. 139. O erro é substancial quando: [...] III – sendo de direito e não implicando recusa à aplicação da lei, for o motivo único ou principal do negócio jurídico."

Alternativa "b": correta. Está correta. O enunciado reproduz, em sua literalidade, o art. 141 do CC: "A transmissão errônea da vontade por meios interpostos é anulável nos mesmos casos em que o é a declaração direta."

Alternativa "c": correta. Está correta, pois reflete a regra contemplada pelo art. 155 do CC: "Subsistirá o negócio jurídico, se a coação decorrer de terceiro, sem que a parte a que aproveite dela tivesse ou devesse ter conhecimento; mas o autor da coação responderá por todas as perdas e danos que houver causado ao coacto."

Alternativa "d": correta. A assertiva está correta. No particular, a banca examinadora transcreveu a regra do art. 156 do CC, com a seguinte redação: "Configura-se o estado de perigo quando alguém, premido da necessidade de salvar-se, ou a pessoa de sua família, de grave dano conhecido pela outra parte, assume obrigação excessivamente onerosa."

Alternativa "e": incorreta. A assertiva está incorreta, uma vez que contraria a regra constante da primeira parte do art. 149 do CC, que preceitua: "O dolo do representante legal de uma das partes só obriga o representado a responder civilmente até a importância do proveito que teve; se, porém, o dolo for do representante convencional, o representado responderá solidariamente com ele por perdas e danos." Desse modo, verifica-se que o dolo do representante legal de uma das partes obriga o representado a responder civilmente até a importância do proveito que teve, ao contrário do que constou da alternativa em exame.

---

125. (TRT/4ª RG – 2012) Com relação aos defeitos do negócio jurídico, é CORRETO afirmar que:

a) o falso motivo vicia a declaração de vontade mesmo que não expresso como razão determinante do negócio.

b) o dolo acidental dá causa à anulação do negócio e obriga à satisfação das perdas e danos.

c) se ambas as partes procederem com dolo, nenhuma delas o pode alegar para reclamar indenização.

d) no apreciar a coação, ter-se-á em conta a figura do homem médio.

e) o temor reverencial configura coação.

COMENTÁRIOS

Alternativa "a": incorreta. Ao contrário do que constou do enunciado da alternativa, o falso motivo capaz de viciar a vontade do agente é somente aquele expresso como razão determinante da prática do negócio jurídico. É o que decorre das disposições inseridas no art. 140 do CC, com a seguinte redação: "O falso motivo só vicia a declaração de vontade quando expresso como razão determinante."

Alternativa "b": incorreta. O dolo acidental, a teor do que preconiza o art. 146 do CC, somente obriga à satisfação das perdas e danos e não conduz à invalidade do negócio jurídico praticado. No particular, é oportuna a colação do mencionado dispositivo legal: "O dolo acidental só obriga à satisfação das perdas e danos, e é acidental quando, a seu despeito, o negócio seria realizado, embora por outro modo."

Alternativa "d": incorreta. A assertiva está incorreta, já que, para apreciar a coação, o magistrado deve levar em consideração o sexo, a idade, a condição, a saúde, o temperamento do paciente e todas as demais circunstâncias que possam influir na gravidade dela, conforme preconiza o art. 152 do CC.

Alternativa "e": incorreta. O mero temor reverencial, a teor do que preconiza o art. 153 do CC, não configura coação: "Não se considera coação a ameaça do exercício normal de um direito, nem o simples temor reverencial."

Alternativa "c": correta. A assertiva está correta, porquanto em consonância à norma do art. 150 do CC, com a seguinte redação: "Se ambas as partes procederem com dolo, nenhuma pode alegá-lo para anular o negócio, ou reclamar indenização."

---

126. (TRT/21ª RG – VI Concurso – 2010) Da análise de vários negócios jurídicos, constataram-se os seguintes vícios:

I. O silêncio intencional de uma das partes sobre fato que a outra parte ignorava, cujo conhecimento não teria ensejado a celebração do contrato.

II. Uma das partes do contrato, por sua inexperiência, se obrigou a uma prestação manifestamente desproporcional ao valor da prestação devida pela outra parte contratante.

III. Uma das partes contratantes, no momento da celebração do contrato, usou do expediente de incutir fundado temor de dano iminente e considerável aos bens da outra parte.

É correto afirmar que estas condutas correspondem aos seguintes defeitos contratuais:

a) Erro; fraude e dolo.

b) Dolo; lesão e coação.

c) Erro; dolo e lesão.

d) Dolo; lesão e fraude.

e) Dolo; fraude e lesão.

COMENTÁRIOS

Item I: O enunciado trata do dolo, como defeito do negócio jurídico e sua redação corresponde ao que preceitua o art. 147, do CC: "Nos negócios jurídicos bilaterais, o silêncio intencional de uma das partes a respeito de fato ou qualidade que a outra parte haja ignorado, constitui omissão dolosa, provando-se que sem ela o negócio não se teria celebrado."

Item II: A assertiva trata do vício da lesão, conceituado pelo art. 157, do CC: "Ocorre a lesão quando uma pessoa, sob premente necessidade, ou por inexperiência, se obriga a prestação manifestamente desproporcional ao valor da prestação oposta."

Item III: Essa hipótese é chamada de coação, e está prevista no art. 151, do CC: "A coação, para viciar a declaração da vontade, há de ser tal que incuta ao paciente fundado temor de dano iminente e considerável à sua pessoa, à sua família, ou aos seus bens."

Concluímos que os itens tratam respectivamente dos seguintes defeitos dos negócios jurídicos: dolo, lesão e coação, confirmando o que está previsto na alternativa "b".

Alternativa "b": correta. A questão trata dos defeitos do negócio jurídico, analisaremos todos os itens da questão, para chegarmos à resposta final.

---

127. (TRT/14ª RG – XVII Concurso – 2010) Analise as assertivas seguintes com relação aos defeitos do negócio jurídico.

I. A lesão constitui-se em um vício de consentimento decorrente do abuso praticado em situação de desigualdade de um dos contratantes, por estar sob premente necessidade, ou por inexperiência. Assim, todo e qualquer negócio jurídico pode se sujeitar a anulação sob o fundamento da lesão.

II. A coação, para viciar a declaração de vontade, há de ser tal que incuta ao paciente fundado temor de dano iminente e considerável à sua pessoa, à sua família, ou aos seus bens, incluindo o simples temor reverencial, mas não havendo amparo legal à extensão do conceito à pessoa não pertencente à família do paciente.

III. O falso motivo, considerado como erro quanto ao fim colimado, sempre viciará a declaração de vontade e gerará a anulação do negócio jurídico.

IV. Os negócios de transmissão gratuita de bens ou remissão de dívida, se os praticar o devedor já insolvente, ou por eles reduzidos à insolvência, desde que não o ignore (*scientia fraudis*), poderão ser anulados pelos credores, constituindo-se em fraude contra credores.

V. Nos negócios jurídicos, se a coação decorrer de terceiro, sem que a parte a que aproveita dela tivesse ou devesse ter conhecimento, não subsistirá o negócio jurídico, mas o autor da coação bem como a parte a que aproveite, responderão solidariamente por perdas e danos.

Responda:

a) Apenas as assertivas I e II são corretas.

b) Apenas as assertivas II e V são corretas.

c) Apenas as assertivas III e IV são corretas.

d) Apenas as assertivas IV e V são corretas.

e) Todas as assertivas são incorretas.

COMENTÁRIOS

Todos os itens da questão serão analisados:

Item I: Incorreto. A primeira parte da assertiva concorda com o art. 157 do CC: "Ocorre a lesão quando uma pessoa, sob premente necessidade, ou por inexperiência, se obriga a prestação manifestamente desproporcional ao valor da prestação oposta." No entanto, a segunda parte destoa complementa da verdade ao afirmar que qualquer negócio jurídico pode ser anulado sob o fundamento da lesão. Somente se anula um negócio jurídico pelo vício da lesão, quando estiverem presentes os requisitos que caracterizam esse vício de consentimento, ou seja, quando o negócio jurídico foi firmado em razão de uma das partes estar sob premente necessidade ou por inexperiência e, em razão dessa peculiar situação, se obriga a prestação manifestamente desproporcional, com o fim de resolver uma pendência econômica. Assim, um negócio jurídico pode não conter esses elementos, mas ainda assim ser anulado por dolo, erro, coação ou estado de necessidade e não necessariamente por lesão.

Item II: Incorreto. A assertiva incorre em dois erros. Primeiro, o simples temor reverencial, não constitui coação, conforme estabelece o art. 153 do CC: "Não se considera coação a ameaça do exercício normal de um direito, nem o simples temor reverencial." O segundo erro está em se afirmar que não há "amparo legal à extensão do conceito à pessoa não pertencente à família do paciente", pois o Código Civil abrange a possibilidade de agir sob coação, com o fim de se evitar dano iminente a pessoa não pertencente à família do paciente, como dispõe o parágrafo único do artigo 151: "Se disser respeito a pessoa não pertencente à família do paciente, o juiz, com base nas circunstâncias, decidirá se houve coação."

Item III: Incorreto. O art. 140 do CC demonstra em qual situação o falso motivo é apto para viciar a declaração de vontade: "O falso motivo só vicia a declaração de vontade quando expresso como razão determinante." Assim, não é somente o falso motivo que enseja a anulação do negócio jurídico, como afirma o enunciado, mas é necessário que o falso motivo seja considerado a razão determinante da existência do negócio jurídico, se não houver essa declaração expressa acerca do falso motivo, o negócio não estará sujeito a anulação.

Item IV: Incorreto. A assertiva afirma que só poderão ser anulados os negócios jurídicos de transmissão gratuita de bens ou remissão de dívidas pelos credores, se praticados por devedor já insolvente ou por eles reduzido à insolvência, desde que o credor não o ignore. No entanto, não é essa a orientação da lei, pois o artigo 158 do CC determina que não será qualquer credor que poderá requerer a anulação desse negócio jurídico, mas apenas os quirografários, além de determinar que assim poderão agir ainda que ignorem a situação de insolvência do devedor, conforme o texto legal: "Os negócios de transmissão gratuita de bens ou remissão de dívida, se os praticar o devedor já insolvente, ou por eles reduzido à insolvência, ainda quando o ignore, poderão ser anulados pelos credores quirografários, como lesivos dos seus direitos."

Item V: Incorreto. O enunciado contrasta com o que estabelece o art. 155 do CC: "Subsistirá o negócio jurídico, se a coação decorrer de terceiro, sem que a parte a que aproveite dela tivesse ou devesse ter conhecimento; mas o autor da coação responderá por todas as perdas e danos que houver causado ao coacto." Nesse sentido, a incorreção da assertiva encontra-se no fato de contrariar o que dispõe a lei sobre o tema abordado.

Alternativa "e": correta.

---

128. (TRT/15ª RG – XXIV Concurso – 2010) Quanto aos defeitos do negócio jurídico, assinale a alternativa INCORRETA:

a) O falso motivo vicia a declaração de vontade mesmo quando se referir a fato sem relevância, pois viola o princípio da boa-fé, que deve nortear a conduta dos contratantes.

b) Para que possa viciar a declaração de vontade, a coação há de ser tal que incuta ao paciente, fundado temor de dano iminente e considerável à sua pessoa, sua família ou seus bens.

c) Configura-se estado de perigo quando alguém, premido pela necessidade de salvar a si próprio ou a família de grave dano conhecido pela outra parte, assume obrigação excessivamente onerosa.

d) Ocorre a lesão quando uma pessoa, sob premente necessidade, ou por inexperiência, obriga-se a prestação manifestamente desproporcional ao valor da prestação oposta.

e) A transmissão errônea da vontade por meios interpostos é anulável nos mesmos casos em que o é a declaração direta.

COMENTÁRIOS

Alternativa "b": correta. A alternativa está correta, porquanto se refere à regra do art. 151 do CC: "A coação, para viciar a declaração da vontade, há de ser tal que incuta ao paciente fundado temor de dano iminente e considerável à sua pessoa, à sua família, ou aos seus bens."

Alternativa "c": correta. Está correta. A alternativa reproduz o teor literal do art. 156 do CC: "Configura-se o estado de perigo quando alguém, premido da necessidade de salvar-se, ou a pessoa de sua família, de grave dano conhecido pela outra parte, assume obrigação excessivamente onerosa."

Alternativa "d": correta. A assertiva corresponde à regra do art. 157 do CC, com o seguinte teor: "Ocorre a lesão quando uma pessoa, sob premente necessidade, ou por inexperiência, se obriga a prestação manifestamente desproporcional ao valor da prestação oposta."

Alternativa "e": correta. A alternativa reflete a literalidade do art. 141 do CC: "A transmissão errônea da vontade por meios interpostos é anulável nos mesmos casos em que o é a declaração direta."

Alternativa "a": incorreta. A assertiva está incorreta, pois, nos termos do art. 140 do CC, somente vicia a declaração de vontade o falso motivo que tiver sido a razão determinante para a celebração do negócio jurídico. Eis o teor do mencionado dispositivo legal: "O falso motivo só vicia a declaração de vontade quando expresso como razão determinante."

---

129. (TRT/2ª RG – XXXIV Concurso – 2009) Em relação aos defeitos do negócio jurídico analise as proposições abaixo e responda:

I. São anuláveis os negócios jurídicos, quando as declarações de vontade emanarem de erro substancial em face das circunstâncias do negócio, erro este que poderia ser percebido pelo *"hominus medius"*.

II. O Código Civil prevê as seguintes hipóteses de erro substancial: a) erro sobre a natureza do negócio; b) erro sobre o objeto principal da declaração de vontade; c) erro sobre alguma qualidade essencial do objeto; d) erro relativo a identidade ou qualidade essencial da pessoa desde que a consideração pessoal fosse condição fundamental para a efetivação do ato; e) erro de direito que não implica recusa à aplicação da lei e for o motivo único ou principal do negócio jurídico.

III. O dolo acidental, assim considerado aquele que leva a vítima a realizar o negócio, porém em condições mais onerosas ou menos vantajosas, sem afetar sua declaração de vontade, é vício do negócio jurídico que acarretará a anulação do negócio, além de obrigar a satisfação de perdas e danos.

IV. Não se considera coação a ameaça do exercício normal de um direito, nem o simples temor reverencial.

a) Todas as proposições estão corretas.

b) Estão corretas apenas as proposições I e II.

c) Estão incorretas apenas as proposições I e III.

d) Estão incorretas apenas as proposições II e IV.

e) Está incorreta apenas a proposição III.

COMENTÁRIOS

A compreensão da alternativa correta pressupõe a análise individual de cada um dos itens da questão, como veremos abaixo:

Item I: Correto. O erro que induz a anulabilidade do negócio jurídico é o substancial, por ser a causa determinante da existência do negócio jurídico, sendo, também, determinante para a celebração do negócio. (AMARAL, Francisco. **Direito Civil: Introdução.** 5.ed. Rio de Janeiro: Renovar, 2003. p. 502.). Por outro lado, temos o erro acidental, também chamado de erro sanável, o qual "[...] é o que recai sobre qualidades secundárias do objetivo ou da pessoa [...] não é determinante do ato como é o substancial. Influi apenas nos termos em que o negócio se faz. O agente praticaria o mesmo ato se tivesse ciência do erro, só que em condições". (AMARAL, Francisco. **Direito Civil: Introdução.** 5.ed. Rio de Janeiro: Renovar, 2003. p. 503). Portanto, somente o erro substancial é passível de provocar a anulação do negócio, o erro acidental não provoca a sua anulação. Outra questão que deve ser considerada no enunciado é a sua parte final que diz: "erro este que poderia ser percebido pelo *"hominus medius"*. Segundo esta afirmação, o erro que invalida o negócio jurídico, poderia ter sido percebido pelo homem médio. Isso é importante, pois na sistemática do Código Civil de 1916, o erro deveria ser escusável ou desculpável. Para que fosse caracterizado esse defeito do negócio jurídico, era preciso comprovar que o agente houvesse atuado com a devida cautela, necessária para realização do negócio, pois caso o erro acontecesse ele seria escusável, o que justificaria a anulação do negócio jurídico. Noutro giro, o Código Civil 2002, não trouxe como requisito do erro, a escusabilidade, pois adotou a teoria da confiança, amparada na boa-fé objetiva e na eticidade. Nessa nova configuração, o fundamento do negócio jurídico é a justa expectativa do declarante, em realizar o negócio. O vigente Código, exigiu apenas a cognoscibilidade, como requisito do erro, ou seja, o negócio só será anulável se o vício era ou poderia ser conhecido por aquele que se beneficia com o ajuste de vontades. (SIMÃO, José Fernando. Requisitos do erro como vício de consentimento do Código Civil. *In:* **Novo Código Civil: questões controvertidas.** São Paulo: Método, 2007. v.6, p. 462). Hodiernamente, o negócio jurídico será anulado por erro, ainda que pudesse ser percebido pelo *"hominus medius"*. Com o intuito de confirmar a nova sistemática introduzida pelo novo Código Civil, acerca do abandono do requisito da escusabilidade e a adoção do critério da cognoscibilidade, o CJF/STJ editou o Enunciado nº 12, com a seguinte redação: "Na sistemática do art. 138, é irrelevante ser ou não escusável o erro, porque o dispositivo adota o princípio da confiança." Nesses termos, pode-se afirmar que a assertiva está correta.

Item II: Correto. O legislador ao tratar do erro substancial procurou apresentar todas as suas nuances, não o deixou como um conceito vago, dependente da interpretação judicial. Para tanto, esmiuçou, nos incisos do artigo 139, as espécies de erro substancial. Vejamos, no inciso I estão consignados o erro sobre a natureza do negócio (*error in negotio*), que corresponde à letra "a", do enunciado; o inciso II, apresenta o erro sobre o objeto principal da declaração (*error in corpore*), previsto na letra "b" do enunciado; o inciso III, corresponde ao erro sobre alguma das qualidades essenciais do objeto principal (*error in substantia ou error in qualitate*), no mesmo sentido da letra "c", prevista no enunciado; o inciso IV, apresenta o erro quanto à identidade ou à qualidade da pessoa, conforme a letra "d"; e, por último, o inciso V, aborda o erro de direito (*error juris*), no mesmo sentido da letra "e" do enunciado.

Item III: Incorreto. Conforme preceitua o artigo 146, do Código Civil: "O dolo acidental só obriga à satisfação das perdas e danos, e é acidental quando, a seu despeito, o negócio seria realizado, embora por outro modo." Conforme se extrai da norma jurídica, independentemente do dolo acidental o negócio jurídico seria realizado, ou seja, ele não induziu a vontade do agente para a realização do negócio jurídico, por essa razão a sua presença, não acarreta a anulabilidade do negócio, só obriga à satisfação das perdas e danos. Portanto, o enunciado da questão está em confronto com o texto legal, o que acarreta a sua incorreção.

Item IV: Correto. O enunciado está conforme a literalidade do artigo 153, do Código Civil: "Não se considera coação a ameaça do exercício normal de um direito, nem o simples temor reverencial."

Da análise de cada um dos itens da questão, concluímos que estão **corretos** os itens I, II e IV, restando **incorreto** apenas o item III, conforme consignado pelo gabarito da questão.

Alternativa "e": correta.

---

130. (TRT/8ª RG – Concurso C-319 – 2009) Marque a alternativa CORRETA:

a) Violado o direito, nasce para o titular a pretensão, a qual se extingue, pela prescrição. A prescrição ocorre em dez anos, quando a lei não lhe haja fixado prazo menor. Prescreve em um ano: I – a pretensão dos hospedeiros ou fornecedores de víveres destinados a consumo no próprio estabelecimento, para o pagamento da hospedagem ou dos alimentos; II – a pretensão dos credores não pagos contra os sócios ou acionistas e os liquidantes, contado o prazo da publicação da ata de encerramento da liquidação da sociedade. Prescreve em três anos: I – a pretensão para receber prestações vencidas de rendas temporárias ou vitalícias; II – a pretensão de restituição dos lucros ou dividendos recebidos de má-fé, correndo o prazo da data em que foi deliberada a distribuição; III – a pretensão de cobrança de dívidas líquidas constantes de instrumento público ou particular.

b) Não podem ser admitidos como testemunhas, em qualquer caso I – os menores de dezesseis anos; II – aqueles que, por enfermidade ou retardamento mental, não tiverem discernimento para a prática dos atos da vida civil; III – os cegos e surdos; IV – o interessado no litígio, o amigo íntimo ou o inimigo capital das partes; V – os cônjuges, os ascendentes, os descendentes e os colaterais, até o terceiro grau de alguma das partes, por consanguinidade, ou afinidade.

c) Nas obrigações alternativas, a escolha cabe ao credor, se outra coisa não se estipulou. Não pode o devedor obrigar o credor a receber parte em uma prestação e parte em outra. Se, por culpa do devedor, ambas as prestações se tornarem inexequíveis, deverá este pagar ao credor o valor da maior, além da indenização por perdas e danos.

d) Os negócios de transmissão gratuita ou remissão de dívidas, praticados pelo devedor insolvente ou por eles reduzido à insolvência, ainda quando o ignore, poderão ser anulados pelos credores quirografários, como lesivos de seus direitos. Apenas poderão pleitear a anulação dos negócios, os credores que já o eram ao tempo em que estes foram praticados.

e) A sub-rogação opera-se, de pleno direito, em favor: I – do credor que paga a dívida do devedor comum; II – do adquirente do imóvel hipotecado, que paga a credor hipotecário, bem como do terceiro que efetiva o pagamento para não ser privado de direito sobre imóvel; III – Quando terceira pessoa empresta ao devedor a quantia precisa para solver a dívida, sob a condição expressa de ficar o mutuante sub-rogado nos direitos do credor satisfeito.

COMENTÁRIOS

Alternativa "a": incorreta. Considerando que o enunciado da alternativa é demasiadamente extenso e muitos artigos do Código Civil foram utilizados para a sua construção, iremos analisar cada uma das suas partes, apontando os respectivos textos legais utilizados e os seus eventuais acertos e, particularmente, seus erros. A assertiva assevera que "Violado o direito, nasce para o titular a pretensão, a qual se extingue, pela prescrição", o que está **correto**, pois corresponde à literalidade do art. 189: "Violado o direito, nasce para o titular a pretensão, a qual se extingue, pela prescrição, nos prazos a que aludem os arts. 205 e 206." Logo em seguida, foi afirmado que: "A prescrição ocorre em dez anos, quando a lei não lhe haja fixado prazo menor." O que também corresponde fielmente a redação do art. 205. "A prescrição ocorre em dez anos, quando a lei não lhe haja fixado prazo menor." Em seguida o enunciado da alternativa apresenta várias hipóteses de prazos prescricionais específicos, todos previstos nos parágrafos do art. 206, vejamos: Prescreve em um ano: I – a pretensão dos hospedeiros ou fornecedores de víveres destinados a consumo no próprio estabelecimento, para o pagamento da hospedagem ou dos alimentos; II – a pretensão dos credores não pagos contra os sócios ou acionistas e os liquidantes, contado o prazo da publicação da ata de encerramento da liquidação da sociedade. As duas afirmativas do enunciado estão corretas por retratarem fielmente os incisos I e V, do parágrafo 1º, do mencionado artigo, como pode ser constatado: "§ 1º Em um ano: I – a pretensão dos hospedeiros ou fornecedores de víveres destinados a consumo no próprio estabelecimento, para o pagamento da hospedagem ou dos alimentos; V – a pretensão dos credores não pagos contra os sócios ou acionistas e os liquidantes, contado o prazo da publicação da ata de encerramento da liquidação da sociedade. Prescreve em três anos: I – a pretensão para receber prestações vencidas de rendas temporárias ou vitalícias; II – a pretensão de restituição dos lucros ou dividendos recebidos de má-fé, correndo o prazo da data em que foi deliberada a distribuição. As hipóteses previstas no enunciado da questão estão corretas, pois foram transcritas literalmente do parágrafo 3º: II – a pretensão para receber prestações vencidas de rendas temporárias ou vitalícias; VI – a pretensão de restituição dos lucros ou dividendos recebidos de má-fé, correndo o prazo da data em que foi deliberada a distribuição;

O **erro** da alternativa está no fato de que foi incluída dentre as hipóteses do parágrafo 3º do art. 206, que estabelece prazos prescricionais de três anos, "a pretensão de cobrança de dívidas líquidas constantes de instrumento público ou particular", hipótese que não está prevista nesse parágrafo, mas sim no inciso I, parágrafo 5º, que prevê prazo prescricionais de ***cinco anos*** e não três, como afirma a alternativa, vejamos: "I – a pretensão de cobrança de dívidas líquidas constantes de instrumento público ou particular".

Como visto, a assertiva exigiu do candidato um conhecimento pormenorizado do conceito legal de prescrição, bem como dos seus diversos prazos específicos elencados nos parágrafos do art. 206.

Alternativa "b": incorreta. A presente alternativa trata da prova testemunhal. O Código de Processo Civil, divide em três categorias diferentes as vedações às testemunhas: incapazes, impedidas e suspeitas. Distinções que não foram reproduzidas pelo Código Civil, ao contrário, todas são tratadas como sinônimos, sob a única proibição: "Não podem ser admitidos como testemunhas". Nesse sentido, o enunciado da afirmativa apresenta as hipóteses elencadas nos incisos do artigo 228. No entanto, dois erros são visíveis. O primeiro erro está no início do enunciado, quando se afirma que não podem ser admitidos como testemunhas, ***'em qualquer caso'***, ou seja, a afirmação exclui qualquer possibilidade daqueles que estão arrolados no artigo, serem admitidos como testemunhas. Contudo, o parágrafo único admite o depoimento de tais pessoas: "Para a prova de fatos que só elas conheçam, pode o juiz admitir o depoimento das pessoas a que se refere este artigo." Outro erro que comete a assertiva está na afirmação de que os cegos e surdos não podem ser testemunhas, mas eles não serão admitidos "quando a ciência do fato que se quer provar dependa dos sentidos que lhes faltam."

Alternativa "c": incorreta. A alternativa apresenta incorreções. A primeira está em se afirmar que nas obrigações alternativas, a escolha cabe ao ***credor,*** contrariando o que diz o art. 252, do CC, que determina que a escolha, nessa modalidade de obrigação, cabe ao devedor: "Nas obrigações alternativas, a escolha cabe ao devedor, se outra coisa não se estipulou." O segundo erro da assertiva encontra-se na sua parte final, que estabelece que "se, por culpa do devedor, ambas as prestações se tornarem inexequíveis, deverá este pagar ao credor o valor da maior, além da indenização por perdas e danos". A redação contraria o que estabelece a parte final do art. Art. 255 do CC: "Quando a escolha couber ao credor e uma das prestações tornar-se impossível por culpa do devedor, o credor terá direito de exigir a prestação subsistente ou o valor da outra, com perdas e danos; se, por culpa do devedor, ambas as prestações se tornarem inexequíveis, ***poderá o credor reclamar o valor de qualquer das duas, além da indenização por perdas e danos."***

Alternativa "e": incorreta. O instituto da sub-rogação é uma das formas especiais de se adimplir a obrigação, e se divide em duas espécies: a sub-rogação legal, sendo aquela em que um terceiro promove o adimplemento da prestação em razão de ter um interesse jurídico na extinção da obrigação e, também, o que lhe dá o direito de sub-rogar-se na posição de credor, ou como diz o legislador "a sub-rogação opera-se, de ***pleno direito"***. Tais hipóteses são elencadas no artigo 346 do Código Civil; e a sub-rogação convencional, que se configura na situação em que um terceiro não interessado satisfaz a obrigação e, por consequência, ocupa o lugar de credor, situação que exsurge por meio de uma convenção entre o devedor e o terceiro, ou entre o credor e um terceiro, com o fim de se estabelecer a substituição de um ou de outro. Tais hipóteses estão previstas nos incisos do art. 347, do CC. Desse modo, a assertiva trata exclusivamente da sub-rogação legal, pois afirma que a "sub-rogação opera-se, de pleno direito". No entanto, ao apresentar as hipóteses de sub-rogação legal, o que fez corretamente nos itens I e II, errou ao acrescentar o item III, nessa modalidade, haja vista que esta hipótese, não está arrolada no artigo 346, sub-rogação legal, mas sim, no inciso II, do artigo 347, que trata das hipóteses de sub-rogação convencional.

Alternativa "d": correta. A alternativa está correta, pois ao tratar do vício social – fraude contra credores –, reproduziu na íntegra o *caput* do art. 158 do CC: "Os negócios de transmissão gratuita de bens ou remissão de dívida, se os praticar o devedor já insolvente, ou por eles reduzido à insolvência, ainda quando o ignore, poderão ser anulados pelos credores quirografários, como lesivos dos seus direitos." Em relação ao parágrafo único do mencionado artigo, ("Só os credores que já o eram ao tempo daqueles atos podem pleitear a anulação deles"), não houve a transcrição literal, mas manteve-se na assertiva a mesma regra determinada pelo texto da lei, o que resulta na fidelidade do enunciado com o que dispõe a norma legal, razão pela qual a assertiva está totalmente correta.

2.5.4. DA INVALIDADE DO NEGÓCIO JURÍDICO

131. (TRT 4 – Juiz do Trabalho Substituto 4ª Região/2016) Assinale a assertiva correta sobre negócio jurídico.

a) É anulável o negócio jurídico quando não revestir a forma prescrita em lei.

b) Os negócios jurídicos devem ser interpretados conforme a boa-fé e os usos do lugar onde se dará seu cumprimento.

c) O negócio jurídico nulo não é suscetível de confirmação, mas convalesce pelo decurso do tempo.

d) O negócio jurídico anulável pode ser confirmado pelas partes, salvo direito de terceiro.

e) O termo inicial suspende a aquisição do direito.

COMENTÁRIOS

Alternativa incorreta: letra "a". A assertiva está incorreta, pois, em verdade, o negócio jurídico que não se reveste da forma prescrita em lei é nulo e não anulável. Neste sentido, preceitua o art. 166, IV, do CC, cujo teor ora se transcreve: "É nulo o negócio jurídico quando: [...] IV – não revestir a forma prescrita em lei."

Alternativa incorreta: letra "b". A alternativa sob enfoque está equivocada, uma vez que adultera o conteúdo do art. 113 do CC: "Os negócios jurídicos devem ser interpretados conforme a boa-fé e os usos do lugar de sua celebração."

Alternativa incorreta: letra "c". A assertiva contraria o que dispõe o art. 169 do CC: "O negócio jurídico nulo não é suscetível de confirmação, nem convalesce pelo decurso do tempo."

Alternativa incorreta: letra "e". O contido na alternativa sob enfoque adultera a dicção do art. 131 do CC, que preconiza: "O termo inicial suspende o exercício, mas não a aquisição do direito."

Alternativa correta: letra "d". A assertiva está correta, porquanto em consonância ao que prescreve o art. 172 do CC, com a seguinte redação: "O negócio anulável pode ser confirmado pelas partes, salvo direito de terceiro."

132. (TRT 8 – Juiz do Trabalho Substituto 8ª Região/2015) De acordo com o Código Civil Brasileiro, é CORRETO afirmar que:

a) Nulo o negócio jurídico simulado, subsistirá o que se dissimulou, se válido for na substância e na forma.

b) Não haverá simulação apenas pelo fato de os instrumentos particulares terem sido antedatados ou pós-datados.

c) O negócio jurídico simulado é anulável, eis que decorre da vontade de ambos os contraentes, que podem ratificá-lo a qualquer tempo.

d) O negócio jurídico simulado, tendo em vista sua natureza, apenas pode ser alegado pelo Ministério Público.

e) Não se ressalvam os direitos de terceiros de boa-fé em face dos contraentes do negócio jurídico simulado tendo em vista a natureza de nulidade do vício.

COMENTÁRIOS

Alternativa incorreta: letra "b". O erro da assertiva está no fato de que sua redação contrariar o que prescreve o inciso III, do §1º, do art. 167, do CC: "Haverá simulação nos negócios jurídicos quando: III – os instrumentos particulares forem antedatados, ou pós-datados."

Alternativa incorreta: letra "c". O negócio jurídico simulado é nulo e não anulável, conforme prescreve o *caput*, do art. 167, do CC: "É nulo o negócio jurídico simulado, mas subsistirá o que se dissimulou, se válido for na substância e na forma."

Alternativa incorreta: letra "d". Considerando que o negócio jurídico nulo, tem interesse social, o art. 168, do CC, declara quem poderá alegar a sua nulidade: "As nulidades dos artigos antecedentes podem ser alegadas por qualquer interessado, ou pelo Ministério Público, quando lhe couber intervir."

Alternativa incorreta: letra "e". Os direitos de terceiros de boa-fé são ressalvados nos casos de negócios jurídicos simulados, ao contrário do que dispõe a afirmativa em tela. Nesse sentido, é a norma contida no § 2º, do art. 167, do CC: "Ressalvam-se os direitos de terceiros de boa-fé em face dos contraentes do negócio jurídico simulado."

Alternativa correta: letra "a". A afirmativa está correta, pois corresponde a literalidade do art. 167, *caput*, do CC: "É nulo o negócio jurídico simulado, mas subsistirá o que se dissimulou, se válido for na substância e na forma."

133. (FCC – Juiz do Trabalho Substituto 18ª Região/2014) Igor, menor com dezessete anos de idade, obriga-se contratualmente em uma escola de inglês, dizendo-se maior de idade quando inquirido e assinando sozinho o contrato, que será

a) eficaz, pois Igor não pode, para eximir-se da obrigação, invocar sua idade se declarou-se maior, dolosamente, no ato de obrigar-se.

b) nulo, porque a vontade de Igor não poderia gerar qualquer efeito, independentemente de sua declaração de idade pessoal.

c) anulável, somente se Igor for executado judicialmente, ocasião em que a declaração judicial surtirá efeitos imediatos, sem retroação.

d) ineficaz, por se tratar de obrigação em face de uma entidade de ensino.

e) anulável, somente se os representantes legais de Igor arguirem a invalidade.

COMENTÁRIOS

Alternativa incorreta: letra "". A consequência dos atos praticados pelos relativamente incapazes é de anulabilidade e não nulidade, como prescreve o art. 171, I: "Além dos casos expressamente declarados na lei, é anulável o negócio jurídico: I – por incapacidade relativa do agente;"

Alternativa incorreta: letra "c". Não será anulável, mas eficaz, conforme determina o art. 180 do CC, transcrito acima.

Alternativa incorreta: letra "d". O negócio será eficaz, conforme art. 180 do CC. O fato de ter feito negócio com uma instituição de ensino não altera a responsabilidade de Igor.

Alternativa incorreta: letra "e". Não será anulável, mas eficaz, conforme determina o art. 180 do CC, transcrito acima.

Alternativa correta: letra "a". Em regra, o negócio jurídico realizado por relativamente incapaz é passível que anulação. No entanto, no caso em tela, ele será válido, tendo em vista que o menor declarou-se maior, dolosamente, ou seja, com a intenção manifesta de usar a lei a seu favor de maneira torpe. Nesse caso se aplica a teoria *tu quoque*, segunda a qual o menor não pode se beneficiar da sua condição de menor para causar prejuízo. O diploma civil consagra essa regra no seu art. 180: "O menor, entre dezesseis e dezoito anos, não pode, para eximir-se de uma obrigação, invocar a sua idade se dolosamente a ocultou quando inquirido pela outra parte, ou se, no ato de obrigar-se, declarou-se maior.

134. (TRT 14 – Juiz do Trabalho Substituto 14ª Região/2013) No atual contexto normativo civilista, é nulo o negócio jurídico:

a) Se resultante de erro;

b) Se resultante de coação;

c) Praticado para fraudar terceiros;

d) Que tiver por objetivo fraudar lei imperativa;

e) Todas as alternativas anteriores estão corretas.

COMENTÁRIOS

Alternativa incorreta: letra "d". A redação da assertiva corresponde ao que prescreve o art. 166, VI do CC, que apresenta as hipóteses de nulidade do negócio jurídico: "É nulo o negócio jurídico quando: VI – tiver por objetivo fraudar lei imperativa;"

Alternativas incorretas: letra "a", "b", "c". Os casos previstos nas alternativas em apreço, dizem respeito as hipóteses de anulabilidade do negócio jurídico, conforme expressamente declara o art. 171, I do CC: "Art. 171. Além dos casos expressamente declarados na lei, é anulável o negócio jurídico: II – por vício resultante de erro, dolo, coação, estado de perigo, lesão ou fraude contra credores."

Alternativa incorreta: letra "e". Considerando que a alternativa "d" está correta, a presente assertiva não pode ser confirmada.

---

135. (TRT 3 – Juiz do Trabalho Substituto 3ª Região/ 2013) Relativamente às regras gerais sobre a invalidade dos negócios jurídicos, com base no Código Civil, é correto afirmar que:

a) A invalidade do instrumento induz necessariamente a do negócio jurídico.

b) É anulável o negócio jurídico sempre que a lei civil proibir-lhe a prática, sem cominar sanção.

c) Ninguém pode reclamar o que, por uma obrigação anulada, pagou a um incapaz.

d) No caso de coação, é de cinco anos o prazo de decadência para pleitear-se a anulação do negócio jurídico, contado do dia em que ela cessar.

e) Se o negócio jurídico nulo contiver os requisitos de outro, subsistirá este quando o fim a que visavam as partes permitir supor que o teriam querido, se houvessem previsto a nulidade.

COMENTÁRIOS

✪ **Nota do autor:** O Código Civil permite a conversão do nulo, isto é, que os elementos materiais de um negócio jurídico nulo, sejam aproveitados em outro negócio que seja válido. Nese sentido, a conversão do nulo objetiva transformar um negócio que inicialmente é nulo, em outra figura negocial valida, garantindo o resultado prático almejado pelas partes. Entretanto, dois requisitos se fazem necessários: 1. que seja possível o aproveitamento dos elementos do negócio jurídico viciado (caráter objetivo); 2. que haja interesse das partes na conversão do negócio (caráter subjetivo). O reconhecimento da conversão do nulo deve ser declarada judicialmente. A previsão legal da conversão do nulo é o art. 170, CC.

Alternativa incorreta: "a". A presente assertiva contraria regra expressa contida no art. 183 do CC: "A invalidade do instrumento não induz a do negócio jurídico sempre que este puder provar-se por outro meio."

Alternativa incorreta: "b". Será nulo e não anulável o negócio jurídico quando a lei proibir-lhe a prática, sem cominar sanção, conforme estabelece o inciso VII, do art. 166, CC: "É nulo o negócio jurídico quando: VII – a lei taxativamente o declarar nulo, ou proibir-lhe a prática, sem cominar sanção."

Alternativa incorreta: "c". A alternativa está incorreta por afirmar a regra contida na norma, mas não mencionar a exceção. Nesse sentido, afirma a assertiva que ninguém pode reclamar o que, por uma obrigação anulada, pagou a um incapaz, mas poderá reclamar desde que prove que o pagamento realizado foi revertido em proveito do menor, vejamos a redação do art. 181, CC: "Ninguém pode reclamar o que, por uma obrigação anulada, pagou a um incapaz, se não provar que reverteu em proveito dele a importância paga."

Alternativa incorreta: "d". A redação da alternativa contraria o que prescreve o norma contido no art. 178, CC: "É de quatro anos o prazo de decadência para pleitear-se a anulação do negócio jurídico, contado: I – no caso de coação, do dia em que ela cessar;"

Alternativa correta: "e". A assertiva está de acordo com a doutrina do art. 170, CC, razão que justifica o seu acerto. Vejamos a redação literal do dispositivo legal: "Se, porém, o negócio jurídico nulo contiver os requisitos de outro, subsistirá este quando o fim a que visavam as partes permitir supor que o teriam querido, se houvessem previsto a nulidade."

---

136. (TRT/11ª RG – Concurso C– 073 – 2012) O negócio jurídico cuja prática seja proibida por lei, sem cominar sanção, é

a) nulo, se a violação for de lei de ordem pública, e anulável se a violação for de lei supletiva.

b) inexistente.

c) anulável.

d) ineficaz.

e) nulo.

COMENTÁRIOS

✪ **Nota do autor:** A questão trata da teoria das invalidades do negócio jurídico. Tais invalidades podem ser divididas em duas espécies, quais sejam, as de nulidade absoluta ou simplesmente nulidade, cuja a consequência é a ausência da produção de qualquer efeito nos negócios jurídicos eivados por essa espécie de vício, por ofenderem a ordem pública. E a segunda espécie é chamada de nulidade relativa ou anulabilidade, que não impede a produção de efeitos. Isto se dá pelo fato de que tal vício ofende norma de ordem privada e, portanto, o negócio terá o seu efeito até que algum interessado promova a sua invalidação (arts. 169 e 177 do CC).

Alternativas incorretas: letras "a", "b", "c" e "d". Considerando que o acerto da alternativa dependia do conhecimento do art. 166 do CC, e o comentário feito para justificar o acerto da alternativa "e", podemos afirmar que todas as outras alternativas estão incorretas.

Alternativa "e": correta. A resolução da questão dependia exclusivamente do conhecimento do art. 166 do CC, que apresenta as hipóteses de nulidade absoluta do negócio jurídico, mais precisamente o que dispõe o inc. VII, vejamos: "Art. 166. É nulo o negócio jurídico quando: VII – a lei taxativamente o declarar nulo, ou proibir-lhe a prática, sem cominar sanção." A nulidade absoluta é caracterizada pela contrariedade dos requisitos de validade do negócio jurídico elencados no art. 104 do CC. Salienta-se que acerca da capacidade do agente, só haverá a nulidade absoluta se este for absolutamente incapaz. Por fim, é salutar apresentar as características elementares da nulidade absoluta do negócio jurídico: i) opera-se de pleno direito; ii) pode ser invocado por qualquer pessoa, inclusive pelo Ministério Público; iii) não admite confirmação, sendo, pois, irratificável; iv) é imprescritível; v) pode ser conhecida *ex officio*. (FARIAS, Cristiano Chaves; ROSENVALD, Nelson. *Curso de Direito Civil:* parte geral e LINDB. 10.ed. Salvador: Editora Juspodivm, 2013. p. 611 – 612.)

---

137. (TRT/4ª RG – 2012) São nulos os negócios

a) simulados.

b) praticados sob coação e em fraude contra credores.

c) celebrados pelos relativa e absolutamente incapazes.

d) que possuam objeto ilícito, impossível ou determinado.

e) praticados em fraude contra lei supletiva.

COMENTÁRIOS

Alternativa "b": incorreta. A coação e a fraude contra credores, ao contrário do que constou do teor da alternativa ora examinada, são causas de anulabilidade do negócio jurídico, nos moldes do art. 171, II, do CC.

Alternativa "c": incorreta. De fato, os negócios jurídicos praticados pelos absolutamente incapazes, são nulos, conforme dispõe o art. 166, I, do CC. Contudo, os atos negociais praticados pelos relativamente incapazes são anuláveis, nos exatos moldes do art. 171, I, do CC, o que conduz ao equívoco da alternativa.

Alternativa "d": incorreta. Nesta alternativa a banca examinadora parece tentar conduzir o candidato a erro, eis que a ilicitude, impossibilidade e indeterminação do objeto, conduzem à nulidade do negócio jurídico. Contudo, perceba que o enunciado da alternativa menciona o objeto determinado, o que não é causa de invalidade do ato negocial, por não haver, neste caso, violação à norma do art. 104, II, do CC. De tal sorte, não se trata de hipótese de nulidade, o que conduz ao equívoco da alternativa.

Alternativa "e": incorreta. Na hipótese de fraude em face de lei supletiva, não há nulidade a se declarar, em razão da manifesta inexistência de fundamento normativo para tanto.

Alternativa "a": correta. Nos termos do art. 167 do CC, a simulação é causa de nulidade do negócio jurídico. Senão, veja-se: "É nulo o negócio jurídico simulado, mas subsistirá o que se dissimulou, se válido for na substância e na forma."

---

138. (TRT/8ª RG – Concurso nº C-320 – 2011) Em consonância com a teoria das nulidades do negócio jurídico, é CORRETO afirmar:

a) É possível o convalescimento do negócio jurídico se o erro na indicação da pessoa ou da coisa for suprível pelo seu conteúdo e pelas circunstâncias.

b) Presumem-se em fraude contra credores os negócios ordinários praticados pelo devedor insolvente, ainda que indispensáveis à manutenção de estabelecimento mercantil, rural, ou industrial, ou à subsistência do devedor e de sua família.

c) O negócio jurídico simulado é anulável porque é formado a partir de uma declaração de vontade ou de uma confissão de dívida emitida para não gerar nenhum efeito jurídico, com o fito de lesar interesse de terceiro.

d) O falso motivo vicia a declaração de vontade, em qualquer caso, tornando anulável o negócio jurídico.

e) No estado de perigo, ao contrário do que ocorre na lesão, o contraente, por razões essencialmente econômicas, ou por sua evidente inexperiência, é levado, inevitavelmente, a contratar, prejudicando-se.

COMENTÁRIOS

Alternativa "b": incorreta. Está incorreta. Ao contrário do que constou do enunciado da alternativa, presumem-se "de boa-fé e valem os negócios ordinários indispensáveis à manutenção de estabelecimento mercantil, rural, ou industrial, ou à subsistência do devedor e de sua família."

Alternativa "c": incorreta. Está incorreta, porquanto o negócio jurídico simulado é nulo, na forma do art. 167 do CC: "É nulo o negócio jurídico simulado, mas subsistirá o que se dissimulou, se válido for na substância e na forma."

Alternativa "d": incorreta. Está incorreta. Isso porque, o falso motivo, ao reverso do que constou do enunciado da alternativa, somente vicia a declaração de vontade se for expresso como razão determinante para a celebração do negócio jurídico, nos termos do art. 140 do CC.

Alternativa "e": incorreta. Está incorreta. No estado de perigo, o agente assume obrigação excessivamente onerosa premido pela necessidade de salvar-se ou a pessoa com quem mantenha laços afetivos de grave dano conhecido pela outra parte (art. 156 do CC).

Desse modo, as razões que justificam a invalidade do negócio jurídico praticado em estado de perigo não são essencialmente econômicas, mas dizem respeito a um perigo atual ou iminente de grave dano.

Alternativa "a": correta. A assertiva está correta, traduzindo a aplicação da regra do art. 142 do CC: "O erro de indicação da pessoa ou da coisa, a que se referir a declaração de vontade, não viciará o negócio quando, por seu contexto e pelas circunstâncias, se puder identificar a coisa ou pessoa cogitada."

---

139. (TRT/2ª RG – XXXVI Concurso – 2011) Assinale a alternativa INCORRETA:

a) É nulo o negócio jurídico simulado, mas subsistirá o que se dissimulou, se válido for na substância e na forma.

b) Haverá simulação nos negócios jurídicos quando apresentarem conferir ou transmitir direitos a pessoas diversas daquelas às quais realmente se conferem ou transmitem, quando tiverem declaração, confissão, condição ou cláusula não verdadeira e no caso de instrumentos particulares que forem antedatados, ou pós-datados.

c) As nulidades devem ser pronunciadas pelo juiz, quando conhecer do negócio jurídico ou dos seus efeitos e as encontrar provadas, não lhe sendo permitido supri-las, ainda que a requerimento das partes.

d) O negócio jurídico nulo não é suscetível de confirmação, mas convalesce pelo decurso do tempo.

e) O negócio anulável pode ser confirmado pelas partes, salvo direito de terceiro.

COMENTÁRIOS

Alternativa "a": correta. Está correta. A assertiva reproduz o teor do art. 167 do CC: "É nulo o negócio jurídico simulado, mas subsistirá o que se dissimulou, se válido for na substância e na forma."

Alternativa "b": correta. A alternativa está correta, pois corresponde à regra do art. 167, § 1º, do CC: "Haverá simulação nos negócios jurídicos quando: I – aparentarem conferir ou transmitir direitos a pessoas diversas daquelas às quais realmente se conferem, ou transmitem; II – contiverem declaração, confissão, condição ou cláusula não verdadeira; III – os instrumentos particulares forem antedatados, ou pós-datados."

Alternativa "c": correta. Está correta, pois repete, literalmente, a redação do art. 168, parágrafo único, do CC: "As nulidades devem ser pronunciadas pelo juiz, quando conhecer do negócio jurídico ou dos seus efeitos e as encontrar provadas, não lhe sendo permitido supri-las, ainda que a requerimento das partes."

Alternativa "e": correta. Está correta. A assertiva corresponde à redação do art. 172 do CC: "O negócio anulável pode ser confirmado pelas partes, salvo direito de terceiro."

Alternativa "d": incorreta. Está incorreta. O enunciado da alternativa contraria o disposto no art. 169 do CC, que dispõe: "O negócio jurídico nulo não é suscetível de confirmação, nem convalesce pelo decurso do tempo." Dessa forma, o equívoco da alternativa reside no fato de que, ao contrário do afirmado pelo examinador, o negócio jurídico nulo **não convalesce pelo decurso do tempo**.

---

140. (TRT/23ª RG – XVI Concurso – 2010) Analise os itens abaixo e aponte a alternativa CORRETA:

I. É nulo o contrato de compra e venda de imóvel urbano (terreno), lavrado em instrumento particular, cujo preço combinado é de R$ 14.000,00 (quatorze mil reais).

II. É anulável o contrato de compra e venda de imóvel urbano (terreno), lavrado em instrumento particular, cujo preço combinado é de R$ 14.000,00 (quatorze mil reais).

III. É nulo o contrato de promessa de compra e venda de imóvel urbano (terreno), lavrado em instrumento particular, cujo preço combinado é de R$ 14.000,00 (quatorze mil reais).

IV. É anulável o contrato de promessa de compra e venda de imóvel urbano (terreno), lavrado em instrumento particular, cujo preço combinado é de R$ 14.000,00 (quatorze mil reais).

V. A escritura pública é essencial à validade da compra e venda de imóvel urbano (terreno) cujo preço combinado é de R$ 14.000,00 (quatorze mil reais); já o contrato de promessa de compra e venda, é válido se celebrado por instrumento particular.

a) A proposição I está correta e as proposições II, III, IV e V, incorretas.

b) A proposições I e III estão corretas e as proposições II, IV e V, incorretas.

c) Todas as proposições estão incorretas.

d) As proposições I e V estão corretas e as proposições II, III e IV, incorretas.

e) A proposição V está correta e as proposições I, II, III e IV, incorretas.

COMENTÁRIOS

Alternativa "c": correta. Levando-se em conta que todos os itens tratam do mesmo tema, vamos fazer um único comentário que abrangerá todas as hipóteses tratadas nas diferentes assertivas.

Primeiramente, é preciso destacar que a questão trata da invalidade (nulidade ou anulabilidade) do contrato de compra e venda. O Código Civil determina no seu art. 108, que: "Não dispondo a lei em contrário, a escritura pública é essencial à validade dos negócios jurídicos que visem à constituição, transferência, modificação ou renúncia de direitos reais sobre imóveis de valor superior a trinta vezes o maior salário mínimo vigente no País." Isto quer dizer que a escritura pública é requisito essencial de validade para a efetivação da alienação de bem imóvel, cujo valor esteja acima de trinta vezes o maior salário mínimo vigente no país. Nesse sentido, este negócio jurídico é solene, o que significa dizer que a sua validade depende da observância de forma prescrita em lei e a sua formalidade constitui-se de ato *ad solemnitatem* ou *ad sustantiam,* que neste caso será a escritura pública. Faltando este elemento essencial de validade, o ato será invalidado, pois desrespeitará forma prescrita em lei para a sua realização, conforme estabelece o art. 166, inc. IV, do CC: "É nulo o negócio jurídico quando: [...] IV – não revestir a forma prescrita em lei; " Nesse sentido, podemos afirmar que todos os itens que propugnam pela anulabilidade do contrato de compra e venda mencionado no enunciado estão **incorretos**, o que é o caso dos itens II e IV. Outrossim, o art. 108, acima transcrito, estabelece que a escritura é requisito substancial de validade apenas nos negócios jurídicos que envolvam a alienação (transferência) de bens imóveis, cujo valor esteja acima de trinta vezes o maior salário mínimo vigente no país. Imóveis cujo valor seja menor do que o estabelecido pela lei, não terão como requisito de validade do negócio, a escritura pública. Para sabermos qual é o montante exigido pela lei, precisaremos utilizar o valor do salário mínimo estabelecido pela União no ano de 2010, ano em que se realizou o certame, cuja a questão ora comentada foi exigida. Segundo a Lei 12.255/10, que dispõe sobre o valor do salário mínimo no ano de 2010, no seu artigo 1º, inciso I: "Ficam estabelecidas as diretrizes para a política de valorização do salário mínimo entre 2010 e 2023, obedecendo-se às seguintes regras: em 2010, a partir do dia 1º de janeiro, o salário mínimo será de R$ 510,00 (quinhentos e dez reais); " O valor de salário mínimo referência, portanto, é de R$ 510,00, e a soma de trinta vezes esse valor equivale a R$ 15300,00. Logo, todos os negócios jurídicos que envolvam a alienação de imóveis, cujo valor seja menor do que aquele demonstrado, não terão necessidade de escritura pública. Por sua vez, todos os itens da questão, que exigem escritura público para alienação de imóveis no valor de R$ 14.000,00, ou seja, abaixo de trinta vezes o maior salário mínimo que é R$ 15.300,00, estão **incorretos**, como se constata em todos os itens da questão. Desde logo, já podemos afirmar que todos os itens da questão estão **incorretos** pelos motivos já apresentados. Por fim, cabe um comentário particular à parte final do item V: "Já o contrato de promessa de compra e venda, é válido se celebrado por instrumento particular." Essa informação está correta, pois o contrato preliminar deve conter todos os requisitos essenciais do contrato que será celebrado, neste caso, o contrato de compra e venda. No entanto, não é preciso atender às suas formalidades substanciais, ou seja, não precisa ser formalizado através de escritura pública, podendo ser celebrado por instrumento particular. Apesar do acerto da parte final, o erro da primeira parte invalida totalmente a assertiva

141. (TRT/6ª RG - XVIII Concurso - 2010) Analise as assertivas abaixo e, depois, assinale a alternativa CORRETA:

I. Os vícios de vontade só podem ser observados nos negócios jurídicos.

II. O prazo para se pleitear a anulabilidade do ato jurídico por vício de vontade é prescricional.

III. Termo é a cláusula que subordina os efeitos do ato negocial a um acontecimento futuro e certo.

IV. A invalidade é uma sanção do ordenamento jurídico a alguma desconformidade e/ou irregularidade relativa a pressupostos e/ou requisitos de validade dos atos jurídicos *lato sensu*.

V. O ato de confirmação deverá observar, necessariamente, a mesma substância do contrato (anulável) celebrado e a vontade expressa de confirmação.

a) Apenas as assertivas III, IV e V estão corretas.

b) Apenas as assertivas I e IV estão corretas.

c) Apenas as assertivas I, III e V estão incorretas.

d) Todas estão incorretas.

e) Apenas as assertivas II, IV e V estão incorretas.

COMENTÁRIOS

Alternativa "a": correta. Analisaremos todos os itens da questão:

Item I: Incorreto. A assertiva não está correta, tendo em vista que afirma que os vícios de vontade só podem ser observados nos negócios jurídicos. Para aferir o seu erro, primeiramente, será necessário definir o que são vícios de vontade. A vontade externalizada pelo agente deve corresponder exatamente ao que intimamente pretendia. Na verdade, a vontade manifestada deve corresponder à vontade real. Caso ocorra alguma divergência, essa contrariedade advém de algum vício que corrompeu a originalidade da vontade real do agente. Esses vícios atuam na vontade e, também são chamados de vícios de consentimento e são eles: o erro, o dolo, a coação, a lesão e o estado de perigo. O negócio jurídico, considerado como ato negócio, cuja eficácia dependa da vontade humana livre e cujo objetivo é a ocorrência de determinado resultado, não é o único ato cuja base seja a vontade humana. No mesmo sentido, existem os atos jurídicos em sentido estrito ou atos não negociais. Estes atos também dependem da vontade humana, mas têm "por elemento nuclear do suporte fático manifestação ou declaração unilateral de vontade cujos efeitos jurídicos são prefixados pelas normas jurídicas e invariáveis, não cabendo às pessoas qualquer poder de escolha da categoria jurídica ou estruturação do conteúdo das relações jurídicas respectivas." (MELO, Marcos Bernades de. **Teoria do fato jurídico: plano da existência.** 10.ed. São Paulo: Saraiva, 1999. p. 141). O ato jurídico *stricto sensu* não busca um resultado pretendido pelas partes, mas sim se subordina a um resultado prefixado pela lei. Não há escolha do agente, ao contrário do que ocorre no negócio jurídico. No entanto, o ato jurídico depende da vontade para existir e, por sua vez, havendo vontade, ela poderá ser viciada. Nesse sentido, todos os atos cuja existência dependa da vontade humana, estão sujeitos aos vícios da vontade. Portanto, a assertiva está errada ao relacionar os vícios do consentimento apenas aos negócios jurídicos.

Item II: Incorreto. A assertiva está incorreta, pois o prazo para a anulação do negócio jurídico por vício de vontade (erro, dolo, coação, estado de perigo ou lesão), é decadencial, conforme preceitua a doutrina do art. 178 do CC: "É de quatro anos o prazo de decadência para pleitear-se a anulação do negócio jurídico, contado: I – no caso de coação, do dia em que ela cessar; II – no de erro, dolo, fraude contra credores, estado de perigo ou lesão, do dia em que se realizou o negócio jurídico; III – no de atos de incapazes, do dia em que cessar a incapacidade."

Item III: Correto. O enunciado do item está de acordo com as características que a doutrina apresenta sobre o termo: "Diz-se termo o acontecimento futuro e certo que suspende a eficácia do ato negocial, sem prejudicar a aquisição de direitos, fazendo cessar os efeitos decorrentes do próprio negócio." (FARIAS, Cristiano Chaves de; ROSENVALD, Nelson. **Direito Civil: teoria Geral.** 9. ed. Rio de Janeiro: *Lumen Juris*, 2011. p. 620.)

Item IV: Correto. A expressão invalidade representa um gênero (*lato sensu*) que comporta duas espécies: a nulidade absoluta e a nulidade relativa ou anulabilidade. De fato, a "invalidade é uma sanção que o direito estabelece para a prática do ato jurídico a que falte qualquer dos seus requisitos."(AMARAL, Francisco. **Direito Civil: Introdução.** 5.ed. Rio de Janeiro: Renovar, 2003. p. 520.) Nesse sentido, a assertiva está correta, pois coaduna com o que a doutrina define como invalidade.

Item V: A assertiva está correta, pois concorda com a norma insculpida no art. 173 do CC: "O ato de confirmação deve conter a substância do negócio celebrado e a vontade expressa de mantê-lo."

Estão **corretos** os itens III, IV e V, e **incorretos** os itens I e II, conforme demonstrado, o que justifica o acerto da alternativa "a".

---

142. (TRT/3ª RG – Concurso – 01/2009) Acerca dos atos, fatos e negócios jurídicos segundo o novo Código Civil, leia as afirmações abaixo e, em seguida, assinale a alternativa CORRETA:

I. São defeitos do negócio jurídico o erro substancial, o dolo, a coação, a simulação, o estado de perigo, a lesão e a fraude contra credores. Observadas as condições legais, o negócio jurídico defeituoso é anulável.

II. É nulo o negócio jurídico quando celebrado por pessoa absolutamente incapaz; for ilícito, impossível ou indeterminável o seu objeto; o motivo determinante, comum a ambas as partes, for ilícito; não revestir a forma prescrita em lei; for preterida alguma solenidade que a lei considere essencial para a sua validade; tiver por objeto fraudar lei imperativa; ou a lei taxativamente o declarar nulo, ou proibir-lhe a prática, sem cominar sanção.

III. A confirmação expressa, ou a execução voluntária de negócio anulável, nos termos da lei, importa a extinção de todas as ações, ou exceções, de que contra ele dispusesse o devedor.

IV. Ocorre a lesão quando uma pessoa, premida da necessidade de salvar-se, ou a pessoa de sua família, de grave dano conhecido pela outra parte, assume obrigação excessivamente onerosa.

V. Subordinando-se a eficácia do negócio jurídico à condição suspensiva, enquanto esta se não realizar, vigorará o negócio jurídico, podendo exercer-se desde a conclusão deste o direito por ele estabelecido.

a) Somente uma afirmativa está correta.
b) Somente duas afirmativas estão corretas.
c) Somente três afirmativas estão corretas.
d) Somente quatro afirmativas estão corretas.
e) Todas as afirmativas estão corretas.

COMENTÁRIOS

Vamos analisar todos os itens da questão para compreendermos a resposta correta.

Item I: Incorreto. A afirmativa está incorreta. O primeiro item da questão apresenta o erro substancial, o dolo, a coação, o estado de perigo, a lesão e a fraude contra credores, como defeitos do negócio jurídico que acarretam a sua anulabilidade. Nestes termos, a assertiva estaria correta, pois concordaria com o art. 171, II, do Código Civil: "Além dos casos expressamente declarados na lei, é anulável o negócio jurídico: [...] II – por vício resultante de erro, dolo, coação, estado de perigo, lesão ou fraude contra credores." No entanto, acrescentou-se como vicio anulável a simulação, o que contraria expressamente o regramento legal, que considera o vício resultante da simulação como passível de nulidade absoluta, como se depreende do art. 167, do CC e, por nós, destacado: "**É nulo o negócio jurídico simulado**, mas subsistirá o que se dissimulou, se válido for na substância e na forma."

Item II: Correto. Afirmativa está correta, haja vista que transcreveu literalmente o *caput* e os incisos do art. 166, do CC: "É nulo o negócio jurídico quando: I – celebrado por pessoa absolutamente incapaz; [...] II – for ilícito, impossível ou indeterminável o seu objeto; III – o motivo determinante, comum a ambas as partes, for ilícito; IV – não revestir a forma prescrita em lei; V – for preterida alguma solenidade que a lei considere essencial para a sua validade; VI – tiver por objetivo fraudar lei imperativa; VII – a lei taxativamente o declarar nulo, ou proibir-lhe a prática, sem cominar sanção."

Item III: A afirmativa está correta, pois confirma literalmente o que está disposto no art. 175, do CC: "A confirmação expressa, ou a execução voluntária de negócio anulável, nos termos dos arts. 172 a 174, importa a extinção de todas as ações, ou exceções, de que contra ele dispusesse o devedor."

Item IV: A afirmativa está incorreta. Uma prática comum das bancas examinadores, quando tratam dos defeitos do negócio jurídico, é confundir os conceitos de lesão e estado de perigo, ou seja, fala-se em lesão, mas o conceito apresentado é o de estado de perigo. No item em questão foi exatamente isso que ocorreu e, por consequência, acarretou o seu erro. Assim, deve-se ficar atento ao fato de que a lesão é tratada pelo Código Civil no seu art. 157: "Ocorre a lesão quando uma pessoa, sob premente necessidade, ou por inexperiência, se obriga a prestação manifestamente desproporcional ao valor da prestação oposta." E o estado de perigo está disciplinado no art. 156: "Configura-se o estado de perigo quando alguém, premido da necessidade de salvar-se, ou a pessoa de sua família, de grave dano conhecido pela outra parte, assume obrigação excessivamente onerosa." Para que a dúvida não persista é oportuno diferenciar esses dois tipos de vícios: no estado de perigo a obrigação contraída é excessivamente onerosa para uma das partes, o negócio jurídico é assumido em razão da necessidade de salvar uma vida, que pode ser a própria vida, de um familiar e até mesmo de um terceiro. Também se exige para configuração deste vício a presença do dolo de aproveitamento, ou seja, que a parte que se beneficia do negócio tenha conhecimento do estado de perigo que motivou a assunção da obrigação. *(*FARIAS, Cristiano Chaves de; ROSENVALD, Nelson. **Direito Civil: teoria Geral.** 9. ed. Rio de Janeiro: Lumen Juris, 2011. p. 642.). Por sua vez, a lesão deriva da necessidade de resolver uma questão econômica, e ocorrerá quando houver "desproporção grave entre as prestações opostas como na cobrança extorsiva de juros", ou quando por inexperiência ou necessidade premente, o agente se obriga a prestação significativamente desproporcional à outra. Para a configuração da lesão não é necessário que uma vida esteja correndo perigo, nem que exista conhecimento das circunstâncias que motivam o negócio, por parte do beneficiário. (DUARTE, Nestor. Parte Geral. *In:* PELUSO, Cezar (Coord.). **Código Civil comentado: doutrina e jurisprudência.** 6. ed. Barueri: Manole, 2012. p. 125.).

Item V: A afirmativa está incorreta. Inicialmente a assertiva reproduz o que dispõe o art. 125, do CC. No entanto, a sua parte final afronta o que determina esse dispositivo legal, vejamos: "Subordinando-se a eficácia do negócio jurídico à condição suspensiva, **enquanto esta se não verificar, não se terá adquirido o direito, a que ele visa".** Cabe ressaltar que a condição suspensiva, enquanto não verificada, impede a aquisição e, por sua vez, o exercício do direito regulado pelo negócio jurídico.

Alternativa "b": correta.

2.6. DOS ATOS ILÍCITOS

143. (TRT 2 – Juiz do Trabalho Substituto 2ª Região/ 2013) Em relação à prática de atos de responsabilidade, observe as proposições abaixo e ao final aponte a alternativa que contenha proposituras corretas:

I. Comete ato ilícito aquele que, por ação ou omissão voluntaria, negligencia ou imprudência, violar direitos e causar dano a outrem desde que não seja exclusivamente moral.

II. Constitui-se em ato ilícito a deterioração ou destruição da coisa alheia, ou a lesão a pessoa, a fim de remover perigo iminente, excedendo os limites do indispensável para a sua remoção.

III. A pensão correspondente à indenização oriunda de responsabilidade civil deve ser calculada com base no salário mínimo vigente ao tempo de sentença e ajustar-se-á a variações ulteriores.

IV. O incapaz responde pelos prejuízos que causar, se as pessoas por ele responsáveis não tiverem obrigação de fazê-lo ou não dispuserem de meios suficientes.

V. Goza de privilégio especial sobre os bens do devedor, o crédito por custas judiciais, ou por despesas com a arrecadação e liquidação da massa.

Está correta a alternativa:

a) I, II e III.

b) II, III e IV.

c) III, IV e V.

d) I, III e IV.

e) II, III e V.

COMENTÁRIOS

Todos os itens da questão serão analisados, com o fito de demonstrar o acerto da alternativa em exame.

Item I – Incorreto. O dano exclusivamente moral, ao contrário do exposto no item em apreço, é perfeitamente indenizável, nos moldes do que preconiza o art. 186 do CC: "Aquele que, por ação ou omissão voluntária, negligência ou imprudência, violar direito e causar dano a outrem, **ainda que exclusivamente moral**, comete ato ilícito."

Item II – Correto. A assertiva está correta, pois amolda-se às disposições inseridas no art. 188, inciso II e parágrafo único, do CC. Senão, veja-se: "Art. 188. Não constituem atos ilícitos: [...] II – a deterioração ou destruição da coisa alheia, ou a lesão a pessoa, a fim de remover perigo iminente. Parágrafo único. No caso do inciso II, o ato será legítimo somente quando as circunstâncias o tornarem absolutamente necessário, não excedendo os limites do indispensável para a remoção do perigo."

Item III – Correto. O item em exame encontra respaldo na Súmula n.º 490 do STF, com a seguinte redação: "A pensão correspondente a indenização oriunda de responsabilidade civil deve ser calculada com base no salário mínimo vigente ao tempo da sentença e ajustar-se-á às variações ulteriores."

Item IV – Correto. A assertiva está correta, pois corresponde à literalidade do art. 928 do CC, cujo teor ora se transcreve: "O incapaz responde pelos prejuízos que causar, se as pessoas por ele responsáveis não tiverem obrigação de fazê-lo ou não dispuserem de meios suficientes."

Item V – Incorreto. Ao contrário do que constou da assertiva em exame, os créditos oriundos de custas judiciais e de despesas com a arrecadação e liquidação da massa não gozam de privilégio especial, mas de privilégio geral sobre os bens do devedor, conforme preconiza o art. 965, II, do CC: "Goza de privilégio geral, na ordem seguinte, sobre os bens do devedor: [...] II – o crédito por custas judiciais, ou por despesas com a arrecadação e liquidação da massa."

Alternativa correta: letra "b".

2.7. DA PRESCRIÇÃO E DA DECADÊNCIA

Atenção: o art. 206-A do CC, introduzido pela Lei n.º 14.195, de 26 de agosto de 2021, introduz o instituto da prescrição intercorrente ou prescrição no curso do processo (vide comentários nas dicas)

144. (TRT 2 – Juiz do Trabalho Substituto 2ª Região/2016) Assinale a assertiva INCORRETA:

a) Os prazos de prescrição podem ser alterados por acordo das partes.

b) É nulo o negócio jurídico simulado, mas subsistirá o que se dissimulou, se válido for na substância e na forma.

c) O negócio anulável pode ser confirmado pelas partes, salvo direito de terceiro.

d) A anulabilidade não tem efeito antes de julgada por sentença, nem se pronuncia de ofício; só os interessados a podem alegar, e aproveita exclusivamente aos que a alegarem, salvo o caso de solidariedade ou indivisibilidade.

e) Suspensa a prescrição em favor de um dos credores solidários, só aproveitam os outros se a obrigação for indivisível.

COMENTÁRIOS

Alternativa incorreta: letra "b". A proposição está de acordo com a literalidade do art.167, *caput*, do Código Civil.

Alternativa incorreta: letra "c". A alternativa reflete o texto do art. 172 do Código Civil. A previsão tem como objetivo resguardar direito de terceiros quando de eventual invalidade do negócio jurídico.

Alternativa incorreta: letra "d". Afirmativa de acordo com o disposto no art. 177 do Código Civil, que estabelece: "A anulabilidade não tem efeito antes de julgada por sentença, nem se pronuncia de ofício; só os interessados a podem alegar, e aproveita exclusivamente aos que a alegarem, salvo o caso de solidariedade ou indivisibilidade."

Alternativa incorreta: letra "e". A alternativa em análise reproduz o texto do art. 201, inserido na seção que trata das causas que impedem ou suspendem a prescrição.

Alternativa correta: letra "a". De acordo com o que dispõe o art. 192 do Código Civil, *os prazos de prescrição não podem ser alterados por acordo das partes*.

145. (FCC – Juiz do Trabalho Substituto 6ª Região/2015) Em relação às causas que impedem, suspendem ou interrompem a prescrição,

a) interrompe-se a prescrição por ato inequívoco, desde que exclusivamente judicial, que importe reconhecimento do direito pelo devedor.

b) não corre a prescrição pendendo condição suspensiva, não estando vencido o prazo ou pendendo ação de evicção.

c) a interrupção da prescrição só se dará em benefício do credor e só por ele poderá ser requerida.

d) não corre a prescrição entre ascendentes e descendentes, vitaliciamente em razão da proximidade do vínculo parental.

e) não corre a prescrição pendendo condição resolutiva, entre os cônjuges, na constância da sociedade conjugal, ou pendendo ação redibitória.

COMENTÁRIOS

Alternativa incorreta: letra "a". A interrupção da prescrição não se dá exclusivamente por ato judicial, mas por qualquer ato inequívoco, ainda que extrajudicial. Nesse sentido, é o que determinada o inciso VI, do art. 202, do CC: "A interrupção da prescrição, que somente poderá ocorrer uma vez, dar-se-á: VI – por qualquer ato inequívoco, ainda que extrajudicial, que importe reconhecimento do direito pelo devedor."

Alternativa incorreta: letra "c". A assertiva contraria o que prescreve o art. 203, do CC: "A prescrição pode ser interrompida por qualquer interessado."

Alternativa incorreta: letra "d". A assertiva afronta a norma contida no art. 197, do CC: "Não corre a prescrição – entre ascendentes e descendentes, durante o poder familiar;"

Alternativa incorreta: letra "e". A assertiva contraria o que preceitua os art. 197 e 199, ambos do CC: "Art. 197. Não corre a prescrição: I – entre os cônjuges, na constância da sociedade conjugal; " "Art. 199. Não corre igualmente a prescrição: I – pendendo condição suspensiva; II – não estando vencido o prazo; III – pendendo ação de evicção."

Alternativa correta: letra "b". A assertiva corresponde ao que prescreve o art. 199, do CC: "Não corre igualmente a prescrição: I – pendendo condição suspensiva; II – não estando vencido o prazo; III – pendendo ação de evicção."

146. (FCC – Juiz do Trabalho Substituto 1ª Região/2014) João X realizou uma compra em uma loja pagando com cheque sem provisão de fundos, sendo, por isso, inscrito nos cadastros negativos de entidades de proteção ao crédito. Nessa época já corria em relação a ele processo de interdição por prodigalidade, o que foi informado ao gerente da loja, ocasião em que, também, foi proferida sentença de interdição, posterior à compra. Passados cinco anos, a interdição foi levantada, e João X, imediatamente, moveu ação de indenização por dano moral contra a empresária da loja, porque, sendo incapaz, não poderia ter seu nome lançado no rol dos maus pagadores. Na contestação, a ré apenas alegou prescrição, porque as pretensões fundadas em responsabilidade civil extinguem-se pela prescrição, no prazo de três anos. Neste caso,

a) a arguição de prescrição não pode ser acolhida, porque a sentença de interdição interrompeu o prazo prescricional e recomeçou a correr apenas com o seu levantamento.

b) a arguição de prescrição deve ser acolhida, porque seu curso não foi obstado pela superveniência da interdição.

c) contra o autor não ocorreu prescrição, todavia, ele não pode ser aquinhoado com a pretendida indenização, porque os incapazes não sofrem dano moral e sendo essa matéria de ordem pública, o Juiz dela conhecerá de ofício.

d) não ocorreu prescrição, porque ela não corre contra os interditos por prodigalidade.

e) a defesa está equivocada, porque o direito do autor extingue-se por decadência e esta não pode ser reconhecida de ofício.

COMENTÁRIOS

Alternativas incorreta: letra "a". Como visto no comentário precedente, a incapacidade relativa de João X não conduz à interrupção da prescrição, o que acarreta o desacerto da alternativa.

Alternativa incorreta: letra "c". A assertiva está absolutamente equivocada, especialmente porque parece induzir à conclusão de que incapazes não podem sofrer danos morais, o que é absolutamente despropositado. Em verdade, o fato de o sujeito não poder exercer, por si só, todos os atos da vida civil, não lhe retira o atributo da personalidade jurídica e tampouco os direitos da personalidade que são inerentes às pessoas naturais. Em consequência, incorreta a alternativa examinada.

Alternativa incorreta: letra "d". A assertiva está incorreta, pelos motivos já expendidos quando dos comentários à alternativa "b".

Alternativa incorreta: letra "e". Está equivocada, pois, no caso retratado pelo enunciado da questão, exsurgiu, em tese, uma pretensão de reparação de danos em prol de João X. De tal sorte, é forçoso concluir que tal pretensão se sujeita à prescrição e não à decadência, a qual se refere essencialmente aos direitos potestativos e relaciona-se às ações de natureza constitutiva.

Alternativa correta: letra "b". A sentença que decretou a incapacidade relativa de João X não tem o condão de interromper ou suspender o fluxo do prazo prescricional. Como é cediço, a prodigalidade, hipótese de incapacidade relativa (art. 4º do CC), não produz tal efeito, considerando-se a manifesta ausência de fundamentação legal para tanto. Somente se se tratasse de alguma das espécies de incapacidade absoluta é que seria possível cogitar da interrupção do fluxo dos prazos prescricionais, tendo em vista a dicção do art. 198, I, do CC.

---

147. (FCC – Juiz do Trabalho Substituto 1ª Região/2015) Maria José trabalhou como empregada doméstica para Silvana, no período de 03/05/2003 a 09/07/2010, quando foi dispensada sem justa causa. Por ocasião da dispensa, Silvana informou a Maria José que estava passando por dificuldades financeiras e que não possuía os recursos necessários ao pagamento das verbas rescisórias, mas, assim que estivesse em melhor situação, entraria em contato para quitar sua dívida. Em 10/03/2015, Silvana efetuou o pagamento do que era devido a Maria José. Entretanto, ao voltar para casa, o filho de Silvana, advogado recém-formado, discordou de sua decisão, pois a dívida já estava prescrita há mais de dois anos. Por conta disso, ofereceu-se a ajuizar uma ação de repetição de indébito em face de Maria José. Diante desta situação, Silvana:

a) faz jus a reaver a quantia paga, pois se trata de enriquecimento sem causa de Maria José.

b) não faz jus a reaver a quantia paga, pois se trata de cumprimento espontâneo de obrigação natural.

c) não faz jus a reaver a quantia paga, pois as obrigações alimentícias são imprescritíveis.

d) faz jus a reaver a quantia paga, pois agiu em erro de direito escusável.

e) não faz jus a reaver a quantia paga, pois, na hipótese, a prescrição é quinquenal.

COMENTÁRIOS

Alternativas incorretas: "a", "c", "d" e "e". As assertivas estão incorretas, porquanto desprovidas de fundamentação legal.

Alternativa correta: letra "b". O pagamento de dívida prescrita não autoriza a repetição de indébito. Isso porque, como é cediço, a prescrição somente tem o efeito de extinguir as pretensões de direito patrimonial, que consistem na faculdade de exigir de outrem uma determinada prestação. É o que decorre da melhor exegese do texto legal, especialmente do art. 189 do CC. Em consequência, ainda que tenha sido implementada a prescrição, o direito ao recebimento do crédito permanece válido, muito embora não possa o credor exigi-lo do devedor. De tal sorte, correta a assertiva em exame.

148. (FCC – Juiz do Trabalho Substituto 23ª Região/2015) Maurício e Odete celebraram, por instrumento particular em que se avençou tratarem-se de credores solidários, contrato de mútuo por meio do qual entregaram R$10.000,00 a Nilce. Esta se obrigou a devolver o montante em 1º de julho de 2007. Não cumprida a obrigação, Maurício protestou judicialmente Nilce, em 1º de julho de 2011, nos termos da lei processual civil. Como Nilce continuou inadimplente, Odete ajuizou ação em 4 de julho de 2015. A pretensão de Odete:

a) está prescrita, pois, embora a interrupção da prescrição aproveite ao credor solidário, transcorreu, do termo, o prazo prescricional de 3 anos, aplicável ao caso.

b) está prescrita, pois o protesto judicial, ainda que nos termos da lei processual civil, não interrompe a prescrição.

c) não está prescrita, pois a interrupção da prescrição sempre aproveita aos credores, solidários ou não.

d) está prescrita, pois a interrupção da prescrição nunca aproveita aos demais credores, ainda que solidários.

e) não está prescrita, pois a interrupção da prescrição aproveita ao credor solidário.

COMENTÁRIOS

Alternativa incorreta: letra "a". A alternativa está incorreta, posto que o prazo aplicável, à espécie, não é de 3 (três) anos, mas de 5 (cinco) anos, conforme art. 206, §5º, I, do CC: "a pretensão de cobrança de dívidas líquidas constantes de instrumento público ou particular."

Alternativa incorreta: letra "b". A assertiva está incorreta, porquanto contraria o que dispõe o art. 202, II, do CC: "Art. 202. A interrupção da prescrição, que somente poderá ocorrer uma vez, dar-se-á: I – por despacho do juiz, mesmo incompetente, que ordenar a citação, se o interessado a promover no prazo e na forma da lei processual; II – por protesto, nas condições do inciso antecedente".

Alternativa incorreta: letra "c". Via de regra a interrupção da prescrição não aproveita aos credores não solidários, o que conduz ao equívoco da alternativa.

Alternativa incorreta: letra "d". A assertiva está incorreta, por contrariar o que dispõe o art. 204, §1º, do CC.

Alternativa correta: letra "e". A assertiva está correta, porquanto em conformidade ao que preconiza o art. 204, §1º, do CC: "A interrupção por um dos credores solidários aproveita aos outros; assim como a interrupção efetuada contra o devedor solidário envolve os demais e seus herdeiros."

149. (FCC – Juiz do Trabalho Substituto 23ª Região/2015) José, quando tinha 16 anos e 1 mês, foi atropelado por Caio. Quatro anos e meio depois José ajuizou ação de reparação civil. A pretensão:

a) não está prescrita, pois o prazo aplicável ao caso, de 5 anos, ainda não se ultimou, ainda que não se considere a incapacidade absoluta de José à época dos fatos.

b) prescreveu, pois o prazo aplicável ao caso, de 3 anos, fluiu contra José, que era relativamente incapaz à época do fato.

c) não está prescrita, pois o prazo aplicável ao caso, de 3 anos, não fluiu contra José durante a incapacidade relativa.

d) não está prescrita, pois o prazo aplicável ao caso, de 3 anos, não fluiu contra José durante a incapacidade absoluta.

e) decaiu, pois o prazo aplicável ao caso, de 4 anos, fluiu contra José, tendo em vista que, em regra, não se aplicam à decadência as causas que impedem, suspendem ou interrompem a prescrição.

COMENTÁRIOS

Alternativas incorretas: letras "a", "c", "d" e "e". As assertivas estão incorretas, seja pelo fato de negarem o implemento dos efeitos extintivos da prescrição, seja em razão de entenderem que o prazo prescricional não flui. Outro equívoco comum foi o prazo que, nas assertivas constantes das letras "a" e "e" foram consignados de forma equivocada. Todo o exposto corrobora o equívoco de tais alternativas.

Alternativa correta: letra "b". A assertiva está correta. O prazo de prescrição aplicável, *in casu*, é de 03 (três) anos, em conformidade com o que preconiza o art. 206, §3º, V, do CC, que trata da pretensão e reparação de danos. Assim, considerando-se que a prescrição corre normalmente contra os relativamente incapazes, não há que se cogitar em interrupção ou suspensão do fluxo do mencionado prazo, o que conduz, inexoravelmente, à conclusão de que a pretensão de José está acobertada pelo manto extintivo da prescrição.

150. (FCC – Juiz do Trabalho Substituto 24ª Região/2015) Entre os direitos assegurados pela Constituição Federal acha-se o de "ação, quanto aos créditos resultantes das relações de trabalho, com prazo prescricional de cinco anos para os trabalhadores urbanos e rurais, até o limite de dois anos após a extinção do contrato de trabalho;" (art. 7º, XXIX). Pode-se afirmar que:

a) os prazos de cinco e de dois anos são de prescrição parcelar.

b) o prazo de cinco anos é de prescrição parcelar e o de dois anos de prescrição de fundo de direito ou nuclear.

c) os prazos de cinco e de dois anos são de prescrição nuclear.

d) apesar de referir-se a prescrição, a regra disciplina a decadência, porque somente após o Código Civil de 2002 é que a legislação passou a distingui-las.

e) o prazo de cinco anos é de prescrição nuclear ou de fundo de direito e o de dois anos é de prescrição parcelar.

COMENTÁRIOS

Alternativas incorretas: letras "a", "c" e "e". As assertivas estão incorretas, porquanto, como analisado no comentário precedente, a prescrição bienal é de fundo de direito e a prescrição quinquenal e do tipo parcelar.

Alternativa incorreta: letra "d". A prescrição bienal não se confunde com a decadência. Como é cediço, a decadência se relaciona aos chamados direitos potestativos e às ações de natureza constitutiva. O prazo bienal contemplado pelo art. 7º, XXIX, da CR/88 é prescricional, tendo em vista relacionar-se a pretensões de direito patrimonial e às ações de natureza condenatória. À luz do exposto, a alternativa está incorreta.

Alternativa correta: letra "b". A assertiva está correta. A prazo prescricional bienal, contemplado pelo art. 7º, XXIX, da CR/88 é de fundo de direito, porquanto a sua inobservância extingue toda e qualquer pretensão relacionada ao pacto laboral extinto. Por outro lado, o prazo quinquenal contemplado pelo referido dispositivo constitucional é uma prescrição parcelar, porquanto não atinge a pretensão integralmente, mas apenas o direito de exigir as parcelas anteriores ao quinquênio que antecedeu ao ajuizamento da ação trabalhista.

---

151. (TRT 3 – Juiz do Trabalho Substituto 3ª Região/2014) Assinale a alternativa correta:

a) Ainda que haja prova segura de atos da parte interessada incompatíveis com a prescrição, só estaria configurada a renúncia a ela, se houvesse manifestação expressa no sentido de renunciar.

b) Os prazos de prescrição podem ser alterados por acordo das partes.

c) A prescrição pode ser interrompida por qualquer interessado, mas a interrupção da prescrição por um credor não aproveita aos outros, a não ser que eles sejam credores solidários.

d) A suspensão da prescrição em favor de um dos credores solidários aproveita aos demais, quer seja a obrigação divisível ou indivisível, quer seja ela sujeita ou não a condição suspensiva.

e) Quando a ação se originar de fato que deva ser apurado no juízo criminal, correrá a prescrição independentemente da respectiva sentença definitiva.

COMENTÁRIOS

Alternativa incorreta: letra "a". A alternativa está equivocada, pois olvida a possibilidade de configuração da consumação tácita da prescrição, amplamente reconhecida pelo ordenamento jurídico brasileiro, nos exatos moldes do que preconiza o art. 191 do CC: "A renúncia da prescrição pode ser expressa ou tácita, e só valerá, sendo feita, sem prejuízo de terceiro, depois que a prescrição se consumar; tácita é a renúncia quando se presume de fatos do interessado, incompatíveis com a prescrição."

Alternativa incorreta: letra "b". Ao reverso do que constou da alternativa ora examinada, os prazos prescricionais são infensos à modificação através do exercício da autonomia privada. Para corroborar a convicção ora firmada, invocamos o teor do art. 192 do CC, *in verbis:* "Os prazos de prescrição não podem ser alterados por acordo das partes."

Alternativa incorreta: letra "d". O teor da alternativa em exame contraria o texto do art. 201 do CC: "Suspensa a prescrição em favor de um dos credores solidários, só aproveitam os outros se a obrigação for indivisível."

Alternativa incorreta: letra "e". A assertiva está equivocada, pois adultera a redação do art. 200 do CC: "Quando a ação se originar de fato que deva ser apurado no juízo criminal, não correrá a prescrição antes da respectiva sentença definitiva."

Alternativa correta: letra "c". A assertiva está correta, pois encontra fundamento nos arts. 203 e 204, §1º, do CC. Veja-se:

> *"Art. 203. A prescrição pode ser interrompida por qualquer interessado."*
>
> *"Art. 204. A interrupção da prescrição por um credor não aproveita aos outros; semelhantemente, a interrupção operada contra o codevedor, ou seu herdeiro, não prejudica aos demais coobrigados."*
>
> *"§1º A interrupção por um dos credores solidários aproveita aos outros; assim como a interrupção efetuada contra o devedor solidário envolve os demais e seus herdeiros."*

---

152. (TRT 2 – Juiz do Trabalho Substituto 2ª Região/2014) Em relação à prescrição, observe as proposições abaixo e responda a alternativa que contenha proposituras corretas:

I. Iniciada contra uma pessoa não continua a correr contra o seu sucessor.

II. Violado o direito, nasce para o titular a pretensão, a qual se extingue, no prazo (10) dez anos se a lei não lhe haja fixado prazo menor.

III. Os prazos podem ser alterados desde que acordados pelos agentes do negócio jurídico.

IV. A renúncia pode ser expressa ou tácita, e só valerá se realizada sem prejuízo de terceiro, depois que se consumar. Será tácita a renúncia quando se presume de fatos do interessado, incompatíveis com a prescrição.

V. Suspensa em favor de um dos credores solidários, só aproveita aos outros se a obrigação for indivisível.

Está correta a alternativa:

a) I, II e III.

b) II, IV e V.

c) II, III e IV.

d) I, IV e V.

e) I, III e V.

COMENTÁRIOS

Todos os itens da questão serão analisados.

Item I: incorreto. O item está incorreto, porquanto contraria o que dispõe o art. 196 do CC: "A prescrição iniciada contra uma pessoa continua a correr contra o seu sucessor."

Item II: correto: O item está correto. Em primeiro lugar, a assertiva reproduz o teor parcial do art. 189 do CC, que dispõe: "Violado o direito, nasce para o titular a pretensão, a qual se extingue, pela prescrição, nos prazos a que aludem os arts. 205 e 206." Posteriormente, a banca examinadora conjugou a redação do art. 189 já mencionado, com o teor do art. 205 do CC, que preconiza: "A prescrição ocorre em dez anos, quando a lei não lhe haja fixado prazo menor." Assim, o acerto do item ora examinado decorre da combinação dos arts. 189 e 205 do CC.

Item III: incorreto. Os prazos prescricionais são infensos à alteração através do exercício da autonomia privada, consoante se infere da regra insculpida no art. 192 do CC, com a seguinte redação: "Os prazos de prescrição não podem ser alterados por acordo das partes." Tal circunstância, por óbvio, conduz ao equívoco do item enfocado.

Item IV: correto. O item está correto, uma vez que em conformidade com o que dispõe o art. 191 do CC: "A renúncia da prescrição pode ser expressa ou tácita, e só valerá, sendo feita, sem prejuízo de terceiro, depois que a prescrição se consumar; tácita é a renúncia quando se presume de fatos do interessado, incompatíveis com a prescrição."

Item V: correto. A redação atribuída ao item está correta e corresponde ao que preconiza o art. 201 do CC, *in verbis:* "Suspensa a prescrição em favor de um dos credores solidários, só aproveitam os outros se a obrigação for indivisível."

Alternativa correta: letra "b".

---

153. (CESPE – Juiz do Trabalho Substituto 5ª Região/2013) Quanto a prescrição e decadência, na seara do direito civil brasileiro, assinale a opção correta.

a) A suspensão da prescrição em relação a um dos credores solidários estende-se aos demais credores, se a obrigação for divisível.

b) A decadência contra os relativamente incapazes poderá ser suspensa em seu favor, mas, se essa se consumar, ensejará o ressarcimento de danos ao prejudicado em razão da atuação de seu representante.

c) O reconhecimento da decadência deverá ser feito a qualquer tempo e de ofício, por ser questão de ordem pública, sendo irrenunciável a faculdade liberatória se fixada em lei ou estipulada no contrato.

d) A renúncia à prescrição poderá ser expressa ou tácita e só valerá, se feita sem prejuízo de terceiro, depois que a prescrição se consumar.

e) A prescrição atinge diretamente o próprio direito e a decadência atinge a ação e, por via oblíqua, faz desaparecer o direito por ela tutelado.

COMENTÁRIOS

Alternativa incorreta: letra "a". Se a suspensão da prescrição beneficiar somente dos credores solidários, os demais só aproveitaram se a obrigação for indivisível, e não divisível como diz a alternativa. Vejamos o art. 201 do CC: "Suspensa a prescrição em favor de um dos credores solidários, só aproveitam os outros se a obrigação for indivisível."

Alternativa incorreta: letra "b". A suspensão da decadência não corre contra os absolutamente incapazes, arrolados no art. 3º, do CC. Por sua vez, não suspense a decadência quanto aos relativamente incapazes. Nesse sentido, é o que determina o art. 208 do CC: "Aplica-se à decadência o disposto nos arts. 195 e 198, inciso I."

Alternativa incorreta: letra "c". A assertiva contraria o que dispõe a lei sobre a possibilidade de renunciar a decadência legal: "Art. 209. É nula a renúncia à decadência fixada em lei." "Art. 210. Deve o juiz, de ofício, conhecer da decadência, quando estabelecida por lei."

Alternativa incorreta: letra "e". A prescrição atinge, não o próprio direito, mas a pretensão. Por sua vez, a decadência atinge o próprio direito potestativo que não foi exercido dentre de determinado prazo por seu titular. O art. 189 do CC é preciso em estabelecer o objeto da prescrição: "Violado o direito, nasce para o titular a pretensão, a qual se extingue, pela prescrição, nos prazos a que aludem os arts. 205 e 206."

Alternativa correta: letra "d". A assertiva corresponde ao que determina o art. 191 do CC: "A renúncia da prescrição pode ser expressa ou tácita, e só valerá, sendo feita, sem prejuízo de terceiro, depois que a prescrição se consumar; tácita é a renúncia quando se presume de fatos do interessado, incompatíveis com a prescrição."

---

154. (TRT 3 – Juiz do Trabalho Substituto 3ª Região/2013) Relativamente à prescrição e à decadência, com base no Código Civil, é incorreto afirmar:

a) Dado que não se aplicam à decadência as normas que impedem, suspendem ou interrompem a prescrição, o prazo decadencial corre contra os absolutamente incapazes.

b) É nula a renúncia à decadência fixada em lei.

c) Se a decadência for convencional, a parte a quem aproveita pode alegá-la em qualquer grau de jurisdição, mas o juiz não pode suprir a alegação.

d) Os prazos de prescrição não podem ser alterados por acordo das partes.

e) A renúncia da prescrição pode ser expressa ou tácita, e só valerá, sendo feita, sem prejuízo de terceiro, depois que a prescrição se consumar.

COMENTÁRIOS

Alternativa correta: letra "b". A redação da assertiva corresponde a literalidade do art. 209 do CC: "É nula a renúncia à decadência fixada em lei."

Alternativa correta: letra "c". A assertiva transcreve *ipsis literis* a redação do art. 211, CC: "Se a decadência for convencional, a parte a quem aproveita pode alegá-la em qualquer grau de jurisdição, mas o juiz não pode suprir a alegação."

Alternativa correta: letra "d". Corresponde a literalidade do "Art. 192. Os prazos de prescrição não podem ser alterados por acordo das partes."

Alternativa correta: letra "e". A alternativa corresponde a norma contida no art. 191 do CC: "A renúncia da prescrição pode ser expressa ou tácita, e só valerá, sendo feita, sem prejuízo de terceiro, depois que a prescrição se consumar; tácita é a renúncia quando se presume de fatos do interessado, incompatíveis com a prescrição."

Alternativa incorreta: letra "a". Em regra, não se aplicam à decadências as normas que impedem, suspendem ou interrompem a prescrição (art. 207, CC). No entanto, o art. 208 do CC, apresenta uma exceção quando determina que aplica-se à decadência o disposto no art. 198, I, CC. Por sua vez, o art. 198, I do CC, estabelece que não corre a prescrição contra os incapazes arrolados no art. 3º do mesmo diploma, ou seja, os absolutamente incapazes. Nesse sentido, assertiva está incorreta ao afirmar que o prazo decadencial corre contra os absolutamente incapazes, considerando apenas o que determina o art. 207, mas deixa de fazer uma leitura sistemática com o art. 208 e 198, I, ambos do CC. Colacionamos os dispositivos citados para facilitar a leitura: "Art. 207. Salvo disposição legal em contrário, não se aplicam à decadência as normas que impedem, suspendem ou interrompem a prescrição." "Art. 208. Aplica-se à decadência o disposto nos arts.195 e 198, inciso I." "Art. 198. Também não corre a prescrição: I – contra os incapazes de que trata o art. 3º;"

155. (FCC – Juiz do Trabalho Substituto 6ª Região/2013) Interrompe-se a prescrição

a) se o credor vier a sofrer interdição, em virtude de incapacidade absoluta.

b) somente por qualquer ato inequívoco, ainda que extrajudicial, que importe reconhecimento do direito pelo devedor, ou pela citação válida, desde que ordenada por juiz competente.

c) por protesto judicial, mas não por protesto cambial.

d) por despacho de juiz, mesmo incompetente, que ordenar a citação, se o interessado a promover no prazo e na forma da lei processual, ou por protesto judicial.

e) se o credor se ausentar do Brasil, em serviço público da União, dos Estados ou dos Municípios.

COMENTÁRIOS

Alternativa incorreta: letra "a". Ao contrário do que constou da alternativa sob enfoque, a incapacidade absoluta não é causa interruptiva do fluxo do prazo prescricional. Em verdade, a superveniência de incapacidade absoluta tem o efeito de suspender ou obstar o decurso do prazo de prescrição, conforme preconiza o art. 198, I, do CC, com a seguinte redação: "Também não corre a prescrição: I – contra os incapazes de que trata o art. 3º."

Alternativa incorreta: letra "b". A alternativa está equivocada, tendo em vista que a citação, ainda que ordenada por juiz incompetente, tem o condão de promover a interrupção do fluxo do prazo prescricional, nos moldes do art. 202, I, do CC.

Alternativa incorreta: letra "c". A afirmação constante da alternativa em apreço está incorreta, pois contraria disposição expressa do art. 202, III, do CC, que contempla o protesto cambial como medida que interrompe o curso do prazo de natureza prescricional. Eis o teor do mencionado dispositivo legal: "A interrupção da prescrição, que somente poderá ocorrer uma vez, dar-se-á: [...] III – por protesto cambial."

Alternativa incorreta: letra "e". A ausência do país em virtude da prestação de serviços em prol da União, dos Estados e dos Municípios é causa que impede ou suspende o curso do prazo prescricional e não hipótese de interrupção. É o que decorre do disposto no art. 198, II, do CC, com a seguinte redação: "Também não corre a prescrição: [...] II – contra os ausentes do País em serviço público da União, dos Estados ou dos Municípios."

Alternativa correta: letra "d". A assertiva está correta, traduzindo-se em aplicação das disposições inseridas no art. 202, incisos I e II, do CC, cujo teor ora se transcreve: "A interrupção da prescrição, que somente poderá ocorrer uma vez, dar-se-á: I – por despacho do juiz, mesmo incompetente, que ordenar a citação, se o interessado a promover no prazo e na forma da lei processual; II – por protesto, nas condições do inciso antecedente".

156. (TRT 2 – Juiz do Trabalho Substituto 2ª Região/2013) Sobre prescrição e decadência é correto afirmar que:

a) A prescrição pode ser alegada pela parte que aproveita em qualquer grau de jurisdição, mas não pode ser arguida em recurso extraordinário ou especial, se não tiver sido prequestionada a matéria.

b) O Código Civil é expresso ao dispor que a renúncia à prescrição pode ser ultimada mesmo antes da consumação do prazo prescricional.

c) A prescrição da ação constitui matéria de ordem pública, nas ações relativas a direitos patrimoniais, reais ou pessoais, podendo ser alegada em qualquer grau de jurisdição ou ser conhecida de ofício pelo juiz.

d) A renegociação da dívida não altera os termos de vínculo de obrigação procedente o que impede a renúncia à prescrição de forma tácita.

e) A decadência e a prescrição são prazos extintivos e o início de seu cômputo ocorre com o nascimento do direito.

COMENTÁRIOS

Alternativa incorreta: letra "a". Nos termos do art. 193 do CC, transcrito no comentário precedente, a prescrição pode ser alegada em qualquer grau de jurisdição pela parte a quem aproveita. A partir de um exame perfunctório do texto legal, é possível concluir que inexiste qualquer ressalva no tocante à arguição da matéria em recurso especial ou extraordinário, mesmo porque, a partir do advento da Lei n.º 11.280, a prescrição passou a ser reconhecível *ex officio*, independentemente de arguição da parte interessada.

Alternativa incorreta: letra "b". Ao contrário do que constou do enunciado da alternativa, o Código Civil é expresso ao estabelecer que a renúncia à prescrição, que pode ser expressa ou tácita, somente é admitida depois de consumado o respectivo prazo. Esse, aliás, é o teor do art. 191 do CC, que dispõe: "A renúncia da prescrição pode ser expressa ou tácita, e só valerá, sendo feita, sem prejuízo de terceiro, depois que a prescrição se consumar; tácita é a renúncia quando se presume de fatos do interessado, incompatíveis com a prescrição."

Alternativa incorreta: letra "d". Como exposto no comentário anterior, a legislação brasileira expressamente admite a renúncia tácita à prescrição, desde que haja a prática de atos incompatíveis com a consumação do prazo prescricional, conforme preconiza ao art. 191 do CC, acima transcrito.

Alternativa incorreta: letra "e". A assertiva está parcialmente incorreta. Isso porque, o fluxo do prazo prescricional somente se dá a partir da violação do direito e não de seu nascimento. É o que preconiza o art. 189 do CC, com a seguinte redação: "Violado o direito, nasce para o titular a pretensão, a qual se extingue, pela prescrição, nos prazos a que aludem os arts. 205 e 206."

Alternativa correta: letra "c". A partir do advento da Lei n.º 11.280/2006, a prescrição que recaia sobre direitos patrimoniais disponíveis passou a ser pronunciável *ex officio*, diante da novel redação atribuída ao art. 219, §5º, do CPC e da revogação do art. 194 do CC. Ademais, a prescrição pode ser, ainda, alegada em qualquer grau de jurisdição, conforme preceitua o art. 193 do CC, com o seguinte teor: "A prescrição pode ser alegada em qualquer grau de jurisdição, pela parte a quem aproveita." De tal sorte, substancial parcela da doutrina passou a atribuir ao instituto jurídico em apreço a natureza jurídica de objeção processual ou matéria de ordem pública. Saliente-se, por derradeiro, que antes do advento da Lei n.º 11.280/2006, a prescrição era classificada como uma exceção substancial indireta, cujo reconhecimento, por razões óbvias, dependia da arguição da parte interessada.

---

157. (TRT/20ª RG – VI Concurso – 2012) Constitui causa interruptiva da prescrição

a) o casamento entre o devedor e credor da obrigação.

b) a cessação da menoridade do titular do direito.

c) qualquer ato judicial que constitua o devedor em mora.

d) a reapresentação da cambial a protesto.

e) a morte do titular do direito no curso do prazo prescricional.

COMENTÁRIOS

✪ **Nota do autor:** A interrupção faz com que o curso do prazo prescricional seja estancado, cessando as causas da interrupção, a contagem do prazo volta ao início.

Alternativa "a": incorreta. A assertiva está incorreta, pois a hipótese prevista na sua redação não se encontra dentre as causas que interrompem a prescrição estabelecida pelo art. 202 do CC.

Alternativa "b": incorreta. A assertiva está incorreta, pois a hipótese prevista na sua redação não se encontra dentre as causas que interrompem a prescrição estabelecida pelo art. 202 do CC.

Alternativa "d": incorreta. A presente assertiva indica como causa que interrompe o prazo prescricional a "reapresentação da cambial de protesto". Contudo, o inc. IV, do art. 202, do CC, deixa claro que a interrupção ocorre com a apresentação e não com a reapresentação, razão que torna a assertiva incorreta. Vejamos o texto legal: "Art. 202. A interrupção da prescrição, que somente poderá ocorrer uma vez, dar-se-á: IV – pela apresentação do título de crédito em juízo de inventário ou em concurso de credores; "

Alternativa "e": incorreta. A assertiva está incorreta, pois a hipótese prevista na sua redação não se encontra dentre as causas que interrompem a prescrição estabelecida pelo art. 202 do CC.

Alternativa "c": correta. A assertiva está correta, pois corresponde exatamente ao que determina o Código Civil: "Art. 202. A interrupção da prescrição, que somente poderá ocorrer uma vez, dar-se-á: V – por qualquer ato judicial que constitua em mora o devedor; "

158. (TRT/11ª RG – Concurso C- 073 – 2012) A respeito da prescrição, é CORRETO afirmar:

a) O prazo voltará sempre a correr por metade se interrompida a prescrição.

b) A exceção não se sujeita a prazo prescricional.

c) Os prazos prescricionais, quando referentes a direitos disponíveis, podem ser alterados por acordo das partes.

d) O devedor cobrado em juízo não pode arguir compensação com crédito que possua contra o autor, se este encontrar-se prescrito.

e) O prazo prescricional nas obrigações indivisíveis não pode ser suspenso, porque a suspensão decorre apenas das situações pessoais das partes.

COMENTÁRIOS

Alternativa "a": incorreta. Quando ocorre a interrupção da prescrição, ou seja, quando está presente alguma das causas interruptivas, o interstício prescricional já percorrido será totalmente aniquilado. Desse modo, o prazo prescricional já trilhado será completamente desprezado e, deixando de existir a causa interruptiva, o prazo volta a fluir do seu início. Nesse sentido, é a norma contida no art. 202, par. ún. do CC: "A prescrição interrompida recomeça a correr da data do ato que a interrompeu, ou do último ato do processo para a interromper."

Alternativa "b": incorreta. A redação da alternativa contraria o que dispõe a lei sobre o tema, razão da sua incorreção. Vejamos o texto legal: "Art. 190. A exceção prescreve no mesmo prazo em que a pretensão." Apesar de controversa a matéria na doutrina, se a exceção prescreve ou não, é certo que o Código Civil é taxativo ao afirmar que as exceções prescrevem no mesmo prazo que a pretensão.

Alternativa "c": incorreta. A prescrição tem natureza de ordem pública e as normas que tratam da matéria têm natureza imperativa. Devido à natureza da matéria não é permitido alterar qualquer norma referente à prescrição, o que inclui a modificação dos prazos. Sendo, portanto, defeso aos particulares dilatarem ou diminuírem prazos prescricionais, bem como criar ou suprimir causas suspensivas ou interruptivas da prescrição. Nesse sentido, é a doutrina do art. 192 do CC: "Os prazos de prescrição não podem ser alterados por acordo das partes."

Alternativa "e": incorreta. As causas que suspendem os prazos prescricionais podem ocorrer por questões subjetivas, que dizem respeito somente à parte beneficiada e, nesse caso, somente ela poderá invocar tal privilégio. Por sua vez, se a obrigação for indivisível, a causa suspensiva alcançará os demais credores, em razão da natureza indivisível do objeto. Esse é o entendimento legislado no art. 201 do CC: "Suspensa a prescrição em favor de um dos credores solidários, só aproveitam os outros se a obrigação for indivisível."

Alternativa "d": correta. A alternativa está correta. Para que ocorra a compensação legal é necessário que alguns requisitos (art. 369 do CC) sejam preenchidos. Dentre estes requisitos está a *exigibilidade do débito* (liquidez), isto é, "dívidas líquidas são aquelas certas quanto à existência e determinadas quanto ao objeto" (FARIAS, Cristiano Chaves; ROSENVALD, Nelson. *Curso de Direito Civil:* Obrigações. 6.ed. Salvador: Editora Juspodivm, 2013. p. 520 – 521). Nesse sentido, se o crédito que o devedor possua, encontrar-se prescrito, ele não será considerado líquido e, por sua vez, não poderá invocar a compensação por falta de requisito essencial. Todavia, cabe salientar que a prescrição, nesse caso, tem que ser reconhecida pelo juízo para inviabilizar a compensação. Vejamos a norma do art. 369 do CC: "A compensação efetua-se entre dívidas líquidas, vencidas e de coisas fungíveis."

159. (TRT/4ª RG – 2012) Com relação à prescrição, é CORRETO afirmar que

a) se admite apenas a renúncia expressa à prescrição.

b) não pode ser declarada de ofício.

c) os prazos de prescrição podem ser alterados, mas desde que por acordo expresso.

d) iniciada contra uma pessoa continua a correr contra o seu sucessor.

e) não corre contra os relativamente incapazes.

COMENTÁRIOS

Alternativa "a": incorreta. Ao contrário do que constou da alternativa em apreço, é possível a renúncia tácita à prescrição, conforme, aliás, admite o art. 191 do CC, cujo teor ora se transcreve: "A renúncia da prescrição pode ser expressa ou tácita, e só valerá, sendo feita, sem prejuízo de terceiro, depois que a prescrição se consumar; tácita é a renúncia quando se presume de fatos do interessado, incompatíveis com a prescrição."

Alternativa "b": incorreta. De acordo com o art. 219, § 5º, do CPC a prescrição pode ser reconhecida de ofício pelo magistrado. Trata-se de inovação recente e controvertida, introduzida pela Lei nº 11.280/2006, eis que tradicionalmente era vedado o pronunciamento *ex officio* da prescrição, nos termos do ora revogado art. 194 do CC.

Alternativa "c": incorreta. Os prazos prescricionais, ao contrário do que foi afirmado, não podem ser alterados com fundamento na autonomia privada das partes, nos moldes do art. 192 do CC: "Os prazos de prescrição não podem ser alterados por acordo das partes."

Alternativa "e": incorreta. A prescrição somente não corre contra os absolutamente incapazes (art. 198, I, do CC). Os relativamente incapazes sujeitam-se aos efeitos extintivos da prescrição, mas têm ação contra os seus assistentes que derem causa à consumação do prazo prescricional. Este, aliás, é o teor do art. 195 do CC: "Os relativamente incapazes e as pessoas jurídicas têm ação contra os seus assistentes ou representantes legais, que derem causa à prescrição, ou não a alegarem oportunamente."

Alternativa "d": correta. A alternativa está correta, eis que reproduz o teor do art. 196 do CC, que preconiza: "A prescrição iniciada contra uma pessoa continua a correr contra o seu sucessor."

160. (TRT/23ª RG – XVIII Concurso – 2011) Assinale a alternativa que contém uma afirmação falsa:

a) Prescreve em cinco a pretensão dos profissionais liberais em geral, procuradores judiciais, curadores e professores pelos seus honorários, contado o prazo da conclusão dos serviços, da cessação dos respectivos contratos ou mandato.

b) A renúncia da prescrição pode ser expressa ou tácita, e só valerá, sendo feita, sem prejuízo de terceiro, depois que a prescrição se consumar; tácita é a renúncia quando se presume de fatos do interessado, incompatíveis com a prescrição.

c) A interrupção produzida contra o principal devedor prejudica o fiador.

d) Prescreve em três anos a pretensão do beneficiário contra o segurador, e a do terceiro prejudicado, no caso de seguro de responsabilidade civil obrigatório.

e) A interrupção ou a suspensão da prescrição por um dos credores solidários aproveita aos outros; assim como a interrupção efetuada contra o devedor solidário envolve os demais e seus herdeiros.

COMENTÁRIOS

Alternativa "a": correta. O enunciado da alternativa corresponde à regra do art. 206, § 5º, II, do CC: "Prescreve: [...] § 5º. Em cinco anos: [...]II – a pretensão dos profissionais liberais em geral, procuradores judiciais, curadores e professores pelos seus honorários, contado o prazo da conclusão dos serviços, da cessação dos respectivos contratos ou mandato."

Alternativa "b": correta. A alternativa reflete a regra do art. 191 do CC, com a seguinte redação: "A renúncia da prescrição pode ser expressa ou tácita, e só valerá, sendo feita, sem prejuízo de terceiro, depois que a prescrição se consumar; tácita é a renúncia quando se presume de fatos do interessado, incompatíveis com a prescrição."

Alternativa "c": correta. Está correta, pois corresponde à norma do art. 204, § 3º, do CC: "A interrupção produzida contra o principal devedor prejudica o fiador."

Alternativa "d": correta. Está correta, porquanto a assertiva encontra-se em consonância ao disposto no art. 206, § 3º, IX, do CC: "Prescreve: [...] § 3º. Em três anos: [...] IX – a pretensão do beneficiário contra o segurador, e a do terceiro prejudicado, no caso de seguro de responsabilidade civil obrigatório."

Alternativa "e": incorreta. A assertiva está incorreta, porquanto dissonante da regra do art. 204, § 1º, do CC, que preceitua: "A interrupção por um dos credores solidários aproveita aos outros; assim como a interrupção efetuada contra o devedor solidário envolve os demais e seus herdeiros." Verifica-se, portanto, que somente a interrupção da prescrição por um dos credores solidários aproveitará aos demais. A regra não se aplica, portanto, à hipótese de suspensão, conforme equivocadamente constou do enunciado da questão.

161. (TRT/15ª RG – XXV Concurso – 2011) A respeito da prescrição, assinale a alternativa INCORRETA:

a) Não corre contra o ausente do País que se encontre a serviço público do Município.

b) A interrupção poderá ocorrer somente uma vez.

c) Na hipótese de suspensão em favor de um dos credores solidários, só aproveitam os outros se a obrigação for indivisível.

d) A interrupção produzida contra o principal devedor prejudica o fiador.

e) Não corre entre os cônjuges, na constância da sociedade conjugal, exceto se casados pelo regime de separação obrigatória de bens.

COMENTÁRIOS

Alternativa "a": correta. A alternativa se constitui em aplicação da regra contemplada pelo art. 198, II, do CC: "Também não corre a prescrição: [...] II – contra os ausentes do País em serviço público da União, dos Estados ou dos Municípios."

Alternativa "b": correta. O enunciado da alternativa se refere à regra do art. 202 do CC, pelo qual: "A interrupção da prescrição, **que somente poderá ocorrer uma vez**, dar-se-á [...]".

Alternativa "c": correta. A assertiva está correta, porquanto reflete a regra constante do art. 201 do CC: "Suspensa a prescrição em favor de um dos credores solidários, só aproveitam os outros se a obrigação for indivisível."

Alternativa "d": correta. O enunciado da alternativa corresponde ao teor do art. 204, § 3º, do CC: "A interrupção produzida contra o principal devedor prejudica o fiador."

Alternativa "e": incorreta. A alternativa está incorreta, porquanto contrária ao disposto no art. 197, I, do CC, que preceitua: "Não corre a prescrição: I – entre os cônjuges, na constância da sociedade conjugal." É interessante notar, no particular, o que o dispositivo legal não faz qualquer ressalva no tocante ao regime de bens, limitando-se a estabelecer, de forma clara, que não corre a prescrição entre os cônjuges na constância da sociedade conjugal. De tal sorte, o equívoco da questão reside na expressão "exceto se casados pelo regime da separação obrigatória de bens", uma vez que tal exceção não foi contemplada pelo legislador.

162. (TRT/8ª RG – Concurso nº C-320 – 2011) NÃO prescreve em 3 (três) anos:

a) A pretensão de reparação civil.

b) A pretensão de ressarcimento de enriquecimento sem causa.

c) A pretensão de cobrança de dívidas líquidas constantes de instrumento público ou particular.

d) A pretensão relativa a alugueis de prédios urbanos ou rústicos.

e) A pretensão para receber prestações vencidas de rendas temporárias ou vitalícias.

COMENTÁRIOS

Alternativa "a": correta. A pretensão de reparação civil, a teor do que preceitua o art. 206, § 3º, V, do CC, prescreve em três anos.

Alternativa "b": correta. A pretensão de ressarcimento decorrente de enriquecimento sem causa, nos termos do art. 206, § 3º, IV, do CC, prescreve em três anos.

Alternativa "d": correta. A pretensão relativa a aluguéis de prédios urbanos ou rústicos, conforme dispõe o art. 206, § 3º, I, do CC, prescreve em três anos.

Alternativa "e": correta. A pretensão para receber prestações vencidas de rendas temporárias ou vitalícias prescreve em três anos, a teor do art. 206, § 3º, II, do CC.

Alternativa "c": incorreta. De acordo com o art. 206, § 5º, I, do CC, a pretensão de cobrança de dívidas líquidas constantes de instrumento público ou particular prescreve em cinco anos e não em três anos.

---

163. (TRT/2ª RG – XXXVI Concurso – 2011) Assinale a alternativa INCORRETA:

a) Começa a existência legal das pessoas jurídicas de direito privado com a inscrição do ato constitutivo no respectivo registro, precedida, quando necessário, de autorização ou aprovação do Poder Executivo, averbando-se no registro todas as alterações por que passar o ato constitutivo, decaindo em três anos o direito de anular a sua constituição, por defeito do ato respectivo, contado o prazo da publicação da inscrição no respectivo registro.

b) É anulável o negócio concluído pelo representante em conflito de interesses com o representado, se tal fato era ou devia ser do conhecimento de quem com aquele tratou. É de cento e oitenta dias, a contar da conclusão do negócio ou da cessação da incapacidade, o prazo de decadência para pleitear-se a anulação de negócio concluído pelo representante em conflito de interesses com o representado, se tal fato era ou devia ser do conhecimento de quem com aquele tratou.

c) É de quatro anos o prazo de decadência para pleitear-se a anulação do negócio jurídico, contado, no caso de coação, do dia em que ela cessar; no caso de erro, dolo, fraude contra credores, estado de perigo ou lesão, do dia em que se realizou o negócio jurídico; e no caso de atos de incapazes, do dia em que cessar a incapacidade.

d) Quando a lei dispuser que determinado ato é anulável, sem estabelecer prazo para pleitear-se a anulação, este prazo será de dois anos, a contar da data da conclusão do ato.

e) O juiz não poderá, de ofício, conhecer da decadência, mesmo quando estabelecida por lei.

COMENTÁRIOS

Alternativa "a": correta. A assertiva está correta, pois consentânea às disposições inseridas no art. 45 *caput* e parágrafo único do CC, com a seguinte redação: "Começa a existência legal das pessoas jurídicas de direito privado com a inscrição do ato constitutivo no respectivo registro, precedida, quando necessário, de autorização ou aprovação do Poder Executivo, averbando-se no registro todas as alterações por que passar o ato constitutivo. Parágrafo único. Decai em três anos o direito de anular a constituição das pessoas jurídicas de direito privado, por defeito do ato respectivo, contado o prazo da publicação de sua inscrição no registro."

Alternativa "b": correta. Está correta. A alternativa reproduz, em sua literalidade, a redação do art. 119 do CC: "É anulável o negócio concluído pelo representante em conflito de interesses com o representado, se tal fato era ou devia ser do conhecimento de quem com aquele tratou."

Alternativa "c": correta. Está correta. A banca examinadora, no caso, transcreveu as regras preconizadas no art. 178 do CC, com o seguinte teor: "É de quatro anos o prazo de decadência para pleitear-se a anulação do negócio jurídico, contado: I – no caso de coação, do dia em que ela cessar; II – no de erro, dolo, fraude contra credores, estado de perigo ou lesão, do dia em que se realizou o negócio jurídico; III – no de atos de incapazes, do dia em que cessar a incapacidade."

Alternativa "d": correta. Está correta. A assertiva em exame reflete a regra constante do art. 179 do CC, que preceitua: "Quando a lei dispuser que determinado ato é anulável, sem estabelecer prazo para pleitear-se a anulação, será este de dois anos, a contar da data da conclusão do ato."

Alternativa "e": incorreta. Está incorreta. O enunciado da alternativa contraria a norma constante do art. 210 do CC, que impõe ao magistrado o dever de conhecer de ofício a decadência quando esta for estabelecida por lei. Por outro lado, é importante salientar que a decadência convencional, decorrente do exercício da autonomia privada, não pode ser conhecida *ex officio* pelo juiz, devendo ser alegada pela parte interessada, na forma do art. 211 do CC.

---

164. (TRT/23ª RG – XVII Concurso – 2011) Constitui prazo decadencial:

a) O prazo de um ano para ação de pretensão dos tabeliães, auxiliares da justiça, serventuários judiciais, árbitros e peritos, pela percepção de emolumentos, custas e honorários.

b) O prazo de dois anos, após a extinção do contrato de trabalho, para o empregado ingressar com ação trabalhista contra seu ex-empregador.

c) O prazo de um ano para ajuizamento de ação envolvendo pretensão do segurado contra o segurador, ou a deste contra aquele.

d) O prazo de três anos para ajuizamento de ação versando sobre a pretensão relativa a aluguéis de prédios urbanos ou rústicos.

e) O prazo de dois anos para propositura de ação rescisória.

COMENTÁRIOS

Alternativa "a": incorreta. O referido prazo não é decadencial, mas sim prescricional, previsto no inciso III, do parágrafo 1º do artigo 206, do Código Civil: "a pretensão dos tabeliães, auxiliares da justiça, serventuários judiciais, árbitros e peritos, pela percepção de emolumentos, custas e honorários;"

Alternativa "b": incorreta. A assertiva não trata de prazo de decadência, mas de prazo de prescrição, conforme previsto no art. 7º, XXIX, da Constituição da República: "ação, quanto aos créditos resultantes das relações de trabalho, com prazo prescricional de cinco anos para os trabalhadores urbanos rurais, até o limite de dois anos após a extinção do contrato de trabalho;"

Alternativa "c": incorreta. O prazo tratado na afirmativa é de prescrição, previsto no art. 206, § 1º, inciso II, do CC: "a pretensão do segurado contra o segurador, ou a deste contra aquele, contado o prazo:"

Alternativa "d": incorreta. O enunciado retrata o prazo previsto no artigo 206: "a pretensão relativa a aluguéis de prédios urbanos ou rústicos;"

Alternativa "e": correta. Diferentemente dos prazos prescricionais, que estão regulados em dois artigos (art. 205 e 206) da parte geral do Código Civil, os prazos decadenciais são tratados tanto na parte geral, quanto na parte especial do diploma civilista ou em outros diplomas legais. A técnica legislativa utilizada para tratar dos prazos de decadência, foi no sentido de atrelar ao direito potestativo o respectivo prazo decadencial relativo ao seu exercício. Assim, podemos confirmar o acerto da assertiva, pois o art. 495, do Código de Processo Civil, estabelece qual é o prazo para se exercer o direito potestativo de ação, consubstanciado no procedimento denominado de ação rescisória: "O direito de propor ação rescisória se extingue em 2 (dois) anos, contados do trânsito em julgado da decisão."

---

165. (TRT/2ª RG – XXXV Concurso – 2010) Analisando as disposições do Código Civil, a alternativa INCORRETA é:

a) O princípio da conversão do negócio jurídico constitui-se em medida de exceção em que o negócio jurídico nulo poderá ser aproveitado se contiver os requisitos de outro, subsistirá este quando o fim a que visavam às partes supor que o teriam querido, se houvessem previsto a nulidade.

b) O ato ilícito é aquele praticado em desacordo com a ordem jurídica, sendo considerados elementos essenciais para sua configuração: (a) fato lesivo voluntário, causado pelo agente, por ação ou omissão, negligência ou imprudência; (b) ocorrência de dano material ou moral; (c) nexo causal entre o dano e o comportamento do agente.

c) A lei considera como causas que impedem que o curso da prescrição se inicie, as circunstâncias fundadas no *status* da pessoa individual ou familiar, para atender a razões de confiança, amizade e motivos de ordem pessoal.

d) Se a obrigação for indivisível e houver solidariedade ativa, suspensa a prescrição em favor de um dos credores, tal suspensão aproveitará os demais.

e) Havendo uma causa interruptiva da prescrição, prevista em lei, o prazo prescricional será retomado a contar do ato que a interrompeu, mas se o credor interrompe a prescrição contra o devedor principal, tal fato não aproveitará os devedores solidários ou subsidiários.

COMENTÁRIOS

Alternativa "a": correta. A assertiva está correta, pois encontra respaldo no art. 170 do CC: "Se, porém, o negócio jurídico nulo contiver os requisitos de outro, subsistirá este quando o fim a que visavam as partes permitir supor que o teriam querido, se houvessem previsto a nulidade."

Alternativa "b": correta. O enunciado proposto na alternativa em exame está **correto**. O ato ilícito, de fato, se configura mediante a verificação de uma conduta humana voluntária e contrária à ordem jurídica. Tal conduta pode ser positiva (ação) ou negativa (omissão). Ademais, o CC de 2002, consagrou, como regra geral, a responsabilidade civil subjetiva, cuja configuração depende da caracterização da culpa *lato sensu*, da qual são espécies o dolo e a culpa *stricto sensu* (imprudência, negligência ou imperícia). O dano, por sua vez, também se constitui em elemento essencial à caracterização do ato ilícito, podendo ser conceituado como qualquer lesão a um interesse juridicamente tutelado (GAGLIANO, Pablo Stolze; PAMPLONA FILHO, Rodolfo. *Novo Curso de Direito Civil. Volume 3*. 10ª ed. São Paulo: Saraiva, 2012, p. 82). Por outro lado, o nexo de causalidade entre o dano e a conduta humana também se constitui em elemento essencial à caracterização do ato ilícito, constituindo-se na relação de causa e efeito que se estabelece entre ambos. Por fim, é importante salientar que o enunciado da alternativa encontra respaldo normativo no art. 186 do CC, que preceitua: "Aquele que, por ação ou omissão voluntária, negligência ou imprudência, violar direito e causar dano a outrem, ainda que exclusivamente moral, comete ato ilícito."

Alternativa "c": correta. A assertiva está correta. O Código Civil de 2002 prevê diversas hipóteses de causas que impedem o fluxo do prazo prescricional que se fundam em circunstâncias atinentes ao *status* pessoal dos envolvidos. A título de exemplo mencione-se a regra do art. 197 do CC, que atende a razões de confiança e de motivos pessoais. Dispõe o mencionado dispositivo legal que: "Não corre a prescrição: I – entre os cônjuges, na constância da sociedade conjugal; II – entre ascendentes e descendentes, durante o poder familiar; III – entre tutelados ou curatelados e seus tutores ou curadores, durante a tutela ou curatela."

Alternativa "d": correta. A assertiva está correta, porquanto se enquadra no âmbito de incidência da ressalva constante da parte final do art. 201 do CC, com a seguinte redação: "Suspensa a prescrição em favor de um dos credores solidários, **só aproveitam os outros se a obrigação for indivisível.**"

Alternativa "e": incorreta. A alternativa está incorreta, uma vez que contraria o que preceitua o art. 204, § 1º, do CC, com a seguinte redação: "A interrupção por um dos credores solidários aproveita aos outros; assim como a interrupção efetuada contra o devedor solidário envolve os demais e seus herdeiros." Verifica-se, portanto, que se o credor interromper a prescrição em relação ao devedor principal, tal ato tem o condão de envolver os demais devedores, nos exatos moldes preconizados pelo dispositivo acima transcrito.

---

166. (TRT/1ª RG – 2010) No que concerne a prescrição e decadência, assinale a opção CORRETA.

a) Não correrá a prescrição contra pessoa que se encontre ausente do país.

b) Se o causador do ilícito civil casar-se com a vítima após o fato, a prescrição do direito à indenização começará a correr com o término do casamento.

c) Se o prazo decadencial tiver sido fixado no contrato, é defeso ao juiz conhecê-lo de ofício.

d) Contra o absolutamente incapaz não correm os prazos prescricionais, apenas os decadenciais.

e) A renúncia antecipada dos efeitos da prescrição é válida exclusivamente entre as partes contratantes.

COMENTÁRIOS

Alternativa "a": incorreta. A assertiva está incorreta, eis que somente não correrá a prescrição contra a pessoa ausente do país a serviço público da União, dos Estados ou dos Municípios, conforme estabelece o art. 198, II, do CC.

Alternativa "b": incorreta. A assertiva está incorreta, por falta de amparo legal, jurisprudencial e doutrinário.

Alternativa "d": incorreta. A assertiva está incorreta, pois a decadência não corre contra o incapaz, na forma do art. 208, do CC, que preceitua no sentido de que se aplicam à decadência o art. 198, I, do mesmo diploma legal, com o seguinte teor: "Também não corre a prescrição: I – contra os incapazes de que trata o art. 3º."

Alternativa "e": incorreta. Está incorreta. No sistema jurídico pátrio, somente é lícita a renúncia à prescrição já consumada, conforme se infere da regra do art. 191, do CC: "A renúncia da prescrição pode ser expressa ou tácita, e só valerá, sendo feita, sem prejuízo de terceiro, depois que a prescrição se consumar; tácita é a renúncia quando se presume de fatos do interessado, incompatíveis com a prescrição."

Alternativa "c": correta. A assertiva está correta, eis que a arguição da decadência convencional não pode ser suprida de ofício pelo magistrado, dependendo de manifestação da parte interessada. Saliente-se que a decadência fixada por lei deve ser conhecida *ex officio* pelo julgador, a teor do que preceitua o art. 210, do CC: "Deve o juiz, de ofício, conhecer da decadência, quando estabelecida por lei."

---

167. (TRT/2ª RG – XXXIV Concurso – 2009) Assinale a alternativa CORRETA em relação aos institutos da prescrição da decadência.

a) Prescrita a pretensão a determinado crédito, não pode esse credor, em ação proposta contra si, para cobrança de outro, do qual é devedor, alegar a compensação como exceção.

b) O arquivamento de ações permite a interrupção da prescrição, ainda que tal fato ocorra por mais de uma vez.

c) Em face da novel regra do Código Civil, prescreve em três anos a pretensão do advogado para a cobrança de seus honorários, contado o prazo da conclusão dos seus serviços, da cessação do contrato ou do mandato.

d) Deve o juiz, de ofício, conhecer da decadência, quando estabelecida em lei ou quando for convencional.

e) Nenhuma das alternativas anteriores está correta.

COMENTÁRIOS

Alternativa "b": incorreta. Afirmativa está incorreta, pois contraria norma expressa do artigo 202, do Código Civil, que declara: "A interrupção da prescrição, que somente poderá ocorrer uma vez, dar-se-á: "

Alternativa "c": incorreta. O artigo 206 e parágrafos, do Código Civil, estabelecem os prazos prescricionais específicos. Particularmente, no seu parágrafo 5º, são previstas as hipóteses em que os prazos prescricionais são de 5 anos e estão sujeitos a estes prazos os profissionais liberais em geral, dos quais os advogados fazem parte, pois "consideram-se profissionais liberais aqueles que celebram contrato de prestação de serviço, agindo com autonomia, em razão de suas qualificações técnicas ou científicas". (DUARTE, Nestor. Parte Geral. *In:* PELUSO, Cezar (Coord.). **Código Civil comentado: doutrina e jurisprudência.** 6. ed. Barueri: Manole, 2012. p.

163.). E a norma do dispositivo citado doutrina que: "§ 5º Em cinco anos: [...] II – a pretensão dos profissionais liberais em geral, procuradores judiciais, curadores e professores pelos seus honorários, contado o prazo da conclusão dos serviços, da cessação dos respectivos contratos ou mandato; " Além do Código Civil, a Lei nº 8.906, de 04 de julho de 1997, que dispõe sobre o Estatuto da advocacia e a Ordem dos Advogados do Brasil, também prevê o mesmo prazo: "Art. 25-A. Prescreve em cinco anos a ação de prestação de contas pelas quantias recebidas pelo advogado de seu cliente, ou de terceiros por conta dele (art. 34, XXI)." Nestes termos o enunciado da assertiva está errado, considerando que afirmou ser de três anos o prazo prescricional para a pretensão do advogado para a cobrança de seus honorários".

Alternativa "d": incorreta. Para compreendermos o erro da questão é preciso fazer distinção entre a decadência legal e a decadência convencional. A primeira é estabelecida pela lei, enquanto a segunda é determinada pela vontade das partes. A distinção entre as duas espécies é fundamental, pois a primeira "deve", é um dever e não uma faculdade, isto é, existindo deve ser alegada, inclusive de ofício pelo juiz. No caso da decadência convencional, a sua alegação fica a cargo da parte que dela aproveita, que poderá fazê-lo em qualquer grau de jurisdição. Nestes termos, já é possível afirmar que a assertiva restou incorreta, por atribuir ao juiz o dever de conhecer, *ex officio*, a decadência convencional, contrariando literal disposição de lei, consagrada na norma dos artigos 210 e 211, todos do Código Civil: "Art. 210. Deve o juiz, de ofício, conhecer da decadência, quando estabelecida por lei. Art. 211. Se a decadência for convencional, a parte a quem aproveita pode alegá-la em qualquer grau de jurisdição, mas o juiz não pode suprir a alegação."

Alternativa "e": incorreta. A assertiva está incorreta, pois a alternativa "a" está correta.

Alternativa "a": correta. A alternativa está correta. Para que ocorra a compensação legal é necessário que alguns requisitos (art. 369 do CC) sejam preenchidos. Dentre estes requisitos está a *exigibilidade do débito* (liquidez), isto é, "dívidas líquidas são aquelas certas quanto à existência e determinadas quanto ao objeto" (FARIAS, Cristiano Chaves; ROSENVALD, Nelson. *Curso de Direito Civil:* Obrigações. 6.ed. Salvador: Editora Juspodivm, 2013. p. 520 – 521). Nesse sentido, se o crédito que o devedor possua encontrar-se prescrito, ele não será considerado líquido e, por sua vez, não poderá invocar a compensação por faltar requisito essencial. Todavia, cabe salientar que a prescrição, nesse caso, tem que ser reconhecida pelo juízo para inviabilizar a compensação. Vejamos a norma do art. 369 do CC: "A compensação efetua-se entre dívidas líquidas, vencidas e de coisas fungíveis."

2.8. DA PROVA

✪ **Nota de atualização:** a Lei nº 13.105/15 – Código de processo civil, revogou o *caput* do art. 227 e os arts. 229 e 230, do CC. Além disso, os incisos II e III, do art. 228, foram revogados pela Lei n. 13.146/15 – Estatuto da Pessoa com Deficiência. Nesse sentido, ao estudar as questões que dizem respeito a tais artigos, deve-se levar em consideração a sua nova redação. Lembrando que as questões dos concursos anteriores as alterações citadas, mantem a sua redação e gabaritos originalmente definidos pela banca examinadora, segunda a legislação vigente à data do certame.

168. (TRT 2 – Juiz do Trabalho Substituto 2ª Região/2016) É INCORRETO afirmar que, não havendo imposição legal de forma especial, o fato jurídico pode ser provado mediante:

a) Confissão.

b) Presunção.

c) Testemunha.

d) Dedução

e) Perícia.

COMENTÁRIOS

✪ **Nota do autor:** considerando que todas as alternativas da questão serão respondidas pelo mesmo dispositivo legal, faremos comentário único sobre o assunto.

Alternativa incorreta: "d". O art. 212, do CC, apresenta os meios pelos quais o fato jurídico pode ser provado, salvo nas hipóteses em que foi imposto ao negócio forma especial. Nesse sentido, a lei determina que são meios de prova: a confissão, o documento, a testemunha, a presunção e a perícia. Sendo assim, podemos afirmar que a dedução, não é meio de prova do fato jurídico. Portanto, a assertiva "d", está incorreta e as demais assertivas estão corretas, por estarem de acordo com o que prescreve o art. 212, do CC: "Salvo o negócio a que se impõe forma especial, o fato jurídico pode ser provado mediante: I – confissão; II – documento; III – testemunha; IV – presunção; V – perícia."

169. (TRT 8 – Juiz do Trabalho Substituto 8ª Região/2015) Quanto às reproduções eletrônicas de fatos ou de coisas no Código Civil Brasileiro, é CORRETO afirmar que:

a) São consideradas prova apenas quando improcedente a impugnação sobre sua exatidão.

b) São válidas como prova plena de fatos ou de coisas desde que acompanhadas de outro meio probante.

c) Têm presunção de prova juris et de jure.

d) Não são consideradas prova, se não demonstrada sua fonte de registro, reprodução ou divulgação.

e) São consideradas prova plena, se a parte, contra quem forem exibidas, não lhes impugnar a exatidão.

COMENTÁRIOS

Alternativa incorreta: letra "a". A assertiva está incorreta, porquanto contraria o disposto no art. 225 do CC, transcrito no comentário precedente.

Alternativa incorreta: letra "b". A legislação não exige que as reproduções eletrônicas sejam acompanhadas de outros elementos de convicção para serem considerados como meios de prova válidos. Em consequência, a assertiva está equivocada, em razão da manifesta inexistência de fundamentação legal a subsidiá-la.

Alternativa incorreta: letra "c". Está incorreta. A presunção decorrente da prova feita através de reprodução eletrônica é *juris tantum* (relativa), pois, pela dicção do próprio art. 225 do CC, é possível que a parte interessada produza prova em sentido contrário, com o fito de elidir o seu conteúdo.

Alternativa incorreta: letra "d". A alternativa está incorreta, por absoluta falta de fundamento legal.

Alternativa correta: letra "e". A alternativa está correta, porquanto em consonância ao disposto no art. 225 do CC: "As reproduções fotográficas, cinematográficas, os registros fonográficos e, em geral, quaisquer outras reproduções mecânicas ou eletrônicas de fatos ou de coisas fazem prova plena destes, se a parte, contra quem forem exibidos, não lhes impugnar a exatidão."

---

170. (TRT/15ª RG - XXV Concurso - 2011) Assinale a alternativa CORRETA:

a) O fato jurídico pode ser provado, sem exceção, mediante: confissão, documento, testemunha, presunção e perícia.

b) Os traslados e as certidões considerar-se-ão instrumentos públicos, se os originais se houverem produzido em juízo como prova de algum ato.

c) As presunções, que não as legais, são admitidas nos casos em que a lei exclui prova testemunhal.

d) O terceiro não interessado, que paga a dívida em seu próprio nome, tem direito a reembolsar-se do que pagar, subrrogando-se nos direitos do credor.

e) Se o devedor pagar ao credor, apesar de intimado da penhora feita sobre o crédito, ou da impugnação a ele oposta por terceiros, o pagamento não valerá contra estes, que poderão constranger o devedor a pagar de novo, vedado o regresso contra o credor.

COMENTÁRIOS

Alternativa "a": incorreta. A alternativa está incorreta, uma vez que contraria o que dispõe o art. 212 do CC: "**Salvo o negócio a que se impõe forma especial**, o fato jurídico pode ser provado mediante: I - confissão; II - documento; III - testemunha; IV - presunção; V - perícia." Desse modo, para o negócio jurídico que exija forma especial, não se aplica o art. 212 do CC, o que conduz à incorreção da alternativa.

Alternativa "c": incorreta. Está incorreta, porquanto dissonante do que preceitua o art. 230 do CC: "As presunções, que não as legais, **não se admitem** nos casos em que a lei exclui a prova testemunhal."

Alternativa "d": incorreta. O enunciado da alternativa contraria a norma insculpida no art. 305 do CC: "O terceiro não interessado, que paga a dívida em seu próprio nome, tem direito a reembolsar-se do que pagar; **mas não se sub-roga nos direitos do credor.**" Assim, ao reverso do que constou da alternativa em exame, o terceiro não interessado que paga a dívida não se sub-roga nos direitos do credor.

Alternativa "e": incorreta. A assertiva está incorreta, porquanto não guarda correspondência com a norma do art. 312 do CC: "Se o devedor pagar ao credor, apesar de intimado da penhora feita sobre o crédito, ou da impugnação a ele oposta por terceiros, o pagamento não valerá contra estes, que poderão constranger o devedor a pagar de novo, ficando-lhe ressalvado o regresso contra o credor.

Alternativa "b": correta. A assertiva reproduz o teor literal do art. 218 do CC, com a seguinte redação: "Os traslados e as certidões considerar-se-ão instrumentos públicos, se os originais se houverem produzido em juízo como prova de algum ato."

---

171. (TRT/15ª RG - XXIV Concurso - 2010) Com relação aos direitos de personalidade, assinale a alternativa CORRETA:

a) Os direitos de personalidade são intransmissíveis e irrenunciáveis, o que impede seu titular de realizar a exploração econômica de quaisquer deles.

b) A pessoa sempre pode praticar atos de disposição do próprio corpo, mesmo quando importar diminuição permanente de sua integridade física.

c) A disposição gratuita do próprio corpo para depois da morte, com objetivo científico, não é válida.

d) A recusa à perícia médica ordenada pelo juiz poderá suprir a prova que se pretendia obter com o exame.

e) O pseudônimo adotado para atividades lícitas é protegido pela lei em patamar inferior ao do nome.

COMENTÁRIOS

Alternativa "a": incorreta. De fato, os direitos da personalidade são, em regra, intransmissíveis e irrenunciáveis, conforme preceitua o art. 11 do CC. Todavia, ao contrário do que constou do enunciado da questão, não é vedada a sua exploração econômica. Flávio Tartuce menciona interessante exemplo, pertinente à cessão onerosa de direitos patrimoniais decorrentes da imagem. É o caso do atleta profissional que celebra um contrato com uma empresa de material esportivo, tendo por objeto a exploração de sua imagem (TARTUCE, Flávio. *Manual de Direito Civil. Volume Único*. 1ª ed. São Paulo: Método, 2011, p. 87). Por outro lado, sobreleva notar que, de acordo com a doutrina majoritária, contratos dessa natureza não podem ser permanentes. A esse respeito, menciona-se o Enunciado nº 4 CJF/STJ, com o seguinte teor pelo qual "o exercício dos direitos da personalidade pode sofrer limitação voluntária, desde que não seja permanente e nem geral."

Alternativa "b": incorreta. A assertiva está incorreta, porquanto contraria o disposto no art. 13 do CC:

"Salvo por exigência médica, é defeso o ato de disposição do próprio corpo, quando importar diminuição permanente da integridade física, ou contrariar os bons costumes."

Alternativa "c": incorreta. O enunciado da alternativa encontra-se dissonante do que preceitua o art. 14 do CC: "É válida, com objetivo científico, ou altruístico, a disposição gratuita do próprio corpo, no todo ou em parte, para depois da morte."

Alternativa "e": incorreta. A alternativa está incorreta, pois, nos termos do art. 19 do CC, o "pseudônimo adotado para atividades lícitas goza da proteção que se dá ao nome."

Alternativa "d": correta. A assertiva está correta, pois reflete a redação do art. 232 do CC: "A recusa à perícia médica ordenada pelo juiz poderá suprir a prova que se pretendia obter com o exame."

3. DO DIREITO DAS OBRIGAÇÕES

3.1. DAS MODALIDADES

172. (FCC – Juiz do Trabalho Substituto 1ª Região/2015) A respeito das obrigações solidárias, é INCORRETO afirmar que

a) importará renúncia da solidariedade a propositura de ação pelo credor contra um ou alguns dos devedores.

b) convertendo-se a prestação em perdas e danos, subsiste, para todos os efeitos, a solidariedade.

c) a solidariedade não se presume, resultando da lei ou da vontade das partes.

d) o pagamento feito a um dos credores solidários extingue a dívida até o montante do que foi pago.

e) qualquer cláusula, condição ou obrigação adicional, estipulada entre um dos devedores solidários e o credor, não poderá agravar a posição dos outros sem consentimento destes.

COMENTÁRIOS

Alternativa correta: letra "b". Está correta. A esse respeito, é oportuna a colação do art. 271 do CC: "Convertendo-se a prestação em perdas e danos, subsiste, para todos os efeitos, a solidariedade."

Alternativa correta: letra "c". A alternativa está correta, posto estar em consonância ao art. 265 do CC: "A solidariedade não se presume; resulta da lei ou da vontade das partes."

Alternativa correta: letra "d". O teor da alternativa está em conformidade com o art. 269 do CC: "O pagamento feito a um dos credores solidários extingue a dívida até o montante do que foi pago."

Alternativa correta: letra "e". Alternativa correta. Eis o que dispõe o art. 278 do CC: "Qualquer cláusula, condição ou obrigação adicional, estipulada entre um dos devedores solidários e o credor, não poderá agravar a posição dos outros sem consentimento destes."

Alternativa incorreta: letra "a". A alternativa está incorreta, porquanto contraria o que preconiza o parágrafo único, do art. 275 do CC: "Não importará renúncia da solidariedade a propositura de ação pelo credor contra um ou alguns dos devedores."

173. (TRT/24ª RG – XI Concurso – 2011) Analise as proposições a seguir assinando a alternativa CORRETA:

I. Obrigação é dívida exigível, constituindo-se em restrição jurídica à liberdade de quem compõe o pólo passivo de relação jurídica obrigacional, restrição essa que se verifica efetivamente quando a prestação se torna exigível pelo credor, para fim de satisfazer-lhe a pretensão decorrente do crédito.

II. Pode-se dizer que a prestação para ser lídima e regularmente tutelada pelo ordenamento jurídico, deve ter objeto fisicamente possível, ser susceptível de cumprimento, ter objeto compatível com a lei, ter objeto determinável e ter objeto condizente com a ordem pública.

III. O aforismo jurídico *debitor aliud pro alio, invicto creditore solvere non poteste* (o devedor não pode dar contra a vontade do credor uma coisa por outra) não se aplica aos negócios que tenham por objeto obrigações alternativas ou nas hipóteses de dação em pagamento, porque é da natureza dessas obrigações permitir que o credor escolha qual o objeto da prestação devida, não sendo certo, por isso, o objeto da obrigação; de outro lado, a dação em pagamento se reveste exatamente desse cunho, qual seja, a possibilidade de o recebimento de outra coisa, diversa da combinada, servir para desonerar o devedor de sua obrigação.

IV. Em regra, todo crédito não é suscetível de cessão, ou seja, a incedibilidade é a regra e a cedibilidade é a exceção.

V. A teoria da imprevisão não foi recepcionada pelo Código Civil brasileiro.

a) Apenas a alternativa I está correta.

b) Apenas as alternativas I e IV estão corretas.

c) Apenas alternativas II e V estão corretas.

d) Apenas as alternativas I, II e III estão corretas.

e) Apenas a alternativa V está correta.

COMENTÁRIOS

Item I – Está **correto**. De acordo com Caio Mário da Silva Pereira, o vocábulo obrigação traz, em sua etimologia, uma ideia de vinculação que se consubstancia em um cerceamento da liberdade de ação do devedor, em benefício do credor (PEREIRA, Caio Mário da Silva. *Instituições de Direito Civil. Volume II.* 20ª ed. Rio de Janeiro: Forense, 2003, p. 4). Tal contingenciamento da liberdade do credor, conforme constou do enunciado do item, somente incidirá quando a obrigação se tornar efetivamente exigível.

Item II – Está **correto**. A obrigação regularmente tutelada pela ordem jurídica deve apresentar um objeto que ostente os seguintes atributos: possibilidade; liceidade; e determinabilidade (PEREIRA, Caio Mário da Silva. *Instituições de Direito Civil. Volume II.* 20ª ed. Rio de Janeiro: Forense, 2003, p. 18). Vale dizer, o objeto da obrigação deve ser passível de cumprimento no plano material (possibilidade). Deve, ainda, ser lícito, compatível com a lei e não contrário à moral, aos bons costumes e à ordem pública (liceidade). Ademais, o objeto deve ser passível de determinação, pelo gênero, espécie e qualidade (determinabilidade).

Item III – Está **correto**. O vetusto brocardo latino mencionado pelo item em apreço encontra seu fundamento normativo no art. 313 do CC, com a seguinte redação: "O credor não é obrigado a receber prestação diversa da que lhe é devida, ainda que mais valiosa." De fato, a mencionada máxima não tem aplicação no tocante às obrigações alternativas, em que há uma pluralidade de prestações, de sorte que o devedor está liberado mediante o cumprimento de apenas uma delas. De igual modo, tal regra não tem incidência na dação em pagamento, visto que esta pode ser definida como uma forma de pagamento indireto, em que os sujeitos da relação obrigacional convencionam a substituição do objeto por outro (TARTUCE, Flávio. *Manual de Direito Civil. Volume Único.* 1ª ed. São Paulo: Método, 2011, p. 346), na forma do art. 356 do CC: "O credor pode consentir em receber prestação diversa da que lhe é devida."

Item IV – Está **incorreto**. Ao contrário do que constou do item em exame, a cedibilidade do crédito é a regra e a incedibilidade a exceção, conforme preceitua o art. 286 do CC, com a seguinte redação: "O credor pode ceder o seu crédito, se a isso não se opuser a natureza da obrigação, a lei, ou a convenção com o devedor; a cláusula proibitiva da cessão não poderá ser oposta ao cessionário de boa-fé, se não constar do instrumento da obrigação."

Item V – Está **incorreto**. A teoria da imprevisão, oriunda da antiga cláusula *rebus sic stantibus*, permite a revisão contratual fundada em fato superveniente e imprevisível que redunde na onerosidade excessiva. Tal teorização, de acordo com a doutrina majoritária, foi adotada pelo vigente Código Civil, a teor do que preconiza o seu art. 317, com a seguinte redação: "Quando, por motivos imprevisíveis, sobrevier desproporção manifesta entre o valor da prestação devida e o do momento de sua execução, poderá o juiz corrigi-lo, a pedido da parte, de modo que assegure, quanto possível, o valor real da prestação."

Alternativa "d": correta.

---

174. (TRT/2ª RG – XXXIV Concurso – 2009) Verifique os enunciados abaixo à luz do direito das obrigações e responda:

I. Na obrigação solidária passiva, importará em renúncia da solidariedade a propositura de ação pelo credor contra um ou algum dos devedores.

II. Na obrigação de fazer fungível pode o credor, em caso de urgência, independentemente de autorização judicial, executar ou mandar executar o fato, sendo depois ressarcido.

III. Na solidariedade passiva, impossibilitando-se a prestação por culpa de um dos devedores solidários, para todos subsiste o encargo de pagar o equivalente; mas pelas perdas e danos só responde o culpado.

IV. O devedor que satisfaz a dívida por inteiro tem direito de exigir de cada um dos codevedores a sua quota, havendo presunção *"juris tantum"* da igualdade das partes dos devedores.

a) As alternativas I e IV estão incorretas.

b) As alternativas II e III estão incorretas.

c) As alternativas I, III e IV estão corretas.

d) As alternativas I e III estão incorretas.

e) As alternativas II, III e IV estão corretas.

COMENTÁRIOS

Como a questão é composta por vários itens, vamos analisar cada um deles:

Item I: Incorreto. A assertiva está incorreta, pois não implica em renúncia da solidariedade a propositura da ação, em face de um ou de alguns dos devedores. Isso porque, caso o credor não satisfaça o crédito na ação proposta contra um dos devedores, poderá propor ação contra os demais devedores, com o fim de obter o seu crédito. Essa é a regra esculpida no par. ún. do art. 275 do CC: "Não importará renúncia da solidariedade a propositura de ação pelo credor contra um ou alguns dos devedores."

Item II. Correto. O *caput* do art. 249 do CC, trata da obrigação de fazer fungível, isto é, quando o fato pode ser executado por terceiro, por não ter caráter personalíssimo, conforme descrito no texto legal: "Se o fato puder ser executado por terceiro, será livre ao credor mandá-lo executar à custa do devedor, havendo recusa ou mora deste, sem prejuízo da indenização cabível." Para esse tipo de obrigação, o parágrafo único do dispositivo citado, permite que em "caso de urgência, pode o credor, independentemente de autorização judicial, executar ou mandar executar o fato, sendo depois ressarcido." A assertiva reproduziu fielmente a redação do parágrafo único, citado anteriormente.

Item III: Correto. A redação do artigo 279 do Código Civil, foi literalmente transcrita para o enunciado do item, conforme se confirma com a sua leitura: "Impossibilitando-se a prestação por culpa de um dos devedores solidários, subsiste para todos o encargo de pagar o equivalente; mas pelas perdas e danos só responde o culpado."

Item IV: Correto. Na solidariedade passiva, aquele que paga a dívida toda, terá o direito de cobrar dos demais devedores a cota parte correspondente a cada um deles. A solidariedade não se mantém entre os devedores, pois ela subsiste apenas entre as relações externas, ou seja, devedor-credor, não existindo nas relações internas, devedor-devedor. A cota parte de cada um dos devedores presume-se igual, mas essa presunção é relativa, ou seja, *juris tantum,* pois admite prova em contrário, que demonstre que a divisão entre os devedores não é igual para todos. Diante do que foi apresentado e, tendo como fundamento legal o art. 283 do CC, podemos afirmar que o enunciado da assertiva está **correto**. Veja em seguida o dispositivo legal: "O devedor que satisfez a dívida por inteiro tem direito a exigir de cada um dos codevedores a sua quota, dividindo-se igualmente por todos a do insolvente, se o houver, presumindo-se iguais, no débito, as partes de todos os codevedores."

Concluindo, os itens II, III e IV estão **corretos**, mas o item I está **incorreto**, de acordo com o que foi demonstrado. A alternativa correta efetivamente é a letra "e".

Alternativa "e": correta.

---

175. (TRT/3ª RG – Concurso – 01/2009) A respeito das obrigações, leia as afirmações abaixo e, em seguida, assinale a alternativa CORRETA:

I. Nas obrigações de dar coisa certa, até a tradição pertence ao devedor a coisa, com os seus melhoramentos e acrescidos, pelos quais poderá exigir aumento no preço; se o credor não anuir, poderá o devedor resolver a obrigação.

II. Nas coisas determinadas pelo gênero e pela quantidade, a escolha pertence ao credor, se o contrário não resultar do título da obrigação.

III. Nas obrigações de não fazer, praticado pelo devedor o ato, a cuja abstenção se obrigara, o credor pode exigir dele que o desfaça, sob pena de se desfazer à sua custa, ressarcindo o culpado perdas e danos. Para essa última hipótese, será sempre necessária autorização judicial.

IV. Se, havendo dois ou mais devedores, a prestação não for divisível, cada um será obrigado pela dívida toda.

V. O julgamento contrário a um dos credores solidários não atinge os demais; o julgamento favorável aproveita-lhes, a menos que se funde em exceção pessoal ao credor que o obteve.

a) Somente uma afirmativa está correta.

b) Somente duas afirmativas estão corretas.

c) Somente três afirmativas estão corretas.

d) Somente quatro afirmativas estão corretas.

e) Todas as afirmativas estão corretas.

COMENTÁRIOS

Alternativa "c": correta.

Item I: A afirmativa está correta, pois transcreveu o conteúdo literal do art. 237 do CC: "Até a tradição pertence ao devedor a coisa, com os seus melhoramentos e acrescidos, pelos quais poderá exigir aumento no preço; se o credor não anuir, poderá o devedor resolver a obrigação."

Item II: A afirmativa está errada, pois contraria o que dispõe a lei, ao declarar que nas coisas determinadas pelo gênero e pela quantidade, a escolha pertence ao credor, quando o Código Civil determina que nessas circunstâncias a escolha caberá ao devedor, como se verifica no art. 244 do mencionado diploma legal: "Nas coisas determinadas pelo gênero e pela quantidade, a escolha pertence ao devedor, se o contrário não resultar do título da obrigação; mas não poderá dar a coisa pior, nem será obrigado a prestar a melhor."

Item III: A afirmativa está incorreta. Apesar da redação da assertiva reproduzir na íntegra o *caput* do art. 251, do Código Civil: "Praticado pelo devedor o ato, a cuja abstenção se obrigara, o credor pode exigir dele que o desfaça, sob pena de se desfazer à sua custa, ressarcindo o culpado perdas e danos", a sua última parte restou incorreta, ao afirmar que para se exigir que o devedor desfaça à sua custa aquilo que ele deveria se abster, a assertiva afirma que "sempre será necessário autorização judicial", contradizendo o que estabelece o parágrafo único do mencionado artigo, vejamos com o devido destaque: "Em caso de urgência, poderá o credor desfazer ou mandar desfazer, **independentemente de autorização judicial, sem prejuízo do ressarcimento devido."**

Item IV: A afirmativa está correta, pois transcreveu o art. 259 do CC sem nenhuma alteração, conforme pode ser constatado: "Se, havendo dois ou mais devedores, a prestação não for divisível, cada um será obrigado pela dívida toda." É necessário destacar que na presente hipótese cada um dos devedores será responsável pela dívida toda, justamente porque o objeto da prestação é indivisível, ou seja, não pode ser fracionado. A obrigatoriedade pela dívida toda nada tem a ver com a solidariedade, pois está não está ligada a divisibilidade ou não da prestação, nem se presume, mas resulta da lei ou da vontade das partes, conforme dispõem os artigos 264 e 265, ambos do Código Civil.

Item V: A afirmativa está correta, pois repetiu literalmente o que dispõe o art. 274, do Código Civil: "O julgamento contrário a um dos credores solidários não atinge os demais; o julgamento favorável aproveita-lhes, a menos que se funde em exceção pessoal ao credor que o obteve."

Conforme foi demonstrado com a análise dos cinco itens abordados na questão, apenas três estão **corretos**, II, IV e V. Desse modo, as alternativas "a", "b", "d" e "e" estão incorretas justamente por indicarem números diferentes de alternativas corretas, restando a alternativa "c", como aquela que apresenta o número exato de afirmativas corretas.

3.1.1. DAS OBRIGAÇÕES DE DAR

3.1.1.1. DAS OBRIGAÇÕES DE DAR COISA CERTA

---

176. (TRT/23ª RG – XVII Concurso – 2011) A respeito da obrigação de dar coisa CERTA, assinale a alternativa INCORRETA:

a) A obrigação de dar coisa certa abrange os acessórios dela embora não mencionados, salvo se o contrário resultar do título ou das circunstâncias do caso.

b) Se a coisa se perder, sem culpa do devedor, antes da tradição, ou pendente a condição suspensiva, fica resolvida a obrigação para ambas as partes.

c) Se a coisa se perder por culpa do devedor, responderá este pelo equivalente e mais perdas e danos.

d) Se deteriorada a coisa, não sendo o devedor culpado, poderá o credor resolver a obrigação, ou aceitar a coisa, abatido de seu preço o valor que perdeu.

e) Se deteriorada a coisa, sendo culpado o devedor, poderá o credor exigir o equivalente, ou aceitar a coisa no estado em que se acha, porém, neste último caso sem direito de exigir indenização das perdas e danos.

COMENTÁRIOS

Alternativa "a": correta. A assertiva reproduz, *in verbis*, a redação do art. 233 do CC: "A obrigação de dar coisa certa abrange os acessórios dela embora não mencionados, salvo se o contrário resultar do título ou das circunstâncias do caso."

Alternativa "b": correta. O enunciado concorda com o que estabelece a norma contida na primeira parte do art. 234 do CC: "Se, no caso do artigo antecedente, a coisa se perder, sem culpa do devedor, antes da tradição, ou pendente a condição suspensiva, fica resolvida a obrigação para ambas as partes; "

Alternativa "c": correta. Enquanto a alternativa anterior concordou com a primeira parte do art. 234, o presente enunciado concorda com a segunda parte do mesmo dispositivo legal: "[...] se a perda resultar de culpa do devedor, responderá este pelo equivalente e mais perdas e danos."

Alternativa "d": correta. A alternativa reproduz, quase que literalmente, a redação do art. 235 do CC: "Deteriorada a coisa, não sendo o devedor culpado, poderá o credor resolver a obrigação, ou aceitar a coisa, abatido de seu preço o valor que perdeu."

Alternativa "e": incorreta. A alternativa trata da hipótese de a coisa certa ter se deteriorado, com culpa do devedor, como previsto no art. 236 do CC: "Sendo culpado o devedor, poderá o credor exigir o equivalente, ou aceitar a coisa no estado em que se acha, com direito a reclamar, em um ou em outro caso, indenização das perdas e danos." A assertiva está incorreta, pois altera a parte final do dispositivo legal quando afirma que: "[...] porém, neste último caso sem direito de exigir indenização das perdas e danos." A redação do artigo supracitado, *in fine*, declara textualmente que se a coisa se perder por culpa do devedor, o credor terá duas opções: 1. exigir o equivalente; 2. aceitar a coisa no estado em que se acha e, além disso, possibilita que em qualquer dos casos que o credor requeira indenização por perdas e danos, o que resulta na incorreção da assertiva.

177. (TRT/6ª RG – XVIII Concurso – 2010) José emprestou a Antônio sua bicicleta de corrida, para que Antônio participasse de um passeio ciclístico a ser promovido na cidade onde moravam. Durante o passeio, houve um "arrastão" e diversas pessoas que participavam tiveram seus pertences roubados. Antônio foi vítima e teve a bicicleta roubada sob mira de armas de fogo. Nesse caso:

a) Antônio terá que pagar a José o valor da bicicleta, mais perdas e danos.

b) Antônio terá de pagar a José o valor da bicicleta, sem perdas e danos.

c) Antônio terá de pagar a José 50% do valor da bicicleta, sem perdas e danos.

d) Antônio não terá de pagar nada a José.

e) Antônio terá de pagar a José apenas perdas e danos.

COMENTÁRIOS

Alternativa "d": correta. Considerando que todas as alternativas tratam do mesmo assunto, optamos por elaborar um único comentário pertinente a todas elas.

O caso em tela trata da modalidade de obrigação de restituir coisa certa. Nessa modalidade de obrigação o devedor deverá entregar ao credor coisa que já era sua, ou seja, o credor é o dono da coisa. Temos essa modalidade, com o comodato de bem móvel, em que o devedor não é dono da coisa, pois o dono continua sendo o credor. Nessa hipótese, devemos aplicar o princípio segundo o qual a coisa perecerá para o dono (*res perit domino*). O que significa dizer que se ocorrer a perda da coisa, que estava nas mãos do devedor e sem sua culpa, mas antes de se efetuar a tradição, quem sofrerá o prejuízo será o proprietário ou credor. Nesse sentido, é a redação do art. 238, do CC: "Se a obrigação for de restituir coisa certa, e esta, sem culpa do devedor, se perder antes da tradição, sofrerá o credor a perda, e a obrigação se resolverá, ressalvados os seus direitos até o dia da perda." Portanto, quando José, proprietário da bicicleta, a emprestou para Antônio, nasceu para este a obrigação de restituir a mesma bicicleta que lhe foi emprestada. No entanto, com a ocorrência do arrastão, antes de se efetuar a tradição, sem que tenha havido culpa de Antônio pela perda da coisa, não resta outra solução senão aquela apresentada pelo texto legal acima transcrito, ou seja, "sofrerá o credor a perda e a obrigação se resolverá.

Nesse sentido, a alternativa correta é a letra "d", pois afirma que Antônio não terá de pagar nada para José. As outras alternativas estão incorretas, pois todas afirmam que Antônio terá que pagar alguma coisa para José, confrontando com o que estabelece a norma legislada do art. 238 do Código Civil e o princípio do direito acima citado.

178. (TRT/2ª RG – XXXIV Concurso – 2009) Analise as seguintes assertivas e responda:

I. As obrigações de fazer, em razão de serem infungíveis, somente poderão ser executadas pelo próprio devedor, sendo, pois, *"intuito personae"*.

II. Em se tratando de preferência e privilégio creditório, o crédito real prefere ao pessoal de qualquer espécie; o crédito pessoal privilegiado, ao simples; e o privilégio especial, ao geral.

III. O terceiro não interessado, que paga a dívida em seu próprio nome, tem o direito a reembolsar-se do que pagar; mas não se sub-roga nos direitos do credor.

IV. O valor da cominação imposta na cláusula penal não poderá exceder o da obrigação principal, podendo ser alterada pelo magistrado caso a obrigação principal tenha sido parcialmente cumprida ou se o montante da penalidade for manifestamente excessivo, tendo em vista a natureza e finalidade do negócio.

a) Apenas a I está incorreta.

b) Apenas a IV está incorreta.

c) Apenas a I e a III estão incorretas.

d) Apenas a III e a IV estão incorretas.

e) Todas estão corretas.

COMENTÁRIOS

O gabarito apresenta a alternativa "a", como a correta, mas para entendermos o seu acerto é preciso analisar cada um dos itens propostos.

Item I: Incorreto. A obrigação de fazer é aquela que tem por prestação uma atividade física, intelectual ou a simples declaração de vontade. Poderá ser fungível, quando pode ser prestada por qualquer pessoa, ou seja, não houve especificação sobre quem será o devedor; ou infungível, na hipótese de se especificar quem efetivamente estará obrigado a cumprir a prestação, tornando-se, nessa única hipótese de caráter personalíssimo ou *intuito personae*. A infungibilidade da obrigação poderá decorrer da lei ou da vontade manifestada pelas partes. A obrigação de fazer, portanto, não se presume como infungível ou personalíssima, como sugere o enunciado do item sob análise, razão pela qual devemos considerá-lo como **incorreto**.

Item II: Correto. O enunciado da alternativa transcreveu literalmente o artigo 961, do Código Civil: "O crédito real prefere ao pessoal de qualquer espécie; o crédito pessoal privilegiado, ao simples; e o privilégio especial, ao geral." Lembre-se que o presente artigo apresenta a ordem de preferência entre os diversos créditos e que deve ser obedecida na ocasião de sua liquidação.

Item III: Correto. O enunciado reproduz na íntegra o artigo 305 do Código Civil: "O terceiro não interessado, que paga a dívida em seu próprio nome, tem direito a reembolsar-se do que pagar; mas não se sub-roga nos direitos do credor."

Item IV: Correto. A assertiva se inspira na norma contida nos arts. 412 e 413, do CC. No que diz respeito ao primeiro dispositivo legal citado, o enunciado o transcreveu sem lhe alterar nenhuma palavra. Quanto ao segundo, ele foi parafraseado. Vejamos ambos os artigos: "Art. 412. O valor da cominação imposta na cláusula penal não pode exceder o da obrigação principal. Art. 413. A penalidade deve ser reduzida equitativamente pelo juiz se a obrigação principal tiver sido cumprida em parte, ou se o montante da penalidade for manifestamente excessivo, tendo-se em vista a natureza e a finalidade do negócio."

Alternativa "a": correta.

3.1.1.2. DAS OBRIGAÇÕES DE DAR COISA INCERTA

179. (TRT 8 – Juiz do Trabalho Substituto 8ª Região/2014) A respeito das obrigações, assinale a única alternativa que apresenta afirmação INCORRETA:

a) Entendida a obrigação, em sentido mais abrangente, como a relação jurídica pessoal por meio da qual uma parte (devedora) fica obrigada a cumprir, espontânea ou coativamente, uma prestação patrimonial em proveito de outra (credora), pode-se inferir que a relação obrigacional é composta de três elementos fundamentais: I – subjetivo ou pessoal, onde o sujeito ativo é o credor e o sujeito passivo, o devedor; II – objetivo ou material, representado pela prestação; e III – ideal, imaterial ou espiritual, consistente no vínculo jurídico.

b) Nas obrigações de dar coisa certa prevalece o princípio jurídico de que o acessório segue o principal. Dessa forma, não resultando o contrário do título ou das circunstâncias do caso, o devedor não poderá se negar a dar ao credor aqueles bens que, sem integrar a coisa principal, constituam-se acessórios desta.

c) Nas obrigações de dar coisa incerta o estado de indeterminação da prestação é necessariamente transitório, sob pena de faltar objeto à obrigação. Cessa a indeterminação com a escolha, passando a prevalecer as mesmas regras previstas para as obrigações de dar coisa certa. No tocante à escolha, o Código Civil em vigor confere-a ao devedor, ante a regra de ilicitude da condição puramente potestativa.

d) A obrigação de não fazer tem por objeto uma prestação negativa, um comportamento omissivo do devedor, ocorrendo o inadimplemento com a prática, pelo devedor, do ato cuja abstenção se obrigara. Em que pese a prevalência da liberdade negocial no campo do Direito das Obrigações, não serão consideradas lícitas as obrigações de não fazer que violem princípios de ordem pública e vulnerem garantias fundamentais.

e) Segundo disciplinado no Código Civil vigente, reputam-se solidárias as obrigações nas quais concorre uma pluralidade de credores, cada um com direito à dívida toda (solidariedade ativa), ou uma pluralidade de devedores, cada um obrigado à dívida por inteiro (solidariedade passiva), sendo que, em qualquer hipótese o objeto é único e a solidariedade não se presume nunca, resultando da lei ou da vontade das partes.

COMENTÁRIOS

Alternativa correta: letra "a". Hodiernamente, considera-se que a obrigação é constituída de três elementos próprios. Tais elementos correspondem exatamente aos que são descritos na alternativa em tela, ou seja: o subjetivo, que diz respeitos aos sujeitos da relação jurídica obrigacional (sujeito ativo ou credor e sujeito passivo ou devedor); o objetivo ou material, atinente ao seu objeto, isto é a prestação; e o vínculo jurídico ou elemento imaterial (abstrato ou espiritual).

Alternativa correta: letra "b". A assertiva tem seu fundamento na norma contida no art. 233 do CC: "A obrigação de dar coisa certa abrange os acessórios dela embora não mencionados, salvo se o contrário resultar do título ou das circunstâncias do caso."

Alternativa correta: letra "d"**.** A obrigação de não fazer ou negativa impõe ao devedor um dever de se abster, ou seja, não praticar determinado ato que se não houvesse a obrigação, ele poderia fazê-lo livremente. Por obvio, nenhuma negócio jurídico pode exigir a pratica ou abstenção de algo que viole princípios de ordem pública e vulnerem garantias fundamentais.

Alternativa correta: letra "e"**.** A presente assertiva está correta e tem seu fundamento nos seguintes dispositivos legais: "Art. 267. Cada um dos credores solidários tem direito a exigir do devedor o cumprimento da prestação por inteiro. Art. 275. O credor tem direito a exigir e receber de um ou de alguns dos devedores, parcial ou totalmente, a dívida comum; se o pagamento tiver sido parcial, todos os demais devedores continuam obrigados solidariamente pelo resto. Art. 265. A solidariedade não se presume; resulta da lei ou da vontade das partes."

Alternativa incorreta: letra "c". A presente alternativa apresenta parte da redação correta e parte incorreta. Contudo, por haver informações falsas na sua redação ela deve ser considerada totalmente incorreta. Nesse sentido, a sua primeira parte está correta, pois a coisa será incerta até o momento em que a obrigação deve ser cumprida, o que demonstra que a incerteza é transitória. Contudo, não se pode afirmar que a indeterminação cessa com a escolha, pois a escolha é uma faculdade, ou seja, a obrigação só se torna efetivamente determinada quando ocorre a cientificação da escolha ao credor, momento em que a coisa passa a ser certa e determinada. Em regra, a escolha cabe ao devedor, mas não é um direito potestativo, considerando que o credor não se sujeitará a sua escolha, caso tenha escolhido o pior. Transcrevemos os dispositivos do Código Civil que foram adulterados pela redação da assertiva: "Art. 244. Nas coisas determinadas pelo gênero e pela quantidade, a escolha pertence ao devedor, se o contrário não resultar do título da obrigação; mas não poderá dar a coisa pior, nem será obrigado a prestar a melhor. Art. 245. Cientificado da escolha o credor, vigorará o disposto na Seção antecedente."

3.1.2. DAS OBRIGAÇÕES DE NÃO FAZER

180. (TRT 2 – Juiz do Trabalho Substituto 2ª Região/2014) Em relação ao cumprimento das obrigações, aponte a alternativa correta:

a) O ato a ser executado pode ser realizado pelo devedor ou por terceiro às custas deste, caso em que será indevida indenização.

b) Praticado pelo devedor o ato, a cuja abstenção se obrigou, não o desfazendo, em caso de urgência, o credor poderá desfazê-lo por iniciativa própria, independentemente de autorização judicial.

c) A escolha da forma de cumprimento da obrigação alternativa cabe ao credor, se outra coisa não se estipulou.

d) Em caso de pluralidade de credores, cada um exigirá exclusivamente o seu quinhão, desobrigando-se o devedor da dívida em relação a cada um dos credores.

e) O credor que propuser ação contra apenas um dos devedores solidários renuncia à solidariedade.

COMENTÁRIOS

Alternativa incorreta: letra "a". A alternativa está incorreta. De fato, a prestação objeto da relação obrigacional pode ser executada pelo próprio devedor ou por terceiro remunerado pelo *solvens*. Entretanto, na hipótese o fato de a prestação ter sido cumprida por terceiro, às expensas do devedor, não o desonera do pagamento de eventuais indenizações cabíveis, consoante preconiza o art. 249 do CC, cujo teor ora se transcreve: "Se o fato puder ser executado por terceiro, será livre ao credor mandá-lo executar à custa do devedor, havendo recusa ou mora deste, sem prejuízo da indenização cabível."

Alternativa incorreta: letra "c". Em se tratando de obrigações alternativas, caso não haja estipulação em sentido contrário, a forma do cumprimento da prestação cabe ao devedor, conforme preceitua o art. 252 do CC, que dispõe: "Nas obrigações alternativas, a escolha cabe ao devedor, se outra coisa não se estipulou." Tal circunstância, conduz à incorreção da alternativa sob enfoque.

Alternativa incorreta: letra "d". A assertiva está incorreta, uma vez que contraria o que dispõe a primeira parte do art. 260 do CC, com o seguinte teor: "Se a pluralidade for dos credores, poderá cada um destes exigir a dívida inteira[...]".

Alternativa incorreta: letra "e". A alternativa está incorreta, pois dissonante do que dispõe o art. 275, p.u., do CC: "Não importará renúncia da solidariedade a propositura de ação pelo credor contra um ou alguns dos devedores."

Alternativa correta: letra "b". A assertiva está correta, uma vez que corresponde ao que preconiza o art. 251, *caput* e parágrafo único, do CC, *in verbis:* "Praticado pelo devedor o ato, a cuja abstenção se obrigara, o credor pode exigir dele que o desfaça, sob pena de se desfazer à sua custa, ressarcindo o culpado perdas e danos. Parágrafo único. Em caso de urgência, poderá o credor desfazer ou mandar desfazer, independentemente de autorização judicial, sem prejuízo do ressarcimento devido."

3.1.3. DAS OBRIGAÇÕES DIVISÍVEIS E INDIVISÍVEIS

181. (TRT 8 – Juiz do Trabalho Substituto 8ª Região/ 2013) Quanto ao Direito das Obrigações disciplinado nas normas do código civil, é CORRETO afirmar que:

a) A solidariedade nas obrigações se dá quando para uma mesma obrigação concorrem mais de um credor ou mais de um devedor, cada um com direito, ou obrigado, à dívida toda, resultando sempre da lei e nunca por presunção. No caso de solidariedade ativa, cabe a cada credor o direito de exigir do devedor, ou devedores, o cumprimento integral da prestação, porém o pagamento feito a um dos credores solidários extingue a dívida até o montante do que foi pago.

b) A obrigação de dar coisa certa abrange os acessórios dela embora não mencionados, salvo se o contrário resultar do título ou das circunstâncias do caso. Se a coisa se perder antes de ocorrida sua tradição ou na pendência de condição suspensiva e, não havendo culpa do devedor, fica resolvida a obrigação para ambas as partes. Se a perda resultar de culpa do devedor, responderá este pelo equivalente e mais perdas e danos, na hipótese de ação ou omissão dolosa.

c) Nas obrigações alternativas, se outra coisa não restou convencionada, cabe ao devedor o direito de escolher qual delas adimplir, sendo-lhe vedado impor ao credor o recebimento da obrigação, parte em uma prestação e parte em outra. Quando se tratar de prestações periódicas, essa escolha poderá ser feita a cada período. Se, por outro lado, por convenção das partes, esse direito for atribuído a terceiro e este não puder ou não quiser fazê-lo, a escolha competirá ao devedor, em qualquer situação.

d) É considerada indivisível toda obrigação cuja prestação tenha por objeto uma coisa ou um fato não suscetíveis de divisão por sua natureza, por motivo de ordem econômica, ou dada a razão determinante do negócio jurídico. Na hipótese de haver mais de um devedor responsável pelo seu adimplemento, cada um será obrigado pela dívida toda e sub-roga-se no direito do credor em relação aos outros devedores o devedor que pagar a dívida. Havendo mais de um credor, a quitação da obrigação a um deles alcançará aos demais quando for prestada por este caução de ratificação dos outros credores.

e) Na hipótese de não haver oposição proveniente da natureza da obrigação, da lei ou da convenção entre o credor e o devedor, é possível àquele ceder o seu crédito; porém, na eventualidade de cláusula proibitiva da cessão, esta não poderá ser oposta ao cessionário de boa-fé se não houver constado do instrumento da obrigação. A cessão de um crédito abrange todos os seus acessórios, salvo quando disposto de forma contrária. Em qualquer hipótese, é indispensável que a cessão seja celebrada através de instrumento público para se tornar eficaz em relação a terceiros.

COMENTÁRIOS

Alternativa incorreta: letra "a". O equívoco da assertiva está em afirmar que a solidariedade é sempre da lei. Na verdade, a solidariedade resulta da lei ou da vontade das partes. O restante da redação vai ao encontro do que prescreve a legislação pertinente, vejamos: "Art. 264. Há solidariedade, quando na mesma obrigação concorre mais de um credor, ou mais de um devedor, cada um com direito, ou obrigado, à dívida toda." "Art. 265. A solidariedade não se presume; resulta da lei ou da vontade das partes." "Art. 267. Cada um dos credores solidários tem direito a exigir do devedor o cumprimento da prestação por inteiro." "Art. 269. O pagamento feito a um dos credores solidários extingue a dívida até o montante do que foi pago."

Alternativa incorreta: letra "b". A redação da assertiva é formada a partir da combinação de dois dispositivos legais, quais sejam, os arts. 233 e 234 do CC. Contudo, a parte final da redação apresenta um equívoco, pois afirma que se a perda resultar de culpa do devedor, responderá este pelo equivalente e mais perda e danos, **na hipótese de ação ou omissão dolosa.** A expressão 'ação ou omissão dolosa' não está presente na lei e nem poderia estar, tendo em vista que no direito civil, a culpa é a *lato sensu*, ou seja, comporta tanto a culpa *strito sensu*, caracterizada pela negligência, imprudência ou imperícia, quanto o dolo. Por essa razão, não importa dizer que a ação foi dolosa ou culposa, basta que o devedor tenha concorrido culposamente para a perda da coisa para que responda pelo equivalente e mais perdas e danos. Transcrevemos na íntegra os dispositivos legais anteriormente mencionados: "Art. 233. A obrigação de dar coisa certa abrange os acessórios dela embora não mencionados, salvo se o contrário resultar do título ou das circunstâncias do caso." "Art. 234. Se, no caso do artigo antecedente, a coisa se perder, sem culpa do devedor, antes da tradição, ou pendente a condição suspensiva, fica resolvida a obrigação para ambas as partes; se a perda resultar de culpa do devedor, responderá este pelo equivalente e mais perdas e danos."

Alternativa incorreta: letra "c". Na obrigação alternativa a escolha da prestação, em primeiro lugar, será definida pela vontade das partes. Caso as partes sejam silentes nesse ponto, a lei determina que a escolha caberá ao devedor. Por essa razão, nada obsta que as partes, considerando a liberdade contratual que lhes é deferida, escolha qualquer uma delas, devedor ou credor, e até mesmo um terceiro para fazer a escolha da prestação. Contudo, se a escolha recair sobre um terceiro e este não puder ou não quiser aceitar a incumbência, **"caberá ao juiz a escolha se não houver acordo entre as partes"** (art. 254,§4º). Portanto, a assertiva está incorreta ao afirmar que se o terceiro não puder escolher, fica a cargo do devedor a escolha em qualquer situação. Para facilitar a leitura transcrevemos os dispositivos pertinentes ao tema: "Art. 252. Nas obrigações alternativas, a escolha cabe ao devedor, se outra coisa não se estipulou. § 1º Não pode o devedor obrigar o credor a receber parte em uma prestação e parte em outra. § 2º Quando a obrigação for de prestações periódicas, a faculdade de opção poderá ser exercida em cada período. § 3º No caso de pluralidade de optantes, não havendo acordo unânime entre eles, decidirá o juiz, findo o prazo por este assinado para a deliberação. § 4º Se o título deferir a opção a terceiro, e este não quiser, ou não puder exercê-la, caberá ao juiz a escolha se não houver acordo entre as partes."

Alternativa incorreta: letra "e". A parte final da assertiva está em desacordo com o que prescreve a lei quando afirma que em "qualquer hipótese, é indispensável que a cessão seja celebrada através de instrumento público para se tornar eficaz em relação a terceiros." A lei determina que a transmissão de um crédito a terceiro deve ser celebrada mediante instrumento público, ou instrumento particular revestido das solenidades necessárias (art. 288, CC) . Vejamos, *in verbis*, os dispositivos legais: "Art. 286. O credor pode ceder o seu crédito, se a isso não se opuser a natureza da obrigação, a lei, ou a convenção com o devedor; a cláusula proibitiva da cessão não poderá ser oposta ao cessionário de boa-fé, se não constar do instrumento da obrigação." "Art. 287. Salvo disposição em contrário, na cessão de um crédito abrangem-se todos os seus acessórios." "Art. 288. É ineficaz, em relação a terceiros, a transmissão de um crédito, se não celebrar-se mediante instrumento público, ou instrumento particular revestido das solenidades do § 1º do art. 654."

Alternativa correta: letra "d". A redação da assertiva é formada a partir da junção de três dispositivos legais, ou seja, os arts. 258, 259 e 260, ambos do Código Civil. Vejamos, na íntegra, a redação de cada um deles: "Art. 258. A obrigação é indivisível quando a prestação tem por objeto uma coisa ou um fato não suscetíveis de divisão, por sua natureza, por motivo de ordem econômica, ou dada a razão determinante do negócio jurídico." "Art. 259. Se, havendo dois ou mais devedores, a prestação não for divisível, cada um será obrigado pela dívida toda. Parágrafo único. O devedor, que paga a dívida, sub-roga-se no direito do credor em relação aos outros coobrigados." "Art. 260. Se a pluralidade for dos credores, poderá cada um destes exigir a dívida inteira; mas o devedor ou devedores se desobrigarão, pagando: I - a todos conjuntamente; II - a um, dando este caução de ratificação dos outros credores."

---

182. (TRT/15ª RG - XXVI Concurso - 2012) Aponte a alternativa INCORRETA:

a) A escritura pública, lavrada em notas de tabelião, é documento dotado de fé pública, fazendo prova plena. Se algum comparecente não puder ou não souber escrever, outra pessoa capaz assinará por ele, a seu rogo. Ainda, se algum dos comparecentes não for conhecido do tabelião, nem puder identificar-se por documento, deverão participar do ato pelo menos duas testemunhas que o conheçam ou atestem sua identidade.

b) Os livros e fichas dos empresários e sociedades provam contra as pessoas a quem pertencem, e, em seu favor, quando escriturados sem vício extrínseco ou intrínseco, forem confirmados por outros subsídios.

c) No campo do direito obrigacional, se o fato puder ser executado por terceiro, será livre ao credor mandá-lo executar à custa do devedor, havendo recusa ou mora deste, sem prejuízo da indenização cabível. Em caso de urgência, pode o credor, independentemente de autorização judicial, executar ou mandar executar o fato, sendo depois ressarcido.

d) Nas obrigações alternativas, a escolha cabe ao devedor, se outra coisa não se estipulou. Não pode o devedor obrigar o credor a receber parte em uma prestação e parte em outra. Quando a obrigação for de prestações periódicas, a faculdade de opção poderá ser exercida em cada período. No caso de pluralidade de optantes, não havendo acordo unânime entre eles, decidirá o juiz, findo o prazo por este assinado para deliberação. Se o título deferir a opção a terceiro, e este não quiser, ou não puder exercê-la, caberá ao juiz a escolha se não houver acordo entre as partes.

e) Se um dos credores remitir a dívida, a obrigação não ficará extinta para com os outros: mas estes só a poderão exigir, descontada a quota do outro. Este critério não será observado em caso de confusão.

COMENTÁRIOS

Alternativa "a": correta. Está correta. A alternativa reproduz as regras contempladas pelo art. 215 *caput* e § § 2º e 5º, do CC, que preconizam: "A escritura pública, lavrada em notas de tabelião, é documento dotado de fé pública, fazendo prova plena. [...] § 2º. Se algum comparecente não puder ou não souber escrever, outra pessoa capaz assinará por ele, a seu rogo. [...] § 5º. Se algum dos comparecentes não for conhecido do tabelião, nem puder identificar-se por documento, deverão participar do ato pelo menos duas testemunhas que o conheçam e atestem sua identidade."

Alternativa "b": correta. A assertiva está correta. No caso, foi reproduzido o teor integral do art. 225 do CC: "Os livros e fichas dos empresários e sociedades provam contra as pessoas a que pertencem e, em seu favor, quando, escriturados sem vício extrínseco ou intrínseco, forem confirmados por outros subsídios."

Alternativa "c": correta. Está correta, uma vez que contempla a regra do art. 249 e de seu parágrafo único, do CC, que preceituam: "Se o fato puder ser executado por terceiro, será livre ao credor mandá-lo executar à custa do devedor, havendo recusa ou mora deste, sem prejuízo da indenização cabível. Parágrafo único. Em caso de urgência, pode o credor, independentemente de autorização judicial, executar ou mandar executar o fato, sendo depois ressarcido."

Alternativa "d": correta. Está correta, pois reflete as normas consagradas no art. 252 *caput*, § § 1º, 2º e 4º: "Nas obrigações alternativas, a escolha cabe ao devedor, se outra coisa não se estipulou. § 1º. Não pode o devedor obrigar o credor a receber parte em uma prestação e parte em outra. § 2º. Quando a obrigação for de prestações periódicas, a faculdade de opção poderá ser exercida em cada período. [...] § 4º. Se o título deferir a opção a terceiro, e este não quiser, ou não puder exercê-la, caberá ao juiz a escolha se não houver acordo entre as partes."

Alternativa "e": incorreta. Está incorreta. A banca examinadora, inicialmente, reproduz a regra do art. 262 do CC, qual seja: "Se um dos credores remitir a dívida, a obrigação não ficará extinta para com os outros; mas estes só a poderão exigir, descontada a quota do credor remitente." Todavia, o critério previsto no mencionado dispositivo legal, ao contrário do que constou da segunda parte da assertiva, se aplica em caso de confusão, conforme expressamente consignado no parágrafo único, do mencionado art. 262 do CC, que preceitua: "O mesmo critério se observará no caso de transação, novação, compensação ou confusão."

---

183. (TRT/6ª RG – XVIII Concurso – 2010) Clodoaldo e Jerônimo são coproprietários de uma fazenda de criação de cavalos de raça no interior do estado. E, como pessoas físicas, negociam conjuntamente a venda de animais, inclusive por meio de feiras e leilões. Obrigaram-se, então, a entregar a Manoel e a Francisco um cavalo de raça, campeão de vários prêmios. No entanto, o cavalo fugiu da fazenda por descuido de Teotônio, empregado de Clodoaldo e Jerônimo e funcionário da fazenda, que deixou a porteira aberta. O animal morreu atropelado.

Pode-se dizer que a obrigação:

a) É complexa e indivisível, com responsabilidade única e exclusiva do empregado Teotônio.
b) É indivisível, que se tornou divisível pela perda do objeto da prestação, com responsabilidade de Clodoaldo e Jerônimo, pela culpa de Teotônio, seu funcionário.
c) É alternativa, com responsabilidade dos devedores Clodoaldo e Jerônimo, por culpa de seu funcionário, Teotônio, ante a perda do objeto da obrigação.
d) É indivisível, tornando-se divisível com o perecimento do objeto, sem culpa dos devedores Clodoaldo e Jerônimo e sem responsabilidade destes.
e) É simplesmente divisível, com o perecimento do objeto da prestação, respondendo objetivamente Clodoaldo e Jerônimo por 50% do valor do animal.

COMENTÁRIOS

✪ **Nota do autor:** Por entendermos ser didático, vamos explicar o enunciado da questão, apresentando todos os seus desdobramentos e, posteriormente, vamos tratar de cada uma das alternativas. O enunciado apresenta três situações distintas: A primeira diz respeito ao tipo de obrigação avençada entre as partes, considerando que Clodoaldo e Jerônimo se obrigaram a entregar um cavalo de raça a Manoel e a Francisco, temos que essa é uma obrigação de dar coisa certa, o que significa dizer que devemos analisar se a coisa se perdeu antes ou depois da tradição, e se a perda se deu com ou sem culpa do devedor. Como relata o enunciado, a perda se deu antes da tradição e, ainda, com culpa dos devedores, o que significa dizer que nessa hipótese, o prejuízo será suportado pelos donos do cavalo, além de devolverem para os credores Manoel e Francisco o equivalente ao que já tiver sido pago pela coisa, além das perdas e danos, conforme prevê o art. 234, do CC: "Se, no caso do artigo antecedente, a coisa se perder, sem culpa do devedor, antes da tradição, ou pendente a condição suspensiva, fica resolvida a obrigação para ambas as partes; se a perda resultar de culpa do devedor, responderá este pelo equivalente e mais perdas e danos." Segundo, devemos destacar que obrigação em tela é uma obrigação indivisível, mas que se tornou divisível. Obrigação indivisível é aquela cuja "prestação tem por objeto uma coisa ou um fato não suscetíveis de divisão, por sua natureza, por motivo de ordem econômica, ou dada a razão determinante do negócio jurídico" (art. 258, CC). A indivisibilidade da obrigação apresentada decorre da sua própria natureza, pois o cavalo não pode ser dividido. No entanto, uma obrigação indivisível pode se tornar divisível, quando se converter em perdas e danos, ou seja, com a morte do animal, houve a perda do objeto da prestação, resolvendo-se em perdas e danos, o que resulta na sua divisibilidade. Acrescenta-se ainda que se a perda for resultado da culpa dos devedores, eles responderão em partes iguais, conforme determina o parágrafo único do art. 263, do CC: "Se, para efeito do disposto neste artigo, houver culpa de todos os devedores, responderão todos por partes iguais." Por fim, cabe ressaltar que a responsabilidade pela perda do bem recai sobre Clodoaldo e Jerônimo, coproprietários da fazenda onde se criava o animal comercializado. Teotônio é funcionário da fazenda, o que significa dizer, que estamos diante de um caso de responsabilidade pelo fato de terceiro, em que a responsabilidade do empregador é objetiva, ou seja, eles são responsáveis independentemente da sua culpa direta, pelos atos praticados por seu empregado Teotônio, no exercício das suas atividades laborais, causou o dano, resultando na possibilidade de responsabilização de seus empregadores, na esteira do que apregoa o art. 932 do CC: "São também responsáveis pela reparação civil: III – o empregador ou comitente, por seus empregados, serviçais e prepostos, no exercício do trabalho que lhes competir, ou em razão dele; " No entanto, para que efetivamente exista a responsabilidade do empregador, é imprescindível que o empregado tenha agido com culpa. Assim, a responsabilidade do empregador será objetiva, mas para que ela exista é necessário que o empregado tenha culposamente concorrido para o dano. Feitas essas considerações, vamos analisar todas as alternativas.

Alternativa "a": incorreta. Não se pode entender que o cumprimento de uma obrigação se exaure com o adimplemento da prestação principal, pois ao seu redor gravitam deveres secundários que também subsumem ao complexo de deveres que incorre uma obrigação. Por essa razão as obrigações como um todo são chamadas de complexas. "Por deveres laterais ou anexos devem-se entender a proteção, a solidariedade, a informação, a cooperação, dentre outros." (QUEIROZ, Mônica. **Direito Civil: direito das obrigações e responsabilidade civil.** São Paulo: Atlas, 2010. v. 6, p. 9.). Noutro giro, afirmar que a obrigação é indivisível não é **correto**, pois ela tem seu início como indivisível, mas termina como divisível, conforme demonstramos ao comentarmos o enunciado. E, por fim, equivoca-se mais uma vez o enunciado, pois afirma que a responsabilidade exclusiva é do empregado Teotônio, quando na verdade esse não tem responsabilidade alguma para com os credores, a sua responsabilidade será aferida, posteriormente, numa eventual ação de regresso.

Alternativa "c": incorreta. Obrigação alternativa ou disjuntiva é aquela em que há duas ou mais prestações, sendo que apenas uma delas será efetivamente cumprida. É chamada de disjuntiva, pois os objetos da prestação estão ligados pela conjunção coordenativa alternativa "ou", designando possibilidade de escolha entre uma ou outra prestação. No entanto, o enunciado nos apresenta apenas uma prestação a ser cumprida, demonstrando que não há alternativa no seu cumprimento, pois com o perecimento da coisa, a obrigação foi resolvida. Por fim, o enunciado está **correto** ao afirmar que a responsabilidade pela perda do objeto da obrigação é dos empregadores, e não do empregado, mas o acerto final não valida o erro inicial que é determinante para declarar a assertiva incorreta.

Alternativa "d": incorreta. Como demonstrado no comentário ao enunciado, a responsabilidade dos devedores Clodoaldo e Jerônimo deriva do fato praticado por um terceiro, por isso eles são considerados objetivamente responsáveis pelo dano ocorrido.

Alternativa "e": incorreta. A obrigação não é simplesmente divisível, mas indivisível que se tornou divisível. Além disso, os devedores não respondem pelo valor do animal, mas devem devolver o que já tiver sido pago e arcar com as perdas e danos que causarem aos credores.

Alternativa "b": correta. A assertiva está correta, pois a obrigação que inicialmente era indivisível, se tornou divisível pela perda da coisa (morte do cavalo), conforme comentário feito sobre o enunciado. Além disso, os responsáveis pela perda do objeto da obrigação serão os donos do cavalo que, na qualidade de empregadores, respondem objetivamente pelos danos causados por Teotônio, que culposamente deixou que o cavalo escapasse.

3.1.4. DAS OBRIGAÇÕES SOLIDÁRIAS

✪ **Nota de atualização:** a Lei n. 13.105/15 – Código de processo civil, deu nova redação ao art. 274, do CC. Nesse sentido, ao estudar as questões que dizem respeito a tais artigos, deve-se levar em consideração a sua nova redação. Lembrando que as questões dos concursos anteriores as alterações citadas, mantem a sua redação e gabaritos originalmente definidos pela banca examinadora, segunda a legislação vigente à data do certame.

---

184. (TRT 3 – Juiz do Trabalho Substituto 3ª Região/ 2013) Considerando o disposto no Código Civil vigente, assinale a alternativa falsa:

a) Não importará renúncia da solidariedade a propositura de ação pelo credor contra um ou alguns dos devedores.

b) Nas obrigações alternativas, a escolha cabe ao devedor, se outra coisa não se estipulou. Mas não pode o devedor obrigar o credor a receber parte em uma prestação e parte em outra.

c) Convertendo-se a prestação em perdas e danos, a obrigação solidária converte-se em obrigação divisível.

d) Se um dos credores solidários falecer deixando herdeiros, cada um destes só terá direito a exigir e receber a quota do crédito que corresponder ao seu quinhão hereditário, salvo se a obrigação for indivisível.

e) Impossibilitando-se a prestação por culpa de um dos devedores solidários, subsiste para todos o encargo de pagar o equivalente; mas pelas perdas e danos só responde o culpado.

COMENTÁRIOS

✪ **Nota do autor:** Ocorre a solidariedade quando na mesma obrigação concorrerem mais de um credor ou mais de um devedor, com direito ou obrigação a dívida toda (art. 264, CC)

Alternativa verdadeira: letra "a". A assertiva é verdadeira tendo em vista que corresponde a literalidade da norma contida no par.ún. do art. 275 do

CC, vejamos: "Art. 275. O credor tem direito a exigir e receber de um ou de alguns dos devedores, parcial ou totalmente, a dívida comum; se o pagamento tiver sido parcial, todos os demais devedores continuam obrigados solidariamente pelo resto. Parágrafo único. Não importará renúncia da solidariedade a propositura de ação pelo credor contra um ou alguns dos devedores."

Alternativa verdadeira: letra "b". O acerto da presente afirmativa está no fato de que ela reproduz a norma contida nos art. 252, *caput* e § 1º, vejamos: "Art. 252. Nas obrigações alternativas, a escolha cabe ao devedor, se outra coisa não se estipulou. § 1º Não pode o devedor obrigar o credor a receber parte em uma prestação e parte em outra."

Alternativa verdadeira: letra "d". A norma contida no art. 270 do CC, está expressamente transcrita na redação da presente assertiva, conforme se pode ser confirmado: "Art. 270. Se um dos credores solidários falecer deixando herdeiros, cada um destes só terá direito a exigir e receber a quota do crédito que corresponder ao seu quinhão hereditário, salvo se a obrigação for indivisível."

Alternativa verdadeira: letra "e". A redação da presente proposição é cópia fiel do art. 279 do CC, vejamos: "Impossibilitando-se a prestação por culpa de um dos devedores solidários, subsiste para todos o encargo de pagar o equivalente; mas pelas perdas e danos só responde o culpado."

Alternativa falsa: letra "c". A assertiva é falsa, pois contraria expressa previsão legal, conforme se verifica no texto legal: "Art. 271. Convertendo-se a prestação em perdas e danos, subsiste, para todos os efeitos, a solidariedade."

---

185. (TRT 2 – Juiz do Trabalho Substituto 2ª Região/ 2013) As obrigações são classificadas em várias espécies. Considerando-as, assinale a alternativa que contém correto entendimento:

a) O devedor que descumpre obrigação de não fazer considera-se em mora.

b) A obrigação alternativa induz múltiplas prestações, uniformes ou não, em que o obrigado se libera prestando todas elas.

c) A obrigação, para ser considerada solidária, não precisa se basear em idêntica causa ou fundamento.

d) A obrigação passiva solidária se caracteriza por uma variedade de devedores que assumem débitos com um único credor, criando entre si vinculo que os torna responsáveis pelo débito de todos.

e) A renúncia ou exoneração da solidariedade quanto a um devedor implica a extinção da obrigação quanto a todos os devedores.

COMENTÁRIOS

Alternativa incorreta: letra "a". O enunciado da alternativa contraria o que preconiza o art. 390 do CC, com o seguinte teor: "Nas obrigações negativas o devedor é havido por inadimplente desde o dia em que executou o ato de que se devia abster."

Alternativa incorreta: letra "b". As obrigações alternativas, de fato, compreendem uma multiplicidade de prestações. Entretanto, ao reverso do que constou do equivocado enunciado em apreço, o devedor se libera mediante o cumprimento de uma das prestações e não de todas elas. Aliás, é mister salientar que, em se tratando de obrigação alternativa, a escolha da prestação incumbe ao devedor, nos moldes do que preconiza o art. 252 do CC, com a seguinte redação: "Nas obrigações alternativas, a escolha cabe ao devedor, se outra coisa não se estipulou."

Alternativa incorreta: letra "d". O enunciado da alternativa está equivocado. A solidariedade passiva pode se configurar também em relação a mais de um credor, hipótese em que haveria também solidariedade ativa. Incorreta, portanto, a alternativa em apreço.

Alternativa incorreta: letra "e". A assertiva está equivocada, pois contraria o art. 282 do CC. Eis o teor do mencionado dispositivo legal: "O credor pode renunciar à solidariedade em favor de um, de alguns ou de todos os devedores. Parágrafo único. Se o credor exonerar da solidariedade um ou mais devedores, subsistirá a dos demais."

Alternativa correta: letra "c". A assertiva está correta. De fato, a obrigação, para ser considerada solidária, não precisa basear-se em idêntica causa ou fundamento. Ela "pode ser pura e simples para um dos cocredores ou codevedores, e condicional, ou a prazo, ou pagável em lugar diferente, para o outro." (art. 266 do CC).

---

186. (TRT/8ª RG – Concurso nº C-320 – 2012) Acerca das obrigações, marque a alternativa INCORRETA:

a) Nas obrigações provenientes de ato ilícito, considera-se o devedor em mora desde que o praticou, razão pela qual os juros de mora, nas hipóteses de indenização por danos morais, fluem desde a data do evento danoso, em caso de responsabilidade extracontratual.

b) O valor da cominação imposta na cláusula penal é limitada à obrigação principal, mas a penalidade deve ser reduzida equitativamente pelo juiz se a obrigação principal tiver sido cumprida em parte, ou se o montante da penalidade for manifestamente excessivo, tendo-se em vista a natureza e a finalidade do negócio.

c) A obrigação é indivisível quando a prestação tem por objeto uma coisa ou um fato não suscetíveis de divisão, por sua natureza, por motivo de ordem econômica ou dada a razão determinante do negócio jurídico. Se, havendo dois ou mais devedores, a prestação não for divisível, cada um será obrigado pela dívida toda. Se a pluralidade for dos credores, poderá cada um destes exigir a dívida inteira, mas o devedor ou devedores se desobrigarão, pagando a todos conjuntamente ou a um, dando este caução de ratificação dos outros credores.

d) A solidariedade nas obrigações não se presume, resultando da lei ou da vontade das partes e pode ser ativa, na hipótese de credores solidários ou passiva, em se tratando de devedores solidários. O julgamento contrário ou favorável a um dos credores solidários atinge ou aproveita aos demais, a menos que se funde em exceção pessoal ao credor que o obteve. O credor pode renunciar à solidariedade em favor de um, de alguns ou de todos os devedores, subsistindo em relação aos demais.

e) O devedor não responde pelos prejuízos resultantes de caso fortuito ou força maior, se expressamente não se houver por eles responsabilizado. O caso fortuito ou de força maior verifica-se no fato necessário, cujos efeitos não era possível evitar ou impedir.

COMENTÁRIOS

Alternativa "a": correta. Está correta, uma vez que reproduz o art. 398 do CC. Ademais, no tocante aos juros de mora, a alternativa contempla o entendimento consolidado na Súmula nº 54, do Superior Tribunal de Justiça, com a seguinte redação: "Os juros moratórios fluem a partir do evento danoso, em caso de responsabilidade extracontratual."

Alternativa "b": correta. Está correta, pois, em um primeiro momento, contempla a regra contida no art. 412 do CC, com o seguinte teor: "O valor da cominação imposta na cláusula penal não pode exceder o da obrigação principal." Ademais, a segunda parte do enunciado da questão faz referência ao art. 413 do CC, que estabelece: "A penalidade deve ser reduzida equitativamente pelo juiz se a obrigação principal tiver sido cumprida em parte, ou se o montante da penalidade for manifestamente excessivo, tendo-se em vista a natureza e a finalidade do negócio."

Alternativa "c": correta. A assertiva está correta, retratando as regras contempladas pelos seguintes dispositivos do Código Civil:

> – **"Art. 258.** *A obrigação é indivisível quando a prestação tem por objeto uma coisa ou um fato não suscetíveis de divisão, por sua natureza, por motivo de ordem econômica, ou dada a razão determinante do negócio jurídico."*
>
> – **"Art. 259.** *Se, havendo dois ou mais devedores, a prestação não for divisível, cada um será obrigado pela dívida toda."*
>
> – **"Art. 260.** *Se a pluralidade for dos credores, poderá cada um destes exigir a dívida inteira; mas o devedor ou devedores se desobrigarão, pagando: I – a todos conjuntamente; II – a um, dando este caução de ratificação dos outros credores."*

Alternativa "e": correta. Está correta, reproduzindo a norma constante do art. 393 e de seu parágrafo único, do CC: "Art. 393. O devedor não responde pelos prejuízos resultantes de caso fortuito ou força maior, se expressamente não se houver por eles responsabilizado. Parágrafo único. O caso fortuito ou de força maior verifica-se no fato necessário, cujos efeitos não era possível evitar ou impedir."

Alternativa "d": incorreta. A assertiva está incorreta, mas é preciso analisá-la em dois momentos distintos. A primeira parte do enunciado está em consonância com a norma do art. 265 do CC. Todavia, a segunda parte da questão está incorreta, pois, conforme preceitua o art. 274 do CC, "o julgamento contrário a um dos credores solidários não atinge os demais; o julgamento favorável aproveita-lhes, a menos que se funde em exceção pessoal ao credor que o obteve."

---

187. (TRT/4ª RG – 2012) No que tange às obrigações solidárias, é CORRETO afirmar que

a) o credor de obrigação solidária pode exigir que apenas um dos devedores pague totalmente a dívida comum.

b) importa renúncia à solidariedade a propositura de ação contra apenas um dos devedores.

c) convertendo-se a prestação em perdas e danos, deixa de existir a solidariedade.

d) a solidariedade decorre da lei ou das circunstâncias do negócio jurídico.

e) a elas se aplicam todas as disposições referentes às obrigações indivisíveis.

COMENTÁRIOS

Alternativa "b": incorreta. A propositura de ação em face de apenas um dos codevedores não conduz à renúncia da solidariedade por parte do credor. É o que decorre do disposto no art. 275, parágrafo único, do CC, que preceitua: "Não importará renúncia da solidariedade a propositura de ação pelo credor contra um ou alguns dos devedores."

Alternativa "c": incorreta. A solidariedade subsiste ainda que o objeto da prestação tenha perecido e esta tenha sido convertida em perdas e danos. Tal conclusão fundamenta-se no teor do art. 271 do CC, que preconiza: "Convertendo-se a prestação em perdas e danos, subsiste, para todos os efeitos, a solidariedade."

Alternativa "d": incorreta. A solidariedade decorre de duas fontes, quais sejam, a lei ou a vontade das partes (art. 265 do CC). De tal sorte, a assertiva encontra-se manifestamente equivocada, porquanto dá a entender que a solidariedade poderia ser extraída de simples circunstâncias subjacentes ao negócio jurídico, o que é inadmissível, já que a solidariedade não se presume.

Alternativa "e": incorreta. A indivisibilidade não se confunde com a solidariedade. Muito embora sejam institutos muito próximos, a indivisibilidade tem o seu regramento legal próprio, consagrado entre os arts. 257 a 263 do CC. A solidariedade, por seu turno, é disciplinada entre os arts. 264 a 285 do CC. A par de tais questões, o traço mais marcante que diferencia os dois institutos é a possibilidade de extinção da indivisibilidade em razão da conversão da obrigação em perdas e danos. Nos termos do art. 263 do CC, perde a qualidade de indivisível a obrigação que se resolver em perdas e danos. Tal efeito, contudo, não se aplica à solidariedade que subsiste ainda que haja a conversão da obrigação em perdas e danos, nos moldes do já mencionado art. 271 do CC: "Convertendo-se a prestação em perdas e danos, subsiste, para todos os efeitos, a solidariedade."

Alternativa "a": correta. A assertiva está correta, porquanto em consonância ao disposto no art. 275 do CC, que expressamente admite a possibilidade de o credor de obrigação solidária exigir que apenas um dos devedores pague a dívida comum. A esse respeito, é oportuna a colação do teor do mencionado dispositivo legal: "O credor tem direito a **exigir e receber de um** ou de alguns dos devedores, **parcial ou totalmente**, a dívida comum; se o pagamento tiver sido parcial, todos os demais devedores continuam obrigados solidariamente pelo resto."

3.2. DA TRANSMISSÃO DAS OBRIGAÇÕES

188. (TRT 8 – Juiz do Trabalho Substituto 8ª Região/2015) Sobre as obrigações no Código Civil Brasileiro, é CORRETO afirmar que:

a) Extingue-se a obrigação de não fazer, desde que, com culpa do devedor, se lhe torne impossível abster-se do ato, que se obrigou a não praticar.

b) Nas obrigações alternativas, a escolha cabe ao credor, se outra coisa não se estipulou.

c) A solidariedade na obrigação não se presume; resulta da lei, costume ou da vontade das partes.

d) Importará renúncia da solidariedade passiva, a propositura de ação pelo credor apenas contra um ou alguns dos devedores.

e) O credor pode ceder o seu crédito, se a isso não se opuser a natureza da obrigação, a lei, ou a convenção com o devedor; a cláusula proibitiva da cessão não poderá ser oposta ao cessionário de boa-fé, se não constar do instrumento da obrigação.

COMENTÁRIOS

Alternativa incorreta: letra "a". A extinção da obrigação de não fazer, se dará desde que, sem culpa do devedor, e não quando há sua culpa, como dispõe o enunciado, contrariando o que dispõe o art. 250, do CC: "Extingue-se a obrigação de não fazer, desde que, sem culpa do devedor, se lhe torne impossível abster-se do ato, que se obrigou a não praticar."

Alternativa incorreta: letra "b". A escolha nas obrigações alternativas, quando diversamente não foi estipulado, cabe ao devedor, e não ao credor, como determina a assertiva. Fundamento legal: art. 252, do CC: "Nas obrigações alternativas, a escolha cabe ao devedor, se outra coisa não se estipulou."

Alternativa incorreta: letra "c". A assertiva contraria a doutrina do art. 265, do CC:

> *"A solidariedade não se presume; resulta da lei ou da vontade das partes."*

Alternativa incorreta: letra "d". A assertiva contraria o que dispõe o par. ún. do art. 275, do CC: "Não importará renúncia da solidariedade a propositura de ação pelo credor contra um ou alguns dos devedores."

Alternativa correta: letra "e". A assertiva é cópia fiel do art. 286, do CC: "O credor pode ceder o seu crédito, se a isso não se opuser a natureza da obrigação, a lei, ou a convenção com o devedor; a cláusula proibitiva da cessão não poderá ser oposta ao cessionário de boa-fé, se não constar do instrumento da obrigação."

189. (CESPE – Juiz do Trabalho Substituto 5ª Região/2013) Acerca do direito das obrigações, no âmbito civil, assinale a opção correta.

a) A compensação efetiva-se entre dívidas recíprocas, vencidas ou vincendas, líquidas, fungíveis entre si e em que não haja diversidades de causa ou fundamento jurídico, já que obrigações de origens diferentes não podem ser compensadas.

b) A assunção da dívida consiste na possibilidade de terceiro, estranho à relação obrigacional, assumir a obrigação do devedor, responsabilizando-se pela dívida, desde que com a anuência expressa do credor.

c) As arras penitenciais asseguram a indenização suplementar no caso de prejuízos maiores do que o valor dessas, desde que conste do contrato o direito de arrependimento para qualquer das partes.

d) A cessão de crédito consiste na modificação objetiva da obrigação, que se transfere com vícios e vantagens ao cessionário, sendo necessário o consentimento prévio do devedor para que ocorra a cessão, a fim de que o negócio produza o efeito jurídico pretendido.

e) O terceiro não interessado que efetua o pagamento em seu próprio nome poderá reembolsar-se do que pagou, sub- rogando-se nos direitos do credor.

COMENTÁRIOS

✪ **Nota do autor:** A assunção de dívida, também é conhecida como cessão de débito, é modalidade de transmissão de obrigação e é dividida em duas modalidade: 1. por expromissão; 2. por delegação. Seu fundamento legal são os arts. 299 a 303 do CC.

Alternativa incorreta: letra "b". O conceito de assunção de dívida apresentado pela alternativa em tela é aquele conhecido como por delegação. Nessa modalidade de assunção ou cessão de dívida, o terceiro assuntor assume o débito por acordo realizado com o devedor primitivo. Para que a delegação seja válida é imprescindível a anuência expressa do credor. Nesse sentido é a norma contida no art. 303 do CC: "O adquirente de imóvel hipotecado pode tomar a seu cargo o pagamento do crédito garantido; se o credor, notificado, não impugnar em trinta dias a transferência do débito, entender-se-á dado o assentimento."

Alternativa incorreta: letra "a". A compensação exige a existência de dívidas reciprocas e que tais dívidas sejam líquidas, vencidas (e não vincendas) e da mesma natureza, ou seja, com prestações fungíveis (art. 369, CC). Diferentemente do que alude a alternativa, as obrigações de origens diferentes podem ser compensadas, isso só não ocorrerá nas hipóteses do art. 373 do CC: "A diferença de causa nas dívidas não impede a compensação, exceto: I - se provier de esbulho, furto ou roubo; II - se uma se originar de comodato, depósito ou alimentos; III - se uma for de coisa não suscetível de penhora."

Alternativa incorreta: letra "c". As arras penitenciais somente são cabíveis nos contratos em que há expresso o direito de arrependimento. Essa espécie de arras tem caráter exclusivamente indenizatória. Nesse sentido, por ser permitido o direito ao arrependimento e previsto a indenização, caso esse direito seja exercido, não será permitido nenhuma indenização suplementar, ainda que o prejuízo tenha sido superior ao que foi recebido a título de indenização por via das arras, conforme estabelece o art. 420 do CC: "Se no contrato for estipulado o direito de arrependimento para qualquer das partes, as arras ou sinal terão função unicamente indenizatória. Neste caso, quem as deu perdê-las-á em benefício da outra parte; e quem as recebeu devolvê-las-á, mais o equivalente. Em ambos os casos não haverá direito a indenização suplementar."

Alternativa incorreta: letra "d". A assertiva apresenta erros na sua redação, pois nessa modalidade de transmissão das obrigações o credor transfere a um terceiro os seus direitos na relação obrigação, tais direitos abrange todos os acessórios do crédito (art. 287, CC), mas não os seus vícios. Também não está correto a afirmação de que é necessário o consentimento prévio do devedor para que ocorra a cessão e o negócio jurídico produza os seus efeitos. Na verdade, não é necessário o consentimento do devedor, mas tão somente que ele seja notificado, para que a cessão produza os seus efeitos. A notificação é imprescindível, considerando que o devedor deve estar a par de quem é o novo credor a quem deve pagar, vejamos o que determina o art. 290: "A cessão do crédito não tem eficácia em relação ao devedor, senão quando a este notificada; mas por notificado se tem o devedor que, em escrito público ou particular, se declarou ciente da cessão feita."

Alternativa incorreta: letra "e". A assertiva está errada, tendo em vista que afirma que o terceiro não interessado que efetua o pagamento em seu próprio nome, sub-roga nos direitos do credor. Na verdade, segundo determinação legal, na hipótese em apreço, o terceiro não interessado tem direito ao reembolso do que pagou, mas não sub-roga nos direitos do credo. Assim determina a norma do art. 305 do CC: "O terceiro não interessado, que paga a dívida em seu próprio nome, tem direito a reembolsar-se do que pagar; mas não se sub-roga nos direitos do credor".

---

190. (TRT/14ª RG – XVIII Concurso – 2012) No que diz respeito aos atos e negócios jurídicos analise as afirmações seguintes, assinalando ao final a única alternativa CORRETA.

I. É facultado a terceiro assumir a obrigação do devedor, independentemente do consentimento expresso do credor, ficando exonerado o devedor primitivo, salvo se aquele, ao tempo da assunção, era insolvente e o credor o ignorava.

II. Na cessão por Título oneroso, o cedente, ainda que não se responsabilize, fica responsável ao cessionário pela existência do crédito ao tempo em que lhe cedeu; a mesma responsabilidade lhe cabe nas cessões por Título gratuito, se tiver procedido de má-fé.

III. O crédito, uma vez penhorado, não pode mais ser transferido pelo credor que tiver conhecimento da penhora; mas o devedor que o pagar, não tendo notificação dela, fica exonerado, subsistindo somente contra o credor os direitos de terceiro.

IV. Fica desobrigado o devedor que, antes de ter conhecimento da cessão, paga ao credor primitivo, ou que, no caso de mais de uma cessão notificada, paga ao cessionário que lhe apresenta, com o Título de cessão, o da obrigação cedida; quando o crédito constar de escritura pública, prevalecerá a prioridade da notificação.

a) Estão corretas apenas as afirmações I, II e IV.

b) Estão corretas apenas as afirmações I, III e IV.

c) Estão corretas apenas as afirmações I, II e III.

d) Estão corretas apenas as afirmações II, III e IV.

e) Estão corretas apenas as afirmações II e IV.

COMENTÁRIOS

✪ Nota do autor: Cessão de crédito é o negócio jurídico bilateral em que o credor transfere a terceiro o seu direito de crédito em desfavor do devedor. Por sua vez, a assunção de dívida ou cessão de débito é negócio jurídico bilateral, em que o devedor, com o consentimento expresso do credor, transfere a outrem os encargos obrigacionais da relação obrigacional existente.

Para a resolução da questão vamos comentar todas as afirmativas para justificar o acerto da alternativa "d".

Afirmativa I: Incorreta. É imprescindível para a assunção de dívida que o credor dê seu consentimento expressamente, isto é, o devedor somente poderá transferir o débito a outro se houver a anuência do credor. Esta é a regra contida no art. 299 do CC: "É facultado a terceiro assumir a obrigação do devedor, com o consentimento expresso do credor, ficando exonerado o devedor primitivo, salvo se aquele, ao tempo da assunção, era insolvente e o credor o ignorava." Por tal razão, a afirmativa está incorreta, pois diz que independentemente do consentimento expresso do credor, o devedor pode transferir o seu débito a terceiro, contrariando o que dispõe a regra legal.

Afirmativa II: Correta. A assertiva reproduz literalmente o que prescreve o art. 295 do CC: "Na cessão por título oneroso, o cedente, ainda que não se responsabilize, fica responsável ao cessionário pela existência do crédito ao tempo em que lhe cedeu; a mesma responsabilidade lhe cabe nas cessões por título gratuito, se tiver procedido de má-fé."

Afirmativa III: Correta. A redação da assertiva copiou exatamente *ipsis litteris* a regra do art. 298 do CC: "O crédito, uma vez penhorado, não pode mais ser transferido pelo credor que tiver conhecimento da penhora; mas o devedor que o pagar, não tendo notificação dela, fica exonerado, subsistindo somente contra o credor os direitos de terceiro."

Afirmativa IV: Correta. O acerto da assertiva está no fato de ter copiado literalmente a regra do art. 292, CC: "Fica desobrigado o devedor que, antes de ter conhecimento da cessão, paga ao credor primitivo, ou que, no caso de mais de uma cessão notificada, paga ao cessionário que lhe apresenta, com o título de cessão, o da obrigação cedida; quando o crédito constar de escritura pública, prevalecerá a prioridade da notificação."

Alternativa correta: letra "d".

---

191. (TRT/15ª RG – XXV Concurso – 2011) Assinale a alternativa CORRETA:

a) o credor pode ceder o seu crédito, se a isso não se opuser a natureza da obrigação, a lei, ou a convenção com o devedor; a cláusula proibitiva da cessão não poderá ser oposta ao cessionário de boa-fé, se não constar do instrumento da obrigação.

b) O crédito, uma vez penhorado, não pode mais ser transferido pelo credor que tiver conhecimento da penhora, mas o devedor que o pagar fica exonerado, subsistindo somente contra o credor os direitos de terceiro, tendo ou não notificação da penhora.

c) O cedente não responde pela solvência do devedor, ainda que haja estipulação em contrário.

d) Se a substituição do devedor vier a ser anulada, restaura-se o débito, com todas as suas garantias, salvo as garantias prestadas por terceiros, sendo irrelevante se este conhecia o vício que inquinava a obrigação.

e) Ocorrendo várias cessões do mesmo crédito, não há critério de prevalência entre elas.

COMENTÁRIOS

Alternativa "b": incorreta. A assertiva está incorreta, porquanto não encontra respaldo no art. 298 do CC, com a seguinte redação: "O crédito, uma vez penhorado, não pode mais ser transferido pelo credor que tiver conhecimento da penhora; mas o devedor que o pagar, não tendo notificação dela, fica exonerado, subsistindo somente contra o credor os direitos de terceiro."

Alternativa "c": incorreta. O enunciado da alternativa está **incorreto**, porquanto contrário ao disposto no art. 296 do CC: "Salvo estipulação em contrário, o cedente não responde pela solvência do devedor." Desse modo, é possível que o cedente responda pela solvência do devedor, se tal houver sido convencionado pelas partes.

Alternativa "d": incorreta. A alternativa não guarda correspondência com a norma do art. 301 do CC, que preceitua: "Se a substituição do devedor vier a ser anulada, restaura-se o débito, com todas as suas garantias, salvo as garantias prestadas por terceiros, exceto se este conhecia o vício que inquinava a obrigação."

Alternativa "e": incorreta. A assertiva está incorreta, porquanto, ocorrendo diversas cessões de crédito, terá prevalência aquela que se completar com a tradição do título de crédito cedido, na forma do art. 291 do CC, com o seguinte teor: "Ocorrendo várias cessões do mesmo crédito, prevalece a que se completar com a tradição do título do crédito cedido."

Alternativa "a": correta. A alternativa está correta, uma vez que reproduz o teor literal do art. 286 do CC: "O credor pode ceder o seu crédito, se a isso não se opuser a natureza da obrigação, a lei, ou a convenção com o devedor; a cláusula proibitiva da cessão não poderá ser oposta ao cessionário de boa-fé, se não constar do instrumento da obrigação."

---

192. (TRT/8ª RG – Concurso nº C-320 – 2011) Em relação às obrigações, marque a alternativa INCORRETA:

a) Para ter eficácia contra terceiros, a transmissão de um crédito deve, necessariamente, celebrar-se mediante instrumento público.

b) No caso de rateio entre os codevedores, contribuirão também os exonerados da solidariedade pelo credor, pela parte que na obrigação incumbia ao insolvente.

c) É facultado a terceiro assumir a obrigação do devedor, com o consentimento expresso do credor, ficando exonerado o devedor primitivo, salvo se aquele, ao tempo da assunção, era insolvente e o credor o ignorava

d) Se um dos credores solidários falecer deixando herdeiros, cada um destes só terá direito a exigir e receber a quota do crédito que corresponder ao seu quinhão hereditário, salvo se a obrigação for indivisível.

e) Praticado pelo devedor o ato, a cuja abstenção se obrigara, o credor pode exigir dele que o desfaça, sob pena de se desfazer à sua custa, ressarcindo o culpado perdas e danos, independentemente de autorização judicial, em caso de urgência.

COMENTÁRIOS

Alternativa "b": correta. A alternativa reproduz a regra constante do art. 283 do CC, com o seguinte teor: "No caso de rateio entre os codevedores, contribuirão também os exonerados da solidariedade pelo credor, pela parte que na obrigação incumbia ao insolvente."

Alternativa "c": correta. A alternativa trata do instituto da assunção de dívida, refletindo a regra constante do art. 299 do CC: "É facultado a terceiro assumir a obrigação do devedor, com o consentimento expresso do credor, ficando exonerado o devedor primitivo, salvo se aquele, ao tempo da assunção, era insolvente e o credor o ignorava."

Alternativa "d": correta. A assertiva está correta, pois espelha a norma insculpida no art. 270 do CC, que dispõe: "Se um dos credores solidários falecer deixando herdeiros, cada um destes só terá direito a exigir e receber a quota do crédito que corresponder ao seu quinhão hereditário, salvo se a obrigação for indivisível."

Alternativa "e": correta. Está correta. O enunciado da questão faz referência ao teor do art. 251 do CC: "Praticado pelo devedor o ato, a cuja abstenção se obrigara, o credor pode exigir dele que o desfaça, sob pena de se desfazer à sua custa, ressarcindo o culpado perdas e danos." A desnecessidade de autorização judicial em caso de urgência encontra-se disciplinada no parágrafo único do mesmo dispositivo legal, com a seguinte redação: "Em caso de urgência, poderá o credor desfazer ou mandar desfazer, independentemente de autorização judicial, sem prejuízo do ressarcimento devido."

Alternativa "a": incorreta. Está incorreta. De acordo com o que preceitua o art. 288 do CC, a eficácia da cessão de crédito contra terceiros encontra-se condicionada à formalização de instrumento público ou de instrumento particular que contenha as seguintes solenidades: indicação do lugar em que foi passado; qualificação do cedente e do cessionário; data e objetivo da cessão de crédito. As formalidades em apreço encontram-se disciplinadas no art. 654, § 1º, do CC, ao qual nos remete o art. 288, do mesmo diploma legal: "É ineficaz, em relação a terceiros, a transmissão de um crédito, se não celebrar-se mediante instrumento público, ou instrumento particular revestido das solenidades do § 1º do art. 654."

3.3. DO ADIMPLEMENTO E EXTINÇÃO DAS OBRIGAÇÕES

3.3.1. DO PAGAMENTO

193. (TRT 4 – Juiz do Trabalho Substituto 4ª Região/2016) Assinale a assertiva incorreta sobre adimplemento e extinção das obrigações.

a) Qualquer interessado na extinção da dívida pode pagá-la, usando, se o credor se opuser, dos meios conducentes à exoneração do devedor.

b) É ilícito convencionar o aumento progressivo de prestações sucessivas.

c) O credor pode consentir em receber prestação diversa da que lhe é devida.

d) A compensação efetua-se entre dívidas líquidas, vencidas e de coisas fungíveis.

e) A confusão pode verificar-se a respeito de toda a dívida, ou só de parte dela.

COMENTÁRIOS

Alternativa correta: letra "a". A alternativa corresponde ao conteúdo do art. 304 do CC, com a seguinte redação: "Qualquer interessado na extinção da dívida pode pagá-la, usando, se o credor se opuser, dos meios conducentes à exoneração do devedor."

Alternativa correta: letra "c". A redação da alternativa sob exame corresponde literalmente ao que prescreve o art. 356 do CC, cujo teor ora se transcreve: "O credor pode consentir em receber prestação diversa da que lhe é devida."

Alternativa correta: letra "d". A alternativa está em conformidade ao que prescreve o art. 369 do CC: "A compensação efetua-se entre dívidas líquidas, vencidas e de coisas fungíveis."

Alternativa correta: letra "e". O contido na assertiva em apreço encontra fundamento no que preceitua o art. 382 do CC. A esse respeito, é oportuna a colação do teor literal do dito dispositivo legal: "A confusão pode verificar-se a respeito de toda a dívida, ou só de parte dela."

Alternativa incorreta: letra "b". A assertiva contraria o que prescreve o art. 316 do CC: "É lícito convencionar o aumento progressivo de prestações sucessivas."

194. (TRT 23 – Juiz do Trabalho Substituto 23ª Região/ 2014) Assinale a alternativa CORRETA à luz do Código Civil:

a) Somente se for estipulada conjuntamente com a obrigação, a cláusula penal pode referir-se à inexecução completa da obrigação, á de alguma cláusula especial ou simplesmente à mora.

b) O terceiro não interessado, que paga a dívida em seu próprio nome, tem direito a reembolsar-se do que pagar, mas não se sub-roga nos direitos do credor.

c) Qualquer interessado na extinção da dívida pode pagá-la, salvo se a isto se opuser o credor.

d) Em razão do princípio da boa-fé, nos contratos bilaterais um contratante pode, independente do cumprimento de sua obrigação, exigir o implemento do outro.

e) Nos contratos de execução continuada ou diferida, se a prestação de uma das partes se tornar excessivamente onerosa, com extrema vantagem para a outra, em virtude de acontecimentos extraordinários e imprevisíveis, poderá o devedor pedir a resolução do contrato. Os efeitos da sentença que a decretar retroagirão à data de propositura da ação.

COMENTÁRIOS

Alternativa incorreta: letra "a". A assertiva está equivocada, pois a cláusula penal não precisa ser estipulada conjuntamente com a obrigação. Nesse sentido, é a doutrina do art. 409 do CC: "A cláusula penal estipulada conjuntamente com a obrigação, ou em ato posterior, pode referir-se à inexecução completa da obrigação, à de alguma cláusula especial ou simplesmente à mora."

Alternativa incorreta: letra "c". A afirmativa vai de encontro com a redação do art. 304 do CC: "Qualquer interessado na extinção da dívida pode pagá-la, usando, se o credor se opuser, dos meios conducentes à exoneração do devedor."

Alternativa incorreta: letra "d". Assertiva não reproduz o que a lei determina, pois nesse caso se aplica o princípio da exceção do contrato não cumprido, consagrado no art. 476: "Nos contratos bilaterais, nenhum dos contratantes, antes de cumprida a sua obrigação, pode exigir o implemento da do outro."

Alternativa incorreta: letra "e". A assertiva está equivocada, pois os efeitos da sentença, no caso em tela, retroagem até a data da citação, conforme estabelece o art. 478 do CC: "Nos contratos de execução continuada ou diferida, se a prestação de uma das partes se tornar excessivamente onerosa, com extrema vantagem para a outra, em virtude de acontecimentos extraordinários e imprevisíveis, poderá o devedor pedir a resolução do contrato. Os efeitos da sentença que a decretar retroagirão à data da citação."

Alternativa correta: letra "b". A redação da assertiva corresponde a literalidade do art. 305 do CC: "O terceiro não interessado, que paga a dívida em seu próprio nome, tem direito a reembolsar-se do que pagar; mas não se sub-roga nos direitos do credor."

---

195. (TRT 2 – Juiz do Trabalho Substituto 2ª Região/2014) Em relação aos defeitos do negócio jurídico, aponte a alternativa correta:

a) Não vicia o negócio jurídico a coação exercida por terceiro, ainda que dela tivesse conhecimento a parte que a aproveite.

b) Vale o pagamento cientemente feito ao credor incapaz de quitar, se o devedor provar que em benefício dele efetivamente reverteu.

c) O falso motivo não vicia a declaração de vontade mesmo quando expresso como razão determinante.

d) A pessoa obrigada, por dois ou mais débitos da mesma natureza, a um só credor, não tem o direito de indicar a qual deles oferece pagamento, se todos forem líquidos e vencidos.

e) A transmissão errônea da vontade por meios interpostos é nula nos mesmos casos em que o é a declaração direta.

COMENTÁRIOS

Alternativa incorreta: letra "a". A alternativa está incorreta, porquanto contraria o que dispõe o art. 154 do CC: "Vicia o negócio jurídico a coação exercida por terceiro, se dela tivesse ou devesse ter conhecimento a parte a que aproveite, e esta responderá solidariamente com aquele por perdas e danos."

Alternativa incorreta: letra "c". A redação atribuída à alternativa ora examinada adultera o que prescreve o art. 140 do CC, cujo teor ora se transcreve: "O falso motivo só vicia a declaração de vontade quando expresso como razão determinante."

Alternativa incorreta: letra "d". A alternativa está incorreta, pois subverte a regra do art. 352 do CC, com a seguinte redação: "A pessoa obrigada por dois ou mais débitos da mesma natureza, a um só credor, tem o direito de indicar a qual deles oferece pagamento, se todos forem líquidos e vencidos."

Alternativa incorreta: letra "e". Como é de curial sabença, a vigente ordem legal adota uma teoria binária das invalidades. Isso significa que existem duas espécies de invalidade, quais sejam, a nulidade (ou nulidade absoluta) e a anulabilidade (nulidade relativa). A assertiva em apreço consignou que a transmissão errônea de vontade por meios interpostos seria nula, ou seja, nulidade absoluta. Entretanto, o Código Civil de 2002 adota posicionamento diverso, conforme se extrai da redação do seu art. 141, *in verbis*: "A transmissão errônea da vontade por meios interpostos é anulável nos mesmos casos em que o é a declaração direta."

Alternativa correta: letra "b". A assertiva está correta, pois corresponde à melhor exegese do art. 310 do CC, com a seguinte redação: "Não vale o pagamento cientemente feito ao credor incapaz de quitar, se o devedor não provar que em benefício dele efetivamente reverteu." Assim, interpretando-se o dispositivo legal transcrito, caso o devedor demonstre que o pagamento realizado em prol de credor incapaz de quitar reverteu em benefício deste, o pagamento foi plenamente válido, o que conduz ao acerto da alternativa.

---

196. (TRT 2 – Juiz do Trabalho Substituto 2ª Região/2014) Em relação ao pagamento, aponte a alternativa correta:

a) O interessado somente pode pagar a dívida se o credor assentir.

b) O terceiro não interessado em hipótese alguma poderá fazer o pagamento.

c) A eficácia do pagamento independe da transmissão da propriedade.

d) Só é válido o pagamento feito ao credor diretamente, não sendo lícita a representação.

e) Aquele que possui o recibo devidamente assinado pelo credor presume-se autorizado a receber o pagamento, ficando liberado o devedor.

COMENTÁRIOS

Alternativa incorreta: letra "a". A assertiva está incorreta, porquanto contrária ao que dispõe o art. 304 do CC, cujo teor ora se transcreve: "Qualquer interessado na extinção da dívida pode pagá-la, usando, se o credor se opuser, dos meios conducentes à exoneração do devedor."

Alternativa incorreta: letra "b". Ao reverso do que constou do enunciado da alternativa, o terceiro não interessado pode efetuar o pagamento. Entretanto, ele não se sub-roga nos direitos do credor, conforme preconiza o art. 305 do CC: "O terceiro não interessado, que paga a dívida em seu próprio nome, tem direito a reembolsar-se do que pagar; mas não se sub-roga nos direitos do credor."

Alternativa incorreta: letra "c". A assertiva está incorreta, uma vez que contraria o art. 307 do CC, *in verbis:* "Só terá eficácia o pagamento que importar transmissão da propriedade, quando feito por quem possa alienar o objeto em que ele consistiu."

Alternativa incorreta: letra "d". O art. 308 do CC expressamente admite a representação para fins de percepção do pagamento, o que conduz ao equívoco da alternativa examinada. Confira, neste particular, a literalidade do texto legal: "O pagamento deve ser feito ao credor ou a quem de direito o represente, sob pena de só valer depois de por ele ratificado, ou tanto quanto reverter em seu proveito."

Alternativa correta: letra "e". A alternativa está correta, uma vez que corresponde à aplicação do art. 311 do CC, com a seguinte redação: "Considera-se autorizado a receber o pagamento o portador da quitação, salvo se as circunstâncias contrariarem a presunção daí resultante."

---

197. (TRT 2 – Juiz do Trabalho Substituto 2ª Região/ 2013) Com base no pagamento e extinção das obrigações, observe as proposições abaixo e ao final aponte a alternativa que contenha as proposituras corretas:

I. Pagamento é a execução voluntária e exata, por parte do devedor da prestação devida ao credor, no tempo, forma e lugar previstos no título constitutivo.

II. Somente opera-se a sub-rogação de pleno direito, em favor do terceiro interessado, que paga a dívida pela qual era ou pode ser obrigado, de forma total.

III. O credor não é obrigado a receber prestação diversa da que lhe é devida, ainda que mais valiosa.

IV. Quando por motivos imprevisíveis, sobrevier desproporção manifesta entre o valor da prestação devida e o do momento de sua execução, poderá o Juiz de ofício, corrigi-lo, de modo que assegure, quanto possível, o valor real da prestação.

V. Quando o pagamento for em quotas periódicas, a quitação da última estabelece a presunção "júris et de jure" de estarem solvidas as anteriores.

Está correta apenas a alternativa:

a) I e III.

b) II e III.

c) I e IV.

d) II e V.

e) I e II.

COMENTÁRIOS

Todos os itens da questão serão analisados.

Item I – Correto. O pagamento é a forma ordinária de extinção das obrigações e consiste, de fato, no cumprimento, por parte do devedor, da prestação que lhe incumbe, no local e pelo meio previsto no instrumento pertinente. Desse modo, correta a assertiva em apreço.

Item II – Incorreto. O item está incorreto, pois contraria o disposto no art. 346, III, do CC, com a seguinte redação: "A sub-rogação opera-se, de pleno direito, em favor: [...] III – do terceiro interessado, que paga a dívida pela qual era ou podia ser obrigado, no **todo ou em parte.**"

Item III – Correto. Está correto, pois corresponde à literalidade do art. 313 do CC: "O credor não é obrigado a receber prestação diversa da que lhe é devida, ainda que mais valiosa."

Item IV – Incorreto. Ao contrário do que constou do enunciado do item, a revisão contratual por onerosidade excessiva não pode ser implementada de ofício pelo magistrado, dependendo da arguição da parte interessada, nos moldes do art. 317 do CC: "Quando, por motivos imprevisíveis, sobrevier desproporção manifesta entre o valor da prestação devida e o do momento de sua execução, poderá o juiz corrigi-lo, a pedido da parte, de modo que assegure, quanto possível, o valor real da prestação."

Item V – Incorreto. Em se tratando de pagamento de parcelas periódicas, a quitação da última parcela, de fato, gera uma presunção de que as anteriores também foram quitadas. Entretanto, tal presunção não é absoluta, mas relativa, pois admite prova em sentido contrário. É o que decorre da melhor exegese do art. 322 do CC: "Quando o pagamento for em quotas periódicas, a quitação da última estabelece, até prova em contrário, a presunção de estarem solvidas as anteriores."

Alternativa correta: letra "a".

---

198. (TRT/21ª RG. VII Concurso – 2012) Em razão das regras do Código Civil, concernentes ao adimplemento das obrigações jurídicas, é CORRETO afirmar:

I. O juiz poderá corrigir, a pedido da parte ou de ofício, o valor da prestação contratual, quando, por motivo imprevisível, observar-se a sua manifesta desproporção com o valor inicialmente previsto no contrato.

II. São nulas as convenções de pagamento em ouro ou em moeda estrangeira, excetuados os casos previstos na legislação especial, a exemplo dos contratos de exportação e de compra e venda de câmbio.

III. Não constitui direito contratual do devedor a retenção do pagamento em caso de recusa do credor em dar a devida quitação, situação que autoriza a via do pagamento em consignação.

IV. O credor possui o direito legítimo de cobrar a dívida antes do vencimento do prazo contratual, no caso de concurso de credores do devedor ou de sua falência.

a) Apenas as assertivas II e IV estão corretas.

b) Apenas as assertivas II e III estão corretas.

c) Apenas as assertivas I e III estão corretas.

d) Apenas as assertivas III e IV estão corretas.

e) Apenas as assertivas I e II estão corretas.

COMENTÁRIOS

Item I – Está errado. A assertiva, da forma como posta, contraria o disposto no art. 317 do CC. Em verdade, o mencionado dispositivo do Código Civil permite ao juiz corrigir o valor da prestação quando, por motivos imprevisíveis, sobrevier desproporção manifesta entre o valor da prestação devida e o do momento de sua execução. Assim, a desproporção que autoriza a correção da prestação, não se refere ao valor inicial da prestação, mas sim ao valor da execução.

Item II – Está **correto**. O item reproduz o teor do art. 318 do CC, com a seguinte redação: "São nulas as convenções de pagamento em ouro ou em moeda estrangeira, bem como para compensar a diferença entre o valor desta e o da moeda nacional, excetuados os casos previstos na legislação especial."

Item III – Está **incorreto**, uma vez que a assertiva está dissociada dos termos do art. 319 do CC, que estabelece: "O devedor que paga tem direito a quitação regular, e pode reter o pagamento, enquanto não lhe seja dada."

Item IV – Está correta. A alternativa reflete a regra do art. 333, I, do Código Civil: "Ao credor assistirá o direito de cobrar a dívida antes de vencido o prazo estipulado no contrato ou marcado neste Código: [...] I – no caso de falência do devedor, ou de concurso de credores."

Alternativa "a": correta.

---

199. (TRT/23ª RG – XVIII Concurso – 2011) Assinale a alternativa que contém uma afirmação verdadeira:

a) Ocorre a lesão quando alguém, premido da necessidade de salvar-se, ou a pessoa de sua família, de grave dano conhecido pela outra parte, assume obrigação excessivamente onerosa.

b) O doador, qualquer que seja a finalidade de seu ato, não fica sujeito às consequências da evicção ou do vício redibitório.

c) O terceiro não interessado, que paga a dívida em seu próprio nome, tem direito a reembolsar-se do que pagar; mas não se sub-roga nos direitos do credor.

d) Decorrido um ano da arrecadação dos bens do ausente, ou se ele deixou representante ou procurador, em se passando dois anos, poderão os interessados requerer que se declare ausência e se abra provisoriamente a sucessão.

e) O encargo e o termo inicial, em regra, suspendem o exercício, mas não a aquisição do direito.

COMENTÁRIOS

Alternativa "a": incorreta. Ao contrário do que constou do enunciado da alternativa, a lesão se configura "quando uma pessoa, sob premente necessidade, ou por inexperiência, se obriga a prestação manifestamente desproporcional ao valor da prestação oposta.", na forma do art. 157 do CC. Em verdade, a alternativa faz referência ao instituto do estado de perigo, previsto no art. 156 do CC, com a seguinte redação: "Configura-se o estado de perigo quando alguém, premido da necessidade de salvar-se, ou a pessoa de sua família, de grave dano conhecido pela outra parte, assume obrigação excessivamente onerosa."

Alternativa "b": incorreta. A assertiva está incorreta. Isso porque, de acordo com o que preconiza o art. 441, parágrafo único, do CC, é cabível invocar a existência dos vícios redibitórios na seara das doações onerosas, como é o caso da doação remuneratória (art. 540 do CC) que, nas lições de Flávio Tartuce, "é aquela feita em caráter de retribuição por um serviço prestado pelo donatário, mas cuja prestação não pode ser exigida pelo último" (TARTUCE, Flávio. *Manual de Direito Civil. Volume Único.* 1ª ed. São Paulo: Método, 2011, p. 613). Por outro lado, nos termos do art. 552 do CC, o doador responde pela evicção na hipótese de doação *propter nuptias* (art. 546 do CC) que é aquela feita em contemplação de casamento futuro com pessoa certa e determinada. Eis o teor do art. 552 do CC: "O doador não é obrigado a pagar juros moratórios, nem é sujeito às consequências da evicção ou do vício redibitório. Nas doações para casamento com certa e determinada pessoa, o doador ficará sujeito à evicção, salvo convenção em contrário."

Alternativa "d": incorreta. A assertiva está incorreta, porquanto contraria o disposto no art. 26 do CC, com a seguinte redação: "Decorrido um ano da arrecadação dos bens do ausente, ou, se ele deixou representante ou procurador, **em se passando três anos**, poderão os interessados requerer que se declare a ausência e se abra provisoriamente a sucessão."

Alternativa "e": incorreta. A alternativa está incorreta, uma vez que a regra do art. 131 do CC, somente se aplica ao termo inicial e não ao encargo, como equivocadamente constou da questão. Eis o teor do mencionado dispositivo legal: "O termo inicial suspende o exercício, mas não a aquisição do direito."

Alternativa "c": correta. A assertiva está correta, porquanto reproduz a regra do art. 305 do CC, que preconiza: "O terceiro não interessado, que paga a dívida em seu próprio nome, tem direito a reembolsar-se do que pagar; mas não se sub-roga nos direitos do credor."

200. (TRT/1ª RG - 2010) Assinale a opção CORRETA com referência à extinção da obrigação.

a) O que diferencia o pagamento efetuado pelo terceiro interessado do efetuado pelo não interessado é a possibilidade de este promover a consignação.

b) Se o devedor der coisa fungível que não lhe pertença ao credor e, ainda que de boa-fé, este a consumir, o pagamento não terá eficácia.

c) Se o devedor está obrigado a realizar o pagamento por medida e o contrato nada dispõe a esse respeito, entende-se que as partes aceitaram as do lugar de celebração do contrato.

d) Um dos requisitos essenciais do pagamento é a intenção, daquele que paga, de extinguir a obrigação assumida.

e) A proibição de comportamento contraditório não tem o poder de alterar o local do pagamento expressamente estabelecido no contrato.

COMENTÁRIOS

Alternativa "a": incorreta. O enunciado da alternativa está **incorreto**. Isso porque, tanto o terceiro interessado, quanto o terceiro não interessado, podem se valer da consignação em pagamento, caso haja recusa no recebimento da prestação por parte do credor. Neste sentido, aliás, são as lições de Caio Mário da Silva Pereira: "Se o credor recusar a *solutio*, o terceiro interessado tem o direito de se valer dos meios conducentes à exoneração do devedor [como, por exemplo, a consignação em pagamento], como se este próprio fora. O terceiro, a quem falta o interesse para solver a obrigação, poderá proceder de maneira idêntica e compelir o credor a receber, se estiver agindo em seu nome e por sua própria conta" (PEREIRA, Caio Mário da Silva. *Instituições de Direito Civil. Volume II*. 20ª ed. Rio de Janeiro: Forense, 2003, p. 172). Na verdade, o que diferencia o pagamento realizado pelo terceiro interessado daquele realizado pelo terceiro não interessado é que o primeiro sub-roga-se nos direitos do credor, ao passo que o segundo tem mero direito de reembolso, na forma do art. 305, do CC: "O terceiro não interessado, que paga a dívida em seu próprio nome, tem direito a reembolsar-se do que pagar; mas não se sub-roga nos direitos do credor."

Alternativa "b": incorreta. A assertiva está incorreta, pois, na hipótese retratada na alternativa, o pagamento é eficaz, na forma do art. 307, parágrafo único, do CC: "Se se der em pagamento coisa fungível, não se poderá mais reclamar do credor que, de boa-fé, a recebeu e consumiu, ainda que o solvente não tivesse o direito de aliená-la."

Alternativa "c": incorreta. Se o devedor estiver obrigado a efetuar pagamento por medida e o contrato nada dispuser a esse respeito, entende-se que as partes aceitaram as do lugar da execução do contrato e não de sua celebração, conforme equivocadamente constou do enunciado da alternativa. Neste sentido, preconiza o art. 326, do CC: "Se o pagamento se houver de fazer por medida, ou peso, entender-se-á, no silêncio das partes, que aceitaram os do lugar da execução."

Alternativa "e": incorreta. Nos termos do art. 330 do CC, "o pagamento reiteradamente feito em outro local faz presumir renúncia do credor relativamente ao previsto no contrato." O dispositivo legal em apreço consagra o instituto da *supressio* cujo principal efeito, neste caso, é o de suprimir o direito do credor de receber a dívida em determinado local, tendo por fundamento os postulados da boa-fé. Remete-se o leitor, no particular, à leitura das dicas ao final do presente capítulo.

Alternativa "d": correta. A assertiva está correta. Nas lições de Carlos Roberto Gonçalves, a intenção de solver o débito – *animus solvendi* – é requisito essencial ao pagamento, pois, para o mencionado autor, caso ausente a mencionada intenção, poderia haver uma doação e não o pagamento propriamente dito (GONÇALVES, Carlos Roberto. *Direito Civil Esquematizado*. 1ª ed. São Paulo: Saraiva, 2011, p. 569).

3.3.2. DO PAGAMENTO COM SUB-ROGAÇÃO

201. FGV – 2023 – TST – Juiz do Trabalho

João, que contratou o seguro de seu carro com a seguradora X, sofre acidente automobilístico cujo sinistro estava coberto pela apólice securitária. João acionou a seguradora em seguida, requerendo o pagamento do prêmio, o que foi prontamente concedido.

Considerando que João é qualificado como consumidor para fins da relação jurídica constituída com a seguradora, o prazo prescricional para que a seguradora X possa exercitar sua pretensão frente ao causador do dano é de:

a) cinco anos, com base no Código Civil, pois seria o prazo para o exercício do direito de regresso da seguradora frente ao causador direto do dano;

b) cinco anos, com base no Código de Defesa do Consumidor, pois o contrato de seguro se constitui como uma relação de consumo;

c) três anos, com base no Código Civil, pois o segurador sub-roga-se nos direitos do segurado, podendo buscar o ressarcimento frente ao terceiro causador do dano;

d) um ano, com base no Código Civil, pois seria o prazo para a pretensão do segurador contra o segurado;

e) um ano, com base no Código Civil, pois seria o prazo para a pretensão da reparação civil.

COMENTÁRIOS

Alternativa "a": Assertiva está incorreta. O enunciado afirma que há direito de regresso da seguradora frente ao causador direto do dano. Pelo que foi narrado, ficou caracterizado o instituto do pagamento com sub-rogação pessoal ativa, que ocorre quando um terceiro (seguradora), faz o pagamento para a vítima de um dano (João), no lugar do verdadeiro causador do prejuízo, ou seja, o devedor originário. Nesse caso, como foi o terceiro que fez o pagamento dos danos ao credor, o devedor originário continua devendo, não ao credor originário, mas a seguradora que se sub-rogou em seu lugar; isto é, a seguradora ao pagar os danos ao credor tomou seu lugar. Como consequência da sub-rogação, a lei diz no art. Art. 349, do CC, que: "A sub-rogação transfere ao novo credor todos os direitos, ações, privilégios e garantias do primitivo, em relação à dívida, contra o devedor principal e os fiadores." Assim, não resta dúvida de que a seguradora, ao efetuar o pagamento do prêmio tomou o lugar de João, sendo-lhe garantido todos os direitos, ações privilégios e garantias que a ele caberia. Logo, os prazos prescricionais que eram garantidos a João, caso fosse exercer seu direito diretamente contra o causador do dano, foram transferidos a seguradora e, portanto, ela terá o prazo prescricional de 3 anos para ajuizar a ação de regresso, conforme declara o art. 206, §3º, inc. V, do CC. No mesmo sentido é o entendimento do STJ:[...] "2. Na hipótese, o Tribunal de origem, adotando o referido entendimento, concluiu pela incidência do prazo prescricional trienal previsto no art. 206, § 3º, V, do CC/2002, porquanto não se trata de ação de cobrança ajuizada pela seguradora contra segurado, mas contra o tomador do seguro. Desse modo, a alteração desse entendimento demandaria, necessariamente, a interpretação de cláusulas contratuais e novo exame do acervo fático-probatório constante dos autos, providências vedadas no âmbito do recurso especial, conforme os óbices previstos nas Súmulas 5 e 7 deste Tribunal Superior.3. Agravo interno a que se nega provimento.(AgInt no AREsp n. 1.715.318/DF, relator Ministro Marco Aurélio Bellizze, Terceira Turma, julgado em 1/3/2021, DJe de 3/3/2021.)"

Alternativa "b". Alternativa incorreta. Conforme visto no comentário da alternativa anterior, o prazo para a seguradora ajuizar a ação de regresso é de 3 anos. Outrossim, é falso que exista relação de consumo entre segurado e o devedor. Entre eles há uma relação extracontratual ou aquiliana, que surgiu em decorrência do acidente, cujo ressarcimento dos danos foi suportado pela seguradora, e não pelo devedor. Portanto, relação de consumo existe entre a seguradora e João que decorre do contrato de seguro firmado entre eles, conforme estabelece o CDC, §2º, art. 3º: § 2° Serviço é qualquer atividade fornecida no mercado de consumo, mediante remuneração, inclusive as de natureza bancária, financeira, de crédito e securitária, salvo as decorrentes das relações de caráter trabalhista.

Alternativa "c". Alternativa está correta. Considerando o que foi narrado pelo enunciado, é possível afirmar que a presente alternativa está correta, tendo como fundamento legal os seguintes dispositivos: "Art. 346. A sub-rogação opera-se, de pleno direito, em favor: III – do terceiro interessado, que paga a dívida pela qual era ou podia ser obrigado, no todo ou em parte." "Art. 349. A sub-rogação transfere ao novo credor todos os direitos, ações, privilégios e garantias do primitivo, em relação à dívida, contra o devedor principal e os fiadores."

Alternativas "d" e "e". Ambas as alternativas estão incorretas. Considerando que a seguradora se sub-rogou nos direitos do credor, os prazos prescricionais que regularia a pretensão de João contra o devedor originário, será o que regulará a pretensão regressiva da seguradora contra o mesmo devedor, conforme previsto no art. 206, §3º, V, do CC.

Alternativa correta: letra "c".

---

202. (TRT/23ª RG – XVI Concurso – 2010) Analise os itens abaixo e aponte a alternativa CORRETA:

I. A sub-rogação convencional, transfere ao novo credor todos os direitos, ações, privilégios e garantias do primitivo credor, em relação à dívida, contra o devedor principal e os fiadores.

II. A sub-rogação legal pode ser parcial.

III. Ocorrendo dação em pagamento, se o credor for evicto da coisa recebida em pagamento, ficará sem efeito a quitação dada.

IV. A novação poderá ser objetiva e subjetiva. Se o novo devedor falir o credor, que consentiu na novação, terá ação regressiva contra o antigo devedor.

a) As proposições I, II e IV estão corretas e a proposição III, incorreta.

b) As proposições II, III e IV estão corretas e a proposição I, incorreta.

c) As proposições I, II e III estão corretas e a proposição IV, incorreta.

d) As proposições I, III e IV estão corretas e a proposição II, incorreta.

e) Todas as proposições estão corretas.

COMENTÁRIOS

Todos os itens da questão serão analisados:

Item I: Correto. A assertiva reproduz o que prescreve o artigo 349, do Código Civil: "A sub-rogação transfere ao novo credor todos os direitos, ações, privilégios e garantias do primitivo, em relação à dívida, contra o devedor principal e os fiadores." Esse dispositivo apresenta os efeitos que a sub-rogação produz, ou seja, o liberatório, pois exonera o devedor do débito, para com o credor originário, e o translativo, já que transfere para aquele que adimpliu a obrigação, os direitos que o credor originário desfrutava. Esses efeitos, apresentados pelo dispositivo legal citado, se aplicam tanto à sub-rogação convencional, quanto à sub-rogação legal.

Item II. Correto. O pagamento efetuado por terceiro pode ser parcial, situação em que o crédito fica dividido em duas partes, isto é, o credor originário continua com a parte não paga, e o novo credor sub-roga-se na parte por ele paga. Nesse sentido, o artigo 351 do Código Civil prevê a hipótese em que o interessado paga apenas parte da prestação devida pelo devedor, vejamos: "O credor originário, só em parte reembolsado, terá preferência ao sub-rogado, na cobrança da dívida restante, se os bens do devedor não chegarem para saldar inteiramente o que a um e outro dever."

Item III. Correto. A redação da assertiva concorda com a doutrina do artigo 359 do Código Civil: "Se o credor for evicto da coisa recebida em pagamento, restabelecer-se-á a obrigação primitiva, ficando sem efeito a quitação dada, ressalvados os direitos de terceiros."

Item IV: Incorreto. A novação realmente poderá ser objetiva ou subjetiva. A novação objetiva ou real ocorre na hipótese do artigo 360, inciso I: "Dá-se a novação: I – quando o devedor contrai com o credor nova dívida para extinguir e substituir a anterior." Por sua vez, a novação subjetiva ocorre quando novo devedor sucede ao antigo, ficando este quite com o credor; " (art. 360, II). Apesar da primeira afirmação feita pela assertiva estar correta, a segunda parte incorre em erro, pois, nos termos do artigo 363 do Código Civil: "Se o novo devedor for insolvente, não tem o credor, que o aceitou, ação regressiva contra o primeiro, salvo se este obteve por má-fé a substituição."

Confirmando o que estabelece o gabarito, estão **corretos** os itens I, II e III, e **incorreto** o item IV. Portanto, a letra "c" corresponde à alternativa a ser assinalada.

Alternativa "c": correta.

3.3.3. DA DAÇÃO EM PAGAMENTO

203. (CESPE – Juiz do Trabalho Substituto 5ª Região/2013) Ainda no que diz respeito às obrigações no direito civil brasileiro, assinale a opção correta.

a) Caracteriza-se a dação em pagamento como acordo liberatório entre credor e devedor, em que o credor consente em receber bem diverso daquele que originariamente fora objeto de pacto, sendo que essa, como meio de pagamento indireto, produz a extinção da obrigação.

b) Caracteriza-se como novação o acordo firmado entre credor e devedor para incluir termo aditivo contratual, pactuando o pagamento da dívida em atraso em parcelas periódicas ou prorrogando o prazo para quitar o débito originário.

c) No caso de inadimplemento culposo da obrigação de não fazer, o devedor exime-se da obrigação de indenizar, caso desfaça voluntariamente o ato de que se obrigara a abster, hipótese em que se resolve a obrigação, sem perdas e danos, restituindo-se essa ao estado anterior.

d) Considerando que a cláusula penal moratória é estipulada para a hipótese de descumprimento total da obrigação e funciona como prefixação das perdas e danos, ocorrendo o inadimplemento, autoriza-se ao credor optar por exigir a prestação, por pleitear as perdas e danos ou por preferir a importância convencionada.

e) Se o credor, nas obrigações solidárias passivas, conceder remissão em favor de um dos coobrigados, extingue-se a solidariedade em relação aos demais, surgindo, em seu lugar, uma obrigação conjunta, em que cada um dos devedores responderá exclusivamente por sua parte.

COMENTÁRIOS

Alternativa incorreta: letra "b". O enunciado está incorreto. A novação é espécie de formas especiais de pagamento e consiste na possibilidade de extinção de uma obrigação, em que outra a substitui, a substituição poderá ocorrer por haver mudança dos sujeitos ou do objeto. A novação caracteriza-se pela intenção de novar, isto é, devedor e credor contraem nova obrigação. Por sua vez, a redação da alternativa não apresenta a intenção de novar, mas tão somente modificações nos aspectos secundários da obrigação. Vejamos o art. 360 do CC: "Dá-se a novação: I – quando o devedor contrai com o credor nova dívida para extinguir e substituir a anterior; II – quando novo devedor sucede ao antigo, ficando este quite com o credor; III – quando, em virtude de obrigação nova, outro credor é substituído ao antigo, ficando o devedor quite com este."

Alternativa incorreta: letra "c". A regra é que havendo culpa do devedor no inadimplemento da obrigação, ele responderá por perdas e danos. No caso da obrigação de não fazer, o inadimplemento da obrigação se configura quando faz algo que deveria se abster. Caso a pratica do ato tenha ocorrido sem culpa do devedor a obrigação será extinta, por outro lado, se ouve culpa do devedor este responderá por perdas e danos, conforme se extrai da norma contida no art. 250 do CC: "Extingue-se a obrigação de não fazer, desde que, sem culpa do devedor, se lhe torne impossível abster-se do ato, que se obrigou a não praticar." Além disso, se a obrigação de não fazer for permanente, ou seja, aquele em que é possível a reversibilidade do que foi praticado, é possível ao credor exigir que o devedor o desfaça, sob pena de se desfazer à sua custa, conforme determina o art. 251 do CC: "Praticado pelo devedor o ato, a cuja abstenção se obrigara, o credor pode exigir dele que o desfaça, sob pena de se desfazer à sua custa, ressarcindo o culpado perdas e danos."

Alternativa incorreta: letra "d". A redação da presente alternativa não trata da cláusula penal moratória, mas sim da cláusula penal compensatória, senão vejamos. A cláusula penal moratória é aquela instituída, com o fim de preservar cláusula específica do contrato ou em virtude de mora do devedor. Exige-se a multa conjuntamente com a obrigação principal não cumprida (art. 411, CC). Por outro lado, a cláusula penal compensatória é aquele em que se estipula multa para a hipótese de total descumprimento do contrato (art. 410, CC)

Alternativa incorreta: letra "e". A remissão concedida pelo credor a um dos devedores, não extingue a solidariedade dos demais coobrigados. Nesse sentido, é a ordem do art. 277 do CC: "O pagamento parcial feito por um dos devedores e a remissão por ele obtida não aproveitam aos outros devedores, senão até à concorrência da quantia paga ou relevada."

Alternativa correta: letra "a". O conceito de dação em pagamento apresentado pela alternativa está correto e coaduna com o que estabelece a doutrina do art. 356 do CC: "O credor pode consentir em receber prestação diversa da que lhe é devida."

---

204. (TRT/2ª RG – XXXV Concurso – 2010) Nos termos da legislação civil aplicável em relação à extinção das obrigações não é CORRETO afirmar:

a) A novação subjetiva passiva, ou seja, aquela que ocorre por substituição do devedor, pode ser efetuada independentemente da anuência deste.
b) Na dação em pagamento, se o credor for evicto da coisa recebida em pagamento, não se restabelecerá a obrigação primitiva, mas ao evicto cabe o direito de reclamar perdas e danos.
c) Não haverá compensação quando as partes, por mútuo acordo, a excluírem, ou no caso de renúncia prévia de uma delas.
d) O pagamento reiteradamente feito em outro local diverso daquele originalmente combinado faz presumir renúncia do credor em relação ao previsto inicialmente no contrato.
e) A remissão da dívida, aceita pelo devedor, extingue a obrigação, mas sem prejuízo de terceiro.

COMENTÁRIOS

Alternativa "a": correta. A novação subjetiva passiva se configura quando ocorre a substituição do devedor, ficando o devedor primitivo quite com o credor, na forma do art. 360, II, do CC. Ao que parece, a banca examinadora, no particular, fez referência ao art. 362 do CC, que trata da novação subjetiva passiva por expromissão, em que não há a necessidade de anuência do devedor originário. Dispõe o mencionado dispositivo legal que "A novação por substituição do devedor pode ser efetuada independentemente de consentimento deste." Todavia, é importante ressalvar que, conforme preleciona Flávio Tartuce, na novação subjetiva passiva por delegação a substituição do devedor originário é feita com o seu consentimento, "pois é ele que indicará uma terceira pessoa para assumir o seu débito"(TARTUCE, Flávio. *Manual de Direito Civil. Volume Único.* 1ª ed. São Paulo: Método, 2011, p. 352).

Alternativa "c": correta. A alternativa está correta, porquanto em consonância à norma do art. 375 do CC: "Não haverá compensação quando as partes, por mútuo acordo, a excluírem, ou no caso de renúncia prévia de uma delas."

Alternativa "d": correta. A assertiva reproduz a literalidade do art. 330 do CC: "O pagamento reiteradamente feito em outro local faz presumir renúncia do credor relativamente ao previsto no contrato."

Alternativa "e": correta. A alternativa está correta, pois encontra respaldo no art. 385 do CC, cujo teor ora se transcreve: "A remissão da dívida, aceita pelo devedor, extingue a obrigação, mas sem prejuízo de terceiro."

Alternativa "b": incorreta. A assertiva contraria a regra insculpida no art. 359 do CC, com o seguinte teor: "Se o credor for evicto da coisa recebida em pagamento, **restabelecer-se-á a obrigação primitiva**, ficando sem efeito a quitação dada, ressalvados os direitos de terceiros."

3.4. DO INADIMPLEMENTO DAS OBRIGAÇÕES

3.4.1. DISPOSIÇÕES GERAIS

---

205. FGV – 2023 – TST – Juiz do Trabalho

A sociedade limitada X contratou a locação de uma loja no Shopping Center Y, a ser construído, com a finalidade de dar início a suas atividades empresariais. Tanto a construção do shopping quanto a locação de suas lojas são de responsabilidade da Construtora W, que se obrigou a entregar a obra pronta em doze meses. Ocorre que a Construtora W descumpriu sua obrigação relativa à construção do shopping, identificando-se no caso o inadimplemento absoluto por impossibilidade da entrega da loja e, por consequência, a impossibilidade de cumprir as obrigações relativas à locação. Tornando-se impossível o início de suas atividades empresariais, a sociedade limitada X ingressou com ação indenizatória em face da Construtora W, cujo pedido foi de reparação dos danos sofridos em decorrência de inadimplemento contratual que a impediu de obter faturamento próprio.

Sobre os fatos narrados, é correto afirmar que:

a) o inadimplemento contratual obriga a Construtora W a indenizar a sociedade limitada X quanto aos danos emergentes provados, isto é, aqueles relativos ao que efetivamente perdeu;
b) além dos danos emergentes, a sociedade limitada X faz jus à indenização pelos lucros cessantes, cuja quantificação independe do início da sua atividade empresarial;
c) os lucros cessantes em caso de descumprimento de obrigação contratual assumida pela Construtora W para a entrega do imóvel são presumidos;
d) além dos lucros cessantes e danos emergentes, a sociedade limitada X faz jus à indenização por perda da chance, proporcional à expectativa

quanto à probabilidade de auferir lucro na exploração da atividade;

e) é devida a compensação pelos danos morais in re ipsa sofridos pela sociedade limitada X decorrente do inadimplemento contratual e da frustação pelo início das atividades empresariais.

COMETÁRIOS

Alternativa "a". A alternativa está correta. Na hipótese apresentada pelo enunciado, a Sociedade limitada X sofreu um dano efetivo, em decorrência do inadimplemento contratual da Construtora W. Nesse caso, a Sociedade Limitada X tem direito a indenização pelos danos emergentes efetivamente sofridos, ou seja, o próprio descumprimento do contrato. Por sua vez, os lucros cessantes, que segundo a narrativa decorreriam do fato da credora não ter dado início a sua atividade empresarial, não será passível de acolhimento. Nesse caso, os lucros cessantes seriam presumidos, já que não houve o início das atividades. Segundo julgado recente do STJ: [...] 8. Especificamente quanto à hipótese dos autos, o entendimento desta Corte é no sentido de não admitir a indenização por lucros cessantes sem comprovação e, por conseguinte, rejeitar os lucros hipotéticos, remotos ou presumidos, incluídos nessa categoria aqueles que supostamente seriam gerados pela rentabilidade de atividade empresarial que sequer foi iniciada." (REsp n. 1.750.233/SP, relatora Ministra Nancy Andrighi, Terceira Turma, julgado em 5/2/2019, DJe de 8/2/2019.)

Alternativas "b","c" e "e". As assertivas incorretas. Conforme mencionado anteriormente, o STJ entende que não cabe lucros cessantes presumidos (danos morais *in re ipsa*) e, portanto, sem a efetiva comprovação do que efetivamente deixou de ganhar, tendo em vista que a atividade comercial não teve início, não será cabível indenização quanto a essa modalidade de dano. Mais uma vez, STJ: [...] 8. Especificamente quanto à hipótese dos autos, o entendimento desta Corte é no sentido de não admitir a indenização por lucros cessantes sem comprovação e, por conseguinte, rejeitar os lucros hipotéticos, remotos ou presumidos, incluídos nessa categoria aqueles que supostamente seriam gerados pela rentabilidade de atividade empresarial que sequer foi iniciada." (REsp n. 1.750.233/SP, relatora Ministra Nancy Andrighi, Terceira Turma, julgado em 5/2/2019, DJe de 8/2/2019.)

Alternativa "d". Assertiva errada. De acordo com o Código Civil, os lucros cessantes representam aquilo que razoavelmente o credor deixou de lucrar, em decorrência direta do inadimplemento do devedor. O lucro emergente é aquele que efetivamente o credor sofreu com o inadimplemento. Ambos os casos estão previstos no art. 402 do CC: "Salvo as exceções expressamente previstas em lei, as perdas e danos devidas ao credor abrangem, além do que ele efetivamente perdeu, o que razoavelmente deixou de lucrar." Por sua vez, a perda de uma chance, cuja origem é o direito francês, sem previsão legal no ordenamento jurídico pátrio, mas recepcionado pela doutrina e jurisprudência brasileiras, traz a ideia de que o ato ilícito retirou alguma oportunidade de obter uma situação futura melhor, mas a chance deve ser real e séria. Como já visto anteriormente, a assertiva já estaria errada por afirmar que os lucros cessantes seriam devidos. Mas também erra por afirmar que caberia indenização pela perda de uma chance. O STJ entende que a perda de uma chance é uma categoria de dano intermediária entre o emergente e o cessante, assim como essas categorias ela também terá de ser séria e real, não somente fluída ou hipotética. Vemos o julgado: [...] 1. A teoria da perda de uma chance (perte d'une chance) visa à responsabilização do agente causador não de um dano emergente, tampouco de lucros cessantes, mas de algo intermediário entre um e outro, precisamente a perda da possibilidade de se buscar posição mais vantajosa que muito provavelmente se alcançaria, não fosse o ato ilícito praticado. Nesse passo, a perda de uma chance – desde que essa seja razoável, séria e real, e não somente fluida ou hipotética – é considerada uma lesão às justas expectativas frustradas do indivíduo, que, ao perseguir uma posição jurídica mais vantajosa, teve o curso normal dos acontecimentos interrompido por ato ilícito de terceiro. (REsp n. 1.190.180/RS, relator Ministro Luis Felipe Salomão, Quarta Turma, julgado em 16/11/2010, DJe de 22/11/2010.)

Alternativa correta: letra "a".

---

206. (TRT 2 – Juiz do Trabalho Substituto 2ª Região/2014) Em relação às obrigações, observe as proposições abaixo e responda a alternativa que contenha proposituras corretas:

I. A obrigação de dar coisa certa abrange os acessórios dela que foram mencionados, salvo se o contrário resultar do título ou das circunstâncias.

II. Deteriorada a coisa, sendo o devedor culpado, poderá o credor resolver a obrigação, ou aceitar a coisa abatido de seu preço o valor que perdeu.

III. Nas obrigações negativas o devedor é havido por inadimplente desde o dia que executou o ato de que se devia abster.

IV. A diferença de causa nas dívidas não impede a compensação, exceto, por hipótese, se uma for de coisa não suscetível de penhora.

V. Obrigando-se por terceiro, uma pessoa pode compensar esta dívida com o que o credor dele lhe dever.

Está correta a alternativa:

a) III e IV.

b) II e III.

c) IV e V.

d) I e V.

e) I e II.

COMENTÁRIOS

Todos os itens da questão serão analisados.

Item I: incorreto. A redação atribuída ao item adulterа o que prescreve o art. 233 do CC, o que conduz ao seu desacerto. Confira a literalidade do texto legal: "A obrigação de dar coisa certa abrange os acessórios dela embora não mencionados, salvo se o contrário resultar do título ou das circunstâncias do caso."

Item II: incorreto. O item, da forma como posto, contraria o que dispõe o art. 235 do CC, com a seguinte redação: "Deteriorada a coisa, não sendo o devedor culpado, poderá o credor resolver a obrigação, ou aceitar a coisa, abatido de seu preço o valor que perdeu."

Item III: correto. O item está correto, porquanto em conformidade com o art. 390 do CC: "Nas obrigações negativas o devedor é havido por inadimplente desde o dia em que executou o ato de que se devia abster."

Item IV: correto. A redação atribuída ao item está em consonância ao que dispõe o art. 373, III, do CC: A diferença de causa nas dívidas não impede a compensação, exceto: [...] III – se uma for de coisa não suscetível de penhora."

Item V: incorreto. A assertiva está incorreta, pois contraria o disposto no art. 376 do CC: "Obrigando-se por terceiro uma pessoa, não pode compensar essa dívida com a que o credor dele lhe dever."

Alternativa correta: letra "a".

---

207. (TRT 2 – Juiz do Trabalho Substituto 2ª Região/ 2013) Em relação ao inadimplemento das obrigações, está incorreto afirmar:

a) Não cumprida a obrigação, responde o devedor por perdas e danos, mais juros e atualização monetária e honorários advocatícios.

b) O devedor, que se obriga a não praticar dado ato, será tido como inadimplente, a partir da data em que veio a executar, dolosamente, ato de que deveria abster-se, violando o dever de *non facere*.

c) Para exigir a pena convencional, não é necessário que o credor alegue prejuízo.

d) Os juros moratórios fluem a partir do evento danoso, em caso de responsabilidade extracontratual.

e) Não havendo termo, a mora se constitui mediante interpelação judicial ou extrajudicial

COMENTÁRIOS

Nota de atualização:

O artigo 389, do CC, recebeu nova redação da Lei nº 14.905, de 2024: Art. 389. Não cumprida a obrigação, responde o devedor por perdas e danos, mais juros, atualização monetária e honorários de advogado. Redação dada pela Lei nº 14.905, de 2024)

Parágrafo único. Na hipótese de o índice de atualização monetária não ter sido convencionado ou não estar previsto em lei específica, será aplicada a variação do Índice Nacional de Preços ao Consumidor Amplo (IPCA), apurado e divulgado pela Fundação Instituto Brasileiro de Geografia e Estatística (IBGE), ou do índice que vier a substituí-lo. (Incluído pela Lei nº 14.905, de 2024)

Alternativa correta: letra "a". A alternativa sob enfoque corresponde à aplicação da regra do art. 389 do CC, com o seguinte teor: "Não cumprida a obrigação, responde o devedor por perdas e danos, mais juros e atualização monetária segundo índices oficiais regularmente estabelecidos, e honorários de advogado."

Alternativa correta: letra "c". A assertiva reproduz a regra constante do art. 416 do CC, cujo teor ora se transcreve: "Para exigir a pena convencional, não é necessário que o credor alegue prejuízo."

Alternativa correta: letra "d". De acordo com o enunciado da Súmula n.º 54 do Superior Tribunal de Justiça, os "juros moratórios fluem a partir do evento danoso, em caso de responsabilidade extracontratual", o que conduz ao acerto da alternativa.

Alternativa correta: letra "e". A banca examinadora, neste particular, reproduziu a regra do parágrafo único, do art. 397 do CC, com a seguinte redação: "Não havendo termo, a mora se constitui mediante interpelação judicial ou extrajudicial."

Alternativa incorreta: letra "b". A assertiva está incorreta, porquanto contraria expressa disposição legal. A norma insculpida no art. 390 do CC estabelece que, nas obrigações negativas, que importam em uma abstenção do devedor, este será considerado inadimplente a partir da data em que praticar o ato que se obrigou a não praticar. Não há, no texto legal, qualquer referência à figura do dolo, o que conduz ao desacerto da alternativa em exame. Confira-se o texto da lei: "Nas obrigações negativas o devedor é havido por inadimplente desde o dia em que executou o ato de que se devia abster."

3.4.2. DA MORA

---

208. (TRT/20ª RG – VI Concurso – 2012) Quando o credor se recusa, injustificadamente, a receber o pagamento, e, quando o devedor descumpre a obrigação positiva e líquida no dia designado para o seu vencimento, configura-se a

a) exoneração do devedor e o inadimplemento sem culpa do devedor.

b) mora accipiendi e a constituição em mora do devedor de pleno direito.

c) remissão do credor e a moratória do devedor.

d) remissão do devedor e a constituição em mora do devedor de pleno direito.

e) renúncia do credor e a moratória do devedor.

COMENTÁRIOS

✪ Nota do autor: A mora ocorrerá sempre que o devedor não efetuar o pagamento ou quando o credor, injustificadamente, não recebê-lo em tempo, lugar e forma previstos na lei ou na convenção (art. 394). Nesses termos, é possível concluir que a mora poderá ser do devedor (*solvens)* ou do credor (*accipiens).*

Alternativa "a": incorreta. A primeira parte da assertiva em nada tem a ver com o enunciado da questão, pois a exoneração do devedor quer dizer que este rompeu o vínculo obrigacional que o atava ao credor, liberando-o da relação obrigacional, o que pode ter ocorrido, por exemplo, com o pagamento da prestação. O inadimplemento sem culpa do devedor, que corresponde à segunda parte da assertiva, não se amolda ao enunciado da alternativa. O inadimplemento ocorre quando o devedor deixa de cumprir a sua obrigação. Por sua vez, quando o inadimplemento ocorre em decorrência de fatores externos, alheios a vontade do devedor, diz-se que se deu sem culpa do devedor, como esclarece o art. 393 do CC: "O devedor não responde pelos prejuízos resultantes de caso fortuito ou força maior, se expressamente não se houver por eles responsabilizado".

Alternativa "c": incorreta. A remissão ocorre quando o credor exonera gratuitamente o devedor da obrigação, isto é, ele perdoa o devedor da dívida, conforme estabelece o texto civil: "Art. 385. A remissão da dívida, aceita pelo devedor, extingue a obrigação, mas sem prejuízo de terceiro." Por outro lado, a moratória do devedor é a dilação de prazo que o credor concede ao devedor para o cumprimento da obrigação. Portanto, nenhuma das assertivas diz respeito ao conteúdo do enunciado da questão.

Alternativa "d": incorreta. Ver o comentário das alternativas "b" e "c".

Alternativa "e": incorreta. A renúncia, diferentemente da remissão, é um negócio jurídico unilateral, pois não depende da aquiescência do devedor, é o abandono irrevogável de um direito. Nesse sentido, quando o credor renuncia, ele está abrindo mão do seu direito sobre determinado negócio jurídico. Como visto alhures, a moratória do devedor é a dilação de prazo que o credor concede ao devedor para o cumprimento da obrigação.

Alternativa "b": correta. A primeira parte da assertiva diz respeito à mora do credor ou mora *accipiendi*, que é aquela descrita na segunda parte do art. 394 do CC: "Considera-se em mora o devedor que não efetuar o pagamento e o credor que não quiser recebê-lo no tempo, lugar e forma que a lei ou a convenção estabelecer." Por outra lado, a segunda parte do enunciado trata da constituição em mora do devedor de pleno direito, isto é, sendo a obrigação positiva e líquida e com termo (prazo certo) para seu adimplemento, a constituição da mora se dá no momento em que a prestação deveria ter sido cumprida, conforme estabelece o art. 397 do CC: "O inadimplemento da obrigação, positiva e líquida, no seu termo, constitui de pleno direito em mora o devedor."

3.4.3. DA CLÁUSULA PENAL

209. (FCC – Juiz do Trabalho/2017) Abelardo celebrou contrato com a Papelaria P Ltda., por meio do qual aquele se comprometeu a solicitar e comprar desta, pelo período de vinte meses, uma quantidade mensal de quinhentas resmas de papel A4, razão pela qual o valor de cada resma tornou-se bastante convidativo para o comprador, que utilizava o papel como matéria-prima para o seu exercício profissional. Restou acordado, também, que, se o comprador deixasse de efetuar as compras mensais antes do término do prazo avençado, teria que pagar multa correspondente a cinco mensalidades. Abelardo solicitou e comprou as resmas por dezesseis meses, momento em que deixou de as requerer, rompendo o contrato. A Papelaria P Ltda. ajuizou ação postulando o pagamento das cinco mensalidades previstas contratualmente. Nesse caso hipotético, Abelardo

a) terá que pagar apenas quatro mensalidades, pois estas seriam as correspondentes para completar a vigência total do contrato, independentemente do fornecimento de resmas pela Papelaria P Ltda.
b) fará jus à redução equitativa do montante da penalidade, em face da manutenção do equilíbrio da relação contratual e tendo-se em vista a natureza e a finalidade do negócio.
c) terá que pagar as cinco mensalidades contratualmente previstas, considerando que o valor da penalidade não excede o valor da obrigação principal do contrato e que a autonomia da vontade autoriza a livre estipulação da penalidade.
d) não precisará pagar o valor da penalidade, em face do adimplemento substancial do contrato.
e) terá que pagar o valor correspondente ao preço de mercado equivalente a duas mil resmas.

COMENTÁRIOS

Alternativa incorreta: letra "A". Contraria o que determina o art. 413, do CC. Vide comentário da alternativa "b".

Alternativa incorreta: letra "C". Contraria o que determina o art. 413, do CC. Vide comentário da alternativa "b".

Alternativa incorreta: letra "D". A doutrina tem aceito a Teoria do adimplemento substancial, como meio de impedir à resolução unilateral do contrato quando este for cumprido quase totalmente. Nesse sentido, a mencionada teoria não é invoca para deixar de aplicar a cláusula penal, mas para evitar que em decorrência do inadimplemento o contrato seja resolvido.

Alternativa incorreta: letra "E". Contraria o que determina o art. 413, do CC. Vide comentário da alternativa "b".

Alternativa correta: letra "B". Considerando que a obrigação foi cumprida em parte, não é razoável que o devedor suporte a totalidade da penalidade convencionada. Por tal razão, o legislador, consignou no art. 413 do CC, a possiblidade de redução equitativamente da pena, conforme se determina o dispositivo legal: "A penalidade deve ser reduzida eqüitativamente pelo juiz se a obrigação principal tiver sido cumprida em parte, ou se o montante da penalidade for manifestamente excessivo, tendo-se em vista a natureza e a finalidade do negócio."

---

210. (FCC – Juiz do Trabalho Substituto 24ª Região/2015) A empresa X contratou a empresa Y para a instalação de um mostruário de seus produtos em uma exposição. No contrato ficou estipulada a pena de R$ 10.000,00 (dez mil reais) para o caso de inadimplemento da obrigação. A empresa Y, enganando-se quanto à data, compareceu ao local alguns dias após o término da exposição, que, entretanto, foi pouco visitada em razão de fatores climáticos e os expositores nada venderam. Neste caso, a empresa X:

a) nada poderá cobrar, porque o fracasso da exposição é caso fortuito que exime o devedor da mora.
b) só poderá cobrar o valor da cláusula penal, se comprovar que teve prejuízo igual ou superior a ela.
c) poderá cobrar a importância de R$ 10.000,00 da empresa Y.
d) poderá cobrar a importância de R$ 10.000,00 da empresa Y mais perdas e danos, autorizadas por lei.
e) só poderá cobrar o valor da cláusula penal, até o limite do efetivo prejuízo e, se ultrapassar aquele valor, deverá fazer prova do que exceder.

COMENTÁRIOS

Alternativa incorreta: letra "a". O que se deve analisar, para se exigir a cláusula penal, é se houve inadimplemento por uma das partes. Nesse sentido, é a regra contida no art. 408, do CC: "Incorre de pleno direito o devedor na cláusula penal, desde que, culposamente, deixe de cumprir a obrigação ou se constitua em mora."

Alternativa incorreta: letra "b". A assertiva contraria o que dispõe a lei civil acerca do tema, vejamos: "Art. 408. Incorre de pleno direito o devedor na cláusula penal, desde que, culposamente, deixe de cumprir a obrigação ou se constitua em mora." "Art. 412. O valor da cominação imposta na cláusula penal não pode exceder o da obrigação principal."

Alternativa incorreta: letra "d". A cláusula penal é a prefixação das perdas e danos, razão pela qual, em regra, não se pode acumular os dois pedidos. O credor terá o direito, caso a cláusula penal não abarque todo o prejuízo efetivamente sofrido, de abrir mão do valor prefixado, pleiteando e provando as perdas e danos. Nesse sentido, é a regra contida no art. 410 e 416, do CC: "Quando se estipular a cláusula penal para o caso de total inadimplemento da obrigação, esta converter-se-á em alternativa a benefício do credor." "Art. 416. Para exigir a pena convencional, não é necessário que o credor alegue prejuízo. Parágrafo único. Ainda que o prejuízo exceda ao previsto na cláusula penal, não pode o credor exigir indenização suplementar se assim não foi convencionado. Se o tiver sido, a pena vale como mínimo da indenização, competindo ao credor provar o prejuízo excedente."

Alternativa incorreta: letra "e". Se houver o total inadimplemento contratual, o credor poderá exigir a cláusula penal, sem a necessidade de provar o efetivo prejuízo. Essa é a regra contida nos arts. 408 e 416, ambos do CC: "Incorre de pleno direito o devedor na cláusula penal, desde que, culposamente, deixe de cumprir a obrigação ou se constitua em mora." "Para exigir a pena convencional, não é necessário que o credor alegue prejuízo. Parágrafo único. Ainda que o prejuízo exceda ao previsto na cláusula penal, não pode o credor exigir indenização suplementar se assim não foi convencionado. Se o tiver sido, a pena vale como mínimo da indenização, competindo ao credor provar o prejuízo excedente."

Alternativa correta: letra "c". Estipulada a cláusula penal, os contraentes determinam previamente o valor cabível pelas perdas e danos, para a hipótese de uma das partes deixar de cumprir a prestação. Assim, evitam o incômodo da comprovação dos prejuízos e de sua liquidação. Nesse sentido, basta o credor provar o inadimplemento , para que tenha direito a multa. Portanto, no caso em tela, caberá a empresa X provar o inadimplemento da empresa Y, para que tenha direito a cláusula penal. Contudo, o seu direito limita-se ao valor estipulado no pacto acessório, tendo em vista que não teve prejuízos adicionais. Fundamento legal: "Art. 412. O valor da cominação imposta na cláusula penal não pode exceder o da obrigação principal." "Art. 416. Para exigir a pena convencional, não é necessário que o credor alegue prejuízo. Parágrafo único. Ainda que o prejuízo exceda ao previsto na cláusula penal, não pode o credor exigir indenização suplementar se assim não foi convencionado. Se o tiver sido, a pena vale como mínimo da indenização, competindo ao credor provar o prejuízo excedente."

---

211. (FCC – Juiz do Trabalho Substituto 15ª Região/2015) A banda de música X foi contratada para animar uma festa, por 05 (cinco) horas, de 23h às 4h, mediante o pagamento posterior de R$ 20.000,00 (vinte mil reais), estabelecendo-se a pena de R$ 19.000,00 (dezenove mil reais), no caso de descumprimento do contrato. Na data aprazada, a banda contratada não compareceu e alegou que seu dirigente se equivocara, entendendo que o evento só ocorreria na semana seguinte. A banda Y, que já se encontrava no local e animara a festa de 18h30 às 22h30 concordou em suprir a falta, mediante o pagamento adicional de, também, R$ 20.000,00. Neste caso, a banda X, em ação judicial movida pela contratante,

a) deverá ser condenada ao pagamento do valor despendido para remunerar a banda Y, sem incidência da cláusula penal.

b) deverá ser condenada ao pagamento da pena contratual e o contratante não poderá exigir indenização suplementar, salvo se esta houver sido convencionada, entretanto o juiz deverá reduzir a penalidade equitativamente se a entender manifestamente excessiva.

c) deverá ser condenada ao pagamento da pena contratual, bem como ao valor pago à banda Y.

d) nada deverá pagar ao contratante, porque o serviço foi executado por terceiro.

e) deverá ser condenada ao pagamento da pena contratual e o contratante poderá exigir indenização suplementar, não podendo o juiz, ainda que considere excessiva a pena, reduzi-la.

COMENTÁRIOS

Nota do autor: considerando que todas as alternativas tratam do mesmo dispositivo legal, comentaremos apenas a assertiva correta. O comentário da alternativa correta, por si só, demonstrará o equívoco das outras.

Alternativa correta: letra "b". A solução apresentada pela alternativa em comento, é a mais adequada e corresponde ao que prevê os artigos 408, 416 e 413, ambos do CC. Nesse sentido, as soluções apresentadas pelas alternativas "a", "c", "d" e "e", ainda que parcialmente, possam estar corretas, não o são em sua totalidade, o que evidencia o erro. Vejamos a literalidade, dos dispositivos citados: "Art. 408. Incorre de pleno direito o devedor na cláusula penal, desde que, culposamente, deixe de cumprir a obrigação ou se constitua em mora." "Art. 416. Para exigir a pena convencional, não é necessário que o credor alegue prejuízo. Parágrafo único. Ainda que o prejuízo exceda ao previsto na cláusula penal, não pode o credor exigir indenização suplementar se assim não foi convencionado. Se o tiver sido, a pena vale como mínimo da indenização, competindo ao credor provar o prejuízo excedente." "Art. 413. A penalidade deve ser reduzida equitativamente pelo juiz se a obrigação principal tiver sido cumprida em parte, ou se o montante da penalidade for manifestamente excessivo, tendo-se em vista a natureza e a finalidade do negócio."

---

212. (FCC – Juiz do Trabalho Substituto 6ª Região/2015) Quanto à cláusula penal, é INCORRETO afirmar que

a) para exigir a pena convencional, não é necessário que o credor alegue prejuízo.

b) ainda que o prejuízo exceda ao previsto na cláusula penal, não pode o credor exigir indenização suplementar se assim não foi convencionado. Se o tiver sido, a pena vale como mínimo da indenização, competindo ao credor provar o prejuízo excedente.

c) ao se estipular a cláusula penal para o caso de total inadimplemento da obrigação, esta poderá converter-se em alternativa a pedido e em benefício do devedor.

d) incorre de pleno direito o devedor na cláusula penal, desde que, culposamente, deixe de cumprir a obrigação ou se constitua em mora.

e) o valor da cominação imposta na cláusula penal não pode exceder o da obrigação principal.

COMENTÁRIOS

Alternativa correta: letra "a". A redação da assertiva corresponde a literalidade do art. 416, *caput*, do CC: "Para exigir a pena convencional, não é necessário que o credor alegue prejuízo."

Alternativa correta: letra "b". A assertiva concorda com a norma contida no par. ún. do art. 416, do CC: "Parágrafo único. Ainda que o prejuízo exceda ao previsto na cláusula penal, não pode o credor exigir indenização suplementar se assim não foi convencionado. Se o tiver sido, a pena vale como mínimo da indenização, competindo ao credor provar o prejuízo excedente."

Alternativa correta: letra "d". Assertiva está de acordo com a doutrina do art. 408, do CC: "Incorre de pleno direito o devedor na cláusula penal, desde que, culposamente, deixe de cumprir a obrigação ou se constitua em mora."

Alternativa correta: letra "e". A redação da assertiva é fiel ao que determina o art. 412, do CC: O valor da cominação imposta na cláusula penal não pode exceder o da obrigação principal.

Alternativa incorreta: letra "c". A conversão da cláusula penal em alternativa, não será em benefício do devedor, mas do credor. Assim prescreve o art. 410, do CC: "Quando se estipular a cláusula penal para o caso de total inadimplemento da obrigação, esta converter-se-á em alternativa a benefício do credor."

---

213. (FCC – Juiz do Trabalho Substituto 23ª Região/2015) Ana Paula contratou com Casa das Pedras a entrega e instalação de pingadeiras em sua residência, ainda em construção. Para o caso de mora da empresa, as partes estipularam penalidade no valor da obrigação principal. De acordo com o Código Civil, tal penalidade:

a) não é excessiva nem pode ser reduzida de maneira equitativa, pelo juiz, mas, caso exigida, afasta o direito de Ana Paula requerer a entrega e instalação das pingadeiras.

b) é excessiva, pois supera trinta por cento da obrigação principal, devendo ser reduzida a este patamar, porém não afastando, caso exigida, o direito de Ana Paula requerer a entrega e instalação das pingadeiras.

c) não é excessiva, a princípio, mas deverá ser reduzida de maneira equitativa, pelo juiz, caso se afigure desproporcional para a natureza e finalidade do negócio, não podendo ser exigida juntamente com o cumprimento da obrigação principal.

d) não é excessiva, a princípio, nem afasta o direito de Ana Paula exigir a entrega e instalação das pingadeiras, juntamente com a satisfação da pena cominada, que deverá ser reduzida de maneira equitativa, pelo juiz, caso se afigure desproporcional para a natureza e finalidade do negócio ou se a obrigação principal houver sido cumprida em parte.

e) é excessiva, pois supera trinta por cento da obrigação principal, devendo ser reduzida a este patamar, e afastando, caso exigida, o direito de Ana Paula requerer a entrega e instalação das pingadeiras.

COMENTÁRIOS

Alternativa incorreta: letra "a". A assertiva está incorreta, posto que, conforme analisado anteriormente, o valor da penalidade observou os parâmetros legais e a cláusula penal deve ser reduzida equitativamente pelo magistrado, conforme dispõem respectivamente os arts. 412 e 413 do CC.

Alternativa incorreta: letra "b". A assertiva está incorreta, eis que a legislação não estabelece o parâmetro de 30% sobre o valor da prestação principal, para fins de validade da cláusula penal.

Alternativa incorreta: letra "c". A assertiva está incorreta. Como exposto, a penalidade não se afigura como excessiva, por força do que preconiza o art. 412 do CC.

Alternativa incorreta: letra "e". A assertiva é incorreta, pelos mesmos motivos consignados no comentário à alternativa "b" *supra*.

Alternativa correta: letra "d". O valor estipulado para a penalidade está em conformidade com o teor do art. 412 do CC, que preconiza: "O valor da cominação imposta na cláusula penal não pode exceder o da obrigação principal." Demais disso, é cediço que a penalidade deve ser reduzida equitativamente pelo magistrado, caso seja considerada desproporcional, consoante se extrai da norma insculpida no art. 413 do CC, cujo teor ora se transcreve: "A penalidade deve ser reduzida equitativamente pelo juiz se a obrigação principal tiver sido cumprida em parte, ou se o montante da penalidade for manifestamente excessivo, tendo-se em vista a natureza e a finalidade do negócio."

---

214. (TRT 3 – Juiz do Trabalho Substituto 3ª Região/2014) Assinale a alternativa correta:

a) Quando se estipular a cláusula penal para o caso total inadimplemento ou em segurança especial de outra cláusula determinada, terá o credor o arbítrio de exigir a satisfação da pena cominada, juntamente com o desempenho da obrigação principal.

b) A penalidade deve ser reduzida equitativamente pelo juiz se a obrigação principal tiver sido cumprida em parte, ou se o montante da penalidade for manifestamente excessivo, tendo-se em vista a natureza e a finalidade do negócio.

c) O valor da cominação imposta na cláusula penal pode exceder o da obrigação principal, a critério de avaliação equitativa do juiz.

d) Quando o prejuízo exceder ao previsto na cláusula penal, pode o credor exigir indenização suplementar independentemente de convenção prévia, desde que prove a extensão prejuízo excedente.

e) Sendo indivisível a obrigação, todos os devedores, caindo em falta um deles, incorrerão na pena, que poderá ser demandada integralmente de todos eles, concedendo-se, porém, aos não culpados o direito de regresso contra aquele que deu causa à aplicação da pena.

COMENTÁRIOS

Alternativa incorreta: letra "a". A assertiva está equivocada, pois afronta o que dispõe o art. 410 do CC: "Quando se estipular a cláusula penal para o caso de total inadimplemento da obrigação, esta converter-se-á em alternativa a benefício do credor." Verifica-se, portanto, que caso a cláusula penal seja estipulada para a hipótese de inadimplemento total da obrigação, tal circunstância conduz à configuração de uma alternativa ao credor, não podendo ser exigida juntamente com a prestação da obrigação principal.

Alternativa incorreta: letra "c". A redação da alternativa em exame não está correta, pois o valor da cláusula penal, ao reverso do consignado na assertiva em exame, não pode ultrapassar o da obrigação principal, nos exatos moldes do que preconiza o art. 412 do CC: "O valor da cominação imposta na cláusula penal não pode exceder o da obrigação principal."

Alternativa incorreta: letra "d". A assertiva está incorreta, pois contraria o que preceitua o art. 416, p.u., do CC: "Ainda que o prejuízo exceda ao previsto na cláusula penal, não pode o credor exigir indenização suplementar se assim não foi convencionado. Se o tiver sido, a pena vale como mínimo da indenização, competindo ao credor provar o prejuízo excedente."

Alternativa incorreta: letra "e". Está incorreta, porquanto contraria o que dispõe o art. 414 do CC: "Sendo indivisível a obrigação, todos os devedores, caindo em falta um deles, incorrerão na pena; mas esta só se poderá demandar integralmente do culpado, respondendo cada um dos outros somente pela sua quota."

Alternativa correta: letra "b". A alternativa examinada está correta, uma vez que se amolda com perfeição à dicção do art. 413 do CC: "A penalidade deve ser reduzida equitativamente pelo juiz se a obrigação principal tiver sido cumprida em parte, ou se o montante da penalidade for manifestamente excessivo, tendo-se em vista a natureza e a finalidade do negócio."

---

215. (TRT 8 – Juiz do Trabalho Substituto 8ª Região/2014) Analise as proposições a seguir, conforme o disciplinado no Código Civil vigente, e marque a única alternativa que contempla as afirmações CORRETAS:

I. A cláusula penal é um pacto acessório, pelo qual as partes de determinado negócio jurídico fixam a indenização devida em caso de descumprimento culposo da obrigação principal, de alguma cláusula do contrato ou em caso de mora.

II. A cláusula penal válida deve ser estipulada conjuntamente com a obrigação e o valor da cominação não pode exceder o da obrigação principal.

III. Ainda que o valor da cominação imposta na cláusula penal não exceda o da obrigação principal, a penalidade deve ser reduzida equitativamente pelo juiz no caso de cumprimento parcial da obrigação, ou se o montante da penalidade for manifestamente excessivo, tendo-se em vista a natureza e a finalidade do negócio.

IV. Desde que expressamente pactuada e dependendo da natureza do negócio, é possível a estipulação de cláusula penal para a hipótese de descumprimento não culposo da obrigação principal, obedecido sempre o limite dessa na fixação do valor da cominação.

V. Para exigir a pena convencional, não é necessário que o credor alegue prejuízo, todavia, se o prejuízo exceder ao previsto na cláusula penal, o credor somente poderá exigir indenização suplementar se assim tiver sido convencionado. Nesse caso, a pena vale como mínimo da indenização, competindo ao credor provar o prejuízo excedente.

a) Estão corretas apenas as afirmações II, IV e V.

b) Estão corretas apenas as afirmações I, III e V.

c) Estão corretas apenas as afirmações I, II e IV.

d) Estão corretas apenas as afirmações II e IV.

e) Estão corretas apenas as afirmações II e V.

COMENTÁRIOS

✪ **Nota do autor:** analisaremos cada uma das afirmações para conferir qual alternativa está correta.

Afirmativa I: correta. O conceito apresentado pela afirmativa está correta, pois de fato ela deve ser entendida como um pacto acessório, que fixa a indenização devida em caso de descumprimento culposo da obrigação principal (cláusula penal compensatória), ou de alguma cláusula ou em caso de mora (cláusula penal moratória)

Afirmativa II: incorreta. A cláusula penal pode ser estipulada concomitante com a obrigação, ou em momento posterior, conforme doutrina o art. 409 do CC: "A cláusula penal estipulada conjuntamente com a obrigação, ou em ato posterior, pode referir-se à inexecução completa da obrigação, à de alguma cláusula especial ou simplesmente à mora."

Afirmativa III: correta. A redação da afirmativa está de acordo com a norma do art. 413 do CC: "A penalidade deve ser reduzida equitativamente pelo juiz se a obrigação principal tiver sido cumprida em parte, ou se o montante da penalidade for manifestamente excessivo, tendo-se em vista a natureza e a finalidade do negócio".

Afirmativa IV: incorreta. O estatuto civil determina que a cláusula penal é cabível nas hipóteses de descumprimento culposo da obrigação. Nesse sentido, é a redação do art. 408 do CC: "Incorre de pleno direito o devedor na cláusula penal, desde que, culposamente, deixe de cumprir a obrigação ou se constitua em mora."

Afirmativa V: correta. Corresponde ao que prevê o art. 416 do CC: "Art. 416. Para exigir a pena convencional, não é necessário que o credor alegue prejuízo. Parágrafo único. Ainda que o prejuízo exceda ao previsto na cláusula penal, não pode o credor exigir indenização suplementar se assim não foi convencionado. Se o tiver sido, a pena vale como mínimo da indenização, competindo ao credor provar o prejuízo excedente."

Alternativa correta: letra "b". Conforme se constatou após a análise de cada afirmativa, podemos concluir que estão corretas a I, III e V.

---

216. (TRT 2 – Juiz do Trabalho Substituto 2ª Região/2014) Em relação à cláusula penal, aponte a alternativa correta:

a) A cláusula penal estipulada conjuntamente com a obrigação, ou em ato posterior, pode referir-se apenas às hipóteses de inexecução completa da obrigação ou da mora.

b) Quando se estipular a cláusula penal para o caso do total inadimplemento da obrigação, esta converter-se-á em alternativa a benefício do credor.

c) Sendo indivisível a obrigação, todos os devedores, caindo em falta um deles, incorrerão na pena, e esta só se poderá demandar integralmente de cada um deles, pela totalidade da dívida.

d) Quando a obrigação for indivisível incorre na pena o devedor ou o herdeiro do devedor que a infringir, apurando proporcionalmente a sua parte na obrigação.

e) Se o prejuízo excede ao previsto na cláusula penal poderá o devedor, justificadamente, exigir do credor indenização suplementar, ainda que assim não tenha sido convencionado.

COMENTÁRIOS

Alternativa incorreta: letra "a". A alternativa em questão contraria o que dispõe o art. 409 do CC. Confira a redação do mencionado dispositivo legal: "A cláusula penal estipulada conjuntamente com a obrigação, ou em ato posterior, pode referir-se à inexecução completa da obrigação, à de alguma cláusula especial ou simplesmente à mora." É oportuno notar que o enunciado da alternativa leva ao equivocado entendimento de que a cláusula penal somente pode se referir aos casos em que ocorre o inadimplemento total da obrigação ou a mora, o que não é verdade, já que a referida cláusula pode referir-se a alguma cláusula especial.

Alternativa incorreta: letra "c". O teor da alternativa em exame não se amolda ao que prescreve o art. 414 do CC, que preconiza: "Sendo indivisível a obrigação, todos os devedores, caindo em falta um deles, incorrerão na pena; mas esta só se poderá demandar integralmente do culpado, respondendo cada um dos outros somente pela sua quota."

Alternativa incorreta: letra "d". A alternativa ora sob enfoque contraria o que dispõe o art. 415 do CC, cujo teor faz referência às obrigações divisíveis e não indivisíveis, conforme consignado na questão. A esse respeito, confira a literalidade do texto legal: "Quando a obrigação for divisível, só incorre na pena o devedor ou o herdeiro do devedor que a infringir, e proporcionalmente à sua parte na obrigação."

Alternativa incorreta: letra "e". A assertiva está incorreta, uma vez que contraria o que dispõe o art. 416, p.u., do CC. Eis o teor do referido dispositivo legal: "Ainda que o prejuízo exceda ao previsto na cláusula penal, não pode o credor exigir indenização suplementar se assim não foi convencionado. Se o tiver sido, a pena vale como mínimo da indenização, competindo ao credor provar o prejuízo excedente."

Alternativa correta: letra "b". A assertiva está correta, porquanto corresponde ao teor do art. 410 do CC, com a seguinte redação: "Quando se estipular a cláusula penal para o caso de total inadimplemento da obrigação, esta converter-se-á em alternativa a benefício do credor."

---

217. (FCC – Juiz do Trabalho Substituto 6ª Região/ 2013) Considere:

I. Quando se estipular a cláusula penal para o caso de total inadimplemento da obrigação, esta converter-se-á em alternativa a benefício do credor.

II. A penalidade deve ser reduzida equitativamente pelo juiz se a obrigação principal tiver sido cumprida em parte, ou se o montante da penalidade for manifestamente excessivo, tendo-se em vista a natureza e a finalidade do negócio.

III. Sendo indivisível a obrigação, todos os devedores, caindo em falta um deles, responderão solidariamente pela pena.

IV. Ocorrendo o inadimplemento da obrigação, mesmo que o prejuízo seja superior à cláusula penal, o credor não pode em nenhuma hipótese exigir indenização suplementar, porque a cláusula penal é alternativa às perdas e danos, dispensando-se a prova do prejuízo.

V. Quando se estipular a cláusula penal para o caso de mora, ou em segurança especial de outra cláusula determinada, terá o credor o arbítrio de exigir a satisfação da pena cominada, juntamente com o desempenho da obrigação principal.

A cláusula penal sujeita-se às regras

a) II, III e IV.

b) I, II e V.

c) I, II e IV.

d) II, III e V.

e) I, IV e V.

COMENTÁRIOS

Cada um dos itens da questão serão comentados.

Item I – Correto. O item está correto, porquanto corresponde à literalidade do art. 410 do CC, com a seguinte redação: "Quando se estipular a cláusula penal para o caso de total inadimplemento da obrigação, esta converter-se-á em alternativa a benefício do credor."

Item II – Correto. A assertiva está correta, uma vez que corresponde à literalidade do art. 413 do CC, cujo teor ora se transcreve: "A penalidade deve ser reduzida equitativamente pelo juiz se a obrigação principal tiver sido cumprida em parte, ou se o montante da penalidade for manifestamente excessivo, tendo-se em vista a natureza e a finalidade do negócio."

Item III – Incorreto. A assertiva está incorreta, pois contraria o disposto no art. 414 do CC, com a seguinte redação: "Sendo indivisível a obrigação, todos os devedores, caindo em falta um deles, incorrerão na pena; mas esta só se poderá demandar integralmente do culpado, respondendo cada um dos outros somente pela sua quota."

Item IV – Incorreto. O item, da forma como posto, encontra-se equivocado. Isso porque, nos moldes do art. 416, parágrafo único, do CC, é possível, por convenção das partes, que o credor postule indenização suplementar. Em tal hipótese, incumbe ao *accipiens* comprovar prejuízos que superem o valor da cláusula penal, que passa a se constituir em valor mínimo da indenização. Eis o teor do mencionado dispositivo legal: "Ainda que o prejuízo exceda ao previsto na cláusula penal, não pode o credor exigir indenização suplementar se assim não foi convencionado. Se o tiver sido, a pena vale como mínimo da indenização, competindo ao credor provar o prejuízo excedente."

Item V – Correto. O item está correto, pois reproduz a literalidade do art. 411 do CC: "Quando se estipular a cláusula penal para o caso de mora, ou em segurança especial de outra cláusula determinada, terá o credor o arbítrio de exigir a satisfação da pena cominada, juntamente com o desempenho da obrigação principal."

Alternativa correta: letra "b".

---

218. (TRT/11ª RG – Concurso C- 073 – 2012) Sobre a cláusula penal, considere:

I. Quando se estipular cláusula penal para o caso de total inadimplemento de obrigação, esta converter-se-á em alternativa a benefício do credor, mas quando se estipular a cláusula penal para o caso de mora, ou em segurança especial de outra cláusula determinada, terá o credor o arbítrio de exigir a satisfação da pena cominada, juntamente com o desempenho da obrigação principal.

II. O valor da cominação imposta na cláusula penal pode ser estipulado somente em até 50% do valor da obrigação principal.

III. A penalidade deve ser reduzida equitativamente pelo juiz se a obrigação principal tiver sido cumprida em parte, ou se o montante da penalidade for manifestamente excessivo, tendo-se em vista a natureza e a finalidade do negócio.

IV. Para exigir a pena convencional, não é necessário que o credor alegue prejuízo.

V. Se o prejuízo exceder ao previsto na cláusula penal, o credor poderá exigir indenização suplementar, ainda que não prevista no contrato, a fim de evitar o enriquecimento sem causa.

Está correto o que se afirma APENAS em

a) I, III e IV.

b) I, III e V.

c) I, II e IV.

d) II, IV e V.

e) III, IV e V.

COMENTÁRIOS

✪ **Nota do autor:** Cláusula penal é uma espécie de obrigação acessória que se vincula a uma obrigação principal, com o objetivo de incentivar o cumprimento desta última. Com esta cláusula fica estabelecida uma pena ou multa para o caso de descumprimento da obrigação principal. Pode estar presente nos contratos em geral, além dos negócios jurídicos unilaterais. A presente questão foi elaborada tendo como base a sequência dos artigos de lei que tratam da cláusula penal, isto é, toda a questão reproduz correta ou incorretamente os artigos 408 a 416 do CC.

Alternativa "a": correta. (O presente comentário irá abranger todas as alternativas da questão). A alternativa "a" apresenta como correta as afirmativas I, III e IV, iremos demostrar que de fato todas essas afirmativas estão corretas e o acerto está no fato de todas reproduzem a literalidade da lei na redação dos seus enunciados, vejamos: afirmativa I – reproduz a literalidade dos artigos 410 e 411 do CC: "**Art. 410.** Quando se estipular a cláusula penal para o caso de total inadimplemento da obrigação, esta converter-se-á em alternativa a benefício do credor. **Art. 411.** Quando se estipular a cláusula penal para o caso de mora, ou em segurança especial de outra cláusula determinada, terá o credor o arbítrio de exigir a satisfação da pena cominada, juntamente com o desempenho da obrigação principal." Afirmativa III – reproduz *ipsis literis* a redação do art. 413 do CC: "A penalidade deve ser reduzida equitativamente pelo juiz se a obrigação principal tiver sido cumprida em parte, ou se o montante da penalidade for manifestamente excessivo, tendo-se em vista a natureza e a finalidade do negócio."; afirmativa IV – está exatamente igual ao que prescreve o art. 416 do CC: "Para exigir a pena convencional, não é necessário que o credor alegue prejuízo." Por outro lado, o erro das outras assertivas está justamente no fato de que sua redação contraria o que dispõe a lei, vejamos: a afirmativa II diz que o valor da cominação imposta na cláusula penal pode ser estipulado **somente** em até 50% do valor da obrigação principal. No entanto, a regra legal determina que o "valor da cominação imposta na cláusula penal **não pode exceder** o da obrigação principal" (art. 412 do CC). Portanto, a lei não estabelece um percentual máximo para a cominação determinada pela cláusula penal, apenas determina que o limite desta deverá ser o valor da obrigação principal. A afirmativa V aduz que o credor poderá exigir indenização suplementar, caso o prejuízo exceda ao previsto na cláusula penal, ainda que não esteja previsto no contrato. Contudo, a lei somente autoriza o pedido de indenização complementar, caso tenha sido convencionado entre as partes. Nesse sentido, é a doutrina do art. 416, par. ún., do CC: "Ainda que o prejuízo exceda ao previsto na cláusula penal, não pode o credor exigir indenização suplementar se assim não foi convencionado. Se o tiver sido, a pena vale como mínimo da indenização, competindo ao credor provar o prejuízo excedente."

---

219. (TRT/21ª RG. VII Concurso – 2012) Sobre a cláusula penal, também denominada de multa contratual, é CORRETO afirmar:

a) Incide objetivamente em desfavor do devedor inadimplente, mesmo que não haja a caracterização de culpa *"stricto sensu"*.

b) Não pode ser estipulada por meio de aditivo assinado pelas partes, após a data de celebração do contrato.

c) O seu valor não poderá exceder o valor da obrigação principal, ressalvada a hipótese de acordo entre as partes objetivando a fixação prévia de perdas e danos, para a situação de inadimplemento total do contrato pelo devedor.

d) O valor estabelecido pelas partes deverá, necessariamente, a pedido do devedor, ser reduzido pelo juiz, de maneira equitativa, em caso de demonstração do cumprimento de parte da obrigação principal, ou, ainda, se o montante da penalidade se mostrar manifestamente excessivo.

e) Deve referir-se à inexecução completa da obrigação, não podendo incidir em relação ao descumprimento de uma única cláusula.

COMENTÁRIOS

Alternativa "a": incorreta. A alternativa está incorreta, uma vez que contraria o que preceitua o art. 408 do CC, cujo teor impõe a necessidade de caracterização de conduta culposa do agente para a incidência da cláusula penal. Eis a redação do dispositivo legal mencionado: "Incorre de pleno direito o devedor na cláusula penal, desde que, culposamente, deixe de cumprir a obrigação ou se constitua em mora."

Alternativa "b": incorreta. Nos termos do art. 409 do CC, a cláusula penal pode ser estipulada conjuntamente com a obrigação ou em ato ulterior, o qual pode se revestir da forma de um aditivo contratual. Desse modo, ao contrário do que constou do enunciado da alternativa, inexiste qualquer óbice à pactuação da cláusula penal em documento posterior, na forma do art. 409 do CC: "A cláusula penal estipulada conjuntamente com a obrigação, ou em ato posterior, pode referir-se à inexecução completa da obrigação, à de alguma cláusula especial ou simplesmente à mora."

Alternativa "c": incorreta. A assertiva está incorreta, porquanto dissonante da regra insculpida no art. 412 do CC, que preceitua: "O valor da cominação imposta na cláusula penal não pode exceder o da obrigação principal." Sobreleva notar que o dispositivo mencionado não traz em seu bojo qualquer exceção, o que conduz ao equívoco da alternativa.

Alternativa "e": incorreta. Na forma do art. 409 do CC, a cláusula penal pode referir-se à inexecução completa da obrigação ou apenas a alguma cláusula especial. Em consequência, a inexecução completa da obrigação não é a única hipótese de incidência da cláusula penal, a qual pode ser cominada para o descumprimento cláusula específica.

Alternativa "d": correta. A alternativa traduz uma aplicação do art. 413 do CC, com o seguinte teor: "A penalidade deve ser reduzida equitativamente pelo juiz se a obrigação principal tiver sido cumprida em parte, ou se o montante da penalidade for manifestamente excessivo, tendo-se em vista a natureza e a finalidade do negócio." É interessante notar que o texto legal emprega o termo "deve" e não "pode" ou "poderá", traduzindo uma ideia de imperatividade. Em consequência, ao magistrado não é dada nenhuma margem de discricionariedade quanto à redução do montante da cláusula penal, conferindo-lhe apenas um dever.

---

220. (TRT/2ª RG – XXXVI Concurso – 2011) Assinale a alternativa CORRETA:

a) A cláusula penal poderá ter qualquer valor, a critério e com a expressa concordância das partes.

b) A invalidade da obrigação principal implica a das acessórias, a destas induz a da obrigação principal.

c) O credor para exigir a pena convencional deverá alegar prejuízo.

d) A penalidade não poderá ser reduzida equitativamente pelo juiz se a obrigação principal tiver sido cumprida em parte.

e) Nenhuma das alternativas anteriores é correta.

COMENTÁRIOS

Alternativa "a": incorreta. Está incorreta. O enunciado da assertiva contraria o que dispõe o art. 412 do CC: "O valor da cominação imposta na cláusula penal não pode exceder o da obrigação principal." Dessa forma, o Código Civil impõe uma limitação à autonomia privada dos agentes, ao estabelecer o valor máximo que pode ser atribuído à cláusula penal, correspondente ao montante da obrigação principal.

Alternativa "b": incorreta. Está incorreta. A alternativa pretende retratar o chamado princípio da gravitação jurídica, pelo qual o acessório segue a sorte do principal. De fato, a invalidade da obrigação principal, por aplicação do mencionado princípio, vai conduzir inexoravelmente à invalidade das obrigações acessórias. Contudo, a invalidade destas, ao contrário do que constou da assertiva em exame, não enseja a da obrigação principal, conforme preceitua a segunda parte do art. 184 do CC: "a invalidade da obrigação principal implica a das obrigações acessórias, mas a destas não induz a da obrigação principal."

Alternativa "c": incorreta. Está incorreta. A assertiva contraria o disposto no art. 416 do CC, pelo qual "para exigir a pena convencional, não é necessário que o credor alegue prejuízo." Desse modo, o equívoco da questão reside do fato que a exigibilidade da cláusula penal não encontra-se condicionada à alegação de prejuízo.

Alternativa "d": incorreta. A assertiva está incorreta, pois, nos termos do art. 413 do CC, a "penalidade deve ser reduzida equitativamente pelo juiz se a obrigação principal tiver sido cumprida em parte, ou se o montante da penalidade for manifestamente excessivo, tendo-se em vista a natureza e a finalidade do negócio." É interessante notar que o mencionado dispositivo legal impõe ao magistrado um dever, não lhe deixando qualquer margem de discricionariedade. Assim, ao se deparar com alguma das situações contempladas pelo art. 413 do CC, o juiz deverá reduzir equitativamente o valor da cláusula penal.

Alternativa "e": correta. Para compreendermos o acerto da presente alternativa, vamos analisar todas as outras.

---

221. (TRT/2ª RG – XXXV Concurso – 2010) Assinale a alternativa CORRETA, conforme previsão contida em nosso Código Civil vigente.

a) A cláusula penal estipulada conjuntamente com a obrigação, ou em ato posterior pode referir-se simplesmente à mora.

b) O contrato preliminar deve conter todos os requisitos essenciais ao contrato a ser celebrado, inclusive quanto à forma.

c) Prevalece em nosso direito civil pátrio o princípio da "imutabilidade da cláusula penal", por importar em pré-avaliação das perdas e danos, razão pela qual não há previsão legal para redução da pena convencional pelo magistrado.

d) Nas obrigações provenientes de ato ilícito, o devedor constituir-se-á em mora a partir da sua notificação.

e) A liberdade de contratar está fundada na autonomia da vontade, estando restrita aos limites da função social do contrato somente nos casos de haver inicial desigualdade entre as partes contratantes.

COMENTÁRIOS

Alternativa "b": incorreta. A assertiva contraria o disposto no art. 462 do CC: "O contrato preliminar, **exceto quanto à forma**, deve conter todos os requisitos essenciais ao contrato a ser celebrado." O equívoco da alternativa reside, portanto, na expressão "inclusive quanto à forma".

Alternativa "c": incorreta. Está incorreta, pois na hipótese do art. 413 do CC, o valor da cláusula penal é passível de redução equitativa pelo magistrado se a obrigação houver sido parcialmente cumprida ou se o valor da penalidade for manifestamente excessivo. No particular, é oportuna a colação do teor do dispositivo legal em referência: "A penalidade deve ser reduzida equitativamente pelo juiz se a obrigação principal tiver sido cumprida em parte, ou se o montante da penalidade for manifestamente excessivo, tendo-se em vista a natureza e a finalidade do negócio."

Alternativa "d": incorreta. A assertiva está incorreta, porquanto contrária à norma insculpida no art. 398 do CC: "Nas obrigações provenientes de ato ilícito, considera-se o devedor em mora, desde que o praticou."

Alternativa "e": incorreta. A alternativa está incorreta. Existem dois equívocos na assertiva. Inicialmente, o Código Civil de 2002 abandonou o princípio da autonomia da vontade, eis que, por força da consagração do princípio da função social do contrato, promoveu-se uma limitação à liberdade contratual, relativa ao conteúdo dos negócios jurídicos. De tal sorte, no âmbito do vigente Estatuto Civil, é tecnicamente correta a utilização da expressão "autonomia privada" e não autonomia da vontade. Além disso, o art. 422 do CC, não estabelece a existência de desigualdade inicial entre as partes como pressuposto para a incidência do princípio da função social do contrato. Eis o teor do mencionado dispositivo legal: "A liberdade de contratar será exercida em razão e nos limites da função social do contrato."

Alternativa "a": correta. A alternativa está correta, porquanto em consonância ao que preceitua a parte final do art. 409 do CC, com a seguinte redação: "A cláusula penal estipulada conjuntamente com a obrigação, ou em ato posterior, pode referir-se à inexecução completa da obrigação, à de alguma cláusula especial ou **simplesmente à mora.**"

4. DOS CONTRATOS EM GERAL

4.1. DISPOSIÇÕES GERAIS

4.1.1. PRELIMINARES

Atualização: a lei 13.874 de 20 de setembro de 2019, que instituiu a declaração de direitos de liberdade econômica, alterou o art. 421, e acrescentou o art. 421-a, do Código civil.

---

222. (TRT 4 – Juiz do Trabalho Substituto 4ª Região/2016) Assinale a assertiva incorreta sobre contratos.

a) A proposta de contrato obriga o proponente, se o contrário não resultar dos termos dela, da natureza do negócio, ou das circunstâncias do caso.

b) A aceitação fora do prazo, com adições, restrições, ou modificações, importará nova proposta.

c) Reputar-se-á celebrado o contrato no lugar em que foi aceito.

d) Não pode ser objeto de contrato a herança de pessoa viva.

e) O contrato preliminar, exceto quanto à forma, deve conter todos os requisitos essenciais ao contrato a ser celebrado.

COMENTÁRIOS

Alternativa correta: letra "a". A assertiva está correta, porquanto em conformidade ao que dispõe o art. 427 do CC. Eis o teor do referido dispositivo legal: "A proposta de contrato obriga o proponente, se o contrário não resultar dos termos dela, da natureza do negócio, ou das circunstâncias do caso."

Alternativa correta: letra "b". A alternativa está em conformidade ao que dispõe o art. 431 do CC, que dispõe: "A aceitação fora do prazo, com adições, restrições, ou modificações, importará nova proposta."

Alternativa correta: letra "d". A alternativa está correta, porquanto em consonância ao que preconiza o art. 426 do CC: "Não pode ser objeto de contrato a herança de pessoa viva."

Alternativa correta: letra "e". O contido na alternativa sob enfoque reproduz a literalidade do art. 462 do CC: "O contrato preliminar, exceto quanto à forma, deve conter todos os requisitos essenciais ao contrato a ser celebrado."

Alternativa incorreta: letra "c". A alternativa contraria o disposto no art. 435 do CC, com a seguinte redação: "Reputar-se-á celebrado o contrato no lugar em que foi proposto.".

---

223. (TRT 2 – Juiz do Trabalho Substituto 2ª Região/2016) Com relação aos contratos, analise as proposições:

I. Fixada em contrato cláusula que o resolve sob ocorrência de determinado fato, ela opera efeitos de pleno direito.

II. Estabelecidas obrigações recíprocas, um dos contratantes não pode exigir o cumprimento da obrigação do outro se não cumprir com a sua obrigação precedente.

III. O conteúdo da proposição anterior se refere à exceptio non adimpleti contractus e não à cláusula rebus sic stantibus.

IV. Ocorrendo situação imprevista que onere excessivamente a obrigação no momento de seu cumprimento, o devedor pode pedir a resolução do contrato, porém, o credor poderá evitar a resolução mediante modificação equitativa das condições contratuais (teoria da imprevisão).

V. Contratadas obrigações recíprocas, uma das partes pode escusar-se do cumprimento de sua obrigação se sobrevier à outra diminuição de seu patrimônio suficiente para tornar duvidoso o cumprimento da obrigação a que se comprometeu.

Assinale a alternativa correta:

a) Somente as proposições II e III estão corretas.

b) Somente as proposições I e IV estão corretas.

c) Todas as proposições estão corretas.

d) Som ente as proposições I e V estão corretas.

e) Somente a proposição IV está correta.

COMENTÁRIOS

Alternativa correta: letra "c". Será analisado cada item da questão para atestar o acerto da alternativa.

Item I – A assertiva está correta, pois, de acordo com o art. 474 do CC, a cláusula resolutiva expressa opera de pleno direito.

Item II – A assertiva está correta. O art. 476 do Código Civil dispõe que, nos contratos bilaterais, que contempla direitos e obrigações recíprocas, nenhum dos contratantes, antes de cumprida a sua obrigação, pode exigir o implemento da do outro.

Item III – A afirmativa está correta, uma vez que a assertiva proposta no item II diz respeito à *excepetio non adimpleti contractus*, ou exceção do contrato não cumprido. Vale mencionar que a cláusula *rebus sic stantibus* se refere à Teoria da Imprevisão e pode levar à resolução ou modificação de um contrato por onerosidade excessiva, nos termos dos artigos 478 a 480 do Código Civil.

Item IV – A afirmativa está correta, pois em consonância aos arts. 478 e 479 do CC: "Art. 478. Os contratos de execução continuada ou diferida, se a prestação de uma das partes se tornar excessivamente onerosa, com extrema vantagem para a outra, em virtude de acontecimentos extraordinários e imprevisíveis, poderá o devedor pedir a resolução do contrato. Os efeitos da sentença que a decretar retroagirão à data da citação." "Art. 479. A resolução poderá ser evitada, oferecendo-se o réu a modificar equitativamente as condições do contrato."

Item V – A alternativa está correta, pois reflete o disposto no art. 477 do CC, *in verbis*: "Art. 477. Se, depois de concluído o contrato, sobrevier a uma das partes contratantes diminuição em seu patrimônio capaz de comprometer ou tornar duvidosa a prestação pela qual se obrigou, pode a outra recusar-se à prestação que lhe incumbe, até que aquela satisfaça a que lhe compete ou dê garantia bastante de satisfazê-la."

---

224. (FCC – Juiz do Trabalho Substituto 18ª Região/2014) Em nosso direito civil, a teoria da imprevisão

a) não tem previsão normativa em nenhuma situação, tratando-se apenas de criação doutrinária, aceita pela jurisprudência em situações de onerosidade excessiva ao devedor e de imprevisibilidade de fatos extraordinários posteriores à celebração do contrato.

b) é prevista, normativamente, podendo o devedor pleitear a resolução do contrato e observado que os efeitos da sentença que a decretar serão produzidos a partir de sua prolação.

c) não tem previsão normativa, a não ser nas relações de consumo, bastando a onerosidade excessiva ao consumidor para sua caracterização.

d) tem previsão normativa e, no Código Civil, é preciso que a prestação de uma das partes se torne excessivamente onerosa, com extrema vantagem para a outra, em virtude de acontecimentos extraordinários e imprevisíveis, ocasião em que o devedor poderá pleitear a resolução do contrato.

e) é prevista tanto no Código Civil como no Código de Defesa do Consumidor, em ambos os diplomas legais exigindo os mesmos pressupostos para sua caracterização.

COMENTÁRIOS

Alternativa incorreta: letra "a". A previsão legal da teoria da impressão é o art. 478 do CC.

Alternativa incorreta: letra "b". Os efeitos da sentença que decretar a resolução do contrato retroagem à data da citação, e não a partir da prolação como decreta a assertiva. Nesse sentido, é a ordem esculpida no artigo 478 do CC, supracitado.

Alternativa incorreta: letra "C". A teoria da imprevisão está prevista no CDC (art. 6º, V) , e no CC (art. 478).

Alternativa incorreta: letra "e". A teoria da imprevisão está prevista no CDC (art. 6º, V) , e no CC (art. 478). Contudo, os pressupostos exigidos para a sua caracterização não são os mesmo, como podemos perceber com a leitura dos dispositivos mencionados, respectivamente: "Art. 6º São direitos básicos do consumidor: V – a modificação das cláusulas contratuais que estabeleçam prestações desproporcionais ou sua revisão em razão de fatos supervenientes que as tornem excessivamente onerosas;" "Art. 478. Nos contratos de execução continuada ou diferida, se a prestação de uma das partes se tornar excessivamente onerosa, com extrema vantagem para a outra, em virtude de acontecimentos extraordinários e imprevisíveis, poderá o devedor pedir a resolução do contrato. Os efeitos da sentença que a decretar retroagirão à data da citação."

Alternativa correta: letra "d". A previsão legal da teoria da impressão é o art. 478 do CC: "Art. 478. Nos contratos de execução continuada ou diferida, se a prestação de uma das partes se tornar excessivamente onerosa, com extrema vantagem para a outra, em virtude de acontecimentos extraordinários e imprevisíveis, poderá o devedor pedir a resolução do contrato.

Os efeitos da sentença que a decretar retroagirão à data da citação."

225. (TRT 8 – Juiz do Trabalho Substituto 8ª Região/2014) Observada a disciplina contida no Código Civil em vigor, assinale a única alternativa que contém afirmação INCORRETA:

a) Nos contratos de adesão, são nulas as cláusulas ambíguas, contraditórias ou que estipulem a renúncia antecipada do aderente a direito resultante da natureza do negócio.

b) É possível afirmar que o Código Civil vigente, ao limitar a liberdade de contratar à função social do contrato, adotou uma perspectiva civil-constitucional dessa espécie de negócio jurídico, o qual deve ser entendido como instrumento de conciliação de interesses contrapostos, de pacificação social e de dignificação da pessoa humana.

c) Como corolário do fenômeno de socialização dos institutos jurídicos de Direito Privado, a função social do contrato induz, para sua conformação, a observância do princípio da equivalência material, que busca realizar e preservar o equilíbrio real de direitos e deveres no contrato, evitando-se o abuso do poder econômico.

d) Na formação dos contratos, se a retratação do proponente chegar ao conhecimento da outra parte antes da proposta, ou simultaneamente a esta, deixará de ser obrigatória.

e) O vício ou defeito da coisa, ainda que desconhecido pelo alienante, obriga este a restituir o valor recebido, mais as despesas do contrato.

COMENTÁRIOS

Alternativas corretas: letra "b" e "c". O sentido social do Código Civil é uma de suas características mais marcantes. Sendo orientado pelo princípio da socialidade, o atual diploma civil sobrepôs os valores coletivos aos individuais, sem perder de vista o valor fundamental da pessoa humana. A mudança de uma visão eminentemente individualista para uma concepção social teve seu fundamento na Constituição, que condicionou todo o ordenamento jurídico aos seus ditames fundamentos sociais e no valor da pessoa humana. Ademais, a constitucionalização do direito privado subordinou todos os principais atores do direito privado aos seus ditames, sendo eles: o proprietário, o contratante, o empresário, o pai de família e o testador. No caso particular dos contratos, a sua funcionalização resultou na busca pelo equilíbrio material da prestação, para evitar o desequilíbrio social, a onerosidade excessiva e o enriquecimento sem causa.

Alternativa correta: letra "d". Conforme a redação do art. 428, IV, do CC: "Art. 428. Deixa de ser obrigatória a proposta: IV – se, antes dela, ou simultaneamente, chegar ao conhecimento da outra parte a retratação do proponente."

Alternativa correta: letra "e". A hipótese da afirmativa reporta aos vícios redibitórios, conforme preleciona o art. 441 do CC: "A coisa recebida em virtude de contrato comutativo pode ser enjeitada por vícios ou defeitos ocultos, que a tornem imprópria ao uso a que é destinada, ou lhe diminuam o valor."

Alternativa incorreta: letra "a". A assertiva apresenta como nulas as cláusulas de um contrato de adesão que sejam ambíguas, contraditórias. Também apresenta como nulas as que estipulem a renúncia antecipada do aderente a direito resultante da natureza do negócio. Contudo, as primeiras não são consideradas nulas, pois o diploma civil determina que naqueles casos a interpretação de tais cláusulas deve ser feita de maneira mais favorável ao aderente. Por sua vez, a segunda hipótese realmente devem ser consideradas nulas. Nesse sentido, é a ordem previstas no CC: "Art. 423. Quando houver no contrato de adesão cláusulas ambíguas ou contraditórias, dever-se-á adotar a interpretação mais favorável ao aderente. Art. 424. Nos contratos de adesão, são nulas as cláusulas que estipulem a renúncia antecipada do aderente a direito resultante da natureza do negócio."

226. (TRT 2 – Juiz do Trabalho Substituto 2ª Região/2014) Quanto aos contratos, observe as proposições abaixo e ao final responda a alternativa que contenha proposituras corretas:

I. A proposta obriga o proponente, se o contrário não resultar dos termos dela, da natureza do negócio, ou das circunstâncias do caso.

II. É obrigatória, se feita sem prazo a pessoa ausente e tiver decorrido tempo suficiente para chegar a resposta ao conhecimento do proponente.

III. A coisa recebida em virtude de contrato comutativo não pode ser enjeitada por vícios ou defeitos ocultos, que apenas lhe diminuam o valor.

IV. O contrato preliminar deve conter todos os requisitos essenciais ao contrato a ser celebrado, inclusive quanto à forma.

V. A evicção subsiste mesmo na aquisição que se tenha realizada em hasta pública.

Está correta a alternativa:

a) I e V.

b) II e IV.

c) III e V.

d) I e III.

e) II e IV.

COMENTÁRIOS

Todos os itens da questão serão analisados.

Item I: correto. A redação atribuída ao item reproduz o teor do art. 427 do CC: "A proposta de contrato obriga o proponente, se o contrário não resultar dos termos dela, da natureza do negócio, ou das circunstâncias do caso."

Item II: incorreto. Ao reverso do que constou do item em apreço, a proposta feita a pessoa ausente, deixa de ser obrigatória, se tiver decorrido tempos suficiente para chegar a resposta ao conhecimento do proponente. É o que decorre da norma insculpida no art. 428, II, do CC, com a seguinte redação: "Deixa de ser obrigatória a proposta: [...] II – se, feita sem prazo a pessoa ausente, tiver decorrido tempo suficiente para chegar a resposta ao conhecimento do proponente."

Item III: incorreto. O item ora examinado contraria a norma do art. 441 do CC, que consagra o instituto do vício redibitório, que se consubstancia em uma garantia contratual. Eis o teor do mencionado dispositivo legal: "A coisa recebida em virtude de contrato comutativo pode ser enjeitada por vícios ou defeitos ocultos, que a tornem imprópria ao uso a que é destinada, ou lhe diminuam o valor."

Item IV: incorreto: O item em apreço contraria a norma insculpida no art. 462 do CC: "O contrato preliminar, exceto quanto à forma, deve conter todos os requisitos essenciais ao contrato a ser celebrado."

Item V: correto. O item está correto, uma vez que em plena consonância à segunda parte do art. 447 do CC, que versa sobre o instituto da evicção: Eis o teor do mencionado dispositivo legal: "Nos contratos onerosos, o alienante responde pela evicção. Subsiste esta garantia ainda que a aquisição se tenha realizado em hasta pública."

Alternativa correta: letra "a".

227. (TRT 14 – Juiz do Trabalho Substituto 14ª Região/ 2013) De acordo com a teoria geral dos contratos, é correto afirmar:

I. O contrato é anulável quando praticado por agente absolutamente incapaz sem a devida representação.

II. É possível ao juiz impor ao credor prestação diversa da que lhe é devida, desde de que mais valiosa.

III. A "exceptio non adimpleti contractus" é aplicável apenas aos contratos unilaterais.

a) Apenas as proposições I e II são falsas.

b) Apenas as proposições I e III são falsas.

c) Apenas as proposições II e III são falsas.

d) Todas as proposições são verdadeiras.

e) Todas as proposições são falsas.

COMENTÁRIOS

✪ **Nota do autor:** Analisaremos cada item da questão para verificar qual alternativa está correta.

Item I: O contrato praticado por agente absolutamente incapaz sem a devida representação é nulo, conforme estabelece o art. 166, I do CC: "É nulo o negócio jurídico quando: I – celebrado por pessoa absolutamente incapaz;" Portanto, concluímos que o item I da alternativa é falso.

Item II: O credor não é obrigado a receber prestação diversa da que foi pactuada, nesse sentido é a norma do art. 313 do CC: "O credor não é obrigado a receber prestação diversa da que lhe é devida, ainda que mais valiosa." O presente item também está incorreto.

Item III: O princípio da *exception non adimplet contractus* é aplicável, ao contrário do que afirma o item analisado, nos contratos bilaterais, conforme consagrado na norma do art. 476 do CC: "Nos contratos bilaterais, nenhum dos contratantes, antes de cumprida a sua obrigação, pode exigir o implemento da do outro." Por fim, o presente item também está equivoca.

Alternativa correta: letra "e". Considerando que todos os itens da questão estão errados, podemos confirma que a alternativa "e" deve ser entendida como a correta.

228. (TRT 8 – Juiz do Trabalho Substituto 8ª Região/ 2013) Assinale a alternativa CORRETA:

a) Aquele que estipula em favor de terceiro pode exigir o cumprimento da obrigação; contudo, na hipótese de ao terceiro se deixar o direito de reclamar-lhe a execução, não poderá o estipulante exonerar o devedor, podendo o estipulante reservar-se o direito de substituir o terceiro designado no contrato, desde que com anuência deste e do outro contratante. A substituição pode ser feita por ato entre vivos ou por disposição de última vontade.

b) A liberdade de contratar será exercida em razão e nos limites da função social do contrato, sendo os contratantes obrigados a guardar, assim na conclusão do contrato, como em sua execução, os princípios de probidade e boa-fé. Quando houver no contrato de adesão cláusulas ambíguas ou contraditórias, dever-se-á adotar a interpretação mais favorável ao aderente, observando-se que, nos contratos de adesão, são anuláveis as cláusulas que estipulem a renúncia antecipada do aderente a direito resultante da natureza do negócio.

c) A coisa recebida em virtude de contrato comutativo pode ser enjeitada por vícios ou defeitos ocultos, que a tornem imprópria ao uso a que é destinada, ou lhe diminuam o valor. Na hipótese do alienante ter tido conhecimento prévio do vício ou defeito da coisa, ficará obrigado a restituir o que recebeu, acrescido de perdas e danos; do contrário, restituirá tão somente o valor recebido, subsistindo sua responsabilidade ainda que a coisa pereça em poder do alienatário, se perecer por vício oculto, já existente ao tempo da tradição.

d) A proposta de contrato obriga o proponente, se o contrário não resultar dos termos dela, da natureza do negócio, ou das circunstâncias do caso, exceto: se feita sem prazo à pessoa presente, não foi imediatamente aceita; se feita sem prazo à pessoa ausente, tiver decorrido tempo suficiente para chegar a resposta ao conhecimento do proponente; se, feita à pessoa ausente, não tiver sido expedida a resposta dentro do prazo dado; se, antes dela, ou simultaneamente, chegar ao conhecimento da outra parte a retratação do proponente. Na hipótese da aceitação chegar tarde ao conhecimento do proponente por circunstância imprevista, este comunicá-lo-á imediatamente ao aceitante, sob pena de responder por perdas e danos.

e) Nos contratos onerosos, o alienante responde pela evicção, subsistindo tal garantia ainda que a aquisição se opere em hasta pública, podendo as partes, por cláusula expressa, reforçar, diminuir ou excluir a responsabilidade pela evicção. Porém, salvo estipulação em contrário, tem direito o evicto, além da restituição integral do preço ou das quantias que pagou: à indenização dos frutos que tiver sido obrigado a restituir; à indenização pelas despesas dos contratos e pelos prejuízos que direta ou indiretamente resultarem da evicção; às custas judiciais e aos honorários do advogado por ele constituído.

COMENTÁRIOS

Alternativa incorreta: letra "a". A assertiva está equivocada, pois contraria texto expresso de lei. O art. 438 do CC estabelece que o estipulante pode substituir o terceiro designado, independentemente de anuência do outro contratante. Eis o teor do mencionado dispositivo legal: "O estipulante pode reservar-se o direito de substituir o terceiro designado no contrato, independentemente da sua anuência e da do outro contratante."

Alternativa incorreta: letra "b". O teor da alternativa contraria o que preceitua o art. 424 do CC, que preconiza no sentido de que, na seara dos contratos de adesão, são nulas, e não anuláveis, as cláusulas que estipulem renúncia antecipada do aderente a direito resultante da natureza do negócio jurídico. No particular, é oportuna a transcrição do referido dispositivo legal: "Nos contratos de adesão, são nulas as cláusulas que estipulem a renúncia antecipada do aderente a direito resultante da natureza do negócio."

Alternativa incorreta: letra "c". A alternativa contraria o que dispõe o art. 443 do CC, cujo teor impõe ao alienante que não conhecia do defeito oculto a restituição do valor recebido e das despesas do contrato. Veja-se: "Se o alienante conhecia o vício ou defeito da coisa, restituirá o que recebeu com perdas e danos; se o não conhecia, tão-somente restituirá o valor recebido, mais as despesas do contrato."

Alternativa incorreta: letra "e". A assertiva está incorreta, pois contraria o disposto no art. 450, II, do CC, com a seguinte redação: "Salvo estipulação em contrário, tem direito o evicto, além da restituição integral do preço ou das quantias que pagou: [...] II – à indenização pelas despesas dos contratos e pelos **prejuízos que diretamente resultarem da evicção.**"

Alternativa correta: letra "d". A assertiva está correta, porquanto corresponde às regras dos arts. 427, 428 e 430 do CC, cujo teor ora se transcreve:

"Art. 427. A proposta de contrato obriga o proponente, se o contrário não resultar dos termos dela, da natureza do negócio, ou das circunstâncias do caso."

"Art. 428. Deixa de ser obrigatória a proposta:

I – se, feita sem prazo a pessoa presente, não foi imediatamente aceita. Considera-se também presente a pessoa que contrata por telefone ou por meio de comunicação semelhante;

II – se, feita sem prazo a pessoa ausente, tiver decorrido tempo suficiente para chegar a resposta ao conhecimento do proponente;

III – se, feita a pessoa ausente, não tiver sido expedida a resposta dentro do prazo dado;

IV – se, antes dela, ou simultaneamente, chegar ao conhecimento da outra parte a retratação do proponente."

"Art. 430. Se a aceitação, por circunstância imprevista, chegar tarde ao conhecimento do proponente, este comunicá-lo-á imediatamente ao aceitante, sob pena de responder por perdas e danos."

---

229. (TRT 22 – Juiz do Trabalho Substituto 22ª Região/ 2013) Aponte a alternativa INCORRETA, quanto à função social do contrato:

a) no plano interno, a função social diz respeito ao equilíbrio contratual e, no plano externo, ao afastamento da visão puramente individualista do contrato;

b) a função social do contrato tem certa ligação com semelhante princípio aplicável à propriedade, constante do título VII da constituição federal;

c) ordinariamente, a função social é invocada para recusar efeitos aos contratos bilaterais;

d) a função social aplica-se tanto aos negócios bilaterais quanto aos unilaterais;

e) aplica-se o princípio da função social tanto nas negociações prévias quanto na conclusão, na execução e mesmo após a execução do contrato.

COMENTÁRIOS

Alternativa correta: letra "a". O princípio da função social do contrato, de fato, apresenta uma dupla eficácia, que se opera tanto no plano interno, quanto no plano externo. No plano interno, o princípio em apreço traduz a ideia de equilíbrio, pois é possível a revisão ou resolução contratual por onerosidade excessiva, com fundamento nos já mencionados arts. 317 e 478 do CC. No âmbito externo, a função social do contrato possibilita a ruptura com a visão individualista que norteava a codificação de 1916, pois, em razão dele, o contrato passa a produzir efeitos em relação a terceiros que não integram os polos da relação obrigacional. Neste sentido, é oportuno trazer à baila o teor do Enunciado 21, CJF/STJ: "Art. 421: a função social do contrato, prevista no art. 421 do novo Código Civil, constitui cláusula geral a impor a revisão do princípio da relatividade dos efeitos do contrato em relação a terceiros, implicando a tutela externa do crédito." (A Lei 13.874 de 20 de setembro de 2019, alterou o art. 421, do CC).

Alternativa correta: letra "b". A Constituição da República, em seu art. 170, que a ordem econômica deve fundar-se na função social da propriedade (inciso III). O princípio em apreço guarda profunda correlação com o princípio da função social do contrato, já que ambos decorrem diretamente do princípio da socialidade, um dos pilares sobre o qual foi edificado o Código Civil de 2002. Neste sentido: "No que concerne ao princípio da socialidade, o Código Civil de 2002 procura superar o caráter individualista e egoísta que imperava na codificação anterior, valorizando a palavra nós, em detrimento da palavra eu. Os grandes ícones do Direito Privado recebem uma detonação social: a família, **o contrato, a propriedade**, a posse, a responsabilidade civil, a empresa, o testamento." (TARTUCE, Flávio. *Manual de Direito Civil – Volume Único*. 2ª ed. São Paulo: Método, 2013, pp. 47-48).

Alternativa correta: letra "d". O princípio da função social da propriedade, por óbvio, aplica-se tanto aos contratos unilaterais, quanto aos bilaterais ou sinalagmáticos. O objetivo do princípio em apreço, conforme amplamente exposto, é o de conferir a prevalência do interesse coletivo sobre o interesse individual, de sorte que, no tocante à incidência da função social do contrato, não há distinção entre contratos unilaterais ou sinalagmáticos.

Alternativa correta: letra "e". A banca examinadora, no particular, parece perfilhar o entendimento de que a função social do contrato, tal qual a boa-fé objetiva, deve incidir em todas as fases do contrato (pré-contratual, execução e pós-contratual), o que é bastante razoável. Isso porque, o atendimento a interesses que ultrapassam aqueles inerentes às partes deve se perfazer em todo curso do contrato e não apenas em sua fase de execução. Em razão de tais considerações, a assertiva em apreço deve ser considerada correta.

Alternativa incorreta: letra "c". Ao reverso do que constou do enunciado da alternativa, o princípio da função social dos contratos não pode ser invocada para negar efeitos aos contratos bilaterais. Em verdade, a consagração de tal princípio pela ordem jurídica brasileira teve o condão de mitigar, mas não de afastar o princípio da força obrigatória dos contratos (*pacta sunt servanda*). Isso porque, em determinadas hipóteses, o princípio em apreço pode ser invocado para possibilitar a revisão contratual por onerosidade excessiva (art. 317 do CC) ou a resolução contratual por onerosidade excessiva (art. 478 do CC). De tal sorte, o princípio da função social do contrato coexiste, de maneira harmônica, com o princípio da força obrigatória dos contratos, sendo absolutamente incorreto afirmar que, por força de tal princípio, estariam sendo negados efeitos aos contratos sinalagmáticos. Neste sentido, convém mencionar o teor do Enunciado 23 CJF/STJ: "Art. 421: a função social do contrato, prevista no art. 421 do novo Código Civil, não elimina o princípio da autonomia contratual, mas atenua ou reduz o alcance desse princípio quando presentes interesses metaindividuais ou interesse individual relativo à dignidade da pessoa humana."

230. (TRT/20ª RG – VI Concurso – 2012) Quanto ao tipo de boa-fé a que se referem, analise as afirmações abaixo.

I. Os negócios jurídicos devem ser interpretados conforme a boa-fé e os usos do lugar de sua celebração.

II. Se um dos cônjuges estava de boa-fé ao celebrar o casamento, os seus efeitos civis só a ele e aos filhos aproveitarão.

III. A posse de boa-fé só perde este caráter no caso e desde o momento em que as circunstâncias façam presumir que o possuidor não ignora que possui indevidamente.

IV. Os contratantes são obrigados a guardar, assim na conclusão do contrato, como em sua execução, os princípios da probidade e da boa-fé.

V. Também comete ato ilícito o titular de um direito que, ao exercê-lo, excede manifestamente os limites impostos pelo seu fim econômico ou social, pela boa-fé ou pelos bons costumes.

As afirmações

a) I e III tratam da boa-fé subjetiva e as afirmações II, IV e V tratam da boa-fé objetiva.

b) I e V tratam da boa-fé subjetiva e as afirmações II, III e IV tratam da boa-fé objetiva.

c) IV e V tratam da boa-fé objetiva e as afirmações I, II e III tratam da boa-fé subjetiva.

d) I, IV e V tratam da boa-fé objetiva e as afirmações II e III tratam da boa-fé subjetiva.

e) II, IV e V tratam da boa-fé subjetiva e as afirmações I e III tratam da boa-fé objetiva.

COMENTÁRIOS

✪ **Nota do autor:** Para compreender a presente questão em toda a sua extensão é necessário relembrar os conceitos de boa-fé subjetiva e boa-fé objetiva. Para cumprir esse desiderato, transcrevemos os respectivos conceitos formulados pelos doutrinadores Nelson Rosenvald e Cristiano Chaves de Farias: "A boa-fé subjetiva não é um princípio, e sim um estado psicológico em que a pessoa possui a crença de ser titular de um direito que em verdade só existe na aparência. O indivíduo se encontra em escusável situação de ignorância sobre a realidade dos fatos e da lesão a direito alheio. [...] Em sentido diverso, o princípio da boa-fé objetiva – localizado no campo dos direitos das obrigações – é o objeto de nosso enfoque. Trata-se da *'confiança adjetivada'*, uma crença efetiva no comportamento alheio. O princípio compreende um modelo de eticização de conduta social, verdadeiro *standard* jurídico ou regra de comportamento, caracterizado por uma atuação de acordo com determinados padrões sociais de lisura, honestidade e correção, de modo a não frustrar a legítima confiança da outra parte." (Cristiano Chaves; ROSENVALD, Nelson. *Curso de Direito Civil: Contratos – teoria geral e contratos em espécie*. 2.ed. Salvador: Editora *Juspodivm*, 2012.

p. 164.) Como visto, podemos resumir dizendo que a boa-fé subjetiva diz respeito ao conceito pessoal do agente acerca de determinado direito ou situação jurídica, enquanto que a boa-fé objetiva é um pressuposto, um padrão regular e esperado do agente no campo das relações obrigacionais.

Alternativa correta: letra "d". Para a resolução da questão vamos comentar todas as afirmativas para justificar o acerto da alternativa "d".

Afirmativa I: A presente assertiva tem sua redação conforme o que prescreve o art. 113 do CC: "Os negócios jurídicos devem ser interpretados conforme a boa-fé e os usos do lugar de sua celebração." Considerando que trata da interpretação dos negócios jurídicos, é possível afirmar que a boa-fé, nesse caso, é objetiva, considerando que trata-se da conduta que deve permear o ato de interpretar os negócios jurídicos. (A Lei 13.874 de 20 de setembro de 2019, alterou o art. 113, do CC).

Afirmativa II: A redação do art. 1.561 do CC foi transcrita para esta assertiva, que trata da hipótese das invalidades do casamento. Nesse caso, a boa-fé exigida é a subjetiva, pois os nubentes esperam que estejam contraindo o casamento conforme os ditames legais. Vejamos a norma legal: "Art. 1.561. Embora anulável ou mesmo nulo, se contraído de boa-fé por ambos os cônjuges, o casamento, em relação a estes como aos filhos, produz todos os efeitos até o dia da sentença anulatória. § 1º Se um dos cônjuges estava de boa-fé ao celebrar o casamento, os seus efeitos civis só a ele e aos filhos aproveitarão."

Afirmativa III: A assertiva tem como pressuposto a boa-fé subjetiva, pois no caso em tela, a conduta do possuidor é definida pelas circunstancias do caso concreto, e não por um dever de conduta esperado. A norma transcrita foi a do art. 1.202 do CC: "A posse de boa-fé só perde este caráter no caso e desde o momento em que as circunstâncias façam presumir que o possuidor não ignora que possui indevidamente."

Afirmativa IV: Nesta afirmativa, que reproduz o que dispõe o art. 422 do CC, a boa-fé é claramente a objetiva, haja vista, que o dispositivo pressupõe uma conduta ética na relação obrigacional. Vejamos a regra legal copiada para a assertiva: "Art. 422. Os contratantes são obrigados a guardar, assim na conclusão do contrato, como em sua execução, os princípios de probidade e boa-fé."

Afirmativa V: A assertiva reproduz literalmente a norma do art. 187 do CC. Considerando que a afirmativa declara que comete ato ilícito aquele que não se comportar dentro de padrões de conduta esperados e limites socialmente impostos, não resta dúvida de que trata-se da boa-fé objetiva. O dispositivo anteriormente citado tem a seguinte redação: "Art. 187. Também comete ato ilícito o titular de um direito que, ao exercê-lo, excede manifestamente os limites impostos pelo seu fim econômico ou social, pela boa-fé ou pelos bons costumes."

Depois da análise de cada uma das assertivas é possível afirmar que as afirmativas I, IV e V tratam da boa-fé objetiva e, por sua vez, as afirmativas II, III dizem respeito a boa-fé subjetiva. Dessa análise é possível concluir que a resposta correta para a questão é a letra "d".

---

231. (TRT/21ª RG. VII Concurso - 2012) Analise as assertivas abaixo e assinale, a seguir, a alternativa CORRETA:

I. O contrato preliminar, exceto quanto à forma, não precisa conter todos os requisitos essenciais ao contrato a ser celebrado.

II. Nos contratos onerosos, o alienante responde pela evicção, ainda que a aquisição se tenha realizado em hasta pública, podendo as partes reforçar, diminuir ou excluir tal responsabilidade por cláusula expressa.

III. Quando houver, no contrato de adesão, cláusulas ambíguas ou contraditórias, dever-se-á adotar a interpretação mais favorável ao aderente.

IV. Nos contratos de execução continuada ou diferida, ainda que a prestação de uma das partes se tornar excessivamente onerosa, com extrema vantagem para a outra, em virtude de acontecimentos extraordinários e imprevisíveis, não poderá o devedor pedir a resolução do contrato.

V. A proposta de contrato obriga o proponente se o contrário não resultar dos termos dela, da natureza do negócio, ou das circunstâncias do caso, perdendo, contudo, sua obrigatoriedade se feita sem prazo à pessoa ausente, tiver decorrido tempo suficiente para chegar a resposta ao conhecimento do proponente.

a) Apenas as assertivas I, II e IV estão corretas.

b) Apenas as assertivas II, III e V estão corretas.

c) Apenas as assertivas III, IV e V estão corretas.

d) Apenas as assertivas II, III e IV estão corretas.

e) Apenas as assertivas I e V estão corretas.

COMENTÁRIOS

Item I – Está **incorreto**, uma vez que contraria o disposto no art. 462 do CC, com a seguinte redação: "O contrato preliminar, exceto quanto à forma, deve conter todos os requisitos essenciais ao contrato a ser celebrado." Desse modo, ressalvada a questão pertinente à forma, o contrato preliminar deve se revestir de todos os requisitos essenciais do contrato principal, a ser ulteriormente celebrado.

Item II – Está **correto**. O item inicialmente reproduz a regra do art. 447 do CC, que dispõe: "Nos contratos onerosos, o alienante responde pela evicção. Subsiste esta garantia ainda que a aquisição se tenha realizado em hasta pública." Na sua segunda parte, o enunciado faz referência às disposições inseridas no art. 448 do CC, cujo teor ora se transcreve: "Podem as partes, por cláusula expressa, reforçar, diminuir ou excluir a responsabilidade pela evicção."

Item III – Está **correto**. O enunciado do item se consubstancia em aplicação da regra constante do art. 423 do CC: "Quando houver no contrato de adesão cláusulas ambíguas ou contraditórias, dever-se-á adotar a interpretação mais favorável ao aderente."

Item IV – Está **incorreto**, porquanto viola a regra do art. 478 do CC, que autoriza a resolução do contrato por onerosidade excessiva, nas hipóteses de contratos de trato sucessivo ou de execução diferida. Eis o teor do mencionado dispositivo legal: "Nos contratos de execução continuada ou diferida, se a prestação de uma das partes se tornar excessivamente onerosa, com extrema vantagem para a outra, em virtude de acontecimentos extraordinários e imprevisíveis, poderá o devedor pedir a resolução do contrato. Os efeitos da sentença que a decretar retroagirão à data da citação."

Item V – Está **correto**. O enunciado do item reproduz inicialmente a literalidade do art. 427 do CC, que estabelece: "A proposta de contrato obriga o proponente, se o contrário não resultar dos termos dela, da natureza do negócio, ou das circunstâncias do caso." A parte final do item, por sua vez, consiste em aplicação da regra do art. 428, II, do Código Civil: "Deixa de ser obrigatória a proposta: [...] II – se, feita sem prazo a pessoa ausente, tiver decorrido tempo suficiente para chegar a resposta ao conhecimento do proponente."

Alternativa "b": correta.

232. (TRT/4ª RG – 2012) De acordo com o Código Civil,

a) por expressa disposição, a configuração do abuso do direito demanda a comprovação de culpa.

b) a regra geral é a da responsabilidade objetiva, sendo excepcional a responsabilidade subjetiva.

c) o incapaz nunca responde pelos prejuízos que causar.

d) a ofensa à boa-fé objetiva, quando implicar danos, dá azo a obrigação de indenizar.

e) os empresários individuais e as sociedades empresárias respondem somente nos casos de culpa pelos danos causados pelos produtos postos em circulação.

COMENTÁRIOS

Alternativa "a": incorreta. O abuso de direito, que se consubstancia em feliz inovação no Código Civil de 2002, possibilita responsabilizar um titular de um direito que, ao exercê-lo, exceda os limites impostos pelo seu fim econômico ou social, pela boa-fé ou pelos bons costumes (art. 187 do CC). O equívoco da assertiva reside no fato de que inexiste previsão legal acerca da necessidade da demonstração de culpa para responsabilizar a pessoa que incorre no abuso de direito, conforme se pode extrair da redação do art. 187 do CC: "Também comete ato ilícito o titular de um direito que, ao exercê-lo, excede manifestamente os limites impostos pelo seu fim econômico ou social, pela boa-fé ou pelos bons costumes." Assim, diante da manifesta inexistência de previsão legal no tocante à culpa, equivocada a alternativa em apreço.

Alternativa "b": incorreta. Ao contrário do que constou do enunciado da alternativa, a responsabilidade civil subjetiva, cuja configuração depende da aferição do elemento culpa, se consubstancia na regra geral no tocante à responsabilidade civil. Somente em caráter excepcional é que será possível responsabilizar o agente causador do dano independentemente da demonstração de culpa. Tais hipóteses podem ser extraídas do art. 927, parágrafo único, do CC, que preconiza no sentido de que haverá a obrigação de reparar o dano, independentemente de culpa, nas hipóteses previstas em lei ou quando a atividade normalmente desenvolvida pelo agente causador do dano implicar, por sua natureza, riscos a direitos de outrem. De tal sorte, somente se admite a responsabilidade civil objetiva nas expressas hipóteses legais ou diante da natureza perigosa da atividade desenvolvida pelo causador do dano.

Alternativa "c": incorreta. A assertiva está incorreta, já que os incapazes podem ser civilmente responsabilizados na hipótese do art. 928 do CC, com a seguinte redação: "O incapaz responde pelos prejuízos que causar, se as pessoas por ele responsáveis não tiverem obrigação de fazê-lo ou não dispuserem de meios suficientes."

Alternativa "e": incorreta. A alternativa, da forma como posta, contraria o que preconiza o art. 931 do CC, cujo teor ora se transcreve: "Ressalvados outros casos previstos em lei especial, os empresários individuais e as empresas respondem independentemente de culpa pelos danos causados pelos produtos postos em circulação."

Alternativa "d": correta. Como é cediço, o princípio da boa-fé objetiva, consagrado no art. 422 do CC, relaciona-se à conduta dos agentes nas fases pré-contratual, de execução do contrato e pós-contratual. Sabe-se, ainda, que o mencionado princípio impõe às partes, como corolário, os chamados deveres anexos que, muito embora não estejam necessariamente expressos no instrumento contratual, devem orientar a conduta dos contratantes. De acordo com substancial parcela da doutrina, a violação dos deveres anexos decorrentes da boa-fé objetiva deve ensejar a responsabilidade objetiva da parte infratora, nos moldes do Enunciado nº 24 CJF/STJ, com a seguinte redação: "Art. 422: em virtude do princípio da boa-fé, positivado no art. 422 do novo Código Civil, a violação dos deveres anexos constitui espécie de inadimplemento, independentemente de culpa." Neste sentido, cumpre trazer à baila os ensinamentos de Flávio Tartuce: "Pois bem, como antes destacado, tornou-se comum afirmar que a boa-fé objetiva, conceituada como sendo exigência de conduta leal dos contratantes, está relacionada com os deveres anexos ou laterais de conduta, que são ínsitos a qualquer negócio jurídico, não havendo sequer a necessidade de previsão no instrumento negocial. [...] Repise-se, conforme o Capítulo 3 desta obra, que a quebra desses deveres anexos gera a violação positiva do contrato, com responsabilidade civil objetiva daquele que desrespeita a boa-fé objetiva (Enunciado nº 24 CJF/STJ)." (TARTUCE, Flávio. *Manual de Direito Civil. Volume Único.* 2ª ed. São Paulo: Método, 2012, p. 538).

233. (TRT/4ª RG – 2012) Analise as proposições abaixo.

I. Para aferição da boa-fé objetiva, leva-se em conta a conduta da parte na execução do contrato.

II. Enquanto a pessoa for viva, sua herança só poderá ser negociada por seus herdeiros necessários.

III. Os efeitos da sentença que resolve contrato por onerosidade excessiva retroagem à data da citação.

IV. Proposta ação de rescisão de contrato por onerosidade excessiva, o juiz não admitirá que o réu ofereça qualquer vantagem para a manutenção do negócio.

V. A anulação do negócio jurídico por lesão depende, apenas, da desproporção entre as obrigações assumidas pelas partes, nos negócios bilaterais.

Estão corretas APENAS as proposições

a) I e III.

b) II e III.

c) III e IV.

d) IV e V.

e) I e IV.

COMENTÁRIOS

Item I – Está correto. O princípio da boa-fé objetiva, feliz inovação trazida pelo Código Civil de 2002, encontra-se plasmado no art. 422 do CC que estabelece: "Os contratantes são obrigados a guardar, assim na conclusão do contrato, como em sua execução, os princípios de probidade e boa-fé." Trata-se de substancial mudança de paradigma, já que a boa-fé objetiva, ao contrário da subjetiva, não se refere à intenção do agente, mas à sua conduta objetivamente considerada no curso da execução do contrato (obviamente, não se pode olvidar que o princípio também se aplica às fases pré e pós-contratual). De tal sorte, o enunciado do item em exame amolda-se plenamente à noção de boa-fé objetiva, encontrando-se **correto**.

Item II – Está incorreto. A redação do item contraria o que preceitua o art. 426 do CC, que dispõe: "Não pode ser objeto de contrato a herança de pessoa viva."

Item III – Está correto, pois reproduz a parte final do art. 478 do CC, que preconiza: "Nos contratos de execução continuada ou diferida, se a prestação de uma das partes se tornar excessivamente onerosa, com extrema vantagem para a outra, em virtude de acontecimentos extraordinários e imprevisíveis, poderá o devedor pedir a resolução do contrato. **Os efeitos da sentença que a decretar retroagirão à data da citação.**"

Item IV – Está incorreto. A assertiva contraria a norma insculpida no art.479 do CC, que preceitua: "A resolução poderá ser evitada, oferecendo-se o réu a modificar equitativamente as condições do contrato."

Item V – Está incorreto. De acordo com o art. 157 do CC, a caracterização da lesão encontra-se condicionada não apenas à desproporção entre as prestações, mas também à premente necessidade ou inexperiência do agente, o que conduz à incorreção do item em apreço. No particular, é oportuna a transcrição do mencionado dispositivo legal: "Ocorre a lesão quando uma pessoa, sob premente necessidade, ou por inexperiência, se obriga a prestação manifestamente desproporcional ao valor da prestação oposta."

Alternativa "a": correta.

234. (TRT/24ª RG – XI Concurso – 2011) Assinale a alternativa INCORRETA:

a) O bem de família é isento de execução por dívidas posteriores à sua instituição, salvo as que provierem de tributos relativos ao prédio ou de despesas de condomínio.

b) O novo sistema jurídico de direito privado impõem às partes que resguardem, tanto na conclusão quanto na execução do contrato, os princípios da probidade e da boa-fé.

c) A boa-fé subjetiva deriva do sujeito do direito estar ciente a respeito de determinada situação que macula o negócio jurídico perfeito.

d) A exteriorização dos negócios jurídicos se dá pela forma, sendo esta parte integrante daquele.

e) O fato jurídico pode ser provado mediante confissão, documento, testemunha, presunção e perícia, salvo o negócio jurídico a que se impõe forma especial.

COMENTÁRIOS

Alternativa "a": correta. A assertiva está correta, porquanto em consonância às disposições inseridas no art. 1.715 do CC: "O bem de família é isento de execução por dívidas posteriores à sua instituição, salvo as que provierem de tributos relativos ao prédio, ou de despesas de condomínio."

Alternativa "b": correta. O enunciado da alternativa está **correto**, eis que corresponde à regra do art. 422 do CC, que versa sobre o princípio da boa-fé objetiva: "Os contratantes são obrigados a guardar, assim na conclusão do contrato, como em sua execução, os princípios de probidade e boa-fé."

Alternativa "d": correta. A forma é meio de exteriorização dos negócios jurídicos, se constituindo em um de seus elementos de validade, na forma do art. 104, III, do CC. É importante salientar que, em regra, a forma é livre, de sorte que qualquer exigência em relação à mesma deve constar expressamente da lei.

Alternativa "e": correta. A assertiva está correta, porquanto em consonância ao disposto no art. 212 do CC: "Salvo o negócio a que se impõe forma especial, o fato jurídico pode ser provado mediante: I – confissão; II – documento; III – testemunha; IV – presunção; V – perícia."

Alternativa "c": incorreta. Ao contrário do que constou do enunciado da alternativa, a boa-fé subjetiva não diz respeito à consciência do agente acerca de um defeito que macula o negócio jurídico. Muito pelo contrário, a boa-fé subjetiva, de acordo com Nelson Rosenvald e Cristiano Chaves, se consubstancia em "um estado psicológico em que a pessoa possui a crença de ser titular de um direito que em verdade só existe na aparência" (ROSENVALD, Nelson; CHAVES, Cristiano. *Direito Civil – Direito dos Contratos*. Rio de Janeiro: *Lumen Juris*, 2011, p. 159). Verifica-se, portanto, que o sujeito, ao reverso do consignado na alternativa em exame, ignora o defeito que vicia o negócio jurídico. É o caso, por exemplo, do art. 1.561 do CC, que trata do casamento putativo. Nesta hipótese, o cônjuge de boa-fé ignora a invalidade do enlace matrimonial decorrente da ação do outro cônjuge.

---

235. (TRT/8ª RG – Concurso C-319 – 2009) A liberdade de contratar sob o milenar princípio *pacta sunt servanda*, deve obedecer aos princípios e os limites impostos pela lei, sendo certo, segundo a legislação brasileira em vigor:

a) Quanto aos contratos de simples adesão: As cláusulas ambíguas ou contraditórias devem ser interpretadas de forma mais favorável ao aderente e nenhuma cláusula pode estipular, sob pena de nulidade, a renúncia deste, a qualquer título, ao direito do resultante da natureza do negócio.

b) As propostas obrigam sempre o proponente, salvo se, dentre outros motivos estabelecidos pela lei, for feita sem prazo para pessoa presente e esta não a aceitar imediatamente ou, se no caso de ausente, não tiver sido expedido resposta dentro do prazo estipulado.

c) A revogação de ofertas públicas só pode ser feita pela mesma via de sua divulgação, ainda que desta não conste esta faculdade.

d) Os contratos entre ausentes consideram-se perfeitos desde o momento da expedição de sua aceitação, mesmo que esta chegue ao proponente após o prazo convencionado.

e) Reputa-se celebrado o contrato no lugar onde está o aceitante.

COMENTÁRIOS

Alternativa "a": incorreta. Quanto à interpretação dos contratos de adesão, a assertiva está de acordo com o Código Civil quando afirma que "as cláusulas ambíguas ou contraditórias devem ser interpretadas de forma mais favorável ao aderente", conforme pode se constatar com a leitura do art. 423: "Quando houver no contrato de adesão cláusulas ambíguas ou contraditórias, dever-se-á adotar a interpretação mais favorável ao aderente." Por sua vez, o equívoco da alternativa está no fato de se afirmar que será nula qualquer cláusula que estipular *a qualquer título*, ao direito do resultante da natureza do negócio, pois segundo o art. 424, as cláusulas consideradas nulas, serão aquelas "que estipulem a *renúncia antecipada do aderente*". A redação completa do dispositivo legal é a seguinte: "Nos contratos de adesão, são nulas as cláusulas que estipulem a renúncia antecipada do aderente a direito resultante da natureza do negócio."

Alternativa "c": incorreta. O parágrafo único do art. 429, assevera que: "Pode revogar-se a oferta pela mesma via de sua divulgação, desde que ressalvada esta faculdade na oferta realizada." Ao contrário do que diz o texto legal, a assertiva afirma que a revogação de ofertas públicas *só pode ser feita* pela mesma via de sua divulgação, ficando claro o seu descompasso com a norma legal. Além disso, na parte final da afirmativa é dito que "ainda que desta não conste esta faculdade", contradizendo mais uma vez o texto legislado, que assevera na sua parte final que "[...] desde que ressalvada esta faculdade na oferta realizada".

Alternativa "d": incorreta. O início da assertiva concorda com a regra do art. 434 do CC: "Os contratos entre ausentes tornam-se perfeitos desde que a aceitação é expedida, exceto." No entanto, a sua parte final destoa da exceção prevista no inciso III, do artigo citado: "se ela não chegar no prazo convencionado." Em outros termos, os contratos entre ausentes serão considerados perfeitos desde o momento da expedição, mas desde que a aceitação chegue no prazo estabelecido, e não como prevê a parte final da assertiva, ou seja, "mesmo que esta chegue ao proponente após o prazo convencionado."

Alternativa "e": incorreta. O lugar da celebração do contrato, segundo o Código Civil, é o local em que foi proposto, e não o lugar onde está o aceitante, como estabelece a assertiva. Nesse sentido, e a regra do art. 435: "Reputar-se-á celebrado o contrato no lugar em que foi proposto".

Alternativa "b": correta. A assertiva coaduna com o que dispõe o art. 427 do CC, o qual determina, em regra, a obrigatoriedade do proponente frente a proposta de contrato, vejamos: "A proposta de contrato obriga o proponente, se o contrário não resultar dos termos dela, da natureza do negócio, ou das circunstâncias do caso." Além da regra a assertiva apresenta com exatidão as exceções trazidas nos incisos I e III do art. 428, estabelecendo por completo o seu acerto: "Art. 428. Deixa de ser obrigatória a proposta: **I – se, feita sem prazo a pessoa presente, não foi imediatamente aceita.** Considera-se também presente a pessoa que contrata por telefone ou por meio de comunicação semelhante; **III – se, feita a pessoa ausente, não tiver sido expedida a resposta dentro do prazo dado; "**

4.1.2. DO CONTRATO PRELIMINAR

236. (TRT/6ª RG – XVIII Concurso – 2010) Analise as assertivas abaixo e, depois, assinale a alternativa CORRETA:

I. O objeto do *pactum in contrahendo* (contrato preliminar) é celebração do contrato definitivo.

II. Podemos afirmar que os efeitos dos contratos aleatórios estão vinculados a uma condição.

III. A validade da estipulação em favor de terceiro não depende da vontade do terceiro beneficiário.

IV. No caso da estipulação em favor de terceiro, a faculdade de revogar o benefício é pessoal, não passando aos herdeiros do estipulante, no caso do seu falecimento.

V. Na promessa de fato de terceiro, a assunção (anuência) da obrigação pelo terceiro libera o promitente.

a) Apenas as assertivas III, IV e V estão corretas.

b) Apenas as assertivas I e IV estão corretas.

c) Apenas as assertivas I e V estão incorretas.

d) Todas as assertivas estão corretas.

e) Apenas a assertiva II está incorreta.

COMENTÁRIOS

Alternativa "d": correta. Todos os itens da questão serão devidamente analisados:

Item I: Correto. O contrato preliminar ou *pactum contrahendo*, denominação que recebia no direito romano, é "aquele que tem por *objeto a celebração de um contrato definitivo.* Ostenta, portanto, um único objeto. Não visam os contraentes modificar efetivamente sua situação, mas apenas criar a obrigação de um futuro contrahere". O enunciado está de acordo com o que a doutrina define como contrato preliminar. (GONÇALVES, Carlos Roberto. **Direito Civil Esquematizado.** 2. ed. São Paulo: Saraiva, 2012. v. 1, p. 768.)

Item II: Correto. O contrato aleatório é caracterizado pela incerteza, pois, ao menos uma das partes não pode prever a vantagem que terá com a sua celebração, razão pela qual esse contrato é caracterizado pela incerteza sobre as vantagens e sacrifícios que o negócio poderá produzir para os contraentes. Nesse sentido, o contrato se assemelha com a condição, pois também tem como elementos a futuriedade e incerteza dos fatos, motivo que nos leva a afirmar que o enunciado está **correto**, visto que, esse tipo de contrato está vinculado a uma condição, ou seja, a evento futuro e incerto. No mesmo sentido, está a regra do art. 458, do CC, que apresenta como elemento do contrato aleatório "coisas ou fatos futuros" e o "risco", vejamos: "Se o contrato for aleatório, por dizer respeito a coisas ou fatos futuros, cujo risco de não virem a existir um dos contratantes assuma, terá o outro direito de receber integralmente o que lhe foi prometido, desde que de sua parte não tenha havido dolo ou culpa, ainda que nada do avençado venha a existir."

Item III: Correto. A validade da estipulação em favor de terceiro não depende da anuência deste, pois o terceiro não integra a relação contratual, ou seja, o beneficiário não manifestou sua vontade perante o estipulante e o promitente, sobre a vantagem que lhe será deferida com a formação do contrato. Nesse sentido, a vontade do beneficiário, não integra a relação contratual, o que significa dizer que em nada afetará a validade do contrato. No entanto, a eficácia do contrato dependerá da aceitação do beneficiário, pois do contrário o que foi estipulado não será realizado.

Item IV: Correto. Considerando que o beneficiário não integra a relação contratual, que é formada pelo estipulante e promitente, o beneficiário tem apenas uma expectativa de direito, pois o negócio é feito totalmente à sua revelia. Nesse sentido, é facultado ao estipulante, revogar o benefício, sem que para isso seja necessária a anuência do beneficiário, pois se trata de uma faculdade pessoal daquele que integra a relação contratual. Além disso, esta faculdade não se transmite aos herdeiros do estipulante, pois é ato que deve ser feito exclusivamente por ele, razão pela qual a lei possibilita que a substituição do beneficiário pode ser feita por ato *inter vivos* ou *causa mortis*, demonstrando que o ato de revogar não se transmite e é exclusivo do estipulante, conforme determina o art. 438, do CC: "O estipulante pode reservar-se o direito de substituir o terceiro designado no contrato, independentemente da sua anuência e da do outro contratante. Parágrafo único. A substituição pode ser feita por ato entre vivos ou por disposição de última vontade."

Item V: Correto. A assertiva está correta, pois como afirma a doutrina, "assumindo a obrigação, o terceiro passou a ser o principal devedor. A assunção da obrigação pelo terceiro libera o promitente". (RODRIGUES, Silvio. **Direito Civil.** 30. ed. São Paulo: Saraiva, 2002. v. 3, p. 100.)

Todos os itens da questão estão **corretos**, o que confirma o acerto da alternativa "d".

4.1.3. DA FORMAÇÃO DOS CONTRATOS

237. (TRT/6ª RG – XVIII Concurso – 2010) Analise as assertivas abaixo e, depois, assinale a alternativa CORRETA:

I. O oblato sempre está obrigado aos termos da proposta que faz.

II. A modalidade de contrato aleatório denominada *quanti minoris* ocorre quando a álea versar sobre quantidade maior ou menor da coisa esperada, sendo devido o preço ao alienante, desde que este não tenha culpa, bastando que a coisa venha a existir em qualquer quantidade.

III. O princípio da função social da relação contratual importa em compreender as obrigações advindas do contrato em conjunto com o meio social, tomadas essas obrigações sempre de forma relativa e não absoluta entre as partes.

IV. A entrega objetiva de coisa diversa da contratada não constitui vício redibitório, mas sim dolo.

V. As arras penitenciais excluem a indenização suplementar.

a) Todas as assertivas estão corretas.

b) Apenas as assertivas I, IV e V estão corretas.

c) Apenas as assertivas III e V estão corretas.

d) Apenas as assertivas I, II e III estão corretas.

e) Apenas as assertivas II e IV estão incorretas.

COMENTÁRIOS

Nota de atualização:

O artigo 389, do CC, recebeu nova redação da Lei nº 14.905, de 2024: Art. 389. Não cumprida a obrigação, responde o devedor por perdas e danos, mais juros, atualização monetária e honorários de advogado. Redação dada pela Lei nº 14.905, de 2024)

Parágrafo único. Na hipótese de o índice de atualização monetária não ter sido convencionado ou não estar previsto em lei específica, será aplicada a variação do Índice Nacional de Preços ao Consumidor Amplo (IPCA), apurado e divulgado pela Fundação Instituto Brasileiro de Geografia e Estatística (IBGE), ou do índice que vier a substituí-lo. (Incluído pela Lei nº 14.905, de 2024)

Alternativa "c": correta. Analisaremos todos os itens da questão:

Item I: Incorreto. Para que um contrato seja formado, algumas fases devem ser superadas. As fases necessárias para a formação do contrato, estão reguladas nos arts. 427 a 435, do Código Civil, e são as seguintes: as negociações preliminares, proposta e aceitação. O enunciado da assertiva sob análise, trata especificamente da proposta. A fase da proposta, oferta ou policitação, se caracteriza pela manifestação concreta de uma vontade efetiva de contratar, nos termos que foram oferecidos, não cabendo mais discussão sobre o seu objeto, sendo dirigida à outra parte para aceitar ou negar a proposta. Nesta fase as partes são qualificadas como proponente ou policitante (aquele que oferece a proposta) e oblato ou policitado (o destinatário da proposta). Com o oferecimento da proposta o proponente fica obrigado ao que propôs, conforme estabelece o art. 427, do CC: "proposta de contrato obriga o proponente, se o contrário não resultar dos termos dela, da natureza do negócio, ou das circunstâncias do caso." Como visto, a proposta não obriga o oblato, mas somente o policitante. Diante disso, concluímos que a afirmativa feita pela assertiva está incorreta.

Item II: Incorreto. Não existe a modalidade de contrato aleatório denominada *quanti minoris*. Esta expressão está ligada ao tema dos vícios redibitórios, que são os defeitos ocultos constantes em coisa que é objeto de um contrato comutativo. Na hipótese de o adquirente receber uma coisa viciada, poderá proceder de duas maneiras, segundo a redação do art. 442, do CC: "Em vez de rejeitar a coisa, redibindo o contrato (art. 441), pode o adquirente reclamar abatimento no preço." Ou seja, poderá redibir o contrato ou reclamar abatimento no preço, mediante a ação estimatória. Essas ações são chamadas de edilícias. A expressão usada no enunciado, *quanti minoris*, nada mais é que a segunda ação prevista no art. 442, ou seja, uma ação edilícia, chamada de ação estimatória ou *quanti minoris*. O objetivo dessa ação "é a conservação do negócio jurídico à custa da redução do preço de aquisição, com devolução de parte de valores pelo alienante." (ROSENVALD, Nelson. Dos Contratos em Geral. *In:* PELUSO, Cezar (Coord.). **Código Civil comentado: doutrina e jurisprudência.** 6. ed. Barueri: Manole, 2012. p. 509.)

Item III: correto. A função social do contrato tem como característica principal a limitação da autonomia privada, particularmente, quando essa autonomia desafia o interesse social "e este deve prevalecer, ainda que essa limitação possa atingir a própria liberdade de não contratar, como ocorre nas hipóteses de contrato obrigatório. Tal princípio desafia a concepção clássica de que os contratantes tudo podem fazer porque estão no exercício da autonomia da vontade." (GONÇALVES, Carlos Roberto. **Direito Civil Esquematizado.** 2. ed. São Paulo: Saraiva, 2012. v. 1, p. 790 – 707) Portanto, se o princípio em tela limita a autonomia da vontade, que é o fundamento legitimador para que os sujeitos se obriguem num negócio jurídico, por considerar o interesse social antes e acima do interesse das partes, fica evidente que o enunciado está **correto**, quando afirma que as obrigações assumidas devem ser tomadas de forma relativa, quando desrespeitarem os interesses perseguidos por esse princípio.

Item IV. Incorreto. A entrega de coisa diversa da contratada, não se caracteriza como vício redibitório ou dolo, o que se tem é o inadimplemento contratual, por força do qual o devedor terá que arcar com as perdas e danos, conforme o art. 389, do CC: "Não cumprida a obrigação, responde o devedor por perdas e danos, mais juros e atualização monetária segundo índices oficiais regularmente estabelecidos, e honorários de advogado." Nesse sentido, "o desfalque ou diferença na quantidade de mercadorias ou objetos adquiridos como coisas certas e por unidade não constitui vício redibitório", pois, o " inadimplemento contratual não resulta de imperfeição da coisa adquirida, mas da entrega de uma coisa por outra". (GONÇALVES, Carlos Roberto. **Direito Civil Esquematizado.** 2. ed. São Paulo: Saraiva, 2012. v. 1, p. 790 – 791.)

Item V: Correto. A assertiva está correta, pois não é possível exigir indenização complementar, eis que o contrato apresenta cláusula de arrependimento, como se confirma no art. 420, do CC: "Se no contrato for estipulado o direito de arrependimento para qualquer das partes, as arras ou sinal terão função unicamente indenizatória". Neste caso, quem as deu perde-las-á em benefício da outra parte; e quem as recebeu devolve-las-á, mais o equivalente. Em ambos os casos não haverá direito a indenização suplementar."

Da análise dos enunciados, podemos concluir que estão **corretos** os itens III e V, e **incorretos** os itens I, II e IV, confirmando que a alternativa "c" deve ser assinalada.

4.1.4. DOS VÍCIOS REDIBITÓRIOS

238. (TRT/6ª RG - XVIII Concurso - 2010) Sobre os vícios redibitórios, observe as afirmações abaixo e, depois, assinale a alternativa CORRETA:

I. O vício somente é caracterizado como redibitório se o alienante da coisa tiver conhecimento dele.

II. A garantia por vícios redibitórios dada pela lei ao contratante prejudicado constitui um dos efeitos diretos dos contratos comutativos.

III. A ação estimatória é o meio de que se pode servir o adquirente para enjeitar a coisa por vícios ou defeitos ocultos.

IV. Para que o vício seja redibitório, é indispensável que ele torne a coisa imprópria ao uso a que é destinada, não se admitindo a sua caracterização em outra hipótese.

V. A ação *quanti minoris*, se exercitada pelo adquirente prejudicado, não acarreta a redibição do contrato.

a) Apenas as assertivas I e IV estão corretas.

b) Apenas as assertivas II e V estão corretas.

c) As assertivas II, III e V estão corretas.

d) As assertivas I, III e IV estão corretas.

e) As assertivas I, II e V estão corretas.

COMENTÁRIOS

Todos os itens da questão serão analisados:

Item I: Incorreto. Segundo se extrai da interpretação do art. 441, do CC e das premissas doutrinárias acerca da existência dos vícios redibitórios, podemos afirmar que a sua caracterização pressupõe: a) que a coisa tenha sido recebida em virtude de contrato comutativo; b) que os defeitos sejam ocultos; c) que os defeitos existam no momento da celebração do contrato e perdurem até o momento da reclamação; d) que o **adquirente desconheça o vício**; e) que o vício seja grave. Como demonstramos, o que se exige é que o adquirente desconheça o vício, não se exige que o alienante o conheça ou o desconheça (art. 443, CC), pois segundo o princípio de garantia o alienante tem o dever de assegurar, ao adquirente a título oneroso, que a coisa adquirida esteja em perfeito estado de uso. Vejamos na íntegra os textos legais citados: "Art. 441: "A coisa recebida em virtude de contrato comutativo pode ser enjeitada por vícios ou defeitos ocultos, que a tornem imprópria ao uso a que é destinada, ou lhe diminuam o valor." E o art. 443 do CC: Se o alienante conhecia o vício ou defeito da coisa, restituirá o que recebeu com perdas e danos; se o não conhecia, tão-somente restituirá o valor recebido, mais as despesas do contrato."

Item II: Correto. Contratos comutativos são aqueles em que as prestações são certas e determinadas, e em que as partes sabem de antemão quais são as vantagens e os sacrifícios que ambos terão com o negócio, pois não há riscos envolvidos. Outra característica dessa modalidade de contrato está no fato de que há equivalência das prestações, ou seja, num contrato oneroso, um contraente só se sujeita a um sacrifício, quando tem em troca uma vantagem equivalente. Nesse sentido, os vícios redibitórios, procuram garantir que não haja riscos e que as prestações pactuadas entre os contratantes permaneçam equivalentes, pois havendo um vício redibitório, o adquirente poderá, por meio das ações edilícias, rejeitar a coisa ou reclamar abatimento no preço, tudo com o fim de diminuir o risco e manter a equivalência das prestações, conforme estabelece o art. 442, do CC: "Em vez de rejeitar a coisa, redibindo o contrato (art. 441), pode o adquirente reclamar abatimento no preço."

Item III: Incorreto. O adquirente que adquire uma coisa eivada de defeitos ocultos, cuja descoberta necessitava de um conhecimento que não seria possível perceber com a simples avalição ou exame, terá duas opções, estabelecidas pela lei: primeiro, poderá enjeitá-la, por meio da ação redibitória. Segundo, poderá pedir o abatimento no preço, o que será feito, pelo intermédio da ação estimatória, também chamada de *quanti minoris*, conforme prescreve o art. 442, do CC: "Em vez de rejeitar a coisa, redibindo o contrato (art. 441), pode o adquirente reclamar abatimento no preço." Portanto, podemos afirmar que o enunciado da assertiva está **incorreto**, pois a ação estimatória é o meio adequado para pedir o abatimento no preço do bem viciado, evitando o aniquilamento do negócio. Por sua vez, a ação redibitória é que deve ser usada para enjeitar a coisa, rescindindo o contrato e pleiteando a devolução do preço pago.

Item IV: Incorreto. São duas as hipóteses que caracterizam o vício redibitório, segundo a norma do art. 441, do CC, ou seja, a existência de "vícios ou defeitos ocultos, que a tornem imprópria ao uso a que é destinada, ou **lhe diminuam o valor.**" (Grifo nosso). Com isso fica demonstrado o erro do enunciado ao afirmar que somente o fato de tornar a coisa imprópria seria necessário para caracterizar o vício redibitório, pois como visto no texto da lei, também há este vício, quando em razão do defeito há diminuição no seu valor.

Item V: Correto. A ação *quanti minoris* está prevista no art. 442, do CC, e é uma ação edilícia, chamada de ação estimatória. O objetivo dessa ação "é a conservação do negócio jurídico à custa da redução do preço de aquisição, com devolução de parte de valores pelo alienante." (ROSENVALD, Nelson. Dos Contratos em Geral. *In:* PELUSO, Cezar (Coord.). **Código Civil comentado: doutrina e jurisprudência.** 6. ed. Barueri: Manole,

2012. p. 509.) Por isso, no bojo desta ação, não se busca resolver o contrato ou a sua redibição, mas tão somente a sua adequação em razão da existência de um defeito que tornou a coisa inapropriada para o seu uso convencional ou que tenha diminuído o seu valor. Está é a norma do art. 442 do CC: "Em vez de rejeitar a coisa, redibindo o contrato (art. 441), pode o adquirente reclamar abatimento no preço."

De todas as assertivas analisadas somente estão corretas as dos itens II e V; as assertivas dos itens I, III e IV, estão incorretas.

Alternativa "b": correta.

4.1.5. DA EVICÇÃO

✪ Nota de atualização: a Lei nº 13.105/15 – Código de processo civil, revogou o art. 456, do CC. Nesse sentido, ao estudar as questões que dizem respeito a tais artigos, deve-se levar em consideração a sua nova redação. Lembrando que as questões dos concursos anteriores as alterações citadas, mantem a sua redação e gabaritos originalmente definidos pela banca examinadora, segunda a legislação vigente à data do certame.

239. (TRT/6ª RG – XVIII Concurso – 2010) Quanto à evicção no ordenamento jurídico pátrio:

I. A cláusula de irresponsabilidade por evicção exclui a obrigação do alienante em pagar perdas e danos e em restituir o preço pago.

II. O evicto de boa-fé possui o direito a indenização pelas benfeitorias que não lhe foram abonadas, desde que necessárias.

III. O ordenamento brasileiro acolheu a possibilidade de evicção parcial.

IV. Um dos requisitos para configuração da evicção é a anterioridade do direito do evictor ao contrato celebrado.

V. Na hipótese de ser acionado, o adquirente notificará o alienante imediato ou qualquer dos anteriores, para que intervenha no processo e defenda a coisa que alienou.

a) Todas as assertivas estão corretas.

b) Apenas as assertivas I, II e V estão corretas.

c) As assertivas I, III e IV estão incorretas.

d) Apenas as assertivas III, IV e V estão corretas.

e) Apenas as assertivas II e IV estão incorretas.

COMENTÁRIOS

Alternativa "d": correta. Todos os itens da questão serão analisados:

Item I: Incorreto. O item em apreço trata da cláusula que exclui a responsabilidade do alienante, chamada de cláusula de *non praestaenda evictine,* ou ainda, cláusula de irresponsabilidade, entendida como aquela que quando posta num contrato tem o objetivo de excluir a responsabilidade do alienante pela indenização decorrente da evicção. Insta salientar, entretanto, que mesmo com a presença dessa cláusula o valor pago pela coisa, deverá ser devolvido, para se evitar o enriquecimento ilícito, o que quer dizer que essa cláusula só exclui a responsabilidade do alienante quanto aos débitos relativos à indenização que resultar da evicção. Para que o alienante tenha sua responsabilidade totalmente retirada, ou seja, para não arcar com a indenização decorrente da evicção e nem mesmo devolver o valor pago pela coisa, é mister que se acrescente ao contrato a cláusula de exclusão de responsabilidade ou a cláusula de assunção ou ciência do risco pelo adquirente. Assim, se estiver presente apenas a cláusula de irresponsabilidade, como menciona o enunciado do item comentado, o alienante só estará desobrigado de restituir as perdas e danos decorrentes da evicção, mas terá que devolver o valor pago pela coisa. (QUEIROZ, Mônica. **Direito Civil: parte geral e teoria geral dos contratos.** São Paulo: Atlas, 2010. v. 5, p. 263 – 264.). Vejamos as normas dos textos citados: "Art. 448. Podem as partes, por cláusula expressa, reforçar, diminuir ou excluir a responsabilidade pela evicção. Art. 449. Não obstante a cláusula que exclui a garantia contra a evicção, se esta se der, tem direito o evicto a receber o preço que pagou pela coisa evicta, se não soube do risco da evicção, ou, dele informado, não o assumiu."

Item II: Incorreto. O erro do enunciado da assertiva está simplesmente no fato de que afirmou que as benfeitorias não abonadas poderão ser indenizadas, "desde que necessárias", quando na verdade não são apenas as benfeitorias necessárias que serão indenizadas, mas também as úteis, como descrito no art. 453, do CC: "As benfeitorias necessárias ou úteis, não abonadas ao que sofreu a evicção, serão pagas pelo alienante."

Item III: Correto. A evicção poderá ser tanto parcial, quanto total, a depender do quanto o adquirente será privado do domínio da posse ou do uso da coisa, ou seja, total ou parcialmente privado. O ordenamento jurídico acolheu essa modalidade de evicção, como se constata na redação do art. 455, do CC: "Se parcial, mas considerável, for a evicção, poderá o evicto optar entre a rescisão do contrato e a restituição da parte do preco correspondente ao desfalque sofrido. Se não for considerável, caberá somente direito a indenização."

Item IV: Correto. A anterioridade do direito do evictor é um dos requisitos da evicção, pois "o alienante só responde pela perda decorrente de causa já existente ao tempo da alienação. Se lhe é posterior, nenhuma responsabilidade lhe cabe." (GONÇALVES, Carlos Roberto. **Direito Civil Esquematizado.** 2. ed. São Paulo: Saraiva, 2012. v. 1, p. 803.)

Item V: Correto. O enunciado da assertiva concorda com a doutrina do art. 456, do CC (Art. 456, do CC, revogado pela Lei nº 13.105/15 – Código de processo civil): "Para poder exercitar o direito que da evicção lhe resulta, o adquirente notificará do litígio o alienante imediato, ou qualquer dos anteriores, quando e como lhe determinarem as leis do processo."

As assertivas dos itens III, IV e V, estão corretas, e estão incorretas as assertivas dos itens I e II. Portanto, está correta a afirmação feita na alternativa "d".

4.1.6. DA EXTINÇÃO DOS CONTRATOS

4.1.6.1. DA CLÁUSULA RESOLUTIVA

240. (TRT/24ª RG – XI Concurso – 2011) Assinale a alternativa INCORRETA:

a) Chamamos de contratos individuais ou singulares aqueles em que cada uma das partes intervém para convencionar diretamente aquilo que lhe interessa, estipulando cláusulas ou condições recíprocas, sendo as vontades consideradas em sua individualidade e de contratos coletivos aqueles em que a vontade da maioria prima sobre a vontade da minoria. Note-se que a divisão não se baseia apenas no número de indivíduos contratante, mas na necessidade de haver representação de toda uma coletividade e a abstração do interesse individual para sua caracterização enquanto coletivo. Ademais, pode haver declaração volitiva de um grupo de pessoas para outro indivíduo ou grupo de pessoas, cujas manifestações de vontade não são organicamente consideradas, mas sim isoladamente sejam a causa da celebração. Nessa hipótese o contrato é individual, não obstante a pluralidade de indivíduos.

b) São impessoais os contratos em que a pessoa do devedor é fungível, isto é, interessa ao credor ter sua obrigação satisfeita, não importando quem efetivamente o faça, e os que não têm restrições quanto aos consumidores. Os contratos pessoais ou *intuitu personae*, por sua vez, são aqueles em que as partes contratantes especificam quem está incumbido de prestar a obrigação, não se admitindo que terceiro satisfaça a obrigação justamente por se tratar de obrigação personalíssima, logo, intransmissível.

c) A resilição unilateral do contrato, nos casos em que a lei expressa ou implicitamente o permita se opera automaticamente, prescindindo de denúncia notificada à oura parte.

d) O vocábulo resolução do contrato em sentido amplo é doutrinariamente utilizado para referir-se à espécie de extinção do *vinculum iuris* obrigacional/contratual que produz tanto efeito *ex tunc* quanto efeito *ex nunc*.

e) Nos contratos bilaterais sinalagmáticos, ambos os contratantes têm o dever de cumprir, recíproca e concomitantemente, as prestações e obrigações por eles assumidas.

COMENTÁRIOS

Alternativa "a": correta. Contrato individual é aquele que se aperfeiçoa pelo consentimento dos agentes e cujas vontades são individualmente consideradas. Contrato coletivo, por sua vez, é aquele que se forma pela declaração volitiva do grupo de indivíduos, sendo considerada organicamente. Não é a pluralidade de partes que caracteriza o contrato como individual ou coletivo. De acordo com Caio Mário da Silva Pereira, "pode uma pessoa contratar com várias outras ou um grupo de pessoas com outro grupo, e o contrato ser individual, uma vez que, na sua constituição, a emissão de vontade de cada uma entra na etiologia de sua celebração" (PEREIRA, Caio Mário. *Instituições de Direito Civil. Volume III*. 11ª ed. Rio de Janeiro: Forense, 2004, p. 71).

Alternativa "b": correta. A assertiva está correta. Contrato impessoal é aquele em que a pessoa do contratante não é relevante para a celebração do negócio jurídico. Por sua vez, os contratos personalíssimos ou *intuitu personae*, são aqueles celebrados em razão das características inerentes à pessoa do contratante. Em consequência, os contratos personalíssimos não são transmissíveis, seja por ato *inter vivos* ou *mortis causa*.

Alternativa "d": correta. A resolução contratual admite quatro modalidades, a saber: *i)* Resolução por inexecução voluntária; *ii)* Resolução por inexecução involuntária; *iii)* Resolução por onerosidade excessiva, decorrente de fato imprevisível e superveniente; *iv)* Cláusula resolutiva tácita. A resolução contratual pode produzir efeitos *ex nunc* (não retroativos) – caso da resolução por inexecução voluntária – ou *ex tunc* (retroativos) – como no caso de resolução contratual por onerosidade excessiva, prevista no art. 478 do CC: "Nos contratos de execução continuada ou diferida, se a prestação de uma das partes se tornar excessivamente onerosa, com extrema vantagem para a outra, em virtude de acontecimentos extraordinários e imprevisíveis, poderá o devedor pedir a resolução do contrato. Os efeitos da sentença que a decretar **retroagirão à data da citação.**"

Alternativa "e": correta. Contrato bilateral ou sinalagmático é aquele em que cada um dos contratantes é simultaneamente credor e devedor, em face da existência de uma reciprocidade de obrigações. Desse modo, há, no âmbito dos contratos bilaterais, uma interdependência das obrigações das partes, de sorte que elas devem ser cumpridas simultaneamente. Caso contrário, fica a parte autorizada a se valer da *exceptio non adimpleti contractus*, prevista no art. 476 do CC, com a seguinte redação: "Nos contratos bilaterais, nenhum dos contratantes, antes de cumprida a sua obrigação, pode exigir o implemento da do outro."

Alternativa "c": incorreta. A assertiva está incorreta, pois contraria o disposto no art. 473 do CC, com a seguinte redação: "A resilição unilateral, nos casos em que a lei expressa ou implicitamente o permita, opera mediante denúncia notificada à outra parte." Desse modo, em regra, a resilição unilateral deve ser precedida de denúncia prévia à outra parte, ao reverso do que constou da alternativa em exame.

4.1.6.2. DA EXCEÇÃO DO CONTRATO NÃO CUMPRIDO

241. (CESPE – Juiz do Trabalho Substituto 5ª Região/2013) Com referência aos contratos regidos pelo direito civil pátrio, assinale a opção correta.

a) Nos contratos bilaterais com prestações recíprocas e simultâneas, qualquer dos contratantes poderá utilizar-se da exceção do contrato não cumprido, para recusar a sua prestação, ao fundamento de que o outro não cumpriu a sua parte no contrato.

b) Há isenção da responsabilidade do alienante em caso de perecimento do bem por defeito oculto, depois de efetuada a tradição, desde que conste expressamente do contrato cláusula exoneratória ou prova do desconhecimento do vício redibitório.

c) Como decorrência da força obrigatória dos contratos, mesmo havendo cláusula de arrependimento, o contrato preliminar é irrevogável e irretratável, e, por isso, as partes têm o direito de exigir a celebração do contrato definitivo como o pactuado, designando prazo à parte contrária para que o efetive.

d) É válido o contrato celebrado entre duas pessoas capazes que ajustam um negócio jurídico tendo por objeto a prestação de um fato por terceiro, cujo inadimplemento enseja a resolução do contrato e a responsabilização do terceiro por perdas e danos, em caso de descumprimento da prestação.

e) É possível, segundo a teoria da imprevisão, a revisão dos contratos de execução imediata ou de execução continuada, quando, em razão de fatos extraordinários e imprevisíveis, torna-se excessivamente onerosa a prestação de uma das partes, com extrema vantagem para a outra.

COMENTÁRIOS

Alternativa incorreta: letra "b". A alternativa está incorreta, haja vista que contraria o que dispõe o art. 444 do CC: "A responsabilidade do alienante subsiste ainda que a coisa pereça em poder do alienatário, se perecer por vício oculto, já existente ao tempo da tradição."

Alternativa incorreta: letra "c". O contrato preliminar vincula as partes desde que nele não conste cláusula de arrependimento. Assim, não é correto afirmar que ele é irrevogável ou irretratável. Nesse sentido, é a norma contida no art. 463 do CC: "Concluído o contrato preliminar, com observância do disposto no artigo antecedente, e desde que dele não conste cláusula de arrependimento, qualquer das partes terá o direito de exigir a celebração do definitivo, assinando prazo à outra para que o efetive."

Alternativa incorreta: letra "d". A alternativa refere-se ao que se denomina de contrato por outrem ou promessa de fato de terceiro. Em regra, quem se vincula é aquele que promete, pois assumiu a obrigação de fazer. Na hipótese de não cumprir o que se obrigou, a obrigação resolve-se em perdas e danos. Na verdade, essa regra fundamenta-se no fato de que ninguém pode estar vinculado a uma obrigação por intermédio de outrem. Assim, o terceiro não estará vinculado a uma obrigação assumida por outra pessoa, até porque a fonte da obrigação é a manifestação pessoal da vontade do devedor, a lei ou caso pratique um ato ilícito. Nesse sentido, é a regra contida no art. 439 do CC: "Aquele que tiver prometido fato de terceiro responderá por perdas e danos, quando este o não executar." Por outro lado, caso o terceiro assuma a obrigação, ele se torna o principal devedor e, na hipótese de descumprimento da obrigação, sobre ele recairá as consequências do inadimplemento, desonerando o promitente das perdas e danos, conforme estabelece o art. 440 do CC: "Nenhuma obrigação haverá para quem se comprometer por outrem, se este, depois de se ter obrigado, faltar à prestação."

Alternativa incorreta: letra "e". Não se aplica a teoria da imprevisão nos contratos de execução imediata, pois tais contratos não se sujeitam a revisão judicial. Assim, somente se aplica a teoria da imprevisão aos contratos de execução continuada ou diferida, como consta na norma contida no art. 478 do CC: "Nos contratos de execução continuada ou diferida, se a prestação de uma das partes se tornar excessivamente onerosa, com extrema vantagem para a outra, em virtude de acontecimentos extraordinários e imprevisíveis, poderá o devedor pedir a resolução do contrato. Os efeitos da sentença que a decretar retroagirão à data da citação."

Alternativa correta: letra "a". O conteúdo da afirmativa está correto, tendo seu fundamento no art. 476 do CC, cujo teor transcrevemos: "Nos contratos bilaterais, nenhum dos contratantes, antes de cumprida a sua obrigação, pode exigir o implemento da do outro." O citado disposto encontra seu fundamento no princípio da *exceptio non adimplet contractus*. A expressão **exceção** trás a ideia de defesa, ou seja, na hipótese de uma das partes, num contrato bilateral com prestações recíprocas e simultâneas, exigir o cumprimento da obrigação, a outra parte poderá defender-se alegando que o pleiteante não cumpriu sua obrigação.

242. (TRT/8ª RG – Concurso nº C-320 – 2012) Relativamente aos contratos civis, assinale a alternativa CORRETA:

a) A exceção do contrato não cumprido pode ser utilizada por qualquer dos contratantes para recusar a sua prestação, ao fundamento de que o demandante não cumpriu a que lhe competia e, aquele que não satisfez a própria obrigação, não pode exigir o implemento da do outro.

b) Nos contratos onerosos, o alienante responde pela evicção, mas esta garantia não subsiste se a aquisição se tenha realizado em hasta pública.

c) Nos contratos de execução continuada ou diferida, se a prestação de uma das partes se tornar excessivamente onerosa, com extrema vantagem para a outra, em virtude de acontecimentos extraordinários e imprevisíveis, poderá o devedor pedir a resolução do contrato. Os efeitos da sentença que a decretar retroagirão à data do acontecimento que gerou a onerosidade excessiva.

d) Aquele que aliciar pessoas obrigadas em contrato verbal ou escrito a prestar serviço a outrem pagará a este a importância que ao prestador de serviço, pelo ajuste desfeito, houvesse de caber durante um ano.

e) O contrato preliminar tem como objeto a celebração de um contrato futuro e, inclusive quanto à forma, deve conter todos os requisitos essenciais ao contrato a ser celebrado.

COMENTÁRIOS

Alternativa "b": incorreta. Está incorreta. O art. 477 do CC, preceitua que a garantia representada pela evicção subsiste ainda que o bem tenha sido adquirido em hasta pública.

Alternativa "c": incorreta. A alternativa está incorreta, uma vez que a decretação da resolução contratual retroagirá à data da citação e não à data do acontecimento que gerou a onerosidade excessiva. Nesse sentido, preconiza o art. 478 do CC: "Nos contratos de execução continuada ou diferida, se a prestação de uma das partes se tornar excessivamente onerosa, com extrema vantagem para a outra, em virtude de acontecimentos extraordinários e imprevisíveis, poderá o devedor pedir a resolução do contrato. Os efeitos da sentença que a decretar retroagirão à data da citação."

Alternativa "d": incorreta. Está incorreta. O erro da alternativa reside no fato de que a questão estabelece que a indenização pelo aliciamento de trabalhadores corresponderá a um ano dos valores que caberiam à parte prejudicada. No entanto, o art. 608 do CC, preceitua que a indenização deve corresponder a dois anos da remuneração devida à parte prejudicada: "Aquele que aliciar pessoas obrigadas em contrato escrito a prestar serviço a outrem pagará a este a importância que ao prestador de serviço, pelo ajuste desfeito, houvesse de caber durante dois anos."

Alternativa "e": incorreta. A assertiva está incorreta. O equívoco está na expressão "inclusive quanto à forma", pois o art. 462 do CC, estabelece que **exceto quanto à forma**, o contrato preliminar deve conter todos os elementos essenciais do contrato a ser celebrado.

Alternativa "a": correta. A assertiva está correta, pois a exceção do contrato não cumprido (*exceptio non adimpleti contractus*) pode ser invocada por qualquer um dos contratantes, conforme preconiza o art. 476 do CC, com o seguinte teor: "Nos contratos bilaterais, nenhum dos contratantes, antes de cumprida a sua obrigação, pode exigir o implemento da do outro."

4.1.6.3. DA RESOLUÇÃO POR ONEROSIDADE EXCESSIVA

243. (TRT/15ª RG – XXVI Concurso – 2012) Aponte a alternativa INCORRETA:

a) No que tange à formação dos contratos, deixar de ser obrigatória a proposta se, feita sem prazo a pessoa presente, não foi imediatamente aceita. Considera-se também presente a pessoa que contrata por telefone ou por meio de comunicação semelhante.

b) Os contratos entre ausentes tornam-se perfeitos desde que a aceitação é expedida, exceto se o proponente houver se comprometido a esperar resposta.

c) Nos contratos de execução continuada ou diferida, se a prestação de uma das partes se tornar excessivamente onerosa, com extrema vantagem para a outra, em virtude de acontecimentos extraordinários e imprevisíveis, poderá o devedor pedir a resolução do contrato. Os efeitos da sentença ocorrerão a partir de seu trânsito em julgado.

d) É lícita a compra e venda entre cônjuges, com relação a bens excluídos da comunhão.

e) A doação feita em contemplação do merecimento do donatário não perde o caráter de liberalidade, como não o perde a doação remuneratória, ou a gravada, no excedente ao valor dos serviços remunerados ou ao encargo imposto.

COMENTÁRIOS

Alternativa "a": correta. Está correta. A alternativa reproduziu, em sua literalidade, o art. 428, I, do CC: "Deixa de ser obrigatória a proposta: I – se, feita sem prazo a pessoa presente, não foi imediatamente aceita. Considera-se também presente a pessoa que contrata por telefone ou por meio de comunicação semelhante."

Alternativa "b": correta. Está correta. A banca examinadora transcreveu a regra do art. 434, II, do CC, com o seguinte teor: "Os contratos entre ausentes tornam-se perfeitos desde que a aceitação é expedida, exceto: [...] II – se o proponente se houver comprometido a esperar resposta."

Alternativa "d": correta. A alternativa está correta, porquanto corresponde aos exatos termos do art. 499 do CC: "É lícita a compra e venda entre cônjuges, com relação a bens excluídos da comunhão."

Alternativa "e": correta. Está correta. A alternativa reproduz, em sua literalidade, o art. 540 do CC, que dispõe: "A doação feita em contemplação do merecimento do donatário não perde o caráter de liberalidade, como não o perde a doação remuneratória, ou a gravada, no excedente ao valor dos serviços remunerados ou ao encargo imposto."

Alternativa "c": incorreta. A assertiva está incorreta. Isso porque, a teor do que preconiza o art. 478 do CC, a declaração de resolução contratual por onerosidade excessiva, retroagirá à data da citação. Dessa forma, a decretação de resolução do contrato produz efeitos *ex tunc* e não *ex nunc*, conforme equivocadamente constou da alternativa.

244. (TRT/8ª RG – Concurso nº C-320 – 2011) Acerca dos contratos no Código Civil de 2002, assinale a alternativa INCORRETA:

a) O contrato de execução continuada ou diferida pode ser resolvido, por decisão judicial, cujos efeitos retroagirão à data do ajuizamento da ação, no caso de a prestação de uma das partes tornar-se excessivamente onerosa, com extrema vantagem para a outra, em virtude de acontecimentos extraordinários e imprevisíveis.

b) Não pode um condômino em coisa indivisível vender a sua parte a estranhos, se outro consorte a quiser, tanto por tanto. O condômino, a quem não se der conhecimento da venda, poderá, depositando o preço, haver para si a parte vendida a estranhos, se o requerer no prazo de cento e oitenta dias, sob pena de decadência.

c) A retrovenda consiste na possibilidade de o vendedor de coisa imóvel reservar-se o direito de recobrá-la no prazo máximo de decadência de três anos, restituindo o preço recebido e reembolsando as despesas do comprador, inclusive as que, durante o período de resgate, se efetuaram com a sua autorização escrita, ou para a realização de benfeitorias necessárias.

d) Podem ser revogadas por ingratidão as doações se o donatário injuriar gravemente ou caluniar o doador, exceto se a doação se fizer em cumprimento de obrigação natural.

e) Não se tendo convencionado expressamente, o prazo do mútuo será do espaço de tempo que declarar o mutuante, se for de qualquer coisa fungível, exceto de produtos agrícolas, assim para o consumo, como para semeadura, e de dinheiro.

COMENTÁRIOS

Alternativa "b": correta. O enunciado da alternativa reproduz a redação literal do art. 504 do CC: "Não pode um condômino em coisa indivisível vender a sua parte a estranhos, se outro consorte a quiser, tanto por tanto. O condômino, a quem não se der conhecimento da venda, poderá, depositando o preço, haver para si a parte vendida a estranhos, se o requerer no prazo de cento e oitenta dias, sob pena de decadência."

Alternativa "c": correta. Está correta. O instituto da retrovenda encontra-se definido no art. 505 do CC, que preceitua: "O vendedor de coisa imóvel pode reservar-se o direito de recobrá-la no prazo máximo de decadência de três anos, restituindo o preço recebido e reembolsando as despesas do comprador, inclusive as que, durante o período de resgate, se efetuaram com a sua autorização escrita, ou para a realização de benfeitorias necessárias."

Alternativa "d": correta. A alternativa reflete a aplicação dos arts. 557, III e 564, III, do CC, com a seguinte redação:

> *"Art. 557. Podem ser revogadas por ingratidão as doações:*
>
> *[...]*
>
> *III – se o injuriou gravemente ou o caluniou."*
>
> *"Art. 564. Não se revogam por ingratidão:*
>
> *[...]*
>
> *III – as que se fizerem em cumprimento de obrigação natural."*

Alternativa "e": correta. Está correta. A assertiva traduz a aplicação da regra do art. 592 do CC: "Art. 592. Não se tendo convencionado expressamente, o prazo do mútuo será: I – até a próxima colheita, se o mútuo for de produtos agrícolas, assim para o consumo, como para semeadura; II – de trinta dias, pelo menos, se for de dinheiro; III – do espaço de tempo que declarar o mutuante, se for de qualquer outra coisa fungível."

Alternativa "a": incorreta. Está incorreta, pois contraria o art. 478 do CC. A teor do mencionado dispositivo legal, o contrato de execução continuada ou diferida que se tornar excessivamente oneroso poderá ser resolvido por decisão judicial. Todavia, os efeitos da decisão retroagirão à data da citação e não à data do ajuizamento da ação, como constou do enunciado da alternativa. Desse modo, a sentença, na hipótese contemplada pelo art. 478 do CC, é dotada de uma eficácia *ex tunc*, a partir da data da citação do réu. Para corroborar o entendimento ora esposado, é oportuna a colação do teor do dispositivo legal em exame: "Nos contratos de execução continuada ou diferida, se a prestação de uma das partes se tornar excessivamente onerosa, com extrema vantagem para a outra, em virtude de acontecimentos extraordinários e imprevisíveis, poderá o devedor pedir a resolução do contrato. Os efeitos da sentença que a decretar retroagirão à data da citação."

245. (TRT/23ª RG – XVII Concurso – 2011) Nos contratos de execução continuada ou diferida, a onerosidade excessiva prevista no art. 478 do Código Civil, altera essencialmente a característica contratual da:

a) Bilateralidade.

b) Comutatividade.

c) Unilaterabilidade.

d) Onerosidade.

e) Gratuidade.

COMENTÁRIOS

✪ **Nota do autor:** O enunciado da questão discute se a onerosidade excessiva prevista no art. 478 do CC altera essencialmente a característica contratual dos contratos elencados abaixo. O que precisamos demonstrar é a característica principal de cada um dos tipos de contratos mencionados e verificar qual terá sua essência, enquanto modalidade de contrato, alterada pela situação prevista. Contudo, não se questionou se ocorrendo a onerosidade excessiva, eles poderão ser desfeitos ou revistos, pois se preencherem os requisitos necessários, poderão ter suas cláusulas resolvidas ou reavaliadas.

Alternativa "a": incorreta. Contratos bilaterais ou sinalagmáticos são aqueles em que as partes envolvidas são reciprocamente obrigadas, ou seja, credor e devedor terão prestações a cumprir. Nesse contrato, a onerosidade excessiva prevista no art. 478, CC, não altera a sua essência, que, neste caso, é a obrigação reciproca e não a certeza e determinação das prestações.

Alternativa "c": incorreta. O contrato unilateral tem como característica principal o fato de criar obrigações ou sacrifícios patrimoniais para apenas uma das partes (*v.g.* a doação). Não está implícito nesse contrato a ausência de risco pela determinação e certeza das prestações, motivo pelo qual a onerosidade excessiva prevista no art. 478 do CC, não o desnatura.

Alternativa "d": incorreta. Onerosos são os contratos que implicam vantagens e sacrifícios para ambos os contratantes, pois todos objetivam ganhar, e por sua vez, todos perdem alguma coisa. Não terá a sua características essencialmente alterada, caso incorra a onerosidade excessiva, prevista no enunciado da questão.

Alternativa "e": incorreta. Contratos gratuitos ou benéficos são caracterizados pelo fato de que apenas uma das partes suporta o sacrifício patrimonial. Não há reciprocidade de obrigações nesta modalidade, confere-se vantagem a uma das partes, sem que haja a contrapartida da parte contrária. Também nessa modalidade, não haverá descaracterização pela onerosidade excessiva.

Alternativa "b": correta. Contratos comutativos são aqueles em que as prestações são *certas e determinadas*, e em que as partes sabem de antemão quais são as *vantagens e os sacrifícios* que ambos terão com o negócio, pois não há riscos envolvidos. Outra característica dessa modalidade de contrato, está no fato de que há equivalência das prestações. Vale dizer, num contrato oneroso, um apenas um dos contraentes se sujeita a um sacrifício, quando tem em troca uma vantagem equivalente. Noutro giro, exige-se, para aplicação da cláusula *rebus sic stantibus*, a presença de acontecimento extraordinário e imprevisível, que torne a obrigação excessivamente onerosa para uma das partes e, ainda, que ocorra extrema vantagem para a outra parte. Como visto, se o contrato comutativo é aquele em que não há riscos, as partes podem prever todas as vantagens e sacrifícios que emanam do negócio. Caso ocorra a onerosidade excessiva prevista no art. 478, do CC, a característica desse contrato estaria completamente desfigurada, pois a ocorrência de fatos extraordinários e imprevisíveis, confrontam com a certeza e determinação do contrato comutativo. Vejamos a norma do dispositivo citado: "Art. 478: "Nos contratos de execução continuada ou diferida, se a prestação de uma das partes se tornar excessivamente onerosa, com extrema vantagem para a outra, em virtude de acontecimentos extraordinários e imprevisíveis, poderá o devedor pedir a resolução do contrato. Os efeitos da sentença que a decretar retroagirão à data da citação."

---

246. (TRT/23ª RG - XVII Concurso - 2011) Constitui uma característica da cláusula rebus sic standibus, ou teoria da imprevisão:

a) A alteração radical no ambiente objetivo existente ao tempo da formação do contrato, decorrentes de circunstâncias previstas ou previsíveis.

b) A onerosidade excessiva para o devedor, porém compensadas por outras vantagens auferidas anteriormente.

c) O inadimplemento, pelo credor, de sua obrigação contratual.

d) O enriquecimento inesperado e injusto para o credor, como consequência direta da superveniência imprevista.

e) O enriquecimento excessivo do credor, embora esperado pelas partes no momento da celebração do contrato.

COMENTÁRIOS

Alternativa "a": incorreta. Contrariando o que afirma a assertiva, a teoria da imprevisão tem caráter subjetivo, pois para que ocorra a sua incidência, será necessário demonstrar que na ocasião da avença não havia qualquer possibilidade de as partes preverem a possibilidade de evento extraordinário que provocaria excessiva onerosidade para uma das partes. Logo, as circunstâncias não poderiam ser previstas ou mesmo previsíveis, do contrário, não haverá a possibilidade de desfazimento ou revisão dos contratos.

Alternativa "b": incorreta. A teoria da imprevisão considera apenas os eventos ocorridos depois da efetiva formação do contrato, sendo que os requisitos configuradores dessa teoria, consubstanciados na norma do art. 478, são: a presença de acontecimento extraordinário e imprevisível, que torne a obrigação excessivamente onerosa para uma das partes; e a extrema vantagem para a outra parte. Não se incluem, portanto, "outras vantagens auferidas anteriormente", como afirma a alternativa.

Alternativa "c": incorreta. O inadimplemento, pelo credor, de sua obrigação contratual, não permite o desfazimento do contrato ou o pedido para sua revisão, pois não é uma das hipóteses previstas no art. 478, do CC: "Nos contratos de execução continuada ou diferida, se a prestação de uma das partes se tornar excessivamente onerosa, com extrema vantagem para a outra, em virtude de acontecimentos extraordinários e imprevisíveis, poderá o devedor pedir a resolução do contrato. Os efeitos da sentença que a decretar retroagirão à data da citação."

Alternativa "e": incorreta. A assertiva incorre em erro ao afirmar que o enriquecimento excessivo do credor advém de um fato esperado pelas partes no momento da celebração do contrato, pois, como afirma a alternativa "d", o enriquecimento deverá ser "inesperado e injusto para o credor, como consequência direta da superveniência imprevista."

Alternativa "d": correta. A Cláusula *rebus sic stantibus* ou teoria da imprevisão consiste na presunção de que nos contratos comutativos, de trato sucessivo e de execução diferida, existe uma cláusula implícita, que determina que a obrigatoriedade dos contratos estará condicionada à não ocorrência de fatos inesperados e imprevisíveis que provoquem a alteração da situação de fato. Por sua vez, se a situação fática, for drasticamente alterada em razão de acontecimentos extraordinários, que coloquem as partes em situação excessivamente onerosa ao ponto de comprometer o efetivo adimplemento da obrigação, nascerá tanto para o devedor, como para o credor, a possibilidade de desfazer ou rever judicialmente o contrato. As hipóteses de resolução do contrato por onerosidade excessiva, estão previstas no art. 478 do CC: "Nos contratos de execução continuada ou diferida, se a prestação de uma das partes se tornar excessivamente onerosa, com extrema vantagem para a outra, em virtude de acontecimentos extraordinários e imprevisíveis, poderá o devedor pedir a resolução do contrato. Os efeitos da sentença que a decretar retroagirão à data da citação." Como pode ser constatado, o dispositivo legal exige, para aplicação da cláusula *rebus sic stantibus* a presença de acontecimento extraordinário e imprevisível, que torne a obrigação excessivamente onerosa para uma das partes. Além desses requisitos, o legislador brasileiro exigiu também a ocorrência de extrema vantagem para a outra parte. Diante disso, podemos constatar que o enunciado da alternativa "d" efetivamente apresenta esta última característica exigida para a configuração e possibilidade de aplicação da teoria da imprevisão, confirmando o acerto da questão.

---

247. (TRT/15ª RG – XXIV Concurso – 2010) Em relação aos contratos é INCORRETO afirmar que:

a) Se a prestação de uma das partes se tornar excessivamente onerosa, com extrema vantagem para a outra, em decorrência de acontecimentos extraordinários e imprevisíveis, o devedor poderá pedir a sua resolução.

b) No caso da prestação de uma das partes se tornar excessivamente onerosa, os efeitos da sentença que decretar a resolução contratual retroagirão à data em que ocorreu o acontecimento extraordinário e imprevisível.

c) No caso da prestação de uma das partes se tornar excessivamente onerosa, a resolução poderá ser evitada caso o réu se proponha a modificar equitativamente as condições do contrato.

d) Se as obrigações couberem a apenas uma das partes, ela poderá pleitear que sua prestação seja reduzida, ou alterado o modo de executá-la, fim de evitar a onerosidade excessiva.

e) Nos contratos bilaterais, nenhum dos contratantes pode, antes de cumprida sua obrigação, exigir o implemento da do outro.

COMENTÁRIOS

Alternativa "b": correta. A assertiva está incorreta, porquanto os efeitos da sentença que decreta a resolução contratual por onerosidade excessiva, ao contrário do que constou do enunciado da alternativa, retroagirão à data da citação, nos exatos moldes preconizados pelo art. 478 do CC, com a seguinte redação: "Nos contratos de execução continuada ou diferida, se a prestação de uma das partes se tornar excessivamente onerosa, com extrema vantagem para a outra, em virtude de acontecimentos extraordinários e imprevisíveis, poderá o devedor pedir a resolução do contrato. Os efeitos da sentença que a decretar retroagirão à data da citação."

Alternativa "a": correta. A assertiva está correta, representando uma aplicação do art. 478 do CC, acima transcrito. Saliente-se, no particular, que o mencionado dispositivo legal consagrou, de acordo com a doutrina majoritária, a chamada teoria da imprevisão, fundada na antiga cláusula *rebus sic stantibus*.

Alternativa "c": correta. A alternativa corresponde à norma insculpida no art. 479 do CC, com a seguinte redação: "A resolução poderá ser evitada, oferecendo-se o réu a modificar equitativamente as condições do contrato."

Alternativa "d": correta. A assertiva está correta, pois reflete a regra do art. 480 do CC: "Se no contrato as obrigações couberem a apenas uma das partes, poderá ela pleitear que a sua prestação seja reduzida, ou alterado o modo de executá-la, a fim de evitar a onerosidade excessiva."

Alternativa "e": correta. A alternativa corresponde à regra do art. 476 do CC, que cuida da chamada exceção do contrato não cumprido ou *exceptio non adimpleti contractus*. Eis o teor do mencionado dispositivo legal: "Nos contratos bilaterais, nenhum dos contratantes, antes de cumprida a sua obrigação, pode exigir o implemento da do outro."

---

248. (TRT/2ª RG – XXXIV Concurso – 2009) Em se tratando da resolução do contrato por onerosidade excessiva, é CORRETO afirmar:

a) Uma das partes pode pedir a resolução do contrato por onerosidade excessiva se a prestação tornou-se impossível, gerando o enriquecimento da outra parte, sempre com a aquiescência da outra parte.

b) À parte assiste o direito de pleitear a resolução do contrato, mas não a sua revisão.

c) A resolução poderá ser evitada, se o réu concordar em modificar equitativamente as cláusulas do contrato.

d) A resolução poderá ser pleiteada se a prestação ficou onerosa em razão de acontecimento imprevisto anterior à assinatura do contrato.

e) Os efeitos da sentença que decretar a resolução retroagirão à data da assinatura do contrato.

COMENTÁRIOS

Alternativa "a": incorreta. A assertiva apresenta duas incorreções distintas. A primeira incorreção é apontada pela doutrina, quando da análise do art. 478, do CC, pois esta critica o uso da expressão por nos grifada, conforme se verifica adiante: "Nos contratos de execução continuada ou diferida, se a prestação de uma das partes se tornar excessivamente onerosa, *com extrema vantagem para a outra*, em virtude de acontecimentos extraordinários e imprevisíveis, poderá o devedor pedir a resolução do contrato. Os efeitos da sentença que a decretar retroagirão à data da citação." Para a doutrina, a "inclusão desse conceito jurídico indeterminado dificulta a aplicação do modelo jurídico" (ROSENVALD, Nelson. Dos Contratos em Geral. *In:* PELUSO, Cezar (Coord.). **Código Civil comentado: doutrina e jurisprudência.** 6. ed. Barueri: Manole, 2012. p. 544.), sendo, portanto, completamente, "inadequado para a caracterização da onerosidade, que existe sempre que o efeito do fato novo pesar demais sobre um, pouco importando, que disso decorre ou não vantagem ao outro. (AGUIAR JUNIOR, Ruy Rosado. **Extinção dos contratos por incumprimento do devedor.** 2. ed. Rio de Janeiro: AIDE, 2003. p. 152). A segunda incorreção, está consubstanciada na frase contida no enunciado: "[...] sempre com a aquiescência da outra parte". Ora, a resolução do contrato se justifica pela onerosidade excessiva, decorrente de fato imprevisível, para ambas as partes, ou seja, se o fato é aleatório ele não depende da aquiescência da parte, ele simplesmente acontece, acarretando prejuízo excessivo para um e, como diz o enunciado, "gerando o enriquecimento da outra parte."

Alternativa "b": incorreta. Se por um lado artigo 478 do Código Civil, permite que a parte lesada pleiteie a resolução do contrato, o artigo 479, do mesmo diploma legal, possibilita que o contrário seja feito. Vale dizer, é possível que o contrato seja revisto, evitando a sua resolução, aplicando-se o princípio da conservação do negócio jurídico, conforme se depreende da sua redação: "A resolução poderá ser evitada, oferecendo-se o réu a modificar equitativamente as condições do contrato." A assertiva apesar de concordar com o primeiro dispositivo legal citado, contraria o segundo dispositivo claramente, o que acarreta a sua incorreção.

Alternativa "d": incorreta. Para que se possa pleitear, à luz do artigo 478 do Código Civil, a resolução do contrato por onerosidade excessiva, será necessário que o contrato objeto da pretensão, seja comutativo, de execução diferida ou de trato sucessivo. Isto quer dizer que a execução do contrato se protrai ao longo do tempo, como nos contratos de aluguel, pagamentos feitos em parcelas etc. Diferente são os contratos de execução instantânea, cujo cumprimento se implementa de imediato. É obvio que somente se aplica a teoria da imprevisão, nos contratos de execução continuada ou diferida, pois somente eles estão sujeitos aos efeitos dos acontecimentos extraordinários e imprevisíveis, conforme a redação do art. 478 do CC. Portanto, acontecimento anteriores, ao contrato não são considerados para a aplicação da teoria da imprevisão, que só se aplica nos contratos de execução diferida e que estejam em curso.

Alternativa "e": incorreta. A assertiva contraria o que prescreve o artigo 478, *in fine*, do CC: "Nos contratos de execução continuada ou diferida, se a prestação de uma das partes se tornar excessivamente onerosa, com extrema vantagem para a outra, em virtude de acontecimentos extraordinários e imprevisíveis, poderá o devedor pedir a resolução do contrato. ***Os efeitos da sentença que a decretar retroagirão à data da citação."***

Alternativa "c": correta. A assertiva corresponde à literalidade do art. 479, do Código Civil. "A resolução poderá ser evitada, oferecendo-se o réu a modificar equitativamente as condições do contrato." Esse dispositivo legal, possibilita a revisão do contrato, impedindo a sua extinção pela onerosidade excessiva.

4.2. DAS VÁRIAS ESPÉCIES DE CONTRATO

Nota de atualização: Foi criado pela Lei 14.711, de 2023, introduzindo o art. 853 A, no CC, a modelidade de contrato tipificado como: DO CONTRATO DE ADMINISTRAÇÃO FIDUCIÁRIA DE GARANTIAS,

4.2.1. DA COMPRA E VENDA

249. (TRT 1 – Juiz do Trabalho Substituto 1ª Região/2016) A respeito do contrato de compra e venda, é correto afirmar:

a) Será anulável a venda de ascendente a descendente quando houver expresso consentimento pelos outros descendentes, mas não pelo cônjuge do alienante, independentemente do regime de bens.
b) Não obstante o prazo ajustado para o pagamento, se antes da tradição o vendedor cair em insolvência, poderá o comprador sobrestar o pagamento da coisa, até que o vendedor garanta a entrega do bem.
c) A fixação do preço não pode ser deixada ao arbítrio de terceiro.
d) Até o momento da tradição, os riscos do preço correm por conta do comprador.
e) Não é lícita a compra e venda entre cônjuges com relação a bens excluídos da comunhão.

COMENTÁRIOS

Alternativa incorreta: "a". A venda de ascendente a descendente, para não ser anulada, deve ter o consentimento expresso dos outros descendentes e do cônjuge. O consentimento do cônjuge somente será dispensado quando o regime de bens for o da separação obrigatória, e não como diz a assertiva, ou seja, "independentemente do regime de bens". Nesse sentido, é a doutrina do art. 496 e seu pár. ún., do CC: "É anulável a venda de ascendente a descendente, salvo se os outros descendentes e o cônjuge do alienante expressamente houverem consentido. Parágrafo único. Em ambos os casos, dispensa-se o consentimento do cônjuge se o regime de bens for o da separação obrigatória."

Alternativa incorreta: "b". A assertiva adultera a redação original do art. 495, do CC, pois troca a ordem das expressões vendedor e comprador. Vejamos o texto legal na integra: "Não obstante o prazo ajustado para o pagamento, se antes da tradição o comprador cair em insolvência, poderá o vendedor sobrestar na entrega da coisa, até que o comprador lhe dê caução de pagar no tempo ajustado."

Alternativa incorreta: "c". A assertiva contraria o que dispõe o art. 485, do CC: "A fixação do preço pode ser deixada ao arbítrio de terceiro, que os contratantes logo designarem ou prometerem designar. Se o terceiro não aceitar a incumbência, ficará sem efeito o contrato, salvo quando acordarem os contratantes designar outra pessoa."

Alternativa incorreta: "e". A lei considera lícita a compra e venda entre cônjuges, com relação a bens excluídos da comunhão. Nesse sentido, doutrina o art. 499, do CC: "É lícita a compra e venda entre cônjuges, com relação a bens excluídos da comunhão."

Alternativa correta: "d". A assertiva está de acordo com o que prescreve o art. 492, do CC: "Até o momento da tradição, os riscos da coisa correm por conta do vendedor, e os do preço por conta do comprador."

---

250. (FCC – Juiz do Trabalho Substituto 6ª Região/2015) Túlio celebra um contrato de compra e venda com a concessionária Baita Carro. O preço e o veículo foram acordados entre as partes, aquele em R$ 50.000,00, este em um Cruize, da GM, convencionando-se o pagamento para noventa dias. Nesse período, surge uma promoção da montadora diminuindo o valor para R$ 45.000,00 – com a diferença bancada diretamente pela montadora, sem lucro ou prejuízo algum à concessionária -, tendo Túlio exigido o preço menor, com base na teoria da imprevisão prevista no Código Civil. A concessionária:

a) não estará obrigada a diminuir o preço, porque, embora o contrato encontre-se perfeito e obrigatório, a compra e venda diferida não possibilita a aplicação da teoria da imprevisão, o que só ocorre em face de contratos de execução sucessiva ou continuada.

b) não estará obrigada a diminuir o preço, seja porque a venda encontrava-se obrigatória e perfeita, seja porque não estão presentes todos os requisitos para aplicação da teoria da imprevisão, já que não teve vantagem alguma na promoção direta da montadora, apesar de a compra e venda com preço diferido possibilitar, em tese, o cabimento da citada teoria.

c) estará obrigada a diminuir o preço, pois basta a onerosidade maior ao consumidor para possibilitar a revisão contratual pela atual sistemática do Código Civil.

d) não estará obrigada a diminuir o preço, porque, embora presentes todos os requisitos da teoria da imprevisão, esta só possibilitaria na hipótese a rescisão contratual e não a revisão do preço acordado.

e) estará obrigada à diminuição do preço, pois a compra e venda só se consideraria obrigatória e perfeita após o pagamento do preço, o que ainda não havia ocorrido, estando presentes ainda todos os elementos da teoria da imprevisão.

COMENTÁRIOS

Alternativa incorreta: letra "a". Os contratos de execução diferida, ao reverso do que constou do enunciado da alternativa em apreço, podem comportar a revisão por onerosidade excessiva, nos moldes do art. 317 do CC.

Alternativa incorreta: letra "c". A assertiva está equivocada. Isso porque, ainda que se vislumbre a possibilidade de revisão contratual com fundamento no CDC, o referido diploma normativo, embora não consagre a teoria da imprevisão, exige que o fato superveniente enseje o desequilíbrio contratual e a onerosidade excessiva, o que, como exposto alhures, inviabiliza a revisão do contrato.

Alternativa incorreta: letra "d". A assertiva está incorreta. Por força do que preconiza o princípio da conservação do negócio jurídico, sempre que possível, as partes devem buscar a manutenção do contrato e não a sua rescisão, sendo, pois, hipótese de incidência, em tese, do art. 317 do CC e não do art. 478 do CC.

Alternativa incorreta: letra "e". Está incorreta, porquanto o contrato de compra e venda, no caso, já se aperfeiçoou, o que conduz ao equívoco da alternativa em apreço.

Alternativa correta: letra "b". Como é cediço, o art. 317 do CC contempla a possibilidade de revisão do contrato, com espeque na teoria da imprevisão, fundada na antiga cláusula latina *rebus sic stantibus*. A partir de uma exegese do referido dispositivo legal, é possível concluir que sua aplicação está condicionada à presença de dois requisitos concomitantes, quais sejam, um fato superveniente e imprevisível e a onerosidade excessiva. Ocorre que, na hipótese vertente, os pressupostos mencionados não estão presentes, circunstância que elide, de maneira inelutável a incidência do referido preceito normativo. Isso porque, não há manifesta desproporção entre as prestações envolvidas no contrato, posto ser a diferença entre o preço ajustado e o preço pretendido, de apenas R$ 5.000,00 (cinco mil reais). Demais disso, como acertadamente constou do enunciado da alternativa, o contrato de compra e venda, embora tenha sido pactuado na modalidade de execução diferida – que, em tese, admite a revisão por onerosidade excessiva –, está perfeito e válido, não havendo, pois, que se falar na possibilidade de sua revisão, com supedâneo no art. 317 do CC.

---

251. (CESPE – Juiz do Trabalho Substituto 5ª Região/2013) Acerca do contrato de compra e venda, segundo o direito civil vigente, assinale a opção correta.

a) O exercício da retrovenda impõe ao vendedor a restituição do preço recebido, a indenização pelo resgate e o reembolso das despesas do comprador com a realização de benfeitorias necessárias e úteis e mesmo com as que, durante o resgate, se efetuaram sem a sua autorização.

b) Os bens móveis infungíveis poderão ser vendidos com pacto de reserva de domínio, o qual define que o comprador só adquire a propriedade e a posse da coisa ao integralizar o pagamento.

c) A venda à vista de amostra, protótipos ou modelos, em caso de inexatidão entre esses e a mercadoria entregue, permite ao comprador manifestar a sua recusa, submetendo o vendedor às sanções decorrentes do descumprimento contratual.

d) Os riscos de deterioração ou perdimento da coisa não entregue, no contrato de compra e venda de bens móveis e imóveis, são do vendedor e os riscos de pagamento correm à conta do comprador, mas, se ocorrer o perdimento antes da tradição ou do registro, por caso fortuito ou de força maior, os riscos correrão por conta do comprador.

e) Não existindo convenção pelos contratantes, como regra geral, todas as despesas do negócio, incluindo as de escritura e registro, e os da tradição do bem objeto da compra e venda são de responsabilidade do comprador.

COMENTÁRIOS

Alternativa incorreta: letra "a". O comprador terá direito a receber as despesas realizadas com a sua autorização escrita, conforme estabelece o art. 505 do CC: "O vendedor de coisa imóvel pode reservar-se o direito de recobrá-la no prazo máximo de decadência de três anos, restituindo o preço recebido e reembolsando as despesas do comprador, inclusive as que, durante o período de resgate, se efetuaram com a sua autorização escrita, ou para a realização de benfeitorias necessárias."

Alternativa incorreta: letra "b". A propriedade de bem móvel com reserva de domínio só se transfere depois que o preço esteja integralmente pago. No entanto, o comprador adquire a posse antes da integralização do pagamento, conforme doutrina o art. 521 do CC: "Na venda de coisa móvel, pode o vendedor reservar para si a propriedade, até que o preço esteja integralmente pago."

Alternativa incorreta: letra "d". Os riscos de deterioração ou perdimento da coisa não entregue, ou seja, antes da tradição só correrão por conta do comprador se estiver se achar em mora de as receber. O caso fortuito e a força maior não impõe ao comprador qualquer obrigação antes de se efetuar a tradição, tendo em vista o princípio *res perit domino*, ou seja, a coisa perde para o seu dono, considerando que não ocorreu a tradição ou registro, a coisa é do vendedor. Vejamos a regra legal sobre o tema: "Art. 492. Até o momento da tradição, os riscos da coisa correm por conta do vendedor, e os do preço por conta do comprador. § 1º Todavia, os casos fortuitos, ocorrentes no ato de contar, marcar ou assinalar coisas, que comumente se recebem, contando, pesando, medindo ou assinalando, e que já tiverem sido postas à disposição do comprador, correrão por conta deste. § 2º Correrão também por conta do comprador os riscos das referidas coisas, se estiver em mora de as receber, quando postas à sua disposição no tempo, lugar e pelo modo ajustados."

Alternativa incorreta: letra "e". A presente alternativa contraria o que dispõe o texto legal: "Art. 490. Salvo cláusula em contrário, ficarão as despesas de escritura e registro a cargo do comprador, e a cargo do vendedor as da tradição."

Alternativa correta: letra "c". A assertiva corresponde ao que prescreve a norma contida no art. 484 do CC: "Se a venda se realizar à vista de amostras, protótipos ou modelos, entender-se-á que o vendedor assegura ter a coisa as qualidades que a elas correspondem. Parágrafo único. Prevalece a amostra, o protótipo ou o modelo, se houver contradição ou diferença com a maneira pela qual se descreveu a coisa no contrato."

---

252. (TRT/20ª RG – VI Concurso – 2012) Alberto é viúvo e possui dois filhos, Bernardo de 14 anos e Raul de 20 anos. Com o casamento de Raul em vista, Alberto pretende vender-lhe um imóvel de sua propriedade. Em relação a tal venda é CORRETO afirmar que

a) tal venda é nula por determinação expressa da lei.

b) o absolutamente incapaz deverá anuir à venda para que essa seja válida, representado por curador especial, uma vez que há conflito de interesses.

c) a venda é plenamente válida desde sua celebração, bastando a aceitação apenas do filho comprador.

d) o absolutamente incapaz pode ser assistido pelo pai no ato de prestar anuência à venda.

e) a celebração da venda depende da anuência pessoal do filho menor, sem necessidade de que seja representado, porque seus interesses são colidentes com os do pai.

COMENTÁRIOS

Alternativa "b": correta. (Esse comentário se aplica às demais alternativas) A assertiva está correta, tendo em vista que na sistemática do Código Civil, a realização da venda de imóvel de ascendente para descendente encontra-se condicionada ao consentimento expresso dos outros descendentes, caso contrário, o negócio se torna anulável, conforme a regra do art. 496 do CC: "É anulável a venda de ascendente a descendente, salvo se os outros descendentes e o cônjuge do alienante expressamente houverem consentido." Por sua vez, considerando que, no caso em tela, o descendente que deve anuir é absolutamente incapaz e, portanto, não pode anuir por si só, ele precisará ser representado. Em regra, o seu representante seria o seu pai, mas como os interesses podem ser conflitantes, a lei estabelece que deve-se nomear um curador especial para a pratica desse ato, conforme apregoa a norma contida no art. 1.692 do CC: "Sempre que no exercício do poder familiar colidir o interesse dos pais com o do filho, a requerimento deste ou do Ministério Público o juiz lhe dará curador especial."

4.2.2. DA DOAÇÃO

253. (TRT 2 – Juiz do Trabalho Substituto 2ª Região/2016) Com relação aos contratos em espécie, assinale a alternativa correta:

a) Não podem ser objeto de compra e venda, ou cessão de crédito, envolvendo os respectivos servidores públicos, os bens da pessoa jurídica a que servirem, salvo se adquiridos por meio de regular hasta pública.

b) Firmado contrato de empreitada de obra certa, os serviços e os materiais pertinentes presumem-se incluídos, salvo se o contrário dispuserem os contratantes.

c) O doador pode fixar prazo para o aceite do donatário, presumindo-se o aceite se o donatário não o declarar no prazo dado, salvo se a doação for sujeita a encargo.

d) O herdeiro do depositário, que de boa-fé vendeu a coisa depositada, é obrigado a restituir ao depositante o preço recebido, mais perdas e danos.

e) Os atos praticados por quem não tenha mandato, ou o tenha sem poderes suficientes, são nulos em relação àquele em cujo nome foram praticados.

COMENTÁRIOS

Alternativa incorreta: "a". A assertiva contraria o que dispõe o *caput* do art. 497, do CC: "Sob pena de nulidade, não podem ser comprados, ainda que em hasta pública: II – pelos servidores públicos, em geral, os bens ou direitos da pessoa jurídica a que servirem, ou que estejam sob sua administração direta ou indireta;".

Alternativa incorreta: "b". A obrigação de fornecer os materiais, num contrato de empreitada, não se presume, como afirma o assertiva. Nesse sentido, é a norma contida no §1º, do art. 610, do CC: "O empreiteiro de uma obra pode contribuir para ela só com seu trabalho ou com ele e os materiais. § 1º A obrigação de fornecer os materiais não se presume; resulta da lei ou da vontade das partes."

Alternativa incorreta: "d". A redação da assertiva corrompe a norma contida no art. 637, do CC: "O herdeiro do depositário, que de boa-fé vendeu a coisa depositada, é obrigado a assistir o depositante na reivindicação, e a restituir ao comprador o preço recebido."

Alternativa incorreta: "e". Os atos praticados por quem não tenha mandato, ou o tenha sem poderes suficientes, segundo a lei, são ineficazes, em relação àquele em cujo nome foram praticados, e não nulos como sugere a assertiva. Nesse sentido, é a norma do art. 662, do CC: "Os atos praticados por quem não tenha mandato, ou o tenha sem poderes suficientes, são ineficazes em relação àquele em cujo nome foram praticados, salvo se este os ratificar."

Alternativa correta: "c". A assertiva está de acordo com o que prescreve o art. 539, do CC: "O doador pode fixar prazo ao donatário, para declarar se aceita ou não a liberalidade. Desde que o donatário, ciente do prazo, não faça, dentro dele, a declaração, entender-se-á que aceitou, se a doação não for sujeita a encargo."

254. (FCC – Juiz do Trabalho Substituto 23ª Região/2015) Joana possui três filhos, mas doou apenas ao mais velho, Juan, parte de seu patrimônio. De acordo com o Código Civil, a doação feita a Juan

a) é nula, devendo assim ser declarada de ofício, pelo juiz.

b) importa adiantamento do que lhe cabe por herança.

c) é anulável, invalidando-se apenas a pedido dos demais herdeiros.

d) produzirá efeitos apenas se houver concordância dos irmãos de Juan.

e) é nula, não podendo o juiz invalidá-la de ofício.

COMENTÁRIOS

Alternativas incorretas: letras "a", "c", "d" e "e". As assertivas estão incorretas, pois, como analisado, não há invalidade a ser declarada. Em verdade a lei civil estabelece que a doação feita a descendente configura adiantamento de legítima. Por todo o exposto, as alternativas ora comentadas estão incorretas.

Alternativa correta: letra "b". A assertiva está correta, porquanto formulada em consonância ao que dispõe o art. 544 do CC: "A doação de ascendentes a descendentes, ou de um cônjuge a outro, importa adiantamento do que lhes cabe por herança."

255. (TRT/20ª RG – VI Concurso – 2012) Quanto à doação é CORRETO afirmar:

a) A doação de um bem imóvel com o valor de R$ 200.000,00 deve ser feita por instrumento público.

b) Aquela feita ao nascituro não é válida porque este não goza de capacidade nem personalidade.

c) Se feita por ascendente em favor de apenas um de seus descendentes, sem a anuência dos demais, será nula.

d) Pode ser revogada por indignidade do donatário quando este atentar contra a vida do doador.

e) Falecendo o donatário o bem doado volta automaticamente ao patrimônio do doador.

COMENTÁRIOS

✪ **Nota do autor:** Conceito legal de doação: Art. 538, do CC: "Considera-se doação o contrato em que uma pessoa, por liberalidade, transfere do seu patrimônio bens ou vantagens para o de outra."

Alternativa "b": incorreta. A assertiva contraria o que dispõe a lei sobre a possibilidade de o nascituro ser beneficiário de uma doação, pois afirma que a doação feita a ele não é válida por faltar-lhe capacidade e personalidade. No entanto, o art. 542 do CC estabelece que a doação feita ao nascituro é válida, mas deve ser aceita por seu representante. Vejamos a determinação legal: "Art. 542. A doação feita ao nascituro valerá, sendo aceita pelo seu representante legal."

Alternativa "c": incorreta. Doação inoficiosa é aquela em que o direito à legítima dos herdeiros necessários foi violado. Lembrando que os herdeiros necessários são aqueles sucessores, cuja lei lhes garante direito a 50% (cinquenta por cento) do acervo patrimonial do *de cujus*. O legislador buscou preservar o direito à legítima, consagrando tal proteção no art. 544 e 549 do CC. Na verdade, a preocupação do legislador é que o doador disponha gratuitamente de mais de 50% do seu patrimônio, atingindo frontalmente o direito à legitima dos herdeiros necessários. Por outro lado, caso a doação não atinja o direito dos herdeiros necessários, ela será considerada válida. Nesse sentido, caso o ascendente queira doar a um de seus descendentes algum bem, que não viole a legitima, essa doação será considerada válida, o que ocorre nesse caso é o adiantamento da herança. Além disso, a doação entre ascendente e descendente, diferentemente do que ocorre no âmbito da compra e venda, não carece do consentimento dos outros descendentes. Portanto, a assertiva está equivocada, ao afirmar que a doação, no caso em tela, será nula caso falte a anuência dos demais descendentes. A nulidade absoluta só estará configurada, caso o ascendente doe a um descendente um valor que ultrapasse a legítima, esse excedente é que estará eivado de nulidade. Vejamos a regra contida nos dispositivos do Código Civil: "Art. 544. A doação de ascendentes a descendentes, ou de um cônjuge a outro, importa adiantamento do que lhes cabe por herança. Art. 549. Nula é também a doação quanto à parte que exceder à de que o doador, no momento da liberalidade, poderia dispor em testamento."

Alternativa "d": incorreta. O erro da assertiva está no fato de que esta empregou a expressão "indignidade", que diz respeito às hipóteses de exclusão da sucessão (arts. 1.814 a 1.818), quando no caso da doação o **correto** é a expressão "ingratidão", conforme consta no art. 557 do CC: "Podem ser revogadas por ingratidão as doações: I – se o donatário atentou contra a vida do doador ou cometeu crime de homicídio doloso contra ele;"

Alternativa "e": incorreta. A assertiva está equivocada, pois afirma que o bem doado volta automaticamente ao patrimônio do doador, caso ocorra a morte do donatário. O bem doado poderá ser integrado ao patrimônio do doador, com a morte do donatário, mas essa reintegração não é automática. Para que ocorra, é preciso que o doador faça a doação com cláusula de reversão, isto é, a doação estará subordinada a uma condição resolutiva. Nessa hipótese, caso o donatário pereça antes do doador, os bens doados não serão distribuídos entre seus sucessores, mas irão retornar ao doador, em razão do implemento da condição resolutiva, conforme estatui a norma do art. 547 do CC: "O doador pode estipular que os bens doados voltem ao seu patrimônio, se sobreviver ao donatário. Parágrafo único. Não prevalece cláusula de reversão em favor de terceiro."

Alternativa "a": correta. A doação pode ter como objeto um bem móvel ou imóvel, feita por escritura pública ou instrumento particular, conforme estabelece o art. 541 do CC: "A doação far-se-á por escritura pública ou instrumento particular. Parágrafo único. A doação verbal será válida, se, versando sobre bens móveis e de pequeno valor, se lhe seguir incontinenti a tradição." Contudo, caso a doação seja de bens imóveis, aplica-se a regra do art. 108 do CC, que preconiza no sentido de que qualquer negócio jurídico que tenha por objeto bens imóveis, cujo valor exceda a trinta vezes o maior salário mínimo vigente no país, deve ser formalizado por escritura pública *(ad substantiam)*. Vejamos o mandamento legal: "Art. 108. Não dispondo a lei em contrário, a escritura pública é essencial à validade dos negócios jurídicos que visem à constituição, transferência, modificação ou renúncia de direitos reais sobre imóveis de valor superior a trinta vezes o maior salário mínimo vigente no País." Por tal razão, a assertiva está correta, ao afirmar que a doação de um bem imóvel com o valor de R$ 200.000,00 deve ser feita por instrumento público.

---

256. (TRT/15ª RG – XXV Concurso – 2011) Assinale a alternativa INCORRETA:

a) No que diz respeito à cláusula penal, a penalidade deve ser reduzida equitativamente pelo juiz se a obrigação principal tiver sido cumprida em parte, ou se o montante da penalidade for manifestamente excessivo, tendo-se em vista a natureza e a finalidade do negócio.

b) Nos contratos de execução continuada ou diferida, se a prestação de uma das partes se tornar excessivamente onerosa, com extrema vantagem para a outra, em virtude de acontecimentos extraordinários e imprevisíveis, poderá o devedor pedir a rescisão do contrato.

c) É anulável a venda de ascendente a descendente, salvo se os outros descendentes e o cônjuge do alienante expressamente houverem consentido, dispensando-se o consentimento do cônjuge se o regime de bens for o da separação obrigatória.

d) Nos termos da lei civil, a doação do cônjuge adúltero ao seu cúmplice pode ser anulada exclusivamente pelo outro cônjuge, até 2 (dois) anos depois de dissolvida a sociedade conjugal.

e) No que se refere ao contrato de depósito, este será gratuito, exceto se houver convenção em contrário, se resultante da atividade negocial ou se o depositário o praticar por profissão. Se oneroso e a retribuição do depositário não constar de lei, nem resultar de ajuste, será determinada pelos usos do lugar, e, na falta destes, por arbitramento.

COMENTÁRIOS

Alternativa "a": correta. A alternativa reproduz o teor do art. 413 do CC, com a seguinte redação: "A penalidade deve ser reduzida equitativamente pelo juiz se a obrigação principal tiver sido cumprida em parte, ou se o montante da penalidade for manifestamente excessivo, tendo-se em vista a natureza e a finalidade do negócio."

Alternativa "b": correta. O enunciado da questão reflete a regra constante do art. 478 do CC: "Nos contratos de execução continuada ou diferida, se a prestação de uma das partes se tornar excessivamente onerosa, com extrema vantagem para a outra, em virtude de acontecimentos extraordinários e imprevisíveis, poderá o devedor pedir a resolução do contrato. Os efeitos da sentença que a decretar retroagirão à data da citação."

Alternativa "c": correta. A assertiva corresponde à norma insculpida no art. 496 *caput* e parágrafo único, do CC: "É anulável a venda de ascendente a descendente, salvo se os outros descendentes e o cônjuge do alienante expressamente houverem consentido. Parágrafo único. Em ambos os casos, dispensa-se o consentimento do cônjuge se o regime de bens for o da separação obrigatória."

Alternativa "e": correta. O enunciado da alternativa está **correto**, porquanto reproduz a regra do art. 628 *caput* e parágrafo único, do CC: "O contrato de depósito é gratuito, exceto se houver convenção em contrário, se resultante de atividade negocial ou se o depositário o praticar por profissão. Parágrafo único. Se o depósito for oneroso e a retribuição do depositário não constar de lei, nem resultar de ajuste, será determinada pelos usos do lugar, e, na falta destes, por arbitramento."

Alternativa "d": incorreta. A assertiva está incorreta, porquanto, a teor do que preceitua o art. 550 do CC, a doação feita pelo cônjuge adúltero ao seu cúmplice, pode ser anulada, tanto pelo cônjuge prejudicado, quanto pelos herdeiros necessários. Desse modo, ao reverso do que constou da alternativa, há uma legitimidade concorrente entre o cônjuge prejudicado e os herdeiros necessários, para pleitear a declaração de invalidade da doação feita pelo cônjuge adúltero ao seu cúmplice. Eis o teor do mencionado art. 550 do CC: "A doação do cônjuge adúltero ao seu cúmplice pode ser anulada pelo outro cônjuge, ou por seus herdeiros necessários, até dois anos depois de dissolvida a sociedade conjugal."

4.2.3. DA LOCAÇÃO

257. (FCC – Juiz do Trabalho/2017) Eduardo, empregado da sociedade A, a qual possui filiais radicadas em várias cidades brasileiras, aluga, para fins residenciais, imóvel do locador Luís, pelo prazo de dezoito meses. Eduardo, no decorrer de seu contrato de locação com Luís, é transferido pela sociedade A, para trabalhar em cidade diversa. Por seu turno, Epaminondas, empregado da sociedade B, celebra, em razão do trabalho, pelo prazo de dezoito meses, contrato de locação de imóvel residencial com o seu próprio empregador. Epaminondas, que continuava a morar no mesmo imóvel, vem a ser demitido pela sociedade B, dois anos após o início da vigência do contrato de locação. Diante de tais fatos, Eduardo poderá,

a) após notificação por escrito a Luís, com antecedência de no mínimo trinta dias, devolver o imóvel, ficando isento de multa. Por seu turno, caso Epaminondas não desocupe o imóvel, a sociedade B poderá, no curso da ação de despejo, havendo prova escrita da rescisão do contrato de trabalho, obter decisão liminar, independentemente da prestação de caução, para que o imóvel seja desocupado em quinze dias.

b) independentemente de prévia notificação a Luís, devolver o imóvel, mas terá que pagar multa proporcional ao período de cumprimento do contrato, ou, na sua falta, a multa que for judicialmente estipulada. Por seu turno, Epaminondas terá o contrato de locação prorrogado por prazo indeterminado e, por isso, não poderá, no curso da ação de despejo, ser de forma alguma compelido a, liminarmente, desocupar o imóvel.

c) independentemente de prévia notificação a Luís, devolver o imóvel, ficando isento de multa em face do relevante motivo para o término do contrato de locação. Por seu turno, Epaminondas deverá desocupar o imóvel em trinta dias, após a notificação da sociedade B.

d) após notificação por escrito a Luís, com antecedência de no mínimo trinta dias, devolver o imóvel, ficando isento de multa. Por seu turno, caso Epaminondas não desocupe o imóvel, a sociedade B poderá, no curso da ação de despejo, havendo prova escrita da rescisão do contrato de trabalho e prestada caução de três meses de aluguel, obter decisão liminar, independentemente da audiência de Epaminondas, para que o imóvel seja desocupado em quinze dias.

e) independentemente de prévia notificação a Luís, devolver o imóvel, mas terá que pagar multa proporcional ao período de cumprimento do contrato, ou, na sua falta, a multa que for judicialmente estipulada. Por seu turno, Epaminondas deverá desocupar o imóvel em trinta dias a contar da assinatura do instrumento de rescisão do contrato de trabalho, independentemente de notificação específica da sociedade B.

COMENTÁRIOS

✪ **Nota do autor:** o comentário da alternativa correta, contempla as demais.

Alternativa correta: letra "d". A assertiva está correta, pois concorda respectivamente com os arts. 4º, pár. ún. e 59,§1º, II, ambos da Lei n. 8.245/91, vejamos:

Art. 4º Durante o prazo estipulado para a duração do contrato, não poderá o locador reaver o imóvel alugado. Com exceção ao que estipula o § 2º do art. 54-A, o locatário, todavia, poderá devolvê-lo, pagando a multa pactuada, proporcional ao período de cumprimento do contrato, ou, na sua falta, a que for judicialmente estipulada. (Redação dada pela Lei nº 12.744, de 2012) Parágrafo único. O locatário ficará dispensado da multa se a devolução do imóvel decorrer de transferência, pelo seu empregador, privado ou público, para prestar serviços em localidades diversas daquela do início do contrato, e se notificar, por escrito, o locador com prazo de, no mínimo, trinta dias de antecedência.

Art. 59. Com as modificações constantes deste capítulo, as ações de despejo terão o rito ordinário. § 1º Conceder - se - á liminar para desocupação em quinze dias, independentemente da audiência da parte contrária e desde que prestada a caução no valor equivalente a três meses de aluguel, nas ações que tiverem por fundamento exclusivo:

II – o disposto no inciso II do art. 47, havendo prova escrita da rescisão do contrato de trabalho ou sendo ela demonstrada em audiência prévia;

258. (FCC – Juiz do Trabalho Substituto 23ª Região/2015) Lucas, empregado de Fit Construções, firmou contrato de locação com Mauro, pelo prazo de 30 meses, tendo sido estipulado que, em caso de devolução antecipada do imóvel, seria devida multa equivalente a 3 aluguéis. Depois do início do contrato, Fit Construções transferiu Lucas para localidade diversa, levando-o a devolver o imóvel. Para que ocorra a devolução, Lucas deverá:

a) pagar a multa pactuada proporcionalmente ao período de cumprimento do contrato.

b) notificar Mauro com antecedência mínima de 30 dias e pagar a multa pactuada proporcionalmente ao período de cumprimento do contrato.

c) notificar Mauro com antecedência mínima de 30 dias, ficando dispensado do pagamento de multa, seja Fit Construções empresa pública ou privada.

d) notificar Mauro com antecedência mínima de 30 dias, ficando dispensado do pagamento de multa apenas no caso de Fit Construções se tratar de empresa pública.

e) pagar a multa pactuada, em sua integralidade.

COMENTÁRIOS

Alternativas incorretas: letras "a", "b", "d" e "e". As assertivas estão equivocadas, porquanto contrárias ao que preceitua o art. 4º, parágrafo único, da Lei de Locações.

Alternativa correta: letra "c". A assertiva está correta, vez que em conformidade com o que preconiza o art. 4º, parágrafo único, da Lei n.º 8.245/91 (Lei de Locações), com a seguinte redação: "O locatário ficará dispensado da multa se a devolução do imóvel decorrer de transferência, pelo seu empregador, privado ou público, para prestar serviços em localidades diversas daquela do início do contrato, e se notificar, por escrito, o locador com prazo de, no mínimo, trinta dias de antecedência."

4.2.4. DO COMODATO

259. (FCC – Juiz do Trabalho Substituto 23ª Região/2015) Luiz Henrique emprestou a Cláudio, sem nenhum ônus, obra de arte assinada pelo respectivo autor, a qual ficou exposta na sala de sua residência. A residência, durante uma tempestade, foi atingida por um raio e se incendiou. Durante o incêndio, Cláudio houve por bem salvar outras obras de arte, de sua propriedade, por possuírem maior valor. Considerada a situação descrita, analise:

I. O contrato celebrado entre Luiz Henrique e Cláudio chama-se comodato, o qual tem por objeto bem infungível, como é o caso da obra de arte assinada pelo respectivo autor.

II. O empréstimo de bem fungível ou infungível é um contrato de natureza real, perfazendo-se com a entrega do objeto.

III. Cláudio não será obrigado a indenizar Luiz Henrique pelo perecimento da obra de arte, tendo em vista que o caso fortuito e a força maior afastam o nexo de causalidade, o qual é pressuposto para a responsabilização civil.

IV. Independentemente do dever de indenizar, Cláudio poderá recobrar de Luiz Henrique as despesas feitas com o uso e gozo da coisa emprestada.

Está correto o que consta APENAS em

a) I e II.

b) II e IV.

c) I, II e III.

d) III e IV.

e) I e III.

COMENTÁRIOS

Item I: a assertiva está correta, pois o contrato celebrado se adequada no regramento legal que define o contrato de comodato, cuja característica é ter como objeto bem infungível e se aperfeiçoa com a entrega da coisa. Nesse sentido, é a regra contida no art. 579, do CC: "O comodato é o empréstimo gratuito de coisas não fungíveis. Perfaz-se com a tradição do objeto."

Item II: O Código Civil denomina, como empréstimo, os contratos de comodato e o mútuo. Tais contratos têm como características a entrega de uma coisa, ou seja, são contratos de natureza real, que não se formar apenas com o ajuste de vontade, como é a regra, mas a sua conclusão somente se perfaz com a tradição. Segue, respectivamente, os dispositivos legais que tratam do tema: "Art. 579. O comodato é o empréstimo gratuito de coisas não fungíveis. Perfaz-se com a tradição do objeto." "Art. 586. O mútuo é o empréstimo de coisas fungíveis. O mutuário é obrigado a restituir ao mutuante o que dele recebeu em coisa do mesmo gênero, qualidade e quantidade."

Item III: A assertiva está incorreta, pois contradiz o que dispõe o art. 583 do CC: "Se, correndo risco o objeto do comodato juntamente com outros do comodatário, antepuser este a salvação dos seus abandonando o do comodante, responderá pelo dano ocorrido, ainda que se possa atribuir a caso fortuito, ou força maior."

Item IV: O erro da assertiva está no fato de que afronta o que dispõe o art. 584, do CC: "O comodatário não poderá jamais recobrar do comodante as despesas feitas com o uso e gozo da coisa emprestada."

Alternativa correta: letra "a".

---

260. (TRT 2 – Juiz do Trabalho Substituto 2ª Região/2013) Aponte dentre as alternativas abaixo qual contenha a definição incorreta de contrato:

a) Compra e venda vem a ser o contrato em que uma pessoa obriga a transferir a outra a propriedade corpórea ou incorpórea de uma coisa, mediante o pagamento de certo preço em dinheiro.

b) Comodato é o empréstimo gratuito de coisas fungíveis, por liberalidade, com a transferência do patrimônio, bens e vantagens para o patrimônio de outra pessoa.

c) Mútuo é o empréstimo de coisas fungíveis, com a transferência do domínio da coisa emprestada ao mutuário, por cuja conta correm todos os riscos dela desde a criação.

d) Opera-se o mandato quando alguém recebe de outrem poderes, para em seu nome praticar atos ou administrar interesses.

e) Transação é um negócio jurídico bilateral, pelo qual as partes interessadas, fazendo-se concessões mútuas, previnem ou extinguem obrigações litigiosas ou duvidosas.

COMENTÁRIOS

Alternativa correta: letra "a". A assertiva está correta, já que corresponde ao texto do art. 481 do CC: "Pelo contrato de compra e venda, um dos contratantes se obriga a transferir o domínio de certa coisa, e o outro, a pagar-lhe certo preço em dinheiro."

Alternativa correta: letra "c". A alternativa sob enfoque encontra-se correta, porquanto o mútuo, ao contrário do comodato, é o empréstimo gratuito de coisas fungíveis. Demais disso, o contrato em exame importa na transmissão da propriedade e não da posse sobre o bem que é seu objeto. Neste sentido, são as disposições dos arts. 586 e 587 do CC:

> *"Art. 586. O mútuo é o empréstimo de coisas fungíveis. O mutuário é obrigado a restituir ao mutuante o que dele recebeu em coisa do mesmo gênero, qualidade e quantidade."*
>
> *"Art. 587. Este empréstimo transfere o domínio da coisa emprestada ao mutuário, por cuja conta correm todos os riscos dela desde a tradição."*

Alternativa correta: letra "d". A assertiva corresponde à literalidade do art. 653 do CC: "Opera-se o mandato quando alguém recebe de outrem poderes para, em seu nome, praticar atos ou administrar interesses. A procuração é o instrumento do mandato."

Alternativa correta: letra "e". A alternativa está correta. A definição de transação pode ser extraída do art. 840 do CC: "É lícito aos interessados prevenirem ou terminarem o litígio mediante concessões mútuas."

Alternativa incorreta: letra "b". Ao reverso do que constou do enunciado da assertiva em apreço, o comodato é o empréstimo gratuito de coisas infungíveis, conforme expressa disposição legal. A esse respeito, é oportuna a transcrição do art. 579 do CC: "O comodato é o empréstimo gratuito de coisas não fungíveis. Perfaz-se com a tradição do objeto."

---

261. (CESPE – Juiz do Trabalho Substituto 5ª Região/2013) Assinale a opção correta com relação aos contratos em espécie, regidos pelo direito civil brasileiro.

a) O doador ou o terceiro interessado, na doação com encargo sem estabelecimento de prazo para o cumprimento, poderá, na hipótese de inexecução do encargo, notificar judicial ou extrajudicialmente o donatário, constituindo-o em mora e revogando a doação.

b) A obrigação assumida, no depósito voluntário gratuito, é a de guardar a coisa e restituí-la quando o depositante a reclame, podendo o depositário fazer uso do bem depositado ou confiá-lo a terceiro, não respondendo pela perda do bem em casos fortuitos e de força maior.

c) O mútuo, contrato real e unilateral, tem como características a temporariedade, a fungibilidade da coisa emprestada, a translatividade de domínio do bem emprestado e a obrigatoriedade de restituição de outra coisa da mesma espécie, qualidade e quantidade.

d) No contrato de mandato, com cláusula de irrevogabilidade, a revogação será sempre expressa, não sujeitando o mandante a indenização, devendo apenas notificar o mandatário e terceiros, informando-os que o mandato foi revogado, sob pena de ter de cumprir as obrigações assumidas perante estes últimos, que de boa-fé contratem com o mandatário.

e) Preempção é a disposição contratual segundo a qual o comprador da coisa se obriga a vender o bem ao vendedor, pelo preço equivalente ao que foi adquirido, ou de dar em pagamento, para que este use seu direito de prelação.

COMENTÁRIOS

Alternativa incorreta: letra "a". A lei determina que a notificação feita ao donatário, na hipótese de inexecução do encargo, deve ser feita judicialmente, não se admite a notificação extrajudicial. Observação importante deve ser feita nesse ponto, o parágrafo único do art. 397 do CC, como regra geral, admite a constituição em mora pela via extrajudicial. No entanto, nesse caso, a regra geral do art. 397 do CC, fica afastada diante a especificidade do art. 562 do CC, vejamos: "A doação onerosa pode ser revogada por inexecução do encargo, se o donatário incorrer em mora. Não havendo prazo para o cumprimento, o doador poderá notificar judicialmente o donatário, assinando-lhe prazo razoável para que cumpra a obrigação assumida."

Alternativa incorreta: letra "b". A primeira parte da redação da assertiva corresponde ao que determina o art. 627 do CC: "Pelo contrato de depósito recebe o depositário um objeto móvel, para guardar, até que o depositante o reclame." Entretanto, não poderá fazer uso do bem, sem licença expressa do depositante, conforme determina o art. 640 do CC: "Sob pena de responder por perdas e danos, não poderá o depositário, sem licença expressa do depositante, servir-se da coisa depositada, nem a dar em depósito a outrem. Parágrafo único. Se o depositário, devidamente autorizado, confiar a coisa em depósito a terceiro, será responsável se agiu com culpa na escolha deste."

Alternativa incorreta: letra "d". A redação da assertiva contrário o que doutrina o art. 683 do CC: "Quando o mandato contiver a cláusula de irrevogabilidade e o mandante o revogar, pagará perdas e danos."

Alternativa incorreta: letra "e". A preempção não obriga o comprador da coisa a vender o bem ao vendedor, mas tão somente oferecer ao vendedor a coisa que irá vender. Assim determina a norma do art. 513 do CC: "A preempção, ou preferência, impõe ao comprador a obrigação de oferecer ao vendedor a coisa que aquele vai vender, ou dar em pagamento, para que este use de seu direito de prelação na compra, tanto por tanto."

Alternativa correta: letra "c". O conceito de contrato de mútuo apresentado pela alternativa está correto. O mútuo é um contrato real, considerando que a entrega da coisa mutuada não é a obrigação avençada pelo mutuante, mas é o pressuposto de existência o próprio negócio jurídico. Em decorrência da sua natureza real, advém o seu caráter unilateral, tendo em vista que apenas o mutuário assume a obrigação de restituir o bem ao término do prazo estabelecido no contrato ou na lei. O mútuo é empréstimo de consumo e, por conseguinte, transmite a propriedade de coisa móvel fungível, com a obrigação do mutuário de restituir coisa do mesmo gênero, qualidade e quantidade (art. 85, CC). Por fim, é correto afirmar que o mútuo é negócio temporário, pois definitivo a definitividade o transformaria em doação ou compra e venda. A referência legal do conceito de mútuo é o art. 586 do CC: "O mútuo é o empréstimo de coisas fungíveis. O mutuário é obrigado a restituir ao mutuante o que dele recebeu em coisa do mesmo gênero, qualidade e quantidade."

4.2.5. DA PRESTAÇÃO DE SERVIÇO

262. (FCC – Juiz do Trabalho Substituto 15ª Região/2015) Sobre a eficácia dos contratos em relação a terceiros, afirma Miguel Maria de Serpa Lopes: Finalmente, é princípio assente a responsabilidade do terceiro pela inexecução de um contrato se, com a sua ação culposa, foi o cúmplice do seu inadimplemento. É o que a jurisprudência francesa já firmou, embora colocando a questão fora do terreno da culpa contratual, para situá-la no da culpa extracontratual. (Curso de Direito Civil – vol. iii – p. 123 – 3ª edição – Livraria Freitas Bastos S/A, 1960). No Direito brasileiro, essa figura do terceiro cúmplice:

a) só é identificada, em disposição do Código Civil, estabelecendo que aquele que aliciar pessoas obrigadas em contrato a prestar serviço a outrem pagará a este indenização por danos emergentes e lucros cessantes, que será arbitrada pelo juiz.

b) não é identificada em nenhuma disposição legal.

c) é identificada apenas em disposição do Código Civil estabelecendo que aquele que aliciar pessoas obrigadas em contrato escrito e desde que por prazo determinado a prestar serviços agrícolas a outrem pagará a este a importância que ao prestador de serviço, pelo ajuste desfeito, houvesse de caber durante dois anos.

d) é identificada apenas em disposição legal estabelecendo que aquele que aliciar pessoas obrigadas em contrato escrito e por prazo determinado a prestar serviços de publicidade ou artísticos a outrem pagará a este uma indenização equitativa arbitrada pelo juiz.

e) pode ser reconhecida em disposição do Código Civil estabelecendo que aquele que aliciar pessoas obrigadas em contrato escrito a prestar serviço a outrem pagará a este a importância que ao prestador de serviço, pelo ajuste desfeito, houvesse de caber durante dois anos.

COMENTÁRIOS

✪ Nota do autor: considerando que todas as alternativas tratam do mesmo dispositivo legal, comentaremos apenas a assertiva correta. O comentário da alternativa correta, por si só, demonstrará o equívoco das demais alternativas.

Alternativa correta: letra "e". A assertiva está correta, tendo em vista que sua redação, corresponde a do texto legal, que deve ser reconhecido como aquele que demonstra a responsabilidade do terceiro, que agiu culposa para a inexecução de um contrato e as responsabilidades que decorrem desse ato. Todas as outras assertivas, com exceção da alternativa "b", cujo erro está no fato de se afirmar que não há texto legal que possa ser identificado, citam o mesmo dispositivo, mas o fazem de maneira imperfeita. Vejamos a redação do art. 608, do CC: "Aquele que aliciar pessoas obrigadas em contrato escrito a prestar serviço a outrem pagará a este a importância que ao prestador de serviço, pelo ajuste desfeito, houvesse de caber durante dois anos."

263. (FCC – Juiz do Trabalho Substituto 1ª Região/2014) No contrato de prestação de serviço,

a) o contrato não se extingue pela morte de qualquer das partes, porque ele obriga os sucessores a cumpri-lo.

b) o prestador de serviço sempre poderá transferir a outrem suas obrigações, se estas não forem personalíssimas, independentemente de autorização do tomador dos serviços.

c) se o serviço for prestado por quem não possuía título de habilitação, ainda que deste resulte benefício para outra parte, não haverá direito à remuneração contratada, nem se permite o arbitramento judicial a título de remuneração.

d) a retribuição pagar-se-á parceladamente, à medida que o serviço tiver sido prestado, salvo convenção em sentido contrário.

e) se o prestador de serviço for despedido sem justa causa, a outra parte será obrigada a pagar-lhe por inteiro a retribuição vencida, e por metade a que lhe tocaria de então ao termo legal do contrato.

COMENTÁRIOS

Alternativa incorreta: letra "a". A alternativa está equivocada, pois contraria o preceito contido na primeira parte do art. 607 do CC, com a seguinte redação: "O contrato de prestação de serviço acaba com a morte de qualquer das partes."

Alternativa incorreta: letra "b". O teor da assertiva examinada é incompatível com a dicção do art. 605 do CC: "Nem aquele a quem os serviços são prestados, poderá transferir a outrem o direito aos serviços ajustados, nem o prestador de serviços, sem aprazimento da outra parte, dar substituto que os preste."

Alternativa incorreta: letra "c". A alternativa está errada por subverter a redação do art. 606 do CC: "Se o serviço for prestado por quem não possua título de habilitação, ou não satisfaça requisitos outros estabelecidos em lei, não poderá quem os prestou cobrar a retribuição normalmente correspondente ao trabalho executado. Mas se deste resultar benefício para a outra parte, o juiz atribuirá a quem o prestou uma compensação razoável, desde que tenha agido com boa-fé."

Alternativa incorreta: letra "d". A alternativa adulterou o teor do art. 597 do CC, com a seguinte redação: "A retribuição pagar-se-á depois de prestado o serviço, se, por convenção, ou costume, não houver de ser adiantada, ou paga em prestações."

Alternativa correta: letra "e". A assertiva está correta, porquanto em conformidade com o teor do art. 603 do CC, a seguir reproduzido: "Se o prestador de serviço for despedido sem justa causa, a outra parte será obrigada a pagar-lhe por inteiro a retribuição vencida, e por metade a que lhe tocaria de então ao termo legal do contrato."

---

264. (FCC – Juiz do Trabalho Substituto 1ª Região/2014) Fernanda contratou serviços de consultoria de moda, sem vínculo trabalhista, a serem prestados pessoalmente por Cibele, que não é empresária, pelo prazo de seis anos. Passados exatos dois anos, e sem motivo, Cibele foi despedida, nada lhe sendo pago, exceto pelos serviços até então prestados. Neste caso, tendo em conta as regras do Código Civil, Cibele tem direito a receber

a) o equivalente ao que receberia durante um ano de serviço.

b) o equivalente a um mês do que recebia por ano de serviço prestado.

c) o equivalente ao que receberia durante seis meses de serviço.

d) integralmente o que receberia até o termo final do contrato.

e) metade do que receberia até o termo final do contrato.

COMENTÁRIOS

Alternativas incorretas: letras "b", "c", "d" e "e". As alternativas sob comento encontram-se equivocadas, por contrariarem o disposto nos arts. 598 e 603 do CC.

Alternativa correta: letra "a". A assertiva está correta, porquanto em consonância ao que preconiza o art. 603 do CC, com a seguinte redação: "Se o prestador de serviço for despedido sem justa causa, a outra parte será obrigada a pagar-lhe por inteiro a retribuição vencida, e por metade a que lhe tocaria de então ao termo legal do contrato". A partir de um exame perfunctório do enunciado da questão, poder-se-ia imaginar que Cibele faria jus à remuneração equivalente a 2 (dois) anos de serviços. Isso porque, o período de vigência estipulado no instrumento contratual era de 6 (seis) anos, o que conduziria a um período remanescente de 4 (quatro) anos de vigência contratual. Assim, dividindo-se o período remanescente pela metade, chegar-se-ia à conclusão equivocada alhures mencionada. Ocorre que, o dispositivo legal ora mencionado utiliza a expressão "termo legal do contrato", o qual, em se tratando de prestação de serviços, não pode ser superior a 4 (quatro) anos, nos moldes do art. 598 do CC. Assim, adotando-se uma interpretação sistemática do Código Civil, a conclusão mais acertada corresponde àquela consignada na assertiva em apreço.

---

265. (FCC – Juiz do Trabalho Substituto 6ª Região/2015) Na prestação de serviço,

a) não havendo prazo estipulado, qualquer das partes pode resolver o contrato, a seu arbítrio, independentemente de prévio aviso.

b) o contrato correspondente termina, exclusivamente, pela morte do prestador do serviço, pelo escoamento do prazo ou pela conclusão da obra.

c) mesmo que o contrato tenha por causa o pagamento de dívida de quem o presta, ou ainda que se destine à execução de certa e determinada obra, não se pode convencioná-la por mais de dois anos.

d) a retribuição será paga sempre após prestado o serviço contratado.

e) não se tendo estipulado, nem chegado a acordo entre as partes, fixar-se-á por arbitramento a retribuição, segundo o costume do lugar, o tempo de serviço e sua qualidade.

COMENTÁRIOS

Alternativa incorreta: letra "a". A assertiva está equivocada, posto que adultera a redação do art. 599 do CC: "Não havendo prazo estipulado, nem se podendo inferir da natureza do contrato, ou do costume do lugar, qualquer das partes, a seu arbítrio, mediante prévio aviso, pode resolver o contrato."

Alternativa incorreta: letra "b". Está errada, porquanto contraria o disposto no art. 607 do CC: "O contrato de prestação de serviço acaba com a morte de qualquer das partes. Termina, ainda, pelo escoamento do prazo, pela conclusão da obra, pela rescisão do contrato mediante aviso prévio, por inadimplemento de qualquer das partes ou pela impossibilidade da continuação do contrato, motivada por força maior."

Alternativa incorreta: letra "c". A alternativa adultera o que prescreve o art. 598 do CC: "A prestação de serviço não se poderá convencionar por mais de quatro anos, embora o contrato tenha por causa o pagamento de dívida de quem o presta, ou se destine à execução de certa e determinada obra. Neste caso, decorridos quatro anos, dar-se-á por findo o contrato, ainda que não concluída a obra."

Alternativa incorreta: letra "d". A alternativa contraria o disposto no art. 597 do CC: "A retribuição pagar-se-á depois de prestado o serviço, se, por convenção, ou costume, não houver de ser adiantada, ou paga em prestações."

Alternativa correta: letra "e". A assertiva está correta, pois em consonância ao que prescreve o texto legal. A esse respeito, confira o teor do art. 596 do CC: "Não se tendo estipulado, nem chegado a acordo as partes, fixar-se-á por arbitramento a retribuição, segundo o costume do lugar, o tempo de serviço e sua qualidade."

---

266. (FCC – Juiz do Trabalho Substituto 18ª Região/2014) No tocante à prestação de serviço, é INCORRETO afirmar que:

a) não se tendo estipulado, nem chegado a acordo as partes, fixar-se-á por arbitramento a retribuição, segundo o costume do lugar, o tempo de serviço e sua qualidade.

b) toda a espécie de serviço ou trabalho lícito, material ou imaterial, pode ser contratada mediante retribuição.

c) no contrato de prestação de serviço, quando qualquer das partes não souber ler, nem escrever, o instrumento poderá ser assinado a rogo e subscrito por duas testemunhas.

d) o contrato de prestação de serviço não termina com a morte de qualquer das partes, devendo ter seguimento por seus herdeiros, dado seu caráter meramente pessoal.

e) a retribuição pagar-se-á depois de prestado o serviço, se, por convenção, ou costume, não houver de ser adiantada, ou paga em prestações.

COMENTÁRIOS

Alternativa correta: letra "a". Redação, *ipis literis*, do art. 596 do CC: "Não se tendo estipulado, nem chegado a acordo as partes, fixar-se-á por arbitramento a retribuição, segundo o costume do lugar, o tempo de serviço e sua qualidade."

Alternativa correta: letra "b". A assertiva reproduz literalmente a redação do art. 594 do CC: "Toda a espécie de serviço ou trabalho lícito, material ou imaterial, pode ser contratada mediante retribuição."

Alternativa correta: letra "c". O acerto está no fato de que a afirmativa transcreve o teor do art. 595 do CC: "No contrato de prestação de serviço, quando qualquer das partes não souber ler, nem escrever, o instrumento poderá ser assinado a rogo e subscrito por duas testemunhas."

Alternativa correta: letra "e". A redação da afirmativa copiou o texto do art. 597 do CC: "A retribuição pagar-se-á depois de prestado o serviço, se, por convenção, ou costume, não houver de ser adiantada, ou paga em prestações."

Alternativa incorreta: letra "d". A assertiva está incorreta, pois contraria o que dispõe o art. 607 do CC: "O contrato de prestação de serviço acaba com a morte de qualquer das partes. Termina, ainda, pelo escoamento do prazo, pela conclusão da obra, pela rescisão do contrato mediante aviso prévio, por inadimplemento de qualquer das partes ou pela impossibilidade da continuação do contrato, motivada por força maior."

---

267. (FCC – Juiz do Trabalho Substituto 6ª Região/2013) No contrato de prestação de serviço,

a) desde que a obrigação não seja personalíssima, sempre poderá o prestador de serviço, mesmo sem aprazimento da outra parte, dar substituto que o preste.

b) a retribuição pagar-se-á antes de prestado o serviço, salvo se por convenção ou costume tiver de ser paga depois de prestado o serviço ou em prestações.

c) quando qualquer das partes não souber ler, nem escrever, o instrumento poderá ser assinado a rogo e subscrito por duas testemunhas, independentemente de escritura pública.

d) não se poderá convencioná-lo por mais de quatro anos, salvo se o contrato tiver por causa o pagamento de dívida de quem o presta.

e) se ele for prestado por quem não possua título de habilitação ou não satisfaça os requisitos previstos em lei, em nenhuma hipótese será devida remuneração, nem poderá arbitrá-la o Juiz.

COMENTÁRIOS

Alternativa incorreta: letra "a". A assertiva contraria o que dispõe o art. 611 do CC, com o seguinte teor: "Nem aquele a quem os serviços são prestados, poderá transferir a outrem o direito aos serviços ajustados, nem o prestador de serviços, sem aprazimento da outra parte, dar substituto que os preste." Assim, o aprazimento da parte é condição para que o serviço possa ser cometido a outra pessoa diversa do prestador de serviços. Incorreta, pois, a alternativa sob enfoque.

Alternativa incorreta: letra "b". Está incorreta, por contrariar o que preceitua o art. 597 do CC: "A retribuição pagar-se-á depois de prestado o serviço, se, por convenção, ou costume, não houver de ser adiantada, ou paga em prestações."

Alternativa incorreta: letra "d". A assertiva está incorreta, pois, ainda que o contrato tenha como causa o pagamento de dívida por parte do prestador de serviços. É o que decorre das disposições inseridas no art. 598 do CC, com a seguinte redação: "A prestação de serviço não se poderá convencionar por mais de quatro anos, embora o contrato tenha por causa o pagamento de dívida de quem o presta, ou se destine à execução de certa e determinada obra. Neste caso, decorridos quatro anos, dar-se-á por findo o contrato, ainda que não concluída a obra."

Alternativa incorreta: letra "e". A alternativa contraria o que preceitua o art. 606 do CC: "Se o serviço for prestado por quem não possua título de habilitação, ou não satisfaça requisitos outros estabelecidos em lei, não poderá quem os prestou cobrar a retribuição normalmente correspondente ao trabalho executado. Mas se deste resultar benefício para a outra parte, o juiz atribuirá a quem o prestou uma compensação razoável, desde que tenha agido com boa-fé."

Alternativa correta: letra "c". A assertiva está correta e encontra amparo legal no art. 595 do CC, que preconiza: "No contrato de prestação de serviço, quando qualquer das partes não souber ler, nem escrever, o instrumento poderá ser assinado a rogo e subscrito por duas testemunhas."

---

268. (TRT/3ª RG – Concurso nº 01/2011) Leia as afirmativas abaixo e assinale a alternativa CORRETA:

I. A recusa à perícia médica ordenada pelo juiz deverá suprir a prova que se pretendia obter com o exame.

II. O contrato de prestação de serviços não poderá ser convencionado por mais de quatro anos, embora o contrato tenha por causa o pagamento de dívida de quem o presta, ou se destine à execução de certa e determinada obra. Nesse caso, decorridos quatro anos, dar-se-á por findo o contrato, ainda que não concluída a obra.

III. Nem aquele a quem os serviços são prestados poderá transferir a outrem o direito aos serviços ajustados, nem o prestador de serviços, sem aprazimento da outra parte, dar substituto que os preste.

IV. Aquele que aliciar pessoas obrigadas em contrato escrito a prestar serviços a outrem pagará a este a importância que ao prestador de serviço, pelo ajuste desfeito, houvesse caber durante um ano.

V. O contrato de prestação de serviços se diferencia do contrato de empreitada, porque, neste, o empreiteiro de uma obra pode contribuir para ela só com seu trabalho ou com ele e os materiais. O contrato de prestação de serviços é oneroso, sinalagmático, comutativo e consensual. Diferentemente do contrato de prestação de serviço, o de empreitada pode ser permanente, como por exemplo, a manutenção e conservação de um imóvel. No contrato de empreitada, se a execução da obra for confiada a terceiros, a responsabilidade do autor do projeto respectivo, ainda que assuma a direção ou fiscalização daquela, ficará limitada aos danos resultantes de defeitos até cinco anos pela obra.

a) Somente as afirmativas I e II estão corretas.
b) Somente as afirmativas II e III estão corretas.
c) Somente as afirmativas III e IV estão corretas.
d) Somente as afirmativas II e V estão corretas.
e) Todas as afirmativas estão corretas.

COMENTÁRIOS

Item I – Está **incorreto**. O erro da questão reside na expressão "**deverá**", pois, nos termos do art. 232 do CC, "a recusa à perícia médica ordenada pelo juiz **poderá** suprir a prova que se pretendia obter com o exame."

Item II – A assertiva está correta, porquanto retrata a regra constante do art. 598 do CC: "A prestação de serviço não se poderá convencionar por mais de quatro anos, embora o contrato tenha por causa o pagamento de dívida de quem o presta, ou se destine à execução de certa e determinada obra. Neste caso, decorridos quatro anos, dar-se-á por findo o contrato, ainda que não concluída a obra."

Item III – Está **correto**. O enunciado do item apresenta a regra do art. 605 do CC, com o seguinte teor: "Nem aquele a quem os serviços são prestados, poderá transferir a outrem o direito aos serviços ajustados, nem o prestador de serviços, sem aprazimento da outra parte, dar substituto que os preste."

Item IV – O item está **incorreto**, por contrariar a regra do art. 608 do CC que estabelece uma indenização equivalente à retribuição que seria devida ao prestador de serviços, no âmbito do ajuste desfeito, pelo prazo de dois anos. Eis o teor do mencionado dispositivo legal: "Aquele que aliciar pessoas obrigadas em contrato escrito a prestar serviço a outrem pagará a este a importância que ao prestador de serviço, pelo ajuste desfeito, houvesse de caber durante dois anos."

Item V – O item está **incorreto**. O contrato de empreitada, conforme se extrai da regra constante do art. 610 do CC, tem por objeto uma obra certa e determinada. Desse modo, considerando o objeto específico do contrato de empreitada, este não pode ser considerado permanente, o que redunda na incorreção da questão.

Alternativa "b": correta.

---

269. (TRT/2ª RG – XXXV Concurso – 2010) Analise as proposições acerca das espécies de contratos regulados pelo Código Civil.

I. O contrato de prestação de serviços não se resolve com a morte de qualquer das partes, vez que poderá ser executado pelo cônjuge, ascendentes ou descendentes até terceiro grau da parte que faleceu.

II. Se o prestador de serviço contratado por tempo certo, ou por obra determinada se despedir sem justa causa no decorrer do pacto, não terá direito à retribuição vencida e responderá por perdas e danos.

III. No contrato de empreitada, presume-se o fornecimento pelo empreiteiro dos materiais necessários à realização da obra diante da facilidade de acesso do empreiteiro em obter tais materiais junto ao mercado.

IV. O mandato outorgado por instrumento público somente pode ser substabelecido através de instrumento público.

V. A remuneração do corretor será devida quando o resultado previsto na mediação for alcançado, mas não será devido caso o resultado não se efetive em virtude do arrependimento das partes.

Responda:

a) Apenas I, III e V estão corretas.
b) Apenas I e IV estão corretas.
c) Apenas II e V estão incorretas.
d) Apenas III e IV estão corretas.
e) Nenhuma delas está correta.

COMENTÁRIOS

Item I – Está **incorreto**. O item contraria o disposto no art. 607 do CC que estabelece que a morte de qualquer das partes tem o condão de extinguir o contrato de prestação de serviços: "O contrato de prestação de serviço acaba com a morte de qualquer das partes."

Item II – Está **incorreto**. A assertiva encontra-se dissonante do que preceitua o art. 602, parágrafo único, do CC, com a seguinte redação: "Se se despedir sem justa causa, terá direito à retribuição vencida, mas responderá por perdas e danos. O mesmo dar-se-á, se despedido por justa causa."

Item III – Está **incorreto**. O item não encontra respaldo no art. 610, § 1º, do CC, que estabelece: "A obrigação de fornecer os materiais não se presume; resulta da lei ou da vontade das partes."

Item IV – Está **incorreto**. O enunciado do item contraria a regra do art. 655 do CC, com o seguinte teor: "Ainda quando se outorgue mandato por instrumento público, pode substabelecer-se mediante instrumento particular."

Item V – Está **incorreto**, pois conflita com a norma insculpida no art. 725 do CC: "A remuneração é devida ao **corretor** uma vez que tenha conseguido o resultado previsto no contrato de mediação, ou ainda que este não se efetive em virtude de arrependimento das partes."

Alternativa "e": correta.

4.2.6. DA EMPREITADA

---

270. (TRT 3 – Juiz do Trabalho Substituto 3ª Região/2014) NÃO se aplica à empreitada o seguinte preceito:

a) Quando o empreiteiro fornece os materiais, correm por sua conta os riscos até o momento da entrega da obra, a contento de quem a encomendou, desde que este não esteja em mora de receber.

b) Salvo estipulação em contrário, o empreiteiro que se incumbir de executar uma obra, segundo plano aceito por quem a encomendou, não terá direito a exigir acréscimo no preço, ainda que sejam introduzidas modificações no projeto, a não ser que estas resultem de instruções escritas do dono da obra ou quando ele, sempre presente à obra, por continuadas visitas, não podia ignorar o que se estava passando, e nunca protestou.

c) Tudo o que se pagou pela empreitada e que se mediu presume-se verificado se, em sessenta dias, a contar da medição, não forem denunciados os vícios ou defeitos pelo dono da obra ou por quem estiver incumbido da sua fiscalização.

d) Sem anuência de seu autor, não pode o proprietário da obra introduzir modificações no projeto por ele aprovado, ainda que a execução seja confiada a terceiros, a não ser que, por motivos supervenientes ou razões de ordem técnica, fique comprovada a inconveniência ou a excessiva onerosidade de execução do projeto em sua forma originária.

e) Sendo a empreitada unicamente de lavor, se a coisa perecer antes de entregue, sem mora do dono nem culpa do empreiteiro, este perderá a retribuição, se não provar que a perda resultou de defeito dos materiais e que em tempo reclamara contra a sua quantidade ou qualidade.

COMENTÁRIOS

✪ **Nota do autor:** O candidato deve sempre ficar atento ao enunciado da questão. Na hipótese ora analisada, a banca examinadora exigiu que o candidato assinalasse a alternativa incorreta, pois pede-se que seja desvelada a regra que não se aplica ao contrato de empreitada.

Alternativa correta: letra "a". A assertiva está em consonância ao que dispõe o texto legal, pois praticamente reproduz o teor do art. 611 do CC, com a seguinte redação: "Quando o empreiteiro fornece os materiais, correm por sua conta os riscos até o momento da entrega da obra, a contento de quem a encomendou, se este não estiver em mora de receber. Mas se estiver, por sua conta correrão os riscos."

Alternativa correta: letra "b". A afirmativa está correta, pois corresponde à regra do art. 619 do CC: "Salvo estipulação em contrário, o empreiteiro que se incumbir de executar uma obra, segundo plano aceito por quem a encomendou, não terá direito a exigir acréscimo no preço, ainda que sejam introduzidas modificações no projeto, a não ser que estas resultem de instruções escritas do dono da obra." Demais disso, não se pode olvidar que a alternativa ora enfocada está em consonância à regra do parágrafo único do mesmo dispositivo legal, cuja transcrição se faz oportuna: "Ainda que não tenha havido autorização escrita, o dono da obra é obrigado a pagar ao empreiteiro os aumentos e acréscimos, segundo o que for arbitrado, se, sempre presente à obra, por continuadas visitas, não podia ignorar o que se estava passando, e nunca protestou."

Alternativa correta: letra "d". A alternativa encontra fundamento legal no art. 621 do CC: "Sem anuência de seu autor, não pode o proprietário da obra introduzir modificações no projeto por ele aprovado, ainda que a execução seja confiada a terceiros, a não ser que, por motivos supervenientes ou razões de ordem técnica, fique comprovada a inconveniência ou a excessiva onerosidade de execução do projeto em sua forma originária."

Alternativa correta: letra "e". O enunciado da alternativa em apreço corresponde à regra do art. 613 do CC, com a seguinte redação: "Sendo a empreitada unicamente de lavor (art. 610), se a coisa perecer antes de entregue, sem mora do dono nem culpa do empreiteiro, este perderá a retribuição, se não provar que a perda resultou de defeito dos materiais e que em tempo reclamara contra a sua quantidade ou qualidade."

Alternativa incorreta: letra "c". A assertiva está incorreta, pois contraria o que dispõe o art. 614, §§ 1º e 2º, com a seguinte redação:

> *"§1º Tudo o que se pagou presume-se verificado."*
>
> *"§2º O que se mediu presume-se verificado se, em trinta dias, a contar da medição, não forem denunciados os vícios ou defeitos pelo dono da obra ou por quem estiver incumbido da sua fiscalização."*

271. (FCC – Juiz do Trabalho Substituto 18ª Região/2014) Em relação à empreitada, é correto afirmar que

a) após iniciada a construção, o dono da obra só poderá suspendê-la por motivo de caso fortuito ou força maior.

b) salvo estipulação em contrário, o empreiteiro que se incumbir de executar uma obra, segundo plano aceito por quem a encomendou, como regra não terá direito a exigir acréscimo no preço, mesmo que introduzidas modificações no projeto, a não ser que estas resultem de instruções escritas do dono da obra.

c) nos contratos de empreitada de edifícios ou outras construções consideráveis, o empreiteiro de materiais e execução responderá, durante o prazo irredutível de dez anos, pela solidez e segurança do trabalho, assim em razão dos materiais, como do solo.

d) sendo a empreitada unicamente de lavor, se a coisa perecer antes de entregue, sem mora do dono nem culpa do empreiteiro, este não perderá sua remuneração, devida independentemente da qualidade dos materiais ou de reclamação do empreiteiro a esse respeito.

e) se o empreiteiro só forneceu mão de obra, todos os riscos correrão por sua conta, haja ou não culpa de sua parte.

COMENTÁRIOS

Alternativa incorreta: letra "a". Afirmativa contraria o que dispõe o art. 623 do CC: "Mesmo após iniciada a construção, pode o dono da obra suspendê-la, desde que pague ao empreiteiro as despesas e lucros relativos aos serviços já feitos, mais indenização razoável, calculada em função do que ele teria ganho, se concluída a obra."

Alternativa incorreta: letra "c". O Código Civil dispõe de maneira diversa daquilo que está previsto na redação da presente afirmativa: "Art. 618. Nos contratos de empreitada de edifícios ou outras construções consideráveis, o empreiteiro de materiais e execução responderá, durante o prazo irredutível de cinco anos, pela solidez e segurança do trabalho, assim em razão dos materiais, como do solo."

Alternativa incorreta: letra "d". A assertiva está em desacordo com o art. 613 do CC: "Sendo a empreitada unicamente de lavor (art. 610), se a coisa perecer antes de entregue, sem mora do dono nem culpa do empreiteiro, este perderá a retribuição, se não provar que a perda resultou de defeito dos materiais e que em tempo reclamara contra a sua quantidade ou qualidade."

Alternativa incorreta: letra "e". Não corresponde ao que prescreve o art. 612 do CC: "Se o empreiteiro só forneceu mão-de-obra, todos os riscos em que não tiver culpa correrão por conta do dono."

Alternativa correta: letra "b". O acerto da assertiva está no fato de que sua redação a literalidade do art. 610 do CC: "Salvo estipulação em contrário, o empreiteiro que se incumbir de executar uma obra, segundo plano aceito por quem a encomendou, não terá direito a exigir acréscimo no preço, ainda que sejam introduzidas modificações no projeto, a não ser que estas resultem de instruções escritas do dono da obra."

272. (FCC – Juiz do Trabalho Substituto 6ª Região/ 2013) Na empreitada,

a) presume-se a obrigação de o empreiteiro fornecer os materiais.

b) quando o empreiteiro fornece os materiais, correm por sua conta os riscos até o momento da entrega da obra, a contento de quem a encomendara, mesmo que este esteja em mora de a receber.

c) o empreiteiro contribuirá para a obra, com o seu trabalho, e não poderá contribuir com ele e os materiais.

d) o que se mediu presume-se verificado, não podendo o dono da obra, qualquer que seja o tempo decorrido, denunciar vícios ou defeitos.

e) o contrato para elaboração de um projeto não implica a obrigação de executá-lo, ou de fiscalizar lhe a execução.

COMENTÁRIOS

Alternativa incorreta: letra "a". Nos termos do art. 610, §1º, do CC, a obrigação de fornecer materiais não se presume, decorre necessariamente da lei ou do exercício da autonomia privada das partes. Tal circunstância, por óbvio, conduz ao desacerto da alternativa sob enfoque.

Alternativa incorreta: letra "b". A alternativa está incorreta, pois contraria o disposto no art. 611 do CC, com a seguinte redação: "Quando o empreiteiro fornece os materiais, correm por sua conta os riscos até o momento da entrega da obra, a contento de quem a encomendou, se este não estiver em mora de receber. Mas se estiver, por sua conta correrão os riscos." Isso significa que se o tomador de serviços estiver em mora de receber os materiais, os riscos correrão por conta deste e não por conta do empreiteiro, o que conduz inexoravelmente ao desacerto da alternativa.

Alternativa incorreta: letra "c". A assertiva está incorreta, pois o Código Civil contempla a possibilidade de que o empreiteiro, além do seu trabalho, forneça também os materiais, conforme preconiza o art. 610, §1º, do CC, já mencionado nos Comentários precedentes.

Alternativa incorreta: letra "d". Nos termos do art. 614, §2º, do CC, o dono da obra ou a pessoa a quem incumbir sua fiscalização pode invocar, no prazo de 30 (trinta) dias, vícios ou defeitos que afastem a presunção que milita em favor da medição realizada. Eis o teor do mencionado dispositivo legal: "O que se mediu presume-se verificado se, em trinta dias, a contar da medição, não forem denunciados os vícios ou defeitos pelo dono da obra ou por quem estiver incumbido da sua fiscalização."

Alternativa correta: letra "e". A assertiva está correta, porquanto corresponde à literalidade do art. 610, §2º, do CC: "O contrato para elaboração de um projeto não implica a obrigação de executá-lo, ou de fiscalizar--lhe a execução."

273. (TRT/19ª RG – VI Concurso – 2012) À luz da dicção da lei, assinale a alternativa INCORRETA:

a) Nos contratos bilaterais, nenhum dos contratantes, antes de cumprida a sua obrigação, pode exigir o implemento da do outro. Se, depois de concluído o contrato, sobrevier a uma das partes contratantes diminuição em seu patrimônio capaz de comprometer ou tornar duvidosa a prestação pela qual se obrigou, pode a outra recusar-se à prestação que lhe incumbe, até que aquela satisfaça a que lhe compete ou dê garantia bastante de satisfazê-la.

b) A resilição unilateral, nos casos em que a lei expressa ou implicitamente o permita, opera mediante denúncia notificada à outra parte. Se, porém, dada a natureza do contrato, uma das partes houver feito investimentos consideráveis para a sua execução, a denúncia unilateral só produzirá efeito depois de transcorrido o prazo compatível com a natureza e o vulto dos investimentos.

c) A compra e venda pode ter por objeto coisa atual ou futura. Neste caso, ficará sem efeito o contrato se esta não vier a existir, salvo se a intenção das partes era concluir contrato aleatório.

d) Se o mandato for oneroso, caberá ao mandatário a retribuição prevista em lei ou no contrato. Sendo estes omissos, será ela determinada pelos usos do lugar, ou, na falta destes, por arbitramento.

e) O empreiteiro de uma obra pode contribuir para ela só com seu trabalho ou com ele e os materiais. A obrigação de fornecer os materiais pode ser presumida, de acordo com os costumes do local.

COMENTÁRIOS

Alternativa "a": correta. Está correta. Em um primeiro momento, o enunciado reproduz a regra do art. 476 do CC, que consagra o instituto da exceção do contrato não cumprido (ou *exceptio non adimpleti contractus*), a saber: "Nos contratos bilaterais, nenhum dos contratantes, antes de cumprida a sua obrigação, pode exigir o implemento da do outro." Posteriormente, a banca examinadora transcreve a norma insculpida no art. 477 do CC, que estabelece: "Se, depois de concluído o contrato, sobrevier a uma das partes contratantes diminuição em seu patrimônio capaz de comprometer ou tornar duvidosa a prestação pela qual se obrigou, pode a outra recusar-se à prestação que lhe incumbe, até que aquela satisfaça a que lhe compete ou dê garantia bastante de satisfazê-la."

Alternativa "b": correta. A alternativa está correta, por corresponder às regras consagradas no art. 473 *caput* e parágrafo único, do CC: "A resilição unilateral, nos casos em que a lei expressa ou implicitamente o permita, opera mediante denúncia notificada à outra parte. Parágrafo único. Se, porém, dada a natureza do contrato, uma das partes houver feito investimentos consideráveis para a sua execução, a denúncia unilateral só produzirá efeito depois de transcorrido prazo compatível com a natureza e o vulto dos investimentos."

Alternativa "c": correta. Está correta. O enunciado retrata a hipótese contemplada pelo art. 483 do CC: "A compra e venda pode ter por objeto coisa atual ou futura. Neste caso, ficará sem efeito o contrato se esta não vier a existir, salvo se a intenção das partes era de concluir contrato aleatório."

Alternativa "d": correta. Está correta. No particular, o examinador reproduziu a regra prevista no parágrafo único, do art. 658 do CC: "Se o mandato for oneroso, caberá ao mandatário a retribuição prevista em lei ou no contrato. Sendo estes omissos, será ela determinada pelos usos do lugar, ou, na falta destes, por arbitramento."

Alternativa "e": incorreta. A assertiva está incorreta. De fato, de acordo com o art. 610 do CC, o empreiteiro pode contribuir a obra somente com o seu trabalho ou com ele e os materiais. Contudo, a legislação não estabelece nenhuma hipótese em que a assunção da obrigação do fornecimento dos materiais por parte do empreiteiro seja presumida em razão dos costumes do local. Isso porque, nos moldes do parágrafo único do art. 610 do CC, "a obrigação de fornecer os materiais não se presume; resulta da lei ou da vontade das partes."

---

274. (TRT/3ª RG – Concurso nº 01/2011) Leia as afirmativas abaixo e assinale a alternativa CORRETA:

I. Poderá o empreiteiro suspender a obra: (a) por culpa do dono, ou por motivo de força maior; (b) quando, no decorrer dos serviços, se manifestarem dificuldades imprevisíveis de execução resultantes de causas geológicas ou hídricas, ou outras semelhantes, de modo que torne a empreitada excessivamente onerosa, e o dono da obra se opuser ao reajuste do preço inerente ao projeto por ele elaborado, observados os preços; (c) se as modificações exigidas pelo dono da obra, por seu vulto e natureza, forem desproporcionais ao projeto aprovado, ainda que o dono se disponha a arcar com o acréscimo de preço.

II. Nos contratos de empreitada de edifícios ou outras construções consideráveis, o empreiteiro de materiais e execução responderá, durante o prazo irredutível de cinco anos, pela solidez e segurança do trabalho, assim em razão dos materiais, como do solo. Decairá deste direito o dono da obra que não propuser a ação contra o empreiteiro, nos cento e oitenta dias seguintes ao aparecimento do vício ou defeito.

III. No mútuo, o mutuário recebe a propriedade da coisa emprestada (fungível); no comodato, o comodatário recebe apenas a posse da coisa (não fungível), mantendo o comodante o domínio ou outro direito correlativo.

IV. Embora o comodato seja um empréstimo gratuito, ele também é admitido na forma modal, mas, mesmo assim, a aposição de modo ou encargo, não se equipara à contraprestação, não transformando o comodato em contrato bilateral.

V. Considera-se retrovenda a cláusula que garante ao vendedor da coisa imóvel poder reservar-se o direito de recobrá-la no prazo máximo de decadência de três anos, restituindo o preço recebido e reembolsando as despesas do comprador, inclusive as que, durante o período de resgate, se efetuaram com sua autorização escrita, ou para a realização de benfeitorias necessárias. Esta cláusula só se aplica a imóveis.

a) Somente as afirmativas I, II e III estão corretas.

b) Somente as afirmativas II, III e IV estão corretas.

c) Somente as afirmativas III, IV e V estão corretas.

d) Somente as afirmativas I, III e V estão corretas.

e) Todas as afirmativas estão corretas.

COMENTÁRIOS

Item I – Está **correto**. O item reproduz o teor do art. 625 do CC: "Poderá o empreiteiro suspender a obra: I – por culpa do dono, ou por motivo de força maior; II – quando, no decorrer dos serviços, se manifestarem dificuldades imprevisíveis de execução, resultantes de causas geológicas ou hídricas, ou outras semelhantes, de modo que torne a empreitada excessivamente onerosa, e o dono da obra se opuser ao reajuste do preço inerente ao projeto por ele elaborado, observados os preços; III – se as modificações exigidas pelo dono da obra, por seu vulto e natureza, forem desproporcionais ao projeto aprovado, ainda que o dono se disponha a arcar com o acréscimo de preço."

Item II – A assertiva está correta, porquanto corresponde à literalidade do art. 618 e de seu parágrafo único, do CC, com o seguinte teor: "Nos contratos de empreitada de edifícios ou outras construções consideráveis, o empreiteiro de materiais e execução responderá, durante o prazo irredutível de cinco anos, pela solidez e segurança do trabalho, assim em razão dos materiais, como do solo. Parágrafo único. Decairá do direito assegurado neste artigo o dono da obra que não propuser a ação contra o empreiteiro, nos cento e oitenta dias seguintes ao aparecimento do vício ou defeito."

Item III – Está **correto**. Consoante a norma constante do art. 586 do CC, o contrato de mútuo é o empréstimo de coisas fungíveis. No contrato em exame ocorre a transferência do domínio (propriedade) da coisa emprestada, conforme preceitua o art. 587 do CC. O contrato de comodato, por sua vez, consiste no empréstimo gratuito de coisas infungíveis (art. 579 do CC). Certo é que, no âmbito do contrato de comodato, o comodante transfere apenas a posse direta da coisa ao comodatário, mantendo para si a propriedade (ROSENVALD, Nelson; CHAVES, Cristiano. *Direito Civil – Teoria Geral*. 9ª ed. Rio de Janeiro: *Lumen Juris*, 2011, p. 846), o que se constitui em uma relevante distinção em relação ao contrato de mútuo.

Item IV – A assertiva está correta, pois, de acordo com a melhor doutrina, é possível impor encargos ao comodatário (ROSENVALD, Nelson; CHAVES, Cristiano. *Direito Civil – Teoria Geral.* 9ª ed. Rio de Janeiro: *Lumen Juris*, 2011, p. 855), o que, contudo, não retira o caráter unilateral do contrato. Isso porque, na hipótese retratada no item em exame, o encargo não se constitui em contraprestação a ser vertida ao comodante.

Item V – Está **correto**. O enunciado do item reproduz a regra constante do art. 505 do CC, com o seguinte teor: "vendedor de coisa imóvel pode reservar-se o direito de recobrá-la no prazo máximo de decadência de três anos, restituindo o preço recebido e reembolsando as despesas do comprador, inclusive as que, durante o período de resgate, se efetuaram com a sua autorização escrita, ou para a realização de benfeitorias necessárias."

Alternativa "e": correta.

4.2.7. DO DEPÓSITO

275. (TRT/15ª RG – XXVI Concurso – 2012) Aponte a alternativa INCORRETA:

a) Pelo contrato de depósito o depositário recebe um bem, móvel ou imóvel, para guardar, até que o depositante o reclame.

b) O contrato de depósito é gratuito, exceto se houver convenção em contrário, se resultante de atividade negocial ou se o depositário o praticar por profissão. Se o depósito for oneroso e a retribuição do depositário não constar de lei, nem resultar de ajuste, será determinada pelos usos do lugar, e, na falta destes, por arbitramento.

c) O depositário, que por força maior houver perdido a coisa depositada e recebido outra em seu lugar, é obrigado a entregar a segunda ao depositante, e ceder-lhe as ações que no caso tiver contra o terceiro responsável pela restituição da primeira.

d) Todas as pessoas capazes são aptas para dar procuração mediante instrumento particular, que valerá desde que tenha a assinatura do outorgante. O terceiro com quem o mandatário tratar poderá exigir que a procuração traga a firma reconhecida. Ainda quando outorgue mandato por instrumento público, pode substabelecer-se mediante instrumento particular.

e) O mandato em termos gerais só confere poderes de administração. O poder de transigir não importa o de firmar compromisso.

COMENTÁRIOS

Alternativa "b": correta. Está correta. A banca examinadora, no caso, transcreveu a regra do art. 628 e parágrafo único, do CC, com o seguinte teor: "O contrato de depósito é gratuito, exceto se houver convenção em contrário, se resultante de atividade negocial ou se o depositário o praticar por profissão. Parágrafo único. Se o depósito for oneroso e a retribuição do depositário não constar de lei, nem resultar de ajuste, será determinada pelos usos do lugar, e, na falta destes, por arbitramento."

Alternativa "c": correta. Está correta. A alternativa corresponde à literalidade do art. 636 do CC: "O depositário, que por força maior houver perdido a coisa depositada e recebido outra em seu lugar, é obrigado a entregar a segunda ao depositante, e ceder-lhe as ações que no caso tiver contra o terceiro responsável pela restituição da primeira."

Alternativa "d": correta. O enunciado está **correto**, pois reproduz os seguintes dispositivos do Código Civil:

> *"Art. 654. Todas as pessoas capazes são aptas para dar procuração mediante instrumento particular, que valerá desde que tenha a assinatura do outorgante.*
>
> *[...]*
>
> *§ 2º. O terceiro com quem o mandatário tratar poderá exigir que a procuração traga a firma reconhecida."*
>
> *"Art. 655. Ainda quando se outorgue mandato por instrumento público, pode substabelecer-se mediante instrumento particular."*

Alternativa "e": correta. Está correta. A alternativa corresponde às regras do art. 661 *caput* e § 2º, do CC: "O mandato em termos gerais só confere poderes de administração. [...] § 2º. O poder de transigir não importa o de firmar compromisso."

Alternativa "a": incorreta. A assertiva está incorreta. De acordo com a dicção do art. 627 do CC, o objeto do contrato de depósito somente pode se constituir na guarda de um bem móvel. Assim, o equívoco da questão reside no fato de que o contrato de depósito não se presta à guarda de bens móveis.

276. (TRT/8ª RG – Concurso nº C-320 – 2011) Acerca dos contratos no Código Civil de 2002, assinale a alternativa INCORRETA:

a) Sendo a empreitada unicamente de lavor, se a coisa perecer antes de entregue, sem mora do dono nem culpa do empreiteiro, este perderá a retribuição, se não provar que a perda resultou de defeito dos materiais e que, em tempo, reclamara contra a sua quantidade ou qualidade.

b) A prestação de serviço não poderá ser contratada por mais de quatro anos, ainda que o contrato tenha por causa o pagamento de dívida do contratado, ou que se destine à execução de certa e determinada obra, resolvendo-se ainda que não concluída esta.

c) O depósito é contrato, em regra, oneroso, ficando o depositário obrigado a ter, na guarda e conservação da coisa depositada, o cuidado e a diligência que costuma com o que lhe pertence, bem como a restituí-la, com todos os frutos e acrescidos, quando o exija o depositante.

d) O maior de dezesseis e menor de dezoito anos não emancipado pode ser mandatário, mas o mandante não tem ação contra ele senão de conformidade com as regras gerais, aplicáveis às obrigações contraídas por menores.

e) É nula a transação a respeito do litígio decidido por sentença passada em julgado, se dela não tinha ciência algum dos transatores, ou quando, por título ulteriormente descoberto, se verificar que nenhum deles tinha direito sobre o objeto da transação.

COMENTÁRIOS

Alternativa "a": correta. Está correta, pois corresponde à regra do art. 613 do CC: "Sendo a empreitada unicamente de lavor (art. 610), se a coisa perecer antes de entregue, sem mora do dono nem culpa do empreiteiro, este perderá a retribuição, se não provar que a perda resultou de defeito dos materiais e que em tempo reclamara contra a sua quantidade ou qualidade."

Alternativa "b": correta. A assertiva está correta, uma vez que retrata a norma do art. 598 do CC: "A prestação de serviço não se poderá convencionar por mais de quatro anos, embora o contrato tenha por causa o pagamento de dívida de quem o presta, ou se destine à execução de certa e determinada obra. Neste caso, decorridos quatro anos, dar-se-á por findo o contrato, ainda que não concluída a obra."

Alternativa "d": correta. Está correta. A alternativa reflete o que preceitua o art. 666 do CC, com a seguinte redação: "O maior de dezesseis e menor de dezoito anos não emancipado pode ser mandatário, mas o mandante não tem ação contra ele senão de conformidade com as regras gerais, aplicáveis às obrigações contraídas por menores."

Alternativa "e": correta. Está correta. A assertiva corresponde ao teor do art. 850 do CC: "É nula a transação a respeito do litígio decidido por sentença passada em julgado, se dela não tinha ciência algum dos transatores, ou quando, por título ulteriormente descoberto, se verificar que nenhum deles tinha direito sobre o objeto da transação."

Alternativa "c": incorreta. Em regra, o contrato de depósito é gratuito, salvo se houver expressa disposição contratual em sentido contrário ou se o depositário praticar o depósito como profissão, nos termos do art. 628 do CC. Desse modo, a regra geral no tocante ao contrato de depósito é a gratuidade e não a onerosidade, como constou do enunciado da alternativa.

4.2.8. DO MANDATO

277. (TRT 8 – Juiz do Trabalho Substituto 8ª Região/2015) Sobre os contratos no Código Civil Brasileiro, é CORRETO afirmar que:

a) A oferta ao público não pode ser revogada em razão do princípio da publicidade.

b) Nos contratos de execução continuada, diferida e instantânea, se a prestação de uma das partes se tornar excessivamente onerosa, com extrema vantagem para a outra, em virtude de acontecimentos extraordinários e imprevisíveis, poderá o devedor pedir a resolução do contrato, sendo que os efeitos da sentença que a decretar retroagirão à data do evento.

c) Aquele que aliciar pessoas obrigadas em contrato verbal a prestar serviço a outrem pagará a este a importância que ao prestador de serviço, pelo ajuste desfeito, houvesse de caber durante dois anos.

d) Embora ciente da morte, interdição ou mudança de estado do mandante, deve o mandatário concluir o negócio já começado, se houver perigo na demora.

e) O contrato de transação prevalecerá, ainda que nula uma de suas cláusulas, pois admite nulidade parcial.

COMENTÁRIOS

Alternativa incorreta: letra "a". A lei civil admite a revogação da oferta feita ao público, conforme prescreve o par. ún. do art. "Pode revogar-se a oferta pela mesma via de sua divulgação, desde que ressalvada esta faculdade na oferta realizada."

Alternativa incorreta: letra "b". A assertiva equivoca-se ao dizer que os efeitos da sentença que decretar a resolução do contrato por onerosidade excessiva, retroagirão à data do evento, a lei diz que a sentença retroagira à data da citação. Nesse sentido, é a norma contida no art. 478, do CC: "Nos contratos de execução continuada ou diferida, se a prestação de uma das partes se tornar excessivamente onerosa, com extrema vantagem para a outra, em virtude de acontecimentos extraordinários e imprevisíveis, poderá o devedor pedir a resolução do contrato. Os efeitos da sentença que a decretar retroagirão à data da citação."

Alternativa incorreta: letra "c". A assertiva trata do contrato verbal, mas o texto legal diz que o contrato em questão deve ser escrito. Vejamos, a redação do art. 608, do CC: "Aquele que aliciar pessoas obrigadas em contrato escrito a prestar serviço a outrem pagará a este a importância que ao prestador de serviço, pelo ajuste desfeito, houvesse de caber durante dois anos."

Alternativa incorreta: letra "e". A assertiva contraria o que dispõe o art. 848, do CC: "Sendo nula qualquer das cláusulas da transação, nula será esta."

Alternativa correta: letra "d". A assertiva está correta, pois corresponde exatamente ao que preceitua o art. 674 do CC: "Embora ciente da morte, interdição ou mudança de estado do mandante, deve o mandatário concluir o negócio já começado, se houver perigo na demora."

278. (FCC – Juiz do Trabalho Substituto 1ª Região/2014) Pedro deseja vender um imóvel à vista e seu amigo João deseja comprá-lo, mas não possui o dinheiro. Sabendo ser portador de uma doença incurável, quer assegurar a João o direito de adquiri-lo, quando este tiver condições financeiras, mas sem prejudicar os herdeiros, que deverão receber o preço já ajustado com João. Neste caso, para satisfazer as intenções de Pedro e de João,

a) basta que Pedro outorgue uma procuração por prazo indeterminado e por instrumento público, a um dos herdeiros, para que outorgue a escritura de venda e compra.

b) será suficiente a troca de correspondência entre Pedro e João, em que este aceita a proposta, pois esta obriga o proponente.

c) Pedro poderá outorgar a João uma procuração em causa própria, por instrumento público que não se extingue com a morte do mandante, nele estabelecendo-se os termos do negócio.

d) não há solução jurídica possível.

e) a única solução possível será a celebração de um contrato preliminar, por escritura pública, em que seja prometida a venda do imóvel pelo preço acordado, sem prazo para cumprimento, o que obrigará os sucessores do Pedro.

COMENTÁRIOS

Alternativa incorreta: letra "a". Como analisado no comentário à alternativa correta, somente o mandato conferido em "causa própria" não se extingue com a morte do mandante. Em consequência, a procuração outorgada com prazo indeterminado não atende aos objetivos pretendidos por Pedro, o que conduz à incorreção da assertiva.

Alternativa incorreta: letra "b". A assertiva está equivocada, pois, expedida a aceitação por parte de João, restará aperfeiçoado o contrato que produzirá seus efeitos imediatamente e não para depois da morte de Pedro. É o que decorre da melhor exegese do art. 434 do CC, com a seguinte redação: "Os contratos entre ausentes tornam-se perfeitos desde que a aceitação é expedida [...]".

Alternativa incorreta: letra "d". A assertiva é incorreta, pois a solução para a questão encontra guarida no art. 685 do CC, conforme comentário à alternativa correta, letra "c".

Alternativa incorreta: letra "e". A circunstância de não haver o contrato preliminar obrigado os sucessores de Pedro, não tem o condão de imputar a eles quaisquer responsabilidades. Em verdade, somente estariam obrigados os sucessores, caso existisse, no bojo do contrato, cláusula expressa a esse respeito. Considerando-se ser a alternativa omissa no particular, não há como considerar a vinculação dos sucessores na espécie, de modo que a assertiva tornou-se incorreta.

Alternativa correta: letra "c". A assertiva está correta, porquanto em conformidade com o que preceitua o art. 685 do CC, com a seguinte redação: "Conferido o mandato com a cláusula "em causa própria", a sua revogação não terá eficácia, nem se extinguirá pela morte de qualquer das partes, ficando o mandatário dispensado de prestar contas, e podendo transferir para si os bens móveis ou imóveis objeto do mandato, obedecidas as formalidades legais."

279. (FCC – Juiz do Trabalho Substituto 6ª Região/2013) Quando o mandato contiver a cláusula de irrevogabilidade,

a) se o mandante o revogar poderá ter que pagar perdas e danos.

b) será sempre considerado como em causa própria.

c) será nulo o ato pelo qual o mandante o revogar.

d) a revogação será sempre ineficaz.

e) ele poderá ser revogado somente se a cláusula de irrevogabilidade for condição de um negócio bilateral.

COMENTÁRIOS

Alternativas incorretas: letras "b", "c", "d" e "e". As alternativas estão incorretas, por serem desprovidas de fundamentação legal.

Alternativa correta: letra "a". Nos termos do art. 683 do CC, quando o mandato contiver cláusula de irrevogabilidade e o mandante o revogar, será possível sua responsabilização por perdas e danos. Neste sentido: "Quando o mandato contiver a cláusula de irrevogabilidade e o mandante o revogar, pagará perdas e danos."

280. (TRT/20ª RG – VI Concurso – 2012) O mandato outorgado com permissão expressa de substabelecimento

a) sempre desonera o mandatário de qualquer responsabilidade quanto aos atos do substabelecido.

b) impossibilita o mandante de exigir prestação de contas do mandatário, devendo fazê-lo apenas com relação ao substabelecido.

c) gera responsabilidade do mandatário pelos prejuízos ocorridos sob a gerência do substabelecido, ainda que provenientes de caso fortuito.

d) é nulo porque transfere a terceiro a obrigação principal do contrato.

e) implica responsabilização do mandatário na hipótese do substabelecido ser notoriamente inabilitado para a prática dos atos necessários à execução do mandato.

COMENTÁRIOS

✪ **Nota do autor:** O mandato é o contrato consensual, comumente gratuito e unilateral, de caráter personalíssimo, cujo objetivo, sempre que não for defeso por lei, é permitir que alguém transfira poderes a outrem, para agir em seu nome. O substabelecimento é ato unilateral por meio do qual o mandatário concede a um terceiro os poderes conferidos pelo mandante. Em verdade o que se transfere é a procuração e não o próprio mandato.

Alternativa "a": incorreta. A assertiva não está correta, pois o substabelecimento não desonera o mandatário, mesmo quando há poderes para substabelecer. O mandatário responderá pelos danos causados pelo substabelecido, na hipótese de ter agido com culpa na escolha ou nas instruções dadas a ele, conforme prescreve o § 2º do art. 667 do CC.

Alternativa "b": incorreta. O substabelecimento efetuado pelo mandatário não o desonera da obrigação de prestar contas ao mandante. Nesse sentido é a doutrina do art. 668 do CC: "Art. 668. O mandatário é obrigado a dar contas de sua gerência ao mandante, transferindo-lhe as vantagens provenientes do mandato, por qualquer título que seja."

Alternativa "c": incorreta. Em regra, o mandatário será responsabilizado pelos prejuízos ocorridos sob a gerência do substabelecido, ainda que provenientes de caso fortuito, mas, excepcionalmente, poderá se desvencilhar-se da obrigação, caso prove que o prejuízo teria ocorrido independentemente da existência de substabelecimento. Nesse sentido, é a diretriz do Código Civil: "Art. 667. O mandatário é obrigado a aplicar toda sua diligência habitual na execução do mandato, e a indenizar qualquer prejuízo causado por culpa sua ou daquele a quem substabelecer, sem autorização, poderes que devia exercer pessoalmente. § 1º Se, não obstante proibição do mandante, o mandatário se fizer substituir na execução do mandato, responderá ao seu constituinte pelos prejuízos ocorridos sob a gerência do substituto, embora provenientes de caso fortuito, salvo provando que o caso teria sobrevindo, ainda que não tivesse havido substabelecimento."

Alternativa "d": incorreta. O substabelecimento transfere a procuração e não o mandato ao substabelecido, por essa razão o objeto principal do contrato permanece atrelado apenas ao mandatário, que continua responsável pela sua execução. Além disso, a própria lei prevê a possibilidade do substabelecimento e, imputa ao mandatário, os danos que dele decorrerem. Vejamos, o § 2º do art. 667 do CC: "Havendo poderes de substabelecer, só serão imputáveis ao mandatário os danos causados pelo substabelecido, se tiver agido com culpa na escolha deste ou nas instruções dadas a ele."

Alternativa "e": correta. Quando é permitido ao mandatário substabelecer o mandato, ou mais adequadamente a procuração, mantem-se obrigado com a sua execução, razão pela qual continua responsável perante o mandante pelos atos praticados pelo substabelecido, conforme estabelece o § 2º do art. 667 do CC: "Havendo poderes de substabelecer, só serão imputáveis ao mandatário os danos causados pelo substabelecido, se tiver agido com culpa na escolha deste ou nas instruções dadas a ele."

281. (TRT/23ª RG – XVIII Concurso – 2011) Assinale a alternativa que contém uma afirmação falsa:

a) A prestação de serviço não poderá se convencionar por mais de quatro anos, embora o contrato tenha por causa o pagamento de dívida de quem o presta, ou se destine à execução de certa e determinada obra. Neste caso, decorridos quatro anos, dar-se-á por findo o contrato, ainda que não concluída a obra.

b) Se, não obstante proibição do mandante, o mandatário se fizer substituir na execução do mandato, responderá ao seu constituinte pelos prejuízos ocorridos sob a gerência do substituto, salvo se provenientes de caso fortuito.

c) Sendo nula qualquer das cláusulas da transação, nula será esta.

d) Não se extingue o contrato de empreitada pela morte de qualquer das partes, salvo se ajustado em consideração às qualidades pessoais do empreiteiro.

e) Não se tendo convencionado expressamente, o prazo do mútuo será de trinta dias, pelo menos, se for de dinheiro.

COMENTÁRIOS

Alternativa "a": correta. Está correta, uma vez que traduz a aplicação da norma insculpida no art. 598 do CC, com o seguinte teor: "A prestação de serviço não se poderá convencionar por mais de quatro anos, embora o contrato tenha por causa o pagamento de dívida de quem o presta, ou se destine à execução de certa e determinada obra. Neste caso, decorridos quatro anos, dar-se-á por findo o contrato, ainda que não concluída a obra."

Alternativa "c": correta. A alternativa reproduz literalmente a regra do art. 848 do CC: "Sendo nula qualquer das cláusulas da transação, nula será esta."

Alternativa "d": correta. O enunciado da alternativa corresponde à norma do art. 626 do CC: "Não se extingue o contrato de empreitada pela morte de qualquer das partes, salvo se ajustado em consideração às qualidades pessoais do empreiteiro."

Alternativa "e": correta. A assertiva reflete as disposições contempladas pelo art. 592, II, do CC, que preconiza: "Não se tendo convencionado expressamente, o prazo do mútuo será: [...] II – de trinta dias, pelo menos, se for de dinheiro."

Alternativa "b": incorreta. A alternativa está incorreta, porquanto contraria as disposições inseridas no art. 667, § 1º, do CC: "Se, não obstante proibição do mandante, o mandatário se fizer substituir na execução do mandato, responderá ao seu constituinte pelos prejuízos ocorridos sob a gerência do substituto, **embora provenientes de caso fortuito**, salvo provando que o caso teria sobrevindo, ainda que não tivesse havido substabelecimento." Destarte, o equívoco da alternativa está na expressão "**salvo se provenientes de caso fortuito**".

4.2.9. DA TRANSAÇÃO

282. (FCC – Juiz do Trabalho Substituto 6ª Região/2015) A transação

a) é interpretada restritivamente, mas por ela transmitem-se, declaram-se e reconhecem-se direitos.

b) será admitida quanto a direitos de qualquer natureza, desde que as partes sejam maiores e capazes.

c) só se anula por dolo, coação ou erro essencial quanto à pessoa ou coisa controversa, não se anulando por erro de direito a respeito das questões que foram objeto de controvérsia entre as partes.

d) concernente a obrigações resultantes de delito, extinguirá a ação penal de qualquer natureza.

e) não desobrigará o fiador, salvo cláusula expressa nesse sentido, se for concluída entre o credor e o devedor.

COMENTÁRIOS

Alternativa incorreta: letra "a". A alternativa contraria o disposto no art. 843 do CC: "A transação interpreta-se restritivamente, e por ela não se transmite, apenas se declaram ou reconhecem direitos.".

Alternativa incorreta: letra "b". A assertiva, da forma como posta, contraria o disposto no art. 841 do CC: "Só quanto a direitos patrimoniais de caráter privado se permite a transação."

Alternativa incorreta: letra "d". A alternativa adultera o conteúdo do art. 846 do CC, com a seguinte redação: "A transação concernente a obrigações resultantes de delito não extingue a ação penal pública."

Alternativa incorreta: letra "e". A assertiva está dissonante do que preceitua o texto legal. Eis o teor do art. 844 do CC: "A transação não aproveita, nem prejudica senão aos que nela intervierem, ainda que diga respeito a coisa indivisível. §1º. Se for concluída entre o credor e o devedor, desobrigará o fiador. §2º. Se entre um dos credores solidários e o devedor, extingue a obrigação deste para com os outros credores."

Alternativa correta: letra "c". A assertiva está correta, porquanto em conformidade com o que preceitua o texto legal. A esse respeito, confira a redação do art. 849 do CC: "A transação só se anula por dolo, coação, ou erro essencial quanto à pessoa ou coisa controversa. Parágrafo único. A transação não se anula por erro de direito a respeito das questões que foram objeto de controvérsia entre as partes."

5. DOS ATOS UNILATERAIS

5.1. DO ENRIQUECIMENTO SEM CAUSA

283. (FCC – Juiz do Trabalho Substituto 18ª Região/2014) Em relação ao enriquecimento sem causa, examine o quanto segue:

I. Aquele que, sem justa causa, se enriquecer à custa de outrem, será obrigado a restituir o indevidamente auferido, feita a atualização dos valores monetários.

II. Se o enriquecimento tiver por objeto coisa determinada, quem a recebeu é obrigado a restituí-la, e, se a coisa não mais subsistir, a restituição se fará pelo valor do bem na época em que foi exigido.

III. A restituição é devida, não só quando não tenha havido causa que justifique o enriquecimento, mas também se esta deixou de existir.

IV. Caberá a restituição por enriquecimento, ainda que a lei confira ao lesado outros meios para se ressarcir do prejuízo sofrido.

Está correto o que consta APENAS em

a) I, III e IV.

b) I, II e IV.

c) II, III e IV.

d) I, II e III.

e) I e III.

COMENTÁRIOS

Afirmativa I: correta. Corresponde a redação do art. 884 do CC: "Aquele que, sem justa causa, se enriquecer à custa de outrem, será obrigado a restituir o indevidamente auferido, feita a atualização dos valores monetários."

Afirmativa II: correta. A redação da assertiva corresponde a literalidade do par. ún. do art. 884 do CC: "Se o enriquecimento tiver por objeto coisa determinada, quem a recebeu é obrigado a restituí-la, e, se a coisa não mais subsistir, a restituição se fará pelo valor do bem na época em que foi exigido."

Afirmativa III: correta. A presente afirmativa transcreve literalmente a redação do art. 885 do CC: "A restituição é devida, não só quando não tenha havido causa que justifique o enriquecimento, mas também se esta deixou de existir."

Afirmativa IV: incorreta. A afirmativa contraria o que dispõe o art. 886 do CC: "Não caberá a restituição por enriquecimento, se a lei conferir ao lesado outros meios para se ressarcir do prejuízo sofrido."

284. (TRT/23ª RG – XVI Concurso – 2010) Assinale a alternativa CORRETA:

a) O mandato presume-se gratuito quando não houver sido estipulada retribuição. Sendo assim, o mandato outorgado ao advogado para propositura da ação é gratuito.

b) A remuneração do corretor, será ajustada entre as partes. Na omissão do ajuste, será arbitrada mediante aplicação de percentual sobre o valor do negócio.

c) No contrato de seguro de dano, ocorrendo sinistro, a indenização não pode ser superior ao valor do bem segurado, bem como não poderá em hipótese alguma ultrapassar o limite máximo fixado na apólice.

d) Havendo enriquecimento sem causa, o Código Civil expressa que não caberá a restituição por enriquecimento, se a lei conferir ao lesado outros meios para se ressarcir do prejuízo sofrido.

e) Nenhuma das alternativas anteriores está correta.

COMENTÁRIOS

Alternativa "a": incorreta. Em regra o mandato é gratuito, mas será oneroso quando aquele que o recebe, o faz em decorrência do exercício de profissão lucrativa, como o advogado, conforme estabelece o art. 658 do CC: "O mandato presume-se gratuito quando não houver sido estipulada retribuição, **exceto se o seu objeto corresponder ao daqueles que o mandatário trata por ofício ou profissão lucrativa.**" (Grifo nosso). A assertiva está incorreta, pois a sua segunda parte contraria a parte final do dispositivo legal citado.

Alternativa "b": incorreta. O enunciado da alternativa vai de encontro com o que preceitua o art. 724 do CC: "A remuneração do corretor, se não estiver fixada em lei, nem ajustada entre as partes, será arbitrada segundo a natureza do negócio e os usos locais." Segundo a norma deste artigo, caso a remuneração do corretor não for fixada em lei, ou não tiver sido ajustada pelas partes, o arbitramento será feito com base na natureza do negócio e os usos do local em que o negócio se realizou, e não como afirma o enunciado: "será arbitrada mediante aplicação de percentual sobre o valor do negócio."

Alternativa "c": incorreta. A assertiva concorda com quase toda a norma contida no art. 781 do CC: "A indenização não pode ultrapassar o valor do interesse segurado no momento do sinistro, e, em hipótese alguma, o limite máximo da garantia fixado na apólice, salvo em caso de mora do segurador." No entanto, a afirmativa deixou de mencionar que há uma exceção à regra que determina que "em hipótese alguma ultrapassar o limite máximo fixado na apólice", pois como diz o dispositivo legal mencionado, *in fine*, "salvo em caso de mora do segurador". A partir da redação do enunciado dá-se a ideia de que não há exceção ao limite máximo fixado na apólice, quando, na verdade, esse limite pode ser ultrapassado, caso ocorra a exceção prevista na lei.

Alternativa "e": incorreta. Não há Comentários.

Alternativa "d": correta. O enunciado da alternativa está de acordo com a doutrina do art. 886 do CC: "Não caberá a restituição por enriquecimento, se a lei conferir ao lesado outros meios para se ressarcir do prejuízo sofrido." Cabe ressaltar que o procedimento judicial que tem como objeto o enriquecimento sem causa tem caráter subsidiário, ou seja, esse procedimento só deve ser utilizado quando não existirem meios específicos para pleitear a sua pretensão.

6. DA RESPONSABILIDADE CIVIL

6.1. OBRIGAÇÃO DE INDENIZAR

285. (FCC – Juiz do Trabalho/2017) Em uma pequena comunidade, em que todas as construções foram erguidas com a instalação de portas de madeira de alto custo, Nero, ali residente, soltou, em plena época de festejos juninos, um balão que caiu sobre a casa de Antônio, incendiando-a por completo. Entre as casas de Antônio e de João, ficava a de Pedro, que foi alcançada pelo fogo. João, para evitar o alastramento das chamas e o eventual acometimento da morada de sua família, derrubou, a machadadas, a porta da casa de Pedro e, ali dentro, conseguiu debelar o incêndio e evitou maiores prejuízos, removendo perigo iminente. Restou constatado que, pelas circunstâncias, a conduta de João foi necessária e não excedeu os limites do indispensável para a remoção do perigo. Diante de tal cenário, com relação aos estragos ocasionados à porta da casa de Pedro, este

a) poderá obter indenização de Antônio, com fundamento no direito de vizinhança, ou de Nero, por culpa deste.

b) poderá obter indenização de João, apesar de este não ter praticado ato ilícito, ou de Nero, cabendo a João ação regressiva contra este.

c) poderá obter indenização de João, com fundamento na prática de ato ilícito por este, ou de Nero.

d) não fará jus à indenização de João, pois este agiu em estado de necessidade, nem à indenização de Antônio.

e) poderá obter indenização de João, apesar de este não ter praticado ato ilícito, cabendo a João ação regressiva contra Antônio e Nero.

COMENTÁRIOS

Alternativa incorreta: letra "a". O dever de indenizar exige que tenha ocorrido alguma ação ou omissão por parte de quem se pleiteia o ressarcimento. Por tão razão, a assertiva não está correta, tendo em vista que Antônio nada vez ou deixou de fazer que pudesse contribuir com o dano causado. No mesmo sentido, o direito de vizinhança não da amparo para qualquer ressarcimento, no termos do que foi narrado.

Alternativa incorreta: letra "c". Como vimos no comentário da alternativa "b", o fundamento da indenização pleiteada contra Pedro não decorre da prática de ato ilícito, mas advém do fato de que não poderá suportar prejuízo que decorre de fato que não deu causa. Nesse sentido, está incorreta a assertiva ao afirmar que o fundamento da indenização pleiteada contra João seja o ato ilícito. Por outro lado, o fato de Pedro poder reivindicar de João indenização pelos prejuízos, nada impede que a indenização seja cobrada diretamente de Nero, por ter dado causa a situação de perigo e efetivamente ter praticado ato ilícito.

Alternativa incorreta: letra "d". Respondida com os comentários das alternativas "b" e "a".

Alternativa incorreta: letra "e". Como vimos nos comentários anteriores, João de fato não cometeu ato ilícito, também foi visto que poderá se voltar regressivamente contra Nero (art. 930). Contudo, segundo comentários da alternativa "a", não cabe qualquer responsabilidade de Antônio pelos danos causados.

Alternativa correta: letra "b". No caso em tela, a indenização que se discute não tem fundamento no ato ilícito, ao contrário, o ato praticado por João é licito, posto que sua conduta visa remover as consequências danosas do ato praticado por Nero. É típico caso do que a doutrina penal chama de Estado de necessidade agressivo, que consiste num ato praticado pelo agente que procura salvar-se ou a terceiro, mas para isso atinge um bem jurídico de outrem que não provocou o perigo que aquele busca salvar-se. Contudo, mesmo que a atitude de João não seja ilícita, não seria justa que Pedro suporte prejuízo de fato que que não contribui para a sua ocorrência, razão que justifica a redação do art. 929, do CC. Por outro lado, o legislador permite que aquele que agiu por estado de necessidade se volte contra o sujeito que provocou a situação de perigo (art. 930, do CC).

---

286. (FCC - Juiz do Trabalho/2017) Anastácio foi contratado para a função de auxiliar administrativo na sociedade empresária X, cujo objeto social é a venda de artigos desportivos. Em determinada tarde, Anastácio foi designado a transportar, do banco para a sede da empresa, valores que seriam utilizados para o pagamento dos empregados. No referido trajeto, Anastácio foi vítima de latrocínio, tendo sido apurado que o assassino, Brutus, que era colega de trabalho da vítima, estava em horário de serviço e praticou o delito por conhecer as circunstâncias inseguras e o momento em que ocorreria o transporte. Diante de tais fatos, segundo entendimento predominante do STJ e do TST, caso os herdeiros de Anastácio, antes de ocorrida a prescrição, ajuízem ação de reparação e compensação por danos materiais e morais em face da sociedade empresária X,

a) uma vez provada culpa ou dolo na conduta de Brutus e verificado que este cometeu o delito em razão das informações oriundas do exercício do trabalho, a empregadora X responderá independentemente de culpa pelo ato de seu empregado Brutus.

b) será presumida a culpa in eligendo da empregadora X, mas esta poderá ser absolvida se conseguir provar que a admissão do empregado Brutus foi precedida de consistente avaliação de sua idoneidade moral.

c) serão julgados improcedentes os pedidos dos autores, uma vez que a conduta de Brutus, mesmo tendo agido em razão das informações oriundas do exercício de seu trabalho, rompeu o nexo de causalidade referente à conduta da empregadora X.

d) serão julgados procedentes apenas os pedidos referentes à compensação por danos morais, sendo que os referentes à reparação material serão improcedentes, uma vez que a empregadora X foi igualmente vítima de Brutus, tendo-lhe sido subtraídos valores que seriam destinados ao pagamento de empregados da empresa.

e) a empregadora X responderá objetivamente em virtude de sua atividade normalmente desenvolvida implicar, por sua natureza, risco para os direitos de outrem.

COMENTÁRIOS

Alternativa incorreta: letra "a". O Código Civil dispõe que é responsabilidade dos empregadores, os atos ilícitos praticados por seus empregados. Para isso, é necessário que a conduta danosa seja culposa (dolo ou culpa *stricto sensu)* do empregado e que o ato lesivo seja praticado no exercício da função que exercia ou em razão dela (art. 932, III, do CC). Segundo o art. 933, do CC, a responsabilidade do empregador é presumida. Nesse sentido, é a orientação do STF, consagrada na Súmula 341: É presumida a culpa do patrão ou comitente pelo ato culposo do empregado ou preposto.

Alternativa incorreta: letra "b". A orientação legal (arts. 932, III e 933, do CC) e sumulada pelo STF (Súm. 341), não apresentam essa excludente de responsabilidade.

Alternativa incorreta: letra "c". Brutus praticou o ato ilícito no horário de serviço e sua conduta foi facilitada pelo fato de conhecer as circunstâncias inseguras e o momento em que ocorreria o transporte. Portanto, o crime se deu em razão de ser empregado da empregadora X, característica preponderante para reconhecer o nexo de causalidade e, por conseguinte, configurar a responsabilidade objetiva da empregadora.

Alternativa incorreta: letra "d". Os danos que eventualmente a empregadora X venha sofrer, devem ser objeto de ação de regresso contra Brutus (art. 934, do CC). Cabe aos herdeiros do falecido a reparação integral dos danos sofrido.

Alternativa incorreta: letra "e". Não tem amparo a afirmação da presente assertiva, tendo em vista que a atividade da empregadora é de venda de artigos desportivos. Portanto, a sua responsabilidade decorre da lei e da jurisprudência.

---

287. (TRT 4 - Juiz do Trabalho Substituto 4ª Região/2016) Considere as assertivas abaixo sobre responsabilidade civil.

I. É possível a responsabilização do incapaz pelos prejuízos que causar, se as pessoas por ele responsáveis não tiverem obrigação de fazê-lo ou não dispuserem de meios suficientes.

II. O direito de exigir reparação e a obrigação de prestá-la transmitem-se com a herança, podendo a reparação ser cobrada integralmente do herdeiro.

III. A indenização é prestada, preferencialmente, em moeda corrente.

Quais são corretas?

a) Apenas I

b) Apenas II

c) Apenas III

d) Apenas II e III

e) I, II e III

COMENTÁRIOS

Todos os itens da questão serão analisados.

Item I: correto. A assertiva está correta, porquanto corresponde ao que prescreve o art. 928 do CC, com a seguinte redação: "O incapaz responde pelos prejuízos que causar, se as pessoas por ele responsáveis não tiverem obrigação de fazê-lo ou não dispuserem de meios suficientes."

Item II: incorreto. A alternativa contraria o disposto no art. 943 do CC: "O direito de exigir reparação e a obrigação de prestá-la transmitem-se com a herança."

Item III: incorreto. O item sob enfoque contraria o que dispõem os arts. 946 e 947 do CC, que preconizam: "Art. 946. Se a obrigação for indeterminada, e não houver na lei ou no contrato disposição fixando a indenização devida pelo inadimplente, apurar-se-á o valor das perdas e danos na forma que a lei processual determinar." "Art. 947. Se o devedor não puder cumprir a prestação na espécie ajustada, substituir-se-á pelo seu valor, em moeda corrente."

Alternativa correta: letra "a".

---

288. (TRT 2 – Juiz do Trabalho Substituto 2ª Região/2016) Quanto à responsabilidade civil assinale a alternativa INCORRETA:

a) Sendo da própria atividade o risco de dano, o autor ficará responsável pela indenização civil independentemente da aferição de culpa.

b) Decidido acerca da existência do fato e seu autor no juízo criminal, é vedado discutir-se tais questões no juízo competente para resolver sobre a responsabilidade civil.

c) Sendo o dano desproporcional à gravidade da culpa do autor, o Juiz poderá reduzir o valor da indenização, mas se o autor for menor, poderá deixar de fixá-la se privá-lo ou a seus dependentes do necessário.

d) O incapaz não responde pelos prejuízos que causar ainda que as pessoas por ele responsáveis não disponham de meios suficientes para cumprir a obrigação.

e) O Juiz poderá fixar indenização a ser paga de uma só vez se do dano sofrido vier resultar defeito que inabilite a vítima ao exercício de sua profissão.

COMENTÁRIOS

Alternativa incorreta: letra "a". De acordo com o art.927, parágrafo único, do CC, "haverá obrigação de reparar o dano, independentemente de culpa, nos casos especificados em lei, ou quando a atividade normalmente desenvolvida pelo autor do dano implicar, por sua natureza, risco para os direitos de outrem."

Alternativa incorreta: letra "b". O art. 935 do CC apregoa que a responsabilidade civil é independente da criminal. Entretanto, não mais se pode questionar sobre a existência do fato, ou sobre quem seja o seu autor, quando estas questões se acharem decididas no juízo criminal.

Alternativa incorreta: letra "c". No que tange à primeira parte da alternativa, o art.944, caput, do Código Civil preceitua que, em regra, a indenização é medida pela extensão do dano. Entretanto, em seu parágrafo único, é ressalvado que caso haja "excessiva desproporção entre a gravidade da culpa e o dano, poderá o juiz reduzir, equitativamente, a indenização." Já a segunda parte da alternativa em análise está em consonância com o previsto no art. 928, parágrafo único, do CC, que prevê a necessidade de ser equitativa a indenização prestada pelo incapaz, podendo ser até mesmo dispensada caso o prive do necessário ou as pessoas que dele dependam.

Alternativa incorreta: letra "e". A assertiva está de acordo com o art. 950, parágrafo único, do CC, pois, em caso de indenização por dano que inabilite a vítima para o exercício de sua profissão, o prejudicado, se preferir, poderá exigir que o pagamento seja arbitrado e pago de uma só vez.

Alternativa correta: letra "d". De acordo com o art. 928, *caput*, do CC, "o incapaz responde pelos prejuízos que causar, se as pessoas por ele responsáveis não tiverem obrigação de fazê-lo ou não dispuserem de meios suficientes."

---

289. (FCC – Juiz do Trabalho Substituto 1ª Região/2015) Victor pediu a Jussara, sua empregada doméstica, que fosse ao mercado comprar mantimentos e passasse na lotérica para apostar na mega-sena com os seus números da sorte, pois estava acumulada em R$ 30.000.000,00. Após realizar as compras, Jussara voltou para casa e, no caminho, encontrou uma amiga e acabou esquecendo de fazer a aposta. No dia seguinte, ao chegar ao trabalho, soube que os números sorteados na mega-sena foram exatamente aqueles que ela deixou de apostar. Despedida por justa causa, Jussara sentiu-se injustiçada e ingressou com uma ação trabalhista. Em contraditório, Victor contestou e apresentou reconvenção, pleiteando indenização pela omissão de sua ex-empregada. O caso trata de:

a) excludente de responsabilidade civil pelo caso fortuito, uma vez que Jussara encontrou com uma amiga ao acaso e viu-se impossibilitada de apostar.

b) responsabilidade civil subjetiva, haja vista os danos emergentes produzidos pela conduta de Jussara.

c) responsabilidade civil subjetiva, haja vista os lucros cessantes produzidos pela conduta de Jussara.

d) responsabilidade civil subjetiva pela perda de uma chance de Victor diante da omissão de Jussara.

e) responsabilidade civil objetiva, haja vista a irrelevância jurídica da conduta culposa de Jussara.

COMENTÁRIOS

Alternativas incorretas: letras "a", "b", "c" e "e". Como exposto no comentário precedente, a hipótese retratada na questão é de responsabilidade civil pela perda de uma chance. Em consequência, as assertivas em comento estão equivocadas, porquanto se referem a outras modalidades de responsabilidade civil.

Alternativa correta: letra "d". A responsabilidade civil pela perda de uma chance se configura quando o agente, em razão de conduta ilícita atribuída a outrem, perde uma determinada oportunidade, privando o agente de futuramente se colocar em uma situação mais vantajosa. Esta, aliás, é a situação configurada no caso em voga. Isso porque, a conduta culposa imputada à Jussara impediu que Victor se sagrasse vencedor do concurso de prognósticos, cujo resultado lhe seria favorável. Assim, praticando um ato ilícito, Jussara deve ser chamada a responder pelos prejuízos sofridos por Victor, nos moldes do que preconizam os arts. 186 e 927 do CC.

---

290. (FCC – Juiz do Trabalho Substituto 23ª Região/2015) Carlos foi vítima de golpe por meio do qual fraudadores utilizaram-se de documentos falsos a fim de realizar operações bancárias em seu nome. Procurada por Carlos, a instituição financeira afirmou não ter tido culpa pelo incidente, negando-se a restituir o prejuízo. A negativa é

a) lícita, por ausência de nexo de causalidade entre a atividade da instituição financeira e o prejuízo experimentado por Carlos.

b) lícita, pois somente comete ato ilícito aquele que, por ação ou omissão voluntária decorrente de negligência ou imprudência, viola direito e causa dano a outrem.

c) ilícita, configurando abuso do direito, decorrente da inobservância do princípio da boa-fé objetiva, que impõe às partes, dentre outros, o dever anexo de segurança, independentemente da existência do elemento culpa.

d) ilícita, configurando abuso do direito, decorrente da inobservância do princípio da boa-fé subjetiva, que impõe às partes, dentre outros, o dever anexo de segurança, independentemente da existência do elemento culpa.

e) lícita, pois, para caracterização do abuso do direito, é necessária a existência do elemento culpa.

COMENTÁRIOS

Alternativa incorreta: letra "a". Está incorreta, pois é manifesta a presença do nexo causal entre a omissão da instituição financeira e o dano experimentado por Carlos. O nexo causal, como é cediço, se consubstancia na relação de causa e efeito que existe entre uma ação ou omissão e o dano, sendo certo que o liame em apreço é essencial à configuração da responsabilidade civil.

Alternativa incorreta: letra "b". A assertiva está equivocada, pois, como dito no comentário à alternativa correta, a responsabilidade civil pode fundar-se em dois institutos distintos, o ato ilícito ou o abuso de direito. Incorreta, pois, a alternativa em apreço.

Alternativa incorreta: letra "d". O equívoco da alternativa reside no fato de que inexiste, na sistemática brasileira, um princípio denominado "boa-fé subjetiva". É oportuno consignar que, embora não exista um princípio sob tal epíteto, a noção de boa-fé subjetiva não foi abandonada por completo pela ordem jurídica, sendo pertinente, especialmente, no campo do Direito das Coisas (classificação da posse, usucapião etc.).

Alternativa incorreta: letra "e". A regra geral, no campo da responsabilidade civil aquiliana, é a necessidade de aferição de culpa para sua configuração. Entretanto, nos termos do art. 927, parágrafo único, do CC, é possível a responsabilidade sem culpa, na hipótese em que a atividade normalmente desenvolvida pelo agente causador do dano ensejar riscos para os direitos de outrem. A esse respeito, confira a redação do mencionado dispositivo legal: "Haverá obrigação de reparar o dano, independentemente de culpa, nos casos especificados em lei, ou quando a atividade normalmente desenvolvida pelo autor do dano implicar, por sua natureza, risco para os direitos de outrem."

Alternativa correta: letra "c". Como é cediço, o Código Civil de 2002 estabelece que a responsabilidade civil e o consequente dever de reparar imposto ao agente causador do dano pode fundar-se em dois institutos distintos, a saber, o ato ilícito ou o abuso de direito, previstos respectivamente nos arts. 186 e 187 do CC. Na situação hipotética descrita pelo enunciado da questão a instituição financeira incorreu, nitidamente, em abuso de direito, o qual se configura quando "[...] o titular de um direito [...] ao exercê-lo, excede manifestamente os limites impostos pelo seu fim econômico ou social, pela boa-fé ou pelos bons costumes." Demais disso, é também correto dizer que o princípio da boa-fé objetiva impõe aos agentes contratantes os chamados deveres anexos ao contrato, inclusive o dever de segurança. Aliás, diga-se de passagem, a violação aos mencionados deveres anexos é hipótese de inadimplemento independentemente de culpa, como, aliás, acertadamente constou da alternativa em apreço. Todo o exposto corrobora o acerto da alternativa sob enfoque.

---

291. (FCC – Juiz do Trabalho Substituto 18ª Região/2014) Embora preso em canil que respeitou todas as normas técnicas de construção, Átila, cão da raça pastor alemão, pertencente a Cássio, consegue pulá-lo e morde gravemente o vizinho, Fábio, que na ocasião conversava com Cássio no quintal do imóvel, ao lado do canil. Nessas circunstâncias,

a) Cássio é responsável objetivo pelas lesões causadas, pelo só fato da coisa, inexistentes causas excludentes na hipótese formulada.

b) nenhuma responsabilidade aquiliana cabe a Cássio, haja vista culpa exclusiva da vítima, Fábio, consistente em estar ao lado do canil por ocasião dos fatos.

c) a responsabilidade de Cássio e Fábio é de igual intensidade, caracterizada culpa concorrente de Fábio por estar ao lado do canil quando dos fatos.

d) nenhuma responsabilidade cabe a Cássio, que agiu diligentemente, sem culpa, ao construir o canil de acordo com as normas técnicas pertinentes.

e) nenhuma responsabilidade cabe a Cássio, já que o ocorrido equiparou-se a caso fortuito ou força maior, tendo em vista o canil ter sido construído de modo adequado.

COMENTÁRIOS

✪ **Nota do autor:** Considerando que todas as afirmativas tratam do mesmo assunto, será feito um único comentário.

Alternativa correta: letra "a". A questão trata do tema da responsabilidade civil objetiva por fato de coisa, prevista no art. 936 do CC. Nessa modalidade de responsabilidade, o dono do animal é responsável pela indenização de qualquer dano por ele causado. Não é necessário verificar a culpa do proprietário, considerando que a responsabilidade não é subjetiva. Portanto, no caso em Cássio será responsável pelos danos causados pelo seu cachorro, causou em Átila. Não haveria responsabilidade na hipótese de ter havido culpa exclusiva da vítima para a ocorrência do dono ou o fato tivesse ocorrido por força maior ou caso fortuito, mas tais excludentes não foram narradas no enunciado da questão. Portanto, Cássio é o único responsável pelos danos causados, razão pela qual todas as alternativas "b", "c", "d" e "e", estão incorretas por proporem soluções diversas para o caso.

---

292. (TRT 8 – Juiz do Trabalho Substituto 8ª Região/2014) Analise as proposições a seguir segundo as regras ditadas no Código Civil vigente e marque a única alternativa que contempla as afirmações CORRETAS:

I - Na hipótese de deterioração ou destruição da coisa alheia, ou lesão a pessoa, a fim de remover perigo iminente, a pessoa lesada, ou o dono da coisa, se não forem culpados do perigo, têm direito à indenização do prejuízo que sofreram.

II - Aquele que ressarcir o dano causado por outrem pode reaver o que houver pago daquele por quem pagou, salvo se o causador do dano for descendente seu, absoluta ou relativamente incapaz.

III - O empregador ou comitente é responsável pela reparação civil decorrente de dano causado por seus empregados, serviçais e prepostos, no exercício do trabalho que lhes competir, ou em razão dele. Nessa hipótese, fica excluída a responsabilidade do empregado, salvo se agiu com dolo.

IV - Aquele que demandar por dívida já paga, no todo ou em parte, sem ressalvar as quantias recebidas ou pedir mais do que for devido, ficará obrigado a pagar ao devedor, no primeiro caso, o dobro do que houver cobrado e, no segundo, o equivalente do que dele exigir, salvo se houver prescrição. A não ser que o réu prove ter sofrido algum prejuízo, a indenização não será devida se o autor desistir da ação antes da contestação.

V - Os bens do responsável pela ofensa ou violação do direito de outrem ficam sujeitos à reparação do dano causado, mas a obrigação se extingue com a morte do autor do dano; se a ofensa tiver mais de um autor, a morte de um deles não exime o coautor de responder integralmente pela reparação.

a) Estão corretas apenas as afirmações I, II e V.

b) Estão corretas apenas as afirmações II, III e IV.

c) Estão corretas apenas as afirmações II e IV.

d) Está correta apenas a afirmação IV.

e) Estão corretas apenas as afirmações I, II e IV.

COMENTÁRIOS

Afirmativa I: correta. A afirmativa corresponde ao que prescreve os seguintes artigos do Código Civil: "Art. 188. Não constituem atos ilícitos: II – a deterioração ou destruição da coisa alheia, ou a lesão a pessoa, a fim de remover perigo iminente." "Art. 929. Se a pessoa lesada, ou o dono da coisa, no caso do inciso II do art. 188, não forem culpados do perigo, assistir-lhes-á direito à indenização do prejuízo que sofreram."

Afirmativa II: correta. Redação conforme o art. 934 do CC: "Aquele que ressarcir o dano causado por outrem pode reaver o que houver pago daquele por quem pagou, salvo se o causador do dano for descendente seu, absoluta ou relativamente incapaz."

Afirmativa III: incorreta. Na hipótese em tela, a responsabilidade será do empregador pelos danos causados pelos seus empregados, serviçais e prepostos. Contudo, essa responsabilidade é exercida diretamente para com aquele que sofreu o dano. Por sua vez, aquele que diretamente causou o dano, não se exime de sua responsabilidade para com o seu empregador, que terá direito de regresso contra o empregado. Nesse sentido, são os seguintes artigos do CC: "Art. 932. São também responsáveis pela reparação civil: III – o empregador ou comitente, por seus empregados, serviçais e prepostos, no exercício do trabalho que lhes competir, ou em razão dele;" "Art. 934. Aquele que ressarcir o dano causado por outrem pode reaver o que houver pago daquele por quem pagou, salvo se o causador do dano for descendente seu, absoluta ou relativamente incapaz."

Afirmativa IV: correta. Redação conforme o estatuto civil: "Art. 940. Aquele que demandar por dívida já paga, no todo ou em parte, sem ressalvar as quantias recebidas ou pedir mais do que for devido, ficará obrigado a pagar ao devedor, no primeiro caso, o dobro do que houver cobrado e, no segundo, o equivalente do que dele exigir, salvo se houver prescrição." "Art. 941. As penas previstas nos arts. 939 e 940 não se aplicarão quando o autor desistir da ação antes de contestada a lide, salvo ao réu o direito de haver indenização por algum prejuízo que prove ter sofrido."

Afirmativa V: incorreta. A assertiva contraria o que dispõe o Código Civil: "Art. 942. Os bens do responsável pela ofensa ou violação do direito de outrem ficam sujeitos à reparação do dano causado; e, se a ofensa tiver mais de um autor, todos responderão solidariamente pela reparação. Parágrafo único. São solidariamente responsáveis com os autores os coautores e as pessoas designadas no art. 932. Art. 943. O direito de exigir reparação e a obrigação de prestá-la transmitem-se com a herança." "Art. 943. O direito de exigir reparação e a obrigação de prestá-la transmitem-se com a herança."

Alternativa correta: letra "e". Estão corretas as afirmativas I, II e IV.

---

293. (TRT 2 – Juiz do Trabalho Substituto 2ª Região/2014) Ressalvados outros casos previstos em lei especial, é correto afirmar que os empresários individuais e as empresas respondem pelos danos causados pelos produtos postos em circulação:

a) Se houver prova de dolo ou culpa.

b) Apenas se houver prova de dolo.

c) Apenas se houver prova de culpa.

d) Independentemente de prova de culpa.

e) Desde que tais produtos tenham sido gratuitamente entregues.

COMENTÁRIOS

Alternativas incorretas: letras "a", "b", "c" e "e". As alternativas em apreço estão incorretas, por lhes faltar qualquer supedâneo normativo ou jurisprudencial.

Alternativa correta: letra "d". A alternativa está correta, pois corresponde ao que dispõe o art. 931 do CC, com a seguinte redação: "Ressalvados outros casos previstos em lei especial, os empresários individuais e as empresas respondem independentemente de culpa pelos danos causados pelos produtos postos em circulação."

---

294. (TRT 14 – Juiz do Trabalho Substituto 14ª Região/ 2013) Assinale a alternativa correta:

I. Será objetiva a responsabilidade civil do causador do dano quando a atividade normalmente desenvolvida por ele implicar, por sua natureza, risco para os direitos de outrem, hipótese em que bastará ao lesado provar o nexo causal e a culpa.

II. A responsabilidade civil é independente da criminal, assim o réu inocentado por falta de provas no processo penal poderá responder ação civil e ser condenado a indenizar pelo mesmo fato.

III. O empregador responde civilmente pelos danos causados por seus empregados, quando estes agirem no exercício do trabalho que lhes competir, ou em razão dele, cabendo à vítima provar a condição de empregado do causador do dano.

a) Apenas as proposições I e II são falsas.

b) Apenas as proposições I e III são falsas.

c) Apenas as proposições II e III são falsas.

d) Todas as proposições são verdadeiras.

e) Todas as proposições são falsas.

COMENTÁRIOS

✪ **Nota do autor:** Analisaremos cada item da questão para verificar qual alternativa está correta.

Item I: Aquele que exerce atividade de risco assume a responsabilidade sobre a sua atividade, independentemente de culpa. Na eventualidade de um dano ser causado em decorrência da sua atividade, não será necessário prova a culpa do agente, como afirma o enunciado em apreço, mas tão somente o nexo de causalidade e o dano. Nesse sentido, é a regra contida no dispositivo legal transcrito: "Art. 927. Aquele que, por ato ilícito (arts. 186 e 187), causar dano a outrem, fica obrigado a repará-lo.

Parágrafo único. Haverá obrigação de reparar o dano, independentemente de culpa, nos casos especificados em lei, ou quando a atividade normalmente desenvolvida pelo autor do dano implicar, por sua natureza, risco para os direitos de outrem." O presente item deve ser considerado falso.

Item II: Segundo art. 935 do CC, a responsabilidade civil é independente da criminal. No entanto, essa independência é relativa ou mitigada, considerando que o juízo criminal exige maior consistência probatória, caso seja deliberado, peremptoriamente, sobre a existência material do fato ou sobre sua autoria, assim como acerca das excludentes de ilicitude, a matéria não será rediscutida no juízo cível. No entanto, caso a sentença absolutória (art. 67, CPP) seja fundada na ausência de provas, a ação indenizatória cível será plenamente justificada. Vejamos o fundamento legal que justifica o acerto da presente assertiva: "art. 935 do CC: A responsabilidade civil é independente da criminal, não se podendo questionar mais sobre a existência do fato, ou sobre quem seja o seu autor, quando estas questões se acharem decididas no juízo criminal."

Item III: A assertiva está correta em afirmar que o empregador responde civilmente pelos danos causados por seus empregados, quando estes agirem no exercício do trabalho que lhes competir, ou em razão dele.

Entretanto, não está correto a afirmativa de que à vítima deve provar a condição de empregado do causador do dano. O que se exige na responsabilidade objetiva é que se prove a ocorrência do dano e o nexo de causalidade entre o exercício do trabalho ou que em razão dele o dano foi perpetrado. Nesse sentido, é a regra do art. 932, III do CC: "São também responsáveis pela reparação civil: III – o empregador ou comitente, por seus empregados, serviçais e prepostos, no exercício do trabalho que lhes competir, ou em razão dele;"

295. (CESPE – Juiz do Trabalho Substituto 5ª Região/2013) Em relação à responsabilidade civil, prevista no ordenamento pátrio, assinale a opção correta.

a) A responsabilidade do empregador pelos atos ilícitos de seus empregados ou prepostos, praticados no exercício do trabalho que lhes competir, ou em razão dele, é presumida.

b) O uso não autorizado da imagem de pessoa pública, mesmo com fins econômicos e publicitários, não enseja danos morais e obrigação de indenizar, salvo se existir prova inequívoca de prejuízo à imagem da pessoa.

c) O pagamento de pensão a vítima de ilícito civil, em razão da diminuição temporária de sua capacidade laboral, não é devido em caso de não ocorrência da perda do emprego ou da redução dos seus rendimentos.

d) A responsabilidade objetiva pela reparação do dano causado atinge aquele cuja atividade normalmente desenvolvida implique, por sua natureza, risco aos direitos de outrem.

e) Na responsabilidade contratual, para obter reparação por perdas e danos, o contratante precisa demonstrar a culpa do inadimplente, além da prova de descumprimento do contrato.

COMENTÁRIOS

Nota de atualização:

O artigo 389, do CC, recebeu nova redação da Lei nº 14.905, de 2024: Art. 389. Não cumprida a obrigação, responde o devedor por perdas e danos, mais juros, atualização monetária e honorários de advogado. Redação dada pela Lei nº 14.905, de 2024)

Parágrafo único. Na hipótese de o índice de atualização monetária não ter sido convencionado ou não estar previsto em lei específica, será aplicada a variação do Índice Nacional de Preços ao Consumidor Amplo (IPCA), apurado e divulgado pela Fundação Instituto Brasileiro de Geografia e Estatística (IBGE), ou do índice que vier a substituí-lo. (Incluído pela Lei nº 14.905, de 2024)

Alternativa incorreta: letra "a". A assertiva está equivocada, para que o empregador seja responsabilizado pelos atos praticados por seus empregados ou prepostos é necessário que eles tenham agido com culpa. No entanto, a responsabilidade do empregador é objetiva, não se aplica a regra da culpa presumida (*in elegendo, in vigilando)*. Nesse sentido, é a regra do art. 933 do CC: "As pessoas indicadas nos incisos I a V do artigo antecedente, ainda que não haja culpa de sua parte, responderão pelos atos praticados pelos terceiros ali referidos."

Alternativa incorreta: letra "b". Os direitos da personalidade são indisponíveis, mas alguns desses direitos, como, por exemplo, o direito a imagem, podem ter seu exercício temporariamente cedido. No entanto, o uso da imagem de qualquer pessoa deve ser autorizado, caso contrário, a sua utilização poderá ser proibida, sem prejuízo da indenização cabível. Outrossim, é importante salientar que a imagem da pessoa pública recebe a mesma proteção que a lei dispensa a qualquer pessoa, não havendo maior flexibilidade nesse sentido. Por fim, ressalta-se que a lei autoriza a utilização da imagem somente quando autorizada, quando necessário à administração da justiça ou à manutenção da ordem pública, conforme preceitua o art. 20 do CC: "Salvo se autorizadas, ou se necessárias à administração da justiça ou à manutenção da ordem pública, a divulgação de escritos, a transmissão da palavra, ou a publicação, a exposição ou a utilização da imagem de uma pessoa poderão ser proibidas, a seu requerimento e sem prejuízo da indenização que couber, se lhe atingirem a honra, a boa fama ou a respeitabilidade, ou se se destinarem a fins comerciais."

Alternativa incorreta: letra "c". No caso em tela a indenização é devida independentemente da perda da ocorrência da perda do emprego ou da redução dos seus rendimentos. Outrossim, além do dano moral sofrido, se ficar provado o dano material decorrente do mesmo dano, será cabível a respectiva indenização. Vejamos o dispositivo legal que cuida da matéria: "Art. 950. Se da ofensa resultar defeito pelo qual o ofendido não possa exercer o seu ofício ou profissão, ou se lhe diminua a capacidade de trabalho, a indenização, além das despesas do tratamento e lucros cessantes até ao fim da convalescença, incluirá pensão correspondente à importância do trabalho para que se inabilitou, ou da depreciação que ele sofreu".

Alternativa incorreta: letra "e". Na responsabilidade contratual o dever de indenizar independe de culpa, basta que tenha ocorrido o seu inadimplemento daquilo que foi ajustado. Nesse sentido, dispõem os arts. seguintes: "Art. 389. Não cumprida a obrigação, responde o devedor por perdas e danos, mais juros e atualização monetária segundo índices oficiais regularmente estabelecidos, e honorários de advogado." "Art. 390. Nas obrigações negativas o devedor é havido por inadimplente desde o dia em que executou o ato de que se devia abster." "Art. 391. Pelo inadimplemento das obrigações respondem todos os bens do devedor."

Alternativa correta: letra "d". A redação da assertiva corresponde ao que prescreve a norma contida no pár. ún. do art. 927 do CC: "Haverá obrigação de reparar o dano, independentemente de culpa, nos casos especificados em lei, ou quando a atividade normalmente desenvolvida pelo autor do dano implicar, por sua natureza, risco para os direitos de outrem."

296. (FCC – Juiz do Trabalho Substituto 6ª Região/ 2013) O empregador é responsável pela reparação civil, em decorrência de atos praticados por seus empregados,

a) em qualquer circunstância, mesmo que o empregado não tenha agido com culpa.

b) quando estes agirem estritamente no exercício de trabalho que lhes competir, mas não apenas em razão do trabalho, porque a lei, neste caso, não comporta interpretação extensiva.

c) somente se ficar provada culpa na escolha ou na vigilância destes.

d) sendo, porém, conjunta a obrigação destes e daquele.

e) ainda que não haja culpa daquele.

COMENTÁRIOS

Alternativas incorretas: letra "a", "b", "c" e "d". Todas as demais alternativas contrariam o que prescreve a lei acerca do tema abordado, vejamos a redação dos dispositivos: "Art. 933. As pessoas indicadas nos incisos I a V do artigo antecedente, ainda que não haja culpa de sua parte, responderão pelos atos praticados pelos terceiros ali referidos." "Art. 932, III do CC: "São também responsáveis pela reparação civil: III – o empregador ou comitente, por seus empregados, serviçais e prepostos, no exercício do trabalho que lhes competir, ou em razão dele;"

Alternativa correta: letra "e". A assertiva está correta, pois está de acordo com o prescreve a lei sobre o tema abordado. Vejamos os dispositivos legais pertinentes: "Art. 933. As pessoas indicadas nos incisos I a V do artigo antecedente, ainda que não haja culpa de sua parte, responderão pelos atos praticados pelos terceiros ali referidos." "Art. 932, III do CC: "São também responsáveis pela reparação civil: III – o empregador ou comitente, por seus empregados, serviçais e prepostos, no exercício do trabalho que lhes competir, ou em razão dele;"

297. (TRT 8 – Juiz do Trabalho Substituto 8ª Região/ 2013) Com relação à responsabilidade civil, é CORRETO afirmar, nos termos do Código Civil Brasileiro:

a) Ressalvados outros casos previstos em lei especial, os empresários individuais e as empresas respondem independentemente de dolo pelos danos causados pelos produtos postos em circulação, sendo, ainda, responsáveis pela reparação civil: os pais, pelos filhos menores que estiverem sob sua autoridade e em sua companhia; o tutor e o curador, pelos pupilos e curatelados, que se acharem nas mesmas condições; o empregador ou comitente, por seus empregados, serviçais e prepostos, no exercício do trabalho que lhes competir, ou em razão dele; os donos de hotéis, hospedarias, casas ou estabelecimentos onde se albergue por dinheiro, mesmo para fins de educação, pelos seus hóspedes, moradores e educandos; e os que gratuitamente houverem participado nos produtos do crime, até a concorrente quantia.

b) O dono, ou detentor, do animal ressarcirá o dano por este causado, se não provar culpa da vítima ou caso fortuito. O dono de edifício ou construção responde pelos danos que resultarem de sua ruína, se esta provier de falta de reparos, cuja necessidade fosse manifesta. Aquele que habitar prédio, ou parte dele, responde pelo dano proveniente das coisas que dele caírem ou forem lançadas em lugar indevido, ficando os bens do responsável pela ofensa ou violação do direito de outrem sujeitos à reparação do dano causado. Se a ofensa tiver mais de um autor, todos responderão solidariamente pela reparação.

c) No caso de homicídio, a indenização consiste, sem excluir outras reparações: no pagamento das despesas com o tratamento da vítima, seu funeral e o luto da família; na prestação de alimentos às pessoas a quem o morto os devia, levando-se em conta a duração provável da vida da vítima. No caso de lesão ou outra ofensa à saúde, o ofensor indenizará o ofendido das despesas do tratamento e dos lucros cessantes até ao fim da convalescença, além de algum outro prejuízo que o ofendido prove haver sofrido. A indenização por injúria, difamação ou calúnia consistirá na reparação do dano que delas resulte ao ofendido. Se o ofendido não puder provar prejuízo moral, caberá ao juiz fixar, equitativamente, o valor da indenização, na conformidade das circunstâncias do caso.

d) A indenização mede-se pela extensão do dano, podendo o juiz reduzir a indenização, de forma equitativa, caso ocorra excessiva desproporção entre a gravidade da culpa e o dano. Na hipótese da vítima ter concorrido culposamente para o evento danoso, a sua indenização será fixada tendo-se em conta a gravidade de sua culpa em confronto com a do autor do dano. Na eventualidade da obrigação ser indeterminada, e não havendo na lei ou no contrato disposição fixando a indenização devida pelo inadimplente, fixar-se- á o valor das perdas e danos por arbitramento.

e) Nas hipóteses da deterioração ou destruição da coisa alheia, ou de lesão à pessoa, a fim de remover perigo iminente, se a pessoa lesada, ou o dono da coisa não forem culpados do perigo, assistir-lhes-á direito à indenização do prejuízo que sofreram. Caso o perigo iminente ocorra por culpa de terceiro, contra este terá o autor do dano ação regressiva para haver a importância que tiver ressarcido ao lesado. A mesma ação competirá contra aquele em defesa de quem se causou o dano.

COMENTÁRIOS

Alternativa incorreta: letra "a". A assertiva está incorreta, por contrariar o disposto no art. 931 do CC, com a seguinte redação: "Ressalvados outros casos previstos em lei especial, os empresários individuais e as empresas respondem **independentemente de culpa** pelos danos causados pelos produtos postos em circulação."

Alternativa incorreta: letra "b". A alternativa está incorreta, pois contraria o disposto no art. 936 do CC que preceitua: "O dono, ou detentor, do animal ressarcirá o dano por este causado, se não provar culpa da vítima ou **força maior.**"

Alternativa incorreta: letra "c". O enunciado da alternativa discrepa do que preceitua o art. 953, parágrafo único, do CC, com a seguinte redação: "**Se o ofendido não puder provar prejuízo material**, caberá ao juiz fixar, equitativamente, o valor da indenização, na conformidade das circunstâncias do caso."

Alternativa incorreta: letra "d". A assertiva contraria o disposto no art. 946 do CC, que preceitua: "Se a obrigação for indeterminada, e não houver na lei ou no contrato disposição fixando a indenização devida pelo inadimplente, apurar-se-á o valor das perdas e danos na forma que a lei processual determinar."

Alternativa correta: letra "e". O art. 188, II, do CC estabelece que não constitui ato ilícito a deterioração ou destruição de coisa alheia, a fim de remover perigo iminente. Entretanto, muito embora não se trate de ato ilícito, aquele que causou o dano fica obrigado a repará-lo, caso o perigo não decorra de ações imputáveis ao dono da coisa. Neste caso, o autor do dano pode ajuizar ação regressiva em face do terceiro que criou a situação de perigo. É o que deflui das disposições inseridas nos arts. 929 e 930 do CC:

> *"Art. 929. Se a pessoa lesada, ou o dono da coisa, no caso do inciso II do art. 188, não forem culpados do perigo, assistir-lhes-á direito à indenização do prejuízo que sofreram."*
>
> *"Art. 930. No caso do inciso II do art. 188, se o perigo ocorrer por culpa de terceiro, contra este terá o autor do dano ação regressiva para haver a importância que tiver ressarcido ao lesado."*

---

298. (TRT 22 – Juiz do Trabalho Substituto 22ª Região/ 2013) Em matéria de responsabilidade civil, é INCORRETO afirmar que:

a) o código civil dispõe sobre a responsabilidade por atos ilícitos, por abuso de direito e por atividades perigosas;

b) a responsabilidade civil do devedor que já se encontra em mora é de natureza objetiva;

c) a responsabilidade negocial está vinculada à culpa do inadimplente, que se presume, em princípio, do próprio inadimplemento; a extranegocial depende da culpa ou do risco, conforme o caso;

d) a responsabilidade por dano nuclear restringe-se ao Estado, que responderá no limite previsto em lei, mediante rateio da indenização entre as vítimas;

e) a Fazenda Pública responde por danos que o servidor, nessa qualidade, acarretar a terceiros.

COMENTÁRIOS

Alternativa correta: letra "a". A assertiva é correta. A responsabilidade civil extracontratual (ou aquiliana) se fundamenta, basicamente, em dois pilares distintos, quais sejam, o ato ilícito (art. 186 do CC) e no abuso de direito (art. 187 do CC). Demais disso, o Código Civil traz disposição expressa acerca da responsabilidade civil extracontratual fundada na teoria do risco, consoante se extrai da norma insculpida no art. 927, parágrafo único, do CC: "Haverá obrigação de reparar o dano, independentemente de culpa, nos casos especificados em lei, ou quando a atividade normalmente desenvolvida pelo autor do dano implicar, por sua natureza, risco para os direitos de outrem."

Alternativa correta: letra "b". Em se tratando de devedor em mora, não se cogita da discussão acerca da culpa para sua responsabilização. Isso porque, apenas o cumprimento da prestação é capaz de elidir os efeitos do inadimplemento obrigacional. De tal sorte, em tais situações, a responsabilidade do devedor é objetiva, prescindindo da aferição do elemento subjetivo para sua configuração.

Alternativa correta: letra "c". A alternativa está correta. Isso porque, de fato, a responsabilidade civil contratual relaciona-se à culpa do inadimplente que é presumida em razão do próprio descumprimento da prestação objeto da relação obrigacional. Por outro lado, a responsabilidade civil extracontratual se fundamenta na existência da culpa em sentido amplo (dolo ou culpa) ou no risco da atividade desenvolvida pelo agente causador do dano. De tal sorte, a vigente codificação consagrou, como regra geral, a responsabilidade civil extracontratual subjetiva (arts. 186 e 927 do CC). Excepcionalmente, admite-se a responsabilidade civil objetiva, nas hipóteses do art. 927, parágrafo único, do CC, já transcrito em Comentários precedentes. Correta, pois, a assertiva em apreço.

Alternativa correta: letra "e". A assertiva está correta, pois encontra respaldo normativo no art. 37, §6º, da CR/88, com a seguinte redação: "As pessoas jurídicas de direito público e as de direito privado prestadoras de serviços públicos responderão pelos danos que seus agentes, nessa qualidade, causarem a terceiros, assegurado o direito de regresso contra o responsável nos casos de dolo ou culpa."

Alternativa incorreta: letra "d". Ao reverso do que constou do enunciado da alternativa, a responsabilidade civil por dano nuclear, nos termos do art. 4º, da 6.453/77, será exclusiva do operador da instalação nuclear e não do Estado. Eis o teor do mencionado dispositivo legal: "Será exclusiva do operador da instalação nuclear, nos termos desta Lei, independentemente da existência de culpa, a responsabilidade civil pela reparação de dano nuclear causado por acidente nuclear".

---

299. (TRT/20ª RG – VI Concurso – 2012) Os donos de hotéis, hospedarias, casas ou estabelecimentos onde se albergue por dinheiro, mesmo para fins de educação, são responsáveis pela reparação civil de seus hóspedes, moradores e educandos, porque

a) exercem as pessoas responsáveis, normalmente, atividade que, por sua natureza, representa risco a direito de outrem.

b) as pessoas responsáveis têm obrigação legal de contratar empregados para realizarem a segurança dos seus estabelecimentos.

c) há determinação legal expressa da solidariedade de tais pessoas com os efetivos autores do ilícito.

d) há presunção legal de que o ilícito não teria ocorrido se as vítimas não estivessem hospedadas, morando ou estudando nos estabelecimentos referidos.

e) a ocorrência de ilícito nos referidos estabelecimentos caracteriza negligência dos respectivos donos.

COMENTÁRIOS

✪ **Nota do autor:** A responsabilidade civil por fato de terceiro ocorre quando uma pessoa é responsabilizada pelo fato praticado por outrem, ainda que a regra seja no sentido de que a responsabilidade deriva dos próprios atos praticados. As hipóteses de responsabilidade por fato de terceiro estão previstas no art. 932 do CC.

Alternativa "a": incorreta. O par. ún., do art. 927 do CC consubstancia duas fontes para a responsabilidade civil objetiva, quais sejam, a lei (*v.g.* responsabilidade por fato de terceiro e responsabilidade por fato da coisa) e o potencial risco que da atividade desenvolvida pelo causador do dano, conforme se verifica da norma jurídica: "Parágrafo único. Haverá obrigação de reparar o dano, independentemente de culpa, nos casos especificados em lei, ou quando a atividade normalmente desenvolvida pelo autor do dano implicar, por sua natureza, risco para os direitos de outrem." Portanto, a atividade de risco e a responsabilidade advinda da lei, são fundamentos da responsabilidade objetiva. O enunciado da questão trata especificamente da responsabilidade pelo fato de terceiro, cuja responsabilidade deriva de uma determinação legal, independentemente do provável risco que a atividade possa apresentar. Por essa razão, não está correta a afirmativa presente nesta alternativa.

Alternativas incorretas: letras "b", "d" e "e". O fundamento que justifica a responsabilidade das pessoas designadas no art. 932, IV, é o dever de vigilância. No entanto a lei não determina, *in concreto,* como se deve exercer esse dever de vigilância. Na verdade, considerando que a hipótese em tela se refere à responsabilidade objetiva, não é necessário verificar se houve culpa. Havendo o dano, já existe uma presunção de que não foi cumprido o dever de vigilância. Portanto, não importa se o dano aconteceu por falta de segurança ou negligencia, o que se considera é a ocorrência objetiva do dano. Por tal razão as alternativas "b" e "e", estão erradas. Por fim, a alternativa "d" não tem previsão legal nesse sentido.

Alternativa "c": correta. O enunciado da questão reproduz a redação do art. 932, IV, do CC: "São também responsáveis pela reparação civil: IV – os donos de hotéis, hospedarias, casas ou estabelecimentos onde se albergue por dinheiro, mesmo para fins de educação, pelos seus hóspedes, moradores e educandos." Todas as hipóteses do dispositivo tratam da responsabilidade objetiva indireta ou por fato de terceiro, que se caracteriza pelo fato de que a responsabilização se dá não pelo dano diretamente praticado, mas pelo dano causado por um terceiro. Contudo, a responsabilidade civil, nesse caso, não é exclusiva das pessoas citadas no inc. IV, do art. 932 do CC, isto é, as pessoas designadas no dispositivo legal podem ser responsáveis pelos danos causados por outrem, no entanto, a sua responsabilidade é solidária, por expressa previsão, com os autores e coautores do ilícito, como determina o par. ún., do art. 942, do CC: "Os bens do responsável pela ofensa ou violação do direito de outrem ficam sujeitos à reparação do dano causado; e, se a ofensa tiver mais de um autor, todos responderão solidariamente pela reparação. Parágrafo único. São solidariamente responsáveis com os autores os coautores e as pessoas designadas no art. 932." Por tudo isso, é que se afirma que a assertiva em apreço está correta.

---

300. (TRT/21ª RG. VII Concurso – 2012) Leia as assertivas abaixo e marque a resposta CORRETA a respeito da responsabilidade civil:

I. A indenização devida pelo incapaz será equitativa e não terá lugar se o privar do necessário.

II. No caso de lesão à saúde da vítima, o ofensor indenizará o ofendido pelos lucros cessantes, pelo prazo arbitrado pelo juiz.

III. Não apenas a culpabilidade do autor do dano, mas também a da vítima, devem ser consideradas para fins de fixação do *quantum* indenizatório.

IV. O empregador é responsável pelos danos causados por seus empregados ou prepostos no exercício do trabalho que lhes competir, ainda que estes não tenham agido culposamente.

V. A indenização decorrente de ofensa que resulte lesão, em virtude da qual o ofendido não possa exercer o seu ofício ou profissão, ou tenha sua capacidade de trabalho reduzida, equivalerá sempre à pensão correspondente à importância do trabalho para que se inabilitou, ou da depreciação que ele sofreu.

a) Apenas as assertivas I e II estão corretas.

b) Apenas as assertivas I e V estão corretas.

c) Apenas as assertivas II, III e IV estão corretas.

d) Apenas as assertivas I e III estão corretas.

e) Apenas as assertivas IV e V estão corretas.

COMENTÁRIOS

Item I – Está correto. O item corresponde à regra do art. 928, parágrafo único, do Código Civil, que estabelece: "A indenização prevista neste artigo [devida pelo incapaz], que deverá ser equitativa, não terá lugar se privar do necessário o incapaz ou as pessoas que dele dependem."

Item II – Está **incorreto**. O enunciado do item contraria o disposto no art. 949 do CC, com a seguinte redação: "No caso de lesão ou outra ofensa à saúde, o ofensor indenizará o ofendido das despesas do tratamento e dos lucros cessantes até ao fim da convalescença, além de algum outro prejuízo que o ofendido prove haver sofrido." Portanto, o pagamento dos lucros cessantes deve subsistir até o final da convalescença e não pelo período fixado pelo magistrado, conforme equivocadamente constou da questão.

Item III – Está **correto**, uma vez que reflete a regra do art. 945 do CC, que preceitua: "Se a vítima tiver concorrido culposamente para o evento danoso, a sua indenização será fixada tendo-se em conta a gravidade de sua culpa em confronto com a do autor do dano."

Item IV – Está **incorreto**. Para que as pessoas e entidades indicadas no art. 932 do CC, sejam responsabilizadas pelos atos praticados por terceiros, é essencial que estes tenham agido com culpa.

Item V – Está **incorreto**. A indenização oriunda de ofensa que resulte em defeito que inabilite a vítima para o exercício de ofício ou profissão ou que diminua sua capacidade laborativa, em regra, corresponderá a uma pensão equivalente à importância do trabalho para o qual o ofendido se inabilitou (art. 950, *caput*, do Código Civil). Todavia, ao contrário do que restou consignado no enunciado do item, tal regra não é absoluta, eis que a vítima poderá optar pelo recebimento do pensionamento, em parcela única, na forma do art. 950, parágrafo único, do Código Civil, que preconiza: "O prejudicado, se preferir, poderá exigir que a indenização seja arbitrada e paga de uma só vez." De tal sorte, a incorreção da questão está no vocábulo "sempre", uma vez que é possível o pagamento de indenização diversa da pensão, conforme preceitua o art. 950, parágrafo único, do Código Civil.

Alternativa "d": correta.

---

301. (TRT/21ª RG. VII Concurso – 2012) Considerando-se as regras de responsabilidade jurídica adotadas pelo direito civil brasileiro, assinale a alternativa CORRETA:

I. Na hipótese de culpa concorrente entre a vítima e o autor do dano, não incide a responsabilidade deste último, quanto ao dever de reparação, salvo se comprovada a ocorrência de culpa grave.

II. O dever de reparar o dano transmite-se com a herança, assumindo os sucessores, em conjunto, a responsabilidade solidária com o espólio do *"de cujus"*, em face da obrigação legal.

III. Os empresários individuais e também as sociedades empresárias possuem responsabilidade objetiva, e, não subjetiva, em face de danos causados a terceiros, em virtude de bens e produtos produzidos e comercializados.

IV. Qualquer entidade privada se responsabiliza pelos atos praticados por seus empregados, em razão do trabalho por eles realizado, desde que se configure a culpa *"in eligendo"* e *"in vigilando"*.

a) Apenas as assertivas II e III estão corretas.

b) Apenas as assertivas I e IV estão corretas.

c) Apenas a assertiva IV está correta.

d) Apenas a assertiva III está correta.

e) Apenas as assertivas I e II estão corretas.

COMENTÁRIOS

Item I – O item está **incorreto**. A culpa concorrente, também chamada de concorrência de culpas, ao reverso do que constou do enunciado do item em exame, não tem o condão de excluir a responsabilidade civil do agente. Em verdade, o seu principal efeito se consubstancia na redução do *quantum* indenizatório devido à vítima. Desse modo, ainda na hipótese de culpa concorrente, subsiste a responsabilidade civil do autor do dano. A esse respeito, mencionam-se os seguintes julgados do STJ: REsp 1072577/PR, Rel.: Min. Luis Felipe Salomão, *DJe* 26.04.2012; AgRg no REsp 1271764/RJ, Rel.: Min. Castro Meira, *DJe* 02.12.2011; REsp 882036/BA, Rel.: Min. Luis Felipe Salomão, *DJe* 01.12.2011. Além disso, o entendimento ora esposado encontra-se em consonância com o que dispõe o art. 945 do CC: "Se a vítima tiver concorrido culposamente para o evento danoso, a sua indenização será fixada tendo-se em conta a gravidade de sua culpa em confronto com a do autor do dano."

Item II – Está **incorreto**. Em princípio, o item tenta induzir o candidato a erro, uma vez que reproduz a regra do art. 943 do CC, pela qual o dever de reparar o dano transmite-se com a herança. Todavia, o equívoco da questão está em uma suposta solidariedade entre o espólio do *de cujus* e os sucessores. Como se sabe, a solidariedade não se presume, decorrendo da lei ou da vontade das partes (art. 265 do CC). Considerando-se que inexiste qualquer dispositivo legal que estabeleça a solidariedade propugnada pelo enunciado do item, não se afigura possível considerá-lo **correto**.

Item III – O item está **correto**, uma vez que reproduz o teor do art. 931 do CC, com a seguinte redação: "Ressalvados outros casos previstos em lei especial, os empresários individuais e as empresas respondem independentemente de culpa pelos danos causados pelos produtos postos em circulação."

Item IV – Está **incorreto**. A responsabilidade das entidades privadas pelos danos causados por seus empregados e prepostos no exercício do trabalho, prevista no art. 932, III, do Código Civil, não depende da averiguação de culpa, nos termos do art. 933, do mesmo diploma legal. De tal sorte, a hipótese tratada pela questão é tipicamente de responsabilidade civil objetiva, não se cogitando da aferição de culpa para a responsabilização de tais entidades.

Alternativa "d": correta.

302. (TRT/21ª RG. VII Concurso - 2012) Em conformidade com o que prevê o Código Civil, é CORRETO afirmar:

I. As pessoas jurídicas podem sofrer dano moral, tendo a elas atribuído o legislador, expressamente, direitos típicos da personalidade, também reconhecidos às pessoas físicas.

II. Os bens particulares dos sócios da pessoa jurídica respondem pelas dívidas da sociedade em caso de desvio de finalidade e de comprovada evasão de divisas, não se admitindo a invocação do benefício de ordem, por parte dos sócios demandados, em relação aos bens da sociedade.

III. Obrigam a sociedade limitada os atos praticados pelos seus administradores, mesmo quando tais atos ultrapassem, excepcionalmente, os limites de poderes previstos no estatuto de constituição da empresa.

IV. Em caso de erro ou dolo observado na criação de pessoa jurídica de direito privado, decai em 3 (três) anos o direito de anular a respectiva constituição, contando-se o prazo da publicação de sua inscrição no órgão competente do registro.

a) Apenas as assertivas I e III estão corretas.

b) Apenas as assertivas III e IV estão corretas.

c) Apenas as assertivas I e IV estão corretas.

d) Apenas as assertivas II e III estão corretas.

e) Apenas as assertivas II e IV estão corretas.

COMENTÁRIOS

Item I - Está **correto.** O enunciado do item encontra respaldo na Súmula nº 227, do STJ, com o seguinte teor: "A pessoa jurídica pode sofrer dano moral." Ademais, é inegável que a ordem jurídica assegura às pessoas jurídicas diversos direitos da personalidade como, por exemplo, "o nome, o domicílio, a nacionalidade, a honra, a reputação etc."(ROSENVALD, Nelson; CHAVES, Cristiano. *Direito Civil - Teoria Geral.* 9ª ed. Rio de Janeiro: Lumen Juris, 2011, p. 404)

Item II - Está **incorreto.** O art. 50 do CC (Redação do art. 50 do CC, dada pela Lei nº 13.874, de 2019) , que consagra a teoria da desconsideração da personalidade jurídica, não estabelece que a evasão de divisas se constitua em hipótese que autorize a responsabilização de sócios e administradores. Em verdade, o mencionado dispositivo legal somente permite a aplicação da *disregard doctrine* na hipótese de abuso da personalidade jurídica, caracterizado pelo desvio de finalidade ou pela confusão patrimonial. A esse respeito, confira-se: "Em caso de abuso da personalidade jurídica, caracterizado pelo desvio de finalidade, ou pela confusão patrimonial, pode o juiz decidir, a requerimento da parte, ou do Ministério Público quando lhe couber intervir no processo, que os efeitos de certas e determinadas relações de obrigações sejam estendidos aos bens particulares dos administradores ou sócios da pessoa jurídica."

Item III - Está **incorreto.** O Código Civil consagrou, em seu art. 1.015, III, a chamada teoria *ultra vires*, de sorte que os atos praticados pelo administrador que inobserve os limites impostos pelo ato constitutivo não obrigarão a sociedade, mas sim o agente que praticou o ato que excedeu os limites de seus poderes.

Item IV - Está **correto.** O enunciado do item corresponde à regra do art. 45, parágrafo único, do Código Civil: "Decai em três anos o direito de anular a constituição das pessoas jurídicas de direito privado, por defeito do ato respectivo, contado o prazo da publicação de sua inscrição no registro."

Alternativa "c": correta.

303. (TRT/19ª RG - VI Concurso - 2012) Assinale a alternativa INCORRETA:

a) Salvo por exigência médica, é defeso o ato de disposição do próprio corpo, quando importar diminuição permanente da integridade física, ou contrariar os bons costumes. Admite-se esse ato, todavia, quando detiver fins de transplante.

b) É válida, com objetivo científico, ou altruístico, a disposição gratuita do próprio corpo, no todo ou em parte, para depois da morte. O ato de disposição pode ser livremente revogado a qualquer tempo.

c) Mesmo que não haja intenção difamatória, o nome da pessoa não pode ser empregado por outrem em publicações ou representações que a exponham ao desprezo público.

d) Aplica-se às pessoas jurídicas, no que couber, a proteção dos direitos da personalidade. No âmbito do STJ, vigora a tese de que a pessoa jurídica pode até mesmo sofrer dano moral, mas o tema, porque polêmico, ainda não figura como objeto de súmula de jurisprudência.

e) A fundação somente poderá constituir-se para fins religiosos, morais, culturais ou de assistência. Velará pelas fundações o Ministério Público do Estado onde situadas.

COMENTÁRIOS

Alternativa "a": correta. Está correta, porquanto em consonância à regra consagrada no art. 13 *caput* e parágrafo único, do CC: "Salvo por exigência médica, é defeso o ato de disposição do próprio corpo, quando importar diminuição permanente da integridade física, ou contrariar os bons costumes. Parágrafo único. O ato previsto neste artigo será admitido para fins de transplante, na forma estabelecida em lei especial."

Alternativa "b": correta. A assertiva está correta, por guardar correspondência com o art. 14 *caput* e parágrafo único, do CC, com a seguinte redação: "É válida, com objetivo científico, ou altruístico, a disposição gratuita do próprio corpo, no todo ou em parte, para depois da morte. Parágrafo único. O ato de disposição pode ser livremente revogado a qualquer tempo."

Alternativa "c": correta. Está correta. O enunciado da alternativa em apreço se coaduna ao teor do art. 17 do CC: "O nome da pessoa não pode ser empregado por outrem em publicações ou representações que a exponham ao desprezo público, ainda quando não haja intenção difamatória."

Alternativa "e": correta. Está correta. A assertiva refere-se às disposições dos art. 62, parágrafo único e 66 *caput*, ambos do Código Civil:

> *"Parágrafo único. A fundação somente poderá constituir-se para fins religiosos, morais, culturais ou de assistência."*

"Art. 66. Velará pelas fundações o Ministério Público do Estado onde situadas."

Alternativa "d": incorreta. Está incorreta. Isso porque, de acordo com o entendimento consolidado na Súmula nº 227, do Superior Tribunal de Justiça, "a pessoa jurídica pode sofrer dano moral." Trata-se, portanto, de matéria já sumulada no âmbito do referido Tribunal Superior, ao reverso do que constou da alternativa em exame.

---

304. (TRT/19ª RG – VI Concurso – 2012) À luz da dicção da lei, assinale a alternativa INCORRETA:

a) São considerados responsáveis pela reparação civil, independentemente de culpa, os pais, pelos filhos menores que estiverem sob sua autoridade e em sua companhia; o tutor e o curador, pelos pupilos e curatelados, que se acharem nas mesmas condições; o empregador ou comitente, por seus empregados, serviçais e prepostos, no exercício do trabalho que lhes competir, ou em razão dele; os donos de hotéis, hospedarias, casas ou estabelecimentos onde se albergue por dinheiro, mesmo para fins de educação, pelos seus hóspedes, moradores e educandos; os que gratuitamente houverem participado nos produtos do crime, até a corrente quantia.

b) Aquele que ressarcir o dano causado por outrem pode reaver o que houver pago daquele por quem pagou, salvo se o causador do dano for descendente seu, absoluta ou relativamente incapaz.

c) Aquele que demandar por dívida já paga, no todo ou em parte, sem ressalvar as quantias recebidas ou pedir mais do que foi devido, ficará obrigado a pagar ao devedor, no primeiro caso, o dobro do que houver cobrado e, no segundo, o equivalente do que dele exigir, mesmo havendo prescrição.

d) Os bens do responsável pela ofensa ou violação do direito de outrem ficam sujeitos à reparação do dano causado; e, se a ofensa tiver mais de um autor, todos responderão solidariamente pela reparação.

e) O incapaz responde pelos prejuízos que causar, se as pessoas por ele responsáveis não tiverem obrigação de fazê-lo ou não dispuserem de meios suficientes. A indenização prevista neste artigo, que deverá ser equitativa, não terá lugar se privar do necessário o incapaz ou as pessoas que dele dependem.

COMENTÁRIOS

Alternativa "a": correta. A alternativa reproduz a regra do art. 932 do CC, que trata da responsabilidade civil por ato de terceiro. A banca examinadora, no particular, perfilhou o entendimento de que a responsabilidade civil dos agentes mencionados pelo dispositivo legal em referência é objetiva, prescindindo da demonstração de culpa. Nesse mesmo sentido, entendem Pablo Stolze Gagliano e Rodolfo Pamplona Filho, para os quais a norma em comento é inspirada pela teoria do risco, de sorte que restou consagrada a responsabilidade civil objetiva para as hipóteses contempladas pelo art. 932 do CC (GAGLIANO, Pablo Stolze; PAMPLONA FILHO, Rodolfo. *Novo Curso de Direito Civil. Responsabilidade Civil.* 10ª ed. São Paulo: Saraiva, 2012, p. 199).

Alternativa "b": correta. Está correta, porquanto a assertiva corresponde à regra constante do art. 934 do CC: "Aquele que ressarcir o dano causado por outrem pode reaver o que houver pago daquele por quem pagou, salvo se o causador do dano for descendente seu, absoluta ou relativamente incapaz."

Alternativa "d": correta. A alternativa está correta, em face do que preceitua o art. 942 do CC: "Os bens do responsável pela ofensa ou violação do direito de outrem ficam sujeitos à reparação do dano causado; e, se a ofensa tiver mais de um autor, todos responderão solidariamente pela reparação."

Alternativa "e": correta. Está correta. A assertiva reflete a literalidade das regras constantes do art. 928 *caput* e parágrafo único, do CC, com o seguinte teor: "O incapaz responde pelos prejuízos que causar, se as pessoas por ele responsáveis não tiverem obrigação de fazê-lo ou não dispuserem de meios suficientes. Parágrafo único. A indenização prevista neste artigo, que deverá ser equitativa, não terá lugar se privar do necessário o incapaz ou as pessoas que dele dependem."

Alternativa "c": incorreta. Está incorreta, por contrariar a parte final do art. 940 do CC. Isso porque, as regras previstas no mencionado dispositivo legal, pertinentes à repetição dos valores indevidamente exigidos de forma simples ou dobrada, não incidem caso reste caracterizada à prescrição. Eis o teor do art. 940 do CC: "Aquele que demandar por dívida já paga, no todo ou em parte, sem ressalvar as quantias recebidas ou pedir mais do que for devido, ficará obrigado a pagar ao devedor, no primeiro caso, o dobro do que houver cobrado e, no segundo, o equivalente do que dele exigir, salvo se houver prescrição." Desse modo, a incorreção da alternativa reside na expressão "mesmo havendo prescrição".

---

305. (TRT/8ª RG – Concurso nº C-320 – 2012) A respeito da responsabilidade civil, marque a alternativa INCORRETA:

a) Não constituem atos ilícitos os praticados em legítima defesa ou no exercício regular de um direito reconhecido e a deterioração ou a destruição da coisa alheia, esta somente quando as circunstâncias o tornarem absolutamente necessário, não excedendo os limites do indispensável para a remoção do perigo, ou a lesão a pessoa, a fim de remover perigo iminente.

b) A responsabilidade civil do empregador pelos atos de seus empregados, serviçais e prepostos, no exercício do trabalho que lhes competir ou em razão dele, é solidária e objetiva.

c) Se da ofensa resultar defeito pelo qual o ofendido não possa exercer o seu ofício ou profissão, ou se lhe diminua a capacidade de trabalho, a indenização, além das despesas do tratamento e dos lucros cessantes até ao fim da convalescença, incluirá pensão correspondente à importância do trabalho para que se inabilitou, ou da depreciação que ele sofreu, facultando-se ao prejudicado exigir que a indenização seja arbitrada e paga de uma só vez.

d) O direito de exigir reparação e a obrigação de prestá-la não se transmitem com a herança.

e) Haverá obrigação de reparar o dano, independentemente de culpa, nos casos especificados em lei, ou quando a atividade normalmente desenvolvida pelo autor do dano implicar, por sua natureza, risco para os direitos de outrem.

COMENTÁRIOS

Alternativa "a": correta. A assertiva encontra-se correta, pois reproduz a redação do art. 188 do CC, que preceitua: "Art. 188. Não constituem atos ilícitos: I – os praticados em legítima defesa ou no exercício regular de um direito reconhecido."

Alternativa "b": correta. A alternativa está correta, uma vez que reproduz, na íntegra, o art. 932, III, do CC, cujo teor ora se transcreve: "Art. 932. São também responsáveis pela reparação civil: [...] III – o empregador ou comitente, por seus empregados, serviçais e prepostos, no exercício do trabalho que lhes competir, ou em razão dele."

Alternativa "c": correta. Encontra-se correta, pois corresponde à literalidade do art. 950 e de seu parágrafo único, do CC, com a seguinte redação: "Art. 950. Se da ofensa resultar defeito pelo qual o ofendido não possa exercer o seu ofício ou profissão, ou se lhe diminua a capacidade de trabalho, a indenização, além das despesas do tratamento e lucros cessantes até ao fim da convalescença, incluirá pensão correspondente à importância do trabalho para que se inabilitou, ou da depreciação que ele sofreu. Parágrafo único. O prejudicado, se preferir, poderá exigir que a indenização seja arbitrada e paga de uma só vez."

Alternativa "e": correta. A assertiva encontra-se correta, pois reproduz a redação do art. 927, parágrafo único, do CC, que preconiza: "Haverá obrigação de reparar o dano, independentemente de culpa, nos casos especificados em lei, ou quando a atividade normalmente desenvolvida pelo autor do dano implicar, por sua natureza, risco para os direitos de outrem."

Alternativa "d": incorreta. A assertiva encontra-se incorreta, porquanto o direito de exigir a reparação e a obrigação de prestá-la transmitem-se com a herança, conforme preceitua o art. 943 do CC, com o seguinte teor: "O direito de exigir reparação e a obrigação de prestá-la transmitem-se com a herança."

---

306. (TRT/4ª RG – 2012) É INCORRETO afirmar:

a) Não se considera empresário quem exerce profissão intelectual, mesmo que tenha o auxílio de colaboradores, salvo se o exercício da profissão constituir elemento de empresa.

b) É obrigatória a inscrição do empresário no Registro Público de Empresas Mercantis da respectiva sede, antes do início de sua atividade.

c) A responsabilidade civil da empresa se dá, em regra, independentemente de culpa.

d) Os sócios, nas relações entre si ou com terceiros, somente por escrito podem provar a existência da sociedade, mas os terceiros podem prová-la de qualquer modo.

e) Os bens sociais respondem pelos atos de gestão praticados por qualquer dos sócios, salvo pacto expresso limitativo de poderes, que somente terá eficácia contra o terceiro que o conheça ou deva conhecer.

COMENTÁRIOS

Alternativa "a": correta. A alternativa está correta, pois reproduz o teor do art. 966, parágrafo único, do CC, com a seguinte redação: "Não se considera empresário quem exerce profissão intelectual, de natureza científica, literária ou artística, ainda com o concurso de auxiliares ou colaboradores, salvo se o exercício da profissão constituir elemento de empresa."

Alternativa "b": correta. O enunciado da alternativa está **correto**, já que se amolda às disposições inseridas no art. 967 do CC, com a seguinte redação: "É obrigatória a inscrição do empresário no Registro Público de Empresas Mercantis da respectiva sede, antes do início de sua atividade."

Alternativa "d": correta. A assertiva corresponde à literalidade do art. 987 do CC, com a seguinte redação: "Os sócios, nas relações entre si ou com terceiros, somente por escrito podem provar a existência da sociedade, mas os terceiros podem prová-la de qualquer modo."

Alternativa "e": correta. No particular, a banca examinadora, a exemplo do que ocorreu nas demais alternativas, optou por reproduzir a literalidade da norma legal, conforme se extrai do disposto no art. 989 do CC: "Os bens sociais respondem pelos atos de gestão praticados por qualquer dos sócios, salvo pacto expresso limitativo de poderes, que somente terá eficácia contra o terceiro que o conheça ou deva conhecer."

Alternativa "c": incorreta. A assertiva está equivocada. Como se sabe, na sistemática introduzida pelo vigente Código Civil, a responsabilidade civil subjetiva subsiste como regra geral, conforme as disposições inseridas nos arts. 186 e 927 do CC. A responsabilidade civil objetiva, que independe do concurso do elemento culpa para sua configuração, somente tem lugar nas hipóteses expressamente previstas em lei ou quando a atividade do agente implicar, por sua natureza, em riscos para os direitos de outrem (art. 927, parágrafo único, do CC). Desse modo, o equívoco da assertiva reside no fato de que a responsabilidade civil subjetiva, e não a objetiva, é a regra geral no âmbito do Código Civil de 2002.

---

307. (TRT/24ª RG – XI Concurso – 2011) Assinale a alternativa CORRETA:

a) Aquele que demandar por dívida já paga, no todo ou em parte, sem ressalvar as quantias recebidas, ficará obrigado a pagar ao devedor o dobro do que houver cobrado; aquele que pedir mais do que for devido, ficará obrigado a pagar o equivalente do que dele exigir.

b) Não há previsão legal expressa para a solidariedade na responsabilidade extracontratual.

c) O Código Civil brasileiro adotou o sistema de responsabilidade civil subjetiva, não adotando o sistema de responsabilidade civil objetiva.

d) A norma determina que seja subjetiva a responsabilidade quando a atividade do causador do dano, por sua natureza, implicar risco para o direito de outrem.

e) Com o advento da Emenda Constitucional nº 45, de 08 de dezembro de 2004, a prestação de serviços está sujeita às leis trabalhistas ou às leis especiais, não se regendo pelas disposições contidas no Código Civil brasileiro.

COMENTÁRIOS

Alternativa "b": incorreta. Está incorreta. O art. 944, parágrafo único, do CC, prevê a solidariedade nas hipóteses de responsabilidade civil por ato de terceiro, cujas hipóteses estão arroladas no art. 932, do mesmo diploma legal.

Alternativa "c": incorreta. O vigente Código Civil estabeleceu como regra geral a responsabilidade civil subjetiva, calcada na apuração da culpa do agente. Todavia, em determinadas hipóteses, admite o ordenamento jurídico pátrio a chamada responsabilidade objetiva, a qual prescinde da caracterização da culpa. Nesse sentido, preceitua o art. 927, parágrafo único, do CC: "Haverá obrigação de reparar o dano, independentemente de culpa, nos casos especificados em lei, ou quando a atividade normalmente desenvolvida pelo autor do dano implicar, por sua natureza, risco para os direitos de outrem." Desse modo, a assertiva está incorreta, porquanto a vigente codificação, ao reverso do consignado na alternativa em exame, admite a responsabilidade civil objetiva.

Alternativa "d": incorreta. A assertiva está incorreta, pois contraria o disposto no art. 927, parágrafo único, do CC, com a seguinte redação: "Haverá obrigação de reparar o dano, independentemente de culpa, nos casos especificados em lei, ou quando a atividade normalmente desenvolvida pelo autor do dano implicar, por sua natureza, risco para os direitos de outrem."

Alternativa "e": incorreta. A assertiva está equivocada. A Emenda Constitucional nº 45/2004 apenas teve o condão de transferir a competência das controvérsias oriundas das relações de trabalho, dentre as quais se inclui a prestação de serviços, para a Justiça do Trabalho, consoante se infere da novel redação atribuída ao art. 114, da Constituição da República. De tal sorte, a mencionada Emenda Constitucional não produziu quaisquer efeitos no campo do direito material, de sorte que permaneceu inalterado o regramento legal do contrato de prestação de serviços.

Alternativa "a": correta. A assertiva corresponde à regra insculpida no art. 940 do CC, com a seguinte redação: "Aquele que demandar por dívida já paga, no todo ou em parte, sem ressalvar as quantias recebidas ou pedir mais do que for devido, ficará obrigado a pagar ao devedor, no primeiro caso, o dobro do que houver cobrado e, no segundo, o equivalente do que dele exigir, salvo se houver prescrição."

---

308. (TRT/23ª RG – XVIII Concurso – 2011) Analisando se os itens abaixo (I a IV) contêm proposições verdadeiras ou falsas, de acordo com o Código Civil, indique qual alternativa corresponde, em ordem sequencial, ao resultado de tal análise:

I. A indenização mede-se pela extensão do dano, mas se houver excessiva desproporção entre a gravidade da culpa e o dano, poderá o juiz, por expressa autorização legal, majorar ou reduzir a indenização.

II. Aquele que demandar por dívida já paga, no todo ou em parte, sem ressalvar as quantias recebidas ou pedir mais do que for devido, ficará obrigado a pagar ao devedor, no primeiro caso, o dobro do que houver cobrado e, no segundo, o equivalente do que dele exigir, salvo se houver prescrição.

III. São responsáveis pela reparação civil os donos de hotéis, hospedarias, casas ou estabelecimentos onde se albergue por dinheiro, salvo para fins de educação, pelos seus hóspedes e moradores.

IV. O dono, ou detentor, do animal ressarcirá o dano por este causado, se não provar culpa da vítima ou força maior.

a) Item I: falsa; item II: verdadeira; item III: verdadeira; item IV: falsa.

b) Item I: verdadeira; item II: verdadeira; item III: falsa; item IV: verdadeira.

c) Item I: falsa; item II: verdadeira; item III: falsa; item IV: verdadeira.

d) Item I: verdadeira; item II: falsa; item III: falsa; item IV: verdadeira.

e) Item I: falsa; item II: falsa; item III: verdadeira; item IV: verdadeira.

COMENTÁRIOS

Item I – Está **incorreto**. O enunciado do item contraria o disposto no art. 944, parágrafo único, do CC, com a seguinte redação: "Se houver excessiva desproporção entre a gravidade da culpa e o dano, poderá o juiz reduzir, equitativamente, a indenização." É importante notar que o dispositivo legal em comento somente contempla a possibilidade de redução equitativa da indenização. Pela dicção do preceito em exame, não se vislumbra a possibilidade de majoração da indenização, conforme equivocadamente constou do item em exame.

Item II – Está **correto**. O item reflete a regra prevista no art. 940 do CC, com a seguinte redação: "Aquele que demandar por dívida já paga, no todo ou em parte, sem ressalvar as quantias recebidas ou pedir mais do que for devido, ficará obrigado a pagar ao devedor, no primeiro caso, o dobro do que houver cobrado e, no segundo, o equivalente do que dele exigir, salvo se houver prescrição."

Item III – Está **incorreto**, porquanto dissonante do disposto no art. 932, IV, do CC, com a seguinte redação: "São também responsáveis pela reparação civil: [...] IV – os donos de hotéis, hospedarias, casas ou estabelecimentos onde se albergue por dinheiro, mesmo para fins de educação, pelos seus hóspedes, moradores e educandos." Verifica-se, portanto, que ainda que o estabelecimento seja destinado à educação, os donos de hotéis, hospedarias, casas ou estabelecimentos onde se albergue por dinheiro, responderão pelos danos causados por hóspedes, moradores e educandos.

Item IV – Está **correto**. O item reproduz a literalidade do art. 936 do CC, que dispõe: "O dono, ou detentor, do animal ressarcirá o dano por este causado, se não provar culpa da vítima ou força maior."

Alternativa "c": correta.

---

309. (TRT/21ª RG – VI Concurso – 2010) Diante das assertivas a seguir, versando sobre a responsabilidade civil, aponte a alternativa CORRETA:

I. Quaisquer empresas ou empresários individuais que, em sua atividade regular, ponham produtos e mercadorias à venda, respondem pelos danos causados a terceiros, em decorrência de tal fato, independentemente da existência de culpa.

II. O empregador responde pelos atos praticados por seus empregados, no exercício de tarefas laborais, quando causem danos a terceiros, exigindo-se a demonstração da ocorrência de culpa da empresa;

III. Transmite-se com a herança o direito de exigir reparação por danos morais e materiais, assim como a obrigação de indenizá-los;

IV. Se o trabalhador tiver a sua capacidade laboral reduzida, por força de ato ilícito praticado pelo empregador, caberá indenização, que abrangerá danos materiais emergentes, lucros cessantes até o final da convalescença, pensão correspondente ao valor da depreciação sofrida, além dos danos extrapatrimoniais observados;

V. a prisão ilegal de testemunha em processo trabalhista caracteriza ato ofensivo à liberdade pessoal e enseja o direito à indenização por perdas e danos, e, em caso de não ter a vítima condições de provar o prejuízo, caberá ao juiz, de maneira equitativa, fixar o respectivo valor indenizatório, considerando as circunstâncias presentes.

a) Apenas as assertivas I, III, IV e V estão corretas.

b) Apenas as assertivas I, II, IV e V estão corretas.

c) Apenas as assertivas II, III, IV e V estão corretas.

d) Apenas as assertivas II, IV e V estão corretas.

e) Todas as assertivas estão corretas.

COMENTÁRIOS

Item I: Correto. O enunciado caminha ao encontro do que estabelece a norma do art. 931 do CC: "Ressalvados outros casos previstos em lei especial, os empresários individuais e as empresas respondem independentemente de culpa pelos danos causados pelos produtos postos em circulação." Esse artigo aborda especificamente a circulação de produtos, existindo ou não relação de consumo, como entendeu o Enunciado nº 378, do CJF/STJ: "Aplica-se o art. 931 do Código Civil, haja ou não relação de consumo".

Item II: Incorreto. O erro do enunciado está no fato de se afirmar que a responsabilidade do empregador depende de culpa da empresa. Na verdade a responsabilidade do empregador é objetiva, ou seja, ele é responsável independentemente da sua culpa direta, pelos atos praticados por seus empregados, no exercício das suas atividades laborais, na esteira do que apregoa o art. 932 do CC: "São também responsáveis pela reparação civil: III – o empregador ou comitente, por seus empregados, serviços e prepostos, no exercício do trabalho que lhes competir, ou em razão dele; " No entanto, para que efetivamente exista a responsabilidade do empregador, é imprescindível que o empregado tenha agido com culpa. Desse modo, percebe-se que o enunciado confundiu a regra ao afirmar que se exige a "demonstração da ocorrência de culpa da empresa."

Item III: Correto. O enunciado está de acordo com o que apregoa a norma do art. 943, do CC. No entanto, a alternativa merece algumas considerações, que devem ser destacadas para melhor compreensão do tema proposto pela assertiva. Primeiro, devemos destacar que, com a morte, os direitos e ações pertencentes ao *de cujus*, se transmitem com a herança. A transmissão é tanto das indenizações devidamente fixadas, como das ações passíveis de postulação. A regra, também se aplica *a contrario sensu*, ou seja, o passivo deixado pelo *de cujus*, também se transmite com a herança. Todo esse argumento se pauta na regra do art. 943, do CC: "O direito de exigir reparação e a obrigação de prestá-la transmitem-se com a herança." No entanto, esse dispositivo deve receber interpretação sistemática, com os artigos 5º, XLV, da Constituição da República: "nenhuma pena passará da pessoa do condenado, podendo a obrigação de reparar o dano e a decretação do perdimento de bens ser, nos termos da lei, estendidas aos sucessores e contra eles executadas, até o limite do valor do patrimônio transferido; " e o artigo 1.792, do Código Civil: "O herdeiro não responde por encargos superiores às forças da herança; incumbe-lhe, porém, a prova do excesso, salvo se houver inventário que a escuse, demostrando o valor dos bens herdados."

Item IV: Correto. O enunciado corrobora com a doutrina dos artigos 949 e 950, ambos do CC: "Art. 949. No caso de lesão ou outra ofensa à saúde, o ofensor indenizará o ofendido das despesas do tratamento e dos lucros cessantes até ao fim da convalescença, além de algum outro prejuízo que o ofendido prove haver sofrido. Art. 950. Se da ofensa resultar defeito pelo qual o ofendido não possa exercer o seu ofício ou profissão, ou se lhe diminua a capacidade de trabalho, a indenização, além das despesas do tratamento e lucros cessantes até ao fim da convalescença, incluirá pensão correspondente à importância do trabalho para que se inabilitou, ou da depreciação que ele sofreu. Parágrafo único. O prejudicado, se preferir, poderá exigir que a indenização seja arbitrada e paga de uma só vez." Os mencionados textos legais, tratam da responsabilização decorrente de lesão ou outros atos que ofendam a saúde da vítima. Nestes casos, independentemente de quem tenha causado o dano, o que inclui o empregador, será responsabilizado na forma dos artigos citados.

Item V: Correto. A assertiva está correta, pois segundo a lei, a prisão ilegal deve ser indenizada e, caso o ofendido não possa demonstrar o prejuízo material, a sua fixação ficará a cargo do juízo, levando em consideração as circunstâncias do fato. Nesse sentido, é a doutrina do art. 954 e o par. ún. do art. 953 do CC: "Art. 954. A indenização por ofensa à liberdade pessoal consistirá no pagamento das perdas e danos que sobrevierem ao ofendido, e se este não puder provar prejuízo, tem aplicação o disposto no parágrafo único do artigo antecedente. Art. 953. [...] Parágrafo único. Se o ofendido não puder provar prejuízo material, caberá ao juiz fixar, equitativamente, o valor da indenização, na conformidade das circunstâncias do caso."

Alternativa "a": correta.

---

310. (TRT/23ª RG – XVI Concurso – 2010) Analise os itens abaixo e aponte a alternativa CORRETA:

I. Havendo morte da vítima, a indenização devida a seus familiares abrangerá lucros cessantes.

II. De acordo com súmula do STJ, o valor do seguro obrigatório deve ser deduzido da indenização judicialmente fixada.

III. Segundo súmula do STF, é indenizável o acidente que cause a morte de filho menor, ainda que não exerça trabalho remunerado.

IV. Segundo súmula do STF, no cálculo da indenização por acidente de trabalho, inclui-se, quando devido, o repouso semanal remunerado.

V. O segurador tem ação regressiva contra o causador do dano, pelo que efetivamente pagou, até o limite previsto no contrato.

a) Todas as proposições estão corretas.

b) As proposições II, III e IV estão corretas e as proposições I e V, incorretas.

c) As proposições I, III e IV estão corretas e as proposições II e V, incorretas.

d) As proposições I, IV e V estão corretas e as proposições II e III, incorretas.

e) As proposições I, II e III estão corretas e as proposições IV e V, incorretas.

COMENTÁRIOS

Alternativa "a": correta. Todos os itens da questão serão analisados:

Item I: Correto. O *caput* do art. 948 do CC prescreve que: "No caso de homicídio, a indenização consiste, sem excluir outras reparações: " Pela leitura da parte final do dispositivo fica claro que as verbas indenizatórias previstas nos seus incisos não afastam outras verbas de igual natureza. O sistema de responsabilidade civil, no atual sistema do direito civil constitucional, prevê que a reparação dos danos, sejam eles patrimoniais ou morais, seja capaz de ressarcir todo prejuízo sofrido pela vítima ou pelos seus sucessores. Nesse contexto, caberão, na hipótese de morte da vítima, todas as reparações possíveis, incluindo os lucros cessantes, na esteira do que preconiza o art. 402 do CC: "Salvo as exceções expressamente previstas em lei, as perdas e danos devidas ao credor abrangem, além do que ele efetivamente perdeu, o que razoavelmente deixou de lucrar." Vejamos o texto anteriormente citado: "Art. 948. No caso de homicídio, a indenização consiste, sem excluir outras reparações: I – no pagamento das despesas com o tratamento da vítima, seu funeral e o luto da família; II – na prestação de alimentos às pessoas a quem o morto os devia, levando-se em conta a duração provável da vida da vítima."

Item II: Correto. O enunciado da questão corresponde à literalidade da Súmula nº 246 do STJ: "O valor do seguro obrigatório deve ser deduzido da indenização judicialmente fixada."

Item III: Correto. A assertiva transcreveu *in verbis* a redação da Súmula nº 491 do STF: " É indenizável o acidente que cause a morte de filho menor, ainda que não exerça trabalho remunerado."

Item IV: Correto. O acerto da assertiva encontra-se no fato de que houve a transcrição do teor da Súmula nº 464 do STF, para a sua redação: "No cálculo da indenização por acidente do trabalho inclui-se, quando devido, o repouso semanal remunerado."

Item IV: Correto. A assertiva vai ao encontro do que prescreve a Súmula nº 188 do STF: "O segurador tem ação regressiva contra o causador do dano, pelo que efetivamente pagou, até o limite previsto no contrato de seguro."

Todos os itens da questão estão **corretos**, correspondendo ao que estabelece a alternativa "a".

---

311. (TRT/2ª RG - XXXV Concurso - 2010) Em relação à responsabilidade civil, verifique as seguintes proposições e responda:

I. O dano se constitui em lesão a qualquer bem jurídico, material ou moral, devendo, em regra ser um dano atual e certo, admitindo-se, por exceção, a possibilidade da reparação pela perda de uma chance.

II. Quanto às pessoas obrigadas a reparar o dano, o Código Civil elenca: a responsabilidade por ato próprio; responsabilidade por ato de terceiro ou pelo fato de coisas ou animais; responsabilidade em concurso de agentes; responsabilidade de sucessores.

III. A desproporção entre a gravidade da culpa e o dano pode ser critério hábil a intervir na fixação do *quantum* indenizatório.

IV. O empregador será responsável pela reparação civil na hipótese de dano causado por seu empregado ou preposto, no exercício do trabalho que lhe competir, ou em razão dele, desde que verificada a culpa deste empregador.

V. A responsabilidade civil é independente da criminal, porém não se poderá questionar mais sobre a existência do fato, ou sobre a sua autoria, quando estas questões se encontrarem decididas no juízo criminal.

a) Apenas I e III estão corretas.

b) Apenas II, III e V estão corretas.

c) Nenhuma assertiva está incorreta.

d) Apenas I, IV e V estão corretas.

e) Apenas IV está incorreta.

COMENTÁRIOS

Item I - Está correto. O dano, que pode ser definido como qualquer lesão a um interesse juridicamente tutelado (GAGLIANO, Pablo Stolze; PAMPLONA FILHO, Rodolfo. *Novo Curso de Direito Civil. Volume 3*. 10ª ed. São Paulo: Saraiva, 2012, p. 82), admite diversas classificações. Se a lesão atingir um direito da personalidade, estaremos diante de um dano moral. Por outro lado, se a conduta humana atingir um interesse patrimonial, configurar-se-á um dano material. De fato, a rigor, o dano deve ser certo e atual, com o objetivo de permitir a sua composição. Por outro lado, doutrina e jurisprudência vêm admitindo largamente a chamada responsabilidade civil pela perda de uma chance, em que não se encontra presente a certeza e atualidade do dano. A perda de uma chance se caracteriza "quando a pessoa vê frustrada uma expectativa, uma oportunidade futura, que dentro da lógica do razoável, ocorreria se as coisas seguissem o seu curso normal"(TARTUCE, Flávio. *Manual de Direito Civil. Volume Único*. 1ª ed. São Paulo: Método, 2011, p. 439).

Item II - Está correto. A responsabilidade civil por ato próprio encontra-se disciplinada no art. 927 do CC, com a seguinte redação: "Aquele que, por ato ilícito (arts. 186 e 187), causar dano a outrem, fica obrigado a repará-lo." A responsabilidade civil por ato de terceiro, por sua vez, encontra respaldo normativo no art. 932 do CC, que estabelece: "São também responsáveis pela reparação civil: I - os pais, pelos filhos menores que estiverem sob sua autoridade e em sua companhia; II - o tutor e o curador, pelos pupilos e curatelados, que se acharem nas mesmas condições; III - o empregador ou comitente, por seus empregados, serviçais e prepostos, no exercício do trabalho que lhes competir, ou em razão dele; IV - os donos de hotéis, hospedarias, casas ou estabelecimentos onde se albergue por dinheiro, mesmo para fins de educação, pelos seus hóspedes, moradores e educandos; V - os que gratuitamente houverem participado nos produtos do crime, até a concorrente quantia." Ademais, admite-se a responsabilidade civil pelo fato de animais ou coisas, conforme prescrevem os arts. 936 e 938 do CC, que apresentam respectivamente as seguintes redações: "O dono, ou detentor, do animal ressarcirá o dano por este causado, se não provar culpa da vítima ou força maior."; "Aquele que habitar prédio, ou parte dele, responde pelo dano proveniente das coisas que dele caírem ou forem lançadas em lugar indevido."

Item III - Está correto. A assertiva encontra respaldo na regra do art. 944, parágrafo único, do CC: "Se houver excessiva desproporção entre a gravidade da culpa e o dano, poderá o juiz reduzir, equitativamente, a indenização."

Item IV - Está incorreto. A responsabilidade do empregador por ato de empregado ou preposto está disciplinada no art. 932 do CC, que preconiza: "São também responsáveis pela reparação civil: [...] III - o empregador ou comitente, por seus empregados, serviçais e prepostos, no exercício do trabalho que lhes competir, ou em razão dele." Ao contrário do que constou do enunciado do item, trata-se de modalidade de responsabilidade civil objetiva, na forma do art. 933 do CC, que estabelece: "As pessoas indicadas nos incisos I a V do artigo antecedente [art. 932 do CC], ainda que não haja culpa de sua parte, responderão pelos atos praticados pelos terceiros ali referidos."

Item V – Está **correto**. O item corresponde à regra do art. 935 do CC: "A responsabilidade civil é independente da criminal, não se podendo questionar mais sobre a existência do fato, ou sobre quem seja o seu autor, quando estas questões se acharem decididas no juízo criminal."

Alternativa "e": correta.

6.2. DA INDENIZAÇÃO

312. (FCC – Juiz do Trabalho Substituto 24ª Região/2015) A atriz Maria, ao atravessar a rua, em local proibido, foi atropelada por um carro, cujo motorista não tinha habilitação para dirigir e que trafegava em velocidade incompatível com aquele local. Do acidente resultaram cicatrizes que lhe comprometeram a formosura, tendo perdido trabalhos durante alguns meses. Neste caso, poderá pleitear:

a) indenização por danos materiais, morais e estéticos cumulativamente, mas o juiz deverá, ao fixar a indenização, ter em conta a gravidade de sua culpa em confronto com a do autor do dano.
b) apenas indenização por danos materiais e morais ou, alternativamente, por danos materiais e estéticos, mas o juiz deverá, ao fixar a indenização, ter em conta a gravidade de sua culpa em confronto com a do autor do dano.
c) indenização por danos materiais, morais e estéticos, cumulativamente, mas o juiz não poderá levar em conta a culpa da vítima, porque o motorista não possuía habilitação para dirigir.
d) apenas indenização por danos materiais, porque de acidentes de veículo não se podem extrair danos morais, e os estéticos só serão indenizáveis quando, também, se reconhecerem danos morais.
e) somente metade da indenização dos dias em que ficou sem trabalhar e que, comprovadamente, não lhe tiverem sido ressarcidos pelo empregador, por seguro privado ou pela previdência social, já levando em consideração a culpa recíproca.

COMENTÁRIOS

Alternativa incorreta: letra "b". Aplica-se o comentário da alternativa "a".

Alternativa incorreta: letra "c". Aplica-se o comentário da alternativa "a".

Alternativa incorreta: letra "d". A assertiva está equivoca, pois afirma que os danos morais não podem ser oriundos de acidentes de veículo, bem como só há dano estético, quando há dano moral. Primeiro, os danos morais podem resultar de acidentes com veículos, quando, por exemplo, ocorre uma lesão a alguns dos direitos da personalidade, como na hipótese da pessoa sofrer fraturas e outras lesões físicas, que não se enquadrem nas hipóteses de leões estéticas. Nesse caso, esse tipo de dano é chamado de dano moral impróprio. Segundo, dano moral e estéticos, ofendem bens jurídicos distintos, razão pela qual são apreciáveis autonomamente, o que justifica a sua cumulação. (Súm. 387 – STJ)

Alternativa incorreta: letra "e". A assertiva afronta o que dispõe o art. 950, do CC: "Se da ofensa resultar defeito pelo qual o ofendido não possa exercer o seu ofício ou profissão, ou se lhe diminua a capacidade de trabalho, a indenização, além das despesas do tratamento e lucros cessantes até ao fim da convalescença, incluirá pensão correspondente à importância do trabalho para que se inabilitou, ou da depreciação que ele sofreu. Parágrafo único. O prejudicado, se preferir, poderá exigir que a indenização seja arbitrada e paga de uma só vez."

Alternativa correta: letra "a". O STJ sumulou o entendimento de que o dano moral e estético são cumuláveis. Quanto ao dano material e moral, atualmente, não há mais discussões acerca da independência de cada um deles, ou seja, os dois são aferíveis e indenizáveis, autonomamente, o que justifica o pedido cumulado de todos ele. Ademais, o juiz deve levar em conta a gravidade da culpa da vítima para determinar a o valor da indenização. Todas as proposições da afirmativa estão corretas e tem os seguintes fundamentos: "STJ – Súmula 387- É lícita a cumulação das indenizações de dano estético e dano moral." "Art. 945. Se a vítima tiver concorrido culposamente para o evento danoso, a sua indenização será fixada tendo-se em conta a gravidade de sua culpa em confronto com a do autor do dano."

313. (TRT 8 – Juiz do Trabalho Substituto 8ª Região/2015) Sobre a responsabilidade civil no Código Civil Brasileiro, é CORRETO afirmar que:

a) O incapaz não responde pelos prejuízos que causar tendo em vista a responsabilidade dos pais ou responsáveis.
b) Haverá obrigação de reparar o dano, através da averiguação de culpa, nos casos especificados em lei, ou quando a atividade normalmente desenvolvida pelo autor do dano implicar, por sua natureza, risco para os direitos de outrem.
c) Se da ofensa resultar defeito pelo qual o ofendido não possa exercer o seu ofício ou profissão, ou se lhe diminua a capacidade de trabalho, a indenização, além das despesas do tratamento e lucros cessantes até ao fim da convalescença, incluirá pensão correspondente à importância do trabalho para que se inabilitou, ou da depreciação que ele sofreu.
d) O prejudicado não poderá exigir que a indenização seja arbitrada e paga de uma só vez, salvo se demonstrado o estado de solvência do devedor.
e) Em caso de usurpação ou esbulho do alheio, quando não mais exista a própria coisa, a indenização será estimada pelo seu preço ordinário, não sendo considerado o preço de afeição.

COMENTÁRIOS

Alternativa incorreta: letra "a". Em regra, o incapaz não responde pelos prejuízos que causa. No entanto, se as pessoas por ele responsáveis não tiverem obrigação ou condições de sanar os prejuízos, será o próprio incapaz que responderá pelos danos. Nesse sentido, é a norma contida no art. 928, do CC: "O incapaz responde pelos prejuízos que causar, se as pessoas por ele responsáveis não tiverem obrigação de fazê-lo ou não dispuserem de meios suficientes."

Alternativa incorreta: letra "b". A assertiva aborda o tema da responsabilidade objetiva, ou seja, aquela em que o elemento culpa é prescindível. Contudo, o faz de maneira equivoca, pois diz que será necessário a verificação da culpa, contrariando o que dispõe o par. ún. do art. 927, do CC: "Haverá obrigação de reparar o dano, independentemente de culpa, nos casos especificados em lei, ou quando a atividade normalmente desenvolvida pelo autor do dano implicar, por sua natureza, risco para os direitos de outrem."

Alternativa incorreta: letra "d". A assertiva contraria o que prescreve o par. ún. do art. 950, do CC: "O prejudicado, se preferir, poderá exigir que a indenização seja arbitrada e paga de uma só vez."

Alternativa incorreta: letra "e". O erro da afirmativa está no fato de contradizer o que prescreve o texto legal. Vejamos, o art. 952, do CC: "Havendo usurpação ou esbulho do alheio, além da restituição da coisa, a indenização consistirá em pagar o valor das suas deteriorações e o devido a título de lucros cessantes; faltando a coisa, dever-se-á reembolsar o seu equivalente ao prejudicado."

Alternativa correta: letra "c". A assertiva transcreveu o art. 950, do CC: "Se da ofensa resultar defeito pelo qual o ofendido não possa exercer o seu ofício ou profissão, ou se lhe diminua a capacidade de trabalho, a indenização, além das despesas do tratamento e lucros cessantes até ao fim da convalescença, incluirá pensão correspondente à importância do trabalho para que se inabilitou, ou da depreciação que ele sofreu."

---

314. (FCC – Juiz do Trabalho Substituto 15ª Região/2015) O motorista de um supermercado, dirigindo veículo da empresa e no horário de trabalho, envolveu-se em acidente, do qual resultou a morte de ocupante de outro veículo, mas foi absolvido na ação penal por insuficiência de prova. Sua culpa, entretanto, assim como os demais requisitos para a responsabilização civil, foram provados em ação indenizatória movida pelo cônjuge e filhos da vítima contra aquele motorista e seu empregador. Neste caso,

a) o motorista e seu empregador serão solidariamente responsáveis pela indenização.

b) somente o empregador será responsável pela indenização, porque o empregado foi absolvido no juízo criminal.

c) somente o motorista será responsável pela indenização, se o seu empregador provar que diligenciou na escolha do preposto e o vigiou, mas ambos serão solidariamente responsáveis se essa prova não for realizada.

d) o motorista e seu empregador serão conjuntamente responsáveis pela indenização, sendo subsidiária a responsabilidade do empregador.

e) não haverá obrigação de indenizar, porque a sentença penal absolutória eliminou a responsabilidade civil.

COMENTÁRIOS

Alternativa incorreta: letra "b". No caso em tela, a absolvição se deu por insuficiência de provas, no juízo criminal, mas restou comprovado todos os requisitos necessários para o ressarcimento civil dos danos. Considerando que a lei determinada que, nas hipóteses do art. 932, os agentes serão solidariamente responsáveis, e o caso se enquadra na hipótese prevista no inciso III, é imperativo afirmar que tanto o empregador (responsável pela reparação civil), quanto o empregado (autor do dano), serão responsabilizados. Nesse sentido, é a doutrina dos seguintes artigos do CC e do CPP, respectivamente: "Art. 942. Os bens do responsável pela ofensa ou violação do direito de outrem ficam sujeitos à reparação do dano causado; e, se a ofensa tiver mais de um autor, todos responderão solidariamente pela reparação. Parágrafo único. São solidariamente responsáveis com os autores os coautores e as pessoas designadas no art. 932." "Art. 64. Sem prejuízo do disposto no artigo anterior, a ação para ressarcimento do dano poderá ser proposta no juízo cível, contra o autor do crime e, se for caso, contra o responsável civil."

Alternativa incorreta: letra "c". A assertiva contraria o que dispõe o par. ún. do art. 942, do CC: "Os bens do responsável pela ofensa ou violação do direito de outrem ficam sujeitos à reparação do dano causado; e, se a ofensa tiver mais de um autor, todos responderão solidariamente pela reparação. Parágrafo único. São solidariamente responsáveis com os autores os coautores e as pessoas designadas no art. 932."

Alternativa incorreta: letra "d". A assertiva contraria o comando legal, vejamos: "Art. 942. Os bens do responsável pela ofensa ou violação do direito de outrem ficam sujeitos à reparação do dano causado; e, se a ofensa tiver mais de um autor, todos responderão solidariamente pela reparação. Parágrafo único. São solidariamente responsáveis com os autores os coautores e as pessoas designadas no art. 932."

Alternativa incorreta: letra "e". O enunciado da questão informa que o motorista foi absolvido, na ação penal, por insuficiência de provas. Por essa razão, nada impede que a indenização civil seja requerida, pois não há óbice legal. Nesse sentido, é a regra do art. 935 do CC, e os arts. 66 e 67, do CPP, respectivamente: "Art. 935. A responsabilidade civil é independente da criminal, não se podendo questionar mais sobre a existência do fato, ou sobre quem seja o seu autor, quando estas questões se acharem decididas no juízo criminal." "Art. 66. Não obstante a sentença absolutória no juízo criminal, a ação civil poderá ser proposta quando não tiver sido, categoricamente, reconhecida a inexistência material do fato." "Art. 67. Não impedirão igualmente a propositura da ação civil: I – o despacho de arquivamento do inquérito ou das peças de informação; II – a decisão que julgar extinta a punibilidade; III – a sentença absolutória que decidir que o fato imputado não constitui crime."

Alternativa correta: letra "a". A assertiva está correta, pois está de acordo com o regramento legal sobre o assunto. Vejamos: "Art. 942. Os bens do responsável pela ofensa ou violação do direito de outrem ficam sujeitos à reparação do dano causado; e, se a ofensa tiver mais de um autor, todos responderão solidariamente pela reparação. Parágrafo único. São solidariamente responsáveis com os autores os coautores e as pessoas designadas no art. 932."

---

315. (TRT/4ª RG – 2012) Ao arbitrar indenização decorrente de responsabilidade civil,

a) no caso de lesão ou outra ofensa à saúde, o ofensor indenizará o ofendido das despesas do tratamento e dos lucros cessantes, até ao fim da convalescença, excluídos os demais prejuízos que tenha sofrido.

b) o grau de culpa jamais interfere no valor da indenização.

c) se da ofensa resultar defeito pelo qual o ofendido não possa exercer seu ofício ou profissão, ou se lhe diminua a capacidade de trabalho, a indenização, além das despesas do tratamento e lucros cessantes, incluirá pensão correspondente à importância do trabalho para que se inabilitou, a qual deverá, necessariamente, ser paga mensal e periodicamente.

d) no caso de homicídio, a indenização consiste, sem excluir outras reparações, na prestação de alimentos às pessoas a quem o morto os devia, a serem pagos até a morte dos alimentados.

e) se a vítima tiver concorrido culposamente para o evento danoso, o juiz poderá reduzir o valor da indenização.

COMENTÁRIOS

Alternativa "a": incorreta. A alternativa contraria o disposto no art. 949 do CC, com o seguinte teor: "No caso de lesão ou outra ofensa à saúde, o ofensor indenizará o ofendido das despesas do tratamento e dos lucros cessantes até ao fim da convalescença, além de algum outro prejuízo que o ofendido prove haver sofrido."

Alternativa "b": incorreta. Ao reverso do que constou do enunciado da alternativa, o grau de culpa pode, em determinadas hipóteses, influir no montante indenizatório a ser arbitrado pelo magistrado. A esse respeito, é oportuno lembrar da norma do art. 944, parágrafo único, do CC, que estabelece: "Se houver excessiva desproporção entre a **gravidade da culpa** e o dano, poderá o juiz reduzir, equitativamente, a indenização." Equivocada, portanto, a assertiva.

Alternativa "c": incorreta. A assertiva ignora a norma do art. 950, parágrafo único, do CC, que consagra a possibilidade de deferimento e pagamento da indenização decorrente de incapacidade laborativa de uma só vez. Eis o teor do mencionado dispositivo legal: "Art. 950. Se da ofensa resultar defeito pelo qual o ofendido não possa exercer o seu ofício ou profissão, ou se lhe diminua a capacidade de trabalho, a indenização, além das despesas do tratamento e lucros cessantes até ao fim da convalescença, incluirá pensão correspondente à importância do trabalho para que se inabilitou, ou da depreciação que ele sofreu. Parágrafo único. O prejudicado, se preferir, poderá exigir que a indenização seja arbitrada e **paga de uma só vez.**"

Alternativa "d": incorreta. A assertiva está incorreta, pois contraria o teor do art. 948, II, do CC: "No caso de homicídio, a indenização consiste, sem excluir outras reparações: [...] II – na prestação de alimentos às pessoas a quem o morto os devia, **levando-se em conta a duração provável da vida da vítima.**" Pela análise do dispositivo legal transcrito, percebe-se que o marco final da prestação alimentícia devida pelo autor do dano aos dependentes do morto, deve levar em consideração a provável duração da vida da vítima. Desse modo, ao contrário do que constou do enunciado da alternativa, a parcela não é vitalícia, encontrando seu marco final da provável duração da vida da vítima.

Alternativa "e": correta. A assertiva está correta, porquanto praticamente reproduz o teor do art. 945 do CC, que consagra o instituto da culpa concorrente. De acordo com o referido dispositivo legal, configurada a concorrência de culpas, o juiz poderá reduzir o valor da indenização. Senão, veja-se: "Se a vítima tiver concorrido culposamente para o evento danoso, a sua indenização será fixada tendo-se em conta a gravidade de sua culpa em confronto com a do autor do dano."

---

316. (TRT/2ª RG – XXXVI Concurso – 2011) Assinale a alternativa INCORRETA:

a) São requisitos de validade do negócio jurídico ser o agente capaz, o objeto lícito, possível, determinado ou determinável e observar forma prescrita ou não defesa em lei.

b) Extingue-se a obrigação de não fazer, desde que, sem culpa do devedor, se lhe torne impossível abster-se do ato, que se obrigou a não praticar.

c) Quando a escolha couber ao credor e uma das prestações tornar-se impossível por culpa do devedor, o credor terá direito de exigir a prestação subsistente ou o valor da outra, com perdas e danos. Se, por culpa do devedor, ambas as prestações se tornarem inexequíveis, poderá o credor reclamar o valor de qualquer uma das duas, além da indenização por perdas e danos.

d) No caso da responsabilidade civil, em regra a indenização mede-se pela extensão do dano. Se da ofensa resultar defeito pelo qual o ofendido não possa exercer o seu ofício ou profissão, ou se lhe diminua a capacidade de trabalho, a indenização, além das despesas do tratamento e lucros cessantes até o fim da convalescença, incluirá pensão correspondente à importância do trabalho para que se inabilitou, ou da depreciação que ele sofreu. O prejudicado, se preferir, poderá exigir que a indenização seja arbitrada e paga de uma só vez.

e) É defeso ao juiz reduzir o valor da indenização mesmo havendo excessiva desproporção entre a gravidade da culpa e o dano, tendo em vista ser inviável a prolação de sentença de natureza diversa da pedida.

COMENTÁRIOS

Alternativa "a": correta. Está correta. A alternativa arrola os requisitos de validade dos negócios jurídicos contemplados pelo art. 104 do CC: "A validade do negócio jurídico requer: I - agente capaz; II - objeto lícito, possível, determinado ou determinável; III - forma prescrita ou não defesa em lei."

Alternativa "b": correta. Está correta. O enunciado da alternativa reproduz a norma do art. 250 do CC, que apresenta a seguinte redação: "Extingue-se a obrigação de não fazer, desde que, sem culpa do devedor, se lhe torne impossível abster-se do ato, que se obrigou a não praticar."

Alternativa "c": correta. Está correta, pois corresponde à regra do art. 255 do CC: "Quando a escolha couber ao credor e uma das prestações tornar-se impossível por culpa do devedor, o credor terá direito de exigir a prestação subsistente ou o valor da outra, com perdas e danos; se, por culpa do devedor, ambas as prestações se tornarem inexequíveis, poderá o credor reclamar o valor de qualquer das duas, além da indenização por perdas e danos."

Alternativa "d": correta. A assertiva está correta, porquanto reflete as normas constantes dos arts. 944 *caput* e 950 *caput* e parágrafo único, do CC, cujo teor se transcreve:

> *"Art. 944. A indenização mede-se pela extensão do dano."*
>
> *"Art. 950. Se da ofensa resultar defeito pelo qual o ofendido não possa exercer o seu ofício ou profissão, ou se lhe diminua a capacidade de trabalho, a indenização, além das despesas do tratamento e lucros cessantes até ao fim da convalescença, incluirá pensão correspondente à importância do trabalho para que se inabilitou, ou da depreciação que ele sofreu.*

Parágrafo único. O prejudicado, se preferir, poderá exigir que a indenização seja arbitrada e paga de uma só vez."

Alternativa "e": incorreta. Está incorreta. O enunciado da alternativa, da forma posta pela banca examinadora, contraria o disposto no art. 944, parágrafo único, do CC, com a seguinte redação: "Se houver excessiva desproporção entre a gravidade da culpa e o dano, poderá o juiz reduzir, equitativamente, a indenização." Desse modo, o dispositivo estabelece uma faculdade ao magistrado, inexistindo a vedação a que se refere a alternativa.

7. DAS PREFERÊNCIAS E PRIVILÉGIOS CREDITÓRIOS

✪ **Nota de atualização:** a Lei n. 13.176/15 –, incluiu o inciso IX, ao art. 965, do CC. Nesse sentido, ao estudar as questões que dizem respeito a tais artigos, deve-se levar em consideração a sua nova redação. Lembrando que as questões dos concursos anteriores as alterações citadas, mantem a sua redação e gabaritos originalmente definidos pela banca examinadora, segunda a legislação vigente à data do certame.

---

317. (TRT 2 - Juiz do Trabalho Substituto 2ª Região/2016) Com relação às preferências e privilégios creditórios assinale a alternativa correta:

a) O privilégio especial se constitui apenas sobre os bens cujo crédito favoreceu e apenas se houver norma legal que assim o classifique.

b) Constitui-se em privilégio especial o crédito decorrente de despesas de funeral, feito segundo a condição do morto e costume do lugar.

c) Constitui-se em privilégio especial o crédito pelos salários dos empregados do serviço doméstico do devedor, nos últimos seis meses de vida deste.

d) Constitui-se em privilégio geral o incidente sobre o produto da colheita, para a qual houver concorrido com o seu trabalho, o trabalhador agrícola, quanto à dívida dos seus salários.

e) Desapropriada a coisa, à indenização correspondente concorrerão os credores do insolvente, em igualdade de condições com o hipotecário.

COMENTÁRIOS

Alternativa incorreta: letra "b". Em verdade, o crédito decorrente de despesas de funeral, feito segundo a condição do morto e costume do lugar, goza de privilégio geral, conforme art. 965, inciso I, do CC.

Alternativa incorreta: letra "c". O crédito pelos salários dos empregados do serviço doméstico do devedor, nos últimos seis meses de vida deste, goza de privilégio geral (art.965, VII, do CC).

Alternativa incorreta: letra "d". A assertiva está incorreta, uma vez que, de acordo com o art.964, VIII, do CC, o crédito em questão tem privilégio especial.

Alternativa incorreta: letra "e". Não é correto dizer que desapropriada a coisa, à indenização correspondente concorrerão os credores do insolvente, em igualdade de condições com o hipotecário, pois, nesse caso, os credores, hipotecários ou privilegiados, conservam seus respectivos direitos nesse caso (art.959, II, 7.do CC).

Alternativa correta: letra "a". A assertiva está correta, pois de acordo com a primeira parte do art. 963 do CC, que prevê que "o privilégio especial só compreende os bens sujeitos, por expressa disposição de lei, ao pagamento do crédito que ele favorece."

---

318. (TRT 2 – Juiz do Trabalho Substituto 2ª Região/2014) É correto afirmar que goza de privilégio geral, na ordem seguinte, sobre os bens do devedor:

a) O crédito por despesa de seu funeral; o crédito por custas judiciais, ou por despesas com a arrecadação e liquidação da massa; o crédito por despesas com o luto do cônjuge sobrevivo e dos filhos do devedor falecido e o crédito por despesas com o luto do cônjuge sobrevivo e dos filhos do devedor falecido.

b) O crédito pelos salários dos empregados do serviço doméstico do devedor, nos seus derradeiros seis meses de vida; o crédito pelos impostos devidos à Fazenda Pública, no ano corrente e no anterior e o crédito pelos gastos necessários à mantença do devedor falecido e sua família, no trimestre anterior ao falecimento.

c) O crédito pelos gastos necessários à mantença do devedor falecido e sua família, no trimestre anterior ao falecimento; o crédito pelos impostos devidos à Fazenda Pública, no trimestre anterior ao falecimento e o crédito pelos salários dos empregados do serviço doméstico do devedor, no ano corrente e no anterior.

d) O crédito por despesa de seu funeral, feito segundo a condição do morto e o costume do lugar; o crédito pelos impostos devidos à Fazenda Pública, no trimestre anterior ao falecimento e o crédito por custas judiciais, ou por despesas com a arrecadação e liquidação da massa.

e) O crédito pelos gastos necessários à mantença do devedor falecido e sua família, no semestre anterior ao falecimento; o crédito pelos impostos devidos à Fazenda Pública, no ano corrente e no anterior e o crédito por despesa de seu funeral, feito segundo a condição do morto e o costume do lugar.

COMENTÁRIOS

Alternativas incorretas: letras "b", "c", "d" e "e". As demais assertivas são incorretas por contrariarem a ordem estabelecida pelo art. 965 do CC, transcrito no comentário precedente.

Alternativa correta: letra "a". A assertiva está correta, pois corresponde à ordem de privilégio geral contemplada pelo art. 965 do CC, com a seguinte redação: "Art. 965. Goza de privilégio geral, na ordem seguinte, sobre os bens do devedor: I – o crédito por despesa de seu funeral, feito segundo a condição do morto e o costume do lugar; II – o crédito por custas judiciais, ou por despesas com a arrecadação e liquidação da massa; III – o crédito por despesas com o luto do cônjuge sobrevivo e dos filhos do devedor falecido, se foram moderadas; IV – o crédito por despesas com a doença de que faleceu o devedor, no semestre anterior à sua morte; V – o crédito pelos gastos necessários à mantença do devedor falecido e sua família, no trimestre anterior ao falecimento; VI – o crédito pelos impostos devidos à Fazenda Pública, no ano corrente e no anterior; VII – o crédito pelos salários dos empregados do serviço doméstico do devedor, nos seus derradeiros seis meses de vida; VIII – os demais créditos de privilégio geral."

---

319. (CESPE – Juiz do Trabalho Substituto 5ª Região/2013) No que tange a preferências e privilégios creditórios, no âmbito do direito civil pátrio, assinale a opção correta.

a) Poderá opor as defesas que tiver cada um dos credores ao crédito do outro, quer impugnando a própria preferência estabelecida a favor de um deles, quer alegando a nulidade, a simulação, a fraude ou a falsidade de dívidas e contratos.

b) Declarada a insolvência do devedor no curso de uma execução promovida por algum credor, esse terá o direito de se pagar, em primeiro lugar, com a venda judicial do patrimônio do devedor, preferindo seu crédito ao dos demais credores, pelo princípio da prioridade temporal ou da anterioridade da penhora.

c) Se vários credores de diversas classes concorrem aos mesmos bens, e o produto não basta para a quitação integral do débito, o pagamento será feito por rateio proporcional ao valor dos respectivos créditos entre os credores com garantia real e os credores com privilégio especial ou geral.

d) Incide sobre todos os bens do devedor a preferência de crédito com privilégio especial, com prevalência sobre os créditos com garantia real, inclusive os bens objeto da garantia e aqueles com privilégio geral ou legal.

e) Gozam os trabalhadores rurais, quanto à dívida dos seus salários, de privilégio geral sobre o produto da colheita, para a qual houver concorrido com o seu trabalho, a quaisquer outros créditos.

COMENTÁRIOS

Alternativa incorreta: letra "b". A lei determina que terá preferência sobre os credores aquele que se beneficiar com o título legal de preferência, não existindo essa hipótese, todos os credores terão igual direito sobre os bens do devedor comum. Nesse sentido, é a regra contida no art. 957 do CC: "Não havendo título legal à preferência, terão os credores igual direito sobre os bens do devedor comum."

Alternativa incorreta: letra "c". A assertiva incorre em erro quando afirma que "vários credores de diversas classes", contrariando o que determina a lei, vejamos:

"Art. 962. Quando concorrerem aos mesmos bens, e por título igual, dois ou mais credores da **mesma classe especialmente privilegiados**, *haverá entre eles rateio proporcional ao valor dos respectivos créditos, se o produto não bastar para o pagamento integral de todo"*

Alternativa incorreta: letra "d". A redação contraria o que dispõe o art. 963 do CC: "O privilégio especial só compreende os bens sujeitos, por expressa disposição de lei, ao pagamento do crédito que ele favorece; e o geral, todos os bens não sujeitos a crédito real nem a privilégio especial."

Alternativa incorreta: letra "e". Os trabalhadores rurais gozam de privilégio especial, e não geral como afirma a alternativa, vejamos o que determina a lei: "Art. 964. Têm privilégio especial: VIII – sobre o produto da colheita, para a qual houver concorrido com o seu trabalho, e precipuamente a quaisquer outros créditos, ainda que reais, o trabalhador agrícola, quanto à dívida dos seus salários."

Alternativa correta: letra "a". O acerto da assertiva está no fato de que sua redação vai ao encontro do que prescreve a norma do art. 956 do CC: "A discussão entre os credores pode versar quer sobre a preferência entre eles disputada, quer sobre a nulidade, simulação, fraude, ou falsidade das dívidas e contratos."

---

320. (TRT 8 – Juiz do Trabalho Substituto 8ª Região/2013) Considerando as normas do Código Civil, assinale a alternativa CORRETA:

a) Os títulos legais de preferência são os privilégios e os direitos reais, conservando seus respectivos direitos os credores, hipotecários ou privilegiados: sobre o preço do seguro da coisa gravada com hipoteca ou privilégio, ou sobre a indenização devida, havendo responsável pela perda ou danificação da coisa; e sobre o valor da indenização, se a coisa obrigada à hipoteca ou privilégio for desapropriada. Quanto à preferência, o crédito real prefere ao pessoal de qualquer espécie; o crédito pessoal privilegiado, ao simples; e o privilégio especial, ao geral.

b) Nos contratos de compra e venda, a fixação do preço pode ser deixada ao arbítrio de terceiro, que os contratantes logo designarem ou prometerem designar. Se o terceiro não aceitar a incumbência, ficará sem efeito o contrato, salvo quando acordarem os contratantes designar outra pessoa. Pode-se, também, deixar a fixação do preço à taxa de mercado ou de bolsa, em certo e determinado dia e lugar. Porém, uma vez convencionada a venda sem fixação de preço ou de critérios para a sua determinação, se não houver tabelamento oficial, entende-se que as partes se sujeitaram ao preço corrente nas negociações habituais do comprador.

c) A doação far-se-á por escritura pública ou instrumento particular, sendo válida a doação verbal se, versando sobre bens móveis e de pequeno valor, se lhe seguir incontinenti a tradição. A doação feita ao nascituro valerá, sendo aceita pelo seu representante legal. No caso de donatário relativamente incapaz, dispensa-se a aceitação, desde que se trate de doação pura, enquanto que a doação de ascendentes a descendentes, ou de um cônjuge a outro, importa adiantamento do que lhes cabe por herança.

d) Nos contratos de empreitada, fornecendo o empreiteiro os materiais, correm por sua conta os riscos até o momento da entrega da obra, a contento de quem a encomendou, se este não estiver em mora de receber. Mas se estiver, por sua conta correrão os riscos. Se, por outro lado, o empreiteiro só forneceu mão- de-obra, todos os riscos em que não tiver culpa correrão por conta do dono. Na hipótese da obra constar de partes distintas, ou for de natureza das que se determinam por medida, o empreiteiro terá direito a que também se verifique por medida, ou segundo as partes em que se dividir, podendo exigir o pagamento na proporção da obra executada. Presume-se verificado tudo que se pagou, bem como se tem como verificado tudo o que se mediu se, em sessenta dias, a contar da medição, não forem denunciados os vícios ou defeitos pelo dono da obra ou por quem estiver incumbido da sua fiscalização.

e) O privilégio especial só compreende os bens sujeitos, por expressa disposição de lei, ao pagamento do crédito que ele favorece; e o geral compreende todos os bens não sujeitos a crédito real nem a privilégio especial. Têm privilégio especial: o crédito de custas e despesas judiciais feitas com a arrecadação e liquidação; o crédito decorrentes de despesas de salvamento; o crédito por benfeitorias necessárias ou úteis; o crédito por despesa de funeral, feito segundo a condição do morto e o costume do lugar; o crédito de materiais, dinheiro, ou serviços para a edificação, reconstrução, ou melhoramento de prédios rústicos; e o crédito por sementes, instrumentos e serviços à cultura, ou à colheita.

COMENTÁRIOS

Alternativa incorreta: letra "b". A assertiva está incorreta, pois contraria o art. 488 do CC, cujo teor ora se transcreve: "Convencionada a venda sem fixação de preço ou de critérios para a sua determinação, se não houver tabelamento oficial, entende-se que as partes se sujeitaram ao preço corrente nas **vendas habituais do vendedor.**"

Alternativa incorreta: letra "c". O teor da alternativa contraria o disposto no art. 543 do CC. Senão, veja-se: "**Se o donatário for absolutamente incapaz**, dispensa-se a aceitação, desde que se trate de doação pura."

Alternativa incorreta: letra "d". A assertiva está incorreta, pois dissonante do que preceitua o art. 614, §2º, do CC, com o seguinte teor: "O que se mediu presume-se verificado se, **em trinta dias**, a contar da medição, não forem denunciados os vícios ou defeitos pelo dono da obra ou por quem estiver incumbido da sua fiscalização."

Alternativa incorreta: letra "e". O enunciado da alternativa encontra-se equivocado, já que o crédito decorrente de despesas de funeral e luto não goza de privilégio especial, mas apenas de privilégio geral. Confira o que preceitua o art. 965, I, do CC: "**Goza de privilégio geral**, na ordem seguinte, sobre os bens do devedor: I – o crédito por despesa de seu funeral, feito segundo a condição do morto e o costume do lugar."

Alternativa correta: letra "a". A assertiva está correta, traduzindo-se em aplicação dos arts. 958, 959 e 961 do CC. Eis o teor dos mencionados dispositivos legais:

> *"Art. 958. Os títulos legais de preferência são os privilégios e os direitos reais."*
>
> *"Art. 959. Conservam seus respectivos direitos os credores, hipotecários ou privilegiados:*
>
> *I – sobre o preço do seguro da coisa gravada com hipoteca ou privilégio, ou sobre a indenização devida, havendo responsável pela perda ou danificação da coisa;*
>
> *II – sobre o valor da indenização, se a coisa obrigada a hipoteca ou privilégio for desapropriada."*
>
> *"Art. 961. O crédito real prefere ao pessoal de qualquer espécie; o crédito pessoal privilegiado, ao simples; e o privilégio especial, ao geral."*

---

321. (TRT/20ª RG – VI Concurso – 2012) Com relação à ordem legal de preferência dos créditos e privilégios, estabelecida no Código Civil, é CORRETO afirmar:

a) O crédito pessoal de qualquer espécie prefere ao crédito real; o crédito simples prefere ao crédito pessoal privilegiado, e o privilégio geral prefere ao privilégio especial.

b) O crédito pessoal de qualquer espécie prefere ao crédito real; o privilégio especial prefere ao privilégio geral; e o crédito simples prefere ao crédito pessoal de qualquer espécie.

c) O crédito pessoal privilegiado prefere ao crédito real; o crédito pessoal de qualquer espécie prefere ao crédito simples; e o privilégio geral prefere ao privilégio especial.

d) O privilégio geral prefere ao privilégio especial; o crédito pessoal de qualquer espécie prefere ao crédito real; e o crédito simples prefere ao crédito pessoal privilegiado.

e) O crédito real prefere ao crédito pessoal de qualquer espécie; o crédito pessoal privilegiado prefere ao crédito simples; e o privilégio especial prefere ao privilégio geral.

COMENTÁRIOS

Alternativa "e": correta. (O presente comentário se aplica a todas as alternativas da questão). As dívidas do devedor são garantidas pelo seu patrimônio. Entretanto, pode ocorrer que as dívidas sejam maiores que o patrimônio, para esses casos, com o fim de se evitar prejuízos a determinados credores, tem-se a instauração do procedimento da insolvência, que busca a liquidez dos bens do devedor, para posteriormente partilhá-los entre os diversos credores, numa ordem concorrente. Esse concurso de credores determina a ordem como os créditos serão divididos, por ocasião da liquidação do débito. Por isso, existem diferentes tipos de créditos e a satisfação de cada um deles deve obedecer a uma classificação ou ordem de preferência. O art. 961 do Código Civil é que estabelece a ordem de preferência entre os créditos a serem satisfeitos, e a alternativa que corresponde ao que determina o citado dispositivo legal é a letra "e". Todas as outras alternativas desvirtuam o que prescreve o texto legal, cuja redação traz a seguinte norma: "Art. 961. O crédito real prefere ao pessoal de qualquer espécie; o crédito pessoal privilegiado, ao simples; e o privilégio especial, ao geral."

---

322. (TRT/11ª RG – Concurso C– 073 – 2012) No concurso de credores,

a) o credor hipotecário não conserva seus direitos sobre o preço do seguro da coisa gravada com a hipoteca, porque essa indenização deve ser incluída no rateio, como se fosse dinheiro encontrado em conta bancária do devedor.

b) mesmo havendo título legal à preferência, terão os credores igual direito sobre os bens do devedor comum.

c) os direitos reais não são considerados títulos legais de preferência.

d) quando concorrerem aos mesmos bens, e por título igual, dois ou mais credores da mesma classe especialmente privilegiados, haverá entre eles rateio proporcional ao valor dos respectivos créditos, se o produto não bastar para o pagamento integral de todos.

e) goza de privilégio especial o crédito por despesas de funeral do devedor, feito segundo a condição do morto e o costume do lugar, mas sem pompa.

COMENTÁRIOS

Alternativa "a": incorreta. O erro da assertiva está no fato de desvirtuar o que prescreve a doutrina do art. 959 do CC, haja vista que este dispositivo determina que os direitos dos credores hipotecários serão conservados sobre o preço do seguro da coisa gravada com hipoteca, ao contrário do que prevê a assertiva, tendo em vista que a sua redação nega o direito do credor hipotecário sobre o preço do seguro da coisa gravada. Eis do teor do art. 959 do CC: "Conservam seus respectivos direitos os credores, hipotecários ou privilegiados: I – sobre o preço do seguro da coisa gravada com hipoteca ou privilégio, ou sobre a indenização devida, havendo responsável pela perda ou danificação da coisa."

Alternativa "b": incorreta. A assertiva está incorreta, pois contraria o que dispõe a lei ao afirmar que "mesmo havendo título legal à preferência, terão os credores igual direito sobre os bens do devedor comum". A redação do art. 957 do CC determina que os credores somente terão igual direito sobre os bens do devedor comum, se não houver título legal à preferência, conforme a norma do dispositivo citado, vejamos: "Não havendo título legal à preferência, terão os credores igual direito sobre os bens do devedor comum."

Alternativa "c": incorreta. Segundo a redação da assertiva os direitos reais não são considerados títulos legais de preferência. No entanto, o entendimento legal é outro, o que coloca tal redação em desconformidade com o que preceitua o art. 958 do CC: "Os títulos legais de preferência são os privilégios e os direitos reais."

Alternativa "e": incorreta. O erro da afirmativa está no fato de que elencou o crédito por despesas de funeral do devedor, como espécie de privilégio especial, quando de acordo com a lei, esse crédito tem natureza de privilégio geral, vejamos a redação do art. 965 do CC: "Goza de privilégio geral, na ordem seguinte, sobre os bens do devedor: I - o crédito por despesa de seu funeral, feito segundo a condição do morto e o costume do lugar."

Alternativa "d": correta. A redação da questão reproduz literalmente o que dispõe a lei, razão pela qual deve ser considerada correta. O dispositivo de legal transcrito pela alternativa foi o art. 962 do CC: "Quando concorrerem aos mesmos bens, e por título igual, dois ou mais credores da mesma classe especialmente privilegiados, haverá entre eles rateio proporcional ao valor dos respectivos créditos, se o produto não bastar para o pagamento integral de todos."

323. (TRT/8ª RG - Concurso nº C-320 - 2012) Sobre preferências e privilégios creditórios, assinale a alternativa CORRETA:

a) Quando concorrerem aos mesmos bens, e por título igual, dois ou mais credores da mesma classe especialmente privilegiados, terá preferência aquele que detiver o título mais antigo, se o produto não bastar para o pagamento integral de todos.

b) O privilégio especial só compreende os bens sujeitos, por expressa disposição de lei, ao pagamento do crédito que ele favorece; e, o geral, todos os bens não sujeitos a crédito real, nem a privilégio especial.

c) Têm privilégio especial sobre o produto da colheita, para a qual houver concorrido com o seu trabalho, e precipuamente a quaisquer outros créditos, com exceção dos reais, o trabalhador agrícola, quanto à dívida dos seus salários.

d) Não conservam seus respectivos direitos os credores, hipotecários ou privilegiados, sobre o valor da indenização, se a coisa obrigada a hipoteca ou privilégio for desapropriada.

e) O privilégio geral do crédito por custas judiciais, ou por despesas com a arrecadação e a liquidação da massa, sobre os bens do devedor, prefere ao privilégio geral do crédito por despesa de seu funeral, feito segundo a condição do morto e o costume do lugar.

COMENTÁRIOS

Alternativa "a": incorreta. A incorreção da questão encontra-se na dissonância entre o enunciado proposto e a literalidade do art. 962 do CC. Enquanto a alternativa estabelece haver um suposto privilégio creditício do credor que detiver o título mais antigo, o dispositivo legal mencionado dispõe no sentido de que "haverá entre eles [os credores] rateio proporcional ao valor dos respectivos créditos, se o produto não bastar para o pagamento integral de todos."

Alternativa "c": incorreta. Está incorreta. O enunciado excepciona os créditos relativos aos direitos reais, enquanto o art. 964, VIII, do CC, inclui os mencionados créditos reais: "Têm privilégio especial: [...] sobre o produto da colheita, para a qual houver concorrido com o seu trabalho, e precipuamente a quaisquer outros créditos, ainda que reais, o trabalhador agrícola, quanto à dívida dos seus salários."

Alternativa "d": incorreta. A assertiva está incorreta. Nos termos do art. 959, II, do CC, **conservam** seus respectivos direitos os credores hipotecários ou privilegiados sobre o valor da indenização, se a coisa obrigada a hipoteca ou privilégio for desapropriada. O erro reside, portanto, na expressão "não conservam", colocada no enunciado da alternativa.

Alternativa "e": incorreta. O erro da questão reside no fato de que, ao contrário do que constou do enunciado, o privilégio geral do crédito por "despesa de seu funeral, feito segundo a condição do morto e o costume do lugar" precede ao privilégio geral do crédito por "custas judiciais, ou por despesas com arrecadação e liquidação da massa", conforme a ordem estabelecida pelo art. 965 do CC.

Alternativa "b": correta. Está correta, pois corresponde à literalidade do art. 963 do CC, com a seguinte redação: "O privilégio especial só compreende os bens sujeitos, por expressa disposição de lei, ao pagamento do crédito que ele favorece; e o geral, todos os bens não sujeitos a crédito real nem a privilégio especial."

324. (TRT/2ª RG - XXXVI Concurso - 2011) Assinale a alternativa INCORRETA sobre preferências e privilégios creditórios no Código Civil.

a) Procede-se à declaração de insolvência toda vez que as dívidas excedam à importância dos bens do devedor.

b) Não havendo título legal à preferência, terão os credores igual direito sobre os bens do devedor comum.

c) A discussão entre os credores pode versar somente sobre a preferência entre eles disputada.

d) O crédito real prefere ao pessoal de qualquer espécie; o crédito pessoal privilegiado, ao simples; e o privilégio especial, ao geral.

e) O privilégio especial só compreende os bens sujeitos, por expressa disposição de lei, ao pagamento do crédito que ele favorece; e o geral, todos os bens não sujeitos a crédito real nem a privilégio especial.

COMENTÁRIOS

Alternativa "a": correta. Está correta. O enunciado da alternativa corresponde à regra do art. 955 do CC: "Procede-se à declaração de insolvência toda vez que as dívidas excedam à importância dos bens do devedor."

Alternativa "b": correta. Está correta, pois a banca examinadora reproduziu, em sua literalidade, o teor do art. 957 do CC, que preceitua: "Não havendo título legal à preferência, terão os credores igual direito sobre os bens do devedor comum."

Alternativa "d": correta. Está correta, uma vez que retrata a regra insculpida no art. 961 do CC: "O crédito real prefere ao pessoal de qualquer espécie; o crédito pessoal privilegiado, ao simples; e o privilégio especial, ao geral."

Alternativa "e": correta. A assertiva está correta, porquanto em consonância ao teor do art. 963 do CC: "O privilégio especial só compreende os bens sujeitos, por expressa disposição de lei, ao pagamento do crédito que ele favorece; e o geral, todos os bens não sujeitos a crédito real nem a privilégio especial."

Alternativa "c": incorreta. Está incorreta, porquanto o art. 956 do CC consagra que a discussão dos credores pode versar quer sobre "a preferência entre eles disputada, quer sobre a nulidade, simulação, fraude, ou falsidade das dívidas e contratos." O dispositivo legal consagra, portanto, outras matérias que podem ser objeto de discussão entre os credores, o que conduz à incorreção da alternativa.

8. DO DIREITO DE EMPRESA

Atualização:

Lei nº 14.382 de 27/06/2022

Art. 1.142, § 2º (Alteração de texto)

Art. 1.142, § 3º (Alteração de texto)

Art. 1.160, (caput) (Alteração de texto)

Art. 1.161, (caput) (Alteração de texto)

Lei nº 14.451 de 21/09/2022

Art. 1.061, (caput) (Alteração de texto)

Art. 1.076, I (Revogação)

Art. 1.076, II (Alteração de texto)

8.1. DO EMPRESÁRIO

325. (TRT 2 – Juiz do Trabalho Substituto 2ª Região/2016) Com relação à empresa assinale a alternativa correta:

a) A teoria da empresa trazida no Código Civil, em vigor, a define como atividade econômica organizada para a produção ou circulação de bens e serviços e tem fundamento doutrinário no Direito Italiano.

b) Aquele que exerce profissão intelectual, de natureza científica, mesmo com o concurso de auxiliares, não pode ser considerado empresário.

c) A incapaz é vedado continuar o exercício da empresa que exercia ao tempo em que capaz.

d) A sentença que homologa o divórcio do empresário não é oponível a terceiros.

e) Os cônjuges podem contratar sociedade entre si, salvo se casados, mediante pacto antenupcial, no regime de separação de bens.

COMENTÁRIOS

Alternativa incorreta: letra "c". A assertiva está incorreta, pois em desacordo com o art. 974, *caput,* do CC que possibilita ao "incapaz, por meio de representante ou devidamente assistido, continuar a empresa antes exercida por ele enquanto capaz, por seus pais ou pelo autor de herança."

Alternativa incorreta: letra "d". A sentença que homologa divórcio de empresário pode ser oponível a terceiros após arquivamento e averbação no Registro Público de Empresas Mercantis (art. 980 do CC).

Alternativa incorreta: letra "e". A fim de evitar confusão patrimonial entre as pessoas físicas e a pessoa jurídica, o art. 977 do CC faculta aos cônjuges contratar sociedade, entre si ou com terceiros, desde que não tenham casado no regime da comunhão universal de bens, ou no da separação obrigatória. Assim, ao contrário do contido na alternativa em análise, se casados no regime de separação de bens, mediante pacto antenupcial, os cônjuges podem contratar sociedade entre si.

Alternativa correta: letra "a". A assertiva está correta. Como é cediço, o Código Civil Italiano de 1943, encampou a teoria da empresa, pela qual a empresa pode ser definida como atividade econômica organizada, nos exatos moldes do estabelecido na alternativa sob comento. Certo é que o art. 966 do CC, abandonando expressamente a teoria dos atos de comércio, característica do Código Comercial de 1850 (parcialmente revogado na atualidade), passa a consagrar a teoria da empresa, conforme se infere da dicção do art. 966 do CC: "Considera-se empresário quem exerce profissionalmente atividade econômica organizada para a produção ou a circulação de bens ou de serviços."

Alternativa correta: letra "b". De acordo com o art. 966, parágrafo único, do CC, não se considera empresário quem exerce profissão intelectual, de natureza científica, literária ou artística, ainda com o concurso de auxiliares ou colaboradores, salvo se o exercício da profissão constituir elemento de empresa. Assim, a alternativa está incorreta, pois não ressalva expressamente a possibilidade de o exercício da profissão intelectual consistir em elemento de empresa, ou seja, sem caráter personalíssimo e com estrutura empresarial, hipótese em que será considerado empresário.

8.2. DA SOCIEDADE

326. (FCC – Juiz do Trabalho Substituto 6ª Região/ 2013) Celebram contrato de sociedade:

a) as pessoas que celebram contratos bilaterais, independentemente de seu objeto.

b) apenas as pessoas que reciprocamente se obrigam a contribuir com bens, para o exercício de atividade econômica e a partilha, entre si, dos resultados.

c) as pessoas que reciprocamente se obrigam a contribuir, com bens ou serviços, para o exercício de atividade econômica e a partilha, entre si, dos resultados.

d) somente pessoas físicas que se obrigam a contribuir reciprocamente para o exercício de atividade econômica e a partilha, entre si, dos resultados.

e) todas as pessoas que adquirem bens em condomínio.

COMENTÁRIOS

Alternativa incorreta: letra "a". Contrato bilateral ou sinalagmático é aquele que contempla uma reciprocidade de direitos e obrigações entre as partes. O contrato de sociedade, por óbvio, pode ser classificado como um contrato bilateral ou plurilateral. Entretanto, a sociedade somente se configura quando estivermos diante de um objeto específico, qual seja, o exercício de atividade econômica para a partilha dos respectivos resultados. Incorreta, pois, a alternativa.

Alternativa incorreta: letra "b". O enunciado da alternativa está incorreto. Isso porque, o art. 981 do CC é expresso ao preceituar que o sócio pode contribuir com bens ou serviços e não somente com bens. Incorreta, pois, a assertiva analisada.

Alternativa incorreta: letra "d". A assertiva está incorreta, pois não somente as pessoas naturais, mas também as pessoas jurídicas podem celebrar contrato de sociedade. Inexiste, no bojo do art. 981 do CC, qualquer vedação expressa neste sentido, o que conduz à incorreção da alternativa.

Alternativa incorreta: letra "e". A assertiva está incorreta. Ao reverso do que consta do enunciado da alternativa, o condomínio não é uma sociedade, mas um ente despersonificado que se configura quando duas ou mais pessoas exercem o direito de propriedade sobre a coisa indivisa. Assim, incorreta a alternativa em apreço.

Alternativa correta: letra "c". A assertiva está correta, pois corresponde ao texto do art. 981 do CC: "Celebram contrato de sociedade as pessoas que reciprocamente se obrigam a contribuir, com bens ou serviços, para o exercício de atividade econômica e a partilha, entre si, dos resultados."

8.2.1. DA SOCIEDADE NÃO PERSONIFICADA

327. (TRT 8 – Juiz do Trabalho Substituto 8ª Região/2014) Analise as proposições a seguir, sob a ótica do Código Civil em vigor, e ao final assinale a única alternativa CORRETA:

a) No Código Civil em vigor prevalece, como regra geral, o condicionamento da personalidade jurídica da sociedade à inscrição, no registro próprio e na forma da lei, dos seus atos constitutivos. Contudo, tal diploma estabelece regras para regular a sociedade enquanto não inscritos os atos constitutivos, como, por exemplo, a exclusividade da prova escrita para que os sócios ou terceiros possam demonstrar a existência da sociedade.

b) Na sociedade em conta de participação, o contrato social produz efeito somente entre os sócios, e a eventual inscrição de seu instrumento em qualquer registro não confere personalidade jurídica à sociedade.

c) No contrato social da sociedade simples as partes não podem estipular cláusulas estabelecendo que os sócios não respondem, subsidiariamente, pelas obrigações sociais.

d) Na sociedade simples, as modificações do contrato social, que tenham por objeto a matéria que a lei disponha por obrigatória, dependem do consentimento de todos os sócios; as demais podem ser decididas por maioria simples de votos, se o contrato não determinar a necessidade de deliberação unânime.

e) Salvo disposição contratual expressa, o sócio, admitido em sociedade já constituída, não se exime das dívidas sociais anteriores à admissão.

COMENTÁRIOS

Alternativa incorreta: letra "a". A afirmativa contraria o que dispõe o art. 987 do CC: "Os sócios, nas relações entre si ou com terceiros, somente por escrito podem provar a existência da sociedade, mas os terceiros podem prová-la de qualquer modo."

Alternativa incorreta: letra "c". A assertiva contraria o que dispõe o inciso VIII, do art. 997 do CC: A sociedade constitui-se mediante contrato escrito, particular ou público, que, além de cláusulas estipuladas pelas partes, mencionará: VIII – se os sócios respondem, ou não, subsidiariamente, pelas obrigações sociais.

Alternativa incorreta: letra "d". Assertiva dispõe de maneira contraria ao que prescreve a norma contida no art. 999 do CC: "As modificações do contrato social, que tenham por objeto matéria indicada no art. 997, dependem do consentimento de todos os sócios; as demais podem ser decididas por maioria absoluta de votos, se o contrato não determinar a necessidade de deliberação unânime."

Alternativa incorreta: letra "e". O art 1.025 do diploma civil dispõe de maneira diversa do que consta na afirmativa: "O sócio, admitido em sociedade já constituída, não se exime das dívidas sociais anteriores à admissão."

Alternativa correta: letra "b". A afirmativa está de acordo com o art. 993 do CC: "O contrato social produz efeito somente entre os sócios, e a eventual inscrição de seu instrumento em qualquer registro não confere personalidade jurídica à sociedade."

8.2.2. DOS DIREITOS E OBRIGAÇÕES DOS SÓCIOS

328. (TRT 23 - Juiz do Trabalho Substituto 23ª Região/ 2014) Assinale a alternativa INCORRETA, segundo a dicção do Código Civil:

a) O ato de transformação da sociedade independe da dissolução ou liquidação da mesma, e obedecerá aos preceitos reguladores da constituição e inscrição próprios do tipo em que vai converter-se.

b) Aprovados os atos da incorporação, a sociedade incorporadora declarará extinta a sociedade incorporada, e promoverá a respectiva averbação no registro próprio.

c) Quanto à liquidação de sociedades, respeitados os direitos dos credores preferenciais, pagará o liquidante as dívidas sociais proporcionalmente, com preferência das vencidas sobre as vincendas.

d) No caso da liquidação de sociedade, pago o passivo, e partilhado o remanescente, convocará o liquidante assembleia dos sócios para prestação final de contas.

e) Ainda sobre a liquidação de sociedade, compete ao liquidante representar a sociedade e praticar todos os atos necessários à sua liquidação, inclusive alienar bens móveis ou imóveis, transigir, receber e dar quitação.

COMENTÁRIOS

Alternativa correta: letra "a". A assertiva reproduz literalmente o teor do art. 1.113 do CC: "O ato de transformação independe de dissolução ou liquidação da sociedade, e obedecerá aos preceitos reguladores da constituição e inscrição próprios do tipo em que vai converter-se."

Alternativa correta: letra "b". A afirmativa corresponde a norma contida no art. 1.118 do CC: "Aprovados os atos da incorporação, a incorporadora declarará extinta a incorporada, e promoverá a respectiva averbação no registro próprio."

Alternativa correta: letra "d". A redação da presente assertiva teve como referência o art. 1.108 do CC: "Pago o passivo e partilhado o remanescente, convocará o liquidante assembleia dos sócios para a prestação final de contas."

Alternativa correta: letra "e". A redação da presente assertiva teve como referência o art. 1.105 do CC: "Compete ao liquidante representar a sociedade e praticar todos os atos necessários à sua liquidação, inclusive alienar bens móveis ou imóveis, transigir, receber e dar quitação."

Alternativa incorreta: letra "c". A afirmativa não reproduz fielmente o que determina a lei sobre o pagamento das dívidas sociais, por ocasião da liquidação da sociedade. Sobre o assunto, a regra está condita no art. 1.106 do CC: "Respeitados os direitos dos credores preferenciais, pagará o liquidante as dívidas sociais proporcionalmente, sem distinção entre vencidas e vincendas, mas, em relação a estas, com desconto."

329. (TRT/19ª RG - VI Concurso - 2012) Assinale a alternativa INCORRETA:

a) As obrigações do sócio começam imediatamente com o contrato, se este não fixar outra data, e terminam quando, liquidada a sociedade, se extinguirem as responsabilidades sociais.

b) Até dois anos depois de averbada a modificação do contrato, responde o cedente solidariamente com o cessionário, perante a sociedade e terceiros, pelas obrigações que tinha como sócio.

c) O sócio, cuja contribuição consista em serviços, não pode, salvo convenção em contrário, empregar-se em atividade estranha à sociedade, sob pena de ser privado de seus lucros e dela excluído.

d) É anulável a estipulação contratual que exclua qualquer sócio de participar dos lucros e das perdas.

e) O sócio que, a título de quota social, transmitir domínio, posse ou uso, responde pela evicção; e pela solvência do devedor, aquele que transferir crédito.

COMENTÁRIOS

Alternativa "a": correta. A assertiva está correta, pois reproduz a literalidade do art. 1.001 do CC: "As obrigações dos sócios começam imediatamente com o contrato, se este não fixar outra data, e terminam quando, liquidada a sociedade, se extinguirem as responsabilidades sociais."

Alternativa "b": correta. Está correta, porquanto consentânea ao disposto no parágrafo único, do art. 1.003 do CC, com a seguinte redação: "Até dois anos depois de averbada a modificação do contrato, responde o cedente solidariamente com o cessionário, perante a sociedade e terceiros, pelas obrigações que tinha como sócio."

Alternativa "c": correta. Está correta. A banca examinadora reproduz, na alternativa em exame, o teor do art. 1.006 do CC: "O sócio, cuja contribuição consista em serviços, não pode, salvo convenção em contrário, empregar-se em atividade estranha à sociedade, sob pena de ser privado de seus lucros e dela excluído."

Alternativa "e": correta. A alternativa está correta, por refletir a regra constante do art. 1.005 do CC, que preceitua: "O sócio que, a título de quota social, transmitir domínio, posse ou uso, responde pela evicção; e pela solvência do devedor, aquele que transferir crédito."

Alternativa "d": incorreta. Está errada. A assertiva contraria a regra do art. 1.008 do CC, que estabelece ser "nula a estipulação contratual que exclua qualquer sócio de participar dos lucros e das perdas." Assim, o erro do enunciado encontra-se no termo "anulável".

8.2.3. DA ADMINISTRAÇÃO

330. (TRT 8 – Juiz do Trabalho Substituto 8ª Região/2015) Sobre a empresa no Código Civil Brasileiro, é CORRETO afirmar que:

a) Nas sociedades simples não podem ser administradores, além das pessoas impedidas por lei especial, os condenados a pena que vede, ainda que temporariamente, o acesso a cargos públicos; ou por crime falimentar, de prevaricação, peita ou suborno, concussão, peculato; ou contra a economia popular, contra o sistema financeiro nacional, contra as normas de defesa da concorrência, contra as relações de consumo, a fé pública ou a propriedade, enquanto perdurarem os efeitos da condenação.

b) Na sociedade limitada, a responsabilidade de cada sócio é restrita ao valor de suas quotas, mas todos respondem subsidiariamente pela integralização do capital social.

c) Na sociedade limitada, tendo em vista a sua natureza, o contrato social não poderá prever a regência supletiva pelas normas da sociedade anônima.

d) São características da sociedade cooperativa a variabilidade, ou dispensa do capital social; o concurso de sócios em número mínimo necessário a compor a administração da sociedade, sem limitação de número máximo; a limitação do valor da soma de quotas do capital social que cada sócio poderá tomar, e a transferibilidade das quotas do capital a terceiros estranhos à sociedade, inclusive por herança.

e) Na sociedade cooperativa, a responsabilidade dos sócios é limitada.

COMENTÁRIOS

Alternativa incorreta: letra "b". A assertiva está incorreta, porquanto contraria o disposto no art. 1.052 do CC: "Na sociedade limitada, a responsabilidade de cada sócio é restrita ao valor de suas quotas, mas todos respondem solidariamente pela integralização do capital social."

Alternativa incorreta: letra "c". A alternativa adultera a norma do art. 1.053, parágrafo único, do CC: "O contrato social poderá prever a regência supletiva da sociedade limitada pelas normas da sociedade anônima."

Alternativa incorreta: letra "d". A assertiva contraria o disposto no art. 1.094 do CC: "São características da sociedade cooperativa: I – variabilidade, ou dispensa do capital social; II – concurso de sócios em número mínimo necessário a compor a administração da sociedade, sem limitação de número máximo; III – limitação do valor da soma de quotas do capital social que cada sócio poderá tomar; IV – intransferibilidade das quotas do capital a terceiros estranhos à sociedade, ainda que por herança; V – quorum, para a assembleia geral funcionar e deliberar, fundado no número de sócios presentes à reunião, e não no capital social representado; VI – direito de cada sócio a um só voto nas deliberações, tenha ou não capital a sociedade, e qualquer que seja o valor de sua participação; VII – distribuição dos resultados, proporcionalmente ao valor das operações efetuadas pelo sócio com a sociedade, podendo ser atribuído juro fixo ao capital realizado; VIII – indivisibilidade do fundo de reserva entre os sócios, ainda que em caso de dissolução da sociedade."

Alternativa incorreta: letra "e". A alternativa em apreço está dissonante do que preconiza o texto legal. A esse respeito, confira o teor do art. 1.095 do CC: "Na sociedade cooperativa, a responsabilidade dos sócios pode ser limitada ou ilimitada."

Alternativa correta: letra "a". A assertiva está em conformidade com o que preceitua o art. 1.010, parágrafo único, do CC: "Não podem ser administradores, além das pessoas impedidas por lei especial, os condenados a pena que vede, ainda que temporariamente, o acesso a cargos públicos; ou por crime falimentar, de prevaricação, peita ou suborno, concussão, peculato; ou contra a economia popular, contra o sistema financeiro nacional, contra as normas de defesa da concorrência, contra as relações de consumo, a fé pública ou a propriedade, enquanto perdurarem os efeitos da condenação."

8.3.4. DA DISSOLUÇÃO

331. (TRT 2 – Juiz do Trabalho Substituto 2ª Região/2013) Em relação à dissolução da sociedade observe as proposições abaixo e ao final aponte a alternativa que contenha proposituras corretas:

I. Dissolve-se a sociedade pela deliberação dos sócios, por maioria absoluta, na sociedade por prazo indeterminado.

II. A sociedade pode vir a ser dissolvida judicialmente a requerimento de qualquer sócio se houver sido anulada a sua constituição.

III. Ocorrida a dissolução, cumpre aos administradores providenciar imediatamente a liquidação da sociedade e paralisar a gestão própria dos negócios, vedando novas operações.

IV. Se a sociedade dissolver-se por extinção, na forma da lei de autorização para funcionar, caberá ao Ministério Público, tão logo receba a comunicação, a promoção da liquidação judicial, se os administradores não o fizerem nos trinta dias seguintes à perda da autorização.

V. Qualquer sócio poderá dar por dissolvida a sociedade, parcialmente, se verificada a inexequibilidade ou seu fim social.

É correta a alternativa:

a) I, II e IV
b) II, III e IV
c) III, IV e V
d) I, III e V
e) I, II e V

COMENTÁRIOS

Todos os itens da questão serão apreciados, para demonstrar o acerto da alternativa ora enfocada.

Item I – Correto. O item está correto, pois corresponde à regra do art. 1.033, III, do CC: "Dissolve-se a sociedade quando ocorrer: [...] III – a deliberação dos sócios, por maioria absoluta, na sociedade de prazo indeterminado."

Item II – Correto. O item está correto, porquanto se consubstancia em aplicação do art. 1.034, I, do CC: "A sociedade pode ser dissolvida judicialmente, a requerimento de qualquer dos sócios, quando: I – anulada a sua constituição."

Item III – Incorreto. Ao contrário do que constou da redação do item, deve haver apenas a restrição à gestão de negócios e não a sua completa paralização. Assim, a assertiva está incorreta, por contrariedade ao art. 1.036 do CC: "Ocorrida a dissolução, cumpre aos administradores providenciar imediatamente a investidura do liquidante, e restringir a gestão própria aos negócios inadiáveis, vedadas novas operações, pelas quais responderão solidária e ilimitadamente."

Item IV – Correto. A assertiva está correta, nos moldes das disposições inseridas no art. 1.037 do CC: "Ocorrendo a hipótese prevista no inciso V do art. 1.033, o Ministério Público, tão logo lhe comunique a autoridade competente, promoverá a liquidação judicial da sociedade, se os administradores não o tiverem feito nos trinta dias seguintes à perda da autorização, ou se o sócio não houver exercido a faculdade assegurada no parágrafo único do artigo antecedente."

Item V – Incorreto. A inexequibilidade do fim social é causa de dissolução total da sociedade, não havendo que se falar em dissolução meramente parcial, como consignado no item em apreço. É o que deflui das disposições inseridas no art. 1.034, II, do CC: "A sociedade pode ser dissolvida judicialmente, a requerimento de qualquer dos sócios, quando:[...] II – exaurido o fim social, ou verificada a sua inexequibilidade."

Alternativa correta: letra "a".

8.2.5. DA SOCIEDADE COOPERATIVA

332. (TRT 2 – Juiz do Trabalho Substituto 2ª Região/2016) A respeito das sociedades assinale a alternativa correta:

a) O terceiro interessado em provar a existência de sociedade em comum, deve valer-se de prova por escrito, mas não o possuindo, poderá exigir o cumprimento das obrigações de todos os sócios, solidária e ilimitadamente.

b) A administração da sociedade limitada pode ser exercida por todos os sócios se assim restar estipulado no contrato, sendo exercida de pleno direito por aquele que ingressar na sociedade, desde que ciente da referida cláusula.

c) Na sociedade cooperativa pode-se estipular capital social variável e admitir-se sócios sem fixar- se um número máximo.

d) O contrato da sociedade em comandita simples deve obrigatoriamente discriminar os sócios comanditados, que são as pessoas físicas responsáveis pelas obrigações sociais, sendo comanditários todos os demais.

e) Na sociedade simples, espécie de sociedade personificada, a formação do capital, deve ser em dinheiro, necessariamente expresso em moeda corrente nacional.

COMENTÁRIOS

Alternativa incorreta: letra "a". A assertiva está incorreta, porquanto dissonante do que preceitua o art. 987 do CC, com a seguinte redação: "Os sócios, nas relações entre si ou com terceiros, somente por escrito podem provar a existência da sociedade, mas os terceiros podem prová-la de qualquer modo." De tal sorte, não somente a prova escrita, mas todos os meios de prova de que dispõem o terceiro interessado, têm o efeito de conduzir à existência da sociedade em comum, o que conduz ao desacerto da alternativa examinada.

Alternativa incorreta: letra "b". A alternativa está incorreta, uma vez que contraria o que dispõe o parágrafo único, do art. 1.060 do CC: "A administração atribuída no contrato a todos os sócios não se estende de pleno direito aos que posteriormente adquiram essa qualidade".

Alternativa incorreta: letra "d". O contido na alternativa destoa do que prescreve o art. 1.045 do CC: "Na sociedade em comandita simples tomam parte sócios de duas categorias: os comanditados, pessoas físicas, responsáveis solidária e ilimitadamente pelas obrigações sociais; e os comanditários, obrigados somente pelo valor de sua quota."

Alternativa incorreta: letra "e". A alternativa está incorreta, pois discrepante da dicção do art. 997, III, do CC. A esse respeito, confira a literalidade do referido dispositivo legal: "A sociedade constitui-se mediante contrato escrito, particular ou público, que, além de cláusulas estipuladas pelas partes, mencionará: [...] III – capital da sociedade, expresso em moeda corrente, podendo compreender qualquer espécie de bens, suscetíveis de avaliação pecuniária."

Alternativa correta: letra "c". A assertiva está correta, porquanto em conformidade ao que prescreve o art. 1.094, I e II, do CC, que preconiza: "São características da sociedade cooperativa: I – variabilidade, ou dispensa do capital social; II – concurso de sócios em número mínimo necessário a compor a administração da sociedade, sem limitação de número máximo."

---

333. (FCC – Juiz do Trabalho Substituto 15ª Região/2015) Sobre as sociedades cooperativas considere:

I. Celebram contrato de sociedade cooperativa as pessoas que reciprocamente se obrigam a contribuir com bens ou serviços para o exercício de uma atividade econômica, de proveito comum, sem objetivo de lucro.

II. As cooperativas são sociedades de capital, com forma e natureza jurídica próprias, de natureza civil, não sujeitas a falência, constituídas para prestar serviços aos associados.

III. O quorum para o funcionamento e deliberação de assembleia geral será baseado no número de associados e não no capital.

IV. Tem entre suas características a variabilidade de capital social representado por quotas-partes.

V. Constitui-se mediante instrumento de contrato escrito, público ou particular, registrado na Junta Comercial.

Está correto o que consta APENAS em

a) II e IV.

b) I, II e III.

c) II, IV e V.

d) I, III e IV.

e) III e V.

COMENTÁRIOS

Todos os itens da questão serão analisados.

Item I – Está correto. A assertiva contempla os elementos que compõem o conceito de sociedade cooperativa, os quais representam a natureza do vínculo associativo em exame, especialmente o objetivo não lucrativo da referida espécie de sociedade.

Item II – Está incorreto. A assertiva está incorreta. Em verdade, a cooperativa não é uma sociedade de capital, mesmo porque, a teor do que preconiza o art. 1.094, I, do CC, o capital social pode ser variável e, até mesmo, dispensado. Diante do exposto, incorreto o teor do item em apreço.

Item III – Está correto. O item está em conformidade com o que dispõe o art. 1.094, V, do CC: "*quorum*, para a assembleia geral funcionar e deliberar, fundado no número de sócios presentes à reunião, e não no capital social representado".

Item IV – Está correto. A assertiva está em consonância ao que preceitua o texto legal. A esse respeito, confira a redação do art. 1.094, I, do CC: "variabilidade, ou dispensa do capital social."

Item V – Está incorreto. Nos termos do art. 1.096 do CC, na omissão da lei, aplicam-se as regras atinentes à sociedade simples, cujos atos constitutivos devem ser apresentados ao Cartório de Registro Civil das Pessoas Jurídicas e não ao registro do comércio. É o que decorre do disposto no art. 998 do CC: "Nos trinta dias subsequentes à sua constituição, a sociedade deverá requerer a inscrição do contrato social no Registro Civil das Pessoas Jurídicas do local de sua sede".

Alternativa correta: letra "d".

---

334. (TRT 23 – Juiz do Trabalho Substituto 23ª Região/2014) Assinale a alternativa INCORRETA à luz do Código Civil:

a) Se a decadência for convencional, a parte a quem aproveita pode alegá-la em qualquer grau de jurisdição, mas o juiz não pode suprir a alegação.

b) A interrupção da prescrição produzida contra o principal devedor prejudica o fiador.

c) O concurso de sócios, em número mínimo e máximo fixado em lei, necessário a compor a administração da sociedade, é uma das características da sociedade cooperativa.

d) Na sociedade cooperativa, a responsabilidade dos sócios pode ser limitada ou ilimitada.

e) É limitada a responsabilidade na cooperativa em que o sócio responde somente pelo valor de suas quotas e pelo prejuízo verificado nas operações sociais, guardada a proporção de sua participação nas mesmas operações.

COMENTÁRIOS

Alternativa correta: letra "a". A afirmativa confirma o que o que está disposto no art. 211 do CC: "Se a decadência for convencional, a parte a quem aproveita pode alegá-la em qualquer grau de jurisdição, mas o juiz não pode suprir a alegação."

Alternativa correta: letra "b". A assertiva está de acordo com a redação do dispositivo legal: "Art. 204. § 3º A interrupção produzida contra o principal devedor prejudica o fiador."

Alternativa correta: letra "d". A assertiva vai ao encontro do que determina o art. 1.095 do CC: "Na sociedade cooperativa, a responsabilidade dos sócios pode ser limitada ou ilimitada."

Alternativa correta: letra "e". O acerto da assertiva está no fato de que a sua redação corresponde a literalidade do dispositivo legal do CC que regula a matéria: "Art. 1.095, § 1º É limitada a responsabilidade na cooperativa em que o sócio responde somente pelo valor de suas quotas e pelo prejuízo verificado nas operações sociais, guardada a proporção de sua participação nas mesmas operações."

Alternativa incorreta: letra "c". A assertiva contraria o que determina o inciso II, do art 1.094 do CC: "São características da sociedade cooperativa: II - concurso de sócios em número mínimo necessário a compor a administração da sociedade, sem limitação de número máximo;"

335. (TRT/2ª RG - XXXVI Concurso - 2011) Assinale a alternativa INCORRETA no que diz respeito às características da sociedade cooperativa, conforme elencado no Código Civil:

a) Concurso mínimo de sócios em número mínimo necessário a compor a administração da sociedade, sem limitação de número máximo.

b) Responsabilidade dos sócios ilimitada, independentemente do valor de suas quotas e do prejuízo verificado nas operações sociais.

c) Intransferibilidade das quotas do capital a terceiros estranhos à sociedade, ainda que por herança.

d) Quórum, para a assembleia geral funcionar e deliberar, fundado no número de sócios presentes na reunião, e não no capital social representado.

e) Direito de cada sócio a um só voto nas deliberações, tenha ou não capital a sociedade, e qualquer que seja o valor de sua participação.

COMENTÁRIOS

Alternativa "a": correta. A assertiva está correta, porquanto retrata a regra consagrada no art. 1.094, II, do CC, com a seguinte redação: "São características da sociedade cooperativa: [...] II - concurso de sócios em número mínimo necessário a compor a administração da sociedade, sem limitação de número máximo."

Alternativa "c": correta. Está correta, por reproduzir a norma do art. 1.094, IV, do CC: "São características da sociedade cooperativa: [...] IV - intransferibilidade das quotas do capital a terceiros estranhos à sociedade, ainda que por herança."

Alternativa "d": correta. O enunciado da alternativa está **correto**, em face do que preceitua o art. 1.094, V, do CC: "São características da sociedade cooperativa: [...] V - quorum, para a assembleia geral funcionar e deliberar, fundado no número de sócios presentes à reunião, e não no capital social representado."

Alternativa "e": correta. Está correta, porquanto em consonância à regra do art. 1.094, VI, do CC: "São características da sociedade cooperativa: [...] VI - direito de cada sócio a um só voto nas deliberações, tenha ou não capital a sociedade, e qualquer que seja o valor de sua participação."

Alternativa "b": incorreta. Está incorreta. O enunciado da alternativa não encontra respaldo na legislação de regência, visto que, de acordo com o art. 1.095 do CC, a responsabilidade dos sócios de sociedade cooperativa, pode ser limitada ou ilimitada. De tal sorte, a responsabilidade ilimitada dos sócios não é da essência dessa modalidade de sociedade, o que conduz à incorreção da assertiva.

8.2.6. DA TRANSFORMAÇÃO, DA INCORPORAÇÃO, DA FUSÃO E DA CISÃO DAS SOCIEDADES

336. (TRT/1ª RG - 2010) Assinale a opção CORRETA com relação à disciplina jurídica da reorganização estrutural societária.

a) Em caso de transformação societária, a sociedade primitiva não é dissolvida.

b) Não pode haver cisão sem extinção da sociedade cindida.

c) Na fusão, deve haver ato constitutivo de nova sociedade, a qual deve adotar o tipo de uma das fusionadas.

d) Na incorporação, a sociedade incorporada somente deixa de existir depois de extintas as obrigações vencidas.

e) Não pode o credor lesado pleitear anulação dos negócios reorganizativos, já que possui mecanismos legais próprios para satisfazer seu crédito.

COMENTÁRIOS

Alternativa "b": incorreta. Está incorreta. De acordo com André Luiz Santa Cruz Ramos, a cisão pode ser definida como a "transferência de patrimônio de uma sociedade para outra"(RAMOS, André Luiz Santa Cruz. *Curso de Direito Empresarial.* 4ª ed. Salvador: Juspodivm, 2010, p. 487). Desse modo, a cisão pode ser parcial - caso transferidos apenas alguns bens da sociedade cindida - ou total - caso transferida a totalidade dos bens da sociedade cindida. Na primeira hipótese, pertinente à cisão parcial, a cisão irá ocorrer sem a extinção da sociedade cindida que permanecerá com um determinado acervo patrimonial. Desse modo, conclui-se que, ao contrário do que constou do enunciado da alternativa, pode haver cisão sem extinção da sociedade cindida.

Alternativa "c": incorreta. De fato, a fusão determina a extinção das sociedades que se unem e o surgimento de uma nova sociedade. Contudo, ao contrário do que constou do enunciado da alternativa, não se exige que a nova sociedade adote o tipo societário de uma daquelas que se extinguiram, em face da inexistência de previsão legal neste sentido. A esse respeito, é oportuna a colação do teor do art. 1.119, do CC, com a seguinte redação: "A fusão determina a extinção das sociedades que se unem, para formar sociedade nova, que a elas sucederá nos direitos e obrigações."

Alternativa "d": incorreta. Nos termos do art. 1.116, do CC, "Na incorporação, uma ou várias sociedades são absorvidas por outra, que lhes sucede em todos os direitos e obrigações". Desse modo, ao reverso do que constou da questão, a incorporação extingue automaticamente a sociedade incorporada.

Alternativa "e": incorreta. A alternativa está equivocada, por contrariar o disposto no art. 1.122, do CC, que preceitua: "Até noventa dias após publicados os atos relativos à incorporação, fusão ou cisão, o credor anterior, por ela prejudicado, poderá promover judicialmente a anulação deles."

Alternativa "a": correta. A assertiva está correta, porquanto encontra respaldo no art. 1.113, do CC, com a seguinte redação: "O ato de transformação **independe de dissolução** ou liquidação da sociedade, e obedecerá aos preceitos reguladores da constituição e inscrição próprios do tipo em que vai converter-se."

8.3. DO ESTABELECIMENTO

337. (TRT 23 – Juiz do Trabalho Substituto 23ª Região/ 2014) Marque a alternativa CORRETA à luz do Código Civil:

a) O contrato que tenha por objeto a alienação, o usufruto ou arrendamento do estabelecimento produzirá efeitos quanto a terceiros independente da sua averbação à margem da inscrição do empresário no Registro Público de Empresas Mercantis.

b) O adquirente do estabelecimento responde pelo pagamento dos débitos anteriores à transferência, desde que regularmente contabilizados, continuando o devedor primitivo subsidiariamente obrigado pelo prazo de um ano, a partir, quanto aos créditos vencidos, da publicação, e, quanto aos outros, da data do vencimento.

c) Salvo disposição em contrário, a transferência importa a sub-rogação do adquirente nos contratos estipulados para exploração do estabelecimento, se não tiverem caráter pessoal, podendo os terceiros rescindir o contrato em noventa dias a contar da publicação da transferência, se ocorrer justa causa, ressalvada, neste caso, a responsabilidade do alienante.

d) A cessão de créditos referentes ao estabelecimento transferido produzirá efeitos, em relação aos respectivos devedores, desde o ato da transferência, mas o devedor ficará exonerado se de boa- fé pagar o cedente.

e) Não se considera estabelecimento todo complexo de bens organizado, para exercício da empresa, por empresário ou por sociedade empresária.

COMENTÁRIOS

Alternativa incorreta: letra "a". A assertiva contraria o que determina o art. 1.144 do CC: "O contrato que tenha por objeto a alienação, o usufruto ou arrendamento do estabelecimento, só produzirá efeitos quanto a terceiros depois de averbado à margem da inscrição do empresário, ou da sociedade empresária, no Registro Público de Empresas Mercantis, e de publicado na imprensa oficial."

Alternativa incorreta: letra "b". A assertiva afirma que a responsabilidade do devedor primitivo é subsidiaria, enquanto a lei determina que é solidária. Vejamos a redação do art. 1.146 do CC: "O adquirente do estabelecimento responde pelo pagamento dos débitos anteriores à transferência, desde que regularmente contabilizados, continuando o devedor primitivo solidariamente obrigado pelo prazo de um ano, a partir, quanto aos créditos vencidos, da publicação, e, quanto aos outros, da data do vencimento."

Alternativa incorreta: letra "d". A assertiva confunde o momento em que a cessão de créditos referentes ao estabelecimento transferido produzirá efeitos, pois diz que será desde o ato da transferência, mas a lei determina que será desde o momento da publicação da transferência. Vejamos a regra do art. 1.149 do CC: "A cessão dos créditos referentes ao estabelecimento transferido produzirá efeito em relação aos respectivos devedores, desde o momento da publicação da transferência, mas o devedor ficará exonerado se de boa-fé pagar ao cedente."

Alternativa incorreta: letra "e". Assertiva contraria o que prescreve o art. 1.142 do CC: "Considera-se estabelecimento todo complexo de bens organizado, para exercício da empresa, por empresário, ou por sociedade empresária."

Alternativa correta: letra "c". A assertiva correta, pois reproduz fielmente a redação do art. 1.148 do CC: "Salvo disposição em contrário, a transferência importa a sub-rogação do adquirente nos contratos estipulados para exploração do estabelecimento, se não tiverem caráter pessoal, podendo os terceiros rescindir o contrato em noventa dias a contar da publicação da transferência, se ocorrer justa causa, ressalvada, neste caso, a responsabilidade do alienante."

8.4. DOS INSTITUTOS COMPLEMENTARES – ARTS. 1.150 A 1.195

8.4.1. DOS PREPOSTOS

338. (FCC – Juiz do Trabalho Substituto 1ª Região/2014) Igor foi contratado como preposto da empresa Gordura Trans de alimentos. Disseram-lhe que poderia, livremente, negociar em nome da empresa, receber quaisquer valores e participar de operações do mesmo gênero da que lhe foi atribuída, bem como fazer-se substituir no desempenho da preposição, tudo sem responsabilização pessoal alguma. No entanto, ele:

a) não poderá, ainda que com autorização expressa, negociar por conta própria ou de terceiro, nem participar, embora indiretamente, de operação do mesmo gênero da que lhe foi cometida, sob pena de responder por perdas e danos e de serem retidos pelo preponente os lucros da operação.

b) não poderá ser encarregado de receber papéis, bens ou valores, referentes a negócios que ultrapassem dez vezes o salário mínimo nacional.

c) poderá, mesmo sem autorização expressa, participar de operação do mesmo gênero da que lhe foi cometida, porque cláusula contratual não pode limitar o exercício de qualquer trabalho, ofício ou profissão.

d) não poderá, exceto com autorização escrita, fazer-se substituir no desempenho da preposição, sob pena de responder pessoalmente pelos atos do substituto e pelas obrigações por ele contraídas.

e) não responderá por perdas e danos perante o preponente em nenhuma circunstância, salvo se tiver agido com dolo.

COMENTÁRIOS

Alternativa incorreta: letra "a". A alternativa está equivocada, porquanto contrária ao disposto no art. 1.170 do CC: "O preposto, salvo autorização expressa, não pode negociar por conta própria ou de terceiro, nem participar, embora indiretamente, de operação do mesmo gênero da que lhe foi cometida, sob pena de responder por perdas e danos e de serem retidos pelo preponente os lucros da operação."

Alternativa incorreta: letra "b". Está incorreta. O teor do enunciado da alternativa adultera o que dispõe o texto legal, consoante se infere da dicção do art. 1.171 do CC: "Considera-se perfeita a entrega de papéis, bens ou valores ao preposto, encarregado pelo preponente, se os recebeu sem protesto, salvo nos casos em que haja prazo para reclamação."

Alternativa incorreta: letra "c". A alternativa contraria o que dispõe o art. 1.170 do CC: "O preposto, salvo autorização expressa, não pode negociar por conta própria ou de terceiro, nem participar, embora indiretamente, de operação do mesmo gênero da que lhe foi cometida, sob pena de responder por perdas e danos e de serem retidos pelo preponente os lucros da operação."

Alternativa incorreta: letra "e". O art. 1.170 do CC estabelece uma hipótese de responsabilização do preposto, independentemente da presença do dolo. A esse respeito, confira: "O preposto, salvo autorização expressa, não pode negociar por conta própria ou de terceiro, nem participar, embora indiretamente, de operação do mesmo gênero da que lhe foi cometida, sob pena de responder por perdas e danos e de serem retidos pelo preponente os lucros da operação."

Alternativa correta: letra "d". A assertiva está correta, porquanto em conformidade com o art. 1.169 do CC, cujo teor ora se transcreve: "O preposto não pode, sem autorização escrita, fazer-se substituir no desempenho da preposição, sob pena de responder pessoalmente pelos atos do substituto e pelas obrigações por ele contraídas."

9. DOS DIREITOS REAIS

ATUALIZAÇÃO:

Lei nº 14.754 de 12/12/2023

Art. 1.368-E, § 3º (Inclusão)

Lei nº 14.711 de 30/10/2023

Art. 1.430 (Ressalva de aplicação)

Art. 1.477, § 1º (Renumeração)

Art. 1.477, § 2º (Inclusão)

Art. 1.478, (caput) (Alteração de texto)

Art. 1.487-A (Inclusão)

Art. 1.487-A, (caput) (Inclusão)

Art. 1.487-A, § 1º (Inclusão)

Art. 1.487-A, § 2º (Inclusão)

Art. 1.487-A, § 2º, I (Inclusão)

Art. 1.487-A, § 2º, II (Inclusão)

Art. 1.487-A, § 3º (Inclusão)

Lei nº 14.620 de 13/07/2023

Art. 1.225, XII (Alteração de texto)

Art. 1.225, XIII (Alteração de texto)

Art. 1.225, XIV (Inclusão)

Art. 1.473, X (Alteração de texto)

Art. 1.473, XI (Inclusão)

Lei nº 14.405 de 12/07/2022

Art. 1.351, (caput) (Alteração de texto)

Lei nº 14.382 de 27/06/2022

Art. 1.358-A, § 2º, I (Supressão)

Art. 1.358-A, § 2º, I (Inclusão)

Art. 1.358-A, § 2º, II (Supressão)

Art. 1.358-A, § 2º, II (Inclusão)

Art. 1.494 (Revogação)

Art. 1.510-E, II (Alteração de texto)

Lei nº 14.309 de 08/03/2022

Art. 1.353, § 1º (Inclusão)

Art. 1.353, § 1º, I (Inclusão)

Art. 1.353, § 1º, II (Inclusão)

Art. 1.353, § 1º, III (Inclusão)

Art. 1.353, § 1º, IV (Inclusão)

Art. 1.353, § 2º (Inclusão)

Art. 1.353, § 3º (Inclusão)

Art. 1.354-A (Inclusão)

Art. 1.354-A, (caput) (Inclusão)

Art. 1.354-A, I (Inclusão)

Art. 1.354-A, II (Inclusão)

Art. 1.354-A, § 1º (Inclusão)

Art. 1.354-A, § 2º (Inclusão)

Art. 1.354-A, § 3º (Inclusão)

Art. 1.354-A, § 4º (Inclusão)

Art. 1.354-A, § 5º (Inclusão)

Art. 1.354-A, § 6º (Inclusão)

339. (FCC – Juiz do Trabalho Substituto 1ª Região/2014) São direitos reais de garantia, que conferem ao credor título de preferência

a) penhor de título de crédito e reserva de domínio na venda e compra.

b) fiança e hipoteca.

c) hipoteca e penhor.

d) hipoteca e retrovenda.

e) retrovenda e penhor.

COMENTÁRIOS

Alternativas incorretas: letras "a", "b", "d" e "e". As alternativas estão equivocadas, porquanto contemplaram em suas respectivas redações direitos ou prerrogativas que não se confundem com os direitos reais. A esse respeito, é oportuno consignar que reserva de domínio na compra e venda, fiança e retrovenda. Em verdade a reserva de domínio e a retrovenda são cláusulas especiais do contrato de compra e venda, ao passo que a fiança apresenta natureza contratual. À luz do exposto verifica-se que tais institutos, em verdade, podem ser qualificados na categoria de direitos pessoais patrimoniais, circunstância que corrobora o equívoco das assertivas.

Alternativa correta: letra "c". Como é cediço, os direitos reais foram discriminados no rol taxativo do art. 1.225 do Código Civil (O art. 1.225 do CC, foi alterado pela Lei nº 14.620, de 2023). A partir de um exame perfunctório do referido dispositivo legal, verifica-se que hipoteca e penhor são qualificados, pela ordem jurídica, como direitos reais. Desse modo, a única alternativa que traz em seu bojo direitos de natureza real é a letra "c", o que conduz ao acerto da questão.

9.1. DA AQUISIÇÃO DA PROPRIEDADE IMÓVEL

340. (FCC – Juiz do Trabalho/2017) Na fase de cumprimento de sentença trabalhista condenatória, fora expedida carta de arrematação pelo competente juízo, tendo o título judicial sido regularmente protocolado no Ofício de Registro de Imóveis onde está matriculado o bem arrematado. Muito embora a carta de arrematação contivesse a cópia do auto de arrematação e a prova de pagamento do imposto de transmissão, o fato é que a descrição do imóvel arrematado e a qualificação referente ao estado civil do arrematante estavam incompletas e, por isso, o Oficial de Registro de Imóveis expediu nota devolutiva, determinando a satisfação de requisitos para o registro da arrematação na correspondente matrícula. Considerando tais fatos e sobre o registro imobiliário, é correto afirmar:

a) Uma vez proferida a sentença em procedimento de dúvida registral que conclua pelo equívoco do Oficial de Registro na qualificação registral, este não terá legitimidade para interpor o recurso, mas o Ministério Público e eventual terceiro prejudicado poderão manejar apelação contra a referida decisão.

b) O título judicial não está sujeito à qualificação registral e, por isso, o Oficial de Registro de Imóveis deveria ter registrado a arrematação tal como determinado pelo juízo, sob pena de cometimento do crime de desobediência.

c) Os juízes devem fazer com que as partes indiquem, nos autos judiciais, com precisão, os característicos, as confrontações e as localizações dos imóveis que serão objeto de alienação forçada, sendo dispensável, nos termos da Lei de Registros Públicos, a apresentação de certidão do registro imobiliário.

d) Havendo exigência a ser satisfeita em título judicial, o oficial indicá-la-á por escrito e, não se conformando o apresentante com a exigência do oficial, ou não a podendo satisfazer, será o título, a seu requerimento e com a declaração de dúvida, remetido ao mesmo juízo expedidor do título para dirimir a dúvida registral, dispensada, nos termos da lei, a oitiva do Ministério Público.

e) Transitada em julgado a decisão da dúvida, se for julgada procedente, o interessado apresentará, de novo, os seus documentos, com o respectivo mandado, ou certidão da sentença, que ficarão arquivados, para que, desde logo, se proceda ao registro, declarando o oficial o fato na coluna de anotações do Protocolo.

COMENTÁRIOS

Alternativa incorreta: letra "B". Cabe ao oficial do registro, logo após receber o título, examiná-lo, estando em ordem, fará o registro. Nesse sentido, o título está sujeito a qualificação registral. Se houver alguma exigência a ser satisfeita, o oficial deverá indicar por escrito ao interessado, que deverá proceder a regularização. Caso o interessado, não concorde com as exigências feitas pelo oficial, o título deverá, a seu requerimento e com a declaração de dúvida, ser remetido ao juízo competente para dirimi-la. Nesse sentido, é a norma contida no art. 198, da LRP: "Havendo exigência a ser satisfeita, o oficial indicá-la-á por escrito. Não se conformando o apresentante com a exigência do oficial, ou não a podendo satisfazer, será o título, a seu requerimento e com a declaração de dúvida, remetido ao juízo competente para dirimí-la, obedecendo-se ao seguinte:".

Alternativa incorreta: letra "C". A assertiva contraria o que preceitua o art. 225, da LRP: "Os tabeliães, escrivães e juizes farão com que, nas escrituras e nos autos judiciais, as partes indiquem, com precisão, os característicos, as confrontações e as localizações dos imóveis, mencionando os nomes dos confrontantes e, ainda, quando se tratar só de terreno, se esse fica do lado par ou do lado ímpar do logradouro, em que quadra e a que distância métrica da edificação ou da esquina mais próxima, exigindo dos interessados certidão do registro imobiliário."

Alternativa incorreta: letra "D". A assertiva contraria o que determina o art. 200, da LRP: "Impugnada a dúvida com os documentos que o interessado apresentar, será ouvido o Ministério Público, no prazo de dez dias."

Alternativa incorreta: letra "E". A assertiva não segue a diretriz estabelecida pelo art. 203, I, da LRP: "Transitada em julgado a decisão da dúvida, proceder-se-á do seguinte modo: I – se for julgada procedente, os documentos serão restituídos à parte, independentemente de translado, dando-se ciência da decisão ao oficial, para que a consigne no Protocolo e cancele a prenotação;"

Alternativa correta: letra "A". A lei de Registros Públicos, tratando do processo de registro (arts. 182 a 216), em seu art. 202, determina que somente poderão recorrer da sentença que resolveu questão que verse sobre dúvida registral, decorrente do equívoco do Oficial de Registro, o interessado, o MP e o terceiro prejudicado. Nesse sentido é a doutrina do dispositivo legal citado: "Da sentença, poderão interpor apelação, com os efeitos devolutivo e suspensivo, o interessado, o Ministério Público e o terceiro prejudicado."

9.2. DA PROPRIEDADE FIDUCIÁRIA

341. FGV – 2023 – TST – Juiz do Trabalho

A sociedade limitada X contrata empréstimo bancário com o Banco Y. Maria, sócia da sociedade limitada X, voluntariamente concede em garantia ao empréstimo contratado o imóvel único no qual mantém moradia com sua família, por meio de constituição de alienação fiduciária. Inadimplente a sociedade limitada X, o Banco Y, credor fiduciário, executa a garantia que recai sobre o imóvel, consolidando a propriedade resolúvel em seu favor.

A respeito do caso, é correto afirmar que:

a) a impenhorabilidade do bem de família prevalece sobre a alienação fiduciária em garantia, ainda que livremente pactuada entre Maria e o Banco Y;

b) tal como na hipoteca, e presumido o benefício à entidade familiar de Maria na contratação do empréstimo bancário pela sociedade limitada X, gravado de garantia fiduciária;

c) a alienação fiduciária em garantia é inválida por tratar-se de bem de família a garantia ofertada, não tendo sido os valores obtidos com o empréstimo feitos em favor do imóvel ou da unidade familiar;

d) dado que a alienação fiduciária em garantia foi livremente pactuada, o imóvel pertencente à entidade familiar é impenhorável, tendo em vista que não se aplicam as exceções , do Art. 39 da Lei n° 8.009/1990;

e) o inadimplemento do contrato de empréstimo bancário pela sociedade limitada X consolida a propriedade imóvel em nome do Banco Y, independentemente da natureza do bem dado em garantia por meio da alienação fiduciária.

COMENTÁRIOS

✪ **Nota do autor:** conceito legal de alienação fiduciária de bem imóvel, dado pela Lei nº 9.514/97: Art. 22. A alienação fiduciária regulada por esta Lei é o negócio jurídico pelo qual o fiduciante, com o escopo de garantia de obrigação própria ou de terceiro, contrata a transferência ao credor, ou fiduciário, da propriedade resolúvel de coisa imóvel. (Redação dada pela Lei nº 14.711, de 2023)

Alternativa "a". Alternativa incorreta. Segundo entendimento do STJ, a finalidade da Lei 8.009/90, foi o de proteger à residência familiar, com o escopo de que esse imóvel não responda por qualquer tipo de dívida civil, comercial, fiscal, previdenciária ou de outra natureza. Todavia, a lei não proíbe que esse bem seja alienado pelo proprietário. (REsp n. 1.560.562/SC, relatora Ministra Nancy Andrighi, Terceira Turma, julgado em 2/4/2019, DJe de 4/4/2019.). Dessa forma, quando o proprietário aliena seu imóvel, bem de família, em garantia fiduciária, ele não contrária o que dispõe a Lei 8.009/90, já que o imóvel não será usado para pagar dívida. O que o proprietário faz é alienar o bem, o que a lei não proíbe. Portanto, a impenhorabilidade não pode prevalecer sobre a alienação fiduciário, por ser um direito do proprietário de dispor do seu patrimônio. Nesse sentido, é o entendimento do STJ: "Vale ainda lembrar que a própria Lei 8.009/90, com o escopo de proteger o bem destinado à residência familiar, aduz que o imóvel assim categorizado não responderá por qualquer tipo de dívida civil, comercial, fiscal, previdenciária ou de outra natureza, mas em nenhuma passagem dispõe que tal bem não possa ser alienado pelo seu proprietário. Destarte, não se pode concluir que o bem de família legal seja inalienável e, por conseguinte, que não possa ser alienado fiduciariamente por seu proprietário, se assim for de sua vontade, nos termos do art. 22 da Lei 9.514/97." (REsp n. 1.560.562/SC, relatora Ministra Nancy Andrighi, Terceira Turma, julgado em 2/4/2019, DJe de 4/4/2019.).

Alternativa "b" e "c". Assertiva incorreta. Segundo o art. 3º, V da Lei n 8.009/90, a impenhorabilidade do bem de família poderá ser oposta quando o processo em curso versar sobre execução de hipoteca sobre imóvel oferecido como garantia real pelo casal ou pela entidade família. Assim, há uma presunção de que o benefício que se buscou com a relação jurídico, no qual o bem de família foi dado em garantia hipotecária, beneficiou a entidade família. Por sua vez, a assertiva alega que a mesma presunção está presente quando o imóvel é dado em garantia fiduciária. Contudo, as situações não se assemelham, pois a exceção a impenhorabilidade do bem de família prevista na citada lei, se justifica pelo fato que o responsável pelo bem de família realizou determinado negócio jurídico, para proveito de toda entidade familiar. Vejamos o texto legal: "Art. 3º A impenhorabilidade é oponível em qualquer processo de execução civil, fiscal, previdenciária, trabalhista ou de outra natureza, salvo se movido: (...) V – para execução de hipoteca sobre o imóvel oferecido como garantia real pelo casal ou pela entidade familiar;". Por outro lado, na garantia fiduciária, não há necessidade do requisito citado, isto é, presunção de beneficio da família ou entidade familiar, que justifica a consolidação da propriedade do imóvel dado em garantia, no nome do credor. Além disso, o STJ já decidiu que mesmo na hipoteca de bem de família dado por um dos sócios da pessoa jurídica devedora, não haverá presunção de que o objeto dessa garantia foi em benefício da entidade familiar, caberá ao credor prova o proveito da unidade familiar. A presunção alegada pela alternativa, somente ocorrerá no caso de pessoa jurídica, quando os únicos sócios da pessoa jurídica, forem os titulares do imóvel hipotecado. Vejamos trecho do julgado: [...] "2. No ponto, a jurisprudência desta Casa se sedimentou, em síntese, no seguinte sentido: a) o bem de família é impenhorável, quando for dado em garantia real de dívida por um dos sócios da pessoa jurídica devedora, cabendo ao credor o ônus da prova de que o proveito se reverteu à entidade familiar; e b) o bem de família é penhorável, quando os únicos sócios da empresa devedora são os titulares do imóvel hipotecado, sendo ônus dos proprietários a demonstração de que a família não se beneficiou dos valores auferidos." EAREsp n. 848.498/PR, relator Ministro Luis Felipe Salomão, Segunda Seção, julgado em 25/4/2018, DJe de 7/6/2018.)

Alternativa "d". Assertiva falsa. Quando a Lei nº. 8.009/90 estabeleceu as hipóteses de exceção a impenhorabilidade do bem de família, no art. 3º, a principal garantia dos financiamentos de bens imóveis era a hipoteca (inc. V), razão pela qual somente esse instituto foi elencado no mencionado dispositivo. No entanto, com o advento da Lei nº 9.514/97, que criou o Sistema Financeiro Imobiliário, foi regulado o instituto da alienação fiduciária de imóvel, com suas características, requisitos e efeitos próprios. Portanto, a Lei nº 9.514/97, que é posterior a lei que regula o bem jurídico, estabeleceu a garantia fiduciária que se caracteriza como alienação do imóvel, não sendo atingida pela impenhorabilidade para o pagamento de dívida, pois a alienação é um dos poderes decorrentes da propriedade.

Alternativa "e". A assertiva está correta. A assertiva está de acordo com o que prevê a lei e a jurisprudência relativa ao tema da alienação fiduciária de bem imóvel. Nesse sentido é a norma que consta no art. 26, da Lei nº 9.514/97: Art. 26. Vencida e não paga a dívida, no todo ou em parte, e constituídos em mora o devedor e, se for o caso, o terceiro fiduciante, será consolidada, nos termos deste artigo, a propriedade do imóvel em nome do fiduciário. (Redação dada pela Lei nº 14.711, de 2023). Assim como na jurisprudência do STJ: "A oferta voluntária de seu único imóvel residencial em garantia a um contrato de mútuo, favorecedor de pessoa jurídica em alienação fiduciária, não conta com a proteção irrestrita do bem de família. STJ. 2ª Seção.EREsp 1.559.348-DF, Rel. Min. Moura Ribeiro, julgado em 24/5/2023 (Info 776).

Alternativa correta: letra "e".

---

342. (FCC – Juiz do Trabalho/2017) Gervásio firmou contrato de empréstimo de dinheiro com o Banco "B", tendo transferido à instituição financeira credora, com escopo de garantia, a propriedade resolúvel do veículo automotor "V". O mesmo Gervásio, precisando ainda de mais dinheiro, firmou também contrato de mútuo feneratício com seu colega de trabalho Raimundo. Neste negócio, como garantia do pagamento, Raimundo recebeu a propriedade fiduciária do imóvel "I". Na hipótese de Gervásio vir a descumprir o pagamento das prestações devidas tanto ao Banco "B" quanto ao colega Raimundo, fazendo com que os respectivos bens sejam levados a leilão, e caso os produtos das respectivas regulares arrematações não sejam suficientes para o pagamento das respectivas dívidas e despesas de cobrança, Gervásio

a) não será mais considerado devedor, uma vez que tanto a dívida com o Banco "B" quanto a com o seu colega Raimundo serão consideradas extintas.

b) continuará responsável pelo pagamento do restante devido de apenas uma das duas obrigações, podendo exercer o direito de escolha acerca da prestação que deverá ser considerada extinta.

c) continuará responsável pelo pagamento do restante devido ao Banco "B", mas a dívida com Raimundo será considerada extinta.

d) continuará responsável tanto pelo pagamento do restante devido ao Banco "B" quanto do devido ao seu colega Raimundo.

e) continuará responsável pelo pagamento do restante devido ao seu colega Raimundo, mas a dívida com o Banco "B" será considerada extinta.

COMENTÁRIOS

Nota do autor: questão polêmica, tendo em vista que o gabarito indicou como correta alternativa que contraria dispositivo literal da lei.

Alternativa incorreta: letra "a". Ver comentário da letra "c".

Alternativa incorreta: letra "b". Ver comentário da letra "c".

Alternativa incorreta: letra "d". Considerando os argumentos apresentado na letra "c", parece-nos que esta seja a assertiva mais correta.

Alternativa incorreta: letra "e". A presente questão contraria o fundamento legal apresentado na letra "c".

Alternativa correta: letra "c". A primeira parte da assertiva está correta ao afirmar que Gervásio continuará responsável pelo pagamento do restante devido ao Banco "B". Nesse caso, a garantia dada ao Banco, depois de ser arrematada, não alcançou valor suficiente para quitar a dívida, restando um saldo remanescente que deverá ser pago, como determina a norma contida no §5º, do art. 66, do Decreto Lei n. 911/69, com a redação alterada pela Lei n. 10.931/04, que trata da alienação fiduciária de bens móveis fungíveis e infungíveis, e cujo credor fiduciário seja instituição financeira, vejamos: "Art. 66. A alienação fiduciária em garantia transfere ao credor o domínio resolúvel e a posse indireta da coisa móvel alienada, independentemente da tradição efetiva do bem, tornando-se o alienante ou devedor em possuidor direto e depositário com tôdas as responsabilidades e encargos que lhe incumbem de acordo com a lei civil e penal. § 5º Se o preço da venda da coisa não bastar para pagar o crédito do proprietário fiduciário e despesas, na forma do parágrafo anterior, o devedor continuará pessoalmente obrigado a pagar o saldo devedor apurado." Por outro lado, a segunda parte da assertiva alega que Gervásio terá sua divida extinta em relação a Raimundo, tendo em vista que o valor arrecadado pela venda do imóvel não foi suficiente para cumprir sua obrigação. A matéria é regulada por legislação especial (Lei n. 9.514/97), que cuida da alienação fiduciária de bens imóveis, cujo credor fiduciário pode ser pessoa física ou jurídica, não sendo privativa das entidades que operam no SFI (art. 22, da Lei n. 9.514/97). O art. 27, da Lei n. 9.514/97, disciplina o procedimento que deve ser seguido, caso ocorra o inadimplemento da obrigação, vejamos: Art. 27. Uma vez consolidada a propriedade em seu nome, o fiduciário, no prazo de trinta dias, contados da data do registro de que trata o § 7º do artigo anterior, promoverá público leilão para a alienação do imóvel.

> *§ 1º Se, no primeiro público leilão, o maior lance oferecido for inferior ao valor do imóvel, estipulado na forma do inciso VI do art. 24, será realizado o segundo leilão, nos quinze dias seguintes.*
>
> *§ 1º Se no primeiro leilão público o maior lance oferecido for inferior ao valor do imóvel, estipulado na forma do inciso VI e do parágrafo único do art. 24 desta Lei, será realizado o segundo leilão nos quinze dias seguintes. (Redação dada pela Lei nº 13.465, de 2017)*
>
> *§ 2º No segundo leilão, será aceito o maior lance oferecido, desde que igual ou superior ao valor da dívida, das despesas, dos prêmios de seguro, dos encargos legais, inclusive tributos, e das contribuições condominiais.*
>
> *§ 5º Se, no segundo leilão, o maior lance oferecido não for igual ou superior ao valor referido no § 2º, considerar-se-á extinta a dívida e exonerado o credor da obrigação de que trata o § 4º.*

Assim, havendo o inadimplemento da obrigação o imóvel será levado a leilão, mas caso o valor do lance não seja suficiente para quitar as dívidas decorrentes da obrigação, deverá ocorrer um segundo leilão (§5º). Neste caso, se o maior lance ofertado não for suficiente para o pagamento da dívida, esta será extinta. Portanto, salvo melhor juízo, somente se ocorrer o que doutrina o §5º, do art. 27, da Lei 9.514/97, é que haverá a extinção da dívida para Gervásio. No entanto, o enunciado da questão não menciona a realização de um segundo leilão, razão que nos leva a entender que a questão não estaria correta e seria passível de anulação. Entendemos que a questão deveria ser anulada, ainda que a banca encontre fundamentos para justificar o gabarito tendo em vista que a matéria é controvertida e não deveria ser objeto de prova objetiva.

Direito Civil

Welington Pereira

✦ DICAS

1. LEI DE INTRODUÇÃO ÀS NORMAS DO DIREITO BRASILEIRO

- *Conceito e generalidades.* A Lei de Introdução às Normas do Direito Brasileiro (LINDB) se constitui em um diploma normativo de superdireito, eis que estabelece normas jurídicas destinadas a disciplinar a vigência e a eficácia das leis em geral. Ademais, a LINDB consagra, em seu bojo, critérios para a solução de conflitos da lei no tempo e no espaço, assim como parâmetros para a interpretação e integração do ordenamento jurídico. Por fim, saliente-se que o diploma legal em apreço também consagra regras atinentes ao Direito Internacional Privado.

- *Vigência da lei no tempo.* A palavra vigência, em sua acepção jurídica, relaciona-se ao lapso temporal compreendido entre o momento em que a norma se torna de observância obrigatória e o momento de sua revogação. De acordo com o art. 1º da LINDB, a lei começa a vigorar em todo o território nacional 45 (quarenta e cinco) dias após a sua publicação no órgão oficial de imprensa, salvo disposição em sentido contrário. O prazo entre a publicação da lei e data de início da vigência é denominado *vacatio legis*. **Atenção:** Saliente-se que, se admitida a obrigatoriedade da legislação brasileira em Estado Estrangeiro, sua vigência se inicia no prazo de 3 (três) meses contados a partir da publicação. **Atenção:** Nos termos do art. 6º da LINDB, a lei terá efeito imediato, respeitados o direito adquirido, o ato jurídico perfeito e a coisa julgada. O dispositivo legal em apreço consagra, portanto, dois princípios distintos, quais sejam: **princípio da aplicação imediata** e o **princípio da irretroatividade das leis. Atenção**: Nos termos do art. 6º, da Lei n.º 14.010, de 10 de junho de 2020, que dispõe sobre o Regime Jurídico Emergencial e Transitório das relações jurídicas de Direito Privado (RJET), as consequências da pandemia da doença causada pelo novo coronavírus (Sars-Cov-2), no contexto da execução de contratos, não são dotadas de eficácia retroativa. Tal disposição representa, à toda evidência, uma aplicação do princípio da irretroatividade das leis, consagrado no art. 6º da LINDB.

- *Revogação.* A revogação da lei pode ser total (ab-rogação) ou parcial (derrogação). Pode, ainda, ser expressa ou tácita. Dá-se a revogação expressa quando a lei posterior expressamente enunciar tal circunstância. Lado outro, a revogação tácita configura-se quando a lei posterior regular inteiramente a matéria tratada pela lei revogada. De igual forma, ocorre a revogação tácita se a lei posterior for incompatível com o teor da lei revogada. Em síntese:

REVOGAÇÃO		
Total	**Expressa**	**Tácita**
ab-rogação X Parcial ↓ derrogação	A lei revogadora enuncia tal circunstância.	A lei revogadora trata integralmente da matéria versada na lei revogada ou é com ela incompatível.

- *Repristinação.* O efeito repristinatório não é, em regra, admitido no ordenamento jurídico brasileiro. A repristinação se configura quando a lei revogada volta a vigorar em razão de a lei revogadora ter perdido sua vigência. Exemplo: A lei "X" é revogada pela lei "Y". Posteriormente, a lei "Z" revoga a lei "Y", restaurando automaticamente a vigência da lei "X". Contudo, este efeito somente é admitido na ordem jurídica brasileira se houver expressa disposição legal neste sentido, conforme preconiza o art. 2º, §3º, da LINDB.

- *Aplicação e interpretação da norma jurídica.* A hermenêutica jurídica é o ramo do Direito que cuida especificamente da interpretação da norma que consiste na atividade cognitiva destinada a desvelar o **sentido** e o **alcance** da regra do direito a ser aplicada no caso concreto. Existem diversos métodos, desenvolvidos no âmbito da hermenêutica jurídica, com o escopo de permitir ao intérprete atingir o real sentido e alcance da norma objeto de análise. Dentre os métodos em exame destacam-se aqueles sintetizados na tabela abaixo:

MÉTODOS DE INTERPRETAÇÃO DA NORMA JURÍDICA
1) Método gramatical → Trata-se do método mais simples de interpretação da norma jurídica, pois, ao adotá-lo, o intérprete se limita a observar os aspectos semânticos da norma objeto de exame.
2) Método lógico → Consiste na utilização de métodos dedutivos ou indutivos de raciocínio lógico.
3) Método sistemático → Promove a interpretação da norma em consonância ao ordenamento jurídico em que ela está inserida.
4) Método histórico → O método em apreço, como o próprio nome indica, busca analisar o contexto histórico em que a norma foi produzida com o objetivo de estabelecer o seu real sentido e alcance.
5) Método teleológico → A partir da adoção do método teleológico, o aplicador do direito deve buscar a finalidade da norma jurídica.

MÉTODOS DE INTERPRETAÇÃO DA NORMA JURÍDICA

Atenção: Prevalece, na atualidade, o entendimento de que nenhum método se sobrepõe ao outro, devendo o intérprete conjugar a adoção de mais de um método para atingir o verdadeiro sentido e alcance da norma jurídica.

- *Mecanismos de integração da ordem jurídica.* Como se sabe, a ordem jurídica encontra-se repleta de lacunas normativas, porquanto a atividade legiferante do Estado é incapaz de antever todas as situações passíveis de ocorrência no campo das relações sociais, com o objetivo de discipliná-las. Neste contexto, considerando que o juiz não pode se abster de julgar alegando a lacuna ou obscuridade na lei, é essencial que o sistema jurídico estabeleça mecanismos para o suprimento das mencionadas situações de anomia (ausência de norma). Diante disso, o art. 4º da LINDB consagra os chamados mecanismos de integração, cujo objetivo é o suprimento das lacunas presentes no ordenamento jurídico brasileiro. Portanto, em consonância ao mencionado dispositivo legal, ao se deparar com uma situação de lacuna, o magistrado deve lançar mão da analogia, dos costumes e dos princípios gerais do direito, com a finalidade de supri-las, conforme ilustra o esquema abaixo:

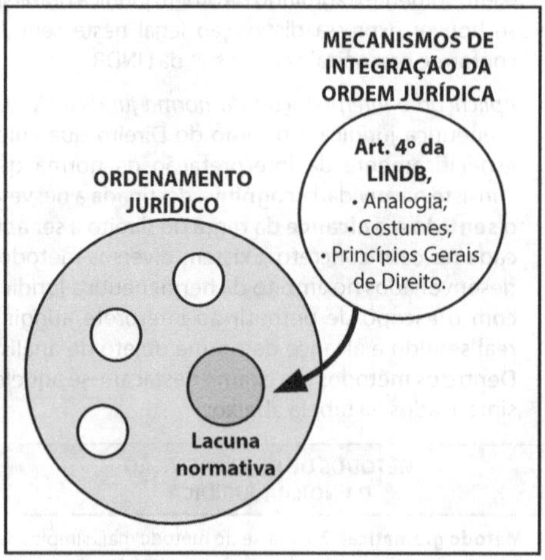

- **Atenção:** Para facilitar a memorização dos mecanismos de integração contemplados pelo art. 4º da LINDB, sugere-se a adoção do método mnemônico ACP:

A	nalogia
C	ostumes
P	rincípios Gerais de Direito.

- *Analogia.* A analogia, enquanto mecanismo de integração, consiste na aplicação, a determinado caso concreto não disciplinado pela ordem legal, de norma jurídica destinada a regular caso similar. Neste sentido, aliás, são as lições de Carlos Roberto Gonçalves: "Nisso se resume o emprego da analogia, que consiste em aplicar a caso não previsto a norma legal concernente a uma hipótese análoga prevista e, por isso mesmo, tipificada" (GONÇALVES, Carlos Roberto. *Direito Civil Esquematizado. Volume 1.* 2ª ed. São Paulo: Saraiva, 2012, p. 73).

- *Costumes.* Na hipótese de inexistir norma jurídica hábil a disciplinar a situação concreta levada à cognição do magistrado, este pode se valer do costume que consiste na prática reiterada de um determinado comportamento tido, pela sociedade, como de caráter obrigatório. De tal sorte, o conceito de costume é formado por dois elementos distintos, discriminados na fórmula a seguir:

COSTUME =	prática reiterada + convicção de obrigatoriedade

- *Princípios gerais de direito.* Princípios são enunciados genéricos que se consubstanciam em meios auxiliares para que o intérprete estabeleça o sentido e o alcance da norma jurídica por ocasião de sua aplicação ou promova o suprimento de lacunas normativas, nas hipóteses de anomia (inexistência de norma que regule o caso concreto). A função integrativa dos princípios encontra-se plasmada, como analisado acima, na norma do art. 4º da LINDB. Assim, caso o juiz se depare com situação não regulada pela ordem legal e não possa recorrer à analogia ou aos costumes, deve se valer dos princípios gerais de direito, a partir do que, nas lições do exímio Caio Mário da Silva Pereira, "o aplicador investiga o pensamento mais alto da cultura jurídica, juntamente com a fixação da orientação geral do ordenamento jurídico, e os traz ao caso concreto." E prossegue o festejado civilista mineiro aduzindo que o aplicador do direito, nesta hipótese, "perquire o pensamento filosófico sobranceiro ao sistema, ou as ideias estruturais do regime, e impõe a regra em que dada espécie se contém implícita no organismo jurídico nacional" (PEREIRA, Caio Mário da Silva. *Instituições de Direito Civil. Volume I.* 21ª ed. Rio de Janeiro: Forense, 2004, p. 74). **Atenção:** Na hipótese de lacuna normativa, o aplicador do direito deve, em primeiro lugar, recorrer à analogia. Caso esta não seja possível, deve lançar mão do costume. Somente, se não for possível a analogia ou a aplicação do costume, é que o magistrado pode se valer dos princípios gerais de direito para suprimento de lacunas. **Cuidado:** Há quem entenda que a **equidade** também é fonte subsidiária do Direito Civil e pode ser utilizada como mecanismo de integração do ordenamento jurídico (TARTUCE, Flávio. *Manual de Direito Civil. Volume Único.* 2ª ed. São Paulo: Método, 2012, p. 24).

- *Conflito das normas jurídicas no tempo.* Como é cediço, a entrada em vigor de uma nova legislação pode,

pode ensejar a configuração das chamadas **antinomias** que se configuram quando existem, na ordem jurídica, duas normas válidas em conflito. Com o desiderato de solucionar tais questões, a doutrina desenvolveu três critérios distintos, analisados a seguir:

- *Critério cronológico*. Por força do critério cronológico, a norma posterior deve prevalecer sobre a norma anterior. Trata-se, de acordo com a melhor doutrina, do critério mais frágil dentre os aqui analisados. Exemplo: A lei "X" disciplina determinado caso concreto "Z" da forma "A". Posteriormente, a lei "Y" passa a disciplinar o caso concreto "Z" da forma "B". Neste caso, adotando-se o critério cronológico, o caso concreto "Z" deve ser disciplinado da forma "B", já que a lei "Y" é posterior à lei "X".
- *Critério da especialidade*. Pelo critério da especialidade, a norma especial deve prevalecer sobre a norma geral. Exemplo: O Código Civil, típica lei geral de direito privado, disciplina a teoria geral dos contratos e os contratos em espécie. Contudo, em se tratando de contrato inserido no âmbito de uma relação de consumo (arts. 2º e 3º do CDC), deve ser aplicado o Código de Defesa do Consumidor, tendo em vista que este se consubstancia em uma lei especial. É interessante notar, no particular, que, caso adotado o critério meramente cronológico no caso em análise, chegaríamos ao equivocado entendimento de que o Código Civil deveria ser aplicado, tendo em vista que o Código de Defesa do Consumidor foi editado em 1990 e o Estatuto Civil vigente em 2002.
- *Critério hierárquico*. Adotando-se o critério hierárquico, as normas hierarquicamente superiores devem prevalecer sobre as inferiores. Exemplo: A Constituição da República, que se encontra no ápice da pirâmide normativa brasileira, disciplina a matéria "Z" da forma "A". Posteriormente, a lei "X" passa a disciplinar a matéria "Z" da forma "B". Neste caso, embora a lei "X" seja posterior à Constituição, a matéria "Z" deve continuar a ser disciplinada da forma "A", tendo em vista que o texto constitucional é hierarquicamente superior à lei "X".
- *Lei 13.655/2018*. É importante mencionar, por fim, a superveniência da Lei n.º 13.655, de 25 de abril de 2018 que incluiu na LINDB regras atinentes à segurança jurídica e eficiência na criação e na aplicação do direito público, refletidas nos novéis arts. 20 a 30 do diploma normativo aqui referido. Não obstante, a despeito de tratar eminentemente de questões atinentes ao processo administrativo e judicial, concernentes à aplicação do Direito Público, a norma insculpida no art. 28 da LINDB trata da responsabilidade pessoal do agente público, preceituando que *"o agente público responderá pessoalmente por suas decisões ou opiniões técnicas em caso de dolo ou erro grosseiro."*. A grande inovação do dispositivo legal sob comento, a nosso sentir, consiste na introdução da possibilidade de responsabilização pessoal do agente público na hipótese de erro grosseiro, conceito jurídico indeterminado que encerra a ideia de inobservância dos mais comezinhos deveres de cuidado. Além disso, por se tratar de uma expressão genérica, a norma apresenta a funcionalidade de permitir que o magistrado, quando da análise do caso concreto, avalie se há ou não o enquadramento da conduta do agente público à dicção da norma, ampliando, via de consequência, o seu espectro de incidência.

2. O CÓDIGO CIVIL DE 2002

- *Generalidades*. O Código Civil de 2002, Lei n.º 10.406, de 10 de janeiro de 2002, é o diploma legal que reúne as normas jurídicas que compõem o Direito Civil que é o Direito Privado por excelência, destinado a disciplinar as relações jurídicas que se estabelecem entre os particulares. É importante que o candidato a concursos públicos conheça as regras inseridas no Código em exame, porquanto muitas das questões de Direito Civil se referem à literalidade do texto legal.
- *Estrutura*. O Código Civil de 2002 apresenta a seguinte estrutura:

- **Parte Geral (arts. 1º a 232 do Código Civil):** A Parte Geral do Código Civil, como o próprio nome indica, apresenta normas de caráter genérico, aplicáveis a todos os ramos do Direito Civil, objeto de disciplina própria na Parte Especial.
- **Parte Especial (arts. 233 a 2.046 do Código Civil):** A Parte Especial do Código Civil compõe-se de seis livros, a saber: Livro I – Direito das Obrigações (arts. 233 a 965 do Código Civil); Livro II – Direito de Empresa (arts. 966 a 1.195 do Código Civil); Livro III – Direito das Coisas (arts. 1.196 a 1.510 do Código Civil); Livro IV – Direito de Família (arts. 1.511 a 1.783 do Código Civil); Livro V – Direito das Sucessões (arts. 1.784 a 2.027 do Código Civil); Livro Complementar (arts. 2.028 a 2.046 do Código Civil).

- *Princípios fundamentais*. O Código Civil de 1916, de acordo com a melhor doutrina, encampou uma visão eminentemente individualista do Direito Civil, não imprimindo aos efeitos jurídicos das relações por ele disciplinadas nenhuma conotação de socialidade ou eticidade. Em verdade, o Código Civil de 1916, cunhado no contexto de um Estado Liberal e influenciado pelo modelo então vigente, não se preocupava com importantes questões no campo das relações jurídicas e ignorava a dignidade da pessoa humana, ulteriormente alçada a princípio fundamental da República Federativa do Brasil pela CR/88 (art. 1º, III, da CR/88). Ademais, o antigo Código Civil, não obstante o brilhantismo de Clóvis Beviláqua (autor de seu anteprojeto), não acompanhou os avanços jurídicos em temas sobremaneira relevantes, demonstrando-se obsoleto e confuso em determinadas matérias. Exemplo disso é o regramento legal pertinente à prescrição e à decadência. O Código Civil de 1916 disciplinava a questão de forma obscura, impondo dificuldades ao aplicador do direito que, ao analisar determinado prazo inserido no Código, não sabia atribuir-lhe a correta natureza jurídica – prescricional ou decadencial. Nesse contexto, o Código Civil de 1916 já há muito não atendia aos anseios da sociedade, sendo certo que, desde a década de 60 do século XX se discutia um projeto de um novo Código, mais consentâneo às necessidades e interesses da coletividade. Em 1972, uma comissão de juristas sob a coordenação de Miguel Reale apresentou o seu Anteprojeto de Código Civil o qual, após longa tramitação no Congresso Nacional, foi aprovado em 2001 e, depois de sancionado pelo Presidente da República, foi publicado em 11 de janeiro de 2002 no Diário Oficial da União, com período de *vacatio legis* de um ano (art. 2.044 do CC). O Código Civil de 2002 rompe com o individualismo que norteava o seu antecessor, porquanto se alicerça, basicamente, sobre três princípios fundamentais. São eles:

– *Princípio da eticidade.* O Código Civil de 2002 insere em sua normatividade a noção de ética que se traduz na imposição às partes de comportamentos orientados pela boa-fé e pela probidade. Tanto é assim que o art. 113 do CC estabelece que "os negócios jurídicos devem ser interpretados pela **boa-fé** e pelos usos e costumes do lugar". Ademais, o art. 422 do CC preconiza que "os contratantes são obrigados a guardar, assim na conclusão do contrato, como em sua execução, os princípios de **probidade e boa-fé.**"

– *Princípio da socialidade.* Diversas normas contempladas pelo Código Civil privilegiam a **coletividade**, ainda que isso se efetive em detrimento de interesses de cunho particular. Portanto, o vigente Código Civil, como adverte Flávio Tartuce, valoriza "a palavra 'nós', em detrimento da palavra 'eu'" (TARTUCE, Flávio. Manual de Direito Civil. Volume Único. 2ª ed. São Paulo: Método, 2012, p. 48). São manifestações do princípio em exame as regras dos arts. 421 e 1.238, §1º, do CC, que consagram, respectivamente, os princípios da função social do contrato e da função social da propriedade.

– *Princípio da operabilidade.* O vigente Código Civil buscou **simplificar** o regramento legal dos institutos do Direito Civil, evitando o emprego de fórmulas confusas que possam conduzir a equívocos em sua aplicação. Ao mesmo tempo, adotou um sistema **cláusulas gerais**, com o objetivo de conferir maior **efetividade** às suas normas, na medida em que os conceitos jurídicos indeterminados que elas encerram serão preenchidos pelo magistrado na análise do caso concreto. Assim, em tese, o magistrado atuará com maior liberdade, não estando adstrito à simples literalidade do texto legal. Dentre outras, podemos citar as seguintes cláusulas gerais consagradas pelo Código Civil: boa-fé (art. 113 do CC); função social do contrato (art. 421 do CC) e função social da propriedade (art. 1.238, §1º, do CC).

Código Civil de 1916	Código Civil de 2002
Caráter individualista. Não se ocupava de questões relacionadas ao interesse da coletividade e tampouco se preocupava em impor às partes comportamentos orientados pela eticidade. Apresentava regras confusas que dificultavam sua aplicação.	Orienta-se pelos seguintes princípios: Eticidade (boa-fé e probidade) Socialidade (privilegia a coletividade) Operabilidade (simplicidade e efetividade)

• *Liberdade Econômica. A Medida Provisória n.º 881, de 30 de abril de 2019. Lei n.º 13.874, de 20 de setembro de 2019.* Não obstante a convicção aqui perfilhada, no sentido de que o Código Civil continua a estar pautado nos princípios da socialidade e da eticidade (agora com um viés nitidamente diferente, conforme se analisará), consoante exposto no tópico precedente, é importante registrar, para os fins desta obra, que, em 30 de abril de 2019, sobreveio a Medida Provisória n.º 881, cujo objeto consistiu na instituição da Declaração de Direitos de Liberdade Econômica, a par de estabelecer garantias de livre mercado e análise de impacto regulatório. Em linhas gerais, a MP da Liberdade Econômica funda-se em três princípios basilares, enunciados em seu art. 2º, quais sejam, (i) presunção de liberdade no exercício de atividade econômica, (ii) presunção de boa-fé do particular e (iii) intervenção subsidiária, mínima e excepcional do Estado sobre o exercício de atividades econômicas. Com supedâneo em tais princípios, a MP da Liberdade Econômica promoveu, como não poderia deixar de ser, profundas modificações nos conceitos de socialidade, eticidade, função social do contrato, boa-fé objetiva e autonomia privada, retomando, como o próprio epíteto do ato normativo em apreço indica, elementos do Estado Liberal de Direito que, doravante, também passam a nortear a disciplina das relações que se estabelecem entre os particulares. Com efeito, a MP da Liberdade Econômica foi convertida na Lei n.º 13.874, de 20 de setembro de 2019, diploma normativo que, a par de também fundar-se nos princípios alhures indicados (presunção de liberdade, presunção de boa-fé e intervenção mínima do Estado), encontra-se pautada no reconhecimento da vulnerabilidade do particular perante o Estado (art. 2º, IV, da Lei n.º 13.784/2019). Como corolário, verifica-se que, a partir do advento da Lei n.º 13.874/2019, o sistema jurídico brasileiro, com o desiderato precípuo de viabilizar o fomento às atividades econômicas e o desenvolvimento nacional, estabeleceu um regime híbrido no que diz respeito aos efeitos das relações jurídicas disciplinadas pelo Código Civil, visto que, a um só tempo, contempla elementos típicos do Estado Democrático de Direito – essencialmente relacionados a um dirigismo contratual, destinado a mitigar o caráter jurígeno da manifestação de vontade das partes contratantes, em certas situações – e do Estado Liberal de Direito, eis que as alterações introduzidas pela legislação sob comento, em suma, reafirmam a primazia da vontade das partes contratantes e reduzem – não afastam, registre-se – o intervencionismo do Estado nas relações de cunho contratual e empresarial. **Atenção**: O parágrafo único do art. 2º, da Lei n.º 13.874/2019 estabelece que *"regulamento disporá sobre os critérios de aferição para afastamento do inciso IV deste artigo, limitados a questões de má-fé, hipersuficiência ou reincidência"*. Vale dizer, sujeito à edição de regulamento próprio, a cargo do Poder Executivo, é possível afastar-se a presunção de vulnerabilidade do particular diante do Estado, em virtude de ações do particular que caracterizem má-fé ou reincidência ou denotem a sua hipersuficiência, elemento que teria o condão de equiparar o particular ao Estado.

3. PARTE GERAL

3.1. DAS PESSOAS NATURAIS

- *Início da personalidade jurídica.* De acordo com o art. 2º do CC, a personalidade civil começa do nascimento com vida, mas a lei põe à salvo, desde a concepção, os direitos do nascituro. Existem basicamente três correntes que interpretam o dispositivo legal em apreço, objetivando estabelecer, com segurança, qual o marco inicial da personalidade jurídica. A primeira delas, denominada **natalista**, preconiza que o início da personalidade civil começa do nascimento com vida, de sorte que o nascituro não poderia ser um sujeito de direitos, por ser absolutamente desprovido de personalidade jurídica. A segunda corrente doutrinária, que, em verdade, é uma vertente da teoria natalista, é a chamada teoria da **personalidade condicional**. Para os adeptos de tal corrente, o nascituro seria dotado de uma personalidade condicional, uma vez que sua efetiva aquisição se encontra sujeita à ocorrência de um evento futuro e incerto (condição suspensiva). Por fim, deve ser mencionada a teoria **concepcionista**, para a qual o nascituro seria dotado de personalidade jurídica, porquanto, a teor do que preconiza o próprio art. 2º do CC, o ser que já foi concebido e ainda não nasceu é titular de direitos. É imperioso notar, neste particular, que o Código Civil menciona, expressamente, "os direitos do nascituro".

- *Teoria adotada pelo ordenamento jurídico brasileiro.* Há, na doutrina, controvérsia acerca de qual teoria pertinente ao início da personalidade teria sido adotada pela ordem jurídica. Tal controvérsia também se verifica na jurisprudência, uma vez que inexiste consenso no âmbito dos Tribunais Superiores acerca de qual teoria teria sido adotada pelo Código Civil. O STF, ao julgar a Ação de Descumprimento de Preceito Fundamental n.º 54, ajuizada pela Confederação Nacional dos Trabalhadores na Saúde, entendeu inconstitucional qualquer interpretação que conduza à conclusão de que a interrupção de gravidez de feto anencéfalo se enquadre na tipificação legal do aborto (arts. 124, 126 e 128, I e II, do Código Penal). Ao perfilhar tal entendimento, a Corte Suprema parece ter adotado a **teoria natalista.** Em outro julgado paradigmático – ADI 3510 –, o STF firmou convicção no sentido de constitucionalidade da legislação que autoriza a pesquisa com células-tronco embrionárias, de sorte que também nesta ocasião o entendimento perfilhado pelo Excelso Pretório parece se amoldar à **vertente natalista**. Em sentido contrário, a 3ª Turma do STJ, ao julgar o REsp n.º 2009/0017595-0, concluiu de ser devida a indenização do seguro DPVAT aos pais de nascituro falecido em virtude de acidente automobilístico, sob o argumento de que o ordenamento jurídico confere proteção à vida intrauterina, "desde a concepção, com fundamento no princípio da dignidade da pessoa humana."(STJ. 3ª Turma. REsp n. 2009/0017595-0, Relator para o acórdão: Ministro Paulo de Tarso Sanseverino, DJe 04 fev. 2011). Desse modo, o entendimento do STJ parece ser no sentido de que a ordem jurídica adota a **teoria concepcionista**. Em suma, por se tratar de matéria controvertida na doutrina e na jurisprudência, o candidato deve ficar atento ao enunciado da questão. Se este se referir ao entendimento do STF, sugere-se assinalar a alternativa que reflita a vertente natalista, ao passo que, se o enunciado exigir conhecimento acerca da jurisprudência do STJ, sugere-se assinalar a assertiva que se refira à corrente concepcionista. Por fim, se o enunciado não se referir expressamente a nenhuma das duas Cortes, a questão será passível de recurso, pois o seu deslinde depende de dissertação do candidato, inviável nas provas objetivas. Em síntese:

Teoria Natalista	Teoria Concepcionista
Personalidade jurídica começa do nascimento com vida.	Personalidade jurídica começa a partir da concepção.
Fundamento legal: primeira parte do art. 2º do CC.	Fundamento legal: segunda parte do art. 2º do CC.
O STF parece adotar a teoria natalista: ADPF 54 e ADI 3510.	O STJ parece adotar a teoria concepcionista: REsp n.º 2009/0017595-0.

- *Personalidade jurídica.* É a aptidão genérica para ser titular de direitos e de obrigações na ordem civil. Todas as pessoas naturais são dotadas de personalidade civil.

- *Capacidade de direito.* A capacidade de direito é instituto que se encontra intimamente relacionado com o de personalidade, pois também traduz a ideia de aptidão para ser titular de direitos e obrigações na ordem civil. De acordo com Carlos Roberto Gonçalves, contudo, os institutos não se confundem, porquanto a capacidade poderia ser limitada (GONÇALVES, Carlos Roberto. *Direito Civil Esquematizado.* São Paulo: Saraiva, 2011, p. 98).

- *Capacidade de fato.* A capacidade de fato, por sua vez, é o atributo que permite ao sujeito a prática, por si só, dos atos da vida civil. A capacidade de fato, em razão disso, é também conhecida como capacidade de exercício. Todas as pessoas são dotadas de capacidade de direito, mas nem todas apresentam a chamada capacidade de fato. Isso porque, a ordem jurídica estabelece, em algumas hipóteses específicas, restrições à capacidade de fato ou exercício. Tais situações serão analisadas na dica seguinte. **Atenção:** Neste particular, é importante registrar que, recentemente, a Lei n.º 13.146, de 06 de julho de 2015, promoveu profundas alterações na sistemática atinente à teoria das incapacidades tradicionalmente adotada no Código Civil. O referido diploma normativo, intitulado Estatuto da Pessoa com Deficiência, modificou, sob o fundamento de promover a inclusão social de pessoas acometidas por enfermidades mentais, a redação dos arts. 3º e 4º do vigente Código Civil. Saliente-se, por oportuno, que o Estatuto da Pessoa com Deficiência, contemplou uma *vacatio legis* de 180 (cento e oitenta) dias, contados a partir de sua publicação (art. 127 da Lei n.º 13.146/2015), de modo que apenas entrou em vigor no dia 03 de janeiro de 2016. Por fim e com o objetivo de facilitar a memorização da alteração introduzida pelo Estatuto da Pessoa com Deficiência, sintetizamos as hipóteses de incapacidade absoluta e relativa ora vigentes, nas tabelas a seguir:

INCAPACIDADES NO CÓDIGO CIVIL DE 2002	
Incapacidade absoluta (art. 3º do CC)	**Incapacidade relativa (art. 4º do CC)**
• Menores de 16 anos.	• Maiores de dezesseis e menores de dezoito anos; • Ébrios habituais e os viciados em tóxico; • As pessoas que, por causa transitória ou permanente, não puderem exprimir sua vontade; • Os pródigos.

- *Das incapacidades.* Como visto anteriormente, todas as pessoas apresentam capacidade de direito. Todavia, os incapazes sofrem restrições no tocante à capacidade de fato. O art. 3º do CC estabeleceu, a partir da redação que lhe foi atribuída pela Lei n.º 13.146/2015, uma única hipótese de incapacidade absoluta, ao passo que o art. 4º do mesmo diploma legal arrola as hipóteses de incapacidade relativa.

- *Incapacidade absoluta.* Conforme exposto no tópico precedente, a única hipótese de incapacidade absoluta contemplada pela ordem jurídica brasileira encontra-se arrolada no art. 3º do CC. A incapacidade absoluta, como o próprio nome indica, é a modalidade **mais grave** de incapacidade, pois quando configurada o agente não apresenta qualquer discernimento para a prática dos atos da vida civil. Em consequência, o absolutamente incapaz, para praticar validamente os atos da vida civil, deve ser **representado**. Assim, as consequências da incapacidade absoluta atingem o ato jurídico praticado pelo absolutamente incapaz, sem a interveniência de seu representante legal, de forma mais incisiva, suprimindo integralmente os seus efeitos com eficácia retroativa. Desse modo, a incapacidade absoluta invalida o ato jurídico praticado pelo agente com **efeitos *ex tunc* (retroativos).** Diz-se, portanto, que o ato praticado pelo absolutamente incapaz é **nulo** (nulidade absoluta). É o que decorre das disposições inseridas no art. 166, I, do CC que preconiza serem nulos os negócios jurídicos praticados pelo absolutamente incapaz. Exemplo: Líbero, menor impúbere com 14 anos de idade, adquire, através de um contrato de compra e venda firmado com Cristiano, um imóvel no valor de R$ 100.000,00 (cem mil reais). O contrato será nulo de pleno direito, em face da incapacidade de Líbero (art. 3º do CC), restituindo-se as partes ao estado anterior à celebração da avença. Por se tratar de vício grave, a nulidade decorrente da incapacidade absoluta do agente pode ser invocada por qualquer interessado ou pelo Ministério Público quando lhe couber intervir no feito ou pelo próprio magistrado de ofício, independentemente de provocação da parte (art. 168 do CC). Ademais, o negócio jurídico nulo não é passível de confirmação pelas partes e, tampouco, convalesce pelo decurso do tempo (art. 169 do CC).

INCAPACIDADE ABSOLUTA
• É a modalidade **mais grave** de incapacidade. • O absolutamente incapaz deve ser **representado**. • O ato praticado pelo absolutamente incapaz é **nulo**. • A declaração de nulidade do ato praticado pelo absolutamente incapaz produz **efeitos *ex tunc* (retroativos).** • A nulidade do negócio jurídico praticado pelo absolutamente incapaz pode ser **declarada de ofício** pelo juiz.
• O negócio jurídico praticado por absolutamente incapaz **não pode ser confirmado** pelas partes e **nem convalesce pelo decurso do tempo.**

- *Hipóteses de incapacidade absoluta (menor impúbere).* São as pessoas com menos de 16 (dezesseis) anos de idade. Nessa hipótese, o legislador estabeleceu um critério essencialmente etário para fixar a incapacidade absoluta do agente. É interessante lembrar que é vedado ao menor de 16 (dezesseis) anos qualquer trabalho, exceto na condição de aprendiz, a partir dos 14 (quatorze) anos (art. 7º, XXXIII, da CR/88). Atenção: Como exposto anteriormente, o Estatuto da Pessoa com Deficiência suprimiu as seguintes hipóteses de incapacidade absoluta, contempladas na redação original do CC: (a) pessoas que, por enfermidade ou deficiência mental, não tiverem o necessário discernimento para a prática dos atos da vida civil; (b) pessoas que, mesmo por causa transitória, não puderem exprimir sua vontade. É interessante notar que, a hipótese mencionada na letra (b) acima foi incluída dentre as causas de incapacidade relativa, conforme se infere da novel redação do art. 4º, inciso III, do CC.

- *Incapacidade relativa.* A incapacidade relativa é modalidade de incapacidade **menos grave**. Nesta hipótese, alguns dos atos praticados pessoalmente pelo relativamente incapaz podem ser considerados válidos, desde que não guardem relação com a causa da incapacidade do agente. Por se tratar de forma menos grave de incapacidade, os relativamente incapazes devem ser **assistidos** e não representados. Ademais, os atos praticados pelo relativamente incapaz, sem a interveniência do respectivo assistente, são **anuláveis** (nulidade relativa), na forma do art. 171, I, do CC. Isso significa que a declaração de invalidade do ato terá **eficácia *ex nunc* (não retroativa)**, pois estes produzem regularmente seus efeitos enquanto não sobrevier decisão judicial (art. 177 do CC). Além disso, os negócios jurídicos celebrados por relativamente incapaz podem ser objeto de confirmação pelas partes, desde que isso não prejudique direito de terceiro. A confirmação das partes pode ser expressa ou, até mesmo tácita, uma vez que o art. 174 do CC preconiza que "é escusada a confirmação expressa, quando o negócio já foi cumprido em parte pelo devedor, ciente do vício que o inquinava." Outrossim, a alegação de incapacidade relativa do agente com o objetivo de ver declarada a invalidade de negócio jurídico não pode ser suprida de ofício pelo magistrado, dependendo de arguição pelos interessados e somente aos que a levantaram aproveita, salvo na hipótese de solidariedade (art. 177 do CC). **Atenção:** Hodiernamente, os indígenas (índios ou silvícolas, antes da vigência do Estatuto da Pessoa com Deficiência), que eram considerados relativamente incapazes pelo Código Civil de 1916, têm sua capacidade disciplinada por legislação própria, conforme preconiza o parágrafo único, do art. 4º, do CC. O diploma normativo que regulamenta a matéria é a Lei n.º 6.001/73.

INCAPACIDADE RELATIVA
• É a modalidade **menos grave** de incapacidade.
• O relativamente incapaz deve ser **assistido.**
• O ato praticado pelo relativamente incapaz é **anulável** (nulidade relativa).
• A declaração de invalidade do ato praticado pelo relativamente incapaz produz eficácia ***ex nunc*** (não retroativa).
• A declaração de invalidade do ato jurídico **depende de arguição dos interessados**, não podendo ser suprida de ofício pelo juiz.
• O negócio jurídico anulável **pode ser confirmado** pelas partes.

• *Hipóteses de incapacidade relativa.* São hipóteses de incapacidade relativa, de acordo com o art. 4º, do CC:

– *Menores púberes (art. 4º, I, do CC).* Neste caso o Código Civil, a exemplo do que se verificou em relação ao art. 3º, I, do CC, também adotou um critério meramente etário para a fixação da incapacidade. Será relativamente incapaz, portanto, o menor com mais de 16 (dezesseis) e menos de 18 (dezoito) anos. É oportuno salientar que a maioridade civil, na vigência do Código Civil de 1916, somente era atingida a partir dos 21 anos, na forma do art. 6º, I, daquele diploma legal. Muito embora sejam relativamente incapazes, os menores púberes podem praticar alguns atos da vida civil independentemente de assistência. Exemplo: O menor púbere pode se casar, necessitando apenas de autorização dos pais. Percebam que se trata de autorização e não de assistência, na forma do art. 1.517 do CC.

– *Os ébrios habituais, e os viciados em tóxicos e os deficientes mentais com o discernimento reduzido (art. 4º, II, do CC).* Nas hipóteses de incapacidade contempladas pelo art. 4º, II, do CC, há uma redução do discernimento do agente, em razão de dois fatores distintos. O dispositivo mencionado se refere, inicialmente, aos ébrios habituais (viciados em bebidas alcoólicas) e aos toxicômanos (viciados em drogas ilícitas em geral). Todavia, não se deve confundir tais figuras com as pessoas que fazem uso eventual de bebidas alcoólicas ou mesmo de drogas ilícitas, sem que isso atinja necessariamente o seu discernimento. Na verdade, como bem assinala Caio Mário da Silva Pereira, somente os vícios do tóxico e da bebida que atingem o estado de habitualidade e que geram a fraqueza mental estão abarcados pelo art. 4º, II, do CC (PEREIRA, Caio Mário da Silva. Instituições de Direito Civil. Volume I. 21ª ed. Rio de Janeiro: Forense, 2005, p. 284). Em ambos os casos mencionados, é necessário o processo de interdição (arts. 747 e seguintes do CPC/2015). **Atenção:** O Estatuto da Pessoa com Deficiência suprimiu, deste inciso do art. 4º do CC, a referência às pessoas que, por enfermidade mental, tenham o seu discernimento reduzido.

– *Aqueles que, por causa transitória, não puderem exprimir sua vontade (art. 4º, III, do CC).* Nesta hipótese, o sujeito, em razão de alguma causa permanente ou transitória, não dispõe de meios para manifestar sua vontade. Exemplo: Matheus, após sofrer acidente automobilístico, permanece internado em CTI de Hospital em estado de coma. Obviamente, Matheus não tem como expressar sua vontade, devendo ser, pela novel sistemática introduzida pelo Estatuto da Pessoa com Deficiência, assistido por um curador, nomeado pelo juiz, em regular processo de interdição (arts. 747 e seguintes do CPC/2015).

• Os pródigos (art. 4º, IV, do CC). O pródigo é a pessoa que, promovendo gastos excessivos, dilapida o seu patrimônio. O exemplo clássico de pródigo é o sujeito viciado em jogos de azar. O reconhecimento dessa modalidade de incapacidade relativa depende, por óbvio, de um regular processo de interdição, no bojo do qual o magistrado deverá nomear um curador para assistir ao pródigo. Atenção: A incapacidade do pródigo atinge, unicamente, atos que envolvam questões de cunho patrimonial, na forma do art. 1.782 do CC: "A interdição do pródigo só o privará de, sem curador, emprestar, transigir, dar quitação, hipotecar, demandar ou ser demandado, e praticar, em geral, os atos que não sejam de mera administração."

• *Emancipação.* A emancipação é um modo de aquisição da capacidade de fato, antes de atingida a idade mínima para tanto. O instituto encontra-se disciplinado no art. 5º do CC. Da interpretação do mencionado dispositivo legal, exsurgem as diversas modalidades de emancipação, sintetizadas no quadro abaixo.

MODALIDADES DE EMANCIPAÇÃO NO CÓDIGO CIVIL
1) Voluntária → É aquela concedida pelos pais, ou por um deles na falta do outro, se o menor tiver 16 (dezesseis) anos completos (art. 5º, I, CC). 2) Judicial → É aquela concedida por decisão judicial em favor do menor com 16 (dezesseis) anos completos submetido à tutela. Nesta hipótese, é indispensável a oitiva do tutor (art. 5º, I, do CC). 3) Legal → É aquela oriunda de expressa disposição legal. São elas:
• Casamento (art. 5º, II, do CC). • Exercício de emprego público efetivo (art. 5º, III, do CC). • Colação de grau em curso de ensino superior (art. 5º, IV, do CC). • Estabelecimento comercial ou civil, desde que, em função deles, o menor, com 16 (dezesseis) anos completos, tenha economia própria (art. 5º, V, do CC).

- *Extinção da pessoa natural*. Nos termos do art. 6º do CC, "a existência da pessoa natural termina com a morte; presume-se esta, quanto aos ausentes, nos casos em que a lei autoriza a abertura da sucessão definitiva." O teor do dispositivo transcrito conduz à conclusão de que existem duas modalidades de morte: a **morte real** e a **morte presumida.** A morte real é demonstrada através do atestado de óbito e se configura quando cessam as funções vitais do corpo humano. De acordo com o art. 3º, da Lei n.º 9.434/1997, que dispõe sobre a morte para fins de remoção de órgãos para transplante, exige-se a cessação das funções cerebrais para a configuração do falecimento da pessoa. Por fim, saliente-se que o atestado de óbito, elaborado com base em laudo médico específico, deve ser levado a registro no Cartório de Registro Civil das Pessoas Naturais, na forma do art. 9º, I, do CC. Por outro lado, a morte presumida pode ocorrer **sem declaração de ausência** ou **com declaração de ausência**. As hipóteses de morte presumida sem declaração de ausência encontram-se arroladas no art. 7º do CC. A morte presumida com declaração de ausência precede a terceira fase do procedimento de ausência, denominada de **sucessão definitiva. Atenção:** O art. 8º do CC trata do instituto da **comoriência**, pelo qual se dois ou mais indivíduos falecerem na mesma ocasião, não se podendo apurar qual deles morreu primeiro, presumir-se-ão simultaneamente mortos. A regra em apreço somente é relevante se houver direitos sucessórios entre os comorientes.

EXTINÇÃO DA PESSOA NATURAL
A extinção da pessoa natural se dá com a morte, que pode ser real ou presumida. **Morte real** → Se configura quando cessam as funções cerebrais da pessoa (art. 3º, da Lei n.º 9.434/97). É necessário o registro do atestado de óbito no Cartório de Registro de Pessoas Naturais (art. 9º, I, do CC). **Morte presumida** → Apresenta duas modalidades distintas: 1) Morte presumida sem decretação de ausência (art. 7º do CC). 2) Morte presumida com decretação de ausência (arts. 22 a 39 do CC). **Comoriência** → Quando duas ou mais pessoas morrerem na mesma ocasião, presume-se que faleceram simultaneamente, de sorte que um dos comorientes não sucederá ao outro (art. 8º do CC).

EXTINÇÃO DA PESSOA NATURAL
▸ **Atenção:** Como mencionado acima, as hipóteses de morte presumida sem decretação de ausência encontram-se discriminadas no art. 7º do CC. Para facilitar a memorização, traçamos o seguinte esquema: ▸ **Cuidado:** Nas hipóteses acima elencadas, a declaração da morte presumida, somente poderá ser requerida depois de esgotadas as buscas e averiguações, devendo a sentença fixar a data provável do falecimento (art. 7º, parágrafo único, do CC).

- **Ausência**. Ausente é a pessoa que desaparece de seu domicílio, sem deixar notícias ou representante a quem caiba a administração de seus bens (art. 22 do CC). Nesta hipótese, o juiz deve, a requerimento de qualquer interessado ou do Ministério Público, declarar a ausência, nomeando curador para a administração dos bens do ausente. Trata-se da fase denominada **curadoria dos bens do ausente.** Decorrido um ano da arrecadação dos bens do ausente poderão os interessados requerer ao juiz que se abra a **sucessão provisória** (art. 26 do CC). **Cuidado:** O prazo será de três anos se o ausente deixou representante ou procurador. A sentença que determinar a abertura da sucessão provisória somente produzirá efeitos 180 (cento e oitenta) dias depois de publicada (art. 28 do CC). Posteriormente, dez anos depois do trânsito em julgado da sentença que determinou a abertura da sucessão provisória, os interessados poderão requerer a **sucessão definitiva** (art. 37 do CC)**. Cuidado:** Nos termos do art. 38 do CC, a sucessão definitiva pode ser requerida se o interessado demonstrar que o ausente conta com oitenta anos de idade e que, de cinco anos datam as últimas notícias dele. O procedimento em apreço pode ser sintetizado no quadro a seguir:

AUSÊNCIA
Curadoria dos bens do ausente
(art. 22 do CC)
Sucessão provisória
(art. 26 do CC)
Sucessão definitiva
(art. 37 do CC)

- *Direitos da personalidade*. São direitos inatos à pessoa e dela indissociáveis. Os direitos da personalidade apresentam as seguintes características: intransmissibilidade, irrenunciabilidade, indisponibilidade, imprescritibilidade, impenhorabilidade e vitaliciedade. **Atenção:** De acordo com o Enunciado n.º 4 CJF/STJ, "o exercício dos direitos da personalidade pode sofrer limitação voluntária, desde que não seja permanente nem geral." **Atenção:** O rol dos direitos da personalidade contemplado pelo Código Civil é meramente exemplificativo, o que não exclui a existência de outros direitos da personalidade espalhados pelo ordenamento jurídico. Neste sentido, cita-se o Enunciado n.º 274 CJF/STJ, com a seguinte redação: "Os direitos da personalidade, **regulados de maneira não exaustiva pelo Código Civil**, são expressões da cláusula geral de tutela da pessoa humana, contida no art. 1º, III, da Constituição Federal". **Cuidado:** A proteção dos direitos da personalidade pode ultrapassar a vida da pessoa, eis que o parágrafo único do art. 12 do CC estabelece ser possível a tutela dos direitos da personalidade do morto, tendo legitimidade para propor a respectiva medida judicial "o cônjuge sobrevivente, ou qualquer parente em linha reta, ou colateral até o quarto grau."

- *Registro público.* No tocante ao registro público, incumbe ao candidato memorizar as seguintes regras, extraídas dos arts. 8º e 9º do CC e sintetizadas no quadro abaixo.

REGISTRO PÚBLICO	
Registro	**Averbação**
→ De acordo com o art. 8º do CC, serão registrados em registro público: 1) Os nascimentos, casamentos e óbitos. 2) A emancipação por outorga dos pais ou por sentença do juiz. 3) A interdição por incapacidade absoluta ou relativa. 4) A sentença declaratória de ausência e de morte presumida.	→ De acordo com o art. 9º do CC, serão averbados em registro público: 1) As sentenças que decretarem a nulidade ou anulação do casamento, o divórcio, a separação judicial e o restabelecimento da sociedade conjugal. 2) Os atos judiciais ou extrajudiciais que declararem ou reconhecerem a filiação.

3.2. DAS PESSOAS JURÍDICAS

- *Conceito.* Nas lições de Flávio Tartuce, as pessoas jurídicas podem ser definidas como "conjuntos de pessoas ou de bens arrecadados, que adquirem personalidade jurídica própria por uma ficção legal." (TARTUCE, Flávio. Manual de Direito Civil. Vol. único. 2ª ed. São Paulo: Método, 2012, p. 125). Em consequência, constata-se que a pessoa jurídica é dotada de personalidade jurídica própria, distinta da de seus membros. Trata-se do chamado **princípio da autonomia patrimonial. Cuidado**: A Lei n.º 13.874/2019 (que trata da Declaração de Direitos de Liberdade Econômica) introduziu o art. 49-A no Código Civil, com a finalidade de conferir ainda mais ênfase ao princípio da autonomia patrimonial. A esse respeito, confira a redação do dispositivo ora mencionado: "Art. 49-A. A pessoa Jurídica não se confunde com os seus sócios, associados, instituidores ou administradores. Parágrafo único. A autonomia patrimonial das pessoas jurídicas é um instrumento lícito de alocação e segregação de riscos, estabelecido pela lei com a finalidade de estimular empreendimentos, para geração de empregos, tributo, renda e inovação em benefício de todos." **Atenção:** Nos termos do art. 50 do CC, é possível afastar o princípio da autonomia patrimonial na hipótese de abuso da personalidade jurídica que se caracteriza pelo desvio de finalidade ou pela confusão patrimonial. É o que a doutrina denomina de **desconsideração da personalidade jurídica**, instituto oriundo da *disregard of legal entity doctrine* do direito anglo-americano. A Lei n.º 13.874/2019 também modificou sensivelmente o regramento aplicável à desconsideração da personalidade jurídica, ao descrever, em maior detalhe, os conceitos de desvio de finalidade (art. 50, §1º, do CC) e de confusão patrimonial (art. 50, §2º, do CC). Em síntese, na dicção da atual redação do art. 50 do CC, o desvio de finalidade caracteriza-se pela utilização da pessoa jurídica com o desiderato de lesar credores e para a prática de atos ilícitos de qualquer natureza. Lado outro, o legislador de 2019 caracteriza a confusão patrimonial em razão de (i) cumprimento repetitivo, pela sociedade, de obrigações do sócio ou do administrador (ou vice-versa), (ii) transferência de ativos ou de passivos sem efetivas contraprestações, exceto os de valor proporcionalmente insignificante e (iii) outros atos de descumprimento da autonomia patrimonial). Demais disso, a novel redação do art. 50 do CC estabelece que (i) a mera existência de grupo econômico, sem a presença dos requisitos de que trata o caput deste artigo não autoriza a desconsideração da personalidade jurídica (art. 50, §4º, do CC) e (ii) não constitui desvio de finalidade a mera expansão ou a alteração da finalidade original da atividade econômica espcífica da pessoa jurídica (art. 50, §5º, do CC). **Cuidado:** O Código Civil de 2002 adotou a **teoria maior** da desconsideração da personalidade jurídica, pois exige, para a sua incidência a demonstração de abuso da personalidade jurídica. Já o Código de Defesa do Consumidor, consagra, em seu art. 28 e §5º, a teoria menor, bastando a existência de mero prejuízo para o consumidor para fundamentar a aplicação da desconsideração da personalidade jurídica. **Atenção:** É oportuno registrar, no tocante à desconsideração da personalidade jurídica, que o NCPC contemplou, de maneira pormenorizada, os procedimentos a serem adotados para que se promova a aplicação da *disregard doctrine*. Assim, o candidato deve ficar atento, pois, sob a ótica processual, o instituto sob enfoque será, doravante, invocado a partir de um incidente específico, disciplinado nos arts. 133 e seguintes do CPC/2015.

Desconsideração inversa da personalidade jurídica. Essa modalidade de desconsideração foi reconhecida, primeiro, pela doutrina, depois aceita pela jurisprudência, mas hoje é consagrada expressamente na lei processual civil: § 2º, do artigo 133 e no art. 50, do CC. Nessa modalidade de desconsideração, o sócio transfere, para a pessoa jurídica que detém o controle, parte consideração do seu patrimônio, com objetivo de lesar seus credores. Diante dessa fraude, a desconsideração inversa, possibilita que seja afastado a autonomia patrimonial da sociedade para atingir o ente coletivo e seu patrimônio social, de modo a responsabilizar a pessoa jurídica por obrigações do sócio controlador" (STJ REsp 1.236.916; REsp 948.117).

- *Natureza jurídica.* Existem, basicamente, duas vertentes que buscam estabelecer a natureza jurídica das pessoas jurídicas. Inicialmente, merecem destaque as chamadas **teorias negativistas**, as quais, como o próprio epíteto indica, negam a existência das pessoas jurídicas. Os negativistas entendiam que as pessoas jurídicas seriam, em verdade, simples patrimônio, negando-lhes a presença de personalidade jurídica própria. Obviamente, tais teorizações não prevaleceram. Por outro lado, as **teorias afirmativistas**, reconhecem a existência de personalidade jurídica às pessoas jurídicas. Dentre as teorias afirmativistas, merecem destaque as seguintes: teoria da ficção, teoria da realidade objetiva e teoria da realidade técnica. **Atenção:** Prevalece hodiernamente o entendimento de que o Código Civil de 2002 adotou a teoria da realidade técnica, na dicção de seu art. 45, com a seguinte redação: "Começa a existência legal das pessoas jurídicas de direito privado com a inscrição do ato constitutivo no respectivo registro, precedida, quando necessário, de autorização ou aprovação do Poder Executivo, averbando-se no registro todas as alterações por que passar o ato constitutivo."

- *Pessoas jurídicas de direito público interno.* As pessoas jurídicas de direito público interno foram arroladas no art. 41 do CC, a partir do qual é possível extrair o seguinte:

PESSOAS JURÍDICAS DE PÚBLICO INTERNO
1) União 2) Estados 3) Distrito Federal 4) Municípios 5) Autarquias 6) Associações públicas 7) As demais entidades de caráter público criadas por lei.
▸ **Atenção:** Há quem entenda, com fundamento no art. 41, V, do CC que se a fundação pública for criada por lei, ela gozará de natureza jurídica de direito público. Tratam-se das autarquias fundacionais ou fundações autárquicas. Por outro lado se a fundação pública tiver sua criação autorizada por lei, estar-se-á diante de uma entidade de direito privado, regida predominantemente pelo Código Civil. **Cuidado:** Conforme preconiza o art. 41, parágrafo único, do CC, as pessoas jurídicas de direito público, a que se tenha dado estrutura de direito privado, regem-se, no que couber, quanto ao seu funcionamento, pelas normas do Código Civil. **Atenção:** De acordo com o art. 43 do CC, as pessoas jurídicas de direito público interno são civilmente responsáveis por atos dos seus agentes que nessa qualidade causem danos a terceiros, ressalvado direito regressivo contra os causadores do dano, se houver, por parte destes, culpa ou dolo. De acordo com o art. 37, §6º, da CR/88, trata-se de hipótese de responsabilidade civil objetiva, fundada da **teoria do risco administrativo**.

- *Pessoas jurídicas de direito público externo.* Nos termos do art. 42 do CC, consideram-se pessoas jurídicas de direito público externo os Estados estrangeiros e todas as pessoas regidas pelo Direito Internacional Público.

- *Pessoas jurídicas de direito privado.* As pessoas jurídicas de direito privado encontram-se discriminadas no rol do art. 44 do CC. De acordo com o mencionado dispositivo, tem-se o seguinte:

PESSOAS JURÍDICAS DE DIREITO PRIVADO
1) Associações. 2) Sociedades. 3) Fundações. 4) Organizações religiosas. 5) Partidos políticos. 6) As empresas individuais de responsabilidade limitada.

Atenção: Nos termos do que dispõe o art. 4º da Lei n.º 14.010/2020, que instituiu o Regime Jurídico Emergencial e Transitório aplicável às relações de Direito Privado (RJET), as associações, as sociedades e as fundações ficaram obrigadas a observar as restrições à realização de reuniões e assembleias presenciais até o dia 30 de outubro de 2020, nos termos das determinações sanitárias das autoridades locais. Igualmente, durante a vigência dos efeitos do RJET, a assembleia geral, inclusive para os fins do art. 59 do CC, pôde ser realizada por meio eletrônico, independentemente de previsão nos atos constitutivos da pessoa jurídica, podendo a manifestação de qualquer um dos participantes se dar eletronicamente por qualquer meio idôneo indicado pelo administrador, asseguradas a identificação do participante, bem como a segurança do voto.

- *Início da personalidade civil da pessoa jurídica.* O início da personalidade civil da pessoa jurídica se dá a partir da inscrição do ato constitutivo no respectivo registro (Junta Comercial – no caso das sociedades empresárias; ou Cartório de Registro Civil das Pessoas Jurídicas – no caso de fundações, associações ou sociedades simples). **Cuidado:** Decai em três anos o direito de anular a constituição das pessoas jurídicas de direito privado, por defeito do ato respectivo, contado o prazo da publicação de sua inscrição no registro (art. 45, parágrafo único, do CC. **Atenção:** O art. 46 do CC estabelece os requisitos essenciais do ato constitutivo, quais sejam: *i)* a denominação, os fins, a sede, o tempo de duração e o fundo social, quando houver; *ii)* o nome e a individualização dos fundadores ou instituidores, e dos diretores; *iii)* o modo por que se administra e representa, ativa e passivamente, judicial e extrajudicialmente; *iv)* se o ato constitutivo é reformável no tocante à administração, e de que modo; *v)* se os membros respondem, ou não, subsidiariamente, pelas obrigações sociais; *vi)* as condições de extinção da pessoa jurídica e o destino do seu patrimônio, nesse caso.

- *Entidades desprovidas de personalidade jurídica.* Existem algumas entidades que não são dotadas de personalidade jurídica, seja em razão da inexistência de registro do ato constitutivo, seja por força de incompatibilidades com o instituto objeto de estudo neste tópico. Para fins didáticos e com o objetivo de facilitar a memorização do leitor, tais entidades encontram-se discriminadas no quadro abaixo:

ENTIDADES DESPROVIDAS DE PERSONALIDADE JURÍDICA	
Pela falta de registro do ato constitutivo	**Pela natureza da entidade**
→ Sociedade de fato (art. 986 e seguintes do CC). **Atenção:** No tocante às sociedades de fato, o sócio responde subsidiária e ilimitadamente pelas dívidas sociais (arts. 990 c/c 1.024 do CC).	→ Massa falida → Herança jacente → Espólio → Condomínio **Atenção:** Trata-se de enumeração apenas exemplificativa, elaborada com fundamento no art. 75 do CPC/2015. A relação ora estabelecida não exclui, portanto, a existência de outras entidades desprovidas de personalidade jurídica.

- *Associações.* Nos termos do art. 53 do CC, "constituem-se as associações pela união de pessoas que se organizem para fins não econômicos." O traço mais marcante das associações e que, em última análise, as diferenciam das sociedades é o seu caráter não lucrativo (**"fins não econômicos"**). O estatuto de uma associação, é o seu ato constitutivo e deve, sob pena de nulidade, conter os seguintes requisitos: *i)* a denominação, os fins e a sede da associação; *ii)* os requisitos para a admissão, demissão e exclusão dos associados; *iii)* os direitos e deveres dos associados; *iv)* as fontes de recursos para sua manutenção; *v)* o modo de constituição e de funcionamento dos órgãos deliberativos; *vi)* as condições para a alteração das disposições estatutárias e para a dissolução; *vii)* a forma de gestão administrativa e de aprovação das respectivas contas. É interessante notar que, a rigor, os associados devem ter os mesmos direitos, mas o estatuto pode criar categorias que sejam dotadas de vantagens especiais (art. 55 do CC). Ademais, em regra, a condição de associado é intransmissível. Entretanto, é possível que o estatuto consagre a transmissibilidade de tal condição, conforme preconiza o art. 56 do CC. **Atenção:** No caso de dissolução da associação, o remanescente de seu patrimônio, depois de deduzidas as quotas ou frações dos associados, deverá ser vertido à entidade de fins não econômicos designada no estatuto. Se este for omisso, o mencionado patrimônio deverá ser destinado a instituição municipal, estadual ou federal, de fins idênticos ou semelhantes (art. 61, do CC). **Cuidado:** Nos termos do art. 57 do CC, a exclusão de associado somente é possível se houver justa causa, assim reconhecida em procedimento que assegure direito de defesa e de recurso, nos termos previstos no estatuto.

- *Fundações.* As fundações se consubstanciam em conjuntos de bens arrecadados, aos quais se atribui finalidade específica de caráter moral, religioso, cultural ou de assistência (art. 62 do CC). As fundações, a exemplo de qualquer pessoa jurídica, são dotadas de personalidade jurídica própria e podem ser instituídas através de escritura pública ou testamento. **ATENÇÃO.** A Lei n.º 13.151/2015 introduziu significativas alterações no que se refere ao regramento legal pertinente às Fundações. A primeira modificação digna de nota se refere ao objeto das fundações que, a partir da vigência do referido diploma normativo, se limita a: (i) assistência social; (ii) cultura, defesa e conservação do patrimônio histórico e artístico; (iii) educação; (iv) saúde; (v) segurança alimentar e nutricional; (vi) defesa, preservação e conservação do meio ambiente e promoção do desenvolvimento sustentável; (vii) pesquisa científica, desenvolvimento de tecnologias alternativas, modernização de sistemas de gestão, produção e divulgação de informações e conhecimentos técnicos e científicos; (viii) promoção da ética, da cidadania, de democracia e dos direitos humanos; e (ix) atividades religiosas (*ex vi* da novel redação do art. 62, parágrafo único, do CC). Ademais, o mencionado diploma normativo, estabeleceu que caso as fundações tenham domicílio do Distrito Federal, estas serão fiscalizadas pelo Ministério Público do Distrito Federal e Territórios e não mais pelo Ministério Público Federal, como se dava na vigência da redação anterior do art. 66, §1º, do CC. Por fim, sobreleva notar que a Lei n.º 13.151/2015, alterou a redação do art. 67, III, do CC, que passou a vigorar com o seguinte teor: "Para que se possa alterar o estatuto da fundação é mister que a reforma: [...] III – seja aprovada pelo órgão do Ministério Público no prazo máximo de 45 (quarenta e cinco) dias, findo o qual ou no caso de o Ministério Público a denegar, poderá o juiz supri-la, a requerimento do interessado."

  Atenção: Considerando-se o caráter social das fundações, seus administradores encontram-se submetidos à fiscalização do Ministério Público Estadual, na forma do art. 66 do CC. **Atenção:** É possível a alteração do estatuto de uma associação, desde que a reforma proposta atenda aos seguintes requisitos: *i) seja deliberada por dois terços dos competentes para gerir e representar a fundação; ii) não contrarie ou desvirtue o fim da fundação; iii) seja aprovada pelo órgão do Ministério Público, e, caso este a denegue, poderá o juiz supri-la, a requerimento do interessado.* **Cuidado:** Nos termos do art. 69 do CC, tornando-se ilícita, impossível ou inútil a finalidade a que visa a fundação, ou vencido o prazo de sua existência, o órgão do Ministério Público, ou qualquer interessado, lhe promoverá a extinção, incorporando-se o seu patrimônio, salvo disposição em contrário no ato constitutivo, ou no estatuto, em outra fundação, designada pelo juiz, que se proponha a fim igual ou semelhante.

- *Das sociedades.* A sociedade, de acordo com Pablo Stolze Gagliano e Rodolfo Pamplona Filho, é uma "espécie de corporação, dotada de personalidade jurídica própria e instituída por meio de um contrato social, com o precípuo escopo de exercer atividade econômica e partilhar lucros." (GAGLIANO, Pablo Stolze; PAMPLONA FILHO, Rodolfo. *Novo Curso de Direito Civil. Volume 1.* 14ª ed. São Paulo: Saraiva, 2012, p. 257). A partir de tal definição, é possível concluir que o principal traço distintivo entre as sociedades e as demais pessoas jurídicas de direito privado (como, *v.g.*, associações e fundações) é o caráter econômico e lucrativo da atividade que exercem. As sociedades podem ser empresárias ou simples. As sociedades empresárias são aquelas que se enquadram no conceito de empresa estabelecido pelo art. 966 do CC. Saliente-se, neste particular, que o Código Civil de 2002, em feliz inovação, abandona a teoria dos atos de comércio (característica do Código Comercial de 1850) e passa a adotar a teoria da empresa, cuja origem remonta ao Código Civil Italiano de 1942. Lado outro, as sociedades simples são aquelas cuja atividade, embora lucrativa, não se enquadra na definição de empresa estabelecida pelo mencionado art. 966. Como exemplo de sociedade simples, pode-se mencionar uma sociedade formada por profissionais liberais. **Atenção:** As sociedades empresárias devem ter os respectivos atos constitutivos registrados nas Juntas Comerciais, ao passo que as sociedades simples devem, em regra, ser registradas no Cartório de Registro Civil das Pessoas Jurídicas. **Cuidado:** Em se tratando de sociedade de advogados (sociedade simples, portanto), o seu registro deve, por força de expressa disposição legal, ser levado a efeito junto à Ordem dos Advogados do Brasil, nos moldes do art. 15, §1º, da Lei n.º 8.906/94.

- *Organizações religiosas.* A Lei n.º 10.825/2003 modificou a redação original do art. 44 do CC, para fazer constar, no rol das pessoas jurídicas de direito privado, as organizações religiosas. Saliente-se, no particular, que, a partir de então, a ordem jurídica chancela expressamente a liberdade no tocante à criação, estruturação interna e funcionamento das organizações de tal natureza. **Atenção:** Nos termos do art. 44, §1º, do CC, é vedado ao Poder Público negar reconhecimento ou registro dos atos constitutivos às organizações religiosas. **Cuidado:** Nos moldes do Enunciado n.º 143 CJF/STJ, a liberdade atribuída às organizações religiosas **não é absoluta**, sendo possível o controle jurisdicional de seus atos. Eis o teor do mencionado enunciado doutrinário: "A liberdade de funcionamento das organizações religiosas não afasta o controle de legalidade e legitimidade constitucional de seu registro, nem a possibilidade de reexame pelo Judiciário da compatibilidade de seus atos com a lei e com seus estatutos."

- *Partidos políticos.* A inserção dos partidos políticos no âmbito das pessoas jurídicas de direito privado foi também fruto da Lei n.º 10.825/2003. De acordo com o art. 44, §3º, do CC, a organização e funcionamento dos partidos políticos serão regulados por lei especial.

- *Empresa individual de responsabilidade limitada.* A empresa individual de responsabilidade limita (EIRELI) tratava-se de uma **pessoa jurídica de direito privado *sui generis***, já que, conforme o seu próprio epíteto indica, não se constituía através da conjugação de vontade de vários agentes, mas apenas de uma pessoa natural. Em virtude da possibilidade de criação de sociedades empresárias limitadas unipessoais à luz da legislação vigente, a Lei n.º 14.195, de 26 de agosto de 2021, com o objetivo de tornar menos burocráticas as regras aplicáveis ao Direito Empresarial, extinguiu a figura das EIRELIs, determinando, em seu artigo 41, que as EIRELIs existentes na data de entrada em vigor do referido diploma normativo serão transformadas em sociedades empresárias limitadas unipessoais, independentemente de qualquer alteração de seus respectivos atos constitutivos, em conformidade à regulamentação específica expedida pelo Departamento Nacional de Registro Empresarial e Integração (DREI).

  Atenção: Em virtude do disposto na Lei 14.382, de 2022, as Empresas Individuais de Responsabilidade Limitada (EIRELI) deixaram de constar do rol do art. 44 do CC.

  Atenção: De acordo com o art. 48-A do CC, introduzido pela Lei 14.382, de 2022, estabelece que as pessoas jurídicas de direito privado poderão realizar suas assembleias gerais por meio eletrônico, inclusive para os fins do disposto no art. 59 do CC, respeitados os direitos de participação e manifestação.

- *Extinção da pessoa jurídica.* A extinção da pessoa jurídica se dá através do instituto chamado dissolução, que pode ser: *i)* convencional, se decorrente da conjugação da vontade dos respectivos integrantes; *ii)* administrativa, se decorrer de ato da Administração pública que, por motivo de interesse público, obste o prosseguimento das atividades da pessoa jurídica; *iii)* judicial, caso se origine de decisão judicial proferida em regular procedimento de dissolução e liquidação de sociedade, disciplinado, curiosamente, pelos arts. 655 a 674 do Código de Processo Civil de 1939.

3.3. DO DOMICÍLIO

- *Conceito.* É o local onde a pessoa natural estabelece sua residência com animo definitivo (art. 70 do CC). De tal definição, é possível extrair os seguintes elementos constitutivos do conceito de domicílio:

– *Elemento objetivo* → residência.

– *Elemento subjetivo* → ânimo definitivo (*animus manendi*).

- *Modalidades de domicílio.* Em relação à liberdade de escolha, o domicílio pode ser classificado em necessário (ou legal) ou voluntário. O **domicílio necessário** é aquele que decorre de expressa disposição legal. O **domicílio voluntário,** por seu turno, é aquele que, em princípio, pode ser livremente escolhido pelo agente. Abaixo, encontram-se sintetizadas as regras pertinentes ao domicílio necessário.

DOMICÍLIO NECESSÁRIO (OU LEGAL)	
1) Do incapaz	É o domicílio de seu representante ou assistente (art. 76, parágrafo único, do CC).
2) Do servidor público	É o local onde exerce permanentemente suas funções (art. 76, parágrafo único, do CC).
3) Do militar (exército)	É o local onde servir (art. 76, parágrafo único, do CC).
4) Do militar (marinha ou aeronáutica)	É o local da sede do comando a que se encontrar imediatamente subordinado (art. 76, parágrafo único, do CC).
5) Do marítimo	É o local onde o navio estiver matriculado (art. 76, parágrafo único, do CC).
6) Do preso	É o local em que cumprir a sentença (art. 76, parágrafo único, do CC).
7) Do agente diplomático no Brasil que, citado no estrangeiro, alegar extraterritorialidade, sem designar onde tem, no país, o seu domicílio.	É o Distrito Federal ou o último ponto do território brasileiro onde foi domiciliado (art. 77 do CC).
8) Do cônjuge	É o domicílio do casal (art. 1.569 do CC).

- *Foro do contrato.* Nos termos do art. 78 do CC, as partes poderão, no âmbito de contratos escritos, especificar domicílio onde se exercitem e cumpram os direitos e obrigações deles resultantes.
- *Domicílio da pessoa jurídica.* As regras pertinentes ao domicílio das pessoas jurídicas encontram-se disciplinadas no art. 75 do CC e foram, com o objetivo de facilitar a memorização, sintetizadas na tabela a seguir:

DOMICÍLIO DA PESSOA JURÍDICA
1) Domicílio da União → É o Distrito Federal. **2) Domicílio dos Estados e Territórios →** É a respectiva capital. **3) Domicílio do Município →** É o local onde funcione a administração municipal. **4) Das demais pessoas jurídicas →** É o local onde funcionarem as respectivas diretorias e administrações. **Atenção:** * As pessoas jurídicas podem designar, em seus estatutos, domicílio especial, na forma do art. 75, IV, do CC.
** Se a pessoa jurídica tiver diversos estabelecimentos, em locais diferentes, cada um deles será considerado domicílio para os atos nele praticados. *** Se a pessoa jurídica tiver administração no estrangeiro, haver-se-á por domicílio dela, no tocante às obrigações contraídas por cada uma das suas agências, o lugar do estabelecimento, sito no Brasil, a que ela corresponder.

3.4. DOS BENS

- *Conceito.* Nas precisas lições de Pablo Stolze Gagliano e Rodolfo Pamplona Filho, bem jurídico "é a utilidade, física ou imaterial, objeto de uma relação jurídica, seja pessoal, seja real."(GAGLIANO, Pablo Stolze; PAMPLONA FILHO, Rodolfo. *Novo Curso de Direito Civil. Volume 1.* 14ª ed. São Paulo: Saraiva, 2012, p. 302). Exemplo: O apartamento 1701 do Condomínio do Edifício Teixeira de Freitas é objeto do direito de propriedade de Paulo.
- *Classificação dos bens.* Os bens apresentam uma classificação muito importante e recorrente nos concursos públicos. Tal classificação será, para fins de memorização, sintetizada nas tabelas a seguir.

BENS CONSIDERADOS EM SI MESMOS (ARTS. 79 A 91 DO CC)	
1) Bens móveis x Bens imóveis	Bens móveis → São aqueles que podem ser transportados de um local para o outro sem perder sua natureza. Exemplo: a mesa de reunião de um escritório. **Atenção:** Os bens passíveis de movimentação própria, conhecidos como semoventes, enquadram-se na categoria dos bens móveis.
	Bens imóveis → São aqueles que não podem ser transportados de um local para o outro sem que isso importe em sua desnaturação. Exemplo: casa situada em um condomínio.
2) Bens fungíveis x Bens infungíveis	Bens fungíveis → São aqueles que podem ser substituídos por outros da mesma espécie, qualidade e quantidade (art. 85 do CC). Exemplo: café, dinheiro etc. **Cuidado:** Somente bens móveis são fungíveis. Bens infungíveis → São aqueles que não podem ser substituídos, tendo em vista seus atributos específicos. Exemplo: um livro autografado, uma obra de arte de um pintor famoso etc.
3) Bens consumíveis x Bens inconsumíveis	Bens consumíveis → São os bens móveis cujo uso importa na sua destruição imediata (art. 86 do CC). Exemplo: gêneros alimentícios em geral.
	Bens inconsumíveis → São aqueles que não se deterioram imediatamente através de sua utilização Exemplo: automóvel.
4) Bens divisíveis x Bens indivisíveis	Bens divisíveis → São aqueles passíveis de fracionamento sem alteração de sua substancia, diminuição considerável de valor ou prejuízo ao uso a que se destinam (art. 87 do CC).
	Bens indivisíveis → São aqueles infensos ao fracionamento.
5) Bens singulares x Bens coletivos	Bens singulares → São singulares os bens que, embora reunidos, se consideram *per si*, independentemente dos demais (art. 89 do CC).
	Bens coletivos → São aqueles que, compondo-se de várias coisas singulares, são considerados em conjunto (GAGLIANO, Pablo Stolze; PAMPLONA FILHO, Rodolfo. *Novo Curso de Direito Civil. Volume 1.* 14ª ed. São Paulo: Saraiva, 2012, p. 315).

DOS BENS RECIPROCAMENTE CONSIDERADOS (ARTS. 92 A 97 DO CC)	
Bens principais x Bens acessórios	Bens principais → São aqueles cuja existência prescinde da presença de outros bens. São bens que existem por si próprios.
	Bens acessórios → São aqueles que pressupõem a existência do bem principal. Aplicam-se, no tocante aos bens acessórios, o princípio da gravitação jurídica, pelo qual o bem acessório segue a sorte do bem principal. Exemplo: Frutos, Benfeitorias, Pertenças etc. **Atenção:** Nos termos do art. 93 do CC, pertenças são bens acessórios que, não constituindo partes integrantes, se destinam, de modo duradouro, ao uso, ao serviço ou ao aformoseamento de outro.
Bens particulares x Bens públicos	Bens particulares → São aqueles que pertencem ao domínio privado.
	Bens públicos → São aqueles pertencentes ao domínio da União, dos Estados, do Distrito Federal e dos Municípios e das entidades de direito público integrantes da Administração Pública Indireta. **Atenção:** Os bens públicos apresentam uma classificação muito importante analisada a seguir. – Bens de uso comum do povo → São aqueles passíveis de utilização por qualquer integrante da coletividade. Exemplo: praças, ruas, avenidas, praias etc.
Bens particulares x Bens públicos	– Bens de uso especial → São aqueles destinados à utilização por parte do próprio Poder Público para o exercício da função administrativa. Exemplo: Edifício em que funciona a sede de uma Autarquia Federal como o INSS. – Bens dominicais → São aqueles que, muito embora não estejam sendo efetivamente utilizados pelo Poder Público ou pela população em geral, pertencem ao domínio público. Exemplo: terras devolutas e terrenos de marinha. **Atenção:** Os bens dominicais podem ser alienados.

3.4.1. DO BEM DE FAMÍLIA

Atenção: a lei 14.230 de 2021, que alteração a lei 8.429, de 1992 (Lei de improbidade administrativa), permite que o bem de família torne-se indisponível, caso seja fruto de vantagem indevida, por parte do réu, como previsto no §14, do art. 16: "É vedada a decretação de indisponibilidade do bem de família do réu, salvo se comprovado que o imóvel seja fruto de vantagem patrimonial indevida, conforme descrito no art. 9º desta Lei."

- **ATENÇÃO.** A Lei Complementar n.º 150/2015 alterou a redação conferida ao art. 3º, da Lei n.º 8.009/90, suprimindo do rol constante do referido dispositivo legal (inciso I), a exceção à impenhorabilidade que dizia respeito aos créditos trabalhistas e previdenciários de trabalhadores da residência. Ademais, a Lei n.º 13.144/2015, alterou a redação do inciso III, do art. 3º, da Lei n.º 8.009/90, que passou a vigorar com a seguinte redação: "A impenhorabilidade é oponível em qualquer processo de execução civil, fiscal, previdenciária, trabalhista ou de outra natureza, salvo se movido: [...] III – pelo credor da pensão alimentícia, resguardados os direitos, sobre o bem, do seu coproprietário que, com o devedor, integre união estável ou conjugal, observadas as hipóteses em que ambos responderão pela dívida."

3.5. DO FATO JURÍDICO

- *Conceito e generalidades.* Fato jurídico é todo o acontecimento, natural ou fruto da vontade humana, que enseja repercussões reconhecidas pela ordem jurídica. Trata-se, como se percebe, de um conceito amplo e genérico, abarcando tanto fatos oriundos da ação humana, quanto aqueles decorrentes de eventos naturais, bastando que, em qualquer hipótese, eles tenham o condão de criar, modificar ou extinguir direitos e obrigações na ordem civil.

- *Classificação.* Os fatos jurídicos apresentam uma classificação que varia de autor para autor. De toda sorte, tentamos sintetizar os principais conceitos no organograma abaixo, com o escopo de facilitar a memorização do candidato.

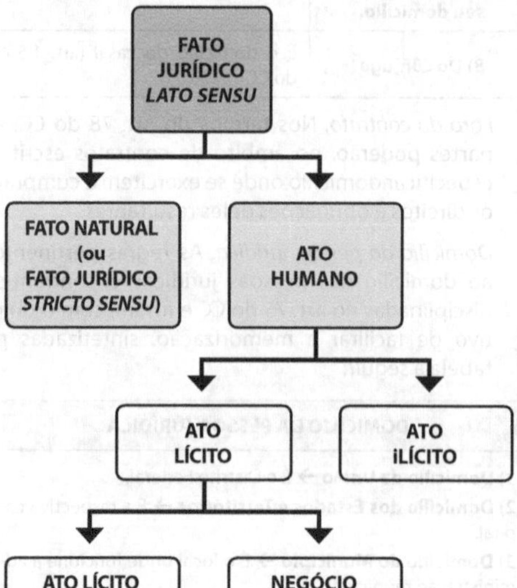

- *Fato natural.* O fato natural, também designado em doutrina como fato jurídico em sentido estrito (GAGLIANO, Pablo Stolze; PAMPLONA FILHO, Rodolfo. *Novo Curso de Direito Civil. Volume 1.* 14ª ed. São Paulo: Saraiva, 2012, p. 341), independe do concurso humano para a sua ocorrência. Exemplo: Em razão de uma forte chuva, uma árvore cai sobre um automóvel, ensejando sua total destruição. Neste caso, estamos diante de um fato que conduz à extinção do direito de propriedade, em razão do perecimento da coisa. Os fatos naturais podem ser ordinários ou extraordinários. Ordinários são aqueles que normalmente acontecem, sendo, por tal razão, previsíveis. Os extraordinários, por seu turno, são imprevisíveis como, por exemplo, o caso fortuito e a força maior.

- *Ato humano.* A ação humana, por óbvio, também pode se revestir de um caráter jurígeno. A ação humana pode ser ilícita, quando praticada mediante a violação de uma norma legal ou contratual preexistente ou lícita, se praticada com a observância dos limites normativamente estabelecidos. Na primeira situação, está-se diante do chamado ato ilícito (art. 186 do CC), um dos principais pressupostos da configuração do instituto da responsabilidade civil, a ser oportunamente analisado. Exemplo: Ao dirigir sob a influência de bebidas alcoólicas voluntariamente ingeridas, Leonardo bate no carro conduzido por Isabela, causando prejuízos quantificados em R$ 2.000,00 (dois mil reais). Nesta hipótese, a par das responsabilidades administrativa e penal, Leonardo estará sujeito à reparação do dano, nos exatos moldes do que preconiza o art. 927 do CC. De tal sorte, é inegável que o ato ilícito gera inúmeras repercussões jurídicas. Ademais, o ato lícito, que se subdivide em ato lícito em sentido estrito e negócio jurídico, também se consubstancia em circunstância ensejadora da produção de efeitos jurídicos. O ato jurídico em sentido estrito se configura pela mera manifestação de vontade, desprovida de conteúdo negocial, mas produtora de efeitos jurídicos previstos pela ordem legal. Exemplo: Marcos estabelece seu domicílio na Avenida Afonso Pena, n.º 48, em Belo Horizonte/MG. Flávio Tartuce, de forma muito lúcida, ainda lembra de outros exemplos, quais sejam: a ocupação de um imóvel, o pagamento de uma obrigação e o reconhecimento de um filho (TARTUCE, Flávio. *Manual de Direito Civil. Volume Único.* 2ª ed. São Paulo: Método, 2012, p. 186). As principais questões atinentes ao negócio jurídico serão analisadas no tópico seguinte, tendo em vista a relevância e complexidade do instituto.

3.6. DO NEGÓCIO JURÍDICO

- *Conceito e generalidades.* De acordo com as lições de Caio Mário da Silva Pereira, negócio jurídico pode ser definido como "toda declaração de vontade, emitida de acordo com o ordenamento legal, e geradora de efeitos jurídicos pretendidos." (PEREIRA, Caio Mário. *Instituições de Direito Civil. Volume I.* 21ª ed. Rio de Janeiro: Forense, 2003, p. 478). A melhor doutrina, com fundamento no escólio do eminente alagoano Francisco Cavalcanti Pontes de Miranda, costuma analisar o instituto do negócio jurídico levando-se em consideração três planos distintos, a seguir analisados (escada ponteana).

- *Plano da existência.* O plano da existência abarca os elementos mínimos de um negócio jurídico. São os chamados pressupostos de existência (ou pressupostos essenciais) do negócio jurídico. Nesta categoria, enquadram-se os seguintes elementos: *i)* agentes; *ii)* objeto; *iii)* forma; *iv)* vontade. Sem a presença de tais pressupostos, o negócio jurídico sequer chega a se formar. Exemplo: Rodrigo, mediante violência física praticada por Eduardo, celebra com este um contrato de compra e venda que tem como objeto o seu automóvel. Nesta hipótese, a vontade inexiste, diante da violência praticada contra Rodrigo por Eduardo. Em síntese:

PLANO DA EXISTÊNCIA
Abarca os pressupostos de existência do negócio jurídico: Agentes; Objeto; Forma; Vontade.

- *Plano da validade.* A validade dos negócios jurídicos encontra-se condicionada ao atendimento de pressupostos específicos, arrolados no art. 104 do CC. É importante notar que os pressupostos de validade dos negócios jurídicos, consistem nos pressupostos de existência do negócio jurídico qualificados pela presença de determinados elementos. São eles:

PLANO DA VALIDADE	
1) Agentes capazes	A validade do negócio jurídico encontra-se condicionada à capacidade dos agentes. Neste ponto, remete-se o leitor à análise dos arts. 3º e 4º do CC que contemplam, respectivamente, as hipóteses de incapacidade absoluta e relativa. Ademais, cada uma das hipóteses de incapacidade contempladas pela ordem jurídica foi analisada, de forma pormenorizada, nas dicas precedentes. **Atenção:** De acordo com o art. 105 do CC, a incapacidade relativa de uma das partes não pode ser invocada pela outra em benefício próprio, nem aproveita aos cointeressados capazes, salvo se, neste caso, for indivisível o objeto do direito ou da obrigação comum.
2) Objeto lícito, possível, determinado ou determinável	A licitude do objeto relaciona-se à sua adequação às prescrições legais e morais. Obviamente, um negócio jurídico que tenha por objeto, por exemplo, o tráfico ilícito de entorpecentes, será inválido, diante da manifesta ilicitude do objeto (art. 166, II, do CC). Ademais, deve haver a possibilidade fática e jurídica de execução do objeto do ato negocial, sob pena de invalidade. Exemplo: O negócio jurídico que tem por objeto a aquisição de um terreno no planeta Vênus é nulo de pleno direito (art. 166, II, do CC). **Atenção:** Nos termos do art. 106 do CC, a impossibilidade inicial do objeto não invalida o negócio jurídico se for relativa, ou se cessar antes de realizada a condição a que ele estiver subordinado. Por fim, a validade do negócio jurídico requer que o objeto seja determinado ou, ao menos determinável, como ocorre nas obrigações de dar coisa incerta (arts. 243 e 244 do CC).

PLANO DA VALIDADE	
3) Forma prescrita ou não defesa em lei	Forma prescrita em lei é aquela que foi expressamente estabelecida pelo texto legal. Exemplo: Negócios jurídicos que tenham por objeto a constituição de direitos reais sobre bens imóveis, cujo valor supere o montante equivalente a 30 (trinta) salários mínimos, devem ser formalizados através de escritura pública, na forma do art. 108 do CC. Forma não defesa em lei é aquela que não foi proibida pela ordem legal. Em regra, não se exige forma especial para a prática dos negócios jurídicos como, aliás, deixa clara a redação do art. 107 do CC: "A validade da declaração de vontade não dependerá de forma especial, senão quando a lei expressamente a exigir."
4) Vontade livremente manifestada	Por derradeiro, muito embora este requisito não esteja expressamente previsto no art. 104 do CC, a vontade hábil a tornar válido o negócio jurídico deve ser livre de vícios (sociais e do consentimento). A vontade, quando maculada por algum vício, invalida o negócio jurídico, nos termos dos arts. 166, 167 e 178 do CC, a serem oportunamente analisados.

- *Plano da eficácia.* O plano da eficácia, como o próprio nome indica, diz respeito à produção dos efeitos do negócio jurídico. Neste plano, estudam-se, portanto, os chamados elementos acidentais do negócio jurídico, quais sejam: a condição, o termo e o encargo. Os principais elementos acidentais do negócio jurídico podem, com o objetivo de facilitar a memorização, ser sintetizados da forma seguinte:

PLANO DA EFICÁCIA (ELEMENTOS ACIDENTAIS DO NEGÓCIO JURÍDICO)	
Condição	É o elemento acidental do negócio jurídico que, derivando exclusivamente da vontade das partes, subordina os seus efeitos a evento futuro e incerto (art. 121 do CC). O elemento acidental em comento apresenta uma classificação muito importante. Veja-se: *Condição suspensiva* → É aquela que, enquanto não implementada, obsta a produção dos efeitos do negócio jurídico (art. 125 do CC). Exemplo: Se José for aprovado no Exame de Ordem, seu pai lhe dará um carro. *Condição resolutiva* → É aquelas que, enquanto não implementada, não repercute no negócio jurídico que permanece em vigor (art. 127 do CC). Exemplo: Enquanto Maria estiver na Faculdade, seu pai lhe pagará a importância de R$ 500,00 (quinhentos reais) mensais. **Atenção:** O art. 122 do CC estabelece que às partes é defeso convencionar condições que privarem de todo o efeito o negócio jurídico ou o sujeitarem ao puro arbítrio de uma das partes. A primeira hipótese se refere às chamadas condições perplexas que, em razão da redação que lhe é atribuída, acaba por impedir a efetiva produção dos efeitos do ato negocial. Tais condições, à obviedade, conduzem à invalidade do negócio jurídico em que foram inseridas, na forma do art. 123, III do CC. Por outro lado, a segunda hipótese mencionada acima corresponde às condições puramente potestativas, que subordinam, ao arrepio da boa-fé que deve nortear as relações contratuais, a produção dos efeitos do negócio jurídico à vontade de apenas uma das partes, circunstância que conduz à nulidade do ato negocial. Cuidado: As condições simplesmente potestativas não conduzem à invalidade do negócio jurídico. Tais condições, de acordo com a melhor doutrina, embora decorram da vontade de apenas uma das partes envolvidas no ato negocial, complementa-se de elementos extrínsecos a tal vontade, sendo amplamente admitida a sua validade.
Termo	É o elemento acidental do negócio jurídico que subordina os seus efeitos à ocorrência de evento futuro e certo. O termo comporta a seguinte classificação: *Termo certo* → No termo certo, já se sabe quando o evento ocorrerá. Exemplo: Contrato de prestação de serviços que vigorará até o dia 01 de janeiro de 2013. *Termo incerto* → No termo incerto, as partes sabem que o evento irá acontecer, mas não conseguem precisar a data. Ex.: Carlos poderá utilizar a casa de Maria quando esta falecer.
Encargo (ou modo)	É o elemento acidental do negócio jurídico, pelo qual se impõe um ônus à parte em contraposição a uma liberalidade realizada pela outra. Exemplo: José faz a doação de uma casa a João, para que nela seja instalado um asilo para os idosos da cidade.

- *Síntese dos três planos do negócio jurídico.*

NEGÓCIO JURÍDICO		
Plano da existência	**Plano da validade**	**Plano da eficácia**
• Agente • Objeto • Forma • Vontade	• Agente capaz • Objeto lícito, possível, determinado ou determinável • Forma prescrita ou não defesa em lei • Vontade livremente manifestada.	• Condição • Termo • Encargo

- *Defeitos do negócio jurídico.* Os defeitos do negócio jurídico serão sintetizados no quadro abaixo, com o escopo de permitir sua memorização.

DEFEITOS DO NEGÓCIO JURÍDICO	
Vícios do consentimento	**Vícios sociais**
• Erro (arts. 138 a 144 do CC) • Dolo (arts. 145 a 150 do CC) • Coação (arts. 151 a 155 do CC) • Estado de perigo (art. 156 do CC) • Lesão (art. 157 do CC).	• Fraude contra os credores (arts. 158 a 165 do CC). • Simulação (art. 167 do CC).

- *Erro.* O erro, enquanto vício do consentimento, configura-se quando o agente, por uma falsa percepção da realidade, realiza negócio jurídico que não praticaria caso efetivamente conhecesse as verdadeiras circunstâncias envolvidas no caso concreto. Exemplo: André, com o objetivo de presentear sua noiva Lígia, adquire, por R$ 1.500,00, um anel que pensa ser de ouro, mas que, em verdade, é uma bijuteria. Na situação hipotética mencionada, o vendedor deve ter permanecido silente, pois, se concorrer de alguma forma para induzir o erro, será hipótese de dolo e não de erro. **Atenção:** De acordo com o que preconiza o art. 138 do CC, somente o **erro substancial** tem o condão de tornar o negócio jurídico anulável. Isso significa que o erro acidental, pertinente aos elementos secundários do ato negocial, não enseja a invalidade do negócio jurídico. Ademais, é importante repisar que o simples erro de cálculo também não gera a anulabilidade, mas apenas autoriza a retificação da declaração de vontade. **Cuidado:** Nos moldes do Enunciado n.º 12 CJF/STJ, pouco importa se o erro é escusável ou não, já que o art. 138 do CC adota o princípio da confiança. Assim, ainda que o erro não seja escusável, será possível a declaração de invalidade do ato negocial.
- *Dolo.* De acordo com Flávio Tartuce, o dolo é o "artifício ardiloso empregado para enganar alguém, com intuito de benefício próprio." (TARTUCE, Flávio. *Manual de Direito Civil – Volume Único.* 2ª ed. São Paulo: Método, 2012, p. 221). Desse modo, em se tratando de dolo, o agente é compelido a realizar o negócio jurídico, mediante fraude praticada pela outra parte ou por terceiro. Exemplo: Rafael vende a Isaac um relógio de aço, afirmando que tal relógio é de ouro. Nesta hipótese, o negócio jurídico será passível de invalidação, tendo em vista o dolo de Rafael. **Atenção:** O dolo que tem o condão de tornar o negócio jurídico anulável deve ser essencial, pois o dolo acidental, a teor do que preceitua o art. 146 do CC, somente obriga à satisfação das perdas e danos. **Cuidado:** Também é anulável o negócio jurídico no caso de dolo de terceiro, se a parte a quem aproveita dele tivesse ou devesse ter conhecimento (art. 148 do CC). **Atenção:** É possível que uma conduta omissiva se constitua em dolo, conforme preceitua o art. 147 do CC, com a seguinte redação: "Nos negócios jurídicos bilaterais, o silêncio intencional de uma das partes a respeito de fato ou qualidade que a outra parte haja ignorado, constitui omissão dolosa, provando-se que sem ela o negócio não se teria celebrado."
- *Coação.* Na coação, a prática do negócio jurídico é induzida mediante violência psíquica (*vis compulsiva*), circunstância que vicia a manifestação de vontade do agente e que conduz à anulabilidade do ato negocial realizado. Exemplo: Paulo vende seu automóvel a Luiz, sob a ameaça de que, caso o negócio jurídico não seja celebrado, sua esposa será severamente agredida. **Atenção:** Nos termos do art. 151 do CC, a coação deve incutir no agente fundado temor de dano iminente e considerável à sua pessoa, à sua família ou aos seus bens. É oportuno salientar que, em se tratando de pessoa não pertencente à família do coato, o magistrado deve decidir se houve coação, com base nas circunstâncias inerentes ao caso concreto (art. 151, parágrafo único, do CC). **Cuidado:** De acordo com a doutrina majoritária, a violência física (*vis absoluta*) não é causa de invalidade do negócio jurídico. Nesta hipótese, a violência conduz à total supressão do consentimento, redundando na inexistência do negócio jurídico (plano da existência da escada ponteana). **Atenção:** Nos termos do art. 153 do CC, a coação não se caracteriza mediante a ameaça do exercício regular de um direito ou em decorrência de mero temor reverencial.
- *Estado de perigo.* Nos termos do art. 156 do CC, configura-se o estado de perigo quando alguém, objetivando salvar-se ou a pessoa de sua família, de grave dano conhecido pela outra parte, assume obrigação excessivamente onerosa. A caracterização do estado de perigo encontra-se condicionada, portanto, à presença de um elemento de natureza objetiva (prestação excessivamente onerosa) e de um elemento de natureza subjetiva (conhecimento da situação de risco pela outra parte). Exemplo: Roberto adquire um colete salva-vidas pela importância de R$ 15.000,00 (quinze mil reais) para salvar-se de um naufrágio, quando o referido produto poderia ser adquirido por R$ 100,00 (cem reais). **Atenção:** Nos termos do art. 156, parágrafo único, do CC, se se tratar de pessoa não pertencente à família do agente, o juiz decidirá segundo as circunstâncias do caso concreto. **Cuidado:** Muito embora a consequência jurídica decorrente da configuração do estado de perigo seja a invalidade, há quem entenda, com fundamento no princípio da conservação, pela aplicabilidade analógica do art. 157, §2º, do CC, ao instituto ora examinado. O mencionado dispositivo legal, próprio do vício da lesão, permite que o negócio jurídico não seja anulado, caso seja oferecido suplemento suficiente, ou se a parte favorecida concordar com a redução do proveito. Esta, aliás, é a conclusão consolidada no Enunciado n.º 148 CJF/STJ, com a seguinte redação: "Ao estado de perigo (art. 156) aplica-se, por analogia, o disposto no §2º do art. 157".
- *Lesão.* Na lesão, o agente assume prestação manifestamente desproporcional ao valor da prestação oposta, agindo sob premente necessidade ou por inexperiência (art. 157 do CC). O instituto da lesão se configura, desse modo, mediante a conjugação de dois elementos distintos. O primeiro deles, de natureza subjetiva, consiste na premente necessidade ou não inexperiência do agente, ao passo que o segundo, de natureza objetiva, se consubstancia na onerosidade excessiva. **Atenção:** O negócio jurídico não será invalidado, caso seja oferecido suplemento suficiente, ou se a parte favorecida concordar com a redução do proveito (art. 157, §2º, do CC). **Cuidado:** A desproporção das prestações deve ser apreciada pelo magistrado em conformidade aos

valores vigentes ao tempo em que o negócio jurídico cuja invalidação se pretende foi celebrado (art. 157, §1º, do CC).

- *Fraude contra credores.* A fraude contra credores se configura quando o devedor, em estado de insolvência ou na iminência de se tornar insolvente, pratica negócios jurídicos com o intuito de dispor de seu patrimônio para frustrar a satisfação de seus débitos. Para que a fraude contra credores possa ensejar a invalidade do negócio jurídico, é necessária, em regra, a presença de dois elementos distintos, a saber, o *consillium fraudis* (é o conluio fraudulento entre o devedor e o terceiro com quem este negocia) e o *eventus damni* (prejuízo causado ao credor). Contudo, a teor do que preconiza o art. 158 do CC, se o negócio jurídico cuja anulação se pretende for gratuito, será necessária apenas a presença do *eventus damni,* dispensando-se o *consillium fraudis.* **Atenção:** Nos termos do art. 160 do CC, se o adquirente dos bens do devedor insolvente ainda não tiver pago o preço e este for, aproximadamente, o corrente, desobrigar-se-á, depositando-o em juízo, com a citação de todos os interessados. **Cuidado:** A **ação pauliana** é o mecanismo hábil a ensejar a anulação do negócio jurídico decorrente de fraude contra credores. Aliás, a Súmula 195 do STJ deixa clara tal circunstância ao enunciar que nos "embargos de terceiro não se anula ato jurídico, por fraude contra credores". **Atenção:** Nos termos do que preceitua o art. 164 do CC, presumem-se de boa-fé os negócios jurídicos praticados pelo devedor insolvente, na condução ordinária de suas atividades, com o intuito de manter estabelecimento mercantil, rural ou industrial, ou à subsistência do devedor e de sua família.

- *Simulação.* De acordo com o escólio de Carlos Roberto Gonçalves, a simulação "é uma declaração falsa da vontade, visando aparentar negócio diverso do efetivamente desejado" (GONÇALVES, Carlos Roberto. *Direito Civil Esquematizado. Volume 1.* 2ª ed. São Paulo: Saraiva, 2012, p. 366). Desse modo, na simulação há uma divergência entre a vontade interna e aquela que foi manifestada pelos agentes. **Atenção:** A simulação gera a nulidade do negócio jurídico e não a sua anulabilidade, nos termos do art. 167 do CC. **Cuidado:** Conforme preconiza o art. 110 do CC, "a manifestação de vontade subsiste ainda que o seu autor haja feito a reserva mental de não querer o que manifestou, salvo se dela o destinatário tinha conhecimento." Isso significa que, se a outra parte tinha conhecimento da reserva mental do declarante, o negócio será inválido. Lado outro, se a outra parte desconhecia a reserva mental, o negócio será plenamente válido.

3.7. TEORIA DAS INVALIDADES DO NEGÓCIO JURÍDICO

- *Generalidades.* A palavra invalidade, em sua acepção jurídica, é um gênero, do qual são espécies a nulidade (ou nulidade absoluta) e a anulabilidade (ou nulidade relativa). A matéria foi disciplinada, no Código Civil, entre os arts. 166 e 184. **Atenção:** Existe, na doutrina, o entendimento de que é possível a configuração do negócio jurídico inexistente, caso o vício que o macule atinja o plano de existência preconizado por Francisco Cavalcanti Pontes de Miranda.

- *Nulidade (ou nulidade absoluta).* A nulidade é a consequência prevista pela ordem jurídica para os atos praticados em desconformidade com a lei, ensejando a supressão dos efeitos pretendidos pelo agente. A nulidade se configura quando inobservados os requisitos de validade do negócio jurídico arrolados no art. 104 do CC, sendo certo que suas respectivas hipóteses encontram-se discriminadas no art. 166 do CC. Exemplo: Marcelo, menor impúbere (menos de 16 anos), aliena sua casa a Hebert, sem que, no ato respectivo, tenha havido a interveniência de seu representante legal. Neste caso, o negócio jurídico será nulo, nos moldes do art. 166, I, do CC. **Atenção:** Não se pode olvidar que o negócio jurídico simulado também é nulo, conforme preconiza o art. 167 do CC. **Cuidado:** A nulidade absoluta pode ser alegada por qualquer interessado ou pelo Ministério Público, quando lhe couber intervir no feito (art. 168 do CC). Ademais, deve ser pronunciada pelo juiz, de ofício, quando conhecer do negócio jurídico ou dos seus efeitos e se encontrar provada (art. 168, p.u., do CC). Saliente-se, ainda, que o negócio jurídico nulo não é susceptível de confirmação, nem convalesce pelo decurso do tempo (art. 169 do CC), de sorte que a ação declaratória é o meio hábil a ensejar o reconhecimento judicial da nulidade (lembre-se de que a ação declaratória não se sujeita a nenhuma espécie de prazo). Por fim, é importante lembrar que a decretação de nulidade do negócio jurídico produz efeitos *ex tunc* (retroativos).

- *Anulabilidade (ou nulidade relativa).* Nas precisas lições de Flávio Tartuce, "a nulidade relativa envolve preceitos de ordem privada, de interesse das partes" (TARTUCE, Flávio. *Manual de Direito Civil – Volume Único.* 2ª ed. São Paulo: Método, 2012, p. 252), circunstância que impõe à questão tratamento diferenciado e menos rigoroso do que aquele conferido à nulidade absoluta. As hipóteses de anulabilidade do negócio jurídico foram arroladas no art. 171 do CC e o seu reconhecimento judicial deve ser feito através de ação anulatória, submetida ao prazo decadencial de 4 (quatro) anos – nas hipóteses do art. 178 do CC – ou de 2 (dois) anos nas demais hipóteses legais (art. 179 do CC). **Atenção:** A anulabilidade não pode ser reconhecida de ofício pelo juiz e convalesce após o decurso do prazo decadencial de 2 (dois) ou 4 (quatro) anos. Ademais, o negócio jurídico anulável, a teor do que dispõe o art. 172 do CC, pode ser confirmado pelas partes, de forma tácita ou expressa. Por derradeiro, saliente-se que a decretação da anulabilidade do negócio jurídico somente produz efeitos *ex nunc* (não retroativos), nos moldes do art. 177 do CC. **Cuidado:** Nos termos do art. 180 do CC, o menor púbere não pode, para eximir-se de uma obrigação, invocar sua idade se dolosamente a ocultou quando inquirido pela outra parte ou, se no ato de obrigar-se, declarou-se maior.

INVALIDADES DO NEGÓCIO JURÍDICO	
Nulidade	**Anulabilidade**
→ Hipóteses: arts. 166 e 167 do CC. → Pode ser judicialmente reconhecida a qualquer tempo, através de ação declaratória. → Pode ser reconhecida por manifestação de qualquer interessado, do Ministério Público ou *ex officio* pelo magistrado. → A declaração de nulidade produz efeitos *ex tunc* (retroativos).	→ Hipóteses: art. 178 do CC. → Pode ser judicialmente reconhecida no prazo decadencial de 2 ou 4 anos, através de ação anulatória. → Somente é reconhecida mediante provocação da parte interessada. → A declaração de anulabilidade do negócio jurídico produz efeitos *ex nunc* (não retroativos).

3.8. DA PRESCRIÇÃO E DA DECADÊNCIA

- *Generalidades.* Prescrição e decadência são institutos jurídicos que se configuram mediante a conjugação do decurso do tempo com a inércia do agente, ensejando a extinção de uma pretensão – no caso da prescrição – ou de um direito potestativo – na hipótese de decadência. Ambos os institutos se fundamentam na segurança jurídica e têm por objetivo impedir que as situações conflituosas se prolonguem no tempo.

- *Prescrição x Decadência.* Na vigência do Código Civil de 1916, existia muita discussão na doutrina no tocante à distinção entre prescrição e decadência, porquanto o mencionado diploma normativo disciplinou a matéria de forma confusa, criando uma série de dificuldades para o intérprete e aplicador do direito. Contudo, a vigente codificação, com fundamento no princípio da operabilidade, simplificou o tratamento legal dispensado aos institutos em apreço, concentrando os prazos de natureza prescricional nos arts. 205 e 206. Por corolário, serão prescricionais os prazos arrolados nos referidos arts. 205 e 206, ao passo que os demais prazos existentes ao longo do Código Civil serão de natureza decadencial. Ademais, como mencionado no tópico precedente, a prescrição extingue a pretensão (art. 189 do CC), ao passo que a decadência extingue o direito potestativo. Por fim, é imperioso salientar que, em regra, os prazos decadenciais não são passíveis de interrupção ou suspensão, ao reverso do que ocorre com os prazos prescricionais que se suspendem ou interrompem na forma dos arts. 197 a 204 do CC. **Atenção:** Conforme preconiza o art. 207 do CC, é possível que as causas que impedem, suspendem ou interrompem o fluxo dos prazos prescricionais se apliquem à decadência, desde que haja disposição expressa neste sentido. **Cuidado:** Tradicionalmente, o magistrado não podia reconhecer de ofício o advento dos efeitos extintivos da prescrição, de modo que, em tal sistemática, a prescrição conservava a sua característica de exceção (meio de defesa), há muito consolidada na legislação. Contudo, a partir da vigência da Lei n.º 11.280/2006, que revogou o art. 194 do CC, passou a ser possível o pronunciamento *ex officio* da prescrição, na forma do art. 219, §5º, do CPC/73. O CPC/2015, seguindo a mesma linha de raciocínio permite que o magistrado pronuncie *ex officio* a prescrição consumada. Neste sentido, é oportuno mencionar que, a partir da vigência do CPC/2015, o juiz pode, inclusive, julgar liminarmente improcedente o pedido deduzido na exordial, caso constate, de plano, a ocorrência da prescrição. A esse respeito, é oportuno trazer à colação o teor do 332, §1º, do CPC/2015, com a seguinte redação: "Art. 332. [...] § 1º. O juiz também poderá julgar liminarmente improcedente o pedidos e verificar, desde logo, a ocorrência de decadência ou de prescrição." **Cuidado:** A decadência, quando fixada em lei, deve ser reconhecida de ofício pelo magistrado, na forma do art. 210 do CC. Todavia, em se tratando de decadência convencional, a parte deve suscitá-la em qualquer grau de jurisdição, mas o juiz não pode suprir a alegação (art. 211 do CC). **Atenção:** Durante a vigência da Lei n.º 14.010/2020, os prazos prescricionais, em matéria de Direito Privado, tiveram o seu fluxo obstado ou suspenso, conforme o caso, em virtude do Regime Jurídico Emergencial e Transitório instituído pela referida normativa, com o fim de mitigar os efeitos decorrentes da pandemia da enfermidade causada pelo novo coronavírus (Sars-Cov-2), conhecida pelo epíteto de *Coronavirus Disease 2019* (Covid-19) (art. 3º, da Lei n.º 14.010/2020). Registre-se, por oportuno, que o impedimento e a suspensão referidos pelo *caput* do art. 3º da Lei n.º 14.010/2020 aplicavam-se, também, aos prazos decadenciais, observados os limites estabelecidos pelo art. 207 do CC.

Em síntese:

PRESCRIÇÃO X DECADÊNCIA	
Prescrição	**Decadência**
→ Extingue a pretensão;	→ Extingue o direito potestativo;
→ Os prazos de prescrição encontram-se discriminados nos arts. 205 e 206 do CC; → Os prazos prescricionais sujeitam-se à interrupção e suspensão, na forma dos arts. 197 a 204 do CC;	→ Os prazos decadenciais encontram-se espalhados ao longo do Código Civil; → Em regra, os prazos decadenciais não se suspendem e não se interrompem;
→ A prescrição deve ser reconhecida *ex officio* pelo magistrado (art. 332, §1º, do CPC/2015.	→ A decadência legal deve ser reconhecida *ex officio* pelo magistrado, ao passo que a decadência convencional deve ser suscitada pela parte a quem aproveita.

- *Termo inicial do fluxo dos prazos prescricionais.* De acordo com as disposições inseridas no art. 189 do CC, os prazos prescricionais começam a fluir a partir da violação de um direito, fato que tem o efeito de ensejar o surgimento de uma pretensão que consiste na faculdade de exigir de outrem uma determinada prestação. Ocorre que, como visto nos tópicos precedentes, não seria conveniente que a ordem jurídica permitisse que as pretensões fossem indefinidamente exercidas no tempo, circunstância que, ao reverso de privilegiar a pacificação social, objetivo primeiro da ordem jurídica, propiciaria a manutenção de situações conflituosas no tempo. Desse modo, por um imperativo de segurança jurídica, a prescrição desempenha este papel fundamental de pacificação, cabendo à legislação estabelecer os seus respectivos prazos (arts. 205 e 206 do CC), cujo termo inicial corresponde justamente ao momento em que surge uma pretensão. A esse respeito, remete-se o leitor à redação do art. 189 do CC: "Violado o direito, nasce para o titular a pretensão, a qual se extingue, pela prescrição, nos prazos a que aludem os arts. 205 e 206." Atenção: De acordo com o art. 190 do CC, as exceções (meios de defesa) prescrevem no mesmo prazo em que as pretensões que lhe são correlatas.

- *Prazos de prescrição.* Conforme exposto na dica precedente, os prazos prescricionais foram concentrados nos arts. 205 e 206 do CC. O art. 205 estabelece o prazo da prescrição ordinária – 10 (dez) anos, ao passo que o art. 206 contempla prazos que variam de 1 (um) a 5 (cinco) anos, arrolando suas respectivas hipóteses de incidência. **Atenção:** É muito interessante notar como o princípio da operabilidade influenciou a elaboração do referido art. 206 do CC. O candidato deve perceber que no §1º, o legislador elencou as pretensões que prescrevem em 1 (um) ano; no §2º, aquelas que prescrevem em 2 (dois) anos; no §3º, as pretensões que se extinguem em 3 (três) anos e assim por diante. Com o objetivo de facilitar a memorização, o candidato deve observar a tabela abaixo. **Cuidado:** Nos termos do art. 192 do CC, os prazos de prescrição são insusceptíveis de modificação pela vontade das partes.

PRAZOS DE PRESCRIÇÃO	
ano	→ Fundamento legal: art. 206, §1º, do CC. → Hipóteses: 1) A pretensão dos hospedeiros ou fornecedores de víveres destinados a consumo no próprio estabelecimento, para o pagamento da hospedagem ou dos alimentos. 2) A pretensão do segurado contra o segurador, ou a deste contra aquele. 3) A pretensão dos tabeliães, auxiliares da justiça, serventuários judiciais, árbitros e peritos, pela percepção de emolumentos, custas e honorários. 4) a pretensão contra os peritos, pela avaliação dos bens que entraram para a formação do capital de sociedade anônima, contado da publicação da ata da assembleia que aprovar o laudo;

PRAZOS DE PRESCRIÇÃO	
ano	5) a pretensão dos credores não pagos contra os sócios ou acionistas e os liquidantes, contado o prazo da publicação da ata de encerramento da liquidação da sociedade.
anos	→ Fundamento legal: art. 206, §2º, do CC. → Hipótese: 1) A pretensão para haver prestações alimentares, a partir da data em que se vencerem.
anos	→ Fundamento legal: art. 206, §3º, do CC. → Hipótese: 1) A pretensão relativa a aluguéis de prédios urbanos ou rústicos. 2) A pretensão para receber prestações vencidas de rendas temporárias ou vitalícias. 3) A pretensão para haver juros, dividendos ou quaisquer prestações acessórias, pagáveis, em períodos não maiores de um ano, com capitalização ou sem ela. 4) A pretensão de ressarcimento de enriquecimento sem causa. 5) A pretensão de reparação civil. 6) A pretensão de restituição dos lucros ou dividendos recebidos de má-fé, correndo o prazo da data em que foi deliberada a distribuição; 7) A pretensão contra as pessoas em seguida indicadas por violação da lei ou do estatuto. 8) A pretensão para haver o pagamento de título de crédito, a contar do vencimento, ressalvadas as disposições de lei especial. 9) A pretensão do beneficiário contra o segurador, e a do terceiro prejudicado, no caso de seguro de responsabilidade civil obrigatório.
anos	→ Fundamento legal: art. 206, §4º, do CC. → Hipótese: 1) A pretensão relativa à tutela.
anos	→ Fundamento legal: art. 206, §5º, do CC. → Hipóteses: 1) A pretensão de cobrança de dívidas líquidas constantes de instrumento público ou particular. 2) A pretensão dos profissionais liberais em geral, procuradores judiciais, curadores e professores pelos seus honorários, contado o prazo da conclusão dos serviços, da cessação dos respectivos contratos ou mandato. 3) A pretensão do vencedor para haver do vencido o que despendeu em juízo.
anos	→ Fundamento legal: art. 205 do CC. → Hipóteses: 1) Trata-se do prazo de prescrição ordinária, o que significa dizer que a prescrição ocorre em 10 (dez) anos, quando a lei não lhe haja fixado prazo menor.

- *Prescrição intercorrente. De acordo com o art. 206-A do CC, introduzido pela Lei n.º 14.195, de 26 de agosto de 2021, a prescrição intercorrente (ou prescrição no curso do processo) – que se caracteriza pela inércia de uma das partes em adotar as providências que lhe incumbiriam para o regular andamento de um processo já instaurado (ex vi do art. 921, §4º do CPC/2015) – se sujeita aos mesmos prazos de prescrição aplicáveis à pretensão deduzida pela parte interessada, bem como às causas de impedimento, suspensão e interrupção previstas no Código Civil e também à causa de interrupção contemplada pelo art. 921, §4º-A, do CPC/2015.* A Lei nº 14.382 de 27/06/2022, resultado da conversão da MP 1.085, de 27 de dezembro de 2021, manteve a redação que a Lei 14.195 de 2021 havia dado ao art. 206-A.

3.9. DA PROVA

- *Conceito e generalidades.* Prova é o instrumento hábil a demonstrar a existência de um fato, ato ou negócio jurídico. De acordo com o art. 212 do CC, admitem-se, como meios de prova, a confissão, o documento, a testemunha, a presunção e a perícia. Sobreleva destacar que o rol do mencionado art. 212 do CC é meramente **exemplificativo**, o que autoriza a produção de provas diversas daquelas expressamente contempladas pelo dispositivo legal em apreço.

- *Confissão.* A confissão talvez seja o mais importante e contundente meio de prova. Ela se configura quando a parte admite a verdade de um fato contrário ao seu interesse e favorável ao adversário (art. 348 do CC). **Atenção:** Nos moldes do art. 213 do CC, não tem eficácia a confissão se esta provier de quem não é capaz de dispor do direito a que se referem os fatos confessados. **Cuidado:** Se a confissão provier de um representante legal, ela somente é eficaz nos limites em que este pode vincular o representado (art. 213, parágrafo único, do CC).

- *Documento.* A ordem jurídica atribui ao documento, que pode ser público ou particular, um caráter probante. Documentos públicos são aqueles emanados de autoridade pública, no exercício de suas prerrogativas, ao passo que os documentos particulares, se originam de agentes privados. Exemplo: A certidão expedida pelo servidor do Tribunal Regional do Trabalho da 3ª Região é um documento público. Por outro lado, uma notificação enviada pelo vendedor ao comprador, é um documento particular. **Atenção:** A escritura pública, lavrada em notas de tabelião, é documento dotado de fé pública, fazendo prova plena, conforme preconiza o art. 215 do CC. **Atenção:** O instrumento particular, feito e assinado, ou somente assinado por quem esteja na livre disposição e administração de seus bens, prova as obrigações convencionais de qualquer valor. Entretanto, seus efeitos, bem como os da cessão, somente se operam em relação a terceiros, após a transcrição em registro público. É o que decorre das disposições inseridas no art. 221 do CC.

- *Testemunha.* A prova testemunhal, a exemplo dos demais meios acima mencionados, também se consubstancia em instrumento hábil à demonstração dos fatos, atos ou negócios jurídicos. Contudo, por ser dotada de um grau de segurança menor, tendo em vista que as pessoas comumente têm impressões diferentes acerca do mesmo fato, o meio de prova em apreço deve ser valorado com cuidado redobrado pelo magistrado, destinatário da prova por excelência. **Atenção:** O art. 228 do CC estabelece as pessoas que não podem ser testemunhas, a saber: *i)* os menores de dezesseis anos; *ii)* o interessado no litígio, o amigo íntimo ou o inimigo capital das partes; e *iii)* os cônjuges, os ascendentes, os descendentes e os colaterais, até o terceiro grau de alguma das partes, por consanguinidade, ou afinidade. **Cuidado:** A Lei n.º 13.146, de 06 de julho de 2015 (Estatuto da Pessoa com Deficiência), modificou sobremaneira as disposições inseridas no art. 228 do CC, já que, a partir do advento do diploma legal em apreço, restou suprimida a restrição contemplada pela sistemática anterior, no sentido de que não poderiam depor como testemunhas, os portadores de sofrimento mental que tivessem o seu discernimento reduzido e os cegos e surdos, quando a ciência do fato dependesse dos sentidos que lhes faltavam (hipóteses contempladas nos antigos incisos II e III do art. 228 do CC). A revogação aqui referida, a par de se constituir em modificação salutar introduzida na lei civil, teve o efeito de conferir unicidade às alterações legislativas introduzidas pelo Estatuto da Pessoa com Deficiência.

- *Presunção.* Nas precisas lições de Humberto Theodoro Júnior, através da presunção "pode-se chegar a uma ideia acerca de determinado fato sem que este seja diretamente demonstrado" (THEODORO JÚNIOR, Humberto. **Comentários ao** *Novo Código Civil. Vol. III, tomo II.* 1ª ed. Rio de Janeiro: Forense, 2005, p. 408). A presunção pode decorrer da lei (Exemplo: art. 1.253 do CC – presunção de que as construções e plantações foram feitas pelo proprietário e às suas expensas) ou comuns, que decorrem da experiência do magistrado. **Atenção:** A presunção pode ser absoluta (*iure et de iure*) ou relativa (*iuris tantum*). Em relação às primeiras, não é possível a produção de prova em sentido contrário. Lado outro, em relação às presunções relativas, a parte interessada pode afastá-las, mediante a produção de qualquer meio de prova admitido pela ordem jurídica.

- *Perícia.* A prova pericial é aquela que, a rigor, depende de conhecimentos especializados, razão pela qual o magistrado se vale do auxílio dos peritos, que são profissionais habilitados a suprir a carência da *expertise* por parte do Juízo. Exemplo: No âmbito de um acidente automobilístico o magistrado precisa apurar se a vítima sofreu lesões que conduzem à incapacidade laborativa, com o fito de fixar os lucros cessantes (pensionamento). Nesta hipótese, deve se valer da perícia médica para aferir se há a mencionada incapacidade e qual o seu grau, já que o juiz não é dotado de conhecimentos na área da medicina. **Atenção:** De acordo com o art. 232 do CC, a recusa à perícia médica determinada pelo magistrado poderá suprir a prova que se pretendia obter com o exame. Na mesma linha, é interessante mencionar o teor da Súmula n.º 301 do STJ que preconiza: "Em ação investigatória, a recusa do suposto pai a submeter-se ao exame de DNA induz presunção *juris tantum* de paternidade."

4. DAS OBRIGAÇÕES

- *Conceito e elementos.* Obrigação consiste no vínculo jurídico que se estabelece entre credor e devedor, tendo por objeto uma prestação a ser realizada por este em prol daquele. Neste sentido, aliás, são as lições do eminente mestre Caio Mário da Silva Pereira, para quem "obrigação é o vínculo jurídico em virtude do qual uma pessoa pode exigir de outra uma prestação economicamente apreciável"(PEREIRA, Caio Mário da Silva. *Instituições de Direito Civil. Volume II.* 20ª ed. Rio de Janeiro: Forense, 2003, p. 7). A partir das definições acima estabelecidas, é possível extrair os elementos da obrigação, sintetizados no quadro a seguir:

ELEMENTOS DA OBRIGAÇÃO		
Subjetivo	**Objetivo**	**Imaterial**
→ Credor → Devedor	→ Prestação	→ Vínculo

- *Elementos subjetivos da obrigação.* São os sujeitos da relação obrigacional, denominados credor (sujeito ativo) e devedor (sujeito passivo). **Atenção:** Nas relações obrigacionais complexas, os sujeitos são simultânea e reciprocamente devedores e credores. Nestas hipóteses encontra-se presente o chamado sinalagma obrigacional. Exemplo: Contrato de compra e venda.

- *Elemento objetivo da obrigação.* O elemento objetivo da obrigação é a prestação, que pode ser positiva ou negativa. A prestação positiva, como o próprio nome indica, impõe ao devedor uma ação. Desse modo, as obrigações de dar e de fazer têm por objeto uma prestação positiva. Por outro lado, as prestações negativas têm como conteúdo uma abstenção do devedor. Tratam-se das obrigações de não fazer. **Cuidado:** A prestação é o objeto imediato da obrigação, ao passo que a coisa, atividade ou abstenção a ser praticada pelo devedor consistem no objeto mediato da obrigação.

- *Elemento imaterial.* O vínculo jurídico que se estabelece entre credor e devedor é o elemento imaterial ou abstrato da obrigação. Trata-se, de acordo com Carlos Roberto Gonçalves, "do liame existente entre o sujeito ativo e o sujeito passivo e que confere ao primeiro o direito de exigir do segundo o cumprimento da prestação." (GONÇALVES, Carlos Roberto. *Direito Civil Esquematizado. Volume 1.* 2ª ed. São Paulo: Saraiva, 2012, p. 459). O vínculo jurídico em apreço é formado por dois elementos constitutivos distintos, quais sejam, o débito (*Schuld*) e a responsabilidade (*Haftung*). O débito consiste no dever que o devedor tem de cumprir a obrigação, mediante a realização da prestação a ele imposta. A responsabilidade, por seu turno, se consubstancia na possibilidade que o credor tem de exigir do devedor o cumprimento da obrigação na hipótese de inadimplemento. **Atenção:** É possível haver débito sem responsabilidade (*Schuld* sem *Haftung*), nas hipóteses de obrigações naturais. Exemplo: Dívida prescrita. Pode, ainda, haver responsabilidade sem débito (*Haftung* sem *Schuld*), na hipótese em que o fiador é chamado a responder pelo débito do contrato principal.

- *Fontes das obrigações.* A expressão fonte se consubstancia em um vocábulo polissêmico, pois admite uma série de significações passíveis de adoção, a depender do contexto em que é empregado. No que toca especificamente ao tema objeto de análise neste tópico, a expressão "fontes" deve ser interpretada de modo a designar a origem das obrigações. Com efeito, embora não haja uniformidade de tratamento desta questão no âmbito da doutrina, existem ao menos três fontes das obrigações consagradas pela ordem jurídica brasileira, a saber, (a) a lei, (b) os atos jurídicos negociais e não negociais e (c) os atos ilícitos. Dentre tais fontes das obrigações, especial destaque é conferido aos atos jurídicos negociais, posto que o contrato, principal de suas modalidades, é, nos tempos hodiernos, a mais relevante fonte das obrigações, notadamente devido ao seu amplo caráter de generalidade.

- *Classificação das obrigações.* A classificação das obrigações talvez consista em uma das mais importantes questões inseridas no campo do Direito das Obrigações. Com o objetivo de facilitar o estudo do candidato a concursos públicos, um dos critérios para a classificação das obrigações foi sintetizado nas tabelas a seguir.

CLASSIFICAÇÃO DAS OBRIGAÇÕES QUANTO AO OBJETO		
→ Obrigação de dar **Atenção:** A obrigação de dar se subdivide em obrigação de dar coisa certa ou obrigação de dar coisa incerta.	→ Obrigação de fazer	→ Obrigação de não fazer

Atenção: Nos termos do art. 274 do CC, com a redação que lhe atribuiu o CPC/2015, o julgamento contrário a um dos credores solidários não atinge os demais, mas o julgamento favorável aproveita-lhes, sem prejuízo de exceção pessoal que o devedor tenha o direito de invocar em relação qualquer um deles.

- *Obrigação de dar.* A obrigação dar, enquanto modalidade de obrigação positiva, compreende o comportamento de entregar ou restituir uma coisa ao credor. Exemplo: O vendedor, no contrato de compra e venda, assume a obrigação de entregar a coisa mediante o pagamento do preço. A obrigação de dar coisa certa foi disciplinada entre os arts. 233 a 242 do CC, ao passo que as obrigações de dar coisa incerta encontram seu fundamento legal entre os arts. 243 e 246 do CC. **Atenção:** Nas obrigações de dar coisa certa, o credor não é obrigado a receber prestação diversa da que lhe é devida, ainda que mais valiosa, conforme preconiza o art. 313 do CC. **Atenção:** Em se tratando de coisa incerta, esta será indicada, ao menos, pelo gênero e pela quantidade, a teor da regra insculpida no art. 243 do CC.

- *Obrigação de fazer.* A obrigação de fazer também é uma espécie de obrigação positiva, pois sua realização depende de uma ação do devedor. Destarte, a *obligatio faciendi* (obrigação de fazer) compreende a realização de serviços por parte do devedor. Exemplo: Contrato de prestação de serviços. As obrigações de fazer podem ser personalíssimas (ou infungíveis) ou impessoais (ou fungíveis). Nas primeiras, a atividade objeto da relação obrigacional deve ser realizada por uma pessoa certa e determinada, ao passo que, nas últimas, a prestação pode ser efetivada por qualquer pessoa, ainda que diversa da do devedor. **Atenção:** No âmbito das obrigações personalíssimas, se o devedor recusar a prestação a ele imposta, incorrerá na obrigação de indenizar pelas perdas e danos, nos exatos moldes da regra consagrada no art. 247 do CC.

- *Obrigação de não fazer.* A obrigação de não fazer impõe ao devedor uma abstenção, um *non facere*. O inadimplemento das obrigações de não fazer consiste exatamente na prática do ato que o devedor havia se obrigado a não realizar. **Atenção:** Na hipótese de inadimplemento da obrigação de não fazer, o credor pode exigir que o devedor desfaça o que foi realizado, sob pena de desfazer à sua custa, ressarcindo o culpado as perdas e danos, conforme preceitua o art. 251 do CC.

CLASSIFICAÇÃO DAS OBRIGAÇÕES QUANTO À POSSIBILIDADE DE FRACIONAMENTO DO OBJETO DA PRESTAÇÃO	
→ Divisível	→ Indivisível

- *Obrigação divisível.* A obrigação divisível apresenta uma pluralidade de credores e/ou devedores, de sorte que cada um dos credores somente pode exigir sua quota e, ainda, que cada um dos devedores somente responde pela sua parte respectiva. Neste caso, o objeto da prestação deve também ser divisível. **Atenção:** O art. 257 do CC estabelece uma presunção no tocante às obrigações divisíveis que é comumente verificada em provas de concursos públicos. Eis a redação do mencionado dispositivo legal: "Havendo mais de um devedor ou mais de um credor em obrigação divisível, esta presume-se dividida em tantas obrigações, iguais e distintas, quantos os credores ou devedores."

- *Obrigação indivisível.* De acordo com o art. 258 do CC, a obrigação é indivisível quando a prestação tem por objeto uma coisa ou um fato não suscetíveis de divisão, por sua natureza, por motivo de ordem econômica, ou dada a razão determinante do negócio jurídico. A partir de tal postulado, calcado da dicção do Código Civil, é possível estabelecer a existência de três modalidades de indivisibilidade, sintetizadas no quadro a seguir.

ESPÉCIES DE INDIVISIBILIDADE		
Natural	**Legal**	**Convencional**
É aquela que decorre da natureza do objeto da prestação. Exemplo: obrigação que tem por objeto a venda de uma cabeça de gado.	É aquela que decorre de expressa disposição legal.	É aquela que decorre da manifestação de vontade das partes. **Atenção:** A indivisibilidade convencional também é denominada, por alguns doutrinadores, de indivisibilidade subjetiva.

- *Indivisibilidade e solidariedade.* Tanto na indivisibilidade quanto na solidariedade, cada devedor é obrigado pela dívida toda, nos moldes do art. 259 do CC, com a seguinte redação: "Se, havendo dois ou mais devedores, a prestação não for divisível, cada um será obrigado pela dívida toda." Contudo, a diferença crucial entre os dois institutos é que, no âmbito da indivisibilidade, a obrigação dos devedores pelo todo pode desaparecer se o objeto da prestação perecer e a obrigação se converter em perdas e danos, nos moldes do art. 263 do CC, que estabelece: "Perde a qualidade de indivisível a obrigação que se resolver em perdas e danos." Na solidariedade, este efeito não se verifica, conforme preconiza o art. 271 do CC, que preconiza: "Convertendo-se a prestação em perdas e danos, subsiste, para todos os efeitos, a solidariedade."

- *Das obrigações solidárias.* Nos termos do art. 264 do CC, configura-se a solidariedade quando na mesma obrigação concorre mais de um credor ou mais de um devedor, cada um com direito, ou obrigação, à dívida toda. **Atenção:** A solidariedade não se presume, pois somente decorre da lei ou da vontade das partes, conforme preconiza o art. 265 do CC. A solidariedade apresenta basicamente duas espécies distintas, sintetizadas no quadro a seguir:

ESPÉCIES DE SOLIDARIEDADE	
Ativa	**Passiva**
A solidariedade ativa se configura quando há pluralidade de credores, com o direito de exigir a dívida por inteiro do devedor.	A solidariedade passiva se caracteriza pela presença de diversos devedores, cada qual obrigado pela dívida inteira.

- *Do adimplemento das obrigações.* O vocábulo adimplemento, em sua acepção jurídica, é utilizado para designar a extinção do vínculo obrigacional. O pagamento direto é a forma mais usual de adimplemento, contrapondo-se às formas especiais de adimplemento das obrigações.

- *Do pagamento direto.* O pagamento direto é composto de elementos subjetivos e objetivos. Os elementos subjetivos, como o próprio epíteto indica, compreendem, em princípio, os sujeitos da relação obrigacional, ao passo que os elementos objetivos abarcam o objeto e a forma de adimplemento. Ademais, no âmbito do pagamento direto é imperioso analisar o lugar e o tempo do pagamento. As principais regras atinentes ao pagamento direto foram, com o objetivo de propiciar sua memorização, sintetizadas na tabela a seguir.

DO PAGAMENTO DIRETO	
Elementos subjetivos	**Elementos objetivos**
→ *Solvens* – Quem deve pagar? 1) O próprio devedor (regra geral) 2) O terceiro interessado (art. 304 do CC). 3) O terceiro não interessado (arts. 304, p.u. e 305 do CC). **Atenção:** O terceiro interessado que efetua o pagamento do débito, sub-roga-se no direito do credor. O terceiro não interessado que efetua o pagamento somente se sub-roga nos direitos do credor se efetuar o pagamento em nome próprio (art. 305 do CC). → *Accipiens* – Quem deve receber? 1) O próprio credor (regra geral). 2) O representante do credor (art. 308 do CC). **Atenção:** O pagamento efetuado ao credor putativo (com aparência de credor) pode ser considerado válido, conforme preceitua o art. 309 do CC. Trata-se de evidente aplicação da teoria da aparência	→ Objeto – O que e como se deve pagar? Nos termos do art. 313 do CC, o objeto do pagamento é a prestação. **Cuidado:** o credor pode se recusar a receber prestação diversa, ainda que mais valiosa. **Atenção:** Nos termos do art. 315 do CC, as dívidas em dinheiro devem ser pagas em moeda nacional corrente e pelo valor nominal. → Quitação Nos termos do art. 319 do CC, o devedor que paga tem direito à quitação regular e pode reter o pagamento enquanto não lhe seja dada. **Atenção:** A quitação deve, de acordo com o art. 320 do CC, conter as seguintes informações: o valor e a espécie da dívida quitada, o nome do devedor, ou quem por este pagou, o tempo e o lugar do pagamento, com a assinatura do credor, ou do seu representante.
Lugar do pagamento	**Tempo do pagamento**
→ Onde deve ocorrer o pagamento? 1) Em se tratando de **obrigação quesível**, o pagamento deve ocorrer no domicílio do devedor. **Atenção:** Trata-se, conforme preceitua o art. 327 do CC, da regra geral no tocante ao pagamento.	→ Quando deve ocorrer o pagamento? A prestação deve ser cumprida no momento do vencimento. Antes do vencimento o credor não pode exigir o adimplemento obrigacional. Em regra, o vencimento é estipulado pelas par-
Lugar do pagamento	**Tempo do pagamento**
2) Em se tratando de **obrigação portável**, o pagamento deve ocorrer no domicílio do credor. **Atenção:** Por se tratar de exceção à regra geral, o caráter portável da obrigação deve estar expresso no instrumento contratual. **Cuidado:** Nos termos do art. 330 do CC, o pagamento reiteradamente feito em outro local, faz presumir renúncia do credor relativamente ao previsto no contrato. O dispositivo legal mencionado se constitui em uma aplicação da *supressio* (ou *Verwirkung*) que, de acordo com Flávio Tartuce, é "a supressão de um direito ou de uma posição jurídica, pelo seu não exercício com o passar dos tempos." (TARTUCE, Flávio. *Manual de Direito Civil. Volume Único.* 2ª ed. São Paulo: Método, 2012, p. 542)	tes no bojo do instrumento contratual por elas formalizado. **Cuidado:** O art. 330 do CC estabelece que, em determinadas hipóteses, ocorrerá o vencimento antecipado do débito. São elas: 1) No caso de falência do devedor, ou de concurso de credores; 2) Se os bens, hipotecados ou empenhados, forem penhorados em execução por outro credor; 3) se cessarem, ou se se tornarem insuficientes, as garantias do débito, fidejussórias, ou reais, e o devedor, intimado, se negar a reforçá-las.

- *Formas especiais do adimplemento das obrigações.*

CONSIGNAÇÃO EM PAGAMENTO	
Conceito	É a possibilidade de o credor adimplir a obrigação por meio de depósito judicial ou extrajudicial. **Atenção:** O objeto da consignação em pagamento sempre será uma obrigação de dar.
Efeitos	Liberar o devedor do vínculo obrigacional, isentando-o dos riscos, de eventuais juros e da cláusula penal eventualmente convencionada.
Hipóteses	As hipóteses de cabimento da consignação em pagamento encontram-se arroladas no art. 335 do CC. São elas: 1) Se o credor não puder, ou, sem justa causa, recusar receber o pagamento, ou dar quitação na devida forma;
Hipóteses	2) Se o credor não for, nem mandar receber a coisa no lugar, tempo e condição devidos; 3) Se o credor for incapaz de receber, for desconhecido, declarado ausente, ou residir em lugar incerto ou de acesso perigoso ou difícil; 4) Se ocorrer dúvida sobre quem deva legitimamente receber o objeto do pagamento; 5) Se pender litígio sobre o objeto do pagamento.

SUB-ROGAÇÃO	
Conceito	É a substituição do credor por um terceiro que paga o débito no lugar do devedor.
Efeitos	Os direitos do credor são transmitidos para aquele que paga a dívida.
Espécies	a) Sub-rogação pessoal → Configura-se quando o terceiro cumpre a prestação em lugar do devedor e passa a ocupar o lugar do credor. Vale dizer, sub-roga-se nos direitos do credor. b) Sub-rogação real → Dá-se quando o objeto da obrigação é substituído por outro, sendo que este sub-roga-se nos ônus e direitos que incidiam sobre o primeiro. c) Sub-rogação legal → Decorre da lei. Não deriva da vontade das partes (credor e devedor). d) Sub-rogação convencional → É aquela que deriva exclusivamente da vontade das partes. **Atenção:** A manifestação de vontade deve ser expressa e inequívoca para evitar dúvidas acerca dos efeitos da sub-rogação.

DAÇÃO E M PAGAMENTO	
Conceito	Configura-se a dação em pagamento quando credor e devedor, através da
Conceito	conjugação de suas vontades, estabelecem a substituição da prestação originária por outra.
Requisitos	1) Existência de um débito vencido. 2) *Animus solvendi.* 3) O objeto oferecido deve ser diferente do objeto originário. 4) Consentimento do credor na substituição.

DAÇÃO E M PAGAMENTO	
Observação	O art. 358 do CC preceitua no sentido de que se a coisa entregue em substituição ao objeto originário for um título de crédito, tal importará em cessão.

NOVAÇÃO	
Conceito	A novação se caracteriza quando as partes criam uma nova obrigação com o escopo de substituir e extinguir obrigação precedente.
Requisitos	1) Existência de uma obrigação anterior. 2) Criação de uma obrigação diversa da obrigação anterior. 3) *Animus novandi*.
Observação	O *animus novandi*, consistente na vontade de substituir a obrigação originária pela nova obrigação é requisito essencial para a configuração da novação. A esse respeito, preceitua o art. 361 do CC que ausente o requisito em apreço, ainda que haja a substituição da obrigação, a segunda obrigação apenas confirma a primeira.

COMPENSAÇÃO	
Conceito	Dá-se a compensação quando as partes são, reciprocamente, credores e devedores.
Requisitos	1) Reciprocidade de obrigações. 2) Dividas líquidas e vencidas. 3) Fungibilidade das prestações das partes.
Observação	**Atenção:** Nos termos do art. 370 do CC, "embora sejam do mesmo gênero as coisas fungíveis, objeto das duas prestações, não se compensarão, verificando-se que diferem na qualidade, quando especificada no contrato." **Cuidado:** A teor do que prescreve o art. 368 do CC, "Se duas pessoas forem ao mesmo tempo credor e devedor uma da outra, as duas obrigações extinguem-se, até onde se compensarem."

CONFUSÃO	
Conceito	A confusão se caracteriza quando as qualidades de credor e de devedor recaírem, concomitantemente, sobre mesma pessoa.
Requisitos	1) As qualidades de devedor e de credor devem se reunir na mesma pessoa.
Observação	**Atenção:** A confusão, enquanto forma de extinção das obrigações é instituto amplamente diverso daquele analisado no âmbito do Direito das Coisas. Naquele segmento do Direito Civil, a confusão consiste na forma de aquisição da propriedade móvel de líquidos que se misturam (art. 1.272 do CC).

REMISSÃO	
Conceito	A remissão decorre da dispensa, pelo credor, do cumprimento da obrigação que incumbia ao devedor.
Requisitos	1) Ânimo de perdoar. 2) Aceitação do perdão.
Observação	**Atenção:** Nos termos do art. 386 do CC, "A devolução voluntária do título da obrigação, quando por escrito particular, prova desoneração do devedor e seus co-obrigados, se o credor for capaz de alienar, e o devedor capaz de adquirir."

- *Da transmissão das obrigações.* A vigente codificação contempla basicamente duas modalidades de transmissão das obrigações, quais sejam, a cessão de crédito e a assunção de dívida. Saliente-se, no particular, que há quem entenda que, a despeito de inexistir expressa previsão legal, a cessão de contrato é modalidade de transmissão das obrigações, encontrando o seu fundamento no art. 425 do CC, pelo qual é lícito às partes formalizar contratos atípicos, desde que observadas as regras atinentes à teoria geral dos contratos. Em síntese:

DA TRANSMISSÃO DAS OBRIGAÇÕES		
Cessão de crédito	**Assunção de dívida**	**Cessão de contrato**
→ A cessão de crédito é um negócio jurídico bilateral, gratuito ou oneroso, pelo qual o credor transfere o polo ativo da relação obrigacional a outrem. → Fundamento legal: arts. 286 a 298 do CC. **Atenção:** Nos termos do art. 290 do CC, a cessão do crédito não tem eficácia em relação ao devedor, senão quando a este notificada. Todavia, presume-se a notificação quando o devedor, em escrito público ou particular, se declarou ciente da cessão feita.	→ A assunção de dívida (ou cessão de débito) é um negócio jurídico bilateral, através do qual o *solvens*, mediante anuência do credor, transfere o polo passivo da relação obrigacional a outrem. → Fundamento legal: arts. 299 a 303 do CC. **Atenção:** A teor do que preconiza o art. 302 do CC, o novo devedor não pode opor ao credor as exceções pessoais que competiam ao devedor primitivo.	→ Como mencionado anteriormente, inexiste previsão legal no tocante à cessão de contrato. Contudo, tal instituto é amplamente reconhecido pela doutrina. Trata-se, como preleciona Flávio Tartuce, de uma "transferência da inteira posição ativa ou passiva da relação contratual, incluindo o conjunto de direitos e deveres de que é titular uma determinada pessoa." (TARTUCE, Flávio. *Manual de Direito Civil. Volume Único.* 2ª ed. São Paulo: Método, 2012, p. 388)

- *Da mora.* Conforme assinalado nas dicas precedentes, as obrigações devem ser cumpridas do prazo estipulado pelas partes. A mora consiste, pois, "no retardamento injustificado de algum dos sujeitos da relação obrigacional no tocante à prestação." (PEREIRA, Caio Mário da Silva. *Instituições de Direito Civil. Volume II.* 20ª ed. Rio de Janeiro: Forense, 2003, p. 307). A partir do conceito do eminente jurisconsulto mineiro, pode-se perceber que existem dois tipos de mora, a saber, a mora do devedor (*mora debendi*) e a mora do credor (*mora accipiendi*). As principais regras no tocante às mencionadas modalidades de mora encontram-se sintetizadas na tabela a seguir:

MORA	
Mora do devedor (*mora debendi*)	**Mora do credor (*mora accipiendi*)**
→ Nos termos do art. 394 do CC, a mora do devedor se configura quando este não efetuar o pagamento no tempo, forma e lugar que a lei ou a convenção das partes estabeleça. → Principais efeitos da *mora debendi:* 1) O devedor responde pelos prejuízos a que sua mora der causa, mais juros, atualização dos valores monetários e honorários de advogado segundo índices oficiais regularmente estabelecidos, e honorários de advogado (art. 395 do CC). 2) O devedor em mora responde pela impossibilidade da prestação, embora essa impossibilidade resulte de caso fortuito ou de força maior, se estes ocorrerem durante o atraso. Tal regra não se aplica, contudo, se o devedor provar que não laborou em culpa, ou que o dano sobreviria se a obrigação tivesse sido oportunamente cumprida (art. 399 do CC). **Atenção:** O inadimplemento da obrigação, positiva e líquida, no seu termo, constitui de pleno direito em mora o devedor (art. 397 do CC). Entretanto, se não houver termo, a mora se constitui mediante interpelação judicial ou extrajudicial (art. 397, parágrafo único, do CC).	→ Nos termos do art. 394 do CC, a mora do credor se configura se este não quiser receber o pagamento no tempo, forma e lugar que a lei ou a convenção das partes estabeleça. → Principais efeitos da mora *accipiendi:* 1) A mora do credor subtrai o devedor isento de dolo à responsabilidade pela conservação da coisa, obriga o credor a ressarcir as despesas empregadas em conservá-la, e sujeita-o a recebê-la pela estimação mais favorável ao devedor, se o seu valor oscilar entre o dia estabelecido para o pagamento e o da sua efetivação (art. 400 do CC).
Cuidado: O art. 401 do CC consagra o instituto da purga da mora, cuja função precípua consiste em impedir a perpetuação dos efeitos da mora acima delineados. O referido dispositivo legal estabelece o seguinte:	
1) Mora do devedor → Purga-se a mora do devedor, oferecendo este a prestação mais a importância dos prejuízos decorrentes do dia da oferta. 2) Mora do credor → Purga-se a mora do credor, oferecendo-se este a receber o pagamento e sujeitando-se aos efeitos da mora até a mesma data.	

- *Do inadimplemento das obrigações.* Nos termos do art. 389 do CC, não "cumprida a obrigação, responde o devedor por perdas e danos, mais juros, atualização monetária e honorários de advogado. (Redação dada pela Lei nº 14.905, de 2024). É oportuno lembrar, ainda, que pelo inadimplemento, respondem todos os bens do devedor, nos moldes do art. 391 do CC. **Atenção:** Existem alguns bens que são impenhoráveis, a exemplo daqueles arrolados no art. 649 do CC e do bem de família, disciplinado pela Lei n.º 8.009/90.

- *Da cláusula penal.* A cláusula penal se consubstancia em uma penalidade acessória atribuída à parte que, culposamente, deixa de cumprir a obrigação ou se constitua em mora (art. 408 do CC). **Atenção:** Se as partes estipularem uma cláusula penal para o inadimplemento integral da obrigação, nasce uma alternativa para o credor que pode exigir o adimplemento ou a incidência da penalidade em exame (art. 410 do CC). **Cuidado:** O valor da cláusula penal não pode exceder o montante da obrigação principal, a teor do que preconiza o art. 412 do CC. Saliente-se, no particular, que o magistrado pode reduzir equitativamente a penalidade se a obrigação principal houver sido parcialmente cumprida ou se o montante da penalidade for manifestamente excessivo, tendo-se em vista a natureza e a finalidade do negócio (art. 413 do CC). Por derradeiro, é importante lembrar, tendo em vista a incidência da matéria em concursos públicos, que a cláusula penal apresenta duas importantes funções, quais sejam: *i)* se consubstanciam em meios de coerção, para instar o devedor ao cumprimento da prestação; *ii)* se prestam a prefixar as perdas e danos, na hipótese de inadimplemento. No tocante à última função mencionada, é pertinente fazer referência à dicção do art. 416 do CC, que dispensa o credor da demonstração do prejuízo para fins de incidência da cláusula penal: "Para exigir a pena convencional, não é necessário que o credor alegue prejuízo." **Atenção:** Considerando-se o caráter acessório da cláusula penal, é razoável admitir que decretada a invalidade, sob qualquer forma, da obrigação principal, a cláusula penal será considerada prejudicada. O vetusto Código Civil de 1916 continha dispositivo expresso a esse respeito, com a seguinte redação: "A nulidade da obrigação importará a da cláusula penal".

- *Das arras ou sinal.* De acordo com Flávio Tartuce, as arras ou sinal correspondem ao "valor dado em dinheiro ou o bem móvel entregue por uma parte à outra, quando do contrato preliminar, visando a trazer a presunção de celebração do contrato definitivo." (TARTUCE, Flávio. *Manual de Direito Civil. Volume Único.* 2ª ed. São Paulo: Método, 2012, p. 412). As arras podem ser confirmatórias, quando o contrato preliminar não contempla cláusula de arrependimento; ou penitenciais, se o instrumento contratual estipular a possibilidade de desistência da celebração do contrato definitivo. A distinção entre as duas modalidades de arras é muito importante, porquanto diverso é o tratamento legal dispensado a cada uma delas, conforme sintetizado no quadro a seguir:

MODALIDADES DE ARRAS	
Arras confirmatórias	**Arras penitenciais**
→ As arras confirmatórias se configuram quando o contrato preliminar **não estabelece cláusula de arrependimento**. → As regras pertinentes às arras confirmatórias podem ser extraídas do art. 418: Na hipótese de inexecução do contrato, se esta se der: Alterado pela Lei nº 14.905, de 2024) I - por parte de quem deu as arras, poderá a outra parte ter o contrato por desfeito, retendo-as; (Incluído pela Lei nº 14.905, de 2024) II - por parte de quem recebeu as arras, poderá quem as deu haver o contrato por desfeito e exigir a sua devolução mais o equivalente, com atualização monetária, juros e honorários de advogado. (Incluído pela Lei nº 14.905, de 2024)	→ As arras penitenciais se configuram quando o contrato preliminar **estabelece cláusula de arrependimento.** → As regras pertinentes às arras penitenciais podem ser extraídas do art. 420 do CC: 1) Se a parte que deu as arras não executar o contrato, perdê-las-á em benefício da outra parte; 2) Se a parte que recebeu as arras não executar o contrato, deverá restituí-las, mais o equivalente.
Atenção: A principal diferença entre as arras confirmatórias e as arras penitenciais consiste no fato de que, no tocante às primeiras, é possível que a parte prejudicada postule indenização suplementar, na forma do art. 419 do CC, com a seguinte redação: "A parte inocente pode pedir **indenização suplementar**, se provar maior prejuízo, valendo as arras como taxa mínima." Por outro lado, no tocante às arras penitenciais, o art. 420 do CC, excluiu a possibilidade de exigir eventual indenização suplementar. Este, aliás, é o entendimento há muito firmado no âmbito do Supremo Tribunal Federal, consoante se extrai do teor da Súmula n.º 412 daquele Excelso Sodalício: "No compromisso de compra e venda com cláusula de arrependimento, a devolução do sinal, por quem o deu, ou a sua restituição em dobro, por quem o recebeu, exclui indenização maior a título de perdas e danos, salvo os juros moratórios e os encargos do processo." **Cuidado:** Em ambas as modalidades de arras, se a parte que as recebeu não executar o contrato, fica obrigada a restituir o sinal em dobro, o que se extrai da expressão **"mais o equivalente"**, utilizada tanto no art. 418, quanto no art. 420 do CC.	

5. DOS CONTRATOS

5.1. TEORIA GERAL

- *Conceito de contrato.* O contrato se constitui em uma fonte de obrigações, podendo ser definido como o negócio jurídico bilateral que tem por objeto criar, modificar ou extinguir direitos de natureza patrimonial.
- *Pressupostos de validade.* Por se tratar de negócio jurídico, a validade do contrato encontra-se condicionada à presença dos requisitos de validade contemplados pelo art. 104, do Código Civil, a saber: a) capacidade das partes; b) objeto lícito, possível, determinado ou determinável; c) forma prescrita ou não defesa em lei. Ademais, os contratos devem ser entabulados através da livre manifestação de vontade das partes, a qual se constitui em um quarto requisito de validade dos negócios jurídicos não previsto expressamente no mencionado art. 104, do Código Civil. Remete-se o leitor, no particular, à análise do instituto do plano de validade do negócio jurídico, tratado, de forma pormenorizada, nas dicas precedentes. Em síntese:

Pressupostos de validade dos contratos
→ Capacidade das partes (art. 104 do CC); → Objeto lícito, possível, determinado ou determinável (art. 104 do CC); → Forma prescrita ou não defesa em lei (art. 104 do CC); → Vontade livremente manifestada.

- *Princípios.* Na atualidade, os contratos são orientados pelos seguintes princípios:

– *Princípio da autonomia privada.* O princípio da autonomia privada se consubstancia na atribuição de liberdade às partes contratantes. Tal liberdade se manifesta em duas esferas distintas. Em um primeiro momento, a liberdade que se atribui aos agentes é a liberdade de contratar, que se refere à pessoa com quem se pretende estabelecer o vínculo negocial. De outro lado, temos a liberdade contratual que se relaciona ao conteúdo dos negócios jurídicos. Na atualidade, a liberdade contratual encontra limites no princípio da função social dos contratos, a ser oportunamente analisado. Por corolário, não mais se utiliza, em Direito Civil, a expressão autonomia da vontade, eis que esta nos remete ao caráter eminentemente individualista que norteava o Código Civil de 1916, em que a liberdade contratual era praticamente irrestrita. Em síntese:

Princípio da autonomia privada
Autonomia privada = liberdade de contratar + liberdade contratual

Atenção: Conforme analisado nas linhas precedentes, a Lei n.º 13.874/2019 (Declaração de Direitos de Liberdade Econômica) confere maior relevo à autonomia privada, notadamente em negócios pactuados em relações de caráter empresarial, mitigando o dirigismo do Estado na seara dos contratos particulares. A título exemplificativo, o art. 2º, incisos V e VIII, da Lei n.º 13.874/2019, estabelece que são direitos de toda pessoa natural ou jurídica, essenciais para o desenvolvimento nacional: *"V – gozar de presunção de boa-fé nos atos praticados no exercício de atividade econômica, para os quais as dúvidas de interpretação do direito civil, empresarial, econômico e urbanístico serão resolvidas de forma a preservar a autonomia privada, exceto se houver expressa disposição legal em contrário"* e *"VIII – ter a garantia de que negócios jurídicos empresariais paritários serão objeto de livre estipulação das partes pactuantes, de forma a aplicar todas as regras de direito empresarial apenas de maneira subsidiária ao avençado, exceto normas de ordem pública"*.

– *Princípio da função social dos contratos.* O princípio da função social dos contratos, como analisado no item precedente, traduz a ideia de limitação à atuação da vontade das partes, porquanto o contrato deve objetivar, em última instância, a prevalência do interesse social. O princípio em apreço encontra-se expressamente previsto no art. 421, do Código Civil, com a seguinte redação: "A liberdade contratual será exercida em razão e nos limites da função social do contrato." **Atenção**: A Lei n.º 13.874/2019, além de corrigir a redação do caput do art. 421 do CC que, antes de sua vigência fazia, equivocadamente, referência à "liberdade de contratar" – expressão mais relacionada à pessoa com quem se pretende estabelecer o vínculo negocial do que com o efetivo conteúdo do negócio jurídico – deixa clara a sua intenção em retomar elementos típicos do Estado Liberal de Direito. A esse respeito, o novel parágrafo único do art. 421 do CC, preceitua que *"nas relações contratuais privadas, prevalecerão o princípio da intervenção mínima e da excepcionalidade da revisão contratual"*. Demais disso, o art. 421-A do CC, também introduzido pela Lei n.º 13.874/2019, consagra uma presunção *iuris tantum* de que os contratos empresariais se constituem em vínculos de caráter paritário e simétrico, presunção esta que somente pode ser afastada mediante a presença de elementos concretos que fundamentem o afastamento da presunção. Demais disso, o art. 421-A do CC enuncia que, no âmbito de contratos empresariais, (i) as partes negociantes poderão estabelecer parâmetros objetivos para a interpretação das cláusulas negociais e de seus pressupostos de revisão ou de resolução, (ii) a alocação de riscos definida pelas partes deverá ser respeitada e observada e (iii) a revisão contratual somente ocorrerá de maneira excepcional e limitada. A propósito, convém mencionar que a modificação introduzida pela Lei n.º 13.874/2019 no particular, reflete entendimento doutrinário há muito estabelecido, consoante se infere do Enunciado 21 da I Jornada de Direito Comercial, cujo conteúdo estabelece que nos "contratos empresariais, o dirigismo contratual deve ser mitigado, tendo em vista a simetria natural das relações interempresariais".

– *Princípio da boa-fé objetiva. Corolário do princípio da eticidade*, o princípio da boa-fé objetiva, consagrado no art. 422, do Código Civil, é a expressão genérica que atribui às partes os chamados deveres anexos aos contratos. São exemplos de tais deveres: dever de informação; dever de cuidado; dever de lealdade etc. Como consequência, o princípio sob enfoque apresenta, sob o ponto de vista prático, diversas repercussões no âmbito das relações de índole contratual, dentre as quais se destacam:

Repercussão	Descrição
Vedação à prática de comportamento contraditório (venire contra factum proprium)	Diante do dever de lealdade que deflui do princípio da boa-fé objetiva, as partes contratantes devem agir de maneira coerente, sendo-lhes defeso adotar posturas opostas a um comportamento anterior.
Supressio e Surrectio	A supressio consiste na supressão de um direito atribuído ao contratante em virtude de seu não exercício em um dado lapso temporal. Vale dizer, uma prerrogativa atribuída à parte como decorrência de um dado contrato deixa de ser exercitável em razão de não ter sido colocada em prática pelo contratante a quem foi atribuída. Isso ocorre porque o não exercício da faculdade enfocada gera na contraparte, com base na confiança proveniente do princípio da boa-fé objetiva, a razoável expectativa de que tal prerrogativa não seria mais exercida. Atenção: A supressio não se confunde com o instituto da prescrição, que consiste no decurso do tempo com eficácia extintiva das pretensões de direito material em razão de seu não exercício no prazo fixado pela legislação de regência. Para maiores detalhes a respeito da prescrição, remete-se o leitor às dicas concernentes à Parte Geral do Código Civil. A surrectio, por seu turno, consiste no surgimento de um direito em virtude da conduta adotada por alguma das partes. Exemplo de aplicação do instituto pode ser extraído do art. 330 do CC, cujo conteúdo é a seguir reproduzido: "O pagamento reiteradamente feito em outro local faz presumir renúncia do credor relativamente ao previsto no contrato."
Tu quoque	O instituto em apreço se materializa nas situações em que a ação de um dos contratantes surpreende o outro, colocando-o em evidente situação de desvantagem. Como exemplos de aplicação do tu quoque, a doutrina usualmente menciona a situação regulada pelo art. 180 do CC, com a seguinte redação: "O menor, entre dezesseis e dezoito anos, não pode, para eximir-se de uma obrigação, invocar a sua idade se dolosamente a ocultou quando inquirido pela outra parte, ou se, no ato de obrigar-se, declarou-se maior."

Atenção: No Código Civil de 2002, o princípio da boa-fé objetiva sempre se constituiu em um importante instrumento para a interpretação dos negócios jurídicos, conforme, aliás, deixa clara a redação do caput do art. 113 do CC, *ipsis litteris*: *"Os negócios jurídicos devem ser interpretados conforme a boa-fé e os usos do lugar de sua celebração"*. A Lei n.º 13.874/2019, complementando este conceito e reafirmando o seu objetivo precípuo de conferir maior relevo à vontade das partes contratantes, introduziu os §§1º e 2º ao dispositivo legal aqui sob comento. Eis a redação dos mencionados parágrafos: *"§ 1º A interpretação do negócio jurídico deve lhe atribuir o sentido que: I - for confirmado pelo comportamento das partes posterior à celebração do negócio; II - corresponder aos usos, costumes e práticas do mercado relativas ao tipo de negócio; III – corresponder à boa-fé; IV – for mais benéfico à parte que não redigiu o dispositivo, se identificável; e V – corresponder a qual seria a razoável negociação das partes sobre a questão discutida, inferida das demais disposições do negócio e da racionalidade econômica das partes, consideradas as informações disponíveis no momento de sua celebração. § 2º. As partes poderão livremente pactuar regras de interpretação, de preenchimento de lacunas e de integração dos negócios jurídicos diversas daquelas previstas em lei"*.

- *Princípio da relatividade dos efeitos contratuais.* O princípio da relatividade preconiza que os contratos, em regra, somente produzem efeitos em relação aos agentes que participaram de sua formação. Todavia, não se trata de princípio absoluto, comportando algumas exceções como, por exemplo, aquela contemplada pelo art. 608, do Código Civil.

• *Formação dos contratos.* O estudo acerca da formação dos contratos compreende, a rigor, a análise de quatro fases distintas, a saber: *i)* fase de negociações preliminares (ou puntuação); *ii)* Fase de proposta (ou policitação); *iii)* Fase de contrato preliminar; *iv)* Fase de conclusão do contrato ou contrato definitivo.

- *Fase de negociações preliminares.* Trata-se do momento em que as partes, antes de formalizarem o contrato preliminar ou definitivo, estabelecem as primeiras tratativas a respeito do negócio jurídico que pretendem entabular. A fase de negociações preliminares, de acordo com Flávio Tartuce, é também denominada puntuação, palavra oriunda do vocábulo italiano *puntuazione* – antecontrato, declaração (TARTUCE, Flávio. *Manual de Direito Civil. Volume Único.* 2ª ed. São Paulo: Método, 2012, p. 557). **Atenção:** A fase de negociações preliminares não vincula as partes. Todavia é capaz de ensejar a responsabilidade pré-contratual, por força do princípio da boa-fé objetiva, na forma do Enunciado 25 CJF/STJ, com a seguinte redação: "Art. 422: o art. 422 do Código Civil não inviabiliza a aplicação pelo julgador do princípio da boa-fé nas fases pré-contratual e pós-contratual."

- *Fase de proposta.* A proposta consiste em uma declaração unilateral da vontade de contratar. Contudo, para ensejar a formação do contrato, a proposta deve ser recebida pela outra parte. Saliente-se que, nos termos do art. 427 do CC, a proposta de contrato obriga o proponente à celebração do contrato. **Atenção:** A teor do que preconiza o art. 428 do CC, a proposta deixa de ser obrigatória nas seguintes hipóteses: *i)* se, feita sem prazo a pessoa presente, não foi imediatamente aceita. Considera-se também presente a pessoa que contrata por telefone ou por meio de comunicação semelhante; *ii)* se, feita sem prazo a pessoa ausente, tiver decorrido tempo suficiente para chegar a resposta ao conhecimento do proponente; *iii)* se, feita a pessoa ausente, não tiver sido expedida a resposta dentro do prazo dado; *iv)* se, antes dela, ou simultaneamente, chegar ao conhecimento da outra parte a retratação do proponente. **Cuidado:** A oferta ao público equivale à proposta quando encerra os requisitos essenciais do contrato, exceto se o contrário resultar das circunstâncias fáticas inerentes ao caso concreto (art. 429 do CC).

- *Fase de contrato preliminar.* Nas precisas lições de Caio Mário, contrato preliminar é "aquele por via do qual ambas as partes ou uma delas se comprometem a celebrar mais tarde outro contrato, que será contrato principal"(PEREIRA, Caio Mário. *Instituições de Direito Civil. Volume III.* 11ª ed. Rio de Janeiro: Forense, 2004, p. 81). Trata-se de fase meramente facultativa e sua ocorrência decorre, basicamente, da conveniência e necessidade das partes contratantes. A matéria encontra-se disciplinada entre os arts. 462 e 466 do CC. **Atenção:** De acordo com o art. 462 do CC, O contrato preliminar, exceto quanto à forma, deve conter todos os requisitos essenciais ao contrato a ser celebrado. **Cuidado:** Concluído o contrato preliminar, com a observância dos requisitos de validade do contrato definitivo, e desde que dele não conste cláusula de arrependimento, qualquer das partes terá o direito de exigir a celebração do definitivo, assinando prazo à outra para que o efetive (art. 463 do CC).

- *Fase de conclusão do contrato.* Implementando-se a conjugação das vontades das partes envolvidas, ocorrerá o aperfeiçoamento do contrato, que estará apto a produzir os efeitos jurídicos pretendidos pelos agentes. **Atenção:** É possível vislumbrar a responsabilidade pós-contratual das partes contratantes, por aplicação do princípio da boa-fé objetiva, nos moldes do Enunciado n.º 25 CJF/STJ.

• *Estipulação em favor de terceiro.* Na estipulação em favor de terceiro, o devedor se compromete a uma determinada prestação a um terceiro que não participou da formação do vínculo contratual. No âmbito da figura contratual sob exame, temos as seguintes pessoas: (a) o estipulante que corresponde à pessoa que estabelece a obrigação a ser executada pelo devedor; (b) o promitente (ou devedor) a quem incumbe a execução da prestação; e (c) o beneficiário, terceiro que não compôs o vínculo obrigacional, mas pode exigir do devedor a prestação, ficando, todavia, sujeito às condições e normas do contrato (parágrafo único do art. 436 do CC). **Atenção:** Nos termos do art. 438 do CC, o estipulante pode reservar-se ao direito de substituir o terceiro designado no contrato, independentemente de sua anuência ou do devedor. **Cuidado:** O instituto da estipulação em favor de terceiro, se constitui em evidente mitigação do princípio da relatividade dos efeitos contratuais, já analisado nos tópicos precedentes.

- *Promessa de fato de terceiro.* Na promessa de fato de terceiro, um dos contratantes se compromete a obter a execução de uma determinada prestação de um terceiro, que não integra a relação contratual, ficando responsável pela recomposição das perdas e danos caso o terceiro não cumpra a obrigação, nos termos do art. 436 do CC. Exemplo: Ana promete a Beatriz que Fernanda realizará a pintura da casa de Beatriz. Nesta hipótese, caso Fernanda não cumpra a obrigação prometida, Ana ficará obrigada ao ressarcimento das perdas e danos incorridos por Beatriz. **Atenção:** Nos termos do art. 440 do CC, nenhuma obrigação haverá para quem se comprometer por outrem, se este, depois de ter se obrigado, faltar à prestação. **Cuidado:** A exemplo do que se asseverou quanto à estipulação em favor de terceiro, também a promessa de fato de terceiro corresponde a figura de índole contratual que mitiga o princípio da relatividade.

- *Contrato com pessoa a declarar.* De acordo com o art. 467 do CC, no momento de aperfeiçoamento do contrato, uma das partes pode reservar-se a faculdade de indicar a pessoa que deve adquirir os direitos e assumir as obrigações dele decorrentes. Caso o contrato seja silente a respeito do prazo de indicação da pessoa que irá adquirir direitos e assumir as obrigações dele provenientes, este prazo será de 05 (cinco) dias (art. 468). Trata-se, à toda evidência, de instituto muito semelhante à promessa de fato de terceiro, analisada no tópico precedente. **Atenção:** A aceitação da pessoa nomeada não será eficaz se não se revestir da mesma forma que as partes usaram para o contrato. **Cuidado:** Nos termos do art. 470 do CC, o contrato será eficaz somente entre os contratantes originários caso (a) não houver indicação de pessoa ou se o nomeado se recusar a aceitá-la e (b) se nomeada, a pessoa era insolvente e a outra pessoa o desconhecia no momento da indicação. Ademais, o contrato também só será eficaz em relação aos contratantes originários caso a pessoa a nomear seja incapaz ou insolvente no momento da nomeação (art. 471 do CC).

- *Classificação dos contratos.* A classificação dos contratos é matéria de suma relevância para a plena compreensão do instituto ora examinado. A matéria ganha ainda maior importância quando passarmos à análise da tipologia contratual do Código Civil, já que, com base na classificação ora elaborada, iremos fixar a natureza jurídica de cada um dos contratos previstos pela vigente codificação. Contudo, é prudente mencionar que os critérios de classificação dos contratos apresentam uma substancial variedade no âmbito da doutrina, de sorte que a classificação ora elaborada não exclui a de outros autores, também passíveis de adoção pela banca examinadora. Vejamos, pois, os principais critérios de classificação dos contratos.

QUANTO AOS DIREITOS E OBRIGAÇÕES DAS PARTES
1) Unilateral → É aquele que contempla obrigações para apenas uma das partes contratantes. Exemplo: No contrato de doação, apenas o doador assume a obrigação de transmitir o domínio sobre a coisa objeto do contrato ao donatário. Ao último, cabe apenas o direito de exigir a transmissão da propriedade sobre o bem, inexistindo qualquer obrigação em relação a ele.
2) Bilateral → É aquele em que há uma reciprocidade de direitos e obrigações entre as partes. Exemplo: No contrato de compra e venda tanto o vendedor, quanto o comprador, assumem obrigações e são dotados de direitos. O vendedor tem a obrigação de transmitir a propriedade sobre a coisa objeto do contrato, ao passo que o comprador obriga-se ao pagamento do preço ajustado. Noutro giro, o vendedor tem o direito de receber o preço, ao passo que o comprador tem o direito de exigir a transferência da propriedade sobre o bem objeto do ato negocial. **Atenção:** Os contratos bilaterais são também designados em doutrina como **contratos sinalagmáticos**. **Cuidado:** Todo contrato é um **negócio jurídico bilateral** ou **plurilateral**, pois para a sua formação é necessária a conjugação de mais de uma vontade. Desse modo, o contrato unilateral é também um negócio jurídico bilateral.

QUANTO AO SACRIFÍCIO PATRIMONIAL DAS PARTES
1) Gratuito → É aquele que contempla sacrifício patrimonial apenas para uma das partes contratantes. Exemplo: No âmbito do contrato de comodato (empréstimo gratuito de coisas infungíveis), apenas o comodante sofre um sacrifício patrimonial (empréstimo da coisa), ao passo que ao comodatário cabe uma vantagem (utiliza gratuitamente a coisa).
2) Oneroso → É aquele que envolve sacrifício patrimonial para ambas as partes. Exemplo: No contrato de compra e venda, tanto o comprador, quanto o vendedor, sofrem sacrifícios patrimoniais. O vendedor sofre um desfalque em seu patrimônio, correspondente à transmissão da propriedade sobre um determinado bem, ao passo que o comprador sofre um decréscimo patrimonial correspondente ao preço ajustado. **Atenção:** Em regra, os contratos onerosos são bilaterais e os gratuitos unilaterais. **Cuidado:** Tal regra não é absoluta, pois o contrato de mútuo feneratício é unilateral e oneroso. O contrato em exame se consubstancia no empréstimo de dinheiro a juros. Neste caso, apenas o mutuário tem a obrigação de restituir a quantia que lhe foi emprestada (contrato unilateral) e há o pagamento de juros (contrato oneroso).

QUANTO À FORMAÇÃO DO CONTRATO
1) Consensual → É aquele que se forma pela mera manifestação de vontade das partes contratantes. Exemplo: Contrato de compra e venda.
2) Real → É aquele que somente se aperfeiçoa mediante a entrega da coisa (tradição). Exemplo: Contrato de comodato.

QUANTO AOS RISCOS
1) Comutativo → É aquele em que as partes conhecem, no momento de celebração da avença, suas respectivas prestações. Deve, ainda, haver certa equivalência entre as mesmas. Exemplo: Contrato de compra e venda.
2) Aleatório → É aquele em que a prestação de uma das partes não pode ser estabelecida no momento de celebração do contrato, já que ela depende da *alea* contratual. Exemplo: Contrato de seguro.

QUANTO À TIPICIDADE
1) Típico → É aquele que encontra expressa previsão na ordem jurídica. Exemplo: O contrato de doação está previsto nos arts. 538 e seguintes do Código Civil.
2) Atípico → É aquele que decorre do princípio da liberdade das formas (art. 425 do CC), sendo fruto do gênio inventivo das partes contratantes. Por tal razão, não encontra previsão expressa na ordem jurídica.
Atenção: É lícito às partes estipularem contratos atípicos, mas estas devem observar, para tanto, as regras e princípios atinentes à teoria geral dos contratos.

QUANTO À POSSIBILIDADE DE MODIFICAÇÃO DO CONTEÚDO PELAS PARTES CONTRATANTES
1) Paritário → É aquele em que é possível a discussão do conteúdo do ato negocial pelas partes contratantes.
2) Por adesão (ou de adesão) → É aquele em que não há a possibilidade de discussão do conteúdo pelas partes contratantes. O Código de Defesa do Consumidor estabelece, em seu art. 54, que o contrato de adesão "é aquele cujas cláusulas tenham sido aprovadas pela autoridade competente ou estabelecidas unilateralmente pelo fornecedor de produtos ou serviços, sem que o consumidor possa discutir ou modificar substancialmente seu conteúdo." Assim, ao aderente não é franqueada a modificação das cláusulas contratuais, mas apenas a opção de aderir ou não ao contrato.
Atenção: Em razão desse contingenciamento da vontade do aderente, este goza de uma proteção diferenciada. O art. 423 do CC preceitua que se o contrato de adesão contiver cláusulas ambíguas ou contraditórias, dever-se-á adotar a interpretação mais favorável ao aderente. Por outro lado, o art. 424 do CC dispõe no sentido de que nos contratos de adesão, são nulas as cláusulas que estipulem a renúncia antecipada do aderente a direito resultante da natureza do negócio.

QUANTO À PRESENÇA DE FORMALIDADES
1) Informal → É aquele que não depende de qualquer formalidade específica. Trata-se da regra geral na sistemática da vigente codificação civil, já que o art. 107 do CC preconiza que "A validade da declaração de vontade não dependerá de forma especial, senão quando a lei expressamente a exigir."
2) Formal → É aquele que exige formalidade genérica. Exemplo: O contrato de fiança deve ser elaborado obrigatoriamente por escrito, nos moldes do art. 819 do CC.
3) Solene → É aquele que exige instrumento público para sua celebração. Exemplo: Contrato de compra e venda sobre bem imóvel de valor superior a 30 (trinta) vezes o maior salário mínimo vigente no país (art. 108 do CC).

QUANTO AO MOMENTO DO CUMPRIMENTO
1) Instantâneo → É aquele que deve ser cumprido imediatamente após o seu aperfeiçoamento. Exemplo: Compra e venda de um automóvel à vista.

QUANTO AO MOMENTO DO CUMPRIMENTO
2) De execução diferida → É aquele que deve ser cumprido de uma vez só no futuro. Exemplo: Compra e venda de um automóvel, com prazo para pagamento para o dia 15/10/2018.
3) De trato sucessivo → É aquele que deve ser cumprido de forma periódica e sucessiva. Exemplo: Compra e venda de um automóvel, cujo preço fixado deve ser pago em 10 parcelas mensais, iguais e sucessivas de R$ 2.000,00 (dois mil reais).
Atenção: Os contratos de trato sucessivo ou de execução diferida, sujeitam-se à resolução por onerosidade excessiva, nos moldes do art. 478 do CC.

QUANTO À PESSOALIDADE
1) Pessoal (ou *intuitu personae*) → É aquele que leva em consideração as características inerentes à pessoa do contratante, de sorte que a prestação deve ser cumprida diretamente por esta. Exemplo: Contratação de um violinista famoso para um concerto de música clássica.
2) Impessoal → É aquele em que a pessoa do contratante não importa, podendo a prestação ser realizada por qualquer pessoa.

- *Da possibilidade de revisão contratual no Código Civil.* O art. 317 do CC autoriza a revisão contratual quando presentes fatos imprevisíveis que conduzam à onerosidade excessiva. Eis a redação do mencionado dispositivo legal: "Quando, por motivos imprevisíveis, sobrevier desproporção manifesta entre o valor da prestação devida e o do momento de sua execução, poderá o juiz corrigi-lo, a pedido da parte, de modo que assegure, quanto possível, o valor real da prestação." Trata-se, por óbvio, de regra que mitiga o princípio da força obrigatória dos contratos, permitindo a adequação e a manutenção do equilíbrio contratual. **Atenção:** Embora haja controvérsia, a doutrina e a jurisprudência majoritariamente entendem que o dispositivo legal em apreço consagra a **teoria da imprevisão**, fundada na cláusula *rebus sic stantibus*. Desse modo, a revisão contratual somente estará autorizada, se o motivo ensejador da onerosidade excessiva for imprevisível. **Atenção**: De acordo com o art. 7º da Lei n.º 14.010/2020, que institui o Regime Jurídico Emergencial e Transitório das relações jurídicas de Direito Privado, durante a vigência de tal regime, não seriam considerados imprevisíveis para os fins do art. 317 do CC, o aumento de inflação, variação cambial, a desvalorização ou a substituição do padrão monetário. As exceções aqui referidas não se aplicavam, contudo, às regras sobre revisão contratual estabelecidas no CDC (art. 7º, §1º, da Lei n.º 14.010/2020), as quais serão mais bem detalhadas a seguir. **Cuidado:** O CDC também permite a revisão contratual por onerosidade excessiva. Contudo, o Diploma Consumerista não exige que o fato ensejador da desproporção seja imprevisível, consoante se infere do teor do art. 6º, V, do CDC: "a modificação das cláusulas contratuais que estabeleçam prestações desproporcionais ou sua revisão em razão de fatos supervenientes que as tornem excessivamente onerosas". Em razão disso, é possível afirmar, com certa segurança, que o CDC afasta a teoria da imprevisão. Em síntese:

REVISÃO CONTRATUAL POR ONEROSIDADE EXCESSIVA	
Código Civil – art. 317	CDC – art. 6º, V
Adota a teoria da imprevisão.	Afasta a teoria da imprevisão.
Revisão = fato imprevisível e superveniente + onerosidade excessiva	Revisão = fato superveniente + onerosidade excessiva

Cuidado: Por conferir maior prevalência à autonomia privada dos contratantes e à liberdade contratual, o novel parágrafo único do art. 421 do CC estabelece que a revisão do contrato entre particulares, nos termos da lei, é medida dotada de caráter estritamente excepcional. A modificação, no particular, reflete entendimento doutrinário já consolidado no âmbito do direito empresarial, consoante materializado no Enunciado n.º 25 da I Jornada de Direito Comercial, com a seguinte redação: *"A revisão do contrato por onerosidade excessiva fundada no Código Civil deve levar em conta a natureza do objeto do contrato. Nas relações empresariais, deve-se presumir a sofisticação dos contratos e observar a alocação de riscos por ele acordada"*.

Atenção: O art. 478 do CC, também calcado na teria da imprevisão, consagra a possibilidade de se postular a resolução dos contratos de trato sucessivo ou de execução diferida, caso a prestação imputada a uma das partes venha a se tornar excessivamente onerosa, como decorrência de eventos supervenientes e imprevisíveis. Não obstante as disposições inseridas no dispositivo legal ora mencionado, firma-se a convicção de que a resolução contratual com fundamento no preceito sob enfoque somente deve ser admitida como medida excepcional, à luz do que preconiza o princípio da conservação dos contratos, corolário do princípio da função social dos contratos, já tratado em tópico próprio. A esse respeito, sobreleva mencionar o que preconizam os Enunciado nº 22 e 176 CJF, com a seguinte redação:

> *"Enunciado 22 - A função social do contrato, prevista no art. 421 do novo Código Civil, constitui cláusula geral que reforça o princípio de conservação do contrato, assegurando trocas úteis e justas."*
>
> *"Enunciado 176 - Em atenção ao princípio da conservação dos negócios jurídicos, o art. 478 do Código Civil de 2002 deverá conduzir, sempre que possível, à revisão judicial dos contratos e não à resolução contratual."*

Assim, sempre que se mostrar possível a manutenção do vínculo obrigacional, não se mostra recomendável a sua resolução, podendo o magistrado, nas ações que tenham por objeto a resolução do contrato fundada no art. 478 do CC, *"modificá-lo equitativamente, desde que ouvida a parte autora, respeitada a sua vontade e observado o contraditório."* (Enunciado 367 do CJF), entendimento aderente ao princípio da conservação e ao que prescreve o art. 479 do CC, com a seguinte redação: *"A resolução poderá ser evitada, oferecendo-se o réu a modificar eqüitativamente as condições do contrato."*

Cuidado: De acordo com o art. 478 do CC, a sentença proferida em ação judicial que verse sobre a resolução do contrato por onerosidade excessiva, é dotada de uma eficácia retroativa até a data da citação. **Atenção**: O art. 7º da Lei n.º 14.010/2020, que institui o Regime Jurídico Emergencial e Transitório das relações jurídicas de Direito Privado, estabelece textualmente que, durante a vigência de tal regime, não seriam considerados imprevisíveis para os fins do art. 478 do CC, o aumento de inflação, variação cambial, a desvalorização ou a substituição do padrão monetário.

- *Dos vícios redibitórios*. São defeitos ocultos que tornam a coisa objeto de contrato comutativo imprópria para o uso ou lhe diminuem o valor (art. 441 do CC). Configurado o vício redibitório, o prejudicado pode se valer das chamadas ações edilícias, que permitem o abatimento proporcional do preço (ação *quanti minoris*) ou a resolução do contrato, sem prejuízo de eventuais perdas e danos (ação redibitória). **Atenção:** As ações edilícias, de natureza constitutiva negativa, sujeitam-se aos prazos decadenciais previstos no art. 445 do CC, a seguir discriminados:

PRAZOS DECADENCIAIS DAS AÇÕES EDILÍCIAS
1) Em se tratando de coisa móvel e quando o vício puder ser percebido de imediato, o prazo decadencial será de 30 (trinta) dias contados a partir da entrega efetiva da coisa, podendo ser reduzido para 15 (quinze) dias, se, por ocasião da celebração do negócio, o adquirente já estava na posse do bem (art. 445, *caput*, do CC).
2) Em se tratando de bem imóvel e quando o vício puder ser percebido de imediato, o prazo decadencial será de 1 (um) ano contado a partir da entrega efetiva da coisa, podendo ser reduzido para 6 (seis) meses, se, por ocasião da celebração do negócio, o adquirente já estava na posse do bem (art. 445, *caput*, do CC).
3) Em se tratando de coisa móvel e quando o vício só puder ser percebido mais tarde, o prazo decadencial será de 180 (cento e oitenta) dias, contados do momento em que o adquirente tiver ciência do defeito que macula o bem (art. 445, §1º, do CC).
4) Em se tratando de coisa imóvel e quando o vício só puder ser percebido mais tarde, o prazo decadencial será de 1 (um) ano, contado a partir do momento em que o adquirente tiver ciência do defeito que macula o bem (art. 445, §1º, do CC).
Atenção: Em se tratando de venda de animais, os prazos de garantia por vícios ocultos serão os estabelecidos em lei especial, ou, na falta desta, pelos usos locais, aplicando-se o disposto no parágrafo antecedente se não houver regras disciplinando a matéria (art. 445, §2º, do CC).

- *Da evicção*. A evicção é a perda da coisa em razão de uma decisão judicial posterior à celebração da avença que a atribui a um terceiro. Saliente-se que a evicção somente tem lugar se o contrato for oneroso. Trata-se de uma garantia legal, sendo desnecessária cláusula contratual expressa neste sentido.

Atenção: Não pode o adquirente demandar pela evicção, se sabia que a coisa era alheia ou litigiosa, conforme preconiza o art. 457 do CC. **Atenção:** A denunciação da lide, modalidade de intervenção de terceiros contemplada pela lei processual civil, se constitui em meio hábil ao exercício das prerrogativas decorrentes da evicção, consoante as disposições inseridas no art. 125, inciso I, do CPC/2015, com a seguinte redação: *"É admissível a denunciação da lide, promovida por qualquer das partes: I - ao alienante imediato, no processo relativo à coisa cujo domínio foi transferido ao denunciante, a fim de que possa exercer os direitos que da evicção lhe resultam [...]"*.

- *Da extinção dos contratos.* A extinção dos contratos é matéria tratada entre os arts. 472 e 480 do CC. Em linhas gerais, é possível cogitar de dois grandes grupos de hipóteses ou modalidades de extinção dos vínculos de natureza contratual, quais sejam, a extinção natural (ou normal) ou a extinção anormal.
- *Da extinção natural (ou normal) dos contratos.* O fim esperado de todo contrato é a sua extinção em virtude do adimplemento das obrigações atribuídas às partes, de modo que a verificação do cumprimento das prestações imputadas aos contratantes se constitui na modalidade mais cristalina de extinção do vínculo de natureza contratual. Não obstante, também se enquadram na categoria sob enfoque a extinção do contrato em virtude (i) do implemento de condição resolutiva e (ii) do não implemento de condição suspensiva. Na primeira hipótese, o contrato produzirá regularmente seus efeitos, até a concretização da condição resolutiva, que terá o efeito de extinguir o vínculo obrigacional. Atenção: Nos termos do art. 474 do CC, a cláusula resolutiva expressa opera de pleno direito, ao passo que a tácita depende de interpelação judicial. No segundo caso, por seu turno, o contrato, embora devidamente aperfeiçoado, será extinto antes mesmo de produzir os seus efeitos, em virtude da não implementação de condição suspensiva estabelecida pelos contratantes.
- *Da extinção anormal dos contratos.* A extinção anormal dos contratos se dá, como o próprio epíteto indica, em razão de fatores anteriores, contemporâneos ou posteriores à formação do contrato que obstaculizam a consecução dos objetivos almejados pelos contratantes. Exemplo de extinção anormal dos contratos em razão de fatores anteriores ou contemporâneos à formação do contrato, são as hipóteses de nulidade e anulabilidade do negócio jurídico, já analisadas nos tópicos precedentes. Por outro lado, a extinção anormal dos contratos pode provir de causas supervenientes à formação do contrato, enquadrando-se, nestas hipóteses, (i) a resilição, que pode ser unilateral (denúncia) ou bilateral (distrato) e (ii) a resolução, que decorre da inexecução das obrigações contraídas pelos agentes.
- *Da resilição (modalidades).* A resilição unilateral se opera, em conformidade ao que prescreve o art. 473 do CC, mediante denúncia notificada à outra parte, estritamente nas hipóteses expressa ou implicitamente contempladas pela legislação de regência. A resilição bilateral, por sua vez, advém da conjugação da vontade dos agentes e deve se revestir da mesma forma que o contrato que está a ser resilido, consoante se infere da redação do art. 472 do CC.
- *Da resolução.* A resolução, conforme indicado nas linhas precedentes, se constitui na forma anormal de extinção do vínculo obrigacional, como decorrência da inexecução das obrigações atribuídas aos contratantes. O art. 474 do CC faz referência à chamada cláusula resolutiva que pode ser tácita ou expressa, preconizando que a cláusula resolutiva expressa opera de pleno direito, ao passo que a tácita depende de interpelação judicial. **Atenção:** A parte prejudicada pelo inadimplemento pode pedir a resolução do contrato, se não preferir exigir-lhe o cumprimento, podendo postular, em qualquer das hipóteses, indenização por perdas e danos. **Cuidado:** De acordo com parcela da doutrina, o vocábulo rescisão, muitas vezes invocado como sinônimo de resolução, deve ser lido e entendido como a extinção dos contratos em virtude da caracterização de lesão ou de estado de perigo.
- *Da exceção do contrato não cumprido.* Como é cediço, a expressão exceção, em sua acepção jurídica, é utilizada para designar um meio de defesa atribuído a alguém. No caso do instituto contemplado pelo art. 476 do CC não é diferente. A exceção do contrato não cumprido, comumente designada pela doutrina por meio do emprego da expressão latina exeptio non adimpleti contractus, se constitui em um meio de defesa atribuído à parte contratante que, demandada quanto à inexecução de suas obrigações no âmbito de um contrato bilateral, pode invocar a inexecução da obrigação contraposta, para se eximir dos efeitos do inadimplemento que lhe é imputado. A esse respeito, é oportuna a colação do teor do art. 476 do CC: *"Nos contratos bilaterais, nenhum dos contratantes, antes de cumprida a sua obrigação, pode exigir o implemento da do outro."* **Atenção:** Nos termos do art. 477 do CC: *"Se, depois de concluído o contrato, sobrevier a uma das partes contratantes diminuição em seu patrimônio capaz de comprometer ou tornar duvidosa a prestação pela qual se obrigou, pode a outra recusar-se à prestação que lhe incumbe, até que aquela satisfaça a que lhe compete ou dê garantia bastante de satisfazê-la."*

5.2. CONTRATOS EM ESPÉCIE

- *Generalidades.* Nesta segunda parte do tópico pertinente aos contratos, serão analisados os principais tipos de contratos contemplados pelo Direito Civil brasileiro, levando-se em consideração a sua incidência em concursos públicos.

- *Compra e venda.*

Conceito	É o contrato pelo qual uma das partes (vendedor) se obriga a transferir à outra (comprador) o direito de propriedade sobre determinada coisa, mediante o pagamento do preço (art. 481, do Código Civil)
Especificidades	No Direito Civil brasileiro, o contrato de compra e venda é dotado apenas de um caráter obrigacional, já que não tem o condão de, por si só, transferir a propriedade sobre a coisa. Isso porque, a transmissão do domínio depende de dois atos ulteriores, quais sejam: a) Tradição, se o objeto do contrato for um bem móvel; b) Registro do título aquisitivo, se o objeto do contrato for um bem imóvel.
Natureza jurídica	a) Bilateral (ou sinalagmático) → O contrato de compra e venda contempla direitos e obrigações para ambas as partes contratantes. b) Oneroso → A compra e venda impõe sacrifícios patrimoniais para ambas as partes contratantes. c) Comutativo (**em regra**) → Comprador e vendedor já conhecem, por ocasião de celebração do contrato, suas respectivas prestações, havendo certa equivalência entre elas. d) Consensual → Não se perfaz com a entrega da coisa ou com o registro no Cartório de Registro de Imóveis, mas, tão somente, com a manifestação de vontade das partes. e) Típico → Encontra-se expressamente previsto nos arts. 481 a 532 do CC).
Observação	Se o contrato de compra e venda tiver por objeto um imóvel, cujo preço supere a importância de 30 salários mínimos, deverá ser formalizado através de escritura pública (art. 108 do CC)

- *Doação:*

Conceito	É o contrato pelo qual uma pessoa (doador) se obriga, por um ato de liberalidade, a transferir de seu acervo patrimonial, para outrem (donatário), bens ou vantagens (art. 538, CC).
Natureza jurídica	a) Unilateral → O contrato de doação gera obrigações apenas para uma das partes contratantes. b) Gratuito → Somente o doador sofre um sacrifício patrimonial, cabendo ao donatário unicamente uma vantagem.
Natureza jurídica	c) Comutativo → As partes já conhecem, no momento de aperfeiçoamento do negócio, quais são as prestações envolvidas. d) Informal e não solene (**em regra**) → A rigor, não depende de qualquer formalidade ou solenidade específica. Todavia, se se tratar de doação de bem imóvel com valor superior a 30 (trinta) salários mínimos, o contrato será formal e solene, dependendo da lavratura de escritura pública. e) Típico → Encontra-se expressamente previsto nos arts. 538 a 564 do CC.
Observação	Por se tratar de ato de liberalidade, como exposto anteriormente, a doação poderá ser revogada, desde que configurada alguma das hipóteses contempladas entre os arts. 555 e 564 do CC.

Atenção	Há quem entenda, na doutrina, que o contrato de doação modal (com encargo) seria bilateral, pois o encargo se constituiria em uma verdadeira contraprestação a ser cumprida pelo donatário. Por outro lado, há quem perfilhe o entendimento de que tal circunstância não retira o caráter unilateral do contrato. Existe, portanto, divergência na doutrina no tocante a essa questão, o que exige cuidado redobrado do candidato em concursos públicos, notadamente em questões objetivas.

- *Locação.*

Conceito	É o contrato pelo qual uma parte (locador) se obriga a ceder à outra (locatário), por tempo determinado ou não, o uso e o gozo de coisa infungível, mediante o pagamento de certa retribuição (aluguel).
Natureza jurídica	a) Bilateral → Há, no contrato de locação, reciprocidade de direitos e obrigações entre as partes. b) Oneroso → O contrato de locação envolve sacrifícios patrimoniais para ambas as partes. c) Comutativo → Locador e locatário conhecem, no momento de celebração do contrato, suas respectivas prestações. d) Consensual → O contrato de locação se aperfeiçoa pela simples manifestação de vontade das partes. e) Informal → Não se exige qualquer formalidade de específica para o contrato de locação, que pode ser verbal ou escrito. f) De trato sucessivo → As prestações das partes se renovam no tempo. g) Típico → O contrato de locação de coisas encontra-se expressamente disciplinado nos arts. 565 a 578 do CC.
Observação	O contrato de locação que tem por objeto um imóvel urbano é disciplinado pela Lei n.º 8.245/91 (Lei de Locações), à qual remetemos o leitor.

- *Comodato.*

Conceito	É o empréstimo gratuito de coisas infungíveis (art. 579 do CC).
Natureza jurídica	a) Unilateral → O contrato de comodato gera obrigações apenas para uma das partes contratantes, o comodatário, que deve restituir a coisa ao final do prazo convencionado. b) Gratuito → Apenas uma das partes envolvidas, o comodante, suporta um sacrifício patrimonial.
Natureza jurídica	c) Comutativo → As partes conhecem, no momento de celebração do comodato, as prestações envolvidas. d) Real → O contrato de comodato é real, pois somente se aperfeiçoa mediante a entrega da coisa, conforme preconiza o art. 579 do CC. e) Típico → Encontra-se expressamente disciplinado nos arts. 579 a 585 do CC.
Observação	Nos termos do art. 582 do CC, uma das penalidades que podem aparecer no âmbito do contrato de comodato é o chamado aluguel-pena. Mencionada penalidade é cabível quando o comodatário, devidamente notificado para restituir a coisa, não o faz. Eis o teor do referido dispositivo legal: "O comodatário é obrigado a con-

Observação	servar, como se sua própria fora, a coisa emprestada, não podendo usá-la senão de acordo com o contrato ou a natureza dela, sob pena de responder por perdas e danos. O comodatário constituído em mora, além de por ela responder, pagará, até restituí-la, o aluguel da coisa que for arbitrado pelo comodante."

- *Mútuo.*

Conceito	É o empréstimo de coisas móveis e fungíveis (art. 586 do CC).
Natureza jurídica	a) Unilateral → O contrato de mútuo gera obrigações apenas para uma das partes contratantes, o mutuário, que fica obrigado a restituir, ao final do prazo convencionado, coisa do mesmo gênero, qualidade e quantidade (parte final do art. 586 do CC) b) Gratuito → O contrato de mútuo somente impõe sacrifícios patrimoniais para uma das partes contratantes, o mutuante.
Natureza jurídica	c) Comutativo → As partes conhecem, no momento de celebração do mútuo, as prestações envolvidas. d) Real → Somente se aperfeiçoa mediante a entrega da coisa. e) Típico → Encontra-se expressamente disciplinado nos arts. 586 a 592 do CC).
Observação	O contrato de mútuo enseja a transferência da propriedade sobre a coisa, a teor do que preconiza o art. 587 do CC: "Este empréstimo [o mútuo] transfere o domínio da coisa emprestada ao mutuário, por cuja conta correm todos os riscos dela desde a tradição."
Atenção	O empréstimo de dinheiro a juros, denominado de mútuo feneratício, é um contrato oneroso, pois, neste caso, ambas as partes sofrerão sacrifícios patrimoniais. Neste particular, é oportuna a transcrição do art. 591 do CC: "Art. 591. Destinando-se o mútuo a fins econômicos, presumem-se devidos juros. Parágrafo único. Se a taxa de juros não for pactuada, aplica-se a taxa legal prevista no art. 406 deste Código."

- *Seguro.*

Conceito	É o contrato pelo qual "o segurador se obriga, mediante o pagamento de um prêmio, a garantir interesse legítimo do segurado, relativo a pessoa ou coisa, contra riscos predeterminados." (art. 757 do CC).
Natureza jurídica	a) Bilateral → Há reciprocidade de obrigações no âmbito do contrato de seguro. b) Oneroso → Ambas as partes assumem sacrifícios patrimoniais, sendo certo que o seguro envolve o pagamento da parcela denominada prêmio, que se constitui em uma remuneração paga pelo segurado ao segurador. c) Aleatório → O contrato de seguro é fundado no risco. Vale dizer, na *alea* contratual. d) Consensual → O contrato se aperfeiçoa pela simples manifestação de vontade das partes. e) Por adesão (**em regra**) → Em regra, as cláusulas do contrato de seguro são estipuladas apenas por uma das partes contratantes, o segurador. Inexiste, a rigor, a possibilidade de discussão do conteúdo do contrato. f) Típico → Encontra-se disciplinado nos arts. 757 a 802 do CC.
Observação	O contrato de seguro apresenta duas modalidades, quais sejam: → Seguro de dano (arts. 778 a 788 do CC); → Seguro de pessoa (arts. 789 a 802 do CC).
Atenção	O art. 753 do CC, estabelece que não terá direito à indenização o segurado que estiver em mora em relação ao pagamento do prêmio. Todavia, o Enunciado n.º 376 CJF/STJ estabelece que para "efeito do art. 763 do Código Civil, a resolução do contrato [de seguro] depende de prévia interpelação."

- *Fiança.*

Conceito	De acordo com o art. 818 do CC, "Pelo contrato de fiança, uma pessoa garante satisfazer ao credor uma obrigação assumida pelo devedor, caso este não a cumpra." Saliente-se que o contrato de fiança é também denominado de caução fideijussória.
Natureza jurídica	a) Unilateral → No contrato de fiança, apenas o fiador assume uma obrigação, consistente na satisfação de uma obrigação assumida pelo devedor. b) Gratuito → O fiador, em regra, não recebe nenhuma remuneração no âmbito do contrato de fiança. Todavia, a fiança pode ser onerosa, nas hipóteses de fiança bancária, em que a instituição financeira recebe uma remuneração para garantir a satisfação da obrigação assumida pelo devedor.
Natureza jurídica	c) Formal → A fiança deve ser feita por escrito (art. 819 do CC). d) Acessório → O contrato de fiança depende da existência de um contrato principal. Se o contrato principal for extinto, por qualquer motivo, também estará extinta a fiança (o acessório segue a sorte do principal). e) Típico → Encontra-se expressamente disciplinado nos arts. 818 a 839 do CC.
Observação	O contrato de fiança não admite interpretação extensiva, devendo ser interpretado restritivamente.

DO CONTRATO DE ADMINISTRAÇÃO FIDUCIÁRIA DE GARANTIAS

Nova espécie de contrato típico, introduzido no Código Civil pela nº Lei 14.711, de 2023

Conceito	O contrato de administração fiduciária de garantias é um acordo entre um devedor e um agente fiduciário, que é uma entidade financeira ou jurídica designada para atuar como detentora de um bem ou garantia em nome do credor, em uma operação de crédito ou financiamento.
Natureza jurídica	a) Bilateral: O contrato de Administração de Garantias é aperfeiçoado entre o gestor de garantias e o credor da obrigação garantida. b) Oneroso: Ambos os contraentes assumem sacrifício patrimonial. O gestor de garantia dispenderá do seu trabalho para administrar as garantias, e o credor o remunera pelo serviço prestado.

Natureza jurídica	c) Formal: O contrato de Administração de Garantias deve ser feito por escrito, art. 853-A, *caput*. d) Principal: O contrato de Administração de Garantias deve ser feito por escrito não depende da existência de outro contrato para que seja formalizado. Nessa modalidade de contrato, o objetivo é a gestão da garantia, havendo uma Inversão da relação de subordinação do acessório (garantia) ao principal (obrigação) decorrente da atribuição de bens em garantia à IGG sem que haja qualquer operação de crédito a que seja vinculada. e) Típico → Encontra-se expressamente disciplinado nos art. 853-A, do CC.
Observação	O contrato de Administração de Garantias apesar de ter como figuras principais o gestor de garantias e o credor da garantia, possibilita que o gestor de garantias formalize contrato com o devedor, nos termos do §7º, do art. 853-A, do CC.

6. DA RESPONSABILIDADE CIVIL

- *Responsabilidade Civil Contratual x Responsabilidade Civil Extracontratual.* A responsabilidade civil surge quando um agente, infringindo norma contratual ou legal, causa prejuízos a outrem. Dessa sucinta definição, pode-se concluir que existem, em princípio, duas modalidades de responsabilidade civil, quais sejam, a contratual e a extracontratual (ou aquiliana). A responsabilidade civil contratual, todavia, não será objeto de análise no âmbito destas dicas, já que pertine à teoria das obrigações e dos contratos, advindo do inadimplemento (arts. 389 e seguintes do CC). As dicas ora propostas referem-se, pois, à responsabilidade civil extracontratual que se funda precipuamente no ato ilícito (art. 186 do CC). Todavia, não se pode olvidar que a responsabilidade civil extracontratual pode fundar-se, igualmente, no chamado abuso de direito (art. 187 do CC), que se configura quando o titular de um direito, ao exercê-lo, excede os limites impostos pelo seu fim econômico ou social.

- *Elementos da responsabilidade civil.* Os elementos da responsabilidade civil serão expostos no quadro a seguir, com o objetivo de permitir a sua fácil memorização. Ulteriormente, tais elementos serão analisados de forma individualizada. Senão, veja-se:

ELEMENTOS DA RESPONSABILIDADE CIVIL
1) Conduta humana voluntária;
2) Dano;
3) Nexo de causalidade;
4) Culpa em sentido amplo.

- *Conduta humana voluntária.* A conduta humana consiste na ação ou omissão. Para fins de responsabilidade civil, a ação ou a omissão devem ser voluntárias e antijurídicas. **Atenção:** Muito embora a antijuridicidade seja requisito para que a conduta humana possa ensejar a responsabilidade civil, o art. 187 do CC preconiza que também comete ato ilícito o titular de um direito que, ao exercê-lo, excede manifestamente os limites impostos pelo seu fim econômico e social, pela boa-fé ou pelos bons costumes. Trata-se do chamado **abuso de direito,** festejada inovação inserida no Código Civil de 2002. Por outro lado, a conduta humana pode ser classificada em positiva (ação) ou negativa (omissão). Em síntese:

CONDUTA HUMANA
→ Positiva – ação
→ Negativa – omissão

- *Dano.* O dano pode ser definido como uma violação a um bem ou interesse relevante para o direito. **Atenção:** O dano apresenta uma classificação muito importante e recorrente em concursos públicos, a ser analisada no quadro a seguir.

MODALIDADES DE DANO
Dano material → É aquele que atinge o patrimônio material da vítima, podendo ser classificado em: Dano emergente → É aquilo que a vítima perdeu. Exemplo: avarias em um automóvel em razão de acidente de trânsito. Lucros cessantes → É aquilo que a vítima razoavelmente deixou de ganhar. Exemplo: taxista envolvido em um acidente de trânsito, deixa de trabalhar em razão do sinistro, pelo período de 3 meses. O que o taxista deixou de ganhar nos 3 meses representam os lucros cessantes.
Dano moral → É a lesão que atinge os direitos da personalidade da vítima. Exemplo: Honra, nome, imagem, boa fama etc.. **Cuidado:** Os meros aborrecimentos não ensejam a indenização por danos morais. **Atenção:** Nos termos da Súmula n.º 227 do STJ, a pessoa jurídica pode sofrer dano moral. Dano estético → É aquele que se relaciona aos aspectos morfológicos da vítima, atingindo sua aparência. **Atenção:** Sugere-se, no particular, a leitura da Súmula n.º 387 do STJ.

- *Nexo de causalidade.* O nexo causal nada mais é do que a relação de causa e efeito entre a conduta humana e o dano. Pode ser verificado a partir do esquema abaixo.

- *Culpa em sentido amplo.* A culpa em sentido amplo se subdivide em culpa em sentido estrito e dolo. A culpa em sentido estrito se caracteriza nas hipóteses de imprudência, imperícia ou negligência. O dolo, por sua vez, se configura quando o agente consciente e intencionalmente descumpre o dever imposto pela ordem jurídica, com o escopo de causar o dano. **Atenção:** O ordenamento jurídico brasileiro consagra, em determinadas situações, hipóteses de responsabilidade civil sem culpa (objetiva), razão pela qual se entende que a culpa é um elemento meramente acidental da responsabilidade civil. Sugere-se, neste particular, a leitura do art. 927, parágrafo único, do CC, a seguir analisado.

- *Responsabilidade civil subjetiva x Responsabilidade civil objetiva.* A responsabilidade civil subjetiva, que depende da demonstração do elemento culpa para sua configuração, se consubstancia na regra geral no ordenamento jurídico brasileiro. É o que decorre da interpretação conjugada dos arts. 186 e 927 do CC. Contudo, como mencionado no tópico precedente, o Código Civil de 2002 admite a responsabilidade civil objetiva, que prescinde da demonstração da culpa para sua caracterização. O parágrafo único do art. 927 do CC dispõe no sentido de que haverá obrigação de reparar o dano, independentemente de culpa, **nos casos especificados em lei** (Exemplo: art. 37, §6º, da CR/88; art. 12 do CDC etc.)**,** ou quando a atividade normalmente desenvolvida pelo autor do dano implicar, por sua natureza, **risco** para os direitos de outrem. O dispositivo legal em apreço consagra, em sua segunda parte, a chamada **teoria do risco**, em que o dever de reparar o dano decorre de uma atividade que, embora lícita, implica em riscos acentuados para os integrantes da coletividade. Neste sentido, é oportuno mencionar o Enunciado n.º 448 CJF/STJ, com a seguinte redação: "A regra do art. 927, parágrafo único, segunda parte, do CC aplica-se sempre que a atividade normalmente desenvolvida, mesmo sem defeito e não essencialmente perigosa, induza, por sua natureza, risco especial e diferenciado aos direitos de outrem. São critérios de avaliação desse risco, entre outros, a estatística, a prova técnica e as máximas de experiência."
- *Responsabilidade civil pelo fato de terceiro.* A responsabilidade civil pelo fato de terceiro encontra-se disciplinada no art. 932 do CC. Neste caso, alguém que não causou o dano é chamado a indenizá-lo, por força de algum vínculo mantido com o causador direto do dano. Exemplo: O filho menor de João, Marcos, ao jogar futebol próximo à casa de Maria, chuta a bola, causando a quebra dos vidros de uma janela. Neste caso, João será chamado a indenizar o dano sofrido por Maria, muito embora não tenha diretamente causado o dano (art. 932, I do CC). **Atenção:** Trata-se de hipótese de responsabilidade civil objetiva, pois, neste caso, não há necessidade de se perquirir a culpa de quem é chamado a responder pelo dano. **Cuidado:** Aquele que promoveu a composição do dano pode voltar-se regressivamente contra o seu causador direto (art. 934 do CC).
- *Responsabilidade civil pelo fato da coisa.* A responsabilidade civil pelo fato da coisa encontra-se disciplinada nos arts. 936 a 938 do CC. As hipóteses contempladas pelos mencionados dispositivos legais podem ser sintetizadas da seguinte forma:
  - Responsabilidade civil pelo fato do animal (art. 936 do CC);
  - Responsabilidade civil pela ruína de prédio (art. 937 do CC);
  - Responsabilidade civil pelo fato da coisa caída ou lançada de prédio (art. 938 do CC).

  Atenção: Existe, na doutrina, divergência quanto à natureza jurídica da responsabilidade civil pelo fato da coisa. Uma primeira vertente doutrinária perfilha o entendimento de que seria hipótese de responsabilidade civil objetiva. Por outro lado, uma segunda corrente preconiza que seria hipótese de responsabilidade civil subjetiva, com culpa presumida.
- *Excludentes da responsabilidade civil.* As excludentes da responsabilidade civil foram discriminadas no quadro abaixo, com o objetivo de facilitar sua memorização.

EXCLUDENTES DA RESPONSABILIDADE CIVIL
Hipóteses do art. 188 do CC: - Legítima defesa (art. 188, I do CC); - Exercício regular do direito (art. 188, I do CC); - Remoção de perigo iminente e estado de necessidade (art. 188, II do CC). Excludentes do nexo de causalidade: - Culpa ou fato exclusivo da vítima; - Culpa ou fato exclusivo de terceiro; - Caso fortuito e força maior.

7. DIREITO DAS COISAS

Atenção para as alterações introduzidas no Direito das Coisas, pelas seguintes leis, no ano de 2023:

Lei nº 14.620 de 13/07/2023: Art. 1.225, XIII (Alteração de texto); Art. 1.225, XIV (Inclusão): Art. 1.473, X (Alteração de texto): Art. 1.473, XI (Inclusão)

Lei nº 14.711 de 30/10/2023: Art. 1.430 (Ressalva de aplicação); Art. 1.477, § 1º (Renumeração); Art. 1.477, § 2º (Inclusão); Art. 1.478, (caput) (Alteração de texto); Art. 1.487-A (Inclusão); Art. 1.487-A, (caput) (Inclusão); Art. 1.487-A, § 1º (Inclusão); Art. 1.487-A, § 2º (Inclusão); Art. 1.487-A, § 2º, I (Inclusão); Art. 1.487-A, § 2º, II (Inclusão); Art. 1.487-A, § 3º (Inclusão)

Lei nº 14.754 de 12/12/2023: Art. 1.368-E, § 3º (Inclusão)

7.1. GENERALIDADES

- *Conceito, Objeto e Abrangência.* O ramo do Direito Civil designado sob o epíteto de Direito das Coisas, tem por objeto disciplinar os vínculos diretos de poder entre o sujeito e a coisa, com eficácia *erga omnes*. Nesse contexto, é imperioso registrar que o segmento do direito ora examinado abarca a regulação dos direitos reais (art. 1.225 do CC) e de alguns direitos de natureza especial (*sui generis*) que não se enquadram na definição dos direitos pessoais patrimoniais.

Atenção: A Lei nº 14.620, de 2023, alterou a redação dos incisos XII e XIII, e incluiu o inciso XIV, no art. 1.225 do CC. Art. 1.225, ... "XII - a concessão de direito real de uso; (Redação dada pela Lei nº 14.620, de 2023); XIII - a laje; (Redação dada pela Lei nº 14.620, de 2023); XIV - os direitos oriundos da imissão provisória na posse, quando concedida à União, aos Estados, ao Distrito Federal, aos Municípios ou às suas entidades delegadas e a respectiva cessão e promessa de cessão. (Incluído pela Lei nº 14.620, de 2023)

- *Direitos reais x Direitos pessoais.* Conforme analisado na dica precedente, os direitos objeto de regulação pelo Livro III, da Parte Especial do Código Civil, apresentam uma estrutura sobremaneira distinta dos direitos pessoais patrimoniais. Desse modo, é mister que se promova a distinção entre as duas categorias mencionadas, com o fito de facilitar o entendimento do candidato. Nesse contexto, o paralelo entre os direitos reais e os direitos pessoais será sintetizado na tabela a seguir, cuja memorização se recomenda.

DIREITOS REAIS X DIREITOS PESSOAIS		
Critério	**Direitos pessoais**	**Direitos reais**
Em relação ao **sujeito passivo**	Os direitos pessoais apresentam um sujeito passivo **determinado,** o **devedor**.	Os direitos reais apresentam um sujeito passivo **indeterminado**, sendo este **toda a coletividade**.
Em relação à **eficácia**	Os direitos pessoais ostentam, em regra, uma eficácia ***inter partes,*** já que, em regra, o contrato somente produz efeitos em relação aos agentes que participaram de sua formação (princípio da relatividade dos efeitos contratuais).	Os direitos reais, por seu turno, ostentam uma eficácia ***erga omnes,*** já que vinculam toda a coletividade.
Em relação ao **rol**	Os direitos pessoais não foram arrolados, de forma exaustiva, em nenhum dispositivo do Código Civil, de sorte que seu rol é meramente **exemplificativo. Atenção:** O art. 425 do CC preconiza ser lícito aos agentes estipular contratos atípicos, desde que respeitados os preceitos que disciplinam a teoria geral dos contratos.	Os direitos reais encontram-se discriminados exaustivamente no art. 1.225 do CC, de sorte que o seu rol é **taxativo**.
Em relação à **garantia**	A garantia dos direitos pessoais é o **patrimônio do devedor**, nos moldes do art. 391 do CC.	A garantia dos direitos reais é a **própria coisa**, já que esta categoria de direitos é dotada da característica da **sequela**.

- *Direitos de natureza especial (ou* sui generis*).* Existem alguns direitos que, embora guardem uma certa correlação com os direitos reais, não ostentam tal condição. Isso porque, por uma opção legislativa, eles não foram inseridos no art. 1.225 do CC que, como mencionado anteriormente, contempla um rol taxativo. São os chamados direitos de natureza especial ou direitos *sui generis.* À guisa de exemplo, é possível mencionar as chamadas **obrigações *propter rem.*** De acordo com Carlos Roberto Gonçalves a "obrigação *propter rem* é a que recai sobre uma pessoa, por força de determinado direito real." (GONÇALVES, Carlos Roberto. *Direito Civil 2 Esquematizado.* 1ª ed. São Paulo: Saraiva, 2013, p. 336). O art. 1.315 do CC consagra uma típica obrigação *propter rem,* qual seja aquela imposta ao condômino de concorrer para as despesas de conservação da coisa comum. Eis o teor do mencionado dispositivo legal: "O condômino é obrigado, na proporção de sua parte, a concorrer para as despesas de conservação ou divisão da coisa, e a suportar os ônus a que estiver sujeita." **Atenção:** As obrigações *propter rem* são dotadas da característica da sequela já que acompanham a coisa nas mãos de quem quer que seja.

7.2. POSSE

- *Natureza Jurídica.* O instituto jurídico da posse sempre despertou muitas controvérsias doutrinárias. Isso porque, muito embora dotado de características inerentes aos direitos reais, não pode ser qualificada como tal. Em verdade, a posse não se encontra arrolada no art. 1.225 do CC, que estabelece o rol taxativo dos direitos reais no ordenamento jurídico brasileiro (ver o quadro que diferencia os direitos pessoais e os direitos reais). De tal sorte, indaga-se: qual a natureza jurídica da posse? A despeito de existir divergência doutrinária neste particular, prevalece o entendimento de que a posse se consubstancia em **direito de natureza especial (ou *sui generis*)**, uma vez que não se enquadra na categoria dos direitos reais e, tampouco, na dos direitos pessoais (porque suas características não são com estes compatíveis).

- *Conceito.* A exemplo da natureza jurídica, o conceito de posse também sempre foi tema controvertido na doutrina. Existem duas teorias que se propõem a solucionar a questão. A primeira delas, denominada subjetivista, tem em Friedrich Karl von Savigny seu principal adepto. Para os subjetivistas, a posse se constituiria no poder de disposição física sobre a coisa, com a intenção de ser dono. Desse modo, o conceito de posse, à luz da teoria subjetivista, seria composto de dois elementos. O primeiro elemento, chamado de objetivo, seria o *corpus* – o poder de disposição física sobre a coisa. O segundo elemento, chamado de subjetivo, seria o *animus domini* – a intenção de ser dono, de ter a coisa para si. De outro lado, apresenta-se a teoria objetivista que tem em Rudolf von Ihering seu principal expoente. Para os adeptos da teoria objetivista, o conceito de posse seria formado por apenas um elemento de caráter objetivo, o *corpus* – o poder de disposição física sobre a coisa. O elemento volitivo – *animus* – estaria inserido no elemento objetivo *corpus,* eis que não se pode olvidar que todo o ato humano tem um elemento relacionado à vontade do agente. Certo é que o elemento objetivo da posse se manifesta pelo exercício dos atributos do direito de propriedade, quais sejam: o direito de usar, gozar, dispor e reaver a coisa. Assim, a posse seria a exteriorização do direito de propriedade. Em síntese:

Conceito de posse	
Teoria subjetivista: (*Savigny*) Posse = *corpus* + *animus domini*	*Teoria objetivista* (*Ihering*) Posse = *corpus*

- *Teoria adotada pelo Código Civil de 2002.* O Código Civil de 2002 adotou a teoria objetivista da posse, pois enuncia, em seu art. 1.196 que "considera-se possuidor todo aquele que tem de fato o exercício, pleno ou não, de algum dos poderes inerentes à propriedade." Vale dizer, se o sujeito exercer algum dos poderes inerentes à propriedade será possuidor, independentemente da presença do *animus domini*. A posse se caracteriza, portanto, pela presença apenas do *corpus*, sendo desnecessário perquirir a intenção do agente.

- *Formas de aquisição da posse.* O Código Civil de 2002, ao contrário de seu antecessor de 1916, não discrimina as modalidades de aquisição da posse. Em verdade, o diploma legal em apreço limita-se a enunciar que "adquire-se a posse desde o momento em que se torna possível o exercício, em nome próprio, de qualquer dos poderes inerentes à propriedade" (art. 1.204 do CC). Contudo, para fins didáticos, permanece válida a análise das formas de aquisição da posse contempladas pelo art. 493 do CC de 1916, sintetizadas no quadro a seguir:

FORMAS DE AQUISIÇÃO DA POSSE	
Originárias	**Derivadas**
1) Apreensão; 2) Exercício do direito; 3) Disposição da coisa ou do direito.	1) Tradição; 2) Sucessão *inter vivos* e *mortis causa*. **Atenção:** O constituto possessório é forma de tradição ficta que se configura quando o "vendedor, por exemplo, transferindo a outrem o domínio da coisa, conserva-a, todavia, em seu poder, mas agora na qualidade de locatário." (GONÇALVES, Carlos Roberto. *Direito Civil Esquematizado. Volume 2.* 1ª ed. São Paulo: Saraiva, 2013, p. 387). Trata-se, portanto, de modo derivado de aquisição da posse.

- *Efeitos processuais da posse.* O instituto jurídico da posse produz alguns efeitos na seara processual, pois permite que o possuidor lance mão dos chamados interditos possessórios, que se consubstanciam nas ações judiciais destinadas à proteção da posse. A proteção possessória se dará nas hipóteses de turbação, esbulho e ameaça, conforme preconiza o art. 1.210 do CC: "O possuidor tem direito a ser mantido na posse em caso de turbação, restituído no de esbulho, e segurado de violência iminente, se tiver justo receio de ser molestado." O procedimento especial das ações possessórias encontra-se disciplinado nos arts. 554 e seguintes do CPC/2015. **Atenção:** O procedimento especial das ações possessórias somente se aplica a ações de força nova, ou seja, que datem de até um ano e um dia. Caso o mencionado prazo seja ultrapassado, aplicar-se-á à ação possessória o procedimento comum ordinário, conforme preceitua o art. 558, parágrafo único, do CPC/2015. Na tabela a seguir são sintetizadas as ações possessórias com as respectivas hipóteses de cabimento.

AÇÕES POSSESSÓRIAS	
Hipótese de cabimento	**Ação Possessória**
Turbação	Ação de Manutenção de Posse
Esbulho	Ação de Reintegração de Posse
Ameaça de perigo iminente	Interdito proibitório

- *Posse x Detenção.* Posse e detenção são institutos jurídicos que não se confundem. Isso porque, o detentor (ou fâmulo da posse) conserva a posse em nome de outrem, por força de um vínculo de subordinação. É o que decorre do disposto no art. 1.198 do CC: "Considera-se detentor aquele que, achando-se em relação de dependência para com outro, conserva a posse em nome deste e em cumprimento de ordens ou instruções suas." Exemplo clássico de detentor é o caseiro de um sítio. O caseiro, na verdade, não pode ser considerado possuidor, porquanto apenas conserva a posse em nome de seu empregador. O principal efeito da caracterização da detenção consiste na impossibilidade de o detentor invocar os interditos possessórios. **Atenção:** De acordo com o art. 1.208 do CC, atos de mera permissão ou tolerância também não induzem posse, o que significa dizer que tais atos conduzem à caracterização da detenção.

- *Da legítima defesa da posse e do desforço imediato.* A legítima defesa da posse e o desforço imediato, regulados no art. 1.210, §1º do CC, são mecanismos de autotutela destinados a solucionar conflitos possessórios. Trata-se, por óbvio, de situação absolutamente excepcional, razão pela qual a válida utilização de tais mecanismos pressupõe a observância de determinados requisitos, extraídos do próprio texto legal. Senão, veja-se: "O possuidor turbado, ou esbulhado, poderá manter-se ou restituir-se por sua própria força, **contanto que o faça logo**; os atos de defesa, ou de desforço, **não podem ir além do indispensável à manutenção, ou restituição da posse.**"(Grifos nossos). Assim, no exercício da autotutela possessória deve haver imediatidade ("contanto que o faça logo") e proporcionalidade (os atos "não podem ir além do indispensável à manutenção ou restituição da posse").

- *Efeitos materiais da posse.* Além dos efeitos produzidos no campo processual, que se manifestam através das ações possessórias, a posse também apresenta alguns efeitos na seara do direito substancial. Nesta dica, serão analisados os principais efeitos materiais da posse.

EFEITOS MATERIAIS DA POSSE	
Em relação aos frutos	**Em relação às benfeitorias:**
O possuidor de boa-fé, enquanto ela durar, tem direito aos frutos percebidos (art. 1.214 do CC).	O possuidor de boa-fé tem direito de ser indenizado pelas benfeitorias úteis e necessárias, podendo levantar as voluptuárias, desde que isso possa ser realizado sem detrimento da coisa (art. 1.219 do CC).
	Além disso, assiste ao possuidor de boa-fé o direito de retenção pelo valor das benfeitorias necessárias e úteis.
O possuidor de má-fé responde pelos frutos percebidos e colhidos e, ainda, por aqueles que, por sua culpa, não puderam ser percebidos (art. 1.216 do CC).	O possuidor de má-fé tem direito de ser indenizado tão somente pelas benfeitorias necessárias (art. 1.220 do CC). Todavia, não lhe assiste nenhum direito de retenção em relação às benfeitorias necessárias.

7.3. DA PROPRIEDADE

- *Conceito.* Propriedade consiste no direito de usar, gozar, dispor e de reaver a coisa das mãos de quem injustamente a possua ou detenha. O Código Civil não conceituou a propriedade, preferindo apenas enunciar as faculdades que dela decorrem em seu art. 1.228: "O proprietário tem a faculdade de usar, gozar e dispor da coisa, e o direito de reavê-la do poder de quem quer que injustamente a possua ou detenha." Trata-se do mais importante direito real, o qual, inclusive, se constitui em direito fundamental, na forma do art. 5º, XXII, da CR/88.

- *Princípio da função social da propriedade.* O princípio da função social da propriedade impõe limites ao exercício do domínio, estabelecendo diretrizes para o seu uso racional. O princípio em exame encontra amparo constitucional (art. 5º, XXIII, da CR/88) e infraconstitucional (art. 1.228, §1º do CC). Assim, na dicção do Código Civil, "o direito de propriedade deve ser exercido em consonância com as suas finalidades econômicas e sociais e de modo que sejam preservados, de conformidade com o estabelecido em lei especial, a flora, a fauna, as belezas naturais, o equilíbrio ecológico e o patrimônio histórico e artístico, bem como evitada a poluição do ar e das águas."

- *Formas de aquisição da propriedade.* As formas de aquisição da propriedade podem ser originárias ou derivadas. Na aquisição originária, o novo proprietário não responde por quaisquer débitos que incidam sobre a coisa. Por outro lado, na aquisição derivada, o adquirente deve responder por eventuais débitos que recaiam sobre a coisa. Encontram-se sintetizadas, nos quadros a seguir, as formas de aquisição originária e derivada da propriedade móvel e imóvel.

FORMAS DE AQUISIÇÃO DA PROPRIEDADE IMÓVEL	
Formas de aquisição originária	**Formas de aquisição derivadas**
1) Acessões: Formação de ilhas (art. 1.249 do CC); Aluvião (art. 1.250 do CC); Avulsão (art. 1.251 do CC); Álveo abandonado (art. 1.252 do CC); Plantações e Construções (arts. 1.253 a 1.259 do CC). 2) Usucapião (arts. 1.238 a 1.244 do CC).	1) Registro imobiliário (arts. 1.245 a 1.247 do CC); 2) Sucessão hereditária.

FORMAS DE AQUISIÇÃO DA PROPRIEDADE MÓVEL	
Formas originárias	**Formas derivadas**
1) Usucapião (arts. 1.260 a 1.262 do CC). 2) Ocupação (art. 1.263 do CC) e achado do tesouro (arts. 1.264 a 1.266 do CC).	1) Tradição (arts. 1.267 e 1.268 do CC) 2) Especificação (arts. 1.269 a 1.271 do CC) 3) Confusão, Comistão e Adjunção (arts. 1.272 a 1.274 do CC). 4) Sucessão hereditária.

- *Usucapião.* A usucapião, também conhecida como prescrição aquisitiva, é a forma originária de aquisição do domínio e de outros direitos reais pelo exercício da posse no prazo estabelecido na legislação de regência. Trata-se do principal efeito da conjugação da posse com o decurso do tempo. Obviamente, outros requisitos são exigidos para a consumação da usucapião, de acordo com o que prescrever o ordenamento jurídico. A mais recente inovação trazida no campo da usucapião é a chamada usucapião familiar, disciplinada no novel art. 1.240-A do CC: "Aquele que exercer, por 2 (dois) anos ininterruptamente e sem oposição, posse direta, com exclusividade, sobre imóvel urbano de até 250m² (duzentos e cinquenta metros quadrados) cuja propriedade divida com ex-cônjuge ou ex-companheiro que abandonou o lar, utilizando-o para sua moradia ou de sua família, adquirir-lhe-á o domínio integral, desde que não seja proprietário de outro imóvel urbano ou rural." Mencionado dispositivo estabelece alguns requisitos específicos para a aquisição da propriedade sobre a meação do cônjuge que abandonou o lar. Senão, veja-se:

REQUISITOS DA USUCAPIÃO FAMILIAR (ART. 1.240-A do CC)
1) Imóvel urbano de até 250 m2 utilizado para moradia;
2) Prazo de 2 (dois) anos;
3) Abandono do lar;
4) Não ser proprietário de outro imóvel urbano ou rural.
Atenção:
* A usucapião familiar se aplica indistintamente para o casamento e para a união estável. O próprio art. 1.240-A do CC, deixa clara tal circunstância ao empregar os vocábulos "ex-cônjuge" e "ex-companheiro".
** O Enunciado n.º 500 CJF/STJ, aprovado na V Jornada de Direito Civil, consolidou o entendimento de que a usucapião familiar também se aplica às uniões homoafetivas: "A modalidade de usucapião prevista no art. 1.240-A do Código Civil pressupõe a propriedade comum do casal e compreende todas as formas de família ou entidades familiares, inclusive homoafetivas."

Nota: Nos termos do art. 10, da Lei n.º 14.010/2020, que instituiu o Regime Jurídico Emergencial e Transitório concernente às relações de Direito Privado, os prazos aplicáveis às diversas modalidades de usucapião foram suspensos desde a entrada em vigor do referido diploma normativo até o dia 30 de outubro de 2020.

- *Formas de perda da propriedade.* De acordo com o art. 1.275 do CC, perde-se a propriedade por alienação, renúncia, abandono, perecimento da coisa ou desapropriação. A doutrina distingue, no particular, os modos voluntários e involuntários de perda da propriedade, conforme sintetizado no quadro a seguir.

FORMAS DE PERDA DA PROPRIEDADE	
Voluntárias	**Involuntárias**
1) Alienação; 2) Renúncia; 3) Abandono.	1) Perecimento da coisa; 2) Desapropriação.

✦ SÚMULAS APLICÁVEIS

1. PARTE GERAL

1.1. CLÁUSULA DE ELEIÇÃO DE FORO

- **Súmula 335 do STF:** É válida a cláusula de eleição do foro para os processos oriundos do contrato.

1.2. FRAUDE CONTRA CREDORES

- **Súmula 95 do STJ:** Em embargos de terceiro não se anula ato jurídico, por fraude contra credores.

1.3. PRESCRIÇÃO

- **Súmula 149 do STF:** É imprescritível a ação de investigação de paternidade, mas não o é a de petição de herança.
- **Súmula 150 do STF:** Prescreve a execução no mesmo prazo de prescrição da ação.
- **Súmula 154 do STF:** Simples vistoria não interrompe a prescrição.
- **Súmula 443 do STF:** A prescrição das prestações anteriores ao período previsto em lei não ocorre, quando não tiver sido negado, antes daquele prazo, o próprio direito reclamado, ou a situação jurídica de que ele resulta.
- **Súmula 85 do STJ:** Nas relações jurídicas de trato sucessivo em que a Fazenda Pública figure como devedora, quando não tiver sido negado o próprio direito reclamado, a prescrição atinge apenas as prestações vencidas antes do quinquênio anterior à propositura da ação.
- **Súmula 101 do STJ:** A ação de indenização do segurado em grupo contra a seguradora prescreve em um ano.
- **Súmula 106 do STJ:** Proposta a ação no prazo fixado para o seu exercício, a demora na citação, por motivos inerentes ao mecanismo da Justiça, não justifica o acolhimento da arguição de prescrição ou decadência.
- **Súmula 229 do STJ:** O pedido do pagamento de indenização à seguradora suspende o prazo de prescrição até que o segurado tenha ciência da decisão.
- **Súmula 278 do STJ:** O termo inicial do prazo prescricional, na ação de indenização, é a data em que o segurado teve ciência inequívoca da incapacidade laboral.
- **Súmula 412 do STJ:** A ação de repetição de indébito de tarifas de água e esgoto sujeita-se ao prazo prescricional estabelecido no Código Civil.
- **Súmula 547 do STJ:** Nas ações em que se pleiteia o ressarcimento dos valores pagos a título de participação financeira do consumidor no custeio de construção de rede elétrica, o prazo prescricional é de vinte anos na vigência do Código Civil de 1916. Na vigência do Código Civil de 2002, o prazo é de cinco anos se houver previsão contratual de ressarcimento e de três anos na ausência de cláusula nesse sentido, observada a regra de transição disciplinada em seu art. 2.028.

2. CONTRATOS

2.1. REVISÃO JUDICIAL DOS CONTRATOS

- **Súmula 380 do STJ:** A simples propositura da ação de revisão de contrato não inibe a caracterização da mora do autor.
- **Súmula 381 do STJ:** Nos contratos bancários, é vedado ao julgador conhecer, de ofício, da abusividade das cláusulas.

2.2. COMPROMISSO DE COMPRA E VENDA

- **Súmula 166 do STF:** É inadmissível o arrependimento no compromisso de compra e venda sujeito ao regime do Dec.-Lei 58, de 10.12.1937.

- **Súmula 167 do STF:** Não se aplica o regime do Dec.-Lei 58, de 10.12.1937, ao compromisso de compra e venda não inscrito no registro imobiliário, salvo se o promitente vendedor se obrigou a efetuar o registro.
- **Súmula 168 do STF:** Para os efeitos do Dec.-Lei 58, de 10.12.1937, admite-se a inscrição imobiliária do compromisso de compra e venda no curso da ação.
- **Súmula 412 do STF:** No compromisso de compra e venda com cláusula de arrependimento, a devolução do sinal, por quem o deu, ou a sua restituição em dobro, por quem o recebeu, exclui indenização maior a título de perdas e danos, salvo os juros moratórios e os encargos do processo.
- **Súmula 413 do STF:** O compromisso de compra e venda de imóveis, ainda que não loteados, dá direito à execução compulsória, quando reunidos os requisitos legais.
- **Súmula 76 do STJ:** A falta de registro do compromisso de compra e venda de imóvel não dispensa a prévia interpelação para constituir em mora o devedor.

2.3. CONTRATO DE COMPRA E VENDA

- **Súmula 489 do STF:** A compra e venda de automóvel não prevalece contra terceiros, de boa-fé, se o contrato não foi transcrito no registro de títulos e documentos.

2.4. CONTRATO DE LOCAÇÃO DE IMÓVEIS URBANOS

- **Súmula 214 do STJ:** O fiador na locação não responde por obrigações resultantes de aditamento ao qual não anuiu.
- **Súmula 335 do STJ:** Nos contratos de locação, é válida a cláusula de renúncia à indenização das benfeitorias e ao direito de retenção.
- **Súmula 268 do STJ:** O fiador que não integrou a relação processual na ação de despejo não responde pela execução do julgado.
- **Súmula 614 do STJ:** O locatário não possui legitimidade ativa para discutir a relação jurídico-tributária de IPTU e de taxas referentes ao imóvel alugado nem para repetir indébito desses tributos.

2.5. CONTRATO DE MÚTUO

- **Súmula 26 do STJ:** O avalista do título de crédito vinculado a contrato de mútuo também responde pelas obrigações pactuadas, quando no contrato figurar como devedor solidário.

2.6. CONTRATO DE SEGURO

- **Súmula 61 do STJ:** O seguro de vida cobre o suicídio não premeditado.
- **Súmula 402 do STJ:** O contrato de seguro por danos pessoais compreende os danos morais, salvo cláusula expressa de exclusão.
- **Súmula 465 do STJ:** Ressalvada a hipótese de efetivo agravamento do risco, a seguradora não se exime do dever de indenizar em razão da transferência do veículo sem a sua prévia comunicação.
- **Súmula 616 do STJ:** A indenização securitária é devida quando ausente a comunicação prévia do segurado acerca do atraso no pagamento do prêmio, por constituir requisito essencial para a suspensão ou resolução do contrato de seguro.

2.7. CONTRATO DE FIANÇA

- **Súmula 332 do STJ:** A fiança prestada sem autorização de um dos cônjuges implica a ineficácia total da garantia.

2.8. CONSÓRCIO

- **Súmula 332 do STJ:** A fiança prestada sem autorização de um dos cônjuges implica a ineficácia total da garantia.

2.9. JUROS E CORREÇÃO MONETÁRIA

- **Súmula 176 do STJ:** É nula a cláusula contratual que sujeita o devedor à taxa de juros divulgada pela Anbid/Cetip.
- **Súmula 322 do STJ:** Para a repetição de indébito, nos contratos de abertura de crédito em conta-corrente, não se exige a prova do erro.

3. RESPONSABILIDADE CIVIL

3.1. DANO MORAL

- **Súmula 37 do STJ:** São cumuláveis as indenizações por dano material e dano moral oriundos do mesmo fato.
- **Súmula 227 do STJ:** A pessoa jurídica pode sofrer dano moral.
- **Súmula 281 do STJ:** A indenização por dano moral não está sujeita à tarifação prevista na Lei de Imprensa.
- **Súmula 362 do STJ:** A correção monetária do valor da indenização do dano moral incide desde a data do arbitramento.
- **Súmula 370 do STJ:** Caracteriza dano moral a apresentação antecipada de cheque pré-datado.
- **Súmula 387 do STJ:** É lícita a cumulação das indenizações de dano estético e dano moral.
- **Súmula 388 do STJ:** A simples devolução indevida de cheque caracteriza dano moral.
- **Súmula 402 do STJ:** O contrato de seguro por danos pessoais compreende os danos morais, salvo cláusula expressa de exclusão.

- **Súmula 403 do STJ:** Independe de prova do prejuízo a indenização pela publicação não autorizada de imagem de pessoa com fins econômicos ou comerciais.
- **Súmula 420 do STJ:** Incabível, em embargos de divergência, discutir o valor de indenização por danos morais.
- **Súmula 498 do STJ:** Não incide imposto de renda sobre a indenização por danos morais. Rel. Min. Cesar Asfor Rocha, em 8/8/2012.
- **Súmula 624 do STJ:** É possível cumular a indenização do dano moral com a reparação econômica da Lei n. 10.559/2002 (Lei da Anistia Política).
- **Súmula 642 do STJ: O direito à indenização por danos morais transmite-se com o falecimento do titular, possuindo os herdeiros da vítima legitimidade ativa para ajuizar ou prosseguir a ação indenizatória.**

3.2. CÁLCULO DA INDENIZAÇÃO

- **Súmula 490 do STF:** A pensão correspondente à indenização oriunda de responsabilidade civil deve ser calculada com base no salário-mínimo vigente ao tempo da sentença e ajustar-se-á às variações ulteriores.
- **Súmula 562 do STF:** Na indenização de danos materiais decorrentes de ato ilícito cabe a atualização de seu valor, utilizando-se, para esse fim, dentre outros critérios, os índices de correção monetária.
- **Súmula 43 do STJ:** Incide correção monetária sobre dívida por ato ilícito a partir da data do efetivo prejuízo.
- **Súmula 54 do STJ:** Os juros moratórios fluem a partir do evento danoso, em caso de responsabilidade extracontratual.
- **Súmula 246 do STJ:** O valor do seguro obrigatório deve ser deduzido da indenização judicialmente fixada.
- **Súmula 313 do STJ:** Em ação de indenização, procedente o pedido, é necessária a constituição de capital ou caução fidejussória para a garantia de pagamento da pensão, independentemente da situação financeira do demandado.
- **Súmula 362 do STJ:** A correção monetária do valor da indenização do dano moral incide desde a data do arbitramento.

3.3. AÇÃO REGRESSIVA – CONTRATO DE SEGURO

- **Súmula 188 do STF:** O segurador tem ação regressiva contra o causador do dano, pelo que efetivamente pagou, até o limite previsto no contrato de seguro.

3.4. ACIDENTE DE TRÂNSITO

- **Súmula 492 do STF:** A empresa locadora de veículos responde, civil e solidariamente com o locatário, pelos danos por este causados a terceiro, no uso do carro locado.
- **Súmula 132 do STJ:** A ausência de registro da transferência não implica a responsabilidade do antigo proprietário por dano resultante de acidente que envolva o veículo alienado.
- **Súmula 426 do STJ:** Os juros de mora na indenização do seguro DPVAT fluem a partir da citação.

3.5. CONTRATO DE TRANSPORTE

- **Súmula 35 do STF:** Em caso de acidente do trabalho ou de transporte, a concubina tem direito de ser indenizada pela morte do amásio, se entre eles não havia impedimento para o matrimônio.
- **Súmula 161 do STF:** Em contrato de transporte, é inoperante a cláusula de não indenizar.
- **Súmula 187 do STF:** A responsabilidade contratual do transportador, pelo acidente com o passageiro, não é elidida por culpa de terceiro, contra o qual tem ação regressiva.
- **Súmula 314 do STF:** Na composição do dano por acidente do trabalho, ou de transporte, não é contrário à lei tomar para base da indenização o salário do tempo da perícia ou da sentença.
- **Súmula 154 do STJ:** No transporte desinteressado, de simples cortesia, o transportador só será civilmente responsável por danos causados ao transportado quando incorrer em dolo ou culpa grave.

3.6. ESTABELECIMENTO BANCÁRIO

- **Súmula 28 do STF:** O estabelecimento bancário é responsável pelo pagamento de cheque falso, ressalvadas as hipóteses de culpa exclusiva ou concorrente do correntista.
- **Súmula 479 do STJ:** As instituições financeiras respondem objetivamente pelos danos gerados por fortuito interno relativo a fraudes e delitos praticados por terceiros no âmbito de operações bancárias.
- **Súmula 638 do STJ:** É abusiva a cláusula contratual que restringe a responsabilidade de instituição financeira pelos danos decorrentes de roubo, furto ou extravio de bem entregue em garantia no âmbito de contrato de penhor civil.

3.7. FURTO EM ESTACIONAMENTO

- **Súmula 130 do STJ:** A empresa responde, perante o cliente, pela reparação de dano ou furto de veículo ocorridos em seu estacionamento.

3.8. LEI DE IMPRENSA

- **Súmula 221 do STJ:** São civilmente responsáveis pelo ressarcimento de dano, decorrente de publicação pela imprensa, tanto o autor do escrito quanto o proprietário do veículo de divulgação.
- **Súmula 281 do STJ:** A indenização por dano moral não está sujeita à tarifação prevista na Lei de Imprensa.

3.9. MORTE DE FILHO MENOR

- **Súmula 491 do STF:** É indenizável o acidente que cause a morte de filho menor, ainda que não exerça trabalho remunerado.

3.10. COBRANÇA EXCESSIVA

✪ **Nota do autor:** A Súmula 159 do Excelso Pretório faz remissão à norma do art. 1.531 do Código Civil de 1916. A regra inserida no dispositivo legal mencionado foi reproduzida no art. 940, do Código Civil de 2002, com a seguinte redação: "Aquele que demandar por dívida já paga, no todo ou em parte, sem ressalvar as quantias recebidas ou pedir mais do que for devido, ficará obrigado a pagar ao devedor, no primeiro caso, o dobro do que houver cobrado e, no segundo, o equivalente do que dele exigir, salvo se houver prescrição." Desse modo, a Súmula em exame deve ser interpretada à luz do vigente Estatuto Civil, em consonância ao que preceitua o seu novel art. 940.

- **Súmula 159 do STF:** Cobrança excessiva, mas de boa-fé, não dá lugar às sanções do art. 1.531 do Código Civil.

4. DIREITO AUTORAL

- **Súmula 63 do STJ:** São devidos direitos autorais pela retransmissão radiofônica de músicas em estabelecimentos comerciais.
- **Súmula 228 do STJ:** É inadmissível o interdito proibitório para a proteção do direito autoral.
- **Súmula 261 do STJ:** A cobrança de direitos autorais pela retransmissão radiofônica de músicas, em estabelecimentos hoteleiros, deve ser feita conforme a taxa média de utilização do equipamento, apurada em liquidação.

5. DIREITO DAS COISAS

5.1. POSSE

- **Súmula 619 do STJ:** A ocupação indevida de bem público configura mera detenção, de natureza precária, insuscetível de retenção ou indenização por acessões e benfeitorias.
- **Súmula 623 do STJ:** As obrigações ambientais possuem natureza *propter rem*, sendo admissível cobrá-las do proprietário ou possuidor atual e/ou dos anteriores, à escolha do credor.

5.2. USUCAPIÃO

- **Súmula 11 do STJ:** A presença da União ou de qualquer de seus entes, na ação de usucapião especial, não afasta a competência do foro da situação do imóvel.
- **Súmula 193 do STJ:** O direito de uso de linha telefônica pode ser adquirido por usucapião.

5.3. AÇÕES POSSESSÓRIAS

- **Súmula 228 do STJ:** É inadmissível o interdito proibitório para a proteção do direito autoral.
- **Súmula 637 do STJ:** O ente público detém legitimidade e interesse para intervir, incidentalmente, na ação possessória entre particulares, podendo deduzir qualquer matéria defensiva, inclusive, se for o caso, o domínio.

Direito Processual Civil

Luciano Alves Rossato

TABELA DE INCIDÊNCIA DE QUESTÕES

Distribuição das questões organizada por ordem didática de assuntos		
Assunto	**Número de Questões**	**Peso**
1. NORMAS FUNDAMENTAIS	3	2,80%
2. ARBITRAGEM	1	0,93%
3. PRESSUPOSTOS PROCESSUAIS	3	2,80%
4. HONORÁRIOS ADVOCATÍCIOS	1	0,93%
5. JUIZ	1	0,93%
6. MINISTÉRIO PÚBLICO	1	0,93%
7. COMPETÊNCIA	4	3,74%
8. ATOS PROCESSUAIS	3	2,80%
9. INTERVENÇÃO DE TERCEIROS	4	3,74%
10. TUTELA PROVISÓRIA	4	3,74%
11. PETIÇÃO INICIAL	3	2,80%
12. REAÇÕES DO RÉU	2	1,87%
13. PROVAS	11	10,28%
14. SENTENÇA E COISA JULGADA	19	17,76%
15. PROCEDIMENTOS ESPECIAIS	2	1,87%
16. LIQUIDAÇÃO	13	12,15%
17. CUMPRIMENTO DE OBRIGAÇÃO DE PAGAR, DE FAZER E DE ENTREGAR E DO PROCESSO DE EXECUÇÃO	17	15,89%
18. DOS PROCESSOS NOS TRIBUNAIS E DOS MEIOS DE IMPUGNAÇÃO DAS DECISÕES JUDICIAIS	14	13,08%
19. MANDADO DE SEGURANÇA	1	0,93%
Total	**107**	**100%**

Direito Processual Civil

Luciano Alves Rossato

Caríssimos(as) leitores(as),

As questões que seguem foram comentadas em conformidade com o **Código de Processo Civil de 2015**, ainda que aplicadas anteriormente à sua vigência. Por isso, embora o constante do gabarito tenha sido mantido, serão feitas todas as observações necessárias para a indicação das alterações e se a assertiva está ou não correta em conformidade com a Lei nº 13.105/2015.

✦ QUESTÕES

1. NORMAS FUNDAMENTAIS

01. FGV - 2023 - TST - Juiz do Trabalho Substituto.

O atual Código de Processo Civil dedica alguns artigos ao que denominou Normas Fundamentais do Processo, demonstrando, inclusive, o fenômeno da constitucionalização do direito processual.

Nesse cenário, é correto afirmar que:

a) o processo civil rege-se pelo princípio dispositivo e o processo começa e se desenvolve apenas por iniciativa da parte;

b) sob pena de malferir o princípio da imparcialidade, o juiz não deve apontar às partes eventuais deficiências formais do processo para permitir as devidas correções;

c) embora as partes tenham o direito de obter em prazo razoável a solução integral do processo (CPC, Art. 4°), nosso direito processual civil não admite o contraditório diferido;

d) a proibição de decisão surpresa, conforme previsto no Art. 10 do Código de Processo Civil, não se aplica quando a matéria sobre a qual o juiz deva decidir seja de ordem pública ou possa ser conhecida de ofício;

e) ao alegar sua ilegitimidade, incumbe ao réu, em sintonia com os princípios da primazia da decisão de mérito, da cooperação e da boa-fé processual, indicar, sempre que tiver conhecimento, o sujeito passivo da relação jurídica discutida.

COMENTÁRIOS

✪ **Notas do autor**: a análise das Normas Fundamentais é extremamente importante para entender os fundamentos interpretativos do Código de Processo Civil de 2015 e o que se espera do Direito Processual Civil brasileiro na atualidade, partindo-se da constatação de que houve verdadeira alteração de paradigma na aplicação do Direito, com a proposta de que o processo seja compreendido como um instrumento democrático de busca de solução dos conflitos. Essas Normas Fundamentais encontram-se indicadas não só nos artigos 1º a 12 do Código de Processo Civil, mas estão espalhadas por todo o texto codificado, partindo-se da imposição de que o processo civil brasileiro será ordenado, disciplinado e interpretado conforme os valores e as normas fundamentais estabelecidos na Constituição, observando-se as disposições do Código (art. 1º). Como é perceptível, as Normas Fundamentais têm sua origem na Constituição Federal, constituindo-se na forma de como o legislador compreendeu a aplicação, no âmbito processual, do **princípio do devido processo legal** em sua plenitude, nele contidos todos os princípios que lhe são derivados, como os do contraditório, ampla defesa, boa-fé etc. Para tanto, as Normas Fundamentais partem do modelo fundamental ou do modelo constitucional de processo, o que foi motivado pela constatação de que este passou a ter base normativa na Constituição e não apenas na lei processual. Ora, é o Texto Fundamental que estabelece o modelo fundamental de processo a ser seguido por todos os ramos do Direito processual, em observância à compatibilidade vertical normativa,[1] constituindo-se em garantia orientada por **valores e princípios encampados na Constituição**. Estabelece a Constituição, portanto, as linhas fundamentais do

1. SANTOS, Eduardo Rodrigues dos. *Princípios processuais constitucionais*. Salvador: Juspodivm, 2016, p. 74.

processo,[2] suas bases normativas e garantias mínimas,[3] competindo ao legislador infraconstitucional traçar as especificidades próprias de cada ramo processual rumo à sua otimização.[4] O modelo constitucional de processo brasileiro é orientado por vários princípios processuais, que assim podem ser enumerados: **i) devido processo legal; ii) contraditório; iii) ampla defesa; iv) acesso à Justiça; v) duplo grau de jurisdição; vi) publicidade; vii) motivação; viii) juiz natural, independente e imparcial; ix) inadmissibilidade de provas ilícitas; x) celeridade; e xi) eficiência.**

Alternativa A – incorreta. Deverá o Poder Judiciário ser provocado para que possa atuar no caso concreto. Trata-se de efeito corolário da regra jurídica da iniciativa da parte, dispositivo ou inércia da jurisdição. Como se vê do art. 2º, o Código de Processo Civil manifestou-se expressamente no sentido de encampar essa regra ao prever que o processo começa por iniciativa da parte, salvo as exceções previstas em lei. No mesmo sentido, estabelece o art. 312 do CPC que o processo somente se inicia com o protocolo da petição inicial perante o Poder Judiciário. O ato de ir a juízo e provocar o Poder Jurisdicional denomina-se **demanda**, e seu instrumento é a petição inicial. Sem a devida provocação não será iniciada a relação jurídica processual, motivo pelo qual se constitui como pressuposto processual de constituição do processo. Excepcionalmente será admitido que o Poder Judiciário atue sem prévio pedido, podendo de ofício dar início ao processo ou deferir a tutela jurisdicional. Podem ser apontados como exemplos: arrecadação de herança jacente; condenação por litigância de má-fé processual; admissão do *amicus curiae;* determinar a medida coercitiva adequada para o cumprimento de obrigação de fazer ou de entregar fundada em título executivo judicial; e abertura do procedimento para apuração de irregularidade praticada por entidade de atendimento (Estatuto da Criança e do Adolescente). Ao exercer a demanda por meio da petição inicial, a parte limita a cognição, **pois especifica a causa de pedir e o pedido**, sendo vedado ao magistrado proferir decisão de natureza diversa da pedida, bem como condenar a parte em quantidade superior ou em objeto diverso do que lhe foi demandado (art. 492 do CPC). A inobservância da correlação entre o pedido e o pronunciamento jurisdicional surtirá a sentença *extra, ultra* ou *infra petita*. Uma vez iniciada a relação jurídica processual, é atribuição do juiz, como decorrência do caráter publicístico do processo, impulsioná-lo para que ocorra seu devido desfecho. Trata-se de uma tradição entre os países de *civil law*. O trabalho de impulso propiciado pelo magistrado deve seguir uma estrutura lógica, tendo como objetivo a solução de mérito justa e efetiva. Dentro dessa logicidade, seguem-se os atos processuais, que devem ter o seu aproveitamento potencializado.

Alternativa B – incorreta. Tem o juiz o dever de indicar às partes eventuais deficiências formais do processo para permitir as devidas correções, observando-se, entre outros, o princípio da primazia do julgamento do mérito.

Alternativa C – incorreta. Admite-se que o contraditório seja postergado, ou seja, ocorra posteriormente, ante a necessidade de urgência no deferimento da medida pleiteada. Por isso, os incisos do parágrafo único do art. 9º do CPC indicam que não se profere decisão contra uma das partes sem que ela seja previamente ouvida, o que não é aplicável à tutela provisória de urgência, às hipóteses de tutela da evidência indicadas nos incisos II e III do art. 311, bem como à decisão prevista no art. 701.

Alternativa D – incorreta. Não há processo sem o efetivo contraditório. Trata-se de princípio inerente ao devido processo legal, pelo qual deve ser garantida às partes a possibilidade de se manifestar previamente à decisão judicial, com a finalidade de influenciá-la, evitando-se a decisão surpresa. Dessa maneira, ainda que se trate de matéria que possa conhecer de ofício, o juiz não poderá decidir, em grau algum de jurisdição, com base em fundamento a respeito do qual não se tenha dado às partes oportunidade de se manifestar.

Alternativa E – correta. Alinhado aos princípios mencionados, alegando o réu, na contestação, ser parte ilegítima ou não ser o responsável pelo prejuízo invocado, o juiz facultará ao autor, em 15 (quinze) dias, a alteração da petição inicial para substituição do réu (art. 338, caput, do CPC).

Gabarito: E.

---

02. (FCC – Juiz do Trabalho/2017) Considerando as normas fundamentais do processo civil, de acordo com a Parte Geral do Código de Processo Civil, é correto afirmar:

a) A legislação atual assegura às partes o direito de obtenção, em lapso temporal razoável, da plena resolução meritória da demanda judicial, excluída a atividade satisfativa, isto é, de cumprimento ou execução.

b) É possível decidir questão de ofício sem oportunizar a manifestação das partes sobre o fundamento adotado quando a decisão judicial estiver sendo tomada no âmbito jurisdicional dos tribunais superiores.

c) O juiz não deve proferir decisão contra uma das partes sem que lhe seja dada oportunidade de se manifestar, ainda que a decisão seja proferida em ação monitória, quando evidente o direito do autor.

d) Mesmo em questões a respeito das quais o magistrado está legalmente autorizado a decidir de ofício, o juiz não está autorizado a proferir decisão

---

2. CINTRA, Antônio Carlos de Araújo; GRINOVER, Ada Pellegrini; DINAMARCO, Candido Rangel. *Teoria geral do processo*. 26ª. ed. São Paulo: Malheiros, 2010, p. 84.
3. SANTOS, Eduardo Rodrigues dos. *Princípios processuais constitucionais*. Salvador: Juspodivm, 2016, p. 77.
4. SANTOS, Eduardo Rodrigues dos. *Princípios processuais constitucionais*. Salvador: Juspodivm, 2016, p. 77.

sem oportunizar que as partes tenham assegurado o direito de manifestação a fim de poder influenciar no julgamento.

e) O dever de todos os sujeitos processuais, inclusive o perito, cooperarem para buscar a obtenção de decisão que julgue o mérito da demanda judicial, em tempo razoável, de modo justo e efetivo, não está previsto nas normas fundamentais do processo civil no Brasil.

COMENTÁRIOS

Notas do autor: as *Normas Fundamentais* encampam os *princípios* e as *regras jurídicas*. Encontram-se em todo o Código de Processo Civil e não apenas na Parte Geral.

Alternativa "A": incorreta. De acordo com os princípios da celeridade e da primazia do julgamento do mérito, as partes têm o direito de obter em prazo razoável a solução integral do mérito, ***incluída a atividade satisfativa.***

Alternativa "B": incorreta. Mesmo para as questões de ofício, que podem ser conhecidas independentemente da alegação da parte, exige-se a observância do contraditório prévio. Nesse sentido, por exemplo, antes de reconhecer a falta de condição da ação, deverá o magistrado conceder prazo para manifestação prévia pela parte, por observância ao princípio do contraditório dinâmico.

Alternativa "C": incorreta. Se evidente o direito do autor, tal como pode ocorrer na ação monitória, o juiz deferirá a expedição de mandado de pagamento, de entrega de coisa ou para execução de obrigação de fazer ou de não fazer (art. 701), o que será admitido independentemente da oitiva da parte contrária (ressalva contida no inciso III, do art. 9º, CPC).

Alternativa correta: letra D. Entre os princípios processuais, destaca-se o do *contraditório dinâmico ou substancial*, de modo que não se proferirá decisão contra uma das partes sem que ela seja previamente ouvida, o que não é aplicável à tutela provisória de urgência, às hipóteses da tutela da evidência previstas nos incisos II e III, do art. 311, bem como à decisão prevista no art. 701 (ação monitória).

Alternativa "E": incorreta. O princípio da cooperação abrange a atividade de todos os sujeitos do processo, abrangendo também os auxiliares do juízo (art. 6º).

Gabarito: letra D.

03. (FCC - Juiz do Trabalho Substituto 6ª Região/2015) Considerados os princípios fundamentais do processo civil,

a) não se admite a ação meramente declaratória quando já houver ocorrido a violação do direito, porque falta interesse de agir.

b) para propor a ação é necessário ter interesse e legitimidade, porém isso não se exige para contestá-la.

c) quando a lei prescrever determinada forma, sem cominação de nulidade, o juiz considerará apenas anulável o ato se, realizado de outro modo, alcançar a finalidade.

d) quando a lei prescrever determinada forma, sem cominação de nulidade, o juiz considerará válido o ato se, realizado de outro modo, lhe alcançar a finalidade.

e) salvo quando houver interesse de fato ou de direito, ninguém poderá pleitear, em nome próprio, direito alheio.

COMENTÁRIOS

Nota do autor: As normas fundamentais encampadas pelo Novo Código de Processo Civil constituem-se em fundamentos interpretativos que não se encontram apenas na parte geral, como também na parte especial. Tais normas são compostas por princípios e regras jurídicas e demonstra a valorização do processo principiológico. Destacam-se as seguintes normas: devido processo legal, contraditório dinâmico, primazia do julgamento de mérito, boa-fé objetiva, cooperação processual, isonomia, publicidade, fundamentação analítica, entre outras. É imprescindível que o candidato conheça tais normas fundamentais como ponto de partida para o estudo de todos os demais institutos. Assim, para que se estude sentença, por exemplo, é necessário que tenha conhecimento sobre a primazia do julgamento de mérito e fundamentação analítica.

Alternativa "a". O CPC/2015 admite o manejo da ação meramente declaratória, ainda que tenha ocorrido a violação do direito (art. 20).

Alternativa "b". Para que se possa contestar a ação, deve haver também legitimidade e interesse, competindo exclusivamente a quem foi indicado como parte ré na ação.

Alternativa "c". Vide observações indicadas na alternativa correta.

Alternativa Correta: letra "d". O CPC de 1973 adotou o princípio da instrumentalidade das formas. O CPC de 2015 foi além, ao prever o máximo aproveitamento dos atos processuais, de modo que somente será reconhecida a nulidade se houver prejuízo, regra essa válida para as nulidades absolutas e relativas.

Alternativa "e". Será possível pleitear direito alheio, em nome próprio, exclusivamente nas hipóteses admitida pelo ordenamento jurídico (art. 18 do CPC).

Gabarito: letra D.

2. ARBITRAGEM

04. (FCC - Juiz do Trabalho Substituto 6ª Região/2015) A cláusula de um contrato empresarial que faz compulsória a arbitragem para solução de litígios de natureza patrimonial entre as partes é

a) ineficaz, se quaisquer das partes decidir pelo ajuizamento de uma ação.

b) válida, apenas se se tratar de contrato de adesão, porque coloca qualquer aderente em situação de igualdade.

c) válida, se livremente pactuada, não implicando violação à garantia constitucional de inafastabilidade da jurisdição.

d) nula, ainda que livremente pactuada, porque viola norma de ordem pública.

e) anulável, porque a lei proíbe a arbitragem compulsória em qualquer modalidade de contrato.

COMENTÁRIOS

✪ **Nota do autor:** A arbitragem é meio heterogêneo de composição dos conflitos. A Lei nº 9.307/1996 dispõe sobre a arbitragem, sendo alterada em 2015, com a finalidade de prever expressamente a possibilidade de que as pessoas jurídicas de direito público solucionem os seus conflitos a partir deste instrumento. Assegura-se a arbitragem celebrada entre pessoas capazes, para dirimir conflitos patrimoniais disponíveis, que poderá ser solucionado por meio da jurisdição privada. O CPC admitiu a arbitragem, na forma da lei (art. 3º, I). Existem outros meios de composição dos conflitos, como a mediação e a conciliação.

Alternativa Correta: letra "c". A inafastabilidade da jurisdição não estará violada, pois será permitido às partes questionarem a validade da própria decisão proferida pelo árbitro, desde que presentes os requisitos legais autorizadores. Por isso, versando a demanda sobre conflito entre pessoas capazes, relativo a direitos disponíveis, não há que se falar em qualquer nulidade. Exclui as demais alternativas automaticamente.

Gabarito: letra C.

3. PRESSUPOSTOS PROCESSUAIS

05. (TRT 1 – Juiz do Trabalho Substituto 1ª Região/2016) Segundo o Código de Processo Civil de 1973, assinale a alternativa INCORRETA (CPC 1973).

a) o cônjuge somente necessitará do consentimento do outro para propor ações que versem sobre direitos imobiliários.

b) ambos os cônjuges serão necessariamente citados para as ações fundadas em dívida contraída pelo marido a bem da família, mas cuja execução tenha de recair sobre o produto do trabalho da mulher.

c) haverá a necessidade de citação de ambos os cônjuges nas ações que tenham por objeto a extinção de ônus sobre imóveis de um dos cônjuges.

d) nas ações possessórias, a participação do cônjuge do autor é dispensável nos casos de composse.

e) a autorização do marido poderá ser suprida judicialmente quando o mesmo recusar-se sem justo motivo.

COMENTÁRIOS

✪ **Nota do autor:** a questão foi formulada em conformidade com o CPC de 1973, mas será respondida tal como determina o CPC de 2015. Trata da necessidade ou não da outorga marital ou uxória para a postulação.

Alternativa Correta: letra D. A alternativa exige conhecimento da capacidade processual e da legitimação processual, que não se confundem. Pela capacidade processual, ao mesmo tempo, tem aptidão para ter direitos (em razão da personalidade), e poderá exercê-los. Possui, a um só tempo, capacidade civil de direito e capacidade civil de exercício. Além disso, há de ser analisado se o indivíduo possui legitimação processual, que também é pressuposto processual e é verificada a partir de uma situação específica. Por exemplo, cada um dos conviventes poderá acionar o Poder Judiciário e promover ação sobre direitos reais imobiliários. Porém, para que tenha legitimidade processual, deverão agir em conjunto. Pelo CPC, o cônjuge necessitará do consentimento do outro para propor ação que verse sobre direito real imobiliário, salvo quando casados sob o regime de separação absoluta de bens. Além disso, nas ações possessórias, a participação do cônjuge do autor ou do réu somente será indispensável nas hipóteses de composse ou de ato por ambos praticado, o que se aplica à união estável comprovada nos autos. Exclui automaticamente as demais alternativas.

Gabarito: letra D.

06. (FCC – Juiz do Trabalho Substituto 6ª Região/2015) No tocante à capacidade de ser parte, o Código de Processo Civil

a) só a reconhece para advogados.

b) a reconhece para alguns entes que não possuem personalidade jurídica.

c) só a reconhece para as pessoas absoluta ou relativamente incapazes, porque elas devem estar representadas ou assistidas.

d) só a reconhece para as pessoas físicas ou jurídicas.

e) só a reconhece para as pessoas físicas, porque as pessoas jurídicas devem ser representadas por um administrador.

COMENTÁRIOS

✪ **Nota do autor:** A questão trata da capacidade de ser parte no processo, garantida a determinados entes despersonalizados, como ocorre, por exemplo, com a massa falida.

Alternativa "a". Para os advogados, há necessidade da capacidade postulatória.

Alternativa Correta: letra "b". Em conformidade com o art. 70 do CPC, toda pessoa que se encontra no exercício de seus direitos tem capacidade para estar em juízo. Porém, alguns entes que não possuem personalidade jurídica poderão estar em juízo, porém, representados, como ocorre com o espólio, que será representado pelo inventariante.

Alternativa "c". Os absoluta e os relativamente incapazes deverão ser representados ou assistidos em juízo. Há necessidade de integração da capacidade.

Alternativa "d". Reconhece-se às pessoas físicas e jurídicas, bem como a alguns entes despersonalizados.

Alternativa "e". Reconhece-se também às pessoas jurídicas, muito embora necessitem ser representadas em juízo por quem os respectivos atos constitutivos designarem ou, não havendo essa designação, por seus diretores.

Gabarito: letra "B".

---

07. (TRT 8 – Juiz do Trabalho Substituto 8ª Região/2015) Acerca da atuação do procurador judicial, é CORRETO afirmar que:

a) Sem instrumento de mandato, o advogado não pode atuar em juízo, exceto para evitar a prescrição ou decadência ou praticar atos urgentes, devendo regularizar a sua representação no prazo de 15 dias, prorrogável por igual período, após despacho do juiz, sob pena de reputarem-se os atos praticados como inexistentes.

b) A procuração geral para o foro, conferida por instrumento público, ou particular assinado pela parte, habilita o advogado a praticar todos os atos do processo, tais como receber citação inicial, confessar, reconhecer a procedência do pedido, transigir, desistir, renunciar ao direito sobre que se funda a ação, receber, dar quitação e firmar compromisso.

c) Compete ao advogado, ou à parte quando postular em causa própria, comunicar ao escrivão do processo qualquer mudança de endereço, reputando-se válidas as intimações enviadas, em carta registrada, para o endereço constante dos autos, quando a parte não informar o novo endereço, mas provado que não tomou conhecimento da intimação, o ato deve ser refeito, sob pena de nulidade processual.

d) O advogado somente pode consultar autos em Cartório de Justiça ou Secretaria de Tribunal ou retirá-los, quando devidamente habilitado por meio de instrumento procuratório.

e) Sendo comum às partes o prazo, poderão os seus procuradores retirar os autos apenas pelo prazo de 24 horas, independentemente de ajuste entre elas.

COMENTÁRIOS

Nota do autor: O advogado detém a capacidade postulatória, sendo imprescindível para que a parte possa demandar em juízo, salvo nas exceções legais, como ocorre, por exemplo, nos Juizados Especiais Cíveis (para as causas de até vinte salários-mínimos), nas ações de alimentos etc.

Alternativa Correta: letra "a". Em conformidade com o artigo 104 do CPC, o advogado não será admitido a postular em juízo sem procuração, salvo para evitar preclusão, decadência ou prescrição, ou para praticar ato considerado urgente. Note-se que o CPC/2015 inseriu a expressão preclusão, não constante do art. 39 do CPC de 1973. Nas hipóteses acima mencionadas, o advogado deverá, independentemente de caução, exibir a procuração no prazo de 15 dias, prorrogável por igual período, por despacho do juiz. O ato não ratificado será considerado ineficaz relativamente àquele em cujo nome foi praticado, respondendo o advogado pelas despesas e por perdas e danos. Em razão disso, a alternativa, antes correta, de acordo com o CPC, estaria incorreta.

Alternativa "b". A procuração habilita o advogado a praticar todos os atos do processo, exceto receber citação, confessar, reconhecer a procedência do pedido, transigir, desistir, renunciar ao direito sobre o qual se funda a ação, receber, dar quitação, firmar compromisso e assinar declaração de hipossuficiência econômica, que devem constar de cláusula específica. Note-se a inserção da expressão "assinar declaração de hipossuficiência econômica", que deve constar, portanto, de cláusula específica.

Alternativa "c". Compete ao advogado comunicar ao juízo qualquer mudança de endereço (art. 106, II), sendo consideradas válidas as intimações enviadas por carta registrada ou meio eletrônico ao endereço constante dos autos (art. 106, § 2º CPC).

Alternativa "d". O advogado poderá os autos do cartório ou da secretaria, pelo prazo legal, sempre que neles lhe couber falar por determinação do juiz, nos casos previstos em lei. Poderá, ainda, (art. 107, I), examinar, em cartório de fórum e secretaria de tribunal, mesmo sem procuração, autos de qualquer processo, independentemente da fase de tramitação, assegurados a obtenção de cópias e o registro de anotações, salvo na hipótese de segredo de justiça, nas quais apenas o advogado constituído terá acesso dos autos.

Alternativa "e". Sendo comum o prazo, os procuradores poderão retirar os autos somente em conjunto ou mediante prévio ajuste, por petição nos autos (art. 107, § 2º). Nesta hipótese, é lícito ao procurador retirar os autos para obtenção de cópias pelo prazo de 2 a 6 horas, independentemente de ajuste e sem prejuízo da continuidade do prazo (§ 3º).

Gabarito: letra A.

4. HONORÁRIOS ADVOCATÍCIOS

08. FGV – 2023 – TST – Juiz do Trabalho

Quanto aos honorários advocatícios sucumbenciais, é correto afirmar que:

a) o princípio da sucumbência sempre deverá ser utilizado como critério determinante para a condenação ao pagamento dos honorários advocatícios;

b) nas causas em que o valor da condenação se revelar elevado ou for irrisório, poderá o julgador fixar honorários advocatícios por apreciação equitativa;

c) a sentença que liminarmente julgar a pretensão improcedente, na forma do Art. 332 do Código de Processo Civil, deve condenar a parte autora sucumbente em honorários advocatícios;

d) nas ações coletivas de que trata o Código de Defesa do Consumidor e nas ações civis públicas, a condenação da parte autora, sucumbente, em honorários advocatícios, somente ocorrerá se comprovada a má-fé;

e) a condenação em honorários advocatícios não depende de pedido expresso na petição inicial. Assim, mesmo que omissa a sentença quanto aos honorários advocatícios, o advogado da parte vencedora poderá exigi-los na execução.

COMENTÁRIOS

Alternativa A – incorreta. Além do princípio da sucumbência, há de se atentar também para o critério da equitativo para a fixação dos honorários, conforme se verifica do art. 85, § 8º e 8º-A, do CPC.

Alternativa B – incorreta. Nas causas em que for inestimável ou irrisório o proveito econômico ou, ainda, quando o valor da causa for muito baixo, o juiz fixará o valor dos honorários por apreciação equitativa (art. 85, § 8º, CPC).

Alternativa C – incorreta. Diferentemente do que foi afirmado, não haverá a condenação da parte autora sucumbente em honorários advocatícios, já que não ocorreu a intervenção de advogado da parte requerida.

Alternativa D – correta. Nas ações de que trata a Lei nº 7.347/1985, não haverá adiantamento de custas, emolumentos, honorários periciais e quaisquer outras despesas, nem condenação da associação autora, salvo comprovada má-fé, em honorários de advogado, custas e despesas processuais (art. 18, Lei nº 7.347/1985).

Alternativa E – incorreta. A condenação ao pagamento de honorários advocatícios não depende de pedido expresso da parte, constituindo-se um dos *pedidos implícitos*. Contudo, se não houver condenação na sentença, não será possível a execução.

Gabarito: D.

5. JUIZ

09. (FCC – Juiz do Trabalho Substituto 1ª Região/2015) Em uma cidade do interior, é de conhecimento público o fato de que o juiz em exercício na Vara Cível possui um relacionamento extraconjugal com a advogada do autor de um determinado processo. Tomando ciência de tal fato, o advogado da parte contrária pretende que o juiz seja impedido de prosseguir apreciando a demanda. Em casos que tais, relativamente ao relacionamento entre o juiz e a advogada, o advogado

a) terá fundamento legal para se utilizar da exceção de incompetência ratione personae.

b) terá fundamento legal para se utilizar da exceção de incompetência ratione materiae.

c) não terá fundamento legal para se utilizar da exceção (incompetência, suspeição ou impedimento).

d) terá fundamento legal para se utilizar da exceção de impedimento.

e) terá fundamento legal para se utilizar da exceção de suspeição.

COMENTÁRIOS

✪ **Nota do autor:** O impedimento e a suspensão do juiz não mais serão alegados por meio de exceção, conforme era previsto no CPC de 1973. De acordo com as novas disposições, tais causas serão alegadas por meio de petição dirigida ao juízo, sendo juntadas aos autos (art. 146). Se o juiz reconhecer a causa de impedimento ou de suspeição, determinará o encaminhamento dos autos ao seu substituto legal. De outro lado, discordando da alegação, determinará a autuação em separado da petição e, no prazo de 15 dias, apresentará as suas razões, acompanhados de documentos e de rol de testemunhas, se houver, ordenando a remessa do incidente ao tribunal. Dessa maneira, em suma, discordando o magistrado, será formado um incidente, que será remetido posteriormente ao tribunal.

Alternativa Correta: letra "c": O magistrado estará impedido de exercer a suas funções nas hipóteses mencionadas no art. 144 do CPC, entre elas, quando estiver postulando, como defensor público, advogado ou membro do Ministério Público, seu cônjuge ou companheiro, ou qualquer parente, consanguíneo ou afim, em linha reta ou colateral, até o terceiro grau, inclusive (inciso III). Sendo assim, a hipótese mencionada não está inserida entre as causas de impedimento. Exclui automaticamente as demais alternativas.

Gabarito: letra C.

6. MINISTÉRIO PÚBLICO

10. (FCC – Juiz do Trabalho Substituto 23ª Região/2015) O Ministério Público, nos casos de improbidade administrativa, havendo fundados indícios de responsabilidade de agente público ou terceiro, que hajam se enriquecido ilicitamente ou causado dano ao patrimônio público, poderá requerer ao juiz medida cautelar de

a) sequestro de bens e quando for o caso, o pedido incluirá o bloqueio de aplicações financeiras do indiciado no exterior, nos termos da lei e tratados internacionais.

b) arresto de bens, mas não poderá requerer o sequestro, porque este exige prova inequívoca de aquisição ilícita dos bens.

c) protesto contra alienação de bens, fazendo-se a respectiva averbação quando se tratar de imóveis, na respectiva matrícula, mas não poderá requerer sequestro nem arresto, porque estes exigem prova inequívoca de aquisição ilícita dos bens.

d) sequestro dos bens, mas não o bloqueio de aplicações financeiras do indiciado no exterior, porque este exige prova inequívoca de aquisição ilícita dos bens.

e) arrolamento de bens ou sequestro, se houver prova inequívoca de aquisição ilícita dos bens, mas não o arresto, que exige prova literal do direito de ente público ao ressarcimento.

COMENTÁRIOS

Nota do autor: O Ministério Público atuará no processo civil como parte ou fiscal da ordem jurídica. Note-se que a nomenclatura foi alterada, pois o Ministério Público atua não somente como fiscal da aplicação da lei (sentido estrito), mas de todo sistema jurídico. Atuará como fiscal da ordem jurídica, afora outras hipóteses previstas em lei e na Constituição Federal, nos processos que envolvam interesse público ou social, interesse de incapaz e litígios coletivos pela posse de terra rural ou urbana (art. 178 do CPC). Note-se que a lei não mais menciona a necessidade de intervenção em ações de família, como o divórcio, salvo se houver o interesse de incapaz.

Alternativa Correta: letra "a". A ação de improbidade é regida pela Lei nº 8.429/1992, a qual autoriza aos seus autores (Ministério Público e pessoa jurídica de direito público) o requerimento de concessão de medidas cautelares específicas, entre elas, de bloqueio de valores, que não se restringirá a contas financeiras brasileiras. É certo que a Lei nº 8.429/1992 foi alterada pela Lei nº 14.230/2021. Entre as modificações, pode ser indicada a previsão da legitimação exclusiva do Ministério Público (art. 17). Contudo, nas ADI nº 7.042 e 7.043, foi restabelecida a legitimação também das pessoas jurídicas interessadas, tal como antes era autorizado. Note-se que, em conformidade com o CPC, não mais existirá o processo cautelar preparatório. Ao contrário, fala-se em tutela provisória, que compreenderá a tutela de urgência (esta, cautelar e antecipada) e tutela da evidência. Havendo, portanto, necessidade, o Ministério Público poderá pleitear a tutela provisória de urgência cautelar, com a finalidade de haver a indisponibilidade de bens dos réus, a fim de garantir a integral recomposição do erário ou do acréscimo patrimonial resultante de enriquecimento ilícito (art. 16, caput, com a redação da Lei nº 14.230/2021).

Gabarito: letra A.

7. COMPETÊNCIA

11. FGV – 2023 – TST – Juiz do Trabalho

Quanto as regras pertinentes a competência do órgão judicante, à luz da jurisprudência, é correto afirmar que:

a) não se analisará a ocorrência de conexão ou continência quando suscitadas em exceção de incompetência relativa;

b) em caso de indeferimento de tutela antecipada requerida em caráter antecedente, o processo principal deverá sofrer livre distribuição, não estando prevento o juízo que recebeu petição inicial cujo requerimento se limitava à antecipação de tutela;

c) o principio do *venire contra factum proprium* veda o comportamento contraditório da parte. E, em sendo assim, não deverá o juízo analisar a alegação de incompetência absoluta em razão da matéria formulada pela parte autora, após fase instrutória que não lhe favoreça;

d) qualquer das partes pode pretender a modificação de competência relativa, sendo possível que o órgão jurisdicional, ciente da existência de ação conexa, conheça da questão de ofício. Quanto à incompetência relativa, pode suscitá-la o réu ou o Ministério Público, este apenas na condição de parte ré;

e) a exceção de incompetência relativa deverá observar o momento processual próprio para sua alegação, enquanto a solicitação de modificação de competência, por conexão ou continência, poderá ser feita mesmo que uma das causas já tenha sido julgada e esteja em execução, mas haja nítida relação de prejudicialidade, como nos casos de ação anulatória de débito fiscal e execução fiscal.

COMENTÁRIOS

Alternativa A – incorreta. O CPC 2015 não prevê a viabilidade da *exceção de incompetência relativa*, pois esta deve ser alegada como preliminar em contestação. Da mesma forma, a conexão e a continência também podem ser alegadas como preliminar na contestação.

Alternativa B – incorreta. Deferida ou não a tutela antecipada requerida em caráter antecedente, competirá ao autor aditar a petição inicial, com a complementação de sua argumentação, requerendo a juntada de novos documentos e a confirmação do pedido de tutela final, em quinze dias ou em outro prazo maior que o juiz fixar. O aditamento será realizado nos mesmos autos, sem incidência de novas custas processuais. Logo, não haverá nova distribuição.

Alternativa C – correta. A incompetência absoluta é matéria que pode ser conhecida de ofício pelo juiz, podendo a parte, ainda, alegá-la a qualquer momento. Essa é a regra. Contudo, no caso, verifica-se que a alegação foi feita pelo próprio autor, depois de ter ajuizado a ação e estando o processo em estágio avançado. Dessa maneira, o comportamento do autor viola a proibição do *venire contra factum proprium*, conforme já decidiu o Superior Tribunal de Justiça: "(...) o comportamento da recorrente, in casu, viola a proibição do venire contra factum proprium, pois, em um primeiro momento, ela mesma indicou qual seria o órgão competente para o julgamento da causa e, posteriormente, quando tomou ciência da sentença que lhe foi desfavorável, questionou a competência do juízo que prolatou aquela decisão. Nesse sentido: AgInt no REsp 1.472.899/DF, Rel. Ministro Antônio Carlos Ferreira, Quarta Turma, DJe 1º.10.2020; AgInt no HC 461.969/SP, Rel. Ministro Felix Fischer, Quinta Turma, DJe 1º.3.2019; REsp 1.619.289/MT, Rel. Ministra Nancy Andrighi, Terceira Turma, DJe 13.11.2017. 2. Ademais, verifica-se que o fundamento do acórdão recorrido quanto à falta de razoabilidade na conduta da recorrente não foi rechaçado nas razões do Recurso Especial, permanecendo esse fundamento incólume, a atrair a incidência do óbice, por analogia, da Súmula 283/STF. 3. Agravo Interno não provido. (AgInt no REsp n. 1.928.495/PR, relator Ministro Herman Benjamin, Segunda Turma, julgado em 23/8/2021, DJe de 31/8/2021.)

Alternativa D – incorreta. As partes podem modificar a competência em razão do valor e do território, elegendo foro onde será proposta ação oriunda de direitos e obrigações. A existência de conexão poderá ser reconhecida de ofício pelo juiz (art. 337, § 5º, CPC). Em relação à incompetência relativa, poderão suscitá-la o réu e o Ministério Público nas causas em que atuar (art. 65, parágrafo único, CPC).

Alternativa E – incorreta. Como regra, dois processos não poderão ser reunidos caso um deles tenha sido sentenciado, nos termos do art. 55, §1º, do Código de Processo Civil.

Gabarito: C.

---

12. (TRT 4 – Juiz do Trabalho Substituto 4ª Região/2016) Assinale a assertiva correta sobre incompetência.

a) A incompetência relativa será apresentada em peça apartada, suspendendo o curso do processo.

b) Após manifestação da parte contrária, o Juiz decidirá imediatamente a alegação de incompetência.

c) O oferecimento de reconvenção, pelo réu, depende do oferecimento de contestação.

d) Reconhecida a incompetência absoluta, são considerados desde logo nulos os atos decisórios já proferidos.

e) Reconhecida a incompetência relativa, são considerados desde logo nulos os atos decisórios já proferidos.

COMENTÁRIOS

✪ **Nota do autor:** a competência relativa, de acordo com o Código de Processo Civil, também deverá ser alegada na própria contestação, como preliminar. Não mais se exige a exceção de incompetência. De outro lado, o juiz não conhecerá de ofício da incompetência relativa, de modo que, se não alegada no tempo oportuno, haverá a prorrogação da competência.

Alternativa A: incorreta. A incompetência será alegada em preliminar de contestação.

Alternativa Correta: letra B. A incompetência relativa, como dito, será alegada em preliminar de contestação. Posteriormente, será dada vista à parte contrária e o juiz decidirá imediatamente.

Alternativa C: incorreta. É certo que o CPC tratou de concentrar várias matérias na própria contestação. Assim, o réu poderá alegar a incompetência relativa, impugnar ao valor atribuído à causa, impugnar à gratuidade de justiça e até mesmo reconvir na própria contestação. Porém, o oferecimento de reconvenção independe da apresentação de contestação.

Alternativas D e E: incorretas. Uma vez reconhecida a incompetência, serão conservados os efeitos da decisão proferida pelo juízo incompetente até que outra seja proferida, se for o caso, pelo juízo competente (art. 64 § 4º).

Gabarito: letra B.

---

13. (FCC – Juiz do Trabalho Substituto 6ª Região/2015) José e Pedro celebraram contrato de compra e venda a prestação de um veículo. Tendo Pedro deixado de pagar as prestações, José moveu ação de cobrança e Pedro, ação de rescisão de contrato, por vício redibitório. Nesse caso, há, entre as ações propostas,

a) coisa julgada.

b) conexão.

c) afinidade que não acarreta conexão, litispendência ou continência.

d) litispendência.

e) continência.

COMENTÁRIOS

✪ **Nota do autor:** A conexão e a continência são critérios de modificação da competência (para alguns doutrinadores, são fixadores de competência). Dá-se a conexão quando entre duas ou mais ações lhes for comum o pedido ou a causa de pedir (art. 55 do CPC). Pelo critério materialista, havendo um liame entre duas demandas, será possível afirmar que entre elas existe conexão. Dessa maneira, diz-se que as hipóteses do art. 55 não são as únicas em que é possível verificar a existência de conexão (ligação) entre demandas. Segundo os incisos do parágrafo segundo, do mesmo artigo, também haverá conexão entre a execução de título extrajudicial e a ação de conhecimento relativa ao mesmo ato jurídico, ou, ainda, entre as execuções fundadas no mesmo título executivo.

Alternativa "a". Haveria coisa julgada se houvesse identidade de todos os elementos da ação, sendo que uma das sentenças já estava definitivamente julgada.

Alternativa Correta: letra "b". Existirá conexão entre as demandas, pois lhes é comum o fato em si.

Além disso, há uma afinidade entre as ações, relativas à mesma relação de direito material. Uma vez verificada a conexão, deverá ser verificada a possibilidade de reunião dos processos para julgamento conjunto, o que se constitui em medida salutar, pois evitará que coexistam sentenças contraditórias. Para que ocorra tal reunião, contudo, devem ser observados alguns requisitos: i) que um dos processos não tenha sido sentenciado (Súmula 132 do STJ); ii) competência absoluta do juízo para as demandas; iii) adequação procedimental; iv) conexão relevante entre as demandas a justificar tal reunião. Note-se que, em relação a este último requisito, o CPC/2015 inovou ao permitir a reunião para julgamento conjunto de processos que possam gerar risco de prolação de decisões conflitantes ou contraditórias caso decididos separadamente, mesmo sem conexão entre eles (§ 3º, art. 55). Portanto, é possível que ocorra a reunião havendo ou não conexão entre as demandas, com o intuito de evitar que sejam proferidas sentenças contraditórias ou conflitantes.

Alternativa "c". No caso, há afinidade que acarreta o reconhecimento da conexão.

Alternativa "d". Não se trata de litispendência, pois não há identidade dos elementos da ação.

Alternativa "e". Dá-se a continência entre duas ou mais ações, segundo o art. 56 do CPC, quando houver identidade quanto às partes e à causa de pedir, mas o pedido de uma, por ser mais amplo, abrange o das demais. Em outras palavras, há continência entre duas demandas se estivermos diante de mesmas partes, mesma causa de pedir (fatos e fundamentos jurídicos) e o pedido de uma está contido no pedido da outra. Trata-se, como se vê, de uma conexão qualificada. Verificada a continência entre duas demandas, o CPC aponta duas soluções possíveis. A propósito, o art. 57 estabelece que "quando houver continência e a ação continente tiver sido proposta anteriormente, no processo relativo à ação contida será proferida sentença sem resolução de mérito, caso contrário, as ações serão necessariamente reunidas". Para entender o dispositivo, deve-se saber que o pedido continente (ação continente) é aquele mais amplo, que engloba o pedido contido (ação contida). Dessa maneira: i) se a ação mais ampla for ajuizada anteriormente, a ação contida será extinta sem resolução do mérito; ii) porém, se a ação contida for ajuizada anteriormente, serão as demandas reunidas para julgamento conjunto. Tanto no caso da conexão, quanto da continência, os processos serão reunidos, se o caso, e julgados pelo juízo prevento (art. 58), que será aquele em que tenha ocorrido o registro ou a distribuição da petição inicial em primeiro lugar (art. 59). Importante salientar que o CPC colocou fim à dualidade de regras para fixação do juízo prevento, para se fixar uma única: juízo em que ocorreu o registro ou a distribuição da petição inicial em primeiro lugar. Sendo o caso de continência, como dito acima, uma das causas está contida na outra, que é mais ampla.

Gabarito: letra B.

14. (FCC – Juiz do Trabalho Substituto 23ª Região/2015) O locador move ação de despejo por falta de pagamento cumulada com cobrança e o locatário ação de consignação dos valores correspondentes a aluguéis e encargos de locação, sob o fundamento de recusa do credor a recebê-los. As ações são distribuídas e correm na mesma comarca, mas em juízos diferentes. Nesse caso há

a) litispendência, que deverá ser arguida em preliminar da contestação e determinará a extinção do processo mais recente, com resolução do mérito.

b) litispendência, que deverá ser arguida em preliminar da contestação e determinará a extinção do processo mais recente, sem resolução do mérito.

c) continência, que deverá ser arguida em preliminar da contestação, podendo o juiz ordenar a reunião das ações e considerar-se-á prevento o juiz que primeiro houver determinado a citação.

d) conexão, que só poderá ser arguida mediante exceção de incompetência, devendo o juiz ordenar a reunião das ações e considerar-se-á prevento aquele que primeiro houver determinado a citação.

e) conexão, que deverá ser arguida em preliminar de contestação, podendo o juiz ordenar a reunião das ações, e considerar-se-á prevento o juiz que despachou em primeiro lugar.

COMENTÁRIOS

✪ **Nota do autor:** Como dito na questão acima, a conexão é uma causa de modificação da competência (ou de fixação), que poderá ser reconhecida em razão de alegação pelo réu, em preliminar de contestação, ou ser reconhecida de ofício pelo juiz. Poderá importar na reunião dos processos, para se evitar que sejam proferidas sentenças conflitantes. A reunião dos processos será feita em favor do juiz prevento e o CPC modificou o critério de fixação da prevenção.

Alternativa Correta: letra "e". Sendo reconhecida a conexão entre as duas demandas (por ser comum o objeto ou a causa de pedir), ou, ainda, por existir outra situação de afinidade entre as demandas, deve ser analisada a possibilidade de reunião dos processos para julgamento conjunto. Como dito anteriormente, tal reunião poderá ser determinada ainda que não haja conexão ou continência entre as demandas, os processos que possam gerar risco de prolação de decisões conflitantes ou contraditórias caso decididos separadamente, mesmo sem conexão entre eles (art. 55, § 3º CPC). Em conformidade com o art. 59 do CPC, o registro ou a distribuição da petição inicial torna prevento o juízo, não havendo mais a dualidade de soluções se as ações tramitarem no mesmo ou em comarcas diferentes, como era previsto nos artigos 106 e 219 do CPC de 1973. Com o CPC, o critério será único: registro ou a distribuição da petição inicial tornará prevento o juízo (juízo que despachou em primeiro lugar). Exclui automaticamente as demais alternativas.

Gabarito: letra E.

8. ATOS PROCESSUAIS

15. (FCC - Juiz do Trabalho/2017) Sobre os atos processuais, nulidades e valor da causa, o Código de Processo Civil estabelece:

a) A nulidade dos atos deve ser alegada na primeira oportunidade em que couber à parte falar nos autos, sob pena de preclusão, que não ocorrerá quanto às nulidades que o juiz deva decretar de ofício ou provando a parte legítimo impedimento para alegação oportuna.

b) A nulidade por ausência de intimação do Ministério Público para acompanhar o feito em que deveria intervir pode ser decretada independentemente de sua manifestação sobre a inexistência de prejuízo, que sempre se presume.

c) Ao pronunciar a nulidade, o juiz declarará que atos são atingidos e ordenará as providências necessárias a fim de que sejam repetidos ou retificados, mesmo quando não prejudicar a parte.

d) O valor da causa será, na ação de cobrança de dívida, a soma monetariamente corrigida do principal, dos juros de mora vencidos e de outras penalidades, se houver, até a data de propositura da ação, e, na ação indenizatória, inclusive a fundada em dano moral, o valor pretendido, cabendo ao juiz, desde que por requerimento da parte contrária, corrigir o valor da causa quando verificar que não corresponde ao conteúdo patrimonial em discussão ou ao proveito econômico perseguido.

e) O juízo arbitral poderá expedir carta arbitral, para que órgão do Poder Judiciário pratique ou determine o cumprimento, na área de sua competência territorial, de ato objeto de pedido de cooperação judiciária, exceto os que importem efetivação de tutela provisória.

COMENTÁRIOS

✪ **Notas do autor**: a questão apresentada trata de vários temas, que serão analisados quando dos comentários às alternativas seguintes.

Alternativa correta: letra "A". O CPC 2015 também seguiu o princípio da instrumentalidade das formas, segundo o qual, somente será reconhecida a nulidade se houver efetivo prejuízo (art. 283). Porém, há de se acrescentar que foram também adotados outros dois importantes princípios, quais sejam, o do máximo aproveitamento dos atos processuais e o da primazia do julgamento do mérito (art. 4º). Como consequência, as nulidades absolutas e as relativas acarretarão a invalidação do ato processual apenas se houver prejuízo àquele que a elas não deu causa. Ocorre que o Código também encampa o *sistema de preclusões*, que informa toda a estrutura do processo, no sentido de sempre buscar avançar de forma lógica. Assim, há o momento adequado para a prática dos atos, evitando-se os retrocessos. Por isso, há nulidades que devem ser alegadas na primeira oportunidade que a parte tiver para falar nos autos, sob pena de preclusão – nulidades relativas. Também há aquelas nulidades que podem ser alegadas a qualquer momento e, também, reconhecidas de ofício pelo juiz – nulidades absolutas (art. 278, parágrafo único). Para estes casos, se a parte provar legítimo impedimento, ou seja, que não lhe era possível alegá-la na primeira oportunidade que teve para se manifestar, também se admitirá a invalidação do ato se alegada posteriormente.

Alternativa "B": incorreta. O Ministério Público poderá atuar no processo como parte ou, ainda, como fiscal da ordem jurídica. Atuando nesta condição – como interveniente – terá vista do processo após a manifestação das partes. Se o *parquet* não for intimado a acompanhar o processo quando a lei o exigir, haverá a nulidade processual. Contudo, seguindo o raciocínio do princípio da instrumentalidade das formas, a invalidação dos atos processuais somente ocorrerá se o Ministério Público se manifestar no sentido de que ocorreu prejuízo, invalidando-se os atos a partir do momento em que ele deveria ter sido intimado (art. 279 e parágrafos). Como se vê, a alternativa está incorreta pois afirmava que a nulidade ocorreria independentemente da alegação pelo Ministério Público de ocorrência de prejuízo.

Alternativa "C": incorreta. Ainda que ocorra hipótese de nulidade, o magistrado somente invalidará aqueles em que houver efetivo prejuízo, segundo o princípio da instrumentalidade das formas.

Alternativa "D": incorreta. A toda causa será atribuído um valor, ainda que não tenha conteúdo econômico. Dessa maneira, entre os requisitos intrínsecos da petição inicial, está o de exigência da indicação do valor da causa. O réu, por sua vez, poderá impugná-lo, desde que o faça na forma de preliminar na contestação, sob pena de preclusão. Não mais se exige que o faça por meio de petição separada. O juiz, por sua vez, poderá reconhecer a inadequação do valor da causa às diretrizes traçadas pelo Código em acatamento à preliminar aventada pela parte, mas também de ofício e por arbitramento e determinará o recolhimento das custas correspondentes (art. 292, § 3º).

Alternativa "E": incorreta. O juízo arbitral poderá solicitar a prática de ato processual ao Poder Judiciário. Para tanto, expedirá *carta arbitral*, para que este pratique ou determine o cumprimento, na área de sua competência territorial, de ato objeto de pedido de cooperação judiciária formulado por juízo arbitral, inclusive aqueles que importarem na efetivação de tutela provisória (art. 237, IV do CPC).

Gabarito: letra A.

16. (TRT 1 - Juiz do Trabalho Substituto 1ª Região/2016) Segundo disposto no CPC/1973, far-se-á a citação por oficial de justiça, EXCETO:

a) nas ações de estado.

b) quando o autor afirmar ser inacessível o lugar em que o réu se encontrar.

c) quando for ré pessoa incapaz.

d) quando for ré pessoa de direito público.

e) quando frustrada a citação pelo correio.

COMENTÁRIOS

✪ **Nota do autor:** a citação é o ato pelo qual são convocados o réu, o executado ou o interessado para integrar a relação processual (art. 238).

Alternativa Correta: letra B. A citação poderá ser feita pelo correio, por oficial de justiça, pelo escrivão ou chefe de secretaria, se o citando comparecer em cartório, por edital e por meio eletrônico, conforme regulado em lei. Se o réu residir em local não atendido pela entrega domiciliar de corresponder, a citação deverá ser feita pelo oficial de justiça. (art. 247, IV CPC 2015). Exclui as demais alternativas.

Gabarito: letra B.

---

17. (FCC – Juiz do Trabalho Substituto 24ª Região/2015) Quanto a prazos e preclusão, é correto afirmar:

a) a preclusão consumativa consiste na perda da faculdade processual de praticar um ato que seja logicamente incompatível com outro consumado anteriormente.

b) os prazos cogentes são dilatórios, podendo ser alterados pela vontade das partes.

c) é possível às partes, desde que de acordo, prorrogar os prazos peremptórios.

d) os prazos das partes e dos terceiros intervenientes em regra são próprios, tendo de ser respeitados sob pena de preclusão temporal, com a perda da faculdade processual da prática do ato.

e) os atos processuais judiciais não estão sujeitos a preclusão em nenhuma hipótese.

COMENTÁRIOS

✪ **Nota do autor:** Quanto aos prazos processuais, inovou o CPC ao determinar exclusivamente a contagem dos dias úteis, de modo que os prazos não são mais contínuos.

Alternativa "a". O princípio da preclusão foi adotado pelo CPC. Ao se estudar tal instituto, geralmente, não se tem a ideia exata de sua dimensão. Por tal princípio, tem-se que o processo segue uma sequência lógica na consecução dos atos processuais. Assim, se não observa o prazo legal para a prática do ato, tem-se a preclusão temporal; se, por sua vez, pratica ato incompatível com outro praticado anteriormente, tem-se a preclusão lógica; de outro lado, se pratica o ato processual, não poderá posteriormente renová-lo, em razão da preclusão consumativa, permitindo-se o CPC, contudo, por conta da preferência pelo julgamento do mérito, que eventuais vícios que assim permitirem sejam sanados; por fim, também se fala da preclusão elástica, que ocorrerá se não houver a prática do ato processual posteriormente, como ocorre com a impossibilidade de questionar-se a questão decidida em decisão interlocutória, se a parte não constar a impugnação no recurso de apelação ou nas contrarrazões de apelação apresentadas.

Alternativas "b" e "c". Pelo CPC de 1973, os prazos cogentes eram os fatais, que não poderiam ser dilatados ou reduzidos pela vontade das partes. O CPC rompe com essa definição, ao permitir que quaisquer prazos sejam aumentados ou reduzidos pelas partes. O conceito de prazo preclusivo, então, foi alterado, para aquele que não pode ser reduzido pelo juiz, senão com a concordância das partes.

Alternativa "d". Há situações em que o ato processual judicial está sujeito à preclusão como ocorre, por exemplo, com a impossibilidade de modificação de tutela cautelar deferida se não houver mudança da situação anteriormente existente.

Alternativa Correta: letra "d". Ainda em conformidade com o CPC, os prazos processuais são próprios, no sentido de que, não observados, estará configurada a preclusão temporal. É certo, porém, que o CPC admitiu, expressamente, a possibilidade de que as partes convencionem negócios processuais, podendo alterar o procedimento e, também, os próprios prazos, em comum acordo. Assim, embora o prazo seja próprio, será possível que as partes convencionem a respeito, dilatando-o ou o reduzindo. De outro lado, o magistrado somente poderá dilatar os prazos processuais, ou reduzi-los, neste último caso, se houver concordância das partes. Logo, o prazo legal é a garantia mínima de tempo que a parte dispõe para a prática do ato processual, que somente poderá ser reduzido se houver a sua concordância.

Gabarito: letra "D"

9. INTERVENÇÃO DE TERCEIROS

---

18. FGV – 2023 – TST – Juiz do Trabalho

Sobre a desconsideração da personalidade jurídica, é correto afirmar que:

a) nas sociedades em comum, por serem dotadas de personalidade processual – capacidade de ser parte – para que seus sócios sejam responsabilizados, solidária e ilimitadamente, haverá a necessidade de instauração do incidente de desconsideração da personalidade jurídica;

b) o inciso II do Art. 790 do Código de Processo Civil, quando estatui que os bens dos sócios, nos termos da lei, estão sujeitos à execução, refere-se à responsabilidade secundária indireta do sócio e, portanto, pressupõe a observância do Instituto da desconsideração da personalidade jurídica;

c) a decisão proferida no processo de conhecimento que afasta a responsabilidade do sócio pela dívida da sociedade, sob o fundamento de não demonstrada a confusão patrimonial, não inibe, na execução, pedido para instauração de incidente de desconsideração da personalidade jurídica por outra causa de responsabilização secundária indireta;

d) considera-se, para efeitos da lei processual, como instaurado o incidente de desconsideração da personalidade jurídica quando, desde a petição inicial, haja pretensão de responsabilidade patrimonial dos sócios;

e) pelo princípio da eventualidade ou da concentração da defesa, no procedimento incidental de desconsideração da personalidade jurídica, o sócio (ou a sociedade no caso de desconsideração inversa) deve defender-se a respeito de todos os pontos relativos à dívida, à correção dos cálculos de liquidação e mesmo sobre a validade do título executivo, sob pena de preclusão.

COMENTÁRIOS

Notas do autor:

Alternativa A – incorreta. A sociedade em comum não tem personalidade jurídica, de modo que os seus sócios responderão diretamente pelas obrigações assumidas, conforme prevê o art. 990, do CC: "Todos os sócios respondem solidária e ilimitadamente pelas obrigações sociais, excluído do benefício de ordem, previsto no art. 1.024, aquele que contratou pela sociedade". Dessa forma, será desnecessária a instauração do incidente de desconsideração da personalidade jurídica.

Alternativa B – incorreta. A hipótese mencionada no art. 790, II, do CPC, consubstancia situação em que será desnecessária a desconsideração da personalidade jurídica para a responsabilização do sócio.

Alternativa C – correta. Admite-se o IDPJ tanto na fase de conhecimento, quanto também no cumprimento de sentença (art. 134, CPC).

Alternativa D – incorreta. Está dispensada a instauração do IDPJ se a desconsideração for requerida na petição inicial, quando o sócio ou a pessoa jurídica serão citados (art. 134, § 2º, CPC).

Alternativa E – incorreta. Não é necessário que o sócio enfrente todos os assuntos tratados no processo principal, uma vez que este será suspenso (art. 134, § 3º, CPC).

Gabarito: "C".

---

19. (FCC – Juiz do Trabalho/2017) Quanto às regras que tratam das partes, dos procuradores e da intervenção de terceiros, o Código de Processo Civil estabelece que

a) a alienação a título particular da coisa ou do direito litigioso por ato entre vivos altera a legitimidade das partes e o adquirente ou cessionário poderá ingressar em juízo, como sucessor, independentemente de consentimento da parte contrária.

b) o juiz, desde que haja requerimento da parte ou do Ministério Público, quando lhe couber intervir no processo, condenará o litigante de má-fé a pagar multa, que deverá ser superior a 1% e inferior a 10% do valor corrigido da causa, bem como a indenizar a parte contrária pelos prejuízos que esta sofreu e a arcar com os honorários advocatícios e com todas as despesas que efetuou.

c) o incidente de desconsideração da personalidade jurídica, inclusive a hipótese de desconsideração inversa, será instaurado de ofício ou a requerimento da parte ou do Ministério Público, quando lhe couber intervir no processo.

d) o incidente de desconsideração é cabível em todas as fases do processo de conhecimento, no cumprimento de sentença e na execução fundada em título executivo extrajudicial, sendo dispensada sua instauração se for requerida na petição inicial, caso em que será citado o sócio ou a pessoa jurídica, com suspensão do processo.

e) a concessão de gratuidade não afasta a responsabilidade do beneficiário pelas despesas processuais e pelos honorários advocatícios decorrentes de sua sucumbência, que ficarão sob condição suspensiva de exigibilidade e somente poderão ser executados se, nos cinco anos subsequentes ao trânsito em julgado da decisão que as certificou, o credor demonstrar que deixou de existir a situação de insuficiência de recursos que justificou a concessão de gratuidade, extinguindo-se, passado esse prazo, tais obrigações do beneficiário.

COMENTÁRIOS

✪ **Notas do autor**: ocupa-se a questão das regras pertinentes às partes e seus procuradores, conforme se verá na análise de cada assertiva.

Alternativa "A": incorreta. A citação válida, ainda que ordenada por juiz incompetente, produz os seguintes efeitos: induzir litispendência, tornar litigiosa a coisa e constituir em mora o devedor (art. 240, *caput* do CPC). Nesse passo, uma vez citado o réu, o bem discutido estará sob situação de litígio. Sem prejuízo, não há qualquer óbice à alienação do bem pelo réu, que ainda detém a sua propriedade. Uma vez alienado, poderá o adquirente postular que suceda ao réu no processo, para que passe a constar como integrante único do polo passivo. Para que tal medida progrida, porém, será necessária a concordância do autor. Se positiva a resposta do autor, o réu originário será excluído da relação processual e sucedido pelo adquirente do bem. Se negativa, o réu originário continuará a ocupar com exclusividade o polo passivo da ação, passando a agir em substituição processual, pois defenderá, em seu nome, direito de outrem (do adquirente). Como a sentença a ser proferida produzirá efeitos na relação jurídica de direito material existente entre o autor e o substituído no processo, admite-se que este terceiro requeira o seu ingresso na condição de assistente litisconsorcial.

Alternativa "B": incorreta. A *cláusula geral de boa-fé* deve reger também as relações processuais e os atos por todos aqueles que dele participarem. Não sem motivo, o art. 5º do CPC determina que "todos os sujeitos do processo devem cooperar entre si para que se obtenha, em tempo razoável, decisão de mérito justa e efetiva". Por esse motivo, o Código buscou reprimir a litigância de má-fé, quando o juiz condenará o litigante nessa condição a pagar multa, que deverá ser superior a um por cento e inferior a dez por cento do valor corrigido da causa, além de indenizar a parte contrária pelos prejuízos que esta sofreu e a arcar com os honorários advocatícios e com todas as despesas que efetuou (art. 81, *caput*). Quando o valor da causa for irrisório ou inestimável, a multa poderá ser fixada em até dez vezes o valor do salário-mínimo (art. 80, § 2º).

Alternativa "C": incorreta. Entre as modalidades de intervenção de terceiro tipificadas é possível encontrar o *incidente de desconsideração da personalidade jurídica*. A lei processual não foi responsável pela previsão das hipóteses em que tal *descortinamento* será cabível, mas regulamentou o procedimento adequado para a sua instauração até decisão. A legitimidade para a sua instauração é da parte ou do Ministério Público, quando este intervir no processo (art. 133, caput), não se admitindo que tenha a iniciativa oficiosa do juiz. Portanto, o processamento de tal incidente dependerá de requerimento (*princípio da inércia*). O Código também fez previsão da *desconsideração inversa*, quando o sócio transferiu para a sociedade os seus bens como meio de anular o esforço do credor de buscar bens do daquele. Por isso, o art. 135 indica que instaurado o incidente, o sócio ou a pessoa jurídica será citado para manifestar-se e requerer as provas cabíveis no prazo de 15 dias.

Alternativa "D": incorreta. O incidente de desconsideração da personalidade jurídica poderá ser instaurado em todas as fases do processo de conhecimento, no cumprimento de sentença e na execução fundada em título executivo extrajudicial (art. 134, *caput*). Uma vez instaurado, suspende-se o andamento do processo até que seja solucionado (*suspensão imprópria*). Contudo, a suspensão não ocorrerá se a desconsideração já for requerida na petição inicial, quando se formará litisconsórcio passivo entre a pessoa jurídica e o sócio e não haverá necessidade de instauração de incidente específico.

Alternativa correta: letra E. Em 1979, Mauro Cappelletti e Bryant Garth, entre outros, concluíram o *Projeto de Florença sobre Acesso à Justiça*, que permitiu analisar as dificuldades e soluções encontradas para se admitir o acesso ao Judiciário. Nesse sentido, os doutrinadores identificaram as *Ondas Renovatórias*, que consistem em soluções adotadas pelos países para vencer as dificuldades existentes. E a primeira dificuldade apontada era exatamente pertinente ao custo do processo, tema da alternativa apresentada. Para vencê-la, o legislador fez previsão de um "*sistema de assistência judiciária* gratuita, devido a todas as pessoas (naturais ou jurídicas) que não disponham de recursos para pagar as custas, as despesas processuais e os honorários advocatícios (...)".[5] O CPC de 2015 tratou do tema no art. 98 e seguintes, enfatizando que a gratuidade processual não afasta a responsabilidade do beneficiário pelas despesas processuais e pelos honorários advocatícios decorrentes de sua sucumbência. Porém, a condenação, neste ponto, estará sob condição suspensiva de exigibilidade. Como consequência, somente poderão ser executados se, nos cinco anos subsequentes ao trânsito em julgado da decisão que as certificou, o credor demonstrar que deixou de existir a situação de insuficiência de recursos que justificou a concessão de gratuidade, extinguindo-se, passado esse prazo, tais obrigações do beneficiário (art. 98, § 3º). É digno de registro que a concessão da gratuidade não afasta o dever de o beneficiário pagar, ao final, as multas processuais que lhe sejam impostas (art. 98, § 4º). A concessão da gratuidade poderá ser para todos os atos processuais, somente para alguns deles ou, ainda, consistir na redução percentual de despesas processuais que o beneficiário tiver de adiantar no curso do procedimento (§ 5º).

Gabarito: letra "E".

5. ARENHART, Sérgio Cruz. *Acesso à Justiça: Relatório Brasileiro*. Revista de Processo Comparado. São Paulo: Revista dos Tribunais. DRT/2017\6773.

---

20. (TRT 1 – Juiz do Trabalho Substituto 1ª Região/2016) A respeito da intervenção de terceiros, considere: (CPC 1973).

I. A oposição, oferecida antes da audiência, será apensada aos autos principais e correrá simultaneamente com a ação, sendo ambas julgadas pela mesma sentença.

II. Se o nomeado à autoria negar a qualidade que lhe é atribuída, o processo continuará contra o nomeante, a quem então se assinará novo prazo para contestar.

III. A citação do responsável pela indenização, nos casos de denunciação da lide, deverá ser feita dentro de 30 dias quando o mesmo encontrar-se em lugar incerto, período em que ficará suspenso o processo.

IV. Na hipótese de chamamento ao processo, a sentença que julgar procedente a ação, condenando os devedores, valerá como título executivo em favor do que satisfizer a dívida.

Está correto o que se afirma em

a) II e IV, apenas.
b) I e III, apenas.
c) II e III, apenas.
d) I, II e IV, apenas.
e) I, II, III e IV.

COMENTÁRIOS

✪ Nota do autor:

Alternativa Correta: letra E, com algumas observações importantes por conta do CPC/2015.

Assertiva I: (correta). A oposição não está prevista mais como hipótese de intervenção de terceiros, mas entre os procedimentos especiais. Admitido o processamento, a oposição será apensada aos autos e tramitará simultaneamente à ação originária, sendo ambas julgadas pela mesma sentença. Se a oposição for proposta após o início da audiência de instrução, o juiz suspenderá o curso do processo ao fim da produção das provas, salvo se concluir que a unidade da instrução atende melhor ao princípio da duração razoável do processo. Cabendo ao juiz decidir simultaneamente a ação originária e a oposição, desta conhecerá em primeiro lugar.

Assertiva II: (correta). A nomeação à autoria também foi excluída entre as modalidades interventivas, por isso, atualmente, a assertiva estaria incorreta.

Assertiva III: (correta). A denunciação da lide é modalidade de intervenção de terceiros, em que o denunciante exerce direito de regresso em face do denunciado. A citação do denunciado deverá ser requerida pelo autor ou pelo réu, conforme o caso, e deverá ser promovida no prazo de trinta dias, sob pena de ficar sem efeito a denunciante. Se o denunciado residir em outra comarca, seção ou subseção judiciária, ou em lugar incerto, o prazo será de dois meses. Como se vê, a alternativa estaria incorreta.

Assertiva IV: correta. O chamamento ao processo foi preservado no CPC/2015, deixando-se claro, contudo, que se importa de modalidade que busca a ampliação do polo passivo da ação. A sentença de procedência valerá como título executivo em favor do réu que satisfizer a dívida, a fim de que possa exigi-la, por inteiro, do devedor principal, ou, de cada um dos codevedores, na proporção que lhes tocar (art. 132).

Gabarito: letra "E".

---

21. (FCC – Juiz do Trabalho Substituto 1ª Região/2015) Segundo o disposto no Código de Processo Civil de 1973,

I. a assistência tem lugar em qualquer dos tipos de procedimento e em todos os graus de jurisdição, mas o assistente sempre recebe o processo no estado em que se encontra.

II. o assistente atuará como auxiliar da parte principal, exercerá os mesmos poderes e sujeitar-se-á aos mesmos ônus processuais que o assistido.

III. considera-se litisconsorte da parte principal o assistente, toda vez que a sentença houver de influir na relação jurídica entre ele e o adversário do assistido.

IV. transitada em julgado a sentença, na causa em que interveio o assistente, este não mais poderá, em qualquer hipótese, e em processo posterior, discutir a justiça daquela decisão.

Está correto o que se afirma APENAS em

a) I e III.

b) II e IV.

c) III e IV.

d) I, II e III.

e) I, II e IV.

COMENTÁRIOS

✪ **Nota do autor:** O CPC/2015 corrigiu a imprecisão existente no CPC de 1973 e elencou, entre as modalidades de intervenção de terceiros, a assistência.

Alternativa Correta: letra "d". Estão corretas as assertivas I, II e III.

Assertiva I: correta. A assistência é modalidade de intervenção de terceiros, em que o terceiro, espontaneamente, demonstra a existência de interesse jurídico para atuar no processo em prol de uma das partes. Admite-se a assistência simples e a litisconsorcial. Pela primeira, basta comprovar a existência do interesse jurídico. Pela segunda, de outro lado, deverá o terceiro demonstrar que a sentença influenciará em relação jurídica existente entre ele e o adversário do assistido. Poderia, assim, figurado como litisconsorte. Poderá a assistência se efetivar em qualquer fase do processo, recebendo o assistente no estado em que se encontra.

Assertiva II: correta. A assertiva se refere ao assistente simples, que auxiliará o assistido e estará sujeito aos mesmos ônus e poderes deste. Tal modalidade não obsta a que a parte principal reconheça a procedência do pedido, desista da ação, renuncia ao direito sobre o que se funda a ação ou transija sobre direitos controvertidos.

Assertiva III: correta. A assertiva se refere à assistência litisconsorcial. Nesta, o assistente poderá opor-se até à própria vontade do assistido. Assim, se o assistido somente poderá, por exemplo, reconhecer a procedência do pedido, se houver concordância do assistente.

Assertiva IV: incorreta. O assistente não poderá mais discutir a justiça da decisão, salvo se alegar e provar que, pelo estado em que recebeu o processo ou pelas declarações e pelos atos do assistido, foi impedido de produzir provas suscetíveis de influir na sentença, ou desconhecia a existência de alegações ou de provas das quais o assistido, por dolo ou culpa, não se valeu.

Gabarito: D.

10. TUTELA PROVISÓRIA

22. FGV – 2023 – TST – Juiz do Trabalho

O atual código de Processo Civil disciplina a formação do Processo e sua extinção, bem como aspectos específicos sobre a concessão da tutela antecipada. Considerando as normas legais em vigor, é correto afirmar que:

a) ao prever a reunião para julgamento conjunto de processos que possam gerar risco de decisões conflitantes, o CPC autoriza o órgão julgador, em juízo de conveniência e para evitar demora de processamento da segunda demanda, a receber aditamento de pedido e de causa de pedir até o saneamento do processo;

b) concedida a tutela antecipada requerida em caráter antecedente, cuja petição inicial limitou-se a tal requerimento e à indicação do pedido de tutela final, deverá o autor promover o aditamento com a complementação de sua argumentação, bem como providenciar a juntada de novos documentos e a confirmação do pedido de tutela final, em quinze dias, caso não haja prazo maior fixado;

c) no que se refere ao procedimento de tutela antecipada requerida em caráter antecedente, cuja petição inicial limitou-se a tal requerimento e à indicação do pedido de tutela final, não há previsão legal para se admitir a emenda da petição inicial, caso o órgão jurisdicional entenda que não há elementos para a concessão do pedido;

d) a desistência da ação, independentemente de oferecida a contestação, a desistência do recurso, ainda que já apresentadas as contrarrazões, e a renúncia ao direito de recorrer constituem negócios jurídicos unilaterais não receptivos e, portanto, não dependentes de aceitação da parte contrária;

e) oferecida a contestação, a extinção do processo por abandono da causa pelo autor depende de requerimento do réu. Entretanto, a extinção do processo sem resolução de mérito somente estará autorizada se a parte autora, intimada por meio do Diário de Justiça, na pessoa de seu advogado, não promover os atos e as diligências que lhe incumbir.

COMENTÁRIOS

Notas do autor:

Alternativa "A": incorreta. A questão trata de dois pontos distintos. O primeiro: os processos de ações conexas serão reunidos para decisão conjunta, salvo se um deles já tiver sido sentenciado (art. 55, § 1º). Admite-se a reunião para julgamento conjunto de processos que, embora sem conexão entre eles, possam gerar risco de prolação de decisões conflitantes ou contraditórias caso decididos separadamente (art. 55, § 3º). O segundo: o autor poderá até o saneamento do processo, aditar ou alterar o pedido e a causa de pedir, com consentimento do réu, assegurado o contraditório mediante a possibilidade de manifestação deste no prazo mínimo de quinze dias, facultado o requerimento de prova suplementar (art. 329, II). Note-se: este último dispositivo trata da possibilidade de aditamento e alteração do pedido e da causa de pedir para qualquer situação e não de forma específica para a reunião do processo.

Alternativa "B": correta. Concedida a tutela antecipada em caráter antecedente, o autor deverá aditar a petição inicial, com a complementação de sua argumentação, a juntada de novos documentos e a confirmação do pedido de tutela final, em quinze dias ou em outro prazo maior que o juiz fixar (art. 303, § 1º, I).

Alternativa "C": incorreta. Vide fundamentação constante da alternativa "B".

Alternativa "D": incorreta. A desistência da ação, depois de oferecida a contestação, dependerá de consentimento do réu (art. 485, § 4º); a desistência de recurso independe de consentimento da parte contrária (art. 998, *caput*); a renúncia ao direito de recorrer independe da aceitação da outra parte (art. 999).

Alternativa "E": incorreta. Oferecida a contestação, a extinção do processo por abandono da causa pelo autor depende de requerimento do réu (art. 485, § 6º). No caso do processo ficar parado durante mais de um ano por negligência das partes, ou por não promover os atos e as diligências que lhe incumbir, o autor abandonar a causa por mais de trinta dias, será proferida sentença, sem resolução do mérito. Em tais casos, a parte será intimada pessoalmente para suprir a falta no prazo de cinco dias (art. 485, § 1º).

Gabarito: "B".

---

23. (FCC – Juiz do Trabalho Substituto 6ª Região/2015) Requerida pelo autor antecipação dos efeitos da tutela pretendida, na petição inicial, se a providência pleiteada for de natureza cautelar, o juiz

a) não conhecerá desse pedido.

b) suspenderá o processo e determinará que, em dez dias, o autor promova ação cautelar incidente, para que possa conhecer do pedido.

c) poderá, quando presentes os respectivos pressupostos, deferir a medida cautelar em caráter incidental no processo ajuizado.

d) indeferirá, de plano, para que não ocorra julgamento extra petita.

e) deverá marcar prazo de dez dias para o autor emendá-la, sob pena de indeferimento da petição inicial.

COMENTÁRIOS

Nota do autor: O CPC/2015 inovou consideravelmente em relação ao tema. Não mais existirá o processo cautelar e fez previsão da chamada tutela provisória, que, por sua vez, englobará a tutela de urgência e a tutela da evidência. A tutela de urgência compreende a tutela antecipada e a tutela cautelar, que podem ser deferidas em caráter antecedente ou incidentalmente. A regra da fungibilidade entre as tutelas cautelar e antecipada, mais do que nunca, valerá para o CPC/2015.

Alternativa Correta: letra "c". Reconhecido pelo juiz que a parte, ao invés de pleitear a tutela antecipada, fez requerimento de concessão de tutela cautelar, sendo estas espécies da tutela de urgência, deverá aplicar o princípio da fungibilidade (não restrito aos recursos, mas aplicável à teoria geral do processo), deferindo a medida pertinente. Tal providência está em conformidade com o máximo aproveitamento dos atos processuais e com a primazia do julgamento do mérito, ainda. Exclui automaticamente as demais alternativas.

Gabarito: C.

---

24. (FCC – Juiz do Trabalho Substituto 1ª Região/2014) A empresa "Araucária Eventos Ltda." promovia eventos musicais todas as semanas, depois das 22h, em área cercada de residências. Incomodado com o barulho, especialmente por ter um filho recém-nascido, um dos vizinhos ajuizou ação cominatória, com pedido de tutela antecipada, requerendo fosse a empresa compelida a não mais realizar eventos depois das 22h ou a instalar equipamentos para contenção do som. De acordo com o Código de Processo Civil, ao receber a inicial, o Juiz poderá deferir tutela específica da obrigação

a) apenas mediante justificação prévia, impondo, porém não de ofício, multa diária para o caso de descumprimento, cujo valor poderá ser modificado, de ofício, caso se torne insuficiente ou excessivo.

b) liminarmente ou mediante justificação prévia, impondo, porém não de ofício, multa diária para o caso de descumprimento, cujo valor poderá ser modificado caso se torne insuficiente ou excessivo, desde que formulado pedido nesse sentido.

c) liminarmente ou mediante justificação prévia, impondo, inclusive de ofício, multa diária para o caso de descumprimento, cujo valor poderá ser modificado, também de ofício, caso se torne insuficiente ou excessivo.

d) apenas mediante justificação prévia, impondo, porém não de ofício, multa diária para o caso de descumprimento, cujo valor poderá ser modificado caso se torne insuficiente ou excessivo, desde que formulado pedido nesse sentido.

e) liminarmente ou mediante justificação prévia, impondo, porém não de ofício, multa diária para o caso de descumprimento, cujo valor poderá ser modificado, de ofício, caso se torne insuficiente ou excessivo.

COMENTÁRIOS

✪ **Nota do autor:** A questão trata da tutela antecipada, que se diferencia da cautelar por ter cunho satisfativo. A tutela antecipada, em conformidade com o CPC, constituir-se-á em hipótese da tutela de urgência, que, por sua vez, é espécie de tutela provisória. A tutela antecipada, dessa maneira, pressupõe a urgência, sempre.

Alternativa correta: letra "c". A tutela antecipada poderá ser requerida antecedente ou incidentalmente, no processo. Requerida de forma antecedente, competirá ao autor, posteriormente, aditar a petição inicial, com a complementação de sua argumentação, a juntada de novos documentos e a confirmação do pedido de tutela final, em quinze dias ou em outro prazo maior que o juiz fixar (art. 303, I do CPC). Ao deferir a tutela antecipada, para que haja o seu cumprimento efetivo, poderá o juiz adotar as medidas coercitivas, sendo elas requerida ou não na petição. Ainda que requerida uma determinada medida, o juiz poderá adotar outra. Interessante, também, que o CPC frisou que, deferida a tutela antecipada, se o réu não a impugnar por meio do recurso próprio (agravo de instrumento), ocorrerá a estabilização da tutela, quando o processo será extinto (art. 304, § 1º CPC). É necessário entender o motivo e a origem de tal estabilização da tutela. A formação da coisa julgada exige a cognição exauriente, mais aprofundada. Porém, a efetividade do direito, por vezes, não carece da formação da coisa julgada. É possível que essa efetividade surja com a cognição superficial, não exauriente e seja totalmente desnecessário todo o desenrolar do processo judicial. Tem-se, então, um novo paradigma, a que a doutrina italiana denominou de **jurisdição desprovida de acertamento das situações subjetivas substanciais, com a utilização de várias técnicas, entre elas, o provimento decisório sem acertamento, que é, sem dúvida, a forma mais radical de rompimento com o modelo tradicional**. De acordo com essa técnica, também denominada de **decisoriedade simples**, o juiz profere uma decisão com utilidade prática ao demandante, que satisfaz a sua necessidade, mas não declara a existência do direito e, por isso, não fica acobertada pela coisa julgada material, mas, por outro lado, torna-se estável. Vejam que é algo muito próximo do modelo adotado no CPC brasileiro. Ocorre que, por exemplo, na Itália, exige-se que a parte seja intimada para, no prazo de 30 dias, manifestar a vontade de que seja prolatada a sentença, previsão essa que não existe no CPC/2015 brasileiro, muito embora pareça uma providência salutar. Em suma, tem-se duas expressões para compreender: i) jurisdição desprovida de acertamento das situações subjetivas substanciais: que é aquela que se satisfaz com cognição sumária, sem a necessidade da formação da coisa julgada; ii) a decisoriedade simples: que é a técnica mais radical, pela qual o juiz profere uma decisão com utilidade prática, mas não declara o direito, sem formação da coisa julgada. Com essas explicações, estão automaticamente excluídas as demais alternativas.

Gabarito C.

---

25. (FCC – Juiz do Trabalho Substituto 15ª Região/2015) Acerca da antecipação dos efeitos da tutela, considere:

I. A ação que objetiva abstenção de ato admite cominação de pena pecuniária para o caso de descumprimento de decisão que antecipa os efeitos da tutela.

II. É possível a antecipação dos efeitos da tutela em sentença, desde que satisfeitos os requisitos legais.

III. Não é possível antecipação dos efeitos da tutela sem comprovação de periculum in mora.

IV. O Código de Processo Civil admite expressamente a concessão de tutela antecipada *ex officio*.

Está correto o que consta APENAS em

a) II e III.

b) II e IV.

c) I e III.

d) I e II.

e) III e IV.

COMENTÁRIOS

✪ **Nota do autor:** A questão trata da tutela antecipada, segundo o CPC, espécie da tutela de urgência. O CPC/2015 diferenciou a tutela antecipada da tutela da evidência, antes tratadas no mesmo artigo legal (art. 273 do CPC de 1973). Pelo CPC, a tutela provisória consistirá no deferimento da tutela de urgência ou da tutela da evidência. Na primeira, há inerente o risco de dano, o que não é exigido na segunda.

Alternativa correta: letra "d". As assertivas I e II estão corretas (verificar as anotações abaixo).

Assertiva I: correta. Para a efetividade da tutela antecipada, poderá o magistrado adotar medidas coercitivas, como multa diária, entre outras, tendo ou não requerimento da parte interessada, pois não se aplica, aqui, o princípio da adstrição ou da correlação.

Assertiva II: correta. O deferimento da tutela antecipada poderá ocorrer, de acordo com o CPC, de forma antecedente ou incidental, no processo. De forma incidental, poderá ser deferida até mesmo na própria sentença, quando o magistrado, com maior juízo de certeza, reconhece o direito e, ao mesmo tempo, presente o perigo de dano ou o risco ao resultado útil ao processo, defere a medida de urgência.

Assertiva III: incorreta (correta, pelo CPC). No regime do CPC de 1973, o art. 273 tratava, a um só tempo, da tutela antecipada e da tutela da evidência. Em razão disso, a resposta no sentido de que, para o deferimento da tutela antecipada, seria possível que não houvesse o risco de dano (urgência). Pelo CPC de 2015, porém, houve diferenciação. Há a tutela antecipada, como espécie da tutela de urgência e, por isso, carecedora da situação de risco, e há a tutela da evidência, que será deferida independentemente da demonstração de perigo de dano ou de risco ao resultado útil do processo (art. 311, caput, CPC).

Assertiva IV: incorreta. O CPC também não admite a concessão da tutela antecipada de ofício, pois se trata de medida satisfativa, dependente de requerimento da parte interessada. De outro lado, será possível o deferimento da tutela cautelar, por ser instrumental.

Gabarito: D.

11. PETIÇÃO INICIAL

26. FGV – 2023 – TST – Juiz do Trabalho

Na Vara do Trabalho em que se processa a ação de execução fiscal de divida ativa inscrita, no valor de vinte milhões de reais, a empresa XYZ Ltda. ajuíza ação judicial que denomina "ação declaratória de anulação de auto de infração", em face da União, em que pretende o reconhecimento de nulidade do auto de infração lavrado pela Gerência Regional do Trabalho como consta de processo administrativo. Pretende, ainda e alternativamente, nos termos do que fundamenta na causa de pedir, a redução da multa aplicada, para que se reconheça como devida apenas a quantia de cem mil reais.

De acordo com os dados informados, é correto afirmar que:

a) os pedidos são de natureza condenatória e a forma de cumulação é sucessiva;
b) os pedidos são de natureza declaratória e a forma de cumulação é simples;
c) os pedidos são de natureza constitutiva e a forma de cumulação é subsidiária;
d) os pedidos são de natureza constitutiva e a forma de cumulação é alternativa;
e) os pedidos são de natureza declaratória, constitutiva e Condenatória e a forma de cumulação é subsidiária.

COMENTÁRIOS

✪ **Notas do autor**: a pretensão do autor, na hipótese, é de desconstituição do auto de infração lavrado. Desse modo, diz-se que os pedidos são de natureza *constitutiva*. Trata-se de hipótese de cumulação imprópria subsidiária de pedidos, uma vez que foram apresentados mais de um pedido, porém, o segundo somente será analisado se o primeiro não puder ser acolhido.

Gabarito: C.

27. (FCC – Juiz do Trabalho/2017) Com relação ao julgamento de improcedência liminar do pedido,

a) provido eventual recurso interposto pelo autor, havendo necessidade de dilação probatória, os autos serão devolvidos à instância ordinária para que siga seu curso normal, quando o réu será citado.
b) no caso de vários pedidos e em que apenas um diga respeito a entendimento firmado em incidente de resolução de demanda repetitiva, o juiz poderá indeferir a petição inicial quanto ao pedido repetido e determinar a citação do réu com relação aos demais.
c) o texto normativo em análise, por estar localizado dentro do procedimento ordinário comum do Livro do processo de conhecimento, não se aplica às ações que se processam por rito especial, a exemplo do mandado de segurança.
d) a hipótese retratada pode ser de julgamento com resolução do mérito ou sem resolução do mérito, como no caso de impossibilidade jurídica do pedido.
e) no caso de julgamento parcial de algum dos pedidos cumulados na petição inicial, prosseguindo o processo quanto aos demais pleitos, o recurso cabível pelo autor será o de apelação.

COMENTÁRIOS

✪ **Notas do autor**: Na atualidade, a improcedência liminar do pedido será admitida nos casos mencionados no art. 332: I – enunciado de súmula do Supremo Tribunal Federal ou do Superior Tribunal de Justiça; II – acórdão proferido pelo Supremo Tribunal Federal ou pelo Superior Tribunal de Justiça em julgamento de recursos repetitivos; III – entendimento firmado em incidente de resolução de demandas repetitivas ou de assunção de competência; IV – enunciado de súmula de tribunal de justiça sobre direito local. Também se admite a improcedência liminar se o juiz verificar, desde logo, a ocorrência de decadência ou de prescrição (art. 332, § 1º do CPC). Se a improcedência liminar se referir à parte dos pedidos apresentados pelo autor e o processo prosseguir em relação à outra parcela, terá o juízo proferido decisão interlocutória de mérito, impugnável pelo recurso de agravo de instrumento. Porém, se encerrada por completo a fase de conhecimento, terá proferido sentença, impugnável pelo recurso de apelação.

Alternativa "A": incorreta. Admitindo-se a improcedência liminar do pedido, por meio de sentença, o autor poderá impugná-la pelo recurso de apelação. Interposto o recurso, o juízo poderá retratar-se e, se não o fizer, *citará* a parte contrária para oferecer resposta e remeterá o processo ao tribunal. Em segundo grau, admite-se que o colegiado entenda prudente a produção de provas e, ao invés de anular a sentença por isso, converta o julgamento em diligência, para que a prova seja produzida e, posteriormente, ocorra o julgamento da apelação, o que é justificado pelos princípios da primazia do julgamento do mérito e pelo máximo aproveitamento dos atos processuais.

Alternativa correta: letra "B". Embora esta seja a alternativa indicada como correta, tem-se que a afirmação não se encontra em conformidade com a melhor técnica processual. Com efeito, se um dos pedidos se fundar em tese contrária àquela adotada em incidente de resolução de demandas repetitivas, o juízo poderá proferir pronunciamento com a improcedência liminar deste pedido (art. 332, III do CPC) e, quanto aos demais, determinará a continuidade do processo. Proferirá, então, decisão interlocutória de mérito, que pode ser impugnada pelo recurso de agravo de instrumento. A improcedência liminar do pedido no CPC de 2015, ao contrário do que ocorria no CPC de 1973, não será causa de indeferimento da petição inicial, autorizado tão somente em hipóteses em que não se analisa o mérito do pedido (art. 332). Por isso, o reconhecimento da prescrição e da decadência não é mais causa para indeferimento da inicial, mas para a improcedência liminar do pedido. Por isso, não se concorda que a alternativa em comento esteja correta. De outro lado, a alternativa faz alusão a "pedido repetido", que admite alusão à ofensa à coisa julgada, pois, já teria sido objeto de processo com os mesmos elementos (entre eles, o pedido) , acarretando a extinção do processo, sem resolução do mérito.

Alternativa "C": incorreta. A admissibilidade da improcedência liminar do pedido está prevista no Título I – Do Procedimento Comum, Parte Especial – Livro I, do CPC, aplicando-se ao procedimento do mandado de segurança, pois, permanecem em vigor as disposições especiais dos procedimentos regulados em outras leis, aos quais se aplicará supletivamente o CPC (art. 1.046, § 2º).

Alternativa "D": incorreta. A *possibilidade jurídica do pedido* deixou de ser uma das condições da ação e passou a ser matéria de mérito, exclusivamente. A improcedência liminar do pedido também importará na análise de mérito, unicamente, não mais ocorrendo nas situações sem resolução do mérito, como ocorria anteriormente no CPC 1973.

Alternativa "E": incorreta. A improcedência liminar de um dos pedidos referidos na petição inicial, importará em ser proferida *decisão interlocutória de mérito*, pois o procedimento prosseguirá em relação aos demais procedimentos. Dessa maneira, poderá ser impugnada pelo recurso de agravo de instrumento (art. 1.015, II do CPC).

Gabarito: B.

---

28. (FCC – Juiz do Trabalho Substituto 23ª Região/2015) Considere:

I. Quando a obrigação consistir em prestações periódicas, considerar-se-ão elas incluídas no pedido, independentemente de declaração expressa do autor; se o devedor, no curso do processo, deixar de pagá-las ou de consigná-las, a sentença as incluirá na condenação, enquanto durar a obrigação.

II. Na obrigação indivisível com pluralidade de credores aquele que não participou do processo não fica inibido de cobrá-la em outro processo, porque não poderá receber a sua parte no processo de que não participou, ainda que concorde com a dedução das despesas proporcionais a seu crédito.

III. É permitida a cumulação, em um único processo, contra o mesmo réu, de vários pedidos, ainda que entre eles não haja conexão.

IV. Somente é permitida a cumulação de vários pedidos, em um único processo, contra o mesmo réu, se entre eles houver conexão.

V. Os pedidos são interpretados restritivamente, compreendendo-se, entretanto, no principal os juros legais.

Está correto o que consta APENAS em

a) I, II e III.

b) I, III e V.

c) I, IV e V.

d) II, III e V.

e) II, IV e V.

COMENTÁRIOS

Nota do autor: A questão se refere à petição inicial, instrumento da demanda, pois responsável pela provocação do Poder Judiciário. Atente-se que a petição deverá observar os requisitos legais, devendo o magistrado, se necessário, indicar os pontos necessários para o seu aperfeiçoamento, consoante o princípio do contraditório dinâmico.

Alternativa Correta: letra "b". As assertivas I, III e V estão corretas.

Assertiva I: correta. Não há necessidade de que haja a condenação ao pagamento das prestações periódicas. O CPC, por sua vez, determinou que, na ação que tiver por objeto cumprimento de obrigação em prestações sucessivas, essas serão consideradas incluídas no pedido, independentemente de declaração expressa do autor, e serão incluídas na condenação, enquanto durar a obrigação, se o devedor, no curso do processo, deixar de pagá-las ou de consigná-las (art. 323).

Assertiva II: incorreta. Na obrigação indivisível com pluralidade de credores, aquele que não participou do processo receberá sua parte, deduzidas as despesas na proporção de seu crédito (art. 328 CPC).

Assertiva III: correta. A assertiva trata da cumulação de pedidos. Poderá o autor formular mais de um pedido em sua petição inicial. Tal cumulação poderá ser própria e imprópria. Na cumulação própria, o autor formula mais de um pedido e requer o acolhimento de todos eles. Poderá ser simples (quando não há necessidade de deferimento de um para a análise do outro), ou sucessiva, quando para a análise do segundo pedido, o primeiro deve ter sido acolhido. Na cumulação imprópria, o autor formula mais de um pedido, porém, não espera que todos sejam acolhidos. Poderá ser alternativa (quando não há ordem entre os pedidos, podendo ser acolhidos qualquer um deles) e subsidiária (quando a parte estabelece ordem entre os pedidos). A necessidade de que os pedidos sejam compatíveis entre si existe unicamente na cumulação própria, sendo desnecessário na cumulação imprópria.

Assertiva IV: incorreta. Não há necessidade de que exista conexão entre os pedidos. Os requisitos para a cumulação estão contidos no art. 327, § 1º CPC.

Assertiva V: correta. O pedido deve ser interpretado restritivamente. Ocorre, porém, que existem pedidos implícitos. Assim, compreende-se no principal os juros legais, a correção monetária e as verbas de sucumbência, inclusive os honorários advocatícios (art. 322, § 1º CPC). Em relação aos honorários, sob a égide do CPC de 1973, o STJ reconhecia que poderia o juiz deferi-los, ainda que não houvesse requerimento expresso da parte. Porém, não constando da sentença e ocorrendo o trânsito em julgado, não poderiam mais ser cobrados no mesmo processo, ou mesmo ser buscada a condenação em processo autônomo. O CPC/2015, porém, fez previsão de que, caso a decisão transitada em julgado seja omissa quanto aos direitos aos honorários ou ao seu valor, é cabível ação autônoma para sua definição e cobrança (art. 85, § 18).

Gabarito: B.

12. REAÇÕES DO RÉU

29. (FCC - Juiz do Trabalho Substituto 6ª Região/2015) Pretendendo o réu compensar uma dívida ilíquida, com a do autor, cuja cobrança se dá em ação ordinária, poderá

a) promover ação declaratória incidental, para ver reconhecido e satisfeito seu crédito.

b) ajuizar ação monitória, que é o único meio processual de se obter a satisfação de dívida ilíquida não constante de título executivo extrajudicial.

c) promover a execução de seu crédito perante o mesmo Juízo.

d) formular pedido contraposto.

e) propor reconvenção.

COMENTÁRIOS

✪ Nota do autor: Para que o réu tenha direito à compensação, deverá formular requerimento em face do autor, o que será feito por meio da reconvenção. No CPC, a reconvenção, que tem natureza jurídica de ação, deverá ser oferecida na própria contestação e não por meio de petição autônoma. Para tanto, demonstrará, na contestação, pretensão própria, conexa com a ação principal ou com o fundamento da defesa (art. 343). Proposta, o autor será intimado, na pessoa de seu advogado, para apresentar resposta no prazo de 15 dias. Admite-se, como novidade legal (pois, no âmbito doutrinário, isso já era aceito), a cumulação subjetiva na reconvenção, de modo que o réu reconvinte poderá demandar não só o autor, como também terceiro, assim como o réu reconvinte também poderá demandar, em litisconsórcio com terceiro, em face do reconvindo autor. O importante é que, na reconvenção, figurem como partes, no mínimo, o autor e o réu da ação principal.

Alternativa "a". Errada. A fundamentação não é acobertada pela coisa julgada material. Por isso, o CPC de 1973 admitia que a parte ajuizasse a ação declaratória incidental, a fim de que a declaração da existência ou da inexistência de relação jurídica se tornasse imutável, indiscutível, formando-se a coisa julgada. O CPC de 2015, de outro lado, não admite a ação declaratória incidental. De outro lado, permitiu que o juiz, de outro lado, resolva questão prejudicial e que ela faça coisa julgada, desde que dessa resolução depender o julgamento do mérito, a seu respeito tiver havido contraditório prévio e efetivo, não se aplicando no caso de revelia, o juízo tiver competência em razão da matéria e da pessoa para resolvê-la como questão principal (art. 503 do CPC). Nesse caso, preenchidos os requisitos, tem-se que a questão prejudicial será alcançada pela coisa julgada.

Alternativa "b". Errada. A ação monitória não é o único meio.

Alternativa "c". Errada. Não será possível promover a execução de seu crédito perante o mesmo juízo, pois não consta com obrigação exigível.

Alternativa "d". Errada. O pedido contraposto era admitido no procedimento sumário (CPC de 1973). O CPC/20105, por sua vez, prevê apenas o procedimento comum, os procedimentos especiais e, para parte da doutrina, os procedimentos especialíssimos, derivados de negociação processual. Contudo, o pedido contraposto ainda estará presente nos juizados especiais cíveis, pois admitidos expressamente pela Lei nº 9.099/1995.

Alternativa correta: letra "e". Como explicado acima, deverá o réu apresentar pedido, por meio de reconvenção, na própria contestação.

Gabarito: E.

---

30. (TRT 8 – Juiz do Trabalho Substituto 8ª Região/2015) De acordo com o Código de Processo Civil, é INCORRETO afirmar que:

a) Após a contestação, somente se admite novas alegações quando relativas a direito superveniente, competir ao juiz conhecer delas de ofício ou se por expressa autorização legal, puderem ser formuladas em qualquer tempo e juízo.

b) Quando a matéria controvertida for unicamente de direito e no juízo já houver sido proferida sentença de total improcedência em outros casos idênticos, pode ser dispensada a citação e proferida diretamente sentença, reproduzindo-se o teor da anteriormente prolatada, mas havendo apelação da parte, o juízo pode exercer a retratação em 05 (cinco) dias, caso contrário, mandará citar o réu diretamente para responder o recurso.

c) O réu poderá oferecer, no prazo de 15 (quinze) dias, em petição escrita, dirigida ao juiz da causa, contestação, exceção e reconvenção, em peças autônomas. A desistência da ação, ou a existência de qualquer causa que a extinga, obsta o prosseguimento da exceção e da reconvenção, eis que estas são conexas e dependentes daquela.

d) A incompetência material deve ser declarada de ofício e pode ser alegada, em qualquer tempo e grau de jurisdição, independentemente de exceção e, sendo declarada, são nulos apenas os atos decisórios, remetendo-se o processo ao juízo competente.

e) O autor que tem domicílio no Rio de Janeiro, onde também é a sede do réu, pode, contra este, ajuizar ação e vê-la tramitar nesta cidade de Belém, no silêncio da parte contrária, sem que isso configure violação ao juízo natural.

COMENTÁRIOS

✪ **Nota do autor:** A questão trata das várias modalidades de reações possíveis que podem ser apresentadas pelo réu. Em suma, o CPC/2015 importou na concentração de matérias que podem ser alegadas pelo réu na própria contestação. Assim, nesta peça, poderá também oferecer reconvenção, alegar a indevida concessão do benefício de gratuidade processual etc.

Alternativa "a". A contestação é regida pelo princípio da concentração, pelo qual o réu deve alegar toda a sua matéria de defesa nesta peça, ainda que seja contraditória. Assim, praticado o ato processual, em atenção ao princípio da preclusão (preclusão consumativa), tem-se que não poderá ser repetido ou refeito. De toda forma, o CPC (assim como o anterior) admite que o réu alegue, supervenientemente, novas alegações, quando relativas a direito ou a fato superveniente, competir ao juiz conhecer delas de ofício ou por expressa disposição legal, puderem ser formuladas em qualquer tempo e grau de jurisdição (art. 342). Como exemplo, é possível indicar a prescrição, que o juiz pode conhecer de ofício, ou a decadência convencional, que a parte pode formular em qualquer tempo.

Alternativa "b". A alternativa refere-se à improcedência liminar, antes prevista no art. 285-A do CPC de 1973. O CPC/2015 trouxe novas hipóteses de improcedência liminar. Para tanto, prevê no artigo 332 que, nas causas que dispensem a fase instrutória, o juiz, independentemente da citação do réu, julgará liminarmente improcedente o pedido que contrariar: I – enunciado de súmula do STF ou do STJ; II – acórdão proferido pelo STF ou pelo STJ em julgamento de recurso repetitivos; III – entendimento firmado em incidente de resolução de demandas repetitivas ou de assunção de competência; IV – enunciado de súmula de tribunal de justiça sobre direito local. Também se admite tal julgamento se verificar, desde logo, a prescrição ou a decadência (§ 1º). Note-se, portanto, que houve alteração e ampliação significativa das possibilidades de julgamento de improcedência liminar.

Alternativa Correta: letra "c". De acordo com o CPC/2015: i) a contestação e a reconvenção constarão da mesma petição; ii) não mais se admite a exceção de incompetência territorial. O primeiro aspecto já foi abordado acima. Em relação à incompetência relativa, esta será arguida como preliminar de contestação, sendo que agora são duas as exceções que não poderão ser conhecidas de ofício pelo juiz: incompetência relativa e a convenção de arbitragem. A desistência da ação não obsta o conhecimento da reconvenção, ante a sua natureza de ação.

Alternativa "d". A incompetência material (ou absoluta) poderá ser conhecida de ofício, independentemente de requerimento da parte. Ocorre que, muito embora possa ser reconhecida de ofício, em atenção ao princípio do contraditório dinâmico, deverão as partes serem ouvidas (art. 64, § 2º CPC). Uma vez reconhecida a incompetência absoluta, os autos serão remetidos ao juízo competente e, salvo decisão judicial em sentido contrário, conservar-se-ão os efeitos de decisão proferida pelo juízo incompetente até que outra seja proferida, se for o caso, pelo juízo competente (§ 4º).

Alternativa "e". A competência territorial é, como regra, relativa, existente em razão do interesse das partes (e não em conformidade com o interesse público). Assim, deverá a parte argui-la como preliminar da contestação, senão o juízo incompetente será dado como competente (princípio da perpetuação da jurisdição – art. 65 do CPC).

Gabarito: C.

13. PROVAS

31. (FCC – Juiz do Trabalho/2017) Com relação à prova documental, a legislação processual civil sobre a matéria estabelece:

a) Quando intimada para se manifestar sobre documento constante dos autos, poderá a parte impugná-lo como meio de prova, o que significa alegar sua falsidade.

b) Nos casos em que a lei exigir documento público como da substância do ato, se a prova legal existir validamente, o juiz poderá admitir outros meios de prova, em atenção ao princípio do livre convencimento motivado.

c) Quando o documento particular contiver declaração de ciência de determinado fato, incumbirá ao signatário o ônus de provar a veracidade ou não do fato contido no documento.

d) Caso haja arguição de falsidade de documento juntado com a inicial, independentemente de pedido de declaração de falsidade incidental, será feito o exame pericial pertinente, ainda que o autor concorde em retirar o documento dos autos, no prazo de réplica.

e) Incumbe ao réu instruir a contestação com os documentos destinados a provar suas alegações e, a critério do juiz, após expressa justificativa do motivo de impedimento de apresentação anterior, avaliar a possibilidade de juntada de documentos em momento posterior.

COMENTÁRIOS

✪ **Notas do autor**: entende-se como meio de prova o procedimento adequado para a sua admissibilidade e produção. Os meios de prova podem ser típicos e atípicos. Entre os meios de prova típicos, destaca-se a prova documental.

Alternativa "A": incorreta. É possível que a parte alegue que a prova documental foi produzida em momento inadequado, quando se estará impugnando o meio de prova em si. Diferentemente, pode-se alegar a falsidade, que deverá ser suscitada na contestação, na réplica ou no prazo de quinze dias após a intimação da juntada do documento aos autores (art. 430).

Alternativa "B": incorreta. Se a lei exigir instrumento público como da substância do ato, como ocorre com a matrícula em relação à propriedade imobiliária, nenhuma outra prova poderá suprir-lhe a falta (art. 406 do CPC).

Alternativa "C": incorreta. Como regra, as declarações constantes de documento particular escrito e assinado ou somente assinado serão presumidamente verdadeiros em relação ao signatário. Contudo, se o documento particular contiver declaração de ciência de determinado fato, estará provada a ciência, mas não o fato em si, competindo o ônus de prová-lo ao interessado (art. 408 do CPC).

Alternativa "D": incorreta. Se o autor concordar com a retirada do documento dos autos, não será necessária a realização da perícia, por absolutamente falta de interesse.

Alternativa correta: letra E. A petição inicial conta com requisitos intrínsecos e extrínsecos. Os primeiros devem constar do próprio corpo da contestação. Os requisitos extrínsecos consistem em documentos que devem acompanhar a peça processual. Da mesma forma, a petição inicial é a oportunidade para que o autor apresente os documentos necessários para a comprovação dos fatos. O réu, por sua vez, deverá fazê-lo na contestação (art. 434, *caput* do CPC). É lícito às partes, em qualquer tempo, juntar aos autos documentos novos, quando destinados a fazer prova de fatos ocorridos depois dos articulados ou para contrapô-los aos que foram produzidos nos autos. Admite-se, também, a juntada posterior de documentos formados após a petição inicial ou a contestação, bem como dos que se tornaram conhecidos, acessíveis ou disponíveis após esses atos, cabendo à parte que os produzir comprovar o motivo que a impediu de juntá-los anteriormente e incumbindo ao juiz, em qualquer caso, avaliar a conduta da parte de acordo com a boa-fé.

Gabarito: E.

---

32. (FCC – Juiz do Trabalho/2017) Com relação à prova testemunhal, a legislação processual civil sobre a matéria estabelece:

a) O juiz inquirirá primeiro as testemunhas do autor e depois as testemunhas do réu, podendo essa ordem ser alterada pelo juiz de modo justificado, independentemente da concordância de ambas as partes.

b) É inadmissível sobre fato objeto de documento impugnado pela parte adversa àquela que o apresentou nos autos, bem como sobre fato provado por confissão da parte que afaste vício formal do documento.

c) Os condenados por falso testemunho, assim considerados indignos de fé, são considerados suspeitos para depor como testemunha, por expressa disposição legal.

d) O respeito à intimidade da testemunha prepondera sobre o dever de dizer a verdade no processo, quando os fatos acarretarem grave dano à testemunha ou sobre os quais deva guardar sigilo, por estado ou profissão.

e) O juiz da causa arrolado como testemunha e que tenha ciência de fatos que possam influir na decisão deverá depor e, em seguida, declarar seu impedimento para prosseguir na instrução e julgamento do feito.

COMENTÁRIOS

✪ **Notas do autor**: a prova testemunhal possui regras próprias para a sua postulação e produção.

Alternativa "A": incorreta. O Código estabelece a ordem de produção da prova testemunhal. Nesse passo, devem ser ouvidas, em primeiro lugar, aquelas arroladas pelo autor e, posteriormente, aquelas indicadas pelo réu. Contudo, a prova poderá ser produzida sem a observância desta ordem legal, desde que as partes concordem previamente (art. 456 do CPC).

Alternativa "B": incorreta. Segundo o art. 443 do CPC, o magistrado indeferirá a inquirição de testemunhas sobre fatos já provados por documento ou confissão da parte, bem como aqueles em que só por documento ou exame pericial podem ser provados. De acordo com o art. 429, incumbe o ônus da prova quando: I – se tratar de falsidade de documento ou de preenchimento abusivo, à parte que a arguir; II – se tratar de impugnação da autenticidade, à parte que produziu o documento. Assim, sendo alegada a falsidade, a parte que a arguir terá o ônus da prova, de modo que poderá utilizar-se da prova testemunhal. O art. 446 admite que se prove por meio de testemunhas, nos contratos simulados, a divergência entre a vontade real e a vontade declarada e, nos contratos em geral, os vícios de consentimento.

Alternativa "C": incorreta. Em conformidade com o art. 447 do CPC, são suspeitos de depor como testemunhas: I – o inimigo da parte ou o seu amigo íntimo; II – o que tiver interesse no litígio. Como se depreende, o dispositivo legal não elenca, entre os suspeitos de depor, os condenados por falso testemunho.

Alternativa correta: letra D. Em atenção ao princípio da dignidade da pessoa humana, é correto dizer que a intimidade da testemunha prevalece em relação ao seu dever de dizer a verdade, não se admitindo que os fatos importem em grave dano à testemunha ou sobre os quais deva guardar sigilo, por estado ou profissão (art. 448, II do CPC).

Alternativa "E": incorreta. Sendo o juiz da causa arrolado para depor como testemunha, deverá declarar-se impedido, se tiver conhecimento de fatos que possam influir na decisão, caso em que será vedado à parte que o incluiu no rol desistir de seu depoimento ou, se nada souber, mandará excluir o seu nome do rol (art. 452).

Gabarito: D.

---

33. (TRT 4 - Juiz do Trabalho Substituto 4ª Região/2016) Assinale a assertiva correta sobre prova.

a) É possível a inversão do ônus da prova por convenção das partes em qualquer circunstância, devendo o Juiz fundamentar decisão contrária à disposição convencionada.

b) Consiste a confissão no reconhecimento do fato em que se funda o direito do autor. A confissão de um fato equivale, em termos de efeitos jurídicos, ao reconhecimento jurídico do pedido, conduzindo necessariamente à procedência da pretensão da parte adversa.

c) Para que a confissão extrajudicial gere efeitos no processo, deverá ser renovada em seus termos perante o Juiz da causa.

d) Exceto na hipótese de sigilo profissional, é vedado à parte ou a terceiro se escusarem de exibir, em Juízo, documento ou coisa, quando instados a fazê-lo pelo Julgador, hipótese em que este deverá adotar medidas coercitivas para efetivar a exibição, a exemplo de imposição de multa por atraso e busca e apreensão.

e) O Juiz pode determinar, de ofício, ainda que com oposição das partes, a realização das provas que entender necessárias à solução do litígio.

COMENTÁRIOS

✪ Nota do autor: o Código de Processo Civil de 2015 inovou em alguns aspectos no que é pertinente à prova.

Alternativa A: incorreta. Como regra, o CPC encampou a carga estática do ônus probatório, indicando com precisão o que compete a cada uma das partes provas. Nesse sentido, compete ao autor comprovar os fatos constitutivos de seu direito, ao passo que o réu os fatos extintivos, modificativos ou impeditivos do direito do autor. Admite-se que as partes também convencionem sobre o ônus probatório, salvo quando recair sobre direitos indisponíveis da parte ou tornar excessivamente difícil a uma parte o exercício do direito. Por isso, não é admitida a convenção em qualquer circunstância. Além da carga estática do ônus probatório, o CPC também tratou da carga dinâmica, de modo que nos casos previstos em lei ou diante de peculiaridades da causa relacionadas à impossibilidade ou à excessiva dificuldade de cumprir o encargo nos termos do caput ou à maior facilidade de obtenção da prova do fato contrário, poderá o juiz atribuir o ônus da prova de modo diverso, desde que o faça por decisão fundamentada, caso em que deverá dar à parte a oportunidade de se desincumbir do ônus que lhe foi atribuído (§ 1º), o que, contudo, não pode gerar situação em que a desincumbência do encargo pela parte seja impossível ou excessivamente difícil.

Alternativa B: incorreta. Consiste a confissão na admissibilidade, por uma das partes, de um fato contrário aos seus interesses e favorável ao interesse da parte contrária. O fato de haver a confissão nos autos não acarreta na procedência do pedido, até porque é possível que o magistrado não reconheça existir o direito subjetivo invocado pela parte.

Alternativa C: incorreta. A confissão poderá ser judicial ou extrajudicial. Esta, por sua vez, não necessita ser renovada em juízo.

Alternativa D: incorreta. A exibição de documento ou coisa poderá ser o objeto principal do processo, ou mesmo ser requerida durante processo em andamento, como meio de prova. Tratando-se de exibição de documento ou coisa que se encontra em poder da parte contrária, esta será intimada para resposta no prazo de cinco dias. A Lei nº 14.195/2021 alterou o art. 397, do

CPC, constando-se a partir de então que o pedido de exibição de documento ou coisa formulado pela parte deverá conter: I – a descrição, tão completa quanto possível, do documento ou da coisa, ou das categorias de documentos ou de coisas buscados; II – a finalidade da prova, com indicação dos fatos que se relacionam com o documento ou com a coisa, ou com suas categorias; III – as circunstâncias em que se funda o requerente para afirmar que o documento ou a coisa existe, ainda que a referência seja a categoria de documentos ou de coisas, e se acha em poder da parte contrária. Não se admite a escusa da parte se esta possuir obrigação legal de exibir ou se a parte tiver aludido ao documento ou à coisa, no processo, com o intuito de constituir prova, ou, ainda, se o documento, por seu conteúdo, for comum às partes. Se o magistrado entender que a escusa não é legítima, admitirá como verdadeiros os fatos que, por meio do documento ou coisa, a parte pretendia provar. O mesmo ocorrerá se não for feita a exibição. Ainda nesses casos, o magistrado poderá adotar medidas indutivas, coercitivas, mandamentais ou sub-rogatórias para que o documento seja exibido. Estando o documento ou a coisa em poder de terceiro, o juiz ordenará sua citação para responder no prazo de 15 dias. Se o terceiro negar a obrigação de exibir ou a posse do documento ou da coisa, o juiz designará audiência especial, tomando-lhe o depoimento, bem como o das partes e, se necessário, o de testemunhas, e em seguida proferirá decisão. Se, sem justo motivo, o terceiro se recusar a efetuar a exibição, esta será determinada para que ocorra no prazo de 5 dias, determinando a expedição, se for o caso e na sequência, de mandado de apreensão, requisitando, se necessário, força policial, sem prejuízo da responsabilidade por crime de desobediência, pagamento de multa e outras medidas indutivas, coercitivas, mandamentais ou sub-rogatórias necessárias para assegurar a efetivação da decisão. Admite-se como legítima a recusa pela parte ou pelo terceiro se o documento ou a coisa forem concernentes a negócios da própria vida da família, se sua apresentação puder violar dever de honra, se sua publicidade redundar em desonra à parte ou ao terceiro, bem como a seus parentes consanguíneos ou afins até o terceiro grau, ou lhes representar perigo de ação penal, se sua exibição acarretar a divulgação de fatos a cujo respeito, por estado ou profissão, devam guardar segredo, se subsistirem outros motivos graves que, segundo o prudente arbítrio do juiz, justifiquem a recusa da exibição e, ainda, se houver disposição legal que justifique a recusa da exibição.

Alternativa Correta: letra E. Em razão de seu poder instrutório, poderá o magistrado determinar, de ofício, a realização das provas que entender necessárias à solução do litígio, com vistas ao descobrimento da verdade. Se, apesar de todo o esforço, a verdade não for descoberta, o magistrado se valerá das regras do ônus probatório (carga estática ou carga dinâmica).

Gabarito: E.

---

34. (FCC – Juiz do Trabalho Substituto 1ª Região/2014) Em estado clínico terminal, em razão de doença pulmonar, Caio requereu antecipação de provas, a fim de instruir futura ação indenizatória. De acordo com o Código de Processo Civil, a medida cautelar de antecipação de provas ajuizada por Caio

a) poderá consistir em interrogatório da parte e oitiva de testemunhas, desde que tomados os depoimentos até a sentença, vedada a realização de perícia.

b) poderá consistir na oitiva de testemunhas, desde que estas sejam levadas em juízo pela parte independentemente de intimação.

c) poderá consistir em interrogatório da parte e oitiva de testemunhas, desde que tomados os depoimentos até a audiência de instrução, vedada a realização de perícia.

d) deverá ser indeferida de plano, pois teria cabimento somente se proposta incidentalmente, no curso da ação principal.

e) poderá consistir inclusive na realização de prova pericial, que, depois de realizada, permanecerá nos autos, em cartório, podendo as partes solicitar as certidões que quiserem.

COMENTÁRIOS

✪ **Nota do autor:** Em conformidade com o CPC/2015, o requerimento de prova antecipada será formulado em ação autônoma, que tem essa finalidade e poderá ser ajuizada nos casos enumerados no art. 381.

Alternativa "a". As provas a serem produzidas durante o andamento do processo não necessitarão de prévio ajuizamento de ação probatória. Poderá consistir na produção de quaisquer meios de provas.

Alternativa "b". Poderão as testemunhas serem intimadas judicialmente. De se registrar, por oportuno, que, em conformidade com o CPC/2015, as testemunhas deverão ser notificadas pelas próprias partes e apenas excepcionalmente serão intimadas pelo juízo.

Alternativa "c". Admite-se qualquer meio de prova.

Alternativa "d". Como regra, é cabível de forma antecedente.

Alternativa correta: letra "e". Poderá consistir na realização de quaisquer meios de provas. Uma vez produzida a prova, os autos permanecerão em cartório durante um mês para extração de cópias e certidões pelos interessados. Findo o prazo, os autos serão entregues ao promovente da medida (art. 383).

Gabarito: E.

---

35. (FCC – Juiz do Trabalho Substituto 1ª Região/2015) Verificando que o réu estava preso, cumprindo pena de reclusão em regime fechado por crime de homicídio, o juiz nomeou um advogado que se achava então na sala de audiências, aguardando a chamada de outro processo, para representar aquele réu como curador. Aberta a audiência e recusada a conciliação, o advogado nomeado declarou que negava todos os fatos articulados na petição inicial e protestava por todas as provas em direito admitidas.

Seria legalmente respaldado o entendimento no sentido de que

a) todos os ônus da prova cabem ao autor.

b) o réu deveria ser considerado confesso, por falta de contestação específica.

c) os ônus da prova deveriam ser distribuídos em carga dinâmica.

d) todos os ônus da prova ficariam com o réu.

e) a distribuição dos ônus da prova dependerá do que disserem as partes em depoimento.

COMENTÁRIOS

✪ **Nota do autor:** O réu possui o ônus de impugnar os fatos articulados pelo autor, sob pena de serem considerados verdadeiros. Decorre esta afirmação do princípio do ônus da impugnação especificada.

Alternativa Correta: letra "a". O ônus da impugnação especificada não se aplica ao defensor público, ao advogado dativo e ao curador especial. Note-se a novidade em relação ao defensor público, de modo que, todo aquele que for assistido pela Defensoria Pública, não terá tal ônus. Em relação ao réu preso, que não tenha constituído advogado, deverá o juiz dar curador especial (art. 72, II CPC). Exclui automaticamente as demais alternativas.

Gabarito: A.

---

36. (FCC – Juiz do Trabalho Substituto 1ª Região/2015) À determinada empresa localizada nas cercanias do foro concedeu o juiz o prazo de três horas para que exibisse seus livros contábeis, sob pena de presumirem-se verdadeiros os fatos alegados pelo autor. Neste caso, a empresa

a) não está obrigada a cumprir a determinação, porque não pode produzir prova contra si.

b) está obrigada a cumprir a determinação, porque o juiz pode determinar a exibição dos livros contábeis.

c) não estará obrigada a cumprir a determinação, se comprovar, com a exibição tempestiva dos documentos próprios, que está desobrigada de elaborar escrituração contábil.

d) não está obrigada a cumprir, em razão do prazo exíguo.

e) deve cumprir a determinação, pois o juiz pode convertê-la em perícia, o que dificultará ainda mais a sua situação.

COMENTÁRIOS

✪ **Nota do autor:** Não poderá a parte estar prejudicada por não ter acesso a documento que se encontre em poder da parte contrária ou de terceiro. Para que haja a exibição do documento, poderá ser instaurado o incidente processual ou o processo incidente de exibição. Haverá o incidente processual se o documento ou coisa estiver em poder da parte contrária, quando o requerido será intimado para dar a sua resposta (art. 398 do CPC). A Lei nº 14.195/2021 alterou o art. 397, do CPC, constando-se a partir de então que o pedido de exibição de documento ou coisa formulado pela parte deverá conter: I – a descrição, tão completa quanto possível, do documento ou da coisa, ou das categorias de documentos ou de coisas buscados; II – a finalidade da prova, com indicação dos fatos que se relacionam com o documento ou com a coisa, ou com suas categorias; III – as circunstâncias em que se funda o requerente para afirmar que o documento ou a coisa existe, ainda que a referência seja a categoria de documentos ou de coisas, e se acha em poder da parte contrária. Ao decidir o pedido, o juiz admitirá como verdadeiros os fatos que, por meio do documento ou coisa, a parte pretendia provar. De outro lado, quando o documento ou a coisa estiver em poder de terceiro, o juiz ordenará sua citação para responder no prazo de 15 dias (art. 401 do CPC).

Alternativa Correta: letra "d". Sendo a empresa a parte contrária, deverá o juiz concederá o prazo de cinco dias para manifestação sobre o pedido; sendo a empresa considerada terceiro, será citada para responder no prazo de 15 dias. Dessa forma, a concessão de prazo de 03 horas para exibição está incorreta. Exclui automaticamente as demais alternativas.

Gabarito: D.

---

37. (FCC – Juiz do Trabalho Substituto 1ª Região/2015) Sobre a confissão no Código de Processo Civil vigente, é correto afirmar:

a) Quando emanar de erro, pode ser revogada por ação anulatória, tenha ou não transitado em julgado a sentença da qual se constituiu em um dos fundamentos.

b) Cabe ao confitente ou, se já falecido, aos seus herdeiros o direito de propor a ação para fins de revogar a confissão quando esta emanou de dolo.

c) A confissão é sempre indivisível, não podendo a parte, que a quiser invocar como prova, aceitá-la no tópico que a beneficiar e rejeitá-la no que lhe for desfavorável.

d) Pode ser revogada por ação rescisória, depois de transitada em julgado a sentença da qual constituir um dos seus fundamentos.

e) Nas ações que versarem sobre bens imóveis ou direitos sobre imóveis alheios, a confissão de um cônjuge não valerá sem a do outro.

COMENTÁRIOS

✪ **Nota do autor:** A confissão é um dos meios de prova admitidos e ocorrerá quando a parte admite a verdade de fato contrário ao seu interesse e favorável ao do adversário (art. 389 CPC).

Alternativa "a". O artigo 352 do CPC de 1973 fazia a diferenciação entre ação anulatória e ação rescisória, para revogar a confissão, a depender, respectivamente, se pendente o processo em que foi feita, ou se depois de transitada em julgado a sentença. O CPC/2015, por sua vez, registra que a confissão é irrevogável, mas pode ser anulada se decorreu de erro de fato ou de coação (art. 393). No mesmo sentido, o § 4º, do art. 966, disciplina que os atos de disposição de direitos, praticados pelas partes ou por outros participantes do processo e homologados pelo juízo, bem como os atos homologatórios praticados no curso da execução, estão sujeitos à anulação, nos termos da lei. Assim, se a pretensão for anular a rescisão, com fundamento em erro de fato ou coação, o meio cabível é a ação anulatória.

Alternativa "b". A ação para anulação da confissão é pessoal, competindo ao confitente, com exclusividade, podendo ser transferida aos herdeiros se ele falecer após a propositura (art. 393, parágrafo único). Assim, se o falecimento ocorrer antes do ajuizamento da ação, não haverá a transferência aos herdeiros da possibilidade de tal ajuizamento.

Alternativa "c". A confissão é, em regra, indivisível. Assim confirma o art. 395 do CPC/2015. Contudo, poderá cindir-se quando o confitente a ela aduzir fatos novos, capazes de constituir fundamento de defesa de direito material ou de reconvenção.

Alternativa "d". Poderá ser revogada por meio da ação anulatória, consoante acima indicado.

Alternativa Correta: letra "e". Nas ações que versarem sobre bens imóveis ou direitos reais sobre imóveis alheios, a confissão de um cônjuge ou companheiro não valerá sem a do outro, salvo se o regime de casamento for o de separação absoluta de bens (art. 391, parágrafo único). Note-se a ressalva legal se o casamento for celebrado sob o regime de separação absoluta de bens.

Gabarito: E.

---

38. (FCC – Juiz do Trabalho Substituto 1ª Região/2015) A respeito do tratamento dedicado pelo Código de Processo Civil de 1973 à prova, tem-se que quando

a) se tratar da falsidade de documento, o ônus da prova incumbe à parte que produziu o documento.

b) se tratar de contestação da assinatura, o ônus da prova incumbe à parte que a arguiu.

c) o ônus da prova recair sobre direito indisponível da parte, é nula a convenção que distribui de maneira diversa daquela estabelecida pelo art. 333 do CPC.

d) a testemunha, por motivo relevante, estiver impossibilitada de prestar depoimento, o juiz designará, conforme as circunstâncias, dia, hora e lugar para inquiri-la.

e) o documento for assinado em branco e for depois regularmente preenchido, cessa a fé do documento particular.

COMENTÁRIOS

Nota do autor: Em consonância com a carga estática do ônus da prova, compete ao autor provar os fatos constitutivos de seu direito e ao réu os fatos modificativos, extintivos ou impeditivos do direito do autor. Tal ônus poderá ser modificado mediante convenção pelas partes (negócio processual típico), salvo quando recair sobre direito indisponível ou tornar excessivamente difícil a uma parte o exercício do direito (art. 373, § 3º CPC/2015). Admite-se, ainda, a adoção da carga dinâmica do ônus da prova, quando, nos casos previstos em lei ou diante das peculiaridades da causa relacionadas à impossibilidade ou à excessiva dificuldade de cumprir o encargo ou à maior facilidade de obtenção da prova do fato contrário, poderá o juiz atribuir o ônus da prova de modo diverso, desde que o faça por decisão fundamentada, caso em que deverá dar à parte a oportunidade de se desincumbir do ônus que lhe foi atribuído (art. 373, § 1º).

Alternativa "a". No caso de falsidade documental ou de preenchimento abusivo, o ônus da prova incumbe à parte que a arguir e, se tratar de impugnação da autenticidade, à parte que produziu o documento (art. 429 do CPC).

Alternativa "b". Cessa a fé do documento particular quando for impugnada sua autenticidade e enquanto não se comprovar sua veracidade. Nesse caso, o ônus da prova é da parte que arguir a falsidade (art. 429, I do CPC/2015).

Alternativa Correta: letra "c". Não se admite a convenção sobre o ônus da prova, se recair sobre direito indisponível da parte.

Alternativa "d". Estando a testemunha impossibilitada de ser ouvida, será a testemunha considerada incapaz (art. 447, § 1º, II CPC/2015).

Alternativa "e". Sendo regularmente preenchido, o documento será regular. O CPC/2015 tratou do preenchimento abusivo, competindo à parte que o arguir o ônus da prova. Constitui o preenchimento abusivo quando aquele que recebeu documento assinado com texto não escrito no todo ou em parte formá-lo ou completá-lo por si ou por meio de outrem, violando o pacto feito com o signatário (art. 428, parágrafo único, CPC/2015).

Gabarito: C.

---

39. (FCC – Juiz do Trabalho Substituto 6ª Região/2015) Escrevendo na vigência do Código de Processo Civil de 1939, Moacyr Amaral Santos afirmou: Não enumera o Código de Processo Civil vigente os meios de prova admissíveis no sistema brasileiro. Seguindo, nesse ponto, o melhor critério limitou a reportar-se aos meios reconhecidos nas leis substantivas (Prova Judiciária no Cível e Comercial – vol. I, pág. 79 – Max Limonad, Editor de Livros de Direito). Essa afirmação

a) continua válida para o Código de Processo Civil vigente, porque ele traz um rol exemplificativo de meios de prova, que não colide com o do Código Civil.

b) é parcialmente válida, porque o Código de Processo Civil em vigor não se refere às provas em espécie.

c) é parcialmente válida, porque o Código Civil em vigor não mais cuida dos meios de prova.

d) não mais se sustenta perante a legislação processual vigente, porque ela traz um rol taxativo de meios de prova.

e) sempre foi equivocada, porque, no Brasil, os meios de prova são taxativos.

COMENTÁRIOS

✪ **Nota do autor:** O CPC/2015 também encampa os meios de provas típicos, como a prova documental, por exemplo. Porém, sem prejuízo, também admite os meios de prova atípicos, desde que moralmente legítimos (art. 369).

Alternativa Correta: letra "a". O CPC/2015 também traz um rol meramente exemplificativo dos meios de prova, embora mais amplo do que o previsto no CPC de 1973. Exclui automaticamente as demais alternativas.

Gabarito: A.

40. (FCC – Juiz do Trabalho Substituto 23ª Região/2015) "Quando o trabalho mental, e certamente lógico, pelo qual fundando-se no fato conhecido se chega ao fato desconhecido, é deixado ao prudente critério do juiz, quer dizer, quando as consequências daquele trabalho constituem o resultado a que chegou o raciocínio do juiz, tem-se uma presunção simples, também chamada de homem (*praesumptio hominis*). Assim, definem-na comumente como consequência que o juiz, segundo prudente critério, deduz de um fato conhecido para chegar a um desconhecido." (Moacyr Amaral Santos, Prova Judiciária no Cível e Comercial, Vol. 5, p. 435, Max Limonad, Editor de Livros de Direito). Essa espécie de presunção, no Direito brasileiro,

a) é desconhecida, só podendo aplicar-se quando incorporar um princípio geral de direito.

b) não é admitida, porque a lei só se ocupa das presunções legais.

c) é admitida sem qualquer restrição, sempre podendo substituir o exame pericial.

d) é admitida, porque em falta de normas jurídicas particulares, o juiz aplicará as regras de experiência comum subministradas pela observação do que ordinariamente acontece e ainda as regras da experiência técnica, ressalvado, quanto a esta, o exame pericial.

e) é inadmissível, porque todo fato deve ser provado para que o juiz acolha a pretensão do autor ou rejeite a exceção aposta pelo réu.

COMENTÁRIOS

✪ **Nota do autor:** Deverá o magistrado valer-se e apreciar as provas produzidas nos autos. Para tanto, deverá valer-se de sua experiência e do que comumente acontece.

Alternativa Correta: letra "d". A regra continua válida para o CPC/2015, pois, segundo o art. 375, "o juiz aplicará as regras de experiência comum subministradas pela observação do que ordinariamente acontece e, ainda, as regras de experiência técnica, ressalvado, quanto a estas, o exame pericial. Exclui automaticamente as demais alternativas.

Gabarito:D.

41. (FCC – Juiz do Trabalho Substituto 24ª Região/2015) Em relação à prova, é correto afirmar que o juiz pode,

a) de ofício ou a requerimento da parte, determinar as provas que entender necessárias à instrução do processo, indeferindo diligências inúteis ou protelatórias e apreciando a prova produzida de acordo com a hierarquia prevista na lei processual civil, atendendo aos fatos e circunstâncias dos autos, alegados ou não pelas partes.

b) apenas se provocado nos autos, determinar as provas que entender necessárias à instrução do processo, indeferindo diligências inúteis ou meramente protela- tórias e apreciando livremente a prova produzida, com atendimento aos fatos e circunstâncias constantes dos autos, ainda que não alegados pelas partes.

c) mesmo que de ofício, determinar as provas que entender necessárias à instrução do processo, indeferindo diligências inúteis ou procrastinatórias e apreciando livremente a prova produzida, com atendimento aos fatos e circunstâncias constantes dos autos, desde que alegados pelas partes.

d) apenas se provocado nos autos, determinar as provas que entender necessárias à instrução do processo, indeferindo diligências inúteis ou procrastinatórias e apreciando livremente a prova produzida, com atendimento aos fatos e circunstâncias constantes dos autos, desde que alegados pelas partes.

e) mesmo que de ofício, determinar as provas que entender necessárias à instrução do processo, indeferindo diligências inúteis ou meramente protelatórias e apreciando livremente a prova produzida, com atendimento aos fatos e circunstâncias constantes dos autos, ainda que não alegados pelas partes.

COMENTÁRIOS

✪ **Nota do autor:** Deve o magistrado procurar, ao máximo, ter elementos suficientes que lhe permitam ter razoável segurança em relação à verdade dos fatos. Para tanto, o CPC/2015 admite que o magistrado possui poderes instrutórios, competindo-lhe, de ofício ou a requerimento, determinar as provas necessárias ao julgamento do mérito, devendo-lhe indeferir as diligências inúteis ou meramente protelatórias (art. 370, parágrafo único).

Alternativa "a". Não há hierarquia entre as provas, competindo ao magistrado apreciá-las de acordo com seu prudente critério e indicar na decisão as razões da formação de seu convencimento.

Alternativa "b". O magistrado possui poder instrutório e poderá, por conta disso, determinar a produção das provas que entender pertinentes.

Alternativas "c" e "d". O juiz poderá determinar a produção das provas necessárias ao julgamento do mérito.

Alternativa Correta: letra "e". O objeto da prova são os fatos e circunstâncias constantes dos autos, ainda que não alegados pelas partes, competindo ao magistrado determinar as provas necessárias para tanto.

Gabarito: E.

14. SENTENÇA E COISA JULGADA

42. FGV - 2023 - TST - Juiz do Trabalho

Sobre a coisa julgada material, é correto afirmar que:

a) o reconhecimento da existência de um fato jurígeno pelo juiz que motivou o resultado de procedência de uma pretensão, impede o reexame do mesmo fato em uma outra ação em que litiguem as mesmas partes;

b) no Código de Processo Civil de 2015, nos termos do Art. 503, a questão preliminar resolvida expressa e incidentalmente no processo pode ter força de lei entre as partes, fazendo coisa julgada material;

c) na sentença líquida, constatado erro de cálculo, admitir-se-á a devida correção de ofício, desde que ainda no prazo recursal. Porém, a correção de erro referente a critérios de cálculo, que constituem fundamentos da decisão, depende de interposição de recurso para sua revisão;

d) nas sentenças determinativas – que decidem relação jurídica de trato continuado, sobrevindo modificação no estado de fato ou de direito, poderá a parte ré ajuizar ação de revisão, o que afasta a ideia de intangibilidade e de imutabilidade da decisão anterior;

e) na hipótese de litisconsórcio necessário simples, a ausência de citação permite ao litisconsorte que não integrou a lide, mesmo após o trânsito em julgado da decisão, propor, como terceiro, simples ação judicial para reconhecer o provimento judicial como ineficaz.

COMENTÁRIOS

✪ Notas do autor:

Alternativa A – incorreta. Na verdade, não fazem coisa julgada: I – os motivos, ainda que importantes para determinar o alcance da parte dispositiva da sentença; II – a verdade dos fatos, estabelecida como fundamento da sentença (art. 504, CPC). Dessa forma, o reconhecimento de um fato jurígeno em uma sentença não impedirá o reexame do mesmo fato em outra sentença.

Alternativa B – incorreta. Diferentemente do que foi afirmado, tem-se a coisa julgada material da questão prejudicial (e não preliminar), decidida expressa e incidentemente no processo, se: I – dessa resolução depender o julgamento do mérito; II – a seu respeito tiver havido contraditório prévio e efetivo, não se aplicando no caso de revelia; III – o juízo tiver competência em razão da matéria e da pessoa para resolvê-la como questão principal (art. 503, § 1º, CPC).

Alternativa C – incorreta. Publicada a sentença, admite-se que o juiz a altere, de ofício ou a requerimento da parte, para corrigir inexatidões materiais ou erros de cálculos. A correção poderá ocorrer ainda que já ultrapassado o prazo de recurso. De outro lado, os critérios de decisão e que influenciam no cálculo compõem-se de matéria de mérito e, dessa maneira, vão desafiar a interposição do recurso adequado.

Alternativa D – incorreta. As sentenças determinativas resolvem relação jurídica de trato continuado, como ocorre, por exemplo, com aquela que fixa o dever de pagar e o montante dos alimentos. Para tais casos, sobrevindo a modificação no estado de fato ou de direito, poderá a parte ajuizar a respectiva ação de revisão. Tal fato, porém, não afasta a ideia de intangibilidade e de imutabilidade da decisão anterior, posto que, se não alterados os elementos fáticos, a decisão permanece tal como proferida (art. 505, I, do CPC).

Alternativa E – correta. No litisconsórcio necessário simples tem-se que a presença dos litisconsortes é obrigatória, porém, a decisão proferida não precisa ser uniforme para todos. A respeito do tema, o art. 115, do CPC, prevê: "Art. 115. A sentença de mérito, quando proferida sem a integração do contraditório, será: I – nula, se a decisão deveria ser uniforme em relação a todos que deveriam ter integrado o processo; II – ineficaz, nos outros casos, apenas para os que não foram citados. Parágrafo único. Nos casos de litisconsórcio passivo necessário, o juiz determinará ao autor que requeira a citação de todos que devam ser litisconsortes, dentro do prazo que assinar, sob pena de extinção do processo".

Note-se, então, que, no caso de litisconsórcio necessário simples, aplica-se o inciso II, do art. 115, posto que a decisão não precisa ser uniforme a todos os litisconsortes.

Gabarito: E.

43. (FCC – Juiz do Trabalho/2017) A respeito do julgamento conforme o estado do processo, do saneamento e da audiência de instrução e julgamentos, a legislação processual civil estabelece:

a) Na audiência de instrução e julgamento, o juiz fica dispensado de tentar a conciliação, se a autocomposição já restou frustrada na audiência específica de conciliação ou se todas as partes já manifestaram expressamente o desinteresse pela autocomposição.

b) Se o juiz verificar a existência de coisa julgada, poderá fazer o julgamento conforme o estado do processo, proferindo sentença sem resolver o mérito, desde que o faça em relação a todo o processo.

c) O juiz julgará antecipadamente o mérito do pedido, quando não houver necessidade de produção de outras provas ou quando o réu for revel e presumir-se verdadeiras as alegações de fato formuladas pelo autor e, ainda, o réu não houver formulado requerimento de provas contrapostas às alegações do autor, o que deve fazer por representação nos autos a tempo de praticar os atos processuais indispensáveis a essa produção.

d) No caso de um ou mais dos pedidos formulados ou parcela deles mostrar-se incontroverso, o juiz decidirá parcialmente o mérito, podendo a parte liquidar ou executar, desde logo, a obrigação reconhecida, independentemente de caução, desde que não haja recurso de agravo de instrumento interposto contra a decisão.

e) Na decisão de saneamento e organização do processo, deverá também o juiz, quando necessário, delimitar as questões de fato sobre as quais recairá a atividade probatória, especificando os meios de prova admitidos e a distribuição do ônus da prova, caso em que obrigatoriamente deverá designar audiência de instrução e julgamento.

COMENTÁRIOS

✪ **Notas do autor**: há de se distinguir o *julgamento antecipado do mérito* (art. 355) do *julgamento antecipado parcial do mérito* (art. 356). No primeiro caso, o pronunciamento jurisdicional terá natureza de sentença, pois acarretará o encerramento da fase de conhecimento; no segundo, por sua vez, o juiz decidirá parcialmente o mérito em relação a um ou mais dos pedidos formulados ou parcela deles, oportunidade em que será proferida decisão interlocutória.

Alternativa "A": incorreta. Entre as incumbências do juiz, destaca-se a de promover, a qualquer tempo, a autocomposição (art. 139, V). Dessa maneira, instalada a audiência, o juiz tentará conciliar as partes, independentemente do emprego anterior de outros métodos de solução de conflitos, como a mediação e a arbitragem (art. 359).

Alternativa "B": incorreta. Se o magistrado verificar a ocorrência da coisa julgada, proferirá sentença sem resolução do mérito, se houver a repetição dos elementos em relação a ação anteriormente julgada (deve existir a identidade para com todos os elementos da ação anterior). Contudo, se a identidade se referir unicamente a parte dos pedidos, será proferida decisão interlocutória, pois haverá o prosseguimento em relação aos demais pedidos (decisão interlocutória própria com *força de sentença*).

Alternativa correta: letra C. Não existindo necessidade de produção de provas ou, sendo o réu revel, incidir o efeito material da revelia, com a presunção de veracidade dos fatos alegados, não existindo requerimento formulado pelo réu em tempo hábil para praticar os atos processuais indispensáveis a essa produção (art. 349).

Alternativa "D": incorreta. Proferida *decisão interlocutória de mérito*, esta produzirá efeitos imediatos, pois sujeita a **recurso desprovido de efeito suspensivo automático** e, por isso, admite-se o seu cumprimento provisório, ainda que pendente de julgamento o agravo de instrumento interposto. Se deferido o efeito suspensivo (*efeito suspensivo impróprio*), não será admitido o cumprimento provisório. No cumprimento provisório, o levantamento de depósito em dinheiro e a prática de atos que importem transferência de posse ou alienação de propriedade ou de outro direito real, ou dos quais possa resultar grave dano ao executado, dependem de caução suficiente e idônea, arbitrada de plano pelo juiz e prestada nos próprios autos (art. 520, IV do CPC). Esta caução será dispensada nos casos em que: I – o crédito for de natureza alimentar, independentemente de sua origem; II – o credor demonstrar situação de necessidade; III – pender o agravo do art. 1.042; IV – o pronunciamento estiver em consonância com súmula de jurisprudência do STF ou do STJ ou em conformidade com acórdão proferido no julgamento de casos repetitivos (art. 521).

Alternativa "E": incorreta. Em decisão de saneamento e de organização do processo, deverá o juiz designar, se necessário, audiência de instrução e julgamento (art. 357, V). Como se vê, tal designação não se faz sempre obrigatória, notadamente por não existir prova oral a ser colhida em audiência.

Gabarito: C.

---

44. (FCC – Juiz do Trabalho/2017) Sobre formação, suspensão e extinção do processo, a legislação processual civil estabelece:

a) A ação é considerada proposta quando do protocolo da petição inicial, mas somente a citação válida induz litispendência, torna litigiosa a coisa e constitui o devedor em mora, inclusive no caso de inadimplemento de obrigações decorrentes de ato ilícito.

b) Havendo morte do autor, sendo transmissível o direito em litígio e não tendo sido ajuizada a ação de habilitação, o juiz determinará a suspensão do processo e a intimação de seu espólio, de quem for o sucessor ou, se for o caso, dos herdeiros, pelos meios de divulgação que reputar mais adequados, para que manifestem interesse na sucessão processual e promovam a respectiva habilitação no prazo designado, sob pena de extinção do processo sem resolução de mérito.

c) Durante a suspensão do processo é vedado praticar qualquer ato processual, podendo o juiz, mesmo no caso de arguição de impedimento e de suspeição, determinar a realização de atos urgentes a fim de evitar dano irreparável.

d) Se o conhecimento do mérito depender de verificação da existência de fato delituoso, o juiz deverá determinar a suspensão do processo até que se pronuncie a justiça criminal, pelo prazo máximo de um ano, ao final do qual incumbirá ao juiz cível examinar incidentemente a questão prévia.

e) Havendo falecimento de qualquer das partes, proceder-se-á à habilitação, na instância em que estiver, suspendendo-se, a partir de então, o processo para processamento da habilitação, com citação dos requeridos e, se necessário, dilação probatória, que, independentemente da espécie, será feita nos autos do processo principal.

COMENTÁRIOS

✪ **Notas do autor**: nos termos do art. 312, considera-se proposta a ação quando a petição inicial for protocolada, todavia, a propositura da ação só produz quanto ao réu os efeitos da citação válida quando tal tiver ocorrido regularmente.

Alternativa "A": incorreta. A citação válida, ainda que ordenada por juízo incompetente, produzirá os seguintes efeitos: I – induzir litispendência; II – tornar litigiosa a coisa; III – constituirá em mora o devedor (art. 240 CPC). Em relação ao último efeito, contudo, há a ressalva no sentido de que devem ser observados os artigos 397 e 398 do Código Civil, que tratam de situações específicas em que a mora estará constituída em termo anterior. A propósito, dispõe o primeiro dispositivo que o inadimplemento da obrigação, positiva e líquida, no seu termo, constitui de pleno direito em mora o devedor e, se não tiver termo, tal ocorrerá com a interpelação judicial ou extrajudicial. E o art. 398 do CC indica que, nas obrigações provenientes de ato ilícito, considera-se em mora o devedor, desde que o praticou. Portanto, havendo a prática de ato ilícito, não será aplicada a regra contida no art. 240 do CPC, qual seja, a de que a mora estará constituída com a citação do devedor, pois tal constituição ocorre quando da prática do ato ilícito.

Alternativa correta: letra B. A morte da parte é causa de *suspensão do processo* (art. 313, I), pois haverá necessidade da *sucessão processual*, salvo se a demanda disser respeito a direito intransmissível, quando então será o processo extinto sem resolução do mérito (como pode ocorrer, por exemplo, na ação de divórcio). Diante da morte da parte, esta será sucedida pelo espólio ou pelos sucessores. Para tanto, o CPC fez previsão de um *procedimento especial*, denominado *habilitação* (art. 687 e seguintes), que poderá ser requerido: I – pela parte, em relação aos sucessores do falecido; II – pelos sucessores do falecido, em relação à parte. A habilitação tramitará nos autos do processo principal, na instância em que estiver. Se não ajuizada a habilitação, ao tomar conhecimento do falecimento da parte, **o juiz** determinará a suspensão do processo e: I – falecido o réu, ordenará a intimação do autor para que promova a citação do respectivo espólio, de quem for o sucessor ou, se for o caso, dos herdeiros, no prazo que designar, de no mínimo dois e no máximo seis meses; II – falecido o autor e sendo transmissível o direito em litígio, determinará a intimação de seu espólio, de quem for o sucessor ou, se for o caso dos herdeiros, pelos meios de divulgação que reputar mais adequados, para que manifestem interesse na sucessão processual e promovam a respectiva habilitação no prazo designado, sob pena de extinção do processo sem resolução do mérito (art. 313, § 2º).

Alternativa "C": incorreta. É possível identificar duas hipóteses de suspensão do processo. Na primeira, denominada *suspensão própria*, não se permitirão a prática de atos processuais, salvo os reputados urgentes. Na segunda, denominada *suspensão imprópria*, serão praticados unicamente atos para o processamento de incidentes, como ocorre se houver a alegação de suspeição ou de impedimento. Nesta hipótese, se o juiz não reconhecer a suspeição ou o impedimento, determinará a autuação em apartado da petição e, no prazo de quinze dias, apresentará suas razões, acompanhadas de documentos e de rol de testemunhas, se houver, ordenando a remessa do incidente ao tribunal (art. 146, § 1º). Distribuído o incidente, o relator deverá declarar os seus efeitos, sendo que, se o incidente for recebido, sem efeito suspensivo, o processo volta a correr e, com efeito suspensivo, o processo permanecerá suspenso até o julgamento do incidente (§ 2º). O Código fez uma ressalva importante: "Enquanto não for declarado o efeito em que é recebido o incidente ou quando este for recebido com efeito suspensivo, a tutela de urgência será requerida ao substituto legal" (§3º). Portanto, o juiz somente deferirá a tutela de urgência se o incidente for recebido sem efeito suspensivo, quando reassumirá a condução do processo. Ocorreu, como se viu, a *suspensão imprópria*, pois serão praticados atos processuais tendentes ao processamento do incidente.

Alternativa "D": incorreta. A alternativa se refere à *questão incidente* de competência do juízo criminal. Neste caso, em que se depende de verificação de existência de fato delituoso, o juízo poderá determinar a suspensão do processo até que se pronuncie a justiça criminal (art. 315, *caput*). Porém, se a ação penal não for proposta em até três meses, contado da intimação do ato de suspensão, cessará o efeito desse, incumbindo ao juiz cível examinar incidentemente a questão prévia. De outro lado, proposta a ação penal, será o processo suspenso pelo prazo mínimo de um ano, aplicando-se a regra anterior ao final deste período (§§ 2º e 3º).

Alternativa "E": incorreta. A habilitação de herdeiros tramitará nos autos do processo principal, como regra. Contudo, se o pedido de habilitação for impugnado e houver necessidade de dilação probatória diversa da documental, o pedido será autuado em apartado, dispondo o juiz sobre a instrução (art. 691).

Gabarito: B.

---

45. (FCC – Juiz do Trabalho/2017) O art. 485 do Código de Processo Civil estabelece as hipóteses em que o juiz não resolverá o mérito. À luz do artigo em questão, considere:

I. A desistência da ação poderá ser apresentada até a conclusão dos autos para prolação de sentença.

II. A extinção do processo por abandono de causa poderá ocorrer de ofício até o oferecimento da contestação.

III. A ausência de legitimidade ou de interesse processual pode ser conhecida de ofício pelo magistrado em instância extraordinária.

IV. A retratação do magistrado poderá ocorrer somente nas hipóteses de indeferimento da petição inicial e improcedência liminar do pedido.

Está correto o que se afirma APENAS em

a) I e IV.

b) II e IV.

c) I e II.

d) III e IV.

e) II e III.

COMENTÁRIOS

✪ **Notas do autor**: note-se que o art. 485 do CPC se refere aos *pronunciamentos* proferidos sem a resolução do mérito. Tais pronunciamentos podem ter natureza de *decisão interlocutória* ou de sentença, quando proferidos pelo juízo de primeiro grau. No âmbito dos Tribunais, tem-se a viabilidade da decisão monocrática pelo relator ou o acórdão quando proferido pelo colegiado. Os pronunciamentos proferidos sem a resolução do mérito também devem ser fundamentados, não mais se admitindo a *forma concisa* prevista no CPC de 1973. De outro lado, tais pronunciamentos não obstarão a que a parte proponha de novo a ação, porém, em caso de litispendência e nos casos de indeferimento da inicial, ausência de pressupostos de constituição e de desenvolvimento válido e regular do processo, ausência de legitimidade ou de interesse processual e de acolhimento da alegação de existência de convenção de arbitragem ou quando o juízo arbitral reconhecer sua competência, a propositura da nova ação depende da correção do vício que levou ao pronunciamento sem resolução do mérito (art. 486, § 1º do CPC).

Alternativa Correta: letra E. As assertivas II e III estão corretas.

Assertiva I: incorreta. A desistência da ação se concretiza a partir de ato unilateral praticado pelo autor a qualquer momento, antes da sentença. Diferentemente da regra existente para os atos unilaterais das partes, a desistência da ação não produz efeitos jurídicos imediatos à manifestação da vontade, dependendo da homologação judicial para tanto (art. 200, parágrafo único). A manifestação do autor poderá ocorrer até a prolação da sentença (art. 485, § 5º) e, se já oferecida resposta, dependerá do consentimento do réu (art. 485, § 4º). Excepciona a regra a desistência da ação se a questão discutida for idêntica à resolvida por recurso representativo da controvérsia, ainda que já apresentada contestação (art. 1.040, § 3º). O pronunciamento que homologar a desistência será proferido sem a resolução do mérito (art. 485, VIII).

Assertiva II: correta. Admite-se que o juízo profira pronunciamento sem resolução do mérito em razão de abandono do autor. Porém, encampando o posicionamento jurisprudencial antes existente, se o réu já apresentou contestação, a extinção somente ocorrerá se houver sua concordância. Porém, se ainda não o fez, o abandono poderá ser conhecido de ofício pelo juízo, exigindo-se que, previamente, a parte seja intimada pessoalmente para suprir a falta (art. 485, § 1º).

Assertiva III: correta. A assertiva encampa tese controvertida. Sabe-se que a legitimidade e o interesse processual são condições da ação e tal matéria pode ser conhecida de ofício pelo juiz, no primeiro e segundo grau de jurisdição. Na instância extraordinária, ou seja, perante os Tribunais Superiores, contudo, há de ser feita uma ressalva. É correto dizer que o Supremo Tribunal Federal e o Superior Tribunal de Justiça compõem a instância extraordinária, de direito estrito, pois os recursos que lá aportarem para julgamento se referem à aplicabilidade da Constituição Federal e da lei federal, respectivamente. Tais recursos possuem requisitos de admissibilidades específicos, como, por exemplo, a exigência do *prequestionamento*, admitindo-se o julgamento da questão levada apenas se houver ocorrido o prévio debate sobre o tema. A propósito, o Superior Tribunal de Justiça consolidou jurisprudência no sentido de que, na instância especial, ainda que se trate de matéria de ordem pública, sua análise não dispensa o prequestionamento, como é possível verificar na seguinte ementa: "AGRAVO INTERNO NO RECURSO ESPECIAL. DESERÇÃO DA APELAÇÃO. QUESTÃO NÃO DEBATIDA NA CORTE DE ORIGEM. AUSÊNCIA DE PREQUESTIONAMENTO. ASTREINTES. REDUÇÃO. SUCUMBÊNCIA MANTIDA. AGRAVO NÃO PROVIDO. 1. A jurisprudência desta Corte é firme no sentido de que, na instância especial, é vedado o exame de questão não debatida na origem, ainda que se trate de matéria de ordem pública. 2. A redução, por esta Corte Superior, do valor da multa por descumprimento fixada na origem, por ter alcançado patamar exorbitante, não induz a sucumbência mínima do executado, tendo em vista que a execução foi proposta pelo exequente no valor até então constante no título executivo. 3. Agravo interno a que se nega provimento. (AgInt no REsp 1404222/SC, Rel. Ministro LÁZARO GUIMARÃES (DESEMBARGADOR CONVOCADO DO TRF 5ª REGIÃO), QUARTA TURMA, julgado em 07/11/2017, DJe 14/11/2017). Não é diferente no âmbito do Supremo Tribunal Federal, cuja jurisprudência defende que, mesmo que se trata de matéria de ordem pública, o prequestionamento é indispensável para possibilitar a abertura da instância extraordinária (ARE 909076 AgR, Relator(a): Min. EDSON FACHIN, Segunda Turma, julgado em 06/10/2017, PROCESSO ELETRÔNICO DJe-252 DIVULG 06-11-2017 PUBLIC 07-11-2017). Como se vê, a jurisprudência dos Tribunais Superiores exige que a matéria seja prequestionada para que possa ser analisada, ou seja, trata-se de requisito de admissibilidade dos recursos (para aqueles que assim admitem).

Porém, uma vez propiciado o conhecimento do recurso por estarem presentes os requisitos, ou seja, por existir outra matéria prequestionada, ainda será possível que os Tribunais Superiores profiram pronunciamento sem a resolução do mérito, por perceberem que estão ausentes as condições de legitimidade ou de interesse processual.

Assertiva IV: incorreta. O juízo de retratação poderá ser exercido pelo magistrado nos seguintes casos: a) diante da interposição de recurso de apelação em face de pronunciamento de indeferimento da inicial (art. 331); b) diante da interposição de apelação para atacar pronunciamento de improcedência liminar no pedido (art. 332, § 3º); c) para quaisquer situações em que ocorrer a interposição de apelação para atacar pronunciamento sem resolução do mérito (art. 485, § 7º); d) diante da interposição do recurso de agravo de instrumento (art. 1.018, § 1º). Dessa maneira, existem outras hipóteses em que será admitida a retratação, não se resumindo às únicas afirmadas na assertiva.

Gabarito: E.

---

46. (TRT 1 – Juiz do Trabalho Substituto 1ª Região/2016) Sobre os requisitos e efeitos da sentença, considere:

I. O juiz poderá, de ofício, modificar o valor ou a periodicidade da multa, caso verifique que a mesma tornou-se insuficiente ou excessiva.

II. Tratando-se de coisa móvel, e não cumprida a obrigação no prazo estabelecido, expedir-se-á em favor do credor o mandado de busca e apreensão.

III. Publicada a sentença, o juiz não poderá alterá-la para retificar, de ofício, erros de cálculo.

IV. A sentença condenatória produz a hipoteca judiciária nos casos em que a condenação seja genérica.

Está correto o que se afirma em

a) II e IV, apenas.

b) I e III, apenas.

c) II e III, apenas.

d) I, II e IV, apenas.

e) I, II, III e IV.

COMENTÁRIOS

✪ Nota do autor:

Alternativa Correta: letra D. Estão corretas as assertivas I, II e IV.

Assertiva I: Correta. As medidas coercitivas para a efetividade da tutela poderão ser modificadas pelo juiz, o que não se afigura ofensa ao princípio da correlação. Entre as medidas coercitivas, destaca-se a multa.

Assertiva II: correta. Tratando-se de coisa móvel, o cumprimento da sentença se efetiva com a expedição do mandado de busca e apreensão da coisa.

Assertiva III: incorreta. Uma vez publicada a sentença, o juiz somente poderá alterá-la em duas situações: a) para corrigir erro de cálculo ou inexatidões materiais, de ofício ou atendendo a requerimento da parte; b) por meio de embargos declaratórios.

Assertiva IV: incorreta. A hipoteca judiciária constitui-se em efeito da sentença, que é produzido ainda que a condenação seja genérica (art. 495, § 1º I).

Gabarito: D.

---

47. (TRT 4 – Juiz do Trabalho Substituto 4ª Região/2016) Considere as assertivas abaixo sobre remessa necessária.

I. Não se aplica a remessa necessária quando a sentença estiver fundada em entendimento firmado em incidente de resolução de demandas repetitivas ou de assunção de competência.

II. Aplica-se a remessa necessária mesmo que a sentença esteja fundada em entendimento coincidente com orientação vinculante firmada no âmbito administrativo do próprio ente público, consolidada em manifestação, parecer ou súmula administrativa.

III. Não se aplica a remessa necessária para a confirmação de sentença proferida contra fundações de direito público estaduais quando a condenação ou o proveito econômico obtido na causa for inferior a 500 (quinhentos) salários-mínimos.

Quais são corretas?

a) Apenas I

b) Apenas II

c) Apenas III

d) Apenas I e III

e) I, II e III

COMENTÁRIOS

✪ Nota do autor:

Alternativa Correta: letra D. Estão corretas as assertivas I e III.

Assertiva I: correta. A remessa necessária é condição de eficácia da sentença proferida contra o Poder Público, por meio da qual o pronunciamento jurisdicional será revisto pelo Tribunal de Justiça. Estará excluída a remessa necessária, entre outras situações, se a sentença estiver fundada em entendimento firmado em incidente de resolução de demandas repetitivas ou de assunção de competência, por se tratarem de precedentes firmados pelo próprio Tribunal de Justiça, aos quais estará vinculado.

Assertiva II: incorreta. O julgamento da remessa necessária poderá acarretar a reforma da sentença em favor do Poder Público, e não para prejudicá-lo. Dessa maneira, se existir orientação vinculante firmada no âmbito administrativo do próprio ente público e a sentença decidir no mesmo sentido, estará o Advogado Público dispensado de interpor recurso nessa hipótese e, por isso, não faz sentido exigir-se reanálise da sentença em sede de remessa necessária.

Assertiva III: correta. O Novo Código de Processo Civil aumentou consideravelmente o valor mínimo da condenação a partir do qual será exigido que a sentença esteja sujeita à remessa necessária. Com o CPC de 1973, este valor era o de sessenta salários-mínimos. Com o CPC de 2015, houve a fixação de diversas faixas. Por isso, não se aplica a remessa necessária quando a condenação ou o proveito econômico obtido na causa for de valor certo e líquido inferior a: I – 1.000 (mil) salários-mínimos para a União e as respectivas autarquias e fundações de direito público; II – 500 (quinhentos) salários-mínimos para os Estados, o Distrito Federal, as respectivas autarquias e fundações de direito público e os Municípios que constituam capitais dos Estados; III – 100 (cem) salários-mínimos para todos os demais Municípios e respectivas autarquias e fundações de direito público. A questão faz referência a uma fundação de direito público estadual, de modo que o valor mínimo da condenação para que haja a remessa necessária será de 500 salários-mínimos.

Gabarito: D.

48. (FCC – Juiz do Trabalho Substituto 1ª Região/2014) Condomínio "Sonho de Vida" ajuizou ação de cobrança requerendo a condenação de Guilherme ao pagamento de cotas condominiais em atraso, no valor de R$ 2.000,00. De acordo com o Código de Processo Civil, se julgar procedente o pedido, o Juiz deverá condenar Guilherme ao pagamento de R$ 2.000,00

a) apenas, pois, ao decidir, o Juiz está adstrito ao pedido, que deve ser certo e determinado, sob pena de nulidade da parte da sentença que exceder o pedido.

b) mais a multa prevista em convenção condominial para o caso de inadimplemento, ainda que não tenha havido pedido do autor.

c) apenas, pois, ao decidir, o Juiz está adstrito ao pedido, que deve ser certo e determinado, sob pena de nulidade da sentença.

d) mais as cotas condominiais vencidas e não pagas durante o curso do processo, independentemente de pedido do autor.

e) mais as cotas condominiais vencidas e não pagas durante o curso do processo, desde que o autor tenha deduzido pedido nesse sentido.

COMENTÁRIOS

✪ Nota do autor: O pedido, como já afirmado, deverá ser interpretado consoante o conjunto da postulação e observará o princípio da boa-fé. No mais, o magistrado estará atrelado ao pedido, interpretado dessa forma. Contudo, havendo parcelas sucessivas, estas integrarão a condenação, ainda que não haja requerimento expresso da parte (art. 323 do CPC/2015).

Alternativas "a", "c" e "e". Como decorrência do princípio da inércia, o magistrado estará adstrito ao pedido formulado pelo autor na petição inicial. Também é denominado de princípio da correlação ou da congruência (art. 492 do CPC/2015). A inobservância dessa regra gerará um ato judicial com vício, ensejando a sentença extra petita (natureza diversa da pedida), ultra petita (quantidade superior) ou infra petita (aquém do pedido). O CPC/2015 reconhece que tal sentença é nula, porém, permite que tal nulidade seja desconsiderada, desde que seja possível julgar o mérito desde já (art. 1.013, § 3º CPC/2015). Em relação aos pedidos sucessivos, contudo, admite-se como integrantes do pedido, de modo que podem fazer parte da sentença.

Alternativa "b". Em relação à multa, há necessidade de pedido expresso do autor.

Alternativa Correta: letra "d". Dessa maneira, na condenação estarão integradas as cotas condominiais vencidas e não pagas durante o curso do processo, independentemente de pedido do autor.

Gabarito: D.

49. (FCC – Juiz do Trabalho Substituto 1ª Região/2014) Em razão de acidente, Cristiano sofreu danos físicos e estéticos, além de danos materiais emergentes, consistentes nas despesas hospitalares, e lucros cessantes. Por tal razão, ajuizou ação contra o causador do dano requerendo indenização pelos danos materiais emergentes, não mencionando a incidência de juros legais sobre o principal. De acordo com o Código de Processo Civil, se julgar procedente o pedido, o Juiz deverá condenar o réu a indenizar Cristiano por danos materiais emergentes

a) mais lucros cessantes, danos morais e estéticos, além de juros legais, tendo em vista que os pedidos são interpretados ampliativamente, de modo que a sentença atenda à real intenção do autor.

b) mais lucros cessantes, por possuírem a mesma natureza dos danos materiais emergentes, além de juros legais, os quais estão compreendidos no principal.

c) e juros legais, tendo em vista que os pedidos são interpretados restritivamente, mas compreendendo no principal os juros legais.

d) sem incidência de juros legais, tendo em vista que os pedidos são interpretados restritivamente, não compreendendo tal consectário da condenação.

e) mais lucros cessantes, por possuírem a mesma natureza dos danos materiais emergentes, porém sem incidência de juros legais, tendo em vista que os pedidos são interpretados restritivamente, não compreendendo tal consectário da condenação.

COMENTÁRIOS

✪ **Nota do autor:** Em consonância com o CPC/2015, a interpretação do pedido considerará o conjunto da postulação e observará o princípio da boa-fé.

Alternativa Correta: letra "c". Compreendem-se no principal os juros legais, a correção monetária e as verbas de sucumbência, inclusive os honorários advocatícios (art. 322, § 1º do CPC/2015). No mais, somente será possível deferir os pedidos apresentados na petição inicial, atentando-se ao princípio da correlação ou da congruência. Exclui automaticamente as demais alternativas.

Gabarito: C.

---

50. (FCC – Juiz do Trabalho Substituto 1ª Região/2014) Alexandre contratou a empresa "Serviços em sua casa Ltda." para realização de reparos em sua residência. Por solicitação da empresa, adiantou o valor de R$ 1.000,00, mas esta não prestou o serviço nem devolveu o dinheiro. A fim de reaver o montante, Alexandre houve por bem ajuizar ação. Contudo, imaginando que a "Serviços em sua casa Ltda." não teria bens, intentou a ação contra o sócio-gerente da empresa. A ação foi julgada improcedente e Alexandre interpôs recurso. De acordo com o Código de Processo Civil, o Tribunal deverá

a) extinguir o processo, sem resolução de mérito, apenas se, em contestação, Alexandre tiver suscitado preliminar de ilegitimidade de parte.

b) processar e julgar o recurso, pois as condições da ação são cognoscíveis apenas até a sentença.

c) processar e julgar o recurso, por ser vedada a *reformatio in pejus*.

d) extinguir o processo sem resolução do mérito, de ofício, por ilegitimidade de parte.

e) extinguir o processo, sem resolução de mérito, apenas se, na resposta ao recurso, Alexandre suscitar ilegitimidade de parte.

COMENTÁRIOS

✪ **Nota do autor:** O juiz, ao proferir decisão (sentido lato), poderá resolver ou não o mérito. Verifica-se que o mérito poderá ser analisado tanto em decisão interlocutória (decisão interlocutória de mérito), quanto por meio de sentença. Exemplo do primeiro caso é a decisão que reconhece a prescrição em relação à pretensão ligada a um dos pedidos e determina a continuidade do processo em relação aos demais. A decisão não resolverá o mérito nas hipóteses do art. 485 do CPC. De outro lado, decidirá o mérito nos casos mencionados no art. 487, verificando-se a decisão de mérito direta, quando acolhe ou rejeita o pedido do autor, e indireta, quando simplesmente chancela a vontade das partes. Registre-se que, entre as Normas Fundamentais do CPC/2015, destaque o princípio da primazia do julgamento de mérito, de modo que, desde que possível, o juiz resolverá o mérito sempre que a decisão for favorável à parte a quem aproveitaria eventual pronunciamento nos termos do art. 485 do CPC/2015.

Alternativa Correta: letra "d". O magistrado não resolverá o mérito quando verificar a ausência de legitimidade ou de interesse processual. Como se vê, neste e em outros casos, o CPC/2015 não fez menção à categoria processual denominada "condição da ação", de modo que respeitada doutrina defende que tal categoria não mais existe. Porém, parcela da doutrina também defende que, inobstante não tenha o CPC/2015 se referido expressamente à categoria, ela ainda assim existe, porém, é limitada a apenas duas: legitimidade e o interesse processual, já que a possibilidade jurídica do pedido foi alçada à matéria de mérito. Enfim, sendo a parte ilegítima, o magistrado não examinará o mérito. Essa é a regra. Há quem defenda a teoria da asserção, segundo a qual o magistrado deverá promover a análise da presença das condições da ação quando da análise inicial do processo, momento em que poderá proferir julgamento sem análise de mérito. Ultrapassado esse termo, reconhecendo a falta de condição da ação supervenientemente, proferirá decisão com análise de mérito. Isso ocorre porque o juiz analisa a presença das condições da ação segundo as assertivas do autor (afirmativas do autor). Exclui automaticamente as demais alternativas.

Gabarito: D.

---

51. (FCC – Juiz do Trabalho Substituto 1ª Região/2014) Eugênio ajuizou ação contra Arlete requerendo indenização por danos materiais e morais. Na sentença, o Juiz apreciou apenas o pedido de indenização por danos materiais. De acordo com o Código de Processo Civil, trata-se de sentença

a) omissa, mas que pode ser integrada, pelo próprio julgador, ao decidir embargos de declaração, os quais são opostos, perante o Juiz prolator da sentença, no prazo de cinco dias, interrompendo o prazo para interposição de outros recursos.

b) omissa, mas que pode ser integrada, pelo próprio julgador, ao decidir embargos de declaração, os quais são opostos, perante o Juiz prolator da sentença, no prazo de dois dias, suspendendo o prazo para interposição de outros recursos.

c) citra petita, mas que pode ser integrada, pelo Tribunal, ao decidir embargos de declaração, os quais são opostos, na segunda instância, no prazo de cinco dias, interrompendo o prazo para interposição de outros recursos.

d) citra petita, devendo ser declarada nula pelo Tribunal, sem possibilidade de integração.

e) omissa, mas que pode ser integrada, pelo próprio julgador, ao decidir embargos de declaração, os quais são opostos, perante o Juiz prolator da sentença, no prazo de cinco dias, suspendendo o prazo para interposição de outros recursos.

COMENTÁRIOS

✪ **Nota do autor:** O juiz deverá observar o princípio da correlação (ou da adstrição, ou ainda da congruência).

Alternativa Correta: letra "a". A sentença não apreciou todos os pedidos apresentados e, por isso, é infra petita. Tal vício, contudo, poderá ser solucionado por meio dos embargos declaratórios, ou mesmo em sede de apelação (art. 1013, § 3º), quando será possível que o Tribunal analise o mérito da questão, se isso for possível, atentando-se ao princípio da primazia do julgamento do mérito. A interposição dos embargos declaratórios importará na interrupção do curso do prazo para a interposição de outros recursos (o que foi uniformizado para todos os tipos de procedimento, até mesmo para os Juizados Especiais). Deverá ser interposto no prazo de cinco dias. Exclui automaticamente as demais alternativas.

Gabarito: A.

---

52. (FCC – Juiz do Trabalho Substituto 1ª Região/2015) Considere o disposto no Código de Processo Civil de 1973:

I. No caso de morte ou perda da capacidade processual de qualquer das partes, ou de seu representante legal, provado o falecimento ou a incapacidade, o juiz suspenderá o processo, salvo se já tiver iniciado a audiência de instrução e julgamento, caso em que o advogado continuará no processo até o encerramento da audiência e o processo só se suspenderá a partir da publicação da sentença ou do acórdão.

II. No caso de morte do procurador de qualquer das partes, ainda que iniciada a audiência de instrução e julgamento, o juiz marcará, a fim de que a parte constitua novo mandatário, no prazo de 20 dias, findo o qual extinguirá o processo sem julgamento do mérito, se o autor não nomear novo mandatário, ou mandará prosseguir no processo, à revelia do réu, tendo falecido o advogado deste.

III. Logo que for suscitado o incidente de falsidade, o juiz suspenderá o processo principal.

IV. Quando a sentença de mérito não puder ser proferida senão depois de verificado determinado fato, ou de produzida certa prova requisitada a outro juízo, o período de suspensão nunca poderá exceder um ano.

Está correto o que se afirma em

a) I e II, apenas.

b) II e III, apenas.

c) III e IV, apenas.

d) I, II e IV, apenas.

e) I, II, III e IV.

COMENTÁRIOS

✪ **Nota do autor:** A questão trata de vários institutos processuais, que serão estudados na sequência.

Alternativa Correta: letra "e". Os itens I, II, III e IV estão corretos.

Assertiva I. Correta. Ocorrendo a morte da parte, deverá ser promovida a respectiva habilitação nos próprios autos. Se não apresentada a habilitação, o magistrado, após determinar a suspensão do processo, ordenará a intimação do autor para que promova a citação do respectivo espólio, no caso do falecimento do réu, de quem for o sucessor ou, se o caso, dos herdeiros, no prazo que designar, de no mínimo dois e no máximo seis meses. Se, porém, falecido o autor e sendo transmissível o direito em litígio, determinará a intimação de seu espólio, de quem for o sucessor ou, se for o caso, dos herdeiros, pelos meios de divulgação que reputar mais adequados, para que manifestem interesse na sucessão processual e promovam a respectiva habilitação no prazo designado, sob pena de extinção do processo sem resolução do mérito.

Assertiva II. Correta. Ocorrendo a morte do advogado ou a perda da capacidade processual, deverá a parte promover a respectiva regularização. Assim, ainda que iniciada a audiência de instrução e julgamento, o juiz determinará que a parte constitua novo mandatário, no prazo de 15 dias, ao final do qual extinguirá o processo sem resolução de mérito, se o autor não nomear novo mandatário, ou ordenará o prosseguimento do processo à revelia do réu, se falecido o procurador deste (art. 313, § 3 do CPC/2015). Note-se que o prazo, para a constituição do novo mandatário, foi alterado pelo CPC/2015 (de 20 para 15 dias), de modo que a assertiva estaria incorreta.

Assertiva III. Correta. De acordo com o CPC/2015, contudo, a arguição de falsidade documental não importará na suspensão do processo, diferentemente do que ocorria no CPC de 1973, não havendo correspondente ao art. 394. No CPC/2015, haverá a arguição de falsidade documental na contestação, na réplica ou no prazo de 15 dias, contado a partir da intimação da juntada do documento aos autos. Uma vez arguida, a falsidade será resolvida como questão prejudicial, salvo se a parte o requerer expressamente, quando será possível que seja resolvida como questão principal, constando expressamente da parte dispositiva da sentença e acobertada pela coisa julgada. Note-se, por fim, que o CPC/2015 não faz diferenciação em relação ao momento em que apresentada a arguição (se antes ou depois de iniciada a audiência de instrução), rompendo-se com o modelo do CPC de 1973. Assim, a assertiva estaria incorreta.

Assertiva IV. Correta. Havendo necessidade da produção da prova em outro juízo, será expedida carta precatória para tanto. Dessa maneira, o processo será suspenso quando a sentença de mérito tiver de ser proferida somente após a verificação de determinado fato ou a produção de certa prova, requisitada a outro juízo. A propósito, determina o art. 377 que a carta precatória, a carta rogatória e o auxílio direto suspenderão o julgamento quando, tendo sido requeridos antes da decisão de saneamento, a prova neles solicitada for imprescindível.

Gabarito: E.

53. (FCC – Juiz do Trabalho Substituto 1ª Região/2015) Ao proferir determinada sentença, afirmou o juiz que todas elas são proferidas com cláusula rebus sic stantibus. Tal afirmação significa que

a) nem todas as sentenças dependem da exaustão das vias recursais para fazer coisa julgada.

b) a coisa julgada é imutável nos limites em que foi formada.

c) a coisa julgada não vincula terceiros e pode por eles, em ação própria, sempre ser alterada.

d) a coisa julgada é imutável enquanto não declaradas inconstitucionais as normas nas quais se fundou.

e) houve erro na afirmação, porque a coisa julgada é sempre imutável.

COMENTÁRIOS

Nota do autor: Denomina-se coisa julgada material a autoridade que torna imutável e indiscutível a decisão de mérito não mais sujeita a recurso. Formada a coisa julgada, ela é imutável nos limites em que foi formada. O CPC/2015 encampou expressamente a possibilidade da coisa julgada parcial, indicando que a decisão que julgar total ou parcialmente o mérito tem força de lei nos limites da questão principal expressamente decidida (art. 503, *caput*).

Alternativa "a". Será formada a coisa julgada se a decisão for imutável e indiscutível, portanto, não mais sujeita a recurso.

Alternativa Correta: letra "b". Como regra, nenhum juiz decidirá novamente as questões já decididas relativas à mesma lide, salvo se, tratando-se de relação jurídica de trato continuado, sobreveio modificação no estado de fato ou de direito, caso em que poderá a parte pedir a revisão do que foi estatuído na sentença (art. 505 do CPC/2015).

Alternativa "c". A coisa julgada, como regra, vincula as partes do processo, não prejudicando terceiros (art. 506 do CPC). Porém, em determinadas situações, ela também poderá atingir terceiros. Assim, em decorrência da coisa julgada erga omnes, todos deverão observar a decisão proferida. Na coisa julgada ultra partes, a coisa julgada atingirá outras pessoas, que não aquelas que figuram como partes no processo, como o terceiro adquirente de bem litigioso.

Alternativa "d". Ainda que declare inconstitucional a norma que a fundou, haverá necessidade de se pleitear a rescisão.

Alternativa "e". A sentença poderá ser revista nos casos de relação jurídica de trato continuado, se sobrevier modificação no estado de fato ou de direito, e nos demais casos previstos em lei (art. 505 do CPC/2015).

Gabarito: B.

54. (FCC – Juiz do Trabalho Substituto 1ª Região/2015) A sentença que julga improcedente o pedido na ação declaratória negativa de existência da relação jurídica tem natureza

a) declaratória.

b) constitutiva pura.

c) condenatória.

d) mandamental imprópria.

e) constitutiva oblíqua.

COMENTÁRIOS

Nota do autor: A ação declaratória tem por finalidade declarar a existência, a inexistência ou do modo de ser de uma relação jurídica, ou, ainda, a autenticidade ou falsidade de documento (art. 19 do CPC/2015). Note-se que houve a inserção da expressão "do modo de ser" de uma relação jurídica, antes não prevista. Registre-se, ainda, que o julgamento de improcedência acarreta a declaração da inexistência da relação jurídica, de modo que tem natureza declaratória.

Alternativa Correta: letra "a". Trata-se de sentença que reconheceu a improcedência da ação, logo, tem natureza declaratória. Exclui automaticamente as demais alternativas.

Gabarito: A.

55. (FCC – Juiz do Trabalho Substituto 6ª Região/2015) Extingue o processo com resolução de mérito

a) a sentença que reconhece a confusão entre autor e réu.

b) a sentença que acolhe a alegação de coisa julgada.

c) apenas a sentença que rejeita ou acolhe, total ou parcialmente, o pedido do autor.

d) a sentença que reconhece a prescrição ou a decadência.

e) a sentença que considera a ação intransmissível por disposição legal.

COMENTÁRIOS

Nota do autor: Em conformidade com o CPC/2015, a decisão poderá ou não resolver o mérito. Note-se que os artigos 485 e 487 referem-se a decisão, pois englobará tanto a decisão interlocutória, quanto a sentença. Admite-se, então, que seja proferida decisão interlocutória de mérito, que salvo interposto recurso e lhe seja atribuído efeito suspensivo, produzirá efeitos jurídicos de imediato.

Alternativa Correta: letra "d". A prescrição e a decadência são matérias de mérito (art. 487, II CPC/2015). Não se trata de prejudicial de mérito, pois esta se refere a matérias que podem influenciar no mérito, mas são o próprio mérito. Constituem-se, quando muito, em objeção de mérito. Exclui automaticamente as demais alternativas.

Gabarito: D.

56. (FCC – Juiz do Trabalho Substituto 15ª Região/2015) Sobre a sentença, é correto afirmar que

a) a citra petita pode ser corrigida por meio de embargos de declaração.

b) nela é defeso ao juiz, em razão do princípio dispositivo, conhecer de matéria de ordem pública.

c) é extra petita a que condena o devedor a pagar correção monetária quando não tiver havido pedido expresso nesse sentido.

d) é extra petita a que dá aos fatos qualificação jurídica diversa da narrada pelo autor na petição inicial.

e) é ultra petita a que condena o devedor a pagar correção monetária quando não tiver havido pedido expresso nesse sentido.

COMENTÁRIOS

✪ **Nota do autor:** Mais uma vez, questiona-se sobre o princípio da correlação.

Alternativa Correta: letra "a". A sentença citra petita poderá ser corrigida por meio dos embargos declaratórios, como também pela própria apelação, em atenção ao princípio da primazia do julgamento de mérito (art. 1.013, § 3º do CPC/2015).

Alternativa "b". a matéria de ordem pública poderá ser conhecida de ofício, devendo o magistrado, em atenção ao princípio do contraditório efetivo, oportunizar prévia manifestação da parte interessada, salvo se for o caso de improcedência liminar em prescrição ou decadência (art. 332, § 1º do CPC/2015).

Alternativas "c" e "e". A correção monetária integra o pedido implícito, de modo que poderá ser deferida ainda que não requerida na inicial.

Alternativa "d". Ao magistrado é possível dar qualificação jurídica diversa da apresentada, desde que baseada nos fatos apresentados na inicial.

Gabarito: A.

57. (FCC – Juiz do Trabalho Substituto 15ª Região/2015) Em processo que tramitou pelo rito ordinário, Marcos foi condenado a pagar indenização a José. No entanto, a sentença não determinou o valor devido, razão pela qual José apresentou requerimento de liquidação de sentença. Porém, fê-lo na pendência de recurso apresentado por Marcos. A liquidação deverá ser

a) processada em autos apartados, no juízo de origem, com a intimação pessoal de Marcos.

b) processada nos próprios autos, perante o Tribunal, com a intimação pessoal de Marcos.

c) processada em autos apartados, no juízo de origem, com a intimação de Marcos na pessoa de seu advogado.

d) indeferida de plano, pelo juízo de origem, por decisão que desafia agravo de instrumento, em razão da pendência de recurso.

e) indeferida de plano, pelo Tribunal, por decisão irrecorrível, em razão da pendência de recurso.

COMENTÁRIOS

✪ **Nota do autor:** Na ação relativa à obrigação de pagar quantia certa, ainda que apresentado pedido genérico (ilíquido), a decisão definirá desde logo a extensão da obrigação, o índice da correção monetária, a taxa de juros, o termo inicial de ambos e a periodicidade da capitalização dos juros, salvo se não for possível determinar, de modo definitivo, o montante devido, ou se a apuração do valor devido depender da produção de prova de realização demorada ou excessivamente dispendiosa, assim reconhecida na sentença (art. 491 do CPC/2015). Havendo condenação ilíquida, proceder-se-á à sua liquidação, a requerimento do credor ou do devedor, ainda que na pendência de recurso, quando então será processada em autos apartados no juízo de origem (art. 512 do CPC/2015). Trata-se da liquidação provisória de sentença, que poderá ser realizada independentemente do efeito do recurso.

Alternativa Correta: letra "c". A liquidação, como dito acima, poderá ser feita ainda que haja a pendência de recurso interposto (liquidação provisória). Admite-se duas modalidades (técnicas diferentes). A liquidação por arbitramento ou pelo procedimento comum. Na primeira, o juiz intimará as partes para apresentação dos pareceres ou documentos elucidativos, no prazo que fixar, e caso não possa decidir de plano, nomeará perito. Note-se, então, que nem sempre a liquidação por arbitramento será decidida com a utilização de perito. Na liquidação pelo procedimento comum, o juiz determinará a intimação do requerido, na pessoa do advogado, para, querendo, apresentar contestação no prazo de 15 dias.

Demais alternativas: a liquidação provisória será processada perante o juízo de origem, em autos apartados, acarretando a intimação da parte, por meio de seu advogado.

Gabarito: C.

58. (FCC – Juiz do Trabalho Substituto 24ª Região/2015) "O juiz decidirá a lide nos limites em que foi proposta, sendo-lhe defeso conhecer de questões, não suscitadas, a cujo respeito a lei exige a iniciativa da parte"; "O juiz, titular ou substituto, que concluir a audiência julgará a lide, salvo se estiver convocado, licenciado, afastado por qualquer motivo, promovido ou aposentado, casos em que passará os autos a seu sucessor". Esses dois enunciados referem- se, respectivamente, aos princípios:

a) da obrigatoriedade da jurisdição e da eventualidade jurisdicional.

b) da obrigatoriedade da jurisdição e da identidade física do juiz.

c) da eventualidade e da vinculação compulsória do juiz à causa.

d) da adstrição e da vinculação obrigatória do juiz à causa.

e) da adstrição ou congruência e da identidade física do juiz.

COMENTÁRIOS

✪ **Nota do autor:** A questão trazida é extremamente importante, uma vez que o princípio da identidade física do juiz não foi encampado pelo Novo Código de Processo Civil.

Alternativa Correta: letra "e". Pelo princípio da adstrição ou da congruência, deverá a sentença guardar correlação com o pedido formulado. Trata-se de decorrência do princípio da inércia, pelo qual o juiz somente poderá prestar a tutela jurisdicional se devidamente provocado. O princípio da identidade física do juiz era indicado no art. 132 do CPC de 1973, segundo o qual o juiz, titular ou substituto, que concluísse a audiência julgaria a lide, salvo se estivesse convocado, licenciado, afastado por qualquer motivo, promovido ou aposentado, caso em que passaria os autos ao seu sucessor. Tal princípio não foi recepcionado pelo CPC/2015, que não possui dispositivo semelhante. Assim, ainda que tenha a produção de provas sido concluída por um juiz, admite-se que outro a julgue. Exclui automaticamente as demais alternativas.

Gabarito: E.

---

59. (FCC - Juiz do Trabalho Substituto 24ª Região/2015) Na ação que tenha por objeto o cumprimento de obrigação de fazer ou não fazer, o juiz concederá a tutela específica da obrigação mas, no tocante à conversão desta em perdas e danos, o fato

a) só ocorrerá se o autor a requerer ou se impossível a tutela específica ou a obtenção do resultado prático correspondente.

b) ocorrerá como regra, já que por presunção consultará quase sempre aos interesses do autor.

c) só ocorrerá se o juiz, de ofício, verificar que a providência é mais célere e vantajosa ao autor.

d) não mais ocorre na sistemática atual do processo civil pátrio, ocorrendo ou a tutela específica da obrigação ou a declaração de sua inexequibilidade.

e) só ocorrerá, de ofício ou a requerimento da parte, se impossível a obtenção do resultado prático equivalente.

COMENTÁRIOS

✪ **Nota do autor:** Há a preferência pela tutela específica da obrigação ou, pelo menos, se houver a obtenção de tutela pelo resultado prático equivalente. Em conformidade com o art. 499 do CPC/2015, a obrigação somente será convertida em perdas e danos se o autor a requerer ou se aquelas não forem possíveis.

Alternativa Correta: letra "a". A conversão em perdas e danos não pode ser uma faculdade do devedor, já que este pode preferir efetuar o pagamento a cumprir a obrigação. De outro lado, deve-se buscar a efetividade da tutela jurisdicional, de modo que a conversão em perdas e danos depende da vontade do credor, a não ser que não seja possível cumprir a obrigação. Exclui automaticamente as demais alternativas.

Gabarito: A.

---

60. (FCC - Juiz do Trabalho Substituto 24ª Região/2015) Em relação às sentenças,

a) devem elas ser certas, salvo se decidam relações jurídicas condicionais.

b) somente o dispositivo da sentença de mérito revestir-se-á da autoridade da coisa julgada material.

c) quando extingam o processo sem resolução do mérito, podem ser concisas, prescindindo de fundamentação.

d) poderão ser ilíquidas, a critério do juiz, ainda que o autor tenha formulado pedido certo.

e) são denominadas ultra petita aquelas proferidas, a favor do autor, de natureza diversa da pedida ou em objeto diverso do que lhe foi demandado.

COMENTÁRIOS

✪ **Nota do autor:** Como regra, somente o dispositivo da decisão fará coisa julgada material.

Alternativa Correta: letra "b". Em conformidade com o art. 504 do CPC/2015, não farão coisa julgada os motivos, ainda que importantes para determinar o alcance da parte dispositiva da sentença e a verdade dos fatos, estabelecida como fundamento da sentença. Assim, a fundamentação não será tingida pela coisa julgada e a decisão sobre questão prejudicial também não o fará, salvo se houver decisão expressa a respeito.

Alternativa "a". As sentenças devem ser certas, ainda que resolvam relação jurídica condicional (art. 492, parágrafo único, CPC/2015).

Alternativa "c". As decisões de um modo geral, de acordo com o CPC/2015, sejam interlocutórias ou sentenças, devem ser sempre fundamentadas, não se admitindo mais a decisão concisa.

Alternativa "d". Formulando o autor pedido certo, deverá a sentença ser líquida.

Alternativa "e". Em verdade, a assertiva se refere às sentenças extra petita.

Gabarito: B.

15. PROCEDIMENTOS ESPECIAIS

---

61. (FGV - 2023 - TST - Juiz do Trabalho) Sobre os embargos de terceiro, é correto afirmar que:

a) diante do que dispõe o atual Código de Processo Civil, os embargos de terceiro servem à defesa daquele que sofrer constrição ou ameaça de constrição apenas sobre bens que estejam em sua posse direta ou sobre os quais tenha direito de posse incompatível com o ato constritivo;

b) considera-se terceiro o sócio de sociedade mercantil em que a lei lhe reconhece responsabilidade direta pela dívida da sociedade e que não fez parte de incidente de desconsideração da personalidade jurídica;

c) embora se admitam embargos de terceiro preventivos, será com a ciência da penhora que se iniciará o prazo decadencial de cinco dias para o seu ajuizamento. Contudo, no processo de conhecimento a defesa do domínio e da posse poderá ocorrer enquanto não transitada em julgado a sentença;

d) não é terceiro e não poderá opor embargos de terceiro o adquirente de coisa litigiosa na condição de sucessor processual. Não sendo admitido como parte no processo, é licito seu ingresso como assistente litisconsorcial;

e) será competente órgão de primeiro grau de jurisdição para processar e julgar ação de embargos de terceiro, mesmo quando a constrição for determinada em grau de recurso ou for oriunda de ação de competência originária de tribunal.

COMENTÁRIOS

Alternativa A – incorreta. Os embargos de terceiro podem ser ajuizados por quem, não sendo parte no processo, sofrer constrição ou ameaça de constrição sobre bens que possua ou sobre os quais tenha direito incompatível com o ato constritivo (art. 674, caput). Logo, verifica-se que não há limitação da tutela apenas à posse direta

Alternativa B – incorreta. Prevê o art. 674, § 2º, III, do CPC, que se considera terceiro, para ajuizamento dos embargos, *quem sofre constrição judicial de seus bens por força de desconsideração da personalidade jurídica, de cujo incidente não fez parte*. Ocorre que a alternativa se refere a *responsabilidade direta*, e as hipóteses que admitiriam a desconsideração são de *responsabilidade indireta*. Dessa forma, o sócio mencionado não pode ter a sua situação equiparada a de terceiro.

Alternativa C – incorreta. Diferentemente do que foi afirmado, Os embargos podem ser opostos a qualquer tempo no processo de conhecimento enquanto não transitada em julgado a sentença e, no cumprimento de sentença ou no processo de execução, até 5 (cinco) dias depois da adjudicação, da alienação por iniciativa particular ou da arrematação, mas sempre antes da assinatura da respectiva carta (art. 675, caput, CPC).

Alternativa D – correta. O adquirente de coisa litigiosa não é parte legítima para embargos de terceiro, regra relativizada unicamente se demonstrada a boa-fé do adquirente. A propósito: "1. Consoante a jurisprudência deste Tribunal Superior, o adquirente de coisa litigiosa não é parte legítima para embargos de terceiro. Essa posição é relativizada apenas quando demonstrada a boa-fé do adquirente. Precedentes. 1.1. No caso em tela, o Tribunal de origem constatou a boa-fé dos adquirentes, que não poderiam ter ciência da lide, uma vez que não havia averbação na matrícula do imóvel nem constavam como parte no processo os alienantes. Incidência das Súmulas 7 e 83 do STJ" (STJ, Agint no Resp 1.574.382/MT, Rel. Min. Marco Buzzi, julgado em 23/10/2018). Necessário lembrar-se que, havendo concordância da parte contrária com a sucessão, admitindo-se o adquirente do bem, este figurará como parte principal, de modo que inviável o ajuizamento dos embargos de terceiro.

Alternativa E – incorreta. Os embargos serão distribuídos por dependência ao juízo que ordenou a constrição e autuados em apartado (art. 676, CPC). Logo, se a constrição ocorreu por determinação do Tribunal, lá serão distribuídos os embargos de terceiro.

Gabarito: D.

16. LIQUIDAÇÃO

62. (FCC – Juiz do Trabalho Substituto 1ª Região/2014) Paulo ajuizou ação de indenização contra "Corte Certo Ltda.". Na sentença que julgou procedente o pedido, o Juiz condenou a empresa a pagar indenização por lucros cessantes, a serem fixados em liquidação de sentença. A empresa recorreu da decisão. De acordo com o Código de Processo Civil, a liquidação poderá ser requerida

a) na pendência do recurso, processando-se nos próprios autos, perante o Tribunal, com intimação pessoal da parte, sendo decidida por decisão interlocutória.

b) na pendência do recurso, processando-se em autos apartados, no juízo de origem, com intimação da parte na pessoa de seu advogado, sendo decidida por decisão interlocutória.

c) na pendência do recurso, processando-se em autos apartados, no juízo de origem, com intimação da parte na pessoa de seu advogado, sendo decidida por sentença.

d) somente depois do trânsito em julgado da decisão, sendo decidida por sentença.

e) na pendência do recurso, porém apenas se prestada caução, processando-se nos próprios autos, perante o Tribunal, com intimação da parte na pessoa de seu advogado, sendo decidida por decisão interlocutória.

COMENTÁRIOS

✪ **Nota do autor:** Admite-se a liquidação ainda que esteja pendente recurso interposto com a decisão que reconheceu a obrigação de pagar. A liquidação será decidida por meio de decisão interlocutória, que poderá ser atacada pelo recurso de agravo de instrumento. A doutrina apresenta a liquidação como sendo própria e imprópria. Na primeira, apura-se o quantum *debeatur*, proferindo-se decisão. Na segunda, também conhecida como habilitação, será demonstrado que o credor se enquadra na situação narrada em sentença (geralmente, sentença proferida em ação coletiva), bem como será apurado o valor do débito. Também neste caso, a decisão será impugnada pelo recurso de agravo de instrumento.

Alternativa Correta: letra "b". A liquidação provisória será processada em autos apartados, no juízo de origem, cumprindo ao liquidante instruir o pedido com cópias das peças processuais pertinentes. Exclui automaticamente as demais alternativas.

Gabarito: B.

---

63. (FCC – Juiz do Trabalho Substituto 1ª Região/2015) Sobre a liquidação de sentença expressamente prevista no Código de Processo Civil de 1973, é correto afirmar:

a) Quando a elaboração da memória do cálculo depender de dados existentes em poder do devedor, o juiz, a requerimento do credor, poderá requisitá-los, fixando o prazo de até quinze dias para o cumprimento da diligência.

b) Quando a determinação do valor da condenação depender de arbitramento, o credor poderá requerer o cumprimento da sentença, na forma do art. 475-J do CPC, desde que instrua o pedido com a memória discriminada do valor.

c) Nos processos sob procedimento comum sumário nos quais é defesa a sentença ilíquida, cumpre ao juiz, se for o caso, fixar de plano, a seu prudente critério, o valor devido.

d) Quando a elaboração da memória do cálculo depender de dados existentes em poder de terceiro, o juiz, a requerimento do credor ou do devedor, poderá requisitá-los, fixando prazo de até trinta dias para o cumprimento da diligência.

e) A liquidação poderá ser requerida na pendência de recurso, processando-se nos mesmos autos, cumprindo ao liquidante instruir o pedido com as peças processuais pertinentes.

COMENTÁRIOS

✪ **Nota do autor:** A questão trata da liquidação, que ocorrerá para fixação do quantum *debeatur*, permitindo-se o cumprimento definitivo da sentença oportunamente.

Alternativas "a" e "d". Se a elaboração do demonstrativo depender de dados em poder de terceiros ou do executado, o juiz poderá requisitá-los, sob cominação do crime de desobediência (art. 524, § 3º). Quando a complementação do demonstrativo depender de dados adicionais em poder do executado, o juiz poderá, a requerimento do exequente, requisitá-los, fixando prazo de até 30 dias para o cumprimento da diligência. Não apresentados os dados adicionais, serão reputados corretos os cálculos apresentados pelo exequente com base nos dados de que dispõe (§§ 4º e 5º).

Alternativa "b". Dependendo de arbitramento, não será possível se iniciar a execução.

Alternativa Correta: letra "c". O CPC/2015 não mais faz previsão do procedimento sumário. Em suma, haverá o procedimento comum, os procedimentos especiais e, de acordo com parcela da doutrina, os procedimentos especialíssimos, decorrentes de negociação processual atípica (art. 190 do CPC/2015). Assim, não haverá mais a previsão de regra diferenciada para o procedimento sumário, pois este não mais existirá. O art. 491 determina que a decisão definirá desde logo a extensão da obrigação, o índice de correção monetária, a taxa de juros, o termo inicial de ambos e a periodicidade da capitalização dos juros, ainda que formulado pedido genérico (art. 491), salvo se não for possível determinar, de modo definitivo, o montante devido, bem como se a apuração do valor devido depender da produção de prova de realização demorada ou excessivamente dispendiosa, assim reconhecida na sentença.

Alternativa "e". A liquidação provisória será processada em autos apartados.

Gabarito: C.

17. CUMPRIMENTO DE OBRIGAÇÃO DE PAGAR, DE FAZER E DE ENTREGAR E DO PROCESSO DE EXECUÇÃO

---

64. FGV – 2023 – TST – Juiz do Trabalho

Quanto aos incidentes na execução, é correto afirmar que:

a) os embargos à arrematação constituem meio idôneo para desconstituir a arrematação, desde que opostos antes da assinatura do auto;

b) somente por ação autônoma poderá o executado invalidar a arrematação, quando comprovada a quitação integral do crédito exequendo em data anterior ao leilão;

c) por simples petição, poder-se-á pretender que a arrematação seja invalidada, desde que provocado o juiz em até dez dias contados do aperfeiçoamento da arrematação;

d) em ação autônoma é possível o desfazimento da arrematação, mesmo que o arrematante não tenha dado causa ou contribuído para a invalidação da alienação forçada;

e) o interessado em adquirir o bem penhorado em prestações poderá apresentar seu pedido após o início do segundo leilão, desde que, não sendo o lance vil, a proposta contenha oferta de pagamento de pelo menos 25% do valor do lance à vista e o restante parcelado em até trinta meses.

COMENTÁRIOS

Alternativa A – incorreta. O CPC 2015 não fez previsão de viabilidade dos embargos à arrematação, tal como ocorria no Código anterior.

Alternativa B – incorreta. Não é necessário o ajuizamento de ação autônoma para que o executado busque invalidar a arrematação. A propósito, dispõe o art. 903, § 1º, do CPC, que será possível buscar-se a invalidação, ineficácia ou a resolução da arrematação no prazo de até dez dias após o aperfeiçoamento do ato de expropriação. Ocorrido o pagamento, ainda, será possível ao executado informar a extinção da obrigação por meio de petição.

Alternativa C – incorreta. Reitera-se o que foi dito na alternativa anterior, enfatizando-se o que dispõe o art. 903, § 1º, do CPC. Ultrapassado o prazo para que a invalidação seja requerida por meio de petição, deverá o executado valer-se de ação autônoma.

Alternativa D – correta. Qualquer que seja a modalidade de leilão, assinado o auto pelo juiz, pelo arrematante e pelo leiloeiro, a arrematação será considerada perfeita, acabada e irretratável, ainda que venham a ser julgados procedentes os embargos do executado ou a ação autônoma de que trata o § 4º do art. 903, do CPC. E tal poderá ocorrer ainda que o arrematante não tenha dado causa ou contribuído para a invalidação da alienação forçada.

Alternativa E – incorreta. O interessado em adquirir o bem penhorado em prestações poderá apresentar, por escrito: I – até o início do primeiro leilão, proposta de aquisição do bem por valor não inferior ao da avaliação; II – até o início do segundo leilão, proposta de aquisição do bem por valor que não seja considerado vil. A proposta conterá, em qualquer hipótese, oferta de pagamento de pelo menos vinte e cinco por cento do valor do lance à vista e o restante parcelado em até 30 (trinta) meses, garantido por caução idônea, quando se tratar de móveis, e por hipoteca do próprio bem, quando se tratar de imóveis (art. 895, CPC).

Gabarito: D.

---

65. (FCC – Juiz do Trabalho/2017) Quanto à execução no Processo Civil, a legislação sobre a matéria estabelece:

a) A penhora de crédito representado por letra de câmbio, nota promissória, duplicata, cheque ou outros títulos far-se-á exclusivamente pela apreensão do documento, podendo o juiz determinar, como medida preparatória do ato, a intimação do terceiro devedor para que não pague ao executado, seu credor e do executado, credor do terceiro, para que não pratique ato de disposição do crédito.

b) Não constitui violação dos deveres da parte a conduta do executado que, intimado, não indica ao juiz bens sujeitos à penhora.

c) Na execução por quantia certa, os honorários advocatícios de 10% serão fixados de plano pelo juiz ao despachar a petição inicial, cujo valor será reduzido pela metade se o executado pagar integralmente o valor, no prazo de três dias da citação ou poderá ser elevado a 20% quando rejeitados os embargos à execução ou, quando não opostos, levando-se em conta o trabalho realizado pelo advogado do exequente, conforme se constatar ao final do procedimento executivo.

d) Antes de adjudicados ou alienados os bens, o executado pode, a todo tempo, remir a execução, pagando ou consignando a importância atualizada da respectiva avaliação, acrescida das despesas decorrentes do leilão, inclusive honorários do leiloeiro.

e) São absolutamente impenhoráveis os vencimentos, subsídios, soldos, salários, remunerações, proventos de aposentadoria, pensões, pecúlios e montepios, bem como as quantias recebidas por liberalidade de terceiro e destinadas ao sustento do devedor e de sua família, os ganhos de trabalhador autônomo e os honorários de profissional liberal, exceto para pagamento de prestação alimentícia, independentemente de sua origem.

COMENTÁRIOS

✪ **Notas do autor**: a questão trata de vários aspectos ligados ao processo de execução e que serão tratados em cada uma das alternativas abaixo.

Alternativa "A": incorreta. A penhora de crédito representado por letra de câmbio, nota promissória, duplicata, cheque ou outros títulos será feita **pela apreensão do documento**, esteja ou não este em poder do executado (art. 856, caput). O terceiro somente se exonerará da obrigação se efetuar o depósito, em juízo, da importância da dívida. Enquanto não ocorrer a apreensão, considera-se feita a penhora pela intimação, ao terceiro devedor para que não pague ao executado, seu credor, bem como ao executado, credor do terceiro, para que não pratique ato de disposição do crédito (art. 855). Admite-se, ainda, que, na penhora de tais créditos, não ocorra a apreensão do documento, se o terceiro confessar a dívida, quando então será tido como depositário da importância (§ 1º).

Alternativa "B": incorreta. É dever da parte, se intimada para tanto, indicar ao juiz quais são e onde estão os bens sujeitos à penhora e os respectivos valores, bem como exibir prova de sua propriedade e, se for o caso, certidão negativa de ônus, sob pena de prática de atentatório à dignidade da justiça (art. 774, V).

Alternativa correta: letra C. Na execução por quantia certa, fundada em título executivo extrajudicial, ao **despachar a inicial,** o juiz fixará, de plano, os **honorários advocatícios de dez por cento,** a serem pagos pelo executado. Contudo, no caso de integral pagamento no prazo de três dias, este valor será reduzido pela metade. Se rejeitados os embargos à execução, o valor dos honorários advocatícios poderá ser elevado até vinte por cento, podendo a majoração, caso não opostos os embargos, ocorrer ao final do procedimento executivo, levando-se em conta o trabalho realizado pelo advogado do exequente (art. 827 e §§).

Alternativa "D": incorreta. Consoante prevê o art. 826, admite-se ao executado remir a execução, antes de adjudicados ou alienados os bens, pagando ou consignando a importância atualizada da dívida, acrescida de juros, custas e honorários advocatícios. Note-se que não há inclusão de outras despesas a serem arcadas pelo executado.

Alternativa "E": incorreta. Consoante prevê o art. 833, IV do CPC, os vencimentos, os subsídios, os soldos, os salários, as remunerações, os proventos de aposentadoria, as pensões, os pecúlios e os montepios, bem como as quantias recebidas por liberalidade de terceiro e destinadas ao sustento do devedor e de sua família, os ganhos de trabalhador autônomo e os honorários de profissional liberal, são absolutamente impenhoráveis. Contudo, tal impenhorabilidade não se aplica à hipótese de penhora para pagamento de prestação alimentícia, independentemente de sua origem, bem como às importâncias excedentes a cinquenta salários-mínimos mensais.

Gabarito:C.

---

66. (FCC – Juiz do Trabalho/2017) Sobre execução no Processo Civil, é correto afirmar:

a) Caso a penhora recaia sobre estabelecimento comercial, o juiz nomeará administrador-depositário para dar continuidade ao negócio, podendo as partes ajustar a forma de administração, mas não a escolha do depositário.

b) Ocorrendo penhora das quotas ou das ações de sócio em sociedade simples ou empresária, o juiz poderá determinar o leilão judicial quando não haja interesse dos demais sócios no exercício de direito de preferência, não ocorra a aquisição das quotas ou das ações pela própria sociedade e a liquidação seja excessivamente onerosa para a sociedade.

c) O executado poderá requerer a substituição do bem penhorado, devendo comprovar que a substituição lhe será menos onerosa, bem como indicar onde se encontram os bens sujeitos à execução, exibir a prova de sua propriedade e a certidão negativa ou positiva de ônus, bem como abster-se de qualquer atitude que dificulte ou embarace a realização da penhora, caso em que a substituição pode ser deferida ainda que haja prejuízo ao exequente.

d) Havendo penhora de pedras e metais preciosos, o juiz não poderá determinar a alienação antecipada dos bens, ainda que comprovada manifesta vantagem para a execução.

e) O juiz poderá ordenar a penhora de percentual de faturamento de empresa se o executado não tiver outros bens penhoráveis ou se, tendo-os, esses forem de difícil alienação ou insuficientes para saldar o crédito executado, caso em que fixará percentual que propicie a satisfação do crédito exequendo em tempo razoável, mas que não torne inviável o exercício da atividade empresarial, nunca inferior a dez ou superior a trinta por cento.

COMENTÁRIOS

Notas do autor: consiste a penhora em um ato executivo, por meio do qual haverá a apreensão do bem, sobre o qual incidirá a execução e, se necessário, ocorrerá a sua expropriação. O ato executivo compreende a apreensão, avaliação e depósito.

Alternativa "A": incorreta. Diferentemente do afirmado, é facultado às partes ajustar a forma de administração e escolher o depositário, hipótese em que o juiz homologará por despacho a indicação (art. 862, § 2º do CPC).

Alternativa correta: letra B. Se a penhora recair sobre quotas ou ações de sócio em sociedade personificadas, deve-se seguir o procedimento previsto no art. 861 do CPC. Nesse sentido, o juiz poderá determinar o leilão judicial das quotas ou ações caso não haja interesse dos demais sócio no exercício do direito de preferência, não ocorra a aquisição das quotas ou das ações pela sociedade e a liquidação seja excessivamente onerosa para a sociedade (art. 861, § 5º).

Alternativa "C": incorreta. Admite-se que o executado, no prazo de dez dias contado da intimação da penhora, requeira a substituição do bem penhorado, desde que comprove que lhe será menos onerosa e não trará prejuízo ao exequente (art. 847, *caput*). Requerida a substituição do bem penhorado, o executado deve indicar onde se encontram os bens sujeitos à execução, exibir a prova de sua propriedade e a certidão negativa ou positiva de ônus, bem como abster-se de qualquer atitude que dificulte ou embarace a realização da penhora.

Alternativa "D": incorreta. O magistrado determinará a alienação antecipada dos bens penhorados quando se tratar de veículos automotores, de pedras e metais preciosos e de outros bens móveis sujeitos à depreciação ou à deterioração, bem como quando houver manifesta vantagem (art. 852).

Alternativa "E": incorreta. Em razão da observância do princípio da continuidade da empresa, a penhora de percentual de faturamento ocorrerá se o executado não tiver outros bens penhoráveis ou se, tendo-os, esses forem de difícil alienação ou insuficientes para saldar o crédito executado (art. 866, caput). Para tanto, o juízo fixará percentual que propicie a satisfação do crédito exequendo em tempo razoável, mas que não inviabilize o exercício da atividade empresarial.

Gabarito: B.

---

67. (TRT 4 – Juiz do Trabalho Substituto 4ª Região/2016) Assinale a assertiva correta sobre a suspensão do processo de execução.

I. Suspende-se a execução se a alienação dos bens penhorados não se realizar por falta de licitantes e o exequente, em 15 (quinze) dias, não requerer a adjudicação nem indicar outros bens penhoráveis.

II. O direito subjetivo de o executado pagar parceladamente a dívida, desde que a reconheça e preencha os requisitos legais, não configura hipótese de suspensão do processo de execução.

III. O Juiz suspenderá a execução pelo prazo de 1 (um) ano quando o executado não possuir bens penhoráveis, hipótese em que ter-se-á igualmente por suspensa a prescrição.

Quais são corretas?

a) Apenas I

b) Apenas II

c) Apenas III

d) Apenas I e III

e) I, II e III

COMENTÁRIOS

✪ **Nota do autor:** as hipóteses de suspensão da execução estão indicadas no art. 921 do CPC 2015.

Alternativa Correta: letra D.

Assertiva I: correta. Em conformidade com o inciso IV, será suspensa a execução se a alienação de bens penhorados não se realizar por falta de licitantes e o exequente, em 15 dias, não requerer a adjudicação nem indicar outros bens penhoráveis.

Assertiva II: incorreta. Determina o art. 921, V, que, se concedido o parcelamento de que trata o art. 916, será suspensa a execução. De fato, constitui-se direito da parte, no prazo para embargos, reconhecendo o crédito do exequente e comprovando o depósito de 30% do valor da execução, acrescido de custas e de honorários de advogado, requerer que lhe seja permitido pagar o restante em até seis parcelas mensais, acrescidas de correção monetária e de juros de 1% ao mês. A disposição, contudo, não se aplica ao cumprimento de sentença (art. 916, § 7º).

Assertiva III: correta. Muito oportuno o estudo dessa assertiva, à vista da nova redação do art. 921, III, do Código de Processo Civil (alterado pela Lei nº 14.195/2021). Em consonância com a nova redação, *suspende-se a execução*, entre outras hipóteses, *quando não for localizado o executado ou bens penhoráveis* (anteriormente, o dispositivo referia-se unicamente à inexistência de bens penhoráveis). Nesta hipótese, o juiz suspenderá a execução pelo prazo de um ano, durante o qual estará suspensa a prescrição. O termo inicial da prescrição no curso do processo será a ciência da primeira tentativa infrutífera de localização do devedor ou de bens penhoráveis, e será suspensa, por uma única vez, pelo prazo máximo de um ano (art. 921, § 4º, CPC, com redação dada pela Lei 14.195/2021). A efetiva citação, intimação do devedor ou constrição de bens penhoráveis interrompe o prazo de prescrição, que não corre pelo tempo necessário à citação e à intimação do devedor, bem como para as formalidades da constrição patrimonial, se necessária, desde que o credor cumpra os prazos previstos na lei processual ou fixados pelo juiz (art. 921, §4º-A, CPC, com redação dada pela Lei 14.195/2021).

Gabarito: D.

68. (TRT 4 – Juiz do Trabalho Substituto 4ª Região/2016) Assinale a assertiva incorreta sobre impugnação ao cumprimento da sentença.

a) Para que o executado apresente impugnação, transcorridos os 15 (quinze) dias após a intimação para pagamento do débito, é indispensável que proceda à segurança do juízo, a exemplo da penhora prévia.

b) É permitido, nas hipóteses de impugnação na fase de execução da sentença, que não apenas o título executivo, mas também a obrigação, quando inexigíveis, sejam impugnados.

c) A declaração in abstrato da inconstitucionalidade, pelo Supremo Tribunal Federal, é matéria capaz de amparar a inexigibilidade da obrigação, podendo fundamentar a impugnação.

d) Em se tratando de impugnação à sentença de liquidação, pela Fazenda Pública, esta somente poderá alegar falta ou nulidade da citação, na fase de conhecimento, se o processo tiver corrido à sua revelia.

e) Nas hipóteses de cumprimento de sentença que reconheça a exigibilidade de obrigação de entregar coisa, a eventual existência de benfeitorias deve ser alegada quando da contestação, na fase de conhecimento, não sendo admitida na fase de cumprimento da sentença.

COMENTÁRIOS

✪ **Nota do autor:** a questão trata da fase de cumprimento de sentença, na qual poderá o devedor oferecer a respectiva impugnação.

Alternativa Correta: letra A. No caso de condenação em quantia certa, o cumprimento definitivo da sentença será iniciado a requerimento do exequente, quando o executado será intimado para pagar o débito no prazo de 15 dias. Não satisfeita a obrigação, haverá o acréscimo ao débito de multa de 10% e, também, de honorários advocatícios, no mesmo percentual. Ultrapassado o período para o pagamento espontâneo, será iniciado o prazo de 15 dias para que o executado, independentemente de penhora ou nova intimação, apresente a sua impugnação. Como se vê, a prévia garantia não é requisito de admissibilidade da impugnação. Contudo, para que se requeira a concessão de efeito suspensivo, há necessidade de prévia garantia do juízo.

Alternativa B: incorreta. O afirmado na assertiva está correto. Na impugnação ao cumprimento de sentença, será possível que o executado ataque o título executivo e também a obrigação (art. 525, § 1º, III).

Alternativa C: incorreta. Se o pronunciamento jurisdicional se fundou em ato normativo declarado inconstitucional pelo Supremo Tribunal Federal, forma-se a coisa julgada inconstitucional que, por sua vez, tornará a obrigação inexigível. Assim, esta inexigibilidade poderá ser alegada na impugnação ao cumprimento de sentença. De outro lado, se a declaração de inconstitucionalidade for posterior à sentença exequenda, o meio adequado para ser utilizado será a ação rescisória.

Alternativa D: incorreta. A afirmativa está correta. Houve unificação do tratamento em relação à Fazenda Pública na fase de cumprimento de obrigação de pagar, pois o Poder Público não mais será citado para oferecer embargos (art. 730 do CPC/1973), mas será intimado, na pessoa do Advogado Pública, a oferecer a respectiva impugnação, na qual poderão ser alegadas as matérias constantes do art. 535 do CPC 2015, entre elas, a falta ou nulidade da citação, desde que o processo tenha corrido à revelia.

Alternativa E: incorreta. O cumprimento de sentença que reconheça a exigibilidade de obrigação de entregar coisa está tratado no art. 538, com aplicação, do que couber, das disposições de obrigação de fazer ou de não fazer. Da mesma forma, será cabível o oferecimento de impugnação ao cumprimento de sentença. Entre as matérias, porém, não será admissível alegar a existência do direito de retenção por benfeitorias, pois este deverá ser alegado na contestação, ainda na fase de conhecimento, sob pena de preclusão.

Gabarito: A.

---

69. (TRT 1 – Juiz do Trabalho Substituto 1ª Região/2016) Sobre a impugnação ocorrida no cumprimento da sentença, considere: (CPC 1973).

I. Poderá ser objeto de impugnação a transação ocorrida entre a audiência e a sentença.

II. Ainda que atribuído efeito suspensivo à impugnação, é lícito ao exequente requerer o prosseguimento da execução, oferecendo e prestando caução suficiente e idônea, arbitrada pelo juiz e prestada nos próprios autos.

III. Deferido efeito suspensivo, a impugnação será instruída e decidida nos próprios autos e, caso contrário, em autos apartados.

IV. Quando na sentença houver uma parte líquida, e outra ilíquida, ao credor é lícito promover simultaneamente a liquidação desta e, em autos apartados, a execução daquela.

Está correto o que se afirma em

a) II e IV, apenas.

b) I e III, apenas.

c) II e III, apenas.

d) I, II e IV, apenas.

e) I, II, III e IV.

COMENTÁRIOS

✪ Nota do autor:

Alternativa Correta: letra C. Apenas as assertivas II e III estão corretas.

Assertiva I: incorreta. Consiste a impugnação na defesa do executado no caso de cumprimento de sentença. Tem natureza de defesa endoprocessual. Entre as matérias que poderão ser impugnadas, não se enquadra a transação ocorrida entre a audiência e a sentença.

Assertiva II: correta. A impugnação não suspenderá de forma automática o andamento da execução. A suspensão, porém, poderá ser deferida pelo juiz, a requerimento do executado e desde que garantido o juízo com penhora, caução ou depósito suficientes, atribuir-lhe efeito suspensivo, se seus fundamentos forem relevantes e se o prosseguimento da execução for manifestamente suscetível de causar ao executado grave dano de difícil ou incerta reparação. A concessão (ou o indeferimento) do efeito suspensivo poderá ser atacado pelo recurso de agravo de instrumento. Ainda que atribuído o efeito suspensivo, não estarão impedidos a substituição, o reforço ou a redução da penhora e a avaliação dos bens. Como se nota, a garantia do juízo não é condição de admissibilidade da impugnação, mas de concessão do efeito suspensivo.

Assertiva III: correta. A impugnação será encartada aos autos em que se processa o cumprimento de sentença e neste será julgada. Se houver o deferimento do efeito suspensivo, não há qualquer particularidade. Porém, se não houver o deferimento do efeito suspensivo, serão formados autos separados para processamento.

Assertiva IV: incorreta. É possível que se inicie a liquidação e o cumprimento de sentença nos mesmos autos.

Gabarito: C.

---

70. (FCC – Juiz do Trabalho Substituto 23ª Região/2015) Considera-se em fraude de execução

a) a alienação de bens apenas quando, ao tempo da alienação, corria contra o devedor execução capaz de reduzi-lo à insolvência, mas conforme jurisprudência consolidada do Superior Tribunal de Justiça, o reconhecimento da fraude à execução depende do registro da penhora do bem alienado ou de prova de má-fé do terceiro adquirente.

b) a alienação de bens quando, ao tempo da alienação, corria contra o devedor demanda capaz de reduzi-lo à insolvência, mas, conforme jurisprudência consolidada do Superior Tribunal de Justiça, o reconhecimento da fraude à execução depende do registro da penhora do bem alienado ou de prova de má-fé do terceiro adquirente.

c) somente a alienação de bens sobre os quais pender ação fundada em direito real.

d) a alienação de bens quando, ao tempo da alienação, corria contra o devedor demanda capaz de reduzi-lo à insolvência e, conforme jurisprudência consolidada do Superior Tribunal de Justiça, o reconhecimento da fraude à execução independe de registro da penhora do bem alienado ou da prova de má-fé do terceiro adquirente, porque esse requisito é exigível somente para configuração de fraude contra credores.

e) a alienação de bens imóveis, quando, por sua ocasião, não se apresentar certidão negativa de demanda em curso contra o alienante, independentemente do risco de sua insolvência.

COMENTÁRIOS

✪ **Nota do autor:** A fraude à execução poderá ser reconhecida pelo magistrado nos próprios autos da execução, independentemente de ação própria. Considera-se a alienação ou oneração como ocorrida em fraude à execução (art. 792): I – quando sobre o bem pender ação fundada em direito real ou com pretensão reipersecutória, desde que a pendência do processo tenha sido averbada no respectivo registro público, se houver; II – quando tiver sido averbada, no registro do bem, a pendência do processo de execução, na forma do art. 828; III – quando tiver sido averbado, no registro do bem, hipoteca judiciária ou outro ato de constrição judicial originário do processo onde foi arguida a fraude; IV – quando, ao tempo da alienação ou da oneração, tramitava contra o devedor ação capaz de reduzi-lo à insolvência; V – nos demais casos expressos em lei. No caso de aquisição de bem não sujeito a registro, o terceiro adquirente tem o ônus de provar que adotou as cautelas necessárias para a aquisição, mediante a exibição das certidões pertinentes, obtidas no domicílio do vendedor e no local onde se encontra o bem. Antes de declarar a fraude à execução, o juiz deverá intimar o terceiro adquirente, que, se quiser, poderá opor embargos de terceiro, no prazo de 15 (quinze) dias.

Alternativa Correta: letra "a". A jurisprudência do STJ já exigia a prova do registro da penhora ou prova da má-fé do adquirente. No mesmo sentido, o inciso III do art. 792 do CPC faz menção à expressão "quando tiver sido averbado, no registro do bem, hipoteca judiciária ou outro ato de constrição judicial originária do processo onde foi arguida a fraude". Assim, o CPC/2015 também exige o registro da penhora do bem como requisito para o reconhecimento da fraude à execução. Exclui automaticamente as demais alternativas.

Gabarito: A.

---

71. (FCC – Juiz do Trabalho Substituto 1ª Região/2014) Antônio afiançou Sérgio em contrato de mútuo celebrado com Thiago. Por meio de referido contrato, subscrito por duas testemunhas, Thiago emprestou R$ 10.000,00 (dez mil reais) a Sérgio e este se obrigou a devolver o dinheiro seis meses depois. Não adimplida a obrigação, no termo, Thiago propôs ação de execução contra Antônio, que, de acordo com o Código de Processo Civil,

a) deverá suportar sozinho a execução proposta por Thiago. Paga a dívida por Antônio, poderá executar Sérgio no âmbito de ação autônoma.

b) poderá nomear à penhora bens livres e desembargados de propriedade de Sérgio, sem que venham a ser atingidos bens de Antônio, mesmo que os de Sérgio sejam insuficientes para satisfação do crédito.

c) deverá suportar sozinho a execução proposta por Thiago. Paga a dívida por Antônio, poderá executar Sérgio nos autos do mesmo processo.

d) poderá nomear à penhora bens livres e desembargados de propriedade de Sérgio. Porém, seus bens ficarão sujeitos à execução se os de Sérgio não forem suficientes para satisfazer o crédito. Paga a dívida por Antônio, este não poderá executar Sérgio, por se tratar a fiança de contrato benéfico.

e) poderá nomear à penhora bens livres e desembargados de propriedade de Sérgio. Porém, seus bens ficarão sujeitos à execução se os de Sérgio não forem suficientes para satisfazer o crédito. Paga a dívida por Antônio, poderá executar Sérgio nos autos do mesmo processo.

COMENTÁRIOS

✪ **Nota do autor:** A questão trata de processo de execução de título executivo extrajudicial promovida pelo credor em face do fiador.

Alternativa Correta: letra "e". Em conformidade com o art. 794 do CPC/2015, o fiador, quando executado, tem o direito de exigir que primeiro sejam executados os bens do devedor situados na mesma comarca, livres e desembargados, indicando-os pormenorizadamente à penhora, salvo se renunciou ao benefício de ordem. Porém, os bens do fiador ficarão sujeitos à execução se os do devedor, situados na mesma comarca que os seus, forem insuficientes à satisfação do direito do credor. Note-se que o dispositivo faz diferenciação entre os bens situados na mesma ou em comarca diversa. Exclui automaticamente as demais alternativas.

Gabarito: E.

---

72. (FCC – Juiz do Trabalho Substituto 1ª Região/2014) José inadimpliu nota promissória. Em execução, o credor requereu a penhora de sua única geladeira, de máquina de serrar com a qual exerce a profissão de marceneiro e de quantia correspondente a sessenta salários mínimos depositada em caderneta de poupança. São penhoráveis

a) apenas quantia correspondente a sessenta salários mínimos depositados em caderneta de poupança.

b) apenas quantia correspondente a vinte dos sessenta salários mínimos depositados em caderneta de poupança.

c) todos os bens cuja penhora foi requerida pelo credor.

d) a máquina de serrar e quantia correspondente a vinte dos sessenta salários mínimos depositados em caderneta de poupança.

e) a máquina de serrar e quantia correspondente a sessenta salários mínimos depositados em caderneta de poupança.

COMENTÁRIOS

✪ **Nota do autor:** O exercício se refere aos bens absolutamente impenhoráveis, indicados no art. 833 do CPC/2015.

Alternativa Correta: letra "b". De acordo com aludido dispositivo, são impenhoráveis os móveis que guarnecem a residência do executado, as máquinas necessárias ou úteis ao exercício da profissão do executado, bem como a quantia depositada em caderneta de poupança, até o limite de quarenta salários-mínimos. Logo, admite-se apenas a penhora de vinte salários-mínimos. Exclui automaticamente as demais alternativas. A discussão em torno da impenhorabilidade do salário vem sendo constantemente discutida na jurisprudência. No âmbito do Superior Tribunal de justiça é possível destacar os seguintes entendimentos: I) a impenhorabilidade de salários pode ser excepcionada quando for preservado percentual capaz de dar guarida à dignidade do devedor e de sua família (EREsp 1582475/MG, Corte Especial, julgado em 03/10/2018, DJe 19/03/2019, DJe de 16/10/2018); II) a exceção contida na primeira parte do art. 833, § 2º, do CPC ("O disposto nos incisos IV e X do caput não se aplica à hipótese de penhora para pagamento de prestação alimentícia") é exclusivamente em relação às prestações alimentícias, independentemente de sua origem, isto é, oriundas de relações familiares, responsabilidade civil, convenção ou legado, não se estendendo às verbas remuneratórias em geral, dentre as quais se incluem os honorários advocatícios (REsp 1.815.055/SP, julgado em 03.08.2020, DJe 26/08/2020); III) em qualquer hipótese, deverá ser resguardado percentual capaz de dar guarida à dignidade do devedor e de sua família (AgInt no REsp 1407062/MG, Rel. Ministro LUIS FELIPE SALOMÃO, QUARTA TURMA, julgado em 26/02/2019, DJe 08/04/2019). Para fins didáticos, apresenta-se a seguinte ementa: "(...). 3. Esta Corte possui entendimento no sentido de que "a regra geral da impenhorabilidade dos vencimentos, dos subsídios, dos soldos, dos salários, das remunerações, dos proventos de aposentadoria, das pensões, dos pecúlios e dos montepios, bem como das quantias recebidas por liberalidade de terceiro e destinadas ao sustento do devedor e de sua família, dos ganhos de trabalhador autônomo e dos honorários de profissional liberal poderá ser excepcionada, nos termos do art. 833, IV, c/c o § 2º do CPC/2015, quando se voltar: I) para o pagamento de prestação alimentícia, de qualquer origem, independentemente do valor da verba remuneratória recebida; e II) para o pagamento de qualquer outra dívida não alimentar, quando os valores recebidos pelo executado forem superiores a 50 salários mínimos mensais, ressalvando-se eventuais particularidades do caso concreto. Em qualquer circunstância, deverá ser preservado percentual capaz de dar guarida à dignidade do devedor e de sua família" (AgInt no REsp 1407062/MG, Rel. Ministro LUIS FELIPE SALOMÃO, QUARTA TURMA, julgado em 26/02/2019, DJe 08/04/2019). 4. Agravo interno desprovido. (AgInt no REsp 1914984/MS, Rel. Ministro MARCO BUZZI, QUARTA TURMA, julgado em 23/08/2021, DJe 26/08/2021)".

Gabarito: B.

---

73. (FCC – Juiz do Trabalho Substituto 1ª Região/2015) Segundo o art. 475-N do Código de Processo Civil em vigor, é título executivo

a) a sentença penal declaratória transitada em julgado.

b) a sentença homologatória de conciliação ou transação, desde que não inclua matéria não posta em juízo.

c) o acordo extrajudicial de qualquer natureza.

d) o formal e a certidão de partilha, relativamente ao inventariante, aos herdeiros e aos sucessores a título singular e universal, bem como a terceiros juridicamente interessados.

e) a sentença estrangeira, sempre que a mesma estiver devidamente homologada pelo Superior Tribunal de Justiça.

COMENTÁRIOS

✪ **Nota do autor:** Os títulos executivos judiciais estão elencados no art. 515 do CPC/2015, merecendo destaque o inciso V, inserido agora no rol (crédito de auxiliar da justiça, quando as custas, emolumentos ou honorários tiverem sido aprovados por decisão judicial).

Alternativa "a". Constitui título executivo a sentença penal condenatória transitada em julgado e não a sentença declaratória.

Alternativa "b". A homologação de acordo judicial poderá incluir matéria não posta em juízo.

Alternativa "c". O acordo extrajudicial é título extrajudicial.

Alternativa "d". O formal e a certidão de partilha serão títulos exclusivamente em relação ao inventariante, aos herdeiros e aos sucessores a título singular ou universal (art. 515, IV CPC/2015).

Alternativa Correta: letra "e". A sentença estrangeira, homologada pelo STJ, será título executivo judicial (VIII).

Gabarito: E.

---

74. (FCC – Juiz do Trabalho Substituto 1ª Região/2015) Após intimadas as partes da sentença de liquidação, determinou o juiz a realização de audiência de conciliação. Aberta a sessão, o executado recusou veementemente qualquer conciliação, alegando que não teria recursos para pagar a condenação, nem patrimônio para garanti-la. O juiz, então, verificou que o executado portava um relógio de marca internacionalmente famosa, cujo valor ultrapassava alguns milhares de reais e era suficiente para satisfazer o crédito em questão. Determinou, então, que o executado depositasse o referido relógio em Cartório, uma vez que ele ficaria penhorado, em garantia da execução, proibido, logicamente, o seu uso por quem quer que fosse até a conclusão dos atos de execução. Nesse caso, o ato do juiz foi

a) ilegal, uma vez que invadiu a privacidade do executado, retirando-lhe ornamento de seu vestuário.

b) legal, porque não garantida a execução até então e tendo declarado o executado que não tinha recursos para tanto.

c) legal, porque os bens luxuosos e que não são essenciais podem ser penhorados. Foi, porém, ilegal a determinação para que deixasse o relógio em Cartório, no momento da audiência, pois caberia ao oficial de justiça apreendê-lo.

d) ilegal, porque antes deveria ter determinado a citação do executado.

e) ilegal, porque os bens de uso pessoal são absolutamente impenhoráveis.

COMENTÁRIOS

✪ **Nota do autor:** Em conformidade com o art. 139, IV, do CPC/2015, incumbirá ao juiz determinar todas as medidas indutivas, coercitivas, mandamentais ou sub-rogatórias necessárias para assegurar o cumprimento de ordem judicial, inclusive nas ações que tenham por objeto prestação pecuniária. Trata-se, como se vê, de importante previsão.

Alternativa Correta: letra "b". Como se vê, o magistrado adotou medida adequada para o cumprimento da ordem judicial, que se justifica especialmente na ação que tenha por objeto prestação pecuniária. Assim, determinou a penhora do bem, bem como que fosse depositado em juízo. De se frisar que o executado alegou não ter outros bens, o que justifica a penhora, que não incide nas hipóteses de absoluta impenhorabilidade. Exclui automaticamente as demais alternativas.

Gabarito: B.

18. DOS PROCESSOS NOS TRIBUNAIS E DOS MEIOS DE IMPUGNAÇÃO DAS DECISÕES JUDICIAIS

75. FGV – 2023 – TST – Juiz do Trabalho

Sobre os precedentes judiciais, é correto afirmar que, como técnica de julgamento:

a) o *overruling* visa demonstrar argumentativamente, por juiz ou por tribunal, como órgãos julgadores, o desgaste ou a superação de determinada razão de decidir, no que tange a sua congruência social e sua integridade sistêmica;

b) o *distinguishing* visa demonstrar de forma argumentativa, unicamente por uma Corte de precedentes, a ausência de identidade fática e jurídica entre os elementos essenciais e relevantes do precedente e do caso em análise;

c) para identificar o que é um *obiter dictum*, deve-se verificar se a decisão permanecerá integra e coerente em sua motivação essencial ao se retirar determinado dado argumentativo para a solução do problema jurídico posto;

d) na decisão plural, a *ratio decidendi* a ser adotada como precedente conterá necessariamente todas as *rationes decidendi* que levem a idêntico resultado na parte dispositiva do julgamento;

e) a *ratio decidendi* de um precedente deverá ser identificada nos enunciados de ementas dos acórdãos da Corte de precedentes, e a ausência de demonstração da distinção para a não adoção das razões de decidir do caso piloto importará no reconhecimento da decisão como não fundamentada.

COMENTÁRIOS

Alternativa A – incorreta. Trata-se a *overruling* de técnica a ser utilizada para que se reconheça a existência de motivos para o estabelecimento de novo precedente, abandonando-se o anterior. Promove-se, com esse mecanismo, o afastamento do precedente e a declaração de sua superação.[6] Por meio do *overruling*, portanto, ocorre uma ruptura da regra jurídica até então vigente, para a criação de outra, o que exigirá fundamentação considerável, para que se justifiquem os motivos da alteração. Poderá ser expressa (*express overruling*), se o Tribunal expressamente indica a alteração, ou tácita (*implied overruling*), extraída do confronto dos precedentes.[7] É necessário, ainda, diferenciar as expressões *overruling* de *overriding*, pois nesta ocorre a limitação do âmbito de incidência do precedente, em razão do advento de uma regra geral. Trata-se, como se vê, de superação parcial do precedente.

Alternativa B – incorreta. Por meio da técnica da distinção, poderá a parte comprovar que o seu caso detém particularidade que justifica que não lhe seja aplicada a *ratio decidendi* de determinado precedente. Encontra-se expressamente prevista na estruturação dos recursos repetitivos (art. 1.037, §§ 9º e 10), com apli-

6 MADEIRA, Daniela Pereira. O novo enfoque dado à jurisprudência e a sociedade moderna. In: MARINONI, Luiz Guilherme. WAMBIER, Teresa Arruda Alvim. *Direito Jurisprudencial*. Vol. II. São Paulo: RT, 2014, p. 322.

7 MADEIRA, Daniela Pereira. O novo enfoque dado à jurisprudência e a sociedade moderna. *Op. Cit., p. 322.*

cabilidade ao microssistema de litigiosidade repetitiva.[8] Além disso, deverá o magistrado levá-lo em consideração quando da fundamentação da decisão judicial (art. 489, § 1º, VI CPC 2015). Como a *ratio decidendi* está intimamente interligada com os fatos da causa, que se mostrem relevantes para a solução jurídica, tem-se que a vinculação ao precedente depende da existência de coerência entre aqueles e os fatos relevantes do caso concreto. A distinção não se reduz a um conceito único, pois comporta subtipos, como a *distinguishing*-método, como meio de comparação entre o precedente e o caso concreto, ou a *distinguishing*-resultado, justamente para demonstrar o resultado da comparação, quando se chega à conclusão da existência de diferença.[9] Também se utiliza a expressão distinção em sentido amplo para o método e em sentido estrito para o resultado do processo de argumentação.[10] Nesse sentido, tendo o magistrado chegado à conclusão de que há distinção entre os casos, escolherá um entre dois caminhos: a) ou julga o processo livremente, sentindo-se desvinculado do precedente, diante das particularidades do caso concreto (*restrictive distinguishing*);[11] b) ou, diferentemente, aplica por extensão ao caso concreto a regra jurídica antes delimitada (*ampliative distinguishing*).[12]

Alternativa C – correta. A *obiter dictum* é o argumento exposto apenas de passagem, não essencial ao precedente e, por isso, não é vinculante,[13] muito embora não possa ser desprezado de qualquer maneira, pois "pode sinalizar uma futura orientação do Tribunal".[14] São conceitos, de uma certa forma, precários, porque o que hoje pode ser *ratio decidendi*, amanhã pode ser *obiter dictum*, e vice-versa.[15]

8 Esse microssistema encampa, entre os seus preceitos, "um novo regramento dos precedentes no Brasil". In: Aplicação de precedentes e distinguishing no CPC/2015. In: DIDIER JR, Fredie (coord. geral) *Precedentes*. Salvador: Juspodivm, 2015, p. 302.

9 MANCUSO, Rodolfo de Camargo. *Sistema brasileiro de precedentes. Natureza. Eficácia. Operacionalidade.* São Paulo: RT, 2014, p. 47.

10 NUNES, Dierle. HORTA, André Frederico. Aplicação de precedentes e distinguishing no CPC/2015. In: DIDIER JR, Fredie (coord. geral). *Precedentes*. Salvador: Juspodivm, 2015, p. 311.

11 Entre outros casos, o Supremo Tribunal Federal aplicou a técnica da distinção no julgamento dos casos que embasaram a Súmula n. 729, ao afirmar que a ADC n. 04 não se aplica às ações de natureza previdenciária.

12 MADEIRA, Daniela Pereira. A força da jurisprudência. In: FUX, Luiz (coord.). *O novo processo civil brasileiro: direito em expectativa (reflexões acerca do projeto do novo código de processo civil)*. Rio de Janeiro: Gen-Forense, 2011, p. 538.

13 ZANETI Jr., Hermes. *O valor vinculante dos precedentes. Teoria dos precedentes normativos formalmente vinculantes. Op. Cit.*, p. 352.

14 DIDIER JÚNIOR, Fredie. BRAGA, Paula Sarno. OLIVEIRA, Rafael Alexandria de. *Op. Cit.*, p. 445.

15 DIDIER JÚNIOR, Fredie. BRAGA, Paula Sarno. OLIVEIRA, Rafael Alexandria de. *Op. Cit.* p. 446.

Alternativa D – incorreta. Na decisão plural identifica-se a ocorrência de divergência de entendimento entre os membros do colegiado julgador. Neste caso, a *ratio decidendi* a ser adotada como precedente poderá ser aquela encampada pela maioria dos julgadores.

Alternativa E – incorreta. O elemento vinculante do precedente não é o pronunciamento judicial, ou a sua fundamentação, e nem mesmo o dispositivo. Essa consideração é de suma importância para o entendimento da dinâmica do precedente, bem como para que se saiba como manuseá-lo. Reitera-se que a *ratio decidendi* não se confunde com a fundamentação e o dispositivo. Ela pode ser encontrada em todos os elementos da decisão – relatório, fundamentação e dispositivo. É a *ratio decidendi* que vinculará os juízes e os Tribunais no julgamento de casos futuros (assim como a própria sociedade e Administração Pública, conforme se defende), estabelecendo-se a coisa julgada para as partes da relação processual em que estabelecido o precedente, pois, neste processo, também houve a solução casuística. Então, a vinculação futura (a universalidade) é estabelecida pela *ratio decidendi* extraída do precedente e não da coisa julgada. Outro dado é importante: a *ratio decidendi* pode até ter sido delimitada expressamente no pronunciamento-precedente, mas a sua aplicação a casos futuros exigirá o exercício de interpretação pelos juízes dos casos concretos que, em sua argumentação, demonstrarão que compreenderam o precedente.

Gabarito: C.

76. FGV – 2023 – TST – Juiz do Trabalho

No atual microssistema de julgamento de casos repetitivos, a tese firmada permitirá, em outras causas, com a mesma base fático-jurídica e identidade essencial:

a) ter por causa de pedir, em ação rescisória, a violação de norma jurídica, não ensejando o julgamento de plano pelo relator em conflito de competência;

b) o cabimento de reclamação da parte interessada, mas apenas nos casos em que não tenha ocorrido o trânsito em julgado da decisão impugnada, ainda que a reclamação seja anterior a preclusão máxima;

c) ao relator, por decisão unipessoal, negar provimento a recurso que for contrário à tese firmada, mas só possibilitará dar provimento ao recurso depois de facultada apresentação de contrarrazões;

d) conceder tutela de evidência, quando as alegações de fato puderem ser comprovadas documentalmente, mas não servirá como fundamento para a sentença de improcedência liminar do pedido;

e) não submeter ao duplo grau de jurisdição a sentença proferida contra a União, os Estados, o Distrito Federal e os Municípios, mas não evitará a necessidade da caução para o cumprimento provisório da sentença impugnada que importe no levantamento de depósito em dinheiro.

COMENTÁRIOS

✪ **Notas do autor:**

Alternativa A – incorreta. Em relação à alegação da violação de norma jurídica como causa de pedir em ação rescisória, a alternativa está correta, nos termos do art. 966, V e § 5º, do CPC. De outro lado, é possível que o relator, no conflito de competência, poderá decidi-lo de forma monocrática, nos termos do art. 955, parágrafo único, II, quando o conflito se fundar em tese firmada em julgamento de casos repetitivos ou em incidente de assunção de competência.

Alternativa B – incorreta. Se a reclamação for anterior à preclusão máxima, tem-se a sua viabilidade (art. 988, § 5º, I, CPC).

Alternativa C – correta. De fato, em conformidade com o art. 932, IV, alínea b e V, alínea b, do CPC: "Incumbe ao relator: (...) IV – negar provimento a recurso que for contrário a: (...) b) acórdão proferido pelo Supremo Tribunal Federal ou pelo Superior Tribunal de Justiça em julgamento de recursos repetitivos; (...) V – depois de facultada a apresentação de contrarrazões, dar provimento ao recurso se a decisão recorrida for contrária a: (...) b) acórdão proferido pelo Supremo Tribunal Federal ou pelo Superior Tribunal de Justiça em julgamento de recursos repetitivos".

Alternativa D – incorreta. Nos termos do art. 332, II, do CPC, "Nas causas que dispensem a fase instrutória, o juiz, independentemente da citação do réu, julgará liminarmente improcedente o pedido que contrariar: (...) II – acórdão proferido pelo Supremo Tribunal Federal ou pelo Superior Tribunal de Justiça em julgamento de recursos repetitivos". Logo, admite-se a improcedência liminar na hipótese mencionada.

Alternativa E – incorreta. Em relação à remessa necessária, a alternativa está correta, com fundamento no art. 496, § 4º, inc. II, do Código de Processo Civil ("Está sujeita ao duplo grau de jurisdição, não produzindo efeito senão depois de confirmada pelo tribunal, a sentença: (...) § 4º Também não se aplica o disposto neste artigo quando a sentença estiver fundada em: (...) II – acórdão proferido pelo Supremo Tribunal Federal ou pelo Superior Tribunal de Justiça em julgamento de recursos repetitivos". Contudo, não está correta quando à caução, pois, nos termos do art. 521, IV, do CPC, "A caução prevista no inciso IV do art. 520 poderá ser dispensada nos casos em que: (...) IV – a sentença a ser provisoriamente cumprida estiver em consonância com súmula da jurisprudência do Supremo Tribunal Federal ou do Superior Tribunal de Justiça ou em conformidade com acórdão proferido no julgamento de casos repetitivos".

Gabarito: C.

---

77. (FCC – Juiz do Trabalho/2017) Em conformidade com as regras do Código de Processo Civil, a propositura de ação rescisória

a) não é cabível para rescindir decisão judicial com trânsito em julgado que estiver baseada em erro de fato capaz de ser verificado a partir da análise dos autos do processo judicial.
b) não é cabível para rescindir decisão judicial com trânsito em julgado que não enfrente o mérito da demanda.
c) não é cabível para rescindir apenas um capítulo da decisão judicial com trânsito em julgado.
d) é cabível por violação manifesta de norma jurídica, contra decisão judicial com trânsito em julgado, fundamentada em entendimento sumulado ou julgado pelo regime de casos repetitivos, se o juiz não considerou a ocorrência de distinção.
e) é cabível por violação manifesta de norma jurídica contra decisão judicial com trânsito em julgado que, sem reconhecer a distinção, aplica súmula ou entendimento firmado em casos repetitivos, dispensando o autor do ônus da demonstração da distinção.

COMENTÁRIOS

✪ **Notas do autor**: a ação rescisória tem por finalidade *rescindir* decisão de mérito transitada em julgada. Contudo, será admitida também a rescisão de decisão transitada em julgado que, embora não seja de mérito, impeça nova propositura da demanda; ou, importe na admissibilidade do recurso correspondente (art. 966, § 2º, I e II).

Alternativa "A": incorreta. Será cabível a ação rescisória quando a decisão de mérito for fundada em erro de fato verificável do exame dos autos (art. 966, VIII).

Alternativa "B": incorreta. O CPC 2015 encampou a possibilidade de rescisão de decisão que não tenha julgado o mérito da causa, como ocorrerá nos casos em que o pronunciamento impeça nova propositura da demanda, ou a admissibilidade do recurso correspondente (art. 966, § 2º).

Alternativa "C": incorreta. O CPC de 2015 encampou a ideia dos capítulos de decisão, admitindo-se a coisa julgada parcial. Assim, se a sentença contar com dois capítulos e apenas um deles for impugnado, tem-se a formação da coisa julgada em relação ao capítulo recorrido e, nesse passo, a possibilidade de rescisão por meio da ação rescisória.

Nesse sentido, previu o CPC que a "***ação rescisória pode ter por objeto apenas 1 (um) capítulo da decisão***" (art. 966, § 3º). Na hipótese de coisa julgada parcial, tal como o tratado no dispositivo mencionado, o prazo para o ajuizamento da ação rescisória somente terá termo inicial a **data do trânsito em julgado da última decisão proferida nos autos**, não sendo encampada a orientação do Supremo Tribunal Federal vigente anteriormente ao Código de Processo Civil de 2015.

Alternativa correta: letra D. Entre as hipóteses de cabimento da ação rescisória, tem-se aquela em que a *decisão de mérito*, transitada em julgado, *violar manifestamente norma jurídica*, que é mais ampla do que a ofensa à lei. Nesse sentido, a violação à Constituição Federal, à lei complementar, à lei ordinária ou delegada, à medida provisória, ao decreto legislativo entre outros atos. Também compreende a violação aos precedentes. Por isso, a menção de cabimento da rescisória *contra decisão baseada em enunciado de súmula ou acórdão proferido em julgamento de casos repetitivos que não tenha considerado a existência de distinção entre a questão discutida no processo e o padrão decisório que lhe deu fundamento* (art. 966, § 5º). Não aplicada adequadamente a técnica da *distinção*, será lícito buscar a rescisão do julgado.

Alternativa "E": incorreta. Embora o Código admita a utilização da ação rescisória se a decisão de mérito não aplicar adequadamente a técnica da distinção, também atribui ao autor, sob pena de inépcia da inicial, demonstrar, fundamentadamente, tratar-se de situação particularizada por hipótese fática distinta ou de questão jurídica não examinada, a impor outra solução jurídica (art. 966, § 6º).

Gabarito: D.

---

78. (FCC – Juiz do Trabalho/2017) Conforme as regras previstas no Código de Processo Civil, sobre o incidente de resolução de demandas repetitivas,

a) é obrigatória a exigência de custas processuais para que o incidente de resolução de demandas repetitivas seja instaurado.

b) não é obrigatória a intervenção do Ministério Público no incidente de resolução de demandas repetitivas instaurado em que não seja o requerente.

c) não é obrigatória a ocorrência de repetição de demandas judiciais envolvendo a mesma questão de direito para que o incidente de resolução de demandas repetitivas seja instaurado.

d) é obrigatório que não haja afetação de recurso repetitivo no Superior Tribunal de Justiça ou no Supremo Tribunal Federal sobre a mesma questão de direito para que o incidente de resolução de demandas repetitivas seja instaurado.

e) é obrigatória a ocorrência de repetição de processos envolvendo a mesma questão de fato ou de direito para que o incidente de resolução de demandas repetitivas seja instaurado.

COMENTÁRIOS

✪ **Notas do autor**: o incidente de resolução de demandas repetitivas foi uma das inovações do Código de Processo Civil para a fixação de tese jurídica que deverá ser observada pelos juízes e pelos órgãos fracionários do respectivo tribunal. Poderá ser instaurado de ofício pelo juiz ou relator; pelas partes, por petição; ou, ainda, pelo Ministério Público ou pela Defensoria Pública, por petição. Há coerente entendimento doutrinário segundo o qual a legitimidade prevista no inciso III do art. 977 (Ministério Público e Defensoria Pública) deva ser estendida para todos os legitimados à propositura da ação civil pública (art. 5º da Lei nº 7.347/1985), pois, na hipótese, há defesa de interesse metaindividual. Trata-se de tema importantíssimo, que vem sendo exigido recentemente em todos os concursos.

Alternativa "A": incorreta. Não serão exigidas custas processuais no incidente de resolução de demandas repetitivas (art. 976, § 5º).

Alternativa "B": incorreta. Ainda que não seja parte, poderá o Ministério Público demonstrar interesse em manifestar-se no incidente de resolução de demandas repetitivas (art. 982, III).

Alternativa "C": incorreta. Um dos pressupostos do incidente de resolução de demandas repetitivas consiste na *litigiosidade repetitiva*, o que não ocorre no incidente de assunção de competência.

Alternativa correta: letra D. Não será admitido o incidente de resolução de demandas repetitivas se a questão de direito material ou de direito processual for objeto de recurso extraordinário ou de recurso especial afetado pelos tribunais superiores (art. 976, § 4º). E ocorre tal impedimento, pois a tese a ser encampada pelos tribunais superiores servirá como paradigma obrigatório de todos os tribunais. Dessa maneira, para impossibilitar eventual conflito de decisões, tem-se a inadmissibilidade do incidente de resolução de demandas repetitivas.

Alternativa "E": incorreta. Por meio do incidente de resolução de demandas repetitivas se busca fixar tese jurídica sobre questão unicamente de direito (art. 975, I).

Gabarito: D.

---

79. (FCC – Juiz do Trabalho/2017) De acordo com as regras do Código de Processo Civil sobre o cabimento da reclamação, a Lei nº 13.256/2016 prevê que

a) não é cabível a propositura de reclamação para assegurar a observância obrigatória de súmula vinculante do Supremo Tribunal Federal, mesmo que antes do trânsito em julgado da decisão judicial objeto da reclamação.

b) é cabível a propositura de reclamação para assegurar a observância obrigatória de julgamento proferido em sede de recurso extraordinário com repercussão geral, mesmo que depois do trânsito em julgado da decisão judicial objeto da reclamação, caso não tenham sido exauridas as instâncias ordinárias.

c) não é cabível a propositura de reclamação para assegurar a observância obrigatória de julgamento proferido em sede de recurso especial repetitivo ou recurso extraordinário repetitivo, mesmo que antes do trânsito em julgado da decisão judicial objeto da reclamação, caso já tenham sido exauridas as instâncias ordinárias.

d) é cabível a propositura de reclamação para assegurar a observância obrigatória de julgamento proferido em sede de incidente de assunção de competência, desde que antes do trânsito em julgado da decisão judicial objeto da reclamação.

e) é cabível a propositura de reclamação para assegurar a observância obrigatória de julgamento proferido em sede de incidente de resolução de demandas repetitivas, mesmo que depois do trânsito em julgado da decisão judicial objeto da reclamação.

COMENTÁRIOS

✪ **Notas do autor**: a reclamação – que possui natureza jurídica de ação – cabível unicamente nas hipóteses admitidas na lei.

Alternativa "A": incorreta. Será cabível a reclamação para a observância de súmula vinculante, conforme também previsto no art. 103-A, § 3º da Constituição Federal.

Alternativa "B": incorreta. Para fazer prevalecer decisão proferida em recurso extraordinário com repercussão geral reconhecida, deverá a parte se valer, como regra, dos recursos. É o que se extrai do § 5º, do art. 988. Contudo, o mesmo dispositivo faz uma ressalva importante, ao mencionar *quando não esgotadas as instâncias ordinárias*. Assim, se estas instâncias já tiverem sido exauridas, ocorrerá a admissibilidade da reclamação. Responde também a alternativa C.

Alternativa correta: letra D. A reclamação será admitida nas hipóteses indicadas nos incisos do art. 988, entre elas, para assegurar a observância obrigatória de julgamento proferido em sede de incidente de assunção de competência, entre outros. Porém, como requisito de sua admissibilidade, a decisão não pode ter transitado em julgado. Por isso, a inadmissibilidade ou o julgamento do recurso interposto contra a decisão proferida pelo órgão reclamado não prejudica a reclamação (art. 988, § 6º).

Alternativa "E": incorreta. A reclamação não é meio adequado para rescindir a decisão transitada em julgado, motivo da incorreção da alternativa.

Gabarito: D.

---

80. (TRT 4 – Juiz do Trabalho Substituto 4ª Região/2016) Considere as assertivas abaixo sobre fundamentos das decisões judiciais.

I. No caso de colisão entre normas, o Juiz deve justificar o objeto e os critérios gerais da ponderação efetuada, enunciando as razões que autorizam a interferência na norma afastada e as premissas fáticas que fundamentam a conclusão.

II. Não serão consideradas fundamentadas as decisões interlocutórias, caso haja referência apenas à indicação, à reprodução ou à paráfrase de ato normativo, sem explicar sua relação com a causa ou a questão decidida.

III. É fundamentada a sentença que deixar de seguir o enunciado de súmula, jurisprudência ou precedente invocado pela parte, sem demonstrar a existência de distinção no caso em julgamento ou a superação do entendimento.

Quais são corretas?

a) Apenas I

b) Apenas II

c) Apenas III

d) Apenas I e II

e) I, II e III

COMENTÁRIOS

✪ **Nota do autor:**

Alternativa Correta: letra D. As assertivas I e II estão corretas.

Assertiva I: correta. Em conformidade com o princípio da fundamentação analítica, o magistrado não tem apenas o dever de motivar a sua decisão, demonstrando as razões pelas quais entende que o pedido pode ou não ser acolhido. A fundamentação analítica vai muito além, exigindo que o magistrado analise as teses apresentadas pelas partes, fundamentar a aplicação de um precedente, ou a sua não aplicabilidade no caso concreto etc. Conforme previsto no art. 489, § 2º havendo colisão entre normas, o juiz deve justificar o objeto e os critérios gerais da ponderação efetuada, enunciando as razões que autorizam a interferência na norma afastada e as premissas fáticas que fundamentam a conclusão.

Assertiva II: correta. A exigência da fundamentação analítica se faz às decisões interlocutórias, às sentenças e aos acórdãos. Nesse sentido, o art. 489 traz uma série de exigências para que tais pronunciamentos sejam considerados fundamentados, regulamentando o contido no art. 93, IX da Constituição Federal. Entre aquelas exigências, encontra-se a de as decisões interlocutórias, as sentenças e os acórdãos, não estarão fundamentadas caso haja referência apenas à indicação, à reprodução ou à paráfrase de ato normativo, sem explicar sua relação com a causa ou a questão decidida.

Assertiva III: incorreta. O precedente é o pronunciamento que será seguido pelos juízes e pelos tribunais no julgamento de casos futuros. Possui uma estrutura orgânica, composta pela *ratio decidendi* e pelos fatos relevantes. Parte da doutrina brasileira atual reconhece que os pronunciamentos constantes do art. 927 do CPC podem ser considerados como precedentes, aos quais estarão vinculados os juízes e os tribunais. Em razão de seu efeito vinculante, devem os julgadores levá-los em consideração. Assim, diante de um caso concreto, deverá o julgador verificar se é pertinente a incidência do precedente, com a devida justificativa na decisão. Havendo coerência fática, somente não aplicará o precedente se for o caso de utilização das técnicas da distinção ou da superação. Pela primeira, o julgador reconhece a existência de um aspecto fático diferenciador que justifica a inaplicabilidade do precedente. Pela segunda, entende-se que o precedente já não é mais adequado e, por uma série de razões, deve o entendimento encampado ser superado. De toda forma, exige-se a devida fundamentação.

Gabarito: D.

81. (TRT 4 – Juiz do Trabalho Substituto 4ª Região/2016) A técnica de julgamento ampliado aplica-se

a) ao julgamento do recurso de apelação, desde que o resultado não seja unânime, bem como ao julgamento do recurso de agravo de instrumento, quando houver reforma de decisão que julgar parcialmente o mérito, em resultado não unânime.

b) ao julgamento do recurso de apelação, desde que o resultado não seja unânime e reforme a sentença de mérito.

c) ao julgamento do recurso de apelação, desde que o resultado não seja unânime, bem como ao julgamento do recurso de agravo de instrumento, quando houver reforma de decisão que julgar parcialmente o mérito, sem que exista necessidade de julgamento não unânime.

d) apenas ao julgamento do recurso de apelação, desde que o resultado não seja unânime.

e) aos casos de julgamento de remessa necessária.

COMENTÁRIOS

✪ **Nota do autor:** o CPC de 1973 fazia previsão do recurso denominado embargos infringentes, por meio do qual se buscava fazer prevalecer o voto vencido em determinados recursos decididos por maioria de votos. Estes embargos não foram arrolados entre as espécies recursais no Novo Código de Processo Civil que, diferentemente, fez previsão da técnica de julgamento ampliado, conforme se vê do art. 942, que tem a seguinte redação: "Art. 942. Quando o resultado da apelação for não unânime, o julgamento terá prosseguimento em sessão a ser designada com a presença de outros julgadores, que serão convocados nos termos previamente definidos no regimento interno, em número suficiente para garantir a possibilidade de inversão do resultado inicial, assegurado às partes e a eventuais terceiros o direito de sustentar oralmente suas razões perante os novos julgadores". Além da apelação, esta técnica de julgamento também será observada em ação rescisória, quando o resultado for a rescisão da sentença, devendo, nesse caso, seu prosseguimento ocorrer em órgão de maior composição previsto no regimento interno, ou, no agravo de instrumento, quando houver reforma da decisão que julgar parcialmente o mérito. De outro lado, não será aplicada a técnica ao julgamento do incidente de assunção de competência e ao de resolução de demandas repetitivas, da remessa necessária e não unânime proferido, nos tribunais, pelo plenário ou pela corte especial.

Alternativa Correta: letra A. Consoante o art. 942 do CPC, será utilizada a técnica do julgamento ampliado no caso de julgamento do recurso de apelação por maioria de votos, não importando se houve o provimento ou não do recurso. Diferentemente, contudo, em relação ao recurso de agravo de instrumento interposto contra decisão interlocutória de mérito, além de ser o julgado por maioria de votos, exige-se também que se tenha dado provimento ao recurso. Exclui automaticamente as demais alternativas.

Gabarito: A.

82. (TRT 4 – Juiz do Trabalho Substituto 4ª Região/2016) Assinale a assertiva correta sobre o instituto da reclamação.

a) É admissível somente perante os Tribunais Superiores.

b) Busca garantir a autoridade da decisão do Tribunal perante a qual é apresentada.

c) Pode ser apresentada a qualquer tempo no processo.

d) O julgamento do recurso interposto contra a decisão reclamada prejudica o conhecimento da reclamação.

e) É inadmissível para garantir a observância de acórdão proferido em julgamento de incidente de resolução de demandas repetitivas.

COMENTÁRIOS

✪ **Nota do autor:** a reclamação tem natureza jurídica de ação e é tratada no art. 988 e seguintes do Código de Processo Civil. Será admissível para: I – preservar a competência do tribunal; II – garantir a autoridade das decisões do tribunal; III – garantir a observância de enunciado de súmula vinculante e de decisão do Supremo Tribunal Federal em controle concentrado de constitucionalidade; e, IV – garantir a observância de acórdão proferido em julgamento de incidente de resolução de demandas repetitivas ou de incidente de assunção de competência. Note-se que somente a inobservância de alguns precedentes importará na possibilidade de utilização da reclamação.

Alternativa A: incorreta. Será admissível a reclamação para qualquer tribunal, e seu julgamento compete ao órgão jurisdicional cuja competência se busca preservar ou cuja autoridade se pretenda garantir.

Alternativa Correta: letra B. Em conformidade com o inciso II, do art. 988, garantir a autoridade das decisões do tribunal é uma das hipóteses em que será admitida a utilização da reclamação.

Alternativa C: incorreta. Será inadmissível a reclamação proposta após o trânsito em julgado da decisão reclamada, salvo para garantir a autoridade da decisão do tribunal.

Alternativa D: incorreta. A inadmissibilidade ou o julgamento do recurso interposto contra a decisão proferida pelo órgão reclamado não prejudica a reclamação (art. 988, § 6º).

Alternativa E: incorreta. A inobservância de precedente formado em incidente de resolução de demandas repetitivas admitirá a utilização da reclamação.

Gabarito: B.

---

83. (FCC – Juiz do Trabalho Substituto 1ª Região/2015) Sobre os recursos no Código de Processo Civil de 1973, é correto afirmar que

a) o recorrente poderá, a qualquer tempo, desde que com a anuência dos litisconsortes, desistir do recurso.

b) o terceiro prejudicado, sempre que demonstrar o nexo de interdependência entre o seu interesse de intervir e a relação jurídica submetida à apreciação judicial, poderá interpor recursos.

c) o recurso adesivo será conhecido se o recurso principal for declarado inadmissível, mas não será conhecido se houver a desistência do recurso principal.

d) recurso adesivo ao recurso extraordinário não será admissível.

e) recurso adesivo ao recurso especial não será admissível.

COMENTÁRIOS

✪ **Nota do autor:** A questão trata sobre vários itens relacionados à parte geral dos recursos. Deve ser lembrado que o Livro III do CPC/2015 trata dos Processos nos Tribunais e dos Meios de Impugnação das Decisões Judiciais.

Alternativa "a". O recorrente poderá desistir do recurso, independentemente de concordância da parte contrária.

Alternativa Correta: letra "b". Podem recorrer a parte vencida, o Ministério Público e o terceiro prejudicado, cumprindo a este demonstrar, em consonância com o art. 996, parágrafo único, a possibilidade de a decisão sobre a relação jurídica submetida à apreciação judicial atingir direito de que se afirme titular ou que possa discutir em juízo como substituto processual. Note-se que há diferença em relação à redação do art. 499 do CPC de 1973.

Alternativa "c". O recurso adesivo é subordinado ao principal, de modo que não será conhecido se este também não o for.

Alternativas "d" e "e". Será admissível o recurso adesivo na apelação, no recurso extraordinário e no recurso especial (art. 997, § 2º, III do CPC/2015).

Gabarito: B.

---

84. (FCC – Juiz do Trabalho Substituto 1ª Região/2015) Sobre as previsões, contidas no Código de Processo Civil vigente, acerca do recurso extraordinário, é INCORRETO afirmar:

a) O Supremo Tribunal Federal, em decisão irrecorrível, não conhecerá do recurso extraordinário, quando a questão constitucional nele versada não oferecer repercussão geral.

b) Para efeito da repercussão geral, será considerada a existência, ou não, de questões relevantes do ponto de vista econômico, político, social ou jurídico, que ultrapassem os interesses subjetivos da causa.

c) O Relator poderá admitir, na análise da repercussão geral, a manifestação de terceiros, subscrita por advogado habilitado.

d) Negada a existência de repercussão geral, a decisão valerá para todos os recursos sobre matéria idêntica, que serão indeferidos liminarmente, salvo revisão da tese.

e) Negada a existência de repercussão geral, os recursos sobrestados no Tribunal de origem considerar-se-ão automaticamente admitidos e não providos.

COMENTÁRIOS

✪ **Nota do autor:** Para que o recurso extraordinário seja conhecido, há necessidade da existência da repercussão geral, que deverá ser demonstrada pelo recorrente, por meio de preliminar, não sendo suficiente a alegação genérica de sua presença.

Alternativa "a". Não havendo repercussão geral, o Supremo Tribunal Federal não conhecerá do recurso. De se registrar que o recorrente deverá demonstrar a existência da repercussão geral, por meio de preliminar no recurso.

Alternativa "b". Para efeito de repercussão geral, será considerada a existência ou não de questões relevantes do ponto de vista econômico, político, social ou jurídico, que ultrapassem os interesses subjetivos das partes (art. 1.035, § 1º do CPC/2015).

Alternativa "c". Em razão da importância da decisão, admite-se a manifestação de terceiros (*amicus curiae*), subscrita por procurador habilitado (art. 1.035, § 4º do CPC/2015).

Alternativa "d". Negada a existência da repercussão geral, tem-se que o entendimento será aplicado também aos outros casos, salvo se houver revisão da tese.

Alternativa Correta: letra "e". A presença da repercussão geral se relaciona à existência de um interesse que ultrapassa o das partes litigantes para o julgamento do recurso. Poderá o STF, enquanto analisa se há a presença ou não de repercussão geral, sobrestar os demais recursos. Uma vez negada a existência, os recursos sobrestados terão seguimento negado (e não admitidos e não providos). A propósito, dispõe o art. 1.039, parágrafo único: "Negada a existência de repercussão geral no recurso extraordinário afetado, serão considerados automaticamente inadmitidos os recursos extraordinários cujo processamento tenha sido sobrestado". O recurso afetado é aquele no qual foi identificado, com precisão, a questão a ser submetida a julgamento, determinada a suspensão do processamento de todos os processos pendentes, individuais ou coletivos, que versem sobre a questão e tramitem no território nacional e poderá requisitar aos presidentes ou vice-presidentes dos tribunais de justiça ou dos tribunais regionais federais a remessa de um recurso representativo da controvérsia. Tais recursos afetados deverão ser julgados no prazo de um ano e terão preferência sobre os demais feitos, ressalvados os que envolvam réu preso e os pedidos de habeas corpus.

Gabarito: E.

---

85. (FCC – Juiz do Trabalho Substituto 6ª Região/2015) No recurso extraordinário, o recorrente deverá

a) demonstrar a repercussão geral das questões constitucionais discutidas no caso, nos termos da lei, a fim de que o Tribunal examine a admissão do recurso, somente podendo recusá-lo pela manifestação de dois terços de seus membros.

b) comprovar divergência entre o acórdão recorrido com decisão de qualquer Tribunal Superior.

c) provar iminente dano irreparável ou de difícil reparação, para que seja conhecido pelo Supremo Tribunal Federal.

d) comprovar contrariedade de dispositivo da Constituição Federal ou divergência entre o acórdão recorrido com decisão do Supremo Tribunal Federal.

e) demonstrar a existência de multiplicidade de recursos com fundamento em idêntica controvérsia, para que seja admitido na origem e conhecido pelo Supremo Tribunal Federal.

COMENTÁRIOS

✪ **Nota do autor:** O recurso extraordinário poderá ser interposto nas hipóteses mencionadas no art. 102, III, da Constituição Federal. De início, a sua admissibilidade seria realizada exclusivamente pelo STF. Contudo, em razão de alteração legislativa, tem-se que houve retorno à regra anterior, no sentido de que a admissibilidade será realizada perante o órgão jurisdicional a quo.

Alternativa Correta: letra "a". Há presunção relativa da existência da repercussão geral, que poderá ser afastada por dois terços dos membros do Supremo Tribunal Federal. De outro lado, haverá presunção absoluta da existência da repercussão geral sempre que o recurso impugnar acórdão que contrarie súmula ou jurisprudência dominante do STF, tenha sido proferido em julgamento de casos repetitivos ou tenha reconhecido a inconstitucionalidade de tratado ou de lei federal, nos termos do art. 97 da CF (art. 1.035, § 3º do CPC/2015).

Alternativa "b". Deverá o recorrente comprovar o dissídio jurisprudencial no recurso especial.

Alternativa "c". Não se trata de requisito do recurso extraordinário.

Alternativa "d". A divergência do acórdão recorrido com a decisão do STF não se encontra elencada entre as hipóteses indicadas no art. 102, III, da Constituição Federal.

Alternativa "e". O mencionado na assertiva não se trata de requisito de admissibilidade do recurso extraordinário ou do recurso especial. Trata-se, na verdade, de forma de processamento do recurso repetitivo. A propósito deste, dispôs o art. 1.036 do CPC/2015 que sempre que houver multiplicidade de recursos extraordinários ou especiais com fundamento em idêntica questão de direito, haverá afetação para julgamento de acordo com as normas do CPC e dos regimentos internos.

Gabarito: A.

---

86. (TRT 8 – Juiz do Trabalho Substituto 8ª Região/2015) Analise as proposições e assinale a alternativa CORRETA:

I. Vencidos autor réu, aos recursos de apelação, embargos infringentes, recurso extraordinário e recurso especial interposto por qualquer deles poderá aderir a outra parte, mas o recurso adesivo fica subordinado ao recurso principal, de modo que não será conhecido, se houver desistência do recurso principal, ou se for ele declarado inadmissível ou deserto.

II. São dispensados de preparo os recursos interpostos pelo Ministério Público, pela União, pelos Estados e Municípios e respectivas autarquias e empresas públicas prestadoras de serviços, e pelos que gozam de isenção legal.

III. O recurso extraordinário, o recurso especial e o agravo de instrumento, em regra, não têm efeito suspensivo, mas quanto a este último, o relator poderá, a requerimento do agravante, nos casos de prisão civil, adjudicação, remição de bens, levantamento de dinheiro sem caução idônea e em outros casos dos quais possa resultar lesão grave e de difícil reparação, sendo relevante a fundamentação, suspender o cumprimento da decisão até o pronunciamento definitivo da turma ou câmara.

IV. O recorrente poderá desistir do recurso a qualquer tempo, independente da anuência da parte contrária, ainda que esta já tenha apresentado contrarrazões.

a) Todas as proposições estão corretas.

b) São corretas as proposições I, II e IV.

c) São corretas apenas as proposições II e IV.

d) São corretas apenas as proposições II e III.

e) São corretas as proposições I, III e IV.

COMENTÁRIOS

✪ **Nota do autor:** A questão trata de vários aspectos gerais e específicos dos recursos.

Alternativa Correta: letra "e". Corretas as assertivas I, III e IV, porém, devem ser feitas observações em conformidade com o CPC/2015.

Assertiva I: correta. Em primeiro lugar, deve ser lembrado que não mais se admite o recurso de embargos infringentes. De outro lado, o art. 942 do CPC/2015 determina a ampliação do número de julgadores quando o resultado da apelação for não unânime, hipótese em que o julgamento terá prosseguimento em sessão a ser designada com a presença de outros julgadores, que serão convocados em número suficiente para garantir a possibilidade de inversão do resultado inicial, assegurado às partes e a eventuais terceiros o direito de sustentar oralmente suas razões perante os novos julgadores. Em segundo lugar, será admitido o recurso adesivo na apelação, no recurso extraordinário e no recurso especial, tão somente (art. 997, II do CPC/2015). Dessa maneira, a assertiva, de acordo com o CPC/2015, estaria incorreta.

Assertiva II: o preparo é condição objetiva de admissibilidade dos recursos. De acordo com as novas regras, deve ser comprovado o seu recolhimento quando da interposição do recurso. Sendo insuficiente, a parte será intimada para complementação. Não sendo comprovado o seu recolhimento, admite-se que a parte o faça posteriormente, desde que deposite o dobro do valor de preparo. De acordo com a Súmula 484 do STJ, que ainda deve ser aplicada, por coerência, admite-se a comprovação do preparo no primeiro dia útil seguinte, se a interposição ocorrer após o encerramento do expediente bancário. Há aqueles que são isentos do recolhimento do preparo: o Ministério Público, as pessoas jurídicas de direito público e os beneficiários da gratuidade processual. Tal isenção não alcança as empresas públicas exploradas de serviços públicos, pois têm natureza jurídica de direito privado.

Assertiva III: como regra, os recursos extraordinário, especial e o agravo de instrumento não possuem efeito suspensivo. Será possível deferir tal efeito ao agravo, com apreciação, pelo relator, do pedido de tutela provisória (art. 932, II do CPC/2015).

Assertiva IV: o recorrente poderá desistir do recurso a qualquer momento, ainda que a parte contrária já tenha apresentado contrarrazões. Contudo, a desistência do recurso não impede a análise de questão cuja repercussão geral já tenha sido reconhecida e daquela objeto de julgamento de recursos extraordinários ou especiais repetitivos (art. 998, parágrafo único do CPC/2015).

Gabarito: E.

---

87. (FCC – Juiz do Trabalho Substituto 15ª Região/2015) Caio ajuizou ação de indenização contra empresa para a qual prestou serviços. Em primeira instância, a empresa não arguiu preliminares. No entanto, condenada a pagar indenização a Caio, fê-lo em recurso, sustentando ilegitimidade passiva ad causam. De acordo com o Código de Processo Civil, se o Tribunal se convencer deste argumento,

a) não poderá conhecer da questão, a qual deveria ter sido suscitada pelas partes até a prolação da sentença.

b) deverá determinar a remessa dos autos ao juízo a quo a fim de que a questão seja analisada em primeira instância.

c) não poderá conhecer da questão, a qual deveria ter sido suscitada pelas partes em preliminar de contestação.

d) deverá extinguir o processo com resolução de mérito.

e) deverá extinguir o processo sem resolução de mérito.

COMENTÁRIOS

✪ **Nota do autor:** As matérias de ordem pública, tal como as condições da ação, poderão ser conhecidas de ofício em primeiro e segundo grau de jurisdição.

Alternativa Correta: letra "e". Verificada a ausência de condição da ação, deverá o tribunal providenciar a prolação de acórdão, sem resolução do mérito, que extinga o processo. Deve ser lembrado que parcela da doutrina indica a inexistência das condições da ação como categoria processual. De outro lado, também há posicionamento no sentido da existência de tal categoria, circunscrita a duas condições: legitimidade e interesse de agir. Exclui automaticamente as demais alternativas.

Gabarito: E.

---

88. (FCC – Juiz do Trabalho Substituto 23ª Região/2015) Pedido de reconsideração de decisão interlocutória, em primeiro grau de jurisdição,

a) impede a interposição de agravo de instrumento, porque neste é possível o juízo de retratação.

b) interrompe o prazo para interposição de agravo de instrumento.

c) suspende o prazo para interposição de agravo de instrumento.

d) prejudica o julgamento de agravo de instrumento simultaneamente interposto.

e) não interrompe, nem suspende o prazo para interposição de agravo de instrumento.

COMENTÁRIOS

✪ **Nota do autor:** O pedido de reconsideração não se trata de meio de impugnação de decisão judicial adequado, não acarretando a suspensão ou a interrupção do prazo para interposição de agravo de instrumento.

Alternativa Correta: letra "e". O pedido de reconsideração não irá suspender ou interromper o curso do prazo para interposição de agravo de instrumento. Exclui automaticamente as demais alternativas.

Gabarito: E.

---

89. (FCC – Juiz do Trabalho Substituto 24ª Região/2015) Em relação aos princípios gerais e efeitos dos recursos, é correto que

a) a decisão que atribui efeitos ao recurso é irrecorrível, salvo se possibilitar a execução provisória do julgado.

b) o princípio da fungibilidade recursal, previsto expressamente no ordenamento processual, tem como principal requisito a dúvida objetiva quanto ao recurso cabível, desde que não haja má-fé ou erro grosseiro.

c) os efeitos em que recebidos os recursos constituem matéria dispositiva, sujeita a preclusão para o órgão judicante.

d) o princípio da singularidade ou da unirrecorribilidade é o que estabelece caber, para cada ato judicial, um único recurso adequado.

e) em regra, a apelação é recebida somente no efeito devolutivo, sem suspensividade, que é excepcional.

COMENTÁRIOS

Nota do autor: A questão trata de importante tema para o entendimento do regramento geral dos recursos: os princípios recursais.

Alternativa "a". No regime do CPC de 1973, o recurso de apelação passava pelo juízo duplo de admissibilidade, ou seja, deveria ser admitido em primeiro e em segundo graus. Por conta disso, o juiz poderia proferir decisão segundo a qual não recebia o recurso, que poderia ser impugnada pelo agravo de instrumento. No CPC de 2015, porém, a admissibilidade da apelação será feita diretamente em segundo grau, de modo que o juiz não proferirá nenhuma decisão a respeito, não podendo se falar, então, em decisão agravável. Dessa maneira, a apelação deixou de ser recurso com juízo de admissibilidade duplo, para ser recurso com um único juízo de admissibilidade, embora interposta perante o órgão *a quo*.

Alternativa "b". Atualmente, fala-se em fungibilidade de meios, ao invés de fungibilidade recursal, sendo o tema estudado pela teoria geral do processo. Para que haja o recebimento de um recurso por outro, de acordo com o STJ, exige-se inexistência de erro grosseiro, dúvida objetiva e interposição no prazo do recurso adequado. O CPC/2015 admite a fungibilidade recursal em algumas situações, como, por exemplo, o recebimento de recurso como agravo regimental ao invés de embargos de declaração, ou ainda, que o recurso especial interposto seja remetido ao STF para julgamento como extraordinário. São situações excepcionais, que abrandaram um pouco o regramento existente, bem como a jurisprudência defensiva. Vide artigos 1.024, § 3º, 1.032 e 1.033 do CPC/2015.

Alternativa "c". Pelo CPC/2015, o juízo *a quo* não se manifestará sobre os efeitos do recurso, já que a apelação, por exemplo, será recebida pelo juízo ad quem e não mais *pelo a quo*.

Alternativa Correta: letra "d". em conformidade com o princípio da singularidade, de cada pronunciamento judicial será cabível um único recurso. Exceção se tem em relação à interposição simultânea dos recursos extraordinário e especial.

Alternativa "e". Em regra, a apelação é recebida no duplo efeito.

Gabarito: D.

19. MANDADO DE SEGURANÇA

90. (FCC – Juiz do Trabalho Substituto 6ª Região/2015) NÃO são devidos honorários advocatícios

a) nos embargos à execução.

b) nos processos em que a Fazenda Pública for vencedora.

c) no cumprimento de sentença, em qualquer hipótese, se já tiverem sido arbitrados na ação de conhecimento.

d) no Mandado de Segurança, ainda que o impetrante seja vencedor na impetração.

e) em nenhuma espécie de ação cautelar, porque eles serão arbitrados quando da prolação de sentença na ação de conhecimento.

COMENTÁRIOS

Nota do autor: A questão trata de vários institutos e ações.

Alternativa "a". No caso de acolhimento ou rejeição dos embargos à execução haverá a fixação de honorários advocatícios.

Alternativa "b". Sendo a Fazenda Pública vencedora (ou sucumbente), haverá a fixação de verba honorária.

Alternativa "c". No cumprimento de sentença também haverá a incidência de honorários, ainda que já arbitrados na fase de conhecimento. De acordo com o STJ, contudo, não haverá a incidência se houver o cumprimento voluntário da obrigação, entendimento esse encampado pelo CPC/2015, conforme é possível extrair do art. 523, § 1º. De outro lado, não havendo o cumprimento voluntário, o débito será acrescido de multa de dez por cento e, também, de honorários de advogado de dez por cento.

Alternativa Correta: letra "d". De acordo com o art. 25, da Lei nº 12.016/2009, no procedimento do mandado de segurança não haverá a incidência de honorários advocatícios. O dispositivo teve a sua constitucionalidade reconhecida pelo STF na ADIN nº 4.296.

Alternativa "e". A questão foi elaborada com o modelo de processo cautelar do CPC de 1973. Com o CPC/2015 não haverá um processo próprio cautelar, mas apenas o deferimento de tal medida nos próprios autos, de forma antecedente ou incidente (tutela provisória de urgência cautelar). Assim, não há que se falar em honorários advocatícios.

Gabarito: D.

Direito Processual Civil

Luciano Alves Rossato

✦ DICAS

1. NORMAS FUNDAMENTAIS

Modelo Constitucional de Processo

As Normas Fundamentais têm a sua origem na Constituição Federal, constituindo-se na forma de como o legislador compreendeu a aplicação, no âmbito processual, do princípio do devido processo legal em sua plenitude, nele contido todos os princípios que lhe são derivados, como os do contraditório, ampla defesa, boa-fé etc.

Para tanto, as Normas Fundamentais partem do modelo fundamental ou do modelo constitucional de processo.

Portanto, estabelece a Constituição as linhas fundamentais do processo, suas bases normativas e garantias mínimas, competindo ao legislador infraconstitucional traçar as especificidades próprias de cada ramo processual rumo à sua otimização.

O Princípio do devido processo legal como princípio nuclear

Os princípios fundamentais decorrem de um núcleo comum, que é o princípio do devido processo legal, indicado por Nelson Nery Júnior como "o gênero do qual todos os demais princípios constitucionais do processo são espécies". O devido processo legal se caracteriza de duas formas: material (devido processo legal em sentido material) e processual (devido processo legal em sentido processual).

Regra jurídica da iniciativa da parte e do impulso oficial

Deverá o Poder Judiciário ser provocado para que possa atuar no caso concreto. Trata-se de efeito corolário da regra jurídica da iniciativa da parte, dispositivo ou inércia da jurisdição.

Princípio do acesso à justiça ou inafastabilidade do controle jurisdicional

O princípio do acesso à justiça foi positivado no inciso XXXV, do art. 5º, do Texto Fundamental, garantindo-se que "a lei não excluirá da apreciação do Poder Judiciário lesão ou ameaça a direito".

Ao contrário do que pode parecer, o dispositivo constitucional não revela apenas ao direito de ação, ou seja, de peticionar e requerer providências pelo Estado-juiz. A par da própria consciência de respeito e confiança na Justiça, a garantia está ligada à noção de democracia e igualdade, com o objetivo de tornar efetivos os direitos individuais e coletivos por meio do processo. Trata-se, a um só tempo, de direito fundamental e de garantia à efetivação de direitos, formando-se entre as partes uma situação de interdependência e não propriamente de submissão.

Princípio da primazia do julgamento de mérito

Em conformidade com o disposto no art. 4º do CPC, "as partes têm o direito de obter em prazo razoável a solução integral do mérito, incluída a atividade satisfativa". Neste dispositivo é possível extrair o princípio da preferência ou da primazia pelo julgamento de mérito.

Princípio da duração razoável do processo

Seguindo a tendência internacional, a Emenda Constitucional n. 45/2004 inseriu o inciso LXXVIII ao art. 5º da Constituição Federal e, partir de então, o princípio da duração razoável do processo passou a ter status constitucional.

Princípio da boa-fé processual

Sendo a segurança jurídica um dos fundamentos da República, tem a boa-fé processual base na Constituição Federal, também como decorrência da dignidade da pessoa humana (art. 1º, III) e da própria solidariedade social (art. 3º, I). Para outros, trata-se de corolário do devido processo legal.

Princípio da cooperação processual

O princípio processual da cooperação processual tem o seu cerne na concepção de que o processo rege uma relação processual entre as partes e o juiz, que interagem entre si, estabelecendo-se uma comunidade de trabalho.

Princípio da isonomia

O art. 7º do CPC assegura a paridade de tratamento em relação ao exercício de direitos e faculdades processuais, aos meios de defesa, aos ônus, aos deveres e à aplicação de sanções processuais, cabendo ao magistrado zelar pelo efetivo contraditório. Encampou-se o direito à igualdade processual como sendo um componente integrante do processo justo.

Princípio da publicidade dos atos processuais

Em conformidade com o art. 5º, LX, "a lei só poderá restringir a publicidade dos atos processuais quando a defesa da intimidade ou o interesse social o exigirem", enquanto o art. 93, IX, dispõe que "todos os julgamentos dos órgãos do Poder Judiciário serão públicos".

Princípio do contraditório dinâmico

Não há processo sem o efetivo contraditório. Trata-se de princípio inerente ao devido processo legal, pelo qual deve ser garantido às partes a possibilidade de se manifestar previamente à decisão judicial, com a finalidade de influenciá-lo, evitando-se a decisão surpresa.

Princípio da fundamentação analítica

A fundamentação das decisões judiciais é um dever imposto pela Constituição Federal (art. 93, IX), reiterado pelo Código de Processo Civil de 2015 (art. 11), que registrou um conteúdo mínimo das decisões judiciais (art. 489 do CPC).

Em conformidade com o previsto no § 1º do art. 489 do CPC, não se considera fundamentada qualquer decisão judicial, seja ela interlocutória, sentença ou acórdão, que: I) se limitar à indicação, à reprodução ou à paráfrase de ato normativo, sem explicar sua relação com a causa ou a questão decidida; II) empregar conceitos jurídicos indeterminados, sem explicar o motivo concreto de sua incidência no caso; III) invocar motivos que prestariam a justificar qualquer outra decisão; IV) não enfrentar todos os argumentos deduzidos no processo capazes de, em tese, infirmar a conclusão adotada pelo julgador; V) se limitar a invocar precedente ou enunciado de súmula, sem identificar seus fundamentos determinantes nem demonstrar que o caso sob julgamento se ajusta àqueles fundamentos; VI) deixar de seguir enunciado de súmula, jurisprudência ou precedente invocado pela parte, sem demonstrar a existência de distinção no caso em julgamento ou a superação do entendimento.

Atendimento preferencial da ordem cronológica

De acordo com o art. 12, do CPC, houve previsão no sentido de que "os juízes e os tribunais atenderão, preferencialmente, à ordem cronológica de conclusão para proferir sentença ou acórdão". Estão excluídos da regra do caput: I - as sentenças proferidas em audiência, homologatórias de acordo ou de improcedência liminar do pedido; II - o julgamento de processos em bloco para aplicação de tese jurídica firmada em julgamento de casos repetitivos; III - o julgamento de recursos repetitivos ou de incidente de resolução de demandas repetitivas; IV - as decisões proferidas com base nos arts. 485 e 932; V - o julgamento de embargos de declaração; VI - o julgamento de agravo interno; VII - as preferências legais e as metas estabelecidas pelo Conselho Nacional de Justiça; VIII - os processos criminais, nos órgãos jurisdicionais que tenham competência penal; IX - a causa que exija urgência no julgamento, assim reconhecida por decisão fundamentada.

> **Novidade legislativa**
>
> Terão prioridade de tramitação, em qualquer juízo ou tribunal, entre outros procedimentos, aqueles em que figure como parte a vítima de violência doméstica e familiar, nos termos da Lei Maria da Penha.

Princípios regentes da aplicação do ordenamento jurídico

Conforme dispõe o art. 8º do Código de Processo Civil, ao aplicar o ordenamento jurídico, "o juiz atenderá aos fins sociais e às exigências do bem comum, resguardando e promovendo a dignidade da pessoa humana e observando a proporcionalidade, a razoabilidade, a legalidade, a publicidade e a eficiência".

Garantias constitucionais do processo

As garantias constitucionais são princípios qualificados que limitam o poder. Há várias garantias previstas na Constituição Federal, como o habeas corpus, o habeas data, a garantia do direito à propriedade, do direito à herança etc.

2. ATOS PROCESSUAIS

Definição

São atos processuais aqueles que se destinam à criação, modificação, conservação ou extinção da relação jurídica processual.[1] Podem ser praticados pelas partes, pelos auxiliares do juízo e pelo magistrado.

Diferenciam-se dos fatos processuais, que são fatos humanos ou não que tenham repercussão no processo.

Forma, Tempo e Lugar

Os atos processuais não dependem de prova determinada, salvo quando a lei expressamente o exigir.

Princípio da instrumentalidade das formas: consideram-se válidos os atos processuais que, embora realizados de outro modo, tenham preenchido a finalidade essencial.

Deve ser observado, ainda, os princípios da primazia do julgamento do mérito e do máximo aproveitamento do ato processual.

---

1. WAMBIER, Luiz Rodrigues. TALAMINI, Eduardo. ALMEIDA. Flávio Renato Correia. *Curso Avançado de Processo Civil.* VOL. 1. 10ª ed. São Paulo: RT, 2008.

Como regra, os atos processuais são públicos. Porém, correrão em segredo de justiça: i) aqueles em que se exija o interesse público ou social; ii) que versem sobre casamento, separação de corpos, divórcio, separação, união estável, filiação, alimentos e guarda de crianças e adolescentes; iii) em que constem dados protegidos pelo direito constitucional à intimidade; iv) que versem sobre arbitragem, inclusive sobre cumprimento de carta arbitral, desde que a confidencialidade estipulada na arbitragem seja comprovada perante o juízo.

Os atos processuais serão praticados em horário autorizado por lei, qual seja, das 6 às 20 horas. Se iniciados antes, podem ser concluídos após as 20 horas, se o adiamento prejudicar a diligência ou causar grave dano.

As citações, intimações e as penhoras podem ser realizadas no período de férias forenses, nos feriados ou dias úteis fora do horário estabelecido, desde que se observe a impossibilidade de ingresso em domicílio em horário noturno sem a autorização do morador.

O ato eletrônico poderá ser praticado até as 24 horas do último dia do prazo.

Os atos processuais, como regra, serão praticados na sede do juízo. Excepcionalmente, poderão ser praticados em outro lugar em razão de deferência, interesse da justiça, da natureza do ato ou de obstáculo arguido pelo interessado e acolhido pelo juiz.

Os pronunciamentos judiciais

Conforme dispõe o parágrafo primeiro do art. 203, "ressalvadas as disposições expressas dos procedimentos especiais, sentença é o pronunciamento por meio do qual o juiz, com fundamento nos arts. 485 e 487, põe fim à fase cognitiva do procedimento comum, bem como extingue a execução".

A decisão interlocutória constitui-se no pronunciamento judicial de natureza decisória que não se enquadre nas hipóteses de sentença (art. 203, § 2º do NCPC).

Admitem-se decisões interlocutórias (portanto, com carga decisória) com ou sem análise de mérito. Pode-se dizer que serão com análise de mérito todas as decisões proferidas e que, muito embora não encerrem uma fase procedimental, tenham como conteúdo uma das hipóteses indicadas no art. 487 do Novo Código de Processo Civil. A interlocutória que prefere julgamento antecipado parcial da lide é uma hipótese de decisão interlocutória de mérito.

Em conformidade com o art. 203, § 3º, do Novo Código de Processo Civil, são despachos todos os demais pronunciamentos do juiz praticados no processo, de ofício ou a requerimento da parte.

O acórdão é o julgamento colegiado proferido pelos tribunais. Assim indicou o art. 204, do Novo CPC. Vê-se que a definição foi aperfeiçoada se comparada com o CPC de 1973, que não havia levado em consideração a existência de decisões monocráticas dos integrantes dos Tribunais.

Prazos

A lei prescreverá os prazos em que serão realizados os atos processuais. Se a lei não fizer previsão do prazo, o juiz o fixará, levando em consideração a sua complexidade.

Contagem dos prazos processuais no processo civil
a) Regra: somente serão contados os dias úteis.
b) Juizados Especiais: na contagem de prazo em dias, estabelecidos por lei ou pelo juiz, para a prática de qualquer ato processual, inclusive para a interposição de recursos, computar-se-ão somente os dias úteis (art. 12-A, da Lei nº 9.099/1995).
c) Procedimentos do Estatuto da Criança e do Adolescente que tramitem perante a Vara da Infância: os prazos estabelecidos no ECA e aplicáveis aos seus procedimentos são contados em dias corridos, excluído o dia do começo e incluído o do vencimento.

Comunicação dos atos processuais

Citação é o ato pelo qual são convocados o réu, o executado ou o interessado para integrar a relação processual. Para que a relação processual seja válida, é imprescindível a citação do réu ou do executado, salvo nas hipóteses de indeferimento da petição inicial ou de improcedência liminar do pedido.

Decorrem certos efeitos da citação válida, ainda que o ato tenha sido ordenado por juiz incompetente. **Efeitos da citação válida: i) induzir litispendência; ii) tornar litigiosa a coisa;iii) constituir em mora o devedor, ressalvadas excepcionalidades previstas no Código Civil.**

Alterações importantes sobre a citação
1 – a citação será efetivada em até 45 dias a partir da propositura da ação. Trata-se, naturalmente, de prazo impróprio;
2 - A citação será feita preferencialmente por meio eletrônico, no prazo de até 2 (dois) dias úteis, contado da decisão que a determinar, por meio dos endereços eletrônicos indicados pelo citando no banco de dados do Poder Judiciário, conforme regulamento do Conselho Nacional de Justiça.
3 - As empresas públicas e privadas são obrigadas a manter cadastro nos sistemas de processo em autos eletrônicos, para efeito de recebimento de citações e intimações, as quais serão efetuadas preferencialmente por esse meio.
4 - A ausência de confirmação, em até 3 (três) dias úteis, contados do recebimento da citação eletrônica, implicará a realização da citação: I – pelo correio; II – por oficial de justiça; III – pelo escrivão ou chefe de secretaria, se o citando comparecer em cartório; IV – por edital. Competirá ao réu, citado de uma dessas formas alternativas à eletrônica, apresentar justa causa para a ausência de confirmação do recebimento da citação enviada eletronicamente.
5 - Considera-se ato atentatório à dignidade da justiça, passível de multa de até 5% (cinco por cento) do valor da causa, deixar de confirmar no prazo legal, sem justa causa, o recebimento da citação recebida por meio eletrônico.

Alterações importantes sobre a citação
6 - A União, o Distrito Federal e o Município são obrigados a manter cadastro nos sistemas de processo em autos eletrônicos, para efeito de recebimento de citações e intimações, as quais serão efetuadas preferencialmente por esse meio.
7 - As citações por correio eletrônico serão acompanhadas das orientações para realização da confirmação de recebimento e de código identificador que permitirá a sua identificação na página eletrônica do órgão judicial citante.
8 – Microempresas e pequenas empresas: somente serão obrigadas a manter cadastro nos sistemas de processo em autos eletrônicos, quando não possuírem endereço eletrônico cadastrado no sistema integrado da Rede Nacional para a Simplificação do Registro e da Legalização de Empresas e Negócios (Redesim).
9 – A citação será feita por meio eletrônico ou pelo correio para qualquer comarca do país, exceto: I – nas ações de estado; II – quando o citando for incapaz; III – quando o citando for pessoa jurídica de direito público; IV – quando o citando residir em local não atendido pela entrega domiciliar de correspondência; V – quando o autor, justificadamente, a requerer de outra forma.

3. DAS PARTES E DOS PROCURADORES

Partes

Há dois sentidos para o conceito parte: sentido material e o sentido processual. Por meio do primeiro, traça-se correlação para com o negócio jurídico de direito material discutido em juízo. Porém, é possível que o demandante ou demandado não seja esse titular, mas ainda assim possa postular ou ser postulado. Tem-se aqui o conceito de parte em sentido processual, pois não se identifica com a lide.

As pessoas físicas maiores (salvo as emancipadas) e as pessoas jurídicas possuem capacidade civil de direito e de ser parte. Tem aptidão para ter direitos e podem praticar os atos da vida civil. Tendo possibilidade de exercício, terão capacidade processual.

Nesse sentido, o art. 70 do CPC: "toda pessoa que se encontre no exercício de seus direitos tem capacidade para estar em juízo".

Se o indivíduo, embora tenha capacidade civil de direito, não puder exercê-la, deve ter a capacidade de agir ou processual integrada. Por isso, o incapaz será representado ou assistido por seus pais, por tutor ou por curador, na forma da lei.

Curatela especial

Prevê a lei que, em certas ocasiões, deverá o juiz nomear curador especial:

i) ao incapaz, se não tiver representante legal ou se os interesses destes colidirem com os daquele, enquanto durar a incapacidade, bem como

ii) ao réu preso revel, bem como ao réu revel citado por edital ou com hora certa, enquanto não constituído advogado.

A curatela especial será exercida pela Defensoria Pública (que tem essa atribuição institucional). O curador especial tem a obrigatoriedade de oferecer a resposta, o que poderá fazer por negativa geral, não lhe sendo aplicado o ônus da impugnação especificada. De outro lado, não estará obrigado a recorrer.

Procuradores

A parte somente litigará em juízo se for representado por advogado devidamente inscrito na OAB. Permite-se a litigância em causa própria, desde que a parte tenha habilitação legal.

Há situações excepcionais em que se admite que a parte demande sem o patrocínio de advogado, como ocorre nas ações trabalhistas, nos Juizados Especiais Cíveis (até vinte salários mínimos), nos alimentos provisórios e nas ações para inserção de criança em família substituta quando os genitores consentirem ou já houver ocorrida a prévia destituição do poder familiar.

O advogado não poderá postular sem procuração, salvo para evitar a preclusão, decadência ou a prescrição, ou ainda para praticar ato considerado urgente.

Nestes casos, compromete-se o advogado a apresentar a procuração no prazo de 15 dias, prorrogável pelo mesmo período. A apresentação da procuração acarretará a ratificação do ato. A não observância da regra acarretará na ineficácia do ato em relação àquele em cujo nome foi praticado.

A procuração habilita o advogado para o foro em geral. Para alguns atos, no entanto, exige-se que conste expressamente a autorização.

Litisconsórcio

Tem-se o litisconsórcio quando duas ou mais pessoas litigarem em conjunto, no mesmo processo, em um dos polos da ação. Todos integrarão a relação jurídica processual na condição de partes.

O litisconsórcio comporta diversas classificações, com suas consequências práticas.

a) Quanto à posição dos sujeitos.

A reunião de pessoas poderá ocorrer no polo ativo, no polo passivo, ou até nos dois. Desse modo, identifica-se o litisconsórcio ativo, passivo e misto.

b) Quanto ao momento de sua formação.

Em relação ao momento de sua formação, tem-se o litisconsórcio inicial, quando o autor, na sua postulação, já indica a existência de mais de um componente do polo ativo, ou mais de um réu.

Porém, se tal indicação ocorrer supervenientemente, por determinação do juiz ou pela própria vontade da parte, tem-se o litisconsórcio ulterior.

c) Quanto à obrigatoriedade de sua formação.

A formação do litisconsórcio poderá ser uma opção do autor ou uma necessidade imposta pela lei. Tem-se, dessa maneira, o litisconsórcio facultativo e o necessário.

O litisconsórcio facultativo decorre exclusivamente da iniciativa do autor, que ao invés de propor várias ações contra réus diferentes, apresenta uma única demanda. Poderá ocorrer nas hipóteses indicadas no art. 113: I – entre elas houver comunhão de direitos ou de obrigações relativamente à lide; II – entre as causas houver conexão pelo pedido ou pela causa de pedir; III – ocorrer afinidade de questões por ponto comum de fato ou de direito (litisconsórcio impróprio).

Ocorre, contudo, que o número de litisconsortes poderá comprometer a rápida solução do litígio ou dificultar a defesa ou o cumprimento da sentença, hipótese em que se admite a sua limitação. Trata-se do que foi denominado de litisconsórcio facultativo multitudinário.

Litisconsórcio facultativo multitudinário é aquele em que o número de litisconsortes poderá comprometer a rápida solução do litígio ou dificultar a defesa ou o cumprimento da sentença. Poderá ser determinada a sua limitação pelo juízo, de ofício, ou atendendo a requerimento da parte contrária.

A parte poderá requerer a limitação do litisconsórcio multitudinário, quando então o prazo para manifestação ou resposta será interrompido, retomando-se da intimação do pronunciamento que decidir o requerimento.

Se, apresentado o requerimento de limitação do litisconsórcio, não for o mesmo acolhido pelo magistrado, poderá o prejudicado interpor recurso de agravo de instrumento (art. 1.015, VII).

Paralelamente, o litisconsórcio também poderá ser obrigatório ou necessário, quer em razão de disposição legal ou por conta da natureza da relação jurídica. Para tais hipóteses, a eficácia da sentença depende da citação de todos os litisconsortes.

A formação do litisconsórcio necessário deverá ser fiscalizada pelo juiz que, detectando a falha, determinará a regularização pelo autor, indicando prazo para tanto, sob pena de extinção do processo.

Note-se que o Código elencou consequências diferentes para a inobservância do litisconsórcio necessário, a depender se a decisão deveria ou não ser uniforme em relação a todos os que deveriam ter integrado o processo.

Como adiante se verá, o litisconsórcio será unitário se a decisão for obrigatoriamente uniforme em relação a todos os litisconsortes e será simples se tal uniformidade não for obrigatória.

Adianta-se tal informação justamente para que seja possível analisar, com mais precisão, a consequência advinda da inobservância da citação de todos os litisconsortes. Não se pode, com essa informação, confundir as modalidades de litisconsórcio.

Com efeito, litisconsórcio necessário não é a mesma coisa que unitário. No primeiro, há obrigatoriedade de sua formação. Por este, a formação do litisconsórcio não é obrigatória, mas, se ocorrer, a decisão deverá ser uniforme para todos os litisconsortes, não se admitindo pronunciamentos de teor diferentes.

Nesse sentido, tratando-se de litisconsórcio necessário e unitário, ao mesmo tempo, proferida sentença de mérito sem a citação de todos os litisconsortes, tem-se que esta é nula. Por outro lado, não havendo necessidade de tal uniformidade, a sentença não produzirá efeitos em relação àqueles que não foram citados.

Consequências decorrentes da não citação de todos os litisconsortes:

Litisconsórcio necessário e unitário	Litisconsórcio necessário e simples
Sentença nula	Ineficaz em relação aos litisconsortes não citados

d) Quanto à uniformidade da decisão.

Analisa-se, nesse ponto, se a decisão proferida deverá ser uniforme para todos os litisconsortes, ou se não há essa necessidade de identidade (muito embora ela possa ocorrer).

A propósito de tal critério, tem-se o litisconsórcio simples e o unitário, cada qual com seu regime jurídico.

No litisconsórcio simples, a decisão não precisa necessariamente uniforme em relação a todos os litisconsortes, sendo tratados como litigantes distintos. Consequentemente, os atos e omissões não beneficiarão ou prejudicarão os demais litisconsortes.

No litisconsórcio simples, a contestação apresentada por um dos litisconsortes não afastará a incidência do efeito material da revelia em relação aos demais.

Diferentemente, no litisconsórcio unitário, a decisão há de ser uniforme em relação a todos os litisconsortes. Por essa razão, estes serão considerados como integrantes de um bloco único, motivo pelo qual o ato praticado por um deles a todos aproveitará, embora as omissões não prejudicarão aos demais.

No litisconsórcio unitário, a contestação apresentada por um dos litisconsortes afastará a incidência do efeito material da revelia em relação aos demais.

Deve-se diferenciar, ainda, as figuras do litisconsórcio eventual, alternativo e sucessivo.

Litisconsórcio eventual: são colocadas em juízo duas pessoas, estabelecendo-se uma ordem de preferência entre elas. Ocorre, por exemplo, na desconsideração da personalidade jurídica.

Litisconsórcio alternativo: o autor postula contra dois réus, pois se encontra em dúvida sobre quem deve ocupar o polo passivo. Exemplo típico é o da ação de consignação em pagamento. E outro exemplo é o do pedido postulado em face da seguradora e do intermediário do seguro, pois, se aquele se livrar da responsabilização, requer que este seja obrigado a reparar.

Litisconsórcio sucessivo: o segundo litisconsorte somente terá reconhecido o seu direito se, antes, o primeiro também o tiver. É o exemplo da ação de alimentos com indenização de ressarcimento de despesas do parto.

Da intervenção de terceiros: intervenção voluntária e provocada

A intervenção de terceiros é caracterizada pelo ingresso de um sujeito em processo pendente. Ele não participava do processo, sendo provocado para tanto, ou comparecendo e requerendo o seu ingresso espontaneamente.

Assistência

A assistência é uma modalidade de intervenção de terceiros. Por meio dela, tem-se o ingresso voluntário de terceiro que demonstra possuir um interesse jurídico.

Há duas modalidades de assistência: simples e litisconsorcial.

Na assistência simples, o terceiro intervém no processo para auxiliar o assistido, uma vez que sua esfera jurídica será afetada de forma reflexa. Deve demonstrar a existência de interesse jurídico. O assistente, ao ingressar na ação, não poderá manifestar-se contrariamente aos interesses do assistido.

Nessa hipótese, sendo revel o assistido, o assistente será considerado seu substituto processual.

De outro lado, há assistência litisconsorcial (ou qualificada) quando a sentença houver de influir na relação jurídica entre ele o adversário do assistido. Nessa hipótese, o assistente poderia ser parte no processo.

Denunciação da lide

Tem-se a denunciação da lide quando uma das partes promove, no mesmo processo, ação regressiva contra terceiro, dito denunciado. Pressupõe-se que o denunciante tenha uma pretensão própria contra o denunciado.

São requisitos indispensáveis para o deferimento da denunciação: a) pretensão própria do denunciante versus o denunciado; e b) existência de direito de regresso do denunciante frente ao denunciado.

Têm legitimidade à denunciação as partes da ação principal (autor e réu, além dos que já figurem como denunciados), desde que exista uma pretensão de regresso.

DENUNCIAÇÃO DA LIDE PELO AUTOR	DENUNCIAÇÃO DA LIDE PELO RÉU
O autor requer a denunciação na própria petição inicial. Ela somente será julgada se a ação principal, movida em face do réu, for julgada improcedente.	O réu a requer no prazo de resposta. Somente será julgada se a ação principal, movida em face do denunciante, for julgada procedente.

DENUNCIAÇÃO DA LIDE PELO AUTOR	DENUNCIAÇÃO DA LIDE PELO RÉU
Requerida a citação do denunciado, o processo principal permanecerá paralisado. Realizada a citação, poderá o denunciado assumir a posição de litisconsorte do denunciante e acrescentar novos argumentos à petição inicial, procedendo-se em seguida à citação do réu.	Oferecida a denunciação, podem surgir três situações distintas: i) se o denunciado contestar o pedido formulado pelo autor, o processo prosseguirá tendo, na ação principal, em litisconsórcio, denunciante e denunciado; ii) se o denunciado for revel, o denunciante pode deixar de prosseguir com a sua defesa e abster-se de recorrer, restringindo sua atuação à ação regressiva; iii) se o denunciado confessar os fatos alegados pelo autor, o denunciante poderá prosseguir com sua defesa ou, aderindo a tal reconhecimento, pedir apenas a procedência da ação de regresso.

Chamamento ao processo

O chamamento ao processo é modalidade de intervenção de terceiros provocada pelo réu, que deverá exercer tal direito na contestação.

Existem duas teses a respeito da natureza do chamamento ao processo.

a) Trata-se de ação condenatória requerida pelo devedor solidário que, acionado sozinho para responder pela totalidade da dívida, pretende acertar, na ação secundária de chamamento, a responsabilidade do devedor principal ou dos demais codevedores solidários, na proporção de suas cotas. De acordo com os autores adeptos desta teoria, tese contrária ofenderia a opção do litisconsórcio facultativo para o autor nos casos de solidariedade.
b) Outros autores defendem tratar-se de forma de ampliação subjetiva passiva da relação processual.

O CPC/2015, ao que parece, adotou a segunda tese, como se pode extrair do que está previsto no art. 131, caput, ao mencionar que "a citação daqueles que devam figurar em litisconsórcio passivo (...)".

Incidente de desconsideração da personalidade jurídica

Com a finalidade de resguardar os princípios do contraditório dinâmico e da ampla defesa, o legislador fez previsão do incidente de desconsideração da personalidade jurídica, por meio do qual o sócio ou a própria pessoa jurídica (desconsideração invertida) serão previamente ouvidos, antes de se decidir pela possibilidade de desconsiderá-la.

A lei processual não fez previsão das hipóteses em que será admitida a desconsideração, reservando tal regulação para o direito material, como é possível verificar no Código Civil, Código de Defesa do Consumidor etc.

O incidente de desconsideração da personalidade jurídica será instaurado a pedido da parte ou do Ministério Público, quando lhe couber intervir no processo.

Aquele que demandar no processo poderá requerer a instauração do incidente de desconsideração da personalidade jurídica. Nesse sentido, poderão fazê-lo: i) autor; ii) o réu, por meio de reconvenção; iii) o autor ou o réu, quando requererem a denunciação da lide; iv) o réu, quando valer-se do chamamento ao processo; v) o assistente litisconsorcial também poderá requerer, até porque poderia ser parte na relação processual.

O Ministério Público também poderá fazê-lo, atuando como parte no processo, ou como fiscal da ordem jurídica.

Amicus Curiae

O *amicus curiae* não é parte no processo, pois não tem qualquer interesse no resultado da ação. Tem unicamente interesse em auxiliar o órgão judicial. Terá legitimidade recursal limitada, pois somente poderá recorrer para opor embargos declaratórios e para impugnar o pronunciamento que julgar o incidente de resolução de demandas repetitivas (art. 138, § 3º do CPC).

Se, de um lado, o CPC prevê a intervenção do *amicus curiae* em quatro dispositivos, restringe a possibilidade de interposição de recurso a apenas um deles – incidente de resolução de demandas repetitivas – e admite a apresentação de embargos declaratórios em todos (art. 138, §§ 1º e 3º).

Poderes do juiz

O juiz atuará como presidente do processo, sendo de sua atribuição dirigi-lo (princípio do impulso oficial), como um verdadeiro gestor para a garantia da ampla defesa, contraditório e com o objetivo de ser alcançada uma sentença de mérito justa e efetiva.

É sabido que o juiz não se exime de decidir sob a alegação de lacuna ou obscuridade do ordenamento jurídico, sendo proibido o *non liquet*, como consequência do princípio da indeclinabilidade da jurisdição.

O juiz responderá civil e regressivamente por perdas e danos quando: i) no exercício de suas funções, proceder com dolo ou fraude; ii) recusar, omitir ou retardar, sem justo motivo, providência que deva ordenar de ofício ou a requerimento da parte (art. 143).

NOTE-SE QUE SE TRATA DE RESPONSABILIDADE REGRESSIVA

A imparcialidade é essencial para a validade da relação processual. Porém, esta imparcialidade poderá estar comprometida em determinadas situações.

No art. 144 há a previsão do impedimento do juiz, sendo-lhe vedado exercer suas funções no processo nas hipóteses mencionadas nos incisos. Para estes casos, o impedimento poderá ser conhecido de ofício pelo magistrado ou alegado pelas partes. Como regra, deverão fazê-lo no prazo de 15 dias contados da ciência do fato, muito embora se admita a alegação posterior. Poderá ser objeto até mesmo de ação rescisória.

Há impedimento do juiz, sendo-lhe vedado exercer suas funções no processo:

I – em que interveio como mandatário da parte, oficiou como perito, funcionou como membro do Ministério Público ou prestou depoimento como testemunha;

II – de que conheceu em outro grau de jurisdição, tendo proferido decisão;

III – quando nele estiver postulando, como defensor público, advogado ou membro do Ministério Público, seu cônjuge ou companheiro, ou qualquer parente, consanguíneo ou afim, em linha reta ou colateral, até o terceiro grau, inclusive;

IV – quando for parte no processo ele próprio, seu cônjuge ou companheiro, ou parente, consanguíneo ou afim, em linha reta ou colateral, até o terceiro grau, inclusive;

V – quando for sócio ou membro de direção ou de administração de pessoa jurídica parte no processo;

VI – quando for herdeiro presuntivo, donatário ou empregador de qualquer das partes;

VII – em que figure como parte instituição de ensino com a qual tenha relação de emprego ou decorrente de contrato de prestação de serviços;

~~VIII – em que figure como parte cliente do escritório de advocacia de seu cônjuge, companheiro ou parente, consanguíneo ou afim, em linha reta ou colateral, até o terceiro grau, inclusive, mesmo que patrocinado por advogado de outro escritório~~ (inciso julgado inconstitucional na ADI 5953).

IX – quando promover ação contra a parte ou seu advogado.

De outro lado, o art. 145 prevê as hipóteses de suspeição, que poderão ser conhecidas de ofício pelo juiz e as partes poderão alegá-las no prazo de 15 dias contados da ciência. Porém, se não o fizerem, ocorre a preclusão.

Atuação do Ministério Público

O Ministério Público atuará no processo civil como parte ou como fiscal da ordem jurídica.

Alteração Legislativa

O Ministério Público intervirá, quando não for parte, nas ações de família em que figure como parte vítima de violência doméstica e familiar, nos termos da Lei Maria da Penha

4. JURISDIÇÃO E COMPETÊNCIA

Jurisdição

A doutrina tradicional de Direito Processual Civil identifica a existência de categorias processuais básicas, indicadas como sendo a jurisdição, ação, exceção e processo, sendo que cada qual será vista nos itens abaixo.

A Jurisdição é o poder que detém o Estado de fazer atuar as regras jurídicas de forma concreta. Frise-se: só diante de casos concretos é que atuará a função jurisdicional. Essa atividade apresenta-se como secundária, instrumental, declarativa, desinteressada e provocada.

A Jurisdição é informada por três princípios basilares:

(i) **Princípio do juiz natural:** somente exercerá a Jurisdição aquele devidamente investido na forma prevista pela Constituição Federal;

(ii) **A Jurisdição** é **improrrogável:** os limites do poder jurisdicional são traçados pela Constituição Federal;

(iii) **A Jurisdição** é **indeclinável:** não pode o Poder Jurisdicional recusar-se a cumprir a sua função, e nem delegá-la a quem quer que seja.

Limites da jurisdição nacional e cooperação internacional

O CPC 2015 corrigiu a imprecisão conceitual existente anteriormente, ao modificar o tratamento da antiga competência internacional para "limites da jurisdição nacional e da cooperação internacional". De fato, não se trata de um problema que envolva a competência, mas de jurisdição, porque se verifica quais são as causas ou que deverão ser submetidas à jurisdição nacional.

EXCLUSIVA	CONCORRENTE
Somente podem ser decididas pela jurisdição brasileira. Eventuais decisões estrangeiras não serão homologadas pelo Superior Tribunal de Justiça.	Podem ser decididas tanto pelo tribunal estrangeiro quanto pela jurisdição nacional, ressalvadas disposições em contrário de tratados internacionais e acordos bilaterais. Eventual decisão estrangeira deverá ser homologada pelo Superior Tribunal de Justiça. A ação proposta perante o Tribunal estrangeiro não induz litispendência.

O juízo estrangeiro poderá decretar o divórcio, hipótese em que estará dispensada a homologação da sentença no Brasil (art. 961 CPC). Porém, a decisão sobre a partilha somente poderá ser proferida pela autoridade judicial brasileira.

Divórcio consensual puro ou simples: estará dispensada a homologação da sentença pelo Superior Tribunal de Justiça. Competirá a qualquer juiz examinar a validade da decisão, em caráter principal ou incidental, quando essa questão for suscitada em processo de sua competência (art. 961, §§ 5º e 6º).

***Divórcio consensual qualificado*: assim considerado aquele que dispõe sobre a guarda, alimentos e/ou partilha de bens**, nos termos dos artigos 1º e 2º, do Provimento nº 56/2016, do CNJ, não dispensará a homologação da sentença pelo Superior Tribunal de Justiça.

Admite-se a cooperação jurídica internacional que tenha por objeto: i) citação, intimação e notificação judicial e extrajudicial; ii) colheita de provas e obtenção de informações; iii) homologação e cumprimento de decisão; iv) concessão de medida judicial de urgência; v) assistência jurídica internacional; vi) qualquer outra medida judicial ou extrajudicial não proibida pela lei brasileira.

Competência

A competência territorial, em regra, será relativa, pois prevista no interesse das partes, que podem modificá-la por convenção (foro de eleição) ou por não terem apresentado a respectiva preliminar no tempo oportuno.

Constituem-se exceções à regra as ações fundadas em direito real sobre imóveis e ações possessórias, que devem ser processadas perante o foro da situação da coisa.

Admite-se que o autor opte pelo foro de domicílio do réu ou pelo foro de eleição se o litígio não recair sobre direito de propriedade, vizinhança, servidão, divisão e demarcação de terras e de nunciação de obra nova.

A ação fundada em direito pessoal e a ação fundada em direito real sobre bens móveis serão propostas, em regra, no foro do domicílio do réu. Tendo este mais de um domicílio, poderá ser demandado em qualquer um deles. Essa é a regra geral, sem prejuízo da existência de regras subsidiárias, se acaso aquela não puder ser aplicada.

A ação em que o incapaz for réu será proposta no foro de seu representante ou assistente.

Atenção – alteração legislativa – Lei nº 13.894/2019

É competente o foro: I – para a ação de divórcio, separação, anulação de casamento e reconhecimento ou dissolução de união estável: (...) d) de domicílio da vítima de violência doméstica e familiar, nos termos da Lei nº 11.340/2006.

As partes podem modificar a competência em razão do valor e do território, elegendo foro onde será proposta ação oriunda de direitos e obrigações.

A eleição de foro somente produz efeito quando constar de instrumento escrito, aludir expressamente a determinado negócio jurídico e guardar pertinência com o domicílio ou a residência de uma das partes ou com o local da obrigação, ressalvada a pactuação consumerista, quando favorável ao consumidor.

O foro contratual obriga os herdeiros e sucessores das partes.

Antes da citação, a cláusula de eleição de foro, se abusiva, pode ser reputada ineficaz de ofício pelo juiz, que determinará a remessa dos autos ao juízo do foro de domicílio do réu.

Citado, incumbe ao réu alegar a abusividade da cláusula de eleição de foro na contestação, sob pena de preclusão.

O ajuizamento de ação em juízo aleatório, entendido como aquele sem vinculação com o domicílio ou a residência das partes ou com o negócio jurídico discutido na demanda, constitui prática abusiva que justifica a declinação de competência de ofício.

A *perpetuatio jurisdictionis* (ou perpetuação da competência, como seria mais adequado) não prevalecerá em quaisquer situações, conforme a própria ressalva do Código. Assim, se houver supressão do órgão judiciário ou alteração da competência da competência absoluta em decorrência das modificações do estado de fato ou de direito, haverá a alteração da competência.

A competência poderá ser alterada em decorrência de previsão legal (como ocorre com a conexão, por exemplo) ou por vontade das partes (foro de eleição ou não formulação de preliminar na contestação).

Prevê o art. 54 que a competência relativa poderá ser modificada pela conexão ou pela continência.

É possível estabelecer uma relação de afinidade entre ações, o que pode gerar vários efeitos práticos, como a reunião de processos para julgamento conjunto, a suspensão de um processo para se aguardar o julgamento de outro etc.

Consideram-se conexas duas ações quando lhes for comum o pedido ou a causa de pedir. Trata-se de hipótese mínima em que as causas serão conexas, porque é possível que exista esta relação muito embora não seja comum o pedido ou a causa de pedir.

EXISTIRÁ CONEXÃO ENTRE CAUSAS

Se houver comunhão entre elas em relação ao pedido OU a causa de pedir.

A reunião dos processos será feita em favor do juízo prevento, que os decidirá. A prevenção do juízo será estabelecida pelo registro ou pela distribuição. Não mais se trata de efeito da citação válida.

A prevenção não mais se trata de efeito da citação válida. O juízo prevento será estabelecido em razão do registro ou da distribuição.

Para que ocorra a reunião dos processos haverá a necessidade de observância dos seguintes requisitos: i) juízo absolutamente competente para decidir as causas; ii) existência de liame entre as causas; iii) que a causa não tenha sido sentenciada.

A reunião dos processos para julgamento conjunto também será possível à execução de título executivo extrajudicial e à ação de conhecimento relativa ao mesmo ato jurídico, bem como às execuções fundadas no mesmo título executivo.

Admite o CPC, ainda, a reunião de processos para julgamento conjunto, ainda que não haja conexão. Isso será permitido em relação aos processos que possam gerar risco de prolação de decisões conflitantes ou contraditórias caso decididas separadamente.

5. DA TUTELA PROVISÓRIA

O Código de Processo Civil de 2015 denominou de provisória a tutela sumária, revogável, que pode ser deferida para em razão da existência de fundamentos relevantes e de risco de dano grave ou de difícil reparação, ou por conta da alta probabilidade de acolhimento da pretensão, não se justificando a necessidade de aguardar-se pelo final da caminhada processual.

A tutela de urgência será concedida quando houver elementos que evidenciem a probabilidade do direito (*fumus boni iuris*) e o perigo de dano ou o risco ao resultado útil do processo (*periculum in mora*).

Inovou o Código de Processo Civil de 2015 ao permitir que a tutela antecipada seja requerida de forma antecedente à instauração da relação processual.

Diferentemente do CPC de 1973, as medidas requeridas de forma antecedente não serão objeto de processo próprio, mas importarão na própria provocação do Poder Judiciário, que aguardará a vinda de futura complementação, a ser juntada nos próprios autos.

O procedimento da tutela cautelar requerida em caráter antecedente segue o disposto no art. 305 e seguintes do Código de Processo Civil.

A parte apresentará petição inicial antecedente, na qual indicará a lide e seu fundamento, a exposição sumária do direito que se objetiva assegurar e o perigo de dano ou o risco ao resultado útil do processo.

A tutela da evidência – antecipação de tutela sem o requisito exigência – poderá ser deferida nas hipóteses indicadas no art. 311, 558, 563, 678 e 701 do CPC 2015, bem como na indisponibilidade de bens na ação de improbidade administrativa e liminar de busca e apreensão de bem alienado fiduciariamente (DL nº 911/69).

O art. 311 do CPC demonstra a ampliação das hipóteses em que a tutela da evidência poderá ser deferida, se comparada com o regime anterior. São elas:

I – se ficar caracterizado o abuso do direito de defesa ou o manifesto propósito protelatório da parte: a tutela da evidência, na hipótese, é concedida em razão do comportamento abusivo da parte, contrário à boa-fé processual;

II – se as alegações de fato puderem ser comprovadas apenas documentalmente e houver tese em julgamento de casos repetitivos ou em súmula vinculante: se os fatos puderem ser comprovados por meio de documentos, não haverá necessidade de produção de outras provas. Além disso, a pretensão tem amparo jurídico em precedente que pode ser extraído de julgamento de casos repetitivos ou em súmula vinculante, o que permite afirmar que está em conformidade com precedente vinculante, conforme orienta o art. 927 do CPC;

III – se tratar de pedido reipersecutório fundado em prova documental adequada de contrato de depósito, caso em que será decretada a ordem de entrega do objeto custodiado, sob cominação de multa: é ação reipersecutória aquela em que se reivindica a posse ou a propriedade de uma coisa. Em tais ações, havendo prova documental adequada do contrato de depósito, será decretada a ordem de entrega do objeto custodiado, independentemente de urgência;

IV – se a petição inicial for instruída com prova documental suficiente dos fatos constitutivos do direito do autor, a que o réu não oponha prova capaz de gerar dúvida razoável: neste caso, a contestação não é suficiente para provocar qualquer dúvida no juízo. Note-se que é desnecessário que a tese esteja embasada em entendimento consubstanciado em precedente.

Nas hipóteses dos incisos II e III, o juiz poderá deferir liminarmente a tutela da evidência, pois, nesses casos, não há que se esperar pela conduta do réu.

A estabilização da tutela antecipada concedida em caráter antecedente a torna irrevogável no mesmo processo, exigindo que a parte ajuíze nova ação para o fim de rever, reformar ou invalidá-la.

Perceba-se que a estabilização da tutela não forma a coisa julgada. A propósito, não houve sentença de mérito sobre a questão, de modo que o magistrado não emitiu juízo de acertamento da situação subjetiva. Em outras palavras, não analisou se o pedido é procedente ou improcedente. Desse modo, o mérito continuará em aberto. De outro lado, foi estabilizada a tutela provisória, que permanecerá viva, mas somente modificável por meio de outra ação.

Haverá a estabilização da tutela se o réu não impugnar, por meio do recurso de agravo de instrumento (art. 1.015, I do CPC), a decisão interlocutória que, versando sobre o mérito, deferir a medida.

Ainda sobre o tema, deve ser registrado que:

A tutela antecipada antecedente torna-se estável unicamente se não houver qualquer tipo de impugnação pela parte contrária. Desse modo, o afastamento da estabilização da tutela não ocorrerá apenas se houver a impugnação da decisão judicial por meio de recurso. Admite-se, para tanto, a mera apresentação de contestação (Resp 1.760.966-SP).

6. FORMAÇÃO, SUSPENSÃO E EXTINÇÃO DO PROCESSO

Formação.

Em conformidade com o **princípio da ação ou da inércia da jurisdição**, a relação processual se desenvolve a partir de **provocação da parte interessada**, que o faz por meio do instrumento adequado. Nesse contexto, tem-se o sentido da palavra **demanda**, que **significa o ato de vir a juízo e apresentar a devida postulação**, sendo a petição inicial seu instrumento.

Somente de forma excepcional poderá o magistrado iniciar o processo sem que seja antes devidamente provocado pela parte interessada. A propósito, a título de exemplo, assim poderá proceder em relação ao procedimento de apuração de irregularidade praticada por entidade de atendimento, previsto no Estatuto da Criança e do Adolescente e, entre outros, do procedimento de arrecadação de bens em caso de herança jacente (art. 738 do CPC 2015), devendo ser registrado, de antemão, que o Código de Processo Civil de 2015 excluiu a possibilidade do magistrado de iniciar, de ofício, o procedimento de inventário.

O CPC de 2015 não autoriza o início do procedimento de inventário, de ofício, pelo juízo.

A propositura da ação.

Enquanto não protocolada a petição inicial, tem-se que se trata de um documento exclusivo da parte autora, elaborado por profissional a que a lei deu essa atribuição.

Por isso, somente se considera proposta a ação quando **a petição inicial for protocolada** (art. 312). Note-se que houve correção da falha técnica contida no CPC 1973 (art. 263), que considerava proposta a ação quando a petição inicial fosse despachada ou distribuída.

Estabelecer de forma adequada e objetiva o momento em que a ação é proposta tem importância prática, pois, como se verá adiante, a interrupção da prescrição, ocorrida com o despacho da inicial, **retroagirá à data da propositura da ação** (entenda-se, data em que foi protocolada), quando for providenciado o necessário para a realização da citação.

Efeitos da propositura para o réu: somente a partir da citação válida.

Conforme deixa claro o art. 312 do CPC, embora se considere proposta a ação quando for protocolada, os efeitos de tal **propositura para o réu** somente se iniciam quando este for devidamente citado.

Assim, **a citação válida induz litispendência, torna litigiosa a coisa e constitui em mora o devedor** (salvo as exceções legais), retroagindo unicamente o efeito da interrupção da prescrição à data da propositura da ação, desde que tenham sido providenciado o necessário para a citação do réu.

Verifica-se que tais efeitos decorrem da citação válida e não da propositura da ação.

Da Suspensão do processo.

A suspensão e a extinção como causas de crise do processo.

A busca da solução do mérito é o caminho natural do processo. Aliás, em conformidade com o art. 4º, do

CPC, tem-se como norma fundamental o **princípio da preferência pelo julgamento do mérito**. Não obstante, o caminhar do processo está sujeito a determinados eventos que poderão importar na sua **paralisação ou até na extinção**, pondo-se fim, neste último caso, à relação processual. Nas duas situações, ocorre o que se convencionou denominar de **crise do processo.**

Tal expressão, contudo, não é livre de críticas em relação à suspensão. Ora, é verdade que a relação processual deve ser desenvolvida para que tenha um fim. Porém, podem as partes entender que é conveniente para os seus interesses – e mesmo para a própria solução do litígio – que ocorra a paralização temporária do processo. Nesse passo, antevendo uma possível solução amigável, resolvem as partes suspender o andamento do processo, estabelecendo-se um negócio processual, em atenção ao princípio da autonomia de vontade (autorregulação do processo). Não se pode dizer, então, que a situação é reveladora de crise do processo, mas, justamente o contrário, de que o embate processual foi capaz de gerar reflexão e, quiçá, de conduzir as partes à solução amigável, sem a necessidade de resolução pelo Estado-Juiz.

Efeito da suspensão: paralisação do processo.

A suspensão do processo, por si só, é capaz de gerar o paralisar de seu andamento. Porém, em certas situações, será possível a prática de alguns atos processuais.

Tem-se, como regra, a **paralisação integral do processo**, admitindo-se unicamente a **prática de atos reputados urgentes**, salvo no caso de arguição de impedimento ou de suspeição.

Pelo que se extrai do que está previsto no art. 314 do CPC, portanto, se arguido o impedimento ou a suspeição, o juiz não poderá praticar qualquer ato, com exceção daqueles destinados ao processamento (desentranhamento da petição e juntada de manifestação do próprio juiz) e encaminhamento ao Tribunal para análise. E isso, pois, **a partir da entrada da petição em que se argui o impedimento ou a suspeição, estará o processo suspenso**, situação essa que poderá ser reavaliada pelo relator a que for distribuída a petição.

> Na suspensão própria poderão ser praticados unicamente atos reputados urgentes, com exceção se arguido o impedimento ou a suspeição.

Como dito, ainda que suspenso o processo, salvo se arguido o impedimento ou a suspeição, poderá o magistrado determinar a prática de atos urgentes a fim de evitar dano irreparável, como, por exemplo, **a efetivação de tutela provisória em razão da urgência (tutela antecipada ou tutela cautelar)**. Não é possível, em tese, que decida sobre a tutela da evidência, pois não se está diante de ato que tenha como requisito a urgência, salvo se tal requisito também for deliberadamente comprovado pela parte.

Praticado um ato reputado urgente, como o deferimento da tutela provisória de urgência, o prazo para que a parte contrária possa interpor o respectivo recurso (agravo de instrumento) não estará paralisado, correndo normalmente.

Causas de suspensão do processo.

Sem prejuízo de outras causas mencionadas em lei, posto que o rol do artigo 265 do CPC não é taxativo, são causas de suspensão do processo:

I) Morte ou perda da capacidade processual de qualquer das partes, de seu representante legal ou de seu procurador.

Ocorrendo a morte de qualquer uma das partes, o processo será suspenso, aguardando-se a **habilitação dos herdeiros**, salvo se a demanda versar sobre direitos intransmissíveis, como ocorre na ação de divórcio, quando então haverá a sua extinção.

Merece muita atenção a modificação de que se extrai da redação do art. 313, I do CPC, em comparação ao previsto no § 1º. do art. 265 do CPC/1973, pois, atualmente, **não mais se diferencia se a morte ou a perda da capacidade processual ocorreram antes ou depois de iniciada a audiência de instrução e julgamento**.

> Dessa forma, não importa se a morte ou a perda da capacidade processual ocorreram antes ou depois de iniciada a audiência de instrução e julgamento. Ocorrendo tais eventos, haverá a suspensão do processo, independentemente do momento.

A habilitação dos herdeiros seguirá o procedimento constante dos artigos 687 a 692 do Código de Processo Civil. Poderá ser iniciada pela parte, em relação aos sucessores do falecido, ou pelos próprios sucessores do falecido, em relação à parte.

Será processada nos autos do processo principal, na instância em que estiver. Recebida a petição, o juiz determinará a citação dos requeridos para que se pronunciem no prazo de cinco dias. O ato poderá ser realizado na pessoa do advogado, se já constituído nos autos.

O magistrado decidirá o pedido de habilitação imediatamente, proferindo-se decisão interlocutória. Porém, **se for necessária dilação probatória diversa da documental**, determina o **art. 691 que o pedido seja autuado em apartado**, sendo decidido ao final por **sentença**.

> Não havendo impugnação ou sendo desnecessária dilação probatória complexa, a habilitação de herdeiros será processada **nos próprios autos**. Porém, **havendo necessidade de prova documental diversa da probatória**, o pedido será autuado em apartado e decidido por **sentença** (art. 692).

Ainda que se trate de habilitação processada em apartado, o pronunciamento jurisdicional desafiará o recurso de agravo de instrumento, com fundamento no art. 1.015, II do CPC.

Se não providenciada a habilitação, ao tomar conhecimento da morte da parte, o magistrado determinará a suspensão do processo e observará o seguinte:

i) **falecido o réu**, ordenará a intimação do autor para que promova a citação do respectivo espólio, de quem for o sucessor ou, se for o caso, dos herdeiros, no prazo que designar, de no mínimo dois e no máximo seis meses;

ii) **falecido o autor e sendo transmissível o direito**, determinará a intimação de seu espólio, de quem for o sucessor ou, se for o caso, dos herdeiros, pelos meios de divulgação que reputar mais adequados, para que manifestem interesse na sucessão processual e promovam a respectiva habilitação no prazo designado, sob pena de extinção do processo sem resolução do mérito.

Como é possível extrair da interpretação conjunta dos artigos 313, § 2º, e 689, do CPC, **a suspensão do processo ocorrerá no momento em que o magistrado tiver conhecimento do falecimento da parte**, seja por meio do pedido de habilitação, seja por outro meio. Neste último caso, determinará a intimação do indicado pela lei para que promova a habilitação.

Passa-se à análise da suspensão do processo em decorrência da morte do procurador de qualquer das partes.

Neste caso, também independentemente do momento em que ocorrida a morte, o processo será suspenso e o juiz determinará que a parte constitua novo mandatário, no prazo de quinze dias. Na inércia, o processo será extinto sem resolução do mérito, se o autor não nomear novo mandatário, ou ordenará o prosseguimento do processo à revelia do réu, se falecido procurador deste. Note-se que se trata de hipótese de revelia ulterior que produzirá unicamente efeito processual (não intimação dos atos processuais posteriores), se a resposta já tiver sido apresentada anteriormente.

II) Convenção das partes.

Poderão as partes ajustar a **suspensão do processo**, sendo a paralisação **limitada a seis meses**. Trata-se de **negócio processual** entabulado entre as partes, que produzirá efeitos a partir do momento em que ajustado, não obstante haja necessidade de homologação judicial.

Escoado o prazo de seis meses, deverá o juiz determinar a continuidade do processo.

III) Pela arguição de impedimento e suspeição.

As causas de impedimento e a suspeição prejudicam a imparcialidade do juiz e serão arguidas, de acordo com o CPC, mediante mera petição nos próprios autos. Não mais devem ser arguidas por meio de exceção.

Arguido o impedimento ou a suspeição, tem-se que ocorrerá a suspensão imediata do processo, não podendo o juiz praticar sequer atos reputados urgentes.

Ao ter ciência da arguição, o juiz poderá reconhecer a causa de impedimento ou de suspeição e determinar o encaminhamento dos autos ao seu substituto legal. De outro lado, discordando, determinará o desentranhamento da petição, podendo instrui-la, bem como o seu encaminhamento ao Tribunal para decisão a respeito.

Aportando no Tribunal respectivo e distribuída ao relator, este decidirá sobre a manutenção ou não do efeito suspensivo.

IV) Pela Admissão do Incidente de Resolução de Demandas Repetitivas.

O CPC se preocupou em atender aos reclamos da sociedade para solucionar a litigiosidade repetitiva. Para tanto, fez previsão de incidentes e meios capazes de formar pronunciamentos judiciais, dos quais será possível extrair precedentes que vincularão juízes e o tribunal no julgamento de casos futuros (art. 927).

Entre esses instrumentos, destaca-se o incidente de resolução de demandas repetitivas, por meio do qual, havendo efetiva repetição de processos que contenham controvérsia sobre a mesma questão unicamente de direito e risco de ofensa à isonomia e à segurança jurídica, visando fixar uma tese que possa ser aplicada pelos juízes do mesmo tribunal.

Em conformidade com o art. 982 do CPC, admitido o incidente, o relator suspenderá os processos pendentes, individuais ou coletivos, que tramitam no Estado ou na região (no caso de Tribunal Regional Federal).

Decidido o incidente, se não interposto recurso, cessará a suspensão dos processos. Contudo, interposto recurso (extraordinário e/ou especial, que terão efeito suspensivo nesse caso), a suspensão do processo prosseguirá.

Como se vê, a causa de suspensão do processo, aqui analisada, não é automática ou decorrente da instauração do incidente de resolução de demandas repetitivas, mas carece de decisão de seu relator e terá vigência enquanto tramitar, salvo se houver decisão em sentido contrário.

V) Quando a sentença de mérito.

Nesta hipótese, abrem-se outras duas situações:

a) se a sentença de mérito depender do julgamento de outra causa ou da declaração da existência ou da inexistência de relação jurídica que constitua o objeto principal de outro processo pendente:

Neste caso, para que seja proferida sentença de mérito, **há necessidade de se aguardar pelo julgamento de outro processo, no qual será analisada questão prejudicial externa.**

Questão prejudicial é aquela que influenciará no mérito do processo. Pode ser interna (controvertida no próprio processo), ou externa (quando será decidida em outro processo).

b) tiver de ser proferida somente após a verificação de determinado fato ou a produção de certa prova:

Nesse caso, a prova será produzida em outro juízo, havendo necessidade de se aguardar por ela. A suspensão terá o prazo máximo de um ano nas duas hipóteses.

Dependendo o conhecimento do mérito de verificação de existência de fato delituoso, será determinada a suspensão do processo até que haja decisão no processo criminal. Será aguardado pelo prazo de três meses para o ajuizamento da ação penal. Se já ajuizada, porém, o processo ficará suspenso pelo prazo máximo de um ano.

VI) Por motivo de força maior.

Na hipótese constante do inciso V, indica o CPC que o processo poderá ser suspenso por motivo de força maior, que não decorre propriamente da vontade das partes, como, por exemplo, o alagamento de uma cidade por conta de fortes chuvas.

VII) quando se discutir em juízo questão decorrente de acidentes e fatos da navegação de competência do Tribunal Marítimo.

Havendo necessidade de se aguardar por decisão do Tribunal Marítimo como questão que influenciará o mérito da decisão de mérito, o juiz suspenderá o processo.

VIII) nos demais casos previstos em lei.

O rol constante do art. 313 não é exaustivo, mas exemplificativo, existindo outras hipóteses de suspensão do processo, como, por exemplo, a concessão de efeito suspensivo em embargos à execução.

IX) pelo parto ou pela concessão de adoção, quando a advogada responsável pelo processo constituir a única patrona da causa.

Trata-se de hipótese incluída pela Lei n. 13.363/2016, em que o período de suspensão será de trinta dias, contado a partir da data do parto ou da concessão da adoção, mediante apresentação de certidão de nascimento ou documento similar que comprove a realização do parto, ou de termo judicial que tenha decidido a adoção, desde que haja notificação ao cliente.

X - quando o advogado responsável pelo processo constituir o único patrono da causa e tornar-se pai.

Hipótese também incluída pela Lei n. 13.363/2016, segundo a qual o período de suspensão será de oito dias, contado a partir da data do parto ou da concessão da adoção, mediante apresentação de certidão de nascimento ou documento similar que comprove a realização do parto, ou de termo judicial que tenha concedido a adoção, desde que haja notificação ao cliente.

Extinção do processo.

A **extinção do processo** ocorrerá por meio de sentença, que terá por fundamento um dos incisos do art. 485, bem como os incisos II e III do art. 487 do CPC (vide, a respeito, o art. 354).

Nesse passo, a extinção do processo decorrerá de sentença em que não é analisado o mérito, ou, então, em sentença que decide, de ofício ou a requerimento, sobre a ocorrência de decadência ou prescrição, bem como a que homologa ato de reconhecimento da procedência do pedido e da reconvenção, a transação e a renúncia à pretensão formulada na ação ou na reconvenção.

Fala-se em extinção do processo, por isso, diz-se que será proferida sentença. Contudo, será possível que o magistrado profira **decisão interlocutória** em que **extingue parcialmente o processo**, com ou sem análise de mérito. Neste caso, o processo prosseguirá em relação à parte não objeto de extinção. A extinção também poderá ocorrer por meio de decisão monocrática, em julgamento, por exemplo, de agravo de instrumento.

7. PROCEDIMENTO COMUM

Petição inicial

É possível a identificação de requisitos intrínsecos e extrínsecos da petição inicial. Aqueles devem estar constantes do próprio corpo da petição inicial, ao passo que estes se revelam como documentos que devem acompanhar a peça, por serem imprescindíveis à propositura da ação.

Classificação dos Requisitos da Petição Inicial	
Intrínsecos	**Extrínsecos**
Contidos no corpo da petição inicial	Documentos indispensáveis à propositura da ação
Ausência: o juiz determinará a emenda.	Ausência: o juiz determinará que a peça seja completada

As causas serão levadas à distribuição/registro. A distribuição poderá ser livre ou vinculada (dependência).

Serão distribuídas por dependência as causas de qualquer natureza: i) quando se relacionarem, por conexão ou continência, com outra já ajuizada; ii) quando, tendo sido extinto o processo sem resolução de mérito, for reiterado o pedido, ainda que em litisconsórcio com outros autores ou que sejam parcialmente alterados os réus da demanda; iii) quando houver ajuizamento de ações que serão reunidas, ao juízo prevento.

A toda causa deve ser atribuído um valor, ainda que a ação não tenha conteúdo econômico.

Há critérios para a fixação do valor da causa. Nesse sentido:

> *Art. 292. O valor da causa constará da petição inicial ou da reconvenção e será: I – na ação de cobrança de dívida, a soma monetariamente corrigida do principal, dos juros de mora vencidos e de outras penalidades, se houver, até a data de propositura da ação; II – na ação que tiver por objeto a existência, a validade, o cumprimento, a modificação, a resolução, a resilição ou a rescisão de ato jurídico, o valor do ato ou o de sua parte controvertida; III – na ação de alimentos, a soma de 12 (doze) prestações mensais pedidas pelo autor; IV – na ação de divisão, de demarcação e de reivindicação, o valor de avaliação da área ou do bem objeto do pedido; V – na ação*

indenizatória, inclusive a fundada em dano moral, o valor pretendido; VI – na ação em que há cumulação de pedidos, a quantia correspondente à soma dos valores de todos eles; VII – na ação em que os pedidos são alternativos, o de maior valor; VIII – na ação em que houver pedido subsidiário, o valor do pedido principal.

Admite-se a cumulação de pedidos, observando-se a seguintes classificação: i) cumulação própria – os pedidos são apresentados, pretendendo o autor o acolhimento de todos eles; ii) cumulação imprópria – os pedidos são apresentados, mas o autor não pretende que todos eles sejam acolhidos. Poderá ser subsidiária (estabelece-se uma ordem entre eles), ou alternativa (sem estabelecimento desta ordem).

O indeferimento da petição inicial consiste na manifestação do juiz no sentido de que, a partir dos elementos indicados naquela peça, a ação não poderá prosseguir. Poderá ocorrer de forma parcial, com relação a algum dos pedidos, ou total, o que refletirá na natureza do pronunciamento jurisdicional (decisão interlocutória ou sentença).

Entende-se por liminar o pronunciamento proferido no início do processo, no seu limiar. A liminar poderá consistir em uma decisão interlocutória (tutela antecipada), em uma sentença (sentença de indeferimento da inicial), decisão monocrática proferida por relator e, por que não, até por decisão colegiada em Tribunal.

Como regra, uma vez iniciado o procedimento, haverá a citação da parte contrária e o andamento regular dos atos processuais, para que o magistrado possa, ao final, proferir a sentença de mérito.

Contudo, como visto no item anterior, será possível que o magistrado entenda que a petição inicial não reúne condições para que haja o desenrolar do processo, hipótese em que poderá indeferir a petição inicial, com pronunciamento sem análise de mérito.

Em outros casos, faculta o CPC que o juiz analise o mérito desde já, independentemente de citação da parte contrária, proferindo pronunciamento de improcedência liminar do pedido.

Há uma diferenciação a ser feita que é vital para o entendimento. Na improcedência liminar, o magistrado analisa o mérito. Julga-o desde já, com possibilidade de formação da coisa julgada material, se não houver a interposição de recurso. No indeferimento da inicial, contudo, não há análise de mérito.

Assim, o autor postula os seus pedidos e o magistrado, quando da análise da inicial, profere julgamento de improcedência liminar.

O CPC permite que tal julgamento ocorra, em suma, quando a pretensão apresentada pela parte contrária encampar tese jurídica contrária ao já decidido em determinados precedentes, quais sejam: I – enunciado de súmula do Supremo Tribunal Federal ou do Superior Tribunal de Justiça; II – acórdão proferido pelo Supremo Tribunal Federal ou pelo Superior Tribunal de Justiça em julgamento de recursos repetitivos; III – entendimento firmado em incidente de resolução de demandas repetitivas ou de assunção de competência; IV – enunciado de súmula de tribunal de justiça sobre direito local.

Audiência de conciliação e mediação

Estando a petição inicial em ordem e não entendendo o magistrado ser o caso de ser proferida sentença de improcedência liminar, será designada audiência de conciliação ou de mediação com antecedência mínima de 30 dias, devendo o réu ser citado com pelo menos vinte dias de antecedência.

Contestação e reconvenção

A contestação é regida pelos seguintes princípios:

a) concentração: deverá o réu concentrar em sua defesa toda a matéria de defesa, ainda que contraditória. Trata-se do momento oportuno para que isso seja feito. Uma vez apresentada, não poderá ser posteriormente complementada, uma vez que verificada a preclusão consumativa.

Há, porém, matérias que o réu poderá alegar posteriormente. Estão elencadas no art. 342 do CPC: i) relativas a direito ou a fato superveniente; ii) competir ao juiz conhecer delas de ofício; iii) por expressa autorização legal, puderem ser formuladas em qualquer tempo e grau de jurisdição.

Nestes casos, admite-se que a matéria seja alegada posteriormente. Imagine-se, por exemplo, o tema prescrição. Como sabido, dele o juiz poderá conhecer, de ofício, a qualquer momento. Por isso, o réu poderá alegá-la posteriormente, ainda que já oferecida contestação. A decadência contém uma particularidade, em razão de suas duas espécies. A decadência legal poderá ser alegada e conhecida a qualquer momento. De outro lado, a decadência convencional poderá ser alegada a qualquer tempo, muito embora somente poderá ser conhecida se houver requerimento nesse sentido. O juiz não poderá conhecê-la de ofício.

A regra, portanto, é de que toda a matéria de defesa seja alegada na contestação, ainda que ela seja contraditória.

b) ônus da impugnação especificada: a contestação é a oportunidade para que o réu impugne os fatos apresentados pelo autor na petição inicial. Algumas explicações preliminares são importantes para o entendimento correto deste princípio.

Na petição inicial, o autor apresenta os fatos dos quais extrai determinadas consequências jurídicas. O réu, ao ser citado, terá oportunidade de impugnar cada um destes fatos por meio da contestação, quando, então, passa-se a ter uma questão controvertida sobre a qual incidirá a prova. De outro lado, se o fato não for impugnado, será presumida a sua veracidade. Trata-se do ônus da impugnação especificada.

Porém, não haverá a presunção de veracidade, se não for admissível, a seu respeito, a confissão; se a petição inicial não estiver acompanhada de instrumento que a lei considerar da substância do ato; se os fatos estiverem em contradição com a defesa, considerada em seu conjunto.

Tal ônus não será aplicado ao defensor público, ao advogado dativo e ao curador especial. Dessa maneira, pela previsão contida no art. 341, parágrafo único do CPC, se a parte for assistida por Defensor Público, ainda que não apresente resposta, tem-se que não serão presumidos como verdadeiros os fatos articulados na petição inicial.

A contestação deverá ser apresentada por meio de petição, no prazo de 15 dias, sendo aplicáveis os prazos especiais previstos na lei.

Têm prazos especiais: Ministério Público, Defensoria Pública, Fazenda Pública e litisconsortes com diversos procuradores, que não sejam do mesmo escritório jurídico e não seja processo eletrônico.

No CPC de 1973, o prazo para o oferecimento de resposta era contado da juntada do mandado de citação aos autos. No CPC de 2015, porém, como houve previsão da necessidade de ser designada a audiência de conciliação ou de mediação, o prazo de resposta terá outro termo inicial.

Nesse sentido, prevê o art. 335 do Código de Processo Civil que o termo inicial será a data:

i) da audiência de conciliação ou de mediação, ou da última sessão de conciliação, quando qualquer parte não comparecer ou, comparecendo, não houver autocomposição: uma vez designada a audiência para tentativa conciliação ou de mediação, deverão as partes comparecer para a composição. Se esta ocorrer, será o ajuste homologado por sentença judicial. Porém, se a composição não ocorrer e houver necessidade de continuação do procedimento, será iniciado o prazo para que o réu possa apresentar a sua contestação. Importante que o (a) candidato(a) esteja bem atento à forma de contagem deste prazo, pois é possível que haja questionamento para indicação de seu termo final em um determinado problema. A título de exemplo, examina-se a seguinte hipótese.

O autor propôs ação de cobrança. Foi designada audiência de conciliação. As partes compareceram à audiência, oportunidade em que foi tentada a composição entre elas, que restou infrutífera. Nesse caso, haverá necessidade de continuidade do processo, abrindo-se prazo para que o réu ofereça resposta. Considerando-se que a audiência foi realizada no dia 23.09.2016, assinale o prazo final para que o réu possa oferecer resposta.

ii) do protocolo do pedido de cancelamento da audiência de conciliação ou de mediação apresentado pelo réu, quando ocorrer a hipótese do art. 334, § 4º, inciso I: poderá o autor ter indicado na petição inicial que não pretende conciliar-se, tendo o réu feito o mesmo no prazo legal. Dessa maneira, não há motivo para que seja realizada a audiência, que será dada como prejudicada. Nesse caso, o prazo para que o réu possa oferecer a sua resposta será na data do protocolo do pedido de cancelamento apresentado pelo réu.

Se houver litisconsórcio passivo, o prazo será contado a partir de cada pedido de cancelamento da audiência. Registre-se que, nesta hipótese, o prazo não será iniciado conjuntamente para todos os réus. Será contado de uma maneira para aqueles que requererem o cancelamento da audiência e da audiência para os demais, se ela ainda assim for realizada.

iii) prevista no art. 231, de acordo com o modo como foi feita a citação, nos demais casos: no inciso III estão incluídas várias situações, como, por exemplo, o caso em que o magistrado vislumbrou, de imediato, que não deverá ser designada audiência de conciliação ou de mediação, uma vez que o direito é indisponível. Dessa forma, desde já, dispensa a audiência e determina a citação do réu para oferecer resposta. Assim, o prazo para a contestação será iniciado: a) da data de juntada aos autos do aviso de recebimento, quando a citação for pelo correio; b) da data de juntada aos autos do mandado cumprido, quando a citação for por oficial de justiça; c) da data da citação, se esta for promovida pelo escrivão ou chefe de secretaria; d) do dia útil seguinte ao fim da dilação assinada pelo juiz, quando a citação for por edital; e) do dia seguinte à consulta ao teor da citação ou ao término do prazo para que a consulta se dê, quando a citação for eletrônica; f) da data da juntada do comunicado de que houve a citação pelo juízo deprecado, ou, não havendo tal, da data de juntada da carta aos autos de origem devidamente cumprida.

Tratando-se de prazo processual, naturalmente, o prazo de resposta será contado em dias úteis.

O Código de Processo Civil de 2015 acarretou na concentração das matérias que podem ser alegadas na contestação, se comparado com o Código anterior.

Nesse sentido, podem ser alegadas e apresentadas as seguintes matérias processuais e substanciais. Além disso, será também possível apresentar pedido na própria contestação, como adiante será visto.

CONTEÚDO DA CONTESTAÇÃO		
DEFESA PROCESSUAL	DEFESA DE MÉRITO	EXERCÍCIO DE PRETENSÃO

Defesa processual: poderá o réu alegar determinadas matérias, que são indicadas como processuais, por não se referirem ao mérito. Tratam-se das preliminares, que podem ser ainda classificadas em dilatória ou peremptórias.

A defesa processual dilatória importa no prolongamento da relação processual, como ocorre com a incompetência absoluta. Nesse caso, o juiz não encerra o processo, mas determina o seu encaminhamento para o juízo competente, o que importa em uma demora na solução da questão.

De outro lado, a defesa processual peremptória importará na extinção do processo, como ocorre com o reconhecimento da existência de coisa julgada.

O art. 337 do Código de Processo Civil elenca as preliminares. Em comum, já poderiam ser conhecidas de ofício pelo juiz, ou seja, independentemente de serem alegadas na contestação, com exceção da incompetência relativa e da convenção de arbitragem, que dependem de ser alegadas pela parte.

Há duas preliminares que tratam de matérias que não podem ser conhecidas de ofício pelo juiz. São elas: incompetência relativa e a convenção de arbitragem.

Exercício de pretensão: poderá o réu, ainda na contestação, exercer pretensão em face do autor, ou mesmo de terceiro. E assim ocorrerá na reconvenção ou mesmo na denunciação da lide.

A reconvenção é o contra-ataque exercido pelo réu (identificado como réu-reconvinte), ou, no mínimo este e mais pessoas, em face do autor ou também autor e outras pessoas. Trata-se de ação promovida no mesmo processo, que será exercida na própria contestação, quando então deverá o réu indicar o valor da causa (art. 292 caput CPC), devendo o pedido ser certo e determinado, admitindo-se também o pedido genérico nas hipóteses legais (art. 324 § 2º).

Por ser ação autônoma, a desistência da ação principal ou a ocorrência de causa extintiva que impeça o exame de seu mérito não obsta ao prosseguimento do processo quanto à reconvenção.

Oferecida a reconvenção, o magistrado determinará que se proceda à respectiva anotação pelo distribuidor (art. 286, parágrafo único).

Na reconvenção não se exigirá caução para que o brasileiro ou estrangeiro, que resida fora do Brasil ou que deixar de residir no país ao longo da tramitação de processo, ainda que não tenha bens imóveis no Brasil que assegure o pagamento das custas e dos honorários de advogado da parte contrária (art. 83, III do CPC).

Revelia

É efeito material da revelia a presunção de veracidade dos fatos articulados pelo autor na inicial. Não decorre a lógica procedência do pedido, mas apenas a presunção de que os fatos indicados na petição inicial são verdadeiros.

Porém, não haverá a produção deste efeito se: i) havendo pluralidade de réus, algum deles contestar a ação; ii) o litígio versar sobre direitos indisponíveis; iii) a petição inicial não estiver acompanhada de instrumento que a lei considere indispensável à prova do ato; iv) as alegações de fato formuladas pelo autor forem inverossímeis ou estiverem em contradição com a prova constante dos autos.

Providências preliminares

Tendo o réu apresentado a sua resposta, poderá o magistrado tomar algumas providências, indicadas como preliminares. E assim são identificadas, porque objetivam preparar o processo para a fase processual seguinte.

Nesse sentido, verificando o magistrado que o réu não ofereceu resposta, mas que não haverá a incidência do efeito material da revelia, abrirá oportunidade para que o autor possa especificar as provas que pretende produzir, se ainda não as tiver indicado (art. 348).

Julgamento conforme o estado do processo

Verificando o magistrado que poderá proferir pronunciamento sem a análise de mérito por incidir uma das hipóteses do art. 485, ou então, ser possível a análise de mérito com fundamento nos incisos II e III do art. 487 do CPC, proferirá sentença e extinguirá o processo (se decidir sobre a decadência ou a prescrição, ou, ainda, se homologar o reconhecimento da procedência do pedido formulado na ação ou na reconvenção, a transação ou a renúncia à pretensão formulada ou na reconvenção).

Audiência de saneamento e organização do processo

Se o magistrado entender que não é o caso de extinção do processo ou de promover ao julgamento antecipado do mérito, então, deverá proferir decisão de saneamento e de organização do processo, por meio da qual: i) resolverá as questões processuais pendentes, se houver; ii) delimitará as questões de fato sobre as quais recairá a atividade probatória, especificando os meios de prova admitidos; iii) definirá a distribuição do ônus probatório; iv) delimitará as questões de direito relevantes para a decisão do mérito; v) designará, se necessário, audiência de instrução e julgamento.

Audiência de instrução e julgamento

Tem a audiência de instrução e julgamento a finalidade de ser colhida a prova oral a ser produzida.

8. DAS PROVAS

Por *meios de prova* compreendem-se os procedimentos adequados para a obtenção da informação e o seu registro. Há vários meios de prova, como a pericial, a testemunhal. Não se confunde com fonte de prova.

A prova é extraída de uma fonte de prova. Uma pessoa pode ser uma fonte de prova, sendo aquela examinada por um perito médico, por exemplo. Tem-se, então, uma fonte de prova, que não se confunde com os meios de prova.

Serão admitidos todos os meios de prova moralmente legítimos, ainda que atípicos.

Admite-se, também, que o magistrado determine a produção da prova que entenda pertinente como decorrência do dever-poder instrutório do juiz (art. 370 do CPC).

Em consonância com o princípio da comunhão das provas, uma vez sendo produzida, poderá qualquer uma das partes dela se aproveitar, ainda que não tenha a requerido. A prova não pertence à parte que a produziu.

Em conformidade com o art. 5º, XII, CF, são inadmissíveis, no processo, as provas obtidas por meios ilícitos.

São princípios que regem a prova cível: atipicidade da prova; proibição da utilização das provas obtidas por meios ilícitos; aquisição e comunhão da prova; oralidade; máxima eficiência dos meios probatórios; deveres-poderes instrutórios do juiz; unidade probatória; e, livre convencimento motivado do juiz.

Distribuição do ônus da prova.

Ônus probatório: a propósito do tema, deve haver prévia análise da carga estática e da carga dinâmica do ônus probatório. Pela carga estática do ônus probatório, que ainda é a regra, há a prévia distribuição daquilo que cada parte no processo deverá comprovar. Desse modo, incumbe ao autor o ônus da prova quanto ao fato constitutivo de seu direito e ao réu, por sua vez, quanto ao fato impeditivo, modificativo ou extintivo do direito do autor.

Admite-se que as partes, por convenção, modifiquem o ônus da prova. Contudo, tal convenção não será admitida quando recair sobre direito indisponível da parte ou se tornar excessivamente difícil a uma parte o exercício do direito (art. 373, § 3º).

O CPC inovou ao prever, também, a carga dinâmica do ônus probatório. Diferentemente do que foi anteriormente analisado, será possível que o juiz atribua o ônus da prova de modo diverso, desde que o faça por decisão fundamentada, justificada nos casos previstos em lei ou diante de peculiaridades da causa decorrentes da excessiva dificuldade de cumprir o encargo. Enfim, terá o ônus de provar aquele que tiver melhores condições de fazê-lo.

Fatos que independem de prova.

As provas buscam demonstrar os fatos. Porém, nem todos os fatos precisam ser demonstrados.

Nesse sentido, o art. 374 dispensa a prova dos fatos: i) notórios; ii) afirmados por uma parte e confessados pela parte contrária; iii) admitidos no processo como incontroversos; iv) em cujo favor milita presunção legal de existência ou de veracidade.

Produção antecipada de prova

O Código fez previsão da denominada ação probatória, que tem por finalidade exclusiva a produção antecipada de prova que poderá ser utilizada posteriormente em procedimento arbitral, judicial ou administrativo. Será admitida se: houver fundado receio de que venha a tornar-se impossível ou muito difícil a verificação de certos fatos na pendência da ação; a prova a ser produzida seja suscetível de viabilizar a autocomposição ou outro meio adequado de solução de conflito; o prévio conhecimento dos fatos possa justificar ou evitar o ajuizamento de ação.

Note-se que nem sempre haverá necessidade do elemento urgência.

A ação probatória não admitirá defesa ou recurso, salvo contra decisão que indeferir totalmente a produção da prova pleiteada pelo requerente originário.

Uma vez deferida e produzida a prova, os autos permanecerão durante um mês para extração de cópias e certidões.

Provas típicas e atípicas:

Ata notarial

A existência e o modo de existir de algum fato podem ser atestados ou documentados, a requerimento do interessado, mediante ata lavrada por tabelião.

Dados representados por imagem ou som gravados em arquivos eletrônicos poderão constar da ata notarial.

O Provimento nº 65, de 14.12.2017, da Corregedoria Nacional de Justiça, estabeleceu diretrizes para o procedimento da usucapião extrajudicial nos serviços notariais e de registro de imóveis.

Depoimento pessoal.

O depoimento pessoal é um meio de prova consistente na colheita do depoimento do autor e do réu. Será produzido na audiência de instrução e julgamento, com possibilidade de que haja a formulação de reperguntas pelo advogado da parte contrária.

Não obstante, admite-se que, se a parte residir em comarca, seção ou subseção judiciária diversa daquela onde tramita o processo poderá ser colhida por meio de videoconferência ou outro recurso tecnológico de transmissão de sons e imagens em tempo real, o que poderá ocorrer, inclusive, durante a realização da audiência de instrução e julgamento.

Se a parte não comparecer, apesar de pessoalmente intimada, ser-lhe-á aplicada a pena de confesso. Da mesma forma, se recusar a depor.

A parte não é obrigada a depor sobre fatos criminosos ou torpes que lhe forem imputados, a cujo respeito, por estado ou profissão, deva guardar sigilo, acerca dos quais não possa responder sem desonra própria, de seu cônjuge, de seu companheiro ou de parente em grau sucessível, que coloquem em perigo a vida do depoente ou das pessoas antes indicadas. Esta regra, contudo, não se aplica às ações de estado e de família.

Difere o depoimento pessoal do interrogatório, que poderá ser colhido a qualquer momento. Porém, no interrogatório a parte não está obrigada a depor e, se deixar de fazê-lo, não lhe será aplicada a pena de confesso.

Confissão.

Haverá a confissão quando a parte admite a verdade de fato contrário ao seu interesse e favorável ao do adversário.

Ela poderá ocorrer no âmbito judicial ou extrajudicial. Pode ainda ser espontânea ou provocada.

A confissão é irrevogável, mas poderá ser anulada se decorreu de erro de fato ou de coação. A legitimidade para a propositura desta ação é exclusiva do confitente e pode ser transferida a seus herdeiros se ele falecer após a propositura.

Exibição de documento ou coisa

A exibição poderá ser determinada pelo juiz, estando o documento ou coisa sob poder da parte ou de terceiros.

Atenção

O pedido formulado pela parte conterá: I – a descrição, tão completa quanto possível, do documento ou da coisa, ou das categorias de documentos ou de coisas buscados; II – a finalidade da prova, com indicação dos fatos que se relacionam com o documento ou com a coisa, ou com suas categorias; III – as circunstâncias em ques e funda o requerente para afirmar que o documento ou a coisa existe, ainda que a referência seja a categoria de documentos ou de coisas, e se acha em poder da parte contrária.

Se estiver em poder da parte contrária, esta será intimada para responder no prazo de cinco dias contados de sua intimação. Instaura-se um incidente processual. Poderá o requerido afirmar que não possui o documento. Se o juiz não admitir a sua recusa, admitirá como verdadeiros os fatos que, por meio do documento ou da coisa, a parte pretendia provar se: i) o requerido não efetuar a exibição e nem fizer nenhuma declaração no prazo de cinco dias; ii) a recusa for havida por ilegítima.

Estando o documento ou coisa em poder de terceiro, será instaurado processo incidente. Nesse sentido, o terceiro será citado para responder no prazo de 15 dias. Não havendo motivo justo, o juiz ordenará o depósito em cartório, podendo haver a expedição de mandado de busca e apreensão.

Admite-se a ação de exibição de documentos, de forma autônoma, na vigência do CPC/2015.
Por isso, habilita-se a postular a obtenção antecipada de prova qualquer pessoa que tenha simples interesse jurídico na colheita dessa prova, seja para empregá-la em processo futuro, seja para fins de precaver-se de um eventual processo judicial, seja para subsidiá-lo na decisão de ajuizar ou não uma demanda, seja ainda para tentar, com base nessa prova, obter uma solução extrajudicial de seu conflito. Note-se, por isso, que sequer é necessário que o interessado indique para qual 'eventual demanda futura' essa prova se destina. Basta que apresente, em seu requerimento, razão suficiente (amoldada a um dos casos do art. 381) para a obtenção antecipada da prova. Por isso, qualquer pessoa que possa apontar uma das causas do art. 381, tem legitimidade para postular a medida em estudo, seja ou não parte em outra demanda judicial futura. Nesse sentido, foram aprovados dois enunciados no âmbito da II Jornada de Direito Processual Civil: enunciado 119, que dispõe que "é admissível o ajuizamento de ação de exibição de documentos, de forma autônoma, inclusive pelo procedimento comum do CPC (art. 318 e seguintes)"; e o enunciado 129, que dispõe que "é admitida a exibição de documentos como objeto de produção antecipada de prova, nos termos do art. 381 do CPC".
Existem três situações: I) a exibição incidental de documentos, prevista no art. 396 a 404 do CPC, no curso do processo em andamento; II) e a exibição autônoma de documentos, que seguirá o procedimento previsto para a tutela cautelar requerida em caráter antecedente ou o procedimento previsto nos art. 396 do CPC; III) ação probatória (art. 381 CPC)

Prova documental.

De todos os aspectos da prova documental, merecem ser destacados pela própria incidência em provas e concursos, alguns aspectos importantes.

O réu manifestar-se-á na contestação sobre os documentos anexos à inicial, e o autor na réplica sobre os documentos anexados na contestação.

A parte poderá requerer a juntada de documento aos processos e a outra poderá arguir a sua falsidade na contestação, na réplica ou no prazo de 15 dias contados da intimação da juntada dos documentos aos autos.

Arguida a falsidade como questão incidental, assim será decidida e não fará coisa julgada. Porém, poderá ser resolvida como questão principal, desde que haja requerimento da parte e seja o juiz competente, hipótese em que fará coisa julgada.

A propósito, indica o art. 433: "A declaração sobre a falsidade do documento, quando suscitada como questão principal, constará da parte dispositiva da sentença e sobre ela incidirá também a autoridade da coisa julgada".

Em regra, a prova documental deve ser apresentada juntamente com a petição inicial e contestação, sendo lícito às partes, porém, em qualquer momento, juntar aos autos documentos novos, se destinados a fazer prova de fatos ocorridos depois dos alegados, ou para contrapô-los aos que foram produzidos nos autos.

Sendo assim, se o réu apresenta fatos modificativos do direito do autor, poderá o autor apresentar novos documentos, afastando as alegações trazidas.

Os documentos podem ser públicos ou privados.

Competirá à parte impugnar a autenticidade da assinatura e a veracidade do contexto, o que presumir-se-á tendo em vista o seu silêncio. Tal eficácia cessa, contudo, se o documento foi obtido por erro, dolo ou coação, que podem ser alegados em momento posterior.

Documentos eletrônicos

A utilização de documentos eletrônicos no processo convencional dependerá de sua conversão à forma impressa e da verificação de sua autenticidade, na forma da lei.

O juiz apreciará o valor probante do documento eletrônico não convertido, assegurado às partes o acesso a seu teor.

Serão admitidos documentos eletrônicos produzidos e conservados com a observância da legislação específica.

Prova testemunhal.

A testemunha é a fonte da prova testemunhal. É a pessoa que, não sendo parte, será chamada a depor sobre fatos tratados no processo, sendo indeferida a sua oitiva sobre fatos já provados por documento ou confissão da parte, ou que só por documento ou por exame pericial puderem ser provados.

Todas as pessoas podem ser acionadas como testemunhas, havendo ressalva, contudo, em relação às incapazes, impedidas e suspeitas.

Sendo necessário, o magistrado poderá ouvir as testemunhas menores, impedidas ou suspeitas, sem tomar-lhes o compromisso de dizer a verdade.

A testemunha é obrigada a depor e a dizer a verdade, sob pena de praticar o crime de falso testemunho. Porém, não é obrigada a depor sobre fatos: (i) que lhe acarretem grave dano, bem como ao seu cônjuge e aos seus parentes consanguíneos ou afins, em linha reta, ou na colateral em segundo grau; (ii) a cujo respeito, por estado ou profissão, deva guardar sigilo.

Nos casos em que a lei exigir prova escrita da obrigação, é admissível a prova testemunhal quando houver começo de prova por escrito, emanado da parte contra a qual se pretende produzir a prova.

Também se admite a prova testemunhal quando o credor não pode ou não podia, moral ou materialmente, obter a prova escrita da obrigação, em casos como o de parentesco, de depósito necessário ou de hospedagem em hotel ou em razão das práticas comerciais do local onde contraída a obrigação.

O juiz fixará, na decisão saneadora, o prazo comum não superior a 15 dias para que as partes apresentem rol de testemunhas. No caso de saneamento compartilhado, as partes devem levar consigo o rol de testemunhas.

O número de testemunhas não pode ser superior a dez, sendo 03 no máximo para a prova de cada fato.

Admite-se que o juiz limite o número de testemunhas levando em conta a complexidade da causa e dos fatos individualmente considerados.

Prova pericial.

A prova pericial consiste em exame, vistoria ou avaliação. Trata-se de meio de prova em que se necessita dos conhecimentos de expert nomeado pelo Juízo.

A prova pericial poderá ser substituída pela prova técnica simplificada, se o ponto controvertido for de menor complexidade, consistindo apenas na inquirição de especialista pelo juiz.

Ao nomear o perito, o juiz fixará prazo para a entrega do laudo.

Uma vez intimada, a parte terá o prazo de quinze dias para arguir o impedimento ou a suspeição do perito, indicar assistente técnico ou apresentar quesitos.

Ciente da notificação, o perito apresentará proposta de honorários, currículo com comprovação de especialização e contatos profissionais, sendo as partes intimadas, podendo manifestar-se a respeito em cinco dias.

Ultrapassado o prazo, com ou sem manifestação, o juiz arbitrará o valor, intimando-se as partes.

É admissível a apresentação de quesitos suplementares durante a diligência, que poderão ser respondidos pelo perito previamente ou na audiência de instrução e julgamento.

É admissível também que as partes escolham o perito, indicando-o mediante requerimento, desde que sejam plenamente capazes e a causa possa ser resolvida por autocomposição.

Inspeção judicial.

A inspeção judicial consiste na possibilidade de o juiz, sem intermediários, constatar determinado fato indicado na inicial ou na contestação.

Assim, o juiz, de ofício ou a requerimento da parte, poderá, em qualquer fase do processo, inspecionar pessoas ou coisas, com a finalidade de esclarecer sobre fato.

Realizada a inspeção, será lavrado auto circunstanciado.

9. DA SENTENÇA E DA COISA JULGADA

Quanto à espécie de tutela jurisdicional concedida à parte, tem-se que as sentenças podem ser declaratórias, constitutivas e condenatórias. Para os adeptos da teoria quinária da ação, também podem ser mandamentais e executivas lato sensu.

- Sentença declaratória: tem a finalidade de declarar a existência, a inexistência ou o modo de ser de uma relação jurídica. De se lembrar que toda sentença possui uma carga declaratória, mas há algumas em que isso prevalece. A improcedência de qualquer pedido gera uma sentença declaratória.
- Sentença condenatória: neste pronunciado, será certificado o direito da parte vencedora. Por meio dela, verifica-se a existência do direito e impõe o seu cumprimento.
- Sentença constitutiva: por meio dela, o pronunciamento criará, modificará ou extinguirá um estado ou uma relação jurídica. Exemplo: sentença de divórcio.

É possível que uma sentença encampe uma multiplicidade de efeitos. Poderá ter predominância em relação a um dos efeitos, mas imponha também outro.

- Sentenças mandamental e executiva *lato sensu* para aqueles que defendem a sua existência, tem-se que na primeira haverá a imposição de uma ordem, de um mandamento, a ser cumprido pelo próprio obrigado. Diferentemente, na executiva lato sensu, impõe-se uma ordem que será cumprida independentemente da vontade daquele que tem o dever de fazê-lo. Exemplo: mandado de reintegração de posse. A ordem será cumprida ainda que o ocupante não concorde ou não o permita.

Os pronunciamentos do juiz em que houve ou não a resolução do mérito já foram analisados anteriormente, quando do estudo dos pronunciamentos judiciais.

A sentença possui uma estrutura orgânica, devendo ser composta pelo relatório, pelos fundamentos e pelo dispositivo.

- Relatório: conterá os nomes das partes, a identificação do caso, com a suma do pedido e da contestação, e o registro das principais ocorrências havidas no andamento do processo;
- Fundamentação: por meio dos fundamentos o juiz analisará as questões de fato e de direito.

- Dispositivo: o juiz resolverá as questões principais que as partes lhe submeterem.

Em observância ao princípio da fundamentação analítica, não será considerada fundamentada qualquer decisão judicial, seja ela interlocutória, sentença ou acórdão, que: I – se limitar à indicação, à reprodução ou à paráfrase de ato normativo, sem explicar sua relação com a causa ou a questão decidida; II – empregar conceitos jurídicos indeterminados, sem explicar o motivo concreto de sua incidência no caso; III – invocar motivos que se prestariam a justificar qualquer outra decisão; IV – não enfrentar todos os argumentos deduzidos no processo capazes de, em tese, infirmar a conclusão adotada pelo julgador; V – se limitar a invocar precedente ou enunciado de súmula, sem identificar seus fundamentos determinantes nem demonstrar que o caso sob julgamento se ajusta àqueles fundamentos; VI – deixar de seguir enunciado de súmula, jurisprudência ou precedente invocado pela parte, sem demonstrar a existência de distinção no caso em julgamento ou a superação do entendimento.

Podem ser apontados os seguintes efeitos da sentença em que ocorra a análise de mérito:

i) colocar fim à fase cognitiva e na execução;

ii) a sentença que impuser obrigação se constituirá em título executivo judicial;

iii) a hipoteca judiciária, como previsto no art. 495: "a decisão que condenar o réu ao pagamento de prestação consistente em dinheiro e a que determinar a conversão de prestação de fazer, de não fazer ou de dar coisa em prestação pecuniária valerão como título constitutivo de hipoteca judiciária". Por isso, a decisão (pode ser sentença ou mesmo decisão interlocutória de mérito) produzirá hipoteca judiciária: a) ainda que a condenação seja genérica, exigindo futura liquidação; b) ainda que submetida a cumprimento provisório apenas; c) ainda que impugnada com recurso com efeito suspensivo.

A possibilidade de interposição de recurso com efeito suspensivo não retira a possibilidade da hipoteca judiciária.

A hipoteca judiciária, uma vez constituída, implicará, para o credor hipotecário, o direito de preferência, quanto ao pagamento, em relação a outros credores, observada a prioridade no registro. Responderá a parte de forma objetiva (sem necessidade de demonstração de dolo ou culpa) pelos prejuízos causados se acaso houver reforma ou invalidação da decisão que impôs o pagamento de quantia. Os danos serão apurados no próprio processo, onde também serão executados.

A hipoteca judiciária constitui efeito secundário da sentença.

Constitui a publicação o ato de tornar pública a sentença. Trata-se da entrega do pronunciamento ao escrivão. A partir de então, o magistrado somente poderá alterar a sentença para corrigir-lhe, de ofício ou a requerimento da parte, inexatidões materiais ou erros de cálculo ou por meio dos embargos de declaração.

Para a correção de inexatidões materiais ou erros de cálculo, como foi dito, a correção poderá se dar de ofício, a qualquer tempo.

Tem os embargos declaratórios natureza mista, na medida em que se constituem em recursos, mas também em meio de correção e integração da sentença.

Uma vez publicada a sentença (tornada pública), providenciará o escrivão (e os demais agentes – auxiliares da justiça) a intimação das partes, seguindo-se as regras gerais para tanto.

O juiz estará atrelado ao pedido apresentado pela parte, por força do princípio da inércia. Estará adstrito ao que foi requerido pelo demandante. A essa adstrição correspondente o princípio da congruência, da correlação ou da adstrição.

VÍCIOS DA INOBSERVÂNCIA DO PRINCÍPIO DA ADSTRIÇÃO NA SENTENÇA		
ULTRA PETITA	**EXTRA PETITA**	**CITRA PETITA**
Vai além do pedido. Exemplo: o autor pede a condenação do réu em R$ 100,00 e o juiz defere R$ 200,00.	O magistrado defere pedido diverso do que foi requerido.	A sentença não analisa todos os pedidos apresentados.

A obrigação somente será convertida em perdas e danos se o autor o requerer ou se impossível a tutela específica ou a obtenção de tutela pelo resultado prático equivalente.

Nas hipóteses de responsabilidade contratual previstas nos arts. 441, 618 e 757 da Lei nº 10.406, de 10 de janeiro de 2002 (Código Civil), e de responsabilidade subsidiária e solidária, se requerida a conversão da obrigação em perdas e danos, o juiz concederá, primeiramente, a faculdade para o cumprimento da tutela específica.

Coisa julgada

Quer seja por ter decorrido o prazo para interposição de recursos, quer seja porque houve o esgotamento das vias recursais possíveis, a sentença passa a conter uma qualidade especial, da *res judicata*, garantia constitucional (art. 5º, XXXVI, CF), que impede a discussão eterna da questão, propiciando segurança jurídica. É gerada, assim, a imutabilidade da sentença.

A coisa julgada, no entanto, não é uma garantia absoluta, devendo conviver com outras garantias e bens jurídicos de igual importância. Sendo assim, muito embora presente a coisa julgada, a lei permite, em casos excepcionais, a rescisão de tal qualidade, por meio da ação rescisória, apta a ser ajuizada nos casos mencionados no art. 966, do Código de Processo Civil.

O estudo do regime jurídico da coisa julgada compreende a análise de seus limites objetivos, limites subjetivos e também de seu modo de produção.

a) Limites objetivos: verifica-se o que é atingido pela coisa julgada material, se toda a sentença, ou se parte dela.

Como sabido, a sentença é constituída por três elementos essenciais: o relatório, a fundamentação e a parte dispositiva (dispositivo), mas somente a última é atingida pela coisa julgada, excluindo-se os motivos, ainda que importantes para determinar o alcance da parte dispositiva da sentença, assim como também a verdade dos fatos, estabelecida como fundamento da sentença.

A questão prejudicial, decidida incidentalmente no processo, também não fará coisa julgada material. Trata-se de antecedente lógico da sentença e, por isso, não abrangida pela coisa julgada, salvo em relação à hipótese analisada mais adiante.

b) Limites subjetivos: nesse ponto, verifica-se quem será atingido pela coisa julgada formada.

Em um primeiro momento, a coisa julgada estará adstrita às partes do processo e, por isso, é denominada de inter-partes.

Contudo, admitem-se exceções.

Na primeira, verifica-se a coisa julgada ultra partes, que vai além das partes do processo, para atingir também determinados terceiros. É o que ocorre nos casos de substituição processual, em que o substituído, apesar de não ter participado do processo, terá sua esfera jurídica atingida.

Outra exceção é a coisa julgada erga omnes, que atingirá a todos os jurisdicionados, sendo eles partes ou não. A ação de usucapião é um exemplo, assim como a procedência da ação civil pública para a tutela de interesses difusos.

c) Quanto ao modo de produção: de acordo com esse critério, a coisa julgada será pro et contra, *secundum eventum litis* e *secundum eventum probationis*.

Em regra, a coisa julgada forma-se independentemente do resultado do processo. Sendo o pedido procedente ou improcedente, havendo ou não o esgotamento das provas, haverá a coisa julgada.

Portanto, se o autor propuser a sua demanda e o magistrado julgá-la improcedente em decorrência da ausência de comprovação dos fatos apresentados na inicial, ainda assim, será formada a coisa julgada.

Nesse contexto, surgem as técnicas que se passa a expor.

Haverá a coisa julgada *secundum eventum litis* (segundo o resultado do processo), em casos específicos e previstos em lei. Assim, na procedência da ação civil pública em que se busca a tutela de interesses difusos, poderão as vítimas buscar, individualmente, a liquidação do julgado.

Já a coisa julgada *secundum eventum probationis* (segundo a prova produzida) existirá quando houver o esgotamento das provas. Assim, se a ação popular, por exemplo, for julgada improcedente, porém, sem o esgotamento das provas, admite-se a nova ação sobre a mesma matéria. Note-se que se trata de exceção à regra.

A coisa julgada abrangerá apenas a questão principal. Porém, de acordo com o CPC/2015, poderá abranger também a questão prejudicial, desde que seja decidida expressa e incidentalmente no processo, observando-se os incisos do § 1º do art. 503 (independentemente de ação declaratória incidental, abolida no CPC de 2015).

Liquidação de sentença

Os Pronunciamentos Ilíquidos que Reconhecem a Existência de Obrigação

O pronunciamento jurisdicional que reconhece a existência de obrigação e impõe o seu cumprimento, como regra, deverá indicar a sua extensão, o índice de correção monetária, a taxa de juros, o termo inicial de ambos e a periodicidade da capitalização dos juros, se for o caso.

A liquidação poderá ser iniciada apesar de estar pendente de julgamento o recurso interposto para impugnar o pronunciamento judicial, ainda que tenha efeito suspensivo.

Trata-se da liquidação provisória, que será processada em autos apartados, em que o credor busca adiantar-se. Poderia aguardar o julgamento do recurso, mas prefere já buscar delimitar o valor devido.

Não havendo modificação da decisão em execução, será iniciada a fase de cumprimento de sentença, bastando ao credor atualizar os cálculos. De outro lado, se houver modificação do pronunciamento, o valor da obrigação deverá ser ajustado ao novo desenho traçado com o julgamento do recurso.

Concomitantes liquidação e cumprimento de sentença em relação ao mesmo título

É possível que o mesmo título executivo judicial contenha uma parte líquida, permitindo-se o cumprimento de sentença imediato, e outra parte ilíquida, a exigir a devida apuração do valor. Nesse caso, poderá o credor, de imediato, iniciar a fase de cumprimento, em relação à primeira, e promover a liquidação no que tange à segunda.

Apuração do Valor Dependente de Cálculos Aritméticos

Não carecerá de liquidação o cumprimento de pronunciamento que reconheça obrigação, cujo montante poderá ser delimitado com a apresentação de cálculos aritméticos.

Tais cálculos deverão ser apresentados pelo credor ao requerer o início da fase de cumprimento de sentença, observando-se estritamente o que foi fixado no título judicial, sendo vedado discutir de novo a lide ou modificar a sentença que a julgou.

A propósito, o Superior Tribunal de Justiça admite a utilização da ação rescisória para rescindir a sentença que homologa a liquidação, se esta não respeitar a coisa julgada.[2]

Liquidação Incidental e Autônoma.

Inicialmente, deve ser lembrado que o Código de Processo Civil adota a ideia do processo sincrético.

Nesse contexto, insere-se a liquidação como integrante de tal processo, uma fase específica para a delimitação do valor da obrigação.

Existem outras situações em que a liquidação não ocorre como fase no processo sincrético. Em verdade, o processo se inicia com a própria liquidação (incisos VI a IX, do art. 515 do CPC/2015), quando o devedor será citado no juízo cível para o cumprimento da sentença ou para a liquidação no prazo de 15 dias.

E assim ocorre nas seguintes hipóteses: a) sentença penal condenatória transitada em julgado; b) sentença arbitral; c) sentença estrangeira homologada pelo Superior Tribunal de Justiça; e, d) decisão interlocutória estrangeira, após a concessão do exequatur à carta rogatória pelo STJ.

A sentença penal condenatória transitada em julgado configura-se como título executivo judicial apto à execução. Porém, em regra, a sentença circunscreve-se à condenação do réu pela prática criminosa, bem como na fixação da pena a ser cumprida.

É certo que Código de Processo Penal determina que o juiz fixe, sempre que possível, o valor da reparação devida em razão da prática delituosa. Contudo, tal valor configura-se em um mínimo, e nada impede que a parte busque, em processo autônomo, a complementação. Na maioria dos casos, simplesmente não há essa fixação de valor, porque o juiz, no processo penal, não possui elementos suficientes para a sua fixação.

Diante disso, compete à vítima ingressar no juízo cível e buscar executar o título executivo, passando, antes, pela liquidação da obrigação.

Dessa maneira, como a liquidação não se processará perante o juízo criminal, haverá necessidade da formação de nova relação processual, que tramitará no juízo cível competente para a execução.

Também enseja a liquidação autônoma a sentença arbitral, aquela decorrente da convenção de arbitragem, desde que, obviamente, não tenha sido fixado o objeto devido, o mesmo ocorrendo com os casos que exigem homologação pelo STJ.

2. REsp 1513261/RS, Rel. Ministro PAULO DE TARSO SANSEVERINO, TERCEIRA TURMA, julgado em 22/09/2015, DJe 28/09/2015.

Note-se que, neste caso, não houve anterior processo civil de conhecimento em trâmite no Poder Judiciário brasileiro, exigindo-se o início de uma ação para a apuração do valor, na qual, posteriormente, correrá o cumprimento de sentença.

Cumprimento das sentenças

A intimação do devedor se dará:

I – pelo Diário da Justiça, na pessoa de seu advogado constituído nos autos, salvo se o requerimento de início da fase de execução ocorrer após um ano do trânsito em julgado, quando a intimação será realizada na pessoa do devedor;

Como regra, o devedor será intimado na pessoa de seu advogado, que o representou na fase de conhecimento ou que ingressou nos autos posteriormente. Porém, se já transcorrido prazo de um ano do trânsito em julgado, a intimação será realizada diretamente na pessoa do devedor e não mais do advogado.

II – por carta com aviso de recebimento, quando representado pela Defensoria Pública ou quando não tiver procurador constituído nos autos, ressalvada a hipótese do inciso IV;

Se o devedor será intimado por meio de carta com aviso de recebimento e não na pessoa do Defensor Público.

III – por meio eletrônico, quando, no caso do § 1º do art. 246, não tiver procurador constituído nos autos;

IV – por edital, quando, citado na forma do art. 256, tiver sido revel na fase de conhecimento.

Tendo sido o réu revel na fase de conhecimento, o devedor será intimado por edital na fase de execução.

IMPORTANTE!

Em razão do constante no art. 513, § 2º, CPC, resta prejudicada a Súmula 410 do Superior Tribunal de Justiça, apesar de ainda não ter sido cancelada.

Com efeito, tendo advogado constituído nos autos, não haverá necessidade de intimação pessoal do executado.

IMPORTANTE!

Sendo o réu citado por edital e não tendo constituído advogado na fase de conhecimento, deverá haver intimação por edital do executado.

Se o devedor mudar de endereço sem prévia comunicação ao juízo, considera-se realizada a intimação.

De toda forma, se já transcorrido o prazo de um ano do trânsito em julgado da sentença, a intimação será feita na pessoa do devedor, por meio de carta com aviso de recebimento.

Como ficou, então?

a) o executado precisa ser intimado, na pessoa de seu advogado, havendo procurador constituído nos autos;

b) se antes citado por edital, não tendo procurador constituído nos autos (ainda que tenha curador especial), deverá ser intimado por edital;

c) ultrapassado o prazo de um ano do trânsito em julgado, a intimação deverá feita na pessoa do devedor, por meio de carga com aviso de recebimento.

Competência para a fase de cumprimento de sentença

O cumprimento da sentença efetuar-se-á perante:

I – os tribunais, nas causas de sua competência originária;

II – o juízo que decidiu a causa no primeiro grau de jurisdição;

III – o juízo cível competente, quando se tratar de sentença penal condenatória, de sentença arbitral, de sentença estrangeira ou de acórdão proferido pelo Tribunal Marítimo.

Nas hipóteses dos incisos II e III, o exequente poderá optar pelo juízo do atual domicílio do executado, pelo juízo do local onde se encontrem os bens sujeitos à execução ou pelo juízo do local onde deva ser executada a obrigação de fazer ou de não fazer, casos em que a remessa dos autos do processo será solicitada ao juízo de origem.

Em razão da nova natureza do protesto de títulos, não só possível para a comprovação da mora, mas também como meio extrajudicial apto a compelir o devedor a cumprir a obrigação, veio o art. 517 do CPC permitir que a decisão transitada em julgado poderá ser levada a protesto, nos termos da lei, depois de transcorrido o prazo para pagamento voluntário da obrigação.

Todas as questões relativas à validade do procedimento de cumprimento da sentença e dos atos executivos subsequentes poderão ser arguidas pelo executado nos próprios autos e nestes serão decididas pelo juiz.

As questões relativas a fato superveniente ao término do prazo para apresentação da impugnação, assim como aquelas relativas à validade e à adequação da penhora, da avaliação e dos atos executivos subsequentes, podem ser arguidas por simples petição, tendo o executado, em qualquer dos casos, o prazo de 15 (quinze) dias para formular esta arguição, contado da comprovada ciência do fato ou da intimação do ato.

O cumprimento da sentença que reconhece a exigibilidade de obrigação de pagar quantia certa poderá ser provisório ou definitivo, atentando-se ao seguinte esquema:

Cumprimento provisório: se não ocorreu o trânsito em julgado da sentença e pende de julgamento recurso que possui apenas efeito devolutivo.

Cumprimento definitivo: se a sentença já transitou em julgado.

O cumprimento de sentença provisório será realizado da mesma forma que o cumprimento definitivo, sujeitando-se ao seguinte regime:

I – corre por iniciativa e responsabilidade do exequente (responsabilidade objetiva);

II – fica sem efeito, sobrevindo decisão que modifique ou anule a sentença objeto da execução, restituindo-se as partes ao estado anterior e liquidando-se eventuais prejuízos nos mesmos autos;

III – se a sentença objeto de cumprimento provisório for modificada ou anulada apenas em parte, somente nesta ficará sem efeito a execução; IV – o levantamento de depósito em dinheiro e a prática de atos que importem transferência de posse ou alienação de propriedade ou de outro direito real, ou dos quais possa resultar grave dano ao executado, dependem de caução suficiente e idônea, arbitrada de plano pelo juiz e prestada nos próprios autos. Esta caução, contudo, poderá ser dispensada nos casos em que: i) o crédito for de natureza alimentar, independentemente de sua origem; ii) o credor demonstrar situação de necessidade; iii) pender o agravo de despacho denegatório de recurso extraordinário ou de recurso especial; iv) a sentença a ser provisoriamente cumprida estiver em consonância com súmula da jurisprudência do STF ou do STJ ou em conformidade com acórdão proferido no julgamento de casos repetitivos.

Ainda que ocorra uma das situações em que a caução está dispensada, a garantia será mantida se por conta da dispensa possa resultar manifesto risco de grave dano de difícil ou incerta reparação.

Deverá o credor requerer o cumprimento de sentença por meio de petição dirigida ao juízo competente, instruindo-se a petição com as seguintes peças do processo, cuja autenticidade poderá ser certificada pelo próprio advogado, sob pena de sua responsabilidade pessoal: I – decisão exequenda; II – certidão de interposição do recurso não dotado de efeito suspensivo; III – procurações outorgadas pelas partes; IV – decisão de habilitação, se for o caso; V – facultativamente, outras peças processuais consideradas necessárias para demonstrar a existência do crédito.

10. PROCEDIMENTOS ESPECIAIS DE JURISDIÇÃO CONTENCIOSA E VOLUNTÁRIA

Consignação de Pagamento

Finalidade:
Tem a ação de consignação em pagamento a finalidade de proporcionar ao devedor ou a terceiro liberar-se de determinada obrigação de pagar ou de entregar coisa. Para tanto, deverá depositar o respectivo valor ou coisa e pleitear que seja proferida sentença de natureza declaratória, pela qual o juiz declara extinta a obrigação.

Efeito interruptivo da prescrição:
O ajuizamento da ação consignatória importará na interrupção da prescrição da respectiva ação de cobrança, pois acarreta no reconhecimento inequívoco, por parte do devedor, do direito do credor em relação às prestações consignadas.

Consignação extrajudicial:

Permite o CPC de 2015 que, tratando-se de obrigação em dinheiro, poderá o valor ser depositado em estabelecimento bancário, oficial onde houver, situado no lugar do pagamento, cientificando-se o credor por carta com aviso de recebimento, assinado o prazo de dez dias para a manifestação de recusa.

Atenção!

A consignação extrajudicial somente tem cabimento para depósito de dinheiro e não é obrigatória.

Procedimento da Consignação Extrajudicial:

Notificado o credor, aguarda-se pelo prazo de dez dias, contado do retorno do aviso de recebimento. Decorrido o prazo, sem manifestação de recusa, estará o devedor liberado da obrigação, permanecendo o valor à disposição do credor. De outro lado, havendo manifestação de recusa, que deverá ser por escrito, poderá ser proposta ação de consignação, no prazo de um mês, instruindo-se a inicial com a prova do depósito e da recusa.

Ajuizada a ação, deverá o autor comprovar o ajuizamento à instituição financeira, para que a correção monetária tenha índice diverso. Com efeito, os depósitos extrajudiciais são atualizados pela TR, ao passo que os judiciais seguem as regras da caderneta de poupança (art. 6º, parágrafo único, da Resolução n. 2.814 do Bacen). Se não ajuizada a ação no prazo de um mês, ficará sem efeito o depósito, podendo levantar o valor o depositante.

Embora a Lei de Locações não faça qualquer previsão a respeito da consignação extrajudicial, prevaleceu a tese segundo a qual poderá ser buscada a liberação do cumprimento da obrigação por esse meio.[3]

Procedimento da ação consignatória:

A ação consignatória deverá ser ajuizada no lugar do pagamento, consoante preveem os artigos 540 CPC/2015 e art. 337 do Código Civil. Tratando-se, de outro lado, de consignação de alugueres, será competente o foro da situação da coisa.

Informativo n. 543 do STJ: competirá ao foro do local em que situado o imóvel o julgamento de ação consignatória e de ação de rescisão de contrato cumulada com retificação de escritura pública, reunidas para julgamento conjunto por conexão.

Sentença na ação consignatória:

Dessa forma, a sentença: i) ou reconhecerá que o depósito inicial é suficiente, liberando-se o devedor (sentença declaratória), condenando-se o réu ao pagamento de custas e honorários advocatícios; ii) ou reconhecerá que o depósito não é integral e condenará o autor ao pagamento do valor restante, formando-se título executivo judicial, com possibilidade de exigir-se o cumprimento da obrigação nos próprios autos (cumprimento de sentença).

Consignatória: ação de natureza dúplice.

Consoante o § 2º do art. 545 do CPC, a consignatória é ação de natureza dúplice. Portanto, tendo sido apurada a diferença entre o valor efetivamente devido e o consignado, o juízo proferirá sentença condenatória, cujo cumprimento poderá ser exigido nos próprios autos. Assim, tal condenação independerá de reconvenção. No entanto, será possível a reconvenção para que se determine o despejo. Por isso, poderá o réu, na sua própria contestação, como determina o CPC, além de alegar as matérias de defesa, pugnar também pelo decreto de despejo do autor.

Consignatória: dúvida quanto ao titular do crédito.

Como regra, o autor formula o seu pedido e espera que o mesmo seja acolhido para acertamento da situação subjetiva ligada a um réu específico. Porém, existem situações em que o autor pode apresentar o pedido e deixar que o juiz escolha em face de qual dos litisconsortes passivos ele será acolhido.

A consignatória, nesse passo, poderá ser ajuizada em face de possíveis titulares do crédito, pois há dúvida de quem tem legitimidade para receber o pagamento.

Em tal caso, se, uma vez citados, não comparecer pretendente algum, converter-se-á o depósito em arrecadação de coisas vagas. De outro lado, comparecendo apenas um, o juiz decidirá de plano. E, por fim, comparecendo mais de um, o magistrado poderá declarar efetuado o depósito e extinta a obrigação, continuando o processo a correr unicamente entre os presuntivos credores, segundo o procedimento comum.

Atenção para a alteração jurisprudencial

Tema Repetitivo 967 – STJ.

Em ação consignatória, a insuficiência do depósito realizado pelo devedor conduz ao julgamento de improcedência do pedido, pois o pagamento parcial da dívida não extingue o vínculo obrigacional.

Ação de Exigir Contas

O autor, em sua petição inicial, deverá especificar as razões pelas quais exige as contas, instruindo-a com documentos comprobatórios dessa necessidade.

O réu será citado e, no prazo de quinze dias, poderá prestar as contas ou contestar o pedido. O exercício de uma das opções, automaticamente, exclui a outra, por conta da preclusão lógica.

Prestadas as contas, o autor terá quinze dias para se manifestar, competindo-lhe, se o caso, impugná-las de forma precisa, seguindo-se a produção das provas.

Poderá o réu, no entanto, contestar o dever de prestar as contas, o que será objeto de análise pelo magistrado.

Ações Possessórias

Em relação às ações possessórias, o CPC prevê a aplicabilidade do princípio da fungibilidade, de modo que a propositura de uma ação possessória em vez de outra não obsta a que o juiz defira a proteção necessária.

Dessa maneira, se ajuizada ação com pedido de interdito proibitório, porém, já verificado que houve o esbulho, deverá ser deferida a medida que conferir a tutela necessária – reintegração de posse.

3. LOCAÇÃO. ALUGUÉIS. CONSIGNAÇÃO EXTRAJUDICIAL. CREDOR. NOTIFICAÇÃO. PESSOAL. I- O depósito extrajudicial dos aluguéis tem o efeito de desonerar o locatário da obrigação. II - É necessário que o locatário comprove o efetivo conhecimento do depósito pelo locador, o que se perfaz com a notificação pessoal deste. Interpretação sistemática do §1º do art. 890 com o art. 223, parágrafo único do CPC. Recurso especial desprovido. (REsp 618.295/DF, Rel. Ministro FELIX FISCHER, QUINTA TURMA, julgado em 06/06/2006, DJ 01/08/2006, p. 514).

A depender da proteção necessária, admite-se três tipos diferentes de ações possessórias: i) o interdito proibitório – que tem finalidade preventiva, em razão ser iminente a invasão; ii) a reintegração de posse – que pressupõe a perda total da posse (esbulho); iii) a manutenção de posse – que pressupõe a inexistência de privação integral.

Inventário e partilha

Como consequência do princípio da *saisine*, com a morte, os bens do falecido serão imediatamente transmitidos aos sucessores, o que ocorre de forma universal, sem que haja devida divisão entre os herdeiros.

E para que haja a devida divisão entre os herdeiros será possível que estes, sendo todos capazes, havendo concordância com os termos da partilha, assistidos por advogado ou defensor público e não sendo caso de cumprimento de testamento, poderão valer-se de escritura pública de inventário, ou, então podem ajuizar a respectiva ação de inventário.

Arrolamento litigioso ou inventário e partilha: se houver divergência entre os sucessores em relação ao inventário e a partilha.

Arrolamento sumário: procedimento de jurisdição voluntária, sendo todos os herdeiros capazes e havendo concordância quanto à partilha.

A homologação da partilha no procedimento sumário não pressupõe o atendimento das obrigações tributárias principais e tampouco acessórias relativas ao imposto sobre transmissão *causa mortis* (REsp 1.751.332-DF).

Arrolamento comum: se o total da herança for igual ou inferior a mil salários mínimos, ainda que haja discordância e também interesses de incapazes.

Embargos de terceiro

Os embargos de terceiro constituem-se em procedimento de jurisdição contenciosa por meio do qual se busca desfazer a constrição judicial que se entende indevida, já realizada ou na iminência de ser.[4]

ATENÇÃO!

Em relação ao prazo para o ajuizamento dos embargos, há de se observar duas regras:

a) Regra geral: antes do trânsito em julgado se a constrição ocorrer na fase de conhecimento, ou em cinco dias contados da adjudicação, da arrematação ou da alienação.

b) Regra especial: se os embargos se justificarem na declaração de ineficácia proferida em razão de reconhecida fraude à execução, o prazo será de quinze dias, a partir de sua intimação.

4. Cassio Scarpinella Bueno aduz que os embargos de terceiro poderiam ser disciplinados juntamente com as demais modalidades de intervenção de terceiros, justamente pela posição de seu autor. *Manual de Direito Processual Civil.* 2ª. ed. São Paulo: Saraiva, 2016, p. 497.

Habilitação

Havendo o falecimento de qualquer das partes, o juiz suspenderá o processo, a fim de que os interessados possam sucedê-lo no processo.

Terá a habilitação a natureza de procedimento especial, embora existam dois procedimentos distintos para o seu processamento.

A regra da habilitação no CPC/2015 é a de que o seu processamento ocorrerá nos próprios autos principais. E assim será sempre requerida. Porém, verificando-se a necessidade de dilação probatória diversa da documental, determinará que o pedido seja autuado em apartado e disporá sobre a instrução.

ATENÇÃO!

Regra da habilitação: processamento nos próprios autos principais.

Exceção: será autuada em apartado, se houver necessidade de dilação probatória diversa da documental.

Ação monitória

Por meio de tal ação, aquele que se afirmar, com base em prova escrita sem eficácia de título executivo, ter direito de exigir do devedor capaz: i) o pagamento de quantia em dinheiro; ii) a entrega de coisa fungível ou infungível ou de bem móvel ou imóvel; iii) o adimplemento de obrigação de fazer ou de não fazer.

Foi equiparada à prova escrita sem eficácia de título executivo a prova escrita documentada em ação de produção antecipada de prova.

Restauração de Autos

Os autos constituem-se no **registro**, para fins de consulta, **dos vários atos praticados no processo**. Este registro pode ser feito por meio físico, em papel, ou por meio eletrônico, nos termos das diretrizes lançadas pela Lei n. 11.419/2006, bem como pelo que é determinado pelo Código de Processo Civil.

Há interesse público na integridade dos autos e a sua guarda e responsabilidade compete ao escrivão ou chefe de secretaria (art. 152, IV CPC) que, em relação aos autos físicos, não permitirá que saiam do cartório, salvo: a) quando tenham de seguir à conclusão do juiz; b) com vista a procurador, à Defensoria Pública, ao Ministério Público ou à Fazenda Pública; c) quando devam ser remetidos ao contabilista ou ao partidor; e, d) quando forem remetidos a outro juízo em razão da modificação da competência.

Procedimentos de Jurisdição Voluntária

Natureza Jurídica

A jurisdição voluntária consiste na administração pública de negócios privados. Em razão da importância destes, há necessidade da chancela judicial, do controle pelo juiz, tal como ocorre, por exemplo, com a alienação de bem pertencente a incapazes.

Ações processadas de acordo com as regras do Procedimento de Jurisdição Voluntária

O art. 725 do CPC elenca, exemplificativamente, os procedimentos que se processão pelo procedimento de jurisdição voluntária. São eles:

Emancipação: se o adolescente estiver sob tutela ou houver divergência entre os seus genitores, a emancipação deverá ser requerida por meio judicial.

Sub-rogação: considerando-se a existência de cláusula de inalienabilidade e a necessidade de liberação de um bem para que tal ônus passa a incidir sobre outro, deverá ser requerida a sub-rogação.

Alienação, arrendamento ou oneração de bens de crianças ou adolescentes, de órgãos e de interditos: a venda de bens de incapazes, ou de interditados, somente produzirá efeitos se requerida no âmbito judicial;

Alienação de quinhão de coisa comum: embora esteja elencada entre as hipóteses de jurisdição voluntária, na verdade seria de jurisdição contenciosa, à vista da discordância existente;

Extinção do usufruto, quando não decorrer da morte do usufrutuário, do termo de sua duração ou da consolidação, e de fideicomisso, quando decorrer de renúncia ou quando ocorrer antes do evento que caracterizar a condição resolutória: havendo a necessidade de extinção do usufruto ou do fideicomisso, deverá a parte indicar ao juiz os motivos para tanto, que serão avaliados;

Expedição de alvará judicial: o alvará judicial consistirá na autorização judicial para a prática de um ato, como, por exemplo, para que o interessado, que não o proprietário, possa promover a regularização de um imóvel junto ao cadastro do Município;

Homologação de autocomposição extrajudicial, de qualquer natureza ou valor: consiste na chancela judicial à composição levada a cabo pelas partes.

Notificação, Interpelação e do Protesto

A notificação e a interpelação são procedimentos que têm como finalidade precípua a documentação. O juízo não analisará o mérito e nem proferirá pronunciamento que o finalize. Poderá ser utilizada, por exemplo, para a interrupção da prescrição.

Por isso, quem tiver interesse em manifestar formalmente sua vontade a outra pessoa poderá notificar pessoas participantes da mesma relação jurídica para dar-lhes ciência de seu propósito.

Admite-se, também, que o interessado interpele o requerido, para que faça ou deixe de fazer alguma coisa.

Deferida a realização da notificação ou interpelação, os autos serão entregues ao requerente.

Alienação Judicial

Nos casos expressos em lei, não havendo acordo entre os interessados sobre o modo como se deve realizar a alienação do bem, o juiz, de ofício ou a requerimento dos interessados ou do depositário, mandará aliená-lo em leilão.

Separação, divórcio e alteração de regime de bens

A homologação do divórcio ou da separação consensuais, observados os requisitos legais, poderá ser requerida em petição assinada por ambos os cônjuges, da qual constarão: I – as disposições relativas à descrição e à partilha dos bens comuns; II – as disposições relativas à pensão alimentícia entre os cônjuges; III – o acordo relativo à guarda dos filhos incapazes e ao regime de visitas; e IV – o valor da contribuição para criar e educar os filhos.

Se os cônjuges não acordarem sobre a partilha dos bens, far-se-á esta depois de homologado o divórcio.

Estas regras aplicam-se, no que couber, ao processo de homologação da extinção consensual de união estável.

O divórcio consensual, a separação consensual e a extinção consensual de união estável, não havendo nascituro ou filhos incapazes e observados os requisitos legais, poderão ser realizados por escritura pública.

O tabelião somente lavrará a escritura se os interessados estiverem assistidos por advogado ou por defensor público, cuja qualificação e assinatura constarão do ato notarial.

A alteração do regime de bens do casamento, observados os requisitos legais, poderá ser requerida, motivadamente, em petição assinada por ambos os cônjuges, na qual serão expostas as razões que justificam a alteração, ressalvados os direitos de terceiros.

Ao receber a petição inicial, o juiz determinará a intimação do Ministério Público e a publicação de edital que divulgue a pretendida alteração de bens, somente podendo decidir depois de decorrido o prazo de 30 (trinta) dias da publicação do edital.

Os cônjuges, na petição inicial ou em petição avulsa, podem propor ao juiz meio alternativo de divulgação da alteração do regime de bens, a fim de resguardar direitos de terceiros.

Após o trânsito em julgado da sentença, serão expedidos mandados de averbação aos cartórios de registro civil e de imóveis e, caso qualquer dos cônjuges seja empresário, ao Registro Público de Empresas Mercantis e Atividades Afins.

Testamentos e dos codicilos

Recebendo testamento cerrado, o juiz, se não achar vício externo que o torne suspeito de nulidade ou falsidade, o abrirá e mandará que o escrivão o leia em presença do apresentante.

Do termo de abertura constarão o nome do apresentante e como ele obteve o testamento, a data e o lugar do falecimento do testador, com as respectivas provas, e qualquer circunstância digna de nota.

Depois de ouvido o Ministério Público, não havendo dúvidas a serem esclarecidas, o juiz mandará registrar, arquivar e cumprir o testamento.

Feito o registro, será intimado o testamenteiro para assinar o termo da testamentária.

Se não houver testamenteiro nomeado ou se ele estiver ausente ou não aceitar o encargo, o juiz nomeará testamenteiro dativo, observando-se a preferência legal.

O testamenteiro deverá cumprir as disposições testamentárias e prestar contas em juízo do que recebeu e despendeu.

Qualquer interessado, exibindo o traslado ou a certidão de testamento público, poderá requerer ao juiz que ordene o seu cumprimento.

Herança jacente

Nos casos em que a lei considere jacente a herança, o juiz em cuja comarca tiver domicílio o falecido procederá imediatamente à arrecadação dos respectivos bens.

A herança jacente ficará sob a guarda, a conservação e a administração de um curador até a respectiva entrega ao sucessor legalmente habilitado ou até a declaração de vacância.

Terminada a arrecadação, o juiz mandará expedir edital, que será publicado na rede mundial de computadores, no sítio do tribunal a que estiver vinculado o juízo e na plataforma de editais do Conselho Nacional de Justiça, onde permanecerá por 3 (três) meses, ou, não havendo sítio, no órgão oficial e na imprensa da comarca, por 3 (três) vezes com intervalos de 1 (um) mês, para que os sucessores do falecido venham a habilitar-se no prazo de 6 (seis) meses contado da primeira publicação.

Verificada a existência de sucessor ou de testamenteiro em lugar certo, far-se-á a sua citação, sem prejuízo do edital.

Quando o falecido for estrangeiro, será também comunicado o fato à autoridade consular.

Julgada a habilitação do herdeiro, reconhecida a qualidade do testamenteiro ou provada a identidade do cônjuge ou companheiro, a arrecadação converter-se-á em inventário.

Os credores da herança poderão habilitar-se como nos inventários ou propor a ação de cobrança.

Passado 1 (um) ano da primeira publicação do edital e não havendo herdeiro habilitado nem habilitação pendente, será a herança declarada vacante. Pendendo habilitação, a vacância será declarada pela mesma sentença que a julgar improcedente, aguardando-se, no caso de serem diversas as habilitações, o julgamento da última.

Transitada em julgado a sentença que declarou a vacância, o cônjuge, o companheiro, os herdeiros e os credores só poderão reclamar o seu direito por ação direta.

Bens dos ausentes

Declarada a ausência nos casos previstos em lei, o juiz mandará arrecadar os bens do ausente e nomear-lhes-á curador.

Feita a arrecadação, o juiz mandará publicar editais na rede mundial de computadores, no sítio do tribunal a que estiver vinculado e na plataforma de editais do Conselho Nacional de Justiça, onde permanecerá por 1 (um) ano, ou, não havendo sítio, no órgão oficial e na imprensa da comarca, durante 1 (um) ano, reproduzida de 2 (dois) em 2 (dois) meses, anunciando a arrecadação e chamando o ausente a entrar na posse de seus bens. Findo o prazo previsto no edital, poderão os interessados requerer a abertura da sucessão provisória, observando-se o disposto em lei.

Das coisas vagas

Recebendo do descobridor coisa alheia perdida, o juiz mandará lavrar o respectivo auto, do qual constará a descrição do bem e as declarações do descobridor.

Recebida a coisa por autoridade policial, esta a remeterá em seguida ao juízo competente.

Depositada a coisa, o juiz mandará publicar edital na rede mundial de computadores, no sítio do tribunal a que estiver vinculado e na plataforma de editais do Conselho Nacional de Justiça ou, não havendo sítio, no órgão oficial e na imprensa da comarca, para que o dono ou o legítimo possuidor a reclame, salvo se se tratar de coisa de pequeno valor e não for possível a publicação no sítio do tribunal, caso em que o edital será apenas afixado no átrio do edifício do fórum.

Da interdição

O estudo da **curatela** deverá compreender uma análise conjuntado Código Civil, Código de Processo Civil e também do Estatuto das Pessoas com Deficiência.

Note-se que, pelo Estatuto das Pessoas com Deficiência, a pessoa com deficiência não é mais considerada um incapaz.

Estão sujeitos à **curatela** aqueles que, por causa transitória ou permanente, não puderem exprimir a sua vontade, os ébrios habituais e os viciados em tóxico, bem como os pródigos.

Reconhece-se que a curatela se constitui em medida protetiva excepcional, proporcional às necessidades e às circunstâncias de cada caso, devendo durar o menor tempo possível.

De acordo com o novo regramento, a curatela afetará tão somente os atos relacionados aos direitos de natureza patrimonial e negocial, não alcançando o direito ao próprio corpo, à sexualidade, ao matrimônio, à privacidade, à educação, à saúde, ao trabalho e ao voto.

Na nomeação de curador para a pessoa com deficiência, o juiz poderá estabelecer curatela compartilhada a mais de uma pessoa.

Admite-se, como medida preferencial à curatela, o processo de tomada de decisão apoiada.

Para formular pedido de tomada de decisão apoiada, a pessoa com deficiência e os apoiadores devem apresentar termo em que constem os limites do apoio a ser oferecido e os compromissos dos apoiadores, inclusive o prazo de vigência do acordo e o respeito à vontade, aos direitos e aos interesses da pessoa que devem apoiar.

O pedido de tomada de decisão apoiada será requerido pela pessoa a ser apoiada, com indicação expressa das pessoas aptas a prestarem o apoio previsto no caput deste artigo.

Antes de se pronunciar sobre o pedido de tomada de decisão apoiada, o juiz, assistido por equipe multidisciplinar, após oitiva do Ministério Público, ouvirá pessoalmente o requerente e as pessoas que lhe prestarão apoio.

A decisão tomada por pessoa apoiada terá validade e efeitos sobre terceiros, sem restrições, desde que esteja inserida nos limites do apoio acordado

Terceiro com quem a pessoa apoiada mantenha relação negocial pode solicitar que os apoiadores contra-assinem o contrato ou acordo, especificando, por escrito, sua função em relação ao apoiado.

Em caso de negócio jurídico que possa trazer risco ou prejuízo relevante, havendo divergência de opiniões entre a pessoa apoiada e um dos apoiadores, deverá o juiz, ouvido o Ministério Público, decidir sobre a questão.

A esterilização cirúrgica em pessoas absolutamente incapazes somente poderá ocorrer mediante autorização judicial (art. 10, §6º, Lei nº 9.263/1996).

A interdição pode ser promovida: I - pelo cônjuge ou companheiro; II - pelos parentes ou tutores; III - pelo representante da entidade em que se encontra abrigado o interditando; IV - pelo Ministério Público.

A legitimidade deverá ser comprovada por documentação que acompanhe a petição inicial.

Disposições comuns à Tutela e à Curatela

O tutor ou o curador será intimado a prestar compromisso no prazo de 5 (cinco) dias contado da: I - nomeação feita em conformidade com a lei; II - intimação do despacho que mandar cumprir o testamento ou o instrumento público que o houver instituído.

O tutor ou o curador poderá eximir-se do encargo apresentando escusa ao juiz no prazo de 5 (cinco) dias contado: I - antes de aceitar o encargo, da intimação para prestar compromisso; II - depois de entrar em exercício, do dia em que sobrevier o motivo da escusa.

Incumbe ao Ministério Público ou a quem tenha legítimo interesse requerer, nos casos previstos em lei, a remoção do tutor ou do curador.

O tutor ou o curador será citado para contestar a arguição no prazo de 5 (cinco) dias, findo o qual observar-se-á o procedimento comum. Em caso de extrema gravidade, o juiz poderá suspender o tutor ou o curador do exercício de suas funções, nomeando substituto interino.

11. PROCESSO DE EXECUÇÃO

O **processo de execução autônomo** é objeto do Livro II, da Parte Especial, do Novo Código de Processo Civil. As suas disposições serão aplicadas, **no que couber**, aos procedimentos especiais de execução (execução fiscal, por exemplo), aos atos executivos realizados no procedimento de cumprimento de sentença, bem como aos efeitos de atos ou fatos processuais a que a lei atribuir força executiva.

> **ATENÇÃO!**
>
> Na fase de cumprimento de sentença será possível a prática de atos executivos (penhora), bem como de atos expropriatórios (como a adjudicação, por exemplo), aos quais serão aplicadas as disposições, no que couber, do processo de execução.

Para que se admita a execução fundada em título executivo extrajudicial, a **obrigação** deve estar fundada em título líquido, certo e exigível.

Liquidez: tem-se a obrigação líquida se especificado o *quantum*, o valor do débito em execução.

Certeza: a obrigação deve ser certa quanto à sua existência.

Exigível: a obrigação deve estar apta a ser exigida.

A execução será suspensa:

i) nas hipóteses gerais de suspensão do processo;

ii) no todo ou em parte, quando recebidos com efeito suspensivo os embargos à execução;

III - quando o executado não possuir bens penhoráveis, pelo prazo de um ano, durante o qual se suspenderá a prescrição. Ultrapassado esse prazo, inicia-se a prescrição intercorrente.

IV - se a alienação dos bens penhorados não se realizar por falta de licitantes e o exequente, em 15 (quinze) dias, não requerer a adjudicação nem indicar outros bens penhoráveis;

V - quando concedido o parcelamento judicial.

Uma vez suspensa a execução, não serão praticados atos processuais, podendo o juiz, entretanto, salvo no caso de arguição de impedimento ou de suspeição, ordenar providências urgentes.

A execução será extinta:

I - a petição inicial for indeferida;

II - a obrigação for satisfeita;

III - o executado obtiver, por qualquer outro meio, a extinção total da dívida;

IV - o exequente renunciar ao crédito;

V - **ocorrer a prescrição intercorrente.**

Sobre a prescrição intercorrente nos processos anteriores ao atual CPC, quando do julgamento do **IAC no REsp 1.604.412**, foram fixadas as seguintes **teses**:

1.1 Incide a prescrição intercorrente, quando o exequente permanece inerte por prazo superior ao de prescrição do direito material vindicado, conforme interpretação extraída do art. 202, parágrafo único, do Código Civil de 2002.

1.2 O termo inicial do prazo prescricional, na vigência do CPC/1973, conta-se do fim do prazo judicial de suspensão do processo ou, inexistindo prazo fixado, do transcurso de um ano (aplicação analógica do art. 40, § 2º, da Lei 6.830/80).

1.3 O termo inicial do art. 1.056 do CPC/2015 tem incidência apenas nas hipóteses em que o processo se encontrava suspenso na data da entrada em vigor da novel lei processual, uma vez que não se pode extrair interpretação que viabilize o reinício ou a reabertura de prazo prescricional ocorridos na vigência do revogado CPC/1973 (aplicação irretroativa da norma processual).

1.4. O contraditório é princípio que deve ser respeitado em todas as manifestações do Poder Judiciário, que deve zelar pela sua observância, inclusive nas hipóteses de declaração de ofício da prescrição intercorrente, devendo o credor ser previamente intimado para opor algum fato impeditivo à incidência da prescrição.

Fraude à execução

ATENÇÃO!

Na fraude à execução, diferentemente do que ocorre na fraude contra credores, o ato negocial praticado pelo devedor **não é nulo.** É válido. **Porém, será considerado ineficaz em relação ao credor.** Considera-se como se não praticado.

A ocorrência da fraude à execução e a declaração de ineficácia do negócio jurídico celebrado pelo responsável patrimonial poderá se consumar por meio de decisão interlocutória proferida no próprio processo em que apurada, independentemente da instauração de nova relação processual.

Para que haja o reconhecimento da ocorrência de ato em fraude à execução, será necessário que o juízo, em cognição sumária, verifique estarem presentes os seguintes requisitos: a) realização do negócio jurídico após a instauração da relação processual; b) inexistência de outros bens suficientes; c) prévia manifestação do terceiro adquirente do bem.

ATENÇÃO!

O § 4º do art. 792 do CPC inseriu interessante novidade no procedimento de declaração da fraude à execução, ao determinar a prévia manifestação do terceiro adquirente do bem.

O artigo 792 do CPC elenca as hipóteses em que a alienação ou a oneração é considerada fraude à execução. São elas:

I – quando sobre o bem pender ação fundada em direito real ou com pretensão reipersecutória, desde que a pendência do processo tenha sido averbada no respectivo registro público, se houver;

II – quando tiver sido averbada, no registro do bem, a pendência do processo de execução, na forma do art. 828;

III – quando tiver sido averbado, no registro do bem, hipoteca judiciária ou outro ato de constrição judicial originário do processo onde foi arguida a fraude;

IV – quando, ao tempo da alienação ou da oneração, tramitava contra o devedor ação capaz de reduzi-lo à insolvência;

V – nos demais casos expressos em lei

Execução por quantia certa

Na execução de obrigação de pagar quantia certa: o juiz despachará a inicial, fixando os honorários advocatícios em 10%, a serem pagos pelo executado. Este será citado para que dê integral cumprimento ao pagamento no prazo de três dias. Se o fizer, a verba honorária será reduzida de metade.

A penhora é o ato executivo destinado à apreensão de bens do devedor, vinculando-os à execução. Com a penhora, o credor também passa a ter preferência em relação a outros credores, da mesma categoria, que futuramente penhorem o mesmo bem. Trata-se do direito de prelação ou de preferência.

No prazo de embargos, poderá o devedor reconhecer o crédito do exequente e comprovando o depósito de 30% do valor em execução, acrescido de custas e de honorários do advogado, requerer que lhe seja permitido pagar o restante em até seis parcelas mensais, acrescidas de correção monetária e de juros de um por cento ao mês.

Os embargos à execução não terão efeito suspensivo. Poderá o juiz concedê-lo, no entanto, a requerimento do embargante, quando verificados os requisitos para a concessão da tutela provisória e desde que a execução já esteja garantida por penhora, depósito ou caução suficientes.

A expropriação consistirá em: i) adjudicação; ii) alienação; iii) apropriação de frutos e rendimentos de empresa ou de estabelecimentos e de outros bens.

Não obstante seja considerada perfeita, acabada e irretratável com a assinatura do auto de arrematação, poderão ser alegadas, no prazo de dez dias, as situações indicadas no art. 903, § 1º do CPC. Nesse passo, a arrematação poderá ser invalidada, considerada ineficaz ou resolvida, conforme explicado no seguinte quadro:

Invalidação	Se realizada por preço vil ou com outro vício.
Ineficácia em relação a determinadas pessoas.	Alienação sem a intimação prévia: i) dos respectivos credores pignoratício, hipotecário e anticrético; ii) do promitente comprador ou do cessionário de bem objeto de promessa de compra e venda ou de cessão registrada; iii) concedente ou concessionário de direito de superfície; iv) enfiteuta ou concessionário na alienação de imóvel sobre o qual tenha sido instituída a enfiteuse, concessão de uso especial para fins de moradia ou concessão de direito real de uso; do proprietário do imóvel no caso de alienação de direitos do enfiteuta, do concessionário de direito real de uso ou do concessionário de uso especial para fins de moradia; titular do direito de usufruto, uso ou habitação.

Invalidação	**Se realizada por preço vil ou com outro vício.**
Resolvida	Se não for pago o preço ou não for prestada a caução.

Execução de alimentos

No cumprimento da sentença que condene ao pagamento de prestação alimentícia ou de decisão interlocutória que fixe alimentos, o juiz, a requerimento do exequente, mandará intimar o executado pessoalmente para, em três dias, pagar o débito, provar que o fez ou justificar a impossibilidade de efetuá-lo.

Se o executado não pagar ou se a justificativa apresentada não for aceita, o juiz, além de mandar protestar o pronunciamento judicial, decretar a prisão pelo prazo de um a três meses. A prisão será cumprida em regime fechado, devendo o preso ficar separado dos presos comuns.

O débito alimentar que autoriza a prisão civil do alimentante é o que compreende até as três prestações anteriores ao ajuizamento da execução e as que se vencerem no curso do processo.

Na execução fundada em título executivo extrajudicial que contenha obrigação alimentar, o juiz mandará citar o executado para, em três dias, efetuar o pagamento das parcelas anteriores ao início da execução e das que se vencerem no seu curso, provar que o fez ou justificar a impossibilidade de fazê-lo.

Na execução de obrigação alimentar fundada em título executivo extrajudicial, como uma escritura pública, por exemplo, ou uma transação referendada por Advogados, o credor indicará se pretende que seja realizada a penhora de bens, para futura expropriação, ou, então, ser pretende que seja utilizada a medida coercitiva da prisão.

Duas opções do credor:

a) valer-se da constrição de bens e, se necessário, dos meios expropriatórios necessários para a satisfação do direito mediante a adjudicação ou a entrega de dinheiro.

b) ou, então, pela adoção da medida coercitiva voltada à prisão civil do executado, consoante admitido na Constituição Federal e disciplinado nos §§ 2° a 7° do art. 528 do CPC.

ATENÇÃO!

Se o credor optar pela prática de constrição de bens, ao invés da utilização da medida coercitiva da prisão civil, a execução seguirá as regras gerais existentes, com a diferença de que a concessão de efeito suspensivo aos embargos à execução não constitui óbice a que o exequente levante mensalmente a importância da prestação.

Optando o credor pela execução em que será possível, posteriormente e se possível, a prisão civil do alimentante, quando fundada em título executivo extrajudicial, o executado será citado para, em três dias, efetuar o pagamento das parcelas anteriores ao início da execução e das que se vencerem no seu curso, provar que o fez ou justificar a impossibilidade de fazê-lo.

ATENÇÃO!

A defesa do executado será possibilitada por meio da justificativa de impossibilidade de cumprimento da obrigação, a qual terá o condão único de, se acolhida, afastar a prisão, permanecendo íntegra a obrigação de pagar, que somente poderá ser afastada por meio da ação exoneratória de pagamento de alimentos.

Também será determinado à autoridade, à empresa ou ao empregador que, sob pena de desobediência, proceda ao desconto em folha de pagamento a partir da primeira remuneração posterior do executado, a contar do protocolo do ofício.

Ao final, não cumprida a obrigação e não acolhida a justificativa apresentada, o magistrado poderá decretar a prisão civil do executado, pelo prazo de um a três meses, que será cumprida em regime fechado, devendo o preso ficar separado dos presos comuns.

12. PROCESSO NOS TRIBUNAIS E DOS RECURSOS

Deveres dos tribunais.

O art. 926 do NCPC, além de inaugurar o Livro III, da Parte Especial, determina que os Tribunais devem uniformizar sua jurisprudência e mantê-la estável, íntegra e coerente.

Imediata Distribuição

Os autos serão registrados no protocolo do tribunal no dia de sua entrada, devendo ser imediatamente distribuídos pela secretaria, observando-se a seguinte ordem:

Julgamento Monocrático
DISTRIBUIÇÃO → RELATOR Manifestação da(s) Parte(s)
Presidente Designa Data

O Novo CPC não tratou do voto de revisão.

Prevenção do Relator

Estará prevento para os demais recursos, no mesmo ou em processos conexos, o relator do que for anteriormente protocolado no tribunal.

Assim, se antes houver a interposição do recurso de agravo de instrumento, o mesmo relator estará prevento para o julgamento da futura apelação.

Incumbências do Relator

Ao relator competirá presidir o processo que tramitar no tribunal, incumbindo-lhe:

I - dirigir e ordenar o processo no tribunal, inclusive em relação à produção de prova, bem como, quando for o caso, homologar autocomposição das partes;

II – apreciar o pedido de tutela provisória nos recursos e nos processos de competência originária do tribunal;

III – não conhecer de recurso inadmissível, prejudicado ou que não tenha impugnado especificamente os fundamentos da decisão recorrida;

IV – negar provimento a recurso que for contrário a:

a) súmula do Supremo Tribunal Federal, do Superior Tribunal de Justiça ou do próprio tribunal;

b) acórdão proferido pelo Supremo Tribunal Federal ou pelo Superior Tribunal de Justiça em julgamento de recursos repetitivos;

c) entendimento firmado em incidente de resolução de demandas repetitivas ou de assunção de competência;

V – depois de facultada a apresentação de contrarrazões, dar provimento ao recurso se a decisão recorrida for contrária a:

a) súmula do Supremo Tribunal Federal, do Superior Tribunal de Justiça ou do próprio tribunal;

b) acórdão proferido pelo Supremo Tribunal Federal ou pelo Superior Tribunal de Justiça em julgamento de recursos repetitivos;

c) entendimento firmado em incidente de resolução de demandas repetitivas ou de assunção de competência;

VI – decidir o incidente de desconsideração da personalidade jurídica, quando este for instaurado originariamente perante o tribunal;

VII – determinar a intimação do Ministério Público, quando for o caso;

VIII – exercer outras atribuições estabelecidas no regimento interno do tribunal.

Competirá ao relator, ainda, constatada a ocorrência de vício sanável, inclusive aquele que possa ser conhecido de ofício, determinar a realização ou a renovação do ato processual, no próprio tribunal ou em primeiro grau de jurisdição, intimando-se as partes.

Se reconhecer a necessidade de produção de provas, deverá o relator converter o julgamento em diligência, que se realizará no tribunal ou em primeiro grau de jurisdição.

TÉCNICA DE AMPLIAÇÃO DO QUÓRUM PARA JULGAMENTO	
APLICABILIDADE	**NÃO APLICABILIDADE**
Apelação não unânime	Incidente de assunção de competência e de resolução de demandas repetitivas.
Ação rescisória não unânime, com rescisão da sentença.	Remessa necessária.
Agravo de instrumento, se houver reforma da decisão que julgar parcialmente o mérito.	Julgamento não unânime proferido pelo plenário ou pela corte especial.

Deverá ser **utilizada a técnica de julgamento ampliado na apelação quando a decisão for por maioria**, seja **reformando ou confirmando a sentença**, analisando ou não o mérito.

ATENÇÃO! Cabimento da técnica de ampliação do quórum para o julgamento da apelação quando a decisão for por maioria, não importando se haverá reforma ou confirmação da sentença, diferentemente do que ocorria nos embargos infringentes do CPC de 1973.

Precedente, jurisprudência e súmula

Considerando-se a imprecisão terminológica existente sobre as expressões **jurisprudência, exemplo, súmula e precedente**, procura-se, neste primeiro momento, indicar os principais pontos conceituais que diferem um instituto do outro.

Há vários significados para a expressão **jurisprudência**, que pode designar, conforme registrado por Lenio Luiz Streck, em sentido estrito, a Ciência do Direito e, em sentido lato, o "conjunto de sentenças dos Tribunais" e, ainda, pode indicar somente as sentenças uniformes.[5]

Significado mais comum: conjunto de decisões uniformes, ou proferidas em sentido dominante. Pode se referir a dezenas, centenas e até milhares de decisões. Trata-se de ideia plural, ao contrário da ideia singular ligada ao precedente (diferença de caráter quantitativo).

JURISPRUDÊNCIA:	IDEIA PLURAL. VÁRIAS DECISÕES.
PRECEDENTE:	IDEIA SINGULAR.

Incidente de assunção de competência

Cabimento: é admissível quando o julgamento de recurso, de remessa necessária ou de processo de competência originária envolver questão de direito, com grande repercussão social, sem repetição em múltiplos processos, com o objetivo de que sejam julgados pelo órgão colegiado que o regimento interno indicar.

Instauração: proposta pelo relator, de ofício, ou a requerimento da parte, do Ministério Público ou da Defensoria Pública.

Requisito: o órgão colegiado julgará o recurso, a remessa necessária ou o processo de competência originária se reconhecer interesse público na assunção da competência.

IRDR	ASSUNÇÃO DE COMPETÊNCIA
Há cisão no julgamento	Não há cisão do julgamento
Repetição em múltiplos casos	Sem repetição em múltiplos casos

5. STRECK, Lênio Luiz. *Súmulas no direito brasileiro: eficácia, poder e função*. Porto Alegre: Livraria do Advogado, 1998, p. 83.

Incidente de arguição de inconstitucionalidade

Formas de reconhecimento da inconstitucionalidade

A inconstitucionalidade de lei ou de ato normativo poderá ser reconhecida incidentalmente em um processo, quando se terá o denominado *controle difuso de constitucionalidade*, ou então, ser objeto de ação própria, o que ocorrerá por meio do controle concentrado de constitucionalidade.

CONTROLE DIFUSO	CONTROLE CONCENTRADO
Pode ser realizado por qualquer juiz ou tribunal quando do julgamento de um caso concreto.	Será realizado por um único Tribunal.
Será sempre incidental.*	Se faz por via de ação própria.

*** Como alerta a doutrina,**

"não se pode confundir controle incidental com controle difuso. Há possibilidade de controle incidental no controle concentrado, como por exemplo na Ação declaratória de constitucionalidade n. 1-1/DF. Antes de abordar o mérito da ação (...), o Supremo Tribunal Federal declarou, em sede de controle incidental, a constitucionalidade da ação declaratória (prevista por Emenda Constitucional), e somente depois apreciou o mérito".[6]

Conflito de competência

As Espécies de Conflito de Competência

Será possível que, entre dois Juízos, haja divergência quanto à competência para o julgamento de determinada demanda, quando se está diante do **conflito de competência**, que poderá ser positivo ou negativo.

O **conflito positivo de competência** ocorrerá quando dois juízos se derem por competentes. Diferentemente, haverá o **conflito negativo** se houver a recusa entre eles, por entenderem não ser competentes, o que será possível se um atribuir ao outro a competência, ou se surgir controvérsia sobre a reunião ou separação de processos.

Se excluído do feito o ente federal, cuja presença foi fator preponderante para que o juízo estadual declinasse de sua competência, deverá o juízo federal restituir os autos e não suscitar o conflito (Súmula 224 STJ), não podendo o juízo estadual discutir sobre o interesse do ente federal.

O juiz que não acolher a competência declinada deverá **suscitar o conflito**, salve se a atribuir a outro juízo.

O conflito poderá ser suscitado por qualquer das partes, pelo Ministério Público ou pelo juiz. A parte, contudo, não poderá suscitá-lo se já alegou a incompetência relativa.

Ação Rescisória

A **coisa julgada** é uma garantia assegurada pela Constituição Federal, fundada na necessidade de proporcionar a **segurança jurídica**. Com efeito, como decorrência da soberania de um país, compete ao seu Poder competente a aplicação da ordem jurídica vigente, dirimindo os conflitos existentes.

Por **objeto** da ação rescisória, busca-se definir o seu **pedido**, que sempre será o de **rescindir** a coisa julgada formada, bem como, em alguns casos, o de ser **rejulgada** a causa. Diz-se, então, que há o **juízo rescindente (rescindir)** e o **juízo rescisório (rejulgamento da causa)**.

Pedido rescindente

OBJETO DA AÇÃO RESCISÓRIA

Pedido rescisório

Em suma: tem-se que a ação rescisória poderá rescindir:

i) a coisa julgada material (formada por meio de decisão interlocutória, sentença ou acórdão);

ii) a coisa julgada formal, desde que haja impedimento à propositura de nova ação;

iii) decisão que não admita recurso, desde que já transcorrido o prazo para que tal *decisum seja* impugnado pelo meio adequado.

Para a fixação da competência do Tribunal competente para o julgamento da ação rescisória, devem ser observadas **três regras cumulativas**:

i) trata-se de ação originária dos tribunais;

ii) cada tribunal é competente para o julgamento das rescisórias de seus próprios julgados;

iii) Aplicação das Súmulas 249 e 515 do STF.

São requisitos específicos:

(i) decisão (de mérito) transitada em julgado (já analisado quando do estudo do objeto da ação rescisória);

(ii) observância do prazo legal;

(iii) depósito da multa de 5%;

(iv) presença de uma das hipóteses do art. 966 do NCPC.

Incidente de Resolução de Demandas Repetitivas

Cabimento: será cabível quando houver, simultaneamente: I) efetiva repetição de processos que contenham controvérsia sobre a mesma questão unicamente de direito; II) risco de ofensa à isonomia e à segurança

---

6. FERREIRA, Olavo Augusto Vianna Alves. Controle de Constitucionalidade e seus efeitos. 3ª. ed. Salvador: Juspodivm, 2016, p. 41.

jurídica. O instituto possui três pilares fundamentais: i) isonomia, pelo qual se exige tratamento igualitário para a solução de litígios isomórficos; ii) a segurança jurídica, pois se busca a uniformidade das decisões judiciais e, iii) prestação razoável em termos de tempo em que prestada.[7]

Pedido para instauração: o pedido será dirigido ao presidente de tribunal (I) pelo juiz ou relator, por ofício; (II) pelas partes, por petição; e, (III) pelo Ministério Público ou pela Defensoria Pública, por petição.

Custas: não serão exigidas custas processuais no incidente.

Causa impeditiva de instauração: não será cabível a instauração do incidente quando um dos tribunais superiores, no âmbito de sua respectiva competência, já tiver afetado recurso para definição de tese sobre questão de direito material ou processual repetitiva.

Suspensão dos processos pendentes: admitido o incidente, o relator (I) suspenderá os processos pendentes, individuais ou coletivos, que tramitam no Estado ou na região, conforme o caso; (II) poderá requisitar informações a órgãos em cujo juízo tramita processo no qual se discute o objeto do incidente; (III) intimará o Ministério Público para, querendo, manifestar-se no prazo de quinze dias. Durante a suspensão, o pedido de tutela de urgência deverá ser dirigido ao juízo onde tramita o processo suspenso.

Suspensão nacional dos processos pendentes: visando à garantia da segurança jurídica, os legitimados poderão requerer, ao tribunal competente para conhecer do recurso extraordinário ou especial, a suspensão de todos os processos individuais ou coletivos em curso no território nacional que versem sobre a questão objeto do incidente já instaurado. Cessará a suspensão se não for interposto o recurso especial ou recurso extraordinário contra a decisão proferida no incidente. Consoante o que foi decidido no Pedido de Suspensão no IRDR nº 7, o pedido de suspensão nacional de processos em IRDR estará presente na hipótese em que o incidente admitido no tribunal de segunda instância:

a) demandar a interpretação da legislação infraconstitucional federal;
b) abranger matéria que se repete em processos em tramitação em outros estados ou regiões; e,
c) ensejar divergência de entendimentos entre pelo menos dois tribunais.

Fixação da tese: haverá a fixação da tese jurídica e também o julgamento do recurso, da remessa necessária ou do processo de competência originária de onde se originou o incidente. Julgado o incidente, a tese jurídica será aplicada: I - a todos os processos individuais ou coletivos que versem sobre idêntica questão de direito e que tramitem na área de jurisdição do respectivo tribunal, inclusive àqueles que tramitem nos juizados especiais do respectivo Estado ou região; II - aos casos futuros que versem idêntica questão de direito e que venham a tramitar no território de competência do tribunal, salvo revisão na forma do art. 986.

Cabimento de reclamação: não observada a tese adotada no incidente, caberá reclamação.

Recursos: do julgamento do mérito do incidente, será cabível a interposição de recurso extraordinário ou especial, conforme o caso, que terão efeito suspensivo.

Revisão da tese: a revisão da tese jurídica será feita no mesmo tribunal, **de ofício** ou **mediante requerimento do Ministério Público ou da Defensoria Pública.**

Ministério Público no Incidente de Resolução de Demandas Repetitivas
a) Poderá requerer a sua instauração;
b) Se não for o requerente, atuará como fiscal da ordem jurídica;
c) Poderá requerer a suspensão nacional de todos os processos individuais ou coletivos em curso no território nacional que versem sobre a questão objeto do incidente já instaurada;
d) Tem legitimidade para a interposição de recurso especial ou extraordinário;
e) Poderá requerer a revisão da tese jurídica.

Reclamação

A reclamação possui natureza jurídica de ação e poderá ser ajuizada para preservar a competência de tribunal, garantir a autoridade das decisões do tribunal, garantir a observância de enunciado de súmula vinculante e de decisão do Supremo Tribunal Federal em controle concentrado de constitucionalidade e para garantir a observância de acórdão proferido em julgamento de incidente de resolução de demandas repetitivas ou de incidente de assunção de competência.

Inadmissibilidade

Não será cabível a reclamação se a decisão já tiver transitado em julgado. Também não será admissível para garantir a observância de acórdão de recurso extraordinário com repercussão geral reconhecida ou de acórdão proferido em julgamento de recursos extraordinário ou especial repetitivos, quando não esgotadas as vias ordinárias.

Sendo julgada procedente a reclamação, o tribunal cassará a decisão exorbitante de seu julgado ou determinará medida adequada à solução da controvérsia.

Recursos

Os requisitos intrínsecos "são aqueles que dizem respeito à decisão recorrida em si mesma considerada".[8] Consideram "o conteúdo e a forma da decisão

7. MENDES, Aluísio Gonçalves de Castro. TEMER, Sofia. *O incidente de resolução de demandas repetitivas do Novo Código de Processo Civil. Op. Cit.*, p. 285.

8 NERY JÚNIOR, Nelson. *Teoria Geral dos Recursos*. 7. ed. São Paulo: RT, 2013, p. 266.

impugnada. De tal modo que, para proferir o juízo de admissibilidade, toma-se o ato judicial impugnado no momento e da maneira como foi prolatado".[9] Constituem-se requisitos intrínsecos de admissibilidade: o cabimento, a legitimação para recorrer e o interesse recursal.

(i) Efeito devolutivo: o efeito devolutivo é aquele em virtude do qual a matéria é devolvida ao órgão judicante, seja ele superior àquele que proferiu a decisão, seja ao próprio órgão prolator da decisão. Compreende o princípio do ***tantum devolutum quantum appellatum***. Todo recurso conta com esse efeito.

Tal efeito deve ser analisado quanto à sua extensão e quanto à sua profundidade.

Sob o primeiro aspecto (quanto à extensão), tem-se a delimitação da matéria objeto do recurso. Trata-se da dimensão horizontal do efeito devolutivo.

Assim, se o réu é condenado ao pagamento de indenização por danos materiais e morais e somente recorre em relação a estes últimos, ele delimita o seu recurso, a sua irresignação, e o Tribunal estará vinculado a essa vontade.

Sob o segundo aspecto (quanto à profundidade), tem-se que ficam devolvidas todas as questões suscitadas e discutidas no processo, ainda que a sentença não as tenha julgado por inteiro, desde que relativas ao capítulo impugnado. Trata-se da dimensão vertical do efeito devolutivo.

Em decorrência da preferência pelo julgamento do mérito, se o processo estiver em condições de imediato julgamento, o tribunal deve decidir desde logo o mérito quando: I - reformar sentença fundada no art. 485; II - decretar a nulidade da sentença por não ser ela congruente com os limites do pedido ou da causa de pedir; III - constatar a omissão no exame de um dos pedidos, hipótese em que poderá julgá-lo; IV - decretar a nulidade de sentença por falta de fundamentação.

(ii) Efeito translativo: apesar do efeito devolutivo, algumas matérias, poderão ser conhecidas de ofício, independentemente de requerimento ou arguição da parte. São as matérias de ordem pública.

(iii) Efeito suspensivo: pelo efeito suspensivo, impede-se a produção imediata de efeitos da decisão, situação essa que durará até o julgamento do recurso. Essa suspensividade não advém da interposição do recurso, mas da simples previsão de que terá tal efeito por força de lei.

O efeito suspensivo poderá existir por força de lei (ope legis) ou em razão de decisão judicial a respeito (*ope judicis*).

A apelação, como regra, tem duplo efeito - devolutivo e suspensivo. Terão somente efeito devolutivo a sentença que: I - homologa divisão ou demarcação de terras; II - condena a pagar alimentos; III - extingue sem resolução do mérito ou julga improcedentes os embargos do executado; IV - julga procedente o pedido de instituição de arbitragem; V - confirma, concede ou revoga tutela provisória; VI - decreta a interdição.

Em tais situações, o apelado poderá promover o pedido de cumprimento provisório de sentença.

Não obstante, o apelante poderá pleitear a concessão de efeito suspensivo em tais casos, se for demonstrada a probabilidade de provimento do recurso ou se, sendo relevante a fundamentação, houver risco de dano grave ou de difícil reparação. Este requerimento será dirigido ao: I - tribunal, no período compreendido entre a interposição da apelação e sua distribuição, ficando o relator designado para seu exame prevento para julgá-la; II - relator, se já distribuída a apelação.

Da mesma forma, os recursos extraordinário e especial também não são dotados de efeito suspensivo. Tal efeito, contudo, poderá ser requerido ao tribunal superior, no período compreendido entre a publicação da decisão de admissão do recurso e sua distribuição, ficando o relator designado para seu exame prevento para julgá-lo; ao relator, se já distribuído o recurso; ou, então, ao presidente ou ao vice-presidente do tribunal recorrido, no período compreendido entre a interposição do recurso e a publicação da decisão de admissão do recurso, assim como no caso de recurso ter sido sobrestado.

(iv) Efeito expansivo ou extensivo: em decorrência desse efeito, consideram-se sem efeito os atos ou decisões dependentes da decisão recorrida, naquilo em que forem incompatíveis com o julgamento do recurso. Se o julgamento do recurso afetar outras decisões que não a recorrida, estar-se-á diante do efeito expansivo externo; se, porém, o recurso fizer referência apenas a um dos capítulos da decisão, que examina questão preliminar ou prejudicial, e o acolhimento do recurso repercutir no capítulo relacionado à questão subordinada, estar-se-á diante de efeito expansivo interno.

(v) Efeito substitutivo: o julgamento proferido pelo tribunal substituirá a sentença ou a decisão recorrida no que tiver sido objeto de recurso.

Portanto, não existirão dois atos ou decisões sobre a mesma matéria, mas apenas um, fato esse que é relevante para se saber a competência para conhecimento da ação rescisória, como adiante será visto.

Cada parte interporá o recurso independentemente, no prazo e com observância das exigências legais. Se vencidos o autor e réu, ao recurso interposto por qualquer deles poderá aderir o outro.

O recurso adesivo fica subordinado ao recurso independente, sendo-lhe aplicáveis as mesmas regras deste quanto aos requisitos de admissibilidade e julgamento no tribunal, salvo disposição legal diversa, observado, ainda, o seguinte: I - será dirigido ao órgão perante o qual o recurso independente fora interposto, no prazo

9 NERY JÚNIOR, Nelson. *Teoria Geral dos Recursos*. 7. ed. São Paulo: RT, 2013, p. 266.

de que a parte dispõe para responder; II – será admissível na apelação, no recurso extraordinário e no recurso especial; III – não será conhecido, se houver desistência do recurso principal ou se for ele considerado inadmissível.

ATENÇÃO – ALTERAÇÃO IMPORTANTE EM 2024

O recorrente comprovará a ocorrência de feriado local no ato de interposição do recurso, e, se não o fizer, o tribunal determinará a correção do vício formal, ou poderá desconsiderá-lo caso a informação já conste do processo eletrônico.

Apelação

O recurso de apelação será cabível com a finalidade de reformar sentença.

Porém, nem todas as sentenças são apeláveis.

Nesse sentido, a sentença proferida no âmbito dos Juizados Especiais não será impugnada pelo recurso de apelação, mas pelo recurso inominado. Também a sentença proferida nas execuções fiscais de valor inferior ao de alçada será objeto dos embargos infringentes de alçada.

A apelação será interposta por petição dirigida ao juízo da causa, acompanhada das respectivas razões recursais, nas quais o apelante poderá alegar vício da atividade (error in procedendo), assim como vícios de juízo (*error in judicando*). Trata-se, portanto, de um recurso de cognição ampla e não vinculada.

A apelação é dotada de efeitos devolutivo e suspensivo, de modo que a sentença não produzirá efeitos enquanto não julgado o recurso.

Contudo, em determinadas situações, a apelação terá apenas efeito devolutivo, permitindo-se o cumprimento provisório da sentença. E assim ocorrerá nas seguintes hipóteses, entre outras previstas em leis extravagantes: homologar a divisão ou a demarcação de terras, condenar a pagar alimentos, extingue sem resolução do mérito ou julga improcedentes os embargos do executado, julga procedente o pedido de instituição de arbitragem, confirma, concede ou revoga tutela provisória e decreta a interdição.

Ainda nestes casos, será possível buscar-se a concessão do efeito suspensivo junto ao tribunal, por meio de petição específica que, se apresentada anteriormente à distribuição do recurso, tornará prevento o relator.

A admissibilidade do recurso de apelação será realizada exclusivamente perante o Tribunal (juízo ad quem). Houve alteração nesse sentido, de modo que o seu juízo de admissibilidade não é mais desdobrado, mas único, no tribunal.

Admite-se que, uma vez interposta a apelação, o juízo se retrate. Isso ocorrerá se o juiz proferir pronunciamento sem resolução do mérito, bem como nos casos de improcedência liminar.

A apelação devolverá ao tribunal o conhecimento da matéria impugnada. Com a sua interposição, fixa-se o objeto do recurso.

Contudo, serão, porém, objeto de apreciação e julgamento pelo tribunal todas as questões suscitadas e discutidas no processo, ainda que não tenham sido solucionadas, desde que relativas ao capítulo impugnado.

Se o pedido ou a defesa tiver mais de um fundamento e o juiz acolher apenas um deles, a apelação devolverá ao tribunal o conhecimento dos demais.

E, se o processo estiver em condições de imediato julgamento, o tribunal deve decidir desde logo o mérito quando: I – reformar sentença fundada no art. 485; II – decretar a nulidade da sentença por não ser ela congruente com os limites do pedido ou da causa de pedir; II – constatar a omissão no exame de um dos pedidos, hipótese em que poderá julgá-lo; IV – decretar a nulidade de sentença por falta de fundamentação.

Quando reformar sentença que reconheça a decadência ou a prescrição, o tribunal, se possível, julgará o mérito, examinando as demais questões, sem determinar o retorno do processo ao juízo de primeiro grau.

Agravo de instrumento

O CPC de 2015, inovando em relação ao anterior, fixou a regra de que as questões decididas por meio de decisões interlocutória não são recorríveis de imediato, salvo quando admitido o agravo de instrumento para a hipótese.

Constitui-se o agravo de instrumento no recurso apropriado para impugnar decisão interlocutória que versar sobre matérias específicas elencadas no art. 1.015 e em outros dispositivos.

Nesse sentido, caberá a interposição de agravo de instrumento quando a decisão interlocutória versar sobre: i) tutela provisória; ii) mérito do processo; iii) rejeição da alegação de convenção de arbitragem; iv) incidente de desconsideração da personalidade jurídica; v) rejeição do pedido de gratuidade da justiça ou acolhimento do pedido de sua revogação; vi) exibição ou posse de documento ou coisa; vii) exclusão de litisconsorte; viii) rejeição do pedido de limitação do litisconsórcio; ix) admissão ou inadmissão de intervenção de terceiros; x) concessão, modificação ou revogação do efeito suspensivo aos embargos à execução; xi) redistribuição do ônus probatório (carga dinâmica) e em outros casos admitidos na lei.

Também será cabível o agravo contra decisões interlocutórias proferidas na fase de liquidação de sentença ou de cumprimento de sentença, no processo de execução e no processo de inventário. A lógica, nesses casos, é a de que não haverá sentença em um espaço curto de tempo, de modo que não se poderia aguardar por tanto tempo.

De acordo com o que decidiu o STJ, o rol do art. 1.015 do CPC é de taxatividade mitigada, admitindo-se a interposição do recurso de agravo de instrumento se verificada a urgência decorrente da inutilidade do julgamento da questão no recurso de apelação (Tema 988, Recursos Repetitivos, STJ).

O recurso de agravo de instrumento deverá ser interposto no prazo de 15 dias, diretamente no Tribunal, acompanhado das peças obrigatórias e facultativas. Admite-se também que o seu protocolo seja feito na própria comarca, seção ou subseção judiciária, por postagem, sob registro, com aviso de recebimento ou por meio de transmissão de dados tipo fac-símile, ou ainda de acordo com outra forma prevista na lei.

Uma vez recebido o agravo de instrumento, poderá o relator decidi-lo monocraticamente nas hipóteses do art. 932, III e IV. Se não for o caso, mandará intimar o agravado e, oportunamente, solicitará prazo para julgamento.

Agravo interno

Contra as decisões proferidas pelo relator será cabível a interposição do agravo interno, nos termos do regimento interno do tribunal.

É vedado ao relator limitar-se à reprodução dos fundamentos da decisão agravada para julgar improcedente o agravo interno.

Se o agravo interno for declarado manifestamente inadmissível ou improcedente em votação unânime, o órgão colegiado, em decisão fundamentada, condenará o agravante a pagar ao agravado multa fixada entre um e cinco por cento do valor atualizado da causa, estando a interposição de outro recurso condicionada ao seu recolhimento, salvo em relação à Fazenda Pública e dos beneficiários da gratuidade da justiça.

Embargos de declaração

Os embargos de declaração possuem natureza mista ou híbrida. Reconhece-se a natureza de recurso, porque é previsto do Código de Processo Civil. Ao mesmo tempo, também é um meio de integração e de correção de omissão e de contradição da decisão proferida.

Cabem embargos de declaração quando: I – esclarecer obscuridade ou eliminar contradição; ii – suprir omissão de ponto ou questão sobre o qual devia se pronunciar o juiz de ofício ou a requerimento; iii– corrigir erro material.

Os embargos de declaração devem ter a petição dirigida ao juízo que proferiu a decisão, que terá competência para o seu julgamento. Podem ser interpostos em face de qualquer pronunciamento jurisdicional (decisões interlocutórias, sentenças e acórdãos).

A interposição dos embargos de declaração interrompe o curso do prazo para a interposição de outros recursos. Essa interrupção alcança todas as partes do processo, e não só o recorrente, muito embora não albergue o prazo para interposição dos embargos declaratórios.

Poderão opor os embargos não só a parte sucumbente, mas também o vencedor da ação e o Ministério Público.

Nos tribunais, o relator apresentará os embargos em mesa na sessão subsequente, proferindo voto, e, não havendo julgamento nessa sessão, será o recurso incluído em pauta automaticamente.

Quando os embargos de declaração forem opostos contra decisão de relator ou outra decisão unipessoal proferida em tribunal, o órgão prolator da decisão embargada decidi-los-á monocraticamente.

O órgão julgador conhecerá dos embargos de declaração como agravo interno se entender ser este o recurso cabível, desde que determine previamente a intimação do recorrente para, no prazo de 5 (cinco) dias, complementar as razões recursais, de modo a ajustá-las às exigências do art. 1.021, § 1º.

Caso o acolhimento dos embargos de declaração implique modificação da decisão embargada, o embargado que já tiver interposto outro recurso contra a decisão originária tem o direito de complementar ou alterar suas razões, nos exatos limites da modificação, no prazo de 15 (quinze) dias, contado da intimação da decisão dos embargos de declaração.

Se os embargos de declaração forem rejeitados ou não alterarem a conclusão do julgamento anterior, o recurso interposto pela outra parte antes da publicação do julgamento dos embargos de declaração será processado e julgado independentemente de ratificação.

Consideram-se incluídos no acórdão os elementos que o embargante suscitou, para fins de pré-questionamento, ainda que os embargos de declaração sejam inadmitidos ou rejeitados, caso o tribunal superior considere existentes erro, omissão, contradição ou obscuridade.

A eficácia da decisão monocrática ou colegiada poderá ser suspensa pelo respectivo juiz ou relator se demonstrada a probabilidade de provimento do recurso ou, sendo relevante a fundamentação, se houver risco de dano grave ou de difícil reparação.

Quando manifestamente protelatórios os embargos de declaração, o juiz ou o tribunal, em decisão fundamentada, condenará o embargante a pagar ao embargado multa não excedente a dois por cento sobre o valor atualizado da causa. Na reiteração de embargos de declaração manifestamente protelatórios, a multa será elevada a até dez por cento sobre o valor atualizado da causa, e a interposição de qualquer recurso ficará condicionada ao depósito prévio do valor da multa, à exceção da Fazenda Pública e do beneficiário de gratuidade da justiça, que a recolherão ao final.

Não serão admitidos novos embargos de declaração se os 2 (dois) anteriores houverem sido considerados protelatórios.

Recursos para o Supremo Tribunal Federal e para o Superior Tribunal de Justiça. Recurso Ordinário Constitucional. Recurso Extraordinário. Recurso Especial. Embargos de Divergência. Noções gerais e hipóteses de cabimento. Julgamento dos recursos repetitivos

Recurso Ordinário

Será cabível o recurso ordinário ao: i) I – pelo Supremo Tribunal Federal, os mandados de segurança, os habeas data e os mandados de injunção decididos em única instância pelos tribunais superiores, quando denegatória a decisão; II – pelo Superior Tribunal de Justiça: a) os mandados de segurança decididos em única instância pelos tribunais regionais federais ou pelos tribunais de justiça dos Estados e do Distrito Federal e Territórios, quando denegatória a decisão; b) os processos em que forem partes, de um lado, Estado estrangeiro ou organismo internacional e, de outro, Município ou pessoa residente ou domiciliada no País.

Nos processos referidos no inciso II, alínea "b", contra as decisões interlocutórias caberá agravo de instrumento dirigido ao Superior Tribunal de Justiça, nas hipóteses do art. 1.015.

Aplica-se também ao recurso ordinário. Por isso, estando o processo em condições de imediato julgamento, o tribunal deve decidir desde logo o mérito quando: i– reforma sentença proferida sem análise de mérito; ii– decretar a nulidade da sentença por não ser ela congruente com os limites do pedido ou da causa de pedir; iii-contestar a omissão no exame de um dos pedidos, hipótese em que poderá julgá-lo; iv-decretar a nulidade de sentença por falta de fundamentação.

Contra sentença proferida pelo Juízo Federal de 1º grau (art. 1.027, II, b): ao invés de ser impugnada por meio do recurso de apelação, será cabível o recurso ordinário, observando-se, em tudo, as regras de admissibilidade e de procedimento da própria apelação, bem como o Regimento Interno do Superior Tribunal de Justiça.

Recurso extraordinário e recurso especial

Natureza

Os recursos extraordinário e especial possuem natureza extraordinária, em sentido amplo, pois diferentemente dos recursos comuns, possuem como finalidade a manutenção da segurança jurídica, resguardando a aplicação da legislação federal e das normas constitucionais.

Finalidade

Conforme já foi dito acima, a finalidade precípua dos recursos extraordinário e especial é a segurança jurídica.

Pressupostos gerais e específicos

Os pressupostos gerais dos recursos extraordinário e especial são os comuns a todos os demais recursos, já delimitados no capítulo específico.

Já os pressupostos específicos do recurso extraordinário são aqueles dispostos no artigo 102, inciso III, alíneas a, b, c e d da Constituição Federal, que dispõe:

> *Art. 102. Compete ao Supremo Tribunal Federal, precipuamente, a guarda da Constituição, cabendo-lhe:*
>
> *III – julgar, mediante recurso extraordinário, as causas decididas em única ou última instância, quando a decisão recorrida:*
>
> *a) contrariar dispositivo desta Constituição;*
>
> *b) declarar a inconstitucionalidade de tratado ou lei federal;*
>
> *c) julgar válida lei ou ato de governo local contestado em face desta Constituição.*
>
> *d) julgar válida lei local contestada em face de lei federal.*

Quanto ao recurso especial, seus pressupostos específicos encontram-se no artigo 105, inciso III, alíneas a, b e c da Carta Magna:

> *Art. 105. Compete ao Superior Tribunal de Justiça:*
>
> *III – julgar, em recurso especial, as causas decididas, em única ou última instância, pelos Tribunais Regionais Federais ou pelos tribunais dos Estados, do Distrito Federal e Territórios, quando a decisão recorrida:*
>
> *a) contrariar tratado ou lei federal, ou negar-lhes vigência;*
>
> *b) julgar válido ato de governo local contestado em face de lei federal;*
>
> *c) der a lei federal interpretação divergente da que lhe haja atribuído outro tribunal.*

Hipóteses de cabimento

O recurso extraordinário e o recurso especial, nos casos previstos na Constituição Federal, serão interpostos perante o presidente ou o vice-presidente do tribunal recorrido, em petições distintas que conterão: I – a exposição do fato e do direito; II – a demonstração do cabimento do recurso interposto; III – as razões do pedido de reforma ou de invalidação da decisão recorrida.

Quando o recurso fundar-se em dissídio jurisprudencial, o recorrente fará a prova da divergência com a certidão, cópia ou citação do repositório de jurisprudência, oficial ou credenciado, inclusive em mídia eletrônica, em que houver sido publicado o acórdão divergente, ou ainda com a reprodução de julgado disponível na rede mundial de computadores, com indicação da respectiva fonte, devendo-se, em qualquer caso, mencionar as circunstâncias que identifiquem ou assemelhem os casos confrontados.

Quando o recurso estiver fundado em dissídio jurisprudencial, é vedado ao tribunal inadmiti-lo com base em fundamento genérico de que as circunstâncias fáticas são diferentes, sem demonstrar a existência da distinção.

O Supremo Tribunal Federal ou o Superior Tribunal de Justiça poderão desconsiderar vício formal de recurso tempestivo ou determinar sua correção, desde que não o repute grave.

Concessão de efeito suspensivo

O pedido de concessão de efeito suspensivo a recurso extraordinário ou a recurso especial poderá ser formulado por requerimento dirigido: I – ao tribunal superior respectivo, no período compreendido entre a publicação da decisão de admissão do recurso e sua distribuição, ficando o relator designado para seu exame prevento para julgá-lo; II – ao relator, se já distribuído o recurso; III – ao presidente ou vice-presidente do tribunal recorrido, no período compreendido entre a interposição do recurso e a publicação da decisão de admissão do recurso, bem como no caso de recurso sobrestado para aguardar julgamento de paradigma.

Juízo de admissibilidade

O juízo de admissibilidade será desdobrado, diferentemente do que ocorre em relação à apelação.

Interposição conjunta do recurso extraordinário e do recurso especial

Na hipótese de interposição conjunta de recurso extraordinário e recurso especial, os autos serão remetidos ao Superior Tribunal de Justiça.

Concluído o julgamento do recurso especial, os autos serão remetidos ao Supremo Tribunal Federal para apreciação do recurso extraordinário, se este não estiver prejudicado.

Se o relator do recurso especial considerar prejudicial o recurso extraordinário, em decisão irrecorrível, sobrestará o julgamento e remeterá os autos ao Supremo Tribunal Federal. Se o relator do recurso extraordinário, em decisão irrecorrível, rejeitar a prejudicialidade, devolverá os autos ao Superior Tribunal de Justiça para o julgamento do recurso especial.

Questão constitucional constatada pelo Superior Tribunal de Justiça

Se o relator, no Superior Tribunal de Justiça, entender que o recurso especial versa sobre questão constitucional, deverá conceder prazo de 15 (quinze) dias para que o recorrente demonstre a existência de repercussão geral e se manifeste sobre a questão constitucional.

Ofensa reflexa à Constituição

Se o Supremo Tribunal Federal considerar como reflexa a ofensa à Constituição afirmada no recurso extraordinário, por pressupor a revisão da interpretação de lei federal ou de tratado, remetê-lo-á ao Superior Tribunal de Justiça para julgamento como recurso especial.

Efeito devolutivo no recurso extraordinário ou no especial

Admitido o recurso extraordinário ou o recurso especial, o Supremo Tribunal Federal ou o Superior Tribunal de Justiça julgará o processo, aplicando o direito.

Multiplicidade de recursos extraordinários ou especiais

Sempre que houver multiplicidade de recursos extraordinários ou especiais com fundamento em idêntica questão de direito, haverá afetação para julgamento de acordo com as disposições desta Subseção, observado o disposto no Regimento Interno do Supremo Tribunal Federal e no do Superior Tribunal de Justiça.

A escolha dos recursos representativos da controvérsia

O presidente ou o vice-presidente de tribunal de justiça ou de tribunal regional federal selecionará 2 (dois) ou mais recursos representativos da controvérsia, que serão encaminhados ao Supremo Tribunal Federal ou ao Superior Tribunal de Justiça para fins de afetação, determinando a suspensão do trâmite de todos os processos pendentes, individuais ou coletivos, que tramitem no Estado ou na região, conforme o caso.

Decisão de afetação

Selecionados os recursos, o relator, no tribunal superior, constatando a presença do pressuposto do caput do art. 1.036, proferirá decisão de afetação, na qual: I – identificará com precisão a questão a ser submetida a julgamento; II – determinará a suspensão do processamento de todos os processos pendentes, individuais ou coletivos, que versem sobre a questão e tramitem no território nacional; III – poderá requisitar aos presidentes ou aos vice-presidentes dos tribunais de justiça ou dos tribunais regionais federais a remessa de um recurso representativo da controvérsia.

Requerimento de destravamento – caso distinto

Demonstrando distinção entre a questão a ser decidida no processo e aquela a ser julgada no recurso especial ou extraordinário afetado, a parte poderá requerer o prosseguimento do seu processo. O requerimento será dirigido: I – ao juiz, se o processo sobrestado estiver em primeiro grau; II – ao relator, se o processo sobrestado estiver no tribunal de origem; III – ao relator do acórdão recorrido, se for sobrestado recurso especial ou recurso extraordinário no tribunal de origem; IV – ao relator, no tribunal superior, de recurso especial ou de recurso extraordinário cujo processamento houver sido sobrestado.

Extensão da decisão proferida nos recursos afetados

Decididos os recursos afetados, os órgãos colegiados declararão prejudicados os demais recursos versando sobre idêntica controvérsia ou os decidirão aplicando a tese firmada. Negada a existência de repercussão geral no recurso extraordinário afetado, serão considerados automaticamente inadmitidos os recursos extraordinários cujo processamento tenha sido sobrestado.

Agravo em recurso especial e em recurso extraordinário

Cabe agravo contra decisão do presidente ou do vice-presidente do tribunal recorrido que inadmitir recurso extraordinário ou recurso especial, salvo quando fundada na aplicação de entendimento firmado em regime de repercussão geral ou em julgamento de recursos repetitivos.

Repercussão geral

A Emenda Constitucional n. 45/2004, entre outras importantes alterações, inseriu o requisito da repercussão geral para a admissibilidade do recurso extraordinário, de modo a preservar a função da Corte Suprema como garantidora da unidade do direito. No mesmo sentido, o CPC 2015 indicou que o STF não conhecerá, em decisão irrecorrível, de recurso extraordinário quando a questão constitucional nele versada não tiver repercussão geral (art. 1.035, caput).

Como corolário da repercussão geral, exige-se que a questão reflita conteúdo relevante do ponto de vista econômico, político, social ou jurídico que ultrapasse os interesses subjetivos das partes do processo (art. 1.035, § 1º do CPC).

Diante desses dados, reconhece-se relevância e transcendência aos julgados proferidos pelo STF em controle difuso, motivo pelo qual emite a Corte precedentes constitucionais de eficácia vinculante.[10]

Relevância da Questão de Direito Federal Infraconstitucional

A EC 125/2022 incluiu os §§ 2º e 3º, ao art. 105, da Constituição Federal, inserindo requisito específico de admissibilidade do recurso especial, consistente na demonstração da relevância da questão de direito federal infraconstitucional.

Nesse passo – tal como ocorre com a repercussão geral, no recurso extraordinário – deverá o recorrente inserir um item específico para tratar da **relevância da questão de direito federal infraconstitucional discutida no caso**, a fim de que a admissão do recurso seja examinada pelo Tribunal.

A existência da relevância terá presunção absoluta nos seguintes casos: I – ações penais; II – ações de improbidade administrativa; III – ações cujo valor da causa ultrapasse quinhentos salários mínimos; IV – ações que possam gerar inelegibilidade; V – hipóteses em que o acórdão recorrido contrariar jurisprudência dominante do Superior Tribunal de Justiça; VI – outras hipóteses previstas em lei.

Note-se que haverá relevância também em outros casos, a qual deverá ser devidamente demonstrada. O que se indicou no parágrafo anterior foram as hipóteses de presunção absoluta de sua existência.

Nas demais situações, vale destacar, existe presunção relativa da existência da relevância, a qual poderá ser afastada pela manifestação de 2/3 dos membros do órgão competente para o julgamento.

10 MARINONI, Luiz Guilherme. *Precedentes obrigatórios. Op. Cit.*, p. 307.

Portanto, pode-se falar em: presunção relativa de existência da relevância, que poderá ser afastada por manifestação de 2/3 dos membros do órgão competente para o julgamento; e, presunção absoluta de existência da relevância, nos casos indicados no § 3º, do art. 105, da Constituição Federal.

Consoante o **Enunciado Administrativo STJ nº 8**, "a indicação no recurso especial dos fundamentos de relevância da questão de direito federal infraconstitucional somente será exigida em recursos interpostos contra acórdãos publicados após a data de entrada em vigor da lei regulamentadora prevista no art. 105, § 2º, da Constituição Federal".

Recurso de embargos de divergência

O recurso de embargos de divergência tem a finalidade de buscar a uniformização de entendimento nos tribunais superiores. Assim, poderão ser interpostos contra acórdão de órgão fracionário do STF ou do STJ que: i) em recurso extraordinário ou em recurso especial, divergir do julgamento de qualquer outro órgão do mesmo tribunal, sendo os acórdãos embargado e paradigma, de mérito; ii) em recurso extraordinário ou em recurso especial divergir do julgamento de qualquer outro órgão do mesmo tribunal, sendo um acórdão de mérito e outro que não tenha conhecido do recurso, embora tenha apreciado a controvérsia.

A divergência que justifica a interposição dos embargos de divergência pode ser de direito material e de direito processual.

Ainda que proveniente da mesma turma, serão cabíveis os embargos de divergência quando a sua composição tiver sofrido alteração em mais da metade de seus membros.

Interrupção de prazo para o recurso extraordinário

A interposição de embargos de divergência no Superior Tribunal de Justiça interrompe o prazo para interposição de recurso extraordinário por qualquer das partes.

Se os embargos de divergência forem desprovidos ou não alterarem a conclusão do julgamento anterior, o recurso extraordinário interposto pela outra parte antes da publicação do julgamento dos embargos de divergência será processado e julgado independentemente de ratificação.

13. LEGISLAÇÃO ESPECIAL

Mandado de Segurança (Lei n. 12.016/2009)

O mandado de segurança é um remédio constitucional, por meio do qual o impetrante buscará proteger direito líquido e certo, não amparado por habeas corpus ou habeas data, sempre que, ilegalmente ou com abuso de poder, qualquer pessoa física ou jurídica sofrer violação ou houver justo receio de sofrê-lo por parte de autoridade, seja de que categoria for e sejam quais forem as funções que exerça.

O mandado de segurança também poderá ser espécie de ação coletiva para a tutela de determinados interesses.

Nesse sentido, assegura-se a possibilidade de ajuizamento do mandado de segurança coletivo por partido político com representação no Congresso Nacional ou por organização sindical, entidade de classe ou associação legalmente constituída e em funcionamento há pelo menos um ano, em defesa dos interesses de seus membros ou associados (art. 5º, LXX, da Constituição Federal).

Importante:
Na ADI 4296, **o STF reconheceu a inconstitucionalidade da vedação de concessão de liminar prevista no § 2º, do art. 7º, da Lei nº 12.016/2009**: "§ 2º Não será concedida medida liminar que tenha por objeto a compensação de créditos tributários, a entrega de mercadorias e bens provenientes do exterior, a reclassificação ou equiparação de servidores públicos e a concessão de aumento ou a extensão de vantagens ou pagamento de qualquer natureza".

Mandado de Injunção

A Lei n. 13.300/2016 disciplina o processo e o julgamento dos mandados de injunção individual e coletivo, propiciando celeridade ao controle constitucional de omissões normativas do poder público.

O advento desta lei era há muito esperado, notadamente depois que o Supremo Tribunal Federal reconheceu o caráter normativo-concretizados da ação, notadamente após o julgamento dos MI n. 670, 708 e 712, quando a Corte tutelou direito subjetivo até então de exercício impossibilitado.

Vê-se que o mandado de injunção é remédio constitucional destinado a sanar a ausência de norma regulamentadora que torne inviável o exercício dos direitos e liberdades constitucionais e das prerrogativas inerentes à nacionalidade, à soberania e à cidadania.

Habeas data

O habeas data foi previsto na Constituição Federal como um remédio constitucional destinado a (i) assegurar o conhecimento de informações relativas à pessoa do impetrante, constantes de registros ou bancos de dados de entidades governamentais ou de caráter público, ou, então (ii) para a retificação de dados, quando não se prefira fazê-lo por processo sigiloso, judicial ou administrativo.

Ação popular

Trata-se de remédio constitucional que tem por finalidade corrigir atos lesivos ao patrimônio público ou de entidade de que o Estado participe, à moralidade administrativa, ao meio ambiente e ao patrimônio histórico e cultural.

A legitimação para a propositura da ação popular é constante da Constituição Federal (art. 5º, LXXIII) e nos arts. 1º e 4º, da Lei 4.717/65. Portanto, somente o brasileiro (nato ou naturalizado), que ostente a condição de eleitor, poderá ajuizá-la.

O autor popular agirá como substituto processual da coletividade e, por isso, se acaso abandonar a causa, poderá o polo ativo ser ocupado por outro legitimado. Supletivamente, poderá o Ministério Público assumir o polo ativo, se nenhum outro legitimado o fizer.[11]

PROCESSO ELETRÔNICO

Os órgãos do Poder Judiciário poderão desenvolver sistemas eletrônicos de processamento de ações judiciais por meio de autos total ou parcialmente digitais, utilizando, preferencialmente, a rede mundial de computadores e acesso por meio de redes internas e externas.

Todos os atos processuais do processo eletrônico serão assinados eletronicamente na forma estabelecida nesta Lei.

No processo eletrônico, todas as citações, intimações e notificações, inclusive da Fazenda Pública, serão feitas por meio eletrônico, na forma desta Lei.

A intimação e a citação da Fazenda Pública poderão ser realizadas por meio eletrônico.

As citações, intimações, notificações e remessas que viabilizem o acesso à íntegra do processo correspondente serão consideradas vista pessoal do interessado para todos os efeitos legais.

Quando, por motivo técnico, for inviável o uso do meio eletrônico para a realização de citação, intimação ou notificação, esses atos processuais poderão ser praticados segundo as regras ordinárias, digitalizando-se o documento físico, que deverá ser posteriormente destruído.

A distribuição da petição inicial e a juntada da contestação, dos recursos e das petições em geral, todos em formato digital, nos autos de processo eletrônico, podem ser feitas diretamente pelos advogados públicos e privados, sem necessidade da intervenção do cartório ou secretaria judicial, situação em que a autuação deverá se dar de forma automática, fornecendo-se recibo eletrônico de protocolo.

Quando o ato processual tiver que ser praticado em determinado prazo, por meio de petição eletrônica, serão considerados tempestivos os efetivados até as 24 (vinte e quatro) horas do último dia. Se o Sistema do Poder Judiciário se tornar indisponível por motivo técnico, o prazo fica automaticamente prorrogado para o primeiro dia útil seguinte à resolução do problema.

11. REsp 638.011/RJ, Rel. Ministro LUIZ FUX, PRIMEIRA TURMA, julgado em 25/04/2006, DJ 18/05/2006, p. 182.

Sistema inoperante: prazo será prorrogado para o primeiro dia útil seguinte à resolução do problema.

Os documentos produzidos eletronicamente e juntados aos processos eletrônicos com garantia da origem e de seu signatário, serão considerados originais para todos os efeitos legais.

Os extratos digitais e os documentos digitalizados e juntados aos autos pelos órgãos da Justiça e seus auxiliares, pelo Ministério Público e seus auxiliares, pelas procuradorias, pelas autoridades policiais, pelas repartições públicas em geral e por advogados públicos e privados têm a mesma força probante dos originais, ressalvada a alegação motivada e fundamentada de adulteração antes ou durante o processo de digitalização.

A arguição de falsidade do documento original será processada eletronicamente na forma da lei processual em vigor. Os originais dos documentos digitalizados, nesse caso, deverão ser preservados pelo seu detentor até o trânsito em julgado da sentença ou, quando admitida, até o final do prazo para interposição de ação rescisória.

Os documentos cuja digitalização seja tecnicamente inviável devido ao grande volume ou por motivo de ilegibilidade deverão ser apresentados ao cartório ou secretaria no prazo de 10 (dez) dias contados do envio de petição eletrônica comunicando o fato, os quais serão devolvidos à parte após o trânsito em julgado.

Os documentos digitalizados juntados em processo eletrônico somente estarão disponíveis para acesso por meio da rede externa para suas respectivas partes processuais e para o Ministério Público, respeitado o disposto em lei para as situações de sigilo e de segredo de justiça.

O magistrado poderá determinar que sejam realizados por meio eletrônico a exibição e o envio de dados e de documentos necessários à instrução do processo.

14. PROCESSO COLETIVO

A partir do conjunto normativo em vigência, reconhece-se a existência de um "subsistema específico, rico e sofisticado, aparelhado para atender aos conflitos coletivos, característicos da sociedade moderna"[12], denominado de **Direito Processual Coletivo**, dividido em *especial* e *comum*[13], interessando, neste momento, o segundo.

Assim, o **processo coletivo comum engloba a ação civil pública, a ação popular, o mandado de injunção, o mandado de segurança coletivo, o dissídio coletivo, a impugnação de mandato eletivo e a ação direta interventiva**. Esse direito processual coletivo é regido por princípios próprios de um novo sub-ramo da processualística.[14]Em comuns a todas essas ações, tem-se a **legitimidade coletiva** e o **regime da coisa julgada.**

Nos termos do art. 81, parágrafo único, I, do Código de Defesa do Consumidor, direitos ou interesses difusos são aqueles "transindividuais, de natureza indivisível, de que sejam titulares pessoas indeterminadas e ligadas por circunstâncias de fato". Compreendem grupos menos determinados de pessoas, sendo que entre elas não existe vínculo jurídico preciso.[15] O objeto desses interesses é indivisível, de modo que não é possível ser dividido entre os membros da coletividade.[16]

Sobre a relação entre tais interesses, Hugo Nigro Mazzilli apresenta didático quadro para compreensão:[17]

Interesses	Grupo	Objeto	Origem
Difusos	Indeterminável	Indivisível	Situação de fato
Coletivos	Determinável	Indivisível	Relação jurídica
Ind. Homog.	Determinável	Divisível	Origem comum

Como foi demonstrado acima, os direitos podem ser coletivos por natureza e, por isso, são denominados de essencialmente coletivos. Correspondem aos direitos difusos e coletivos em sentido estrito.

De outro lado, existem os direitos que não são propriamente coletivos, mas que podem ser tutelados pela ação coletiva, conforme autorizado pela lei. Tem-se, nessa hipótese, a tutela coletiva de direitos.

Tutela de direitos coletivos	#	Tutela coletiva de direitos
Direitos essencialmente coletivos		Direitos acidentalmente coletivos

Há duas características marcantes das ações coletivas, que as distinguem em relação às ações individuais: a **legitimidade** e o **regime jurídico da coisa julgada**.

Em relação à legitimação, destaca-se a existência de modelos distintos: o primeiro, utilizado para a ação popular, que poderá ser ajuizada por qualquer cidadão; e, também, o modelo segundo o qual determinado entes são escolhidos para substituir a coletividade, tal como ocorre na ação civil pública.

(i) Ação popular:

12. ZAVASCKI, Teori Albino. Op. cit., p. 36.
13. MANCUSO, Rodolfo de Camargo. *Jurisdição Coletiva e Coisa Julgada. Teoria Geral das Ações coletivas*. 2 ed. São Paulo: Revista dos Tribunais, 2007, p. 72-73.
14. Idem, ibidem, p.72-73.
15. MAZZILLI, Hugo Nigro. *A Defesa dos Interesses Difusos em Juízo*. São Paulo: Saraiva, 2006, p. 50-51.
16. Idem, ibidem, p. 52.
17. MAZZILLI, Hugo Nigro. Op. cit., p. 58.

A legitimação para a propositura da ação popular é constante da Constituição Federal (art. 5º, LXXIII) e nos arts. 1º e 4º, da Lei 4.717/65. Portanto, somente o ***brasileiro*** (nato ou naturalizado), que ostente a condição de ***eleitor***, poderá ajuizá-la.

O autor popular agirá como substituto processual da coletividade e, por isso, se acaso abandonar a causa, poderá o polo ativo ser ocupado por outro legitimado. Supletivamente, poderá o Ministério Público assumir o polo ativo, se nenhum outro legitimado o fizer.[18] Exclui-se a possibilidade de ser ajuizada por pessoa jurídica (súmula 365, STF). Somente poderá ser ajuizada por aquele que se encontre no exercício pleno do direito político de eleger os representantes do povo.

O Superior Tribunal de Justiça também admite que a ação popular seja ajuizada pelo **Ministério Público**, legitimando-o a toda e qualquer demanda que vise à defesa dos interesses difusos e coletivos, sob ângulo material ou imaterial.[19]

(ii) Ação civil pública:

A legitimação para a defesa dos interesses metaindividuais de crianças e adolescentes decorre da integração da Lei da Ação Civil Pública, do Código de Defesa do Consumidor, do Estatuto da Criança e do Adolescente, entre outras leis.

Nesse sentido, possuem legitimação para a propositura da ação civil pública: I - o Ministério Público; II - a Defensoria Pública; III - a União, os Estados, o Distrito Federal e os Municípios; IV - a autarquia, empresa pública, fundação ou sociedade de economia mista; V - a associação que, concomitantemente: a) esteja constituída há pelo menos um ano e, b) inclua entre suas finalidades institucionais a proteção ao meio ambiente, ao consumir, à ordem econômica, à livre concorrência ou ao patrimônio artístico, estético, histórico, turístico e paisagístico.

O Ministério Público tem missão especial em relação à ação civil pública, competindo-lhe a tutela dos interesses difusos, coletivos e individuais homogêneos, além de direitos individuais indisponíveis.

Ainda em caso de desistência infundada ou abandono da ação por associação legitimada, o MP ou outro legitimado assumirá a titularidade ativa. No REsp 1.372.593, também se estendeu esta possibilidade aos casos em que for verificado vício na representação processual da associação autora.

A Defensoria Pública é indicada na Constituição Federal como instituição essencial à função jurisdicional do Estado, cabendo-lhe a orientação jurídica e a defesa, em todos os graus, dos necessitados, na forma do seu art. 5º, LXXIV. A expressão "necessitados" não está adstrita ao plano econômico, abrangendo, também, os necessitados do ponto de vista organizacional, que são os socialmente vulneráveis.[20]

A legitimação das associações para a defesa de interesses metaindividuais deve ser entendida no contexto como "participação popular na boa gestão da coisa pública, sob a égide da democracia participativa, incentivada pela Constituição Federal (art. 1º, parágrafo único), como se dá com a defesa do meio ambiente (art. 225, *caput*) e do patrimônio cultural (art. 216 e § 1º)".[21]

(iii) Mandado de segurança coletivo:

Assegura-se a possibilidade de ajuizamento do mandado de segurança coletivo por partido político com representação no Congresso Nacional ou por organização sindical, entidade de classe ou associação legalmente constituída e em funcionamento há pelo menos um ano, em defesa dos interesses de seus membros ou associados (art. 5º, LXX, da Constituição Federal).

O Superior Tribunal de Justiça também admite a legitimação ativa do Ministério Público para ao ajuizamento de mandado de segurança coletivo, defendendo-se que o Parquet pode valer-se da ação necessária para a defesa de interesses metaindividuais.

O Código de Defesa do Consumidor disciplinou a coisa julgada nas ações coletivas, relacionando-a ao interesse tutelado, o que pode ser resumido no seguinte quadro:

Interesse	Coisa julgada
Difuso	*Erga omnes*, salvo se a improcedência decorrer da falta de provas.
Coletivo	*Ultra partes*, limitada ao grupo, categoria ou classe de lesados, salvo se a improcedência se der por falta de provas.
Individuais homogêneos	*Erga omnes* em caso de procedência, beneficiando vítimas e sucessores.

De outro lado, **na sentença de improcedência**, há de ser feita uma importante distinção, segundo haja ou não esgotamento das provas.

Por falta de provas	Outros legitimados poderão propor a ação civil pública, desde que fundada em nova prova.
Por outro motivo	Outros legitimados não poderão propor a ação civil pública, ainda que fundada em nova prova.

18. REsp 638.011/RJ, Rel. Ministro LUIZ FUX, PRIMEIRA TURMA, julgado em 25/04/2006, DJ 18/05/2006, p. 182.
19. AgRg no AREsp 746.846/RJ, Rel. Ministro HERMAN BENJAMIN, SEGUNDA TURMA, julgado em 15/12/2015, DJe 05/02/2016.
20. Disponível em http://www.anadep.org.br/wtksite/cms/conteudo/4820/Documento10.pdf.
21. MANCUSO, Rodolfo de Camargo. *Ação Civil Pública – Em defesa do meio ambiente, do patrimônio cultural e dos consumidores.* 10ª ed. São Paulo: RT, 2006, p. 138-139.

✦ SÚMULAS

NORMAS FUNDAMENTAIS DO PROCESSO CIVIL E APLICAÇÃO DAS NORMAS PROCESSUAIS

- **Súmula 242 STJ.** Cabe ação declaratória para reconhecimento de tempo de serviço para fins previdenciários.
- **Súmula 181 STJ.** É admissível ação declaratória, visando a obter certeza quanto à exata interpretação de cláusula contratual.

COMPETÊNCIA INTERNA

- **Súmula vinculante 27.** Compete à justiça estadual julgar causas entre consumidor e concessionária de serviço público de telefonia, quando a Anatel não seja litisconsorte passiva necessária, assistente, nem opoente.
- **Súmula vinculante 22.** A Justiça do Trabalho é competente para processar e julgar as ações de indenização por danos morais e patrimoniais decorrentes de acidente de trabalho propostas por empregado contra empregador, inclusive aquelas que ainda não possuíam sentença de mérito em primeiro grau quando da promulgação da Emenda Constitucional nº 45/04.
- **Súmula 556 STF.** É competente a justiça comum para julgar as causas em que é parte sociedade de economia mista.
- **Súmula 517 STF.** As sociedades de economia mista só têm foro na justiça federal, quando a união intervém como assistente ou opoente.
- **Súmula 508 STF.** Compete à justiça estadual, em ambas as instâncias, processar e julgar as causas em que for parte o Banco do Brasil S.A.
- **Súmula 501 STF.** Compete à justiça ordinária estadual o processo e o julgamento, em ambas as instâncias, das causas de acidente do trabalho, ainda que promovidas contra a união, suas autarquias, empresas públicas ou sociedades de economia mista.
- **Súmula 343 STF.** Não cabe ação rescisória por ofensa a literal dispositivo de lei, quando a decisão rescindenda se tiver baseado em texto legal de interpretação controvertida nos tribunais.
- **Súmula 570 STJ.** Compete à Justiça Federal o processo e julgamento de demanda em que se discute a ausência de ou o obstáculo ao credenciamento de instituição particular de ensino superior no Ministério da Educação como condição de expedição de diploma de ensino a distância aos estudantes.
- **Súmula 540 STJ.** Na ação de cobrança do seguro DPVAT, constitui faculdade do autor escolher entre os foros do seu domicílio, do local do acidente ou ainda do domicílio do réu.
- **Súmula 505 STJ.** A competência para processar e julgar as demandas que têm por objeto obrigações decorrentes dos contratos de plano de previdência privada firmados com a Fundação Rede Ferroviária de Seguridade Social – REFER é da Justiça estadual.
- **Súmula 489 STJ.** Reconhecida a *continência*, devem ser reunidas na Justiça Federal as ações civis públicas propostas nesta e na Justiça estadual.
- **Súmula 480 STJ.** O juízo da recuperação judicial *não* é competente para decidir sobre a constrição de bens não abrangidos pelo plano de recuperação da empresa.
- **Súmula 428 STJ.** Compete ao Tribunal Regional Federal decidir os conflitos de competência entre juizado especial federal e juízo federal da mesma seção judiciária.
- **Súmula 383 STJ.** A competência para processar e julgar as ações conexas de interesse de menor é, em princípio, do foro do domicílio do detentor de sua guarda.
- **Súmula 381 STJ.** Nos contratos bancários, é vedado ao julgador conhecer, de ofício, da abusividade das cláusulas.
- **Súmula 368 STJ.** Compete à Justiça comum estadual processar e julgar os pedidos de retificação de dados cadastrais da Justiça Eleitoral.
- **Súmula 367 STJ.** A competência estabelecida pela EC nº 45/2004 não alcança os processos já sentenciados.
- **Súmula 363 STJ.** Compete à Justiça estadual processar e julgar a ação de cobrança ajuizada por profissional liberal contra cliente.
- **Súmula 270 STJ.** O protesto pela preferência de crédito, apresentado por ente federal em execução que tramita na Justiça Estadual, não desloca a competência para a Justiça Federal.
- **Súmula 254 STJ.** A decisão do Juízo Federal que exclui da relação processual ente federal não pode ser reexaminada no Juízo Estadual.
- **Súmula 235 STJ.** A conexão não determina a reunião dos processos, se um deles já foi julgado.
- **Súmula 206 STJ.** A existência de vara privativa, instituída por lei estadual, não altera a competência territorial resultante das leis de processo.
- **Súmula 161 STJ.** É da competência da Justiça Estadual autorizar o levantamento dos valores relativos ao PIS/PASEP e FGTS, em decorrência do falecimento do titular da conta.
- **Súmula 62 TFR.** Compete à Justiça Federal processar e julgar ação de desapropriação promovida por concessionária de energia elétrica, se a União intervém como assistente.
- **Súmula 33 STJ.** A incompetência relativa não pode ser declarada de ofício.
- **Súmula 11 STJ.** A presença da União ou de qualquer de seus entes, na ação de usucapião especial, não afasta a competência do foro da situação do imóvel.
- **Súmula 1 STJ.** O foro do domicílio ou da residência do alimentando é o competente para a ação de investigação de paternidade, quando cumulada com a de alimentos.

CAPACIDADE PROCESSUAL

- **Súmula 256 STF.** É dispensável pedido expresso para condenação do réu em honorários, com fundamento nos arts. 63 ou 64 do Código de Processo Civil (art. 20, § 3º, e seguintes do CPC de 1973).
- **Súmula 453 STJ.** Os honorários sucumbenciais, quando omitidos em decisão transitada em julgado, não podem ser cobrados em execução ou em ação própria.

GRATUIDADE DA JUSTIÇA

- **Súmula 481 STJ.** Faz jus ao benefício da justiça gratuita a pessoa jurídica com ou sem fins lucrativos que demonstrar sua impossibilidade de arcar com os encargos processuais.

ATOS PROCESSUAIS – FORMA, TEMPO, LUGAR E COMUNICAÇÃO

- **Súmula 310 STF.** Quando a intimação tiver lugar na sexta-feira, ou a publicação com efeito de intimação for feita nesse dia, o prazo judicial terá início na segunda-feira imediata, salvo se não houver expediente, caso em que começará no primeiro dia útil que se seguir.
- **Súmula 429 STJ.** A citação postal, quando autorizada por lei, exige o aviso de recebimento.

FORMAÇÃO, SUSPENSÃO E EXTINÇÃO DO PROCESSO

- **Súmula 452 STJ.** A extinção das ações de pequeno valor é faculdade da Administração Federal, vedada a atuação judicial de ofício.
- **Súmula 240 STJ.** A extinção do processo, por abandono da causa pelo autor, depende de requerimento do réu.
- **Súmula 106 STJ.** Proposta a ação no prazo fixado para o seu exercício, a demora na citação, por motivos inerentes ao mecanismo da Justiça, não justifica o acolhimento da arguição de prescrição ou decadência.

RESPOSTA DO RÉU

- **Súmula 258 STF.** É admissível reconvenção em ação declaratória.
- **Súmula 292 STJ.** A reconvenção é cabível na ação monitória, após a conversão do procedimento em ordinário.

PROVAS

- **Súmula 390 STF.** A exibição judicial de livros comerciais pode ser requerida como medida preventiva.
- **Súmula 261 STF.** Para a ação de indenização, em caso de avaria, é dispensável que a vistoria se faça judicialmente.
- **Súmula 260 STF.** O exame de livros comerciais, em ação judicial, fica limitado as transações entre os litigantes.
- **Súmula 231 STF.** O revel, em processo cível, pode produzir provas, desde que compareça em tempo oportuno.

SENTENÇA E COISA JULGADA

- **Súmula 500 STF.** Não cabe a ação cominatória para compelir-se o réu a cumprir obrigação de dar.
- **Súmula 423 STF.** Não transita em julgado a sentença por haver omitido o recurso "ex-oficio", que se considera interposto "ex-lege".
- **Súmula 490 STJ.** A dispensa de reexame necessário, quando o valor da condenação ou do direito controvertido for inferior a sessenta salários mínimos, não se aplica a sentenças ilíquidas.
- **Súmula 487 STJ.** O parágrafo único do art. 741 do CPC não se aplica às sentenças transitadas em julgado em data anterior à da sua vigência.
- **Súmula 410 STJ.** A prévia intimação pessoal do devedor constitui condição necessária para a cobrança de multa pelo descumprimento de obrigação de fazer ou não fazer.
- **Súmula 325 STJ.** A remessa oficial devolve ao Tribunal o reexame de todas as parcelas da condenação suportadas pela Fazenda Pública, inclusive dos honorários de advogado.
- **Súmula 253 STJ.** O art. 557 do CPC, que autoriza o relator a decidir o recurso, alcança o reexame necessário.
- **Súmula 45 STJ.** No reexame necessário, é defeso, ao Tribunal, agravar a condenação imposta à Fazenda Pública.

LIQUIDAÇÃO DE SENTENÇA

- **Súmula 254 STF.** Incluem-se os juros moratórios na liquidação, embora omisso o pedido inicial ou a condenação.

PROCEDIMENTOS ESPECIAIS

AÇÕES POSSESSÓRIAS

- **Súmula 487 STF.** Será deferida a posse a quem, evidentemente, tiver o domínio, se com base neste for ela disputada.
- **Súmula 228 STJ.** É inadmissível o interdito proibitório para a proteção do direito autoral.

INVENTÁRIO E PARTILHA

- **Súmula 542 STF.** Não é inconstitucional a multa instituída pelo Estado-Membro, como sanção pelo retardamento do início ou da ultimação do inventário.

EMBARGOS DE TERCEIROS

- **Súmula 303 STJ.** Em embargos de terceiro, quem deu causa à constrição indevida deve arcar com os honorários advocatícios.
- **Súmula 195 STJ.** Em embargos de terceiro não se anula ato jurídico, por fraude contra credores.
- **Súmula 134 STJ.** Embora intimado da penhora em imóvel do casal, o cônjuge do executado pode opor embargos de terceiro para defesa de sua meação.
- **Súmula 84 STJ.** É admissível a oposição de embargos de terceiro fundados em alegação de posse advinda de compromisso de compra e venda de imóvel, ainda que desprovido do registro.

AÇÃO MONITÓRIA

- **Súmula 531 STJ.** Em ação monitória fundada em cheque prescrito ajuizada contra o emitente, é dispensável a menção ao negócio jurídico subjacente à emissão da cártula.
- **Súmula 504 STJ.** O prazo para ajuizamento de ação monitória em face do emitente de nota promissória sem força executiva é quinquenal, a contar do dia seguinte ao vencimento do título.
- **Súmula 503 STJ.** O prazo para ajuizamento de ação monitória em face do emitente de cheque sem força executiva é quinquenal, a contar da do dia seguinte à data de emissão estampada na cártula.
- **Súmula 339 STJ.** É cabível ação monitória contra a Fazenda Pública.
- **Súmula 299 STJ.** É admissível a ação monitória fundada em cheque prescrito.
- **Súmula 292 STJ.** A reconvenção é cabível na ação monitória, após a conversão do procedimento em ordinário.

- **Súmula 282 STJ.** Cabe a citação por edital em ação monitória.
- **Súmula 247 STJ.** O contrato de abertura de crédito em conta-corrente, acompanhado do demonstrativo de débito, constitui documento hábil para o ajuizamento de ação monitória.

PROCEDIMENTOS ESPECIAIS NA LEGISLAÇÃO EXTRAVAGANTE

MANDADO DE SEGURANÇA

- **Súmula 632 STF.** É constitucional lei que fixa o prazo de decadência para a impetração de mandado de segurança.
- **Súmula 631 STF.** Extingue-se o processo de mandado de segurança se o impetrante não promove, no prazo assinado, a citação do litisconsorte passivo necessário.
- **Súmula 630 STF.** A entidade de classe tem legitimação para o mandado de segurança ainda quando a pretensão veiculada interesse apenas a uma parte da respectiva categoria.
- **Súmula 629 STF.** A impetração de mandado de segurança coletivo por entidade de classe em favor dos associados independe da autorização destes.
- **Súmula 626 STF.** A suspensão da liminar em mandado de segurança, salvo determinação em contrário da decisão que a deferir, vigorará até o trânsito em julgado da decisão definitiva de concessão da segurança ou, havendo recurso, até a sua manutenção pelo Supremo Tribunal Federal, desde que o objeto da liminar deferida coincida, total ou parcialmente, com o da impetração.
- **Súmula 625 STF.** Controvérsia sobre matéria de direito não impede concessão de mandado de segurança.
- **Súmula 430 STF.** Pedido de reconsideração na via administrativa não interrompe o prazo para o mandado de segurança.
- **Súmula 271 STF.** Concessão de mandado de segurança não produz efeitos patrimoniais, em relação a período pretérito, os quais devem ser reclamados administrativamente ou pela via judicial própria.
- **Súmula 269 STF.** O mandado de segurança não é substitutivo de ação de cobrança.
- **Súmula 268 STF.** Não cabe mandado de segurança contra decisão judicial com trânsito em julgado.
- **Súmula 267 STF.** Não cabe mandado de segurança contra ato judicial passível de recurso ou correição.
- **Súmula 266 STF.** Não cabe mandado de segurança contra lei em tese.
- **Súmula 101 STF.** O mandado de segurança não substitui a ação popular.
- **Súmula 376 STJ.** Compete a turma recursal processar e julgar o mandado de segurança contra ato de juizado especial.
- **Súmula 333 STJ.** Cabe mandado de segurança contra ato praticado em licitação promovida por sociedade de economia mista ou empresa pública.
- **Súmula 169 STJ.** São inadmissíveis embargos infringentes no processo de mandado de segurança.

AÇÕES COLETIVAS

- **Súmula 490 STJ.** A dispensa de reexame necessário, quando o valor da condenação ou do direito controvertido for inferior a 60 salários mínimos, não se aplica a sentenças ilíquidas.

AÇÃO POPULAR

- **Súmula 365 STF.** Pessoa jurídica não tem legitimidade para propor ação popular.

AÇÕES E OUTROS PROCEDIMENTOS CONSTITUCIONAIS

- **Súmula vinculante 10.** Viola a cláusula de reserva de plenário (CF, art. 97) a decisão de órgão fracionário de Tribunal que, embora não declare expressamente a inconstitucionalidade de lei ou ato normativo do poder público, afasta sua incidência, no todo em parte.

PROCESSO DE EXECUÇÃO

- **Súmula 519 STJ.** Na hipótese de rejeição da impugnação ao cumprimento de sentença, não são cabíveis honorários advocatícios.
- **Súmula 478 STJ.** Na execução de crédito relativo a cotas condominiais, este tem preferência sobre o hipotecário.
- **Súmula 410 STJ.** A prévia intimação pessoal do devedor constitui condição necessária para a cobrança de multa pelo descumprimento de obrigação de fazer ou não fazer.
- **Súmula 196 STJ.** Ao executado que, citado por edital ou por hora certa, permanecer revel, será nomeado curador especial, com legitimidade para apresentação de embargos.
- **Súmula 46 STJ.** Na execução por carta, os embargos do devedor serão decididos no juízo deprecante, salvo se versarem unicamente vícios ou defeitos da penhora, avaliação ou alienação dos bens.

PARTES

- **Súmula 268 STJ.** O fiador que não integrou a relação processual na ação de despejo não responde pela execução do julgado.

TÍTULO EXECUTIVO

- **Súmula 387 STF.** A cambial emitida ou aceita com omissões, ou em branco, pode ser completada pelo credor de boa-fé antes da cobrança ou do protesto.
- **Súmula 300 STJ.** O instrumento de confissão de dívida, ainda que originário de contrato de abertura de crédito, constitui título executivo extrajudicial.
- **Súmula 258 STJ.** A nota promissória vinculada a contrato de abertura de crédito não goza de autonomia em razão da iliquidez do título que a originou.
- **Súmula 233 STJ.** O contrato de abertura de crédito, ainda que acompanhado de extrato da conta-corrente, não é título executivo.
- **Súmula 27 STJ.** Pode a execução fundar-se em mais de um título extrajudicial relativos ao mesmo negócio.

RESPONSABILIDADE PATRIMONIAL

- **Súmula 375 STJ.** O reconhecimento da fraude à execução depende do registro da penhora do bem alienado ou da prova de má-fé do terceiro adquirente.

PENHORA

- **Súmula 549 STJ.** É válida a penhora de bem de família pertencente a fiador de contrato de locação.
- **Súmula 486 STJ.** É impenhorável o único imóvel residencial do devedor que esteja locado a terceiros, desde que a renda obtida com a locação seja revertida para a subsistência ou a moradia da sua família.
- **Súmula 478 STJ.** Na execução de crédito relativo a cotas condominiais, este tem preferência sobre o hipotecário.
- **Súmula 451 STJ.** É legítima a penhora da sede do estabelecimento comercial.
- **Súmula 417 STJ.** Na execução civil, a penhora de dinheiro na ordem de nomeação de bens não tem caráter absoluto.
- **Súmula 364 STJ.** O conceito de impenhorabilidade de bem de família abrange também o imóvel pertencente a pessoas solteiras, separadas e viúvas.
- **Súmula 328 STJ.** Na execução contra instituição financeira, é penhorável o numerário disponível, excluídas as reservas bancárias mantidas no Banco Central.
- **Súmula 205 STJ.** A Lei nº 8.009-90 aplica-se à penhora realizada antes de sua vigência.

EXECUÇÃO DE ALIMENTOS

- **Súmula 358 STJ.** O cancelamento de pensão alimentícia de filho que atingiu a maioridade está sujeito à decisão judicial, mediante contraditório, ainda que nos próprios autos.
- **Súmula 309 STJ.** O débito alimentar que autoriza a prisão civil do alimentante é o que compreende as três prestações anteriores ao ajuizamento da execução e as que vencerem no curso do processo.

EXECUÇÃO CONTRA A FAZENDA PÚBLICA

- **Súmula 655 STF.** A exceção prevista no art. 100, *caput*, da Constituição, em favor dos créditos de natureza alimentícia, não dispensa a expedição de precatório, limitando-se a isentá-los da observância da ordem cronológica dos precatórios decorrentes de condenações de outra natureza.
- **Súmula vinculante 17.** Durante o período previsto no parágrafo 1º do artigo 100 da Constituição, não incidem juros de mora sobre os precatórios que nele sejam pagos.
- **Súmula 487 STJ.** O parágrafo único do art. 741 do CPC não se aplica às sentenças transitadas em julgado em data anterior à da sua vigência.
- **Súmula 279 STJ.** É cabível execução por título extrajudicial contra a Fazenda Pública.

EXECUÇÃO FISCAL

- **Súmula 521 STJ.** A legitimidade para a execução fiscal de multa pendente de pagamento imposta em sentença condenatória é exclusiva da Procuradoria da Fazenda Pública.
- **Súmula 515 STJ.** A reunião de execuções fiscais contra o mesmo devedor constitui faculdade do Juiz.
- **Súmula 435 STJ.** Presume-se dissolvida irregularmente a empresa que deixar de funcionar no seu domicílio fiscal, sem comunicação aos órgãos competentes, legitimando o redirecionamento da execução fiscal para o sócio-gerente.
- **Súmula 430 STJ.** O inadimplemento da obrigação tributária pela sociedade não gera, por si só, a responsabilidade solidária do sócio-gerente.
- **Súmula 414 STJ.** A citação por edital na execução fiscal é cabível quando frustradas as demais modalidades.
- **Súmula 409 STJ.** Em execução fiscal, a prescrição ocorrida antes da propositura da ação pode ser decretada de ofício (art. 219, § 5º, do CPC).
- **Súmula 406 STJ.** A Fazenda Pública pode recusar a substituição do bem penhorado por precatório.
- **Súmula 394 STJ.** É admissível, em embargos à execução fiscal, compensar os valores de imposto de renda retidos indevidamente na fonte com os valores restituídos apurados na declaração anual.
- **Súmula 393 STJ.** A exceção de pré-executividade é admissível na execução fiscal relativamente às matérias conhecíveis de ofício que não demandem dilação probatória.
- **Súmula 392 STJ.** A Fazenda Pública pode substituir a certidão de dívida ativa (CDA) até a prolação de sentença de embargos, quando se tratar de correção de erro material ou formal, vedada a modificação do sujeito passivo da execução.
- **Súmula 345 STJ.** São devidos honorários advocatícios pela Fazenda Pública nas execuções individuais de sentença proferida em ações coletivas, ainda que não embargadas.
- **Súmula 314 STJ.** Em execução fiscal, não localizados bens penhoráveis, suspende-se o processo por um ano, findo o qual se inicia o prazo da prescrição quinquenal intercorrente.
- **Súmula 251 STJ.** A meação só responde pelo ato ilícito quando o credor, na execução fiscal, provar que o enriquecimento dele resultante aproveitou ao casal.
- **Súmula 190 STJ.** Na execução fiscal, processada perante a Justiça Estadual, cumpre à Fazenda Pública antecipar o numerário destinado ao custeio das despesas com o transporte dos oficiais de justiça.
- **Súmula 189 STJ.** É desnecessária a intervenção do Ministério Público nas execuções fiscais.
- **Súmula 153 STJ.** A desistência da execução fiscal, após o oferecimento dos embargos, não exime o exequente dos encargos da sucumbência.
- **Súmula 128 STJ.** Na execução fiscal haverá segundo leilão, se no primeiro não houver lanço superior à avaliação.
- **Súmula 121 STJ.** Na execução fiscal o devedor deverá ser intimado, pessoalmente, do dia e hora da realização do leilão.
- **Súmula 66 STJ.** Compete à Justiça Federal processar e julgar execução fiscal promovida por Conselho de fiscalização profissional.

- **Súmula 58 STJ.** Proposta a execução fiscal, a posterior mudança de domicílio do executado não desloca a competência já fixada.

AÇÃO RESCISÓRIA

- **Súmula 515 STF.** A competência para a ação rescisória não é do Supremo Tribunal Federal, quando a questão federal, apreciada no recurso extraordinário ou no agravo de instrumento, seja diversa da que foi suscitada no pedido rescisório.
- **Súmula 514 STF.** Admite-se ação rescisória contra sentença transitada em julgado, ainda que contra ela não se tenha esgotado todos os recursos.
- **Súmula 343 STF.** Não cabe ação rescisória por ofensa a literal dispositivo de lei, quando a decisão rescindenda se tiver baseado em texto legal de interpretação controvertida nos tribunais.
- **Súmula 252 STF.** Na ação rescisória, não estão impedidos juízes que participaram do julgamento rescindendo.
- **Súmula 249 STF.** É competente o Supremo Tribunal Federal para a ação rescisória quando, embora não tendo conhecido do recurso extraordinário, ou havendo negado provimento ao agravo, tiver apreciado a questão federal controvertida.
- **Súmula 401 STJ.** O prazo decadencial da ação rescisória só se inicia quando não for cabível qualquer recurso do último pronunciamento judicial.

✦ INFORMATIVOS APLICÁVEIS

✦ STF

1. DO PROCESSO DE CONHECIMENTO

1.1. DAS PARTES E DOS PROCURADORES

Assistência judiciária gratuita: art. 12 da Lei 1.060/1950 e recepção

O art. 12 da Lei 1.060/1950 ("A parte beneficiada pela isenção do pagamento das custas ficará obrigada a pagá-las, desde que possa fazê-lo, sem prejuízo do sustento próprio ou da família, se dentro de cinco anos, a contar da sentença final, o assistido não puder satisfazer tal pagamento, a obrigação ficará prescrita") foi recepcionado pela presente ordem constitucional. *RE 249003 ED/RS, Rel. Min. Edson Fachin, 9.12.2015. Pleno. (Info 811)*

Honorários recursais e não apresentação de contrarrazões ou contraminuta

É cabível a fixação de honorários recursais, prevista no art. 85, § 11, do NCPC, mesmo quando não apresentadas contrarrazões ou contraminuta pelo advogado. *AI 864689 AgR/MS, Rel. p/ ac. Min. Edson Fachin. 27.9.2016. 1ª T. (Info 841)*

Novo CPC e ação originária sem previsão de honorários

Descabe a fixação de honorários recursais, preconizados no art. 85, § 11, do CPC/2015, na hipótese de recurso extraordinário formalizado no curso de processo cujo rito os exclua. *ARE 948578 AgR/RS, Rel. Min. Marco Aurélio, 21.6.2016. 1ª T. (Info 831)*

1.2. DOS ÓRGÃOS JUDICIÁRIOS E DOS AUXILIARES DA JUSTIÇA

1.2.1. DA COMPETÊNCIA

OAB e competência jurisdicional

Compete à justiça federal processar e julgar ações em que a Ordem dos Advogados do Brasil, quer mediante o conselho federal, quer seccional, figure na relação processual. A OAB é autarquia corporativista, o que atrai, a teor do art. 109, I, da CF, a competência da justiça federal para o exame de ações – de qualquer natureza – nas quais ela integra a relação processual. *RE 595332/PR, repercussão geral, Rel. Min. Marco Aurélio, 31.8.2016. Pleno. (Info 837)*

1.3. DA FORMAÇÃO, SUSPENSÃO E EXTINÇÃO DO PROCESSO

ICMS: venda financiada e hipótese de incidência

Deve-se reconhecer, também na instância extraordinária, a possibilidade de homologação do pedido de renúncia ao direito sobre o qual se funda a ação, quando postulado por procurador habilitado com poderes específicos, desde que anterior ao julgamento final do recurso extraordinário. ***RE 514639 QO/RS, Rel. Min. Dias Toffoli, 10.5.2016. 2ª T. (Info 825)***

1.4. DO PROCESSO NOS TRIBUNAIS

1.4.1. DA RECLAMAÇÃO

Reclamação e esgotamento das vias ordinárias de impugnação

A reclamação somente é cabível quando esgotados todos os recursos ordinários na causa em que proferido o ato supostamente contrário à autoridade de decisão do STF com repercussão geral reconhecida. Nesses termos, a hipótese de cabimento prevista no art. 988, § 5º, II, do NCPC deve ser interpretada restritivamente, sob pena de o STF assumir, pela via da reclamação, a competência de pelo menos três tribunais superiores (STJ, TST e TSE), para o julgamento de recursos contra decisões de tribunais de segundo grau de jurisdição. *Rcl 24686 ED-AgR/RJ, Rel. Min. Teori Zavascki, j. 28.10.2016. 2ª T. (Info 845)*

1.5. DOS RECURSOS

1.5.1. DAS DISPOSIÇÕES GERAIS

Ausência de impugnação e parágrafo único do art. 932 do CPC

O prazo de cinco dias previsto no parágrafo único do art. 932 do CPC/2015 só se aplica aos casos em que seja necessário sanar vícios formais, como ausência de procuração ou de assinatura, e não à complementação da fundamentação. *ARE 953221 AgR/SP, Rel. Min. Luiz Fux, 7.6.2016. 1ª T. (Info 829)*

Contagem de prazo recursal e intimação pessoal

Nos casos de intimação pessoal realizada por oficial de justiça, a contagem do prazo para a interposição de recursos ou a eventual certificação de trânsito em julgado começa a partir da juntada aos autos do mandado devidamente cumprido. *ARE 892732/SP, Red. p/ ac. Min. Dias Toffoli, 5.4.2016. 2ª T. (Info 820)*

➘ Porte de remessa e retorno e recolhimento pelo INSS

Aplica-se o § 1º do art. 511 do CPC/73 para dispensa de porte de remessa e retorno ao exonerar o seu respectivo recolhimento por parte do INSS. *RE 594116/SP, repercussão geral – mérito, Rel. Min. Edson Fachin, 3.12.2015. Pleno. (Info 810)*

1.5.2. DOS EMBARGOS DE DECLARAÇÃO

➘ Embargos de declaração e condenação em honorários advocatícios

Após 18 de março de 2016, data do início da vigência do Novo Código de Processo Civil, é possível condenar a parte sucumbente em honorários advocatícios na hipótese de o recurso de embargos de declaração não atender os requisitos previstos no art. 1.022 do referido diploma e tampouco se enquadrar em situações excepcionais que autorizem a concessão de efeitos infringentes. *RE 929925 AgR-ED/RS, Rel. Min. Luiz Fux, 7.6.2016. 1ª T. (Info 829)*

1.5.3. DOS RECURSOS PARA O STF E O STJ

➘ Agravo interno e juntada extemporânea de documentos

Embora prevaleça entendimento no sentido da inadmissibilidade da juntada extemporânea de prova documental em recursos interpostos na Suprema Corte, no caso, em razão da natureza do documento anexado aos autos – comunicação oficial dos atos do TCE – e do evidente interesse público indisponível presente na lide – consistente no interesse de toda a coletividade na apreciação da higidez das contas dos gestores públicos -, admite-se a comprovação tardia de que a parte recorrida foi efetivamente intimada da sessão de julgamento. *ARE 916917 AgR/SP, rel. Min. Edson Fachin, j. 6.12.2016. 1ª T. (Info 850)*

➘ Discussão de matéria infraconstitucional em recurso extraordinário e ausência de repercussão geral

Não conhecido recurso extraordinário em que se discutia a possibilidade de imposição ao INSS, nos processos em que figurasse como parte ré, do ônus de apresentar cálculo de liquidação do seu próprio débito. A pretensão deduzida repousa apenas na esfera da legalidade. Embora o recurso tivesse sido apregoado para julgamento conjunto com a ADPF 219, a ótica no âmbito da ADPF, que é ação objetiva, diferiria da ótica no âmbito do recurso extraordinário. Essa espécie recursal teria por base os fundamentos do acórdão recorrido na via extraordinária, que, no caso, teria apenas realizado interpretação de regras infraconstitucionais. *RE 729884/RS, Rel. Min. Dias Toffoli, 23.6.2016. Pleno. (Info 831)*

2. DO PROCESSO DE EXECUÇÃO

➘ Execução de honorários sucumbenciais e fracionamento

É legítima a execução de honorários sucumbenciais proporcional à respectiva fração de cada um dos substituídos processuais em ação coletiva contra a Fazenda Pública. *RE 919269 AgR/RS, Rel. Min. Edson Fachin, 15.12.2015. 1ª T. (Info 812)*

➘ Execução de honorários sucumbenciais e fracionamento

Não é possível fracionar o crédito de honorários advocatícios em litisconsórcio ativo facultativo simples em execução contra a Fazenda Pública por frustrar o regime do precatório. *RE 949383 AgR/RS, Rel. Min. Cármen Lúcia, 17.5.2016. 2ª T. (Info 826)*

3. OUTROS TEMAS

➘ Fazenda Pública e atuação em juízo

O prazo de 30 dias para a Fazenda Pública embargar execução é constitucional. Julgada improcedente ADI ajuizada pelo CFOAB contra o artigo 4º da MPv 2.102-27/2001 que, ao alterar outros dispositivos legais, promoveu alterações em prazos processuais, entre eles a interposição de recurso pela Fazenda Pública. A ADI alegava ofensa aos princípios da isonomia e do devido processo legal. Isto porque o dispositivo questionado, ao acrescentar o art. 1º-B à Lei 9.494/97, aumentou para 30 dias o prazo para interposição de recurso (embargos à execução) pela Fazenda Pública, permanecendo para o particular a previsão de 10 dias na área cível e 5 dias na área trabalhista. A OAB também argumentava afronta ao princípio da isonomia em razão de o dispositivo ter fixado prazo prescricional de cinco anos para ajuizamento de ações de indenização, uma vez que para os particulares a previsão é de 20 anos. Quanto ao parágrafo único, acrescentado ao artigo 741, do CPC/73, o conselho sustentava que a inexigibilidade de título executivo judicial quando firmados em dissonância com o entendimento do Supremo, rescindiria sentença transitada em julgado, ferindo os princípios constitucionais da coisa julgada e da segurança jurídica. Somente em hipóteses excepcionais – quando manifestamente demonstrada a ausência dos requisitos de relevância e urgência – é que caberia anular o ato normativo editado, o que não ocorreu no caso. A ampliação do prazo para a oposição de embargos pela Fazenda Pública não viola os princípios da isonomia e do devido processo legal porque o tratamento processual especial conferido à Fazenda Pública é conhecido de todos – inclusive em relação a prazos diferenciados, quando razoáveis – e não apresenta restrição a direito ou prerrogativa da parte contrária, mas busca atender ao princípio da supremacia do interesse público. Também não viola a Constituição a fixação do prazo prescricional de cinco anos para os pedidos de indenização por danos causados por agentes de pessoas jurídicas de direito público e de pessoas jurídicas de direito privado prestadoras de serviço público. O dispositivo examinado simplesmente reproduziu o que já dispunha o art. 1º do Dec. 20.910/1932. A única novidade foi a inclusão, entre os destinatários dessa norma, das pessoas jurídicas de direito privado prestadoras de serviço público, atribuindo o mesmo regime prescricional das pessoas jurídicas de direito público. Justificada pelo art. 37, § 6º, da CF, que expressamente equipara essas entidades às pessoas de direito público relativamente ao regime de responsabilidade civil pelos atos praticados por seus agentes. Em relação à inexigibilidade de título executivo judicial fundado em lei ou ato normativo declarados inconstitucionais pelo STF, consta inclusive incorporado ao NCPC. *ADI 2418/DF, Rel. Min. Teori Zavascki, 4.5.2016. Pleno. (Info 824)*

✦ STJ

1. DO PROCESSO DE CONHECIMENTO

1.1. DAS PARTES E DOS PROCURADORES

1.1.1. DA CAPACIDADE PROCESSUAL

➘ Legitimidade ativa de associação para defender os interesses de seus filiados.

Associação não tem legitimidade ativa para defender os interesses dos associados que vierem a se agregar somente após o ajuizamento da ação de conhecimento. *REsp 1.468.734-SP, Rel. Min. Humberto Martins, DJe 15.3.2016. 2ª T. (Info 579)*

1.1.2. DOS DEVERES DAS PARTES E DOS SEUS PROCURADORES (HONORÁRIOS ADVOCATÍCIOS)

Interpretação extensiva do art. 19, § 1º, I, da Lei 10.522/02.

Aplica-se a dispensa de condenação em honorários advocatícios prevista no art. 19, § 1º, I, da Lei 10.522/02, na hipótese em que a Fazenda Nacional contesta a demanda, mas, ato contínuo, antes de pronunciamento do juízo ou da parte contrária, apresenta petição em que reconhece a procedência do pedido e requer a desconsideração da peça contestatória. *REsp 1.551.780-SC, Rel. Min. Mauro Campbell Marques, DJe 19.8.2016. 2ª T. (Info 588)*

Rescisão de decisão judicial e restituição de verba honorária.

Se a decisão judicial que ensejou a fixação de honorários de sucumbência for parcialmente rescindida, é possível que o autor da rescisória, em posterior ação de cobrança, pleiteie a restituição da parte indevida da verba advocatícia, ainda que o causídico, de boa-fé, já a tenha levantado. *REsp 1.549.836-RS, Rel. p/ ac. Min. João Otávio de Noronha, DJ 6.9.2016. 3ª T. (Info 589)*

1.2. DO MINISTÉRIO PÚBLICO

Possibilidade de atuação do MP estadual no âmbito do STJ.

O Ministério Público Estadual (MP Estadual) tem legitimidade para atuar diretamente no STJ nos processos em que figurar como parte. *EREsp 1.236.822-PR, Rel. Min. Mauro Campbell Marques, DJe 5.2.2016. Corte Especial. (Info 576)*

1.3. DOS ÓRGÃOS JUDICIÁRIOS E DOS AUXILIARES DA JUSTIÇA

1.3.1. DA COMPETÊNCIA

Dever de remessa dos autos ao juízo competente e processo eletrônico.

Implica indevido obstáculo ao acesso à tutela jurisdicional a decisão que, após o reconhecimento da incompetência absoluta do juízo, em vez de determinar a remessa dos autos ao juízo competente, extingue o feito sem exame do mérito, sob o argumento de impossibilidade técnica do Judiciário em remeter os autos para o órgão julgador competente, ante as dificuldades inerentes ao processamento eletrônico. *REsp 1.526.914-PE, Rel. Min. Diva Malerbi, DJe 28.6.2016. 2ª T. (Info 586)*

1.3.2. DO JUIZ, DOS AUXILIARES DA JUSTIÇA

Suspeição por motivo superveniente.

A autodeclaração de suspeição realizada por magistrado em virtude de motivo superveniente não importa nulidade dos atos processuais praticados em momento anterior ao fato ensejador da suspeição. Isso porque essa declaração não gera efeitos retroativos. *Pet no REsp 1.339.313-RJ, Rel. p/ ac. Min. Assusete Magalhães, DJe 9.8.2016. 1ª S. (Info 587)*

1.4. DO PROCEDIMENTO ORDINÁRIO

1.4.1. DA REVELIA

Limites dos efeitos da revelia.

Reconhecida a revelia, a presunção de veracidade quanto aos danos narrados na petição inicial não alcança a definição do quantum indenizatório indicado pelo autor. Como assentado na doutrina, a revelia não viola o processo justo, o devido processo legal, porque não significa a formação de um contraditório virtual ou presumido, muito menos a existência de uma confissão ficta. A própria existência da ação atesta a inconformação entre a pretensão do autor e a resistência do réu. Por isso, os efeitos da revelia não são absolutos, conduzindo à automática procedência dos pedidos. *REsp 1.520.659-RJ, Rel. Min. Raul Araújo, DJe 30.11.2015. 4ª T. (Info 574)*

1.4.2. DA SENTENÇA E DA COISA JULGADA (OUTROS TEMAS)

Extensão dos efeitos de coisa julgada coletiva a autores de ações individuais não suspensas.

Os autores de ações individuais em cujos autos não foi dada ciência do ajuizamento de ação coletiva e que não requereram a suspensão das demandas individuais podem se beneficiar dos efeitos da coisa julgada formada na ação coletiva. Ao disciplinar a execução de sentença coletiva, o art. 104 da Lei 8.078/90 (CDC) dispõe que os autores devem requerer a suspensão da ação individual que veicula a mesma questão em ação coletiva, a fim de se beneficiarem da sentença que lhes é favorável no feito coletivo. Todavia, compete à parte ré dar ciência aos interessados da existência desta ação nos autos da ação individual, momento no qual começa a correr o prazo de 30 dias para a parte autora postular a suspensão do feito individual. Constitui ônus do demandado dar ciência inequívoca da propositura da ação coletiva àqueles que propuseram ações individuais, a fim de que possam fazer a opção pela continuidade do processo individual, ou requerer a sua suspensão para se beneficiar da sentença coletiva. *REsp 1.593.142-DF, Rel. Min. Napoleão Nunes Maia Filho, DJe 21.6.2016. 1ª T. (Info 585)*

1.4.3. DA LIQUIDAÇÃO DE SENTENÇA

Possibilidade de utilização de deduções e presunções na apuração de lucros cessantes.

É possível ao julgador, na fase de liquidação de sentença por arbitramento, acolher as conclusões periciais fundadas em presunções e deduções para a quantificação do prejuízo sofrido pelo credor a título de lucros cessantes. *REsp 1.549.467-SP, Rel. Min. Marco Aurélio Bellizze, DJ 19.9.2016. 3ª T. (Info 590)*

1.4.4. DO CUMPRIMENTO DA SENTENÇA

Impugnação ao cumprimento de sentença e necessidade de garantia do juízo.

Na fase de cumprimento de sentença, não é cabível a apresentação de impugnação fundada em excesso de execução (art. 475-L, V, do CPC) antes do depósito da quantia devida (art. 475-J, caput, do CPC); contudo, se mesmo assim ela for apresentada, não haverá preclusão da faculdade de apresentar nova impugnação a partir da intimação da penhora realizada nos autos (art. 475-J, §1º, do CPC). *REsp 1.455.937-SP, Rel. Min. João Otávio de Noronha, DJe 9.11.2015. 3ª T. (Info 573)*

1.5. DO PROCESSO NOS TRIBUNAIS

1.5.1. DA AÇÃO RESCISÓRIA

Impossibilidade de relativizar coisa julgada fundada em lei posteriormente declarada não recepcionada pela CF.

Não é possível utilizar ação declaratória de nulidade ("querela nullitatis") contra título executivo judicial fundado em lei declarada não recepcionada pelo STF em decisão proferida em controle incidental que transitou em julgado após a constituição definitiva do referido título. *REsp 1.237.895-ES, Rel. Min. Og Fernandes, DJe 12.2.2016. 2ª T. (Info 576)*

Prazo decadencial para particular anular acordo firmado com a Fazenda Pública.

No caso em que particular e Fazenda Pública firmaram, sem a participação judicial, acordo que tenha sido meramente homologado por decisão judicial – a qual, por sua vez, apenas extinguiu a relação jurídica processual existente entre as partes, sem produzir efeitos sobre a relação de direito material existente entre elas –, o prazo decadencial para anular o ajuste por meio de ação ajuizada pelo particular é de 5 anos, contados da data da celebração da transação, e não da decisão homologatória. *REsp 866.197-RS, Rel. Min. Mauro Campbell Marques, DJe 13.4.2016. 2ª T. (Info 581)*

1.6. DOS RECURSOS

1.6.1. DA APELAÇÃO

Aplicação do princípio da fungibilidade a recurso em ação de improbidade administrativa.

Pode ser conhecida a apelação que, sem má-fé e em prazo compatível com o previsto para o agravo de instrumento, foi interposta contra decisão que, em juízo prévio de admissibilidade em ação de improbidade administrativa, reconheceu a ilegitimidade passiva "ad causam" de alguns dos réus. *AgRg no REsp 1.305.905-DF, Rel. Min. Humberto Martins, DJe 18.12.2015. 2ª T. (Info 574)*

1.6.2. DO AGRAVO

Comprovação da tempestividade do agravo de instrumento mediante apresentação de certidão de vista pessoal da Fazenda Nacional. Recurso repetitivo. Tema 651.

O termo de abertura de vista e remessa dos autos à Fazenda Nacional substitui, para efeito de demonstração da tempestividade do agravo de instrumento (art. 522 do CPC) por ela interposto, a apresentação de certidão de intimação da decisão agravada (art. 525, I, do CPC). *REsp 1.383.500-SP, Rel. Min. Benedito Gonçalves, Corte Especial, DJe 26.2.2016. (Info 577)*

Falta de citação e manifestação do réu em agravo de instrumento.

Não supre a falta de citação em ação revisional de alimentos o comparecimento do réu para contraminutar agravo de instrumentos contra decisão denegatória de tutela antecipada, sem que haja qualquer pronunciamento na ação principal por parte do demandado. De fato, a ação só produz efeitos para o réu a partir de quando é regularmente citado ou, na falta de citação, desde quando comparece espontaneamente em juízo. *REsp 1.310.704-MS, Rel. Min. Ricardo Villas Bôas Cueva, DJe 16.11.2015. 3ª T. (Info 573)*

Instrumento de agravo entregue em mídia digital.

As peças que devem formar o instrumento do agravo podem ser apresentadas em mídia digital (DVD). *REsp 1.608.298-SP, Rel. Min. Herman Benjamin, DJ 6.10.2016. 2ª T. (Info 591)*

Julgamento de agravo regimental. Mera reprodução da decisão monocrática. Não apreciação de questões relevantes.

É vedado ao relator limitar-se a reproduzir a decisão agravada para julgar improcedente o agravo interno. *REsp 1.622.386-MT, Rel. Min. Nancy Andrighi, DJe 25.10.2016. 3ª T. (Info 592)*

Perda do objeto de agravo de instrumento interposto contra decisão proferida em antecipação de tutela.

A superveniência de sentença de mérito implica a perda do objeto de agravo de instrumento interposto contra decisão anteriormente proferida em tutela antecipada. *EAREsp 488.188-SP, Rel. Min. Luis Felipe Salomão, DJe 19.11.2015. Corte Especial. (Info 573)*

Possibilidade de aplicação da teoria da causa madura em julgamento de agravo de instrumento.

Admite-se a aplicação da teoria da causa madura (art. 515, § 3º, do CPC/73) em julgamento de agravo de instrumento. *REsp 1.215.368-ES, Rel. Min. Herman Benjamin, DJ 19.9.2016. (Info 590)*

1.6.3. DOS EMBARGOS DE DECLARAÇÃO

Embargos de declaração com efeitos infringentes e pedido de reconsideração.

Os embargos de declaração, ainda que contenham pedido de efeitos infringentes, não devem ser recebidos como "pedido de reconsideração". Os embargos de declaração são um recurso taxativamente previsto na Lei Processual Civil e, ainda que contenham indevido pedido de efeitos infringentes, não se confundem com mero "pedido de reconsideração", este sim, figura processual atípica, de duvidosa existência. Inclusive, a hipótese sequer comporta a aplicação do princípio da fungibilidade recursal, pois "pedido de reconsideração" não é recurso. Assim, deve-se reconhecer que os embargos de declaração apresentados tempestivamente com pedido de efeitos infringentes não devem ser recebidos como "pedido de reconsideração", porque tal mutação não atende a nenhuma previsão legal, tampouco aos requisitos de aplicação do princípio da fungibilidade. *REsp 1.522.347-ES, Rel. Min. Raul Araújo, DJe 16.12.2015. Corte Especial. (Info 575)*

Hipótese de não cabimento de embargos de declaração.

Mesmo após a vigência do CPC/15, não cabem embargos de declaração contra decisão que não se pronuncie tão somente sobre argumento incapaz de infirmar a conclusão adotada. Os embargos de declaração, conforme dispõe o art. 1.022 do CPC/15, destinam-se a suprir omissão, afastar obscuridade ou eliminar contradição existente no julgado. O julgador não está obrigado a responder a todas as questões suscitadas pelas partes, quando já tenha encontrado motivo suficiente para proferir a decisão. *EDcl no MS 21.315-DF, Rel. Min. Diva Malerbi, DJe 15.6.2016. 1ª S. (Info 585)*

1.6.4. DOS RECURSOS PARA O STF E O STJ (RECURSO ESPECIAL)

Impossibilidade de reexame de tempestividade de agravo de instrumento em julgamento de recurso especial.

Ainda que a matéria do processo judicial tenha natureza penal, não cabe, por ocasião do julgamento de recurso especial, o reexame de ofício da tempestividade do agravo de instrumento anteriormente provido para determinar o processamento do próprio recurso especial. *EREsp 1.414.755-PA, Rel. Min. João Otávio de Noronha, DJ 6.9.2016. (Info 589)*

➘ Impossibilidade de remessa de agravo pelo STJ ao tribunal de origem.

Após a entrada em vigor do NCPC, não é mais devida a remessa pelo STJ, ao Tribunal de origem, do agravo interposto contra decisão que inadmite recurso especial com base na aplicação de entendimento firmado em recursos repetitivos, para que seja conhecido como agravo interno. *AREsp 959.991-RS, Rel. Min. Marco Aurélio Bellizze, DJ 26.8.2016. 3ª T. (Info 589)*

2. DO PROCESSO DE EXECUÇÃO

2.1. DA EXECUÇÃO EM GERAL

2.1.1. DAS DISPOSIÇÕES GERAIS

➘ Aplicação da multa por ato atentatório à dignidade da justiça (art. 600, III, do CPC/73).

A multa por ato atentatório à dignidade da Justiça previsto no art. 600, III, do CPC/73 constitui punição cuja aplicabilidade restringe-se aos atos do executado em procedimento executivo. Infere-se do art. 600, III, do CPC/73 que o ato atentatório à dignidade da Justiça se restringe ao processo de execução e que a conduta de deslealdade processual caracteriza-se somente como aquela praticada pelo executado. Isso porque o código se utiliza da expressão "ato do executado", além do fato de as hipóteses previstas nos incisos I, II e IV do mesmo art. 600 se referirem a circunstâncias inerentes ao procedimento executivo. *REsp 1.231.981/RS, Rel. Min. Luis Felipe Salomão, DJe 3.3.2016. 4ª T. (Info 578)*

➘ Incompetência para cancelar gravame em matrícula de imóvel arrematado.

Arrematado bem imóvel, o Juízo da execução que conduziu a arrematação não pode determinar o cancelamento automático de constrições determinadas por outros Juízos de mesma hierarquia e registradas na matrícula do bem, mesmo que o edital de praça e o auto de arrematação tivessem sido silentes quanto à existência dos referidos gravames. Isso porque, além de o Juízo da execução não deter competência para o desfazimento ou cancelamento de constrições e registros determinados por outros Juízos de mesma hierarquia, os titulares dos direitos decorrentes das decisões judiciais proferidas em outros processos, as quais geraram as constrições e registros imobiliários que os arrematantes pretendem cancelar, têm direito ao devido processo legal, com seus consectários contraditório e ampla defesa. Ademais, as possíveis falhas nos atos judiciais que antecederam a arrematação, porque não mencionavam as outras constrições de outros Juízos sobre o imóvel a ser arrematado, não possibilitam ao Juízo da arrematação determinar a baixa de outras constrições levadas a efeito por outros juízos. *RMS 48.609-MT, Rel. Min. Raul Araújo, DJe 8.6.2016. 4ª T. (Info 585)*

➘ Inexigibilidade de obrigação fundada em lei não recepcionada pela Constituição.

Ainda que tenha havido o trânsito em julgado, é inexigível a obrigação reconhecida em sentença com base exclusivamente em lei não recepcionada pela Constituição. Fundado o título judicial exclusivamente na aplicação ou interpretação da lei ou ato normativo tidas pelo STF como incompatíveis com a CF, é perfeitamente permitido o reconhecimento da inexigibilidade da obrigação na própria fase de execução. *REsp 1.531.095-SP, Rel. Min. Ricardo Villas Bôas Cueva, DJe 16.8.2016. 3ª T. (Info 588)*

2.2. DAS DIVERSAS ESPÉCIES DE EXECUÇÃO

2.2.1. DAS DISPOSIÇÕES GERAIS

➘ Exequibilidade de sentenças não condenatórias (art. 475-N, I, do CPC/73). Recurso repetitivo. Tema 889.

A sentença, qualquer que seja sua natureza, de procedência ou improcedência do pedido, constitui título executivo judicial, desde que estabeleça obrigação de pagar quantia, de fazer, não fazer ou entregar coisa, admitida sua prévia liquidação e execução nos próprios autos. *REsp 1.324.152-SP, Rel. Min. Luis Felipe Salomão, Corte Especial, DJe 15.6.2016. Corte Especial. (Info 585)*

➘ Possibilidade de o depositário judicial exercer direito de retenção.

O particular que aceita exercer o múnus público de depositário judicial tem o direito de reter o depósito até que sejam ressarcidas as despesas com armazenagem e conservação do bem guardado e pagos os seus honorários. Não há dúvida de que a pessoa física ou jurídica que aceita o encargo de se tornar depositária de coisa ou bem apreendido em juízo tem o direito de ser ressarcida das despesas que efetuou, além de perceber uma remuneração pelo exercício do encargo público (honorários), nos precisos termos do art. 149 do CPC. Ademais, não há vedação à aplicação do direito de retenção previsto no art. 644 do CC também aos depósitos judiciais. *REsp 1.300.584-MT, Rel. Min. João Otávio de Noronha, DJe 9.3.2016. 3ª T. (Info 578)*

2.2.2. DA PENHORA, DA AVALIAÇÃO E DA EXPROPRIAÇÃO DE BENS

➘ Cobrança de cota condominial e penhora sobre direito aquisitivo decorrente de compromisso de compra e venda.

Em ação de cobrança de cotas condominiais proposta somente contra o promissário comprador, não é possível a penhora do imóvel que gerou a dívida – de propriedade do promissário vendedor –, admitindo-se, no entanto, a constrição dos direitos aquisitivos decorrentes do compromisso de compra e venda. *REsp 1.273.313-SP, Rel. Min. Ricardo Villas Bôas Cueva, DJe 12.11.2015. 3ª T. (Info 573)*

➘ Forma preferencial de pagamento ao credor.

A adjudicação do bem penhorado deve ser assegurada ao legitimado que oferecer preço não inferior ao da avaliação. *REsp 1.505.399-RS, Rel. Min. Maria Isabel Gallotti, DJe 12.5.2016. 4ª T. (Info 583)*

➘ Impenhorabilidade da pequena propriedade rural.

A pequena propriedade rural, trabalhada pela família, é impenhorável, ainda que dada pelos proprietários em garantia hipotecária para financiamento da atividade produtiva. *REsp 1.368.404-SP, Rel. Min. Maria Isabel Gallotti, DJe 23.11.2015. 4ª T. (Info 574)*

➘ Invalidade da penhora sobre a integralidade de imóvel submetido a "time sharing".

É inválida a penhora da integralidade de imóvel submetido ao regime de multipropriedade ("time-sharing") em decorrência de dívida de condomínio de responsabilidade do organizador do compartilhamento. *REsp 1.546.165-SP, Rel. p/ ac. Min. João Otávio de Noronha, DJ 6.9.2016. 3ª T. (Info 589)*

➘ Momento para requerimento da adjudicação.

A adjudicação poderá ser requerida após resolvidas as questões relativas à avaliação do bem penhorado e antes de realizada a hasta pública. O limite temporal para requerimento da adjudicação, embora não esteja claro na legislação, consoante doutrina, parece ser o início da hasta pública. *REsp 1.505.399-RS, Rel. Min. Maria Isabel Gallotti, DJe 12.5.2016. 4ª T. (Info 583)*

➘ Ordem de nomeação à penhora de cota de fundo de investimento. Recurso repetitivo. Tema 913.

A cota de fundo de investimento não se subsume à ordem de preferência legal disposta no inciso I do art. 655 do CPC/73 (ou no inciso I do art. 835 do NCPC). *REsp 1.388.642-SP, Rel. Min. Marco Aurélio Bellizze, 2ª S., DJ 6.9.2016. (Info 589)*

➘ Recusa de nomeação à penhora de cotas de fundo de investimento. Recurso repetitivo. Tema 913.

A recusa da nomeação à penhora de cotas de fundo de investimento, reputada legítima a partir das particularidades de cada caso concreto, não encerra, em si, excessiva onerosidade ao devedor, violação do recolhimento dos depósitos compulsórios e voluntários do Banco Central do Brasil ou afronta à impenhorabilidade das reservas obrigatórias. *REsp 1.388.642-SP, Rel. Min. Marco Aurélio Bellizze, 2ª S., DJ 6.9.2016. (Info 589)*

2.3. DOS EMBARGOS DO DEVEDOR

➘ Cabimento de embargos à adjudicação.

Cabem embargos à adjudicação sob alegação de não ter sido excluída da obrigação exequenda a capitalização de juros conforme determinado pela sentença proferida em anteriores embargos à execução. *REsp 1.173.304-SP, Rel. Min. Luis Felipe Salomão, DJe 1º.2.2016. 4ª T. (Info 575)*

➘ Prévia intimação na prescrição intercorrente.

Em execução de título extrajudicial, o credor deve ser intimado para opor fato impeditivo à incidência da prescrição intercorrente antes de sua decretação de ofício. *REsp 1.589.753-PR, Rel. Min. Marco Aurélio Bellizze, DJe 31.5.2016. 3ª T. (Info 584)*

3. DO PROCESSO CAUTELAR

3.1. DOS PROCEDIMENTOS CAUTELARES ESPECÍFICOS

➘ Ação cautelar de arrolamento. Prévia indisponibilidade de bens. Interesse de agir. Existência.

A prévia indisponibilidade de bens não implica a falta de interesse do Ministério Público para propositura da cautelar de arrolamento de bens. *REsp 1.375.540-RJ, Rel. Min. Nancy Andrighi, DJe 21.10.2016. 3ª T. (Info 592)*

➘ "Crediscore" e interesse de agir em ação cautelar de exibição de documentos. Recurso repetitivo. Tema 915.

Em relação ao sistema "credit scoring", o interesse de agir para a propositura da ação cautelar de exibição de documentos exige, no mínimo, a prova de: i) requerimento para obtenção dos dados ou, ao menos, a tentativa de fazê-lo à instituição responsável pelo sistema de pontuação, com a fixação de prazo razoável para atendimento; e ii) que a recusa do crédito almejado ocorreu em razão da pontuação que lhe foi atribuída pelo sistema "scoring". *REsp 1.304.736-RS, Rel. Min. Luis Felipe Salomão, 2ª S., DJe 30.3.2016. (Info 579)*

➘ Termo inicial do prazo para oferecimento de resposta pelo devedor fiduciante em ação de busca e apreensão de bem.

Em ação de busca e apreensão de bem alienado fiduciariamente, o termo inicial para a contagem do prazo de quinze dias para o oferecimento de resposta pelo devedor fiduciante é a data de juntada aos autos do mandado de citação devidamente cumprido, e não a data da execução da medida liminar. *REsp 1.321.052-MG, Rel. Min. Ricardo Villas Bôas Cueva, DJe 26.8.2016. 3ª T. (Info 588)*

4. DOS PROCEDIMENTOS ESPECIAIS

4.1. DOS PROCEDIMENTOS ESPECIAIS DE JURISDIÇÃO CONTENCIOSA

4.1.1. DA AÇÃO DE PRESTAÇÃO DE CONTAS

➘ Ação de prestação de contas. Revisão de cláusulas contratuais. Impossibilidade. Recurso repetitivo. Tema 908.

Tendo em vista a especialidade do rito, não se comporta no âmbito da prestação de contas a pretensão de alterar ou revisar cláusula contratual. As contas devem ser prestadas, com a exposição, de forma mercantil, das receitas e despesas, e o respectivo saldo (CPC/73, art. 917). A apresentação das contas e o respectivo julgamento devem ter por base os pressupostos assentados ao longo da relação contratual existente entre as partes. *REsp 1.497.831-PR, Rel. p/ ac. Min. Maria Isabel Gallotti, DJe 7.11.2016. 2ª S. (Info 592)*

➘ Ausência de prejudicialidade entre a morte do interditando e a ação de prestação de contas ajuizada por ele.

A morte do interditando no curso de ação de interdição não implica, por si só, a extinção do processo sem resolução de mérito da ação de prestação de contas por ele ajuizada mediante seu curador provisório, tendo o espólio legitimidade para prosseguir com a ação de prestação de contas. *REsp 1.444.677-SP, Rel. Min. João Otávio de Noronha, DJe 9.5.2016. 3ª T. (Info 583)*

4.1.2. DAS AÇÕES POSSESSÓRIAS

➘ Ajuizamento de ação possessória por invasor de terra pública contra outros particulares.

É cabível o ajuizamento de ações possessórias por parte de invasor de terra pública contra outros particulares. *REsp 1.484.304-DF, Rel. Min. Moura Ribeiro, DJe 15.3.2016. 3ª T. (Info 579)*

➘ Contrato de compra e venda com reserva de domínio e proteção possessória requerida por vendedor.

Ainda que sem prévia ou concomitante rescisão do contrato de compra e venda com reserva de domínio, o vendedor pode, ante o inadimplemento do comprador, pleitear a proteção possessória sobre o bem móvel objeto da avença. *REsp 1.056.837-RN, Rel. Min. Marco Buzzi, DJe 10.11.2015. 4ª T. (Info 573)*

4.1.3. DA AÇÃO DE DIVISÃO E DA DEMARCAÇÃO DE TERRAS PARTICULARES

➘ Hipótese de inexistência de litisconsórcio passivo necessário em ação demarcatória.

Em ação demarcatória de parte de imóvel, é facultativo – e não necessário – o litisconsórcio passivo entre o réu e os confinantes da área do bem que não é objeto de demarcação. Nas demarcatórias parciais, há o litisconsórcio passivo necessário entre demandante e os vizinhos lindeiros da área específica cuja demarcação é pretendida. É essa a única interpretação cabível do disposto no art. 950 do CPC/73. Tratamento diverso se dá aos demais confinantes da área que não é objeto de demarcação, pois, quanto a estes, não há litisconsórcio passivo necessário, apenas facultativo. Nesse sentido, há entendimento doutrinário sobre o art. 950 do CPC/73, segundo o qual, "são legitimados passivamente todos os confinantes da área demarcanda; se a demarcação for parcial, são réus os confinantes da área a ser demarcada, e não os demais, o que é óbvio". *REsp 1.599.403-MT, Rel. Min. João Otávio de Noronha, DJe 1.7.2016. 3ª T. (Info 586)*

4.1.4. DOS EMBARGOS DE TERCEIRO

➘ Aplicação do princípio da causalidade para verbas sucumbenciais em embargos de terceiro. Recurso repetitivo. Tema 872.

Nos embargos de terceiro cujo pedido foi acolhido para desconstituir a constrição judicial, os honorários advocatícios serão arbitrados com base no princípio da causalidade, responsabilizando-se o atual proprietário (embargante), se este não atualizou os dados cadastrais; os encargos de sucumbência serão suportados pela parte embargada, porém, na hipótese em que esta, depois de tomar ciência da transmissão do bem, apresentar ou insistir na impugnação ou recurso para manter a penhora sobre o bem cujo domínio foi transferido para terceiro. *REsp 1.452.840-SP, Rel. Min. Herman Benjamin, 1ª S., DJ 5.10.2016. (Info 591)*

4.1.5. DA AÇÃO MONITÓRIA

➘ Ação Monitória. Prova escrita. Juízo de Probabilidade. Correspondência eletrônica. E-mail. Documento hábil a comprovar a relação contratual e existência de dívida.

O correio eletrônico (e-mail) pode fundamentar a pretensão monitória, desde que o juízo se convença da verossimilhança das alegações e da idoneidade das declarações. *REsp 1.381.603-MS, Rel. Min. Luis Felipe Salomão, DJe 11.11.2016. 4ª T. (Info 593)*

➘ Contrato de arrendamento rural como prova escrita para ação monitória.

O contrato de arrendamento rural que, a despeito da vedação prevista no art. 18, par. ún., do Dec. 59.566/66, estabelece pagamento em quantidade de produtos agrícolas pode ser usado como prova escrita para instruir ação monitória. *REsp 1.266.975-MG, Rel. Min. Ricardo Villas Bôas Cueva, DJe 28.3.2016. 3ª T. (Info 580)*

➘ Natureza jurídica da conversão do mandado monitório em título executivo.

Em ação monitória, após o decurso do prazo para pagamento ou entrega da coisa sem a oposição de embargos pelo réu, o juiz não poderá analisar matérias de mérito, ainda que conhecíveis de ofício. *REsp 1.432.982-ES, Rel. Min. Marco Aurélio Bellizze, DJe 26.11.2015. 3ª T. (Info 574)*

Direito da Criança e do Adolescente

Luciano Alves Rossato

TABELA DE INCIDÊNCIA DE QUESTÕES

Distribuição das questões organizada por ordem didática de assuntos		
Assunto	**Número de Questões**	**Peso**
1. DISPOSIÇÕES GERAIS	13	15,12%
2. CONSELHO TUTELAR	14	16,28%
3. DOS CONSELHOS DE DIREITOS DA CRIANÇA E DO ADOLESCENTE	1	1,16%
4. DO ESTÁGIO E DO TRABALHO DA CRIANÇA E ADOLESCENTE	57	66,28%
5. TUTELA COLETIVA DOS DIREITOS FUNDAMENTAIS DA CRIANÇA E DO ADOLESCENTE	1	1,16%
Total	**86**	**100%**

Direito da Criança e do Adolescente

Luciano Alves Rossato

✦ QUESTÕES

1. DISPOSIÇÕES GERAIS

01. FGV - 2023 - TST - Juiz do Trabalho

A Constituição da República de 1988 (Art. 227) estabelece que é dever da família, da sociedade e do Estado assegurar à criança, ao adolescente e ao jovem, com absoluta prioridade, o direito à vida, à saúde, à alimentação, a educação, ao lazer, a profissionalização, à cultura, à dignidade, ao respeito, à liberdade e à convivência familiar e comunitária, além de colocá-los a salvo de toda forma de negligência, discriminação, exploração, violência, crueldade e opressão.

Tendo em vista os princípios relacionados a esse tema, é INCORRETO afirmar que:

a) o reconhecimento do estado de filiação é direito personalíssimo, indisponível e imprescritível, podendo ser exercitado contra os pais ainda em vida, excluídos os herdeiros sem qualquer restrição, observado o segredo de Justiça;

b) será garantida a convivência da criança e do adolescente com a mãe ou o pai privado de liberdade, por meio de visitas periódicas promovidas pelo responsável ou, nas hipóteses de acolhimento institucional, pela entidade responsável, independentemente de autorização judicial;

c) a mãe e o pai, ou os responsáveis, têm direitos iguais e deveres e responsabilidades compartilhados no cuidado e na educação da criança, devendo ser resguardado o direito de transmissão familiar de suas crenças e culturas, assegurados os direitos da criança estabelecidos em lei;

d) a permanência da criança e do adolescente em programa de acolhimento institucional não se prolongará por mais de dezoito meses, salvo comprovada necessidade que atenda ao seu superior interesse, devidamente fundamentada pela autoridade judiciária;

e) a criança e o adolescente têm o direito de ser educados e cuidados sem o uso de castigo físico ou de tratamento cruel ou degradante, como formas de correção, disciplina, educação ou qualquer outro pretexto, pelos pais, pelos integrantes da família ampliada, pelos responsáveis, pelos agentes públicos executores de medidas socioeducativas ou por qualquer pessoa encarregada de cuidar deles, tratá-los, educá-los ou protegê-los.

COMENTÁRIOS

Alternativa "A": correta – afirmação falsa. O reconhecimento do estado de filiação é direito personalíssimo, indisponível e imprescritível, podendo ser exercitado contra os pais ou seus herdeiros, sem qualquer restrição, observado o segredo de Justiça (art. 27, Estatuto).

Alternativa "B": incorreta – afirmação correta. Será garantida a convivência da criança e do adolescente com a mãe ou o pai privado de liberdade, por meio de visitas periódicas promovidas pelo responsável ou, nas hipóteses de acolhimento institucional, pela entidade responsável, independentemente de autorização judicial (art. 19, § 4º, Estatuto).

Alternativa "C": incorreta – afirmação correta. A mãe e o pai, ou os responsáveis, têm direitos iguais e deveres e responsabilidades compartilhados no cuidado e na educação da criança, devendo ser resguardado o direito de transmissão familiar de suas crenças e culturas, assegurados os direitos da criança estabelecidos nesta Lei (art. 22, parágrafo único, Estatuto).

Alternativa "D": incorreta – afirmação correta. A permanência da criança e do adolescente em programa de acolhimento institucional não se prolongará por mais de 18 (dezoito meses), salvo comprovada necessidade que atenda ao seu superior interesse, devidamente fundamentada pela autoridade judiciária (art. 19, § 2º, Estatuto).

Alternativa "E": incorreta – afirmação correta. A criança e o adolescente têm o direito de ser educados e cuidados sem o uso de castigo físico ou de tratamento cruel ou degradante, como formas de correção, disciplina, educação ou qualquer outro pretexto, pelos pais, pelos integrantes da família ampliada, pelos responsáveis, pelos agentes públicos executores de medidas socioeducativas ou por qualquer pessoa encarregada de cuidar deles, tratá-los, educá-los ou protegê-los (art. 18-A, caput, Estatuto).

Gabarito: "A".

---

02. (TRT 1 – Juiz do Trabalho Substituto 1ª Região/2016) NÃO está compreendido, nos termos do Estatuto da Criança e do Adolescente – ECA (Lei nº 8.069/90), dentro do direito ao respeito à criança e do adolescente, a preservação

a) da imagem.

b) dos recursos materiais.

c) dos objetos pessoais.

d) das ideias.

e) da autonomia.

COMENTÁRIOS

✪ **Notas do autor:** observando-se que a criança e o adolescente é uma pessoa em peculiar condição de desenvolvimento, dotada de direitos fundamentais, deve-lhe ser assegurado o direito ao respeito, que consiste na inviolabilidade da integridade física, psíquica e moral da criança e do adolescente, abrangendo a preservação da imagem, da identidade, da autonomia, dos valores, ideias e crenças, dos espaços e objetos pessoais (art. 17 *caput* do Estatuto).

Alternativa Correta: letra B. Como visto na nota acima, a preservação dos recursos materiais não está contida no direito ao respeito à criança e ao adolescente. Exclui automaticamente as demais alternativas.

Gabarito: B.

---

03. (TRT 1 – Juiz do Trabalho Substituto 1ª Região/2016) NÃO é dever da comunidade e da sociedade em geral assegurar ao adolescente, com absoluta prioridade, o direito

a) ao esporte.

b) ao lazer.

c) à cultura.

d) ao ensino superior.

e) à convivência familiar.

COMENTÁRIOS

✪ **Notas do autor:** o art. 227 da Constituição Federal tratou do dever jurídico imposto à família, à sociedade e ao Estado de observar os direitos fundamentais da criança e do adolescente.

Alternativa Correta: letra D. Ao analisar o art. 227 da Constituição Federal, verifica-se que que o Texto Fundamental determina a observância do direito à educação. Por sua vez, o art. 208 indica que o dever do Estado com a educação será efetivado mediante a garantia de educação básica obrigatória e gratuita, bem como de progressiva universalização do ensino médio gratuito. Não há alusão ao ensino superior. Exclui automaticamente as demais alternativas.

Gabarito: D.

---

04. (TRT 1 – Juiz do Trabalho Substituto 1ª Região/2016) É considerado tratamento cruel à criança ou adolescente, conforme disposição expressa do Estatuto da Criança e do Adolescente – ECA:

a) ridicularização.

b) castigo físico.

c) admoestação.

d) obtemperação.

e) menoscabo.

COMENTÁRIOS

✪ **Notas do autor:** o Estatuto da Criança e do Adolescente foi alterado pela Lei n. 13.010/2014, proveniente do Projeto de Lei "Menino Bernardo", uma adaptação do antigo Projeto de Lei da Palmada. Para tanto, foram introduzidos os artigos 18-A e 18-B no Estatuto da Criança e do Adolescente, assegurando-lhes o direito de ser educados e cuidados sem o uso de castigo físico ou de tratamento cruel ou degradante, como formas de correção, disciplina, educação ou qualquer outro pretexto, pelos pais, pelos integrantes da família ampliada, pelos responsáveis, pelos agentes públicos executores de medidas socioeducativas ou por qualquer pessoa encarregada de cuidar deles, tratá-los, educá-los ou protegê-los.

Alternativa Correta: letra A. Em conformidade com o parágrafo único, inciso II, do art. 18-A, é considerado tratamento cruel ou degradante a conduta ou forma cruel de tratamento em relação à criança ou ao adolescente que, entre outras condutas, cause-lhe ridicularização (letra c). O castigo físico, por sua vez, é a ação de natureza disciplinar ou punitiva aplicada com o uso da força física sobre a criança ou o adolescente que resulta em sofrimento físico ou lesão. Exclui automaticamente as demais alternativas.

Gabarito: A.

---

05. (FCC – Juiz do Trabalho Substituto 1ª Região/2014) O trabalho infantil artístico poderá ser autorizado

a) pelo conselho de direitos da criança e do adolescente.

b) por meio do compromisso de ajustamento de conduta firmado com o Ministério Público.

c) pelos detentores do poder familiar.

d) pela autoridade judiciária competente.

e) pelo conselho tutelar.

COMENTÁRIOS

Notas do autor: considera-se trabalho infantil aquele realizado por quem tenha idade inferior à permitida pela legislação local. No caso brasileiro, será assim considerado aquele executado por pessoa que tenha menos de dezesseis anos, salvo na condição de aprendiz, a partir dos catorze anos. A Convenção n. 138 da OIT, por outro lado, abre uma exceção e permite o trabalho artístico infantil por quem tenha idade inferior à estabelecida por lei. Questiona-se, assim, se há necessidade ou não de autorização para a realização dessa atividade.

Alternativa Correta: letra "D". Consoante o art. 149 do Estatuto da Criança e do Adolescente, compete ao Juiz da Vara da Infância e da Juventude autorizar a participação de criança e adolescente em espetáculo público, assim compreendido o trabalho artístico infantil. A partir da Emenda Constitucional nº 45, discutiu-se se tal competência não seria da Justiça do Trabalho. Nos anos de 2014 e 2015, o debate se acentuou, sendo expedida recomendação pelo MPT no sentido de que fosse solicitada autorização à Justiça do Trabalho. No mesmo sentido, o TRT da 2ª. Região, por exemplo, expediu ato interno (Provimento conjunto da Presidência e Corregedoria), disciplinando o processamento do pedido de autorização. Foi ajuizada ADI, sendo concedida a medida cautelar pleiteada, para suspender os efeitos de tais atos (ADI nº 5.326). Sendo assim, até o julgamento da aludida ADI, o entendimento dominante deverá ser o de que a autorização será expedida pela Vara da Infância e da Juventude, aliás, como reconheceu o Ministro Marco Aurélio de Mello, Relator da ação que tramita no STF. Exclui automaticamente as demais alternativas.

Gabarito: D.

---

06. (FCC – Juiz do Trabalho Substituto 6ª Região/2015) A proibição do trabalho infantil fundamenta-se no princípio da proteção integral da criança e do adolescente que, por sua vez, reconhece que a infância é o período de vida destinado a atividades lúdicas, à prática de esportes, à convivência familiar e comunitária, ao acesso à educação, neste último caso, estendendo-a à profissionalização e para o aprendizado acadêmico, na busca de sua formação humana. Esse entendimento somente se consolidou com o advento da Constituição Federal de

a) 37 e do Código de Menores.

b) 37 e do Código de Mello Mattos.

c) 88 e do Estatuto da Criança e do Adolescente.

d) 88 e do Código de Menores.

e) 88 e do Código de Mello Mattos.

COMENTÁRIOS

Notas do autor: a Constituição Federal importou na modificação do paradigma jurídico do trato da infância e da juventude. Antes, vigorava a doutrina da situação irregular, pela qual o menor era considerado objeto de proteção. A partir da Constituição Federal, adotou-se a doutrina da proteção integral, pela qual a criança e o adolescente são sujeitos de direitos.

Alternativa Correta: letra "C". A Constituição Federal importou na adoção da proteção integral, com a previsão de uma verdadeira declaração de direitos. Ocorre que tal paradigma foi consolidado com o Estatuto da Criança e do Adolescente. Há de ser ter muita cautela, pois não foi o Estatuto que implementou a doutrina da proteção integral, mas a consolidou em definitivo. Exclui automaticamente as demais alternativas.

Gabarito: C.

---

07. (FCC – Juiz do Trabalho Substituto 15ª Região/2015) De acordo com a normativa vigente, a respeito do enfrentamento à exploração do trabalho infantil,

a) não é considerada exploração do trabalho infantil a inclusão de adolescente entre 14 e 16 anos em obras públicas, para atividades de pequena complexidade e esforço, quando ficar caracterizada a situação de extrema pobreza da família.

b) não é considerada exploração do trabalho infantil a contratação de adolescente a partir dos 16 anos de idade, em trabalho noturno, caso reste constatado que esse estava em situação de rua e desde que inserido paralelamente em programa de complementação de renda.

c) é considerada exploração do trabalho infantil a contratação, como aprendiz, de adolescente a partir dos 14 anos, para desenvolver atividade educativa.

d) é considerada exploração do trabalho infantil a contratação que esteja de acordo com a antiga doutrina da proteção integral.

e) é considerada exploração do trabalho infantil também a forma invisível de sua configuração, como o trabalho infantil doméstico.

COMENTÁRIOS

Notas do autor: o trabalho infantil é realizado de várias formas, algumas explícitas e outras implícitas.

Alternativa "A": incorreta. A situação de miserabilidade não justifica o trabalho infantil. Exige que o Poder Público tome as providências necessárias para que haja a superação de tal situação.

Alternativa "B": incorreta. É vedado o trabalho noturno por menores de dezoito anos.

Alternativa "C": incorreta. É permitida a aprendizagem a partir dos catorze anos.

Alternativa "D": incorreta. A doutrina da proteção integral é a atualmente predominante no ordenamento jurídico brasileiro.

Alternativa Correta: letra "E". O trabalho infantil é aquele realizado por pessoa que tenha idade inferior a prevista na lei para o início das atividades laborais. No caso do trabalho doméstico, além da proibição geral, também deve ser registrado que a atividade se encontra prevista entre as Piores Formas de Trabalho Infantil (LISTA TIP).

Gabarito: E.

---

08. (FCC – Juiz do Trabalho Substituto 24ª Região/2015) A partir da edição do Estatuto da Criança e do Adolescente, passou-se a evitar o vocábulo menor. Porém, no âmbito do Direito do Trabalho, tal palavra não carrega seu efeito negativo, mantendo-se sua utilização nesse campo. Tal discussão foi enfrentada pelo Direito do Trabalho porque o Estatuto da Criança e do Adolescente trouxe consigo a doutrina

a) da proteção integral.
b) da indiferença legal.
c) higienista.
d) assistencialista.
e) da situação irregular.

COMENTÁRIOS

✪ **Notas do autor:** antes da introdução do Direito da Criança e do Adolescente, empregava-se a expressão menor com efeito pejorativo, como uma pecha atribuída a uma pessoa que se encontra em situação irregular. Note-se, essa conclusão, com uma frase de jornal: "menor assalta criança". Com o Direito da Criança e do Adolescente, que encampou a doutrina da proteção integral, passou a observar a universalidade infância e não somente aqueles que se encontrassem em situação irregular. Todas as crianças e adolescentes têm direitos e merecem a proteção especial. No Direito do Trabalho, de outro lado, ainda se utiliza com frequência a expressão "menor", como uma pessoa que tem a idade inferior a dezoito anos, sem, contudo, a pecha de pessoa em situação irregular, tanto que protege o "trabalho do menor".

Alternativa Correta: letra "A". Pela doutrina da proteção integral, a criança e o adolescente são considerados sujeitos de direitos. Foi incorporada pela Constituição Federal e consolidada em definitivo pelo Estatuto da Criança e do Adolescente. Rompeu com o modelo anterior, da doutrina da situação irregular, pelo qual o menor era considerado objeto de proteção. Exclui automaticamente as demais alternativas.

Gabarito: A.

---

09. (TRT 2 – Juiz do Trabalho Substituto 2ª Região/2014) Em relação ao trabalho infantil e do adolescente, observe as proposições abaixo e responda a alternativa que contenha proposituras corretas:

I. Cabe ao Poder Judiciário a autorização para trabalho infantil artístico, apreendido economicamente por outrem ou não, a pessoas com menos de 14 anos, desde que comprovado que a atividade seja indispensável à sua sobrevivência ou de seus pais, avós ou irmãos.

II. Se no exercício de suas funções o juiz tiver conhecimento de ato ofensivo a direitos individuais, difusos ou coletivos de criança ou adolescente que possa ensejar a propositura de ação civil, remeterá peças ao Ministério Público para as providências necessárias.

III. É proibido o trabalho do trabalhador doméstico com idade inferior a 18 anos.

IV. É proibido ao adolescente o trabalho noturno e em empresas que desenvolvem atividades perigosas e insalubres, em quaisquer funções.

V. Nos termos da Convenção 138 da OIT, ratificada pelo Brasil, a idade mínima para o trabalho não poderá ser inferior à idade de conclusão da escolaridade compulsória.

Está correta a alternativa:

a) I, II e IV.
b) I, III e V.
c) I, III e IV.
d) II, IV e V.
e) II, III e V.

COMENTÁRIOS

✪ **Notas do autor:** vários são os documentos internacionais que se referem aos direitos de crianças e adolescentes trabalhadores. Aliás, a propósito, é possível identificar um verdadeiro Sistema Internacional de Tutela de Crianças e Adolescentes Trabalhadores, destacando-se a Convenção 138 da OIT sobre a Idade Mínima para a Admissão em Emprego ou Trabalho.

Alternativa correta: letra "e".

Assertiva I. Incorreta. A possibilidade de permissão do trabalho artístico infantil encontra amparo no art. 8º, item 1, da Convenção 138/1973, da OIT. Autoriza-se, dessa maneira, o trabalho artístico por crianças e adolescentes, como exceção à regra constitucional, desde que sejam observadas garantias atreladas ao meio de desenvolvimento do trabalho, tempo utilizado, entre outras garantias. Em consonância com a mesma Convenção, há necessidade de autorização judicial para que esse trabalho possa ser desenvolvido. A propósito, prevê o art. 149, do Estatuto, que o juiz autorizará, mediante alvará, o desempenho de tal atividade. A menção de que a ocupação "é indispensável à sua própria subsistência ou à de seus pais, avós ou irmãos" está registrada no § 2º, do art. 405, da CLT, ao indicar a necessidade de autorização do juiz para o trabalho de "menores" nas ruas, praças e outros logradouros.

Assertiva II. Correta. A ação civil pública poderá ser utilizada para a tutela de interesses difusos, coletivos, individuais homogêneos e individuais indisponíveis de crianças e adolescentes. Poderá ser proposta, entre outros legitimados, pelo Ministério Público.

Assertiva III. Correta. De acordo com a Convenção 182 da OIT, compete a cada Estado relacionar a denominada Lista TIP – Lista das Piores Formas de Trabalho Infantil, consistentes em atividades que não poderão ser desempenhadas por adolescentes, mas somente por adultos. E assim o fez o Brasil por meio do Decreto no. 6.481/2008, que regulamentou os artigos 3º, alínea d, e 4º, da Convenção 182 da OIT. Na listagem anexada ao Decreto aludido, encontra-se o trabalho doméstico, de modo que este não poderá ser desempenhado por adolescentes.

Assertiva IV. Incorreta. De fato, o adolescente não poderá desempenhar qualquer trabalho em período noturno. Também não poderá realizá-lo em atividades perigosas ou insalubres. Porém, ainda que a empresa desempenhe atividade perigosa ou insalubre, é possível que existam funções que não se enquadrem nesse perfil, permitindo-se, por isso, o trabalho de adolescentes.

Assertiva V. Correta. Previsão constante no art. 2º, item 3, da Convenção.

Gabarito: E.

---

10. (TRT 22 – Juiz do Trabalho Substituto 22ª Região/2013) Marque a alternativa ERRADA.

A garantia de prioridade absoluta em favor da criança e do adolescente (Estatuto da Criança e do Adolescente), para que lhes sejam assegurados os direitos referentes à vida, à saúde, à alimentação, à educação, ao esporte, ao lazer, à profissionalização, à cultura, à dignidade, ao respeito, à liberdade e à convivência familiar e comunitária, compreende:

a) primazia de receber proteção e socorro em quaisquer circunstâncias;
b) precedência de atendimento nos serviços públicos;
c) preferência na formulação e na execução das políticas sociais públicas;
d) destinação privilegiada de recursos públicos nas áreas relacionadas com a proteção à infância e à juventude;
e) precedência de atendimento nos serviços públicos e privados.

COMENTÁRIOS

✪ **Notas do autor:** os artigos 227, da Constituição Federal, e 4º, do Estatuto, asseguram a prioridade absoluta em favor da criança e do adolescente, tornando-as credoras de prestações positivas da família, da sociedade e do Estado.

Alternativa "a" (responde as alternativas "b", "c" e "d"). Todas as alternativas estão em consonância com o artigo 4º, do Estatuto.

Alternativa Incorreta: letra "e". O artigo 4º, do Estatuto, enumera, exemplificativamente, algumas hipóteses que caracterizam a prioridade absoluta. Entre elas, não se encontra a precedência de atendimento nos serviços privados.

Gabarito: E.

---

11. (TRT 22 – Juiz do Trabalho Substituto 22ª Região/2013) Acerca dos direitos fundamentais outorgados à criança e ao adolescente, marque a alternativa **INCORRETA**:

a) é assegurado à gestante, por meio do Sistema Único de Saúde, o atendimento prénatal, assegurando-se assistência psicológica à gestante, como forma de prevenir ou minorar as consequências do estado puerperal, impondo-se, sempre que possível, o atendimento da parturiente pelo mesmo médico que acompanhou a fase pré-natal;
b) o direito à liberdade compreende, além de outros, o direito de ir, vir e estar nos logradouros públicos e espaços comunitários, salvo as restrições decorrentes de lei, e de buscar refúgio, auxílio e orientação;
c) é dever do Estado velar pela dignidade da criança e do adolescente, pondo-os a salvo de qualquer tratamento desumano, violento, aterrorizante, vexatório ou constrangedor;
d) para a colocação em família substituta, sempre que possível, deve-se, previamente e por meio de equipe interprofissional, ouvir a criança ou adolescente, respeitado seu estágio de desenvolvimento e grau de compreensão sobre as implicações da medida, que terá sua opinião devidamente considerada;
e) o programa social que tenha por base o trabalho educativo, sob responsabilidade de entidade governamental ou não-governamental sem fins lucrativos, deverá assegurar ao adolescente que dele participe condições de capacitação para o exercício de atividade regular remunerada.

COMENTÁRIOS

✪ **Notas do autor:** os direitos fundamentais da criança e do adolescente possuem uma natureza especial, tanto sob o aspecto quantitativo, quanto qualitativo. Sob o primeiro aspecto, tem-se que aquele público possui mais direitos que os próprios adultos, existindo alguns que lhe são específicos, como ocorre com o direito fundamental à convivência familiar e comunitário e o de não trabalhar para os menores de dezesseis anos, salvo na condição de aprendiz.

Alternativa "a". A Lei 12.010/2009 alterou o Estatuto para prever, entre as obrigações do Poder Público, de oferecer atendimento psicológico à gestante no período pré e pós-natal, como forma de minorar as consequências do estado puerperal e, assim, dar continuidade à família natural.

Alternativa "b". O direito à liberdade é considerado em seu sentido amplo, que encampa várias liberdades, como, por exemplo, a de ir e vir em logradouros públicos e privados.

Alternativa correta: letra "c". Observando-se a alternativa, verifica-se que o examinador incluiu entre as incorretas uma afirmação em dissonância com a literalidade do disposto no art. 18, do Estatuto, pois atribuiu ao Estado o dever de velar pela dignidade da criança, enquanto tal dever é de todos.

Alternativa "d". Por consequência da Doutrina da Proteção Integral, a opinião da criança e do adolescente deve ser levada em consideração antes que seja tomada qualquer decisão judicial que lhe diga respeito. O Estatuto determina, ainda, que, para a colocação em família substituta (guarda, tutela e adoção), haja o consentimento do adolescente.

Alternativa "e". O trabalho educativo será prestado por uma entidade de atendimento, que pode ser governamental ou não governamental. Em ambos os casos, haverá necessidade de inscrever o programa junto ao Conselho Municipal dos Direitos da Criança e do Adolescente. Ocorre que, diferentemente, sendo entidade não governamental, somente poderá funcionar se promover o seu registro junto ao Conselho Municipal dos Direitos da Criança e do Adolescente.

Gabarito: C.

---

12. (TRT – JTS 2ª RG/ 2012) A garantia de prioridade absoluta assegurada à criança e ao adolescente concernente a efetivação dos direitos referentes à vida, à saúde, à alimentação, à educação, ao esporte, ao lazer, à profissionalização e à cultura, dentre outros, compreende:

a) Procedência de atendimento apenas nos serviços públicos.

b) Primazia de receber proteção e socorro em circunstâncias pré-estabelecidas pelo Poder Público.

c) Preferência exclusiva na formulação das políticas sociais públicas.

d) Destinação privilegiada de recursos públicos nas áreas relacionadas com a proteção à infância e à juventude.

e) Apenas os deveres da família e do poder público na adoção destas medidas prioritárias.

COMENTÁRIOS

✪ **Notas do autor:** o art. 227, da Constituição Federal, assegura a garantia da prioridade absoluta à criança, ao adolescente e ao jovem, por conta de sua situação de pessoa em desenvolvimento. Trata-se de uma forma de "equilibrar a balança", na medida em que trata os desiguais de forma desigual, na medida de sua desigualdade. Tal prioridade foi regulamentada no art. 4º, do Estatuto.

Alternativa "a". Na verdade, o artigo 4º, parágrafo único, letra b, assegura a "precedência de atendimento nos serviços públicos ou de relevância pública";

Alternativa "b". A primazia de receber socorro ocorre em quaisquer circunstâncias.

Alternativa "c". A preferência assegurada ocorre na formulação e na execução das polícias sociais públicas.

Alternativa correta: letra "d". A **Alternativa** está em consonância com o disposto no art. 4º, do Estatuto, que especifica a garantia da prioridade.

Alternativa "e". Trata-se de dever da família, da comunidade, da sociedade em geral e do Poder Público.

Gabarito: D.

---

13. (FCC – JTS 20ª RG/ 2012) Assinale a alternativa INCORRETA.

a) O comando constitucional do *caput* do art. 227 da Constituição Federal, com a redação da Emenda Constitucional nº 65/2010, que estabelece que é dever do Estado, da família e da sociedade, com absoluta prioridade, assegurar à criança, ao adolescente e ao jovem, entre outros, o direito à vida, à saúde, à dignidade e à profissionalização tem no Estatuto da Criança e do Adolescente sua regulamentação principal.

b) A Constituição Federal fixa as bases do conceito da proteção integral da criança e do adolescente, que se insere nos direitos fundamentais de segunda geração e exige do Estado ações concretas e diretas especialmente no âmbito municipal, sendo excepcional a aplicação de medida de privação de liberdade.

c) A Lei nº 12.594/2012 institui o Sistema Nacional de Atendimento Socioeducativo (Sinase) e regulamenta a aplicação de medidas socioeducativas ao adolescente, fixando princípios, regras e critérios para tanto e o dever do Estado em realizar Plano Individual de Atendimento (PIA) com previsão de integração social e/ou capacitação profissional.

d) Os adolescentes usuários do Sistema Nacional de Atendimento (Sinase) podem ocupar vagas de aprendizes em unidades do SENAI e do SESC, desde que autorizados pelos Conselhos da Infância e Juventude e em caráter não oneroso.

e) A Lei nº 8.069/1990 (Estatuto da Criança e do Adolescente) prevê sanções civis, penais e administrativas e fixa o conceito de que a criança e o adolescente são sujeitos de direito com prioridade absoluta, que engloba primazia em receber atenção, socorro e privilégio na destinação de recursos públicos.

COMENTÁRIOS

✪ **Notas do autor:** nenhuma criança ou adolescente será objeto de qualquer forma de negligência, discriminação, exploração, violência, crueldade e opressão, punido na forma da lei qualquer atentado, por ação ou omissão, aos seus direitos fundamentais.

Alternativa "a". O disposto encontra-se em conformidade com o previsto no *caput* do art. 227, da Constituição Federal.

Alternativa "b". Modificando-se com o regime anterior, estabeleceu-se o princípio da municipalização do atendimento.

Alternativa "c". A Lei 12.594/2012 criou o Sinase – Sistema Nacional de Atendimento Socioeducativo, bem como regulamentou a execução das medidas socioeducativas, preenchendo um vazio legislativo de mais de vinte anos. A propósito da execução, determinou a elaboração do PIA – Plano Individual de Atendimento, no qual a entidade de atendimento estabelecerá um norte para a medida socioeducativa, contando com a participação dos envolvidos. Esse plano deverá ser homologado pela autoridade judiciária.

Alternativa Incorreta: letra "d". Não há necessidade de qualquer autorização, devendo ser garantidas tais vagas aos adolescentes que se encontram em cumprimento de medidas socioeducativas por conta da prática de atos infracionais.

Alternativa "e". Conforme informado nas dicas, o Estatuto prevê vários princípios e regras no que tange às relações jurídicas entre a família, a sociedade e o Estado, de um lado, e a criança e o adolescente, do outro. Definiu a criança como sendo a pessoa de até doze anos incompletos e o adolescente aquele que tiver entre 12 e 18 anos incompletos. Aplica-se o Estatuto, excepcionalmente, às pessoas que tenham entre 18 e 21 anos.

Gabarito: D.

2. CONSELHO TUTELAR

14. (TRT 1 – Juiz do Trabalho Substituto 1ª Região/2016) As decisões dos Conselhos Tutelares poderão ser

a) por ele executadas, requisitando serviços públicos de saúde e educação.

b) executadas mediante representação ao Ministério Público.

c) revistas por ato da autoridade do Poder Executivo.

d) executadas com requisição de serviços públicos de qualquer natureza.

e) executadas com representação ao Poder Executivo.

COMENTÁRIOS

✪ Notas do autor: os conselhos tutelares são órgãos inseridos no âmbito da Administração Municipal, muito embora sejam autônomos.

Alternativa Correta: letra A. Entre as atribuições constantes do art. 136 do Estatuto, encontra-se a de executar as suas próprias decisões, requisitando serviços públicos de saúde e de educação.

Alternativa B: incorreta. As decisões dos conselhos tutelares serão executadas pelos próprios órgãos, e não mediante representação do Ministério Público. Tem o conselho o poder de requisição.

Alternativa C: incorreta. Em razão da autonomia que lhe é inerente, as decisões dos conselhos não poderão ser revistas por ato do Poder Executivo. Poderão, contudo, a depender de requerimento de interessado, ser revistas pelo Juiz da Vara da Infância e da Juventude.

Alternativa D: incorreta. Não é a execução de qualquer serviço público que poderá ser requisitada pelo conselho tutelar, mas apenas nas áreas de saúde, educação, serviço social, previdência, trabalho e segurança.

Alternativa E: incorreta. Como já foi dito, serão executadas pelo próprio conselho, independentemente de representação ao Poder Executivo.

Gabarito: A.

15. (FCC – Juiz do Trabalho Substituto 1ª Região/2014) A remuneração dos membros do conselho tutelar será disciplinada pela lei municipal ou distrital, garantindo-se

a) cobertura previdenciária, férias anuais remuneradas, licença-maternidade, adicional de periculosidade e adicional por trabalho noturno.

b) férias anuais remuneradas, salário mínimo regional, licença-maternidade, licença-paternidade e vale transporte.

c) licença-maternidade, licença-paternidade, adicional por trabalho noturno, auxílio-alimentação e gratificação natalina.

d) férias anuais remuneradas acrescidas de 1/3 (um terço) do valor da remuneração mensal, licença-maternidade, licença-paternidade e pagamento das horas extras.

e) cobertura previdenciária, férias anuais remuneradas acrescidas de 1/3 (um terço) do valor da remuneração mensal, licença-maternidade, licença-paternidade e gratificação natalina.

COMENTÁRIOS

✪ Notas do autor: ao contrário dos integrantes dos conselhos de direitos, os conselheiros tutelares deverão ser remunerados. Essa foi uma feliz inovação proporcionada pela Lei 12.696/2012, pois, anteriormente, cada município poderia disciplinar se remuneraria ou não tais membros.

Alternativa Correta: letra "E". Consoante o art. 132 do Estatuto da Criança e do Adolescente, além da remuneração, também devem ser garantidos ao membro do conselho tutelares a cobertura previdenciária, férias anuais remuneradas acrescidas de 1/3 (um terço) do valor da remuneração mensal, licença-maternidade, licença-paternidade e gratificação natalina. Esta alternativa exclui automaticamente as demais alternativas.

Gabarito: E.

16. (FCC – Juiz do Trabalho Substituto 1ª Região/2015) Entre as atribuições do Conselho Tutelar, NÃO se inclui

a) atender e aconselhar os pais e responsáveis pelo assistido.

b) requisitar serviços públicos nas áreas de saúde, educação, serviço social, previdência, trabalho e segurança.

c) encaminhar à autoridade judiciária os casos de sua competência.

d) aplicar penalidades administrativas nos casos de infrações contra norma de proteção à criança ou adolescente.

e) requisitar certidões de nascimento e de óbito de criança ou adolescente quando necessário.

COMENTÁRIOS

✪ **Notas do autor:** as atribuições dos conselhos tutelares estão elencadas em um rol exemplificativo do art. 136 do Estatuto.

Alternativa Correta: letra "D". O ECA contempla um sistema de responsabilização, tipificando infrações criminais e também administrativas. A apuração das infrações administrativas dependerá da instauração de procedimento, em que se assegura a ampla defesa e o contraditório, sendo que, ao final, o Juiz da Vara da Infância e da Juventude poderá aplicar a respectiva penalidade cominada no próprio Estatuto. O Conselho Tutelar, assim, não tem atribuição para a aplicação da penalidade, mas tem o dever de fazer a respectiva comunicação no caso de constatar a ocorrência de qualquer irregularidade que deva ser apurada ou mesmo de infração administrativa. As demais alternativas referem-se a atribuições indicadas no art. 136 do Estatuto.

Gabarito: D.

---

17. (FCC – Juiz do Trabalho Substituto 1ª Região/2015) O processo de escolha dos conselheiros membros do Conselho Tutelar será estabelecido por lei

a) municipal, realizado sob a responsabilidade do Conselho Municipal de Direitos da Criança e do Adolescente e fiscalizado pelo Ministério Público.

b) federal, realizado sob a responsabilidade do Conselho Municipal de Direitos da Criança e do Adolescente e fiscalizado pelo Ministério Público.

c) estadual, realizado sob a responsabilidade do Conselho Municipal de Direitos da Criança e do Adolescente e fiscalizado pelo Ministério Público.

d) estadual, realizado sob a responsabilidade do Conselho Estadual de Direitos da Criança e do Adolescente e fiscalizado pelo Ministério Público.

e) federal, realizado sob a responsabilidade do Conselho Federal de Direitos da Criança e do Adolescente e fiscalizado pelo Ministério Público.

COMENTÁRIOS

✪ **Notas do autor:** os conselheiros tutelares serão escolhidos entre os integrantes da população local. Consolida-se, dessa maneira, o mandamento de que constitui dever da sociedade observar os direitos fundamentais da criança e do adolescente. E a sociedade, por sua vez, escolherá integrantes de seu meio para zelar por tais direitos.

Alternativa Correta: letra "A". O processo de escolha dos integrantes do conselho tutelar será de responsabilidade do conselho municipal dos direitos da criança e do adolescente, fiscalizado pelo Ministério Público. Vê-se, assim, que as atribuições de tais conselhos vão muito além daquelas relacionadas a deliberar sobre ações e programas voltados à infância, integrando, ainda, o registro das entidades de atendimento não governamentais e a inscrição dos programas das entidades de atendimento governamentais e não governamentais. Exclui automaticamente as demais alternativas.

Gabarito: A.

---

18. (FCC – Juiz do Trabalho Substituto 15ª Região/2015) Com relação ao Conselho Tutelar e sua atuação na proteção da criança ou adolescente trabalhador, o órgão

a) encontra-se com sua função identificada dentro do Sistema de Garantia de Direitos, mais precisamente no eixo da defesa, ao lado de outros órgãos que também devem agir na proteção da infância e juventude.

b) detém a atribuição legal para as autuações necessárias em caso de constatação de irregularidades, de forma concorrente com os fiscais do Ministério do Trabalho.

c) detém a atribuição de fiscalização dos locais em que haja crianças ou adolescentes trabalhando, devendo agir de forma isolada, a fim de não comprometer seu relatório final que será encaminhado posteriormente ao Poder Judiciário e Ministério Público.

d) encontra-se apto a atuar como agente fiscalizador se, dentre seus membros, houver Conselheiro que tenha se submetido ao curso de formação temático desenvolvido pelo Ministério do Trabalho e Emprego.

e) atuará sobre os casos que envolver criança, deixando de atuar sobre casos que envolvam adolescente, em razão deste ser considerado sujeito de direitos e protagonista de suas próprias escolhas.

COMENTÁRIOS

✪ **Notas do autor:** os conselhos tutelares são órgãos encarregados pela sociedade de zelar pela observância dos direitos fundamentais da criança e do adolescente.

Alternativa Correta: letra "A". O Sistema de Garantia dos Direitos Humanos de Crianças e Adolescente encontra seu fundamento no art. 86 do Estatuto e se fundamenta no fato de que as ações e programas voltados à infância e à juventude devem ser coordenados e articulados. Tal Sistema foi fortalecido com a Resolução n. 113, retificado pela Resolução n. 117, do Conanda. Tal Resolução tratou do Sistema de Garantia e fixou a existência de três eixos fundamentais: o eixo de defesa dos direitos, de promoção das políticas públicas e de controle. O eixo de defesa se preocupa com o acesso à justiça (e não o simples acesso ao Judiciário), havendo a previsão de atores do Sistema, entre os quais se encontra o Juízo da Vara da Infância e da Juventude, o Ministério Público, os Conselhos Tutelares, entre outros.

Alternativa "B", "C", "D" e "E": incorretas. O Conselho Tutelar não poderá aplicar penalidades a tais entidades, o que somente poderá ocorrer a partir de procedimento judicial que correrá perante a Vara da Infância e da Juventude. Verificando-se a irregularidade, deverá comunicar também a unidade local do Ministério do Trabalho e Emprego.

Gabarito: A.

---

19. (FCC - Juiz do Trabalho Substituto 23ª Região/2015) Recebida denúncia de que determinada criança está exercendo atividade em condições que caracterizam situação de exploração do trabalho infantil, dentro de suas atribuições, deverá o Conselho Tutelar em virtude de disposição legal

a) proceder ao imediato acolhimento institucional da criança, quando verificar que os pais ou responsáveis conheciam a exploração e se beneficiavam diretamente dos valores referentes ao pagamento relativo à atividade executada pela criança.

b) avaliar a situação familiar, verificar se a família está mesmo inserida em programas de transferência de renda e se a criança já foi incluída em algum dos programas de erradicação do trabalho infantil.

c) dirigir-se à Delegacia de Polícia mais próxima, registrando a ocorrência de crime de redução à condição análoga à de escravo, dada a previsão legal expressa de notificação policial compulsória.

d) emitir recomendação à empresa para que cesse a atividade em 5 dias, sob pena de noticiar o caso ao Ministério Público do Trabalho, nos casos em que a exploração do trabalho infantil caracteriza-se pelo exercício de atividade perigosa desenvolvida pela criança.

e) aplicar multa à empresa responsável pela atividade, calculada a partir do lucro anual constatado e, em caso de reiteração após a aplicação da multa, interromper a atividade, se necessário com requisição de força policial.

COMENTÁRIOS

✪ Notas do autor: compete ao Conselho Tutelar zelar pela observância dos direitos fundamentais da criança e do adolescente. Para tanto, constatando a existência de situação de risco a que acometida a criança ou o adolescente, deverá aplicar uma das medidas protetivas indicadas no art. 101 do Estatuto. As atribuições constam do art. 136 do Estatuto.

Alternativa "A": incorreta. O acolhimento institucional não poderá ser aplicado pelo conselho tutelar, pois se trata de medida de proteção de atribuição exclusiva da autoridade judiciária.

Alternativa Correta: letra "B". Deverá o Conselho Tutelar realizar os encaminhamentos necessários, requisitando a implementação de determinados serviços, como o de assistência social.

Alternativas "C", "D" e "E": incorretas. A providência não se encontra prevista entre as hipóteses do art. 136 do Estatuto.

Gabarito: B.

---

20. (TRT 3 - Juiz do Trabalho Substituto 3ª Região/2014) Em relação ao Conselho Tutelar, pode-se afirmar o seguinte:

a) O Conselho Tutelar determinará o acolhimento institucional, quando a criança se encontrar em risco por omissão do agente do Estado.

b) O Conselho Tutelar aplicará medidas socioeducativas que correspondam à execução de decisões por ele tomadas, com vistas à proteção integral e prioritária da criança.

c) Em cada Município haverá, no mínimo, um Conselho Tutelar como órgão integrante da administração pública local, composto de 6 membros, escolhidos pela população local para mandato de 4 anos, permitida uma recondução, mediante novo processo de escolha.

d) O Conselho Tutelar representará ao Ministério Público para efeito das ações de perda ou suspensão do poder familiar, após esgotadas as possibilidades de manutenção da criança ou do adolescente junto à família natural.

e) O Conselho Tutelar, como órgão jurisdicional permanente e autônomo, poderá, em razão deste poder, requisitar serviços públicos nas áreas de saúde, previdência, trabalho e segurança.

COMENTÁRIOS

✪ Notas do autor: o Conselho Tutelar é órgão permanente e autônomo, responsável pela sociedade de zelar pela observância dos direitos fundamentais de crianças e de adolescentes.

Alternativa "a": incorreta. O acolhimento institucional é uma medida protetiva que não poderá ser aplicada pelo Conselho.

Alternativa "b": incorreta. O Conselho Tutelar não poderá aplicar medidas socioeducativas, restritas à autoridade judiciária.

Alternativa "c": incorreta. Cada Conselho será composto por cinco membros, escolhidos pela população local para exercício de mandato de quatro anos.

Alternativa correta: letra "d". Entre as atribuições do Conselho (indicadas em rol exemplificativo do art. 136 do Estatuto), encontra-se a de representar ao Ministério Público para que este ajuíze ações de perda ou de suspensão do poder familiar, quando já tentada a manutenção da criança ou do adolescente junto à família natural.

Alternativa "e": incorreta. O Conselho Tutelar terá o poder de requisição de serviços públicos, sem que, contudo, seja um órgão jurisdicional.

Gabarito: D.

---

21. (FCC – Juiz do Trabalho Substituto 18ª Região/2014) Com a finalidade de fortalecer o órgão responsável por zelar pela proteção e garantias de crianças e adolescentes, alterações legislativas recentes reconheceram direitos aos Conselheiros Tutelares para melhor exercício de seus misteres. Dentre eles, é correto afirmar o direito

a) a férias remuneradas, mas ainda sem o acréscimo de 1/3 do valor da remuneração mensal

b) ao gozo de cobertura previdenciária.

c) a mandato de dois anos, permitida uma recondução.

d) à composição de quatro membros.

e) à licença maternidade e paternidade, mas ainda sem direito à gratificação natalina.

COMENTÁRIOS

✪ **Notas do autor:**a sistemática dos conselhos tutelares foi modificada pela Lei 12.696/2012, sendo atribuídos vários direitos aos conselheiros.

Alternativa "a": incorreta, pois faz jus ao acréscimo de 1/3 do valor da remuneração mensal.

Alternativa correta: letra "b". A cobertura previdenciária não foi propriamente uma novidade da lei, pois já era garantida por decreto.

Alternativa "c": incorreta, pois o mandato será de 04 anos.

Alternativa "d": incorreta. A composição é de cinco membros.

Alternativa "e": incorreta. Faz jus à gratificação natalina.

Gabarito: B.

---

22. (FCC – Juiz do Trabalho Substituto 6ª Região/2013) Relativamente aos Conselhos Tutelares, é correto afirmar:

a) As decisões do Conselho Tutelar poderão ser revistas ex officio pela autoridade judiciária.

b) São órgãos jurisdicionais, permanentes e autônomos, encarregados pela sociedade de zelar pelo cumprimento dos direitos da criança e do adolescente.

c) Para ser Conselheiro tutelar, o candidato precisa residir no mesmo Município em que instalado o órgão, ter reconhecida idoneidade moral, além de ter atingido a maioridade civil.

d) Em cada Município e em cada Região Administrativa do Distrito Federal haverá, no mínimo, um Conselho Tutelar como órgão integrante da administração pública local, composto de cinco membros, escolhidos pela população local para mandato de quatro anos, permitida uma recondução, mediante novo processo de escolha.

e) Lei federal disporá sobre o local, dia e horário de funcionamento do Conselho Tutelar, inclusive quanto à remuneração dos respectivos membros.

COMENTÁRIOS

✪ **Notas do autor:** os Conselhos Tutelares são órgãos responsáveis por zelar pela observância dos direitos fundamentais da criança e do adolescente. A sua organização foi sensivelmente alterada por conta da Lei 12.696/2012.

Alternativa "a". As decisões do conselho tutelar poderão ser revistas atendendo ao pedido do interessado.

Alternativa "b". Os conselhos tutelares são órgãos não jurisdicionais, ao invés do indicado na alternativa.

Alternativa "c". Não basta que o candidato tenha atingido a maioridade, pois deve contar com 21 anos.

Alternativa correta: letra "d". Em cada município deverá haver, pelo menos, um conselho tutelar. É possível que tenham mais de um conselho, a depender da quantidade de habitantes e da necessidade. Porém, cada conselho não pode ter mais ou menos de cinco conselheiros escolhidos pela população local.

Gabarito: D.

---

23. (TRT 3 – Juiz do Trabalho Substituto 3ª Região/2013) Relativamente ao direito da criança e do adolescente, é correto afirmar:

a) Nas comarcas onde não houver Conselho Tutelar instalado, segundo o Estatuto da Criança e do Adolescente, suas atribuições serão exercidas pela autoridade judiciária.

b) Devem ser comunicados ao Conselho Tutelar, pelo dirigente do estabelecimento de ensino, conforme determina o Estatuto da Criança e do Adolescente, ato infracional praticado por adolescente dentro do ambiente escolar.

c) O Conselho Tutelar é órgão autônomo, permanente, que exerce atividade jurisdicional supletiva, com o objetivo de zelar pelo cumprimento dos direitos infanto-juvenis, definidos no Estatuto da Criança e do Adolescente.

d) Com a vigência do Código Civil de 2002 – que fixou a maioridade aos dezoito anos completos –, para a candidatura a membro do Conselho Tutelar, basta que o candidato tenha idade superior a dezoito anos.

e) Em cada Município e em cada Região Administrativa do Distrito Federal haverá, no mínimo, 1 (um) Conselho Tutelar como órgão integrante da administração pública local, composto de 5 (cinco) membros, escolhidos pela população local para mandato de 4 (quatro) anos, vedada a recondução.

COMENTÁRIOS

✪ Notas do autor: os conselhos tutelares estão regulamentados nos artigos 131-140, do Estatuto.

Alternativa correta: letra "a". Todo município deve contar com, pelo menos, um conselho tutelar. Se acaso não existir, as suas atribuições serão exercidas pelo Juízo da Vara da Infância e da Juventude.

Alternativa "b". O ato infracional praticado pelo adolescente deve ser encaminhado à autoridade policial, para que ela tome as providências necessárias. O dirigente escolar deve comunicar ao conselho tutelar as faltas à escola.

Alternativa "c". O conselho tutelar não exerce atividade jurisdicional supletiva. Em verdade, exerce atividade não jurisdicional.

Alternativa "d". Não houve qualquer alteração em relação à idade dos candidatos à função de conselheiro, pois a lei prevê exatamente a idade de vinte e um anos, e não da maioridade.

Alternativa "e". São permitidas reconduções, desde que o candidato se submeta a novo processo de escolha.

Gabarito: A.

---

24. (TRT - JTS 2ª RG/ 2012) Analise as seguintes assertivas em relação aos Conselhos Tutelares, nos termos previstos nos Estatuto da Criança e do Adolescente – ECA.

I. E obrigatória a existência de pelo menos um Conselho Tutelar em cada Município.

II. O número de conselheiros de cada unidade é sempre de cinco, para um mandato de três anos, vedada a recondução consecutiva.

III. Para a execução de suas medidas o Conselho Tutelar não pode efetuar as requisições diretamente aos serviços públicos, mas sim por meio da Vara da Infância e Juventude.

IV. Para o início do processo de escolha dos membros do Conselho Tutelar é necessária à anuência do Ministério Público.

V. Aplicam-se ao Conselho Tutelar as mesmas regras de competência da Vara da Infância e Juventude.

Estão corretas apenas as assertivas:

a) I, II e V.

b) II e III.

c) I, IV e V.

d) III e IV.

e) I e V.

COMENTÁRIOS

✪ Notas do autor: a questão trata dos conselhos tutelares, órgãos inseridos na administração pública municipal e que são compostos por pessoas escolhidas pela população local.

Item I. Certo. Em cada município deve haver, pelo menos, um conselho.

Item II. Errado. Cada conselho contará com cinco conselheiros, nem mais, nem menos. Eles serão escolhidos por um processo de escolha pela população local, sendo permitidas reconduções.

Item III. Errado. O conselho tem a prerrogativa da requisição de serviços, sendo desnecessário valer-se da Vara da Infância e da Juventude para tanto.

Item IV. Errado. O processo de escolha é dirigido pelo Conselho Municipal dos Direitos da Criança e do Adolescente e se iniciará independentemente do consentimento do Ministério Público.

Item V. Certo. Equiparam-se as regras de competência, aplicando-se o princípio do Juízo imediato.

Alternativa correta: letra "e". Estão corretos os itens I e V.

---

25. (FCC - JTS 4ª RG/ 2012) Em relação ao Conselho Tutelar, é CORRETO afirmar:

a) Para a efetivação da política nacional de atendimento é obrigatória a constituição de Conselho Municipal dos Direitos da Criança e do Adolescente e de ao menos um Conselho Tutelar, cabendo ao primeiro a responsabilidade de realizar as eleições diretas para o cargo de Conselheiro Tutelar.

b) É órgão do poder executivo municipal que goza autonomia orçamentária e administrativa em relação ao governo municipal e é fiscalizado pela sociedade e pelo Ministério Público, tendo seu fundamento teórico nos princípios da democracia participativa.

c) Conta com destinação orçamentária especificada na Lei Orçamentária do Município e, ao contrário dos Conselhos dos Direitos da Criança e do Adolescente, não pode remunerar seus membros.

d) No exercício de suas relevantes funções e para promover a execuções de suas próprias decisões pode requisitar serviços públicos de outros órgãos municipais, tais como de saúde, trabalho e segurança, que não poderão ser recusados pelo órgão aos quais são dirigidas tais decisões.

e) Tem por atribuição a aplicação tanto de medidas protetivas para a criança e adolescente, quando seus direitos estejam ameaçados ou violados, quanto medidas socioeducativas com restrição de liberdade - acolhimento institucional - ou colocação em família substituta.

COMENTÁRIOS

✪ Notas do autor: é muito importante o conhecimento sobre as regras dos conselhos tutelares, pois é matéria certa para os concursos da magistratura do trabalho.

Alternativa "a". Para a efetivação da política nacional, é necessária a criação do Conselho Nacional dos Direitos da Criança e do Adolescente, o que já foi efetivado.

Alternativa correta: letra "b". Tratar da infância é um dever da família, da sociedade e do Estado. Dessa maneira, a população tem a sua parcela de responsabilidade na observância dos direitos fundamentais da infância, devendo escolher representantes para zelar, de forma mais próxima, pelo cumprimento da norma constitucional.

Alternativa "c". Por conta das alterações do Estatuto e que importaram em uma nova sistemática dos conselhos tutelares, os conselheiros DEVERÃO SER REMUNERADOS, devendo haver previsão específica no orçamento.

Alternativa "d". Em caso de descumprimento INJUSTIFICADO de suas deliberações, compete ao Conselho Tutelar representar junto à autoridade judiciária (ECA, art.136, "b").

Alternativa "e". A aplicação de medidas socioeducativas ao adolescente, pela prática de ato infracional, é da COMPETÊNCIA EXCLUSIVA DO JUIZ (Súmula 108, do STJ).

Gabarito: B.

---

26. (FCC - JTS 20ª RG/ 2012) Quanto ao Conselho Tutelar, é CORRETO afirmar:

a) O Conselho Tutelar é órgão jurisdicional permanente e autônomo encarregado de zelar pelos direitos da criança e do adolescente definidos no Estatuto da Criança e do Adolescente, em âmbito municipal.

b) É atribuição do Conselho Tutelar atender crianças e adolescentes quando em risco por ação ou omissão de agente do Estado ou da sociedade ou por sua conduta, determinando acolhimento institucional.

c) É atribuição do Conselho Tutelar promover a execução de suas decisões podendo para tanto estabelecer medidas socioeducativas no âmbito municipal, nelas incluída a colocação em lar substituto.

d) Os membros do Conselho Tutelar, em número de cinco, terão mandato de três anos, proibida a recondução, sendo exigida a idade mínima de 21 anos e residência no município.

e) O Conselho Tutelar poderá, entre outras medidas, em caso de ameaça ou violação de direito de criança ou adolescente, determinar a inclusão da família em programa oficial de auxílio.

COMENTÁRIOS

✪ Notas do autor: é atribuição do Conselho Tutelar atender e aconselhar os pais ou responsável, APLICANDO as seguintes medidas: I - encaminhamento a programa oficial ou comunitário de proteção à família; II - inclusão em programa oficial ou comunitário de auxílio, orientação e tratamento a alcoólatras e toxicômanos; III - encaminhamento a tratamento psicológico ou psiquiátrico; IV - encaminhamento a cursos ou programas de orientação; V - obrigação de matricular o filho ou pupilo e acompanhar sua frequência e aproveitamento escolar; VI - obrigação de encaminhar a criança ou adolescente a tratamento especializado; VII - advertência (ECA, arts.129, I a VII e 136, II).

Alternativa "a". O Conselho Tutelar é órgão integrante da administração pública local, permanente e autônomo, NÃO JURISDICIONAL, encarregado pela sociedade de zelar pelo cumprimento dos direitos da criança e do adolescente (arts.131 e 132, do ECA).

Alternativa "b". Crianças e adolescentes SOMENTE poderão ser encaminhados às instituições que executam programas de ACOLHIMENTO INSTITUCIONAL, governamentais ou não, POR MEIO DE UMA GUIA DE ACOLHIMENTO, EXPEDIDA PELA AUTORIDADE JUDICIÁRIA (art.101, §3º, do ECA).

Alternativa "c". Se, no exercício de suas atribuições, o Conselho Tutelar entender necessário o afastamento do convívio familiar, comunicará *incontinenti* o fato ao Ministério Público, prestando-lhe informações sobre os motivos de tal entendimento e as providências tomadas para a orientação, o apoio e a promoção social da família (ECA, art.136, XI e parágrafo único).

Alternativa "d". O mandato do Conselheiro tutelar (MAIOR de 21 anos de idade) é de QUATRO ANOS, sendo permitidas reconduções, mediante novo processo de escolha.

Alternativa correta: letra "e". O encaminhamento a programa oficial ou comunitário de proteção à família é uma das medidas protetivas que o Conselho Tutelar aplica, com vistas a proteger os direitos da criança ou adolescente, como dissemos na nota acima.

Gabarito: E.

---

27. (TRT - JTS 8ª RG/ 2012) Analise as proposições abaixo e assinale a alternativa CORRETA:

I- Consoante o Estatuto da Criança e do Adolescente - ECA, o exercício efetivo da função de Conselheiro do Conselho Tutelar constituirá serviço público relevante, estabelecerá presunção de idoneidade moral e assegurará prisão especial, em caso de crime comum, até o julgamento definitivo.

II- As decisões do Conselho Tutelar, consoante o Estatuto da Criança e do Adolescente – ECA, são dotadas de auto executoriedade e, em caso de seu descumprimento injustificado, cabe ao Conselho representar junto à autoridade judiciária.

III- O período de adaptação para o trabalho de adolescente portador de deficiência, em oficina protegida terapêutica, caracteriza vínculo empregatício, mas está condicionado a processo de avaliação individual que considere o seu desenvolvimento biopsicossocial.

IV- É vedado ao menor de 18 (dezoito) anos firmar recibo pelo pagamento de salários e dar, sem assistência dos seus responsáveis legais, quitação ao empregador pelo recebimento da indenização que lhe for devida.

a) As alternativas I e II estão corretas.

b) As alternativas III e IV estão corretas.

c) As alternativas II e III estão corretas.

d) As alternativas I e IV estão corretas.

e) As alternativas I e III estão corretas.

COMENTÁRIOS

✪ Notas do autor: São direitos do aprendiz: (i) remuneração (salário mínimo hora); (ii) certificado de qualificação profissional; (iii) demais direitos trabalhistas e previdenciários.

Alternativa correta: letra "a". Estão corretos os itens I e II, com as observações inerentes às modificações do Estatuto por conta da alteração da sistemática dos conselhos.

Item I. Certo. Atualmente este item está errado, pois o Conselheiro Tutelar não tem mais direito à prisão especial.

Item II. Certo. A autoexecutoriedade das decisões do Conselho Tutelar não retira a necessidade de representação ao Ministério Público, para adoção das medidas jurídicas cabíveis.

Item III. Errado. O período de adaptação e capacitação para o trabalho de adolescente e adulto portador de deficiência em oficina protegida terapêutica NÃO CARACTERIZA VÍNCULO EMPREGATÍCIO e ESTÁ CONDICIONADO A PROCESSO DE AVALIAÇÃO INDIVIDUAL que considere o desenvolvimento biopsicossocial da pessoa (art.35, §6º, do Decreto nº 3.298/99).

Item IV. Errado. É LÍCITO ao menor firmar recibo pelo pagamento dos salários. Tratando-se, porém, de rescisão do contrato de trabalho, é vedado ao menor de 18 (dezoito) anos dar, sem assistência dos seus responsáveis legais, quitação ao empregador pelo recebimento da indenização que lhe for devida (CLT, art.439).

Gabarito: A.

3. DOS CONSELHOS DE DIREITOS DA CRIANÇA E DO ADOLESCENTE

28. (CESPE – Juiz do Trabalho Substituto 5ª Região/2013) A respeito do Conselho Tutelar e dos Conselhos de Direitos da Criança e do Adolescente, assinale a opção correta.

a) Constituem atribuições do Conselho Tutelar encaminhar ao MP notícia de fato que constitua infração administrativa ou penal contra os direitos da criança ou adolescente e aplicar as medidas socioeducativas de liberdade assistida e de semiliberdade a adolescentes infratores.

b) As entidades governamentais e não governamentais de atendimento às crianças e aos adolescentes devem registrar seus programas no Conselho Municipal dos Direitos da Criança e do Adolescente, ao qual compete manter o registro das inscrições e de suas alterações bem como comunicá-las ao Conselho Tutelar e à autoridade judiciária.

c) Os Conselhos Tutelares devem fixar critérios de utilização das doações aos Fundos dos Direitos da Criança e do Adolescente, aplicando, necessariamente, percentual para incentivo ao acolhimento, sob a forma de guarda, de criança ou adolescente, órfãos ou abandonado.

d) O Conselho Nacional dos Direitos da Criança e do Adolescente deve, no máximo a cada dois anos, reavaliar o planejamento e a execução de programas de proteção e socioeducativos destinados a crianças e adolescentes em todos os municípios brasileiros.

e) Tratando-se de casos graves e urgentes, compete ao conselheiro tutelar ajuizar perante o juízo da infância e juventude local ação de destituição de poder familiar, com pedido liminar de afastamento provisório do adolescente do lar familiar e colocação em acolhimento institucional.

COMENTÁRIOS

✪ Notas do autor: Os Conselhos de Direitos da Criança e do Adolescente são órgãos que têm por finalidade deliberar sobre ações e programas voltados à infância e à juventude.

Alternativa "a". A aplicação de medidas socioeducativas ao adolescente, pela prática de ato infracional, é da competência exclusiva do juiz (STJ, Súmula nº 108).

Alternativa correta: letra "b". As entidades governamentais e não governamentais deverão proceder à inscrição de seus programas, especificando os regimes de atendimento, no Conselho Municipal dos Direitos da Criança e do Adolescente, o qual manterá registro das inscrições e de suas alterações, do que fará comunicação ao Conselho Tutelar e à autoridade judiciária (ECA, art.90, §1º).

Alternativa "c". OS Conselhos Municipais, Estaduais e Nacional dos Direitos da Criança e do Adolescente fixarão critérios de utilização, através de planos de aplicação das doações subsidiadas e demais receitas, aplicando necessariamente percentual para incentivo ao acolhimento, sob a forma de guarda, de criança ou adolescente, órfãos ou abandonado, na forma do disposto no art. 227, § 3º, VI, da Constituição Federal (ECA, art.260, §2º).

Alternativa "d". É competência do Conselho MUNICIPAL dos Direitos da Criança e do Adolescente (ECA, art.90,§1º).

Alternativa "e". O Conselho Tutelar comunica o fato ao Ministério Público, que ajuizará a ação, se o caso (ECA, art.136, parágrafo único).

Gabarito: B.

4. DO ESTÁGIO E DO TRABALHO DA CRIANÇA E ADOLESCENTE

29. (FCC – Juiz do Trabalho/2017) A Lei nº 11.788/2008 congrega disposições específicas acerca do estágio de estudantes, dentre as quais:

I. Prevê em favor das pessoas portadoras de deficiência o percentual de 10% das vagas ofertadas pela parte concedente do estágio.

II. Consagra a responsabilidade da instituição de ensino interveniente pela implementação das normas afetas à saúde e segurança no trabalho.

III. Preceitua que somente se houver previsão no projeto pedagógico do curso, poderá haver equiparação entre estágio e as atividades de extensão, de monitorias e de iniciação científica na educação superior, desenvolvidas pelo estudante.

IV. Fixa a proporção de até 20% como quantitativo máximo de estagiários, para as entidades concedentes que contarem com quadro de pessoal de vinte e cinco ou mais empregados.

Está correto o que se afirma APENAS em

a) I e III.

b) II e III.

c) II e IV.

d) III e IV.

e) I e IV.

COMENTÁRIOS

✪ **Notas do autor**: a questão trata do estágio, que foi legalmente definido como o "ato educativo escolar supervisionado, desenvolvido no ambiente de trabalho, que visa à preparação para o trabalho produtivo de educandos que estejam frequentando o ensino regular em instituições de educação superior, de educação profissional, de ensino médio, da educação especial e dos anos finais do ensino fundamental, na modalidade profissional da educação de jovens e adultos" (art. 1º, da Lei nº 11.788/2008).

Alternativa correta: letra A. As assertivas I e III estão corretas.

Assertiva I: correta. As pessoas com deficiência receberam tratamento diferenciado na medida em que se exigiu a reserva de 10% das vagas para estagiários nessa condição oferecidas pelo concedente (art. 17, § 5º).

Assertiva II: incorreta. A implementação das normas afetas à saúde e à segurança do trabalho é de responsabilidade do concedente do estágio (art. 14).

Assertiva III: correta. As atividades de extensão, de monitorias e de iniciação científica na educação superior, desenvolvidas pelo estudante, somente poderão ser equiparadas ao estágio em caso de previsão no projeto pedagógico do curso (art. 2º, § 3º).

Assertiva IV: incorreta. O número máximo de estagiários em relação ao quadro de pessoal das entidades concedentes de estágio deverá atender às seguintes proporções: I – de 1 (um) a 5 (cinco) empregados: 1 (um) estagiário; II – de 6 (seis) a 10 (dez) empregados: até 2 (dois) estagiários; III – de 11 (onze) a 25 (vinte e cinco) empregados: até 5 (cinco) estagiários; IV – acima de 25 (vinte e cinco) empregados: até 20% (vinte por cento) de estagiários. Desse modo, até vinte e cinco empregados, o número máximo de estagiários será de cinco (e não de 20%).

Gabarito: A.

30. (FCC – Juiz do Trabalho/2017) A Lista das Piores Formas de Trabalho Infantil (Lista TIP), aprovada no Brasil por meio do Decreto nº 6.481/2008, contempla atividades em que, salvo as exceções previstas na referida norma, é proibido o trabalho do menor de dezoito anos, dado o considerável potencial lesivo para os correlatos desenvolvimento e proteção. NÃO estão previstos nessa Lista, de modo expresso, os trabalhos desenvolvidos

a) na operação industrial de reciclagem de papel, plástico e metal.

b) em alturas superiores a dois metros.

c) que exijam mergulho, com equipamento.

d) em cemitérios.

e) em atividades de telemarketing.

COMENTÁRIOS

✪ **Notas do autor**: em conformidade com a Convenção nº 182, da Organização Internacional do Trabalho, integram as piores formas de trabalho infantil: I – todas as formas de escravidão ou práticas análogas, tais como venda ou tráfico, cativeiro ou sujeição por dívida, servidão, trabalho forçado ou obrigatório; II – a utilização, demanda, oferta, tráfico ou aliciamento para fins de exploração sexual comercial, produção de pornografia ou atuações pornográficas; III – a utilização, recrutamento e oferta de adolescente para outras atividades ilícitas, particularmente para a produção e tráfico de drogas; e IV – o recrutamento forçado ou compulsório de adolescente para ser utilizado em conflitos armados. Também há previsão de que cada Estado Parte elaborará a sua Lista TIP, que poderá ser revista, contendo atividades cuja prática estará proibida para os menores de dezoito anos. Ao analisar cada uma das alternativas, verifica-se que todas constam da LISTA TIP aprovada no âmbito interno pelo Decreto nº 6.481/2008, com exceção da mencionada na letra e, qual seja, atividades de telemarketing.

Alternativa correta: letra E. Esta atividade não consta do Anexo do Decreto nº 6.481/2008. Para as demais atividades, a proibição não persistirá para os trabalhos técnicos ou administrativos, desde que fora das áreas de risco à saúde, à segurança e à moral, ao menor de dezoito e maior de dezesseis anos e ao maior de catorze e menor de dezesseis anos, na condição de aprendiz (art. 3º). Exclui automaticamente as demais alternativas.

Gabarito: E.

---

31. (TRT 4 – Juiz do Trabalho Substituto 4ª Região/2016) Considere as assertivas abaixo sobre direito da criança e do adolescente.

I. O trabalho de cuidado e vigilância de criança está listado entre as piores formas de trabalho infantil.

II. Entende-se por trabalho educativo a atividade laboral em que as exigências pedagógicas relativas ao desenvolvimento pessoal e social do educando prevalecem sobre o aspecto produtivo.

III. O trabalho como guia turístico, em praça pública, é permitido a maiores de 16 (dezesseis) anos, independentemente de autorização judicial, exceto se lhes trouxer prejuízos à condição de pessoas em desenvolvimento, na forma da Doutrina da Proteção Integral.

Quais são corretas?

a) Apenas I

b) Apenas II

c) Apenas III

d) Apenas I e II

e) I, II e III

COMENTÁRIOS

✪ **Notas do autor:** a questão trata do tema relativo ao trabalho de menores de dezoito anos.

Alternativa Correta: letra D. Estão corretas as assertivas I e II.

Assertiva I: correta. O Decreto n. 6.481/2008 regulamenta os dispositivos da Convenção n. 182 da OIT, que tratam das Piores Formas de Trabalho Infantil. Por meio dele, há previsão de caráter geral de determinadas atividades que não podem ser exercidas por pessoas que tenham menos de dezoito anos. Também há previsão de um anexo, denominado de Lista TIP, que contém ocupações específicas que não podem ser executadas por pessoas que tenham menos de dezoito anos, salvo se presentes as excepcionalidades contidas no art. 2º do Decreto. Nesse sentido, o item 75 do Anexo traz a proibição para que pessoas com menos de dezoito anos possam ter a ocupação de cuidado e vigilância de crianças, de pessoas idosas ou doentes.

Assertiva II: correta. O trabalho educativo não é trabalho na acepção do termo. Está descrito no art. 68 do Estatuto da Criança e do Adolescente, por meio do qual será desenvolvido programa social com o intuito de propiciar a capacitação daquelas pessoas para o mercado de trabalho. Tem, ainda, como característica, o fato de que as exigências pedagógicas prevalecem ao aspecto produtivo.

Assertiva III: incorreta. Em conformidade com a Lista TIP, item 74, é proibido o trabalho por menores de dezoito anos em ruas e outros logradouros públicos (comércio ambulante, guardador de carros, guardas mirins, guias turísticos, transporte de pessoas ou animais, entre outros).

Gabarito: D.

---

32. (TRT 4 – Juiz do Trabalho Substituto 4ª Região/2016) Em 1840, o médico Louis-René Villermé fez o seguinte relato sobre o trabalho infantil:

As crianças são empregadas nas fábricas de algodão na Alsácia desde a idade em que podem começar a receber o benefício da educação primária, mas quase sempre são privadas dela. É verdade que algumas indústrias criaram em seus estabelecimentos escolas para os trabalhadores mais jovens, mas estes muito dificilmente tirarão proveito das aulas, pois todas as suas faculdades físicas e intelectuais são absorvidas pelo trabalho. A maior vantagem que podem tirar da escola é, talvez, tomar uma pequena pausa do trabalho por uma ou duas horas.

Caso a situação acima estivesse ocorrendo no Brasil atualmente, que norma legal protetiva, dentre as abaixo, não poderia ser invocada?

a) Proibição de qualquer trabalho a menores de 16 (dezesseis) anos, salvo na condição de aprendiz, a partir de 14 (quatorze) anos.

b) Garantia de acesso e frequência obrigatória ao ensino regular.

c) Vedação à prorrogação ou compensação de jornada, salvo quando assistido pelo responsável.

d) Vedação ao trabalho perigoso, insalubre ou penoso.

e) Respeito à condição peculiar de pessoa em desenvolvimento.

COMENTÁRIOS

✪ **Notas do autor:** a questão trata de diversos aspectos relativos à proteção especial de crianças e adolescentes.

Alternativa A: incorreta. A idade mínima legal para o início das atividades laborais no Brasil é a de dezesseis anos, salvo na condição de aprendiz, a partir dos 14 anos.

Alternativa B: incorreta. O ECA garante o acesso e frequência obrigatória ao ensino regular.

Alternativa Correta: letra C. A questão exige que o candidato indique a alternativa traz regramento incorreto. De fato, há vedação à prorrogação da jornada por adolescentes maiores de dezesseis anos, salvo em situações excepcionais de compensação de horas ou por conta de caso fortuito ou força maior.

Alternativa D: incorreta. O ECA veda expressamente que pessoas menores de 18 anos se submetam ao trabalho perigoso, insalubre ou penoso.

Alternativa E: incorreta. O respeito à condição peculiar de pessoa em desenvolvimento é um dos princípios do Direito da Criança e do Adolescente. A partir de sua observância, garante-se a prioridade absoluta e, consequentemente, a previsão de direitos específicos da criança e do adolescente.

Gabarito: C.

---

33. (TRT 2 – Juiz do Trabalho Substituto 2ª Região/2016) Em relação à Convenção nº 182 da Organização Internacional do Trabalho sobre a Proibição das Piores Formas de Trabalho Infantil e a Ação Imediata para a sua Eliminação, e ao Decreto nº 6.481, de 12 de junho de 2008, que trata de regulamentar os artigos 3º, alínea "d", e 4º da referida Convenção, analise as seguintes proposições:

I. Nos termos do Decreto nº 6.481, de 12 de junho de 2008, em relação às atividades descritas na Lista das Piores Formas de Trabalho Infantil (Lista TIP), os trabalhos técnicos ou administrativos serão permitidos, desde que fora das áreas de risco à saúde, à segurança e à moral, exclusivamente ao maior de dezesseis anos, mediante prévio parecer técnico emitido por órgão competente do Ministério do Trabalho e Emprego.

II. Para efeitos da Convenção nº 182 da Organização Internacional do Trabalho, a expressão "as piores formas de trabalho infantil" abrange, expressamente, entre outras situações apontadas na Convenção, a utilização, o recrutamento ou a oferta de crianças para a prostituição e a utilização, o recrutamento ou a oferta de crianças para a realização de atividades ilícitas relacionadas à produção e ao tráfico de entorpecentes.

III. Para efeitos da Convenção nº 182 da Organização Internacional do Trabalho, a expressão "as piores formas de trabalho infantil" abrange, entre outras situações apontadas na Convenção, o trabalho que, por sua natureza ou pelas condições em que é realizado, é suscetível de prejudicar a saúde, a segurança ou a moral das crianças, sendo que tais tipos de trabalhos deverão ser determinados pela legislação nacional ou pela autoridade competente, após consulta às organizações de empregadores e de trabalhadores interessadas e levando em consideração as normas internacionais na matéria.

IV. A proibição do trabalho do menor de dezoito anos nas atividades descritas na Lista das Piores Formas de Trabalho Infantil (Lista TIP), aprovada pelo Decreto nº 6.481, de 12 de junho de 2008, é absoluta, não podendo ser elidida em qualquer hipótese.

V. A Lista das Piores Formas de Trabalho Infantil (Lista TIP), aprovada pelo Decreto nº 6.481, de 12 de junho de 2008, abrange, entre outras situações apontadas na Lista, o trabalho em serviços domésticos e o trabalho em serviços de cuidado e vigilância de crianças, de pessoas idosas ou doentes.

Responda:

a) Somente as proposições I, II e III estão corretas.

b) Somente as proposições I, II e IV estão corretas.

c) Somente as proposições II, III e V estão corretas.

d) Somente as proposições III, IV e V estão corretas.

e) Todas as proposições estão corretas.

COMENTÁRIOS

Alternativa Correta: letra C. Estão corretas as assertivas II, III e V.

Assertiva I: incorreta. Diferentemente do afirmado, as ocupações constantes da Lista TIP (Anexo) poderão ser exercidas por menores de 18 anos, desde que sejam restritos a trabalhos técnicos ou administrativos, sendo fora das áreas de risco à saúde, à segurança e à moral, ao menor de dezoito e maior de dezesseis anos e ao maior de quatorze e menor de dezesseis, na condição de aprendiz.

Assertiva II: correta. A regulamentação da Convenção exalta a existência de proibições gerais e também de proibições específicas. No caso da assertiva, há menção a uma proibição geral.

Assertiva III: correta. Conforme se vê do Anexo ao Decreto nº 6.481/2008, o Estado brasileiro indicou várias ocupações que estão proibidas de serem exercidas por aqueles que têm menos de dezoito anos. Trata-se da LISTA TIP referida na assertiva.

Assertiva IV: incorreta. Em conformidade com o art. 2º, do Decreto, tem-se que é possível que a proibição seja ilidida em situações específicas. A propósito: "Art. 2º. Fica proibido o trabalho do menor de dezoito anos nas atividades descritas na Lista TIP, salvo nas hipóteses previstas neste decreto. § 1º A proibição prevista no caput poderá ser elidida: I – na hipótese de ser o emprego ou trabalho, a partir da idade de dezesseis anos, autorizado pelo Ministério do Trabalho e Emprego, após consulta às organizações de empregadores e de trabalhadores interessadas, desde que fiquem plenamente garantidas a saúde, a segurança e a moral dos adolescentes; e II – na hipótese de aceitação de parecer técnico circunstanciado, assinado por profissional legalmente habilitado em segurança e saúde no trabalho, que ateste a não exposição a riscos que possam comprometer a saúde, a segurança e a moral dos adolescentes, depositado na unidade descentralizada do Ministério do Trabalho e Emprego da circunscrição onde ocorrerem as referidas atividades.

Assertiva V: correta. Como se vê do item 76 do Anexo ao Decreto, os trabalhos domésticos não poderão ser realizados por menores de dezoito anos, vez que reconhecidos os seguintes riscos ocupacionais: esforços físicos intensos; isolamento; abuso físico, psicológico e sexual; longas jornadas de trabalho; trabalho noturno; calor; exposição ao fogo, posições antiergonômicas e movimentos repetitivos; tracionamento da coluna vertebral; sobrecarga muscular e queda de nível.

Gabarito: C.

---

34. (TRT 1 – Juiz do Trabalho Substituto 1ª Região/2016) Sobre o trabalho da criança e do adolescente, é correto afirmar:

a) É proibido para os menores de 16, salvo na condição de aprendizes.

b) É proibido o trabalho noturno de menores de 16 anos, salvo na condição de aprendizes.

c) É proibido o trabalho de adolescentes em hospitais, salvo na condição de aprendizes de enfermagem.

d) É proibido o trabalho de crianças em peças teatrais e atividades cinematográficas.

e) É proibido o trabalho de adolescentes em atividades lúdicas.

COMENTÁRIOS

Notas do autor: a Constituição Federal, a Consolidação das Leis Trabalhistas e o Estatuto da Criança e do Adolescente foram um sistema de proteção à criança e ao adolescente, devendo assegurar a sua proteção especial.

Alternativa Correta: letra A. O ordenamento jurídico brasileiro fixou a idade de dezesseis anos como sendo a mínima para o exercício das atividades laborais, ressalvando, porém, a possibilidade de início da aprendizagem a partir dos catorze anos.

Alternativa B: incorreta. O trabalho noturno é proibido para os menores de dezoito anos, bem como aos aprendizes (em qualquer idade).

Alternativa C: incorreta. A Tabela TIP (Piores Formas de Trabalho Infantil), que consta como Anexo do Decreto n. 6.481/2008, indica que as pessoas menores de 18 anos não poderão trabalhar em hospitais, serviços de emergência, enfermarias, ambulatórios, postos de vacinação e outros estabelecimentos destinados ao cuidado da saúde humana, em que se tenha contato direto com os pacientes ou se manuseie objetos de uso dos pacientes não previamente esterilizados.

Alternativa D: incorreta. Em conformidade com o art. 149, do Estatuto, admite-se que o Juiz da Vara da Infância e da Juventude autorize a participação de crianças e de adolescentes em espetáculos públicos e seus ensaios e certames de beleza. O Superior Tribunal de Justiça, por sua vez, entendeu que esse pedido deve ser feito para cada criança ou adolescente, não se admitindo portaria geral sobre o assunto. Em liminar proferida na ADI n. 5326, o Ministro Marco Aurélio (relator) concluiu pela necessidade de observância do princípio da legalidade escrita e, portanto, havendo previsão expressa, ressaltou a competência da Vara da Infância e da Juventude para tal análise. De se frisar que, na aludida ação, o Ministro entendeu que os atos normativos questionados, que atribuíam à Justiça do Trabalho tal competência, padeceriam de inconstitucionalidade formal e material. Responde também à alternativa E.

Gabarito: A.

---

35. (TRT 2 – Juiz do Trabalho Substituto 2ª Região/2016) Em relação às normas legais aplicáveis ao estágio e à aprendizagem analise as seguintes proposições:

I. Nos termos da Constituição da República e da Consolidação das Leis do Trabalho, é proibido qualquer trabalho a menores de dezesseis anos, salvo na condição de aprendiz ou de estagiário, a partir de quatorze anos.

II. Segundo a Consolidação das Leis do Trabalho, contrato de aprendizagem é o contrato de trabalho especial, ajustado por escrito e por prazo determinado, em que o empregador se compromete a assegurar ao maior de 14 (quatorze) e menor de 24 (vinte e quatro) anos – exceto no caso do aprendiz portador de deficiência, para o qual não se aplica tal idade máxima – inscrito em programa de aprendizagem formação técnico-profissional metódica, compatível com o seu desenvolvimento físico, moral e psicológico, e o aprendiz, a executar com zelo e diligência as tarefas necessárias a essa formação.

III. Segundo a Lei nº 11.788/08, que dispõe sobre o estágio de estudantes, é assegurado às pessoas portadoras de deficiência o percentual de 10% (dez por cento) das vagas oferecidas pela parte concedente do estágio.

IV. Segundo a Consolidação das Leis do Trabalho, o contrato de aprendizagem não poderá ser estipulado por mais de 2 (dois) anos, exceto quando se tratar de aprendiz portador de deficiência.

V. Segundo a Lei nº 11.788/08, que dispõe sobre o estágio de estudantes, a duração do estágio, na mesma parte concedente, não poderá exceder 18 (dezoito) meses, exceto quando se tratar de estagiário portador de deficiência.

Responda:

a) Somente as proposições I, II e IV estão corretas.

b) Somente as proposições I, II e V estão corretas.

c) Somente as proposições II, III e IV estão corretas.

d) Somente as proposições III, IV e V estão corretas.

e) Todas as proposições estão corretas.

COMENTÁRIOS

✪ **Notas do autor:** os temas estágio e aprendizagem são frequentes nos concursos da Magistratura do Trabalho.

Alternativa Correta: letra C. Somente as assertivas II, III e IV estão corretas.

Assertiva I: incorreta. Admite-se apenas o trabalho a partir de 14 anos na condição de aprendiz. Não há possibilidade de que o seja na condição de estagiário (até porque o estágio não é trabalho, mas ato educativo).

Assertiva II: correta. A aprendizagem se formaliza obrigatoriamente por meio de contrato de trabalho escrito, com prazo determinado (que pode ser de, no máximo, dois anos, salvo se o aprendiz for portador de deficiência). Podem ser aprendizes as pessoas que tenham entre 14 e 24 anos, salvo também relação aos portadores de deficiência.

Assertiva III: correta. A parte concedente do estágio é aquela que será responsável pela instrução do estagiário. Em atenção à tutela dos portadores de deficiência, buscando conceder-lhes a observância do princípio da igualdade, é-lhes garantido o percentual de 10% das vagas oferecidas pela parte concedente do estágio (§5º do art. 17).

Assertiva IV: correta. Também para a tutela das pessoas portadoras de deficiência, é-lhes garantido que o contrato de aprendizagem tenha duração superior a dois anos. Exclui automaticamente a assertiva V.

Assertiva V: incorreta, conforme explicado acima.

Gabarito: C.

---

36. (FCC – Juiz do Trabalho Substituto 1ª Região/2014) São características da aprendizagem profissional:

I. a existência de contrato de trabalho escrito e por prazo determinado não superior a dois anos, exceto quando o aprendiz for portador de deficiência.

II. a duração do trabalho do aprendiz, como regra, não excederá de seis horas diárias e abrangerá o jovem maior de quatorze anos e menor de vinte e quatro anos.

III. poderá abranger o aprendiz maior de vinte e quatro anos portador de deficiência.

IV. a comprovação da escolaridade do aprendiz portador de deficiência mental, visual e sensorial deve considerar as habilidades e competências relacionadas com a profissionalização.

Está correto o que se afirma em

a) I, II e III, apenas.

b) I, II, III e IV.

c) I, II e IV, apenas.

d) I, III e IV, apenas.

e) II, III e IV, apenas.

COMENTÁRIOS

✪ **Notas do autor:**a questão trata das características da aprendizagem.

Alternativa Correta: letra "A". Estão corretas as assertiva I, II e III.

Assertivas I, II e III: Corretas. A aprendizagem exige a celebração de contrato por escrito, com prazo determinado de, no máximo, dois anos, salvo para os portadores de necessidades especiais. Além disso, o aprendiz poderá ter idade entre 14 e 24 anos, salvo para os portadores de necessidades especiais, quando esta idade poderá ser extrapolada. Deve ser registrado, ainda, que o aprendiz terá jornada de, no máximo, seis horas diárias, salvo se já tiver concluído o ensino fundamental e a carga teórica/prática estiverem incluídas, quando então poderá ser de oito horas.

Assertiva IV: Incorreta. Deve-se observar as habilidades e competências do aprendiz, devendo a atividade estar adequada à suas possibilidades.

Gabarito: A.

---

37. (FCC – Juiz do Trabalho Substituto 6ª Região/2015) Determinada empresa de transporte coletivo sindicalizada foi autuada por auditor fiscal por não ter atendido o limite mínimo de contratação de jovens aprendizes. A empresa contestou judicialmente a autuação, alegando que não poderia compor o cálculo da referida cota aquele número referente a cobradores e motoristas, haja vista que se referem a atividades proibidas para menores de 18 anos de idade. Nesse caso, a posição dominante na jurisprudência é:

a) Não deve ser computado, em relação à função de motorista, porque o art. 145, do CTB, e a Resolução nº 168, do CONTRAN, são taxativos ao falar que o motorista de transporte coletivo de passageiros deve ser maior de idade (maior de 21 anos), ter habilitação nas categorias B, C ou D e não ter cometido infração grave ou gravíssima.

b) Não deve ser computado, em relação à função de cobrador, porque há exposição a risco de assaltos constantes, contrariando proibição de trabalho infantil em atividades que carreguem periculosidade.

c) Não deve ser computado, porque o item 72, do Decreto nº 6.481/2008, que regulamenta a Convenção 182 da OIT, veda textualmente o trabalho noturno para menores e proíbe que menores manuseiem valores, inexistindo, portanto, a possibilidade de contratação de jovem aprendiz para o desempenho das funções de motorista e cobrador.

d) Deve ser computado, porque o art. 10, § 1°, do Decreto n° 5.598/2005, exclui de tal definição os que exerçam funções que demandem habilitação profissional de nível técnico ou superior ou, ainda, as funções que estejam caracterizadas como cargos de direção, de gerência ou de confiança, o que não é o caso dos cobradores e motoristas.

e) Deve ser computado, porque não há qualquer definição normativa a respeito de exclusão de funções e cargos específicos no cálculo de menores aprendizes.

COMENTÁRIOS

✪ **Notas do autor:** há exigência de que as empresas tenham vagas para aprendizes. Nesse sentido, os estabelecimentos de qualquer natureza são obrigados a empregar e matricular nos cursos dos Serviços Nacionais de Aprendizagem número de aprendizes equivalente a cinco por cento, no mínimo, e quinze por cento, no máximo, dos trabalhadores existentes em cada estabelecimento, cujas funções demandem formação profissional. No cálculo da percentagem de que trata o caput deste artigo, as frações de unidade darão lugar à admissão de um aprendiz. Entende-se por estabelecimento todo complexo de bens organizado para o exercício de atividade econômica ou social do empregador, que se submeta ao regime da CLT.

Alternativa Correta: letra "D". O Decreto n. 5.598/2005 regulamenta a contratação do aprendiz e reitera, em termos, o que determina a CLT em relação à obrigatoriedade de contratação de percentual mínimo de aprendizes. Em consonância com o art. 10, § 1°, excluindo-se do cálculo as funções que demandarem, para o seu exercício, habilitação profissional de nível técnico ou superior, ou, ainda, as funções que estejam caracterizadas como cargos de direção, de gerência ou de confiança. Logo, as funções de cobradores e de motoristas não estão incluídas. Exclui automaticamente as demais alternativas.

Gabarito: D.

---

38. (FCC – Juiz do Trabalho Substituto 15ª Região/2015) Conforme a legislação vigente, o contrato de aprendizagem será extinto

a) quando o aprendiz completar 21 anos de idade.

b) no caso do aprendiz com deficiência, quando este completar 24 anos de idade.

c) antecipadamente ao seu termo, quando o aprendiz cometer falta considerada de grau médio ou grave.

d) no seu termo, independentemente de pedido do aprendiz para encerramento antecipado.

e) antecipadamente ao seu termo, se o desempenho do aprendiz for insuficiente ou houver inadaptação.

COMENTÁRIOS

✪ **Notas do autor:** a extinção da aprendizagem poderá ser realizada de forma normal (ordinária) ou antecipadamente. A extinção normal ocorrerá quando atingido o seu termo (02 anos), ou chegada a idade máxima (24 anos).

Alternativa Correta: letra "E". O contrato de aprendizagem também poderá ser extinto antecipadamente. Entre as hipóteses, destaca-se se o desempenho do aprendiz for insuficiente ou houver inadaptação, caso em que não haverá necessidade de indenização. Os demais casos não revelam hipóteses de extinção.

Gabarito: E.

---

39. (FCC – Juiz do Trabalho Substituto 24ª Região/2015) Com relação às normas de proteção ao trabalho do adolescente com deficiência, é correto afirmar que:

a) é necessária a comprovação da escolaridade do aprendiz com deficiência mental para adequá-lo à atividade relacionada com sua habilidade.

b) a idade máxima prevista para o contrato de aprendizagem também deve ser respeitada no caso de aprendizes com deficiência.

c) o contrato de estágio do adolescente deficiente não poderá ultrapassar o prazo de dois anos.

d) o contrato de aprendizagem firmado com aprendiz portador de deficiência poderá ultrapassar o prazo de dois anos de duração.

e) o contrato de aprendizagem tem a finalidade de sociabilizar o adolescente deficiente porque, neste caso, não se visa a emancipação econômica.

COMENTÁRIOS

✪ **Notas do autor:** o adolescente portador de deficiência, consoante o novo Estatuto das Pessoas Portadoras de Deficiência, é considerável uma pessoalmente especialmente vulnerável.

Alternativa "A": incorreta. Não é necessária a comprovação da escolaridade, nesse caso, pois, em decorrência da doença mental, pode ser caso de o aprendiz não estar, excepcionalmente, inserido no sistema de ensino.

Alternativa "B": incorreta. O aprendiz portador de necessidades especiais poderá ter idade superior a vinte e quatro anos.

Alternativa "C": incorreta. O contrato de estágio poderá ultrapassar o prazo de dois anos, no caso de ser portador de necessidades especiais.

Alternativa Correta: letra "D". Observando-se o princípio da igualdade material, asseguram-se mais direitos aos portadores de deficiência. Nesse sentido, entre outros direitos especiais, assegura-se que o contrato de trabalho de aprendizagem poderá ultrapassar o prazo de dois anos de duração.

Alternativa "E": incorreta. A ideia é a de promover, também, a emancipação econômica.

Gabarito: D.

---

40. (FCC – Juiz do Trabalho Substituto 6ª Região/2015) O trabalho educativo visa, primordialmente, a partir da edição do Estatuto da Criança e do Adolescente,

a) o desenvolvimento pessoal e humano dos adolescentes, acoplado à sua profissionalização.

b) a capacitação do adolescente, não gerando remuneração a quem o executa, diante de sua natureza específica.

c) a conscientização do adolescente para a importância no desenvolvimento de qualquer atividade, diante do efeito dignificante do trabalho.

d) a possibilidade de iniciação profissional, via aprendizagem, a partir dos 16 anos de idade.

e) a garantia da cidadania ao adolescente, haja vista que o trabalho é dever social.

COMENTÁRIOS

✪ **Notas do autor:** o trabalho educativo constitui-se em um programa desenvolvido por entidade de atendimento. Não se trata de trabalho na acepção do termo.

Alternativa Correta: letra "A". O trabalho educativo, consoante prevê o art. 68 do Estatuto, visa, primordialmente, o desenvolvimento pessoal e humano dos adolescentes, buscando a sua profissionalização. Vê-se, desse modo, que a educação prevalece à produção. A ideia não é de angariar mais mão-de-obra, mas de desenvolver o adolescente.

Alternativas "B", "C" e "E": incorretas. O trabalho educativo não visa a capacitação do adolescente. Isso é obtido por outros meios, como, por exemplo, a aprendizagem. A ideia é proporcionar desenvolvimento pessoal e humano dessas pessoas.

Alternativa "D": incorreta. A aprendizagem se inicia a partir dos dezesseis anos de idade.

Gabarito: A.

---

41. (FCC – Juiz do Trabalho Substituto 6ª Região/2015) É assegurado ao trabalhador adolescente maior de 16 anos de idade:

a) antes de prorrogar a jornada de trabalho, concessão de, no mínimo, 30 minutos de intervalo para descanso.

b) compensação de horário, respeitando-se o limite semanal, sem necessidade de acordo ou convenção coletiva.

c) meio ambiente do trabalho seguro, sem a presença de outros trabalhadores com antecedentes criminais.

d) percepção de, no mínimo, 3/4 do salário mínimo.

e) totalização das horas, quando trabalhar em mais de um estabelecimento.

COMENTÁRIOS

✪ **Notas do autor:** a questão trata do sistema de proteção do adolescente trabalhador, composto pela Constituição Federal, CLT, ECA e outras normas.

Alternativa "A": incorreta. É vedada a prorrogação da jornada de trabalho, salvo nos casos de compensação e de força maior.

Alternativa "B": incorreta. É permitida a compensação de horas, como exceção à regra da impossibilidade da sobrejornada. A compensação deve ocorrer na mesma semana e dependerá de prévio acordo ou convenção coletiva.

Alternativa "C": incorreta. Não há a proibição da existência de outros trabalhadores com antecedentes criminais.

Alternativa "D": incorreta. É proibida qualquer norma ou ação discriminatória por ter o trabalhador idade inferior a dezoito anos, como consequência da proteção integral.

Alternativa Correta: letra "E". Consoante prevê o art. 414 da CLT, se o menor de dezoito anos trabalhar em mais de um estabelecimento, a soma das horas trabalhadas não poderá ser superior a oito horas.

Gabarito: E.

---

42. (TRT 8 – Juiz do Trabalho Substituto 8ª Região/2015) De acordo com a legislação brasileira, é CORRETO afirmar que:

a) Todo o menor tem direito à profissionalização para criar condições de ingressar no mercado de trabalho no futuro, devendo os pais ou responsáveis adequar o horário de frequência escolar do menor, de forma a não prejudicar as atividades relativas à profissionalização, sendo esta prioritária.

b) Entende-se por trabalho educativo a atividade laboral em que as exigências pedagógicas relativas ao desenvolvimento pessoal e social do educando prevalecem sobre o aspecto produtivo. A remuneração que o adolescente recebe pelo trabalho efetuado ou a participação na venda dos produtos de seu trabalho não desfigura o caráter educativo.

c) Os menores de dezesseis anos serão representados em juízo, por seus pais, tutores ou curadores, na forma da legislação civil ou processual, enquanto os maiores de 16 (dezesseis) anos têm plena capacidade de estar em juízo, prescindindo de representação ou assistência.

d) A participação de crianças e adolescentes em espetáculos públicos e seus ensaios, bem como em certames de beleza, depende apenas da autorização expressa dos pais ou responsável legal, aos quais compete a avaliação do conteúdo e de eventual risco à integridade física ou psicológica do menor.

e) O Conselho Tutelar é órgão jurisdicional permanente e autônomo, encarregado de zelar pelo cumprimento dos direitos da criança e do adolescente, sendo composto de 05 (cinco) membros e presidido pelo juízo da infância e juventude.

COMENTÁRIOS

Notas do autor: a questão trata de vários temas ligados aos Direito da Criança e do Adolescente.

Alternativa "A": incorreta. O horário do trabalho é que deve ser adequado ao da escola.

Alternativa Correta: letra "B". O trabalho educativo é previsto no art. 68 do ECA. Por meio dele, tem-se a inserção do adolescente em programa desenvolvido por entidade de atendimento, com atividades de produção e educativas, prevalecendo estas. É possível que o adolescente receba participação nas vendas, o que não descaracterizará o caráter educativo.

Alternativa "C": incorreta. Os menores de dezesseis anos serão representados em juízo, enquanto os maiores serão assistidos.

Alternativa "D": incorreta. Consoante prevê o art. 149 do Estatuto, tal participação exige a prévia autorização judicial da autoridade competente (Juízo da Vara da Infância e da Juventude, consoante entendimento provisório fixado na ADI n. 5326, Rel. Min. Marco Aurélio de Mello).

Alternativa "E": incorreta. O Conselho Tutelar tem autonomia também em relação ao Juízo da Vara da Infância e da Juventude. Sendo assim, não será por ele presidido. Essa autonomia, de outro lado, diz respeito à possibilidade de tomada de decisões, as quais, porém, poderão ser revistas, a pedido do interessado, pelo próprio Juízo da Vara da Infância.

Gabarito: B.

---

43. (TRT 2 – Juiz do Trabalho Substituto 2ª Região/2014) Em relação ao trabalho do aprendiz, aponte a alternativa correta:

a) É condição de validade do contrato de aprendizagem que o trabalho se desenvolva como complemento de curso em escola técnica de educação, com caráter metódico e acompanhado.

b) A contratação do aprendiz poderá ser efetivada pelo tomador dos serviços ou por entidade sem fins lucrativos de assistência ao adolescente desde que registrada no Conselho Municipal da Criança e do Adolescente.

c) O contrato de aprendizagem se extinguirá quando o aprendiz completar 18 ou 24 anos, se estiver cursando ensino técnico-profissional metódico.

d) A jornada de trabalho do aprendiz será de 6 (seis horas) em cada contrato, não havendo proibição legal de que o aprendiz realize concomitantemente dois contratos em jornadas de 6 (seis horas), compatíveis entre si.

e) A empresa de qualquer natureza deverá empregar número de aprendizes equivalente a no mínimo de 3% e no máximo 10% dos trabalhadores existentes em cada estabelecimento, cujas funções demandem formação profissional.

COMENTÁRIOS

Notas do autor: o instituto da aprendizagem está disciplinado fundamentalmente em três diplomas legais: Constituição Federal, Estatuto da Criança e do Adolescente e a Consolidação das Leis Trabalhistas.

Alternativa "a": incorreta. Não se trata de validade do contrato de aprendizagem que o trabalho se desenvolva como complemento em escola técnica de educação. A aprendizagem também será possível se o aprendiz estiver cursando outros cursos, como, por exemplo, os anos finais do ensino fundamental.

Alternativa correta: letra "b". O tomador de serviços poderá contratar diretamente o aprendiz. Tem-se, nesse caso, a aprendizagem empresarial. Permite-se, ainda, que a contratação seja feita por entidades sem fins lucrativos, que tenham por objetivo a assistência ao adolescente e à educação profissional, registradas no Conselho Municipal dos Direitos da Criança e do Adolescente. A propósito de tal registro, todas as entidades de atendimento devem inscrever os seus programas em tal Conselho de Direitos, assim como aqueles não governamentais devem registrar-se, o que se afigura requisito para funcionamento, conforme prevê o Estatuto da Criança e do Adolescente. O Conselho de Direitos da Criança e do Adolescente é um órgão deliberativo e controlador das ações voltadas à infância e à juventude. Há o Conselho Nacional dos Direitos da Criança e do Adolescente – Conanda. Cada Estado conta, também, com o seu Conselho, assim como também ocorre com os municípios. Estes, os Conselhos Municipais, possuem outras funções específicas, entre elas, a de registrar as entidades não governamentais e inscrever os programas desenvolvidos pelas entidades governamentais e não governamentais.

Alternativa "c": incorreta. O contrato de aprendizagem se extinguirá quando o aprendiz completar a idade de 24 anos, independentemente do curso que está cursando.

Alternativa "d": incorreta. A jornada de trabalho do aprendiz não excederá de seis horas diárias, sendo vedadas a prorrogação e a compensação de jornada. Este limite poderá ser de até oito horas diárias para os aprendizes que já tiverem completado o ensino fundamental, se nelas forem computadas as horas destinadas à aprendizagem teórica (art. 432 CLT).

Alternativa "e": incorreta. A lei previdenciária assegura um percentual mínimo de empregados beneficiários reabilitados ou de pessoas portadoras de deficiência, habilitadas, na mesma proporção: a) até 200 empregados, em 2%; b) de 201 a 500, em 3%; c) de 501 a 1.000, em 4%; e, d) de 1.001 em diante, de 5% (art. 93 da Lei 8.213/1991).

Gabarito: B.

44. (TRT 23 – Juiz do Trabalho Substituto 23ª Região/2014) Assinale a alternativa CORRETA:

a) O contrato de aprendizagem não poderá ser estipulado por mais de dois anos, exceto quando se tratar de aprendiz portador de deficiência, quando aquele prazo pode ser estendido até que aquele aprendiz complete 24 anos de idade.

b) Não há possibilidade de ser prorrogada a duração normal do trabalho do menor.

c) O desempenho insuficiente ou a inaptidão do aprendiz são algumas das causas de extinção antecipada do contrato de aprendizagem.

d) Os recibos salariais do empregado menor devem ser subscritos por seus responsáveis legais.

e) O registro em carteira de trabalho da condição de aprendiz é condição suficiente para validade do contrato de aprendizagem.

COMENTÁRIOS

✪ **Notas do autor:** a questão trata de vários temas ligados ao trabalho do menor.

Alternativa "a": incorreta. Tratando-se de aprendiz portador de necessidades especiais não haverá qualquer limite etário.

Alternativa "b": incorreta. Há duas possibilidades de prorrogação da duração normal do trabalho do menor. São elas: em razão de força maior e atendendo-se a regime de compensação.

Alternativa correta: letra "c". Em conformidade com o art. 433 da CLT, há a extinção antecipada por desempenho insuficiente ou inadaptação do aprendiz.

Alternativa "d": incorreta. Os recibos salariais devem ser subscritos pelo próprio trabalhador menor.

Alternativa "e": incorreta. O registro em carteira de trabalho não é condição suficiente, havendo outras exigências.

Gabarito: C.

45. (TRT 23 – Juiz do Trabalho Substituto 23ª Região/2014) Assinale a alternativa CORRETA:

a) O contrato de aprendizagem sempre será automaticamente extinto quando o aprendiz completa 24 anos.

b) O contrato de aprendizagem pode ser extinto a pedido do aprendiz, desde que assistido por seu representante legal.

c) A contratação do aprendiz poderá ser efetivada pela empresa onde se realizará a aprendizagem ou pelas entidades mencionadas no inciso II do artigo 430 da CLT, caso em que não gera vínculo de emprego com a empresa tomadora dos serviços.

d) Para fins de contrato de aprendizagem, a comprovação da escolaridade de aprendiz portador de deficiência mental deve considerar, sobretudo, sua estrutura familiar.

e) Na hipótese de extinção do contrato de aprendizagem, aplicam-se as regras estabelecidas aos artigos 479 e 480 da CLT.

COMENTÁRIOS

✪ **Notas do autor:** o contrato de aprendizagem poderá ser extinto normalmente ou antecipadamente.

Alternativa "a": incorreta. O contrato de aprendizagem será extinto se o aprendiz completar vinte e quatro anos, salvo se for portador de necessidades especiais.

Alternativa "b": incorreta. O contrato de aprendizagem poderá ser extinto a pedido do aprendiz.

Alternativa correta: letra "c". A contratação do aprendiz poderá ser realizada pela empresa, na modalidade de aprendizagem empresarial, ou por entidades sem fins lucrativos, hipótese em que o vínculo será estabelecido com estas.

Alternativa "d": incorreta. Não há necessidade de ser considerada a estrutura familiar.

Alternativa "e": incorreta. Na hipótese de extinção do contrato de aprendizagem, não serão aplicadas as regras estabelecidas nos artigos 479 e 480 da CLT.

Gabarito: C.

46. (TRT 3 – Juiz do Trabalho Substituto 3ª Região/2014) NÃO se aplica ao adolescente a vedação:

a) ao trabalho noturno, realizado entre as vinte e duas horas de um dia e as cinco horas do dia seguinte.

b) ao trabalho penoso.

c) ao trabalho quando se tratar de portador de deficiência.

d) ao trabalho perigoso ou insalubre.

e) ao trabalho realizado em horários que não permitam a frequência à escola.

COMENTÁRIOS

✪ **Notas do autor:** o adolescente não poderá desempenhar qualquer atividade. Pelo contrário, o Estatuto da Criança e do Adolescente e a CLT restringem algumas atividades, assim como a Lista TIP – Lista das Piores Formas de Trabalho Infantil.

Alternativa correta: letra "c". O portador de deficiência poderá desempenhar atividades, nos limites de suas capacidades. Há regras específicas para o aprendiz e o estagiário portador de necessidades especiais. As demais hipóteses estão indicadas no art. 67 do Estatuto.

47. (FCC – Juiz do Trabalho Substituto 18ª Região/2014) No combate ao trabalho infantil, visando erradicar todas as formas de trabalho de crianças e adolescentes menores de 16 anos e garantir que frequentem a escola e atividades socioeducativas, foi criado o PETI (Programa de Erradicação do Trabalho Infantil) no âmbito do

a) Ministério da Fazenda, tendo como um de seus eixos a transferência de renda a famílias cujos filhos menores eram responsáveis por parte do sustento da casa.

b) Ministério da Justiça, tendo como um de seus eixos a aplicação de medidas protetivas articuladas juntamente com o Poder Judiciário, Ministério Público e Conselho Tutelar.

c) Ministério do Trabalho e Emprego, tendo como um de seus eixos o reforço da fiscalização dos locais de exploração.

d) Ministério da Educação, tendo como um de seus eixos a inserção das crianças e adolescentes em serviços socioeducativos.

e) Ministério do Desenvolvimento Social e Combate à Fome, tendo como um de seus eixos a informação e a mobilização para fazer frente à exploração do trabalho infantil.

COMENTÁRIOS

✪ Notas do autor: O Programa de Erradicação do Trabalho Infantil foi criado com a finalidade de erradicar todas as formas de trabalho de crianças e adolescentes menores de 16 anos, proporcionando que frequentem escola e atividades socioeducativas. O Peti está estruturado estrategicamente em cinco eixos de atuação: informação e mobilização, com realização de campanhas e audiências públicas; busca ativa e registro no Cadastro Único para Programas Sociais do Governo Federal; transferência de renda, inserção das crianças, adolescentes e suas famílias em serviços socioassistenciais e encaminhamento para serviços de saúde, educação, cultura, esporte, lazer ou trabalho; reforço das ações de fiscalização, acompanhamento das famílias com aplicação de medidas protetivas, articuladas com Poder Judiciário, Ministério Público e Conselhos Tutelares; e monitoramento.

Alternativa correta: letra "e". O PETI foi desenvolvido no âmbito do Ministério do Desenvolvimento Social e Combate à Fome, tendo como um de seus eixos a informação e a mobilização para fazer frente à exploração do trabalho infantil.

48. (FCC – Juiz do Trabalho Substituto 18ª Região/2014) Com relação às normas de proteção ao trabalhador adolescente, é correto afirmar que

a) não se permite o trabalho insalubre ou perigoso ao maior de dezesseis anos e menor de dezoito anos, permitindo-se, entretanto, o trabalho noturno.

b) o Ministério Público do Trabalho representa o menor desassistido em contrato de trabalho, mesmo quando presente seu representante legal.

c) contra o adolescente menor de dezoito anos de idade não corre nenhum prazo prescricional.

d) as verbas de índole trabalhista são assim reconhecidas no labor infantil, mas somente em caso de contratação de adolescente acima de dezesseis anos de idade.

e) é permitida a diferença salarial por motivo de idade, no caso de admissão de adolescente maior de dezesseis anos em relação ao adulto maior de dezoito anos.

COMENTÁRIOS

✪ Notas do autor: a questão trata da proteção ao trabalho do menor, mencionada a partir do art. 402 da CLT.

Alternativa correta: letra "c". Contra o menor de dezoito anos (e não somente contra os absolutamente incapazes, sendo, portanto, diferenciados os regimes de prescrição) não correrá qualquer prazo prescricional.

Alternativa "a": incorreta. O trabalho noturno é vedado.

Alternativa "b": incorreta. Estando presente o representante legal, o MPT não fará tal assistência. Há necessidade de sua interveniência (art. 82 CPC).

Alternativa "d": incorreta. As verbas de índole trabalhista serão reconhecidas independentemente da idade do trabalhador.

Alternativa "e": incorreta. É vedada qualquer discriminação por conta da idade.

Gabarito: C.

COMENTÁRIOS

✪ Notas do autor: as relações de estágio em território brasileiro encontram-se regulamentadas atualmente pela Lei 11.788/2008, também conhecida como Lei do Estágio.

Alternativa correta: letra "b". O estágio não cria vínculo empregatício com a parte concedente. Aliás, esta é uma característica central do estágio, na medida em que ele é um ato educativo supervisionado. O estagiário deve estar frequentando o ensino regular (superior, ensino médio, educação profissional, educação para alunos com necessidades especiais e alunos em escolas de jovens e adultos, a partir da 5a. série.

Alternativa "a": incorreta. O estágio poderá ser não obrigatório.

Alternativa "c": incorreta. É dever do concedente do estágio enviar à instituição de ensino, com periodicidade mínima de seis meses, relatório de atividades, com vista obrigatória ao estagiário.

Alternativa "d": incorreta. É dever do concedente contratar em favor do estagiários seguro contra acidentes pessoais, conforme fique estabelecido no termo de compromisso.

Alternativa "e": incorreta. É assegurado às pessoas portadoras de deficiência 10% das vagas oferecidas pela parte concedente do estágio (art. 17, § 5º, da Lei 11.788/2008).

Gabarito: B.

49. (TRT 23 – Juiz do Trabalho Substituto 23ª Região/2014) Ao adolescente é permitido o trabalho:

a) Em locais ou serviços perigosos ou insalubres.

b) Em serviços prejudiciais à sua moralidade.

c) Em hora noturna

d) Prejudicial à sua formação.

e) Ainda que seja portador de deficiência.

COMENTÁRIOS

✪ **Notas do autor:** note-se que a questão se assemelha muito à que foi objeto de pergunta no TRT da 3a. Região.

Alternativa correta: letra "e". O portador de deficiência poderá desempenhar atividades laborativas. De outro lado, o art. 67 do Estatuto proíbe o desempenho de algumas atividades por adolescentes.

50. (TRT 23 – Juiz do Trabalho Substituto 23ª Região/2014) Assinale a alternativa CORRETA:

a) Ao responsável legal do menor é facultado pleitear a extinção do contrato, desde que o serviço possa acarretar para ele prejuízos de ordem física ou moral, e o menor aquiesça com a extinção.

b) Para maior segurança do trabalho e garantia da saúde dos menores, a autoridade fiscalizadora poderá proibir-lhes o gozo dos períodos de repouso nos locais de trabalho.

c) O trabalho nas ruas, praças e outros logradouros é permitido desde que conte com a autorização dos responsáveis legais do menor.

d) Não é considerado prejudicial à moralidade do menor o trabalho em empresas circenses, em funções de acrobata, saltimbanco, ginasta e outras semelhantes.

e) Quando o menor de dezoito anos for empregado em mais de um estabelecimento, as horas de trabalho de cada um não serão totalizadas para apuração da jornada máxima.

COMENTÁRIOS

✪ **Notas do autor:** a questão trata da "proteção do trabalho do menor", tratada no artigo 402 e seguintes da CLT.

Alternativa correta: letra "b". Com fundamento no art. 407 da CLT, verificado pela autoridade competente que o trabalho executado pelo menor é prejudicial à sua saúde, ao seu desenvolvimento físico ou à sua moralidade, poderá ela obriga-lo a abandonar o serviço, devendo a respectiva empresa, quando for o caso, proporcionar ao menor todas as facilidades para mudar de funções.

Alternativa "a": incorreta. De fato, existe a faculdade de pleitear a extinção do contrato, porém, não haverá necessidade de consentimento do menor (art. 409 CLT).

Alternativa "c": incorreta. O trabalho nas ruas, praças e outros logradouros é permitido desde que haja autorização do Juízo da Vara da Infância e da Juventude, ao qual cabe verificar se a ocupação é indispensável à própria subsistência do menor ou à de seus pais, avós ou irmãos e se dessa ocupação não poderá advir prejuízo à sua formação moral.

Alternativa "d": incorreta. Tal atividade é considerada prejudicial à moralidade do menor (art. 405, § 3º, CLT).

Alternativa "e": incorreta. Contrariamente, as horas de trabalho serão totalizadas (art. 414 CLT).

Gabarito: B.

51. (TRT 2 – Juiz do Trabalho Substituto 2ª Região/2013) Quanto ao prazo prescricional, relativamente a contrato de trabalho do adolescente, com idade entre 10 e os 19, 20 ou 21 anos, considerando-se ajuizamento da ação imediatamente após a rescisão, a doutrina entende que:

a) Não haveria prescrição a ser declarada.

b) A prescrição abarcaria somente o quinquênio anterior à relação empregatícia.

c) Já teria decorrido o biênio prescricional.

d) A prescrição abarcaria o quinquênio anterior à propositura da ação.

e) Nenhuma das anteriores.

COMENTÁRIOS

✪ **Notas do autor:** questão tormentosa sobre aplicação ou não da prescrição se for menor de 18 anos de idade, pois há ainda divergência doutrinária e jurisprudencial a respeito. Sugerimos a leitura do artigo feito pelo Juiz do Trabalho e professor Eduardo Milléo Baracat[1].

Alternativa correta: letra "a" (responde as demais alternativas). Aplica-se o art.440, da CLT por estar em consonância com a doutrina da proteção

1. Disponível em: http://www.tst.jus.br/documents/1295387/1312868/6.+A+tutela+do+menor+na+prescri%C3%A7%C3%A3o+trabalhista.

integral, não obstante esteja civilmente emancipado se constituir economia própria em decorrência do emprego, nos termos do inciso V, do parágrafo único, do art.5º, do CC/02.

---

52. (TRT 2 – Juiz do Trabalho Substituto 2ª Região/2013) Quanto à legislação e à doutrina, que tratam o trabalho de menor aprendiz, é certo dizer:

I. A extinção natural do contrato de aprendizagem necessariamente ocorre com o implemento do prazo de dois anos de contrato de trabalho.

II. São asseguradas todas as garantias de emprego, de como é exemplo, aquela relativa à gravidez.

III. Ao aprendiz é assegurada jornada de seis horas, diárias, e trinta semanais.

IV. Não faz jus ao adicional noturno e hora noturna reduzida, já que a aprendizagem está restrita aos menores de 18 anos, aos quais o trabalho noturno é proibido.

V. O trabalho a tempo parcial não é compatível com o contrato de aprendizagem.

Está correta a assertiva:

a) I e III.

b) II e III.

c) IV e V.

d) I e V.

e) III e V.

COMENTÁRIOS

Notas do autor: considera-se aprendizagem a formação técnico-profissional ministrada segundo as diretrizes e bases da legislação de educação em vigor.

Estão corretos os itens III e V.

Item I. Errado. O contrato de aprendizagem extinguir-se-á no seu termo ou quando o aprendiz completar 24 (vinte e quatro) anos, não se aplicado o limite temporal e de idade quando se tratar de aprendiz portador de deficiência (CLT, arts.428, §§3º e 5º e 433, *caput*).

Item II. Errado. A nosso ver, está certo este item, pois o TST sumulou que "a empregada gestante tem direito à estabilidade provisória prevista no art. 10, inciso II, alínea "b", do Ato das Disposições Constitucionais Transitórias, **mesmo na hipótese de admissão mediante contrato por tempo determinado**" (Súmula 244, II, grifo nosso). No entanto, a banca examinadora justificou o erro da assertiva, citando Homero Batista Mateus da Silva (Curso de Direito do Trabalho Aplicado – Segurança e Medicina do Trabalho. Trabalho da mulher e do menor, p. 240), no sentido de "em se cuidando de contrato a prazo, não há garantias de emprego".[2]

Item III. Certo. A duração do trabalho do aprendiz não excederá de seis horas diárias, sendo vedadas a prorrogação e a compensação de jornada (CLT, art.432, *caput*). Ademais, apesar de não ser unívoco na doutrina e jurisprudência, considerando a doutrina de proteção integral e por ser mais benéfico ao aprendiz, a Portaria MTE nº 723[3] fixa cinco dias semanais para a duração do trabalho do menor aprendiz.

Item IV. Errado. Apesar de ser vedado o trabalho noturno, realizado entre as vinte e duas horas de um dia e às cinco horas do dia seguinte, se o pagamento não ocorrer, o menor aprendiz será duplamente penalizado, pela ilegalidade que o prejudica e enriquecimento ilícito do empregador. Assim, deve ser computada a hora reduzida e pago o adicional se o menor aprendiz trabalhar no horário noturno.

Item V. Certo. A jornada semanal do aprendiz, inferior a vinte e cinco horas, não caracteriza trabalho em tempo parcial de que trata o art. 58-A da CLT (art.18, §2º, do Decreto nº 5.598/05).

Alternativa correta: letra "e".

---

53. (FCC – Juiz do Trabalho Substituto 6ª Região/2013) O estágio, como ato educativo escolar, é desenvolvido no ambiente de trabalho e para ser considerado válido

a) sua duração não poderá exceder dois anos na mesma parte concedente, inclusive quando se tratar de estagiário com deficiência, e a jornada de trabalho estar limitada a quatro horas diárias e vinte semanais, em se tratando de estudantes do ensino superior.

b) deve ser formalizado por meio de termo de compromisso firmado entre o educando, a parte concedente do estágio e a instituição de ensino, pressupondo, ainda, matrícula, frequência escolar e compatibilidade entre as atividades desenvolvidas no estágio e aquelas previstas no compromisso.

c) o educando deve estar matriculado e frequentando o ensino regular em instituições de educação superior, de educação profissionalizante ou educação especial, não sendo admitido em qualquer outra modalidade educacional.

d) há necessidade de acompanhamento efetivo por professor orientador da instituição de ensino, prescindindo, porém, de supervisão exercida pela parte concedente, bastando que o estagiário preencha relatórios das atividades realizadas e entregues à instituição de ensino.

---

2. Disponível: http://www.trt2.jus.br/images/Institucional/concursos/magistrados/XXXVIII/recursos_justificativas_prova_objetiva.pdf.

3. Disponível: http://portal.mte.gov.br/data/files/8A7C812D39D9531D0139DFA0D2C153EC/Anexo%20I%20-%20Portaria%20723%20-%20Cat%C3%A1logo%20Nacional%20da%20Aprendizagem%20Profissional%20-%20CONAP%20-atualizado%20em%2028082012.pdf.

e) as instituições de ensino, terão participação na relação mantida entre estagiário e a parte concedente, em relação aos estágios de seus educandos, limitada sua interferência à exigência de relatório anual das atividades efetuadas.

COMENTÁRIOS

✪ **Notas do autor:** de acordo com o art. 1º, da Lei 11.788/2008, o estágio é ato educativo escolar supervisionado, desenvolvido no ambiente de trabalho, que visa à preparação para o trabalho produtivo de educandos que estejam frequentando o ensino regular em instituições de educação superior, de educação profissional, de ensino médio, da educação especial e dos anos finais do ensino fundamental, na modalidade profissional da educação de jovens e adultos.

Alternativa correta: letra "b". São requisitos de validade do estágio: I – matrícula e frequência regular do educando em curso de educação superior, de educação profissional, de ensino médio, da educação especial e nos anos finais do ensino fundamental, na modalidade profissional da educação de jovens e adultos e atestados pela instituição de ensino; II – celebração de termo de compromisso entre o educando, a parte concedente do estágio e a instituição de ensino; III – compatibilidade entre as atividades desenvolvidas no estágio e aquelas previstas no termo de compromisso (Lei nº 11.788/08, art.3º, I, II e II).

Alternativa "a". A duração do estágio, na mesma parte concedente, não poderá exceder 2 (dois) anos, exceto quando se tratar de estagiário portador de deficiência (Lei nº 11.788/08, art.11). Ademais, a jornada de atividade em estágio não deve ultrapassar: I – 4 (quatro) horas diárias e 20 (vinte) horas semanais, no caso de estudantes de educação especial e dos anos finais do ensino fundamental, na modalidade profissional de educação de jovens e adultos; II – 6 (seis) horas diárias e 30 (trinta) horas semanais, no caso de estudantes do ensino superior, da educação profissional de nível médio e do ensino médio regular (Lei nº 11.788/08, art. 10, I e II).

Alternativa "c". Estágio é ato educativo escolar supervisionado, desenvolvido no ambiente de trabalho, que visa à preparação para o trabalho produtivo de educandos que estejam frequentando o ensino regular em instituições de educação superior, de educação profissional, DE ENSINO MÉDIO, da educação especial E DOS ANOS FINAIS DO ENSINO FUNDAMENTAL, NA MODALIDADE PROFISSIONAL DA EDUCAÇÃO DE JOVENS E ADULTOS (Lei nº 11.788/08, art. 1º, *caput*).

Alternativa "d". O estágio, como ato educativo escolar supervisionado, DEVERÁ ter acompanhamento efetivo pelo professor orientador da instituição de ensino e por supervisor da parte concedente, comprovado por vistos em relatórios e por menção de aprovação final (Lei nº 11.788/08, art. 3º, §1º).

Alternativa "e". As instituições de ensino devem participar desde a indicação de estagiário até a finalização do estágio, não se restringindo sua intervenção à somente receber relatórios.

Gabarito: B.

54. (FCC - Juiz do Trabalho Substituto 6ª Região/2013) A respeito do trabalho educativo do adolescente, é correto afirmar:

a) De acordo com o princípio da proteção integral, o adolescente terá direito à profissionalização e à proteção no trabalho, respeitada a condição peculiar de pessoa em desenvolvimento e a capacitação profissional adequada ao mercado de trabalho.

b) Pode ser exercido somente a título gratuito, sob pena de ser descaracterizado.

c) As exigências pedagógicas relativas ao desenvolvimento pessoal e social do educando são equiparadas aos aspectos produtivos e práticos do programa a que estiver submetido.

d) Somente entidades governamentais possuem autorização legal para desenvolver programas sociais relacionados ao trabalho educativo do adolescente.

e) Caso o programa social responsável por trabalho educativo garanta que o educando desenvolva suas atividades em horário compatível com a escola, o trabalho poderá ser realizado em minas de subsolo.

COMENTÁRIOS

✪ **Notas do autor:** são diretrizes do trabalho educativo: (i) prevalência da educação; (ii) ausência de vínculo empregatício; e, (iii) previsão de ganho.

Alternativa correta: letra "a". Dentre outras coisas, de acordo com o princípio da proteção integral, o adolescente tem direito à profissionalização e à proteção no trabalho, observados os seguintes aspectos, entre outros: I – respeito à condição peculiar de pessoa em desenvolvimento; II – capacitação profissional adequada ao mercado de trabalho (ECA, art. 69).

Alternativa "b". A remuneração que o adolescente recebe pelo trabalho efetuado ou a participação na venda dos produtos de seu trabalho não desfigura o caráter educativo (ECA, art. 68, §2º).

Alternativa "c". Entende-se por trabalho educativo a atividade laboral em que as exigências pedagógicas relativas ao desenvolvimento pessoal e social do educando PREVALECEM sobre o aspecto produtivo (ECA, art. 68, §1º).

Alternativa "d". Entidade governamental ou não governamental sem fins lucrativos podem desenvolver programa social que tenha por base o trabalho educativo (ECA, art. 68, *caput*).

Alternativa "e". O trabalho perigoso, insalubre ou penoso é vedado ao adolescente, seja qual for a modalidade de trabalho (ECA, art. 67, II).

Gabarito: A.

55. (TRT 8 – Juiz do Trabalho Substituto 8ª Região/2013) A respeito do contrato de aprendizagem, é CORRETO dizer:

a) Contrato de aprendizagem é o contrato de trabalho especial, ajustado por escrito e por prazo determinado, em que o empregador se compromete a assegurar ao maior de 14 (quatorze) e menor de 21 (vinte e um) anos inscrito em programa de aprendizagem formação técnico-profissional metódica, compatível com o seu desenvolvimento físico, moral e psicológico, e o aprendiz, a executar com zelo e diligência as tarefas necessárias a essa formação.

b) A validade do contrato de aprendizagem pressupõe anotação na Carteira de Trabalho e Previdência Social, matrícula e frequência do aprendiz na escola, caso não haja concluído o ensino fundamental, e inscrição em programa de aprendizagem desenvolvido sob a orientação de entidade qualificada em formação técnico-profissional metódica.

c) Ao menor aprendiz será garantido o salário mínimo hora, salvo no primeiro ano de contrato.

d) O contrato de aprendizagem não poderá ser estipulado por mais de 2 (dois) anos, exceto quando se tratar de aprendiz portador de deficiência.

e) Os estabelecimentos de qualquer natureza são obrigados a empregar e matricular nos cursos dos Serviços Nacionais de Aprendizagem número de aprendizes equivalente a três por cento, no mínimo, e quinze por cento, no máximo, dos trabalhadores existentes em cada estabelecimento, cujas funções demandem formação profissional.

COMENTÁRIOS

✪ **Notas do autor:** haverá a extinção do contrato de aprendizagem: (i) normalmente: no seu termo ou quando o aprendiz completar a idade máxima (24 anos); (ii) antecipadamente: por desempenho insuficiente ou inadaptação do aprendiz; pela prática de falta disciplinar grave; pela ausência injustificada à escola que implique perda do ano letivo; a pedido do aprendiz.

Alternativa correta: letra "d". Ao aprendiz portador de deficiência não se aplicam as limitações de idade e tempo do contrato de aprendizagem.

Alternativa "a". Contrato de aprendizagem é o contrato de trabalho especial, ajustado por escrito e por prazo determinado NÃO SUPERIOR A DOIS ANOS (salvo de menor portador de deficiência), em que o empregador se compromete a assegurar ao aprendiz (maior de quatorze anos e menor de VINTE E QUATRO ANOS), inscrito em programa de aprendizagem, formação técnico-profissional metódica, compatível com o seu desenvolvimento físico, moral e psicológico, e o aprendiz se compromete a executar com zelo e diligência as tarefas necessárias a essa formação (Decreto nº 5.598/05, arts. 2º e 3º).

Alternativa "b". A validade do contrato de aprendizagem pressupõe anotação na Carteira de Trabalho e Previdência Social, matrícula e frequência do aprendiz na escola, caso **NÃO** haja concluído o ensino médio, e inscrição em programa de aprendizagem desenvolvido sob orientação de entidade qualificada em formação técnico-profissional metódica (CLT, art.428, §1º).

Alternativa "c". Ao aprendiz, SALVO CONDIÇÃO MAIS FAVORÁVEL, será garantido o salário mínimo hora (CLT, art.17).

Alternativa "e". Os estabelecimentos de qualquer natureza são obrigados a empregar e matricular nos cursos dos Serviços Nacionais de Aprendizagem número de aprendizes equivalente a **CINCO POR CENTO**, no mínimo, e quinze por cento, no máximo, dos trabalhadores existentes em cada estabelecimento, cujas funções demandem formação profissional (CPC, art.9º, do Decreto nº 5.598/05).

Gabarito: D.

56. (TRT 8 – Juiz do Trabalho Substituto 8ª Região/2013) Assinale a alternativa CORRETA:

a) É permitido à criança o trabalho diurno, compreendido, em seu caso específico, o horário que vai de 5 até 22 horas do dia.

b) O trabalho exercido nas ruas, praças e outros logradouros dependerá de prévia autorização do Juiz do Trabalho, ao qual cabe verificar se a ocupação é indispensável à sua própria subsistência ou à de seus pais, avós ou irmãos e se dessa ocupação não poderá advir prejuízo à sua formação moral.

c) É proibido o trabalho noturno, perigoso ou insalubre a menores de dezoito e de qualquer trabalho a menores de dezesseis anos, salvo na condição de aprendiz, a partir de quatorze anos.

d) É lícito ao trabalhador adolescente firmar recibo pelo pagamento dos salários. Tratando-se, porém, de rescisão do contrato de trabalho, é vedado ao adolescente menor de 18 (dezoito) anos ou a qualquer empregado submetido a contrato de aprendizagem dar, sem assistência dos seus responsáveis legais, quitação ao empregador pelo recebimento da indenização que lhe for devida.

e) Somente contra os adolescentes menores de 16 (dezesseis) anos não corre nenhum prazo de prescrição.

COMENTÁRIOS

✪ **Notas do autor:** trabalho infantil é aquele praticado por pessoa de idade inferior à prevista na lei para o início das atividades profissionais. No caso brasileiro, a idade mínima é de dezesseis anos, salvo na condição de aprendiz. A Convenção nº 138, da OIT, permite o trabalho artístico para idade inferior a de dezesseis anos.

Alternativa correta: letra "c". A Constituição Federal proíbe o trabalho noturno, perigoso ou insalubre a menores de dezoito e de qualquer trabalho a menores de dezesseis anos, salvo na condição de aprendiz, a partir de quatorze anos (art.7º, XXXIII).

Alternativa "a". Trata-se de trabalho noturno, o compreendido entre às 22 horas de um dia e às 05 horas do outro, vedado ao menor de 18 anos de idade (CF/88, art.7º, XXXIII).

Alternativa "b". Não é da competência do Juiz do Trabalho conhecer e decidir sobre trabalho de menor exercido nas ruas, praças e outros logradouros, mas sim do Juiz de Menores (CLT, art.405, §2º).

Alternativa "d". É lícito ao MENOR firmar recibo pelo pagamento dos salários. Tratando-se, porém, de rescisão do contrato de trabalho, é vedado ao MENOR DE 18 (DEZOITO) ANOS DAR, sem assistência dos seus responsáveis legais, quitação ao empregador pelo recebimento da indenização que lhe for devida (CLT, art.439).

Alternativa "e". Contra os MENORES DE 18 (DEZOITO) ANOS não corre nenhum prazo de prescrição (CLT, art.440).

Gabarito: C.

---

57. (TRT 14 – Juiz do Trabalho Substituto 14ª Região/2013) Escolha a alternativa correta:

I. O Código Civil de 2002, no art. 5°, considera os menores de 16 anos absolutamente incapazes de exercer pessoalmente os atos da vida civil, e relativamente incapazes, para certos atos, os maiores de 16 anos e menores de 18 anos. Já o Estatuto da Criança e do Adolescente estabelece distinção entre criança e adolescente, considerando adolescente o que estiver entre 12 e 18 anos e criança a pessoa que não atingiu doze anos. A seu tempo, a CLT considera menor o trabalhador de 14 até 18 anos e veda o trabalho ao menor de 16 anos. Logo, pode-se concluir que a maioridade civil coincide com a maioridade trabalhista e que para o Direito do Trabalho são absolutamente incapazes os menores de 16 anos, exceção feita ao aprendiz, e relativamente incapazes os menores de 18 anos e maiores de 16 anos ou, se aprendizes, os menores de 16 e maiores de 14 anos, sendo que o menor de 14 anos sempre será absolutamente incapaz.

II. É expressamente proibido o trabalho do menor de 18 anos em horário noturno, assim considerado aquele prestado entre as 22 horas de um dia e as 5 horas do dia seguinte, no âmbito urbano e, no meio rural, das 20 horas de um dia e as 4 horas do dia seguinte, se executado na pecuária, ou das 21 horas de um dia às 5 horas do dia seguinte, se exercidas as atividades na agricultura. De igual modo, é proibido o trabalho do menor em locais prejudiciais ao seu desenvolvimento moral, assim considerados: a) teatros de revista, cinema, boate, cassino, cabarés e estabelecimentos análogos; b) empresas circenses, como acrobata, saltimbanco, ginasta e outras semelhantes; c) na produção, composição, entrega ou venda de escritos, impressos, cartazes, desenhos, gravuras, pinturas, emblemas e quaisquer outros objetos que possam, a Juízo da autoridade competente, prejudicar sua formação moral; d) em estabelecimentos religiosos alvo de investigação pela prática de pedofilia; e) na venda a varejo de bebidas alcoólicas.

III. De acordo com o Estatuto da Criança e do Adolescente, em cada município deverá haver, no mínimo, um Conselho Tutelar, que será composto por, pelo menos, cinco conselheiros, escolhidos pela comunidade e com mandato de três anos, permitida uma recondução, sendo deles exigidos: reconhecida idoneidade moral, idade superior a vinte um anos e residência no município onde irão atuar. Lei municipal disporá sobre o local, dia e horário do funcionamento do Conselho Tutelar e eventual remuneração de seus membros.

a) Apenas as proposições I e II são falsas.
b) Apenas as proposições I e III são falsas.
c) Apenas as proposições II e III são falsas.
d) Todas as proposições são verdadeiras.
e) todas as proposições são falsas.

COMENTÁRIOS

✪ **Notas do autor:** são elencadas as seguintes proibições ao trabalho do menor: a) Proibição do trabalho pelo menor de dezesseis anos, salvo na condição de aprendiz; b) Proibição do trabalho noturno (com a observância do horário de acordo com a atividade – urbana e rural); c) Proibição do trabalho perigoso, insalubre e penoso; d) Proibição do trabalho realizado em locais prejudiciais à sua formação, ao seu desenvolvimento físico, psíquico, moral e social e em horários e locais que não permitam a frequência à escola; e) Jornada de trabalho diferenciada, permitindo-se a sobrejornada exclusivamente sob o regime de compensação ou por força maior.

Está correto apenas o item I.

Item I. Certo. Correta a conclusão contida na assertiva, que melhor se encaixe na doutrina da Proteção Integral, no qual a idade é o fator de proteção e não se o menor está em situação irregular, pelo qual incluímos que a emancipação civil não retira o direito à proteção integral devido ao adolescente.

Item II. Errado. O conceito de trabalho noturno vedado para fins de proteção ao menor de 18 anos não possui a mesma subdivisão prevista para os demais trabalhadores. Ademais, estabelecimentos religiosos alvo de investigação pela prática de pedofilia não está elencado como sendo local em que se presume ser prejudicial à formação moral do menor. Sugerimos a releitura atenta dos artigos 405 a 407 da CLT, por se tratar de assunto constantemente cobrado nos concursos.

Item III. Errado. Em cada Município e em cada Região Administrativa do Distrito Federal haverá, no mínimo, 1 (um) Conselho Tutelar como órgão integrante da administração pública local, composto de 5 (cinco) membros, escolhidos pela população local para MANDATO DE 4 (QUATRO) ANOS, permitidas novas reconduções, mediante novo processo de escolha. Para a candidatura a membro do Conselho Tutelar, serão exigidos os seguintes requisitos: I - reconhecida idoneidade moral; II - idade superior a vinte e um anos; III - residir no município. Lei municipal ou distrital disporá sobre o local, dia e horário de funcionamento do Conselho Tutelar, inclusive QUANTO à remuneração dos respectivos membros, aos quais é ASSEGURADO O DIREITO A: I - cobertura previdenciária; II - gozo de férias anuais remuneradas, acrescidas de 1/3 (um terço) do valor da remuneração mensal; III - licença-maternidade; IV - licença-paternidade; V - gratificação natalina (ECA, arts. 132, 133 e 134).

Alternativa correta: letra "c".

---

58. (TRT 14 - Juiz do Trabalho Substituto 14ª Região/2013) Marque a resposta correta:

I. Segundo a norma de regência, o estágio é ato educativo escolar, desenvolvido no ambiente de trabalho, que visa à preparação para o trabalho produtivo daqueles que estejam frequentando o ensino regular em instituições de educação superior, de educação profissional, de ensino médio, da educação especial e dos anos finais do ensino fundamental, na modalidade profissional da educação de jovens e adultos. O estágio não cria vínculo empregatício de qualquer natureza, desde que observados os seguintes requisitos: matrícula e frequência em curso, celebração de termo de compromisso entre o educando, a parte concedente do estágio e a instituição de ensino, registro na CTPS e compatibilidade entre as atividades do estágio e aquelas previstas no termo de compromisso.

II. A nova lei do estágio confere ao estagiário alguns direitos, dentre os quais podemos citar: a) bolsa ou outra forma de contraprestação, sempre compulsória; b) o auxílio-alimentação, quando se tratar de estágio não obrigatório; c) seguro de vida e d) recesso de trinta dias, sempre que o estágio for igual ou superior a um ano.

III. A inobservância das disposições contidas na lei de estágio implica em categorização do vínculo de emprego do educando com a parte concedente, além de, em caso de reincidência, impedir a parte concedente de receber estagiários pelo prazo de 2 (dois) anos.

a) Apenas as proposições I e II são falsas.

b) Apenas as proposições I e III são falsas.

c) Apenas as proposições II e III são falsas.

d) Todas as proposições são verdadeiras.

e) Todas as proposições são falsas.

COMENTÁRIOS

✪ **Notas do autor:** de acordo com o art. 1º, da Lei nº 11.788/2008, o estágio é ato educativo escolar supervisionado, desenvolvido no ambiente de trabalho, que visa à preparação para o trabalho produtivo de educandos que estejam frequentando o ensino regular em instituições de educação superior, de educação profissional, de ensino médio, da educação especial e dos anos finais do ensino fundamental, na modalidade profissional da educação de jovens e adultos.

Está correto apenas o item III.

Item I. Errado. O estágio deve ser supervisionado e para sua descaracterização basta a inobservâncias das normas contidas na Lei de Estágio, com o consequente reconhecimento do vínculo empregatício, ressalvado o entendimento entabulado na SDI-I do TST fixado na OJ nº 366, transcrita no item III.

Item II. Errado. São direitos do estagiário: a) REMUNERAÇÃO: só é obrigatória na hipótese de estágio não obrigatório, quando também será devido o auxílio-transporte (Lei nº 11.788/08, art.12, *caput*); b) Recesso: 30 dias, para o estágio com duração de ao menos um ano (Lei nº 11.788/08, art.13); c) Saúde e Segurança: aplica-se ao estagiário a legislação relacionada à saúde e segurança no trabalho (Lei nº 11.788/08, art.14); d) Direitos Previdenciários: o estagiários poderá inscrever-se e contribuir como segurado facultativo (Lei nº 11.788/08, art.12, §2º). A EVENTUAL CONCESSÃO DE BENEFÍCIOS RELACIONADOS A TRANSPORTE, ALIMENTAÇÃO E SAÚDE, ENTRE OUTROS, NÃO CARACTERIZA VÍNCULO EMPREGATÍCIO (Lei nº 11.788/08, art.12, §1º).

Item III. Certo. A manutenção de estagiários em desconformidade com a Lei nº 11.788/2008 caracteriza vínculo de emprego do educando com a parte concedente do estágio para todos os fins da legislação trabalhista e previdenciária. Ademais, a instituição privada ou pública que reincidir na irregularidade ficará impedida de receber estagiários por 2 (dois) anos, contados da data da decisão definitiva do processo administrativo correspondente (art.15, *caput* e §1º, da Lei nº 11.788/2008). Apesar da omissão da assertiva, ressaltamos que a SDI-I do TST fixou a OJ nº 366, cujo teor merece transcrevermos: "ESTAGIÁRIO. DESVIRTUAMENTO DO CONTRATO DE ESTÁGIO. RECONHECIMENTO DO VÍNCULO EMPREGATÍCIO COM A ADMINISTRAÇÃO PÚBLICA DIRETA ou INDIRETA. PERÍODO POSTERIOR À CONSTITUIÇÃO FEDERAL DE 1988. IMPOSSIBILIDADE (DJ 20, 21 e 23.05.2008). **Ainda que desvirtuada a finalidade do contrato de estágio celebrado na vigência da Constituição Federal de 1988, é inviável o reconhecimento do vínculo empregatício com ente da Administração Pública direta ou indireta, por força do art. 37, II, da CF/1988, bem como o deferimento de indenização pecuniária, exceto em relação às parcelas previstas na Súmula nº 363 do TST, se requeridas**".

Alternativa correta: letra "a".

---

59. (TRT 15 - Juiz do Trabalho Substituto 15ª Região/2013) Sobre o estágio, a partir dos parâmetros fixados pela Lei n. 11.788/08, é incorreto dizer:

a) o estágio é ato educativo escolar supervisionado, desenvolvido no ambiente de trabalho, que deve ter acompanhamento efetivo por professor orientador da instituição de ensino e por supervisor da parte concedente;

b) dentre os requisitos para exclusão da formação da relação de emprego está a compatibilidade entre as atividades desenvolvidas no estágio e aquelas previstas no termo de compromisso;

c) a jornada de atividade em estágio não poderá ultrapassar a 4 (quatro) horas diárias e 20 (vinte) horas semanais, no caso de estudantes de ensino superior, da educação profissional de nível médio e do ensino médio regular;

d) é assegurado ao estagiário, sempre que o estágio tenha duração igual a 1 (um) ano, período de recesso de 30 (trinta) dias, a ser gozado preferencialmente durante suas férias escolares, sendo remunerado quando o estagiário receber bolsa ou outra forma de contraprestação e proporcional na hipótese de o estágio ter duração inferior a 1 (um ano);

e) a lei fixou um número máximo de estagiários em relação ao quadro de pessoal das entidades concedentes de estágio, considerando o contingente de cada estabelecimento, mesmo com relação a empresas com vários estabelecimentos, sendo este limite de 20% (vinte por cento) para estabelecimentos com mais de 25 (vinte e cinco) empregados, não se aplicando este limite aos estágios de nível superior e de nível médio profissional.

COMENTÁRIOS

✪ **Notas do autor:** o estágio poderá ser obrigatório ou não obrigatório, conforme determinação das diretrizes curriculares da etapa, modalidade e área de ensino e do projeto pedagógico do curso.

Alternativa Incorreta: letra "c". A jornada de atividade em estágio não pode ultrapassar: I – 4 (quatro) horas diárias e 20 (vinte) horas semanais, no caso de estudantes de educação especial e dos anos finais do ensino fundamental, na modalidade profissional de educação de jovens e adultos; II – 6 (SEIS) HORAS DIÁRIAS E 30 (TRINTA) HORAS SEMANAIS, no caso de estudantes do ensino superior, da educação profissional de nível médio e do ensino médio regular. Não obstante, o estágio relativo a cursos que alternam teoria e prática, nos períodos em que não estão programadas aulas presenciais, PODERÁ TER JORNADA DE ATÉ 40 (QUARENTA) HORAS SEMANAIS, desde que isso esteja previsto no projeto pedagógico do curso e da instituição de ensino (art.10, I, II e §1º, da Lei nº 11.788/08).

Alternativa "a". O estágio visa desenvolver as capacidades laborais do educando, concomitantemente fortalecendo os aspectos educacionais. Assim, é considerado ato educativo, supervisionado e orientado.

Alternativa "b". A compatibilidade entre as atividades desenvolvidas no estágio e aquelas previstas no termo de compromisso é um dos requisitos para caracterização do estágio.

Alternativa "d". É assegurado ao estagiário, sempre que o estágio tenha duração igual ou superior a 1 (um) ano, período de recesso de 30 (trinta) dias, a ser gozado preferencialmente durante suas férias escolares (art.13, *caput*, da Lei nº 11.788/08).

Alternativa "e". Salvo com relação a estágios de nível superior e de nível médio profissional, o número máximo de estagiários em relação ao quadro de pessoal das entidades concedentes de estágio deverá atender às seguintes proporções: I – de 1 (um) a 5 (cinco) empregados: 1 (um) estagiário; II – de 6 (seis) a 10 (dez) empregados: até 2 (dois) estagiários; III – de 11 (onze) a 25 (vinte e cinco) empregados: até 5 (cinco) estagiários; IV – acima de 25 (vinte e cinco) empregados: até 20% (vinte por cento) de estagiários (art.17, da Lei nº 11.788/08).

Gabarito: C.

---

60. (TRT 15 – Juiz do Trabalho Substituto 15ª Região/2013) No que se refere ao trabalho do aprendiz, é correto afirmar:

a) tratando-se de contrato de trabalho especial, é obrigatória a intermediação pelos serviços nacionais de aprendizagem;

b) em qualquer hipótese o contrato de aprendizagem não pode ser estipulado por período superior a dois anos;

c) nas localidades em que não houver oferta de ensino médio, a contratação do aprendiz poderá ocorrer sem a frequência à escola, ainda que não concluído o ensino fundamental;

d) a ausência injustificada do aprendiz à escola, configura motivo para extinção do contrato;

e) nos contratos de aprendizagem a jornada poderá ser de oito horas, para aqueles que tiverem completado o ensino fundamental, desde que incluídas as horas destinadas à aprendizagem teórica.

COMENTÁRIOS

✪ **Notas do autor:** os estabelecimentos de qualquer natureza são obrigados a empregar e matricular nos cursos dos Serviços Nacionais de Aprendizagem número de aprendizes equivalente a cinco por cento, no mínimo, e quinze por cento, no máximo, dos trabalhadores existentes em cada estabelecimento, cujas funções demandem formação profissional.

Alternativa correta: letra "e". A duração do trabalho do aprendiz poderá ser de até oito horas diárias para os aprendizes que já tenham concluído o ensino fundamental, se nelas forem computadas as horas destinadas à aprendizagem teórica (Decreto nº 5.598/05, art.18, §1º).

Alternativa "a". É obrigatória a intervenção de ENTIDADES QUALIFICADAS EM FORMAÇÃO TÉCNICO-PROFISSIONAL METÓDICA, quais sejam: I – os Serviços

Nacionais de Aprendizagem (SENAI, SENAC, SENAR e SENAT); II – as escolas técnicas de educação, inclusive as agrotécnicas; e III – as entidades sem fins lucrativos, que tenham por objetivos a assistência ao adolescente e à educação profissional, registradas no Conselho Municipal dos Direitos da Criança e do Adolescente (Decreto nº 5.598/05, art.8º).

Alternativa "b". O contrato de aprendizagem não poderá ser estipulado por mais de 2 (dois) anos, exceto quando se tratar de aprendiz portador de deficiência (CLT, art.428, §3º).

Alternativa "c". Um dos princípios da formação técnico-profissional ministrada segundo as diretrizes e bases da legislação de educação em vigor (aprendizagem) é a garantia de acesso e FREQUÊNCIA OBRIGATÓRIA AO ENSINO REGULAR.

Alternativa "d". Desde que a ausência injustificada à escola implique perda do ano letivo, que a legislação a considera como uma das causas de extinção antecipada do contrato de aprendizagem (CLT, art.433, III).

Gabarito: E.

---

61. (FCC – Juiz do Trabalho Substituto 6ª Região/2013) Em matéria de contrato de aprendizagem, limite de idade, extinção e jornada de trabalho, é INCORRETO afirmar:

a) A duração do trabalho do aprendiz poderá exceder de seis horas diárias, podendo chegar ao limite de oito horas, para os aprendizes que já tiverem completado o ensino fundamental, se nelas forem computadas as horas destinadas à aprendizagem teórica.

b) Não poderá exceder o limite de dois anos, exceto em se tratando de aprendiz com deficiência.

c) A idade máxima de 24 (vinte e quatro) anos, para a contratação do aprendiz, não se aplica a aprendizes com deficiência.

d) A comprovação da escolaridade de aprendiz com deficiência mental deve considerar, para fins do contrato de aprendizagem, sobretudo, as habilidades e competências relacionadas com a profissionalização.

e) As indenizações previstas nos artigos 479 e 480 da CLT, relativas à rescisão antecipada do contrato a termo, são aplicáveis às hipóteses de extinção do contrato de aprendizagem, quando rescindido antes do termo inicialmente estipulado, por também se tratar de um contrato a prazo.

COMENTÁRIOS

✪ **Notas do autor:** a duração do trabalho do aprendiz não excederá de seis horas diárias, sendo vedadas a prorrogação e a compensação de jornada. Não obstante, referido limite poderá ser de até oito horas diárias para os aprendizes que já tiverem completado o ensino fundamental, se nelas forem computadas as horas destinadas à aprendizagem teórica.

Alternativa Incorreta: letra "e". Não se aplica o disposto nos arts. 479 e 480 da CLT às hipóteses de extinção antecipada do contrato aprendizagem (CLT, art.433, §2º).

Alternativa "a". A duração do trabalho do aprendiz poderá ser de até oito horas diárias para os aprendizes que já tenham concluído o ensino fundamental, se nelas forem computadas as horas destinadas à aprendizagem teórica (Decreto nº 5.598/05, art.18, §1º).

Alternativa "b". O contrato de aprendizagem não poderá ser estipulado por mais de 2 (dois) anos, exceto quando se tratar de aprendiz portador de deficiência (CLT, art.428, §3º).

Alternativa "c". Não há limite de idade para que o menor com deficiência realize o contrato de aprendizagem.

Alternativa "d". Para fins do contrato de aprendizagem, a comprovação da escolaridade de aprendiz portador de deficiência mental deve considerar, sobretudo, as habilidades e competências relacionadas com a profissionalização (Decreto nº 5.598/05, art.3º, parágrafo único).

Gabarito: E.

---

62. (FCC – Juiz do Trabalho Substituto 6ª Região/2013) Em matéria de trabalho da criança e do adolescente, considere as seguintes afirmações:

I. O trabalho da criança e do adolescente é terminantemente proibido pelo ordenamento jurídico pátrio, sem qualquer exceção.

II. O contrato de trabalho em que menor de idade tenha figurado como empregado é absolutamente nulo, não gerando qualquer direito ou obrigação.

III. As autorizações para o trabalho de menor contempladas nos artigos 405 § 2º e 406 da CLT são atos administrativos discricionários a serem submetidos à análise do Juiz competente, que poderá, verificadas as condições oferecidas pelo empregador, autorizar, em caráter excepcional e a título precário, a realização de trabalho noturno.

IV. Verificado pela autoridade competente que o trabalho executado pelo menor é prejudicial à sua saúde, ao seu desenvolvimento físico ou à sua moralidade, poderá ela obrigá-lo à abandonar o serviço.

V. É possível remunerar o menor aprendiz em função da venda de produto por ele confeccionado sem que haja a descaracterização do conteúdo educativo do contrato.

Estão corretas APENAS

a) I e II.

b) III e IV.

c) IV e V.

d) I e V.

e) II e III.

COMENTÁRIOS

✪ **Notas do autor:** aos adolescentes com idade entre 15 (quinze) e 18 (dezoito) anos aplica-se o Estatuto da Criança e do Adolescente, e, excepcionalmente, o Estatuto da Juventude, quando não conflitar com as normas de proteção integral do adolescente.

Estão corretos os itens IV e V.

Item I. Errado. É proibido qualquer trabalho a menores de dezesseis anos, salvo na condição de aprendiz, a partir de quatorze anos (CF/88, art. 7º, XXXIII). Logo, conclui-se que para criança a legislação não permite trabalho de qualquer hipótese.

Item II. Errado. Menor de idade é expressão muito ampla, que também inclui pessoa com mais de 14 anos de idade, ocasião em que pode celebrar contrato de emprego. Ademais, a nulidade de contrato de emprego não pode punir duplamente o trabalhador, com dispêndio de trabalho sem a necessária contraprestação, tampouco proteção jurídica. Assim, implicará ao menos pagamento do salário.

Item III. Errado. Trabalho noturno é proibido a menor.

Item IV. Certo. Medida prevista para proteger o menor.

Item V. Certo. Desde que não haja prejuízo ao desenvolvimento moral do menor, é possível.

Alternativa correta: letra "c".

---

63. (CESPE – Juiz do Trabalho Substituto 5ª Região/2013) Em relação ao trabalho educativo, assinale a opção correta.

a) Esse trabalho assemelha-se à atividade laboral, em que o aspecto produtivo prevalece sobre as exigências pedagógicas relativas ao desenvolvimento pessoal e social do educando.

b) O programa social que tenha por base o trabalho educativo, sob responsabilidade de entidade governamental ou não governamental sem fins lucrativos, deve assegurar ao adolescente que dele participe condições de capacitação para o exercício de atividade regular remunerada.

c) O trabalho educativo consiste em uma espécie de estágio.

d) Esse tipo de trabalho equipara-se à aprendizagem.

e) O fato de o adolescente receber remuneração pelo trabalho realizado ou participação na venda dos produtos de seu trabalho descaracteriza o trabalho educativo.

COMENTÁRIOS

✪ **Notas do autor:** são diretrizes do trabalho educativo: (i) prevalência da educação; (ii) ausência de vínculo empregatício; e, (iii) previsão de ganho.

Alternativa correta: letra "b". O programa social que tenha por base o trabalho educativo, sob responsabilidade de entidade governamental ou não governamental sem fins lucrativos, deverá assegurar ao adolescente que dele participe condições de capacitação para o exercício de atividade regular remunerada (ECA, art. 68).

Alternativa "a". O contrário. O aspecto educacional prevalece sobre o produtivo.

Alternativa "c". Entende-se por trabalho educativo a atividade laboral em que as exigências pedagógicas relativas ao desenvolvimento pessoal e social do educando prevalecem sobre o aspecto produtivo (§1º, do art. 68, do ECA).

Alternativa "d". Não se equipara, tampouco é espécie de estágio, que possui normatização própria.

Alternativa "e". Eventual remuneração não descaracteriza o caráter educativo visado.

Gabarito: B.

---

64. (CESPE – Juiz do Trabalho Substituto 5ª Região/2013) Com base nas normas que regem o estágio e a aprendizagem de estudantes, assinale a opção correta.

a) Estágio consiste em ato educativo escolar supervisionado, desenvolvido no ambiente de trabalho, que visa à preparação para o trabalho produtivo de educandos que estejam frequentando o ensino regular em instituições de educação superior, de educação profissional, de ensino médio, da educação especial e dos anos finais do ensino fundamental, na modalidade profissional da educação de jovens e adultos.

b) Denomina-se contrato de aprendizagem o contrato de trabalho especial, ajustado por escrito e por prazo determinado, em que o empregador se compromete a assegurar ao maior de quatorze e menor de vinte e seis anos de idade inscrito em programa de aprendizagem formação técnico-profissional metódica, compatível com o seu desenvolvimento físico, moral e psicológico, o aprendiz, a executar com zelo e diligência as tarefas necessárias a essa formação.

c) As instituições de ensino e as partes cedentes de estágio não podem recorrer a serviços de agentes de integração públicos.

d) A vigência do contrato de aprendizagem limita-se a dois anos, exceto nos casos em que o aprendiz seja oriundo de família que receba recursos do bolsa família, nos termos da lei.

e) As normas brasileiras relativas a estágios não se aplicam à realização de estágio por estudantes estrangeiros regularmente matriculados em cursos superiores no país.

COMENTÁRIOS

✪ **Notas do autor:** é assegurado ao estagiário, sempre que o estágio tenha duração igual ou superior a 1 (um) ano, período de recesso de 30 (trinta) dias, a ser gozado preferencialmente durante suas férias escolares.

Alternativa correta: letra "a". Expressa o conceito e abrangência legal do estágio.

Alternativa "b". A idade limite para celebração do contrato de aprendizagem é 24 anos, que não se aplica a menor com deficiência.

Alternativa "c". As instituições de ensino e as partes cedentes de estágio PODEM, a seu critério, RECORRER A SERVIÇOS DE AGENTES DE INTEGRAÇÃO PÚBLICOS E PRIVADOS, mediante condições acordadas em instrumento jurídico apropriado, devendo ser observada, no caso de contratação com recursos públicos, a legislação que estabelece as normas gerais de licitação (Lei nº 11.788/08, art.5º).

Alternativa "d". O limite temporal é excepcionado somente para menor com deficiência.

Alternativa "e". A realização de estágios, nos termos da Lei de Estágio, APLICA-SE aos estudantes estrangeiros regularmente matriculados em cursos superiores no País, autorizados ou reconhecidos, observado o prazo do visto temporário de estudante, na forma da legislação aplicável (art.4º, da Lei nº 11.788/08).

Gabarito: A.

---

65. (TRT 3 - Juiz do Trabalho Substituto 3ª Região/2013) Relativamente ao direito da criança e do adolescente, com base na Consolidação das Leis do Trabalho, considera-se prejudicial à moralidade do menor o trabalho, exceto:

a) Prestado de qualquer modo, em teatros de revista, cinemas, boates, cassinos, cabarés, dancings e estabelecimentos análogos.

b) Exercido nas ruas, praças e outros logradouros.

c) Em empresas circenses, em funções de acróbata, saltimbanco, ginasta e outras semelhantes.

d) De produção, composição, entrega ou venda de escritos, impressos, cartazes, desenhos, gravuras, pinturas, emblemas, imagens e quaisquer outros objetos que possam, a juízo da autoridade competente, prejudicar sua formação moral.

e) Consistente na venda, a varejo, de bebidas alcoólicas.

COMENTÁRIOS

✪ Notas do autor: os empregadores de menores de 18 (dezoito) anos são obrigados a velar pela observância, nos seus estabelecimentos ou empresas, dos bons costumes e da decência pública, bem como das regras da segurança e da medicina do trabalho (CLT, art.425).

Alternativa "a" (responde também as alternativas "c", "d" e "e"). Considera-se prejudicial à moralidade do menor o trabalho: a) prestado de qualquer modo, em teatros de revista, cinemas, boates, cassinos, cabarés, dancings e estabelecimentos análogos; b) em empresas circenses, em funções de acróbata, saltimbanco, ginasta e outras semelhantes; c) de produção, composição, entrega ou venda de escritos, impressos, cartazes, desenhos, gravuras, pinturas, emblemas, imagens e quaisquer outros objetos que possam, a juízo da autoridade competente, prejudicar sua formação moral; d) consistente na venda, a varejo, de bebidas alcoólicas (CLT, art.405, §3º).

Alternativa Incorreta: letra "b". O trabalho exercido nas ruas, praças e outros logradouros dependerá de prévia autorização do Juiz de Menores, ao qual cabe verificar se a ocupação é indispensável à sua própria subsistência ou à de seus pais, avós ou irmãos e se dessa ocupação não poderá advir prejuízo à sua formação moral (CLT, art.405, §2º).

---

66. (TRT 3 - Juiz do Trabalho Substituto 3ª Região/2013) Segundo o Estatuto da Criança e do Adolescente, a formação técnico-profissional obedecerá aos seguintes princípios:

a) Garantia de acesso e frequência obrigatória ao ensino regular; atividade compatível com o desenvolvimento do adolescente e inclusão digital

b) Garantia de acesso e frequência obrigatória ao ensino regular; integral desenvolvimento da cidadania e horário especial para o exercício das atividades

c) Garantia de acesso e frequência obrigatória ao ensino regular; atividade compatível com o desenvolvimento do adolescente e horário especial para o exercício das atividades

d) Atividade compatível com o desenvolvimento do adolescente, inclusão digital e horário especial para o exercício das atividades

e) Desempenho escolar, compatibilidade funcional e proteção integral.

COMENTÁRIOS

✪ Notas do autor: considera-se aprendizagem a formação técnico-profissional ministrada segundo as diretrizes e bases da legislação de educação em vigor.

Alternativa correta: letra "c" (responde as demais alternativas). A formação técnico-profissional obedecerá aos seguintes princípios: I - garantia de acesso e frequência obrigatória ao ensino regular; II - atividade compatível com o desenvolvimento do adolescente; III - horário especial para o exercício das atividades (ECA, art.63).

---

67. (TRT - JTS 3ª RG/ 2012) Leia as afirmativas abaixo e assinale a alternativa CORRETA:

I. É proibido o trabalho de menores de 18 (dezoito) anos em várias atividades, dentre elas: em borracharias ou locais onde sejam feitos recapeamento ou recauchutagem de pneus; em serviços externos que impliquem em manuseio e porte de valores que coloquem em risco a sua segurança (office-boys, mensageiros, contínuos) e como domésticos. A proibição de trabalho de menores de dezoito anos nestas atividades pode ser elidida: (a) na hipótese de ser o emprego ou trabalho, a partir da idade de dezesseis anos, autorizado pelo Ministério do Trabalho e Emprego, após consulta às organizações de empregadores e de trabalhadores interessados, desde que fiquem plenamente garantidas a saúde, a segurança e a moral dos adolescentes e (b) na hipótese de aceitação de parecer técnico circunstanciado, assinado por profissional legalmente habilitado em segurança e saúde no trabalho, que ateste a não exposição a riscos que possam comprometer a saúde, a segurança e a moral dos adolescentes, depositada na unidade descentralizada do Ministério do Trabalho e Emprego da circunscrição onde ocorreram as referidas atividades.

II. A aprendizagem é o contrato de emprego especial, com prazo determinado e forma escrita, em que o empregador se compromete a assegurar ao empregado aprendiz, inscrito em programa de aprendizagem formação técnico-profissional metódica, compatível com o seu desenvolvimento físico, moral e psicológico, e o aprendiz, a executar com zelo e diligência, as tarefas necessárias a essa formação. O aprendiz deve ser maior de 14 (quatorze) e menor de 24 (vinte e quatro) anos, a não ser que seja aprendiz portador de deficiência física, situação na qual o limite máximo de idade não se aplica. O contrato de aprendizagem não pode ser estipulado por mais de (2) dois anos, a não ser, única e exclusivamente, no caso de o aprendiz ser portador de deficiência física.

III. O aprendiz tem de estar matriculado e frequentando a escola, caso não haja concluído o ensino médio, e também deve estar inscrito em programa de aprendizagem desenvolvido sob a orientação de entidade qualificada em formação técnico-profissional metódica. Nas localidades onde não houver oferta de ensino médio para o cumprimento do requisito já descrito neste item, a contratação do aprendiz poderá ocorrer sem a frequência à escola, desde que ele já tenha concluído o ensino fundamental.

IV. Os estabelecimentos de qualquer natureza são obrigados a empregar e matricular nos cursos dos Serviços Nacionais de Aprendizagem, ou Escolas Técnicas de Educação ou entidade sem fins lucrativos que tenham por objetivo a assistência ao adolescente e à educação profissional, registradas no Conselho Municipal da Criança e do Adolescente, número de aprendizes equivalente a cinco por cento, no mínimo, e quinze por cento, no máximo, dos trabalhadores existentes em cada estabelecimento, cujas funções demandem formação profissional. Esta contratação não se aplica somente nas seguintes hipóteses: quando o empregador for entidade sem fins lucrativos, que tenha por objetivo a educação profissional, e microempresas.

V. A contratação de aprendizes por empresas públicas e sociedades de economia mista dar-se-á de forma direta pelo estabelecimento que se obrigue ao cumprimento da cota de aprendizagem, ou pelas entidades sem fins lucrativos que tenham por objetivos a assistência ao adolescente e à educação profissional, registradas no Conselho Estadual da Criança e do Adolescente, mas de toda forma, deverá ser sempre realizado processo seletivo mediante edital. A contratação de aprendizes pela administração direta, autárquica e fundacional deverá observar lei específica, não se aplicando o disposto citado para empresas públicas e sociedades de economia mista.

a) Somente as afirmativas I e II estão corretas.

b) Somente as afirmativas II e III estão corretas.

c) Somente as afirmativas I e III estão corretas.

d) Somente as afirmativas III e V estão corretas.

e) Todas as afirmativas estão corretas.

COMENTÁRIOS

✪ **Notas do autor:** além da **CF/88**, a regulamentar o trabalho infantil, vedado em relação à criança e admitido, excepcionalmente, em relação ao adolescente, o Brasil é signatário da **Convenção nº 182 da OIT**, aprovada pelo Decreto-Legislativo nº 178/99, regulamentado pelo Decreto nº 6.481/2008, destacando-se ainda disposições do ECA e da CLT.

Estão corretos os itens I e III.

Item I. Certo. A Convenção nº 182 da OIT tem como objeto a Proibição das Piores Formas de Trabalho Infantil e a Ação Imediata para a sua Eliminação. O Decreto nº 6.481/2008 traz a Lista de Piores Formas de Trabalho Infantil, **vedadas aos menores de dezoito anos**, salvo as exceções enumeradas nesse mesmo Decreto.

Item II. Errado. A idade máxima de vinte quatro anos para o aprendiz e a limitação de dois anos no prazo de contrato de aprendizagem se aplicam a **toda e qualquer pessoa portadora de deficiência**, não são somente aos deficientes físicos, como também os de outra natureza.

Item III. Certo. O direito à educação é **absoluto e prioritário**. Dessa forma, a aprendizagem não pode ser prejudicial à educação formal do aprendiz.

Item IV. Errado. O limite de cinco a quinze por cento não se aplica quando o empregador for entidade sem fins lucrativos, que **tenha por objetivo a educação profissional, as microempresas e as empresas de pequeno porte**, sendo que estas duas estão sujeitas apenas ao limite máximo.

Item V. Errado. As entidades sem fins lucrativos que tenham por objetivos a assistência ao adolescente e à educação profissional devem ser registradas no

Conselho **Municipal** da Criança e do Adolescente. Além disso, o processo seletivo é exigido se a contratação for feita **diretamente** pela empresa pública ou pela sociedade de economia mista. Já a contratação **indireta**, por meio de entidades sem fins lucrativos, **dispensa-se o processo seletivo**.

Alternativa correta: letra "c".

---

68. (TRT - JTS 3ª RG/ 2012) Leia as afirmativas abaixo e assinale a alternativa CORRETA:

I. O estágio não cria vínculo de emprego, mas está sujeito à jornada que será definida entre a instituição de ensino, a parte concedente e o aluno estagiário ou seu representante legal, devendo constar do termo de compromisso ser compatível com as atividades escolares e não ultrapassar: (a) 4 (quatro) horas diárias e 20 (vinte) horas semanais, no caso de estudantes dos últimos anos do ensino fundamental; (b) 6 (seis) horas diárias e 30 (trinta) horas semanais, no caso de estudantes do ensino superior, da educação profissional, educação especial e do ensino médio regular.

II. Os Conselhos Tutelares devem existir em número de pelo menos um em cada Município e cada Conselho Tutelar tem de ser composto por, pelo menos, cinco membros, escolhidos pela comunidade local para mandato de três anos, permitida uma recondução. É a Lei Municipal que dispõe sobre eventual remuneração de seus membros e para ser candidato a membro do Conselho Tutelar são exigidos: reconhecida idoneidade moral, idade superior a vinte e um anos e residência no município onde irá atuar.

III. Entende-se por trabalho educativo, na definição da lei, aquele descrito no ECA – Estatuto da Criança e do Adolescente, sendo a atividade laboral em que as exigências pedagógicas relativas ao desenvolvimento pessoal e social do educando prevalecem sobre o aspecto produtivo.

IV. O número máximo de estagiários em relação ao quadro de pessoal das entidades concedentes de estágio deverá atender às seguintes proporções: (a) de 1 (um) a 5 (cinco) empregados: 1 (um) estagiário; (b) de 6 (seis) a 10 (dez) empregados: até 2 (dois) estagiários; (c) de 11 (onze) a 25 (vinte e cinco) empregados: até 5 (cinco) estagiários; (d) acima de 25 (vinte e cinco) empregados: até 20 (vinte por cento) de estagiários. Isto não se aplica aos estagiários de nível superior e de nível médio profissional. Para efeito da Lei de Estágio, considera-se quadro de pessoal o conjunto de trabalhadores empregados existentes no estabelecimento do estágio.

V. As funções passíveis de aprendizagem, segundo o Ministério do Trabalho e Emprego estão descritas na CBO – Classificação Brasileira de Ocupações. O estagiário tem direito sempre de receber, mesmo sem trabalhar, durante o recesso, se o estágio tiver duração igual ou superior a um ano. Este recesso deve ser gozado preferencialmente durante suas férias escolares e será proporcional, nos casos de o estágio ter menos de 1 (um) ano.

a) Somente as afirmativas I e II estão corretas.

b) Somente as afirmativas II e III estão corretas.

c) Somente as afirmativas III e IV estão corretas.

d) Somente as afirmativas II e IV estão corretas.

e) Todas as afirmativas estão corretas.

COMENTÁRIOS

Notas do autor: o adolescente tem direito à profissionalização e à proteção no trabalho, observados os seguintes aspectos, entre outros: I – respeito à condição peculiar de pessoa em desenvolvimento; II – capacitação profissional adequada ao mercado de trabalho.

Estão corretos os itens III e IV.

Item I. Errado. De fato, **o estágio não cria vínculo de emprego**, exceto se descumpridas as normas que regem a matéria. Porém, jornada de trabalho se dá da seguinte forma: a. 4 (quatro) horas diárias e 20 (vinte) horas semanais, no caso de estudantes de educação especial e dos anos finais do ensino fundamental, na modalidade profissional de educação de jovens e adultos; b. 6 (seis) horas diárias e 30 (trinta) horas semanais, no caso de estudantes do ensino superior, da educação profissional de nível médio e do ensino médio regular.

Item II. Errado. O mandado do Conselheiro Tutelar é de **quatro anos**, permitidas novas reconduções.

Item III. Certo. O trabalho educativo está previsto no ECA e se caracteriza pela presença de programas sociais, destinados a assegurar ao adolescente, entre 16 e 18 anos de idade, aptidão para integrar-se no mercado de trabalho e atividade pedagógica em preferência à produção do adolescente.

Item IV. Certo. A previsão de uma cota mínima de estagiários visa incentivar e garantir a efetivação do estágio, como meio de profissionalização do adolescente.

Item V. Errado. O estagiário tem direito de receber, mesmo sem trabalhar, durante o recesso, se o estágio tiver duração igual ou superior a um ano, **unicamente, se receber bolsa ou outra forma de contraprestação.**

Alternativa correta: letra "c".

---

69. (TRT - JTS 3ª RG/ 2012) Leia as afirmativas abaixo e assinale a alternativa CORRETA:

I. Fica assegurado às pessoas portadoras de deficiência o percentual de 10% (dez por cento) das vagas oferecidas pela parte concedente do estágio.

II. As pessoas jurídicas de direito privado e os órgãos da administração pública direta, autárquica e fundacional de qualquer dos poderes da União, dos Estados, do Distrito Federal e dos Municípios, bem como profissionais liberais de nível superior devidamente registrados em seus respectivos conselhos de fiscalização profissional, podem oferecer estágio, observadas as obrigações legais.

III. A manutenção de estagiários em desconformidade com a Lei nº 11.788, de 25 de setembro de 2008 caracteriza vínculo de emprego do educando com a parte concedente do estágio para todos os fins trabalhistas e previdenciários. A instituição privada ou pública que reincidir nesta irregularidade ficará impedida de receber estagiários por 2 (dois) anos, contados da data da decisão definitiva do processo administrativo correspondente. Esta penalidade limita-se somente à filial ou agência em que for cometida a irregularidade.

IV. O aprendiz não tem direito a aviso prévio e só tem direito aos recolhimentos de FGTS não à base de 8% (oito por cento) ao mês sobre a remuneração paga ou devida no mês anterior, a cada trabalhador, e sim apenas à base de 2% (dois por cento).

V. Há a proibição do trabalho noturno, perigoso ou insalubre a menores de dezoito anos e de qualquer trabalho a menores de dezesseis anos, salvo na condição de aprendiz, a partir de quatorze anos. Os menores de dezoito anos só podem trabalhar em atividades em ruas, praças e outros logradouros, com prévia autorização judicial, cabendo ao juiz verificar se a ocupação é indispensável à sua própria subsistência ou à de seus pais, avós ou irmãos e se dessa ocupação não poderá advir prejuízo à sua formação moral, e por fim, há vários trabalhos descritos na lista TIP – "Trabalho Infantil Piores Formas" que são proibidos para menores de dezoito anos, podendo a proibição ser elidida apenas nas restritas hipóteses do Decreto nº 6481, de 12-06-2008.

a) Somente as afirmativas I, II e III estão corretas.
b) Somente as afirmativas II, III e IV estão corretas.
c) Somente as afirmativas I, III e IV estão corretas.
d) Somente as afirmativas II, IV e V estão corretas.
e) Todas as afirmativas estão corretas.

COMENTÁRIOS

✪ **Notas do autor:** ao adolescente portador de deficiência é assegurado trabalho protegido.

Estão corretos os itens I, II, III, IV e V.

Item I. Certo. Trata-se de disposição expressa do art. 17, § 5º, da Lei nº 11.788/2008. Os portadores de deficiência são considerados hipossuficientes, motivo pelo qual têm direitos a prerrogativas, que estimulem a sua inserção no mercado de trabalho.

Item II. Certo. Dado o caráter educativo e profissionalizante do estágio, deve ser fomentado e incentivado, inclusive, pela Administração Pública Direta ou Indireta, bem como pelos profissionais liberais.

Item III. Certo. A lei de estágio visa garantir o caráter educativo e profissionalizante do estagiário, como, por exemplo, exigir compatibilidade entre a jornada de trabalho e as atividades escolares. As peculiaridades do contrato de estágio fazem com que se forma um contrato de trabalho especial, distinto da relação de emprego, a qual será reconhecida se não forem observadas as regras estabelecidas pela Lei de Estágio, notadamente quanto a esse caráter educacional do estágio.

Item IV. Certo. São dois exemplos em que se nota a mitigação de alguns direitos trabalhistas do estagiário. Entretanto, não observadas as regras de estágio, descaracterizando essa forma especial de relação trabalhista, aplicam-se os dispositivos comuns da relação de emprego.

Item V. Certo. O trabalho é vedado a crianças e admitido, excepcionalmente, ao adolescente, mesmo assim em condições especiais, como aprendiz ou estagiário, proibindo-se os trabalhos em condições impróprias à sua condição de pessoas em desenvolvimento.

Alternativa correta: letra "e".

---

70. (FCC – JTS 4ª RG/ 2012) Quanto ao trabalho do adolescente, de acordo com a legislação vigente e a jurisprudência sumulada, é CORRETO afirmar que

a) a remuneração decorrente de trabalho educativo, para adolescente vinculado a programa social, não pode ser inferior a um salário mínimo.
b) o trabalhador adolescente, menor de 16 anos, que não está vinculado a contrato de aprendizagem, tem direito ao salário mínimo integral.
c) a bolsa aprendizagem deve ser remunerada por hora de trabalho, no valor mínimo de meio salário mínimo por hora, em jornada de seis horas e dois terços do salário mínimo para jornada de oito horas.
d) o trabalho em estágio obrigatório deverá ser obrigatoriamente pago através de bolsa pelo concedente do estágio, além de auxílio transporte.
e) ao trabalhador em oficina de família, menor de 18 anos, não inserido em programa de estágio é assegurada contraprestação vinculada ao resultado de seu trabalho.

COMENTÁRIOS

✪ **Notas do autor:** o empregador, cuja empresa ou estabelecimento ocupar menores, será obrigado a conceder-lhes o tempo que for necessário para a frequência às aulas.

Alternativa correta: letra "b". O menor de dezesseis anos só se permite o trabalho na condição de aprendiz, se maior de quatorze anos. Fora dessas hipóteses tem-se a contratação irregular, gerando-se vínculo empregatício entre o menor e o empregador, com todas as garantias, inclusive o pagamento de um salário mínimo integral.

Alternativa "a". O trabalho educativo não gera vínculo empregatício, visando a integrar o adolescente à preparação e à vivência no trabalho, tendo como base programas sociais, motivo pelo qual não se garante ao adolescente, nesse tipo de trabalho, o salário mínimo integral.

Alternativa "c". Qualquer que seja a jornada de trabalho, a remuneração do aprendiz, salvo condição mais favorável, será garantido o **salário mínimo hora**.

Alternativa "d". Na verdade, é no estágio **não obrigatório** que se obriga o fornecimento de bolsa ou outra forma de contraprestação, bem como o auxílio-transporte.

Alternativa "e". O trabalho do adolescente tem como prioridade a profissionalização e a educação da pessoa nas relações de trabalho, não podendo sua remuneração ser vinculada à sua produtividade.

Gabarito: B.

---

71. (FCC - JTS 4ª RG/ 2012) No contexto da doutrina da proteção integral, o trabalho protegido diz respeito à

a) proibição de trabalho em ambiente insalubre, penoso ou perigoso.

b) garantia de matrícula e frequência a escola.

c) proibição de trabalho em horário noturno e incompatível com a carga horária escolar.

d) garantia de acesso, treinamento e convivência ao trabalhador deficiente.

e) proibição de trabalho em local prejudicial à formação e desenvolvimento do adolescente.

COMENTÁRIOS

✪ **Notas do autor:** essa questão deveria ser anulada. A doutrina da proteção integral se aplica a todo e qualquer garantia da criança e adolescente, porquanto emana da Constituição Federal, de Tratados e Convenções Internacionais dos quais o Brasil é signatário, o ECA e demais legislações que têm como sujeito de proteção a criança e o adolescente, frise-se, não só no campo trabalhista, como em qualquer outro.

Alternativa correta: letra "d". O trabalho protegido tem como fundamentos a preparação e treinamento pelo trabalho e no desenvolvimento de senso de disciplina e grau de aptidão para o trabalho, o que deve ser observado em relação trabalhador deficiente, diante das políticas de inclusão dessa categoria de pessoas vulneráveis.

Alternativa "a". O que a lei veda é a proibição de trabalho insalubre, penoso ou perigoso, o que pode ser verificado não quanto ao ambiente de trabalho, como também em relação à natureza e o modo de operação da atividade.

Alternativa "b". Os horários cumpridos pelo adolescente devem ser compatíveis com a frequência à escola, o que deve ser garantido não só no caso de trabalho protegido, mas em qualquer outra forma de trabalho de adolescente.

Alternativa "c". O horário noturno a que se refere a vedação legal é o compreendido entre vinte e duas horas de um dia e as cinco horas do dia seguinte, ou seja, pode ser realizado à note, mas até às 21h59min.

Alternativa "e". A proibição de trabalho em local prejudicial à formação e desenvolvimento do adolescente não abrange somente o trabalho protegido como também o trabalho educativo, a aprendizagem e o estágio.

Gabarito: D.

---

72. (FCC - JTS 4ª RG/ 2012) Quanto à duração da jornada de trabalho do adolescente, é CORRETO afirmar que

a) o adolescente que trabalha em oficina composta exclusivamente por pessoas de sua família, dirigida pelo pai, mãe ou tutor, não poderá estender sua jornada em até duas horas diárias mediante compensação com diminuição de jornada, ainda que previsto o regime de compensação em Convenção Coletiva.

b) é permitida a prorrogação do trabalho do adolescente em caso de força maior, em jornada de até 12 horas, desde que seu trabalho seja imprescindível ao funcionamento do estabelecimento e que seja observado período de descanso de 15 minutos entre o término da jornada normal e o início da prorrogação.

c) o trabalhador aprendiz tem jornada de seis horas diárias, sendo possível a fixação de jornada de oito horas caso já tenha terminado o ensino fundamental ou o empregador mantenha local apropriado para que seja ministrada instrução primária.

d) a carga horária máxima do estágio, para estudantes dos anos finais do ensino fundamental na modalidade profissional de educação de jovens e adultos, do ensino médio regular e educação superior é de seis horas diárias.

e) no caso de estágio em cursos que alternam teoria e prática e no período em que não haja programação de aulas presenciais o horário de estágio pode ser de oito horas diárias e 44 horas semanais.

COMENTÁRIOS

✪ **Notas do autor:** ao adolescente empregado, aprendiz, em regime familiar de trabalho, aluno de escola técnica, assistido em entidade governamental ou não governamental, é vedado trabalho: I – noturno, realizado entre as vinte e duas horas de um dia e as cinco horas do dia seguinte; II – perigoso, insalubre ou penoso; III – realizado em locais prejudiciais à sua formação e ao seu desenvolvimento físico, psíquico, moral e social; IV – realizado em horários e locais que não permitam a frequência à escola.

Alternativa correta: letra "b". No ECA, não há disposição específica sobre a jornada de trabalho do adolescente, aplicando-se, portanto, as disposições da

CLT acerca da matéria, notadamente o art. 413, obedecidos os ditames constitucionais da hipossuficiência do adolescente, enquanto pessoa em estágio de desenvolvimento, bem como da tutela integral de seus direitos e garantias.

Alternativa "a". O trabalho do menor em oficina de família sofre algumas exceções em relação ao adolescente que trabalha fora dessa condição. Porém, são sujeitos ao mesmo regulamento no que tange à jornada de trabalho (art. 402, parágrafo único, da CLT). Assim, poderá estender sua jornada em até duas horas diárias mediante compensação com diminuição de jornada, desde que previsto o regime de compensação em Convenção Coletiva.

Alternativa "c". A jornada de trabalho do aprendiz poderá ser de oito horas apenas na excepcional hipótese de o adolescente já ter concluído o ensino fundamental e se, nelas, se nelas forem computadas as horas destinadas à aprendizagem teórica (art. 432, § 1º, da CLT).

Alternativa "d". A carga horária do estagiário não pode ultrapassar: **quatro** horas diárias e vinte horas semanais, no caso de estudantes de **educação especial** e dos **anos finais do ensino fundamental**, na modalidade profissional de educação de jovens e adultos; **seis** horas diárias e trinta horas semanais, no caso de estudantes do **ensino superior**, da **educação profissional** de **nível médio** e do **ensino médio regular.**

Alternativa "e". O estágio relativo a cursos que alternam teoria e prática, nos períodos em que não estão programadas aulas presenciais, poderá ter jornada de até **quarenta** horas semanais, desde que isso esteja previsto no projeto pedagógico do curso e da instituição de ensino.

Gabarito: B.

---

73. (TRT – JTS 8ª RG/ 2012) Assinale a alternativa CORRETA:

a) Organizações não governamentais, sem fins lucrativos, podem promover o treinamento e o posterior encaminhamento de adolescentes ao mercado de trabalho, caso em que poderão ser contratados a título de mera iniciação ao trabalho, como trabalho educativo.

b) Consoante o Estatuto da Criança e do Adolescente, ao adolescente aprendiz, menor de 14 (quatorze) anos, não são assegurados os direitos trabalhistas e previdenciários.

c) A duração do trabalho do aprendiz observará o limite de 6 (seis) horas diárias, sendo vedadas a prorrogação e a compensação de jornada, em qualquer hipótese.

d) Ao completar 18 (dezoito) anos, o menor aprendiz terá seu contrato automaticamente convertido em contrato de emprego, regido pela CLT, dado o princípio da continuidade da relação empregatícia.

e) A validade do contrato de aprendizagem pressupõe a anotação na CTPS– Carteira de Trabalho e Previdência Social e a matrícula do aprendiz na escola, dispensada esta, em qualquer caso, se for inscrito em programa de aprendizagem, desenvolvido sob orientação de entidade qualificada em formação técnico-profissional metódica, garantido o salário mínimo hora.

COMENTÁRIOS

✪ **Notas do autor:** haverá a Carteira de Trabalho e Previdência Social para todos os menores de 18 anos, sem distinção do sexo, empregados em empresas ou estabelecimentos de fins econômicos e daqueles que lhes forem equiparados.

Alternativa correta: letra "b". Trata-se de interpretação de dois artigos do ECA: art. 64. Ao adolescente **até quatorze anos de idade** é assegurada **bolsa de aprendizagem**; art. 65. Ao adolescente aprendiz, **maior de quatorze anos**, são assegurados os **direitos trabalhistas e previdenciários**.

Alternativa "a". O trabalho educativo é aquele desenvolvido para adaptação do adolescente ao mercado de trabalho. Após o ingresso do adolescente no mercado de trabalho, não há que se falar mais em trabalho educativo.

Alternativa "c". Ao aprendiz, é permitida a jornada de **oito horas diárias**, no máximo, para os que concluíram o ensino fundamental, computadas as horas destinadas às atividades teóricas e práticas.

Alternativa "d". Aprendiz é o adolescente ou jovem entre **14 e 24 anos**, logo não há que se falar em prorrogação automática quando o adolescente completar **18 anos.**

Alternativa "e". A validade do contrato de aprendizagem pressupõe anotação na Carteira de Trabalho e Previdência Social, **matrícula e frequência do aprendiz na escola,** caso não haja concluído o ensino médio, e inscrição em programa de aprendizagem desenvolvido sob a orientação de entidade qualificada em formação técnico-profissional metódica.

Gabarito: B.

---

74. (FCC – JTS 11ª RG/ 2012) Considere as proposições:

I. A aprendizagem é a formação técnico-profissional ministrada segundo a legislação de diretrizes e bases da educação e garante ao adolescente horário especial para o seu exercício.

II. Ao adolescente aprendiz entre 14 e 16 anos são garantidos os direitos trabalhistas mas não previdenciários.

III. O Juiz da infância e da juventude pode autorizar o trabalho do menor em ocupação vinculada a espetáculos desde que a representação tenha finalidade educativa.

IV. A autoridade do Ministério do Trabalho, atual Ministério do Trabalho e Emprego – MTE, pode proibir a permanência do menor no local de trabalho durante o intervalo de refeição.

V. O contrato de aprendizagem tem prazo determinado de dois anos podendo ser prorrogado uma única vez por igual período.

Está correto o que se afirma APENAS em

a) I, IV e V.

b) I, II e III.

c) I, III e IV.

d) II, III e V.

e) II, IV e V.

COMENTÁRIOS

Notas do autor: o empregador não poderá fazer outras anotações na carteira de trabalho e previdência social, salvo as relativas ao salário, data da admissão, férias e saída.

Estão corretos os itens I, III e IV.

Item I. Certo. O art. 62 do ECA define aprendizagem como a formação técnico-profissional ministrada segundo **as diretrizes e bases da legislação de educação em vigor**.

Item II. Errado. Ao adolescente aprendiz **maior de 14 anos** são garantidos os direitos **trabalhistas e previdenciários.**

Item III. Certo. Compete à **autoridade judiciária** disciplinar, através de portaria, **ou autorizar, mediante alvará,** a participação de crianças e adolescentes em espetáculos públicos e seus ensaios.

Item IV. Certo. Trata-se de atuação fiscalizadora do Ministério do Trabalho e que visa garantir o efetivo intervalo do menor durante as refeições.

Item V. Errado. O contrato de aprendizagem **não poderá ser estipulado por mais de 2 (dois) anos,** exceto quando se tratar de aprendiz portador de deficiência.

Alternativa correta: letra: "c".

---

75. (FCC - JTS 11ª RG/ 2012) Em relação à rescisão e considerando a lei e a jurisprudência sumulada, é CORRETO afirmar:

a) Constitui-se em justa causa patronal, nos termos do art. 483 da CLT, a recusa ou omissão do empregador em proporcionar ao menor com 16 anos alteração de função recomendada por autoridade competente.

b) O contrato de estágio irregular é nulo, vez que em fraude à lei, sendo direito do menor, nesse caso, apenas o recebimento do saldo salarial e dos depósitos do FGTS.

c) O responsável legal somente poderá pleitear a extinção do contrato de trabalho do menor - em caso de serviço prejudicial de ordem física ou moral, com a ciência do Conselho Tutelar.

d) O contrato de aprendizagem não pode ultrapassar o prazo de dois anos e se extingue em qualquer hipótese quando o aprendiz completar 24 anos.

e) O menor pode assinar recibos de salário, mas é proibido ao menor de 16 anos a assinatura de Termo de Rescisão do Contrato de Trabalho (TRCT) sem assistência de seus responsáveis legais.

COMENTÁRIOS

Notas do autor: veja-se que, por vezes, a regra de que, na primeira fase do concurso, só cai texto de lei. No caso em tela, exigiu-se do candidato conhecimento acerca de matéria sumulada pelos Tribunais Superiores.

Alternativa correta: letra "a". Uma das hipóteses de justa causa patronal ocorre se forem exigidos serviços superiores às forças do empregado, defesos por lei, contrários aos bons costumes, ou alheios ao contrato. Ora, se a fiscalização exigiu adaptações, é porque o as condições de trabalho do adolescente não eram condignas com a legislação que rege a matéria, motivo pelo qual, se não atendidas, haverá justa causa para o menor de 16 anos rescindir o contrato.

Alternativa "b". O contrato de estágio irregular tem como efeito o reconhecimento de **vínculo empregatício**, com as consequências inerentes a esse reconhecimento, tanto no que se refere a direitos trabalhistas, quanto no que tange a direitos previdenciários.

Alternativa "c". Ao responsável legal do menor é **facultado** pleitear a extinção do contrato de trabalho, desde que o serviço possa acarretar para ele prejuízos de ordem física ou moral, sem necessidade de intervenção do Conselho Tutelar.

Alternativa "d". Quando o aprendiz for **portador de deficiência,** o contrato de trabalho poderá ser estipulado em prazo superior a dois anos, bem como pode ser estendido além dos vinte e quatro anos.

Alternativa "e". O que se veda ao menor, no que se refere à rescisão do trabalho, é dar recibo em relação á verbas recebidas a título de indenização.

Gabarito: A.

---

76. (TRT - JTS 14ª RG/ 2012) Assinale a opção CORRETA:

a) De acordo com o Estatuto da Criança e do Adolescente (Lei 8.069/90), o programa social que tenha por base o trabalho educativo, sob-responsabilidade de entidade governamental ou não- governamental sem fins lucrativos, deverá assegurar ao adolescente que dele participe condições de capacitação para o exercício de atividade regular não remunerada.

b) A formação técnico-profissional obedecerá aos seguintes princípios: garantia de acesso e frequência obrigatória ao ensino regular; atividade compatível com o desenvolvimento do adolescente e horário especial para o exercício das atividades.

c) Trabalho educativo constitui-se atividade laboral em que as exigências pedagógicas relativas ao desenvolvimento pessoal e social do educando equiparam-se ao aspecto produtivo.

d) A legislação nacional em vigor permite, em circunstâncias especiais, o trabalho para maiores de 14 anos na condição de aprendizes e para maiores de 16 anos na condição de trabalhadores protegidos e com os direitos trabalhistas assegurados. Contudo, não estão protegidos pelo sistema previdenciário.

e) Embora o trabalho seja permitido para adolescentes de 16 a 18 anos, há restrições legais quanto às atividades que podem ser realizadas. Para esses garotos e garotas, o trabalho poderá ser executado em horário noturno apenas entre as 22h às 24h. Além disso, não pode ser perigoso, insalubre ou penoso e nem pode ser exercido em locais prejudiciais ao desenvolvimento físico, psíquico, moral e social.

COMENTÁRIOS

✪ **Notas do autor:** a garantia de acesso do trabalhador adolescente e jovem à escola é um dos aspectos do direito à proteção especial constitucionalmente prevista para a família.

Alternativa correta: letra "b". Veja-se que a legislação, em consonância com os princípios constitucionais de tutela ao adolescente, realça a necessidade e direito ao estudo, com respeito à sua situação peculiar de pessoa em desenvolvimento.

Alternativa "a". Os programas sociais devem proporcionar ao adolescente a preparação do adolescente para ingressar no mercado de trabalho, mediante remuneração devida e garantida pelo art. 68 do ECA.

Alternativa "c". Entende-se por trabalho educativo a atividade laboral em que as exigências pedagógicas relativas ao desenvolvimento pessoal e social do educando **prevalecem** sobre o aspecto produtivo.

Alternativa "d". São garantidos direitos previdenciários, inclusive, em relação ao adolescente aprendiz maior de quatorze anos.

Alternativa "e". É vedado o trabalho noturno, realizado **entre as vinte e duas horas de um dia e às cinco horas do dia seguinte.**

Gabarito: B.

---

77. (TRT – JTS 19ª RG/ 2012) De acordo com a legislação vigente e a jurisprudência pacificada pelo TST, assinale a alternativa CORRETA em relação aos enunciados de I a V abaixo:

I. Sendo obrigatório o estágio, obrigatória também será a concessão de bolsa e de auxílio transporte.

II. A manutenção do estágio em desconformidade com a Lei nº 11.788/2008 caracteriza vínculo de emprego do educando com a parte concedente do estágio para todos os fins da legislação trabalhista e previdenciária, exceto quando o cedente for ente da Administração Pública direta ou indireta.

III. O Conselho Tutelar é órgão permanente e autônomo, não jurisdicional, composto de 5 (cinco) membros, escolhidos pela comunidade local para mandato de três anos, permitida uma recondução, devendo existir em cada Município, no mínimo, um Conselho Tutelar.

IV. São atribuições do Conselho Tutelar, dentre outras, a de promover a execução de suas decisões, podendo para tanto requisitar serviços públicos nas áreas de saúde, educação, serviço social, previdência, trabalho e segurança.

V. Trabalho educativo é a atividade laboral em que as exigências pedagógicas relativas ao desenvolvimento pessoal e social do educando prevalecem sobre o aspecto produtivo, não desfigurando o caráter educativo a remuneração que o adolescente recebe pelo trabalho efetuado ou a participação na venda dos produtos de seu trabalho.

a) Todas as assertivas estão corretas.

b) Somente as assertivas I e II estão corretas.

c) Somente as assertivas III e V estão corretas.

d) Somente as assertivas II, III, IV e V estão corretas.

e) Somente as assertivas I e IV estão corretas.

COMENTÁRIOS

✪ **Notas do autor:** a SDI-I do TST fixou a OJ nº 366, cujo teor merece transcrevermos: "ESTAGIÁRIO. DESVIRTUAMENTO DO CONTRATO DE ESTÁGIO. RECONHECIMENTO DO VÍNCULO EMPREGATÍCIO COM A ADMINISTRAÇÃO PÚBLICA DIRETA ou INDIRETA. PERÍODO POSTERIOR À CONSTITUIÇÃO FEDERAL DE 1988. IMPOSSIBILIDADE (DJ 20, 21 e 23.05.2008). Ainda que desvirtuada a finalidade do contrato de estágio celebrado na vigência da Constituição Federal de 1988, é inviável o reconhecimento do vínculo empregatício com ente da Administração Pública direta ou indireta, por força do art. 37, II, da CF/1988, bem como o deferimento de indenização pecuniária, exceto em relação às parcelas previstas na Súmula nº 363 do TST, se requeridas".

Estão corretos os itens II, III, IV e V.

Item I. Errado. O estagiário poderá receber bolsa ou outra forma de contraprestação que venha a ser acordada, sendo **compulsória a sua concessão**, bem como a do auxílio-transporte, na hipótese de estágio **não obrigatório**.

Item II. Certo. O contrato de estágio irregular caracteriza o vínculo empregatício, fazendo o aprendiz ter direitos trabalhistas e previdenciários. No que se refere, à Administração Pública, o princípio do concurso público veda o reconhecimento de relação empregatícia, a teor do art.37, II, da CF/88 e OJ366, do TST, transcrita na nota dos autores.

Item III. Certo. O gabarito trouxe essa questão como correta. No entanto, a prova foi aplicada antes da Lei nº 12.696/12, a qual aumentou o prazo de mandato para **quatro anos**, permitidas, atualmente, novas reconduções.

Item IV. Certo. Para efetivação de suas relevantes funções, as medidas do Conselho Tutelar são autoexecutáveis e dotadas de **poder requisitório.**

Item V. Certo. O aspecto educativo é mais uma vez ressaltado, devendo-se destacar ainda o direito do adolescente de receber remuneração pelo trabalho realizado.

Alternativa correta: letra "d".

---

78. (TRT - JTS 19ª RG/ 2012) Assinale a alternativa INCORRETA, de acordo com a legislação:

a) Fica assegurado às pessoas portadoras de deficiência o percentual de 10% (dez por cento) das vagas oferecidas pela parte concedente do estágio.

b) As pessoas jurídicas de direito privado e os órgãos da administração pública direta, autárquica e fundacional de qualquer dos poderes da União, dos Estados, do Distrito Federal e dos Municípios, bem como profissionais liberais de nível superior devidamente registrados em seus respectivos conselhos de fiscalização profissional, podem oferecer estágio, observadas as obrigações legais.

c) O estágio não cria vínculo de emprego, mas está sujeito à jornada que será definida entre a instituição de ensino, a parte concedente e o aluno estagiário ou seu representante legal, devendo constar do termo de compromisso ser compatível com as atividades escolares e não ultrapassar: (a) 4 (quatro) horas diárias e 20 (vinte) horas semanais, no caso de estudantes dos últimos anos do ensino fundamental; (b) 6 (seis) horas diárias e 30 (trinta) horas semanais, no caso de estudantes do ensino superior, da educação profissional, educação especial e do ensino médio regular.

d) O aprendiz tem direito aos recolhimentos de FGTS, porém não à base de 8% (oito por cento) ao mês sobre a remuneração paga ou devida no mês anterior, e sim apenas à base de 2% (dois por cento).

e) A formação técnico-profissional do adolescente obedecerá aos seguintes princípios: garantia de acesso e frequência obrigatória ao ensino regular; atividade compatível com o desenvolvimento do adolescente; e horário especial para o exercício das atividades.

COMENTÁRIOS

✪ **Notas do autor:** o candidato deve ficar atento, pois o examinador exigiu a alternativa **incorreta.**

Alternativa Incorreta: letra "c". A jornada de trabalho do estagiário é de: (a) 4 (quatro) horas diárias e 20 (vinte) horas semanais, no caso de no caso de **estudantes de educação especial e dos anos finais do ensino fundamental, na modalidade profissional de educação de jovens e adultos**; (b) 6 (seis) horas diárias e 30 (trinta) horas semanais, **no caso de estudantes do ensino superior, da educação profissional de nível médio e do ensino médio regular.**

Alternativa "a". trata-se de porcentagem prevista no art. 17, § 5º, da Lei de Estágio, características de política afirmativa e de inclusão de pessoa hipossuficiente, portador de deficiência.

Alternativa "b". o estágio como forma de preparação da pessoa ao mercado de trabalho pode ser feito pela Administração Pública e por profissionais liberais.

Alternativa "d". como o contrato de aprendiz é de **natureza especial** com predominância do caráter de preparação do menor para o mercado de trabalho, há algumas derrogações da legislação trabalhista em relação ao aprendiz, entre as quais a alíquota de 2% de FGTS.

Alternativa "e". mais uma vez, se destaca a garantia do direito à educação do adolescente.

Gabarito: C.

---

79. (FCC - JTS 20ª RG/ 2012) O trabalho educativo

a) pode ser desenvolvido tanto no âmbito de programa social quanto em atividade econômica com fins lucrativos, desde que tenha por objetivo a capacitação do educando para o exercício de atividade regular remunerada e respeite a sua condição peculiar de pessoa em desenvolvimento.

b) se constitui na atividade laboral em que as exigências pedagógicas da criança ou do adolescente prevalecem sobre o aspecto produtivo.

c) deve visar a profissionalização do educando e sua inserção no mercado de trabalho, sendo que a eventual renda obtida com essa atividade deve ser revertida à família.

d) pode ou não ter caráter gratuito e a renda obtida em razão da venda dos produtos produzidos pelo educando em programa de Trabalho Educativo não desnatura o caráter educativo da atividade.

e) tem assegurados direitos trabalhistas e previdenciários assim como na aprendizagem, observadas as suas especificidades.

COMENTÁRIOS

✪ **Notas do autor:** o trabalho educativo é o regulado pelo ECA, marcado pelo caráter pedagógico em predominância ao caráter produtivo nessa fase de aprendizado.

Alternativa correta: letra "d". O adolescente pode, **eventualmente**, receber remuneração ou renda, sem que se desnature o trabalho educativo, ou seja, esse caráter pedagógico.

Alternativa "a". O trabalho educativo é desenvolvido sob responsabilidade de entidade governamental ou não governamental **sem fins lucrativos.**

Alternativa "b". Constitui-se na atividade laboral em que as exigências pedagógicas **do adolescente** prevalecem sobre o aspecto produtivo. **No Brasil, é proibido o trabalho desenvolvido por crianças.**

Alternativa "c". A eventual renda obtida com essa atividade deve ser revertida ao adolescente e à sua família.

Alternativa "e". Ao adolescente **até quatorze anos** de idade é assegurada **bolsa de aprendizagem.** Ao adolescente aprendiz, **maior de quatorze anos,** são assegurados os **direitos trabalhistas e previdenciários.**

Gabarito: D.

80. (FCC - JTS 20ª RG/ 2012) Em relação ao trabalho do adolescente é CORRETO afirmar:

a) É direito do adolescente a escolaridade, a profissionalização e a proteção especial no trabalho, sendo vedado trabalho em locais prejudiciais ao seu desenvolvimento psíquico, físico, moral ou social, podendo em casos excepcionais, ser autorizado nessas situações através de alvará judicial.

b) A aprendizagem é a formação técnico-profissional que pressupõe frequência obrigatória em ensino regular, sendo garantida ao aprendiz a situação de segurado obrigatório na Previdência Social.

c) O trabalho na condição de aprendiz pode ser realizado a partir dos 12 anos de idade, nos termos do art. 60 do Estatuto da Criança e do Adolescente.

d) É proibido trabalho insalubre, perigoso ou penoso pelo menor adolescente, abrangidos o aprendizado, o programa de trabalho educativo e o estágio, excetuado o trabalho em regime familiar.

e) É possível a efetivação do contrato de aprendizagem para portadores de deficiência com idade entre 14 e 24 anos, pelo prazo máximo de dois anos, sendo-lhes assegurada a anotação em CTPS.

COMENTÁRIOS

✪ **Notas do autor:** O adolescente tem direito à profissionalização e à proteção no trabalho, observados os seguintes aspectos, entre outros: I – respeito à condição peculiar de pessoa em desenvolvimento; II – capacitação profissional adequada ao mercado de trabalho.

Alternativa correta: letra "b". mais uma vez se destaca a preocupação do legislador em garantir o **acesso ao direito à educação** ao adolescente em processo aprendizagem e preparação para o mercado de trabalho.

Alternativa "a". sempre é vedado trabalho em locais prejudiciais ao seu desenvolvimento psíquico, físico, moral ou social, **não podendo** ser autorizado através de alvará judicial.

Alternativa "c". com a Emenda Constitucional nº 20/98, ficou vedado qualquer tipo de trabalho a menor de quatorze anos, ainda que na condição de aprendiz (art. 7º, XXXIII, CF/88).

Alternativa "d". é proibido trabalho insalubre, perigoso ou penoso pelo menor adolescente, abrangidos o aprendizado, o programa de trabalho educativo, o estágio e **o trabalho em regime familiar.**

Alternativa "e". ao portador de deficiência, não se aplicam a idade máxima de vinte e quatro anos e tampouco a impossibilidade de renovação do contrato de trabalho após dois anos.

Gabarito: B.

81. (FCC - JTS 20ª RG/ 2012) Em relação ao estágio, analise as afirmações abaixo.

I. O estágio é atividade profissional, realizada fora do estabelecimento de ensino, mas vinculado à grade curricular, podendo ser obrigatório ou facultativo.

II. O estágio pode ser obrigatório ou facultativo, sendo que apenas no 1º caso não se forma vínculo empregatício entre o estagiário e o tomador de seus serviços, ainda que presentes os requisitos do art. 3º da CLT.

III. O estágio pode ser realizado por estudantes estrangeiros regularmente matriculados em curso superior, técnico ou de ensino médio desde que observados concomitantemente o prazo máximo de dois anos para o estágio e o prazo do visto temporário do estudante.

IV. No estágio não obrigatório é garantida contraprestação monetária, ainda que na forma de bolsa, além de auxílio transporte e recesso remunerado de trinta dias em caso de estágio com duração de no mínimo um ano.

V. No caso de estágio obrigatório a carga horária realizada pelo estagiário deve ser contabilizada para aprovação e obtenção de diploma, sendo direito do estagiário ser beneficiário de seguro contra acidentes pessoais que pode ser contratado tanto pela parte cedente quanto pela instituição de ensino.

VI. A jornada do estagiário será fixada em comum acordo entre os três sujeitos da relação de estágio e não poderá ultrapassar 4 horas para os estudantes na modalidade profissional de educação de jovens e adultos e de 6 horas para alunos de educação profissional de nível médio.

Estão corretas APENAS as afirmações

a) I, II, III e V.

b) I, III, IV e VI.

c) I, IV, V e VI.

d) II, III, V e VI.

e) II, IV, V e VI.

COMENTÁRIOS

✪ **Notas do autor:** As atividades de extensão, de monitorias e de iniciação científica na educação superior, desenvolvidas pelo estudante, somente poderão ser equiparadas ao estágio em caso de previsão no projeto pedagógico do curso.

Estão corretos os itens I, IV, V e VI.

Item I. Certo. Estágio é **ato educativo escolar** supervisionado, desenvolvido no ambiente de **trabalho**, que visa à preparação para o trabalho produtivo de educandos.

Item II. Errado. O estágio **não cria vínculo empregatício**, seja obrigatório, seja facultativo.

Item III. Errado. O estágio pode ser realizado por estudantes estrangeiros regularmente matriculados **somente em curso superior.**

Item IV. Certo. Destaque-se que, no estágio facultativo, o auxílio transporte é obrigatório. Já, no estágio obrigatório, o auxílio transporte é facultativo.

Item V. Certo. Se o estágio é obrigatório, por consequência, a jornada é contada para efeitos de obtenção do diploma.

Item VI. Certo. A jornada de atividade em estágio será definida de comum acordo entre a instituição de ensino, a parte concedente e o aluno estagiário ou seu representante legal, devendo constar do termo de compromisso ser compatível com as atividades escolares e não ultrapassar a jornada definida no art. 10 da Lei de Estágio.

Alternativa correta: letra "c".

---

82. (TRT – JTS 21ª RG/ 2012) A respeito do trabalho da criança e do adolescente, assinale a alternativa CORRETA:

I. há expressa vedação na Constituição Federal ao trabalho dos adolescentes de 16 anos de idade, salvo na condição de aprendiz, a partir dos 12 anos;

II. caberá ao empregador conceder ao trabalhador adolescente o tempo que for necessário para a frequência às aulas, sendo obrigatório, nos estabelecimentos situados em lugar onde a escola estiver a maior distância que 2 (dois) quilômetros, e que ocuparem, permanentemente, mais de 30 (trinta) adolescentes analfabetos, a manutenção de local apropriado em que lhes seja ministrada a instrução primária;

III. ao adolescente com deficiência é vedado o trabalho remunerado, exceto nos casos de trabalho educativo ou contrato de aprendizagem;

IV. ao empregador é vedado empregar a adolescente em serviço que demande o emprego de força muscular superior a 20 (vinte) quilos para o trabalho contínuo, ou 25 (vinte e cinco) quilos para o trabalho ocasional, não se incluindo, nessa vedação, a remoção de material feita por impulsão ou tração de vagonetes sobre trilhos, de carros de mão ou quaisquer aparelhos mecânicos;

V. a duração do trabalho do adolescente regular-se-á pelas disposições legais relativas à duração do trabalho em geral, ressalvadas as restrições expressamente estabelecidas em lei, sendo lícito aquele que possuir mais de um emprego, cumprir a jornada de seis horas de trabalho contínuo em cada um deles.

a) apenas as assertivas I e IV estão corretas;

b) apenas as assertivas II e III estão corretas;

c) apenas as assertivas III e IV estão corretas;

d) apenas as assertivas III e V estão corretas;

e) apenas as assertivas II e IV estão corretas.

COMENTÁRIOS

✪ **Notas do autor:** art. 7º da CF deve ser decorado por quem almeja a Magistratura do Trabalhou ou o Ministério Público do Trabalho.

Estão corretos os itens II e IV.

Item I. Errado. de acordo com a CF/88, qualquer trabalho a menores de dezesseis anos, salvo na condição de aprendiz, a **partir de quatorze anos** (art. 7º XXXIII).

Item II. Certo. Trata-se mais uma vez de disposição legal de dar preponderância à educação do adolescente em relação ao trabalho (art. 427, *caput* e parágrafo único da CLT).

Item III. Errado. Todo e qualquer trabalho deve receber a devida renumeração, mormente em se tratando de adolescente portador de deficiência, cuja hipossuficiência é ainda maior.

Item IV. Certo. A CF/88 proíbe expressamente o trabalho perigoso e insalubre ao adolescente, motivo pelo qual a legislação infraconstitucional regulamentou o peso a ser levantado por força muscular do adolescente.

Item V. Errado. Aquele que possuir mais de um emprego cumprirá a jornada de seis horas de trabalho contínuo na somatória de cada um deles.

Alternativa correta: letra "e".

---

83. (TRT – JTS 21ª RG/ 2012) Leia as assertivas abaixo e assinale, em seguida, a alternativa CORRETA:

I. A participação de crianças e adolescentes em espetáculos artísticos e desfiles de moda somente é permitida se houver autorização judicial, consubstanciada em portaria.

II. O Superior Tribunal de Justiça não admitiu a equiparação dos programas televisivos aos espetáculos públicos, e, portanto, não considerou infração administrativa a participação de crianças e adolescentes em novelas sem prévia autorização judicial.

III. Nos termos da Convenção 138 da Organização Internacional do Trabalho não se sujeitam à limitação de idade as atividades artísticas, esportivas e afins, mas o ato de permissão da autoridade competente deverá limitar o número de horas do emprego ou trabalho e estabelecer as condições em que é permitido às crianças e adolescentes.

IV. As ações de indenização por danos materiais e morais ocasionados por acidentes de trabalho ocorridos com crianças e adolescentes são de competência da Justiça do Trabalho, desde que o acidente tenha ocorrido após a Emenda Constitucional nº 45/04, que ampliou a competência dessa Justiça Especializada.

a) somente as assertivas I, II e IV estão corretas;

b) somente as assertivas I e IV estão corretas;

c) somente as assertivas II e III estão corretas;

d) somente a assertiva IV está correta;

e) somente a assertiva III está correta;

COMENTÁRIOS

✪ **Notas do autor:** nenhum espetáculo será apresentado ou anunciado sem aviso de sua classificação, antes de sua transmissão, apresentação ou exibição.

Somente o item III está correto.

Item I. Errado. Compete à autoridade judiciária **disciplinar**, através de **portaria**, ou **autorizar**, mediante **alvará** a participação de criança ou adolescente em espetáculos artísticos e desfiles de moda.

Item II. Errado. O Superior Tribunal de Justiça **admitiu a equiparação** dos programas televisivos aos espetáculos públicos, e, portanto, considerou infração administrativa a participação de crianças e adolescentes em novelas sem **prévia autorização judicial, ainda que acompanhadas dos pais ou responsáveis** (REsp. nº 471767/SP, Rel. Min.ª Eliana Calmon, DJ 26.05.2003; REsp 506260/RJ, Rel. Min. Luiz Fux, DJ. 20/11/2003).

Item III. Errado. As atividades artísticas, esportivas e afins são garantidas a quaisquer pessoas, seja como fruição do direito de livre manifestação do pensamento, seja para o melhor desenvolvimento físico e psicológico. No entanto, essas atividades não podem ser penosas à criança e ao adolescente, respeitando-se a prioridade à educação.

Item IV. Errado. Após a EC nº 45, a competência para o julgamento das ações de indenização em razão de acidente de trabalho é da Justiça do Trabalho. Essa competência, por ser funcional e de extrato constitucional, se aplica aos **fatos ocorridos antes e depois de sua promulgação.**

Alternativa correta: letra "e".

---

84. (TRT – JTS 21ª RG/ 2012) Maurício Sá é adolescente de 17 anos, estudante do ensino fundamental no período noturno, e inscreveu-se no programa de seleção para contrato de aprendizagem do Instituto Federal de Educação Tecnológica – IFRN, que celebrou contratos com várias construtoras do Estado do Rio Grande do Norte para ministrar curso de aprendizagem. Após ser selecionado, o aprendiz assinou contrato de aprendizagem com a Construtora Essex, tendo o adolescente e a construtora assinado o contrato em 02/01/2012, com prazo de dois anos, registrado na Carteira de Trabalho e Previdência Social. No contrato de aprendizagem, foi estabelecida cláusula de frequência às aulas teóricas e práticas do curso do IFRN, no horário das 7 às 11 horas da manhã, e trabalho na Construtora Essex, das 13 às 17 horas, ambos de segunda a sexta-feira. Foram estabelecidos, ainda, os seguintes direitos: remuneração de R$ 622,00, recolhimento do FGTS, férias coincidentes com as férias escolares, 13° salário, repouso semanal remunerado e vales-transportes, além do recolhimento da contribuição previdenciária. Ao fiscalizar a Construtora Essex, a fiscalização do trabalho autuou a empresa por irregularidade no contrato de aprendizagem. Após análise da situação fática e contratual descrita, identifique a alternativa que contém a irregularidade constada pela fiscalização do trabalho:

a) o contrato de aprendizagem foi celebrado com prazo de dois anos;

b) a jornada de trabalho diária excede a jornada máxima permitida para o contrato de aprendizagem;

c) o contrato de aprendizagem foi assinado apenas pela construtora e o aprendiz, sem a interveniência obrigatória da instituição de ensino;

d) não foi efetuado seguro contra acidentes pessoais em benefício do aprendiz;

e) não foi assegurado ao aprendiz o pagamento do salário mínimo hora.

COMENTÁRIOS

✪ **Notas do autor:** ao adolescente portador de deficiência é assegurado trabalho protegido.

Alternativa correta: letra "b". A jornada de trabalho do aprendiz é de **seis horas diárias**. Ora, no caso em tela, a jornada é de oito horas, motivo pelo qual há irregularidade no contrato de aprendizagem de Maurício.

Alternativa "a". O prazo máximo do contrato de aprendizagem é de dois anos, conforme o estabelecido por Maurício de Sá.

Alternativa "c". O contrato de aprendizagem é o estabelecido entre o aprendiz e o empregador. A participação da instituição de ensino é meramente intermediário.

Alternativa "d". O ECA garante ao aprendiz direitos trabalhistas e previdenciários, como, por exemplo, nas hipóteses cabíveis, o recebimento de seguro-desemprego. Contudo, não se faz necessária a constituição de seguro pessoal ao segurado.

Alternativa "e". Ao menor aprendiz, **salvo condição mais favorável**, será garantido o salário mínimo hora (art. 428, § 2º, da CLT).

Gabarito: B.

---

85. (TRT - JTS 21ª RG/ 2012) No Brasil a legislação trabalhista é marcada por significativa proteção à criança e ao adolescente, assim sendo, é CORRETO afirmar:

a) o contrato de aprendizagem é possível aos menores de 14 anos e aos maiores de 24, com deficiência;

b) aos menores de 18 anos é vedado o trabalho na operação industrial de reciclagem de papel, plástico ou metal;

c) ocorrendo a rescisão antecipada do contrato de aprendizagem em razão da reprovação do aprendiz por falta às aulas, o empregador estará obrigado a pagar- lhe a indenização prevista no art. 479 da CLT, ou seja, 50% dos salários devidos até o final contrato;

d) não é permitida a celebração, por período superior a 02 anos, de contrato de aprendizagem com pessoa com deficiência mental;

e) o FGTS para o aprendiz com idade superior a 18 anos será de 8% do valor de sua remuneração.

COMENTÁRIOS

✪ Notas do autor: o ordenamento jurídico, ao encampar a Doutrina da Proteção Integral, considerou a criança e o adolescente como sujeitos de direitos e pessoas em condição especial de desenvolvimento, fazendo jus, por isso, a uma prioridade absoluta.

Alternativa "a". Poderá ser aprendiz a pessoa que tiver entre 14 e 24 anos. Porém, tratando-se de pessoa portadora de necessidades especiais, poderá não só ser estendida essa idade, como também o próprio prazo do contrato.

Alternativa correta: letra "b". Observando-se o anexo à LISTA TIP – Lista das Piores Formas de Trabalho Infantil, aprovada pelo Decreto n. 6481/2008, regulamentador da Convenção 182 da OIT, tem-se que não poderão os menores de dezoito anos desenvolver várias atividades, entre elas, a de operação industrial de reciclagem de papel, plástico e metal.

Alternativa "c". Nessa situação, haverá o encerramento antecipado do contrato de aprendizagem, sendo inaplicável o contido nos artigos 479 e 480 da CLT e, portanto, não sendo devida a indenização (art. 433, § 2º, da CLT).

Alternativa "d". Como dito acima, tratando-se de pessoa portadora de deficiência, tem-se a possibilidade de que o contrato tenha validade superior a dois anos.

Alternativa "e". a alíquota do FGTS do aprendiz é de **2%.**

Gabarito: B.

5. TUTELA COLETIVA DOS DIREITOS FUNDAMENTAIS DA CRIANÇA E DO ADOLESCENTE

---

86. (TRT 1 – Juiz do Trabalho Substituto 1ª Região/2016) O juiz de certa comarca deferiu autorização para que todos os adolescentes que, pretendessem, pudessem se candidatar a prestar serviços como aprendizes de garçons em um baile que seria promovido na cidade, com a participação de cantores e dançarinos que notoriamente exibiriam músicas com letras sugerindo pornografia, apologia ao crime e consumo de drogas ilícitas. Tendo tomado conhecimento do fato, o promotor da comarca decidiu promover medida para revogação da autorização judicial.

No caso, a medida adequada é

a) Ação popular.

b) Ação civil pública.

c) Mandado de segurança coletivo.

d) Ação ordinária.

e) Ação civil de proteção à criança e ao adolescente.

COMENTÁRIOS

✪ Notas do autor: admite-se, em relação à criança e ao adolescente, a utilização de ações coletivas (quer seja para interesses essencialmente ou acidentalmente coletivos). A propósito, prevê o art. 212 do Estatuto que, para a defesa dos direitos e interesses protegidos pelo ECA, são admissíveis todas as espécies de ações pertinentes.

Alternativa Correta: letra C. No caso em questão, há direito líquido e certo da coletividade infância para a tutela dos interesses, sendo admitida a utilização do mandado de segurança coletivo. A propósito, o § 2º do art. 212 determina que: "contra atos ilegais ou abusivos de autoridade pública ou agente de pessoa jurídica no exercício de atribuições do poder público, que lesem direito líquido e certo previsto nesta Lei, caberá ação mandamental, que se regerá pelas normas da lei do mandado de segurança". Não há motivo adequado, porém, para a não utilização da ação civil pública, posto que haverá a defesa de interesse pertencente à coletividade. Exclui as demais alternativas.

Gabarito: C.

Direito da Criança e do Adolescente

Luciano Alves Rossato

✦ DICAS

1. CONSTITUIÇÃO FEDERAL DE 1988 – INFÂNCIA E JUVENTUDE

1.1. A DOUTRINA DA PROTEÇÃO INTEGRAL

A Constituição Federal foi responsável pelo rompimento do paradigma *menorista* pelo modelo *infancista*. Em outras palavras, abandonou-se o Direito do Menor, fundado em um modelo que considerava o *menor* um objeto de proteção, denominado Doutrina da Situação Irregular, para encampar-se o Direito da Criança e do Adolescente, fundado na Doutrina da Proteção Integral, segundo a qual a criança e o adolescente passam a ser considerados sujeitos de direitos.

Modelo/Paradigma	Significado e consequências
Situação Irregular	O menor era considerado um objeto de proteção. Não havia a preocupação com a tutela de seus direitos. A sua opinião não era levada em consideração para a tomada de decisões. O atendimento era concentrado no poder decisório do juiz de menores.

= CONSTITUIÇÃO FEDERAL = (adoção de novo modelo)

Modelo/Paradigma	Significado e consequências
Proteção Integral	A criança e o adolescente são sujeitos de direitos, assegurando-lhes a observância de seu superior interesse. A família, a sociedade e o Estado possuem o dever jurídico de assegurar a observância dos direitos fundamentais daquelas pessoas, com absoluta prioridade.

1.2. O ART. 227 DA CONSTITUIÇÃO FEDERAL

1.2.1. DECLARAÇÃO DE DIREITOS

O art. 227 da CF encampa verdadeira declaração de direitos da criança e do adolescente. Nesse sentido, a família, a sociedade e o Estado devem-lhes assegurar, assim como ao jovem, com absoluta prioridade, o direito à vida, à saúde, à alimentação, à educação, ao lazer, à profissionalização, à cultura, à dignidade, ao respeito, à liberdade e à convivência familiar e comunitária, além de colocá-los a salvo de toda forma de negligência, discriminação, exploração, violência, crueldade e opressão.

1.2.2. CRIANÇA, ADOLESCENTE E JOVEM

A Constituição Federal não se ocupou de conceituar a criança e o adolescente. Deve ser lembrado que, inicialmente, essas pessoas eram as únicas mencionadas no *caput* do art. 227 da Constituição Federal, mas a Emenda Constitucional n. 65/2010 foi responsável por introduzir também a figura do jovem.

O Estatuto da Criança e do Adolescente e o Estatuto da Juventude foram responsáveis por conceituar a criança, o adolescente e o jovem. E assim o fizeram:

CRIANÇA	ADOLESCENTE	JOVEM
0 – 12 anos incompletos	12 – 18 anos incompletos	15 a 29 anos

✓ **Atenção**: em 2016, foi aprovado o **Marco Legal da Primeira Infância** (Lei n. 13.257/2016), que considera como *primeira infância* o período que abrange os primeiros seis anos completos ou 72 meses de vida da criança.

✓ **Crianças e adolescentes com deficiência**: pessoas em situação especial de vulnerabilidade (art. 5º, parágrafo único, do Estatuto da Pessoa com Deficiência).

1.2.3. PRIORIDADE ABSOLUTA

Assegurar os direitos da criança, do adolescente e do jovem constitui, por determinação constitucional, um dever da família, da sociedade e do Estado. Em relação aos idosos também há esta previsão, que está contida no Estatuto do Idoso.

1.2.4. PROGRAMAS DE ASSISTÊNCIA INTEGRAL

O Estado promoverá programas de assistência integral à saúde da criança, do adolescente e do jovem, admitida a participação de entidades não governamentais, mediante políticas específicas e obedecendo aos seguintes preceitos:

I – aplicação de percentual dos recursos públicos destinados à saúde na assistência materno-infantil;

II – criação de programas de prevenção e atendimento especializado para as pessoas portadoras de deficiência física, sensorial ou mental, bem como de integração social do adolescente e do jovem portador de deficiência, mediante o treinamento para o trabalho e a convivência, e a facilitação do acesso aos bens e serviços coletivos, com a eliminação de obstáculos arquitetônicos e de todas as formas de discriminação.

Estatuto da Criança e do Adolescente
Parágrafo único. A garantia de prioridade compreende: a) primazia de receber proteção e socorro em quaisquer circunstâncias; b) precedência de atendimento nos serviços públicos ou de relevância pública; c) preferência na formulação e na execução das políticas sociais públicas; d) destinação privilegiada de recursos públicos nas áreas relacionadas com a proteção à infância e à juventude.

1.2.5. DIREITO À PROTEÇÃO ESPECIAL

A criança e o adolescente fazem jus à proteção especial decorrente de sua situação de pessoa em desenvolvimento.

Esta proteção especial abrangerá os seguintes aspectos:

I – idade mínima de quatorze anos para admissão ao trabalho, observado o disposto no art. 7º, XXXIII: como foi visto na matéria Direito Constitucional e muito bem observado pelo Professor Paulo Lépore, a idade mínima para o trabalho é de dezesseis anos, salvo na condição de aprendiz, a partir dos catorze anos. O trabalho realizado por pessoa que tenha idade inferior a esta é denominado de *trabalho infantil*, que é combatido por todo o Sistema de Justiça.

II – garantia de direitos previdenciários e trabalhistas: as crianças e os adolescentes possuem os mesmos direitos que os adultos, além de outros que lhe são específicos. Por esse motivo, possuem também direitos previdenciários e trabalhistas.

III – garantia de acesso do trabalhador adolescente e jovem à escola;

IV – garantia de pleno e formal conhecimento da atribuição de ato infracional, igualdade na relação processual e defesa técnica por profissional habilitado, segundo dispuser a legislação tutelar específica: desse item se ocupará com mais vagar quando do estudo do art. 228 da Constituição Federal.

V – obediência aos princípios de brevidade, excepcionalidade e respeito à condição peculiar de pessoa em desenvolvimento, quando da aplicação de qualquer medida privativa da liberdade: da mesma forma, serão feitos comentários quando da análise do art. 228 da CF.

VI – estímulo do Poder Público, através de assistência jurídica, incentivos fiscais e subsídios, nos termos da lei, ao acolhimento, sob a forma de guarda, de criança ou adolescente órfão ou abandonado;

VII – programas de prevenção e atendimento especializado à criança, ao adolescente e ao jovem dependente de entorpecentes e drogas afins

Estatuto da Criança e do Adolescente
Art. 4º É dever da família, da comunidade, da sociedade em geral e do poder público assegurar, com absoluta prioridade, a efetivação dos direitos referentes à vida, à saúde, à alimentação, à educação, ao esporte, ao lazer, à profissionalização, à cultura, à dignidade, ao respeito, à liberdade e à convivência familiar e comunitária.

1.2.6. PUNIÇÃO DO ABUSO, VIOLÊNCIA E A EXPLORAÇÃO SEXUAL DA CRIANÇA E DO ADOLESCENTE

Consoante determina a Constituição Federal, o abuso, a violência e a exploração sexual da criança e do adolescente deverão ser punidos severamente. Note-se o grau de intensidade atribuído pelo Texto Constitucional, o que torna o trabalho daqueles que lidam com estas pessoas ainda mais especial e de suma responsabilidade.

1.2.7. O PROCEDIMENTO DE ADOÇÃO

A adoção de crianças e de adolescentes deverá ser assistida pelo Poder Público, na forma prevista na lei (Estatuto da Criança e do Adolescente), que estabelecerá casos e condições de sua efetivação por parte de estrangeiros.

Dessa maneira, o deferimento da adoção somente poderá ser realizado mediante procedimento judicial, de competência do Juízo da Vara da Infância e da Juventude. Não é possível que se efetive a adoção por escritura pública.

O Estatuto da Criança e do Adolescente trata da adoção internacional, prevendo requisitos para que haja a sua concessão, bem como o procedimento adequado para tanto.

1.2.8. EQUIPARAÇÃO DOS FILHOS

Os filhos, havidos ou não da relação do casamento, ou por adoção, terão os mesmos direitos e qualificações, proibidas quaisquer designações discriminatórias relativas à filiação.

1.2.9. O ATENDIMENTO DA INFÂNCIA INSERIDO NA ASSISTÊNCIA SOCIAL

No atendimento dos direitos da criança e do adolescente levar-se- á em consideração o disposto no art. 204 da CF, que trata da Assistência Social.

1.2.10. MATÉRIA A SER ESTABELECIDA POR LEI

A lei estabelecerá:

I – o estatuto da juventude, destinado a regular os direitos dos jovens (o que o fez por meio da Lei Federal n. 12.852/2013.

II – o plano nacional de juventude, de duração decenal, visando à articulação das várias esferas do poder público para a execução de políticas públicas;

> **Em resumo:**
>
> A proteção à infância, no seu sentido lato, é direito social amparado pelo art. 6º da Constituição Federal. A Constituição atribuiu à infância e a juventude um momento especial na vida do ser humano e, por isso, conferiu-lhe no seu artigo 227 uma proteção jurídica específica, assegurando: o *status* de pessoas em situação peculiar de desenvolvimento, a titularidade de direitos fundamentais e determinou ao Estado que estes direitos sociais fossem promovidos por meio de políticas públicas.

1.3. O ART. 228 DA CONSTITUIÇÃO FEDERAL

1.3.1. A GARANTIA DA INIMPUTABILIDADE PENAL

O artigo 228 da CF estabelece a garantia da inimputabilidade aos menores de dezoito anos, assegurando ao adolescente o direito de ser submetido a uma lei especial, que prevê um juízo diferenciado e a aplicação de medidas socioeducativas.

> - Ação socioeducativa: a prática do ilícito praticado por adolescente será apurada por meio da ação socioeducativa, que somente poderá ser iniciada pelo Ministério Público.
> - A ação socioeducativa será de competência da Vara da Infância e da Juventude, independentemente do ato infracional praticado.
> - As medidas socioeducativas somente poderão ser aplicadas na ação socioeducativa, havendo competência exclusiva da autoridade judiciária.

1.3.2. APLICAÇÃO EXCEPCIONAL DO ESTATUTO ÀQUELES QUE TIVEREM ENTRE 18 – 21 ANOS

O Estatuto se aplica excepcionalmente àqueles que tiverem entre 18 e 21 anos em duas situações.

Entre elas, destaca-se a possibilidade de aplicação de medida socioeducativa, desde que o ato tenha sido praticado enquanto o agente era adolescente.

Por isso, apesar de completar a maioridade (18 anos), tem-se que é possível aplicar qualquer medida socioeducativa ao adolescente, sendo que poderá cumpri-la até completar 21 anos, quando então será encerrada obrigatoriamente.

1.3.3. ATO INFRACIONAL

De acordo com o Estatuto da Criança e do adolescente, o ato infracional é a conduta praticada por criança ou por adolescente, prevista na lei como crime ou contravenção penal.

Criança => pode praticar ato infracional, mas não estará sujeita à medida socioeducativa. Não haverá processo para a apuração de ato infracional e, estando em situação de risco, poderá ser submetida às medidas protetivas.

Adolescente ==> estará sujeito às medidas socioeducativas.

2. NORMATIVA INTERNACIONAL ATINENTE À INFÂNCIA E JUVENTUDE

2.1. ANTECEDENTES HISTÓRICOS

Os documentos internacionais podem proteger direitos de todos os seres humanos, ou apenas de algum grupo em especial, em geral excluídos. Nesse passo, é possível apontar a existência de dois sistemas de proteção: homogêneo e heterogêneo.[1]

Sistemas de Proteção { homogêneo / heterogêneo

No sistema homogêneo, identifica-se verdadeira universalidade, pois os direitos de todos os seres humanos são tutelados, e não de um grupo específico. Consubstancia-se em um sistema "posto à disposição de todos os destinatários das normas que o compõem, de forma indistinta".[2]

Ao contrário do sistema homogêneo de Proteção, posto à disposição de forma indistinta à universalidade de pessoas, o sistema heterogêneo de proteção tem por foco um grupo merecedor, diante de várias circunstâncias, como a exclusão histórica, de atenção especial, como ocorre com a criança, as mulheres, os portadores de necessidades especiais e outros.

Nesse passo, exsurge o sistema heterogêneo de proteção de crianças, composto por vários documentos internacionais, principalmente de âmbito global, surgidos no transcorrer do século XX.

2.2. AS CONVENÇÕES DA ORGANIZAÇÃO INTERNACIONAL DO TRABALHO

A primeira Conferência Internacional do Trabalho, promovida no ano de 1919, resultou na aprovação de seis convenções, atendendo aos reclames de sindicatos e da classe operária do final do século XIX e início do século XX, quais sejam: limitação da jornada de trabalho, proteção à maternidade, proteção ao desemprego, proibição do trabalho noturno de menores de 18 anos, e definição da idade mínima de catorze anos para o trabalho na indústria.

1 MONACO, Gustavo Ferraz de Campos. Op. cit., p. 98.
2 Idem, ibidem, p. 100.

2.3. A DECLARAÇÃO DE GENEBRA – CARTA DA LIGA SOBRE A CRIANÇA, DE 1924

Segundo lembra Dolinger, a Declaração de Genebra, ou também Carta da Liga sobre a Criança, de 1924, é ***"o primeiro documento de caráter amplo e genérico com relação à criança"***.[3] De caráter amplo e genérico porque, ao contrário das Convenções da OIT, não se circunscreve a apenas um enfoque da defesa dos direitos humanos da criança, mas contempla a proteção à infância em todos os seus aspectos. É composta de cinco itens:[4]

Pela presente Declaração dos Direitos da Criança, comumente conhecida como a Declaração de Genebra, homens e mulheres de todas as nações, reconhecendo que a Humanidade deve à criança o melhor que tem a dar, declara e aceita como sua obrigação que, acima e além de quaisquer considerações de raça, nacionalidade ou crença:
I. A criança deve receber os meios necessários para seu desenvolvimento normal, tanto material como espiritual;
II. A criança que estiver com fome deve ser alimentada; a criança que estiver doente precisa ser ajudada; a criança atrasada precisa ser ajudada; a criança delinquente precisa ser recuperada; o órfão e o abandonado precisam ser protegidos e socorridos;
III. A criança deverá ser a primeira a receber socorro em tempos de dificuldades;
IV. A criança precisa ter possibilidade de ganhar seu sustento e deve ser protegida de toda forma de exploração;
V. A criança deverá ser educada com a consciência de que seus talentos devem ser dedicados ao serviço de seus semelhantes.[4]

Apesar do avanço experimentado na época, com o reconhecimento da vulnerabilidade da criança, a Declaração de Genebra limitava-se a ser mera recomendação da Liga das Nações aos governos, não possuidora de coercibilidade, fato comum às Declarações de Direitos.

2.4. A DECLARAÇÃO DOS DIREITOS DA CRIANÇA – 1959

A Declaração dos Direitos da Criança é influenciada pela Declaração Universal dos Direitos do Homem. Aliás, a esse respeito, Norberto Bobbio assevera que, na época, a comunidade internacional se encontrava diante da expectativa de fornecer garantias válidas para o conteúdo da DUDH, e, também, de aperfeiçoá-la, articulando-a, especificando-a, atualizando-a, "de modo a não deixá-la cristalizar-se e enrijecer-se em fórmulas tanto mais solenes quanto mais vazias".[5]

Nesse contexto, a Organização das Nações Unidas proferiu nova declaração, a Declaração dos Direitos da Criança, que é um exemplo de documento interpretativo e complementar da Declaração Universal dos Direitos Humanos[6], tanto que se refere a esse documento em seu preâmbulo, mas, na sequência, "apresenta o problema dos direitos da criança como uma especificação da solução dada ao problema dos direitos do homem".[7]

Consubstanciada na Resolução n.º 1.386, e denominada de Declaração dos Direitos da Criança, de 1959, foi responsável por uma verdadeira alteração de paradigma, **pois a criança deixou de ser considerada objeto de proteção (recipiente passivo), para ser erigida a sujeito de direito[8], e, paralelamente, em sentido amplo, a *infância* passou a ser considerada um sujeito coletivo de direitos.**[9] [10]

Foram adotados dez princípios, cujo núcleo central pode ser assim apresentado:
Princípio I: universalização dos direitos a todas as crianças, sem qualquer discriminação; Princípio II: as leis devem considerar a necessidade de atendimento do interesse superior da criança; Princípio III: direito a um nome e a uma nacionalidade, devendo ser prestada assistência à gestante; Princípio IV: a criança faz jus a todos os benefícios da previdência social, bem como de desfrutar de alimentação, moradia, lazer e outros cuidados especiais; Princípio V: aqueles que necessitarem devem receber cuidados especiais (como ocorre com as crianças portadoras de necessidades especiais), bem como de receber amor e cuidados dos pais; Princípio VI: criança deverá crescer sob o amparo de seus pais, em ambiente de afeto e segurança, podendo a criança de tenra idade ser retirada de seus pais somente em casos excepcionais; Princípio VII: direito à educação escolar; Princípio VIII: criança deve figurar entre os primeiros a receber proteção e auxílio; Princípio IX: criança faz jus à proteção contra o abandono e a exploração no trabalho; Princípio X: criança deve crescer dentro de um espírito de solidariedade, compreensão, amizade e justiça entre os povos.[10]

3 Idem, ibidem, p. 81.

4 Idem, ibidem, p. 82.

5 BOBBIO, Norberto. *A Era dos Direitos*. Nova Edição. Rio de Janeiro: Elsevier, 2004, p. 34.

6 Idem, ibidem, p. 34.

7 Idem, ibidem, p. 34.

8 MONACO, Gustavo Ferraz de Campos. Op. cit., p.104.

9 Dolinger aponta outra significativa diferença entre as Declarações. Enquanto na de 1924, o artigo III relata que a criança deve ser a primeira a receber socorro em tempos de dificuldade, enquanto que o Princípio 8 da Declaração de 1959 diz que a criança está entre os primeiros a receber proteção e socorro. Assim, continua o autor, se a criança e o médico estiverem em situação que necessitassem de socorro, pela Declaração de 1959, o médico seria socorrido primeiramente, e, após, o salvamento seria da criança. DOLINGER, Jacob. Op. cit., p. 90.

10 *Declaração Universal dos Direitos das Crianças* – UNICEF. Disponível em: <http://www.dhnet.org.br/direitos/sip/onu/c_a/lex41.htm>. Acesso em: 15 out. 2009.

2.5. CONVENÇÃO SOBRE OS DIREITOS DA CRIANÇA DE 1989

Adotada pela ONU, em 1989, e vigente desde 1990, destaca-se como o tratado internacional de proteção de direitos humanos com o mais elevado número de ratificações.

Nos termos dessa convenção, a criança é definida como "todo ser humano com menos de 18 anos de idade, a não ser que pela legislação aplicável, a maioridade seja atingida mais cedo".

Em resumo: são incluídos mais de quarenta direitos específicos, mas que, apesar de sua abrangência, deixaram de fazer previsão de regras protetoras para crianças estrangeiras, para vítimas de migrações internas forçadas e para proteção contra experiências médicas.
O documento é composto por quarenta e dois artigos, que seguem a filosofia fundada na Declaração Universal dos Direitos do Homem, cuidando não só de direitos econômicos, sociais, culturais, civis e políticos, mas também incluiu direitos humanitários e conceitos novos.

Importante notar que nem todos os direitos consagrados nos documentos de proteção homogênea foram repetidos na Convenção da Criança, o que não se apresenta como um problema, pois é identificada a existência de um diálogo entre as convenções sobre direitos humanos e a Convenção de 1989, de modo que todos os princípios consubstanciados nos documentos homogêneos serão aplicados à Convenção.[11]

Assim, muito embora um país não tenha assinado, por exemplo, o Pacto sobre Direitos Civis e Políticos, no que se refere à infância, estará sujeito às regras impostas por aquele documento, em razão dessa 'ponte permanente' entre as convenções.

Adota-se o critério do *best interests of the child* – interesse maior da criança, estabelecendo a "obrigação dos Estados de respeitar as responsabilidades, direitos e obrigações dos pais de prover direção apropriada para o exercício, pela criança, dos direitos reconhecidos na Convenção"[12].

> **1º Lembrete Especial**
>
> Os Princípios Orientadores de Riad ou Princípios Orientadores das Nações Unidas para a Prevenção da Delinquência Juvenil referem-se a um conjunto de *princípios* por meios dos quais se reconhece que a prevenção da delinquência juvenil constitui-se em uma parte essencial da prevenção do crime da sociedade, requerendo esforços por parte de toda a sociedade para assegurar o desenvolvimento harmonioso dos adolescentes, com respeito e promoção de sua personalidade, desde a mais tenra idade. Entre os princípios fundamentais do aludido documento, encontra-se a previsão de que "a consideração de que o comportamento ou conduta dos jovens, que não é conforme às normas e valores sociais gerais, faz muitas vezes parte do processo de maturação e crescimento e tende a desaparecer espontaneamente na maior parte dos indivíduos na transição para a idade adulta". Nota-se que se considera o jovem como um ser em estágio de desenvolvimento.

A Convenção também encampou o princípio do superior interesse da criança (melhor interesse). Este princípio, hoje quase tratado como cláusula geral, vem sendo utilizado pelo Superior Tribunal de Justiça para abrandar regras formais e materiais se estas atuarem contra aquele interesse.

Após a aprovação da Convenção, detectou-se a necessidade de serem enfatizados direitos em razão das demandas da sociedade. Por isso, foram aprovados os Protocolos Facultativos (Proibição de Participação das Crianças em Conflitos Armados e contra a Venda de Crianças, Prostituição Infantil e Pornografia Infantil e, por último, o que trata da Sistemática de Controle.

O Terceiro Protocolo Facultativo à Convenção ampliou a sistemática de controle de efetivação dos direitos da criança. Originariamente, o único sistema admitido era o dos relatórios. Dessa maneira, cada Estado parte deveria enviar relatório sobre a situação e cumprimento de metas. Atualmente, por conta do Protocolo, que já se encontra em vigência no âmbito internacional, desde 2014, eis que já aprovado pelo mínimo necessário de Estados Partes, também se admitirá a sistemática das petições individuais, em caráter subsidiário.

3. ECA E LEGISLAÇÃO COMPLEMENTAR

3.1. COMPLEXO NORMATIVO SOBRE O DIREITO DA CRIANÇA E DO ADOLESCENTE

O Direito da Criança e do Adolescente possui várias fontes normativas, compostas pela Constituição Federal, convenções internacionais e legislação interna de um modo geral.

A Lei nº 13.431/2017, que trata do Sistema de Garantia de Direitos da criança e do adolescente vítimas ou testemunhas de violência, ainda se encontra em seu período de *vacatio legis*.

A Lei nº 13.344/202 fez previsão de mecanismos para a prevenção e o enfrentamento da violência doméstica e familiar contra a criança e o adolescente.

A Lei nº 14.811/2024 instituiu medidas de proteção à criança e ao adolescente contra a violência nos estabelecimentos educacionais ou similares e previu a Política Nacional de Prevenção e Combate ao Abuso e Exploração Sexual da Criança e do Adolescente.

Integram as fontes do Direito da Criança e do Adolescente, ainda, aquelas provenientes de resoluções aprovadas pelos Conselhos de Direitos da Criança e do Adolescente, notadamente o de âmbito nacional (Conanda), o Conselho Nacional da Assistência Social – CNAS, e mesmo pelo Conselho Nacional de Justiça e sua Corregedoria.

Resolução nº 113, retificada pela Resolução nº 117, do Conselho Nacional dos Direitos da Criança e do Adolescente: busca o fortalecimento do Sistema de Garantia dos Direitos da Criança e do Adolescente.

11 *Id., Ibid.*, p. 85.

12 *Id., Ibid.*, p. 95.

CAPÍTULO II – DOS INSTRUMENTOS NORMATIVOS DE GARANTIA DOS

DIREITOS DA CRIANÇA E DO ADOLESCENTE

Art. 4º Consideram-se instrumentos normativos de promoção, defesa e controle da efetivação dos direitos humanos da criança e do adolescente, para os efeitos desta Resolução:

I – Constituição Federal, com destaque para os artigos, 5º, 6º, 7º, 24 – XV, 226, 204, 227 e 228;

II – Tratados internacionais e interamericanos, referentes à promoção e proteção de direitos humanos, ratificados pelo Brasil, enquanto normas constitucionais, nos termos da Emenda nº 45 da Constituição federal, com especial atenção para a Convenção sobre os Direitos da Criança;

III – Normas internacionais não-convencionais, aprovadas como Resoluções da Assembléia Geral das Nações Unidas, a respeito da matéria;

IV – Lei Federal nº 8.069 (Estatuto da Criança e do Adolescente), de 13 de julho de 1990;

V – Leis federais, estaduais e municipais de proteção da infância e da adolescência;

VI – Leis orgânicas referentes a determinadas políticas sociais, especialmente as da assistência social, da educação e da saúde;

VII – Decretos que regulamentem as leis indicadas;

VIII – Instruções normativas dos Tribunais de Contas e de outros órgãos de controle e fiscalização (Receita Federal, por exemplo);

IX – Resoluções e outros atos normativos dos conselhos dos direitos da criança e do adolescente, nos três níveis de governo, que estabeleçam principalmente parâmetros, como normas operacionais básicas, para regular o funcionamento do Sistema e para especificamente formular a política de promoção dos direitos humanos da criança e do adolescente, controlando as ações públicas decorrentes; e

X – Resoluções e outros atos normativos dos conselhos setoriais nos três níveis de governo, que estabeleçam, principalmente, parâmetros, como normas operacionais básicas, para regular o funcionamento dos seus respectivos sistemas.

4. PRINCÍPIOS E DEFINIÇÕES GERAIS DO ESTATUTO DA CRIANÇA E DO ADOLESCENTE

Preliminarmente...

A Doutrina da Proteção Integral representou o paradigma jurídico encampado pela Constituição Federal de 1988, por meio da qual a criança e o adolescente são considerados sujeitos de direitos e não objeto de proteção. No âmbito internacional, já havia sido adotada com a Declaração dos Direitos da Criança, de 1959, confirmada com a Convenção sobre os Direitos da Criança, de 1989. Mais do que representar mudança de paradigma e de considerar as crianças sujeitos de direitos, todo o tratamento do tema foi alterado, com vários reflexos, como se poderá ver nas assertivas abaixo.

Como a proteção da infância foi inserida na **Assistência Social**, os princípios desta foram devidamente encampados. Entre outros, pode ser indicado o princípio da descentralização e o da participação popular. Nesse sentido, a sociedade passou também a ser responsável pela efetivação dos direitos infanto-juvenis, escolhendo alguns de seus membros para constituir, com exclusividade, os conselhos tutelares, bem como sendo representada por meio de entidades civis junto aos conselhos de direitos, responsáveis pela deliberação de ações e programas voltados à infância e à juventude. Assim, as deliberações sobre as ações e programas deixaram de ser tomadas exclusivamente pelo Poder Público, admitindo-se também que sejam feitas por meio dos conselhos de direitos, que existem no âmbito nacional (Conanda), estadual e municipal. Da mesma forma, adotou-se o princípio da desjudicialização do atendimento, que também passou a ser feito pelos conselhos tutelares.

4.1. ESTRUTURA DO ESTATUTO (LEI N. 8.069/1990)

O ECA incorporou em definitivo a Doutrina das Nações Unidas de Proteção Integral à Criança. Estrutura-se em duas partes: uma Parte Geral (art.1° a 85) e uma Parte Especial (art. 86 a 258).

Em sua primeira parte, é detalhado como o intérprete e o aplicador da lei haverão de entender a natureza e o alcance dos direitos elencados na norma constitucional.

Já a parte especial contém as normas gerais a que se refere o art. 204 da CF, e que correspondem às políticas públicas dirigidas à infância e juventude.

4.2. DISPOSIÇÕES PRELIMINARES

No artigo 3° inicia-se o elenco dos direitos assegurados aos sujeitos indicados no art. 2°, extraindo-se três princípios: a) crianças e adolescentes gozam de todos os direitos fundamentais assegurados a toda pessoa humana; b) eles têm direito, além disso, à proteção integral que é a eles é atribuída pelo Estatuto; c) a eles são garantidos também todos os instrumentos necessários para assegurar seu desenvolvimento físico, mental, moral e espiritual, em condições de liberdade e dignidade.

Nesse passo, crianças e adolescentes, sujeitos de direitos que são, têm mais direitos que os outros cidadãos, pois têm direitos específicos indicados nos capítulos sucessivos da primeira parte, principalmente no art. 4º.

5. PRINCÍPIOS DO DIREITO DA CRIANÇA

Embora mencionados como princípios das medidas de proteção e, por extensão, das medidas socioeducativas, os princípios indicados no parágrafo único, do art. 100, do Estatuto, aplicam-se a todo o Direito da Criança e do Adolescente. São eles:

I – condição da criança e do adolescente como sujeitos de direitos: crianças e adolescentes são os titulares dos direitos previstos nesta e em outras Leis, bem como na Constituição Federal;

II – proteção integral e prioritária: a interpretação e aplicação de toda e qualquer norma contida nesta Lei deve ser voltada à proteção integral e prioritária dos direitos de que crianças e adolescentes são titulares;

III – responsabilidade primária e solidária do poder público: a plena efetivação dos direitos assegurados a crianças e a adolescentes por esta Lei e pela Constituição Federal, salvo nos casos por esta expressamente ressalvados, é de responsabilidade primária e solidária das 3 (três) esferas de governo, sem prejuízo da municipalização do atendimento e da possibilidade da execução de programas por entidades não governamentais;

IV – interesse superior da criança e do adolescente: a intervenção deve atender prioritariamente aos interesses e direitos da criança e do adolescente, sem prejuízo da consideração que for devida a outros interesses legítimos no âmbito da pluralidade dos interesses presentes no caso concreto;

V – privacidade: a promoção dos direitos e proteção da criança e do adolescente deve ser efetuada no respeito pela intimidade, direito à imagem e reserva da sua vida privada;

VI – intervenção precoce: a intervenção das autoridades competentes deve ser efetuada logo que a situação de perigo seja conhecida;

VII – intervenção mínima: a intervenção deve ser exercida exclusivamente pelas autoridades e instituições cuja ação seja indispensável à efetiva promoção dos direitos e à proteção da criança e do adolescente;

VIII – proporcionalidade e atualidade: a intervenção deve ser a necessária e adequada à situação de perigo em que a criança ou o adolescente se encontram no momento em que a decisão é tomada;

IX – responsabilidade parental: a intervenção deve ser efetuada de modo que os pais assumam os seus deveres para com a criança e o adolescente;

X – prevalência da família: na promoção de direitos e na proteção da criança e do adolescente deve ser dada prevalência às medidas que os mantenham ou reintegrem na sua família natural ou extensa ou, se isso não for possível, que promovam a sua integração em família adotiva;

XI – obrigatoriedade da informação: a criança e o adolescente, respeitado seu estágio de desenvolvimento e capacidade de compreensão, seus pais ou responsável devem ser informados dos seus direitos, dos motivos que determinaram a intervenção e da forma como esta se processa;

XII – oitiva obrigatória e participação: a criança e o adolescente, em separado ou na companhia dos pais, de responsável ou de pessoa por si indicada, bem como os seus pais ou responsável, têm direito a ser ouvidos e a participar nos atos e na definição da medida de promoção dos direitos e de proteção, sendo sua opinião devidamente considerada pela autoridade judiciária competente, observado o disposto nos §§ 1º e 2º do art. 28 do ECA.

6. DIREITOS FUNDAMENTAIS DA CRIANÇA E DO ADOLESCENTE

> Art. 3º, parágrafo único, do Estatuto: "os direitos enunciados nesta Lei aplicam-se a todas as crianças e adolescentes, sem discriminação de nascimento, situação familiar, idade, sexo, raça, etnia ou cor, religião ou crença, deficiência, condição pessoal de desenvolvimento e aprendizagem, condição econômica, ambiente social, região e local de moradia ou outra condição que diferencie as pessoas, as famílias ou a comunidade em que vivem".

6.1. O DIREITO À VIDA E À SAÚDE: ATENÇÃO

Tais direitos são assegurados a todos, crianças, adolescentes e adultos. Porém, o ECA especifica algumas providências que entende pertinentes com a finalidade de assegurar maior eficácia a tais direitos.

Merecem ser destacados os seguintes aspectos:

a) É assegurado a todas as mulheres o acesso aos programas e às políticas de saúde da mulher e de planejamento reprodutivo e, às gestantes, nutrição adequada, atenção humanizada à gravidez, ao parto e ao puerpério e atendimento pré-natal, perinatal e pós-natal integral no âmbito do Sistema Único de Saúde.

b) O atendimento pré-natal será realizado por profissionais da atenção primária.

c) Os profissionais de saúde de referência da gestante garantirão sua vinculação, no último trimestre da gestação, ao estabelecimento em que será realizado o parto, garantido o direito de opção da mulher.

d) Os serviços de saúde onde o parto for realizado assegurarão às mulheres e aos seus filhos recém-nascidos alta hospitalar responsável e contrarreferência na atenção primária, bem como o acesso a outros serviços e a grupos de apoio à amamentação;

e) Incumbe ao poder público proporcionar assistência psicológica à gestante e à mãe, no período pré e pós-natal, inclusive como forma de prevenir ou minorar as consequências do estado puerperal;

f) A assistência referida no § 4º deste artigo deverá ser prestada também a gestantes e mães que manifestem interesse em entregar seus filhos para adoção, bem como a gestantes e mães que se encontrem em situação de privação de liberdade.

g) A gestante e a parturiente têm direito a 1 (um) acompanhante de sua preferência durante o período do pré-natal, do trabalho de parto e do pós-parto imediato.

h) A gestante deverá receber orientação sobre aleitamento materno, alimentação complementar saudável e crescimento e desenvolvimento infantil, bem como sobre formas de favorecer a criação de vínculos afetivos e de estimular o desenvolvimento integral da criança.

i) A gestante tem direito a acompanhamento saudável durante toda a gestação e a parto natural cuidadoso, estabelecendo-se a aplicação de cesariana e outras intervenções cirúrgicas por motivos médicos;

j) A atenção primária à saúde fará a busca ativa da gestante que não iniciar ou que abandonar as consultas de pré-natal, bem como da puérpera que não comparecer às consultas pós-parto;

k) Incumbe ao poder público garantir, à gestante e à mulher com filho na primeira infância que se encontrem sob custódia em unidade de privação de liberdade, ambiência que atenda às normas sanitárias e assistenciais do Sistema Único de Saúde para o acolhimento do filho, em articulação com o sistema de ensino competente, visando ao desenvolvimento integral da criança.

l) A assistência psicológica à gestante, à parturiente e à puérpera deve ser indicada após avaliação do profissional de saúde no pré-natal e no puerpério, com encaminhamento de acordo com o prognóstico.

6.2. DIREITO À LIBERDADE, AO RESPEITO E À DIGNIDADE

Reconhece-se a condição de criança e adolescente como **pessoas** em processo de desenvolvimento, logo, sujeitos de direitos, devendo ser resguardada a sua integridade física, psíquica e moral.

Também merece destaque a alteração proporcionada pela Lei Menino Bernardo (Lei n. 13.010/2014).

A criança e o adolescente têm o direito de ser educados e cuidados sem o uso de castigo físico ou de tratamento cruel ou degradante, como formas de correção, disciplina, educação ou qualquer outro pretexto, pelos pais, pelos integrantes da família ampliada, pelos responsáveis, pelos agentes públicos executores de medidas socioeducativas ou por qualquer pessoa encarregada de cuidar deles, tratá-los, educá-los ou protegê-los.

Considera-se:

Castigo Físico	Tratamento Cruel ou Degradante
ação de natureza disciplinar ou punitiva aplicada com o uso da força física sobre a criança ou o adolescente que resulte em: a) sofrimento físico; ou b) lesão	conduta ou forma cruel de tratamento em relação à criança ou ao adolescente que: a) humilhe; ou b) ameace gravemente; ou c) ridicularize

Os pais, os integrantes da família ampliada, os responsáveis, os agentes públicos executores de medidas socioeducativas ou qualquer pessoa encarregada de cuidar de crianças e de adolescentes, tratá-los, educá-los ou protegê-los que utilizarem castigo físico ou tratamento cruel ou degradante como formas de correção, disciplina, educação ou qualquer outro pretexto estarão sujeitos, sem prejuízo de outras sanções cabíveis, às seguintes medidas, que serão aplicadas de acordo com a gravidade do caso: I – encaminhamento a programa oficial ou comunitário de proteção à família; II – encaminhamento a tratamento psicológico ou psiquiátrico; III – encaminhamento a cursos ou programas de orientação; IV – obrigação de encaminhar a criança a tratamento especializado; V – advertência; VI – garantia de tratamento de saúde especializado à vítima.

As medidas indicadas serão aplicadas pelo Conselho Tutelar, sem prejuízo de outras providências legais.

A criança e o adolescente têm o direito de ser educados e cuidados sem o uso de castigo físico ou de tratamento cruel ou degradante, como formas de correção, disciplina, educação ou qualquer outro pretexto, pelos pais, pelos integrantes da família ampliada, pelos responsáveis, pelos agentes públicos executores de medidas socioeducativas ou por qualquer pessoa encarregada de cuidar deles, tratá-los, educá-los ou protegê-los. Considera-se: I – castigo físico: ação de natureza disciplinar ou punitiva aplicada com o uso da força física sobre a criança ou o adolescente que resulte em: a) sofrimento físico; ou b) lesão; II – tratamento cruel ou degradante: conduta ou forma cruel de tratamento em relação à criança ou ao adolescente que: a) humilhe; ou ameace gravemente; ou c) ridicularize.

Em síntese...

A Lei Menino Bernardo alterou o Estatuto da Criança e do Adolescente, inserindo os artigos 18-A e 18-B, indicando que a criança e o adolescente têm o direito de ser educados e cuidados sem o uso de castigo físico ou de tratamento cruel ou degradante, como formas de correção, disciplina, educação ou qualquer outro pretexto, pelos pais, pelos integrantes das família ampliada, pelos responsáveis, pelos agentes públicos executores de medidas socioeducativas ou por qualquer pessoa encarregada de cuidar deles, tratá-los, educá-los ou protegê-los.

A Lei n. 13.431/2017 definiu a violência sexual, inserindo o abuso sexual como uma de suas subespécies. A propósito, foi considerada: **violência sexual**, entendida como qualquer conduta que constranja a criança ou o adolescente a praticar ou presenciar conjunção carnal ou qualquer outro ato libidinoso, inclusive exposição do corpo em foto ou vídeo por meio eletrônico ou não, que compreenda: a) abuso sexual, entendido como toda ação que se utiliza da criança ou do adolescente para fins sexuais, seja conjunção carnal ou outro ato libidinoso, realizado de modo presencial ou por meio eletrônico, para estimulação sexual do agente ou de terceiro; b) exploração sexual comercial, entendida como o uso da criança ou do adolescente em atividade sexual em troca de remuneração ou qualquer outra forma de compensação, de forma independente ou sob patrocínio, apoio ou incentivo de terceiro, seja de modo presencial ou por meio eletrônico.

6.3. DIREITO À EDUCAÇÃO, À CULTURA, AO ESPORTE E AO LAZER

A criança e o adolescente têm direito à educação, visando ao pleno desenvolvimento de sua pessoa, preparo para o exercício da cidadania e qualificação para o trabalho.

É assegurado o direito subjetivo público à educação.

A educação básica compreende: i) educação infantil - creche e pré-escola; ii) ensino fundamental; e, iii) ensino médio.

Assegura-se a observância do critério do georreferenciamento, de modo que é direito da criança e do adolescente estudar em escola mais próxima de sua residência.

A criança e o adolescente têm direito à educação, visando ao pleno desenvolvimento de sua pessoa, preparo para o exercício da cidadania e qualificação para o trabalho, assegurando-se-lhes, entre outros, **acesso à escola pública e gratuita, próxima de sua residência, garantindo-se vagas no mesmo estabelecimento a irmãos que frequentem a mesma etapa ou ciclo de ensino da educação básica.**

As instituições sociais públicas ou privadas que desenvolvam atividades com crianças e adolescentes e que recebam recursos públicos deverão exigir e manter certidões de antecedentes criminais de todos os seus colaboradores, as quais deverão ser atualizadas a cada 6 (seis) meses.

Os estabelecimentos educacionais e similares, públicos ou privados, que desenvolvem atividades com crianças e adolescentes, independentemente de recebimento de recursos públicos, deverão manter fichas cadastrais e certidões de antecedentes criminais atualizadas de todos os seus colaboradores.

7. DA FAMÍLIA NATURAL E DA FAMÍLIA SUBSTITUTA. PODER FAMILIAR. GUARDA. ADOÇÃO. TUTELA

7.1. FAMÍLIA NATURAL

É direito da criança e do adolescente ser criado e educado no seio de sua família e, excepcionalmente, em família substituta, assegurada a convivência familiar e comunitária, em ambiente que garanta seu desenvolvimento integral.

Atenção!
Não é mais proibida a convivência da criança e do adolescente, "em ambiente livre da presença de pessoas dependentes de substâncias entorpecentes", tal como previa o *caput* do art. 19, agora alterado pela Lei nº 13.257/2016.

A família natural é aquela formada pelos pais ou qualquer deles e seus descendentes (art. 25 do ECA), cujo relacionamento contínuo é tutelado pelo Estado, e rompimento somente poderá ocorrer em hipóteses excepcionais.

A perda ou a suspensão do poder familiar decorrerão de sentença judicial.

A família extensa é aquela que vai além da unidade pais e filhos, para encampar também outros parentes, com quem a criança mantenha vínculo de afinidade ou de afetividade.

A família substituta é aquela que, de *forma excepcional e necessária*, assumiu o lugar da original.

É possibilitada através dos institutos jurídicos da guarda, tutela ou adoção, cada qual com suas características próprias e inconfundíveis, que não podem ser mescladas para formação de institutos diferenciados. É deferida, via de regra, a famílias nacionais, salvo no caso de adoção, em que é permitida a famílias estrangeiras excepcionalmente (*princípio da excepcionalidade da adoção internacional* – a adoção nacional é prioritária).

Para a apreciação do pedido, o juiz levará em conta o grau de parentesco e a relação de afinidade ou de afetividade, como meio de minorar as consequências da medida.

A guarda: a guarda pode ser estudada sob exclusivamente o enfoque do Código Civil, nos casos de reconhecimento dos filhos havidos fora do casamento e quando da separação dos pais. Ou seja: a criança ou adolescente permanecerá, pelo menos, com um dos genitores, ou em razão da vontade por eles manifestada, seja em razão de decisão judicial.

No âmbito do Estatuto, porém, é vista como modalidade de colocação em família substituta.

Pode ser **concedida incidentalmente** (nos casos de ação de tutela e adoção – art. 33, § 1º), como também pode ser o **pedido principal** da ação (§ 2º). Neste último caso, identificam-se duas hipóteses, previstas no § 2º do art. 33: a chamada guarda satisfativa, que atende a situações peculiares (exemplo – maus tratos dos pais); e a chamada guarda especial, destinada a suprir a ausência momentânea dos pais.

Tutela constitui o conjunto de direitos e obrigações conferidas a um terceiro (tutor), para que proteja a pessoa de uma criança ou adolescente que não se acha sob o poder familiar. Poderá o tutor administrar os bens do tutelado, bem como representá-lo ou assisti-lo nos atos da vida civil.

A tutela pressupõe a extinção do poder familiar, o que pode ocorrer em virtude da morte dos pais ou a decretação de sua perda (art. 1638 do CC) ou suspensão (art. 1637 do CC), em razão de sentença judicial proferida em procedimento próprio.

A adoção implicará no desligamento dos vínculos familiares existentes. Quer seja a adoção de crianças e de adolescentes, quer seja a de adultos, o regramento legal aplicado é o Estatuto da Criança e do Adolescente, dependendo ambas de SENTENÇA judicial, muito embora o STJ admita a adoção por escritura pública nas restritas hipóteses em que, à época da lavratura do ato, era vigente o CC de 1916. Só nesta situação.

Podem adotar os maiores de dezoito anos, havendo a necessidade de que entre o adotante e adotando haja diferença mínima de dezesseis anos.

Os divorciados e os separados poderão adotar conjuntamente, desde que, concordes com relação à guarda e regime de visitas, tenham iniciado o estágio de convivência na constância da sociedade conjugal.

A adoção depende do consentimento dos pais ou do representante legal do adotando, dispensado, porém, em relação à criança ou adolescente cujos pais sejam desconhecidos ou tenham sido destituídos do poder familiar.

Em todos os casos, a opinião do adolescente deve ser levada em conta.

Não poderão adotar os ascendentes e os irmãos do adotando, salvo se o superior interesse da criança indicar se esta medida mais benéfica, como já decidiu o STJ.

Em resumo – **REQUISITOS PARA A ADOÇÃO:**

a) IDADE MÍNIMA DO ADOTANTE;
b) DIFERENÇA DE IDADE ENTRE ADOTANTE E ADOTADO;
c) ESTABILIDADE FAMILIAR;
d) ADOTANTES NÃO REVELAREM INCOMPATIBILIDADE COM A MEDIDA;
e) PEDIDO SE FUNDE EM MOTIVOS LEGÍTIMOS;
f) QUE A ADOÇÃO REPRESENTE REAL VANTAGEM PARA O ADOTADO;
g) NÃO SER O ADOTANTE **IRMÃO OU ASCENDENTE** DO ADOTADO;
h) CONSENTIMENTO DOS PAIS E DO ADOTADO (MAIOR DE DOZE ANOS), SENDO AQUELE DISPENSADO NO CASO DE PAIS DESCONHECIDOS OU DESTITUÍDOS DO PODER FAMILIAR.
i) CADASTRO JUNTO À VARA DA INFÂNCIA E JUVENTUDE.
j) ESTÁGIO DE CONVIVÊNCIA.

Atenção para a alteração do prazo do estágio de convivência – Lei n. 13.509/2017.

A adoção será precedida de estágio de convivência com a criança ou adolescente, pelo prazo máximo de 90 (noventa) dias, observadas a idade da criança ou adolescente e as peculiaridades do caso.

Prazo máximo do estágio de convivência
i) na adoção nacional: 90 dias, prorrogável por uma vez.
ii) na adoção internacional: mínimo de 30 e máximo de 45 dias, prorrogável uma vez.

O estágio de convivência será cumprido no território nacional, preferencialmente na comarca de residência da criança ou adolescente, ou, a critério do juiz, em cidade limítrofe, respeitada, em qualquer hipótese, a competência do juízo da comarca de residência da criança.

Prioridade de tramitação: os processos de adoção em que o adotando for criança ou adolescente com deficiência ou com doença crônica terão prioridade de andamento.

Prazo máximo de conclusão do processo de adoção: 120 dias, prorrogável uma única vez, por igual período, em conformidade com decisão fundamentada da autoridade judiciária.

Adoção internacional: assim considerada aquela na qual o pretendente possui residência habitual em país-parte da Convenção de Haia, de 29 de maio de 1993, Relativa à Proteção das Crianças e à Cooperação em Matéria de Adoção Internacional, promulgada pelo Decreto no 3.087, de 21 junho de 1999, e deseja adotar criança em outro país-parte da Convenção.

Caráter subsidiário da adoção internacional: somente será deferida se, a colocação em família adotiva for a solução adequada ao caso concreto, se forem esgotadas todas as possibilidades de colocação da criança ou adolescente em família adotiva brasileira, com a comprovação, certificada nos autos, da inexistência de adotantes habilitados residentes no Brasil com perfil compatível com a criança ou adolescente, após consulta aos cadastros e, em se tratando de adoção de adolescente, que este seja consultado, por meios adequados ao seu estágio de desenvolvimento, e que se encontra preparado para a medida, mediante parecer elaborado por equipe interprofissional.

8. DA PREVENÇÃO

A criança e o adolescente – pessoas em desenvolvimento – fazem jus a uma tutela especial do Estado, da sociedade e da família, de modo que qualquer possibilidade de violação ou de ameaça a seus direitos fundamentais deve ser prontamente afastada por meio de políticas gerais (corrigindo os malefícios advindos de fatores sociais negativos), ou de políticas dirigidas a uma parcela com necessidades semelhantes, ou, ainda, de políticas específicas a prevenir o ilícito infracional. Por isso, a doutrina classificar essa prevenção em geral, detectada ou específica.

O ECA faz referência a disposições de ordem geral e à prevenção especial. Esta, por sua vez, faz referência: a) às condições para frequência em espetáculos públicos; b) as crianças de dez anos somente poderão permanecer nos locais de exibição quando acompanhadas de seus pais; c) proibição de venda à criança ou ao adolescente de armas, munições e explosivos, bebidas alcoólicas e produtos que possam causar dependência, fogos de estampido e artifício, salvo se ineficazes de ocasionar dano físico; revistas e publicações indevidas; e, bilhetes lotéricos e equivalentes; proibição de hospedagem em hotel etc., sem autorização.

9. DAS MEDIDAS DE PROTEÇÃO E DAS MEDIDAS PERTINENTES AOS PAIS E RESPONSÁVEIS

9.1. MEDIDAS DE PROTEÇÃO

Sempre que os direitos da criança e do adolescente forem violados ou ameaçados, levando-se em conta as necessidades pedagógicas existentes, estará aberta a possibilidade de aplicação das chamadas medidas de proteção – ou medidas de cunho assistencial – elencadas no artigo 101 do ECA.

E a autoridade competente de que se fala é o Conselho Tutelar e também o Juiz (sendo as medidas previstas nos incisos I a VI de competência comum do Conselho e do Juiz).

Ocorre que há hipóteses em que a autoridade competente será, unicamente, a judiciária, tal como ocorrerá nas hipóteses previstas nos incisos VII, VIII e IX do art. 101.

9.2. MEDIDAS PROTETIVAS DE ACOLHIMENTO INSTITUCIONAL, ACOLHIMENTO FAMILIAR E INSERÇÃO EM FAMÍLIA SUBSTITUTA

Somente poderão ser aplicadas pela autoridade judiciária (Juízo da Vara da Infância e da Juventude).

> Atenção!
>
> O Comissário atuante perante a Vara da Infância e da Juventude, assim, não poderá, por sua decisão exclusiva, determinar que uma criança ou adolescente sejam inseridos em acolhimento institucional (abrigamento, por exemplo) ou acolhimento familiar, mas, deparando-se com uma situação de urgência, poderá encaminhá-las para a entidade de atendimento e esta, por sua vez, poderá realizar o acolhimento, comunicando à autoridade judiciária no prazo de 24 horas.

Acolhimento institucional: medida protetiva que encampa o abrigamento, a casa-lar e a casa de passagem (não há unanimidade em relação à última).

Alteração importante: o acolhimento institucional tem prazo máximo de dezoito meses, salvo se o juiz acolher a possibilidade de continuidade, em prol do superior interesse. Antes da alteração, o prazo era de dois anos (Lei nº 13.509/2017).

Assegurou-se, ainda, a convivência integral com a mãe adolescente que estiver em acolhimento institucional. Esta mãe será assistida por equipe especializada multidisciplinar.

A mãe ou a gestante que manifestar interesse em entregar o seu filho para adoção, antes ou logo após o nascimento, será encaminhada à Justiça da Infância e da Juventude.

A busca à família extensa, conforme definida nos termos do parágrafo único do art. 25 do Estatuto, respeitará o prazo máximo de noventa dias, prorrogável por igual período.

Os detentores da guarda possuem o prazo de 15 dias para a propositura da ação de adoção, contado do dia seguinte à data do término do estágio de convivência.

Garante-se à mãe o direito ao sigilo sobre o nascimento, resguardando-se o direito ao filho de conhecimento da verdade biológica.

Apadrinhamento: a criança ou adolescente em acolhimento institucional ou familiar poderão participar de programa de apadrinhamento, que consiste em estabelecer e proporcionar vínculos externos à instituição para fins de convivência familiar e comunitária e colaboração com o seu desenvolvimento nos aspectos social, moral, físico, cognitivo, educacional e financeiro.

Admite-se que PESSOAS JURÍDICAS apadrinhem crianças e adolescentes a fim de colaborar para o seu desenvolvimento.

Apadrinhamento

Não é medida protetiva

Pode ser deferido às pessoas físicas e jurídicas

Portanto, o apadrinhamento não é uma medida protetiva, embora seja um programa de atendimento. A criança e o adolescente já se encontram em acolhimento institucional ou acolhimento familiar e participarão do programa, que poderá ser promovido por uma entidade de atendimento ou, até mesmo, pelo próprio Poder Judiciário.

Não existindo outro motivo que autorize a decretação da medida, a criança ou adolescente será mantido em sua família de origem, a qual deverá ser obrigatoriamente ser incluída em serviços e programas de proteção, apoio e promoção.

Como foi visto, diante da ofensa aos direitos da criança e do adolescente, poderão ser aplicadas as chamadas medidas de proteção, bem como também medidas pertinentes aos pais ou responsável. Dentre estas, pode-se identificar medidas de cunho assistencial à família, bem como obrigações pertinentes aos pais ou responsável e sanções civis que estes podem estar sujeitos.

São competentes para a aplicação das medidas previstas no artigo 129:

a) Conselho Tutelar → medidas assistenciais e obrigacionais dos incisos I a VI e a sanção do inciso VII;

b) Juiz → as sanções previstas nos incisos VIII a X, e terá também o poder de revisão das decisões emanadas do Conselho.

Verificada a hipótese de maus-tratos, opressão ou abuso sexual impostos pelos pais ou responsável, a autoridade judiciária poderá determinar o afastamento cautelar do agressor da moradia comum. Trata-se de medida de natureza processual e cautelar, que o Juiz poderá determinar em ação cautelar ou na pendência de ação principal, liminar ou incidentalmente.

10. DA PRÁTICA DE ATOS INFRACIONAIS

10.1. DEFINIÇÃO DE ATO INFRACIONAL

Considera-se ato infracional a conduta tipificada na lei como crime ou contravenção penal praticada por criança e adolescente.

Se houver a prática de ato infracional por criança, tem-se a possibilidade de ser o infante inserido em medida protetiva, que pode ser aplicada pelo Conselho Tutelar (algumas) ou pelo Juiz (todas). Não há uma ação para apurar o ato infracional, muito embora seja necessário procedimento judicial para aplicação das medidas protetivas de acolhimento institucional, acolhimento familiar e inserção em família substituta. Neste caso, o procedimento não buscará a apuração do ato, mas a verificação da situação de risco existente, ou seja, se, de fato, há necessidade de implementar medida protetiva excepcionalíssima.

De outro lado, existindo indícios da prática de ato infracional por adolescente, surge para o Estado a pretensão consistente na apuração do ato, sua autoria e materialidade, bem como sopesamento quanto à medida socioeducativa que puder proporcionar a necessária ressocialização do infrator.

Esta apuração será feita por meio da denominada ação socioeducativa a ser ajuizada perante a Vara da Infância e da Juventude do local da ação ou da omissão. Poderá ser proposta exclusivamente pelo Ministério Público, não se admitindo que outro o faça.

Portanto, para a aplicação de medida socioeducativa, deve-se, obrigatoriamente, observar o devido processo legal e as garantias consectárias.

10.2. DIREITOS INDIVIDUAIS E GARANTIAS PROCESSUAIS

Cabe ao julgador observar os direitos individuais consagrados no ECA e das garantias processuais, quer genéricas, quer específicas.

Por garantia dita genérica tem-se a necessidade do devido processo legal, segundo o qual a ação observará o ECA e a lei processual pertinente (processo penal ou civil).

O art. 111 enumera seis garantias processuais específicas. A primeira delas é a garantia do pleno e formal conhecimento da atribuição do ato infracional para que possa, em juízo, exercer a sua plena defesa e o contraditório. Para tanto, a lei indica a citação ou meio equivalente, como, por exemplo e costumeiramente, a notificação. As Regras de *Beijing* e a Convenção sobre os Direitos da Criança já previam esse direito. Tem também direito à igualdade na relação processual, podendo contraditar as provas apresentadas.

A defesa técnica por advogado também é garantida, e é direcionada, ora ao ato infracional em si, ora à medida socioeducativa proposta. A presença do Advogado em todos os atos processuais é obrigatória, sob pena de nulidade absoluta.

A assistência judiciária gratuita e integral também é uma garantia processual, somando-se à isenção de custas de quaisquer ações que tramitam na Vara da Infância e Juventude.

Tem o adolescente o direito de ser ouvido pessoalmente pela autoridade competente. Tal autoridade não é apenas o Juiz, mas também o Promotor de Justiça, o Defensor e a autoridade policial pertinente. Ao Juiz ele apresenta a sua versão sobre os fatos; ao Promotor, oferece elementos necessários e que, eventualmente, podem implicar até no arquivamento dos autos; ao defensor, por óbvio, para propiciar meios para a defesa; e, por fim, à autoridade policial quando de sua apreensão.

Por fim, tem o adolescente o direito de solicitar a presença de seus pais ou responsável em qualquer fase do processo.

Na ação socioeducativa, após verificada, por meio de sentença, a prática de ato infracional, o Juiz poderá aplicar ao adolescente as seguintes medidas socioeducativas: advertência, obrigação de reparar o dano, prestação de serviços à comunidade, liberdade assistida, inserção em semiliberdade ou internação, além de qualquer medida protetiva. Tem-se, de um lado, as medidas em meio-aberto, e, de outro, as medidas restritivas de liberdade (semiliberdade e internação).

10.3. MEDIDAS SOCIOEDUCATIVAS

O ECA não enumera taxativamente as situações em que deverão ser aplicadas cada uma das medidas socioeducativas (salvo no caso de internação). Diferentemente, indica que para a eleição de cada uma delas o juiz levará em conta a capacidade do adolescente em cumpri-la, as circunstâncias e a gravidade da infração. Além disso, indica as principais diretrizes das medidas, considerando, principalmente, o seu alcance pedagógico.

MEDIDA	PRAZO	ABRANGÊNCIA
Advertência	Extinção imediata	Admoestação verbal do adolescente pelo juiz. Esgota-se em si mesma.
Obrigação de reparar o dano.	Extinção imediata	Será aplicada, sempre que possível, se houver reflexos patrimoniais.
Prestação de serviços à comunidade	Máximo: 6 meses e 8h p/semana	Prestação de serviços gratuitos, de interesse geral.
Liberdade assistida	Mínimo: 6 meses.	Acompanhamento, apoio e orientação do adolescente.
Semiliberdade	Sem prazo determinado.	Será aplicada se não houver outra medida suficiente para a ressocialização.
Internação	Sem prazo/com prazo	Será aplicada se não houver outra medida socioeducativa suficiente à ressocialização + Art. 122.
Medidas protetivas	Sem prazo	Medidas socioeducativas impróprias. O Conselho Tutelar promoverá a execução.

As medidas socioeducativas podem ser classificadas de diversas formas, tais como:

a) ***Medidas próprias e medidas impróprias***: estas consistem em medidas protetivas que podem ser aplicadas pelo juiz em razão da prática de ato infracional. Na ação socioeducativa não podem ser aplicadas as medidas de acolhimento institucional, acolhimento familiar e inserção em família substituta, o que vai demandar a instauração de outro processo. As demais medidas são classificadas como próprias;

b) ***Medidas em meio aberto e medidas restritivas de liberdade***: estas podem acarretar na restrição total ou parcial da liberdade do adolescente. O princípio da excepcionalidade, de previsão constitucional, determina que a restrição da liberdade somente ocorra se as demais medidas socioeducativas não forem suficientes para a ressocialização do adolescente e, ainda, quanto à internação, se a hipótese incidir em uma das situações indicadas no art. 122 do Estatuto; as demais medidas buscam a ressocialização do adolescente sem tolher a sua liberdade;

c) ***Medidas de gestão municipal e de gestão estadual***: a prestação de serviços à comunidade e a liberdade assistida são medidas que serão geridas pelo município, enquanto que a semiliberdade e a internação serão geridas pelos Estados, consoante divisão de atribuições prevista na Lei nº 12.594/2012;

d) ***Medidas de execução imediata e de execução prolongada***: no primeiro caso, não haverá necessidade de acompanhamento do caso. Assim ocorrerá com a advertência e a obrigação de reparar o dano, ao passo que, nos demais casos, haverá necessidade de acompanhamento para ser verificado o progresso da ressocialização pretendida;

e) ***Medidas que exigem instauração de processo de execução***: para as medidas que dependem de acompanhamento, deverá ser instaurado o respectivo processo de execução, que tramitará perante a Vara da Infância e Juventude do domicílio ou residência dos pais ou do local em que se encontrar o adolescente. A execução é regulamentada pela Lei nº 12.594/2012. As demais medidas serão executadas no próprio processo em que aplicada a medida socioeducativa;

f) ***Medidas que podem ser ou não cumuladas com remissão***: de acordo com o art. 126, diante de certas circunstâncias, é possível que o magistrado adote procedimento diferenciado daquele ordinariamente previsto, até porque o processo deve ser evitado ao máximo. Nestes casos, será possível que ocorra a exclusão do processo ou, se já instaurado, a sua suspensão ou extinção.

10.4. MEDIDAS QUE ACARRETAM A RESTRIÇÃO DA LIBERDADE

A semiliberdade importa em limitação da liberdade do adolescente, podendo ser aplicada, ora desde o início, ora como forma de transição da internação para a total liberdade. Não comporta prazo determinado. Tem por fundamento a possibilidade de realização de atividades externas, INDEPENDENTEMENTE DE AUTORIZAÇÃO JUDICIAL (portanto, tais atividades não podem ser vedadas pelo juiz).

Quanto à internação, a lei faz expressa referência às hipóteses em que é permitida a sua aplicação, conforme se vê do art. 122 do ECA.

Identificam-se três tipos de internação: a internação provisória (art. 108); internação com prazo indeterminado (art. 122, I e II); e a chamada internação-sanção – com prazo determinado (art. 122, III).

A internação provisória pode ser decretada pelo juiz de conhecimento no transcorrer da ação socioeducativas pública, equivalendo-se à prisão cautelar no processo criminal. Para que isso seja possível, deverá ser proferida decisão fundamentada, baseada em indícios suficientes de autoria e materialidade, demonstrada a necessidade imperiosa de tal medida. Tem prazo limitado a 45 dias, nos quais o adolescente deverá permanecer em entidade de atendimento adequada, vedada a permanência em estabelecimento prisional.

No entanto, se não existir na comarca entidade com essas características e impossível a transferência para cidade dotada de tal aparelhamento, o adolescente poderá permanecer em repartição policial por até cinco dias, período em que deverá ser providenciada a sua transferência. A inobservância dessas disposições caracteriza conduta criminosa.

Antes da análise da internação possível nas hipóteses contidas nos incisos do art. 122, do ECA, conveniente lembrar que as medidas restritivas de liberdade são condicionadas constitucionalmente aos princípios da excepcionalidade, brevidade e condição especial de pessoa em desenvolvimento.

Segundo o princípio da brevidade, a internação deve durar o menor tempo possível, segundo as necessidades pedagógicas do adolescente.

O princípio da excepcionalidade impõe que a medida de internação seja aplicada exclusivamente **quando outra não for adequada a suprir as necessidades pedagógicas existentes**, além de a situação enquadrar-se numa das hipóteses taxativamente previstas pela lei.

A primeira hipótese do art. 122 faz referência ao ato infracional praticado mediante violência ou grave ameaça à pessoa, que deve fazer parte integrante do tipo penal. Por exemplo: roubo, homicídio, estupro, lesão corporal dolosa.

> Súmula 492 do STJ: a prática do ato infracional de tráfico de entorpecentes, por si só, não acarreta na possibilidade da aplicação da medida socioeducativa de internação.

A segunda hipótese faz referência à reiteração no cometimento de infrações graves. Para a sua incidência, portanto, necessário analisar-se dois elementos: reiteração e infração grave. De acordo com o atual entendimento dos Tribunais Superiores, tem-se a reiteração já no segundo ato infracional praticado (não mais se exige a prática de três atos).

De se ressaltar que as hipóteses previstas nos incisos I e II do ECA fazem referência à internação sem prazo determinado pelo juiz, mas que tem duração máxima de três anos.

O inciso III do ECA faz referência à internação com prazo determinado em razão da reiteração no descumprimento de medida anteriormente imposta.

Portanto, em caso de descumprimento reiterado e injustificado de medida socioeducativas, a lei prevê a possibilidade da imposição da internação com prazo limitado a três meses, devendo, para tanto, oferecer ampla oportunidade para que o adolescente se justifique (SÚMULA 265 DO STJ).

11. DA PREVENÇÃO

A criança e o adolescente – **pessoas em desenvolvimento – fazem jus a uma tutela especial do Estado, da sociedade e da família, de modo que qualquer possibilidade de violação ou de ameaça a seus direitos fundamentais deve ser prontamente afastada por meio de políticas Normativas. 2** O ECA faz referência a **prevenção** de **ordem geral** e à **prevenção especial**. Esta, por sua vez, faz referência: a) às condições para frequência em espetáculos públicos; b) as crianças de dez anos somente poderão permanecer nos locais de exibição quando acompanhadas de seus pais; c) proibição de venda à criança ou ao adolescente de armas, munições e explosivos, bebidas alcoólicas e produtos que possam causar dependência, fogos de estampido e artifício, salvo se ineficazes de ocasionar dano físico; revistas e publicações indevidas; e, bilhetes lotéricos e equivalentes; proibição de hospedagem em hotel etc., sem autorização.

Reconhecendo a situação da criança e do adolescente como pessoas em situação peculiar de desenvolvimento, entendeu o legislador traçar certas **diretrizes para a locomoção dessas pessoas em território nacional ou estrangeiro**, quando estiverem desacompanhadas de seus pais ou responsável. Para tanto, exigiu, em certas ocasiões, que a viagem estará condicionada à autorização pelo Juízo da Vara da Infância e da Juventude, ao qual caberá analisar se, de fato, a locomoção atende ao superior interesse dessas pessoas.

Tratando-se de viagem em território nacional, **a autorização será exigida** quando a criança, que for viajar para local que não seja comarca contínua à sua residência, se do mesmo Estado, ou incluída na mesma região metropolitana, não estiver acompanhada de qualquer um de seus pais ou responsável, ou expressamente autorizada por estes, ou mesmo de ascendente ou colateral até o terceiro grau.

A ***contrario sensu***, a **autorização judicial não será exigida**, em viagens nacionais: a) para adolescentes; b) para crianças quando a locomoção se der em comarca contígua à sua residência, se do mesmo Estado, ou incluída na mesma região metropolitana, sendo desnecessária a autorização dos pais; c) para crianças acompanhadas de ascendente (p.e.: avô) ou colateral maior (por exemplo: tio), até o terceiro grau, sendo o parentesco comprovado documentalmente; e, d) para crianças acompanhadas de pessoas maiores, desde que expressamente autorizadas pelo pai, mãe ou responsável.

Portanto, que fique claro: **o adolescente não necessita de autorização de viagem para locomoção desacompanhada dos pais em território nacional**! Somente as crianças, em certas hipóteses, é que necessitam de tal autorização.

Porém, **tratando-se de viagem ao exterior, o ECA não fez distinção em relação à criança e ao adolescente**, abordando essas pessoas de forma semelhante.

Não obstante, o artigo 84 do ECA, que trata do assunto, é interpretado de duas maneiras diferentes: uma primeira interpretação sustenta que o adolescente desacompanhado dos pais ou responsável, mesmo que por eles autorizado, depende da autorização judicial para viajar. Uma segunda interpretação sustenta que, estando o adolescente autorizado pelos pais ou responsável, desnecessária será a autorização judicial. Prevalece esse segundo entendimento, conforme Resolução 131 do CNJ.

AUTORIZAÇÃO DE VIAGEM			
NACIONAL		**INTERNACIONAL**	
CRIANÇA e ADOLESCENTE MENOR DE 16 ANOS	**ADOLESCENTE COM 16 ANOS**	**CRIANÇA**	**ADOLESCENTE**
Precisará de autorização judicial se viajar desacompanhada dos pais para fora da comarca, desde que não acompanhada de parente até o terceiro grau, mediante comprovação documental, ou por pessoa maior de idade, autorizada pelos pais.	Não necessita da autorização judicial ou mesmo dos pais. Pode viajar desacompanhado.	Deve viajar na companhia dos pais. Na ausência de um deles, o outro necessitará de autorização por escrito firmada pelo genitor, com firma reconhecida. Se desacompanhada dos pais, basta que estes autorizem a viagem, também em documento com firma reconhecida.	Idem.

12. DA POLÍTICA DE ATENDIMENTO

As entidades de atendimento são responsáveis pelo **planejamento e execução de programas de proteção e socioeducativos**, indicados no art. 90 do Estatuto da Criança e do Adolescente.

Tais programas devem se **harmonizar com as diretrizes da política de atendimento traçadas pelos Conselhos de Direitos, bem como ser inscritos no Conselho Municipal de Direitos da Criança e do Adolescente**, o qual, por sua vez, comunicará o Conselho Tutelar e a autoridade judiciária.

As **entidades não governamentais** somente poderão funcionar depois de registradas no Conselho Municipal dos Direitos da Criança e do Adolescente.

A **política de atendimento** voltada às crianças e aos adolescentes tem seu fundamento constitucional nos artigos 204 e 227 do Texto Fundamental e parte de dois **princípios básicos**: o da **participação** e o da **exigibilidade**, por meio dos quais o cidadão tem o poder de exigir o seu efetivo cumprimento.

A sua execução será feita através de um **conjunto articulado de ações, quer seja governamentais (englobando as esferas federal, estadual e municipal), quer seja não governamentais**.

O ECA traçou as linhas de ação dessa política, as quais estão englobadas em três grandes grupos: a) políticas voltadas à garantia dos direitos fundamentais de qualquer pessoa, independentemente de sua condição tutelar (p.exemplo: saúde), ditas políticas sociais básicas; b) políticas assistenciais voltadas a um grupo em razão de sua vulnerabilidade reconhecida (p. exemplo: alimentação), ditas políticas assistenciais ou compensatórias; e, c) políticas voltadas a crianças e adolescentes em risco pessoal, aos quais devem ser dirigidas ações especializadas de encaminhamento e atendimento, ditas políticas de proteção especial.

Como diretriz central dessa política, foi adotado o **princípio da municipalização do atendimento**, segundo o qual o Município assume poderes que, antes, eram de outras instâncias da Federação.

Também foi adotada como diretriz a **criação de conselhos municipais, estaduais (e nacional (CONANDA) dos direitos da criança e do adolescente**, órgãos deliberativos e controladores de ações. Esses conselhos representam a forma de participação da população na política de atendimento.

Os Conselhos de Direitos encampam três princípios básicos: a) princípio da deliberação – pelo qual se delibera acerca da aplicação do art. 227 da Constituição Federal; **b) princípio do controle da ação entre governo e sociedade**; e, **c) princípio da paridade**, uma vez que serão representados nos conselhos, por meio de conselheiros, tanto a esfera governamental, quanto a sociedade de um modo em geral. Os conselheiros exercerão função de interesse público e não remunerada.

Os Conselhos devem existir em cada uma das esferas administrativas (União, Estados, Distrito Federal e Municípios). No âmbito federal, existe o Conselho Nacional dos Direitos da Criança – CONANDA, cujos atos são concentrados, principalmente, nas Resoluções.

São várias as resoluções importantíssimas para a defesa dos direitos da criança e do adolescente. Dentre elas, destaca-se a de nº 113, posteriormente alterada pela de nº 116, cujo objetivo foi institucionalizar e fortalecer o **Sistema de Garantia dos Direitos da Criança e do Adolescente**.

O Sistema de Garantia dos Direitos da Criança e do Adolescente é baseado em três eixos: **defesa** (1),

promoção (2) e controle da efetivação dos direitos humanos de crianças e adolescentes (3).

De acordo com o art. 203, da Constituição Federal, a **assistência social** será prestada a quem dela necessitar, independentemente de contribuição à seguridade social, e tem por objetivo, dentre outros, a proteção à família, à maternidade, à infância e à adolescência, além do amparo às crianças e adolescentes carentes (incisos I e II).

E as ações governamentais, na área da assistência social, observarão, dentre outras diretrizes, **a participação da população, por meio de organizações representativas**, na formulação das políticas e no controle das ações em todos os níveis (art. 204, II, da CF). Note-se, portanto, que o governo não atua sozinho na formulação das políticas e no controle das ações na área da assistência social. Pelo contrário, contará com a participação da população, por meio de organizações que a representam.

É nesse contexto que se inserem os **Conselhos de Direitos da Criança e do Adolescente**. São órgãos, compostos por representantes do governo e da sociedade civil, responsáveis pela formulação de políticas públicas e no controle das ações voltadas à infância e à juventude.

Conselhos de Direitos e Conselhos Tutelares são órgãos com atribuições, composição e estrutura diferentes. Os primeiros são órgãos de controle das ações e programas, ao passo que estes são órgãos responsáveis por zelar pela observância dos direitos fundamentais da criança e do adolescente.

Por esse motivo, o Estatuto, dentre as **diretrizes da política de atendimento** (art. 88, II), versa sobre a *criação de conselhos municipais, estaduais e nacional dos direitos da criança e do adolescente, órgãos deliberativos e controladores das ações em todos os níveis, assegurada a participação popular e paritária por meio de organizações representativas, segundo leis federal, estadual e municipais.*

Os Conselhos de Direito têm a **função deliberativa** (e vinculativa), contando, em sua composição, com a participação de representantes governamentais e não governamentais, devidamente nomeados para o exercício de função considerada relevante.

A atuação dos Conselhos de Direitos é **regida por dois princípios: paridade** e **deliberação**. Paridade, pois os conselhos são compostos por igual número de representantes do governo e da sociedade civil. Deliberação, na medida em que as suas decisões são vinculativas, devendo ser cumpridas pela administração pública.

Ao contrário dos conselhos tutelares, que só existem no âmbito municipal, os conselhos de direitos **devem existir nas três esferas** da federação: federal, estadual e municipal.

Nesse passo, foi criado pela Lei Federal nº 242/1991, **o Conselho Nacional dos Direitos da Criança e do Adolescente – Conanda**, órgão de controle e deliberação das políticas públicas praticadas pela União, competindo-lhe: I – elaborar as normas gerais da política nacional de atendimento dos direitos da criança e do adolescente, fiscalizando as ações de execução, observadas as linhas de ação e as diretrizes estabelecidas nos arts. 87 e 88 do Estatuto; II – zelar pela aplicação da política nacional de atendimento dos direitos da criança e do adolescente; III – dar apoio aos Conselhos Estaduais e Municipais dos Direitos da Criança e do Adolescente, aos órgãos estaduais, municipais, e entidades não-governamentais para tornar efetivos os princípios, as diretrizes e os direitos estabelecidos no Estatuto; IV – avaliar a política estadual e municipal e a atuação dos Conselhos Estaduais e Municipais da Criança e do Adolescente; VII – acompanhar o reordenamento institucional propondo, sempre que necessário, modificações nas estruturas públicas e privadas destinadas ao atendimento da criança e do adolescente; VIII – apoiar a promoção de campanhas educativas sobre os direitos da criança e do adolescente, com a indicação das medidas a serem adotadas nos casos de atentados ou violação dos mesmos; IX – acompanhar a elaboração e a execução da proposta orçamentária da União, indicando modificações necessárias à consecução da política formulada para a promoção dos direitos da criança e do adolescente; X – gerir o fundo de que trata o art. 6º da lei e fixar os critérios para sua utilização, nos termos do art. 260 do Estatuto; XI – elaborar o seu regimento interno, aprovando-o pelo voto de, no mínimo, dois terços de seus membros, nele definindo a forma de indicação do seu Presidente.

9. O município também deve criar o seu Conselho de Direitos, o qual, além de ocupar-se com a deliberação em torno das políticas públicas, também deve organizar as eleições para os membros do conselho tutelar, bem como registrar, como condição de funcionamento, as entidades de atendimento não governamentais, e, ainda, promover a inscrição dos programas de atendimento das entidades de atendimento governamentais e não governamentais.

Conselhos de Direitos
- Âmbito Nacional – Conanda
- Âmbito Estadual – cada Estado conta com o seu
- Âmbito Municipal – cada Município conta com um Conselho

As entidades de atendimento não governamentais somente poderão funcionar após providenciar o seu **registro no Conselho Municipal dos Direitos**, o qual comunicará o registro ao Conselho Tutelar e à autoridade judiciária da respectiva localidade. Esse **registro será negado** caso a entidade: a) não oferecer instalações físicas em condições adequadas de habitalidade, higiene, salubridade e segurança; b) não apresentar plano de trabalho compatível com os princípios do Estatuto; c) estiver irregularmente constituída; d) tiver em seus quadros pessoas inidôneas; e) não se adequar ou deixar de cumprir as resoluções e deliberações relativas à modalidade de atendimento prestado expedidas pelos Conselhos de Direitos, em todos os níveis.

Entidades de Atendimento

- Desenvolvem programas de proteção e socioeducativos
- Governamentais e Não Governamentais
- Fiscalizadas pelo Juiz, Ministério Público e Conselho Tutelar

O registro terá validade de quatro anos, competindo ao Conselho Municipal reavaliar o cabimento de sua renovação, desde que estejam presentes os requisitos necessários.

Paralelamente, as entidades de atendimento governamentais e não governamentais deverão proceder às inscrições de seus programas também no Conselho Municipal, que manterá registro das inscrições e de suas alterações, comunicando tal fato ao Conselho Tutelar. Esses programas serão reavaliados pelo menos a cada dois anos, constituindo critérios para renovação da autorização de funcionamento: a) efetivo respeito às regras e princípios do Estatuto, bem como às resoluções expedidas pelos Conselhos de Direitos; b) a qualidade e eficiência do trabalho desenvolvido, atestadas pelo Conselho Tutelar, pelo Ministério Público e pela Vara da Infância e da Juventude; c) em se tratando de programas de acolhimento institucional e familiar, serão considerados os índices de sucesso na reintegração familiar ou de adaptação à família substituta, conforme o caso.

13. DOS CONSELHOS TUTELARES

Com a adoção do princípio da proteção integral, o Estatuto adotou um novo paradigma legislativo em matéria de infância e juventude. Como consectário desse paradigma, tem-se a **desjudicialização**, pela qual o atendimento deixou de ser centrado na figura do ***Juiz de Menores***, passando ser realizado, em determinadas situações, por pessoas do povo, escolhidas pelo voto do próprio povo.

De fato, a sociedade tem o *dever jurídico* de zelar pelo cumprimento dos direitos fundamentais da criança e do adolescente, tal como dispõe o art. 227, da Constituição Federal. E deve fazê-lo individualmente e por órgão especializado, criado especialmente para essa finalidade. 3 Nesse contexto, surgiu **o Conselho Tutelar, órgão inserido na Administração Pública Municipal**, muito embora não seja subordinado ao Chefe do Poder Executivo e nem a qualquer secretário.

O artigo 131, do Estatuto, define o Conselho Tutelar *"como órgão permanente e autônomo, não jurisdicional, encarregado pela sociedade de zelar pelo cumprimento dos direitos da criança e do adolescente"*.

Diferenças entre Conselhos Tutelares e Conselhos de Direitos

CONSELHOS TUTELARES	CONSELHOS DE DIREITOS
Encarregado de zelar pelo cumprimento dos direitos da criança e do adolescente.	Participação na formulação das políticas e no controle das ações em todos os níveis.
Existe tão somente na esfera municipal.	Existe nas esferas federal, estaduais e municipais.
Composto por cinco membros eleitos pelo povo, para mandato de quatro anos, permitida a recondução, desde que submetidos a novo processo de escolha.	Composto por representantes da sociedade – por meio de organizações representativas, eleitas para tanto – e do governo.
Conselheiros devem ser remunerados.	Conselheiros não podem ser remunerados.

Os conselhos tutelares são órgãos autônomos, uma vez que têm independência para o exercício de suas funções, sendo livre para expressar suas opiniões. Suas manifestações, nesse sentido, "são soberanas, enquanto decisões administrativas". Não obstante, é possível que essas decisões sejam revistas pelo Poder Judiciário (Juízo da Vara da Infância e da Juventude), principalmente em relação à sua legalidade e à motivação dos atos praticados pelos agentes.

Além disso, são **permanentes**, uma vez que não podem ser suprimidos. Cada Município deve contar com, pelo menos, um Conselho Tutelar. Se isso não ocorrer, as funções dos conselheiros serão exercidas pelo Juízo da Vara da Infância e da Juventude.

Também são considerados não jurisdicionais, pois não têm atribuição de dirimir conflitos, atividade essa exclusiva do Poder Judiciário.

A instalação do Conselho Tutelar depende de lei municipal, que disporá sobre (i) a estrutura administrativa e institucional necessária ao seu adequado funcionamento, (ii) eventual remuneração dos conselheiros, (iii) outras condições de elegibilidade e ainda (iv) acerca da suspensão ou cassação do mandato.

Inexiste relação de emprego entre o membro do Conselho Tutelar e o Município – posicionamento do Tribunal Superior do Trabalho.

O ECA prevê três **condições de elegibilidade dos conselheiros**, sem prejuízo de outras que podem ser previstas pela lei municipal, conforme já decidiu o Superior Tribunal de Justiça (c.f. REsp 40155/RSJ, 1ª. T, j. 210.2003, rel. Min. Francisco Galvão, J 112003, p. 189.). São elas: **idade mínima de vinte e um anos, idoneidade moral e residência fixa no município**.

Os **conselheiros exercerão mandato de quatro anos, permitidas novas reconduções, desde que submetidos a novo processo de escolha,** sendo também escolhidos cinco suplentes. As eleições estarão a cargo do Conselho Municipal dos Direitos da Criança.

O Estatuto prevê **situações de impedimento para atuação no mesmo Conselho Tutelar**. Assim, marido e mulher, ascendentes e descendentes, sogro, genro ou nora, irmãos cunhados, durante o cunhadio, padrasto ou madrasta e enteado, não podem servir perante o mesmo órgão.

O impedimento é estendido à autoridade judiciária e ao representante do Ministério Público com atuação na Justiça da Infância e da Juventude, em exercício na Comarca, Foro Regional ou Distrital.

Sempre que os direitos da criança e do adolescente forem violados ou ameaçados, levando-se em conta as necessidades pedagógicas existentes, estará aberta a possibilidade de aplicação das chamadas medidas de proteção – ou medidas de cunho assistencial – elencadas no artigo 101 do ECA, bem como outras previstas no Estatuto, como, por exemplo, o aconselhamento aos pais ou responsável, pela autoridade competente.

E a autoridade competente de que se fala é o **Conselho Tutelar** e também o **Juiz** (sendo as medidas previstas nos incisos I a VI de competência comum do Conselho e do Juiz, e VII a IX – privativas do juiz).

Nesse passo, a ação ou omissão da sociedade e do Estado enseja a atuação ou dos Conselhos Tutelares, ou do Juiz, no sentido de ser aplicada qualquer uma das medidas protetivas.

No mesmo sentido, pode haver a intervenção estatal no âmbito das relações familiares, quando da falta, omissão ou abuso dos pais ou responsável.

Diante da ofensa aos direitos da criança e do adolescente, poderão ser aplicadas as chamadas medidas de proteção, bem como também **medidas pertinentes aos pais ou responsável. Dentre estas, pode-se identificar medidas de cunho assistencial à família, bem como obrigações pertinentes aos pais ou responsável e sanções civis que estes podem estar sujeitos.**

São competentes para a aplicação das medidas pertinentes aos pais ou responsável:

Conselho Tutelar: medidas assistenciais e obrigacionais dos incisos I a VI e a sanção do inciso VII;

Juiz: sanções previstas nos incisos VIII a X, e terá também o poder de revisão das decisões emanadas do Conselho.

Verificada a hipótese de maus-tratos, opressão ou abuso sexual impostos pelos pais ou responsável, a autoridade judiciária poderá determinar o afastamento cautelar do agressor da moradia comum. Trata-se de medida de natureza processual e cautelar, que o Juiz poderá determinar em ação cautelar ou na pendência de ação principal, liminar ou incidentalmente.

Não confundir as várias medidas previstas no Estatuto da Criança e do Adolescente, diferenciadas no seguinte quadro:

MEDIDA	TIPIFICAÇÃO/ FINALIDADE	COMPETÊNCIA
De Proteção	Art. 101 – aplicáveis à criança e ao adolescente em situação de risco.	Incisos I a VI – Conselho Tutelar e Juiz. Incisos VII a IX – somente Juiz.
Pertinentes aos Pais ou Responsáveis.	Art. 129 – assistenciais e sancionatórias.	Incisos I a VII – Conselho tutelar e juiz. Incisos VIII a X – somente juiz.
Socioeducativas	Art. 112 – propiciar a ressocialização do adolescente autor de ato infracional	Somente a autoridade judiciária (Súmula 108 do STJ).
Lei Menino Bernardo	Art. 18-B – orientação dos pais, responsáveis e outros – caráter subsidiário – em razão da prática de castigo físico ou tratamento cruel e degradante como forma de educar.	Conselho Tutelar, se não for necessária medida mais grave.
Às Entidades de Atendimento	Art. 97 – fazer com que as entidades observem as regras do Estatuto.	Autoridade Judiciária.

Atribuições dos Conselhos Tutelares (art. 136, Estatuto):

> I - atender as crianças e adolescentes nas hipóteses previstas nos arts. 98 e 105, aplicando as medidas previstas no art. 101, I a VII;
>
> II - atender e aconselhar os pais ou responsável, aplicando as medidas previstas no art. 129, I a VII;
>
> III - promover a execução de suas decisões, podendo para tanto:
>
> a) requisitar serviços públicos nas áreas de saúde, educação, serviço social, previdência, trabalho e segurança;
>
> b) representar junto à autoridade judiciária nos casos de descumprimento injustificado de suas deliberações.
>
> IV - encaminhar ao Ministério Público notícia de fato que constitua infração administrativa ou penal contra os direitos da criança ou adolescente;
>
> V - encaminhar à autoridade judiciária os casos de sua competência;
>
> VI - providenciar a medida estabelecida pela autoridade judiciária, dentre as previstas no art. 101, de I a VI, para o adolescente autor de ato infracional;
>
> VII - expedir notificações;
>
> VIII - requisitar certidões de nascimento e de óbito de criança ou adolescente quando necessário;

IX - assessorar o Poder Executivo local na elaboração da proposta orçamentária para planos e programas de atendimento dos direitos da criança e do adolescente;

X - representar, em nome da pessoa e da família, contra a violação dos direitos previstos no art. 220, § 3º, inciso II, da Constituição Federal ;

XI - representar ao Ministério Público para efeito das ações de perda ou suspensão do poder familiar, após esgotadas as possibilidades de manutenção da criança ou do adolescente junto à família natural.

XII - promover e incentivar, na comunidade e nos grupos profissionais, ações de divulgação e treinamento para o reconhecimento de sintomas de maus-tratos em crianças e adolescentes.

XIII - adotar, na esfera de sua competência, ações articuladas e efetivas direcionadas à identificação da agressão, à agilidade no atendimento da criança e do adolescente vítima de violência doméstica e familiar e à responsabilização do agressor;

XIV - atender à criança e ao adolescente vítima ou testemunha de violência doméstica e familiar, ou submetido a tratamento cruel ou degradante ou a formas violentas de educação, correção ou disciplina, a seus familiares e a testemunhas, de forma a prover orientação e aconselhamento acerca de seus direitos e dos encaminhamentos necessários;

XV - representar à autoridade judicial ou policial para requerer o afastamento do agressor do lar, do domicílio ou do local de convivência com a vítima nos casos de violência doméstica e familiar contra a criança e o adolescente;

XVI - representar à autoridade judicial para requerer a concessão de medida protetiva de urgência à criança ou ao adolescente vítima ou testemunha de violência doméstica e familiar, bem como a revisão daquelas já concedidas;

XVII - representar ao Ministério Público para requerer a propositura de ação cautelar de antecipação de produção de prova nas causas que envolvam violência contra a criança e o adolescente; (Incluído pela Lei nº 14.344, de 2022) Vigência

XVIII - tomar as providências cabíveis, na esfera de sua competência, ao receber comunicação da ocorrência de ação ou omissão, praticada em local público ou privado, que constitua violência doméstica e familiar contra a criança e o adolescente;

XIX - receber e encaminhar, quando for o caso, as informações reveladas por noticiantes ou denunciantes relativas à prática de violência, ao uso de tratamento cruel ou degradante ou de formas violentas de educação, correção ou disciplina contra a criança e o adolescente;

XX - representar à autoridade judicial ou ao Ministério Público para requerer a concessão de medidas cautelares direta ou indiretamente relacionada à eficácia da proteção de noticiante ou denunciante de informações de crimes que envolvam violência doméstica e familiar contra a criança e o adolescente.

14. COMPETÊNCIA DA VARA DA INFÂNCIA E DA JUVENTUDE

Em razão da matéria, a competência da justiça da infância e da juventude pode ser **exclusiva**, quando compete tão somente a ela o julgamento de determinadas ações, como pode ser **concorrente**, quando, para que esse Juiz seja competente, necessário se faz que a criança ou o adolescente se encontre em situação de risco, consubstanciada em uma das hipóteses do art. 98 do ECA.

A competência **exclusiva** está indicada nos incisos do ***caput*** do art. 148; a competência concorrente está prevista no parágrafo único do mesmo artigo.

Nestas duas situações – tanto exclusiva quanto concorrente – a competência será **contenciosa**, em contraposição à competência administrativa prevista no art. 149 do ECA.

No que se refere à **competência territorial**, o Eca faz referência à competência do domicílio dos pais ou responsável, ou, na sua falta, do lugar onde se encontre a criança. Tratando-se de ato infracional, será competente o lugar da ação ou omissão, observadas as regras de conexão, continência e prevenção. **princípio do juízo imediato.**

O artigo 149 faz referência à **competência em que o Juiz da Vara da Infância e da Juventude,** atento às peculiaridades locais, disciplina determinadas matérias. Por força do disposto no artigo 199, o recurso cabível dessas decisões será o de apelação, embora seja discutível o seu cabimento, conforme várias decisões.

15. TUTELA DOS DIREITOS

Ao estudarmos o Direito da Criança e do Adolescente, deparamo-nos com a existência de uma proteção jurídica especial oferecida constitucionalmente, consubstanciada principalmente na característica **da absoluta prioridade**, com reflexos em toda política de atendimento a essas pessoas, reconhecidamente em condições de desenvolvimento.

No mesmo sentido, **o Estatuto da Criança e do Adolescente**, a chamada versão brasileira da Convenção Internacional sobre os Direitos da Criança da ONU, **elencou exemplificativamente esses direitos**, sob a rubrica de direitos à vida e à saúde, direito à liberdade, ao respeito e à dignidade, direito à convivência familiar e comunitária; direito à educação, à cultura, ao esporte e ao lazer, além do direito à profissionalização e à proteção ao trabalho.

Não basta somente indicar quais são esses direitos fundamentais, sem também propiciar um sistema pelo qual é permitido buscar a sua efetiva satisfação, principalmente pela via judicial.

E a busca dessa efetiva satisfação, pela via judicial, pode ora ser feita individualmente, ora coletivamente; ora segundo uma legitimação ordinária, ora segundo uma legitimação extraordinária.

Segundo a **legitimação ordinária**, poderá o lesado bater às portas do Judiciário e buscar a efetivação de seu direito individual. Nesse sentido, por exemplo, poderá um adolescente, devidamente representado ou assistido, ingressar com a ação judicial cabível e buscar a tutela do Judiciário no sentido de que lhe seja garantido o medicamento de que necessita.

Para tanto, poderá ingressar com um mandado de segurança, comprovando de plano a sua necessidade ao medicamento.

Segundo a **legitimação extraordinária**, ou seja, aquela segundo a qual a parte, em seu nome, busca a satisfação de direito de outrem, o Estatuto da Criança e do Adolescente indicou um modelo diferenciado.

O ECA apresenta um diferencial, principalmente em relação às atribuições do Ministério Público para a defesa dos direitos das crianças e dos adolescentes.

Ao analisarmos o artigo 227 da Constituição Federal, dois pontos são dignos de nota: primeiro, o da absoluta prioridade dos direitos das crianças e adolescentes; segundo, o caráter indisponível desses direitos. Essa indisponibilidade conduz naturalmente à atuação do Ministério Público na busca da satisfação desses direitos, consoante a regra constitucional constante do art. 127 do Texto Fundamental. Para que isso seja possível, o ECA atribui-lhe a possibilidade de ajuizamento de ação mandamental e de ação civil pública, quer seja para a defesa de **interesses individuais indisponíveis**, quer seja para a defesa de **interesses individuais homogêneos, coletivos e difusos**. Nesse sentido, o artigo 201, V e IX, do Estatuto, *in verbis*: "Art. 20 Compete ao Ministério Público: V – promover o inquérito civil e a ação civil pública para proteção dos interesses individuais, difusos ou coletivos relativos à infância e adolescência (...); IX – impetrar mandado de segurança, de injunção e *habeas corpus*, em qualquer juízo, instância ou tribunal, na defesa dos interesses sociais e individuais indisponíveis afetos à infância juventude".

O Estatuto, ao tratar **da legitimidade para a propositura das ações civis públicas** na defesa dos interesses tutelados, dispôs **que são legitimados concorrentemente o Ministério Público e outros** (art. 210).

Portanto, a defesa de interesses individuais indisponíveis, individuais homogêneos, coletivos e difusos, relacionados à infância e à adolescência, pode ser efetivada pelo ajuizamento de ações civis públicas e de ações mandamentais pelo Ministério Público.

Nesse particular, de se registrar que **somente o Ministério Público tem legitimidade para a propositura da ação civil pública para a busca desses interesses individuais indisponíveis**, não conferindo a lei essa possibilidade a outros entes.

Muito embora o ECA não se refira aos **direitos individuais homogêneos**, nada impede que a sua proteção seja alcançada por meios das ações civis públicas.

E isso porque, segundo o artigo 224, **aplicam-se, subsidiariamente, as disposições da Lei da Ação Civil Pública** e esta dispõe, em seu artigo 21, sobre a observância do Código de Defesa do Consumidor, o qual, por sua vez, definiu esses direitos.

A competência para o processamento das ações civis públicas deixa de ser o do local do dano para ser a do local em que ocorreu ou deva ocorrer a ação ou a omissão, com competência absoluta do Juiz da Infância e Juventude, ressalvadas a competência da Justiça Federal e originária dos Tribunais Superiores.

A doutrina registra a crítica ao artigo no sentido de que, mesmo em se tratando de competência da Justiça Federal, em razão da especialidade da matéria, as ações deveriam ser propostas junto à Justiça da Infância e da Juventude.

16. TRABALHO EDUCATIVO

São diretrizes do trabalho educativo: (i) prevalência da educação; (ii) ausência de vínculo empregatício; e, (iii) previsão de ganho.

Não se exerce trabalho na acepção do termo, motivo pelo qual tal atividade não está sujeita à competência da Justiça do Trabalho, salvo se houver desvio.

17. DIREITO À PROFISSIONALIZAÇÃO E À PROTEÇÃO NO TRABALHO

Trabalho infantil é aquele praticado por pessoa de idade inferior à prevista na lei para o início das atividades profissionais. No caso brasileiro, a idade mínima é de dezesseis anos, salvo na condição de aprendiz. A Convenção nº 138, da OIT, permite o trabalho artístico para idade inferior a de dezesseis anos.

A respeito da autorização para o trabalho artístico infantil, deve ser observada a decisão proferida em medida cautelar na ADI 5326, por meio da qual está registrada a competência da Vara da Infância e da Juventude, observando-se o art. 149 do Estatuto da Criança e do Adolescente. Foram suspensas as recomendações e Provimentos sobre o tema, que defendiam a competência da Justiça do Trabalho.

Para a tutela das crianças adolescentes trabalhadoras aplica-se a Constituição Federal, a Convenções da OIT, a CLT, o Estatuto da Criança e do Adolescente, entre outras normas.

São elencadas as seguintes proibições ao trabalho do *menor*:

a) Proibição do trabalho pelo menor de dezesseis anos, salvo na condição de aprendiz;
b) Proibição do trabalho noturno (com a observância do horário de acordo com a atividade – urbana e rural);
c) Proibição do trabalho perigoso, insalubre e penoso;
d) Proibição do trabalho realizado em locais prejudiciais à sua formação, ao seu desenvolvimento físico, psíquico, moral e social e em horários e locais que não permitam a frequência à escola;

e) Acesso à escola;

f) Contra os adolescentes, não corre nenhum prazo prescricional;

g) Possibilidade de percebimento dos salários independentemente de assistência.

18. MÃE SOCIAL

A atividade da mãe social, que presta serviços à Casa-Lar, está regulada pela Lei 7.644/1987 São seus direitos: I – anotação na Carteira de Trabalho e Previdência Social; II – remuneração, em valor não inferior ao salário mínimo; III – repouso semanal remunerado de 24 (vinte e quatro) horas consecutivas; IV – apoio técnico, administrativo e financeiro no desempenho de suas funções; V – 30 (trinta) dias de férias anuais remuneradas nos termos do que dispõe o capítulo IV, da Consolidação das Leis do Trabalho; VI – benefícios e serviços previdenciários, inclusive, em caso de acidente do trabalho, na qualidade de segurada obrigatória; VII – gratificação de Natal (13º salário); VIII – Fundo de Garantia do Tempo de Serviço ou indenização, nos termos da legislação pertinente.

✦ SÚMULAS APLICÁVEIS

1. STF

- **Súmula nº 205**. Tem direito a salário integral o menor não sujeito a aprendizagem metódica.

2. STJ

- **Súmula nº 500**. A configuração do crime do art. 244-B do ECA independe da prova da efetiva corrupção do menor, por se tratar de delito formal.

O bem jurídico tutelado o desenvolvimento da criança ou adolescente longe do mundo do crime. A norma visa impedir que o maior imputável induza ou facilite a inserção ou a manutenção do menor na esfera criminal.

- **Súmula nº 492**. O ato infracional análogo ao tráfico de drogas, por si só, não conduz obrigatoriamente à imposição de medida socioeducativa de internação do adolescente".

A aplicação da medida socioeducativa de internação somente poderá ocorrer se outra medida socioeducativa não for suficiente à ressocialização e ainda se a hipótese se enquadrar em uma das indicadas no art. 122, do Estatuto da Criança e do Adolescente. Trata-se da aplicação do princípio da excepcionalidade a que estão sujeitas as medidas restritivas de liberdade (art. 227, § 3º, IV, da Constituição Federal).

Entre as hipóteses do art. 122, a do inciso I contempla a internação para ato infracional praticado com violência ou grave ameaça à pessoa.

Para a sua incidência, deve ser considerado o tipo penal em si. Assim, homicídio, roubo, latrocínio etc., são atos infracionais cometidos com violência ou grave ameaça à pessoa e, portanto, autorizam a aplicação da medida de internação.

Contudo, o tráfico de entorpecentes não é considerado como praticado com violência ou grave ameaça à pessoa, motivo pelo qual não está autorizada a aplicação da internação nessa hipótese, conforme reiteradamente decidido pelo STJ.

- **Súmula nº 383.** A competência para processar e julgar as ações conexas de interesse de menor é, em princípio, do foro do domicílio do detentor de sua guarda.

O ECA adotou o princípio do juízo imediato, encampando no art. 147, incisos I e II, segundo o qual se exige uma proximidade do Juízo da Vara da Infância e da Juventude, que tem mais condições de decidir no caso concreto, diante da facilidade da colheita da prova e contato com a criança ou o adolescente.

- **Súmula nº 342**. No procedimento para aplicação de medida socioeducativa, é nula a desistência de outras provas em face da confissão do adolescente.

Era muito comum que ao adolescente, após confessar a prática de ato infracional cometido mediante violência ou grave ameaça à pessoa, fosse aplicada a medida socioeducativa de internação, sem prazo determinado, independentemente da produção de provas em audiência.

Nesta situação, em diversas oportunidades, o STJ anulou o julgamento, uma vez que não produzida a prova em face do adolescente.

Sendo assim, de acordo com o STJ, não obstante o adolescente tenha confessado a prática do ato infracional, ainda assim é necessária a produção de provas, com a oitiva de testemunhas, para que seja aplicada medida socioeducativa, salvo nos casos em que seja possível a aplicação de remissão.

- **Súmula nº 338**. A prescrição penal é aplicável nas medidas socioeducativas.

O adolescente possui os mesmos direitos que os adultos, além de outros que lhe são específicos. Nesse sentido, o adolescente também tem direito à prescrição das medidas socioeducativas. Para o cálculo da prescrição, o STJ tem se utilizado de três critérios: (i) se a medida aplicada possui prazo determinado, promove-se a incidência desse prazo no art. 109, do Código Penal, e o reduz de metade por ser o agente menor de 21 anos; (ii) se a medida não possui prazo certo, utiliza-se o prazo da internação (03 anos), incidindo-o no art. 109, do CP, com redução de metade em razão de ser o agente menor de 21 anos; (iii) se os critérios anteriores importarem em situação mais gravosa ao adolescente se em comparação ao adulto, aplica-se o critério utilizado para o cálculo da prescrição para os imputáveis (adultos).

- **Súmula nº 265.** É necessária a oitiva do menor infrator antes de decretar-se a regressão da medida socioeducativa.

A regressão de medida socioeducativa importa na substituição de uma medida por outra de abrangência pedagógica mais ampla, ou, entras palavras, em outra medida mais severa. Para que isso seja possível, é necessária a prévia oitiva do adolescente, garantindo-se a ampla defesa e o contraditório. Em outras palavras, como será adotada medida mais grave que aquela a que o adolescente se encontra submetido, há necessidade de garantir-se a este a ampla defesa, motivo pelo qual deverá ser ouvido.

- **Súmula nº 108.** A aplicação de medidas socioeducativas ao adolescente, pela prática de ato infracional, é da competência exclusiva do juiz.

A aplicação de qualquer medida socioeducativa depende de decisão da autoridade judiciária, ainda que aplicada em cumulação à remissão pré ou processual. A remissão importa na adoção de um procedimento diferenciado, podendo ser aplicada antes do processo iniciar-se (pré-processual) ou após já iniciado (processual). Nos dois casos, como visto, pode ser cumulada medida socioeducativa, desde que não seja semiliberdade ou internação. E, de acordo com a Súmula, ainda que na remissão pré-processual, oferecida pelo Ministério Público, para que seja cumulada medida socioeducativa há necessidade de decisão do juiz.

3. TST

- **OJ nº 366 – SDI-I.** ESTAGIÁRIO. DESVIRTUAMENTO DO CONTRATO DE ESTÁGIO. RECONHECIMENTO DO VÍNCULO EMPREGATÍCIO COM A ADMINISTRAÇÃO PÚBLICA DIRETA ou INDIRETA. PERÍODO POSTERIOR À CONSTITUIÇÃO FEDERAL DE 1988. IMPOSSIBILIDADE. Ainda que desvirtuada a finalidade do contrato de estágio celebrado na vigência da Constituição Federal de 1988, é inviável o reconhecimento do vínculo empregatício com ente da Administração Pública direta ou indireta, por força do art. 37, II, da CF/1988, bem como o deferimento de indenização pecuniária, exceto em relação às parcelas previstas na Súmula nº 363 do TST, se requeridas.
- **OJ nº 26 – SDC.** SALÁRIO NORMATIVO. MENOR EMPREGADO. ART. 7º, XXX, DA CF/88. VIOLAÇÃO. Os empregados menores não podem ser discriminados em cláusula que fixa salário mínimo profissional para a categoria.

✦ INFORMATIVOS APLICÁVEIS

✦ SUPREMO TRIBUNAL FEDERAL

1. DA PRÁTICA DO ATO INFRACIONAL

Menor infrator e medida socioeducativa

O ato de internação do menor surge excepcional, apenas cabível quando atendidos os requisitos do art. 122 da Lei 8.069/90. *HC 125016/SP, Red. p/ ac. Min. Roberto Barroso, 15.3.2016. 1ª T. (Info 818)*

✦ SUPERIOR TRIBUNAL DE JUSTIÇA

1. DOS CRIMES E DAS INFRAÇÕES ADMINISTRATIVAS

Tipificação das condutas de fotografar cena pornográfica e armazenar fotografias de conteúdo pornográfico envolvendo criança ou adolescente.

Fotografar cena e armazenar fotografia de criança ou adolescente em poses nitidamente sensuais, com enfoque em seus órgãos genitais, ainda que cobertos por peças de roupas, e incontroversa finalidade sexual e libidinosa, adequam-se, respectivamente, aos tipos do art. 240 e 241-B do ECA. *REsp 1.543.267-SC, Rel. Min. Maria Thereza de Assis Moura, DJe 16.2.2016. 6ª T. (Info 577)*

EDITORA JusPODIVM
www.editorajuspodivm.com.br

COLOR system

JUS3691

Revisaço®

Carreiras Jurídicas

MAGISTRATURA DO TRABALHO

JUIZ DO TRABALHO

Revisaço®

COORDENAÇÃO

HENRIQUE CORREIA

Carreiras Jurídicas

MAGISTRATURA DO TRABALHO

JUIZ DO TRABALHO

8ª edição | Revista atualizada ampliada

TOMO 2

PROIBIDA A VENDA apenas deste tomo

2024

EDITORA JusPODIVM

www.editorajuspodivm.com.br

EDITORA JusPODIVM
www.editorajuspodivm.com.br

Rua Canuto Saraiva, 131 – Mooca – CEP: 03113-010 – São Paulo – São Paulo
Tel: (11) 3582.5757
Contato: www.editorajuspodivm.com.br/central-de-relacionamento

Capa e Diagramação: Ana Paula Lopes Corrêa (*aninha_lopescorrea@hotmail.com*)

R454 Revisaço - Magistratura do Trabalho - Juiz do Trabalho - mais de 2.150 Questões Comentadas / coordenação de Henrique Correia – 8. ed., rev., atual. e ampl. - São Paulo: Editora JusPodivm, 2024.

1.120 p.

Vários autores
ISBN: 978-85-442-5353-3

1. Concurso Público. 2. Magistratura do Trabalho. 3. Questões. I. Correia, Henrique. II. Título.

CDD 33312

Bibliotecária responsável:
Ana Carolina Ribeiro Mois – CRB7 – RJ 007348/0

Apresentação da Coleção Revisaço

"REVISAÇO" é a consagrada coleção de questões comentadas da *Editora Juspodivm*.

Com cuidado, pensamos num formato que fosse além dos comentários das questões. Algo que realmente pudesse ajudar o aluno no estudo de concursos ou Exames de Ordem, principalmente na revisão final.

Para isso, estabelecemos a seguinte estrutura **didática**:

- **Questões divididas por matéria e assunto, comentadas assertiva por assertiva, item por item**, demonstrando tanto o que está certo como o que está errado na questão;
- Sempre que possível, há uma "nota do autor" em cada questão trazendo **comentários que vão além do assunto abordado no exercício.**

Ao final das disciplinas apresentamos:

- **Dicas de estudo**, funcionando como verdadeiro resumo da matéria;
- **Súmulas dos Tribunais Superiores;**
- **Informativos do STF, STJ e TST;**
- **Orientações Jurisprudenciais.**

A ideia, portanto, é apresentar a **prática do concurso ou Exame da Ordem** (questões), a **doutrina para estudo** (dicas) e a **jurisprudência** (súmulas e informativos), formando a tríade necessária para uma revisão (verdadeiro REVISAÇO!) rumo ao sucesso na aprovação.

Vários livros compõem a coleção e, para todos, chamamos grandes nomes, professores experientes, profissionais de destaque e especialistas em cada área para que organizassem as obras e comentassem as questões.

Acreditamos que essa coleção será bastante útil aos candidatos de concursos públicos e Exame de Ordem.

EDITORA JUSPODIVM

www.editorajuspodivm.com.br

Sobre os autores

CLAIZ GUNÇA - *NOÇÕES GERAIS DE DIREITO E FORMAÇÃO HUMANÍSTICA*

Procuradora do Trabalho. Mestra em Direito Público pela UFBA. Autora de livros e artigos jurídicos.

DANILO DA CUNHA SOUSA - *DIREITO PENAL*

Oficial de Justiça Avaliador Federal (TRF/3). Mestre em Direito pela Unesp Franca. Coautor em diversos livros das coleções Revisaço e Reta Final. Autor do livro *Processo Penal para Concursos.*

DANNIEL MESSIAS DA TRINDADE - *DIREITO EMPRESARIAL*

Advogado e Professor de Cursos Preparatórios. Editor de Direito para Ninjas. Autor de livros jurídicos. Aprovado nos seguintes concursos: Delegado de Polícia Civil do Estado do Rio Grande do Sul, Delegado de Polícia Civil do Estado do Amazonas, Analista do Ministério Público do Estado de São Paulo. Administrador do site Direito para Ninjas, que possui um canal no Youtube, bem como perfis no Instagram, Facebook, Tik Tok, e Linkedln, com o mesmo nome, onde pode ser contatado.

FELIPE BERNARDES - *PROCESSO DO TRABALHO*

Juiz do Trabalho. Mestre em Direito do Trabalho e da Seguridade Social pela Universidade de São Paulo. Autor das obras "Manual de Processo do Trabalho" e "O Direito do Trabalho no Supremo Tribunal federal", ambas publicadas pela editora Juspodivm.

JOSÉ CAIRO JR. - *PROCESSO DO TRABALHO*

Juiz do Trabalho do TRT da 5ª Região. Professor de Direito do Trabalho e Processo do Trabalho da Universidade Estadual de Santa Cruz - UESC. Mestre em Direito Privado pela Universidade Federal de Pernambuco - UFPE. Doutorando em Direito Social pela Universidad Castilla-La Mancha - Espanha. *E-mail:* josecairojunior@superig.com.br

LEANDRO BORTOLETO - *DIREITO ADMINISTRATIVO*

Mestre e bacharel em direito pela Universidade Estadual Paulista - UNESP. Autor e Coordenador de diversas obras jurídicas. Coordenador de Conteúdo Jurídico e Professor de Direito Administrativo no Curso Ênfase. Coordenador e Professor no Curso de Especialização em Direito Público da Escola Brasileira de Estudos Jurídicos - EBJur, Professor Convidado no Curso de Especialização em Direito Administrativo na FRDP-USP/FADEP. Analista Judiciário (OJAF) na Justiça Federal. Ex-oficial de justiça no TJ/SP.
Site: http://www.leandrobortoleto.com.br/
Instagram: @profbortoleto

LEANDRO FERNANDEZ – *NOÇÕES GERAIS DE DIREITO E FORMAÇÃO HUMANÍSTICA*

Doutor e mestre em Direito (UFBA). Juiz do Trabalho.

LUCAS DE SOUZA LEHFELD – *DIREITO DO CONSUMIDOR*

Pós-Doutor em Direito pela Universidade de Coimbra (POR). Doutor em Direito pela PUC/SP. Advogado especialista em Direito Ambiental e Administrativo. Procurador do Consórcio de Desenvolvimento do Vale do Rio Grande – CODEVAR. Coordenador do Curso de Direito do Centro Universitário Barão de Mauá – CBM. Docente convidado pela Faculdade de Direito de Ribeirão Preto da Universidade de São Paulo – FDRP/USP (Pós-Graduação em Direito Municipal e Direito Público).

LUÍS FELIPE CIRINO – *DIREITO ADMINISTRATIVO*

Graduado, Mestre e Doutor em Direito pela USP. Professor em cursos preparatórios e de pós-graduação em Ribeirão Preto/SP, Campinas/SP, São Paulo/SP e Goiânia/GO. Advogado em Ribeirão Preto/SP.

PAULO LÉPORE – *DIREITO INTERNACIONAL E DIREITOS HUMANOS E DIREITOS HUMANOS E SOCIAIS*

Pós-Doutor pela Universidade Federal de Santa Catarina – UFSC.

Sumário

DIREITO INTERNACIONAL E COMUNITÁRIO 811

Paulo Lépore

DIREITOS HUMANOS 833

Paulo Lépore

Processo do Trabalho

José Cairo Jr. e Felipe Bernardes

TABELA DE INCIDÊNCIA DE QUESTÕES

Distribuição das questões organizada por ordem didática de assuntos		
Assunto	**Número de Questões**	**Peso**
1. TEORIA GERAL DO PROCESSO DO TRABALHO, JURISDIÇÃO E AÇÃO	72	10,54%
2. PROCESSO E PROCEDIMENTO TRABALHISTA	163	23,87%
3. INICIAL, DEFESA E AUDIÊNCIA	53	7,76%
4. PROVAS, SENTENÇA E COISA JULGADA	71	10,40%
5. RECURSOS E AÇÃO RESCISÓRIA	144	21,08%
6. EXECUÇÃO	102	14,93%
7. DISSÍDIO COLETIVO, AÇÕES COLETIVAS E ESPECIAIS	78	11,42%
Total	**683**	**100%**

Processo do Trabalho

José Cairo Jr. e Felipe Bernardes

✦ QUESTÕES

1. TEORIA GERAL DO PROCESSO DO TRABALHO, JURISDIÇÃO E AÇÃO

01. (FGV - 2023 - TST - Juiz do Trabalho Substituto) Em relação às modificações operadas pela Lei nº 13.467/2017 no processo do trabalho, é correto afirmar que:

a) foi extinto o impulso oficial da execução;

b) foi proibida a intervenção de terceiros por determinação judicial;

c) foi aberta a possibilidade de homologação de acordo extrajudicial no curso da execução;

d) na sentença de arquivamento, a condenação em custas teve alterado o prazo para a certificação de sua exigibilidade;

e) passou-se a admitir a sucumbência de ambas as partes, salvo para os beneficiários da justiça gratuita.

COMENTÁRIOS

✪ **Nota do autor:** a questão cobra as alterações processuais da reforma trabalhista de 2017.

Letra A: errada, pois o art. 878 da CLT ainda prevê o impulso oficial na execução quando as partes não estiverem representadas por advogado.

Letra B: errada, pois a legislação não contém essa proibição.

Letra C: errada, pois o procedimento de homologação de acordo extrajudicial é procedimento de jurisdição voluntária aplicável quando não há execução em curso. No caso de execução, o acordo deverá ser homologado judicialmente.

Letra D: correta, pois o art. 844, §2º, da CLT, passou a prever que "Na hipótese de ausência do reclamante, este será condenado ao pagamento das custas calculadas na forma do art. 789 desta Consolidação, ainda que beneficiário da justiça gratuita, salvo se comprovar, no prazo de quinze dias, que a ausência ocorreu por motivo legalmente justificável", sendo certo que, antes da reforma de 2017, não havia previsão específica, de modo que, caso houvesse condenação em custas, a execução se iniciaria após o prazo de 8 dias referente ao recurso ordinário.

Letra E: errado, pois o texto expresso do art. 791-A, §4º, da CLT, prevê a possibilidade de sucumbência recíproca e de fixação de honorários advocatícios contra o beneficiário da justiça gratuita, ainda que, com relação a este, a exigibilidade fique suspensa por força da decisão do STF na ADI 5766.

Gabarito: letra D.

---

02. (FCC – Juiz do Trabalho Substituto 24ª Região/2015) A Constituição Federal do Brasil e a Consolidação das Leis do Trabalho estipulam normas cogentes sobre a organização, a composição, o funcionamento e a jurisdição da Justiça do Trabalho. Com supedâneo nestas normas é correto afirmar:

a) Funcionará junto ao Tribunal Superior do Trabalho o Conselho Superior da Justiça do Trabalho, cabendo-lhe a supervisão administrativa e patrimonial da Justiça do Trabalho de primeiro e segundo graus, mas sem exercer supervisão orçamentária e financeira dos referidos órgãos.

b) A composição do Tribunal Superior do Trabalho será de vinte e sete Ministros, escolhidos dentre brasileiros com idade mínima de trinta anos e máxima de sessenta anos, nomeados pelo Presidente da República após aprovação por maioria absoluta do Congresso Nacional.

c) Por força de disposição legal, são incompatíveis entre si, para os trabalhos na mesma Vara, os parentes consanguíneos e afins até o terceiro grau civil.

d) Compete privativamente ao Presidente do Tribunal Regional do Trabalho conceder medida liminar em ação trabalhista que vise reintegrar no emprego dirigente de entidade sindical de segundo grau afastado pelo empregador e ao Juiz da Vara do Trabalho quando se tratar de dirigente de ente sindical de primeiro grau.

e) Os Tribunais Regionais do Trabalho serão compostos de no mínimo sete juízes, nomeados pelo Presidente do Tribunal Superior do Trabalho, sendo assegurado um quinto das vagas aos advogados com mais de dez anos de efetiva atividade profissional e membros do Ministério Público do Trabalho com mais de cinco anos de efetivo exercício.

COMENTÁRIOS

✪ **Nota do autor:** O art. 659 da CLT, citado na alternativa "d", ainda faz referência ao Juiz Presidente da Junta de Conciliação e Julgamento, denominação conferida ao Juiz Togado que fazia parte do Colegiado de primeiro grau, juntamente com os Juízes Classistas, cargo extinto por conta da EC nº 24/99.

Alternativa "a": Incorreta a assertiva, pois também cabe ao CSJT exercer a supervisão orçamentária e financeira da Justiça do Trabalho, conforme se observa da redação do art. 111-A, § 2º, II, da CF/88: "II – o Conselho Superior da Justiça do Trabalho, cabendo-lhe exercer, na forma da lei, a supervisão administrativa, orçamentária, financeira e patrimonial da Justiça do Trabalho de primeiro e segundo graus, como órgão central do sistema, cujas decisões terão efeito vinculante".

Alternativa "b": O erro dessa alternativa estava na idade máxima dos candidatos a Ministros do TST, que era de 65 anos à época do certame. Atualmente, a idade máxima foi alterada pela EC 122/2022. Segue a nova redação do art. 111-A, caput:

Art. 111-A. O Tribunal Superior do Trabalho compõe-se de vinte e sete Ministros, escolhidos dentre brasileiros com mais de trinta e cinco e menos de setenta anos de idade, de notável saber jurídico e reputação ilibada, nomeados pelo Presidente da República após aprovação pela maioria absoluta do Senado Federal, sendo: (Redação dada pela EC 122/2022)

Alternativa "c": Essa regra encontra-se contida no art. 648 da CLT: "São incompatíveis entre si, para os trabalhos da mesma Junta, os parentes consanguíneos e afins até o terceiro grau civil". Correta.

Alternativa "d": Incorreta, pois essa competência é do juiz de primeira instância, ou seja, do Juiz da Vara do Trabalho, na forma prevista pelo art. 659, X, da CLT: "Competem privativamente aos Presidentes das Juntas, além das que lhes forem conferidas neste Título e das decorrentes de seu cargo, as seguintes atribuições: X – conceder medida liminar, até decisão final do processo, em reclamações trabalhistas que visem reintegrar no emprego dirigente sindical afastado, suspenso ou dispensado pelo empregador".

Alternativa "e": A prerrogativa de nomear os Juízes dos Tribunais do Trabalho é do Presidente da República e não do TST. Outro equívoco na alternativa diz respeito ao tempo de efetivo serviço do membro do MPT que é de dez anos e não cinco. A idade máxima foi alterada pela EC 122/2022. Segue a nova redação do art. 115, caput:

Art. 115. Os Tribunais Regionais do Trabalho compõem-se de, no mínimo, sete juízes, recrutados, quando possível, na respectiva região e nomeados pelo Presidente da República dentre brasileiros com mais de trinta e menos de setenta anos de idade, sendo:

Gabarito: C.

---

03. (FCC – Juiz do Trabalho Substituto 24ª Região/2015) Considere as assertivas abaixo.

I. A autonomia do direito processual do trabalho afirma-se, dentre outros fatores, pela existência do dissídio coletivo econômico, jurídico e de greve como uma das suas peculiaridades.

II. Assim como ocorre no direito processual civil, as normas processuais trabalhistas são cogentes como regra, admitindo-se a existência de normas dispositivas como no caso de convenção sobre o ônus da prova.

III. Na omissão da norma processual trabalhista deve ser aplicado o processo civil em razão do princípio da subsidiariedade, exceto em matéria recursal cuja fonte alternativa é a Lei nº 6.830/1980 que rege os executivos fiscais.

IV. Aplicam-se para a solução do problema da eficácia da lei processual no tempo o princípio do efeito imediato e o respeito aos atos processuais praticados antes da vigência da lei nova.

V. O princípio do *favor laboratoris*, no direito processual do trabalho, se compreendido como princípio de elaboração desse direito é viável, diante de normas que visam equilibrar a diferença econômica entre os litigantes, como no caso da distinção de consequências para a ausência das partes na audiência inaugural.

Está correto o que consta APENAS em

a) I, II e III.

b) I, IV e V.

c) II, III e V.

d) III, IV e V.

e) I, II e IV.

COMENTÁRIOS

✪ **Nota do autor:** A doutrina não é pacífica quando se trata de determinar a autonomia do Direito processual do trabalho ou mesmo do Direito processual civil. Assim, há adeptos tanto da teoria monista, também denominada de unitarista, quanto da teoria dualista. Por conta dessa circunstância de divergência, não é razoável fazer indagações às quais a resposta seja certa ou errada, como aconteceu com o item I desta questão. Atualmente, o art. 1º da Instrução Normativa nº 39/16 do TST deixa claro que são necessários dois requisitos para aplicação das regras do CPC de 2015 ao processo do trabalho, quais sejam, omissão da CLT e compatibilidade: "Art. 1° Aplica-se o Código de Processo Civil, subsidiária e supletivamente, ao Processo do Trabalho, em caso de omissão e desde que haja compatibilidade com as normas e princípios do Direito Processual do Trabalho, na forma dos arts. 769 e 889 da CLT e do art. 15 da Lei nº 13.105, de 17.03.2015".

Item "I": Correto segundo a Banca, pois em nenhuma especialidade do direito processual há previsão de uma demanda que resulte em uma sentença que cria, ao invés de interpretar e aplicar, regras jurídicas. Somente esse aspecto já justificaria a autonomia do direito processual do trabalho (ver a primeira parte da nota do autor).

Item "II": Incorreto. A doutrina e a jurisprudência trabalhistas são praticamente unânimes no sentido de não admitirem a convenção sobre o ônus da prova no processo do trabalho, diante de sua incompatibilidade com seus princípios. Inclusive, em 2016 o TST editou a IN nº 39, na qual deixa clara essa impossibilidade, mais precisamente em seu art. 2º, VII, ao tratar da aplicabilidade do CPC de 2015 ao processo laboral.

Item "III": Incorreto, pois a subsidiariedade do processo comum também é aplicada em caso de omissão de dispositivos que tratam de matéria recursal, uma vez que o art. 769 da CLT não faz qualquer exclusão expressa nesse sentido: "Art. 769 – Nos casos omissos, o direito processual comum será fonte subsidiária do direito processual do trabalho, exceto naquilo em que for incompatível com as normas deste Título." (ver a segunda parte da nota do autor).

Item "IV": Correto. Ao contrário do que ocorre com as normas de Direito material, as leis processuais produzem efeitos imediatos. Aplica-se, nesse caso, a regra *tempus regit actum* e a nova norma passa a ser aplicada nos processos em andamento e não somente aqueles que iniciarem a partir da vigência da nova lei. A exceção a essa regra fica por conta dos atos processuais individualmente considerados, que continuam regidos pela anterior, conforme interpretação do art. 912 da CLT: "Os dispositivos de caráter imperativo terão aplicação imediata às relações iniciadas, mas não consumadas antes da vigência desta Consolidação".

Item "V": Considerada correta pela Banca. Na verdade, há divergência na doutrina sobre este tema, mas a alternativa deveria ser indicada como incorreta pela banca, pois se o empregador é autor da ação trabalhista e ele não comparece a audiência a demanda é arquivada e, nesse mesmo caso, se o empregado não comparece, a hipótese é de revelia. Assim, a banca apenas considerou a hipótese de um trabalhador acionar a empresa em juízo e não a possibilidade contrária.

Gabarito: ver nota do autor.

04. (FCC – Juiz do Trabalho Substituto 1ª Região/2014) O artigo 1º da Lei nº 5.584/70 estatui a observância de seus princípios aos processos submetidos à Justiça do Trabalho. Sobre eles, é correto afirmar:

a) O princípio do devido processo legal estabelece garantias mínimas de meios e resultados com o emprego de instrumental técnico-processual, capaz em si de mitigar a oralidade, quando contrária à memorização dos atos processuais, e a conciliação, quando prejudicial aos interesses sociais do trabalhador.

b) A par do princípio dispositivo, próprio do processo do trabalho, restringe-se a liberdade do Juiz na condução do feito, sob pena de quebra do equilíbrio das relações jurídicas em face do princípio da imparcialidade.

c) O princípio constitucional da igualdade substancial das partes no processo manifesta-se por meio do princípio da paridade das armas, com o qual se autorizam desequilíbrios no direito de ação como forma de compensação da inferioridade própria do hipossuficiente.

d) A indeterminação dos princípios obsta a aplicação de suas ideias e valores informativos na seara trabalhista diante da prevalência do primado da realidade sobre as formas solenes, tal como é típico ao reconhecimento do contrato de emprego.

e) A gratuidade processual apresenta-se como mera técnica de acesso à jurisdição, pois sua difusão entre outros ramos processuais retira-lhe a força de princípio forçoso à Justiça do Trabalho.

COMENTÁRIOS

Nota do autor: O princípio do devido processo legal tem como objetivo fundamental obstar a prática de procedimentos arbitrários pelo próprio Estado, que se encontra em posição de superioridade em relação aos seus súditos (autor e réu), no exercício do poder da jurisdição.

Alternativa "a": Incorreta. O processo do trabalho é norteado pelo princípio da conciliação. Assim, a qualquer momento e em qualquer grau de jurisdição deve ser incentivada a solução dos conflitos por meio de composição mediada pelo magistrado. Quanto ao princípio da oralidade argumenta-se que todos os praticados oralmente devem ser reduzidos a termo, para que fiquem documentados nos autos. Alguns processualistas denominam essa característica de princípio da documentação ou da escrituração, necessário para conferir segurança jurídica aos atos processuais. A exceção fica por conta do registro dos depoimentos nos processos sujeitos ao rito da Lei nº 5.584/70, previsto no § 3º, art. 1º: "Quando o valor fixado para a causa, na forma deste artigo, não exceder em 2 (duas) vezes o salário mínimo vigente na sede do Juízo, será dispensável o resumo dos depoimentos, devendo constar da Ata a conclusão da Junta quanto à matéria de fato".

Alternativa "b": Incorreta. O Juiz depende da provocação das partes para instaurar o processo (*ne procedat iudex ex officio*). Uma vez ajuizada a demanda, o magistrado do trabalho pode impulsioná-la de ofício. Por exemplo, a Lei nº 5.584/70, que dispõe sobre normas de Direito processual do trabalho, em seu art. 4º, prevê que nas ações de alçada exclusiva das Juntas (hoje Vara do Trabalho) e naquelas em que os empregados ou empregadores reclamarem pessoalmente (no exercício do *ius postulandi*), o processo pode ser impulsionado de ofício pelo juiz. Já na execução, aplica-se o preceito contido no art. 878 da CLT, com redação dada pela Lei nº 13.467/17: "Art. 878. A execução será promovida pelas partes, permitida a execução de ofício pelo juiz ou pelo Presidente do Tribunal apenas nos casos em que as partes não estiverem representadas por advogado."

Alternativa "c": Correta. O que existe no processo do trabalho são instrumentos que facilitam o acesso à Justiça ao empregado de forma mais ampla do que aquele conferido ao empregador. Isso porque se leva em consideração a hipossuficiência do trabalhador, o que implica o reconhecimento da regra do tratamento igual para os iguais e do tratamento desigual para os desiguais.

Alternativa "d": Incorreta. Na verdade, o significado do princípio do informalismo, também denominado de instrumentalidade das formas, diz respeito à existência de uma carga menor de requisitos de validade de um ato processual ou mesmo a possibilidade de convalidação de um ato defeituoso, desde que não prejudique as partes e que sejam atingidos os objetivos fixados na lei. Tal não ocorre no Direito material do trabalho, notadamente no que diz respeito ao reconhecimento da relação de emprego, que pode assumir, inclusive, a forma tácita.

Alternativa "e": Incorreta, pois a gratuidade da justiça é um princípio do processo do trabalho, assim entendido no sentido de que para propor uma demanda não é necessário recolher custas, que só são devidas ao final, o que não ocorre no processo comum. Além disso, como grande parte das demandas trabalhistas são propostas por trabalhadores desempregados, a presunção é de hipossuficiência econômica também, o que geraria o direito à justiça gratuita. A tese da gratuidade ampla no processo do trabalho foi reforçada pela decisão proferida pelo STF nos autos da ADI 5766, que julgou parcialmente procedente o pedido formulado na ação direta, para declarar inconstitucionais os arts. 790-B, caput e § 4º, e 791-A, § 4º, da Consolidação das Leis do Trabalho (CLT), com redação conferida pela Lei da reforma trabalhista.

Gabarito: C.

---

05. (FCC – Juiz do Trabalho Substituto 1ª Região/2014) Para que determinado fato seja julgado em perfeita sintonia com a norma, é necessário que desta sejam fixados o sentido, o alcance e a finalidade social. Para aplicar a norma ou suprir sua omissão ao caso concreto é imprescindível interpretá-la ou integrá-la. Nesse sentido, é correto afirmar que:

a) o Juiz do Trabalho, na hipótese de lacuna, deverá investigar as normas que contemplem hipótese semelhante ao caso concreto, a realidade social, o sentido dos fatos, indagando os valores que informam a ordem jurídica, em integração denominada analogia.

b) a equidade é meio de interação da norma e consiste na aplicação preexistente da lei, adaptando-a às particularidades do caso concreto. Pelo princípio constitucional da legalidade, não cabe ao Juiz criar, a partir do sistema jurídico, a norma para o caso concreto.

c) a interpretação teleológica ou finalística baseia-se no resultado e na experiência histórica no momento de aplicação da lei. A história lhe imprime, pois, o seu selo, e o intérprete deve ser fiel a essa inspiração.

d) a interpretação pressupõe a dificuldade de entendimento, à primeira vista, do sentido da lei e não deve ser realizada quando não exista tal dificuldade, limitando-se a atividade do intérprete a descrever o significado previamente existente dos dispositivos.

e) a interpretação extensiva destina-se a corrigir uma formulação ampla demais e tem lugar quando o texto legal contradiz outro texto de lei e quando a norma exprime mais do que se pretendeu em sua criação.

COMENTÁRIOS

✪ **Nota do autor:** Entende-se por equidade a disposição de agir com justiça. É saber a justa medida de todas as coisas. Dessa forma, a equidade guarda estreita relação com o sentimento de justiça e depende de um critério subjetivo para a sua aplicação, mas que tem como escopo principal abrandar o rigor e formalismo da lei.

Alternativa "a": Correta a assertiva, pois segue a regra estabelecida no art. 8º, *caput*, da CLT: "As autoridades administrativas e a Justiça do Trabalho, na falta de disposições legais ou contratuais, decidirão, conforme o caso, pela jurisprudência, por analogia, por equidade e outros princípios e normas gerais de direito, principalmente do direito do trabalho, e, ainda, de acordo com os usos e costumes, o direito comparado, mas sempre de maneira que nenhum interesse de classe ou particular prevaleça sobre o interesse público".

Alternativa "b": Além do citado art. 8º da CLT, esse Diploma legal ainda se refere à equidade em seu art. 852-I, § 1º, da CLT: "§ 1º O juízo adotará em cada caso a decisão que reputar mais justa e equânime, atendendo aos fins sociais da lei e as exigências do bem comum." Quanto ao princípio da legalidade, não há qualquer restrição quanto à possibilidade de o juiz criar uma norma para o caso concreto, desde que haja lacuna legal. Isso é obtido por meio da utilização dos meios integrativos encontrados no próprio ordenamento jurídico. Por conta disso, essa alternativa é considerada incorreta.

Alternativa "c": Incorreta, pois pelo método teleológico, procura-se descobrir a verdadeira intenção da lei ou da *mens legis* e não somente o seu comando aparente, no sentido de procurar saber o que a lei realmente deseja.

Alternativa "d": Incorreta. Para compreender o real sentido das regras jurídicas, os interpretes utilizam-se de diversos métodos, na maioria das vezes em conjunto, tais como o gramatical, o sistemático, o histórico, o teleológico, o evolutivo etc., para obter uma interpretação que atenda aos objetivos e princípios de cada ramo do Direito, seja ele declarativo, restritivo ou extensivo. Assim, a interpretação é utilizada ainda que não se tenha dificuldade de entendimento, mesmo porque para se chegar a essa conclusão deve-se, previamente, interpretar a norma jurídica.

Alternativa "e": Incorreta. Com efeito, quando da utilização das técnicas de interpretação obtém-se um alcance mais abrangente do que aquele que aparentemente consta da norma, diz-se que se trata de uma interpretação extensiva. Caso contrário, se o alcance aparente da norma é reduzido, a interpretação será restritiva.

Gabarito: A.

---

06. (FCC - Juiz do Trabalho Substituto 1ª Região/2014) Após denúncia, o Ministério Público do Trabalho propôs ação anulatória de cláusula de convenção coletiva pela qual se estabeleceu a cobrança geral de contribuição compulsória aos associados trabalhadores, sem oportunidade de oposição ao desconto nos salários. Nesse caso,

a) o Ministério Público do Trabalho dispõe de atribuição legal para ajuizamento de ação anulatória, com competência material da Justiça do Trabalho.

b) a ação de anulação não é o remédio jurídico adequado, pois se destina tão somente à invalidação de atos fundados em vícios ou defeitos.

c) a competência da Justiça do Trabalho para a ação anulatória de cláusula de convenção coletiva limita-se às ações entre sindicatos e trabalhadores e entre sindicatos e empregadores.

d) a Justiça do Trabalho não dispõe de competência material para a apreciação de ação anulatória entre o Ministério Público do Trabalho e entidades sindicais.

e) aplica-se, diante da ausência de previsão legal, a regra geral de fixação da competência funcional, cabendo a apreciação pela segunda instância.

COMENTÁRIOS

✪ **Nota do autor:** A jurisprudência dominante do TST é no sentido de que o pedido de anulação de cláusula de convenção coletiva só possa ser feito por meio de ação civil pública em caráter incidental, ou seja, sem efeito *erga omnes*: "É firme a jurisprudência no sentido de que a ilegalidade de determinada lei (formal ou material, caso da norma coletiva autônoma peculiar ao Direito Coletivo do Trabalho) pode ser alegada em ação civil pública, desde que a título de causa de pedir e, nesta hipótese, o controle de legalidade terá caráter incidental, sem efeito *erga omnes* (art. 16 da Lei nº 7.347/1985)" (TST. RR – 800385-67.2005.5.12.0037).

Alternativa "a": Correta, pois de conformidade com o art. 83, IV, da Lei Complementar nº 75: "Compete ao Ministério Público do Trabalho o exercício das seguintes atribuições junto aos órgãos da Justiça do Trabalho: IV – propor as ações cabíveis para declaração de nulidade de cláusula de contrato, acordo coletivo ou convenção coletiva que viole as liberdades individuais ou coletivas ou os direitos individuais indisponíveis dos trabalhadores".

Alternativa "b": Incorreta. Segundo dispõe o art. 166, VI, do Código Civil, é nulo o negócio jurídico quando tiver por objetivo fraudar lei imperativa, que é justamente a hipótese descrita na pergunta. Sendo assim, a ação de anulação é o remédio jurídico adequado.

Alternativa "c": Incorreta a assertiva, uma vez que não se trata de litígio entre sindicatos e trabalhadores ou entre sindicatos e empregadores. A competência da Justiça do Trabalho, nesse caso, é definida por lei infraconstitucional, conforme permissão contida no art. 114, IX, da CF/88, mais precisamente a LC nº 75, em seu art. 83.

Alternativa "d": Incorreta, uma vez que essa competência encontra-se fixada pela legislação infraconstitucional, mais precisamente pelo citado art. 83 da LC nº 75. Observe-se que o art. 114, IX, admite que a lei amplie a competência da Justiça Laboral.

Alternativa "e": Quando há vazio legislativo, a competência funcional é da primeira e não da segunda instância. Incorreta.

Gabarito: A.

---

07. (FCC - Juiz do Trabalho Substituto 1ª Região/2015) É INCORRETO afirmar que compete à Justiça do Trabalho

a) executar as contribuições previdenciárias decorrentes das sentenças declaratórias, condenatórias e dos acordos homologados em juízo.

b) processar e julgar as ações que envolvam o exercício do direito de greve.

c) executar a contribuição referente ao Seguro de Acidente do Trabalho – SAT.

d) processar e julgar as ações relativas às penalidades administrativas impostas aos empregadores pelos órgãos de fiscalização das relações de trabalho.

e) processar e julgar outras controvérsias decorrentes da relação de trabalho, na forma da lei.

COMENTÁRIOS

✪ **Nota do autor:** Ainda sobre a competência da Justiça do Trabalho, manifesta-se o STF por meio de sua Súmula vinculante nº 53: "A competência da Justiça do Trabalho prevista no art. 114, VIII, da Constituição Federal alcança a execução de ofício das contribuições previdenciárias relativas ao objeto da condenação constante das sentenças que proferir e acordos por ela homologados".

Alternativa "a": Incorreta, pois a competência não se estende às sentenças declaratórias, de acordo com o item I, da Súmula nº 368 do TST: "A Justiça do Trabalho é competente para determinar o recolhimento das contribuições fiscais. A competência da Justiça do Trabalho, quanto à execução das contribuições previdenciárias, limita-se às sentenças condenatórias em pecúnia que proferir e aos valores, objeto de acordo homologado, que integrem o salário de contribuição". A Resolução nº 219/2017 do TST deu nova redação à referida Súmula, mas sem alterar o inciso I.

Alternativa "b": Correta, uma vez que essa previsão esta contida no art. 114, II, da CF/88: "Art. 114. Compete à Justiça do Trabalho processar e julgar: II as ações que envolvam exercício do direito de greve".

Alternativa "c": Correta, pois está de acordo com o posicionamento do TST explicitado pela Súmula nº 454 do TST: "Compete à Justiça do Trabalho a execução, de ofício, da contribuição referente ao Seguro de Acidente de Trabalho (SAT), que tem natureza de contribuição para a seguridade social (arts. 114, VIII, e 195, I, 'a', da CF), pois se destina ao financiamento de benefícios relativos à incapacidade do empregado decorrente de infortúnio no trabalho (arts. 11 e 22 da Lei nº 8.212/1991)".

Alternativa "d": Correta. Essa competência encontra-se claramente estabelecida pelo art. 114, VII, da CF/88: "Art. 114. Compete à Justiça do Trabalho processar e julgar: VII as ações relativas às penalidades administrativas impostas aos empregadores pelos órgãos de fiscalização das relações de trabalho".

Alternativa "e": Correta, na forma do preceito contido no art. 114, IX, da CF/88: "Art. 114. Compete à Justiça do Trabalho processar e julgar: IX outras controvérsias decorrentes da relação de trabalho, na forma da lei".

Gabarito: A.

---

08. (FCC – Juiz do Trabalho Substituto 6ª Região/2015) Sobre competência, considere:

I. Inscreve-se na competência material da Justiça do Trabalho a lide entre empregado e empregador tendo por objeto indenização pelo não fornecimento das guias do seguro-desemprego, sendo que o não fornecimento dá origem ao direito à indenização.

II. Compete à Justiça do Trabalho a execução, de ofício, da contribuição referente ao Seguro de Acidente de Trabalho – SAT, que tem natureza de contribuição para a seguridade social (arts. 114, VIII, e 195, I, "a", da CF), pois se destina ao financiamento de benefícios relativos à incapacidade do empregado decorrente de infortúnio no trabalho (arts. 11 e 22 da Lei nº 8.212/1991).

III. Compete à Justiça do Trabalho processar e julgar ações ajuizadas por empregados em face de empregadores relativas ao cadastramento no Programa de Integração Social – PIS.

Está correto o que consta em

a) I, II e III.

b) I e III, apenas.

c) II e III, apenas.

d) I, apenas.

e) II, apenas.

COMENTÁRIOS

✪ **Nota do autor:** Após a promulgação da Emenda Constitucional nº 45/2004, que alterou a estrutura do Poder Judiciário, a competência da Justiça do Trabalho foi ampliada, no sentido de abranger não só os litígios derivados da relação de emprego, mas todos aqueles derivados da relação de trabalho.

Item "I": Correto, uma vez que representa o posicionamento do TST explícito em sua Súmula nº 389, I e II, do TST: "I – Inscreve-se na competência material da Justiça do Trabalho a lide entre empregado e empregador tendo por objeto indenização pelo não fornecimento das guias do seguro-desemprego. (ex-OJ nº 210 da SBDI-1 – inserida em 08.11.2000). II – O não fornecimento pelo empregador da guia necessária para o recebimento do seguro-desemprego dá origem ao direito à indenização. (ex-OJ nº 211 da SBDI-1 – inserida em 08.11.2000)".

Item "II": Correta a assertiva, pois está de acordo com o posicionamento do TST explicitado pela Súmula nº 454 do TST: "Compete à Justiça do Trabalho a execução, de ofício, da contribuição referente ao Seguro de Acidente de Trabalho (SAT), que tem natureza de contribuição para a seguridade social (arts. 114, VIII, e 195, I, 'a', da CF), pois se destina ao financiamento de benefícios relativos à incapacidade do empregado decorrente de infortúnio no trabalho (arts. 11 e 22 da Lei nº 8.212/1991)".

Item "III": Correta a assertiva, visto que se coaduna com a posição do TST explicitada em sua Súmula nº 300: "Compete à Justiça do Trabalho processar e julgar ações ajuizadas por empregados em face de empregadores relativas ao cadastramento no Programa de Integração Social (PIS)".

Gabarito: A.

---

09. (TRT 8 – Juiz do Trabalho Substituto 8ª Região/2015) Ainda em conformidade com a jurisprudência sumulada do Supremo Tribunal Federal, é CORRETO afirmar que:

a) É incabível a condenação em verba honorária nos recursos de revista interpostos em processo trabalhista, exceto nas hipóteses previstas na Lei nº 5.584/1970.

b) A Justiça do Trabalho é competente para processar e julgar as ações de indenização por danos morais e patrimoniais decorrentes de acidente de trabalho propostas por empregado contra empregador, exceto quanto àquelas que ainda não possuíam sentença de mérito em primeiro grau quando da promulgação da Emenda Constitucional nº 45/04.

c) A Justiça do Trabalho é competente para processar e julgar ação possessória ajuizada em decorrência do exercício do direito de greve pelos trabalhadores da iniciativa privada, empresa pública, da sociedade de economia mista e de suas subsidiárias, exceto aquelas que explorem atividade econômica de prestação de serviços, nos termos do § 1º, II, art. 173 da Constituição Federal de 1988.

d) É inconstitucional a exigência de depósito prévio como requisito de admissibilidade de agravo de petição no qual se pretenda discutir a exigibilidade de crédito trabalhista em fase de execução.

e) Compete à Justiça do trabalho julgar as ações que tenham como causa de pedir o descumprimento de normas trabalhistas relativas à segurança, higiene e saúde dos trabalhadores.

COMENTÁRIOS

Nota do autor: O STF possui diversas Súmulas vinculantes de matéria trabalhista, dentre elas a de nº 40 com a seguinte redação: "A contribuição confederativa de que trata o art. 8º, IV, da Constituição Federal, só é exigível dos filiados ao sindicato respectivo".

Alternativa "a": O posicionamento do STF diz respeito ao recurso extraordinário e não ao recurso de revista, conforme se observa da redação da Súmula nº 633 do STF: "É incabível a condenação em verba honorária nos recursos extraordinários interpostos em processo trabalhista, exceto nas hipóteses previstas na lei 5584/1970". Incorreta.

Alternativa "b": Incorreta, uma vez que o entendimento do STF é justamente no sentido contrário, qual seja, de incluir aquelas demandas que não possuíam sentenças de mérito no primeiro grau, conforme se vê da redação da Súmula Vinculante nº 22: "A Justiça do Trabalho é competente para processar e julgar as ações de indenização por danos morais e patrimoniais decorrentes de acidente de trabalho propostas por empregado contra empregador, inclusive aquelas que ainda não possuíam sentença de mérito em primeiro grau quando da promulgação da Emenda Constitucional nº 45/04."

Alternativa "c": Incorreta, pois a Súmula Vinculante nº 23 do STF não exclui aquelas que empresas públicas que explorem atividade econômica de prestação de serviços: "A Justiça do Trabalho é competente para processar e julgar ação possessória ajuizada em decorrência do exercício do direito de greve pelos trabalhadores da iniciativa privada".

Alternativa "d": Incorreta, pois o entendimento constante da Súmula Vinculante nº 28 do STF é aplicado às demandas de natureza tributária e não trabalhista: "É inconstitucional a exigência de depósito prévio como requisito de admissibilidade de ação judicial na qual se pretenda discutir a exigibilidade de crédito tributário".

Alternativa "e": Correta, pois representa o posicionamento do TST exposto pela Súmula nº 736: "Compete à justiça do trabalho julgar as ações que tenham como causa de pedir o descumprimento de normas trabalhistas relativas à segurança, higiene e saúde dos trabalhadores".

Gabarito: E.

---

10. (TRT 8 – Juiz do Trabalho Substituto 8ª Região/2015) Acerca da competência das Varas do Trabalho, conforme a Constituição da República Federativa do Brasil de 1988, e a Consolidação das Leis do Trabalho, é VERDADEIRO afirmar que:

a) Quando for parte de dissídio agente ou viajante comercial, a competência será da Vara do Trabalho da localidade em que a empresa tenha agência ou filial, ainda que a esta o empregado não esteja subordinado, e, na falta, será competente a Vara da localização em que o empregado tenha domicílio ou a localidade mais próxima da sede da empresa.

b) A competência das Varas do Trabalho, estabelecida no art. 651 da CLT, estende-se aos dissídios ocorridos em agência ou filial no estrangeiro, desde que o empregado seja brasileiro, independente de convenção internacional dispondo em contrário.

c) Em se tratando de empregador que promova realização de atividades fora do lugar do contrato de trabalho, é assegurado ao empregado apresentar reclamação no foro da celebração do contrato ou na localidade de seu domicílio.

d) Terão preferência para julgamento os dissídios sobre pagamento de salário e aqueles que derivarem da recuperação judicial e da falência do empregador, devendo o Juiz da Vara competente, a pedido do interessado, constituir processo em separado, sempre que a reclamação também versar sobre outros assuntos.

e) Conforme o art. 653, alíneas "a" e "b", da CLT, compete às Varas do Trabalho requisitar às autoridades competentes a realização das diligências necessárias ao esclarecimento dos feitos sob sua apreciação, representando contra aquelas que não atenderem a tais requisições; realizar as diligências e praticar os atos processuais ordenados pelos Tribunais Regionais do Trabalho, pelo Tribunal Superior do Trabalho.

COMENTÁRIOS

✪ **Nota do autor:** Caso o empregado ajuizasse uma reclamação trabalhista sem observar as regras da competência *racione loci*, o empregador tinha o ônus de comparecer à audiência para apresentação da exceção de incompetência em razão do lugar (ou em preliminar da contestação como determina o CPC), sob pena de prorrogação da competência. Após a vigência da Lei nº 13.467 essa regra sofreu alterações, e, atualmente, a exceção de incompetência territorial deve ser apresentada no prazo de cinco dias a contar da notificação, antes da audiência e em peça que sinalize a existência desta exceção.

Alternativa "a": Assertiva incorreta no que diz respeito à sua parte final, pois o último critério para definição da competência territorial da Vara do Trabalho não é a proximidade com a empresa, conforme se observa da redação do art. 651, § 1º, da CLT: "Quando for parte de dissídio agente ou viajante comercial, a competência será da Junta da localidade em que a empresa tenha agência ou filial e a esta o empregado esteja subordinado e, na falta, será competente a Junta da localização em que o empregado tenha domicílio ou a localidade mais próxima".

Alternativa "b": Nesse caso, para que se aplique esse critério de competência, não deve haver convenção internacional dispondo em sentido contrário, conforme preceito contido na parte final do art. 651, § 2º, da CLT: "A competência das Juntas de Conciliação e Julgamento, estabelecida neste artigo, estende-se aos dissídios ocorridos em agência ou filial no estrangeiro, desde que o empregado seja brasileiro e não haja convenção internacional dispondo em contrário". Incorreta.

Alternativa "c": A opção que o trabalhador tem é de apresentação da reclamação trabalhista no local da celebração do contrato ou no da prestação dos serviços, de acordo com a determinação contida na parte final do art. 651, § 3º, da CLT: "Em se tratando de empregador que promova realização de atividades fora do lugar do contrato de trabalho, é assegurado ao empregado apresentar reclamação no foro da celebração do contrato ou no da prestação dos respectivos serviços". Alternativa incorreta.

Alternativa "d": O direito de preferência não se estende às demandas que derivem da recuperação judicial do empregador. Assertiva incorreta, pois em desacordo com o art. 652, parágrafo único, da CLT: "Terão preferência para julgamento os dissídios sobre pagamento de salário e aqueles que derivarem da falência do empregador, podendo o Presidente da Junta, a pedido do interessado, constituir processo em separado, sempre que a reclamação também versar sobre outros assuntos".

Alternativa "e": Verdadeira a assertiva, uma vez que corresponde ao texto do art. 653, alíneas "a" e "b", da CLT: "Art. 653. Compete, ainda, às Juntas de Conciliação e Julgamento: a) requisitar às autoridades competentes a realização das diligências necessárias ao esclarecimento dos feitos sob sua apreciação, representando contra aquelas que não atenderem a tais requisições; b) realizar as diligências e praticar os atos processuais ordenados pelos Tribunais Regionais do Trabalho ou pelo Tribunal Superior do Trabalho".

Gabarito: E.

---

11. (FCC – Juiz do Trabalho Substituto 23ª Região/2015) Romualdo, residente e domiciliado em Cáceres, foi contratado para trabalhar em Tangará da Serra. Na contratação, as partes elegeram o foro da cidade de Cuiabá para dirimir qualquer questão decorrente da prestação de serviços. Após dois anos de trabalho, Romualdo foi dispensado sem receber corretamente o pagamento das verbas rescisórias. Neste caso, Romualdo deverá promover a reclamação trabalhista na cidade de:

a) Cáceres.

b) Tangará da Serra.

c) Cuiabá.

d) Cáceres ou Tangará da Serra, a critério do empregado.

e) Cáceres, Tangará da Serra ou Cuiabá.

COMENTÁRIOS

✪ **Nota do autor:** Em regra, a competência em razão do lugar é fixada pelo local da prestação de serviços, de acordo com o preceito contido no art. 651, *caput*, da CLT: "A competência das Juntas de Conciliação e Julgamento é determinada pela localidade onde o empregado, reclamante ou reclamado, prestar serviços ao empregador, ainda que tenha sido contratado noutro local ou no estrangeiro".

Alternativa "a": Incorreta, pois a competência territorial é do local da prestação de serviços, conforme regra contida no art. 651, *caput*, da CLT. O foro do domicílio do empregado só se aplica nos casos de demanda promovida por agente ou viajante comercial nas situações explicitadas pelo § 1º do art. 651 da CLT.

Alternativa "b": Correta, pois corresponde à regra fixada no art. 651, *caput*, da CLT, qual seja, do local da prestação de serviços.

Alternativa "c": Incorreta. Não se aplica ao processo do trabalho o foro de eleição das partes, diante do princípio da irrenunciabilidade que norteia o direito material do trabalho. Com efeito, o empregador não teria qualquer dificuldade para obter a manifestação de vontade do empregado, quando da formação do vínculo contratual, no sentido de elege o foro da conveniência da empresa. Isso implicaria renúncia ao direito do empregado de promover a sua reclamação trabalhista no local da prestação de serviço.

Alternativa "d": Incorreta. O *caput* do art. 651 da CLT não confere essas opções ao trabalhador, já que a hipótese é de aplicação da regra da competência em razão do lugar e não das exceções previstas nos parágrafos desse dispositivo legal.

Alternativa "e": Incorreta. O *caput* do art. 651 da CLT não confere essas opções ao trabalhador, já que a hipótese é de aplicação da regra da competência em razão do lugar e não das exceções previstas nos parágrafos desse dispositivo legal.

Gabarito: B.

---

12. (FCC – Juiz do Trabalho Substituto 24ª Região/2015) Túlio, domiciliado em Dourados, celebrou contrato de trabalho com a empresa Sigma Metalúrgica em sua sede, localizada no município de Campo Grande. O local do trabalho, previsto em contrato, foi a filial na cidade de Aquidauana. Após três meses de labor, o empregado sofreu acidente de trabalho, afastando-se por cinco meses para tratamento com percepção de benefício previdenciário. Uma semana após a sua alta junto ao INSS o trabalhador foi dispensado. Túlio consultou um advogado para ajuizar ação trabalhista pretendendo receber da empresa indenizações por danos materiais e morais em razão de cirurgia e de sequelas decorrentes do acidente de trabalho. A competência territorial para a propositura da ação é da Vara do Trabalho de:

a) Dourados, em razão de ser o domicílio do autor e em atenção ao princípio da tutela do trabalhador.

b) Campo Grande, uma vez que havendo conflito de jurisdição a comarca da Capital do Estado é aquela que prevalece.

c) Campo Grande, porque foi o local onde está localizada a sede da empresa e foi firmado o contrato de trabalho, ou seja, prevalece o local da contratação.

d) Aquidauana, por ter sido o local da prestação de serviços conforme determinação expressa da Consolidação das Leis do Trabalho.

e) Dourados, Aquidauana ou Campo Grande, visto que em razão do pedido de indenização por reparação de danos, cabe ao trabalhador escolher entre o foro do seu domicílio, da celebração do contrato ou da prestação dos serviços.

COMENTÁRIOS

Nota do autor: Nesse caso específico, aplica-se a regra que fixa a competência da Vara do Trabalho em razão do lugar, que seria o local da prestação de serviços. As exceções a essa regra encontram-se estabelecidas pelos parágrafos do art. 651 da CLT.

Alternativa "a": Incorreta, pois a hipótese é de aplicação da regra da fixação da competência territorial pelo local da prestação de serviço, conforme *caput* do art. 651 da CLT: "A competência das Juntas de Conciliação e Julgamento é determinada pela localidade onde o empregado, reclamante ou reclamado, prestar serviços ao empregador, ainda que tenha sido contratado noutro local ou no estrangeiro".

Alternativa "b": Incorreta essa assertiva, pois não há qualquer conflito de jurisdição. Aplica-se, portanto, o preceito contido no art. 651, *caput*, da CLT.

Alternativa "c": Incorreta. O local da contratação só é critério definidor da competência territorial nos casos em que o empregador promova realização de atividades fora do lugar do contrato de trabalho.

Alternativa "d": Correta a assertiva, pois corresponde ao mandamento contido no art. 651, *caput*, da CLT: "A competência das Juntas de Conciliação e Julgamento é determinada pela localidade onde o empregado, reclamante ou reclamado, prestar serviços ao empregador, ainda que tenha sido contratado noutro local ou no estrangeiro".

Alternativa "e": Incorreta. O *caput* do art. 651 da CLT não confere essas opções ao trabalhador, já que a hipótese é de aplicação da regra da competência em razão do lugar e não das exceções previstas nos parágrafos desse dispositivo legal.

Gabarito: D.

---

13. (FCC – Juiz do Trabalho Substituto 24ª Região/2015) A Constituição Federal do Brasil e a Consolidação das Leis do Trabalho possuem normas que disciplinam a competência da Justiça do Trabalho. À luz destas regras é correto afirmar que

a) compete à Justiça Comum dirimir conflitos de representação sindical envolvendo sindicatos.

b) a Justiça do Trabalho não tem competência para julgar habeas corpus e habeas data.

c) as ações anulatórias de multas administrativas impostas por agente fiscal da Delegacia Regional do Trabalho serão processadas e julgadas na Justiça Federal.

d) a competência dos Juízos de Direito, quando investidos na Administração da Justiça do Trabalho é mais restrita em relação do que aquela atribuída às Varas do Trabalho.

e) compete às Varas do Trabalho julgar a ação envolvendo trabalhador portuário e o Órgão Gestor de Mão de Obra – OGMO decorrente da relação de trabalho.

COMENTÁRIOS

Nota do autor: Para o exercício da função jurisdicional, com maior eficiência, segurança e rapidez, é necessário que se efetive uma divisão de atribuições de acordo com diversos critérios usados para limitar a atuação de cada órgão jurisdicional. Esse processo de divisão e de limitação recebe a denominação de competência jurisdicional.

Alternativa "a": Incorreta. A Emenda Constitucional nº 45 ampliou a competência da Justiça do Trabalho, inclusive para apreciar essa espécie de litígio, conforme se vê da redação do art. 114, III, da CF/88: "Art. 114. Compete à Justiça do Trabalho processar e julgar: III as ações sobre representação sindical, entre sindicatos, entre sindicatos e trabalhadores, e entre sindicatos e empregadores".

Alternativa "b": Incorreta. A Emenda Constitucional nº 45 ampliou a competência da Justiça do Trabalho, inclusive para apreciar esse tipo de ação, na forma do art. 114, IV, da CF/88: "Art. 114. Compete à Justiça do Trabalho processar e julgar: IV os mandados de segurança, *habeas corpus* e *habeas data*, quando o ato questionado envolver matéria sujeita à sua jurisdição".

Alternativa "c": Incorreta, pois contraria o preceito contido no art. 114, VII, da CF/88, que é justamente em sentido contrário: "Art. 114. Compete à Justiça do Trabalho processar e julgar: VII as ações relativas às penalidades administrativas impostas aos empregadores pelos órgãos de fiscalização das relações de trabalho".

Alternativa "d": Incorreta, uma vez que nesses casos o Juiz de Direito passa a ter as mesmas atribuições do Juiz do Trabalho, conforme preceitos contidos no art. 668 combinado com o art. 716, *caput*, da CLT: "Art. 668 – Nas localidades não compreendidas na jurisdição das Juntas de Conciliação e Julgamento, os Juízos de Direito são os órgãos de administração da Justiça do Trabalho, com a jurisdição que lhes for determinada pela lei de organização judiciária local. Art. 716 – Os cartórios dos Juízos de Direito, investidos na administração da Justiça do Trabalho, têm, para esse fim, as mesmas atribuições e obrigações conferidas na Seção I às secretarias das Juntas de Conciliação e Julgamento".

Alternativa "e": Correta a assertiva uma vez que corresponde à competência definida pelo art. 652, V, da CLT: "V – as ações entre trabalhadores portuários e os operadores portuários ou o Órgão Gestor de Mão-de-Obra – OGMO decorrentes da relação de trabalho".

Gabarito: E.

---

14. (TRT 8 – Juiz do Trabalho Substituto 8ª Região/2014) Em relação ao Processo Judiciário do Trabalho, assinale a alternativa INCORRETA, conforme disposto na CLT:

a) Os dissídios individuais ou coletivos submetidos à apreciação da Justiça do Trabalho serão sempre sujeitos à conciliação.

b) Os Juízos e Tribunais do Trabalho terão ampla liberdade na direção do processo e velarão pelo andamento rápido das causas, podendo determinar qualquer diligência necessária ao esclarecimento delas.

c) A compensação, ou retenção, poderá ser deduzida até as razões finais.

d) É lícito às partes celebrar acordo que ponha termo ao processo, ainda mesmo depois de encerrado o juízo conciliatório.

e) Nos casos omissos, o direito processual comum será fonte subsidiária do direito processual do trabalho, exceto naquilo em que for incompatível com as normas deste Título.

COMENTÁRIOS

✪ **Nota do autor:** Os princípios, em Direito, têm quatro funções básicas. A primeira seria no sentido do princípio funcionar como norma de conduta, denominado de princípio-regra. Servem, também, para orientar a atuação do legislador ordinário, no processo de criação da norma jurídica. Também funcionam como guia para o intérprete e aplicador da norma ao caso concreto e é considerado um meio de integração das lacunas legais. Em relação à segunda função, é fácil perceber que os princípios revelam de forma clara a fonte material de determinado ramo do Direito.

Alternativa "a": Regra que exalta o princípio da conciliação. **Correta** a assertiva, pois corresponde ao texto do art. 764 da CLT: "Os dissídios individuais ou coletivos submetidos à apreciação da Justiça do Trabalho serão sempre sujeitos à Conciliação".

Alternativa "b": O destaque fica por conta do princípio inquisitivo. **Correta** a assertiva, na forma prevista pelo art. 765 da CLT: "Os Juízos e Tribunais do Trabalho terão ampla liberdade na direção do processo e velarão pelo andamento rápido das causas, podendo determinar qualquer diligência necessária ao esclarecimento delas".

Alternativa "c": Incorreta a assertiva, uma vez que a compensação ou a retenção só pode ser arguida como matéria de defesa, de acordo com o preceito contido no art. 767 da CLT: "A compensação, ou retenção, só poderá ser arguida como matéria de defesa".

Alternativa "d". O acordo pode ser feito a qualquer momento, seja durante o juízo conciliatório, instrutório, decisório, recursal ou na execução. Assertiva **correta**, pois de conformidade com o disposto no art. 764, § 3º, da CLT: "É lícito às partes celebrar acordo que ponha termo ao processo, ainda mesmo depois de encerrado o juízo conciliatório".

Alternativa "e": Correta. Em caso de omissão da CLT, aplica-se o CPC, desde que não contrarie os princípios do processo do trabalho. Essa é a inteligência da normativa inserta no art. 769 da CLT: "Nos casos omissos, o direito processual comum será fonte subsidiária do direito processual do trabalho, exceto naquilo em que for incompatível com as normas deste Título". Atualmente, o TST, por meio de sua Instrução Normativa nº 39/16, deixa clara a necessidade de omissão da CLT e da compatibilidade para aplicação das regras do CPC ao processo laboral: "Art. 1° Aplica-se o Código de Processo Civil, subsidiária e supletivamente, ao Processo do Trabalho, em caso de omissão e desde que haja compatibilidade com as normas e princípios do Direito Processual do Trabalho, na forma dos arts. 769 e 889 da CLT e do art. 15 da Lei nº 13.105, de 17.03.2015."

Gabarito: C.

---

15. (TRT 3 – Juiz do Trabalho Substituto 3ª Região/2013) Sobre o processo do trabalho, leia as afirmações abaixo e, em seguida, assinale a alternativa correta:

I. A conciliação e a mediação são métodos adversariais de solução de conflitos.

II. O direito de ação contempla um complexo de direitos, tais como o de apresentar argumentos e provas em favor de determinada pretensão, não se resumindo ao direito de provocar a jurisdição.

III. As garantias processuais atribuem significado concreto ao direito material, na medida em que favorecem o seu gozo efetivo, no caso da sua não observância espontânea.

IV. Os costumes, enquanto fonte do direito, consistem no uso reiterado, uniforme e prolongado de determinada regra de conduta, pela convicção geral de consistir o respeito a esta regra uma obrigação.

a) Todas as afirmativas estão corretas.

b) Somente as afirmativas I, III e IV estão corretas.

c) Somente as afirmativas III e IV estão corretas.

d) Somente a afirmativa I está correta.

e) Somente as afirmativas II, III e IV estão corretas.

COMENTÁRIOS

✪ **Nota do autor:** Os conflitos que surgem em decorrência da incidência de uma norma pré-estabelecida pelo Direito material em cada caso concreto, podem ser solucionados por diversos métodos. As formas de resolver tais conflitos integram dois grandes grupos, denominados de meios autônomos ou heterônomos de solução de conflitos. No primeiro caso, os próprios interessados extinguem o dissenso. No segundo, cabe a um terceiro ofertar uma sugestão ou solucionar, diretamente, o conflito de interesses.

Item "I": A conciliação é uma espécie de autocomposição de conflitos por meio do qual os próprios integrantes do conflito conseguem extingui-lo, com ou sem a ajuda de um conciliador. Já na mediação há intervenção de um terceiro (mediador) que tenta eliminar as arestas do conflito sugerindo uma proposta para por fim ao dissídio. Ambas são espécies de métodos não adversariais de solução de conflitos, também denominados de meios alternativos de extinção de conflitos, que se distinguem da jurisdição, considerada meio adversarial, caracterizada pela disputa entre o autor e o réu. Alternativa **incorreta.**

Item "II": O direito de provocar a atuação do Poder Judiciário, também conhecido como direito de petição, está compreendido em um fenômeno mais complexo, que é o direito de ação, público e subjetivo, por meio do qual se expõe a pretensão em juízo, acompanhada de argumentos, pedidos, provas etc. Alternativa **correta.**

Item "III": O processo, por meio de suas características e garantias, visa conferir efetividade ao direito material. A coercibilidade, característica da norma jurídica, transforma-se de potencial em efetiva com a utilização do processo judicial. Alternativa **correta.**

Item "IV": A doutrina é pacífica no sentido de classificar o costume como fonte do direito, inclusive no âmbito processual, representado pelas praxes forenses consagradas pelo seu uso reiterado pelos atores processuais. Alternativa **correta.**

Gabarito: E.

---

16. (TRT 3 – Juiz do Trabalho Substituto 3ª Região/2013) Em relação ao processo do trabalho, leia as afirmações abaixo e, em seguida, assinale a alternativa correta:

I. O Tribunal Superior do Trabalho compõe-se de vinte e sete ministros, togados e vitalícios, que são escolhidos entre brasileiros de notável saber jurídico e reputação ilibada, com mais de trinta anos e menos de sessenta anos de idade e nomeados pelo Presidente da República após a aprovação da escolha pela maioria absoluta do Senado Federal.

II. Os órgãos fracionários dos Tribunais submeterão ao plenário, ou ao órgão especial, a arguição de inconstitucionalidade, mesmo quando já houver pronunciamento destes, ou do plenário do Supremo Tribunal Federal, sobre a questão.

III. A competência das Varas do Trabalho é determinada, em regra, pelo local da prestação dos serviços.

IV. Não há interesse do Ministério Público do Trabalho para recorrer contra decisão que declara a existência de vínculo de emprego com sociedade de economia mista, após a Constituição da República de 1988, sem a prévia aprovação em concurso público.

a) Todas as afirmativas estão corretas.

b) Somente as afirmativas I e II estão corretas.

c) Somente as afirmativas III e IV estão corretas.

d) Somente a afirmativa III está correta.

e) Todas as afirmativas estão incorretas.

COMENTÁRIOS

✪ **Nota do autor:** Um quinto das vagas do TST é destinado aos advogados com mais de 10 anos de atividade profissional e aos membros do Ministério Público do Trabalho com mais de dez anos de efetivo exercício. Observe-se, no item II, que o art. 481 do CPC de 1973 corresponde ao 949 do CPC de 2015.

Item "I": Incorreto, pois os limites mínimo e máximo de idade para ser integrante do TST são de 35 e 65 anos, respectivamente, conforme se observa da redação do *caput* do art. 111-A da Constituição Federal de 1988: "O Tribunal Superior do Trabalho compor-se-á de vinte e sete Ministros, escolhidos dentre brasileiros com mais de trinta e cinco e menos de sessenta e cinco anos, nomeados pelo Presidente da República após aprovação pela maioria absoluta do Senado Federal [...]".

Item "II": A determinação contida no parágrafo único do art. 481 do CPC é justamente em sentido contrário: "Os órgãos fracionários dos tribunais não submeterão ao plenário, ou ao órgão especial, a arguição de inconstitucionalidade, quando já houver pronunciamento destes ou do plenário do Supremo Tribunal Federal sobre a questão". Item **incorreto**.

Item "III": Correto, pois a regra geral da competência trabalhista em razão do lugar está assim definida pelo *caput* do art. 651 da CLT: "A competência das Juntas de Conciliação e Julgamento é determinada pela localidade onde o empregado, reclamante ou reclamado, prestar serviços ao empregador, ainda que tenha sido contratado noutro local ou no estrangeiro".

Item "IV": Correto. Nesse caso específico, há interesse do MPT para recorrer. Esse é o entendimento do TST inserido na OJ nº 338 da SDI-I: "Há interesse do Ministério Público do Trabalho para recorrer contra decisão que declara a existência de vínculo empregatício com sociedade de economia mista ou empresa pública, após a CF/88, sem a prévia aprovação em concurso público". Posteriormente, o texto dessa OJ foi incorporado ao da Orientação Jurisprudencial nº 237 da SDI-1 do TST.

Gabarito: D.

---

17. (TRT 3 – Juiz do Trabalho Substituto 3ª Região/2013) Em relação ao processo do trabalho, leia as afirmações abaixo e, em seguida, assinale a alternativa correta:

I. O direito processual do trabalho adota várias técnicas voltadas a assegurar a maior eficácia possível das decisões judiciais, dentre as quais a atribuição ao juiz do poder para promover, de ofício, a execução dos títulos executivos judiciais.

II. Compete ao Superior Tribunal de Justiça dirimir conflitos de competência entre juízes do trabalho vinculados a Tribunais Regionais do Trabalho diversos.

III. A prescrição da pretensão relativa às parcelas remuneratórias alcança o respectivo recolhimento da contribuição para o FGTS.

IV. A prescrição da pretensão relativa às parcelas remuneratórias não alcança o respectivo recolhimento da contribuição para o FGTS.

a) Somente as afirmativas I, II e III estão corretas.

b) Somente as afirmativas I, II e IV estão corretas.

c) Somente as afirmativas II e IV estão corretas.

d) Somente as afirmativas II e III estão corretas.

e) Somente as afirmativas I e III estão corretas.

COMENTÁRIOS

✪ **Nota do autor:** A Súmula nº 420 do TST esclarece que não há conflito de competência entre um TRT e uma Vara do Trabalho a ele vinculada, uma vez que existe hierarquia funcional entre ambos. Em relação ao item "I", a Lei da Reforma Trabalhista alterou o art. 878 da CLT que atualmente possui a seguinte redação: "Art. 878. A execução será promovida pelas partes, permitida a execução de ofício pelo juiz ou pelo Presidente do Tribunal apenas nos casos em que as partes não estiverem representadas por advogado.". Dessa forma, a execução *ex officio* somente será cabível quando as partes estiverem no exercício do *ius postulandi*.

Item "I": Correto. Com efeito, no confronto entre o princípio inquisitivo e o dispositivo, prevalece o primeiro no processo do trabalho. Além disso, diversas regras contidas na parte processual demonstram a intenção do legislador no sentido de conferir maior eficácia às decisões judiciais, a exemplo do preceito contido no art. 878 da CLT em sua redação anterior: "A execução poderá ser promovida por qualquer interessado, ou *ex officio* pelo próprio Juiz ou Presidente ou Tribunal competente, nos termos do artigo anterior".

Item "II": Incorreto, pois essa competência cabe ao TST e não ao STJ. Nesse sentido, o art. 71 do Regimento Interno do TST, em redação redação anterior: "À Seção Especializada em Dissídios Individuais, em composição plena ou dividida em duas Subseções, compete: III – à Subseção II: b) em única instância: 2. julgar os conflitos de competência entre Tribunais Regionais e os que envolvam Juízes de Direito investidos da jurisdição trabalhista e Varas do Trabalho em processos de dissídios individuais" (O RITST foi alterado por meio da Resolução nº 1.937/17 para se adaptar à Lei nº 13.467/17. Assim, o preceito que trata dessa matéria passou a constar do art. 78, com a seguinte redação: "julgar os conflitos de competência entre Tribunais Regionais e os que envolvam Desembargadores dos Tribunais de Justiça, quando investidos da jurisdição trabalhista, e Juízes do Trabalho em processos de dissídios individuais").

Item "III": Nesse caso o FGTS é considerado parcela acessória, que segue a mesma sorte do principal. Portanto, em tais situações não se aplica o prazo excepcional de trinta anos. Item **correto**, uma vez que se encontra de acordo com o entendimento do TST constante da Súmula nº 206: "A prescrição da pretensão relativa às parcelas remuneratórias alcança o respectivo recolhimento da contribuição para o FGTS".

Item "IV": Essa assertiva encontra-se em sentido oposto ao posicionamento mencionado no item anterior e contraria a Súmula nº 206 do TST: "A prescrição da pretensão relativa às parcelas remuneratórias alcança o respectivo recolhimento da contribuição para o FGTS". Item **incorreto**.

Gabarito: E.

---

18. (TRT 15 – Juiz do Trabalho Substituto 15ª Região/2013) Sobre a história da Justiça do trabalho é incorreto dizer:

a) em 1932, foram criadas as Juntas de Conciliação e Julgamento, voltadas aos conflitos individuais, e as Comissões Mistas de Conciliação, direcionadas aos conflitos coletivos, como órgãos administrativos. Apenas os trabalhadores sindicalizados podiam pleitear perante as Juntas de Conciliação e julgamento. Os demais deviam se socorrer da Justiça Comum;

b) os juízes presidentes das Juntas de Conciliação e Julgamento eram nomeados pelo Ministro do Trabalho, dentre advogados, magistrados ou funcionários públicos; não gozavam de independência, vez que eram demissíveis "ad nutum" e qualquer processo poderia ser subtraído ao conhecimento das Juntas pelo Ministro do Trabalho, que chamava para si a função decisória, através de cartas chamadas "avocatórias";

c) somente em 1943, com a publicação da CLT, as Juntas de Conciliação e Julgamento passaram a ter competência para executar suas próprias decisões, mantendo-se a possibilidade de "avocatórias", que foram extintas com a Constituição de 1946;

d) somente a partir da Constituição de 1946, a Justiça do Trabalho foi integrada, de forma inconteste, aos órgãos do Poder Judiciário, com organização da carreira de Juiz do Trabalho e ingresso mediante concurso público de provas e títulos, promoções pelos critérios de antiguidade e merecimento e as garantias inerentes à magistratura;

e) fora do âmbito da 1ª. e da 2ª. Região, o Suplente de Presidente de Junta, até alteração havida em 1984, era nomeado pelo Presidente da República, dentre advogados militantes no foro trabalhista, para substituir os Presidentes em seus afastamentos e impedimentos em um mandato com tempo determinado e, se fossem reconduzidos, eram integrados ao quadro de magistrados de forma definitiva, mesmo sem concurso público.

COMENTÁRIOS

✪ **Nota do autor:** A Justiça do Trabalho originou-se com a criação das Juntas de Conciliação e Julgamento, em 1932. Eram órgãos colegiados e de natureza administrativa formados por dois Juízes Classistas, um representante do empregado e outro do empregador, e um Juiz Presidente. Paralelamente, foram criadas as Comissões Mistas de Conciliação, às quais competia solucionar os conflitos coletivos de trabalho, já que as Juntas de Conciliação e Julgamento tinha competência limitada aos conflitos individuais do trabalho provocados por trabalhadores sindicalizados.

Alternativa "a": Os primeiros órgãos criados para solução de conflitos trabalhistas, Juntas de Conciliação e Julgamento e Comissões Mistas de Conciliação, tinham sua atuação bastante limitada. Primeiro, porque estavam vinculados ao Poder Executivo e segundo, porque somente os empregados sindicalizados poderiam acioná-los. Assertiva **correta**.

Alternativa "b": Os juízes das Juntas de Conciliação e Julgamento não desfrutavam das prerrogativas da magistratura, principalmente da vitaliciedade e da inamovibilidade. O ingresso na carreira também não se dava pela via do concurso público e eram nomeados pelo Ministro do Trabalho. Assertiva **correta**.

Alternativa "c": Incorreta a assertiva, uma vez que a avocatória foi extinta por meio do Decreto nº 6.596, de 12.12.1940, que aprovou o regulamento da Justiça do Trabalho, e não com a Constituição Federal de 1946.

Alternativa "d": Correta. Inclusive, a efetivação da incorporação da Justiça do Trabalho ao Poder Judiciário deu-se por meio da edição do Decreto-Lei nº 9.797, de 09.09.1946. Ressalte-se, porém, que a CF/37 se omitia sobre a integração da Justiça Laboral no Poder Judiciário, apesar de tratar de sua competência em seu art. 139: "Para dirimir os conflitos oriundos das relações entre empregadores e empregados, reguladas na legislação social, é instituída a Justiça do Trabalho, que será regulada em lei e à qual não se aplicam as disposições desta Constituição relativas à competência, ao recrutamento e às prerrogativas da Justiça comum".

Alternativa "e": Correta, pois essa era a determinação contida na redação original do *caput* do art. 654 da CLT e o seu respectivo parágrafo primeiro, alterado pelo Decreto-Lei 9.797/46: "Art. 654. O ingresso na magistratura do trabalho far-se-á, nas sedes da 1ª e 2ª Regiões da Justiça do Trabalho, para o cargo de juiz do trabalho substituto; as nomeações subsequentes, por promoção, alternadamente, por antiguidade e por merecimento. Nas demais localidades, e Regiões, o ingresso será feito para o cargo de juiz do Trabalho, presidente de Junta. § 1º Haverá suplente de juiz do trabalho presidente de Junta, sem direito a acesso, nomeados pelo Presidente da República dentre brasileiros natos, bacharéis em Direito, de reconhecida idoneidade moral, especializados em legislação social. A nomeação dos suplentes é feita por período de dois anos findo o qual poderão ser reconduzidos. Os suplentes, uma vez reconduzidos, serão conservados enquanto bem servirem, só podendo ser demitidos por falta que os torne incompatíveis com o exercício do cargo, apurada pelo Tribunal da respectiva Região, facultada porém, sua suspensão prévia pelo presidente do Tribunal, quando motivos graves, devidamente justificados, determinarem essa providência".

Gabarito: C.

---

19. (TRT – JTS 21ª RG/2010) Leia as assertivas abaixo e marque a resposta CORRETA sobre a Organização da Justiça do Trabalho no Brasil:

I. A partir de 1932, antes, portanto, da integração da Justiça do Trabalho ao Poder Judiciário, os litígios trabalhistas eram resolvidos na esfera administrativa, inclusive sem poder para executar suas próprias decisões;

II. Antes da criação da Justiça do Trabalho, cabia às juntas de conciliação resolver os litígios coletivos e às comissões mistas de conciliação os litígios individuais, com vinculação direta ao Ministério do Trabalho;

III. As Constituições de 1934 (art. 122) e a Carta de 1937 (art. 139) trataram da Justiça do Trabalho, mas ainda sem a sua conotação jurisdicional. A efetiva integração ao Poder Judiciário da União somente se deu com a promulgação da Constituição de 1946;

IV. A Constituição de 1988 deu um passo adiante na estruturação da Justiça do Trabalho, não somente dando competência para o Tribunal Superior do Trabalho tratar de temas constitucionais, como fixando um prazo para a supressão dos representantes de empregados e empregadores nas Varas do Trabalho;

V. A Emenda Constitucional nº 45/2004 inovou em relação à estrutura da Justiça do Trabalho, ampliando a composição do Tribunal Superior do Trabalho, instituindo o Conselho Superior da Justiça do Trabalho e a Escola Nacional de Formação e Aperfeiçoamento de Magistrados do Trabalho, bem como fixando em oito membros a composição mínima dos tribunais regionais a serem instalados em todo o país.

a) nenhuma das assertivas está correta;

b) apenas as assertivas I e III estão corretas;

c) apenas as assertivas I, II e IV estão corretas;

d) apenas as assertivas II, III e IV estão corretas;

e) apenas as assertivas I, II e III estão corretas;

COMENTÁRIOS

✪ **Nota do autor:** O aspecto histórico envolvendo o surgimento e a consolidação da Justiça do Trabalho é importante para entender alguns detalhes do processo do trabalho, principalmente as denominações utilizadas pela CLT, como as expressões, reclamante, reclamado, reclamação, arquivamento etc., todas elas revelando a origem administrativa desse órgão hoje jurisdicional.

Item "I": 1932 marca o ano da criação das Juntas de Conciliação e Julgamento, órgão de caráter administrativo encarregado de solucionar os litígios trabalhistas, mas sem qualquer vinculação ao Poder Judiciário. **Item correto.**

Item "II": Na verdade, as Comissões Mistas de Conciliação (criadas pelo Decreto 21.396/32) tinham como principal função a solução de conflitos coletivos. Já as Juntas de Conciliação e Julgamentos, instituídas pelo Decreto nº 22.132/32, destinavam-se à solução de conflitos individuais. **Item incorreto.**

Item "III": Durante a vigência da CF/34, apesar de haver menção à Justiça do Trabalho, ela não foi instalada. Somente em 01.05.1939, já sob a vigência da CF/37 é que a Justiça do Trabalho foi instalada, por meio do Decreto-lei nº 1.237. Todavia, sua incorporação ao Poder Judiciário somente efetivou-se por meio da CF/46. **Item correto.**

Item "IV": Incorreto. Com efeito, a CF/88, em sua redação original, não extinguiu a representação classista da Justiça do Trabalho, o que só veio ocorrer com a promulgação da Emenda Constitucional nº 24/1999.

Item "V": Apesar de a EC nº 45/2004 ter instituído o CSJT e a ENAMAT, o item é **incorreto**, pois está em desconformidade com a redação dada ao art. 115 da CF/88, que fixou em sete o número mínimo de juízes para compor o TRT. De acordo com a redação atual do dispositivo: Art. 115. Os Tribunais Regionais do Trabalho compõem-se de, no mínimo, sete juízes, recrutados, quando possível, na respectiva região e nomeados pelo Presidente da República dentre brasileiros com mais de trinta e menos de setenta anos de idade, sendo:

Gabarito: C.

---

20. (TRT – JTS 16ª RG/2011) Analise as questões e assinale a alternativa CORRETA:

I. São órgãos vinculados ao Tribunal Superior do Trabalho a Escola Nacional de Formação e Aperfeiçoamento de Magistrados do Trabalho e o Conselho Superior da Justiça do Trabalho, cujas decisões têm efeito vinculante no âmbito administrativo, orçamentário, financeiro e patrimonial da Justiça do Trabalho de Primeiro e Segundo Graus.

II. A Justiça do Trabalho prestigia a conciliação como forma primordial de solução do conflito trabalhista, a ponto de obrigar o juiz a propor a conciliação em diversos estágios do processo, bem como homologar o acordo construído pelas partes, sob pena de nulidade dos atos processuais subsequentes, por ofensa a direito líquido e certo dos litigantes.

III. O princípio da oralidade, de vastíssima aplicação no processo do trabalho, subdivide-se nos corolários da identidade física do juiz; prevalência da palavra oral sobre a escrita, com o devido registro em ata; concentração dos atos processuais em audiência; imediatidade do juiz na colheita da prova e a irrecorribilidade das decisões interlocutórias.

IV. A aplicação das normas da processualística comum ao processo do trabalho deve ocorrer quando houver omissão da CLT e das legislações trabalhistas extravagantes acerca da matéria, bem como devem tais normas observar a compatibilidade com os princípios que regem o processo do trabalho, máxime o acesso do trabalhador à Justiça.

a) Estão corretas apenas as afirmativas I, II e III.

b) Estão corretas apenas as afirmativas I, II e IV.

c) Estão corretas apenas as afirmativas I e III.

d) Estão corretas apenas as afirmativas I, III e IV.

e) Todas estão corretas.

COMENTÁRIOS

✪ **Nota do autor:** Para a utilização das normas processuais do CPC no processo do trabalho exige-se dois requisitos: primeiro, a omissão da CLT e segundo, a sua compatibilidade com os princípios que regem o processo laboral. Atualmente, o TST, por meio de sua Instrução Normativa nº 39/16, deixa clara a necessidade de omissão da CLT e da compatibilidade para aplicação das regras do CPC ao processo laboral: "Art. 1° Aplica-se o Código de Processo Civil, subsidiária e supletivamente, ao Processo do Trabalho, em caso de omissão e desde que haja compatibilidade com as normas e princípios do Direito Processual do Trabalho, na forma dos arts. 769 e 889 da CLT e do art. 15 da Lei nº 13.105, de 17.03.2015". Em relação ao item II, observar que a Resolução nº 217/2017 do TST modificou a redação da Súmula nº 418, nos seguintes termos: "MANDADO DE SEGURANÇA VISANDO À HOMOLOGAÇÃO DE ACORDO (nova redação em decorrência do CPC de 2015) – Res. 217/2017 – DEJT divulgado em 20, 24 e 25.04.2017 A homologação de acordo constitui faculdade do juiz, inexistindo direito líquido e certo tutelável pela via do mandado de segurança". Com isso, o TST passa a admitir a possibilidade de atacar decisões que concedem a tutela provisória pela via do mandado de segurança.

Item "I": Correto, segundo dispõe o art. 111-A, § 2º, da CF/88: "Funcionarão junto ao Tribunal Superior do Trabalho: I) a Escola Nacional de Formação e Aperfeiçoamento de Magistrados do Trabalho, cabendo-lhe, dentre outras funções, regulamentar os cursos oficiais para o ingresso e promoção na carreira; II) o Conselho Superior da Justiça do Trabalho, cabendo-lhe exercer, na forma da lei, a supervisão administrativa, orçamentária, financeira e patrimonial da Justiça do Trabalho de primeiro e segundo graus, como órgão central do sistema, cujas decisões terão efeito vinculante".

Item "II": Incorreta. Apesar da Justiça do Trabalho privilegiar a conciliação em qualquer fase do processo, o juiz não é obrigado a homologar qualquer espécie de acordo. Nesse sentido é o entendimento do TST constante da Súmula nº 418, em sua redação anterior: "A concessão de liminar ou a homologação de acordo constituem faculdade do juiz, inexistindo direito líquido e certo tutelável pela via do mandado de segurança" (ver nota do autor).

Item "III": Correta. De acordo com Chiovenda (Instituições de Direito Processual Civil), o princípio da oralidade subdivide-se nos sub-princípios da identificade física do juiz; na prevalência da oralidade em detrimento da escrita, com o registro em ata (escrituração); concentração dos atos processuais, inclusive na audiência; imediatidade do juiz na colheita da prova e irrecorribilidade das decisões interlocutórias.

Item "IV": Correta, diante da autorização legal contida no art. 769 da CLT: "Nos casos omissos, o direito processual comum será fonte subsidiária do direito processual do trabalho, exceto naquilo em que for incompatível com as normas deste Título".

---

21. (USU – JTS 1ª RG/2008) Segundo a doutrina a respeito da autonomia do direito processual do trabalho, é CORRETO afirmar:

I. pela teoria monista, o direito processual é um só e, por isso, não deveria haver aplicação de direito processual especificamente do trabalho.

II. segundo a teoria dualista, não há autonomia porque o direito processual do trabalho é integralmente dependente do processo civil, na fase de conhecimento e de execução.

III. há autonomia integral do processo do trabalho, pela teoria dualista, ainda que utilizadas subsidiariamente normas aplicáveis do processo civil.

IV. há autonomia jurisdicional, desde que a matéria relacionada a toda relação de trabalho passou para a regência do Direito Processual do Trabalho.

V. só haverá independência quando da publicação de um código de processo do trabalho.

a) os itens I e III estão corretos.

b) os itens II e V estão errados.

c) os itens I e IV estão corretos.

d) todos os itens estão errados.

e) somente o item I está correto.

COMENTÁRIOS

✪ **Nota do autor:** O principal critério para identificar a autonomia de determinado ramo do direito, seja ele material ou processual, é a existência de princípios próprios. A doutrina diverge bastante sobre a autonomia do direito processual laboral, justamente por discutir se este ramo tem princípios próprios que se destacam do direito processual comum ou se são apenas características ou peculiaridades.

Item "I": Correto, segundo a doutrina processual laboral. De acordo com essa teoria, o direito processual é um só e seria subdividido em determinadas classes, mas sem caráter de autonomia.

Item "II": Ao contrário da teoria monista, a teoria dualista defende a tese de que o processo do trabalho tem princípios próprios e por esse motivo é integralmente independente do processo civil comum, ainda que se utilize subsidiariamente de suas regras. Item **incorreto.**

Item "III": Correto, pois contém os argumentos defendidos pela teoria dualista.

Item "IV": Incorreto. Isso porque a autonomia jurisdicional é representada pela existência de um ramo especializado do Poder Judiciário encarregado de analisar e julgar demandas trabalhistas, utilizando-se das regras do processo do trabalho.

Item "V": Não necessariamente. Há casos em que não se tem dúvida da autonomia de determinado ramo do Direito sem que haja um Código contendo seus principais preceitos. É o que ocorre, por exemplo, com o Direito material do trabalho na Itália, que tem seus dispositivos inseridos no Código Civil. Item **incorreto.**

Gabarito: A.

---

22. (USU – JTS 1ª RG/2008) São órgãos da Justiça do Trabalho (assinale a resposta CORRETA):

a) o Tribunal Superior do Trabalho, os Tribunais Regionais do Trabalho, os Juízes do Trabalho e os Juízes de Direito.

b) o Tribunal Superior do Trabalho, os Tribunais Regionais do Trabalho, o Ministério Público do Trabalho e as Varas do Trabalho.

c) o Tribunal Superior do Trabalho, os Tribunais Regionais do Trabalho, os Juízes do Trabalho e as Comissões de Conciliação Prévia.

d) o Tribunal Superior do Trabalho, os Tribunais Regionais do Trabalho e as Varas do Trabalho, com o apoio do Ministério Público do Trabalho e da Defensoria Federal.

e) o Tribunal Superior do Trabalho, os Tribunais Regionais do Trabalho e os Juízes do Trabalho.

COMENTÁRIOS

✪ **Nota do autor:** Os Juízes de Direito, apesar de não integrarem o Poder Judiciário Trabalhista, exercem a jurisdição respectiva quando a localidade não for atendida por uma Vara do Trabalho. Atualmente, todavia, todos os municípios brasileiros fazem parte da jurisdição laboral.

Alternativa "a": Incorreta, pois está em desacordo com o art. 111 da CF/88 "Art. 111. São órgãos da Justiça do Trabalho: I – o Tribunal Superior do Trabalho; II – os Tribunais Regionais do Trabalho; III – Juízes do Trabalho". Nesse caso, não estão incluídos os juízes de direito.

Alternativa "b": Incorreta, conforme disposto no art. 111 da CF/88. Isso porque o Ministério Público do Trabalho não é um órgão da Justiça do Trabalho.

Alternativa "c": Incorreta, pois está em desacordo com o art. 111 da CF/88. Com efeito, a comissão de conciliação prévia é órgão paritário formado por integrantes dos empregados e dos empregadores e não faz parte da estrutura do Poder Judiciário.

Alternativa "d": Incorreta, conforme art. 111 da CF/88. O equívoco reside na inclusão da Defensoria Pública e do MPT.

Alternativa "e": Correta, por estar em conformidade com o exposto no art. 111 da CF/88.

Gabarito: E.

1.1. PRINCÍPIOS

23. (TRT 3 – Juiz do Trabalho Substituto 3ª Região/2013) Sobre o processo do trabalho, leia as afirmações abaixo e, em seguida, assinale a alternativa correta:

I. Considerando como características do processo oral o predomínio da palavra falada, a identidade física do juiz, a concentração dos atos em audiência e a irrecorribilidade das decisões interlocutórias, pode ser afirmado que o processo do trabalho é um processo oral.

II. As partes podem indicar à oitiva no máximo três testemunhas, qualquer que seja o procedimento impresso ao processo.

III. O caráter obrigatório da conciliação está na sua tentativa e não na sua celebração.

IV. O juiz é obrigado a homologar acordo celebrado pelas partes.

a) Somente as afirmativas I, II e III estão corretas.

b) Somente as afirmativas I, II e IV estão corretas.

c) Somente as afirmativas I e IV estão corretas.

d) Somente a afirmativa I está correta.

e) Somente as afirmativas I e III estão corretas.

COMENTÁRIOS

✪ **Nota do autor:** Todos os atos que são praticados de forma oral devem ser reduzidos a termo, para que fiquem documentados nos autos. Alguns processualistas denominam essa característica de princípio da documentação ou da escrituração, necessário para conferir segurança jurídica aos atos processuais. Em relação ao item "I", a partir do CPC de 2015, a identidade física do juiz não é mais um princípio do direito processual civil ou do trabalho. Observe-se também que em relação ao item IV, observar que a Resolução nº 217/2017 do TST modificou a redação da Súmula nº 418, nos seguintes termos: **"MANDADO DE SEGURANÇA VISANDO À HOMOLOGAÇÃO DE ACORDO** (nova redação em decorrência do CPC de 2015) – Res. 217/2017 – DEJT divulgado em 20, 24 e 25.04.2017 A homologação de acordo constitui faculdade do juiz, inexistindo direito líquido e certo tutelável pela via do mandado de segurança". Com isso, o TST passa a admitir a possibilidade de atacar decisões que concedem a tutela provisória pela via do mandado de segurança.

Item "I": Correto. O processo do trabalho tem uma oralidade bem mais acentuada se comparado com o processo civil. A oralidade revela-se pelas características citadas na assertiva, notadamente a apresentação da defesa e das razões finais, de forma oral e na própria audiência (ver nota do autor).

Item "II": Incorreta a assertiva, pois a quantidade máxima de testemunhas no rito sumaríssimo e de duas e no inquérito para apuração de falta grave, seis. Tais limites encontra-se estabelecidos no art. 821, parte final e 852-H, § 2º da CLT: "Cada uma das partes não poderá indicar mais de 3 (três) testemunhas, salvo quando se tratar de inquérito, caso em que esse número poderá ser elevado a 6 (seis). Art. 852-H, §2º: "As testemunhas, até o máximo de duas para cada parte, comparecerão à audiência de instrução e julgamento independentemente de intimação".

Item "III": Correto, mesmo porque o processo do trabalho desenvolve-se no âmbito de um órgão judicial. Inclusive, pela redação do art. 846 da CLT observa-se que a postura do Juiz do Trabalho é no sentido de propor a conciliação: "Aberta a audiência, o juiz ou presidente proporá a conciliação". A renovação da proposta de conciliação encontra-se prevista no art. 850 da CLT: "Terminada a instrução, poderão as partes aduzir razões finais, em prazo não excedente de 10 (dez) minutos para cada uma. Em seguida, o juiz ou presidente renovará a proposta de conciliação, e não se realizando esta, será proferida a decisão".

Item "IV": Não há essa obrigatoriedade, pois há casos em que os termos do acordo ofendem normas de ordem pública, inderrogáveis pela vontade das partes. O TST posiciona-se nesse sentido por meio da Súmula nº 418, em sua redação anterior: "A concessão de liminar ou a homologação de acordo constituem faculdade do juiz, inexistindo direito líquido e certo tutelável pela via do mandado de segurança" (ver nota do autor). Assertiva **incorreta.**

Gabarito: E.

---

24. (TRT 15 – Juiz do Trabalho Substituto 15ª Região/2013) Sobre a aplicação do princípio dispositivo no processo do trabalho, é correto- afirmar:

a) o princípio não se aplica aos dissídios coletivos, em razão do que dispõe o artigo 856 da CLT (pelo qual a instância poderá ser instaurada por iniciativa do presidente do tribunal do trabalho);

b) o princípio tem plena aplicação ao processo do trabalho, na mesma intensidade em que historicamente se aplicou ao processo civil;

c) o princípio tem maior aplicação na execução trabalhista;

d) o processo civil se aproximou do processo do trabalho, no que diz respeito ao princípio dispositivo e às possibilidades de impulso oficial, a partir da adoção legislativa do: chamado processo civil sincrético;

e) o princípio não se aplica aos dissídios individuais, em face da previsão do exercício pessoal do "ius postulandi" pelas partes processuais.

COMENTÁRIOS

✪ **Nota do autor:** O grau do caráter inquisitivo do processo do trabalho é bem mais elevado do que aquele presente no processo civil. Observe-se que, com a vigência da Lei nº 13.467/17, o início de ofício da execução, só é possível quando as partes estiverem no exercício do *ius postulandi* (art. 878 da CLT).

Alternativa "a": Incorreta. A Lei nº 7.783/89, art. 8º, derrogou o art. 856 da CLT e excluiu a legitimidade do presidente do Tribunal para instaurar a instância de ofício do dissídio coletivo, em caso de greve, seja originário ou de revisão. Assim, não se aplica mais o princípio inquisitivo nessa situação prevista pelo dispositivo celetista.

Alternativa "b": Pelo contrário. Prevalece no processo do trabalho a aplicação do princípio inquisitivo. É possível ao Juiz do trabalho, sem requerimento da parte, iniciar a execução para cobrança das contribuições previdenciárias, conceder os benefícios da justiça gratuita, corrigir erros materiais, determinar intimação de testemunhas que não comparecerem espontaneamente à audiência, proceder ao interrogatório das partes. Assertiva **incorreta.**

Alternativa "c": Incorreto. Na verdade é na possibilidade de execução de ofício das contribuições previdenciárias que se verifica a maior intensidade do princípio inquisitivo no processo do trabalho.

Alternativa "d": O processo civil utilizou-se de diversas experiências exitosas observadas no processo do trabalho que imprimiram maior celeridade e efetividade ao provimento jurisdicional, inclusive no caso da eliminação da dicotomia entre processo de conhecimento e de execução. **Correto.**

Alternativa "e": Apesar da predominância do princípio inquisitivo no processo do trabalho, não significa que o princípio dispositivo não é aplicado no processo de dissídio individual. Diversos atos processuais trabalhistas dependem ainda da provocação das partes para serem apreciados pelo juiz, inclusive a própria provocação da atuação do Poder Judiciário Trabalhista, por meio da petição inicial verbal ou escrita. **Incorreto.**

Gabarito: D.

---

25. (TRT 15 – Juiz do Trabalho Substituto 15ª Região/2013) Em relação aos princípios do processo do trabalho, considere as seguintes afirmativas:

I. O princípio da identidade física do juiz não se aplica aos juízes do trabalho, consoante a atual jurisprudência do TST;

II. O princípio da ampla defesa informa o processo do trabalho, não se admitindo, em sede processual laboral, o chamado contraditório diferido;

III. Diferentemente da testemunha, o preposto da reclamada pode omitir ou mentir em depoimento, assim como o advogado de defesa em sua contestação, sem qualquer sanção penal ou processual, em razão do princípio "nemo tenetur se detegere" (ninguém pode ser instado a produzir prova contra si mesmo);

Agora, assinale a alternativa correta:

a) são verdadeiras todas as afirmativas;

b) são falsas as afirmativas I, II e III;

c) são verdadeiras as afirmativas II e III;

d) é verdadeira apenas a afirmativa I;

e) são falsas apenas as afirmativas I e III.

COMENTÁRIOS

✪ **Nota do autor:** O princípio da identidade física do juiz encontrava-se previsto no art. 132 do Código de Processo Civil de 1973: "O juiz, titular ou substituto, que concluir a audiência julgará a lide, salvo se estiver convocado, licenciado, afastado por qualquer motivo, promovido ou aposentado, casos em que passará os autos ao seu sucessor". Observe-se que o art. 132 não possui correspondente no CPC de 2015, pois este não adota o princípio da identidade física do juiz. Já o item "II", do art. 557, § 1º – A, do CPC de 1973 corresponde ao art. 932,

V, "a", do CPC de 2015. Por fim, em 2016 o TST alterou a redação da Súmula nº 435, nos seguintes termos: "Aplica-se subsidiariamente ao processo do trabalho o art. 932 do CPC de 2015 (art. 557 do CPC de 1973)".

Item "I": A Súmula nº 136 que previa essa inaplicabilidade foi cancelada pela Resolução do TST nº 185/2012. Esta era a redação do referido verbete: "Não se aplica às Varas do Trabalho o princípio da identidade física do juiz". Alternativa **incorreta.**

Item "II": Incorreta a assertiva. O contraditório diferido é aquele que oportunizado depois que o juízo analisa o pleito, geralmente por meio de recurso. É o que ocorre, por exemplo, com o agravo regimental, por meio do qual a parte pode apresentar sua irresignação ao Colegiado em face da fundamentação da decisão monocrática do relator, como prevê o art. 557, § 1º-A, do CPC de 1973, aplicado ao processo do trabalho de acordo com o entendimento do TST constante da Súmula nº 435: "Aplica-se subsidiariamente ao processo do trabalho o art. 557 do Código de Processo Civil" (ver nota do autor).

Item "III": Apesar da parte ou do seu advogado não serem sujeitos ativos do crime de falso testemunho, faltar com a verdade é classificado como litigância de má-fé, cuja sanção processual é a condenação no pagamento de uma indenização que se reverte em favor da parte contrária. Alternativa **incorreta.**

Gabarito: B.

---

26. (TRT 22 – Juiz do Trabalho Substituto 22ª Região/2013) São princípios do Direito Processual do Trabalho:

a) conciliação e jus postulandi;

b) identidade física do juiz e posição debitória complexa das partes;

c) oralidade e salvaguarda das partes;

d) impulso oficial nas execuções e jus variandi;

e) subsidiariedade do CPC e irrecorribilidade.

COMENTÁRIOS

✪ **Nota do autor:** Os princípios, em Direito, têm três funções básicas. A primeira seria no sentido do princípio funcionar como norma de conduta, denominado de princípio-regra. Servem, também, para orientar a atuação do legislador ordinário e, por fim, funcionam como guia para o intérprete e aplicador da norma ao caso concreto. Em relação a alternativa "b", ressalte-se que o CPC de 2015, não fez qualquer referência ao princípio da identidade física do juiz.

Alternativa "a": Tanto a conciliação quanto o *ius postulandi* constituem princípios do processo do trabalho, o que torna a alternativa **correta**. A conciliação constitui um dos objetivos primeiros do processo do trabalho, porque com ela pode-se obter a paz social, tão necessária para a eliminação ou diminuição dos conflitos entre capital e trabalho. O *ius postulandi* confere às partes a capacidade de postular em juízo sem a necessidade de advogado, tendo sido mantido mesmo após a edição da lei da reforma trabalhista.

Alternativa "b": A posição debitória complexa das partes não faz parte do rol de princípios do processo do trabalho, o que torna a alternativa **incorreta**. Já pelo princípio da identidade física, que se aplica ao processo do trabalho, uma vez distribuída a demanda e o juiz dela tenha tomado conhecimento, fica automaticamente vinculado ao processo respectivo, de forma que deve proferir a decisão, salvo algumas exceções previstas em lei (ver nota do autor).

Alternativa "c": Incorreta a alternativa, já que a salvaguarda das partes não representa um princípio que rege o direito processual do trabalho. Já a oralidade é a tônica do processo do trabalho. Está presente em várias fases e atos processuais, mormente no que diz respeito à possibilidade de apresentação da reclamação trabalhista de forma verbal, inclusive no PJe-JT; defesa oral em vinte minutos; e razões finais orais em dez minutos.

Alternativa "d": O *ius variandi* não é considerado princípio do processo do trabalho, mas um instituto do Direito material do trabalho. Contudo o impulso oficial nas execuções é considerado como princípio do processo do trabalho, o que é representado no processo do trabalho, que é representado pela possibilidade de o juiz iniciar a execução de ofício. **Incorreta.**

Alternativa "e": A subsidiariedade do CPC representa a possibilidade de se recorrer às normas do direito processual comum sempre que inexistir regra processual trabalhista que trate da matéria, desde que não haja incompatibilidade com os seus princípios. Todavia a alternativa é incorreta porque a irrecorribilidade irrestrita não é princípio do processo do trabalho. Ela só se aplica às decisões interlocutórias. **Incorreta.**

Gabarito: A.

---

27. (TRT – JTS 8ª RG/2008) Assinale a alternativa INCORRETA com relação aos princípios norteadores do direito processual do trabalho:

a) oralidade; transcendência e informalidade.

b) celeridade; eventualidade; *jus postulandi.*

c) contraditório; lealdade e boa-fé; dispositivo.

d) protetor; irrenunciabilidade; primazia da realidade.

e) inquisitivo; instrumentalidade das formas processuais; duplo grau de jurisdição.

COMENTÁRIOS

✪ **Nota do autor:** Essa questão está intimamente relacionada com discussão acerca da autonomia ou não do processo laboral. Para os adeptos da teoria dualista, o processo do trabalho tem princípios próprios. Para a teoria monista, os princípios do processo civil e do processo do trabalho são os mesmos, variando apenas quanto a sua intensidade.

Alternativa "a": Correta. O processo do trabalho tem um grau de informalidade mais acentuado do que o processo civil. A oralidade também é a tônica do processo trabalhista e se reflete em vários dispositivos da CLT, como aquele que permite ao reclamado produzir sua defesa oralmente em vinte minutos (art. 847 da CLT). O princípio da transcendência está relacionado com a prova e é também conhecido como princípio do prejuízo.

Alternativa "b": Correta, pois os citados **princípios** são aplicáveis ao processo comum e ao processo laboral, sendo que o *ius postulandi* é regra no último e exceção no primeiro.

Alternativa "c": Correta. Observe-se que o princípio do contraditório tem caráter constitucional e a presença do princípio dispositivo não elimina a utilização do princípio inquisitivo no processo laboral.

Alternativa "d": Incorreta. Com efeito, a irrenunciabilidade e a primazia da realidade são princípios do Direito Material do Trabalho e não do Processo Laboral. A doutrina é vacilante em relação à aplicação do princípio protetor no Processo do Trabalho.

Alternativa "e": Correta, segundo a doutrina processual laboral. Note-se que o princípio do duplo grau de jurisdição não é absoluto. Há casos de decisões irrecorríveis no processo laboral, a exemplo daquelas proferidas no rito previsto pela Lei nº 5.584/70 (valor da causa até dois salários mínimos).

Gabarito: D.

1.2. COMPETÊNCIA

28. (FCC – Juiz do Trabalho/2017) Sobre a competência da Justiça do Trabalho, a Consolidação das Leis do Trabalho e as Súmulas do Tribunal Superior do Trabalho estabelecem:

a) A competência territorial das Varas do Trabalho é determinada pela localidade onde o empregado prestar serviços ao empregador, ainda que tenha sido contratado noutro local ou no estrangeiro, desde que seja o autor da ação.

b) Quando for parte de dissídio agente ou viajante comercial, a competência será da Vara da localidade em que a empresa tenha agência ou filial e a esta o empregado esteja subordinado e, na falta, será competente a Vara do domicílio do empregado ou a da localidade mais próxima.

c) Se o empregado for brasileiro, a Justiça do Trabalho brasileira tem competência para processar e julgar os dissídios ocorridos em agência ou filial no estrangeiro, ainda que haja convenção internacional dispondo em contrário.

d) A Justiça do Trabalho é competente para determinar o recolhimento das contribuições previdenciárias, em relação às sentenças condenatórias em pecúnia que proferir e aos valores, objeto de acordo homologado, que integram o salário de contribuição, inclusive, no caso de reconhecimento de vínculo empregatício, quanto aos salários pagos durante a contratualidade.

e) A Justiça do Trabalho é competente para processar e julgar as ações de indenização por danos morais e materiais decorrentes da relação de trabalho, inclusive as oriundas de acidente de trabalho e doenças a ele equiparados, ainda que propostas pelos dependentes, desde que habilitados no Instituto Nacional do Seguro Social ou sucessores do trabalhador falecido.

COMENTÁRIOS

✪ **Nota do autor:** Em relação à competência da Justiça do Trabalho para executar de ofício as contribuições previdenciárias, observar que a Lei nº 13.467/17 alterou a redação do parágrafo único do art. 876 da CLT: redação anterior: "Parágrafo único. Serão executadas *ex-officio* as contribuições sociais devidas em decorrência de decisão proferida pelos Juízes e Tribunais do Trabalho, resultantes de condenação ou homologação de acordo, inclusive sobre os salários pagos durante o período contratual reconhecido". Redação atual: "Parágrafo único. A Justiça do Trabalho executará, de ofício, as contribuições sociais previstas na alínea a do inciso I e no inciso II do caput do art. 195 da Constituição Federal, e seus acréscimos legais, relativas ao objeto da condenação constante das sentenças que proferir e dos acordos que homologar".

Alternativa "a": Incorreta, pois o critério de aferição da competência pelo local da prestação de serviços independe do fato de o empregado ser reclamante ou reclamado na demanda, conforme se observa do caput do art. 651 da CLT: "A competência das Juntas de Conciliação e Julgamento é determinada pela localidade onde o empregado, reclamante ou reclamado, prestar serviços ao empregador, ainda que tenha sido contratado noutro local ou no estrangeiro."

Alternativa "b": Correta a assertiva pois corresponde ao texto contido no § 1º, art. 651 da CLT: "Quando for parte de dissídio agente ou viajante comercial, a competência será da Junta da localidade em que a empresa tenha agência ou filial e a esta o empregado esteja subordinado e, na falta, será competente a Junta da localização em que o empregado tenha domicílio ou a localidade mais próxima."

Alternativa "c": Incorreta, pois o fato de haver convenção internacional em sentido contrário, exclui-se a competência da Justiça do Trabalho brasileira, na forma da parte final do § 2º, art. 651 da CLT: "A competência das Juntas de Conciliação e Julgamento, estabelecida neste artigo, estende-se aos dissídios ocorridos em agência ou filial no estrangeiro, desde que o empregado seja brasileiro e não haja convenção internacional dispondo em contrário."

Alternativa "d": Incorreta, uma vez que o item I, da Súmula nº 368 do TST não reconhece a competência para recolhimento das contribuições previdenciárias em caso de reconhecimento de vínculo empregatício: "DESCONTOS PREVIDENCIÁRIOS. IMPOSTO DE RENDA. COMPETÊNCIA. RESPONSABILIDADE PELO RECOLHIMENTO. FORMA DE CÁLCULO. FATO GERADOR (aglutinada a parte final da Orientação Jurisprudencial nº 363 da SBDI-I à redação do item II e incluídos os itens IV, V e VI em sessão do Tribunal Pleno realizada em 26.06.2017) – Res. 219/2017, republicada em razão de erro material – DEJT divulgado em 12, 13 e 14.07.2017 I – A Justiça do Trabalho é competente para determinar o recolhimento das contribuições fiscais. A competência da Justiça do Trabalho, quanto à execução das contribuições previdenciárias, limita-se às sentenças condenatórias em pecúnia que proferir e aos valores, objeto de acordo homologado, que integrem o salário de contribuição. (ex-OJ nº 141 da SBDI-1 – inserida em 27.11.1998)."

Alternativa "e": Incorreta visto que a Súmula nº 392 do TST não exige que os dependentes do falecido estejam habilitados perante o INSS para ingressar com ação de indenização por danos morais e materiais: "DANO MORAL E MATERIAL. RELAÇÃO DE TRABALHO. COMPETÊNCIA DA JUSTIÇA DO TRABALHO (redação alterada na sessão do Tribunal Pleno realizada em 27.10.2015) – Res. 200/2015, DEJT divulgado em 29.10.2015 e 03 e 04.11.2015 Nos termos do art. 114, inc. VI, da Constituição da República, a Justiça do Trabalho é competente para processar e julgar ações de indenização por dano moral e material, decorrentes da relação de trabalho, inclusive as oriundas de acidente de trabalho e doenças a ele equiparadas, ainda que propostas pelos dependentes ou sucessores do trabalhador falecido."

Gabarito: B.

---

29. (FCC – Juiz do Trabalho/2017) Em relação à competência da Justiça do Trabalho, em conformidade com a Emenda Constitucional no 45 de 2004, considere:

I. Compete-lhe a execução, de ofício, da contribuição referente ao Seguro de Acidente de Trabalho, pois se destina ao financiamento de benefícios relativos à incapacidade do empregado decorrente de infortúnio no trabalho.

II. Não lhe compete apreciar pedido de complementação de pensão postulada por viúva de ex-empregado, ainda que se trate de pedido que deriva do contrato de trabalho.

III. Compete-lhe processar e julgar ação de interdito proibitório proposta por instituição financeira privada contra o Sindicato dos Trabalhadores da respectiva categoria, por meio da qual se busca garantir o livre acesso de empregados e de clientes à sua agência bancária em decorrência de movimento grevista.

IV. Não lhe compete processar e julgar ação ajuizada contra o ex-empregador, pela esposa de empregado que faleceu em decorrência de acidente do trabalho, postulando dano moral ocasionado pela morte do trabalhador.

Está correto o que se afirma APENAS em

a) II e IV.

b) I e III.

c) I, II e IV.

d) II, III e IV.

e) III.

COMENTÁRIOS

✪ **Nota do autor:** Em 2013 o STF manifestou-se no sentido de reconhecer a incompetência da Justiça do Trabalho para apreciar e julgar pleitos de complementação de aposentadoria, em decisão proferida em sede de recurso extraordinário com repercussão geral reconhecida (RE nº 586453). Por conta disso, o TST deveria ter cancelado ou alterado a redação da OJ nº 26, da SDI1, o que modificaria a resposta do item II desta questão.

Item "I": Correto, uma vez que representa o entendimento do TST quanto à natureza jurídica de contribuição para seguridade social do SAT, na forma da redação da Súmula nº 454: "COMPETÊNCIA DA JUSTIÇA DO TRABALHO. EXECUÇÃO DE OFÍCIO. CONTRIBUIÇÃO SOCIAL REFERENTE AO SEGURO DE ACIDENTE DE TRABALHO (SAT). ARTS. 114, VIII, E 195, I, "A", DA CONSTITUIÇÃO DA REPÚBLICA. (conversão da Orientação Jurisprudencial nº 414 da SBDI-I) – Res. 194/2014, DEJT divulgado em 21, 22 e 23.05.2014 Compete à Justiça do Trabalho a execução, de ofício, da contribuição referente ao Seguro de Acidente de Trabalho (SAT), que tem natureza de contribuição para a seguridade social (arts. 114, VIII, e 195, I, "a", da CF), pois se destina ao financiamento de benefícios relativos à incapacidade do empregado decorrente de infortúnio no trabalho (arts. 11 e 22 da Lei nº 8.212/1991)."

Item "II": Segundo a banca do concurso, essa assertiva estaria **incorreta**, pois contraria o conteúdo da OJ nº 26 da SDI1 do TST: "COMPETÊNCIA DA JUSTIÇA DO TRABALHO. COMPLEMENTAÇÃO DE PENSÃO REQUERIDA POR VIÚVA DE EX-EMPREGADO (inserido dispositivo) – DJ 20.04.2005 A Justiça do Trabalho é competente para apreciar pedido de complementação de pensão postulada por viúva de ex-empregado, por se tratar de pedido que deriva do contrato de trabalho." (ver nota do autor).

Item "III": Essa assertiva decorre da interpretação do inciso II, art. 114 da CF/88, que conferiu à Justiça do Trabalho a competência para dirimir litígios envolvendo o exercício do direito de greve. Inclusive o STF editou a Súmula Vinculante nº 23 nesse sentido: "A Justiça do Trabalho é competente para processar e julgar ação possessória ajuizada em decorrência do exercício do direito de greve pelos trabalhadores da iniciativa privada". Item **correto**.

Item "IV": Incorreto, uma vez que o inciso VI, art. 114, da CF/88 estabelece que a Justiça do Trabalho é competente para apreciar e julgar demandas envolvendo pedido de danos morais ou patrimoniais decorrentes da relação de trabalho. Interpretando esse preceito legal o TST considerou que essa competência estende-se aos casos em que esse pleito é feito pelos dependentes ou sucessores do trabalhador falecido, na forma da Súmula nº 392: "DANO MORAL E MATERIAL. RELAÇÃO DE TRABALHO. COMPETÊNCIA DA JUSTIÇA DO TRABALHO (redação alterada na sessão do Tribunal Pleno realizada em 27.10.2015) – Res. 200/2015, DEJT divulgado em 29.10.2015 e 03 e 04.11.2015 Nos termos do art. 114, inc. VI, da Constituição da República, a Justiça do Trabalho é competente para processar e julgar ações de indenização por dano moral e material, decorrentes da relação de trabalho, inclusive as oriundas de acidente de trabalho e doenças a ele equiparadas, ainda que propostas pelos dependentes ou sucessores do trabalhador falecido."

Gabarito: B.

---

30. (TRT 1 – Juiz do Trabalho Substituto 1ª Região/2016) Um trabalhador foi contratado, no Rio de Janeiro, por uma empresa italiana, com filial na mencionada cidade, para prestar serviços em Milão. Tendo prestado serviços por três anos e não tendo recebido seus créditos, ingressou com uma ação na Justiça Italiana, na qual obteve decisão a si favorável, por sentença devidamente transitada em julgado. Retornando ao Brasil, e fixando domicílio em São Paulo, promoveu a homologação da sentença italiana e pretende agora executá-la. Para tanto, é competente

a) a Vara Cível do Rio de Janeiro, a quem for distribuída a execução.

b) a Vara do Trabalho do Rio de Janeiro, a quem for distribuída a execução.

c) o juízo de Milão, que foi o prolator da sentença.

d) a Vara do Trabalho de São Paulo, a quem for distribuída a execução.

e) a Vara Cível de São Paulo, a quem for distribuída a execução.

COMENTÁRIOS

✪ **Nota do autor:** Não se aplica ao presente caso a hipótese prevista pelo *caput* do art. 651 e seu § 2º, da CLT que pressupõe a prestação de serviços no Brasil, o que não ocorreu nesse caso. Também não se aplica o art. 877 da CLT que pressupõe que juiz nacional tenha proferido sentença ou homologado acordo: "É competente para a execução das decisões o juiz ou presidente do Tribunal que tiver conciliado ou julgado originariamente o dissídio". Como a CLT é omissa, cabe a aplicação subsidiária do CPC, mais precisamente do art. 475-P do Diploma Processual de 1973 ou o seu correspondente no CPC de 2015, art. 516. O juízo competente é a Justiça Federal de primeira instância, na forma prevista pelo art. 109, X, da CF/88: "Art. 109. Aos juízes federais compete processar e julgar: os crimes de ingresso ou permanência irregular de estrangeiro, a execução de carta rogatória, após o "exequatur", e de sentença estrangeira, após a homologação, as causas referentes à nacionalidade, inclusive a respectiva opção, e à naturalização". Já a competência territorial segue a regra geral, ou seja, o local do domicílio do executado, na forma prevista pelo art. 94, *caput*, do CPC de 1973 e art. 46, *caput*, do CPC de 2015.

Alternativa "a": Correta, conforme preceitos contidos no art. 109, X, da CF/88, combinado com o art. 475-P do CPC de 1973 (art. 516 do CPC de 2015) e art. 94, *caput* do CPC de 1973 (art. 46, *caput* do CPC de 2015) de acordo com a explanação contida na nota do autor.

Alternativa "b": Incorreta, pois a competência para execução de sentença estrangeira não é da Justiça do Trabalho, mas sim da Justiça Federal de primeira instância, conforme esclarecimento contido na nota do autor.

Alternativa "c": Incorreta, uma vez que o Judiciário brasileiro tem competência para executar sentença estrangeira homologada pelo STJ, na forma prevista pelo art. 105, I, "i", da Constituição Federal: "Art. 105. Compete ao Superior Tribunal de Justiça: I – processar e julgar, originariamente: i) a homologação de sentenças estrangeiras e a concessão de *exequatur* às cartas rogatórias".

Alternativa "d": Incorreta, uma vez que a competência é da Justiça Federal de primeira instância, na forma prevista pelo art. 109, X, da CF/88: "Art. 109. Aos juízes federais compete processar e julgar: os crimes de ingresso ou permanência irregular de estrangeiro, a execução de carta rogatória, após o "exequatur", e de sentença estrangeira, após a homologação, as causas referentes à nacionalidade, inclusive a respectiva opção, e à naturalização".

Alternativa "e": Incorreta, uma vez que a competência territorial é definida pelo domicílio do executado, na forma prevista pelo art. 94, *caput*, do CPC de 1973 e art. 46, *caput*, do CPC de 2015.

Gabarito: A.

---

31. (TRT 4 – Juiz do Trabalho Substituto 4ª Região/2016) Considere as assertivas abaixo sobre competência em casos de acidente de trabalho.

I. Compete à Justiça do Trabalho julgar as ações que tenham como causa de pedir o descumprimento de normas trabalhistas relativas à segurança, higiene e saúde dos trabalhadores.

II. A ação indenizatória proposta pelos sucessores do trabalhador vítima de acidente de trabalho fatal é de competência da Justiça Estadual, já que se trata de questão de direito civil.

III. A ação indenizatória proposta por servidor público estatutário em razão de acidente de trabalho será de competência da Justiça do Trabalho.

Quais são corretas?

a) Apenas I

b) Apenas II

c) Apenas III

d) Apenas I e II

e) I, II e III

COMENTÁRIOS

✪ **Nota do autor:** Além do processo de ampliação da competência, conseguida por alteração legislativa, a Justiça do Trabalho foi agraciada, também, com a competência para julgar ações envolvendo acidente do trabalho. Entretanto, o referido alargamento de competência efetivou-se em decorrência da interpretação que o Supremo Tribunal Federal fez da nova ordem constitucional, conforme se observa da decisão proferida em processo de conflito de competência entre o TST e o Tribunal de Alçada de Minas Gerais de nº 7.204-1.

Item "I": Correto, pois se encontra de acordo com o entendimento do STF estampado na Súmula nº 736: "Compete à Justiça do Trabalho julgar as ações que tenham como causa de pedir o descumprimento de normas trabalhistas relativas à segurança, higiene e saúde dos trabalhadores".

Item "II": Incorreto. Nesse caso a competência continua sendo da Justiça do Trabalho, de acordo com o posicionamento adotado pelo TST em sua Súmula nº 392: "DANO MORAL E MATERIAL. RELAÇÃO DE TRABALHO. COMPETÊNCIA DA JUSTIÇA DO TRABALHO (redação alterada na sessão do Tribunal Pleno realizada em 27.10.2015) – Res. 200/2015, DEJT divulgado em 29.10.2015 e 03 e 04.11.2015. Nos termos do art. 114, inc. VI, da Constituição da República, a Justiça do Trabalho é competente para processar e julgar ações de indenização por dano moral e material, decorrentes da relação de trabalho, inclusive as oriundas de acidente de trabalho e doenças a ele equiparadas, ainda que propostas pelos dependentes ou sucessores do trabalhador falecido.

Item "III": Incorreto. As demandas envolvendo servidor público estatutário, inclusive relativa a acidente do trabalho, possuem natureza administrativa e, por conta disso, encontram-se afastadas da análise da Justiça do Trabalho. Nesse sentido a decisão proferida pelo STF nos autos da ADI nº 3.395: "INCONSTITUCIONALIDADE. Ação direta. Competência. Justiça do Trabalho. Incompetência reconhecida. Causas entre o Poder Público e seus servidores estatutários. Ações que não se reputam oriundas de relação de trabalho. Conceito estrito desta relação. Feitos da competência da Justiça Comum. Interpretação do art. 114, inc. I, da CF, introduzido pela EC 45/2004. Precedentes. Liminar deferida para excluir outra interpretação. O disposto no art. 114, I, da Constituição da República, não abrange as causas instauradas entre o Poder Público e servidor que lhe seja vinculado por relação jurídico-estatutária" (DJ 10.11.2006).

Gabarito: A.

---

32. (TRT 2 – Juiz do Trabalho Substituto 2ª Região/2016) Em relação à competência da Justiça do Trabalho, segundo a Constituição da República, a atual jurisprudência do Supremo Tribunal Federal e as Súmulas da Jurisprudência Uniforme do Tribunal Superior do Trabalho, para as ações que atualmente venham a ser ajuizadas, analise as seguintes proposições:

I. A Justiça do Trabalho é competente para processar e julgar ação possessória ajuizada em decorrência do exercício do direito de greve pelos trabalhadores da iniciativa privada.

II. A Justiça do Trabalho é competente para processar e julgar ação ajuizada por empregado em face de empregador relativa ao cadastramento no Programa de Integração Social.

III. A Justiça do Trabalho é competente para processar e julgar as ações que tenham como causa de pedir o descumprimento de normas trabalhistas relativas à segurança, higiene e saúde dos trabalhadores.

IV. A Justiça do Trabalho é competente para processar e julgar ação sobre representação sindical, entre sindicatos, entre sindicatos e trabalhadores, e entre sindicatos e empregadores.

V. A Justiça do Trabalho não é competente para processar e julgar as ações ajuizadas contra entidades privadas de previdência buscando-se o complemento de aposentadoria.

Responda:

a) Somente as proposições I, II e III estão corretas.

b) Somente as proposições I, II e V estão corretas.

c) Somente as proposições II, III e IV estão corretas

d) Somente as proposições II, III e V estão corretas.

e) Todas as proposições estão corretas.

COMENTÁRIOS

✪ **Nota do autor:** Excepcionalmente, admite-se a competência da Justiça do Trabalho para dirimir conflito entre a Administração Pública e os seus respectivos servidores regidos por estatuto próprio, quando a matéria envolver medicina, higiene e segurança no trabalho, apesar desse aspecto não ser mencionado expressamente no texto da Súmula nº 736 do STF: "Compete à Justiça do Trabalho julgar as ações que tenham como causa de pedir o descumprimento de normas trabalhistas relativas à segurança, higiene e saúde dos trabalhadores". Nesse sentido a decisão proferida nos autos do Agravo Regimental na Reclamação nº 20744, que teve como Relator o Ministro Roberto Barroso, impetrado pelo Estado de Santa Catarina: "RECLAMAÇÃO. COMPETÊNCIA DA JUSTIÇA DO TRABALHO. ADI 3.395. AÇÃO CIVIL PÚBLICA. CUMPRIMENTO DE NORMAS DE SAÚDE, SEGURANÇA E HIGIENE NO TRABALHO. 1. Não há identidade estrita com o decidido na ADI 3.395-MC o debate sobre a competência da Justiça do Trabalho para julgar ação civil pública, cujo objetivo é impor a ente público o cumprimento de normas relativas ao meio ambiente do trabalho (no caso, hospital público no qual trabalham não apenas servidores estatutários, mas também funcionários terceirizados, submetidos à CLT). 2. Agravo regimental desprovido (DJe 23.02.2016)".

Item "I": Correto. Após muita discussão nas instâncias inferiores, o STF reconheceu a competência da Justiça do Trabalho para processar e julgar essa espécie de demanda, confirmando que o elemento que define a competência é a existência de um conflito decorrente da relação de trabalho e não o fundamento jurídico utilizado na pretensão deduzida em juízo. Eis o texto da Súmula Vinculante nº 23: "A Justiça do Trabalho é competente para processar e julgar ação possessória ajuizada em decorrência do exercício do direito de greve pelos trabalhadores da iniciativa privada".

Item "II": Correto. O cadastramento do empregado no Programa de Integração Social, por meio emissão da RAIS – Relação de Informações Sociais constitui uma obrigação de fazer decorrente da celebração do contrato de trabalho. Ora, se o empregador não cumpre essa obrigação torna-se inadimplente e a Justiça do Trabalho tem competência para julgar a demanda respectiva, seja para obrigar o empregador a incluir o nome do empregado na RAIS, seja para pagar uma indenização compensatória em face do prejuízo causado ao empregado. Nesse sentido é o entendimento do TST constante da Súmula nº 300: COMPETÊNCIA DA JUSTIÇA DO TRABALHO. CADASTRAMENTO NO PIS (mantida) – Res. 121/2003, DJ 19, 20 e 21.11.2003. Compete à Justiça do Trabalho processar e julgar ações ajuizadas por empregados em face de empregadores relativas ao cadastramento no Programa de Integração Social (PIS).

Item "III": Correto, pois está de acordo com a Súmula nº 736 do STF: "Compete à Justiça do Trabalho julgar as ações que tenham como causa de pedir o descumprimento de normas trabalhistas relativas à segurança, higiene e saúde dos trabalhadores". Observe-se que em relação a essa temática, a competência da Justiça do Trabalho envolveria, inclusive, conflito envolvendo servidores públicos estatutários, conforme destacado na nota do autor.

Item "IV": Correto, pois essa competência está definida pela CF/88, em seu Art. 114, III: "Compete à Justiça do Trabalho processar e julgar: III – as ações sobre representação sindical, entre sindicatos, entre sindicatos e trabalhadores, e entre sindicatos e empregadores;

Item "V": Correto. Inclusive o entendimento do TST era justamente no sentido contrário, até o STF proferira a decisão no RE nº 586453, com repercussão geral reconhecida: "Recurso extraordinário Direito Previdenciário e Processual Civil Repercussão geral reconhecida Competência para o processamento de ação ajuizada contra entidade de previdência privada e com o fito de obter complementação de aposentadoria Afirmação da autonomia do Direito Previdenciário em relação ao Direito do Trabalho Litígio de natureza eminentemente constitucional, cuja solução deve buscar trazer maior efetividade e racionalidade ao sistema Recurso provido para afirmar a competência da Justiça comum para o processamento da demanda – Modulação dos efeitos do julgamento, para manter, na Justiça Federal do Trabalho, até final execução, todos os processos dessa espécie em que já tenha sido proferida sentença de mérito, até o dia da conclusão do julgamento do recurso (20/2/13). 1. A competência para o processamento de ações ajuizadas contra entidades privadas de previdência complementar é da Justiça comum, dada a autonomia do Direito Previdenciário em relação ao Direito do Trabalho. Inteligência do art. 202, § 2º, da Constituição Federal a excepcionar, na análise desse tipo de matéria, a norma do art. 114, inciso IX, da Magna Carta. 2. Quando, como ocorre no presente caso, o intérprete está diante de controvérsia em que há fundamentos constitucionais para se adotar mais de uma solução possível, deve ele optar por aquela que efetivamente trará maior efetividade e racionalidade ao sistema. 3. Recurso extraordinário de que se conhece e ao qual se dá provimento para firmar a competência da Justiça comum para o processamento de demandas ajuizadas contra entidades privadas de previdência buscando-se o complemento de aposentadoria. 4. Modulação dos efeitos da decisão para reconhecer a competência da Justiça Federal do Trabalho para processar e julgar, até o trânsito em julgado e a correspondente execução, todas as causas da espécie em que houver sido proferida sentença de mérito até a data da conclusão, pelo Plenário do Supremo Tribunal Federal, do julgamento do presente recurso (20/2/2013). 5. Reconhecimento, ainda, da inexistência de repercussão geral quanto ao alcance da prescrição de ação tendente a questionar as parcelas referentes à aludida complementação, bem como quanto à extensão de vantagem a aposentados que tenham obtido a complementação de aposentadoria por entidade de previdência privada sem que tenha havido o respectivo custeio" (grifou-se).

Gabarito: E.

---

33. (TRT 2 – Juiz do Trabalho Substituto 2ª Região/2016) Em relação à competência dos órgãos da Justiça do Trabalho, segundo a Constituição da República, a Consolidação das Leis do Trabalho, a atual jurisprudência do Supremo Tribunal Federal e do Superior Tribunal de Justiça e as Súmulas da Jurisprudência Uniforme do Tribunal Superior do Trabalho, analise as seguintes proposições:

I. Não se configura conflito de competência entre Tribunal Regional do Trabalho e Vara do Trabalho a ele vinculada.

II. Compete ao próprio Tribunal Regional do Trabalho dirimir o conflito de competência entre juízes trabalhistas vinculados ao mesmo Tribunal Regional do Trabalho; no entanto, tratando-se de conflito de competência entre juízes trabalhistas vinculados a Tribunais Regionais do Trabalho distintos, compete ao Superior Tribunal de Justiça dirimir o conflito de competência.

III. Na lide trabalhista, compete ao Tribunal Regional do Trabalho dirimir o conflito de competência entre juiz trabalhista e juiz estadual investido de jurisdição trabalhista na mesma Região.

IV. Na Justiça do Trabalho, a decisão interlocutória que acolhe exceção de incompetência territorial, com a remessa dos autos para outra Vara do Trabalho, vinculada ao mesmo Tribunal Regional do Trabalho a que se vincula o juízo excepcionado, enseja recurso imediato.

V. E competente o Tribunal Regional do Trabalho para julgar mandado de segurança contra ato de seu presidente em execução de sentença trabalhista.

Responda:

a) Somente as proposições I, II e III estão corretas.

b) Somente as proposições I, III e V estão corretas.

c) Somente as proposições II, III e IV estão corretas.

d) Somente as proposições II, III e V estão corretas.

e) Todas as proposições estão corretas.

COMENTÁRIOS

✪ **Nota do autor:** Não há como conceber um conflito entre Órgãos Judiciais que se relacionam hierarquicamente, ou seja, não haveria lógica em se admitir um conflito de competência entre o Órgão inferior e Órgão imediatamente superior, como aconteceria com o conflito entre uma Vara do Trabalho e o respectivo Tribunal Regional do Trabalho. Isso porque a decisão proferida pela Vara do Trabalho é passível de recurso para o TRT e este, por sua vez, definiria qual o Órgão competente para julgar a demanda.

Item "I": Correto, pois corresponde ao posicionamento do TST adotado pela Súmula nº 420: "COMPETÊNCIA FUNCIONAL. CONFLITO NEGATIVO. TRT E VARA DO TRABALHO DE IDÊNTICA REGIÃO. NÃO CONFIGURAÇÃO (conversão da Orientação Jurisprudencial nº 115 da SBDI-II) – Res. 137/2005, DJ 22, 23 e 24.08.2005 Não24.08.2005. Não se configura conflito de competência entre Tribunal Regional do Trabalho e Vara do Trabalho a ele vinculada.

Item "II": Incorreto. Apesar da assertiva contida na primeira parte da alternativa está correta, a segunda parte contraria o entendimento exposto na Súmula nº 236 do STJ: "Não compete ao Superior Tribunal de Justiça dirimir conflitos de competência entre juízes trabalhistas vinculados a Tribunais Regionais do Trabalho diversos". Nesse caso, a competência é do Tribunal Superior do Trabalho.

Item "III": Correto. Essa definição de competência está estabelecida na CLT em seu art. 678, I, c-3: "Art. 678 – Aos Tribunais Regionais, quando divididos em Turmas, compete: I – ao Tribunal Pleno, especialmente: c) processar e julgar em última instância: 3) os conflitos de jurisdição entre as suas Turmas, os juízes de direito investidos na jurisdição trabalhista, as Juntas de Conciliação e Julgamento, ou entre aqueles e estas".

Item "IV": Incorreto. Na verdade a regra é pela irrecorribilidade das decisões interlocutórias, salvo nos casos expressamente previstos em lei. Haveria possibilidade de recurso imediato se julgada procedente a exceção e remetida para Vara do Trabalho vinculada a outro Regional, conforme se observa da Súmula nº 214, "c", do TST: DECISÃO INTERLOCUTÓRIA. IRRECORRIBILIDADE (nova redação) – Res. 127/2005, DJ 14, 15 e 16.03.2005. Na Justiça do Trabalho, nos termos do art. 893, § 1º, da CLT, as decisões interlocutórias não ensejam recurso imediato, salvo nas hipóteses de decisão: a) de Tribunal Regional do Trabalho contrária à Súmula ou Orientação Jurisprudencial do Tribunal Superior do Trabalho; b) suscetível de impugnação mediante recurso para o mesmo Tribunal; c) que acolhe exceção de incompetência territorial, com a remessa dos autos para Tribunal Regional distinto daquele a que se vincula o juízo excepcionado, consoante o disposto no art. 799, § 2º, da CLT.

Item "V": Correto, conforme posicionamento adotado pelo STF em sua Súmula nº 433: É competente o Tribunal Regional do Trabalho para julgar mandado de segurança contra ato de seu presidente em execução de sentença trabalhista.

Gabarito: B.

---

34. (TRT 4 – Juiz do Trabalho Substituto 4ª Região/2016) Considere as assertivas abaixo sobre competência da Justiça do Trabalho.

I. É competente a Justiça do Trabalho para processar e julgar mandado de segurança contra ato do Delegado Regional do Trabalho que negou a liberação de parcelas de seguro-desemprego de empregado incluído em programa de demissão voluntária.

II. É competente a Justiça do Trabalho para processar e julgar ação movida por servidor admitido mediante contrato administrativo por tempo determinado para atender necessidade temporária de excepcional interesse público quando houver alegação de desvirtuamento da contratação.

III. É competente a Justiça do Trabalho para executar, de ofício, as contribuições previdenciárias destinadas ao "Sistema S" incidentes sobre os valores acordados perante a Comissão de Conciliação Prévia.

Quais são incorretas?

a) Apenas I

b) Apenas II

c) Apenas III

d) Apenas I e II

e) I, II e III

COMENTÁRIOS

✪ **Nota do autor:** As questões relativas à competência para dirimir conflitos de servidores públicos devem ser balizadas pela decisão proferida nos autos da ADI nº 3.395: "INCONSTITUCIONALIDADE. Ação direta. Competência. Justiça do Trabalho. Incompetência reconhecida. Causas entre o Poder Público e seus servidores estatutários. Ações que não se reputam oriundas de relação de trabalho. Conceito estrito desta relação.

Feitos da competência da Justiça Comum. Interpretação do art. 114, inc. I, da CF, introduzido pela EC 45/2004. Precedentes. Liminar deferida para excluir outra interpretação. O disposto no art. 114, I, da Constituição da República, não abrange as causas instauradas entre o Poder Público e servidor que lhe seja vinculado por relação jurídico-estatutária".

Item "I": Incorreto. Com efeito, a competência da Justiça do Trabalho se limita à apreciação das ações relativas às penalidades administrativas impostas aos empregadores pelos órgãos de fiscalização das relações de trabalho, conforme art. 114, VII da CF/88. Como não se trata de ato de delegado regional do trabalho que nega benefício ao empregado, não pode ser classificado na hipótese de competência mencionada. Consequentemente, o mandado de segurança deve ser interpretado na Justiça Federal. Nesse sentido a decisão a seguir transcrita: "A competência para julgar mandado de segurança contra ato de Delegado Regional do Trabalho (autoridade federal) é da Justiça Federal, porque se trata de matéria de índole administrativa e não trabalhista, nos termos do artigo 109, VIII, da Constituição Federal. Precedentes. Recurso de revista de que se conhece e a que se dá provimento (TST – RR: 1498007920085020022 149800-79.2008.5.02.0022, Relator: Guilherme Augusto Caputo Bastos, Data de Julgamento: 23/10/2013, 5ª Turma, Data de Publicação: DEJT 30/10/2013).

Item "II": Incorreto, pois nesse caso a relação travada com o Estado tem natureza administrativa e não trabalhista, atraindo a competência da Justiça Comum. Nesse sentido a decisão a seguir transcrita: "RECLAMAÇÃO. CONSTITUCIONAL. ADMINISTRATIVO. CONTRATO TEMPORÁRIO. VÍNCULO JURÍDICO-ADMINISTRATIVO. DESCUMPRIMENTO DA AÇÃO DIRETA DE INCONSTITUCIONALIDADE N. 3.395/DF. COMPETÊNCIA DA JUSTIÇA COMUM. 1. Contrato firmado entre o Reclamante e o Interessado tem natureza jurídico-administrativa, duração temporária e submete-se a regime específico, estabelecido pela Lei sergipana n. 2.781/1990, regulamentada pelo Decreto n. 11.203/1990. 2. Incompetência da Justiça Trabalhista para o processamento e o julgamento das causas que envolvam o Poder Público e servidores que sejam vinculados a ele por relação jurídico-administrativa. Precedentes. 3. Reclamação julgada procedente (STF – Rcl: 4904 SE, Relator: Min. CÁRMEN LÚCIA, Data de Julgamento: 21.08.2008, Tribunal Pleno, Data de Publicação: DJe 17.10.2008).

Item "III": Incorreto. A jurisprudência já consolidou o entendimento no sentido de não estender a competência da Justiça do Trabalho definida no art. 114, VIII (VIII a execução, de ofício, das contribuições sociais previstas no art. 195, I, a , e II, e seus acréscimos legais, decorrentes das sentenças que proferir) para a hipótese de cobrança das contribuições relativas a terceiros, como SESC, SENAI, SESI etc., conforme se pode observar do teor da decisão a seguir transcrita: "À luz do art. 240, da Constituição Federal, é possível instituir a cobrança de contribuições compulsórias dos empregadores sobre a folha de salários destinadas às entidades privadas de serviço social e de formação profissional vinculada ao sistema sindical intituladas de "terceiros". Tais contribuições, contudo, não são receitas da previdência social, competindo a esta tão-somente arrecadar, fiscalizar e cobrar tais valores, repassando-os, posteriormente, às referidas entidades. Sendo assim, segue-se que esta Justiça não possui competência para executá-las, em face do que estabelece o art. 114, § 3º, da mesma Carta Magna (TRT-5 – AP: 01311003420095050023 BA 0131100-34.2009.5.05.0023, Relator: DALILA ANDRADE, 2ª. TURMA, Data de Publicação: DJ 12.03.2015)

Gabarito: E.

---

35. (TRT 8 – Juiz do Trabalho Substituto 8ª Região/2014) Dentre as alternativas dessa questão, escolha a CORRETA:

a) Compete à Justiça do Trabalho a execução, de ofício, da contribuição referente ao Seguro de Acidente de Trabalho (SAT), que tem natureza de contribuição para a seguridade social (arts. 114, VIII, e 195, I, "a", da CF), pois se destina ao financiamento de benefícios relativos à incapacidade do empregado decorrente de infortúnio no trabalho (arts. 11 e 22 da Lei nº 8.212/1991).

b) Quanto aos direitos e vantagens trabalhistas declarados na sentença proferida em relação ao período anterior à Lei nº 8.112/90, mesmo que a ação tenha sido ajuizada após a edição da referida lei, afasta a competência da Justiça do Trabalho para executar o referido título executivo, devendo a execução, nesse caso, ser procedida pela Justiça Comum.

c) Na execução por carta precatória, os embargos de terceiro serão oferecidos no juízo deprecante ou no juízo deprecado, mas a competência para julgá-los é do juízo deprecante, quando versarem, unicamente, sobre vícios ou irregularidades da penhora, avaliação ou alienação dos bens, visto que a carta precatória é emanada do Juízo deprecante.

d) A decretação da falência ou o deferimento do processamento da recuperação judicial suspende o curso das execuções em face do devedor e terá prosseguimento no juízo falimentar a ação que demandar quantia líquida ou ilíquida.

e) Expirado o prazo da recuperação judicial, e após o fim da suspensão do curso das ações, as execuções trabalhistas poderão ser normalmente concluídas na Justiça do Trabalho, salvo se o crédito já esteja inscrito no quadro geral de credores, caso em que continuará se processando perante aquele Juízo.

COMENTÁRIOS

✪ **Nota do autor:** Recentes decisões do TST são no sentido de afastar a competência da Justiça do Trabalho para executar a contribuição social devida a terceiros: SÚMULA Nº 36 do TRT1. CONTRIBUIÇÕES SOCIAIS DESTINADAS A TERCEIROS. INCOMPETÊNCIA ABSOLUTA. A

Justiça do Trabalho é incompetente para a execução de contribuições em favor de terceiros, destinadas ao denominado "Sistema S".

Alternativa "a": Súmula nº 454 do TST consolidou o entendimento no sentido de incluir a contribuição social do SAT – Seguro Acidente de Trabalho no rol da competência da Justiça do Trabalho. "Compete à Justiça do Trabalho a execução, de ofício, da contribuição referente ao Seguro de Acidente de Trabalho (SAT), que tem natureza de contribuição para a seguridade social (arts. 114, VIII, e 195, I, "a", da CF), pois se destina ao financiamento de benefícios relativos à incapacidade do empregado decorrente de infortúnio no trabalho (arts. 11 e 22 da Lei nº 8.212/1991)". **Correta** a assertiva.

Alternativa "b": Trata-se da denominada competência residual da Justiça do Trabalho em decorrência de implantação de regime jurídico único estatutário na Administração Pública. Assim, a assertiva é considerada **incorreta,** pois contraria o texto da OJ nº 138, da SDI-1, do TST: "Compete à Justiça do Trabalho julgar pedidos de direitos e vantagens previstos na legislação trabalhista referente a período anterior à Lei nº 8.112/90, mesmo que a ação tenha sido ajuizada após a edição da referida lei. A superveniência de regime estatutário em substituição ao celetista, mesmo após a sentença, limita a execução ao período celetista".

Alternativa "c". A primeira parte da assertiva está correta. Mas não se pode dizer o mesmo em relação à segunda parte. Isso porque em caso de vícios ou irregularidades da penhora, avaliação ou alienação dos bens, a competência para julgamento é do juízo deprecado. Alternativa **incorreta** por contrariar a orientação contida na Súmula nº 419 do TST: "Na execução por carta precatória, os embargos de terceiro serão oferecidos no juízo deprecante ou no juízo deprecado, mas a competência para julgá-los é do juízo deprecante, salvo se versarem, unicamente, sobre vícios ou irregularidades da penhora, avaliação ou alienação dos bens, praticados pelo juízo deprecado, em que a competência será deste último". Por conta da edição do CPC de 2015, a redação dessa Súmula foi alterada nos seguintes termos: "COMPETÊNCIA. EMBARGOS DE TERCEIRO. EXECUÇÃO POR CARTA PRECATÓRIA. JUÍZO DEPRECADO. (alterada em decorrência do CPC de 2015) – Res. 212/2016, DEJT divulgado em 20, 21 e 22.09.2016. Na execução por carta precatória, os embargos de terceiro serão oferecidos no juízo deprecado, salvo se indicado pelo juízo deprecante o bem constrito ou se já devolvida a carta (art. 676, parágrafo único, do CPC de 2015)"

Alternativa "d": O equívoco dessa assertiva estava no fato de ter afirmado que teria prosseguimento no juízo falimentar a ação que demandar quantia ilíquida. Incorreta a assertiva, posto que contrariava o preceito contido na redação anterior do art. 6º. *caput* e § 1º, da Lei 11.101/05. "Art. 6º A decretação da falência ou o deferimento do processamento da recuperação judicial suspende o curso da prescrição e de todas as ações e execuções em face do devedor, inclusive aquelas dos credores particulares do sócio solidário".

Atualmente, a redação desse dispositivo legal é a seguinte "Art. 6º A decretação da falência ou o deferimento do processamento da recuperação judicial implica: (Redação dada pela Lei nº 14.112, de 2020) (Vigência)".

Alternativa "e": Na verdade, a lei dispunha justamente em sentido contrário, ao afirmar que após a suspensão as execuções trabalhistas seriam concluídas normalmente, ainda que o crédito já estivesse inscrito no quadro-geral de credores. Incorreta a assertiva, pois em desacordo com a redação anterior do art. 6º. caput e § 5º, da Lei 11.101/05: "§ 5º Aplica-se o disposto no § 2º deste artigo à recuperação judicial durante o período de suspensão de que trata o § 4º deste artigo, mas, após o fim da suspensão, as execuções trabalhistas poderão ser normalmente concluídas, ainda que o crédito já esteja inscrito no quadro-geral de credores."

A atual redação desse dispositivo legal é a seguinte: "§ 5º O disposto no § 2º deste artigo aplica-se à recuperação judicial durante o período de suspensão de que trata o § 4º deste artigo. (Redação dada pela Lei nº 14.112, de 2020)".

Gabarito: A.

---

36. (TRT 8 – Juiz do Trabalho Substituto 8ª Região/2014) NÃO compete às Varas do Trabalho:

a) Conciliar e julgar os dissídios em que se pretenda o reconhecimento da estabilidade de empregado.

b) Processar e julgar os inquéritos para apuração de falta grave.

c) Julgar os embargos de declaração opostos às suas próprias decisões.

d) As ações entre trabalhadores portuários e os operadores portuários ou o Órgão Gestor de Mão-de-Obra – OGMO decorrentes da relação de trabalho.

e) Julgar as suspeições arguidas contra os seus juízes titulares ou substitutos.

COMENTÁRIOS

✪ **Nota do autor:** À época em que a CLT foi editada, a Junta de Conciliação e Julgamento, órgão de primeira instância, era constituída pelo Juiz Presidente e por dois Juízes Classistas temporários, ou seja, era um órgão colegiado. Essa circunstância justificava a possibilidade do próprio órgão decidir sobre a suspeição ou impedimento de um de seus membros, como determina o art. 653, alínea "c" da CLT. Essa questão influencia na análise da alternativa "e" desta pergunta. Observa-se, na alternativa "e", que o art. 313 do CPC de 1973 corresponde ao 146, §1º, do CPC de 2015 e que a nova Consolidação dos Provimentos da Corregedoria-Geral da Justiça do Trabalho passou a disciplinar essa matéria no art. 20, com a seguinte redação: "Se o juiz de 1º grau não reconhecer o impedimento ou a suspeição alegada, será aplicado o procedimento previsto no art. 146 do Código de Processo Civil, exceto, quanto a este último, na parte relativa à condenação às custas ao magistrado"

Alternativa "a": Correta a alternativa, de acordo com o preceito contido no art. 652, alínea "a", I da CLT: "I – os dissídios em que pretende o reconhecimento da estabilidade de empregado".

Alternativa "b": Correta a alternativa, de acordo com o preceito contido no art. 652, alínea "b" da CLT: "b) processar e julgar os inquéritos para apuração de falta grave".

Alternativa "c": Correta a alternativa, de acordo com o preceito contido no art. 652, alínea "c" da CLT: "c) julgar os embargos opostos às suas próprias decisões".

Alternativa "d": Correta a alternativa, de acordo com o preceito contido no art. 652, alínea "a", V da CLT: "V – as ações entre trabalhadores portuários e os operadores portuários ou o Órgão Gestor de Mão-de-Obra – OGMO decorrentes da relação do trabalho".

Alternativa "e": Pela literalidade da norma, essa assertiva estaria correta. O preceito está contido no art. 653, alínea "c" da CLT: "Compete, ainda, às Juntas de Conciliação e Julgamento: c) julgar as suspeições arguidas contra os seus membros". Todavia, a Consolidação dos Provimentos da Corregedoria-Geral da Justiça do Trabalho, em seu art. 12, estabelece que, em tais situações, deve-se observar o procedimento previsto pelo art. 313 do Código de Processo Civil de 1973: "Art. 313. Despachando a petição, o juiz, se reconhecer o impedimento ou a suspeição, ordenará a remessa dos autos ao seu substituto legal; em caso contrário, dentro de 10 (dez) dias, dará as suas razões, acompanhadas de documentos e de rol de testemunhas, se houver, ordenando a remessa dos autos ao tribunal" (ver nota do autor). Alternativa **incorreta.**

Gabarito: E.

---

37. (TRT 8 – Juiz do Trabalho Substituto 8ª Região/2014) Em relação aos conflitos de jurisdição, assinale a alternativa INCORRETA:

a) Os conflitos de jurisdição podem ocorrer entre Tribunais Regionais do Trabalho.

b) Ocorre quando ambas as autoridades se considerarem competentes ou quando ambas as autoridades se considerarem incompetentes.

c) É vedado à parte interessada suscitar conflitos de jurisdição quando já houver oposto na causa exceção de incompetência.

d) Nos conflitos de jurisdição entre as Varas do Trabalho e os Juízos de Direito, os mesmos serão dirimidos pelo Supremo Tribunal Federal, de acordo com o artigo 808 da CLT.

e) Os conflitos de jurisdição podem ser suscitados pelos Juízes e Tribunais do Trabalho.

COMENTÁRIOS

✪ **Nota do autor:** Observe-se que a CLT utiliza a expressão "conflito de jurisdição" quando o mais correto tecnicamente seria "conflito de competência", como consta no Código de Processo Civil de 1973 e no CPC de 2015.

Alternativa "a": Essa previsão está contida no art. 803, alínea "b" da CLT de forma expressa. **Correta.**

Alternativa "b": No primeiro caso, a hipótese será de conflito positivo e no segundo, de conflito negativo de competência, na forma prevista pelo art. 804, alíneas a e b da CLT. **Correta.**

Alternativa "c": Nesse caso, haveria uma espécie de preclusão consumativa. **Correta** a assertiva, pois corresponde ao texto do art. 806 da CLT: "É vedado à parte interessada suscitar conflitos de jurisdição quando já houver oposto na causa exceção de incompetência".

Alternativa "d": Incorreta essa assertiva, pois nesse caso a competência seria do Tribunal Regional do Trabalho, de acordo com o disposto no art. 808, alínea "a", da CLT: "a) pelos Tribunais Regionais, os suscitados entre Juntas e entre Juízos de Direito, ou entre uma e outras, nas respectivas regiões".

Alternativa "e": Essa prerrogativa encontra-se garantida pelo art. 805, alínea a, da CLT: "a) pelos Juízes e Tribunais do Trabalho". **Correta.**

Gabarito: D.

---

38. (TRT 3 – Juiz do Trabalho Substituto 3ª Região/2014) Em matéria de competência, a partir das súmulas dos Tribunais Superiores (TST e STJ), NÃO é correto afirmar que:

a) Na execução por carta precatória, os embargos de terceiro serão oferecidos no juízo deprecante ou no juízo deprecado, mas a competência para julgá-los é do juízo deprecante, salvo se versarem, unicamente, sobre vícios ou irregularidades da penhora, avaliação ou alienação dos bens, praticados pelo juízo deprecado, em que a competência será deste último.

b) A competência para processar e julgar as demandas que têm por objeto obrigações decorrentes dos planos de previdência privada firmados com a Fundação Rede Ferroviária de Seguridade Social – REFER é da Justiça Federal.

c) Nos termos do art. 114, inc. VI, da Constituição da República, a Justiça do Trabalho é competente para processar e julgar ações de indenização por dano moral e material, decorrentes da relação de trabalho, inclusive as oriundas de acidente de trabalho e doenças a ele equiparadas.

d) Compete à Justiça do Trabalho processar e julgar ações ajuizadas por empregados em face de empregadores relativas ao cadastramento no Programa de Integração Social (PIS).

e) Compete à Justiça estadual processar e julgar a ação de cobrança ajuizada por profissional liberal contra cliente.

COMENTÁRIOS

✪ **Nota do autor:** Antes da promulgação da Emenda Constitucional nº 45/2004, que ampliou significativamente a competência da Justiça Laboral, a jurisprudência já havia desempenhado um importante papel ao delimitar a competência desse ramo do Poder Judiciário, principalmente pelas Súmulas do STF, STJ e TST.

Alternativa "a": Correta. Na execução por carta precatória, os embargos de terceiro serão oferecidos no juízo deprecante ou no juízo deprecado, mas a competência para julgá-los é do juízo deprecante, salvo se versarem, unicamente, sobre vícios ou irregularidades da penhora, avaliação ou alienação dos bens, praticados pelo juízo deprecado, em que a competência será deste último. Essa é a redação da Súmula nº 419 do TST que coincidia com o texto dessa alternativa. Por conta da edição do CPC de 2015, a redação dessa Súmula foi alterada nos seguintes termos: "COMPETÊNCIA. EMBARGOS DE TERCEIRO. EXECUÇÃO POR CARTA PRECATÓRIA. JUÍZO DEPRECADO. (alterada em decorrência do CPC de 2015) – Res. 212/2016, DEJT divulgado em 20, 21 e 22.09.2016. Na execução por carta precatória, os embargos de terceiro serão oferecidos no juízo deprecado, salvo se indicado pelo juízo deprecante o bem constrito ou se já devolvida a carta (art. 676, parágrafo único, do CPC de 2015)".

Alternativa "b": A competência para processar e julgar as demandas que têm por objeto obrigações decorrentes dos contratos de planos de previdência privada firmados com a Fundação Rede Ferroviária de Seguridade Social – REFER é da Justiça estadual. Essa é a redação da Súmula nº 505 do STJ que difere do texto dessa alternativa ao afirmar que a competência seria da Justiça Federal. **Incorreta.**

Alternativa "c": Nos termos do art. 114, inc. VI, da Constituição da República, a Justiça do Trabalho é competente para processar e julgar ações de indenização por dano moral e material, decorrentes da relação de trabalho, inclusive as oriundas de acidente de trabalho e doenças a ele equiparadas. Essa é a redação da Súmula nº 392 do TST que coincide com o texto dessa alternativa. **Correta.**

Alternativa "d": Compete à Justiça do Trabalho processar e julgar ações ajuizadas por empregados em face de empregadores relativas ao cadastramento no Programa de Integração Social (PIS). Essa é a redação da Súmula nº 300 do TST que coincide com o texto dessa alternativa. **Correta.**

Alternativa "e": Compete à Justiça estadual processar e julgar a ação de cobrança ajuizada por profissional liberal contra cliente. Essa é a redação da Súmula nº 363 do STJ que coincide com o texto dessa alternativa. **Correta.**

Gabarito: B.

---

39. (FCC – Juiz do Trabalho Substituto 18ª Região/2014) Com relação aos conflitos de competência no Processo do Trabalho:

a) Não ocorrem entre Varas do Trabalho e Juízes de Direito investidos na jurisdição da Justiça do Trabalho.

b) Não se configura conflito de competência entre Tribunal Regional do Trabalho e Vara do Trabalho a ele vinculada.

c) É admitido à parte interessada suscitar conflitos de jurisdição, ainda que já tenha oposto na causa exceção de incompetência.

d) Os conflitos de competência suscitados entre os Tribunais Regionais do Trabalho, ou entre Varas do Trabalho e Juízes de Direito sujeitos à jurisdição de Tribunais Regionais diferentes, serão resolvidos pelo Superior Tribunal de Justiça.

e) Compete ao Superior Tribunal de Justiça julgar os conflitos de competência entre o Tribunal Superior do Trabalho e qualquer outro tribunal, exceto se o conflito se der com outro Tribunal Superior.

COMENTÁRIOS

✪ **Nota do autor:** Uma vez acolhida a arguição de incompetência absoluta, por provocação ou de ofício, os autos são remetidos para o juízo competente, a quem caberá declarar a nulidade dos atos decisórios praticados pelo juízo incompetente.

Alternativa "a": Há essa possibilidade sim e, inclusive, está prevista expressamente pelo art. 803, alínea "a", da CLT: "a) Juntas de Conciliação e Julgamento e Juízes de Direito investidos na administração da Justiça do Trabalho". **Incorreta.**

Alternativa "b": A jurisprudência pacificou esse entendimento por meio da Súmula nº 420 do TST, que tem a seguinte redação: "Não se configura conflito de competência entre Tribunal Regional do Trabalho e Vara do Trabalho a ele vinculada". **Correta.**

Alternativa "c": A regra legal é justamente em sentido contrário, conforme se observa do preceito contido no art. 806 da CLT: "É vedado à parte interessada suscitar conflitos de jurisdição quando já houver oposto na causa exceção de incompetência". **Incorreta.**

Alternativa "d": Incorreta. Nesse caso a competência caberia ao Tribunal Superior do Trabalho, na forma do art. 808, alínea b da CLT: "b) pela Câmara de Justiça do Trabalho, os suscitados entre Tribunais Regionais, ou entre Juntas e Juízos de Direito sujeitos à jurisdição de Tribunais Regionais diferentes". Lembrar que "Câmara de Justiça do Trabalho" era a antiga designação de um Órgão do Conselho Nacional do Trabalho, antecessor do Tribunal Superior do Trabalho.

Alternativa "e": Nessa hipótese, a competência para solucionar o conflito é do STF, de acordo com o que reza o art. 102, alínea o da CF: "Compete ao Supremo Tribunal Federal, precipuamente, a guarda da Constituição, cabendo-lhe: I – processar e julgar, originariamente: o) os conflitos de competência entre o Superior Tribunal de Justiça e quaisquer tribunais, entre Tribunais Superiores, ou entre estes e qualquer outro tribunal". **Incorreta.**

Gabarito: B.

40. (FCC – Juiz do Trabalho Substituto 18ª Região/2014) Com relação à competência no Processo do Trabalho:

a) É de competência funcional dos Tribunais Regionais ou suas Turmas, dentre outras, julgar as suspeições arguidas contra seus membros e fiscalizar o cumprimento de suas próprias decisões.

b) Havendo competência da Justiça do Trabalho brasileira para julgar os dissídios havidos entre empregados brasileiros e estrangeiros transferidos para prestarem serviços no exterior, a legislação aplicável à relação jurídica trabalhista será regida pelas leis vigentes no país da prestação de serviço e não por aquelas do local da contratação.

c) Não é de competência funcional, hierárquica ou interna das Varas do Trabalho, impor multas e demais penalidades relativas aos atos de sua competência.

d) É de competência funcional dos Tribunais Regionais do Trabalho não divididos em Turmas, entre outras, processar e julgar em única ou última instância a extensão das decisões proferidas em dissídios coletivos e as ações rescisórias das decisões das Varas do Trabalho.

e) A Justiça do Trabalho brasileira possui competência para dirimir controvérsias decorrentes da relação de trabalho quando o empregado seja estrangeiro ou brasileiro e trabalhe para empresa brasileira no exterior, desde que não haja convenção internacional dispondo em contrário.

COMENTÁRIOS

✪ Nota do autor: A CLT dispõe sobre a competência do órgão de primeira instância da Justiça do Trabalho em seus arts. 652 e 653, mas de forma meramente exemplificativa.

Alternativa "a": Essa competência encontra-se definida pelo art. 680, alíneas "b" e "d", da CLT: "Compete, ainda, aos Tribunais Regionais, ou suas Turmas: b) fiscalizar o comprimento de suas próprias decisões; d) julgar as suspeições arguidas contra seus membros". **Correta.**

Alternativa "b": Nesse caso, será aplicada a lei mais benéfica, de acordo com o art. 3º, II, da Lei 7.064/82: "Art. 3º – A empresa responsável pelo contrato de trabalho do empregado transferido assegurar-lhe-á, independentemente da observância da legislação do local da execução dos serviços: II – a aplicação da legislação brasileira de proteção ao trabalho, naquilo que não for incompatível com o disposto nesta Lei, quando mais favorável do que a legislação territorial, no conjunto de normas e em relação a cada matéria". **Incorreta.**

Alternativa "c": A determinação da norma jurídica é em sentido oposto (art. 652, alínea "d", da CLT: "d) impor multas e demais penalidades relativas aos atos de sua competência"). **Incorreta.**

Alternativa "d": Incorreta, pois segundo o art. 678 da CLT, essa competência é atribuída especificamente aos Tribunais Regionais do Trabalho **divididos em Turmas**: "Art. 678 – Aos Tribunais Regionais, quando divididos em Turmas, compete: I – ao Tribunal Pleno, especialmente: b) processar e julgar originariamente: 2) a extensão das decisões proferidas em dissídios coletivos; c) processar e julgar em última instância: 2) as ações rescisórias das decisões das Juntas de Conciliação e Julgamento, dos juízes de direito investidos na jurisdição trabalhista, das Turmas e de seus próprios acórdãos".

Alternativa "e": Para que fique configurada essa competência, o empregado deve ser brasileiro, de acordo com o preceito contido no art. 651, § 2º, da CLT: "A competência das Juntas de Conciliação e Julgamento, estabelecida neste artigo, estende-se aos dissídios ocorridos em agência ou filial no estrangeiro, desde que o empregado seja brasileiro e não haja convenção internacional dispondo em contrário". **Incorreta.**

Gabarito: A.

41. (TRT 2 – Juiz do Trabalho Substituto 2ª Região/2014) Há dentre as alternativas abaixo uma que contém ação incabível na Justiça do Trabalho. Aponte a alternativa correta:

a) Ação de consignação em pagamento e mandado de segurança.

b) Ação anulatória e ação de despejo por falta de pagamento.

c) Mandado de segurança e anulatória.

d) Ação monitoria e ação de consignação em pagamento.

e) Anulatória de cláusula convencional e interdito proibitório.

COMENTÁRIOS

✪ Nota do autor: A competência da Justiça do Trabalho é definida pelo art. 114 da CF/88. Portanto, basta observar quem são os sujeitos da relação de trabalho para identificar o cabimento de determinada ação civil na Justiça Laboral.

Alternativa "a": Em relação ao mandado de segurança, a previsão da competência encontra-se expressa no inciso IV da CF/88. Quanto à ação de consignação em pagamento, a competência decorre da interpretação do inciso I, art. 114 da atual Carta Magna: "I – as ações oriundas da relação de trabalho, abrangidos os entes de direito público externo e da administração pública direta e indireta da União, dos Estados, do Distrito Federal e dos Municípios; IV os mandados de segurança, habeas corpus e habeas data, quando o ato questionado envolver matéria sujeita à sua jurisdição". **Incorreta.**

Alternativa "b": Nesse caso, seria competência da Justiça do Trabalho apenas as ações de despejo decorrentes de contrato acessório de mútuo por conta da execução do contrato de trabalho, como ocorre comumente no trabalho rural. A ação de despejo por falta de pagamento decorre do ajuste de um contrato de locação e não contrato de trabalho. Nesse sentido, o art. 47, II, da Lei nº 8.245: "Art. 47. Quando ajustada verbalmente ou por escrito e como prazo inferior a trinta meses, findo o prazo estabelecido, a locação prorroga - se automaticamente, por prazo indeterminado, somente podendo ser retomado o imóvel: II – em decorrência de extinção do contrato de trabalho, se a ocupação do imóvel pelo locatário relacionada com o seu emprego". Quanto à ação anulatória, não há divergência na doutrina e na jurisprudência sobre o seu cabimento na Justiça do Trabalho. **Correta.**

Alternativa "c": Incorreta. Ver os comentários das alíneas anteriores.

Alternativa "d": Apesar de não existir previsão legal expressa, é de aceitação pacífica o cabimento da ação monitória e da ação de consignação em pagamento tanto na doutrina quanto na jurisprudência. **Incorreta.**

Alternativa "e": Quanto ao interdito proibitório, o STF já editou a Súmula Vinculante nº 23 reconhecendo a competência da Justiça do Trabalho. "A JUSTIÇA DO TRABALHO É COMPETENTE PARA PROCESSAR E JULGAR AÇÃO POSSESSÓRIA AJUIZADA EM DECORRÊNCIA DO EXERCÍCIO DO DIREITO DE GREVE PELOS TRABALHADORES DA INICIATIVA PRIVADA". Quanto à ação de anulação de cláusula convencional, não há divergência doutrinaria ou jurisprudencial sobre o seu cabimento na Justiça Laboral. **Incorreta.**

Gabarito: B.

---

42. (TRT 2 – Juiz do Trabalho Substituto 2ª Região/2014) O trabalhador "x" ingressa com ação trabalhista em face do seu ex-empregador pleiteando declaração de vínculo de emprego e verbas consequentes, dentre elas indenização por dano e seguro desemprego. Diz que em razão da dispensa não pode honrar negócio jurídico de compra de apartamento, com perda do sinal dado como garantia do negócio. A empresa contesta todos os pedidos além de arguir a incompetência da Justiça do Trabalho, pois o autor da ação era diretor estatutário da empresa, cuja natureza jurídica é de sociedade anônima. Alega também incompetência material para apreciação do pedido de indenização de seguro desemprego e indenização por dano moral. Aponte a alternativa correta:

a) A competência para decidir e julgar todos os pedidos é da Justiça do Trabalho, devendo ser rejeitada a exceção e determinada a abertura da instrução processual. O ônus da prova é do autor.

b) A competência para decidir e julgar todos os pedidos é da Justiça do Trabalho, devendo ser rejeitada a exceção e determinada a abertura da instrução processual. O ônus da prova é da ré, à exceção do pedido de indenização por dano moral pela quebra do contrato de natureza civil.

c) A Justiça do Trabalho é incompetente para julgar a relação entre o diretor e a sociedade anônima. O juiz deverá declinar de sua competência e determinar a remessa dos autos ao juízo civil. Não se discutirá sobre o ônus da prova.

d) A Justiça do Trabalho é incompetente para julgar a relação entre o diretor e a sociedade anônima. O juiz deverá declinar de sua competência sentenciando o feito com extinção sem julgamento de mérito por ausência de pressuposto processual.

e) Não cabe à Justiça do Trabalho julgar os pedidos de indenizações do seguro desemprego e dano moral, embora tenha competência para conhecer e julgar dos pedidos de declaração de vínculo de emprego e verbas rescisórias. Sendo assim, deverá rejeitar a exceção quanto àquele primeiro fundamento e no que concerne aos pedidos de indenizações, extinguir o feito sem julgamento de mérito ante a inconveniência de fracionamento do processo.

COMENTÁRIOS

✪ **Nota do autor:** A competência para processar e julgar todos os pedidos é da Justiça do Trabalho, uma vez que a lide decorre de uma relação de trabalho, mais especificamente, de uma relação de emprego. A existência de um estatuto na Sociedade Anônima não tem o condão de alterar a competência estabelecida pela Constituição Federal de 1988. Ainda que se trate de empresa pública, a competência seria da Justiça Laboral, por força da determinação contida no art. 173, § 1º, II, da CF/88: "Art. 173. Ressalvados os casos previstos nesta Constituição, a exploração direta de atividade econômica pelo Estado só será permitida quando necessária aos imperativos da segurança nacional ou a relevante interesse coletivo, conforme definidos em lei. § 1º A lei estabelecerá o estatuto jurídico da empresa pública, da sociedade de economia mista e de suas subsidiárias que explorem atividade econômica de produção ou comercialização de bens ou de prestação de serviços, dispondo sobre: II – a sujeição ao regime jurídico próprio das empresas privadas, inclusive quanto aos direitos e obrigações civis, comerciais, trabalhistas e tributários". A redação dessa questão é bastante sofrível. Há equívocos técnicos nas alternativas, a exemplo da possibilidade ou não de ser acolhida a exceção de incompetência, quando na realidade seria a preliminar de incompetência, por conta da natureza absoluta da objeção arguida pela reclamada. Note-se, entretanto, que em algumas Regiões do País, inclusive no Estado de São Paulo, essa tese é pacificamente aceita.

Alternativa "a": Assertiva **incorreta**, pois o ônus da prova em relação às verbas devidas em decorrência da extinção do contrato de trabalho é da parte reclamada, diante da sua condição de devedora de tais obrigações.

Alternativa "b": Essa assertiva foi considerada verdadeira, apesar dos equívocos técnicos já apontados na nota do autor. Como a incompetência absoluta é arguida por meio de preliminar de mérito, não se suspende o feito. Por conta disso, não houve qualquer suspensão do processo principal para se concluir que se deva abrir a instrução processual. Nos demais aspectos a afirmativa está **correta**, pois defende a competência da Justiça do Trabalho, atribuindo o ônus da prova à parte reclamada, exceto no que diz respeito ao pedido de indenização por danos morais.

Alternativa "c": Assertiva **incorreta,** pois a competência para apreciar a demanda é da Justiça do Trabalho, conforme ficou demonstrado na nota do autor.

Alternativa "d": Assertiva **incorreta,** pois a competência para apreciar a demanda é da Justiça do Trabalho, conforme ficou demonstrado na nota do autor.

Alternativa "e": Assertiva **incorreta,** pois a competência para apreciar a demanda é da Justiça do Trabalho, conforme ficou demonstrado na nota do autor.

Gabarito: B.

---

43. (TRT 2 – Juiz do Trabalho Substituto 2ª Região/2014) No que concerne à competência, aponte a alternativa incorreta:

a) Caso sejam distribuídas duas ações conexas em separado, estará prevento o juiz que despachou em primeiro lugar, desde que tenham a mesma competência territorial.

b) Caso sejam distribuídas duas ações conexas em separado, estará prevento o juiz cuja citação válida foi realizada em primeiro lugar, desde que tenham diferentes competências territoriais.

c) A incompetência de foro "racione loci" é matéria de contestação. Por se tratar de incompetência relativa o momento para arguição dessa exceção, é, portanto, o da resposta ao pedido do reclamante.

d) Tratando-se de atleta profissional a Justiça Desportiva terá competência para conhecer e julgar as causas relativas a direito de arena, salários e indenizações.

e) Não compete à Justiça do Trabalho decidir sobre contribuições previdenciárias oriundas de sentenças declaratórias de vínculo de emprego.

COMENTÁRIOS

✪ **Nota do autor:** Como no processo do trabalho o juiz, em regra, não despacha a petição inicial para determinar a notificação do reclamado, a prevenção do juízo é feita pelo simples protocolo dessa peça processual. Quando existir mais de uma unidade jurisdicional do trabalho na mesma localidade, a prevenção é definida pela data de ingresso da petição na secretaria da Vara do Trabalho ou por meio da distribuição eletrônica, onde houver o sistema do PJe-JT. Desse modo, deve adaptar-se a regra contida nos arts. 106 e 219, do CPC de 1973, ao processo do trabalho, para considerar o **protocolamento da petição inicial** como fator de prevenção do juízo, de indução da litispendência, da litigiosidade da coisa, da constituição da mora do devedor e da interrupção da prescrição. Infelizmente a banca do concurso não levou em consideração tais peculiaridades do processo do trabalho e considerou corretas as alternativas "a" e "b". Observe-se, na alternativa "a", que o art. 106 do CPC de 1973 corresponde ao art. 58 do CPC de 2015. Já na alternativa "b", o art. 219 do CPC de 1973 corresponde ao art. 240 do CPC de 2015.

Alternativa "a": Essa assertiva foi considerada **correta** com base no preceito contido no art. 106 do CPC de 1973: "Correndo em separado ações conexas perante juízes que têm a mesma competência territorial, considera-se prevento aquele que despachou em primeiro lugar". Todavia, o juiz do trabalho, em regra, não despacha a petição inicial. A notificação é enviada juntamente com a contrafé da peça incoativa por meio de atos praticados pelos serventuários da Justiça.

Alternativa "b": Essa assertiva foi considerada **correta** com base no preceito contido no art. 219 do CPC de 1973: "A citação válida torna prevento o juízo, induz litispendência e faz litigiosa a coisa; e, ainda quando ordenada por juiz incompetente, constitui em mora o devedor e interrompe a prescrição". Ocorre que no processo de conhecimento do trabalho não existe o instituto da citação, ato processual que decorre da análise dos requisitos da petição inicial pelo Juiz. Nesse caso, a prevenção seria daquela demanda que foi ajuizada primeiro, conforme fundamentação contida na nota do autor.

Alternativa "c": Na doutrina há divergência sobre essa questão e, por conta disso, não poderia ser objeto de prova objetiva. Tecnicamente a objeção dessa natureza deveria ser oposta por meio de exceção e não como preliminar de mérito na contestação, pois deve suspender o feito principal. Todavia, a banca considerou a assertiva **correta**.

Alternativa "d": Nesse caso a competência seria da Justiça do Trabalho, pois a competência da Justiça Desportiva encontra-se delimitada pelo art. 50 da Lei n. 9.615/98: "A organização, o funcionamento e as atribuições da Justiça Desportiva, limitadas ao processo e julgamento das infrações disciplinares e às competições desportivas, serão definidos nos Códigos de Justiça Desportiva, facultando-se às ligas constituir seus próprios órgãos judicantes desportivos, com atuação restrita às suas competições". **Incorreta.**

Alternativa "e": Esse entendimento foi pacificado com a edição da Súmula nº 368, inciso I, do TST, que limitou a competência da Justiça do Trabalho, em tais situações, à execução das sentenças condenatórias em pecúnia: "A Justiça do Trabalho é competente para determinar o recolhimento das contribuições fiscais. A competência da Justiça do Trabalho, quanto à execução das contribuições previdenciárias, limita-se às sentenças condenatórias em pecúnia que proferir e aos valores, objeto de acordo homologado, que integrem o salário de contribuição". A Resolução nº 219/2017 do TST deu nova redação à referida Súmula, mas sem alterar o inciso I. **Correta.**

Gabarito: D.

---

44. (TRT 3 – Juiz do Trabalho Substituto 3ª Região/2014) Um servidor público admitido sob o regime da CLT em 03.10.1980, teve seu vínculo transformado para o regime estatutário, por força da Lei n. 8.112, de 11.12.1990. Ingressou com ação perante a Justiça do Trabalho em 19.12.1993, com vínculo ainda vigente, reivindicando horas extras de todo o período. Nos exatos termos das súmulas e orientações jurisprudenciais da SBDI-1 do TST, é correto afirmar:

a) A Justiça do Trabalho é incompetente para examinar o feito.

b) A Justiça do Trabalho é competente para examinar o feito quanto às parcelas do período regido pela CLT, operando-se a prescrição total.

c) A Justiça do Trabalho é competente para examinar as pretensões de todo o período, operando-se a prescrição apenas das verbas anteriores a 19.12.1988.

d) A Justiça do Trabalho é competente para examinar as parcelas do período regido pela CLT, operando-se a prescrição apenas das verbas anteriores a 19.12.1988.

e) A Justiça do Trabalho é competente para examinar as pretensões de todo o período, não se operando qualquer prescrição.

COMENTÁRIOS

✪ **Nota do autor:** Só é possível transformar o regime celetista em estatutário na hipótese de o empregado público ter sido aprovado e nomeado em razão de prévia aprovação em concurso público. Uma vez operada a extinção do contrato de trabalho pela mudança de regime, o servidor tem dois anos para ajuizar a reclamação trabalhista. Segundo o preceito contido no § 3º, art. 11 da CLT, introduzido pela Lei nº 13.467/17 o único ato que pode interromper o fluxo desse prazo é o ajuizamento de uma reclamação trabalhista: "A interrupção da prescrição somente ocorrerá pelo ajuizamento de reclamação trabalhista, mesmo que em juízo incompetente, ainda que venha a ser extinta sem resolução do mérito, produzindo efeitos apenas em relação aos pedidos idênticos".

Alternativa "a": Nesse caso a Justiça do Trabalho tem competência residual, conforme entendimento do TST constante da OJ nº 138, SDI-1, do TST: "Compete à Justiça do Trabalho julgar pedidos de direitos e vantagens previstos na legislação trabalhista referente a período anterior à Lei nº 8.112/90, mesmo que a ação tenha sido ajuizada após a edição da referida lei. A superveniência de regime estatutário em substituição ao celetista, mesmo após a sentença, limita a execução ao período celetista". **Incorreta.**

Alternativa "b": Como dito nos comentários da alínea "a", há competência residual. Todavia, deve ser observado que a mudança de regime jurídico de celetista para estatutário opera a extinção do contrato de trabalho, passando a incidir a prescrição bienal em relação à pretensão do obreiro. Esse é o posicionamento do TST adotado por meio da Súmula nº 382: "A transferência do regime jurídico de celetista para estatutário implica extinção do contrato de trabalho, fluindo o prazo da prescrição bienal a partir da mudança de regime". **Correta.**

Alternativa "c": A competência da Justiça do Trabalho é apenas residual e não integral. Além disso, a prescrição é total por já ter decorrido dois anos da alteração de regime jurídico. **Incorreta.**

Alternativa "d": A prescrição é total por já ter decorrido dois anos da alteração de regime jurídico. **Incorreta.**

Alternativa "e": A prescrição é total por já ter decorrido dois anos da alteração de regime jurídico. **Incorreta.**

Gabarito: B.

---

45. (TRT 3 – Juiz do Trabalho Substituto 3ª Região/2013) Em relação ao processo do trabalho, leia as afirmações abaixo e, em seguida, assinale a alternativa correta:

I. No processo de conhecimento, as custas devem ser pagas pelo vencido, sempre após o trânsito em julgado da decisão.

II. Nas lides trabalhistas, compete ao Tribunal Regional do Trabalho dirimir conflito de competência verificado, na respectiva região, entre Juiz Estadual e Vara do Trabalho.

III. Compete à Justiça do Trabalho julgar ação de reparação de danos morais, proposta pela empregada contra o seu empregador, decorrentes de assédio sexual praticado contra empregada doméstica em seu ambiente de trabalho, ainda que por parte de familiar que nesse não residia, mas que praticou o ilícito somente porque a ele teve livre acesso.

IV. É admissível reconvenção na ação declaratória.

a) Somente as afirmativas II, III e IV estão corretas.

b) Somente as afirmativas II e III estão corretas.

c) Somente as afirmativas I e II estão corretas.

d) Somente as afirmativas II e IV estão corretas.

e) Todas as afirmativas estão corretas.

COMENTÁRIOS

✪ **Nota do autor:** Para o exercício da função jurisdicional, com maior eficiência, segurança e rapidez, é necessário que se efetive uma divisão de atribuições de acordo com diversos critérios usados para limitar a atuação de cada órgão jurisdicional. Esse processo de divisão e de limitação recebe a denominação de competência jurisdicional.

Item "I": Incorreto, pois as custas devem ser recolhidas quando da interposição de eventual recurso. Funcionam assim como pressuposto de admissibilidade do recurso, conforme prevê a parte final do § 1º do art. 789 da CLT: "As custas serão pagas pelo vencido, após o trânsito em julgado da decisão. No caso de recurso, as custas serão pagas e comprovado o recolhimento dentro do prazo recursal".

Item "II": Correto, pois essa assertiva encontra-se de acordo com a distribuição de competência feita pela alínea "a", art. 808, da CLT: "Os conflitos de jurisdição de que trata o Art. 803 serão resolvidos: a) pelos Tribunais Regionais, os suscitados entre Juntas e entre Juízos de Direito, ou entre uma e outras, nas respectivas regiões". No mesmo sentido a Súmula nº 180 do STJ: "Na lide trabalhista, compete ao Tribunal Regional do Trabalho dirimir conflito de competência verificado, na respectiva Região, entre Juiz Estadual e Junta de Conciliação e Julgamento".

Item "III": A competência da Justiça do Trabalho é definida de acordo com a origem do conflito. Caso este decorra da relação de emprego ou da relação de trabalho, compete à Justiça Laboral a sua apreciação e decisão, ainda que o fundamento da demanda esteja situado em outro ramo do Direito que não do Direito do Trabalho. Além disso, a Constituição Federal de 1988, em seu art. 114, deixa clara a competência dessa Justiça Especializada em seu inciso VI: "as ações de indenização por dano moral ou patrimonial, decorrentes da relação de trabalho". Assertiva **correta**.

Item "IV": Correta a assertiva, pois se encontra de acordo com o entendimento constante da Súmula nº 258 do STF: "É admissível reconvenção em ação declaratória".

Gabarito: A.

---

46. (FCC – Juiz do Trabalho Substituto 6ª Região/2013) Quanto à competência, é correto afirmar:

a) As Varas do Trabalho têm competência originária para julgar dissídios coletivos de trabalho e ações de cumprimento de sentença normativa.

b) As Varas do Trabalho não têm competência para julgar as exceções de suspeição que lhes forem opostas.

c) As Varas do Trabalho não têm competência para julgar as reclamações trabalhistas propostas por empregador contra seu empregado, durante a constância do contrato de trabalho.

d) Os Tribunais Regionais do Trabalho têm competência originária para julgar os mandados de segurança quando o ato questionado diz respeito à penalidade administrativa imposta por órgão de fiscalização das relações de trabalho.

e) Os Tribunais Regionais do Trabalho têm competência para julgar dissídios individuais e coletivos de trabalho.

COMENTÁRIOS

✪ **Nota do autor:** Bastante discutida a assertiva contida na alternativa "b" da questão, em face da extinção da representação classista, que transformou os órgãos de primeira instância trabalhista em unidades judiciarias monocráticas, o que afetaria a competência para julgamento de exceção de suspeição do seu único integrante. Inclusive a Consolidação dos Provimentos da Corregedoria do Trabalho, em seu art. 12, manda aplicar a regra contida no CPC para esses casos, e não aquela prevista no art. 653, "c", da CLT. Inclusive, essa determinação foi mantida na nova Consolidação dos Provimentos da Corregedoria-Geral da Justiça do Trabalho passou a disciplinar essa matéria no art. 20, com a seguinte redação: "Se o juiz de 1º grau não reconhecer o impedimento ou a suspeição alegada, será aplicado o procedimento previsto no art. 146 do Código de Processo Civil, exceto, quanto a este último, na parte relativa à condenação às custas ao magistrado".

Alternativa "a": Incorreta, pois a competência originaria para conhecer e decidir sobre dissídios coletivos é do TRT ou do TST, conforme o caso. Em relação ao Tribunal Regional do Trabalho dispõe o art. 678, I, "a" e "b", 1, da CLT: "Aos Tribunais Regionais, quando divididos em Turmas, compete: I – ao Tribunal Pleno, especialmente: a) processar, conciliar e julgar originariamente os dissídios coletivos". Em relação ao TST, essa competência encontra-se definida no art. 67 do seu Regimento Interno: "Compete ao Tribunal Superior do Trabalho processar, conciliar e julgar, na forma da lei, em grau originário ou recursal ordinário ou extraordinário, as demandas individuais e os dissídios coletivos que excedam a jurisdição dos Tribunais Regionais, os conflitos de direito sindical, assim como outras controvérsias decorrentes de relação de trabalho, e os litígios relativos ao cumprimento de suas próprias decisões, de laudos arbitrais e de convenções e acordos coletivos" (atualmente essa competência encontra-se estabelecida no art. 74 do novo RITST, aprovado pela Resolução nº 1.937/2017).

Alternativa "b": Incorreta, pois segundo o art. 653, "c" da CLT: "Compete, ainda, às Juntas de Conciliação e Julgamento: c) julgar as suspeições arguidas contra os seus membros". Deve ser observada, entretanto, a restrição citada na nota do autor (ver nota do autor).

Alternativa "c": Incorreta a assertiva, pois afronta diretamente o conteúdo do art. 114, I da CF/88: "Compete à Justiça do Trabalho processar e julgar: I – as ações oriundas da relação de trabalho, abrangidos os entes de direito público externo e da administração pública direta e indireta da União, dos Estados, do Distrito Federal e dos Municípios". Isso significa que a demanda pode ser proposta tanto pelo empregado quanto pelo empregador, inclusive durante a vigência do contrato de trabalho.

Alternativa "d": Nesse caso específico a competência é do órgão jurisdicional de primeira instância. Assim, considera-se **incorreta** a assertiva, pois não se coaduna com o mandamento contido no art. 114, incisos VI e VII, da CF/88: "Art. 114. Compete à Justiça do Trabalho processar e julgar: IV – os mandados de segurança, habeas corpus e habeas data, quando o ato questionado envolver matéria sujeita à sua jurisdição; VII – as ações relativas às penalidades administrativas impostas aos empregadores pelos órgãos de fiscalização das relações de trabalho".

Alternativa "e": A competência originaria para conhecer e decidir sobre dissídios coletivos é do TRT ou do TST, conforme o caso. Em relação ao Tribunal Regional do Trabalho dispõe o art. 678, I, "a" e "b", 1, da CLT: "Aos Tribunais Regionais, quando divididos em Turmas, compete: I – ao Tribunal Pleno, especialmente: a) processar, conciliar e julgar originariamente os dissídios coletivos". Já em relação aos dissídios individuais a competência do TRT é apenas recursal. Como não se menciona se a competência é originária ou recursal, considera-se **correta** essa assertiva.

Gabarito: E.

---

47. (TRT 8 – Juiz do Trabalho Substituto 8ª Região/2013) Sobre composição, funcionamento, jurisdição e competência da Justiça do Trabalho, a partir da EC 45/04, é CORRETO afirmar que:

a) O dissídio coletivo transformou-se em autêntico exercício de juízo arbitral e o Ministério Público do Trabalho assumiu o dominus litis do dissídio de greve, para defesa do interesse público em serviços essenciais.

b) A Emenda Constitucional 45/2004 estabeleceu o critério objetivo na caracterização das relações de trabalho, relativamente ao polo passivo, permanecendo o critério subjetivo para caracterizar o polo ativo.

c) De acordo com jurisprudência do Supremo Tribunal Federal, a Justiça do Trabalho é competente para julgar questões sobre planos de previdência complementar privada fechada, instituídos por empresas patrocinadoras tendo como beneficiários seus empregados, por serem originários da relação de emprego.

d) Conforme a doutrina dominante, a exigência de comum acordo das partes para o ajuizamento de dissídio coletivo não prejudica a extensão e a revisão das decisões pelos Tribunais do Trabalho.

e) O Conselho Superior da Justiça do Trabalho (CSJT) exerce a supervisão administrativa, orçamentária, financeira e patrimonial da Justiça do Trabalho, relativamente aos órgãos de primeiro e segundo graus, como órgão central do sistema, cujas decisões não têm efeito vinculante.

COMENTÁRIOS

✪ **Nota do autor:** São espécies de competência absoluta aquela em razão da matéria e a competência funcional, conforme preceitua a primeira parte do art. 111, do Código de Processo Civil de 1973: "A competência em razão da matéria e da hierarquia é inderrogável por convenção das partes; mas estas podem modificar a competência em razão do valor e do território, elegendo foro onde serão propostas as ações oriundas de direitos e obrigações". Observe-se que o art. 111 do CPC de 1973 corresponde ao 62 do CPC de 2015.

Alternativa "a": Correta. A EC nº 45/2004 alterou a redação do art. 114, § 2º, da Carta Maior de 1988, que limitou bastante o exercício desse direito de ação, pois a demanda só é conhecida quando as partes, de comum acordo, provocarem o Poder Judiciário Trabalhista: Em face dessa exigência constitucional a jurisdição Estatal foi transformada em uma arbitragem pública, método de solução de conflitos que exige a concordância de todos os envolvidos para que a escolha tenha validade. A mesma EC citada atribuiu legitimidade ao Ministério Público do Trabalho para ajuizar o dissídio coletivo apenas na hipótese em que for constatada greve em serviço essencial (art. 10 da Lei nº 7.783/89), diante da repercussão social desse conflito coletivo de trabalho e a possibilidade de lesão do interesse público.

Alternativa "b": Incorreta, pois a EC nº 45/04 não estabeleceu qualquer critério objetivo ou subjetivo para definição do que seria considerado "relação de trabalho".

Alternativa "c": Incorreta, pois a decisão vinculante do STF foi justamente no sentido contrário, ou seja, de reconhecer a competência da Justiça Comum para julgar essas espécies de litígio. A decisão do STF deu-se por maioria de votos e com repercussão geral reconhecida em 20.03.2013 nos Recursos Extraordinários nº 586453 e 583050, de autoria da Fundação Petrobrás de Seguridade Social (Petros) e do Banco Santander Banespa S/A, respectivamente. Houve também modulação dos efeitos dessa decisão e definiu que permanecerão na Justiça do Trabalho todos os processos que já tiverem sentença de mérito até a referida data.

Alternativa "d": Incorreta, pois o dissídio coletivo de revisão e o procedimento de extensão da sentença normativa são acessórios do dissídio coletivo originário, e, por conta disso, devem seguir a mesma regra do principal, pois não há regra expressa em sentido contrário.

Alternativa "d". Segundo dispõe o art. 111-A, §2º, II da CF/88, as decisões do CSJT têm efeito vinculante: "O Conselho Superior da Justiça do Trabalho, cabendo-lhe exercer, na forma da lei, a supervisão administrativa, orçamentária, financeira e patrimonial da Justiça do Trabalho de primeiro e segundo graus, como órgão central do sistema, cujas decisões terão efeito vinculante". **Incorreta.**

Gabarito: A.

---

48. (TRT 8 – Juiz do Trabalho Substituto 8ª Região/2013) Ainda sobre competência da Justiça do Trabalho (em razão da matéria, das pessoas e funcional) e Conflitos de Competência, é CORRETO afirmar que:

a) Conforme decisão plenária do Supremo Tribunal Federal, compete à Justiça do Trabalho processar e julgar as ações oriundas da relação de trabalho, abrangidos os entes de direito público externo, considerando que o estado estrangeiro não dispõe de imunidade de jurisdição perante o Poder Judiciário brasileiro, desde que o trabalho seja produzido e incorporado ao produto por um processo de alienação mercantil.

b) Compete à Justiça do Trabalho processar e julgar: I – as ações oriundas da relação de trabalho, abrangidos os entes de direito público externo e da administração pública direta e indireta da União, dos Estados, do Distrito Federal e dos Municípios; II – as ações que envolvam exercício do direito de greve; III – as ações sobre representação sindical, entre sindicatos, entre sindicatos e trabalhadores, e entre sindicatos e empregadores; IV – todos os conflitos de competência entre órgãos com jurisdição trabalhista; V – as ações de indenização por dano moral ou patrimonial, decorrentes da relação de trabalho; VI – as ações relativas às penalidades administrativas impostas aos empregadores pelos órgãos de fiscalização das relações de trabalho.

c) De acordo com decisão do Supremo Tribunal Federal, a Justiça do Trabalho é competente para apreciar e julgar ações envolvendo trabalhador e titulares de cartórios não oficializados (extrajudiciais), sendo a atuação da Corregedoria dos Tribunais de Justiça meramente fiscalizatória e disciplinar.

d) Conforme a jurisprudência sumulada do Tribunal Superior do Trabalho, "Compete à Justiça do Trabalho processar e julgar a ação de cobrança ajuizada por profissional liberal contra o cliente".

e) No caso de jurisdição graciosa, é competente a Justiça do Trabalho para autorizar a expedição de alvará para saque do FGTS, dirimindo a controvérsia entre o trabalhador, titular da conta, e a Caixa Econômica Federal.

COMENTÁRIOS

✪ **Nota do autor:** Em relação à competência da Justiça do Trabalho para processar Estado estrangeiro deve ser observada a sua limitação ao processo de conhecimento, em face da impossibilidade de se penhorar o patrimônio do Estado estrangeiro, mesmo que esteja situado em território nacional, uma vez que gozam dos mesmos privilégios conferidos à Fazenda Pública.

Alternativa "a": Incorreta. A tese de imunidade absoluta aplica-se aos Organismos Internacionais e não aos Estados estrangeiros, conforme se observa da seguinte decisão: "Trata-se de execução fiscal contra a Embaixada Americana do Brasil, em que juiz Federal de São Paulo declinou da competência e remeteu os autos ao STF (art. 102, I, e, da Constituição Federal). O Estado Estrangeiro goza de imunidade de jurisdição, salvo no tocante às causas trabalhistas. O Supremo Tribunal Federal decidiu nos dois sentidos" (Apelação Cível 9.705, Min. MOREIRA ALVES e Apelação Cível nº 9.696, Min. SYDNEY SANCHES).

Alternativa "b": O equívoco na alternativa está na afirmação contida no item V, pois há uma exceção à regra geral, que é a competência prevista pelo art. 102, I, "o". "Art. 114 da CF/88: Compete à Justiça do Trabalho processar e julgar: V – os conflitos de competência entre órgãos com jurisdição trabalhista, ressalvado o disposto no art. 102, I, o". **Incorreta.**

Alternativa "c": Correta. A jurisprudência do STF é pacífica nesse sentido, lastreada no fundamento de que a relação entre o trabalhador e o titular do cartório não oficializado é regida pela CLT: "AGRAVO REGIMENTAL NO AGRAVO DE INSTRUMENTO. PROCESSUAL CIVIL E TRABALHISTA. ALEGAÇÃO DE SUPRESSÃO DE INSTÂNCIA. IMPOSSIBILIDADE DA ANÁLISE DA LEGISLAÇÃO INFRACONSTITUCIONAL. OFENSA CONSTITUCIONAL INDIRETA. EMPREGADO DE CARTÓRIO EXTRAJUDICIAL. RECLAMAÇÃO TRABALHISTA: COMPETÊNCIA DA JUSTIÇA DO TRABALHO. AGRAVO REGIMENTAL AO QUAL SE NEGA PROVIMENTO" (AI 621.658-AgR).

Alternativa "d": Incorreta. Na verdade o entendimento é do STJ e em sentido contrário, conforme Súmula nº 363 desse Tribunal: "Compete à Justiça estadual processar e julgar a ação de cobrança ajuizada por profissional liberal contra cliente".

Alternativa "e": Incorreta, pois nesse caso o litígio não deriva da relação de emprego ou de trabalho. Além disso, há Súmula do STJ que trata de caso similar em sentido contrário, a de nº 161: "É da competência da Justiça Estadual autorizar o levantamento dos valores relativos ao PIS-PASEP e FGTS, em decorrência do falecimento do titular da conta".

Gabarito: C.

---

49. (TRT 15 – Juiz do Trabalho Substituto 15ª Região/2013) Nos conflitos de jurisdição estabelecidos entre Vara do Trabalho e Juízo de Direito com jurisdição trabalhista no mesmo Estado, entre Varas do Trabalho vinculadas a tribunais diversos e entre Vara do Trabalho e Vara Federal, são respectivamente competentes:

a) o Superior Tribunal de Justiça, o Tribunal Superior do Trabalho e o Supremo Tribunal Federal;

b) o Superior Tribunal de Justiça, o Tribunal Regional do Trabalho prevento e o Superior Tribunal de Justiça;

c) o Tribunal Regional do Trabalho, o Tribunal Superior do Trabalho e o Supremo Tribunal Federal;

d) o Tribunal Regional do Trabalho, o Tribunal Superior do Trabalho e o Superior Tribunal de Justiça;

e) o Tribunal de Justiça do Estado, o Tribunal Superior do Trabalho e o Superior Tribunal de Justiça.

COMENTÁRIOS

✪ **Nota do autor:** A solução desta questão exige o conhecimento do candidato acerca das normas relativas à solução de conflitos de competência, mais precisamente o art. 808, "a" e "b" da CLT e art. 105, I, "d" da CF/88, além da súmula nº 180 do STJ: "Art. 808. Os conflitos de jurisdição de que trata o art. 803 serão resolvidos: a) pelos Tribunais Regionais, os suscitados entre Juntas e entre Juízos de Direito, ou entre uma e outras, nas respectivas regiões; Súmula 180 do STJ: Na lide trabalhista, compete ao Tribunal Regional do Trabalho dirimir conflito de competência verificado, na respectiva Região, entre Juiz Estadual e Junta de Conciliação e Julgamento. Art. 105, I "d" da CF/88: d) os conflitos de competência entre quaisquer tribunais, ressalvado o disposto no art. 102, I, "o", bem como entre tribunal e juízes a ele não vinculados e entre juízes vinculados a tribunais diversos". Assim, na sequência da pergunta a competência é do TRT, TST e STJ.

Alternativa "a": Incorreta, conforme fundamentação contida na nota do autor.

Alternativa "b": Incorreta, conforme fundamentação contida na nota do autor.

Alternativa "c": Incorreta, conforme fundamentação contida na nota do autor.

Alternativa "d": Correta, conforme fundamentação contida na nota do autor.

Alternativa "e": Incorreta, conforme fundamentação contida na nota do autor.

Gabarito: D.

---

50. (TRT 15 – Juiz do Trabalho Substituto 15ª Região/2013) Assinale dentre as alternativas abaixo aquela em que todos os tipos de ações relacionados estejam fora da competência da Justiça do Trabalho, de acordo com a jurisprudência dominante do Supremo Tribunal Federal e do Superior Tribunal de Justiça:

a) ações de cobrança de honorários de profissionais liberais, ações relativas à previdência complementar decorrente de contratos de trabalho e ações relativas a servidores públicos estatutários;

b) ações relativas a servidores públicos estatutários, ações penais condenatórias em matéria penal-laboral e ações liberatórias (habeas corpus);

c) ações relativas a tutelas inibitórias em Sede de labor-ambiental (meio ambiente do trabalho) e ações em que se pede a nulidade ou a anulação de eleições sindicais;

d) ações relativas a servidores públicos estatutários, ações penais condenatórias em matéria penal-laboral e ações de indenização por danos morais ou materiais ajuizadas pelo cônjuge supérstite em caso de acidente de trabalho fatal;

e) ações relativas a tutelas inibitórias em sede labor-ambiental (meio ambiente do trabalho), ações de consignação em pagamento e ações de indenização por danos morais e materiais ajuizadas pelo cônjuge supérstite em caso de acidente de trabalho fatal.

COMENTÁRIOS

✪ **Nota do autor:** As alternativas desta questão serão respondidas de acordo com as seguintes decisões:

- Súmula nº 363 do STJ: Compete à Justiça estadual processar e julgar a ação de cobrança ajuizada por profissional liberal contra cliente.
- RE nº 586453: A competência para o processamento de ações ajuizadas contra entidades privadas de previdência complementar é da Justiça comum, dada a autonomia do Direito Previdenciário em relação ao Direito do Trabalho. Inteligência do art. 202, § 2º, da Constituição Federal a excepcionar, na análise desse tipo de matéria, a norma do art. 114, inciso IX, da Magna Carta;
- ADI nº 3395: INCONSTITUCIONALIDADE. Ação direta. Competência. Justiça do Trabalho. Incompetência reconhecida. Causas entre o Poder Público e seus servidores estatutários. Ações que não se reputam oriundas de relação de trabalho. Conceito estrito desta relação. Feitos da competência da Justiça Comum. Interpretação do art. 114, inc. I, da CF, introduzido pela EC 45/2004. Precedentes. Liminar deferida para excluir outra interpretação. O disposto no art. 114, I, da Constituição da República, não abrange as causas instauradas entre o Poder Público e servidor que lhe seja vinculado por relação jurídico-estatutária;
- ADI nº 3684: COMPETÊNCIA CRIMINAL. Justiça do Trabalho. Ações penais. Processo e julgamento. Jurisdição penal genérica. Inexistência. Interpretação conforme dada ao art. 114, incs. I, IV e IX, da CF, acrescidos pela EC nº 45/2004. Ação direta de inconstitucionalidade. Liminar deferida com efeito *ex tunc*. O disposto no art. 114, incs. I, IV e IX, da Constituição da República, acrescidos pela Emenda Constitucional nº 45, não atribui à Justiça do Trabalho competência para processar e julgar ações penais;
- Súmula nº 736 do STF: Compete à Justiça do Trabalho julgar as ações que tenham como causa de pedir o descumprimento de normas trabalhistas relativas à segurança, higiene e saúde dos trabalhadores;
- Compete à Justiça do Trabalho apreciar e julgar pedido de indenização por danos morais e patrimoniais, decorrentes de acidente do trabalho, nos termos da redação originária do art. 114 c/c inciso I do art. 109 da Lei Maior. Precedente: CC 7.204. Competência que remanesce ainda quando a ação é ajuizada ou assumida pelos dependentes do trabalhador falecido, pois a causa do pedido de indenização continua sendo o acidente sofrido pelo trabalhador. Agravo regimental desprovido (STF. AG. REG. no REEXTRA n. 503.278-7).
- Com a promulgação da Emenda Constitucional nº 45, de 8.12.2004, que acrescentou o inciso III no artigo 114 da Carta vigente, a Justiça do Trabalho passou a deter a competência para processar e julgar "as ações sobre representação sindical, entre sindicatos, entre sindicatos e trabalhadores, e entre sindicatos e empregadores" (STJ CC nº 91.419).

Alternativa "a": Correta assertiva, uma vez que se encontra de acordo com o entendimento contido na

Súmula nº 363 do STJ: decisão com repercussão geral proferida no RE nº 586453 e ADI nº 3395 do STF.

Alternativa "b": Incorreta. As ações relativas aos servidores públicos estatutários e a ação penal condenatória não são da competência da Justiça do Trabalho, conforme decisões proferidas nas ADIs nº 3365 e 3684, respectivamente. Todavia, a ação liberatória compete à Justiça do Trabalho, conforme se observa da redação do art. 114, inciso, da CF/88: "IV os mandados de segurança, habeas corpus e habeas data, quando o ato questionado envolver matéria sujeita à sua jurisdição Incorreto".

Alternativa "c": Incorreta. Com efeito, as ações inibitórias em matéria ambiental do trabalho e aquelas que pedem a nulidade ou anulação de eleições sindicais são da competência da Justiça do Trabalho, conforme entendimento constante da Súmula nº 736 do STF e decisão do STJ proferida nos autos do Conflito de Competência nº 91.419.

Alternativa "d": As ações relativas aos servidores públicos estatutários e a ação penal condenatória não são da competência da Justiça do Trabalho, conforme decisões proferidas nas ADIs nº 3365 e 3684, respectivamente. Todavia, ações de indenização por danos morais ou materiais ajuizadas pelo cônjuge supérstite em caso de acidente de trabalho fatal, conforme decisão do STF proferida nos autos do AG. REG. no REEXTRA n. 503.278-7. Alternativa **incorreta**.

Alternativa "e": Incorreta. As ações inibitórias em matéria ambiental do trabalho, a ação de consignação em pagamento e as ações de indenização por danos morais ou materiais ajuizadas pelo cônjuge supérstite em caso de acidente de trabalho fatal são todas da competência da Justiça do Trabalho, de acordo com o entendimento constante da Súmula nº 736 do STF, a jurisprudência pacífica de todos os tribunais brasileiros e a decisão do STF proferida nos autos do AG. REG. no REEXTRA n. 503.278-7), respectivamente.

Gabarito: A.

---

51. (TRT 14 – Juiz do Trabalho Substituto 14ª Região/2013) Leia as proposições a seguir e marque a resposta correta:

I. A competência para a Ação Civil Pública fixa-se pela extensão do dano. Em caso de dano de abrangência regional, que atinja cidades sujeitas à jurisdição de mais de uma Vara do Trabalho, a competência será de qualquer das varas das sedes dos Tribunais Regionais do Trabalho das localidades atingidas.

II. Em caso de dano de abrangência suprarregional ou nacional, há competência concorrente para a Ação Civil Pública das Varas do Trabalho das sedes dos Tribunais Regionais do Trabalho distintos.

III. O art. 114 da Constituição Federal atribui à Justiça do Trabalho competência para a execução, de ofício, das contribuições sociais previstas no seu art. 195, I, a, e II, e seus acréscimos decorrentes das decisões, de qualquer natureza, que proferir.

IV. A Justiça do Trabalho é competente para determinar o recolhimento das contribuições fiscais. A competência da Justiça do Trabalho, quanto à execução das contribuições previdenciárias, limita-se às sentenças condenatórias em pecúnia que proferir e aos valores, objeto de acordo homologado, que integrem o salário-de-contribuição.

a) Apenas as proposições I e III estão incorretas.

b) Apenas as proposições II e III estão incorretas.

c) Apenas as proposições III e IV estão incorretas.

d) Apenas as proposições I e IV estão incorretas.

e) Todas as proposições estão incorretas.

COMENTÁRIOS

✪ **Nota do autor:** A competência *racione loci* para apreciar a ação civil pública e a ação civil coletiva é a do local onde ocorrer o dano, conforme art. 2º, da Lei nº 7.347/85. Contudo, o dispositivo citado deve ser interpretado em conjunto com o disposto no art. 93 do CDC, que estabelece critérios de definição de competência a partir da extensão do dano, que pode ser local, suprarregional ou nacional. No âmbito do processo do trabalho, prevalece o posicionamento do TST manifestado por meio da OJ nº 130, da SDI-2. Apesar da modificação na Súmula nº 368 do TST, por meio da Resolução nº 219/2017, o seu item I, citado nas alternativas III e IV, não sofreu qualquer alteração.

Item "I": Incorreta a assertiva, pois não corresponde ao entendimento completo constante da OJ nº 130 da SDI-II do TST: "I – A competência para a Ação Civil Pública fixa-se pela extensão do dano. II – Em caso de dano de abrangência regional, que atinja cidades sujeitas à jurisdição de mais de uma Vara do Trabalho, a competência será de qualquer das varas das localidades atingidas, ainda que vinculadas a Tribunais Regionais do Trabalho distintos". Com efeito, a competência será de qualquer Vara do trabalho das localidades atingidas e não uma das Varas da sede do Tribunal.

Item "II": Correto, uma vez que corresponde ao posicionamento do TST expresso no inciso III da OJ nº 130, SDI-II do TST: "Em caso de dano de abrangência suprarregional ou nacional, há competência concorrente para a Ação Civil Pública das varas do trabalho das sedes dos Tribunais Regionais do Trabalho".

Item "III": Incorreta a assertiva, pois a competência para execução de ofício não é de toda sentença, mas apenas das condenatórias em pecúnia e aos valores objeto de acordo homologado, que integrem o salário de contribuição, conforme Súmula nº 368, I do TST: "A Justiça do Trabalho é competente para determinar o recolhimento das contribuições fiscais. A competência da Justiça do Trabalho, quanto à execução das contribuições previdenciárias, limita-se às sentenças condenatórias em pecúnia que proferir e aos valores, objeto de acordo homologado, que integrem o salário de contribuição". A Resolução nº 219/2017 do TST deu nova redação à referida Súmula, mas sem alterar o inciso I.

Item "IV": Correta a assertiva, uma vez que representa o posicionamento do TST estampado no item I, da Súmula nº 368, do TST: "I – A Justiça do Trabalho é competente para determinar o recolhimento das contribuições fiscais. A competência da Justiça do Trabalho, quanto à execução das contribuições previdenciárias, limita-se às sentenças condenatórias em pecúnia que proferir e aos valores, objeto de acordo homologado, que integrem o salário de contribuição". A Resolução nº 219/2017 do TST deu nova redação à referida Súmula, mas sem alterar o inciso I.

Gabarito: A.

---

52. (TRT 22 – Juiz do Trabalho Substituto 22ª Região/2013) Com relação à competência da justiça do trabalho, analise as proposições:

I. Compete ao TRT o julgamento do conflito de competência envolvendo juízes do trabalho e juízes de direito investidos na jurisdição trabalhista na mesma região. Quando, todavia, o conflito for suscitado entre o próprio TRT e juiz do trabalho a ele subordinado, a competência para julgamento é do TST.

II. A justiça do trabalho é competente para determinar o recolhimento das contribuições fiscais. Quanto à execução das contribuições previdenciárias, sua competência limita-se às sentenças condenatórias em pecúnia que proferir e aos valores, objeto de acordo homologado, mesmo após o trânsito em julgado da sentença e, neste caso, sempre calculadas sobre as verbas salariais definidas no acordo, que integrem o salário contribuição.

III. A justiça do Trabalho tem competência para julgar o crime de falsa anotação na carteira de trabalho e previdência social, atribuído à empresa privada. Contudo, não goza de competência para julgar crimes contra a organização do trabalho quando a ofensa atingir uma coletividade de trabalhadores, os quais serão decididos pela Justiça Federal.

IV. Quando for parte no dissídio agente ou viajante comercial, a competência sempre será do juízo da localidade em que a empresa tenha agência ou filial e a esta o empregado esteja subordinado.

V. É de competência funcional do juízo trabalhista do local onde ocorreu a lesão ou ameaça a interesses ou direitos metaindividuais processar e julgar ação civil pública movida pelo Ministério Público do Trabalho ou por Associação Sindical.

Assinale a alternativa CORRETA:

a) as alternativas I a V são falsas;

b) todas as alternativas são corretas;

c) as alternativas II, IV e V são falsas;

d) a alternativa V é verdadeira;

e) a alternativa III é verdadeira.

COMENTÁRIOS

✪ **Nota do autor:** Se o acordo é feito depois de proferida a sentença, mas antes do seu trânsito em julgado, a contribuição previdenciária deverá incidir sobre o valor da conciliação, conforme dispõe o art. 43, § 5º, da Lei nº 8.212/91 (Dispositivo introduzido por força da edição da Lei nº 11.941, de 27.03.2009).

Item "I": Incorreta a segunda parte da assertiva, uma vez que contraria o entendimento constante da Súmula nº 420 do TST, que estabelece a competência do TRT: "Não se configura conflito de competência entre Tribunal Regional do Trabalho e Vara do Trabalho a ele vinculada". Todavia, a primeira parte da assertiva está correta, uma vez que de acordo com o art. 808 da CLT: "Os conflitos de jurisdição de que trata o art. 803 serão resolvidos: a) pelos Tribunais Regionais, os suscitados entre Juntas e entre Juízos de Direito, ou entre uma e outras, nas respectivas regiões". **Incorreto.**

Item "II": Em relação à segunda parte da assertiva, há equívoco quando se afirma que o valor das contribuições previdenciárias deve ser calculado sobre as verbas salariais definidas no acordo, que integrem o salário contribuição. Na verdade, nesse caso o valor das contribuições previdenciárias deve ser calculado proporcionalmente, conforme entendimento inserido na OJ nº 376 da SDI-1 do TST: "É devida a contribuição previdenciária sobre o valor do acordo celebrado e homologado após o trânsito em julgado de decisão judicial, respeitada a proporcionalidade de valores entre as parcelas de natureza salarial e indenizatória deferidas na decisão condenatória e as parcelas objeto do acordo". **Incorreto.**

Item "III": Incorreta a primeira parte da assertiva, uma vez que contraria o conteúdo da Súmula nº 62 do STJ: "Compete à Justiça Estadual processar e Julgar o crime de falsa anotação na carteira de trabalho e previdência social, atribuído a empresa privada". A segunda parte da assertiva é verdadeira, pois está de acordo com a jurisprudência do STF: "ADI nº 3684: COMPETÊNCIA CRIMINAL. Justiça do Trabalho. Ações penais. Processo e julgamento. Jurisdição penal genérica. Inexistência. Interpretação conforme dada ao art. 114, incs. I, IV e IX, da CF, acrescidos pela EC nº 45/2004. Ação direta de inconstitucionalidade. Liminar deferida com efeito *ex tunc*. O disposto no art. 114, incs. I, IV e IX, da Constituição da República, acrescidos pela Emenda Constitucional nº 45, não atribui à Justiça do Trabalho competência para processar e julgar ações penais". **Incorreto.**

Item "IV": Nesse caso, a competência em razão do lugar não segue a regra geral, mas sim aquela estabelecida pelo art. 651, § 1º da CLT: "Quando for parte de dissídio agente ou viajante comercial, a competência será da Junta da localidade em que a empresa tenha agência ou filial e a esta o empregado esteja subordinado e, na falta, será competente a Junta da localização em que o empregado tenha domicílio ou a localidade mais próxima". Item **incorreto.**

Item "V": As ações coletivas são apreciadas pelo juízo trabalhista de primeiro grau. Quanto a competência territorial, prevalece o entendimento do TST constante da OJ nº 130 da SDI-II: "I – A competência para a Ação Civil Pública fixa-se pela extensão do dano. II – Em caso de dano de abrangência regional, que atinja cidades sujeitas à jurisdição de mais de uma Vara do Trabalho, a competência será de qualquer das varas das localidades atingidas, ainda que vinculadas a Tribunais Regionais do Trabalho distintos. III – Em caso de dano de abrangência suprarregional ou nacional, há competência concorrente para a Ação Civil Pública das varas do trabalho das sedes dos Tribunais Regionais do Trabalho. IV – Estará prevento o juízo a que a primeira ação houver sido distribuída". Item **correto**.

Gabarito: D.

---

53. (TRT 22 – Juiz do Trabalho Substituto 22ª Região/2013) Não compete à Justiça do Trabalho:

a) ação dos trabalhadores avulsos portuários em face dos órgãos gestores de mão-de- obra;

b) interditos proibitórios, em caso de exercício do direito de greve;

c) habeas corpus em caso de prisão do depositário infiel;

d) ações sobre complementação de aposentadoria;

e) execução fiscal de multas previstas na CLT.

COMENTÁRIOS

✪ **Nota do autor:** A CLT fixa a competência do órgão de primeira instância da Justiça do Trabalho em seus arts. 652 e 653, mas de forma meramente exemplificativa, diante da evolução legislativa que ampliou, sensivelmente, a competência desse ramo do Poder Judiciário:

Alternativa "a": Compete a Justiça do Trabalho julgar essa espécie de litígio, de acordo com o disposto no art. 652, V, da CLT: "as ações entre trabalhadores portuários e os operadores portuários ou o Órgão Gestor de Mão-de-Obra – OGMO decorrentes da relação de trabalho". **Incorreta.**

Alternativa "b": Incorreta, pois afronta o conteúdo da Súmula Vinculante nº 23 do STF "A Justiça do Trabalho é competente para processar e julgar ação possessória ajuizada em decorrência do exercício do direito de greve pelos trabalhadores da iniciativa privada".

Alternativa "c": Essa competência foi atribuída por meio do art. 114, inciso IV, da CF/88: "Compete à Justiça do Trabalho processar e julgar: IV os mandados de segurança, habeas corpus e habeas data, quando o ato questionado envolver matéria sujeita à sua jurisdição". Portanto, essa alternativa é considera **incorreta**.

Alternativa "d": Correta a assertiva em face do posicionamento do STF adotado por meio da decisão com repercussão geral proferida no RE nº 586453: "A competência para o processamento de ações ajuizadas contra entidades privadas de previdência complementar é da Justiça comum, dada a autonomia do Direito Previdenciário em relação ao Direito do Trabalho. Inteligência do art. 202, § 2º, da Constituição Federal a excepcionar, na análise desse tipo de matéria, a norma do art. 114, inciso IX, da Magna Carta".

Alternativa "e": Essa competência foi atribuída por meio do art. 114, VII, da CF/88: "Compete à Justiça do Trabalho processar e julgar: VII as ações relativas às penalidades administrativas impostas aos empregadores pelos órgãos de fiscalização das relações de trabalho". **Incorreta.**

Gabarito: D.

---

54. (TRT – JTS 16ª RG/2011) Analise as afirmativas e assinale a alternativa INCORRETA:

a) As ações decorrentes da nova competência da Justiça do Trabalho devem observar o procedimento previsto na CLT, excetuadas as ações com procedimentos especiais, sendo que estas últimas devem ser submetidas ao sistema recursal do processo do trabalho.

b) De acordo com a jurisprudência dominante, a alteração superveniente da competência material por norma constitucional não invalida a sentença anteriormente proferida por juízo outrora competente, mantendo-se a competência de tal juízo para apreciar os recursos interpostos de sua decisão.

c) A competência para dirimir os conflitos entre o empregado do cartório extrajudicial com o titular da serventia é da Justiça Comum Estadual, vez que este cargo é provido mediante prévia aprovação em concurso público de provas e títulos.

d) Diante da ampliação da competência da Justiça do Trabalho, há a possibilidade reconhecimento do vínculo de emprego e as verbas trabalhistas dele, decorrentes e, na impossibilidade do reconhecimento do vínculo empregatício, formular pedido sucessivo de pagamento das parcelas oriundas do contrato de prestação de serviços.

e) Segundo entendimento jurisprudencial sumulado é competente a Justiça Estadual para processar a ação de cobrança ajuizada por profissional liberal contra cliente.

COMENTÁRIOS

✪ **Nota do autor:** Apesar do CPC de 1973, em seu art. 289, fazer expressa referência ao pedido sucessivo (art. 289. É lícito formular mais de um pedido em ordem sucessiva, a fim de que o juiz conheça do posterior, em não podendo acolher o anterior) a doutrina denomina essa pretensão de cumulação subsidiária de pedidos. Já o pedido sucessivo, que enseja a cumulação sucessiva, é aquele apreciado após o acolhimento de outro que lhe é prejudicial e que lhe antecede. Observe-se que o art.

289 do CPC de 1973 corresponde ao art. 326 do CPC de 2015.

Alternativa "a": Correta, diante do entendimento adotado pelo TST que foi transformado na regra contida nos arts. 1º e 2º da Instrução Normativa nº 27: "Art. 1º As ações ajuizadas na Justiça do Trabalho tramitarão pelo rito ordinário ou sumaríssimo, conforme previsto na Consolidação das Leis do Trabalho, excepcionando-se, apenas, as que, por disciplina legal expressa, estejam sujeitas a rito especial, tais como o Mandado de Segurança, *Habeas corpus*, *Habeas data*, Ação Rescisória, Ação Cautelar e Ação de Consignação em Pagamento. Art. 2º A sistemática recursal a ser observada é a prevista na Consolidação das Leis do Trabalho, inclusive no tocante à nomenclatura, à alçada, aos prazos e às competências".

Alternativa "b": Correta, uma vez que decorre do entendimento consolidado pela Súmula Vinculante nº 22 do STF: "A Justiça do Trabalho é competente para processar e julgar as ações de indenização por danos morais e patrimoniais decorrentes de acidente de trabalho propostas por empregado contra empregador, inclusive aquelas que ainda não possuíam sentença de mérito em primeiro grau quando da promulgação da emenda constitucional nº 45/04". Isso significa que se a sentença foi proferida antes da referida EC no âmbito da Justiça Comum, tem plena validade.

Alternativa "c": Essa espécie de relação jurídico-laboral encontra-se disciplinada pelo art. 48 da Lei nº 8.935/94: "Os notários e os oficiais de registro poderão contratar, segundo a legislação trabalhista, seus atuais escreventes e auxiliares de investidura estatutária ou em regime especial desde que estes aceitem a transformação de seu regime jurídico, em opção expressa, no prazo improrrogável de trinta dias, contados da publicação desta Lei". A atual Carta Magna dispõe, em seu art. 236, sobre os serviços notariais e de registro: "Os serviços notariais e de registro são exercidos em caráter privado, por delegação do Poder Público". Alternativa **incorreta**, pois a competência é da Justiça do Trabalho.

Alternativa "d": Correta, diante da competência da Justiça do Trabalho para dirimir conflito decorrente da relação de trabalho, incluindo a de emprego.

Alternativa "e": Correta, conforme entendimento constante da Súmula nº 363 do STJ: "Compete à Justiça Estadual processar e julgar a ação de cobrança ajuizada por profissional liberal contra cliente".

Gabarito: C.

---

55. (TRT – JTS 24ª RG/2008) De acordo com os posicionamentos atualmente predominantes no Supremo Tribunal Federal a respeito da competência material da Justiça do Trabalho, é CORRETO afirmar que:

a) Compete à Justiça do Trabalho processar e julgar as ações penais a respeito de crimes contra a organização do trabalho.

b) Compete à Justiça do Trabalho processar e julgar as ações que sejam instauradas entre o Poder Público e seus servidores, a ele vinculados por típica relação de ordem estatutária ou de caráter jurídico-administrativo.

c) Compete à Justiça do Trabalho processar e julgar as ações acidentárias propostas pelo segurado em face do Instituto Nacional do Seguro Social – INSS, nas quais se discute controvérsia acerca do benefício previdenciário.

d) Compete à Justiça do Trabalho processar e julgar as ações que tenham como causa de pedir o descumprimento de normas trabalhistas relativas à segurança, higiene e saúde dos trabalhadores.

e) Compete à Justiça do Trabalho estabelecer, de ofício, débito de contribuição social para com o Instituto Nacional do Seguro Social – INSS com base em decisão que apenas declare a existência de vínculo empregatício.

COMENTÁRIOS

Alternativa "a": Incorreta, conforme entendimento jurisprudencial do STF que não reconheceu a competência penal da Justiça do Trabalho: "Repercussão geral. Prequestionamento. Ofensa direta à Constituição. Decisão monocrática. Competência criminal da Justiça Federal. Improvimento do agravo. Agravo regimental interposto contra decisão monocrática que deu provimento ao recurso extraordinário, reconhecendo a competência da Justiça Federal para conhecer e julgar os crimes de redução à condição análoga à de escravo. Ofensa direta à CF, ao fazer expressa referência ao julgamento do RE 398.041 (Rel. Min. Joaquim Barbosa, realizado na sessão de 30-11-2006) que reconheceu a competência da Justiça Federal para conhecer e julgar as causas relacionadas aos crimes de redução à condição análoga à de escravo (CF, art. 109, VI). Prequestionamento decorrente da matéria haver constado da ementa do acórdão recorrido a referência à competência para julgamento dos crimes contra a organização do trabalho." (RE 511.853-AgR, Rel. Min. Ellen Gracie, julgamento em 14-10-2008, Segunda Turma, DJE de 14-11-2008).

Alternativa "b": Incorreta, conforme entendimento jurisprudencial do STF, que não reconheceu a competência da Justiça do Trabalho para processar e julgar demandas entre os servidores públicos estatutários e a Administração Pública: "Servidores públicos. Regime temporário. Justiça do Trabalho. Incompetência. No julgamento da ADI 3.395/DF-MC, este Supremo Tribunal suspendeu toda e qualquer interpretação do inciso I do art. 114 da CF (na redação da EC 45/2004) que inserisse, na competência da Justiça do Trabalho, a apreciação de causas instauradas entre o Poder Público e seus servidores, a ele vinculados por típica relação de ordem estatutária ou de caráter jurídico-administrativo. As contratações temporárias para suprir os serviços públicos estão no âmbito de relação jurídico-administrativa, sendo competente para dirimir os conflitos a Justiça comum e não a Justiça especializada. (Rcl 4.872,

Rel. p/ o ac. Min. Menezes Direito, julgamento em 21-8-2008, Plenário, DJE de 7-11-2008)".

Alternativa "c": Essa competência é da Justiça Federal, salvo no caso de benefício acidentário, cuja competência é da Justiça Comum. **Alternativa incorreta**, conforme entendimento do STF: "A teor do § 3º c/c inciso I do art. 109 da Constituição Republicana, compete à Justiça comum dos Estados apreciar e julgar as ações acidentárias, que são aquelas propostas pelo segurado contra o INSS, visando benefício e aos serviços previdenciários correspondentes ao acidente do trabalho" (RE 478.472-AgR, Rel. Min. Ayres Britto, julgamento em 26-4-2007, Primeira Turma, DJ de 1º-6-2007). No mesmo sentido: RE 638.483-RG, Rel. Min. Presidente Cezar Peluso, julgamento em 9-6-2011, Plenário, DJE de 31-8-2011, com repercussão geral; AI 722.821-AgR, Rel. Min. Cármen Lúcia, julgamento em 20-10-2009, Primeira Turma, DJE de 27-11-2009".

Alternativa "d": Correta, pois reproduz o entendimento do STF constante da Súmula nº 736: "Compete à Justiça do Trabalho julgar as ações que tenham como causa de pedir o descumprimento de normas trabalhistas relativas à segurança, higiene e saúde dos trabalhadores".

Alternativa "e": Incorreta, pois, por unanimidade, o Plenário do Supremo Tribunal Federal (STF) decidiu editar uma Súmula Vinculante determinando que não cabe à Justiça do Trabalho estabelecer, de ofício, débito de contribuição social para com o Instituto Nacional do Seguro Social (INSS) com base em decisão que apenas declare a existência de vínculo empregatício. Pela decisão, essa cobrança somente pode incidir sobre o valor pecuniário já definido em condenação trabalhista ou em acordo quanto ao pagamento de verbas salariais que possam servir como base de cálculo para a contribuição previdenciária. A decisão foi tomada no julgamento do Recurso Extraordinário (RE) 569056, interposto pelo INSS contra decisão do Tribunal Superior do Trabalho (TST), que negou pretensão do INSS para que também houvesse a incidência automática da contribuição previdenciária referente a decisões que reconhecessem a existência de vínculo trabalhista. Por unanimidade, aquele colegiado adotou o entendimento constante do item I, da Súmula nº 368 do TST, que disciplina o assunto. Com isso, negou recurso interposto pelo INSS. A Resolução nº 219/2017 do TST deu nova redação à referida Súmula, mas sem alterar o inciso I.

Gabarito: D.

---

56. (TRT – JTS 23ª RG/2010) Analise as seguintes proposições sobre a competência da justiça do trabalho e ao final com base na legislação, jurisprudência pacificada e doutrina predominante aponte a alternativa CORRETA.

I. Não se configura conflito de competência entre Tribunal Regional do Trabalho e Vara do Trabalho a ele vinculada.

II. Em relação aos títulos executivos extrajudiciais a competência da Justiça do Trabalho está limitada aos termos de ajustamento de conduta e termos de conciliação firmados perante comissão de conciliação prévia.

III. Na execução por carta precatória, os embargos de terceiro serão oferecidos no juízo deprecante ou no juízo deprecado, mas a competência para julgá-los é do juízo deprecante, salvo se versarem, unicamente, sobre vícios ou irregularidades da penhora, avaliação ou alienação dos bens, praticados pelo juízo deprecado, em que a competência será deste último.

IV. A Justiça do Trabalho é incompetente para processar e julgar ação possessória ajuizada em decorrência do exercício do direito de greve pelos trabalhadores da iniciativa privada.

a) As proposições I, II, estão corretas e as proposições III e IV incorretas.

b) As proposições I e IV estão corretas e as proposições II e III incorretas.

c) As proposições II e III estão corretas e as proposições I e IV incorretas.

d) As proposições II e IV estão corretas e as proposições I e III incorretas.

e) As proposições I e III estão corretas e as proposições II e IV incorretas.

COMENTÁRIOS

✪ **Nota do autor:** Quanto à competência para apreciar e julgar os embargos de terceiro na execução por carta, o TST, por meio da Súmula nº 419 em sua antiga redação, conferia uma interpretação extensiva ao art. 20 da LEF: "Na execução por carta, os embargos do executado serão oferecidos no juízo deprecado, que os remeterá ao juízo deprecante, para instrução e julgamento". Por conta da edição do CPC de 2015, a redação dessa Súmula foi alterada nos seguintes termos: "COMPETÊNCIA. EMBARGOS DE TERCEIRO. EXECUÇÃO POR CARTA PRECATÓRIA. JUÍZO DEPRECADO. (alterada em decorrência do CPC de 2015) – Res. 212/2016, DEJT divulgado em 20, 21 e 22.09.2016. Na execução por carta precatória, os embargos de terceiro serão oferecidos no juízo deprecado, salvo se indicado pelo juízo deprecante o bem constrito ou se já devolvida a carta (art. 676, parágrafo único, do CPC de 2015)".

Item "I": Correto, uma vez que reproduz o entendimento do TST inserido na Súmula nº 420 do TST: "Não se configura conflito de competência entre Tribunal Regional do Trabalho e Vara do Trabalho a ele vinculada".

Item "II": Incorreto, pois os termos de ajustamento de conduta são firmados perante o Ministério Público do Trabalho, conforme disposto no art. 625-E, parágrafo único, da CLT: "O termo de conciliação é título executivo extrajudicial e terá eficácia liberatória geral, exceto quanto às parcelas expressamente ressalvadas".

Complementa-se com o preceito contido no art. 876 da CLT: "As decisões passadas em julgado ou das quais não tenha havido recurso com efeito suspensivo; os acordos, quando não cumpridos; os termos de ajuste de conduta firmados perante o Ministério Público do Trabalho e os termos de conciliação firmados perante as Comissões de Conciliação Prévia serão executada pela forma estabelecida neste Capítulo".

Item "III": Correto. Trata-se da competência para interpor e julgar embargos de terceiro quando a execução é processada por carta. Essa questão encontrava-se pacificada pela Súmula nº 419 do TST em sua antiga redação: "Na execução por carta precatória, os embargos de terceiro serão oferecidos no juízo deprecante ou no juízo deprecado, mas a competência para julgá-los é do juízo deprecante, salvo se versarem, unicamente, sobre vícios ou irregularidades da penhora, avaliação ou alienação dos bens, praticados pelo juízo deprecado, em que a competência será deste último" (ver nota do autor).

Item "IV": Incorreto, pois contraria o posicionamento do STF constante da Súmula Vinculante nº 23: "A Justiça do Trabalho é competente para processar e julgar ação possessória ajuizada em decorrência do direito de greve pelos trabalhadores da iniciativa privada".

Gabarito: E.

---

57. (TRT – JTS 21ª RG/2010) São matérias incorporadas à competência da Justiça do Trabalho pela Emenda Constitucional nº 45/2004, exceto:

a) ações sobre representação sindical;

b) execução, de ofício, de contribuições sociais, decorrentes das decisões proferidas pelos Juízos do Trabalho;

c) "*habeas data*" relativo a matérias sob sua jurisdição;

d) ações relativas às penalidades administrativas impostas, por exemplo, pela Superintendência Regional do Trabalho e Emprego, como as ações ordinárias de anulação de auto infracional, execuções fiscais e mandados de segurança;

e) ações alusivas a eleições sindicais.

COMENTÁRIOS

✪ **Nota do autor:** Em muitos casos, a EC nº 45/2004 serviu apenas para confirmar a competência da Justiça do Trabalho que já vinha sendo reconhecida pela doutrina e pela jurisprudência, a exemplo das demandas envolvendo pleito de indenização por dano moral decorrente da relação de emprego.

Alternativa "a": Correta, conforme art. 114, III, da CF/88, com redação dada pela EC nº 45/2004: "Compete à Justiça do Trabalho processar e julgar: (...) III as ações sobre representação sindical, entre sindicatos, entre sindicatos e trabalhadores, e entre sindicatos e empregadores".

Alternativa "b": Incorreta, pois essa competência foi atribuída à Justiça do Trabalho pela Emenda Constitucional nº 20/1998 e não pela EC nº 45/2004 como consta na assertiva.

Alternativa "c": Correta, conforme art. 114, IV, da CF/88, com redação dada pela EC nº 45/2004: "Compete à Justiça do Trabalho processar e julgar: (...) IV os mandados de segurança, *habeas corpus* e *habeas data*, quando o ato questionado envolver matéria sujeita à sua jurisdição".

Alternativa "d": Correta, em consonância com o art. 114, VIII, da CF/88, com redação dada pela EC nº 45/2004: "Compete à Justiça do Trabalho processar e julgar: (...) VII as ações relativas às penalidades administrativas impostas aos empregadores pelos órgãos de fiscalização das relações de trabalho".

Alternativa "e": Correta, segundo o art. 114, III, da CF/88, com redação dada pela EC nº 45/2004: "Compete à Justiça do Trabalho processar e julgar: (...) III as ações sobre representação sindical, entre sindicatos, entre sindicatos e trabalhadores, e entre sindicatos e empregadores".

Gabarito: B.

---

58. (TRT – JTS 9ª RG/2009) Considere as proposições abaixo:

I. Somente serão admitidas reclamações à Justiça do Trabalho depois de esgotadas, pelo atleta profissional de futebol, as instâncias da Justiça Desportiva.

II. É competente a Justiça do Trabalho para processar e julgar ações entre o trabalhador voluntário e o tomador de seus serviços.

III. É materialmente competente a Justiça do Trabalho para processar e julgar mandado de segurança impetrado contra auditor fiscal do trabalho, quando da aplicação, por este, de multa em razão de fiscalização das relações de trabalho. O mandado de segurança, em tal caso, deverá ser aforado perante o TRT.

IV. É também, presentemente, competente a Justiça do Trabalho, para processar e julgar ações relativas à movimentação do FGTS, quando aforadas por trabalhadores em face da Caixa Econômica Federal.

a) somente a proposição II é correta

b) somente as proposições II e III são corretas

c) somente as proposições I, III e IV são corretas

d) somente as proposições I, II e III são corretas

e) somente as proposições I e IV são corretas

COMENTÁRIOS

Item "I": Essa limitação não se aplica as reclamações trabalhistas, mas apenas às demandas relativas à disciplina e às competições desportivas. Item **incorreto**, conforme art. 217, § 1º, da CF/88: "O Poder Judiciário só admitirá ações relativas à disciplina e às competições desportivas após esgotarem-se as instâncias da justiça desportiva, regulada em lei".

Item "II": Trata-se de uma relação de trabalho e por esse motivo a Justiça do Trabalho detém a competência para dirimir o conflito dela decorrente. **Item correto**, conforme preceito contido no art. 114 da CF/88: "Compete à Justiça do Trabalho processar e julgar: I – as ações oriundas da relação de trabalho, abrangidos os entes de direito público externo e da administração pública direta e indireta da União, dos Estados, do Distrito Federal e dos Municípios (A última parte do inciso I, do art. 114 da CF/88, acima mencionado, está suspensa, *ad referendum*, em razão da liminar concedida pelo STF, com efeito *ex tunc*, na Ação Direta de Inconstitucionalidade nº 3.395-6. Com isso, fica excluída a competência da Justiça do Trabalho para apreciar litígios envolvendo servidores públicos estatutários)".

Item "III": A competência para apreciar essa demanda é da Justiça Laboral, de acordo com o disposto no art. 114, IV, da CF/88. Contudo, a competência funcional é da Vara do Trabalho e não do TRT. Item **incorreto**.

Item "IV": Nesse caso, a competência é da Justiça Federal, pois o litígio não se originou da relação de trabalho. Item **incorreto**, conforme disposição inserida no art. 109 da CF/88: "Aos juízes federais compete processar e julgar: I – as causas em que a União, entidade autárquica ou empresa pública federal forem interessadas na condição de autoras, rés, assistentes ou oponentes, exceto as de falência, as de acidentes de trabalho e as sujeitas à Justiça Eleitoral e à Justiça do Trabalho".

Gabarito: A.

---

59. (TRT – JTS 9ª RG/2009) Analise as proposições seguintes:

I. A competência das Varas do Trabalho estende-se aos dissídios ocorridos em agência ou filial no estrangeiro, desde que o empregado seja brasileiro e não haja convenção internacional dispondo em contrário. Não obstante, o direito material a ser aplicável será o vigente no país da prestação de serviços.

II. Compete ao Ministério Público do Trabalho propor ações visando à declaração de nulidade de cláusula de contrato, acordo coletivo ou convenção coletiva que viole as liberdades individuais ou coletivas ou os direitos individuais indisponíveis dos trabalhadores.

III. O empregado e o empregador, no contrato de emprego, podem estabelecer foro de eleição.

IV. Quando dois ou mais juízos se derem por incompetentes, dá-se o conflito de competência negativo. Possível é o conflito de competência entre TRT e Vara do Trabalho a ele vinculada, o qual será dirimido pelo TST.

a) somente as proposições III e IV são corretas
b) todas as proposições são corretas
c) somente as proposições I e II são corretas
d) somente as proposições I, II e III são corretas
e) somente as proposições II, III e IV são corretas

COMENTÁRIOS

Nota do autor: Essa questão foi elaborada antes do cancelamento da Súmula nº 207 do TST, por meio da Resolução nº 181/2012.

Item "I": A afirmativa contida na primeira parte do item está correta, pois se encontra de acordo com o art. 651, § 2º da CLT: "A competência das Juntas de Conciliação e Julgamento, estabelecida neste artigo, estende-se aos dissídios ocorridos em agência ou filial no estrangeiro, desde que o empregado seja brasileiro e não haja convenção internacional dispondo em contrário". A parte final da assertiva estava em conformidade com a Súmula cancelada do TST de número 207: "A relação jurídica trabalhista é regida pelas leis vigentes no país da prestação de serviço e não por aquelas do local da contratação". À época, portanto, esse item foi considerado **correto.**

Item "II": Correto, uma vez que essa atribuição se encontra listada no art. 83 da LC 75/93: "Compete ao Ministério Público do Trabalho o exercício das seguintes atribuições junto aos órgãos da Justiça do Trabalho: IV – propor as ações cabíveis para declaração de nulidade de cláusula de contrato, acordo coletivo ou convenção coletiva que viole as liberdades individuais ou coletivas ou os direitos individuais indisponíveis dos trabalhadores".

Item "III": Esse ajuste não poderia ser feito quando da contratação ou durante a execução do contrato de trabalho, pois implicaria transação ou renúncia do direito do trabalhador. Item **incorreto.**

Item "IV": Não há conflito entre uma Vara do Trabalho e o TRT ao qual a primeira se vincula. Item **incorreto**, pois contraria o teor da Súmula nº 420 do TST: "COMPETÊNCIA FUNCIONAL. CONFLITO NEGATIVO. TRT E VARA DO TRABALHO. Não se configura conflito de competência entre Tribunal Regional do Trabalho e Vara do Trabalho a ele vinculada".

Gabarito: C.

---

60. (TRT – JTS 8ª RG/2009) Sobre competência, qual das assertivas não encontra amparo na jurisprudência do TST:

a) Em se tratando de ação anulatória, a competência originária se dá no mesmo juízo em que praticado o ato supostamente eivado de vício.

b) A Justiça do Trabalho é competente para apreciar ação de cobrança de honorários advocatícios, pleiteados na forma do Estatuto da Advocacia.

c) Não cabe declaração de ofício de incompetência territorial no caso de o trabalhador optar por propor a ação no foro da celebração do contrato ou no da prestação dos respectivos serviços, resolvendo-se o conflito pelo reconhecimento da competência do juízo do local onde a ação foi proposta.

d) Não se configura conflito de competência entre Tribunal Regional do Trabalho e Vara do Trabalho a ele vinculada.

e) Na execução por carta precatória, a competência para julgar os embargos de terceiro é do juízo deprecante, salvo se versarem, unicamente, sobre vícios ou irregularidades da penhora, avaliação ou alienação de bens, praticados pelo juízo deprecado, em que a competência será deste último.

COMENTÁRIOS

✪ **Nota do autor:** A questão relativa à competência da Justiça do Trabalho para apreciar demandas envolvendo a cobrança de honorários advocatícios ainda não é pacífica, tanto na doutrina quanto na jurisprudência. Por conta disso, foi bastante temerária a inserção dessa questão com resposta objetiva.

Alternativa "a": A ação anulatória caracteriza-se por ser uma demanda ordinária, mas que recebeu essa denominação da doutrina e jurisprudência. Portanto, a competência para a sua apreciação é do próprio órgão judicial que praticou o ato impugnado, por não existir qualquer norma processual disciplinando a sua tramitação. Opção **correta**, conforme OJ nº 129 da SDI-2: "Em se tratando de ação anulatória, a competência originária se dá no mesmo juízo em que praticado o ato supostamente eivado de vício".

Alternativa "b": A banca considerou essa opção **incorreta**, apesar de encontrar-se baseada no texto da OJ nº 138 da SDI-2 do TST, que foi cancelada em 10.05.2006: "A Justiça do Trabalho é incompetente para apreciar ação de cobrança de honorários advocatícios, pleiteada na forma do art. 24, § § 1º e 2º, da Lei nº 8.906/1994, em face da natureza civil do contrato de honorários". Como dito na nota do autor, essa questão ainda é controvertida e há decisões em ambos os sentidos, mesmo no TST.

Alternativa "c": A competência territorial é relativa e, por conta disso, não cabe sua declaração de ofício pelo Juiz. Opção **correta**, conforme OJ nº 149 da SDI-2: "Não cabe declaração de ofício de incompetência territorial no caso do uso, pelo trabalhador, da faculdade prevista no art. 651, § 3º, da CLT. Nessa hipótese, resolve-se o conflito pelo reconhecimento da competência do juízo do local onde a ação foi proposta".

Alternativa "d": Não há conflito entre uma Vara do Trabalho e o TRT ao qual a primeira se vincula. Opção **correta**, diante do entendimento constante da Súmula nº 420 do TST: "Não se configura conflito de competência entre Tribunal Regional do Trabalho e Vara do Trabalho a ele vinculada".

Alternativa "e": Correta à época diante do posicionamento adotado pelo TST em sua Súmula nº 419 em sua redação anterior: "Na execução por carta precatória, os embargos de terceiro serão oferecidos no juízo deprecante ou no juízo deprecado, mas a competência para julgá-los é do juízo deprecante, salvo se versarem, unicamente, sobre vícios ou irregularidades da penhora, avaliação ou alienação dos bens, praticados pelo juízo deprecado, em que a competência será deste último". Por conta da edição do CPC de 2015, a redação dessa Súmula foi alterada nos seguintes termos: "COMPETÊNCIA. EMBARGOS DE TERCEIRO. EXECUÇÃO POR CARTA PRECATÓRIA. JUÍZO DEPRECADO. (alterada em decorrência do CPC de 2015) – Res. 212/2016, DEJT divulgado em 20, 21 e 22.09.2016. Na execução por carta precatória, os embargos de terceiro serão oferecidos no juízo deprecado, salvo se indicado pelo juízo deprecante o bem constrito ou se já devolvida a carta (art. 676, parágrafo único, do CPC de 2015)".

Gabarito: B.

---

61. (TRT – JTS 6ª RG/2010) Observando-se a jurisprudência sumulada e as Orientações Jurisprudenciais do Tribunal Superior do Trabalho, assinale a alternativa INCORRETA sobre a competência material da Justiça do Trabalho.

a) A Justiça do Trabalho é competente para apreciar reclamação de empregado que tenha por objeto direito fundado em quadro de carreira.

b) A Justiça do Trabalho é competente para apreciar lide envolvendo o pedido de indenização pela não concessão das guias de comunicação de dispensa para acesso ao seguro-desemprego.

c) A Justiça do Trabalho é competente para dirimir controvérsias referentes à indenização por danos morais quando decorrentes da relação de trabalho.

d) A Justiça do Trabalho é competente para determinar o recolhimento das contribuições fiscais.

e) A Justiça do Trabalho não é competente para apreciar pedido de complementação de pensão requerida por viúva de ex-empregado.

COMENTÁRIOS

✪ **Nota do autor:** Essa questão tem uma falha que corresponde ao fato de a banca reconhecer como verdadeira a assertiva contida na alternativa "d", sem deixar claro que a cobrança de ofício das contribuições fiscais limita-se aquelas decorrentes dos créditos percebidos por conta das decisões proferidas pela Justiça do Trabalho. Observe-se, também, que a redação da Súmula nº 392 do TST teve sua redação alterada (alternativa "c").

Alternativa "a": A competência da Justiça do Trabalho para tratar desta questão já era pacífica mesmo antes da edição da EC nº 45/2004. Opção **correta**, conforme Súmula nº 19 do TST: "A Justiça do Trabalho é competente para apreciar reclamação de empregado que tenha por objeto direito fundado em quadro de carreira".

Alternativa "b": De igual forma, o TST já se posicionava em favor da competência da Justiça Laboral nos casos de omissão do empregador quanto à liberação das guias do seguro-desemprego, provocando prejuízo ao trabalhador. Opção **correta**, pois está de acordo a Súmula nº 389 do TST: "I - Inscreve-se na competência material da Justiça do Trabalho a lide entre empregado e empregador tendo por objeto indenização pelo não fornecimento das guias do seguro-desemprego (ex-OJ nº 210 da SBDI-1 - inserida em 08.11.2000). II - O não fornecimento pelo empregador da guia necessária para o recebimento do seguro-desemprego dá origem ao direito à indenização. (ex-OJ nº 211 da SBDI-1 - inserida em 08.11.2000)".

Alternativa "c": A competência da Justiça do Trabalho apara dirimir conflitos dessa natureza ficou mais clara depois da alteração da redação do art. 114 da CF/88, com a inserção do inciso VI. Opção **correta**, por estar em conformidade com o mandamento constitucional e de acordo com a Súmula nº 392 do TST; "Nos termos do art. 114, inc. VI, da Constituição da República, a Justiça do Trabalho é competente para processar e julgar ações de indenização por dano moral e material, decorrentes da relação de trabalho, inclusive as oriundas de acidente de trabalho e doenças a ele equiparadas". Atualmente essa Súmula conta uma nova redação a fim de abarcar a competência da Justiça do Trabalho mesmo nos casos em que a ação seja proposta pelos dependentes ou sucessores do trabalhador falecido: "DANO MORAL E MATERIAL. RELAÇÃO DE TRABALHO. COMPETÊNCIA DA JUSTIÇA DO TRABALHO (redação alterada na sessão do Tribunal Pleno realizada em 27.10.2015) – Res. 200/2015, DEJT divulgado em 29.10.2015 e 03 e 04.11.2015 Nos termos do art. 114, inc. VI, da Constituição da República, a Justiça do Trabalho é competente para processar e julgar ações de indenização por dano moral e material, decorrentes da relação de trabalho, inclusive as oriundas de acidente de trabalho e doenças a ele equiparadas, ainda que propostas pelos dependentes ou sucessores do trabalhador falecido."

Alternativa "d": Desde que essas obrigações fiscais derivem das condenações proferidas pela Justiça Laboral. Opção **correta**, de acordo com o entendimento constante da Súmula nº 368 do TST: "I. A Justiça do Trabalho é competente para determinar o recolhimento das contribuições fiscais. A competência da Justiça do Trabalho, quanto à execução das contribuições previdenciárias, limita-se às sentenças condenatórias em pecúnia que proferir e aos valores, objeto de acordo homologado, que integrem o salário de contribuição". Ressalte-se que essa Súmula foi alterada pela Resolução nº 219/2017 do TST para aglutinar a parte final da Orientação Jurisprudencial nº 363 da SBDI-I à redação do item II e incluir os itens IV, V e VI. Sendo assim, não houve modificação no item I, base dessa alternativa.

Alternativa "e": Incorreta, pois contraria o posicionamento do TST inserido na OJ nº 26 da SDI-1: "COMPETÊNCIA DA JUSTIÇA DO TRABALHO. COMPLEMENTAÇÃO DE PENSÃO REQUERIDA POR VIÚVA DE EX-EMPREGADO (inserido dispositivo, DJ 20.04.2005). A Justiça do Trabalho é competente para apreciar pedido de complementação de pensão postulada por viúva de ex-empregado, por se tratar de pedido que deriva do contrato de trabalho". Note-se que em 2013 o STF manifestou-se no sentido de reconhecer a incompetência da Justiça do Trabalho para apreciar e julgar pleitos dessa natureza, em decisão proferida em sede de recurso extraordinário com repercussão geral reconhecida (RE 586453).

Gabarito: E.

---

62. (USU - JTS 1ª RG/2008) A respeito da atual competência da Justiça do Trabalho, é CORRETO afirmar que:

I. Compete conciliar e julgar dissídios individuais e coletivos entre trabalhadores e empregadores.

II. Compete a execução, de ofício, das contribuições sociais previstas no art. 195, I, *a*, e II, e seus acréscimos legais, decorrentes das sentenças que proferir.

III. Compete processar e julgar outras controvérsias da relação de trabalho, na forma da lei.

IV. Compete processar e julgar os mandados de segurança, *habeas corpus* e *habeas data*, quando o ato questionado envolver matéria sujeita a sua jurisdição.

V. Compete processar e julgar as ações relativas às infrações administrativas e criminais, decorrentes dos atos praticados pelos empregadores e tomadores de mão-de-obra.

a) os itens I e III estão totalmente corretos.

b) os itens II e V estão totalmente errados.

c) os itens I e IV estão totalmente corretos.

d) os itens I e V estão totalmente errados.

e) somente o item I está correto.

COMENTÁRIOS

Item "I": Essa era a redação anterior do art. 114 da CF/88, antes da promulgação da EC nº 45/2004. **Item incorreto.**

Item "II": Correto, de acordo com art. 114, VIII, da CF/88: "VIII a execução, de ofício, das contribuições sociais previstas no art. 195, I, a, e II, e seus acréscimos legais, decorrentes das sentenças que proferir".

Item "III": Correto, em conformidade com o art. 114, IX, da CF/88: "IX outras controvérsias decorrentes da relação de trabalho, na forma da lei".

Item "IV": Correto, conforme preceitua art. 114, IV, da CF/88: "IV os mandados de segurança, *habeas corpus* e *habeas data*, quando o ato questionado envolver matéria sujeita à sua jurisdição".

Item "V": Incorreto, pois o STF na Ação Direta de Inconstitucionalidade nº 3684 proferiu a seguinte decisão liminar, excluindo a competência criminal da Justiça do Trabalho: "EMENTA: COMPETÊNCIA CRIMINAL. Justiça do Trabalho. Ações penais. Processo e julgamento. Jurisdição penal genérica. Inexistência. Interpretação conforme dada ao art. 114, incs. I, IV e IX, da CF, acrescidos pela EC nº 45/2004. Ação direta de inconstitucionalidade. Liminar deferida com efeito *ex tunc*. O disposto no art. 114, incs. I, IV e IX, da Constituição da República, acrescidos pela Emenda Constitucional nº 45, não atribui à Justiça do Trabalho competência para processar e julgar ações penais".

Gabarito: D.

---

63. (USU – JTS 1ª RG/2008) Assinale a resposta ERRADA:

a) Compete à Justiça do Trabalho apreciar litígios resultantes de contrato de empreitada em que o empreiteiro seja operário ou artífice;

b) Juízes de Direito podem ser investidos da jurisdição trabalhista.

c) As ações decorrentes de acidente do trabalho se processam perante a Justiça Estadual.

d) As cobranças de débito previdenciário, resultantes de sentença proferidas pelas Varas do Trabalho, são executadas pela Justiça Federal.

e) É de competência da Justiça do Trabalho processar e julgar ações movidas por representante comercial contra as empresas representadas.

COMENTÁRIOS

✪ **Nota do autor:** Apesar de teoricamente ser possível o juiz de direito ser investido na jurisdição trabalhista, na prática não se constata mais esse fato, uma vez que todos os municípios brasileiros são atendidos pela jurisdição dos órgãos da Justiça do Trabalho. Outra questão que deve ser observada diz respeito à assertiva contida na alínea "c", sobre a competência da Justiça Comum para processar ações de acidente de trabalho. Apesar de a banca do concurso ter considerado como correta, é necessário verificar quem ocupa o polo passivo da relação processual. Se a ação for proposta pelo empregado em face do empregador postulando indenização por danos morais e materiais a competência é da Justiça do Trabalho.

Alternativa "a": Apesar de não ser uma relação de emprego, a competência da Justiça do Trabalho para apreciar o litígio daí decorrente já estava prevista na CLT mesmo antes da EC nº 45/2004. Opção **correta**, conforme art. 652, "a", III, da CLT: "Compete às Juntas de Conciliação e Julgamento: a) conciliar e julgar: (...) III – os dissídios resultantes de contratos de empreitadas em que o empreiteiro seja operário ou artífice".

Alternativa "b": Essa possibilidade está prevista tanto na CLT quanto na Constituição Federal de 1988. Opção **correta**, pois se encontra de acordo com o art. 112 da CF/88: "A lei criará varas da Justiça do Trabalho, podendo, nas comarcas não abrangidas por sua jurisdição, atribuí-la aos juízes de direito, com recurso para o respectivo Tribunal Regional do Trabalho".

Alternativa "c": Correta, conforme art. 643, § 2º, da CLT: "As questões referentes a acidentes do trabalho continuam sujeitas a justiça ordinária, na forma do Decreto nº 24.637, de 10 de julho de 1934, e legislação subsequente" e Súmula nº 15 do STJ: "Compete à Justiça Estadual processar e julgar os litígios decorrentes de acidente do trabalho".

Alternativa "d": Nessa hipótese, a competência seria da Justiça do Trabalho, pois se trata de contribuições previdenciárias decorrentes das decisões proferidas por órgãos integrantes desse ramo do Poder Judiciário. Alternativa **incorreta**, uma vez que se encontra em desacordo com o art. 114, VIII, da CF/88 "Art. 114. Compete à Justiça do Trabalho processar e julgar: VIII a execução, de ofício, das contribuições sociais previstas no art. 195, I, a, e II, e seus acréscimos legais, decorrentes das sentenças que proferir" e súmula nº 368 do TST, item I: "I – A Justiça do Trabalho é competente para determinar o recolhimento das contribuições fiscais. A competência da Justiça do Trabalho, quanto à execução das contribuições previdenciárias, limita-se às sentenças condenatórias em pecúnia que proferir e aos valores, objeto de acordo homologado, que integrem o salário de contribuição". Essa Súmula foi alterada pela Resolução nº 219/2017 para aglutinar a parte final da Orientação Jurisprudencial nº 363 da SBDI-I à redação do item II e incluir os itens IV, V e VI. Sendo assim, não houve modificação no item I, base dessa alternativa.

Alternativa "e": A relação de representação comercial é classificada como relação de trabalho. Alternativa **correta**, pois está de acordo com o art. 114, I e X, da CF "Art. 114. Compete à Justiça do Trabalho processar e julgar: I – as ações oriundas da relação de trabalho, abrangidos os entes de direito público externo e da administração pública direta e indireta da União, dos Estados, do Distrito Federal e dos Municípios; (...) IX outras controvérsias decorrentes da relação de trabalho, na forma da lei (a última parte do inciso I, do art. 114 da CF/88, acima mencionado, está suspensa, *ad referendum*, em razão da liminar concedida pelo STF, com efeito *ex tunc*, na Ação Direta de Inconstitucionalidade nº 3.395-6)".

Gabarito: D.

---

64. (CESPE – JTS 1ª RG/2010) Assinale a opção CORRETA acerca da organização, da composição, do funcionamento, da jurisdição e da competência da justiça do trabalho.

a) Considerando-se a ampliação da competência da justiça do trabalho, não cabe falar de execução de ofício das contribuições sociais devidas por empregadores e empregados e seus acréscimos legais decorrentes das sentenças que proferir.

b) Somente se provocado pelas partes interessadas, o CSJT pode apreciar decisões administrativas dos tribunais que contrariem as normas gerais de procedimento por ele expedidas, relacionadas com sistemas de informática, recursos humanos, planejamento e orçamento, administração financeira, material e patrimônio.

c) Em que pese ser a justiça do trabalho competente para processar e julgar ações que digam respeito à greve, no que concerne à observância das regras estabelecidas na Lei de Greve, essa competência não abrange o julgamento de ação possessória ajuizada em decorrência do exercício do direito de greve pelos trabalhadores da iniciativa privada.

d) Compete ao órgão especial do TST, em matéria administrativa, propor ao Poder Legislativo, após deliberação do CSJT, a criação, a extinção ou a modificação de tribunais regionais do trabalho e varas do trabalho, assim como a alteração de jurisdição e de sede desses tribunais e varas.

e) Nas ausências temporárias, por período superior a trinta dias, e nos afastamentos definitivos, os ministros do TST são substituídos por juízes de TRT, escolhidos pelo plenário do TST, mediante escrutínio secreto e pelo voto da maioria absoluta dos seus membros.

COMENTÁRIOS

✪ Nota do autor: Atualmente, o regimento interno do Conselho Superior da Justiça do Trabalho encontra-se aprovado por meio da Resolução Administrativa nº 1909, de 20 de junho de 2017 . A alternativa "b" foi elaborada com base na RA nº 1064/2005.

Alternativa "a": Incorreta, pois o inciso VIII, art. 114 da CF/88 estabelece essa competência de forma expressa: "Compete à Justiça do Trabalho processar e julgar: (...) VIII – a execução, de ofício, das contribuições sociais previstas no art. 195, I, ***a***, e II, e seus acréscimos legais, decorrentes das sentenças que proferir".

Alternativa "b": Incorreta, pois o art. 12 da Resolução Administrativa 1.064, atualmente revogada, prevê a possibilidade de apreciação de ofício e não apenas a requerimento do interessado: "Ao Conselho Superior da Justiça do Trabalho compete: (...) IV – apreciar, **de ofício** ou a requerimento de qualquer interessado, as decisões administrativas dos Tribunais que contrariem as normas legais ou as expedidas com base no inciso II." Prevê o inciso II: "expedir normas gerais de procedimento relacionadas com os sistemas de informática, recursos humanos, planejamento e orçamento, administração financeira, material e patrimônio e de controle interno da Justiça do Trabalho de primeiro e segundo graus, ou normas que se refiram a sistemas relativos a outras atividades auxiliares comuns que necessitem de coordenação central".

Alternativa "c": Incorreta, uma vez que contraria o posicionamento do STF revelado por meio da Súmula Vinculante nº 23: "A Justiça do Trabalho é competente para processar e julgar ação possessória ajuizada em decorrência do direito de greve pelos trabalhadores da iniciativa privada".

Alternativa "d": Correta, de acordo com o art. 69, II, "d", do RITST, em sua redação aprovada pela já revogada Resolução Administrativa 1295/2008: "Compete ao Órgão Especial: II – em matéria administrativa: d) propor ao Poder Legislativo, após a deliberação do Conselho Superior da Justiça do Trabalho, a criação, extinção ou modificação de Tribunais Regionais do Trabalho e Varas do Trabalho, assim como a alteração de jurisdição e de sede destes" (art. 76, II, "d" do atual RITST, aprovado pela Resolução nº 1.937/17).

Alternativa "e": O período de ausência seria igual ou superior a trinta dias e não apenas superior a trinta dias como constou na assertiva. Opção **incorreta**, segundo o art. 17 do RITST, em sua redação anterior: "Nas ausências temporárias, por período **igual ou superior a trinta dias**, e nos afastamentos definitivos, os Ministros serão substituídos por Juízes do Tribunal Regional do Trabalho, escolhidos pelo Tribunal Pleno, mediante escrutínio secreto e pelo voto da maioria absoluta dos seus Membros".

Gabarito: D.

---

65. (TRT – JTS 3ª RG/2009) A Emenda Constitucional número 45 (EC 45) aumentou significativamente a competência da Justiça do Trabalho e suscitou controvérsia doutrinária e jurisprudencial quanto aos limites dessa competência. A respeito dela e das questões de competência em geral, leia as afirmações abaixo e, em seguida, assinale a alternativa CORRETA:

I. O Tribunal Superior do Trabalho editou súmula acerca da competência da Justiça do Trabalho para processar e julgar a ação de cobrança ajuizada por profissional liberal contra cliente.

II. O Tribunal Superior do Trabalho editou súmula acerca da competência da Justiça do Trabalho para processar e julgar ação indenizatória proposta por viúva e filhos de empregado falecido em acidente de trabalho.

III. O Tribunal Superior do Trabalho editou súmula acerca da competência da Justiça do Trabalho para dirimir controvérsias referentes à indenização por danos morais, quando decorrente da relação de trabalho.

IV. O Superior Tribunal de Justiça editou súmula no sentido de que a competência estabelecida pela EC 45 não alcança os processos já sentenciados.

V. Na execução por carta precatória, os embargos de terceiro serão oferecidos no juízo deprecante ou no juízo deprecado, mas a competência para julgá-los é do juízo deprecante, salvo se versarem, unicamente, sobre vícios ou irregularidades da penhora, avaliação ou alienação dos bens, praticados pelo juízo deprecado, em que a competência será deste último.

a) Somente uma afirmativa está correta.
b) Somente duas afirmativas estão corretas.
c) Somente três afirmativas estão corretas.
d) Somente quatro afirmativas estão corretas.
e) Todas as afirmativas estão corretas.

COMENTÁRIOS

✪ **Nota do autor:** Depois da promulgação da EC nº 45/2004, iniciou-se um processo de disputa de competência travado entre o TST e o STJ. Esses Tribunais têm emitido entendimentos em relação a esse aspecto totalmente divergentes, a exemplo do que ocorre com a temática tratada pela Súmula nº 363 do STJ transcrita nos comentários do item I.

Item "I": Incorreto. Foi o STJ que editou uma Súmula nesse sentido, mais precisamente a de número 363: "Compete à Justiça estadual processar e julgar a ação de cobrança ajuizada por profissional liberal contra cliente".

Item "II": Incorreto, pois esse entendimento ainda não se encontra sumulado, apesar de existir decisões nesse sentido, inclusive publicada no *site* de notícias do TST: "21/05/2010 – Espólio pode propor ação de indenização por dano moral Os familiares de trabalhador falecido por causa de doença profissional podem pedir indenização por danos morais na Justiça do Trabalho".

Item "III": Correto, apesar da redação dada pela EC nº 45/04 ao art. 114 da CF/88 ser clara nesse sentido. Trata-se da Súmula nº 392 do TST: "Nos termos do art. 114, inc. VI, da Constituição da República, a Justiça do Trabalho é competente para processar e julgar ações de indenização por dano moral e material, decorrentes da relação de trabalho, inclusive as oriundas de acidente de trabalho e doenças a ele equiparadas". Essa Súmula teve sua redação alterada pela Resolução 200/2015 do TST: "DANO MORAL E MATERIAL. RELAÇÃO DE TRABALHO. COMPETÊNCIA DA JUSTIÇA DO TRABALHO (redação alterada na sessão do Tribunal Pleno realizada em 27.10.2015) – Res. 200/2015, DEJT divulgado em 29.10.2015 e 03 e 04.11.2015 Nos termos do art. 114, inc. VI, da Constituição da República, a Justiça do Trabalho é competente para processar e julgar ações de indenização por dano moral e material, decorrentes da relação de trabalho, inclusive as oriundas de acidente de trabalho e doenças a ele equiparadas, ainda que propostas pelos dependentes ou sucessores do trabalhador falecido".

Item "IV": Correto, conforme preceitua a Súmula nº 367 do STJ: "A competência estabelecida pela EC nº 45/2004 não alcança os processos já sentenciados. No mesmo sentido a Súmula Vinculante do STF de nº 22 "A Justiça do Trabalho é competente para processar e julgar as ações de indenização por danos morais e patrimoniais decorrentes de acidente de trabalho propostas por empregado contra empregador, inclusive aquelas que ainda não possuíam sentença de mérito em primeiro grau quando da promulgação da Emenda Constitucional nº 45/04".

Item "V": Correto, conforme Súmula nº 419 do TST em sua antiga redação: "Na execução por carta precatória, os embargos de terceiro serão oferecidos no juízo deprecante ou no juízo deprecado, mas a competência para julgá-los é do juízo deprecante, salvo se versarem, unicamente, sobre vícios ou irregularidades da penhora, avaliação ou alienação dos bens, praticados pelo juízo deprecado, em que a competência será deste último". Por conta da edição do CPC de 2015, a redação dessa Súmula foi alterada nos seguintes termos: "COMPETÊNCIA. EMBARGOS DE TERCEIRO. EXECUÇÃO POR CARTA PRECATÓRIA. JUÍZO DEPRECADO. (alterada em decorrência do CPC de 2015) – Res. 212/2016, DEJT divulgado em 20, 21 e 22.09.2016. Na execução por carta precatória, os embargos de terceiro serão oferecidos no juízo deprecado, salvo se indicado pelo juízo deprecante o bem constrito ou se já devolvida a carta (art. 676, parágrafo único, do CPC de 2015)".

Gabarito: B.

---

66. (TRT – JTS 6ª RG/2010) Assinale a alternativa CORRETA:

a) A regra geral de fixação da competência *ex ratione loci*, na Justiça do Trabalho, é determinada pela localidade onde o empregado, reclamante ou reclamado, prestar serviços ao empregador, ainda que tenha sido contratado noutro local ou no estrangeiro.

b) Não há na Consolidação das Leis do Trabalho, ou na legislação esparsa, previsão para o procedimento da exceção *ratione loci*, razão pela qual a sua análise admite ampla flexibilidade por parte do juiz.

c) A exceção *ratione loci* pode ser arguida pelas partes e pelo Juiz a qualquer momento porque se trata de nulidade processual absoluta.

d) A jurisdição de cada Vara do Trabalho abrange todo o território da Comarca, não podendo ser estendida ou restringida.

e) Para efeito de Jurisdição dos Tribunais Regionais, o território nacional é dividido em 20 regiões.

COMENTÁRIOS

✪ **Nota do autor:** No que diz respeito à competência em razão do lugar observa-se a existência de decisões conferindo interpretações díspares ao alcance do art. 651 da CLT e seus parágrafos. Isso ocorre porque esse Diploma legal foi concebido levando-se em consideração o fato de que o empregado ajuizaria uma demanda trabalhista em plena vigência do contrato de trabalho, o que não ocorre como regra, mas sim de forma excepcional, sobretudo quando o empregado goza de estabilidade.

Alternativa "a": Correta, pois representa o mandamento contido no art. 651, *caput*, da CLT que estabelece a regra geral: "A competência das Juntas de Conciliação e Julgamento é determinada pela localidade onde o empregado, reclamante ou reclamado, prestar serviços ao empregador, ainda que tenha sido contratado noutro local ou no estrangeiro".

Alternativa "b": Incorreta, uma vez que as exceções à regra geral acima mencionada encontram-se relacionadas nos parágrafos do art. 651 da CLT: "§ 1º –

Quando for parte de dissídio agente ou viajante comercial, a competência será da Junta da localidade em que a empresa tenha agência ou filial e a esta o empregado esteja subordinado e, na falta, será competente a Junta da localização em que o empregado tenha domicílio ou a localidade mais próxima. § 2º – A competência das Juntas de Conciliação e Julgamento, estabelecida neste artigo, estende-se aos dissídios ocorridos em agência ou filial no estrangeiro, desde que o empregado seja brasileiro e não haja convenção internacional dispondo em contrário. § 3º – Em se tratando de empregador que promova realização de atividades fora do lugar do contrato de trabalho, é assegurado ao empregado apresentar reclamação no foro da celebração do contrato ou no da prestação dos respectivos serviços".

Alternativa "c": A competência em razão do lugar é relativa e, por esse motivo, depende da provocação das partes. Havendo omissão, prorroga-se a competência. Opção **incorreta.**

Alternativa "d": Incorreta, pois contraria o preceito contido no art. 28 da Lei nº 10.770/03: "Cabe a cada Tribunal Regional do Trabalho, no âmbito de sua Região, mediante ato próprio, alterar e estabelecer a jurisdição das Varas do Trabalho, bem como transferir-lhes a sede de um Município para outro, de acordo com a necessidade de agilização da prestação jurisdicional trabalhista".

Alternativa "e": Incorreta, uma vez que o art. 674 da CLT estabelece 24 regiões e não 20 como constou nessa alternativa: "Para efeito da jurisdição dos Tribunais Regionais, o território nacional é dividido nas 24 (vinte e quatro) Regiões seguintes: 1ª Região – Estado do Rio de Janeiro; 2ª Região – Estado de São Paulo; 3ª Região – Estado de Minas Gerais; 4ª Região – Estado do Rio Grande do Sul; 5ª Região – Estado da Bahia; 6ª Região – Estado de Pernambuco; 7ª Região – Estado do Ceará; 8ª Região – Estados do Pará e Amapá; 9ª Região – Estado do Paraná; 10ª Região – Distrito Federal; 11ª Região – Estados do Amazonas e Roraima; 12ª Região – Estado de Santa Catarina; 13ª Região – Estado da Paraíba; 14ª Região – Estado de Rondônia e Acre; 15ª Região – Estado de São Paulo (área não abrangida pela jurisdição estabelecida na 2ª Região); 16ª Região – Estado do Maranhão; 17ª Região – Estado do Espírito Santo; 18ª Região – Estado de Goiás; 19ª Região – Estado de Alagoas; 20ª Região – Estado de Sergipe; 21ª Região – Estado do Rio Grande do Norte; 22ª Região – Estado do Piauí; 23ª Região – Estado do Mato Grosso; 24ª Região – Estado do Mato Grosso do Sul".

Gabarito: A.

---

67. (TRT – JTS 8ª RG/2008) Acerca do processo do trabalho é CORRETO informar:

a) A dicção da CLT atribuiu, expressamente, competência às Varas do Trabalho para julgar as ações entre trabalhadores portuários, sindicatos e os operadores portuários ou o Órgão Gestor de Mão-de-Obra – OGMO decorrentes da relação de trabalho.

b) A competência para julgamento do Mandado de Segurança nas instâncias ordinárias da Justiça do Trabalho apenas foi reconhecida a partir da edição da Emenda Constitucional nº 45/2004, que introduziu o artigo 114, IV, onde contem expressamente a previsão de seu julgamento pelos órgãos da Justiça do Trabalho.

c) A CLT estabelece penalidade pecuniária para a pessoa que se recusa a prestar depoimento como testemunha, bem como prevê a imposição de multa para o empregador que se recusa a cumprir decisão da Justiça do Trabalho, relativa à reintegração ou readmissão de empregado. O empregador que dispensar o empregado por ter prestado depoimento como testemunha em processo trabalhista também será apenado com multa prevista na CLT.

d) Compete ao Corregedor, eleito dentre os Ministros togados do Tribunal Superior do Trabalho: I – Exercer funções de inspeção e correição permanente com relação aos Tribunais Regionais, seus presidentes e Varas do Trabalho; II – Decidir reclamações contra os atos atentatórios da boa ordem processual praticados pelos Tribunais Regionais e seus presidentes, quando inexistir recurso específico. Das decisões proferidas pelo Corregedor, nestas hipóteses, caberá o agravo regimental, para o Tribunal Pleno.

e) Conforme dispõe a legislação trabalhista consolidada, os empregados que, coletivamente e sem prévia autorização do tribunal competente, abandonarem o serviço, ou desobedecerem a qualquer decisão proferida em dissídio, incorrerão nas seguintes penalidades: a) suspensão do emprego até seis meses, ou dispensa do mesmo; b) perda do cargo de representação profissional em cujo desempenho estiverem; c) suspensão, pelo prazo de dois anos a cinco anos, do direito de serem eleitos para cargo de representação profissional.

COMENTÁRIOS

✪ **Nota do autor:** Observar que antes da EC nº 45/2004, só cabia mandado de segurança na Justiça do Trabalho quando a autoridade coatora fosse um magistrado. Após a alteração do art. 114 da CF/88 passou-se a admitir o MS na Justiça Laboral também de atos praticados por autoridades do Poder Executivo, mais precisamente dos integrantes do Ministério do Trabalho e Emprego.

Alternativa "a": O art. 643, § 3º, da CLT não incluiu a competência em relação ao sindicato. Por conta disso, considera-se **incorreta** a alternativa: "A Justiça do Trabalho é competente, ainda, para processar e julgar as ações entre trabalhadores portuários e os operadores portuários ou o Órgão Gestor de Mão-de-Obra – OGMO decorrentes da relação de trabalho". A regra relativa aos sindicatos está contida no art. 114, III, da CF/88: "as ações sobre representação sindical, entre sindicatos, entre sindicatos e trabalhadores, e entre sindicatos e empregadores".

Alternativa "b": A doutrina e a jurisprudência, mesmo antes da EC nº 45/04, admitiam a competência da Justiça do Trabalho para processar e julgar mandado de segurança de atos praticados pelos seus integrantes. Alternativa **incorreta**.

Alternativa "c": Correta, pois tais sanções encontram-se previstas nos artigos 729 e 730 da CLT: "Art. 729 – O empregador que deixar de cumprir decisão passada em julgado sobre a readmissão ou reintegração de empregado, além do pagamento dos salários deste, incorrerá na multa de Cr$ 10,00 (dez cruzeiros) a Cr$ 50,00 (cinquenta cruzeiros) por dia, até que seja cumprida a decisão. § 1º – O empregador que impedir ou tentar impedir que empregado seu sirva como vogal em Tribunal de Trabalho, ou que perante este preste depoimento, incorrerá na multa de Cr$ 500,00 (quinhentos cruzeiros) a Cr$ 5.000,00 (cinco mil cruzeiros). § 2º – Na mesma pena do parágrafo anterior incorrerá o empregador que dispensar seu empregado pelo fato de haver servido como vogal ou prestado depoimento como testemunha, sem prejuízo da indenização que a lei estabeleça. Art. 730. Aqueles que se recusarem a depor como testemunhas, sem motivo justificado, incorrerão na multa de Cr$ 50,00 (cinquenta cruzeiros) a Cr$ 500,00 (quinhentos cruzeiros)".

Alternativa "d": Incorreta, uma vez que o Corregedor do TST não exerce funções de inspeção em relação às Varas do trabalho, conforme redação contida no art. 709 da CLT: "Compete ao Corregedor, eleito dentre os Ministros togados do Tribunal Superior do Trabalho: I – Exercer funções de inspeção e correição permanente com relação aos Tribunais Regionais e seus presidentes; II – Decidir reclamações contra os atos atentatórios da boa ordem processual praticados pelos Tribunais Regionais e seus presidentes, quando inexistir recurso específico. §1º – Das decisões proferidas pelo Corregedor, nos casos do artigo, caberá o agravo regimental, para o Tribunal Pleno".

Alternativa "e": Trata-se da hipótese de *lock-out*, representada pela paralisação das atividades pelo empregador e não pelo empregado, como constou equivocadamente nessa alternativa. Portanto, a alternativa é **incorreta** diante da ofensa ao art. 722 da CLT: "Os empregadores que, individual ou coletivamente, suspenderem os trabalhos dos seus estabelecimentos, sem prévia autorização do Tribunal competente, ou que violarem, ou se recusarem a cumprir decisão proferida em dissídio coletivo, incorrerão nas seguintes penalidades: a) multa de cinco mil cruzeiros a cinquenta mil cruzeiros; b) perda do cargo de representação profissional em cujo desempenho estiverem; c) suspensão, pelo prazo de 2 (dois) a 5 (cinco) anos, do direito de serem eleitos para cargos de representação profissional".

Gabarito: C.

---

68. (TRT – JTS 9ª RG/2009) Considere as seguintes proposições:

I. Compete à Justiça do Trabalho processar e julgar a execução, de ofício, das contribuições previdenciárias e seus acréscimos legais, decorrentes das sentenças que proferir, resultantes de condenação ou homologação de acordo, inclusive sobre os salários pagos durante o período contratual reconhecido, por disposição expressa da CLT, e, no caso de sentenças ilíquidas, após a homologação dos cálculos de liquidação, a União deve ser intimada para manifestação, no prazo de 10 dias, sob pena de preclusão, ocasião em que poderá opor impugnação aos cálculos de liquidação, mas somente em relação ao crédito previdenciário.

II. A Justiça do Trabalho deve executar as contribuições previdenciárias de ofício, exceto no caso de dispensa de manifestação da União na fase de execução sobre o crédito previdenciário apurado nas ações trabalhistas, por ato fundamentado do Ministro de Estado da Fazenda para evitar perda de escala decorrente da atuação do órgão jurídico.

III. O prazo prescricional da pretensão de recebimento das contribuições previdenciárias incidentes sobre créditos trabalhistas é de cinco anos.

IV. A dispensa de dirigente sindical beneficiado por estabilidade provisória no emprego deve ser precedida de inquérito judicial para apuração de falta grave, com prazo decadencial de 30 dias contados da data de sua suspensão, sendo assegurada a execução para pagamento dos salários devidos ao empregado até a data de instauração do inquérito judicial.

V. A dispensa com justa causa de gestante beneficiada por estabilidade provisória no emprego não depende de apuração de falta grave em inquérito judicial. Se invalidada a dispensa com justa causa, essa empregada terá direito à reintegração no emprego somente se ocorrer dentro do período de estabilidade, caso contrário, a garantia restringe-se aos salários e demais direitos correspondentes ao período de estabilidade.

a) apenas uma proposição está correta
b) apenas duas proposições estão corretas
c) apenas três proposições estão corretas
d) apenas quatro proposições estão corretas
e) todas as proposições estão corretas

COMENTÁRIOS

✪ **Nota do autor:** Ficar atento ao fato de que a competência da Justiça do Trabalho para executar as contribuições previdenciárias de ofício não alcança, segundo a jurisprudência dominante do TST, as contribuições sociais devidas por terceiros do sistema S (SESI, SENAI, SESC etc.). Nesse sentido: SÚMULA Nº 24 do TRT3. CONTRIBUIÇÕES DEVIDAS A TERCEIROS. EXECUÇÃO. INCOMPETÊNCIA DA JUSTIÇA DO TRABALHO. ART. 114 DA CR/1988. A Justiça do Trabalho é incompetente para executar as contribuições arrecadadas pelo

INSS, para repasse a terceiros, decorrentes das sentenças que proferir, nos termos do art. 114 da Constituição da República. SÚMULA Nº 06 do TRT12. CONTRIBUIÇÃO PREVIDENCIÁRIA DEVIDA A TERCEIROS. INCOMPETÊNCIA DA JUSTIÇA DO TRABALHO. A Justiça do Trabalho não detém competência para executar as contribuições sociais devidas a terceiros.

Item "I": Correto, diante dos preceitos contidos na antiga redação do art. 876, parágrafo único, e no art. 879 da CLT: "Serão executadas *ex officio* as contribuições sociais devidas em decorrência de decisão proferida pelos Juízes e Tribunais do Trabalho, resultantes de condenação ou homologação de acordo, inclusive sobre os salários pagos durante o período contratual reconhecido. Art. 879. Sendo ilíquida a sentença exequenda, ordenar-se-á, previamente, a sua liquidação, que poderá ser feita por cálculo, por arbitramento ou por artigos. Elaborada a conta pela parte ou pelos órgãos auxiliares da Justiça do Trabalho, o juiz procederá à intimação da União para manifestação, no prazo de 10 (dez) dias, sob pena de preclusão". Atualmente, com a vigência da Lei da Reforma trabalhista, o parágrafo único do art. 876 passou a ter a seguinte redação: "A Justiça do Trabalho executará, de ofício, as contribuições sociais previstas na alínea *a* do inciso I e no inciso II do caput do art. 195 da Constituição Federal, e seus acréscimos legais, relativas ao objeto da condenação constante das sentenças que proferir e dos acordos que homologar."

Item "II": A dispensa da manifestação da União sobre os cálculos de liquidação, prevista pelo art. 879, § 5º, da CLT, não implica o afastamento da obrigatoriedade de execução de ofício das contribuições previdenciárias: "O Ministro de Estado da Fazenda poderá, mediante ato fundamentado, dispensar a manifestação da União quando o valor total das verbas que integram o salário de contribuição, na forma do art. 28 da Lei nº 8.212, de 24 de julho de 1991, ocasionar perda de escala decorrente da atuação do órgão jurídico". Item **incorreto.**

Item "III": Correto, posto que em conformidade com art. 174 do CTN: "A ação para a cobrança do crédito tributário prescreve em 5 (cinco) anos, contados da data da sua constituição definitiva".

Item "IV": A obrigatoriedade de ajuizamento do inquérito para apuração de falta grave está prevista no art. 494 da CLT combinado com o art. 543, § 3º do mesmo Diploma legal: "Art. 494. O empregado acusado de falta grave poderá ser suspenso de suas funções, mas a sua despedida só se tornará efetiva após o inquérito em que se verifique a procedência da acusação. Parágrafo único. A suspensão, no caso deste artigo, perdurará até a decisão final do processo. Art. 543, § 3º: Fica vedada a dispensa do empregado sindicalizado ou associado, a partir do momento do registro de sua candidatura a cargo de direção ou representação de entidade sindical ou de associação profissional, até 1 (um) ano após o final do seu mandato, caso seja eleito, inclusive como suplente, salvo se cometer falta grave devidamente apurada nos termos desta Consolidação". O prazo de 30 dias para o ajuizamento do inquérito foi classificado como decadencial pela Súmula nº 403 do STF: "É de decadência o prazo de trinta dias para instauração do inquérito judicial, a contar da suspensão, por falta grave, do empregado estável". Já a execução dos salários do período é prevista pelo Art. 855 da CLT: "Se tiver havido prévio reconhecimento da estabilidade do empregado, o julgamento do inquérito pela Junta ou Juízo não prejudicará a execução para pagamento dos salários devidos ao empregado, até a data da instauração do mesmo inquérito". Item **correto.**

Item "V": A obrigatoriedade do prévio ajuizamento do inquérito para apuração de falta grave de empregado estável só ocorre quando a lei exige esse procedimento de forma expressa, não sendo essa a hipótese da gestante. Quanto à possibilidade de reintegração, dependerá da vigência do contrato de trabalho ou não, a temática que se encontra pacificada pela Súmula nº 244, II, do TST: "II – A garantia de emprego à gestante só autoriza a reintegração se esta se der durante o período de estabilidade. Do contrário, a garantia restringe-se aos salários e demais direitos correspondentes ao período de estabilidade". Item **correto.**

Gabarito: D.

---

69. (TRT – JTS 9ª RG/2009) Considere as seguintes proposições:

I. A jurisprudência atual do Supremo Tribunal Federal é de que a ação civil de interdito proibitório integra a competência material da Justiça do Trabalho quando a causa de pedir decorre de movimento grevista, ainda que de forma preventiva, nada importando que dependa a solução da lide de questões de direito civil.

II. A competência material para processar e julgar mandado de segurança individual proposto em face de empresa pública ou sociedade de economia mista com pretensão de garantia de direito líquido e certo de candidato à *vaga* de emprego em concurso público é da Justiça do Trabalho e a competência funcional originária é do Tribunal Regional do Trabalho quando o concurso impugnado não exceder o âmbito regional.

III. A ação cabível para coibir abuso de autoridade em prisão de depositário infiel é o *habeas corpus* e a competência funcional originária é do Tribunal Regional do Trabalho integrado pelo juiz da execução que decretou a prisão civil.

IV. O TRCT emitido pelo empregador sem assinatura do empregado no recibo de verbas rescisórias e o cheque emitido pelo empregador há mais de seis meses contados do encerramento dos prazos para sua apresentação são provas escritas que podem ser utilizadas em ação monitória ou execução de título extrajudicial.

V. A ação anulatória é cabível contra acordo em Comissão de Conciliação Prévia, mas não contra sentença judicial transitada em julgado, cujos efeitos só podem ser destituídos mediante ação rescisória.

a) todas as proposições estão corretas

b) somente as proposições I, II e IV estão corretas

c) somente as proposições I, III e V estão corretas

d) somente as proposições II, III e V estão corretas

e) somente as proposições II, III e IV estão corretas

COMENTÁRIOS

✪ **Nota do autor:** Quando esta questão foi elaborada, o STF ainda não havia aprovado a Súmula Vinculante nº 23, com a seguinte redação: "A Justiça do Trabalho é competente para processar e julgar ação possessória ajuizada em decorrência do exercício do direito de greve pelos trabalhadores da iniciativa privada". Observe-se, no item "I", que o art. 544, §3º, do CPC de 1973 corresponde ao art. 1.042, §3º do CPC de 2015.

Item "I": Correto, conforme jurisprudência atual do STF que foi corroborada posteriormente com a edição da SV nº 23: "Trata-se de agravo de instrumento contra decisão que negou seguimento a recurso extraordinário. O acórdão recorrido entendeu ser da Justiça Comum Estadual a competência para julgar ação de interdito proibitório ajuizada por instituição bancária contra sindicato de bancários que, exercendo o direito de greve, impediu o livre acesso de clientes e terceiros às agências. No RE, interposto com base no art. 102, III, a, da Constituição, alegou-se ofensa ao art. 114 da mesma Carta. O agravo merece acolhida. O Plenário desta Corte, no julgamento do CJ 6.959/DF, Rel. para o acórdão Min. Sepúlveda Pertence, assentou a competência da Justiça do Trabalho para julgar demanda cujo fundamento seja a relação trabalhista, ainda que sua solução dependa da apreciação de questões de direito civil. Na oportunidade, em ação ajuizada por funcionários do Banco do Brasil, em que se pleiteava o cumprimento de promessa de compra e venda de imóvel funcional, o Tribunal entendeu que, tendo sido o referido pacto firmado em razão de contrato de trabalho que constituiu a causa da avença, estaria firmada a competência da Justiça do Trabalho, em observância ao art. 114 da Constituição Federal, visto que a situação jurídica que deu suporte ao pedido decorreu da relação empregatícia. Em situação idêntica à dos autos, já decidiu o Min. Sepúlveda Pertence, no AI 598.457/SP, que é da competência da Justiça do Trabalho a apreciação de interdito proibitório ajuizado contra sindicato em campanha salarial que turba ilicitamente a posse sobre as agências bancárias locais. Isso posto, com base no art. 544, § 3º e § 4º, do CPC, dou provimento ao agravo de instrumento para conhecer do recurso extraordinário, e dar-lhe provimento para assentar a competência da Justiça do Trabalho (Decisão AI 611670/PR – PARANÁ – AGRAVO DE INSTRUMENTO – Relator(a): Min. RICARDO LEWANDOWSKI – Julgamento: 11/12/2006)".

Item "II": Incorreto. As empresas públicas e as sociedades de economia mista estão sujeitas ao regime trabalhista das empresas privadas, conforme determina o art. 173, § 1º, II da CF/88: "A lei estabelecerá o estatuto jurídico da empresa pública, da sociedade de economia mista e de suas subsidiárias que explorem atividade econômica de produção ou comercialização de bens ou de prestação de serviços, dispondo sobre: II – a sujeição ao regime jurídico próprio das empresas privadas, inclusive quanto aos direitos e obrigações civis, comerciais, trabalhistas e tributarias". Sendo assim, na seara trabalhista, os gestores dessas entidades não podem ser considerados como autoridade coatora. Consequentemente, não cabe mandado de segurança em tais situações, em qualquer instância da Justiça do Trabalho. Nesse sentido é a jurisprudência do STJ: "CONFLITO DE COMPETÊNCIA. SOCIEDADE DE ECONOMIA MISTA. CONCURSO DA PETROBRAS. MANDADO DE SEGURANÇA. SÚMULAS 517/STF, 556/STF E 42/STJ. COMPETÊNCIA DA JUSTIÇA ESTADUAL. 1. A competência para o julgamento de mandado de segurança é estabelecida em razão da função ou da categoria funcional da autoridade indicada como coatora. No caso dos autos, a autoridade tida como coatora é o Diretor-Gerente de Recursos Humanos da Petróleo Brasileiro S.A., sociedade de economia mista. 2. "No que se refere a mandado de segurança, compete à Justiça Federal processá-lo e julgá-lo quando a autoridade apontada como coatora for autoridade federal, considerando-se como tal também o agente de entidade particular investido de delegação pela União. Nesse último caso, é logicamente inconcebível hipótese de competência estadual, já que, de duas uma: ou o ato é de autoridade, ou o (caso em que se tratará de autoridade federal delegada, sujeita à competência federal) ato é de particular, e não ato de autoridade, e só quem p (caso em que o mandado de segurança será incabível) ode decidir a respeito é o juiz federal" (STJ – Relator(a): Ministro HERMAN BENJAMIN – Publicação: DJe 25/11/2009. CONFLITO DE COMPETÊNCIA nº 108045 – PI (2009/0183476-3) DECISÃO PROCESSUAL CIVIL. CONFLITO NEGATIVO DE COMPETÊNCIA. MANDADO DE SEGURANÇA. SOCIEDADE DE ECONOMIA MISTA. Concurso PÚBLICO. COMPETÊNCIA DA JUSTIÇA FEDERAL).

Item "III": A Justiça do Trabalho tem competência para apreciar *habeas corpus*, de acordo com o disposto no art. 114 da CF: "Compete à Justiça do Trabalho processar e julgar: IV – os mandados de segurança, *habeas corpus* e *habeas data*, quando o ato questionado envolver matéria sujeita à sua jurisdição". Como a questão faz referência ao juiz da execução que determinou a prisão, a competência originária é do TRT. Item **correto**

Item "IV": Incorreto, pois tais documentos não são considerados como títulos executivos para efeito de proposição de ação de execução na Justiça do Trabalho. Servem apenas para aparelhar uma ação monitória.

Item "V": Correto. Com efeito, para anular sentença judicial transitada em julgado, a medida cabível é a ação rescisória, conforme preceito contido no art. 831, parágrafo único, da CLT: "Parágrafo único. No caso de conciliação, o termo que for lavrado valerá como decisão irrecorrível, salvo para a Previdência Social quanto às contribuições que lhe forem devidas", Súmula 259 do TST: "Só por ação rescisória é impugnável o termo de conciliação previsto no parágrafo único do art. 831 da Consolidação das Leis do Trabalho" e art. 352 da CLT: "A confissão, quando emanar de erro, dolo ou coação, pode ser revogada: I – por ação anulatória, se pendente o processo em que foi feita; II – por ação rescisória, depois de transitada em julgado a sentença, da qual constituir o único fundamento". Já o acordo homologado pela Comissão de conciliação prévia, por não ser ato judicial decisório, pode ter sua validade contestada mediante a ação anulatória.

Gabarito: C.

---

70. (TRT – JTS 23ª RG/2008) Dadas as proposições abaixo, assinale a alternativa CORRETA:

I. segundo o atual entendimento do STF, é da Justiça Comum a competência para julgar ação ajuizada por servidor contratado com base em lei local, anterior à Constituição Federal de 1988, que regula regime especial de contratação temporária;

II. o recurso adesivo é compatível com o processo do trabalho e cabe, no prazo de 8 (oito) dias, nas hipóteses de interposição de recurso ordinário, de agravo de petição, de revista e de embargos, sendo, contudo, necessário que a matéria nele veiculada esteja relacionada com a do recurso interposto pela parte contrária;

III. não é cabível o ajuizamento de ação civil pública para veicular pretensões que envolvam o Fundo de Garantia do Tempo de Serviço – FGTS;

IV. o depoimento das partes e testemunhas que não souberem falar a língua nacional e quando se tratar de surdo-mudo, ou de mudo que não saiba escrever, será feito por meio de intérprete nomeado pelo juiz, correndo as despesas por conta da parte a que interessar o depoimento.

a) todas as opções estão corretas;

b) apenas três opções estão corretas;

c) apenas duas opções estão corretas;

d) apenas uma opção está correta;

e) todas as opções estão incorretas.

COMENTÁRIOS

✪ **Nota do autor:** Se o servidor é regido por estatuto próprio, a competência para dirimir o eventual conflito e da Justiça Comum, ainda que tenha sido contratado por tempo determinado e não tenha sido observado o prazo pré-estabelecido.

Item "I": A jurisprudência do STF é pacífica no sentido de reconhecer a competência da Justiça Comum para dirimir conflito entre o servidor público temporário e a administração pública, por entender que a lei local que disciplina a respectiva contratação tem caráter administrativo e não trabalhista: "Compete à Justiça comum processar e julgar causas instauradas entre o Poder Público e seus servidores submetidos a regime especial disciplinado por lei local editada antes da Constituição Republicana de 1988, com fundamento no art. 106 da Constituição de 1967, na redação que lhe deu a EC 1/1969, ou no art. 37, IX, da Constituição de 1988." (RE 573.202, Rel. Min. Ricardo Lewandowski, julgamento em 21-8-2008, Plenário, DJE de 5-12-2008, com repercussão geral.) No mesmo sentido: RE 677.913-ED, rel. min. Cármen Lúcia, julgamento em 25-9-2012, Segunda Turma, DJE de 10-10-2012; Rcl 7.633-AgR, Rel. Min. Dias Toffoli, julgamento em 23-6-2010, Plenário, DJE de 17-9-2010". Item **correto.**

Item "II": Incorreto, uma vez que não é necessário que a matéria objeto do recurso adesivo tenha relação com o recurso interposto pela parte contrária, conforme posicionamento adotado pelo TST em sua Súmula nº 283: "O recurso adesivo é compatível com o processo do trabalho e cabe, no prazo de 8 (oito) dias, nas hipóteses de interposição de recurso ordinário, de agravo de petição, de revista e de embargos, sendo desnecessário que a matéria nele veiculada esteja relacionada com a do recurso interposto pela parte contrária".

Item "III": Correto, pois reproduz o texto contido no art. 1º, parágrafo único, da Lei nº 7.347/85: "Não será cabível ação civil pública para veicular pretensões que envolvam tributos, contribuições previdenciárias, o Fundo de Garantia do Tempo de Serviço – FGTS ou outros fundos de natureza institucional cujos beneficiários podem ser individualmente determinados".

Item "IV": Tais regras estão explicitadas no art. 819, §§ 1º e 2º, da CLT, sendo que em relação a este último dispositivo, encontravam-se de acordo com a redação anterior: "2º – Em ambos os casos de que este artigo trata, as despesas correrão por conta da parte a que interessar o depoimento".

A atual redação do § 2º do referido art. 819 da CLT é a seguinte: "§ 2º As despesas decorrentes do disposto neste artigo correrão por conta da parte sucumbente, salvo se beneficiária de justiça gratuita.

Gabarito: B.

---

71. (TRT – JTS 23ª RG/2010) Fazenda Santo Inácio Ltda. ajuizou ação de reintegração de posse alegando que demitiu o empregado Sebastião da Silva, quitou as verbas rescisórias regularmente, mas este se recusa a desocupar o imóvel residencial que lhe foi cedido enquanto empregado. Sebastião nada pagava de aluguel, sendo a moradia utilidade concedida em face do contrato de trabalho. Ocorre que mesmo depois de vários meses do término do vínculo de emprego, Sebastião se recusa desocupar o imóvel. Com a inicial foi apresentado o TRCT devidamente homologado pela autoridade competente e cópia de contrato de cessão do imóvel no qual consta cláusula elegendo o foro local da justiça comum como competente para dirimir quaisquer litígios envolvendo aludido contrato. Nada foi dito sobre esta cláusula na petição inicial.

Como juiz(a) do trabalho responsável, qual andamento daria ao caso.

a) Indeferiria liminarmente a petição inicial, visto que manifesta a falta de competência material da justiça do trabalho.

b) Declinaria a competência para a justiça comum, pois a justiça do trabalho é incompetente para a demanda, remetendo os autos para lá.

c) Processaria a demanda, conforme regras processuais pertinentes ao caso, pois a competência é da Justiça do Trabalho, uma vez que o conflito está atrelado a um contrato de emprego.

d) Instruiria o processo e verificando que não houve qualquer vício quando as partes elegeram a justiça comum como competente para questões envolvendo o imóvel, declinaria a competência para esta.

e) Processaria a demanda, conforme regras processuais pertinentes ao caso e só depois de o processo estar pronto para sentença faria a remessa para a justiça comum, uma vez que apenas os atos decisórios do juiz incompetente são nulos.

COMENTÁRIOS

✪ **Nota do autor:** A competência para dirimir esse conflito é da Justiça do Trabalho, pois se trata de litígio decorrente da relação de emprego. Trata-se de competência em razão da matéria de natureza absoluta não podendo ser modificada por vontade dos contratantes.

Alternativa "a": Assertiva **incorreta**, diante da clara competência material da Justiça do Trabalho, na forma instituída pelo art. 114 da CF/88: "Compete à Justiça do Trabalho processar e julgar: I – as ações oriundas da relação de trabalho, abrangidos os entes de direito público externo e da administração pública direta e indireta da União, dos Estados, do Distrito Federal e dos Municípios (a última parte do inciso I, do art. 114 da CF/88, acima mencionado, está suspensa, *ad referendum*, em razão da liminar concedida pelo STF, com efeito *ex tunc*, na Ação Direta de Inconstitucionalidade nº 3.395-6)".

Alternativa "b": Incorreta, pois a competência para dirimir conflitos decorrentes da relação de emprego é da Justiça Laboral.

Alternativa "c": Como o dissídio teve sua origem por conta da existência da relação de emprego, a competência é da Justiça do Trabalho. Alternativa **correta**.

Alternativa "d": A eleição de foro por meio de declaração de vontade dos litigantes não produz qualquer efeito, tendo em vista trata-se de competência absoluta e não relativa. Nesse caso, o juiz pode de ofício conhecer da questão da competência. Item **incorreto.**

Alternativa "e": Incorreta, uma vez que o juiz teria que se declarar, de ofício, competente em razão da matéria por se tratar de competência absoluta.

72. (TRT – JTS 15ª RG/2008) Considerando os parâmetros legais e a jurisprudência consolidada no TST sobre a competência em razão do lugar, assinale a alternativa CORRETA:

a) admite prorrogação, a exceção deve ser arguida em peça própria e não provoca a suspensão do feito;

b) acolhida a exceção é remetido o feito para a Vara competente, pertencente a outro TRT, não caberá recurso imediato dessa decisão, haja vista a sua natureza interlocutória;

c) na ação trabalhista em que o empregado seja réu, a ação deverá ser proposta no foro do domicílio do demandado;

d) na ação civil pública a ser proposta na Justiça do Trabalho, a extensão territorial do dano não interfere na fixação da competência em razão do lugar;

e) em ação proposta por representante comercial autônomo, cujo objeto e o recebimento de comissões inerentes à representação, o foro competente é o do domicílio do representante.

COMENTÁRIOS

✪ **Nota do autor:** A exceção de incompetência em razão do lugar é relativa. Sendo assim, quando não arguida no momento oportuno, ocorre a prorrogação da competência, não podendo ser declarada de ofício pelo Juiz. Observa-se também que a presente questão foi elaborada antes da alteração da OJ nº 130, da SDI-2 do TST. Com a vigência da Lei nº 13.467/17 o art. 800 da CLT sofreu modificações. Com isso, a exceção de incompetência territorial passou a ser apresentada no prazo de cinco dias a contar da notificação, antes da audiência, em peça que sinalize a existência desta exceção.

Alternativa "a": A exceção em razão do lugar admite prorrogação, deve ser arguida em peça própria, mas suspende o andamento do feito principal. Em razão dessa última característica, a alternativa é considerada **incorreta.** Não houve modificação dessa análise com a vigência da Lei nº 13.467/17.

Alternativa "b": Incorreta. Trata-se de uma das exceções que permitem o recurso imediato, qual seja, quando é determinada a remessa dos autos para uma Vara do Trabalho pertencente a outro tribunal. Esse é o entendimento do TST constante da Súmula nº 214, alínea "c": "Na Justiça do Trabalho, nos termos do art. 893, § 1º, da CLT, as decisões interlocutórias não ensejam recurso imediato, salvo nas hipóteses de decisão: c) que acolhe exceção de incompetência territorial, com a remessa dos autos para Tribunal Regional distinto daquele a que se vincula o juízo excepcionado, consoante o disposto no art. 799, § 2º, da CLT". Não houve modificação dessa análise com a vigência da Lei nº 13.467/17.

Alternativa "c": A regra geral da competência trabalhista em razão do lugar é a do foro do local da prestação de serviço. Alternativa **incorreta**, de acordo com o preceito contido no art. 651 da CLT: "A competência das Juntas de Conciliação e Julgamento é determinada pela localidade onde o empregado, reclamante ou reclamado, prestar serviços ao empregador, ainda que tenha sido contratado noutro local ou no estrangeiro." Não houve modificação dessa análise com a vigência da Lei nº 13.467/17.

Alternativa "d": Incorreta, pois a extensão do dano interfere na fixação da competência em razão do lugar, na forma do entendimento do TST revelado por meio da OJ nº 130 da SDI-1: "I – A competência para a Ação Civil Pública fixa-se pela extensão do dano. II – Em caso de dano de abrangência regional, que atinja cidades sujeitas à jurisdição de mais de uma Vara do Trabalho, a competência será de qualquer das Varas das localidades atingidas, ainda que vinculadas a Tribunais Regionais do Trabalho distintos. III – Em caso de dano de abrangência suprarregional ou nacional, há competência concorrente para a Ação Civil Pública das Varas do Trabalho das sedes dos Tribunais Regionais do Trabalho. IV – Estará prevento o juízo a que a primeira ação houver sido distribuída".

Alternativa "e": Considerando que a Justiça do Trabalho é competente para dirimir essa espécie de litígio e que o TST editou a IN nº 27/2005 determinando que se utilizem as regras da CLT para disciplinar as demandas derivadas da relação de trabalho, aplica-se a hipótese o disposto no art. 651, § 1º, da CLT: "Quando for parte de dissídio agente ou viajante comercial, a competência será da Junta da localidade em que a empresa tenha agência ou filial e a esta o empregado esteja subordinado e, na falta, será competente a Junta da localização em que o empregado tenha domicílio ou a localidade mais próxima". O art. 39 da Lei nº 4.886/65, por sua vez, fixa o local do domicílio do representante comercial como critério de definição da competência em razão do lugar: "Para julgamento das controvérsias que surgirem entre representante e representado é competente a Justiça Comum e o foro do domicílio do representante, aplicando-se o procedimento sumaríssimo previsto no art. 275 do Código de Processo Civil, ressalvada a competência do Juizado de Pequenas Causas". Alternativa **correta.**

Gabarito: E.

2. PROCESSO E PROCEDIMENTO TRABALHISTA

73. FGV - 2023 - TST - Juiz do Trabalho Substituto

Em determinada comarca, na qual havia somente uma Vara do Trabalho, ao apresentar sua defesa em mais uma das diversas reclamações que já tinha respondido na mesma Vara, a empresa apresentou também exceção de suspeição do juiz. Alegou que o magistrado já havia julgado diversas outras reclamações sobre os mesmos fatos, sempre em desfavor dela, excipiente. Juntou cópias das diversas sentenças às quais se referia. O juiz, ao examinar tudo, rejeitou de plano a exceção.

Estando na posição desse juiz, é correto afirmar que os princípios que melhor fundamentariam sua decisão seriam:

a) da imparcialidade e da coerência das decisões judiciais;

b) da publicidade e do juiz natural;

c) da inafastabilidade da jurisdição e da competência territorial;

d) do livre convencimento motivado e da boa-fé;

e) da coerência das decisões judiciais e da não vinculação da causa petendi.

✪ **Nota do autor:** a questão versa sobre o tema da exceção de suspeição do magistrado. A meu ver, o gabarito fornecido e a própria questão, em si, são bastante questionáveis. Isso porque o juiz jamais poderia julgar a própria suspeição, ainda que lhe parecesse um incidente manifestamente infundado. Arguida a suspeição, deve se dar o encaminhamento ao tribunal para apreciação da questão. Ultrapassado este ponto, não me parece que o princípio da publicidade guarde relação com o fundamento a ser utilizado para rejeição da arguição de suspeição. A Banca deu como gabarito a letra "B", com a qual não concordo por essa razão. Não existem os princípios da "coerência das decisões judiciais" e da "não vinculação da causa petendi". A inafastabilidade da jurisdição e a competência territorial também não guardam relação com o tema. A assertiva "menos equivocada", na minha leitura, seria a letra D, pois supostamente o juiz estaria agindo de boa-fé e fundamento à luz do livre convencimento motivado.

Gabarito: Letra B.

74. FGV - 2023 - TST - Juiz do Trabalho Substituto

Em determinada audiência; comparece para depor uma testemunha que não falava o idioma nacional, tratando-se de idioma com pouquíssimos falantes no país. Por coincidência, dominando-o o juiz fluentemente, resolve então dispensar intérprete e prosseguir com a oitiva da testemunha. O advogado da empresa insurgiu-se imediatamente contra essa decisão do juiz, dizendo que ela seria arbitrária e que as partes ficariam a depender das traduções e interpretações do juiz, sem saber se eram ou não fidedignas. Disse ainda que não participaria da audiência, se assim prosseguisse o juiz, sem nomear intérprete, e retirou-se da sala em seguida.

Quanto à conduta do advogado, é correto afirmar que foi:

a) errada quanto ao intérprete;

b) certa quanto ao intérprete;

c) errada quanto ao intérprete e abusiva quanto à saída da sala;

d) certa quanto ao intérprete e também quanto à saída, para obrigar o juiz a adiar a audiência;

e) errada quanto ao intérprete e prejudicial à parte que assistia.

✪ **Nota do autor:** a questão versa sobre incidente ocorrido em audiência. A menos que houvesse concordância de todos os envolvidos, seria imprescindível a nomeação de intérprete para traduzir o depoimento da testemunha. Contudo, caberia ao advogado consignar seus protestos e continuar realizando a defesa de seu cliente, sendo desnecessário retirar-se da sala de audiências.

Gabarito: Letra B.

75. FGV - 2023 - TST - Juiz do Trabalho Substituto

Em uma audiência inaugural, não comparecendo o reclamante e apresentando seu advogado um atestado médico, sustentou o advogado da empresa reclamada que o atestado seria falso, exibindo fotografias, que haviam sido tiradas há pouco com um celular, do reclamante adentrando um clube de dança que ficava nas redondezas do foro.

Indagado a respeito, o advogado do autor disse não ter requerimento a fazer, deixando ao prudente arbítrio do juízo adotar a medida que entendesse cabível.

O juiz então suspende a audiência, alegando que precisaria estudar por alguns momentos o caso e, sigilosamente, determina ao oficial de justiça que compareça de imediato ao clube de dança e, lá encontrando o reclamante, o intime para depor em seguida, a fim de esclarecer os fatos, sob as penas da lei.

A determinação judicial em questão foi:

a) correta, para instruir o incidente;

b) correta, para dar seguimento à audiência, superando a questão;

c) correta, para averiguação, mas desnecessária quanto ao depoimento;

d) errada, pois as fotografias já comprovavam a falsidade do atestado;

e) errada, porque não cabe ao juiz determinar depoimento pessoal nessa fase processual.

✪ **Nota do autor:** mais uma questão pitoresca no 2º Concurso Nacional da Magistratura do Trabalho. Embora inusitada, a postura do juiz é possível, pois em tese seria possível apurar de imediato a questão da falsidade do atestado médico. A meu ver, seria desnecessário, nessa hipótese, que o reclamante prestasse depoimento de imediato a respeito, pois a questão já estaria suficientemente esclarecida, de modo que a resposta adequada, na minha opinião, seria a assertiva C. Contudo, a Banca Examinadora deu como gabarito a letra A.

Gabarito: Letra A.

76. (TRT 3 – Juiz do Trabalho Substituto 3ª Região/2013) Em relação ao processo do trabalho, leia as afirmações abaixo e, em seguida, assinale a alternativa correta:

I. A autocomposição, como expressão do poder reconhecido à vontade dos interessados para a tutela dos seus interesses, encontra limites no caráter autárquico do direito do trabalho.

II. A aplicação do direito processual comum como fonte subsidiária do direito processual do trabalho pressupõe a omissão do direito processual do trabalho e a compatibilidade da norma a ser importada do direito processual comum com as suas regras e princípios.

III. Ao Poder Judiciário é vedado, ao julgar dissídios coletivos de natureza econômica, promover retrocesso na condição social dos trabalhadores.

IV. Na solução de questões surgidas na execução, o juiz deverá se valer das normas de direito processual do trabalho e, constatada a sua omissão, recorrer, para supri-la, ao direito processual comum e à Lei de Execução Fiscal, nesta ordem, necessariamente.

a) Somente as afirmativas I e II estão corretas.

b) Somente as afirmativas II, III e IV estão corretas.

c) Somente as afirmativas I, II e III estão corretas.

d) Somente as afirmativas II e III estão corretas.

e) Todas as afirmativas estão corretas.

COMENTÁRIOS

✪ **Nota do autor:** Não há possibilidade, no ordenamento jurídico brasileiro, de solucionar-se um conflito individual decorrente de uma relação de emprego com a utilização do método da autocomposição extrajudicial, salvo, em algumas situações excepcionais, quando o vínculo empregatício já tenha sido dissolvido. O óbice reside, *in casu*, nos efeitos do princípio protetivo do direito laboral. Com efeito, o empregador pode, antes ou durante a execução do contrato de trabalho, exercer o seu poder diretivo sob o trabalhador e obrigá-lo a escolher essa forma de solução de conflitos, sem que essa opção represente a verdadeira vontade do obreiro. Em relação ao trabalhador hipersuficiente, apesar da omissão específica da CLT mesmo após a implementação da Reforma Trabalhista, admite-se a autocomposição desde que não implique renúncia ou transação aos direitos descritos no art. 611-B da CLT, que basicamente são aqueles listados no art. 7º da Constituição Federal de 1988.

Item "I": O caráter autárquico do Direito do Trabalho equivale à sua natureza de ordem pública (cogente). Sendo assim, há de se reconhecer a limitação da autocomposição como forma de solução de conflitos trabalhistas, pois ela exige como requisito objetivo a disponibilidade do direito. Assertiva **correta.**

Item "II": Correto. São dois os requisitos para aplicação da norma processual comum ao processo do trabalho, como se pode extrair do preceito contido no art. 769 da CLT: "Nos casos omissos, o direito processual comum será fonte subsidiária do direito processual do trabalho, exceto naquilo em que for incompatível com as normas deste Título". Posteriormente à confecção desse questionamento o TST reforçou essa tese por meio da Instrução Normativa, nº 39/16: "Art. 1º Aplica-se o Código de Processo Civil, subsidiária e supletivamente, ao Processo do Trabalho, em caso de omissão e desde que haja compatibilidade com as normas e princípios do Direito Processual do Trabalho, na forma dos arts. 769 e 889 da CLT e do art. 15 da Lei nº 13.105, de 17.03.2015".

Item "III": Correto. Essa impossibilidade foi agregada ao direito constitucional brasileiro por meio da Emenda Constitucional nº 45, que alterou a redação do § 2º, art. 114, da CF/88: "Recusando-se qualquer das partes à negociação coletiva ou à arbitragem, é facultado às mesmas, de comum acordo, ajuizar dissídio coletivo de natureza econômica, podendo a Justiça do Trabalho decidir o conflito, respeitadas as disposições mínimas legais de proteção ao trabalho, bem como as convencionadas anteriormente".

Item "IV": Incorreta a assertiva, pois não foi observada a ordem de supletividade definida pelo art. 889 da CLT: "Aos trâmites e incidentes do processo da execução são aplicáveis, naquilo em que não contravierem ao presente Título, os preceitos que regem o processo dos executivos fiscais para a cobrança judicial da dívida ativa da Fazenda Pública Federal". Enfatiza-se assim que primeiro deve-se recorrer à LEF e só depois ao CPC.

Gabarito: C.

---

77. (TRT 3 – Juiz do Trabalho Substituto 3ª Região/2013) Em relação ao processo do trabalho, leia as afirmações abaixo e, em seguida, assinale a alternativa correta:

I. Nas lides que não decorram da relação de emprego cujo julgamento compete à Justiça do Trabalho a sistemática recursal a ser observada é a prevista na CLT, no tocante à nomenclatura, à alçada, aos prazos, às competências e ao preparo.

II. O termo de acordo tem a natureza de sentença de mérito irrecorrível, inclusive para a Previdência Social.

III. A recusa à homologação de acordo não é passível de ataque por meio de mandado de segurança.

IV. As microempresas e as empresas de pequeno porte deverão ser estimuladas a utilizar os institutos da conciliação prévia, mediação e arbitragem para solução dos seus conflitos.

a) Todas as afirmativas estão corretas.

b) Somente as afirmativas I e IV estão corretas.

c) Somente as afirmativas III e IV estão corretas.

d) Somente a afirmativa IV está correta.

e) Somente as afirmativas I, III e IV estão corretas.

COMENTÁRIOS

✪ **Nota do autor:** O procedimento das ações coletivas, pública e civil, segue o rito estabelecido pelas LACP e pelo CDC. Em caso de omissão, utilizam-se, no âmbito trabalhista, as normas processuais da CLT e, subsidiariamente, do CPC. Note-se, entretanto, que por força do quanto instituído pela IN nº 27/2005 do TST deve-se observar o seguinte: a) a sistemática recursal prevista na CLT, inclusive no tocante à nomenclatura, à alçada, aos prazos e às competências; b) exigibilidade do depósito recursal, a que se refere o art. 899 da CLT, como requisito extrínseco do recurso, quando houver condenação em pecúnia; e c) disposições da CLT em relação às custas processuais.

Item "I": Essa regra está contida no art. 2º da Instrução Normativa nº 27/2005 do TST: "A sistemática recursal a ser observada é a prevista na Consolidação das Leis do Trabalho, inclusive no tocante à nomenclatura, à alçada, aos prazos e às competências". **Correto.**

Item "II": Incorreto, pois o caráter de irrecorribilidade não se aplica às contribuições previdenciárias, conforme disposição contida no parágrafo único, art. 831 da CLT: "No caso de conciliação, o termo que for lavrado valerá como decisão irrecorrível, salvo para a Previdência Social quanto às contribuições que lhe forem devidas".

Item "III": O entendimento do TST é justamente nesse sentido, conforme se vê da antiga redação da Súmula nº 418 do TST: "A concessão de liminar ou a homologação de acordo constituem faculdade do juiz, inexistindo direito líquido e certo tutelável pela via do mandado de segurança". Com efeito, cabe ao juiz verificar se o acordo preenche os requisitos formais e de conteúdo proposto pelas partes, o que implica não ser obrigatória a homologação. **Correto.** A Resolução nº 217/2017 do TST modificou a redação da mencionada Súmula, nos seguintes termos: "MANDADO DE SEGURANÇA VISANDO À HOMOLOGAÇÃO DE ACORDO (nova redação em decorrência do CPC de 2015) – Res. 217/2017 – DEJT divulgado em 20, 24 e 25.04.2017 A homologação de acordo constitui faculdade do juiz, inexistindo direito líquido e certo tutelável pela via do mandado de segurança". Com isso, o TST passa a admitir a possibilidade de atacar decisões que concedem a tutela provisória pela via do mandado de segurança.

Item "IV": Correto. Essa determinação está contida no art. 75 da LC nº 123/2006: "As microempresas e empresas de pequeno porte deverão ser estimuladas a utilizar os institutos de conciliação prévia, mediação e arbitragem para solução dos seus conflitos".

Gabarito: E.

---

78. (CESPE – Juiz do Trabalho Substituto 5ª Região/2013) Acerca da eficácia do processo do trabalho, assinale a opção correta.

a) De acordo com o sistema conhecido por isolamento dos atos processuais, não há direito adquirido em cada recurso, sendo o direito de recorrer exercido conforme a lei vigente ao tempo da publicação da decisão de que se pretende recorrer.

b) Há a possibilidade de ocorrer prejuízo quando os recursos são interpostos depois de alterados os dispositivos legais.

c) Na CF, não existe previsão acerca de eficácia da lei.

d) Os dispositivos legais, ainda que imperativos, não são aplicáveis de forma imediata às realizações iniciadas.

e) A eficácia da norma jurídica no processo do trabalho limita-se, dada a sua simplicidade, a um único sentido.

COMENTÁRIOS

✪ **Nota do autor:** As normas processuais trabalhistas vigem em todo o território nacional, de acordo com o disposto no art. 1º do CPC de 1973, aplicado subsidiariamente ao processo laboral: "A jurisdição civil, contenciosa e voluntária, é exercida pelos juízes, em todo o território nacional, conforme as disposições que este Código estabelece". Observe-se que o art. 1º do CPC de 1973 corresponde ao art. 16 do CPC de 2015.

Alternativa "a": O Brasil adotou o sistema do isolamento dos atos processuais, para efeito da vigência da norma processual no tempo, na forma prevista pelo art. 915 da CLT: "Não serão prejudicados os recursos interpostos com apoio em dispositivos alterados ou cujo prazo para interposição esteja em curso à data da vigência desta Consolidação". Assertiva **correta**.

Alternativa "b": Nesse caso, não há prejuízo, pois o prazo para o recurso será aquele definido pelo dispositivo legal revogado. Alternativa **incorreta**, uma vez que afronta o preceito contido no art. 915 da CLT: "Não serão prejudicados os recursos interpostos com apoio em dispositivos alterados ou cujo prazo para interposição esteja em curso à data da vigência desta Consolidação".

Alternativa "c": Na Constituição Federal de 1988 existem preceitos que tratam da eficácia da norma jurídica, principalmente aqueles que fazem parte do ADCT. A título de exemplo, cita-se o art. 16 do ADCT: "A lei que alterar o processo eleitoral entrará em vigor na data de sua publicação, não se aplicando à eleição que ocorra até um ano da data de sua vigência". **Incorreta.**

Alternativa "d": Assertiva **incorreta**, pois o preceito contido no art. 912 da CLT é justamente em sentido contrário, ou seja, a aplicação imediata: "Os dispositivos de caráter imperativo terão aplicação imediata às relações iniciadas, mas não consumadas, antes da vigência desta Consolidação".

Alternativa "e": Incorreta. Com efeito, não há qualquer diferença entre a eficácia da norma jurídica processual trabalhista e a do direito comum. Assim, a produção de efeitos pode ser analisada tanto no plano espacial quanto no plano temporal.

Gabarito: A.

79. (TRT 2 – Juiz do Trabalho Substituto 2ª Região/2013) Analise as seguintes proposições e aponte a alternativa correta:

a) Segundo o art. 765, da CLT, os Juízos e Tribunais terão ampla liberdade na direção do processo, podendo determinar quaisquer diligências necessárias ao esclarecimento delas. Portanto, a tomada de interrogatório, inspeção judicial e oitiva de testemunhas não excedem os poderes contemplados pela norma legal.

b) Quaisquer documentos poderão ser juntados, a qualquer tempo, aos autos com o recurso.

c) Os maiores de 18 e menores de 21 anos deverão pleitear perante a Justiça do Trabalho com a assistência de seus pais ou tutores.

d) O menor de 18 anos não poderá ser ouvido como testemunha, nem como informante.

e) No rito sumaríssimo, o juiz dirigirá o processo com liberdade para determinar as provas a serem produzidas, dando especial valor às regras de experiência comum ou técnica.

COMENTÁRIOS

✪ **Nota do autor:** Alguns dos princípios que regem o Direito processual do trabalho e o Direito processual comum são aplicados especificamente no que se referem à matéria probatória, tais como o princípio da necessidade da prova, o princípio da persuasão racional do juiz, o princípio da concentração processual, o princípio da indivisibilidade da prova e o princípio da busca da verdade real. Observe-se, na alternativa "d", que o art. 405, §1º, III, do CPC de 1973 corresponde ao 447, §1º, III, do CPC de 2015.

Alternativa "a": Incorreta. As diligências que o juiz pode adotar são no sentido de velar pelo andamento rápido das causas no sentido de esclarecê-las, circunstância que não foi mencionada na assertiva.

Alternativa "b": Incorreta, pois não é qualquer documento que pode ser juntado na fase recursal, como esclarece o teor da Súmula nº 8 do TST: "A juntada de documentos na fase recursal só se justifica quando provado o justo impedimento para sua oportuna apresentação ou se referir a fato posterior à sentença".

Alternativa "c": Incorreta, uma vez que a plena capacidade de ser parte é adquirida aos 18 anos. Inclusive, a redação do art. 792 da CLT não deixa dúvida quanto a esse limite mesmo na época da vigência do Código Civil de 1916: "Os maiores de 18 (dezoito) e menores de 21 (vinte e um) anos e as mulheres casadas poderão pleitear perante a Justiça do Trabalho sem a assistência de seus pais, tutores ou maridos".

Alternativa "d": Incorreta, pois o art. 405, §1º, III do CPC impede de depor como testemunhas o menor de 16 e não o menor de 18 anos: "Podem depor como testemunhas todas as pessoas, exceto as incapazes, impedidas ou suspeitas. § 1º São incapazes: III – o menor de 16 (dezesseis) anos".

Alternativa "e": Essa assertiva corresponde ao conteúdo da art. 852-D da CLT: "O juiz dirigirá o processo com liberdade para determinar as provas a serem produzidas, considerado o ônus probatório de cada litigante, podendo limitar ou excluir as que considerar excessivas, impertinentes ou protelatórias, bem como para apreciá-las e dar especial valor às regras de experiência comum ou técnica". **Correta.**

Gabarito: E.

---

80. (TRT 15 – Juiz do Trabalho Substituto 15ª Região/2013) Tício ingressou com reclamação trabalhista em face da empresa prestadora de serviços, reclamando Verbas resilitórias não adimplidas. Deixou, porém, de incluir no polo passivo a empresa tomadora de Serviços, uma vez que foi efetivado por ela após a cessação do contrato com a prestadora, e teme perder seu atual emprego. Diante dessa situação, assinale a alternativa correta:

a) o juiz deve extinguir o processo sem resolução de mérito, nos termos do artigo 47, par. único, do CPC ("O juiz ordenará ao autor que promova a citação de todos os litisconsortes necessários, dentro do prazo que assinar, sob pena de declarar extinto o processo"), combinado com ó artigo 769 da CLT, por se tratar de hipótese de litisconsórcio necessário;

b) a empresa tomadora de serviços pode ser chamada ao processo pela prestadora de serviços, à vista da jurisprudência dominante do Tribunal Superior do Trabalho, diante da responsabilidade solidária de ambas;

c) transitada em julgado a respectiva sentença, declarando improcedentes os pedidos do reclamante, a empresa prestadora já não poderá ser acionada como devedora solidária ou subsidiária em ação, com o mesmo objeto, que venha a ser movida, posteriormente, pelo mesmo reclamante, em face da empresa tomadora;

d) pela Súmula n. 331 do TST, a empresa tomadora de serviços não poderá ser acionada, em nova reclamação, pelo mesmo trabalhador, com. a pretensão de ver declarada a responsabilidade da tomadora perante os créditos deferidos na sentença, vez que a Súmula exige a participação da tomadora no processo original no qual a empresa prestadora foi declarada inadimplente;

e) observados os prazos prescricionais, a partir do caso em questão, a empresa tomadora de serviços poderá ser ulteriormente executada no processo original, se nele a empresa prestadora for sucumbente e inadimplente.

COMENTÁRIOS

✪ **Nota do autor:** A CLT permite que vários empregados formem um litisconsórcio ativo facultativo, quando forem litigar com o mesmo empregador, desde que haja identidade de pedidos ou causa de pedir. Denomina-se, assim, de reclamações trabalhistas plúrimas.

Alternativa "a": Trata-se de uma hipótese de terceirização. Sendo assim, em caso de inadimplemento de verba trabalhista o empregado tem a opção de ingressar com reclamação trabalhista unicamente em face da prestadora de serviços ou incluir no polo passivo a empresa tomadora dos serviços. Como se trata de uma faculdade, o litisconsórcio é classificado como facultativo. Logo, o juiz não pode extinguir o processo sem a resolução mérito pela ausência da tomadora no polo passivo da reclamação trabalhista. **Incorreta.**

Alternativa "b": Incorreta, uma vez que a responsabilidade pode subsidiária ou direta da tomadora dos servidos, a depender de a terceirização ser classificada como lícita ou ilícita. Nesse sentido os itens I e IV da Súmula nº 331, do TST: I – A contratação de trabalhadores por empresa interposta é ilegal, formando-se o vínculo diretamente com o tomador dos serviços, salvo no caso de trabalho temporário (Lei nº 6.019, de 03.01.1974). IV – O inadimplemento das obrigações trabalhistas, por parte do empregador, implica a responsabilidade subsidiária do tomador dos serviços quanto àquelas obrigações, desde que haja participado da relação processual e conste também do título executivo judicial". Com a vigência da Lei nº 13.467/17 a terceirização da atividade-fim da empresa deixou de ser considerada ilícita.

Alternativa "c": Correta. Uma nova demanda com a inclusão da empresa prestadora de serviços, com o mesmo pedido e causa de pedir, caracterizaria a coisa julgada que pode alegada pela parte ou declarada de ofício. A tríplice identidade só não se verificaria em relação à tomadora dos serviços (a vigência da Lei da Reforma Trabalhista não influenciou nesse aspecto processual da terceirização).

Alternativa "d": Não há essa vedação na parte final do item IV, da Súmula nº 331 do TST. Na verdade, o referido verbete veda que a execução se processe nos mesmos autos contra a tomadora dos serviços caso ela não tenha participado da relação processual de conhecimento. Incorreto: "Súmula nº 331. IV – O inadimplemento das obrigações trabalhistas, por parte do empregador, implica a responsabilidade subsidiária do tomador dos serviços quanto àquelas obrigações, desde que haja participado da relação processual e conste também do título executivo judicial". **Incorreta** (a vigência da Lei da Reforma Trabalhista não influenciou nesse aspecto processual da terceirização).

Alternativa "e": A parte final do item IV, da Súmula nº 331 do TST veda que a execução se processe nos mesmos autos contra a tomadora dos serviços caso ela não tenha participado da relação processual de conhecimento: "Súmula nº 331. IV – O inadimplemento das obrigações trabalhistas, por parte do empregador, implica a responsabilidade subsidiária do tomador dos serviços quanto àquelas obrigações, desde que haja participado da relação processual e conste também do título executivo judicial". **Incorreta** (a vigência da Lei da Reforma Trabalhista não influenciou nesse aspecto processual da terceirização).

Gabarito: C.

---

81. (TRT 15 – Juiz do Trabalho Substituto 15ª Região/2013) Mévio foi dispensado por justa causa em razão de suposta agressão física contra seu superior hierárquico. Durante a tramitação da reclamação trabalhista ajuizada por Mévio em face da empresa, a ação penal movida em face de Mévio, por lesões corporais leves, foi julgada improcedente ante o reconhecimento de causa excludente de ilicitude (legítima defesa do réu). Transcorreram todos os prazos recursais no processo penal. Diante disso, é correto afirmar:

a) o juiz do trabalho poderá manter a justa causa aplicada pelo empregador, ante a independência entre os juízos penal e trabalhista;

b) o juiz do trabalho deverá extinguir o processo do trabalho sem resolução de mérito, por carência da ação (falta de interesse/utilidade);

c) o juiz do trabalho deverá afastar a justa causa, na modalidade aplicada, ante a sua vinculação à sentença criminal, nesta matéria;

d) o juiz do trabalho deverá suspender o processo do trabalho, nos termos do artigo 265, IV, "a", do CPC, c.c. artigo 769 da CLT, aguardando o transcurso do prazo decadencial para eventual revisão criminal de iniciativa do Ministério Público;

e) o juiz do trabalho deverá receber a sentença criminal como início de prova material e atribuir-lhe o valor probatório adequado, em conjunto com os demais elementos dos autos, ao tempo da prolação da sentença.

COMENTÁRIOS

✪ **Nota do autor:** Quando o titular da pretensão punitiva oferece a denúncia e esta é aceita pelo juiz, inicia-se o processo penal. Se, de forma concomitante, é ajuizada uma reclamação trabalhista e existe conexão com os fatos que constam do processo crime, o juiz pode determinar a suspensão do processo, para esperar a sentença a ser proferida naqueles autos.

Alternativa "a": A independência entre a decisão do juízo criminal e o trabalhista é relativa. No caso citado, houve o reconhecimento expresso de que o ato foi praticado em legítima defesa, o que implica reconhecer os seus efeitos também no processo laboral. Portanto, o juiz deve, e não pode, afastar a arguição de justa causa. **Incorreta** a assertiva, uma vez que contraria o preceito contido no art. 65 do CPP: "Faz coisa julgada no cível a sentença penal que reconhecer ter sido o ato praticado em estado de necessidade, em legítima defesa, em estrito cumprimento de dever legal ou no exercício regular de direito".

Alternativa "b": Não há essa possibilidade, pois o juiz do trabalho deve examinar a circunstância de a sentença criminal produzir ou não efeitos no processo do trabalho, a depender de sua modalidade. **Incorreta.**

Alternativa "c": Correta a assertiva, pois o juiz deve afastar a arguição de justa causa de acordo com o mandamento contido no art. 65 do CPP: "Faz coisa julgada no cível a sentença penal que reconhecer ter sido o ato praticado em estado de necessidade, em legítima defesa, em estrito cumprimento de dever legal ou no exercício regular de direito".

Alternativa "d": A suspensão do processo civil ou trabalhista é uma faculdade e não obrigação do juiz, conforme se observa do comando contido no parágrafo único do art. 64 do CPP: "Intentada a ação penal, o juiz da ação civil poderá suspender o curso desta, até o julgamento definitivo daquela". **Incorreta.**

Alternativa "e": Não há previsão legal nesse sentido. Ou a sentença criminal produz os efeitos da coisa julgada no processo trabalhista ou não, de acordo com as regras contidas no Código de Processo Penal. **Incorreta.**

Gabarito: C.

---

82. (TRT 2 – Juiz do Trabalho Substituto 2ª Região/2013) De acordo com a jurisprudência sumulada do Tribunal Superior do Trabalho, observe as proposições abaixo e ao final aponte a alternativa que contenha proposituras corretas:

I. O ônus de provar o término do contrato de trabalho, quando negada a prestação de serviços e o desligamento, é do empregador.

II. A indicação de perito assistente é faculdade da parte, a qual deve responder pelos respectivos honorários, exceto se vencedora no objeto da perícia.

III. Na Justiça do Trabalho, salvo hipóteses expressamente previstas, as decisões interlocutórias não ensejam recurso imediato.

IV. Cabível o recurso de revista ou embargos para reexame de fatos e provas.

V. O recurso adesivo é compatível com o processo do trabalho, sendo necessário, apenas, que a matéria nele veiculada esteja relacionada com a do recurso interposto pela parte contrária.

Está correta a alternativa:

a) I e III.

b) I e V.

c) III e IV.

d) II e III.

e) IV e V.

COMENTÁRIOS

✪ **Nota do autor:** O ônus da prova consiste no mecanismo utilizado para solucionar as lides quando não há prova das alegações de fatos controversos, ou ainda que produzida, não tenha servido para formar o convencimento do juiz, já que este não pode se negar a prestar a tutela jurisdicional (*non liquet*). A Lei nº 13.467/17 alterou a redação do art. 818 da CLT, que trata do ônus da prova, sendo taxativo sobre as hipóteses de incumbência, mas abordando a distribuição dinâmica do ônus da prova nos moldes do CPC de 2015.

Item "I": Correto, uma vez que corresponde ao entendimento do TST inserido na Súmula nº 212 do TST: "O ônus de provar o término do contrato de trabalho, quando negados a prestação de serviço e o despedimento, é do empregador, pois o princípio da continuidade da relação de emprego constitui presunção favorável ao empregado".

Item "II": A parte que indica o assistente técnico é responsável pelo pagamento dos seus honorários, seja sucumbente ou não na pretensão. Item **incorreto**, pois contraria o entendimento constante da Súmula nº 341 do TST: "A indicação do perito assistente é faculdade da parte, a qual deve responder pelos respectivos honorários, ainda que vencedora no objeto da perícia".

Item "III": Exatamente. A regra é da irrecorribilidade imediata das decisões interlocutórias. Item **correto**, pois de acordo com o art. 893, §1º da CLT e Súmula nº 214 do TST: "Art. 893. §1º. Os incidentes do processo são resolvidos pelo próprio Juízo ou Tribunal, admitindo-se a apreciação do merecimento das decisões interlocutórias somente em recursos da decisão definitiva. Súmula 214: Na Justiça do Trabalho, nos termos do art. 893, § 1º, da CLT, as decisões interlocutórias não ensejam recurso imediato, salvo nas hipóteses de decisão: a) de Tribunal Regional do Trabalho contrária à Súmula ou Orientação Jurisprudencial do Tribunal Superior do Trabalho; b) suscetível de impugnação mediante recurso para o mesmo Tribunal; c) que acolhe exceção de incompetência territorial, com a remessa dos autos para Tribunal Regional distinto daquele a que se vincula o juízo excepcionado, consoante o disposto no art. 799, § 2º, da CLT". Note-se que o TST reforçou a aplicação dessa regra, mesmo após a vigência do CPC de 2015, por meio da Instrução Normativa nº 39/16, em seu art. 1º, § 1º: "Observar-se-á, em todo caso, o princípio da irrecorribilidade em separado das decisões interlocutórias, de conformidade com o art. 893, § 1º da CLT e Súmula nº 214 do TST".

Item "IV": Incorreto, pois não cabe recurso de revista para reexame de fatos e provas, conforme posicionamento adotado pelo TST em sua Súmula nº 126: "Incabível o recurso de revista ou de embargos (arts. 896 e 894, "b", da CLT) para reexame de fatos e provas".

Item "V": Incorreto. Apesar de ser compatível com o processo do trabalho, não é necessário que o seu fundamento esteja relacionado com aquele constante do recurso interposto pela parte contrária, conforme revela o teor da Súmula nº 283 do TST: "O recurso adesivo é compatível com o processo do trabalho e cabe, no prazo de 8 (oito) dias, nas hipóteses de interposição de recurso ordinário, de agravo de petição, de revista e de embargos, sendo desnecessário que a matéria nele veiculada esteja relacionada com a do recurso interposto pela parte contrária".

Gabarito: A.

83. (TRT 2 – Juiz do Trabalho Substituto 2ª Região/2013) Aponte a alternativa incorreta:

a) Segundo o TST, não se aplica ao processo do trabalho o caput do art. 557, do CPC (majoração dos poderes do relator).

b) O juiz do trabalho não está adstrito às conclusões do laudo pericial, consoante a lei.

c) A compensação há de ser alegada em defesa, segundo a lei.

d) Dá-se a confissão ficta pela recusa da parte em responder as perguntas formuladas pelo juiz, conforme a doutrina.

e) Segundo o entendimento jurisprudencial é incabível recurso de revista interposto de acórdão regional prolatado em agravo de instrumento.

COMENTÁRIOS

✪ **Nota do autor:** A perícia é ato próprio do *expert* do juízo, ao contrário do que ocorre com os atos dos serventuários da justiça que, não raro, consiste em cumprimento daquilo que foi determinado pelo juiz. Observe-se, na alternativa "a", que o art. 557 do CPC de 1973 corresponde ao art. 932, III, do CPC de 2015. Já na alternativa "b", o art. 436 do CPC de 1973 corresponde ao art. 479 do CPC de 2015. Por fim, na alternativa "d", o art. 343, §2º do CPC de 1973 corresponde ao art. 385, §1º do CPC de 2015.

Alternativa "a": Incorreta a assertiva, uma vez que o posicionamento do TST é em sentido contrário, conforme se observa do teor da Súmula nº 435: "Aplica-se subsidiariamente ao processo do trabalho o art. 557 do Código de Processo Civil" (ver nota do autor). Para se adequar ao CPC de 2015, houve alteração da redação dessa Súmula por meio da Resolução nº 208/2016 do TST: "Aplica-se subsidiariamente ao processo do trabalho o art. 932 do CPC de 2015 (art. 557 do CPC de 1973)."

Alternativa "b": Essa assertiva coincide com a determinação que consta do art. 436 do CPC de 1973, aplicado subsidiariamente ao processo laboral: "O juiz não está adstrito ao laudo pericial, podendo formar a sua convicção com outros elementos ou fatos provados nos autos" (ver nota do autor). Assertiva **correta**.

Alternativa "c": Correta assertiva, uma vez que se encontra de acordo com o art. 767 da CLT: "A compensação, ou retenção, só poderá ser arguida como matéria de defesa".

Alternativa "d": A confissão ficta também decorre do fato da parte comparecer à audiência e se recursar a depor. Nesse sentido a determinação contida no art. 343, §2º, do CPC de 1973, aplicado subsidiariamente ao processo laboral: "Se a parte intimada não comparecer, ou comparecendo, se recusar a depor, o juiz lhe aplicará a pena de confissão". **Correta.**

Alternativa "e": Correta a assertiva, pois coincide com o posicionamento do TST adotado pela Súmula nº

218: "É incabível recurso de revista interposto de acórdão regional prolatado em agravo de instrumento".

Gabarito: A.

---

84. (TRT 2 – Juiz do Trabalho Substituto 2ª Região/2013) Analise as seguintes proposições, consoante entendimento majoritário da doutrina. Aponte a alternativa correta:

I. O princípio "em dúvida pelo mísero" é aplicável tanto ao direito material, quanto direito processual do trabalho.

II. A Súmula nº 74, do TST, quanto à confissão do reclamante, configura exemplo de adoção de procedimentos e técnicas do processo civil.

III. O duplo grau de jurisdição é princípio que não comporta exceções.

IV. Exceções dilatórias são aquelas que obstam o curso normal do processo, pois constituem incidentes que deverão ser resolvidos antes de qualquer procedimento meritório.

V. Reconvenção é admitida no processo do trabalho, sendo irrelevante que a matéria por ela trazida tenha liame de conexidade com o pedido principal.

Está correta a alternativa:

a) II e IV.

b) II e III.

c) I e IV.

d) III e V.

e) I e V.

COMENTÁRIOS

✪ **Nota do autor:** Observe-se, no item "II", que o art. 400, I do CPC de 1973 corresponde ao art. 443, I do CPC de 2015. Já no item "V", o art. 315 do CPC de 1973 corresponde ao art. 343 do CPC de 2015. Por fim, a Resolução 208/16 do TST alterou a redação da Súmula nº 74 para se adaptar ao CPC de 2015: "I – Aplica-se a confissão à parte que, expressamente intimada com aquela cominação, não comparecer à audiência em prosseguimento, na qual deveria depor. (ex-Súmula nº 74 – RA 69/1978, DJ 26.09.1978) II – A prova pré-constituída nos autos pode ser levada em conta para confronto com a confissão ficta (arts. 442 e 443, do CPC de 2015 – art. 400, I, do CPC de 1973), não implicando cerceamento de defesa o indeferimento de provas posteriores. (ex-OJ nº 184 da SBDI-1 – inserida em 08.11.2000) III- A vedação à produção de prova posterior pela parte confessa somente a ela se aplica, não afetando o exercício, pelo magistrado, do poder/dever de conduzir o processo".

Item "I": Incorreto, pois esse princípio é aplicável ao direito material do trabalho. Alguns autores estendem sua aplicação ao direito processual, mas de forma restrita e jamais no âmbito da prova.

Item "II": Correta a assertiva, uma vez que o conteúdo da Súmula nº 74, principalmente em seu inciso II, revela a adoção de técnicas e procedimentos do processo civil, prevista no art. 400, I, do CPC de 1973, para aplicação no processo do trabalho: "A prova pré-constituída nos autos pode ser levada em conta para confronto com a confissão ficta (art. 400, I, CPC), não implicando cerceamento de defesa o indeferimento de provas posteriores" (ver nova redação dessa Súmula na nota do autor).

Item "III": Essa assertiva é bastante temerária, pois, em direito, toda regra comporta exceção. E não seria diferente no que diz respeito ao duplo grau de jurisdição. Há decisões que não comportam recurso, como aquela proferida em processo cujo valor da causa não seja superior a dois salários mínimos, salvo nos casos de ofensa à Constituição Federal. **Incorreta**, pois contraria, dentre outros, o preceito contido no § 4º, art. 2º da Lei nº 5.584/70: "Salvo se versarem sobre matéria constitucional, nenhum recurso caberá das sentenças proferidas nos dissídios da alçada a que se refere o parágrafo anterior, considerado, para esse fim, o valor do salário mínimo à data do ajuizamento da ação".

Item "IV": Correto. As exceções podem ser dilatórias ou peremptórias. As peremptórias implicam a extinção do feito e as dilatórias apontam a existência de um vício sanável na peça inicial ou provocam a remessa dos autos para outra unidade judiciária, mas sempre sem a manifestação do juiz sobre o mérito da causa.

Item "V": Incorreto, pois não corresponde ao mandamento contido no art. 315 do CPC que exige a conexão da reconvenção com a ação principal ou com o fundamento da defesa: "O réu pode reconvir ao autor no mesmo processo, toda vez que a reconvenção seja conexa com a ação principal ou com o fundamento da defesa".

Gabarito: A.

---

85. (TRT 2 – Juiz do Trabalho Substituto 2ª Região/2013) Observe as proposições seguintes e ao final aponte a alternativa que contenha proposituras corretas:

I. A alçada é fixada pelo valor dado à causa na data de seu ajuizamento, desde que não impugnado, sendo inalterável no curso do processo.

II. A ausência do reclamante, quando adiada a instrução após contestada a ação em audiência, não importa arquivamento do processo, desde que ele seja representado por outro empregado que exerça a mesma atividade ou por seu advogado.

III. Não se configura conflito de competência, o impasse existente entre um Tribunal Regional do Trabalho e uma Vara do Trabalho a ele vinculada.

IV. Não ocorre deserção de recurso da massa falida e da empresa em liquidação extrajudicial por falta de pagamento de custas ou de depósito do valor da condenação.

V. A intervenção assistencial, simples ou adesiva, só é admissível se demonstrado o interesse econômico e não o meramente jurídico.

Está correta a alternativa:

a) I e III.

b) II e III.

c) I e IV.

d) II e V.

e) II, III e IV.

COMENTÁRIOS

✪ **Nota do autor:** As custas processuais são espécies de tributo, mais precisamente de uma taxa, pela utilização dos serviços prestados pelo Poder Judiciário.

Item "I": A demanda cujo valor da causa é de até dois salários mínimos é de alçada exclusiva da Vara do Trabalho, salvo se a sentença contrariar dispositivo da Constituição Federal. Esse limite é observado quando do ajuizamento da reclamação trabalhista, conforme entendimento constante da Súmula nº 71 do TST: "A alçada é fixada pelo valor dado à causa na data de seu ajuizamento, desde que não impugnado, sendo inalterável no curso do processo." **Correto.**

Item "II": Quando a audiência é adiada para instrução após a juntada da defesa, a ausência do reclamante implica confissão ficta. Nesse sentido, a Súmula nº 9 do TST: "A ausência do reclamante, quando adiada a instrução após contestada a ação em audiência, não importa arquivamento do processo". **Incorreta.**

Item "III": Não ocorre conflito de competência, pois a Vara do Trabalho está, hierarquicamente, submetida ao Tribunal Regional do Trabalho ao qual se encontra vinculada. Assertiva **correta**, pois de acordo com o posicionamento adotado pelo TST na Súmula nº 420: "Não se configura conflito de competência entre Tribunal Regional do Trabalho e Vara do Trabalho a ele vinculada".

Item "IV": Incorreta a assertiva, pois a falta de recolhimento de custas só não implica em deserção para massa falida, não atingindo as empresas em liquidação extrajudicial conforme Súmula nº 86 do TST: "Não ocorre deserção de recurso da massa falida por falta de pagamento de custas ou de depósito do valor da condenação. Esse privilégio, todavia, não se aplica à empresa em liquidação extrajudicial".

Item "V": A assertiva contém uma inversão que a torna **incorreta**. Na verdade, conforme Súmula nº 82 do TST, a intervenção assistencial, simples ou adesiva, só é admissível se demonstrado o interesse jurídico e não o meramente econômico.

Gabarito: A.

---

86. (TRT 14 – Juiz do Trabalho Substituto 14ª Região/2013) Leia as proposições a seguir e marque a resposta correta:

I. A realização de perícia é obrigatória para a verificação de insalubridade. Quando não for possível sua realização, como em caso de fechamento da empresa, poderá o julgador utilizar- se de outros meios de prova.

II. O pagamento de adicional de periculosidade efetuado por mera liberalidade da empresa, ainda que de forma proporcional ao tempo de exposição ao risco ou em percentual inferior ao máximo legalmente previsto, dispensa a realização da prova técnica exigida pelo art. 195 da CLT, pois torna incontroversa a existência do trabalho em condições perigosas.

III. O instrumento normativo em cópia não autenticada possui valor probante, ainda que haja impugnação de seu conteúdo, eis que se trata de documento comum às partes.

IV. No mandado de segurança, acaso o magistrado verifique a ausência de documento indispensável ou de sua autenticação indeferirá de plano a petição inicial, já que não é aplicável o art. 284 do CPC, porquanto aquele exige prova documental pré-constituída.

V. Admite-se a juntada de procuração na instância recursal, nos termos do art. 37 do CPC, mediante protesto por posterior juntada, porquanto a interposição de recurso é reputada ato urgente.

a) apenas as proposições I e III estão incorretas;

b) apenas as proposições II e V estão incorretas;

c) apenas as proposições II e III estão incorretas;

d) apenas as proposições III e IV estão incorretas;

e) apenas as proposições III e V estão incorretas.

COMENTÁRIOS

✪ **Nota do autor:** Antes da promulgação da EC nº 45/2004, o mandado de segurança era utilizado na Justiça do Trabalho com o único propósito de atacar as decisões judiciais interlocutórias de natureza irrecorrível, ou seja, sempre contra atos da autoridade judiciária trabalhista. Observe-se, no item "IV", que o art. 284 do CPC de 1973 corresponde ao art. 321 do CPC de 2015. Já no item "V", o art. 37 do CPC de 1973 corresponde ao art. 104 do CPC de 2015. Por conta disso o TST alterou a redação da Súmula nº 415, nos seguintes termos: "Exigindo o mandado de segurança prova documental pré-constituída, inaplicável o art. 321 do CPC de 2015 (art. 284 do CPC de 1973) quando verificada, na petição inicial do 'mandamus', a ausência de documento indispensável ou de sua autenticação. (ex-OJ nº 52 da SBDI-2 – inserida em 20.09.2000)".

Item "I": Correto, pois nessa situação constata-se a impraticabilidade da perícia. Pode-se usar, por exemplo, prova pericial emprestada feita em outros processos contra a mesma empresa. O TST posiciona-se nesse sentido por meio da OJ nº 278, da SDI-1: "A realização de perícia é obrigatória para a verificação de insalubridade.

Quando não for possível sua realização, como em caso de fechamento da empresa, poderá o julgador utilizar-se de outros meios de prova".

Item "II": Correto, uma vez que corresponde à redação à época da OJ nº 406 da SDI-1 do TST: "O pagamento de adicional de periculosidade efetuado por mera liberalidade da empresa, ainda que de forma proporcional ao tempo de exposição ao risco ou em percentual inferior ao máximo legalmente previsto, dispensa a realização da prova técnica exigida pelo art. 195 da CLT, pois torna incontroversa a existência do trabalho em condições perigosas". Atualmente essa Orientação Jurisprudencial foi transformada na Súmula nº 453, sem qualquer mudança de redação.

Item "III": Incorreto, pois a eficácia probante do instrumento normativo só se verifica se não houver impugnação quanto ao seu conteúdo, de acordo com o entendimento do TST exposto na OJ nº 36 da SDI-I: "O instrumento normativo em cópia não autenticada possui valor probante, desde que não haja impugnação ao seu conteúdo, eis que se trata de documento comum às partes".

Item "IV": Correto, pois nesse caso usa-se o procedimento previsto na Lei nº 12.016/09, que exige a demonstração prévia do direito líquido e certo. Nesse sentido a Súmula nº 415 do TST, em sua redação anterior (ver nota do autor): "Exigindo o mandado de segurança prova documental pré-constituída, inaplicável se torna o art. 284 do CPC quando verificada, na petição inicial do 'mandamus', a ausência de documento indispensável ou de sua autenticação".

Item "V": A interposição de recurso não é classificada como ato urgente pela doutrina e jurisprudência. **Incorreta** a assertiva, pois não corresponde ao entendimento do TST exposto no item I, da Súmula nº 383: "É inadmissível, em instância recursal, o oferecimento tardio de procuração, nos termos do art. 37 do CPC, ainda que mediante protesto por posterior juntada, já que a interposição de recurso não pode ser reputada ato urgente". Atualmente a redação do inciso I dessa Súmula é a seguinte: "RECURSO. MANDATO. IRREGULARIDADE DE REPRESENTAÇÃO. CPC DE 2015, ARTS. 104 E 76, § 2º (nova redação em decorrência do CPC de 2015) – Res. 210/2016, DEJT divulgado em 30.06, 1º e 04.07.2016 I – É inadmissível recurso firmado por advogado sem procuração juntada aos autos até o momento da sua interposição, salvo mandato tácito. Em caráter excepcional (art. 104 do CPC de 2015), admite-se que o advogado, independentemente de intimação, exiba a procuração no prazo de 5 (cinco) dias após a interposição do recurso, prorrogável por igual período mediante despacho do juiz. Caso não a exiba, considera-se ineficaz o ato praticado e não se conhece do recurso".

Gabarito: E.

---

87. (TRT 14 – Juiz do Trabalho Substituto 14ª Região/2013) Analise as assertivas abaixo e marque a única alternativa correta:

I. Os honorários advocatícios, arbitrados nos termos do art. 11, §1º, da Lei nº 1.060, de 05.02.1950, devem incidir sobre o valor líquido da condenação, apurado na fase de liquidação de sentença, com a dedução dos descontos fiscais e previdenciários.

II. Exceto quando o sindicato tenha sido considerado parte ilegítima "ad causam", a ação por ele movida, na qualidade de substituto processual, interrompe a prescrição.

III. Mesmo após a promulgação da Constituição Federal de 1988, subordina-se a validade da assembleia de trabalhadores que legitima a atuação da entidade sindical respectiva em favor de seus interesses à observância do "quorum" estabelecido no art. 612 da CLT, assim como a comprovação da legitimidade "ad processum" da entidade sindical se faz por seu registro no órgão competente do Ministério do Trabalho e Emprego.

a) Apenas a proposição I é verdadeira.

b) Apenas a proposição II é verdadeira.

c) Apenas a proposição III é verdadeira.

d) Todas as proposições são verdadeiras.

e) Todas as proposições são falsas.

COMENTÁRIOS

✪ **Nota do autor:** A substituição processual do sindicato é concorrente, posto que o próprio titular do direito subjetivo violado pode ajuizar uma reclamação trabalhista, quando encontrar resistência à sua pretensão, exercendo a legitimação ordinária do direito de ação. **Note-se, também, que o art. 11, da Lei nº 1.060/50, citado no item I, foi revogado expressamente pelo CPC de 2015.**

Item "I": A incidência dos honorários advocatícios deve ser feita pelo valor líquido, mas sem incidência dos descontos fiscais e previdenciários. Portanto, **incorreta** a assertiva, uma vez que contraria o entendimento do TST revelado por meio da OJ nº 348 da SDI-I: "Os honorários advocatícios, arbitrados nos termos do art. 11, § 1º, da Lei nº 1.060, de 05.02.1950, devem incidir sobre o valor líquido da condenação, apurado na fase de liquidação de sentença, sem a dedução dos descontos fiscais e previdenciários".

Item "II": Em qualquer hipótese, a ação coletiva para a defesa de direitos e interesses individuais e homogêneos ajuizada pelo sindicato interrompe a prescrição. Item **incorreto**, na forma da OJ nº 359 da SDI-I: "A ação movida por sindicato, na qualidade de substituto processual, interrompe a prescrição, ainda que tenha sido considerado parte ilegítima 'ad causam'". Atualmente, após a vigência da Lei da Reforma Trabalhista, a CLT passou a tratar da única hipótese capaz de interromper o prazo de prescrição em seu art. 11, § 3º: "A interrupção da prescrição somente ocorrerá pelo ajuizamento de reclamação trabalhista, mesmo que em juízo incompetente, ainda que venha a ser extinta sem resolução do mérito, produzindo efeitos apenas em relação aos pedidos idênticos."

Item "III": Incorreto. O texto deste item corresponde à redação da OJ nº 13, da SDC do TST, que foi cancelada em 24.11.2003: "Mesmo após a promulgação da Constituição Federal de 1988, subordina-se a validade da assembleia de trabalhadores que legitima a atuação da entidade sindical respectiva em favor de seus interesses à observância do 'quorum' estabelecido no art. 612 da CLT". O cancelamento deu-se levando em consideração o princípio da liberdade sindical, agasalhado pelo art. 8º, III, da CF/88. Assim, apesar de ser necessária à realização de assembleia-geral pelo sindicato, o *quorum* respectivo pode ser livremente fixado no estatuto da entidade sindical sem estar vinculado aos limites impostos pelo art. 612 da Consolidação das Leis do Trabalho.

Gabarito: E.

---

88. (TRT 14 – Juiz do Trabalho Substituto 14ª Região/2013) Assinale a alternativa correta:

I. A penhora é ato complexo que se aperfeiçoa com a apreensão e o depósito do bem penhorado, cujo objetivo traduz-se na manutenção e na conservação dos bens penhorados, de modo a viabilizar a plena realização do escopo do processo de execução. O depositário será público ou particular e em ambos os casos será sempre um auxiliar da justiça, porquanto exerce uma função pública, e responderá objetivamente pelos prejuízos resultantes de sua conduta no cumprimento de seu encargo, perdendo, neste caso, a remuneração que lhe for arbitrada, assegurado o direito de haver o que legitimamente despendeu no exercício do encargo.

II. A Justiça do Trabalho é competente para determinar o recolhimento das contribuições fiscais. A competência da Justiça do Trabalho, quanto às contribuições previdenciárias, limita-se às sentenças condenatórias em pecúnia que proferir e aos valores, objeto de acordo homologado, que integrem o salário-de-contribuição. É do empregador a responsabilidade pelo recolhimento das contribuições previdenciárias e fiscais, resultante de crédito do empregado oriundo de condenação judicial, devendo incidir, em relação aos descontos fiscais, sobre o valor total da condenação, referente às parcelas tributáveis, calculado ao final. Em se tratando de descontos previdenciários, a contribuição do empregado, no caso de ações trabalhistas, será calculada mês a mês, aplicando-se as alíquotas previstas em lei, observando-se o limite máximo do salário de contribuição.

III. Em se tratando de recurso aviado por meio de fac-símile, a contagem do quinquídio para a apresentação dos originais começa a fluir do dia subsequente ao término do prazo recursal, ainda que a interposição do recurso tenha se dado antes desse. Não se tratando a juntada dos originais de ato que dependa de notificação, pois a parte, ao interpor o recurso, já tem ciência de seu ônus processual, não se aplica a regra do art. 184 do CPC quanto o dies a quo, podendo coincidir com sábado, domingo ou feriado.

a) Apenas as proposições I e II são falsas.

b) Apenas as proposições I e III são falsas.

c) Apenas as proposições II e III são falsas.

d) Todas as proposições são verdadeiras.

e) Todas as proposições são falsas.

COMENTÁRIOS

✪ **Nota do autor:** O Ato Declaratório nº 1/2009, da PGFN, alterou a metodologia do cálculo do imposto de renda, prevista no art. 46 da Lei nº 8.541/92, para determinar que a incidência fosse feita mês a mês, ou seja, deverá ser calculado com base nas tabelas e alíquotas das épocas próprias a que se referem tais rendimentos. Observe-se, no item "I", que o art. 150 do CPC de 1973 corresponde ao art. 161 do CPC de 2015. Já no item "III", o art. 184 do CPC de 1973 corresponde ao art. 224 do CPC de 2015. Inclusive, em 2016 o TST alterou a redação da Súmula nº 387 nos seguintes termos: "I – A Lei nº 9.800, de 26.05.1999, é aplicável somente a recursos interpostos após o início de sua vigência. (ex-OJ nº 194 da SBDI-1 – inserida em 08.11.2000) II – A contagem do quinquídio para apresentação dos originais de recurso interposto por intermédio de fac-símile começa a fluir do dia subsequente ao término do prazo recursal, nos termos do art. 2º da Lei nº 9.800, de 26.05.1999, e não do dia seguinte à interposição do recurso, se esta se deu antes do termo final do prazo. (ex-OJ nº 337 da SBDI-1 – primeira parte – DJ 04.05.2004) III – Não se tratando a juntada dos originais de ato que dependa de notificação, pois a parte, ao interpor o recurso, já tem ciência de seu ônus processual, não se aplica a regra do art. 224 do CPC de 2015 (art. 184 do CPC de 1973) quanto ao "dies a quo", podendo coincidir com sábado, domingo ou feriado. (ex-OJ nº 337 da SBDI-1 – "in fine" – DJ 04.05.2004) IV – A autorização para utilização do fac-símile, constante do art. 1º da Lei n.º 9.800, de 26.05.1999, somente alcança as hipóteses em que o documento é dirigido diretamente ao órgão jurisdicional, não se aplicando à transmissão ocorrida entre particulares".

Item "I": Incorreto, pois a responsabilidade do depositário é subjetiva e não objetiva, de acordo com o preceito contido no art. 150 do CPC de 1973, aplicado subsidiariamente ao processo laboral: "O depositário ou o administrador responde pelos prejuízos que, por dolo ou culpa, causar à parte, perdendo a remuneração que lhe foi arbitrada; mas tem o direito a haver o que legitimamente despendeu no exercício do encargo".

Item "II": O equívoco da assertiva está no fato de afirmar que os descontos fiscais deverão incidir sobre o valor total da condenação, referente às parcelas tributáveis, calculado ao final, quando na verdade devem ser calculados, mês a mês, na forma prevista pelo inciso II, da Súmula nº 368, II do TST: "II – É do empregador a responsabilidade pelo recolhimento das contribuições previdenciárias e fiscais, resultante de crédito do empregado oriundo de condenação judicial, devendo ser calculadas, em relação à incidência dos descontos fiscais, mês a mês, nos termos do art. 12-A da Lei nº 7.713, de 22/12/1988, com a redação dada pela Lei nº 12.350/2010". Item **incorreto.** A Súmula em comento foi alterada pela Resolução nº 219/2017 do TST para aglutinar a parte final da Orientação Jurisprudencial nº 363 da SBDI-I à redação do item II, passando a vigorar com o seguinte texto: "É do empregador a responsabilidade pelo recolhimento das contribuições previdenciárias e fiscais, resultantes de crédito do empregado oriundo de condenação judicial. A culpa do empregador pelo inadimplemento das verbas remuneratórias, contudo, não exime a responsabilidade do empregado pelos pagamentos do imposto de renda devido e da contribuição previdenciária que recaia sobre sua quota-parte. (ex-OJ nº 363 da SBDI-1, parte final)"

Item "III": Correta a assertiva, uma vez que está de acordo com a redação da Súmula nº 387, II e III do TST, em sua redação anterior (ver a parte final da nota do autor): "II – A contagem do quinquídio para apresentação dos originais de recurso interposto por intermédio de fac-símile começa a fluir do dia subsequente ao término do prazo recursal, nos termos do art. 2º da Lei nº 9.800, de 26.05.1999, e não do dia seguinte à interposição do recurso, se esta se deu antes do termo final do prazo. III – Não se tratando a juntada dos originais de ato que dependa de notificação, pois a parte, ao interpor o recurso, já tem ciência de seu ônus processual, não se aplica a regra do art. 184 do CPC quanto ao "dies a quo", podendo coincidir com sábado, domingo ou feriado".

Gabarito: A.

---

89. (TRT 22 – Juiz do Trabalho Substituto 22ª Região/2013) Trabalhador ingressa em juízo postulando pagamento por contrato de empreitada, sustentando que, concluído o trabalho, estava há dois anos e meio tentando receber, de maneira amigável, o que lhe era devido, sem êxito, restando-lhe, portanto, apenas a via judicial. Em defesa é alegada a prescrição trabalhista. Apresentado esse quadro, e, no que tange à prescrição, qual a alternativa correta:

a) rechaçar a prescrição arguida, uma vez que, tratando-se a empreitada de contrato de natureza civil, de observar a prescrição de 5 anos, estabelecida no Código Civil;

b) acolher a prescrição agitada, por ser mesmo o caso de observar o prazo fixado no artigo 7º, XXIX, da Constituição Federal, além de o próprio reclamante haver admitido que a obra foi realizada há mais de dois anos;

c) acolher a prescrição arguida, que, além de ser a fixada no artigo 7º, XXIX, da Constituição Federal, de todo modo, ainda que não agitada pela parte a quem aproveitava, haveria de ser arguida de ofício pelo julgador, com base no disposto no artigo 219, § 5º, do CPC, dispositivo esse aplicável ao processo trabalhista, consoante majoritário entendimento jurisprudencial;

d) mesmo sendo o prazo prescricional a ser observado na espécie o fixado no artigo 206, § 5º, inciso I, do Código Civil, a prescrição, de todo modo, haveria de ser decretada, no caso, de ofício, pelo julgador, com base no artigo 219, 5º, do CPC, porquanto, embora a competência para apreciar a questão seja da Justiça do Trabalho, não se cuida, na espécie de litígio decorrente de uma relação de emprego, de modo que plenamente aplicável o artigo do diploma processual que trata da prescrição de ofício;

e) o reclamante demonstrou que estava procurando receber o que lhe era devido, antes do ingresso em juízo, de maneira que não há cuidar de prescrição, já que não houve desinteresse ou inércia sua.

COMENTÁRIOS

✪ **Nota do autor:** Com a inclusão do § 5º, ao art. 219 do Código de Processo Civil de 1973, o juiz deveria declarar a incidência da prescrição de ofício, mesmo nos casos de direitos patrimoniais disponíveis. Entretanto, é recomendável ouvir previamente a parte que pode ser prejudicada com essa decisão, em face da possibilidade de ser arguido fato impeditivo ou suspensivo do prazo prescricional. Há, contudo, divergência doutrinaria e jurisprudencial no que diz respeito a essa matéria. Os adeptos à aplicação do princípio protetivo ao processo do trabalho se opõem à possibilidade da declaração de ofício da prescrição. Observe-se que o art. 219, §5º do CPC de 1973 corresponde ao art. 487, II do CPC de 2015.

Alternativa "a": Apesar da competência para dirimir o conflito decorrente da execução de contrato de pequena empreitada pertencer à Justiça do Trabalho, isso não significa que deva ser aplicado à espécie o Direito material do trabalho, inclusive no que diz respeito ao prazo de prescrição. Desse modo, a assertiva é considerada **correta**, pois de acordo com o art. 205, §5º, II, do Código Civil, que estabelece o prazo prescricional de cinco anos: "Art. 205. § 5º Em cinco anos: II – a pretensão dos profissionais liberais em geral, procuradores judiciais, curadores e professores pelos seus honorários, contado o prazo da conclusão dos serviços, da cessação dos respectivos contratos ou mandato".

Alternativa "b": Apesar de ser atribuída à Justiça do Trabalho a competência para dirimir o conflito decorrente da execução de contrato de pequena empreitada, o Direito material a ser aplicado não é o Direito do Trabalho, mas sim o Direito Civil, inclusive no que diz respeito ao prazo de prescrição, que é de cinco anos, conforme previsão contida no art. 205, §5º, II, do Código Civil. **Incorreta.**

Alternativa "c": A competência para dirimir o conflito decorrente da execução de contrato de pequena empreitada é da Justiça do Trabalho. Entretanto, o Direito material a ser aplicado não é o Direito do Trabalho, mas sim o Direito Civil, inclusive no que diz respeito ao prazo de prescrição, que é de cinco anos, conforme previsão contida no art. 205, §5º, II, do Código Civil. **Incorreta**.

Alternativa "d": Ainda que o art. 219, § 5º do CPC permita ao juiz declarar a prescrição de ofício, o prazo a ser observado nesse caso é aquele previsto no art. 205, §5º, II, do Código Civil, que é de cinco anos. Note-se, entretanto, que há divergência na doutrina e jurisprudência acerca da possibilidade de se declarar a prescrição de ofício no processo do trabalho. **Incorreta**.

Alternativa "e": A alegação de prescrição deve ser rejeitada, mas não pelo fundamento constante dessa assertiva e sim pelo fato de ser aplicável a espécie o prazo previsto pelo art. 205, §5º, II, do Código Civil, que é de cinco anos. **Incorreta.**

Gabarito: A.

---

90. (TRT 22 – Juiz do Trabalho Substituto 22ª Região/2013) Tendo em vista os aspectos gerais do direito processual do trabalho, marque a alternativa CORRETA:

a) ao concordar com a desistência da ação, o reclamante tacitamente desiste da reconvenção;

b) no procedimento sumaríssimo, não sendo liquidado o pedido ou não havendo a indicação do nome e endereço correto do reclamado, a reclamação será arquivada sem custas ao reclamante, inexistindo possibilidade de emenda à inicial;

c) se o reclamante der causa ao arquivamento, por não ter comparecido à audiência, ficará impossibilitado, pelo prazo de seis meses, de propor nova reclamação trabalhista em face do mesmo empregador;

d) não caracteriza deserção a hipótese em que, acrescido o valor da condenação, não houve fixação do valor devido a título de custas e nem foi a parte intimada para o preparo do recurso, devendo o recolhimento das custas ser feito ao final;

e) o recurso adesivo é compatível com o processo do trabalho, sendo necessário, apenas, que a matéria nele veiculada esteja relacionada com a do recurso interposto pela parte contrária.

COMENTÁRIOS

✪ **Nota do autor:** Apesar do caráter autônomo da reconvenção (atualmente inserida na própria contestação), a decisão que não a admite como espécie de defesa tem natureza jurídica de decisão interlocutória e, por esse motivo, só pode ser atacada após a prolação da sentença. Observe-se, em relação a alternativa "d", que a OJ nº 104 da SDI1 do TST foi cancelada em decorrência da sua incorporação à nova redação da Súmula nº 25 em seu item III: "Não caracteriza deserção a hipótese em que, acrescido o valor da condenação, não houve fixação ou cálculo do valor devido a título de custas e tampouco intimação da parte para o preparo do recurso, devendo ser as custas pagas ao final; (ex-OJ nº 104 da SBDI-I)"

Alternativa "a": Diante do seu caráter autônomo, a desistência ou qualquer outro motivo que implique a extinção do processo principal, com ou sem a resolução do mérito de forma antecipada, não afeta a reconvenção, que segue o seu curso normal até o advento de uma sentença terminativa ou definitiva. **Incorreta**.

Alternativa "b": Incorreta, pois nesse caso há condenação do reclamante no pagamento de custas, segundo dispõe o art. 852-B, §1º, da CLT: "Art. 852-B. Nas reclamações enquadradas no procedimento sumaríssimo: I – o pedido deverá ser certo ou determinado e indicará o valor correspondente; II – não se fará citação por edital, incumbindo ao autor a correta indicação do nome e endereço do reclamado; III – a apreciação da reclamação deverá ocorrer no prazo máximo de quinze dias do seu ajuizamento, podendo constar de pauta especial, se necessário, de acordo com o movimento judiciário da Junta de Conciliação e Julgamento. § 1º O não atendimento, pelo reclamante, do disposto nos incisos I e II deste artigo importará no arquivamento da reclamação e condenação ao pagamento de custas sobre o valor da causa".

Alternativa "c": Incorreta, uma vez que é necessário que o reclamante dê causa a dois arquivamentos seguidos, de conformidade com os preceitos contidos nos arts. 731 e 732 da CLT: "Art. 731. Aquele que, tendo apresentado ao distribuidor reclamação verbal, não se apresentar, no prazo estabelecido no parágrafo único do art. 786, à Junta ou Juízo para fazê-lo tomar por termo, incorrerá na pena de perda, pelo prazo de 6 (seis) meses, do direito de reclamar perante a Justiça do Trabalho. Art. 732 da CLT – Na mesma pena do artigo anterior incorrerá o reclamante que, por 2 (duas) vezes seguidas, der causa ao arquivamento de que trata o art. 844. Art. 844 da CLT: O não comparecimento do reclamante à audiência importa o arquivamento da reclamação, e o não comparecimento do reclamado importa revelia, além de confissão quanto à matéria de fato".

Alternativa "d": Essa hipótese ocorre quando há inversão da sucumbência ou majoração do valor da condenação em sede de recurso. Nesse caso, é necessário que o acórdão deixe expresso o valor a ser recolhido a título de custas, além da intimação da parte para efetivar o preparo. Caso contrário, não haverá deserção, conforme entendimento constante da OJ nº 104 da SDI-I do TST: "Não caracteriza deserção a hipótese em que, acrescido o valor da condenação, não houve fixação ou cálculo do valor devido a título de custas e tampouco intimação da parte para o preparo do recurso, devendo, pois, as custas ser pagas ao final". **Correto.**

Alternativa "e": Não é necessário que a matéria veiculada no recurso adesivo esteja relacionada com a do recurso interposto pela parte contrária. **Incorreta** a assertiva, pois contraria a Súmula nº 283 do TST: "O recurso adesivo é compatível com o processo do trabalho e cabe, no prazo de 8 (oito) dias, nas hipóteses de interposição de recurso ordinário, de agravo de petição, de revista e de embargos, sendo desnecessário que a matéria nele veiculada esteja relacionada com a do recurso interposto pela parte contrária".

Gabarito: D.

91. (TRT – JTS 8ª RG/2009) Sobre o processo do trabalho, é INCORRETO afirmar:

a) É lícito às partes celebrar conciliação que ponha termo ao processo, ainda mesmo depois de encerrado o Juízo conciliatório. As partes podem entabular acordo após o trânsito em julgado da ação e após a elaboração dos cálculos de liquidação, transacionando quanto a todas as parcelas reconhecidas na decisão judicial transitada em julgado.

b) Nas hipóteses em que existirem erros materiais de digitação ou de cálculo na sentença, poderão os mesmos, antes da execução, ser corrigidos, *ex officio,* ou a requerimento dos interessados ou do Ministério Público do Trabalho. Desse modo, não há necessidade de oposição de embargos de declaração.

c) No procedimento ordinário, a notificação será feita em registro postal com franquia. No caso de não ser encontrado o destinatário ou no caso de recusa do recebimento, o Correio ficará obrigado a devolver a notificação no prazo de 48 horas. Nas hipóteses em que o reclamado não é encontrado ou cria embaraços ao recebimento da notificação, far-se-á notificação por edital publicado em jornal oficial ou afixado na sede do Juízo.

d) Os juízes e órgãos julgadores, de qualquer instância, podem conceder benefício da justiça gratuita àqueles que declararem, sob as penas da lei, que não estão em condições de pagar as custas do processo sem prejuízo do sustento próprio ou de sua família. Àqueles que perceberem salário igual ou inferior ao dobro do mínimo legal, a concessão do benefício independe de requerimento. Os benefícios da justiça gratuita se estendem aos traslados e instrumentos. A parte pode pleitear a concessão do benefício da justiça gratuita, inclusive, no prazo alusivo ao recurso.

e) O magistrado deve reconhecer a suspeição para atuar na causa quando, em relação aos litigantes, existir inimizade capital, amizade íntima, parentesco por consanguinidade ou afinidade até o terceiro grau civil ou existir interesse particular na causa. A exceção de suspeição será rejeitada, de plano, se do processo constar que o recusante deixou de alegá-la anteriormente, quando já a conhecia, ou que, depois de conhecida, aceitou o juiz recusado ou, finalmente, se procurou de propósito o motivo de que ela se originou.

COMENTÁRIOS

✪ **Nota do autor:** Observe-se, na alternativa "d", que houve modificação no § 3º do art. 790 da CLT por conta da Lei da Reforma Trabalhista, passando a ter a seguinte redação: "É facultado aos juízes, órgãos julgadores e presidentes dos tribunais do trabalho de qualquer instância conceder, a requerimento ou de ofício, o benefício da justiça gratuita, inclusive quanto a traslados e instrumentos, àqueles que perceberem salário igual ou inferior a 40% (quarenta por cento) do limite máximo dos benefícios do Regime Geral de Previdência Social." Além disso, também houve alteração no texto da OJ nº 269 da SDI1. Foi inserido item II em decorrência da vigência do CPC de 2015: **"**I – O benefício da justiça gratuita pode ser requerido em qualquer tempo ou grau de jurisdição, desde que, na fase recursal, seja o requerimento formulado no prazo alusivo ao recurso; II – Indeferido o requerimento de justiça gratuita formulado na fase recursal, cumpre ao relator fixar prazo para que o recorrente efetue o preparo (art. 99, § 7º, do CPC de 2015)".

Alternativa "a": Nessa transação há limitação em relação às contribuições previdenciárias devidas. Por isso essa assertiva é **incorreta**, diante do quanto disposto nos arts. 764, § 3º, e 832, § 6º, da CLT: "É lícito às partes celebrar acordo que ponha termo ao processo, ainda mesmo depois de encerrado o juízo conciliatório. Art. 832 § 6º: O acordo celebrado após o trânsito em julgado da sentença ou após a elaboração dos cálculos de liquidação de sentença não prejudicará os créditos da União". Note-se que a OJ nº 376 da SDI-1 do TST deixa bem clara essa restrição: "É devida a contribuição previdenciária sobre o valor do acordo celebrado e homologado após o trânsito em julgado de decisão judicial, respeitada a proporcionalidade de valores entre as parcelas de natureza salarial e indenizatória deferidas na decisão condenatória e as parcelas objeto do acordo".

Alternativa "b": Correta, pois corresponde ao preceito contido no art. 897-A, parágrafo único, da CLT: "Os erros materiais poderão ser corrigidos de ofício ou a requerimento de qualquer das partes". Atualmente essa disposição consta no § 1º do supracitado artigo, devido a inclusão de dois novos parágrafos pela Lei nº 13.014/14.

Alternativa "c": Correta, diante da coincidência do texto com as disposições inseridas nos arts. 774, parágrafo único, e 841, § 1º, da CLT: "Art. 774, parágrafo único. Tratando-se de notificação postal, no caso de não ser encontrado o destinatário ou no de recusa de recebimento, o Correio ficará obrigado, sob pena de responsabilidade do servidor, a devolvê-lo, no prazo de 48 (quarenta e oito) horas, ao Tribunal de origem. Art. 841, § 1º A notificação será feita em registro postal com franquia. Se o reclamado criar embaraços ao seu recebimento ou não for encontrado, far-se-á a notificação por edital, inserto no jornal oficial ou no que publicar o expediente forense, ou, na falta, afixado na sede da Junta ou Juízo.".

Alternativa "d": Correta, pois se encontra de acordo com o art. 790, § 3º, da CLT e com o texto da OJ nº 269 da SDI-1 do TST: "Art. 790, § 3º. É facultado aos juízes, órgãos julgadores e presidentes dos tribunais do trabalho de qualquer instância conceder, a requerimento ou de ofício, o benefício da justiça gratuita, inclusive quanto a traslados e instrumentos, àqueles que perceberem salário igual ou inferior ao dobro do mínimo legal, ou declararem, sob as penas da lei, que não estão em condições de pagar as custas do processo sem prejuízo do sustento próprio ou de sua família. OJ nº 269: "O benefício da justiça gratuita pode ser requerido em qualquer tempo ou grau de jurisdição, desde que, na fase recursal, seja o requerimento formulado no prazo alusivo ao recurso" (ver nota do autor)

Alternativa "e": Correta, conforme art. 801 da CLT: "O juiz, presidente ou vogal, é obrigado a dar-se por suspeito, e pode ser recusado, por algum dos seguintes motivos, em relação à pessoa dos litigantes: a) inimizade pessoal; b) amizade íntima; c) parentesco por consanguinidade ou afinidade até o terceiro grau civil; d) interesse particular na causa. Parágrafo único – Se o recusante houver praticado algum ato pelo qual haja consentido na pessoa do juiz, não mais poderá alegar exceção de suspeição, salvo sobrevindo novo motivo. A suspeição não será também admitida, se do processo constar que o recusante deixou de alegá-la anteriormente, quando já a conhecia, ou que, depois de conhecida, aceitou o juiz recusado ou, finalmente, se procurou de propósito o motivo de que ela se originou".

Gabarito: A.

---

92. (TRT – JTS 8ª RG/2008) Marque a alternativa CORRETA:

a) De regra, não se aplica ao Direito Processual do Trabalho, regramento da lei processual civil comum sobre competência em razão do lugar em face da previsão celetista sobre a matéria, salvo no que diz respeito ao foro de eleição pois, neste particular, a CLT é omissa.

b) No processo do trabalho, a relação jurídica é constituída por duas partes, empregado e empregador, denominadas nos dissídios individuais de reclamante o que postula a prestação jurisdicional e de reclamado ao que se pede tal providência.

c) Identifica-se no processo do trabalho de conhecimento, dois tipos de procedimento: o comum que se subdivide em ordinário, sumário e sumaríssimo e o especial. Este último aplicado nas ações de inquérito judicial para apuração de falta grave, nos dissídios coletivos e nas ações plúrimas.

d) No processo do trabalho, regra geral, quando notificadas via postal ou por executante de mandados, inicia-se o prazo, para a parte cientificada, no exato momento em que toma ciência do ato processual a ser praticado, ainda que, legalmente, inicie-se sua contagem a partir do dia útil seguinte ao da ciência do ato.

e) A CLT regula expressamente a matéria que envolve interrupção e suspensão dos prazos processuais. Neste sentido, não é aplicável de forma subsidiária, a norma do Processo Civil que tem previsão no sentido de que, como regra geral, o prazo legal, bem como o fixado pelo juiz, é contínuo, não se interrompendo nos feriados.

COMENTÁRIOS

Alternativa "a": Incorreta. Note-se que a primeira parte da assertiva é verdadeira, pois a CLT não é omissa no que diz respeito à competência em razão do lugar. Contudo, não há como admitir a regra da eleição de foro, uma vez que contraria os princípios do direito material e processual do trabalho. Inclusive, após a edição do CPC de 2015, o TST manifestou-se expressamente a impossibilidade de aplicação da validade de cláusula de eleição de foro no processo do trabalho, por meio da Instrução Normativa nº 39/16, mais precisamente no art. 2º, I,: "Art. 2º Sem prejuízo de outros, não se aplicam ao Processo do Trabalho, em razão de inexistência de omissão ou por incompatibilidade, os seguintes preceitos do Código de Processo Civil: I – art. 63 (modificação da competência territorial e eleição de foro)".

Alternativa "b": A relação processual é composta por três partes: autor (reclamante), réu (reclamado) e juiz. Portanto, essa alternativa é **incorreta**.

Alternativa "c": O equívoco dessa questão reside no fato de classificar as ações plúrimas como integrante da classe do procedimento especial. Na verdade, a demanda plúrima representa um litisconsórcio, que pode ocorrer em qualquer espécie de procedimento. Alternativa **incorreta**.

Alternativa "d": Correta, de acordo com o art. 774 da CLT que ressalta o momento a partir do qual se inicia o prazo para parte: "Salvo disposição em contrário, os prazos previstos neste Título contam-se, conforme o caso, a partir da data em que for feita pessoalmente, ou recebida a notificação, daquela em que for publicado o edital no jornal oficial ou no que publicar o expediente da Justiça do Trabalho, ou, ainda, daquela em que for afixado o edital na sede da Junta, Juízo ou Tribunal. Parágrafo único – Tratando-se de notificação postal, no caso de não ser encontrado o destinatário ou no de recusa de recebimento, o Correio ficará obrigado, sob pena de responsabilidade do servidor, a devolvê-la, no prazo de 48 (quarenta e oito) horas, ao Tribunal de origem".

Alternativa "e": A CLT não possuía dispositivos tratando da suspensão e da interrupção dos prazos processuais. Por conta disso, essa alternativa, à época da aplicação do certame, foi considerada **incorreta**. Entretanto, a Lei nº 13.545/17 introduziu o art. 775-A à CLT, tratando da suspensão dos prazos processuais com a seguinte redação: "Art. 775-A. Suspende-se o curso do prazo processual nos dias compreendidos entre 20 de dezembro e 20 de janeiro, inclusive. § 1º Ressalvadas as férias individuais e os feriados instituídos por lei, os juízes, os membros do Ministério Público, da Defensoria Pública e da Advocacia Pública e os auxiliares da Justiça exercerão suas atribuições durante o período previsto no caput deste artigo. § 2º Durante a suspensão do prazo, não se realizarão audiências nem sessões de julgamento".

Gabarito: D.

---

93. (USU – JTS 1ª RG/2008) Assinale a alternativa CORRETA:

a) os termos de conciliação firmados perante as Comissões de Conciliação Prévia servirão como base para propositura de ação monitória.

b) tratando-se de empregado que não tenha obtido o benefício da justiça gratuita, ou isenção de custas, o sindicato que houver intervindo no processo responderá solidariamente pelo pagamento das custas devidas.

c) as custas deverão ser recolhidas sempre ao final da execução, salvo no caso de recurso, quando serão pagas e comprovado o recolhimento no prazo de cinco dias.

d) das decisões que acolherem exceções de suspeição e de incompetência caberá recurso ordinário ou agravo de petição, dependendo da fase do processo, cuja interposição se dará no prazo de oito dias.

e) os conflitos de jurisdição suscitados entre as autoridades da Justiça do Trabalho e as da Justiça Ordinária serão resolvidos pelo Supremo Tribunal Federal.

COMENTÁRIOS

✪ **Nota do autor: Observe-se, em relação a alternativa "c", que o houve modificação no caput do art. 789 da CLT, pela Lei 13.467, para estabelecer um limite máximo no valor das custas processuais:** "Art. 789. Nos dissídios individuais e nos dissídios coletivos do trabalho, nas ações e procedimentos de competência da Justiça do Trabalho, bem como nas demandas propostas perante a Justiça Estadual, no exercício da jurisdição trabalhista, as custas relativas ao processo de conhecimento incidirão à base de 2% (dois por cento), observado o mínimo de R$ 10,64 (dez reais e sessenta e quatro centavos) e o máximo de quatro vezes o limite máximo dos benefícios do Regime Geral de Previdência Social, e serão calculadas: (...)"

Alternativa "a": Na verdade, esse Termo tem força de título executivo extrajudicial que aparelha uma ação de execução e não monitória. Opção **incorreta,** diante da contradição existente com o texto dos arts. 876 e 877-A da CLT: "Art. 876. As decisões passadas em julgado ou das quais não tenha havido recurso com efeito suspensivo; os acordos, quando não cumpridos; os termos de ajuste de conduta firmados perante o Ministério Público do Trabalho e os termos de conciliação firmados perante as Comissões de Conciliação Prévia serão executada pela forma estabelecida neste Capítulo. Art. 877-A. É competente para a execução de título executivo extrajudicial o juiz que teria competência para o processo de conhecimento relativo à matéria".

Alternativa "b": Essa responsabilização do sindicato está prevista na parte final do art. 790 da CLT: "Nas Varas do Trabalho, nos Juízos de Direito, nos Tribunais e no Tribunal Superior do Trabalho, a forma de pagamento das custas e emolumentos obedecerá às instruções que serão expedidas pelo Tribunal Superior do Trabalho. § 1º Tratando-se de empregado que não tenha obtido o benefício da justiça gratuita, ou isenção de custas, o sindicato que houver intervindo no processo responderá solidariamente pelo pagamento das custas devidas". **Alternativa correta.**

Alternativa "c": O prazo para recolhimento e comprovação das custas é o mesmo do recurso, ou seja, oito dias. Opção **incorreta,** conforme art. 789, § 1º, da CLT: "Nos dissídios individuais e nos dissídios coletivos do trabalho, nas ações e procedimentos de competência da Justiça do Trabalho, bem como nas demandas propostas perante a Justiça Estadual, no exercício da jurisdição trabalhista, as custas relativas ao processo de conhecimento incidirão à base de 2% (dois por cento), observado o mínimo de R$ 10,64 (dez reais e sessenta e quatro centavos) e serão calculadas: (...) § 1º As custas serão pagas pelo vencido, após o trânsito em julgado da decisão. No caso de recurso, as custas serão pagas e comprovado o recolhimento dentro do prazo recursal" (ver nota do autor).

Alternativa "d": Trata-se de decisões interlocutórias, sendo incabível o recurso imediato. Alternativa **incorreta,** conforme preceito contido no art. 799 da CLT: "Nas causas da jurisdição da Justiça do Trabalho, somente podem ser opostas, com suspensão do feito, as exceções de suspeição ou incompetência. § 2º – Das decisões sobre exceções de suspeição e incompetência, salvo, quanto a estas, se terminativas do feito, não caberá recurso, podendo, no entanto, as partes alegá-las novamente no recurso que couber da decisão final".

Alternativa "e": Nesse caso, a competência para dirimir o conflito de competência é do STJ. Opção **incorreta,** segundo o art. 105, "d", da CF/88: "Compete ao Superior Tribunal de Justiça: d) os conflitos de competência entre quaisquer tribunais, ressalvado o disposto no art. 102, I, 'o', bem como entre tribunal e juízes a ele não vinculados e entre juízes vinculados a tribunais diversos".

Gabarito: B.

---

94. (USU – JTS 1ª RG/2008) Assinale a propositura CORRETA:

a) Com a edição da Lei nº 6.830/80, que passou a reger a cobrança da dívida da Fazenda Pública, o artigo 889 da CLT retomou sua eficácia. Assim as normas previstas na Lei nº 6.830/80 serão de aplicação subsidiária na execução trabalhista, salvo quanto aos créditos das contribuições previdenciárias e o imposto de renda.

b) A execução da decisão proferida em ação rescisória far-se-á mediante extração de carta de sentença e será instruída com o acórdão da rescisória, da respectiva certidão do trânsito em julgado e dos demais elementos necessários à limitação do decidido.

c) O INSS será intimado, por mandado ou carta precatória, das decisões homologatórias de acordo que contenham parcela indenizatória, sendo-lhe facultado interpor recurso relativo às contribuições que lhe forem devidas.

d) Tratando-se de prestações sucessivas por tempo indeterminado, a execução compreenderá inicialmente as prestações devidas até a data em que proferida a sentença.

e) Os recolhimentos das importâncias devidas, referentes às contribuições sociais, serão efetuados nas agências locais da Caixa Econômica Federal ou do Banco do Brasil S. A., por intermédio de documento de arrecadação da Previdência Social, dele se fazendo constar o número do processo.

COMENTÁRIOS

✪ **Nota do autor:** Segundo a Súmula n° 368, I, do TST, a competência da Justiça do Trabalho, quanto à execução das contribuições previdenciárias, limita-se às sentenças condenatórias em pecúnia que proferir e aos valores, objeto de acordo homologado, que integrem o salário de contribuição.

Alternativa "a": Incorreta, uma vez que a execução das contribuições previdenciárias e fiscais segue o rito da CLT e da 6.830/80.

Alternativa "b": Incorreta, posto que a execução da ação rescisória é feita nos próprios autos da demanda que lhe deu origem. Nesse caso, a assertiva contraria o parágrafo único do art. 836 da CLT: "A execução da decisão proferida em ação rescisória far-se-á nos próprios autos da ação que lhe deu origem, e será instruída com o acórdão da rescisória e a respectiva certidão de trânsito em julgado".

Alternativa "c": Incorreta, tendo em vista que a intimação deve ser feita pessoalmente, mediante a entrega dos autos com vista. A regra encontra-se estabelecida pelo art. 832, § 4º, da CLT: "A União será intimada das decisões homologatórias de acordos que contenham parcela indenizatória, na forma do art. 20 da Lei nº 11.033, de 21 de dezembro de 2004, facultada a interposição de recurso relativo aos tributos que lhe forem devidos". Art. 20 da Lei nº 11.033/2004: "As intimações e notificações de que tratam os arts. 36 a 38 da Lei Complementar nº 73, de 10 de fevereiro de 1993, inclusive aquelas pertinentes a processos administrativos, quando dirigidas a Procuradores da Fazenda Nacional, dar-se-ão pessoalmente mediante a entrega dos autos com vista".

Alternativa "d": No caso, a execução compreenderia as prestações devidas até a data do ingresso na execução. **Opção incorreta**, pois contraria o preceito contido o art. 892 da CLT: "Tratando-se de prestações sucessivas por tempo indeterminado, a execução compreenderá inicialmente as prestações devidas até a data do ingresso na execução".

Alternativa "e": Correta, pois reproduz o texto inserido no art. 889-A da CLT: "Os recolhimentos das importâncias devidas, referentes às contribuições sociais, serão efetuados nas agências locais da Caixa Econômica Federal ou do Banco do Brasil S.A., por intermédio de documento de arrecadação da Previdência Social, dele se fazendo constar o número do processo".

Gabarito: E.

---

95. (TRT - JTS 3ª RG/2009) Assinale a assertiva ("a" a "e") CORRETA em relação aos enunciados de I a V, observadas a legislação pertinente e a consolidação jurisprudencial do c. TST:

I. O prazo de prescrição com relação à ação de cumprimento de decisão normativa flui apenas a partir da data de seu trânsito em julgado.

II. Os termos de ajuste de conduta firmados perante o Ministério Público do Trabalho e os termos de conciliação firmados perante as Comissões de Conciliação Prévia serão executados perante a Justiça do Trabalho.

III. No procedimento sumaríssimo, as testemunhas, até o máximo de duas para cada parte, comparecerão à audiência de instrução e julgamento independentemente de intimação, sendo certo que só será deferida a intimação de testemunha que comprovadamente convidada, deixar de comparecer.

IV. Não será cabível ação civil pública para veicular pretensões que envolvam tributos, contribuições previdenciárias, o Fundo de Garantia do Tempo de Serviço - FGTS ou outros fundos de natureza institucional cujos beneficiários podem ser individualmente determinados.

V. Em dissídio individual, está sujeita ao duplo grau de jurisdição, mesmo na vigência da Constituição da República de 1988, decisão contrária à Fazenda Pública, salvo: a) quando a condenação não ultrapassar o valor correspondente a sessenta salários mínimos; b) quando a decisão estiver em consonância com decisão plenária do Supremo Tribunal Federal ou com súmula ou orientação jurisprudencial do Tribunal Superior do Trabalho.

a) somente um enunciado é verdadeiro

b) somente dois enunciados são verdadeiros

c) somente três enunciados são verdadeiros

d) somente quatro enunciados são verdadeiros

e) todos os enunciados são verdadeiros

COMENTÁRIOS

✪ **Nota do autor:** Para o ajuizamento de uma ação de cumprimento, individual ou coletiva, não é necessário aguardar o trânsito em julgado da decisão normativa.

Item "I": Correto, uma vez que corresponde ao posicionamento do TST adotado pela **Súmula nº 350:** "O prazo de prescrição com relação à ação de cumprimento de decisão normativa flui apenas a partir da data de seu trânsito em julgado".

Item "II": Os termos de ajuste de conduta firmados perante o Ministério Público do Trabalho e os termos de conciliação firmados perante as Comissões de Conciliação Prévia são títulos executivos extrajudiciais. Item **correto,** pois em conformidade com o **art. 876 da CLT:** "As decisões passadas em julgado ou das quais não tenha havido recurso com efeito suspensivo; os acordos, quando não cumpridos; os termos de ajuste de conduta firmados perante o Ministério Público do Trabalho e os termos de conciliação firmados perante as Comissões de Conciliação Prévia serão executados pela forma estabelecida neste Capítulo".

Item "III": Correto, pois o número máximo de testemunhas no rito sumaríssimo é de duas, conforme preceito contido no art. 852-H, § 2º da CLT: "As testemunhas, até o máximo de duas para cada parte, comparecerão à audiência de instrução e julgamento independentemente de intimação". Já a intimação da testemunha é regulada pelo § 3º desse mesmo dispositivo legal: "Só será deferida intimação de testemunha que, comprovadamente convidada, deixar de comparecer. Não comparecendo a testemunha intimada, o juiz poderá determinar sua imediata condução coercitiva".

Item "IV": Essa vedação expressa consta do art. 1º, parágrafo único, da Lei nº 7.347/85: "Não será cabível ação civil pública para veicular pretensões que envolvam tributos, contribuições previdenciárias, o Fundo de Garantia do Tempo de Serviço – FGTS ou outros fundos de natureza institucional cujos beneficiários podem ser individualmente determinados". Item **correto**.

Item "V": Correto. O precatório é a regra para a execução contra a Fazenda Pública. As exceções estão expressamente consignadas na lei, interpretada e sistematizada pelo TST por meio da Súmula nº 303: **"**Duplo Grau de Jurisdição – Decisão Trabalhista – Fazenda Pública I – Em dissídio individual, está sujeita ao duplo grau de jurisdição, mesmo na vigência da CF/1988, decisão contrária à Fazenda Pública, salvo: a) quando a condenação não ultrapassar o valor correspondente a 60 (sessenta) salários mínimos; b) quando a decisão estiver em consonância com decisão plenária do Supremo Tribunal Federal ou com súmula ou orientação jurisprudencial do Tribunal Superior do Trabalho". Atualmente o inciso I dessa Súmula tem a seguinte redação: "FAZENDA PÚBLICA. REEXAME NECESSÁRIO (nova redação em decorrência do CPC de 2015) – Res. 211/2016, DEJT divulgado em 24, 25 e 26.08.2016. I – Em dissídio individual, está sujeita ao reexame necessário, mesmo na vigência da Constituição Federal de 1988, decisão contrária à Fazenda Pública, salvo quando a condenação não ultrapassar o valor correspondente a: a) 1.000 (mil) salários mínimos para a União e as respectivas autarquias e fundações de direito público; b) 500 (quinhentos) salários mínimos para os Estados, o Distrito Federal, as respectivas autarquias e fundações de direito público e os Municípios que constituam capitais dos Estados; c) 100 (cem) salários mínimos para todos os demais Municípios e respectivas autarquias e fundações de direito público".

Gabarito: E.

---

96. (TRT – JTS 3ª RG/2009) Assinale a assertiva ("a" a "e") CORRETA em relação aos enunciados de I a V, observada a consolidação jurisprudencial do c. TST:

I. Posto exigir prova pré-constituída, verificando o relator da ação rescisória que a parte interessada não juntou à inicial o documento probatório, extinguirá de plano o processo, indeferindo a inicial.

II. Salvo se houver dúvida razoável, a interposição de recurso intempestivo ou a interposição de recurso incabível não protrai o termo inicial do prazo decadencial para propositura de ação rescisória.

III. A decisão que conclui estar preclusa a oportunidade de impugnação da sentença de liquidação, por ensejar tão somente a formação da coisa julgada formal, não é suscetível de rescindibilidade.

IV. Para fixação da competência territorial em sede de ação civil pública, cumpre tomar em conta a extensão do dano causado ou a ser reparado, pautando-se pela incidência analógica do art. 93 do Código de Defesa do Consumidor. Assim, se a extensão do dano a ser reparado limitar-se o âmbito regional, a competência é de uma das Varas do Trabalho da Capital do Estado; se for de âmbito suprarregional ou nacional, o foro é o do Distrito Federal.

V. A procuração outorgada com poderes específicos para ajuizamento de ação trabalhista não autoriza a propositura de ação rescisória, bem como não se admite sua regularização quando verificado o defeito de representação processual na fase recursal.

a) somente um enunciado é verdadeiro

b) somente dois enunciados são verdadeiros

c) somente três enunciados são verdadeiros

d) somente quatro enunciados são verdadeiros

e) todos os enunciados são verdadeiros

COMENTÁRIOS

✪ **Nota do autor:** Essa questão foi elaborada antes da mudança na redação da OJ nº 130 da SDI-2 do TST, circunstância que influência na exatidão da assertiva contida no item IV: "I – A competência para a Ação Civil Pública fixa-se pela extensão do dano. II – Em caso de dano de abrangência regional, que atinja cidades sujeitas à jurisdição de mais de uma Vara do Trabalho, a competência será de qualquer das varas das localidades atingidas, ainda que vinculadas a Tribunais Regionais do Trabalho distintos. III – Em caso de dano de abrangência suprarregional ou nacional, há competência concorrente para a Ação Civil Pública das varas do trabalho das sedes dos Tribunais Regionais do Trabalho. IV – Estará prevento o juízo a que a primeira ação houver sido distribuída".

Item "I": Em tais situações, o juiz deve conceder prazo para que a parte junte o documento ao processo, sob pena de indeferimento da inicial. Item **incorreto**, pois contraria o item II da Súmula nº 299 do TST: "II – Verificando o relator que a parte interessada não juntou à inicial o documento comprobatório, abrirá prazo de 10 (dez) dias para que o faça, sob pena de indeferimento". Atualmente o inciso II dessa Súmula tem a seguinte redação: "AÇÃO RESCISÓRIA. DECISÃO RESCINDENDA. TRÂNSITO EM JULGADO. COMPROVAÇÃO. EFEITOS (nova redação do item II em decorrência do CPC de 2015) – Res. 211/2016, DEJT divulgado em 24, 25 e 26.08.2016. II – Verificando o relator que a parte interessada não juntou à inicial o documento comprobatório, abrirá prazo de 15 (quinze) dias para que o faça (art. 321 do CPC de 2015), sob pena de indeferimento. (ex-Súmula nº 299 – Res 8/1989, DJ 14, 18 e 19.04.1989)".

Item "II": Correto, pois reproduz a literalidade do texto do item III, da Súmula nº 100 do TST: "Salvo se houver dúvida razoável, a interposição de recurso intempestivo ou a interposição de recurso incabível não protrai o termo inicial do prazo decadencial".

Item "III": Esse é o posicionamento do TST consolidado por intermédio da OJ nº 134 da SDI-2: "A decisão que conclui estar preclusa a oportunidade de impugnação da sentença de liquidação, por ensejar tão somente a formação da coisa julgada formal, não é suscetível de rescindibilidade". A redação atual dessa OJ, conferida pela Resolução nº 220 do TST, é a seguinte: "AÇÃO RESCISÓRIA. DECISÃO QUE DECLARA PRECLUSA A OPORTUNIDADE DE IMPUGNAÇÃO DA SENTENÇA DE LIQUIDAÇÃO. PRODUÇÃO DE COISA JULGADA FORMAL. IRRESCINDIBILIDADE. (alterada em decorrência do CPC de 2015) – Res. 220/2017, DEJT divulgado em 21, 22 e 25.09.2017 A decisão proferida em embargos à execução ou em agravo de petição que apenas declara preclusa a oportunidade de impugnação da sentença de liquidação não é rescindível, em virtude de produzir tão-somente coisa julgada formal". **Item correto.**

Item "IV": Correto, conforme redação anterior da OJ nº 130 da SDI-2: "Para a fixação da competência territorial em sede de ação civil pública, cumpre tomar em conta a extensão do dano causado ou a ser reparado, pautando-se pela incidência analógica do art. 93 do Código de Defesa do Consumidor. Assim, se a extensão do dano a ser reparado limitar-se ao âmbito regional, a competência é de uma das Varas do Trabalho da Capital do Estado; se for de âmbito suprarregional ou nacional, o foro é o do Distrito Federal".

Item "V": Correto, pois adota o posicionamento do TST constante da OJ nº 150 da SDI-2: "A procuração outorgada com poderes específicos para ajuizamento de reclamação trabalhista não autoriza a propositura de ação rescisória e mandado de segurança, bem como não se admite sua regularização quando verificado o defeito de representação processual na fase recursal, nos termos da Súmula nº 383, item II, do TST". Atualmente essa OJ tem a seguinte redação: "AÇÃO RESCISÓRIA. REGÊNCIA PELO CPC DE 1973. DECISÃO RESCINDENDA QUE EXTINGUE O PROCESSO SEM RESOLUÇÃO DE MÉRITO POR ACOLHIMENTO DE COISA JULGADA. CONTEÚDO MERAMENTE PROCESSUAL. IMPOSSIBILIDADE JURÍDICA DO PEDIDO (atualizada em decorrência do CPC de 2015) Res. 212/2016, DEJT divulgado em 20, 21 e 22.09.2016. Reputa-se juridicamente impossível o pedido de corte rescisório de decisão que, reconhecendo a existência de coisa julgada, nos termos do art. 267, V, do CPC de 1973, extingue o processo sem resolução de mérito, o que, ante o seu conteúdo meramente processual, a torna insuscetível de produzir a coisa julgada material".

Gabarito: D.

---

97. (TRT – JTS 6ª RG/2010) Levando-se em conta a jurisprudência sumulada do Tribunal Superior do Trabalho, assinale a alternativa CORRETA em relação ao fato superveniente, previsto no artigo 462 do Código de Processo Civil:

a) Como não há omissão sobre a matéria na legislação trabalhista, o artigo 462 do Código de Processo Civil não se aplica ao processo do trabalho.

b) Apenas os fatos extintivos supervenientes poderão ser suscitados depois da propositura da ação.

c) O fato superveniente só poderá ser suscitado mediante provocação da parte interessada.

d) Tendo em vista que no processo do trabalho a audiência é una e o Juiz deve prolatar a sentença logo depois da apresentação das razões finais, não há tempo hábil para apreciação de fato superveniente.

e) As diretrizes do artigo 462 do Código de Processo Civil poderão ser aplicadas de ofício aos processos em curso em qualquer instância trabalhista.

COMENTÁRIOS

✪ **Nota do autor:** Nesta questão, todas as alternativas foram formuladas com base na Súmula nº 394 do TST, que admite a utilização da regra contida no art. 462 do CPC no processo laboral, em face da omissão da CLT e diante da inexistência de ofensa aos princípios ou peculiaridades do processo laboral: "Art. 462. Se, depois da propositura da ação, algum fato constitutivo, modificativo ou extintivo do direito influir no julgamento da lide, caberá ao juiz tomá-lo em consideração, de ofício ou a requerimento da parte, no momento de proferir a sentença". Observe-se, na alternativa "a", que o art. 462 do CPC de 1973 corresponde ao art. 493 do CPC de 2015 e que a supracitada Súmula foi alterada para se adequar ao CPC de 2015, passando a contar com a seguinte redação: "FATO SUPERVENIENTE. ART. 493 DO CPC DE 2015. ART. 462 DO CPC de 1973. O art. 493 do CPC de 2015 (art. 462 do CPC de 1973), que admite a invocação de fato constitutivo, modificativo ou extintivo do direito, superveniente à propositura da ação, é aplicável de ofício aos processos em curso em qualquer instância trabalhista. Cumpre ao juiz ou tribunal ouvir as partes sobre o fato novo antes de decidir."

Alternativa "a": A CLT é omissa em relação a essa questão e a aplicação do art. 462 do CPC de 1973 não vai de encontro aos princípios do processo laboral. Opção **incorreta**, conforme Súmula nº 394 do TST: "O art. 462 do CPC, que admite a invocação de fato constitutivo, modificativo ou extintivo do direito, superveniente à propositura da ação, é aplicável de ofício aos processos em curso em qualquer instância trabalhista".

Alternativa "b": Não só o fato extintivo, mas o constitutivo e o modificativo também. Opção **incorreta**, pois contrária o entendimento constante da Súmula nº 394 do TST transcrita no item anterior.

Alternativa "c": Incorreta, uma vez que ele pode ser suscitado de ofício pelo juiz, conforme entendimento do TST inserido na já citada Súmula nº 394 do TST.

Alternativa "d": Incorreta, pois a obrigatoriedade de realização de audiência una diz respeito apenas aos processos submetidos ao rito sumaríssimo. Ainda assim, essa regra admite exceções, como acontece com as demandas que necessitam de prova pericial.

Alternativa "e": Correta, segundo a literalidade da Súmula nº 394 do TST.

Gabarito: E.

---

98. (TRT – JTS 8ª RG/2009) Em consonância com a legislação, é INCORRETO afirmar:

a) Quando o valor fixado para a causa pelo Juiz não for superior a dois salários mínimos, será dispensável o resumo dos depoimentos, devendo constar da ata a conclusão quanto à matéria de fato. Nesses casos, nenhum recurso caberá das sentenças proferidas, salvo se versarem sobre matéria constitucional.

b) No processo do trabalho, em qualquer hipótese, a remição somente será deferida quando o executado oferecer preço igual ao valor total da condenação, incluídos os créditos da União.

c) A decisão sobre novas condições de trabalho poderá ser estendida a todos os integrantes da categoria profissional, compreendida na jurisdição do Tribunal, a pedido de um ou mais empregadores ou de qualquer sindicato destes e por solicitação de um ou mais sindicatos de empregados. Em qualquer caso, é necessário que três quintos dos empregados e três quintos dos empregadores concordem com a extensão da decisão.

d) Nos dissídios coletivos de natureza econômica de competência originária ou recursal da seção normativa do Tribunal Superior do Trabalho, a sentença poderá ser objeto de ação de cumprimento com a publicação da certidão de julgamento.

e) Havendo falência da empresa, a competência da Justiça do Trabalho se estende até o momento em que é definido o crédito devido ao trabalhador, o qual deverá ser inscrito no quadro geral de credores.

COMENTÁRIOS

✪ **Nota do autor:** Não confundir remição da execução com a remição de bens, que era a faculdade exercida pelos parentes do devedor com previsão legal inserta no revogado art. 787 do CPC de 1973, mas que não implicava o fim da relação processual da execução forçada: "É lícito ao cônjuge, ao descendente, ou ao ascendente do devedor remir todos ou quaisquer bens penhorados, ou arrecadados no processo de insolvência, depositando o preço por que foram alienados ou adjudicados".

Alternativa "a": Correta, pois as características citadas dessa espécie de rito estão previstas no art. 2º, § 3º, da Lei nº 5.584/70: "Quando o valor fixado para a causa, na forma deste artigo, não exceder de 2 (duas) vezes o salário mínimo vigente na sede do Juízo, será dispensável o resumo dos depoimentos, devendo constar da Ata a conclusão da Junta quanto à matéria de fato".

Alternativa "b": Correta, de acordo com o art. 13 da Lei nº 5.584/70: "Em qualquer hipótese, a remição só será deferível ao executado se este oferecer preço igual ao valor da condenação".

Alternativa "c": Trata-se da possibilidade da extensão subjetiva das decisões normativas, que exige 3/4 da concordância dos empregados e dos empregadores e não 3/5. Alternativa **incorreta**, pois contraria o disposto no art. 870 da CLT: "Para que a decisão possa ser estendida, na forma do artigo anterior, torna-se preciso que 3/4 (três quartos) dos empregadores e 3/4 (três quartos) dos empregados, ou os respectivos sindicatos, concordem com a extensão da decisão".

Alternativa "d": Correta, pois reproduz o texto do art. 10 da Lei nº 7.701/88: "Nos dissídios coletivos de natureza econômica ou jurídica de competência originária ou recursal da seção normativa do Tribunal Superior do Trabalho, a sentença poderá ser objeto de ação de cumprimento com a publicação da certidão de julgamento".

Alternativa "e": Correta, segundo a determinação contida no art. 6º, § 2º, da Lei nº 11.101/05: "É permitido pleitear, perante o administrador judicial, habilitação, exclusão ou modificação de créditos derivados da relação de trabalho, mas as ações de natureza trabalhista, inclusive as impugnações a que se refere o art. 8º desta Lei, serão processadas perante a justiça especializada até a apuração do respectivo crédito, que será inscrito no quadro-geral de credores pelo valor determinado em sentença".

Gabarito: C.

---

99. (TRT – JTS 8ª RG/2009) Assinale a alternativa CORRETA:

a) No processo do trabalho, os pedidos de compensação ou retenção poderão ser apresentados na contestação, tendo prioridade em todas as fases processuais as causas cuja decisão tiver de ser executada perante o Juízo da falência, sendo o direito processual comum fonte subsidiária principal do direito processual do trabalho nas fases de conhecimento, liquidação e execução do processo.

b) No processo do trabalho, havendo acordo, lavrar-se-á o respectivo termo, consignando-se o prazo e demais condições para seu cumprimento, podendo ser estabelecido dentre essas condições a de ficar a parte que não cumprir o acordo obrigada a satisfazer integralmente o pedido ou pagar uma indenização convencionada, sem prejuízo do cumprimento do acordado.

c) No procedimento sumaríssimo, a apreciação da reclamação deverá ocorrer no prazo máximo de quinze dias do seu ajuizamento, devendo o pedido se apresentar certo ou determinado e líquido, não sendo admissível a citação por edital, incumbindo ao autor a correta indicação do nome e endereço do reclamado, sendo decididos na sentença todos os incidentes e exceções levantados.

d) No processo do trabalho, as nulidades só serão declaradas mediante provocação das partes, as quais deverão argui-las à primeira vez em que tiverem de falar em audiência ou nos autos, não havendo nulidade quando não resultar dos atos inquinados manifesto prejuízo às partes litigantes, não sendo pronunciada a nulidade quando for possível repetir-se o ato ou suprir-se a sua falta.

e) No processo do trabalho, os atos e termos processuais que devam ser assinados pelas partes interessadas, quando estas, por motivo justificado, não possam fazê-lo, serão firmados a rogo, na presença de uma testemunha, sempre que não houver procurador legalmente constituído, sendo que os termos relativos ao movimento dos processos constarão de simples notas, datadas e rubricadas pelos secretários.

COMENTÁRIOS

Alternativa "a": Todas as assertivas estão corretas, salvo a última que diz ser o processo civil fonte subsidiária principal do processo de execução trabalhista. Nesse caso, aplica-se primeiramente a Lei de Execução Fiscal e não o CPC. Opção **incorreta** nesse particular, pois contraria o disposto no artigo 889 da CLT: "Aos trâmites e incidentes do processo da execução são aplicáveis, naquilo em que não contravierem ao presente Título, os preceitos que regem o processo dos executivos fiscais para a cobrança judicial da dívida ativa da Fazenda Pública Federal".

Alternativa "b": Correta, diante da semelhança do seu texto com os preceitos contidos no art. 846, §§ 1º e 2º, da CLT: "§ 1º. Se houver acordo lavrar-se-á termo, assinado pelo presidente e pelos litigantes, consignando-se o prazo e demais condições para seu cumprimento. § 2º. Entre as condições a que se refere o parágrafo anterior, poderá ser estabelecida a de ficar a parte que não cumprir o acordo obrigada a satisfazer integralmente o pedido ou pagar uma indenização convencionada, sem prejuízo do cumprimento do acordo".

Alternativa "c": No processo submetido ao rito sumaríssimo os incidentes que possam interferir no prosseguimento do feito são decididos de plano e não no momento da sentença. Alternativa **incorreta,** pois sua parte final contraria a determinação contida no art. 852-G da CLT: "Serão decididos, de plano, todos os incidentes e exceções que possam interferir no prosseguimento da audiência e do processo. As demais questões serão decididas na sentença".

Alternativa "d": Algumas nulidades absolutas podem ser suscitadas de ofício pelo juiz. Em razão dessa circunstância, considera-se a opção **incorreta,** por contrariar o preceito contido no art. 795, § 1º, da CLT: "As nulidades não serão declaradas senão mediante provocação das partes, as quais deverão argui-las à primeira vez em que tiverem de falar em audiência ou nos autos. § 1º. Deverá, entretanto, ser declarada *ex officio* a nulidade fundada em incompetência de foro. Nesse caso, serão considerados nulos os atos decisórios".

Alternativa "e": Incorreta, pois o art. 772 da CLT exige a presença de duas testemunhas e não apenas uma: "Os atos e termos processuais, que devam ser assinados pelas partes interessadas, quando estas, por motivo justificado, não possam fazê-lo, serão firmados a rogo, na presença de 2 (duas) testemunhas, sempre que não houver procurador legalmente constituído".

Gabarito: B.

---

100. (TRT – JTS 9ª RG/2009) Analise as proposições seguintes:

I. O juiz do trabalho também goza de inamovibilidade. Assim, o ato de sua remoção somente pode se dar por interesse público, fundado em decisão por voto de dois terços do respectivo tribunal, assegurada a ampla defesa.

II. Nos Tribunais Regionais do Trabalho, um quinto das vagas deverá ser preenchido por membros provenientes do Ministério Público do Trabalho e de advogados, que contem com mais de dez anos de carreira ou militância, sendo que os últimos deverão ter notório saber jurídico e reputação ilibada. No caso dos provenientes da advocacia, a OAB local indica lista sêxtupla, o TRT elabora a lista tríplice e a encaminha para a escolha pelo Presidente da República.

III. Nos Tribunais Regionais do Trabalho não poderão ter assento na mesma Turma ou Seção cônjuges e parentes consanguíneos ou afins em linha reta, bem como em linha colateral até o terceiro grau. Não obstante, nas sessões do Tribunal Pleno, ambos poderão participar do julgamento e votar.

IV. O Tribunal Superior do Trabalho é composto de 27 membros, escolhidos entre brasileiros natos ou naturalizados, com mais de 35 anos e menos de 65 anos, nomeados pelo Presidente da República, após prévia aprovação pela maioria absoluta do Senado Federal, onde se submetem à sabatina.

a) todas as proposições são corretas

b) somente as proposições I, II e III são corretas

c) somente as proposições III e IV são corretas

d) somente as proposições I, II e IV são corretas

e) todas as proposições são incorretas

COMENTÁRIOS

✪ **Nota do autor:** Esta questão foi **anulada** por não apresentar alternativa correta.

Item "I": Incorreto, basta a maioria absoluta do Tribunal ou do CNJ, conforme art. 95, II, da CF/88: "Os juízes gozam das seguintes garantias: II – inamovibilidade, salvo por motivo de interesse público, na forma do art. 93, VIII" e art. 93, VIII, "o ato de remoção, disponibilidade e aposentadoria do magistrado, por interesse público, fundar-se-á em decisão por voto da maioria absoluta do respectivo tribunal ou do Conselho Nacional de Justiça, assegurada ampla defesa".

Item "II": Correto, conforme art. 115, caput:

Art. 115. Os Tribunais Regionais do Trabalho compõem-se de, no mínimo, sete juízes, recrutados, quando possível, na respectiva região e nomeados pelo Presidente da República dentre brasileiros com mais de trinta e menos de setenta anos de idade, sendo: I – um quinto dentre advogados com mais de dez anos de efetiva atividade profissional e membros do Ministério Público do Trabalho com mais de dez anos de efetivo exercício, observado o disposto no art. 94. Art. 94. Um quinto dos lugares dos Tribunais Regionais Federais, dos Tribunais dos Estados, e do Distrito Federal e Territórios será composto de membros, do Ministério Público, com mais de dez anos de carreira, e de advogados de notório saber jurídico e de reputação ilibada, com mais de dez anos de efetiva atividade profissional, indicados em lista sêxtupla pelos órgãos de representação das respectivas classes. Parágrafo único. Recebidas as indicações, o tribunal formará lista tríplice, enviando-a ao Poder Executivo, que, nos vinte dias subsequentes, escolherá um de seus integrantes para nomeação".

Item "III": Incorreto, pois no Tribunal Pleno ou similar, o primeiro cônjuge ou parente que votar provoca o impedimento do segundo, na forma prevista pelo art. 128 da LC nº 35/79: "Nos Tribunais, não poderão ter assento na mesma Turma, Câmara ou Seção, cônjuges e parentes consanguíneos ou afins em linha reta, bem como em linha colateral até o terceiro grau. Parágrafo único – Nas sessões do Tribunal Pleno ou órgão que o substituir, onde houver, o primeiro dos membros mutuamente impedidos, que votar, excluirá a participação do outro no julgamento".

Item "IV": Correto, pois apresenta a determinação contida no art. 111-A da CF/88: "O Tribunal Superior do Trabalho compor-se-á de vinte e sete Ministros, escolhidos dentre brasileiros com mais de trinta e cinco e menos de sessenta e cinco anos, nomeados pelo Presidente da República após aprovação pela maioria absoluta do Senado Federal (...)".

Gabarito: questão anulada.

Art. 111-A. O Tribunal Superior do Trabalho compõe-se de vinte e sete Ministros, escolhidos dentre brasileiros com mais de trinta e cinco e menos de setenta anos de idade, de notável saber jurídico e reputação ilibada, nomeados pelo Presidente da República após aprovação pela maioria absoluta do Senado Federal, sendo: (Redação dada pela EC 122/2022)

2.1. PROCEDIMENTOS (SUMARÍSSIMO, DE ALÇADA EXCLUSIVA DA VARA DO TRABALHO, INQUÉRITO, PJE E HOMOLOGAÇÃO DE ACORDO EXTRAJUDICIAL)

101. (TRT 4 – Juiz do Trabalho Substituto 4ª Região/2016) Assinale a assertiva correta sobre inquérito para apuração de falta grave.

a) No inquérito para apuração de falta grave, poderá o empregador apresentar reclamação oral, a qual será reduzida a termo pelo serventuário da justiça.

b) Segundo a jurisprudência, o prazo decadencial, para o ajuizamento do inquérito para apuração de falta grave, é de 30 (trinta) dias, contado a partir da suspensão do empregado estável.

c) Constitui requisito legal para o ajuizamento do inquérito para apuração de falta grave a suspensão do empregado, a fim de viabilizar a investigação do fato que embasa a justa causa alegada e permitir ao empregado a ampla defesa e o contraditório plenos.

d) A sentença que acolhe a pretensão deduzida no inquérito para apuração de falta grave extingue o contrato de trabalho na data do trânsito em julgado da decisão, uma vez sujeita a recurso.

e) Constitui faculdade do empregado, na ação que julga improcedente o inquérito para apuração de falta grave, retornar às suas atividades, podendo optar, em razão do desgaste havido no processo, pelo pagamento de uma indenização relativa ao período de estabilidade.

COMENTÁRIOS

✪ **Nota do autor:** No inquérito para apuração de falta grave, o autor pretende a extinção do contrato de trabalho do empregado estável. Logo, a natureza jurídica dessa ação é, predominantemente, constitutiva negativa. Contudo, a sentença pode, além reconhecer a inexistência de falta grave, condenar o demandante no pagamento dos salários devidos durante o período em que o empregado ficou afastado do serviço, na forma prevista pelo art. 855 da CLT, circunstância que revela seu caráter condenatório.

Alternativa "a": Incorreta. Ao contrário do que ocorre com a reclamação trabalhista, o inquérito só pode ser ajuizado formalmente por escrito, conforme determina o art. 853 da CLT: Para a instauração do inquérito para apuração de falta grave contra empregado garantido com estabilidade, o empregador apresentará reclamação por escrito à Junta ou Juízo de Direito, dentro de 30 (trinta) dias, contados da data da suspensão do empregado.

Alternativa "b": Correta, pois a suspensão é uma faculdade e não uma obrigação do empregador. Uma vez suspenso o empregado, inicia-se o prazo decadencial de trinta dias, conforme posicionamento do STF estampado na Súmula nº 403: "É de decadência o prazo de trinta dias para instauração do inquérito judicial, a contar da suspensão, por falta grave, de empregado estável".

Alternativa "c": Incorreta. Como foi dito na fundamentação da alternativa anterior, a suspensão é uma faculdade da empresa, conforme dispõe o art. 494 da CLT: "O empregado acusado de falta grave poderá ser suspenso de suas funções, mas a sua despedida só se tornará efetiva após o inquérito em que se verifique a procedência da acusação".

Alternativa "d": Incorreta. A sentença produzirá efeitos a partir da data da suspensão do empregado, ou seja, se o inquérito for procedente, a resolução do contrato de emprego retroagirá à data da suspensão.

Alternativa "e": Incorreta. Na verdade o empregador fica obrigado a readmitir o empregado. Entretanto, em determinadas situações o juiz pode converter a reintegração em indenização, na forma prevista pelos arts. 495 e 496 da CLT: "Art. 495. Reconhecida a inexistência de falta grave praticada pelo empregado, fica o empregador obrigado a readmiti-lo no serviço e a pagar-lhe os salários a que teria direito no período da suspensão. Art. 496 – Quando a reintegração do empregado estável for desaconselhável, dado o grau de incompatibilidade resultante do dissídio, especialmente quando for o empregador pessoa física, o tribunal do trabalho poderá converter aquela obrigação em indenização devida nos termos do artigo seguinte.

Gabarito: B.

---

102. (TRT 2 – Juiz do Trabalho Substituto 2ª Região/2016) Quanto ao rito sumaríssimo, assinale a alternativa INCORRETA:

a) A intimação da sentença se fará na própria audiência em que prolatada.

b) Havendo mudança de endereço não comunicada ao juízo reputam-se válidas as intimações enviadas ao local indicado anteriormente nos autos.

c) A apreciação da reclamação deverá ocorrer no prazo máximo de quarenta dias do seu ajuizamento, podendo constar de pauta especial, se necessário.

d) Estão excluídas do procedimento sumaríssimo as demandas em que é parte a Administração Pública direta, autárquica e fundacional.

e) Ainda que não previamente requeridas, as provas serão produzidas na audiência de instrução e julgamento.

COMENTÁRIOS

✪ **Nota do autor:** O legislador não foi técnico quando denominou o novo procedimento de sumaríssimo. Isso porque não existe, no processo do trabalho, um rito sumário, circunstância que autorizaria a criação de outro procedimento mais célere ainda. O CPC de 2015 deixa de disciplinar o rito sumário, pois só prevê a existência do procedimento comum e dos procedimentos especiais.

Alternativa "a": Correta. Esse comando que agiliza a ciência das partes sobre o conteúdo da sentença, com início imediato do prazo para recurso, encontra-se inserido no art. 852-I, § 3º, da CLT: "As partes serão intimadas da sentença na própria audiência em que prolatada".

Alternativa "b": Correta, uma vez que está de acordo com o preceito constante do art. 852-B, §2º, da CLT: "As partes e advogados comunicarão ao juízo as mudanças de endereço ocorridas no curso do processo, reputando-se eficazes as intimações enviadas ao local anteriormente indicado, na ausência de comunicação". Inclusive o CPC de 2015 tem preceito semelhante, representado pelo art. 274, parágrafo único.

Alternativa "c": Incorreta, pois o prazo máximo fixado pelo art. 852-B, III, da CLT é de quinze dias: "A apreciação da reclamação deverá ocorrer no prazo máximo de quinze dias do seu ajuizamento, podendo constar de pauta especial, se necessário, de acordo com o movimento judiciário da Junta de Conciliação e Julgamento".

Alternativa "d": Correta. Essa exclusão está prevista no art. 852-A, parágrafo único, da CLT: "Estão excluídas do procedimento sumaríssimo as demandas em que é parte a Administração Pública direta, autárquica e fundacional". Note-se, porém, que essa exceção não se aplica às empresas públicas e as sociedades de economia mista.

Alternativa "e": Correta a assertiva que revela uma incidência maior do princípio inquisitivo no procedimento sumaríssimo, conforme se observa do conteúdo do art. 852-H da CLT: "Todas as provas serão produzidas na audiência de instrução e julgamento, ainda que não requeridas previamente".

Gabarito: C.

---

103. (TRT 4 – Juiz do Trabalho Substituto 4ª Região/2016) Considere as assertivas abaixo sobre procedimentos na Justiça do Trabalho.

I. À luz do que dispõe o Decreto nº 71.855/1973, que trata da figura do empregador doméstico, é permitido a qualquer membro da família que resida no local em que o empregado prestou serviços comparecer à audiência, não sendo necessária a presença da pessoa contratante.

II. As demandas envolvendo a Administração Pública, em dissídio individual, e desde que o valor não exceda a 40 (quarenta) vezes o salário-mínimo, poderão ser ajuizadas sob o rito sumaríssimo, observado o limite da expedição de Requisição de Pequeno Valor.

III. Se o reclamado não for localizado, ou criar embaraços ao recebimento da comunicação processual, a citação, nas ações ajuizadas sob o rito sumaríssimo, poderá ser feita por edital, em observância ao princípio da efetividade da prestação jurisdicional.

Quais são corretas?

a) Apenas I

b) Apenas II

c) Apenas III

d) Apenas I e III

e) I, II e III

COMENTÁRIOS

✪ **Nota do autor:** Houve um erro na formulação do item I, tendo em vista que o Decreto nº 71.855/1973, citado pela banca, declara de utilidade pública, para fins de constituição de servidão administrativa, faixa de terra destinada à passagem de linha de transmissão, no Estado de São Paulo, quando deveria ter feito referência ao Decreto nº 71.885/1973, que aprova o Regulamento da Lei número 5.859, de dezembro de 1972, que dispõe sobre a profissão de empregado doméstico, e dá outras providências". Como este Decreto regulamentava a Lei nº 5.859/72, expressamente revogada pela Lei Complementar nº 150/2015, não está mais em vigor.

Item "I": Correto, de acordo com a interpretação do Decreto nº 71.885/1973, art. 3º: "Para os fins constantes da Lei nº 5.859, de 11 de dezembro de 1972, considera-se: II – empregador doméstico a pessoa ou família que admita a seu serviço empregado doméstico". Inclusive, o TST se manifesta nesse sentido por meio da Súmula nº 377: "Exceto quanto à reclamação de empregado doméstico, ou contra micro ou pequeno empresário, o preposto deve ser necessariamente empregado do reclamado. Inteligência do art. 843, § 1º, da CLT e do art. 54 da Lei Complementar nº 123, de 14 de dezembro de 2006".

Item "II": Incorreto, pois somente as empresas públicas e as sociedades de economia mista podem ser demandadas na Justiça do Trabalho com o uso do rito sumaríssimo, conforme se depreende da interpretação do parágrafo único do art. 852-A, da CLT: "Estão excluídas do procedimento sumaríssimo as demandas em que é parte a Administração Pública direta, autárquica e fundacional".

Item "III": Incorreto, pois não é possível utilizar a notificação por edital quando a demanda estiver submetida ao rito sumaríssimo, conforme vedação contida no Art. 852-B, II, da CLT: "Nas reclamações enquadradas no procedimento sumaríssimo: II – não se fará citação por edital, incumbindo ao autor a correta indicação do nome e endereço do reclamado".

Gabarito: A.

104. (FCC – Juiz do Trabalho Substituto 6ª Região/2015) Os dissídios individuais, cujo valor não exceda a quarenta vezes o salário mínimo vigente na data do ajuizamento da reclamação ficam submetidos ao procedimento sumaríssimo. Neste sentido,

a) serão decididos, de plano, todos os incidentes e exceções que possam interferir no prosseguimento da audiência e do processo, salvo se as provas não tenham sido requeridas previamente.

b) as testemunhas, até o máximo de duas para cada parte, deverão comparecer à audiência de instrução e julgamento independentemente de intimação, podendo o juiz na hipótese de sua ausência, determinar sua imediata condução coercitiva.

c) nas causas sujeitas ao procedimento sumaríssimo, a admissibilidade de recurso de revista está limitada à demonstração de violação direta a dispositivo da Constituição Federal, não se admitindo o recurso por contrariedade a Orientação Jurisprudencial do Tribunal Superior do Trabalho, ante a ausência de previsão no art. 896, § 6º, da CLT.

d) nas reclamações enquadradas no procedimento sumaríssimo o pedido deverá ser certo ou determinado e indicará o valor correspondente; não se fará citação por edital, incumbindo ao autor a correta indicação do nome e endereço do reclamado; e, a apreciação da reclamação deverá ocorrer no prazo máximo de quinze dias do seu ajuizamento, podendo constar de pauta especial, se necessário, de acordo com o movimento judiciário da Vara do Trabalho.

e) estão excluídas do procedimento sumaríssimo as demandas em que é parte a Administração pública direta, indireta, autárquica e fundacional.

COMENTÁRIOS

✪ **Nota do autor:** A Lei nº 13.015 alterou a redação do art. 896, § 6º, da CLT e o transformou no § 9º, para incluir mais uma hipótese de cabimento de recurso de revista em demandas sujeitas ao rito sumaríssimo, qual seja, quando houver contrariedade a Súmula vinculante do STF: "Nas causas sujeitas ao procedimento sumaríssimo, somente será admitido recurso de revista por contrariedade a súmula de jurisprudência uniforme do Tribunal Superior do Trabalho ou a súmula vinculante do Supremo Tribunal Federal e por violação direta da Constituição Federal".

Alternativa "a": Incorreta, pois a ressalva contida no final da assertiva não está prevista no art. 852-G da CLT: "Serão decididos, de plano, todos os incidentes e exceções que possam interferir no prosseguimento da audiência e do processo. As demais questões serão decididas na sentença".

Alternativa "b": A condução coercitiva só é deferida quando intimada a testemunha, esta não comparece em juízo. Portanto, a assertiva é considerada incorreta, uma vez que contraria o art. 852-H, § 3º, da CLT:

"Só será deferida intimação de testemunha que, comprovadamente convidada, deixar de comparecer. Não comparecendo a testemunha intimada, o juiz poderá determinar sua imediata condução coercitiva".

Alternativa "c": Incorreta a assertiva, uma vez que omitiu a possibilidade de cabimento de recurso de revista em caso de contrariedade a Súmula do TST, conforme preceitua o art. 896, § 6º, da CLT: "Nas causas sujeitas ao procedimento sumaríssimo, somente será admitido recurso de revista por contrariedade a súmula de jurisprudência uniforme do Tribunal Superior do Trabalho e violação direta da Constituição da República" (ver nota do autor).

Alternativa "d": Correta a assertiva uma vez que reproduz as regras contidas nos incisos I, II e III do art. 852-B da CLT: "Art. 852-B. Nas reclamações enquadradas no procedimento sumaríssimo: I – o pedido deverá ser certo ou determinado e indicará o valor correspondente; II – não se fará citação por edital, incumbindo ao autor a correta indicação do nome e endereço do reclamado; III – a apreciação da reclamação deverá ocorrer no prazo máximo de quinze dias do seu ajuizamento, podendo constar de pauta especial, se necessário, de acordo com o movimento judiciário da Junta de Conciliação e Julgamento".

Alternativa "e": Incorreta, pois as empresas públicas e as sociedades de economia mistas não estão excluídas do procedimento sumaríssimo, conforme se vê da redação do art. 852-A, parágrafo único, da CLT: "Parágrafo único. Estão excluídas do procedimento sumaríssimo as demandas em que é parte a Administração Pública direta, autárquica e fundacional".

Gabarito: D.

---

105. (TRT 8 – Juiz do Trabalho Substituto 8ª Região/2015) Conforme a jurisprudência sumulada do Tribunal Superior do Trabalho, é CORRETO afirmar que:

a) O ente público é responsável pelo pagamento dos honorários de perito quando a parte sucumbente no objeto da perícia for beneficiária da assistência judiciária gratuita, nas causas sujeitas à competência da Justiça do Trabalho, observado o procedimento disposto nos arts. 1°, 2° e 5° da Resolução n° 66/2010 do Conselho Superior da Justiça do Trabalho – CSJT.

b) Não compete à Justiça do Trabalho a execução da contribuição referente ao Seguro de Acidente de Trabalho (SAT), que não tem natureza de contribuição para a seguridade social, de que tratam os arts. 114, VIII, e 195, I, "a", da CF, ainda que se destine ao financiamento de benefícios relativos à incapacidade do empregado decorrente de infortúnio no trabalho (arts. 11 e 22 da Lei n° 8.212/1991).

c) Nas causas sujeitas ao procedimento sumaríssimo, a admissibilidade de recurso de revista está limitada à alegação de violação direta a dispositivo da Constituição Federal, contrariedade a Súmula do Tribunal Superior do Trabalho ou por contrariedade a Orientação Jurisprudencial deste Tribunal (Livro II, Título II, Capítulo III, do RITST), ante a ausência de previsão no art. 896, § 6°, da CLT.

d) Em causas sujeitas ao procedimento sumaríssimo, em que pese a limitação imposta no art. 896, § 6°, da CLT à interposição de recurso de revista, admitem-se os embargos interpostos na vigência da Lei n° 11.496, de 22.06.2007, que conferiu nova redação ao art. 894 da CLT, quando demonstrada a divergência jurisprudencial entre Turmas do TST, fundada em interpretações diversas acerca da aplicação de mesmo dispositivo constitucional ou de matéria sumulada.

e) A União, Estados, Municípios e Distrito Federal, suas autarquias e fundações públicas, quando representadas em juízo, ativa e passivamente, por seus procuradores, estão dispensadas da juntada de instrumento de mandato, salvo a comprovação do ato de nomeação. É essencial que o signatário ao menos se declare exercente do cargo de procurador ou faça a indicação do número de inscrição na Ordem dos Advogados do Brasil.

COMENTÁRIOS

✪ **Nota do autor:** Quando essa questão foi elaborada ainda não estava em vigor a Lei nº 13.015/14 que alterou a redação do § 6º do art. 896 da CLT, além de transformá-lo no § 9º com a seguinte redação: "Nas causas sujeitas ao procedimento sumaríssimo, somente será admitido recurso de revista por contrariedade a súmula de jurisprudência uniforme do Tribunal Superior do Trabalho ou a súmula vinculante do Supremo Tribunal Federal e por violação direta da Constituição Federal". Note-se que, apesar dessa mudança, a Súmula nº 442 do TST não foi alterada e continua fazendo referência ao § 6º do art. 896 da CLT.

Alternativa "a": Incorreta, pois a responsável é a União e não o ente público, conforme explicita a Súmula nº 457 do TST: "A União é responsável pelo pagamento dos honorários de perito quando a parte sucumbente no objeto da perícia for beneficiária da assistência judiciária gratuita, observado o procedimento disposto nos arts. 1º, 2º e 5º da Resolução n.º 66/2010 do Conselho Superior da Justiça do Trabalho – CSJT".

Alternativa "b": Incorreta, uma vez que o entendimento do TST é justamente em sentido contrário, qual seja, de reconhecer a competência da Justiça do Trabalho, na forma do posicionamento adotado pela Súmula nº 454: "Compete à Justiça do Trabalho a execução, de ofício, da contribuição referente ao Seguro de Acidente de Trabalho (SAT), que tem natureza de contribuição para a seguridade social (arts. 114, VIII, e 195, I, "a", da CF), pois se destina ao financiamento de benefícios relativos à incapacidade do empregado decorrente de infortúnio no trabalho (arts. 11 e 22 da Lei nº 8.212/1991)".

Alternativa "c": Incorreta a assertiva, pois não se admite recurso de revista em procedimento sumaríssimo por contrariedade a Orientação Jurisprudencial, na forma prevista pelo art. 896, § 6º da CLT e Súmula nº 442 do TST: "Nas causas sujeitas ao procedimento sumaríssimo, a admissibilidade de recurso de revista está limitada à demonstração de violação direta a dispositivo da Constituição Federal ou contrariedade a Súmula do Tribunal Superior do Trabalho, não se admitindo o recurso por contrariedade a Orientação Jurisprudencial deste Tribunal (Livro II, Título II, Capítulo III, do RITST), ante a ausência de previsão no art. 896, § 6º, da CLT" (ver nota do autor).

Alternativa "d": Correta, uma vez que corresponde a redação da Súmula nº 458 do TST que apresenta o posicionamento desse Tribunal acerca do cabimento do recurso de Embargos em causas sujeitas ao rito sumaríssimo: "Em causas sujeitas ao procedimento sumaríssimo, em que pese a limitação imposta no art. 896, § 6º, da CLT à interposição de recurso de revista, admitem-se os embargos interpostos na vigência da Lei nº 11.496, de 22.06.2007, que conferiu nova redação ao art. 894 da CLT, quando demonstrada a divergência jurisprudencial entre Turmas do TST, fundada em interpretações diversas acerca da aplicação de mesmo dispositivo constitucional ou de matéria sumulada" (ver nota do autor).

Alternativa "e": Incorreta a assertiva, pois a dispensa também alcança a comprovação do ato de nomeação, conforme entendimento do TST contido na Súmula nº 436. "I – A União, Estados, Municípios e Distrito Federal, suas autarquias e fundações públicas, quando representadas em juízo, ativa e passivamente, por seus procuradores, estão dispensadas da juntada de instrumento de mandato e de comprovação do ato de nomeação. II – Para os efeitos do item anterior, é essencial que o signatário ao menos declare-se exercente do cargo de procurador, não bastando a indicação do número de inscrição na Ordem dos Advogados do Brasil".

Gabarito: D.

---

106. (FCC – Juiz do Trabalho Substituto 15ª Região/2015) Em relação ao inquérito para apuração de falta grave, de acordo com os dispositivos legais aplicáveis, a jurisprudência pacífica do TST e a doutrina, é INCORRETO afirmar que

a) o empregador apresentará reclamação por escrito na Vara do Trabalho, dentro de trinta dias, contados da data da suspensão do empregado.

b) se tiver havido prévio reconhecimento da estabilidade do empregado, o julgamento do inquérito pela Vara do Trabalho não prejudicará a execução para pagamento dos salários devidos ao empregado, até a data da instauração do mesmo inquérito.

c) o prazo de trinta dias contados da suspensão do empregado para ajuizamento do inquérito é decadencial, pois se trata de ação constitutiva de direito.

d) a sentença que rejeita o pedido de inquérito assume caráter condenatório ao estabelecer a responsabilidade do empregador no pagamento de salários e todas as vantagens referentes ao período de afastamento do empregado.

e) julgado improcedente o inquérito para apuração de falta grave de dirigente sindical, a determinação judicial de reintegração do empregado estável deve ser cumprida pelo empregador, sob pena de reintegração forçada, não sendo possível a conversão em indenização, já que o interesse protegido é coletivo.

COMENTÁRIOS

✪ **Nota do autor:** No inquérito para apuração de falta grave, o autor pretende a extinção do contrato de trabalho do empregado estável. Logo, a natureza jurídica dessa ação é, predominantemente, constitutiva negativa, mas pode assumir outras feições a depender da sentença que venha a ser proferida.

Alternativa "a": Correta, pois o termo inicial do prazo de decadência de trinta dias é a data da suspensão do empregado, quando ela ocorre, na forma prevista pelo art. 853 da CLT: "Para a instauração do inquérito para apuração de falta grave contra empregado garantido com estabilidade, o empregador apresentará reclamação por escrito à Junta ou Juízo de Direito, dentro de 30 (trinta) dias, contados da data da suspensão do empregado."

Alternativa "b": Correta a assertiva. Com efeito, no inquérito, a sentença pode, além reconhecer a inexistência de falta grave, condenar o demandante no pagamento dos salários devidos durante o período em que o empregado ficou afastado do serviço, na forma prevista pelo art. 855 da CLT circunstância que revela seu caráter condenatório: "Art. 855 – Se tiver havido prévio reconhecimento da estabilidade do empregado, o julgamento do inquérito pela Junta ou Juízo não prejudicará a execução para pagamento dos salários devidos ao empregado, até a data da instauração do mesmo inquérito."

Alternativa "c": Correta, pois o prazo é para ajuizamento de uma demanda constitutiva negativa. Em tais situações o prazo é de decadência e não de prescrição. Nesse sentido é a Súmula nº 403 do STF: "É de decadência o prazo de trinta dias para instauração do inquérito judicial, a contar da suspensão, por falta grave, de empregado estável".

Alternativa "d": A sentença, no inquérito, pode, além reconhecer a inexistência de falta grave, condenar o demandante no pagamento dos salários devidos durante o período em que o empregado ficou afastado do serviço, na forma prevista pelo art. 855 da CLT, circunstancia que revela seu caráter condenatório. Assim, conclui-se, que apesar da ação ter natureza constitutiva, a sentença respectiva pode ter caráter predominantemente condenatório, quando não é acolhida a pretensão do empregador, o que justifica a defesa da tese da natureza dúplice desse procedimento.

Alternativa "e": Depende, se a reintegração for desaconselhável, nos termos previstos pelo art. 496

da CLT, o juiz pode converter essa obrigação de fazer em indenização: "Art. 496 – Quando a reintegração do empregado estável for desaconselhável, dado o grau de incompatibilidade resultante do dissídio, especialmente quando for o empregador pessoa física, o tribunal do trabalho poderá converter aquela obrigação em indenização devida nos termos do artigo seguinte". Assertiva incorreta.

Gabarito: E.

---

107. (FCC - Juiz do Trabalho Substituto 23ª Região/2015) Nas causas sujeitas ao procedimento sumaríssimo, considere:

I. A admissibilidade de recurso de revista está limitada à demonstração de violação direta a dispositivo da Constituição Federal ou contrariedade a Súmula do Tribunal Superior do Trabalho, não se admitindo o recurso por contrariedade a Orientação Jurisprudencial deste Tribunal (Livro II, Título II, Capítulo III, do RITST), ante a ausência de previsão no art. 896, § 6º, da CLT.

II. O pedido deverá ser certo e determinado com a indicação do valor correspondente; e, não se fará citação por edital, incumbindo ao autor a correta indicação do nome e endereço do reclamado. O não atendimento, pelo reclamante, destas regras importará no arquivamento da reclamação e condenação ao pagamento de custas sobre o valor da causa.

III. Todas as provas serão produzidas na audiência de instrução e julgamento, ainda que não requeridas previamente. Porém, se interrompida a audiência, o seu prosseguimento e a solução do processo dar-se-ão no prazo máximo de quinze dias, salvo motivo relevante justificado nos autos pelo juiz da causa.

Está correto o que consta em

a) I e III, apenas.

b) I, apenas.

c) I, II e III.

d) II e III, apenas.

e) I e II, apenas.

COMENTÁRIOS

✪ **Nota do autor:** Quando essa questão foi elaborada não estava em vigor ainda a Lei nº 13.015/14 que alterou a redação do § 6º do art. 896 da CLT, além de transformá-lo no § 9º com a seguinte redação: "Nas causas sujeitas ao procedimento sumaríssimo, somente será admitido recurso de revista por contrariedade a súmula de jurisprudência uniforme do Tribunal Superior do Trabalho ou a súmula vinculante do Supremo Tribunal Federal e por violação direta da Constituição Federal". Note-se que, apesar dessa mudança, a Súmula nº 442 do TST não foi alterada e continua fazendo referência ao § 6º do art. 896 da CLT.

Item "I": Correta a assertiva, à época da sua elaboração, uma vez que se encontra de acordo com o entendimento revelado por meio da Súmula nº 442 do TST: "Nas causas sujeitas ao procedimento sumaríssimo, a admissibilidade de recurso de revista está limitada à demonstração de violação direta a dispositivo da Constituição Federal ou contrariedade a Súmula do Tribunal Superior do Trabalho, não se admitindo o recurso por contrariedade a Orientação Jurisprudencial deste Tribunal (Livro II, Título II, Capítulo III, do RITST), ante a ausência de previsão no art. 896, § 6º, da CLT." (ver nota do autor).

Item "II": Correto a assertiva, pois corresponde às exigências contidas nos incisos I e II, e § 1º do Art. 852-B, da CLT: "Art. 852-B. Nas reclamações enquadradas no procedimento sumaríssimo: I – o pedido deverá ser certo ou determinado e indicará o valor correspondente; II – não se fará citação por edital, incumbindo ao autor a correta indicação do nome e endereço do reclamado; § 1º O não atendimento, pelo reclamante, do disposto nos incisos I e II deste artigo importará no arquivamento da reclamação e condenação ao pagamento de custas sobre o valor da causa".

Item III: O prazo máximo para o prosseguimento da audiência eventualmente adiada é de trinta e não de quinze dias, de acordo com o preceito contido no art. 852-H, *caput* e § 7º, da CLT: "Art. 852-H. Todas as provas serão produzidas na audiência de instrução e julgamento, ainda que não requeridas previamente. § 7º Interrompida a audiência, o seu prosseguimento e a solução do processo dar-se-ão no prazo máximo de trinta dias, salvo motivo relevante justificado nos autos pelo juiz da causa." Assertiva incorreta.

Gabarito: E.

---

108. (FCC - Juiz do Trabalho Substituto 24ª Região/2015) Com objetivo de imprimir um rito mais ágil para causas de menor complexidade e valor econômico, foi introduzido o rito sumaríssimo nos dissídios individuais. A respeito desse rito processual previsto na Consolidação das Leis do Trabalho, é correto afirmar:

a) Ficam submetidas a este procedimento as ações trabalhistas cujo valor não exceda quarenta vezes o salário mínimo vigente à época da prolação da sentença, desde que não se inclua no rol de pedidos indenização por dano moral.

b) Estão excluídas do rito as demandas em que a Administração pública direta, autárquica e fundacional figura como a reclamada principal, podendo ser utilizado o rito quando o ente público for autor ou corréu de forma subsidiária.

c) Cada parte poderá trazer para audiência, no máximo, três testemunhas, que serão intimadas, caso comprovadamente convidadas, deixarem de comparecer, ficando sujeitas à condução coercitiva, caso intimadas, não compareçam.

d) Tendo em vista que a apreciação da reclamação deverá ocorrer no prazo máximo de 15 dias do seu ajuizamento e que todas as provas serão produzidas na audiência de instrução e julgamento, não cabe a produção de prova pericial neste rito.

e) Por expresso permissivo do texto consolidado, o Juiz dará especial valor às regras de experiência comum ou técnica e adotará para julgamento da lide a decisão que reputar mais justa e equânime, atendendo aos fins sociais da lei e as exigências do bem comum.

COMENTÁRIOS

✪ **Nota do autor:** O juiz, ao verificar que o reclamante não liquidou os pedidos ou não ofereceu a correta indicação do nome e endereço do reclamado nas demandas sujeitas ao rito sumaríssimo, deve extinguir o processo sem a resolução do mérito, pela ausência de um dos seus pressupostos de constituição e desenvolvimento válidos. Essa consequência é equivocadamente denominada pela lei de "arquivamento".

Alternativa "a": Incorreta, uma vez que o valor da causa a ser aferida é o da data do ajuizamento da ação e não da sentença, de acordo com a redação do art. 852-A, *caput*, da CLT: "Art. 852-A. Os dissídios individuais cujo valor não exceda a quarenta vezes o salário mínimo vigente na data do ajuizamento da reclamação ficam submetidos ao procedimento sumaríssimo."

Alternativa "b": Incorreta a assertiva, uma vez que a exclusão do rito sumaríssimo estabelecida pelo art. 852-A, parágrafo único, da CLT abrange tanto o polo passivo quando o polo ativo da demanda: "Estão excluídas do procedimento sumaríssimo as demandas em que é parte a Administração Pública direta, autárquica e fundacional."

Alternativa "c": Cada parte só pode indicar duas testemunhas no rito sumaríssimo e não três como constou nessa alternativa, de acordo com o que determina o art. 852-H, § 2º, da CLT: "As testemunhas, até o máximo de duas para cada parte, comparecerão à audiência de instrução e julgamento independentemente de intimação". Incorreta a assertiva.

Alternativa "d": Excepcionalmente cabe a prova pericial nas demandas sujeitas ao rito sumaríssimo, nos casos estabelecidos pelo art. 852-H, § 4º, da CLT: "Somente quando a prova do fato o exigir, ou for legalmente imposta, será deferida prova técnica, incumbindo ao juiz, desde logo, fixar o prazo, o objeto da perícia e nomear perito." Incorreta a assertiva.

Alternativa "e": Essa previsão está expressamente prevista no art. 852-I, § 1º, da CLT: "O juízo adotará em cada caso a decisão que reputar mais justa e equânime, atendendo aos fins sociais da lei e as exigências do bem comum." Correta a assertiva.

Gabarito: E.

---

109. (TRT 8 – Juiz do Trabalho Substituto 8ª Região/2014) No direito brasileiro, denomina-se súmula um conjunto de decisões, tido como jurisprudência, isto é, a linha que determinado tribunal segue a respeito de um tema específico, com a finalidade de tornar público para a sociedade tal posicionamento e também para, internamente, buscar a uniformidade entre as decisões dos juízes ou ministros. Assim, no que diz respeito ao processo do trabalho, assinale a alternativa CORRETA:

a) A ausência do reclamante, quando adiada a instrução após contestada a ação em audiência, importa arquivamento do processo.

b) A intervenção assistencial, simples ou adesiva, só é admissível se demonstrado o interesse econômico.

c) O art. 2º, § 4º, da Lei nº 5.584, de 26.06.1970, não foi recepcionado pela CF/1988, sendo ilícita a fixação do valor da alçada com base no salário mínimo, conforme previsto no inciso IV, do artigo 7º da Carta Política.

d) Pode se configurar conflito de competência entre Tribunal Regional do Trabalho e Vara do Trabalho a ele vinculada.

e) Nas causas sujeitas ao procedimento sumaríssimo, a admissibilidade de recurso de revista está limitada à demonstração de violação direta a dispositivo da Constituição Federal ou contrariedadea Súmula do Tribunal Superior do Trabalho, não se admitindo o recurso por contrariedade a Orientação Jurisprudencial deste Tribunal.

COMENTÁRIOS

✪ **Nota do autor:** Quando essa questão foi elaborada ainda não estava em vigor a Lei nº 13.015/14 que alterou a redação do § 6º do art. 896 da CLT, além de transformá-lo no § 9º com a seguinte redação: "Nas causas sujeitas ao procedimento sumaríssimo, somente será admitido recurso de revista por contrariedade a súmula de jurisprudência uniforme do Tribunal Superior do Trabalho ou a súmula vinculante do Supremo Tribunal Federal e por violação direta da Constituição Federal". Note-se que, apesar dessa mudança, a Súmula nº 442 do TST não foi alterada e continua fazendo referência ao § 6º do art. 896 da CLT.

Alternativa "a": Nesse caso não há mais que se falar em arquivamento, pois a defesa já foi apresentada. O entendimento do TST é nesse sentido, conforme se vê da Súmula nº 9: "A ausência do reclamante, quando adiada a instrução após contestada a ação em audiência, não importa arquivamento do processo". **Incorreta.**

Alternativa "b": A necessidade de demonstração de interesse jurídico para admissão da assistência é ressaltada pelo texto da Súmula nº 82 do TST: "A intervenção assistencial, simples ou adesiva, só é admissível se demonstrado o interesse jurídico e não o meramente econômico". **Incorreta.**

Alternativa "c": O entendimento do TST é justamente no sentido contrário, qual seja, da recepção pela Constituição Federal, conforme se vê da redação de sua Súmula nº 356: "O art. 2º, § 4º, da Lei nº 5.584, de

26.06.1970, foi recepcionado pela CF/1988, sendo lícita a fixação do valor da alçada com base no salário mínimo." **Incorreta.**

Alternativa "d": Não é possível, pois existe uma relação de hierarquia administrativa. Nesse sentido é o posicionamento do TST expressado por intermédio da Súmula nº 420: "Não se configura conflito de competência entre Tribunal Regional do Trabalho e Vara do Trabalho a ele vinculada". **Incorreta.**

Alternativa "e": Assertiva **correta**, pois se encontra em consonância com o entendimento do TST, em sua Súmula nº 442, que destaca o não cabimento de recurso de revista por contrariedade a OJ: "Nas causas sujeitas ao procedimento sumaríssimo, a admissibilidade de recurso de revista está limitada à demonstração de violação direta a dispositivo da Constituição Federal ou contrariedade a Súmula do Tribunal Superior do Trabalho, não se admitindo o recurso por contrariedade a Orientação Jurisprudencial deste Tribunal (Livro II, Título II, Capítulo III, do RITST), ante a ausência de previsão no art. 896, § 6º, da CLT". (ver nota do autor)

Gabarito: E.

---

110. (FCC – Juiz do Trabalho Substituto 18ª Região/2014) Com relação aos procedimentos especiais na Justiça do Trabalho:

a) É indispensável o trânsito em julgado da sentença normativa para a propositura da ação de cumprimento.

b) Nos dissídios coletivos, o recurso interposto da decisão normativa da Justiça do Trabalho terá efeito devolutivo, na medida e extensão conferidas em despacho do Relator do Tribunal a quo, quando realizar o primeiro juízo de admissibilidade.

c) Se tiver havido prévio reconhecimento da estabilidade do empregado, o julgamento do inquérito para apuração de falta grave pelo Juiz do Trabalho não prejudicará a execução para pagamento dos salários devidos ao empregado, até a data da instauração do mesmo inquérito.

d) A sentença definitiva proferida em ação de consignação em pagamento tem natureza meramente declaratória, na medida em que apenas reconhece e declara a suficiência ou insuficiência do depósito efetuado pelo autor.

e) Não se enquadram como entes legitimados concorrentemente para propor ação civil pública, os órgãos da Administração pública indireta, desde que sem personalidade jurídica, especificamente destinados à defesa dos interesses metaindividuais.

COMENTÁRIOS

✪ **Nota do autor:** Os procedimentos especiais admitidos na Justiça do Trabalho devem seguir o rito próprio estabelecido pelas regras jurídicas que os disciplinam, conforme determina o art. 1º da Instrução Normativa nº 27/05 do TST: "Art. 1º As ações ajuizadas na Justiça do Trabalho tramitarão pelo rito ordinário ou sumaríssimo, conforme previsto na Consolidação das Leis do Trabalho, excepcionando-se, apenas, as que, por disciplina legal expressa, estejam sujeitas a rito especial, tais como o Mandado de Segurança, Habeas Corpus, Habeas Data, Ação Rescisória, Ação Cautelar e Ação de Consignação em Pagamento". Observe-se, na alternativa "d", que o art. 899, §2º do CPC de 1973 corresponde ao art. 545, §2º do CPC de 2015.

Alternativa "a": Não se exige esse requisito para a propositura da ação de cumprimento, nos exatos termos da Súmula nº 246 do TST: "É dispensável o trânsito em julgado da sentença normativa para a propositura da ação de cumprimento". **Incorreta.**

Alternativa "b": O recurso, nesse caso, será recebido com efeito suspensivo, conforme determina o art. 14 da Lei 10.192/2001: "O recurso interposto de decisão normativa da Justiça do Trabalho terá efeito suspensivo, na medida e extensão conferidas em despacho do Presidente do Tribunal Superior do Trabalho." **Incorreta.**

Alternativa "c": Esse efeito condenatório acessório do inquérito para apuração de falta grave está previsto no art. 855 da CLT: "Se tiver havido prévio reconhecimento da estabilidade do empregado, o julgamento do inquérito pela Junta ou Juízo não prejudicará a execução para pagamento dos salários devidos ao empregado, até a data da instauração do mesmo inquérito". **Correta.**

Alternativa "d": A sentença proferida em demanda de ação de consignação em pagamento, quando reconhece a insuficiência do depósito, é dúplice: primeiro, declaratória dessa condição e, segundo, executiva para permitir que o consignado promova a execução do saldo de forma imediata. Nesse sentido o art. 899, § 2º do CPC de 1973: "A sentença que concluir pela insuficiência do depósito determinará, sempre que possível, o montante devido, e, neste caso, valerá como título executivo, facultado ao credor promover-lhe a execução nos mesmos autos". **Incorreta.**

Alternativa "e": A determinação legal é justamente em sentido contrário, conforme se observa do art. 82, III, do CDC: "As entidades e órgãos da Administração Pública, direta ou indireta, ainda que sem personalidade jurídica, especificamente destinados à defesa dos interesses e direitos protegidos por este código". **Incorreta.**

Gabarito: C.

---

111. (TRT 8 – Juiz do Trabalho Substituto 8ª Região/2014) Em relação ao procedimento sumaríssimo, temos a seguinte hipótese CORRETA:

a) Os dissídios individuais cujo valor não exceda a quarenta vezes o salário mínimo vigente na data do ajuizamento da reclamação ficam submetidos ao procedimento sumaríssimo, excluídas as demandas em que é parte empresa pública federal.

b) As demandas sujeitas a rito sumaríssimo serão instruídas e julgadas em audiência única, sob a direção de juiz presidente ou substituto, sob pena de nulidade do processo, eis que vedado o adiamento da audiência.

c) Aberta a sessão, o juiz esclarecerá as partes presentes sobre as vantagens da conciliação e usará os meios adequados de persuasão para a solução conciliatória do litígio, vedada a tentativa de conciliação, após o encerramento da instrução processual.

d) Todas as provas serão produzidas na audiência de instrução e julgamento, ainda que não requeridas previamente.

e) A sentença mencionará os elementos de convicção do juízo, com resumo dos fatos relevantes ocorridos em audiência, não sendo dispensado o relatório.

COMENTÁRIOS

✪ **Nota do autor:** a Justiça do Trabalho, diferentemente do que ocorre com a Justiça Ordinária, não possui um órgão específico para o julgamento dessas espécies de ações, que seria o Juizado Especial Trabalhista.

Alternativa "a": Aplica-se o rito sumaríssimo quando a empresa pública faz parte da relação processual trabalhista. Excepciona-se, somente, a Administração Pública direta, autárquica e fundacional, na forma prevista pelo art. 852-A, parágrafo único, da CLT. **Incorreta.**

Alternativa "b": A intenção do legislador foi de instituir a audiência única, na qual seriam decididos todos os incidentes processuais, produzida a prova e proferida a sentença (art. 852-C da CLT). Entretanto, admite-se, em alguns casos, o adiamento da audiência para, por exemplo, produzir prova pericial. Assertiva **incorreta**, pois contraria o preceito contido no art. 852-H, § 7º da CLT: "Interrompida a audiência, o seu prosseguimento e a solução do processo dar-se-ão no prazo máximo de trinta dias, salvo motivo relevante justificado nos autos pelo juiz da causa".

Alternativa "c": O acordo pode ser feito em qualquer fase do processo, seja no rito ordinário, seja no sumaríssimo. **Incorreta** a assertiva, pois vai de encontro ao que determina o art. 852-E da CLT: "Aberta a sessão, o juiz esclarecerá as partes presentes sobre as vantagens da conciliação e usará os meios adequados de persuasão para a solução conciliatória do litígio, em qualquer fase da audiência".

Alternativa "d": Correta a assertiva, pois corresponde a redação do art. 852-H da CLT: "Todas as provas serão produzidas na audiência de instrução e julgamento, ainda que não requeridas previamente".

Alternativa "e": Na sentença proferida em demandas submetidas ao rito sumaríssimo, dispensa-se o relatório, conforme preceitua o art. 852-I da CLT: "A sentença mencionará os elementos de convicção do juízo, com resumo dos fatos relevantes ocorridos em audiência, dispensado o relatório".

Gabarito: D.

112. (TRT 3 – Juiz do Trabalho Substituto 3ª Região/2014) É correto afirmar quanto ao inquérito judicial para apuração de falta grave:

a) Se aplica a todos os tipos de estabilidade provisória e, sendo uma faculdade dada ao empregador, poderá ele utilizar-se, ou não, desse instrumento para dispensar por justa causa empregado portador de garantia de emprego.

b) Pressupõe a suspensão do empregado e o ajuizamento do inquérito judicial para apurar a falta grave, trinta dias após cumprida a suspensão aplicada.

c) O prazo legal de trinta dias para o ajuizamento do inquérito é vinculado ao empregador, razão pela qual este é decadencial e não prescricional.

d) Nos termos da Súmula 379 do TST, a dispensa do dirigente sindical, por falta grave, prescinde do inquérito judicial para apuração de falta grave.

e) Julgado improcedente o inquérito judicial, o trabalhador será readmitido e a empresa condenada a pagar os direitos do trabalhador, desde a data da sentença até a efetiva readmissão.

COMENTÁRIOS

✪ **Nota do autor:** Se o empregador não suspende o empregado, pode ajuizar o inquérito a qualquer momento. Obviamente que quanto mais tempo transcorrer para efetivar o ingresso da referida ação, aumenta a probabilidade de não ser acolhida a pretensão do empregador, diante da necessidade da imediação entre o conhecimento da falta e a extinção do pacto laboral.

Alternativa "a": O inquérito judicial para apurar a prática de falta grave só é necessário para romper os contratos de trabalhadores portadores de determinadas estabilidades, como a do dirigente sindical, por exemplo. Assim, quando a lei estabelecer alguma espécie de estabilidade e não exigir expressamente o ajuizamento dessa ação especial, o empregador poderá despedir o empregado estável, que, por sua vez, poderá ingressar em juízo para postular a sua reintegração. **Alternativa incorreta.**

Alternativa "b": Uma vez suspenso o empregado estável, terá o empregador o prazo decadencial de trinta dias para ajuizar o inquérito para apuração da falta grave. Alternativa **incorreta,** pois contraria o preceito contido no art. 853 da CLT: "Para a instauração do inquérito para apuração de falta grave contra empregado garantido com estabilidade, o empregador apresentará reclamação por escrito à Junta ou Juízo de Direito, dentro de 30 (trinta) dias, contados da data da suspensão do empregado".

Alternativa "c": Na verdade, o prazo de trinta dias é decadencial, pois a demanda a ele vinculada tem natureza jurídica constitutiva. Apesar da justificativa equivocada, considera-se **correta** a assertiva diante da afirmativa de ser um prazo decadencial e não de prescrição, como reforça a Súmula nº 403 do STF: "É de decadência o prazo de trinta dias para instauração do inquérito judicial, a contar da suspensão, por falta grave, de empregado estável".

Alternativa "d": No caso do dirigente sindical é necessário o ajuizamento do inquérito para apuração de falta grave, diante da exigência legal nesse sentido. A Súmula nº 379 do TST reforça esse entendimento: "O dirigente sindical somente poderá ser dispensado por falta grave mediante a apuração em inquérito judicial, inteligência dos arts. 494 e 543, §3º, da CLT".

Alternativa "e": Os salários e demais direitos do empregado estável são devidos durante todo o prazo da suspensão contratual e não a partir da sentença. Sendo assim, considera-se **incorreta** essa assertiva, pois contraria o preceito contido no art. 495 da CLT: "Reconhecida a inexistência de falta grave praticada pelo empregado, fica o empregador obrigado a readmiti-lo no serviço e a pagar-lhe os salários a que teria direito no período da suspensão".

Gabarito: C.

---

113. (TRT 23 – Juiz do Trabalho Substituto 23ª Região/2014) Sobre o rito sumaríssimo, NÃO É CORRETO afirmar:

a) Os dissídios individuais cujo valor da causa não exceda a quarenta vezes o valor do salário mínimo serão submetidos ao procedimento sumaríssimo, independente de quem esteja situado no polo passivo da relação processual.

b) As causas sujeitas ao rito sumaríssimo serão instruídas e julgadas em audiência única.

c) Nas causas que tramitam sob o rito sumaríssimo, cada uma das partes não poderá indicar mais de duas testemunhas.

d) Na ata de audiência serão registrados, resumidamente, os atos essenciais, as afirmações fundamentais das partes e as informações úteis à solução da causa trazidas pela prova testemunhai.

e) Somente quando a prova do fato o exigir, ou for legalmente imposta, será deferida prova técnica, incumbindo ao Juiz, desde logo, fixar o prazo, o objeto da perícia e nomear perito.

COMENTÁRIOS

✪ **Nota do autor:** A equidade pode ser usada para solucionar o conflito de interesses trabalhistas submetido ao rito sumaríssimo por expressa disposição legal.

Alternativa "a": Existem algumas exceções subjetivas que excluem a possibilidade do rito sumaríssimo. Assertiva **incorreta**, uma vez que vai de encontro à determinação contida no art. 852-A, parágrafo único, da CLT: "Estão excluídas do procedimento sumaríssimo as demandas em que é parte a Administração Pública direta, autárquica e fundacional".

Alternativa "b": Correta, diante da previsão contida no art. 852-C da CLT: "As demandas sujeitas a rito sumaríssimo serão instruídas e julgadas em audiência única, sob a direção de juiz presidente ou substituto, que poderá ser convocado para atuar simultaneamente com o titular".

Alternativa "c": Esse é o limite estabelecido pelo art. 852-H, § 2º, da CLT: "As testemunhas, até o máximo de duas para cada parte, comparecerão à audiência de instrução e julgamento independentemente de intimação". **Correta.**

Alternativa "d": Assertiva **correta** diante da coincidência do texto respectivo com a redação do art. 852-F da CLT: "Na ata de audiência serão registrados resumidamente os atos essenciais, as afirmações fundamentais das partes e as informações úteis à solução da causa trazidas pela prova testemunhal".

Alternativa "e": Assertiva **correta** diante da coincidência do texto respectivo com a redação do art. 852-H, § 4º, da CLT: "Somente quando a prova do fato o exigir, ou for legalmente imposta, será deferida prova técnica, incumbindo ao juiz, desde logo, fixar o prazo, o objeto da perícia e nomear perito".

Gabarito: A.

---

114. (TRT 23 – Juiz do Trabalho Substituto 23ª Região/2014) Em consonância com o quanto sumulado pelo TST, indique a alternativa CORRETA:

a) E inválido o instrumento de mandato firmado em nome de pessoa jurídica que contenha o nome do outorgante e do signatário da procuração.

b) A União é responsável pelo pagamento dos honorários periciais quando o reclamante, sucumbente no objeto da perícia, for beneficiário da justiça gratuita; mas não o é se o reclamado, ainda que beneficiário da justiça gratuita, for sucumbente no objeto da perícia.

c) Em causas sujeitas ao procedimento sumaríssimo, admitem-se os embargos interpostos na vigência da Lei 11.496/07, quando demonstrada a divergência jurisprudencial entre turmas do TST, fundada em interpretações diversas acerca da aplicação de mesmo dispositivo constitucional ou de matéria sumulada.

d) Não é extemporâneo o recurso interposto antes da publicação do acórdão impugnado.

e) Havendo pedido expresso de que as intimações e publicações sejam realizadas, exclusivamente, em nome de determinado advogado, a comunicação em nome de outro profissional constituído nos autos é, sempre, nula.

COMENTÁRIOS

✪ **Nota do autor:** Quando essa questão foi elaborada ainda não estava em vigor a Lei nº 13.015/14 que alterou a redação do § 6º do art. 896 da CLT, além de transformá-lo no § 9º com a seguinte redação: "Nas causas sujeitas ao procedimento sumaríssimo, somente será admitido recurso de revista por contrariedade a súmula de jurisprudência uniforme do Tribunal Superior do Trabalho ou a súmula vinculante do Supremo Tribunal Federal e por violação direta da Constituição Federal". Note-se que, apesar dessa mudança, a Súmula nº 442 do TST não foi alterada e continua fazendo referência ao § 6º do art. 896 da CLT. Note-se que essa questão foi elaborada antes da vigência da Lei nº 13.467/17, que alterou a redação do art. 790-B da CLT. Posteriormente, em 2021, o STF declarou a inconstitucionalidade do caput e do § 4º desse dispositivo legal, quando do julgamento da ADI nº 5766. Eis a redação do referido dispositivo legal: "Art. 790-B. A responsabilidade pelo pagamento dos honorários periciais é da parte sucumbente na pretensão objeto da perícia, ainda que beneficiária da justiça gratuita. § 4º Somente no caso em que o beneficiário da justiça gratuita não tenha obtido em juízo créditos capazes de suportar a despesa referida no caput, ainda que em outro processo, a União responderá pelo encargo."

Alternativa "a": Incorreta. A presença de tais elementos é necessária para individualizar o instrumento de mandato e, consequentemente, validá-lo, conforme entendimento do TST constante da Súmula nº 456 do TST: "É inválido o instrumento de mandato firmado em nome de pessoa jurídica que não contenha, pelo menos, o nome do outorgante e do signatário da procuração, pois estes dados constituem elementos que os individualizam." Posteriormente essa Súmula foi modificada passando a ter a seguinte redação: "REPRESENTAÇÃO. PESSOA JURÍDICA. PROCURAÇÃO. INVALIDADE. IDENTIFICAÇÃO DO OUTORGANTE E DE SEU REPRESENTANTE. (inseridos os itens II e III em decorrência do CPC de 2015) – Res. 211/2016, DEJT divulgado em 24, 25 e 26.08.2016. I – É inválido o instrumento de mandato firmado em nome de pessoa jurídica que não contenha, pelo menos, o nome do outorgante e do signatário da procuração, pois estes dados constituem elementos que os individualizam. II – Verificada a irregularidade de representação da parte na instância originária, o juiz designará prazo de 5 (cinco) dias para que seja sanado o vício. Descumprida a determinação, extinguirá o processo, sem resolução de mérito, se a providência couber ao reclamante, ou considerará revel o reclamado, se a providência lhe couber (art. 76, § 1º, do CPC de 2015). III – Caso a irregularidade de representação da parte seja constatada em fase recursal, o relator designará prazo de 5 (cinco) dias para que seja sanado o vício. Descumprida a determinação, o relator não conhecerá do recurso, se a providência couber ao recorrente, ou determinará o desentranhamento das contrarrazões, se a providência couber ao recorrido (art. 76, § 2º, do CPC de 2015)".

Alternativa "b": Em ambos os casos a União é responsável. O requisito exigido é que a parte, empregado ou empregador, seja beneficiária da justiça gratuita, conforme posicionamento adotado pelo TST por intermédio da Súmula nº 457: "A União é responsável pelo pagamento dos honorários de perito quando a parte sucumbente no objeto da perícia for beneficiária da assistência judiciária gratuita, observado o procedimento disposto nos arts. 1º, 2º e 5º da Resolução n.º 66/2010 do Conselho Superior da Justiça do Trabalho – CSJT". **Incorreta (ver nota do autor).**

Alternativa "c": Correta, pois coincide com o teor da Súmula nº 458 do TST: "Em causas sujeitas ao procedimento sumaríssimo, em que pese a limitação imposta no art. 896, § 6º, da CLT à interposição de recurso de revista, admitem-se os embargos interpostos na vigência da Lei nº 11.496, de 22.06.2007, que conferiu nova redação ao art. 894 da CLT, quando demonstrada a divergência jurisprudencial entre Turmas do TST, fundada em interpretações diversas acerca da aplicação de mesmo dispositivo constitucional ou de matéria sumulada". (ver nota do autor)

Alternativa "d": Na verdade o termo correto seria "prematuro". Mas o entendimento do TST à época da confecção da pergunta era no sentido de reconhecer a extemporaneidade do recurso interposto antes da publicação do acórdão, conforme se vê da redação da Súmula nº 434, inciso I: "É extemporâneo recurso interposto antes de publicado o acórdão impugnado". O TST cancelou essa Súmula em 2015, por meio da Resolução nº 198. Incorreta. **Incorreta.**

Alternativa "e": Assertiva **correta** diante da coincidência do texto respectivo com a redação da Súmula nº 427 do TST: "Havendo pedido expresso de que as intimações e publicações sejam realizadas exclusivamente em nome de determinado advogado, a comunicação em nome de outro profissional constituído nos autos é nula, salvo se constatada a inexistência de prejuízo".

Gabarito: ver nota do autor.

---

115. (FCC – Juiz do Trabalho Substituto 18ª Região/2014) Com relação ao procedimento sumaríssimo no Processo do Trabalho,

a) os dissídios individuais e coletivos cujo valor não exceda a quarenta vezes o salário mínimo vigente na data da audiência ficam submetidos ao procedimento sumaríssimo.

b) nas reclamações enquadradas no procedimento sumaríssimo a apreciação da reclamação deverá ocorrer no prazo máximo de 30 dias do seu ajuizamento, podendo constar de pauta especial, se necessário, de acordo com o movimento judiciário.

c) interrompida a audiência, o seu prosseguimento e a solução do processo dar-se-ão no prazo máximo de 15 dias, salvo motivo relevante justificado nos autos pelo Juiz da causa.

d) serão decididos, de plano, todos os incidentes e exceções que possam interferir no prosseguimento da audiência e do processo, determinando o Juiz, quando houver necessidade de prova técnica, a conversão do procedimento sumaríssimo em ordinário.

e) o procedimento sumaríssimo destaca a concentração dos atos processuais em audiência, determinando que todas as provas sejam produzidas neste ato processual, exceto a prova documental que é pré-constituída e a prova pericial que se realiza fora da audiência.

COMENTÁRIOS

Alternativa "a": Assertiva **incorreta**, pois o rito sumaríssimo não pode ser utilizado nos dissídios coletivos conforme se vê da redação do art. 852-A da CLT: "Os dissídios individuais cujo valor não exceda a quarenta vezes o salário mínimo vigente na data do ajuizamento da reclamação ficam submetidos ao procedimento sumaríssimo".

Alternativa "b": O prazo máximo para apreciação da demanda submetida ao rito sumaríssimo é de 15 dias e não de 30 como constou nesta alternativa, motivo pelo qual é classificada como **incorreta** (art. 852-B, III da CLT: "A apreciação da reclamação deverá ocorrer no prazo máximo de quinze dias do seu ajuizamento, podendo constar de pauta especial, se necessário, de acordo com o movimento judiciário da Junta de Conciliação e Julgamento").

Alternativa "c": Nesse caso, o prazo máximo é de 30 dias, na forma prevista pelo art. 852-H, § 7º da CLT: "Interrompida a audiência, o seu prosseguimento e a solução do processo dar-se-ão no prazo máximo de trinta dias, salvo motivo relevante justificado nos autos pelo juiz da causa". **Incorreta.**

Alternativa "d": Quando for necessária a realização de prova técnica, o juiz deferirá o seu processamento sem a necessidade de converter o rito sumaríssimo em ordinário. Nesse sentido é a determinação contida no art. 852-H, § 4º da CLT: "Somente quando a prova do fato o exigir, ou for legalmente imposta, será deferida prova técnica, incumbindo ao juiz, desde logo, fixar o prazo, o objeto da perícia e nomear perito". **Incorreta.**

Alternativa "e": Essa foi a intenção do legislador ao instituir o rito sumaríssimo no processo laboral, como se pode observar da redação do *caput* e parágrafos do art. 852-H da CLT: "Art. 852-H – Todas as provas serão produzidas na audiência de instrução e julgamento, ainda que não requeridas previamente. § 1º Sobre os documentos apresentados por uma das partes manifestar-se-á imediatamente a parte contrária, sem interrupção da audiência, salvo absoluta impossibilidade, a critério do juiz. § 4º Somente quando a prova do fato o exigir, ou for legalmente imposta, será deferida prova técnica, incumbindo ao juiz, desde logo, fixar o prazo, o objeto da perícia e nomear perito produzidas na audiência de instrução e julgamento, ainda que não requeridas previamente".

Gabarito: E.

---

116. (FCC – Juiz do Trabalho Substituto 6ª Região/2013) Madalena apresentou reclamação trabalhista em face da Fundação São João dos Mares, objetivando o pagamento de horas extraordinárias, adicional de transferência e verbas rescisórias. Deu à causa o valor de R$ 30.000,00 (trinta mil reais). Neste caso,

a) os trâmites de instrução e julgamento da reclamação serão resumidos em ata, de que constará, na íntegra, a decisão.

b) a autora deverá manifestar-se imediatamente sobre os documentos apresentados pela parte contrária, sem interrupção da audiência, salvo absoluta impossibilidade.

c) poderão ser ouvidas apenas duas testemunhas para cada uma das partes, independentemente de intimação.

d) a citação não poderá ser feita por edital, por se tratar de entidade fundacional.

e) a apreciação da reclamação deverá ocorrer no prazo máximo de 15 (quinze) dias de seu ajuizamento.

COMENTÁRIOS

✪ **Nota do autor:** A característica principal do rito sumaríssimo, no que se refere às provas, é no sentido de que todas elas são produzidas na audiência de instrução e julgamento. A manifestação do reclamante em relação aos documentos apresentados pela parte reclamada é feita sem a suspensão da sessão, salvo algumas exceções previstas expressamente em lei. Observe-se, na alternativa "d", que o art. 231, I a III do CPC de 1973 corresponde ao art. 256, I a III do CPC de 2015.

Alternativa "a": Trinta mil reais equivaliam, em 2013, a 44,24 salários mínimos. Logo, a demanda teria que tramitar pelo rito ordinário, com a incidência das regras que regem esse procedimento, inclusive o preceito contido no art. 851 da CLT: "Os trâmites de instrução e julgamento da reclamação serão resumidos em ata, de que constará, na íntegra, a decisão". Assertiva **correta.**

Alternativa "b": Incorreta, pois essa exigência só está prevista legalmente quando a demanda segue o rito sumaríssimo, conforme preceitua o art. 852-H, §1º da CLT: "Sobre os documentos apresentados por uma das partes manifestar-se-á imediatamente a parte contrária, sem interrupção da audiência, salvo absoluta impossibilidade, a critério do juiz".

Alternativa "c": Incorreta, pois essa exigência só está prevista legalmente quando a demanda segue o rito sumaríssimo, conforme preceitua o art. 852-H, §2º da CLT: "As testemunhas, até o máximo de duas para cada parte, comparecerão à audiência de instrução e julgamento independentemente de intimação".

Alternativa "d": Incorreta a assertiva, pois o simples fato de a reclamada ser uma fundação não impede que a notificação seja feita por edital, desde que estejam presentes os requisitos que a autorizem, previstos pelo art. 231 do CPC de 1973: "Far-se-á a citação por edital: I – quando desconhecido ou incerto o réu; II – quando ignorado, incerto ou inacessível o lugar em que se encontrar; III – nos casos expressos em lei". Caso a demanda tramitasse pelo rito sumaríssimo, a notificação inicial não poderia ser feita por edital, na forma prevista pelo art. 852-B, II, da CLT.

Alternativa "e": Incorreta, pois essa exigência só está prevista legalmente quando a demanda segue o rito sumaríssimo, conforme preceitua o art. 852-B, III da CLT: "A apreciação da reclamação deverá ocorrer no prazo máximo de quinze dias do seu ajuizamento, podendo constar de pauta especial, se necessário, de acordo com o movimento judiciário da Junta de Conciliação e Julgamento".

Gabarito: A.

---

117. (TRT 8 – Juiz do Trabalho Substituto 8ª Região/2013) Sobre Inquérito para apuração de falta grave (cabimento, prazo, julgamento, natureza e efeitos da sentença), é CORRETO afirmar que:

a) Para a instauração do inquérito para apuração de falta grave contra empregado garantido com estabilidade, o empregador apresentará reclamação por escrito à Vara do Trabalho, dentro de 30 (trinta) dias, contados da data da suspensão do empregado. Se tiver havido prévio reconhecimento da estabilidade do empregado, o julgamento do inquérito pelo Juízo não prejudicará a execução para pagamento dos salários devidos ao empregado, até a data da instauração do mesmo inquérito.

b) Atualmente, o inquérito para apuração de falta grave é ação exigível para desconstituir o contrato individual do trabalho de empregado portador de estabilidade.

c) O empregado estável acusado de falta grave poderá ser suspenso de suas funções, mas a sua despedida só se tornará efetiva após decisão proferida na ação de inquérito em que se verifique a procedência da acusação. Reconhecida a inexistência de falta grave praticada pelo empregado, fica o empregador obrigado a readmiti-lo no serviço e a pagar-lhe os salários a que teria direito no período da suspensão. Todavia, quando a reintegração do empregado estável for desaconselhável, dado o grau de incompatibilidade resultante do dissídio, especialmente quando for o empregador pessoa física, o tribunal do trabalho poderá converter aquela obrigação em indenização, como faculdade das partes e não por imperativo dos fatos.

d) Se a ação de inquérito for julgada procedente, o contrato de trabalho do estável fica rescindido a partir do trânsito em julgado da decisão, independente de ter havido suspensão do empregado.

e) A conversão da reintegração em indenização em dobro não constitui incidente de execução.

COMENTÁRIOS

✪ **Nota do autor:** A denominação atribuída à ação de inquérito, de iniciativa exclusiva do empregador (requerente) exercida em face do empregado (requerido), reflete o momento histórico anterior à edição da CLT, quando as ações trabalhistas tinham natureza administrativa e não judicial.

Alternativa "a": Assertiva **correta**, pois representa o conjunto de preceitos contido na legislação trabalhista, com destaque para a forma escrita da petição inicial, o prazo de suspensão de trinta dias contados da suspensão do empregado para propositura do inquérito e a possibilidade de execução da sentença quanto ao pagamento dos salários devidos ao empregado, conforme previsão contida nos arts. 853 e 855 da CLT. "Art. 853. Para a instauração do inquérito para apuração de falta grave contra empregado garantido com estabilidade, o empregador apresentará reclamação por escrito à Junta ou Juízo de Direito, dentro de 30 (trinta) dias, contados da data da suspensão do empregado. Art. 855. Se tiver havido prévio reconhecimento da estabilidade do empregado, o julgamento do inquérito pela Junta ou Juízo não prejudicará a execução para pagamento dos salários devidos ao empregado, até a data da instauração do mesmo inquérito.

Alternativa "b": Incorreta, pois o inquérito para apuração de falta grave não é exigido para o rompimento do contrato de trabalho de empregado portador de qualquer espécie estabilidade. Ele só é usado quando a lei, de forma expressa, exige como condição *sine qua non* para a extinção contratual. Cita-se, por exemplo, a desnecessidade do inquérito para os casos de extinção de estabilidade gestante, do membro da CIPA e do empregado que sofreu acidente do trabalho.

Alternativa "c": Incorreta a assertiva por conta do seu trecho final, quando se constata a afirmação no sentido de classificar a indenização substitutiva como faculdade das partes e não por imperativo dos fatos. Isso contraria o preceito contido na parte final do art. 496 da CLT: "Quando a reintegração do empregado estável for desaconselhável, dado o grau de incompatibilidade resultante do dissídio, especialmente quando for o empregador pessoa física, o tribunal do trabalho poderá converter aquela obrigação em indenização devida nos termos do artigo seguinte".

Alternativa "d": Se o inquérito é julgado procedente, rompe-se o contrato de trabalho com efeito retroativo à data de suspensão do empregado. Se não houve suspensão, a extinção do contrato de trabalho efetiva-se com o trânsito em julgado da decisão. **Incorreta.**

Alternativa "e": A reintegração é medida de cumprimento de determinação judicial contida na sentença. Logo, a conversão dessa obrigação de fazer em obrigação de dar ocorre no processo de execução, em forma de incidente. **Incorreta.**

Gabarito: A.

---

118. (TRT 2 – Juiz do Trabalho Substituto 2ª Região/2013) Em relação ao inquérito judicial para a apuração de falta grave não é possível afirmar. Aponte a alternativa incorreta:

a) Trata-se de ação constitutiva necessária para a apuração de falta grave que autoriza a resolução de contrato de trabalho do empregado estável por iniciativa do empregador.

b) Para a apuração de falta grave contra empregado garantido por estabilidade, o empregador ajuizará reclamatória, verbal ou escrita, perante a Vara de Trabalho, dentro de trinta dias, contados da data da suspensão do empregado.

c) O empregado acusado de falta grave poderá ser suspenso de suas funções, mas a sua despedida só se tornará efetiva após o inquérito em que se verifique a procedência da acusação.

d) A suspensão do contrato do empregado estável, acusado de falta grave, perdurará até decisão final do processo.

e) Reconhecida a inexistência de falta grave praticada pelo empregado, fica o empregador obrigado a readmiti-lo no serviço e a pagar-lhe os salários do período da suspensão.

COMENTÁRIOS

✪ **Nota do autor:** No inquérito para apuração de falta grave, o autor pretende a extinção do contrato de trabalho do empregado estável. Logo, a natureza jurídica dessa ação é, predominantemente, constitutiva negativa. Contudo, a sentença pode, além reconhecer a inexistência de falta grave, condenar o demandante no pagamento dos salários devidos durante o período em que o empregado ficou afastado do serviço, na forma prevista pelo art. 855 da CLT, circunstância que revela seu caráter condenatório.

Alternativa "a": Correta a assertiva, pois destaca a natureza constitutiva do inquérito e sua necessidade para efeito de extinção do contrato de trabalho de empregado estável.

Alternativa "b": A petição inicial do inquérito não pode ser verbal. Portanto, classifica-se a assertiva como **incorreta**, pois contraria o art. 853 da CLT: "Para a instauração do inquérito para apuração de falta grave contra empregado garantido com estabilidade, o empregador apresentará reclamação por escrito à Junta ou Juízo de Direito, dentro de 30 (trinta) dias, contados da data da suspensão do empregado".

Alternativa "c": Assertiva **correta**, uma vez que corresponde ao mandamento contido no art. 494 da CLT: "O empregado acusado de falta grave poderá ser suspenso de suas funções, mas a sua despedida só se tornará efetiva após o inquérito e que se verifique a procedência da acusação".

Alternativa "d": O preceito contido no parágrafo único do art. 494 da CLT é nesse sentido: "A suspensão, no caso deste artigo, perdurará até a decisão final do processo". Alternativa correta.

Alternativa "e": Correta a assertiva, pois coincide com o disposto no art. 495 da CLT: "Reconhecida a inexistência de falta grave praticada pelo empregado, fica o empregador obrigado a readmiti-lo no serviço e a pagar-lhe os salários a que teria direito no período da suspensão".

Gabarito: B.

---

119. (TRT 2 – Juiz do Trabalho Substituto 2ª Região/2013) Em relação às reclamações trabalhistas enquadradas no procedimento sumaríssimo, aponte a alternativa correta:

a) A parte deverá manifestar-se sobre os documentos apresentados pela parte contrária imediatamente, sem a concessão de prazo, em razão do princípio da celeridade.

b) O pedido poderá ser incerto, desde que haja a indicação do valor correspondente.

c) Os atos essenciais e as afirmações fundamentais produzidas em audiência serão registradas na ata de audiência, salvo se o juiz proferir a decisão na mesma data da realização da instrução.

d) As provas serão produzidas na audiência de instrução e julgamento, mesmo que não tenham sido requeridas previamente.

e) Só será deferida a realização de perícia técnica quando a prova do fato o exigir, ou for legalmente imposta, vedada a indicação de assistente técnico.

COMENTÁRIOS

✪ **Nota do autor:** Apesar da CLT ser omissa quanto à necessidade das razões finais no rito sumaríssimo, entende-se que devem ser utilizadas as regras do procedimento comum ordinário de forma subsidiária. Isso porque o legislador, quando quis suprimir ou alterar algum ato processual, o fez de forma expressa, como ocorreu com a desnecessidade do relatório na sentença.

Alternativa "a": Incorreta, pois é possível que seja concedido prazo para manifestação, no caso de absoluta impossibilidade e a critério do juiz, conforme se observa do preceito contido no art. 852-H, §1º da CLT: "Sobre os documentos apresentados por uma das partes manifestar-se-á imediatamente a parte contrária, sem interrupção da audiência, salvo absoluta impossibilidade, a critério do juiz".

Alternativa "b": Incorreta, uma vez que o pedido deve ser certou ou determinado, de acordo com o que determina o art. 852-B, I da CLT: "Nas reclamações enquadradas no procedimento sumaríssimo: I – o pedido deverá ser certo ou determinado e indicará o valor correspondente".

Alternativa "c": Incorreta, pois o registro dos atos essenciais e as afirmações fundamentais das partes devem ser registradas na ata de audiência independentemente do fato de o juiz proferir a sentença na mesma data da instrução da demanda, conforme preleciona o art. 852-F da CLT: "Na ata de audiência serão registrados resumidamente os atos essenciais, as afirmações fundamentais das partes e as informações úteis à solução da causa trazidas pela prova testemunhal".

Alternativa "d": Correta. Esse mandamento consta da redação do art. 852-H, *caput,* da CLT: "Todas as provas serão produzidas na audiência de instrução e julgamento, ainda que não requeridas previamente".

Alternativa "e": Incorreta, pois pela redação do art. 852-H, §4º da CLT, não se veda a indicação do assistente técnico no rito sumaríssimo: "Somente quando a prova do fato o exigir, ou for legalmente imposta, será deferida prova técnica, incumbindo ao juiz, desde logo, fixar o prazo, o objeto da perícia e nomear perito". Aliás, o § 5º que vedava essa indicação foi objeto de veto presidencial.

Gabarito: D.

---

120. (TRT 22 – Juiz do Trabalho Substituto 22ª Região/2013) Sobre o processo judicial eletrônico é INCORRETO afirmar:

a) obriga a utilização do meio eletrônico para a comunicação dos atos processuais nele praticados, exceto no caso de impossibilidade por motivo técnico, hipótese em que o documento será posteriormente digitalizado;

b) o incidente de falsidade dos documentos produzidos em meio físico terá que ser processado em meio físico;

c) é considerada tempestiva a petição eletrônica quando transmitida até as 24 horas do seu último dia, assegurada a disponibilidade do sistema 24 horas por dia;

d) é considerado original o documento produzido eletronicamente e juntado ao processo eletrônico, desde que garantida a integridade do seu conteúdo e autenticidade do signatário;

e) é obrigatória a informação do CPF/CNPJ das partes em juízo, a menos que a ausência da informação comprometa o acesso à Justiça.

COMENTÁRIOS

✪ **Nota do autor:** No processo judicial eletrônico não é possível riscar as expressões injuriosas, uma vez que o documento assinado digitalmente é inviolável. Pode-se utilizar de procedimentos alternativos, como deixar indisponível a peça que contenha tais características e determinar a parte que faça sua substituição.

Alternativa "a": Correta a afirmativa, pois essa forma de prática dos atos processuais no processo eletrônico encontra sua previsão legal no art. 9º da Lei nº 11.419/2006: "No processo eletrônico, todas as citações, intimações e notificações, inclusive da Fazenda Pública, serão feitas por meio eletrônico, na forma desta Lei. § 1º As citações, intimações, notificações e remessas que viabilizem o acesso à íntegra do processo correspondente serão consideradas vista pessoal do interessado para todos os efeitos legais. § 2º Quando, por motivo técnico, for inviável o uso do meio eletrônico para a realização de citação, intimação ou notificação, esses atos processuais poderão ser praticados segundo as regras ordinárias, digitalizando-se o documento físico, que deverá ser posteriormente destruído".

Alternativa "b": Incorreta, pois ainda impugnado o original do documento, o incidente de falsidade deverá ser processado eletronicamente no PJe de acordo com o preceito contido no art. 11, §2º da Lei nº 11.419/2006: "A arguição de falsidade do documento original será processada eletronicamente na forma da lei processual em vigor".

Alternativa "c": O horário para prática de atos processuais no processo eletrônico é elastecido até as 24 horas, na forma prevista pelo art. 3º, parágrafo único, da Lei nº 11.419/2006: "Quando a petição eletrônica for enviada para atender prazo processual, serão consideradas tempestivas as transmitidas até as 24 (vinte e quatro) horas do seu último dia". Assertiva **correta**.

Alternativa "d": Correta a assertiva, pois os documentos juntados ao processo eletrônico são considerados originais, desde que observados os requisitos previstos pelo art. 11, *caput,* da Lei nº 11.419/2006: "Os documentos produzidos eletronicamente e juntados aos processos eletrônicos com garantia da origem e de seu signatário, na forma estabelecida nesta Lei, serão considerados originais para todos os efeitos legais".

Alternativa "e": Essa obrigatoriedade encontra-se prevista no art. 15 da Lei nº 11.419/2006: "Salvo impossibilidade que comprometa o acesso à justiça, a parte deverá informar, ao distribuir a petição inicial de qualquer ação judicial, o número no cadastro de pessoas físicas ou jurídicas, conforme o caso, perante a Secretaria da Receita Federal". **Correta.**

Gabarito: B.

---

121. (TRT – JTS 16ª RG/2011) Analise as afirmativas e assinale a alternativa CORRETA:

I. A competência para decidir acerca de pedido de antecipação de tutela nos Tribunais cabe ao Relator, que deverá submeter sua decisão ao colegiado respectivo na sessão imediatamente subsequente.

II. É documento essencial à propositura da ação de cumprimento a certidão de trânsito em julgado da sentença normativa, que *ocorre vinte* dias após a publicação do acórdão referente.

III. É de trinta dias o prazo decadencial para o ajuizamento de inquérito para apuração de falta grave, contados a partir da inequívoca ciência do ato omissivo ou comissivo praticado pelo empregado detentor de estabilidade.

IV. É incabível a ação monitoria de ex-empregado embasada em Termo de Rescisão de Contrato de Trabalho expedido pelo ex-empregador e devidamente homologado pelo sindicato de classe.

a) Está correta apenas a afirmativa I.

b) Estão corretas apenas as afirmativas I e IV.

c) Estão corretas apenas as afirmativas I, II e IV.

d) Está correta apenas a afirmativa I, II e III.

e) Está correta apenas a afirmativa VI.

COMENTÁRIOS

✪ Nota do autor: Observe-se, no item "IV" que o art. 1.102.a do CPC de 1973 corresponde ao art. 700 do CPC de 2015.

Item "I": Correta, conforme OJ nº 68 da SDI-2 do TST: "Nos Tribunais, compete ao relator decidir sobre o pedido de antecipação de tutela, submetendo sua decisão ao Colegiado respectivo, independentemente de pauta, na sessão imediatamente subsequente". Essa competência também é definida pelos regimentos dos Tribunais. No TST é objeto do art. 118: "Compete ao Relator: I – submeter pedido de liminar ao órgão competente, antes de despachá-lo, desde que repute de alta relevância a matéria nele tratada. Caracterizada a urgência do despacho, concederá ou denegará a liminar, que será submetida ao referendo do Colegiado na primeira sessão que se seguir".

Item "II": Não é necessário aguardar o trânsito em julgado da sentença normativa. Basta a publicação. **Item incorreto**, conforme entendimento constante da Súmula nº 246 do TST: "É dispensável o trânsito em julgado da sentença normativa para a propositura da ação de cumprimento".

Item "III": Conta-se o referido prazo de decadência a partir da suspensão do empregado. **Item incorreto**, de acordo com o art. 853 da CLT: "Para a instauração do inquérito para apuração de falta grave contra empregado garantido com estabilidade, o empregador apresentará reclamação por escrito à Junta ou Juízo de Direito, dentro de 30 (trinta) dias, contados da data da suspensão do empregado".

Item "IV": Considerando que o termo de rescisão de contrato de trabalho assinado pelo empregador constitui prova escrita de dívida, sem eficácia de título executivo, é perfeitamente cabível a ação monitória com base nesse documento, na forma prevista pelo art. 1.102.a do CPC de 1973: "A ação monitória compete a quem pretender, com base em prova escrita sem eficácia de título executivo, pagamento de soma em dinheiro, entrega de coisa fungível ou de determinado bem móvel". Item **incorreto (ver nota do autor).**

Gabarito: A.

---

122. (TRT – JTS 15ª RG/2008) Observadas as normas legais sobre o procedimento sumaríssimo, assinale a alternativa INCORRETA:

a) o juiz deve adotar em cada caso a decisão que reputar mais justa e equânime, atendendo o fim social da lei e as exigências do bem comum;

b) pode tramitar pelo rito sumaríssimo ação trabalhista em face de empresa pública;

c) as testemunhas que não comparecerem serão intimadas, *"ex officio"*, ou a requerimento da parte, ficando sujeitas a condução coercitiva;

d) e cabível ação rescisória das decisões proferidas nos processos submetidos ao rito sumaríssimo;

e) não se fará citação por edital.

COMENTÁRIOS

✪ Nota do autor: Apesar da CLT ser omissa quanto à necessidade das razões finais no rito sumaríssimo, entende-se que devem ser utilizadas as regras do procedimento comum ordinário de forma subsidiária. Isso porque o legislador, quando quis suprimir ou alterar algum ato processual, o fez de forma expressa, como ocorreu com a desnecessidade do relatório na sentença.

Alternativa "a": Correta, em consonância com o art. 6º da Lei nº 9.099/95: "O Juiz adotará em cada caso a decisão que reputar mais justa e equânime, atendendo aos fins sociais da lei e às exigências do bem comum".

Alternativa "b": Correta, pois só ficam excluídas as demandas em que forem parte as Entidades da Administração Pública direta, autárquica e fundacional, conforme o parágrafo único do art. 852-A da CLT: "Estão excluídas do procedimento sumaríssimo as demandas em que é parte a Administração Pública direta, autárquica e fundacional".

Alternativa "c": Em regra, as testemunhas devem comparecer à audiência independente de intimação (art. 852-H, § 2º). Em caso de não comparecimento injustificado serão intimadas e a condução coercitiva só ocorrerá se não se fizerem presentes nessa segunda audiência. Opção **incorreta**, pois não reproduz a determinação contida no parágrafo único do art. 825 da CLT: "As que não comparecerem serão intimadas, *ex officio* ou a requerimento da parte, ficando sujeitas a condução coercitiva, além das penalidades do art. 730, caso, sem motivo justificado, não atendam à intimação."

Alternativa "d": Não há qualquer limitação legal quanto ao cabimento da ação rescisória de decisões proferidas em demandas sujeitas ao rito sumaríssimo. Portanto, segue-se a regra geral, razão pela qual se considera **correta** essa alternativa.

Alternativa "e": Correta, uma vez que no inciso II do art. 852-B da CLT há referência expressa a citação por edital: "não se fará citação por edital, incumbindo ao autor à correta indicação do nome e endereço do reclamado".

Gabarito: C.

---

123. (TRT – JTS 24ª RG/2008) A respeito do procedimento sumaríssimo, de acordo com a CLT, assinale a alternativa INCORRETA:

a) Sobre os documentos apresentados por uma das partes manifestar-se-á imediatamente a parte contrária, sem interrupção da audiência, salvo absoluta impossibilidade, a critério do juiz.

b) As partes e advogados comunicarão ao juízo as mudanças de endereço ocorridas no curso do processo, reputando-se eficazes as intimações enviadas ao local anteriormente indicado, na ausência de comunicação.

c) Estão excluídas do procedimento sumaríssimo as demandas em que é parte a Administração Pública Direta e Indireta.

d) Serão decididos, de plano, todos os incidentes e exceções que possam interferir no prosseguimento da audiência e do processo. As demais questões serão decididas na sentença.

e) Nas reclamações submetidas ao procedimento sumaríssimo, o pedido deverá ser certo ou determinado e indicará o valor correspondente. O não atendimento, pelo reclamante, deste requisito importará no arquivamento da reclamação e condenação ao pagamento de custas sobre o valor da causa.

COMENTÁRIOS

✪ **Nota do autor:** Como o art. 852-A da CLT não faz qualquer distinção, nada obsta que mais de um autor figure na relação processual trabalhista sujeita ao rito sumaríssimo, desde que se adeque aos demais requisitos estabelecidos pela lei, inclusive o valor da causa.

Alternativa "a": Correta, pois reproduz o texto do § 1º do art. 852-H da CLT: "Sobre os documentos apresentados por uma das partes manifestar-se-á imediatamente a parte contrária, sem interrupção da audiência, salvo absoluta impossibilidade, a critério do juiz".

Alternativa "b": Correta, uma vez que se encontra de acordo com a diretriz do § 2º do art. 852-B da CLT: "As partes e advogados comunicarão ao juízo as mudanças de endereço ocorridas no curso do processo, reputando-se eficazes as intimações enviadas ao local anteriormente indicado, na ausência de comunicação".

Alternativa "c": Incorreta. Com efeito, as empresas públicas e as sociedades de economia mista podem figurar no polo da relação processual submetida ao rito sumaríssimo, segundo permissão indireta inserida no parágrafo único, art. 852-A da CLT: "Estão excluídas do procedimento sumaríssimo as demandas em que é parte a Administração Pública direta, autárquica e fundacional".

Alternativa "d": Correta, pois em conformidade com o art. 852-G da CLT: "Serão decididos, de plano, todos os incidentes e exceções que possam interferir no prosseguimento da audiência e do processo. As demais questões serão decididas na sentença".

Alternativa "e": Correta, pois está em consonância com o inciso I e § 1º do art. 852-B da CLT: "Nas reclamações enquadradas no procedimento sumaríssimo: (...) I – o pedido deverá ser certo ou determinado e indicará o valor correspondente; (...) § 1º O não atendimento, pelo reclamante, do disposto nos incisos I e II deste artigo importará no arquivamento da reclamação e condenação ao pagamento de custas sobre o valor da causa".

Gabarito: C.

---

124. (TRT – JTS 23ª RG/2008) Sobre o procedimento sumaríssimo no Processo do Trabalho, assinale a alternativa INCORRETA:

a) A concentração de incidentes e exceções em decisões instantâneas é uma característica desse procedimento.

b) A definição da prova a ser produzida na audiência será feita pelo juiz.

c) A ata deve conter as afirmações fundamentais das partes, sendo imprescindível, todavia, a transcrição dos depoimentos das testemunhas.

d) No ato da conciliação, o juiz pode, por meios adequados, persuadir as partes, o que não configura prejulgamento.

e) Somente será admitido recurso de revista por contrariedade à súmula de jurisprudência uniforme do TST e violação direta à Constituição da República.

COMENTÁRIOS

✪ **Nota do autor:** Quando essa questão foi elaborada ainda não estava em vigor a Lei nº 13.015/14 que alterou a redação do § 6º do art. 896 da CLT, além de transformá-lo no § 9º com a seguinte redação: "Nas causas sujeitas ao procedimento sumaríssimo, somente será admitido recurso de revista por contrariedade a súmula de jurisprudência uniforme do Tribunal Superior do Trabalho ou a súmula vinculante do Supremo Tribunal Federal e por violação direta da Constituição Federal". Note-se também que a sentença proferida nos autos de processo submetido ao rito sumaríssimo mencionará os elementos de convicção do juízo, com resumo dos fatos relevantes ocorridos em audiência, dispensado o relatório.

Alternativa "a": Tratando-se de rito sumaríssimo, há uma maior concentração dos atos processuais, redução de prazos e a admissão de decisões interlocutórias imediatas de incidentes que possam suspender o curso normal do processo. **Alternativa correta.**

Alternativa "b": A liberdade conferida ao juiz para solucionar o litígio por meio da seleção da prova a ser produzida é muito maior no procedimento sumaríssimo. Cita-se, por exemplo, a determinação contida no art. 852-D da CLT: "O juiz dirigirá o processo com liberdade para determinar as provas a serem produzidas, considerado o ônus probatório de cada litigante, podendo limitar ou excluir as que considerar excessivas, impertinentes ou protelatórias, bem como para apreciá-las e dar especial valor às regras de experiência comum ou técnica". **Opção correta.**

Alternativa "c": Não há essa exigência expressa por parte da norma jurídica que disciplina o rito sumaríssimo. Alternativa **incorreta**, pois não está em consonância com o preceito contido no art. 852-F da CLT: "Na ata de audiência serão registrados resumidamente os atos essenciais, as afirmações fundamentais das partes e as informações úteis à solução da causa trazidas pela prova testemunhal".

Alternativa "d": Correta. Esse procedimento encontra-se previsto pelo art. 852-E da CLT: "Aberta a sessão, o juiz esclarecerá as partes presentes sobre as vantagens da conciliação e usará os meios adequados de persuasão para a solução conciliatória do litígio, em qualquer fase da audiência".

Alternativa "e": Como a lei fala expressamente em Súmula, o TST adotou o entendimento de que não se conhece de recurso de revista fundado em contrariedade à Orientação Jurisprudencial. **Opção correta,** segundo a Súmula nº 442 do TST: "Nas causas sujeitas ao procedimento sumaríssimo, a admissibilidade de recurso de revista está limitada à demonstração de violação direta a dispositivo da Constituição Federal ou contrariedade a Súmula do Tribunal Superior do Trabalho, não se admitindo o recurso por contrariedade a Orientação Jurisprudencial deste Tribunal (Livro II, Título II, Capítulo III, do RITST), ante a ausência de previsão no art. 896, § 6º, da CLT". (ver nota do autor)

Gabarito: C.

---

125. (TRT - JTS 14ª RG/2008) À luz do processo do trabalho, analise as proposições abaixo e responda:

I. A ação judicial de inquérito para apuração de falta grave, movida pelo empregador contra empregado estável, somente pode ser apresentada por meio de petição escrita, não se admitindo, no caso, que seja formulada verbalmente.

II. Na ação judicial de inquérito para apuração de falta grave, as partes poderão indicar até seis testemunhas e as custas processuais deverão ser pagas antes do julgamento da lide, calculadas sobre o valor de seis vezes o salário mensal do empregado requerido.

III. As entidades autárquicas fiscalizadoras do exercício profissional não são isentas do pagamento de custas processuais.

IV. Não se aplica ao processo do trabalho o princípio da ultrapetição.

a) Apenas as proposições I e II são verdadeiras.

b) Apenas as proposições I e III são verdadeiras.

c) Apenas as proposições II e III são verdadeiras.

d) Todas as proposições são verdadeiras.

e) Todas as proposições são falsas.

COMENTÁRIOS

✪ **Nota do autor:** A regra geral aplicada no processo civil, no que diz respeito a um dos aspectos da atuação do juiz, é de que ele deve prestar a tutela jurisdicional nos limites da *res in iudicio deducta*, na forma prevista pelo art. 128 do revogado CPC de 1973. Essa regra sofre algumas exceções específicas no processo do trabalho. Sendo assim, em alguns casos, o juiz pode solucionar a lide de uma forma que não foi proposta pelo autor da demanda, denominando-se de ultrapetição. Observe-se que o art. 128 do CPC de 1973 corresponde ao art. 141 do CPC de 2015.

Item "I": Ao contrário da petição inicial da reclamação trabalhista, que pode ser feita oralmente, a peça de ingresso do inquérito deve assumir a forma escrita. **Item correto**, conforme art. 853 da CLT: "Para a instauração do inquérito para apuração de falta grave contra empregado garantido com estabilidade, o empregador apresentará reclamação por escrito à Junta ou Juízo de Direito, dentro de 30 (trinta) dias, contados da data da suspensão do empregado".

Item "II": Esse item contém uma **assertiva falsa**. Apesar do número de testemunhas estar **correto**, seis, conforme art. 821 da CLT, as custas devem ser recolhidas após o trânsito em julgado da decisão, na forma da previsão contida no art. 789, § 1º, CLT: "Art. 821. Cada uma das partes não poderá indicar mais de 3 (três) testemunhas, salvo quando se tratar de inquérito, caso em que esse número poderá ser elevado a 6 (seis). Art. 789, § 1º. As custas serão pagas pelo vencido, após o trânsito em julgado da decisão. No caso de recurso, as custas serão pagas e comprovado o recolhimento dentro do prazo recursal".

Item "III": Correto, uma vez que o art. 790-A, parágrafo único, da CLT exclui tais entidades da isenção do recolhimento das custas processuais: "A isenção prevista neste artigo não alcança as entidades fiscalizadoras do exercício profissional, nem exime as pessoas jurídicas referidas no inciso I da obrigação de reembolsar as despesas judiciais realizadas pela parte vencedora".

Item "IV": Incorreto. Em determinadas situações o Juiz pode dar aquilo que não foi pedido pela parte. O exemplo clássico repousa na faculdade que o magistrado trabalhista tem de converter o pedido de reintegração de empregado estável em indenização compensatória, conforme previsão constante no art. 496 da CLT: "Quando a reintegração do empregado estável for desaconselhável, dado o grau de incompatibilidade resultante do dissídio, especialmente quando for o empregador pessoa física, o Tribunal do trabalho poderá converter aquela obrigação em indenização devida nos termos do artigo seguinte".

Gabarito: B.

---

126. (TRT - JTS 14ª RG/2008) Considerando as proposições abaixo, à luz do Direito Processual do Trabalho, responda:

I. O ajuizamento de inquérito para apuração de falta grave em face de empregado que incorre em abandono de emprego deve observar o prazo decadencial, contado após o trintídio de ausência ao serviço.

II. Estão excluídas do procedimento sumaríssimo as demandas em que são partes a Administração Pública direta, autárquica, fundacional e as empresas públicas.

III. O Ministério Público do Trabalho poderá propor mandado de injunção perante a Justiça do Trabalho.

IV. A propositura da ação rescisória promove a imediata suspensão da execução da sentença rescindenda.

a) Apenas as proposições III e IV são verdadeiras.

b) Apenas as proposições I, III e IV são verdadeiras.

c) Apenas a proposição III é verdadeira.

d) Todas as proposições são verdadeiras.

e) Todas as proposições são falsas.

COMENTÁRIOS

✪ **Nota do autor:** A redação original do art. 489 do revogado CPC de 1973 não permitia a suspensão da execução da sentença rescindenda. Após a edição da Lei nº 11.280/06 a redação do mencionado dispositivo legal passou a ser a seguinte: "Art. 489. O ajuizamento da ação rescisória não impede o cumprimento da sentença ou acórdão rescindendo, ressalvada a concessão, caso imprescindível e sob os pressupostos previstos em lei, de medidas de natureza cautelar ou antecipatória de tutela". Observe-se que o art. 489 do CPC de 1973 corresponde ao art. 969 do CPC de 2015. Já o art. 273, §7º do CPC de 1973 corresponde ao art. 305, parágrafo único, do CPC de 2015.

Item "I": O termo inicial do prazo decadencial de trinta dias para ajuizar o inquérito para apuração de falta grave conta-se da data da suspensão do empregado e não da sua ausência ao serviço. **Item incorreto**, pois contraria o art. 853 da CLT: "Para a instauração do inquérito para apuração de falta grave contra empregado garantido com estabilidade, o empregador apresentará reclamação por escrito à Junta ou Juízo de Direito, **dentro de 30 dias, contados da data da suspensão do empregado**". E a Súmula nº 62 do TST: "O prazo de decadência do direito do empregador de ajuizar inquérito em face do empregado que incorre em abandono de emprego é contado a partir do momento em que o empregado pretendeu seu retorno ao serviço".

Item "II": A legislação não exclui as empresas públicas do procedimento sumaríssimo. Item **incorreto**, portanto, diante da afronta ao art. 852-A, parágrafo único, da CLT: "Estão excluídas do procedimento sumaríssimo as demandas em que é parte a Administração Pública direta, autárquica e fundacional".

Item "III": Correto, uma vez que essa prerrogativa se encontra prevista expressamente no item X, art. 83 da LC 75/1993: "Compete ao Ministério Público do Trabalho o exercício das seguintes atribuições junto aos órgãos da Justiça do Trabalho: X – promover mandado de injunção, quando a competência for da Justiça do Trabalho".

Item "IV": Incorreto. Para obter esse efeito, a parte deverá fazer pedido de concessão de medida liminar em sede de cautelar ou de antecipação da tutela, conforme entendimento constante da Súmula nº 405 do TST: "I – Em face do que dispõe a MP 1.984-22/2000 e reedições e o artigo 273, § 7º, do CPC, é cabível o pedido liminar formulado na petição inicial de ação rescisória ou na fase recursal, visando a suspender a execução da decisão rescindenda. II – O pedido de antecipação de tutela, formulado nas mesmas condições, será recebido como medida acautelatória em ação rescisória, por não se admitir tutela antecipada em sede de ação rescisória". A atual redação desse verbete, conferida pela Resolução nº 208 do TST, é a seguinte: "Em face do que dispõem a MP 1.984-22/2000 e o art. 969 do CPC de 2015, é cabível o pedido de tutela provisória formulado na petição inicial de ação rescisória ou na fase recursal, visando a suspender a execução da decisão rescindenda" (ver nota do autor).

Gabarito: C.

---

127. (TRT – JTS 8ª RG/2008) Assinale a alternativa FALSA com relação ao procedimento sumaríssimo:

a) Tal como ocorre no procedimento ordinário, as partes têm 8 (oito) dias para recorrer.

b) Tal como ocorre no procedimento ordinário, o prazo para contestação é de 20 (vinte) minutos.

c) Tal como ocorre no procedimento ordinário, a exceção de suspeição deve ser instruída e julgada em 24 (vinte e quatro) horas.

d) Nos processos em que a Administração Pública direta, autárquica e fundacional é parte na condição de litisconsorte passivo, respondendo subsidiária ou solidariamente pelos direitos trabalhistas a que porventura venha a ser condenada, não se aplica o procedimento sumaríssimo.

e) Aplica-se, igualmente, aos dissídios individuais plúrimos, cujo valor não exceder 40 (quarenta) vezes o salário mínimo vigente ao tempo do ajuizamento da ação.

COMENTÁRIOS

✪ **Nota do autor:** Em relação a alternativa "c", com a vigência da Lei da Reforma Trabalhista alterou a redação do art. 800 da CLT, que regulamenta a exceção de incompetência territorial. Atualmente, a apresentação dessa exceção deve ser feita no prazo de cinco dias da notificação e antes da audiência, em procedimento próprio.

Alternativa "a": Correta, pois a Lei nº 9.957/2000 não estabeleceu qualquer prazo diferenciado para recorrer das sentenças proferidas em processos sob o rito sumaríssimo. Nesse sentido, aplica-se a regra geral contida nos arts. 894 e 895 da CLT: "Art. 894. No Tribunal Superior do Trabalho cabem embargos, no prazo de 8 (oito) dias" e "Art. 895. Cabe recurso ordinário para a instância superior: I – das decisões definitivas ou terminativas das Varas e Juízos, no prazo de 8 (oito) dias; e II – das decisões definitivas ou terminativas dos Tribunais Regionais, em processos de sua competência originária, no prazo de 8 (oito) dias, quer nos dissídios individuais, quer nos dissídios coletivos".

Alternativa "b": A Lei nº 9.957/2000 e a CLT são omissas quando se trata do prazo para contestar no procedimento sumaríssimo. Por conta disso, aqui também se aplica a regra geral. **Opção correta**, pois se encontra de acordo com o art. 847 da CLT: "Não havendo acordo, o reclamado terá vinte minutos para aduzir sua defesa, após a leitura da reclamação, quando esta não for dispensada por ambas as partes".

Alternativa "c": Incorreta, uma vez que o prazo estabelecido pelo art. 802 da CLT é de 48 horas: "Apresentada a exceção de suspeição, o juiz ou Tribunal designará audiência dentro de 48 (quarenta e oito) horas, para instrução e julgamento da exceção" (ver nota do autor).

Alternativa "d": Inserindo-se qualquer Entidade da Administração Pública direta, autárquica e fundacional, ainda que na condição de litisconsorte, exclui-se a possibilidade de tramitação do processo respectivo pelo rito sumaríssimo. **Opção correta**, conforme o art. 852-A da CLT: "Os dissídios individuais cujo valor não exceda a quarenta vezes o salário mínimo vigente na data do ajuizamento da reclamação ficam submetidos ao procedimento sumaríssimo. Parágrafo único. Estão excluídas do procedimento sumaríssimo as demandas em que é parte a Administração Pública direta, autárquica e fundacional".

Alternativa "e": O que define o rito, nesse caso, é o valor da causa, independentemente do número de reclamantes ou de reclamados nos polos da relação processual. Opção **correta**, segundo dicção do art. 852-A da CLT: "Os dissídios individuais cujo valor não exceda a quarenta vezes o salário mínimo vigente na data do ajuizamento da reclamação ficam submetidos ao procedimento sumaríssimo".

Gabarito: C.

---

128. (TRT - JTS 6ª RG/2010) No que diz respeito às demandas sujeitas ao rito sumariíssimo, assinale a alternativa INCORRETA:

a) A instrução do feito, que deverá ser realizada em audiência única, poderá contar com a participação do Juiz Titular e do Juiz Substituto, simultaneamente.

b) O pedido deverá ser certo ou determinado e indicará o valor correspondente.

c) Só será deferida intimação de testemunha que, comprovadamente convidada, deixar de comparecer.

d) Só será deferida prova técnica se houver imposição legal nesse sentido.

e) Cada uma das partes poderá trazer, no máximo, duas testemunhas.

COMENTÁRIOS

✪ **Nota do autor:** A característica principal, no que se refere às provas no processo sumaríssimo, é no sentido de que todas elas são produzidas na audiência de instrução e julgamento, inclusive a manifestação do reclamante em relação aos documentos apresentados pela parte reclamada, sem a suspensão da sessão, salvo algumas exceções previstas expressamente em lei, como a realização de perícia em pleito de adicional de insalubridade ou periculosidade.

Alternativa "a": Correta, de acordo com o permissivo contido no art. 852-C da CLT: "As demandas sujeitas a rito sumaríssimo serão instruídas e julgadas em audiência única, sob a direção de juiz presidente ou substituto, que poderá ser convocado para atuar simultaneamente com o titular".

Alternativa "b": Correta, pois está em consonância com o preceito inserido no art. 852-B, I, da CLT: "O pedido deverá ser certo ou determinado e indicará o valor correspondente".

Alternativa "c": O art. 852-H, § 3º, CLT exige a comprovação do convite feito à testemunha faltosa para que seja determinada a sua intimação: "Só será deferida intimação de testemunha que, comprovadamente convidada, deixar de comparecer. Não comparecendo a testemunha intimada, o juiz poderá determinar sua imediata condução coercitiva". Alternativa **correta.**

Alternativa "d": Incorreta, pois além da hipótese de exigência legal da prova técnica, a perícia pode ser determinada quando necessária à demonstração do fato, na forma prevista pelo art. 852-H, § 4º, CLT: "Somente quando a prova do fato o exigir, ou for legalmente imposta, será deferida prova técnica, incumbindo ao juiz, desde logo, fixar o prazo, o objeto da perícia e nomear perito".

Alternativa "e": Correta, segundo a literalidade do o art. 852-H, § 2º, CLT: "As testemunhas, até o máximo de duas para cada parte, comparecerão à audiência de instrução e julgamento independentemente de intimação".

Gabarito: D.

---

129. (TRT - JTS 6ª RG/2010) Ainda sobre as demandas sujeitas ao rito sumariíssimo, assinale a alternativa INCORRETA:

a) Sobre os documentos apresentados por uma das partes manifestar-se-á imediatamente a parte contrária, sem interrupção da audiência, salvo absoluta impossibilidade, a critério do Juiz.

b) Interrompida a audiência, o seu prosseguimento e a solução do processo dar-se-ão no prazo máximo de quinze dias, salvo motivo relevante justificado nos autos pelo Juiz da causa.

c) A sentença mencionará os elementos de convicção do Juízo, com resumo dos fatos relevantes ocorridos em audiência com a dispensa do relatório.

d) Os dissídios individuais cujo valor não exceda a quarenta vezes o salário mínimo vigente na data do ajuizamento da reclamação ficam submetidos ao procedimento sumariíssimo.

e) A exceção em razão do lugar será decidida de plano.

COMENTÁRIOS

Alternativa "a": Correta, uma vez que se encontra de acordo com o preceito inserido no art. 852-H, § 1º, da CLT: "Sobre os documentos apresentados por uma das partes manifestar-se-á imediatamente a parte contrária, sem interrupção da audiência, salvo absoluta impossibilidade, a critério do Juiz".

Alternativa "b": O prazo máximo para solução em caso de interrupção indispensável é de 30 dias e não 15. Opção **incorreta**, por contrariar o disposto no art. 852-H, § 7º, da CLT: "Interrompida a audiência, o seu prosseguimento e a solução do processo dar-se-ão no prazo máximo de trinta dias, salvo motivo relevante justificado nos autos pelo juiz da causa".

Alternativa "c": Correta, de acordo com o art. 852-I da CLT, que estabelece os requisitos da sentença no rito sumaríssimo, inclusive com a dispensa do relatório: "A sentença mencionará os elementos de convicção do Juízo, com resumo dos fatos relevantes ocorridos em audiência com a dispensa do relatório".

Alternativa "d": Correta, pois reproduz o comando contido no o art. 852-A da CLT: "Os dissídios individuais cujo valor não exceda a quarenta vezes o salário mínimo vigente na data do ajuizamento da reclamação ficam submetidos ao procedimento sumaríssimo".

Alternativa "e": Correta, uma vez que a exceção em razão do lugar é classificada como objeção que interfere no prosseguimento da audiência e do processo, segundo o art. 852-G da CLT: "Serão decididos, de plano, todos os incidentes e exceções que possam interferir no prosseguimento da audiência e do processo. As demais questões serão decididas na sentença".

Gabarito: B.

---

130. (TRT – JTS 14ª RG/2008) Em relação ao procedimento sumaríssimo no processo do trabalho, analise as proposições abaixo e responda:

I. O empregador pode ser representado em audiência por preposto com conhecimento dos fatos que envolvem a lide, desde que seja seu empregado, com exceção apenas das ações de empregado doméstico, cuja representação prescinde da existência de relação de emprego com o preponente.

II. A ação deve ser julgada no prazo máximo de 15 (quinze) dias, contado do seu ajuizamento, salvo nos casos de demandas em que figuram como partes os entes da Administração Pública direta, autárquica e fundacional, cuja solução final do processo deve ocorrer em 30 (trinta) dias.

III. Declarando o autor que o reclamado encontra-se em local incerto e não sabido, far-se-á a citação por edital.

IV. Não se defere a intimação judicial de testemunhas, cabendo às partes trazê-las espontaneamente.

a) Há apenas uma proposição verdadeira.

b) Há apenas duas proposições verdadeiras.

c) Há apenas três proposições verdadeiras.

d) Todas as proposições são verdadeiras.

e) Todas as proposições são falsas.

COMENTÁRIOS

✪ **Nota do autor:** A *equid*ade pode ser usada para solucionar o conflito de interesses trabalhistas submetido ao rito sumaríssimo, por meio da autorização expressa conferida pelo art. 852-I, § 1º, da CLT: "O juízo adotará em cada caso a decisão que reputar mais justa e equânime, atendendo aos fins sociais da lei e as exigências do bem comum".

Item "I": Incorreto, pois a exceção se estendia também às demandas em que fossem parte a micro ou pequena empresa, na forma do posicionamento constante da Súmula nº 377 do TST: "Exceto quanto à reclamação de empregado doméstico, ou contra micro ou pequeno empresário, o preposto deve ser necessariamente empregado do reclamado. Inteligência do art. 843, § 1º, da CLT e do art. 54 da Lei Complementar nº 123, de 14 de dezembro de 2006". Com a vigência da Lei da Reforma Trabalhista, houve a inclusão do § 3º ao art. 843 da CLT, com a seguinte redação: "O preposto a que se refere o § 1º deste artigo não precisa ser empregado da parte reclamada.".

Item "II": Incorreto, pois se há Entes da Administração Pública direta, autárquica e fundacional a demanda não pode tramitar pelo rito sumaríssimo, conforme determina o art. 852-A, parágrafo único, da CLT: "Estão excluídas do procedimento sumaríssimo as demandas em que é parte a Administração Pública direta, autárquica e fundacional".

Item "III": Se o reclamado encontra-se em local incerto e não sabido, a demanda não pode tramitar pelo rito sumaríssimo. Item **incorreto**, de acordo com o preceito contido no art. 852-B, II, da CLT: "Não se fará citação por edital, incumbindo ao autor a correta indicação do nome e endereço do reclamado".

Item "IV": O deferimento da intimação só ocorre quando há prova do convite feito às testemunhas ausentes injustificadamente à audiência. **Item incorreto**, pois não está de acordo com o art. 852-H, § 3º, da CLT: "Só será deferida intimação de testemunha que, comprovadamente convidada, deixar de comparecer. Não comparecendo a testemunha intimada, o juiz poderá determinar sua imediata condução coercitiva".

Gabarito: E.

---

131. (TRT – JTS 23ª RG/2008) Leia as assertivas abaixo e marque a alternativa CORRETA:

I. Os valores definidos no Ato das Disposições Constitucionais Transitórias como sendo de "pequeno valor", e que por isso mesmo autorizam procedimento diverso da requisição por precatório em execuções contra a Fazenda Pública, podem ser alterados, ainda que para fixar montantes inferiores, por leis locais do respectivo ente federado.

II. Segundo dispõe a Lei dos Juizados Especiais Federais (Lei nº 10.259/2001), são consideradas, em relação à União, obrigações de pequeno valor, e que devem ser solvidas independentemente de precatório, aquelas que não ultrapassarem o equivalente a 60 (sessenta) salários mínimos, cujo adimplemento deverá ser feito no prazo de 60 (sessenta) dias, após o trânsito em julgado da decisão.

III. O não pagamento de débitos oriundos de sentenças judiciais transitadas em julgado, constantes de precatórios judiciários, pode dar ensejo à intervenção federal, que depende, porém, que se afira conduta dolosa e deliberada do ente federado em não proceder ao pagamento.

a) Apenas o item I é falso.

b) Apenas o item II é falso.

c) Apenas o item III é falso.

d) Todos os itens são falsos.

e) Todos os itens são verdadeiros.

COMENTÁRIOS

✪ **Nota do autor:** Não havia previsão expressa de sequestro nos casos de não alocação orçamentária do valor necessário à satisfação do precatório antes da edição da Emenda Constitucional nº 62/09, que modificou a redação do, art. 100, § 6º da CF/88: "As dotações orçamentárias e os créditos abertos serão consignados diretamente ao Poder Judiciário, cabendo ao Presidente do Tribunal que proferir a decisão exequenda determinar o pagamento integral e autorizar, a requerimento do credor e exclusivamente para os casos de preterimento de seu direito de precedência ou de não alocação orçamentária do valor necessário à satisfação do seu débito, o sequestro da quantia respectiva".

Item "I": Correto. A jurisprudência do STF reconhece a possibilidade dos Entes da Federação estabelecerem limites inferiores aos contidos no art. 87 da ADCT, para efeito de consideração da dívida de pequeno valor, a exemplo da ADI nº 2868, que declarou a constitucionalidade da Lei nº 5.250/2002 do Estado do Piauí.

Item "II": Correto, conforme art. 17, § 1º, da Lei nº 10.259/01: "Tratando-se de obrigação de pagar quantia certa, após o trânsito em julgado da decisão, o pagamento será efetuado no prazo de sessenta dias, contados da entrega da requisição, por ordem do Juiz, à autoridade citada para a causa, na agência mais próxima da Caixa Econômica Federal ou do Banco do Brasil, independentemente de precatório. § 1º Para os efeitos do § 3º do art. 100 da Constituição Federal, as obrigações ali definidas como de pequeno valor, a serem pagas independentemente de precatório, terão como limite o mesmo valor estabelecido nesta Lei para a competência do Juizado Especial Federal Cível (art. 3º, *caput*)".

Item "III": Correto. O processo de intervenção federal encontra-se previsto pelo art. 34 da CF/88: "A União não intervirá nos Estados nem no Distrito Federal, exceto para: VI – prover a execução de lei federal, ordem ou decisão judicial. A Jurisprudência do STF exige como requisito da intervenção a demonstração da atitude dolosa do Ente Federado no sentido de recusar o cumprimento da decisão judicial. Nesse sentido: "Precatórios judiciais. Não configuração de atuação dolosa e deliberada do Estado de São Paulo com finalidade de não pagamento. Estado sujeito a quadro de múltiplas obrigações de idêntica hierarquia. Necessidade de garantir eficácia a outras normas constitucionais, como, por exemplo, a continuidade de prestação de serviços públicos. A intervenção, como medida extrema, deve atender à máxima da proporcionalidade. Adoção da chamada relação de precedência condicionada entre princípios constitucionais concorrentes. (IF 298, Rel. p/ o ac. Min. Gilmar Mendes, julgamento em 3-2-2003, Plenário, *DJ* de 27-2-2004.) No mesmo sentido: IF 5.101, IF 5.105, IF 5.106, IF 5.114, Rel. Min. Cezar Peluso, julgamento em 22-3-2012, Plenário".

Gabarito: E.

---

132. (TRT – JTS 23ª RG/2008) Analise os itens abaixo e marque a alternativa CORRETA:

Em relação aos dissídios de alçada:

I. são assim considerados aqueles de valor não excedente ao dobro do salário mínimo no momento em que for proferida a sentença.

II. não cabe recurso da sentença, salvo se versar sobre matéria constitucional, caso em que será dispensável o preparo.

III. quando cabível o recurso, submete-se ao prazo de 05 dias.

IV. cada parte poderá ouvir, no máximo, duas testemunhas.

V. é dispensável o resumo em ata dos depoimentos, bastando a conclusão do Juízo quanto à matéria de fato.

a) V, V, F, F, V.

b) V, F, V, V, V.

c) F, V, F, F, V.

d) F, F, F, V, V.

e) V, V, V, F, F.

COMENTÁRIOS

✪ **Nota do autor:** Não se vislumbra qualquer incompatibilidade de coexistência entre os ritos estabelecidos pelas Leis nº 5.584/70 e 9.957/2000, pois possuem objetos distintos, ou seja, demandas com limitação do valor da causa diverso.

Item "I": Na verdade o valor deve ser assim considerado na data do ajuizamento da ação e não no momento da sentença. Item **incorreto**, pois contraria o entendimento do TST constante da Súmula nº 71: "A alçada é fixada pelo valor dado à causa na data de seu ajuizamento, desde que não impugnado, sendo inalterável no curso do processo".

Item "II": Incorreto, diante da afirmação equivocada de sua parte final, no sentido de ser dispensado o preparo, uma vez que a Lei nº 5.584/70 é totalmente omissa nesse aspecto, devendo-se seguir a regra que exige esse procedimento, salvo nos casos excepcionalmente previstos em lei, a exemplo da parte de goza do benefício da justiça gratuita.

Item "IV": Incorreto, pois em desconformidade com o art. 6º da Lei nº 5.584/70 que fixa o prazo em oito dias: "Será de 8 (oito) dias o prazo para interpor e contra-arrazoar qualquer recurso".

Item "IV": A Lei nº 5.584/70 é omissa no que diz respeito ao número de testemunhas nos procedimentos de alçada. Contudo, a demanda desse valor enquadra-se na hipótese do rito sumaríssimo, que fixa em duas a quantidade máxima de testemunha que cada parte pode arrolar. Item **correto**, uma vez que atende aos requisitos estabelecidos pelo art. 852-H, § 2º, da CLT: "As testemunhas, até o máximo de duas para cada parte, comparecerão à audiência de instrução e julgamento independentemente de intimação".

Item "V": Correto, conforme art. 2º, § 3º, da Lei nº 5.584/70: "Quando o valor fixado para a causa, na forma deste artigo, não exceder de 2 (duas) vezes o salário mínimo vigente na sede do Juízo, será dispensável o resumo dos depoimentos, devendo constar da Ata a conclusão da Junta quanto à matéria de fato".

Gabarito: D.

---

133. (TRT – JTS 24ª RG/2008) Considerando as disposições da CLT, assinale a alternativa INCORRETA:

a) É facultado aos juízes, órgãos julgadores e presidentes dos tribunais do trabalho de qualquer instância conceder, a requerimento ou de ofício, o benefício da justiça gratuita, inclusive quanto a traslados e instrumentos, àqueles que perceberem salário igual ou inferior ao dobro do mínimo legal, ou declararem, sob as penas da lei, que não estão em condições de pagar as custas do processo sem prejuízo do sustento próprio ou de sua família.

b) Terá preferência em todas as fases processuais o dissídio cuja decisão tiver de ser executada perante o juízo da falência.

c) Os autos dos processos da Justiça do Trabalho não poderão sair dos cartórios ou secretarias, salvo se solicitados por advogado regularmente constituído por qualquer das partes ou por terceiro portador de autorização escrita e expressa firmada pelo referido causídico, ou, ainda, quando tiverem de ser remetidos aos órgãos competentes, em caso de recurso ou requisição.

d) A reclamação verbal será distribuída antes de sua redução a termo. Distribuída a reclamação verbal, o reclamante deverá, salvo motivo de força maior, apresentar-se no prazo de 05 (cinco) dias, ao cartório ou à secretaria, para reduzi-la a termo, sob pena de perda, pelo prazo de 06 (seis) meses, do direito de reclamar perante a Justiça do Trabalho.

e) A União, os Estados, o Distrito Federal, os Municípios e respectivas autarquias e fundações públicas federais, estaduais ou municipais que não explorem atividade econômica não se eximem da obrigação de reembolsar as despesas judiciais realizadas pela parte vencedora.

COMENTÁRIOS

✪ **Nota do autor:** Com relação a alternativa "a", devido a vigência da Lei da Reforma Trabalhista, houve alteração na redação do § 3º, art. 790 da CLT: "É facultado aos juízes, órgãos julgadores e presidentes dos tribunais do trabalho de qualquer instância conceder, a requerimento ou de ofício, o benefício da justiça gratuita, inclusive quanto a traslados e instrumentos, àqueles que perceberem salário igual ou inferior a 40% (quarenta por cento) do limite máximo dos benefícios do Regime Geral de Previdência Social." Assim, com exceção desse caso, o benefício da justiça gratuita será concedido à parte que comprovar insuficiência de recursos para o pagamento das custas do processo. Já em relação a situação prevista pela alternativa "d", apesar de corresponder ao procedimento previsto pelo art. 786 da CLT não é mais utilizada em nenhum Tribunal trabalhista brasileiro. Isso porque todos os sistemas processuais são informatizados, ainda que não seja sob o meio estabelecido pelo Processo Judicial Eletrônico. Assim, quando a reclamação é verbal, o procedimento foi invertido. Primeiro, registram-se as informações fornecidas pelo reclamante, reduzindo-as a termo, e posteriormente é feita a distribuição da reclamação trabalhista "verbal".

Alternativa "a": Correta, pois se trata de transcrição literal do § 3º do art. 790 da CLT, em sua redação anterior: "É facultado aos juízes, órgãos julgadores e presidentes dos tribunais do trabalho de qualquer instância conceder, a requerimento ou de ofício, o benefício da justiça gratuita, inclusive quanto a traslados e instrumentos, àqueles que perceberem salário igual ou inferior ao dobro do mínimo legal, ou declararem, sob as penas da lei, que não estão em condições de pagar as custas do processo sem prejuízo do sustento próprio ou de sua família" (ver nota do autor).

Alternativa "b": Correta, uma vez que esse procedimento está previsto expressamente no art. 768 da CLT: "Terá preferência em todas as fases processuais o dissídio cuja decisão tiver de ser executada perante o Juízo da falência".

Alternativa "c": Incorreta, pois o art. 778 da CLT não contempla a hipótese de a saída dos autos por intermédio de terceiro portador de autorização escrita e expressa firmada pelo referido causídico conforme se observa do texto do mencionado dispositivo legal: "Os autos dos processos da Justiça do Trabalho, não poderão sair dos cartórios ou secretarias, salvo se solicitados por advogado regularmente constituído por qualquer das partes, ou quando tiverem de ser remetidos aos órgãos competentes, em caso de recurso ou requisição".

Alternativa "d": Correta, pois corresponde ao procedimento previsto expressamente no parágrafo único do art. 786 da CLT: "A reclamação verbal será distribuída antes de sua redução a termo. Parágrafo único – Distribuída a reclamação verbal, o reclamante deverá, salvo motivo de força maior, apresentar-se no prazo de 5 (cinco) dias, ao cartório ou à secretaria, para reduzi-la a termo, sob a pena estabelecida no art. 731".

Alternativa "e": Correta, de acordo com o permissivo legal contido no parágrafo único, art. 790-A da CLT: "A isenção prevista neste artigo não alcança as entidades fiscalizadoras do exercício profissional, nem exime as pessoas jurídicas referidas no inciso I da obrigação de reembolsar as despesas judiciais realizadas pela parte vencedora".

Gabarito: C.

---

134. (TRT - JTS 15ª RG/2008) A respeito do inquérito para apuração de falta grave, assinale a alternativa CORRETA:

a) trata-se de uma ação meramente declaratória;

b) julgado improcedente o pedido de resolução contratual, a reintegração do trabalhador ao emprego somente será deferida se houver reconvenção ou pedido contraposto;

c) o prazo para ajuizamento do inquérito e de trinta dias apenas na hipótese de suspensão do empregado;

d) o inquérito é necessário para que haja a resolução contratual da empregada gestante;

e) quando a reintegração do empregado estável for desaconselhável, haja vista o grau de incompatibilidade entre os litigantes, o juízo não poderá, *"ex officio"*, converter a reintegração em indenização.

COMENTÁRIOS

✪ **Nota do autor:** O inquérito para apuração de falta grave representa uma ação específica de cognição, de rito especial, cuja decisão possui carga predominantemente constitutiva, destinando-se a promover o rompimento do contrato de trabalho do empregado portador de estabilidade, desde que assim a lei o determine expressamente.

Alternativa "a": Não é declaratória, mas sim constitutiva, como explicitado na nota do autor. Alternativa **incorreta**.

Alternativa "b": Apesar do seu conteúdo constitutivo negativo, a sentença proferida no inquérito judicial pode, além reconhecer a inexistência de falta grave, condenar o demandante no pagamento dos salários devidos durante o período em que o empregado ficou afastado do serviço, na forma prevista pelo art. 855 da CLT, circunstância que revela seu caráter condenatório. Assim, é desnecessário fazer tal pedido por meio de reconvenção ou pedido contraposto. Alternativa **incorreta**.

Alternativa "c": Quando não há suspensão do empregado (que é uma faculdade do empregador) não se inicia o prazo de decadência de 30 dias. **Opção correta**, conforme art. 853 da CLT: "Para a instauração do inquérito para apuração de falta grave contra empregado garantido com estabilidade, o empregador apresentará reclamação por escrito à Junta ou Juízo de Direito, dentro de 30 (trinta) dias, contados da data da suspensão do empregado".

Alternativa "d": O inquérito só é utilizado quando a lei exige, expressamente, o seu manejo para o rompimento do contrato de trabalho do empregado estável. No caso da gestante, a norma é omissa. Em razão dessa circunstância, não há necessidade de o empregador ajuizar essa ação especial para por fim ao contrato de trabalho da empregada gestante. Alternativa **incorreta.**

Alternativa "e": A regra é justamente no sentido contrário, ou seja, de permitir ao juiz converter a reintegração em indenização, traduzindo-se em uma hipótese da ultrapetição. **Opção incorreta**, diante do permissivo contido no art. 496 da CLT: "Quando a reintegração do empregado estável for desaconselhável, dado o grau de incompatibilidade resultante do dissídio, especialmente quando for o empregador pessoa física, o tribunal do trabalho poderá converter aquela obrigação em indenização devida nos termos do artigo seguinte".

Gabarito: C.

2.2. PARTES, REPRESENTAÇÃO, SUBSTITUIÇÃO PROCESSUAL, MINISTÉRIO PÚBLICO E FAZENDA PÚBLICA

135. (TRT 2 - Juiz do Trabalho Substituto 2ª Região/2016) Nos processos perante a Justiça do Trabalho, em relação à representação das partes, nos termos das Súmulas da Jurisprudência Uniforme do Tribunal Superior do Trabalho:

I. Válido é o instrumento de mandato com prazo determinado que contenha cláusula estabelecendo a prevalência dos poderes para atuar até o final da demanda.

II. São válidos os atos praticados pelo substabelecido, ainda que não haja, no mandato, poderes expressos para substabelecer.

III. A União, os Estados, os Municípios e o Distrito Federal, suas autarquias e fundações públicas, e as empresas públicas e as sociedades de economia mista, quando representadas em juízo, ativa e passivamente, por seus procuradores, estão dispensadas da juntada de instrumento de mandato.

IV. É válido o instrumento de mandato firmado em nome de pessoa jurídica, ainda que este não contenha o nome do outorgante e do signatário da procuração.

V. Configura-se a irregularidade de representação se o substabelecimento é anterior à outorga passada ao substabelecente.

Responda:

a) Somente as proposições I, II e V estão corretas.

b) Somente as proposições I, III e IV estão corretas.

c) Somente as proposições II, III e V estão corretas.

d) Somente as proposições III, IV e V estão corretas.

e) Todas as proposições estão corretas.

COMENTÁRIOS

✪ **Nota do autor:** A assinatura do outorgante na procuração também pode ser emitida por meio eletrônico, desde que o signatário possua assinatura digital, fornecida por uma autoridade emissora de certificação digital.

Item "I": Correto, uma vez que atende ao preceito contido no art. 682, IV, do Código Civil: "Art. 682. Cessa o mandato: IV – pelo término do prazo ou pela conclusão do negócio". Inclusive o TST se manifesta expressamente sobre esse tema por meio da Súmula nº 395, I: "MANDATO E SUBSTABELECIMENTO. CONDIÇÕES DE VALIDADE (nova redação dos itens I e II e acrescido o item V em decorrência do CPC de 2015) – Res. 211/2016, DEJT divulgado em 24, 25 e 26.08.2016 I – Válido é o instrumento de mandato com prazo determinado que contém cláusula estabelecendo a prevalência dos poderes para atuar até o final da demanda".

Item "II": Correto, pois decorre da interpretação do art. 667, § 4º do Código Civil: "Sendo omissa a procuração quanto ao substabelecimento, o procurador será responsável se o substabelecido proceder culposamente". O TST posiciona-se sobre o tema por meio da Súmula nº 395, III: "MANDATO E SUBSTABELECIMENTO. CONDIÇÕES DE VALIDADE (nova redação dos itens I e II e acrescido o item V em decorrência do CPC de 2015) – Res. 211/2016, DEJT divulgado em 24, 25 e 26.08.2016. III – São válidos os atos praticados pelo substabelecido, ainda que não haja, no mandato, poderes expressos para substabelecer (art. 667, e parágrafos, do Código Civil de 2002)".

Item "III": Incorreto. As empresas públicas e as sociedades de economia mista, por se equipararem às empresas privadas, não gozam de privilégios processuais. Sendo assim, devem apresentar procuração, conforme se observa do entendimento do TST exposto na Súmula nº 436, I: "REPRESENTAÇÃO PROCESSUAL. PROCURADOR DA UNIÃO, ESTADOS, MUNICÍPIOS E DISTRITO FEDERAL, SUAS AUTARQUIAS E FUNDAÇÕES PÚBLICAS. JUNTADA DE INSTRUMENTO DE MANDATO (conversão da Orientação Jurisprudencial nº 52 da SBDI-I e inserção do item II à redação) – Res. 185/2012, DEJT divulgado em 25, 26 e 27.09.2012. I – A União, Estados, Municípios e Distrito Federal, suas autarquias e fundações públicas, quando representadas em juízo, ativa e passivamente, por seus procuradores, estão dispensadas da juntada de instrumento de mandato e de comprovação do ato de nomeação".

Item "IV": Incorreto, pois o entendimento do TST é justamente em sentido contrário, de acordo com o a redação da Súmula nº 456, I: "REPRESENTAÇÃO. PESSOA JURÍDICA. PROCURAÇÃO. INVALIDADE. IDENTIFICAÇÃO DO OUTORGANTE E DE SEU REPRESENTANTE. (inseridos os itens II e III em decorrência do CPC de 2015) – Res. 211/2016, DEJT divulgado em 24, 25 e 26.08.2016. I – É inválido o instrumento de mandato firmado em nome de pessoa jurídica que não contenha, pelo menos, o nome do outorgante e do signatário da procuração, pois estes dados constituem elementos que os individualizam".

Item "V": Correto. Não há como repassar poderes que ainda não foram conferidos. Nesse sentido manifesta-se o TST por meio da Súmula nº 395, IV: "REPRESENTAÇÃO. PESSOA JURÍDICA. PROCURAÇÃO. INVALIDADE. IDENTIFICAÇÃO DO OUTORGANTE E DE SEU REPRESENTANTE. (inseridos os itens II e III em decorrência do CPC de 2015) – Res. 211/2016, DEJT divulgado em 24, 25 e 26.08.2016. IV – Configura-se a irregularidade de representação se o substabelecimento é anterior à outorga passada ao substabelecente".

Gabarito: A.

---

136. (TRT 2 – Juiz do Trabalho Substituto 2ª Região/2016) Em relação à atuação do Ministério Público do Trabalho junto aos órgãos da Justiça do Trabalho analise as seguintes proposições:

I. Compete ao Ministério Público do Trabalho intervir em todos os feitos no segundo e no terceiro graus de jurisdição da Justiça do Trabalho, quando a parte for pessoa jurídica de direito público.

II. Compete ao Ministério Público do Trabalho intervir em todos os feitos no primeiro, no segundo e no terceiro graus de jurisdição da Justiça do Trabalho, quando a parte for Estado estrangeiro ou organismo internacional.

III. Compete ao Ministério Público do Trabalho manifestar-se em qualquer fase do processo trabalhista, acolhendo solicitação do juiz ou por sua iniciativa, quando entender existente interesse público que justifique a intervenção.

IV. Compete ao Ministério Público do Trabalho atuar como árbitro, se assim for solicitado pelas partes, nos dissídios de competência da Justiça do Trabalho.

V. Compete ao Ministério Público do Trabalho, com exclusividade, propor em juízo todas as ações necessárias à defesa dos direitos e interesses dos índios, decorrentes das relações de trabalho.

Responda:

a) Somente as proposições I, II e V estão corretas.
b) Somente as proposições I, III e IV estão corretas.
c) Somente as proposições II, III e IV estão corretas.
d) Somente as proposições III, IV e V estão corretas.
e) Todas as proposições estão corretas.

COMENTÁRIOS

✪ **Nota do autor:** A pretensão de natureza coletiva é exercida pelo MPT, por intermédio da ação civil pública e da ação civil coletiva, regulamentada pela Lei nº 7.347/85 e por dispositivos constantes no já citado CDC. Inclusive, é possível instaurar, previamente, o inquérito civil público para a apuração de eventuais denúncias.

Item "I": Correto, pois essa competência encontra-se expressamente prevista na Lei Complementar nº 75/93, art. 83, XIII: "Compete ao Ministério Público do Trabalho o exercício das seguintes atribuições junto aos órgãos da Justiça do Trabalho: XIII – intervir obrigatoriamente em todos os feitos nos segundo e terceiro graus de jurisdição da Justiça do Trabalho, quando a parte for pessoa jurídica de Direito Público, Estado estrangeiro ou organismo internacional".

Item "II": Incorreto, pois a obrigatoriedade não alcança os Órgãos de primeiro grau, conforme se percebe da redação da Lei Complementar nº 75/93, art. 83, XIII: "Compete ao Ministério Público do Trabalho o exercício das seguintes atribuições junto aos órgãos da Justiça do Trabalho: XIII – intervir obrigatoriamente em todos os feitos nos segundo e terceiro graus de jurisdição da Justiça do Trabalho, quando a parte for pessoa jurídica de Direito Público, Estado estrangeiro ou organismo internacional".

Item "III": Correto, uma vez que corresponde à competência estabelecida pela Lei Complementar nº 75/93. Art. 83, II: "Compete ao Ministério Público do Trabalho o exercício das seguintes atribuições junto aos órgãos da Justiça do Trabalho: II – manifestar-se em qualquer fase do processo trabalhista, acolhendo solicitação do juiz ou por sua iniciativa, quando entender existente interesse público que justifique a intervenção".

Item "IV": Correto, pois a atuação do MPT como árbitro está prevista pela Lei Complementar nº 75/93, art. 83, XI: "Compete ao Ministério Público do Trabalho o exercício das seguintes atribuições junto aos órgãos da Justiça do Trabalho: XI – atuar como árbitro, se assim for solicitado pelas partes, nos dissídios de competência da Justiça do Trabalho".

Item "V": Incorreta, pois essa atribuição não é exclusiva, conforme se observa do texto do art. 83, V, da Lei Complementar nº 75/93: "Compete ao Ministério Público do Trabalho o exercício das seguintes atribuições junto aos órgãos da Justiça do Trabalho: V – propor as ações necessárias à defesa dos direitos e interesses dos menores, incapazes e índios, decorrentes das relações de trabalho".

Gabarito: B.

---

137. (FCC – Juiz do Trabalho Substituto 1ª Região/2014) Quanto às partes e aos procuradores na Justiça do Trabalho, é correto afirmar:

a) O menor absolutamente incapaz será representado em juízo por seus pais, pela Procuradoria da Justiça do Trabalho ou pelo Ministério Público estadual, vedando-se tal atuação ao sindicato de classe.
b) Nas reclamações trabalhistas plúrimas, diante da ausência de previsão legal, não se admite, jurisprudencialmente, a formação de comissão de trabalhadores representantes dos demais.
c) Se por doença ou qualquer outro motivo poderoso, devidamente comprovado, não for possível ao empregado comparecer pessoalmente, poderá fazer-se representar por outro empregado que pertença à mesma profissão, ou pelo sindicato.
d) Tratando-se de empregado do reclamado, admite-se a este a cumulação simultânea das funções de advogado e preposto no mesmo processo trabalhista, e suas declarações obrigarão ao preponente.
e) O preposto deve necessariamente ser empregado do reclamado, mesmo tratando-se de micro ou pequeno empresário.

COMENTÁRIOS

✪ **Nota do autor:** O Código de Ética da OAB, aprovado pela Resolução nº 2/2015 do Conselho Federal da Ordem dos Advogados do Brasil, foi publicado no Diário Oficial da União edição do dia 04.11.2015.

Alternativa "a": Incorreta, pois na falta de representantes legais, a reclamação trabalhista do menor também poderá ser feita pelo sindicato, na forma do permissivo contido no art. 793 da CLT: "A reclamação trabalhista do menor de 18 anos será feita por seus representantes legais e, na falta destes, pela Procuradoria da Justiça do Trabalho, pelo sindicato, pelo Ministério Público estadual ou curador nomeado em juízo."

Alternativa "b": Incorreta a assertiva pois contraria a jurisprudência dominante e doutrina: "Tratando-se de muitos empregados, tem-se admitido que uma comissão de trabalhadores represente todos os litisconsortes ativos, principalmente quando se trata de matéria de direito como é o caso dos autos (TRT 2ª R. RO 02890051697. 4ª T. Rel. Juiz José Ribamar". "Quando a ação plúrima envolver grande contingente de trabalhadores patrocinados por advogado(s) particular(es), é de todo recomendável a representação dos autores por um grupo ou comissão dos litisconsortes, a fim de se evitar tumulto na audiência" (LEITE, Carlos Henrique

Bezerra. Curso de direito processual do trabalho. 8ª ed. São Paulo: LTr, 2010. p. 484).

Alternativa "c": Essa substituição do trabalhador em audiência encontra-se amparada legalmente pelo conteúdo do art. 843, §2º, da CLT: "Se por doença ou qualquer outro motivo poderoso, devidamente comprovado, não for possível ao empregado comparecer pessoalmente, poderá fazer-se representar por outro empregado que pertença à mesma profissão, ou pelo seu sindicato". **Correta** a assertiva.

Alternativa "d": Incorreta a assertiva, pois contraria o preceito contido no art. 23 do antigo Código de Ética e Disciplina da OAB: "É defeso ao advogado funcionar no mesmo processo, simultaneamente, como patrono e preposto do empregador ou cliente" (ver nota do autor. No novo Código de Ética da OAB essa vedação encontra-se inserida no art. 25 com a mesma redação).

Alternativa "e": O preposto deveria ser necessariamente empregado, salvo algumas exceções explicitadas na Súmula nº 377 do TST: "Exceto quanto à reclamação de empregado doméstico, ou contra micro ou pequeno empresário, o preposto deve ser necessariamente empregado do reclamado. Inteligência do art. 843, § 1º, da CLT e do art. 54 da Lei Complementar nº 123, de 14 de dezembro de 2006". Assertiva **incorreta**. Atualmente, a Lei nº 13.467/17 inseriu o § 3º ao art. 843 da CLT, com a seguinte redação: "§ 3º O preposto a que se refere o § 1º deste artigo não precisa ser empregado da parte reclamada.". Sendo assim, trata-se no momento de regra e não mais uma exceção o preposto não empregado.

Gabarito: C.

---

138. (FCC – Juiz do Trabalho Substituto 6ª Região/2015) Sobre partes, procuradores e representação considere:

I. A União, Estados, Municípios e Distrito Federal, suas autarquias e fundações públicas, quando representadas em juízo, ativa e passivamente, por seus procuradores, estão dispensadas da juntada de instrumento de mandato e de comprovação do ato de nomeação, sendo essencial que o signatário, ao menos, declare-se exercente do cargo de procurador, não bastando a indicação do número de inscrição na Ordem dos Advogados do Brasil.

II. O instrumento de mandato com prazo determinado que contém cláusula estabelecendo a prevalência dos poderes para atuar até o final da demanda é válido. Diante da existência de previsão, no mandato, fixando termo para sua juntada, o instrumento de mandato só tem validade se anexado ao processo dentro do aludido prazo.

III. São inválidos os atos praticados pelo substabelecido quando não há no mandato, poderes expressos para substabelecer.

Está correto o que consta APENAS em

a) II e III.

b) II.

c) I.

d) I e II.

e) I e III.

COMENTÁRIOS

✪ **Nota do autor:** A possibilidade de substabelecer os poderes pode constar ou não do instrumento de mandato, mas essa circunstância é irrelevante para efeitos processuais. Assim, mesmo sem ter recebido autorização expressa para substabelecer, o patrono da parte pode fazê-lo, mas responde pelos atos do substabelecido, na forma prevista pelo art. 667 do CCB.

Item "I": Correta a assertiva, pois esses critérios de representação processual encontram-se reconhecidos pelo TST por meio de sua Súmula nº 436: "I – A União, Estados, Municípios e Distrito Federal, suas autarquias e fundações públicas, quando representadas em juízo, ativa e passivamente, por seus procuradores, estão dispensadas da juntada de instrumento de mandato e de comprovação do ato de nomeação. II – Para os efeitos do item anterior, é essencial que o signatário ao menos declare-se exercente do cargo de procurador, não bastando a indicação do número de inscrição na Ordem dos Advogados do Brasil".

Item "II": Correto. Esse é o posicionamento do TST explicitado pela Súmula nº 395, do TST: "I – Válido é o instrumento de mandato com prazo determinado que contém cláusula estabelecendo a prevalência dos poderes para atuar até o final da demanda. II – Diante da existência de previsão, no mandato, fixando termo para sua juntada, o instrumento de mandato só tem validade se anexado ao processo dentro do aludido prazo". Atualmente a redação dos itens I e II é a seguinte: "MANDATO E SUBSTABELECIMENTO. CONDIÇÕES DE VALIDADE (nova redação dos itens I e II e acrescido o item V em decorrência do CPC de 2015) – Res. 211/2016, DEJT divulgado em 24, 25 e 26.08.2016. I – Válido é o instrumento de mandato com prazo determinado que contém cláusula estabelecendo a prevalência dos poderes para atuar até o final da demanda (§ 4º do art. 105 do CPC de 2015). (ex -OJ nº 312 da SBDI-1 – DJ 11.08.2003). II – Se há previsão, no instrumento de mandato, de prazo para sua juntada, o mandato só tem validade se anexado ao processo o respectivo instrumento no aludido prazo. (ex-OJ nº 313 da SBDI-1 – DJ 11.08.2003)".

Item "III": Incorreta a assertiva, pois ainda que não haja poderes expressos para substabelecer, são válidos os atos praticados pelo substabelecido, conforme entendimento do TST constante da Súmula nº 395, item III: "São válidos os atos praticados pelo substabelecido, ainda que não haja, no mandato, poderes expressos para substabelecer (art. 667, e parágrafos, do Código Civil de 2002)." (ver nota do autor).

Gabarito: D.

139. (FCC – Juiz do Trabalho Substituto 6ª Região/2015) Segundo a Lei Complementar nº 75/1993, o Conselho Superior do Ministério Público do Trabalho, presidido pelo Procurador-Geral do Trabalho, tem a seguinte composição:

a) o Procurador-Geral do Trabalho, o Vice-Procurador-Geral do Trabalho e o Corregedor-Geral do Ministério Público do Trabalho, que o integram como membros natos; quatro Subprocuradores-Gerais do Trabalho, eleitos para um mandato de um ano, pelo Colégio de Procuradores do Trabalho, mediante voto plurinominal, facultativo e secreto, permitida uma recondução; e quatro Subprocuradores-Gerais do Trabalho, eleitos para um mandato de um ano, por seus pares, mediante voto plurinominal, facultativo e secreto, permitida uma recondução.

b) o Procurador-Geral do Trabalho, que o integra como membro nato; três Subprocuradores-Gerais do Trabalho, eleitos para um mandato de um ano, pelo Colégio de Procuradores do Trabalho, mediante voto plurinominal, obrigatório e secreto, permitida uma recondução; e quatro Subprocuradores-Gerais do Trabalho, eleitos para um mandato de um ano, por seus pares, mediante voto plurinominal, obrigatório e secreto, permitida uma recondução.

c) o Procurador-Geral do Trabalho, o Vice-Procurador-Geral do Trabalho e o Corregedor-Geral do Ministério Público do Trabalho, que o integram como membros natos; três Subprocuradores-Gerais do Trabalho, eleitos para um mandato de dois anos, pelo Colégio de Procuradores do Trabalho, mediante voto plurinominal, facultativo e secreto, permitida uma reeleição; e três Subprocuradores-Gerais do Trabalho, eleitos para um mandato de dois anos, por seus pares, mediante voto plurinominal, facultativo e secreto, permitida uma reeleição.

d) o Procurador-Geral do Trabalho, que o integra como membro nato; quatro Subprocuradores-Gerais do Trabalho, eleitos para um mandato de dois anos, pelo Colégio de Procuradores do Trabalho, mediante voto plurinominal, facultativo e secreto, não permitida a reeleição; e quatro Subprocuradores-Gerais do Trabalho, eleitos para um mandato de dois anos, por seus pares, mediante voto plurinominal, facultativo e secreto, não permitida a reeleição.

e) o Procurador-Geral do Trabalho e o Vice-Procurador-Geral do Trabalho, que o integram como membros natos; quatro Subprocuradores-Gerais do Trabalho, eleitos para um mandato de dois anos, pelo Colégio de Procuradores do Trabalho, mediante voto plurinominal, facultativo e secreto, permitida uma reeleição; e quatro Subprocuradores-Gerais do Trabalho, eleitos para um mandato de dois anos, por seus pares, mediante voto plurinominal, facultativo e secreto, permitida uma reeleição.

COMENTÁRIOS

✪ **Nota do autor:** O Ministério Público do Trabalho é composto de uma Procuradoria-Geral, que atua perante o TST, e de vinte e quatro Procuradorias Regionais, que oficiam perante os Tribunais Regionais do Trabalho.

Alternativa "a": Incorreta, pois o Corregedor-Geral do Ministério Público do Trabalho não é considerado como membro nato do CSMPT, na forma prevista pelo art. 95 da Lei Complementar nº 75/93: "O Conselho Superior do Ministério Público do Trabalho, presidido pelo Procurador-Geral do Trabalho, tem a seguinte composição: I – o Procurador-Geral do Trabalho e o Vice-Procurador-Geral do Trabalho, que o integram como membros natos; II – quatro Subprocuradores-Gerais do Trabalho, eleitos para um mandato de dois anos, pelo Colégio de Procuradores do Trabalho, mediante voto plurinominal, facultativo e secreto, permitida uma reeleição; III – quatro Subprocuradores-Gerais do Trabalho, eleitos para um mandato de dois anos, por seus pares, mediante voto plurinominal, facultativo e secreto, permitida uma reeleição".

Alternativa "b": Incorreta a assertiva, pois o Vice-Procurador-Geral do Trabalho também é considerado como membro nato do CSMPT. Além disso, é quatro o número de Subprocuradores-Gerais do Trabalho que compõem o Conselho conforme explicita o art. 95 da Lei Complementar nº 75/93: "O Conselho Superior do Ministério Público do Trabalho, presidido pelo Procurador-Geral do Trabalho, tem a seguinte composição: I – o Procurador-Geral do Trabalho e o Vice-Procurador-Geral do Trabalho, que o integram como membros natos; II – quatro Subprocuradores-Gerais do Trabalho, eleitos para um mandato de dois anos, pelo Colégio de Procuradores do Trabalho, mediante voto plurinominal, facultativo e secreto, permitida uma reeleição; III – quatro Subprocuradores-Gerais do Trabalho, eleitos para um mandato de dois anos, por seus pares, mediante voto plurinominal, facultativo e secreto, permitida uma reeleição".

Alternativa "c": Incorreta a assertiva, pois o Corregedor-Geral do Ministério Público do Trabalho não é considerado como membro nato do CSMPT. Além disso, são quatro os Subprocuradores-Gerais do Trabalho que compõem o Conselho na forma prevista pelo art. 95 da Lei Complementar nº 75/93: "Art. 95. O Conselho Superior do Ministério Público do Trabalho, presidido pelo Procurador-Geral do Trabalho, tem a seguinte composição: I – o Procurador-Geral do Trabalho e o Vice-Procurador-Geral do Trabalho, que o integram como membros natos; II – quatro Subprocuradores-Gerais do Trabalho, eleitos para um mandato de dois anos, pelo Colégio de Procuradores do Trabalho, mediante voto plurinominal, facultativo e secreto, permitida uma reeleição; III – quatro Subprocuradores-Gerais do Trabalho, eleitos para um mandato de dois anos, por seus pares, mediante voto plurinominal, facultativo e secreto, permitida uma reeleição".

Alternativa "d": Incorreta a assertiva, pois o Vice-Procurador-Geral do Trabalho também é considerado como membro nato do CSMPT, na forma prevista pelo art. 95 da Lei Complementar nº 75/93: "O Conselho Superior do Ministério Público do Trabalho, presidido pelo Procurador-Geral do Trabalho, tem a seguinte composição: I – o Procurador-Geral do Trabalho e o Vice-Procurador-Geral do Trabalho, que o integram como membros natos; II – quatro Subprocuradores-Gerais do Trabalho, eleitos para um mandato de dois anos, pelo Colégio de Procuradores do Trabalho, mediante voto plurinominal, facultativo e secreto, permitida uma reeleição; III – quatro Subprocuradores-Gerais do Trabalho, eleitos para um mandato de dois anos, por seus pares, mediante voto plurinominal, facultativo e secreto, permitida uma reeleição.

Alternativa "e": Correta a assertiva, pois a composição do CSMPT nela descrita corresponde ao preceito contido no art. 95 da LC nº 75/93: "O Conselho Superior do Ministério Público do Trabalho, presidido pelo Procurador-Geral do Trabalho, tem a seguinte composição: I – o Procurador-Geral do Trabalho e o Vice-Procurador-Geral do Trabalho, que o integram como membros natos; II – quatro Subprocuradores-Gerais do Trabalho, eleitos para um mandato de dois anos, pelo Colégio de Procuradores do Trabalho, mediante voto plurinominal, facultativo e secreto, permitida uma reeleição; III – quatro Subprocuradores-Gerais do Trabalho, eleitos para um mandato de dois anos, por seus pares, mediante voto plurinominal, facultativo e secreto, permitida uma reeleição".

Gabarito: E.

---

140. (TRT 8 – Juiz do Trabalho Substituto 8ª Região/2015) Quanto às Orientações Jurisprudenciais da Seção de Dissídios Individuais I (SDI-I) do Tribunal Superior do Trabalho, é INCORRETO afirmar que:

a) É necessário o prequestionamento como pressuposto de admissibilidade em recurso de natureza extraordinária, ainda que se trate de incompetência absoluta.

b) Para fins de ajuizamento de reclamação trabalhista, há de se considerar que a prescrição começa a fluir no final da data do término do aviso prévio.

c) Ao exarar o parecer na remessa de ofício, na qualidade de custos legis, o Ministério Público tem legitimidade para arguir a prescrição em favor de entidade de direito público, ainda que em matéria de direito patrimonial.

d) A condenação em honorários advocatícios nos autos de ação de indenização por danos morais e materiais decorrentes de acidente de trabalho ou de doença profissional, remetida à Justiça do Trabalho após ajuizamento na Justiça comum, antes da vigência da Emenda Constitucional nº 45/2004, decorre da mera sucumbência, nos termos do art. 20 do CPC, não se sujeitando aos requisitos da Lei nº 5.584/1970.

e) A coisa julgada produzida na ação de cumprimento é atípica, pois dependente de condição resolutiva, ou seja, da não modificação da decisão normativa por eventual recurso. Assim, modificada a sentença normativa pelo TST, com a consequente extinção do processo, sem julgamento do mérito, deve-se extinguir a execução em andamento, uma vez que a norma sobre a qual se apoiava o título exequendo deixou de existir no mundo jurídico.

COMENTÁRIOS

✪ **Nota do autor:** Observa-se na prática forense trabalhista que as entidades sindicais raramente rotulam de ação civil pública ou de ação civil coletiva, a demanda coletiva deduzida na Justiça do Trabalho, o que não impede o juiz de recorrer ao disciplinamento legal das referidas ações especiais com o uso dos princípios da instrumentalidade, da informalidade e da fungibilidade.

Alternativa "a": Correta a assertiva, pois esses requisitos são reconhecidos pelo TST como pressuposto de admissibilidade em recurso de natureza extraordinária, conforme OJ nº 62, da SDI-1: "É necessário o prequestionamento como pressuposto de admissibilidade em recurso de natureza extraordinária, ainda que se trate de incompetência absoluta."

Alternativa "b": Como o tempo do aviso prévio trabalhado ou indenizado integra o tempo de serviço para todos os efeitos legais, deve ser considerado também para efeito de identificar o termo inicial do prazo de prescrição. Nesse sentido é o posicionamento do TST revelado por meio da OJ nº 83 da SDI-1 do TST: "A prescrição começa a fluir no final da data do término do aviso prévio. Art. 487, § 1º, CLT". **Correta** a assertiva.

Alternativa "c": No caso de demanda com fundamento em direitos patrimoniais, o MPT não tem legitimidade para arguir a prescrição, conforme entendimento do TST revelado por meio da OJ nº 130 da SDI-1: "Ao exarar o parecer na remessa de ofício, na qualidade de "custos legis", o Ministério Público não tem legitimidade para arguir a prescrição em favor de entidade de direito público, em matéria de direito patrimonial (arts. 194 do CC de 2002 e 219, § 5º, do CPC)." Assertiva **incorreta.** Atualmente essa OJ conta com a seguinte redação, conferida pela Resolução nº 209/2016 do TST: "PRESCRIÇÃO. MINISTÉRIO PÚBLICO. ARGUIÇÃO. "CUSTOS LEGIS". ILEGITIMIDADE (atualizada em decorrência do CPC de 2015) – Res. 209/2016 – DEJT divulgado em 01, 02 e 03.06.2016 Ao exarar o parecer na remessa de ofício, na qualidade de "custos legis", o Ministério Público não tem legitimidade para arguir a prescrição em favor de entidade de direito público, em matéria de direito patrimonial."

Alternativa "d": Correta, a assertiva, pois nesse caso a demanda iniciou-se na Justiça Comum, onde a regra é de condenação de honorários pela simples sucumbência. Nesse sentido é o posicionamento do TST revelado pela OJ nº 421 da SDI-1, com a seguinte redação: "A condenação em honorários advocatícios nos autos de ação de indenização por danos morais e materiais decorrentes de acidente de trabalho ou de doença profissional, remetida à Justiça do Trabalho após ajuizamento na Justiça comum, antes da vigência da Emenda Constitucional nº 45/2004, decorre da mera sucumbência, nos termos do art. 20 do CPC, não se sujeitando aos requisitos da Lei nº 5.584/1970." Atualmente essa OJ possui a seguinte redação, conferida pela Resolução nº 208/2016 do TST: "HONORÁRIOS ADVOCATÍCIOS. AÇÃO DE INDENIZAÇÃO POR DANOS MORAIS E MATERIAIS DECORRENTES DE ACIDENTE DE TRABALHO OU DE DOENÇA PROFISSIONAL. AJUIZAMENTO PERANTE A JUSTIÇA COMUM ANTES DA PROMULGAÇÃO DA EMENDA CONSTITUCIONAL Nº 45/2004. POSTERIOR REMESSA DOS AUTOS À JUSTIÇA DO TRABALHO. ART. 85 DO CPC DE 2015. ART. 20 DO CPC DE 1973. INCIDÊNCIA. (atualizada em decorrência do CPC de 2015) – Res. 208/2016, DEJT divulgado em 22, 25 e 26.04.2016 A condenação em honorários advocatícios nos autos de ação de indenização por danos morais e materiais decorrentes de acidente de trabalho ou de doença profissional, remetida à Justiça do Trabalho após ajuizamento na Justiça comum, antes da vigência da Emenda Constitucional nº 45/2004, decorre da mera sucumbência, nos termos do art. 85 do CPC de 2015 (art. 20 do CPC de 1973), não se sujeitando aos requisitos da Lei nº 5.584/1970." Por fim, registre-se que a condenação em honorários de sucumbência passou a ser regra no processo do trabalho com a edição da Lei nº 13.467/17.

Alternativa "e": A ação de cumprimento, apesar de ser classificada como uma ação coletiva, tem o seu objeto limitado à defesa dos direitos individuais e homogêneos instituídos por normas coletivas profissionais ou por sentença normativa, que tem prazo de validade. Inclusive, no caso de sentença normativa, é possível ajuizar uma ação de cumprimento sem aguardar o seu trânsito em julgado. Portanto, nessas situações, a coisa julgada tem características diversas do seu modelo clássico. O TST pronuncia-se sobre a matéria por intermédio da OJ nº 277 da SDI-1, nos seguintes termos: "A coisa julgada produzida na ação de cumprimento é atípica, pois dependente de condição resolutiva, ou seja, da não modificação da decisão normativa por eventual recurso. Assim, modificada a sentença normativa pelo TST, com a consequente extinção do processo, sem julgamento do mérito, deve-se extinguir a execução em andamento, uma vez que a norma sobre a qual se apoiava o título exequendo deixou de existir no mundo jurídico." Assertiva **correta.**

Gabarito: C.

---

141. (FCC – Juiz do Trabalho Substituto 23ª Região/2015) O advogado da reclamada (empresa ré) compareceu à audiência una munido de contestação, procuração e contrato social. Diante da ausência injustificada do preposto, segundo o entendimento sumulado do Tribunal Superior do Trabalho,

a) a reclamação trabalhista será arquivada.

b) deverá ser aplicada a pena de confissão, não havendo revelia diante da presença do advogado que demonstrou a intenção de defender-se.

c) deverá ser aplicada a revelia e pena de confissão.

d) a reclamação trabalhista será julgada procedente.

e) a audiência una deverá ser adiada.

COMENTÁRIOS

✪ **Nota do autor:** A revelia e a confissão são institutos diversos. A primeira, em regra, induz a segunda. Se o reclamado não comparece em juízo, mas o advogado devidamente constituído apresenta contestação, não há que se falar em revelia e sim em confissão ficta. Entretanto, não é esse o entendimento firmado pelo Tribunal Superior do Trabalho por meio da Súmula nº 122: "A reclamada, ausente à audiência em que deveria apresentar defesa, é revel, ainda que presente seu advogado munido de procuração, podendo ser ilidida a revelia mediante a apresentação de atestado médico, que deverá declarar, expressamente, a impossibilidade de locomoção do empregador ou do seu preposto no dia da audiência". Logo, as alternativas devem ser analisadas de acordo com o entendimento do TST, conforme ficou explicitado na parte final desta pergunta. No entanto, com a vigência da Lei da Reforma Trabalhista esse posicionamento deve ser em breve modificado tendo em vista a inserção do § 5º ao art. 844 da CLT com a seguinte redação: "Ainda que ausente o reclamado, presente o advogado na audiência, serão aceitos a contestação e os documentos eventualmente apresentados."

Alternativa "a": Incorreta, pois o arquivamento só se efetiva com o não comparecimento do reclamante à primeira audiência.

Alternativa "b": Esse é o posicionamento de parte da doutrina. Entretanto, deve-se analisar a alternativa de acordo com o entendimento do TST constante da citada e transcrita Súmula nº 122 que classifica a ausência como revelia e aplicada a pena de confissão. **Incorreta** (ver nota do autor).

Alternativa "c": Nesse caso, segundo o entendimento do TST revelado por meio da Súmula nº 122, a hipótese é de revelia e confissão ficta do reclamado. **Correta** a assertiva (ver nota do autor).

Alternativa "d": Não necessariamente. Pode ocorre, por exemplo, de o pedido ser fundado em questão de direito. Nesse caso, a revelia não provoca qualquer efeito no julgamento do magistrado, pois ela só atinge as questões fáticas. Assertiva **incorreta.**

Alternativa "e": Nesse caso, segundo o entendimento do TST revelado por meio da Súmula nº 122, a hipótese é de revelia e confissão ficta do reclamado. Assertiva **incorreta** (ver nota do autor).

Gabarito: C.

---

142. (FCC – Juiz do Trabalho Substituto 23ª Região/2015) Considere:

I. O Procurador-Geral do Trabalho designará, dentre os Subprocuradores-Gerais do Trabalho, o Vice-

Procurador-Geral do Trabalho, que o substituirá em seus impedimentos. Em caso de vacância, exercerá o cargo o Vice-Presidente do Conselho Superior, até o seu provimento definitivo.

II. São atribuições do Procurador-Geral do Trabalho, dentre outras, nomear o Corregedor-Geral do Ministério Público do Trabalho, segundo lista tríplice formada pelo Conselho Superior; determinar a abertura de correição, sindicância ou inquérito administrativo; decidir, atendendo a necessidade do serviço, sobre: a) remoção a pedido ou por permuta; b) alteração parcial da lista bienal de designações; e, propor ao Procurador-Geral da República, ouvido o Conselho Superior, a criação e extinção de cargos da carreira e dos ofícios em que devam ser exercidas suas funções.

III. O Procurador-Geral do Trabalho poderá delegar aos Chefes das Procuradorias Regionais do Trabalho nos Estados e no Distrito Federal, a atribuição de representar o Ministério Público do Trabalho; designar membro do Ministério Público do Trabalho assegurar a continuidade dos serviços, em caso de vacância, afastamento temporário, ausência, impedimento ou suspeição do titular, na inexistência ou falta do substituto designado; praticar atos de gestão administrativa, financeira e de pessoal e coordenar as atividades do Ministério Público do Trabalho.

Está correto o que consta em

a) I, II e III.

b) I e II, apenas.

c) III, apenas.

d) II e III, apenas.

e) I e III, apenas.

COMENTÁRIOS

✪ **Nota do autor:** Dentre as prerrogativas do MPT encontra-se a de sentar-se no mesmo plano e imediatamente à direita dos juízes singulares ou presidentes dos órgãos judiciários perante os quais oficiem.

Item "I": Correta a assertiva, pois essa prerrogativa do Procurador-Geral do Trabalho encontra-se expressamente prevista no art. 89 da Lei Complementar nº 75 de 1993: "O Procurador-Geral do Trabalho designará, dentre os Subprocuradores-Gerais do Trabalho, o Vice-Procurador-Geral do Trabalho, que o substituirá em seus impedimentos. Em caso de vacância, exercerá o cargo o Vice-Presidente do Conselho Superior, até o seu provimento definitivo."

Item "II": As atribuições listadas neste item correspondem àquelas previstas nos incisos III, VIII, XI, alíneas "a" e "b", e XVII, art. 91, da Lei Complementar nº 75 de 1993: "Art. 91. São atribuições do Procurador-Geral do Trabalho: III – nomear o Corregedor-Geral do Ministério Público do Trabalho, segundo lista tríplice formada pelo Conselho Superior; VIII – determinar a abertura de correição, sindicância ou inquérito administrativo; XI – decidir, atendendo a necessidade do serviço, sobre: a) remoção a pedido ou por permuta; b) alteração parcial da lista bienal de designações; XVII – propor ao Procurador-Geral da República, ouvido o Conselho Superior, a criação e extinção de cargos da carreira e dos ofícios em que devam ser exercidas suas funções". **Correta** a assertiva.

Item "III": Correta a assertiva, pois coincide com as atribuições do Procurador-Geral do Trabalho previstas no art. 92, inciso II, e art. 91, incisos I, XIV, alínea c, XXI e XXIII: "Art. 92. As atribuições do Procurador-Geral do Trabalho, previstas no artigo anterior, poderão ser delegadas: II – aos Chefes das Procuradorias Regionais do Trabalho nos Estados e no Distrito Federal, as dos incisos I, XIV, alínea c, XXI e XXIII. Art. 91. São atribuições do Procurador-Geral do Trabalho: I – representar o Ministério Público do Trabalho; XIV – designar membro do Ministério Público do Trabalho para: c) assegurar a continuidade dos serviços, em caso de vacância, afastamento temporário, ausência, impedimento ou suspeição do titular, na inexistência ou falta do substituto designado; XXI – praticar atos de gestão administrativa, financeira e de pessoal; XXIII – coordenar as atividades do Ministério Público do Trabalho;"

Gabarito: A.

---

143. (FCC – Juiz do Trabalho Substituto 24ª Região/2015) O Ministério Público do Trabalho é parte integrante do Ministério Público da União, conforme previsão contida no artigo 128 da Constituição Federal. Sobre a instituição é INCORRETO afirmar:

a) A partir da Constituição Federal de 1988, pode-se afirmar que o Ministério Público não faz parte de nenhum dos três poderes do Estado, mas constitui um órgão extrapoderes, com a função de defender a sociedade.

b) Aos membros do Ministério Público do Trabalho, diversamente do que ocorre com a Magistratura do Trabalho, não há vedação legal para o exercício de atividade político-partidária, independente da data de ingresso na carreira.

c) É atribuição do Ministério Público do Trabalho a instauração, *ex officio*, de inquéritos civis públicos sempre que o membro do Parquet tenha conhecimento da violação ao interesse coletivo, no sentido amplo, ligado às relações de trabalho.

d) É obrigatória a intervenção do Ministério Público do Trabalho nos processos, em segundo e terceiro graus de jurisdição, quando a parte for pessoa jurídica de direito público, em razão do interesse público, e não, necessariamente, do interesse da Administração pública, podendo apresentar parecer desfavorável ao ente público.

e) O Ministério Público do Trabalho tem legitimidade para propor ação rescisória em processo envolvendo ente público, no qual ficou detectada a existência de conciliação homologada, fruto da colusão das partes, no tocante a uma relação de emprego inexistente.

COMENTÁRIOS

✪ **Nota do autor:** Os arts. 485 e 487 do revogado CPC de 1973 citados na fundamentação da alternativa "e" correspondem aos arts. 966 e 967, respectivamente, no CPC de 2015.

Alternativa "a": Correta a assertiva. Pelas regras contidas na Constituição Federal de 1969, o Ministério Público estava vinculado ao Poder Executivo. Atualmente, não tem qualquer vinculação com o Poder Executivo ou Judiciário e exerce suas atribuições perante a Justiça do Trabalho em todos os graus de jurisdição. Assim, conclui-se que o Ministério Público é uma instituição sem vinculação a qualquer Poder da República.

Alternativa "b": Incorreta a assertiva, pois ao membro do Ministério Público também é vedado o exercício de atividade político-partidária, na forma prevista pelo art. 128, § 5º, II, alínea "e", da CF/88: "§ 5º Leis complementares da União e dos Estados, cuja iniciativa é facultada aos respectivos Procuradores-Gerais, estabelecerão a organização, as atribuições e o estatuto de cada Ministério Público, observadas, relativamente a seus membros: II – as seguintes vedações: e) exercer atividade político-partidária;"

Alternativa "c": Essa atribuição está prevista expressamente no art. 129, III, da CF/88 complementada de forma específica pelo art. 83, III, da LC nº 75/95: "Art. 129. São funções institucionais do Ministério Público: III – promover o inquérito civil e a ação civil pública, para a proteção do patrimônio público e social, do meio ambiente e de outros interesses difusos e coletivos. Art. 83. Compete ao Ministério Público do Trabalho o exercício das seguintes atribuições junto aos órgãos da Justiça do Trabalho: III – promover a ação civil pública no âmbito da Justiça do Trabalho, para defesa de interesses coletivos, quando desrespeitados os direitos sociais constitucionalmente garantidos". Assertiva **correta.**

Alternativa "d": Essa intervenção obrigatória encontra-se prevista pelo art. 83, XIII, da LC nº 75/93: "Art. 83. Compete ao Ministério Público do Trabalho o exercício das seguintes atribuições junto aos órgãos da Justiça do Trabalho: XIII – intervir obrigatoriamente em todos os feitos nos segundo e terceiro graus de jurisdição da Justiça do Trabalho, quando a parte for pessoa jurídica de Direito Público, Estado estrangeiro ou organismo internacional". **Correta** a assertiva.

Alternativa "e": Correta a assertiva, conforme preceitua o art. 485, III, combinado com o 487, III, alínea "b", do CPC/73: "Art. 485. A sentença de mérito, transitada em julgado, pode ser rescindida quando: III – resultar de dolo da parte vencedora em detrimento da parte vencida, ou de colusão entre as partes, a fim de fraudar a lei. Art. 487. Tem legitimidade para propor a ação: III – o Ministério Público: b) quando a sentença é o efeito de colusão das partes, a fim de fraudar a lei."

Gabarito: B.

144. (TRT 3 – Juiz do Trabalho Substituto 3ª Região/2014) Nos termos da CLT, compete ao procurador regional do Ministério Público do Trabalho:

a) Funcionar nas sessões do Tribunal Regional, pessoalmente ou por intermédio de procurador adjunto que designar.

b) Apresentar, semestralmente, ao procurador-geral um relatório das atividades da respectiva Procuradoria, bem como dados e informações sobre a administração da Justiça do Trabalho na respectiva região.

c) Prestar ao procurador-geral as informações necessárias sobre os feitos em andamento e consultá-lo nos casos de dúvida.

d) Requerer e acompanhar perante as autoridades administrativas ou judiciárias as diligências necessárias à execução das medidas e providências ordenadas pelo procurador-geral.

e) Todas as opções anteriores.

COMENTÁRIOS

✪ **Nota do autor:** Esta questão foi elaborada com base da redação literal do art. 750 da CLT.

Alternativa "a": Correta a assertiva, com base no art. 750, alínea "b", da CLT: "b) funcionar nas sessões do Tribunal Regional, pessoalmente ou por intermédio do procurador adjunto que designar;"

Alternativa "b": Correta. Art. 750, alínea "c", da CLT: "c) apresentar, semestralmente, ao procurador-geral, um relatório das atividades da respectiva Procuradoria, bem como dados e informações sobre a administração da Justiça do Trabalho na respectiva região;"

Alternativa "c": Correta, conforme disposição contida no art. 750, alínea "e", da CLT: "e) prestar ao procurador-geral as informações necessárias sobre os feitos em andamento e consultá-lo nos casos de dúvidas;"

Alternativa "d": Correta. Art. 750, alínea "d", da CLT: "d) requerer e acompanhar perante as autoridades administrativas ou judiciárias as diligências necessárias à execução das medidas e providências ordenadas pelo procurador-geral;"

Alternativa "e": Correta, uma vez que todas as demais alternativas foram consideradas corretas.

Gabarito: E.

145. (TRT 3 – Juiz do Trabalho Substituto 3ª Região/2014) Nos termos do art. 134 do Código de Processo Civil, está impedido o juiz que:

a) Receber dádivas antes ou depois de iniciado o processo; aconselhar alguma das partes acerca do objeto da causa, ou subministrar meios para atender às despesas do litígio.

b) Conheceu da causa em primeiro grau de jurisdição, tendo-lhe proferido sentença ou decisão.

c) For herdeiro presuntivo, donatário ou empregador de alguma das partes.

d) Todas as opções anteriores.

e) Nenhuma das opções.

COMENTÁRIOS

✪ **Nota do autor:** A Consolidação das Leis do Trabalho não faz referência às causas de impedimento. Diz apenas, em seu art. 801, que o juiz deve considerar-se suspeito e afastar-se da condução do processo quando for amigo, inimigo, parente até o terceiro grau de alguma das partes ou tiver interesse particular na causa. Na verdade, a CLT buscou inspiração no preceito contido no art. 185, do CPC de 1939, que só previa a hipótese de suspeição. Observe-se que na alternativa "a", o art. 135, IV do CPC de 1973 corresponde ao art. 145, II do CPC de 2015. Já, na alternativa "b", o art. 134, III do CPC de 1973 corresponde ao art. 144, II do CPC de 2015. Por fim, na alternativa "c", o art. 135, III do CPC de 1973 corresponde ao art. 144, VI do CPC de 2015.

Alternativa "a": Essa é uma das hipóteses de suspeição e não de impedimento, prevista no art. 135, IV do CPC de 1973: "receber dádivas antes ou depois de iniciado o processo; aconselhar alguma das partes acerca do objeto da causa, ou subministrar meios para atender às despesas do litígio." **Incorreta.**

Alternativa "b": Hipótese de impedimento prevista no art. 134, III do CPC de 1973 "que conheceu em primeiro grau de jurisdição, tendo-lhe proferido sentença ou decisão." **Correta.**

Alternativa "c": Essa é uma das hipóteses de suspeição e não de impedimento, prevista no art. 135, III do CPC de 1973: "herdeiro presuntivo, donatário ou empregador de alguma das partes." **Incorreta.**

Alternativa "d": Incorreta essa alternativa, pois as alíneas "a" e "c" foram classificadas como incorretas.

Alternativa "e": Incorreta essa alternativa, pois a afirmação contida na alínea "b" foi considerada correta.

Gabarito: B.

---

146. (FCC – Juiz do Trabalho Substituto 18ª Região/2014) Com relação às partes no Processo do Trabalho,

a) a intervenção assistencial, salvo a adesiva, só é admissível se demonstrado o interesse jurídico e não o meramente econômico.

b) o jus postulandi das partes, limita-se às Varas do Trabalho, não alcançando a ação rescisória, a ação cautelar, o mandado de segurança e os recursos de competência do Tribunal Regional do Trabalho e do Tribunal Superior do Trabalho.

c) os litisconsortes que tiverem diferentes procuradores, terão prazo em dobro para contestar e em quádruplo para recorrer e, de modo geral, para falar nos autos.

d) a ação movida por sindicato, na qualidade de substituto processual, interrompe a prescrição, salvo na hipótese de ter sido considerado parte ilegítima ad causam.

e) no mandado de segurança contra ato judicial ocorre hipótese de litisconsórcio necessário, pois o réu ou autor da ação originária figurará obrigatoriamente no polo passivo da ação mandamental, ao lado da autoridade coatora.

COMENTÁRIOS

✪ **Nota do autor:** Observe-se, na alternativa "c", que o art. 191 do CPC de 1973 corresponde ao art. 229 do CPC de 2015. Inclusive o TST alterou a redação da OJ nº 310 da SDI para adaptá-la ao novo Diploma processual: "LITISCONSORTES. PROCURADORES DISTINTOS. PRAZO EM DOBRO. art. 229, caput e §§ 1º e 2º, do CPC de 2015. ART. 191 DO CPC DE 1973. INAPLICÁVEL AO PROCESSO DO TRABALHO (atualizada em decorrência do CPC de 2015) – Res. 208/2016, DEJT divulgado em 22, 25 e 26.04.2016. Inaplicável ao processo do trabalho a norma contida no art. 229, caput e §§ 1º e 2º, do CPC de 2015 (art. 191 do CPC de 1973), em razão de incompatibilidade com a celeridade que lhe é inerente".

Alternativa "a": No caso, tanto a assistência simples quanto a adesiva necessitam da demonstração do interesse jurídico para serem admitidas no processo do trabalho, conforme entendimento do TST constante da Súmula nº 82: "A intervenção assistencial, simples ou adesiva, só é admissível se demonstrado o interesse jurídico e não o meramente econômico." **Incorreta.**

Alternativa "b": Também se aplica aos Tribunais Regionais do Trabalho, conforme Súmula nº 425 do TST: "O *jus postulandi* das partes, estabelecido no art. 791 da CLT, limita-se às Varas do Trabalho e aos Tribunais Regionais do Trabalho, não alcançando a ação rescisória, a ação cautelar, o mandado de segurança e os recursos de competência do Tribunal Superior do Trabalho." **Incorreta.**

Alternativa "c": Incorreta. Essa regra contida no art. 191 do CPC de 1973 não se aplica ao processo do trabalho, de acordo com o posicionamento do TST estampado na OJ nº 310, da SDI-1, em sua antiga redação: "A regra contida no art. 191 do CPC é inaplicável ao processo do trabalho, em decorrência da sua incompatibilidade com o princípio da celeridade inerente ao processo trabalhista." (ver nota do autor).

Alternativa "d": Nesse caso, a interrupção da prescrição se efetiva ainda que tenha sido declarada a ilegitimidade do sindicado, de acordo com o teor da OJ nº 359, da SDI-1, do TST: "A ação movida por sindicato, na qualidade de substituto processual, interrompe a prescrição, ainda que tenha sido considerado parte ilegítima 'ad causam'. A atual redação da referida OJ é a seguinte: "Inaplicável ao processo do trabalho a norma contida no art. 229, caput e §§ 1º e 2º, do CPC de 2015 (art. 191 do CPC de 1973), em razão de incompatibilidade com a celeridade que lhe é inerente".

Alternativa "e": Nesse sentido a Súmula nº 701 do STF: "No mandado de segurança impetrado pelo Ministério Público contra decisão proferida em processo penal, é obrigatória a citação do réu como litisconsorte passivo." **Correta.**

Gabarito: E.

---

147. (TRT 8 – Juiz do Trabalho Substituto 8ª Região/2013) Sobre partes, procuradores, representação, substituição processual e assistência judiciária, é CORRETO afirmar que:

a) A Assistência Judiciária a que se refere a Lei nº 1.060/50 deve ser prestada pelo Sindicato da categoria profissional a que pertencer o trabalhador, sendo devida a todo aquele que perceber salário igual ou inferior ao dobro do mínimo legal, ficando assegurado igual benefício ao trabalhador de maior salário, uma vez provado que sua situação econômica não lhe permite demandar, sem prejuízo do sustento próprio ou da família. Todavia, diante da unicidade sindical, o trabalhador deve ser associado do respectivo Sindicato.

b) A capacidade processual se confunde com a legitimidade processual ou *ad processum*, na medida em que se configura pela capacidade específica para a prática de determinado ato processual.

c) É pacífico da doutrina e jurisprudência que, no processo do trabalho, o mandato tácito alcança os poderes do foro em geral, chamados ad judicia, permitindo ao advogado confessar, transigir, desistir, receber e dar quitação. Todavia, não poderá o causídico detentor de mandato tácito substabelecer os poderes.

d) O estagiário que figurar conjuntamente com o advogado na procuração pode praticar todos os atos processuais desde que na circunscrição territorial em que está sediada a sua faculdade.

e) Não se reveste de validade o instrumento de mandato firmado em nome de pessoa jurídica em que não haja a sua identificação e a de seu representante legal, o que acarreta, para a parte que o apresenta, os efeitos processuais da inexistência de poderes nos autos.

COMENTÁRIOS

✪ **Nota do autor:** Determinadas pessoas, por motivo de incapacidade ou por outra razão prevista em lei, apesar de terem personalidade jurídica e capacidade de ser parte, não podem praticar pessoalmente os atos jurídicos. Nesse caso, é necessário que sejam representadas por outras pessoas que não são os titulares, em tese, do direito subjetivo respectivo. É, portanto, uma representação exigida pelo direito material, mas que produz efeitos no processo judicial, uma vez que a representação processual pura é feita pelo advogado da parte em juízo. Observe-se, na alternativa "c", que o art. 38 do CPC de 1973 corresponde ao art. 105 do CPC de 2015.

Alternativa "a": Incorreta, uma vez que a assistência judiciária prestada pelo sindicato ao trabalhador independe da sua condição de sindicalizado, conforme preceito contido no art. 18 da Lei 5584/70: "A assistência judiciária, nos termos da presente lei, será prestada ao trabalhador ainda que não seja associado do respectivo Sindicato".

Alternativa "b": Incorreta. A capacidade processual diz respeito à possibilidade de praticar diretamente os atos processuais, como ocorre com as partes no processo do trabalho que detém o *ius postulandi*. Já a legitimidade *ad processum* diz respeito à capacidade que a parte tem de praticar atos da vida civil, inclusive os atos processuais. Significa a possibilidade de estar em juízo sem a necessidade de representação civil.

Alternativa "c": Incorreta, pois os o mandato tácito não confere ao advogado os poderes especiais para confessar, transigir, desistir, receber e dar quitação, que estão previstos no art. 38 do CPC de 1973: "A procuração geral para o foro, conferida por instrumento público, ou particular assinado pela parte, habilita o advogado a praticar todos os atos do processo, salvo para receber citação inicial, confessar, reconhecer a procedência do pedido, transigir, desistir, renunciar ao direito sobre que se funda a ação, receber, dar quitação e firmar compromisso".

Alternativa "d": Incorreta, uma vez que os atos processuais só podem ser praticados pelo estagiário em conjunto com o advogado, de acordo com o art. 3º, § 2º, da Lei nº 8.906/94: "O estagiário de advocacia, regularmente inscrito, pode praticar os atos previstos no art. 1º, na forma do regimento geral, em conjunto com advogado e sob responsabilidade deste".

Alternativa "e": Correta *assertiva que corresponde* ao posicionamento do TST constante da redação anterior da OJ de nº 373 da SDI-I: "É inválido o instrumento de mandato firmado em nome de pessoa jurídica que não contenha, pelo menos, o nome da entidade outorgante e do signatário da procuração, pois estes dados constituem elementos que os individualizam". Posteriormente essa OJ foi transformada na Súmula nº 456 e depois teve sua redação modificada passando a vigorar com a seguinte redação: "REPRESENTAÇÃO. PESSOA JURÍDICA. PROCURAÇÃO. INVALIDADE. IDENTIFICAÇÃO DO OUTORGANTE E DE SEU REPRESENTANTE. (inseridos os itens II e III em decorrência do CPC de 2015) – Res. 211/2016, DEJT divulgado em 24, 25 e 26.08.2016. I – É inválido o instrumento de mandato firmado em nome de pessoa jurídica que não contenha, pelo menos, o nome do outorgante e do signatário da procuração, pois estes dados constituem elementos que os individualizam. II – Verificada a irregularidade de representação da parte na instância originária, o juiz designará prazo de 5 (cinco) dias para que seja sanado o vício. Descumprida a determinação, extinguirá o processo, sem resolução de mérito, se a providência couber ao reclamante, ou considerará revel o reclamado, se a providência lhe couber (art. 76, § 1º, do CPC de 2015). III – Caso a irregularidade de representação da parte seja constatada em fase recursal, o relator designará prazo de

5 (cinco) dias para que seja sanado o vício. Descumprida a determinação, o relator não conhecerá do recurso, se a providência couber ao recorrente, ou determinará o desentranhamento das contrarrazões, se a providência couber ao recorrido (art. 76, § 2º, do CPC de 2015)".

Gabarito: E.

---

148. (CESPE – Juiz do Trabalho Substituto 5ª Região/2013) Assinale a opção correta, no que diz respeito ao MP do Trabalho.

a) Os procuradores do trabalho atuam junto ao TST.

b) Os procuradores regionais do trabalho podem atuar regularmente junto às varas do trabalho.

c) Antes da CF, o MP do Trabalho integrava o Poder Executivo.

d) O MP do Trabalho não opera em esfera extrajudicial.

e) O chefe do MP do Trabalho é o procurador geral do trabalho, nomeado pelo presidente da República.

COMENTÁRIOS

✪ **Nota do autor:** O Ministério Público é instituição permanente, essencial à função jurisdicional do Estado. Incumbe-lhe a defesa da ordem jurídica, do regime democrático e dos interesses sociais e individuais indisponíveis, regido pelos princípios da unidade, da indivisibilidade e da independência funcional.

Alternativa "a": Incorreta, pois os integrantes do MPT que atuam perante o Tribunal Superior do Trabalho são os Subprocuradores-Gerais do Trabalho, de acordo com o preceito contido no art. 107 da LC nº 75/93: "Os Subprocuradores-Gerais do Trabalho serão designados para oficiar junto ao Tribunal Superior do Trabalho e nos ofícios na Câmara de Coordenação e Revisão".

Alternativa "b": Incorreta. Em regra, os Procuradores Regionais do Trabalho são designados para atuação perante o TRT, na forma prevista pelo art. 110 da LC nº 75/93: "Os Procuradores Regionais do Trabalho serão designados para oficiar junto aos Tribunais Regionais do Trabalho".

Alternativa "c": Correta a assertiva. O Ministério Público do Trabalho, ramo do Ministério Público da União, foi criado pela Lei nº 1.341/51. Pelas regras contidas na Constituição Federal de 1969, o Ministério Público estava vinculado ao Poder Executivo. Já na Constituição Federal de 1988, a organização, as funções e prerrogativas do Ministério Público foram inseridas no capítulo denominado "das funções essenciais à Justiça", sem vinculação ao Poder Executivo ou ao Poder Judiciário.

Alternativa "d": Incorreta, pois o art. 84 da LC nº 75/93 lista as funções institucionais do MPT: "Incumbe ao Ministério Público do Trabalho, no âmbito das suas atribuições, exercer as funções institucionais previstas nos Capítulos I, II, III e IV do Título I, especialmente: I – integrar os órgãos colegiados previstos no § 1º do art. 6º, que lhes sejam pertinentes; II – instaurar inquérito civil e outros procedimentos administrativos, sempre que cabíveis, para assegurar a observância dos direitos sociais dos trabalhadores; III – requisitar à autoridade administrativa federal competente, dos órgãos de proteção ao trabalho, a instauração de procedimentos administrativos, podendo acompanhá-los e produzir provas; IV – ser cientificado pessoalmente das decisões proferidas pela Justiça do Trabalho, nas causas em que o órgão tenha intervido ou emitido parecer escrito; V – exercer outras atribuições que lhe forem conferidas por lei, desde que compatíveis com sua finalidade".

Alternativa "e": Incorreta, uma vez que o Procurador-Geral do Ministério do Trabalho é nomeado pelo Procurador-Geral da República, na forma prevista pelo art. 87 da LC nº 75/93: "O Procurador-Geral do Trabalho é o Chefe do Ministério Público do Trabalho. Art. 88. O Procurador-Geral do Trabalho será nomeado pelo Procurador-Geral da República, dentre integrantes da instituição, com mais de trinta e cinco anos de idade e de cinco anos na carreira, integrante de lista tríplice escolhida mediante voto plurinominal, facultativo e secreto, pelo Colégio de Procuradores para um mandato de dois anos, permitida uma recondução, observado o mesmo processo. Caso não haja número suficiente de candidatos com mais de cinco anos na carreira, poderá concorrer à lista tríplice quem contar mais de dois anos na carreira".

Gabarito: C.

---

149. (FCC – Juiz do Trabalho Substituto 6ª Região/2013) Quanto ao Ministério Público do Trabalho, é correto afirmar:

a) Incumbe ao Corregedor-Geral do Ministério Público instaurar inquérito contra integrante da carreira, realizar de ofício correições e sindicâncias e propor a exoneração de membros do Conselho Superior e do Procurador-Geral do Trabalho.

b) Compete ao Ministério Público do Trabalho manifestar-se no processo trabalhista, acolhendo solicitação do juiz ou por sua iniciativa, quando entender existente interesse público que justifique sua intervenção, salvo na fase executória.

c) O Procurador-Geral do Trabalho será nomeado pelo Procurador-Geral da República, dentre integrantes da instituição, com mais de trinta e cinco anos de idade e dez anos na carreira, integrante de lista tríplice escolhida mediante voto plurinominal, facultativo e secreto, pelo Colégio de Procuradores para um mandato de dois anos, permitida uma recondução.

d) O Corregedor-Geral será nomeado pelo Procurador-Geral do Trabalho dentre os Subprocuradores-Gerais do Trabalho, integrantes de lista tríplice elaborada pelo Colégio de Procuradores do Trabalho, para mandato de dois anos, permitida uma recondução.

e) Cabe aos Subprocuradores-Gerais do Trabalho, privativamente, o exercício das funções de Corregedor-Geral do Ministério Público do Trabalho e Coordenador da Câmara de Coordenação e Revisão do Ministério Público do Trabalho.

COMENTÁRIOS

✪ **Nota do autor:** O Ministério Público do Trabalho é composto de uma Procuradoria-Geral, que atua perante o TST, e de vinte e quatro Procuradorias Regionais, que oficiam perante os Tribunais Regionais do Trabalho.

Alternativa "a": Dentre as incumbências do Corregedor-Geral do Ministério Público não está incluída a de propor a exoneração do Procurador-Geral do Trabalho, conforme se vê do teor do art. 106 da LC nº 75/93: "Incumbe ao Corregedor-Geral do Ministério Público: II - realizar, de ofício ou por determinação do Procurador-Geral ou do Conselho Superior, correições e sindicâncias, apresentando os respectivos relatórios; III - instaurar inquérito contra integrante da carreira e propor ao Conselho Superior a instauração do processo administrativo consequente". A atribuição de propor a exoneração do Procurador-Geral do Trabalho é do Conselho Superior tendo como destinatário o Procurador-Geral da República, nos termos do parágrafo único, art. 88 da LC nº 75/93: "A exoneração do Procurador-Geral do Trabalho, antes do término do mandato, será proposta ao Procurador-Geral da República pelo Conselho Superior, mediante deliberação obtida com base em voto secreto de dois terços de seus integrantes". **Incorreta** a assertiva.

Alternativa "b": Incorreta, pois a intervenção do MPT pode ser feita em qualquer fase do processo, inclusive durante a execução, de acordo com a previsão contida no art. 83, II da LC nº 75/93: II - manifestar-se em qualquer fase do processo trabalhista, acolhendo solicitação do juiz ou por sua iniciativa, quando entender existente interesse público que justifique a intervenção".

Alternativa "c": Incorreta, uma vez que o candidato ao cargo de Procurador-Geral não necessita de dez anos, mas sim de cinco anos na carreira, conforme previsão inserida no art. 88 da LC nº 75/93: "O Procurador-Geral do Trabalho será nomeado pelo Procurador-Geral da República, dentre integrantes da instituição, com mais de trinta e cinco anos de idade e de cinco anos na carreira, integrante de lista tríplice escolhida mediante voto plurinominal, facultativo e secreto, pelo Colégio de Procuradores para um mandato de dois anos, permitida uma recondução, observado o mesmo processo. Caso não haja número suficiente de candidatos com mais de cinco anos na carreira, poderá concorrer à lista tríplice quem contar mais de dois anos na carreira".

Alternativa "d": Incorreta. Nesse caso a listra tríplice não é elaborada pelo Colégio de Procuradores, mas sim pelo Conselho Superior, conforme o art. 105 da LC nº 75/93: "O Corregedor-Geral será nomeado pelo Procurador-Geral do Trabalho dentre os Subprocuradores-Gerais do Trabalho, integrantes de lista tríplice elaborada pelo Conselho Superior, para mandato de dois anos, renovável uma vez".

Alternativa "e": Correta a assertiva contida nessa alternativa, uma vez que corresponde ao comando do art. 108 da LC nº 75/93: "Cabe aos Subprocuradores-Gerais do Trabalho, privativamente, o exercício das funções de: I - Corregedor-Geral do Ministério Público do Trabalho; II - Coordenador da Câmara de Coordenação e Revisão do Ministério Público do Trabalho".

Gabarito: E.

---

150. (TRT 8 - Juiz do Trabalho Substituto 8ª Região/2013) Sobre o Ministério Público do Trabalho (organização, competência, atribuições e Lei Complementar nº 75/93) é CORRETO afirmar que:

a) Estão entre as atribuições do Procurador-Geral do Trabalho: I - integrar, como membro nato, e presidir o Colégio de Procuradores do Trabalho, o Conselho Superior do Ministério Público do Trabalho e a Comissão de Concurso; II - designar, observados os critérios da lei e os estabelecidos pelo Conselho Superior, os ofícios em que exercerão suas funções os membros do Ministério Público do Trabalho; III - decidir, em grau de recurso, os conflitos de atribuição entre os órgãos do Ministério Público do Trabalho; IV - determinar a abertura de correição, sindicância ou inquérito administrativo; V - decidir processo disciplinar contra membro da carreira ou servidor dos serviços auxiliares, ouvido o Conselho Superior, aplicando as sanções que sejam de sua competência; VI - autorizar o afastamento de todos os membros do Ministério Público, nos casos previstos em lei.

b) Entre as prerrogativas de natureza institucional, os membros do Ministério Público do Trabalho têm assento à esquerda e no mesmo plano dos juízes singulares ou presidentes dos órgãos judiciários perante os quais oficiem (como parte ou fiscal da lei).

c) A partir da Constituição Federal de 1988, o Ministério Público do Trabalho possui relevância de longo alcance, como instituição permanente que ocupa o núcleo intangível de formatação do Estado, imunizado quanto a eventual propósito legislativo voltado para a sua extinção ou redução das respectivas atribuições, autonomia, órgãos, garantias, princípios ou prerrogativas, por meio de iniciativa sob a forma de Emenda Constitucional.

d) O Procurador-Geral do Trabalho será nomeado pelo Procurador-Geral da República, dentre integrantes da instituição, com mais de trinta e cinco anos de idade e de dez anos na carreira, integrante de lista tríplice escolhida mediante voto plurinominal, facultativo e secreto, pelo Colégio de Procuradores para um mandato de dois anos, permitida uma recondução, observado o mesmo processo. Caso não haja número suficiente de candidatos com mais de dez anos na carreira, poderá concorrer à lista tríplice quem contar mais de cinco anos na carreira.

e) O Ministério Público do Trabalho atua como órgão interveniente, como custos legis, participando e manifestando-se nas sessões dos Tribunais Regionais do Trabalho e Tribunal Superior do Trabalho, e elaborando pareceres na defesa de interesse público evidenciado, bem como pode atuar junto às Varas do Trabalho, inclusive com competência para recorrer, na defesa de interesse patrimonial de empresas públicas e sociedades de economia mista.

COMENTÁRIOS

✪ **Nota do autor:** O ingresso na carreira do Ministério Público do Trabalho efetiva-se, de forma exclusiva, após a aprovação em concurso público de provas e títulos para o cargo de Procurador do Trabalho, com promoções para os cargos de Procurador Regional do Trabalho e de Subprocurador-Geral do Trabalho.

Alternativa "a": Incorreta a assertiva na parte em que condiciona a eficácia da decisão do Procurador-Geral do Trabalho, sobre processo disciplinar contra membro da carreira ou servidor, ao crivo do Conselho Superior, conforme preceitua o art. 91, X, da LC nº 75/93: "São atribuições do Procurador-Geral do Trabalho: I – representar o Ministério Público do Trabalho; II – integrar, como membro nato, e presidir o Colégio de Procuradores do Trabalho, o Conselho Superior do Ministério Público do Trabalho e a Comissão de Concurso; III – nomear o Corregedor-Geral do Ministério Público do Trabalho, segundo lista tríplice formada pelo Conselho Superior; IV – designar um dos membros e o Coordenador da Câmara de Coordenação e Revisão do Ministério Público do Trabalho; V – designar, observados os critérios da lei e os estabelecidos pelo Conselho Superior, os ofícios em que exercerão suas funções os membros do Ministério Público do Trabalho; VI – designar o Chefe da Procuradoria Regional do Trabalho dentre os Procuradores Regionais do Trabalho lotados na respectiva Procuradoria Regional; VII – decidir, em grau de recurso, os conflitos de atribuição entre os órgãos do Ministério Público do Trabalho; VIII – determinar a abertura de correição, sindicância ou inquérito administrativo; IX – determinar a instauração de inquérito ou processo administrativo contra servidores dos serviços auxiliares; X – decidir processo disciplinar contra membro da carreira ou servidor dos serviços auxiliares, aplicando as sanções que sejam de sua competência; XI – decidir, atendendo a necessidade do serviço, sobre: a) remoção a pedido ou por permuta; b) alteração parcial da lista bienal de designações; XII – autorizar o afastamento de membros do Ministério Público do Trabalho, ouvido o Conselho Superior, nos casos previstos em lei; XIII – dar posse aos membros do Ministério Público do Trabalho; XIV – designar membro do Ministério Público do Trabalho para: a) funcionar nos órgãos em que a participação da Instituição seja legalmente prevista, ouvido o Conselho Superior; b) integrar comissões técnicas ou científicas, relacionadas às funções da Instituição, ouvido o Conselho Superior; c) assegurar a continuidade dos serviços, em caso de vacância, afastamento temporário, ausência, impedimento ou suspeição do titular, na inexistência ou falta do substituto designado; XV – homologar, ouvido o Conselho Superior, o resultado do concurso para ingresso na carreira; XVI – fazer publicar aviso de existência de vaga, na lotação e na relação bienal de designações; XVII – propor ao Procurador-Geral da República, ouvido o Conselho Superior, a criação e extinção de cargos da carreira e dos ofícios em que devam ser exercidas suas funções; XVIII – elaborar a proposta orçamentária do Ministério Público do Trabalho, submetendo-a, para aprovação, ao Conselho Superior; XIX – encaminhar ao Procurador-Geral da República a proposta orçamentária do Ministério Público do Trabalho, após sua aprovação pelo Conselho Superior; XX – organizar a prestação de contas do exercício anterior, encaminhando-a ao Procurador-Geral da República; XXI – praticar atos de gestão administrativa, financeira e de pessoal; XXII – elaborar o relatório de atividades do Ministério Público do Trabalho; XXIII – coordenar as atividades do Ministério Público do Trabalho; XXIV – exercer outras atribuições previstas em lei".

Alternativa "b": Incorreta, pois o assento deve ser no mesmo plano à direita e não à esquerda como constou na assertiva. Essa determinação encontra-se inserida no art. 18, I, "a" da LC nº 75/93: "São prerrogativas dos membros do Ministério Público da União: I – institucionais: a) sentar-se no mesmo plano e imediatamente à direita dos juízes singulares ou presidentes dos órgãos judiciários perante os quais oficiem".

Alternativa "c": Correta a assertiva. Com efeito, a Constituição Federal de 1988 conferiu autonomia administrativa e funcional ao Ministério Público, desvinculando-o do Poder Executivo e classificando-o como atividade essencial à justiça. Além disso, conferiu-lhe diversas prerrogativas e garantias que estão previstas em diversos dispositivos constitucionais, principalmente nos arts. 127, 128, 129 e 130.

Alternativa "d": Incorreta, uma vez que o candidato ao cargo de Procurador-Geral não necessita de dez anos, mas sim de cinco anos na carreira, conforme previsão inserida no art. 88 da LC nº 75/93: "O Procurador-Geral do Trabalho será nomeado pelo Procurador-Geral da República, dentre integrantes da instituição, com mais de trinta e cinco anos de idade e de cinco anos na carreira, integrante de lista tríplice escolhida mediante voto plurinominal, facultativo e secreto, pelo Colégio de Procuradores para um mandato de dois anos, permitida uma recondução, observado o mesmo processo. Caso não haja número suficiente de candidatos com mais de cinco anos na carreira, poderá concorrer à lista tríplice quem contar mais de dois anos na carreira".

Alternativa "e": Incorreta, uma vez que o MPT não tem legitimidade para recorrer de sentenças proferidas contra empresas públicas e sociedade de economia mista. Esse é o posicionamento do TST adotado por meio da OJ nº 237: "O Ministério Público não tem legitimidade para recorrer na defesa de interesse patrimonial privado, inclusive de empresas públicas e sociedades de economia mista". Atualmente esse verbete tem a seguinte redação: "MINISTÉRIO PÚBLICO DO TRABALHO. ILEGITIMIDADE PARA RECORRER. SOCIEDADE DE ECONOMIA MISTA. EMPRESA PÚBLICA (incorporada a Orientação Jurisprudencial nº 338 da SBDI-I) – Res. 210/2016, DEJT divulgado em 30.06, 1º e 04.07.2016. I – O Ministério Público do Trabalho não tem legitimidade para recorrer na defesa de interesse patrimonial privado, ainda que de empresas públicas e sociedades de economia mista. II – Há legitimidade do Ministério Público do Trabalho para recorrer de decisão que declara a existência de vínculo empregatício com sociedade de economia mista ou empresa pública, após a Constituição Federal de 1988, sem a prévia aprovação em concurso público, pois é matéria de ordem pública".

Gabarito: C.

---

151. (TRT 14 – Juiz do Trabalho Substituto 14ª Região/2013) Analise as proposições a seguir e escolha a alternativa correta.

I. O Ministério Público do Trabalho possui interesse para recorrer contra decisão que declara a existência de vínculo empregatício com sociedade de economia mista ou empresa pública, sem prévia aprovação em concurso público. No entanto não poderá arguir a nulidade do contrato de trabalho em favor de ente público, mediante parecer, quando a parte não a suscitou em defesa.

II. Ao exarar parecer na remessa de ofício, na qualidade de "custos legis", o Ministério Público não tem legitimidade para arguir a prescrição em favor de entidade de direito público.

III. O Ministério Público do Trabalho não tem legitimidade para recorrer na defesa de interesse patrimonial privado, inclusive de empresas públicas e sociedades de economia mista.

IV. A legitimidade "ad causam" do Ministério Público para propor ação rescisória, quando não tenha sido parte no processo que deu origem à decisão rescindenda, está limitada às alíneas "a" e "b" do inciso III do art. 487 do CPC, ou seja, quando não ouvido em processo, em que lhe era obrigatória a intervenção, e quando a sentença é o efeito de colusão das partes, a fim de fraudar a lei, respectivamente.

V. Na Justiça do Trabalho a capacidade postulatória prevista no art. 791 da CLT, também conhecida como "jus postulandi", traduzida como a possibilidade de a parte ir a juízo desacompanhada de advogado, limita-se às Varas do Trabalho e aos Tribunais Regionais do Trabalho, abrangendo todas as ações, exceto a ação rescisória, o mandado de segurança e os recursos de competência do Tribunal Superior do Trabalho.

a) Apenas as proposições I e III estão corretas.

b) Apenas as proposições II e V estão corretas.

c) Apenas as proposições II e III estão corretas.

d) Apenas as proposições III e IV estão corretas.

e) Apenas as proposições IV e V estão corretas.

COMENTÁRIOS

✪ **Nota do autor: No item I,** observe-se que o art. 219, § 5º do revogado CPC de 1973 corresponde ao art. 487, II do CPC de 2015. Já no item "IV", o art. 487, III, "a" e "b" do CPC de 1973 corresponde ao art. 967, III, "a" e "b" do CPC de 2015. Por conta disso, o TST promoveu a alteração da Súmula nº 407, que passou a ter a seguinte redação: "A legitimidade "ad causam" do Ministério Público para propor ação rescisória, ainda que não tenha sido parte no processo que deu origem à decisão rescindenda, não está limitada às alíneas "a", "b" e "c" do inciso III do art. 967 do CPC de 2015 (art. 487, III, "a" e "b", do CPC de 1973), uma vez que traduzem hipóteses meramente exemplificativas (ex-OJ nº 83 da SBDI-2 – inserida em 13.03.2002)".

Item "I": Incorreto, pois a segunda parte da assertiva não corresponde ao entendimento do TST exposto na OJ nº 350 da SDI-1: "O Ministério Público do Trabalho pode arguir, em parecer, na primeira vez que tenha de se manifestar no processo, a nulidade do contrato de trabalho em favor de ente público, ainda que a parte não a tenha suscitado, a qual será apreciada, sendo vedada, no entanto, qualquer dilação probatória".

Item "II": Correta a assertiva, pois corresponde ao posicionamento do TST exposto na OJ nº 130 da SDI-I: "Ao exarar o parecer na remessa de ofício, na qualidade de "custos legis", o Ministério Público não tem legitimidade para arguir a prescrição em favor de entidade de direito público, em matéria de direito patrimonial (arts. 194 do CC de 2002 e 219, § 5º, do CPC)". A redação dessa Súmula foi alterada para se adaptar ao CPC de 2015: "PRESCRIÇÃO. MINISTÉRIO PÚBLICO. ARGUIÇÃO. "CUSTOS LEGIS". ILEGITIMIDADE (atualizada em decorrência do CPC de 2015) – Res. 209/2016 – DEJT divulgado em 01, 02 e 03.06.2016 Ao exarar o parecer na remessa de ofício, na qualidade de "custos legis", o Ministério Público não tem legitimidade para arguir a prescrição em favor de entidade de direito público, em matéria de direito patrimonial."

Item "III": Correta a assertiva, pois o procedimento mencionado não estaria incluído no rol de atribuições do Ministério Público. Esse caso específico é aclarado pela OJ nº 237 da SDI-I do TST: "O Ministério Público não tem legitimidade para recorrer na defesa de interesse patrimonial privado, inclusive de empresas públicas e sociedades de economia mista". Atualmente esse verbete tem a seguinte redação: "MINISTÉRIO PÚBLICO DO TRABALHO. ILEGITIMIDADE PARA RECORRER. SOCIEDADE DE ECONOMIA MISTA. EMPRESA PÚBLICA (incorporada a Orientação Jurisprudencial nº 338 da SBDI-I) – Res. 210/2016, DEJT divulgado em 30.06, 1º e 04.07.2016. I – O Ministério Público do Trabalho não tem legitimidade para recorrer na defesa de interesse patrimonial privado, ainda que de empresas públicas e sociedades de economia mista. II – Há legitimidade do Ministério Público do Trabalho para recorrer de decisão que declara a existência de vínculo empregatício com sociedade de economia mista ou empresa pública, após a Constituição Federal de 1988, sem a prévia aprovação em concurso público, pois é matéria de ordem pública"

Item "IV": Incorreto. O TST considerou que as hipóteses previstas no CPC são meramente exemplificativas, na forma do seu posicionamento adotado pela Súmula nº 407 do TST, em sua redação anterior: "A legitimidade "ad causam" do Ministério Público para propor ação rescisória, ainda que não tenha sido parte no processo que deu origem à decisão rescindenda, não está limitada às alíneas "a" e "b" do inciso III do art. 487 do CPC, uma vez que traduzem hipóteses meramente exemplificativas" (ver redação atual na nota do autor).

Item "V": O rol de limitação do exercício do *ius postulandi* encontra-se incompleto, pois não foi citada a ação cautelar, como prevê a parte final da Súmula nº 425 do TST: "O *jus postulandi* das partes, estabelecido no art. 791 da CLT, limita-se às Varas do Trabalho e aos Tribunais Regionais do Trabalho, não alcançando a ação rescisória, a ação cautelar, o mandado de segurança e os recursos de competência do Tribunal Superior do Trabalho". **Incorreta.**

Gabarito: C.

---

152. (TRT – JTS 16ª RG/2011) Sobre a atuação do Ministério Público do Trabalho, analise as afirmativas e assinale a alternativa INCORRETA:

a) O Ministério Público do Trabalho poderá atuar no polo passivo da ação.

b) O Ministério Público do Trabalho tem atribuição para propor ação civil pública para tutelar direitos individuais homogêneos de trabalhadores e exigir a observância das normas trabalhistas que disciplinam saúde e segurança dos trabalhadores, porque a origem comum do direito pleiteado é o fato de trabalharem para o mesmo empregador e nas mesmas condições.

c) Ao Ministério Público do Trabalho cabe promover dissídio de greve para a declaração de abusividade do movimento, quando uma das partes deixar de satisfazer as condições necessárias e inadiáveis ao atendimento da população.

d) O Ministério Público do Trabalho poderá promover ação civil pública para defender interesses coletivos dos trabalhadores e preservar a ordem pública, desde que não haja intuito reparatório civil.

e) A ação anulatória de cláusulas convencionais é proposta pelo Ministério Público do Trabalho quando o instrumento coletivo violar as liberdades individuais e coletivas e os direitos individuais indisponíveis dos trabalhadores, inclusive de cláusulas que tratam da relação entre o sindicato e seus membros, associados ou não.

COMENTÁRIOS

Alternativa "a": Apesar de ser rara a sua constatação prática, é possível visualizar essa situação, mesmo porque a lei não faz qualquer vedação expressa. Imagine-se a situação em que uma demanda é proposta em face de um empregado menor de 18 anos e sem representante legal. Nesse caso, o Ministério Público do Trabalho assume a representação do menor, na forma prevista pelo art. 793 da CLT, inclusive apresentando reconvenção: "A reclamação trabalhista do menor de 18 anos será feita por seus representantes legais e, na falta destes, pela Procuradoria da Justiça do Trabalho, pelo sindicato, pelo Ministério Público estadual ou curador nomeado em juízo." **Alternativa verdadeira.**

Alternativa "b": Correta, de acordo, pois se trada da defesa de direitos individuais homogêneos que decorre de uma origem comum, na forma prevista pelo art. 81, III, do Código de Defesa do Consumidor: "Art. 81. A defesa dos interesses e direitos dos consumidores e das vítimas poderá ser exercida em juízo individualmente, ou a título coletivo: III – interesses ou direitos individuais homogêneos, assim entendidos os decorrentes de origem comum". A atribuição do MPT está prevista pelo art. 83, III, da LC 75/93: "Art. 83. Compete ao Ministério Público do Trabalho o exercício das seguintes atribuições junto aos órgãos da Justiça do Trabalho: III – promover a ação civil pública no âmbito da Justiça do Trabalho, para defesa de interesses coletivos, quando desrespeitados os direitos sociais constitucionalmente garantidos". A jurisprudência do TST corrobora essa atribuição: "UTILIZAÇÃO DE MAQUINÁRIO OBSOLETO. ACIDENTES DE TRABALHO, INCLUSIVE CAUSADORES DE DEFORMIDADES FÍSICAS. PRESERVAÇÃO DA SAÚDE E DA SEGURANÇA DOS TRABALHADORES. 1. A Constituição da República de 1988, em seus arts. 127 e 129, confere legitimação ativa ao Ministério Público do Trabalho para, mediante ação civil pública ajuizada na justiça do trabalho, promover a defesa dos interesses sociais e individuais indisponíveis (subespécie de interesse coletivo). 2. De acordo com a jurisprudência do plenário do Supremo Tribunal Federal, certos direitos individuais homogêneos podem ser classificados como interesses ou direitos coletivos, ou identificar-se com interesses sociais e individuais indisponíveis. Nesses casos, a ação civil pública presta-se a defesa dos mesmos, legitimado o ministério público para a causa. Constituição Federal, art. 127, *caput*, e art. 129, III. (RE 195056/PR – Paraná, DJ 14/11/2003). 3. O interesse de agir do Ministério Público do Trabalho, ao ajuizar ação civil pública trabalhista, radica no binômio necessidade-utilidade da tutela solicitada no processo, com a finalidade de que a ordem jurídica e social dita violada pelo réu seja restabelecida, hipótese de medida de proteção à higidez física e mental dos trabalhadores envolvidos no conflito. 4. A circunstância de a demanda coletiva envolver discussão acerca de direitos que variem conforme situações específicas, individualmente consideradas, como entendeu o tribunal regional, não é suficiente, por si só, para impor limites à atuação do ministério público do trabalho na defesa de interesses sociais, sob pena de negar-se vigência ao art. 129, III, da Constituição Federal, que credencia o parquet a propor ação civil pública relacionada à defesa do interesse coletivo amplo, consubstanciado, na espécie, em exigir a observância das normas trabalhistas, de ordem pública e imperativa, as quais disciplinam a saúde e segurança dos trabalhadores, em relação aos empregados da ré e constituindo a origem comum do direito reivindicado na ACP. 5. Na ação coletiva, a sentença será, necessariamente, genérica, fazendo juízo de certeza sobre a relação jurídica controvertida, e a individualização do direito far-se-á por meio de ação de cumprimento pelo titular do direito subjetivo reconhecido como violado na demanda cognitiva. Recurso de revista conhecido e provido. (TST; RR 1764/2002-026-03-40.3; Primeira Turma; Rel. Min. Walmir Oliveira da Costa; DEJT 05/02/2010; Pág. 587)".

Alternativa "c": Correta, uma vez que essa atribuição encontra-se prevista expressamente no art. 83, VIII, da LC nº 75/93: "Art. 83. Compete ao Ministério Público do Trabalho o exercício das seguintes atribuições junto aos órgãos da Justiça do Trabalho: VIII – instaurar instância em caso de greve, quando a defesa da ordem jurídica ou o interesse público assim o exigir".

Alternativa "d": Incorreta, pois não existe a limitação apontada no texto, conforme se observa da redação do art. 83, III, da LC nº 75/93: "Art. 83. Compete ao Ministério Público do Trabalho o exercício das seguintes atribuições junto aos órgãos da Justiça do Trabalho: III – promover a ação civil pública no âmbito da Justiça do Trabalho, para defesa de interesses coletivos, quando desrespeitados os direitos sociais constitucionalmente garantidos".

Alternativa "e": Correta, de acordo com o preceito contido no art. 83, IV, da Lei Complementar nº 75/93: "Art. 83. Compete ao Ministério Público do Trabalho o exercício das seguintes atribuições junto aos órgãos da Justiça do Trabalho: (...) IV – propor as ações cabíveis para declaração de nulidade de cláusula de contrato, acordo coletivo ou convenção coletiva que viole as liberdades individuais ou coletivas, ou os direitos individuais indisponíveis dos trabalhadores".

Gabarito: D.

---

153. (TRT - JTS 16ª RG/2011) Analise as afirmativas e assinale a alternativa INCORRETA:

a) A faculdade de as partes reclamarem pessoalmente seus direitos perante a Justiça do Trabalho e de acompanharem suas reclamações até seu deslinde final deve ser aplicada apenas às lides relativas à relação de emprego e pequena empreitada.

b) A jurisprudência do Tribunal Superior do Trabalho não tem aceitado a postulação da parte sem o acompanhamento de advogado perante a instância extraordinária.

c) O falecimento do sócio da empresa não implica em alteração do polo passivo. O mesmo não ocorre em caso de o reclamado ser pessoa física ou firma individual, devendo nestes casos, o processo ser suspenso para regularização do polo passivo.

d) A Ação movida pelo Sindicato, na qualidade de substituto processual interrompe a prescrição, exceto quando tenha sido considerado parte ilegítima da causa.

e) inadmissível na fase recursal a regularização da representação processual, ainda que mediante o protesto por ulterior juntado do documento procuratório.

COMENTÁRIOS

✪ **Nota do autor:** Observar que o exercício do direito de ação, mesmo no caso da reclamação trabalhista derivada da relação de emprego e da pequena empreitada, está limitada à primeira e à segunda instâncias da Justiça do Trabalho, conforme posicionamento do TST adotado por meio da Súmula nº 425: "O *jus postulandi* das partes, estabelecido no art. 791 da CLT, limita-se às Varas do Trabalho e aos Tribunais Regionais do Trabalho, não alcançando a ação rescisória, a ação cautelar, o mandado de segurança e os recursos de competência do Tribunal Superior do Trabalho". Note-se, também, que na alternativa "c", o art. 43 do CPC de 1973 corresponde ao art. 110 do CPC de 2015. Já na alternativa "d", a Lei da Reforma Trabalhista introduziu na CLT, uma hipótese exclusiva de interrupção da prescrição: "Art. 11. § 3º A interrupção da prescrição somente ocorrerá pelo ajuizamento de reclamação trabalhista, mesmo que em juízo incompetente, ainda que venha a ser extinta sem resolução do mérito, produzindo efeitos apenas em relação aos pedidos idênticos.". Com isso, o TST deve promover mudanças na redação da OJ nº 259, da SDI-1. Por fim, em relação à alternativa "e", os arts. 37 e 13 do CPC de 1973 correspondem, respectivamente, aos arts. 104 e 76 do CPC de 2015.

Alternativa "a": Correta, pois o *ius postulandi* limita-se ao às demandas previstas na CLT, diante do permissivo contido no art. 791 da CLT, inclusive aquela decorrente da pequena empreitada: "Art. 791. Os empregados e os empregadores poderão reclamar pessoalmente perante a Justiça do Trabalho e acompanhar as suas reclamações até o final" (ver nota do autor).

Alternativa "b": Correta, de acordo com o entendimento do TST revelado por meio da Súmula nº 425 do TST transcrita na nota do autor.

Alternativa "c": Correta. Isso porque a morte de um dos sócios não implica extinção da sociedade. Tal não ocorre, contudo, quando o empresário é uma pessoa física ou quando for o caso de firma individual. Nessas situações aplica-se o comando contido no art. 43 do CPC de 1973: "Ocorrendo a morte de qualquer das partes, dar-se-á a substituição pelo seu espólio ou pelos seus sucessores, observado o disposto no art. 265. Art. 265. Suspende-se o processo: I – pela morte ou perda da capacidade processual de qualquer das partes, de seu representante legal ou de seu procurador" (ver nota do autor).

Alternativa "d": Incorreta, pois nessa situação o ajuizamento da demanda interrompe a prescrição ainda que o sindicato tenha sido declarado parte ilegítima, conforme posicionamento do TST contido na OJ nº 259 da SDI-1: "A ação movida por sindicato, na qualidade de substituto processual, interrompe a prescrição, ainda que tenha sido considerado parte ilegítima *ad causam*" (ver nota do autor).

Alternativa "e": Correta. Esse entendimento consta da Súmula nº 383 do TST: "I – É inadmissível, em instância recursal, o oferecimento tardio de procuração, nos termos do art. 37 do CPC, ainda que mediante protesto por posterior juntada, já que a interposição de recurso não pode ser reputada ato urgente. II – Inadmissível na fase recursal a regularização da representação processual, na forma do art. 13 do CPC, cuja aplicação se restringe ao Juízo de 1º grau". A atual redação dessa Súmula é a seguinte: "RECURSO. MANDATO. IRREGULARIDADE DE REPRESENTAÇÃO. CPC DE 2015, ARTS. 104 E 76, § 2º (nova redação em decorrência do CPC de 2015) – Res. 210/2016, DEJT divulgado em 30.06, 1º e 04.07.2016 I – É inadmissível recurso firmado por advogado sem procuração juntada aos autos até o momento da sua interposição, salvo mandato tácito. Em caráter excepcional (art. 104 do CPC de 2015), admite-se que o advogado, independentemente de intimação, exiba a procuração no prazo de 5 (cinco) dias após a interposição do recurso, prorrogável por igual período mediante despacho do juiz. Caso não a exiba, considera-se ineficaz o ato praticado e não se conhece do recurso. II – Verificada a irregularidade de representação da parte em fase recursal, em procuração ou substabelecimento já constante dos autos, o relator ou o órgão competente para julgamento do recurso designará prazo de 5 (cinco) dias para que seja sanado o vício. Descumprida a determinação, o relator não conhecerá do recurso, se a providência couber ao recorrente, ou determinará o desentranhamento das contrarrazões, se a providência couber ao recorrido (art. 76, § 2º, do CPC de 2015)".

Gabarito: D.

---

154. (TRT – JTS 24ª RG/2008) Sobre as partes, os procuradores e a representação no processo do trabalho, é CORRETO afirmar que:

a) De acordo com a CLT, nas ações individuais trabalhistas apenas os empregados poderão fazer-se representar por intermédio do respectivo sindicato da categoria.

b) De acordo com a CLT, se por doença ou qualquer outro motivo poderoso, devidamente comprovado, não for possível ao empregado comparecer pessoalmente, poderá fazer-se representar por outro empregado que pertença à mesma empresa, ou pelo seu sindicato.

c) Na Justiça do Trabalho os empregados e empregadores, maiores de 18 (dezoito) e civilmente capazes, possuem capacidade processual, postulatória e de ser parte.

d) De acordo com a CLT, é facultado ao empregador, exceto as pessoas jurídicas de direito público, fazer-se substituir pelo gerente, ou qualquer outro preposto que tenha conhecimento do fato, e cujas declarações obrigarão o proponente.

e) Exceto quanto à reclamação de empregado doméstico, o preposto deve ser necessariamente empregado do reclamado, consoante entendimento sumulado do Tribunal Superior do Trabalho.

COMENTÁRIOS

✪ **Nota do autor:** A plena capacidade, para pessoa física, é adquirida aos dezoito anos (art. 4º do Código Civil), inclusive para estar em juízo, presentemente, sem a necessidade de ser representado por outra pessoa, seguindo a regra contida no art. 7º do revogado CPC de 1973: "Toda pessoa que se acha no exercício dos seus direitos tem capacidade para estar em juízo". Observe-se que o art. 7º do CPC de 1973 corresponde ao art. 70 do CPC de 2015. Em relação a alternativa "e", com a vigência da Lei da Reforma Trabalhista, houve a inclusão de um parágrafo ao art. 843 da CLT com a seguinte redação: "§ 3º O preposto a que se refere o § 1º deste artigo não precisa ser empregado da parte reclamada.". Em breve, portanto, o TST deve cancelar ou alterar a redação da Súmula nº 377.

Alternativa "a": Incorreta, pois segundo o § 2º do art. 791 da CLT essa possibilidade é estendida também aos empregadores: "Nos dissídios individuais os empregados e empregadores poderão fazer-se representar por intermédio do sindicato, advogado, solicitador, ou provisionado, inscrito na Ordem dos Advogados do Brasil".

Alternativa "b": Incorreta, pois a representação deve ser feita por empregado da mesma profissão e na da mesma empresa, conforme determina o § 2º do art. 843 da CLT: "Se por doença ou qualquer outro motivo poderoso, devidamente comprovado, não for possível ao empregado comparecer pessoalmente, poderá fazer-se representar por outro empregado que pertença à mesma profissão, ou pelo seu sindicato".

Alternativa "c": Correta, a capacidade de ser parte segue a regra geral do processo civil e a capacidade postulatória das partes, também conhecida como *ius postulandi*, está prevista no art. 791 da CLT: "Os empregados e os empregadores poderão reclamar pessoalmente perante a Justiça do Trabalho e acompanhar as suas reclamações até o final", enquanto que a capacidade processual está prevista no art. 792 da CLT: "Os maiores de 18 (dezoito) e menores de 21 (vinte e um) anos e as mulheres casadas poderão pleitear perante a Justiça do Trabalho sem a assistência de seus pais, tutores ou maridos".

Alternativa "d": Incorreta, pois o § 1º do art. 843 da CLT não exclui as pessoas jurídicas de direito público de utilizar a figura do preposto: "É facultado ao empregador fazer-se substituir pelo gerente, ou qualquer outro preposto que tenha conhecimento do fato, e cujas declarações obrigarão o proponente".

Alternativa "e": Incorreta, pois a regra contida na Súmula nº 377 do TST também excepciona a exigência da condição de empregado dos prepostos das micro e pequenas empresas: "Exceto quanto à reclamação de empregado doméstico, ou contra micro ou pequeno empresário, o preposto deve ser necessariamente empregado do reclamado" (ver nota do autor).

Gabarito: C.

---

155. (TRT – JTS 24ª RG/2008) É INCORRETO afirmar que:

a) De acordo com a jurisprudência majoritária, é inaplicável ao processo do trabalho a regra contida no art. 191 do CPC, que concede prazo em dobro às partes que atuam em litisconsórcio, com procuradores distintos, em decorrência da sua incompatibilidade com o princípio da celeridade inerente ao processo trabalhista.

b) Há previsão expressa na Consolidação das Leis do Trabalho acerca de existência de litisconsórcio tanto ativo quanto passivo.

c) No caso de litisconsórcio ativo facultativo regularmente constituído, no procedimento ordinário, é mantida regra geral quanto ao número de testemunhas no processo do trabalho, sendo admitidas 03 (três) testemunhas por processo e não por autor ou por fatos distintos.

d) Segundo Súmula da Jurisprudência do Tribunal Superior do Trabalho, o litisconsórcio, na ação rescisória, é necessário em relação ao polo passivo da demanda, porque supõe uma comunidade de direitos ou de obrigações que não admite solução díspar para os litisconsortes, em face da indivisibilidade do objeto.

e) Em conformidade com o entendimento sumulado do Tribunal Superior do Trabalho, o Sindicato, substituto processual e autor da reclamação trabalhista, em cujos autos fora proferida a decisão rescindenda, possui legitimidade para figurar como réu na ação rescisória, sendo descabida a exigência de citação de todos os empregados substituídos, porquanto inexistente litisconsórcio passivo necessário.

COMENTÁRIOS

Nota do autor: Apesar de a CLT só prevê a hipótese de reclamação plúrima ativa, a jurisprudência e a doutrina aceitam, pacificamente, a reclamação plúrima de reclamados. Observe-se, na alternativa "a", que o art. 191 do CPC de 1973 corresponde ao art. 229 do CPC de 2015.

Alternativa "a": Correta, pois corresponde ao posicionamento adotado pelo TST por intermédio da OJ nº 310 da SDI-1 em sua antiga redação: "A regra contida no art. 191 do CPC é inaplicável ao processo do trabalho, em face da sua incompatibilidade com o princípio da celeridade inerente ao processo trabalhista". A atual redação é a seguinte: "Inaplicável ao processo do trabalho a norma contida no art. 229, caput e §§ 1º e 2º, do CPC de 2015 (art. 191 do CPC de 1973), em razão de incompatibilidade com a celeridade que lhe é inerente".

Alternativa "b": Incorreta, pois só existe previsão legal do litisconsórcio ativo na CLT, denominado de reclamação plúrima, representado pelos arts. 842 e 843: "Art. 842. Sendo várias as reclamações e havendo identidade de matéria, poderão ser acumuladas num só processo, se se tratar de empregados da mesma empresa ou estabelecimento. Art. 843. Na audiência de julgamento deverão estar presentes o reclamante e o reclamado, independentemente do comparecimento de seus representantes salvo, nos casos de Reclamatórias Plúrimas ou Ações de Cumprimento, quando os empregados poderão fazer-se representar pelo Sindicato de sua categoria".

Alternativa "c": Opção verdadeira, pois se trata de litisconsórcio ativo facultativo. Nesse caso, cabe aos integrantes do polo ativo decidir sobre a conveniência ou não de se formar o litisconsórcio, abrindo mão do direito de cada um indicar três testemunhas se a demanda fosse individual.

Alternativa "d": Correta, segundo o texto do inciso I da Súmula nº 406 do TST: "I – O litisconsórcio, na ação rescisória, é necessário em relação ao polo passivo da demanda, porque supõe uma comunidade de direitos ou de obrigações que não admite solução díspar para os litisconsortes, em face da indivisibilidade do objeto. Já em relação ao polo ativo, o litisconsórcio é facultativo, uma vez que a aglutinação de autores se faz por conveniência e não pela necessidade decorrente da natureza do litígio, pois não se pode condicionar o exercício do direito individual de um dos litigantes no processo originário à anuência dos demais para retomar a lide".

Alternativa "e": Correta, uma vez que corresponde ao entendimento constante do inciso II da Súmula nº 406 do TST: "O Sindicato, substituto processual e autor da reclamação trabalhista, em cujos autos fora proferida a decisão rescindenda, possui legitimidade para figurar como réu na ação rescisória, sendo descabida a exigência de citação de todos os empregados substituídos, porquanto inexistente litisconsórcio passivo necessário".

Gabarito: B.

---

156. (TRT – JTS 23ª RG/2008) Assinale a alternativa INCORRETA:

a) A reclamação trabalhista do menor de 18 anos será feita por seus representantes legais com assistência do sindicato, do Ministério Público do Trabalho ou curador nomeado em juízo.

b) Ao sindicato cabe a defesa dos direitos e interesses coletivos ou individuais da categoria, inclusive em questões judiciais ou administrativas.

c) Nos dissídios individuais os empregados e empregadores poderão fazer-se representar por intermédio do sindicato, advogado, solicitador, ou provisionado, inscrito na Ordem dos Advogados do Brasil.

d) Nos dissídios coletivos é facultada aos interessados a assistência por advogado.

e) A reclamação poderá ser apresentada pelos empregados e empregadores, pessoalmente, ou por seus representantes, e pelos sindicatos de classe.

COMENTÁRIOS

✪ **Nota do autor:** As figuras do solicitador e do provisionado não são mais previstas no atual Estatuto da OAB. A revogada Lei nº 4.215/63, todavia, admitia a atuação do solicitador, considerado como uma espécie de estagiário. Já a atuação dos provisionados, advogados que não possuíam diploma de bacharel em direito, também conhecidos como rábulas, era permitida legalmente somente na primeira instância.

Alternativa "a": Incorreta, pois o art. 793 da CLT só confere essa atribuição ao MPT, Sindicato ou Ministério Público Estadual quando o menor de 18 anos não possuir representantes legais: "A reclamação trabalhista do menor de 18 anos será feita por seus representantes legais e, na falta destes, pela Procuradoria da Justiça do Trabalho, pelo sindicato, pelo Ministério Público estadual ou curador nomeado em juízo".

Alternativa "b": Correta, de acordo com o texto do art. 8º, III, da CF "Ao sindicato cabe a defesa dos direitos e interesses coletivos ou individuais da categoria, inclusive em questões judiciais ou administrativas".

Alternativa "c": Correta, de acordo com o texto legal contido no art. 791, § 1º, da CLT: "Nos dissídios individuais os empregados e empregadores poderão fazer-se representar por intermédio do sindicato, advogado, solicitador, ou provisionado, inscrito na Ordem dos Advogados do Brasil".

Alternativa "d": O *ius postulandi* é garantido no processo trabalhista tanto para os dissídios individuais quanto para os dissídios coletivos. **Opção correta**, pois em conformidade com o mandamento contido no art. 791, § 2º, da CLT: "Nos dissídios coletivos é facultada aos interessados a assistência por advogado".

Alternativa "e": Correta, diante do preceito contido no art. 791 da CLT: "Os empregados e os empregadores poderão reclamar pessoalmente perante a Justiça do Trabalho e acompanhar as suas reclamações até o final".

Gabarito: A.

---

157. (TRT – JTS 23ª RG/2008) Analise os itens abaixo e marque a alternativa CORRETA:

Ao Ministério Público do Trabalho compete:

I. manifestar-se em qualquer fase do processo trabalhista desde que solicitado pelo juiz e havendo interesse público que justifique a intervenção;

II. recorrer das decisões da Justiça do Trabalho, quando entender necessário, tanto nos processos em que for parte, como naqueles em que oficiar como fiscal da lei, bem como pedir revisão dos Enunciados da Súmula de Jurisprudência do Tribunal Superior do Trabalho.

III. promover a ação civil pública no âmbito da Justiça do Trabalho;

IV. propor as ações necessárias à defesa dos direitos e interesses dos menores, incapazes e índios, decorrentes das relações de trabalho;

a) F, V, V, F.

b) F, V, F, F.

c) V, F, F, V.

d) F, F, V, V.

e) V, F, F, F.

COMENTÁRIOS

✪ **Nota do autor:** O Ministério Público do Trabalho é parte integrante do Ministério Público da União, conforme reconhecimento feito pela atual Carta Maior em seu art. 128. Não tem qualquer vinculação com o Poder Executivo e exerce suas atribuições perante a Justiça do Trabalho em todos os seus graus de jurisdição. Além disso, esta questão deveria ser anulada, já que a assertiva contida no item II está correta, inclusive com transcrição *ipsis litteris* de dispositivo legal, mas o gabarito oficial a considerou incorreta.

Item "I": Incorreto, uma vez que o representante do MPT pode atuar de ofício nesses casos, conforme art. 83, II, da LC nº 75/93: "Compete ao Ministério Público do Trabalho o exercício das seguintes atribuições junto aos órgãos da Justiça do Trabalho: II – manifestar-se em qualquer fase do processo trabalhista, acolhendo solicitação do juiz ou por sua iniciativa, quando entender existente interesse público que justifique a intervenção".

Item "II": Assertiva verdadeira, pois coincide com a atribuição conferida pelo art. 83, VI, da LC nº 75/93: "Compete ao Ministério Público do Trabalho o exercício das seguintes atribuições junto aos órgãos da Justiça do Trabalho: VI – recorrer das decisões da Justiça do Trabalho, quando entender necessário, tanto nos processos em que for parte, como naqueles em que oficiar como fiscal da lei, bem como pedir revisão dos Enunciados da Súmula de Jurisprudência do Tribunal Superior do Trabalho".

Item "III": Correto, diante do permissivo contido no inciso III, art. 83, da LC nº 75/93: "Art. 83. Compete ao Ministério Público do Trabalho o exercício das seguintes atribuições junto aos órgãos da Justiça do Trabalho: III – promover a ação civil pública no âmbito da Justiça do Trabalho, para defesa de interesses coletivos, quando desrespeitados os direitos sociais constitucionalmente garantidos".

Item "IV": Correto, uma vez que essa atribuição encontra-se garantida pelo inciso V, art. 83, da LC nº 75/93: "Art. 83. Compete ao Ministério Público do Trabalho o exercício das seguintes atribuições junto aos órgãos da Justiça do Trabalho: V – propor as ações necessárias à defesa dos direitos e interesses dos menores, incapazes e índios, decorrentes das relações de trabalho".

Gabarito: ver nota do autor.

---

158. (TRT – JTS 23ª RG/2008) Analise os itens abaixo e marque a alternativa CORRETA:

I. É prerrogativa processual dos membros do Ministério Público do Trabalho sentar-se no mesmo plano e imediatamente à direita dos juízes singulares ou presidentes dos órgãos judiciários perante os quais oficiem.

II. É prerrogativa institucional dos membros do Ministério Público do Trabalho receber intimação pessoalmente nos autos em qualquer processo e grau de jurisdição nos feitos em que tiver que oficiar.

III. As garantias e prerrogativas dos membros do Ministério Público da União são inerentes ao exercício de suas funções, podendo ser objeto de renúncia pelos procuradores individualmente considerados.

a) Apenas os itens II e III são verdadeiros.

b) Apenas os itens I e II são verdadeiros.

c) Todos os itens são verdadeiros.

d) Apenas os itens I e III são verdadeiros.

e) Todos os itens são falsos.

COMENTÁRIOS

✪ Nota do autor: O Ministério Público é instituição permanente, essencial à função jurisdicional do Estado. Incumbe-lhe a defesa da ordem jurídica, do regime democrático e dos interesses sociais e individuais indisponíveis, regido pelos princípios da unidade, da indivisibilidade e da independência funcional.

Item "I": Incorreto, pois se trata de uma prerrogativa institucional, conforme art. 18, I, "a", da LC nº 73/95: "São prerrogativas dos membros do Ministério Público da União: I – institucionais: a) sentar-se no mesmo plano e imediatamente à direita dos juízes singulares ou presidentes dos órgãos judiciários perante os quais oficiem".

Item "II": Incorreto, pois a hipótese é de prerrogativa processual, conforme art. 18, II, da LC nº 73/95: "São prerrogativas dos membros do Ministério Público da União: (...) II – processuais: h) receber intimação pessoalmente nos autos em qualquer processo e grau de jurisdição nos feitos em que tiver que oficiar".

Item "IV": Incorreto, uma vez que as prerrogativas e garantias são irrenunciáveis, conforme dispõe o art. 21, I, da LC nº 73/95: "As garantias e prerrogativas dos membros do Ministério Público da União são inerentes ao exercício de suas funções e irrenunciáveis".

Gabarito: E.

---

159. (TRT – JTS 23ª RG/2008) São atribuições do Ministério Público do Trabalho junto aos órgãos da Justiça do Trabalho, dentre outras:

I. propor ações individuais, no âmbito da Justiça do Trabalho, para defesa de interesse de trabalhador, beneficiário da Justiça Gratuita, quando desrespeitados os direitos sociais constitucionalmente garantidos;

II. propor as ações cabíveis para declaração de nulidade de cláusula de contrato, acordo coletivo ou convenção coletiva que viole as liberdades individuais ou coletivas ou os direitos individuais indisponíveis dos trabalhadores;

III. recorrer das decisões da Justiça do Trabalho, quando entender necessário, tanto nos processos em que for parte, como naqueles em que oficiar como fiscal da lei, bem como pedir revisão dos Enunciados da Súmula de Jurisprudência do Tribunal Superior do Trabalho;

IV. intervir, quando entender necessário, nos feitos nos segundo e terceiro graus de jurisdição da Justiça do Trabalho, quando a parte for pessoa jurídica de Direito Público, Estado estrangeiro ou organismo internacional.

a) todas as opções estão corretas;

b) apenas três opções estão corretas;

c) apenas duas opções estão corretas;

d) apenas uma opção está correta;

e) todas as opções estão incorretas.

COMENTÁRIOS

✪ Nota do autor: O Ministério Público do Trabalho é composto de uma Procuradoria-Geral, que atua perante o TST, e de vinte e quatro Procuradorias Regionais, que oficiam perante os Tribunais Regionais do Trabalho.

Item "I": Incorreto, pois não é atribuição do MPT ajuizar demandas individuais genéricas. Além disso, essa atribuição não consta do rol do art. 83 da LC nº 75/93 ou do art. 129 Constituição Federal de 1988.

Item "II": Correto, pois essa atribuição é prevista expressamente no inciso IV, art. 83, da LC nº 75/93: "Compete ao Ministério Público do Trabalho o exercício das seguintes atribuições junto aos órgãos da Justiça do Trabalho: IV – propor as ações cabíveis para declaração de nulidade de cláusula de contrato, acordo coletivo ou convenção coletiva que viole as liberdades individuais ou coletivas ou os direitos individuais indisponíveis dos trabalhadores".

Item "III": Correto, uma vez que corresponde ao permissivo contido no inciso VI, art. 83, da LC nº 75/93: "Compete ao Ministério Público do Trabalho o exercício das seguintes atribuições junto aos órgãos da Justiça do Trabalho: VI – recorrer das decisões da Justiça do Trabalho, quando entender necessário, tanto nos processos em que for parte, como naqueles em que oficiar como fiscal da lei, bem como pedir revisão dos Enunciados da Súmula de Jurisprudência do Tribunal Superior do Trabalho".

Item "IV": Correto, pois reproduz a atribuição inserida no inciso XIII, art. 83, da LC nº 75/93: "Compete ao Ministério Público do Trabalho o exercício das seguintes atribuições junto aos órgãos da Justiça do Trabalho: XIII – intervir obrigatoriamente em todos os feitos nos segundo e terceiro graus de jurisdição da Justiça do Trabalho, quando a parte for pessoa jurídica de Direito Público, Estado estrangeiro ou organismo internacional".

Gabarito: B.

---

160. (TRT – JTS 21ª RG/2010) Sobre as atribuições do Ministério Público do Trabalho junto aos órgãos da Justiça do Trabalho, conforme previsto em lei, examine as assertivas abaixo e marque, em seguida, a alternativa CORRETA:

I. propor as ações cabíveis para declaração de nulidade de cláusula de contrato, acordo coletivo ou convenção coletiva que viole as liberdades individuais ou coletivas ou os direitos individuais indisponíveis dos trabalhadores;

II. propor as ações necessárias à defesa dos direitos e interesses de crianças, incapazes e índios, decorrentes das relações de trabalho;

III. funcionar nas sessões dos Tribunais Trabalhistas, manifestando-se verbalmente sobre a matéria em debate, sempre que entender necessário, sendo-lhe assegurado o direito de vista dos processos em julgamento, podendo solicitar as requisições e diligências que julgar convenientes;

IV. promover mandado de injunção, quando a competência for da Justiça do Trabalho;

V. atuar como árbitro, se assim for solicitado pelas partes, nos dissídios de competência da Justiça do Trabalho.

a) apenas as assertivas II e III estão corretas;
b) apenas as assertivas II, III e IV estão corretas;
c) apenas as assertivas I, III e IV estão corretas;
d) apenas as assertivas I, II, III e V estão corretas;
e) todas as assertivas estão corretas.

COMENTÁRIOS

✪ **Nota do autor:** A Carta Magna de 1988, em seu art. 129, III, estabelece como função institucional do Ministério Público, dentre outras: "promover o inquérito civil e a ação civil pública, para a proteção do patrimônio público e social, do meio ambiente e de outros interesses difusos e coletivos".

Item "I": Correto, conforme art. 83, IV, da LC nº 75/93: "Art. 83. Compete ao Ministério Público do Trabalho o exercício das seguintes atribuições junto aos órgãos da Justiça do Trabalho: IV – propor as ações cabíveis para declaração de nulidade de cláusula de contrato, acordo coletivo ou convenção coletiva que viole as liberdades individuais ou coletivas ou os direitos individuais indisponíveis dos trabalhadores".

Item "II": Correto, conforme art. 83, V, da LC nº 75/93: "Art. 83. Compete ao Ministério Público do Trabalho o exercício das seguintes atribuições junto aos órgãos da Justiça do Trabalho: V – propor as ações necessárias à defesa dos direitos e interesses dos menores, incapazes e índios, decorrentes das relações de trabalho".

Item "III": Correto, em conformidade com o art. 83, VII, da LC nº 75/93: "Art. 83. Compete ao Ministério Público do Trabalho o exercício das seguintes atribuições junto aos órgãos da Justiça do Trabalho: VII – funcionar nas sessões dos Tribunais Trabalhistas, manifestando-se verbalmente sobre a matéria em debate, sempre que entender necessário, sendo-lhe assegurado o direito de vista dos processos em julgamento, podendo solicitar as requisições e diligências que julgar convenientes".

Item "IV": Correto, conforme art. 83, X, da LC nº 75/93: "Art. 83. Compete ao Ministério Público do Trabalho o exercício das seguintes atribuições junto aos órgãos da Justiça do Trabalho: X – promover mandado de injunção, quando a competência for da Justiça do Trabalho".

Item "V": Correto, conforme art. 83, XI, da LC nº 75/93: "Art. 83. Compete ao Ministério Público do Trabalho o exercício das seguintes atribuições junto aos órgãos da Justiça do Trabalho: XI – atuar como árbitro, se assim for solicitado pelas partes, nos dissídios de competência da Justiça do Trabalho".

Gabarito: E.

---

161. (TRT – JTS 21ª RG/2010) A respeito da atuação do Ministério Público do Trabalho, em conformidade com o previsto na legislação em vigor, assinale a alternativa INCORRETA:

a) o membro da Instituição pode manifestar-se em qualquer fase processual, por sua própria iniciativa, independentemente de solicitação do juiz, quando entender existente interesse público que justifique a intervenção;

b) o membro da Instituição pode expedir recomendações aos empregadores, visando ao respeito aos interesses trabalhistas de natureza coletiva e difusa, para isso fixando prazo razoável para a adoção das providências cabíveis, sob pena de ser proposta ação civil pública;

c) o membro da Instituição pode realizar diligências e também inspeções, no âmbito do Inquérito Civil, objetivando colher fundamentos para ajuizar ação civil pública;

d) o membro da Instituição pode notificar testemunhas para serem ouvidas no procedimento do Inquérito Civil, mas não tem o poder de requisitar a sua condução coercitiva;

e) o membro da Instituição pode requisitar da Administração Pública serviços temporários de seus servidores e meios materiais necessários à realização de atividades específicas no âmbito dos procedimentos de investigação.

COMENTÁRIOS

Nota do autor: Segundo a OJ nº 350, da SDI-1 do TST, o Ministério Público do Trabalho pode arguir, em parecer, na primeira vez que tenha de se manifestar no processo, a nulidade do contrato de trabalho em favor de ente público, ainda que a parte não a tenha suscitado, a qual será apreciada, sendo vedada, no entanto, qualquer dilação probatória.

Alternativa "a": Correta, pois essa atuação de ofício encontra-se garantida pelo art. 83, II, da LC nº 75/93: "Art. 83. Compete ao Ministério Público do Trabalho o exercício das seguintes atribuições junto aos órgãos da Justiça do Trabalho: II – manifestar-se em qualquer fase do processo trabalhista, acolhendo solicitação do juiz ou por sua iniciativa, quando entender existente interesse público que justifique a intervenção".

Alternativa "b": Correta, conforme permissivo inserido no art. 8º, XX, da LC nº 75/93: "Art. 83. Compete ao Ministério Público do Trabalho o exercício das seguintes atribuições junto aos órgãos da Justiça do Trabalho: XX – expedir recomendações, visando à melhoria dos serviços públicos e de relevância pública, bem como ao respeito, aos interesses, direitos e bens cuja defesa lhe cabe promover, fixando prazo razoável para a adoção das providências cabíveis".

Alternativa "c": Correta, de acordo com o permissivo contido no art. 7º, I e II, da LC nº 75/93 "Art. 7º Incumbe ao Ministério Público da União, sempre que necessário ao exercício de suas funções institucionais: I – instaurar inquérito civil e outros procedimentos administrativos correlatos; II – requisitar diligências investigatórias e a instauração de inquérito policial e de inquérito policial militar, podendo acompanhá-los e apresentar provas" e art. 8º, V, da LC nº 75/93: "V – realizar inspeções e diligências investigatórias".

Alternativa "d": Incorreta, uma vez que o membro do MPT pode requisitar a condução coercitiva da testemunha, conforme disposto no art. 8º, I, da LC nº 75/93: "Art. 8º Para o exercício de suas atribuições, o Ministério Público da União poderá, nos procedimentos de sua competência: I – notificar testemunhas e requisitar sua condução coercitiva, no caso de ausência injustificada".

Alternativa "e": Correta, pois reproduz a literalidade do texto contido no art. 8º, III, da LC nº 75/93: "Art. 8º Para o exercício de suas atribuições, o Ministério Público da União poderá, nos procedimentos de sua competência: III – requisitar da Administração Pública serviços temporários de seus servidores e meios materiais necessários para a realização de atividades específicas".

Gabarito: D.

---

162. (TRT – JTS 8ª RG/2008) Qual das alternativas abaixo, à luz da legislação pertinente, está equivocada com relação às atribuições do Ministério Público do Trabalho junto aos órgãos da Justiça do Trabalho:

a) Manifestar-se em qualquer fase do processo trabalhista, acolhendo solicitação do juiz ou por sua iniciativa, quando entender existente interesse público que justifique a intervenção; propor as ações cabíveis para declaração de nulidade de cláusula de contrato, acordo coletivo ou convenção coletiva que viole as liberdades individuais ou coletivas ou os direitos individuais indisponíveis dos trabalhadores.

b) Conduzir, promover ou participar da instrução e conciliação em dissídios decorrentes da paralisação de serviços de qualquer natureza, oficiando obrigatoriamente nos processos, manifestando sua concordância ou discordância, em eventuais acordos firmados antes da homologação, resguardado o direito de recorrer em caso de violação à lei e à Constituição Federal; intervir obrigatoriamente em todos os feitos nos segundo e terceiro graus de jurisdição da Justiça do Trabalho, quando a parte for pessoa jurídica de Direito Público, Estado estrangeiro ou organismo internacional.

c) Promover a ação civil pública no âmbito da Justiça do Trabalho, para defesa de interesses coletivos, quando desrespeitados os direitos sociais constitucionalmente garantidos; recorrer das decisões da Justiça do Trabalho, quando entender necessário, tanto nos processos em que for parte, como naqueles em que oficiar como fiscal da lei; pedir revisão dos Enunciados da Súmula de Jurisprudência do Tribunal Superior do Trabalho; atuar como árbitro, apenas se assim for solicitado pelas partes, nos dissídios de competência da Justiça do Trabalho.

d) Funcionar nas sessões dos Tribunais Trabalhistas, manifestando-se verbalmente sobre a matéria em debate, sempre que entender necessário, sendo-lhe assegurado o direito de vista dos processos em julgamento, podendo solicitar as requisições e diligências que julgar convenientes; promover mandado de injunção, quando a competência for da Justiça do Trabalho.

e) Requerer as diligências que julgar convenientes para o correto andamento dos processos e para a melhor solução das lides trabalhistas; propor as ações necessárias à defesa dos direitos e interesses dos menores, índios e incapazes, desde que decorrentes das relações de trabalho.

COMENTÁRIOS

✪ **Nota do autor:** O Conselho Superior da Justiça do Trabalho, por meio da Resolução de nº 7, de 27.10.2005, regulamentou a questão relativa à prerrogativa que o representante do MPT tem de sentar no mesmo plano e imediatamente à direita dos juízes do trabalho e dos presidentes dos órgãos judiciários, quando oficiam como *custos legis* ou como parte.

Alternativa "a": Correta, uma vez que a atuação de ofício e a possibilidade de ajuizamento de ação para declaração de nulidade de cláusula de contrato individual ou coletivo são procedimentos garantidos pelos incisos II e IV do art. 83, da LC nº 75/93: "Art. 83. Compete ao Ministério Público do Trabalho o exercício das seguintes atribuições junto aos órgãos da Justiça do Trabalho: II – manifestar-se em qualquer fase do processo trabalhista, acolhendo solicitação do juiz ou por sua iniciativa, quando entender existente interesse público que justifique a intervenção; IV – propor as ações cabíveis para declaração de nulidade de cláusula de contrato, acordo coletivo ou convenção coletiva que viole as liberdades individuais ou coletivas ou os direitos individuais indisponíveis dos trabalhadores".

Alternativa "b": Incorreta, uma vez que o art. 83, IX, da LC nº 75/93 não faz expressa referência à ação de conduzir, mas apenas aos procedimentos de promoção e de participação: "Art. 83. Compete ao Ministério Público do Trabalho o exercício das seguintes atribuições junto aos órgãos da Justiça do Trabalho: IX – promover ou participar da instrução e conciliação em dissídios decorrentes da paralisação de serviços de qualquer natureza, oficiando obrigatoriamente nos processos, manifestando sua concordância ou discordância, em eventuais acordos firmados antes da homologação, resguardado o direito de recorrer em caso de violação à lei e à Constituição Federal; XIII – intervir obrigatoriamente em todos os feitos nos segundo e terceiro graus de jurisdição da Justiça do Trabalho, quando a parte for pessoa jurídica de Direito Público, Estado estrangeiro ou organismo internacional".

Alternativa "c": Correta, de acordo com os incisos III e IV, art. 83, da LC nº 75/93 "Art. 83. Compete ao Ministério Público do Trabalho o exercício das seguintes atribuições junto aos órgãos da Justiça do Trabalho: III – promover a ação civil pública no âmbito da Justiça do Trabalho, para defesa de interesses coletivos, quando desrespeitados os direitos sociais constitucionalmente garantidos; VI – recorrer das decisões da Justiça do Trabalho, quando entender necessário, tanto nos processos em que for parte, como naqueles em que oficiar como fiscal da lei, bem como pedir revisão dos Enunciados da Súmula de Jurisprudência do Tribunal Superior do Trabalho".

Alternativa "d": Correta, pois encontra respaldo nos incisos VI e VII, art. 83, da LC nº 75/93: "Art. 83. Compete ao Ministério Público do Trabalho o exercício das seguintes atribuições junto aos órgãos da Justiça do Trabalho: VI – recorrer das decisões da Justiça do Trabalho, quando entender necessário, tanto nos processos em que for parte, como naqueles em que oficiar como fiscal da lei, bem como pedir revisão dos Enunciados da Súmula de Jurisprudência do Tribunal Superior do Trabalho; VII – funcionar nas sessões dos Tribunais Trabalhistas, manifestando-se verbalmente sobre a matéria em debate, sempre que entender necessário, sendo-lhe assegurado o direito de vista dos processos em julgamento, podendo solicitar as requisições e diligências que julgar convenientes".

Alternativa "e": Correta, segundo a literalidade dos incisos V e XII, art. 83, da LC nº 75/93: "Art. 83. Compete ao Ministério Público do Trabalho o exercício das seguintes atribuições junto aos órgãos da Justiça do Trabalho: V – propor as ações necessárias à defesa dos direitos e interesses dos menores, incapazes e índios, decorrentes das relações de trabalho; XII – requerer as diligências que julgar convenientes para o **correto** andamento dos processos e para a melhor solução das lides trabalhistas".

Gabarito: B.

---

163. (TRT – JTS 24ª RG/2008) A respeito da atuação do Ministério Público do Trabalho, analise as proposições abaixo:

I. De acordo com o entendimento da SBDI-1 do Tribunal Superior do Trabalho, o Ministério Público do Trabalho não tem legitimidade para recorrer na defesa de interesse patrimonial privado, inclusive de empresas públicas e sociedades de economia mista.

II. De acordo com o entendimento sumulado do Tribunal Superior do Trabalho, a legitimidade *ad causam* do Ministério Público do Trabalho para propor ação rescisória, ainda que não tenha sido parte no processo que deu origem à decisão rescindenda, não está limitada aos casos em que não foi ouvido no processo em que lhe era obrigatória a intervenção ou quando a sentença é efeito de colusão das partes para fraudar a lei, uma vez que estas traduzem hipóteses meramente exemplificativas.

III. De acordo com o entendimento da SBDI-1 do Tribunal Superior do Trabalho, há interesse do Ministério Público do Trabalho para recorrer contra decisão que declara a existência de vínculo empregatício com sociedade de economia mista ou empresa pública, após a Constituição Federal de 1988, sem a prévia aprovação em concurso público.

IV. Conforme Súmula da Jurisprudência do Tribunal Superior do Trabalho, na hipótese de colusão das partes, o prazo decadencial da ação rescisória somente começa a fluir para o Ministério Público do Trabalho, que não interveio no processo principal, a partir do momento em que tem ciência da fraude.

RESPONDA:

a) Apenas a proposição III está correta.
b) Todas as proposições estão corretas.

c) Apenas as proposições I, II e IV estão corretas.

d) Apenas as proposições I e IV estão corretas.

e) Apenas as proposições III e IV estão corretas.

COMENTÁRIOS

✪ **Nota do autor:** Observe-se, no item "II", que o art. 487, III, "a" e "b" do revogado CPC de 1973 corresponde ao art. 967, III, "a" e "b" do CPC de 2015. Por conta disso, o TST promoveu a alteração da Súmula nº 407, que passou a ter a seguinte redação: "A legitimidade "ad causam" do Ministério Público para propor ação rescisória, ainda que não tenha sido parte no processo que deu origem à decisão rescindenda, não está limitada às alíneas "a", "b" e "c" do inciso III do art. 967 do CPC de 2015 (art. 487, III, "a" e "b", do CPC de 1973), uma vez que traduzem hipóteses meramente exemplificativas (ex-OJ nº 83 da SBDI-2 – inserida em 13.03.2002)".

Item "I": A essência das atribuições do MPT é na defesa do interesse público e de determinadas pessoas expressamente citadas pela norma jurídica. Por conta disso, afasta-se a atuação desse Órgão na defesa de interesses privados. Opção **correta**, diante do entendimento adotado pelo TST na OJ nº 237 da SDI-1: "O Ministério Público não tem legitimidade para recorrer na defesa de interesse patrimonial privado, inclusive de empresas públicas e sociedades de economia mista". Atualmente esse verbete tem a seguinte redação: "MINISTÉRIO PÚBLICO DO TRABALHO. ILEGITIMIDADE PARA RECORRER. SOCIEDADE DE ECONOMIA MISTA. EMPRESA PÚBLICA (incorporada a Orientação Jurisprudencial nº 338 da SBDI-I) – Res. 210/2016, DEJT divulgado em 30.06, 1º e 04.07.2016. I – O Ministério Público do Trabalho não tem legitimidade para recorrer na defesa de interesse patrimonial privado, ainda que de empresas públicas e sociedades de economia mista. II – Há legitimidade do Ministério Público do Trabalho para recorrer de decisão que declara a existência de vínculo empregatício com sociedade de economia mista ou empresa pública, após a Constituição Federal de 1988, sem a prévia aprovação em concurso público, pois é matéria de ordem pública".

Item "II": Correta, pois segue o posicionamento do TST inserido na Súmula nº 407, em sua redação anterior (ver nota do autor): "A legitimidade *"ad causam"* do Ministério Público para propor ação rescisória, ainda que não tenha sido parte no processo que deu origem à decisão rescindenda, não está limitada às alíneas "a" e "b" do inciso III do art. 487 do CPC, uma vez que traduzem hipóteses meramente exemplificativas."

Item "III": Nesse caso, há interesse público envolvido. Portanto, opção **correta** diante da do conteúdo da OJ nº 338 da SDI-1: "Há interesse do Ministério Público do Trabalho para recorrer contra decisão que declara a existência de vínculo empregatício com sociedade de economia mista ou empresa pública, após a CF/88, sem a prévia aprovação em concurso público". Posteriormente, o texto dessa OJ foi incorporado ao da Orientação Jurisprudencial nº 237 da SDI-1 do TST.

Item "IV": Logicamente que o MPT não poderia ingressar com uma ação rescisória antes de ter ciência da irregularidade processual. Opção **correta**, pois coincide com o entendimento do TST exposto no inciso VI da Súmula nº 100 do TST: "Na hipótese de colusão das partes, o prazo decadencial da ação rescisória somente começa a fluir para o Ministério Público, que não interveio no processo principal, a partir do momento em que tem ciência da fraude".

Gabarito: B.

---

164. (TRT – JTS 3ª RG/2009) A respeito das atribuições do Ministério Público do Trabalho, leia as afirmações abaixo e, em seguida, assinale a alternativa CORRETA:

I. Segundo a jurisprudência consolidada do Tribunal Superior do Trabalho, o Ministério Público do Trabalho não tem legitimidade para recorrer na defesa de interesse patrimonial privado, inclusive de empresas públicas e sociedades de economia mista. Esta regra, contudo, não se aplica quando se trata de decisão que declara a existência de vínculo empregatício com sociedade de economia mista, após a CF/88, sem a prévia aprovação em concurso público.

II. As funções do Ministério Público só podem ser exercidas por integrantes da carreira, que deverão residir na comarca da respectiva lotação, salvo autorização do chefe da instituição ou, por delegação, do procurador regional.

III. Os Subprocuradores-Gerais do Trabalho serão designados para oficiar junto ao Tribunal Superior do Trabalho e nos ofícios na Câmara de Coordenação e Revisão, cabendo-lhes exercer, privativamente, as funções de Corregedor-Geral do Ministério Público do Trabalho.

IV. Entre as atribuições do Ministério Público está a de propor as ações cabíveis para declaração de nulidade de cláusula de contrato, acordo coletivo ou convenção coletiva que viole as liberdades individuais ou coletivas ou os direitos individuais indisponíveis dos trabalhadores.

V. Por expressa disposição legal, não estão sujeitos a ponto os procuradores-gerais e os procuradores do trabalho.

a) Somente uma afirmativa está correta.

b) Somente duas afirmativas estão corretas.

c) Somente três afirmativas estão corretas.

d) Somente quatro afirmativas estão corretas.

e) Todas as afirmativas estão corretas.

COMENTÁRIOS

Item "I": Correto, conforme entendimento constante das OJs de nº 237 e 338 da SDI-1 do TST: "OJ nº 237. Ministério Público do Trabalho. Ilegitimidade para recorrer. O Ministério Público não tem legitimidade para recorrer na defesa de interesse patrimonial privado, inclusive de empresas públicas e sociedades de economia mista. OJ nº 338. Ministério Público do Trabalho. Legitimidade para recorrer. Sociedade de economia mista e empresa pública. Contrato nulo. Há interesse do Ministério Público do Trabalho para recorrer contra decisão que declara a existência de vínculo empregatício com sociedade de economia mista, após a CF/1988, sem a prévia aprovação em concurso público". Atualmente, a OJ nº 237 teve sua redação alterada por conta da incorporação do texto da OJ nº 338. "MINISTÉRIO PÚBLICO DO TRABALHO. ILEGITIMIDADE PARA RECORRER. SOCIEDADE DE ECONOMIA MISTA. EMPRESA PÚBLICA (incorporada a Orientação Jurisprudencial nº 338 da SBDI-I) – Res. 210/2016, DEJT divulgado em 30.06, 1º e 04.07.2016. I – O Ministério Público do Trabalho não tem legitimidade para recorrer na defesa de interesse patrimonial privado, ainda que de empresas públicas e sociedades de economia mista. II – Há legitimidade do Ministério Público do Trabalho para recorrer de decisão que declara a existência de vínculo empregatício com sociedade de economia mista ou empresa pública, após a Constituição Federal de 1988, sem a prévia aprovação em concurso público, pois é matéria de ordem pública".

Item "II": Incorreto, uma vez que o art. 129, § 2º, CF/88 só confere ao chefe da instituição a prerrogativa de autorizar o integrante do MPT residir fora da comarca da respectiva lotação: "As funções do Ministério Público só podem ser exercidas por integrantes da carreira, que deverão residir na comarca da respectiva lotação, salvo autorização do chefe da instituição".

Item "III": Correto, pois está em conformidade com arts. 107 e 108 da LC nº 75/93: "Art. 107. Os Subprocuradores-Gerais do Trabalho serão designados para oficiar junto ao Tribunal Superior do Trabalho e nos ofícios na Câmara de Coordenação e Revisão" e "Art. 108. Cabe aos Subprocuradores-Gerais do Trabalho, privativamente, o exercício das funções de: I – Corregedor-Geral do Ministério Público do Trabalho; II – Coordenador da Câmara de Coordenação e Revisão do Ministério Público do Trabalho".

Item "IV": Correto, uma vez que essa atribuição encontra-se prevista expressamente no inciso IV, art. 83, da LC nº 75/93: "Compete ao Ministério Público do Trabalho o exercício das seguintes atribuições junto aos órgãos da Justiça do Trabalho: IV – propor as ações cabíveis para declaração de nulidade de cláusula de contrato, acordo coletivo ou convenção coletiva que viole as liberdades individuais ou coletivas ou os direitos individuais indisponíveis dos trabalhadores".

Item "V": Correto, pois reproduz o texto contido no artigo 739 da CLT: "Não estão sujeitos a ponto os procuradores-gerais e os procuradores".

Gabarito: D.

---

165. (USU – JTS 1ª RG/2008) Com relação ao Ministério Público do Trabalho, assinale a resposta CORRETA:

a) o acesso à carreira de procurador se dá mediante concurso a nível regional, organizado pelas Procuradorias Regionais do Trabalho.

b) pode atuar como árbitro, se assim determinar o Tribunal Regional do Trabalho, quando da ocorrência de greve.

c) cabe-lhe promover mandado de injunção, quando a competência for da Justiça do Trabalho.

d) compete impetrar mandado de segurança contra ato de dispensa de menor por iniciativa da autoridade de fiscalização.

e) pode instaurar inquérito civil público para apurar irregularidades de contratações celebradas, em qualquer nível, pela administração pública.

COMENTÁRIOS

Alternativa "a": Incorreta, pois o concurso para o ingresso no MPT é de âmbito nacional, conforme previsão contida no art. 186 da LC nº 75/93: "O concurso público de provas e títulos para ingresso em cada carreira do Ministério Público da União terá âmbito nacional, destinando-se ao preenchimento de todas as vagas existentes e das que ocorrerem no prazo de eficácia".

Alternativa "b": Incorreta, pois depende apenas da solicitação das partes e não da determinação do TRT, conforme inciso XI, art. 83, da LC nº 75/93: "XI – atuar como árbitro, se assim for solicitado pelas partes, nos dissídios de competência da Justiça do Trabalho".

Alternativa "c": Correta, uma vez que essa atribuição encontra-se expressamente prevista no inciso X, art. 83, da LC nº 75/93: "Compete ao Ministério Público do Trabalho o exercício das seguintes atribuições junto aos órgãos da Justiça do Trabalho: X – promover mandado de injunção, quando a competência for da Justiça do Trabalho".

Alternativa "d": Essa atribuição não está prevista no rol constante do art. 83 da LC nº 75/93. Alternativa **incorreta.**

Alternativa "e": Incorreta, uma vez que não corresponde com o texto constante do art. 84, II, da LC nº 75/93: "Art. 84. Incumbe ao Ministério Público do Trabalho, no âmbito das suas atribuições, exercer as funções institucionais previstas nos Capítulos I, II, III e IV do Título I, especialmente: II – instaurar inquérito civil e outros procedimentos administrativos, sempre que cabíveis, para assegurar a observância dos direitos sociais dos trabalhadores".

Gabarito: C.

---

166. (TRT – JTS 8ª RG/2008) Assinale a alternativa INCORRETA:

a) Apenas excetuada a possibilidade de ação rescisória e da revisão da decisão normativa, é vedado aos órgãos da Justiça do Trabalho conhecer de questões já decididas.

b) Nos específicos termos da CLT, as partes e testemunhas serão inquiridas pelo juiz ou presidente, podendo ser reinquiridas, por seu intermédio, a requerimento dos vogais, das partes, seus representantes ou advogados. Assim, é possível afirmar que a CLT não proíbe a inquirição das partes pelos seus próprios patronos.

c) Os empregados e os empregadores poderão reclamar pessoalmente perante a Justiça do Trabalho e acompanhar as suas reclamações até o final. Nos processos de dissídio coletivo, o acompanhamento por advogado é meramente facultativo.

d) O sindicato ou o Ministério Público Estadual poderá ajuizar reclamação trabalhista do menor de 18 anos na Justiça do Trabalho.

e) Das decisões sobre exceções de suspeição e incompetência, salvo, quanto a estas, se terminativas do feito na Justiça do Trabalho, não caberá recurso, podendo, no entanto, as partes alegá-las novamente no recurso que couber da decisão final.

COMENTÁRIOS

✪ **Nota do autor:** Observar que a assertiva contida na alínea "d" não está totalmente correta, uma vez que esse procedimento só é permitido quando o menor de 18 anos não estiver assistido pelos seus representantes legais.

Alternativa "a": A revisão de decisão normativa não está incluída no rol de exceções que permitem ao juiz conhecer de decisões já proferidas. Portanto, essa opção é considerada como **incorreta**, conforme conteúdo do art. 836 da CLT: "É vedado aos órgãos da Justiça do Trabalho conhecer de questões já decididas, excetuados os casos expressamente previstos neste Título e a ação rescisória, que será admitida na forma do disposto no Capítulo IV do Título IX da Lei nº 5.869, de 11 de janeiro de 1973 – Código de Processo Civil, sujeita ao depósito prévio de 20% (vinte por cento) do valor da causa, salvo prova de miserabilidade jurídica do autor".

Alternativa "b": Correta, diante da interpretação literal do art. 820 da CLT e da ausência de qualquer vedação expressa nesse sentido: "As partes e testemunhas serão inquiridas pelo juiz ou presidente, podendo ser reinquiridas, por seu intermédio, à requerimento dos vogais, das partes, seus representantes ou advogados". Atualmente, contudo, o TST regula a matéria por meio da Instrução Normativa nº 39/16, art. 11, que veda utilização do art. 459 do CPC de 2015 ao processo laboral.

Alternativa "c": Correta, uma vez que o *ius postulandi* é garantido tanto no dissídio individual quando no dissídio coletivo de trabalho, de acordo com o art. 791 da CLT: "Os empregados e os empregadores poderão reclamar pessoalmente perante a Justiça do Trabalho e acompanhar as suas reclamações até o final. § 1º – Nos dissídios individuais os empregados e empregadores poderão fazer-se representar por intermédio do sindicato, advogado, solicitador, ou provisionado, inscrito na Ordem dos Advogados do Brasil. § 2º – Nos dissídios coletivos é facultada aos interessados a assistência por advogado".

Alternativa "d": Correta segundo art. 793 da CLT, mas observando as circunstâncias inseridas na nota do autor desta questão: "A reclamação trabalhista do menor de 18 anos será feita por seus representantes legais e, na falta destes, pela Procuradoria da Justiça do Trabalho, pelo sindicato, pelo Ministério Público estadual ou curador nomeado em juízo".

Alternativa "e": Correta, segundo o comando contido no art. 799, § 2º, da CLT, que classifica tais decisões como interlocutórias: "Das decisões sobre exceções de suspeição e incompetência, salvo, quanto a estas, se terminativas do feito, não caberá recurso, podendo, no entanto, as partes alegá-las novamente no recurso que couber da decisão final".

Gabarito: A.

---

167. (TRT – JTS 8ª RG/2009) À luz da legislação aplicável ao processo do trabalho, é CORRETO afirmar:

a) Constituem privilégios da União, dos estados, do Distrito Federal, dos municípios e das autarquias ou fundações de direito público federais, estaduais e municipais, que não explorem atividades econômicas: o quádruplo do prazo para apresentar defesa, o prazo em dobro para recorrer e a dispensa de depósito para interposição de recurso, bem como não possuem obrigações relativas às custas processuais.

b) São prerrogativas institucionais dos membros do Ministério Público da União: sentar-se no mesmo plano e imediatamente à direita dos juízes singulares ou presidentes dos órgãos judiciários perante os quais oficiem; usar vestes talares; ter ingresso e trânsito livres, em razão de serviço, em qualquer recinto público ou privado, respeitada a garantia constitucional da inviolabilidade do domicílio; a prioridade em qualquer serviço de transporte ou comunicação, público ou privado, no território nacional, quando em serviço de caráter urgente; o porte de arma, independentemente de autorização. São prerrogativas processuais dos membros do Ministério público do trabalho: do membro do Ministério Público que oficie perante tribunais, ser processado e julgado, nos crimes comuns e de responsabilidade, pelos Tribunais Regionais Federais; ser preso ou detido somente por ordem escrita do tribunal competente ou em razão de flagrante de crime inafiançável; ser ouvido, como testemunha, em dia, hora e local previamente ajustados com o magistrado ou a autoridade competente; receber intimação pessoalmente nos autos em qualquer processo e grau de jurisdição nos feitos em que tiver que oficiar.

c) Compete ao Ministério Público do Trabalho: propor as ações necessárias à defesa dos direitos e interesses dos menores, incapazes e índios, decorrentes das relações de trabalho; pedir revisão dos Enunciados da Súmula de Jurisprudência do Tribunal Superior do Trabalho; atuar como árbitro, se assim for solicitado pelas partes, nos dissídios de competência da Justiça do Trabalho; intervir obrigatoriamente em todos os feitos nos segundo e terceiro graus de jurisdição da Justiça do Trabalho, quando a parte for organismo internacional.

d) A garantia da inamovibilidade concedida aos integrantes do Ministério Público do Trabalho é relativa, podendo ser flexibilizada por deliberação privativa do Conselho Superior do Ministério Público do Trabalho.

e) Tratando-se de maiores de 14 (quatorze) e menores de 18 (dezoito) anos, as reclamações poderão ser feitas pelos seus representantes legais ou, na falta destes, por intermédio da Procuradoria da Justiça do Trabalho. Nos lugares onde não houver Procuradoria, o juiz nomeará pessoa habilitada para desempenhar o cargo de curador à lide.

COMENTÁRIOS

✪ **Nota do autor:** Observar que o art. 790-A da CLT isentou os Municípios, os Estados e o Distrito Federal do recolhimento das custas processuais: "São isentos do pagamento de custas, além dos beneficiários de justiça gratuita: I – a União, os Estados, o Distrito Federal, os Municípios e respectivas autarquias e fundações públicas federais, estaduais ou municipais que não explorem atividade econômica; II – o Ministério Público do Trabalho". Ora, nesse caso, haveria uma revogação tácita do inciso VI, art. 1º, do Decreto-Lei nº 779/69 e seria hipótese de anulação desta questão.

Alternativa "a": Incorreta, pois na parte final contraria o inciso VI, art. 1º do DL nº 779/69 que isenta a União do recolhimento das custas processuais: "Nos processos perante a Justiça do Trabalho, constituem privilégio da União, dos Estados, do Distrito Federal, dos Municípios e das autarquias ou fundações de direito público federais, estaduais ou municipais que não explorem atividade econômica: II – o quádruplo do prazo fixado no artigo 841, "in fine", da Consolidação das Leis do Trabalho; III – o prazo em dobro para recurso; IV – a dispensa de depósito para interposição de recurso; V – o recurso ordinário *"ex officio"* das decisões que lhe sejam total ou parcialmente contrárias; VI – o pagamento de custas a final salvo quanto à União Federal, que não as pagará."

Alternativa "b": Incorreta, pois há uma assertiva falsa quando a alternativa faz referência à competência do Tribunal Regional Federal para processar e julgar o integrante do Ministério Público que oficie perante os tribunais nos crimes comuns e de responsabilidade, quando na verdade essa competência é do Superior Tribunal de Justiça, na forma prevista pelo art. 18, II, "b" da LC nº 73/95: "São prerrogativas dos membros do Ministério Público da União: II – processuais: b) do membro do Ministério Público da União que oficie perante tribunais, ser processado e julgado, nos crimes comuns e de responsabilidade, pelo Superior Tribunal de Justiça".

Alternativa "c": Correta, pois tais atribuições encontram-se previstas nos incisos V, VI, XI e XIII, art. 83, da LC nº 75/93: "Compete ao Ministério Público do Trabalho o exercício das seguintes atribuições junto aos órgãos da Justiça do Trabalho: V – propor as ações necessárias à defesa dos direitos e interesses dos menores, incapazes e índios, decorrentes das relações de trabalho; VI – recorrer das decisões da Justiça do Trabalho, quando entender necessário, tanto nos processos em que for parte, como naqueles em que oficiar como fiscal da lei, bem como pedir revisão dos Enunciados da Súmula de Jurisprudência do Tribunal Superior do Trabalho; XI – atuar como árbitro, se assim for solicitado pelas partes, nos dissídios de competência da Justiça do Trabalho; XIII – intervir obrigatoriamente em todos os feitos nos segundo e terceiro graus de jurisdição da Justiça do Trabalho, quando a parte for pessoa jurídica de Direito Público, Estado estrangeiro ou organismo internacional".

Alternativa "d": A regra da inamovibilidade só comporta exceção para atender ao interesse público. Por conta disso, a assertiva é **incorreta**, uma vez que não está em consonância com o disposto nos arts. 91, 98 e 209 da LC nº 73/95: "Art. 91. São atribuições do Procurador-Geral do Trabalho: XI – decidir, atendendo a necessidade do serviço, sobre: a) remoção a pedido ou por permuta. Art. 98. Compete ao Conselho Superior do Ministério Público do Trabalho: XVII – decidir sobre remoção e disponibilidade de membro do Ministério Público do Trabalho, por motivo de interesse público. Art. 209. Os membros do Ministério Público da União são inamovíveis, salvo motivo de interesse público, na forma desta lei complementar".

Alternativa "e": Incorreta em sua parte final, visto que contraria o mandamento contido no art. 793 da CLT que admite a feitura da reclamação trabalhista pelo sindicato ou pelo Ministério Público Estadual, quando ausente a Procuradora da Justiça do Trabalho: "A reclamação trabalhista do menor de 18 anos será feita por seus representantes legais e, na falta destes, pela Procuradoria da Justiça do Trabalho, pelo sindicato, pelo Ministério Público estadual ou curador nomeado em juízo".

Gabarito: C.

---

168. (TRT – JTS 23ª RG/2008) Em conformidade com as Orientações Jurisprudenciais expedidas pelo TST pode-se afirmar:

I. em se tratando de ação anulatória, a competência originária se dá no mesmo juízo em que praticado o ato supostamente eivado de vício;

II. tem legitimidade o Ministério Público do Trabalho, para arguir, em parecer, a nulidade do contrato de trabalho em favor de ente público quando a parte não a arguiu em sua defesa;

III. nas causas sujeitas ao procedimento sumaríssimo, não se admite recurso de revista por contrariedade à Orientação Jurisprudencial do Tribunal Superior do Trabalho;

IV. por carecer de atividade cognitiva, a decisão que declara extinta a execução, extinguindo a relação processual e a obrigacional, não enseja o aviamento de ação rescisória.

a) apenas as proposições I, II e IV estão corretas;

b) apenas as proposições I, III e IV estão corretas;

c) apenas as proposições II e IV estão corretas;

d) apenas as proposições I e III estão corretas;

e) apenas as proposições III e IV estão corretas;

COMENTÁRIOS

✪ **Nota do autor:** Essa questão foi elaborada antes da modificação da OJ nº 350 da SDI-1 e da conversão da OJ nº 352 na Súmula nº 442 do TST. Atualmente a referida OJ encontra-se com a seguinte redação: "O Ministério Público do Trabalho pode arguir, em parecer, na primeira vez que tenha de se manifestar no processo, a nulidade do contrato de trabalho em favor de ente público, ainda que a parte não a tenha suscitado, a qual será apreciada, sendo vedada, no entanto, qualquer dilação probatória". Observe-se, no item "IV", que os arts. 794 e 795 do CPC de 1973 correspondem, respectivamente, aos arts. 924 e 925 do CPC de 2015. Com relação ao item III, quando essa questão foi elaborada ainda não estava em vigor a Lei nº 13.015/14 que alterou a redação do § 6º do art. 896 da CLT, além de transformá-lo no § 9º com a seguinte redação: "Nas causas sujeitas ao procedimento sumaríssimo, somente será admitido recurso de revista por contrariedade a súmula de jurisprudência uniforme do Tribunal Superior do Trabalho ou a súmula vinculante do Supremo Tribunal Federal e por violação direta da Constituição Federal".

Item "I": Correto, conforme OJ nº 129 da SDI-2 que estabelece essa competência funcional originária: "Em se tratando de ação anulatória, a competência originária se dá no mesmo juízo em que praticado o ato supostamente eivado de vício".

Item "II": Incorreto, pois em desconformidade com a redação anterior da OJ nº 350 da SDI-1: "Não se conhece de arguição de nulidade do contrato de trabalho em favor de ente público, suscitada pelo Ministério Público do Trabalho, mediante parecer, quando a parte não a suscitou em defesa.

Item "III": Só se admite recurso de revista no rito sumaríssimo quando há contrariedade a texto de Súmula, não se estendendo para o caso de contrariedade à Orientação Jurisprudencial. **Item correto**, pois se encontra de acordo com o texto da OJ nº 352 da SDI-1, convertida na Súmula nº 442 do TST: "Nas causas sujeitas ao procedimento sumaríssimo, a admissibilidade de recurso de revista está limitada à demonstração de violação direta a dispositivo da Constituição Federal ou contrariedade a Súmula do Tribunal Superior do Trabalho, não se admitindo o recurso por contrariedade a Orientação Jurisprudencial deste Tribunal (Livro II, Título II, Capítulo III, do RITST), ante a ausência de previsão no art. 896, § 6º, da CLT" (ver nota do autor).

Item "IV": Mesmo não havendo atividade cognitiva, a decisão que determina a extinção da execução é passível de ser objeto de ação rescisória. **Item incorreto**, pois contraria o posicionamento do TST adotado na OJ nº 107 da SDI-2: "Embora não haja atividade cognitiva, a decisão que declara extinta a execução, nos termos do art. 794 c/c 795 do CPC, extingue a relação processual e a obrigacional, sendo passível de corte rescisório". A redação atual dessa OJ é a seguinte: "Embora não haja atividade cognitiva, a decisão que declara extinta a execução, nos termos do art. 924, incisos I a IV c/c art. 925 do CPC de 2015 (art. 794 c/c 795 do CPC de 1973), extingue a relação processual e a obrigacional, sendo passível de corte rescisório".

Gabarito: D.

2.3. ADVOGADO, PROCURAÇÃO E *IUS POSTULANDI*

169. (FCC – Juiz do Trabalho/2017) Fulano de Tal, advogado regularmente inscrito nos quadros da Ordem dos Advogados da Brasil, teve poderes outorgados pela empresa ABC Ltda., mediante o devido instrumento de mandato, datado de 02/07/2016, para defendê-la em reclamação trabalhista. A procuração foi anexada ao Processo Judicial Eletrônico quando da habilitação nos autos. Contudo, por um lapso do advogado, não foi anexado aos autos o contrato social da empresa. A defesa da reclamada foi protocolada com documentos, tendo o advogado Fulano participado diligente e pessoalmente de todas as audiências realizadas. Encerrada a instrução, a ação foi julgada parcialmente procedente. Diante da sentença e do interesse na interposição de recurso pela empresa, Dr. Fulano de Tal solicitou que o recurso ordinário fosse elaborado e protocolado no Processo Judicial Eletrônico pelo seu advogado assistente, Dr. Ciclano de Tal. Para tanto, substabeleceu os poderes recebidos do cliente a este advogado. O recurso ordinário foi devidamente elaborado, assinado eletronicamente e protocolado por Dr. Ciclano de Tal, juntamente com o substabelecimento outorgado pelo Dr. Fulano de Tal. Ocorre que, ao realizar o juízo de admissibilidade, o Juiz da Vara do Trabalho percebeu que a outorga do substabelecimento passado ao Dr. Ciclano de Tal era datada de 08/04/2015. Assim, alegando que o substabelecimento do advogado signatário do recurso era anterior à outorga de poderes pela recorrente ao Dr. Fulano de Tal, o Juiz da Vara do Trabalho não recebeu o recurso ordinário, sob o fundamento de irregularidade de representação processual da parte. Nessa situação hipotética, de acordo com o entendimento dominante e as Súmulas e Orientações Jurisprudenciais do Tribunal Superior do Trabalho sobre a regularidade de representação da parte,

a) se o Dr. Fulano de Tal estivesse investido de mandato tácito, seria regular o substabelecimento ao Dr. Ciclano de Tal.

b) considerando que a data da outorga de poderes é condição de validade do mandato judicial, caso não fosse datado o substabelecimento ao Dr. Ciclano de Tal, restaria caracterizada hipótese de irregularidade de representação.

c) verificada a irregularidade de representação em razão de o substabelecimento possuir data anterior à outorga passada ao substabelecente, o recurso deverá ser tido por inexistente, na medida em que é inadmissível, em instância recursal, o oferecimento tardio de instrumento de mandato, já que a interposição de recurso não pode ser reputada ato urgente.

d) seriam inválidos os atos praticados pelo substabelecido, caso o instrumento de mandato não disciplinasse poderes expressos para substabelecer, ainda que o juiz suspendesse o processo e designasse prazo para que fosse sanado o vício.

e) caso o recurso ordinário tivesse sido firmado e protocolado no Processo Judicial Eletrônico diretamente pelo Dr. Fulano de Tal, ainda que não exibido aos autos o contrato social da empresa, tal situação, em não havendo impugnação da parte contrária, não caracterizaria invalidade do mandato outorgado ao advogado.

COMENTÁRIOS

✪ **Nota do autor:** Por intermédio do substabelecimento, o advogado transfere a outro causídico os poderes que lhe foram conferidos por meio do contrato de mandato judicial. A possibilidade de substabelecer os poderes pode constar ou não do instrumento de mandato, mas essa circunstância é irrelevante para efeitos processuais. Assim, mesmo sem ter recebido autorização expressa para substabelecer, o patrono da parte pode fazê-lo, mas responde pelos atos do substabelecido, na forma prevista pelo art. 667 do Código Civil.

Alternativa "a": Incorreta. Segundo o entendimento do TST, constante da OJ nº 200 da SDI1 o substabelecimento, nesse caso, seria inválido: "MANDATO TÁCITO. SUBSTABELECIMENTO INVÁLIDO (inserido dispositivo) – DJ 20.04.2005 É inválido o substabelecimento de advogado investido de mandato tácito."

Alternativa "b": Incorreta, uma vez que a data de outorga de poderes não é condição de validade do mandado judicial, devendo ser considerada a data de juntada do respectivo instrumento aos autos, de acordo com o preceito contido no art. 409, IV do CPC: "A data do documento particular, quando a seu respeito surgir dúvida ou impugnação entre os litigantes, provar-se-á por todos os meios de direito. Parágrafo único. Em relação a terceiros, considerar-se-á datado o documento particular: IV – da sua apresentação em repartição pública ou em juízo". Nesse sentido a OJ nº 371, da SDI1, do TST: "IRREGULARIDADE DE REPRESENTAÇÃO. SUBSTABELECIMENTO NÃO DATADO. INAPLICABILIDADE DO ART. 654, § 1º, DO CÓDIGO CIVIL (atualizada em decorrência do CPC de 2015) – Res. 208/2016, DEJT divulgado em 22, 25 e 26.04.2016 Não caracteriza a irregularidade de representação a ausência da data da outorga de poderes, pois, no mandato judicial, ao contrário do mandato civil, não é condição de validade do negócio jurídico. Assim, a data a ser considerada é aquela em que o instrumento for juntado aos autos, conforme preceitua o art. 409, IV, do CPC de 2015 (art. 370, IV, do CPC de 1973). Inaplicável o art. 654, § 1º, do Código Civil."

Alternativa "c": Incorreta. Nesse caso, o juiz deve suspender o processo e conferir prazo para que a irregularidade seja sanada, de acordo com o preceito contido no art. 76 do CPC de 2015, aplicado subsidiariamente ao processo laboral: "Verificada a incapacidade processual ou a irregularidade da representação da parte, o juiz suspenderá o processo e designará prazo razoável para que seja sanado o vício". Esse é o entendimento do TST constante da Súmula nº 395, IV e V: "MANDATO E SUBSTABELECIMENTO. CONDIÇÕES DE VALIDADE (nova redação dos itens I e II e acrescido o item V em decorrência do CPC de 2015) – Res. 211/2016, DEJT divulgado em 24, 25 e 26.08.2016 IV – Configura-se a irregularidade de representação se o substabelecimento é anterior à outorga passada ao substabelecente. (ex-OJ nº 330 da SBDI-1 – DJ 09.12.2003) V – Verificada a irregularidade de representação nas hipóteses dos itens II e IV, deve o juiz suspender o processo e designar prazo razoável para que seja sanado o vício, ainda que em instância recursal (art. 76 do CPC de 2015)".

Alternativa "d": Incorreta. Ainda que não haja poderes expressos para substabelecer, no mandato, os atos praticados pelo substabelecido são válidos, na forma prevista pelo art. 667, § 4º do Código Civil: "Sendo omissa a procuração quanto ao substabelecimento, o procurador será responsável se o substabelecido proceder culposamente". Esse é o posicionamento do TST constante da Súmula nº 395, III: "MANDATO E SUBSTABELECIMENTO. CONDIÇÕES DE VALIDADE (nova redação dos itens I e II e acrescido o item V em decorrência do CPC de 2015) – Res. 211/2016, DEJT divulgado em 24, 25 e 26.08.2016 III – São válidos os atos praticados pelo substabelecido, ainda que não haja, no mandato, poderes expressos para substabelecer (art. 667, e parágrafos, do Código Civil de 2002). (ex-OJ nº 108 da SBDI-1 – inserida em 01.10.1997)".

Alternativa "e": Correta a alternativa, pois em consonância com o entendimento inserido na OJ nº 255 da SDI1 do TST: "MANDATO. CONTRATO SOCIAL. DESNECESSÁRIA A JUNTADA (atualizada em decorrência do CPC de 2015) – Res. 208/2016, DEJT divulgado em 22, 25 e 26.04.2016 O art. 75, inciso VIII, do CPC de 2015 (art. 12, VI, do CPC de 1973) não determina a exibição dos estatutos da empresa em juízo como condição de validade do instrumento de mandato outorgado ao seu procurador, salvo se houver impugnação da parte contrária."

Gabarito: E.

---

170. (TRT 4 – Juiz do Trabalho Substituto 4ª Região/2016) Considere as assertivas abaixo sobre representação na Justiça do Trabalho.

I. É inválido o substabelecimento de advogado investido de mandato tácito.

II. Diante da existência de previsão, no mandato, fixando termo para sua juntada, o instrumento de mandato só tem validade se anexado ao processo dentro do aludido prazo.

III. São inválidos os atos praticados pelo substabelecido quando não há, no mandato, poderes expressos para substabelecer.

Quais são corretas?

a) Apenas I

b) Apenas II

c) Apenas III

d) Apenas I e II

e) I, II e III

COMENTÁRIOS

Nota do autor: Por intermédio do substabelecimento, o advogado transfere a outro causídico os poderes que lhe foram conferidos por meio do contrato de mandato judicial. A possibilidade de substabelecer os poderes pode constar ou não do instrumento de mandato, mas essa circunstância é irrelevante para efeitos processuais. Assim, mesmo sem ter recebido autorização expressa para substabelecer, o patrono da parte pode fazê-lo, mas responde pelos atos do substabelecido, na forma prevista pelo art. 667 do CCB.

Item "I": Correto, segundo o entendimento do TST constante da OJ nº 200 da SDI-1: "MANDATO TÁCITO. SUBSTABELECIMENTO INVÁLIDO (inserido dispositivo) – DJ 20.04.2005 É inválido o substabelecimento de advogado investido de mandato tácito".

Item "II": Correto, pois nesse caso aplica-se analogicamente o preceito contido no art. 682, IV, do Código Civil. "Art. 682. Cessa o mandato: IV – pelo término do prazo ou pela conclusão do negócio". O TST manifesta seu posicionamento sobre o tema por intermédio da Súmula nº 395, II: "MANDATO E SUBSTABELECIMENTO. CONDIÇÕES DE VALIDADE (nova redação dos itens I e II e acrescido o item V em decorrência do CPC de 2015) – Res. 211/2016, DEJT divulgado em 24, 25 e 26.08.2016. II – Se há previsão, no instrumento de mandato, de prazo para sua juntada, o mandato só tem validade se anexado ao processo o respectivo instrumento no aludido prazo.

Item "III": Incorreto, pois decorre da interpretação do art. 667, § 4º do Código Civil: "Sendo omissa a procuração quanto ao substabelecimento, o procurador será responsável se o substabelecido proceder culposamente". O TST posiciona-se sobre o tema por meio da Súmula nº 395, III: MANDATO E SUBSTABELECIMENTO. CONDIÇÕES DE VALIDADE (nova redação dos itens I e II e acrescido o item V em decorrência do CPC de 2015) – Res. 211/2016, DEJT divulgado em 24, 25 e 26.08.2016. III – São válidos os atos praticados pelo substabelecido, ainda que não haja, no mandato, poderes expressos para substabelecer".

Gabarito: B.

171. (FCC – Juiz do Trabalho Substituto 23ª Região/2015) Considere:

I. A União, Estados, Municípios e Distrito Federal, suas autarquias e fundações públicas, quando representadas em juízo, ativa e passivamente, por seus procuradores, estão dispensadas da juntada de instrumento de mandato e de comprovação do ato de nomeação, bastando ao signatário a indicação do número de inscrição na Ordem dos Advogados do Brasil.

II. É inadmissível, em instância recursal, o oferecimento tardio de procuração, nos termos do art. 37 do CPC, ainda que mediante protesto por posterior juntada, já que a interposição de recurso não pode ser reputada ato urgente.

III. Os atos praticados pelo substabelecido são inválidos se no mandato não houver poderes expressos para substabelecer.

Está correto o que consta em

a) I, II e III.

b) II, apenas.

c) I, apenas.

d) II e III, apenas.

e) I e III, apenas.

COMENTÁRIOS

Nota do autor: Por meio do mandato tácito, a parte ou o seu preposto confere poderes para o foro em geral pelo simples fato de vir acompanhado do seu advogado, quando da realização da audiência.

Item "I": Incorreta a assertiva, pois não basta apenas a indicação do número da inscrição da OAB, mas que o signatário declare-se exercente do cargo de procurador, conforme entendimento do TST constante da Súmula nº 436: "I – A União, Estados, Municípios e Distrito Federal, suas autarquias e fundações públicas, quando representadas em juízo, ativa e passivamente, por seus procuradores, estão dispensadas da juntada de instrumento de mandato e de comprovação do ato de nomeação. II – Para os efeitos do item anterior, é essencial que o signatário ao menos declare-se exercente do cargo de procurador, não bastando a indicação do número de inscrição na Ordem dos Advogados do Brasil".

Item "II": Correta a assertiva, pois a interposição de recurso não é considerada ato urgente, de acordo com o posicionamento adotado pelo TST em sua Súmula nº 383, I: "I – É inadmissível, em instância recursal, o oferecimento tardio de procuração, nos termos do art. 37 do CPC, ainda que mediante protesto por posterior juntada, já que a interposição de recurso não pode ser reputada ato urgente". Atualmente a redação do item I dessa Súmula é a seguinte: "RECURSO. MANDATO. IRREGULARIDADE DE REPRESENTAÇÃO. CPC DE 2015, ARTS.

104 E 76, § 2º (nova redação em decorrência do CPC de 2015) – Res. 210/2016, DEJT divulgado em 30.06, 1º e 04.07.2016 I – É inadmissível recurso firmado por advogado sem procuração juntada aos autos até o momento da sua interposição, salvo mandato tácito. Em caráter excepcional (art. 104 do CPC de 2015), admite-se que o advogado, independentemente de intimação, exiba a procuração no prazo de 5 (cinco) dias após a interposição do recurso, prorrogável por igual período mediante despacho do juiz. Caso não a exiba, considera-se ineficaz o ato praticado e não se conhece do recurso".

Item "III": Mesmo sem autorização para substabelecer, se o advogado substabelece os poderes que lhe foram conferidos pelo seu cliente, os atos processuais são válidos. Esse é o entendimento do TST revelado por meio do item III da Súmula nº 395: "São válidos os atos praticados pelo substabelecido, ainda que não haja, no mandato, poderes expressos para substabelecer (art. 667, e parágrafos, do Código Civil de 2002)". **Incorreta** a assertiva.

Gabarito: B.

---

172. (FCC – Juiz do Trabalho Substituto 24ª Região/2015) Augusto, menor com 16 anos de idade, trabalhou dois anos como jardineiro na casa de Ulisses. Um mês após a sua dispensa, orientado por um amigo, dirigiu-se a Vara do Trabalho da comarca, desacompanhado de seus pais, para ajuizar reclamação trabalhista verbal em face do seu ex-empregador, com objetivo de receber as verbas decorrentes da rescisão contratual. Com fulcro na legislação e no entendimento sumulado pelo Tribunal Superior do Trabalho,

a) a reclamação trabalhista do menor será feita por seus representantes legais e pode ser utilizado o jus postulandi para esse tipo de ação trabalhista, limitado às Varas de Trabalho e aos Tribunais Regionais do Trabalho.

b) Augusto pode ajuizar reclamação trabalhista verbal na Vara do Trabalho sem a presença de representante legal, mas em caso de ter que mover recurso ao Tribunal Regional do Trabalho deverá contratar advogado.

c) o direito de postular sem a participação do representante legal do menor e a assistência de advogado limita-se às Varas do Trabalho e aos Tribunais Regionais do Trabalho desde que o valor dos pedidos não ultrapasse o teto fixado para o rito sumaríssimo.

d) por ser menor, Augusto não pode ajuizar ação trabalhista sem a assistência de advogado e dos seus representantes legais, em nenhuma das instâncias da Justiça do Trabalho.

e) Augusto somente poderá atuar em Juízo com a representação do Ministério Público do Trabalho, ainda que possua seus representantes legais civis, devendo contratar advogado para qualquer tipo de recurso que pretenda interpor da decisão de primeiro grau.

COMENTÁRIOS

✪ **Nota do autor:** O TST editou a Súmula nº 425 que limitou a capacidade postulatória das partes às instâncias ordinárias e aos procedimentos previstos na CLT. Em consequência do *ius postulandi*, não eram devidos, no processo laboral, os honorários advocatícios decorrentes da simples sucumbência (honorários de sucumbência), por que as partes têm a faculdade, e não a obrigação, de utilizarem-se dos serviços profissionais de um advogado. Porém, ao adotar o procedimento excepcional da aludida Súmula nº 425, os honorários de sucumbência seriam devidos na hipótese de recurso ao TST, apesar do referido verbete ser omisso nesse sentido, bem como nas hipóteses de procedimentos não previstos na CLT. No entanto, com a vigência da Lei da Reforma Trabalhista, apesar de ter sido mantido o *ius postulandi* das partes no art. 791, foi instituído no art. 791-A os honorários de sucumbência no processo do trabalho, entre 5% e 15% sobre o valor que resultar da liquidação da sentença, inclusive nas ações contra a Fazenda Pública.

Alternativa "a": A reclamação trabalhista deve ser feita por um dos representantes legais de Augusto, de acordo com o preceito contido no art. 793 da CLT: "Art. 793. A reclamação trabalhista do menor de 18 anos será feita por seus representantes legais e, na falta destes, pela Procuradoria da Justiça do Trabalho, pelo sindicato, pelo Ministério Público estadual ou curador nomeado em juízo." Quanto ao exercício do ius postulandi, o TST entende que se limita às Varas do Trabalho e ao Tribunal Regional do Trabalho, conforme se observa da redação da Súmula nº 425: "O *jus postulandi* das partes, estabelecido no art. 791 da CLT, limita-se às Varas do Trabalho e aos Tribunais Regionais do Trabalho, não alcançando a ação rescisória, a ação cautelar, o mandado de segurança e os recursos de competência do Tribunal Superior do Trabalho." **Assertiva** correta.

Alternativa "b": A representação legal é necessária, pois é exigida pelo art. 793 da CLT: "Art. 793. A reclamação trabalhista do menor de 18 anos será feita por seus representantes legais e, na falta destes, pela Procuradoria da Justiça do Trabalho, pelo sindicato, pelo Ministério Público estadual ou curador nomeado em juízo." Já o seu *ius postulandi* estende-se até ao Tribunal Regional, mas não alcança o TST. Nesse sentido a Súmula nº 425 desse Tribunal: "O *jus postulandi* das partes, estabelecido no art. 791 da CLT, limita-se às Varas do Trabalho e aos Tribunais Regionais do Trabalho, não alcançando a ação rescisória, a ação cautelar, o mandado de segurança e os recursos de competência do Tribunal Superior do Trabalho." **Assertiva** incorreta.

Alternativa "c": Não há qualquer limitação de valor quanto ao exercício do *ius postulandi* nas Varas do Trabalho e nos Tribunais Regionais do Trabalho, conforme se observa da redação do art. 791 da CLT: "Os empregados e os empregadores poderão reclamar pessoalmente perante a Justiça do Trabalho e acompanhar as suas reclamações até o final". De qualquer forma, a presença do representante legal do menor ou dos demais

Entes citados pelo art. 793 da CLT é sempre necessária. **Assertiva** incorreta.

Alternativa "d": Augusto pode ajuizar reclamação trabalhista desde que seja feita por seu representante legal pelos demais Entes citados pelo art. 793 da CLT. Quanto à presença do advogado, só é necessário se a demanda chegar ao TST, conforme entendimento constante da já citada Súmula nº 425 desse Tribunal. **Alternativa** incorreta.

Alternativa "e": Incorreta a assertiva. A representação do MPT só é necessária se Augusto não possuísse representante legal. Inclusive pode exercer sua capacidade postulatória em sede de recurso ordinário para o TRT. Só deverá contratar advogado caso queira recorrer ao TST, na forma prevista pela Súmula nº 425 desse Tribunal.

Gabarito: A.

---

173. (TRT 8 – Juiz do Trabalho Substituto 8ª Região/2014) Assinale a alternativa INCORRETA:

a) Os empregados e os empregadores poderão reclamar pessoalmente perante a Justiça do Trabalho e acompanhar as suas reclamações até o final, salvo em caso de recursos ao Tribunal Superior do Trabalho.

b) Nos dissídios coletivos é obrigatória aos interessados a assistência por advogado.

c) A reclamação trabalhista do menor de 18 anos será feita por seus representantes legais e, na falta destes, pela Procuradoria da Justiça do Trabalho, pelo sindicato, pelo Ministério Público Estadual ou curador nomeado em juízo.

d) As mulheres casadas poderão pleitear perante a Justiça do Trabalho sem a assistência de seus maridos.

e) Mesmo sendo o reclamante geralmente hipossuficiente, pessoa desprovida de recursos, cabe a aplicação da litigância de má-fé.

COMENTÁRIOS

Nota do autor: Até o advento da Lei nº 4.212/72, a mulher casada encontrava-se incluída no rol dos incapazes, descrito pelo art. 6º do Código Civil de 1916. Desse modo, a mulher casada necessitava da assistência do marido para o ajuizamento de qualquer ação judicial. Contudo, essa incapacidade relativa não existia para efeitos de propositura de uma reclamação trabalhista, pois a CLT em seu art. 792 já excluía expressamente.

Alternativa "a": O texto dessa assertiva corresponde à redação do art. 791 da CLT, complementado pelo teor da Súmula nº 425 do TST: "Art. 791 – Os empregados e os empregadores poderão reclamar pessoalmente perante a Justiça do Trabalho e acompanhar as suas reclamações até o final. Súmula nº 425. O *jus postulandi* das partes, estabelecido no art. 791 da CLT, limita-se às Varas do Trabalho e aos Tribunais Regionais do Trabalho, não alcançando a ação rescisória, a ação cautelar, o mandado de segurança e os recursos de competência do Tribunal Superior do Trabalho." **Correta.**

Alternativa "b": O ius postulandi também se aplica aos dissídios coletivos. Nesse sentido o art. 791, § 2º da CLT: "Nos dissídios coletivos é facultada aos interessados a assistência por advogado." **Incorreta.**

Alternativa "c": O texto dessa alternativa corresponde à redação literal do art. 793 da CLT: "A reclamação trabalhista do menor de 18 anos será feita por seus representantes legais e, na falta destes, pela Procuradoria da Justiça do Trabalho, pelo sindicato, pelo Ministério Público estadual ou curador nomeado em juízo". **Correta.**

Alternativa "d": Como dito na nota do autor, a capacidade autônoma da mulher estar em juízo sem a necessidade de autorização do marido ocorreu primeiro no processo civil. Correta a assertiva, pois de acordo com o preceito contido no art. 792 da CLT: "Os maiores de 18 (dezoito) e menores de 21 (vinte e um) anos e as mulheres casadas poderão pleitear perante a Justiça do Trabalho sem a assistência de seus pais, tutores ou maridos." **Correta.**

Alternativa "e": Apesar de haver de constatar uma flexibilização nas regras dos deveres processuais trabalhistas, predomina o entendimento doutrinário e jurisprudência no sentido de aplicar a litigância de má-fé no processo laboral. **Correta.**

Gabarito: B.

---

174. (TRT 23 – Juiz do Trabalho Substituto 23ª Região/2014) À luz das Súmulas do TST, analisando as assertivas abaixo, assinale a alternativa CORRETA:

I) A União, Estados, Municípios e Distrito Federal, suas autarquias e fundações públicas, quando representadas em Juízo, ativa e passivamente, por seus procuradores, estão dispensadas da juntada de instrumento de mandato e de comprovação do ato de nomeação, bastando que o signatário declare-se bacharel, indicando o número de inscrição na OAB.

II) O jus postulandi limita-se às Varas do Trabalho e aos Tribunais Regionais do Trabalho, não alcançando a ação rescisória, a ação cautelar, o habeas corpus e os recursos de competência do Tribunal Superior do Trabalho.

III) Na execução por Carta precatória, os embargos de terceiro serão oferecidos no juízo deprecante ou no juízo deprecado, mas a competência para julgá-los será do juízo deprecante, salvo se versarem, unicamente, sobre vícios ou irregularidades da penhora, avaliação ou alienação dos bens, praticados pelo juízo deprecado, em que a competência será deste último.

IV) Devendo o agravo de petição delimitar justificadamente a matéria e os valores objeto de discordância, não fere direito líquido e certo o prosseguimento da execução quanto aos tópicos e valores não especificados no agravo.

a) Todas as assertivas estão corretas.

b) Apenas as assertivas II, III e IV estão corretas.

c) Apenas as assertivas III e IV estão corretas.

d) Apenas as assertivas II e III estão corretas.

e) Apenas as assertivas I, III e IV estão corretas.

COMENTÁRIOS

✪ **Nota do autor:** Em consequência do *ius postulandi*, não eram devidos, no processo laboral, os honorários advocatícios decorrentes da simples sucumbência (honorários de sucumbência), porque as partes tinham a faculdade, e não a obrigação, de utilizar os serviços profissionais de um advogado. Porém, ao adotar o procedimento excepcional da Súmula nº 425, os honorários de sucumbência seriam devidos na hipótese de recurso ao TST, apesar do referido verbete ser omisso nesse sentido, bem como nas hipóteses de procedimentos não previstos na CLT. Contudo, com a vigência da Lei nº 13.467/17, apesar de ter sido mantido o *ius postulandi* das partes no art. 791, foi instituído os honorários de sucumbência no processo do trabalho, entre 5% e 15% (art. 791-A da CLT).

Item "I": Nesse caso o signatário deve afirmar que exerce o cargo de procurador e não simplesmente que é bacharel em direito. Item **incorreto** diante da divergência com o que estabelece o inciso II da Súmula nº 436 do TST: "Para os efeitos do item anterior, é essencial que o signatário ao menos declare-se exercente do cargo de procurador, não bastando a indicação do número de inscrição na Ordem dos Advogados do Brasil".

Item "II": Apesar da CLT não apresentar qualquer exceção quanto ao exercício do *ius postulandi*, esse é o entendimento do TST, conforme Súmula nº 425: "O *jus postulandi* das partes, estabelecido no art. 791 da CLT, limita-se às Varas do Trabalho e aos Tribunais Regionais do Trabalho, não alcançando a ação rescisória, a ação cautelar, o mandado de segurança e os recursos de competência do Tribunal Superior do Trabalho". Todavia, a assertiva faltou mencionar o mandado de segurança. Por conta disso, classifica-se o item como **incorreto.**

Item "III": Item **correto** uma vez que correspondia literalmente ao posicionamento do TST constante da Súmula nº 419 em sua antiga redação: "Na execução por carta precatória, os embargos de terceiro serão oferecidos no juízo deprecante ou no juízo deprecado, mas a competência para julgá-los é do juízo deprecante, salvo se versarem, unicamente, sobre vícios ou irregularidades da penhora, avaliação ou alienação dos bens, praticados pelo juízo deprecado, em que a competência será deste último". Por conta da edição do CPC de 2015, a redação dessa Súmula foi alterada nos seguintes termos: "COMPETÊNCIA. EMBARGOS DE TERCEIRO. EXECUÇÃO POR CARTA PRECATÓRIA. JUÍZO DEPRECADO. (alterada em decorrência do CPC de 2015) – Res. 212/2016, DEJT divulgado em 20, 21 e 22.09.2016. Na execução por carta precatória, os embargos de terceiro serão oferecidos no juízo deprecado, salvo se indicado pelo juízo deprecante o bem constrito ou se já devolvida a carta (art. 676, parágrafo único, do CPC de 2015)".

Item "IV": Item **correto** uma vez que corresponde literalmente ao posicionamento do TST constante da Súmula nº 416: "Devendo o agravo de petição delimitar justificadamente a matéria e os valores objeto de discordância, não fere direito líquido e certo o prosseguimento da execução quanto aos tópicos e valores não especificados no agravo".

Gabarito: C.

---

175. (TRT 3 – Juiz do Trabalho Substituto 3ª Região/2014) A partir das súmulas do TST é correto afirmar que:

a) Na Justiça do Trabalho, a condenação ao pagamento de honorários advocatícios, nunca superiores a 15% quinze por cento, decorre simplesmente da sucumbência, sendo desnecessária a assistência por sindicato da categoria profissional e a comprovação da percepção de salário inferior ao dobro do salário mínimo ou encontrar-se em situação econômica que não lhe permita demandar sem prejuízo do próprio sustento ou da respectiva família.

b) É cabível a condenação ao pagamento de honorários advocatícios em ação rescisória no processo trabalhista.

c) Não são devidos os honorários advocatícios nas causas em que o ente sindical figure como substituto processual.

d) Não são devidos os honorários advocatícios nas lides que não derivem da relação de emprego.

e) Todas as opções estão incorretas.

COMENTÁRIOS

✪ **Nota do autor:** O *ius postulandi* é conferido, de forma expressa ao empregado e ao empregador nos dissídios individuais (reclamação trabalhista) e coletivos, segundo dispõe o art. 791 da CLT. Assim, qualquer alteração nesses dois parâmetros, subjetivo e objetivo, retira a capacidade processual das partes e passam a ser devidos os honorários de sucumbência. Atualmente, com a vigência da Lei da Reforma Trabalhista, apesar de ter sido mantido o *ius postulandi* das partes no art. 791, foi instituído os honorários de sucumbência no processo do trabalho, entre 5% e 15% (art. 791-A da CLT). Esse novo preceito legal deve provocar alteração na redação da Súmula nº 219 do TST.

Alternativa "a": Incorreta. Na verdade, o entendimento do TST é justamente em sentido contrário, pois reconhece que o direito aos honorários advocatícios não decorre da simples sucumbência, além de outros requisitos explícitos no item I, da Súmula nº 219 (antiga redação): "I – Na Justiça do Trabalho, a condenação ao pagamento de honorários advocatícios, nunca superiores a 15% (quinze por cento), não decorre pura e simplesmente da sucumbência, devendo a parte estar assistida por sindicato da categoria profissional e comprovar a percepção de salário inferior ao dobro do salário mínimo ou encontrar-se em situação econômica que não lhe permita demandar sem prejuízo do próprio sustento ou da respectiva família". A atual redação do item I é a seguinte: "Na Justiça do Trabalho, a condenação ao pagamento de honorários advocatícios não decorre pura e simplesmente da sucumbência, devendo a parte, concomitantemente: a) estar assistida por sindicato da categoria profissional; b) comprovar a percepção de salário inferior ao dobro do salário mínimo ou encontrar-se em situação econômica que não lhe permita demandar sem prejuízo do próprio sustento ou da respectiva família. (art. 14, §1º, da Lei nº 5.584/1970). (ex-OJ nº 305 da SBDI-I)". (ver nota do autor)

Alternativa "b": Essa possibilidade encontra-se expressamente prevista no inciso II, da Súmula nº 219 do TST: "É cabível a condenação ao pagamento de honorários advocatícios em ação rescisória no processo trabalhista". **Correta.**

Alternativa "c": Quando o ente sindical figura como substituto processual, trata-se de uma demanda coletiva regida por outras regras jurídicas estranhas à CLT. Nesse caso, os honorários advocatícios são devidos na forma prevista pelo inciso III, da Súmula nº 219 do TST: "São devidos os honorários advocatícios nas causas em que o ente sindical figure como substituto processual e nas lides que não derivem da relação de emprego". **Incorreta. (ver nota do autor)**

Alternativa "d": Como dito na nota do autor, o *ius postulandi* é conferido ao empregado e ao empregador, que não são sujeitos da relação de trabalho no sentido estrito. Logo, nas lides derivadas da relação de trabalho são devidos os honorários de sucumbência, conforme entendimento do TST inserido na parte final do inciso III, da Súmula nº 219: "São devidos os honorários advocatícios nas causas em que o ente sindical figure como substituto processual e nas lides que não derivem da relação de emprego". **Incorreta. (ver nota do autor)**

Alternativa "e": Incorreta, pois a alternativa "b" é correta.

Gabarito: B.

---

176. (FCC – Juiz do Trabalho Substituto 6ª Região/2013) Segundo entendimento sumulado pelo TST, o jus postulandi das partes, estabelecido no art. 791 da CLT, limita-se

a) à realização das audiências trabalhistas, não alcançando a ação rescisória, as medidas cautelares, ação de consignação em pagamento e ação anulatória.

b) às Varas do Trabalho, aos Tribunais Regionais do Trabalho e aos recursos de competência do Tribunal Superior do Trabalho, não alcançando a ação civil pública, a correição parcial e o habeas corpus.

c) às Varas do Trabalho e aos Tribunais Regionais do Trabalho, não alcançando a ação rescisória, a ação cautelar, o mandado de segurança e os recursos de competência do Tribunal Superior do Trabalho.

d) às Varas do Trabalho e aos recursos de competência do Tribunal Regional do Trabalho e do Tribunal Superior do Trabalho, não alcançando os recursos extraordinários para o Supremo Tribunal Federal.

e) à realização das audiências trabalhistas e aos Tribunais Regionais do Trabalho quanto aos dissídios individuais, não alcançando as ações de rito ordinário.

COMENTÁRIOS

✪ **Nota do autor:** Note-se que, apesar do conteúdo da Súmula nº 425 não fazer referência expressa ao recurso extraordinário perante o STF, o *ius postulandi* das partes está limitado ao âmbito da Justiça do Trabalho, de acordo com o preceito contido no art. 791 da CLT: "Os empregados e os empregadores poderão reclamar pessoalmente perante a Justiça do Trabalho e acompanhar as suas reclamações até o final".

Alternativa "a": A Súmula nº 425 do TST, que trata dessa questão, admite a realização de todos os atos processuais diretamente pelas partes na primeira instância e não apenas a realização de audiências. Assim, classifica-se essa alternativa como **incorreta**, pois não está de acordo com o posicionamento do TST adotado no referido verbete: "O *jus postulandi* das partes, estabelecido no art. 791 da CLT, limita-se às Varas do Trabalho e aos Tribunais Regionais do Trabalho, não alcançando a ação rescisória, a ação cautelar, o mandado de segurança e os recursos de competência do Tribunal Superior do Trabalho".

Alternativa "b": A Súmula nº 425 do TST, que trata dessa questão, não impõe limitação ao exercício do *ius postulandi* quanto ao manejo da ação civil pública, da correição parcial e do habeas corpus. Assim, classifica-se essa alternativa como **incorreta**, pois não está de acordo com o posicionamento do TST adotado no referido verbete: "O *jus postulandi* das partes, estabelecido no art. 791 da CLT, limita-se às Varas do Trabalho e aos Tribunais Regionais do Trabalho, não alcançando a ação rescisória, a ação cautelar, o mandado de segurança e os recursos de competência do Tribunal Superior do Trabalho".

Alternativa "c": Correta a assertiva, pois representa fielmente o entendimento do TST registrado na Súmula nº 425: "O *jus postulandi* das partes, estabelecido no art. 791 da CLT, limita-se às Varas do Trabalho e aos Tribunais Regionais do Trabalho, não alcançando a ação rescisória, a ação cautelar, o mandado de segurança e os recursos de competência do Tribunal Superior do Trabalho".

Alternativa "d": A Súmula nº 425 do TST, que trata dessa questão, não impõe limitação ao exercício do *ius postulandi* quanto aos recursos extraordinários para o Supremo Tribunal Federal. Assim, classifica-se essa alternativa como **incorreta**, pois não está de acordo com o posicionamento do TST adotado no referido verbete: "O *jus postulandi* das partes, estabelecido no art. 791 da CLT, limita-se às Varas do Trabalho e aos Tribunais Regionais do Trabalho, não alcançando a ação rescisória, a ação cautelar, o mandado de segurança e os recursos de competência do Tribunal Superior do Trabalho". Observe-se, todavia, as restrições apontadas na Nota do autor.

Alternativa "e": A Súmula nº 425 do TST, que trata dessa questão, não impõe limitação ao exercício do *ius postulandi* quanto às demandas sujeitas ao rito ordinário. Assim, classifica-se essa alternativa como **incorreta**, pois não está de acordo com o posicionamento do TST adotado no referido verbete: "O *jus postulandi* das partes, estabelecido no art. 791 da CLT, limita-se às Varas do Trabalho e aos Tribunais Regionais do Trabalho, não alcançando a ação rescisória, a ação cautelar, o mandado de segurança e os recursos de competência do Tribunal Superior do Trabalho".

Gabarito: C.

---

177. (TRT – JTS 23ª RG/2010) Analise as seguintes proposições sobre o jus postulandi e ao final com base na legislação, jurisprudência pacificada e doutrina predominantes aponte a alternativa CORRETA.

I. Uma vez que as partes possuem *jus postulandi* podem ajuizar qualquer tipo de ação perante a Justiça do Trabalho, independentemente da constituição de advogado para representá-las em juízo.

II. O *jus postulandi* das partes limita-se às Varas do Trabalho e aos Tribunais Regionais do Trabalho, não alcançando os recursos de competência do Tribunal Superior do Trabalho.

III. O *jus postulandi* das partes pode ser exercido perante o TST na hipótese de qualquer ação de competência originária daquele tribunal, como a ação rescisória, a ação cautelar, o mandado de segurança.

IV. o *jus postulandi* pode ser exercido tanto pelos empregados quanto pelos empregadores pessoas físicas, mas não pelas pessoas jurídicas.

a) A proposição I está correta e as proposições II, III e IV incorretas.

b) As proposições I e IV estão corretas e as proposições II e III incorretas.

c) As proposições II e III estão corretas e as proposições I e IV incorretas.

d) As proposições II e IV estão corretas e as proposições I e III incorretas.

e) As proposições I e III estão corretas e as proposições II e IV incorretas.

COMENTÁRIOS

✪ **Nota do autor:** Percebe-se que o TST vem progressivamente relativizando o *ius postulandi* na Justiça do Trabalho excluindo-o, por exemplo, da ação rescisória, cautelar e mandado de segurança: "Súmula nº 425. O *jus postulandi* das partes, estabelecido no art. 791 da CLT, limita-se às Varas do Trabalho e aos Tribunais Regionais do Trabalho, não alcançando a ação rescisória, a ação cautelar, o mandado de segurança e os recursos de competência do Tribunal Superior do Trabalho". Observe-se que o concurso é de 2010, mesmo ano da edição da Súmula transcrita. Esta questão **foi anulada**, pois não há resposta que considere como correta a sequência F, V, F e F.

Item "I": Incorreto, pelo entendimento do TST, revelado por meio da Súmula nº 425, de que nem toda ação pode ser proposta diretamente pela parte no exercício de sua capacidade postulatória. Excluem-se a ação rescisória, a ação cautelar e o mandado de segurança.

Item "II": Item considerado **incorreto** pela banca, talvez porque a questão tenha sido elaborada antes da edição da Súmula nº 425 do TST, que deixou claro o entendimento desse Tribunal excluindo o *ius postulandi* dos recursos de sua competência.

Item "III": Item considerado **incorreto** pela banca, talvez porque a questão tenha sido elaborada antes da edição da Súmula nº 425 do TST, que revela o entendimento desse Tribunal no sentido de não admitir a capacidade postulatória nos casos de ação rescisória, a ação cautelar, o mandado de segurança e os recursos de competência do Tribunal Superior do Trabalho.

Item "IV": Incorreto, pois não há qualquer limitação nesse sentido feito pela legislação processual trabalhista, principalmente pelo art. 791 da CLT: "Os empregados e os empregadores poderão reclamar pessoalmente perante a Justiça do Trabalho e acompanhar as suas reclamações até o final".

Gabarito: ver nota do autor.

---

178. (TRT – JTS 9ª RG/2009) Analise as seguintes proposições:

I. É inválido o substabelecimento de advogado investido de mandato tácito.

II. O micro e pequeno empresário deve obrigatoriamente ser representado na Justiça do Trabalho por preposto empregado, exceto quando se fizer representar pessoalmente.

III. Caracteriza a irregularidade de representação judicial a ausência da data da outorga de poderes, pois, no mandato judicial, ao contrário do mandato civil, não é condição de validade do negócio jurídico.

IV. A ausência de juntada aos autos de documento que comprove a designação do assistente jurídico como representante judicial da União (art. 69 da Lei Complementar nº 73, de 10/02/1993) importa irregularidade de representação.

a) as proposições I e II estão corretas

b) as proposições II e III estão corretas

c) as proposições I e IV estão corretas

d) todas as proposições estão corretas

e) nenhuma proposição está correta

COMENTÁRIOS

Nota do autor: A União, Estados, Municípios e Distrito Federal, suas autarquias e fundações públicas, quando representadas em juízo, ativa e passivamente, por seus procuradores, estão dispensadas da juntada de instrumento de mandato e de comprovação do ato de nomeação. Contudo, é essencial que o signatário ao menos declare-se exercente do cargo de procurador, não bastando a indicação do número de inscrição na Ordem dos Advogados do Brasil. Com relação ao item "II", a Lei nº 13.467/17 incluiu o § 3º no art. 843 da CLT, com a seguinte redação: "§ 3º O preposto a que se refere o § 1º deste artigo não precisa ser empregado da parte reclamada.". Dessa forma, o TST deve promover alterações ou mesmo cancelar a Súmula nº 377.

Item "I": Correto, de acordo com o posicionamento adotado pelo TST em sua OJ nº 100 da SDI-1: "É inválido o substabelecimento de advogado investido de mandato tácito".

Item "II": Pelo contrário. Nesses casos, dispensa-se que o preposto seja empregado. **Item incorreto**, pois não representa o entendimento do TST constante da Súmula nº 377: "Exceto quanto à reclamação de empregado doméstico, ou contra micro ou pequeno empresário, o preposto deve ser necessariamente empregado do reclamado. Inteligência do art. 843, § 1º, da CLT e do art. 54 da Lei Complementar nº 123, de 14 de dezembro de 2006". (ver nota do autor)

Item "III": A data da outorga de poderes não é requisito para validade do mandato judicial. **Item incorreto**, pois contraria a tese inserida na OJ nº 371 da SDI-1 "Não caracteriza a irregularidade de representação a ausência da data da outorga de poderes, pois, no mandato judicial, ao contrário do mandato civil, não é condição de validade do negócio jurídico. Assim, a data a ser considerada é aquela em que o instrumento for juntado aos autos, conforme preceitua o art. 370, IV, do CPC. Inaplicável o art. 654, § 1º, do Código Civil". Note-se que a redação desse verbete foi alterada para se adaptar ao CPC de 2015, com a seguinte redação: "Não caracteriza a irregularidade de representação a ausência da data da outorga de poderes, pois, no mandato judicial, ao contrário do mandato civil, não é condição de validade do negócio jurídico. Assim, a data a ser considerada é aquela em que o instrumento for juntado aos autos, conforme preceitua o art. 409, IV, do CPC de 2015 (art. 370, IV, do CPC de 1973). Inaplicável o art. 654, § 1º, do Código Civil".

Item "IV": Correto, pois se encontra de acordo com o texto da OJ Transitória nº 65 da SDI-I: "A ausência de juntada aos autos de documento que comprove a designação do assistente jurídico como representante judicial da União (art. 69 da Lei Complementar nº 73, de 10.02.1993) importa irregularidade de representação".

Gabarito: C.

179. (TRT - JTS 6ª RG/2010) Assinale a alternativa CORRETA em relação ao jus postulandi na Justiça do Trabalho:

a) O *jus postulandi* refere-se à capacidade postulatória.

b) Ao considerar o advogado essencial ao funcionamento da justiça, a Constituição Federal de 1988 derrogou as normas processuais que possibilitavam o exercício do *jus postulandi* na Justiça do Trabalho.

c) Em razão do disposto na letra 'b', o Tribunal Superior do Trabalho cancelou as Súmulas que não admitiam a condenação em honorários advocatícios.

d) A jurisprudência sumulada do Tribunal Superior do Trabalho admite o *jus postulandi* apenas nos dissídios individuais submetidos ao rito sumaríssimo.

e) A jurisprudência sumulada do Tribunal Superior do Trabalho não admite o *jus postulandi* quando da interposição do Recurso de Revista.

COMENTÁRIOS

Nota do autor: Causou estranheza a banca ter considerado a assertiva contida na alínea "a" como incorreta, uma vez que o *ius postulandi* nada mais é do que atribuir à parte o direito de praticar atos processuais diretamente, ou seja, plena capacidade postulatória. Observe-se, também, que essa questão foi feita antes da alteração da Súmula nº 219 do TST pela Resolução nº 204/16, cuja redação atual é a seguinte: "I – Na Justiça do Trabalho, a condenação ao pagamento de honorários advocatícios não decorre pura e simplesmente da sucumbência, devendo a parte, concomitantemente: a) estar assistida por sindicato da categoria profissional; b) comprovar a percepção de salário inferior ao dobro do salário mínimo ou encontrar-se em situação econômica que não lhe permita demandar sem prejuízo do próprio sustento ou da respectiva família (art. 14, §1º, da Lei nº 5.584/1970) (ex-OJ nº 305 da SBDI-I). II – É cabível a condenação ao pagamento de honorários advocatícios em ação rescisória no processo trabalhista. III – São devidos os honorários advocatícios nas causas em que o ente sindical figure como substituto processual e nas lides que não derivem da relação de emprego. IV – Na ação rescisória e nas lides que não derivem de relação de emprego, a responsabilidade pelo pagamento dos honorários advocatícios da sucumbência submete-se à disciplina do Código de Processo Civil (arts. 85, 86, 87 e 90). V – Em caso de assistência judiciária sindical, revogado o art. 11 da Lei nº 1060/50 (CPC de 2015, art. 1072, inc. III), os honorários advocatícios assistenciais são devidos entre o mínimo de dez e o máximo de vinte por cento sobre o valor da condenação, do proveito econômico obtido ou, não sendo possível mensurá-lo, sobre o valor atualizado da causa (CPC de 2015, art. 85, § 2º). VI – Nas causas em que a Fazenda Pública for parte, aplicar-se-ão os percentuais específicos de honorários advocatícios contemplados no Código de Processo Civil.". Entretanto, com a vigência da Lei da Reforma Trabalhista, apesar de ter sido mantido o *ius postulandi* das partes, previsto no art. 791 da CLT, foi inserido o art. 791-A na referida Consolidação instituindo os honorários de sucumbência no processo do trabalho, entre 5 e 15%, sobre o valor que resultar da liquidação da sentença, ainda que em ações contra a Fazenda Pública.

Alternativa "a": Incorreta, segundo a banca do concurso, talvez pelo fato da incompletude da frase, pois a capacidade postulatória é da parte.

Alternativa "b": Incorreta, pois o entendimento dominante no TST é no sentido de que o ***ius postulandi*** do processo trabalhista não conflita com o art. 133 da Constituição de 1988, pois ele apenas reconheceu a natureza de direito público da função do advogado, sem criar nenhuma incompatibilidade com as exceções legais que permitem à parte ajuizar, pessoalmente, pleitos perante os órgãos do Poder Judiciário. (TST nº TST-RO-AR- 468/84, Ministro ORLANDO TEIXEIRA DA COSTA).

Alternativa "c": Incorreta, pois as Súmulas nº 329 e 219 do TST, que tratam da matéria, não foram canceladas: "Súmula nº 329. Mesmo após a promulgação da CF/1988, permanece válido o entendimento consubstanciado na Súmula nº 219 do Tribunal Superior do Trabalho" e "Súmula nº 219. I – Na Justiça do Trabalho, a condenação ao pagamento de honorários advocatícios, nunca superiores a 15% (quinze por cento), não decorre pura e simplesmente da sucumbência, devendo a parte estar assistida por sindicato da categoria profissional e comprovar a percepção de salário inferior ao dobro do salário mínimo ou encontrar-se em situação econômica que não lhe permita demandar sem prejuízo do próprio sustento ou da respectiva família. II – É cabível a condenação ao pagamento de honorários advocatícios em ação rescisória no processo trabalhista. III – São devidos os honorários advocatícios nas causas em que o ente sindical figure como substituto processual e nas lides que não derivem da relação de emprego". (ver nota do autor)

Alternativa "d": Incorreta, pois inexiste Súmula ou OJ do TST instituindo qualquer tipo de limitação relacionada ao rito do processo.

Alternativa "e": Correta, segundo o entendimento constante da Súmula nº 425 do TST: "O *jus postulandi* das partes, estabelecido no artigo 791 da CLT, limita-se às Varas do Trabalho e aos Tribunais Regionais do Trabalho, não alcançando a ação rescisória, a ação cautelar, o mandado de segurança e os recursos de competência do Tribunal Superior do Trabalho".

Gabarito: E.

---

180. (USU – JTS 1ª RG/2008) Com relação aos honorários advocatícios na Justiça do Trabalho e nos recursos em processo trabalhista, de acordo com a jurisprudência predominante, é CORRETO afirmar que:

I. São devidos em quaisquer tipos de ação;

II. Não são devidos nos recursos extraordinários;

III. Na ação de mandado de segurança não se admite condenação em honorários;

IV. São devidos, na forma da Instrução Normativa nº 27/2005 do C. TST, quando não se tratar de relação de emprego entre as partes;

V. São devidos somente quando atuarem advogados dativos.

a) os itens I e II estão corretos.

b) os itens II e V estão errados.

c) os itens III e IV estão corretos.

d) todos os itens estão errados.

e) somente o item II está correto.

COMENTÁRIOS

✪ **Nota do autor:** Essa questão foi elaborada antes da alteração da Súmula nº 219 do TST pela Resolução nº 204/16, cuja redação atual é a seguinte: "I – Na Justiça do Trabalho, a condenação ao pagamento de honorários advocatícios não decorre pura e simplesmente da sucumbência, devendo a parte, concomitantemente: a) estar assistida por sindicato da categoria profissional; b) comprovar a percepção de salário inferior ao dobro do salário mínimo ou encontrar-se em situação econômica que não lhe permita demandar sem prejuízo do próprio sustento ou da respectiva família (art. 14, §1º, da Lei nº 5.584/1970) (ex-OJ nº 305 da SBDI-I). II – É cabível a condenação ao pagamento de honorários advocatícios em ação rescisória no processo trabalhista. III – São devidos os honorários advocatícios nas causas em que o ente sindical figure como substituto processual e nas lides que não derivem da relação de emprego. IV – Na ação rescisória e nas lides que não derivem de relação de emprego, a responsabilidade pelo pagamento dos honorários advocatícios da sucumbência submete-se à disciplina do Código de Processo Civil (arts. 85, 86, 87 e 90). V – Em caso de assistência judiciária sindical, revogado o art. 11 da Lei nº 1060/50 (CPC de 2015, art. 1072, inc. III), os honorários advocatícios assistenciais são devidos entre o mínimo de dez e o máximo de vinte por cento sobre o valor da condenação, do proveito econômico obtido ou, não sendo possível mensurá-lo, sobre o valor atualizado da causa (CPC de 2015, art. 85, § 2º). VI – Nas causas em que a Fazenda Pública for parte, aplicar-se-ão os percentuais específicos de honorários advocatícios contemplados no Código de Processo Civil.". Todavia, a Lei nº 13.467/17 incluiu o art. 791-A na referida Consolidação instituindo os honorários de sucumbência no processo do trabalho, entre 5 e 15%, sobre o valor que resultar da liquidação da sentença.

Item "I": Incorreto, uma vez que a condenação em honorários no processo do trabalho não decorre da simples sucumbência, como reforça a Súmula nº 219, item I, do TST: "Na Justiça do Trabalho, a condenação ao pagamento de honorários advocatícios, nunca superiores a 15% (quinze por cento), não decorre pura e simplesmente da sucumbência, devendo a parte estar assistida por sindicato da categoria profissional e comprovar a percepção de salário inferior ao dobro do salário mínimo ou encontrar-se em situação econômica que não lhe permita demandar sem prejuízo do próprio sustento ou da respectiva família" (observar a atual redação da Súmula nº 219 e a inovação decorrente da vigência da Lei da Reforma Trabalhista na nota do autor).

Item "II": Incorreto, pois o recurso extraordinário não faz parte do rol de remédios judiciais do processo do trabalho, afastando a incidência da regra geral mencionada no item anterior.

Item "III": Correto, uma vez que a Lei n° 12.016/09 é expressa nesse sentido: "Art. 25. Não cabem, no processo de mandado de segurança, a interposição de embargos infringentes e a condenação ao pagamento dos honorários advocatícios, sem prejuízo da aplicação de sanções no caso de litigância de má-fé". As Súmulas nº 105 do STJ e 512 do STF também tratam dessa matéria: "Súmula nº 105. Na ação de mandado de segurança não se admite condenação em honorários advocatícios. Súmula nº 512: Não cabe condenação em honorários de advogado na ação de mandado de segurança". Observe-se que o CPC de 2015 extinguiu o recurso dos embargos infringentes no âmbito do processo civil e substituiu por uma regra de julgamento estabelecida pelo seu art. 942, mas que não se aplica ao processo do trabalho, conforme preceito contido no art. 2º, IX, da Instrução Normativa nº 39/16 do TST.

Item "IV": Correto, conforme disposto no art. 5º da IN 27/05 do TST: "Exceto nas lides decorrentes da relação de emprego, os honorários advocatícios são devidos pela mera sucumbência". (ver nota do autor)

Item "V": Incorreto, uma vez que não há qualquer referência a essa hipótese na legislação trabalhista ou nas Súmulas e OJs do TST, prevalecendo a regra geral.

Gabarito: C.

---

181. (TRT - JTS 9ª RG/2009) Analise as seguintes proposições:

I. Não se reveste de validade o instrumento de mandato firmado em nome de pessoa jurídica em que não haja a sua identificação e a de seu representante legal, o que, a teor do art. 654, § 1º, do Código Civil, acarreta, para a parte que o apresenta, os efeitos processuais da inexistência de poderes nos autos.

II. A legitimidade processual do sindicato para promover ação de cumprimento não é extensiva para acordo ou convenção coletiva de trabalho.

III. É admissível a juntada de instrumento de mandato posterior à interposição de recurso, pois o mesmo é reputado ato urgente.

IV. O benefício da justiça gratuita é devido somente àqueles que percebem salário igual ou inferior ao dobro do mínimo legal.

V. O benefício da justiça gratuita pode ser requerido em qualquer tempo ou grau de jurisdição, desde que, na fase recursal, seja o requerimento formulado no prazo alusivo ao recurso.

a) as proposições I e V estão corretas

b) as proposições II e IV estão corretas

c) as proposições II, III e IV estão corretas

d) todas as proposições estão corretas

e) nenhuma proposição está correta

COMENTÁRIOS

✪ **Nota do autor:** Essa questão foi elaborada antes da mudança da OJ nº 373 da SDI-1 do TST, que passou a ter a seguinte redação: "É inválido o instrumento de mandato firmado em nome de pessoa jurídica que não contenha, pelo menos, o nome da entidade outorgante e do signatário da procuração, pois estes dados constituem elementos que os individualizam". Posteriormente essa OJ foi transformada na Súmula nº 456 e depois teve sua redação modificada passando a vigorar com a seguinte redação: "REPRESENTAÇÃO. PESSOA JURÍDICA. PROCURAÇÃO. INVALIDADE. IDENTIFICAÇÃO DO OUTORGANTE E DE SEU REPRESENTANTE. (inseridos os itens II e III em decorrência do CPC de 2015) – Res. 211/2016, DEJT divulgado em 24, 25 e 26.08.2016. I – É inválido o instrumento de mandato firmado em nome de pessoa jurídica que não contenha, pelo menos, o nome do outorgante e do signatário da procuração, pois estes dados constituem elementos que os individualizam. II – Verificada a irregularidade de representação da parte na instância originária, o juiz designará prazo de 5 (cinco) dias para que seja sanado o vício. Descumprida a determinação, extinguirá o processo, sem resolução de mérito, se a providência couber ao reclamante, ou considerará revel o reclamado, se a providência lhe couber (art. 76, § 1º, do CPC de 2015). III). III – Caso a irregularidade de representação da parte seja constatada em fase recursal, o relator designará prazo de 5 (cinco) dias para que seja sanado o vício. Descumprida a determinação, o relator não conhecerá do recurso, se a providência couber ao recorrente, ou determinará o desentranhamento das contrarrazões, se a providência couber ao recorrido (art. 76, § 2º, do CPC de2015)". Observe-se, por fim, que a Lei nº 13.467/17 alterou o § 3º do art, 790 da CLT, passando a ter a seguinte redação: "É facultado aos juízes, órgãos julgadores e presidentes dos tribunais do trabalho de qualquer instância conceder, a requerimento ou de ofício, o benefício da justiça gratuita, inclusive quanto a traslados e instrumentos, àqueles que perceberem salário igual ou inferior a 40% (quarenta por cento) do limite máximo dos benefícios do Regime Geral de Previdência Social.". Já no item "V", também houve alteração no texto da OJ nº 269 da SDI1, com a inserção do item II em decorrência da vigência do CPC de 2015: "I – O benefício da justiça gratuita pode ser requerido em qualquer tempo ou grau de jurisdição, desde que, na fase recursal, seja o requerimento formulado no prazo alusivo ao recurso; II – Indeferido o requerimento de justiça gratuita formulado na fase recursal, cumpre ao relator fixar prazo para que o recorrente efetue o preparo (art. 99, § 7º, do CPC de 2015)".

Item "I": Correto, pois representava o posicionamento do TST à época da elaboração da assertiva por meio da OJ nº 373 da SDI-1 em sua redação original: "Irregularidade de representação. Pessoa jurídica. Procuração inválida. Ausência de identificação do outorgante e de seu representante. Art. 654, § 1º, do Código Civil. Não se reveste de validade o instrumento de mandato firmado em nome de pessoa jurídica em que não haja a sua identificação e a de seu representante legal, o que, a teor do art. 654, § 1º, do Código Civil, acarreta, para a parte que o apresenta, os efeitos processuais da inexistência de poderes nos autos" (ver nota do autor).

Item "II": Incorreto. A Lei nº 8.984/95, art. 1º, estendeu a possibilidade da ação de cumprimento ser ajuizada com base em acordo ou convenção coletiva de trabalho, já que pela redação anterior só poderia ser utilizada a sentença normativa ou o acordo homologado no âmbito do dissídio coletivo. A Súmula nº 286 do TST estendeu a legitimidade do sindicato para o ajuizamento da ação coletiva com esse objeto: "A legitimidade do sindicato para propor ação de cumprimento estende-se também à observância de acordo ou de convenção coletivos".

Item "III": A interposição de recurso não é classificada pela doutrina e jurisprudência como ato urgente. O item I dessa sumula vigora atualmente com a seguinte redação: "RECURSO. MANDATO. IRREGULARIDADE DE REPRESENTAÇÃO. CPC DE 2015, ARTS. 104 E 76, § 2º (nova redação em decorrência do CPC de 2015) – Res. 210/2016, DEJT divulgado em 30.06, 1º e 04.07.2016. I – É inadmissível recurso firmado por advogado sem procuração juntada aos autos até o momento da sua interposição, salvo mandato tácito. Em caráter excepcional (art. 104 do CPC de 2015), admite-se que o advogado, independentemente de intimação, exiba a procuração no prazo de 5 (cinco) dias após a interposição do recurso, prorrogável por igual período mediante despacho do juiz. Caso não a exiba, considera-se ineficaz o ato praticado e não se conhece do recurso"

Item "IV": Incorreto. Estende-se também àqueles que recebem remuneração superior ao referido limite, desde que declararem, sob as penas da lei, que não estão em condições de pagar as custas do processo sem prejuízo do sustento próprio ou de sua família. Essa regra encontra-se inserida no art. 790, § 3º, da CLT: "É facultado aos juízes, órgãos julgadores e presidentes dos tribunais do trabalho de qualquer instância conceder, a requerimento ou de ofício, o benefício da justiça gratuita, inclusive quanto a traslados e instrumentos, àqueles que perceberem salário igual ou inferior ao dobro do mínimo legal, ou declararem, sob as penas da lei, que não estão em condições de pagar as custas do processo sem prejuízo do sustento próprio ou de sua família" (ver nota do autor).

Item "V": Correto, conforme entendimento do TST constante da OJ nº 269 da SDI-1: "O benefício da justiça gratuita pode ser requerido em qualquer tempo ou grau de jurisdição, desde que, na fase recursal, seja o requerimento formulado no prazo alusivo ao recurso" (ver nota do autor).

Gabarito: ver nota do autor.

2.4. ATOS PROCESSUAIS, DESPESAS PROCESSUAIS, PRAZOS E NULIDADES

182. (TRT 1 – Juiz do Trabalho Substituto 1ª Região/2016) Em 15/02/2005, foram notificadas as partes da sentença condenatória proferida nos autos da reclamação trabalhista movida pelo empregado A contra a empresa X. Não tendo havido recurso, iniciou-se a fase de liquidação, a qual culminou com a prolação de decisão que fixou o quantum debeatur em R$ 125.538,00 (cento e vinte e cinco mil, quinhentos e trinta e oito reais). Citada a executada e efetuados todos os procedimentos de execução, não se logrou encontrar qualquer bem dela ou de seus sócios, o que levou o juiz a determinar o arquivamento da execução, sem baixa. Passados dois anos e desarquivados os autos, foi intimado o autor a falar sobre a prescrição da dívida ou indicar bens passíveis de penhora. Silente o mesmo autor, proferiu o juiz titular da Vara sentença pronunciando a prescrição intercorrente, com força na Súmula nº 327, do Eg. STF, e declarando extinta a execução. As partes foram notificadas dessa decisão extintiva em 20/08/2015.

Em 23/08/2015, comparecem, independentemente de intimação, o autor e a empresa Y, integrante do grupo econômico da empresa X, devidamente acompanhados de seus advogados, requerendo a homologação de acordo para pagamento de cerca da metade do valor da condenação, em 10 prestações iguais, sendo a primeira no ato e em espécie e as demais sucessivamente a cada mês. Com o pagamento da última prestação o autor obrigou-se a dar quitação geral quanto ao extinto contrato e à execução, para nada mais reclamar.

Examinando o acordo, homologou-o o juiz substituto então em exercício na Vara, sem determinar a alteração do polo passivo e nada dizendo sobre a sentença anterior de extinção da execução.

Vencida a segunda parcela do acordo, a empresa Y não efetuou o pagamento e apresentou petição arguindo a nulidade do mesmo acordo, sob o argumento de que celebrado quando já estava extinta a execução, portanto sem qualquer valor jurídico. Acrescentou que, sendo terceira que não participou da fase de conhecimento, nem da de execução, ela, empresa Y, não teve conhecimento da sentença de extinção e se disse enganada pelo patrono do autor, com quem estava em tratativas há vários meses, e a teria induzido a erro, aceitando a proposta dela antes por ele longamente recusada.

No caso apresentado,

a) o acordo seria nulo, porque, com a prolação da sentença de extinção, o juiz teria cumprido e acabado seu ofício, não cabendo mais alterar a decisão. A petição da empresa Y deveria ser deferida e o juiz deveria mandar arquivar o processo com baixa, cabendo à empresa mover ação em face do autor para receber a primeira parcela indevidamente paga.

b) o acordo seria inexistente, porque celebrado por pessoa que não era parte no processo e após a sua extinção. O juiz deveria determinar que o autor devolvesse a quantia recebida pela primeira parcela do acordo, por indevida e, feita essa devolução, deveria mandar arquivar o processo com baixa.

c) o acordo seria válido quanto à parcela já paga, como dívida prescrita paga, mas não o seria em relação às demais, porque, extinto o processo, o juiz não teria como determinar a execução dessas demais parcelas. A petição da empresa deveria ser recebida e deferida em parte, para mandar arquivar o processo sem baixa.

d) a petição da empresa deveria ser indeferida e a execução deveria prosseguir em face da empresa Y, determinando o juiz, para tanto, a retificação do polo passivo, com o acréscimo do nome dessa empresa como devedora derivada.

e) a petição da empresa deveria ser recebida como embargos à execução, promovendo-se a alteração do polo passivo e determinando-se a notificação do autor para apresentar seus argumentos em face dessa defesa da executada.

COMENTÁRIOS

✪ **Nota do autor:** A pergunta aborda duas questões, quais sejam, os efeitos do pagamento de dívida prescrita e a responsabilidade dos devedores solidários que não figuram no título executivo judicial. Em relação à prescrição, o art. 882 do Código Civil admite a eficácia do pagamento de dívida prescrita: "Não se pode repetir o que se pagou para solver dívida prescrita, ou cumprir obrigação judicialmente inexigível". Em relação à outra questão, quando há solidariedade passiva, o ajuizamento da ação em face de um ou alguns dos devedores solidários não implica renúncia em relação aos demais, conforme estabelece o art. 275, parágrafo único, do Código Civil: "Art. 275. O credor tem direito a exigir e receber de um ou de alguns dos devedores, parcial ou totalmente, a dívida comum; se o pagamento tiver sido parcial, todos os demais devedores continuam obrigados solidariamente pelo resto. Parágrafo único. Não importará renúncia da solidariedade a propositura de ação pelo credor contra um ou alguns dos devedores. Com o advento do CPC de 2015 é necessário avaliar a possibilidade de se aplicar ao processo do trabalho o preceito contido no § 5º, art. 513, que tem a seguinte redação: "O cumprimento da sentença não poderá ser promovido em face do fiador, do coobrigado ou do corresponsável que não tiver participado da fase de conhecimento". Em 2021, nos autos do ARE nº 1.160.361, o Min. Gilmar Mendes determinou o retorno dos autos para que essa questão seja analisada, inclusive com observância da cláusula de reserva de plenário (art 97, CF) e Súmula vinculante 10, pois estaria afastando a incidência do citado artigo 513 do CPC, aplicável ao processo do trabalho (art. 15, CPC c/c art. 769, CLT).

Alternativa "a": Incorreta. Não há que se falar em nulidade, pois o acordo é válido diante do permissivo contido no art. 882 do Código Civil, transcrito na nota do autor. Sendo assim, a petição da empresa Y deveria ser indeferida, com o prosseguimento da execução em face dela, uma vez que é solidariamente responsável pelas obrigações definidas na sentença, por fazer parte do mesmo grupo econômico da empresa X, ainda que não tenha figurado no polo passivo da relação processual de conhecimento.

Alternativa "b": Incorreta, uma vez que a empresa Y faz parte do mesmo grupo econômico da empresa X, sendo considerada, consequentemente, devedora solidária. O Código Civil trata da matéria no *caput* do art. 275: "O credor tem direito a exigir e receber de um ou de alguns dos devedores, parcial ou totalmente, a dívida comum; se o pagamento tiver sido parcial, todos os demais devedores continuam obrigados solidariamente pelo resto". Assim, a percepção da primeira parcela do acordo é totalmente válida e o juiz não pode determinar a sua devolução pela parte autora, mas sim o prosseguimento da execução.

Alternativa "c": Incorreta, pois o acordo foi integralmente homologado por meio de sentença e só pode ser anulado por meio de ação rescisória, na forma prevista pelo art. 831, parágrafo único da CLT: "No caso de conciliação, o termo que for lavrado valerá como decisão irrecorrível, salvo para a Previdência Social quanto às contribuições que lhe forem devidas. Nesse sentido é a interpretação do TST revelado por meio da Súmula nº 259: "Só por ação rescisória é impugnável o termo de conciliação previsto no parágrafo único do art. 831 da CLT". Assim, a petição da empresa Y deveria ser indeferida, com o prosseguimento da execução em face dela.

Alternativa "d": Correta, pois ainda que estivesse prescrita a dívida, o acordo homologado pelo juízo teria validade diante da determinação contida no art. 882 do Código Civil, transcrito na nota do autor. Como a empresa Y é solidariamente responsável pelo cumprimento das obrigações constantes do título executivo judicial, deve ser contra ela prosseguida a execução, devendo o juiz determinar a retificação do polo passivo da relação processual executória.

Alternativa "e": Incorreta. Para que a petição fosse recebida como embargos à execução, atendendo-se ao princípio da fungibilidade ou da instrumentalidade das formas, seria necessário que preenchesse os requisitos de admissibilidade do ato judicial que se pretende transformar. Como o juízo não está seguro pela penhora, não pode a petição ser recebida como embargos.

Gabarito: D.

183. (TRT 2 – Juiz do Trabalho Substituto 2ª Região/2016) Nos processos perante a Justiça do Trabalho, em relação às despesas processuais, nos termos da Consolidação das Leis do Trabalho e das Súmulas da Jurisprudência Uniforme do Tribunal Superior do Trabalho:

I. São isentos do pagamento de custas, além dos beneficiários de justiça gratuita, a União, os Estados, o Distrito Federal, os Municípios e respectivas autarquias e fundações públicas federais, estaduais ou municipais que não explorem atividade econômica, o Ministério Público do Trabalho e as entidades fiscalizadoras do exercício profissional.

II. Não ocorre deserção de recurso da massa falida por falta de pagamento de custas ou de depósito do valor da condenação.

III. Não ocorre deserção de recurso da empresa em liquidação extrajudicial por falta de pagamento de custas ou de depósito do valor da condenação.

IV. Os privilégios e isenções no foro da Justiça do Trabalho, quanto ao pagamento de custas, não abrangem as sociedades de economia mista.

V. Tratando-se de empregado que não tenha obtido o benefício da justiça gratuita, ou isenção de custas, o sindicato que houver intervindo no processo responderá solidariamente pelo pagamento das custas devidas.

Responda:

a) Somente as proposições I, II e III estão corretas.

b) Somente as proposições I, IV e V estão corretas.

c) Somente as proposições II, III e V estão corretas.

d) Somente as proposições II, IV e V estão corretas.

e) Todas as proposições estão corretas.

COMENTÁRIOS

✪ **Nota do autor:** Ao contrário do que ocorre no processo civil, cujas despesas processuais são cobradas de forma antecipada por cada ato praticado (art. 82 do CPC de 2015), no processo do trabalho as custas processuais são devidas somente a partir do momento em que o juiz profere a sentença, ou, mais precisamente, após o seu trânsito em julgado, exceto quando a parte sucumbente pretende recorrer, hipótese em que o recolhimento desse tributo será considerado como pressuposto de admissibilidade. Com a vigência da Lei da Reforma Trabalhista, o art. 789 da CLT foi alterado passando a prever o valor máximo das custas: "Art. 789. Nos dissídios individuais e nos dissídios coletivos do trabalho, nas ações e procedimentos de competência da Justiça do Trabalho, bem como nas demandas propostas perante a Justiça Estadual, no exercício da jurisdição trabalhista, as custas relativas ao processo de conhecimento incidirão à base de 2% (dois por cento), observado o mínimo de R$ 10,64 (dez reais e sessenta e quatro centavos) e o máximo de quatro vezes o limite máximo dos benefícios do Regime Geral de Previdência Social, e serão calculadas:"

Item "I": Incorreto, pois as entidades fiscalizadoras do exercício profissional não fazem parte do rol que consta do art. 790-A da CLT, como deixa claro o respectivo parágrafo único: "São isentos do pagamento de custas, além dos beneficiários de justiça gratuita: I – a União, os Estados, o Distrito Federal, os Municípios e respectivas autarquias e fundações públicas federais, estaduais ou municipais que não explorem atividade econômica; II – o Ministério Público do Trabalho. Parágrafo único. A isenção prevista neste artigo não alcança as entidades fiscalizadoras do exercício profissional, nem exime as pessoas jurídicas referidas no inciso I da obrigação de reembolsar as despesas judiciais realizadas pela parte vencedora".

Item "II": Correto, uma vez que, no momento da interposição do recurso, os bens da massa falida encontram-se indisponíveis. Nesse sentido manifesta-se o TST por meio da Súmula nº 86: "DESERÇÃO. MASSA FALIDA. EMPRESA EM LIQUIDAÇÃO EXTRAJUDICIAL (incorporada a Orientação Jurisprudencial nº 31 da SBDI-I) – Res. 129/2005, DJ 20, 22 e 25.04.2005. Não ocorre deserção de recurso da massa falida por falta de pagamento de custas ou de depósito do valor da condenação. Esse privilégio, todavia, não se aplica à empresa em liquidação extrajudicial".

Item "III": Incorreto, uma vez que os ativos da empresa em liquidação extrajudicial podem ser movimentados pelo liquidante, por se tratar de um processo administrativo regido pela Lei nº 6.024/64. O entendimento do TST é nesse sentido, conforme se observa da parte final da Súmula nº 86: "DESERÇÃO. MASSA FALIDA. EMPRESA EM LIQUIDAÇÃO EXTRAJUDICIAL (incorporada a Orientação Jurisprudencial nº 31 da SBDI-I) – Res. 129/2005, DJ 20, 22 e 25.04.2005. Não ocorre deserção de recurso da massa falida por falta de pagamento de custas ou de depósito do valor da condenação. Esse privilégio, todavia, não se aplica à empresa em liquidação extrajudicial".

Item "IV": Correto, uma vez que tais Entidades são equiparadas as empresas privadas, conforme determina o art. 173, § 1º, II da CF/88. Inclusive o TST manifesta-se expressamente sobre a matéria por meio da Súmula nº 170: SOCIEDADE DE ECONOMIA MISTA. CUSTAS (mantida) – Res. 121/2003, DJ 19, 20 e 21.11.2003. Os privilégios e isenções no foro da Justiça do Trabalho não abrangem as sociedades de economia mista, ainda que gozassem desses benefícios anteriormente ao Decreto-Lei nº 779, de 21.08.1969.

Item "V": Correto, pois corresponde à previsão contida no art. 790, § 1º da CLT: "Tratando-se de empregado que não tenha obtido o benefício da justiça gratuita, ou isenção de custas, o sindicato que houver intervindo no processo responderá solidariamente pelo pagamento das custas devidas".

Gabarito: B.

184. (TRT 2 – Juiz do Trabalho Substituto 2ª Região/2016) Em relação aos atos, termos e prazos processuais, nos processos perante a Justiça do Trabalho, é correto afirmar que, nos termos da Consolidação das Leis do Trabalho e das Súmulas da Jurisprudência Uniforme do Tribunal Superior do Trabalho:

a) Presume-se recebida a notificação 24 (vinte e quatro) horas depois de sua postagem. O seu não recebimento ou a entrega após o decurso desse prazo constitui ônus de prova do destinatário.

b) Salvo disposição em contrário, os prazos processuais previstos na Consolidação das Leis do Trabalho contam-se, quando a citação ou intimação for por oficial de justiça, da data de juntada aos autos do mandado cumprido.

c) O recesso forense e as férias coletivas dos Ministros do Tribunal Superior do Trabalho interrompem os prazos recursais.

d) Distribuída a reclamação verbal, o reclamante deverá, salvo motivo de força maior, apresentar- se no prazo de 48 (quarenta e oito) horas ao cartório ou à secretaria, para reduzi-la a termo; se não se apresentar no prazo estabelecido, incorrerá na pena de perda, pelo prazo de 6 (seis) meses, do direito de reclamar perante a Justiça do Trabalho.

e) Salvo disposição em contrário, os prazos processuais previstos na Consolidação das Leis do Trabalho contam-se, quando a citação ou intimação for por edital, a partir da data em que for publicado o edital no jornal oficial ou no que publicar o expediente da Justiça do Trabalho, ou, ainda, daquela em que for afixado o edital na sede da unidade judiciária.

COMENTÁRIOS

Nota do autor: Caso as partes tenham ciência da prática do ato processual por meio do DEJT, considera-se como data da ciência o dia útil seguinte à disponibilização das informações (dia de graça), com início da contagem do prazo no dia útil subsequente, na forma prevista pela Lei nº 11.419/06.

Alternativa "a": Incorreta, pois o prazo seria de 48 e não de 24 horas, conforme previsão contida na Súmula nº 16 do TST: "NOTIFICAÇÃO (nova redação) – Res. 121/2003, DJ 19, 20 e 21.11.2003 Presume-se recebida a notificação 48 (quarenta e oito) horas depois de sua postagem. O seu não-recebimento ou a entrega após o decurso desse prazo constitui ônus de prova do destinatário".

Alternativa "b": Incorreta, pois essa regra só se aplica ao processo civil. A CLT possui dispositivo próprio definindo, de forma diversa, o início da contagem do prazo em tais situações. Trata-se do art. 774: "Salvo disposição em contrário, os prazos previstos neste Título contam-se, conforme o caso, a partir da data em que for feita pessoalmente, ou recebida a notificação, daquela em que for publicado o edital no jornal oficial ou no que publicar o expediente da Justiça do Trabalho, ou, ainda, daquela em que for afixado o edital na sede da Junta, Juízo ou Tribunal".

Alternativa "c": Incorreta, pois a hipótese é de suspensão e não de interrupção do prazo processual, como deixa claro o TST por meio da Súmula nº 262, II: "PRAZO JUDICIAL. NOTIFICAÇÃO OU INTIMAÇÃO EM SÁBADO. RECESSO FORENSE (redação do item II alterada na sessão do Tribunal Pleno realizada em 19.05.2014) – Res. 194/2014, DEJT divulgado em 21, 22 e 23.05.2014. II – O recesso forense e as férias coletivas dos Ministros do Tribunal Superior do Trabalho suspendem os prazos recursais".

Alternativa "d": Incorreta, pois o prazo estabelecido para o reclamante comparecer à secretaria é de cinco dias e não 48 horas, de acordo com o preceito contido no art. 786, parágrafo único, da CLT: "Distribuída a reclamação verbal, o reclamante deverá, salvo motivo de força maior, apresentar-se no prazo de 5 (cinco) dias, ao cartório ou à secretaria, para reduzi-la a termo, sob a pena estabelecida no art. 731".

Alternativa "e": Correta, pois esse é o procedimento estabelecido pela CLT em seu art. 774: "Salvo disposição em contrário, os prazos previstos neste Título contam-se, conforme o caso, a partir da data em que for feita pessoalmente, ou recebida a notificação, daquela em que for publicado o edital no jornal oficial ou no que publicar o expediente da Justiça do Trabalho, ou, ainda, daquela em que for afixado o edital na sede da Junta, Juízo ou Tribunal".

Gabarito: E.

TEXTO ASSOCIADO: João da Silva ajuizou ação trabalhista em Porto Alegre/RS contra seu empregador, Pedro dos Anjos, empresário individual, e em face dos tomadores de serviços que se beneficiaram do seu trabalho. Sustentou que fora contratado por Pedro dos Anjos para prestar serviços ao grupo econômico trabalhista formado pelas rés Tapetes Ltda. e Cortinas Ltda., estas com sedes em Canoas/RS, em endereços distintos.

As partes foram notificadas a comparecer à audiência inicial nos termos do art. 844 da Consolidação das Leis do Trabalho – CLT.

Na audiência inicial, pela parte autora, compareceram o advogado e um dirigente do sindicato representativo da categoria profissional a que pertence o demandante, este para informar que o reclamante está hospitalizado, motivo pelo qual não pode comparecer à audiência.

Pelo empregador, compareceram o advogado e um preposto, que é seu empregado, sem apresentação de carta de preposto.

Pelos tomadores de serviços, compareceram um advogado e um único preposto, este empregado da ré Tapetes Ltda., credenciado com carta de preposto.

Realizado o pregão, o Juiz do Trabalho registrou a presença na ata de audiência.

Imediatamente após a finalização do registro das presenças em ata, o procurador do autor, utilizando-se da palavra, "pela ordem", requereu que as rés fossem consideradas revéis e confessas, ao argumento de que o empresário individual não poderia ser representado por preposto e porque não houve apresentação de carta de preposto. Quanto aos tomadores de serviços, o procurador do autor argumentou que cada pessoa jurídica deveria ser representada por prepostos distintos, pois possuem personalidades jurídicas autônomas.

Por fim, o procurador do autor pugnou pelo não recebimento das defesas e documentos.

Em seguida, o procurador do empregador pediu a palavra, "pela ordem", para requerer o arquivamento do feito, nos termos do art. 844 da CLT, pois o autor não compareceu à audiência. Suscitou, ainda, exceção de incompetência territorial ao argumento de que o demandante fora contratado em Caxias do Sul/RS, onde a empresa está estabelecida, e que havia prestado serviços em diversas cidades no Estado do Rio Grande do Sul, dentre elas Caxias do Sul, São Leopoldo, Canoas e Porto Alegre. Por fim, apresentou **protesto** antipreclusivo contra os requerimentos do autor.

Utilizando-se também da palavra, "pela ordem", as rés Tapetes Ltda. e Cortinas Ltda. aderiram à exceção de incompetência territorial e esclareceram que não existe grupo econômico trabalhista entre elas, o que consta da defesa que será juntada, pois são empresas autônomas, independentes e com sócios distintos.

O Juiz do Trabalho registrou todos os requerimentos e argumentos das partes na ata de audiência.

---

185. (TRT 4 – Juiz do Trabalho Substituto 4ª Região/2016) Com base no relato, considere as assertivas abaixo sobre nulidades e preclusão.

I. O protesto foi corretamente manejado, na medida em que é cabível no caso.

II. A preclusão caracteriza-se como a perda, a extinção ou a consumação de uma faculdade processual, de modo que, uma vez operada, impede a rediscussão da matéria.

III. A CLT exige que o Juiz receba o protesto, não bastando simplesmente registrar sua interposição na ata de audiência.

Quais são corretas?

a) Apenas I

b) Apenas II

c) Apenas III

d) Apenas I e II

e) I, II e III

COMENTÁRIOS

✪ **Nota do autor:** O processo do trabalho caracteriza-se pelo elevado grau de celeridade em sua tramitação. Vários procedimentos foram adotados para atender a esse comando implícito ou explícito na legislação adjetiva trabalhista, dentre eles a impossibilidade de recurso direto contra as decisões interlocutórias que não sejam terminativas de feito. Extrai-se o referido princípio por meio da leitura do art. 893, § 1º, da Consolidação das Leis do Trabalho: "Os incidentes do processo são resolvidos pelo próprio Juízo ou Tribunal, admitindo-se a apreciação do merecimento das decisões interlocutórias somente em recursos da decisão definitiva.". Por conta disso, a parte prejudicada deve apresentar o seu protesto logo após a ciência da decisão interlocutória, caso lhe seja desfavorável, sob pena de se presumir a sua concordância e/ou a inexistência de prejuízo (como o art. 1.009, § 1º e 2º do CPC de 2015 admite a impugnação de decisões interlocutórias em sede de recurso a tendência é que a jurisprudência trabalhista altere o seu posicionamento no sentido de exigir o registro de protesto em audiência ou na primeira vez que a parte prejudicada tiver que falar nos autos sob pena de preclusão).

Item "I": Incorreto, pois o protesto serve para impugnar decisão interlocutória e não requerimento da parte, conforme explanação contida na nota do autor.

Item "II": Correto, pois a preclusão consiste na perda do direito da parte de praticar um ato processual em virtude da sua inércia, por conta de já ter praticado esse mesmo ato anteriormente (consumação do direito) ou quando demonstra inequivocamente por meio de outros atos a sua intenção em sentido contrário (extinção do direito). O CPC de 2015 trata da preclusão temporal em seu art. 223: "Decorrido o prazo, extingue-se o direito de praticar ou de emendar o ato processual, independentemente de declaração judicial, ficando assegurado, porém, à parte provar que não o realizou por justa causa".

Item "III": Incorreto, uma vez que não há previsão legal expressa sobre o procedimento a ser adotado quando a parte pretende impugnar uma decisão interlocutória por meio de protesto. Em outras palavras, a CLT é omissa nesse particular. Nesse sentido a decisão a seguir transcrita: "Não se acolhe alegação de nulidade por cerceamento de defesa se a parte não se insurgiu oportunamente, deixando de formular imediato protesto contra o encerramento da instrução, a teor do artigo 795 da CLT. O protesto encontra-se consagrado pelos usos e costumes na Justiça do Trabalho, não existindo forma explícita para a sua formulação ou registro em ata. Indeferida a prova, cabe à parte requerer seja consignado seu inconformismo (protesto), sendo despicienda a indicação do fundamento legal (arts. 794 e 795 da CLT e 5º, LV, da CF), que se supõe conhecido pelo magistrado (*jura novit curia*). Outrossim, não se trata de arguir nulidade na sessão de audiência, por petição, ou em razões finais, e sim, tão-somente de firmar o insurgimento sob a forma singela do protesto, para fins de oportuna arguição da nulidade em sede recursal, já que – por óbvio, a parte não pode saber de antemão, se o indeferimento da prova e encerramento da instrução irá causar-lhe prejuízo processual, sendo este, o pressuposto para a formulação da preliminar de nulidade no recurso (*pas de nullité sans grief*). Na situação dos autos, o juiz determinou o encerramento da instrução, limitando-se a parte e sua patrona, a subscrever o termo de audiência onde constava que não havia mais provas, sem qualquer ressalva ou protesto, razão pela qual a questão foi atingida por incontornável preclusão, restando rejeitada a nulidade arguida. (TRT-2 – RO: 00011429620145020089 SP 00011429620145020089 A28, Relator: RICARDO ARTUR COSTA E TRIGUEIROS, Data de Julgamento: 19/05/2015, 4ª TURMA, Data de Publicação: 29/05/2015)

Gabarito: B.

---

186. (TRT 4 – Juiz do Trabalho Substituto 4ª Região/2016) Considere as assertivas abaixo sobre gratuidade da justiça na Justiça do Trabalho.

I. Os institutos da Justiça Gratuita e da Assistência Judiciária Gratuita são sinônimos e correspondem à isenção de custas e demais despesas processuais, mediante a declaração de insuficiência econômica do postulante.

II. O benefício da Justiça Gratuita não pode ser deferido de ofício pelo Juiz.

III. Tratando-se de empregado que não tenha obtido o benefício da Justiça Gratuita, ou isenção de custas, o sindicato que houver intervindo no processo responderá solidariamente pelo pagamento das custas devidas.

Quais são corretas?

a) Apenas I

b) Apenas II

c) Apenas III

d) Apenas I e III

e) I, II e III

COMENTÁRIOS

✪ **Nota do autor:** A assistência judiciária é devida pelo Estado a todo cidadão que não tiver condições de arcar com o pagamento das despesas processuais, sem prejuízo do seu sustento próprio e da sua família. Inclusive, esse direito é assegurado pelo art. 5º, LXXIV, da Carta Magna de 1988. No processo civil, essa assistência judiciária é prestada pela Defensoria Pública, nos âmbitos estadual e federal, com o auxílio dos Municípios e da Ordem dos Advogados do Brasil – OAB. Observe-se, no item "II", que a Lei nº 13.467/17 alterou o § 3º do art. 790 da CLT, passando a contar com a seguinte redação: "§ 3º É facultado aos juízes, órgãos julgadores e presidentes dos tribunais do trabalho de qualquer instância conceder, a requerimento ou de ofício, o benefício da justiça gratuita, inclusive quanto a traslados e instrumentos, àqueles que perceberem salário igual ou inferior a 40% (quarenta por cento) do limite máximo dos benefícios do Regime Geral de Previdência Social."

Item "I": Incorreto, uma vez que a assistência judiciária é prestação de serviços advocatícios gratuitos, enquanto que a justiça gratuita corresponde a isenção do pagamento das despesas processuais. Na Justiça do Trabalho, de acordo com o que preceitua o art. 14 da Lei nº 5.584/70, a assistência judiciária é prestada pelos sindicatos, aos associados e não associados, ou seja, a todos os integrantes da categoria profissional que representa. Assim, os benefícios da justiça gratuita podem ser concedidos ainda que o trabalhador não esteja em juízo assistido pelo sindicato de sua categoria profissional. Isso significa que a justiça gratuita pode ser concedida à parte que não tenha assistência judiciária.

Item "II": Incorreto, uma vez que os benefícios da justiça gratuita podem ser concedidos de ofício ou a requerimento da parte, conforme permissivo contido no art. 790, § 3º da CLT: "É facultado aos juízes, órgãos julgadores e presidentes dos tribunais do trabalho de qualquer instância conceder, a requerimento ou de ofício, o benefício da justiça gratuita, inclusive quanto a traslados e instrumentos, àqueles que perceberem salário igual ou inferior ao dobro do mínimo legal, ou declararem, sob as penas da lei, que não estão em condições de pagar as custas do processo sem prejuízo do sustento próprio ou de sua família". (ver nota do autor)

Item "III": Correto. Trata-se de uma consequência legal prevista no art. 790, § 1º, da CLT: "Tratando-se de empregado que não tenha obtido o benefício da justiça gratuita, ou isenção de custas, o sindicato que houver intervindo no processo responderá solidariamente pelo pagamento das custas devidas".

Gabarito: C.

---

187. (TRT 4 – Juiz do Trabalho Substituto 4ª Região/2016) Assinale a assertiva incorreta sobre nulidades.

a) O princípio da transcendência ou do prejuízo consiste no reconhecimento de nulidade apenas quando dela decorrer manifesto prejuízo processual às partes.

b) As nulidades não arguidas pelas partes na primeira oportunidade que tiverem de manifestação nos autos levarão à convalidação do ato nulo, desde que se trate de nulidades relativas. As nulidades absolutas deverão ser declaradas de ofício pelo Juiz, independentemente da arguição das partes.

c) Poderá ser declarada a nulidade relativa, ainda que arguida por quem lhe deu causa, se o Juiz verificar a existência de situação relevante que a justifique.

d) Segundo o princípio da utilidade, serão aproveitados os atos válidos praticados no processo, desde que posteriores ao ato nulo e dele não sejam consequência.

e) Compete ao Juiz que declarar a nulidade determinar os limites de sua extensão, a fim de serem aproveitados os atos válidos, em observância ao princípio da economia processual.

COMENTÁRIOS

✪ **Nota do autor:** Se a deformidade do ato processual atinge dispositivo que alberga um interesse privado, cujo controle dos efeitos encontra-se à disposição das partes, a hipótese é de nulidade relativa ou anulabilidade. Nesse caso, o juiz deve ser provocado para se pronunciar a respeito, sob pena de preclusão. A omissão das partes, no momento em que deveriam manifestar-se sobre a irregularidade processual, implica convalidação automática do ato respectivo.

Alternativa "a": Correta. Inclusive esse princípio encontra-se positivado no microssistema processual trabalhista por intermédio do art. 794 da CLT: "Nos processos sujeitos à apreciação da Justiça do Trabalho só haverá nulidade quando resultar dos atos inquinados manifesto prejuízo às partes litigantes"

Alternativa "b": Correta. Quanto as nulidades relativas, manifesta-se a CLT por meio do Art. 795: "As nulidades não serão declaradas senão mediante provocação das partes, as quais deverão argui-las à primeira vez em que tiverem de falar em audiência ou nos autos". A nulidade é absoluta quando o defeito do ato processual fere uma norma processual de ordem pública, que regula interesses públicos e cujos efeitos, no caso concreto, não podem ser controlados pela vontade das partes. Nesse caso, o juiz deve declarar a nulidade de ofício e não há preclusão em caso de omissão. É o que ocorre, por exemplo, na hipótese prevista pelo § 1º, art. 795 da CLT: "Deverá, entretanto, ser declarada ex officio a nulidade fundada em incompetência de foro. Nesse caso, serão considerados nulos os atos decisórios".

Alternativa "c": Incorreta. A invalidade não poderá ser arguida por quem lhe tenha dado causa. Nesse caso, segue-se o princípio geral do direito segundo o qual ninguém pode ser beneficiado pela própria torpeza, acolhido pelo ordenamento processual trabalhista no art. 796, "b", da Consolidação das Leis do Trabalho: "A nulidade não será pronunciada: b) quando arguida por quem lhe tiver dado causa".

Alternativa "d": Correta. De acordo com o princípio da causalidade ou da utilidade, uma vez declarada a nulidade, o juiz delimita os atos por ela atingidos, para não prejudicar os posteriores, salvo se forem deles dependentes, na forma prevista pelo disposto nos art. 798 da CLT: "Art. 798. A nulidade do ato não prejudicará senão os posteriores que dele dependam ou sejam consequência."

Alternativa "e": Correta, pois corresponde ao comando contido no art. 797 da CLT: "O juiz ou Tribunal que pronunciar a nulidade declarará os atos a que ela se estende".

Gabarito: C.

---

188. (TRT 1 – Juiz do Trabalho Substituto 1ª Região/2016) O trabalhador "A" foi dispensado em 18/03/2012, com pré-aviso indenizado. Ajuizou reclamação trabalhista em face de seu antigo empregador em 17/04/2014, tendo o juiz, ao despachar a petição inicial, pronunciado a prescrição bienal extintiva e julgado extinto com julgamento de mérito o feito, antes mesmo da citação da empresa. Recorrendo o trabalhador, sem que fosse ainda possível a citação, reformou o TRT a sentença, por entender que o juiz não poderia ter pronunciado de ofício a prescrição. Baixando os autos à Vara do Trabalho, julgou então o juiz extinto sem exame de mérito o feito, porque verificou que a petição inicial não indicava o nome, o endereço e a inscrição no CNPJ da empresa reclamada. Novamente recorrendo o empregado, ainda sem citação, reformou o TRT a decisão, com fundamento na Súmula nº 263, do TST, por entender que o juiz deveria ter notificado o autor para emendar a inicial antes de extinguir o feito. Retornando os autos à mesma Vara em 19/04/2016, o autor foi notificado e apresentou o nome e a qualificação da empresa, a qual foi citada e, designada a audiência, após recusada a conciliação, apresentou ela defesa, arguindo prescrição bienal extintiva.

Conclusos os autos para decisão da arguição de prescrição, dever-se-á

a) rejeitar a arguição de prescrição, porque a matéria já foi decidida pelo TRT no primeiro recurso.

b) rejeitar a arguição de prescrição, porque, considerado o pré-aviso indenizado, a ação foi ajuizada ainda antes de consumar-se o biênio extintivo.

c) acolher a prejudicial, por consumada a prescrição bienal.

d) acolher a preliminar de prescrição bienal, por consumado o seu lapso intercorrente.

e) diferir o exame da matéria para a oportunidade de julgamento final, uma vez que o problema ainda careceria de dados para uma resposta conclusiva sobre a prescrição.

COMENTÁRIOS

✪ **Nota do autor:** Em eventual arquivamento da reclamação trabalhista a interrupção da prescrição somente se opera em relação aos pedidos cumulados que constaram na petição inicial, nos termos do entendimento do TST consolidado por meio da Súmula nº 268: A ação trabalhista, ainda que arquivada, interrompe a prescrição somente em relação aos pedidos idênticos. Com a vigência da Lei da Reforma Trabalhista a CLT passou a prever de forma expressa tal hipótese no § 3º do art. 11: "A interrupção da prescrição somente ocorrerá pelo ajuizamento de reclamação trabalhista, mesmo que em juízo incompetente, ainda que venha a ser extinta sem resolução do mérito, produzindo efeitos apenas em relação aos pedidos idênticos."

Alternativa "a": Incorreta, uma vez que a primeira decisão do TRT não se manifestou sobre a prescrição em si, mas sim sobre o procedimento do Juiz de primeiro grau que não poderia, no entendimento do Tribunal, ter aplicado a prescrição de ofício.

Alternativa "b": Incorreta. A banca considerou que a interrupção da prescrição só ocorreria se o juiz ordenasse a citação, o que não ocorreu no primeiro e no segundo julgamento, fundando no preceito contido no art. 202 do Código Civil: "A interrupção da prescrição, que somente poderá ocorrer uma vez, dar-se-á: I – por despacho do juiz, mesmo incompetente, que ordenar a citação, se o interessado a promover no prazo e na forma da lei processual". Registre-se, contudo, o equívoco banca nesse particular, uma vez que no processo de conhecimento o juiz não determina a citação. Logo, a interrupção da prescrição efetiva-se pelo simples ajuizamento da ação.

Alternativa "c": Correta. A banca considerou que a interrupção da prescrição só ocorreria se o juiz ordenasse a citação, o que não ocorreu no primeiro e no segundo julgamento, fundando no preceito contido no art. 202 do Código Civil: "A interrupção da prescrição, que somente poderá ocorrer uma vez, dar-se-á: I – por despacho do juiz, mesmo incompetente, que ordenar a citação, se o interessado a promover no prazo e na forma da lei processual". Registre-se, contudo, o equívoco banca nesse particular, uma vez que no processo de conhecimento o juiz não determina a citação. Logo, a interrupção da prescrição efetiva-se pelo simples ajuizamento da ação.

Alternativa "d": Incorreta, pois a prescrição é matéria de mérito (prejudicial de mérito) que, uma vez acolhida, implica extinção do processo com o julgamento do mérito.

Alternativa "e": Incorreta, visto que a hipótese seria de julgamento antecipado do feito, na forma prevista pelo art. 355, I, do CPC de 2015: "Art. 355. O juiz julgará antecipadamente o pedido, proferindo sentença com resolução de mérito, quando: I – não houver necessidade de produção de outras provas".

Gabarito: C.

---

189. (TRT 1 – Juiz do Trabalho Substituto 1ª Região/2016) O oficial da Marinha do Brasil "A", proprietário de uma casa de campo na cidade de Teresópolis (RJ), foi demandado em reclamação trabalhista por seu antigo caseiro, tendo sido condenado à revelia, uma vez que ausente à audiência, quando ele se achava em missão oficial no Mar do Caribe. Ao retornar ao país e tomar conhecimento da condenação, dela interpôs recurso ordinário, alegando nulidade de citação. Esclareceu que a notificação-citatória foi primeiramente tentada no endereço da referida propriedade campestre, por via postal, não logrando sucesso, uma vez que devolvida por motivo "ausente". Tendo sido determinada então a citação por oficial de justiça, encontrou este na propriedade somente o novo caseiro, o qual esclareceu que o patrão estaria viajando, para local que não saberia especificar e por motivo igualmente ignorado por ele. Promovida então a citação por hora certa, culminou ela com sua previsível ausência à audiência e a revelia, a qual reputa injusta, por nula a citação.

Considerada a hipótese acima,

a) houve nulidade de citação, porque o oficial estava em viagem de serviço e não poderia ser considerado injustamente ausente à audiência.

b) houve nulidade de citação, porque ela deveria ter sido endereçada para o comando ao qual estava subordinado o oficial.

c) houve nulidade de citação, porque a espécie por hora certa exige que o oficial de justiça faça a intimação a parente ou pessoa que more na mesma casa que o citando, de que virá no dia e hora que designar, não podendo fazê-lo em nome de fâmulo da propriedade.

d) não houve nulidade de citação, porque o Poder Judiciário não pode ficar ao sabor dos compromissos pessoais dos empregadores e o oficial deveria ter designado pessoa para receber em seu nome citações e outros atos enquanto estivesse em viagem ao exterior.

e) não houve nulidade de citação, porque o oficial, demandado como empregador doméstico, não pode se valer de seus compromissos profissionais para deixar de comparecer quando demandado em juízo. Deveria ter nomeado representante ou preposto para comparecer à audiência.

COMENTÁRIOS

✪ **Nota do autor:** A notificação, uma vez expedida, presume-se recebida pelo destinatário, após o prazo de 48 horas, consoante entendimento cristalizado pela Súmula nº 16 do TST: "Presume-se recebida a notificação 48 (quarenta e oito) horas depois de sua postagem. O seu não-recebimento ou a entrega após o decurso desse prazo constitui ônus de prova do destinatário". Essa presunção de recebimento só se aplica aos casos em que o empregador é a empresa, ente despersonalizado. Nos demais casos em que o empregador é uma pessoa física que não ostente a condição de empregado, é necessário que a notificação seja recebida pelo próprio reclamado ou membros da família no caso de relação de emprego doméstico.

Alternativa "a": Incorreta, pois houve nulidade da citação mas não pelo motivo constante na assertiva. Na verdade, como o reclamado é militar e não tinha sido encontrado em sua residência, teria que ser citado na unidade em que estivesse servindo, na forma prevista pelo art. 243, parágrafo único do CPC de 2015: "Art. 243. A citação poderá ser feita em qualquer lugar em que se encontre o réu, o executado ou o interessado. Parágrafo único. O militar em serviço ativo será citado na unidade em que estiver servindo, se não for conhecida sua residência ou nela não for encontrado".

Alternativa "b": Correta. Houve nulidade da citação e não foi observada a regra contida no parágrafo único do art. 243 do CPC de 2015, aplicado subsidiariamente ao processo do trabalho: "Art. 243. A citação poderá ser feita em qualquer lugar em que se encontre o réu, o executado ou o interessado. Parágrafo único. O militar em serviço ativo será citado na unidade em que estiver servindo, se não for conhecida sua residência ou nela não for encontrado".

Alternativa "c": Incorreta, pois houve nulidade da citação mas não pelo motivo constante na assertiva. Na verdade, como o reclamado é militar e não tinha sido encontrado em sua residência, teria que ser citado na unidade em que estivesse servindo, na forma prevista pelo art. 243, parágrafo único do CPC de 2015.

Alternativa "d": Incorreta, pois houve nulidade da citação diante da inobservância do preceito contido no art. 243, parágrafo único do CPC de 2015.

Alternativa "e": Incorreta, pois houve nulidade da citação diante da inobservância do preceito contido no art. 243, parágrafo único do CPC de 2015.

Gabarito: B.

---

190. (FCC – Juiz do Trabalho Substituto 1ª Região/2014) Prazos são lapsos de tempo fixados para a atividade processual das partes, de terceiros e do órgão jurisdicional, preponderantemente previstos em lei. Quando omissa a lei, o Juiz determinará os prazos tendo em vista a complexidade da causa. Sobre eles, é correto afirmar:

a) Na hipótese de colusão entre as partes, o prazo decadencial para a ação rescisória somente começa a fluir para o Ministério Público, que não interveio no processo principal, a partir do trânsito em julgado.

b) O prazo para recurso da parte que, intimada, não comparece à audiência em prosseguimento para a prolação da sentença conta-se de sua publicação.

c) A exceção de incompetência oposta em prazo recursal, sem aviamento do recurso próprio, protrai a consumação da coisa julgada e, consequentemente, posterga o termo inicial do prazo decadencial para a ação rescisória.

d) Presume-se recebida a notificação setenta e duas horas depois de sua postagem. O seu não recebimento ou a entrega após o decurso desse prazo constitui ônus de prova do destinatário.

e) O recesso forense e as férias coletivas dos Ministros do Tribunal Superior do Trabalho interrompem os prazos recursais.

COMENTÁRIOS

✪ **Nota do autor:** Os prazos impostos às partes são chamados de próprios, pois a sua inobservância acarreta sanções de ordem processual. Já os prazos estabelecidos para os atos a serem praticados pelos juízes e pelos seus auxiliares são denominados de impróprios, porque o seu descumprimento não vem acompanhado de uma sanção de índole processual.

Alternativa "a": Incorreta, pois o termo inicial é o momento em que o Ministério Público teve ciência da fraude, conforme item VI da Súmula nº 100 do TST: "Na hipótese de colusão das partes, o prazo decadencial da ação rescisória somente começa a fluir para o Ministério Público, que não interveio no processo principal, a partir do momento em que tem ciência da fraude."

Alternativa "b": Esse é o entendimento do TST que consta de sua Súmula de nº 197, com a seguinte redação: "O prazo para recurso da parte que, intimada, não comparecer à audiência em prosseguimento para a prolação da sentença conta-se de sua publicação." Observe-se que se a audiência é una e o juiz nela profere a sentença, o prazo inicia-se imediatamente. Assertiva **correta**.

Alternativa "c": Incorreta a assertiva, uma vez que a exceção de incompetência é matéria de defesa. Se já há sentença, constata-se a preclusão temporal para a parte apresentar a sua defesa. O TST manifesta-se nesse sentido por meio do item VIII da Súmula nº 100: "A exceção de incompetência, ainda que oposta no prazo recursal, sem ter sido aviado o recurso próprio, não tem o condão de afastar a consumação da coisa julgada e, assim, postergar o termo inicial do prazo decadencial para a ação rescisória".

Alternativa "d": Incorreta, pois o prazo considerado pelo TST em sua Súmula nº 16 é de quarenta e oito horas e não de setenta e duas horas como constou nesta alternativa: "Presume-se recebida a notificação 48 (quarenta e oito) horas depois de sua postagem. O seu não recebimento ou a entrega após o decurso desse prazo constitui ônus de prova do destinatário".

Alternativa "e": O recesso forense e as férias coletivas dos Ministros do Tribunal Superior do Trabalho suspendem e não interrompem os prazos recursais, conforme revela a Súmula nº 262, II, desse Tribunal: "O recesso forense e as férias coletivas dos Ministros do Tribunal Superior do Trabalho suspendem os prazos recursais". **Incorreta**

Gabarito: B.

---

191. (FCC – Juiz do Trabalho Substituto 1ª Região/2014) Após exaustiva pauta de audiências, empenhou-se o Juiz do Trabalho na elaboração de diversos despachos, decisões e sentenças de mérito. Em uma de suas decisões determinou a designação de audiência de conciliação, instrução e julgamento em feito onde o conflito resume-se tão somente à controvérsia de contrato de compra e venda entre operadora de telefonia móvel e o usuário cliente. Em feito diverso, após vinte e oito dias sob sua conclusão, impulsionou-o por meio de despacho ordinatório ao determinar a realização de perícia contábil para elaboração de cálculos. Por fim, prolatou sentença de mérito e a juntou aos autos sem sua assinatura, publicando-a sob os auspícios da Súmula 197 do C. TST. Nesse caso,

a) em qualquer circunstância, as nulidades não serão declaradas senão mediante provação das partes, as quais deverão argui-las à primeira vez em que tiverem de falar em audiência ou nos autos.

b) constatado o vício no ato processual, impõe-se de pronto o seu refazimento, pois a desfiguração do ato sempre compromete a validade do processo, salvo dos atos posteriores regularmente praticados.

c) a sentença não assinada corresponde ao não ato por faltar-lhe elemento essencial à sua constituição material ou por manter defeito essencial de formação e, como tal, jamais poderá ensejar o resultado proposto.

d) o excedimento de prazo pelo próprio Juiz representa vício insanável, notadamente por ofender ao princípio constitucional da efetividade e da duração razoável do processo, a autorizar a nulidade absoluta do despacho.

e) caso a parte não apresente a exceção de incompetência material na ação em que se discute o contrato de compra e venda, há a convalidação do ato do juízo e a consequente autorização para prosseguimento do feito, não cabendo pronunciamento de nulidade posterior pelo mesmo juízo.

COMENTÁRIOS

Nota do autor: As regras relativas à nulidade dos atos processuais não são idênticas àquelas que regem os atos jurídicos de direito material, em face da incidência dos princípios da instrumentalidade das formas, da transcendência e da convalidação, que adiante serão estudados. Isso porque uma das principais finalidades do processo é, justamente, a solução da lide e a pacificação social. Isso implicar a necessidade de aproveitar os atos processuais já praticados, quando possível, no sentido de evitar ao máximo a extinção do processo sem a resolução do mérito. Desse modo, ressalvada a hipótese de ato processual inexistente, os demais atos praticados e considerados como absolutamente nulos, relativamente nulos ou anuláveis podem produzir efeitos, desde que sejam observados determinados requisitos.

Alternativa "a": No caso de nulidade absoluta, o juiz pode declará-la de ofício. Além disso, invalidade mais grave que a nulidade absoluta consistiria na sentença sem assinatura do juiz que é classificada como ato processual inexistente e, por conta disso, não produz qualquer efeito e independe de manifestação da parte nesse sentido. Assertiva **incorreta**.

Alternativa "b": Se um ato tem a sua forma prevista em lei e as partes ou o juiz coloca em prática sem observá-la, mas atinge os seus objetivos pré-definidos sem causar prejuízo para os litigantes, não há que se falar em declaração de nulidade processual (princípio da convalidação) ou mesmo necessidade de repetição. Assertiva **incorreta**.

Alternativa "c": Sentença judicial ou qualquer ato processual sem a devida assinatura é considerado como ato inexistente que não ingressa no âmbito jurídico-processual e, portanto, não produz qualquer efeito. Assertiva **correta**.

Alternativa "d": Os prazos conferidos a juiz são denominados de impróprios, pois o seu descumprimento não acarreta qualquer efeito processual. Pode ensejar, todavia, uma representação, pelo interessado, perante a Corregedoria do Tribunal ao qual o juiz esteja vinculado ou ao CNJ. Assertiva **incorreta**.

Alternativa "e": Incorreta, pois se trata de incompetência absoluta que pode ser arguida a qualquer tempo e não convalida. Nesse sentido é a previsão contida no § 1º do art. 795 da CLT: "Deverá, entretanto, ser declarada *ex officio* a nulidade fundada em incompetência de foro. Nesse caso, serão considerados nulos os atos decisórios".

Gabarito: C.

---

192. (FCC – Juiz do Trabalho Substituto 6ª Região/2015) Nos dissídios individuais e nos dissídios coletivos do trabalho, nas ações e procedimentos de competência da Justiça do Trabalho, bem como nas demandas propostas perante a Justiça Estadual, no exercício da jurisdição trabalhista, as custas relativas ao processo de conhecimento incidirão à base de

a) 2%, observado o mínimo previsto em lei e serão calculadas, no caso de procedência do pedido formulado em ação declaratória e em ação constitutiva, sobre o valor da causa.

b) 5% e serão calculadas, quando o valor for indeterminado, sobre o que o juiz fixar.

c) 5%, observado o mínimo previsto em lei e serão calculadas, no caso de procedência do pedido formulado em ação constitutiva, sobre o valor da condenação.

d) 2%, observado o mínimo previsto em lei e serão calculadas, quando houver acordo ou condenação, sobre o respectivo valor, acrescido dos honorários periciais, se houver.

e) 2% e serão calculadas, quando houver extinção do processo, sem julgamento do mérito, ou julgado totalmente improcedente o pedido, sobre o valor acordado pelas partes.

COMENTÁRIOS

Nota do autor: Ao contrário do que ocorre no processo civil, cujas despesas processuais são cobradas de forma antecipada por cada ato praticado, no processo do trabalho as custas processuais são devidas somente a partir do momento em que o juiz profere a sentença, ou, mais precisamente, após o seu trânsito em julgado, exceto quando a parte sucumbente pretende recorrer, hipótese em que o recolhimento desse tributo será considerado como pressuposto de admissibilidade. Com a vigência da Lei da reforma Trabalhista o *caput* do art. 789 da CLT, que trata das custas processuais, foi alterado para prever, também, o seu valor máximo: "Art. 789. Nos dissídios individuais e nos dissídios coletivos do trabalho, nas ações e procedimentos de competência da Justiça do Trabalho, bem como nas demandas propostas perante a Justiça Estadual, no exercício da jurisdição trabalhista, as custas relativas ao processo de conhecimento incidirão à base de 2% (dois por cento), observado o mínimo de R$ 10,64 (dez reais e sessenta e quatro centavos) e o máximo de quatro vezes o limite máximo dos benefícios do Regime Geral de Previdência Social, e serão calculadas:"

Alternativa "a": Correta, pois a assertiva corresponde à redação do art. 789, III, da CLT: "Art. 789. Nos dissídios individuais e nos dissídios coletivos do trabalho, nas ações e procedimentos de competência da Justiça do

Trabalho, bem como nas demandas propostas perante a Justiça Estadual, no exercício da jurisdição trabalhista, as custas relativas ao processo de conhecimento incidirão à base de 2% (dois por cento), observado o mínimo de R$ 10,64 (dez reais e sessenta e quatro centavos) e serão calculadas: III – no caso de procedência do pedido formulado em ação declaratória e em ação constitutiva, sobre o valor da causa;" (ver nota do autor)

Alternativa "b": Incorreta a assertiva, uma vez que o percentual é de 2% e não 5%, conforme dispõe o já citado *caput* do art. 789 CLT.

Alternativa "c": Incorreta a assertiva, uma vez que o percentual é de 2% e não 5%, conforme dispõe o já citado *caput* do art. 789 CLT.

Alternativa "d": Incorreta a assertiva, pois os honorários periciais não constituem base de cálculo das custas processuais, uma vez que ambos são espécies de despesas processuais. A base de cálculo das custas esta definida nos incisos do art. 789 da CLT, notadamente o inciso I: "Art. 789. Nos dissídios individuais e nos dissídios coletivos do trabalho, nas ações e procedimentos de competência da Justiça do Trabalho, bem como nas demandas propostas perante a Justiça Estadual, no exercício da jurisdição trabalhista, as custas relativas ao processo de conhecimento incidirão à base de 2% (dois por cento), observado o mínimo de R$ 10,64 (dez reais e sessenta e quatro centavos) e serão calculadas: I – quando houver acordo ou condenação, sobre o respectivo valor". (ver nota do autor)

Alternativa "e": Em caso de improcedência ou extinção do feito sem resolução do mérito, a base de cálculo das custas é o valor da atribuído à causa, de acordo com o inciso II, art. 789 da CLT: "quando houver extinção do processo, sem julgamento do mérito, ou julgado totalmente improcedente o pedido, sobre o valor da causa". Assertiva **incorreta**.

Gabarito: A.

---

193. (FCC – Juiz do Trabalho Substituto 15ª Região/2015) De acordo com a jurisprudência pacífica do TST, a intimação

a) será nula, independentemente de prejuízo, quando, inobstante o fato de ter sido feito pedido expresso de que as intimações sejam realizadas em nome de determinado advogado, a mesma seja feita em nome de outro profissional constituído nos autos.

b) do cálculo, no caso de recurso, dá início à contagem do prazo para pagamento das custas.

c) recebida pela parte no sábado é considerada válida, iniciando-se a contagem do prazo na segunda-feira.

d) recebida na sexta-feira implica no início do prazo no primeiro dia útil imediato e a contagem, no subsequente.

e) feita na véspera do recesso forense implica na interrupção do prazo durante o recesso.

COMENTÁRIOS

✪ **Nota do autor:** Existe diferença relevante entre o início do prazo e o início da contagem do prazo, conforme evidenciado no item I, da citada Súmula nº 262 do TST: "Intimada ou notificada a parte no sábado, o início do prazo se dará no primeiro dia útil imediato e a contagem, no subsequente". Observe-se que não se aplicava ao processo do trabalho a regra que exclui da contagem os sábados e os domingos, na forma prevista pelo art. 2º, III, da Instrução Normativa nº 39/16 do TST: "Art. 2º Sem prejuízo de outros, não se aplicam ao Processo do Trabalho, em razão de inexistência de omissão ou por incompatibilidade, os seguintes preceitos do Código de Processo Civil: III – art. 219 (contagem de prazos em dias úteis)". Contudo, com a vigência da Lei nº 13.467/17, o art. 775 da CLT foi alterado para prever a contagem do prazo em dias úteis: "Art. 775. Os prazos estabelecidos neste Título serão contados em dias úteis, com exclusão do dia do começo e inclusão do dia do vencimento."

Alternativa "a": Incorreta, pois nesse caso segue-se a regra geral quanto às nulidades no que diz respeito à ausência de prejuízo. O TST manifesta-se especificamente sobre essa matéria por meio da Súmula nº 427: "Havendo pedido expresso de que as intimações e publicações sejam realizadas exclusivamente em nome de determinado advogado, a comunicação em nome de outro profissional constituído nos autos é nula, salvo se constatada a inexistência de prejuízo."

Alternativa "b": Correta a assertiva, uma vez que corresponde ao entendimento do TST inserido na Súmula nº 53: "O prazo para pagamento das custas, no caso de recurso, é contado da intimação do cálculo." Obviamente que se a sentença é líquida ou quando o valor da condenação é arbitrado na própria sentença, não se aplica esse entendimento. Nesse caso, o prazo para recolhimento inicia-se com a intimação da sentença.

Alternativa "c": Nessa situação, inicia-se o prazo na segunda-feira, se for dia útil, mas a contagem somente no dia subsequente, ou seja, na terça-feira. Esse entendimento consta do inciso I da Súmula nº 262 do TST: "Intimada ou notificada a parte no sábado, o início do prazo se dará no primeiro dia útil imediato e a contagem, no subsequente". Assertiva **incorreta**.

Alternativa "d": Incorreta, uma vez que o prazo inicia-se na própria sexta, mas a contagem do prazo somente ocorrerá na segunda-feira se for dia útil. Esse posicionamento está contido na Súmula nº 1 do TST: "Quando a intimação tiver lugar na sexta-feira, ou a publicação com efeito de intimação for feita nesse dia, o prazo judicial será contado da segunda-feira imediata, inclusive, salvo se não houver expediente, caso em que fluirá no dia útil que se seguir".

Alternativa "e": Nesse caso, a hipótese será de suspensão e não de interrupção do prazo processual. Nesse sentido o inciso II da Súmula nº 262 do TST: "O recesso forense e as férias coletivas dos Ministros do Tribunal Superior do Trabalho suspendem os prazos recursais". **Incorreta.**

Gabarito: B.

194. (FCC – Juiz do Trabalho Substituto 15ª Região/2015) Em audiência de instrução o Juiz indeferiu a oitiva de testemunha da reclamada, sob o argumento de que a convicção já estava formada. A ação foi julgada parcialmente procedente, apenas para condenar a reclamada no recolhimento de diferenças de FGTS, tendo em vista a comprovação documental (extrato do FGTS) de ausência de recolhimento em alguns meses. A reclamada interpõe recurso ordinário requerendo, preliminarmente, a nulidade do julgado por cerceamento de defesa. A preliminar

a) deverá ser acolhida, tendo em vista que a parte tem o direito de ouvir suas testemunhas em audiência.

b) deverá ser acolhida, tendo em vista que o indeferimento da prova oral causou prejuízos à reclamada, com a procedência parcial da ação.

c) deverá ser acolhida, devendo o Tribunal declarar os atos a que ela se estende.

d) não deverá ser acolhida, pois o ato inquinado de nulo não prejudicou os atos posteriores que dele dependiam ou sejam consequência.

e) não deverá ser acolhida, tendo em vista que não foi arguida na primeira oportunidade em que a reclamada teve de falar em audiência ou nos autos e, ainda, não causou prejuízo.

COMENTÁRIOS

✪ **Nota do autor:** Pelo princípio da convalidação, exige-se que a parte prejudicada tenha a iniciativa de provocar o pronunciamento do juiz a respeito da existência de invalidades processuais, sob pena de preclusão. O requerimento de nulidade deve ser formulado pela parte prejudicada, na primeira oportunidade que tiver de falar em audiência ou nos autos.

Alternativa "a": A parte tem direito de ouvir suas testemunhas. Contudo, a prova do fato que fundamentou a condenação da reclamada em um único pedido, só poderia ser feita por meio de documento, pois se tratava de recolhimento de FGTS. Assim, a não ouvida da testemunha não causou qualquer prejuízo para reclamada, sendo a hipótese de aplicação do preceito contido no art. 794 da CLT: "Nos processos sujeitos à apreciação da Justiça do Trabalho só haverá nulidade quando resultar dos atos inquinados manifesto prejuízo às partes litigantes". Assertiva **incorreta**.

Alternativa "b": A não ouvida da testemunha não causou qualquer prejuízo para reclamada, pois o recolhimento do FGTS só poderia ser provado por meio de documentos e não por testemunhas. Como não houve prejuízo, aplica-se o preceito contido no art. 794 da CLT: "Nos processos sujeitos à apreciação da Justiça do Trabalho só haverá nulidade quando resultar dos atos inquinados manifesto prejuízo às partes litigantes." Assertiva **incorreta**.

Alternativa "c": A não ouvida da testemunha não causou qualquer prejuízo para reclamada, pois o recolhimento do FGTS só poderia ser provado por meio de documentos e não por testemunhas. Como não houve prejuízo, aplica-se o preceito contido no art. 794 da CLT: "Nos processos sujeitos à apreciação da Justiça do Trabalho só haverá nulidade quando resultar dos atos inquinados manifesto prejuízo às partes litigantes". Assertiva **incorreta**.

Alternativa "d": O prejuízo como requisito para declaração de nulidade diz respeito aos atos pretéritos e não futuros, conforme se observa da redação do art. 794 da CLT: "Art. 794 – Nos processos sujeitos à apreciação da Justiça do Trabalho só haverá nulidade quando resultar dos atos inquinados manifesto prejuízo às partes litigantes". **Incorreta.**

Alternativa "e": Correta a assertiva, uma vez que não houve prejuízo, conforme comentado nas alternativas anteriores, além de não ter havido provocação da parte na primeira vez em que falou nos autos ou na audiência, conforme preceituam os arts. 794 e 795 da CLT: "Art. 794 – Nos processos sujeitos à apreciação da Justiça do Trabalho só haverá nulidade quando resultar dos atos inquinados manifesto prejuízo às partes litigantes. Art. 795 – As nulidades não serão declaradas senão mediante provocação das partes, as quais deverão argui-las à primeira vez em que tiverem de falar em audiência ou nos autos".

Gabarito: E.

195. (FCC – Juiz do Trabalho Substituto 23ª Região/2015) Considere:

I. Não se conhece de recurso de revista ou de embargos, se a decisão recorrida resolver determinado item do pedido por diversos fundamentos e a jurisprudência transcrita não abranger a todos.

II. Não caracteriza deserção a hipótese em que, acrescido o valor da condenação, não houve fixação ou cálculo do valor devido a título de custas e tampouco intimação da parte para o preparo do recurso, devendo ser as custas pagas ao final.

III. Nas ações plúrimas, as custas incidem sobre o respectivo valor global.

Está correto o que consta em

a) I e II, apenas.

b) I, II e III.

c) I, apenas.

d) II e III, apenas.

e) I e III, apenas.

COMENTÁRIOS

✪ **Nota do autor:** O recorrente deve ficar atento ao exato valor das custas processuais fixadas na decisão, uma vez que o seu recolhimento a menor, mesmo que seja representada por centavos, implica deserção.

Item "I": Correta a assertiva, pois corresponde a redação da Súmula nº 23 do TST: "Não se conhece de recurso de revista ou de embargos, se a decisão recorrida resolver determinado item do pedido por diversos fundamentos e a jurisprudência transcrita não abranger a todos." Nesse caso, como a decisão recorrida utilizou diversos fundamentos para julgar a demanda, a divergência jurisprudência transcrita no recurso de revista ou de embargos deve ter relação com todos eles.

Item "II": Em caso de acréscimo da condenação, o Tribunal deve majorar o valor da condenação, seja ele líquido, seja arbitrado e, consequentemente, o valor devido a título de custas. Se há omissão nesse sentido, não há que se falar em deserção na interposição de um eventual recurso de revista. Esse é o entendimento do TST constante do item III, da Súmula nº 25 desse Tribunal: "Não caracteriza deserção a hipótese em que, acrescido o valor da condenação, não houve fixação ou cálculo do valor devido a título de custas e tampouco intimação da parte para o preparo do recurso, devendo ser as custas pagas ao final". Item **correto.**

Item "III". Correto, pois o texto da assertiva corresponde à redação da Súmula nº 36 do TST: "Nas ações plúrimas, as custas incidem sobre o respectivo valor global".

Gabarito: B.

---

196. (FCC – Juiz do Trabalho Substituto 23ª Região/2015) João do Mato, beneficiário da assistência judiciária gratuita, promoveu reclamação trabalhista em face do Hospital Cura Doente em que pleiteia o pagamento de horas extras, pela não concessão de intervalo intrajornada e, de adicional de insalubridade em grau máximo, por manter contato permanente com pacientes em isolamento, portadores de HIV, Hepatite C, H1N1 e outras doenças infecto- contagiosas. A perícia realizada foi negativa e não constatou o trabalho em condições insalubres. Entretanto, a instrução processual realizada comprovou que o trabalhador não gozava do intervalo legal para alimentação e descanso. A reclamação trabalhista foi julgada parcialmente procedente para condenar o Hospital réu ao pagamento das horas extras e reflexos pleiteados. Após o trânsito em julgado da decisão, o responsável pelo pagamento dos honorários periciais será:

a) João do Mato, autor da reclamação trabalhista.

b) o Estado.

c) o Supremo Tribunal Federal.

d) a União.

e) o Hospital Cura Doente, réu da reclamação trabalhista.

COMENTÁRIOS

✪ **Nota do autor:** Sobre a matéria o TST manifesta-se por meio da Súmula nº 457: "A União é responsável pelo pagamento dos honorários de perito quando a parte sucumbente no objeto da perícia for beneficiária da assistência judiciária gratuita, observado o procedimento disposto nos arts. 1º, 2º e 5º da Resolução nº 66/2010 do Conselho Superior da Justiça do Trabalho – CSJT". Com a vigência da Lei nº 13.467/17 o art. 790-B foi alterado. Agora consta no *caput* a previsão de responsabilidade pelo pagamento dos honorários periciais ainda que o sucumbente seja beneficiário da justiça gratuita. Já o § 4º prevê a hipótese em que o pagamento caberá a União: "Art. 790-B. A responsabilidade pelo pagamento dos honorários periciais é da parte sucumbente na pretensão objeto da perícia, ainda que beneficiária da justiça gratuita. § 4º Somente no caso em que o beneficiário da justiça gratuita não tenha obtido em juízo créditos capazes de suportar a despesa referida no caput, ainda que em outro processo, a União responderá pelo encargo." Entretanto, o STF declarou a inconstitucionalidade do *caput* e do § 4º desse dispositivo legal, quando do julgamento da ADI nº 5766. Desse modo, caberá a União arcar com o ônus financeiro dessa despesa processual.

Alternativa "a": Incorreta a assertiva, pois João do Mato é beneficiário da Justiça Gratuita. Nesse caso, a União é a responsável pelo pagamento dos honorários de perito, conforme Súmula nº 457. (ver nota do autor)

Alternativa "b": Incorreta, pois a Justiça do Trabalho faz parte do Poder Judiciário da União e não do Estado. Nesse caso, a União é a responsável pelo pagamento dos honorários de perito, conforme Súmula nº 457. (ver nota do autor)

Alternativa "c": Incorreta a assertiva, pois o STF não é uma pessoa jurídica de direito público. Nesse caso, a União é a responsável pelo pagamento dos honorários de perito, conforme Súmula nº 457. (ver nota do autor)

Alternativa "d": Correta a assertiva, pois corresponde ao entendimento do TST constante da Súmula nº 457 do TST. (ver nota do autor)

Alternativa "e": Incorreta a assertiva, uma vez que o Hospital Cura Doente não sucumbiu na pretensão específica que exigiu a realização de prova pericial.

Gabarito: D.

---

197. (FCC – Juiz do Trabalho Substituto 24ª Região/2015) A Consolidação das Leis do Trabalho possui regras que são aplicáveis ao Processo Judiciário do Trabalho quanto aos atos, prazos processuais, sua comunicação, as despesas e custas processuais. Segundo estas normas, é INCORRETO afirmar que:

a) a publicidade do ato processual prevalece, salvo quando determinar o interesse social, devendo ser realizado em dias úteis, exceto a penhora que pode ser efetivada em domingos e feriados, mediante autorização judicial.

b) os prazos que se vencerem em sábado, domingo ou feriado terminarão no primeiro dia útil seguinte, contando-se com exclusão do dia do começo e inclusão do dia do vencimento.

c) o Ministério Público do Trabalho somente está isento de custas quando atuar como custos legis e não quando for autor de ação civil pública ou ação coletiva.

d) o sindicato que houver intervindo no processo responderá solidariamente pelo pagamento de custas, tratando-se de empregado que não tenha obtido o benefício da justiça gratuita ou isenção de custas.

e) o reclamado será notificado sobre a reclamação e a respectiva audiência via registro postal com franquia acompanhada de cópia da petição inicial; quando não for encontrado será notificado por edital.

COMENTÁRIOS

Nota do autor: Atos processuais são aqueles atos, simples ou complexos, que são praticados pelas pessoas que fazem parte ou intervêm no processo e que, em conjunto, formam o próprio processo e os autos respectivos. Tem como objetivo solucionar a lide, ao criar, modificar ou extinguir direitos processuais. Com a vigência da Lei da Reforma Trabalhista o art. 775 da CLT passou a ter a seguinte redação: "Art. 775. Os prazos estabelecidos neste Título serão contados em dias úteis, com exclusão do dia do começo e inclusão do dia do vencimento. § 1º Os prazos podem ser prorrogados, pelo tempo estritamente necessário, nas seguintes hipóteses: I – quando o juízo entender necessário; II – em virtude de força maior, devidamente comprovada. § 2º Ao juízo incumbe dilatar os prazos processuais e alterar a ordem de produção dos meios de prova, adequando-os às necessidades do conflito de modo a conferir maior efetividade à tutela do direito."

Alternativa "a": Correta a assertiva, pois, em regra, os atos processuais são públicos, conforme menciona o art. 770, *caput*, da CLT: "Os atos processuais serão públicos salvo quando o contrário determinar o interesse social, e realizar-se-ão nos dias úteis das 6 (seis) às 20 (vinte) horas".

Alternativa "b": Correta a assertiva, uma vez que reproduzia as regras contidas na antiga redação do art. 775, *caput* e parágrafo único, da CLT: "Art. 775 – Os prazos estabelecidos neste Título contam-se com exclusão do dia do começo e inclusão do dia do vencimento, e são contínuos e irreleváveis, podendo, entretanto, ser prorrogados pelo tempo estritamente necessário pelo juiz ou tribunal, ou em virtude de força maior, devidamente comprovada. Parágrafo único – Os prazos que se vencerem em sábado, domingo ou dia feriado, terminarão no primeiro dia útil seguinte". (ver nota do autor)

Alternativa "c": Incorreta a assertiva, uma vez que a isenção do recolhimento de custas pelo MPT é irrestrita, uma vez que o art. 790-A, II, da CLT: "Art. 790-A. São isentos do pagamento de custas, além dos beneficiários de justiça gratuita: II – o Ministério Público do Trabalho".

Alternativa "d": Essa solidariedade entre o sindicato e o empregado encontra-se estabelecida pelo art. 790, § 1º, da CLT: "Tratando-se de empregado que não tenha obtido o benefício da justiça gratuita, ou isenção de custas, o sindicato que houver intervindo no processo responderá solidariamente pelo pagamento das custas devidas". Assertiva **correta**.

Alternativa "e": Essa sequência de procedimento está prevista no art. 841, *caput* e § 1º, da CLT: "Art. 841 – Recebida e protocolada a reclamação, o escrivão ou secretário, dentro de 48 (quarenta e oito) horas, remeterá a segunda via da petição, ou do termo, ao reclamado, notificando-o ao mesmo tempo, para comparecer à audiência do julgamento, que será a primeira desimpedida, depois de 5 (cinco) dias. § 1º – A notificação será feita em registro postal com franquia. Se o reclamado criar embaraços ao seu recebimento ou não for encontrado, far-se-á a notificação por edital, inserto no jornal oficial ou no que publicar o expediente forense, ou, na falta, afixado na sede da Junta ou Juízo". Assertiva **correta**.

Gabarito: C.

---

198. (FCC – Juiz do Trabalho Substituto 24ª Região/2015) Quanto à teoria geral das nulidades no Processo do Trabalho é correto afirmar que o princípio

a) da transcendência informa que a nulidade não será pronunciada quando arguida por quem lhe tiver dado causa.

b) da finalidade orienta que a parte deve alegar a nulidade na primeira oportunidade que tiver que falar nos autos.

c) da convalidação informa que não haverá nulidade sem prejuízo econômico às partes interessadas.

d) da preclusão inquisitiva orienta que o juiz que pronunciar a nulidade declarará os atos a que ela se estende.

e) do aproveitamento informa que a nulidade não será pronunciada quando for possível suprir-lhe a falta ou repetir-se o ato.

COMENTÁRIOS

Nota do autor: A nulidade é absoluta quando o defeito do ato processual fere uma norma processual de ordem pública, que regula interesses públicos e cujos efeitos, no caso concreto, não podem ser controlados pela vontade das partes. Nesse caso, o juiz deve declarar a nulidade de ofício e não há preclusão em caso de omissão.

Alternativa "a": A regra principal que vigora no processo do trabalho é de que a nulidade só é declarada quando o ato prejudicado implicar prejuízo para alguma das partes (princípio da transcendência), mesmo que exista uma forma prevista na lei, característica que distingue a nulidade dos atos processuais das regras semelhantes que existem no Direito material. Assertiva **incorreta**.

Alternativa "b": Incorreta a assertiva pois, se um ato tem sua forma prevista em lei e as partes ou o juiz coloca em prática sem observá-la, mas atinge os objetivos pré-definidos sem causar prejuízo para os litigantes, não há que se falar em declaração de nulidade processual (princípio da finalidade).

Alternativa "c": Pelo princípio da convalidação, exige-se que a parte prejudicada tenha a iniciativa de provocar o pronunciamento do juiz a respeito da existência de invalidades processuais, sob pena de preclusão. Assertiva **incorreta.**

Alternativa "d": De acordo com o princípio da causalidade ou utilidade, uma vez declarada a nulidade, o juiz delimita os atos por ela atingidos, para não prejudicar os posteriores, salvo se forem dele dependentes, na forma prevista pelo disposto nos arts. 797 e 798 da CLT: "Art. 797 – O juiz ou Tribunal que pronunciar a nulidade declarará os atos a que ela se estende. Art. 798 – A nulidade do ato não prejudicará senão os posteriores que dele dependam ou sejam consequência". Assertiva **incorreta**.

Alternativa "e": Verificada a existência de nulidade, mesmo nos casos de nulidade absolutas, ainda há a possibilidade de juiz determinar que seja suprida a falta ou que o ato seja repetido, para atender ao princípio da economia processual. Trata-se do princípio do aproveitamento. Assertiva **correta**.

Gabarito: E.

---

199. (TRT 23 – Juiz do Trabalho Substituto 23ª Região/2014) Assinale a alternativa CORRETA, consoante sumulado pelo TST:

a) Notificada a parte no sábado, o início da contagem do prazo se dará no primeiro dia útil imediato.

b) O recesso forense e as férias coletivas dos Ministros do Tribunal Superior do Trabalho interrompem os prazos recursais.

c) Compete à Justiça do Trabalho a execução, de ofício, da contribuição referente ao Seguro de Acidente de Trabalho, que tem natureza de contribuição para a seguridade social.

d) É incabível a condenação no pagamento de honorários advocatícios em ação rescisória no processo do trabalho.

e) Todas as assertivas estão incorretas.

COMENTÁRIOS

✪ **Nota do autor:** Existe diferença relevante entre o início do prazo e o início da contagem do prazo, conforme evidenciado no item I, da Súmula nº 262 do TST. Por exemplo, se o reclamado é intimado no sábado, o início do prazo será na segunda feira (salvo se não for feriado). Entretanto, o início da contagem do prazo só se efetivará na terça, pois se exclui a segunda.

Alternativa "a": Não seria o início da contagem, mas sim o início do prazo. Desse modo, considera-se **incorreta** essa assertiva, pois contraria o inciso I da Súmula nº 262 do TST: "Intimada ou notificada a parte no sábado, o início do prazo se dará no primeiro dia útil imediato e a contagem, no subsequente".

Alternativa "b": A hipótese citada é de suspensão e não de interrupção do prazo, de acordo com o posicionamento do TST contido no item II da Súmula nº 262: "O recesso forense e as férias coletivas dos Ministros do Tribunal Superior do Trabalho suspendem os prazos recursais". Alternativa **incorreta.**

Alternativa "c": Correta a alternativa, uma vez que está de acordo com o posicionamento do TST exposto na Súmula nº 454: "Compete à Justiça do Trabalho a execução, de ofício, da contribuição referente ao Seguro de Acidente de Trabalho (SAT), que tem natureza de contribuição para a seguridade social (arts. 114, VIII, e 195, I, "a", da CF), pois se destina ao financiamento de benefícios relativos à incapacidade do empregado decorrente de infortúnio no trabalho".

Alternativa "d": O entendimento do TST é expresso e justamente em sentido contrário a essa assertiva, conforme se vê do teor do item II, da Súmula nº 219: "É cabível a condenação ao pagamento de honorários advocatícios em ação rescisória no processo trabalhista."

Alternativa "e": Incorreta, pois a assertiva contida na alternativa "c" está correta.

Gabarito: C.

---

200. (TRT 23 – Juiz do Trabalho Substituto 23ª Região/2014) Assinale a alternativa correta:

I) No processo do trabalho os prazos contam-se com exclusão do dia do começo e inclusão do dia do vencimento, e são contínuos e irreleváveis, podendo, entretanto, ser prorrogados, em até dez dias, em virtude de força maior devidamente comprovada.

II) A lei poderá restringir a publicidade dos atos processuais, dentre outras hipóteses, quando a defesa da intimidade ou o interesse social assim o exigirem.

III) Segundo a CLT, apenas são isentos de custas os beneficiários da justiça gratuita, a União, os Estados, os Municípios, e respectivas autarquias e fundações públicas federais, estaduais ou municipais, que não explorem atividade econômica.

IV) As partes podem requerer certidões de processos em curso ou arquivados, dependendo, nos processos que correm em segredo de justiça, de despacho do juiz.

a) Somente a assertiva I está correta.

b) Apenas as assertivas I, III e IV estão corretas.

c) Apenas as assertivas I e II e IV estão corretas.

d) Apenas as assertivas II e III estão corretas.

e) Somente a assertiva IV está correta.

COMENTÁRIOS

✪ **Nota do autor:** Com a vigência da Lei nº 13.467/17 o art. 775 da CLT passou a ter a seguinte redação: "Art. 775. Os prazos estabelecidos neste Título serão contados em dias úteis, com exclusão do dia do começo e inclusão do dia do vencimento. § 1º Os prazos podem ser prorrogados, pelo tempo estritamente necessário, nas seguintes hipóteses: I – quando o juízo entender necessário; II – em virtude de força maior, devidamente comprovada. § 2º Ao juízo incumbe dilatar os prazos processuais e alterar a ordem de produção dos meios de prova, adequando-os às necessidades do conflito de modo a conferir maior efetividade à tutela do direito."

Item "I": O juiz ou tribunal só poderia prorrogar o prazo por tempo estritamente necessário, ou em virtude de força maior, devidamente comprovada, conforme dispunha a parte final do art. 775 da CLT: "Os prazos estabelecidos neste Título contam-se com exclusão do dia do começo e inclusão do dia do vencimento, e são contínuos e irreleváveis, podendo, entretanto, ser prorrogados pelo tempo estritamente necessário pelo juiz ou tribunal, ou em virtude de força maior, devidamente comprovada". Item **incorreto.** (ver nota do autor)

Item "II": O preceito contido no art. 5º, LX, da CF/88 não é exemplificativo e sim taxativo. Só admite a restrição da publicidade dos atos processuais quando a defesa da intimidade ou o interesse social o exigirem. Item **incorreto.**

Item "III": Deve ser incluído nesse rol o Ministério Público do Trabalho, como determina o art. 790-A, II, da CLT. Item **incorreto.**

Item "IV": Item **correto** pois corresponde à redação ao art. 781, *caput* e § 6º: "Art. 781 – As partes poderão requerer certidões dos processos em curso ou arquivados, as quais serão lavradas pelos escrivães ou secretários. Parágrafo único – As certidões dos processos que correrem em segredo de justiça dependerão de despacho do juiz ou presidente".

Gabarito: E.

---

201. (TRT 23 – Juiz do Trabalho Substituto 23ª Região/2014) Segundo a CLT, podemos afirmar:

I) Sendo escrita, a reclamação trabalhista deverá conter, necessariamente, a designação do juiz a quem for dirigida, a qualificação do reclamante e do reclamado uma breve exposição dos fatos de que resulte o dissídio, o pedido, o valor da causa, a data e a assinatura do reclamante ou de seu representante.

II) Sendo várias as reclamações, e havendo identidade de matéria, poderão ser acumuladas num só processo, se se tratar de empregados da mesma empresa ou estabelecimento.

III) Na liquidação não se poderá modificar, ou inovar, a sentença liquidanda, salvo para discutir matéria pertinente à causa principal.

IV) A audiência de julgamento será contínua, mas, se não for possível, por motivo de força maior, concluí-la no mesmo dia, o juiz marcará a sua continuação para a primeira desimpedida, notificando as partes.

a) Apenas a assertiva I está correta.

b) Apenas as assertivas I e II estão corretas.

c) Apenas as assertivas II e IV estão corretas.

d) Apenas as assertivas III e IV estão corretas

e) Apenas a assertiva II está correta.

COMENTÁRIOS

✪ **Nota do autor:** Com a vigência da Lei da Reforma Trabalhista o § 1º do art. 840 foi alterado, passando a ter a seguinte redação: "§ 1º Sendo escrita, a reclamação deverá conter a designação do juízo, a qualificação das partes, a breve exposição dos fatos de que resulte o dissídio, o pedido, que deverá ser certo, determinado e com indicação de seu valor, a data e a assinatura do reclamante ou de seu representante.". Nota-se que continua não existindo previsão expressa no sentindo da indicação do valor da causa, entretanto, atualmente, todos os pedidos deverão conter a indicação do seu valor.

Item "I": O requisito, valor da causa, não está contido no rol estabelecido pelo § 1º, art. 840 da CLT: "Sendo escrita, a reclamação deverá conter a designação do Presidente da Junta, ou do juiz de direito a quem for dirigida, a qualificação do reclamante e do reclamado, uma breve exposição dos fatos de que resulte o dissídio, o pedido, a data e a assinatura do reclamante ou de seu representante." Item **incorreto. (ver nota do autor)**

Item "II": Correto. Essa previsão está inserida no art. 842 da CLT: "Sendo várias as reclamações e havendo identidade de matéria, poderão ser acumuladas num só processo, se se tratar de empregados da mesma empresa ou estabelecimento".

Item "III": Não há ressalva que permita a discussão da matéria relativa à causa principal no preceito contido no art. 879, § 1º da CLT: "Na liquidação, não se poderá modificar, ou inovar, a sentença liquidanda nem discutir matéria pertinente à causa principal". Item **incorreto.**

Item "IV": Nesse caso, não é necessária nova intimação, conforme dispõe o art. 849 da CLT: "A audiência de julgamento será contínua; mas, se não for possível, por motivo de força maior, concluí-la no mesmo dia, o juiz ou presidente marcará a sua continuação para a primeira desimpedida, independentemente de nova notificação". **Incorreto.**

Gabarito: E.

---

202. (TRT 8 – Juiz do Trabalho Substituto 8ª Região/2014) De acordo com a CLT, qual hipótese NÃO corresponde à verdade em relação à fixação de custas:

a) Nos dissídios individuais e nos dissídios coletivos do trabalho, nas ações e procedimentos de competência da Justiça do Trabalho, bem como nas demandas propostas perante a Justiça Estadual, no exercício da jurisdição trabalhista, as custas relativas ao processo de conhecimento incidirão à base de 2% (dois por cento), observado o mínimo de R$ 10,64 (dez reais e sessenta e quatro centavos).

b) As custas serão calculadas, quando houver acordo ou condenação, sobre o respectivo valor.

c) As custas serão calculadas, quando houver extinção do processo, sem resolução do mérito, ou julgado totalmente improcedente o pedido, sobre o valor da causa.

d) As custas serão calculadas, no caso de procedência do pedido formulado em ação declaratória e em ação constitutiva, sobre o valor da causa.

e) As custas serão pagas pelo vencido, após o trânsito em julgado da decisão. No caso de interposição de qualquer recurso, as custas serão pagas e comprovado o recolhimento dentro do prazo recursal.

COMENTÁRIOS

✪ **Nota do autor:** Quando a sentença não for líquida, o juiz deve arbitrar um valor para a condenação, para que seja fixado o *quantum* relativo às custas processuais, ainda que a parte seja isenta do recolhimento desse tributo. Com a vigência da Lei nº 13.467/17 o *caput* do art. 789 da CLT foi alterado passando a conter o valor máximo das custas: "Art. 789. Nos dissídios individuais e nos dissídios coletivos do trabalho, nas ações e procedimentos de competência da Justiça do Trabalho, bem como nas demandas propostas perante a Justiça Estadual, no exercício da jurisdição trabalhista, as custas relativas ao processo de conhecimento incidirão à base de 2% (dois por cento), observado o mínimo de R$ 10,64 (dez reais e sessenta e quatro centavos) e o máximo de quatro vezes o limite máximo dos benefícios do Regime Geral de Previdência Social, e serão calculadas:"

Alternativa "a": O texto da assertiva corresponde à antiga redação literal do *caput* do art. 789 da CLT: "Nos dissídios individuais e nos dissídios coletivos do trabalho, nas ações e procedimentos de competência da Justiça do Trabalho, bem como nas demandas propostas perante a Justiça Estadual, no exercício da jurisdição trabalhista, as custas relativas ao processo de conhecimento incidirão à base de 2% (dois por cento), observado o mínimo de R$ 10,64 (dez reais e sessenta e quatro centavos) e serão calculadas". **Correta. (ver nota do autor)**

Alternativa "b": Correta, uma vez que está em consonância com o disposto no inciso I do art. 789 da CLT: quando houver acordo ou condenação, sobre o respectivo valor".

Alternativa "c": Correta, pois de conformidade com o preceito contido no inciso II do art. 789 da CLT: "quando houver extinção do processo, sem julgamento do mérito, ou julgado totalmente improcedente o pedido, sobre o valor da causa".

Alternativa "d": O texto da assertiva corresponde à redação do inciso III do art. 789 da CLT: "no caso de procedência do pedido formulado em ação declaratória e em ação constitutiva, sobre o valor da causa". **Correta.**

Alternativa "e": Não é em qualquer recurso que segue o procedimento previsto no art. 789, § 1º, da CLT: "As custas serão pagas pelo vencido, após o trânsito em julgado da decisão. No caso de recurso, as custas serão pagas e comprovado o recolhimento dentro do prazo recursal". **Incorreta.**

Gabarito: E.

---

203. (FCC – Juiz do Trabalho Substituto 18ª Região/2014) Com relação às custas no Processo do Trabalho,

a) nas ações plúrimas, as custas incidem sobre o valor de cada ação separadamente.

b) é incabível a impetração de mandado de segurança contra ato judicial que, de ofício, arbitrou novo valor à causa, acarretando a majoração das custas processuais, uma vez que cabia à parte, após recolher as custas, calculadas com base no valor dado à causa na inicial, interpor recurso ordinário e, posteriormente, agravo de instrumento no caso de o recurso ser considerado deserto.

c) havendo condenação solidária de duas ou mais empresas, as custas recolhidas por uma delas aproveita as demais, quando a empresa que efetuou o recolhimento não pleiteia sua exclusão da lide.

d) nos dissídios coletivos do trabalho, as custas relativas ao processo de conhecimento incidirão à base de 2% e serão calculadas, quando o valor for indeterminado, sobre o valor dado à causa.

e) nos dissídios individuais, as custas relativas ao processo de conhecimento incidirão à base de 2% e serão calculadas, quando houver extinção do processo, sem julgamento do mérito, sobre o valor que o Juiz fixar.

COMENTÁRIOS

✪ **Nota do autor:** Na hipótese de homologação de acordo, o percentual das custas incide sobre o seu respectivo valor, de forma *pro rata* para as partes, salvo se não for convencionada outra proporção.

Alternativa "a": Nesse caso, as custas incidem sobre o valor global, conforme entendimento constante da Súmula nº 36 do TST: "Nas ações plúrimas, as custas incidem sobre o respectivo valor global". **Incorreta.**

Alternativa "b": A assertiva reforça a tese de que não cabe mandado de segurança de ato judicial que enseja recurso. Nesse sentido é o entendimento do TST manifestado por intermédio da OJ nº 88, da SDI-2: "Incabível a impetração de mandado de segurança contra ato judicial que, de ofício, arbitrou novo valor à causa, acarretando a majoração das custas processuais, uma vez que cabia à parte, após recolher as custas, calculadas com base no valor dado à causa na inicial, interpor recurso ordinário e, posteriormente, agravo de instrumento no caso de o recurso ser considerado deserto". **Correta.**

Alternativa "c": No caso, o entendimento é justamente o contrário, qual seja, de que o depósito recursal não aproveita ao outro litisconsorte, conforme posicionamento do TST constante do inciso III, da Súmula nº 128: "Havendo condenação solidária de duas ou mais empresas, o depósito recursal efetuado por uma delas aproveita as demais, quando a empresa que efetuou o depósito não pleiteia sua exclusão da lide". **Incorreta.**

Alternativa "d": Nessa situação, as custas serão calculadas sobre o valor arbitrado na decisão e não sobre o valor da causa, de acordo com o que reza o art. 789, § 4º, da CLT: "Nos dissídios coletivos, as partes vencidas responderão solidariamente pelo pagamento das custas, calculadas sobre o valor arbitrado na decisão, ou pelo Presidente do Tribunal". **Incorreta.**

Alternativa "e": Nesse caso, a base de cálculo é o valor da causa, conforme preceitua o art. 789, II da CLT: "quando houver extinção do processo, sem julgamento do mérito, ou julgado totalmente improcedente o pedido, sobre o valor da causa". **Incorreta.**

Gabarito: B.

---

204. (FCC – Juiz do Trabalho Substituto 18ª Região/2014) Com relação à confissão e revelia no Processo do Trabalho,

a) o ânimo de defesa, demonstrado pela presença do advogado em audiência, munido de procuração, uma vez ausente o preposto, é capaz de impedir a declaração de revelia.

b) poderá ser ilidida a revelia mediante a apresentação de atestado médico, ainda que não declare, expressamente, a impossibilidade de locomoção do empregador ou do seu preposto no dia da audiência.

c) exceto quanto à reclamação de empregado doméstico e controvérsias decorrentes da relação de trabalho, o preposto deve ser necessariamente empregado do reclamado.

d) aplica-se a confissão ao reclamante ou à reclamada que, expressamente intimado com aquela cominação, não comparecer à audiência em prosseguimento, na qual deveria depor.

e) se o preposto comparecer em audiência, sem ostentar a condição de empregado, deverá o Juiz abrir prazo para que a irregularidade seja sanada.

COMENTÁRIOS

✪ **Nota do autor:** Pode ocorrer de o juiz desdobrar a audiência em duas ou mais sessões. Nesse caso, o não comparecimento do reclamado, que já apresentou defesa, na segunda audiência não implicará revelia, mas sim confissão ficta em relação à matéria fática. Nesse caso, o juiz deve levar em consideração, quando da prolação da sentença, a prova pré-constituída colacionada com a defesa, desde que não tenha havido impugnação por parte do reclamante na sua manifestação sobre os documentos. Observe-se, em relação a alternativa "a", que a Lei da Reforma Trabalhista incluiu o § 5º ao art. 844 da CLT, com a seguinte redação: "§ 5º Ainda que ausente o reclamado, presente o advogado na audiência, serão aceitos a contestação e os documentos eventualmente apresentados.". Já, na alternativa "c", a Reforma também trouxe modificações nesse instituto ao inserir o § 3º do art. 843 da CLT: "§ 3º O preposto a que se refere o § 1º deste artigo não precisa ser empregado da parte reclamada.". Dessa forma, a exceção prevista na Súmula 377 do TST, passaria a ser regra.

Alternativa "a": O entendimento do TST não é esse. É justamente o contrário e está exposto na Súmula nº 122 do TST: "A reclamada, ausente à audiência em que deveria apresentar defesa, é revel, ainda que presente seu advogado munido de procuração, podendo ser ilidida a revelia mediante a apresentação de atestado médico, que deverá declarar, expressamente, a impossibilidade de locomoção do empregador ou do seu preposto no dia da audiência." **Incorreta. (ver nota do autor)**

Alternativa "b": Para ilidir a revelia é necessário que conste, expressamente, a impossibilidade de locomoção do reclamado ou do seu preposto, segundo exige a citada Súmula nº 122 do TST. **Incorreta.**

Alternativa "c": Faltou mencionar a hipótese das micro e pequenas empresas, prevista na Súmula nº 377 do TST: "Exceto quanto à reclamação de empregado doméstico, ou contra micro ou pequeno empresário, o preposto deve ser necessariamente empregado do reclamado. Inteligência do art. 843, § 1º, da CLT e do art. 54 da Lei Complementar nº 123, de 14 de dezembro de 2006." **Incorreta. (ver nota do autor)**

Alternativa "d": Nesse caso a confissão é aplicada tanto para o reclamante quanto para o reclamado, de acordo com o entendimento do TST exposto no inciso I da Súmula nº 74: "Aplica-se a confissão à parte que, expressamente intimada com aquela cominação, não comparecer à audiência em prosseguimento, na qual deveria depor." **Correta.**

Alternativa "e": Essa irregularidade é insanável. Isso porque o preposto já deve ir para audiência ostentando a condição de empregado, na forma do entendimento do TST cristalizado pela citada Súmula nº 377. **Incorreta. (ver nota do autor)**

Gabarito: D.

---

205. (TRT 3 – Juiz do Trabalho Substituto 3ª Região/2014) Quanto ao instituto da litigância de má-fé na Justiça do Trabalho é INCORRETO afirmar:

a) Está ele inserido dentro do dever de lealdade processual.

b) Não se opõe ou contrapõe ao direito constitucional de ação.

c) É aplicado, também, quando a parte deduz pretensão ou defesa contra o texto expresso de lei ou fato incontroverso.

d) É aplicável ao processo do trabalho de ofício pelo Juiz.

e) As sanções dela decorrentes atingem o litigante e seu advogado, a teor do art. 18 do Código de Processo Civil.

COMENTÁRIOS

✪ **Nota do autor:** o ilícito processual, decorrente da violação do princípio da lealdade e da boa-fé, pode ser praticado em qualquer fase processual (postulatória, instrutória, decisória ou recursal) e no âmbito das diversas espécies de processos, quais sejam, de conhecimento, execução e cautelar. Observe-se, na alternativa "b", que os arts. 14, I, e 18 do CPC de 1973 correspondem, respectivamente, aos arts. 77, I, e 81 do CPC de 2015. Já na alternativa "c", o art. 17, I do CPC de 1973 corresponde ao art. 80, I do CPC de 2015. Com a vigência da Lei nº 13.467/17, a CLT passou a tratar da litigância de má-fé no processo do trabalho com redação semelhante aos arts. 80 e 81 do CPC de 2015, nos artigos 793-A ao 793-D.

Alternativa "a": A litigância de má-fé nada mais é do que o comportamento da parte que deixa de observar os deveres processuais. Em outras palavras, seria um ilícito processual. **Correta.**

Alternativa "b": A doutrina e jurisprudência dominantes trilham esse caminho: "LITIGÂNCIA DE MÁ-FÉ. DIREITO DE AÇÃO. Não se põe em dúvida o constitucional direito de ação, garantia fundamental de todo o cidadão. O que se coibi, em verdade, é o desvio de conduta no exercício desse direito. A adução dos fatos em consonância com a verdade é dever de quem postula em juízo (CPC, art. 14, I), cuja desobediência deságua na punição consagrada pela norma processual (CPC, art. 18). Na hipótese em desfile, resta evidente que a petição inicial não manteve fidelidade com a realidade aproveitada pelo autor em sua relação jurídica com a reclamada, sonegando fatos relevantes para o deslinde da controvérsia, cujo conhecimento se tornou possível apenas com a apresentação de defesa e produção de prova. Litigância de má-fé reconhecida. Recurso desprovido. LITIGÂNCIA DE MÁ-FÉ. DIREITO DE AÇÃO. Não se põe em dúvida o constitucional direito de ação, garantia fundamental de todo o cidadão. O que se coibi, em verdade, é o desvio de conduta no exercício desse direito. A adução dos fatos em consonância com a verdade é dever de quem postula em juízo (CPC, art. 14, I), cuja desobediência deságua na punição consagrada pela norma processual (CPC, art. 18). Na hipótese em desfile, resta evidente que a petição inicial não manteve fidelidade com a realidade aproveitada pelo autor em sua relação jurídica com a reclamada, sonegando fatos relevantes para o deslinde da controvérsia, cujo conhecimento se tornou possível apenas com a apresentação de defesa e produção de prova. Litigância de má-fé reconhecida. Recurso desprovido (TRT-10 - RO: 10920060201000 DF 00109-2006-020-10-00-0, Relator: Desembargador Ribamar Lima Junior, Data de Julgamento: 08/11/2006, 3ª Turma, Data de Publicação: 17/11/2006)". **Correta.**

Alternativa "c": Essa previsão está contida no art. 17, I, do CPC de 1973: "deduzir pretensão ou defesa contra texto expresso de lei ou fato incontroverso". **Correta.**

Alternativa "d": É pacífico o entendimento em relação à aplicabilidade do art. 18 do CPC de 1973 ao processo laboral: "O juiz ou tribunal, de ofício ou a requerimento, condenará o litigante de má-fé a pagar multa não excedente a um por cento sobre o valor da causa e a indenizar a parte contrária dos prejuízos que esta sofreu, mais os honorários advocatícios e todas as despesas que efetuou." **Correta.**

Alternativa "e": A determinação contida no citado art. 18 do CPC é no sentido de condenar a parte que pratica deslealdade processual e não seu advogado. **Incorreta.**

Gabarito: E.

---

206. (TRT 2 – Juiz do Trabalho Substituto 2ª Região/2014) É correto afirmar que a União, entidades autárquicas, fundações de direito público, Estados e Municípios terão como privilégios:

a) Prazo de quinze dias para contestar ações ordinárias e pagamento do preparo após o trânsito em julgado da decisão.
b) Prazo em dobro para contestar ações ordinárias e isenção de preparo.
c) Prazo em quádruplo para a designação da audiência em que deverá apresentar defesa e isenção de preparo.
d) Prazo em quádruplo para a designação da audiência em que deverá apresentar defesa e pagamento do preparo após o trânsito em julgado da decisão.
e) Prazo de quinze dias para designação da audiência em que deverá apresentar defesa e pagamento do preparo após o trânsito em julgado da decisão.

COMENTÁRIOS

✪ **Nota do autor:** Os principais privilégios conferidos, no âmbito do processo do trabalho às entidades da administração pública, como a União, Estados, Distrito-Federal, Municípios e autarquias ou fundações de direito público que não explorem atividade econômica, constam do art. 1º, do Decreto-Lei nº 779/69. Observe-se, na alternativa "d", que o art. 511, §1º do revogado CPC de 1973 corresponde ao art. 1007, §1º do CPC de 2015.

Alternativa "a": O prazo para contestar, que na verdade é o prazo mínimo para designar a audiência, é em quádruplo, segundo determina o art. 1º, II, do Decreto-Lei nº 779/69. **Incorreta.**

Alternativa "b": O prazo para contestar, que na verdade é o prazo mínimo para designar a audiência, é em quádruplo, segundo determina o art. 1º, II, do Decreto-Lei nº 779/69. **Incorreta.**

Alternativa "c": Correta, pois em conformidade com o art. 1º, II, do Decreto-Lei nº 779/69: "o quádruplo do prazo fixado no artigo 841, in fine, da Consolidação das Leis do Trabalho".

Alternativa "d": Segundo determina o art. 511, § 1º, do CPC de 1973: "§ 1º São dispensados de preparo os recursos interpostos pelo Ministério Público, pela União, pelos Estados e Municípios e respectivas autarquias, e pelos que gozam de isenção legal". **Incorreta.**

Alternativa "e": Nesse caso o correto é conceder o prazo em quádruplo para contestar e com isenção de preparo, na forma do Decreto-Lei nº 779/69. **Incorreta.**

Gabarito: C.

---

207. (TRT 2 – Juiz do Trabalho Substituto 2ª Região/2014) Em matéria de resposta do réu, aponte a alternativa correta:

a) Pode-se arguir por meio de exceção o impedimento ou suspeição do servidor público.

b) A exceção de incompetência absoluta dispensa a forma de exceção e deve ser formulada em peça própria, separada da defesa.

c) O entendimento do Tribunal Superior do Trabalho não admite, em hipótese alguma, reconvenção em ações submetidas ao procedimento sumaríssimo.

d) Na contestação o réu somente se defende pelo mérito, através da defesa direta ou indireta.

e) As exceções de suspeição ou incompetência, por força das disposições da CLT, não importarão em suspensão do feito.

COMENTÁRIOS

Nota do autor: Mais uma vez a banca do concurso do TRT2 insere uma questão doutrinaria controvertida que só admite respostas subjetivas. É de grande discussão na doutrina e na jurisprudência a forma que se deve assumir a alegação de incompetência absoluta, se em preliminar de mérito ou em como exceção processual em peça apartada. Observe-se, na alternativa "a", que o art. 138, incisos II, III, IV e § 1º do CPC de 1973 corresponde ao art. 148, II, III e § 1º do CPC de 2015. Já na alternativa "b", o art. 301, II do CPC de 1973 corresponde ao art. 337, II do CPC de 2015.

Alternativa "a": Correta a assertiva. Essa possibilidade está expressamente prevista no art. 138, incisos II, III, IV e § 1º do CPC de 1973: "Art. 138. Aplicam-se também os motivos de impedimento e de suspeição: II – ao serventuário de justiça; III – ao perito; IV – ao intérprete",

Alternativa "b": Essa questão é controvertida. Ao que parece, no Estado de São Paulo prevalece essa tese. Tecnicamente, todavia, a objeção de incompetência absoluta deve ser apresentada em preliminar de contestação, que não suspenderia o feito, conforme dispõe o art. 301, II do CPC de 1973: "Compete-lhe, porém, antes de discutir o mérito, alegar: II – incompetência absoluta". Todavia, a banca considerou essa resposta **incorreta.**

Alternativa "c": Não há Súmula ou OJ do TST excluindo a possibilidade de apresentação da reconvenção no rito sumaríssimo. **Incorreta.**

Alternativa "d": É possível ao réu, ainda, arguir prejudiciais de mérito e a preliminares previstas no art. 301 do CPC de 1973. **Incorreta.**

Alternativa "e": A disposição legal é justamente em sentido oposto, como se vê da redação do art. 799 da CLT: "Nas causas da jurisdição da Justiça do Trabalho, somente podem ser opostas, com suspensão do feito, as exceções de suspeição ou incompetência." **Incorreta.**

Gabarito: A.

---

208. (TRT 2 – Juiz do Trabalho Substituto 2ª Região/2014) No que concerne às defesas do réu no processo trabalhista, aponte a alternativa correta:

a) A compensação poderá ser arguida a qualquer tempo, com fundamento na vedação do princípio do enriquecimento sem causa.

b) Após a contestação poderá o reclamado deduzir novas alegações, que sejam importantes para dirimir o conflito, ainda que não trate de direito superveniente.

c) Se for acolhida a exceção de incompetência absoluta em razão da matéria, esta decisão é recorrível porque terminativa do feito.

d) A contestação no rito sumaríssimo poderá ser protocolizada no prazo de cinco dias, em razão do princípio da celeridade processual.

e) Réu poderá valer-se do protesto para formalizar a defesa, sendo que ambos os institutos possuem a mesma natureza.

COMENTÁRIOS

Nota do autor: O reclamado, designação típica do réu no processo do trabalho, é chamado a juízo, após a expedição de uma notificação, para, querendo, defender-se. A apresentação da defesa, portanto, não é uma obrigação, muito menos um dever do reclamado, mas representa a concretização mais importante do princípio do contraditório e da ampla defesa. Observe-se, na alternativa "b", que o art. 303, I do CPC de 1973 corresponde ao art. 342, I do CPC de 2015.

Alternativa "a": Segundo dispõe o art. 767 da CLT, a compensação só poderá ser arguida como matéria de defesa. **Incorreta.**

Alternativa "b": Incorreta. Novas alegações só são permitidas excepcionalmente, nos casos previstos pelo art. 303, I, do CPC de 1973: "Depois da contestação, só é lícito deduzir novas alegações quando: I – relativas a direito superveniente".

Alternativa "c": Consiste em uma sentença terminativa de extinção do processo sem a resolução do mérito. Nesse caso, cabe recurso, conforme permissão contida no art. 895, I, da CLT: "Cabe recurso ordinário para a instância superior: I – das decisões definitivas ou terminativas das Varas e Juízos, no prazo de 8 (oito) dias". **Correta.**

Alternativa "d": Assim como ocorre no rito ordinário, a contestação deve ser apresentada em audiência também quando a demanda tramita sob o rito sumaríssimo. **Incorreta.**

Alternativa "e": O protesto, no processo do trabalho, equivaleria a um agravo retido do processo civil, só que mais informal. É uma forma de demonstrar a irresignação da parte quanto a uma decisão interlocutória irrecorrível. Portanto, não há como utilizar essa ferramenta processual para apresentar defesa. **Incorreta.**

Gabarito: C.

---

209. (TRT 3 – Juiz do Trabalho Substituto 3ª Região/2014) Nos exatos termos do art. 16 do Provimento Geral Consolidado do TRT da 3ª Região, NÃO tem prioridade de tramitação as demandas que:

a) Envolvam menor ou incapaz.

b) Envolvam portador de doença grave.

c) Versem sobre acidente de trabalho.

d) Versem sobre tese jurídica reiterada.

e) Versem sobre trabalho em condição insalubre ou perigosa.

COMENTÁRIOS

✪ **Nota do autor:** Observe-se, que o Provimento Geral Consolidado do TRT da 3ª Região ganhou nova redação em 2015. Nesse diapasão, o art. 16, que que tratava da prioridade na tramitação do processo, atualmente é o artigo 28, mas que possuem correspondência entre seus incisos. Note-se, também, na alternativa "b", que o art. 1.211-A do revogado CPC de 1973 corresponde ao art. 1.047, I, do CPC de 2015.

Alternativa "a": O menor tem prioridade, conforme previsão contida no art. 16, I, do Provimento Geral Consolidado do TRT da 3ª Região nº 1, 03 de abril de 2008**:** "É assegurada prioridade à tramitação dos processos em que figure como parte ou interessado ou, ainda, que envolvam: I – menor ou incapaz (CR/1988, artigo 227; Código Civil, artigos 3º e 4º)". **Correta. (ver nota do autor)**

Alternativa "b": O portador de doença grave tem prioridade, conforme previsão contida no art. 16, III do Provimento Geral Consolidado do TRT da 3ª Região nº 1, 03 de abril de 2008: "É assegurada prioridade à tramitação dos processos em que figure como parte ou interessado ou, ainda, que envolvam: III – pessoa com doença grave ou com deficiência (CPC, artigo 1.211-A; Lei n. 9.784/1999, artigos 69-A, I, II e IV)". **Correta. (ver nota do autor)**

Alternativa "c": As demandas envolvendo acidente do trabalho também tem tramitação priorizada, conforme art. 16, VI, do Provimento Geral Consolidado do TRT da 3ª Região nº 1, 03 de abril de 2008: "Art. 16. É assegurada prioridade à tramitação dos processos em que figure como parte ou interessado ou, ainda, que envolvam: VI – acidente do trabalho, assim consideradas também as ações civis públicas que versem sobre acidentes e doenças relacionadas ao trabalho (Recomendação Conjunta TST/GCGJT n. 1/2011; Resolução Conjunta TRT3/GP/CR/DJ n. 1/2012)". **Correta. (ver nota do autor)**

Alternativa "d": As demandas fundamentadas em teses jurídicas reiteradas têm tramitação prioritária, na forma prevista pelo art. 16, VII, do Provimento Geral Consolidado do TRT da 3ª Região nº 1, 03 de abril de 2008: "Art. 16. É assegurada prioridade à tramitação dos processos em que figure como parte ou interessado ou, ainda, que envolvam: VII – tese jurídica reiterada (Resolução Administrativa TST n. 874/2002)". **Correta. (ver nota do autor)**

Alternativa "e": Incorreta, uma vez que não consta no rol de tramitação preferencial do Provimento Geral Consolidado do TRT da 3ª Região nº 1, 03 de abril de 2008 no art. 16, I a VII, e parágrafos. **(ver nota do autor)**

---

210. (TRT 3 – Juiz do Trabalho Substituto 3ª Região/2013) Em relação ao processo do trabalho, leia as afirmações abaixo e, em seguida, assinale a alternativa correta:

I. Nos processos sujeitos à apreciação da Justiça do Trabalho só haverá nulidade quando resultar dos atos inquinados manifesto prejuízo às partes litigantes.

II. As nulidades não serão declaradas senão mediante provocação das partes, as quais deverão argui-las à primeira vez em que tiverem que falar em audiência ou nos autos, sem exceção.

III. A nulidade não será pronunciada quando foi possível suprir-se a falta ou repetir-se o ato.

IV. A nulidade do ato prejudicará todos os atos posteriores.

a) Todas as afirmativas estão corretas.

b) Somente a afirmativa I está correta.

c) Somente as afirmativas I e II estão corretas.

d) Somente as afirmativas I e III estão corretas.

e) Somente as afirmativas II e III estão corretas.

COMENTÁRIOS

Item "I": Trata-se da aplicação do princípio da transcendência ou do prejuízo, no âmbito da nulidade dos atos processuais. **Correta** a assertiva, uma vez que está de acordo com o preceito contido no art. 794 da CLT: "Nos processos sujeitos à apreciação da Justiça do Trabalho só haverá nulidade quando resultar dos atos inquinados manifesto prejuízo às partes litigantes".

Item "II": Trata-se do princípio da convalidação ou da preclusão. Todavia a assertiva é **incorreta**, pois afirma que não há exceção, o que contraria o § 1º do art. 795 da

CLT: "As nulidades não serão declaradas senão mediante provocação das partes, as quais deverão argui-las à primeira vez em que tiverem de falar em audiência ou nos autos. § 1º – Deverá, entretanto, ser declarada *ex officio* a nulidade fundada em incompetência de foro. Nesse caso, serão considerados nulos os atos decisórios".

Item "III": Trata-se do princípio do interesse e corresponde ao mandamento contido no art. 796, "a", da CLT: "A nulidade não será pronunciada: a) quando for possível suprir-se a falta ou repetir-se o ato". **Correto.**

Item "IV": Trata-se do princípio da causalidade. Entretanto, a assertiva é falsa, pois nem todos os atos posteriores serão prejudicados com a nulidade declarada, mas somente aqueles que dele dependam ou sejam consequência, conforme previsão contida no art. 798 da CLT: "A nulidade do ato não prejudicará senão os posteriores que dele dependam ou sejam consequência". **Incorreto.**

Gabarito: D.

---

211. (CESPE – Juiz do Trabalho Substituto 5ª Região/2013) No que se refere às despesas processuais, caracterizadas pelas custas e emolumentos, assinale a opção correta.

a) No caso de inquérito para apuração de falta grave, cabe à empresa recolher as custas processuais, cujo valor será calculado sobre seis vezes o salário mensal do empregado que integra o polo passivo na demanda.

b) As custas processuais incidirão à base de 2% do valor da causa, observado o mínimo de R$ 20,40.

c) Há despesas voluntárias no processo do trabalho.

d) Na justiça do trabalho, as custas destinam-se aos estados.

e) Em caso de recurso, as custas serão pagas, devendo o respectivo pagamento ser comprovado no prazo de cinco dias.

COMENTÁRIOS

Nota do autor: Emolumento constitui uma espécie de retribuição paga pelos serviços prestados pelo Poder Judiciário. Não se confunde com a taxa ou custas processuais, porque não tem relação direta com a prática de um ato processual específico e são devidos, inclusive, pelas pessoas jurídicas de direito público. Com a vigência da Lei da Reforma Trabalhista, o *caput* do art. 789 da CLT foi alterado para prever o valor máximo das custas: "Art. 789. Nos dissídios individuais e nos dissídios coletivos do trabalho, nas ações e procedimentos de competência da Justiça do Trabalho, bem como nas demandas propostas perante a Justiça Estadual, no exercício da jurisdição trabalhista, as custas relativas ao processo de conhecimento incidirão à base de 2% (dois por cento), observado o mínimo de R$ 10,64 (dez reais e sessenta e quatro centavos) e o máximo de quatro vezes o limite máximo dos benefícios do Regime Geral de Previdência Social, e serão calculadas:"

Alternativa "a": A regra citada nessa assertiva foi revogada. Atualmente prevalece o preceito contido no art. 789 da CLT: "Nos dissídios individuais e nos dissídios coletivos do trabalho, nas ações e procedimentos de competência da Justiça do Trabalho, bem como nas demandas propostas perante a Justiça Estadual, no exercício da jurisdição trabalhista, as custas relativas ao processo de conhecimento incidirão à base de 2% (dois por cento), observado o mínimo de R$ 10,64 (dez reais e sessenta e quatro centavos) e serão calculadas: I – quando houver acordo ou condenação, sobre o respectivo valor". Portanto, segue-se a regra geral de cálculo das custas em 2% sobre o valor do acordo ou da condenação. **Incorreta.** (ver nota do autor)

Alternativa "b": Incorreta, pois o mínimo a ser observado é de R$ 10,64 e não R$ 20,64, de acordo com o já citado e transcrito art. 789 da CLT.

Alternativa "c": Correta a assertiva, pois os emolumentos não se classificam como tributo. Logo, o seu caráter é facultativo e a utilização dos serviços cartoriais que ensejam o pagamento da referida despesa processual depende de ato de vontade da parte.

Alternativa "d": A Justiça do Trabalho pertence ao Poder Judiciário da União. Logo, os valores arrecadados a título de custas processuais revertem-se em favor da União e não dos Estados. Inclusive utiliza-se a Guia de Recolhimento da União – GRU Judicial, para efetuar o referido recolhimento, por conta do ATO CONJUNTO nº 21/2010 TST.CSJT.GP.SG. **Incorreta.**

Alternativa "e": Incorreta, pois o recolhimento e a respectiva comprovação devem ser feitos dentro do prazo recursal, como manda o art. 789, §1º, da CLT: "As custas serão pagas pelo vencido, após o trânsito em julgado da decisão. No caso de recurso, as custas serão pagas e comprovado o recolhimento dentro do prazo recursal".

Gabarito: C.

---

212. (FCC – Juiz do Trabalho Substituto 6ª Região/2013) Analise as seguintes afirmações:

I. O prazo para comprovação do pagamento das custas, sempre a cargo da parte vencida, na hipótese de interposição de recurso, é de cinco dias contados do seu recolhimento, desde que o pagamento tenha sido feito no prazo recursal.

II. Sempre que houver acordo judicial, as custas processuais caberão em partes iguais aos litigantes e deverão ser pagas após o seu cumprimento.

III. No processo de execução são devidas custas, sempre de responsabilidade do executado e pagas ao final.

IV. Os prazos processuais contam-se com a exclusão do dia do começo e inclusão do dia do vencimento, e são contínuos e irreleváveis, podendo ser prorrogados pelo Juiz em virtude de força maior.

V. Os atos processuais são públicos, salvo quando o contrário determinar o interesse social e realizar-se-ão nos dias úteis, entre oito e dezoito horas.

Estão corretas APENAS

a) II e IV.

b) I e III.

c) III e IV.

d) IV e V.

e) II e III.

COMENTÁRIOS

✪ **Nota do autor:** Ao contrário do que ocorre no processo civil, cujas despesas processuais são cobradas de forma antecipada por cada ato praticado, no processo do trabalho as custas processuais são devidas somente a partir do momento em que o juiz profere a sentença, ou, mais precisamente, após o seu trânsito em julgado, exceto quando a parte sucumbente pretende recorrer, hipótese em que o recolhimento desse tributo será considerado como pressuposto de admissibilidade. Em relação ao item "IV", com a vigência da Lei nº 13.467/17, foi alterado o art. 775 da CLT, que trata da contagem dos prazos, passando a ter a seguinte redação: "Art. 775. Os prazos estabelecidos neste Título serão contados em dias úteis, com exclusão do dia do começo e inclusão do dia do vencimento."

Item "I": Incorreto, pois a regra é de recolhimento e consequente comprovação dentro do prazo recursal, como manda o art. 789, §1º da CLT: "As custas serão pagas pelo vencido, após o trânsito em julgado da decisão. No caso de recurso, as custas serão pagas e comprovado o recolhimento dentro do prazo recursal".

Item "II": A regra do pagamento das custas em partes iguais entre os litigantes comporta exceção, que é a convenção em sentido contrário. Sendo assim, considera-se **incorreto** esse item, pois afronta o dispositivo contido no art. 789, §3º da CLT: "Sempre que houver acordo, se de outra forma não for convencionado, o pagamento das custas caberá em partes iguais aos litigantes".

Item "III": Correta a assertiva, pois corresponde à redação do art. 789-A, *caput*, da CLT: "No processo de execução são devidas custas, sempre de responsabilidade do executado e pagas ao final, de conformidade com a seguinte tabela".

Item "IV": A CLT possui regra própria para a contagem do prazo processual, mais precisamente o preceito contido no art. 775 da CLT: "Os prazos estabelecidos neste Título contam-se com exclusão do dia do começo e inclusão do dia do vencimento, e são contínuos e irrelevávei s, podendo, entretanto, ser prorrogados pelo tempo estritamente necessário pelo juiz ou tribunal, ou em virtude de força maior, devidamente comprovada". Item **correto**. (ver nota do autor)

Item "V": O horário de realização dos atos processuais é entre seis e vinte horas. **Incorreta** a assertiva, pois deixou de observar os limites estabelecidos pelo art. 770 da CLT: "Os atos processuais serão públicos salvo quando o contrário determinar o interesse social, e realizar-se-ão nos dias úteis das 6 (seis) às 20 (vinte) horas".

Gabarito: C.

---

213. (TRT 8 – Juiz do Trabalho Substituto 8ª Região/2013) Sobre atos, prazos processuais e custas, é CORRETO afirmar que:

a) Os atos processuais serão públicos salvo quando o contrário determinar o interesse social, e realizar-se-ão nos dias úteis das 6 (seis) às 20 (vinte) horas, sendo que a penhora poderá realizar-se em domingo ou dia feriado, independente de autorização expressa do juiz.

b) Os prazos contam-se, conforme o caso, a partir da data em que for feita pessoalmente, ou recebida a notificação, daquela em que for publicado o edital no jornal oficial ou no que publicar o expediente da Justiça do Trabalho, ou, ainda, daquela em que for afixado o edital na sede da Vara ou Tribunal. Tratando-se de notificação postal, no caso de não ser encontrado o destinatário ou no de recusa de recebimento, o Correio ficará obrigado, sob pena de responsabilidade do servidor, a devolvê-la, no prazo de 5 (cinco) dias, ao Tribunal de origem.

c) Os prazos processuais contam-se com exclusão do dia do começo e inclusão do dia do vencimento, e são contínuos e irrelevávei s, podendo, entretanto, ser prorrogados pelo tempo estritamente necessário pelo juiz ou tribunal, ou em virtude de força maior, devidamente comprovada. Os prazos que se vencerem em sábado, domingo ou dia feriado, terminarão no primeiro dia útil seguinte. Assim sendo, se o interessado for notificado no sábado ou feriado, o início do prazo dar-se-á no primeiro dia útil imediato, e a contagem do prazo, no subsequente.

d) Nos dissídios individuais e nos dissídios coletivos do trabalho, nas ações e procedimentos de competência da Justiça do Trabalho, as custas relativas ao processo de conhecimento incidirão à base de 0,2%, observado o mínimo de R$ 10,64 (dez reais e sessenta e quatro centavos) e serão calculadas: I – quando houver acordo ou condenação, sobre o respectivo valor; II – quando houver extinção do processo, sem julgamento do mérito, ou julgado totalmente improcedente o pedido, sobre o valor da causa; III – no caso de procedência do pedido formulado em ação declaratória e em ação constitutiva, sobre o valor da causa; IV – quando o valor for indeterminado, sobre o que o juiz fixar. As custas serão pagas pelo vencido, após o trânsito em julgado da decisão. No caso de recurso, as custas serão pagas e comprovado o recolhimento dentro do prazo recursal. Não sendo líquida a condenação, o juízo arbitrar-lhe-á o valor e fixará o montante das custas processuais. Sempre que houver acordo, se de outra forma não for convencionado, o pagamento das custas caberá em partes iguais aos litigantes.

e) Nos dissídios coletivos, as partes vencidas responderão solidariamente pelo pagamento das custas, calculadas sobre o valor arbitrado na decisão, ou pelo Presidente do Tribunal. São isentos do pagamento de custas, além dos beneficiários de justiça gratuita: I – a União, os Estados, o Distrito Federal, os Municípios e respectivas autarquias e fundações públicas federais, estaduais ou municipais que explorem atividade econômica; II – o Ministério Público do Trabalho; III – as entidades fiscalizadoras do exercício profissional.

COMENTÁRIOS

Nota do autor: No processo civil, a contagem dos prazos inicia-se com a juntada da carta devidamente cumprida ao processo, *ex vi* do disposto no art. 241, IV, do CPC de 1973, não sendo esse dispositivo aplicado ao processo laboral, uma vez que a CLT possui regra própria, contida no art. 774 da CLT. Observe-se que o art. 241, IV do revogado CPC de 1973 corresponde ao art. 231, VI do CPC de 2015. Em relação a alternativa "c", com a vigência da Lei da Reforma Trabalhista, o art. 775 da CLT foi alterado, passando a ter a seguinte redação: "Art. 775. Os prazos estabelecidos neste Título serão contados em dias úteis, com exclusão do dia do começo e inclusão do dia do vencimento. § 1º Os prazos podem ser prorrogados, pelo tempo estritamente necessário, nas seguintes hipóteses: I – quando o juízo entender necessário; II – em virtude de força maior, devidamente comprovada. § 2º Ao juízo incumbe dilatar os prazos processuais e alterar a ordem de produção dos meios de prova, adequando-os às necessidades do conflito de modo a conferir maior efetividade à tutela do direito.". Já, na alternativa "d", o *caput* do art. 789 da CLT, também sofreu modificações no sentido de prever o valor máximo das custas: "Art. 789. Nos dissídios individuais e nos dissídios coletivos do trabalho, nas ações e procedimentos de competência da Justiça do Trabalho, bem como nas demandas propostas perante a Justiça Estadual, no exercício da jurisdição trabalhista, as custas relativas ao processo de conhecimento incidirão à base de 2% (dois por cento), observado o mínimo de R$ 10,64 (dez reais e sessenta e quatro centavos) e o máximo de quatro vezes o limite máximo dos benefícios do Regime Geral de Previdência Social, e serão calculadas:"

Alternativa "a": A efetivação da penhora em domingos e feriados necessita da autorização do Juiz. **Incorreta**, portanto, a assertiva, uma vez que contraria o preceito contido no parágrafo único do art. 770, da CLT: "Os atos processuais serão públicos salvo quando o contrário determinar o interesse social, e realizar-se-ão nos dias úteis das 6 (seis) às 20 (vinte) horas. Parágrafo único – A penhora poderá realizar-se em domingo ou dia feriado, mediante autorização expressa do juiz ou presidente".

Alternativa "b": O prazo para devolução da notificação pelo Correio é de 48 horas e não cinco dias. Assertiva **incorreta**, pois em desacordo com o estatuído pelo parágrafo único do art. 774 da CLT: "Salvo disposição em contrário, os prazos previstos neste Título contam-se, conforme o caso, a partir da data em que for feita pessoalmente, ou recebida a notificação, daquela em que for publicado o edital no jornal oficial ou no que publicar o expediente da Justiça do Trabalho, ou, ainda, daquela em que for afixado o edital na sede da Junta, Juízo ou Tribunal. Parágrafo único – Tratando-se de notificação postal, no caso de não ser encontrado o destinatário ou no de recusa de recebimento, o Correio ficará obrigado, sob pena de responsabilidade do servidor, a devolvê-la, no prazo de 48 (quarenta e oito) horas, ao Tribunal de origem".

Alternativa "c": Correta, pois representa o procedimento e a metodologia da contagem do prazo no processo laboral, de acordo com a antiga determinação inserida no art. 775 da CLT e posicionamento do TST revelado pelo item I, da Súmula nº 262: "Art. 775. Os prazos estabelecidos neste Título contam-se com exclusão do dia do começo e inclusão do dia do vencimento, e são contínuos e irreleváveis, podendo, entretanto, ser prorrogados pelo tempo estritamente necessário pelo juiz ou tribunal, ou em virtude de força maior, devidamente comprovada. Parágrafo único – Os prazos que se vencerem em sábado, domingo ou dia feriado, terminarão no primeiro dia útil seguinte. Súmula nº 262: Intimada ou notificada a parte no sábado, o início do prazo se dará no primeiro dia útil imediato e a contagem, no subsequente". (ver nota do autor)

Alternativa "d": Incorreta, pois o percentual das custas é de 2% e não 0,2% como constou na questão. Item incorreto, pois não observou o preceito contido no art. 789 da CLT: "Nos dissídios individuais e nos dissídios coletivos do trabalho, nas ações e procedimentos de competência da Justiça do Trabalho, bem como nas demandas propostas perante a Justiça Estadual, no exercício da jurisdição trabalhista, as custas relativas ao processo de conhecimento incidirão à base de 2% (dois por cento), observado o mínimo de R$ 10,64 (dez reais e sessenta e quatro centavos) e serão calculadas". (ver nota do autor)

Alternativa "e": Incorreta, pois as fundações e autarquias que explorem atividade econômica não são isentas do recolhimento das custas processuais, na forma prevista pelo inciso I, do art. 790-A da CLT: "São isentos do pagamento de custas, além dos beneficiários de justiça gratuita I – a União, os Estados, o Distrito Federal, os Municípios e respectivas autarquias e fundações públicas federais, estaduais ou municipais que não explorem atividade econômica; II – o Ministério Público do Trabalho. Parágrafo único. A isenção prevista neste artigo não alcança as entidades fiscalizadoras do exercício profissional, nem exime as pessoas jurídicas referidas no inciso I da obrigação de reembolsar as despesas judiciais realizadas pela parte vencedora."

Gabarito: C.

214. (TRT 8 – Juiz do Trabalho Substituto 8ª Região/2013) Sobre nulidades no Processo do Trabalho é CORRETO afirmar que:

a) Pelo princípio da utilidade, se o ato anulado é premissa necessária dos seguintes atos válidos, todos perderão seus efeitos; porém, se houver correlação e dependência, poderão ser aproveitados (*utile per inutile non vitiatur*).

b) Pelo princípio da preclusão, as nulidades devem ser arguidas na primeira oportunidade de falar nos autos após sua ocorrência, independentemente do motivo que impediu a parte de praticar o ato.

c) A nulidade apenas será declarada se resultar do ato viciado prejuízo processual à parte, referente à sua defesa (*pas de nullité sans grief*), ainda que o juiz, no mérito, possa decidir favoravelmente à parte que invocou a nulidade, não a decretará.

d) Pelo princípio da repressão, o juiz não pode decretar a nulidade absoluta do processo se entender que as partes estão buscando fim proibido por lei ou tentando praticar ato simulado.

e) Pelo princípio da causalidade, os atos a serem anulados devem ser interdependentes, ligados por relação de causa e efeito, sendo que na incompetência absoluta, só os atos decisórios são nulos, os demais são aproveitados.

COMENTÁRIOS

✪ **Nota do autor:** As regras relativas à nulidade dos atos processuais não são idênticas àquelas que regem os atos jurídicos de direito material, em face da incidência dos princípios da instrumentalidade das formas, da transcendência e da convalidação. Observe-se, na alternativa "c", que o art. 249, §2º do CPC de 1973 corresponde ao art. 282, §2º do CPC de 2015. Já na alternativa "d", os arts. 129 e 485, III do CPC de 1973 correspondem, respectivamente, aos arts. 142 e 966, III do CPC de 2015.

Alternativa "a": Incorreta, pois os atos posteriores só terão validade se não tiver dependência com o ato anulado ou dele não for consequência direta. Essa é a orientação contida no art. 798 da CLT: "A nulidade do ato não prejudicará senão os posteriores que dele dependam ou sejam consequência".

Alternativa "b": Incorreta, pois se a nulidade é absoluta, não há que se falar em preclusão, uma vez que ela pode ser declarada a qualquer momento pelo juiz, de ofício ou por provocação das partes. Nesse sentido, o § 1º, art. 795 da CLT: "§ 1º – Deverá, entretanto, ser declarada *ex officio* a nulidade fundada em incompetência de foro. Nesse caso, serão considerados nulos os atos decisórios.

Alternativa "c": Incorreta, pois a segunda parte da assertiva contraria o preceito contido no art. 249, §2º da CPC que veda a utilização do procedimento citado: "Quando puder decidir do mérito a favor da parte a quem aproveite a declaração da nulidade, o juiz não a pronunciará nem mandará repetir o ato, ou suprir-lhe a falta".

Alternativa "d": Incorreta, uma vez que a determinação da norma jurídica processual é sem sentido contrário, notadamente o art. 129 do CPC de 1973: "Convencendo-se, pelas circunstâncias da causa, de que autor e réu se serviram do processo para praticar ato simulado ou conseguir fim proibido por lei, o juiz proferirá sentença que obste aos objetivos das partes". De forma mais específica, manifesta-se o TST por meio da OJ nº 158, da SDI-2: "A declaração de nulidade de decisão homologatória de acordo, em razão da colusão entre as partes (art. 485, III, do CPC), é sanção suficiente em relação ao procedimento adotado, não havendo que ser aplicada a multa por litigância de má-fé".

Alternativa "e": Correta a alternativa, pois corresponde ao mandamento contido no art. 795, §1º da CLT: "As nulidades não serão declaradas senão mediante provocação das partes, as quais deverão argui-las à primeira vez em que tiverem de falar em audiência ou nos autos. Deverá, entretanto, ser declarada *ex officio* a nulidade fundada em incompetência de foro. Nesse caso, serão considerados nulos os atos decisórios".

Gabarito: E.

215. (TRT 15 – Juiz do Trabalho Substituto 15ª Região/2013) Sobre as nulidades no processo do trabalho, considere as afirmativas abaixo.

I. Os atos e formas processuais sujeitam-se ao princípio da estrita legalidade, não se admitindo a convalidação de ato processual formalmente viciado.

II. Estabelecido, em sede de recurso ordinário, que uma testemunha impedida foi ouvida sob compromisso legal de dizer a verdade, deve-se anular todo o processo do trabalho, a partir da audiência em que se colheram as provas orais (inclusive).

III. Se a empresa reclamada, embora não citada, comparece à audiência e apresenta sua contestação-sem arguir preliminares ainda assim poderá arguir a respectiva nulidade absoluta, em sede de razões finais, por se tratar de "*querela nullitatis insanabilis*".

IV. "Incompetência de foro", no art. 795, §1º, da CLT ("Deverá, entretanto, ser declarada *ex officio* a nulidade fundada em incompetência de foro"), significa incompetência relativa em razão do lugar.

Agora, assinale a alternativa certa.

a) são falsas todas as afirmativas;

b) são falsas as afirmativas II e IV.

c) são falsas as afirmativas III e IV.

d) são verdadeiras as afirmativas I, III e IV.

e) é verdadeira apenas a alternativa III.

COMENTÁRIOS

✪ **Nota do autor:** O ato processual inexistente é aquele que não possui existência jurídica, mas existe no plano fático dos autos processuais. Consequentemente, não produz qualquer efeito e não há possibilidade de corrigi-lo. É o caso, por exemplo, de um ato processual praticado por escrito, mas sem a assinatura do advogado ou da própria parte.

Item "I": Incorreto. Trata-se da aplicação do princípio do informalismo, também denominado de instrumentalidade das formas. Diz respeito à existência de uma carga menor de requisitos de validade de um ato processual ou mesmo a possibilidade de convalidação de um ato defeituoso, desde que não prejudique as partes e que sejam atingidos os objetivos fixados na lei. Na CLT podem ser citados os seguintes dispositivos legais que atendem ao referido princípio: "Art. 794: Nos processos sujeitos à apreciação da Justiça do Trabalho só haverá nulidade quando resultar dos atos inquinados manifesto prejuízo às partes litigantes. Art. 796. A nulidade não será pronunciada: a) quando for possível suprir-se a falta ou repetir-se o ato; b) quando arguida por quem lhe tiver dado causa.

Item "II": Incorreto. Nesse caso, basta desconsiderar o depoimento da testemunha impedida e o Tribunal poderá avançar no julgamento da lide sem a necessidade de anular todo o processo e determinar o retorno dos autos ao juízo de origem (teoria da causa madura). Se a opção do Tribunal for de anular o processo, o fará a partir da oitiva da testemunha e não englobará todos os atos praticados na audiência, utilizando-se do permissivo contido no art. 787 da CLT: "A nulidade do ato não prejudicará senão os posteriores que dele dependam ou sejam consequência".

Item "III": Incorreto, pois nesse caso utiliza-se do princípio da transcendência ou do prejuízo, presente na dicção do art. 794 da CLT: "Nos processos sujeitos à apreciação da Justiça do Trabalho só haverá nulidade quando resultar dos atos inquinados manifesto prejuízo às partes litigantes".

Item "IV": Incorreto, uma vez que a expressão "incompetência de foro" deve ser interpretada como incompetência em razão da matéria e não do lugar, uma vez que a primeira, por ser absoluta, pode ser conhecida de ofício pelo juiz.

Gabarito: A.

---

216. (TRT 2 – Juiz do Trabalho Substituto 2ª Região/2013) Em matéria de custas processuais, é incorreto afirmar:

a) Quando houver condenação, as custas incidirão sobre o respectivo valor.

b) Quando houver extinção do processo, sem julgamento do mérito, as custas serão arbitradas.

c) Quando houver julgamento de improcedência do pedido, as custas serão sobre o valor da causa.

d) Sempre que houver acordo, o pagamento das custas caberá em partes iguais aos litigantes, se de outra forma não for convencionado.

e) Quando o valor for indeterminado, as custas serão fixadas pelo Juiz.

COMENTÁRIOS

✪ **Nota do autor:** A Constituição Federal de 1988 garante que os valores arrecadados com esse tributo devem ser revertidos para o custeio dos serviços respectivos: "CF/88. Art. 98. § 2º. As custas e emolumentos serão destinados exclusivamente ao custeio dos serviços afetos às atividades específicas da Justiça". Com a Lei da Reforma Trabalhista, o *caput* do art. 789 da CLT foi alterado para prever o valor máximo das custas: "Art. 789. Nos dissídios individuais e nos dissídios coletivos do trabalho, nas ações e procedimentos de competência da Justiça do Trabalho, bem como nas demandas propostas perante a Justiça Estadual, no exercício da jurisdição trabalhista, as custas relativas ao processo de conhecimento incidirão à base de 2% (dois por cento), observado o mínimo de R$ 10,64 (dez reais e sessenta e quatro centavos) e o máximo de quatro vezes o limite máximo dos benefícios do Regime Geral de Previdência Social, e serão calculadas:"

Alternativa "a": Correta a assertiva, pois é dessa forma que o art. 789, I, da CLT define a incidência do percentual de 2% das custas: "Quando houver acordo ou condenação, sobre o respectivo valor".

Alternativa "b": Incorreta, uma vez que na hipótese de extinção do processo sem a resolução do mérito, o percentual de 2% incide sobre o valor atribuído à causa, conforme determina o art. 789, II da CLT: "Nos dissídios individuais e nos dissídios coletivos do trabalho, nas ações e procedimentos de competência da Justiça do Trabalho, bem como nas demandas propostas perante a Justiça Estadual, no exercício da jurisdição trabalhista, as custas relativas ao processo de conhecimento incidirão à base de 2% (dois por cento), observado o mínimo de R$ 10,64 (dez reais e sessenta e quatro centavos) e serão calculadas: II – quando houver extinção do processo, sem julgamento do mérito, ou julgado totalmente improcedente o pedido, sobre o valor da causa". (ver nota do autor)

Alternativa "c": Correta. Nesse caso a incidência do percentual de 2% incide sobre o valor da causa, na forma do quanto disposto no art. 789, II da CLT: "II – quando houver extinção do processo, sem julgamento do mérito, ou julgado totalmente improcedente o pedido, sobre o valor da causa".

Alternativa "d": Exatamente como determina o art. 789, §3º da CLT: "Sempre que houver acordo, se de outra forma não for convencionado, o pagamento das custas caberá em partes iguais aos litigantes". **Correta.**

Alternativa "e": Nesse caso a base de cálculo é definida pelo inciso IV, do art. 789, da CLT: "Quando o valor for indeterminado, sobre o que o juiz fixar". **Correta.**

Gabarito: B.

217. (TRT 2 – Juiz do Trabalho Substituto 2ª Região/2013) Em relação à contagem de prazo e o que dispõe a lei trabalhista, é correto dizer:

a) Os prazos contam-se com exclusão do dia do começo e inclusão do dia do vencimento.

b) Os prazos contam-se com inclusão do dia do começo e exclusão do dia do vencimento.

c) Se a intimação tiver lugar na sexta-feira, o prazo judicial será contado da terça-feira imediata, inclusive.

d) O prazo para recurso da parte que, intimada, não comparecer à audiência em prosseguimento para a prolação da sentença conta-se de sua prolação.

e) Os prazos que se vencerem em sábado, domingo ou dia feriado serão suspensos.

COMENTÁRIOS

✪ **Nota do autor:** Alguns prazos não podem ser alterados, mesmo pela vontade comum dos litigantes ou por determinação judicial. São assim chamados de prazos peremptórios, como acontece, por exemplo, com o prazo para recorrer. Observe-se, na alternativa "a", que o art. 184 do revogado CPC de 1973 corresponde ao art. 224 do CPC de 2015. Com a vigência da Lei nº 13.467/17, o art. 775 da CLT foi alterado, passando a contar com a seguinte redação: "Art. 775. Os prazos estabelecidos neste Título serão contados em dias úteis, com exclusão do dia do começo e inclusão do dia do vencimento. § 1º Os prazos podem ser prorrogados, pelo tempo estritamente necessário, nas seguintes hipóteses: I – quando o juízo entender necessário; II – em virtude de força maior, devidamente comprovada. § 2º Ao juízo incumbe dilatar os prazos processuais e alterar a ordem de produção dos meios de prova, adequando-os às necessidades do conflito de modo a conferir maior efetividade à tutela do direito.".

Alternativa "a": Correta. Essa regra era a mesma tanto no CPC de 1973 quanto na CLT: "CPC. Art. 184: Salvo disposição em contrário, computar-se-ão os prazos, excluindo o dia do começo e incluindo o do vencimento. Art. 775 da CLT: Os prazos estabelecidos neste Título contam-se com exclusão do dia do começo e inclusão do dia do vencimento, e são contínuos e irreleváveis, podendo, entretanto, ser prorrogados pelo tempo estritamente necessário pelo juiz ou tribunal, ou em virtude de força maior, devidamente comprovada". (ver nota do autor)

Alternativa "b": Incorreta, pois o método de contagem dos prazos não obedece a regra do citado e transcrito art. 775 da CLT, qual seja, contam-se com exclusão do dia do começo e inclusão do dia do vencimento. (ver nota do autor)

Alternativa "c": Nesse caso o prazo será contado na segunda-feira, na forma prevista pela Súmula nº 1 do TST: "Quando a intimação tiver lugar na sexta-feira, ou a publicação com efeito de intimação for feita nesse dia, o prazo judicial será contado da segunda-feira imediata, inclusive, salvo se não houver expediente, caso em que fluirá no dia útil que se seguir". **Incorreta.**

Alternativa "d": Nessa situação, o prazo para recurso conta-se da publicação da sentença, conforme posicionamento adotado pelo TST em sua Súmula nº 197: "O prazo para recurso da parte que, intimada, não comparecer à audiência em prosseguimento para a prolação da sentença conta-se de sua publicação". **Incorreta.**

Alternativa "e": Não há que se falar em suspensão mas sim em prorrogação, conforme prevê o art. 775, parágrafo único da CLT: "Os prazos que se vencerem em sábado, domingo ou dia feriado, terminarão no primeiro dia útil seguinte". **Incorreta. (ver nota do autor)**

Gabarito: A.

218. (TRT 2 – Juiz do Trabalho Substituto 2ª Região/2013) Em relação às custas, considerando-se entendimento sumulado do C. Tribunal Regional do Trabalho, é correto dizer:

a) Não ocorre deserção de recurso da massa falida por falta de pagamento de custas ou depósito do valor da condenação, o mesmo ocorrendo com empresa em liquidação extrajudicial.

b) Nas ações plúrimas, as custas incidem sobre o valor correspondente a cada um dos autores, de forma isolada.

c) A parte vencedora na 1ª instância, se vencida na 2ª, não está obrigada a pagar as custas fixadas na sentença originária.

d) Os privilégio e isenções no foro da Justiça do Trabalho abrangem as sociedades de economia mista.

e) Nas ações plúrimas, as custas incidem sobre o respectivo valor global.

COMENTÁRIOS

✪ **Nota do autor:**

Alternativa "a": Incorreta. A regra do não recolhimento das custas só se aplica à massa falida e não às empresas em liquidação extrajudicial. Nesse sentido, a Súmula nº 86 do TST: "Não ocorre deserção de recurso da massa falida por falta de pagamento de custas ou de depósito do valor da condenação. Esse privilégio, todavia, não se aplica à empresa em liquidação extrajudicial".

Alternativa "b": Incorreta, pois nessa situação as custas incidem sobre o valor total da demanda, de acordo com o entendimento do TST exposto por meio da Súmula nº 36: "Nas ações plúrimas, as custas incidem sobre o respectivo valor global".

Alternativa "c": O entendimento do TST é justamente em sentido contrário, conforme se observa do teor da Súmula nº 25: "A parte vencedora na primeira instância, se vencida na segunda, está obrigada, independentemente de intimação, a pagar as custas fixadas na sentença originária, das quais ficara isenta a parte então vencida". **Incorreta.**

Alternativa "d": Incorreta, principalmente porque tais entidades desenvolvem atividade econômica. Nesse sentido é a orientação contida no art. 790-A, I, da CLT: "São isentos do pagamento de custas, além dos beneficiários de justiça gratuita: I – a União, os Estados, o Distrito Federal, os Municípios e respectivas autarquias e fundações públicas federais, estaduais ou municipais que não explorem atividade econômica; II – o Ministério Público do Trabalho".

Alternativa "e": Correta a assertiva, pois está em consonância com o texto da Súmula nº 36 do TST: "Nas ações plúrimas, as custas incidem sobre o respectivo valor global".

Gabarito: E.

---

219. (TRT 2 – Juiz do Trabalho Substituto 2ª Região/2013) Sobre atos, termos, prazos e despesas processuais, aponte a alternativa correta:

a) Sempre que houver acordo, se outra forma não for convencionado, o pagamento das custas caberá à empresa-ré, porque o reclamante-autor é a parte hipossuficiente.

b) São devidas custas no processo de execução, na hipótese de os cálculos de liquidação serem realizados pelo contador do juízo, atribuídas ao executado e pagas ao final, sempre calculadas em 0,5% (cinco décimos por cento) sobre o valor liquidado.

c) O marco inicial da contagem do prazo prescricional para ajuizamento de ação condenatória, quando advém a dispensa do empregado no curso de ação declaratória que possua a mesma causa de pedir remota, é a data da publicação da decisão proferida na ação declaratória e não a data da extinção do contrato.

d) Recebida a intimação pela parte em um sábado, o prazo para a prática do ato terá a sua contagem iniciada na terça-feira, se no dia anterior tiver havido regular expediente forense.

e) São isentos do pagamento de custas a União, os Estados, o Distrito Federal, os Municípios e respectivas autarquias e fundações públicas federais, estaduais ou municipais que não explorem atividade econômica, inclusive as entidades fiscalizadoras do exercício profissional.

COMENTÁRIOS

✪ **Nota do autor:** Caso as partes tenham ciência da prática do ato processual por meio do DEJT, considera-se como data da ciência o dia útil seguinte à disponibilização das informações (dia de graça), com início da contagem do prazo no dia útil subsequente, na forma prevista pela Lei nº 11.419, de 19 de dezembro de 2006.

Alternativa "a": Incorreta. Em caso de omissão em acordo, a regra é da divisão do valor das custas entre as partes. Nesse sentido é o comando do art. 789, §3º da CLT: "Sempre que houver acordo, se de outra forma não for convencionado, o pagamento das custas caberá em partes iguais aos litigantes".

Alternativa "b": Geralmente as custas na execução tem um valor fixo por cada ato praticado, ao contrário do que ocorre com o processo de conhecimento que é sempre de 2%. No caso dos cálculos de liquidação o valor mínimo equivale a 0,5% até o limite máximo de R$ 638,46. Incorreta a assertiva, pois contraria o disposto no art. 789-A, IX, da CLT: "No processo de execução são devidas custas, sempre de responsabilidade do executado e pagas ao final, de conformidade com a seguinte tabela: IX – cálculos de liquidação realizados pelo contador do juízo – sobre o valor liquidado: 0,5% (cinco décimos por cento) até o limite de R$ 638,46 (seiscentos e trinta e oito reais e quarenta e seis centavos)." **Incorreta.**

Alternativa "c": Essa questão é tratada pela OJ nº 401 da SDI-1 do TST, que define o termo inicial do prazo de prescrição aquele referente ao trânsito em julgado da ação declaratória: "O marco inicial da contagem do prazo prescricional para o ajuizamento de ação condenatória, quando advém a dispensa do empregado no curso de ação declaratória que possua a mesma causa de pedir remota, é o trânsito em julgado da decisão proferida na ação declaratória e não a data da extinção do contrato de trabalho". **Incorreta.**

Alternativa "d": Correta. Como a intimação foi recebida em um sábado, o prazo inicia-se na segunda-feira, mas a sua contagem só se efetiva a partir da terça-feira, salvo se não houve expediente forense no dia anterior. Nesse sentido é o teor da Súmula nº 262, I, do TST: "Intimada ou notificada a parte no sábado, o início do prazo se dará no primeiro dia útil imediato e a contagem, no subsequente".

Alternativa "e": Incorreta. O parágrafo único do art. 790-A da CLT deixa bem claro que a isenção não alcança as entidades fiscalizadoras do exercício profissional: "A isenção prevista neste artigo não alcança as entidades fiscalizadoras do exercício profissional, nem exime as pessoas jurídicas referidas no inciso I da obrigação de reembolsar as despesas judiciais realizadas pela parte vencedora".

Gabarito: D.

---

220. (TRT 2 – Juiz do Trabalho Substituto 2ª Região/2013) Em relação aos honorários advocatícios, aponte a alternativa correta:

a) Na Justiça do Trabalho, a condenação ao pagamento de honorários advocatícios, nunca superiores a 15% (quinze por cento) decorre da sucumbência e a parte pode estar assistida por seu sindicato da categoria profissional, além de comprovar a percepção inferior ao dobro do salário mínimo ou encontrar-se em situação econômica que não lhe permita demandar sem prejuízo do próprio sustento ou da respectiva família.

b) É incabível a condenação em honorários advocatícios em ação rescisória no processo trabalhista.

c) Não são devidos os honorários advocatícios nas causas em que o ente sindical figure como substituto processual.

d) Não são devidos os honorários advocatícios ao sindicato, nas lides que não derivem da relação de emprego.

e) A condenação em honorários advocatícios na Justiça do Trabalho, nunca superiores a 15% (quinze por cento) não decorre, pura e simplesmente da sucumbência, devendo a parte estar assistida por sindicato da categoria profissional, perceber salário inferior ao dobro do salário mínimo ou encontrar-se em situação econômica que não lhe permita demandar sem prejuízo do próprio sustento ou da respectiva família.

COMENTÁRIOS

✪ **Nota do autor:** Na Justiça do Trabalho, de acordo com o que preceitua o art. 14 da Lei nº 5.584/70, a assistência judiciária é prestada pelos sindicatos, aos associados e não associados, ou seja, a todos os integrantes da categoria profissional que representa. Com a vigência da Lei da Reforma Trabalhista, apesar de ter sido mantido o *ius postulandi* das partes, foi instituído os honorários de sucumbência no processo do trabalho no art. 791-A, entre 5% e 15% sobre o valor que resultar da liquidação da sentença, inclusive nas ações contra a Fazenda Pública.

Alternativa "a": O correto seria "não decorre pura e simplesmente da sucumbência". Desse modo, considera-se **incorreta** essa assertiva, pois contraria o entendimento inserido na Súmula nº 219, I do TST (antiga redação): "Na Justiça do Trabalho, a condenação ao pagamento de honorários advocatícios, nunca superiores a 15% (quinze por cento), não decorre pura e simplesmente da sucumbência, devendo a parte estar assistida por sindicato da categoria profissional e comprovar a percepção de salário inferior ao dobro do salário mínimo ou encontrar-se em situação econômica que não lhe permita demandar sem prejuízo do próprio sustento ou da respectiva família". A redação atual do item I, da Súmula 219 do TST é a seguinte: "I – Na Justiça do Trabalho, a condenação ao pagamento de honorários advocatícios não decorre pura e simplesmente da sucumbência, devendo a parte, concomitantemente: a) estar assistida por sindicato da categoria profissional; b) comprovar a percepção de salário inferior ao dobro do salário mínimo ou encontrar-se em situação econômica que não lhe permita demandar sem prejuízo do próprio sustento ou da respectiva família (art. 14, §1º, da Lei nº 5.584/1970) (ex-OJ nº 305 da SBDI-I)". (ver nota do autor)

Alternativa "b": Trata-se de procedimento especial que necessita da presença de advogado. Por conta disso, cabe a condenação em honorários advocatícios, conforme entendimento do TST constante da Súmula nº 219, II, do TST: "É cabível a condenação ao pagamento de honorários advocatícios em ação rescisória no processo trabalhista". **Incorreta** a assertiva.

Alternativa "c": Pelo entendimento do TST, quando o sindicato postula em juízo na condição de substituto processual, são devidos os honorários advocatícios. **Incorreta** a assertiva, pois não está de acordo com a Súmula nº 219, III do TST: "São devidos os honorários advocatícios nas causas em que o ente sindical figure como substituto processual e nas lides que não derivem da relação de emprego".

Alternativa "d": Nas lides que não derivem da relação de emprego, não é possível a parte praticar atos processuais diretamente. Por conta disso, a contratação de advogado é obrigatória, o que implica reconhecer a necessidade de condenação em honorários de sucumbência, na forma prevista pelo inciso III, da Súmula nº 219 do TST: "São devidos os honorários advocatícios nas causas em que o ente sindical figure como substituto processual e nas lides que não derivem da relação de emprego". **Incorreta.**

Alternativa "e": Correta a assertiva, pois menciona todos os requisitos necessários para a condenação em honorários sucumbenciais na Justiça do Trabalho, na forma prevista pela Súmula nº 219, I do TST (redação anterior): "I – Na Justiça do Trabalho, a condenação ao pagamento de honorários advocatícios, nunca superiores a 15% (quinze por cento), não decorre pura e simplesmente da sucumbência, devendo a parte estar assistida por sindicato da categoria profissional e comprovar a percepção de salário inferior ao dobro do salário mínimo ou encontrar-se em situação econômica que não lhe permita demandar sem prejuízo do próprio sustento ou da respectiva família". Observe-se que a redação do item I foi alterada pela Resolução nº 204/16 do TST. (ver nota do autor)

Gabarito: E.

---

221. (TRT 14 – Juiz do Trabalho Substituto 14ª Região/2013) No tocante aos prazos processuais, é correto afirmar:

I. São interrompidos pelo recesso forense e pelas férias dos Ministros do Tribunal Superior do Trabalho.

II. Diante da presença de litisconsortes com procuradores distintos, o prazo para recorrer será em dobro, ante a regra contida no art. 191 do CPC.

III. A contagem do quinquídio para apresentação dos originais de recurso interposto por intermédio de fac-símile começa a fluir do dia subsequente ao término do prazo recursal, e não do dia seguinte à interposição do recurso, se esta se deu antes do termo final do prazo. Não se tratando a juntada dos originais de ato que dependa de notificação, pois a parte, ao interpor o recurso, já tem ciência de seu ônus processual, não se aplica a regra do art. 184 do CPC quanto ao "dies a quo", podendo coincidir com sábado, domingo e feriado.

IV. O feriado local prorroga o prazo recursal, cabendo à parte comprovar sua existência quando da interposição do recurso.

V. Intimada ou notificada a parte no sábado, o início e a contagem do prazo se darão no primeiro dia útil imediato.

a) apenas as proposições I e III estão corretas;

b) apenas as proposições II e V estão corretas;

c) apenas as proposições II e III estão corretas;

d) apenas as proposições III e IV estão corretas;

e) apenas as proposições IV e V estão corretas.

COMENTÁRIOS

✪ **Nota do autor:** Se o ato for praticado por meio eletrônico, mediante a utilização de assinatura eletrônica com credenciamento prévio junto ao órgão do Poder Judiciário, o horário para a sua prática é estendido até às 24 horas, na forma da previsão contida na Lei nº 11.419/2006 regulamentada no âmbito da Justiça do Trabalho pelo art. 25, § 1º, da Resolução nº 94/2012 do CSJT. Observe-se, no item "II", que o art. 191 do revogado CPC de 1973 corresponde ao art. 229 do CPC de 2015. Já no item "III", o art. 184 do CPC de 1973 corresponde ao art. 224 do CPC de 2015. A Lei nº 13.545/17 acrescentou o art. 775-A a CLT, que trata do recesso forense, com redação similar à do art. 220 do CPC de 2015: "Art. 775-A. Suspende-se o curso do prazo processual nos dias compreendidos entre 20 de dezembro e 20 de janeiro, inclusive. § 1º Ressalvadas as férias individuais e os feriados instituídos por lei, os juízes, os membros do Ministério Público, da Defensoria Pública e da Advocacia Pública e os auxiliares da Justiça exercerão suas atribuições durante o período previsto no caput deste artigo. § 2º Durante a suspensão do prazo, não se realizarão audiências nem sessões de julgamento."

Item "I": Incorreto, pois o recesso forense e as férias dos ministros do TST suspendem e não interrompem os prazos recursais, como deixa claro a Súmula nº 262, II, do TST: "O recesso forense e as férias coletivas dos Ministros do Tribunal Superior do Trabalho suspendem os prazos recursais".

Item "II": Incorreto, pois se mantém o mesmo prazo, uma vez que o preceito contido no art. 191 do revogado CPC de 1973 não se aplica no processo do trabalho, conforme entendimento do TST expresso por meio da OJ nº 310 da SDI-I em sua antiga redação: "A regra contida no art. 191 do CPC é inaplicável ao processo do trabalho, em face da sua incompatibilidade com o princípio da celeridade inerente ao processo trabalhista." A atual redação é a seguinte: "Inaplicável ao processo do trabalho a norma contida no art. 229, caput e §§ 1º e 2º, do CPC de 2015 (art. 191 do CPC de 1973), em razão de incompatibilidade com a celeridade que lhe é inerente".

Item "III": Correto, pois foram ressaltados os dois principais aspectos relativos ao ajuizamento de recurso por meio de *fac-símile*, procedimento que está em fase de extinção com a adoção do PJe na Justiça do Trabalho. Portanto, considera-se verdadeira a assertiva, uma vez que está de conformidade com o entendimento constante da Súmula 387, II e III, do TST: II – "A contagem do quinquídio para apresentação dos originais de recurso interposto por intermédio de fac-símile começa a fluir do dia subsequente ao término do prazo recursal, nos termos do art. 2º da Lei nº 9.800, de 26.05.1999, e não do dia seguinte à interposição do recurso, se esta se deu antes do termo final do prazo. Não se tratando a juntada dos originais de ato que dependa de notificação, pois a parte, ao interpor o recurso, já tem ciência de seu ônus processual, não se aplica a regra do art. 184 do CPC quanto ao 'dies a quo', podendo coincidir com sábado, domingo ou feriado".

Item "IV": Correto, pois em dia de feriado local não há expediente forense. Logo, o prazo que se vence nesse dia fica automaticamente prorrogado. Contudo, para efeito de recurso e para análise da instância superior, a parte deve provar a existência de feriados locais. Nesse sentido é o teor da Súmula nº 385, I do TST, em sua redação anterior: "Incumbe à parte o ônus de provar, quando da interposição do recurso, a existência de feriado local que autorize a prorrogação do prazo recursal". A Resolução nº 220/2017 do TST conferiu nova redação ao item I dessa Súmula: "FERIADO LOCAL OU FORENSE. AUSÊNCIA DE EXPEDIENTE. PRAZO RECURSAL. PRORROGAÇÃO. COMPROVAÇÃO. NECESSIDADE. (alterada em decorrência do CPC de 2015) – Res. 220/2017, DEJT divulgado em 21, 22 e 25.09.2017 I – Incumbe à parte o ônus de provar, quando da interposição do recurso, a existência de feriado local que autorize a prorrogação do prazo recursal (art. 1.003, § 6º, do CPC de 2015). No caso de o recorrente alegar a existência de feriado local e não o comprovar no momento da interposição do recurso, cumpre ao relator conceder o prazo de 5 (cinco) dias para que seja sanado o vício (art. 932, parágrafo único, do CPC de 2015), sob pena de não conhecimento se da comprovação depender a tempestividade recursal".

Item "V": Incorreto, pois nesse caso o prazo inicia-se no dia útil imediato e a contagem do prazo no dia subsequente, conforme posicionamento adotado pelo TST em sua Súmula nº 262, I: "Intimada ou notificada a parte no sábado, o início do prazo se dará no primeiro dia útil imediato e a contagem, no subsequente".

Gabarito: D.

---

222. (TRT 22 – Juiz do Trabalho Substituto 22ª Região/2013) Acerca de nulidade no processo trabalhista, assinale a alternativa INCORRETA:

a) o ato que ofende comando de natureza cogente e colide com o interesse público configura nulidade absoluta, a qual, desde que arguida pela parte interessada, poderá ser decidida em qualquer grau de jurisdição;

b) no mandado de segurança, o Ministério Público participará, obrigatoriamente, na primeira instância, sob pena de nulidade absoluta do feito;

c) não será proclamada a nulidade de ato que possa ser repetido ou cuja falta possa ser suprida, de modo que restará eficaz, a despeito de inobservância da forma ou olvidada a sua prática;

d) a arguição de nulidade deve ser sempre expressa, na primeira oportunidade processual de manifestação da parte nos autos, não se podendo substituir por mero protesto;

e) são hipóteses de nulidade absoluta os atos decisórios praticados por autoridade absolutamente incompetente e o trâmite de processo sem citação válida do réu.

COMENTÁRIOS

✪ **Nota do autor:** A nulidade é absoluta quando o defeito do ato processual fere uma norma processual de ordem pública, que regula interesses públicos e cujos efeitos, no caso concreto, não podem ser controlados pela vontade das partes. Nesse caso, o juiz deve declarar a nulidade de ofício e não há preclusão em caso de omissão. Ocorre, por exemplo, nos seguintes casos: ausência de intimação pessoal do Ministério Público do Trabalho nas ações trabalhistas em que tenha que intervir obrigatoriamente. Observe-se, na alternativa "e", que o art. 214 do CPC de 1973 corresponde ao art. 239 do CPC de 2015.

Alternativa "a": Incorreta, pois como se trata de norma de natureza cogente, poderá ser suscitada de ofício pelo próprio juiz, a exemplo do que ocorre com a incompetência absoluta, citada pelo art. 795, §1º da CLT: "Deverá, entretanto, ser declarada *ex officio* a nulidade fundada em incompetência de foro. Nesse caso, serão considerados nulos os atos decisórios".

Alternativa "b": Correta. A participação obrigatória do representante do Ministério Público encontra-se prevista no art. 12, da Lei nº 12.016/09: "Findo o prazo a que se refere o inciso I do caput do art. 7º desta Lei, o juiz ouvirá o representante do Ministério Público, que opinará, dentro do prazo improrrogável de 10 (dez) dias".

Alternativa "c": Correta a assertiva, pois atende ao princípio do aproveitamento do ato processual e ao comando existente no art. 796 da CLT: "A nulidade não será pronunciada: a) quando for possível suprir-se a falta ou repetir-se o ato".

Alternativa "d": Correta, uma vez que não se aceita a arguição de nulidade tácita. Pode até ser feita por meio de protesto, mas de forma clara e expressa. Nesse sentido, o comando contido no art. 795, *caput* da CLT: "As nulidades não serão declaradas senão mediante provocação das partes, as quais deverão argui-las à primeira vez em que tiverem de falar em audiência ou nos autos".

Alternativa "e": Os exemplos citados são casos típicos de nulidade absoluta que pode ser declarada de ofício pelo juiz. **Correta** a assertiva, pois se coaduna com os preceitos contidos no art. 795, §1º. da CLT e art. 214 do CPC de 1973: "Art. 795, §1º: Deverá, entretanto, ser declarada *ex officio* a nulidade fundada em incompetência de foro. Nesse caso, serão considerados nulos os atos decisórios. Art. 214: Para a validade do processo é indispensável a citação inicial do réu".

Gabarito: A.

223. (TRT – JTS 16ª RG/2011) Analise as afirmativas e assinale a alternativa CORRETA:

a) Consiste assédio processual o ato ilícito praticado de forma reiterada e insidiosa por um dos sujeitos que atuam no processo, que tem por objetivo minar a autoestima de uma das partes, degradando o processo.

b) É nulo o ato que indefere o sobrestamento da reclamação trabalhista ante o ajuizamento de processo criminal contra o reclamante que analise os mesmos fatos deduzidos na reclamatória para se evitar decisões conflitantes.

c) De acordo com o princípio da transcendência, o ordenamento jurídico garante a eficácia de um ato ainda que inválido desde que emane efeitos na ordem processual, exceto se a nulidade causar prejuízos aos entes públicos ainda que estes restem silentes nos autos.

d) Em observância ao princípio da economia processual, no processo do trabalho é possível repetir-se qualquer ato nulo, desde que a medida não importe em demora no andamento processual e que tal não cause prejuízos às partes.

e) Em caso de litisconsortes com procuradores diferentes, não é aplicável no processo do trabalho a obrigatoriedade de concessão de prazos em dobro para recorrer ou falar nos autos.

COMENTÁRIOS

✪ **Nota do autor:** Bastante temerário o procedimento da banca deste concurso no sentido de inserir uma indagação cuja resposta não se encontra na legislação, Súmulas ou OJs, jurisprudência dominante ou doutrina abalizada, o que ocorreu com a assertiva contida na alternativa "a". Observe-se, na alternativa "b", que o art. 110 do CPC de 1973 corresponde ao art. 313, V, "a" do CPC de 2015. Já na alternativa "d", o art. 515, §4º do CPC de 1973 corresponde ao art. 938, §1º do CPC de 2015. Por fim, na alternativa "e", o art. 191 do CPC de 1973 corresponde ao art. 229 do CPC de 2015.

Alternativa "a": A legislação processual não define o que seria o assédio processual. A doutrina diverge sobre a existência dessa figura processual de forma autônoma e há os que entendem que não passa de forma especial de deslealdade processual. Seja qual for o conceito conferido pelos doutrinadores que defendem sua autonomia, não se vislumbra como objetivo da parte assediadora "minar a autoestima da parte", uma vez que a sua principal finalidade é procrastinar, ao máximo, a entrega efetiva da prestação jurisdicional. **Alternativa incorreta.**

Alternativa "b": Incorreta, pois o juiz tem a faculdade de determinar a suspensão do processo trabalhista, conforme permissivo contido no art. 110 do CPC de 1973, utilizado subsidiariamente ao processo laboral: "Se o conhecimento da lide depender necessariamente da verificação da existência de fato delituoso, pode o juiz mandar sobrestar no andamento do processo até que se pronuncie a justiça criminal. Parágrafo único. Se a ação penal não for exercida dentro de 30 (trinta) dias, contados da intimação do despacho de sobrestamento, cessará o efeito deste, decidindo o juiz cível a questão prejudicial".

Alternativa "c": Incorreta, pois, o princípio da transcendência, também conhecido como princípio do prejuízo, não produz os efeitos contidos no texto desta alternativa, o que pode ser conferido pelo teor do art. 794 da CLT: "Nos processos sujeitos à apreciação da Justiça do Trabalho só haverá nulidade quando resultar dos atos inquinados manifesto prejuízo às partes litigantes".

Alternativa "d": Só é possível repetir o ato se a nulidade for sanável. Alternativa **incorreta**, uma vez que vai de encontro à regra estabelecida pelo art. 515, § 4º, do CPC de 1973: "Constatando a ocorrência de nulidade sanável, o Tribunal poderá determinar a realização ou renovação do ato processual, intimadas as partes; cumprida a diligência, sempre que possível prosseguirá o julgamento da apelação". **Alternativa incorreta.**

Alternativa "e": Correta, conforme do TST inserido na OJ nº 310 da SDI-1, em sua antiga redação: "A regra contida no art. 191 do CPC é inaplicável ao processo do trabalho, em face da sua incompatibilidade com o princípio da celeridade inerente ao processo trabalhista". A atual redação é a seguinte: "Inaplicável ao processo do trabalho a norma contida no art. 229, caput e §§ 1º e 2º, do CPC de 2015 (art. 191 do CPC de 1973), em razão de incompatibilidade com a celeridade que lhe é inerente".

Gabarito: E.

---

224. (TRT - JTS 21ª RG/2010) São princípios moderadores das nulidades dos atos processuais no processo trabalhista, exceto:

a) manifesto prejuízo;

b) provocação da parte;

c) preclusão;

d) interesse;

e) justificação.

COMENTÁRIOS

Alternativa "a": Correta. Também conhecido como princípio da transcendência. Encontra-se previsto no art. 794 da CLT: "Nos processos sujeitos à apreciação da Justiça do Trabalho só haverá nulidade quando resultar dos atos inquinados manifesto prejuízo às partes litigantes".

Alternativa "b": Correta. Pelo princípio da provocação da parte, exige-se que a parte prejudicada tenha a iniciativa de provocar o pronunciamento do juiz a respeito da existência de invalidades processuais, sob pena de preclusão. A CLT tem dispositivo disciplinando a questão: "Art. 795. As nulidades não serão declaradas senão mediante provocação das partes, as quais deverão argui-las à primeira vez em que tiverem de falar em audiência ou nos autos".

Alternativa "c": Correta. Consequência do princípio anterior, a nulidades não arguidas são convalidadas.

Alternativa "d": Correta. A invalidade não pode ser arguida por quem lhe tenha dado causa. Nesse sentido o art. 796, "b" da CLT: "A nulidade não será pronunciada: b) quando arguida por quem lhe tiver dado causa".

Alternativa "e": Incorreta, pois a lei, a jurisprudência ou a doutrina não se reportam a esse princípio.

Gabarito: E.

---

225. (TRT - JTS 15ª RG/2010) Analise as assertivas abaixo à luz da jurisprudência do C. TST e da legislação:

I. O ato processual praticado via peticionamento eletrônico será considerado tempestivo se efetivado até às 20 (vinte) horas do último dia;

II. É incabível ação rescisória para impugnar decisão homologatória de adjudicação ou arrematação;

III. Não se conhece de recurso para o TST quando as razões do recorrente não impugnam os fundamentos da decisão recorrida, nos termos em que fora proposta;

IV. Intimada a parte no sábado, o início do prazo se dará no primeiro dia útil imediato e a contagem, no subsequente.

Então responda:

a) somente as assertivas II, III e IV estão corretas;

b) somente as assertivas I, III e IV estão corretas;

c) somente as assertivas I e III estão corretas;

d) somente as assertivas II e IV estão corretas;

e) todas as assertivas estão corretas.

COMENTÁRIOS

✪ **Nota do autor:** Existe diferença relevante entre o início do prazo e o início da contagem do prazo, conforme evidenciado no item I, da Súmula nº 262 do TST. Por exemplo, se o reclamado é intimado no sábado, em um processo de autos físicos, o início do prazo será a segunda feira (salvo se for feriado). Entretanto, o início da contagem do prazo só se efetivará na terça, pois se exclui a segunda. Observe-se, no item "III", que o art. 514, II do revogado CPC de 1973 corresponde ao art. 1.010, II do CPC de 2015.

Item "I": O prazo é até as vinte e quatro horas do último dia. **Item incorreto,** pois em desacordo com o mandamento constante do art. 3º, parágrafo único, da Lei nº 11.419/06: "Consideram-se realizados os atos processuais por meio eletrônico no dia e hora do seu envio ao sistema do Poder Judiciário, do que deverá ser fornecido protocolo eletrônico. Parágrafo único. Quando a petição eletrônica for enviada para atender prazo processual, serão consideradas tempestivas as transmitidas até as 24 (vinte e quatro) horas do seu último dia".

Item "II": O TST consolidou entendimento nesse sentido. **Item correto**, conforme Súmula nº 399, I: "É incabível ação rescisória para impugnar decisão homologatória de adjudicação ou arrematação. (ex-OJs nº 44 e 45 – ambas inseridas em 20.09.00)".

Item "III": Correto, em conformidade com o teor da Súmula nº 422 do TST: "Não se conhece de recurso para o TST, pela ausência do requisito de admissibilidade inscrito no art. 514, II, do CPC, quando as razões do recorrente não impugnam os fundamentos da decisão recorrida, nos termos em que fora proposta".

Item "IV": Correto, conforme entendimento inserido na Súmula nº 262, I, do TST, objeto da nota do autor desta questão: "Intimada ou notificada a parte no sábado, o início do prazo se dará no primeiro dia útil imediato e a contagem, no subsequente".

Gabarito: A.

---

226. (TRT – JTS 9ª RG/2009) Quanto às nulidades no processo do trabalho, considere as seguintes proposições:

I. Só haverá nulidade quando resultar dos atos inquinados manifesto prejuízo às partes litigantes.

II. Na possibilidade de suprir-se a falta ou repetir-se o ato a nulidade não será pronunciada.

III. A extensão da nulidade será declarada pelo juiz ou tribunal que a pronunciar.

IV. A parte prejudicada deverá arguir a nulidade na primeira oportunidade que tiver que falar em audiência ou nos autos.

a) somente a proposição I está correta
b) somente as proposições II e III estão corretas
c) somente as proposições I e IV estão corretas
d) todas as proposições estão corretas
e) nenhuma proposição está correta

COMENTÁRIOS

✪ **Nota do autor:** São três os princípios que se aplicam às questões relativas à nulidade processual, o da transcendência, o da convalidação e do interesse, que são derivados de um princípio maior que rege o processo civil e o processo trabalhista, qual seja, o princípio da instrumentalidade das formas.

Item "I": Trata-se do princípio do prejuízo ou da transcendência. **Item correto,** conforme art. 794 da CLT: "Nos processos sujeitos à apreciação da Justiça do Trabalho só haverá nulidade quando resultar dos atos inquinados manifesto prejuízo às partes litigantes".

Item "II": Correto, de acordo com a determinação contida no art. 796 da CLT: "A nulidade não será pronunciada: a) quando for possível suprir-se a falta ou repetir-se o ato".

Item "III": Correto, em conformidade com o art. 797 da CLT: "O juiz ou Tribunal que pronunciar a nulidade declarará os atos a que ela se estende".

Item "IV": Correto, na forma prevista pelo art. 795 da CLT: "As nulidades não serão declaradas senão mediante provocação das partes, as quais deverão argui-las à primeira vez em que tiverem de falar em audiência ou nos autos".

Gabarito: D.

---

227. (TRT – JTS 6ª RG/2010) Sobre as nulidades no processo do trabalho, assinale a alternativa INCORRETA:

a) Nos processos sujeitos à apreciação da Justiça do Trabalho, só haverá nulidade quando resultar dos atos inquinados manifesto prejuízo às partes litigantes.
b) As nulidades não serão declaradas senão mediante a provocação das partes, as quais deverão argui-las à primeira vez que tiverem que falar em audiência ou nos autos.
c) A nulidade não será pronunciada quando for possível suprir-se a falta ou repetir-se o ato.
d) A nulidade não será pronunciada quando for suscitada por quem lhe tiver dado causa.
e) A nulidade do ato fulminará todos os atos anteriores e posteriores que dele dependam ou sejam consequência.

COMENTÁRIOS

Alternativa "a": Trata-se do princípio do prejuízo ou da transcendência. **Opção correta**, conforme art. 794 da CLT: "Nos processos sujeitos à apreciação da Justiça do Trabalho só haverá nulidade quando resultar dos atos inquinados manifesto prejuízo às partes litigantes".

Alternativa "b": A inobservância dessa regra gera a convalidação da nulidade. Opção **correta**, pois se encontra de acordo com art. 795 da CLT: "As nulidades não serão declaradas senão mediante provocação das partes, as quais deverão argui-las à primeira vez em que tiverem de falar em audiência ou nos autos".

Alternativa "c": Correta, uma vez que essa regra está prevista no art. 796, "a", da CLT: "A nulidade não será pronunciada: a) quando for possível suprir-se a falta ou repetir-se o ato".

Alternativa "d": Correta, de acordo com o mandamento contido no art. 796, "b", da CLT: "A nulidade não será pronunciada: b) quando arguida por quem lhe tiver dado causa".

Alternativa "e": Não é total o efeito da nulidade em relação a outros atos processuais. **Opção incorreta**, pois não foi observada a regra contida no art. 798 da CLT: "A nulidade do ato não prejudicará senão os posteriores que dele dependam ou sejam consequência".

Gabarito: E.

228. (TRT - JTS 15ª RG/2008) Em se tratando de nulidade e INCORRETO afirmar:

a) somente será pronunciada quando não for possível suprir-se a falta ou repetir-se o ato;

b) somente será declarada mediante provocação das partes, as quais deverão argui-la a primeira vez em que tiverem de falar em audiência ou nos autos;

c) o juiz ou tribunal que a pronunciar declarará os atos a que ela se estende;

d) a nulidade do ato não prejudicará senão os posteriores que dele dependam ou sejam consequência;

e) não será pronunciada quando arguida por quem lhe tiver dado causa.

COMENTÁRIOS

Alternativa "a": Correta, uma vez que essa regra encontra-se consignada na alínea 'a' do art. 796 da CLT: "A nulidade não será pronunciada: quando for possível suprir-se a falta ou repetir-se o ato".

Alternativa "b": Incorreta, uma vez que determinadas nulidades absolutas devem ser declaradas de ofício pelo juiz, a exemplo daquela prevista pelo art. 795, § 1º, da CLT: "As nulidades não serão declaradas senão mediante provocação das partes, as quais deverão argui-las à primeira vez em que tiverem de falar em audiência ou nos autos. § 1º – Deverá, entretanto, ser declarada *ex officio* a nulidade fundada em incompetência de foro. Nesse caso, serão considerados nulos os atos decisórios".

Alternativa "c": Correta, porque esse efeito da nulidade está previsto expressamente no art. 797 da CLT: "O juiz ou Tribunal que pronunciar a nulidade declarará os atos a que ela se estende".

Alternativa "d": A declaração de nulidade não invalida automaticamente todos os atos judiciais posteriores. Opção **correta**, pois em conformidade com o conteúdo do art. 798 da CLT: "A nulidade do ato não prejudicará senão os posteriores que dele dependam ou sejam consequência".

Alternativa "e": Correta, uma vez que está em consonância com a determinação contida na alínea 'b' do art. 796 da CLT: "A nulidade não será pronunciada: (...) b – quando arguida por quem lhe tiver dado causa".

Gabarito: B.

229. (TRT - JTS 24ª RG/2008) Sobre as nulidades no processo do trabalho, é INCORRETO afirmar que:

a) A Consolidação das Leis do Trabalho possui regramento específico sobre o tema, razão pela qual as normas do Código de Processo Civil somente serão aplicadas subsidiariamente e desde que não contrariem os princípios peculiares do processo do trabalho.

b) O princípio da finalidade, também conhecido como o princípio da instrumentalidade das formas, é aplicável ao processo do trabalho, apesar de não vir expresso no capítulo próprio das nulidades da Consolidação das Leis do Trabalho, tratando-se de norma de sobre direito encampada pelo direito processual do trabalho através de interpretação sistemática e teleológica.

c) O princípio da convalidação ou da preclusão estabelece que todas as nulidades não serão declaradas senão mediante provocação das partes, as quais deverão argui-las à primeira vez em que tiverem de falar em audiência.

d) O princípio da transcendência estabelece que não haverá nulidade se inexistir prejuízo para a parte que a alega.

e) O princípio da utilidade estabelece que a nulidade do ato não prejudicará senão os posteriores que dele dependam ou sejam consequência.

COMENTÁRIOS

Alternativa "a": Correta, a CLT trata das nulidades na seção IV, do capítulo II.

Alternativa "b": Uma das principais finalidades do processo é, justamente, a solução da lide e a pacificação social, devendo-se aproveitar os atos processuais já praticados, quando possível, evitando-se, ao máximo, a extinção do processo sem a resolução do mérito. Por conta disso, aplica-se ao processo do trabalho o princípio da instrumentalidade das formas, ainda que não seja expresso na normativa processual trabalhista. **Alternativa correta.**

Alternativa "c": Incorreta, pois o princípio em comento não é o da convalidação que é representado pela concessão de efeito ao ato judicial anulável, quando não há manifestação do interessado. Em caso de omissão, opera-se o fenômeno da preclusão.

Alternativa "d": Correta, pois trata do princípio da transcendência, também conhecido como princípio do prejuízo. Encontra-se previsto no art. 794 da CLT: "Nos processos sujeitos à apreciação da Justiça do Trabalho só haverá nulidade quando resultar dos atos inquinados manifesto prejuízo às partes litigantes".

Alternativa "e": Correta, pois o princípio da utilidade encontra-se insculpido no art. 798 da CLT: "A nulidade do ato não prejudicará senão os posteriores que dele dependam ou sejam consequência".

Gabarito: C.

230. (TRT - JTS 3ª RG/2009) Analise as proposições abaixo e, considerando as disposições contidas na Consolidação das Leis do Trabalho e no Código de Processo Civil, bem como no entendimento jurisprudencial sumulado, assinale a alternativa CORRETA:

I. À luz da teoria civilista, diz-se comumente que a nulidade de ato ocorre quando lhe falta algum requisito que a lei prescreve como necessário para a sua validade.

II. A nulidade relativa somente será declarada se tiver sido oportunamente suscitada.

III. As nulidades não serão declaradas senão mediante provocação das partes, as quais deverão argui-las a primeira vez em que tiverem de falar em audiência ou nos autos, salvo a nulidade fundada em incompetência em razão do lugar, que poderá ser declarada *ex officio*.

IV. A nulidade do ato prejudicará os atos anteriores e posteriores que dele dependam ou sejam consequência.

V. O princípio segundo o qual devem ser aproveitados os efeitos validamente produzidos pelo ato irregular, pode ser aplicado na declaração de nulidade do ato no Direito Processual do Trabalho.

a) São falsas as proposições I, III e IV.

b) São falsas as proposições III e IV.

c) São falsas as proposições I, III, IV e V.

d) Apenas a proposição III é falsa e as demais são verdadeiras.

e) Apenas a proposição IV é falsa e as demais são verdadeiras.

COMENTÁRIOS

✪ **Nota do autor:** A incompetência de foro ao qual se refere a qual alude o preceito contido no § 1º do art. 795 da CLT deve ser interpretada como incompetência em razão da matéria e não em razão do lugar como parece sugerir.

Item "I": Os atos jurídicos possuem elementos essenciais para sua validade, como sujeito capaz, objeto lícito, possível, determinado ou determinável e forma prescrita ou não defesa em lei, conforme determina o art. 104 do Código Civil. Já segundo o art. 166 desse mesmo Diploma legal: É nulo o negócio jurídico quando: I – celebrado por pessoa absolutamente incapaz; II – for ilícito, impossível ou indeterminável o seu objeto; III – o motivo determinante, comum a ambas as partes, for ilícito; IV – não revestir a forma prescrita em lei; V – for preterida alguma solenidade que a lei considere essencial para a sua validade; VI – tiver por objetivo fraudar lei imperativa; VII – a lei taxativamente o declarar nulo, ou proibir-lhe a prática, sem cominar sanção. **Item correto.**

Item "II": Correto, pois corresponde ao preceito contido no art. 795, *caput*, da CLT: "As nulidades não serão declaradas senão mediante provocação das partes, as quais deverão argui-las à primeira vez em que tiverem de falar em audiência ou nos autos".

Item "III": A primeira parte da assertiva é verdadeira. O mesmo não acontece com sua parte final, pois a incompetência em razão do lugar é relativa e necessita de provocação da parte. **Item incorreto,** pois não coincide com as prescrições contidas no § 1º, art. 795 da CLT: "Art. 795. As nulidades não serão declaradas senão mediante provocação das partes, as quais deverão argui-las à primeira vez em que tiverem de falar em audiência ou nos autos. § 1º Deverá, entretanto, ser declarada *ex officio* a nulidade fundada em incompetência de foro. Nesse caso, serão considerados nulos os atos decisórios".

Item "IV": Incorreto, pois a nulidade do ato somente prejudica os posteriores que dele dependam ou sejam consequência conforme disposto no art. 798 da CLT.

Item "V": Aplica-se essa regra ao processo do trabalho, uma vez que a CLT possui dispositivo tratando da matéria. **Item correto**, conforme art. 796, "a", da CLT: "Art. 796. A nulidade não será pronunciada: *a*) quando for possível **suprir**-se a falta ou repetir-se o ato".

Gabarito: B.

---

231. (CESPE – JTS 1ª RG/2010) Acerca de vícios e nulidades do processo do trabalho, assinale a opção CORRETA.

a) Se uma das testemunhas regularmente intimadas para depor em demanda na qual se postule o pagamento de horas extras não comparecer e o juiz indeferir o adiamento da audiência e a condução coercitiva da testemunha, essa atitude poderá gerar nulidade por negativa de prestação jurisdicional.

b) Não há nulidade quando o juiz, ao analisar os embargos declaratórios, acolhe-os imediatamente, emprestando-lhes efeito modificativo, e intima a parte contrária somente após proferida essa decisão, já que, nesse caso, o juiz se pautou pela observância do princípio da celeridade processual.

c) Considere que a única testemunha apresentada pela empresa reclamada tenha sido ouvida e que seu depoimento tenha socorrido o demandante. Considere, ainda, que, em razões finais, a empresa tenha contraditado a testemunha, sob o fundamento de que era amiga íntima da parte autora, e que o juiz tenha negado a contradita e julgado de forma favorável ao reclamante. Nesse caso, é possível que a arguição de nulidade pela empresa seja bem-sucedida, já que o juiz deveria ter aberto prazo para a empresa provar suas alegações.

d) Se o MP não for intimado a acompanhar feito em que deva intervir, o processo será nulo.

e) Cabe ao juízo declarar nulidades somente quando provocado pelas partes interessadas.

COMENTÁRIOS

✪ **Nota do autor:** A presente questão foi elaborada antes da modificação da OJ nº 142 do TST, que passou a ter a seguinte redação: "I – É passível de nulidade decisão que acolhe embargos de declaração com efeito modificativo sem que seja concedida oportunidade de manifestação prévia à parte contrária. II – Em decorrência do efeito devolutivo amplo conferido ao recurso ordinário, o item I não se aplica às hipóteses em que não se concede vista à parte contrária para se manifestar sobre os embargos de declaração opostos contra sentença". Posteriormente a Resolução nº 214/2016 do TST cancelou o item II dessa OJ. Observe-se, na alternativa "d", que o art. 246 do CPC de 1973 corresponde ao art. 279 do CPC de 2015.

Alternativa "a": Pode ser o caso de nulidade, diante da possível existência de prejuízo da parte em decorrência do cerceio do direito de produzir prova, mas não de negativa por negativa de prestação jurisdicional. Portanto a opção é **incorreta** diante do fundamento equivocado utilizado na assertiva.

Alternativa "b": Incorreta, pois está em desacordo com a redação anterior da OJ nº 142 da SDI-I do TST que continha tese no sentido de ser necessária a concessão de vista a parte contrária antes do julgamento acolhendo os embargos declaratórios: "É passível de nulidade decisão que acolhe Embargos Declaratórios com efeito modificativo sem oportunidade para a parte contrária se manifestar".

Alternativa "c": Incorreta, uma vez que a parte interessada deveria ter arguido a contradita logo após a qualificação da testemunha. Nesse caso, uma possível nulidade teria sido convalidada, na forma prevista pelo § 1º do art. 795 da CLT: "As nulidades não serão declaradas senão mediante provocação das partes, as quais deverão argui-las à primeira vez em que tiverem de falar em audiência ou nos autos".

Alternativa "d": Correta, segundo disposição contida no art. 246 do CPC de 1973 aplicado subsidiariamente ao processo laboral: "É nulo o processo, quando o Ministério Público não for intimado a acompanhar o feito em que deva intervir".

Alternativa "e": Algumas nulidades absolutas devem ser declaradas de ofício pelo juiz. **Opção incorreta**, conforme art. 795, § 1º, da CLT: "As nulidades não serão declaradas senão mediante provocação das partes, as quais deverão argui-las à primeira vez em que tiverem de falar em audiência ou nos autos. § 1º Deverá, entretanto, ser declarada *ex officio* a nulidade fundada em incompetência de foro. Nesse caso, serão considerados nulos os atos decisórios".

Gabarito: D.

---

232. (CESPE – JTS 1ª RG/2010) Assinale a opção CORRETA com referência a prazos processuais no direito do trabalho.

a) De decisão publicada no dia 17 de dezembro, quinta-feira, que conclua pela inexistência de vínculo entre a parte e a empresa, pode-se recorrer até o dia 7 de janeiro do ano seguinte, considerando-se o recesso forense, o qual se estende de 20 de dezembro a 6 de janeiro.

b) O prazo de decadência, na ação rescisória, conta-se a partir do dia em que a decisão de mérito transita em julgado.

c) Das decisões proferidas pelo Grupo Normativo dos TRTs, cabe recurso ordinário para o TST, tendo o juiz relator prazo de vinte dias para redigir o acórdão.

d) A sentença normativa pode ser objeto de ação de cumprimento a partir do vigésimo dia subsequente ao do julgamento, fundada no acórdão ou na certidão de julgamento, salvo se concedido efeito suspensivo pelo presidente do TST.

e) Considerando-se que o mandado de segurança não constitui, na essência, ação trabalhista, da decisão de TRT em mandado de segurança cabe recurso ordinário para o TST, no prazo de quinze dias, e igual dilação para o recorrido e para os interessados apresentarem razões de contrariedade.

COMENTÁRIOS

✪ **Nota do autor:** A regra geral a ser aplicada no processo do trabalho é a mesma do processo civil para o início da contagem do prazo. Nesse caso, exclui-se o dia de início e inclui-se o dia do final do prazo.

Alternativa "a": O início da contagem do prazo seria o dia 18.12, sexta feira. Com o advento do recesso do final do ano, de 20.12 a 06.01, suspende-se a contagem do prazo, e recomeçaria no dia 07.01, numa quinta-feira. Portanto, **opção incorreta**, pois diverge do entendimento constante do item II, da Súmula nº 262: "O recesso forense e as férias coletivas dos Ministros do Tribunal Superior do Trabalho suspendem os prazos recursais".

Alternativa "b": Na verdade a contagem do prazo inicia-se no dia imediatamente subsequente ao do trânsito em julgado da decisão. **Opção incorreta**, pois se encontra em desacordo com o item I, da Súmula nº 100 do TST: "O prazo de decadência, na ação rescisória, conta-se do dia imediatamente subsequente ao trânsito em julgado da última decisão proferida na causa, seja de mérito ou não".

Alternativa "c": O prazo para redigir o acórdão é de dez dias e não de vinte. **Alternativa incorreta**, segundo o art. 7º da Lei nº 7701/88: "Das decisões proferidas pelo Grupo Normativo dos Tribunais Regionais do Trabalho, caberá recurso ordinário para o Tribunal Superior do Trabalho. § 1º – O Juiz relator ou o redator designado disporá de 10 (dez) dias para redigir o acórdão".

Alternativa "d": Apesar de não ser necessário o trânsito em julgado, a ação de cumprimento pode ser proposta a partir do vigésimo dia subsequente ao do julgamento do dissídio coletivo. **Opção correta**, segundo o art. 7º, § 6º, da Lei nº 7701/88: "Das decisões proferidas pelo Grupo Normativo dos Tribunais Regionais do Trabalho, caberá recurso ordinário para o Tribunal Superior do Trabalho. § 6º – A sentença normativa poderá ser objeto de ação de cumprimento a partir do 20º (vigésimo) dia subsequente ao do julgamento, fundada no acórdão ou na certidão de julgamento, salvo se concedido efeito suspensivo pelo Presidente do Tribunal Superior do Trabalho".

Alternativa "e": O TST não entendeu dessa forma, adotando o posicionamento de exigir o prazo genérico para o recurso, inclusive em decisões de mandado de segurança. **Opção incorreta**, segundo a Súmula nº 201:

"Da decisão de Tribunal Regional do Trabalho em mandado de segurança cabe recurso ordinário, no prazo de 8 (oito) dias, para o Tribunal Superior do Trabalho, e igual dilação para o recorrido e interessados apresentarem razões de contrariedade".

Gabarito: D.

---

233. (TRT – JTS 8ª RG/2009) À luz da legislação pertinente, marque a alternativa CORRETA:

a) Os exames periciais serão realizados por perito designado pelo Juiz, que fixará o prazo para a entrega do laudo. Cada parte poderá indicar um assistente técnico, cujo laudo será apresentado no prazo de cinco dias após a notificação das partes quanto ao teor do laudo pericial.

b) Em regra, no processo eletrônico, todas as citações, notificações e intimações serão feitas por meio eletrônico, exceto as direcionadas à Fazenda Pública.

c) Nos termos da jurisprudência consolidada do TST, o Ministério Público do Trabalho, na qualidade de *custos legis*, pode arguir a prescrição em favor de entidade de direito público, em se tratando de direito patrimonial.

d) As ações civis públicas serão propostas no foro do local onde ocorrer o dano, cujo juízo terá competência funcional para processar e julgar a causa. A propositura da ação prevenirá a jurisdição do juízo para todas as ações posteriormente intentadas que possuam a mesma causa de pedir ou o mesmo objeto.

e) Nas causas sujeitas à jurisdição da Justiça do Trabalho, a oposição de exceção de incompetência acarretará a suspensão do feito. Apresentada a exceção de incompetência, o Juízo concederá vistas ao excepto por 48 (quarenta e oito) horas, devendo a decisão ser proferida na primeira sessão que se seguir.

COMENTÁRIOS

✪ **Nota do autor:** Observe-se que, para efeito da resposta contida na alínea "d", a presente questão foi elaborada antes da alteração da OJ nº 130, da SDI-2 do TST que conta com a seguinte redação: "I – A competência para a Ação Civil Pública fixa-se pela extensão do dano. II – Em caso de dano de abrangência regional, que atinja cidades sujeitas à jurisdição de mais de uma Vara do Trabalho, a competência será de qualquer das Varas das localidades atingidas, ainda que vinculadas a Tribunais Regionais do Trabalho distintos. III – Em caso de dano de abrangência suprarregional ou nacional, há competência concorrente para a Ação Civil Pública das Varas do Trabalho das sedes dos Tribunais Regionais do Trabalho. IV – Estará prevento o juízo a que a primeira ação houver sido distribuída". Observe-se, na alternativa "c", que o art. 219, § 5º do revogado CPC de 1973 corresponde ao art. 487, II do CPC de 2015. Por fim, em relação a alternativa "e", com a vigência da Lei nº 13.467/17 o art. 800 da CLT sofreu modificações. Com isso, a exceção de incompetência territorial passou a ser apresentada no prazo de cinco dias a contar da notificação, antes da audiência, em peça que sinalize a existência desta exceção.

Alternativa "a": O prazo para entrega do laudo do assistente técnico deve ser o mesmo prazo conferido ao perito. Opção **incorreta**, pois, contraria a determinação contida no art. 3º da Lei nº 5584/70: "Os exames periciais serão realizados por perito único designado pelo Juiz, que fixará o prazo para entrega do laudo. Parágrafo único. Permitir-se-á a cada parte a indicação de um assistente, cujo laudo terá que ser apresentado no mesmo prazo assinado para o perito, sob pena de ser desentranhado dos autos".

Alternativa "b": Incorreta, pois o art. 9º da Lei nº 11.419/06 não excepciona a Fazenda Pública. Pelo contrário, inclui expressamente: "No processo eletrônico, todas as citações, intimações e notificações, inclusive da Fazenda Pública, serão feitas por meio eletrônico, na forma desta Lei".

Alternativa "c": O entendimento do TST é em sentido contrário. Alternativa **incorreta**, conforme Orientação Jurisprudencial nº 130 da SDI-1 do TST: "O Ministério Público não tem legitimidade para arguir a prescrição a favor de entidade de direito público, em matéria de direito patrimonial, quando atua na qualidade de *custos legis* (arts. 166, CC e 219, § 5º, CPC)".

Alternativa "d": Correta, uma vez que se encontra de acordo com o preceito contido no art. 2º da Lei nº 7.347/85: "As ações previstas nesta Lei serão propostas no foro do local onde ocorrer o dano, cujo juízo terá competência funcional para processar e julgar a causa. Parágrafo único A propositura da ação prevenirá a jurisdição do juízo para todas as ações posteriormente intentadas que possuam a mesma causa de pedir ou o mesmo objeto".

Alternativa "e": O prazo é de vinte e quatro e não de quarenta e oito horas. Opção **incorreta**, pois contraria o preceito contido no art. 800 da CLT: "Apresentada a exceção de incompetência, abrir-se-á vista dos autos ao exceto, por 24 (vinte e quatro) horas improrrogáveis, devendo a decisão ser proferida na primeira audiência ou sessão que se seguir". (ver nota do autor)

Gabarito: D.

---

234. (TRT – JTS 8ª RG/2009) Marque a alternativa INCORRETA:

a) As ações ajuizadas perante a Justiça do Trabalho tramitarão pelo rito ordinário ou sumaríssimo, conforme previsão consolidada, excepcionando-se, apenas, as que, por disposição expressa de lei, estejam sujeitas a rito especial, tais como o mandado de segurança, ação de consignação em pagamento e o *habeas corpus*.

b) No processo do trabalho, terão preferência os dissídios sobre pagamento de salário, aqueles que derivarem da falência do empregador e ainda os movidos por trabalhadores que possuam 60 (sessenta) anos ou mais de idade.

c) Em regra, a competência das varas do trabalho é determinada pela localidade em que o empregado prestar serviços ao empregador, mesmo que tenha sido contratado em local diverso. Contudo, quando for parte no dissídio viajante comercial, será competente para dirimir a demanda o foro da contratação ou o local em que o trabalhador haja prestado serviços.

d) As decisões cognitivas ou homologatórias deverão indicar sempre a natureza jurídica das parcelas constantes do acordo ou condenação, estabelecendo, inclusive, a responsabilidade de cada parte pelo recolhimento da contribuição previdenciária, se for o caso. A União será notificada das decisões homologatórias de acordo que contenham parcela indenizatória, não valendo o termo de conciliação como decisão irrecorrível para a mesma no tocante às contribuições previdenciárias que lhe são devidas.

e) Uma vez firmado o acordo perante a comissão de conciliação prévia, será lavrado termo assinado pelo empregado, pelo empregador ou preposto e pelos membros da comissão, fornecendo-se cópia às partes. O termo é título executivo extrajudicial e terá eficácia liberatória geral, exceto quando o empregado ressalvar expressamente alguma parcela.

COMENTÁRIOS

Alternativa "a": Correta, uma vez que corresponde a determinação contida no art. 1º da Instrução Normativa nº 27/05 do TST: "As ações ajuizadas na Justiça do Trabalho tramitarão pelo rito ordinário ou sumaríssimo, conforme previsto na Consolidação das Leis do Trabalho, excepcionando-se, apenas, as que, por disciplina legal expressa, estejam sujeitas a rito especial, tais como o Mandado de Segurança, *Habeas corpus, Habeas data*, Ação Rescisória, Ação Cautelar e Ação de Consignação em Pagamento".

Alternativa "b": Correta, de acordo com o art. 652, parágrafo único, da CLT: "Terão preferência para julgamento os dissídios sobre pagamento de salário e aqueles que derivarem da falência do empregador, podendo o Presidente da Junta, a pedido do interessado, constituir processo em separado, sempre que a reclamação também versar sobre outros assuntos" e art. 71 da Lei nº 10.741/03: "É assegurada prioridade na tramitação dos processos e procedimentos e na execução dos atos e diligências judiciais em que figure como parte ou interveniente pessoa com idade igual ou superior a 60 (sessenta) anos, em qualquer instância".

Alternativa "c": A primeira parte da assertiva está correta. Contudo, a parte final vai de encontro ao critério de estabelecimento da competência em razão do lugar fixado pelo art. 651, § 1º, da CLT: "Quando for parte de dissídio agente ou viajante comercial, a competência será da Junta da localidade em que a empresa tenha agência ou filial e a esta o empregado esteja subordinado e, na falta, será competente a Junta da localização em que o empregado tenha domicílio ou a localidade mais próxima". Alternativa **incorreta.**

Alternativa "d": Esse procedimento encontra-se contido no art. 832, §§ 3º e 4º, da CLT: "§ 3º As decisões cognitivas ou homologatórias deverão sempre indicar a natureza jurídica das parcelas constantes da condenação ou do acordo homologado, inclusive o limite de responsabilidade de cada parte pelo recolhimento da contribuição previdenciária, se for o caso. § 4º A União será intimada das decisões homologatórias de acordos que contenham parcela indenizatória, na forma do art. 20 da Lei nº 11.033, de 21 de dezembro de 2004, facultada a interposição de recurso relativo aos tributos que lhe forem devidos". Alternativa **correta.**

Alternativa "e": Correta, de acordo com o preceito contido no art. 625-E da CLT: "Aceita a conciliação, será lavrado termo assinado pelo empregado, pelo empregador ou seu proposto e pelos membros da Comissão, fornecendo-se cópia às partes. Parágrafo único. O termo de conciliação é título executivo extrajudicial e terá eficácia liberatória geral, exceto quanto às parcelas expressamente ressalvadas".

Gabarito: C.

---

235. (TRT – JTS 23ª RG/2008) Assinale a alternativa CORRETA:

I. em audiência, ao aduzir as razões finais, poderá qualquer das partes impugnar o valor dado à causa e, se o juiz o mantiver, pedir revisão da decisão, no prazo de 48 (quarenta e oito horas), ao Presidente do Tribunal Regional;

II. é facultado ao empregador de microempresa ou de empresa de pequeno porte fazer-se substituir ou representar perante a Justiça do Trabalho por terceiros que conheçam dos fatos, ainda que não possuam vínculo trabalhista ou societário;

III. a ausência de ambas as partes na audiência inaugural implica no julgamento antecipado da lide;

IV. no caso de tutela antecipada (ou liminar) ser concedida antes da sentença, cabe a impetração do mandado de segurança, em face da inexistência de recurso próprio.

a) todas as opções estão corretas;

b) apenas três opções estão corretas;

c) apenas duas opções estão corretas;

d) apenas uma opção está correta;

e) todas as opções estão incorretas.

COMENTÁRIOS

✪ **Nota do autor:** No caso do item IV, se a tutela fosse antecipada na sentença, o recurso cabível seria o ordinário.

Item "I": Correto, pois esse procedimento encontra-se previsto pelo art. 2º, § 1º, da Lei nº 5.584/70: "Em audiência, ao aduzir razões finais, poderá qualquer das partes, impugnar o valor fixado e, se o Juiz o mantiver, pedir revisão da decisão, no prazo de 48 (quarenta e oito) horas, ao Presidente do Tribunal Regional".

Item "II": Essa exceção tornou-se presente na normativa trabalhista com a edição da Lei Complementar nº 123/06, em seu art. 54, fato que provocou a alteração da redação da Súmula nº 377 do TST e acabou por englobar a situação do empregado doméstico. Item **correto**, pois em conformidade com a citada Súmula nº 377 do TST: "Exceto quanto à reclamação de empregado doméstico, ou contra micro ou pequeno empresário, o preposto deve ser necessariamente empregado do reclamado. Inteligência do art. 843, § 1º, da CLT e do art. 54 da Lei Complementar nº 123, de 14 de dezembro de 2006".

Item "IV": Incorreto, pois implica o arquivamento da demanda trabalhista, na forma prevista pelo o art. 844 da CLT: "O não comparecimento do reclamante à audiência importa o arquivamento da reclamação, e o não comparecimento do reclamado importa revelia, além de confissão quanto à matéria de fato".

Item "IV": Correto, uma vez que não há recurso imediato para atacar decisão interlocutória no processo do trabalho. Nesse sentido, a Súmula nº 414, II, do TST, em sua redação anterior: "No caso da tutela antecipada (ou liminar) ser concedida antes da sentença, cabe a impetração do mandado de segurança, em face da inexistência de recurso próprio (ex-OJs nº 50 e 58 da SBDI-2 – inseridas em 20.09.2000)". A Resolução nº 217/2017 do TST alterou a redação da mencionada Súmula: "MANDADO DE SEGURANÇA. TUTELA PROVISÓRIA CONCEDIDA ANTES OU NA SENTENÇA (nova redação em decorrência do CPC de 2015) – Res. 217/2017 – DEJT divulgado em 20, 24 e 25.04.2017 I – A tutela provisória concedida na sentença não comporta impugnação pela via do mandado de segurança, por ser impugnável mediante recurso ordinário. É admissível a obtenção de efeito suspensivo ao recurso ordinário mediante requerimento dirigido ao tribunal, ao relator ou ao presidente ou ao vice-presidente do tribunal recorrido, por aplicação subsidiária ao processo do trabalho do artigo 1.029, § 5º, do CPC de 2015. II – No caso de a tutela provisória haver sido concedida ou indeferida antes da sentença, cabe mandado de segurança, em face da inexistência de recurso próprio. III – A superveniência da sentença, nos autos originários, faz perder o objeto do mandado de segurança que impugnava a concessão ou o indeferimento da tutela provisória".

Gabarito: B.

3. INICIAL, DEFESA E AUDIÊNCIA

236. (TRT – JTS 14ª RG/2008) Ainda em relação ao processo do trabalho, assinale a alternativa falsa:

a) Consoante jurisprudência consolidada, o indeferimento da prova testemunhal requerida pela parte sobre a qual houve a aplicação da pena de confissão ficta não constitui cerceamento ao direito de defesa.

b) Apenas a presença do advogado em audiência, munido de defesa e de procuração, sem estar acompanhado da parte ou do preposto, não tem o condão de elidir a revelia, conforme entendimento já sumulado pelo TST.

c) A exceção de suspeição suspende o andamento do processo.

d) Se por motivo de doença o empregado não puder comparecer pessoalmente à audiência na qual deveria depor, revela-se possível fazer-se substituir por um outro empregado da mesma profissão, que prestará depoimento como representante da parte naquele ato, evitando, desse modo, a aplicação da pena de confissão ficta.

e) A parte poderá suscitar conflito de competência, salvo se já houver oposto na causa exceção de incompetência.

COMENTÁRIOS

✪ **Nota do autor:** Observe-se, na alternativa "a", que o art. 400, I do CPC de 1973 corresponde ao art. 443, I do CPC de 2015. Note-se também que, a Resolução 208/16 do TST alterou a redação da Súmula nº 74 para se adaptar ao CPC de 2015: "I – Aplica-se a confissão à parte que, expressamente intimada com aquela cominação, não comparecer à audiência em prosseguimento, na qual deveria depor. (ex-Súmula nº 74 – RA 69/1978, DJ 26.09.1978) II – A prova pré-constituída nos autos pode ser levada em conta para confronto com a confissão ficta (arts. 442 e 443, do CPC de 2015 – art. 400, I, do CPC de 1973), não implicando cerceamento de defesa o indeferimento de provas posteriores. (ex-OJ nº 184 da SBDI-1 – inserida em 08.11.2000) III- A vedação à produção de prova posterior pela parte confessa somente a ela se aplica, não afetando o exercício, pelo magistrado, do poder/dever de conduzir o processo". Em relação a alternativa "b", com a vigência da Lei da Reforma Trabalhista o posicionamento adotado na Súmula nº 122 do TST deve ser em breve modificado tendo em vista a inserção do § 5º ao art. 844 da CLT com a seguinte redação: "Ainda que ausente o reclamado, presente o advogado na audiência, serão aceitos a contestação e os documentos eventualmente apresentados."

Alternativa "a": Correta, pois se trata de reprodução da hipótese prevista pela Súmula nº 74, item II do TST: "A prova pré-constituída nos autos pode ser levada em conta para confronto com a confissão ficta (art. 400, I, CPC), não implicando cerceamento de defesa o indeferimento de provas posteriores (ver nota do autor)".

Alternativa "b": Segundo o posicionamento do TST, ainda que o advogado compareça a audiência com procuração, a hipótese é de revelia e não apenas de confissão, como aconteceria no processo civil. **Opção correta**, de acordo com a Súmula nº 122 do TST: "A reclamada, ausente à audiência em que deveria apresentar defesa, é revel, ainda que presente seu advogado munido de procuração, podendo ser ilidida a revelia mediante a apresentação de atestado médico, que deverá declarar, expressamente, a impossibilidade de locomoção do empregador ou do seu preposto no dia da audiência". (ver nota do autor)

Alternativa "c": Correta, uma vez que esse efeito encontra-se previsto expressamente no art. 799 da CLT: "Nas causas da jurisdição da Justiça do Trabalho, somente podem ser opostas, com suspensão do feito, as exceções de suspeição ou incompetência".

Alternativa "d": Nesse caso, o comparecimento do representante do trabalhador tem o objetivo obstar os efeitos da ausência injustificada, implicando o adiamento da audiência. Opção **incorreta**, conforme entendimento doutrinário e o preceito contido no art. 843, § 2º, CLT: "Se por doença ou qualquer outro motivo poderoso, devidamente comprovado, não for possível ao empregado comparecer pessoalmente, poderá fazer-se representar por outro empregado que pertença à mesma profissão, ou pelo seu sindicato".

Alternativa "e": Correta, de acordo com o permissivo contido no art. 806 da CLT: "É vedado à parte interessada suscitar conflitos de jurisdição quando já houver oposto na causa exceção de incompetência".

Gabarito: D.

3.1. INICIAL E DEFESA

237. (FCC – Juiz do Trabalho/2017) Fulano de Tal celebrou contrato de emprego, em 12/01/2001, com uma empresa de atuação em todo território nacional, para prestar serviços na cidade de São Paulo/SP. Em setembro de 2011, as partes celebraram alteração contratual quanto à localidade da prestação de serviços, operando-se, assim, a transferência de Fulano de Tal para a filial da empresa na cidade do Rio de Janeiro/RJ, onde laborou até ser dispensado sem justa causa, em 14/12/2016. Diante da resilição contratual realizada, Fulano de Tal retornou a São Paulo, sua cidade natal, onde passou a residir novamente com sua família. Em 03/02/2017, Fulano de Tal ajuizou reclamação trabalhista perante a Vara do Trabalho de São Paulo/SP. Na audiência inaugural, nesta localidade, a reclamada apresentou exceção de incompetência em razão do lugar, a qual, após manifestação do reclamante, na própria solenidade, restou acolhida pelo magistrado titular da Vara do Trabalho de São Paulo, declinando a competência em favor da Vara do Trabalho do Rio de Janeiro/RJ. Considerando o interesse do reclamante em atacar a decisão sobre a exceção de incompetência que lhe foi desfavorável, as Súmulas e Orientações Jurisprudenciais do TST e as normas da CLT, no caso apresentado,

a) ainda que não apresentada exceção de incompetência em razão do lugar pela reclamada, igualmente deveria ser declinada a competência pela Vara de São Paulo em favor da Vara do Trabalho do Rio de Janeiro/RJ, visto que a CLT estabelece que será declarada ex officio a nulidade fundada em incompetência de foro.

b) dada a natureza da decisão que acolheu a exceção de incompetência em razão do lugar, e diante da aplicação subsidiária do novo Código de Processo Civil ao Processo do Trabalho, em caráter excepcional, caberia ao reclamante a interposição de agravo de instrumento.

c) dada a natureza da decisão que acolheu a exceção de incompetência em razão do lugar, nenhum recurso caberá de imediato, visto que se trata de decisão interlocutória.

d) dada a natureza da decisão que acolheu a exceção de incompetência em razão do lugar, não obstante o princípio da irrecorribilidade imediata das decisões interlocutórias, caberia recurso ordinário.

e) dada a natureza da decisão que acolheu a exceção de incompetência em razão do lugar, o reclamante poderia optar pela impetração de mandado de segurança como meio substitutivo do recurso próprio, a prudente critério de seu advogado.

COMENTÁRIOS

✪ **Nota do autor:** Com a vigência da Lei da Reforma Trabalhista o prazo para apresentação da exceção de incompetência em razão do lugar passa a ser de cinco dias contados a partir do recebimento da notificação inicial, sob pena de preclusão. Abandona-se, assim, a regra geral no sentido de que todos os meios de defesa devem ser apresentados em audiência. Interposta a exceção de incompetência em razão do lugar, suspende-se o feito principal até a decisão sobre essa questão, inclusive sem a realização da audiência normalmente designada para apresentação da contestação. Havendo necessidade de prova em audiência, o excipiente poderá produzi-la por meio de carta precatória no juízo que indica como competente.

Alternativa "a": Incorreta. Assim dispõe o § 1º, art. 795 da CLT: "Deverá, entretanto, ser declarada ex officio a nulidade fundada em incompetência de foro. Nesse caso, serão considerados nulos os atos decisórios". Observe-se que o legislador, quando faz referência à incompetência de foro, está querendo dizer que a incompetência é em razão da matéria, ou seja, utiliza a expressão "foro" com o sentido de "unidade judiciária", pois, nesse caso, a competência é absoluta. Quando a reclamação trabalhista é ajuizada em Vara do Trabalho diversa daquela indicada pelo art. 651 da CLT o reclamado pode arguir a incompetência em razão do lugar. Como a natureza dessa competência é relativa, a falta de apresentação da exceção de incompetência *ratione loci* implica prorrogação da competência do juízo inicial (art. 65 do CPC). Desse modo, o juiz não pode, de ofício, declarar a incompetência em razão do lugar.

Alternativa "b": Incorreta. Em regra não cabe recurso imediato das decisões interlocutórias, não sendo aplicado subsidiariamente o CPC diante do preceito contido no art. 799, § 2º C/c 895, inciso I da CLT: "§ 2º. Das decisões sobre exceções de suspeição e incompetência, salvo, quanto a estas, se terminativas do feito, não caberá recurso, podendo, no entanto, as partes alegá-las novamente no recurso que couber da decisão final. Art. 895. Cabe recurso ordinário para a instância superior: I – das decisões definitivas ou terminativas das Varas e Juízos, no prazo de 8 (oito) dias". Nesse caso, caberia recurso ordinário e não agravo de instrumento como constou na alternativa.

Alternativa "c": Incorreta, pois cabe recurso ordinário imediato em se tratando de decisão terminativa do feito. A Súmula nº 214 do TST aponta essas hipóteses e na alínea "c" trata do caso específico desta questão: "DECISÃO INTERLOCUTÓRIA. IRRECORRIBILIDADE (nova redação) – Res. 127/2005, DJ 14, 15 e 16.03.2005 Na Justiça do Trabalho, nos termos do art. 893, § 1º, da CLT, as decisões interlocutórias não ensejam recurso imediato, salvo nas hipóteses de decisão: c) que acolhe exceção de incompetência territorial, com a remessa dos autos para Tribunal Regional distinto daquele a que se vincula o juízo excepcionado, consoante o disposto no art. 799, § 2º, da CLT."

Alternativa "d": Correta. Como a decisão que acolheu a exceção é terminativa, uma vez que irá implica remessa dos autos para Tribunal distinto daquele no qual foi proposta a demanda, cabe recurso ordinário imediatamente, conforme interpretação do art. 799, § 2º C/c 895, inciso I da CLT e Súmula nº 214 do TST: "§ 2º. Das decisões sobre exceções de suspeição e incompetência, salvo, quanto a estas, se terminativas do feito, não caberá recurso, podendo, no entanto, as partes alegá-las novamente no recurso que couber da decisão final. Art. 895. Cabe recurso ordinário para a instância superior: I – das decisões definitivas ou terminativas das Varas e Juízos, no prazo de 8 (oito) dias".

Alternativa "e": Incorreta, uma vez que cabe recurso ordinário imediato, o que afastaria a possibilidade do manejo do mandado de segurança. Nesse sentido o art. 5º, II, da Lei nº 12.016/09 a OJ nº 92 da SDI-2 do TST: "Mandado de segurança. Existência de recurso próprio (inserida em 27.05.2002) não cabe mandado de segurança contra decisão judicial passível de reforma mediante recurso próprio, ainda que com efeito diferido."

Gabarito: D.

TEXTO ASSOCIADO: João da Silva ajuizou ação trabalhista em Porto Alegre/RS contra seu empregador, Pedro dos Anjos, empresário individual, e em face dos tomadores de serviços que se beneficiaram do seu trabalho. Sustentou que fora contratado por Pedro dos Anjos para prestar serviços ao grupo econômico trabalhista formado pelas rés Tapetes Ltda. e Cortinas Ltda., estas com sedes em Canoas/RS, em endereços distintos.

As partes foram notificadas a comparecer à audiência inicial nos termos do art. 844 da Consolidação das Leis do Trabalho – CLT.

Na audiência inicial, pela parte autora, compareceram o advogado e um dirigente do sindicato representativo da categoria profissional a que pertence o demandante, este para informar que o reclamante está hospitalizado, motivo pelo qual não pode comparecer à audiência.

Pelo empregador, compareceram o advogado e um preposto, que é seu empregado, sem apresentação de carta de preposto.

Pelos tomadores de serviços, compareceram um advogado e um único preposto, este empregado da ré Tapetes Ltda., credenciado com carta de preposto.

Realizado o pregão, o Juiz do Trabalho registrou a presença na ata de audiência.

Imediatamente após a finalização do registro das presenças em ata, o procurador do autor, utilizando-se da palavra, "pela ordem", requereu que as rés fossem consideradas revéis e confessas, ao argumento de que o empresário individual não poderia ser representado por preposto e porque não houve apresentação de carta de preposto. Quanto aos tomadores de serviços, o procurador do autor argumentou que cada pessoa jurídica deveria ser representada por prepostos distintos, pois possuem personalidades jurídicas autônomas.

Por fim, o procurador do autor pugnou pelo não recebimento das defesas e documentos.

Em seguida, o procurador do empregador pediu a palavra, "pela ordem", para requerer o arquivamento do feito, nos termos do art. 844 da CLT, pois o autor não compareceu à audiência. Suscitou, ainda, exceção de incompetência territorial ao argumento de que o demandante fora contratado em Caxias do Sul/RS, onde a empresa está estabelecida, e que havia prestado serviços em diversas cidades no Estado do Rio Grande do Sul, dentre elas Caxias do Sul, São Leopoldo, Canoas e Porto Alegre. Por fim, apresentou protesto antipreclusivo contra os requerimentos do autor.

Utilizando-se também da palavra, "pela ordem", as rés Tapetes Ltda. e Cortinas Ltda. aderiram à exceção de incompetência territorial e esclareceram que não existe grupo econômico trabalhista entre elas, o que consta da defesa que será juntada, pois são empresas autônomas, independentes e com sócios distintos.

O Juiz do Trabalho registrou todos os requerimentos e argumentos das partes na ata de audiência.

---

238. (TRT 4 – Juiz do Trabalho Substituto 4ª Região/2016) Com base no relato, assinale a assertiva correta.

a) A exceção de incompetência territorial deve ser acolhida, com remessa dos autos a uma das Varas do Trabalho do local da contratação do autor, pois ele executava seus serviços em diversas localidades.

b) Apresentada a exceção de incompetência territorial, o Juiz deve abrir vista dos autos ao excepto, que terá o prazo de 48 (quarenta e oito) horas para se manifestar.

c) Nas causas da jurisdição da Justiça do Trabalho, somente podem ser opostas, com suspensão do feito, as exceções de suspeição ou impedimento.

d) O despacho de expediente que acolhe a exceção de incompetência territorial é irrecorrível de imediato, salvo se ocorrer a remessa dos autos para Tribunal Regional distinto daquele a que se vincula o Juízo excepcionado.

e) A regra geral da CLT, no que se refere à competência territorial, é o ajuizamento da ação trabalhista no local da prestação de serviços do empregado, inclusive se ele for o réu da ação movida por seu empregador.

COMENTÁRIOS

✪ **Nota do autor:** No caso de sucessivos locais de trabalho, a jurisprudência inclina-se pela fixação da competência pelo último lugar da prestação de serviços. Em relação a alternativa "b", com a vigência da Lei nº 13.467/17 o art. 800 da CLT sofreu modificações. Com isso, a exceção de incompetência territorial passou a ser apresentada no prazo de cinco dias a contar da notificação, antes da audiência, em peça que sinalize a existência desta exceção.

Alternativa "a": Incorreta, pois a regra geral estabelecida pelo art. 651 da CLT é a da fixação da competência territorial pelo local da prestação de serviços e não pelo local da contratação.

Alternativa "b": Incorreta, pois o prazo citado é de 24 horas e não de 48 horas, na forma prevista pelo art. 800 da CLT: "Apresentada a exceção de incompetência, abrir-se-á vista dos autos ao exceto, por 24 (vinte e quatro) horas improrrogáveis, devendo a decisão ser proferida na primeira audiência ou sessão que se seguir". (ver nota do autor)

Alternativa "c": Incorreta, uma vez que a exceção de incompetência também suspende o feito, de acordo com o preceito contido no art. CLT. Art. 799: "Nas causas da jurisdição da Justiça do Trabalho, somente podem ser opostas, com suspensão do feito, as exceções de suspeição ou incompetência".

Alternativa "d": Incorreta, uma vez que o ato do juiz que soluciona essa questão incidental é classificada como decisão interlocutória e não como despacho de expediente. Inclusive o TST trata dessa matéria na Súmula nº 214: "DECISÃO INTERLOCUTÓRIA. IRRECORRIBILIDADE (nova redação) – Res. 127/2005, DJ 14, 15 e 16.03.2005 . Na Justiça do Trabalho, nos termos do art. 893, § 1º, da CLT, as decisões interlocutórias não ensejam recurso imediato, salvo nas hipóteses de decisão: a) de Tribunal Regional do Trabalho contrária à Súmula ou Orientação Jurisprudencial do Tribunal Superior do Trabalho; b) suscetível de impugnação mediante recurso para o mesmo Tribunal; c) que acolhe exceção de incompetência territorial, com a remessa dos autos para Tribunal Regional distinto daquele a que se vincula o juízo excepcionado, consoante o disposto no art. 799, § 2º, da CLT.

Alternativa "e": Correta. Essa regra está estabelecida no art. 651, *caput*, da CLT: "A competência das Juntas de Conciliação e Julgamento é determinada pela localidade onde o empregado, reclamante ou reclamado, prestar serviços ao empregador, ainda que tenha sido contratado noutro local ou no estrangeiro. § 3º – Em se tratando de empregador que promova realização de atividades fora do lugar do contrato de trabalho, é assegurado ao empregado apresentar reclamação no foro da celebração do contrato ou no da prestação dos respectivos serviços".

Gabarito: E.

---

239. (TRT 4 – Juiz do Trabalho Substituto 4ª Região/2016) Pretendendo distribuir a ação pelo rito sumaríssimo – na qual iria postular o pagamento de parcelas rescisórias e indenização de despesas pela lavagem de uniforme -, o advogado calculou o valor dos pedidos, conforme determina o art. 852-B, inc. I, da Consolidação das Leis do Trabalho, e constatou que sua pretensão superava 40 (quarenta) salários-mínimos. Assim, optou pelo ajuizamento de duas ações distintas, para que ambas permanecessem no rito sumaríssimo, postulando em uma delas as parcelas rescisórias e, em outra, a indenização de despesas pela lavagem de uniforme. Diante disso, o Juiz deve

a) determinar a reunião dos processos, em face da conexão, e a tramitação pelo rito ordinário, uma vez que, para o estabelecimento do rito, deve-se levar em conta a real pretensão da parte.

b) determinar a reunião dos processos, em face da conexão, e limitar o pedido em 40 (quarenta) salários-mínimos, uma vez que a opção da parte foi pelo rito sumaríssimo.

c) determinar a reunião dos processos, em face da conexão, e indeferir a inicial, uma vez que o valor da real pretensão é incompatível com o rito escolhido pelo autor.

d) determinar a reunião dos processos, em face da conexão, e dar prazo para que o autor escolha entre a tramitação pelo rito ordinário ou pelo rito sumaríssimo, com a limitação a 40 (quarenta) salários-mínimos, sob pena de indeferimento da petição inicial.

e) dar seguimento às ações normalmente, pois não há nenhuma ilegalidade.

COMENTÁRIOS

✪ **Nota do autor:** Por intermédio da cumulação objetiva, é facultado ao reclamante, em uma mesma reclamação trabalhista, inserir diversas postulações em face de um mesmo reclamado, conforme permissão contida no art. 327 do CPC de 2015: "É lícita a cumulação, em um único processo, contra o mesmo réu, de vários pedidos, ainda que entre eles não haja conexão. § 1º São requisitos de admissibilidade da cumulação que: I – os pedidos sejam compatíveis entre si; II – seja competente para conhecer deles o mesmo juízo; III – seja adequado para todos os pedidos o tipo de procedimento". Logo, é possível ajuizar uma ação trabalhista para cada pretensão, desde que sejam, de fato, autônomas.

Alternativa "a": Incorreta, pois não há conexão alguma entre o pedido de parcelas rescisórias e de indenização pelas despesas de lavagem de uniforme. Se não há conexão o juiz não tem o dever de determinar a reunião, conforme se observa da redação do art. 55 do CPC de 2015: "Art. 55. Reputam-se conexas 2 (duas) ou mais ações quando lhes for comum o pedido ou a causa de pedir. § 1º Os processos de ações conexas serão reunidos para decisão conjunta, salvo se um deles já houver sido sentenciado.".

Alternativa "b": Incorreta, uma vez que não há conexão alguma entre o pedido de parcelas rescisórias e de indenização pelas despesas de lavagem de uniforme.

Alternativa "c": Incorreta, uma vez que não há conexão alguma entre o pedido de parcelas rescisórias e de indenização pelas despesas de lavagem de uniforme.

Alternativa "d": Incorreta, uma vez que não há conexão alguma entre o pedido de parcelas rescisórias e de indenização pelas despesas de lavagem de uniforme.

Alternativa "e": Correta, pois o juiz não tem obrigação de determinar a reunião de ações que não sejam conexas.

Gabarito: E.

---

240. (TRT 1 – Juiz do Trabalho Substituto 1ª Região/2016) Imediatamente após o encerramento da instrução, descobrindo a parte autora, em razão de comentários ouvidos na sala de audiências, que o juiz é amigo íntimo da parte contrária, requereu, em razões finais, que ele julgasse procedente o pedido ou acolhesse a exceção de suspeição.

No caso, o requerimento da parte

a) foi correto, mas a ordem de dedução das questões foi incorreta.

b) foi incorreto, mas a ordem não o foi.

c) foi incorreto, mas a forma foi correta.

d) e a exceção de suspeição deveriam ter sido levantados no momento da resposta, apurando-se antes a amizade íntima.

e) foi incorreto e não cabe exceção de suspeição com fundamento em simples boatos.

COMENTÁRIOS

✪ **Nota do autor:** A CLT, em seu art. 801, não faz distinção entre causas de impedimento e causas de suspeição, de forma semelhante ao que fazia o CPC de 1939. Como a CLT inspirou-se no art. 185 do CPC de 1939, nada impede que se utilize, de forma supletiva e subsidiariamente, as regras instituídas pelos citados 144 e 145 do CPC de 2015.

Alternativa "a": Correta. A amizade íntima da parte é causa de suspeição e não de impedimento do juiz. Tomando conhecimento do fato, a parte deve, primeiramente, arguir a suspeição do juiz. O requerimento de julgamento procedente do pedido seria feito condicionalmente na hipótese de improcedência da arguição de suspeição.

Alternativa "b": Incorreta a assertiva, pois como se trata de suspeição, cabe a parte argui-la a partir do momento que tiver conhecimento do fato, sob pena de preclusão. Então o procedimento foi correto, mas a ordem não, pois em primeiro lugar a parte interessada teria que arguir o impedimento e, caso não acolhida, que o pleito fosse julgado procedente.

Alternativa "c": Incorreta a assertiva. Com efeito, agiu corretamente a parte autora ao arguir a suspeição do juiz assim que soube da sua amizade íntima da parte reclamada. Tecnicamente, apesar de continuar sendo denominada de exceção pela CLT, a arguição de suspeição ou de impedimento não é classificada como forma de defesa, tanto que pode ser arguida pela parte autora. Quanto a preclusão lógica ou temporal, a própria CLT tem dispositivo próprio, representado pelo parágrafo único do art. 801: "Se o recusante houver praticado algum ato pelo qual haja consentido na pessoa do juiz, não mais poderá alegar exceção de suspeição, salvo sobrevindo novo motivo. A suspeição não será também admitida, se do processo constar que o recusante deixou de alegá-la anteriormente, quando já a conhecia, ou que, depois de conhecida, aceitou o juiz recusado ou, finalmente, se procurou de propósito o motivo de que ela se originou".

Alternativa "d": Incorreta, pois quando da apresentação da defesa a parte ainda não tinha conhecimento da possível suspeição do juiz. Além disso, o art. 148, § 1º, do CPC deixa claro que a arguição deve ser feita na primeira oportunidade em que a parte tiver que falar nos autos: "A parte interessada deverá arguir o impedimento ou a suspeição, em petição fundamentada e devidamente instruída, na primeira oportunidade em que lhe couber falar nos autos".

Alternativa "e": Incorreta a assertiva. Assim que soube da possível suspeição do juiz, a parte apresentou a respectiva impugnação tempestivamente. A questão relativa à veracidade ou não das alegações deve ser apurada na instrução da impugnação e não como pressuposto de aceitação dessa medida.

Gabarito: A.

---

241. (TRT 1 – Juiz do Trabalho Substituto 1ª Região/2016) Na ação de repetição do indébito ajuizada pelo trabalhador em face da empresa, esta apresentou reconvenção para que o trabalhador fosse condenado a indenizar os prejuízos que lhe teria dado causa no curso da relação de emprego. Em sua defesa, o autor-reconvindo contestou e, na eventualidade, pediu compensação, tendo a empresa, em réplica, assentido a este último pedido.

Nesse caso, resolver-se-ia corretamente o processo proferindo-se a sentença

a) de procedência da ação e da reconvenção, compensando-se os créditos.

b) de homologação de transação, com extinção do processo com julgamento de mérito.

c) de extinção do processo, sem exame de mérito, porque teria perdido o objeto, dado que o resultado da compensação de ambos os créditos seria zero.

d) examinando ambas as ações e a compensação, conforme o caso.

e) de improcedência de ambas as ações, porque, se um era credor do outro em quantias equivalentes, não teriam interesse para a propositura de suas ações.

COMENTÁRIOS

✪ **Nota do autor:** A alegação de compensação e de retenção, institutos de direito material relativo à extinção das obrigações, é matéria afeta à contestação, conforme determina o art. 767 da CLT (a compensação ou a retenção só poderá ser arguida como matéria de defesa), desde que a dívida do reclamante/empregado seja inferior ao débito do empregador/reclamado, caso contrário será necessário utilizar-se da reconvenção. Na verdade, não se trata tecnicamente de compensação, mas sim de simples dedução. Entretanto, a doutrina e a jurisprudência, além da própria CLT, consagraram a utilização dessa expressão. Por fim, a intenção da lei, interpretada pela Súmula nº 48: (COMPENSAÇÃO. A compensação só poderá ser arguida com a contestação) é afastar a possibilidade de a parte arguir a compensação em fases processuais posteriores à postulatória, como em grau de recurso ou nos embargos à execução.

Alternativa "a": Incorreta a assertiva, uma vez que a procedência vai depender do direito aplicado ao litígio, bem como sobre as provas produzidas, se for o caso. Assim, não há como definir previamente se haverá procedência ou não da ação e da reconvenção.

Alternativa "b": Incorreta. Não houve informação sobre provável iniciativa das partes no sentido de conciliar. A circunstância de o reconvinte concordar com a compensação não pode ser classificada como transação, mas simplesmente passa-se a classificar o fato como incontroverso.

Alternativa "c": Incorreta. Apenas questões processuais implicam extinção da demanda sem a resolução do mérito. Pagamento, compensação, dedução etc., são classificadas como mérito e, uma vez acolhida a respectiva arguição, implica extinção do processo com a resolução do mérito.

Alternativa "d": Correta. Cabe ao juiz examinar as questões de fato e de direito arguidas na ação, reconvenção, contestações, réplicas etc., e proferir a respectiva decisão.

Alternativa "e": Incorreta a assertiva, uma vez que a improcedência vai depender do direito aplicado ao litígio, bem como sobre as provas produzidas, se for o caso. Assim, não há como definir previamente se haverá procedência ou não da ação e da reconvenção.

Gabarito: D.

---

242. (TRT 8 – Juiz do Trabalho Substituto 8ª Região/2015) Dentre as alternativas abaixo, apenas uma está INCORRETA. Assinale-a:

a) É da competência de cada uma das turmas do Tribunal julgar as habilitações incidentes e arguições de falsidade, suspeição e outras nos casos pendentes de sua decisão.

b) Apresentada a exceção de incompetência, abrir-se-á vista dos autos ao exceto, por 48 (quarenta e oito) horas improrrogáveis, devendo a decisão ser proferida na primeira audiência ou sessão que se seguir.

c) A suspeição não será também admitida, se do processo constar que o recusante deixou de alegá-la anteriormente, quando já a conhecia, ou que, depois de conhecida, aceitou o juiz recusado ou, finalmente, se procurou de propósito o motivo de que ela se originou.

d) O juiz é obrigado a dar-se por suspeito, e pode ser recusado, por quaisquer dos motivos elencados no art. 801 da Consolidação das Leis do Trabalho, em relação à pessoa dos litigantes.

e) Apresentada a exceção de suspeição, o Juiz ou Tribunal designará audiência dentro de 48 (quarenta e oito) horas, para instrução e julgamento da exceção. Se se tratar de suspeição de Juiz de Direito, será este substituído na forma da organização judiciária local.

COMENTÁRIOS

✪ **Nota do autor:** Ao contrário do que ocorre com o impedimento, nos casos de suspeição há necessidade de arguição pela parte interessada, no prazo para a contestação, por meio da exceção de suspeição, ou a qualquer momento, desde que no prazo de quinze dias após o conhecimento pela parte da circunstância que provoque a suspeição, sob pena de preclusão. Ademais, em relação a alternativa "b", com a vigência da Lei da Reforma Trabalhista o art. 800 da CLT sofreu modificações. Com isso, a exceção de incompetência territorial passou a ser apresentada no prazo de cinco dias a contar da notificação, antes da audiência, em peça que sinalize a existência desta exceção.

Alternativa "a": Correta essa assertiva, uma vez que corresponde a regra contida no art. 702, § 2º, alínea "e", da CLT: "§ 2º É da competência de cada uma das turmas do Tribunal: e) julgar as habilitações incidentes e arguições de falsidade, suspeição e outras nos casos pendentes de sua decisão".

Alternativa "b": Incorreta a assertiva, pois o prazo de vista ao exceto é de 24 horas e não de 48 horas, como determina o art. 800 da CLT: "Apresentada a exceção de incompetência, abrir-se-á vista dos autos ao exceto, por 24 (vinte e quatro) horas improrrogáveis, devendo a decisão ser proferida na primeira audiência ou sessão que se seguir". (ver nota do autor)

Alternativa "c": Correta, pois essa hipótese encontra-se expressamente prevista pelo art. 801, parágrafo único, da CLT: "Se o recusante houver praticado algum ato pelo qual haja consentido na pessoa do juiz, não mais poderá alegar exceção de suspeição, salvo sobrevindo novo motivo. A suspeição não será também admitida, se do processo constar que o recusante deixou de alegá-la anteriormente, quando já a conhecia, ou que, depois de conhecida, aceitou o juiz recusado ou, finalmente, se procurou de propósito o motivo de que ela se originou".

Alternativa "d": Essa obrigação imputada ao juiz está inserida no art. 801, caput, da CLT: "O juiz, presidente ou vogal, é obrigado a dar-se por suspeito, e pode ser recusado, por algum dos seguintes motivos, em relação à pessoa dos litigantes". Assertiva **correta**.

Alternativa "e": Correta essa assertiva, porque esse procedimento está previsto pelo art. 802, caput e § 2º, da CLT: "Art. 802 – Apresentada a exceção de suspeição, o juiz ou Tribunal designará audiência dentro de 48 (quarenta e oito) horas, para instrução e julgamento da exceção. § 2º – Se se tratar de suspeição de Juiz de Direito, será este substituído na forma da organização judiciária local".

Gabarito: B.

---

243. (TRT 8 – Juiz do Trabalho Substituto 8ª Região/2015) Assinale a alternativa CORRETA acerca das exceções de suspeição e incompetência:

a) Das decisões sobre exceções de suspeição e incompetência, cabe recurso ordinário para o Tribunal Regional do Trabalho, eis que têm natureza de sentença.

b) Das decisões sobre exceção de suspeição e incompetência, cabe agravo de instrumento, já que a sua natureza é de decisão interlocutória.

c) É admissível a oposição de exceção de incompetência territorial em sede de recurso ordinário, já que é matéria de ordem pública e pode ser alegada em qualquer tempo e grau de jurisdição.

d) Não cabe, em qualquer hipótese, recurso imediato da decisão proferida em exceção de suspeição, cabendo, no entanto, da decisão proferida em exceção de incompetência, quando terminativa do feito.

e) Opostas simultaneamente, exceções de suspeição e de incompetência, esta deverá ser julgada por primeiro, pois se o juízo não tiver competência territorial, não poderá nem mesmo analisar a exceção de suspeição.

COMENTÁRIOS

✪ **Nota do autor:** O art. 65 do CPC de 2015 equivale ao art. 114 do revogado CPC de 1973 que embasou os comentários da alternativa "c", com a seguinte redação: "Prorrogar-se-á a competência relativa se o réu não alegar a incompetência em preliminar de contestação".

Alternativa "a": Trata-se de espécie de decisão interlocutória. Assim não cabe recurso imediato, salvo se for terminativa do feito, conforme preceitua o art. 799, § 2º, da CLT: "Das decisões sobre exceções de suspeição e incompetência, salvo, quanto a estas, se terminativas do feito, não caberá recurso, podendo, no entanto, as partes alegá-las novamente no recurso que couber da decisão final." Assertiva **incorreta**.

Alternativa "b": Incorreta, pois tais decisões são irrecorríveis de forma imediata, na forma prevista pelo já citado e transcrito art. 799, § 2º, da CLT.

Alternativa "c": Incorreta, pois a incompetência territorial é relativa e não absoluta. Decorrido o prazo para defesa, preclui o direito da parte de apresentar exceção territorial, prorrogando-se a competência, de acordo com o disposto no art. 114 do CPC de 73: "Prorrogar-se-á a competência se dela o juiz não declinar na forma do parágrafo único do art. 112 desta Lei ou o réu não opuser exceção declinatória nos casos e prazos legais."

Alternativa "d": Correta, pois o texto ressalta que só cabe recurso se a decisão for terminativa do feito, na forma prevista pelo art. 799, § 2º, da CLT: "Das decisões sobre exceções de suspeição e incompetência, salvo, quanto a estas, se terminativas do feito, não caberá recurso, podendo, no entanto, as partes alegá-las novamente no recurso que couber da decisão final."

Alternativa "e": Incorreta, pois a competência territorial pode ser prorrogada (relativa), o que não ocorre se a hipótese é de impedimento do juiz, cuja sentença é nula. Portanto, apresentadas simultaneamente a exceção de incompetência e a de suspeição está última deve ser analisada em primeiro lugar.

Gabarito: D.

---

244. (FCC – Juiz do Trabalho Substituto 15ª Região/2015) Sobre a petição inicial no processo do trabalho, considere:

I. Petição inicial desacompanhada de documento indispensável à propositura da ação ou que não preenche outro requisito legal, deve se indeferida de plano pelo juiz.

II. Verificando o juiz que a petição inicial não contém pedido expresso de incidência de juros e de correção monetária, deve conceder à parte o prazo de dez dias para que o autor a emende, sob pena de impossibilidade de aplicação da atualização na liquidação.

III. A verificação mediante perícia de prestação de serviços em condições nocivas, considerado agente insalubre diverso do apontado na inicial, não prejudica o pedido de adicional de insalubridade.

IV. A petição inicial de ação rescisória deve vir acompanhada de prova do trânsito em julgado da decisão rescindenda, sob pena de indeferimento de plano.

V. A petição inicial de ação rescisória deve vir acompanhada de prova do trânsito em julgado da decisão rescindenda. Verificando o relator a ausência de tal comprovação, abrirá prazo de dez dias para que o autor o faça, sob pena de indeferimento.

De acordo com a jurisprudência pacífica do TST, está correto o que consta APENAS em:

a) II e III.

b) I e V.

c) I e IV.

d) III e V.

e) II e IV.

COMENTÁRIOS

Nota do autor: As hipóteses de cabimento de ação rescisória no Código de Processo Civil de 2015 passam a fazer parte do art. 966, que corresponde ao art. 485 do revogado CPC de 1973, com algumas alterações. Observe-se que atualmente a redação da Súmula nº 263 é a seguinte: "Salvo nas hipóteses do art. 330 do CPC de 2015 (art. 295 do CPC de 1973), o indeferimento da petição inicial, por encontrar-se desacompanhada de documento indispensável à propositura da ação ou não preencher outro requisito legal, somente é cabível se, após intimada para suprir a irregularidade em 15 (quinze) dias, mediante indicação precisa do que deve ser corrigido ou completado, a parte não o fizer (art. 321 do CPC de 2015)".

Item "I": Nesse caso, o juiz deve intimar o autor para juntar o documento. Somente em caso de omissão poderá indeferir a petição inicial. **Incorreta** a assertiva, pois contraria a orientação contida na Súmula nº 263 do TST, em sua redação anterior: "Salvo nas hipóteses do art. 295 do CPC, o indeferimento da petição inicial, por encontrar-se desacompanhada de documento indispensável à propositura da ação ou não preencher outro requisito legal, somente é cabível se, após intimada para suprir a irregularidade em 10 (dez) dias, a parte não o fizer" (ver nota do autor).

Item "II": Trata-se de pedido implícito. Assim, ainda que a parte não faça esse pedido, ele está implícito na petição inicial. **Incorreta** a assertiva, pois é contrária ao posicionamento do TST revelado por meio da Súmula nº 211 desse Tribunal: "Os juros de mora e a correção monetária incluem-se na liquidação, ainda que omisso o pedido inicial ou a condenação".

Item "III": Isso porque não há uma vinculação direta entre o fato específico (agente nocivo específico) e o direito ao adicional de insalubridade. Dessa forma, a assertiva é considerada **correta**, pois corresponde ao entendimento do TST constante da Súmula nº 293: "A verificação mediante perícia de prestação de serviços em condições nocivas, considerado agente insalubre diverso do apontado na inicial, não prejudica o pedido de adicional de insalubridade."

Item "IV": Como se trata de documento indispensável à propositura da rescisória, primeiro o juiz deverá intimar a parte para juntá-lo, sob pena de indeferir a petição inicial. **Incorreta** a assertiva, pois é contrária ao entendimento inserido no item II, da Súmula nº 299 do TST: "Verificando o relator que a parte interessada não juntou à inicial o documento comprobatório, abrirá prazo de 10 (dez) dias para que o faça, sob pena de indeferimento". Atualmente o inciso II dessa Súmula tem a seguinte redação: "AÇÃO RESCISÓRIA. DECISÃO RESCINDENDA. TRÂNSITO EM JULGADO. COMPROVAÇÃO. EFEITOS (nova redação do item II em decorrência do CPC de 2015) – Res. 211/2016, DEJT divulgado em 24, 25 e 26.08.2016. II – Verificando o relator que a parte interessada não juntou à inicial o documento comprobatório, abrirá prazo de 15 (quinze) dias para que o faça (art. 321 do CPC de 2015), sob pena de indeferimento.(ex-Súmula nº 299 – Res 8/1989, DJ 14, 18 e 19.04.1989)".

Item "V": Correta a assertiva, uma vez que corresponde ao posicionamento do TST adotado por meio da Súmula nº 299 do TST: I – É indispensável ao processamento da ação rescisória a prova do trânsito em julgado da decisão rescindenda. II – Verificando o relator que a parte interessada não juntou à inicial o documento comprobatório, abrirá prazo de 10 (dez) dias para que o faça, sob pena de indeferimento". Atualmente os incisos I e II dessa Súmula possuem a seguinte redação: "AÇÃO RESCISÓRIA. DECISÃO RESCINDENDA. TRÂNSITO EM JULGADO. COMPROVAÇÃO. EFEITOS (nova redação do item II em decorrência do CPC de 2015) – Res. 211/2016, DEJT divulgado em 24, 25 e 26.08.2016 I – É indispensável ao processamento da ação rescisória a prova do trânsito em julgado da decisão rescindenda. (ex-Súmula nº 299 – Res 8/1989, DJ 14, 18 e 19.04.1989) II – Verificando o relator que a parte interessada não juntou à inicial o documento comprobatório, abrirá prazo de 15 (quinze) dias para que o faça (art. 321 do CPC de 2015), sob pena de indeferimento.(ex-Súmula nº 299 – Res 8/1989, DJ 14, 18 e 19.04.1989)

Gabarito: D.

---

245. (FCC – Juiz do Trabalho Substituto 23ª Região/2015) João das Neves promoveu reclamação trabalhista na qual pleiteou o reconhecimento de estabilidade prevista na Convenção Coletiva de Trabalho, por ter sido dispensado às vésperas de sua aposentadoria e também a reintegração ao trabalho. Em defesa, a Empresa ré requereu a extinção do processo sem exame de mérito por não ter o autor juntado a Convenção Coletiva de Trabalho, na qual se funda o direito pretendido. Diante dos fatos apresentados, o Juiz do Trabalho:

a) deverá julgar improcedente a pretensão porque o autor não se desincumbiu do ônus de comprovar o direito pretendido.

b) deverá indeferir de plano a petição inicial, julgando extinto o processo sem exame de mérito, por encontrar-se desacompanhada de documento indispensável à propositura da ação.

c) poderá conceder prazo de quinze dias para a parte suprir a irregularidade apontada, sob pena de indeferimento da petição inicial.

d) deverá indeferir a petição inicial, julgando extinto o processo sem exame de mérito, pois a ausência de documento indispensável à propositura da ação é causa de inépcia da inicial.

e) deverá intimar a parte para suprir a irregularidade apontada no prazo de dez dias, sob pena de indeferimento da petição inicial.

COMENTÁRIOS

✪ **Nota do autor:** As alternativas dessa pergunta giram em torno do entendimento do TST constante da Súmula nº 263, em sua antiga redação, que reconhece a aplicabilidade do art. 284 do CPC de 1973 ao processo do trabalho, hoje representado pelo art. 321 do CPC de 2015, com a seguinte redação: "O juiz, ao verificar que a petição inicial não preenche os requisitos dos arts. 319 e 320 ou que apresenta defeitos e irregularidades capazes de dificultar o julgamento de mérito, determinará que o autor, no prazo de 15 (quinze) dias, a emende ou a complete, indicando com precisão o que deve ser corrigido ou completado". Em 2016 o TST alterou a redação da referida Súmula, nos seguintes termos: "Salvo nas hipóteses do art. 330 do CPC de 2015 (art. 295 do CPC de 1973), o indeferimento da petição inicial, por encontrar-se desacompanhada de documento indispensável à propositura da ação ou não preencher outro requisito legal, somente é cabível se, após intimada para suprir a irregularidade em 15 (quinze) dias, mediante indicação precisa do que deve ser corrigido ou completado, a parte não o fizer (art. 321 do CPC de 2015)".

Alternativa "a": Incorreta a assertiva, pois o juiz deverá intimar a parte para juntar o documento, como determina o art. 284 do CPC de 1973: "Verificando o juiz que a petição inicial não preenche os requisitos exigidos nos arts. 282 e 283, ou que apresenta defeitos e irregularidades capazes de dificultar o julgamento de mérito, determinará que o autor a emende, ou a complete, no prazo de 10 (dez) dias".

Alternativa "b": Incorreta. Nesse caso como se trata de documento indispensável à propositura da ação, o juiz deverá primeiro intimar a parte a juntar a convenção coletiva aos autos no prazo de dez dias, sob pena de indeferimento. Esse é o entendimento do TST constante da Súmula nº 263, em sua antiga redação: "Salvo nas hipóteses do art. 295 do CPC, o indeferimento da petição inicial, por encontrar-se desacompanhada de documento indispensável à propositura da ação ou não preencher outro requisito legal, somente é cabível se, após intimada para suprir a irregularidade em 10 (dez) dias, a parte não o fizer". (ver nota do autor).

Alternativa "c": Incorreta, pois o prazo para suprir a irregularidade prevista no art. 284 do CPC de 1973 é de 10 dias. No mesmo sentido a já citada e transcrita Súmula nº 263 do TST (ver nota do autor).

Alternativa "d": Incorreta, pois a ausência de documento indispensável à propositura da ação não é considerada como causa de inépcia, segundo o art. 295, parágrafo único, do CPC de 1973: "Considera-se inepta a petição inicial quando: I – lhe faltar pedido ou causa de pedir; II – da narração dos fatos não decorrer logicamente a conclusão; III – o pedido for juridicamente impossível; IV – contiver pedidos incompatíveis entre si".

Alternativa "e": Correta, a assertiva pois corresponde ao entendimento do TST constante da já citada Súmula nº 263, em sua antiga redação, e art. 284 do CPC de 1973.

Gabarito: E.

---

246. (FCC – Juiz do Trabalho Substituto 24ª Região/2015) O processo do trabalho possui institutos peculiares que o distinguem do processo civil comum, mas também se utiliza deste último como fonte de aplicação subsidiária. Nesta situação encontramos algumas circunstâncias relacionadas à audiência e a resposta do réu. Com fulcro na legislação e no entendimento sumulado do Tribunal Superior do Trabalho aplicável aos dissídios individuais do trabalho analise as assertivas abaixo.

I. Da decisão que acolhe a exceção de incompetência territorial, remetendo os autos para Tribunal Regional diverso daquele a que se vincula o juízo excepcionado, cabe recurso imediato.

II. A suspeição como regra deve ser arguida por meio de exceção, entretanto não será admitida se o recusante tiver praticado algum ato pelo qual haja consentido na pessoa do juiz, salvo sobrevindo novo motivo.

III. A resposta do reclamado na ação trabalhista deve ser apresentada em audiência, por escrito ou de forma oral no prazo de 20 minutos, que será prorrogado por 10 minutos em caso de contestação com preliminares ou arguição de exceções.

IV. A defesa do réu em reclamatória trabalhista comum poderá ser direta ou indireta, incluindo as alegações de retenção ou compensação, mas quanto a esta última não há delimitação do momento processual para sua arguição, podendo até mesmo ser alegada em grau recursal.

V. A reconvenção como instituto processual aplicável subsidiariamente ao processo do trabalho é autônoma com relação ao processo principal, razão pela qual é admitida ainda que não haja conexão entre ela e a ação principal ou entre ela e o fundamento da defesa (contestação).

Está correto o que se afirma APENAS em

a) I e II.

b) II e IV.

c) III e V.

d) I e III.

e) IV e V.

COMENTÁRIOS

✪ **Nota do autor:** O art. 315 do revogado CPC de 1973, citado para fundamentar o item V, corresponde ao art. 343 do CPC de 2015 com redação similar: "Art. 343. Na contestação, é lícito ao réu propor reconvenção para manifestar pretensão própria, conexa com a ação principal ou com o fundamento da defesa".

Item "I": Correta a assertiva, pois representa o entendimento do TST constante da Súmula nº 214, alínea "c": "Na Justiça do Trabalho, nos termos do art. 893, § 1º, da CLT, as decisões interlocutórias não ensejam recurso imediato, salvo nas hipóteses de decisão: a) de Tribunal Regional do Trabalho contrária à Súmula ou Orientação Jurisprudencial do Tribunal Superior do Trabalho; b) suscetível de impugnação mediante recurso para o mesmo Tribunal; c) que acolhe exceção de incompetência territorial, com a remessa dos autos para Tribunal Regional distinto daquele a que se vincula o juízo excepcionado, consoante o disposto no art. 799, § 2º, da CLT." Note-se que o TST reforçou a aplicação dessa regra, mesmo após a vigência do CPC de 2015, por meio da Instrução Normativa nº 39/16, em seu art. 1º, § 1º: "Observar-se-á, em todo caso, o princípio da irrecorribilidade em separado das decisões interlocutórias, de conformidade com o art. 893, § 1º da CLT e Súmula nº 214 do TST".

Item "II": Correta a assertiva. Significa que a parte não havia impugnado anteriormente a idoneidade do juiz, mesmo com a prática por ele de atos pretéritos. Há, assim, uma aceitação tácita e vedação da arguição de suspeição, salvo se sobrevier outro motivo. Nesse sentido é o preceito contido no parágrafo único, art. 801 da CLT: "Se o recusante houver praticado algum ato pelo qual haja consentido na pessoa do juiz, não mais poderá alegar exceção de suspeição, salvo sobrevindo novo motivo. A suspeição não será também admitida, se do processo constar que o recusante deixou de alegá-la anteriormente, quando já a conhecia, ou que, depois de conhecida, aceitou o juiz recusado ou, finalmente, se procurou de propósito o motivo de que ela se originou."

Item "III": Incorreta a assertiva, pois inexiste a previsão legal de prorrogação do prazo de vinte minutos, conforme se vê da redação do art. 847 da CLT: "Não havendo acordo, o reclamado terá vinte minutos para aduzir sua defesa, após a leitura da reclamação, quando esta não for dispensada por ambas as partes."

Item "IV": Incorreta a assertiva. A compensação só pode ser alegada até a fase postulatória, conforme se observa do entendimento do TST constante da Súmula nº 48: "A compensação só poderá ser arguida com a contestação."

Item "V": Incorreto, pois deve haver conexão com a ação principal ou com o fundamento da defesa, na forma prevista pelo art. 315 do CPC de 1973: "O réu pode reconvir ao autor no mesmo processo, toda vez que a reconvenção seja conexa com a ação principal ou com o fundamento da defesa."

Gabarito: A.

---

247. (TRT 3 – Juiz do Trabalho Substituto 3ª Região/2014) Sobre a reconvenção no Processo do Trabalho é correto afirmar:

a) Sendo ela uma modalidade de resposta do réu que não se confunde com a defesa, tem ela natureza jurídica de ação autônoma, não necessitando de conexão com o fundamento da defesa.

b) Cabe reconvenção pela empresa nas ações onde o sindicato litiga na qualidade de substituto processual.

c) Nas ações civis públicas não se admite reconvenção por expressa determinação do art. 315 do Código de Processo Civil.

d) Após a EC-45/2004, a Justiça do Trabalho é competente para analisar reconvenção, mesmo que a matéria a ela afeta não seja de sua competência material.

e) O terceiro interessado pode se manifestar no processo principal por meio de reconvenção, não necessitando integrar a lide principal.

COMENTÁRIOS

✪ **Nota do autor:** A reconvenção, com sua característica de autonomia, deve conter todos os requisitos estabelecidos pelo art. 840, § 1º, da CLT, complementado por aqueles que constam do art. 282 do Código de Processo Civil de 1973. Está sujeita ao crivo do juiz para a análise dos pressupostos de constituição e desenvolvimento válidos do processo. Por conta disso, pode ser indeferida ou recusada, por ser, em determinados casos, considerada incabível. Observe-se que o art. 282 do CPC de 1973 corresponde ao 319 do CPC de 2015. Já nas alternativas "a", "b" e "c", o art. 315 do CPC de 1973 corresponde ao art. 343 do CPC de 2015.

Alternativa "a": Ha requisitos para a aceitação da peça reconvencional. É necessário, por exemplo, que haja conexão com a ação principal ou com o fundamento da defesa de acordo com o art. 315 do CPC de 1973. **Incorreta.**

Alternativa "b": Esse procedimento é vedado pelo parágrafo único do art. 315 do CPC de 1973: "Não pode o réu, em seu próprio nome, reconvir ao autor, quando este demandar em nome de outrem." **Incorreta.**

Alternativa "c": É o mesmo caso da alternativa anterior, só que a presente assertiva nega a possibilidade de reconvenção, de conformidade com o citado parágrafo único, art. 315 do CPC de 1973. **Correta.**

Alternativa "d": Constitui pressuposto processual da reconvenção a competência do juiz para apreciar a pretensão do réu exposta nessa peça processual. **Incorreta.**

Alternativa "e": Nesse caso o terceiro interessado deve integrar a lide e assumir a condição de litisconsorte para oferecer qualquer espécie de defesa, inclusive a reconvenção, pois somente o réu pode reconvir o autor. **Incorreta.**

Gabarito: C.

---

248. (FCC – Juiz do Trabalho Substituto 6ª Região/2013) Quanto à oposição de exceções, é correto afirmar:

a) A exceção de incompetência deve ser apresentada em peça separada, não podendo ser examinada se arguida no corpo da contestação.

b) Se o recusante houver praticado algum ato consentido na pessoa do juiz, não mais poderá alegar exceção de suspeição, salvo sobrevindo novo motivo.

c) Apresentada a exceção de incompetência, abrir-se-á vista dos autos ao exceto, por 48 (quarenta e oito) horas improrrogáveis, devendo a decisão ser proferida na primeira audiência ou sessão que se seguir.

d) O juiz do trabalho é obrigado a dar-se por suspeito, e pode ser recusado por inimizade pessoal, amizade íntima, parentesco por consanguinidade ou afinidade até o segundo grau civil, em relação à pessoa dos litigantes ou interesse particular na causa.

e) As exceções de suspeição e incompetência podem ser arguidas no processo do trabalho tanto pelo reclamante quanto pelo reclamado.

COMENTÁRIOS

✪ **Nota do autor:** A suspeição pode ser declarada de ofício, inclusive, por motivo de foro íntimo, sem a obrigatoriedade de divulgá-lo para as partes, consoante permissivo contido no art. 135, parágrafo único, do Código de Processo Civil de 1973. Observe-se que o art. 135, parágrafo único, do CPC de 1973 corresponde ao art. 145, §1º, do CPC de 2015. Já na alternativa "e", o art. 138, §1º do CPC de 1973 corresponde ao art. 148, §1º do CPC de 2015. Finalmente, em relação a alternativa "c", com a vigência da Lei da Reforma Trabalhista foi alterado o art. 800 da CLT, que regulamenta a exceção de incompetência territorial. Com isso a apresentação dessa exceção deve ser feita no prazo de cinco dias da notificação e antes da audiência, em procedimento próprio.

Alternativa "a": Incorreta. Tecnicamente e de acordo com as regras do CPC de 1973, a exceção deveria ser apresentada em peça separada. Todavia, ainda que seja oferecida no corpo da contestação, pode ser examinada pelo juiz sob o fundamento do informalismo ou instrumentalidade do processo do trabalho, bem como do princípio da fungibilidade.

Alternativa "b": Correta essa assertiva diante do que determina art. 801, parágrafo único, da CLT: "Se o recusante houver praticado algum ato pelo qual haja consentido na pessoa do juiz, não mais poderá alegar exceção de suspeição, salvo sobrevindo novo motivo. A suspeição não será também admitida, se do processo constar que o recusante deixou de alegá-la anteriormente, quando já a conhecia, ou que, depois de conhecida, aceitou o juiz recusado ou, finalmente, se procurou de propósito o motivo de que ela se originou".

Alternativa "c": Incorreta, pois o prazo para o exceto apresentar manifestação é de 24 horas e não 48 como constou na assertiva. Esse prazo encontra-se previsto no art. 800 da CLT: "Apresentada a exceção de incompetência, abrir-se-á vista dos autos ao exceto, por 24 (vinte e quatro) horas improrrogáveis, devendo a decisão ser proferida na primeira audiência ou sessão que se seguir". (ver nota do autor)

Alternativa "d": A suspeição por parentesco é até o terceiro grau e não até o segundo como constou na assertiva. Alternativa **incorreta**, pois não observou os ditames do art. 801 da CLT: "O juiz, presidente ou vogal, é obrigado a dar-se por suspeito, e pode ser recusado, por algum dos seguintes motivos, em relação à pessoa dos litigantes: a) inimizade pessoal; b) amizade íntima; c) parentesco por consanguinidade ou afinidade até o terceiro grau civil; d) interesse particular na causa".

Alternativa "e": A exceção de incompetência em razão do lugar só pode ser arguida pelo reclamado, já que é o reclamante quem escolhe o foro para o ajuizamento de sua demanda. Já a suspeição e o impedimento podem ser arguidos por qualquer das partes, conforme previsão contida no art. 138, § 1º, do CPC de 1973: "A parte interessada deverá arguir o impedimento ou a suspeição, em petição fundamentada e devidamente instruída, na primeira oportunidade em que lhe couber falar nos autos; o juiz mandará processar o incidente em separado e sem suspensão da causa, ouvindo o arguido no prazo de 5 (cinco) dias, facultando a prova quando necessária e julgando o pedido". Alternativa **incorreta**.

Gabarito: B.

---

249. (FCC – Juiz do Trabalho Substituto 6ª Região/2013) João dos Santos ingressou com reclamação trabalhista em face do Banco Crisântemo, em Vara Trabalhista da cidade de Santana das Flores, pertencente ao Tribunal Regional do Trabalho da 2ª Região. Em audiência, o Banco reclamado apresentou exceção de incompetência territorial, alegando que o reclamante sempre trabalhou na cidade de Ramos, pertencente à jurisdição do Tribunal Regional do Trabalho da 6ª Região, fato que foi confirmado pelo reclamante. Em sua defesa, o autor alegou que está morando cidade de Santana das Flores, desde a rescisão contratual. Neste caso,

a) João dos Santos não poderá recorrer da decisão do juízo excepcionado, pois a decisão judicial tem natureza interlocutória.

b) o Juiz do Trabalho não deverá acolher a exceção de incompetência territorial, porque a reclamação trabalhista pode ser proposta no local de domicílio do autor.

c) se acolher a exceção de incompetência territorial, o Juiz do Trabalho deverá extinguir o processo com resolução de mérito.

d) o Juiz do Trabalho deverá encaminhar cópia dos autos à Vara do Trabalho da cidade de Ramos e aguardar que o juízo local informe a respeito da competência territorial, antes de decidir sobre o tema.

e) João dos Santos poderá recorrer da decisão do juízo excepcionado, quando o Juiz do Trabalho acolher a exceção com a remessa dos autos para Tribunal Regional do Trabalho da 6ª Região.

COMENTÁRIOS

✪ **Nota do autor:** Determinadas defesas processuais, devido a sua importância, devem ser arguidas em peças autônomas. Quando isso ocorre, recebe a denominação de exceção e o feito principal deve ser suspenso até o julgamento final dessa medida processual. Todavia, quando a defesa processual é inserida na contestação, sob a forma de preliminar de mérito, o seu julgamento efetiva-se ao final, ou seja, juntamente com o mérito. Observe-se, na alternativa "c", que o art. 311 do CPC de 1973 corresponde ao art. 64, §3º do CPC de 2015. **Em relação a alternativa "d", a Lei da Reforma Trabalhista alterou a redação do art. 800 da CLT para determinar que a exceção de incompetência em razão do lugar seja apresentada no prazo de cinco dias contados da notificação e antes da audiência.**

Alternativa "a": Incorreta. Essa seria uma das exceções ao princípio da irrecorribilidade imediata das decisões interlocutória. Ocorre quando há reconhecimento da incompetência territorial com determinação da remessa de autos para Vara do Trabalho vinculada a outro tribunal, conforme previsão contida na alínea "c", Súmula nº 214, do TST: "Na Justiça do Trabalho, nos termos do art. 893, § 1º, da CLT, as decisões interlocutórias não ensejam recurso imediato, salvo nas hipóteses de decisão: c) que acolhe exceção de incompetência territorial, com a remessa dos autos para Tribunal Regional distinto daquele a que se vincula o juízo excepcionado, consoante o disposto no art. 799, § 2º, da CLT". Note-se que o TST reforçou a aplicação da regra da irrecorribilidade, mesmo após a vigência do CPC de 2015, por meio da Instrução Normativa nº 39/16, em seu art. 1º, § 1º: "Observar-se-á, em todo caso, o princípio da irrecorribilidade em separado das decisões interlocutórias, de conformidade com o art. 893, § 1º da CLT e Súmula nº 214 do TST".

Alternativa "b": No caso narrado, deve-se seguir a regra geral de definição de competência, que obedece ao critério do local da prestação de serviços, na forma prevista pelo *caput* do art. 651 da CLT: "A competência das Juntas de Conciliação e Julgamento é determinada pela localidade onde o empregado, reclamante ou reclamado, prestar serviços ao empregador, ainda que tenha sido contratado noutro local ou no estrangeiro". **Incorreta.**

Alternativa "c": Incorreta, pois uma vez acolhida a exceção de incompetência em razão do lugar, o juiz deve remeter os autos ao juízo competente, na forma prevista pelo art. 311 do CPC de 1973: "Julgada procedente a exceção, os autos serão remetidos ao juiz competente".

Alternativa "d": Incorreta, uma vez apresentada a exceção de incompetência o juiz deve abrir vista ao exceto por 24 horas e não remeter os autos à Vara do Trabalho da Cidade de Ramos, de acordo com o que dispõe o art. 800 da CLT: "Apresentada a exceção de incompetência, abrir-se-á vista dos autos ao exceto, por 24 (vinte e quatro) horas improrrogáveis, devendo a decisão ser proferida na primeira audiência ou sessão que se seguir". (ver nota do autor)

Alternativa "e": Correta. Essa possibilidade excepcional de recorribilidade imediata da decisão interlocutória está prevista na Súmula nº 214, "c" do TST: "Na Justiça do Trabalho, nos termos do art. 893, § 1º, da CLT, as decisões interlocutórias não ensejam recurso imediato, salvo nas hipóteses de decisão: c) que acolhe exceção de incompetência territorial, com a remessa dos autos para Tribunal Regional distinto daquele a que se vincula o juízo excepcionado, consoante o disposto no art. 799, § 2º, da CLT."

Gabarito: E.

---

250. (TRT 8 – Juiz do Trabalho Substituto 8ª Região/2013) Sobre "exceções" e "conflitos de jurisdição" na Justiça do Trabalho é CORRETO afirmar que:

a) Nas causas de jurisdição da Justiça do Trabalho, somente podem ser opostas, com suspensão do feito, as exceções de suspeição ou incompetência. As demais exceções serão alegadas como matéria de defesa. Das decisões sobre exceções de incompetência e suspeição, exceto, quanto a estas, se terminativas do feito, não caberá recurso, podendo, no entanto, as partes alegá-las novamente no recurso que couber da decisão final.

b) Apresentada a exceção de incompetência, abrir-se-á vista dos autos ao exceto, por 48 (quarenta e oito) horas improrrogáveis, devendo a decisão ser proferida na primeira audiência ou sessão que se seguir. Apresentada a exceção de suspeição, o juiz ou Tribunal designará audiência dentro de 24 (vinte e quatro) horas, para instrução e julgamento da exceção.

c) É permitido à parte interessada suscitar conflitos de jurisdição quando já houver oposto na causa exceção de incompetência.

d) O vocábulo "exceção" possui sentido amplo na CLT, pois ao prescrever que nas "causas da jurisdição da Justiça do Trabalho, somente podem ser opostas, com suspensão do feito, as exceções de suspeição ou incompetência", também abrange os motivos extrínsecos (impedimento), pelas mesmas razões lógica, jurídica e ética que empolgam a exceção e suspeição. Tanto a suspeição quanto o impedimento constituem matérias de relevante interesse público.

e) Os conflitos de jurisdição somente podem ser suscitados pelos Juízes do Trabalho, pelo Procurador-Geral, pelos Procuradores Regionais da Justiça do Trabalho e pela parte interessada ou o seu representante.

COMENTÁRIOS

✪ **Nota do autor:** Ao contrário do que ocorre com o impedimento, nos casos de suspeição há necessidade de arguição pela parte interessada, no prazo para a contestação, por meio da exceção de suspeição, ou a qualquer momento, desde que no prazo de quinze dias após o conhecimento pela parte da circunstância que provoque a suspeição, sob pena de preclusão. Ainda, em relação a alternativa "b", a Lei da Reforma Trabalhista alterou a redação do art. 800 da CLT para determinar que a exceção de incompetência em razão do lugar seja apresentada no prazo de cinco dias contados da notificação e antes da audiência.

Alternativa "a": Quando o § 2º do art. 799 da CLT trata da irrecorribilidade imediata das decisões, fala primeiro da suspeição e depois da incompetência. Essa assertiva é equivocada, pois alterou a ordem da expressão, iniciando com a incompetência e prosseguindo com a suspeição. Desse modo, considera-se **incorreta** a assertiva, pois contraria o § 2º, art. 799 da CLT: "Das decisões sobre exceções de suspeição e incompetência, salvo, quanto a estas, se terminativas do feito, não caberá recurso, podendo, no entanto, as partes alegá-las novamente no recurso que couber da decisão final".

Alternativa "b": Incorreta, pois o prazo para o exceto apresentar manifestação é de vinte e quatro horas enquanto que o prazo para o juiz designar audiência na suspeição é de quarenta e oito horas, conforme se observa do conteúdo do art. 800 da CLT: "Apresentada a exceção de incompetência, abrir-se-á vista dos autos ao exceto, por 24 (vinte e quatro) horas improrrogáveis, devendo a decisão ser proferida na primeira audiência ou sessão que se seguir. Art. 802 da CLT: Apresentada a exceção de suspeição, o juiz ou Tribunal designará audiência dentro de 48 (quarenta e oito) horas, para instrução e julgamento da exceção". (ver nota do autor)

Alternativa "c": Pelo contrário, o art. 806 da CLT veda esse procedimento: "É vedado à parte interessada suscitar conflitos de jurisdição quando já houver oposto na causa exceção de incompetência". **Incorreta**.

Alternativa "d": Correta. Com efeito, A CLT, em seu art. 801, não faz distinção entre causas de impedimento e causas de suspeição, de forma semelhante ao que fazia o CPC de 1939. Todavia o art. 185 desse Diploma Legal previa hipóteses que atualmente são classificadas pelo CPC de 1973 como de impedimento e de suspeição.

Alternativa "e": Incorreta, pois faltou mencionar a legitimidade dos Tribunais do Trabalho, conforme previsão contida na alínea "a" do art. 805 da CLT: "Os conflitos de jurisdição podem ser suscitados: a) pelos Juízes e Tribunais do Trabalho; b) pelo procurador-geral e pelos procuradores regionais da Justiça do Trabalho; c) pela parte interessada, ou o seu representante".

Gabarito: D.

251. (TRT – JTS 16ª RG/2011) Analise as afirmativas e assinale a alternativa CORRETA:

a) No processo do trabalho deve prevalecer a teoria da individuação, em contraponto à teoria da substanciação, bastando para tanto que a parte indique na petição inicial dados que embasem o direito pretendido, e não os fundamentos fáticos e jurídicos de seu pedido, por ser um sistema processual que permite a leigos postularem em juízo.

b) Não padece de inépcia a petição inicial de ação rescisória apenas porque omite a subsunção do fundamento de rescindibilidade no art. 485 do CPC ou o capitula erroneamente em um de seus incisos, sendo lícito ao órgão julgador emprestar– lhes a adequada qualificação jurídica. Por estes motivos, é dispensável a expressa indicação, na petição inicial da ação rescisória, do dispositivo legal violado quando se alega violação literal a dispositivo de lei.

c) São incompatíveis os pedidos de reintegração ao emprego e rescisão indireta do contrato de trabalho.

d) Na hipótese de o servidor celetista passar à condição de estatutário por força de conversão do regime jurídico de trabalho é ilícito cumular pedido de pagamento de FGTS, relativo ao vínculo celetista e quinquênios, referente ao regime estatutário, devendo a Justiça do Trabalho apreciar o primeiro pedido e remeter o segundo para julgamento pela Justiça comum.

e) O princípio da ultrapetição se contrapõe ao princípio da adstrição da jurisdição, e, por basear-se na *equidade*, não encontra guarida no processo do trabalho.

COMENTÁRIOS

✪ **Nota do autor:** Pela teoria da substanciação, é necessário que se exponha a causa próxima (fundamento jurídico do pedido) e a causa remota (fato) para que seja formulada uma petição inicial válida. Pela teoria da individualização a causa remota é dispensada, sendo exigida apenas a causa próxima. No processo do trabalho a CLT determina que conste na petição inicial apenas uma breve narrativa dos fatos, sob a inspiração do *ius postulandi* que ainda prevalece, em regra, nesse ramo do direito processual. Conclui-se, portanto, que a CLT não se filiou à teoria da substanciação ou da individualização, se feita uma interpretação estritamente literal. Contudo, diante da necessidade de aplicação de diversos institutos processuais como a coisa julgada, litispendência etc., não se vislumbra a possibilidade de uma inicial trabalhista válida sem a presença, pelo menos, da causa próxima. Como já existe a referência expressa aos fatos, no dispositivo legal celetista, é possível argumentar que a teoria adotada foi a da substanciação, quando utilizada a interpretação sistemática. A doutrina processual trabalhista majoritária também entende dessa forma (Mauro Schiavi, Marcelo Moura e Bezerra Leite). Entretanto, como há entendimento contrário, essa pergunta jamais poderia constar de uma prova objetiva, sem fazer referência a um autor determinado, como ocorreu no presente caso. Observe-se, na alternativa "b", que o art. 485, V do CPC de 1973 corresponde ao art. 966, V, do CPC de 2015. Já na alternativa "d", o art. 292, §1º, II, do CPC de 1973 corresponde ao art. 327, §1º, II, do CPC de 2015.

Alternativa "a": Incorreta, conforme entendimento doutrinário dominante, na forma expendida na nota do autor desta questão.

Alternativa "b": No caso específico de ação rescisória calcada em violação literal da lei (art. 485, V, do CPC de 1973), excepcionalmente exige-se a indicação do dispositivo violado. Alternativa **incorreta**, pois contraria o disposto na Súmula nº 408 do TST, em sua redação anterior: "Não padece de inépcia a petição inicial de ação rescisória apenas porque omite a subsunção do fundamento de rescindibilidade no art. 485 do CPC ou o capitula erroneamente em um de seus incisos. Contanto que não se afaste dos fatos e fundamentos invocados como causa de pedir, ao Tribunal é lícito emprestar-lhes a adequada qualificação jurídica (*"iura novit curia"*). No entanto, fundando-se a ação rescisória no art. 485, inc. V, do CPC, é indispensável expressa indicação, na petição inicial da ação rescisória, do dispositivo legal violado, por se tratar de causa de pedir da rescisória, não se aplicando, no caso, o princípio *"iura novit curia"*. O TST alterou a redação da referida Súmula, nos seguintes termos: "Não padece de inépcia a petição inicial de ação rescisória apenas porque omite a subsunção do fundamento de rescindibilidade no art. 966 do CPC de 2015 (art. 485 do CPC de 1973) ou o capitula erroneamente em um de seus incisos. Contanto que não se afaste dos fatos e fundamentos invocados como causa de pedir, ao Tribunal é lícito emprestar-lhes a adequada qualificação jurídica ("iura novit curia"). No entanto, fundando-se a ação rescisória no art. 966, inciso V, do CPC de 2015 (art. 485, inciso V, do CPC de 1973), é indispensável expressa indicação, na petição inicial da ação rescisória, da norma jurídica manifestamente violada (dispositivo legal violado sob o CPC de 1973), por se tratar de causa de pedir da rescisória, não se aplicando, no caso, o princípio "iura novit curia". (ex-Ojs nº 32 e 33 da SBDI-2 – inseridas em 20.09.2000)".

Alternativa "c": Correta. Com efeito, no pedido de reintegração o trabalhador postula o seu retorno ao serviço, geralmente por ser portador de alguma espécie de estabilidade. Já na rescisão indireta a pretensão é inversa, ou seja, o empregado requer a extinção do contrato de trabalho em face de inadimplemento contratual do empregador.

Alternativa "d": Incorreta. Se um servidor público foi submetido ao regime celetista, que depois foi transformado em estatutário, não pode ajuizar uma reclamação trabalhista para postular direitos derivados dos dois regimes sucessivos, pois, a competência da Justiça do Trabalho limita-se às hipóteses em que o Ente federado adota o regime de trabalho regulado pela CLT. Incide, nesse caso, o preceito contido no art. 292, § 1º, II, do CPC de 1973 que condiciona a cumulação de pedidos à competência do juízo para analisar todos eles: "Art. 292. § 1º São requisitos de admissibilidade da cumulação: II – que seja competente para conhecer deles o mesmo juízo".

Alternativa "e": Pelo princípio da ultrapetição permite-se ao juiz conferir à parte aquilo que não foi postulado. Esse princípio é aplicado no processo do trabalho e tem como exemplo clássico a hipótese prevista pelo art. 496 da CLT: "Quando a reintegração do empregado estável for desaconselhável, dado o grau de incompatibilidade resultante do dissídio, especialmente quando for o empregador pessoa física, o Tribunal do trabalho poderá converter aquela obrigação em indenização devida nos termos do artigo seguinte". Opção **incorreta**.

Gabarito: C.

---

252. (TRT – JTS 21ª RG/2010) Sobre a reconvenção no processo trabalhista, assinale a resposta CORRETA:

a) não cabe a reconvenção no processo trabalhista;

b) a legislação processual trabalhista não trata expressamente do tema, aplicando-se, por supletividade, as regras da ação de consignação em pagamento, procedimento especial previsto no Código de Processo Civil;

c) a desistência do autor da ação, independentemente da aquiescência do réu, implica na extinção do pedido reconvencional;

d) apresentada a reconvenção na audiência trabalhista, será dada a palavra à parte reconvinda para sobre ela se pronunciar oralmente, vedado o fracionamento da audiência para esse fim;

e) a ação e a reconvenção devem ser julgadas na mesma sentença.

COMENTÁRIOS

✪ **Nota do autor:** Assim como ocorre com as demais espécies de defesa no processo do trabalho, a reconvenção pode ser apresentada, em audiência, oralmente ou por escrito. No primeiro caso, o reconvinte deve utilizar parte dos vinte minutos que a lei lhe reserve para oferecer a sua resposta, reduzindo-se a termo na ata respectiva. Observe-se, na alternativa "c", que o art. 317 do CPC de 1973 corresponde ao art. 343, §2º do CPC de 2015.

Alternativa "a": Incorreta, pois o art. 836 da CLT faz referência expressa à ação rescisória: "É vedado aos órgãos da Justiça do Trabalho conhecer de questões já decididas, excetuados os casos expressamente previstos neste Título e a ação rescisória, que será admitida na forma do disposto no Capítulo IV do Título IX da Lei nº 5.869, de 11 de janeiro de 1973 – Código de Processo Civil, sujeita ao depósito prévio de 20% (vinte por cento) do valor da causa, salvo prova de miserabilidade jurídica do autor".

Alternativa "b": Apesar de admitir a utilização subsidiária do CPC, a CLT tem dispositivo próprio tratando da ação rescisória (art. 836), inclusive fixando percentual de 20% a título de depósito prévio. Alternativa **incorreta.**

Alternativa "c": Incorreta, pois o art. 317 do CPC de 1973, utilizando subsidiariamente no processo do trabalho, contém preceito em sentido contrário: "A desistência da ação, ou a existência de qualquer causa que a extinga, não obsta ao prosseguimento da reconvenção".

Alternativa "d": Como se trata de uma nova demanda, o reconvindo tem o direito do contraditório e o prazo a ele inerente. Nessa situação, a audiência deve ser adiada para apresentação da manifestação do reclamante/reconvindo. Alternativa **incorreta.**

Alternativa "e": Correta, pois essa regra encontra-se expressamente prevista no art. 318 do CPC de 1973, aplicado subsidiariamente ao processo laboral: "Julgar-se-ão na mesma sentença a ação e a reconvenção".

Gabarito: E.

---

253. (TRT – JTS 15ª RG/2010) Apresentada a contestação e a reconvenção, o reclamante desiste da reclamatória com o consentimento da reclamada. Assinale a alternativa CORRETA:

a) a reconvenção liga-se à contestação como acessório e, não havendo principal, não há acessório;

b) a desistência da reclamação não obsta ao prosseguimento da reconvenção;

c) ao concordar com a desistência da ação a reclamada tacitamente desiste da reconvenção;

d) a reconvenção se transforma em ação principal e comporta nova distribuição;

e) a reconvenção será extinta sem resolução de mérito.

COMENTÁRIOS

✪ **Nota do autor:** A reconvenção constitui uma ação do réu contra o autor, tendo por base os mesmos fatos ou fundamentos jurídicos constantes da inicial ou quando existir conexão com os fundamentos da defesa. Nesse caso, o réu deduz uma pretensão derivada ou relacionada com os referidos fatos que lhe atribuem a titularidade do direito violado pelo autor. Observe-se, nas alternativas "a" e "b", que o art. 317 do CPC de 1973 corresponde ao art. 343, §2º do CPC de 2015.

Alternativa "a": Incorreta, uma vez que a reconvenção mantém uma relação de autonomia com a contestação e com a inicial. Nesse sentido é o comando contido no art. 317 do CPC de 1973: "A desistência da ação, ou a existência de qualquer causa que a extinga, não obsta ao prosseguimento da reconvenção".

Alternativa "b": Correta, de acordo com o art. 317 do CPC de 1973, aplicado subsidiariamente ao processo laboral, que ressalta a autonomia da reconvenção: "A desistência da ação, ou a existência de qualquer causa que a extinga, não obsta ao prosseguimento da reconvenção".

Alternativa "c": Incorreta, diante da natureza autônoma da reconvenção.

Alternativa "d": Apesar de autônoma, a reconvenção é classificada como uma das formas de defesa. Por conta dessa circunstância, não comporta nova distribuição, pois deve ser apresentada no juízo perante o qual é processada a demanda principal. Alternativa **incorreta.**

Alternativa "e": A reconvenção pode ser extinta com ou sem a resolução do mérito, diante do seu caráter de autonomia. Opção **incorreta.**

Gabarito: B.

---

254. (TRT – JTS 3ª RG/2009) Analise as proposições abaixo e, considerando as disposições contidas na Consolidação das Leis do Trabalho e no Código de Processo Civil, bem como o entendimento jurisprudencial sumulado, assinale a alternativa CORRETA:

I. Segundo a teoria da inatividade, aperfeiçoada por Chiovenda, a atitude do réu, ao se fazer revel, é, a rigor, um comportamento lícito, que não prejudica o processo; pelo contrário, o abrevia.

II. Mesmo que os pedidos não sejam idênticos, a ação trabalhista, ainda que arquivada, interrompe a prescrição.

III. Caso o réu não alegue a compensação na defesa, não poderá fazê-lo em grau de recurso ordinário, uma vez que estará preclusa a matéria.

IV. A incompetência relativa, a incompetência absoluta, a suspeição e o impedimento são espécies de exceções aplicáveis ao Direito Processual do Trabalho.

V. A apresentação de razões finais é ônus da parte, razão pela qual a sua ausência invalida o processo.

a) São verdadeiras as proposições I, II, III e IV.

b) São verdadeiras as proposições I, II, IV e V.

c) São verdadeiras as proposições I e III.

d) Apenas a proposição IV é falsa e as demais são verdadeiras.

e) Apenas a proposição V é falsa e as demais são verdadeiras.

COMENTÁRIOS

✪ **Nota do autor:** Quando o reclamado não comparece à audiência, seja ele o empregado ou o empregador, oportunidade em que se desincumbiria do ônus que lhe cabia de defender-se, é considerado como um rebelde, sendo que o legislador adotou essa expressão para definir a hipótese como sendo de revelia, também denominada de contumácia. Em relação ao item "II", com a vigência da Lei da Reforma Trabalhista a CLT passou a prever de forma expressa a única hipótese de interrupção do prazo de prescrição: "Art. 11. § 3º A interrupção da prescrição somente ocorrerá pelo ajuizamento de reclamação trabalhista, mesmo que em juízo incompetente, ainda que venha a ser extinta sem resolução do mérito, produzindo efeitos apenas em relação aos pedidos idênticos."

Item "I": Correto. Por conta dessa circunstância inserida nesse item é que os efeitos da revelia não podem ser classificados como uma pena, mas sim como um ônus processual. Logo, se não é uma sanção o ato que lhe deu origem não pode ser considerado como ilícito.

Item "II": Incorreto, pois a interrupção da prescrição só produz efeitos em relação aos pedidos que constaram na reclamação arquivada. Esse é o posicionamento adotado pelo TST por meio da Súmula nº 268: "A ação trabalhista, ainda que arquivada, interrompe a prescrição somente em relação aos pedidos idênticos". (ver nota do autor)

Item "III": Correto, segundo o **art. 767 da CLT:** "A compensação, ou retenção, só poderá ser arguida como matéria de defesa". Também de acordo com o teor da Súmula nº 48 do TST: "A compensação só poderá ser arguida com a contestação".

Item "IV": Incorreto, pois a incompetência absoluta deve ser arguida como preliminar de mérito da contestação e não em peça autônoma. Nesse sentido, o comando do **art. 799 da CLT:** "Nas causas da jurisdição da Justiça do Trabalho, somente podem ser opostas, com suspensão do feito, as exceções de suspeição ou incompetência. § 1º As demais exceções serão alegadas como matéria de defesa".

Item "V": Incorreto. Com efeito, o ônus processual gera uma consequência para a parte que não se desonera do encargo respectivo, sem implicar nulidade processual. Além disso, a dicção do art. 850 da CLT não impõe o dever à parte de apresentar razões finais: "Terminada a instrução, poderão as partes aduzir razões finais, em prazo não excedente de dez minutos para cada uma".

Gabarito: C.

---

255. (TRT - JTS 8ª RG/2008) Com relação à reconvenção, no processo trabalhista, é INCORRETO afirmar:

a) Será oferecida, simultaneamente, com a contestação de forma verbal ou escrita.

b) O valor da causa não exclui a possibilidade de reconvenção nas causas em que figura a administração pública fundacional no polo passivo.

c) A ação de consignação em pagamento não possui caráter dúplice, exigindo a reconvenção para demandar o valor decorrente da insuficiência do depósito efetuado pelo consignante.

d) Tem como requisito específico a conexão com a ação principal ou algum dos fundamentos da defesa.

e) Tem autonomia e independência com relação à ação principal e, neste sentido, a desistência desta não obsta o prosseguimento daquela.

COMENTÁRIOS

✪ **Nota do autor:** Não há dispositivo expresso na Consolidação das Leis do Trabalho mencionando a reconvenção como forma de resposta do reclamado. Contudo, tanto a doutrina quanto a jurisprudência consolidaram o entendimento de que a reconvenção é cabível no processo do trabalho. Observe-se, na alternativa "a", que o art. 299 do revogado CPC de 1973 não possui corresponde no CPC de 2015, pois a reconvenção passa a ser alegada no corpo da contestação. Já na alternativa "c", o art. 899, §2º do CPC de 1973 corresponde ao art. 545, §2º do CPC de 2015. Ainda, na alternativa "d", o art. 315 do CPC de 1973 corresponde ao art. 343 do CPC de 2015. Por fim, na alternativa "e", o art. 317 do CPC de 1973 corresponde ao art. 343, §2º do CPC de 2015.

Alternativa "a": Correta, conforme art. 299 do CPC de 1973, aplicado subsidiariamente ao processo laboral diante da omissão da CLT e a ausência de incompatibilidade com seus princípios: "A contestação e a reconvenção serão oferecidas simultaneamente, em peças autônomas; a exceção será processada em apenso aos autos principais".

Alternativa "b": Não há qualquer restrição na legislação nesse sentido. Alternativa **correta.**

Alternativa "c": Incorreta. Com efeito, a doutrina é pacífica ao admitir o caráter dúplice da ação de consignação em pagamento, pois aproveita também ao réu. Nesse caso, dispensa-se a utilização da reconvenção para postular eventual diferença, uma vez que esse pedido pode ser feito na própria contestação, sendo essa a interpretação que se extrai do art. 899, § 2º, do CPC de 1973: "A sentença que concluir pela insuficiência do depósito determinará, sempre que possível, o montante devido, e, neste caso, valerá como título executivo, facultado ao credor promover-lhe a execução nos mesmos autos".

Alternativa "d": Correta, pois esse requisito encontra-se previsto no art. 315 do CPC de 1973: "O réu pode reconvir ao autor no mesmo processo, toda vez que a reconvenção seja conexa com a ação principal ou com o fundamento da defesa".

Alternativa "e": Correta, uma vez que essa característica de autonomia está consignada no texto do art. 317 do CPC de 1973: "A desistência da ação, ou a existência de qualquer causa que a extinga, não obsta ao prosseguimento da reconvenção".

Gabarito: C.

3.2. AUDIÊNCIA E CONCILIAÇÃO

256. (TRT 2 - Juiz do Trabalho Substituto 2ª Região/2016) Analise as seguintes proposições:

I. Os dissídios individuais e coletivos submetidos à Justiça do Trabalho serão sempre sujeitos à conciliação, no que juízes e Tribunais do Trabalho empregarão sempre os seus bons ofícios e persuasão no sentido de uma solução conciliatória dos conflitos.

II. Não havendo acordo, o juízo conciliatório, somente em dissídios individuais, converter-se-á obrigatoriamente em arbitral.

III. Não havendo acordo, o juízo conciliatório, somente em dissídios coletivos, converter-se-á obrigatoriamente em arbitral.

IV. Não havendo acordo, o juízo conciliatório, seja em dissídios individuais, seja em dissídios coletivos, converter-se-á obrigatoriamente em arbitral.

V. As partes poderão celebrar acordo para por termo ao processo, mesmo depois de encerrado o juízo conciliatório.

Responda:

a) Somente as proposições II e III estão incorretas.

b) Somente as proposições I e IV estão incorretas.

c) Somente as proposições I e V estão incorretas.

d) Somente as proposições IV e V estão incorretas.

e) Somente as proposições I e II estão corretas.

COMENTÁRIOS

✪ **Nota do autor:** A qualquer momento e em qualquer grau de jurisdição deve ser incentivada a solução dos conflitos por meio da composição mediada pelo magistrado, desde que não se trate de direitos absolutamente indisponíveis.

Item "I": Correto, pois corresponde ao princípio da conciliação que norteia o direito processual do trabalho individual e coletivo, positivado por meio do art. 764 da CLT: "Os dissídios individuais ou coletivos submetidos à apreciação da Justiça do Trabalho serão sempre sujeitos à conciliação. § 1º – Para os efeitos deste artigo, os juízes e Tribunais do Trabalho empregarão sempre os seus bons ofícios e persuasão no sentido de uma solução conciliatória dos conflitos".

Item "II": Incorreto, pois essa regra da conversão do juízo conciliatório em arbitral aplica-se tanto ao dissídio individual quanto ao dissídio coletivo, na forma prevista pelo § 2º, do art. 764 da CLT: "Os dissídios individuais ou coletivos submetidos à apreciação da Justiça do Trabalho serão sempre sujeitos à conciliação. § 2º – Não havendo acordo, o juízo conciliatório converter-se-á obrigatoriamente em arbitral, proferindo decisão na forma prescrita neste Título".

Item "III": Incorreto, pois essa regra da conversão do juízo conciliatório em arbitral aplica-se tanto ao dissídio individual quanto ao dissídio coletivo, na forma prevista pelo § 2º, do art. 764 da CLT: "Os dissídios individuais ou coletivos submetidos à apreciação da Justiça do Trabalho serão sempre sujeitos à conciliação. § 2º – Não havendo acordo, o juízo conciliatório converter-se-á obrigatoriamente em arbitral, proferindo decisão na forma prescrita neste Título".

Item "IV": Correto, pois corresponde ao comando contido no art. 764 da CLT: "Os dissídios individuais ou coletivos submetidos à apreciação da Justiça do Trabalho serão sempre sujeitos à conciliação. § 2º – Não havendo acordo, o juízo conciliatório converter-se-á obrigatoriamente em arbitral, proferindo decisão na forma prescrita neste Título".

Item "V": Correto, pois a conciliação pode obtida em qualquer tempo do processo, inclusive na fase de execução. Nesse sentido é a determinação inserida no art. 764, § 3º da CLT: "É lícito às partes celebrar acordo que ponha termo ao processo, ainda mesmo depois de encerrado o juízo conciliatório".

Gabarito: A.

257. (TRT 2 – Juiz do Trabalho Substituto 2ª Região/2016) Assinale a assertiva INCORRETA:

a) Se o reclamado criar embaraços ao recebimento da notificação de reclamação trabalhista ou não for encontrado, far-se-á a notificação por edital, inserto no jornal oficial ou no que publicar o expediente forense, ou, na falta, afixado na sede da Vara ou Juízo.

b) Nos processos de exclusiva alçada das Varas do Trabalho, será dispensável, a juízo do Juiz instrutor, o resumo dos depoimentos, devendo constar da ata a sua conclusão quanto à matéria de fato.

c) A ata será, pelo juiz, junta ao processo, devidamente assinada, no prazo improrrogável de 48 (quarenta e oito) horas, contado da audiência de julgamento.

d) Se por doença ou qualquer outro motivo poderoso, devidamente comprovado, não for possível ao empregado comparecer pessoalmente, poderá fazer-se representar por quem lhe tenha parentesco por consanguinidade ou afinidade até o terceiro grau civil.

e) É possível estabelecer, no termo de conciliação celebrado em dissídio trabalhista, como condição, que a parte que não o cumprir ficará obrigada a satisfazer integralmente o pedido, sem prejuízo do cumprimento do acordo.

COMENTÁRIOS

✪ **Nota do autor:** Quanto não se utilizavam os recursos da informática ou mesmo da máquina de escrever elétrica para pratica de atos processuais, o procedimento para confecção da ata de audiência, com o registro dos depoimentos e até mesmo a sentença era bastante lento. Por conta disso, a CLT em seu art. 851, § 2º, concedia um prazo de 48 horas para essa ata fosse juntada ao processo. Atualmente esse procedimento não é mais aplicável, pois a ata de audiência é gerada e finalizada automaticamente após o seu término.

Alternativa "a": Correta. Essa regra está prevista na parte final do § 1º, art. 841, da CLT: "A notificação será feita em registro postal com franquia. Se o reclamado criar embaraços ao seu recebimento ou não for encontrado, far-se-á a notificação por edital, inserto no jornal oficial ou no que publicar o expediente forense, ou, na falta, afixado na sede da Junta ou Juízo".

Alternativa "b": Correta. Quando o valor da causa for de até dois salários mínimos, não é necessário consignar o depoimento das partes e das testemunhas. A determinação contida no art. 851, § 1º, da CLT é nesse sentido: "Nos processos de exclusiva alçada das Juntas, será dispensável, a juízo do presidente, o resumo dos depoimentos, devendo constar da ata a conclusão do Tribunal quanto à matéria de fato".

Alternativa "c": Correta, uma vez que corresponde ao mandamento contido no art. 851, § 2º, da CLT: "A ata será, pelo presidente ou juiz, junta ao processo, devidamente assinada, no prazo improrrogável de 48 (quarenta e oito) horas, contado da audiência de julgamento, e assinada pelos juízes classistas presentes à mesma audiência" (ver nota do autor).

Alternativa "d": Incorreta. Nesse caso a representação do empregado reclamante é feita por outro empregado que pertença à mesma profissão ou mesmo pelo sindicato de sua categoria profissional, na forma estabelecida pelo art. 843, § 2º da CLT: "Se por doença ou qualquer outro motivo poderoso, devidamente comprovado, não for possível ao empregado comparecer pessoalmente, poderá fazer-se representar por outro empregado que pertença à mesma profissão, ou pelo seu sindicato".

Alternativa "e": Correta. Essa possibilidade de retorno ao ***status quo ante*** está prevista no art. 846 da CLT: "Aberta a audiência, o juiz ou presidente proporá a conciliação. § 1º – Se houver acordo lavrar-se-á termo, assinado pelo presidente e pelos litigantes, consignando-se o prazo e demais condições para seu cumprimento. § 2º – Entre as condições a que se refere o parágrafo anterior, poderá ser estabelecida a de ficar a parte que não cumprir o acordo obrigada a satisfazer integralmente o pedido ou pagar uma indenização convencionada, sem prejuízo do cumprimento do acordo".

Gabarito: D.

---

258. (TRT 2 – Juiz do Trabalho Substituto 2ª Região/2016) Analise as seguintes proposições:

I. Ocorre a deserção de recurso da massa falida por falta de depósito do valor da condenação.

II. A indicação de violação aos dispositivos da CLT e da Constituição Federal que determinam que as decisões judiciais devem ser fundamentadas, conforme art. 832 da CLT e art. 93, IX, da CF, condicionam o conhecimento do recurso de revista, quanto à preliminar de nulidade por negativa de prestação jurisdicional.

III. Aplica-se a pena de confissão à parte que não comparecer à audiência em prosseguimento na qual deveria depor, desde que intimada, por intermédio de seu advogado, expressamente sob esta com inação.

IV. No caso de aplicação da pena de confissão, a prova pré-constituída nos autos não pode ser levada em conta para confronto com a confissão ficta.

V. A vedação à produção de prova posterior pela parte confessa somente a ela se aplica, não afetando o exercício, pelo magistrado, do poder/dever de conduzir o processo.

Responda:

a) Somente as proposições I e III estão incorretas.

b) Somente as proposições II e IV estão incorretas

c) Somente as proposições II e V estão corretas.

d) Somente as proposições II e V estão incorretas.

e) Somente as proposições IV e V estão corretas.

COMENTÁRIOS

✪ **Nota do autor:** O ato processual denominado de confissão significa o reconhecimento, expresso ou tácito, real ou fictício, provocado ou espontâneo, da veracidade da afirmativa do fato que é imputado ao declarante. Assim, juridicamente, a confissão ocorre quando o litigante admite a veracidade dos fatos contrários ao seu interesse e favorável à parte contrária.

Item "I": Incorreto. Como os bens da massa falida encontra-se temporariamente indisponíveis, não há como fazer o recolhimento das custas ou do depósito recursal. Nesse sentido, a Súmula nº 86 do TST: "DESERÇÃO. MASSA FALIDA. EMPRESA EM LIQUIDAÇÃO EXTRAJUDICIAL (incorporada a Orientação Jurisprudencial nº 31 da SBDI-I) – Res. 129/2005, DJ 20, 22 e 25.04.2005. Não ocorre deserção de recurso da massa falida por falta de pagamento de custas ou de depósito do valor da condenação. Esse privilégio, todavia, não se aplica à empresa em liquidação extrajudicial.

Item "II": Correto, pois o juiz tem o dever de fundamentar suas decisões. Assim, eventual recurso de revista teria que invocar os dispositivos legais mencionados na alternativa, que representa o entendimento do TST constante da Súmula nº 459, em sua redação anterior: "RECURSO DE REVISTA. NULIDADE POR NEGATIVA DE PRESTAÇÃO JURISDICIONAL. (conversão da Orientação Jurisprudencial nº 115 da SBDI-I) – Res. 197/2015, DEJT divulgado em 14, 15 e 18.05.2015 Súmulas A-146 SÚMULAS. O conhecimento do recurso de revista, quanto à preliminar de nulidade por negativa de prestação jurisdicional, supõe indicação de violação do art. 832 da CLT, do art. 458 do CPC ou do art. 93, IX, da CF/1988. A Resolução nº 219 do TST alterou essa Súmula para adaptá-la ao CPC de 2015, passando a ter a seguinte redação: "RECURSO DE REVISTA. NULIDADE POR NEGATIVA DE

PRESTAÇÃO JURISDICIONAL (atualizada em decorrência do CPC de 2015) - Res. 219/2017, DEJT divulgado em 28, 29 e 30.06.2017 - republicada - DEJT divulgado em 12, 13 e 14.07.2017. O conhecimento do recurso de revista, quanto à preliminar de nulidade, por negativa de prestação jurisdicional, supõe indicação de violação do art. 832 da CLT, do art. 489 do CPC de 2015 (art. 458 do CPC de 1973) ou do art. 93, IX, da CF/1988".

Item "III": Incorreto, pois a parte deve ser intimada pessoalmente para que se aplique os efeitos da confissão em caso de ausência, e não por intermédio do seu advogado. O posicionamento adotado pelo TST, por meio da Súmula nº 74, I, é nesse sentido: "CONFISSÃO (atualizada em decorrência do CPC de 2015) - Res. 208/2016, DEJT divulgado em 22, 25 e 26.04.2016. I - Aplica-se a confissão à parte que, expressamente intimada com aquela cominação, não comparecer à audiência em prosseguimento, na qual deveria depor".

Item "IV": Incorreto. Na verdade, o entendimento do TST, expresso por intermédio da Súmula nº 74, II é justamente em sentido contrário e decorre do fato da confissão gerar presunção relativa e não absoluta da veracidade dos fatos: "CONFISSÃO (atualizada em decorrência do CPC de 2015) - Res. 208/2016, DEJT divulgado em 22, 25 e 26.04.2016. II - A prova pré-constituída nos autos pode ser levada em conta para confronto com a confissão ficta (arts. 442 e 443, do CPC de 2015 - art. 400, I, do CPC de 1973), não implicando cerceamento de defesa o indeferimento de provas posteriores".

Item "V": Correto, pois decorre da aplicação do princípio da busca da verdade real. O TST posiciona-se nesse sentido por meio da Súmula nº 74, III: "CONFISSÃO (atualizada em decorrência do CPC de 2015) - Res. 208/2016, DEJT divulgado em 22, 25 e 26.04.2016. III- A vedação à produção de prova posterior pela parte confessa somente a ela se aplica, não afetando o exercício, pelo magistrado, do poder/dever de conduzir o processo.

Gabarito: C.

TEXTO ASSOCIADO: João da Silva ajuizou ação trabalhista em Porto Alegre/RS contra seu empregador, Pedro dos Anjos, empresário individual, e em face dos tomadores de serviços que se beneficiaram do seu trabalho. Sustentou que fora contratado por Pedro dos Anjos para prestar serviços ao grupo econômico trabalhista formado pelas rés Tapetes Ltda. e Cortinas Ltda., estas com sedes em Canoas/RS, em endereços distintos.

As partes foram notificadas a comparecer à audiência inicial nos termos do art. 844 da Consolidação das Leis do Trabalho - CLT.

Na audiência inicial, pela parte autora, compareceram o advogado e um dirigente do sindicato representativo da categoria profissional a que pertence o demandante, este para informar que o reclamante está hospitalizado, motivo pelo qual não pode comparecer à audiência.

Pelo empregador, compareceram o advogado e um preposto, que é seu empregado, sem apresentação de carta de preposto.

Pelos tomadores de serviços, compareceram um advogado e um único preposto, este empregado da ré Tapetes Ltda., credenciado com carta de preposto.

Realizado o pregão, o Juiz do Trabalho registrou a presença na ata de audiência.

Imediatamente após a finalização do registro das presenças em ata, o procurador do autor, utilizando-se da palavra, "pela ordem", requereu que as rés fossem consideradas revéis e confessas, ao argumento de que o empresário individual não poderia ser representado por preposto e porque não houve apresentação de carta de preposto. Quanto aos tomadores de serviços, o procurador do autor argumentou que cada pessoa jurídica deveria ser representada por prepostos distintos, pois possuem personalidades jurídicas autônomas.

Por fim, o procurador do autor pugnou pelo não recebimento das defesas e documentos.

Em seguida, o procurador do empregador pediu a palavra, "pela ordem", para requerer o arquivamento do feito, nos termos do art. 844 da CLT, pois o autor não compareceu à audiência. Suscitou, ainda, exceção de incompetência territorial ao argumento de que o demandante fora contratado em Caxias do Sul/RS, onde a empresa está estabelecida, e que havia prestado serviços em diversas cidades no Estado do Rio Grande do Sul, dentre elas Caxias do Sul, São Leopoldo, Canoas e Porto Alegre. Por fim, apresentou protesto antipreclusivo contra os requerimentos do autor.

Utilizando-se também da palavra, "pela ordem", as rés Tapetes Ltda. e Cortinas Ltda. aderiram à exceção de incompetência territorial e esclareceram que não existe grupo econômico trabalhista entre elas, o que consta da defesa que será juntada, pois são empresas autônomas, independentes e com sócios distintos.

O Juiz do Trabalho registrou todos os requerimentos e argumentos das partes na ata de audiência.

259. (TRT 4 - Juiz do Trabalho Substituto 4ª Região/2016) Com base no relato, assinale a assertiva correta.

a) O empregador deve ser considerado revel e confesso, pois o réu empresário individual não pode ser representado por preposto em audiência trabalhista, bem como porque não houve apresentação de carta de preposto, o que é essencial para demonstrar a condição de empregado.

b) Nenhuma pessoa jurídica identificada na petição inicial como integrante de grupo econômico trabalhista deve ser considerada revel e confessa, pois o grupo econômico configura empregador único, o que permite a presença de apenas um preposto, em que pese cada pessoa jurídica possuir personalidade jurídica própria.

c) Conforme consta expressamente da CLT, é facultado ao empregador fazer-se substituir pelo gerente, ou qualquer outro preposto que tenha conhecimento do fato, e cujas declarações obrigarão o proponente, mediante credenciamento por carta de preposto.

d) O feito não deve ser arquivado em razão da ausência do autor, pois a CLT permite, no caso de doença devidamente comprovada, que o empregado seja representado por seu sindicato.

e) O Juiz deve arquivar o feito em razão da ausência do autor, conforme expressamente determina a CLT.

COMENTÁRIOS

✪ **Nota do autor:** A temática relativa à representação em audiência de empresas do mesmo grupo econômica é altamente controvertida na doutrina e jurisprudência. Por conta disso, esse tema jamais poderia ser objeto de uma questão objetiva.

Alternativa "a": Incorreta, pois não qualquer restrição legal quanto à natureza jurídica do empregador para efeito de representação em audiência, como se constata da redação do art. 843, § 1º, da CLT: "É facultado ao empregador fazer-se substituir pelo gerente, ou qualquer outro preposto que tenha conhecimento do fato, e cujas declarações obrigarão o proponente".

Alternativa "b": Incorreta, uma vez que as regras que tratam da solidariedade decorrente de grupo econômico são classificadas como de direito material (art. 2º, § 2º da CLT) e tem como objetivo proteger o obreiro quanto ao recebimento dos seus créditos trabalhistas. Já a representação processual em audiência (art. 843, §1º É facultado ao empregador fazer-se substituir pelo gerente, ou qualquer outro preposto que tenha conhecimento do fato, e cujas declarações obrigarão o proponente) é norma de natureza processual que não sofre influência da citada regra de direito material (ver nota do autor). Assim, cada empresa deve ser representada por um preposto.

Alternativa "c": Incorreta. Não há na CLT ou em qualquer outra norma esparsa a obrigatoriedade de que o preposto tenha que portar a respectiva carta de credenciamento para representar o empregador em audiência. Nesse sentido a decisão a seguir transcrita: "Jurisprudência. TST – RR: 133000420075150014, Relator: Hugo Carlos Scheuermann, Data de Julgamento: 25/02/2015, 1ª Turma, Data de Publicação: DEJT 06/03/2015 RECURSO DE REVISTA. RECURSO ORDINÁRIO NÃO CONHECIDO POR IRREGULARIDADE DE REPRESENTAÇÃO. MANDATO TÁCITO. CARTA DE PREPOSIÇÃO. [...] 3. Contudo, esta Corte entende que a requisição da carta de preposição em juízo representa apenas praxe judiciária, de modo que a sua exigência, ou a arguição de defeito, implica ofensa à garantia de ampla defesa, porquanto inexiste previsão legal para a apresentação do documento. Precedentes. Dessa forma, eventual vício na carta de preposição não tem o condão de contaminar o mandato tácito".

Alternativa "d": Correta. Essa possibilidade de representação do empregado está prevista no art. 843, § 2º, da CLT: "Se por doença ou qualquer outro motivo poderoso, devidamente comprovado, não for possível ao empregado comparecer pessoalmente, poderá fazer-se representar por outro empregado que pertença à mesma profissão, ou pelo seu sindicato".

Alternativa "e": Incorreta, uma vez que o reclamante foi representado pelo seu sindicato, conforme permissão contida no art. 843, § 2º da CLT: "Se por doença ou qualquer outro motivo poderoso, devidamente comprovado, não for possível ao empregado comparecer pessoalmente, poderá fazer-se representar por outro empregado que pertença à mesma profissão, ou pelo seu sindicato".

Gabarito: D.

---

260. (TRT 1 – Juiz do Trabalho Substituto 1ª Região/2016) O empregado "A" propôs reclamação trabalhista em face da empresa prestadora de serviços, sua empregadora, e da empresa tomadora desses serviços, postulando a condenação delas, sendo a segunda em caráter subsidiário, a pagar-lhe títulos que somariam R$ 20.000,00 (vinte mil reais), valor dado à causa na inicial. Em audiência, o autor celebrou acordo com a empresa prestadora de serviços, para pagar-lhe R$ 10.000,00 (dez mil reais) em 10 prestações mensais iguais de R$ 1.000,00, sem especificar quais os títulos estariam sendo objeto da transação. Ajustaram que, com o pagamento total do acordo, o trabalhador daria quitação geral à empregadora, para mais nada reclamar em relação ao extinto contrato. Ficou também acertado que, caso o acordo não fosse pago, o feito retornaria à fase de conhecimento, prosseguindo em face de ambas as rés. A empresa tomadora de serviços, embora presente à audiência, não assinou o acordo.

Homologado o acordo e tendo a empresa prestadora de serviços pago somente três prestações, o trabalhador requereu a reinclusão do feito em pauta de conhecimento, para prosseguimento em face das duas rés. Retomada a audiência, a empresa prestadora de serviços sustentou que teria sido excluída do feito, uma vez que não tinha celebrado o referido acordo e, por isso, a ele não poderia ser obrigada. Requereu que seu nome fosse retirado do polo passivo. Caso rejeitado o requerimento, requereu que o juiz especificasse quais os títulos estariam sendo dela demandados, tomadora de serviços, uma vez que havia sido homologado um acordo sem essa especificação e paga parte dele.

Tudo considerado, os requerimentos da tomadora de serviços deveriam ser:

a) o primeiro deferido, ficando prejudicado o segundo. A homologação do acordo teria tornado certo o que antes constituía res dubia e, não tendo intervindo a tomadora de serviços, fica ela desobrigada dessa transação, não podendo por ela ser prejudicada, nem podendo a mesma transação, uma vez homologada e fazendo certas determinadas obrigações, desconstituir-se automaticamente para voltar ao estágio anterior e tornar incertas todas as obrigações já acertadas e fazer renascer outras que teriam sido objeto de renúncia no bojo dela.

b) o primeiro indeferido, porque não teria havido, com o acordo, determinação de sua exclusão do feito, e o segundo deferido, mandando o juiz que o calculista da Vara os especificasse, uma vez que alguns títulos poderiam ser de responsabilidade dela, tomadora, e outros não, sendo necessária a especificação para a realização de sua defesa.

c) indeferidos ambos, uma vez que, não pago o acordo, o processo deveria voltar à fase de conhecimento e não haveria necessidade de especificar os títulos pagos ou transacionados, porque o valor pago poderia ser deduzido de eventual condenação.

d) o primeiro deferido, ficando prejudicado o segundo, porque a homologação do acordo fez coisa julgada entre as partes, de modo que somente por ação rescisória poderia ser desconstituído. Se houve omissão em determinar a exclusão da empresa tomadora de serviços, essa omissão é irrelevante, porque não foi objeto de embargos de declaração, beneficiando-se ela, de um modo ou de outro, da coisa julgada material formada em seu favor.

e) o primeiro indeferido, abrindo-se prazo para o autor emendar a inicial, esclarecendo quais os títulos que teriam sido pagos ou não com o acordo, prejudicado o segundo requerimento.

COMENTÁRIOS

✪ **Nota do autor:** Há um erro na redação do enunciado no trecho: "Retomada a audiência, a empresa prestadora de serviços sustentou que teria sido excluída do feito", pois ao invés a de empresa prestadora de serviços, deveria ser a empresa tomadora de serviços.

Alternativa "a": Correta. Segundo dispõe o art. 846, §2º da CLT: "Entre as condições a que se refere o parágrafo anterior, poderá ser estabelecida a de ficar a parte que não cumprir o acordo obrigada a satisfazer integralmente o pedido ou pagar uma indenização convencionada, sem prejuízo do cumprimento do acordo". Como apenas a prestadora de serviços celebrou acordo, não há como responsabilizar a empresa tomadora que não firmou esse ajuste pelas consequências nele prevista, que seria a cláusula de retorno da demanda ao seu estágio inicial em caso de inadimplemento. Com o acatamento do primeiro pedido, resta prejudicada a análise do segundo.

Alternativa "b": Incorreta. A partir do momento que a empresa tomadora não firma o acordo que foi homologado pelo juízo, não há como ser responsabilizada pelo retorno da demanda ao estágio inicial, consequência que ficou prevista na própria conciliação. O termo de conciliação homologado equivale a sentença irrecorrível, na forma prevista pelo art. 831, parágrafo único da CLT: "No caso de conciliação, o termo que for lavrado valerá como decisão irrecorrível, salvo para a Previdência Social quanto às contribuições que lhe forem devidas". Assim, o primeiro pedido deve ser deferido e o segundo prejudicado.

Alternativa "c": Incorreta. Observe que a responsabilidade de satisfazer integralmente o pedido ou pagar uma indenização, prevista no citado art. 846, §2º da CLT é atribuída exclusivamente a parte que não cumpriu o acordo, o que não foi o caso da empresa tomadora dos serviços. Não há como estabelecer uma obrigação para uma terceira pessoa que não participou da negociação, de acordo com o art. 844, § 1º, do Código Civil: "A transação não aproveita, nem prejudica senão aos que nela intervierem, ainda que diga respeito a coisa indivisível. § 1º Se for concluída entre o credor e o devedor, desobrigará o fiador". Portanto, o primeiro pedido deve ser deferido e o segundo prejudicado.

Alternativa "d": Incorreta. O resultado seria o deferimento do primeiro requerimento, com prejuízo do segundo, mas com fundamento diverso daquele apontado nessa alternativa. Na verdade, como o acordo foi homologado sem constar a responsabilização da empresa tomadora de serviço, a desconstituição desse ato judicial só pode ser feita mediante ação rescisória.

Alternativa "e": Incorreta, pois o primeiro pedido deve ser deferido, conforme análise feita nas demais alternativas.

Gabarito: A.

---

261. (FCC – Juiz do Trabalho Substituto 1ª Região/2014) Astolfo Luiz, por intermédio de advogado constituído, ajuizou reclamação trabalhista em face da ex-empregadora para postular horas extras não anotadas, equiparação salarial e indenização por danos morais em razão de ofensas pessoais suportadas no ambiente de trabalho. Deve o Juiz do Trabalho

a) propor a conciliação ao abrir a audiência e lavrar o respectivo termo, consignando-se o prazo e demais condições para seu cumprimento, nestas considerada a satisfação integral do pedido ou indenização, sem prejuízo do cumprimento do acordo.

b) negar a produção de provas não especificadas na petição inicial elaborada por profissional habilitado.

c) rejeitar o pedido de intimação de testemunha ausente, mas convidada pelo autor, caso não exista rol prévio depositado nos autos, nos termos da CLT.

d) julgar, sem suspensão do feito, a exceção de suspeição ou impedimento apresentada pelo reclamado em primeira audiência, decidindo sobre inimizade pessoal, amizade íntima, parentesco ou interesse pessoal.

e) julgar exceção de incompetência territorial independentemente da concessão de vistas ao exceto. Se o conceder, o prazo será de 48 horas para manifestação, com decisão nos autos.

COMENTÁRIOS

✪ **Nota do autor:** O art. 852-D da CLT contém preceito importantíssimo sobre a teoria geral da prova no processo do trabalho. Apesar de tratar da prova no rito sumaríssimo, aplica-se a qualquer espécie de demanda: "Art. 852-D. O juiz dirigirá o processo com liberdade para determinar as provas a serem produzidas, considerado o ônus probatório de cada litigante, podendo limitar ou excluir as que considerar excessivas, impertinentes ou protelatórias, bem como para apreciá-las e dar especial valor às regras de experiência comum ou técnica". Em relação a alternativa "e", a Lei da Reforma Trabalhista alterou a redação do art. 800 da CLT para determinar que a exceção de incompetência em razão do lugar seja apresentada no prazo de cinco dias contados da notificação e antes da audiência.

Alternativa "a": Correta a assertiva, pois segue o procedimento previsto no art. 846, *caput* e §§ 1º e 2º da CLT: "Art. 846 – Aberta a audiência, o juiz ou presidente proporá a conciliação. § 1º – Se houver acordo lavrar-se-á termo, assinado pelo presidente e pelos litigantes, consignando-se o prazo e demais condições para seu cumprimento. § 2º – Entre as condições a que se refere o parágrafo anterior, poderá ser estabelecida a de ficar a parte que não cumprir o acordo obrigada a satisfazer integralmente o pedido ou pagar uma indenização convencionada, sem prejuízo do cumprimento do acordo."

Alternativa "b": Incorreta a assertiva. Com efeito, prevalece no processo do trabalho o princípio inquisitivo, que confere ao juiz maior poder de condução do processo. Por conta disso, a omissão sobre os meios de prova na petição inicial da reclamação trabalhista, não inviabiliza a sua produção pelo reclamante, já que pode ser suprida por determinação do magistrado na busca pela verdade real.

Alternativa "c": Incorreta a assertiva, pois as testemunhas que não comparecem em juízo, apesar de comprovadamente convidadas, devem ser intimadas. Nesse sentido a determinação contida no art. 825, parágrafo único, da CLT: "As que não comparecerem serão intimadas, *ex officio* ou a requerimento da parte, ficando sujeitas a condução coercitiva, além das penalidades do art. 730, caso, sem motivo justificado, não atendam à intimação".

Alternativa "d": Incorreta a assertiva, pois nesse caso o juiz deve suspender o feito principal, como manda o art. 799, *caput*, da CLT: "Nas causas da jurisdição da Justiça do Trabalho, somente podem ser opostas, com suspensão do feito, as exceções de suspeição ou incompetência".

Alternativa "e": Incorreta, pois o princípio do contraditório é constitucionalmente garantido. Ainda assim, a CLT prevê a concessão de vista ao exceto e pelo prazo de 24 horas e não 48 horas, conforme se vê da redação do seu art. 800: "Apresentada a exceção de incompetência, abrir-se-á vista dos autos ao exceto, por 24 (vinte e quatro) horas improrrogáveis, devendo a decisão ser proferida na primeira audiência ou sessão que se seguir". (ver nota do autor)

Gabarito: A.

---

262. (FCC – Juiz do Trabalho Substituto 1ª Região/2014) Em reclamação trabalhista com valor da causa de R$ 2.000,00 (dois mil reais), compareceram as partes à audiência UNA designada. A primeira reclamada apresentou defesa com documentos e requereu o depoimento pessoal do autor. A segunda reclamada, integrante da Administração Pública Direta, compareceu representada por seu procurador jurídico, o qual apresentou defesa com documentos. Nesse caso,

a) as testemunhas, no máximo duas para cada parte, comparecerão à audiência de instrução e julgamento mediante intimação, podendo o Juiz mandar conduzi-las caso não atendam a ordem.

b) a sentença mencionará os elementos de convicção do juízo, com resumo dos fatos relevantes ocorridos em audiência, dispensada a elaboração do relatório.

c) as partes poderão recorrer ordinariamente da sentença para rediscutir, entre outras questões, os fatos, eventual contrariedade à súmula uniforme do TST, além de violação literal à Lei Federal ou à Constituição da República.

d) deverá o Juiz do Trabalho declarar a confissão da segunda reclamada por não comparecer acompanhada do preposto.

e) a apreciação da reclamação deverá ocorrer no prazo máximo de quinze dias do seu ajuizamento, podendo constar de pauta especial, se necessária.

COMENTÁRIOS

✪ **Nota do autor:** Observe-se que como se trata de demanda contra a Administração Pública, não se aplica as regras relativas ao rito sumaríssimo, como faz crer a redação da pergunta quando menciona o valor da causa de dois mil reais.

Alternativa "a": Incorreta. Como se trata de causa sujeita ao rito ordinário, três é o número máximo de testemunhas que pode ser indicado por cada parte, na forma prevista pelo art. 821 da CLT: "Cada uma das partes não poderá indicar mais de 3 (três) testemunhas, salvo quando se tratar de inquérito, caso em que esse número poderá ser elevado a 6 (seis)."

Alternativa "b": Incorreta. Como se trata de causa sujeita ao rito ordinário, o relatório é parte obrigatória da sentença, de acordo com o preceito contido no art. 832, *caput*, da CLT: "Da decisão deverão constar o nome das partes, o resumo do pedido e da defesa, a apreciação das provas, os fundamentos da decisão e a respectiva conclusão."

Alternativa "c": Correta a assertiva, o efeito devolutivo em profundidade devolve ao tribunal a apreciação de toda a matéria discutida na primeira instância, conforme previsão contida no art. 515 do CPC de 1973:

"A apelação devolverá ao tribunal o conhecimento da matéria impugnada".

Alternativa "d": Incorreta a assertiva, pois o procurador jurídico representa a pessoa jurídica da administração pública, dispensando-se o preposto. Nesse sentido o art. 12, I, do CPC de 1973: "Art. 12. Serão representados em juízo, ativa e passivamente: I – a União, os Estados, o Distrito Federal e os Territórios, por seus procuradores;"

Alternativa "e": Essa regra do julgamento em 15 dias só se aplica às demandas sujeitas ao rito sumaríssimo, na forma prevista pelo art. 852-B, III: "a apreciação da reclamação deverá ocorrer no prazo máximo de quinze dias do seu ajuizamento, podendo constar de pauta especial, se necessário, de acordo com o movimento judiciário da Junta de Conciliação e Julgamento". **Incorreta** a assertiva, pois a hipótese é de incidência das regras relativas ao rito ordinário.

Gabarito: C.

---

263. (FCC – Juiz do Trabalho Substituto 1ª Região/2015) Maria ajuizou ação trabalhista em face de Supermercado Cidade Maravilhosa Ltda. Durante a audiência inaugural, as partes conversaram e se aproximaram da conciliação, mas alguns detalhes impediram a homologação definitiva. Sendo assim, o patrono do réu aduziu sua defesa e documentos e ambas as partes requereram o adiamento, ante a real possibilidade de transação. O juiz deferiu o requerimento, mas intimou desde logo as testemunhas presentes, consignando em ata a intimação dos litigantes para prestarem depoimento pessoal na próxima assentada designada, advertindo-os de que a ausência acarretaria a confissão. Duas semanas antes da audiência de prosseguimento, o advogado da autora protocolizou petição na qual requereu novo adiamento por conta da dificuldade de transacionar. O juiz despachou "aguarde-se a audiência", em virtude de sua proximidade. Entretanto, no dia designado, compareceram apenas as testemunhas intimadas, o réu e seu advogado, o qual requereu a caracterização da confissão ficta do autor. Nesse caso, o requerimento de confissão deve ser

a) indeferido, haja vista o pedido de adiamento da audiência, contida na petição da autora, anterior à data designada para a instrução.

b) indeferido, uma vez que a hipótese é de arquivamento dos autos.

c) deferido, uma vez que a autora foi intimada pessoalmente sob a possibilidade de aplicação desta cominação legal na audiência de instrução na qual deveria depor.

d) deferido, uma vez que as testemunhas estavam presentes e poderiam ter sido inquiridas.

e) indeferido, uma vez que estava precluso o requerimento do réu, haja vista a sua intenção de conciliar manifestada na audiência inaugural.

COMENTÁRIOS

✪ **Nota do autor:** O art. 453, I, do CPC de 1973 que embasa a fundamentação do comentário da alternativa "a" corresponde ao art. 362, I, do CPC de 2015: "A audiência poderá ser adiada: I – por convenção das partes". Note-se que, ao contrário do que ocorria no Diploma Processual antigo, não há limitação no número de pedidos de adiamento de audiência a pedido das partes.

Alternativa "a": Incorreta, pois o pedido de adiamento não havia sido apreciado pelo Juiz. Além disso, o adiamento em si mesmo não é um direito da parte. Mesmo admitindo aplicação do CPC nesse caso, o adiamento a pedido das partes só pode ser feito uma única vez, conforme dispõe o art. 453, I: "A audiência poderá ser adiada: I – por convenção das partes, caso em que só será admissível uma vez. Assim a hipótese é de confissão do autor.

Alternativa "b": Incorreta a assertiva. Só seria arquivamento caso não tivesse sido apresentada a defesa. A hipótese é, portanto de confissão do autor, na forma do entendimento do TST constante da Súmula nº 74, item I: Aplica-se a confissão à parte que, expressamente intimada com aquela cominação, não comparecer à audiência em prosseguimento, na qual deveria depor".

Alternativa "c": Correta a assertiva que confirma a hipótese de confissão do autor, de acordo com o posicionamento do TST adotado pela Súmula nº 74, item I: "Aplica-se a confissão à parte que, expressamente intimada com aquela cominação, não comparecer à audiência em prosseguimento, na qual deveria depor".

Alternativa "d": Incorreta, pois o fundamento do deferimento do pleito de reconhecimento de confissão não é a presença das testemunhas mas sim a ausência injustificada do autor.

Alternativa "e": Incorreta a assertiva, uma vez que a intenção de conciliar não obsta que sejam aplicados os efeitos pelo não comparecimento injustificado das partes à audiência.

Gabarito: C.

---

264. (FCC – Juiz do Trabalho Substituto 1ª Região/2015) Luciana trabalhou como publicitária para determinada agência de publicidade por quatro anos, mas nunca obteve registro de sua CTPS. Após ser dispensada, ajuizou ação trabalhista em face de seu suposto empregador. Durante a audiência inaugural, as partes acordaram, ficando combinado unicamente o pagamento de R$ 200.000,00 em dez parcelas mensais e iguais, sem o reconhecimento de vínculo de emprego e sem previsão de recolhimentos previdenciários. Intimada desta transação, a União recorreu. Nesse caso,

a) não cabe recurso de acordo judicial, uma vez que o termo em que foi lavrado vale como decisão judicial transitada em julgado.

b) não deve haver recolhimento previdenciário, uma vez que o acordo foi realizado sem o reconhecimento de vínculo empregatício.

c) deve haver recolhimento previdenciário apenas de Luciana sobre metade do valor acordado, observado o teto de contribuição.

d) deve haver recolhimento previdenciário de ambas as partes sobre o total do valor acordado, observado o teto de contribuição.

e) deve haver recolhimento previdenciário apenas da agência de publicidade sobre metade do valor acordado, observado o teto de contribuição.

COMENTÁRIOS

Nota do autor: Segundo dispõe a Súmula vinculante nº 53 do STF "a competência da Justiça do Trabalho prevista no art. 114, VIII, da Constituição Federal alcança a execução de ofício das contribuições previdenciárias relativas ao objeto da condenação constante das sentenças que proferir e acordos por ela homologados.

Alternativa "a": Incorreta, pois cabe recurso de acordo homologado por parte da União, na forma prevista pelo art. 831, parágrafo único, da CLT: "Parágrafo único. No caso de conciliação, o termo que for lavrado valerá como decisão irrecorrível, salvo para a Previdência Social quanto às contribuições que lhe forem devidas".

Alternativa "b": Incorreta, uma vez que não é somente a prestação de serviços subordinados que constitui fato gerador de incidência da contribuição previdenciária. O trabalho autônomo também é considerado fato gerador desse tributo, mas com incidência de alíquotas diversas. Nesse sentido e a OJ nº 398 da SDI-1 do TST: "Nos acordos homologados em juízo em que não haja o reconhecimento de vínculo empregatício, é devido o recolhimento da contribuição previdenciária, mediante a alíquota de 20% a cargo do tomador de serviços e de 11% por parte do prestador de serviços, na qualidade de contribuinte individual, sobre o valor total do acordo, respeitado o teto de contribuição. Inteligência do § 4º do art. 30 e do inciso III do art. 22, todos da Lei n.º 8.212, de 24.07.1991."

Alternativa "c": Incorreta, uma vez que trabalhador e empresa são sujeitos passivos da relação jurídica tributária, como deixa claro a citada OJ 398 do TST, que faz referência ao § 4º do art. 30 e do inciso III do art. 22, todos da Lei n.º 8.212, de 24.07.1991.

Alternativa "d": Correta a assertiva, uma vez que corresponde ao entendimento do TST explicitado na OJ nº 398 da SDI-1 do TST: "Nos acordos homologados em juízo em que não haja o reconhecimento de vínculo empregatício, é devido o recolhimento da contribuição previdenciária, mediante a alíquota de 20% a cargo do tomador de serviços e de 11% por parte do prestador de serviços, na qualidade de contribuinte individual, sobre o valor total do acordo, respeitado o teto de contribuição. Inteligência do § 4º do art. 30 e do inciso III do art. 22, todos da Lei n.º 8.212, de 24.07.1991."

Alternativa "e": Incorreta a assertiva, uma vez que trabalhador e empresa são sujeitos passivos da relação jurídica tributária, como deixa clara a citada OJ 398 do TST, que faz referência ao § 4º do art. 30 e do inciso III do art. 22, todos da Lei n.º 8.212, de 24.07.1991.

Gabarito: D.

---

265. (TRT 8 – Juiz do Trabalho Substituto 8ª Região/2015) Analise e assinale apenas a alternativa INCORRETA:

a) O não comparecimento do reclamante à audiência em caráter inaugural importa o arquivamento da reclamação, e o não comparecimento do reclamado importa revelia, além de confissão quanto à matéria de fato. Mas, aplica- se a confissão à parte que, expressamente intimada com aquela cominação, não comparecer à audiência em prosseguimento, na qual deveria depor.

b) A União será intimada das decisões homologatórias de acordos que contenham parcela indenizatória, na forma do art. 20 da Lei nº 11.033, de 21 de dezembro de 2004, sendo obrigatória a interposição de recurso relativo aos tributos que lhe forem devidos em razão da decisão trabalhista.

c) No Tribunal Superior do Trabalho cabem embargos, no prazo de 8 (oito) dias, de decisão não unânime de julgamento que conciliar, julgar ou homologar conciliação em dissídios coletivos que excedam a competência territorial dos Tribunais Regionais do Trabalho e estender ou rever as sentenças normativas do Tribunal Superior do Trabalho, nos casos previstos em lei.

d) No caso de conciliação, o termo que for lavrado valerá como decisão irrecorrível, salvo para a Previdência Social quanto às contribuições que lhe forem devidas.

e) Na audiência de julgamento deverão estar presentes o reclamante e o reclamado, independentemente do comparecimento de seus representantes salvo, se por doença ou qualquer outro motivo poderoso, devidamente comprovado, não for possível ao empregado comparecer pessoalmente, poderá fazer-se representar por outro empregado que pertença à mesma profissão, ou pelo seu sindicato.

COMENTÁRIOS

Nota do autor: Quando os litigantes resolvem conciliar, é lavrado um termo de conciliação que tem as mesmas características de uma decisão irrecorrível, salvo em relação à União, no que diz respeito às contribuições sociais/previdenciárias devidas pelas partes.

Alternativa "a": Correta a assertiva, com base no preceito contido no art. 844, *caput*, da CLT e entendimento do TST constante da Súmula nº 74, I: "Art. 844 – O não comparecimento do reclamante à audiência importa o arquivamento da reclamação, e o não comparecimento do reclamado importa revelia, além de confissão quanto à matéria de fato. Súmula nº 74. I – Aplica-se a confissão à parte que, expressamente intimada com aquela cominação, não comparecer à audiência em prosseguimento, na qual deveria depor."

Alternativa "b": Incorreta a assertiva, pois não se trata de uma obrigação de recorrer, mas sim de uma faculdade, conforme se vê da redação do art. 832, § 4º, da CLT:

"A União será intimada das decisões homologatórias de acordos que contenham parcela indenizatória, na forma do art. 20 da Lei no 11.033, de 21 de dezembro de 2004, facultada a interposição de recurso relativo aos tributos que lhe forem devidos".

Alternativa "c": Correta a assertiva, que trata dos embargos no caso de dissídios coletivos, na forma prevista pelo art. 894, I, alínea "a" da CLT: "Art. 894. No Tribunal Superior do Trabalho cabem embargos, no prazo de 8 (oito) dias: I – de decisão não unânime de julgamento que: a) conciliar, julgar ou homologar conciliação em dissídios coletivos que excedam a competência territorial dos Tribunais Regionais do Trabalho e estender ou rever as sentenças normativas do Tribunal Superior do Trabalho, nos casos previstos em lei".

Alternativa "d": Correta a assertiva, pois coincide com a previsão contida no art. 831, parágrafo único, da CLT: "Parágrafo único. No caso de conciliação, o termo que for lavrado valerá como decisão irrecorrível, salvo para a Previdência Social quanto às contribuições que lhe forem devidas".

Alternativa "e": Correta a assertiva, pois corresponde ao procedimento estabelecido pelo art. 843, caput e § 2º, da CLT: "Art. 843 – Na audiência de julgamento deverão estar presentes o reclamante e o reclamado, independentemente do comparecimento de seus representantes salvo, nos casos de Reclamatórias Plúrimas ou Ações de Cumprimento, quando os empregados poderão fazer-se representar pelo Sindicato de sua categoria. § 2º Se por doença ou qualquer outro motivo poderoso, devidamente comprovado, não for possível ao empregado comparecer pessoalmente, poderá fazer-se representar por outro empregado que pertença à mesma profissão, ou pelo seu sindicato".

Gabarito: B.

---

266. (TRT 8 – Juiz do Trabalho Substituto 8ª Região/2015) De acordo com o entendimento sumulado do Tribunal Superior do Trabalho, é CORRETO afirmar que:

a) A ausência do reclamante, quando adiada a instrução após contestada a ação em audiência, importa no arquivamento do processo.

b) Ausente a reclamada, mas presente o seu advogado, devidamente munido de procuração e defesa, não se configura a revelia da parte.

c) Torna suspeita a testemunha, o fato de estar litigando ou ter litigado contra o mesmo empregador, diante do evidente interesse na causa em desfavor do empregador.

d) Aplica-se a confissão ficta à parte que, expressamente intimada com essa cominação, não comparecer à audiência em prosseguimento, na qual deveria depor, não caracterizando cerceamento de defesa, o indeferimento de produção de provas posteriores à confissão.

e) Pessoa jurídica de direito público não se sujeita à revelia prevista no art. 844 da CLT.

COMENTÁRIOS

✪ **Nota do autor:** Para o juiz admite-se, legalmente, um atraso de quinze minutos (art. 815, parágrafo único, da CLT). Todavia, esse prazo é classificado como impróprio, pelo que, o seu descumprimento não gera efeitos processuais. Em relação a alternativa "b", o posicionamento do TST, contido na Súmula nº 122, deve ser modificado tendo em vista a inserção do § 5º ao art. 844 da CLT pela Lei nº 13.467/17 com a seguinte redação: "Ainda que ausente o reclamado, presente o advogado na audiência, serão aceitos a contestação e os documentos eventualmente apresentados."

Alternativa "a": Incorreta, uma vez que nesse caso a consequência é a confissão ficta. Nesse sentido a Súmula nº 9 do TST: "A ausência do reclamante, quando adiada a instrução após contestada a ação em audiência, não importa arquivamento do processo".

Alternativa "b": Incorreta a assertiva. Nesse caso o TST entende que a hipótese é de revelia e confissão, conforme se observa da redação da Súmula nº 122: "A reclamada, ausente à audiência em que deveria apresentar defesa, é revel, ainda que presente seu advogado munido de procuração, podendo ser ilidida a revelia mediante a apresentação de atestado médico, que deverá declarar, expressamente, a impossibilidade de locomoção do empregador ou do seu preposto no dia da audiência". (ver nota do autor)

Alternativa "c": O entendimento do TST é justamente em sentido contrário, qual seja, de não considerar suspeita a testemunha, na forma do posicionamento adotado pela Súmula nº 357: "Não torna suspeita a testemunha o simples fato de estar litigando ou de ter litigado contra o mesmo empregador". Assertiva **incorreta.**

Alternativa "d": Correta a afirmação, uma vez que corresponde ao entendimento do TST revelado por meio de sua Súmula de nº 74, em sua antiga redação: "I – Aplica-se a confissão à parte que, expressamente intimada com aquela cominação, não comparecer à audiência em prosseguimento, na qual deveria depor. (ex-Súmula nº 74 – RA 69/1978, DJ 26.09.1978) II – A prova pré-constituída nos autos pode ser levada em conta para confronto com a confissão ficta (art. 400, I, CPC), não implicando cerceamento de defesa o indeferimento de provas posteriores". A redação atual dessa Súmula é a seguinte: "I – Aplica-se a confissão à parte que, expressamente intimada com aquela cominação, não comparecer à audiência em prosseguimento, na qual deveria depor. (ex-Súmula nº 74 – RA 69/1978, DJ 26.09.1978) II – A prova pré-constituída nos autos pode ser levada em conta para confronto com a confissão ficta (arts. 442 e 443, do CPC de 2015 – art. 400, I, do CPC de 1973), não implicando cerceamento de defesa o indeferimento de provas posteriores. (ex-OJ nº 184 da SBDI-1 – inserida em 08.11.2000) III- A vedação à produção de prova posterior pela parte confessa somente a ela se aplica, não afetando o exercício, pelo magistrado, do poder/dever de conduzir o processo".

Alternativa: "e": Incorreta, uma vez que o TST posiciona-se em sentido contrário ao dessa assertiva, de acordo com a OJ nº 152 da SDI-1: "Pessoa jurídica de direito público sujeita-se à revelia prevista no artigo 844 da CLT".

Gabarito: D.

---

267. (FCC – Juiz do Trabalho Substituto 23ª Região/2015) Maria Audácia comunicou à Empresa Kalotec Ltda. a rescisão indireta do contrato de trabalho firmado entre as partes, com fundamento no descumprimento das obrigações contratuais do empregador pela ausência de pagamento dos últimos três salários. Na audiência designada, a empresa ré efetuou o pagamento dos salários atrasados. Diante da situação, o só pagamento dos salários atrasados em audiência

a) ilide a mora e isenta o empregador de pagar o valor equivalente a um salário.

b) ilide a mora capaz de determinar a rescisão do contrato de trabalho.

c) não afasta a pena de pagamento dos salários atrasados acrescidos de 50%.

d) não ilide a mora capaz de determinar a rescisão do contrato de trabalho.

e) não ilide a mora, mas impede o reconhecimento da justa causa do empregador.

COMENTÁRIOS

✪ **Nota do autor:** Todas as alternativas dessa pergunta giram em torno do conteúdo da Súmula nº 13 do TST, que acolhe o entendimento segundo o qual o pagamento feito em audiência não tem o condão de ilidir a mora que autoriza a rescisão do contrato de trabalho: "Súmula nº 13: O só pagamento dos salários atrasados em audiência não ilide a mora capaz de determinar a rescisão do contrato de trabalho."

Alternativa "a": Incorreta, pois esse pagamento em audiência dos salários em atraso não ilide a mora nem muito menos isenta o empregador de pagar o equivalente a um salário. Nesse sentido a Súmula nº 13, já citada e transcrita na nota do autor.

Alternativa "b": Incorreta, pois esse pagamento em audiência dos salários em atraso não ilide a mora capaz de determinar a rescisão indireta do contrato de trabalho. Nesse sentido a Súmula nº 13, já citada e transcrita na nota do autor.

Alternativa "c": Incorreta, pois a regra contida no art. 467 da CLT é de pagamento das verbas rescisórias incontroversas na primeira audiência, sob pena de acréscimo de 50%.

Alternativa "d": Correta, pois corresponde ao entendimento do TST constante da Súmula nº 13: "O só pagamento dos salários atrasados em audiência não ilide a mora capaz de determinar a rescisão do contrato de trabalho."

Alternativa "e": Além de não ilidir a mora, autoriza o reconhecimento da rescisão indireta do contrato de trabalho. Assertiva **incorreta**.

Gabarito: D.

---

268. (FCC – Juiz do Trabalho Substituto 24ª Região/2015) O instituto da conciliação é um dos pilares de sustentação do Processo do Trabalho, dispondo a Consolidação das Leis do Trabalho e a jurisprudência sumulada do Tribunal Superior do Trabalho de normas e orientações a respeito da matéria. Nessa seara, é correto afirmar que

a) o acordo homologado judicialmente tem força de sentença irrecorrível, entretanto, o termo conciliatório transita em julgado após o decurso de prazo do recurso ordinário para efeito de eventual ação rescisória.

b) aberta a instrução, o Juiz receberá a defesa escrita ou será reduzida a termo a defesa oral, verificará os documentos juntados pela reclamada e, em seguida, proporá a conciliação às partes.

c) o acordo homologado judicialmente faz coisa julgada entre as partes, somente podendo ser modificado por ação rescisória, exceto em relação à Previdência Social em relação às contribuições que lhe serão devidas.

d) o acordo judicial não cumprido enseja execução do título executivo judicial no juízo que homologou o acordo, o mesmo não ocorrendo quando o acordo é firmado perante Comissão de Conciliação Prévia, por não haver título executivo.

e) é nulo o acordo homologado em juízo firmado entre o reclamante, assistido por advogado, e o sócio da reclamada, desacompanhado de advogado, em razão do princípio da isonomia processual, cabendo mandado de segurança.

COMENTÁRIOS

✪ **Nota do autor:** A qualquer momento, as partes podem conciliar no processo do trabalho. Contudo, a CLT, em seus arts. 846 e 850, exige que o juiz faça duas propostas de conciliação. A primeira, antes do recebimento da defesa e a segunda, após o encerramento da instrução processual e o oferecimento das razões finais.

Alternativa "a": Incorreta, pois não é necessário aguardar o prazo de oito dias para o seu trânsito em julgado que se dá, na verdade, na data da homologação do acordo. Nesse sentido é o entendimento do TST constante do item V, da Súmula nº 100 do TST: V – O acordo homologado judicialmente tem força de decisão irrecorrível, na forma do art. 831 da CLT. Assim sendo, o termo conciliatório transita em julgado na data da sua homologação judicial.

Alternativa "b": Incorreta a assertiva, pois a proposta de conciliação deve ser feita antes do recebimento da defesa, nos termos do arts. 846, caput, da CLT: "Art. 846 – Aberta a audiência, o juiz ou presidente proporá a conciliação".

Alternativa "c": Correta a assertiva, pois a homologação do acordo não obsta o recurso por parte da União em relação às contribuições previdenciárias. Nesse sentido a Súmula nº 259 do TST e o art. 831, parágrafo único, da CLT: "Súmula nº 259. Só por ação rescisória é impugnável o termo de conciliação previsto no parágrafo único do art. 831 da CLT. Art. 831. Parágrafo único. No caso de conciliação, o termo que for lavrado valerá como decisão irrecorrível, salvo para a Previdência Social quanto às contribuições que lhe forem devidas".

Alternativa "d": Incorreta a assertiva, uma vez que os termos de conciliação firmados pelas comissões de conciliação prévia são considerados título executivo. Nesse sentido os arts. 876, *caput*, e 877, da CLT: "Art. 876 – As decisões passadas em julgado ou das quais não tenha havido recurso com efeito suspensivo; os acordos, quando não cumpridos; os termos de ajuste de conduta firmados perante o Ministério Público do Trabalho e os termos de conciliação firmados perante as Comissões de Conciliação Prévia serão executada pela forma estabelecida neste Capítulo. Art. 877 – É competente para a execução das decisões o Juiz ou Presidente do Tribunal que tiver conciliado ou julgado originariamente o dissídio".

Alternativa "e": Incorreta, uma vez que as partes possuem o *ius postulandi* no processo do trabalho, notadamente nas Varas do Trabalho e no TRT, conforme se observa da redação do art. 791, caput, da CLT: Os empregados e os empregadores poderão reclamar pessoalmente perante a Justiça do Trabalho e acompanhar as suas reclamações até o final".

Gabarito: C.

---

269. (FCC – Juiz do Trabalho Substituto 24ª Região/2015) O princípio da oralidade é fundamento da doutrina processual do trabalho, razão pela qual a audiência constitui-se em ato processual de extrema relevância. A ausência de uma das partes em audiência no dissídio individual trabalhista gera consequências. Conforme normas da Consolidação das Leis do Trabalho e sob a ótica da jurisprudência sumulada do Tribunal Superior do Trabalho, é correto afirmar que

a) a ausência injustificada do reclamante em primeira audiência Una implica em confissão quanto à matéria fática, que pode ser ilidida pelo depoimento do patrono do autor com procuração atribuindo-lhe poderes para confessar em nome do seu constituinte.

b) se aplica a confissão à parte que, expressamente intimada com aquela cominação, não comparecer à audiência em prosseguimento, na qual deveria depor.

c) a prova pré-constituída nos autos pode ser levada em conta para confronto com a confissão ficta, ocorrendo cerceamento de defesa o indeferimento de provas posteriores.

d) sendo aplicada a confissão à parte, a vedação para a produção de prova posterior a ela se aplica, bem como ao magistrado.

e) a reclamada, ausente à audiência em que deveria apresentar defesa, é revel, salvo se o seu advogado munido de procuração com poderes para confessar em seu nome apresentar a defesa.

COMENTÁRIOS

✪ **Nota do autor:** Por conta da vigência do CPC de 2015, o TST promoveu a alteração da Súmula nº 74, que passou a ter a seguinte redação: "I – Aplica-se a confissão à parte que, expressamente intimada com aquela cominação, não comparecer à audiência em prosseguimento, na qual deveria depor. (ex-Súmula nº 74 – RA 69/1978, DJ 26.09.1978) II – A prova pré-constituída nos autos pode ser levada em conta para confronto com a confissão ficta (arts. 442 e 443, do CPC de 2015 – art. 400, I, do CPC de 1973), não implicando cerceamento de defesa o indeferimento de provas posteriores. (ex-OJ nº 184 da SBDI-1 – inserida em 08.11.2000) III- A vedação à produção de prova posterior pela parte confessa somente a ela se aplica, não afetando o exercício, pelo magistrado, do poder/dever de conduzir o processo". Em relação a alternativa "e", o posicionamento do TST, contido na Súmula nº 122, deve ser modificado tendo em vista a inserção do § 5º ao art. 844 da CLT pela Lei nº 13.467/17 com a seguinte redação: "Ainda que ausente o reclamado, presente o advogado na audiência, serão aceitos a contestação e os documentos eventualmente apresentados."

Alternativa "a": Incorreta, pois nesse caso a hipótese é de arquivamento, na forma prevista pelo art. 844, caput, da CLT: "O não comparecimento do reclamante à audiência importa o arquivamento da reclamação, e o não comparecimento do reclamado importa revelia, além de confissão quanto à matéria de fato."

Alternativa "b": Correta. Com efeito, não basta que a parte não compareça a audiência na qual será interrogada. É necessário que ela seja advertida de que o seu não comparecimento implicará confissão. Nesse sentido, a Súmula nº 74, I, do TST: "Aplica-se a confissão à parte que, expressamente intimada com aquela cominação, não comparecer à audiência em prosseguimento, na qual deveria depor".

Alternativa "c": Incorreta. A segunda parte da assertiva não é verdadeira. Isso porque as provas posteriores podem ser indeferidas pelo juiz diante da constatação da confissão ficta. Nesse sentido o item II, da Súmula nº 74 do TST, em sua antiga redação: "A prova pré-constituída nos autos pode ser levada em conta para confronto com a confissão ficta (art. 400, I, CPC), não implicando cerceamento de defesa o indeferimento de provas posteriores". (ver nota do autor).

Alternativa "d": Incorreta, pois o juiz, ainda que haja confissão ficta, é guiado pelo princípio da busca da verdade real. Nesse sentido, o item III da Súmula nº 74 do TST, em sua antiga redação: "A vedação à produção de prova posterior pela parte confessa somente a ela se aplica, não afetando o exercício, pelo magistrado, do poder/dever de conduzir o processo." (ver nota do autor).

Alternativa "e": Incorreta, pois esse não é o entendimento do TST revelado por meio da Súmula nº 122, que considera tal circunstância fática como hipótese de revelia: "A reclamada, ausente à audiência em que deveria apresentar defesa, é revel, ainda que presente seu advogado munido de procuração, podendo ser ilidida a revelia mediante a apresentação de atestado médico, que deverá declarar, expressamente, a impossibilidade de locomoção do empregador ou do seu preposto no dia da audiência". (ver nota do autor)

Gabarito: B.

---

270. (FCC – Juiz do Trabalho Substituto 24ª Região/2015) A empresa Vênus Ltda. – ME foi notificada para comparecer em audiência de reclamatória trabalhista em que configura como reclamada. No dia designado, o advogado da ré, munido de procuração e o preposto contador autônomo da empresa, comparecem com 20 (vinte) minutos de atraso em relação ao pregão. O patrono da ré solicita ao magistrado prazo para apresentação de carta de preposição e requer a apresentação de defesa oral em razão de não ter trazido defesa escrita. O Juiz não aceita a apresentação de defesa da reclamada, aplicando-lhe a revelia e confissão quanto à matéria fática. Nessa situação, a luz da legislação aplicável e do entendimento sumulado do Tribunal Superior do Trabalho, o Juiz atuou de forma:

a) correta, porque diante do atraso injustificado não poderia ser apresentada defesa oral, mas apenas poderia ser requerida a juntada de defesa escrita, para não causar mais atraso na pauta do magistrado.

b) correta, porque a Consolidação das Leis do Trabalho prevê, no parágrafo único do artigo 815, que a possibilidade de atraso do juiz e das partes de até, no máximo, 15 (quinze) minutos.

c) incorreta, porque o preposto para poder representar a empresa reclamada tem que ser empregado, havendo exceção legal apenas para o caso de empregador doméstico.

d) correta, apenas em razão do atraso no comparecimento, uma vez que a jurisprudência sumulada pelo Tribunal Superior do Trabalho admite a exceção do preposto não empregado para o micro ou pequeno empresário, por força da Lei Complementar nº 123/2006.

e) incorreta, por duas razões: a uma pelo atraso superior a 15 (quinze) minutos e a duas porque o preposto tem que ser empregado portando a sua CTPS no momento da audiência para comprovação do fato.

COMENTÁRIOS

✪ **Nota do autor:** Quando o reclamante provoca dois arquivamentos seguidos, o juiz aplica-lhe a penalidade consistente na vedação de ajuizar qualquer reclamação trabalhista pelo prazo de seis meses, conforme preceitua o art. 732 da CLT. Observe-se, também, que o art. 362, III, do CPC de 2015 diz que a audiência poderá ser adiada por atraso injustificado de seu início em tempo superior a 30 minutos do horário marcado. Entretanto, esse dispositivo não se aplica ao processo do trabalho, como ressalta o art. 2º, inciso VI, da IN nº 39/16 do TST. Por fim, com a vigência da Lei da Reforma Trabalhista, houve a inclusão de um parágrafo ao art. 843 da CLT com a seguinte redação: "O preposto a que se refere o § 1º deste artigo não precisa ser empregado da parte reclamada.". Em breve, portanto, o TST deve cancelar ou alterar a redação da Súmula nº 377.

Alternativa "a": Incorreta a assertiva pelo fato de afirmar que não se admite defesa oral, uma vez que a CLT possui dispositivo em sentido contrário. "Art. 847 – Não havendo acordo, o reclamado terá vinte minutos para aduzir sua defesa, após a leitura da reclamação, quando esta não for dispensada por ambas as partes".

Alternativa "b": Incorreta a assertiva, pois o art. 815, parágrafo único, da CLT estabelece o limite de 15 minutos para o juiz e não para parte: "Parágrafo único – Se, até 15 (quinze) minutos após a hora marcada, o juiz ou presidente não houver comparecido, os presentes poderão retirar-se, devendo o ocorrido constar do livro de registro das audiências". Não existe tolerância legal em relação ao horário de comparecimento das partes à audiência. Nesse sentido a Orientação Jurisprudencial nº 245 da SDI-1 do TST: "Inexiste previsão legal tolerando atraso no horário de comparecimento da parte na audiência" (ver parte final da nota do autor).

Alternativa "c": Incorreta, pois não se exige a condição de empregado para o preposto representar as micro e pequenas empresas em audiência, bem como no caso da relação de emprego doméstica. Nesse sentido a Súmula nº 377 do TST: "Exceto quanto à reclamação de empregado doméstico, ou contra micro ou pequeno empresário, o preposto deve ser necessariamente empregado do reclamado. Inteligência do art. 843, § 1º, da CLT e do art. 54 da Lei Complementar nº 123, de 14 de dezembro de 2006." (ver nota do autor)

Alternativa "d": Correta a assertiva nos dois pontos. Não existe tolerância legal em relação ao horário de comparecimento das partes à audiência. Nesse sentido a Orientação Jurisprudencial nº 245 da SDI-1 do TST: Inexiste previsão legal tolerando atraso no horário de comparecimento da parte na audiência." Por outro lado, não se exige a condição de empregado para o preposto representar as micro e pequenas empresas em audiência, bem como no caso da relação de emprego doméstica. Nesse sentido a Súmula nº 377 do TST: "Exceto quanto à reclamação de empregado doméstico, ou contra micro ou pequeno empresário, o preposto deve ser necessariamente empregado do reclamado. Inteligência do art. 843, § 1º, da CLT e do art. 54 da Lei Complementar nº 123, de 14 de dezembro de 2006." (ver nota do autor)

Alternativa "e": Incorreta, pois não se tolera qualquer atraso das partes à audiência, na forma da já citada e transcrita OJ nº 245, da SDI-1 do TST. Além disso, o preposto não precisa ser empregado no caso de micro e pequena empresa, conforme entendimento do TST constante da Súmula nº 377. (ver nota do autor)

Gabarito: D.

---

271. (TRT 23 – Juiz do Trabalho Substituto 23ª Região/2014) A luz da lei e da jurisprudência cristalizada pelo Tribunal Superior do Trabalho, aponte a alternativa INCORRETA:

a) É facultado ao empregador fazer-se substituir, em audiência, pelo gerente, ou qualquer outro preposto que tenha conhecimento dos fatos; somente se admite que o preposto não seja empregado na hipótese do empregador doméstico.

b) Quando a decisão concluir pela procedência do pedido, determinará o prazo e as condições para seu cumprimento.

c) O reclamado ausente à audiência em que deveria apresentar defesa é revel, ainda que presente seu advogado munido de procuração.

d) A nulidade não será pronunciada quando for possível suprir-se a falta ou repetir o ato, bem como quando arguida por quem lhe tiver dado causa.

e) Não sendo liquida a condenação, o juiz arbitrar-lhe-á o valor e fixará o montante das custas judiciais.

COMENTÁRIOS

✪ **Nota do autor:** Com a vigência da Lei nº 13.467/17, houve a inclusão de um parágrafo ao art. 843 da CLT com a seguinte redação: "O preposto a que se refere o § 1º deste artigo não precisa ser empregado da parte reclamada.". Em breve, portanto, o TST deve cancelar ou alterar a redação da Súmula nº 377. Situação similar ocorre com a Súmula nº 122 do TST. Com efeito, a Lei da Reforma Trabalhista inseriu na CLT um dispositivo que contraria a sua respectiva orientação, conforme se observa a seguir: "Art. 844. § 5º Ainda que ausente o reclamado, presente o advogado na audiência, serão aceitos a contestação e os documentos eventualmente apresentados."

Alternativa "a": Faltou mencionar a hipótese das micro e pequenas empresas, conforme texto da Súmula nº 377 do TST: "Exceto quanto à reclamação de empregado doméstico, ou contra micro ou pequeno empresário, o preposto deve ser necessariamente empregado do reclamado. Inteligência do art. 843, § 1º, da CLT e do art. 54 da Lei Complementar nº 123, de 14 de dezembro de 2006." **Incorreta. (ver nota do autor)**

Alternativa "b": Correta, pois corresponde ao texto do art. 832, § 1º, da CLT: "Quando a decisão concluir pela procedência do pedido, determinará o prazo e as condições para o seu cumprimento."

Alternativa "c": Esse é o entendimento do TST inserido na Súmula nº 122 do TST: "A reclamada, ausente à audiência em que deveria apresentar defesa, é revel, ainda que presente seu advogado munido de procuração, podendo ser ilidida a revelia mediante a apresentação de atestado médico, que deverá declarar, expressamente, a impossibilidade de locomoção do empregador ou do seu preposto no dia da audiência". **Correta. (ver nota do autor)**

Alternativa "d": Essas hipóteses encontram-se previstas no art. 796, alíneas a e b da CLT: "A nulidade não será pronunciada: a) quando for possível suprir- se a falta ou repetir- se o ato; b) quando arguida por quem lhe tiver dado causa." **Correta.**

Alternativa "e": Correta, pois corresponde ao texto do art. 789, § 2º, da CLT: "Não sendo líquida a condenação, o juízo arbitrar-lhe-á o valor e fixará o montante das custas processuais."

Gabarito: A.

---

272. (TRT 8 – Juiz do Trabalho Substituto 8ª Região/2013) Sobre audiências e procedimentos comum e sumaríssimo, é CORRETO afirmar que:

a) Na audiência de julgamento deverão estar presentes o reclamante e o reclamado, independentemente do comparecimento de seus representantes, excetuando-se apenas as Ações de Cumprimento, nas quais os empregados poderão fazer-se representar pelo Sindicato de sua categoria. Faculta-se ao empregador fazer-se substituir pelo gerente ou qualquer outro preposto que tenha conhecimento do fato, e cujas declarações obrigarão o proponente.

b) Se por doença ou qualquer outro motivo poderoso, devidamente comprovado, não for possível ao empregado comparecer pessoalmente, poderá fazer-se representar por outro empregado que pertença à mesma profissão, ou pelo seu sindicato. Em todos os casos, o não comparecimento do reclamante à audiência importa o arquivamento da reclamação, sendo que a ausência do reclamado importa revelia, além de confissão quanto à matéria de fato.

c) O reclamante e o reclamado comparecerão à audiência acompanhados das suas testemunhas, apresentando, nessa ocasião, as demais provas. Se houver acordo lavrar-se-á termo, assinado pelo juiz e pelos litigantes, consignando-se o prazo e demais condições para seu cumprimento. Não havendo acordo, o reclamado terá vinte minutos para aduzir sua defesa, após a leitura da reclamação, quando esta não for dispensada por ambas as partes. Terminada a defesa, seguir-se-á a instrução do processo, podendo o juiz interrogar os litigantes. Findo o interrogatório, poderá qualquer dos litigantes retirar-se, prosseguindo a instrução apenas com o seu representante.

d) Terminada a instrução, poderão as partes aduzir razões finais, em prazo não excedente de 10 (dez) minutos para cada uma. Em seguida, o juiz renovará a proposta de conciliação, e não se realizando esta, será proferida a decisão, da qual serão todos os litigantes notificados, pessoalmente, ou por seu representante, na própria audiência.

e) Os dissídios individuais cujo valor não exceda a quarenta vezes o salário mínimo vigente na data do ajuizamento da reclamação ficam submetidos ao procedimento sumaríssimo, excluídas as demandas em que é parte a Administração Pública direta, autárquica e fundacional. O pedido deve ser certo ou determinado e indicará o valor correspondente, sendo que tais demandas devem ser instruídas e julgadas em audiência única, bem como decididos, de plano, todos os incidentes e exceções.

COMENTÁRIOS

✪ **Nota do autor:** Entre o juiz e os advogados não existe hierarquia. Entretanto, é o juiz quem deve dirigir os trabalhos relativos à audiência, pois detém o poder de polícia. Para isso, o magistrado expede ordens e pratica atos no sentido de cumprir bem e fielmente sua função, inclusive contra os interesses das partes e dos seus respectivos patronos, mas sempre com cordialidade.

Alternativa "a": Incorreta, pois os empregados poderão ser representados pelo sindicato de sua categoria também nos casos de reclamatórias plúrimas, na forma prevista pela parte final do art. 843 da CLT: "Na audiência de julgamento deverão estar presentes o reclamante e o reclamado, independentemente do comparecimento de seus representantes salvo, nos casos de Reclamatórias Plúrimas ou Ações de Cumprimento, quando os empregados poderão fazer-se representar pelo Sindicato de sua categoria".

Alternativa "b": Incorreta, pois quando o empregado se faz representar por um colega que pertença à mesma profissão ou pelo seu sindicato, a demanda não é arquivada. Nesse caso, adia-se a audiência para colher o depoimento do reclamante/empregado. Alternativa incorreta, pois não observou as regras contidas nos arts. 843, §2º e 844 da CLT: "Art. 843. § 2º. Se por doença ou qualquer outro motivo poderoso, devidamente comprovado, não for possível ao empregado comparecer pessoalmente, poderá fazer-se representar por outro empregado que pertença à mesma profissão, ou pelo seu sindicato. Art. 844 da CLT – O não comparecimento do reclamante à audiência importa o arquivamento da reclamação, e o não comparecimento do reclamado importa revelia, além de confissão quanto à matéria de fato."

Alternativa "c": Correta, pois a narrativa descreve os procedimentos descritos nos arts. 845, 846, § 1º, 847, e 848, § 1º da CLT: "Art. 845. O reclamante e o reclamado comparecerão à audiência acompanhados das suas testemunhas, apresentando, nessa ocasião, as demais provas. Art. 846, §1 da CLT: Se houver acordo lavrar-se-á termo, assinado pelo presidente e pelos litigantes, consignando-se o prazo e demais condições para seu cumprimento. Art. 847 da CLT: Não havendo acordo, o reclamado terá vinte minutos para aduzir sua defesa, após a leitura da reclamação, quando esta não for dispensada por ambas as partes. Art. 848, *caput* e §1º da CLT: Terminada a defesa, seguir-se-á a instrução do processo, podendo o presidente, *ex officio* ou a requerimento de qualquer juiz temporário, interrogar os litigantes. § 1º – Findo o interrogatório, poderá qualquer dos litigantes retirar-se, prosseguindo a instrução com o seu representante".

Alternativa "d": Incorreta, pois faltou a ressalva que consta na parte final do art. 852 da CLT, quando a hipótese é de revelia. Nesse caso, ainda sendo o reclamado revel, deverá ser notificado: "Art. 850 da CLT: Terminada a instrução, poderão as partes aduzir razões finais, em prazo não excedente de 10 (dez) minutos para cada uma. Em seguida, o juiz ou presidente renovará a proposta de conciliação, e não se realizando esta, será proferida a decisão". "Art. 852 da CLT: Da decisão serão os litigantes notificados, pessoalmente, ou por seu representante, na própria audiência. No caso de revelia, a notificação far-se-á pela forma estabelecida no § 1º do art. 841."

Alternativa "e": Os incidentes e exceções que devem ser decididos de plano são aqueles que possam interferir no prosseguimento da audiência. Os demais são decididos na sentença, conforme previsão contida no art. 852-G da CLT: "Serão decididos, de plano, todos os incidentes e exceções que possam interferir no prosseguimento da audiência e do processo. As demais questões serão decididas na sentença". **Incorreta** a assertiva.

Gabarito: C.

---

273. (TRT 15 – Juiz do Trabalho Substituto 15ª Região/2013) Sobre a dinâmica da audiência trabalhista, é correto dizer:

a) diante da ausência de indicação do valor atribuído à causa, deve o juiz adiar a audiência, conferindo prazo para que o reclamante indique o valor, sob pena de indeferimento, visto que o valor da causa é um dos requisitos da petição inicial;

b) diante do requerimento, formulado no início da audiência, de juntada do documento que comprova a data do nascimento do filho da reclamante, em reclamação que envolve a pretensão de reintegração em virtude de estabilidade gestante, deve o juiz indeferir a juntada, visto que a prova documental deve ser trazida com a inicial;

c) diante da mera informação da reclamada, apresentada no início da audiência, em processo de rito sumaríssimo, quanto à ausência de sua testemunha, deve o juiz adiar a audiência, não permitindo, naquela oportunidade, a juntada da defesa e dos documentos;

d) diante da ausência de fundamento jurídico específico quanto aos pedidos de verbas rescisórias e à aplicação das cominações previstas nos artigos 477, § 8° e 467 da CLT, tendo o reclamante apenas mencionado a respeito, na inicial, singelamente, o fato de que "foi dispensado de forma injusta sem nada receber", o juiz deve indeferir a petição inicial, com extinção parcial do processo, sem resolução de mérito;

e) caracterizada a hipótese jurisprudencialmente aceita para a configuração da confissão ficta pertinente ao depoimento pessoal, não há cerceamento de defesa na postura do juiz de indeferir a produção de prova testemunhal requerida pelo advogado da parte ausente à audiência.

COMENTÁRIOS

✪ **Nota do autor:** No processo do trabalho, não se exige um maior rigor técnico quando da redação da petição inicial, por conta da subsistência do *ius postulandi* das partes, de forma que somente se for muito grave o defeito, autoriza-se o indeferimento da exordial. Observe-se, na alternativa "e", que o art. 400, I do CPC de 1973 corresponde ao art. 443, I do CPC de 2015. Inclusive, o TST atualizou a Súmula nº 74, que passou a ter a seguinte redação: "I – Aplica-se a confissão à parte que, expressamente intimada com aquela cominação, não comparecer à audiência em prosseguimento, na qual deveria depor. (ex-Súmula nº 74 – RA 69/1978, DJ 26.09.1978) II – A prova pré-constituída nos autos pode ser levada em conta para confronto com a confissão ficta (arts. 442 e 443, do CPC de 2015 – art. 400, I, do CPC de 1973), não implicando cerceamento de defesa o indeferimento de provas posteriores. (ex-OJ nº 184 da SBDI-1 – inserida em 08.11.2000) III- A vedação à produção de prova posterior pela parte confessa somente a ela se aplica, não afetando o exercício, pelo magistrado, do poder/dever de conduzir o processo". Por fim, com a vigência da Lei nº 13.467/17 o § 1º do art. 840 da CLT passou a ter a seguinte redação: "§ 1º Sendo escrita, a reclamação deverá conter a designação do juízo, a qualificação das partes, a breve exposição dos fatos de que resulte o dissídio, o pedido, que deverá ser certo, determinado e com indicação de seu valor, a data e a assinatura do reclamante ou de seu representante."

Alternativa "a": Incorreta. Nessa situação, o juiz deve atribuir o valor à causa para efeito de determinar a alçada, de acordo com o que determina o art. 2º da Lei nº 5.584/70: "O Nos dissídios individuais, proposta a conciliação, e não havendo acordo, o Presidente, da Junta ou o Juiz, antes de passar à instrução da causa, fixar-lhe-á o valor para a determinação da alçada, se este for indeterminado no pedido".

Alternativa "b": Em regra, os documentos que fundamentam a pretensão deduzida pelo autor devem acompanhar a inicial. Todavia, é possível a juntada de documentos após o ajuizamento da demanda, desde que haja um motivo justificador para tanto. Aqui, imagina-se que o nascimento do filho tenha ocorrido após a distribuição da ação trabalhista, fato que autorizaria o deferimento da juntada. **Incorreta**.

Alternativa "c": Incorreta, pois o juiz só deve deferir o adiamento se a parte comprovar que convidou a testemunha e ainda assim ela não compareceu. Essa determinação encontra-se contida no art. 852-H, § 3º, da CLT: "Todas as provas serão produzidas na audiência de instrução e julgamento, ainda que não requeridas previamente. § 3º Só será deferida intimação de testemunha que, comprovadamente convidada, deixar de comparecer. Não comparecendo a testemunha intimada, o juiz poderá determinar sua imediata condução coercitiva".

Alternativa "d": Incorreta. O instituto da inépcia no processo do trabalho é aplicado com bastante restrição, principalmente por conta da incidência do princípio da informalidade e do *ius postulandi*. Desse modo, a menção ao fato de que fora despedido e nada recebeu já autorizaria o conhecimento dos pedidos de multas do art. 467 e 477 da CLT, mesmo porque o fundamento do pedido não é requisito de validade da petição inicial trabalhista, conforme se observa da redação do art. 840, §1º da CLT: "Sendo escrita, a reclamação deverá conter a designação do Presidente da Junta, ou do juiz de direito a quem for dirigida, a qualificação do reclamante e do reclamado, uma breve exposição dos fatos de que resulte o dissídio, o pedido, a data e a assinatura do reclamante ou de seu representante". (ver nota do autor)

Alternativa "e": Correta. No caso de confissão, o que poderia ser apreciado pelo juiz seria a prova pré-constituída e não a oitiva de testemunhas, já que os fatos se tornaram incontroversos com a confissão das partes. Nesse sentido é o entendimento do TST registrado no item II da Súmula nº 74, em sua antiga redação: II – "A prova pré-constituída nos autos pode ser levada em conta para confronto com a confissão ficta (art. 400, I, CPC), não implicando cerceamento de defesa o indeferimento de provas posteriores. (ex-OJ nº 184 da SBDI-1 – inserida em 08.11.2000). III- A vedação à produção de prova posterior pela parte confessa somente a ela se aplica, não afetando o exercício, pelo magistrado, do poder/dever de conduzir o processo." (ver nota do autor).

Gabarito: E.

---

274. (TRT 15 – Juiz do Trabalho Substituto 15ª Região/2013) Ainda sobre a dinâmica da audiência trabalhista, é correto dizer:

a) diante da formulação de pretensão de aditamento da inicial, para acréscimo de pedido de natureza acessória, formulado pelo reclamante ao se iniciar a audiência, deve o juiz adiar a audiência a fim de permitir à parte contrária que complemente sua defesa, em respeito ao princípio do devido processo legal;

b) em depoimento, após prestar compromisso e ser qualificada, a testemunha revelou ser sobrinha da parte que lhe indicou e diante do oferecimento, naquele instante, de contradita com relação à testemunha pela parte contrária, deve o juiz indeferir o requerimento, tendo à vista a ocorrência de preclusão temporal;

c) diante da superação da controvérsia que pendia sobre os fatos considerados relevantes para a solução da lide, em razão do conteúdo da manifestação pessoal das partes perante o juiz, este não pode encerrar a instrução processual caso as partes tenham testemunhas presentes e pretendam ouvi-las, pois se deve assegurar o amplo contraditório;

d) a CLT estabelece uma ordem peremptória para a oitiva das testemunhas, iniciando-se pelas do reclamante, ordem esta que, portanto, não pode ser alterada pelo juiz com base na distribuição do ônus da prova, vez que este, o ônus da prova é, unicamente, critério de julgamento;

e) dentre as possíveis condições para cumprimento de acordo formulado perante a Justiça do Trabalho figura a de ficar a parte que não cumprir o acordo obrigada a satisfazer integralmente o pedido ou a pagar uma indenização convencionada, sem prejuízo do cumprimento do acordo.

COMENTÁRIOS

Nota do autor: O objeto da prova são os fatos relevantes, pertinentes e controvertidos narrados pelas partes. Apenas os fatos devem ser provados, uma vez que o direito alegado independe de prova, salvo quando se trate de direito estrangeiro, consuetudinário, de normas coletivas, municipal e estadual, os quais devem ter o seu teor e vigência provados. Em relação a alternativa "a", após a vigência da Lei nº 13.467/17 é possível apresentar a defesa antes da audiência, de acordo com o preceito contido no parágrafo único do art. 847 da CLT: "A parte poderá apresentar defesa escrita pelo sistema de processo judicial eletrônico até a audiência". Como consequência da aplicação dessa regra, se o oferecimento da defesa ocorre antes da audiência não é mais possível ao reclamante aditar a petição inicial sem o consentimento do reclamado.

Alternativa "a": Em primeiro lugar, ainda não é pacífico na doutrina e na jurisprudência o entendimento segundo o qual é possível aditar a petição inicial após a notificação, mas antes da entrega da defesa. Ainda que se admita esse procedimento, o adiamento da audiência não é consequência necessária, pois o reclamado pode renunciar o direito de lhe ser concedido prazo e apresentar sua manifestação ao aditamento na própria sessão. **Incorreta**. (ver nota do autor)

Alternativa "b": Incorreta. A questão relativa à incapacidade e impedimento da testemunha são de ordem pública e por conta disso, não são atingidas pelos efeitos da preclusão e o juiz pode conhecer de ofício. Tal não ocorreria se o motivo alegado fosse classificado como suspeição.

Alternativa "c": O juiz tem plenos poderes para dirigir o processo em busca da verdade real, o que caracteriza a predominância do princípio inquisitivo no processo do trabalho, inclusive em relação à prova. Nesse sentido a determinação contida no art. 852-D: "O juiz dirigirá o processo com liberdade para determinar as provas a serem produzidas, considerado o ônus probatório de cada litigante, podendo limitar ou excluir as que considerar excessivas, impertinentes ou protelatórias, bem como para apreciá-las e dar especial valor às regras de experiência comum ou técnica". Assim, a vedação de produção de prova pela parte considerada confessa não se estende ao magistrado, na forma do entendimento cristalizado pelo item III, da Súmula nº 74 do TST: "A vedação à produção de prova posterior pela parte confessa somente a ela se aplica, não afetando o exercício, pelo magistrado, do poder/dever de conduzir o processo". **Incorreta**.

Alternativa "d": Incorreta. Como foi dito na fundamentação da alternativa anterior, o juiz tem ampla liberdade para dirigir o processo, inclusive no que diz respeito à prova e à distribuição do ônus respectivo. Aplica-se, também, de forma subsidiária, o preceito contido no art. 6º, VIII, do CDC ao processo laboral: "A facilitação da defesa de seus direitos, inclusive com a inversão do ônus da prova, a seu favor, no processo civil, quando, a critério do juiz, for verossímil a alegação ou quando for ele hipossuficiente, segundo as regras ordinárias de experiências". Inclusive, a IN nº 39/16, art. 3º, VII, do TST admite expressamente a aplicabilidade ao processo do trabalho do art. 373, § 1º do CPC de 2015 que trata da distribuição dinâmica do ônus da prova.

Alternativa "e": Essa possibilidade encontra-se legalmente prevista no § 2º, art. 846 da CLT: "Entre as condições a que se refere o parágrafo anterior, poderá ser estabelecida a de ficar a parte que não cumprir o acordo obrigada a satisfazer integralmente o pedido ou pagar uma indenização convencionada, sem prejuízo do cumprimento do acordo". **Correta.**

Gabarito: E.

275. (TRT 15 – Juiz do Trabalho Substituto 15ª Região/2013) Ainda sobre a dinâmica da audiência trabalhista, é correto dizer:

a) diante de requerimento, feito pelo reclamante no início da audiência, antes da apresentação da defesa pela parte contrária, de desistência de algum pedido formulado na inicial, deve o juiz indagar a parte contrária a respeito, indeferindo o requerimento caso a reclamada se oponha;

b) o juiz deve indeferir a designação de perícia que envolve apuração de insalubridade no ambiente de trabalho, caso o reclamante, na inicial, descumprindo requisito legal, não tenha especificado a perícia como meio de prova;

c) dado o princípio da inércia da jurisdição, a inspeção judicial depende de requerimento da parte para que seja efetivada pelo juiz;

d) em reclamação trabalhista, envolvendo várias tomadoras de serviço, integradas ao polo passivo, deve o juiz cindir o processo quando uma das tomadoras tenha sede em local fora de sua jurisdição, onde o serviço do reclamante lhe foi prestado, remetendo-se os autos desmembrados ao juiz competente, em respeito aos termos do art. 651, da CLT;

e) suspensa, por qualquer razão, a audiência, e designado o seu prosseguimento, deve o juiz reputar confessa, quanto à matéria de fato, a parte ausente na audiência em que deveria depor, desde que esta tenha sido expressamente intimada com tal cominação.

COMENTÁRIOS

✪ **Nota do autor:** Com a vigência da Lei nº 13.467/17, já é possível apresentar a defesa antes da audiência, de acordo com o preceito contido no parágrafo único do art. 847 da CLT: "A parte poderá apresentar defesa escrita pelo sistema de processo judicial eletrônico até a audiência". Como consequência da aplicação dessa regra, se o oferecimento da defesa ocorre antes da audiência não é mais possível ao reclamante aditar a petição inicial sem o consentimento do reclamado. Ainda, com relação a alternativa "b", a Lei da Reforma Trabalhista também modificou o § 1º do art. 840, que passou a ter a seguinte redação: "§ 1º Sendo escrita, a reclamação deverá conter a designação do juízo, a qualificação das partes, a breve exposição dos fatos de que resulte o dissídio, o pedido, que deverá ser certo, determinado e com indicação de seu valor, a data e a assinatura do reclamante ou de seu representante.". Por fim, observe-se, na alternativa "c", que o art. 440 do revogado CPC de 1973 corresponde ao art. 481 do CPC de 2015.

Alternativa "a": No processo do trabalho, diferentemente do que ocorre com o processo civil, aceita-se o pedido de desistência de um ou todos os pedidos contidos na inicial, desde que seja formulado antes da entrega da defesa. **Incorreta**. (ver nota do autor)

Alternativa "b": Incorreta a assertiva, pois a designação dos meios de provas que o autor poderá utilizar para demonstrar a veracidade de suas alegações não constitui requisito da petição inicial trabalhista, conforme se constata da leitura do art. 840, §1º da CLT: "Sendo escrita, a reclamação deverá conter a designação do Presidente da Junta, ou do juiz de direito a quem for dirigida, a qualificação do reclamante e do reclamado, uma breve exposição dos fatos de que resulte o dissídio, o pedido, a data e a assinatura do reclamante ou de seu representante". (ver nota do autor)

Alternativa "c": Incorreta, pois a inspeção judicial pode ser feita a requerimento da parte ou de ofício pelo juiz, de acordo com o permissivo contido no art. 440 do CPC de 1973, aplicado subsidiariamente ao processo laboral: "O juiz, de ofício ou a requerimento da parte, pode, em qualquer fase do processo, inspecionar pessoas ou coisas, a fim de se esclarecer sobre fato, que interesse à decisão da causa".

Alternativa "d": Não há essa possibilidade e nem mesmo previsão legal nesse sentido. Note-se que, em regra, a competência em razão do lugar é fixada pelo local da prestação de serviços e não pelo local da sede da empresa. Ainda assim, como se trata de incompetência relativa, o juiz depende da arguição da parte para acolher a respectiva exceção. **Incorreta.**

Alternativa "e": Correta, pois nesse caso já não seria mais a hipótese de arquivamento da demanda em relação ao reclamante ou revelia em relação ao reclamado. Simplesmente a parte é considerada confessa diante da sua ausência à audiência na qual deveria prestar depoimento. Nesse sentido é a Súmula 74, I do TST: "Aplica-se a confissão à parte que, expressamente intimada com aquela cominação, não comparecer à audiência em prosseguimento, na qual deveria depor".

Gabarito: E.

276. (TRT 15 – Juiz do Trabalho Substituto 15ª Região/2013) Mantendo-se na audiência, que é a vida do processo e também a do juiz do trabalho, é correto dizer:

a) tendo à vista que não há divergência conceitual entre interrogatório e depoimento pessoal, diante da disposição manifestada pelas partes de não colherem, reciprocamente, os depoimentos pessoais contrários, não pode o juiz pretender colher a oitiva das partes;

b) diante do indeferimento de uma providência probatória requerida pela parte em audiência, esta pede para consignar seu protesto, requerendo prazo para apresentação dos fundamentos jurídicos respectivos. Neste caso, o juiz deve consignar o protesto, mas indeferir a abertura de prazo específico, diante do princípio da concentração dos atos;

c) encerrada a, instrução, cumpre ao juiz conceder prazo para apresentação de razões finais escritas quando requerido pelas partes;

d) o reclamante, trabalhador terceirizado, comparece em audiência calçando chinelo. Diante do fato o juiz deve adiar audiência considerando a vestimenta inadequada para o ato processual, que requer a devida solenidade e advertir ao reclamante de que na reincidência lhe será decretada a confissão quanto às matérias de fato;

e) diante do não acolhimento de exceção de incompetência oferecida, a parte interpõe, oralmente, em audiência, agravo. Neste caso, com base no entendimento expresso sumulado do TST, o juiz deve receber o agravo e suspender o processo até o julgamento do recurso pelo Tribunal.

COMENTÁRIOS

✪ **Nota do autor:** Há distinção conceitual entre interrogatório e depoimento. O depoimento serviria para obter a confissão e constituiria um meio de prova à disposição da parte contrária (art. 343 do CPC), enquanto que o interrogatório seria o meio de utilização exclusiva do juiz (art. 342 do CPC), necessário para esclarecer os fatos narrados nas peças processuais oferecidas pelas partes. Assim, do interrogatório também pode resultar confissão. Observe-se que os arts. 342 e 343 do CPC de 1973 correspondem, respectivamente, aos arts. 139, VIII e 385 do CPC de 2015. Já na alternativa "b", o art. 523 do CPC de 1973 não possui corresponde no CPC de 2015, pois este não adotou a modalidade do agravo retido.

Alternativa "a": Inicialmente, como foi dito na nota do autor, interrogatório e depoimento não têm a mesma definição processual, notadamente no processo civil. Segundo, o depoimento ou mesmo o interrogatório é uma faculdade do juiz e para alguns autores é meio de prova obrigatório quando há requerimento da parte. A regra que disciplina esses institutos é de caráter cogente, o que não permite a exclusão de sua incidência por vontade comum das partes. **Incorreta.**

Alternativa "b": O protesto serve, no processo do trabalho, como o agravo retido que existia no processo comum, disciplinado pelo art. 523 do CPC de 1973. Assim, sempre que o juiz proferir uma decisão interlocutória pode ser lançado um protesto, que deve ser apresentado no primeiro momento em que a parte prejudicada tiver que se manifestar nos autos ou, se em audiência, registrada na ata respectiva. A possibilidade de juntada dos fundamentos posteriormente constitui uma faculdade do juiz e não direito da parte. Assertiva **correta.**

Alternativa "c": Incorreta, pois o oferecimento das razões finais deve ser ato contínuo ao encerramento da instrução, na forma prevista pelo art. 850 da CLT: "Terminada a instrução, poderão as partes aduzir razões finais, em prazo não excedente de 10 (dez) minutos para cada uma. Em seguida, o juiz ou presidente renovará a proposta de conciliação, e não se realizando esta, será proferida a decisão".

Alternativa "d": Apesar de existir regra processual costumeira indicando a vestimenta do advogado quando nas dependências das Unidades Judiciais, não há qualquer regra dessa espécie que regule a forma de como as partes devem se vestir para participar da audiência, desde que observem o decoro. Alternativa **incorreta.**

Alternativa "e": Incorreta. Trata-se de decisão interlocutória que, em regra, não comporta recurso imediato, salvo nas hipóteses previstas pela Súmula nº 214, alínea "c" do TST. Ainda assim, o recurso apropriado não seria o agravo, mas sim o próprio recurso ordinário: "Súmula 214. Na Justiça do Trabalho, nos termos do art. 893, § 1º, da CLT, as decisões interlocutórias não ensejam recurso imediato, salvo nas hipóteses de decisão: c) que acolhe exceção de incompetência territorial, com a remessa dos autos para Tribunal Regional distinto daquele a que se vincula o juízo excepcionado, consoante o disposto no art. 799, § 2º, da CLT." Note-se que o TST reforçou a aplicação dessa regra, mesmo após a vigência do CPC de 2015, por meio da Instrução Normativa nº 39/16, em seu art. 1º, § 1º: "Observar-se-á, em todo caso, o princípio da irrecorribilidade em separado das decisões interlocutórias, de conformidade com o art. 893, § 1º da CLT e Súmula nº 214 do TST".

Gabarito: B.

---

277. (TRT 15 – Juiz do Trabalho Substituto 15ª Região/2013) A reclamante, Maria José, e o reclamado, José Maria, nos autos de uma reclamação trabalhista, antes da prolação da sentença, formalizam um acordo. Submetida a respectiva petição ao juiz, este recusa homologá-lo, sob os fundamentos que expressou na respectiva decisão interlocutória, baseados na preservação da autoridade do interesse público. Sobre a hipótese, considerando entendimento sumulado do TST, é correto dizer:

a) cumpre ao juiz homologar o acordo, por se tratar de negócio jurídico amparado pelo preceito da livre manifestação da vontade;

b) a homologação do acordo constitui faculdade do juiz, não existindo direito líquido e certo para as partes tutelável pela via do mandado de segurança para a hipótese;

c) em função da não homologação, as partes podem discutir os fundamentos apresentados pelo juiz por intermédio de correição parcial;

d) a decisão do juiz, não sendo, passível de impugnação via agravo de instrumento, desafia a interposição, no prazo de 08 (dias), da sua ciência, de recurso ordinário;

e) a homologação do acordo constitui faculdade do juiz, cumprindo-lhe, no entanto, homologar o acordo caso o reclamante ratifique, pessoalmente, os seus termos.

COMENTÁRIOS

✪ **Nota do autor:** Incide, no processo do trabalho, o princípio da conciliação, com mais ênfase do que no processo civil. A prevalência desse princípio não significa que o juiz tem por dever de ofício homologar toda e qualquer conciliação. A recusa é admitida desde que devidamente fundamentada, principalmente quando a hipótese for de conluio entre as partes ou no caso de envolver direitos absolutamente indisponíveis.

Alternativa "a": O juiz não tem obrigação de homologar o acordo, pois ele deve verificar se estão presentes os requisitos formais e materiais para conferir efeito ao ajuste e se há ofensa a alguma norma de ordem pública. O entendimento do TST também é nesse sentido, conforme se observa do teor da Súmula nº 418, em sua redação anterior: "A concessão de liminar ou a homologação de acordo constituem faculdade do juiz, inexistindo direito líquido e certo tutelável pela via do mandado de segurança". **Incorreta.** A Resolução nº 217/2017 modificou a redação da mencionada Súmula, nos seguintes termos: "MANDADO DE SEGURANÇA VISANDO À HOMOLOGAÇÃO DE ACORDO (nova redação em decorrência do CPC de 2015) – Res. 217/2017 – DEJT divulgado em 20, 24 e 25.04.2017 A homologação de acordo constitui faculdade do juiz, inexistindo direito líquido e certo tutelável pela via do mandado de segurança".

Alternativa "b": Correta a assertiva, pois reflete o entendimento do TST exposto na Súmula nº 418, em sua redação original: "A concessão de liminar ou a homologação de acordo constituem faculdade do juiz, inexistindo direito líquido e certo tutelável pela via do mandado de segurança" (a redação atual foi transcrita na alternativa "a").

Alternativa "c": Como se trata de decisão interlocutória, a medida cabível para discutir a legalidade do ato do juiz é o mandado de segurança e não a correição parcial, que visa atacar decisões ou despachos proferidos pelo juiz, que conduz a instrução do processo de forma irregular, tumultuada ou com inversão da sua ordem. **Incorreta.**

Alternativa "d": Como se trata de decisão interlocutória, a medida cabível para discutir a legalidade do ato do juiz é o mandado de segurança e não de recurso ordinário, que vista atacar sentença definitiva proferida em processo de conhecimento. **Incorreta.**

Alternativa "e": Ainda que o reclamante ratifique os termos do acordo, a respectiva homologação continua sendo faculdade do juiz, na forma da Súmula nº 418, em sua redação anterior: "A concessão de liminar ou a homologação de acordo constituem faculdade do juiz, inexistindo direito líquido e certo tutelável pela via do mandado de segurança". **Incorreta (a redação atual encontra-se transcrita na alternativa "a").**

Gabarito: B.

278. (TRT 2 – Juiz do Trabalho Substituto 2ª Região/2013) Em relação aos dissídios individuais e coletivos submetidos à apreciação da Justiça do Trabalho, segundo a CLT, é correto dizer que:

a) É lícito às partes celebrar acordo, somente durante o juízo conciliatório.

b) Não é obrigatória a tentativa de acordo antes do oferecimento da defesa.

c) Não havendo acordo, o juízo conciliatório converter-se-á obrigatoriamente em arbitral.

d) Não havendo acordo, o juízo conciliatório converter-se-á facultativamente em arbitral.

e) A conciliação é permitida, apenas, até o encerramento da instrução processual.

COMENTÁRIOS

✪ **Nota do autor:** A conciliação é o procedimento por meio do qual o juiz do trabalho, atuando como mediador, auxilia as partes a promoverem uma autocomposição, com concessões mútuas. Assim, a homologação da avença é qualificada como sentença e extingue o processo com a resolução do mérito.

Alternativa "a": Incorreta, pois o acordo pode ser feito em qualquer fase do processo, na forma prevista pelo art. 764, §3º da CLT: "É lícito às partes celebrar acordo que ponha termo ao processo, ainda mesmo depois de encerrado o juízo conciliatório".

Alternativa "b": A determinação legal impõe uma obrigação ao juiz, de propor a conciliação, e não uma faculdade. Esse preceito está contido no art. 846, *caput*, da CLT: "Aberta a audiência, o juiz ou presidente proporá a conciliação". **Incorreta.**

Alternativa "c": Correta, pois esse procedimento está previsto no art. 764, § 2º, da CLT: "Não havendo acordo, o juízo conciliatório converter-se-á obrigatoriamente em arbitral, proferindo decisão na forma prescrita neste Título".

Alternativa "d": Incorreta, pois a conversão é obrigatória e não facultativa, nos termos do no art. 764, § 2º, da CLT: "Não havendo acordo, o juízo conciliatório converter-se-á obrigatoriamente em arbitral, proferindo decisão na forma prescrita neste Título".

Alternativa "e": Incorreta, pois o acordo pode ser feito em qualquer fase do processo, na forma prevista pelo art. 764, §3º da CLT: "É lícito às partes celebrar acordo que ponha termo ao processo, ainda mesmo depois de encerrado o juízo conciliatório".

Gabarito: C.

279. (TRT 14 – Juiz do Trabalho Substituto 14ª Região/2013) Analise as proposições a seguir e escolha a alternativa correta.

I. Aplica-se a confissão à parte que, expressamente intimada com aquela cominação, não comparecer à audiência em prosseguimento, na qual deveria depor. Mas a prova pré-constituída nos autos pode ser levada em conta para confronto com a confissão ficta, não implicando cerceamento de defesa o indeferimento de provas posteriores.

II. A vedação à produção de prova posterior pela parte confessa somente a ela se aplica, não afetando o exercício, pelo magistrado, do poder/dever de conduzir o processo.

III. A intervenção assistencial, simples ou adesiva, em qualquer hipótese, só é admissível se demonstrado o interesse jurídico, não bastando o interesse meramente econômico.

IV. É facultado ao empregador fazer-se substituir, por ocasião da audiência trabalhista, pelo gerente ou por qualquer outro preposto, desde que este detenha a qualidade de empregado, exceto quanto à reclamação contra micro ou pequeno empresário, sendo certo que suas declarações, em qualquer hipótese, detenha ou não conhecimento dos fatos, obrigarão o preponente.

V. A massa falida não se sujeita à penalidade do art. 467 da CLT e nem à multa do §8° do art. 477, ambos da CLT. Já as empresas em liquidação extrajudicial não têm seus débitos sujeitos a correção monetária e juros de mora, sendo certo que tal privilégio não é extensível ao sucessor daquela, quando a sucessão se der nos moldes do aos arts. 10 e 448 da CLT, porquanto o sucessor responde pela obrigação do sucedido, não se beneficiando de qualquer privilégio a este destinado.

a) somente as proposições I e III estão incorretas;

b) somente as proposições II e III estão incorretas;

c) somente as proposições III e IV estão incorretas;

d) somente as proposições IV e V estão incorretas;

e) todas as proposições estão incorretas.

COMENTÁRIOS

✪ **Nota do autor:** A confissão ficta ocorre quando o reclamado deixa de comparecer em juízo para apresentar defesa ou quando qualquer das partes não se apresenta à audiência em continuidade na qual deveriam prestar depoimento. Observe-se, no item "I", que o art. 400, I do revogado CPC de 1973 corresponde ao art. 443, I do CPC de 2015. Por conta disso o TST alterou a redação da Súmula nº 74: "I – Aplica-se a confissão à parte que, expressamente intimada com aquela cominação, não comparecer à audiência em prosseguimento, na qual deveria depor. (ex-Súmula nº 74 – RA 69/1978, DJ 26.09.1978) II – A prova pré-constituída nos autos pode ser levada em conta para confronto com a confissão ficta (arts. 442 e 443, do CPC de 2015 - art. 400, I, do CPC de 1973), não implicando cerceamento de defesa o indeferimento de provas posteriores. (ex-OJ nº 184 da SBDI-1 – inserida em 08.11.2000) III- A vedação à produção de prova posterior pela parte confessa somente a ela se aplica, não afetando o exercício, pelo magistrado, do poder/dever de conduzir o processo". Por fim, em relação ao item "IV", com a vigência da Lei da Reforma Trabalhista houve a inclusão de um parágrafo ao art. 843 da CLT com a seguinte redação: "§ 3º O preposto a que se refere o § 1º deste artigo não precisa ser empregado da parte reclamada.". Em breve, portanto, o TST deve cancelar ou alterar a redação da Súmula nº 377.

Item "I": Corretas as proposições, pois estão de acordo com o entendimento do TST exposto na Súmula nº 74, itens I e II, em sua antiga redação: "I – Aplica-se a confissão à parte que, expressamente intimada com aquela cominação, não comparecer à audiência em prosseguimento, na qual deveria depor. II – A prova pré-constituída nos autos pode ser levada em conta para confronto com a confissão ficta (art. 400, I, CPC), não implicando cerceamento de defesa o indeferimento de provas posteriores". (ver nota do autor).

Item "II": Correta a assertiva, pois representa o posicionamento do TST revelado no item III da Súmula nº 74: "III- A vedação à produção de prova posterior pela parte confessa somente a ela se aplica, não afetando o exercício, pelo magistrado, do poder/dever de conduzir o processo".

Item "III": Essa exigência de se demonstrar o interesse jurídico e não o meramente econômico está expresso na Súmula nº 82 do TST: "A intervenção assistencial, simples ou adesiva, só é admissível se demonstrado o interesse jurídico e não o meramente econômico". **Correta** a assertiva.

Item "IV": Incorreta, pois há outra exceção que não foi mencionada na assertiva, que diz respeito à reclamação de empregado doméstico, conforme consta da Súmula nº 377 do TST: "Exceto quanto à reclamação de empregado doméstico, ou contra micro ou pequeno empresário, o preposto deve ser necessariamente empregado do reclamado. Inteligência do art. 843, § 1º, da CLT e do art. 54 da Lei Complementar nº 123, de 14 de dezembro de 2006". (ver nota do autor)

Item "V". Incorreto, pois sobre os débitos trabalhistas das empresas em liquidação extrajudicial incidem correção monetária, mas não há incidência de juros de mora. Esse é o entendimento do TST exposto em sua Súmula nº 304: "Os débitos trabalhistas das entidades submetidas aos regimes de intervenção ou liquidação extrajudicial estão sujeitos a correção monetária desde o respectivo vencimento até seu efetivo pagamento, sem interrupção ou suspensão, não incidindo, entretanto, sobre tais débitos, juros de mora".

Gabarito: D.

---

280. (TRT - JTS 21ª RG/2010) Assinale a alternativa CORRETA, considerando a legislação processual trabalhista e a jurisprudência dominante do Tribunal Superior do Trabalho:

a) a ausência da parte ré à audiência inaugural implica revelia, ainda que presente seu advogado, salvo se este apresentar procuração com poderes específicos;

b) em regra, o preposto deve ser empregado da empresa reclamada, ressalvada apenas a hipótese de reclamação proposta por empregado doméstico ou em face de pequena ou microempresa;

c) a ausência da parte reclamante à audiência implica arquivamento da ação, ainda que se trate de audiência em prosseguimento, salvo se apresentar justificativa no prazo de 48 horas;

d) a praxe trabalhista, que é fonte normativa do Direito Processual do Trabalho, consagrou uma tolerância de até quinze minutos para a parte comparecer à audiência previamente designada;

e) as ações processadas na Justiça do Trabalho sob o rito sumaríssimo serão instruídas e julgadas em uma única audiência, cabendo à parte que desejar produzir prova técnica requerer a sua produção com antecedência, sob pena de seu indeferimento.

COMENTÁRIOS

✪ **Nota do autor:** Se o juiz determina o adiamento da audiência, após a apresentação da defesa, e o reclamante não comparece, apesar de ter ficado ciente das consequências de sua ausência, a hipótese é de confissão ficta em relação aos fatos narrados pelo reclamado em sua defesa. Em relação a alternativa "a", com a vigência da Lei nº 13.467/17 o posicionamento do TST contido na Súmula nº 122 deve ser modificado, tendo em vista a inserção do § 5º ao art. 844 da CLT com a seguinte redação: "Ainda que ausente o reclamado, presente o advogado na audiência, serão aceitos a contestação e os documentos eventualmente apresentados.". Já na alternativa "b", a Lei da Reforma Trabalhista também provocou situação similar ao incluir um parágrafo ao art. 843 da CLT com a seguinte redação: "§ 3º O preposto a que se refere o § 1º deste artigo não precisa ser empregado da parte reclamada.". Em breve, portanto, o TST deve cancelar ou alterar a redação da Súmula nº 377.

Alternativa "a": Incorreta, uma vez que o TST adotou entendimento contrário, conforme Súmula nº 122: "REVELIA. ATESTADO MÉDICO. A reclamada, ausente à audiência em que deveria apresentar defesa, é revel, ainda que presente seu advogado munido de procuração, podendo ser ilidida a revelia mediante a apresentação de atestado médico, que deverá declarar, expressamente, a impossibilidade de locomoção do empregador ou do seu preposto no dia da audiência". (ver nota do autor)

Alternativa "b": Correta, pois tanto a regra quanto as duas exceções estão previstas na Súmula nº 377 do TST: "Exceto quanto à reclamação de empregado doméstico, o preposto deve ser necessariamente empregado do reclamado. inteligência do art. 843, § 1º, da CLT". E também no art. 54 da Lei Complementar nº 123/06: "É facultado ao empregador de microempresa ou de empresa de pequeno porte fazer-se substituir ou representar perante a Justiça do Trabalho por terceiros que conheçam dos fatos, ainda que não possuam vínculo trabalhista ou societário". (ver nota do autor)

Alternativa "c": A lei não prevê essa possibilidade de afastar o arquivamento da reclamação trabalhista no caso de não comparecimento do reclamante, aplicando-se a regra geral contida no art. 844 da CLT: "O não comparecimento do reclamante à audiência importa o arquivamento da reclamação, e o não comparecimento do reclamado importa revelia, além de confissão quanto à matéria de fato". **Alternativa incorreta**

Alternativa "d": Incorreta, uma vez que o entendimento jurisprudencial contido na OJ nº 245 da SDI-1 do TST é no sentido contrário: "Inexiste previsão legal tolerando atraso no horário de comparecimento da parte na audiência".

Alternativa "e": No rito sumaríssimo não há obrigação de requerimento para produção de prova pelas partes. Opção **incorreta**, pois contraria a determinação contida no art. 852-H, § 4º, da CLT: "Todas as provas serão produzidas na audiência de instrução e julgamento, ainda que não requeridas previamente. 4º Somente quando a prova do fato o exigir, ou for legalmente imposta, será deferida prova técnica, incumbindo ao juiz, desde logo, fixar o prazo, o objeto da perícia e nomear perito".

Gabarito: B.

---

281. (TRT – JTS 6ª RG/2010) Com relação à audiência de julgamento, assinale a alternativa INCORRETA:

a) Na audiência de julgamento deverão estar presentes o reclamante e o reclamado, independentemente do comparecimento de seus representantes, salvo nos casos de Reclamatórias Plúrimas ou Ações de Cumprimento, quando os empregados poderão fazer-se representar pelo sindicato de sua categoria.

b) De acordo com a jurisprudência sumulada do Tribunal Superior do Trabalho, o preposto deve ser necessariamente empregado da reclamada, excetuando-se apenas a hipótese do empregador doméstico.

c) Consoante jurisprudência sumulada do Tribunal Superior do Trabalho, a revelia pode ser afastada na hipótese de apresentação de atestado médico, declarando expressamente a impossibilidade de locomoção do empregador ou do seu preposto.

d) A revelia não implica a procedência de todos os pedidos formulados na inicial.

e) O reclamante poderá se fazer representar por outro empregado desde que os motivos de sua ausência sejam poderosos e comprovados.

COMENTÁRIOS

✪ **Nota do autor:** A revelia é uma situação fático-jurídica que implica, geralmente, confissão ficta quanto à matéria fática constante da petição inicial. Existe, assim, uma presunção *iuris tantum* de veracidade de todos aqueles fatos que foram narrados pelo reclamante na petição inicial. Em relação a alternativa "b", com a vigência da Lei nº 13.467/17 houve a inclusão de um parágrafo ao art. 843 da CLT com a seguinte redação: "§ 3º O preposto a que se refere o § 1º deste artigo não precisa ser empregado da parte reclamada.". Em breve, portanto, o TST deve cancelar ou alterar a redação da Súmula nº 377. Ainda, na alternativa "c", a Lei da Reforma Trabalhista inseriu o § 5º no art. 844 da CLT com a seguinte redação: "Ainda que ausente o reclamado, presente o advogado na audiência, serão aceitos a contestação e os documentos eventualmente apresentados." Assim, o posicionamento do TST contido na Súmula nº 122 deve ser modificado.

Alternativa "a": Correta, uma vez que se trata de reprodução do comando contido no art. 843 da CLT: "Na audiência de julgamento deverão estar presentes o reclamante e o reclamado, independentemente do comparecimento de seus representantes salvo, nos casos de Reclamatórias Plúrimas ou Ações de Cumprimento, quando os empregados poderão fazer-se representar pelo Sindicato de sua categoria".

Alternativa "b": Incorreta, uma vez que faltou citar a outra exceção representada pela hipótese de reclamação contra micro ou pequeno empresário, conforme consta da Súmula nº 377 do TST: "Exceto quanto à reclamação de empregado doméstico, ou contra micro ou pequeno empresário, o preposto deve ser necessariamente empregado do reclamado. Inteligência do art. 843, § 1º, da CLT e do art. 54 da Lei Complementar nº 123, de 14 de dezembro de 2006". (ver nota do autor)

Alternativa "c": Correta, diante da orientação inserida na Súmula nº 122 do TST, que estabelece os requisitos do atestado médico: "A reclamada, ausente à audiência em que deveria apresentar defesa, é revel, ainda que presente seu advogado munido de procuração, podendo ser ilidida a revelia mediante a apresentação de atestado médico, que deverá declarar, expressamente, a impossibilidade de locomoção do empregador ou do seu preposto no dia da audiência". (ver nota do autor)

Alternativa "d": Correta. O principal efeito da revelia é considerar verdadeiros os fatos narrados na inicial. Ocorre que nem todo pedido está fundado em questão fática. Tratando-se de demanda que envolva pleitos calcados apenas em interpretação da norma jurídica, a revelia não produz qualquer efeito.

Alternativa "e": Correta, uma vez que essa possibilidade de substituição está prevista no art. 843, § 2º, da CLT: "Se por doença ou qualquer outro motivo poderoso, devidamente comprovado, não for possível ao empregado comparecer pessoalmente, poderá fazer-se representar por outro empregado que pertença à mesma profissão, ou pelo seu sindicato".

Gabarito: B.

---

282. (USU – JTS 1ª RG/2008) Joaquim, bancário, propôs reclamação trabalhista contra o Banco da Sorte, pretendendo o pagamento de horas extraordinárias, que não eram registradas nos cartões de ponto, tudo num total de R$ 20.000,00 (vinte mil reais). Joaquim arrolou suas testemunhas na própria petição inicial. O Banco foi citado, negou todos os fatos e apresentou os cartões de ponto, nos quais não havia horas extraordinárias trabalhadas. No curso da audiência, Joaquim declarou que suas testemunhas não compareceram e que uma delas se mudara para o Ceará. O Juiz indeferiu a intimação das testemunhas e julgou improcedente o pedido. Assinale a resposta INCORRETA:

a) No comando do processo, cabe ao juiz indeferir as diligências inúteis ou meramente protelatórias.

b) No processo do trabalho, as testemunhas que não comparecerem serão intimadas *ex officio* ou a requerimento da parte.

c) Em razão do valor do pedido, o reclamante deveria ter provado que convidou as testemunhas e elas não compareceram.

d) A testemunha residente fora da sede do Juízo deveria ser ouvida mediante carta precatória.

e) Caberia ao Joaquim interpor recurso ordinário, suscitando preliminar de nulidade, por cerceamento de defesa.

COMENTÁRIOS

✪ **Nota do autor:** Como foi atribuído à causa o valor de R$ 20.000,00 e considerando que a prova foi elaborada em 2008, quando o salário mínimo era de R$ 415,00, tem-se que o rito utilizado foi o ordinário. Observe-se, na alternativa "d", que o art. 410, II do CPC de 1973 corresponde ao art. 453, II do CPC de 2015.

Alternativa "a": Correta, conforme art. 765 da CLT que se aplica ao rito ordinário: "Os Juízos e Tribunais do Trabalho terão ampla liberdade na direção do processo e velarão pelo andamento rápido das causas, podendo determinar qualquer diligência necessária ao esclarecimento delas".

Alternativa "b": Correta, pois está de acordo com o art. 825, parágrafo único, da CLT: "As testemunhas comparecerão a audiência independentemente de notificação ou intimação. Parágrafo único – As que não comparecerem serão intimadas, *ex officio* ou a requerimento da parte, ficando sujeitas a condução coercitiva, além das penalidades do art. 730, caso, sem motivo justificado, não atendam à intimação".

Alternativa "c": Essa exigência só está legalmente prevista para os processos submetidos ao rito sumaríssimo, na forma do art. 852-H, § 3º, da CLT: "Só será deferida intimação de testemunha que, comprovadamente convidada, deixar de comparecer. Não comparecendo a testemunha intimada, o juiz poderá determinar sua imediata condução coercitiva". Alternativa **incorreta.**

Alternativa "d": Correta, de acordo com o permissivo contido no art. 410, II, do CPC aplicado subsidiariamente ao processo laboral: "As testemunhas depõem, na audiência de instrução, perante o juiz da causa, exceto: II – as que são inquiridas por carta". Essa aplicação subsidiária é confirmada pela jurisprudência do TST: "Norteia o processo trabalhista o princípio da concentração, segundo o qual na audiência deve-se concentrar o maior número possível de atos processuais. Consoante o art. 849 da CLT, somente em caso de força maior é que se admite que a instrução e o julgamento não se procedam no mesmo dia (RO 5720091072200 8 PI 00057-2009-107-22-00-8)", a oitiva da testemunha que não resida fora do juízo se enquadra nesta exceção da audiência justamente pela impossibilidade física.

Alternativa "e": Como houve prejuízo para Joaquim, a arguição de nulidade pode prosperar em sede de preliminar de recurso ordinário, já que em se tratando de decisão interlocutória não cabe recurso de imediato. **Alternativa correta**, pois de acordo com o permissivo contido no art. 893, § 1º, da CLT: "Os incidentes do processo são resolvidos pelo próprio juízo ou Tribunal, admitindo-se a apreciação do merecimento das decisões interlocutórias somente em recurso da decisão definitiva".

Gabarito: C.

---

283. (USU – JTS 1ª RG/2008) Assinale a reposta CORRETA a respeito dos trâmites a serem seguidos antes de ser proferida a sentença, após encerrada a instrução, segundo a Consolidação das Leis do Trabalho.

a) o Juiz dará a palavra ao advogado do autor e ao do réu, sucessivamente, pelo prazo de 20 (vinte) minutos, para cada um, prorrogável por 10 (dez) minutos, a critério do Juiz.

b) poderão as partes aduzir razões finais, em prazo não superior a 10 (dez) minutos para cada uma. Em seguida o Juiz proferirá a sentença.

c) o Juiz concederá a palavra às partes, pelo prazo necessário ao debate oral ou, de acordo com a complexidade da causa, assinará prazo para apresentação de memoriais, designando dia e hora para o seu oferecimento.

d) poderão as partes aduzir razões finais, em prazo não superior a 10 (dez) minutos para cada uma. Em seguida o Juiz renovará a proposta de conciliação.

e) poderão as partes aduzir razões finais, em prazo de 20 (dez) minutos para cada uma, sendo possível a substituição do debate oral, no prazo sucessivo de dez dias, permeado de cinco dias de intervalo.

COMENTÁRIOS

✪ **Nota do autor:** Apesar de não ter previsão legal, muitos juízes adotam o procedimento de substituir as razões finais orais por memorias escritos. Contudo, para efeito de prova objetiva, deve ser seguida a regra contida no art. 850 da CLT.

Alternativa "a": Incorreta, uma vez que o prazo para razões finais é de dez e não vinte minutos, conforme determinação contida no art. 850 da CLT: "Terminada a instrução, poderão as partes aduzir razões finais, em prazo não excedente de 10 (dez) minutos para cada uma. Em seguida, o juiz ou presidente renovará a proposta de conciliação, e não se realizando esta, será proferida a decisão".

Alternativa "b": Depois das razões finais o juiz deve renovar a proposta de conciliação e não julgar a demanda como constou na alternativa. Opção **incorreta**, diante da ofensa ao art. 850 da CLT.

Alternativa "c": Incorreta, pois não existe previsão legal para substituição das razões finais por memoriais, o que afronta o preceito contido no citado art. 850 da CLT.

Alternativa "d": Correta, pois segue as diretrizes estabelecidas pelo já citado art. 850 da CLT.

Alternativa "e": Incorreta, pois o tempo para as razões finais é de 10 minutos e não há previsão legal de memoriais, conforme prevê o art. 850 da CLT.

Gabarito: D.

---

284. (TRT – JTS 8ª RG/2008) Assinale a alternativa em que, à luz da CLT, não constitui matéria que conduza o juiz do trabalho, titular ou substituto, a se dar por suspeito ou ser recusado para instruir ou julgar os feitos, em relação à pessoa dos litigantes:

a) amizade íntima;

b) parentesco por consanguinidade ou afinidade de segundo grau civil;

c) interesse particular na causa alegada pelo recusante no momento do depoimento pessoal das partes, em razão de desconhecimento anterior;

d) inimizade pessoal por parte do recusante;

e) sobrevindo novo motivo, no caso em que o recusante praticou algum ato pelo qual haja consentido na pessoa do juiz.

COMENTÁRIOS

✪ **Nota do autor:** Como foi frisado na pergunta, devem ser observadas apenas as prescrições da CLT (art. 801) que tratam da matéria, apesar da doutrina e jurisprudência aceitarem a utilização dos dispositivos do CPC que versam sobre a capacidade, impedimento e suspeição da testemunha.

Alternativa "a": Incorreta, pois se encontra dentro das hipóteses previstas no art. 801, "b", da CLT: "O juiz, presidente ou vogal, é obrigado a dar-se por suspeito, e pode ser recusado, por algum dos seguintes motivos, em relação à pessoa dos litigantes: b) amizade íntima".

Alternativa "b": Incorreta, pois se encontra dentro das hipóteses previstas no art. 801, "c", da CLT: "O juiz, presidente ou vogal, é obrigado a dar-se por suspeito, e pode ser recusado, por algum dos seguintes motivos, em relação à pessoa dos litigantes: c) parentesco por consanguinidade ou afinidade até o terceiro grau civil".

Alternativa "c": Incorreta, pois se encontra dentro das hipóteses previstas no art. 801, "d", da CLT: "O juiz, presidente ou vogal, é obrigado a dar-se por suspeito, e pode ser recusado, por algum dos seguintes motivos, em relação à pessoa dos litigantes: d) interesse particular na causa".

Alternativa "d": Correta, por não constituir matéria de suspeição ou de recusa prevista no art. 801 da CLT.

Alternativa "e": Incorreta, conforme art. 801, parágrafo único da CLT: "Se o recusante houver praticado algum ato pelo qual haja consentido na pessoa do juiz, não mais poderá alegar exceção de suspeição, salvo sobrevindo novo motivo. A suspeição não será também admitida, se do processo constar que o recusante deixou de alegá-la anteriormente, quando já a conhecia, ou que, depois de conhecida, aceitou o juiz recusado ou, finalmente, se procurou de propósito o motivo de que ela se originou".

Gabarito: D.

---

285. (TRT – JTS 8ª RG/2008) À luz da legislação pertinente e da jurisprudência consolidada pelo TST, é INCORRETO afirmar:

a) Quem, não sendo parte no processo, sofrer turbação ou esbulho na posse de seus bens por ato de apreensão judicial, poderá requerer lhe sejam manutenidos ou restituídos por meio de embargos. Os embargos podem ser de terceiro senhor e possuidor, ou apenas possuidor. Equipara-se a terceiro a parte que, posto figure no processo, defende bens que, pelo título de sua aquisição ou pela qualidade em que os possuir, não podem ser atingidos pela apreensão judicial. Os embargos podem ser opostos a qualquer tempo no processo de conhecimento, enquanto não transitada em julgado a sentença, e, no processo de execução, até cinco dias depois da arrematação, adjudicação ou remição, porém sempre antes da assinatura da respectiva carta. O embargante, já na sua petição inicial, fará a prova sumária de sua posse e da qualidade de terceiro, oferecendo documentos e rol de testemunhas. A lei faculta a prova da posse em audiência preliminar designada pelo juiz, sendo autorizado ao possuidor direto alegar, com a sua posse, domínio alheio.

b) Não se aplica a pena de confissão à parte que não comparecer à audiência em prosseguimento, na qual deveria depor, quando não tiver sido expressamente intimada com aquela cominação. Sabe-se, também, que a prova pré-constituída nos autos pode ser levada em consideração para confronto com a confissão ficta eventualmente aplicada, não implicando cerceamento de defesa o indeferimento de provas posteriores. Outrossim, a reclamada, ausente à audiência em que deveria apresentar defesa, é revel, ainda quando esteja presente seu advogado, mesmo que munido de procuração, podendo ser afastada a revelia, entretanto, com a apresentação de atestado médico, que deverá declarar, expressamente, a impossibilidade de locomoção do empregador ou do seu preposto no dia da audiência.

c) Na audiência de julgamento deverão estar presentes o reclamante e o reclamado, independentemente do comparecimento de seus representantes, salvo nos casos de reclamatórias plúrimas ou ações de cumprimento, quando os empregados poderão se fazer representar pelo Sindicato de sua categoria. Se por doença ou qualquer outro motivo relevante, alegado e devidamente comprovado, não for possível ao empregado comparecer pessoalmente, poderá se fazer representar por outro empregado que pertença à mesma profissão, ou, ainda, pelo seu sindicato.

d) É facultado ao empregador se fazer substituir pelo gerente, ou qualquer outro preposto que tenha conhecimento do fato, e cujas declarações obrigarão o proponente. O preposto deve ser necessariamente empregado do reclamado, havendo, todavia, duas exceções: uma de origem jurisprudencial, firmada pelo próprio TST, para os casos de reclamação de empregado doméstico; outra de origem legal, voltada estritamente para o caso das microempresas.

e) A ação monitória compete a quem pretender, com base em prova escrita sem eficácia de título executivo, pagamento de soma em dinheiro, entrega de coisa fungível ou de determinado bem móvel. Estando a petição inicial devidamente instruída, o juiz deferirá de plano a expedição do mandado de pagamento ou de entrega da coisa no prazo de quinze dias. Dentro do prazo legal, poderá o réu oferecer embargos, que têm o condão de suspender a eficácia do mandado inicial. Se os embargos não forem opostos, constituir-se-á, de pleno direito, o título executivo judicial, convertendo-se o mandado inicial em mandado executivo. O interessante é que os embargos independem de prévia segurança do juízo, processando-se nos próprios autos, como manda a lei.

COMENTÁRIOS

✪ **Nota do autor:** Essa questão foi elaborada antes da alteração da Súmula nº 74 do TST, cuja redação atual é a seguinte: I – Aplica-se a confissão à parte que, expressamente intimada com aquela cominação, não comparecer à audiência em prosseguimento, na qual deveria depor. (ex-Súmula nº 74 – RA 69/1978, DJ 26.09.1978) II – A prova pré-constituída nos autos pode ser levada em conta para confronto com a confissão ficta (arts. 442 e 443, do CPC de 2015 – art. 400, I, do CPC de 1973), não implicando cerceamento de defesa o indeferimento de provas posteriores. (ex-OJ nº 184 da SBDI-1 – inserida em 08.11.2000) III- A vedação à produção de prova posterior pela parte confessa somente a ela se aplica, não afetando o exercício, pelo magistrado, do poder/dever de conduzir o processo". Na alternativa "a", os textos dos arts. 1.046 e 1.050 do CPC de 1973 correspondem, respectivamente, aos dos arts. 674 e

677 do CPC de 2015. Ainda, na alternativa "e", os textos dos arts. 1.102.a, 1.102.b e 1.102.c, §1º do CPC de 1973 correspondem, respectivamente, aos dos arts. 700, I e II, 701 e 702, §4º c/c 701, §1º do CPC de 2015. Em relação a alternativa "b", com a vigência da Lei nº 13.467/17 o posicionamento do TST contido na Súmula nº 122 deve ser modificado, tendo em vista a inserção do § 5º ao art. 844 da CLT com a seguinte redação: "Ainda que ausente o reclamado, presente o advogado na audiência, serão aceitos a contestação e os documentos eventualmente apresentados.".Já na alternativa "d", a Lei da Reforma Trabalhista também provocou situação similar com a inclusão de um parágrafo ao art. 843 da CLT com a seguinte redação: "§ 3º O preposto a que se refere o § 1º deste artigo não precisa ser empregado da parte reclamada.". Em breve, portanto, o TST deve cancelar ou alterar a redação da Súmula nº 377.

Alternativa "a": Correta, pois de acordo com os textos dos arts. 1046 e 1050 do revogado CPC de 1973 "art. 1.046. Quem, não sendo parte no processo, sofrer turbação ou esbulho na posse de seus bens por ato de apreensão judicial, em casos como o de penhora, depósito, arresto, sequestro, alienação judicial, arrecadação, arrolamento, inventário, partilha, poderá requerer lhe sejam manutenidos ou restituídos por meio de embargos. § 1º Os embargos podem ser de terceiro senhor e possuidor, ou apenas possuidor. § 2º Equipara-se a terceiro a parte que, posto figure no processo, defende bens que, pelo título de sua aquisição ou pela qualidade em que os possuir, não podem ser atingidos pela apreensão judicial"; "Art. 1.050. O embargante, em petição elaborada com observância do disposto no art. 282, fará a prova sumária de sua posse e a qualidade de terceiro, oferecendo documentos e rol de testemunhas. § 1º É facultada a prova da posse em audiência preliminar designada pelo juiz. § 2º O possuidor direto pode alegar, com a sua posse, domínio alheio" (ver nota do autor).

Alternativa "b": Correta, uma vez que apresenta o posicionamento do TST exposto em duas de suas Súmulas, a de nº 122 e a de nº 74, sendo que esta última deve ser considerada em sua redação vigente à época da elaboração desta questão: "Súmula nº 74. I – Aplica-se a pena de confissão à parte que, expressamente intimada com aquela cominação, não comparecer à audiência em prosseguimento, na qual deveria depor. II – A prova pré-constituída nos autos pode ser levada em conta para confronto com a confissão ficta (art. 400, I, CPC), não implicando cerceamento de defesa o indeferimento de provas posteriores. Súmula nº 122. A reclamada, ausente à audiência em que deveria apresentar defesa, é revel, ainda que presente seu advogado munido de procuração, podendo ser ilidida a revelia mediante a apresentação de atestado médico, que deverá declarar, expressamente, a impossibilidade de locomoção do empregador ou do seu preposto no dia da audiência". (ver nota do autor).

Alternativa "c": Correta, conforme art. 843 da CLT: "Na audiência de julgamento deverão estar presentes o reclamante e o reclamado, independentemente do comparecimento de seus representantes salvo, nos casos de Reclamatórias Plúrimas ou Ações de Cumprimento, quando os empregados poderão fazer-se representar pelo Sindicato de sua categoria. § 1º – É facultado ao empregador fazer-se substituir pelo gerente, ou qualquer outro preposto que tenha conhecimento do fato, e cujas declarações obrigarão o proponente. § 2º – Se por doença ou qualquer outro motivo poderoso, devidamente comprovado, não for possível ao empregado comparecer pessoalmente, poderá fazer-se representar por outro empregado que pertença à mesma profissão, ou pelo seu sindicato".

Alternativa "d": Incorreta. O erro da assertiva consiste no fato de ter omitido o preposto da pequena empresa, pois há referência unicamente ao representante da microempresa, na forma prevista pela Súmula nº 377 do TST: "Exceto quanto à reclamação de empregado doméstico, ou contra micro ou pequeno empresário, o preposto deve ser necessariamente empregado do reclamado. Inteligência do art. 843, § 1º, da CLT e do art. 54 da Lei Complementar nº 123, de 14 de dezembro de 2006". (ver nota do autor)

Alternativa "e": Correta, conforme arts. 1.102. A e seguintes do revogado CPC de 1973: "Art. 1.102.A – A ação monitória compete a quem pretender, com base em prova escrita sem eficácia de título executivo, pagamento de soma em dinheiro, entrega de coisa fungível ou de determinado bem móvel. Art. 1.102.B – Estando a petição inicial devidamente instruída, o Juiz deferirá de plano a expedição do mandado de pagamento ou de entrega da coisa no prazo de quinze dias. Art. 1.102-C. No prazo previsto no art. 1.102-B, poderá o réu oferecer embargos, que suspenderão a eficácia do mandado inicial. Se os embargos não forem opostos, constituir-se-á, de pleno direito, o título executivo judicial, convertendo-se o mandado inicial em mandado executivo e prosseguindo-se na forma do Livro I, Título VIII, Capítulo X, desta Lei. § 1º Cumprindo o réu o mandado, ficará isento de custas e honorários advocatícios. § 2º Os embargos independem de prévia segurança do juízo e serão processados nos próprios autos, pelo procedimento ordinário". (ver nota do autor).

Gabarito: D.

---

286. (TRT – JTS 15ª RG/2010) Cinco empregados, que tem a mesma profissão, ajuizaram reclamatória plúrima pleiteando o pagamento das verbas rescisórias decorrentes da dispensa sem justa causa. Dois deles não compareceram à audiência. Assinale a alternativa CORRETA:

a) a ausência dos empregados, ainda que por motivo justificado, gera arquivamento da reclamação;

b) em caso de doença, os ausentes só poderão ser representados pelo sindicato;

c) justificada a ausência nos termos da lei, não haverá arquivamento da reclamação, pois os empregados ausentes serão representados pelos presentes;

d) aos empregados faltantes, ainda que de forma justificada, será aplicada a pena de perda, pelo prazo de seis meses, do direito de reclamar perante a Justiça do Trabalho;

e) o não comparecimento dos reclamantes enseja a aplicação da pena de confissão.

COMENTÁRIOS

✪ **Nota do autor:** Quando o reclamante provoca dois arquivamentos seguidos, o juiz aplica-lhe a penalidade consistente na vedação de ajuizar qualquer reclamação trabalhista pelo prazo de seis meses. Em relação a alternativa "a", com a vigência da Lei nº 13.467/17 o posicionamento do TST contido na Súmula nº 122 deve ser em breve modificado, tendo em vista a inserção do § 5º ao art. 844 da CLT com a seguinte redação: "Ainda que ausente o reclamado, presente o advogado na audiência, serão aceitos a contestação e os documentos eventualmente apresentados."

Alternativa "a": Incorreta. Com efeito, o não comparecimento do reclamante à audiência por motivo justificado, como a impossibilidade de locomoção por motivo de doença, por exemplo, implica adiamento da audiência e não o arquivamento do feito. O entendimento que admite o adiamento da audiência e a não declaração de revelia por ausência do reclamado, previsto na Súmula nº 122 do TST, também se aplica ao reclamante para efeito de impedir o arquivamento da ação: "A reclamada, ausente à audiência em que deveria apresentar defesa, é revel, ainda que presente seu advogado munido de procuração, podendo ser ilidida a revelia mediante a apresentação de atestado médico, que deverá declarar, expressamente, a impossibilidade de locomoção do empregador ou do seu preposto no dia da audiência". (ver nota do autor)

Alternativa "b": Incorreta, pois os ausentes podem ser representados por outro trabalhador que pertença à mesma profissão, conforme preceito contido no art. 843, § 2º, da CLT: "Se por doença ou qualquer outro motivo poderoso, devidamente comprovado, não for possível ao empregado comparecer pessoalmente, poderá fazer-se representar por outro empregado que pertença à mesma profissão, ou pelo seu sindicato".

Alternativa "c": Correta, uma vez que o enunciado da questão deixa claro o fato de todos os reclamantes exercerem à mesma profissão. Nesse caso, não há arquivamento da reclamação conforme prevê o art. 843, § 2º, da CLT: "Se por doença ou qualquer outro motivo poderoso, devidamente comprovado, não for possível ao empregado comparecer pessoalmente, poderá fazer-se representar por outro empregado que pertença à mesma profissão, ou pelo seu sindicato".

Alternativa "d": Incorreta, tendo em vista que a reclamação não vai ser arquivada em relação aos empregados faltantes, por conta da representação pelos empregados presentes que pertencem à mesma profissão, na forma prevista pelo art. 843 da CLT. Além disso, a penalidade mencionada na alternativa só é aplicada no caso de dois arquivamentos.

Alternativa "e": Incorreta, uma vez que a demanda não será arquivada em relação aos empregados faltantes, por conta da representação pelos empregados presentes e que pertencem à mesma profissão, na forma prevista pelo art. 843 da CLT.

Gabarito: C.

---

287. (TRT – JTS 21ª RG/2010) Numa determinada audiência trabalhista, a parte ré apresenta uma proposta de acordo, que recebe a aquiescência do autor. Examinando a proposta, decide o juiz não homologá-la, por entender insuficiente para por fim, de maneira razoável, ao litígio, além de ser prejudicial ao próprio demandante. A decisão causou insatisfação às partes, pois havia a expectativa de homologação. Colocada a questão nesses termos, marque a resposta CORRETA:

a) praticou o juiz ato contrário à ordem jurídica, que pode ser atacado por agravo de instrumento;

b) praticou o juiz ato contrário a direito processual das partes, que pode ser atacado pela via do mandado de segurança;

c) praticou o juiz ato contrário a uma faculdade das partes, que pode ser objeto de nulidade processual quando do exame de recurso ordinário;

d) exerceu o juiz uma faculdade que lhe é assegurada pela ordem jurídica;

e) exerceu o juiz uma faculdade, mas que somente é possível após a fase de conhecimento.

COMENTÁRIOS

✪ **Nota do autor:** A faculdade que é exercida pelo juiz ao homologar um acordo não pode ser arbitraria. Entende-se que, ao contrário do que constou no enunciado da questão, não poderia o Juiz recusar a homologar fundamentando-se no seu respectivo valor. Isso porque o juiz, ao examinar o acordo proposto, deve se limitar a examinar o livre exercício da vontade pelas partes ou as questões processuais de ordem pública. Essa questão, contudo, é bastante controvertida tanto na doutrina quanto na jurisprudência. A Resolução nº 217/2017 modificou a redação da Súmula nº 418 do TST, objeto das alternativas desta questão, nos seguintes termos: MANDADO DE SEGURANÇA VISANDO À HOMOLOGAÇÃO DE ACORDO (nova redação em decorrência do CPC de 2015) – Res. 217/2017 – DEJT divulgado em 20, 24 e 25.04.2017 A homologação de acordo constitui faculdade do juiz, inexistindo direito líquido e certo tutelável pela via do mandado de segurança".

Alternativa "a": Incorreta. A homologação do acordo constitui faculdade do Juiz. No processo do trabalho o agravo de instrumento tem como objetivo destrancar seguimento de recurso e não para atacar decisões interlocutórias.

Alternativa "b": Incorreta, pois não traduz o entendimento adotado pelo TST por meio da Súmula nº 418, em sua redação anterior: "A concessão de liminar ou a homologação de acordo constituem faculdade do juiz, inexistindo direito líquido e certo tutelável pela via do mandado de segurança" (ver nota do autor).

Alternativa "c": Incorreta, uma vez que a faculdade de homologar o acordo é do juiz e não da parte, conforme entendimento constante da citada Súmula nº 418 do TST (ver nota do autor).

Alternativa "d": A homologação do acordo não é obrigação do Juiz, mas sim uma faculdade. **Opção correta**, em consonância com o texto da Súmula nº 418 do TST em sua redação original: "A concessão de liminar ou a homologação de acordo constituem faculdade do juiz, inexistindo direito líquido e certo tutelável pela via do mandado de segurança" (ver nota do autor).

Alternativa "e": Não há qualquer limitação nesse sentido. O exercício da faculdade de não homologar determinado acordo, por entender viciada a manifestação da vontade da parte, pode ocorrer em qualquer fase do processo. Opção **incorreta**, conforme entendimento inserido na Súmula nº 418 do TST (ver nota do autor).

Gabarito: D.

---

288. (TRT – JTS 23ª RG/2008) Assinale a alternativa CORRETA:

I. no caso de conciliação, o termo que for lavrado valerá como decisão irrecorrível, salvo para a Previdência Social quanto às contribuições que lhe forem devidas;

II. terminada a instrução, poderão as partes aduzir razões finais, em prazo não excedente de 20 (vinte) minutos para cada um. Em seguida, o juiz renovará a proposta de conciliação, e não se realizando esta, será proferida a decisão;

III. quando se tratar da Fazenda Pública, a notificação (citação) deverá ser efetuada com, pelo menos, trinta dias de antecedência da data designada para a audiência;

IV. quando o valor do pedido não ultrapassar quarenta salários mínimos, o inquérito para apuração de falta grave se processará segundo o procedimento sumaríssimo, visto que as regras que disciplinam esse procedimento são de ordem pública, delas não podendo dispor as partes nem o juiz.

a) todas as opções estão corretas;

b) apenas três opções estão corretas;

c) apenas duas opções estão corretas;

d) apenas uma opção está correta;

e) todas as opções estão incorretas.

COMENTÁRIOS

Item "I": Correto, uma vez que o texto corresponde ao preceito contido no art. 831, parágrafo único, da CLT: "No caso de conciliação, o termo que for lavrado valerá como decisão irrecorrível, salvo para a Previdência Social quanto às contribuições que lhe forem devidas".

Item "II": Incorreto, pois o tempo para aduzir razões finais é de 10 minutos e não vinte como constou neste item, conforme previsão contida no art. 850 da CLT: "Terminada a instrução, poderão as partes aduzir razões finais, em prazo não excedente de 10 (dez) minutos para cada uma. Em seguida, o juiz ou presidente renovará a proposta de conciliação, e não se realizando esta, será proferida a decisão".

Item "III": Incorreto, pois o prazo em quádruplo conferido à Fazenda Pública transforma os cinco dias de interstício mínimo para realização da audiência em vinte dias. Essa prerrogativa encontra-se prevista no art. 1º, II, do DL nº 779/69: "Nos processos perante a Justiça do Trabalho, constituem privilégio da União, dos Estados, do Distrito Federal, dos Municípios e das autarquias ou fundações de direito público federais, estaduais ou municipais que não explorem atividade econômica: II – o quádruplo do prazo fixado no artigo 841, *"in fine"*, da Consolidação das Leis do Trabalho".

Item "IV": O rito sumaríssimo só se aplica às reclamações trabalhistas, excluindo-se os demais procedimentos especiais, inclusive o inquérito, conforme se vê da redação de diversos dispositivos que tratam da matéria, inclusive o art. 852-A da CLT: "Os dissídios individuais cujo valor não exceda a quarenta vezes o salário mínimo vigente na data do ajuizamento da reclamação ficam submetidos ao procedimento sumaríssimo". **Item incorreto.**

Gabarito: D.

4. PROVAS, SENTENÇA E COISA JULGADA

---

289. (TRT – JTS 8ª RG/2008) Marque a alternativa CORRETA:

a) Doutrina e jurisprudência denominam a confissão como a rainha das provas. A confissão ficta gera presunção de veracida*de jure* et *de jure* quando aplicada à parte que, devidamente notificada, não comparece em juízo para prestar depoimento pessoal. Neste caso, não configura cerceamento do direto de defesa o indeferimento de pedido do advogado da parte apenada pela oitiva de testemunhas, devidamente arroladas.

b) Em respeito ao princípio da primazia da realidade, de regra, a prova testemunhal se sobrepõe à prova documental, por ser a que melhor retrata a realidade dos fatos.

c) Pode o juiz do trabalho se deixar orientar por suas impressões pessoais na apreciação das provas, dando-lhe a valorização pertinente entre os fatos e circunstâncias constantes dos autos, desde que alegados pelas partes, autorizado que está legalmente pelo preceito da persuasão racional.

d) Havendo insuficiência das provas produzidas pelas partes litigantes, na apuração de adicional de insalubridade ou periculosidade no ambiente de trabalho, o juiz estará adstrito às conclusões do perito.

e) São causas impeditivas, suspensivas e interruptivas da prescrição, respectivamente: a menoridade até 18 anos; a tentativa conciliatória perante a Comissão de Conciliação Prévia e o ajuizamento de demanda trabalhista, ainda que arquivada. O efeito da interrupção da prescrição, pelo arquivamento da ação trabalhista, ocorre uma única vez.

COMENTÁRIOS

✪ **Nota do autor:** Observe-se, na alternativa "a", que o art. 400, I, do revogado CPC de 1973 corresponde ao art. 443, I, do CPC de 2015. Já na alternativa "c", o art. 131 do CPC de 1973 corresponde ao art. 371 do CPC de 2015. Por fim, na alternativa "d", o art. 436 do CPC de 1973 corresponde ao art. 479 do CPC de 2015.

Alternativa "a": Incorreta. A revelia implica confissão ficta em relação à matéria fática, com presunção de veracidade *iuris tantum* (relativa) dos fatos narrados na inicial e não *iure et de iure*. Admite-se, nesse caso, apenas a prova pré-constituída, na forma prevista pela Súmula nº 74, II, do TST, em sua redação anterior: "A prova pré-constituída nos autos pode ser levada em conta para confronto com a confissão ficta (art. 400, I, CPC), não implicando cerceamento de defesa o indeferimento de provas posteriores". Observe que em 2016 o TST alterou a redação do item II da Súmula nº 74: "II - A prova pré-constituída nos autos pode ser levada em conta para confronto com a confissão ficta (arts. 442 e 443, do CPC de 2015 - art. 400, I, do CPC de 1973), não implicando cerceamento de defesa o indeferimento de provas posteriores. (ex-OJ nº 184 da SBDI-1 - inserida em 08.11.2000)".

Alternativa "b": Incorreta. Com efeito, como prevalece no processo civil e trabalhista o princípio do livre convencimento motivado, não há como afirmar, categoricamente, que um meio de prova prevalece sobre outro. Na verdade, a prova testemunhal só infirma a documental se ela formar o convencimento do juiz.

Alternativa "c": Esses seriam os fundamentos do sistema de apreciação da prova denominado de livre convencimento do juiz. No Brasil, o sistema adotado é o da persuasão racional do juiz, conforme disposto no art. 131 do CPC de 1973: "O juiz apreciará livremente a prova, atendendo aos fatos e circunstâncias constantes dos autos, ainda que não alegados pelas partes; mas deverá indicar, na sentença, os motivos que lhe formaram o convencimento". Alternativa **incorreta.**

Alternativa "d": Incorreta, pois contraria a regra contida no art. 436 do CPC de 1973: "O juiz não está adstrito ao laudo pericial, podendo formar a sua convicção com outros elementos ou fatos provados nos autos". Esse preceito aplica-se ao processo laboral em face da omissão da CLT e a ausência de incompatibilidade com os seus princípios.

Alternativa "e": Correta. Em relação aos menores de 18 anos: "Código Civil. Art. 198. Também não corre a prescrição: I - contra os incapazes de que trata o art. 3º". Em relação à comissão de conciliação prévia: "CLT. Art. 625-G da CLT. O prazo prescricional será suspenso a partir da provocação da Comissão de Conciliação Prévia, recomeçando a fluir, pelo que lhe resta, a partir da tentativa frustrada de conciliação ou do esgotamento do prazo previsto no art. 625-F". Quanto ao arquivamento da reclamação trabalhista: "TST. Súmula nº 268. A ação trabalhista, ainda que arquivada, interrompe a prescrição somente em relação aos pedidos idênticos". No que diz respeito à quantidade de interrupções: "Código Civil. Art. 202. A interrupção da prescrição, que somente poderá ocorrer uma vez, dar-se-á".

Gabarito: E.

---

290. (TRT - JTS 6ª RG/2010) Ainda a respeito do ônus da prova, assinale a alternativa CORRETA de acordo com a jurisprudência sumulada e Orientações Jurisprudenciais do Tribunal Superior do Trabalho:

a) É do empregador o ônus de comprovar que o empregado não satisfaz os requisitos indispensáveis à obtenção do vale-transporte.

b) O empregador não tem o ônus da prova do fato impeditivo, modificativo ou extintivo da equiparação salarial.

c) O ônus de provar o término do contrato de trabalho, quando negados a prestação do serviço e o despedimento, é do empregador.

d) Sempre é do reclamante o ônus de provar a inexistência ou o recolhimento a menor das parcelas mensais devidas ao Fundo de Garantia do Tempo de Serviço em determinado período, mesmo quando em relação a ele a reclamada assegure que os depósitos foram recolhidos corretamente.

e) O termo inicial do direito ao salário-família coincide com a prova da filiação. Se feita em juízo, corresponde à data do trânsito em julgado que reconheceu o direito ao benefício.

COMENTÁRIOS

✪ **Nota do autor:** Esta questão foi elabora antes do cancelamento, pelo TST, da OJ nº 215 da SDI-1, influenciando na análise da alternativa "a". A referida OJ tinha a seguinte redação: "É do empregado o ônus de comprovar que satisfaz os requisitos indispensáveis à obtenção do vale-transporte". De igual forma, a OJ nº 301 da SDI-1, que reflete na análise da alternativa "d": "Definido pelo reclamante o período no qual não houve depósito do FGTS, ou houve em valor inferior, alegada pela reclamada a inexistência de diferença nos recolhimentos de FGTS, atrai para si o ônus da prova, incumbindo-lhe, portanto, apresentar as guias respectivas, a fim de demonstrar o fato extintivo do direito do autor (art. 818 da CLT c/c art. 333, II, do CPC)". Atualmente o TST cuida dessa matéria relativa ao ônus da prova por intermédio das Súmulas nºs 460 e 461: Súmula nº 460. VALE-TRANSPORTE. ÔNUS DA PROVA - Res. 209/2016, DEJT divulgado em 01, 02 e 03.06.2016. É do empregador o ônus de comprovar que o empregado não satisfaz os requisitos indispensáveis para a concessão do vale-transporte ou não pretenda fazer uso do benefício. Súmula nº 461. FGTS. DIFERENÇAS. RECOLHIMENTO. ÔNUS DA PROVA – Res. 209/2016, DEJT divulgado em 01, 02 e 03.06.2016. É do empregador o ônus da prova em relação à regularidade dos depósitos do FGTS, pois o pagamento é fato extintivo do direito do autor (art. 373, II, do CPC de 2015).

Alternativa "a": Incorreta à época da vigência da OJ nº 215 da SDI-1 do TST, uma vez que esse verbete atribuía ao empregado o ônus da prova de comprar que satisfazia os requisitos indispensáveis à obtenção do vale-transporte.

Alternativa "b": Incorreta, pois está em desacordo com o item VIII, da Súmula nº 6, do TST, que atribuiu esse ônus ao empregador: "É do empregador o ônus da prova do fato impeditivo, modificativo ou extintivo da equiparação salarial".

Alternativa "c": Correta, conforme entendimento constante da Súmula nº 212 do TST: "O ônus de provar o término do contrato de trabalho, quando negados a prestação de serviço e o despedimento, é do empregador, pois o princípio da continuidade da relação de emprego constitui presunção favorável ao empregado".

Alternativa "d": Incorreta à época, pois contrariava o posicionamento do TST revelado por meio da OJ nº 301 da SDI-1 que atribuía esse ônus ao empregador: "Definido pelo reclamante o período no qual não houve depósito do FGTS, ou houve em valor inferior, alegada pela reclamada a inexistência de diferença nos recolhimentos de FGTS, atrai para si o ônus da prova, incumbindo-lhe, portanto, apresentar as guias respectivas, a fim de demonstrar o fato extintivo do direito do autor (art. 818 da CLT c/c art. 333, II, do CPC)".

Alternativa "e": Incorreta, conforme Súmula nº 254 do TST que ser a data do ajuizamento do pedido: "O termo inicial do direito ao salário-família coincide com a prova da filiação. Se feita em juízo, corresponde à data de ajuizamento do pedido, salvo se comprovado que anteriormente o empregador se recusara a receber a respectiva certidão".

Gabarito: C.

---

291. (TRT – JTS 6ª RG/2010) Com fundamento na lei, na jurisprudência sumulada do Tribunal Superior do Trabalho, analise as assertivas abaixo acerca do ônus da prova em matéria de jornada de trabalho e, depois, assinale a alternativa CORRETA.

I. Contando com mais de dez empregados, é ônus da empresa manter um sistema de registro de jornada de trabalho conforme estabelece o artigo 74, § 2º da Consolidação das Leis do Trabalho.

II. A ausência injustificada dos documentos de controle de jornada no processo gera a presunção relativa de veracidade da jornada declinada na peça vestibular, a qual pode ser elidida mediante produção de prova em contrário.

III. A presunção de veracidade dos documentos de controle de jornada, consagrada em instrumento normativo, não pode ser elidida por prova em contrário.

IV. Os documentos de controle de jornada que revelem marcação inalterada dos horários de entrada e saída não são válidos, invertendo-se o ônus da prova, relativo às horas extras, que passa a ser do empregador, prevalecendo a jornada da inicial se dele não se desincumbir.

V. A aplicação da confissão ficta em desfavor do empregador gera a presunção de veracidade da jornada declinada na inicial, que poderá ser elidida mediante robusta prova documental.

a) Apenas a assertiva I está correta.

b) Apenas a assertiva II está correta.

c) As assertivas I, II, IV e V estão corretas.

d) Apenas a assertiva III está correta.

e) As assertivas I, II e III estão corretas.

COMENTÁRIOS

✪ **Nota do autor:** O ônus da prova consiste no mecanismo utilizado para solucionar as lides quando não há prova das alegações de fatos controversos, ou ainda que produzida, não tenha servido para formar o convencimento do juiz, já que este não pode se negar a prestar a tutela jurisdicional (*non liquet*). Observe-se, no item "V", que o art. 400, I do revogado CPC de 1973 corresponde ao art. 443, I do CPC de 2015.

Item "I": Correto, conforme entendimento inserido na Súmula nº 338, I, TST: "I – É ônus do empregador que conta com mais de 10 (dez) empregados o registro da jornada de trabalho na forma do art. 74, § 2º, da CLT. A não apresentação injustificada dos controles de frequência gera presunção relativa de veracidade da jornada de trabalho, a qual pode ser elidida por prova em contrário".

Item "II": Correto, pois representa o posicionamento do TST estampado na Súmula nº 338, I: "É ônus do empregador que conta com mais de 10 (dez) empregados o registro da jornada de trabalho na forma do art. 74, § 2º, da CLT. A não apresentação injustificada dos controles de frequência gera presunção relativa de veracidade da jornada de trabalho, a qual pode ser elidida por prova em contrário".

Item "IV": Incorreto, pois segundo a Súmula nº 338, II, TST essa presunção é relativa e não absoluta: "A presunção de veracidade da jornada de trabalho, ainda que prevista em instrumento normativo, pode ser elidida por prova em contrário".

Item "IV": Correto, pois trata da presunção relativa de invalidade dos controles de frequência que apresentam registros uniformes, conforme Súmula nº 338, III, TST: "Os cartões de ponto que demonstram horários de entrada e saída uniformes são inválidos como meio de prova, invertendo-se o ônus da prova, relativo às horas extras, que passa a ser do empregador, prevalecendo a jornada da inicial se dele não se desincumbir".

Item "V": Correto, pois envolve o posicionamento do TST revelado em duas de suas Súmulas, a de nº 338, I, e a de nº 74, em sua antiga redação: "Súmula nº 338. I – É ônus do empregador que conta com mais de 10 (dez) empregados o registro da jornada de trabalho na forma do art. 74, § 2º, da CLT. A não apresentação injustificada dos controles de frequência gera presunção relativa de veracidade da jornada de trabalho, a qual pode ser elidida por prova em contrário. Súmula nº 74. I – Aplica-se a confissão à parte que, expressamente intimada com aquela cominação, não comparecer à audiência em prosseguimento, na qual deveria depor. II – A prova pré-constituída nos autos pode ser levada em conta para confronto com a confissão ficta (art. 400, I, CPC), não implicando cerceamento de defesa o indeferimento de provas posteriores". Sendo assim, ainda que tenha havido revelia, mas exista nos autos prova documental, por exemplo, demonstrando a jornada de trabalho do reclamante, ela pode ser levada em consideração pelo juiz, desde que forme seu convencimento nesse sentido. Observe-se que em 2016 o TST alterou o item II, da Súmula nº 74, que passou a ter a seguinte redação: "II – A prova pré-constituída nos autos pode ser levada em conta para confronto com a confissão ficta (arts. 442 e 443, do CPC de 2015 – art. 400, I, do CPC de 1973), não implicando cerceamento de defesa o indeferimento de provas posteriores. (ex-OJ nº 184 da SBDI-1 – inserida em 08.11.2000)".

Gabarito: C.

---

292. (CESPE – JTS 1ª RG/2010) No que concerne a sentenças em dissídios individuais e a honorários periciais e advocatícios, assinale a opção CORRETA.

a) Com a sentença, o juiz cumpre e acaba seu ofício.

b) A sentença que reconhece a justa causa e autoriza a resolução do contrato do empregado portador de estabilidade é constitutiva.

c) O relatório é requisito essencial de toda sentença trabalhista.

d) Na justiça do trabalho, a condenação ao pagamento de honorários advocatícios pode ser superior a 15% do valor da causa, nos casos de especial complexidade dos temas em discussão.

e) Os honorários do perito assistente serão de responsabilidade da parte sucumbente na matéria objeto da perícia.

COMENTÁRIOS

Nota do autor: O CPC de 2015 revogou expressamente o art. 11, § 1º, da Lei 1.060/50, que estabelecia o limite de 15% a título de honorários de sucumbência, o que levou o TST a alterar a redação do inciso I, da Súmula nº 219: "I – Na Justiça do Trabalho, a condenação ao pagamento de honorários advocatícios não decorre pura e simplesmente da sucumbência, devendo a parte, concomitantemente: a) estar assistida por sindicato da categoria profissional; b) comprovar a percepção de salário inferior ao dobro do salário mínimo ou encontrar-se em situação econômica que não lhe permita demandar sem prejuízo do próprio sustento ou da respectiva família. (art. 14, §1º, da Lei nº 5.584/1970). (ex-OJ nº 305 da SBDI-I)". Entretanto, com a vigência da Lei da Reforma Trabalhista foi instituído os honorários de sucumbência no processo do trabalho, entre 5% e 15% (art. 791-A da CLT). Esse novo preceito legal deve provocar alteração na redação da Súmula nº 219 do TST.

Alternativa "a": Incorreta, uma vez que a atuação do juiz é exigida para o caso do não cumprimento voluntário das obrigações contidas na sentença (fase de cumprimento da sentença ou de execução forçada).

Alternativa "b": Correta. Com efeito, no inquérito para apuração de falta grave, o autor pretende a extinção do contrato de trabalho do empregado estável. Logo, a natureza jurídica dessa ação constitutiva negativa.

Alternativa "c": Incorreta, uma vez que o relatório não é exigido para as sentenças proferidas em processos submetidos ao rito sumaríssimo, conforme dispõe o art. 852-I da CLT: "A sentença mencionará os elementos de convicção do juízo, com resumo dos fatos relevantes ocorridos em audiência, dispensado o relatório".

Alternativa "d": O percentual máximo dos honorários advocatícios, na vigência do CPC de 1973, era de 15%. **Opção incorreta**, conforme entendimento exposto na Súmula nº 219, I, do TST, em sua antiga redação: "Na Justiça do Trabalho, a condenação ao pagamento de honorários advocatícios, nunca superiores a 15% (quinze por cento), não decorre pura e simplesmente da sucumbência, devendo a parte estar assistida por sindicato da categoria profissional e comprovar a percepção de salário inferior ao dobro do salário mínimo ou encontrar-se em situação econômica que não lhe permita demandar sem prejuízo do próprio sustento ou da respectiva família" (observar a nova redação do inciso I, da Súmula nº 219 do TST transcrita na nota do autor e o seu atual panorama em decorrência da vigência da Lei nº 13.467/17).

Alternativa "e": Incorreta, pois quem arca com o pagamento dos honorários do perito assistente é a parte que o indicou, conforme entendimento constante da Súmula nº 341 do TST: "A indicação do perito assistente é faculdade da parte, a qual deve responder pelos respectivos honorários, ainda que vencedora no objeto da perícia".

Gabarito: B.

4.1. PROVAS

---

293. (FCC – Juiz do Trabalho/2017) O art. 818 da CLT estabelece que a prova das alegações incumbe à parte que as fizer. Em se tratando da prova e do ônus da prova no processo do trabalho, com base na CLT e no entendimento das Súmulas e Orientações Jurisprudenciais do TST, extrai-se:

a) Em se tratando de reclamação trabalhista com pedido de adicional de insalubridade, a realização de perícia será obrigatória diante da determinação legal do art. 195 da CLT, podendo, contudo, o julgador utilizar-se de outros meios de prova quando desativado o local de trabalho do reclamante ou encerrada a atividade da empresa.

b) Tendo em vista o princípio da autodeterminação coletiva, previsto no art. 7, XXVI da CF, a presunção de veracidade da jornada de trabalho, quando prevista em instrumento normativo, não pode ser elidida por prova em contrário.

c) Cabe ao empregado, em reclamação trabalhista, o ônus da prova de demonstrar que satisfaz os requisitos indispensáveis para a concessão do vale-transporte.

d) Uma vez negados a prestação de serviço e o despedimento, é do empregado o ônus de provar o término do contrato de trabalho por iniciativa do empregador, na medida em que a CLT estabelece que a prova das alegações incumbe à parte que as fizer.

e) Em matéria de horas extras, na hipótese de aplicada a confissão ao reclamado que, expressamente intimado com aquela cominação, não compareceu à audiência, na qual deveria depor, o indeferimento da oitiva de testemunha convidada pelo demandado caracterizará cerceamento ao seu direito de defesa, pois a presunção de veracidade da jornada de trabalho pode ser elidida por prova em contrário.

COMENTÁRIOS

✪ **Nota do autor:** As regras sobre o ônus da prova no processo do trabalho passaram a ser as mesmas previstas no CPC de 2015. Essa alteração ocorreu por conta da vigência da Lei nº 13.467/17, que modificou a redação do art. 818 da CLT, nos seguintes termos: "Art. 818. O ônus da prova incumbe: I – ao reclamante, quanto ao fato constitutivo de seu direito; II – ao reclamado, quanto à existência de fato impeditivo, modificativo ou extintivo do direito do reclamante. § 1º Nos casos previstos em lei ou diante de peculiaridades da causa relacionadas à impossibilidade ou à excessiva dificuldade de cumprir o encargo nos termos deste artigo ou à maior facilidade de obtenção da prova do fato contrário, poderá o juízo atribuir o ônus da prova de modo diverso, desde que o faça por decisão fundamentada, caso em que deverá dar à parte a oportunidade de se desincumbir do ônus que lhe foi atribuído. § 2º A decisão referida no § 1º deste artigo deverá ser proferida antes da abertura da instrução e, a requerimento da parte, implicará o adiamento da audiência e possibilitará provar os fatos por qualquer meio em direito admitido. § 3º A decisão referida no § 1º deste artigo não pode gerar situação em que a desincumbência do encargo pela parte seja impossível ou excessivamente difícil."

Alternativa "a": Correta. Nesse caso, o TST, por meio da OJ nº 278 da SDI-1, flexibilizou a regra da obrigatoriedade da perícia, estabelecida pelo art. 195 da CLT, no caso de local de trabalho desativado: "ADICIONAL DE INSALUBRIDADE. PERÍCIA. LOCAL DE TRABALHO DESATIVADO (DJ 11.08.2003) A realização de perícia é obrigatória para a verificação de insalubridade. Quando não for possível sua realização, como em caso de fechamento da empresa, poderá o julgador utilizar-se de outros meios de prova."

Alternativa "b": Incorreta, uma vez que se trata de presunção juris tantum relativa, segundo o item II da Súmula nº 338 do TST: "JORNADA DE TRABALHO. REGISTRO. ÔNUS DA PROVA (incorporadas as Orientações Jurisprudenciais nºs 234 e 306 da SBDI-I) – Res. 129/2005, DJ 20, 22 e 25.04.2005 Súmulas A-103 SÚMULAS II – A presunção de veracidade da jornada de trabalho, ainda que prevista em instrumento normativo, pode ser elidida por prova em contrário. (ex-OJ nº 234 da SBDI-I – inserida em 20.06.2001)". É possível que esse entendimento do TST seja alterado, uma vez que a Lei nº 13.467/17 introduziu o art. 611-A na CLT, que prevê a prevalência do instrumento normativo sobre a lei em determinadas situações, inclusive quando à modalidade do registro de jornada de trabalho em seu inciso X.

Alternativa "c": Incorreta, uma vez que o entendimento do TST é justamente em sentido contrário, atribuindo esse ônus ao empregador, conforme se observa da Súmula nº 460: "VALE-TRANSPORTE. ÔNUS DA PROVA – Res. 209/2016, DEJT divulgado em 01, 02 e 03.06.2016 É do empregador o ônus de comprovar que o empregado não satisfaz os requisitos indispensáveis para a concessão do vale-transporte ou não pretenda fazer uso do benefício."

Alternativa "d": Incorreta, uma vez que a presunção é em sentido contrário, decorrente da aplicação do princípio da continuidade da relação de emprego. Nesse sentido a Súmula nº 212 do TST: "DESPEDIMENTO. ÔNUS DA PROVA (mantida) – Res. 121/2003, DJ 19, 20 e 21.11.2003 O ônus de provar o término do contrato de trabalho, quando negados a prestação de serviço e o despedimento, é do empregador, pois o princípio da continuidade da relação de emprego constitui presunção favorável ao empregado."

Alternativa "e": Incorreta. Nessa situação o juiz só poderá levar em consideração a prova já residente dos autos (pré-constituída), conforme posicionamento adotado pelo TST na sua Súmula nº 74: "CONFISSÃO (atualizada em decorrência do CPC de 2015) – Res. 208/2016, DEJT divulgado em 22, 25 e 26.04.2016 I – Aplica-se a confissão à parte que, expressamente intimada com aquela cominação, não comparecer à audiência em prosseguimento, na qual deveria depor. (ex-Súmula nº 74 – RA 69/1978, DJ 26.09.1978) II – A prova pré-constituída nos autos pode ser levada em conta para confronto com a confissão ficta (arts. 442 e 443, do CPC de 2015 – art. 400, I, do CPC de 1973), não implicando cerceamento de defesa o indeferimento de provas posteriores. (ex-OJ nº 184 da SBDI-I – inserida em 08.11.2000)"

Gabarito: A.

---

294. (TRT 1 – Juiz do Trabalho Substituto 1ª Região/2016) Ao ser ouvida em juízo, depois de prestar o compromisso legal e responder a várias perguntas que lhe foram formuladas pelo juiz e pelos advogados das partes, uma testemunha, ao final de seu depoimento, alegou que mantivera um relacionamento amoroso com o autor da reclamação trabalhista, mas que o romance, encerrado há muito tempo, não trouxera qualquer consequência para ambos, e que, após o rompimento, restringiram suas conversas a assuntos exclusivamente de trabalho.

Ciente desse fato, sabendo que as partes em seguida declararam não ter mais provas e reportaram-se aos elementos dos autos, sem conciliação, o juiz deve

a) converter em diligência o julgamento, para apurar a verdade das afirmações da testemunha, com vistas a certificar a validade de seu depoimento.

b) desprezar o depoimento de testemunha e julgar de acordo com as provas que houvesse nos autos.

c) julgar normalmente, emprestando valor ao depoimento da testemunha, uma vez que nada se provara contra esse depoimento e houve afirmativa de rompimento anterior do relacionamento.

d) determinar a acareação da testemunha com o autor, para verificar a correção das afirmações.

e) julgar normalmente, emprestando ao depoimento o valor que entendesse, de acordo com os demais elementos dos autos.

COMENTÁRIOS

✪ **Nota do autor:** Prevalece no processo do trabalho e também no processo civil o sistema do princípio da persuasão racional do juiz. Isso quer dizer que o magistrado não está adstrito a este ou àquele meio de prova específico, o que afasta a aplicação do brocardo latino *testis unos* ***testis nulos*** (sistema da prova legal). Também não pode formar o seu convencimento com base apenas em suas impressões pessoais (sistema do livre convencimento).

Alternativa "a": Incorreta. O depoimento da testemunha já é um meio de prova. Sendo assim, não se concebe fazer prova da prova, ressalvada a hipótese de contradita feita pela parte interessada por motivo de incapacidade, suspeição ou impedimento.

Alternativa "b": Incorreta. O juiz só poderia desprezar o depoimento da testemunha na hipótese de ter tomado suas declarações apenas como informante, conforme permissivo contido na parte final do art. art. 829 da CLT: "A testemunha que for parente até o terceiro grau civil, amigo íntimo ou inimigo de qualquer das partes, não prestará compromisso, e seu depoimento valerá como simples informação".

Alternativa "c": Incorreta. O juiz não deve emprestar valor absoluto a qualquer depoimento de testemunha. Tudo vai depender do convencimento do juízo, que também é apurado de acordo com os demais elementos probatórios produzidos.

Alternativa "d": Incorreta. Só se faz acareação quando há divergências entre depoimentos, não sendo essa a hipótese aventada na alternativa, conforme se observa da redação do art. 461, II, do CPC de 2015: "A acareação de 2 (duas) ou mais testemunhas ou de alguma delas com a parte, quando, sobre fato determinado que possa influir na decisão da causa, divergirem as suas declarações".

Alternativa "e": Correta, pois decorre da aplicação do princípio do livre convencimento motivado do juiz ou da persuasão racional do juiz (ver nota do autor).

Gabarito: E.

---

295. (TRT 1 – Juiz do Trabalho Substituto 1ª Região/2016) Considerado o art. 829, da CLT, NÃO prestará compromisso como testemunha no processo do trabalho:

a) parentesco até o quarto grau civil.

b) o juiz que funcionou no mesmo processo em primeiro grau de jurisdição.

c) o juiz devedor de uma das partes.

d) o amigo íntimo de uma das partes.

e) aquele que atuou como juiz, ou perito em processo anterior da mesma matéria.

COMENTÁRIOS

✪ **Nota do autor:** Pergunta feita com base no texto do art. 829 da CLT: "A testemunha que for parente até o terceiro grau civil, amigo íntimo ou inimigo de qualquer das partes, não prestará compromisso, e seu depoimento valerá como simples informação".

Alternativa "a": Incorreta, pois o parentesco é o terceiro grau civil.

Alternativa "b": Incorreta, pois não há essa hipótese expressamente prevista no art. 829 da CLT.

Alternativa "c": Incorreta, pois não há essa hipótese expressamente prevista no art. 829 da CLT.

Alternativa "d": Correta, pois a hipótese de amizade íntima está prevista expressamente no texto do art. 829 da CLT.

Alternativa "e": Incorreta, pois não há essa hipótese expressamente prevista no art. 829 da CLT.

Gabarito: D.

---

296. (TRT 2 – Juiz do Trabalho Substituto 2ª Região/2016) Considerando as súmulas de jurisprudência do Tribunal Superior do Trabalho, assinale a alternativa INCORRETA:

a) A parte recorrente não tem o ônus de provar a ocorrência de feriado forense que prorrogue o prazo recursal, podendo ser verificado pelo juiz ou reconsiderada a decisão denegatória mediante apresentação de prova superveniente pela parte interessada.

b) É da reclamada o ônus de provar a efetiva jornada de trabalho se apresentados cartões de ponto com anotações uniformes.

c) Há súmula que dispõe sobre a reintegração ao emprego do empregado portador de doença grave, como AIDS, por exemplo, que atribui o ônus da prova da dispensa lícita, assim a desvinculada da questão da doença, ao empregador.

d) Em pedido de equiparação salarial não há disposição sumular a respeito do ônus da prova de fatos que impeçam o reconhecimento do direito equiparatório.

e) É do empregador o ônus de provar o término do contrato de trabalho, mesmo quando negada a prestação de serviço e o despedimento.

COMENTÁRIOS

✪ **Nota do autor:** A inversão do ônus da prova é medida de exceção, jamais a regra. Portanto, a decisão nesse sentido deve ser fundamentada em outros aspectos previstos em lei, como a verossimilhança da alegação (art. 6º, VIII, do CDC) ou obtida por meio da aplicação das regras da experiência (inversão judicial). Vale salientar que com a vigência da Lei nº 13.467/17 a CLT passou a ter dispositivo regulando expressamente a inversão do ônus da prova, que reproduz o preceito contido no CPC de 2015, nos §§ 1º, 2º e 3º do art. 818: "§ 1º Nos casos previstos em lei ou diante de peculiaridades da causa relacionadas à impossibilidade ou à excessiva dificuldade de cumprir o encargo nos termos deste artigo ou à maior facilidade de obtenção da prova do fato contrário, poderá o juízo atribuir o ônus da prova de modo diverso, desde que o faça por decisão fundamentada, caso em que deverá dar à parte a oportunidade de se desincumbir do ônus que lhe foi atribuído. § 2º A decisão referida no § 1º deste artigo deverá ser proferida antes da abertura da instrução e, a requerimento da parte, implicará o adiamento da audiência e possibilitará provar os fatos por qualquer meio em direito admitido. § 3º A decisão referida no § 1º deste artigo não pode gerar situação em que a desincumbência do encargo pela parte seja impossível ou excessivamente difícil."

Alternativa "a": Não é raro deixar de admitir o recurso com fundamento na intempestividade. Todavia, pode acontecer do juízo não ter levado em consideração a existência de um feriado local. Nesse caso, admite-se o exercício do juízo de retratação em relação ao exame de admissibilidade do recurso. **Correta** a assertiva, uma vez que corresponde ao posicionamento do TST constante da Súmula nº 385, em sua redação anterior: "FERIADO LOCAL. AUSÊNCIA DE EXPEDIENTE FORENSE. PRAZO RECURSAL. PRORROGAÇÃO. COMPROVAÇÃO. NECESSIDADE. ATO ADMINISTRATIVO DO JUÍZO "A QUO" (redação alterada na sessão do Tribunal Pleno realizada em 14.09.2012) – Res. 185/2012 – DEJT divulgado em 25, 26 e 27.09.2012. I – Incumbe à parte o ônus de provar, quando da interposição do recurso, a existência de feriado local que autorize a prorrogação do prazo recursal. II – Na hipótese de feriado forense, incumbirá à autoridade que proferir a decisão de admissibilidade certificar o expediente nos autos. III – Na hipótese do inciso II, admite-se a reconsideração da análise da tempestividade do recurso, mediante prova documental superveniente, em Agravo Regimental, Agravo de Instrumento ou Embargos de Declaração". A Resolução nº 220/2017 do TST conferiu nova redação à essa Súmula: "FERIADO LOCAL OU FORENSE. AUSÊNCIA DE EXPEDIENTE. PRAZO RECURSAL. PRORROGAÇÃO. COMPROVAÇÃO. NECESSIDADE. (alterada em decorrência do CPC de 2015) – Res. 220/2017, DEJT divulgado em 21, 22 e 25.09.2017 I – Incumbe à parte o ônus de provar, quando da interposição do recurso, a existência de feriado local que autorize a prorrogação do prazo recursal (art. 1.003, § 6º, do CPC de 2015). No caso de o recorrente alegar a existência de feriado local e não o comprovar no momento da interposição do recurso, cumpre ao relator conceder o prazo de 5 (cinco) dias para que seja sanado o vício (art. 932, parágrafo único, do CPC de 2015), sob pena de não conhecimento se da comprovação depender a tempestividade recursal; II – Na hipótese de feriado forense, incumbirá à autoridade que proferir a decisão de admissibilidade certificar o expediente nos autos; III – Admite-se a reconsideração da análise da tempestividade do recurso, mediante prova documental superveniente, em agravo de instrumento, agravo interno, agravo regimental, ou embargos de declaração, desde que, em momento anterior, não tenha havido a concessão de prazo para a comprovação da ausência de expediente forense".

Alternativa "b": Correta. A juntada de controle de jornada com registro de horários invariáveis equivale à ausência de controle, pois contrariaria o princípio da razoabilidade. Nessa situação, o ônus da prova em relação à jornada de trabalho passa a ser da empresa reclamada, na forma prevista pela Súmula nº 338, III, do TST: "JORNADA DE TRABALHO. REGISTRO. ÔNUS DA PROVA (incorporadas as Orientações Jurisprudenciais nºs 234 e 306 da SBDI-I) – Res. 129/2005, DJ 20, 22 e 25.04.2005. III – Os cartões de ponto que demonstram horários de entrada e saída uniformes são inválidos como meio de prova, invertendo-se o ônus da prova, relativo às horas extras, que passa a ser do empregador, prevalecendo a jornada da inicial se dele não se desincumbir.

Alternativa "c": Correta, uma vez que o TST trata dessa temática em sua Súmula nº 443: "DISPENSA DISCRIMINATÓRIA. PRESUNÇÃO. EMPREGADO PORTA-

DOR DE DOENÇA GRAVE. ESTIGMA OU PRECONCEITO. DIREITO À REINTEGRAÇÃO – Res. 185/2012, DEJT divulgado em 25, 26 e 27.09.2012 Presume-se discriminatória a despedida de empregado portador do vírus HIV ou de outra doença grave que suscite estigma ou preconceito. Inválido o ato, o empregado tem direito à reintegração no emprego".

Alternativa "d": Incorreta, pois o inciso VIII, da Súmula nº 6 do TST, dispõe sobre a distribuição do ônus da prova no caso de fato impeditivo, modificativo ou extintivo da equiparação salarial: "EQUIPARAÇÃO SALARIAL. ART. 461 DA CLT (redação do item VI alterada) – Res. 198/2015, republicada em razão de erro material – DEJT divulgado em 12, 15 e 16.06.2015. VIII – É do empregador o ônus da prova do fato impeditivo, modificativo ou extintivo da equiparação salarial".

Alternativa "e": Correta, uma vez que o TST trata dessa questão em sua Súmula nº 212: "DESPEDIMENTO. ÔNUS DA PROVA (mantida) – Res. 121/2003, DJ 19, 20 e 21.11.2003. O ônus de provar o término do contrato de trabalho, quando negados a prestação de serviço e o despedimento, é do empregador, pois o princípio da continuidade da relação de emprego constitui presunção favorável ao empregado".

Gabarito: D.

---

297. (TRT 4 – Juiz do Trabalho Substituto 4ª Região/2016) Filisbino Inocente ajuizou ação trabalhista em desfavor de Só Pago Quando Der – EPP, conhecida empresa do ramo comercial, em 02/02/2016. Alegou ter trabalhado para a reclamada por 5 (cinco) anos, contrato extinto em dezembro de 2015. Postulou, em seu petitório, o pagamento de horas extras, o reconhecimento da equiparação salarial com seu colega Espertino e o adicional de periculosidade, em razão do labor em altura. A reclamada defendeu-se, referindo contar com 8 (oito) empregados, razão pela qual não possui controle de horário. Alegou que o reclamante recebia o mesmo salário que o paradigma, impugnando o adicional de periculosidade vindicado. Sobre o caso, assinale a assertiva correta.

a) Tendo em vista o princípio da hipossuficiência do empregado e considerando o princípio da aptidão para a prova, poderá o Julgador, balizado pelas novas disposições do Código de Processo Civil, de aplicação supletiva ao processo do trabalho, inverter o ônus da prova em relação aos pedidos de horas extras e adicional de periculosidade.

b) É devido o adicional de periculosidade pelo trabalho em altura, ante o risco da atividade, hipótese que, à luz do art. 195 da Consolidação das Leis do Trabalho, deve ser verificada mediante a competente perícia técnica.

c) Cabe ao autor, por se tratar de fato constitutivo de seu direito, produzir a prova de que não recebia salário idêntico ao do paradigma.

d) Compete ao autor a prova do fato constitutivo de seu direito e, ao réu, a prova relativa aos fatos impeditivos, modificativos e extintivos da pretensão obreira. Na hipótese referida, a defesa relativa à equiparação salarial apresenta fato extintivo da pretensão autora, enquanto a relativa às horas extras impõe ao autor o ônus da prova de suas alegações.

e) A alegação defensiva no tocante às horas extras, assim como a relativa à equiparação salarial, não exime o empregador da obrigação de documentar o contrato de trabalho, razão pela qual compete a este o ônus da prova de suas alegações.

COMENTÁRIOS

✪ **Nota do autor:** O juiz deve levar em consideração, de ofício ou a requerimento da parte, os fatos constitutivos, modificativos ou extintivos dos direitos objetos do litígio, depois do ajuizamento da reclamação trabalhista, conforme determina art. 493 do CPC de 2015 aplicado subsidiariamente ao processo laboral, por força do entendimento constante da Súmula nº 394 do TST. Com a vigência da Lei nº 13.467/17 o art. 818 da CLT passou a ter redação semelhante ao do art. 373 do CPC de 2015: "Art. 818. O ônus da prova incumbe: I – ao reclamante, quanto ao fato constitutivo de seu direito; II – ao reclamado, quanto à existência de fato impeditivo, modificativo ou extintivo do direito do reclamante.".

Alternativa "a": Incorreta. A hipossuficiência não constitui fundamento apto a provocar a inversão do ônus da prova. Além disso, como o empregador tem menos de 10 empregados no estabelecimento, cabe ao empregado o ônus da prova em relação à jornada de trabalho. Nesse sentido a Súmula nº 338, I, do TST: "JORNADA DE TRABALHO. REGISTRO. ÔNUS DA PROVA (incorporadas as Orientações Jurisprudenciais nºs 234 e 306 da SBDI-I) – Res. 129/2005, DJ 20, 22 e 25.04.2005. I – É ônus do empregador que conta com mais de 10 (dez) empregados o registro da jornada de trabalho na forma do art. 74, § 2º, da CLT. A não-apresentação injustificada dos controles de frequência gera presunção relativa de veracidade da jornada de trabalho, a qual pode ser elidida por prova em contrário". Quanto ao adicional de periculosidade, não há previsão legal para o pagamento desse benefício pelo fato do empregado trabalhar em altura. As hipóteses legais que garantem o pagamento do referido adicional estão listadas no art. 193 da CLT: "São consideradas atividades ou operações perigosas, na forma da regulamentação aprovada pelo Ministério do Trabalho e Emprego, aquelas que, por sua natureza ou métodos de trabalho, impliquem risco acentuado em virtude de exposição permanente do trabalhador a: I – inflamáveis, explosivos ou energia elétrica; II – roubos ou outras espécies de violência física nas atividades profissionais de segurança pessoal ou patrimonial. § 4º São também consideradas perigosas as atividades de trabalhador em motocicleta.

Alternativa "b": Incorreta, pois não há previsão legal para o pagamento desse benefício pelo fato do empregado trabalhar em altura. As hipóteses legais que garantem o pagamento do referido adicional estão listadas no art. 193 da CLT. Assim, ainda que a perícia conclua pela existência de perigo no exercício de atividade laboral em altura, não será devido o adicional respectivo por falta de previsão legal.

Alternativa "c": Incorreta. O pagamento de salário constitui obrigação do empregador, que é devedor da obrigação derivada do contrato de trabalho. Por conta disso, é da empresa o ônus da prova do fato extintivo do direito do autor, conforme entendimento do TST constante da Súmula nº 6, VIII: "EQUIPARAÇÃO SALARIAL. ART. 461 DA CLT (redação do item VI alterada) – Res. 198/2015, republicada em razão de erro material – DEJT divulgado em 12, 15 e 16.06.2015. VIII – É do empregador o ônus da prova do fato impeditivo, modificativo ou extintivo da equiparação salarial".

Alternativa "d": Correta. A regra de distribuição do ônus da prova encontra-se inserida no art. 818 da CLT e no art. 373 do CPC de 2015: "Art. 373. O ônus da prova incumbe: I – ao autor, quanto ao fato constitutivo de seu direito; II – ao réu, quanto à existência de fato impeditivo, modificativo ou extintivo do direito do autor". Em relação ao pedido de equiparação salarial, o autor, o pleito é fundado na identidade de funções. Ao apresentar a defesa, ao invés de negar o fato constitutivo do reclamante, a reclamada apresenta outro fato, que é o pagamento de igual salário. Trata-se, assim, de fato extintivo, cujo ônus é do réu. Nesse sentido, a Súmula nº 6, VIII, do TST: "EQUIPARAÇÃO SALARIAL. ART. 461 DA CLT (redação do item VI alterada) – Res. 198/2015, republicada em razão de erro material – DEJT divulgado em 12, 15 e 16.06.2015. VIII – É do empregador o ônus da prova do fato impeditivo, modificativo ou extintivo da equiparação salarial". Já a alegação do labor em horas extras é fato constitutivo do direito do autor. A lei, entretanto, estabelece a obrigatoriedade de o empregador controlar a jornada dos seus trabalhadores quando no seu estabelecimento possuir mais de 10 empregados, o que implica inversão do ônus da prova na seara processual. Inclusive o TST posiciona-se nesse sentido por meio da Súmula nº 338, I: SUM-338 JORNADA DE TRABALHO. REGISTRO. ÔNUS DA PROVA (incorporadas as Orientações Jurisprudenciais nºs 234 e 306 da SBDI-I) – Res. 129/2005, DJ 20, 22 e 25.04.2005 I – É ônus do empregador que conta com mais de 10 (dez) empregados o registro da jornada de trabalho na forma do art. 74, § 2º, da CLT. A não-apresentação injustificada dos controles de frequência gera presunção relativa de veracidade da jornada de trabalho, a qual pode ser elidida por prova em contrário". (ver nota do autor)

Alternativa "e": Incorreta. O empregador não é obrigado a documentar o controle de jornada de trabalho dos seus empregados que prestam serviços aos respectivos estabelecimentos com até 10 trabalhadores. No que diz respeito à equiparação salarial, o ônus relativo a eventual alegação de pagamento de salário igual cabe a empresa, na condição de devedora da obrigação específica de pagar salário, provada por meio de recibo.

Gabarito: D.

---

298. (TRT 4 – Juiz do Trabalho Substituto 4ª Região/2016) Considere o relato abaixo.

Caio trabalha em uma clínica médica desde 1º de julho de 2010 e pretende a equiparação salarial com Tício, aduzindo que desempenha as mesmas atividades que o paradigma. Diz que ambos trabalham na recepção, fazendo o encaminhamento dos pacientes e digitando os dados do convênio.

A defesa é no sentido de que Caio e Tício desempenham as mesmas atividades. No entanto, destaca que o salário de Tício é superior ao de Caio, porque foi reconhecida judicialmente a equiparação salarial com Semprônio, trabalhador admitido em 10 de outubro de 2007, que sempre trabalhou no departamento financeiro. Destaca que foi revel nessa ação, motivo pelo qual foi condenada, embora, na realidade, não houvesse identidade de função. Alega, de qualquer modo, que Tício é mais rápido e comete menos erros que Caio. Por fim, menciona que Tício foi contratado em 08 de janeiro de 2008, como auxiliar de limpeza, passando a laborar na recepção em 10 de julho de 2009.

A reclamada junta aos autos os contratos de trabalho e as fichas de registro de Caio, Tício e Semprônio, que corroboram as datas mencionadas na defesa, bem como os setores para os quais foram designados; cópia do processo em que foi deferida a equiparação salarial entre Tício e Semprônio; e fichas financeiras.

Não há impugnação aos documentos.

Assinale a assertiva correta com base nesses elementos.

a) Incontroversa a identidade de funções entre Caio e Tício, é devida a equiparação salarial, sendo impertinente a análise dos requisitos do art. 461 da Consolidação das Leis do Trabalho relativamente a Semprônio.

b) Caso a reclamada prove que as atividades de Caio são diferentes das atividades de Semprônio, não será devida a equiparação salarial.

c) Embora seja incontroversa a identidade de função entre Caio e Tício, não será devida a equiparação salarial, pois este tem mais de 2 (dois) anos na função.

d) Não se desincumbindo, a reclamada, da prova de que Tício é mais rápido e comete menos erros que Caio, fato impeditivo do direito do autor, necessariamente restará caracterizada a equiparação salarial.

e) Ainda que reste demonstrada a identidade de funções entre Caio e Semprônio, o pleito de equiparação salarial será obstaculizado, porque Semprônio tem mais de 2 (dois) anos na função.

COMENTÁRIOS

✪ **Nota do autor:** A presente questão trata da equiparação salarial em cadeia, provocada pelo reconhecimento de equiparação salarial anterior por meio de decisão judicial. Tem-se assim três trabalhadores a serem considerados: Semprônio, paradigma remoto, Tício, paradigma imediato e Caio, empregado que postula a equiparação salarial. Com a vigência da Lei nº 13.467/17, foi vedada a equiparação remota, de acordo com o § 5º do art. 461 da CLT,: "A equiparação salarial só será possível entre empregados contemporâneos no cargo ou na função, ficando vedada a indicação de paradigmas remotos, ainda que o paradigma contemporâneo tenha obtido a vantagem em ação judicial própria." Em função das diversas alterações promovidas pela Lei da Reforma Trabalhista no artigo 461 da CLT, a Súmula nº 6 do TST deve ser alterada.

Alternativa "a": Incorreta. Em algumas situações não é reconhecida a equiparação salarial quando decorrente de decisão judicial que beneficiou o paradigma imediato. O TST destaca essa possibilidade por meio da Súmula nº 6, inciso VI, b: "VI – Presentes os pressupostos do art. 461 da CLT, é irrelevante a circunstância de que o desnível salarial tenha origem em decisão judicial que beneficiou o paradigma, exceto: b) na hipótese de equiparação salarial em cadeia, suscitada em defesa, se o empregador produzir prova do alegado fato modificativo, impeditivo ou extintivo do direito à equiparação salarial em relação ao paradigma remoto, considerada irrelevante, para esse efeito, a existência de diferença de tempo de serviço na função superior a dois anos entre o reclamante e os empregados paradigmas componentes da cadeia equiparatória, à exceção do paradigma imediato". No presente caso, a equiparação salarial pode ser indeferida caso a Clínica médica comprove que as atividades de Caio são diferentes daquelas exercidas pelo paradigma remoto, no caso, Simprônio. (ver nota do autor)

Alternativa "b": Correta. Trata-se de equiparação salarial decorrente de sentença judicial que beneficiou o paradigma imediato. Ocorre que a equiparação pode ser indeferida, caso o empregador comprove fato modificativo, impeditivo ou extintivo do direito de Caio em relação a Simprônio, paradigma remoto. Nesse sentido a Súmula nº 6, inciso VI, b, do TST, transcrita na alternativa anterior. (ver nota do autor)

Alternativa "c": Incorreta. O tempo de serviço existente entre o empregado e os paradigmas que fazem parte da cadeia remota não exclui o direito à equiparação salarial reconhecida por decisão judicial, salvo em relação ao paradigma imediato (Tício). Assim, o motivo do indeferimento não seria relativo ao aspecto temporal. Isso porque a diferença do tempo de serviço na função entre Caio (01.07.2010) e Tício (10.07.2009) é de menos de dois anos. Esse é o posicionamento do TST adotado pela Súmula nº 6, inciso VI, b, do TST, transcrita na alternativa "a", mais precisamente no seguinte trecho: "[...]considerada irrelevante, para esse efeito, a existência de diferença de tempo de serviço na função superior a dois anos entre o reclamante e os empregados paradigmas componentes da cadeia equiparatória, à exceção do paradigma imediato [...]". (ver nota do autor)

Alternativa "d": Incorreta, uma vez que a equiparação pode ser indeferida se ficar provada a ausência de identidade de funções entre Caio e Simprônio, paradigma remoto. (ver nota do autor)

Alternativa "e": Incorreta. O tempo de serviço existente entre o empregado e os paradigmas que fazem parte da cadeia remota não exclui o direito à equiparação salarial na hipótese de equiparação reconhecida por decisão judicial, salvo em relação ao paradigma imediato. Esse é o posicionamento do TST adotado pela Súmula nº 6, inciso VI, b, do TST, transcrita na alternativa "a". Assim, se o tempo de serviço na função entre Tício e Caio fosse maior do que dois anos, não teria direito a equiparação salarial. Mas não há essa restrição quando se trata do tempo de serviço entre Caio e Simprônio, que é o paradigma remoto. (ver nota do autor)

Gabarito: B.

---

299. (TRT 4 – Juiz do Trabalho Substituto 4ª Região/2016) Considere a situação hipotética abaixo.

O reclamante postula o pagamento de horas extras. Alega que trabalhava, de segundas a sextas-feiras, das 8h às 18h30min, com uma hora de intervalo, sendo que não era permitido o registro integral da jornada.

A reclamada afirma que eventuais horas extras foram pagas e que os cartões- ponto consignam todas as horas laboradas.

Iniciada a audiência de instrução, rejeitada a conciliação, o reclamante diz que pretende ouvir apenas uma testemunha. Já a reclamada diz que pretende ouvir o reclamante e uma testemunha.

Ao examinar o processo, o Juiz constata que os cartões-ponto são todos semelhantes ao reproduzido abaixo.

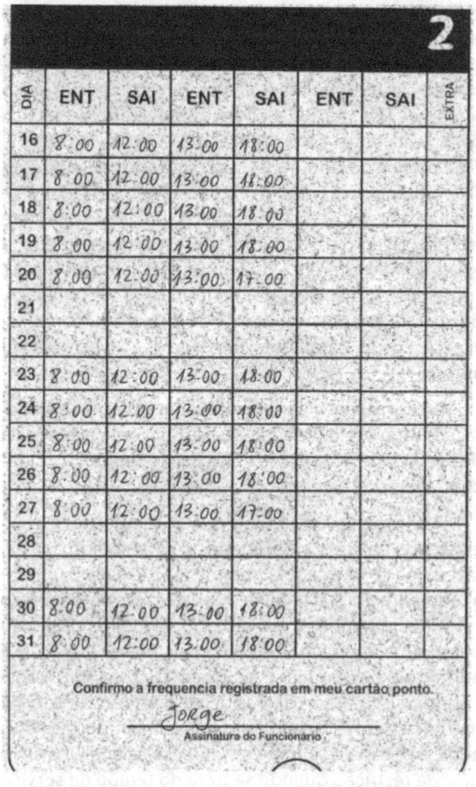

2

DIA	ENT	SAI	ENT	SAI	ENT	SAI	EXTRA
16	8:00	12:00	13:00	18:00			
17	8:00	12:00	13:00	18:00			
18	8:00	12:00	13:00	18:00			
19	8:00	12:00	13:00	18:00			
20	8:00	12:00	13:00	17:00			
21							
22							
23	8:00	12:00	13:00	18:00			
24	8:00	12:00	13:00	18:00			
25	8:00	12:00	13:00	18:00			
26	8:00	12:00	13:00	18:00			
27	8:00	12:00	13:00	17:00			
28							
29							
30	8:00	12:00	13:00	18:00			
31	8:00	12:00	13:00	18:00			

Confirmo a frequencia registrada em meu cartão ponto.

Jorge

Assinatura do Funcionário

De acordo com a jurisprudência do Tribunal Superior do Trabalho, o Juiz deve

a) declarar a confissão ficta da reclamada, uma vez que não foram juntados registros de horário válidos, e indeferir a oitiva do reclamante e de testemunhas.

b) declarar a confissão ficta da reclamada, uma vez que não foram juntados registros de horário válidos, mas deferir a oitiva do reclamante, diante da possibilidade de confissão real, indeferindo a oitiva de testemunhas.

c) declarar a confissão ficta da reclamada, uma vez que não foram juntados registros de horário válidos, mas deferir a oitiva do reclamante e de testemunhas, em face do princípio da ampla defesa.

d) permitir a produção da prova oral, uma vez que os cartões-ponto foram preenchidos e assinados pelo trabalhador, sendo dele o ônus da prova quanto à jornada diversa daquela constante dos documentos.

e) permitir a produção da prova oral, uma vez que a reclamada pode se desincumbir do ônus probatório pela oitiva do reclamante e de testemunhas.

COMENTÁRIOS

✪ **Nota do autor:** Quando o juiz utiliza as regras obtidas pela sua experiência pessoal em relação àquilo que normalmente acontece no sentido de formar a sua convicção, sem que tais consequências tenham sido agasalhadas pela norma como presunções legais, a hipótese é de presunção ***hominis.***

Alternativa "a": Incorreta. A omissão da empresa que não junta cartões de ponto, apesar de ter mais de dez empregados por estabelecimento, ou apresenta controles de frequência com registro de horários invariáveis implica inversão do ônus da prova em relação à jornada de trabalho alegada na inicial e não confissão ficta. Nesse sentido o inciso III, da Súmula nº 338 do TST: "JORNADA DE TRABALHO. REGISTRO. ÔNUS DA PROVA (incorporadas as Orientações Jurisprudenciais nºs 234 e 306 da SBDI-I) – Res. 129/2005, DJ 20, 22 e 25.04.2005. III – Os cartões de ponto que demonstram horários de entrada e saída uniformes são inválidos como meio de prova, invertendo-se o ônus da prova, relativo às horas extras, que passa a ser do empregador, prevalecendo a jornada da inicial se dele não se desincumbir".

Alternativa "b": Incorreta. Não é a hipótese de confissão, mas sim de inversão do ônus da prova, na forma do entendimento constante da Súmula nº 338, III do TST: "JORNADA DE TRABALHO. REGISTRO. ÔNUS DA PROVA (incorporadas as Orientações Jurisprudenciais nºs 234 e 306 da SBDI-I) – Res. 129/2005, DJ 20, 22 e 25.04.2005. III – Os cartões de ponto que demonstram horários de entrada e saída uniformes são inválidos como meio de prova, invertendo-se o ônus da prova, relativo às horas extras, que passa a ser do empregador, prevalecendo a jornada da inicial se dele não se desincumbir.

Alternativa "c": Incorreta. Como se trata de presunção judicial (não estabelecida por norma jurídica) tem natureza relativa, admitindo-se prova em contrário. Nesse sentido o inciso III, da Súmula nº 338 já transcrito nas alternativas anteriores.

Alternativa "d": Incorreta. Nesse caso há inversão do ônus da prova, ou seja, o encargo que caberia ao reclamante passa a ser da reclamada. Nesse sentido o inciso III, da Súmula nº 338 já transcrito nas alternativas "a" e "b".

Alternativa "e": Correta. TST. Como a hipótese é de inversão do ônus da prova e não de confissão, o juiz deve conferir a parte interessada, no caso a reclamada, demonstrar o horário de trabalho do reclamante descrito na contestação.

Gabarito: E.

300. (TRT 1 – Juiz do Trabalho Substituto 1ª Região/2016) Correndo o boato de que certa testemunha estaria na iminência de mudar-se para outro país, o patrono do reclamante requereu a oitiva da mesma testemunha, em caráter de urgência, antes mesmo da designação de data para a audiência inaugural. Requereu ainda que a testemunha fosse conduzida com o auxílio de força policial, uma vez que seria provável que não quisesse prestar depoimento. O juiz do trabalho, antes mesmo da notificação-citatória, deferiu o requerimento do reclamante, determinando a condução coercitiva da testemunha para ser ouvida na data designada.

A decisão judicial

a) estava correta, uma vez que era medida de urgência, que visava evitar a possível e iminente perda da prova.

b) estava correta, mas deveria ter promovido antes a notificação do reclamado.

c) poderia ser deferida, com a notificação do reclamado para a audiência, mas sem a condução imediata da testemunha.

d) poderia ser deferida, inaudita altera parte, sem assegurar, considerando-se a natureza da medida, a participação do reclamado na produção da prova.

e) foi ilegal, porque a testemunha poderia, no futuro, ser ouvida por carta rogatória.

COMENTÁRIOS

✪ **Nota do autor:** Art. 381 do CPC de 2015: "A produção antecipada da prova será admitida nos casos em que: I - haja fundado receio de que venha a tornar-se impossível ou muito difícil a verificação de certos fatos na pendência da ação; II - a prova a ser produzida seja suscetível de viabilizar a autocomposição ou outro meio adequado de solução de conflito; III - o prévio conhecimento dos fatos possa justificar ou evitar o ajuizamento de ação".

Alternativa "a": Incorreta. A antecipação da produção da prova testemunha poderia ser deferida com base no art. 381, I, do CPC de 2015, transcrito na nota do autor. Entretanto, a condução coercitiva é procedimento excepcional só deferido nos casos em que a testemunha não comparece espontaneamente ou intimada para audiência. Nesse sentido dispõe o art. 825, parágrafo único da CLT: "As que não comparecerem serão intimadas, ex officio ou a requerimento da parte, ficando sujeitas a condução coercitiva, além das penalidades do art. 730, caso, sem motivo justificado, não atendam à intimação".

Alternativa "b": Incorreta, uma vez que a condução coercitiva da testemunha só pode ser feita após a sua recusa em comparecer espontaneamente, conforme previsão legal contida no parágrafo único, art. 825 da CLT: "As que não comparecerem serão intimadas, ex officio ou a requerimento da parte, ficando sujeitas a condução coercitiva, além das penalidades do art. 730, caso, sem motivo justificado, não atendam à intimação".

Alternativa "c": Correta. A necessidade de intimação do reclamado é assegurada pelo § 1º, art. 382 do CPC de 2015: "O juiz determinará, de ofício ou a requerimento da parte, a citação de interessados na produção da prova ou no fato a ser provado, salvo se inexistente caráter contencioso". Já a condução coercitiva da testemunha só pode ser feita após a sua recusa em comparecer espontaneamente.

Alternativa "d": Incorreta. A necessidade de intimação do reclamado é assegurada pelo § 1º, art. 382 do CPC de 2015: "O juiz determinará, de ofício ou a requerimento da parte, a citação de interessados na produção da prova ou no fato a ser provado, salvo se inexistente caráter contencioso".

Alternativa "e": Incorreta. A oitiva de testemunha por carta rogatória exige procedimento Diplomático muito custoso e demorado, procedimento que pode ser classificado como "muito difícil" pelo art. 381, I, do CPC de 2015: "A produção antecipada da prova será admitida nos casos em que: I – haja fundado receio de que venha a tornar-se impossível ou muito difícil a verificação de certos fatos na pendência da ação.

Gabarito: C.

---

301. (FCC – Juiz do Trabalho Substituto 1ª Região/2014) João Luiz, vigilante armado em empresa de transporte de valores, propôs reclamação trabalhista para postular o adicional de periculosidade. A ex-empregadora defendeu-se com o argumento de que o autor não se expôs aos riscos elencados pelo artigo 193 da CLT. Na inicial, há alegação de que o autor laborou exclusivamente na portaria da empregadora, competindo-lhe realizar rondas e acionar os interruptores na cabine de energia elétrica do estabelecimento, quando necessário. Com o início da instrução processual,

a) por tratar-se de matéria técnica específica e por não deter o Juiz do Trabalho o conhecimento correspondente, não lhe cabe indeferir quesitos formulados pela parte.

b) diante da pretensão também amparada no risco de vida por exposição permanente a roubos ou outras espécies de violência física, dispensa-se a realização de perícia ou de outras provas em razão da presunção derivada da atividade empresarial.

c) o Juiz do Trabalho poderá determinar, de ofício ou a requerimento da parte, a realização de nova perícia, quando a matéria não lhe parecer suficientemente esclarecida.

d) sob pena de não realização, cabe ao autor requerer expressamente em sua inicial a realização da prova técnica.

e) os assistentes técnicos oferecerão seus pareceres no prazo comum de dez dias, após intimadas as partes da apresentação do laudo.

COMENTÁRIOS

✪ **Nota do autor:** Equivocadamente a banca considera necessária a realização de prova técnica para comprovar o fato alegado na inicial, qual seja, o labor com arma de fogo. Com efeito, apesar de o art. 195, § 2º, da CLT determinar a obrigatoriedade da perícia em caso de insalubridade e periculosidade, esse procedimento não se aplica quando o adicional respectivo é devido por conta dos fatos previstos no inciso II do art. 193, bem como no § 3º desse mesmo dispositivo legal: "Art. 193. II – roubos ou outras espécies de violência física nas atividades profissionais de segurança pessoal ou patrimonial. **§ 4º São também consideradas perigosas as atividades** de trabalhador em motocicleta". Na verdade houve um equívoco de técnica legislativa, uma vez que essas duas causas foram introduzidas na CLT por meio da Lei nº 12.740/12 e 12.997/14, respectivamente. Todavia, não foi feita a devida ressalva da necessidade de perícia no art. 195 da CLT. Tratam-se de fatos que dispensam conhecimento técnico-científico não possuído pelo juiz.

Alternativa "a": Incorreta, pois o juiz pode indeferir os quesitos que entender desnecessários, impertinentes etc., com fundamento no permissivo contido no art. 852-D da CLT: "O juiz dirigirá o processo com liberdade para determinar as provas a serem produzidas, considerado o ônus probatório de cada litigante, podendo limitar ou excluir as que considerar excessivas, impertinentes ou protelatórias, bem como para apreciá-las e dar especial valor às regras de experiência comum ou técnica".

Alternativa "b": Incorreta a assertiva, segundo a Banca, pois o art. 195 da CLT exige a realização de perícia nos casos de pedido de adicional de periculosidade e insalubridade: "Art. 195. A caracterização e a classificação da insalubridade e da periculosidade, segundo as normas do Ministério do Trabalho, far-se-ão através de perícia a cargo de Médico do Trabalho ou Engenheiro do Trabalho, registrados no Ministério do Trabalho".

Alternativa "c": Correta a assertiva segundo a Banca, de acordo com o permissivo contido no art. 437 do CPC de 1973: "O juiz poderá determinar, de ofício ou a requerimento da parte, a realização de nova perícia, quando a matéria não lhe parecer suficientemente esclarecida".

Alternativa "d": Incorreta a assertiva segundo a Banca, pois a perícia, no caso de insalubridade e periculosidade é obrigatória, de acordo com o que dispõe o art. 195, § 2º, da CLT: "§ 2º – Arguida em juízo insalubridade ou periculosidade, seja por empregado, seja por Sindicato em favor de grupo de associado, o juiz designará perito habilitado na forma deste artigo, e, onde não houver, requisitará perícia ao órgão competente do Ministério do Trabalho".

Alternativa "e": Incorreta, pois os assistentes devem apresentar seus pareceres no mesmo prazo conferido ao perito, conforme determina o art. 3º, parágrafo único, da Lei nº 5.584/70: "Os exames periciais serão realizados por perito único designado pelo Juiz, que fixará o prazo para entrega do laudo. Parágrafo único. Permitir-se-á a cada parte a indicação de um assistente, cujo laudo terá que ser apresentado no mesmo prazo assinado para o perito, sob pena de ser desentranhado dos autos".

Gabarito: C.

---

302. (FCC – Juiz do Trabalho Substituto 1ª Região/2014) A testemunha é a pessoa natural capaz, estranha e isenta em relação à lide, que comparece em juízo para expor fatos sobre a controvérsia. Nesse sentido, tem-se que

a) somente em situações excepcionais, a critério do Juiz do Trabalho, serão ouvidas as testemunhas suspeitas ou impedidas, valendo o depoimento como mera informação, nos termos da CLT.

b) a testemunha exercente de cargo de confiança junto ao empregador não tem isenção de ânimo para prestar depoimento em ação trabalhista, devendo ser rejeitada, conforme previsão legal.

c) a admissão da prova testemunhal, pelo Juiz, no processo do trabalho, depende de expressa e literal previsão legal, sem a qual se limita a dilação probatória apenas aos documentos, aos depoimentos pessoais e a perícia técnica.

d) as testemunhas impedidas ou suspeitas, segundo a CLT, não prestarão compromisso e seu depoimento sempre deverá ser colhido pelo Juiz do Trabalho e valerá como simples informação.

e) diante do princípio da celeridade impõe-se às partes a oitiva de, no máximo, 3 testemunhas nos dissídios individuais ordinários, vedado ao Juiz a oitiva de outras testemunhas caso superado o limite legal.

COMENTÁRIOS

✪ **Nota do autor:** De acordo com o princípio da necessidade das provas deve haver prova nos autos sobre os fatos controversos, pertinentes e relevantes, ainda que o juiz tenha conhecimento pessoal sobre a veracidade do quanto ocorrido e alegado pelas partes. Por conta disso, o magistrado não pode dispensar a produção da prova sob o fundamento de que já conhece o fato.

Alternativa "a": Incorreta, pois não fica a critério do juiz ouvir testemunhas suspeitas ou impedidas, uma vez que o art. 829 da CLT dispõe em sentido contrário: "A testemunha que for parente até o terceiro grau civil, amigo íntimo ou inimigo de qualquer das partes, não prestará compromisso, e seu depoimento valerá como simples informação". Saliente-se que para ouvir a pessoa indicada pela parte como testemunha a título de informante, não há necessidade de prestar compromisso.

Alternativa "b": Incorreta, pois inexiste previsão legal nesse sentido. Inclusive a jurisprudência dominante do TST trilha esse caminho: "O mero exercício de cargo de confiança ou o fato de a testemunha ter atuado como preposto em outras ações não torna suspeita a testemunha, por absoluta falta de previsão em lei. Para a comprovação da suspeição é necessário que fique demonstrada a falta de isenção de ânimo para depor, nos termos do art. 405, § 3º, V, do CPC. No caso concreto, não há nenhuma delimitação no v. acórdão regional que permita concluir pela intenção da testemunha de prejudicar ou beneficiar uma das partes, motivo pelo qual o acolhimento da contradita em relação à única testemunha apresentada pelo reclamado resultou em cerceamento ao seu direito de defesa. Recurso de revista conhecido e provido" (ARR: 7236120115040013. Relator: Aloysio Corrêa da Veiga. Data de Julgamento: 08.04.2015. 6ª Turma, Data de Publicação: DEJT 10.04.2015).

Alternativa "c": Incorreta, uma vez que o juiz tem plena liberdade de formar seu convencimento por meio da utilização de todos os meios de provas lícitos e legítimos. Nesse sentido é a determinação contida no art. 765 da CLT: "Os Juízos e Tribunais do Trabalho terão ampla liberdade na direção do processo e velarão pelo andamento rápido das causas, podendo determinar qualquer diligência necessária ao esclarecimento delas".

Alternativa "d": Correta a assertiva, uma vez que essa hipótese encontra-se prevista pelo Art. 829 da CLT: "A testemunha que for parente até o terceiro grau civil, amigo íntimo ou inimigo de qualquer das partes, não prestará compromisso, e seu depoimento valerá como simples informação".

Alternativa "e": Incorreta, pois a limitação na indicação das testemunhas é dirigida às partes e não ao juiz, que tem liberdade de ouvir quantas achar necessário para formação do seu convencimento para atender ao princípio da busca da verdade real.

Gabarito: D.

---

303. (FCC – Juiz do Trabalho Substituto 1ª Região/2014) A prova é a demonstração legal da verdade dos fatos controvertidos e tem por objeto formar convicção a seu respeito. Sobre ela, é correto afirmar:

a) Compete ao autor, em pretensão à equiparação salarial, demonstrar a verdade de sua alegação, nos termos do entendimento sumulado pelo C. TST.

b) Diante da prova dividida, deve o Juiz aplicar o princípio da proteção do trabalhador e pautar-se exclusivamente pelos elementos de convicção produzidos pelo reclamante, em especial seu depoimento pessoal.

c) Não constituem objeto de prova, ainda que não contestados ou impugnados especificadamente, os fatos a cujo respeito não seja admissível a confissão.

d) A não apresentação injustificada dos controles de ponto gera presunção de veracidade da jornada de trabalho e, por representar meio de prova, veda-se a possibilidade de realização de prova contrária.

e) O ônus de provar o término do contrato de trabalho, quando negados a prestação de serviço e o despedimento, é do empregador, pois o princípio da continuidade da relação de emprego constitui presunção favorável ao empregado.

COMENTÁRIOS

✪ **Nota do autor:** O art. 334 do revogado CPC de 1973 corresponde ao art. 374 do CPC de 2015, com a seguinte redação: "Art. 374. Não dependem de prova os fatos: I – notórios; II – afirmados por uma parte e confessados pela parte contrária; III – admitidos no processo como incontroversos; IV – em cujo favor milita presunção legal de existência ou de veracidade". Já o art. 302, I, do CPC de 1973, também citado na fundamentação da resposta à alternativa "c" corresponde ao art. 341, I, do CPC de 2015: "Art. 341. Incumbe também ao réu manifestar-se precisamente sobre as alegações de fato constantes da petição inicial, presumindo-se verdadeiras as não impugnadas, salvo se: I – não for admissível, a seu respeito, a confissão".

Alternativa "a": Incorreta, pois a conclusão apresentada pela assertiva depende de cada situação. Por exemplo, se o reclamado alega fato impeditivo do direito do autor relativo à equiparação salarial, caberá ao primeiro o ônus da prova. O posicionamento do TST é claro nesse sentido, conforme se observa do item VIII, da Súmula nº 6: "É do empregador o ônus da prova do fato impeditivo, modificativo ou extintivo da equiparação salarial."

Alternativa "b": Incorreta a assertiva. Não há que se falar em prova dividida. Os meios de prova formam ou não o convencimento do magistrado. Se o convencimento é incompleto, não se aplica o princípio do *in dubio pro operario*, mas sim as regras da distribuição do ônus da prova, clássica ou dinâmica. Além disso, a parte não pode fazer prova para si própria, por meio do seu depoimento pessoal.

Alternativa "c": Incorreta a assertiva. Uma coisa é um fato não ser considerado verdadeiro por não ser contestado. Outra coisa é um fato dispensar a prova, ou seja, não ser objeto de prova. No primeiro caso, aplica-se a regra contida no art. 302, I, do CPC de 1973: "Cabe também ao réu manifestar-se precisamente sobre os fatos narrados na petição inicial. Presumem-se verdadeiros os fatos não impugnados, salvo: I – se não for admissível, a seu respeito, a confissão". No segundo caso, incide o preceito contido no art. 334 do CPC de 1973: "Não dependem de prova os fatos: Art. 374. Não dependem de prova os fatos: I – notórios; II – afirmados por uma parte e confessados pela parte contrária; III – admitidos, no processo, como incontroversos; IV – em cujo favor milita presunção legal de existência ou de veracidade".

Alternativa "d": Incorreta a assertiva. Trata-se de presunção estabelecida por jurisprudência e não por lei. Nesse caso, tem natureza de presunção relativa, que cabe prova em sentido contrário. Nesse sentido o item I, da Súmula nº 338 do TST: "I – É ônus do empregador que conta com mais de 10 (dez) empregados o registro da jornada de trabalho na forma do art. 74, § 2º, da CLT. A não apresentação injustificada dos controles de frequência gera presunção relativa de veracidade da jornada de trabalho, a qual pode ser elidida por prova em contrário".

Alternativa "e": Nesse caso, o a aplicação do princípio da continuidade faz inverter o ônus da prova, na forma do posicionamento do TST adotado pela Súmula nº 212: "O ônus de provar o término do contrato de trabalho, quando negados a prestação de serviço e o despedimento, é do empregador, pois o princípio da continuidade da relação de emprego constitui presunção favorável ao empregado". **Correta** a assertiva.

Gabarito: E.

---

304. (FCC – Juiz do Trabalho Substituto 1ª Região/2015) Viviane ajuizou ação trabalhista, postulando pagamento de adicional de insalubridade em razão do frio intenso a que estava submetida. Deferida a prova técnica, o perito apresentou laudo no qual não constatou a presença de frio intenso, mas de umidade excessiva. Nesse caso, o pedido deve ser julgado

a) improcedente, uma vez que o fato demonstrado não corresponde àquele descrito na causa de pedir.

b) procedente, uma vez que a demonstração de agente insalubre diverso não prejudica o pedido de pagamento do adicional respectivo.

c) improcedente, uma vez que a hipótese é de adicional de periculosidade.

d) procedente, uma vez que o fato demonstrado é idêntico àquele descrito na causa de pedir.

e) improcedente, uma vez que ambas as hipóteses não dão ensejo ao pagamento do adicional de insalubridade.

COMENTÁRIOS

✪ **Nota do autor:** A exposição dos fatos deve ser sucinta, porém completa, de forma que possibilite ao juiz do trabalho inteirar-se do conflito de interesses que lhe é exposto, de acordo com a regra do brocardo jurídico da *mihi factum, dabo tibi ius*, ou seja, exponha o fato e direi o direito. No caso em apreço e que foi objeto desta pergunta, o fato que fundamentaria o pedido do autor seria o labor em condições de insalubridade e não o agente insalubre específico.

Alternativa "a": Incorreta, pois contraria o entendimento do TST revelado por meio da Súmula nº 293: "A verificação mediante perícia de prestação de serviços em condições nocivas, considerado agente insalubre diverso do apontado na inicial, não prejudica o pedido de adicional de insalubridade." (ver nota do autor)

Alternativa "b": Correta a assertiva, uma vez que a verificação ou não da insalubridade não se vincula ao agente insalubre identificado pelo autor em sua petição inicial, conforme entendimento do TST constante da Súmula nº 293: "A verificação mediante perícia de prestação de serviços em condições nocivas, considerado agente insalubre diverso do apontado na inicial, não prejudica o pedido de adicional de insalubridade."

Alternativa "c": Incorreta a assertiva, pois frio e umidade são classificados legalmente como agentes noviços a saúde e não como perigosos, que seria o caso dos inflamáveis, eletricidade etc.

Alternativa "d": Apesar da procedente, o fundamento do deferimento é diverso daquele apontado equivocadamente nessa assertiva. Isso porque umidade e frio são agentes diversos. Aplica-se no caso o entendimento constante da já citada e transcrita Súmula nº 293 do TST. **Incorreta**.

Alternativa "e": Incorreta, pois tanto o frio quanto a umidade verificados em limites estabelecidos pela NR-15, anexos IX e X, respectivamente, ensejam o pagamento do adicional de insalubridade.

Gabarito: B.

305. (FCC – Juiz do Trabalho Substituto 1ª Região/2015) Segundo o Código de Processo Civil de 1973, são inquiridos em sua residência, ou onde exercem a sua profissão, EXCETO

a) os deputados estaduais.

b) o embaixador do país que por tratado concede idêntica prerrogativa ao agente diplomático do Brasil.

c) os juízes dos Tribunais Regionais do Trabalho.

d) o cônsul do país que por tratado concede idêntica prerrogativa ao cônsul brasileiro.

e) os conselheiros dos Tribunais de Contas dos Estados.

COMENTÁRIOS

✪ **Nota do autor:** Todas as alternativas desta pergunta devem ser respondidas de acordo com o art. 411 do revogado CPC de 1973, cujo correspondente no CPC de 2015 é o art. 454, que acrescentou outras hipóteses de pessoas egrégias: "São inquiridos em sua residência ou onde exercem sua função: I – o presidente e o vice-presidente da República; II – os ministros de Estado; III – os ministros do Supremo Tribunal Federal, os conselheiros do Conselho Nacional de Justiça e os ministros do Superior Tribunal de Justiça, do Superior Tribunal Militar, do Tribunal Superior Eleitoral, do Tribunal Superior do Trabalho e do Tribunal de Contas da União; IV – o procurador-geral da República e os conselheiros do Conselho Nacional do Ministério Público; V – o advogado-geral da União, o procurador-geral do Estado, o procurador-geral do Município, o defensor público-geral federal e o defensor público-geral do Estado; VI – os senadores e os deputados federais; VII – os governadores dos Estados e do Distrito Federal; VIII – o prefeito; IX – os deputados estaduais e distritais; X – os desembargadores dos Tribunais de Justiça, dos Tribunais Regionais Federais, dos Tribunais Regionais do Trabalho e dos Tribunais Regionais Eleitorais e os conselheiros dos Tribunais de Contas dos Estados e do Distrito Federal; XI – o procurador-geral de justiça; XII – o embaixador de país que, por lei ou tratado, concede idêntica prerrogativa a agente diplomático do Brasil".

Alternativa "a": O deputado estadual consta do rol do art. 411 do CPC de 1973, em seu inciso VIII, do CPC/73: "Art. 411. São inquiridos em sua residência, ou onde exercem a sua função: VIII – os deputados estaduais". Assertiva **correta**.

Alternativa "b": Assertiva **correta**, pois o embaixador consta do rol do art. 411 do CPC de 1973 em seu inciso X: "Art. 411. São inquiridos em sua residência, ou onde exercem a sua função: X – o embaixador de país que, por lei ou tratado, concede idêntica prerrogativa ao agente diplomático do Brasil".

Alternativa "c": Os juízes dos TRTs constam do rol do art. 411 do CPC de 1973 em seu inciso IX: "Art. 411. São inquiridos em sua residência, ou onde exercem a sua função: IX – os desembargadores dos Tribunais de Justiça, os juízes dos Tribunais de Alçada, os juízes dos Tribunais Regionais do Trabalho e dos Tribunais Regionais Eleitorais e os conselheiros dos Tribunais de Contas dos Estados e do Distrito Federal". Assertiva **correta**.

Alternativa "d": O Consul não está inserido no rol de pessoas egrégias constante do art. 411 do CPC de 1973 (também não está inserido no rol constante do art. 454 do CPC de 2015). Assertiva **incorreta**.

Alternativa "e": Assertiva **correta**, pois o conselheiro dos Tribunais de Contas dos Estados e do DR consta do rol do art. 411 do CPC de 1973 em seu inciso IX: "Art. 411. São inquiridos em sua residência, ou onde exercem a sua função: IX – os desembargadores dos Tribunais de Justiça, os juízes dos Tribunais de Alçada, os juízes dos Tribunais Regionais do Trabalho e dos Tribunais Regionais Eleitorais e os conselheiros dos Tribunais de Contas dos Estados e do Distrito Federal".

Gabarito: D.

---

306. (FCC – Juiz do Trabalho Substituto 6ª Região/2015) Quanto à prova testemunhal,

a) a testemunha que for parente até o quarto grau civil, amigo íntimo ou inimigo de qualquer das partes, não prestará compromisso, e seu depoimento valerá como simples informação.

b) o depoimento das testemunhas que não souberem falar a língua nacional será feita por meio de intérprete nomeado pelo juiz ou presidente, sendo que tais despesas correrão por conta da parte a quem interessar o depoimento.

c) as testemunhas não poderão sofrer qualquer desconto pelas faltas ao serviço, ocasionadas pelo seu comparecimento para depor, quando devidamente arroladas ou convocadas, salvo se a prova testemunhal disser respeito a contrato de trabalho já extinto.

d) se a testemunha for funcionário civil ou militar, e tiver de depor em hora de serviço, será ouvida perante o chefe da repartição competente, no local da prestação de serviços.

e) toda testemunha, antes de prestar o compromisso legal, será qualificada, indicando o nome, nacionalidade, profissão, idade, residência, e, quando empregada, o tempo de serviço prestado ao empregador, ficando sujeita, em caso de falsidade, às sanções administrativas.

COMENTÁRIOS

✪ Nota do autor: A testemunha tem o dever de comparecer à audiência e depor no dia, horário e local previamente designados. Na hipótese em que a testemunha, a despeito de ter sido devidamente intimada, não comparece no dia da audiência, o juiz, de ofício ou a requerimento da parte, ordenar a sua condução coercitiva. Além disso, é possível aplicar multa para o caso de recusa da testemunha em depor por motivo injustificado.

Alternativa "a": Incorreta a assertiva, pois o limite estabelecido pelo art. 829 da CLT é até o terceiro grau: "Art. 829 – A testemunha que for parente até o terceiro grau civil, amigo íntimo ou inimigo de qualquer das partes, não prestará compromisso, e seu depoimento valerá como simples informação".

Alternativa "b": Correta a assertiva, uma vez que essa regra encontra-se inserida no art. 819, caput e § 2º, da CLT: "Art. 819 – O depoimento das partes e testemunhas que não souberem falar a língua nacional será feito por meio de intérprete nomeado pelo juiz ou presidente. Item "IV": Tais regras estão explicitadas no art. 819, §§ 1º e 2º, da CLT, sendo que em relação a este último dispositivo, encontravam-se de acordo com a redação anterior: "§ 2º – Em ambos os casos de que este artigo trata, as despesas correrão por conta da parte a que interessar o depoimento".

A atual redação do § 2º do referido art. 819 da CLT é a seguinte: "§ 2º As despesas decorrentes do disposto neste artigo correrão por conta da parte sucumbente, salvo se beneficiária de justiça gratuita. (Redação dada pela Lei nº 13.660, de 2018)".

Alternativa "c": Incorreta, pois não há a ressalva constante da parte final desta assertiva, o que contraria o art. 822 da CLT: "As testemunhas não poderão sofrer qualquer desconto pelas faltas ao serviço, ocasionadas pelo seu comparecimento para depor, quando devidamente arroladas ou convocadas".

Alternativa "d": Não é esse o procedimento previsto para a oitiva de testemunha que for funcionário público. **Incorreta** a assertiva, uma vez que ofendo ao preceito contido no art. 823 da CLT: "Art. 823 – Se a testemunha for funcionário civil ou militar, e tiver de depor em hora de serviço, será requisitada ao chefe da repartição para comparecer à audiência marcada".

Alternativa "e": Em caso de falsidade a sanção não é de natureza administrativa, mas sim penal, como ressalta a parte final do art. 828, *caput,* da CLT: "Toda testemunha, antes de prestar o compromisso legal, será qualificada, indicando o nome, nacionalidade, profissão, idade, residência, e, quando empregada, o tempo de serviço prestado ao empregador, ficando sujeita, em caso de falsidade, às leis penais". **Incorreta** a assertiva.

Gabarito: B.

---

307. (FCC – Juiz do Trabalho Substituto 15ª Região/2015) Quanto à prova pericial, de acordo com a lei e a jurisprudência pacífica do TST, considere:

I. Sendo a parte sucumbente no objeto da perícia beneficiária da justiça gratuita, são indevidos honorários periciais.

II. À atualização monetária dos honorários periciais aplica-se o mesmo critério da atualização dos débitos trabalhistas.

III. A parte sucumbente na pretensão objeto da perícia é responsável pelo pagamento dos honorários periciais, salvo se beneficiária da justiça gratuita.

IV. No procedimento sumaríssimo, a prova pericial somente será deferida quando a prova do fato o exigir ou for legalmente imposta, incumbindo ao juiz, desde logo, fixar o prazo, o objeto da perícia e nomear perito.

V. Ainda que vencedora no objeto da perícia, a parte que indicou assistente técnico deve arcar com os honorários do mesmo, tendo em vista que tal indicação é faculdade da parte.

Está INCORRETO o que consta APENAS em

a) I e II.

b) III e V.

c) II e IV.

d) I, II e IV.

e) III, IV e V.

COMENTÁRIOS

✪ **Nota do autor:** Se a perícia for complexa e envolver várias áreas do conhecimento, o juiz poderá nomear mais de um perito e as partes poderão indicar mais de um assistente técnico, de acordo com as respectivas especialidades. Note-se que essa questão foi elaborada antes da vigência da Lei nº 13.467/17, que alterou a redação do art. 790-B da CLT. Posteriormente, em 2021, o STF declarou a inconstitucionalidade do *caput* e do § 4º desse dispositivo legal, quando do julgamento da ADI nº 5766. Eis a redação do referido dispositivo legal: "Art. 790-B. A responsabilidade pelo pagamento dos honorários periciais é da parte sucumbente na pretensão objeto da perícia, ainda que beneficiária da justiça gratuita. § 4º Somente no caso em que o beneficiário da justiça gratuita não tenha obtido em juízo créditos capazes de suportar a despesa referida no caput, ainda que em outro processo, a União responderá pelo encargo."

Item "I": Incorreta a assertiva. Com efeito, apesar de beneficiário da justiça gratuita, os honorários de perito são devidos pela União. Esse é o entendimento do TST constante da Súmula nº 457: "A União é responsável pelo pagamento dos honorários de perito quando a parte sucumbente no objeto da perícia for beneficiária da assistência judiciária gratuita, observado o procedimento disposto nos arts. 1º, 2º e 5º da Resolução n.º 66/2010 do Conselho Superior da Justiça do Trabalho – CSJT". (ver nota do autor)

Item "II": Como não se trata de verba trabalhista, o índice a ser aplicado é diverso daquele comumente usado para atualizar os débitos trabalhistas. Nesse sentido é a OJ nº 198, SDI-1 do TST: "Diferentemente da correção aplicada aos débitos trabalhistas, que têm caráter alimentar, a atualização monetária dos honorários periciais é fixada pelo art. 1º da Lei nº 6.899/1981, aplicável a débitos resultantes de decisões judiciais." Assertiva **incorreta**.

Item "III": Correta a assertiva, uma vez que essa regra encontrava-se estabelecida pelo art. 790-B da CLT, em sua redação anterior: "A responsabilidade pelo pagamento dos honorários periciais é da parte sucumbente na pretensão objeto da perícia, salvo se beneficiária de justiça gratuita." (ver nota do autor)

Item "IV": Correto. A prova pericial no rito sumaríssimo não é vedada mas é restrita às hipóteses previstas pelo art. 852-H, § 4º, da CLT: "Somente quando a prova do fato o exigir, ou for legalmente imposta, será deferida prova técnica, incumbindo ao juiz, desde logo, fixar o prazo, o objeto da perícia e nomear perito."

Item "V": Correto. A participação do assistente técnico no processo não é obrigatória, mas sim uma faculdade atribuída às partes pela legislação processual. Esse é o entendimento constante da Súmula nº 341 do TST: "A indicação do perito assistente é faculdade da parte, a qual deve responder pelos respectivos honorários, ainda que vencedora no objeto da perícia."

Gabarito: A.

---

308. (FCC – Juiz do Trabalho Substituto 23ª Região/2015) João da Silva, quando da distribuição de sua reclamação trabalhista, juntou ao processo três laudos periciais, que demonstravam a existência de insalubridade para o exercício da função que executava na empresa ré. Neste caso, diante do pedido de adicional de insalubridade, o Juiz:

a) poderá formar sua convicção apenas com base nos laudos apresentados, sendo-lhe facultado determinar ou não a realização de uma perícia técnica.

b) deverá utilizar os laudos apresentados como prova emprestada, com fundamento no princípio da celeridade e da utilidade da prova.

c) designará perito habilitado para a realização da perícia técnica, independentemente da apresentação dos laudos periciais.

d) poderá utilizar os laudos apresentados apenas em caso de revelia e confissão, quando a realização da perícia técnica é desnecessária.

e) não poderá formar seu convencimento, nem fundamentar sua decisão nos laudos periciais apresentados, já que a perícia técnica é obrigatória e indispensável.

COMENTÁRIOS

✪ **Nota do autor:** A prova é necessária para demonstrar a veracidade da afirmativa relativa aos fatos narrados na inicial ou nas várias espécies de defesas. Quando um fato produz efeitos na esfera jurídica de várias pessoas, pode fazer nascer uma pretensão que seja deduzida em juízo por mais de uma pessoa e em mais de um processo. Assim, em casos excepcionais, admite-se que a prova de um mesmo fato seja utilizada em processo diverso daquele em que foi originariamente obtida. Nesse caso, recebe a denominação de prova emprestada.

Alternativa "a": Incorreta a assertiva, pois para a hipótese de pedido de insalubridade ou periculosidade a realização da perícia, em regra, é obrigatória. Nesse sentido o art. 195, § 2º, da CLT: "Arguida em juízo insalubridade ou periculosidade, seja por empregado, seja por Sindicato em favor de grupo de associado, o juiz designará perito habilitado na forma deste artigo, e, onde não houver, requisitará perícia ao órgão competente do Ministério do Trabalho". Somente no caso de fechamento do estabelecimento é que o juiz poderia utilizar da prova apresentada pelo autor, na forma o entendimento constante da OJ nº 278, da SDI-1, do TST: "A realização de perícia é obrigatória para a verificação de insalubridade. Quando não for possível sua realização, como em caso de fechamento da empresa, poderá o julgador utilizar-se de outros meios de prova".

Alternativa "b": Incorreta, pois aprova emprestada é aquela que foi produzida em outro processo.

Alternativa "c": Correta, pois segue o procedimento determinado pelo art. 195, § 2º, da CLT que considera a realização de perícia obrigatória nesses casos: "Arguida em juízo insalubridade ou periculosidade, seja por empregado, seja por Sindicato em favor de grupo de associado, o juiz designará perito habilitado na forma deste artigo, e, onde não houver, requisitará perícia ao órgão competente do Ministério do Trabalho".

Alternativa "d": Incorreta. Ainda que se trate de revelia e confissão, se houve pedido de insalubridade ou de periculosidade é necessária a realização de perícia na forma prevista pelo citado e transcrito art. 195, § 2º, da CLT. Nesse sentido a jurisprudência dominante: "ADICIONAL DE INSALUBRIDADE. REVELIA E CONFISSÃO. DISPENSA DE PERÍCIA TÉCNICA. IMPOSSIBILIDADE. 1. Tendo em vista ser imperativa a realização de perícia para a caracterização e a classificação da insalubridade, constitui dever do juízo designar perito nos estritos termos do artigo 195 da CLT, não podendo a perícia ser substituída pela confissão ficta, visto ser essa meramente presuntiva. 2. Recurso de revista conhecido e provido parcialmente. (TST – RR: 5663700572002510 5663700-57.2002.5.10.0900, Relator: Emmanoel Pereira, Data de Julgamento: 24/11/2004, 1ª Turma, Data de Publicação: DJ 25/02/2005)".

Alternativa "e": Incorreta a assertiva. De acordo com o princípio da persuasão racional, o juiz não está adstrito à conclusão do laudo pericial (art. 436 do CPC de 1973 e arts. 371 e 479 do CPC de 2015). Em consequência da aplicação dessa regra, o juiz pode formar o seu convencimento com base em outros elementos constantes nos autos, principalmente nas informações contidas no parecer do assistente técnico ou documentos juntados pelas partes que possuam conteúdo dessa mesma natureza.

Gabarito: C.

---

309. (FCC – Juiz do Trabalho Substituto 24ª Região/2015) Em relação aos meios de prova, sua oportunidade e o ônus em sua produção no Processo Judiciário do Trabalho, analisando-se os dispositivos legais e a orientação da jurisprudência sumulada do Tribunal Superior do Trabalho, é INCORRETO afirmar:

a) O depoimento pessoal é um meio de prova e, como tal, deve ser requerido pela parte contrária com escopo de extração da confissão, enquanto que o interrogatório é uma ferramenta utilizada livremente pelo Juiz para a busca da verdade, podendo ser colhido pelo magistrado inclusive em caso de revelia.

b) A prova pericial é obrigatória para verificação de insalubridade, mas, se não for possível a sua realização, como em caso de fechamento da empresa, poderá o magistrado utilizar-se de outros meios de prova, inclusive testemunhal.

c) A responsabilidade pelo pagamento dos honorários periciais, inclusive do assistente técnico da parte vencedora no objeto da perícia, é da parte sucumbente na pretensão objeto da perícia, salvo se beneficiária da justiça gratuita.

d) O simples fato de estar litigando ou de ter litigado contra o mesmo empregador não torna suspeita a testemunha convidada pelo reclamante.

e) Os documentos devem ser juntados na fase de conhecimento, admitindo-se, por exceção, a juntada de documentos na fase recursal quando provado o justo impedimento para sua oportuna apresentação ou se referir a fato posterior à sentença.

COMENTÁRIOS

✪ **Nota do autor:** Os artigos 342 e 343 do CPC de 1973, que fundamentam os comentários da alternativa "a" correspondem aos artigos 139, VIII e 385 do CPC de 2015, com a seguinte redação: "Art. 139. O juiz dirigirá o processo conforme as disposições deste Código, incumbindo-lhe: VIII – determinar, a qualquer tempo, o comparecimento pessoal das partes, para inquiri-las sobre os fatos da causa, hipótese em que não incidirá a pena de confesso. Art. 385. Cabe à parte requerer o depoimento pessoal da outra parte, a fim de que esta seja interrogada na audiência de instrução e julgamento, sem prejuízo do poder do juiz de ordená-lo de ofício". Inclusive, o TST manifesta-se expressamente sobre a aplicabilidade do art. 139 do CPC de 2015 ao processo do trabalho (salvo a parte final do inciso V), por meio do art. 3º, III, da Instrução Normativa nº 39/16.

Alternativa "a": Correta a assertiva. O depoimento serviria para obter a confissão e constituiria um meio de prova à disposição da parte contrária (art. 343 do CPC de 1973 e art. 385 do CPC de 2015), enquanto que o interrogatório seria o meio de utilização exclusiva do juiz (art. 342 do CPC de 1973 e art. 139, inciso VIII, do CPC de 2015), necessário para esclarecer os fatos narrados nas peças processuais oferecidas pelas partes.

Alternativa "b": Correta a assertiva pois corresponde ao entendimento do TST constante da OJ nº 278 da SDI-1, com a seguinte redação: "A realização de perícia é obrigatória para a verificação de insalubridade.

Quando não for possível sua realização, como em caso de fechamento da empresa, poderá o julgador utilizar-se de outros meios de prova".

Alternativa "c": Incorreta, posto que nesse caso os honorários do assistente devem ser pagos pela parte que o indicou. Nesse sentido é o entendimento do TST revelado por intermédio da Súmula nº 341: "A indicação do perito assistente é faculdade da parte, a qual deve responder pelos respectivos honorários, ainda que vencedora no objeto da perícia".

Alternativa "d": Correta, pois não há previsão legal em sentido contrário. Inclusive esse é o posicionamento do TST adotado pela Súmula nº 357: "Não torna suspeita a testemunha o simples fato de estar litigando ou de ter litigado contra o mesmo empregador".

Alternativa "e": Correta, pois a regra é de juntada de documentos com a inicial ou com a defesa. A exceção mencionada na assertiva encontra-se prevista na Súmula nº 8 do TST: "A juntada de documentos na fase recursal só se justifica quando provado o justo impedimento para sua oportuna apresentação ou se referir a fato posterior à sentença".

Gabarito: C.

---

310. (FCC – Juiz do Trabalho Substituto 24ª Região/2015) Sobre a distribuição dinâmica do ônus da prova e a aptidão para sua produção no Processo do Trabalho, conforme ordenamento normativo e entendimento jurisprudencial sumulado pelo Tribunal Superior do Trabalho, é INCORRETO afirmar:

a) Há presunção de que a notificação foi recebida pela reclamada em 48 horas após a sua postagem, sendo ônus de prova do destinatário o seu não recebimento ou a entrega após o decurso desse prazo.

b) Em caso de negativa da prestação de serviço e do despedimento, o ônus de provar o término do contrato de trabalho é do empregador, pois o princípio da continuidade da relação de emprego constitui presunção favorável ao empregado.

c) O ônus da prova relativo às horas extras será do empregador quando forem juntados cartões de ponto que demonstram horários de entrada e saída uniformes, pois são inválidos como meio de prova, prevalecendo a jornada da inicial, se dele o réu não se desincumbir.

d) É do empregador o ônus da prova do fato impeditivo, modificativo ou extintivo da equiparação salarial, como, por exemplo, quando paradigma é oriundo de processo de reabilitação previdenciária.

e) É incumbência da autoridade que proferir a decisão de admissibilidade certificar nos autos a ocorrência de feriado local e do dia em que não há expediente forense, não incumbindo à parte esse ônus de prova para autorizar a prorrogação do prazo recursal, quando da interposição do recurso.

COMENTÁRIOS

✪ **Nota do autor:** Quando o juiz utiliza as regras obtidas pela sua experiência pessoal em relação àquilo que normalmente acontece no sentido de formar a sua convicção, sem que tais consequências tenham sido agasalhadas pela norma como presunções legais, a hipótese é de presunção *hominis*. Observe-se também que a IN nº 39/16, art. 3º, VII, do TST admite expressamente a aplicabilidade ao processo do trabalho do art. 373, § 1º do CPC de 2015 que trata da distribuição dinâmica do ônus da prova. Inclusive, com a vigência da Lei nº 13.467/17 houve alteração na redação do art. 818 da CLT, que trata do ônus da prova, sendo taxativo sobre as hipóteses de incumbência e abordando a sua distribuição dinâmica nos moldes do CPC de 2015.

Alternativa "a": Correta a assertiva, pois essa presunção judicial, que tem natureza relativa, encontra-se fixada pela Súmula nº 16 do TST: "Presume-se recebida a notificação 48 (quarenta e oito) horas depois de sua postagem. O seu não recebimento ou a entrega após o decurso desse prazo constitui ônus de prova do destinatário".

Alternativa "b": Correta, assertiva uma vez que a incidência do princípio da continuidade da relação de emprego cria uma presunção relativa em favor do empregado. Nesse sentido é o posicionamento do TST constante da Súmula nº 212: "O ônus de provar o término do contrato de trabalho, quando negados a prestação de serviço e o despedimento, é do empregador, pois o princípio da continuidade da relação de emprego constitui presunção favorável ao empregado".

Alternativa "c": Controles de horários uniformes vão de encontro ao princípio da razoabilidade. Sendo assim, estabelece-se uma presunção relativa de invalidade. **Correta** a assertiva, pois de acordo com o item III, da Súmula nº 338 do TST: "Os cartões de ponto que demonstram horários de entrada e saída uniformes são inválidos como meio de prova, invertendo-se o ônus da prova, relativo às horas extras, que passa a ser do empregador, prevalecendo a jornada da inicial se dele não se desincumbir".

Alternativa "d": Correta a assertiva, pois segue a regra geral de distribuição clássica do ônus da prova, bem como pelo fato de estar em conformidade com o item VIII, da Súmula nº 6 do TST: "É do empregador o ônus da prova do fato impeditivo, modificativo ou extintivo da equiparação salarial".

Alternativa "e": Incorreta, pois essa incumbência cabe à parte e não ao Juiz, de acordo com o que dispõe a Súmula nº 385 do TST, em sua redação anterior: "I – Incumbe à parte o ônus de provar, quando da interposição do recurso, a existência de feriado local que autorize a prorrogação do prazo recursal. II – Na hipótese de feriado forense, incumbirá à autoridade que proferir a decisão de admissibilidade certificar o expediente nos autos. III – Na hipótese do inciso II, admite-se a reconsideração da análise da tempestividade do recurso, mediante prova documental superveniente, em Agravo Regimental, Agravo de Instrumento ou Embargos de Declaração". A Resolução nº 220/2017 do TST conferiu nova redação à essa Súmula: "FERIADO LOCAL OU FORENSE. AUSÊNCIA DE EXPEDIENTE. PRAZO RECURSAL. PRORROGAÇÃO. COMPROVAÇÃO. NECESSIDADE. (alterada em decorrência do CPC de 2015) – Res. 220/2017, DEJT divulgado em 21, 22 e 25.09.2017 I – Incumbe à parte o ônus de provar, quando da interposição do recurso, a existência de feriado local que autorize a prorrogação do prazo recursal (art. 1.003, § 6º, do CPC de 2015). No caso de o recorrente alegar a existência de feriado local e não o comprovar no momento da interposição do recurso, cumpre ao relator conceder o prazo de 5 (cinco) dias para que seja sanado o vício (art. 932, parágrafo único, do CPC de 2015), sob pena de não conhecimento se da comprovação depender a tempestividade recursal; II – Na hipótese de feriado forense, incumbirá à autoridade que proferir a decisão de admissibilidade certificar o expediente nos autos; III – Admite-se a reconsideração da análise da tempestividade do recurso, mediante prova documental superveniente, em agravo de instrumento, agravo interno, agravo regimental, ou embargos de declaração, desde que, em momento anterior, não tenha havido a concessão de prazo para a comprovação da ausência de expediente forense".

Gabarito: E.

---

311. (FCC – Juiz do Trabalho Substituto 24ª Região/2015) Quanto às tutelas antecipatórias, medidas cautelares, inquérito para apuração de falta grave e as ações civis especiais aplicáveis no Direito Processual do Trabalho, conforme legislação aplicável e jurisprudência sumulada do Tribunal Superior do Trabalho, é correto afirmar que

a) a concessão de liminar para sustação de transferência de empregado ou a homologação de acordo constituem faculdade do juiz, inexistindo direito líquido e certo tutelável pela via do mandado de segurança.

b) a ação monitória, cujo procedimento está previsto no Código de Processo Civil – CPC, é admissível no processo trabalhista, por força do artigo 769 da CLT, para quem pretender pagamento de soma em dinheiro, entrega de bem móvel e execução de obrigações de fazer ou não fazer descumpridas pelo empregador.

c) a tutela antecipada ou liminar concedida antes da sentença não comporta impugnação pela via do mandado de segurança, por ser impugnável mediante recurso ordinário.

d) a ação de consignação em pagamento é admitida no processo do trabalho com objetivo intrínseco de discutir a substância da relação material, ou seja, a perquirição fática no que respeita à própria substância da obrigação.

e) o empregador que pretende dispensar empregado dirigente sindical estável pode optar por sindicância interna ou por inquérito judicial para apuração de falta grave, sendo que no segundo caso, pode promover ação de forma verbal ou escrita, no prazo decadencial de 15 dias contados da suspensão do empregado.

COMENTÁRIOS

Nota do autor: O art. 1.101.a do CPC de 1973, que fundamenta o comentário da alternativa "b" corresponde ao art. 700 do CPC de 2015, com redação semelhante: "A ação monitória pode ser proposta por aquele que afirmar, com base em prova escrita sem eficácia de título executivo, ter direito de exigir do devedor capaz: I – o pagamento de quantia em dinheiro; II – a entrega de coisa fungível ou infungível ou de bem móvel ou imóvel; III – o adimplemento de obrigação de fazer ou de não fazer".

Alternativa "a": Correta a assertiva à época. Com efeito, se a parte requeresse a concessão de liminar e o juiz indeferisse, não caberia mandado de segurança, pois o deferimento não seria considerado um direito líquido e certo. Nesse sentido era a Súmula nº 418 do TST. "A concessão de liminar ou a homologação de acordo constituem faculdade do juiz, inexistindo direito líquido e certo tutelável pela via do mandado de segurança". Entretanto, a Resolução nº 217/2017 modificou a redação da mencionada Súmula, nos seguintes termos: MANDADO DE SEGURANÇA VISANDO À HOMOLOGAÇÃO DE ACORDO (nova redação em decorrência do CPC de 2015) – Res. 217/2017 – DEJT divulgado em 20, 24 e 25.04.2017 A homologação de acordo constitui faculdade do juiz, inexistindo direito líquido e certo tutelável pela via do mandado de segurança". Com essa alteração, passa-se a admitir o mandado de segurança para análise da decisão do juiz que defere a tutela provisória.

Alternativa "b": A ação monitória é cabível no processo do trabalho, mas com base em prova escrita, requisito que não foi mencionado na assertiva. Alternativa **incorreta**, pois não observou o mandamento contido no art. 1.102.a do CPC de 1973: "Art. 1.102.a – A ação monitória compete a quem pretender, com base em prova escrita sem eficácia de título executivo, pagamento de soma em dinheiro, entrega de coisa fungível ou de determinado bem móvel".

Alternativa "c": Incorreta a assertiva, uma vez que antecipada a tutela antes da sentença é considerada como decisão interlocutória, da qual não cabe recurso imediato. Como é irrecorrível, cabe mandado de segurança, conforme entendimento do TST inserido no item II, da Súmula nº 414, em sua redação anterior: "II – No caso da tutela antecipada (ou liminar) ser concedida antes da sentença, cabe a impetração do mandado de segurança, em face da inexistência de recurso próprio". A Resolução nº 217/2017 do TST alterou a redação da mencionada Súmula: "MANDADO DE SEGURANÇA. TUTELA PROVISÓRIA CONCEDIDA ANTES OU NA SENTENÇA (nova redação em decorrência do CPC de 2015) – Res. 217/2017 – DEJT divulgado em 20, 24 e 25.04.2017 I – A tutela provisória concedida na sentença não comporta impugnação pela via do mandado de segurança, por ser impugnável mediante recurso ordinário. É admissível a obtenção de efeito suspensivo ao recurso ordinário mediante requerimento dirigido ao tribunal, ao relator ou ao presidente ou ao vice-presidente do tribunal recorrido, por aplicação subsidiária ao processo do trabalho do artigo 1.029, § 5º, do CPC de 2015. II – No caso de a tutela provisória haver sido concedida ou indeferida antes da sentença, cabe mandado de segurança, em face da inexistência de recurso próprio. III – A superveniência da sentença, nos autos originários, faz perder o objeto do mandado de segurança que impugnava a concessão ou o indeferimento da tutela provisória".

Alternativa "d": O objetivo da ação de consignação em pagamento é livrar o devedor dos efeitos da mora. Assim, não se discute nesse tipo de demanda a origem, natureza ou a execução defeituosa da obrigação. Assertiva **incorreta.**

Alternativa "e": Não existe essa opção do empregador. É indispensável o ajuizamento do inquérito para apuração de falta grave do dirigente sindical por expressa disposição legal contida no art. 543, § 3º, da CLT: "Fica vedada a dispensa do empregado sindicalizado ou associado, a partir do momento do registro de sua candidatura a cargo de direção ou representação de entidade sindical ou de associação profissional, até 1 (um) ano após o final do seu mandato, caso seja eleito inclusive como suplente, salvo se cometer falta grave devidamente apurada nos termos desta Consolidação". No mesmo sentido é a Súmula nº 379 do TST: "O dirigente sindical somente poderá ser dispensado por falta grave mediante a apuração em inquérito judicial, inteligência dos arts. 494 e 543, §3º, da CLT". **Incorreta** a assertiva.

Gabarito: A.

---

312. (TRT 3 – Juiz do Trabalho Substituto 3ª Região/2014) Sobre as provas do processo do trabalho, é INCORRETO afirmar:

a) O documento apresentado em cópia oferecido para prova, nos termos do art. 830 da CLT, poderá ser declarado autêntico pelo advogado da parte, sob pena de responsabilidade pessoal.

b) Por expressa previsão do art. 852-H da CLT, todas as provas serão produzidas na audiência de instrução e julgamento, mesmo que não requeridas, quando se tratar de procedimento sumaríssimo.

c) Nem todos os processos trabalhistas se submetem ao duplo grau de jurisdição.

d) Para as questões que a lei exigir prova pericial, o procedimento sumaríssimo será transformado em ordinário de ofício, pelo juiz, nos termos de orientação jurisprudência do TST.

e) As testemunhas, no procedimento sumaríssimo, no máximo de duas para cada parte, comparecerão à audiência de instrução e julgamento independentemente de intimação.

COMENTÁRIOS

✪ **Nota do autor:** Não é necessária a produção de prova quando a questão de mérito for unicamente de direito, ou, sendo de direito e de fato, não houver necessidade de produzir prova em audiência; e quando ocorrer a revelia (art. 330 do CPC de 1973). Observe-se que o art. 330 do CPC de 1973 corresponde ao art. 355 do CPC de 2015.

Alternativa "a": Essa faculdade é atribuída ao advogado pelo preceito contido no art. 830 da CLT: "O documento em cópia oferecido para prova poderá ser declarado autêntico pelo próprio advogado, sob sua responsabilidade pessoal." **Correta.**

Alternativa "b": Essa regra ressalta o caráter inquisitivo do processo laboral: "Art. 852-H da CLT: Todas as provas serão produzidas na audiência de instrução e julgamento, ainda que não requeridas previamente". **Correta.**

Alternativa "c": Correta a assertiva, a exemplo daquele que se submete ao rito estabelecido pela Lei nº 5.584/70. Essa previsão está contida no art. 2º, § 4º: "Salvo se versarem sobre matéria constitucional, nenhum recurso caberá das sentenças proferidas nos dissídios da alçada a que se refere o parágrafo anterior, considerado, para esse fim, o valor do salário mínimo à data do ajuizamento da ação".

Alternativa "d": Não há previsão legal sobre a possibilidade de transformação do rito sumaríssimo em ordinário em caso de necessidade de prova. Se isso ocorrer o juiz deve seguir o comando contido no art. 852-H, § 4º, da CLT: "Somente quando a prova do fato o exigir, ou for legalmente imposta, será deferida prova técnica, incumbindo ao juiz, desde logo, fixar o prazo, o objeto da perícia e nomear perito". **Incorreta.**

Alternativa "e": Correta. Essa regra está contida no art. 852-H, § 2º, da CLT: "As testemunhas, até o máximo de duas para cada parte, comparecerão à audiência de instrução e julgamento independentemente de intimação".

Gabarito: D.

---

313. (TRT 3 – Juiz do Trabalho Substituto 3ª Região/2014) Sobre o processo do trabalho é INCORRETO afirmar:

a) Em razão da omissão da norma consolidada sobre a inspeção judicial, aplicam-se, de forma subsidiária, as previsões dos arts. 440 e 443 do Código de Processo Civil.

b) A prova pericial, como prova emprestada é plenamente admissível na Justiça do Trabalho.

c) Se o Juiz não comparecer no local da audiência até 15 minutos após a hora marcada, os presentes interessados poderão retirar-se, devendo o ocorrido constar do livro de registro de audiências, nos termos do art. 815 da CLT

d) A finalidade da prova é formar a convicção do juiz a respeito dos fatos da causa, sendo o magistrado o destinatário da prova.

e) O princípio da conversibilidade permite que o juiz não conheça de um recurso erroneamente interposto.

COMENTÁRIOS

Nota do autor: O processo do trabalho é, eminentemente, informal. Mesmo o processo civil, que possui um grau mais elevado de formalismo, confere validade ao ato processual praticado de forma irregular, desde que atinja os seus objetivos e não prejudique as partes. No caso do recurso, esse aspecto formal é avaliado ainda com maior moderação, pois se aplica o princípio da instrumentalidade das formas ou da fungibilidade, que permite ao juiz receber determinado recurso, ainda que tenha sido denominado com outra expressão, desde que estejam presentes os seus requisitos de admissibilidade extrínsecos e intrínsecos e que não represente erro grosseiro. Para finalizar, observe-se, na alternativa "b", que o art. 131 do CPC de 1973 corresponde ao art. 371 do CPC de 2015.

Alternativa "a": Correta. A CLT não tem qualquer dispositivo que trata de inspeção judicial. Desse modo, aplica-se a regra do CPC, por força do disposto no art. 769 da CLT: "Nos casos omissos, o direito processual comum será fonte subsidiária do direito processual do trabalho, exceto naquilo em que for incompatível com as normas deste Título." Posteriormente à confecção desse questionamento, o TST reforçou a tese da utilização subsidiária ou supletiva do CPC de 2015 por meio da Instrução Normativa nº 39/16: "Art. 1º Aplica-se o Código de Processo Civil, subsidiária e supletivamente, ao Processo do Trabalho, em caso de omissão e desde que haja compatibilidade com as normas e princípios do Direito Processual do Trabalho, na forma dos arts. 769 e 889 da CLT e do art. 15 da Lei nº 13.105, de 17.03.2015".

Alternativa "b": Não há qualquer óbice para utilizar o instituto da prova emprestada no processo do trabalho, desde que sejam observadas as suas restrições. Transcreve-se uma decisão a título de exemplo: "AGRAVO DE INSTRUMENTO. RECURSO DE REVISTA. ADICIONAL DE INSALUBRIDADE. LAUDO PERICIAL. PROVA EMPRESTADA. VIOLAÇÃO E DISSENSO NÃO CONFIGURADOS. A prova pericial, como prova emprestada, plenamente admissível na Justiça do Trabalho, é hábil a comprovar o direito ao adicional de insalubridade, mormente quando, como no caso dos autos, feito no local em que trabalhou o autor, relativamente à mesma função por ele desenvolvida, e produzido em processo em que teve como partes, no polo passivo, as mesmas reclamadas. Por outro turno, o convencimento do Regional teve como base o conjunto fático-probatório, porquanto baseado em laudos periciais técnico e médico, sendo que o exame da pretensão recursal exigiria investigação deste contexto, além da valoração da prova realizada nos moldes do livre convencimento (art. 131 do CPC). Logo, incabível o alegado dissenso jurisprudencial. Por fim, à exceção do art. 818 da CLT, não violados os dispositivos mencionados, por carecerem do requisito do prequestionamento" (Enunciado nº 297). **Correta.**

Alternativa "c": Essa possibilidade está prevista no art. 815, parágrafo único da CLT: "Se, até 15 (quinze) minutos após a hora marcada, o juiz ou presidente não houver comparecido, os presentes poderão retirar-se, devendo o ocorrido constar do livro de registro das audiências".

Alternativa "d": Em regra, os fatos controversos e relevantes são objeto da prova e dirigidos ao juiz para formar o seu convencimento. Portanto, classifica-se essa alternativa como **correta.**

Alternativa "e": Esse procedimento de conversão decorre do princípio da fungibilidade, como explicado na nota do autor e é possível de ser utilizado no processo do trabalho, salvo quando se trata de erro grosseiro. **Incorreta.**

Gabarito: E.

---

314. (TRT 2 – Juiz do Trabalho Substituto 2ª Região/2014) No que concerne à produção da prova no processo de conhecimento, aponte a alternativa correta:

a) Ao juiz é vedado determinar a produção de qualquer prova que não tenha sido requerida pela parte, sob pena de quebrar o princípio da imparcialidade.

b) Admitida a assistência litisconsorcial na relação processual, o assistente terá interesse na produção da prova, em razão da sua posição naquela relação.

c) Admitida a oposição na relação processual, o opoente deverá fazer prova que irá beneficiar um dos opostos, cujo interesse colidir com o seu.

d) Caso o autor, em depoimento pessoal, confesse os fatos que lhe são contrários, mesmo assim o juiz deverá determinar a produção de outras provas sobre o mesmo fato confessado.

e) Apenas a prova produzida em audiência é capaz de provocar o convencimento do Juiz, pois os documentos não guardam fidelidade uma vez que, em geral, são sempre produzidos pela empresa.

COMENTÁRIOS

Nota do autor: Pelo princípio da necessidade da prova, deve haver prova nos autos sobre os fatos controversos, pertinentes e relevantes, ainda que o juiz tenha conhecimento pessoal sobre a veracidade do quanto ocorrido e alegado pelas partes. Por conta disso, o magistrado não pode dispensar a produção da prova sob o fundamento de que já conhece o fato. Observe-se, na alternativa "d", que o art. 334, II do CPC de 1973 corresponde ao art. 374, II do CPC de 2015. Já na alternativa "e", o art. 332 do CPC de 1973 corresponde ao art. 369 do CPC de 2015.

Alternativa "a": Esse procedimento não é admitido no processo do trabalho que é regido pelo princípio inquisitivo. Há autorização legal também conforme se vê do teor do art. 852-D da CLT: "O juiz dirigirá o processo com liberdade para determinar as provas a serem produzidas, considerado o ônus probatório de cada litigante, podendo limitar ou excluir as que considerar excessivas, impertinentes ou protelatórias, bem como para apreciá-las e dar especial valor às regras de experiência comum ou técnica". **Incorreta.**

Alternativa "b": O assistente ingressa no processo para defender, também, direito próprio que será afetado pela sentença. Assim, uma vez admitido o seu ingresso, o assistente passa a ser considerado como um verdadeiro litisconsorte e poderá produzir prova. **Correta.**

Alternativa "c": A oposição é o procedimento pelo qual o terceiro ingressa no processo de forma voluntária para disputar a titularidade da coisa ou do direito objeto do conflito que originou a demanda, recebe a denominado de oposição. Sendo assim, o opoente fará a prova para lhe beneficiar e não os litigantes originários. **Incorreta.**

Alternativa "d": Se o direito é disponível e houve confissão, não há necessidade de produzir outras provas, na forma prevista pelo art. 334, II, do CPC de 1973. "Não dependem de prova os fatos: II – afirmados por uma parte e confessados pela parte contrária". **Incorreta.**

Alternativa "e": Afirmação absurda. Não há qualquer regra nesse sentido, mesmo porque não há uma hierarquia entre os diversos meios de prova, como revela o art. 332 do CPC de 1973: "Todos os meios legais, bem como os moralmente legítimos, ainda que não especificados neste Código, são hábeis para provar a verdade dos fatos, em que se funda a ação ou a defesa". **Incorreta.**

Gabarito: B.

---

315. (TRT 2 – Juiz do Trabalho Substituto 2ª Região/2014) Em matéria de prova, observe as proposições abaixo e ao final responda a alternativa que contenha proposituras corretas:

I. Aquele que não prestou depoimento pessoal não poderá presenciar o depoimento do outro.

II. Os incapazes, em princípio, não poderão depor nem na qualidade de informantes, pois se presume que não possuam o discernimento necessário para esclarecer quanto aos fatos que lhe serão perguntados.

III. Havendo necessidade de realização de prova pericial a ser concretizada fora da sede do Juízo, a nomeação do profissional incumbirá ao Juízo deprecante.

IV. Cessará a fé de um documento público ou particular quando lhe for declarada judicialmente a falsidade, sendo certo que a competência do Juiz do Trabalho para fazer tal declaração é meramente incidental.

V. Feita a prova do fato narrado, e reconhecida a existência do direito, caberá ao julgador acolher o pedido, com o fundamento jurídico apontado pela parte, caso contrário estar-se-ia modificando a causa de pedir.

Está correta a alternativa:

a) I, II e IV.

b) II, III e V.

c) I, III e V.

d) II, IV e V.

e) I, III e IV.

COMENTÁRIOS

✪ **Nota do autor:** Prevalece, no processo do trabalho e também no processo civil, o princípio da persuasão racional do juiz. Isso quer dizer que o magistrado não está adstrito a este ou àquele meio de prova específico, o que afasta a aplicação do brocardo latino *testis unos testis* nulos. Observe-se, no item "I", que o art. 344, parágrafo único do CPC de 1973 corresponde ao art. 390, §2º do CPC de 2015. Já no item "II" o art. 405 do CPC de 1973 corresponde ao art. 447 do CPC de 2015. Ainda, no item "III", o art. 428 do CPC de 1973 corresponde ao art. 465, §6º do CPC de 2015. Por fim, no item "IV", o art. 390 do CPC de 1973 corresponde ao art. 430 do CPC de 2015.

Item "I": Item correto. Essa regra sobre o depoimento está prevista no art. 344, § único do CPC de 1973: "É defeso, a quem ainda não depôs, assistir ao interrogatório da outra parte." Ressalte-se, todavia, que essa regra nem sempre é observada em diversos Regionais do País.

Item "II": Essa vedação está contida no art. 405 do CPC de 1973: "Podem depor como testemunhas todas as pessoas, exceto as incapazes, impedidas ou suspeitas". **Item correto.**

Item "III": Nesse caso, a indicação do perito é feita pelo juízo deprecado, conforme disposição contida no art. 428 do CPC de 1973: "Quando a prova tiver de realizar-se por carta, poderá proceder-se à nomeação de perito e indicação de assistentes técnicos no juízo, ao qual se requisitar a perícia". **Item incorreto.**

Item "IV": A declaração de falsidade decorre da sentença proferida em um incidente processual denominado de incidente de falsidade, regulado pelo art. 390 e seguintes do CPC de 1973. Nesse caso, como se trata de incidente, a competência do Juiz do Trabalho também é incidental. **Item correto.**

Item "V": Incorreto. Isso porque, segundo a máxima jurídica, cabe à parte narrar os fatos e ao juiz dar o direito. Assim, eventual enquadramento jurídico equivocado da parte não pode lhe trazer prejuízo. **Incorreto.**

Gabarito: A.

316. (FCC – Juiz do Trabalho Substituto 6ª Região/2013) Solange propôs reclamação trabalhista em face da empresa Sólida Empreiteira Ltda., da qual são sócias Suzana e Soraia. Solange pretende levar três testemunhas para provar os pedidos formulados, Sabrina, Sabine e Sandra. Sabine é tia de Sabrina e possui uma reclamação trabalhista contra a empresa ré, Sandra é prima de Sabine e amiga íntima de Sabrina. Neste caso,

a) Sabine e Sandra poderão ser ouvidas como testemunhas e Sabrina poderá ser ouvida como informante.

b) Sabrina, Sabine e Sandra poderão ser ouvidas como testemunhas.

c) Sabrina, Sabine e Sandra não poderão ser ouvidas como testemunhas, apenas como informantes.

d) apenas Sandra poderá ser ouvida como testemunha.

e) apenas Sabine e Sabrina poderão ser ouvidas como testemunhas.

COMENTÁRIOS

Nota do autor: A CLT é bastante simplória no que diz respeito à questão dos requisitos necessários para que determinada pessoa possa ser ouvida como testemunha, consoante se observa do art. 829, que não distingue entre incapacidade, suspeição e impedimento. As regras do Código de Processo Civil são mais completas e, por conta disso, podem ser utilizadas de forma subsidiária ou supletivamente no processo laboral, já que não há qualquer incompatibilidade.

Alternativa "a": Sabrina, Sabine e Sandra não são impedidas ou incapazes para funcionar como testemunha, pois não são partes e não mantém qualquer relação com as partes, mas sim entre si, fundamento utilizado pelo CPC e pela CLT para autorizar o depoimento das testemunhas apenas como informante. **Incorreta.**

Alternativa "b": Sabrina, Sabine e Sandra não estão enquadradas na previsão contida no art. 829 da CLT: "A testemunha que for parente até o terceiro grau civil, amigo íntimo ou inimigo de qualquer das partes, não prestará compromisso, e seu depoimento valerá como simples informação". Além disso, o simples fato Sabine litigar com a empresa, não a torna suspeita ou impedida, na forma prevista pela Súmula nº 357 do TST: "Não torna suspeita a testemunha o simples fato de estar litigando ou de ter litigado contra o mesmo empregador". **Correta.**

Alternativa "c": Sabrina, Sabine e Sandra podem ser ouvidas como testemunhas, pois não se enquadram na hipótese prevista pelo art. 829 da CLT. Quanto a Sabine, não há suspeição em face do entendimento do TST exposto na mencionada e citada Súmula nº 357". **Incorreta.**

Alternativa "d": Sabrina, Sabine e Sandra podem ser ouvidas como testemunhas, pois não se enquadram na hipótese prevista pelo art. 829 da CLT. Quanto a Sabine, não há suspeição em face do entendimento do TST exposto na mencionada e citada Súmula nº 357. **Incorreta.**

Alternativa "e": Sabrina, Sabine e Sandra podem ser ouvidas como testemunhas, pois não se enquadram na hipótese prevista pelo art. 829 da CLT. Quanto a Sabine, não há suspeição em face do entendimento do TST exposto na mencionada e citada Súmula nº 357. **Incorreta.**

Gabarito: B.

317. (TRT 8 – Juiz do Trabalho Substituto 8ª Região/2013) Sobre provas no processo do trabalho é CORRETO afirmar que:

a) Na Justiça do Trabalho, as partes devem apresentar as testemunhas em audiência, pois no processo do trabalho vige o adágio *unus testis, testis nullus*.

b) A doutrina e a jurisprudência atuais admitem a prova de fato negativo, uma vez que toda negação contém, implicitamente, uma afirmação, passível de prova. Neste sentido, pelo princípio da proteção, o processo do trabalho é integralmente regido pela inversão do ônus da prova em favor do empregado.

c) O depoimento de partes e testemunhas que não saibam falar o idioma nacional deve ser feito por intermédio de intérprete oficial nomeado pelo juiz, o mesmo ocorrendo com relação ao surdo-mudo ou mudo que não saiba escrever.

d) Não existe nulidade no indeferimento de prova testemunhal por alegação de cerceamento de defesa, se o fato já estiver provado por documento ou confissão da parte ou só puder ser provado por documento ou exame pericial.

e) O preposto de uma empresa fica impedido de servir de testemunha em outro processo trabalhista, pelo fato de atuar como representante da pessoa jurídica, portanto, com interesse na causa.

COMENTÁRIOS

Nota do autor: Se há divergências entre as declarações das testemunhas ou entre estas e o depoimento das partes em relação aos fatos objeto do litígio, o juiz, de ofício ou a requerimento, pode designar uma acareação, de acordo com o art. 418, II, do Código de Processo Civil de 1973. Observe-se que o art. 418, II, do revogado CPC de 1973 corresponde ao art. 461, II, do CPC de 2015. Já na alternativa "d", o art. 400, I e II do CPC de 1973 corresponde ao art. 443, I e II do CPC de 2015. Por fim, em relação a alternativa "e", com a vigência da Lei da Reforma Trabalhista, houve a inclusão de um parágrafo ao art. 843 da CLT com a seguinte redação: "§ 3º O preposto a que se refere o § 1º deste artigo não precisa ser empregado da parte reclamada.". Em breve, portanto, o TST deve cancelar ou alterar a redação da Súmula nº 377.

Alternativa "a": Incorreta. O adágio citado *unus testis, testis nullus* não se aplica ao direito processual brasileiro, inclusive o processo do trabalho. O que importa é a formação do convencimento do juiz.

Alternativa "b": Incorreta, pois nem todo fato negativo contém, implicitamente, um fato positivo. Em segundo lugar, não se aplica o princípio protetivo em matéria probatória, razão pela qual se considera como falta a afirmação de que a inversão do ônus da prova se aplica integralmente em favor do empregado.

Alternativa "c": Incorreta., uma vez que só se nomeia intérprete para o surdo-mudo que não saiba escrever, conforme dispõe o art. 819, *caput* e §1º da CLT: "O depoimento das partes e testemunhas que não souberem falar a língua nacional será feito por meio de intérprete nomeado pelo juiz ou presidente. § 1º – Proceder-se-á da forma indicada neste artigo, quando se tratar de surdo-mudo, ou de mudo que não saiba escrever".

Alternativa "d": Correta, uma vez que a regra contida no art. 400 do CPC prevê a desnecessidade da prova testemunhal: "A prova testemunhal é sempre admissível, não dispondo a lei de modo diverso. O juiz indeferirá a inquirição de testemunhas sobre fatos: I – já provados por documento ou confissão da parte; II – que só por documento ou por exame pericial puderem ser provados".

Alternativa "e": Incorreta, pois não há qualquer vedação nesse sentido na legislação processual trabalhista ou em verbetes do Tribunal Superior do Trabalho. Mesmo porque, a própria CLT, interpretada pelo TST por meio da Súmula nº 377, exige que a testemunha seja empregada da empresa: "Súmula nº 377. Exceto quanto à reclamação de empregado doméstico, ou contra micro ou pequeno empresário, o preposto deve ser necessariamente empregado do reclamado. Inteligência do art. 843, § 1º, da CLT e do art. 54 da Lei Complementar nº 123, de 14 de dezembro de 2006". (ver nota do autor)

Gabarito: D.

---

318. (TRT 2 – Juiz do Trabalho Substituto 2ª Região/2013) Quanto à prova no processo do trabalho, consoante a doutrina. Aponte a alternativa correta:

I. O ordenamento jurídico brasileiro não adota o princípio do livre convencimento, também chamado de princípio de persuasão racional.

II. Com alicerce no princípio da imediação, deve-se privilegiar a impressão pessoal do juiz que fez a instrução, o qual manteve contato pessoal com as testemunhas.

III. Prova ilícita é aquela que implica violação de norma de direito processual.

IV. A prova há de ser analisada em seu conjunto, formando um todo unitário, em razão do que não se deve apreciar a prova isoladamente.

V. O art. 6º, VIII, da Lei nº 8.078/90 (Código de Defesa do Consumidor) prevê a possibilidade de inversão judicial do ônus da prova. Trata-se de princípio também adotado no processo do trabalho.

Está correta a alternativa:

a) II e III.

b) I, III e IV.

c) II, IV e V.

d) I, II, IV.

e) II, III e V.

COMENTÁRIOS

✪ **Nota do autor:** Alguns dos princípios que regem o Direito processual do trabalho e o Direito processual comum são aplicados especificamente no que se referem à matéria probatória, tais como o princípio da necessidade da prova, o princípio da persuasão racional do juiz, o princípio da concentração processual, o princípio da indivisibilidade da prova e o princípio da busca da verdade real. Observe-se, no item "III", que o art. 332 do CPC de 1973 corresponde ao art. 369 do CPC de 2015. Finalmente, no item "V", note-se que, com a vigência da Lei nº 13.467/17 houve alteração na redação do art. 818 da CLT: "O ônus da prova incumbe: I – ao reclamante, quanto ao fato constitutivo de seu direito; II – ao reclamado, quanto à existência de fato impeditivo, modificativo ou extintivo do direito do reclamante. § 1º Nos casos previstos em lei ou diante de peculiaridades da causa relacionadas à impossibilidade ou à excessiva dificuldade de cumprir o encargo nos termos deste artigo ou à maior facilidade de obtenção da prova do fato contrário, poderá o juízo atribuir o ônus da prova de modo diverso, desde que o faça por decisão fundamentada, caso em que deverá dar à parte a oportunidade de se desincumbir do ônus que lhe foi atribuído. § 2º A decisão referida no § 1º deste artigo deverá ser proferida antes da abertura da instrução e, a requerimento da parte, implicará o adiamento da audiência e possibilitará provar os fatos por qualquer meio em direito admitido. § 3º A decisão referida no § 1º deste artigo não pode gerar situação em que a desincumbência do encargo pela parte seja impossível ou excessivamente difícil".

Item "I": Incorreto. O princípio do livre convencimento do juiz difere do princípio da persuasão racional do juiz. Por este último o magistrado não está adstrito a um meio de prova específico ou a qualquer hierarquia entre eles, o que afasta a aplicação do brocardo latino *testis unus, testis nulos* (sistema da prova legal). Mas também não pode formar o seu convencimento com base apenas em suas impressões pessoais (sistema do livre convencimento).

Item "II": Correto. Por esse princípio, o juiz deve aproximar-se das partes e dos meios de provas por elas produzidos, a fim de que consiga extrair, pela sua percepção imediata, a verdade das alegações e, consequentemente, facilitar o julgamento.

Item "III": Incorreto. O CPC de 1973, em seu art. 332, refere-se aos meios de provas legítimos enquanto a Constituição Federal faz referência às provas obtidas por meios ilícitos. A distinção, feita pela doutrina, consiste em atribuir natureza de direito material à ilicitude da prova e de direito processual à legitimidade da prova: "Art. 332. Todos os meios legais, bem como os moralmente legítimos, ainda que não especificados neste Código, são hábeis para provar a verdade dos fatos, em que se funda a ação ou a defesa".

Item "IV": Correto. Pelo princípio da indivisibilidade, cada meio de prova é uno e indivisível, de forma que não há como declarar que uma parte dele tem credibilidade e o restante não, para atender aos interesses da parte que a produziu. Esse princípio também serve para adotar o procedimento no sentido de avaliar as provas produzidas em conjunto, sem dar prevalência a um determinado meio de prova específico.

Item "V": Correto. A CLT era omissa em relação à possibilidade de inversão do ônus da prova. Segundo preceitua o art. 6º, VIII, do CDC, aplicado subsidiariamente ao processo laboral, o juiz pode inverter o ônus da prova quando for verossímil a alegação ou quando for ele hipossuficiente, segundo as regras ordinárias da experiência. Trata-se da modalidade de inversão prevista em lei, ou inversão legal. Inclusive, a IN nº 39/16, art. 3º, VII, do TST admite expressamente a aplicabilidade ao processo do trabalho do art. 373, § 1º do CPC de 2015 que trata da distribuição dinâmica do ônus da prova. (ver nota do autor)

Gabarito: C.

---

319. (TRT 22 - Juiz do Trabalho Substituto 22ª Região/2013) Formulado pedido de adicional de insalubridade, a perícia não teve como ser realizada, por desativado o local em que trabalhou o reclamante, desconhecendo este outro em que pudesse ser feita perícia, cujas condições de trabalho pudessem ser tidas como equivalentes ao em que houvera labutado. Neste caso o juiz deve:

a) reconhecer a inviabilidade, desde logo, de acolhimento da pretensão;

b) fixar que o ônus da prova era do reclamante, e que, não atendido, importaria na rejeição da respeitante pretensão;

c) estabelecer que pesa sobre a reclamada o *onus probandi*, de vez que o reclamante não pode ser prejudicado pela inviabilidade da produção de prova pericial, no caso, já que a desativação de um parque industrial ou de algum setor da empresa é uma opção de quem detém o poder de comando da atividade, além de sua maior aptidão para produzir a prova em questão;

d) considerar que a desativação do local de trabalho conduz à presunção de que o trabalho era aviado em condições de insalubridade, e não sendo infirmada, deve ser acolhida a pretensão obreira;

e) entender que o reclamante deveria ter ingressado em juízo, com ação cautelar de produção antecipada de prova, assim que iniciado o procedimento de desativação.

COMENTÁRIOS

✪ **Nota do autor:** Segundo preceitua o art. 6º, VIII do CDC, aplicado subsidiariamente ao processo laboral, o juiz pode inverter o ônus da prova quando for verossímil a alegação ou quando for ele hipossuficiente, segundo as regras ordinárias da experiência. Trata-se da modalidade de inversão prevista em lei, ou inversão legal. Para solução do conflito, podem ser utilizados, excepcionalmente, outros meios de prova, como orienta a OJ nº 278 da SDI-1 do TST: "A realização de perícia é obrigatória para a verificação de insalubridade. Quando não for possível sua realização, como em caso de fechamento da empresa, poderá o julgador utilizar-se de outros meios de prova". Inclusive, a IN nº 39/16, art. 3º, VII, do TST admite expressamente a aplicabilidade ao processo do trabalho do art. 373, § 1º do CPC de 2015 que trata da distribuição dinâmica do ônus da prova. Atualmente, com a vigência da Lei nº 13.467/17, houve alteração na redação do art. 818 da CLT: "O ônus da prova incumbe: I - ao reclamante, quanto ao fato constitutivo de seu direito; II - ao reclamado, quanto à existência de fato impeditivo, modificativo ou extintivo do direito do reclamante. § 1º Nos casos previstos em lei ou diante de peculiaridades da causa relacionadas à impossibilidade ou à excessiva dificuldade de cumprir o encargo nos termos deste artigo ou à maior facilidade de obtenção da prova do fato contrário, poderá o juízo atribuir o ônus da prova de modo diverso, desde que o faça por decisão fundamentada, caso em que deverá dar à parte a oportunidade de se desincumbir do ônus que lhe foi atribuído. § 2º A decisão referida no § 1º deste artigo deverá ser proferida antes da abertura da instrução e, a requerimento da parte, implicará o adiamento da audiência e possibilitará provar os fatos por qualquer meio em direito admitido. § 3º A decisão referida no § 1º deste artigo não pode gerar situação em que a desincumbência do encargo pela parte seja impossível ou excessivamente difícil".

Alternativa "b": O Juiz pode utilizar de outros meios de prova, como a prova pericial produzida em outros processos contra a mesma empresa e no mesmo local de trabalho. **Incorreta.**

Alternativa "c": Correta a assertiva, pois representa um caso típico de inversão do ônus da prova, que deve ser suportado pela empresa, que assume o risco no desenvolvimento da atividade econômica.

Alternativa "d": Essa presunção não está prevista em lei (legal) nem decorre daquilo que normalmente acontece (presunção judicial ou *hominis*). **Incorreta.**

Alternativa "e": O reclamante não tinha essa obrigação, já que existe instituto que regula a inercia do titular do direito, que é a prescrição. **Incorreta.**

Gabarito: C.

---

320. (TRT 22 - Juiz do Trabalho Substituto 22ª Região/2013) Quanto à prova pericial, assinale a alternativa CORRETA:

a) ainda que a perícia seja complexa, por abranger mais de uma área de conhecimento especializado, o perito nomeado apresentará laudo envolvendo todos os aspectos objeto da perícia e, uma vez considerado o trabalho técnico incompleto, o juiz determinará a complementação do trabalho técnico, por outro perito que detenha o conhecimento adequado;

b) se já repousarem nos autos documentos ou pareceres técnicos sobre as questões de fato que o juiz considerar suficientes à formação do seu convencimento, este poderá dispensar a prova pericial requerida pela parte;

c) no processo do trabalho, mesmo quando o *fato probando* independe de conhecimento especial, técnico ou científico, a prova pericial não poderá ser indeferida;

d) as partes poderão recusar, reciprocamente, os assistentes técnicos indicados, mas não o perito nomeado pelo juízo, uma vez que o expert, nos termos da lei, é um auxiliar do juiz;

e) uma vez determinada a perícia, cabe à parte diligenciar acerca do local e do momento de sua realização, não sendo necessária intimação.

COMENTÁRIOS

✪ **Nota do autor:** Mesmo que o juiz possua conhecimentos técnicos ou científicos, não pode dispensar a produção da perícia por esse motivo. Com efeito, existe a possibilidade de o litígio ser reapreciado por outro Órgão Julgador no qual seus membros, certamente, não seriam dotados da mesma capacidade técnica. Além disso, esse procedimento obstaria a aplicação do contraditório e da ampla defesa. Observe-se, na alternativa "a", que o art. 431-B do CPC de 1973 corresponde ao art. 475 do CPC de 2015. Já na alternativa "b", o art. 427 do CPC de 1973 corresponde ao art. 472 do CPC de 2015. Ainda, na alternativa "c", o art. 420 do CPC de 1973 corresponde ao art. 464 do CPC de 2015. Por fim, na alternativa "e", o art. 431-A do CPC de 1973 corresponde ao art. 474 do CPC de 2015.

Alternativa "a": Incorreta, uma vez que nesse caso a perícia deveria ter sido efetuada por mais de um perito, na forma prevista pelo art. 431-B do CPC de 1973, aplicado subsidiariamente ao processo laboral: "Tratando-se de perícia complexa, que abranja mais de uma área de conhecimento especializado, o juiz poderá nomear mais de um perito e a parte indicar mais de um assistente técnico."

Alternativa "b": Correta. Salvo no caso de perícia de insalubridade e periculosidade, que são obrigatórias, inclusive em caso de revelia, as demais podem ser substituídas por outros meios de prova. Essa possibilidade encontra-se legalmente prevista pelo art. 427 do CPC de 1973: "O juiz poderá dispensar prova pericial quando as partes, na inicial e na contestação, apresentarem sobre as questões de fato pareceres técnicos ou documentos elucidativos que considerar suficientes".

Alternativa "c": Incorreta. Sempre que, para comprovação de determinado fato, for indispensável a utilização de conhecimentos técnicos ou científicos, o juiz, de ofício ou a requerimento da parte, determinará a produção de prova pericial. Então, cabe ao juiz decidir pela realização ou não da prova pericial, pois não é sua obrigação realizar uma prova que seja inútil ou impraticável. Nesse sentido, o art. 420, parágrafo único, do CPC de 1973: "O juiz indeferirá a perícia quando: I – a prova do fato não depender do conhecimento especial de técnico; II – for desnecessária em vista de outras provas produzidas; III – a verificação for impraticável.

Alternativa "d": Incorreta. Não há previsão legal no sentido da recusa recíproca de assistentes técnicos, seja no CPC, seja na CLT.

Alternativa "e": Incorreta, uma vez que as partes serão intimadas sobre a data e o local da realização da perícia, conforme preceito contido no art. 431-A do CPC de 1973: "As partes terão ciência da data e local designados pelo juiz ou indicados pelo perito para ter início a produção da prova".

Gabarito: B.

---

321. (TRT – JTS 16ª RG/2011) Analise as afirmativas e assinale a alternativa CORRETA:

I. Em observância ao princípio da aptidão para a produção da prova, cabe ao empregado o ônus de comprovar que satisfaz os requisitos indispensáveis à obtenção do vale-transporte.

II. Só se permite a juntada de documentos probantes na fase recursal quando provado justo impedimento para sua oportuna apresentação ou se referir a fato posterior à publicação da sentença.

III. Definido pelo reclamante o período no qual não houve depósito do FGTS, ou houve em valor inferior, alegada pela reclamada a inexistência de diferença nos recolhimentos de FGTS, esta atrai para si o ônus da prova de demonstrar o fato extintivo do direito do autor.

IV. As anotações contidas na Carteira de Trabalho e Previdência Social do trabalhador geram presunção relativa de sua validade.

a) Estão corretas apenas as afirmativas I, II E III.

b) Estão corretas apenas as afirmativas I, II e IV.

c) Estão corretas apenas as afirmativas II e IV.

d) Está correta apenas a afirmativa II.

e) Todas estão corretas.

COMENTÁRIOS

✪ **Nota do autor:** Esta questão foi elaborada após o cancelamento das OJs nº 215 e 301 da SDI-1 do TST. Saliente-se que o cancelamento de um verbete não significa, necessariamente, que o Tribunal adotou posicionamento contrário. Isso só ocorre quando há uma alteração na mudança da redação da Súmula ou da OJ.

Essa circunstância, todavia, não foi levada em consideração para efeito de avaliação das assertivas I e III. Atualmente o TST cuida dessas duas matérias por intermédio das Súmulas nº 460 e 461: Súmula nº 460. VALE-TRANSPORTE. ÔNUS DA PROVA – Res. 209/2016, DEJT divulgado em 01, 02 e 03.06.2016. É do empregador o ônus de comprovar que o empregado não satisfaz os requisitos indispensáveis para a concessão do vale-transporte ou não pretenda fazer uso do benefício. Súmula nº 461. FGTS. DIFERENÇAS. RECOLHIMENTO. ÔNUS DA PROVA – Res. 209/2016, DEJT divulgado em 01, 02 e 03.06.2016. É do empregador o ônus da prova em relação à regularidade dos depósitos do FGTS, pois o pagamento é fato extintivo do direito do autor (art. 373, II, do CPC de 2015).

Item "I": Incorreto, segundo a banca, em face do cancelamento da OJ nº 215 da SDI-1: "É do empregado o ônus de comprovar que satisfaz os requisitos indispensáveis à obtenção do vale-transporte".

Item "II": Correto, conforme entendimento previsto pela Súmula nº 8 do TST: "A juntada de documentos na fase recursal só se justifica quando provado o justo impedimento para sua oportuna apresentação ou se referir a fato posterior à sentença".

Item "IV": Incorreto, segundo a banca, em face do cancelamento da OJ nº 301 da SDI-1: "Definido pelo reclamante o período no qual não houve depósito do FGTS, ou houve em valor inferior, alegada pela reclamada a inexistência de diferença nos recolhimentos de FGTS, atrai para si o ônus da prova, incumbindo-lhe, portanto, apresentar as guias respectivas, a fim de demonstrar o fato extintivo do direito do autor (art. 818 da CLT c/c art. 333, II, do CPC)".

Item "IV": Incorreto, pois só geram presunção relativa as anotações apostas pelo empregador. Esse é entendimento do TST revelado pela Súmula nº 12: "As anotações apostas pelo empregador na carteira profissional do empregado não geram presunção *"juris et de jure"*, mas apenas *"juris tantum"*".

Gabarito: D.

---

322. (TRT - JTS 16ª RG/2011) Analise as afirmativas e assinale a alternativa CORRETA:

a) Considera-se afronta ao princípio do devido processo legal e da ampla defesa e contraditório a inversão do ônus da prova na própria sentença, sem que tal seja antecipado pelo juiz às partes durante a instrução probatória e oportunizado defesa à parte prejudicada.

b) Aplica-se a confissão à parte que, expressamente intimada com aquela cominação, não comparecer à audiência em prosseguimento, na qual deveria depor. A prova pré-constituída nos autos pode ser levada em conta para confronto com a confissão ficta, sendo defeso a produção posterior de outras provas.

c) Não é possível a prova de fato negativo no processo do trabalho.

d) Apresentando-se a prova dividida, o Juiz do Trabalho deverá aplicar a regra *in dúbio pro operário*.

e) As provas ilícitas não são admitidas no Processo do Trabalho.

COMENTÁRIOS

✪ **Nota do autor:** A CLT era omissa em relação à possibilidade de inversão do ônus da prova. Segundo preceitua o art. 6º, VIII do CDC, aplicado subsidiariamente ao processo laboral, o juiz pode inverter o ônus da prova quando for verossímil a alegação ou quando for ele hipossuficiente, segundo as regras ordinárias da experiência. Trata-se da modalidade de inversão prevista em lei, ou inversão legal. Entretanto, a matéria relativa ao momento da inversão do ônus da prova era bastante controvertida na doutrina e na jurisprudência à época da formulação desta questão. Desse modo, não poderia ser matéria de pergunta com respostas objetivas sem identificar o autor da teoria. Diga-se o mesmo em relação à afirmação inserida na alternativa "e". Atualmente o art. 373, § 1º, do CPC deixa claro que na hipótese de inversão do ônus da prova o juiz deve oportunizar à parte o desencargo do ônus processual que lhe foi atribuído. Inclusive, a IN nº 39/16, art. 3º, VII, do TST admite expressamente a aplicabilidade ao processo do trabalho desse dispositivo. Por fim, com a vigência da Lei nº 13.467/17, houve alteração na redação do art. 818 da CLT, que trata do ônus da prova, sendo taxativo sobre as hipóteses de incumbência, mas abordando a sua distribuição dinâmica nos moldes do CPC de 2015.

Alternativa "a": A inversão do ônus da prova, estabelecido na sua modalidade clássica, deve ser efetivada expressamente pelo juiz na abertura da fase probatória, para permitir o amplo exercício do direito de defesa. Isso porque o ônus da prova é regra de julgamento (aspecto subjetivo), mas também constitui norma definidora da parte que terá o encargo processual probatório (aspecto objetivo). A inversão do ônus da prova constitui uma situação excepcional, sendo que a parte deve estar preparada para se desincumbir do referido ônus que originariamente não era seu. **Alternativa correta**, mas havia entendimento em sentido contrário, conforme ficou registrado na nota do autor desta questão.

Alternativa "b": A primeira parte da assertiva é considerada correta, pois reproduz o texto contido na Súmula nº 74 do TST, em sua antiga redação: "I – Aplica-se a confissão à parte que, expressamente intimada com aquela cominação, não comparecer à audiência em prosseguimento, na qual deveria depor. II – A prova pré-constituída nos autos pode ser levada em conta para confronto com a confissão ficta (art. 400, I, CPC), não implicando cerceamento de defesa o indeferimento de provas posteriores. III – A vedação à produção de prova posterior pela parte confessa somente a ela se aplica, não afetando o exercício, pelo magistrado, do poder/dever de conduzir o processo". Contudo, é possível fazer prova posterior à declaração da confissão ficta, desde que seja de iniciativa do juiz e não requerida pela parte confessa. Em razão disso, considera-se **incorreta** a alternativa. Note-se, porém, que em 2016 o TST alterou a redação dessa Súmula: "I – Aplica-se a confissão à parte que, expressamente intimada com aquela cominação, não comparecer à audiência em prosseguimento, na qual deveria depor. (ex-Súmula nº 74 – RA 69/1978, DJ 26.09.1978) II – A prova pré-constituída nos autos pode ser levada em conta para confronto com a confissão ficta (arts. 442 e 443, do CPC de 2015 – art. 400, I, do CPC de 1973), não implicando cerceamento de defesa o indeferimento de provas posteriores. (ex-OJ nº 184 da SBDI-1 – inserida em 08.11.2000) III- A vedação à produção de prova posterior pela parte confessa somente a ela se aplica, não afetando o exercício, pelo magistrado, do poder/dever de conduzir o processo".

Alternativa "c": A prova de fato negativo também denominada de prova diabólica, já é aceita tanto pela doutrina quanto pela jurisprudência, seja no processo civil, seja no processo laboral. Basta que, para provar o fato negativo, a parte demonstre que outro fato aconteceu e que seja incompatível com o fato que se pretende demonstrar que não ocorreu. Por exemplo. Um trabalhador pode provar que não estava na empresa no dia da alegada justa causa, pois estava, no mesmo dia e horário, em uma instituição de ensino submetendo-se a uma avaliação, por exemplo. Alternativa **incorreta.**

Alternativa "d": Prova dividida significa dúvida. Nesse caso, o juiz do trabalho não pode utilizar o *in dubio pro operario* porque, além de ser instituto pertencente ao direito material, a legislação processual impõe o uso das regras sobre a distribuição do ônus da prova. Alternativa **incorreta**.

Alternativa "e": Apesar de a Constituição Federal vedar a utilização de provas ilícitas, é possível que em determinadas demandas esse direito esteja em conflito com outro, também inserido na classe dos direitos fundamentais. Nessa situação, o juiz deverá utilizar da ponderação para verificar qual direito fundamental deve prevalecer no caso concreto. Por conta disso, em casos excepcionais é possível admitir-se a prova ilícita no processo do trabalho. Alternativa **incorreta**.

Gabarito: A.

---

323. (TRT – JTS 24ª RG/2008) Sobre as provas no processo do trabalho, é CORRETO afirmar que:

a) A moderna doutrina processualista brasileira considera que a natureza jurídica da prova se modifica de acordo com o diploma legal em que está prevista. Com isso, a prova pode ter natureza jurídica material ou processual.

b) O entendimento da SBDI-1 do Tribunal Superior do Trabalho é no sentido de que a decisão que defere horas extras com base em prova oral ou documental obrigatoriamente ficará limitada ao tempo por ela abrangido.

c) De acordo com a doutrina civilista é sabido que o interrogatório não se presta para a obtenção de confissão. A CLT adotou expressamente o interrogatório das partes (art. 848: Terminada a defesa, seguir-se-á a instrução do processo, podendo o presidente, *ex officio* ou a requerimento de qualquer juiz temporário, interrogar os litigantes), por isso a confissão obtida no interrogatório das partes não será tomada em consideração como meio de prova.

d) Os cartões de ponto que demonstram horários de entrada e saída uniformes são inválidos como meio de prova, invertendo-se o ônus da prova, relativo às horas extras, que passa a ser do empregador, prevalecendo a jornada da inicial se dele não se desincumbir, consoante o entendimento sumulado do Tribunal Superior do Trabalho.

e) Da revelia decorre uma presunção absoluta de veracidade dos fatos alegados na inicial, não podendo o magistrado determinar a produção de qualquer outra prova, que não as previstas em lei, sob pena de proferir julgamento *contra legem*.

COMENTÁRIOS

✪ **Nota do autor:** Observe-se, na alternativa "e", que o art. 400, I, do CPC de 1973 corresponde ao art. 443, I, do CPC de 2015.

Alternativa "a": A doutrina diverge sobre a natureza jurídica das normas que regem o procedimento da prova. Uns defendem que fazem parte das regras do direto material e outros propugnam pela sua classificação na seara do direito processual. Em qualquer caso, entretanto, a regra probatória se destina sempre a demonstração de um fato, esteja ela inserida no Código Civil ou no CPC. Alternativa **incorreta**.

Alternativa "b": Incorreta, pois o posicionamento do TST é justamente em sentido contrário, conforme se vê do texto da OJ nº 233 da SDI-1: "A decisão que defere horas extras com base em prova oral ou documental não ficará limitada ao tempo por ela abrangido, desde que o julgador fique convencido de que o procedimento questionado superou aquele período".

Alternativa "c": A CLT não é técnica na utilização das expressões jurídicas. Percebe-se isso no uso **incorreto** de notificação e intimação, rescisão e resolução etc. Isso acontece também no que diz respeito o uso da expressão interrogatório, mas a doutrina entende que o referido Diploma legal quis se referir ao depoimento pessoal, de onde se extrai a confissão, considerando-o meio de prova. Alternativa **incorreta.**

Alternativa "d": Correta, pois em consonância com o inciso III da Súmula nº 339 do TST: "Os cartões de ponto que demonstram horários de entrada e saída uniformes são inválidos como meio de prova, invertendo-se o ônus da prova, relativo às horas extras, que passa a ser do empregador, prevalecendo a jornada da inicial se dele não se desincumbir".

Alternativa "e": Incorreta. A confissão gera presunção relativa de veracidade dos fatos e não absoluta. O TST entende dessa forma, como se observa da Súmula nº 74, em sua redação anterior: II: "A prova pré-constituída nos autos pode ser levada em conta para confronto com a confissão ficta (art. 400, I, CPC), não implicando cerceamento de defesa o indeferimento de provas posteriores". Note-se, porém, que em 2016 o TST alterou a redação dessa Súmula: "I – Aplica-se a confissão à parte que, expressamente intimada com aquela cominação, não comparecer à audiência em prosseguimento, na qual deveria depor. (ex-Súmula nº 74 – RA 69/1978, DJ 26.09.1978) II – A prova pré-constituída nos autos pode ser levada em conta para confronto com a confissão ficta (arts. 442 e 443, do CPC de 2015 – art. 400, I, do CPC de 1973), não implicando cerceamento de defesa o indeferimento de provas posteriores. (ex-OJ nº 184 da SBDI-1 – inserida em 08.11.2000) III- A vedação à produção de prova posterior pela parte confessa somente a ela se aplica, não afetando o exercício, pelo magistrado, do poder/dever de conduzir o processo".

Gabarito: D.

---

324. (TRT – JTS 23ª RG/2010) No tocante à prova no processo do trabalho analise as seguintes proposições e ao final com base na legislação, jurisprudência pacificada e doutrina predominantes aponte a alternativa CORRETA.

I. Adiada a audiência em prosseguimento, por iniciativa do magistrado, para que se possa aplicar a confissão contra qualquer das partes é imprescindível sejam intimadas pessoalmente com a cominação de que se presumirão confessados os fatos contra elas alegados, caso não compareçam ou, comparecendo, se recusem a depor.

II. Definido pelo reclamante o período no qual não houve depósito do FGTS, ou houve em valor inferior, alegada pela reclamada a inexistência de diferença nos recolhimentos de FGTS, atrai para si o ônus da prova, incumbindo-lhe, portanto, apresentar as guias respectivas.

III. A não apresentação injustificada dos controles de frequência pelo empregador obrigado por lei a emitir este tipo de documento, gera presunção relativa de veracidade da jornada de trabalho, a qual pode ser elidida por prova em contrário, exceto previsão distinta em norma coletiva.

IV. É do empregador o ônus de comprovar que o empregado não satisfaz os requisitos à obtenção do vale-transporte.

a) As proposições I e III estão corretas e as proposições II e IV incorretas.

b) As proposições I e IV estão corretas e as proposições II e III incorretas.

c) As proposições II e III estão corretas e as proposições I e IV incorretas.

d) As proposições II e IV estão corretas e as proposições I e III incorretas.

e) As proposições I e II estão corretas e as proposições III e IV incorretas.

COMENTÁRIOS

✪ **Nota do autor:** Essa questão foi elaborada antes do cancelamento, pelo TST, das OJs nº 215 e 301 da SDI-1. De igual forma foi conferida nova redação ao inciso I, da Súmula nº 74 do TST: "Aplica-se a confissão à parte que, expressamente intimada com aquela cominação, não comparecer à audiência em prosseguimento, na qual deveria depor". Nesse último caso, todavia, a mudança ocorrida não prejudicou o posicionamento do TST, pois só foi retirada a expressão "pena", que não representava a natureza jurídica da confissão. Observe-se, no item "II", que o art. 333, II do CPC de 1973 corresponde ao art. 373, II do CPC de 2015. Atualmente o TST cuida da matéria relativa ao ônus da prova por intermédio das Súmulas nº 460 e 461: Súmula nº 460. VALE-TRANSPORTE. ÔNUS DA PROVA – Res. 209/2016, DEJT divulgado em 01, 02 e 03.06.2016. É do empregador o ônus de comprovar que o empregado não satisfaz os requisitos indispensáveis para a concessão do vale-transporte ou não pretenda fazer uso do benefício. Súmula nº 461. FGTS. DIFERENÇAS. RECOLHIMENTO. ÔNUS DA PROVA – Res. 209/2016, DEJT divulgado em 01, 02 e 03.06.2016. É do empregador o ônus da prova em relação à regularidade dos depósitos do FGTS, pois o pagamento é fato extintivo do direito do autor (art. 373, II, do CPC de 2015).

Item "I": Correto. A necessidade de intimação específica para declaração da confissão encontra-se prevista no item I da Súmula nº 74 do TST, em sua redação anterior: "Aplica-se a pena de confissão à parte que, expressamente intimada com aquela cominação, não comparecer à audiência em prosseguimento, na qual deveria depor". (ver nota do autor)

Item "II": Correto à época, conforme redação da OJ nº 301 da SDI-1, que foi cancelada: "Definido pelo reclamante o período no qual não houve depósito do FGTS, ou houve em valor inferior, alegada pela reclamada a inexistência de diferença nos recolhimentos de FGTS, atrai para si o ônus da prova, incumbindo-lhe, portanto, apresentar as guias respectivas, a fim de demonstrar o fato extintivo do direito do autor (art. 818 da CLT c/c art. 333, II, do CPC)".

Item "III": Incorreto, já que a Súmula nº 338, I, TST não prevê a exceção relativa à previsão distinta em norma coletiva: "I – É ônus do empregador que conta com mais de 10 (dez) empregados o registro da jornada de trabalho na forma do art. 74, § 2º, da CLT. A não apresentação injustificada dos controles de frequência gera presunção relativa de veracidade da jornada de trabalho, a qual pode ser elidida por prova em contrário".

Item "IV": Incorreto à época, pois OJ nº 215 da SDI-1, hoje cancelada, atribuía esse ônus ao empregado: "É do empregado o ônus de comprovar que satisfaz os requisitos indispensáveis à obtenção do vale-transporte". (ver nota do autor)

Gabarito: E.

325. (TRT – JTS 23ª RG/2008) Marque a alternativa CORRETA:

Verificando-se a revelia em reclamação trabalhista que tem como objeto pretensão de adicional de insalubridade, deverá o juiz:

a) determinar, mesmo de ofício, a produção de prova pericial e só depois apreciar o pedido.

b) encerrar a instrução processual, porque confessa a reclamada quanto à matéria de fato, e julgar procedente o pedido.

c) se não requerida a prova pericial pelo autor, encerrar a instrução processual e julgar improcedente o pedido.

d) se requerida a prova pericial pelo autor, indeferi-la, uma vez que não está adstrito ao laudo e porque vigora no direito processual o princípio do livre convencimento motivado.

e) realizada a prova pericial, julgar procedente o pedido ainda que o laudo técnico conclua pela inexistência de trabalho insalubre, já que os efeitos da confissão ficta a ele se sobrepõem.

COMENTÁRIOS

✪ **Nota do autor:** Observar que, atualmente, é possível ao juiz dispensar a perícia no caso de pleito de adicional de periculosidade, apesar da lei não abrir exceção expressa. Trata-se do pedido de adicional de periculosidade fundado no risco de roubo e outras espécies de violência física, conforme previsão contida no art. 193 da CLT: "São consideradas atividades ou operações perigosas, na forma da regulamentação aprovada pelo Ministério do Trabalho e Emprego, aquelas que, por sua natureza ou métodos de trabalho, impliquem risco acentuado em virtude de exposição permanente do trabalhador a: II – roubos ou outras espécies de violência física nas atividades profissionais de segurança pessoal ou patrimonial". Observe-se, na alternativa "e", que o art. 436 do CPC de 1973 corresponde ao art. 479 do CPC de 2015.

Alternativa "a": Correta, pois o art. 195, § 2º, CLT impõe a obrigatoriedade de realização da prova técnica: "Arguida em juízo insalubridade ou periculosidade, seja por empregado, seja por Sindicato em favor de grupo de associado, o juiz designará perito habilitado na forma deste artigo, e, onde não houver, requisitará perícia ao órgão competente do Ministério do Trabalho". A jurisprudência dominante do TST confirma os termos desta alternativa: "Tendo em vista ser imperativa a realização de perícia para a caracterização e a classificação da insalubridade, constitui dever do juízo designar perito nos estritos termos do artigo 195, § 2º, da CLT, não podendo a perícia ser dispensada apenas porque a experiência do julgador possibilita antever que o trabalhador, no exercício da profissão de soldador, encontra-se exposto a agente insalubre. Recurso de revista parcialmente conhecido e provido (TST. RR 3230040-51.2004.5.11.0003. 5ª T. Rel. Emmanoel Pereira. DEJT 19.09.2008)".

Alternativa "b": Incorreta, pois a realização da perícia nos casos de pedido de adicional de periculosidade ou insalubridade, ainda que seja revelia, é obrigatória, na forma exposta na alternativa anterior.

Alternativa "c": Incorreta, uma vez que a realização da perícia nos casos de pedido de adicional de periculosidade ou insalubridade, ainda que seja revelia, é obrigatória, na forma exposta na alternativa "a".

Alternativa "d": Incorreta, pois a realização da perícia nos casos de pedido de adicional de periculosidade ou insalubridade, ainda que seja revelia, é obrigatória, na forma exposta na alternativa "a".

Alternativa "e": Incorreta, tendo em vista que o juiz não está adstrito ao laudo pericial, conforme mandamento contido no art. 436 do CPC de 1973, aplicado subsidiariamente ao processo laboral: "O juiz não está adstrito ao laudo pericial, podendo formar a sua convicção com outros elementos ou fatos provados nos autos".

Gabarito: A.

326. (TRT – JTS 14ª RG/2008) Em relação à prova no processo do trabalho, assinale a alternativa verdadeira:

a) Consoante a jurisprudência dominante, cabe ao empregado comprovar que satisfaz os requisitos indispensáveis para a obtenção do vale-transporte.

b) Não se aplica ao processo do trabalho a regra de distribuição do ônus da prova do processo civil, tendo em vista dispor a CLT de regra própria.

c) Tendo o autor alegado a existência de diferenças nos depósitos de FGTS, cabe-lhe demonstrá-las, não se podendo impor ao empregador a comprovação da regularidade dos recolhimentos por ele sustentada na defesa, vez que seria obrigá-lo a provar fato negativo.

d) Havendo pedido de equiparação salarial, cabe ao empregador o ônus da prova quanto à ausência de identidade de função.

e) São inválidos como meio de prova os cartões de ponto trazidos pelo empregador com registros de horários rígidos e inflexíveis, estabelecendo-se, na hipótese, a presunção *juris et de jure* de veracidade da jornada de trabalho indicada na inicial.

COMENTÁRIOS

✪ **Nota do autor:** Esta pergunta foi elaborada antes do cancelamento das OJs nº 215 e 301 da SDI-1 do TST. Observe-se, na alternativa "b", que o art. 333, I e II, do CPC de 1973 corresponde ao art. 373, I e II, do CPC de 2015. Inclusive, a IN nº 39/16, art. 3º, VII, do TST admite expressamente a aplicabilidade ao processo do trabalho do art. 373, § 1º do CPC de 2015 que trata da distribuição dinâmica do ônus da prova. Inclusive, com a vigência da Lei nº 13.467/17, houve alteração no art. 818 da CLT, que trata do ônus da prova, adotando redação semelhante ao do CPC de 2015. Finalmente, o TST cuida da matéria relativa ao ônus da prova por intermédio das Súmulas nºs 460 e 461: Súmula nº 460. VALE-TRANSPORTE. ÔNUS DA PROVA - Res. 209/2016, DEJT divulgado em 01, 02 e 03.06.2016. É do empregador o ônus de comprovar que o empregado não satisfaz os requisitos indispensáveis para a concessão do vale-transporte ou não pretenda fazer uso do benefício. Súmula nº 461. FGTS. DIFERENÇAS. RECOLHIMENTO. ÔNUS DA PROVA – Res. 209/2016, DEJT divulgado em 01, 02 e 03.06.2016. É do empregador o ônus da prova em relação à regularidade dos depósitos do FGTS, pois o pagamento é fato extintivo do direito do autor (art. 373, II, do CPC de 2015).

Alternativa "a": Correta, pois OJ nº 215 da SDI-1, já cancelada, atribuía esse ônus ao empregado: "É do empregado o ônus de comprovar que satisfaz os requisitos indispensáveis à obtenção do vale-transporte". (ver nota do autor)

Alternativa "b": A regra do art. 333 do CPC de 1973 não passa de uma versão mais pormenorizada do preceito contido no art. 818 da CLT: "Art. 333. O ônus da prova incumbe: I - ao autor, quanto ao fato constitutivo do seu direito; II - ao réu, quanto à existência de fato impeditivo, modificativo ou extintivo do direito do autor. Art. 818 - A prova das alegações incumbe à parte que as fizer". Explica-se. Quando o réu alega um fato impeditivo, modificativo ou extintivo do direito do autor, esse mesmo fato representa um fato constitutivo do seu direito. Alternativa **incorreta. (ver nota do autor)**

Alternativa "c": Incorreta, pois à época da vigência da OJ nº 301 da SDI-1 atribuía-se esse ônus ao empregador: "Definido pelo reclamante o período no qual não houve depósito do FGTS, ou houve em valor inferior, alegada pela reclamada a inexistência de diferença nos recolhimentos de FGTS, atrai para si o ônus da prova, incumbindo-lhe, portanto, apresentar as guias respectivas, a fim de demonstrar o fato extintivo do direito do autor (art. 818 da CLT c/c art. 333, II, do CPC)".

Alternativa "d": Incorreta, uma vez que a Súmula nº 6, VIII, do TST atribui ao empregador o ônus da prova em relação ao fato impeditivo, modificativo ou extintivo. Logo, atribui ao empregado o ônus da prova do fato constitutivo da equiparação salarial: "É do empregador o ônus da prova do fato impeditivo, modificativo ou extintivo da equiparação salarial".

Alternativa "e": Incorreta, uma vez que a adoção dessa prática gera presunção *iuris tantum* e não absoluta, como mencionado pelo item I, da Súmula nº 338 do TST: "É ônus do empregador que conta com mais de 10 (dez) empregados o registro da jornada de trabalho na forma do art. 74, § 2º, da CLT. A não apresentação injustificada dos controles de frequência gera presunção relativa de veracidade da jornada de trabalho, a qual pode ser elidida por prova em contrário".

Gabarito: A.

327. (TRT - JTS 8ª RG/2009) Sobre a prova no Processo do Trabalho, é CORRETO afirmar:

a) O documento oferecido para prova só será aceito se estiver no original ou em certidão autêntica, ou quando conferida a respectiva forma pública perante o juiz ou tribunal do trabalho.

b) Nos termos da lei, o comparecimento das testemunhas à audiência prescinde de notificação ou intimação. As que não comparecerem espontaneamente serão intimadas. Mas, na hipótese de ação submetida ao rito sumaríssimo, o deferimento da intimação dependerá da comprovação pela parte de que a testemunha ausente foi convidada.

c) Nas ações submetidas ao procedimento sumaríssimo, a prova técnica somente será deferida quando o fato o exigir, ou for legalmente imposta. Uma vez apresentado o laudo pericial, as partes serão intimadas a manifestar-se, no prazo de cinco dias, sucessivos.

d) A testemunha que for parente até o terceiro grau civil, amigo íntimo, ou inimigo de qualquer das partes, inclusive o trabalhador que estiver litigando ou tiver litigado contra o mesmo empregador, que a inimigo deste se equipara, não prestará compromisso e seu depoimento valerá como simples informação.

e) É facultado a cada uma das partes apresentar um perito, cujo laudo terá que ser apresentado no mesmo prazo assinado para o perito designado pelo juiz, sob pena de desentranhamento dos atos.

COMENTÁRIOS

✪ **Nota do autor:** Em regra, a alegação de fatos ou versões dos fatos é que constituem o objeto da prova e não o fato em si. Isso porque o fato é sempre um fenômeno acontecido no mundo físico.

Alternativa "a": Incorreta, uma vez que contraria o preceito contido no art. 830 da CLT: "O documento em cópia oferecido para prova poderá ser declarado autêntico pelo próprio advogado, sob sua responsabilidade pessoal". Na verdade o texto da alternativa corresponde à redação anterior desse dispositivo legal: "Art. 830 - O documento oferecido para prova só será aceito se estiver no original ou em certidão autêntica, ou quando conferida a respectiva pública-forma ou cópia perante o juiz ou Tribunal".

Alternativa "b": Correta, pois corresponde ao texto dos artigos 825 e 852-H da CLT "Art. 825 - As testemunhas comparecerão a audiência independentemente de notificação ou intimação. Parágrafo único - As que não comparecerem serão intimadas, *ex officio* ou a requerimento da parte, ficando sujeitas a condução coercitiva, além das penalidades do art. 730, caso, sem motivo justificado, não atendam à intimação. Art. 852-H (...) § 3º Só será deferida intimação de testemunha que, comprovadamente convidada, deixar de comparecer. Não comparecendo a testemunha intimada, o juiz poderá determinar sua imediata condução coercitiva".

Alternativa "c": O prazo é comum e não sucessivo. Alternativa **incorreta**, conforme preceitua o art. 852-H, § 4º e 6º da CLT: "§ 4º. Somente quando a prova do fato o exigir, ou for legalmente imposta, será deferida prova técnica, incumbindo ao juiz, desde logo, fixar o prazo, o objeto da perícia e nomear perito. § 6º As partes serão intimadas a manifestar-se sobre o laudo, no prazo comum de cinco dias".

Alternativa "d": Incorreta, uma vez que o entendimento do TST revelado por meio da Súmula nº 357 é no sentido de não se tornar suspeita a testemunha que litiga ou litigou com o mesmo empregador: "**TESTEMUNHA. AÇÃO CONTRA A MESMA RECLAMADA. SUSPEIÇÃO**. Não torna suspeita a testemunha o simples fato de estar litigando ou de ter litigado contra o mesmo empregador".

Alternativa "e": O perito é único e designado pelo Juiz. As partes podem indicar assistentes técnicos. Opção **incorreta**, conforme dispõe o art. 3º da Lei nº 5.584/70: "Os exames periciais serão realizados por perito único designado pelo juiz, que fixará o prazo para a entrega do laudo. Parágrafo único: Permitir-se-á cada parte a indicação de um assistente, cujo laudo terá que ser apresentado no mesmo prazo assinado para o perito, sob pena de ser desentranhado dos autos".

Gabarito: B.

---

328. (USU – JTS 1ª RG/2008) Assinale a proposição CORRETA:

a) A oposição é sempre aceita no processo do trabalho.

b) A prova documental no processo do trabalho poderá ser produzida a qualquer tempo, no curso da instrução processual.

c) As testemunhas no processo do trabalho devem ser previamente arroladas, a fim de que a parte contrária tenha ciência de quem são as pessoas e possa preparar possível contradita.

d) No processo do trabalho a audiência é una e contínua, sendo nula a partição do ato.

e) O parecer do assistente técnico deverá ser apresentado no mesmo prazo assinado para o perito, sob pena de desentranhamento dos autos.

COMENTÁRIOS

✪ **Nota do autor:** Critica-se a assertiva contida na alínea "b" desta pergunta, uma vez que o tema relativo ao momento da produção da prova no processo do trabalho é bastante controvertido tanto na doutrina quanto na jurisprudência. Por esse motivo, jamais poderia ser matéria de questão objetiva.

Alternativa "a": A doutrina diverge sobre o cabimento da oposição no processo do trabalho. Ainda entre aqueles favoráveis à sua utilização, admitem que só é cabível em determinados casos específicos. Alternativa **incorreta**.

Alternativa "b": Incorreta, uma vez que a banca do concurso entendeu que a prova documental deve acompanhar a inicial ou a defesa. Parte da doutrina e da jurisprudência, entretanto, entende que enquanto não for encerrada a instrução é possível produzir prova, inclusive a documental.

Alternativa "c": Incorreta, pois o art. 825 da CLT não faz essa exigência: "As testemunhas comparecerão a audiência independentemente de notificação ou intimação".

Alternativa "d": Incorreta, uma vez que a própria CLT permite o fracionamento da audiência no processo submetido ao rito ordinário, conforme se vê do texto do art. 849: "A audiência de julgamento será contínua; mas, se não for possível, por motivo de força maior, concluí-la no mesmo dia, o juiz ou presidente marcará a sua continuação para a primeira desimpedida, independentemente de nova notificação".

Alternativa "e": Correta, pois esse prazo comum encontra-se estabelecido pelo art. 3º, parágrafo único, da Lei nº 5.584/70: "Permitir-se-á a cada parte a indicação de um assistente, cujo laudo terá que ser apresentado no mesmo prazo assinado para o perito, sob pena de ser desentranhado dos autos".

Gabarito: E.

---

329. (CESPE – JTS 1ª RG/2010) A respeito das provas no processo do trabalho, assinale a opção CORRETA.

a) A permanência do tripulante a bordo do navio, no período de repouso, além da jornada, não implica presunção de que esteja à disposição do empregador ou em regime de prorrogação de horário, circunstâncias que devem resultar provadas.

b) O empregado que ajuizar ação postulando equiparação salarial terá o ônus de provar que o paradigma indicado tem menos de dois anos de diferença de exercício da função.

c) Se empresa reclamada apresentar folhas de ponto, assinadas pelo reclamante, contendo, todas elas, marcação de entrada às 8 horas, de intervalo de alimentação e descanso entre as 12 e as 14 horas e de saída às 18 horas, e, na inicial, o reclamante alegar jornada das 6 às 20 horas, com intervalo de trinta minutos, o juiz deverá indeferir prova da empresa e considerar verdadeira a jornada indicada pelo autor.

d) Se o empregador não comparecer à audiência em que deveria depor, o juiz deve aplicar a pena de confissão, sendo proibida a confrontação da prova pré-constituída.

e) Sob pena de cerceamento de defesa, em fase de recurso ordinário, quando ainda estiverem sendo analisadas provas, é, em princípio, possível a juntada de documentos que visem provar as alegações das partes.

COMENTÁRIOS

✪ **Nota do autor:** Observe-se, na alternativa "d", que o art. 400, I do CPC de 1973 corresponde ao art. 443, I do CPC de 2015.

Alternativa "a": Correta, pois em conformidade com o entendimento do TST constante da Súmula nº 96: "A permanência do tripulante a bordo do navio, no período de repouso, além da jornada, não importa presunção de que esteja à disposição do empregador ou em regime de prorrogação de horário, circunstâncias que devem resultar provadas, dada a natureza do serviço".

Alternativa "b": Incorreta, pois esse ônus é do empregador, conforme Súmula nº 6, VIII, do TST: "É do empregador o ônus da prova do fato impeditivo, modificativo ou extintivo da equiparação salarial".

Alternativa "c": Incorreta, porque nesse caso haverá presunção de invalidade da prova documental, conforme entendimento inserido na Súmula nº 338, III, do TST: "Os cartões de ponto que demonstram horários de entrada e saída uniformes são inválidos como meio de prova, invertendo-se o ônus da prova, relativo às horas extras, **que passa a ser do empregador**, prevalecendo a jornada da inicial se dele não se desincumbir".

Alternativa "d": Incorreta, pois a prova pré-constituída é admitida expressamente, mesmo no caso de revelia, segundo a redação anterior da Súmula nº 74 do TST: "I – Aplica-se a pena de confissão à parte que, expressamente intimada com aquela cominação, não comparecer à audiência em prosseguimento, na qual deveria depor. II – A prova pré-constituída nos autos pode ser levada em conta para confronto com a confissão ficta (art. 400, I, CPC), não implicando cerceamento de defesa o indeferimento de provas posteriores". Note-se, porém, que em 2016 o TST alterou essa Súmula, passando a ter a seguinte redação: "I – Aplica-se a confissão à parte que, expressamente intimada com aquela cominação, não comparecer à audiência em prosseguimento, na qual deveria depor. (ex-Súmula nº 74 – RA 69/1978, DJ 26.09.1978) II – A prova pré-constituída nos autos pode ser levada em conta para confronto com a confissão ficta (arts. 442 e 443, do CPC de 2015 – art. 400, I, do CPC de 1973), não implicando cerceamento de defesa o indeferimento de provas posteriores. (ex-OJ nº 184 da SBDI-1 – inserida em 08.11.2000) III- A vedação à produção de prova posterior pela parte confessa somente a ela se aplica, não afetando o exercício, pelo magistrado, do poder/dever de conduzir o processo".

Alternativa "e": Nesse caso, só seria possível a produção dessa prova documental caso provado justo impedimento para apresentação na época própria. Opção **incorreta**, conforme Súmula nº 8 do TST: "A juntada de documentos na fase recursal só se justifica quando provado o justo impedimento para sua oportuna apresentação ou se referir a fato posterior à sentença".

Gabarito: A.

330. (TRT – JTS 21ª RG/2010) A respeito dos meios de prova admitidos no Processo do Trabalho, encontramos a prova testemunhal. Acerca dessa modalidade, é INCORRETO afirmar:

a) é tida como suspeita a testemunha que estiver litigando contra o demandado com o mesmo objeto da demanda em que foi arrolada para depor;

b) nos feitos sujeitos ao rito ordinário, admite-se, no máximo, 3 (três) testemunhas indicadas por cada uma das partes;

c) nos processos sujeitos ao rito sumaríssimo, são admitidas até 2 (duas) testemunhas indicadas por cada parte;

d) a testemunha que, intimada pelo Juízo, deixar de comparecer sem qualquer justificativa, pode ser conduzida coercitivamente;

e) no inquérito para apuração de falta grave, apontada como praticada por dirigente sindical, poderão ser indicadas até 6 (seis) testemunhas por cada uma das partes.

COMENTÁRIOS

✪ **Nota do autor:** A testemunha pode servir, de forma facultativa, para presenciar determinados atos jurídicos, situação regida pelo Direito material, ou para prestar declarações em juízo, de forma obrigatória, sob a disciplina do Direito processual.

Alternativa "a": Incorreta, uma vez que o entendimento do TST é justamente em sentido contrário, conforme pode ser constatado do texto da Súmula nº 357: "Não torna suspeita a testemunha o simples fato de estar litigando ou de ter litigado contra o mesmo empregador".

Alternativa "b": Correta, conforme disposição contida no art. 821 da CLT: "Cada parte não poderá indicar mais de três testemunhas, salvo quando se tratar de inquérito, caso em que esse número poderá ser elevado a seis".

Alternativa "c": Correta, de acordo com o preceito contido no art. 852-H, § 2º, da CLT: "As testemunhas, até o máximo de duas para cada parte, comparecerão à audiência de instrução e julgamento independentemente de intimação".

Alternativa "d": Essa previsão encontra-se contida no art. 825, parágrafo único, CLT: "As que não comparecerem serão intimadas, *ex officio*, ou a requerimento da parte, ficando sujeitas à condução coercitiva, além das penalidades do art. 730, caso, sem motivo justificado, não atendam à intimação". **Opção correta.**

Alternativa "e": Correta, na forma prevista pelo art. 821 da CLT: "Cada parte não poderá indicar mais de três testemunhas, salvo quando se tratar de inquérito, caso em que esse número poderá ser elevado a seis".

Gabarito: A.

331. (TRT – JTS 21ª RG/2010) José ajuizou ação trabalhista contra a empresa Da Lua S/A, pleiteando o pagamento de adicional de insalubridade. O Juiz determinou a realização da perícia, nomeando perito, tendo as partes indicado assistentes técnicos, os quais apresentaram quesitos. O laudo concluiu pela inexistência da condição insalubre no meio ambiente de trabalho, conclusão esta que foi acolhida pelo Juiz em sua sentença. Quanto aos honorários periciais, é CORRETO afirmar:

a) serão suportados pelo empregador, ante a hipossuficiência do empregado;

b) os honorários periciais, inclusive dos assistentes designados pelas partes, serão suportados pelo sucumbente na ação;

c) os honorários do perito designado pelo Juízo serão suportados pelo sucumbente na pretensão, salvo se for beneficiário da Justiça Gratuita;

d) os honorários do perito designado pelo Juízo serão suportados pelo empregador, independentemente do deslinde da controversa, mas os honorários dos assistentes serão suportados por quem os indicou;

e) os honorários do perito designado pelo Juízo e bem assim os honorários dos assistentes serão suportados pelo Estado, toda vez que o empregado for sucumbente na reclamação e lhe tenha sido deferido o benefício da gratuidade da justiça.

COMENTÁRIOS

✪ **Nota do autor:** Se a perícia for complexa e envolver várias áreas do conhecimento, o juiz poderá nomear mais de um perito e as partes poderão indicar mais de um assistente técnico, observando as respectivas especialidades. Note-se que essa questão foi elaborada antes da vigência da Lei nº 13.467/17, que alterou a redação do art. 790-B da CLT. Posteriormente, em 2021, o STF declarou a inconstitucionalidade do *caput* e do § 4º desse dispositivo legal, quando do julgamento da ADI nº 5766.

Alternativa "a": Os honorários periciais eram suportados pela parte sucumbente na pretensão relativa ao adicional de insalubridade. Opção **incorreta**, conforme disposto no *caput* do art. 790-B da CLT em sua redação anterior: "A responsabilidade pelo pagamento dos honorários periciais é da parte sucumbente na pretensão objeto da perícia, salvo se beneficiária de justiça gratuita". (ver nota do autor)

Alternativa "b": Nesse caso, os honorários do assistente são suportados pela parte que o indicou. Opção **incorreta**, conforme Súmula nº 341 do TST: "A indicação do perito assistente é faculdade da parte, a qual deve responder pelos respectivos honorários, ainda que vencedora no objeto da perícia".

Alternativa "c": Correta, pois reproduzia a ideia contida no *caput* do art. 790-B da CLT em sua redação anterior: "A responsabilidade pelo pagamento dos honorários periciais é da parte sucumbente na pretensão objeto da perícia, salvo se beneficiária de justiça gratuita". Quando ao beneficiário da Justiça Gratuita, incide o posicionamento do TST revelado por meio da OJ nº 387 da SDI-1: "A União é responsável pelo pagamento dos honorários de perito quando a parte sucumbente no objeto da perícia for beneficiária da assistência judiciária gratuita, observado o procedimento disposto nos arts. 1º, 2º e 5º da Resolução nº 35/2007 do Conselho Superior da Justiça do Trabalho – CSJT". Atualmente essa OJ foi transformada na Súmula nº 457 do TST, com a seguinte redação: "A União é responsável pelo pagamento dos honorários de perito quando a parte sucumbente no objeto da perícia for beneficiária da assistência judiciária gratuita, observado o procedimento disposto nos arts. 1º, 2º e 5º da Resolução n.º 66/2010 do Conselho Superior da Justiça do Trabalho – CSJT". (ver nota do autor)

Alternativa "d": Incorreta, segundo o art. 790-B da CLT, em sua redação anterior, e o entendimento inserido na Súmula nº 341 do TST. (ver nota do autor)

Alternativa "e": Incorreta, segundo o art. 790-B da CLT, em sua redação anterior, e o entendimento inserido na Súmula nº 341 do TST. (ver nota do autor)

Gabarito: C.

332. (TRT – JTS 23ª RG/2008) Conforme entendimento do TST, é CORRETO afirmar:

I. aplica-se a pena de confissão à parte que, expressamente intimada com aquela cominação, não comparecer à audiência em prosseguimento, na qual deveria depor. A prova pré-constituída nos autos pode ser levada em conta para confronto com a confissão ficta, não implicando cerceamento de defesa o indeferimento de provas posteriores;

II. os cartões de ponto que demonstrem horários de entrada e saída uniformes são inválidos como meio de prova, invertendo-se o ônus da prova, relativo às horas extras, que passa a ser do empregador, prevalecendo a jornada de trabalho descrita na petição inicial se dele não se desincumbir;

III. o prazo prescricional relativamente à ação de cumprimento de decisão normativa flui da data da publicação da decisão no órgão oficial;

IV. a contagem do quinquídio para apresentação dos originais de recurso interposto por intermédio de fac-símile começa a fluir do dia seguinte à interposição do recurso, independentemente de intimação.

a) todas as opções estão corretas;

b) apenas três opções estão corretas;

c) apenas duas opções estão corretas;

d) apenas uma opção está correta;

e) todas as opções estão incorretas.

COMENTÁRIOS

✪ **Nota do autor:** Essa questão foi elaborada antes da alteração do inciso I da Súmula nº 74 do TST, que conta atualmente com a seguinte redação: "Aplica-se a confissão à parte que, expressamente intimada com aquela cominação, não comparecer à audiência em prosseguimento, na qual deveria depor". Nesse caso, todavia, a mudança ocorrida não prejudicou o posicionamento do TST, pois só foi retirada a expressão "pena", que não representava a natureza jurídica da confissão.

Item "I": Correto à época, pois correspondia à redação do item I, da Súmula nº 74 do TST antes da sua alteração: "Aplica-se a pena de confissão à parte que, expressamente intimada com aquela cominação, não comparecer à audiência em prosseguimento, na qual deveria depor".

Item "II": Correto, uma vez que corresponde ao sistema de distribuição ônus da prova estabelecido pela Súmula nº 338, I, do TST: "É ônus do empregador que conta com mais de 10 (dez) empregados o registro da jornada de trabalho na forma do art. 74, § 2º, da CLT. A não apresentação injustificada dos controles de frequência gera presunção relativa de veracidade da jornada de trabalho, a qual pode ser elidida por prova em contrário". Alerta-se que o § 2º, art. 74 da CLT foi alterado pela Lei nº 13.874/19, passando de 10 para 20 empregados, conforme se observar da sua atual redação: "Para os estabelecimentos com mais de 20 (vinte) trabalhadores será obrigatória a anotação da hora de entrada e de saída, em registro manual, mecânico ou eletrônico, conforme instruções expedidas pela Secretaria Especial de Previdência e Trabalho do Ministério da Economia, permitida a pré-assinalação do período de repouso.

Item "IV": Incorreto, pois o termo inicial do prazo prescricional é a data do seu trânsito em julgado, na forma do posicionamento adotado pelo TST em sua Súmula nº 350: "O prazo de prescrição com relação à ação de cumprimento de decisão normativa flui apenas da data de seu trânsito em julgado".

Item "IV": O prazo, nesse caso, começa a fluir a partir do dia subsequente ao término do prazo recursal e não a partir do dia subsequente a interposição do recurso por fac-símile. **Item incorreto**, conforme Súmula nº 387, II, do TST: "A contagem do quinquídio para apresentação dos originais de recurso interposto por intermédio de fac-símile começa a fluir do dia subsequente ao término do prazo recursal, nos termos do art. 2º da Lei nº 9.800, de 26.05.1999, e não do dia seguinte à interposição do recurso, se esta se deu antes do termo final do prazo".

Gabarito: C.

---

333. (TRT – JTS 23ª RG/2008) Marque a alternativa CORRETA:

Contestando o reclamante a assinatura que se lhe atribui em recibo de pagamento apresentado pela reclamada e encerrada a instrução processual sem a produção de outras provas e sem oposição das partes, deverá o juiz quando do julgamento:

a) porque não desconstituído, considerar válido o documento e provado o fato pertinente.

b) negar validade ao documento e o desprezá-lo como prova do pagamento.

c) reabrir a instrução processual e ordenar ao Reclamante provar o que alega, porque seu o ônus correspondente.

d) suspender o julgamento até enquanto surja algum fato novo capaz de elucidar a questão controvertida.

e) determinar o desentranhamento do documento, uma vez que cabia à Reclamada o ônus da prova.

COMENTÁRIOS

✪ **Nota do autor:** O incidente de falsidade pode ser ideológico ou material. É ideológica a falsidade quando o conteúdo do documento não retratar a realidade fática que aparenta representar. A falsidade é material quando se tratar de rasuras ou contestação da assinatura (autenticidade da assinatura) de quem firmou o documento. Observe-se que o art. 389, I e II do CPC de 1973 corresponde ao art. 429, I e II do CPC de 2015. E, finalmente, com a vigência da Lei nº 13.467/17, a CLT também passou a regulamentar a distribuição dinâmica do ônus da prova nos moldes do CPC de 2015, através da modificação do seu art. 818.

Alternativa "a": A questão é resolvida por meio da aplicação da regra contida no art. 389 do CPC de 1973, aplicado subsidiariamente ao processo do trabalho: "Incumbe o ônus da prova quando: I – se tratar de falsidade de documento, à parte que a arguir; II – se tratar de contestação de assinatura, à parte que produziu o documento". Como o reclamante contestou a assinatura em um documento juntado pelo reclamado, cabia a este último o ônus da prova, do qual não se desincumbiu. Portanto, o **correto** seria negar validade ao documento. **Opção incorreta. (ver nota do autor)**

Alternativa "b": Correta, pois aplicou a regra contida no citado art. 389 do CPC de 1973, já que caberia ao reclamado o ônus de comprovar que a assinatura contida no documento pertencia ao reclamante. (ver nota do autor)

Alternativa "c": Incorreta, pois o ônus da prova cabia ao reclamado, parte que produziu o documento, na forma prevista pelo art. 389 do CPC de 1973. (ver nota do autor)

Alternativa "d": Incorreta, uma vez que a lei processual não contempla a suspensão do processo para aguardar surgimento de fato novo.

Alternativa "e": Incorreta, considerando que, uma vez juntado aos autos, foi aceito como meio de prova, mas sem ainda avaliar os seus efeitos processuais. Questão distinta diz respeito ao valor *probandi* do referido documento quando é contestada a sua autenticidade. O desentranhamento só teria lugar no caso de documento impertinente ou colacionado após prazo preclusivo legal ou judicial.

Gabarito: B.

---

334. (TRT – JTS 23ª RG/2008) Marque a alternativa CORRETA:

Em reclamação trabalhista na qual são pleiteados, além do reconhecimento do liame empregatício a partir de 02/05/2008, salários retidos e verbas rescisórias no montante de R$ 3.500,00:

a) não se admitirá prova exclusivamente testemunhal, porque o valor do contrato é inferior ao décuplo do salário mínimo.

b) não prestará compromisso a testemunha que for parente de qualquer das partes até o segundo grau civil.

c) se negada a prestação dos serviços, caberá o ônus da prova ao reclamado.

d) independentemente do valor do contrato, será admissível, mesmo que exclusivamente, a prova testemunhal.

e) poderá ser oferecida reconvenção em razões finais.

COMENTÁRIOS

✪ **Nota do autor:** No processo civil, a prova exclusivamente testemunhal só é admitida nos casos em que o contrato tenha valor limitado a dez salários mínimos, na forma prevista pelo art. 401 do CPC de 1973 (art. 442 do CPC de 2015) e art. 227 do Código Civil. No processo do trabalho, não existe limitação semelhante. E nem poderia existir, pois o contrato de trabalho é consensual, ou seja, para sua validade exige-se, apenas, o consentimento das partes. Desse modo, tanto o contrato quanto suas cláusulas podem ser provadas por meio de testemunhas, independentemente do seu valor. Por fim, a Lei nº 13.467/17 alterou a redação do art. 818 da CLT, que trata do ônus da prova, sendo taxativo sobre as hipóteses de incumbência e abordando a sua distribuição dinâmica nos moldes do CPC de 2015.

Alternativa "a": Incorreta, uma vez que é pacifico na doutrina e na jurisprudência a inaplicabilidade da regra contida no art. 401 do CPC de 1973 ao processo laboral: "A prova exclusivamente testemunhal só se admite nos contratos cujo valor não exceda o décuplo do maior salário mínimo vigente no país, ao tempo em que foram celebrados".

Alternativa "b": Incorreta, pois a limitação estende-se para o parente até o terceiro grau civil, conforme dispõe o art. 829 da CLT: "A testemunha que for parente até o terceiro grau civil, amigo íntimo ou inimigo de qualquer das partes, não prestará compromisso, e seu depoimento valerá como simples informação".

Alternativa "c": Incorreta, pois se trata de fato constitutivo do direito do autor, cabendo-lhe o ônus da prova, conforme preceito contido no art. 818 da CLT: "A prova das alegações incumbe à parte que as fizer". (ver nota do autor)

Alternativa "d": Correta, uma vez que é pacifico na doutrina e na jurisprudência a inaplicabilidade da regra contida no art. 401 do CPC de 1973 ao processo laboral: "A prova exclusivamente testemunhal só se admite nos contratos cujo valor não exceda o décuplo do maior salário mínimo vigente no país, ao tempo em que foram celebrados".

Alternativa "e": Incorreta, pois a reconvenção, como espécie de defesa, deve ser oferecida em audiência, oralmente ou por escrito.

Gabarito: D.

4.2. DECISÕES, TUTELA PROVISÓRIA E COISA JULGADA

---

335. (FCC – Juiz do Trabalho/2017) Sobre a sentença nos dissídios individuais trabalhistas, em conformidade com a legislação vigente e com a jurisprudência dominante do Tribunal Superior do Trabalho, é correto afirmar:

a) Existindo na decisão evidentes erros ou enganos de escrita, de datilografia ou de cálculo, poderão estes, antes da execução, ser corrigidos somente a requerimento dos interessados ou do Ministério Público do Trabalho.

b) A responsabilidade do empregador pelo recolhimento das contribuições previdenciárias, resultantes de crédito do empregado oriundo de condenação judicial, não exime a responsabilidade do empregado pelo pagamento de sua quota-parte, inclusive juros e multa.

c) Quando, no termo de acordo homologado em juízo, não houver discriminação das parcelas sujeitas à incidência das contribuições, é devida a incidência das contribuições previdenciárias sobre o valor total do acordo, independentemente do reconhecimento de vínculo empregatício.

d) As decisões cognitivas ou homologatórias deverão sempre indicar a natureza jurídica das parcelas constantes da condenação ou do acordo homologado, podendo deixar o limite de responsabilidade de cada parte pelo recolhimento da contribuição previdenciária, se for o caso, para a fase de cumprimento da sentença.

e) No caso de acordo homologado em juízo após o trânsito em julgado da sentença condenatória, as contribuições previdenciárias serão calculadas com base no valor do acordo e na proporcionalidade das parcelas de natureza salarial e indenizatória definida pelas partes.

COMENTÁRIOS

✪ **Nota do autor:** Com a vigência da Lei nº 13.467/17, o parágrafo único do art. 876 da CLT passou a ter a seguinte redação: "A Justiça do Trabalho executará, de ofício, as contribuições sociais previstas na alínea a do inciso I e no inciso II do caput do art. 195 da Constituição Federal, e seus acréscimos legais, relativas ao objeto da condenação constante das sentenças que proferir e dos acordos que homologar". A redação anterior era a seguinte: "Serão executadas ex-officio as contribuições sociais devidas em decorrência de decisão proferida pelos Juízes e Tribunais do Trabalho, resultantes de condenação ou homologação de acordo, inclusive Sobre os salários pagos durante o período contratual reconhecido".

Alternativa "a": Incorreta, pois tais erros podem ser corrigido de ofício pelo juízo na forma prevista pelo art. 833 da CLT: "Existindo na decisão evidentes erros ou enganos de escrita, de datilografia ou de cálculo, poderão os mesmos, antes da execução, ser corrigidos, ex officio, ou a requerimento dos interessados ou da Procuradoria da Justiça do Trabalho."

Alternativa "b": Incorreta, pois o empregado não pode ser responsabilizado pelo pagamento dos efeitos da mora, como juros e multa, uma vez que o responsável tributário é o empregador. Nesse sentido é o entendimento do TST constante do item II da Súmula nº 368, que não faz qualquer referência aos juros e multa: "DESCONTOS PREVIDENCIÁRIOS. IMPOSTO DE RENDA. COMPETÊNCIA. RESPONSABILIDADE PELO RECOLHIMENTO. FORMA DE CÁLCULO. FATO GERADOR (aglutinada a parte final da Orientação Jurisprudencial nº 363 da SBDI-I à redação do item II e incluídos os itens IV, V e VI em sessão do Tribunal Pleno realizada em 26.06.2017) – Res. 219/2017, republicada em razão de erro material – DEJT divulgado em 12, 13 e 14.07.2017 II – É do empregador a responsabilidade pelo recolhimento das contribuições previdenciárias e fiscais, resultantes de crédito do empregado oriundo de condenação judicial. A culpa do empregador pelo inadimplemento das verbas remuneratórias, contudo, não exime a responsabilidade do empregado pelos pagamentos do imposto de renda devido e da contribuição previdenciária que recaia sobre sua quota-parte. (ex-OJ nº 363 da SBDI-1, parte final)"

Alternativa "c": Correta. Caso não haja discriminação das verbas objeto do acordo, presume-se que o valor respectivo se refere a verbas de natureza salarial e, consequentemente, com incidência das contribuições previdenciárias. Esse é o posicionamento adotado pelo TST em sua OJ nº 368 da SDI1: "DESCONTOS PREVIDENCIÁRIOS. ACORDO HOMOLOGADO EM JUÍZO. INEXISTÊNCIA DE VÍNCULO EMPREGATÍCIO. PARCELAS INDENIZATÓRIAS. AUSÊNCIA DE DISCRIMINAÇÃO. INCIDÊNCIA SOBRE O VALOR TOTAL (DEJT divulgado em 03, 04 e 05.12.2008) É devida a incidência das contribuições para a Previdência Social sobre o valor total do acordo homologado em juízo, independentemente do reconhecimento de vínculo de emprego, desde que não haja discriminação das parcelas sujeitas à incidência da contribuição previdenciária, conforme parágrafo único do art. 43 da Lei nº 8.212, de 24.07.1991, e do art. 195, I, "a", da CF/1988."

Alternativa "d": Incorreta, pois o limite de responsabilidade de cada parte também deve constar das decisões cognitivas ou homologatória de acordo, segundo preceito contido no art. 832, § 3º da CLT: "As decisões cognitivas ou homologatórias deverão sempre indicar a natureza jurídica das parcelas constantes da condenação ou do acordo homologado, inclusive o limite de responsabilidade de cada parte pelo recolhimento da contribuição previdenciária, se for o caso."

Alternativa "e": Incorreta, visto que o valor das contribuições previdenciárias incidente sobre o acordo homologado deve ser proporcional ao valor das verbas salariais assim reconhecidas na sentença. Ou seja, não é mais possível fazer um acordo e desprezar a existência de verbas salariais, como ocorre quando o acordo é feito na fase de conhecimento. Nesse sentido a OJ nº 376 da SDI1 do TST: "OJ-SDI1-376 CONTRIBUIÇÃO PREVIDENCIÁRIA. ACORDO HOMOLOGADO EM JUÍZO APÓS O TRÂNSITO EM JULGADO DA SENTENÇA CONDENATÓRIA. INCIDÊNCIA SOBRE O VALOR HOMOLOGADO (DEJT divulgado em 19, 20 e 22.04.2010) É devida a contribuição previdenciária sobre o valor do acordo celebrado e homologado após o trânsito em julgado de decisão judicial, respeitada a proporcionalidade de valores entre as parcelas de natureza salarial e indenizatória deferidas na decisão condenatória e as parcelas objeto do acordo."

Gabarito: C.

---

336. (FCC – Juiz do Trabalho/2017) No que se refere à antecipação de tutela no processo do trabalho, de acordo com a CLT e as Súmulas e Orientações Jurisprudenciais do TST,

a) o juiz não poderá antecipar a tutela para conceder a reintegração de dirigente de sindicato com garantia provisória no emprego antes da sentença.

b) o juiz não poderá antecipar a tutela para sustar a eficácia de transferência abusiva antes da sentença.

c) a antecipação de tutela nos tribunais é de competência do relator, em decisão monocrática, sem a necessidade de posterior submissão ao órgão colegiado.

d) o juiz não poderá antecipar a tutela para conceder a reintegração de dirigente de sindicato com garantia provisória no emprego caso o empregado tenha sido suspenso para ajuizamento de inquérito de apuração de falta grave.

e) o juiz deverá homologar o acordo das partes, cabendo mandado de segurança dessa decisão.

COMENTÁRIOS

✪ **Nota do autor:** O posicionamento do TST é no sentido da aplicação desse instituto no processo do trabalho, de acordo com o preceito contido no art. 3º, VI, da Instrução Normativa nº 39/2016: "Art. 3º Sem prejuízo de outros, aplicam-se ao Processo do Trabalho, em face de omissão e compatibilidade, os preceitos do Código de Processo Civil que regulam os seguintes temas: VI – arts. 294 a 311 (tutela provisória).

Alternativa "a": Incorreta. Essa prerrogativa do juiz encontra-se prevista pelo art. 659, X, da CLT: "conceder medida liminar, até decisão final do processo, em reclamações trabalhistas que visem reintegrar no emprego dirigente sindical afastado, suspenso ou dispensado pelo empregador". Nesse sentido também é a OJ nº 64 da SDI2: "OJ-SDI2-64 MANDADO DE SEGURANÇA. REINTEGRAÇÃO LIMINARMENTE CONCEDIDA (inserida em 20.09.2000) Não fere direito líquido e certo a concessão de tutela antecipada para reintegração de empregado protegido por estabilidade provisória decorrente de lei ou norma coletiva."

Alternativa "b": Incorreta, uma vez que o art. 659 confere essa competência ao Juiz do Trabalho, mais precisamente em seu inciso IX: "conceder medida liminar, até decisão final do processo, em reclamações trabalhistas que visem a tornar sem efeito transferência disciplinada pelos parágrafos do artigo 469 desta Consolidação". A OJ nº 67 da SDI2 também trata desse tema: "OJ-SDI2-67 MANDADO DE SEGURANÇA. TRANSFERÊNCIA. ART. 659, IX, DA CLT (inserida em 20.09.2000) Não fere direito líquido e certo a concessão de liminar obstativa de transferência de empregado, em face da previsão do inciso IX do art. 659 da CLT."

Alternativa "c": Incorreta, pois contraria o preceito contido na OJ nº 68 da SDI2 do TST: "OJ-SDI2-68 ANTECIPAÇÃO DE TUTELA. COMPETÊNCIA (nova redação) – DJ 22.08.2005 Nos Tribunais, compete ao relator decidir sobre o pedido de antecipação de tutela, submetendo sua decisão ao Colegiado respectivo, independentemente de pauta, na sessão imediatamente subsequente." Note-se que no art. 299, parágrafo único, do CPC de 2015 não há qualquer previsão no sentido de submeter a decisão provisória ao Colegiado: "Ressalvada disposição especial, na ação de competência originária de tribunal e nos recursos a tutela provisória será requerida ao órgão jurisdicional competente para apreciar o mérito".

Alternativa "d": Correta. Com efeito, o art. 494 da CLT confere ao empregador o direito de suspender o empregado para apuração de falta grave por meio de inquérito judicial: "O empregado acusado de falta grave poderá ser suspenso de suas funções, mas a sua despedida só se tornará efetiva após o inquérito e que se verifique a procedência da acusação". Ora, nesse caso, não se trata de despedida mas de mera suspensão provisória do contrato de trabalho até a sentença a ser proferida nesse procedimento especial. Se não há extinção do contrato de trabalho não há que se falar em reintegração, seja em decisão provisória seja em decisão final.

Alternativa "e": Incorreta, pois a homologação do acordo é uma faculdade do juiz. Entretanto, a decisão que não homologa o acordo, como qualquer outra, deve ser fundamentada. Nesse sentido a Súmula nº 418 do TST: "MANDADO DE SEGURANÇA VISANDO À HOMOLOGAÇÃO DE ACORDO (nova redação em decorrência do CPC de 2015) – Res. 217/2017, DEJT divulgado em 20, 24 e 25.04.2017 A homologação de acordo constitui faculdade do juiz, inexistindo direito líquido e certo tutelável pela via do mandado de segurança."

Gabarito: D.

---

337. (FCC – Juiz do Trabalho/2017) De acordo com entendimento sumulado pelo TST sobre o cabimento do mandado de segurança e de recurso ordinário diante da concessão ou indeferimento de tutela provisória no processo do trabalho, é correto afirmar que a impetração de mandado de segurança

a) é cabível se o juiz conceder tutela provisória na sentença. Não cabe requerimento de efeito suspensivo ao recurso ordinário.

b) é cabível se o juiz conceder tutela provisória na sentença. Não cabe recurso ordinário dessa decisão.

c) não é cabível se o juiz conceder tutela provisória antes da sentença. Cabe recurso ordinário dessa decisão.

d) é cabível se o juiz conceder tutela provisória antes da sentença. Não cabe recurso ordinário dessa decisão.

e) não é cabível se o juiz conceder tutela provisória na sentença. Não cabe recurso ordinário dessa decisão.

COMENTÁRIOS

✪ **Nota do autor:** Todas as alternativas dessa questão foram formuladas com base na Súmula nº 414 do TST: "MANDADO DE SEGURANÇA. TUTELA PROVISÓRIA CONCEDIDA ANTES OU NA SENTENÇA (nova redação em decorrência do CPC de 2015) – Res. 217/2017, DEJT divulgado em 20, 24 e 25.04.2017 I – A tutela provisória concedida na sentença não comporta impugnação pela via do mandado de segurança, por ser impugnável mediante recurso ordinário. É admissível a obtenção de efeito suspensivo ao recurso ordinário mediante requerimento dirigido ao tribunal, ao relator ou ao presidente ou ao vice-presidente do tribunal recorrido, por aplicação subsidiária ao processo do trabalho do artigo 1.029, § 5º, do CPC de 2015."

Alternativa "a": Incorreta, pois se o juiz concede a tutela provisória na sentença cabe recurso ordinário, o que afasta a incidência do mandado de segurança. O entendimento do TST, contido na Súmula nº 414, é nesse sentido (ver nota do autor).

Alternativa "b": Incorreta, pois se o juiz concede a tutela provisória na sentença cabe recurso ordinário, o que afasta a incidência do mandado de segurança. O entendimento do TST, contido na Súmula nº 414, é nesse sentido (ver nota do autor).

Alternativa "c": Incorreta. Se o juiz concede a tutela provisória antes da sentença, não caberia qualquer recurso dessa decisão de forma imediata. Sendo assim, a única forma da parte prejudicada tem de rever essa decisão é por meio do mandado de segurança. O entendimento do TST, contido na Súmula nº 414, é nesse sentido (ver nota do autor).

Alternativa "d": Correta. Com a tutela provisória foi concedida antes da sentença, não cabe recurso de imediato, o que atrai o mandado de segurança. O entendimento do TST, contido na Súmula nº 414, é nesse sentido (ver nota do autor).

Alternativa "e": Incorreta, pois cabe recurso ordinário quando a tutela provisória é concedida na própria sentença. O entendimento do TST, contido na Súmula nº 414, é nesse sentido (ver nota do autor).

Gabarito: D.

---

338. (TRT 1 – Juiz do Trabalho Substituto 1ª Região/2016) Ao despachar liminarmente a petição inicial de determinada reclamação trabalhista, assim se manifestou o juiz do trabalho:

"Indefiro, por impossível. Custas de X, calculadas sobre Y, pelo autor, dispensado."

Ciente da decisão judicial, o autor interpôs recurso ordinário, em face do qual despachou o juiz: "J. Mantenho a decisão apelada, considerando que a petição inicial pretende a declaração da relação de emprego, confessadamente sem concurso público, com ente da Administração Direta, sem oferecer qualquer fundamento jurídico para essa declaração. Ao recorrido. Cite-se".

Quanto às decisões judiciais, considerando que a fundamentação empregada pelo juiz referia-se, de fato, ao processo, é correto afirmar:

a) A decisão judicial primeira foi nula, porque não fundamentada, e a segunda inócua, uma vez que não é lícito fundamentar decisão em despacho de mero expediente.

b) A primeira decisão judicial, conquanto lacônica, foi válida e a segunda ajustou-se aos moldes aplicáveis à hipótese.

c) A primeira decisão judicial foi válida e expressa, ao passo que a segunda não se ajusta à hipótese, uma vez que a decisão que recebe recurso ordinário permite que o juiz complemente a fundamentação da decisão recorrida.

d) As duas decisões são inválidas, porque não se ajustam aos requisitos para elas previstos na CLT.

e) A primeira é válida e a segunda errada, porque, de acordo com a fungibilidade dos recursos, deveria receber o recurso ordinário como embargos de declaração.

COMENTÁRIOS

✪ **Nota do autor:** O Juiz pode julgar liminarmente improcedente a pretensão do autor diante da permissão contida no art. 332 do CPC de 2015: "Nas causas que dispensem a fase instrutória, o juiz, independentemente da citação do réu, julgará liminarmente improcedente o pedido que contrariar: I – enunciado de súmula do Supremo Tribunal Federal ou do Superior Tribunal de Justiça; II – acórdão proferido pelo Supremo Tribunal Federal ou pelo Superior Tribunal de Justiça em julgamento de recursos repetitivos; III – entendimento firmado em incidente de resolução de demandas repetitivas ou de assunção de competência; IV – enunciado de súmula de tribunal de justiça sobre direito local. § 1º O juiz também poderá julgar liminarmente improcedente o pedido se verificar, desde logo, a ocorrência de decadência ou de prescrição. § 2º Não interposta a apelação, o réu será intimado do trânsito em julgado da sentença, nos termos do art. 241. § 3º Interposta a apelação, o juiz poderá retratar-se em 5 (cinco) dias. § 4º Se houver retratação, o juiz determinará o prosseguimento do processo, com a citação do réu, e, se não houver retratação, determinará a citação do réu para apresentar contrarrazões, no prazo de 15 (quinze) dias.

Alternativa "a": Incorreta. Apesar de extremamente concisa, a decisão de indeferimento do pedido foi fundamentada, uma vez que a pretensão foi indeferida sob o argumento de ser "impossível". Cumpriu-se, assim, o comando contido no art. 832 da CLT: "Da decisão deverão constar o nome das partes, o resumo do pedido e da defesa, a apreciação das provas, os fundamentos da decisão e a respectiva conclusão". Uma vez interposto recurso, o juiz poderia manter a decisão ou se retratar, de acordo com o permissivo contido no § 3º, art. 332 do CPC de 2015, transcrito na nota do autor. Como não houve retratação, o juiz determinou a intimação do réu para oferecer contrarrazões e, no ensejo, esclareceu a sua decisão inicial.

Alternativa "b": Correta. A decisão é válida, pois há fundamento, que foi classificado pela alternativa como "lacônico". Caberia embargos para que o juiz esclarecesse o seu posicionamento, na forma prevista pelo art. 1.022, I, do CPC de 2015: Cabem embargos de declaração contra qualquer decisão judicial para: I – esclarecer obscuridade ou eliminar contradição".

Alternativa "c": Incorreta. Apesar de válida, a decisão de indeferimento não foi expressa, pois utilizou como fundamento a simples expressão "por impossível".

Alternativa "d": Incorreta. A primeira decisão, apesar de ter fundamentação concisa ou lacônica, é válida. A segunda decisão também é válida, pois mantém a anterior, recebe o recurso ordinário e concede vista a parte contrária.

Alternativa "e": Incorreta. As duas decisões são válidas. O uso do princípio da fungibilidade permite ao juiz receber determinado recurso, ainda que tenha sido denominado com outra expressão, desde que estejam presentes os seus requisitos de admissibilidade extrínsecos e intrínsecos e que não represente erro grosseiro. No caso em apreço, a pretensão do autor seria no sentido de modificar a decisão, circunstância que não se amolda hipóteses de embargos declaratórios.

Gabarito: B.

339. (TRT 1 – Juiz do Trabalho Substituto 1ª Região/2016) A sentença transitada em julgado

a) não obriga terceiros, mas permanece inalterável para sempre entre as partes.

b) firma uma verdade jurídica dos fatos que serviram de causa de pedir imediata para o autor.

c) pode ser revogada por decisão do Supremo Tribunal Federal que declare inconstitucional a lei sob fundamento da qual ela foi proferida.

d) pode ser desconstituída por outra em ação rescisória, desde que proposta essa dentro do lapso prescricional próprio.

e) pode ser assim considerada, no sistema jurídico brasileiro, quando esgotados ou preclusos todos os recursos de natureza extraordinária.

COMENTÁRIOS

✪ **Nota do autor:** Excepcionalmente a sentença transitada em julgado que não analisa o mérito também pode ser objeto de ação rescisória desde que impeça nova propositura da demanda; ou a admissibilidade do recurso correspondente (art. 966, § 2º, do CPC de 2015).

Alternativa "a": Incorreta, pois apesar de não obrigar terceiros (art. 506 do CPC de 2015: A sentença faz coisa julgada às partes entre as quais é dada, não prejudicando terceiros) a sentença transitada em julgado pode ser desconstituída por meio de ação rescisória.

Alternativa "b": Incorreta, pois verdade dos fatos não faz coisa julgada, conforme previsão contida no art. 504, II, do CPC de 2015: "Não fazem coisa julgada: "II – a verdade dos fatos, estabelecida como fundamento da sentença".

Alternativa "c": Incorreta. Nesse caso a hipótese não seria de revogação, mas sim de inexigibilidade do título. Nesse sentido dispõe a CLT em seu art. 884, § 5º: "Considera-se inexigível o título judicial fundado em lei ou ato normativo declarados inconstitucionais pelo Supremo Tribunal Federal ou em aplicação ou interpretação tidas por incompatíveis com a Constituição Federal".

Alternativa "d": Incorreta, pois o prazo seria de decadência e não de prescrição, na forma prevista pelo art. 975 que fala expressamente na extinção do direito: "O direito à rescisão se extingue em 2 (dois) anos contados do trânsito em julgado da última decisão proferida no processo". O TST em sua Súmula nº 100, I, também menciona ser o prazo de decadência: "AÇÃO RESCISÓRIA. DECADÊNCIA (incorporadas as Orientações Jurisprudenciais nºs 13, 16, 79, 102, 104, 122 e 145 da SBDI-2) – Res. 137/2005, DJ 22, 23 e24.08.2005. I – O prazo de decadência, na ação rescisória, conta-se do dia imediatamente subsequente ao trânsito em julgado da última decisão proferida na causa, seja de mérito ou não".

Alternativa "e": Correta. A ação rescisória constitui o meio processual adequado para rescindir sentenças ou acórdãos qualificados pela coisa julgada material e proferidos sem observância de determinados requisitos expressamente previstos em lei. O instituto da coisa julgada encontra-se legalmente definido pelo art. 502 do CPC de 2015: "Denomina-se coisa julgada material a autoridade que torna imutável e indiscutível a decisão de mérito não mais sujeita a recurso". O não cabimento de recurso é de natureza ordinária ou extraordinária.

Gabarito: E.

340. (TRT 2 – Juiz do Trabalho Substituto 2ª Região/2016) A respeito da antecipação dos efeitos da tutela no Processo do Trabalho assinale a alternativa correta:

a) A antecipação da tutela concedida na sentença somente é impugnável mediante interposição de recurso ordinário, seguido de agravo de instrumento para obtenção de efeito suspensivo ao recurso.

b) Não há hipótese de cabimento de mandado de segurança contra decisão que antecipa os efeitos da tutela, pois a concessão de liminar ou a homologação de acordo constituem faculdade do juiz.

c) E impróprio falar-se em antecipação de efeitos da tutela em sede de ação rescisória.

d) Formulado pedido de antecipação de tutela em rescisória, o Magistrado não deve conhecê-lo, por incabível a antecipação dos efeitos da pretensão rescisória.

e) Pendendo mandado de segurança que impugna a concessão da antecipação de tutela, a sentença proferida nos autos originários não produz efeitos quanto à decisão do writ.

COMENTÁRIOS

✪ **Nota do autor:** A redação da Súmula nº 405 do TST foi alterada após a confecção deste questionamento, no sentido de se adequar às regras do CPC de 2015. A redação atual é a seguinte: "AÇÃO RESCISÓRIA. TUTELA PROVISÓRIA (nova redação em decorrência do CPC de 2015) – Res. 208/2016, DEJT divulgado em 22, 25 e 26.04.2016. Em face do que dispõem a MP 1.984-22/2000 e o art. 969 do CPC de 2015, é cabível o pedido de tutela provisória formulado na petição inicial de ação rescisória ou na fase recursal, visando a suspender a execução da decisão rescindenda".

Alternativa "a": Incorreta, pois o instrumento processual adequado a conferir efeito suspensivo à antecipação da tutela concedida na sentença seria o recurso ordinário acompanhado de pedido de tutela provisória cautelar (art. 294, parágrafo único do CPC de 2015), denominado de ação cautelar pelo TST em sua Súmula nº 414, I, em sua redação anterior: "MANDADO DE SEGURANÇA. ANTECIPAÇÃO DE TUTELA (OU LIMINAR) CONCEDIDA ANTES OU NA SENTENÇA (conversão das Orientações Jurisprudenciais nºs 50, 51, 58, 86 e 139 da SBDI-II) – Res. 137/2005, DJ 22, 23 e 24.08.2005. I – A antecipação da tutela concedida na sentença não comporta impugnação pela via do mandado de segurança, por ser impugnável mediante recurso ordinário. A ação cautelar é o meio próprio para se obter efeito suspensivo a recurso. A Resolução nº 217/2017 do TST alterou a redação da mencionada Súmula: "MANDADO DE SEGURANÇA. TUTELA PROVISÓRIA CONCEDIDA ANTES OU NA SENTENÇA (nova redação em decorrência do CPC de 2015) – Res. 217/2017 – DEJT divulgado em 20, 24 e 25.04.2017 I – A tutela provisória concedida na sentença não comporta impugnação pela via do mandado de segurança, por ser impugnável mediante recurso ordinário. É admissível a obtenção de efeito suspensivo ao recurso ordinário mediante requerimento dirigido ao tribunal, ao relator ou ao presidente ou ao vice-presidente do tribunal recorrido, por aplicação subsidiária ao processo do trabalho do artigo 1.029, § 5º, do CPC de 2015. II – No caso de a tutela provisória haver sido concedida ou indeferida antes da sentença, cabe mandado de segurança, em face da inexistência de recurso próprio. III – A superveniência da sentença, nos autos originários, faz perder o objeto do mandado de segurança que impugnava a concessão ou o indeferimento da tutela provisória".

Alternativa "b": Incorreta. Apesar de ser uma faculdade, uma vez deferida só restaria a parte prejudicada manejar o mandado de segurança, já que o ato do juiz seria classificado como decisão interlocutória da qual não caberia recurso. Nesse sentido o inciso II, da Súmula nº 414 do TST em sua redação original: MANDADO DE SEGURANÇA. ANTECIPAÇÃO DE TUTELA (OU LIMINAR) CONCEDIDA ANTES OU NA SENTENÇA (conversão das Orientações Jurisprudenciais nºs 50, 51, 58, 86 e 139 da SBDI-II) – Res. 137/2005, DJ 22, 23 e 24.08.2005. II – No caso da tutela antecipada (ou liminar) ser concedida antes da sentença, cabe a impetração do mandado de segurança, em face da inexistência de recurso próprio (confira a redação atual transcrita na alternativa anterior).

Alternativa "c": Correta à época uma vez que estava de acordo com a sistemática do CPC de 1973, que foi responsável pela edição da Súmula nº 405, item II do TST: "O pedido de antecipação de tutela, formulado nas mesmas condições, será recebido como medida acautelatória em ação rescisória, por não se admitir tutela antecipada em sede de ação rescisória." (ver nota do autor)

Alternativa "d": Incorreto. Nesse caso o juiz deve receber o pedido de antecipação como medida cautelar, de acordo com a anterior redação da Súmula nº 405, item II do TST: "O pedido de antecipação de tutela, formulado nas mesmas condições, será recebido como medida acautelatória em ação rescisória, por não se admitir tutela antecipada em sede de ação rescisória." (ver nota do autor).

Alternativa "e": Incorreto. Nesse caso, o mandado de segurança perde o objeto. Nesse sentido o item III da Súmula nº 414 do TST, em sua redação original: "MANDADO DE SEGURANÇA. ANTECIPAÇÃO DE TUTELA (OU LIMINAR) CONCEDIDA ANTES OU NA SENTENÇA (conversão das Orientações Jurisprudenciais nºs 50, 51, 58, 86 e 139 da SBDI-II) – Res. 137/2005, DJ 22, 23 e 24.08.2005. III – A superveniência da sentença, nos autos originários, faz perder o objeto do mandado de segurança que impugnava a concessão da tutela antecipada (ou liminar). A Resolução nº 217/2017 do TST alterou a redação da mencionada Súmula: "MANDADO DE SEGURANÇA. TUTELA PROVISÓRIA CONCEDIDA ANTES OU NA SENTENÇA (nova redação em decorrência do CPC de 2015) – Res. 217/2017 – DEJT divulgado em 20, 24 e 25.04.2017 I – A tutela provisória concedida na sentença não comporta impugnação pela via do mandado de segurança, por ser impugnável mediante recurso ordinário. É admissível a obtenção de efeito suspensivo ao recurso ordinário mediante requerimento dirigido ao tribunal, ao relator ou ao presidente ou ao vice-presidente do tribunal recorrido, por aplicação subsidiária ao processo do trabalho do artigo 1.029, § 5º, do CPC de 2015. II – No caso de a tutela provisória haver sido concedida ou indeferida antes da sentença, cabe mandado de segurança, em face da inexistência de recurso próprio. III – A superveniência da sentença, nos autos originários, faz perder o objeto do mandado de segurança que impugnava a concessão ou o indeferimento da tutela provisória".

Gabarito: C.

---

341. (TRT 4 – Juiz do Trabalho Substituto 4ª Região/2016) Considere as assertivas abaixo sobre a concessão de tutela antecipatória de mérito e tutelas cautelares (tutela provisória) na Justiça do Trabalho.

I. A antecipação da tutela concedida em sentença não comporta impugnação pela via do mandado de segurança, por ser impugnável mediante recurso ordinário.

II. No caso de a tutela antecipada (ou liminar) ser concedida antes da sentença, não cabe a impetração do mandado de segurança, em face da existência de recurso próprio.

III. A superveniência da sentença, nos autos originários, faz perder o objeto do mandado de segurança que impugnava a concessão da tutela antecipada (ou liminar).

Quais são corretas?

a) Apenas I

b) Apenas II

c) Apenas III

d) Apenas I e III

e) I, II e III

COMENTÁRIOS

✪ **Nota do autor:** Todas as alternativas encontram-se relacionadas com o texto da Súmula nº 414 do TST em sua redação original: "MANDADO DE SEGURANÇA. ANTECIPAÇÃO DE TUTELA (OU LIMINAR) CONCEDIDA ANTES OU NA SENTENÇA (conversão das Orientações Jurisprudenciais nºs 50, 51, 58, 86 e 139 da SBDI-II) – Res. 137/2005, DJ 22, 23 e 24.08.2005.I – A antecipação da tutela concedida na sentença não comporta impugnação pela via do mandado de segurança, por ser impugnável mediante recurso ordinário. A ação cautelar é o meio próprio para se obter efeito suspensivo a recurso. II – No caso da tutela antecipada (ou liminar) ser concedida antes da sentença, cabe a impetração do mandado de segurança, em face da inexistência de recurso próprio. III – A superveniência da sentença, nos autos originários, faz perder o objeto do mandado de segurança que impugnava a concessão da tutela antecipada (ou liminar)". A Resolução nº 217/2017 do TST alterou a redação da mencionada Súmula: "MANDADO DE SEGURANÇA. TUTELA PROVISÓRIA CONCEDIDA ANTES OU NA SENTENÇA (nova redação em decorrência do CPC de 2015) – Res. 217/2017 – DEJT divulgado em 20, 24 e 25.04.2017 I – A tutela provisória concedida na sentença não comporta impugnação pela via do mandado de segurança, por ser impugnável mediante recurso ordinário. É admissível a obtenção de efeito suspensivo ao recurso ordinário mediante requerimento dirigido ao tribunal, ao relator ou ao presidente ou ao vice-presidente do tribunal recorrido, por aplicação subsidiária ao processo do trabalho do artigo 1.029, § 5º, do CPC de 2015. II – No caso de a tutela provisória haver sido concedida ou indeferida antes da sentença, cabe mandado de segurança, em face da inexistência de recurso próprio. III – A superveniência da sentença, nos autos originários, faz perder o objeto do mandado de segurança que impugnava a concessão ou o indeferimento da tutela provisória".

Item "I": Correto. Se já foi prolatada a sentença, impugnável pelo recurso ordinário, não caberia mandado de segurança que pressupõe uma decisão irrecorrível. Nesse sentido a Súmula nº 414, I do TST transcrita na nota do autor.

Item "II": Incorreto, pois não há recurso próprio na sistemática processual trabalhista. Assim, caberia o mandado de segurança, conforme entendimento do TST constante da Súmula nº 414, II, transcrita na nota do autor.

Item "III": Correto. Se o mandado de segurança é impetrado e durante o seu processamento a sentença é prolatada, há perda do objeto do remédio heroico. Nesse sentido o item III, da Súmula nº 414 do TST transcrita na nota do autor.

Gabarito: D.

---

342. (TRT 4 – Juiz do Trabalho Substituto 4ª Região/2016) Assinale a assertiva correta sobre decisões na Justiça do Trabalho.

a) No caso de conciliação, o termo de acordo homologado pelo Juízo valerá como decisão irrecorrível, podendo ser atacada, contudo, mediante o ajuizamento de ação anulatória, desde que decorrente de erro, dolo, coação, simulação ou fraude.

b) São elementos integrantes da sentença trabalhista o nome das partes, o resumo do pedido e da defesa, a apreciação das provas, os fundamentos da decisão e a respectiva conclusão, devendo a sentença que concluir pela procedência do pedido determinar o prazo e as condições para o seu cumprimento.

c) Existindo na decisão judicial evidentes erros ou enganos de escrita, conhecidos por erros materiais, estes são sanáveis apenas mediante a oposição de embargos de declaração por qualquer das partes.

d) Em se tratando de sentença proferida em processo sujeito ao rito sumaríssimo, esta deve se dar no prazo máximo de 15 (quinze) dias, caso não proferida na própria solenidade que encerra a instrução do feito.

e) No procedimento sumaríssimo, serão decididos de plano todos os incidentes e questões que possam interferir no prosseguimento da audiência, inclusive questões de mérito.

COMENTÁRIOS

✪ **Nota do autor:** Dentre os atos que podem ser praticados pelo juiz, a sentença é o mais importante deles, posto que o magistrado procede à subsunção da norma genérica e abstrata ao caso concreto, com a solução do conflito de interesses, salvo quando extingue o processo de conhecimento sem a resolução do mérito.

Alternativa "a": Incorreta, pois como o termo de conciliação é equiparado a uma sentença da qual não cabe mais recurso, só pode ser impugnada pela ação rescisória. O TST manifesta-se sobre a temática por meio da Súmula nº 259: "TERMO DE CONCILIAÇÃO. AÇÃO RESCISÓRIA (mantida) – Res. 121/2003, DJ 19, 20 e 21.11.2003. Só por ação rescisória é impugnável o termo de conciliação previsto no parágrafo único do art. 831 da CLT".

Alternativa "b": Correta. Os elementos da sentença encontram-se descritos no art. 832, *caput* e § 1º da CLT: "Da decisão deverão constar o nome das partes, o resumo do pedido e da defesa, a apreciação das provas, os fundamentos da decisão e a respectiva conclusão. § 1º – Quando a decisão concluir pela procedência do pedido, determinará o prazo e as condições para o seu cumprimento".

Alternativa "c": Incorreta. Os erros materiais podem ser corrigidos de ofício ou a requerimento da parte sem necessidade de interposição de embargos de declaração. Nesse sentido o art. 833 da CLT: "Existindo na decisão evidentes erros ou enganos de escrita, de datilografia ou de cálculo, poderão os mesmos, antes da execução, ser corrigidos, ex officio, ou a requerimento dos interessados ou da Procuradoria da Justiça do Trabalho".

Alternativa "d": Incorreta. A CLT não prevê prazo para proferir a sentença quando isso não é feito na própria audiência.

Alternativa "e": Incorreta, pois as questões de mérito são decididas na sentença, na forma prevista pela parte final do art. 852-G da CLT: "Serão decididos, de plano, todos os incidentes e exceções que possam interferir no prosseguimento da audiência e do processo. As demais questões serão decididas na sentença".

Gabarito: B.

---

343. (TRT 1 – Juiz do Trabalho Substituto 1ª Região/2016) Tendo ocorrido uma ríspida discussão entre o reclamante e o reclamado durante a audiência, o juiz resolveu suspendê-la, por 30 minutos, e mandou que todos se retirassem da sala de audiências. O reclamado, no entanto, manteve-se sentado mesmo depois de insistentes apelos. O juiz determinou, então, que os guardas da segurança do foro retirassem o recalcitrante do local à força, oportunidade em que o reclamado começou a dirigir vários xingamentos ao juiz, sacou arma de fogo que portava e apontando-a para o juiz, disse que não poderia ser removido dali, porque era militar e não estaria obrigado a acatar ordens de um juiz do trabalho. Na sequência, o juiz, em ato de coragem, dada a gravidade da ameaça, deu voz de prisão ao reclamado, mandou que a segurança o desarmasse e o levasse com ele, juiz, à delegacia de polícia, para lavratura do auto de prisão em flagrante.

Tudo considerado, nesse caso, a atuação do juiz

a) foi incorreta, porque ele não teria competência para promover a prisão de um militar e determinar que fosse desarmado.

b) foi correta, mas a lavratura do flagrante deveria ter ocorrido na própria sala de audiências.

c) não foi correta, porque ele deveria ter solicitado desde logo força policial para acompanhar o ocorrido.

d) foi correta, porém somente até o momento em que o militar se identificou.

e) foi correta, porque a prisão foi em flagrante.

COMENTÁRIOS

✪ Nota do autor: Cabe ao juiz exercer o poder de polícia, no sentido de manter a ordem e o decoro na audiência, inclusive determinar que se retirem do recinto aquelas pessoas que se comportarem inconvenientemente, ainda que seja necessário requisitar força policial, na forma prevista pela CLT em seu art. 816: "O juiz ou presidente manterá a ordem nas audiências, podendo mandar retirar do recinto os assistentes que a perturbarem".

Alternativa "a": Incorreta, pois qualquer pessoa do povo, inclusive o juiz, pode prender qualquer pessoa em flagrante, salvo algumas exceções previstas expressamente em lei que não inclui o militar. Nesse sentido, o Código de Processo Penal, Art. 301: "Qualquer do povo poderá e as autoridades policiais e seus agentes deverão prender quem quer que seja encontrado em flagrante delito".

Alternativa "b": Incorreta, pois o auto de prisão em flagrante deve ser lavrado pela autoridade competente, que não é o juiz do trabalho, na forma prevista pelo Código de Processo Penal em seu art. 304: "Apresentado o preso à autoridade competente, ouvirá esta o condutor e colherá, desde logo, sua assinatura, entregando a este cópia do termo e recibo de entrega do preso. Em seguida, procederá à oitiva das testemunhas que o acompanharem e ao interrogatório do acusado sobre a imputação que lhe é feita, colhendo, após cada oitiva suas respectivas assinaturas, lavrando, a autoridade, afinal, o auto".

Alternativa "c": Incorreta, pois qualquer do povo pode efetuar a prisão em caso de flagrante, conforme deixa claro o art. 301 do Código de Processo Penal.

Alternativa "d": Incorreta, pois não há previsão legal expressa para excluir o militar da prisão em flagrante, como ocorre, por exemplo, com o Presidente da República, segundo o disposto no art. 86, § 3º da CF/88: "Admitida a acusação contra o Presidente da República, por dois terços da Câmara dos Deputados, será ele submetido a julgamento perante o Supremo Tribunal Federal, nas infrações penais comuns, ou perante o Senado Federal, nos crimes de responsabilidade. § 3º Enquanto não sobrevier sentença condenatória, nas infrações comuns, o Presidente da República não estará sujeito a prisão".

Alternativa "e": Correta, pois corresponde ao permissivo contido no art. 301 do Código de Processo Penal: "Qualquer do povo poderá e as autoridades policiais e seus agentes deverão prender quem quer que seja encontrado em flagrante delito".

Gabarito: E.

---

344. (FCC – Juiz do Trabalho Substituto 1ª Região/2014) Alberto Luiz propôs ação trabalhista por meio da qual postulou a antecipação dos efeitos da tutela para liberação do FGTS e reintegração ao emprego em razão de garantia decorrente de mandato sindical. A sentença de mérito, confirmada por acórdão do Tribunal competente, concedeu-lhe a reintegração e garantia de três anos de emprego. Resiste a reclamada ao cumprimento, diante do escoamento do período da respectiva garantia. Diante do relato, conclui-se corretamente que:

a) diante da simples resistência ao cumprimento da obrigação de fazer, deve o Juiz determinar de pronto a conversão indenizatória, descabendo multas ou outras penalidades não previstas no julgado.

b) não há vedação legal à antecipação dos efeitos da tutela para liberação do FGTS.

c) tem natureza cautelar a decisão que defere a reintegração antes do julgamento da lide, nos termos do inciso X do artigo 659 da CLT.

d) independentemente de pedido da parte e de determinação expressa na sentença, pode o Juiz do Trabalho impor multas e demais penalidades para o cumprimento dos atos de sua competência.

e) há incompatibilidade entre os pedidos de liberação do FGTS e de reintegração, o que possibilita apenas a extinção sem resolução de mérito do primeiro.

COMENTÁRIOS

✪ **Nota do autor:** Para forçar o cumprimento da obrigação de fazer, não fazer ou de entregar coisa diversa de dinheiro, por meio de uma tutela específica, o juiz pode, de ofício ou a requerimento da parte, impor ao reclamado o pagamento de uma multa periódica enquanto até o efetivo cumprimento. Essa medida, também é denominada de astreinte, preceito cominatório, multa diária, multa coercitiva ou multa periódica, representa um dos métodos indiretos de coação para que o devedor cumpra a obrigação, uma vez que a coação física, pessoal e direta é repelida pelo ordenamento jurídico pátrio. Inclusive, o TST, por meio da Instrução Normativa nº 39/16 (art. 3º, XII) admite, expressamente, a possibilidade do uso dos preceitos contidos no CPC de 2015, dentre eles, o art. 536, § 1º: "Para atender ao disposto no caput, o juiz poderá determinar, entre outras medidas, a imposição de multa, a busca e apreensão, a remoção de pessoas e coisas, o desfazimento de obras e o impedimento de atividade nociva, podendo, caso necessário, requisitar o auxílio de força policial".

Alternativa "a": Incorreta a assertiva. Com efeito, o direito processual privilegia o cumprimento da obrigação específica originária, procedimento conhecido como primazia da tutela específica. A sua conversão em obrigação de dar, no caso de reintegração, somente pode ocorrer em último caso. Desse modo, se o executado se recusa a cumprir a obrigação de reintegrar o trabalhador o juiz deve aplicar dos meios indiretos para efetivação da tutela jurisdicional, como aqueles previstos no art. 729, *caput*, da CLT: "O empregador que deixar de cumprir decisão passada em julgado sobre a readmissão ou reintegração de empregado, além do pagamento dos salários deste, incorrerá na multa de Cr$ 10,00 (dez cruzeiros) a Cr$ 50,00 (cinquenta cruzeiros) por dia, até que seja cumprida a decisão."

Alternativa "b": Incorreta, pois existe essa vedação expressa no art. 29-B da Lei nº 8.036/90: "Não será cabível medida liminar em mandado de segurança, no procedimento cautelar ou em quaisquer outras ações de natureza cautelar ou preventiva, nem a tutela antecipada prevista nos arts. 273 e 461 do Código de Processo Civil que impliquem saque ou movimentação da conta vinculada do trabalhador no FGTS."

Alternativa "c": Incorreta a assertiva, pois se trata de decisão de antecipação de tutela com efeito satisfativo. Já a decisão cautelar visa assegurar o resultado útil do processo, o que não é a hipótese sugerida na alternativa.

Alternativa "d": Correta a assertiva, de acordo com o que dispõe o art. 729, *caput*, da CLT: "O empregador que deixar de cumprir decisão passada em julgado sobre a readmissão ou reintegração de empregado, além do pagamento dos salários deste, incorrerá na multa de Cr$ 10,00 (dez cruzeiros) a Cr$ 50,00 (cinquenta cruzeiros) por dia, até que seja cumprida a decisão."

Alternativa "e": Incorreta a assertiva. A liberação do FGTS decorre, em regra, da despedida sem justa causa. Como o pedido de reintegração tem como fundamento a nulidade da despedida, com a manutenção do contrato de trabalho, os dois pedidos são incompatíveis entre si. Entretanto, se os dois pedidos são feitos em um mesmo processo no qual se pleiteia a reintegração, o pedido de liberação do FGTS deve ser indeferido e não extinto sem a resolução do mérito.

Gabarito: D.

---

345. (FCC – Juiz do Trabalho Substituto 23ª Região/2015) Falidora Fortuna ingressou com reclamação trabalhista contra o Restaurante Panela Velha Ltda., que foi julgada parcialmente procedente. Na execução, as partes protocolaram petição de acordo, dando plena quitação quanto ao objeto da ação e requerendo a sua homologação pelo Juízo. Entretanto, o Juízo denegou a homologação do acordo por entender que a referida composição era lesiva aos interesses da autora, determinando o prosseguimento da execução. Diante da recusa à homologação do acordo

a) é cabível a interposição de Recurso Ordinário.

b) é cabível a interposição de Agravo de Petição.

c) é cabível a apresentação de exceção de pré-executividade.

d) as partes devem impetrar Mandado de Segurança, eis que se trata de decisão interlocutória.

e) inexiste direito líquido e certo tutelável pela via do mandado de segurança.

COMENTÁRIOS

✪ **Nota do autor:** Nessa situação em que o juiz não homologa um acordo apresentado pelas partes, a única possibilidade que há para apresentar a irresignação respectiva é quando for proferida a sentença, ou seja, em sede de preliminar de recurso ordinário.

Alternativa "a": Incorreta a assertiva. Não cabe recurso ordinário pois o ato do juiz que não homologa acordo não é classificado como sentença de conhecimento, na forma prevista pelo art. 895, I, da CLT: "Cabe recurso ordinário para a instância superior: I – das decisões definitivas ou terminativas das Varas e Juízos, no prazo de 8 (oito) dias".

Alternativa "b": Não cabe agravo de petição pois o ato do juiz que não homologa acordo não é classificado como decisão proferida na fase de execução, de acordo com o art. 897, "a" da CLT: "Cabe agravo, no prazo de 8 (oito) dias: a) de petição, das decisões do Juiz ou Presidente, nas execuções". **Incorreta** a assertiva.

Alternativa "c": Incorreta a assertiva, pois o procedimento do juiz que se recusa homologar o acordo não é considerado como ato judicial nulo ou mesmo anulável.

Alternativa "d": Incorreta, pois a parte não tem direito líquido e certo de ver homologado o seu pedido de acordo. Sendo assim, a hipótese não é de mandado de segurança, conforme ressalta a Súmula nº 418 do TST em sua redação original: "A concessão de liminar ou a homologação de acordo constituem faculdade do juiz, inexistindo direito líquido e certo tutelável pela via do mandado de segurança". A Resolução nº 217/2017 do TST modificou a redação da mencionada Súmula, nos seguintes termos: MANDADO DE SEGURANÇA VISANDO À HOMOLOGAÇÃO DE ACORDO (nova redação em decorrência do CPC de 2015) – Res. 217/2017 – DEJT divulgado em 20, 24 e 25.04.2017 A homologação de acordo constitui faculdade do juiz, inexistindo direito líquido e certo tutelável pela via do mandado de segurança".

Alternativa "e": Correta a assertiva, pois está de acordo com o posicionamento do TST revelado por meio da Súmula nº 418 do TST: "A concessão de liminar ou a homologação de acordo constituem faculdade do juiz, inexistindo direito líquido e certo tutelável pela via do mandado de segurança.". (a redação atual dessa súmula foi transcrita na alternativa "d").

Gabarito: E.

---

346. (TRT 23 – Juiz do Trabalho Substituto 23ª Região/2014) Em uma reclamação trabalhista, o reclamante informou que cumpria jornada das 7h às 23h, sem intervalo, de segunda a sábado; requereu o pagamento de horas extras; o reclamado, que apenas possuía dois empregados, em defesa, limitou-se, APENAS, textualmente, a dizer que "o reclamante nunca prestou horas extras". Não foi produzido qualquer meio de prova. Em sentença, o juiz deferiu horas extras e adicional noturno, determinando a dedução dos valores pagos a igual título na forma dos recibos insertos aos autos. O reclamante recorreu, impugnando a sentença por ter determinado a dedução de valores, matéria não suscitada em defesa; o reclamado recorreu, requerendo a nulidade do processo considerando ter sido deferido algo que não fora pedido. Com base neste texto, em cotejo com a lei e os princípios processuais, examine as assertivas abaixo e assinale a alternativa CORRETA:

I) O juiz não poderia ter deferido horas extras, já que o reclamante não provou o fato constitutivo da sua pretensão.

II) Ao deferir adicional noturno, o julgador proferiu sentença ultra petita.

III) A irresignação do reclamante não merece acolhida, eis que a dedução de valores envolve norma de ordem pública, que veda o enriquecimento sem causa, devendo ser determinada mesmo de ofício.

IV) Em nome do aproveitamento máximo dos atos processuais, a anulação do processo pretendida pelo reclamado não se justifica, devendo o Tribunal, apenas, excluir da sentença a parcela não requerida.

a) As assertivas I, III e IV estão corretas.

b) As assertivas I, II e IV estão corretas.

c) As assertivas II, III e IV estão corretas.

d) As assertivas III e IV estão corretas.

e) Todas as assertivas estão corretas.

COMENTÁRIOS

✪ **Nota do autor:** O requerimento de nulidade deve ser formulado pela parte prejudicada, na primeira oportunidade que tiver de falar em audiência ou nos autos (art. 245 do Código de Processo Civil de 1973 e art. 795 da Consolidação das Leis do Trabalho). Observe-se que o art. 245 do CPC de 1973 corresponde ao art. 278 do CPC de 2015. Já no item "I", o art. 302 do CPC de 1973 corresponde ao art. 341 do CPC de 2015.

Item "I": Incorreto. O juiz agiu de conformidade com os princípios e normas que regem o processo do trabalho. Isso porque é defeso a parte contestar genericamente. O reclamado apenas disse que o reclamante não fazia horas extras, mas não apontou a real jornada do autor, procedimento que equivale à ausência de contestação. A regra específica encontra-se inserida no caput do art. 302 do CPC de 1973: "Cabe também ao réu manifestar-se precisamente sobre os fatos narrados na petição inicial".

Item "II": O procedimento do juiz foi equivocado, mas classifica como julgamento *extra petita* e não *ultra petita*, pois deferiu uma pretensão não formulada na petição inicial, qual seja, o adicional noturno. **Item incorreto.**

Item "III": Trata-se da aplicação do princípio geral do enriquecimento sem causa, que se aplica ao direito do trabalho por força do preceito contido no art. 8º da CLT. É norma de ordem pública, de forma que não é necessário haver pedido expresso da parte para que o juiz determine a sua aplicação. **Item correto.**

Item "IV": O deferimento de pleito não postulado não implica em nulidade da sentença, mas autoriza o Tribunal retirar o excesso, de forma a preservar os atos processuais válidos já praticados, de acordo com a teoria das nulidades processuais. Item **correto.**

Gabarito: D.

---

347. (TRT 8 – Juiz do Trabalho Substituto 8ª Região/2014) No que diz respeito às decisões proferidas na Justiça do Trabalho, assinale a alternativa INCORRETA.

a) As decisões cognitivas ou homologatórias deverão sempre indicar a natureza jurídica das parcelas constantes da condenação ou do acordo homologado, inclusive o limite de responsabilidade de cada parte pelo recolhimento da contribuição previdenciária, se for o caso.

b) A União será intimada das decisões homologatórias de acordos que contenham parcela indenizatória, na forma do art. 20 da Lei nº 11.033, de 21 de dezembro de 2004, facultada a interposição de recurso relativo aos tributos que lhe forem devidos. (Redação dada pela Lei nº 11.457, de 2007)

c) É vedado aos órgãos da Justiça do Trabalho conhecer de questões já decididas, excetuados os casos expressamente previstos neste Título e a ação rescisória, que será admitida na forma do disposto no Capítulo IV do Título IX da Lei nº 5.869, de 11 de janeiro de 1973 – Código de Processo Civil, sujeita ao depósito prévio de 15% (quinze por cento) do valor da causa, salvo prova de miserabilidade jurídica do autor.

d) Quando a decisão concluir pela procedência do pedido determinará o prazo e as condições para o seu cumprimento.

e) É devida a contribuição previdenciária sobre o valor do acordo celebrado e homologado após o trânsito em julgado de decisão judicial, respeitada a proporcionalidade de valores entre as parcelas de natureza salarial e indenizatória deferidas na decisão condenatória e as parcelas objeto do acordo.

COMENTÁRIOS

Alternativa "a": Correta a assertiva, pois corresponde ao texto contido no art. 832, § 3º da CLT: "As decisões cognitivas ou homologatórias deverão sempre indicar a natureza jurídica das parcelas constantes da condenação ou do acordo homologado, inclusive o limite de responsabilidade de cada parte pelo recolhimento da contribuição previdenciária, se for o caso."

Alternativa "b": Correta a assertiva, pois corresponde ao texto contido no art. 832, § 4º da CLT: "A União será intimada das decisões homologatórias de acordos que contenham parcela indenizatória, na forma do art. 20 da Lei nº 11.033, de 21 de dezembro de 2004, facultada a interposição de recurso relativo aos tributos que lhe forem devidos."

Alternativa "c": O equívoco da assertiva está no fato de ter afirmado que o depósito seria de 15%, quando na realidade e de 20%, conforme imposição contida no art. 836 da CLT: "É vedado aos órgãos da Justiça do Trabalho conhecer de questões já decididas, excetuados os casos expressamente previstos neste Título e a ação rescisória, que será admitida na forma do disposto no Capítulo IV do Título IX da Lei nº 5.869, de 11 de janeiro de 1973 – Código de Processo Civil, sujeita ao depósito prévio de 20% (vinte por cento) do valor da causa, salvo prova de miserabilidade jurídica do autor". **Incorreta.**

Alternativa "d": Correta a assertiva, uma vez que coincide com texto contido no art. 832, § 1º, da CLT: "Quando a decisão concluir pela procedência do pedido determinará o prazo e as condições para o seu cumprimento".

Alternativa "e": Correta a assertiva, pois corresponde ao texto contido na OJ nº 376, SDI-1, do TST: "É devida a contribuição previdenciária sobre o valor do acordo celebrado e homologado após o trânsito em julgado de decisão judicial, respeitada a proporcionalidade de valores entre as parcelas de natureza salarial e indenizatória deferidas na decisão condenatória e as parcelas objeto do acordo".

Gabarito: C.

348. (TRT 3 – Juiz do Trabalho Substituto 3ª Região/2014) A partir de súmula do TST, conclui-se que na Justiça do Trabalho, nos termos do art. 893, §1º, da CLT, as decisões interlocutórias não ensejam recurso imediato, salvo na hipótese de decisão:

a) Que acolhe exceção de incompetência territorial, com a remessa dos autos para juízo do mesmo Tribunal Regional daquele a que se vincula o juízo excepcionado.

b) De Vara do Trabalho contrária à súmula ou Orientação Jurisprudencial do TST.

c) De Turma do TRT contrária à súmula do mesmo Tribunal.

d) Suscetível de impugnação mediante recurso para o mesmo Tribunal.

e) De Vara do Trabalho contrária à súmula ou Orientação Jurisprudencial do TRT a que se vincula.

COMENTÁRIOS

✪ **Nota do autor:** Todas as alternativas desta pergunta estão baseadas no texto da Súmula nº 214 do TST: "Na Justiça do Trabalho, nos termos do art. 893, § 1º, da CLT, as decisões interlocutórias não ensejam recurso imediato, salvo nas hipóteses de decisão: a) de Tribunal Regional do Trabalho contrária à Súmula ou Orientação Jurisprudencial do Tribunal Superior do Trabalho; b) suscetível de impugnação mediante recurso para o mesmo Tribunal; c) que acolhe exceção de incompetência territorial, com a remessa dos autos para Tribunal Regional distinto daquele a que se vincula o juízo excepcionado, consoante o disposto no art. 799, § 2º, da CLT." Note-se que o TST reforçou a aplicação dessa regra, mesmo após a vigência do CPC de 2015, por meio da Instrução Normativa nº 39/16, em seu art. 1º, § 1º: "Observar-se-á, em todo caso, o princípio da irrecorribilidade em separado das decisões interlocutórias, de conformidade com o art. 893, § 1º da CLT e Súmula nº 214 do TST".

Alternativa "a": Incorreta. Somente se a exceção for acolhida e os autos remetidos para outro Tribunal.

Alternativa "b": Só se fosse decisão de Tribunal que contrariasse Súmula ou OJ do TST. **Incorreta.**

Alternativa "c": Não seria Súmula do mesmo Tribunal, mas sim do TST. **Incorreta.**

Alternativa "d": Correta a assertiva, uma vez que está de acordo com a previsão contida na alínea "b" da citada Súmula nº 214 do TST.

Alternativa "e": Só se fosse decisão de Tribunal que contrariasse Súmula ou OJ do TST. **Incorreta.**

Gabarito: D.

349. (TRT 3 – Juiz do Trabalho Substituto 3ª Região/2014) Sobre a antecipação da tutela jurisdicional no Processo do Trabalho, é correto afirmar:

a) É uma faculdade do juiz, mas pressupõe pedido expresso da parte requerente.

b) Seus requisitos são prova inequívoca, convencimento do julgador da verossimilhança da alegação e fumaça do bom direito.

c) Visa garantir o resultado da prestação jurisdicional e efetividade instrumental da ação.

d) A execução, na hipótese de concessão da antecipação da tutela, é definitiva.

e) Em sentença final, o juiz deverá confirmar a antecipação da tutela, mesmo sendo ela definitiva.

COMENTÁRIOS

✪ **Nota do autor:** A decisão que antecipa os efeitos do provimento jurisdicional adianta, temporariamente e durante qualquer fase do processo, os efeitos da tutela definitiva, fundamentando-se no convencimento do juiz obtido com a verossimilhança das alegações da parte. Observe-se, nas alternativas "a" e "b", que o art. 273 do CPC de 1973 corresponde ao art. 311 do CPC de 2015.

Alternativa "a": A antecipação dos efeitos da tutela era uma faculdade do juiz, conforme se vê da redação do art. 273 do CPC de 1973. Todavia, havia divergência doutrinaria e jurisprudência quanto a possibilidade de o juiz antecipar de ofício. Apesar disso, a banca considerou essa alternativa como **correta.**

Alternativa "b": Os requisitos eram dois: prova inequívoca e convencimento da verossimilhança da alegação. Não era necessário a fumaça do bom direito, segundo o citado art. 273 do CPC de 1973. **Incorreta.**

Alternativa "c": Esses seriam os objetivos da ação cautelar e não da antecipação da tutela. **Incorreta.**

Alternativa "d": Como a antecipação tem caráter precário, a execução será sempre definitiva. **Incorreta.**

Alternativa "e": Não necessariamente, pois o juiz pode revogar ou modificar a tutela antecipada quando da sentença final. **Incorreta.**

Gabarito: A.

---

350. (TRT 3 – Juiz do Trabalho Substituto 3ª Região/2013) Sobre a atividade jurisdicional, leia as afirmações abaixo e, em seguida, assinale a alternativa correta:

I. O pedido do autor da demanda autoriza e limita a atividade jurisdicional.

II. Há nulidade por julgamento extra petita da decisão que deferir salário quando o pedido for de reintegração, mesmo diante dos termos do art. 496 da CLT.

III. A correção monetária e os juros incluem-se na liquidação, ainda que omissos o pedido inicial ou a condenação.

IV. A jurisdição constitui atividade vinculada pelas regras e princípios constitucionais relativos ao processo judicial.

a) Somente as afirmativas I e IV estão corretas.

b) Todas as afirmativas estão corretas.

c) Somente as afirmativas I, II e IV estão corretas.

d) Somente as afirmativas I, III e IV estão corretas.

e) Somente as afirmativas I, II e III estão corretas.

COMENTÁRIOS

✪ **Nota do autor:** Determinada categoria de pedidos são considerados como implícitos. Nesse passo, o juiz pode apreciá-los, mesmo quando o reclamante não formule a sua pretensão de forma expressa, sem que esse procedimento seja considerado julgamento *ultra petita*. Observe-se, na alternativa "a", que o art. 293 do CPC de 1973 corresponde ao art. 322 do CPC de 2015.

Item "I": Correto. O pedido reveste-se de especial relevância, uma vez que seus contornos servem de limites para atuação do magistrado, que deve interpretá-lo restritivamente, conforme disposto no art. 293 do CPC de 1973: "Os pedidos são interpretados restritivamente, compreendendo-se, entretanto, no principal os juros legais".

Item "II": Nesse caso, a ultrapetição encontra-se autorizada pela própria lei. Por conta disso, o deferimento de pedido diverso do que foi postulado não se classifica como *extra petita*. **Incorreta** a assertiva.

Item "III": Correto. Tratam-se de pedidos implícitos que são previstos na própria legislação e autorizam o deferimento pelo juiz ainda que não tenham sido postulados.

Item "IV": Correto. O Estado exerce esse poder/dever relativo à jurisdição, também denominado de função ou atividade estatal, mediante a aplicação das regras hipotéticas definidas pelo Direito material ao caso concreto, observando as regras constitucionais de repartição de Poder e de competência.

Gabarito: D.

---

351. (TRT 8 – Juiz do Trabalho Substituto 8ª Região/2013) Sobre sentença nos dissídios individuais, termo de conciliação e seus efeitos perante as partes, terceiros e INSS, é CORRETO afirmar que:

a) A decisão será proferida depois de rejeitada pelas partes a proposta de conciliação. No caso de conciliação, o termo que for lavrado valerá como decisão irrecorrível, salvo para a Previdência Social quanto às contribuições que lhe forem devidas.

b) Apenas as decisões cognitivas deverão sempre indicar a natureza jurídica das parcelas constantes da condenação ou do acordo homologado, inclusive o limite de responsabilidade de cada parte pelo recolhimento da contribuição previdenciária, se for o caso.

c) De acordo com jurisprudência do Tribunal Superior do Trabalho, o acordo celebrado após o trânsito em julgado da sentença ou após a elaboração dos cálculos de liquidação de sentença, em valor inferior ao da condenação, não prejudicará os créditos da União, pois o valor das verbas previdenciárias não se altera.

d) Existindo na decisão evidentes erros ou enganos de cálculo, poderão os mesmos, antes da execução, ser corrigidos, *ex officio*, ou a requerimento dos interessados ou da Procuradoria da Justiça do Trabalho.

e) Pelo princípio da celeridade, na Justiça do Trabalho, a publicação das decisões e sua notificação aos litigantes, ou a seus patronos, consideram-se sempre realizadas nas próprias audiências em que forem as mesmas proferidas.

COMENTÁRIOS

✪ **Nota do autor:** A sentença, no processo do trabalho, deve ser proferida logo após o momento reservado às razões finais e a renovação da tentativa de conciliação, em atenção aos princípios da concentração dos atos, da economia e da celeridade processual.

Alternativa "a": Correta, pois esse procedimento e o efeito principal de não considerar irrecorrível o termo de conciliação homologado em relação ao INSS encontram-se previstos no art. 831 da CLT: "A decisão será proferida depois de rejeitada pelas partes a proposta de conciliação. Parágrafo único. No caso de conciliação, o termo que for lavrado valerá como decisão irrecorrível, salvo para a Previdência Social quanto às contribuições que lhe forem devidas."

Alternativa "b": Incorreta a assertiva, pois a obrigação de indicar a natureza jurídica das parcelas alcança também as decisões homologatórias, conforme determina o art. 832, §3º da CLT: "As decisões cognitivas ou homologatórias deverão sempre indicar a natureza jurídica das parcelas constantes da condenação ou do acordo homologado, inclusive o limite de responsabilidade de cada parte pelo recolhimento da contribuição previdenciária, se for o caso".

Alternativa "c": Incorreta, pois nesse caso a contribuição previdenciária será proporcional à redução, conforme entendimento do TST expresso na OJ nº 376, da SDI-1, que interpreta o art. 832, §6º da CLT: "O acordo celebrado após o trânsito em julgado da sentença ou após a elaboração dos cálculos de liquidação de sentença não prejudicará os créditos da União". OJ nº 376: "É devida a contribuição previdenciária sobre o valor do acordo celebrado e homologado após o trânsito em julgado de decisão judicial, respeitada a proporcionalidade de valores entre as parcelas de natureza salarial e indenizatória deferidas na decisão condenatória e as parcelas objeto do acordo".

Alternativa "d": Incorreta, pois a correção não está limitada aos erros de cálculos, mas também aos equívocos de escrita e de digitação, conforme prevê expressamente o art. 833 da CLT: "Existindo na decisão evidentes erros ou enganos de escrita, de datilografia ou de cálculo, poderão os mesmos, antes da execução, ser corrigidos, ex officio, ou a requerimento dos interessados ou da Procuradoria da Justiça do Trabalho".

Alternativa "e": Incorreta, pois essa regra comporta exceções, como o caso do revel, que deve ser intimado da decisão pela via postal ou por oficial de justiça. A regra está contida no art. 834 da CLT: "Salvo nos casos previstos nesta Consolidação, a publicação das decisões e sua notificação aos litigantes, ou a seus patronos, consideram-se realizadas nas próprias audiências em que forem as mesmas proferidas". Uma das exceções citadas está contida na parte final do art. 852 da CLT: "Da decisão serão os litigantes notificados, pessoalmente, ou por seu representante, na própria audiência. No caso de revelia, a notificação far-se-á pela forma estabelecida no § 1º do art. 841". "Art. 841. § 1º – A notificação será feita em registro postal com franquia. Se o reclamado criar embaraços ao seu recebimento ou não for encontrado, far-se-á a notificação por edital, inserto no jornal oficial ou no que publicar o expediente forense, ou, na falta, afixado na sede da Junta ou Juízo".

Gabarito: A.

---

352. (TRT – JTS 23ª RG/2008) No que se refere à antecipação dos efeitos da tutela analise os itens abaixo e marque a alternativa CORRETA:

I. A jurisprudência, com o objetivo de obstar os efeitos da tutela antecipada deferida na sentença, tem admitido a propositura de medida cautelar inominada para atribuir efeito suspensivo ao recurso ordinário interposto em face de tal decisão.

II. Segundo a doutrina majoritária, a decisão que concede a antecipação de tutela tem natureza mandamental, pois determina uma ordem imediata para cumprimento da medida.

III. No Processo do Trabalho, em face da decisão liminar que aprecia a tutela antecipada, admite-se a interposição de mandado de segurança.

IV. Assim como no Processo Civil, no Processo do Trabalho a possibilidade de irreversibilidade do provimento não pode ser óbice para a efetivação da medida, pois a lei atribui responsabilidade objetiva ao autor pelos danos causados à parte contrária em caso de alteração da decisão.

a) Apenas os itens I, II e IV são verdadeiros.

b) Apenas os itens III e IV são verdadeiros.

c) Apenas os itens I e II são verdadeiros.

d) Todos os itens são verdadeiros.

e) Todos os itens são falsos.

COMENTÁRIOS

✪ **Nota do autor:** A assertiva contida no item III está incompleta, o que influência na verificação de sua veracidade. Com efeito, se a tutela é antecipada antes da sentença, cabe mandado de segurança. Caso contrário, se é concedida com a sentença, cabe recurso ordinário. O TST trata dessa questão em sua Súmula nº 414, em sua redação original: "I – A antecipação da tutela concedida na sentença não comporta impugnação pela via do mandado de segurança, por ser impugnável mediante recurso ordinário. A ação cautelar é o meio próprio para se obter efeito suspensivo a recurso. II – No caso da tutela antecipada (ou liminar) ser concedida antes da sentença, cabe a impetração do mandado de segurança, em face da inexistência de recurso próprio. III – A superveniência da sentença, nos autos originários, faz perder o objeto do mandado de segurança que impugnava a concessão da tutela antecipada (ou liminar)". Note-se que a Resolução nº 217/2017 do TST alterou a redação da mencionada Súmula: "MANDADO DE SEGURANÇA. TUTELA PROVISÓRIA CONCEDIDA ANTES OU NA SENTENÇA (nova redação em decorrência do CPC de 2015) – Res. 217/2017 – DEJT divulgado em 20, 24 e 25.04.2017 I – A tutela provisória concedida na sentença não comporta impugnação pela via do mandado de segurança, por ser impugnável mediante recurso ordinário. É admissível a obtenção de efeito suspensivo ao recurso ordinário mediante requerimento dirigido ao tribunal, ao relator ou ao presidente ou ao vice-presidente do tribunal recorrido, por aplicação subsidiária ao processo do trabalho do artigo 1.029, § 5º, do CPC de 2015. II – No caso de a tutela provisória haver sido concedida ou indeferida antes da sentença, cabe mandado de segurança, em face da inexistência de recurso próprio. III – A superveniência da sentença, nos autos originários, faz perder o objeto do mandado de segurança que impugnava a concessão ou o indeferimento da tutela provisória". Observe-se, no item "IV", que o art. 273, §2º, do CPC de 1973 corresponde ao art. 300, §3º, do CPC de 2015.

Item "I": Correto, conforme preceitua o inciso I da Súmula nº 414 do C. TST em sua redação original: "A antecipação da tutela concedida na sentença não comporta impugnação pela via do mandado de segurança, por ser impugnável mediante recurso ordinário. A ação cautelar é o meio próprio para se obter efeito suspensivo a recurso" (ver redação original na nota do autor)

Item "II": A decisão que antecipa os efeitos do provimento jurisdicional adianta, temporariamente e durante qualquer fase do processo, os efeitos da tutela definitiva, fundamentando-se no convencimento do juiz obtido com a verossimilhança das alegações da parte. A consequência é a emissão de uma ordem ou de um ato executório judicial para garantir a eficácia e efetividade do comando sentencial antecipatório, revelando, assim, o seu conteúdo mandamental ou executivo *lato sensu*. Item **correto.**

Item "III": Incorreto, de acordo com o inciso I da Súmula nº 414 do TST, em sua redação original: "A antecipação da tutela concedida na sentença não comporta impugnação pela via do mandado de segurança, por ser impugnável mediante recurso ordinário. A ação cautelar é o meio próprio para se obter efeito suspensivo a recurso" (observar a nota do autor).

Item "IV": Incorreto, pois não há previsão legal nesse sentido. Pelo contrário, o art. 273, § 2º, do CPC de 1973 diz expressamente que não será concedida quando existir perigo de irreversibilidade: "Não se concederá a antecipação da tutela quando houver perigo de irreversibilidade do provimento antecipado".

Gabarito: C.

---

353. (TRT – JTS 15ª RG/2010) Assinale o que é INCORRETO afirmar a respeito da antecipação de tutela:

a) quando concedida na sentença não comporta impugnação pela via do mandado de segurança;
b) é pacífica, na jurisprudência, a possibilidade de o juiz concede-la de ofício;
c) a parte que se sentir prejudicada pela sentença que concedeu a antecipação de tutela pode pleitear efeito suspensivo a recurso por meio de ação cautelar;
d) cabe a impetração de mandado de segurança quando concedida liminarmente;
e) pode ser concedida quando um ou mais dos pedidos cumulados, ou parcela deles, mostrar-se incontroverso.

COMENTÁRIOS

✪ **Nota do autor:** A CLT não disciplina a aplicação da antecipação dos efeitos da tutela de forma genérica, sendo aplicáveis às disposições contidas no Código de Processo Civil de forma subsidiária ou supletivamente, uma vez que há compatibilidade com os princípios do processo laboral, principalmente o princípio da celeridade. Observe-se, na alternativa "b", que o art. 273 do CPC de 1973 corresponde ao art. 300 do CPC de 2015, e o seu §6º ao art. 356, I.

Alternativa "a": Correta, pois nesse caso cabe recurso ordinário, conforme Súmula nº 414 do TST, em sua redação original: "I – A antecipação da tutela concedida na sentença não comporta impugnação pela via do mandado de segurança, por ser impugnável mediante recurso ordinário. A ação cautelar é o meio próprio para se obter efeito suspensivo a recurso". A Resolução nº 217/2017 do TST alterou a redação da mencionada Súmula: "MANDADO DE SEGURANÇA. TUTELA PROVISÓRIA CONCEDIDA ANTES OU NA SENTENÇA (nova redação em decorrência do CPC de 2015) – Res. 217/2017 – DEJT divulgado em 20, 24 e 25.04.2017 I – A tutela provisória concedida na sentença não comporta impugnação pela via do mandado de segurança, por ser impugnável mediante recurso ordinário. É admissível a obtenção de efeito suspensivo ao recurso ordinário mediante requerimento dirigido ao tribunal, ao relator ou ao presidente ou ao vice-presidente do tribunal recorrido, por aplicação subsidiária ao processo do trabalho do artigo 1.029, § 5º, do CPC de 2015. II – No caso de a tutela provisória haver sido concedida ou indeferida antes da sentença, cabe mandado de segurança, em face da inexistência de recurso próprio. III – A superveniência da sentença, nos autos originários, faz perder o objeto do mandado de segurança que impugnava a concessão ou o indeferimento da tutela provisória".

Alternativa "b": Apesar de o art. 273 do CPC de 1973 condicionar a concessão da tutela antecipada ao requerimento da parte, há defensores de que essa medida pode ser concedida de ofício: "Art. 273. O juiz poderá, a requerimento da parte, antecipar, total ou parcialmente, os efeitos da tutela pretendida no pedido inicial, desde que, existindo prova inequívoca, se convença da verossimilhança da alegação (...)". Opção **incorreta**, pois há divergência doutrinária.

Alternativa "c": Correta, uma vez que esse procedimento encontra-se previsto no item I da Súmula nº 414 do TST, em sua redação original: "A antecipação da tutela concedida na sentença não comporta impugnação pela via do mandado de segurança, por ser impugnável mediante recurso ordinário. A ação cautelar é o meio próprio para se obter efeito suspensivo a recurso" (ver a redação original transcrita na alternativa "a").

Alternativa "d": Correta, pois de acordo com o item II, da Súmula nº 414 do TST, em sua redação anterior: "No caso da tutela antecipada (ou liminar) ser concedida antes da sentença, cabe a impetração do mandado de segurança, em face da inexistência de recurso próprio" (ver redação atual transcrita na alternativa "a").

Alternativa "e": Correta, pois há previsão legal expressa nesse sentido no art. 273, § 6º, do CPC de 1973: "A tutela antecipada também poderá ser concedida quando um ou mais dos pedidos cumulados, ou parcela deles, mostrar-se incontroverso".

Gabarito: B.

---

354. (CESPE – JTS 1ª RG/2010) No que concerne ao dissídio coletivo, assinale a opção CORRETA.

a) A decisão proferida em dissídio coletivo ou transitada em julgado posteriormente à sentença rescindenda constitui documento novo apto a viabilizar a desconstituição de julgado por meio de ação rescisória.

b) Segundo entendimento do TST, a sentença normativa produz coisa julgada material.

c) A petição inicial do dissídio coletivo deve ser dirigida ao tribunal pleno do TRT ou à Seção de Dissídios Coletivos do TST.

d) Em dissídio coletivo, o julgamento ultra ou *extra petita* é passível de nulidade.

e) No caso de não existir acordo, convenção ou sentença normativa em vigor, a sentença normativa vigerá a partir da data do ajuizamento.

COMENTÁRIOS

✪ **Nota do autor:** O dissídio coletivo é uma ação judicial especial na qual figuram como partes entidades coletivas, que objetivam a solução de um conflito coletivo de trabalho por intermédio de uma sentença normativa, na qual serão estabelecidas condições de trabalho para os integrantes da categoria profissional representada pelo sindicato que participou da relação processual. Observe-se, na alternativa "b", que o art. 572 do CPC de 1973 corresponde ao art. 514 do CPC de 2015. Inclusive, o TST alterou a redação da Súmula nº 397, nos seguintes termos: "Não procede ação rescisória calcada em ofensa à coisa julgada perpetrada por decisão proferida em ação de cumprimento, em face de a sentença normativa, na qual se louvava, ter sido modificada em grau de recurso, porque em dissídio coletivo somente se consubstancia coisa julgada formal. Assim, os meios processuais aptos a atacarem a execução da cláusula reformada são a exceção de pré-executividade e o mandado de segurança, no caso de descumprimento do art. 514 do CPC de 2015 (art. 572 do CPC de 1973) (ex-OJ nº 116 da SBDI-2 – DJ 11.08.2003)".

Alternativa "a": Incorreta, pois o entendimento do TST exposto na Súmula nº 402, "a" (em sua redação anterior), é justamente em sentido contrário: "Documento novo é o cronologicamente velho, já existente ao tempo da decisão rescindenda, mas ignorado pelo interessado ou de impossível utilização, à época, no processo. Não é documento novo apto a viabilizar a desconstituição de julgado: a) sentença normativa proferida ou transitada em julgado posteriormente à sentença rescindenda; b) sentença normativa preexistente à sentença rescindenda, mas não exibida no processo principal, em virtude de negligência da parte, quando podia e deveria louvar-se de documento já existente e não ignorado quando emitida a decisão rescindenda". A Resolução nº 217/2017 do TST alterou a redação dessa Súmula: "AÇÃO RESCISÓRIA. PROVA NOVA. DISSÍDIO COLETIVO. SENTENÇA NORMATIVA (nova redação em decorrência do CPC de 2015) – Res. 217/2017 – DEJT divulgado em 20, 24 e 25.04.2017 I – Sob a vigência do CPC de 2015 (art. 966, inciso VII), para efeito de ação rescisória, considera-se prova nova a cronologicamente velha, já existente ao tempo do trânsito em julgado da decisão rescindenda, mas ignorada pelo interessado ou de impossível utilização, à época, no processo. II – Não é prova nova apta a viabilizar a desconstituição de julgado: a) sentença normativa proferida ou transitada em julgado posteriormente à sentença rescindenda; b) sentença normativa preexistente à sentença rescindenda, mas não exibida no processo principal, em virtude de negligência da parte, quando podia e deveria louvar-se de documento já existente e não ignorado quando emitida a decisão rescindenda. (ex-OJ nº 20 da SBDI-2 – inserida em 20.09.2000)",

Alternativa "b": Incorreta, uma vez que a sentença normativa não faz coisa julgada material, mas apenas formal. Nesse sentido é o entendimento do TST constante da Súmula nº 397, em sua antiga redação (ver parte final da nota do autor): "Não procede ação rescisória calcada em ofensa à coisa julgada perpetrada por decisão proferida em ação de cumprimento, em face de a sentença normativa, na qual se louvava, ter sido modificada em grau de recurso, porque em dissídio coletivo somente se consubstancia coisa julgada formal. Assim, os meios processuais aptos a atacarem a execução da cláusula reformada são a exceção de pré-executividade e o mandado de segurança, no caso de descumprimento do art. 572 do CPC".

Alternativa "c": Incorreta, pois a petição inicial deve ser dirigida ao presidente do Tribunal, conforme determina o art. 856 da CLT: "A instância será instaurada mediante representação escrita ao Presidente do Tribunal. Poderá ser também instaurada por iniciativa do presidente, ou, ainda, a requerimento da Procuradoria da Justiça do Trabalho, sempre que ocorrer suspensão do trabalho".

Alternativa "d": Incorreta, uma vez que não há fundamento nos pedidos formulados na representação do dissídio coletivo, mas sim motivos e as bases da conciliação, na forma prevista pelo art. 858 da CLT: "A representação será apresentada em tantas vias quantos forem os reclamados e deverá conter: a) designação e qualificação dos reclamantes e dos reclamados e a natureza do estabelecimento ou do serviço; b) os motivos do dissídio e as bases da conciliação". Assim, não há que se falar em julgamento *extra petita*, conforme entendimento jurisprudencial dominante do TST: "1. O dissídio coletivo de natureza econômica tem particularidades que o distinguem do dissídio individual trabalhista ou do processo civil comum, razão pela qual não se lhe aplicam rigorosamente as regras processuais ordinárias. De caráter inquisitório, constitui instrumento de exercício do poder normativo da Justiça do Trabalho para criação de novas condições de trabalho. 2. A sentença normativa, de natureza dispositiva, não se prende estritamente ao pedido, mas se baseia nos motivos do dissídio e bases da conciliação (alínea - b - do art. 858 da CLT). Por isso, não é próprio em dissídio coletivo aludir a julgamento - extra - ou - *ultra petita* (ED-ED-RODC 764581892001502555 5 764581-89.2001.5.02.5555. Rel. João Oreste Dalazen. DJ 07/03/2003)".

Alternativa "e": Correta, conforme art. 867, parágrafo único da CLT: "A sentença normativa vigorará: a) a partir da data de sua publicação, quando ajuizado o dissídio após o prazo do artigo 616, § 3º, ou, quando não existir acordo, convenção ou sentença normativa em vigor, na data do ajuizamento; b) a partir do dia imediato ao termo final de vigência do acordo, convenção ou sentença normativa, quando ajuizado o dissídio no prazo do artigo 616, § 3º".

Gabarito: E.

---

355. (TRT - JTS 3ª RG/2009) Assinale a assertiva ("a" a "e") CORRETA em relação aos enunciados de I a V, observadas a legislação pertinente e a consolidação jurisprudencial do c. TST:

I. A autorização para que o sindicato profissional atue como substituto processual dos integrantes da categoria que representa é obtida em assembleia geral especialmente convocada para este fim, observados os ditames do estatuto da entidade sindical, sendo tal procedimento indispensável para conferir-lhe legitimidade ativa *ad causam*.

II. Publicado o acórdão de sentença normativa, após interposição de recurso ordinário fundado apenas na certidão de julgamento, se for o caso, reabrir-se-á o prazo para aditamento do recurso interposto.

III. É prescindível a publicação do acórdão da sentença normativa proferida em dissídio coletivo para propositura de ação de cumprimento, desde que observado o prazo de vinte dias entre o julgamento e o ajuizamento da demanda.

IV. O provimento de recurso interposto em face de sentença normativa não importará na restituição dos salários ou vantagens pagos em execução do julgado.

V. Nos dissídios coletivos, as partes vencidas responderão solidariamente pelo pagamento das custas processuais, calculadas sobre o valor arbitrado na decisão, ou pelo presidente do Tribunal.

a) somente um enunciado é verdadeiro

b) somente dois enunciados são verdadeiros

c) somente três enunciados são verdadeiros

d) somente quatro enunciados são verdadeiros

e) todos os enunciados são verdadeiros

COMENTÁRIOS

Nota do autor: Quanto ao *quorum* de 2/3 exigidos pelo art. 859 da CLT para autorizar a instauração do dissídio coletivo, a jurisprudência do TST, com o cancelamento das OJ's 13 e 14 da SDC, é no sentido de atribuir a competência exclusiva às entidades sindicais para fixar o referido *quorum*, que só prevalecerá na hipótese de omissão nos estatutos, tanto para a celebração do contrato coletivo de trabalho, quanto para autorizar o dissídio coletivo.

Item "I": Correto, pois envolve a redação do art. 859 da CLT com o posicionamento do TST: "Art. 859. A representação dos sindicatos para instauração da instância fica subordinada à aprovação de assembleia, da qual participem os associados interessados na solução do dissídio coletivo, em primeira convocação, por maioria de 2/3 (dois terços) dos mesmos, ou, em segunda convocação, por 2/3 (dois terços)". As OJ's de nº 13 e 14, da SDC, que exprimiam o posicionamento dessa Corte em relação a essa questão, foram canceladas: "OJ nº 13. Mesmo após a promulgação da Constituição Federal de 1988, subordina-se a validade da assembleia de trabalhadores que legitima a atuação da entidade sindical respectiva em favor de seus interesses à observância do "quorum" estabelecido no art. 612 da CLT. TST. SDC nº 14. Se a base territorial do Sindicato representativo da categoria abrange mais de um Município, a realização de assembleia deliberativa em apenas um deles inviabiliza a manifestação de vontade da totalidade dos trabalhadores envolvidos na controvérsia, pelo que conduz à insuficiência de "quorum" deliberativo, exceto quando particularizado o conflito dos presentes".

Item "II": Correto, uma vez que se encontra de conformidade com o preceito contido no art. 7º, § 2º, da Lei nº 7.701/88: "Não publicado o acórdão nos 20 (vinte) dias subsequentes ao julgamento, poderá qualquer dos litigantes ou o Ministério Público do Trabalho interpor recurso ordinário, fundado, apenas, na certidão de Julgamento, inclusive com pedido de efeito suspensivo, pagas as custas, se for o caso. Publicado o acórdão, reabrir-se-á o prazo para o aditamento do recurso interposto".

Item "III": A ação de cumprimento depende da publicação do acordão referente à sentença normativa. **Item incorreto**, pois está em desacordo com os arts. 10 e 7º da Lei nº 7.701/88: "Art. 10. Nos dissídios coletivos de natureza econômica ou jurídica de competência originária ou recursal da seção normativa do Tribunal Superior do Trabalho, a sentença poderá ser objeto de ação de cumprimento com a publicação da certidão de julgamento" e "Art. 7º. § 6º – A sentença normativa poderá ser objeto de ação de cumprimento a partir do 20º (vigésimo) dia subsequente ao do julgamento, fundada no acórdão ou na certidão de julgamento, salvo se concedido efeito suspensivo pelo Presidente do Tribunal Superior do Trabalho".

Item "IV": Correto, pois reproduz a ideia contida no art. 6º, § 3º, da Lei nº 4.725/65: "O provimento do recurso não importará na restituição dos salários ou vantagens pagos, em execução do julgado".

Item "V": Correto, de conformidade com o art. 789, § 4º, da CLT: "Nos dissídios coletivos, as partes vencidas responderão solidariamente pelo pagamento das custas, calculadas sobre o valor arbitrado na decisão, ou pelo Presidente do Tribunal".

Gabarito: D.

---

356. (TRT – JTS 8ª RG/2008) Acerca da disposição da CLT sobre o pagamento de custas e emolumentos, é CORRETO afirmar:

a) Nos dissídios individuais e nos dissídios coletivos do trabalho, nas ações e procedimentos de competência da Justiça do Trabalho, bem como nas demandas propostas perante a Justiça Estadual, no exercício da jurisdição trabalhista, as custas relativas ao processo de conhecimento incidirão à base de 2% (dois por cento), observado o mínimo de R$ 10,64 (dez reais e sessenta e quatro centavos). No processo de execução, as custas e emolumentos estão sempre à cargo do executado, sendo que o valor das custas em embargos à execução, embargos de terceiro e embargos à arrematação será sempre de R$ 44,26 (quarenta e quatro reais e vinte e seis centavos).

b) Nos dissídios individuais e coletivos, as partes vencidas responderão solidariamente pelo pagamento das custas, calculadas sobre o valor arbitrado na decisão, ou pelo juiz do feito. Sempre que houver acordo, se de outra forma não for convencionado, o pagamento das custas caberá em partes iguais aos litigantes.

c) No caso de não pagamento das custas cominadas em processo de competência da Justiça do Trabalho, far-se-á execução da respectiva importância, observado idêntico procedimento para execução trabalhista, aplicando-se a norma regente da Execução Fiscal de modo apenas subsidiário.

d) É facultado aos juízes, órgãos julgadores e presidentes dos tribunais do trabalho de qualquer instância conceder, a requerimento ou de ofício, o benefício da justiça gratuita, inclusive quanto a traslados e instrumentos, àqueles que perceberem salário igual ou inferior ao dobro do mínimo legal, ou declararem, sob as penas da lei, que não estão em condições de pagar as custas do processo sem prejuízo do sustento próprio ou de sua família. Tratando-se de empregado que não tenha obtido o benefício da justiça gratuita, ou isenção de custas, o sindicato que houver intervindo no processo responderá de modo solidário pelo pagamento das custas devidas.

e) São isentos do pagamento de custas, além dos beneficiários de justiça gratuita: I – a União, os Estados, o Distrito Federal, os Municípios e respectivas autarquias e fundações públicas, empresas públicas e sociedades de economia mista federais, estaduais ou municipais que não explorem atividade econômica; II – o Ministério Público do Trabalho.

COMENTÁRIOS

✪ **Nota do autor:** As custas processuais são espécies de tributo, mais precisamente de uma taxa, pela utilização dos serviços prestados pelo Poder Judiciário.

Alternativa "a": Incorreta, pois os emolumentos não serão sempre pagos pelo executado, mas sim por quem requerer a prática do ato, na forma do art. 789-B da CLT: "Os emolumentos serão suportados pelo Requerente (...)".

Alternativa "b": Incorreta, uma vez que as custas incidirão sobre o valor arbitrado na decisão ou pelo Presidente do Tribunal e não pelo juiz do feito, conforme art. 789, § 3º e § 4º, da CLT: "§ 3º Sempre que houver acordo, se de outra forma não for convencionado, o pagamento das custas caberá em partes iguais aos litigantes. § 4º Nos dissídios coletivos, as partes vencidas responderão solidariamente pelo pagamento das custas, calculadas sobre o valor arbitrado na decisão, ou pelo Presidente do Tribunal".

Alternativa "c": A execução das custas não segue o procedimento da Lei de Execução Fiscal de forma direta, mas sim o rito da própria CLT. Alternativa **incorreta**, conforme art. 790, § 2º, da CLT: "No caso de não pagamento das custas, far-se-á execução da respectiva importância, segundo o procedimento estabelecido no Capítulo V deste Título".

Alternativa "d": Correta, pois em conformidade com o art. 790, § 1º e 3º, da CLT: "§ 1º Tratando-se de empregado que não tenha obtido o benefício da justiça gratuita, ou isenção de custas, o sindicato que houver intervindo no processo responderá solidariamente pelo pagamento das custas devidas. § 3º É facultado aos juízes, órgãos julgadores e presidentes dos tribunais do trabalho de qualquer instância conceder, a requerimento ou de ofício, o benefício da justiça gratuita, inclusive quanto a traslados e instrumentos, àqueles que perceberem salário igual ou inferior ao dobro do mínimo legal, ou declararem, sob as penas da lei, que não estão em condições de pagar as custas do processo sem prejuízo do sustento próprio ou de sua família".

Alternativa "e": O benefício da justiça gratuita não alcança as empresas públicas e as sociedades de economia mista. Opção **incorreta,** conforme art. 790-A da CLT: "São isentos do pagamento de custas, além dos beneficiários de justiça gratuita: I - a União, os Estados, o Distrito Federal, os Municípios e respectivas autarquias e fundações públicas federais, estaduais ou municipais que não explorem atividade econômica; II – o Ministério Público do Trabalho".

Gabarito: D.

---

357. (TRT - JTS 23ª RG/2008) Analise os itens abaixo e marque a alternativa CORRETA:

I. A responsabilidade pelo pagamento dos honorários periciais é da parte sucumbente na pretensão objeto da perícia, salvo se beneficiária da Justiça Gratuita.

II. No processo de execução são devidas custas as quais são pagas ao final, de conformidade com a tabela contida na CLT, pela parte sucumbente.

III. São isentos de custas a União, os Estados, o Distrito Federal, os Municípios e respectivas autarquias e fundações públicas federais, estaduais ou municipais que não explorem atividade econômica. Referida isenção alcança as demais despesas processuais e dispensa o depósito recursal e a garantia do juízo.

a) Apenas o item II é verdadeiro.

b) Apenas o item IIII é verdadeiro.

c) Todos os itens são verdadeiros.

d) Apenas o item I é verdadeiro.

e) Todos os itens são falsos.

COMENTÁRIOS

✪ Nota do autor: Note-se que essa questão foi elaborada antes da vigência da Lei nº 13.467/17, que alterou a redação do art. 790-B da CLT. Posteriormente, em 2021, o STF declarou a inconstitucionalidade do caput e do § 4º desse dispositivo legal, quando do julgamento da ADI nº 5766. Eis a redação do referido dispositivo legal:"Art. 790-B. A responsabilidade pelo pagamento dos honorários periciais é da parte sucumbente na pretensão objeto da perícia, ainda que beneficiária da justiça gratuita. § 4º Somente no caso em que o beneficiário da justiça gratuita não tenha obtido em juízo créditos capazes de suportar a despesa referida no caput, ainda que em outro processo, a União responderá pelo encargo."

Item "I": Correto, conforme preceito contido no art. 790-B da CLT, em sua redação anterior: "A responsabilidade pelo pagamento dos honorários periciais é da parte sucumbente na pretensão objeto da perícia, salvo se beneficiária de justiça gratuita". (ver nota do autor)

Item "II": No caso de execução, as custas são pagas sempre pelo executado. Item **incorreto**, conforme art. 789-A da CLT: "No processo de execução são devidas custas, sempre de responsabilidade do executado e pagas ao final (...)".

Item "IV": Incorreto, conforme art. 790-A, inciso II, parte final da CLT: "São isentos do pagamento de custas, além dos beneficiários de justiça gratuita: I – a União, os Estados, o Distrito Federal, os Municípios e respectivas autarquias e fundações públicas federais, estaduais ou municipais que não explorem atividade econômica; II – o Ministério Público do Trabalho. Parágrafo único. A isenção prevista neste artigo não alcança as entidades fiscalizadoras do exercício profissional, nem exime as pessoas jurídicas referidas no inciso I da obrigação de reembolsar as despesas judiciais realizadas pela parte vencedora". Além disso, deve ser ressaltado que a dispensa da segurança do juízo não está relacionada com o instituto da isenção do pagamento das despesas processuais.

Gabarito: ver nota do autor.

---

358. (TRT - JTS 8ª RG/2009) Considerando a expressa dicção legal e a jurisprudência consolidada do TST, é CORRETO afirmar:

a) Nos dissídios individuais e nos dissídios coletivos do trabalho, nas ações e procedimentos de competência da Justiça do Trabalho, as custas relativas ao processo de conhecimento incidirão à base de 2% (dois por cento), observado o mínimo de R$ 10,64 (dez reais e sessenta e quatro centavos) e serão calculadas: I – quando houver acordo ou condenação, sobre o respectivo valor; II – quando houver extinção do processo, sem julgamento do mérito, ou julgado totalmente improcedente o pedido, sobre o valor da causa; III – no caso de procedência do pedido formulado em ação declaratória e em ação constitutiva, sobre o valor da causa; IV – quando o valor for indeterminado, sobre o que o juiz fixar. Nas demandas propostas perante a Justiça Estadual, no exercício da jurisdição trabalhista, as custas serão apuradas conforme dispuser a Lei de Organização Judiciária local.

b) Apesar da disposição que determina o cálculo das custas sobre o valor da condenação, não caracteriza deserção a hipótese em que, acrescido o valor da condenação, não houve fixação ou cálculo do valor devido a título de custas e tampouco intimação da parte para o preparo do recurso, devendo, pois, as custas ser pagas ao final.

c) Válido é o instrumento de mandato com prazo determinado que contém cláusula estabelecendo a prevalência dos poderes para atuar até o final da demanda. Diante da existência de previsão, no mandato, fixando termo para sua juntada, o instrumento de mandato só tem validade se anexado ao processo dentro do aludido prazo. A falta de poderes expressos no mandato para substabelecer torna inválidos os atos praticados pelo substabelecido; configura-se a irregularidade de representação se o substabelecimento é anterior à outorga passada ao substabelecente.

d) A execução de quantia certa fundada em título executivo judicial poderá ser promovida por qualquer interessado, ou *ex officio* pelo próprio Juiz ou Tribunal competente, sendo, porém, defesa a iniciativa do órgão do Ministério Público do Trabalho, salvo na condição de autor do processo em que se originou o título executado.

e) Caberão embargos de declaração de acórdão, no prazo de cinco dias, devendo seu julgamento ocorrer na primeira sessão subsequente a sua apresentação, registrado na certidão, sendo apenas admitido efeito modificativo da decisão nos casos de omissão e contradição no julgado, porém os erros materiais poderão ser corrigidos de ofício ou a requerimento de qualquer das partes.

COMENTÁRIOS

✪ **Nota do autor:** Observe-se, em relação a alternativa "a", que o houve modificação no *caput* do art. 789 da CLT, pela Lei 13.467/17, para estabelecer um limite máximo no valor das custas processuais: "Art. 789. Nos dissídios individuais e nos dissídios coletivos do trabalho, nas ações e procedimentos de competência da Justiça do Trabalho, bem como nas demandas propostas perante a Justiça Estadual, no exercício da jurisdição trabalhista, as custas relativas ao processo de conhecimento incidirão à base de 2% (dois por cento), observado o mínimo de R$ 10,64 (dez reais e sessenta e quatro centavos) e o máximo de quatro vezes o limite máximo dos benefícios do Regime Geral de Previdência Social, e serão calculadas: (...)". Já na alternativa "d", a Lei da Reforma Trabalhista também alterou o art. 878 da CLT que atualmente possui a seguinte redação: "Art. 878. A execução será promovida pelas partes, permitida a execução de ofício pelo juiz ou pelo Presidente do Tribunal apenas nos casos em que as partes não estiverem representadas por advogado.". Dessa forma, a execução *ex officio* somente será cabível quando as partes estiverem no exercício do *ius postulandi*.

Alternativa "a": Nas ações propostas na Justiça Estadual mas no exercício excepcional da jurisdição trabalhista, incide a mesma regra em relação às custas processuais trabalhistas. **Opção incorreta**, pois contraria o art. 789 da CLT: "Nos dissídios individuais e nos dissídios coletivos do trabalho, nas ações e procedimentos de competência da Justiça do Trabalho, bem como nas demandas propostas perante a Justiça Estadual, no exercício da jurisdição trabalhista, as custas relativas ao processo de conhecimento incidirão à base de 2% (dois por cento), observado o mínimo de R$ 10,64 (dez reais e sessenta e quatro centavos) e serão calculadas: I – quando houver acordo ou condenação, sobre o respectivo valor; II – quando houver extinção do processo, sem julgamento do mérito, ou julgado totalmente improcedente o pedido, sobre o valor da causa; III – no caso de procedência do pedido formulado em ação declaratória e em ação constitutiva, sobre o valor da causa; IV – quando o valor for indeterminado, sobre o que o juiz fixar". (ver nota do autor)

Alternativa "b": Correta, uma vez que corresponde a entendimento inserido na Orientação Jurisprudencial nº 104 da SBDI-1: "Não caracteriza deserção a hipótese em que, acrescido o valor da condenação, não houve fixação ou cálculo do valor devido a título de custas e tampouco intimação da parte para o preparo do recurso, devendo, pois, as custas ser pagas ao final (redação alterada na sessão do Tribunal Pleno realizada em 17.11.2008)".

Alternativa "c": São válidos os atos praticados pelo substabelecido, ainda que não haja, no mandato, poderes expressos para substabelecer. Alternativa **incorreta**, de acordo com a Súmula nº 395 do TST: "I – Válido é o instrumento de mandato com prazo determinado que contém cláusula estabelecendo a prevalência dos poderes para atuar até o final da demanda. II – Diante da existência de previsão, no mandato, fixando termo para sua juntada, o instrumento de mandato só tem validade se anexado ao processo dentro do aludido prazo. III – São válidos os atos praticados pelo substabelecido, ainda que não haja, no mandato, poderes expressos para substabelecer (art. 667, e parágrafos, do Código Civil de 2002). IV – Configura-se a irregularidade de representação se o substabelecimento é anterior à outorga passada ao substabelecente". A atual redação dessa Súmula é a seguinte: "MANDATO E SUBSTABELECIMENTO. CONDIÇÕES DE VALIDADE (nova redação dos itens I e II e acrescido o item V em decorrência do CPC de 2015) – Res. 211/2016, DEJT divulgado em 24, 25 e 26.08.2016. I – Válido é o instrumento de mandato com prazo determinado que contém cláusula estabelecendo a prevalência dos poderes para atuar até o final da demanda (§ 4º do art. 105 do CPC de 2015). (ex -OJ nº 312 da SBDI-1 – DJ 11.08.2003). II – Se há previsão, no instrumento de mandato, de prazo para sua juntada, o mandato só tem validade se anexado ao processo o respectivo instrumento no aludido prazo. (ex-OJ nº 313 da SBDI-1 – DJ 11.08.2003). III – São válidos os atos praticados pelo substabelecido, ainda que não haja, no mandato, poderes expressos para substabelecer (art. 667, e parágrafos, do Código Civil de 2002). (ex-OJ nº 108 da SBDI-1 – inserida em 01.10.1997). IV – Configura-se a irregularidade de representação se o substabelecimento é anterior à outorga passada ao substabelecente. (ex-OJ nº 330 da SBDI-1 – DJ 09.12.2003). V – Verificada a irregularidade de representação nas hipóteses dos itens II e IV, deve o juiz suspender o processo e designar prazo razoável para que seja sanado o vício, ainda que em instância recursal (art. 76 do CPC de 2015)".

Alternativa "d": Incorreta, uma vez que a execução poderá ser promovida também pelo MPT, de acordo com o permissivo contido no art. 878 da CLT: "A execução poderá ser promovida por qualquer interessado, ou *ex officio* pelo próprio Juiz ou Presidente ou Tribunal competente, nos termos do artigo anterior. Parágrafo único – Quando se tratar de decisão dos Tribunais Regionais, a execução poderá ser promovida pela Procuradoria da Justiça do Trabalho". (ver nota do autor)

Alternativa "e": Também é admitido efeito modificativo quando há manifesto equívoco no exame dos pressupostos extrínsecos do recurso. Opção **incorreta**, segundo o art. 897-A da CLT: "Caberão embargos de declaração da sentença ou acórdão, no prazo de cinco dias, devendo seu julgamento ocorrer na primeira audiência ou sessão subsequente a sua apresentação, registrado na certidão, admitido efeito modificativo da decisão nos casos de omissão e contradição no julgado e manifesto equívoco no exame dos pressupostos extrínsecos do recurso".

Gabarito: B.

---

359. (TRT – JTS 23ª RG/2008) Determinada ação foi processada e julgada perante uma das Varas do Trabalho de Rondonópolis. Em grau recursal (Recurso de Revista), o C. TST acolheu a preliminar de incompetência material da Justiça do Trabalho e determinou a remessa dos autos à Justiça Comum Estadual. Neste caso, conforme entendimento do STF, é CORRETO afirmar:

a) o Juiz de Direito que recebeu o processo está vinculado à decisão do Tribunal Superior do Trabalho. Logo, deve processar e julgar a demanda;

b) o Juiz de Direito que recebeu o processo não está vinculado à decisão do Tribunal Superior do Trabalho e, entendendo seja aquele juízo incompetente, pode suscitar conflito de competência para o STJ;

c) o Juiz de Direito que recebeu o processo não está vinculado à decisão do Tribunal Superior do Trabalho e, entendendo seja aquele juízo incompetente, pode suscitar conflito de competência para o STF;

d) o Juiz de Direito que recebeu o processo não está vinculado à decisão do Tribunal Superior do Trabalho e, entendendo que aquele juízo não seja o competente, deve devolver o processo à Justiça do Trabalho;

e) o Juiz de Direito que recebeu o processo não está vinculado à decisão do Tribunal Superior do Trabalho e, entendendo que aquele juízo não seja o competente, deve extinguir o processo sem exame de mérito, por falta de pressuposto processual.

COMENTÁRIOS

✪ **Nota do autor:** A banca considerou como **correta** a assertiva da letra "c", seguindo a jurisprudência do STF, que fez uma interpretação sistemática e não literal dos dispositivos da Constituição, principalmente os artigos 102, I, "o" e 105, I, "d": "1. O Supremo Tribunal Federal é competente para dirimir o conflito entre Juízo Estadual de primeira instância e o Tribunal Superior do Trabalho, nos termos disposto no art. 102, I, "o", da Constituição do Brasil. Precedente [CC nº 7.027, Relator o Ministro CELSO DE MELLO, DJ de 1.9.95]". Contudo, diverge-se de tal entendimento, apesar de estar expressa essa competência no art. 808, "d" da CLT: "Os conflitos de jurisdição de que trata o art. 803 serão resolvidos: d) pelo Supremo Tribunal Federal, os suscitados entre as autoridades da Justiça do Trabalho e as da Justiça Ordinária". Entende-se que esse dispositivo não foi recepcionado pela CF/88, pois contraria o preceito contido no art. 102, "o", que não inclui a competência do STF para dirimir conflito entre Tribunal e juízes a ele não vinculados, mas sim o STJ, no art. 105, I, "d". Entretanto, como se trata de questão objetiva, deve-se considerar como **correto** o entendimento do STF.

Alternativa "a": As decisões do TST vinculam apenas os órgãos que fazem parte da estrutura da Justiça do Trabalho. Como não é o caso da unidade judiciária citada na pergunta, uma vez que faz parte da Justiça Ordinária Estadual, pode ser suscitado o conflito negativo de competência. Some-se a isso o fato da Súmula nº 420 do TST esclarecer que não há conflito de competência entre um TRT e uma Vara do Trabalho a ele vinculada, uma vez que existe hierarquia funcional entre ambos, cabendo a decisão final ao órgão superior, o que afasta a possibilidade de arguir-se o conflito de competência em tais situações. Alternativa **incorreta** segundo o STF e a banca.

Alternativa "b": A competência do STF, em relação ao conflito de competência está delineada no art. 102, da CF/88, "o": "Compete ao Supremo Tribunal Federal, precipuamente, a guarda da Constituição, cabendo-lhe: o) os conflitos de competência entre o Superior Tribunal de Justiça e quaisquer tribunais, entre Tribunais Superiores, ou entre estes e qualquer outro tribunal". Em nenhum momento o referido dispositivo trata da competência para analisar o conflito entre Tribunais superiores e juízes a ele não vinculados. Mas essa competência é atribuída ao STJ, por meio do art. 105, "d": "Compete ao Superior Tribunal de Justiça: d) os conflitos de competência entre quaisquer tribunais, ressalvado o disposto no art. 102, I, "o", bem como entre tribunal e juízes a ele não vinculados e entre juízes vinculados a tribunais diversos". A banca considerou essa alternativa incorreta (ver explicação na nota do autor desta questão). Alternativa **incorreta** segundo o STF e a banca.

Alternativa "c": A competência seria do STJ, mas a banca considerou o STF como competente. Opção **correta**, na opinião da banca e segundo o entendimento do STF.

Alternativa "d": O procedimento **correto** é suscitar o conflito negativo de competência e não devolver o processo à Justiça do Trabalho, utilizando-se do procedimento previsto pelo art. 805 da CLT: "Os conflitos de jurisdição podem ser suscitados: a) pelos Juízes e Tribunais do Trabalho; b) pelo procurador-geral e pelos procuradores regionais da Justiça do Trabalho; c) pela parte interessada, ou o seu representante". Alternativa **incorreta** segundo o STF e a banca.

Alternativa "e": O procedimento **correto** é suscitar o conflito negativo de competência e não extinguir o processo sem julgamento do mérito, utilizando-se do procedimento previsto pelo art. 805 da CLT: "Os conflitos de jurisdição podem ser suscitados: a) pelos Juízes e Tribunais do Trabalho; b) pelo procurador-geral e pelos procuradores regionais da Justiça do Trabalho; c) pela parte interessada, ou o seu representante". Alternativa **incorreta** segundo o STF e a banca.

Gabarito: ver nota do autor.

5. RECURSOS E AÇÃO RESCISÓRIA

360. FGV - 2023 - TST - Juiz do Trabalho Substituto

O recurso ordinário da decisão que denega a homologação ao acordo extrajudicial em jurisdição voluntária proposto em conjunto por trabalhador e empresa:

a) pode ser firmado pelos advogados de ambas as partes;

b) só é cabível em caso de vício na decisão, uma vez que esta é de natureza discricionária;

c) não dispensa as contrarrazões da parte recorrida, por imposição do contraditório;

d) não é cabível, já que a decisão em questão não é terminativa, e o processo deverá prosseguir até a sentença de mérito;

e) não está sujeito a preparo, se ambas as partes requereram gratuidade de Justiça, desde que a empresa tenha declarado sua miserabilidade.

COMENTÁRIOS

✪ **Nota do autor:** a questão versa sobre o procedimento de homologação de acordo extrajudicial, regulamentado a partir do art. 855-B da CLT.

Letra A: correta, já que, como os interesses das partes são convergentes, por se tratar de jurisdição voluntária, nada obsta a que o recurso seja interposto pelos advogados de ambas.

Letra B: Errado, pois não há discricionariedade judicial quanto à homologação do acordo. Desde que o acordo não seja fraudulento ou não contenha vício, o juiz tem o dever de homologar.

Letra C: errado, pois não há lide, de modo que não há necessidade de contraditório pelo outro interessado na homologação do acordo.

Letra D: errado, pois a decisão que rejeita a homologação do acordo extrajudicial extingue o procedimento no primeiro grau, já que o processo não contém outros pedidos ou requerimentos.

Letra E: Errrado, pois no caso de "empresa" ou pessoa jurídica, a gratuidade de justiça só é concedida se comprovada de forma cabal sua insuficiência econômica, conforme previsto na Súmula 463 do TST.

Gabarito: Letra A.

361. FGV - 2023 - TST - Juiz do Trabalho Substituto

Duas empresas foram condenadas solidariamente a satisfazer as obrigações da primeira para com determinada trabalhadora. Ambas apresentam recursos ordinários, em separado. A primeira discute a extensão da condenação e a natureza dos títulos devidos. A segunda, por sua vez, alega ser parte manifestamente ilegítima, já que seria uma empresa estrangeira, sem sede no país, sujeita às leis de seu país de origem e, por isso, com total autonomia em relação à primeira litisconsorte passiva.

Apresentam uma guia de custas paga pela primeira empresa e uma guia de depósito recursal no valor vigente, recolhida está em nome da segunda empresa.

Ao exercer o juízo de admissibilidade prévio, o juiz deve :

a) negar seguimento ao recurso da primeira empresa a dar prosseguimento ao da segunda;

b) dar prosseguimento a ambos;

c) negar seguimento ao segundo e dar prosseguimento ao primeiro dos recursos;

d) trancar ambos os recursos;

e) não decidir a questão, remetendo os autos ao Tribunal.

COMENTÁRIOS

✪ **Nota do autor:** Segundo a Súmula 128, III, do TST, "Havendo condenação solidária de duas ou mais empresas, o depósito recursal efetuado por uma delas aproveita as demais, quando a empresa que efetuou o depósito não pleiteia sua exclusão da lide". No caso em questão, a 2ª reclamada pede sua exclusão da lide por ilegitimidade, de modo que o depósito recursal por ela efetuado não é aproveitável pela 1ª reclamada. Assim, como a 1ª reclamada não fez depósito recursal, seu recurso ordinário não deve ser conhecido, ou seja, deve ter seu seguimento negado. Como as custas foram recolhidas pela 1ª reclamada, que sequer pleiteia sua exclusão da lide, o recurso ordinário da 2ª reclamada deve ter regular processamento, de modo que o gabarito é a letra A.

Gabarito: Letra A.

362. Determinada empresa propôs ação de consignação em pagamento em face de um dos seus diretores, oferecendo-lhe o pagamento de haveres trabalhistas diversos, no valor total de R$ 4.000 000,00. Depositou a quantia em juízo e requereu a citação do consignatário.

Informado pelo juiz da Vara Empresarial da comarca de que a mesma empresa havia requerido recuperação judicial, alegando não poder pagar os salários dos últimos sessenta dias da maior parte de seus empregados, o juiz do trabalho solicitou que essa informação lhe fosse repassada por ofício e, com ela, julgou extinta sem exame de mérito a consignatária, condenando a empresa em custas de R$ 80.000,00, calculadas sobre o valor da causa. A empresa interpôs recurso ordinário, comprovando o depósito de custas de R$ 30.029,96, alegando ser esta a única quantia de que dispunha em caixa, sabendo-se que o juiz do trabalho transferira o valor consignado à disposição do juízo empresarial. Pediu que o recurso fosse conhecido, reformando a sentença e ainda alegando que estaria impedida de obter outros valores para pagamento das custas, por decisão do juízo empresarial, o qual bloqueara seus outros ativos.

Certificada pela Secretaria a tempestividade do recurso e a regularidade da procuração do advogado que o assinara, deve o juiz do trabalho despachar:

a) negando seguimento ao recurso, por deserto;
b) negando seguimento ao recurso, por falta de prova do saldo insuficiente em caixa;
c) dando seguimento ao recurso, para que o Tribunal Regional do Trabalho decida o caso;
d) abrindo prazo para o complemento do valor das custas;
e) dando seguimento ao recurso, sujeita a questão das custas à deliberação do relator que for sorteado no Tribunal.

COMENTÁRIOS

✪ **Nota do autor:** de acordo com o art. 789 da CLT, o limite máximo das custas corresponde a quatro vezes o limite máximo dos benefícios do Regime Geral de Previdência Social, o qual, no ano de 2023, estava em R$ 7.507,49. Portanto, no caso em hipótese, o teto das custas era de R4 30.029,96, exatamente o valor depositado pela empresa, de modo que o recurso conta com preparo adequado e deve ser encaminhado ao TRT para julgamento.

Gabarito: letra C.

---

363. FGV - 2023 - TST - Juiz do Trabalho Substituto

Expedido o mandado de citação na execução trabalhista, o oficial de justiça, ao chegar no endereço apontado como do executado, constatou tratar-se da casa de um parente do exequente. Certifica, então, ter ouvido do parente a informação de que se achava há muitos anos com relações rompidas com o exequente e que nunca teve nenhuma relação de trabalho com ele, muito menos qualquer tipo de relação com a empresa executada.

Ao receber a certidão nos autos, o juiz, em seguida, julga extinta a execução, por fraude do exequente. Ao receber a intimação da decisão judicial, o advogado do exequente verifica com este que as alegações do suposto parente são, na verdade, um expediente adotado pelo principal sócio da empresa em razão da coincidência de sobrenomes, mas sem nenhum parentesco entre eles.

Considerando o exposto, a primeira medida tecnicamente adequada a ser apresentada pelo exequente seria:

a) agravo de petição;
b) mandado de segurança;
c) pedido de reconsideração;
d) embargos infringentes;
e) reclamação correicional.

COMENTÁRIOS

✪ Nota do autor: a questão narra um caso pitoresco, mas a situação é bastante simples. Contra decisões na execução, cabe o recurso de agravo de petição, sendo este o gabarito.

Gabarito: Letra A.

---

364. (TRT 4 – Juiz do Trabalho Substituto 4ª Região/2016) Assinale a assertiva incorreta sobre recursos na Justiça do Trabalho.

a) Das decisões proferidas na Justiça do Trabalho, conforme texto expresso da Consolidação das Leis do Trabalho, são admitidos os seguintes recursos: embargos, recurso ordinário, recurso de revista e agravo.
b) O recurso adesivo é compatível com o processo do trabalho e cabe, no prazo de 8 (oito) dias, nas hipóteses de interposição de recurso ordinário, de agravo de petição, de revista e de embargos, sendo necessário que a matéria nele veiculada esteja relacionada com a do recurso interposto pela parte contrária.
c) A correição parcial não é, efetivamente, recurso, razão pela qual não exige preparo e contrarrazões, tendo por finalidade impedir atos judiciais tumultuários existentes no processo.
d) Não se conhece de recurso de revista ou de embargos, se a decisão recorrida resolver determinado item do pedido por diversos fundamentos e a jurisprudência transcrita não abranger a todos.
e) Da decisão de Tribunal Regional do Trabalho, em ação rescisória, é cabível recurso ordinário para o Tribunal Superior do Trabalho.

COMENTÁRIOS

✪ **Nota do autor:** A reclamação correicional, também denominada de correição parcial, é um recurso que não possui previsão nas leis processuais, mas está inserida em grande parte dos regimentos internos dos Tribunais do Trabalho. Trata-se de uma medida de natureza exclusivamente administrativa, dirigida ao juiz corregedor, para atacar decisões ou despachos proferidos pelo juiz, que conduz a instrução do processo de forma irregular, tumultuada ou com inversão da sua ordem.

Alternativa "a": Correta, pois corresponde aos recursos listados no art. 893 da CLT: "Das decisões são admissíveis os seguintes recursos: I – embargos; II – recurso ordinário; III – recurso de revista; IV – agravo".

Alternativa "b": Incorreta, pois o entendimento do TST, exposto na Súmula nº 283 é justamente em sentido contrário, ou seja, de não ser necessário que a matéria veiculada no recurso adesivo seja relacionado com o recurso interposto pela parte contrária: "RECURSO ADESIVO. PERTINÊNCIA NO PROCESSO DO TRABALHO. CORRELAÇÃO DE MATÉRIAS (mantida) – Res. 121/2003, DJ 19, 20 e 21.11.2003 O recurso adesivo é compatível com o processo do trabalho e cabe, no prazo de 8 (oito) dias, nas hipóteses de interposição de recurso ordinário, de agravo de petição, de revista e de embargos, sendo desnecessário que a matéria nele veiculada esteja relacionada com a do recurso interposto pela parte contrária".

Alternativa "c": Correta. Com efeito, segundo dispõe o art. 13 do Regimento Interno da Corregedoria-Geral da Justiça do Trabalho: "A Correição Parcial é cabível para corrigir erros, abusos e atos contrários à boa ordem processual e que importem em atentado a fórmulas legais de processo, quando para o caso não haja recurso ou outro meio processual específico".

Alternativa "d": Correta. A apresentação da divergência jurisprudencial deve abranger todos os fundamentos da decisão que se pretende recorrer. Inclusive o TST manifesta-se nesse sentido por intermédio da Súmula nº 23: "RECURSO (mantida) – Res. 121/2003, DJ 19, 20 e 21.11.2003. Não se conhece de recurso de revista ou de embargos, se a decisão recorrida resolver determinado item do pedido por diversos fundamentos e a jurisprudência transcrita não abranger a todos.

Alternativa "e": Correta, pois a ação rescisória não pode ser ajuizada na primeira instância. Logo, o TRT seria a instância originária e o recurso cabível seria o ordinário. O TST ressalta esse entendimento por meio da Súmula nº 158: "AÇÃO RESCISÓRIA (mantida) – Res. 121/2003, DJ 19, 20 e 21.11.2003 Da decisão de Tribunal Regional do Trabalho, em ação rescisória, é cabível recurso ordinário para o Tribunal Superior do Trabalho, em face da organização judiciária trabalhista".

Gabarito: B.

---

365. (TRT 8 – Juiz do Trabalho Substituto 8ª Região/2014) Em relação aos recursos do Processo do Trabalho, temos como CORRETA a seguinte alternativa:

a) O duplo grau de jurisdição é garantia constitucional, de modo que a lei não pode restringir, como ocorre na Lei nº 5.584/70.

b) Em razão do princípio da aplicação subsidiária do CPC e sendo omissa a CLT, aplica-se, no Processo do Trabalho, a regra contida no artigo 191 do CPC, concedendo-se prazo em dobro para litisconsortes com procuradores distintos.

c) Inaplicável no processo do trabalho, o não conhecimento de recurso ao TST, pela ausência do requisito de admissibilidade inscrito no art. 514, II, do CPC, quando as razões do recorrente não impugnam os fundamentos da decisão recorrida, nos termos em que fora proposta, diante do disposto no artigo 769 da CLT.

d) Adota-se o princípio da fungibilidade recursal, na ausência de erro grosseiro, ausência de má-fé e respeito ao prazo do recurso correto.

e) Na Justiça do Trabalho, nos termos do art. 893, § 1º, da CLT, as decisões interlocutórias não ensejam recurso imediato, salvo de decisão que acolhe exceção de incompetência territorial, com a remessa dos autos para Vara do Trabalho situada no mesmo Tribunal Regional, mas em outra jurisdição.

COMENTÁRIOS

✪ **Nota do autor:** Os doutrinadores do processo civil e do processo constitucional divergem sobre a existência ou não de um princípio constitucional e infraconstitucional do duplo grau de jurisdição. A Constituição Federal de 1988 não dispõe, expressamente, sobre esse princípio ou esse direito. Apenas menciona a existência de um Poder Judiciário hierarquizado, o que, para uns, induz à declaração implícita de um duplo grau de jurisdição. Na verdade, a lei garante ao sucumbente o direito de ver a sua pretensão analisada por outro órgão julgador, na maioria das vezes de grau superior e formado por um colegiado. Mas existem exceções a essa regra. Por exemplo, uma decisão proferida em uma ação de competência originária do Supremo Tribunal Federal é irrecorrível. Observe-se, na alternativa "b", que o art. 191 do CPC de 1973 corresponde ao 229 do CPC de 2015. E, na alternativa "c", que o art. 514, II do CPC de 1973 corresponde ao art. 1.010, II do CPC de 2015.

Alternativa "a": Não há qualquer dispositivo constitucional estabelecendo a necessidade do duplo grau de jurisdição, como dito na nota do autor desta questão. **Incorreta.**

Alternativa "b": Incorreta. O entendimento do TST é justamente em sentido contrário, conforme se vê da redação da OJ nº 310 da SDI-1, em sua antiga redação: "A regra contida no art. 191 do CPC é inaplicável ao processo do trabalho, em decorrência da sua incompatibilidade com o princípio da celeridade inerente ao processo trabalhista." A atual redação é a seguinte: "Inaplicável ao processo do trabalho a norma contida no art. 229, caput e §§ 1º e 2º, do CPC de 2015 (art. 191 do CPC de 1973), em razão de incompatibilidade com a celeridade que lhe é inerente".

Alternativa "c": O posicionamento do TST é que se aplica ao processo do trabalho, na forma prevista pela Súmula nº 422: "Não se conhece de recurso para o TST, pela ausência do requisito de admissibilidade inscrito no art. 514, II, do CPC, quando as razões do recorrente não impugnam os fundamentos da decisão recorrida, nos termos em que fora proposta." **Incorreta.**

Alternativa "d": O processo do trabalho é, eminentemente, informal. Mesmo o processo civil, que possui um grau mais elevado de formalismo, confere validade ao ato processual praticado de forma irregular, desde que atinja os seus objetivos e não prejudique as partes. No caso do recurso, esse aspecto formal é avaliado ainda com maior moderação, pois se aplica o princípio da instrumentalidade das formas ou da fungibilidade, que permite ao juiz receber determinado recurso, ainda que tenha sido denominado com outra expressão, desde que estejam presentes os seus requisitos de admissibilidade extrínsecos e intrínsecos e que não represente erro grosseiro. **Correta.**

Alternativa "e": No caso, o recurso imediato só seria aceito se a remessa dos autos fosse feita para outro Tribunal, conforme previsão contida na Súmula nº 214 do C. TST: "Na Justiça do Trabalho, nos termos do art. 893, § 1º, da CLT, as decisões interlocutórias não ensejam recurso imediato, salvo nas hipóteses de decisão: a) de Tribunal Regional do Trabalho contrária à Súmula ou Orientação Jurisprudencial do Tribunal Superior do Trabalho; b) suscetível de impugnação mediante recurso para o mesmo Tribunal; c) que acolhe exceção de incompetência territorial, com a remessa dos autos para Tribunal Regional distinto daquele a que se vincula o juízo excepcionado, consoante o disposto no art. 799, § 2º, da CLT." **Incorreta.**

Gabarito: D.

---

366. (FCC – Juiz do Trabalho Substituto 18ª Região/2014) Com relação aos efeitos dos recursos na Justiça do Trabalho:

a) O efeito devolutivo em profundidade do recurso ordinário transfere ao Tribunal a apreciação dos fundamentos da inicial ou da defesa, não examinados pela sentença, desde que renovados em contrarrazões.

b) O efeito devolutivo em profundidade do recurso ordinário se aplica ao caso de pedido não apreciado na sentença, inclusive nos casos de extinção do processo sem resolução do mérito, se a causa versar questão exclusivamente de direito e estiver em condições de imediato julgamento.

c) A cassação de efeito suspensivo concedido a recurso interposto de sentença normativa tem efeitos *ex nunc* e não retroage à data do despacho que o deferiu.

d) É incabível medida cautelar para imprimir efeito suspensivo a recurso interposto contra decisão proferida em mandado de segurança, pois ambos visam, em última análise, à sustação do ato atacado. Extingue-se, pois, o processo, sem julgamento do mérito, por ausência de interesse de agir, para evitar que decisões judiciais conflitantes e inconciliáveis passem a reger idêntica situação jurídica.

e) Em razão do efeito translativo dos recursos, é juridicamente possível o pedido explícito de desconstituição de sentença, ainda que tenha sido substituída por acórdão regional.

COMENTÁRIOS

Nota do autor: O efeito translativo provocado pelo recurso confere ao novo julgador a possibilidade de conhecer questões que não foram objeto da irresignação, desde que se classifiquem como matéria de ordem pública ou quando a lei faz a ressalva de forma expressa. Foi denominado de translativo, pois transfere de um órgão judicial para outro a função de solucionar a lide, inclusive com a possibilidade excepcional de aplicação do *reformatio in peius*. Observe-se, na alternativa "a", que o art. 515, §1º e §3º do CPC de 1973 corresponde ao art. 1.013, §1º e §3º do CPC de 2015. Inclusive, o TST alterou a redação da Súmula nº 393 para se adequar ao CPC de 2015: "RECURSO ORDINÁRIO. EFEITO DEVOLUTIVO EM PROFUNDIDADE. ART. 1.013, § 1º, do CPC DE 2015. ART. 515, § 1º, DO CPC de 1973 – (nova redação em decorrência do CPC de 2015) – Res. 208/2016, DEJT divulgado em 22, 25 e 26.04.2016 Súmulas A-125 SÚMULAS I – O efeito devolutivo em profundidade do recurso ordinário, que se extrai do § 1º do art. 1.013 do CPC de 2015 (art. 515, §1º, do CPC de 1973), transfere ao Tribunal a apreciação dos fundamentos da inicial ou da defesa, não examinados pela sentença, ainda que não renovados em contrarrazões, desde que relativos ao capítulo impugnado. II – Se o processo estiver em condições, o tribunal, ao julgar o recurso ordinário, deverá decidir desde logo o mérito da causa, nos termos do § 3º do art. 1.013 do CPC de 2015, inclusive quando constatar a omissão da sentença no exame de um dos pedidos.". Já na alternativa "e", note-se que o art. 512 do CPC de 1973 corresponde ao art. 1.008 do CPC de 2015.

Alternativa "a": Não precisa ser renovado em contrarrazões, de acordo com o posicionamento do TST exposto na Súmula nº 393 do TST: "O efeito devolutivo em profundidade do recurso ordinário, que se extrai do § 1º do art. 515 do CPC, transfere ao Tribunal a apreciação dos fundamentos da inicial ou da defesa, não examinados pela sentença, ainda que não renovados em contrarrazões. Não se aplica, todavia, ao caso de pedido não apreciado na sentença, salvo a hipótese contida no § 3º do art. 515 do CPC." **Incorreta. (ver nota do autor)**

Alternativa "b": O efeito devolutivo em profundidade somente se aplica ao caso de pedido não apreciado na sentença quando se tratar da hipótese de extinção do processo sem resolução do mérito, quando a causa versar questão exclusivamente de direito e estiver em condições de imediato julgamento, na forma prevista pela citada Súmula nº 393 e art. 515, § 3º do CPC de 1973: "A apelação devolverá ao tribunal o conhecimento da matéria impugnada. § 3º Nos casos de extinção do processo sem julgamento do mérito (art. 267), o tribunal pode julgar desde logo a lide, se a causa versar questão exclusivamente de direito e estiver em condições de imediato julgamento". **Incorreta. (ver nota do autor)**

Alternativa "c": Nesse caso, retroage à data do despacho, de acordo com o entendimento do TST constante da Súmula nº 279: "A cassação de efeito suspensivo concedido a recurso interposto de sentença normativa retroage à data do despacho que o deferiu." **Incorreta.**

Alternativa "d": Correta a assertiva, pois corresponde ao texto da então vigente OJ nº 113, SDI-2, do TST: "É incabível medida cautelar para imprimir efeito suspensivo a recurso interposto contra decisão proferida em mandado de segurança, pois ambos visam, em última análise, à sustação do ato atacado. Extingue-se, pois, o processo, sem julgamento do mérito, por ausência de interesse de agir, para evitar que decisões judiciais conflitantes e inconciliáveis passem a reger idêntica situação jurídica". A Resolução nº 220/2017 do TST cancelou a referida OJ, por ser incompatível como as regras do CPC de 2015.

Alternativa "e": O entendimento do TST é justamente em sentido contrário, conforme se observa do item III, Súmula 192 do TST: "Em face do disposto no art. 512 do CPC, é juridicamente impossível o pedido explícito de desconstituição de sentença quando substituída por acórdão do Tribunal Regional ou superveniente sentença homologatória de acordo que puser fim ao litígio". **Incorreta.**

Gabarito: D.

---

367. (TRT 3 – Juiz do Trabalho Substituto 3ª Região/2013) Em relação ao processo do trabalho, leia as afirmações abaixo e, em seguida, assinale a alternativa correta, segundo a jurisprudência consolidada do Tribunal Superior do Trabalho:

I. A reclamada, ausente à audiência em que deveria apresentar defesa, é revel, salvo se presente seu advogado munido de procuração.

II. Nas causas sujeitas ao procedimento sumaríssimo, admite-se recurso de revista por contrariedade a Súmula e Orientação Jurisprudencial do TST.

III. Ao empregador compete provar que não é discriminatória a despedida de empregado portador do vírus HIV.

IV. A suspensão do prazo recursal em razão da interposição de embargos de declaração pela parte adversa não acarreta qualquer prejuízo àquele que apresentou seu recurso tempestivamente.

a) Somente as afirmativas III e IV estão corretas.
b) Somente as afirmativas II e III estão corretas.
c) Somente as afirmativas I e IV estão corretas.
d) Somente a afirmativa III está correta.
e) Todas as afirmativas estão corretas.

COMENTÁRIOS

✪ **Nota do autor:** Não cabe recurso de revista para impugnar acórdão que julga agravo de petição, salvo se houver ofensa à Constituição Federal. Em outras palavras, não cabe recurso de revista das decisões proferidas no processo de execução, como nos embargos à execução, liquidação de sentença, embargos de terceiro, embargos à arrematação, embargos à adjudicação etc., salvo a exceção aqui mencionada. Em relação ao item "I", com a vigência da Lei da Reforma Trabalhista o posicionamento do TST constante da Súmula nº 122 do TST deve ser modificado tendo em vista a inserção do § 5º ao art. 844 da CLT com a seguinte redação: "Ainda que ausente o reclamado, presente o advogado na audiência, serão aceitos a contestação e os documentos eventualmente apresentados.". Já em relação ao item "II", quando essa questão foi elaborada não estava em vigor ainda a Lei nº 13.015/14 que alterou a redação do § 6º do art. 896 da CLT, além de transformá-lo no § 9º com a seguinte redação: "Nas causas sujeitas ao procedimento sumaríssimo, somente será admitido recurso de revista por contrariedade a súmula de jurisprudência uniforme do Tribunal Superior do Trabalho ou a súmula vinculante do Supremo Tribunal Federal e por violação direta da Constituição Federal". Note-se que, apesar dessa mudança, a Súmula nº 442 do TST não foi alterada e continua fazendo referência ao § 6º do art. 896 da CLT.

Item "I": Incorreto. Mesmo que o advogado comparecesse à audiência munido de procuração e com a defesa, a hipótese seria de revelia e confissão se a parte não estivesse presente. Nesse sentido a redação da Súmula nº 122 do TST: "A reclamada, ausente à audiência em que deveria apresentar defesa, é revel, ainda que presente seu advogado munido de procuração, podendo ser ilidida a revelia mediante a apresentação de atestado médico, que deverá declarar, expressamente, a impossibilidade de locomoção do empregador ou do seu preposto no dia da audiência". (situação anterior à vigência da Lei da Reforma Trabalhista, que inseriu o § 5º ao art. 844 da CLT – ver nota do autor).

Item "II": Só se admite o recurso de revista por contrariedade a Súmula do TST, o que não inclui as Orientações Jurisprudenciais desse Tribunal. Nesse sentido a Súmula nº 442 do TST: "Nas causas sujeitas ao procedimento sumaríssimo, a admissibilidade de recurso de revista está limitada à demonstração de violação direta a dispositivo da Constituição Federal ou contrariedade a Súmula do Tribunal Superior do Trabalho, não se admitindo o recurso por contrariedade a Orientação Jurisprudencial deste Tribunal (Livro II, Título II, Capítulo III, do RITST), ante a ausência de previsão no art. 896, § 6º, da CLT". Assertiva **incorreta**. (ver nota do autor)

Item "III": Esse ônus é atribuído ao empregador de acordo com o entendimento do TST constante da Súmula nº 443: "Presume-se discriminatória a despedida de empregado portador do vírus HIV ou de outra doença grave que suscite estigma ou preconceito. Inválido o ato, o empregado tem direito à reintegração no emprego". **Correta** a assertiva.

Item "IV": Incorreto, pois a interposição de embargos declaratórios interrompe o prazo para recurso e não suspende como constou na assertiva.

Gabarito: D.

---

368. (TRT 3 – Juiz do Trabalho Substituto 3ª Região/2013) Sobre os recursos no processo do trabalho, leia as afirmações abaixo e, em seguida, assinale a alternativa correta:

I. A denominada jurisprudência defensiva é traduzida por decisões que flexibilizam o exame dos pressupostos de admissibilidade dos recursos, visando fazer chegar aos tribunais superiores o maior número possível de recursos.

II. Em nenhuma hipótese as decisões interlocutórias são passíveis de recurso imediato.

III. O prazo recursal é de oito dias, sem exceções.

IV. O recurso adesivo não está sujeito ao depósito recursal.

a) Somente a afirmativa I está correta.

b) Todas as afirmativas estão corretas.

c) Somente a afirmativa II está correta.

d) Todas as afirmativas estão incorretas.

e) Somente a afirmativa IV está correta.

COMENTÁRIOS

✪ **Nota do autor:** Geralmente as assertivas que não admitem exceções à regra não são corretas. Isso porque no direito prevalece o entendimento segundo o qual toda regra comporta exceção, mesmo porque nenhum direito é absoluto. Foi o que ocorreu, no caso desta questão, com os itens II e III.

Item "I": Jurisprudência defensiva nada mais é do que o rigor na interpretação da norma jurídica processual que estabelece os pressupostos para admissibilidade de recurso e até mesmo a criação novos requisitos não previstos na lei para fundamentar a rejeição do seu respectivo conhecimento. **Incorreta** a assertiva.

Item "II": Incorreto, pois há exceções a essa regra que estão destacadas na Súmula nº 214 do TST: "Na Justiça do Trabalho, nos termos do art. 893, § 1º, da CLT, as decisões interlocutórias não ensejam recurso imediato, salvo nas hipóteses de decisão: a) de Tribunal Regional do Trabalho contrária à Súmula ou Orientação Jurisprudencial do Tribunal Superior do Trabalho; b) suscetível de impugnação mediante recurso para o mesmo Tribunal; c) que acolhe exceção de incompetência territorial, com a remessa dos autos para Tribunal Regional distinto daquele a que se vincula o juízo excepcionado, consoante o disposto no art. 799, § 2º, da CLT".

Item "III": Incorreto, uma vez que o prazo para embargos declaratórios é de cinco dias, conforme preceito contido no art. 897-A da CLT: "Caberão embargos de declaração da sentença ou acórdão, no prazo de cinco dias, devendo seu julgamento ocorrer na primeira audiência ou sessão subsequente a sua apresentação, registrado na certidão, admitido efeito modificativo da decisão nos casos de omissão e contradição no julgado e manifesto equívoco no exame dos pressupostos extrínsecos do recurso".

Item "IV": Incorreto, pois a Instrução Normativa nº 3, IX do TST estabelece a necessidade do depósito recursal para o recurso adesivo: "IX – é exigido depósito recursal para o recurso adesivo, observados os mesmos critérios e procedimentos do recurso principal previsto nesta Instrução Normativa".

Gabarito: D.

---

369. (TRT 3 – Juiz do Trabalho Substituto 3ª Região/2013) Em relação ao processo do trabalho, leia as afirmações abaixo e, em seguida, assinale a alternativa correta, segundo a jurisprudência consolidada do Tribunal Superior do Trabalho:

a) O depósito recursal deve ser feito e comprovado no prazo alusivo ao recurso, sendo que a interposição antecipada deste prejudica a dilação legal.

b) É indispensável o trânsito em julgado da sentença normativa para propositura da ação de cumprimento.

c) O recesso forense interrompe os prazos recursais.

d) O recurso adesivo é compatível com o processo do trabalho e cabe, no prazo de (8) oito dias, nas hipóteses de interposição de recurso ordinário, de agravo de petição, de revista e de embargos, sendo desnecessário que a matéria veiculada esteja relacionada com a do recurso interposto pela parte contrária.

e) Não cabem embargos para a Seção de Dissídios Individuais do TST de decisão de Turma proferida em agravo.

COMENTÁRIOS

✪ **Nota do autor:** De acordo com o princípio da taxatividade dos recursos, as partes só podem pedir a revisão dos atos decisórios dos juízes e Tribunais por intermédio daqueles remédios processuais admitidos como recurso pela legislação processual, inclusive de caráter regimental. Observe-se, na alternativa "e", que os arts. 538, parágrafo único, e 557, §2º do CPC de 1973 correspondem, respectivamente, ao art. 1.026, §2º, e art. 1.021, §4º, do CPC de 2015. Inclusive, por conta disso, em 2016 o TST alterou a redação da Súmula nº 353, nos seguintes termos: "Não cabem embargos para a Seção de Dissídios Individuais de decisão de Turma proferida em agravo, salvo: a) da decisão que não conhece de agravo de instrumento ou de agravo pela ausência de pressupostos extrínsecos; b) da decisão que nega provimento a agravo contra decisão monocrática do Relator, em que se proclamou a ausência de pressupostos extrínsecos de agravo de instrumento; c) para revisão dos pressupostos extrínsecos de admissibilidade do recurso de revista, cuja ausência haja sido declarada originariamente pela Turma no julgamento do agravo; d) para impugnar o conhecimento de agravo de instrumento; e) para impugnar a imposição de multas previstas nos arts. 1.021, § 4º, do CPC de 2015 ou 1.026, § 2º, do CPC de 2015 (art. 538, parágrafo único, do CPC de 1973, ou art. 557, § 2º, do CPC de 1973), f) contra decisão de Turma proferida em agravo em recurso de revista, nos termos do art. 894, II, da CLT". Finalmente, em relação a alternativa "c", a Lei nº 13.545/17 introduziu o art. 775-A à CLT, tratando da suspensão dos prazos processuais com a seguinte redação: "Art. 775-A. Suspende-se o curso do prazo processual nos dias compreendidos entre 20 de dezembro e 20 de janeiro, inclusive. § 1º Ressalvadas as férias individuais e os feriados instituídos por lei, os juízes, os membros do Ministério Público, da Defensoria Pública e da Advocacia Pública e os auxiliares da Justiça exercerão suas atribuições durante o período previsto no caput deste artigo. § 2º Durante a suspensão do prazo, não se realizarão audiências nem sessões de julgamento".

Alternativa "a": Incorreta. O recurso pode ser protocolado antes do prazo de oito dias e o depósito recursal pode ser feito posteriormente, desde que observe esse limite. Nesse sentido a Súmula nº 245 do TST: "O depósito recursal deve ser feito e comprovado no prazo alusivo ao recurso, sendo que a interposição antecipada deste não prejudica a dilação legal".

Alternativa "b": Incorreta. A ação de cumprimento tem procedimento diferente do ordinário e não exige que a sentença normativa na qual se fundamenta a pretensão tenha transitado em julgado, conforme entendimento constante da Súmula nº 246 do TST: "É dispensável o trânsito em julgado da sentença normativa para propositura da ação de cumprimento".

Alternativa "c": Incorreta a assertiva, pois o recesso forense apenas suspende os prazos recursais, conforme entendimento do TST revelado por meio da Súmula nº 262, II, do TST: "O recesso forense e as férias coletivas dos Ministros do Tribunal Superior do Trabalho suspendem os prazos recursais". (ver nota do autor)

Alternativa "d": Esse é o posicionamento do TST constante da Súmula nº 283: "O recurso adesivo é compatível com o processo do trabalho e cabe, no prazo de 8 (oito) dias, nas hipóteses de interposição de recurso ordinário, de agravo de petição, de revista e de embargos, sendo desnecessário que a matéria nele veiculada esteja relacionada com a do recurso interposto pela parte contrária." **Correta.**

Alternativa "e": Essa regra comporta diversas exceções que se encontram listadas na Súmula nº 353 do TST, em sua antiga redação (ver nota do autor): "a) da decisão que não conhece de agravo de instrumento ou de agravo pela ausência de pressupostos extrínsecos; b) da decisão que nega provimento a agravo contra decisão monocrática do Relator, em que se proclamou a ausência de pressupostos extrínsecos de agravo de instrumento; c) para revisão dos pressupostos extrínsecos de admissibilidade do recurso de revista, cuja ausência haja sido declarada originariamente pela Turma no julgamento do agravo; d) para impugnar o conhecimento de agravo de instrumento; e) para impugnar a imposição de multas previstas no art. 538, parágrafo único, do CPC, ou no art. 557, § 2º, do CPC; f) contra decisão de Turma proferida em agravo em recurso de revista, nos termos do art. 894, II, da CLT". **Incorreta.**

Gabarito: D.

---

370. (TRT – JTS 16ª RG/2011) Analise as afirmativas e assinale a alternativa INCORRETA:

a) O agravo regimental é cabível para impugnar as decisões monocráticas proferidas pelos relatores nas turmas dos Tribunais Regionais e do TST que negarem seguimento a recurso, e das decisões proferidas em sede de correição parcial.

b) Não são cabíveis embargos para o TST se a decisão de Turma proferida em dissídios individuais, ainda que divirja de outra Turma, estiver em consonância com as Súmulas e OJ's do TST.

c) O recurso de revista não pode ser interposto por simples petição, não se conhecendo de tal remédio pela ausência do requisito de admissibilidade inscrito no art. 514, II, do CPC, tendo as razões do recorrente atacado os fundamentos da decisão recorrida.

d) É cabível o agravo de petição em face de decisões interlocutórias que não encerram o processo executivo, mas causem prejuízo à parte e não possam ser impugnadas pelos embargos à execução.

e) Não cabe recurso extraordinário das decisões dos Tribunais Regionais do Trabalho que contrariem dispositivo da Constituição Federal ou declarem a inconstitucionalidade de tratado ou lei federal.

COMENTÁRIOS

✪ **Nota do autor:** Existe divergência doutrinária sobre o cabimento de agravo de petição contra decisões interlocutórias que não encerram o processo de execução. Por conta desse fato, é temerário o procedimento de inserir indagações baseadas em doutrina não unânime em perguntas com respostas de natureza objetiva. Observe-se, na alternativa "a", que o art. 557, §1º do CPC de 1973 corresponde ao art. 1.021 do CPC de 2015. Já na alternativa "e", que o art. 514, II do CPC de 1973 corresponde ao art. 1.010, II do CPC de 2015.

Alternativa "a": Correta, uma vez que essa competência encontra-se prevista expressamente pelo art. 709, § 1º, CLT: "Compete ao Corregedor, eleito dentre os Ministros togados do Tribunal Superior do Trabalho: I – Exercer funções de inspeção e correição permanente com relação aos Tribunais Regionais e seus presidentes; II – Decidir reclamações contra os atos atentatórios da boa ordem processual praticados pelos Tribunais Regionais e seus presidentes, quando inexistir recurso específico; § 1º – Das decisões proferidas pelo Corregedor, nos casos do artigo, caberá o agravo regimental, para o Tribunal Pleno". E art. 557, §

1º, CPC: "Art. 557. O relator negará seguimento a recurso manifestamente inadmissível, improcedente, prejudicado ou em confronto com súmula ou com jurisprudência dominante do respectivo tribunal, do Supremo Tribunal Federal, ou de Tribunal Superior (...) § 1º Da decisão caberá agravo, no prazo de cinco dias, ao órgão competente para o julgamento do recurso, e, se não houver retratação, o relator apresentará o processo em mesa, proferindo voto; provido o agravo, o recurso terá seguimento".

Alternativa "b": Isso porque a principal função do TST, que é a unificação da jurisprudência, já haveria se esgotado. **Opção correta**, conforme art. 894, II, CLT: "Art. 894. No Tribunal Superior do Trabalho cabem embargos, no prazo de 8 (oito) dias: (...) II - das decisões das Turmas que divergirem entre si, ou das decisões proferidas pela Seção de Dissídios Individuais, salvo se a decisão recorrida estiver em consonância com súmula ou orientação jurisprudencial do Tribunal Superior do Trabalho ou do Supremo Tribunal Federal".

Alternativa "c": Como nessa situação houve impugnação dos fundamentos da decisão recorrida, foi preenchido o requisito estabelecido pelo art. 514, II, do CPC de 1973. **Opção incorreta**, pois contraria a Súmula nº 422 do TST: "Não se conhece de recurso para o TST, pela ausência do requisito de admissibilidade inscrito no art. 514, II, do CPC, quando as razões do recorrente não impugnam os fundamentos da decisão recorrida, nos termos em que fora proposta".

Alternativa "d": Correta, observando a literalidade do art. 897, "a", CLT: "Cabe agravo, no prazo de 8 (oito) dias: a) de petição, das decisões do Juiz ou Presidente, nas execuções".

Alternativa "e": Incorreta, uma vez que irresignação deve ser apresentada, inicialmente, ao TST e somente após, se for o caso, ao STF, posto que não é uma decisão de única instância (hipótese do processo submetido ao rito da Lei nº 5.584/70). Assim, para que uma demanda trabalhista chegue ao STF é necessário esgotar todas as instâncias da Justiça do Trabalho. Nesse sentido é o entendimento do STF por meio da Súmula nº 281: "É inadmissível o recurso extraordinário, quando couber, na Justiça de origem, recurso ordinário da decisão impugnada".

Gabarito: ver nota do autor.

---

371. (TRT - JTS 16ª RG/2011) Analise as afirmativas e assinale a alternativa CORRETA:

a) Os recursos manejados no processo do trabalho não possuem efeito suspensivo e serão interpostos no prazo de oito dias, possuindo a parte contrária igual prazo para apresentar contrarrazões.

b) É passível de nulidade a decisão que acolhe embargos declaratórios com efeito modificativo, sem que este seja submetido ao crivo do contraditório.

c) Havendo sucumbência recíproca, o trânsito em julgado da decisão somente se verifica após o prazo do recurso adesivo do reclamante.

d) Para o cabimento da correição parcial é necessária a existência de uma decisão ou despacho que contenha erro ou abuso, capaz de tumultuar a marcha regular do processo e a inexistência de recurso específico para sanar o erro.

e) Todas estão corretas.

COMENTÁRIOS

✪ **Nota do autor:** Essa questão foi elaborada antes da alteração da OJ nº 142 da SDI-1 do TST, que passou a ter a seguinte redação: "I – É passível de nulidade decisão que acolhe embargos de declaração com efeito modificativo sem que seja concedida oportunidade de manifestação prévia à parte contrária. II – Em decorrência do efeito devolutivo amplo conferido ao recurso ordinário, o item I não se aplica às hipóteses em que não se concede vista à parte contrária para se manifestar sobre os embargos de declaração opostos contra sentença". Posteriormente a Resolução nº 214/2016 do TST cancelou o item II dessa OJ. Por fim, com relação a alternativa "d", o art. 177 do RI do TRT da 2ª Região conta com nova redação: "Art. 177. O atentado à fórmula legal do processo praticado no 1º grau de jurisdição, contra o qual inexista recurso específico, poderá ensejar a correição parcial, no prazo de 5 (cinco) dias, a contar da ciência do ato."

Alternativa "a": Incorreta, uma vez que fica excetuada a hipótese dos embargos de declaração, cujo prazo é de cinco dias. Nesse sentido, o preceito contido no Art. 897-A: "Caberão embargos de declaração da sentença ou acórdão, no prazo de cinco dias, devendo seu julgamento ocorrer na primeira audiência ou sessão subsequente a sua apresentação, registrado na certidão, admitido efeito modificativo da decisão nos casos de omissão e contradição no julgado e manifesto equívoco no exame dos pressupostos extrínsecos do recurso". Inclusive o TST se manifestou no sentido de não admitir a aplicação do CPC de 2015 ao processo do trabalho, que estabelece o prazo de 15 dias para recorrer, uma vez que a CLT não é omissa nesse particular (art. 1º. § 2º da Instrução Normativa nº 39/16: "O prazo para interpor e contra-arrazoar todos os recursos trabalhistas, inclusive agravo interno e agravo regimental, é de oito dias (art. 6º da Lei nº 5.584/70 e art. 893 da CLT), exceto embargos de declaração (CLT, art. 897-A)".

Alternativa "b": Correta à época, observando a redação anterior da OJ nº 142 da SDI-1: "É passível de nulidade decisão que acolhe embargos de declaração com efeito modificativo sem que seja concedida oportunidade de manifestação prévia à parte contrária".

Alternativa "c": Incorreta. Com efeito, o recurso adesivo depende do recurso principal. Assim, a parte que interpõe o recurso principal cria a faculdade para a outra parte, que também sucumbiu, de interpor um recurso adesivo ainda que o prazo recursal principal tenha esgotado. Todavia, se tal faculdade não é exercida, a decisão transita em julgado no prazo original do recurso principal.

Alternativa "d": Não é qualquer espécie de erro que justifica o ajuizamento e acolhimento da correição parcial. Não se presta, por exemplo, para modificar o conteúdo da decisão do magistrado, mas só quando este age com erro ou abuso, tumultuando o regular andamento processual. A correição parcial é disciplinada pelo regimento interno dos Tribunais. O RI do TRT da 2ª Região trata do cabimento desse remédio em seu art. 177: "O atentado à fórmula legal do processo, contra o qual inexista recurso específico, poderá ensejar a correição parcial, no prazo de 5 (cinco) dias, a contar da ciência do ato". Opção **incorreta**. (ver nota do autor)

Alternativa "e": Incorreta.

Gabarito: ver nota do autor.

---

372. (TRT – JTS 24ª RG/2008) Assinale a alternativa INCORRETA:

a) De acordo com o entendimento sumulado do Tribunal Superior do Trabalho, é cabível a interposição de recurso imediato contra decisão interlocutória que acolhe exceção de incompetência territorial, com determinação de remessa dos autos para Tribunal Regional distinto daquele a que se vincula o juízo excepcionado.

b) De acordo com o entendimento sumulado do Tribunal Superior do Trabalho, não é cabível a interposição de recurso imediato contra decisão interlocutória de Tribunal Regional do Trabalho contrária à Súmula ou Orientação Jurisprudencial do Tribunal Superior do Trabalho.

c) De acordo com o entendimento sumulado do Tribunal Superior do Trabalho, é cabível a interposição de recurso imediato contra decisão interlocutória suscetível de impugnação mediante recurso para o mesmo Tribunal.

d) De acordo com a CLT, o juiz é obrigado a dar-se por suspeito, em relação à pessoa dos litigantes, nos casos de inimizade pessoal, amizade íntima, parentesco por consanguinidade ou afinidade até terceiro grau civil e interesse particular na causa.

e) De acordo com a CLT, apresentada a exceção de incompetência, abrir-se-á vista dos autos ao excepto, por 24 (vinte e quatro) horas improrrogáveis, devendo a decisão ser proferida na primeira audiência ou sessão que se seguir.

COMENTÁRIOS

✪ **Nota do autor:** As alternativas "a", "b" e "c" correspondem às exceções da regra geral da irrecorribilidade das decisões interlocutórias no processo do trabalho decorrente do mandamento contido no art. 893, § 1º da CLT: "Os incidentes do processo são resolvidos pelo próprio juízo ou Tribunal, admitindo-se a apreciação do merecimento das decisões interlocutórias somente em recurso da decisão definitiva". Ainda, com relação a alternativa "e", com a vigência da Lei da Reforma Trabalhista foi alterada a redação do art. 800 da CLT, que regulamenta a exceção de incompetência territorial. Atualmente, a apresentação dessa exceção deve ser feita no prazo de cinco dias da notificação e antes da audiência, em procedimento próprio.

Alternativa "a": Correta, pois se trata de exceção prevista pela alínea "c", da Súmula nº 214 do TST: "Na Justiça do Trabalho, nos termos do art. 893, § 1º, da CLT, as decisões interlocutórias não ensejam recurso imediato, salvo nas hipóteses de decisão: c) que acolhe exceção de incompetência territorial, com a remessa dos autos para Tribunal Regional distinto daquele a que se vincula o juízo excepcionado, consoante o disposto no art. 799, § 2º, da CLT".

Alternativa "b": Incorreta, uma vez que se trata de mais uma exceção prevista pela alínea "a" da Súmula nº 214 do TST: "Na Justiça do Trabalho, nos termos do art. 893, § 1º, da CLT, as decisões interlocutórias não ensejam recurso imediato, salvo nas hipóteses de decisão: a) de Tribunal Regional do Trabalho contrária à Súmula ou Orientação Jurisprudencial do Tribunal Superior do Trabalho".

Alternativa "c": Correta, pois representa o entendimento do TST constante da alínea "b" da Súmula nº 214: "Na Justiça do Trabalho, nos termos do art. 893, § 1º, da CLT, as decisões interlocutórias não ensejam recurso imediato, salvo nas hipóteses de decisão: b) suscetível de impugnação mediante recurso para o mesmo Tribunal".

Alternativa "d": Correta, conforme art. 801 da CLT: "O juiz, presidente ou vogal, é obrigado a dar-se por suspeito, e pode ser recusado, por algum dos seguintes motivos, em relação à pessoa dos litigantes: a) inimizade pessoal; b) amizade íntima; c) parentesco por consanguinidade ou afinidade até o terceiro grau civil; d) interesse particular na causa".

Alternativa "e": Correta, uma vez que reproduz a ideia contida no art. 800 da CLT: "Apresentada a exceção de incompetência, abrir-se-á vista dos autos ao exceto, por 24 (vinte e quatro) horas improrrogáveis, devendo a decisão ser proferida na primeira audiência ou sessão que se seguir". (ver nota do autor)

Gabarito: B.

---

373. (TRT – JTS 24ª RG/2008) Considerando as Súmulas da Jurisprudência do Colendo Tribunal Superior do Trabalho, analise as proposições abaixo:

I. Havendo condenação solidária de duas ou mais empresas, o depósito recursal efetuado por uma delas aproveita as demais, quando a empresa que efetuou o depósito não pleiteia sua exclusão da lide.

II. O recurso adesivo é compatível com o processo do trabalho e cabe, no prazo de 8 (oito) dias, nas hipóteses de interposição de recurso ordinário, de agravo de petição, de revista e de embargos, sendo desnecessário que a matéria nele veiculada esteja relacionada com a do recurso interposto pela parte contrária.

III. A contagem do quinquídio para apresentação dos originais de recurso interposto por intermédio de fac-símile começa a fluir do dia subsequente ao término do prazo recursal, nos termos do art. 2° da Lei n° 9.800/99, e não do dia seguinte à interposição do recurso, se esta se deu antes do termo final do prazo.

IV. O depósito recursal deve ser feito e comprovado no prazo alusivo ao recurso. A interposição antecipada deste não prejudica a dilação legal.

V. O fato de o juízo primeiro de admissibilidade do recurso de revista entendê-lo cabível apenas quanto à parte das matérias veiculadas não impede a apreciação integral pela Turma do Tribunal Superior do Trabalho, sendo imprópria a interposição de agravo de instrumento.

RESPONDA:

a) Apenas as proposições II, III e IV estão corretas.

b) Apenas as proposições II e IV estão corretas.

c) Todas as proposições estão corretas.

d) Apenas as proposições III e IV estão corretas.

e) Apenas a proposição V está incorreta.

COMENTÁRIOS

✪ **Nota do autor:** Nessa questão as opções, todas elas corretas, transcrevem trechos das Súmulas do TST.

Item "I": Correto, tendo em vista que reproduz o texto, que representa o posicionamento do TST sobre a matéria, contido no inciso III, da Súmula nº 128: "Havendo condenação solidária de duas ou mais empresas, o depósito recursal efetuado por uma delas aproveita as demais, quando a empresa que efetuou o depósito não pleiteia sua exclusão da lide".

Item "II": Correto, uma vez que transcreve, *ipsis litteris*, o texto da Súmula nº 283 do TST: "O recurso adesivo é compatível com o processo do trabalho e cabe, no prazo de 8 (oito) dias, nas hipóteses de interposição de recurso ordinário, de agravo de petição, de revista e de embargos, sendo desnecessário que a matéria nele veiculada esteja relacionada com a do recurso interposto pela parte contrária".

Item "III": Correto, pois em conformidade com o inciso II da Súmula n° 387 do TST: "A contagem do quinquídio para apresentação dos originais de recurso interposto por intermédio de fac-símile começa a fluir do dia subsequente ao término do prazo recursal, nos termos do art. 2º da Lei nº 9.800, de 26.05.1999, e não do dia seguinte à interposição do recurso, se esta se deu antes do termo final do prazo".

Item "IV": Correto, em consonância com a Súmula nº 245 do TST: "O depósito recursal deve ser feito e comprovado no prazo alusivo ao recurso. A interposição antecipada deste não prejudica a dilação legal".

Item "V": Correto, conforme a Súmula n° 285 do TST: "O fato de o juízo primeiro de admissibilidade do recurso de revista entendê-lo cabível apenas quanto a parte das matérias veiculadas não impede a apreciação integral pela Turma do Tribunal Superior do Trabalho, sendo imprópria a interposição de agravo de instrumento".

Gabarito: C.

---

374. (TRT - JTS 23ª RG/2010) No tocante aos recursos no processo do trabalho, assinale a alternativa INCORRETA.

a) Não cabem embargos de declaração interpostos contra decisão de admissibilidade do recurso de revista, não tendo o efeito de interromper qualquer prazo recursal.

b) E chancelado pela legislação processual, o recurso de embargos interposto à decisão monocrática proferida pelo relator negando seguimento a recurso manifestamente inadmissível, improcedente, prejudicado ou em confronto com súmula ou com jurisprudência dominante do respectivo tribunal, do Supremo Tribunal Federal, ou de Tribunal Superior.

c) É regular a representação processual do subscritor do agravo de instrumento ou do recurso de revista que detém mandato com poderes de representação limitados ao âmbito do Tribunal Regional do Trabalho.

d) É extemporâneo recurso interposto antes de publicado o acórdão impugnado.

e) Nas causas sujeitas ao procedimento sumaríssimo, não se admite recurso de revista por contrariedade à Orientação Jurisprudencial do Tribunal Superior do Trabalho.

COMENTÁRIOS

✪ **Nota do autor:** Em relação à alternativa "c", vale ressaltar que o TST cancelou a Súmula nº 434, em 09.06.2015, por meio da Resolução nº 198. Observe-se, também, que à época da elaboração da alternativa "e" vigorava a OJ nº 352 da SDI-1, que foi transformada na Súmula nº 442. Note-se, na alternativa "b", que o art. 557 do CPC de 1973 corresponde ao art. 932, III do CPC de 2015. Inclusive, em 2016 o TST alterou a redação da Súmula nº 421, nos seguintes termos: "I - Cabem embargos de declaração da decisão monocrática do relator prevista no art. 932 do CPC de 2015 (art. 557 do CPC de 1973), se a parte pretende tão somente juízo integrativo retificador da decisão e, não, modificação do julgado. II - Se a parte postular a revisão no mérito da decisão monocrática, cumpre ao relator converter os embargos de declaração em agravo, em face dos princípios da fungibilidade e celeridade processual, submetendo-o ao pronunciamento do Colegiado, após a intimação do recorrente para, no prazo de 5 (cinco) dias, complementar as razões recursais, de modo a ajustá-las às exigências do art. 1.021, § 1º, do CPC de 2015". Por fim, com relação a alternativa "e", a Lei nº 13.015/14 alterou a redação do § 6º do art. 896 da CLT, transformando-o no § 9º com a seguinte redação: "Nas causas sujeitas ao procedimento sumaríssimo, somente será admitido recurso de revista por contrariedade a súmula de jurisprudência uniforme do Tribunal Superior do Trabalho ou a súmula vinculante do Supremo Tribunal Federal e por violação direta da Constituição Federal". Note-se que, apesar dessa mudança, a Súmula nº 442 do TST não foi alterada e continua fazendo referência ao § 6º do art. 896 da CLT.

Alternativa "a": Esse é o posicionamento adotado pelo TST em relação à natureza da decisão de admissibilidade do recurso de revista. Opção **correta**, conforme OJ nº 377 da SDI-1: "Não cabem embargos de declaração interpostos contra decisão de admissibilidade do recurso de revista, não tendo o efeito de interromper qualquer prazo recursal". Note-se que essa OJ foi cancelada em 17.03.2016 pela Resolução nº 204/2016.

Alternativa "b": Incorreta. Nesse caso, caberia agravo regimental, na forma do entendimento do TST constante Súmula nº 421, em sua antiga redação (ver nota do autor): "I – Tendo a decisão monocrática de provimento ou denegação de recurso, prevista no art. 557 do CPC, conteúdo decisório definitivo e conclusivo da lide, comporta ser esclarecida pela via dos embargos de declaração, em decisão aclaratória, também monocrática, quando se pretende tão somente suprir omissão e não, modificação do julgado. II – Postulando o embargante efeito modificativo, os embargos declaratórios deverão ser submetidos ao pronunciamento do Colegiado, convertidos em agravo, em face dos princípios da fungibilidade e celeridade processual". Como ressaltado nessa Súmula, só caberiam embargos em caso de omissão e não quando se pretende efeito modificativo.

Alternativa "c": Correta, diante do posicionamento do TST adotado pela OJ nº 374 da SDI-1: "É regular a representação processual do subscritor do agravo de instrumento ou do recurso de revista que detém mandato com poderes de representação limitados ao âmbito do Tribunal Regional do Trabalho, pois, embora a apreciação desse recurso seja realizada pelo Tribunal Superior do Trabalho, a sua interposição é ato praticado perante o Tribunal Regional do Trabalho, circunstância que legitima a atuação do advogado no feito".

Alternativa "d": Correta, de acordo com o item I, da Súmula, atualmente cancelada, nº 434, do TST: "É extemporâneo recurso interposto antes de publicado o acórdão impugnado".

Alternativa "e": Isso porque a CLT só menciona contrariedade à Súmula. Opção **correta,** conforme a revogada OJ nº 352 da SDI-1 e atual Súmula nº 442 do TST: Nas causas sujeitas ao procedimento sumaríssimo, a admissibilidade de recurso de revista está limitada à demonstração de violação direta a dispositivo da Constituição Federal ou contrariedade a Súmula do Tribunal Superior do Trabalho, não se admitindo o recurso por contrariedade a Orientação Jurisprudencial deste Tribunal (Livro II, Título II, Capítulo III, do RITST), ante a ausência de previsão no art. 896, § 6º, da CLT". (ver nota do autor)

Gabarito: B.

---

375. (TRT – JTS 15ª RG/2010) Aponte a alternativa INCORRETA:

a) o art. 462 do CPC, que admite a invocação de fato constitutivo, modificativo ou extintivo do direito superveniente à propositura da ação, é aplicável de ofício;

b) o efeito devolutivo em profundidade do recurso ordinário, que se extrai do § 1º do art. 515 do CPC, transfere automaticamente ao Tribunal a apreciação de fundamento da defesa não examinado pela sentença, ainda que não renovado em contrarrazões. Não se aplica, todavia, ao caso de pedido não apreciado;

c) a contagem do quinquídio para apresentação dos originais de recurso interposto por intermédio de fac-símile começa a fluir do dia subsequente à interposição do recurso apresentado antes do termo final do prazo;

d) independente de notificação da parte a obrigação de que apresente os originais de recurso interposto por fac-símile;

e) nenhuma das anteriores.

COMENTÁRIOS

✪ **Nota do autor:** Observe-se, na alternativa "a", que o art. 462 do CPC de 1973 corresponde ao art. 493 do CPC de 2015. Isso provocou a atualização da Súmula nº 394 do TST, que passou a ter a seguinte redação: "FATO SUPERVENIENTE. ART. 493 do CPC de 2015. ART. 462 DO CPC de 1973 (atualizada em decorrência do CPC de 2015) – Res. 208/2016, DEJT divulgado em 22, 25 e 26.04.2016 O art. 493 do CPC de 2015 (art. 462 do CPC de 1973), que admite a invocação de fato constitutivo, modificativo ou extintivo do direito, superveniente à propositura da ação, é aplicável de ofício aos processos em curso em qualquer instância trabalhista. Cumpre ao juiz ou tribunal ouvir as partes sobre o fato novo antes de decidir.". Já na alternativa "b", o art. 515, §1º e §3º do CPC de 1973 corresponde ao art. 1.013, §1º e §3º do CPC de 2015. Inclusive, o TST alterou a redação da Súmula nº 393 para se adequar ao CPC de 2015: "RECURSO ORDINÁRIO. EFEITO DEVOLUTIVO EM PROFUNDIDADE. ART. 1.013, § 1º, do CPC DE 2015. ART. 515, § 1º, DO CPC de 1973 – (nova redação em decorrência do CPC de 2015) – Res. 208/2016, DEJT divulgado em 22, 25 e 26.04.2016 Súmulas A-125 SÚMULAS I – O efeito devolutivo em profundidade do recurso ordinário, que se extrai do § 1º do art. 1.013 do CPC de 2015 (art. 515, §1º, do CPC de 1973), transfere ao Tribunal a apreciação dos fundamentos da inicial ou da defesa, não examinados pela sentença, ainda que não renovados em contrarrazões, desde que relativos ao capítulo impugnado. II – Se o processo estiver em condições, o tribunal, ao julgar o recurso ordinário, deverá decidir desde logo o mérito da causa, nos termos do § 3º do art. 1.013 do CPC de 2015, inclusive quando constatar a omissão da sentença no exame de um dos pedidos.". Por fim, na alternativa "d", o art. 184 do CPC de 1973 corresponde ao art. 224 do CPC de 2015.

Alternativa "a": O procedimento contido no art. 462 do CPC aplica-se ao processo do trabalho diante da omissão da CLT e por inexistir qualquer incompatibilidade. Opção **correta**, conforme Súmula nº 394 do TST: "O art. 462 do CPC, que admite a invocação de fato constitutivo, modificativo ou extintivo do direito, superveniente à propositura da ação, é aplicável de ofício aos processos em curso em qualquer instância trabalhista". (ver nota do autor)

Alternativa "b": O art. 515, § 1º do CPC também tem aplicabilidade plena no processo laboral. Opção **correta**, de acordo o entendimento do TST constante da Súmula nº 393: "O efeito devolutivo em profundidade do recurso ordinário, que se extrai do § 1º do art. 515 do CPC, transfere ao Tribunal a apreciação dos fundamentos da inicial ou da defesa, não examinados pela sentença, ainda que não renovados em contrarrazões. Não se aplica, todavia, ao caso de pedido não apreciado na sentença, salvo a hipótese contida no § 3º do art. 515 do CPC". (ver nota do autor)

Alternativa "c": Ao contrário do que constou nesta alternativa, o referido prazo começa a fluir a partir do dia subsequente ao término do prazo recursal. Alternativa **incorreta,** segundo o item II da Súmula nº 387 do TST: "A contagem do quinquídio para apresentação dos originais de recurso interposto por intermédio de fac-símile começa a fluir do dia subsequente ao término do prazo recursal, nos termos do art. 2º da Lei nº 9.800, de 26.05.1999, e não do dia seguinte à interposição do recurso, se esta se deu antes do termo final do prazo".

Alternativa "d": Correta, uma vez que o TST entende que é desnecessária a intimação, de acordo com o item III da Súmula nº 387, em sua antiga redação: "Não se tratando a juntada dos originais de ato que dependa de notificação, pois a parte, ao interpor o recurso, já tem ciência de seu ônus processual, não se aplica a regra do art. 184 do CPC quanto ao "dies *a quo*", podendo coincidir com sábado, domingo ou feriado". A redação atual do item III desse verbete é a seguinte: "Não se tratando a juntada dos originais de ato que dependa de notificação, pois a parte, ao interpor o recurso, já tem ciência de seu ônus processual, não se aplica a regra do art. 224 do CPC de 2015 (art. 184 do CPC de 1973) quanto ao "dies a quo", podendo coincidir com sábado, domingo ou feriado. (ex-OJ nº 337 da SBDI-1 – "in fine" – DJ 04.05.2004)".

Gabarito: C.

---

376. (TRT – JTS 8ª RG/2009) Com relação aos recursos no processo do trabalho, considerando a legislação processual trabalhista em vigor, assinale a opção INCORRETA:

a) No Tribunal Superior do Trabalho, quando o pedido do recorrente contrariar súmula de jurisprudência uniforme deste Tribunal, poderá o Relator negar prosseguimento ao recurso, indicando a correspondente súmula. A parte prejudicada poderá interpor agravo desde que à espécie não se aplique a súmula citada pelo Relator.

b) No processo do trabalho, será de 8 (oito) dias o prazo para interpor e contra-arrazoar qualquer recurso, excetuando-se o recurso de embargos de declaração. A comprovação do depósito recursal terá que ser feita dentro do prazo para a interposição do recurso, sob pena de deserção. Este depósito far-se-á na conta vinculada do FGTS do empregado, obrigando-se o reclamado, empregador, a abrir uma conta de FGTS nas hipóteses em que o recorrido não disponha de uma.

c) Dotado de efeito apenas devolutivo, o Recurso de Revista é apresentado ao Presidente do Tribunal que proferiu a decisão recorrida, que poderá recebê-lo ou denegá-lo, fundamentando a decisão. Os Tribunais Regionais do Trabalho procederão, obrigatoriamente, à uniformização de sua jurisprudência não servindo a súmula respectiva para ensejar a admissibilidade do Recurso de Revista quando contrariar súmula da jurisprudência uniforme do TST.

d) O recurso ordinário, no procedimento sumaríssimo, será imediatamente distribuído, uma vez recebido no Tribunal, devendo o relator liberá-lo no prazo máximo de dez dias ao revisor, cabendo à Secretaria do Tribunal ou Turma colocá-lo imediatamente em pauta para julgamento. Caso necessário, o parecer do Ministério Público será oral e se dará na sessão de julgamento. Se a sentença for confirmada pelos próprios fundamentos, servirá de acórdão a certidão de julgamento registrando tal circunstância.

e) O agravo de instrumento, sob pena de não conhecimento, deverá ser instruído pela parte recorrente, obrigatoriamente, com cópias da decisão agravada, da certidão da respectiva intimação, das procurações outorgadas aos advogados do agravante e do agravado, da petição inicial, da contestação, da decisão originária, da comprovação do depósito recursal e do recolhimento das custas, sendo facultada a juntada de outras peças que o agravante reputar úteis ao deslinde da matéria. O agravado será intimado para oferecer resposta ao agravo e ao recurso principal, instruindo-a com as peças que considerar necessárias ao julgamento de ambos os recursos.

COMENTÁRIOS

✪ **Nota do autor:** Em relação a alternativa "b", com a vigência da Lei nº 13.467/17 o § 5º do art. 899 da CLT foi revogado. Já com relação a alternativa "c", a Lei da Reforma Trabalhista revogou os parágrafos que tratavam do incidente de uniformização de jurisprudência, dentre eles o § 3º do art. 896 da CLT.

Alternativa "a": Correta. A assertiva corresponde ao preceito contido no art. 9º da Lei nº 5.584/70: "No Tribunal Superior do Trabalho, quando o pedido do recorrente contrariar súmula de jurisprudência uniforme deste Tribunal já compendiada, poderá o Relator negar prosseguimento ao recurso, indicando a correspondente súmula. Parágrafo único. A parte prejudicada poderá interpor agravo desde que à espécie não se aplique o prejulgado ou a súmula citada pelo Relator".

Alternativa "b": Alternativa complexa, uma vez que seu texto respectivo baseou-se em três dispositivos legais e uma Súmula do TST: "Lei nº 5584/70: Art. 6º Será de 8 (oito) dias o prazo para interpor e contra-arrazoar qualquer recurso (CLT, art. 893). (regra geral). Art. 7º A comprovação do depósito da condenação (CLT, art. 899, §§ 1º a 5º) terá que ser feita dentro do prazo para a interposição do recurso, sob pena de ser este considerado deserto"; art. 899, § 5º, da CLT: "Se o empregado ainda não tiver conta vinculada aberta em seu nome, nos termos do art. 2º da Lei nº 5.107, de 13 de setembro de 1966, a empresa procederá à respectiva abertura, para efeito do disposto no § 2º"; e a Súmula nº 426 do TST: "Nos dissídios individuais o depósito recursal será efetivado mediante a utilização da Guia de Recolhimento do FGTS e Informações à Previdência Social – GFIP, nos termos dos § § 4º e 5º do art. 899 da CLT, admitido o depósito judicial, realizado na sede do juízo e à disposição deste, na hipótese de relação de trabalho não submetida ao regime do FGTS". Opção **correta**. (ver nota do autor)

Alternativa "c": Correta, pois apresenta o procedimento **correto** a ser adotado no caso de recurso de revista, enfatizando o seu efeito devolutivo exclusivo e, na segunda parte, a determinação para os Tribunais elaborarem a uniformização de sua jurisprudência. O disciplinamento respectivo encontra-se inserido no art. 896, § § 1º e 3º, da CLT: "§ 1º O Recurso de Revista, dotado de efeito apenas devolutivo, será apresentado ao Presidente do Tribunal recorrido, que poderá recebê-lo ou denegá-lo, fundamentando, em qualquer caso, a decisão (...) § 3º Os Tribunais Regionais do Trabalho procederão, obrigatoriamente, à uniformização de sua jurisprudência, nos termos do Livro I, Título IX, Capítulo I do CPC, não servindo a súmula respectiva para ensejar a admissibilidade do Recurso de Revista quando contrariar Súmula da Jurisprudência Uniforme do Tribunal Superior do Trabalho".

Alternativa "d": Quando o recurso ordinário é interposto em processo submetido ao rito sumaríssimo, não existe a figura do revisor. **Opção incorreta**, pois contraria o art. 895, § 1º, da CLT: "Nas reclamações sujeitas ao procedimento sumaríssimo, o recurso ordinário: II – será imediatamente distribuído, uma vez recebido no Tribunal, devendo o relator liberá-lo no prazo máximo de dez dias, e a Secretaria do Tribunal ou Turma colocá-lo imediatamente em pauta para julgamento, sem revisor".

Alternativa "e": Correta, de acordo com o preceito contido no art. 897, § § 5º e 6º, da CLT: "§ 5º Sob pena de não conhecimento, as partes promoverão a formação do instrumento do agravo de modo a possibilitar, caso provido, o imediato julgamento do recurso denegado, instruindo a petição de interposição. I – obrigatoriamente, com cópias da decisão agravada, da certidão da respectiva intimação, das procurações outorgadas aos advogados do agravante e do agravado, da petição inicial, da contestação, da decisão originária, do depósito recursal referente ao recurso que se pretende destrancar, da comprovação do recolhimento das custas e do depósito recursal a que se refere o § 7º do art. 899 desta Consolidação; II – facultativamente, com outras peças que o agravante reputar úteis ao deslinde da matéria de mérito controvertida. § 6º O agravado será intimado para oferecer resposta ao agravo e ao recurso principal, instruindo-a com as peças que considerar necessárias ao julgamento de ambos os recursos".

Gabarito: D.

---

377. (TRT – JTS 23ª RG/2008) Assinale a alternativa CORRETA:

I. é inadmissível, em instância recursal, a regularização da representação processual, bem como o oferecimento tardio de procuração, nos termos do art. 37 do CPC, ainda que mediante protesto por posterior juntada, já que a interposição de recurso não pode ser reputada ato urgente;

II. o prazo de prescrição com relação à ação de cumprimento de decisão normativa flui a partir da data de sua publicação no órgão oficial;

III. não cabem embargos para a Seção de Dissídios Individuais de decisão de Turma proferida em agravo, salvo da decisão que nega provimento a agravo contra decisão monocrática do Relator, em que se proclamou a ausência de pressupostos extrínsecos de agravo de instrumento;

IV. os débitos trabalhistas das entidades submetidas aos regimes de intervenção ou liquidação extrajudicial estão sujeitos à correção monetária desde o respectivo vencimento até seu efetivo pagamento, sem interrupção ou suspensão, não incidindo, entretanto, sobre tais débitos, juros de mora.

a) todas as opções estão corretas;

b) apenas três opções estão corretas;

c) apenas duas opções estão corretas;

d) apenas uma opção está correta;

e) todas as opções estão incorretas.

COMENTÁRIOS

✪ **Nota do autor:** Na resposta do item IV, não confundir com a hipótese das empresas em situação falimentar, prevista pelo art. 124 da Lei nº 11.101/05: "Contra a massa falida não são exigíveis juros vencidos após a decretação da falência, previstos em lei ou em contrato, se o ativo apurado não bastar para o pagamento dos credores subordinados". Observe-se, no item "I", que os arts. 13 e 37 do CPC de 1973 correspondem, respectivamente, ao art. 76 e art. 104 do CPC de 2015.

Item "I": A assertiva enfatiza o fato de o recurso não ser ato urgente a ensejar o ajuizamento da medida sem procuração nos autos. Item **correto**, conforme posicionamento adotado pelo TST na Súmula nº 383: "I – É inadmissível, em instância recursal, o oferecimento tardio de procuração, nos termos do art. 37 do CPC, ainda que mediante protesto por posterior juntada, já que a interposição de recurso não pode ser reputada ato urgente. II – Inadmissível na fase recursal a regularização da representação processual, na forma do art. 13 do CPC, cuja aplicação se restringe ao Juízo de 1º grau". Atualmente a redação dessa Súmula é a seguinte: "RECURSO. MANDATO. IRREGULARIDADE DE REPRESENTAÇÃO. CPC DE 2015, ARTS. 104 E 76, § 2º (nova redação em decorrência do CPC de 2015) – Res. 210/2016, DEJT divulgado em 30.06, 1º e 04.07.2016 I – É inadmissível recurso firmado por advogado sem procuração juntada aos autos até o momento da sua interposição, salvo mandato tácito. Em caráter excepcional (art. 104 do CPC de 2015), admite-se que o advogado, independentemente de intimação, exiba a procuração no prazo de 5 (cinco) dias após a interposição do recurso, prorrogável por igual período mediante despacho do juiz. Caso não a exiba, considera-se ineficaz o ato praticado e não se conhece do recurso. II – Verificada a irregularidade de representação da parte em fase recursal, em procuração ou substabelecimento já constante dos autos, o relator ou o órgão competente para julgamento do recurso designará prazo de 5 (cinco) dias para que seja sanado o vício. Descumprida a determinação, o relator não conhecerá do recurso, se a providência couber ao recorrente, ou determinará o desentranhamento das contrarrazões, se a providência couber ao recorrido (art. 76, § 2º, do CPC de 2015)".

Item "II": Apesar de ser possível aparelhar a ação de cumprimento com sentença normativa apenas publicada e não transitada em julgado, o prazo de prescrição dessa demanda só ocorre a partir desse último fato citado. **Item incorreto**, conforme Súmula nº 350 do TST: "O prazo de prescrição com relação à ação de cumprimento de decisão normativa flui apenas a partir da data de seu trânsito em julgado".

Item "III": Correto, pois em conformidade com o teor da Súmula nº 353, "b", do TST: "Não cabem embargos para a Seção de Dissídios Individuais de decisão de Turma proferida em agravo, salvo: b) da decisão que nega provimento a agravo contra decisão monocrática do Relator, em que se proclamou a ausência de pressupostos extrínsecos de agravo de instrumento".

Item "IV": Correto, conforme Súmula nº 304 do TST: "Os débitos trabalhistas das entidades submetidas aos regimes de intervenção ou liquidação extrajudicial estão sujeitos à correção monetária desde o respectivo vencimento até seu efetivo pagamento, sem interrupção ou suspensão, não incidindo, entretanto, sobre tais débitos, juros de mora".

Gabarito: B.

---

378. (TRT – JTS 8ª RG/2009) De acordo com a legislação trabalhista em vigor e com as posições consolidadas do TST, é CORRETO afirmar sobre o sistema recursal trabalhista:

a) Nos dissídios individuais, ficam sujeitas à remessa *ex officio*, mesmo na vigência da Carta constitucional de 1988, as decisões contrárias à Fazenda Pública, exceto: a) quando a condenação não ultrapassar o valor correspondente a 40 salários mínimos; b) quando a decisão estiver em consonância com decisão plenária do Supremo Tribunal Federal ou com súmula ou orientação jurisprudencial do Tribunal Superior do Trabalho.

b) A admissibilidade de recurso de revista contra acórdão proferido em agravo de petição, na liquidação de sentença ou em processo incidente na execução, inclusive os embargos de terceiro, depende de interpretação divergente quanto a dispositivo de lei federal e/ou violação direta à Constituição Federal.

c) A admissibilidade do recurso de revista e de embargos de divergência tem como pressuposto a indicação expressa do dispositivo de lei ou da Constituição tido como violado. Interpretação razoável de dispositivo de lei não dá ensejo à admissibilidade ou ao conhecimento de recurso de revista ou de embargos.

d) Cabe recurso de revista para turma do Tribunal Superior do Trabalho das decisões proferidas em grau de recurso ordinário, em dissídio individual, pelos Tribunais Regionais do Trabalho, nas seguintes situações: a) der ao mesmo dispositivo de lei federal interpretação diversa da que lhe houver dado outro tribunal regional, através de seu pleno, ou uma das turmas ou a seção de dissídios individuais do Tribunal Superior do Trabalho, ou a Súmula de Jurisprudência uniforme desta corte; b) der ao mesmo dispositivo de lei estadual, convenção coletiva de trabalho, acordo coletivo, sentença normativa ou regulamento empresarial de observância obrigatória em área territorial que exceda a jurisdição do Tribunal Regional prolator da decisão recorrida, interpretação divergente; c) proferidas com violação literal de dispositivo de lei federal ou afronta direta e literal à Constituição Federal.

e) Cabem embargos no Tribunal Superior do Trabalho, apenas nas seguintes hipóteses: a) de decisão não unânime de julgamento que conciliar, julgar e homologar conciliação em dissídios coletivos que excedem a competência territorial dos Tribunais Regionais do Trabalho; b) de decisão não unânime de julgamento que rever as sentenças normativas do Tribunal Superior do Trabalho; c) das decisões das turmas que divergirem das decisões da Seção de Dissídios Individuais ou destas entre si, exceto quando a decisão recorrida estiver em consonância com Súmula ou orientação jurisprudencial do Tribunal Superior do Trabalho ou súmula do Supremo Tribunal Federal.

COMENTÁRIOS

✪ **Nota do autor:** O recurso de revista tem como objetivo principal a unificação das decisões proferidas pelos Tribunais Regionais e a manutenção da autoridade da legislação constitucional e infraconstitucional. Por conta disso, só cabe recurso de revista de acórdão que trata de matéria de direito, excluindo-se qualquer possibilidade de reexame probatório.

Alternativa "a": Na verdade, o valor limite é de sessenta salários mínimos e não quarenta. Opção **incorreta**, conforme Súmula nº 303 do TST: "I - Em dissídio individual, está sujeita ao duplo grau de jurisdição, mesmo na vigência da CF/1988, decisão contrária à Fazenda Pública, salvo: a) quando a condenação não ultrapassar o valor correspondente a 60 (sessenta) salários mínimos; b) quando a decisão estiver em consonância com decisão plenária do Supremo Tribunal Federal ou com súmula ou orientação jurisprudencial do Tribunal Superior do Trabalho. II - Em ação rescisória, a decisão proferida pelo juízo de primeiro grau está sujeita ao duplo grau de jurisdição obrigatório quando desfavorável ao ente público, exceto nas hipóteses das alíneas "a" e "b" do inciso anterior. III - Em mandado de segurança, somente cabe remessa *"ex officio"* se, na relação processual, figurar pessoa jurídica de direito público como parte prejudicada pela concessão da ordem. Tal situação não ocorre na hipótese de figurar no feito como impetrante e terceiro interessado pessoa de direito privado, ressalvada a hipótese de matéria administrativa". Atualmente essa Súmula tem a seguinte redação: "FAZENDA PÚBLICA. REEXAME NECESSÁRIO (nova re-dação em decorrência do CPC de 2015) - Res. 211/2016, DEJT divulgado em 24, 25 e 26.08.2016. I - Em dissídio individual, está sujeita ao reexame necessário, mesmo na vigência da Constituição Federal de 1988, decisão contrária à Fazenda Pública, salvo quando a condenação não ultrapassar o valor correspondente a: a) 1.000 (mil) salários mínimos para a União e as respectivas autarquias e fundações de direito público; b) 500 (quinhentos) salários mínimos para os Estados, o Distrito Federal, as respectivas autarquias e fundações de direito público e os Municípios que constituam capitais dos Estados; c) 100 (cem) salários mínimos para todos os demais Municípios e respectivas autarquias e fundações de direito público. II - Também não se sujeita ao duplo grau de jurisdição a decisão fundada em: a) súmula ou orientação jurisprudencial do Tribunal Superior do Trabalho; b) acórdão proferido pelo Supremo Tribunal Federal ou pelo Tribunal Superior do Trabalho em julgamento de recursos repetitivos; c) entendimento firmado em incidente de resolução de demandas repetitivas ou de assunção de competência; d) entendimento coincidente com orientação vinculante firmada no âmbito administrativo do próprio ente público, consolidada em manifestação, parecer ou súmula administrativa. III - Em ação rescisória, a decisão proferida pelo Tribunal Regional do Trabalho está sujeita ao duplo grau de jurisdição obrigatório quando desfavorável ao ente público, exceto nas hipóteses dos incisos anteriores. (ex-OJ nº 71 da SBDI-1 - inserida em 03.06.1996). IV - Em mandado de segurança, somente cabe reexame necessário se, na relação processual, figurar pessoa jurídica de direito público como parte prejudicada pela concessão da ordem. Tal situação não ocorre na hipótese de figurar no feito como impetrante e terceiro interessado pessoa de direito privado, ressalvada a hipótese de matéria administrativa. (ex-OJs nºs 72 e 73 da SBDI-1 - inseridas, respectivamente, em 25.11.1996 e 03.06.1996)"

Alternativa "b": Não cabe recurso de revista em decisões proferidas no processo de execução. A exceção fica por conta de decisões que contrariam a Constituição Federal. Opção **incorreta**, conforme Súmula nº 210 do TST: "A admissibilidade do recurso de revista contra acórdão proferido em execução de sentença depende de demonstração inequívoca de violação direta à Constituição".

Alternativa "c": Correta, conforme entendimento inserido na Súmula nº 221 do TST: "I - A admissibilidade do recurso de revista e de embargos por violação tem como pressuposto a indicação expressa do dispositivo de lei ou da Constituição tido como violado. II - Interpretação razoável de preceito de lei, ainda que não seja a melhor, não dá ensejo à admissibilidade ou ao conhecimento de recurso de revista ou de embargos com base, respectivamente, na alínea "c" do art. 896 e na alínea "b" do art. 894 da CLT. A violação há de estar ligada à literalidade do preceito".

Alternativa "d": No caso, o cabimento do recurso de revista em relação às decisões de outro Tribunal diz respeito àquelas provenientes do Pleno ou das Turmas. Não cabe recurso de revista quando a decisão estiver em desacordo com outra proferida por uma das turmas do TST, mas somente de sua Seção de Dissídios Individuais. **Opção incorreta**, pois diverge do comando contido no art. 896, "a" da CLT: "Cabe Recurso de Revista para Turma do Tribunal Superior do Trabalho das decisões proferidas em grau de recurso ordinário, em dissídio individual, pelos Tribunais Regionais do Trabalho, quando: a) derem ao mesmo dispositivo de lei federal interpretação diversa da que lhe houver dado outro Tribunal Regional, no seu Pleno ou Turma, ou a Seção de Dissídios Individuais do Tribunal Superior do Trabalho, ou a Súmula de Jurisprudência Uniforme dessa Corte".

Alternativa "e": Os embargos cabem das decisões das turmas que divergem entre si. Não cabem embargos das decisões da SDI que divergem entre si, como constou na alternativa. Opção **incorreta**, pois afronta o inciso II, art. 894 da CLT: "No Tribunal Superior do Trabalho cabem embargos, no prazo de 8 (oito) dias: II - das decisões das Turmas que divergirem entre si, ou das decisões proferidas pela Seção de Dissídios Individuais, salvo se a decisão recorrida estiver em consonância com súmula ou orientação jurisprudencial do Tribunal Superior do Trabalho ou do Supremo Tribunal Federal".

Gabarito: C.

379. (TRT - JTS 8ª RG/2009) De acordo com a iterativa jurisprudência do TST, é INCORRETO afirmar:

a) Da decisão proferida pelo Tribunal Regional do Trabalho, em ação rescisória, caberá recurso ordinário ao Tribunal Superior do Trabalho. Havendo recurso parcial no processo principal, o trânsito em julgado dá-se em momentos e em tribunais diferentes, contando-se o prazo decadencial para a ação rescisória do trânsito em julgado de cada decisão, salvo se o recurso tratar de preliminar ou prejudicial que possa tornar insubsistente a decisão recorrida, hipótese em que flui a decadência a partir do trânsito em julgado da decisão que julgar o recurso parcial.

b) A exceção de incompetência, ainda que oposta no prazo recursal, sem ter sido aviado o recurso próprio, não tem o condão de afastar a consumação da coisa julgada e, assim, postergar o termo inicial do prazo decadencial para a ação rescisória. Cabe frisar que o prazo decadencial, para ajuizamento da ação rescisória, conta-se do dia imediatamente subsequente ao trânsito julgado da última decisão proferida na causa, sendo de mérito ou não.

c) Considera-se documento essencial ao processamento da ação rescisória a certidão de trânsito em julgado da decisão rescindenda. Uma vez constatado que o autor não apresentou o documento, o relator abrirá prazo de 10 dias para que a parte sane a omissão quanto à juntada do documento. Sendo assim, pode-se afirmar que a juntada da certidão se caracteriza como pressuposto processual indispensável no momento em que foi ajuizada a ação rescisória. Nas hipóteses em que ocorre vício de intimação posterior à decisão rescindenda, não se forma a coisa julgada material, o que origina a extinção da ação rescisória sem resolução do mérito por carência de ação.

d) O cabimento de mandado de segurança contra tutela antecipada dependerá do momento em que ocorreu a concessão da medida. Nos casos em que a tutela antecipada é concedida através da sentença, não cabe a impetração do *mandamus* porquanto a decisão é impugnável através de recurso ordinário. Neste caso, o prejudicado deverá manejar ação cautelar com a finalidade de obter efeito suspensivo ao recurso. Nas situações em que a tutela antecipada é deferida antes da prolação da sentença, cabe a impetração de mandado de segurança, em razão da inexistência de recurso próprio.

e) O efeito devolutivo em profundidade do recurso ordinário, que se extrai do parágrafo primeiro do art. 515 do CPC, transfere ao Tribunal a apreciação de fundamento da defesa não examinado pela sentença, mediante renovação do fundamento pela via do próprio recurso ou das contrarrazões. Não se aplica nos casos em que o pedido não foi analisado pelo Juízo de primeiro grau.

COMENTÁRIOS

✪ **Nota do autor:** A presente questão foi elaborada antes da alteração, pelo TST, da Súmula nº 393, que se encontra com a seguinte redação: "O efeito devolutivo em profundidade do recurso ordinário, que se extrai do § 1º do art. 515 do CPC, transfere ao Tribunal a apreciação dos fundamentos da inicial ou da defesa, não examinados pela sentença, ainda que não renovados em contrarrazões. Não se aplica, todavia, ao caso de pedido não apreciado na sentença, salvo a hipótese contida no § 3º do art. 515 do CPC". Observe-se que o art. 515, §1º e §3º do CPC de 1973 corresponde ao art. 1.013, §1º e §3º do CPC de 2015. Inclusive, essa Súmula foi novamente alterada em decorrência do vigência do CPC de 2015: "RECURSO ORDINÁRIO. EFEITO DEVOLUTIVO EM PROFUNDIDADE. ART. 1.013, § 1º, do CPC DE 2015. ART. 515, § 1º, DO CPC de 1973 – (nova redação em decorrência do CPC de 2015) – Res. 208/2016, DEJT divulgado em 22, 25 e 26.04.2016 Súmulas A-125 SÚMULAS I – O efeito devolutivo em profundidade do recurso ordinário, que se extrai do § 1º do art. 1.013 do CPC de 2015 (art. 515, §1º, do CPC de 1973), transfere ao Tribunal a apreciação dos fundamentos da inicial ou da defesa, não examinados pela sentença, ainda que não renovados em contrarrazões, desde que relativos ao capítulo impugnado. II – Se o processo estiver em condições, o tribunal, ao julgar o recurso ordinário, deverá decidir desde logo o mérito da causa, nos termos do § 3º do art. 1.013 do CPC de 2015, inclusive quando constatar a omissão da sentença no exame de um dos pedidos."

Alternativa "a": A complexa Súmula nº 100 define, entre outras coisas, o momento do trânsito em julgado quando há recurso parcial. **Opção correta**, pois em conformidade com a referida Súmula nº 100, II, TST: "Havendo recurso parcial no processo principal, o trânsito em julgado dá-se em momentos e em tribunais diferentes, contando-se o prazo decadencial para a ação rescisória do trânsito em julgado de cada decisão, salvo se o recurso tratar de preliminar ou prejudicial que possa tornar insubsistente a decisão recorrida, hipótese em que flui a decadência a partir do trânsito em julgado da decisão que julgar o recurso parcial".

Alternativa "b": Correta, pois corresponde ao entendimento do TST constante da Súmula nº 100, VIII: "A exceção de incompetência, ainda que oposta no prazo recursal, sem ter sido aviado o recurso próprio, não tem o condão de afastar a consumação da coisa julgada e, assim, postergar o termo inicial do prazo decadencial para a ação rescisória".

Alternativa "c": A ausência da certidão de trânsito em julgado da decisão objeto da rescisória constitui vício sanável. Alternativa **correta**, conforme Súmula nº 299, I, do TST: "I – É indispensável ao processamento da ação rescisória a prova do trânsito em julgado da decisão rescindenda. II – Verificando o relator que a parte interessada não juntou à inicial o documento comprobatório, abrirá prazo de 10 (dez) dias para que o faça, sob pena de indeferimento". Atualmente os incisos I e II dessa Súmula possuem a seguinte redação: "AÇÃO RESCISÓRIA. DECISÃO RESCINDENDA. TRÂNSITO EM JULGADO. COMPROVAÇÃO. EFEITOS (nova redação do item II em decorrência do CPC de 2015) – Res. 211/2016, DEJT divulgado em 24, 25 e 26.08.2016 I – É indispensável ao processamento da ação rescisória a prova do trânsito em julgado da decisão rescindenda. (ex-Súmula nº 299 – Res 8/1989, DJ 14, 18 e 19.04.1989) II – Verificando o relator que a parte interessada não juntou à inicial o documento comprobatório, abrirá prazo de 15 (quinze) dias para que o faça (art. 321 do CPC de 2015), sob pena de indeferimento. (ex-Súmula nº 299 – Res 8/1989, DJ 14, 18 e 19.04.1989)"

Alternativa "d": Esses momentos distintos e as respectivas medidas cabíveis são objeto da Súmula nº 414 do TST, em sua redação anterior. **Opção correta**, segundo o entendimento inserido no referido verbete: "I – A antecipação da tutela concedida na sentença não comporta impugnação pela via do mandado de segurança, por ser impugnável mediante recurso ordinário. A ação cautelar é o meio próprio para se obter efeito suspensivo a recurso. II – No caso da tutela antecipada (ou liminar) ser concedida antes da sentença, cabe a impetração do mandado de segurança, em face da inexistência de recurso próprio. III – A superveniência da sentença, nos autos originários, faz perder o objeto do mandado de segurança que impugnava a concessão da tutela antecipada (ou liminar)". A Resolução nº 217/2017 do TST alterou a redação da mencionada Súmula: "MANDADO DE SEGURANÇA. TUTELA PROVISÓRIA CONCEDIDA ANTES OU NA SENTENÇA (nova redação em decorrência do CPC de 2015) – Res. 217/2017 – DEJT divulgado em 20, 24 e 25.04.2017 I – A tutela provisória concedida na sentença não comporta impugnação pela via do mandado de segurança, por ser impugnável mediante recurso ordinário. É admissível a obtenção de efeito suspensivo ao recurso ordinário mediante requerimento dirigido ao tribunal, ao relator ou ao presidente ou ao vice-presidente do tribunal recorrido, por aplicação subsidiária ao processo do trabalho do artigo 1.029, § 5º, do CPC de 2015. II – No caso de a tutela provisória haver sido concedida ou indeferida antes da sentença, cabe mandado de segurança, em face da inexistência de recurso próprio. III – A superveniência da sentença, nos autos originários, faz perder o objeto do mandado de segurança que impugnava a concessão ou o indeferimento da tutela provisória".

Alternativa "e": O efeito devolutivo em profundidade transfere ao tribunal a apreciação do fundamento da defesa não examinado na sentença, mesmo que não tenha sido renovado nas contrarrazões. **Opção incorreta à época**, conforme redação anterior da Súmula nº 393 do TST: "Recurso ordinário. Efeito devolutivo em profundidade. Art. 515, § 1º, do CPC. O efeito devolutivo em profundidade do recurso ordinário, que se extrai do § 1º do art. 515 do CPC, transfere automaticamente ao Tribunal a apreciação de fundamento da defesa não examinado pela sentença, ainda que não renovado em contrarrazões. Não se aplica, todavia, ao caso de pedido não apreciado na sentença". (ver nota do autor)

Gabarito: E.

---

380. (TRT – JTS 6ª RG/2010) Com relação à jurisprudência sumulada do Tribunal Superior do Trabalho sobre Ação Rescisória, leia as assertivas abaixo e depois assinale a alternativa CORRETA:

I. É cabível pedido liminar em petição inicial de ação rescisória, ou na fase recursal, visando suspender a execução da decisão rescindenda;

II. Não cabe antecipação da tutela em ação rescisória, razão pela qual o pedido nesse sentido será recebido como medida acautelatória.

III. Ação rescisória fundamentada em violação de lei admite reexame de fatos e provas que originaram a decisão rescindenda.

IV. É incabível ação rescisória em face de questão processual, mesmo que seja pressuposto de validade de uma sentença de mérito.

V. Aplicando-se o princípio *iura novit curia*, não há inépcia da inicial em ação rescisória na hipótese de capitulação equivocada de um dos incisos do artigo 485 do Código de Processo Civil.

a) Apenas a assertiva I está correta.

b) As assertivas I, II e V estão corretas.

c) Apenas a assertiva II está correta.

d) Apenas a assertiva V está correta.

e) Apenas as assertivas III e IV estão corretas.

COMENTÁRIOS

✪ **Nota do autor:** Excepcionalmente, o ordenamento jurídico permite que seja desconstituída a coisa julgada, por meio de uma medida processual denominada de ação rescisória. Ultrapassado o prazo legal para o ajuizamento desse remédio jurídico, a coisa julgada solidifica-se e recebe a denominação de coisa soberanamente julgada. Observe-se, item "I", que o art. 273, §7º do CPC de 1973 corresponde ao art. 305, parágrafo único do CPC de 2015. Já no item "V", o art. 485, V, do CPC de 1973 corresponde ao art. 966, V, do CPC de 2015.

Item "I": Utiliza-se, nesse caso, o preceito contido no art. 273, § 7º do CPC de 1973, que permite ao juiz converter o pedido de antecipação de tutela em medida cautelar, desde que estejam presentes os requisitos desta última. Item **correto**, conforme Súmula nº 405 do TST: "I – Em face do que dispõe a MP 1.984-22/2000 e reedições e o artigo 273, § 7º, do CPC, é cabível o pedido liminar formulado na petição inicial de ação rescisória ou na fase recursal, visando a suspender a execução da decisão rescindenda. II – O pedido de antecipação de tutela, formulado nas mesmas condições, será recebido como medida acautelatória em ação rescisória, por não se admitir tutela antecipada em sede de ação rescisória". Atualmente essa Súmula vigora com a seguinte redação: "Em face do que dispõem a MP 1.984-22/2000 e o art. 969 do CPC de 2015, é cabível o pedido de tutela provisória formulado na petição inicial de ação rescisória ou na fase recursal, visando a suspender a execução da decisão rescindenda".

Item "II": Correto, conforme o entendimento constante da Súmula nº 405 do TST: "I - Em face do que dispõe a MP 1.984-22/2000 e reedições e o artigo 273, § 7º, do CPC é cabível o pedido liminar formulado na petição inicial de ação rescisória ou na fase recursal, visando a suspender a execução da decisão rescindenda. II - O pedido de antecipação de tutela, formulado nas mesmas condições, será recebido como medida acautelatória em ação rescisória, por não se admitir tutela antecipada em sede de ação rescisória". Atualmente essa Súmula vigora com a seguinte redação: "Em face do que dispõem a MP 1.984-22/2000 e o art. 969 do CPC de 2015, é cabível o pedido de tutela provisória formulado na petição inicial de ação rescisória ou na fase recursal, visando a suspender a execução da decisão rescindenda".

Item "III": Quando se trata de rescisória fundamentada em violação de lei, não se admite exame de fatos e provas. **Item incorreto**, pois em desacordo com a Súmula nº 410 do TST: "A ação rescisória calcada em violação de lei não admite reexame de fatos e provas do processo que originou a decisão rescindenda".

Item "IV": Existe exceção a essa regra, que consiste em questão processual que constitua pressuposto de validade de uma sentença de mérito. Item **incorreto**, conforme Súmula nº 412 do TST, em sua redação anterior: "Pode uma questão processual ser objeto de rescisão desde que consista em pressuposto de validade de uma sentença de mérito". A Resolução nº 217/2017 conferiu nova redação à referida Súmula: "AÇÃO RESCISÓRIA. REGÊNCIA PELO CPC DE 1973. SENTENÇA DE MÉRITO. QUESTÃO PROCESSUAL (nova redação em decorrência do CPC de 2015) - Res. 217/2017 - DEJT divulgado em 20, 24 e 25.04.2017. Sob a égide do CPC de 1973, pode uma questão processual ser objeto de rescisão desde que consista em pressuposto de validade de uma sentença de mérito. (ex-OJ nº 46 da SBDI-2 - inserida em 20.09.2000)".

Item "V": A parte tem o ônus de narrar o fato e o juiz o dever de fazer o devido enquadramento legal. Item **correto**, conforme entendimento inserido na Súmula nº 408 do TST, em sua redação anterior: "Não padece de inépcia a petição inicial de ação rescisória apenas porque omite a subsunção do fundamento de rescindibilidade no art. 485 do CPC ou o capitula erroneamente em um de seus incisos. Contanto que não se afaste dos fatos e fundamentos invocados como causa de pedir, ao Tribunal é lícito emprestar-lhes a adequada qualificação jurídica (*"iura novit curia"*). No entanto, fundando-se a ação rescisória no art. 485, inc. V, do CPC, é indispensável expressa indicação, na petição inicial da ação rescisória, do dispositivo legal violado, por se tratar de causa de pedir da rescisória, não se aplicando, no caso, o princípio *"iura novit curia"*. O TST alterou a redação da referida Súmula, nos seguintes termos: "Não padece de inépcia a petição inicial de ação rescisória apenas porque omite a subsunção do fundamento de rescindibilidade no art. 966 do CPC de 2015 (art. 485 do CPC de 1973) ou o capitula erroneamente em um de seus incisos. Contanto que não se afaste dos fatos e fundamentos invocados como causa de pedir, ao Tribunal é lícito emprestar-lhes a adequada qualificação jurídica ("iura novit curia"). No entanto, fundando-se a ação rescisória no art. 966, inciso V, do CPC de 2015 (art. 485, inciso V, do CPC de 1973), é indispensável expressa indicação, na petição inicial da ação rescisória, da norma jurídica manifestamente violada (dispositivo legal violado sob o CPC de 1973), por se tratar de causa de pedir da rescisória, não se aplicando, no caso, o princípio "iura novit curia". (ex-Ojs nº 32 e 33 da SBDI-2 - inseridas em 20.09.2000)".

Gabarito: B.

---

381. (TRT - JTS 3ª RG/2009) Analise as proposições abaixo e, considerando as disposições contidas na Consolidação das Leis do Trabalho e no Código de Processo Civil, bem como no entendimento jurisprudencial sumulado, assinale a alternativa CORRETA:

I. O sistema recursal trabalhista é informado pelos seguintes princípios, dentre outros: unirrecorribilidade, fungibilidade, irrecorribilidade das decisões interlocutórias, sucumbência e proibição da *reformatio in pejus*.

II. O princípio da dialeticidade, segundo Nelson Nery Júnior, é o que informa que o recurso deve ser dialético, ou seja, discursivo, devendo o recorrente declinar o porquê do pedido de reexame da decisão.

III. O recurso interposto de decisão normativa da Justiça do Trabalho terá efeito suspensivo, na medida e extensão conferidas em despacho do Presidente do Tribunal Superior do Trabalho.

IV. Os recursos trabalhistas serão interpostos por simples petição e terão efeito meramente devolutivo, salvo as exceções previstas em lei, permitida a execução provisória até a penhora.

V. O efeito devolutivo em profundidade do recurso ordinário, que se extrai do § 1° do artigo 515 do CPC, transfere automaticamente ao Tribunal a apreciação de fundamento da defesa não examinado pela sentença, ainda que não renovado em contrarrazões. Não se aplica, todavia, ao caso de pedido não apreciado na sentença.

a) São verdadeiras as proposições I, II, III, IV e V.

b) São falsas as proposições I, II, IV e V.

c) São falsas as proposições II e V.

d) Apenas a proposição IV é falsa e as demais são verdadeiras.

e) Apenas a proposição II é falsa e as demais são verdadeiras.

COMENTÁRIOS

✪ **Nota do autor:** A presente questão foi elaborada antes da alteração da Súmula nº 393 do TST, que conta atualmente com a seguinte redação: "O efeito devolutivo em profundidade do recurso ordinário, que se extrai do § 1º do art. 515 do CPC, transfere ao Tribunal a apreciação dos fundamentos da inicial ou da defesa, não examinados pela sentença, ainda que não renovados em contrarrazões. Não se aplica, todavia, ao caso de pedido não apreciado na sentença, salvo a hipótese contida no § 3º do art. 515 do CPC". Observe-se que o art. 515, §1º e §3º do CPC de 1973 corresponde ao art. 1.013, §1º e §3º do CPC de 2015. Inclusive, essa Súmula foi novamente alterada em decorrência do vigência do CPC de 2015: "RECURSO ORDINÁRIO. EFEITO DEVOLUTIVO EM PROFUNDIDADE. ART. 1.013, § 1º, do CPC DE 2015. ART. 515, § 1º, DO CPC de 1973 – (nova redação em decorrência do CPC de 2015) – Res. 208/2016, DEJT divulgado em 22, 25 e 26.04.2016 Súmulas A-125 SÚMULAS I – O efeito devolutivo em profundidade do recurso ordinário, que se extrai do § 1º do art. 1.013 do CPC de 2015 (art. 515, §1º, do CPC de 1973), transfere ao Tribunal a apreciação dos fundamentos da inicial ou da defesa, não examinados pela sentença, ainda que não renovados em contrarrazões, desde que relativos ao capítulo impugnado. II – Se o processo estiver em condições, o tribunal, ao julgar o recurso ordinário, deverá decidir desde logo o mérito da causa, nos termos do § 3º do art. 1.013 do CPC de 2015, inclusive quando constatar a omissão da sentença no exame de um dos pedidos."

Item "I": A doutrina aceita, pacificamente, a presença de todos os mencionados princípios no disciplinamento dos recursos processuais. Item **correto.**

Item "II": Correto, pois o referido autor defende a existência do mencionado princípio entre aqueles que regem o processo civil e, consequentemente, o processo do trabalho também. No processo do trabalho, apesar de o art. 899 da CLT determinar que os recursos podem ser interpostos por simples petição, a jurisprudência e doutrina pacificamente firmaram entendimento no sentido de exigir a fundamentação da irresignação, o que seria em outras palavras, a presença do princípio da dialeticidade defendido por Nelson Nery Jr.

Item "III": Esse procedimento está previsto expressamente na legislação laboral trabalhista. Item **correto**, uma vez que está de acordo com os arts. 7º, § 6º, e 9º da Lei nº 7.701/88: "§ 6º – A sentença normativa poderá ser objeto de ação de cumprimento a partir do 20º (vigésimo) dia subsequente ao do julgamento, fundada no acórdão ou na certidão de julgamento, salvo se concedido efeito suspensivo pelo Presidente do Tribunal Superior do Trabalho. Art. 9º. O efeito suspensivo deferido pelo Presidente do Tribunal Superior do Trabalho terá eficácia pelo prazo improrrogável de cento e vinte dias contados da publicação, salvo se o recurso ordinário for julgado antes do término do prazo".

Item "IV": Correto, conforme a literalidade do art. 899 da CLT: "Os recursos serão interpostos por simples petição e terão efeito meramente devolutivo, salvo as exceções previstas neste Título, permitida a execução provisória até a penhora" (observar parte final do comentário do item II).

Item "V": Correto à época, pois de acordo com a redação anterior da Súmula nº 393 do TST: "O efeito devolutivo em profundidade do recurso ordinário, que se extrai do § 1º do art. 515 do CPC, transfere automaticamente ao Tribunal a apreciação de fundamento da defesa não examinado pela sentença, ainda que não renovado em contrarrazões. Não se aplica, todavia, ao caso de pedido não apreciado na sentença". **(ver nota do autor)**

Gabarito: A.

---

382. (USU – JTS 1ª RG/2008) No que se refere aos recursos no processo do trabalho, é CORRETO afirmar que:

I. nas ações sujeitas ao procedimento sumaríssimo não cabe recurso de revista.

II. poderá ser designada Turma para o julgamento dos recursos ordinários interpostos nas demandas sujeitas ao procedimento sumaríssimo.

III. a divergência apta a ensejar o recurso de revista deve ser atual, não se considerando como tal a ultrapassada por súmula, salvo quando superada por reiterada decisão de Turma.

IV. estando a decisão recorrida em consonância com Súmula do TST, poderá o Ministro Relator, negar seguimento ao recurso ordinário, ao recurso de revista, aos embargos, ou ao agravo de instrumento.

V. o Ministro Relator denegará seguimento ao recurso nas hipóteses de intempestividade, deserção, falta de alçada e ilegitimidade de representação, cabendo a interposição de agravo.

a) os itens I e III estão corretos.

b) os itens II e V estão errados.

c) os itens III e IV estão corretos.

d) os itens IV e V estão corretos.

e) somente o item II está correto.

COMENTÁRIOS

✪ **Nota do autor:** Observe-se, no item "I" que a Lei nº 13.015/14 alterou a redação do § 6º do art. 896 da CLT, transformando-o no § 9º com a seguinte redação: "Nas causas sujeitas ao procedimento sumaríssimo, somente será admitido recurso de revista por contrariedade a súmula de jurisprudência uniforme do Tribunal Superior do Trabalho ou a súmula vinculante do Supremo Tribunal Federal e por violação direta da Constituição Federal". Já em relação ao item "III", a previsão contida no § 4º do art. 896, à época da elaboração da questão, agora consta no § 7º do mesmo artigo, e o § 4º foi revogado com a vigência da Lei da Reforma Trabalhista. Por fim, nos itens "IV" e "V", que no momento da aplicação do certame a redação do § 5º do artigo em comento era a que foi transcrita, posteriormente foi modificada, mas, atualmente, o § 5º também foi revogado pela referida Lei da Reforma Trabalhista. Por fim, note-se que o art. 557 do CPC de 1973 corresponde ao art. 932, III, do CPC de 2015.

Item "I": O recurso de revista é cabível nos processos sujeitos ao rito sumaríssimo, ainda que com algumas restrições. **Item incorreto**, conforme disposto na antiga redação do § 6º do art. 896 da CLT: "§ 6º Nas causas sujeitas ao procedimento sumaríssimo, somente será admitido recurso de revista por contrariedade a súmula de jurisprudência uniforme do Tribunal Superior do Trabalho e violação direta da Constituição da República. (ver nota do autor)

Item "II": Correto, pois essa possibilidade encontra-se prevista no art. 895, § 2º: "Art. 895. Cabe recurso ordinário para a instância superior: § 2º Os Tribunais Regionais, divididos em Turmas, poderão designar Turma para o julgamento dos recursos ordinários interpostos das sentenças prolatadas nas demandas sujeitas ao procedimento sumaríssimo".

Item "III": Não se considera atual a divergência, quando for superada por iterativa e notória jurisprudência do TST e não de turma, como constou nessa assertiva. Item **incorreto**, pois contraria o art. 896, § 4º da CLT: "A divergência apta a ensejar o Recurso de Revista deve ser atual, não se considerando como tal a ultrapassada por súmula, ou superada por iterativa e notória jurisprudência do Tribunal Superior do Trabalho". (ver nota do autor)

Item "IV": Apesar do recurso ordinário não constar do rol estabelecido do art. 896, § 5º da CLT, esse procedimento pode ser estendido ao aludido recurso utilizando-se, subsidiariamente, do permissivo contido no art. 557 do CPC de 1973. Transcrevem-se os textos dos mencionados dispositivos legais: "CLT. Art. 896, § 5º Estando a decisão recorrida em consonância com enunciado da Súmula da Jurisprudência do Tribunal Superior do Trabalho, poderá o Ministro Relator, indicando-o, negar seguimento ao Recurso de Revista, aos Embargos, ou ao Agravo de Instrumento. Será denegado seguimento ao Recurso nas hipóteses de intempestividade, deserção, falta de alçada e ilegitimidade de representação, cabendo a interposição de Agravo. CPC de 1973. Art. 557. O relator negará seguimento a recurso manifestamente inadmissível, improcedente, prejudicado ou em confronto com súmula ou com jurisprudência dominante do respectivo Tribunal, do Supremo Tribunal Federal, ou de Tribunal Superior". Item **correto**.

Item "V": Correto, uma vez que se encontra de acordo com o art. 896, § 5º, da CLT: "Estando a decisão recorrida em consonância com enunciado da Súmula da Jurisprudência do Tribunal Superior do Trabalho, poderá o Ministro Relator, indicando-o, negar seguimento ao Recurso de Revista, aos Embargos, ou ao Agravo de Instrumento. Será denegado seguimento ao Recurso nas hipóteses de intempestividade, deserção, falta de alçada e ilegitimidade de representação, cabendo a interposição de Agravo".

---

383. (CESPE - JTS 1ª RG/2010) Quanto ao sistema recursal trabalhista, assinale a opção CORRETA.

a) Cabe recurso ordinário para o TST de decisão proferida pelo TRT em agravo regimental interposto contra decisão que conceda ou negue liminar em ação cautelar ou em mandado de segurança.

b) O requisito relativo à alçada aplica-se em mandado de segurança.

c) Não ocorre deserção de recurso da massa falida, bem como de empresa em liquidação judicial, por falta de pagamento de custas ou de depósito do valor da condenação.

d) Em ação rescisória, a decisão proferida pelo juízo de primeiro grau está sujeita ao duplo grau de jurisdição obrigatório, quando desfavorável ao ente público, observadas as condições previstas em súmula do TST.

e) O recurso adesivo é incompatível com o agravo de petição.

COMENTÁRIOS

Alternativa "a": Incorreta, pois não cabe recurso ordinário nessa situação processual, conforme entendimento inserido na OJ nº 100, SDI-2, do TST: "Não cabe recurso ordinário para o TST de decisão proferida pelo Tribunal Regional do Trabalho em agravo regimental interposto contra despacho que concede ou não liminar em ação cautelar ou em mandado de segurança, uma vez que o processo ainda pende de decisão definitiva do Tribunal *a quo*".

Alternativa "b": O mandado de segurança tem disciplinamento próprio, por meio da Lei nº 12.016/09, que não prevê esse procedimento. Opção **incorreta**, conforme Súmula nº 365 do TST: "Não se aplica a alçada em ação rescisória e em mandado de segurança".

Alternativa "c": As regras processuais que concedem alguns benefícios às empresas submetidas a processo falimentar não se aplicam às empresas em liquidação extrajudicial. Alternativa **incorreta**, de acordo com a Súmula nº 86 do TST: "Não ocorre deserção de recurso da massa falida por falta de pagamento de custas ou de depósito do valor da condenação. Esse privilégio, todavia, não se aplica à empresa em liquidação extrajudicial".

Alternativa "d": A ação rescisória tem natureza jurídica de demanda originária e ordinária. Consequentemente, encontra-se impregnada de idênticas características. Opção **correta**, segundo a Súmula nº 303 do TST: "I – Em dissídio individual, está sujeita ao duplo grau de jurisdição, mesmo na vigência da CF/1988, decisão contrária à Fazenda Pública, salvo: a) quando a condenação não ultrapassar o valor correspondente a 60 (sessenta) salários mínimos; b) quando a decisão estiver em consonância com decisão plenária do Supremo Tribunal Federal ou com súmula ou orientação jurisprudencial do Tribunal Superior do Trabalho. II – Em ação rescisória, a decisão proferida pelo juízo de primeiro grau está sujeita ao duplo grau de jurisdição obrigatório quando desfavorável ao ente público, exceto nas hipóteses das alíneas "a" e "b" do inciso anterior". Atualmente essa Súmula tem a seguinte redação: "FAZENDA PÚBLICA. REEXAME NECESSÁRIO (nova redação em decorrência do CPC de 2015) – Res. 211/2016, DEJT divulgado em 24, 25 e 26.08.2016. I – Em dissídio individual, está sujeita ao reexame necessário, mesmo na vigência da Constituição Federal de 1988, decisão contrária à Fazenda Pública, salvo quando a condenação não ultrapassar o valor correspondente a: a) 1.000 (mil) salários mínimos para a União e as respectivas autarquias e fundações de direito público; b) 500 (quinhentos) salários mínimos para os Estados, o Distrito Federal, as respectivas autarquias e fundações de direito público e os Municípios que constituam capitais dos Estados; c) 100 (cem) salários mínimos para todos os demais Municípios e respectivas autarquias e fundações de direito público. II – Também não se sujeita ao duplo grau de jurisdição a decisão fundada em: a) súmula ou orientação jurisprudencial do Tribunal Superior do Trabalho; b) acórdão proferido pelo Supremo Tribunal Federal ou pelo Tribunal Superior do Trabalho em julgamento de recursos repetitivos; c) entendimento firmado em incidente de resolução de demandas repetitivas ou de assunção de competência; d) entendimento coincidente com orientação vinculante firmada no âmbito administrativo do próprio ente público, consolidada em manifestação, parecer ou súmula administrativa. III – Em ação rescisória, a decisão proferida pelo Tribunal Regional do Trabalho está sujeita ao duplo grau de jurisdição obrigatório quando desfavorável ao ente público, exceto nas hipóteses dos incisos anteriores. (ex-OJ nº 71 da SBDI-1 – inserida em 03.06.1996). IV – Em mandado de segurança, somente cabe reexame necessário se, na relação processual, figurar pessoa jurídica de direito público como parte prejudicada pela concessão da ordem. Tal situação não ocorre na hipótese de figurar no feito como impetrante e terceiro interessado pessoa de direito privado, ressalvada a hipótese de matéria administrativa. (ex-OJs nºs 72 e 73 da SBDI-1 – inseridas, respectivamente, em 25.11.1996 e 03.06.1996)

Alternativa "e": Incorreta, de acordo com o entendimento constante da Súmula nº 283 do TST, que faz referência expressa ao agravo de petição: "O recurso adesivo é compatível com o processo do trabalho e cabe, no prazo de 8 (oito) dias, nas hipóteses de interposição de recurso ordinário, de agravo de petição, de revista e de embargos, sendo desnecessário que a matéria nele veiculada esteja relacionada com a do recurso interposto pela parte contrária".

Gabarito: D.

---

384. (TRT – JTS 14ª RG/2008) Assinale a alternativa verdadeira, à luz do processo do trabalho:

a) O prazo de cinco dias para a parte que interpôs recurso por meio de fac-símile apresentar os originais da peça recursal começa a fluir sempre do primeiro dia útil subsequente à interposição.

b) O prazo para comprovação do pagamento de custas processuais no caso de recurso, sempre a cargo da parte recorrente, é de 5 (cinco) dias contados do seu recolhimento.

c) Poderá o juiz conceder de ofício os benefícios da justiça gratuita quando preenchidos os requisitos legais.

d) Consoante jurisprudência pacificada, não é passível de recurso imediato a decisão que acolhe exceção de incompetência territorial.

e) No caso de procedência de ação declaratória, as custas processuais deverão corresponder a 2% (dois por cento) do valor fixado para esse fim pelo juiz prolator da decisão.

COMENTÁRIOS

✪ **Nota do autor:** As custas processuais correspondem ao tributo que deve ser recolhido pelo vencido, pela utilização de um serviço público. Em relação a alternativa "c", com a vigência da Lei nº 13.467/17, o § 3º do art. 790 da CLT foi alterado e atualmente possui a seguinte redação: "§ 3º É facultado aos juízes, órgãos julgadores e presidentes dos tribunais do trabalho de qualquer instância conceder, a requerimento ou de ofício, o benefício da justiça gratuita, inclusive quanto a traslados e instrumentos, àqueles que perceberem salário igual ou inferior a 40% (quarenta por cento) do limite máximo dos benefícios do Regime Geral de Previdência Social.". Assim nos demais casos a parte deve comprovar a insuficiência de recursos para obter o benefício da gratuidade. Ainda, com relação a alternativa "e", a Lei da Reforma Trabalhista também alterou o *caput* do art. 789 da CLT para estabelecer o valor máximo das custas: "Art. 789. Nos dissídios individuais e nos dissídios coletivos do trabalho, nas ações e procedimentos de competência da Justiça do Trabalho, bem como nas demandas propostas perante a Justiça Estadual, no exercício da jurisdição trabalhista, as custas relativas ao processo de conhecimento incidirão à base de 2% (dois por cento), observado o mínimo de R$ 10,64 (dez reais e sessenta e quatro centavos) e o máximo de quatro vezes o limite máximo dos benefícios do Regime Geral de Previdência Social, e serão calculadas: (...)"

Alternativa "a": O prazo de cinco dias só começa a correr depois que se esgota o prazo final do recurso. **Opção incorreta**, pois está em desacordo com a Súmula nº 387, II, do TST: "A contagem do quinquídio para apresentação dos originais de recurso interposto por intermédio de fac-símile começa a fluir do dia subsequente ao término do prazo recursal, nos termos do art. 2º da Lei nº 9.800, de 26.05.1999, e não do dia seguinte à interposição do recurso, se esta se deu antes do termo final do prazo".

Alternativa "b": A comprovação do recolhimento das custas deve ser feita no mesmo prazo para o recurso. **Opção incorreta**, pois contraria o art. 789, § 1º, da CLT: "As custas serão pagas pelo vencido, após o trânsito em julgado da decisão. No caso de recurso, as custas serão pagas e comprovado o recolhimento dentro do prazo recursal".

Alternativa "c": Correta, pois essa faculdade encontra-se expressamente prevista no art. 790, § 3º, da CLT: "É facultado aos juízes, órgãos julgadores e presidentes dos tribunais do trabalho de qualquer instância conceder, a requerimento ou de ofício, o benefício da justiça gratuita, inclusive quanto a traslados e instrumentos, àqueles que perceberem salário igual ou inferior ao dobro do mínimo legal, ou declararem, sob as penas da lei, que não estão em condições de pagar as custas do processo sem prejuízo do sustento próprio ou de sua família". (ver nota do autor)

Alternativa "d": Em alguns casos excepcionais é possível. **Opção incorreta**, conforme entendimento constante da Súmula nº 214 do TST: "Na Justiça do Trabalho, nos termos do art. 893, § 1º, da CLT, as decisões interlocutórias não ensejam recurso imediato, salvo nas hipóteses de decisão: a) de Tribunal Regional do Trabalho contrária à Súmula ou Orientação Jurisprudencial do Tribunal Superior do Trabalho; b) suscetível de impugnação mediante recurso para o mesmo Tribunal; c) que acolhe exceção de incompetência territorial, com a remessa dos autos para Tribunal Regional distinto daquele a que se vincula o juízo excepcionado, consoante o disposto no art. 799, § 2º, da CLT".

Alternativa "e": Nesse caso, a base de cálculo é o valor atribuído à causa. Opção **incorreta,** de acordo com o art. 789, III, CLT: "Nos dissídios individuais e nos dissídios coletivos do trabalho, nas ações e procedimentos de competência da Justiça do Trabalho, bem como nas demandas propostas perante a Justiça Estadual, no exercício da jurisdição trabalhista, as custas relativas ao processo de conhecimento incidirão à base de 2% (dois por cento), observado o mínimo de R$ 10,64 (dez reais e sessenta e quatro centavos) e serão calculadas: (...) III – no caso de procedência do pedido formulado em ação declaratória e em ação constitutiva, sobre o valor da causa". (ver nota do autor)

Gabarito: C.

5.1. PRESSUPOSTOS RECURSAIS

385. (TRT 4 – Juiz do Trabalho Substituto 4ª Região/2016) Assinale a assertiva incorreta sobre prequestionamento na Justiça do Trabalho.

a) Decisão regional que simplesmente adota os fundamentos da decisão de primeiro grau não preenche a exigência do prequestionamento.

b) O prequestionamento é requisito para interposição de recurso de natureza especial ou extraordinária, e não de recurso ordinário, já que sua função primordial é permitir aos Tribunais Superiores o conhecimento e a manifestação sobre a matéria apreciada pelo Tribunal a quo.

c) Tem-se por prequestionada a matéria ou questão quando, na decisão impugnada, haja sido adotada, explicitamente, tese a respeito, o que pode ocorrer, excepcionalmente, em relação à sentença, desde que a tese ventilada vincule-se à discussão sobre a jurisprudência dos Tribunais Superiores, hipótese em que admitido o prequestionamento da decisão de primeiro grau.

d) Incumbe à parte interessada, desde que a matéria haja sido invocada no recurso principal, opor embargos declaratórios objetivando o pronunciamento sobre o tema, sob pena de preclusão.

e) Considera-se prequestionada a questão jurídica invocada no recurso principal sobre a qual se omite o Tribunal de pronunciar tese, não obstante opostos embargos de declaração.

COMENTÁRIOS

✪ **Nota do autor:** O STF manifesta-se sobre o prequestionamento por meio de sua Súmula nº 356: "O ponto omisso da decisão, sobre o qual não foram opostos embargos declaratórios, não pode ser objeto de recurso extraordinário, por faltar o requisito do prequestionamento".

Alternativa "a": Correta, pois o prequestionamento deve ficar expresso na própria decisão, sendo vedada a remissão. Nesse sentido a OJ nº 151, da SDI-1 do TST: "PREQUESTIONAMENTO. DECISÃO REGIONAL QUE ADOTA A SENTENÇA. AUSÊNCIA DE PREQUESTIONAMENTO (inserida em 27.11.1998) Decisão regional que simplesmente adota os fundamentos da decisão de primeiro grau não preenche a exigência do prequestionamento, tal como previsto na Súmula nº 297".

Alternativa "b": Correta. O instituto do prequestionamento é fruto de construção jurisprudencial, que no âmbito do processo do trabalho consolidou-se por meio da Súmula nº 297 do TST. A Lei nº 13.015/14 introduziu o § 1-A ao art. 896 da CLT que trata expressamente do prequestionamento: "Sob pena de não conhecimento, é ônus da parte: I – indicar o trecho da decisão recorrida que consubstancia o prequestionamento da controvérsia objeto do recurso de revista. (ver nota do autor)

Alternativa "c": Incorreta. O prequestionamento é necessário para unificar a jurisprudência nacional, objetivo dos Tribunais Superiores. Sendo assim, não há necessidade de o juiz adotar tese explícita em sua sentença, já que o Tribunal Regional não tem a referida missão. Inclusive, o TST, em sua OJ nº 256 da SDI-1, refere-se expressamente ao "acórdão" e não a sentença: "PREQUESTIONAMENTO. CONFIGURAÇÃO. TESE EXPLÍCITA. SÚMULA Nº 297 (inserida em 13.03.2002) Para fins do requisito do prequestionamento de que trata a Súmula nº 297, há necessidade de que haja, no acórdão, de maneira clara, elementos que levem à conclusão de que o Regional adotou uma tese contrária à lei ou à súmula".

Alternativa "d": Correta. Inclusive prequestionamento da tese é um dos objetivos dos embargos declaratórios. O TST destaca essa função em sua Súmula nº 297, inciso II: "PREQUESTIONAMENTO. OPORTUNIDADE. CONFIGURAÇÃO (nova redação) – Res. 121/2003, DJ 19, 20 e 21.11.2003 II. Incumbe à parte interessada, desde que a matéria haja sido invocada no recurso principal, opor embargos declaratórios objetivando o pronunciamento sobre o tema, sob pena de preclusão".

Alternativa "e": Correta. Se mesmo após a interposição de embargos declaratórios, não há pronunciamento judicial, considera-se a matéria prequestionada, na forma prevista pela Súmula nº 297, III do TST: "PREQUESTIONAMENTO. OPORTUNIDADE. CONFIGURAÇÃO (nova redação) – Res. 121/2003, DJ 19, 20 e 21.11.2003 III. Considera-se prequestionada a questão jurídica invocada no recurso principal sobre a qual se omite o Tribunal de pronunciar tese, não obstante opostos embargos de declaração". No mesmo sentido o art. 1.025 do CPC de 2015: "Consideram-se incluídos no acórdão os elementos que o embargante suscitou, para fins de pré-questionamento, ainda que os embargos de declaração sejam inadmitidos ou rejeitados, caso o tribunal superior considere existentes erro, omissão, contradição ou obscuridade".

Gabarito: C.

---

386. (FCC – Juiz do Trabalho Substituto 6ª Região/2015) Quanto à deserção,

a) garantido o juízo, na fase executória, a exigência de depósito para recorrer de qualquer decisão viola os incisos II e LV do art. 5º da CF/1988. Havendo, porém, elevação do valor do débito, exige-se a complementação da garantia do juízo, mesmo quando não há condenação a pagamento em pecúnia, quando deverá ser garantido o valor mínimo legal.

b) havendo condenação solidária de duas ou mais empresas, o depósito recursal efetuado por uma delas não aproveita as demais, mesmo quando a empresa que efetuou o depósito não pleiteia sua exclusão da lide.

c) havendo recurso ordinário em sede de rescisória, o depósito recursal só é exigível quando for julgado parcialmente procedente o pedido e imposta condenação em pecúnia, devendo este ser efetuado no prazo de quinze dias, sob pena de deserção.

d) não ocorre deserção de recurso da empresa em liquidação extrajudicial por falta de pagamento de custas ou de depósito do valor da condenação. Esse privilégio, todavia, não se aplica à massa falida.

e) é ônus da parte recorrente efetuar o depósito legal, integralmente, em relação a cada novo recurso interposto, sob pena de deserção. Atingido o valor da condenação, nenhum depósito mais é exigido para qualquer recurso.

COMENTÁRIOS

✪ **Nota do autor:** O depósito recursal constitui singularidade do Direito processual do trabalho e tem como objetivo garantir uma possível futura execução. Por conta disso, só é devido o depósito recursal quando a condenação for pecuniária.

Alternativa "a": Incorreta a assertiva. Com efeito, não haveria necessidade de fazer depósito recursal se o próprio bem penhorado, inclusive dinheiro, já atende ao objetivo de garantir a execução. Nesse sentido a Súmula nº 128, II do TST: "Garantido o juízo, na fase executória, a exigência de depósito para recorrer de qualquer decisão viola os incisos II e LV do art. 5º da CF/1988. Havendo, porém, elevação do valor do débito, exige-se a complementação da garantia do juízo."

Alternativa "b": Em regra, o depósito recursal feito por uma reclamada aproveita às demais quando há condenação solidária. Todavia, essa regra não se aplica quando a reclamada, em seu recurso, pede a modificação da sentença no sentido de ser excluído da lide. Esse é o posicionamento do TST adotado no item III, da Súmula nº 128: "Havendo condenação solidária de duas ou mais empresas, o depósito recursal efetuado por uma delas aproveita as demais, quando a empresa que efetuou o depósito não pleiteia sua exclusão da lide." **Incorreta**, assim, esta assertiva.

Alternativa "c": Incorreta, pois se segue a regra geral vigente no processo do trabalho quanto ao prazo para interposição de recurso, e consequentemente também de comprovação do depósito recursal respectivo, que é de oito dias e não quinze como constou na assertiva. Esse é o entendimento do TST constante da Súmula nº 99: "Havendo recurso ordinário em sede de rescisória, o depósito recursal só é exigível quando for julgado procedente o pedido e imposta condenação em pecúnia, devendo este ser efetuado no prazo recursal, no limite e nos termos da legislação vigente, sob pena de deserção".

Alternativa "d": Incorreta a assertiva, pois não ocorre a deserção em caso de falência e não liquidação extrajudicial. Nesse sentido é o posicionamento do TST constante da Súmula nº 86: Não ocorre deserção de recurso da massa falida por falta de pagamento de custas ou de depósito do valor da condenação. Esse privilégio, todavia, não se aplica à empresa em liquidação extrajudicial".

Alternativa "e": Correta. Isso porque, a título de exemplo, o valor do depósito recursal em sede de recurso de revista é o dobro daquele previsto pelo recurso ordinário. De qualquer forma, os valores fixados a título de depósito recursal referem-se ao um teto condenatório. Se o valor da condenação é inferior ao referido teto, basta depositar a quantia que ficou definida na sentença. Nesse sentido o item I, da Súmula nº 128 do TST: "É ônus da parte recorrente efetuar o depósito legal, integralmente, em relação a cada novo recurso interposto, sob pena de deserção. Atingido o valor da condenação, nenhum depósito mais é exigido para qualquer recurso".

Gabarito: E.

---

387. (TRT 8 – Juiz do Trabalho Substituto 8ª Região/2015) Assinale a alternativa INCORRETA:

a) Tratando-se de reclamações trabalhistas plúrimas, a aferição do que vem a ser obrigação de pequeno valor, para efeito de dispensa de formação de precatório e aplicação do disposto no § 3º do art. 100 da CF/88, deve ser realizada considerando-se os créditos de cada reclamante.

b) A reclamada, ausente à audiência em que deveria apresentar defesa, é revel, ainda que presente seu advogado munido de procuração, podendo ser ilidida a revelia mediante a apresentação de atestado médico, que deverá declarar, expressamente, a impossibilidade de locomoção do empregador ou do seu preposto no dia da audiência.

c) O não cumprimento das determinações dos §§ 1° e 2° do art. 5° da Lei n° 8.906, de 04.07.1994 e do art. 37, parágrafo único, do Código de Processo Civil importa o não conhecimento de recurso, por inexistente, não sendo possível, para essa finalidade, a hipótese de mandato tácito.

d) Acórdão rescindendo do Tribunal Superior do Trabalho que não conhece de recurso de embargos ou de revista, analisando arguição de violação de dispositivo de lei material ou decidindo em consonância com súmula de direito material ou com iterativa, notória e atual jurisprudência de direito material da Seção de Dissídios Individuais (Súmula n° 333), examina o mérito da causa, cabendo ação rescisória da competência do Tribunal Superior do Trabalho.

e) Da decisão de Tribunal Regional do Trabalho em mandado de segurança cabe recurso ordinário, no prazo de 8 (oito) dias, para o Tribunal Superior do Trabalho, e igual dilação para o recorrido e interessados apresentarem razões de contrariedade.

COMENTÁRIOS

✪ **Nota do autor:** A revelia e a confissão são institutos diversos. A primeira, em regra, induz a segunda. Se o reclamado não comparece em juízo, mas o advogado devidamente constituído apresenta contestação, não há que se falar em revelia e sim em confissão ficta. Entretanto, não é esse o entendimento firmado pelo Tribunal Superior do Trabalho por meio da Súmula nº 122: "A reclamada, ausente à audiência em que deveria apresentar defesa, é revel, ainda que presente seu advogado munido de procuração, podendo ser ilidida a revelia mediante a apresentação de atestado médico, que deverá declarar, expressamente, a impossibilidade de locomoção do empregador ou do seu preposto no dia da audiência. ". No entanto, com a vigência da Lei da Reforma Trabalhista o posicionamento contido na Súmula nº 122 do TST deve ser em breve modificado tendo em vista a inserção do § 5º ao art. 844 da CLT com a seguinte redação: "Ainda que ausente o reclamado, presente o advogado na audiência, serão aceitos a contestação e os documentos eventualmente apresentados."

Alternativa "a": Correta a assertiva. Prevalece o valor individual de cada exequente que faz parte de um litisconsórcio ativo, denominado na CLT de reclamação trabalhista plúrima. Nesse sentido a OJ-TP/OE nº 9 do TST: "Tratando-se de reclamações trabalhistas plúrimas, a aferição do que vem a ser obrigação de pequeno valor, para efeito de dispensa de formação de precatório e aplicação do disposto no § 3º do art. 100 da CF/88, deve ser realizada considerando-se os créditos de cada reclamante".

Alternativa "b": Correta a assertiva pelo entendimento do TST constante da Súmula nº 122: "A reclamada, ausente à audiência em que deveria apresentar defesa, é revel, ainda que presente seu advogado munido de procuração, podendo ser ilidida a revelia mediante a apresentação de atestado médico, que deverá declarar, expressamente, a impossibilidade de locomoção do empregador ou do seu preposto no dia da audiência." (ver a nota do autor).

Alternativa "c": Incorreta a assertiva, pois na hipótese sugerida pela questão admite-se o mandato tácito. Nesse caso, o advogado deve juntar no recurso a cópia da ata de audiência na qual acompanhou a parte sem procuração expressa. Nesse sentido a Súmula nº 164 do TST: "O não cumprimento das determinações dos §§ 1º e 2º do art. 5º da Lei nº 8.906, de 04.07.1994 e do art. 37, parágrafo único, do Código de Processo Civil importa o não conhecimento de recurso, por inexistente, exceto na hipótese de mandato tácito." Observe-se que essa Súmula foi cancelada por meio da Resolução nº 210/2016 do TST.

Alternativa "d": Correta a assertiva. Nesse caso, o trânsito em julgado se dá no próprio TST, órgão competente para análise originária de uma eventual ação rescisória. Nesse sentido o item II, da Súmula nº 192 do TST: "Acórdão rescindendo do Tribunal Superior do Trabalho que não conhece de recurso de embargos ou de revista, analisando arguição de violação de dispositivo de lei material ou decidindo em consonância com súmula de direito material ou com iterativa, notória e atual jurisprudência de direito material da Seção de Dissídios Individuais (Súmula nº 333), examina o mérito da causa, cabendo ação rescisória da competência do Tribunal Superior do Trabalho".

Alternativa "e": Correta a assertiva. Todavia, deve-se ressaltar que o TRT deve ser órgão de instância originária no mandado de segurança. Isso porque, depois da EC nº 45/2004 há casos em que o mandado de segurança pode ser ajuizado na primeira instância. Sobre essa matéria manifesta-se o TST por meio da Súmula nº 201: "Da decisão de Tribunal Regional do Trabalho em mandado de segurança cabe recurso ordinário, no prazo de 8 (oito) dias, para o Tribunal Superior do Trabalho, e igual dilação para o recorrido e interessados apresentarem razões de contrariedade".

Gabarito: C.

---

388. (TRT 8 – Juiz do Trabalho Substituto 8ª Região/2015) Dentre as alternativas a seguir, assinale a alternativa CORRETA:

a) Os descontos previdenciários e fiscais devem ser efetuados *ex officio* pelo juízo executório, salvo se a sentença exequenda tenha sido omissa sobre a questão, sob pena de ofensa à coisa julgada material.

b) Em se tratando de rescisória, o vício apontado deve nascer na decisão rescindenda, admitindo a rediscussão do acerto do julgamento da rescisória anterior, na hipótese de omissão acerca de questão prequestionada. Assim, admite-se rescisória calcada no inciso V do art. 485 do CPC para discussão, por má aplicação dos mesmos dispositivos de lei, tidos por violados na rescisória anterior, bem como para arguição de questões inerentes à ação rescisória primitiva.

c) O efeito devolutivo em profundidade e o efeito devolutivo em geral do recurso ordinário, que se extrai do § 1° do art. 515 do CPC, transfere ao Tribunal a apreciação dos fundamentos da inicial ou da defesa, não examinados pela sentença, desde que não renovados em contrarrazões. Não se aplica, todavia, ao caso de pedido não apreciado na sentença, salvo a hipótese contida no § 3° do art. 515 do CPC.

d) A admissibilidade do recurso de revista interposto de acórdão proferido em agravo de petição, na liquidação de sentença ou em processo incidente na execução, inclusive os embargos de terceiro, depende de demonstração inequívoca de violência direta à Constituição Federal ou à lei federal.

e) Não cabem embargos para a Seção de Dissídios Individuais de decisão de Turma proferida em agravo, salvo para revisão dos pressupostos extrínsecos de admissibilidade do recurso de revista, cuja ausência haja sido declarada originariamente pela Turma no julgamento do agravo.

COMENTÁRIOS

✪ **Nota do autor:** Os parágrafos do art. 515 do CPC de 1973, que tratam das hipóteses do efeito devolutivo em profundidade, correspondem aos parágrafos do art. 1.013 do CPC de 2015, mais amplo e com a seguinte redação: "Art. 1.013. § 1º Serão, porém, objeto de apreciação e julgamento pelo tribunal todas as questões suscitadas e discutidas no processo, ainda que não tenham sido solucionadas, desde que relativas ao capítulo impugnado. § 2º Quando o pedido ou a defesa tiver mais de um fundamento e o juiz acolher apenas um deles, a apelação devolverá ao tribunal o conhecimento dos demais. § 3º Se o processo estiver em condições de imediato julgamento, o tribunal deve decidir desde logo o mérito quando: I – reformar sentença fundada no art. 485; II – decretar a nulidade da sentença por não ser ela congruente com os limites do pedido ou da causa de pedir; III – constatar a omissão no exame de um dos pedidos, hipótese em que poderá julgá-lo; IV – decretar a nulidade de sentença por falta de fundamentação. § 4º Quando reformar sentença que reconheça a decadência ou a prescrição, o tribunal, se possível, julgará o mérito, examinando as demais questões, sem determinar o retorno do processo ao juízo de primeiro grau. § 5º O capítulo da sentença que confirma, concede ou revoga a tutela provisória é impugnável na apelação".

Alternativa "a": Incorreta a assertiva, pois mesmo em caso de omissão, os descontos previdenciários devem ser efetuados, uma vez que esse procedimento é determinado por lei, como se fosse um pedido implícito. Nesse sentido a Súmula nº 401 do TST: "Os descontos previdenciários e fiscais devem ser efetuados pelo juízo executório, ainda que a sentença exequenda tenha sido omissa sobre a questão, dado o caráter de ordem pública ostentado pela norma que os disciplina. A ofensa à coisa julgada somente poderá ser caracterizada na hipótese de o título exequendo, expressamente, afastar a dedução dos valores a título de imposto de renda e de contribuição previdenciária".

Alternativa "b": Na verdade o entendimento do TST é justamente em sentido contrário, qual seja, de não se admitir a ação rescisória de rescisória nesse caso apontado pela alternativa, conforme se observa da Súmula nº 400, em sua antiga redação: "Em se tratando de rescisória de rescisória, o vício apontado deve nascer na decisão rescindenda, não se admitindo a rediscussão do acerto do julgamento da rescisória anterior. Assim, não se admite rescisória calcada no inciso V do art. 485 do CPC para discussão, por má aplicação dos mesmos dispositivos de lei, tidos por violados na rescisória anterior, bem como para arguição de questões inerentes à ação rescisória primitiva". A atual redação do referido verbete é a seguinte: "Em se tratando de rescisória de rescisória, o vício apontado deve nascer na decisão rescindenda, não se admitindo a rediscussão do acerto do julgamento da rescisória anterior. Assim, não procede rescisória calcada no inciso V do art. 966 do CPC de 2015 (art. 485, V, do CPC de 1973) para discussão, por má aplicação da mesma norma jurídica, tida por violada na rescisória anterior, bem como para arguição de questões inerentes à ação rescisória primitiva (ex-OJ nº 95 da SBDI-2 – inserida em 27.09.2002 e alterada DJ 16.04.2004)". **Incorreta.**

Alternativa "c": Incorreta a assertiva, pois o entendimento do TST exposto na Súmula nº 393, aplica-se exclusivamente ao efeito devolutivo em profundidade e não ao efeito devolutivo em geral, ou seja, aquele limitado à matéria que foi impugnada pela parte: "Súmula nº 393. O efeito devolutivo em profundidade do recurso ordinário, que se extrai do § 1º do art. 515 do CPC, transfere ao Tribunal a apreciação dos fundamentos da inicial ou da defesa, não examinados pela sentença, ainda que não renovados em contrarrazões. Não se aplica, todavia, ao caso de pedido não apreciado na sentença, salvo a hipótese contida no § 3º do art. 515 do CPC.". A atual redação do referido verbete é a seguinte: "I – O efeito devolutivo em profundidade do recurso ordinário, que se extrai do § 1º do art. 1.013 do CPC de 2015 (art. 515, §1º, do CPC de 1973), transfere ao Tribunal a apreciação dos fundamentos da inicial ou da defesa, não examinados pela sentença, ainda que não renovados em contrarrazões, desde que relativos ao capítulo impugnado. II – Se o processo estiver em condições, o tribunal, ao julgar o recurso ordinário, deverá decidir desde logo o mérito da causa, nos termos do § 3º do art. 1.013 do CPC de 2015, inclusive quando constatar a omissão da sentença no exame de um dos pedidos."

Alternativa "d": Incorreta, pois não cabe recurso de revista de agravo de petição quando há ofensa a lei federal, de acordo com o preceito contido no art. 896,

§ 2º, da CLT: "Das decisões proferidas pelos Tribunais Regionais do Trabalho ou por suas Turmas, em execução de sentença, inclusive em processo incidente de embargos de terceiro, não caberá Recurso de Revista, salvo na hipótese de ofensa direta e literal de norma da Constituição Federal". No mesmo sentido a Súmula nº 266 do TST: "A admissibilidade do recurso de revista interposto de acórdão proferido em agravo de petição, na liquidação de sentença ou em processo incidente na execução, inclusive os embargos de terceiro, depende de demonstração inequívoca de violência direta à Constituição Federal".

Alternativa "e": Correta a assertiva, pois se encontra de acordo com a Súmula nº 353, alínea "c" do TST: "Não cabem embargos para a Seção de Dissídios Individuais de decisão de Turma proferida em agravo, salvo: c) para revisão dos pressupostos extrínsecos de admissibilidade do recurso de revista, cuja ausência haja sido declarada originariamente pela Turma no julgamento do agravo".

Gabarito: E.

---

389. (TRT 8 – Juiz do Trabalho Substituto 8ª Região/2015) Acerca do preparo recursal, é INCORRETO afirmar que:

a) Havendo condenação solidária de uma ou mais empresas, o depósito recursal efetuado por uma delas, desobriga o depósito recursal por parte das demais, exceto se a empresa que efetuou o depósito pleitear a sua exclusão da lide.

b) O depósito recursal deve ser comprovado em juízo, na mesma data da interposição do recurso, ainda que tenha se dado de forma antecipada, sob pena de preclusão temporal.

c) O depósito recursal será realizado mediante a utilização de Guia de Recolhimento do FGTS e Informações à previdência social – GFIP, eis que enquanto não finalizada a discussão judicial, permanece na conta vinculada do empregado, sob pena de inadmissibilidade do recurso, excetuando-se a hipótese de relação de trabalho não sujeita ao regime do FGTS, em que é admitido o depósito judicial, realizado na sede do juízo e à disposição deste.

d) A parte recorrente, a cada novo recurso, deve providenciar o correspondente depósito recursal, até o limite do valor da condenação, quando, então, nenhum depósito é mais exigível, seja para fins de recurso na fase de conhecimento ou quaisquer discussões na fase de execução.

e) Não há deserção pela ausência de recolhimento de custas e depósito recursal quando a parte recorrente for a massa falida, não se estendendo esse benefício às empresas em liquidação extrajudicial.

COMENTÁRIOS

✪ **Nota do autor:** Transitada em julgado a decisão condenatória, o juiz deve determinar a imediata liberação do depósito recursal em favor do reclamante, de ofício ou a requerimento do interessado no caso de sentença líquida, inclusive se houver decretação de falência durante o processamento do recurso.

Alternativa "a": Em regra, o depósito recursal feito por uma reclamada aproveita às demais quando há condenação solidária, pois tal efeito decorre do fato de existir litisconsórcio passivo. Todavia, essa regra não se aplica quando a reclamada, em seu recurso, pede a modificação da sentença no sentido de ser excluído da lide, fato que demonstra que o litisconsórcio não é unitário. Esse é o posicionamento do TST adotado no item III, da Súmula nº 128: "Havendo condenação solidária de duas ou mais empresas, o depósito recursal efetuado por uma delas aproveita as demais, quando a empresa que efetuou o depósito não pleiteia sua exclusão da lide." **Correta** a assertiva.

Alternativa "b": Incorreta a assertiva, pois a parte tem até o prazo final do recurso, qual seja, oito dias para comprovar o depósito, ainda que o recurso tenha sido interposto anteriormente. Nesse sentido a Súmula nº 245 do TST: "O depósito recursal deve ser feito e comprovado no prazo alusivo ao recurso. A interposição antecipada deste não prejudica a dilação legal."

Alternativa "c": Correta a assertiva, uma vez que a regra é de realização do depósito recursal na conta do FGTS do empregado. Todavia, há casos em que se discute a própria existência da relação de emprego ou quando a lide deriva de relação de trabalho em sentido estrito, sendo admitido o depósito recursal em uma conta a disposição do juízo. O TST trata do assunto em sua Súmula nº 426: "Nos dissídios individuais o depósito recursal será efetivado mediante a utilização da Guia de Recolhimento do FGTS e Informações à Previdência Social – GFIP, nos termos dos §§ 4º e 5º do art. 899 da CLT, admitido o depósito judicial, realizado na sede do juízo e à disposição deste, na hipótese de relação de trabalho não submetida ao regime do FGTS."

Alternativa "d": Correta a assertiva, uma vez que o valor da condenação pode ser inferior ao valor do teto do depósito recursal. Nesse caso, o depósito deve ser limitado à quantia da condenação constante da decisão. Nesse sentido, o item I, da Súmula nº 128 do TST: "É ônus da parte recorrente efetuar o depósito legal, integralmente, em relação a cada novo recurso interposto, sob pena de deserção. Atingido o valor da condenação, nenhum depósito mais é exigido para qualquer recurso."

Alternativa "e": A massa falida encontra-se impossibilitada de proceder ao depósito recursal e pagamento das custas, pois os seus bens encontram-se arrecadados e seria necessário expedir um ofício ao juízo universal da falência para liberar esse valor. Nesse sentido, a Súmula nº 86 do TST: "Não ocorre deserção de recurso da massa falida por falta de pagamento de custas ou de depósito do valor da condenação. Esse privilégio, todavia, não se aplica à empresa em liquidação extrajudicial." **Correta.**

Gabarito: B.

390. (FCC – Juiz do Trabalho Substituto 15ª Região/2015) Considere:

I. O benefício da justiça gratuita pode ser requerido em qualquer tempo ou grau de jurisdição, inclusive na fase recursal, sendo que a declaração de insuficiência econômica somente pode ser firmada pelo advogado quando a este tenham sido outorgados poderes específicos para tanto.

II. Nas ações plúrimas, as custas incidem sobre o respectivo valor global.

III. No caso de inversão do ônus da sucumbência em segundo grau, a interposição de recurso pela parte vencida depende do depósito das custas, em ressarcimento da parte vencedora, sob pena de deserção.

IV. Havendo condenação solidária de duas ou mais empresas, o depósito recursal efetuado por uma delas aproveita as demais, quando a empresa que efetuou o depósito não pleiteia sua exclusão da lide.

V. O recurso interposto antes de vencido o respectivo prazo deve vir acompanhado da comprovação do depósito recursal, sob pena de deserção.

De acordo com a jurisprudência pacífica do TST, está correto o que consta APENAS em:

a) I e IV.

b) I e V.

c) II e IV.

d) II e III.

e) III e V.

COMENTÁRIOS

✪ **Nota do autor:** O CPC de 2015, na parte final do seu art. 105, exige a concessão de poderes especiais para o advogado firmar essa declaração: "Art. 105. A procuração geral para o foro, outorgada por instrumento público ou particular assinado pela parte, habilita o advogado a praticar todos os atos do processo, exceto receber citação, confessar, reconhecer a procedência do pedido, transigir, desistir, renunciar ao direito sobre o qual se funda a ação, receber, dar quitação, firmar compromisso e assinar declaração de hipossuficiência econômica, que devem constar de cláusula específica". Essa circunstância implicou o cancelamento da OJ nº 331 da SDI-1, por meio da Resolução nº 210/2016 do TST, que serviu de fundamento para os comentários do Item "I" desta questão.

Item "I": Incorreta a segunda parte da assertiva, pois não é necessário que o advogado tenha poderes especiais para firmar essa declaração, segundo o entendimento então vigente do TST constante da OJ nº 331 da SDI-1 do TST: "Desnecessária a outorga de poderes especiais ao patrono da causa para firmar declaração de insuficiência econômica, destinada à concessão dos benefícios da justiça gratuita." (ver nota do autor) A primeira parte da afirmação encontra-se em conformidade com o item I, da OJ nº 269, da SDI-1 do TST: "O benefício da justiça gratuita pode ser requerido em qualquer tempo ou grau de jurisdição, desde que, na fase recursal, seja o requerimento formulado no prazo alusivo ao recurso."

Item "II": Correto, uma vez que esse é o entendimento constante da Súmula nº 36 do TST: "Nas ações plúrimas, as custas incidem sobre o respectivo valor global".

Item "III": Incorreto, pois nesse caso citado de inversão do ônus da sucumbência a hipótese é de reembolso da parte que inicialmente recolheu as custas. Nesse sentido é o entendimento do TST constante do item II, da Súmula nº 25: "No caso de inversão do ônus da sucumbência em segundo grau, sem acréscimo ou atualização do valor das custas e se estas já foram devidamente recolhidas, descabe um novo pagamento pela parte vencida, ao recorrer. Deverá ao final, se sucumbente, reembolsar a quantia".

Item "IV": Em regra, o depósito recursal feito por uma reclamada aproveita às demais quando há condenação solidária, pois tal efeito decorre do fato de existir litisconsórcio passivo. Todavia, essa regra não se aplica quando a reclamada, em seu recurso, pede a modificação da sentença no sentido de ser excluído da lide, fato que demonstra que o litisconsórcio não é unitário. Esse é o posicionamento do TST adotado no item III, da Súmula nº 128: "Havendo condenação solidária de duas ou mais empresas, o depósito recursal efetuado por uma delas aproveita as demais, quando a empresa que efetuou o depósito não pleiteia sua exclusão da lide". **Incorreta** a assertiva.

Item "V": Incorreta a assertiva, pois a parte tem até o prazo final do recurso, qual seja, oito dias para comprovar o depósito, ainda que o recurso tenha sido interposto anteriormente. Nesse sentido a Súmula nº 245 do TST: "O depósito recursal deve ser feito e comprovado no prazo alusivo ao recurso. A interposição antecipada deste não prejudica a dilação legal".

Gabarito: ver comentários do autor.

391. (FCC – Juiz do Trabalho Substituto 23ª Região/2015) Maria das Dores, reclamante não beneficiária da justiça gratuita, teve sua reclamação trabalhista julgada improcedente em face da Empresa Pé de Cabra Ltda. Em recurso para o Tribunal Regional do Trabalho, efetuou corretamente o pagamento das custas processuais, quando houve a inversão do ônus da sucumbência. A empresa ré pretende interpor recurso de revista para o Tribunal Superior do Trabalho. Neste caso, para a apresentação do recurso

a) descabe um novo pagamento pela parte vencida, se não houve acréscimo ou atualização do valor das custas. Porém, se sucumbente, deverá reembolsar a quantia paga ao final.

b) é devido o pagamento das custas fixadas, mesmo que estas já tenham sido devidamente recolhidas pela parte originalmente sucumbente, sob pena de deserção.

c) é devido o pagamento apenas do acréscimo do valor das custas determinado pela nova decisão para o preparo do recurso, independentemente de ter sido fixado o valor devido.

d) descabe um novo pagamento pela parte vencida, devendo a parte sucumbente, no momento da interposição do recurso, comprovar o reembolso do pagamento das custas à parte contrária.

e) é devido o pagamento da totalidade das custas quando acrescido o valor da condenação, mesmo que não tenha havido intimação da parte para o preparo do recurso, sob pena de deserção.

COMENTÁRIOS

✪ **Nota do autor:** O recorrente deve ficar atento ao exato valor das custas processuais fixadas na decisão, uma vez que o seu recolhimento a menor, mesmo que seja representada por centavos, implica deserção.

Alternativa "a": No caso de inversão do ônus da sucumbência a hipótese é de reembolso da parte que inicialmente recolheu as custas. Nesse sentido é o entendimento do TST constante do item II, da Súmula nº 25: "No caso de inversão do ônus da sucumbência em segundo grau, sem acréscimo ou atualização do valor das custas e se estas já foram devidamente recolhidas, descabe um novo pagamento pela parte vencida, ao recorrer. Deverá ao final, se sucumbente, reembolsar a quantia." Assertiva **correta**.

Alternativa "b": Incorreta a assertiva, vez que o valor das custas já foi recolhido pela parte que recorreu e obteve sucesso no recurso. Incide, no caso, o posicionamento do TST constante do item II, da Súmula nº 25: "No caso de inversão do ônus da sucumbência em segundo grau, sem acréscimo ou atualização do valor das custas e se estas já foram devidamente recolhidas, descabe um novo pagamento pela parte vencida, ao recorrer. Deverá ao final, se sucumbente, reembolsar a quantia."

Alternativa "c": Incorreta a assertiva, pois o recolhimento de eventual diferença só é devido se houver acréscimo ou atualização do valor das custas, na forma prevista pelo item II, da Súmula nº 25 do TST: "No caso de inversão do ônus da sucumbência em segundo grau, sem acréscimo ou atualização do valor das custas e se estas já foram devidamente recolhidas, descabe um novo pagamento pela parte vencida, ao recorrer. Deverá ao final, se sucumbente, reembolsar a quantia."

Alternativa "d": Incorreta a assertiva, pois o reembolso deve ser feito ao final e não quando da interposição do novo recurso, na forma do entendimento do TST constante do item II, da Súmula nº 25: "No caso de inversão do ônus da sucumbência em segundo grau, sem acréscimo ou atualização do valor das custas e se estas já foram devidamente recolhidas, descabe um novo pagamento pela parte vencida, ao recorrer. Deverá ao final, se sucumbente, reembolsar a quantia."

Alternativa "e": Caso seja acrescido o valor da condenação, só é devido o recolhimento da diferença a título de custas e não o seu valor total. Nesse sentido, o item II, da Súmula nº 25 do TST: "No caso de inversão do ônus da sucumbência em segundo grau, sem acréscimo ou atualização do valor das custas e se estas já foram devidamente recolhidas, descabe um novo pagamento pela parte vencida, ao recorrer. Deverá ao final, se sucumbente, reembolsar a quantia." **Incorreta.**

Gabarito: A.

---

392. (TRT 3 – Juiz do Trabalho Substituto 3ª Região/2014) Sobre o sistema recursal trabalhista é INCORRETO afirmar:

a) Os pressupostos recursais, também chamados de requisitos de admissibilidade recursal, classificam-se em objetivos e subjetivos.

b) Os requisitos objetivos afirmam que o ato deve ser recorrível, como os despachos de mero expediente de natureza teratológica.

c) A adequação é um requisito objetivo, na medida em que a parte deve valer-se do recurso adequado.

d) A tempestividade, como requisito objetivo, pressupõe a interposição do recurso no prazo legal, sob pena de seu não conhecimento.

e) No dissídio coletivo não é exigido o depósito recursal, pois a natureza jurídica da sentença coletiva não é condenatória.

COMENTÁRIOS

✪ **Nota do autor:** A representação, como requisito de admissibilidade objetivo do recurso, diz respeito a regularidade da representação processual, ou seja, para a prática de atos processuais privativos de advogado.

Alternativa "a": Os recursos, para serem conhecidos, devem preencher determinados requisitos. São denominados requisitos de admissibilidade, objetivo e subjetivo, que variam de acordo com cada recurso em particular, mas que possuem regras genéricas. **Correta.**

Alternativa "b": Os requisitos objetivos de um recurso dizem respeito a sua adequação, tempestividade e ao preparo. **Incorreta.**

Alternativa "c": Para cada espécie de decisão existe um recurso adequado com previsão nas leis processuais. **Correta.**

Alternativa "d": O processo tem como característica a marcha à frente. Para conferir efetividade a essa característica, aplica-se o instituto da preclusão, que obsta a prática de atos repetidos (preclusão consumativa), incompatíveis entre si (preclusão lógica) ou depois de decorrido o prazo pré-estabelecido (preclusão temporal). **Correta.**

Alternativa "e": Nesse sentido é a determinação contida na Instrução normativa TST nº 3, V: "Nos termos da redação do § 3º do art. 40, não é exigido depósito para recurso ordinário interposto em dissídio coletivo, eis que a regra aludida atribui apenas valor ao recurso, com efeitos limitados, portanto, ao cálculo das custas processuais." **Correta.**

Gabarito: B.

393. (TRT 3 – Juiz do Trabalho Substituto 3ª Região/2014) Observando-se o sistema recursal previsto na CLT, NÃO é correto afirmar que:

a) A interposição de recurso para o STF não prejudicará a execução do julgado.

b) Nas reclamações sujeitas ao procedimento sumaríssimo o recurso ordinário será imediatamente distribuído, uma vez recebido no Tribunal, devendo o relator liberá-lo no prazo máximo de dez dias, e a Secretaria do Tribunal ou Turma colocá-lo imediatamente em pauta para julgamento, sem revisor.

c) Cabe recurso ordinário para instância superior das decisões definitivas ou terminativas das Varas e Juízos.

d) No TST cabem embargos, no prazo de 10 dias, das decisões das Turmas que divergirem entre si.

e) Os Tribunais Regionais, divididos em Turmas, poderão designar Turma para o julgamento dos recursos ordinários interpostos das sentenças prolatadas nas demandas sujeitas ao procedimento sumaríssimo.

COMENTÁRIOS

✪ **Nota do autor:** Na hipótese do recurso ser interposto por meio de *fac-símile*, a parte tem o prazo de cinco dias para a juntada aos autos dos originais respectivos.

Alternativa "a": O recurso extraordinário tem efeito meramente devolutivo, conforme deixa claro o art. 893, § 2º da CLT: "A interposição de recurso para o Supremo Tribunal Federal não prejudicará a execução do julgado." **Correta.**

Alternativa "b": Esse procedimento relativo às demandas sujeitas ao rito sumaríssimo nos Tribunais está inserido no art. 895, § 1º, II da CLT: "será imediatamente distribuído, uma vez recebido no Tribunal, devendo o relator liberá-lo no prazo máximo de dez dias, e a Secretaria do Tribunal ou Turma colocá-lo imediatamente em pauta para julgamento, sem revisor". **Correta.**

Alternativa "c": O art. 895, I, da CLT, deixa claro que cabe recurso ordinário tanto na primeira quanto na segunda instância, desde que seja de decisões proferidas em sede de competência funcional originária: "Art. 895 – Cabe recurso ordinário para a instância superior: I – das decisões definitivas ou terminativas das Varas e Juízos, no prazo de 8 (oito) dias". **Correta.**

Alternativa "d": O prazo é de oito e não de dez dias, na forma prevista pelo art. 894, da CLT: "No Tribunal Superior do Trabalho cabem embargos, no prazo de 8 (oito) dias:" **Incorreta.**

Alternativa "e": Essa possibilidade está prevista no art. 895, § 2º da CLT: "Os Tribunais Regionais, divididos em Turmas, poderão designar Turma para o julgamento dos recursos ordinários interpostos das sentenças prolatadas nas demandas sujeitas ao procedimento sumaríssimo." **Correta.**

Gabarito: D.

394. (FCC – Juiz do Trabalho Substituto 18ª Região/2014) Com relação aos pressupostos de admissibilidade dos recursos:

a) É pressuposto recursal, sob pena de deserção, o recolhimento da multa de 1 a 10% do valor corrigido da causa, aplicada quando manifestamente inadmissível ou infundado o agravo, exceto se for pessoa jurídica de direito público.

b) É necessário o prequestionamento como pressuposto de admissibilidade em recurso de natureza extraordinária, salvo quando se tratar de incompetência absoluta, por se caracterizar como matéria de ordem pública.

c) O recolhimento do valor da multa imposta por litigância de má-fé é pressuposto objetivo para interposição dos recursos de natureza trabalhista, sendo contada como custas e revertida em benefício da parte contrária.

d) Para a admissibilidade e conhecimento de embargos à Seção de Dissídios Individuais, interpostos contra decisão mediante a qual não foi conhecido o recurso de revista pela análise dos pressupostos intrínsecos, é necessário que a parte embargante aponte expressamente a violação ao dispositivo legal que regula o cabimento do recurso de revista.

e) O depósito recursal é caracterizado como pressuposto de admissibilidade recursal objetivo, devendo ser feito e comprovado no prazo alusivo ao recurso. A interposição antecipada do recurso prejudica a dilação legal.

COMENTÁRIOS

✪ **Nota do autor:** Para a União, os Estados, os Municípios e o Distrito-Federal, bem como suas respectivas autarquias e fundações públicas que não explorem atividades econômicas, conta-se o prazo em dobro para recurso, ou seja, dezesseis dias, conforme disposto no art. 1º, III, do Decreto-Lei nº 779. Observe-se, na alternativa "a", que o art. 557, §2º, do CPC de 1973 corresponde ao art. 1.021, §4º, do CPC de 2015. Inclusive, a OJ nº 389 da SDI1 do TST possui nova redação em decorrência da vigência do CPC de 2015: "OJ-SDI1-389 MULTA PREVISTA NO ART. 1.021, §§ 4º E 5º, DO CPC DE 2015. ART. 557, § 2º, DO CPC DE 1973. RECOLHIMENTO. PRESSUPOSTO RECURSAL. BENEFICIÁRIO DA JUSTIÇA GRATUITA E

FAZENDA PÚBLICA. PAGAMENTO AO FINAL. (nova redação em decorrência do CPC de 2015) – Res. 209/2016 – DEJT divulgado em 01, 02 e 03.06.2016 Constitui ônus da parte recorrente, sob pena de deserção, depositar previamente a multa aplicada com fundamento nos §§ 4º e 5º, do art. 1.021, do CPC de 2015 (§ 2º do art. 557 do CPC de 1973), à exceção da Fazenda Pública e do beneficiário de justiça gratuita, que farão o pagamento ao final.". Já na alternativa "c", os arts. 18 e 35 do CPC de 1973 correspondem, respectivamente, ao art. 81 e art. 96 do CPC de 2015. Além disso, a redação da OJ nº 409 da SDI1 do TST, foi modificada passando a conter o seguinte texto: "OJ-SDI1-409 MULTA POR LITIGÂNCIA DE MÁ-FÉ. RECOLHIMENTO. PRESSUPOSTO RECURSAL. INEXIGIBILIDADE. (nova redação em decorrência do CPC de 2015) – Res. 209/2016 – DEJT divulgado em 01, 02 e 03.06.2016 O recolhimento do valor da multa imposta como sanção por litigância de má-fé (art. 81 do CPC de 2015 – art. 18 do CPC de 1973) não é pressuposto objetivo para interposição dos recursos de natureza trabalhista."

Alternativa "a": A pessoa jurídica de direito público não está excepcionada do recolhimento da multa prevista no art. 557, § 2º, do CPC, conforme antigo posicionamento adotado pelo TST na sua OJ nº 389 da SDI1: "Está a parte obrigada, sob pena de deserção, a recolher a multa aplicada com fundamento no § 2º do art. 557 do CPC, ainda que pessoa jurídica de direito público". **Incorreta. (ver nota do autor)**

Alternativa "b": Ainda que verse sobre a competência absoluta, é necessário o prequestionamento da matéria como requisito de admissibilidade de natureza extraordinária, de acordo com o conteúdo da OJ nº 62 da SDI-1, do TST: "É necessário o prequestionamento como pressuposto de admissibilidade em recurso de natureza extraordinária, ainda que se trate de incompetência absoluta." **Incorreta.**

Alternativa "c": O entendimento dominante é no sentido contrário, ou seja, de não considerar o valor da multa pela litigância de má-fé como pressuposto de recurso, conforme OJ nº 409, da SDI-1 do TST: "O recolhimento do valor da multa imposta por litigância de má-fé, nos termos do art. 18 do CPC, não é pressuposto objetivo para interposição dos recursos de natureza trabalhista. Assim, resta inaplicável o art. 35 do CPC como fonte subsidiária, uma vez que, na Justiça do Trabalho, as custas estão reguladas pelo art. 789 da CLT". **Incorreta. (ver nota do autor)**

Alternativa "d": Esse requisito de admissibilidade dos embargos está previsto na OJ Transitória de nº 78, do TST: "Para a admissibilidade e conhecimento de embargos, interpostos antes da vigência da Lei nº 11.496/2007, contra decisão mediante a qual não foi conhecido o recurso de revista pela análise dos pressupostos intrínsecos, necessário que a parte embargante aponte expressamente a violação ao art. 896 da CLT". **Correta.**

Alternativa "e": A interposição antecipada do recurso não prejudica a dilação legal para o recolhimento do depósito recursal, que pode ser feito até o último dia do prazo, de acordo com o conteúdo da Súmula nº 245 do TST: "O depósito recursal deve ser feito e comprovado no prazo alusivo ao recurso. A interposição antecipada deste não prejudica a dilação legal". **Incorreta.**

Gabarito: D.

---

395. (TRT 2 – Juiz do Trabalho Substituto 2ª Região/2014) Quanto à admissibilidade recursal, aponte a alternativa correta:

a) É cabível recurso de revista em procedimento sumaríssimo por contrariedade a Súmula ou Orientação Jurisprudencial do TST.

b) Admite-se a regularização da representação processual em qualquer fase do processo, aplicando-se subsidiariamente ao processo do trabalho o art. 13 do CPC (regularização da representação).

c) É inadmissível em instância recursal o oferecimento tardio de procuração, ainda que mediante protesto por posterior juntada.

d) Não se conhece de recurso para o Tribunal Regional do Trabalho, pela ausência do requisito de admissibilidade inscrito no art. 514, II do CPC (fundamentos de fato e de direito) quando as razões do recorrente não impugnam os fundamentos da decisão recorrida.

Não se conhece de recurso para o TST, pela ausência do requisito de admissibilidade inscrito no art. 514, II, do CPC, quando as razões do recorrente não impugnam os fundamentos da decisão recorrida, nos termos em que fora proposta."

e) Admite-se o recurso interposto antes de publicada a sentença ou o acórdão impugnado.

COMENTÁRIOS

✪ **Nota do autor:** A legitimação ordinária para recorrer é da parte que sucumbiu, no todo ou em parte, em razão da prolação da sentença, exercendo, assim, a sua pretensão recursal. Enquadram-se nesse grupo, também, os terceiros, como o litisdenunciado, o chamado ao processo, o nomeado à autoria e o opoente, desde que tenham integrado a lide. Observe-se, na alternativa "b", que o art. 13 do CPC de 1973 corresponde ao art. 76 do CPC de 2015. Já na alternativa "c", o art. 37 do CPC de 1973 corresponde ao art. 104 do CPC de 2015. Na alternativa "d", o art. 514, II, do CPC de 1973 corresponde ao art. 1.010, II, do CPC de 2015. A nova redação da Súmula nº 383 do TST é a seguinte: "RECURSO. MANDATO. IRREGULARIDADE DE REPRESENTAÇÃO. CPC DE 2015, ARTS. 104 E 76, § 2º (nova redação em decorrência do CPC de 2015) – Res. 210/2016, DEJT divulgado em 30.06, 1º e 04.07.2016 I – É inadmissível recurso firmado por advogado sem procuração juntada aos autos até o momento da sua interposição, salvo mandato tácito. Em caráter excepcional (art. 104 do CPC de 2015), admite-se que o advogado, independentemente de intimação, exiba a procuração no prazo de 5 (cinco) dias após a interposição do recurso, prorrogável por igual período mediante despacho do juiz. Caso não a exiba, considera-se ineficaz o ato praticado e não se conhece do recurso. II – Verificada a irregularidade de representação da parte em fase recursal, em procuração ou substabelecimento já constante dos autos, o relator ou o órgão competente para julgamento do recurso designará prazo de 5 (cinco) dias para que seja sanado o vício. Descumprida a determinação, o relator não conhecerá do recurso, se a providência couber ao recorrente, ou determinará o desentranhamento das contrarrazões, se a providência couber ao recorrido (art. 76, § 2º, do CPC de 2015)".

Alternativa "a": Não cabe o recurso de revista em caso de contrariedade de OJ conforme posicionamento adotado pelo TST na Súmula nº 442: "Nas causas sujeitas ao procedimento sumaríssimo, a admissibilidade de recurso de revista está limitada à demonstração de violação direta a dispositivo da Constituição Federal ou contrariedade a Súmula do Tribunal Superior do Trabalho, não se admitindo o recurso por contrariedade a Orientação Jurisprudencial deste Tribunal (Livro II, Título II, Capítulo III, do RITST), ante a ausência de previsão no art. 896, § 6º, da CLT." **Incorreta.**

Alternativa "b": Não se admite a regularização da representação processual na fase recursal, pois o disposto no art. 13 do CPC de 1973 é aplicável apenas a primeira instância (Súmula nº 383, II, do TST). **Incorreta**. (ver nota do autor)

Alternativa "c": De igual forma, não se admite a apresentação tardia da procuração na instância recursal, fundado no permissivo contido no art. 37 do CPC de 1973, pois a interposição de recurso não é considerada urgente (Súmula nº 383, I, do TST). **Correta**. (ver nota do autor)

Alternativa "d": Incorreta. Esse requisito diz respeito a recurso interposto para o Tribunal Regional do Trabalho e não para o Tribunal Superior do Trabalho, como constou na alternativa, de acordo com antigo texto da Súmula nº 422 do TST: "Não se conhece de recurso para o TST, pela ausência do requisito de admissibilidade inscrito no art. 514, II, do CPC, quando as razões do recorrente não impugnam os fundamentos da decisão recorrida, nos termos em que fora proposta.". **Atualmente a referida Súmula conta com a seguinte redação:** "RECURSO. FUNDAMENTO AUSENTE OU DEFICIENTE. NÃO CONHECIMENTO (redação alterada, com inserção dos itens I, II e III) – Res. 199/2015, DEJT divulgado em 24, 25 e 26.06.2015. Com errata publicada no DEJT divulgado em 01.07.2015 I – Não se conhece de recurso para o Tribunal Superior do Trabalho se as razões do recorrente não impugnam os fundamentos da decisão recorrida, nos termos em que proferida. II – O entendimento referido no item anterior não se aplica em relação à motivação secundária e impertinente, consubstanciada em despacho de admissibilidade de recurso ou em decisão monocrática. III – Inaplicável a exigência do item I relativamente ao recurso ordinário da competência de Tribunal Regional do Trabalho, exceto em caso de recurso cuja motivação é inteiramente dissociada dos fundamentos da sentença."

Alternativa "e": Em caso de acórdão, só se admite a interposição de recurso depois de sua publicação, sob pena de ser considerado extemporâneo, na forma da Súmula, atualmente cancelada, nº 434, I, do TST: "É extemporâneo recurso interposto antes de publicado o acórdão impugnado." **Incorreta,** à época.

Gabarito: C.

---

396. (TRT 2 – Juiz do Trabalho Substituto 2ª Região/2014) Quanto aos efeitos dos recursos na Justiça do Trabalho, aponte a alternativa correta:

a) O efeito devolutivo em profundidade do recurso ordinário, fixado no artigo 515, par. primeiro do CPC, transfere ao Tribunal o exame das prejudiciais de mérito arguidas na defesa não apreciadas na sentença, ainda que não renovadas nas contrarrazões.

b) O recurso interposto por um dos litisconsortes aproveita aos demais, tanto no litisconsórcio unitário quanto no facultativo.

c) A antecipação de tutela concedida na sentença somente pode ter efeito suspensivo decretado pela via de mandado de segurança.

d) Em se tratando de execução provisória não fere o direito líquido e certo do impetrante a determinação de penhora em dinheiro quando indicados outros bens à penhora.

e) Fere direito líquido e certo do devedor o prosseguimento da execução até a completa satisfação do credor quanto aos títulos e valores não discutidos no agravo de petição.

COMENTÁRIOS

✪ **Nota do autor:** A expressão "simples petição" contida no art. 899 da CLT deve ser interpretada como o desprendimento aos requisitos formais estabelecidos pelo Código de Processo Civil de 1973 e não a falta de exigência de fundamentação a que alude o seu art. 514, II. Em resumo, as razões de recurso devem ser fundamentadas. Observe-se que o art. 514, II, do CPC de 1973 corresponde ao art. 1.010, II, do CPC de 2015. Já na alternativa "a", o art. 515, §1º e §3º do CPC de 1973 corresponde ao art. 1.013, §1º e §3º do CPC de 2015. Inclusive, a redação da Súmula nº 393 do TST foi modificada pra se adequar ao CPC de 2015: "RECURSO ORDINÁRIO. EFEITO DEVOLUTIVO EM PROFUNDIDADE. ART. 1.013, § 1º, do CPC DE 2015. ART. 515, § 1º, DO CPC de 1973 – (nova redação em decorrência do CPC de 2015) – Res. 208/2016, DEJT divulgado em 22, 25 e 26.04.2016 Súmulas A-125 SÚMULAS I – O efeito devolutivo em profundidade do recurso ordinário, que se extrai do § 1º do art. 1.013 do CPC de 2015 (art. 515, §1º, do CPC de 1973), transfere ao Tribunal a apreciação dos fundamentos da inicial ou da defesa, não examinados pela sentença, ainda que não renovados em contrarrazões, desde que relativos ao capítulo impugnado. II – Se o processo estiver em condições, o tribunal, ao julgar o recurso ordinário, deverá decidir desde logo o mérito da causa, nos termos do § 3º do art. 1.013 do CPC de 2015, inclusive quando constatar a omissão da sentença no exame de um dos pedidos.". Ainda, na alternativa "b", o art. 509 do CPC de 1973 corresponde ao art. 1.005 do CPC de 2015. Por fim, na alternativa "d", o art. 620 do CPC de 1973 corresponde ao art. 805 do CPC de 2015.

Alternativa "a": Como as prejudiciais de mérito classificam-se como fundamentos da defesa, podem ser apreciadas pelo Tribunal quando da análise do recurso ordinário ainda que não tenham sido examinadas na sentença e renovadas em contrarrazões. **Correta** a alternativa, pois de acordo com a Súmula nº 393 do TST: "O efeito devolutivo em profundidade do recurso ordinário, que se extrai do § 1º do art. 515 do CPC, transfere ao Tribunal a apreciação dos fundamentos da inicial ou da defesa, não examinados pela sentença, ainda que não renovados em contrarrazões. Não se aplica, todavia, ao caso de pedido não apreciado na sentença, salvo a hipótese contida no § 3º do art. 515 do CPC."

Alternativa "b": Só aproveita se os interesses dos litisconsortes não forem distintos ou opostos. Geralmente o aproveitamento ocorre quando o litisconsórcio é unitário, já que a sentença decide de maneira uniforme a questão para todos os integrantes do polo processual. **Incorreta** a alternativa, pois em desacordo com o mandamento contido no art. 509 do CPC de 1973: "O recurso interposto por um dos litisconsortes a todos aproveita, salvo se distintos ou opostos os seus interesses".

Alternativa "c": A suspensão dos efeitos da tutela pode ser obtido por meio de uma ação cautelar, na forma prevista pelo inciso I, Súmula nº 414 do TST, em sua redação anterior: "A antecipação da tutela concedida na sentença não comporta impugnação pela via do mandado de segurança, por ser impugnável mediante recurso ordinário. A ação cautelar é o meio próprio para se obter efeito suspensivo a recurso". A Resolução nº 217/2017 do TST alterou a redação da mencionada Súmula: "MANDADO DE SEGURANÇA. TUTELA PROVISÓRIA CONCEDIDA ANTES OU NA SENTENÇA (nova redação em decorrência do CPC de 2015) – Res. 217/2017 – DEJT divulgado em 20, 24 e 25.04.2017 I – A tutela provisória concedida na sentença não comporta impugnação pela via do mandado de segurança, por ser impugnável mediante recurso ordinário. É admissível a obtenção de efeito suspensivo ao recurso ordinário mediante requerimento dirigido ao tribunal, ao relator ou ao presidente ou ao vice-presidente do tribunal recorrido, por aplicação subsidiária ao processo do trabalho do artigo 1.029, § 5º, do CPC de 2015. II – No caso de a tutela provisória haver sido concedida ou indeferida antes da sentença, cabe mandado de segurança, em face da inexistência de recurso próprio. III – A superveniência da sentença, nos autos originários, faz perder o objeto do mandado de segurança que impugnava a concessão ou o indeferimento da tutela provisória".

Alternativa "d": Incorreta. O entendimento do TST era justamente em sentido contrário, conforme se vê da redação anterior da Súmula nº 417, III: "Em se tratando de execução provisória, fere direito líquido e certo do impetrante a determinação de penhora em dinheiro, quando nomeados outros bens à penhora, pois o executado tem direito a que a execução se processe da forma que lhe seja menos gravosa, nos termos do art. 620 do CPC. (ex-OJ nº 62 da SBDI-II – inserida em 20.09.2000)". A versão atual dessa Súmula não contempla mais o inciso III e conta com a seguinte redação: "MANDADO DE SEGURANÇA. PENHORA EM DINHEIRO (alterado o item I, atualizado o item II e cancelado o item III, modulando-se os efeitos da presente redação de forma a atingir unicamente as penhoras em dinheiro em execução provisória efetivadas a partir de 18.03.2016, data de vigência do CPC de 2015) – Res. 212/2016, DEJT divulgado em 20, 21 e 22.09.2016. I – Não fere direito líquido e certo do impetrante o ato judicial que determina penhora em dinheiro do executado para garantir crédito exequendo, pois é prioritária e obedece à gradação prevista no art. 835 do CPC de 2015 (art. 655 do CPC de 1973). II – Havendo discordância do credor, em execução definitiva, não tem o executado direito líquido e certo a que os valores penhorados em dinheiro fiquem depositados no próprio banco, ainda que atenda aos requisitos do art. 840, I, do CPC de 2015 (art. 666, I, do CPC de 1973). (ex-OJ nº 61 da SBDI-2 – inserida em 20.09.2000)".

Alternativa "e": Nesse caso não fere direito líquido e certo, pois inexiste controvérsia quanto aos valores devidos. **Incorreta** a assertiva, pois vai de encontro ao posicionamento do TST explicitado na Súmula nº 416: "Devendo o agravo de petição delimitar justificadamente a matéria e os valores objeto de discordância, não fere direito líquido e certo o prosseguimento da execução quanto aos tópicos e valores não especificados no agravo".

Gabarito: A.

---

397. (TRT 2 – Juiz do Trabalho Substituto 2ª Região/2014) "x" ingressa com ação trabalhista pleiteando em liminar tutela antecipada para se ver reintegrado ao trabalho. Diz que sofreu acidente do trabalho e que foi dispensado injustamente quando gozava de estabilidade. O juiz não aprecia o pedido e designa audiência. Inconformado, "x" peticiona reiterando o pedido. Sobrevém o despacho: "deixo de analisar o requerido por ora. Aguarde-se a audiência designada". Aponte a alternativa correta:

a) Não caberá qualquer recurso ou providência, devendo se conformar. O juiz tem o poder de polícia e decidiu corretamente, pois a tutela antecipada pode ser apreciada a qualquer momento.

b) Cabe ação cautelar, pois a decisão é inconstitucional ante a ausência de fundamento e, considerando a fase processual, não se admite qualquer recurso.

c) Cabe agravo, pois a decisão é inconstitucional, ante a ausência de fundamento.

d) O pedido de tutela antecipada foi pleiteado em caráter liminar e, portanto, o juiz deveria julgá-lo de forma fundamentada. Cabe mandado de segurança.

e) O pedido de tutela antecipada foi pleiteado em caráter liminar e, portanto, o juiz deveria julgá-lo de forma fundamentada. Não cabe mandado de segurança, pois ato proferido nesta fase processual é irrecorrível.

COMENTÁRIOS

✪ **Nota do autor:** No processo do trabalho, as decisões interlocutórias são irrecorríveis, só podendo ser atacadas no recurso principal. Diante desse óbice, o único remédio processual capaz de alterar a decisão que antecipa a tutela ou os seus efeitos, no âmbito do processo do trabalho, é o mandado de segurança. De qualquer forma, o juiz deve informar em sua decisão quais os motivos que formaram o seu convencimento no sentido de acolher a pretensão da parte, precipitando os efeitos do provimento jurisdicional, de acordo com o disposto no art. 273, do § 1º, CPC de 1973. Observe-se que o art. 273, §1º, do CPC de 1973 corresponde ao art. 298 do CPC de 2015.

Alternativa "a": A decisão do juiz acolhendo ou não pleito de antecipação de tutela deve ser sempre fundamentada, de acordo com o art. 93, IX da CF/88: "IX todos os julgamentos dos órgãos do Poder Judiciário serão públicos, e fundamentadas todas as decisões, sob pena de nulidade, podendo a lei limitar a presença, em determinados atos, às próprias partes e a seus advogados, ou somente a estes, em casos nos quais a preservação do direito à intimidade do interessado no sigilo não prejudique o interesse público à informação.". Por esse motivo, cabe o mandado de segurança, mas não pelo fato da decisão ter sido contrária aos interesses do impetrante. **Incorreta.**

Alternativa "b": A medida processual adequada para atacar a decisão que carece de fundamentação é o mandado de segurança. **Incorreta.**

Alternativa "c": No processo do trabalho o agravo de instrumento só serve para destrancar recurso. **Incorreta.**

Alternativa "d": Correta, pois observou o sistema recursal trabalhista que não prevê recurso específico e imediato para decisões interlocutórias.

Alternativa "e": A segunda parte da assertiva é **incorreta**, pois a medida cabível para reverter a situação processual é justamente o mandado de segurança, pois a decisão antecipatória é irrecorrível.

Gabarito: D.

---

398. (TRT 2 – Juiz do Trabalho Substituto 2ª Região/2014) Quanto à Ação Rescisória na Justiça do Trabalho, aponte a alternativa correta:

a) É cabível com fundamento em ofensa a coisa julgada decorrente da ação de cumprimento em face de sentença normativa.

b) É incabível para impugnar decisão homologatória de adjudicação, arrematação ou cálculos.

c) É cabível para invalidar a confissão real ou ficta, resultante de erro, dolo ou coação, na qual se baseou a sentença.

d) Litisconsórcio é necessário em relação ao polo passivo da demanda, porque supõe uma comunidade de direitos ou de obrigações que não admite solução díspar para os litisconsortes, em face da indivisibilidade do objeto.

e) Sindicato não possui legitimidade para propor ação rescisória sem a citação de todos os empregados substituídos.

COMENTÁRIOS

✪ **Nota do autor:** A ação rescisória constitui remédio excepcional para anulação de decisões de mérito acobertadas pela qualidade da coisa julgada material, excluindo, consequentemente, as sentenças com qualidade de coisa julgada formal e aquelas que ainda não transitaram em julgado. Observe-se, na alternativa "a", que o art. 572 do CPC de 1973 corresponde ao 514 do CPC de 2015. E, na alternativa "c", que o art. 485, VIII do CPC de 1973 corresponde ao art. 966, V, do CPC de 2015. Inclusive, o TST alterou a redação da Súmula nº 397, nos seguintes termos: "Não procede ação rescisória calcada em ofensa à coisa julgada perpetrada por decisão proferida em ação de cumprimento, em face de a sentença normativa, na qual se louvava, ter sido modificada em grau de recurso, porque em dissídio coletivo somente se consubstancia coisa julgada formal. Assim, os meios processuais aptos a atacarem a execução da cláusula reformada são a exceção de pré-executividade e o mandado de segurança, no caso de descumprimento do art. 514 do CPC de 2015 (art. 572 do CPC de 1973). (ex-OJ nº 116 da SBDI-2 – DJ 11.08.2003)".

Alternativa "a": A sentença normativa não adquire a qualidade da coisa julgada material. Por conta disso, não cabe ação rescisória na forma do entendimento constante da Súmula nº 397 do TST, em sua redação anterior (ver parte final da nota do autor): "Não procede ação rescisória calcada em ofensa à coisa julgada perpetrada por decisão proferida em ação de cumprimento, em face de a sentença normativa, na qual se louvava, ter sido modificada em grau de recurso, porque em dissídio coletivo somente se consubstancia coisa julgada formal. Assim, os meios processuais aptos a atacarem a execução da cláusula reformada são a exceção de pré-executividade e o mandado de segurança, no caso de descumprimento do art. 572 do CPC". **Incorreta.**

Alternativa "b": A decisão que homologa os cálculos de liquidação é passível de ser atacada pela via rescisória desde que as partes discutam a conta, por alguma delas oferecidas ou confeccionada pelo próprio serventuário da justiça, e o juiz manifesta-se, expressamente, sobre os seus erros e acertos. Nesse sentido, o inciso II, Súmula nº 399 do TST: "A decisão homologatória de cálculos apenas comporta rescisão quando enfrentar as questões envolvidas na elaboração da conta de liquidação, quer solvendo a controvérsia das partes quer explicitando, de ofício, os motivos pelos quais acolheu os cálculos oferecidos por uma das partes ou pelo setor de cálculos, e não contestados pela outra." **Incorreta.**

Alternativa "c": Incorreta. Só cabe rescisória em caso de sentença fundada em confissão real e não ficta. Nesse sentido é o entendimento do TST exposto em sua Súmula nº 404: "O art. 485, VIII, do CPC, ao tratar do fundamento para invalidar a confissão como hipótese de rescindibilidade da decisão judicial, refere-se à confissão real, fruto de erro, dolo ou coação, e não à confissão ficta resultante de revelia". Atualmente a redação dessa Súmula é a seguinte: "AÇÃO RESCISÓRIA. FUNDAMENTO PARA INVALIDAR CONFISSÃO. CONFISSÃO FICTA. INADEQUAÇÃO DO ENQUADRAMENTO NO ART. 485, VIII, DO CPC DE 1973. – Res. 209/2016, DEJT divulgado em 01, 02 e 03.06.2016. O art. 485, VIII, do CPC de 1973, ao tratar do fundamento para invalidar a confissão como hipótese de rescindibilidade da decisão judicial, referia-se à confissão real, fruto de erro, dolo ou coação, e não à confissão ficta resultante de revelia".

Alternativa "d": Correta, pois essa é a redação do inciso I, da Súmula nº 406 do TST: "O litisconsórcio, na ação rescisória, é necessário em relação ao polo passivo da demanda, porque supõe uma comunidade de direitos ou de obrigações que não admite solução díspar para os litisconsortes, em face da indivisibilidade do objeto. Já em relação ao polo ativo, o litisconsórcio é facultativo, uma vez que a aglutinação de autores se faz por conveniência e não pela necessidade decorrente da natureza do litígio, pois não se pode condicionar o exercício do direito individual de um dos litigantes no processo originário à anuência dos demais para retomar a lide."

Alternativa "e": Nesse caso há um litisconsórcio passivo necessário, o que dispensa a citação de todos os empregados substituídos, conforme posicionamento do TST, adotado pelo inciso II, da Súmula nº 406: "O Sindicato, substituto processual e autor da reclamação trabalhista, em cujos autos fora proferida a decisão rescindenda, possui legitimidade para figurar como réu na ação rescisória, sendo descabida a exigência de citação de todos os empregados substituídos, porquanto inexistente litisconsórcio passivo necessário". **Incorreta.**

Gabarito: D.

---

399. (FCC – Juiz do Trabalho Substituto 6ª Região/2013) Analise as seguintes afirmações:

I. É extemporâneo recurso interposto antes de publicado o acórdão impugnado.

II. A interrupção do prazo recursal em razão da interposição de embargos de declaração pela parte adversa não acarreta qualquer prejuízo àquele que apresentou seu recurso tempestivamente.

III. O efeito devolutivo em profundidade do recurso ordinário transfere ao Tribunal a apreciação dos fundamentos da inicial ou da defesa, não examinados pela sentença, ainda que não renovados em contrarrazões. Não se aplica, todavia, ao caso de pedido não apreciado na sentença, salvo se a causa versar questão exclusivamente de direito e estiver em condições de imediato julgamento.

IV. O recurso adesivo é compatível com o processo do trabalho e cabe, no prazo de oito dias, nas hipóteses de interposição de recurso ordinário, de agravo de instrumento, de agravo de petição, de revista e de embargos, sendo desnecessário que a matéria nele veiculada esteja relacionada com a do recurso interposto pela parte contrária.

V. A juntada de documentos na fase recursal só se justifica quando provado o justo impedimento para sua oportuna apresentação ou se referir a fato posterior à sentença.

Segundo o posicionamento sumulado pelo TST, estão corretas:

a) I, II, III e V, apenas.

b) I, II, III, IV e V.

c) I, III e V, apenas.

d) II, III e IV, apenas.

e) I, IV e V, apenas.

COMENTÁRIOS

✪ **Nota do autor:** As assertivas contidas nos itens I e II foram formuladas com base no texto da Súmula nº 434 do TST. Entretanto, esse verbete foi cancelado pela Resolução nº 198 do TST, em 09.06.2015.

Item "I": Correta a assertiva, pois corresponde ao posicionamento do TST adotado pela Súmula, atualmente cancelada, nº 434, I: "É extemporâneo recurso interposto antes de publicado o acórdão impugnado".

Item "II": Correto. Esse efeito está previsto no item II, da Súmula, atualmente cancelada, nº 434 do TST: "A interrupção do prazo recursal em razão da interposição de embargos de declaração pela parte adversa não acarreta qualquer prejuízo àquele que apresentou seu recurso tempestivamente".

Item "III": Correto. Deve-se ressaltar que o recurso ordinário devolve ao Tribunal a apreciação dos fundamentos da inicial ou da defesa não apreciados na sentença e não dos pedidos, em regra. Isso porque se forem vários os fundamentos, o juiz pode utilizar-se de apenas um para acolher ou rejeitar a pretensão, não sendo obrigatória a sua manifestação sobre todos eles. Esses detalhes estão descritos na Súmula nº 393 do TST: "O efeito devolutivo em profundidade do recurso ordinário, que se extrai do § 1º do art. 515 do CPC, transfere ao Tribunal a apreciação dos fundamentos da inicial ou da defesa, não examinados pela sentença, ainda que não renovados em contrarrazões. Não se aplica, todavia, ao caso de pedido não apreciado na sentença, salvo a hipótese contida no

§ 3º do art. 515 do CPC". Atualmente o referido verbete conta com a seguinte redação: "RECURSO ORDINÁRIO. EFEITO DEVOLUTIVO EM PROFUNDIDADE. ART. 1.013, § 1º, do CPC DE 2015. ART. 515, § 1º, DO CPC de 1973 – (nova redação em decorrência do CPC de 2015) – Res. 208/2016, DEJT divulgado em 22, 25 e 26.04.2016 Súmulas A-125 SÚMULAS I – O efeito devolutivo em profundidade do recurso ordinário, que se extrai do § 1º do art. 1.013 do CPC de 2015 (art. 515, §1º, do CPC de 1973), transfere ao Tribunal a apreciação dos fundamentos da inicial ou da defesa, não examinados pela sentença, ainda que não renovados em contrarrazões, desde que relativos ao capítulo impugnado. II – Se o processo estiver em condições, o tribunal, ao julgar o recurso ordinário, deverá decidir desde logo o mérito da causa, nos termos do § 3º do art. 1.013 do CPC de 2015, inclusive quando constatar a omissão da sentença no exame de um dos pedidos."

Item "IV": Incorreto, pois não cabe recurso adesivo em sede de agravo de instrumento, conforme posicionamento do TST revelado por meio da Súmula nº 283 do TST: "O recurso adesivo é compatível com o processo do trabalho e cabe, no prazo de 8 (oito) dias, nas hipóteses de interposição de recurso ordinário, de agravo de petição, de revista e de embargos, sendo desnecessário que a matéria nele veiculada esteja relacionada com a do recurso interposto pela parte contrária".

Item "V": Correto, pois se amolda à hipótese prevista pela Súmula nº 8 do TST: "A juntada de documentos na fase recursal só se justifica quando provado o justo impedimento para sua oportuna apresentação ou se referir a fato posterior à sentença".

Gabarito: A.

---

400. (TRT 8 – Juiz do Trabalho Substituto 8ª Região/2013) Sobre o sistema recursal trabalhista (princípios, procedimento e efeitos; recurso ordinário e embargos de declaração; pressupostos extrínsecos de admissibilidade dos recursos; juízos de admissibilidade e de mérito do recurso) é CORRETO afirmar que:

a) Quando o juiz ou relator da decisão originária vislumbrar a possibilidade de conceder efeito modificativo ao julgado deverá dar vistas à parte adversa antes do julgamento dos embargos de declaração, sob pena de nulidade.

b) A deserção do recurso ocorre quando não efetuados os recolhimentos de custas e depósito recursal, que devem ser comprovados dentro de 5 dias do prazo para interposição do recurso.

c) De acordo com a jurisprudência sumulada do Tribunal Superior do Trabalho, o prazo recursal tem dies a quo e dies ad quem.

d) O Recurso Ordinário pode ser trancado pelo Juiz prolator da sentença ou relator do acórdão somente quando a sentença estiver em consonância com Súmula do Tribunal Superior do Trabalho.

e) Havendo sucumbência recíproca e uma das partes recorrendo, a outra pode aderir ao recurso da primeira, contando-se o prazo a partir da data de interposição do recurso principal.

COMENTÁRIOS

✪ **Nota do autor:** Diante da prevalência do *ius postulandi* das partes no processo do trabalho, não há necessidade do recurso nas instâncias ordinárias ser subscrito por advogado. Entretanto, se o patrono da parte interessada interpõe um recurso, como representante processual do seu cliente, deve ter procuração nos autos seja ela expressa ou tácita, já que não se exige poderes específicos para a prática daquele ato processual. Observe-se, na alternativa "d", que o art. 518, §1º, do CPC de 1973 corresponde ao art. 932, IV, "a", do CPC de 2015. Já na alternativa "e", o art. 500 do CPC de 1973 corresponde ao art. 997, §2º, I, do CPC de 2015.

Alternativa "a": Incorreta. Não é indispensável conceder vistas a parte contrária dos embargos declaratórios interpostos contra sentença, diante do efeito devolutivo amplo conferido ao recurso ordinário. A regra vale, entretanto, para os casos de embargos declaratórios interpostos em face de acórdão. Nesse sentido é o entendimento do TST constante da OJ nº 142 da SDI-I: "I – É passível de nulidade decisão que acolhe embargos de declaração com efeito modificativo sem que seja concedida oportunidade de manifestação prévia à parte contrária. II – Em decorrência do efeito devolutivo amplo conferido ao recurso ordinário, o item I não se aplica às hipóteses em que não se concede vista à parte contrária para se manifestar sobre os embargos de declaração opostos contra sentença". Posteriormente a Resolução nº 214/2016 do TST cancelou o item II dessa OJ.

Alternativa "b": Incorreta, pois a parte tem o mesmo prazo do recurso para comprovar o preparo, de acordo com o que dispõe o art. 789, §1º da CLT: "As custas serão pagas pelo vencido, após o trânsito em julgado da decisão. No caso de recurso, as custas serão pagas e comprovado o recolhimento dentro do prazo recursal".

Alternativa "c": Correta. A Súmula nº 197 do TST trata do *dies a quo*: "O prazo para recurso da parte que, intimada, não comparecer à audiência em prosseguimento para a prolação da sentença conta-se de sua publicação.". Já a Súmula nº 385, I, refere-se à prorrogação do *dies ad quem,* em sua redação anterior: "Incumbe à parte o ônus de provar, quando da interposição do recurso, a existência de feriado local que autorize a prorrogação do prazo recursal". A Resolução nº 220/2017 do TST conferiu nova redação à essa Súmula: "FERIADO LOCAL OU FORENSE. AUSÊNCIA DE EXPEDIENTE. PRAZO RECURSAL. PRORROGAÇÃO. COMPROVAÇÃO. NECESSIDADE. (alterada em decorrência do CPC de 2015) – Res. 220/2017, DEJT divulgado em 21, 22 e 25.09.2017 I – Incumbe à parte o ônus de provar, quando da interposição do recurso, a existência de feriado local que autorize a prorrogação do prazo recursal (art. 1.003, § 6º, do CPC de 2015). No caso de o recorrente alegar a existência de feriado local e não o comprovar no momento da interposição do recurso, cumpre ao relator conceder o prazo de 5 (cinco) dias para que seja sanado o vício (art. 932, parágrafo único, do CPC de 2015), sob pena de não conhecimento se da comprovação depender a tempestividade recursal".

Alternativa "d": Incorreta, pois, segundo interpretação literal do art. 518, §1º do CPC, a sentença deve estar em consonância com Súmula do STJ e STF: "O juiz não receberá o recurso de apelação quando a sentença estiver em conformidade com súmula do Superior Tribunal de Justiça ou do Supremo Tribunal Federal".

Alternativa "e": Incorreta, pois o prazo para interposição do recurso adesivo é o mesmo que a parte tem para se manifestar sobre o recurso principal, conforme prevê o inciso I, do art. 500 do CPC de 1973: "Será interposto perante a autoridade competente para admitir o recurso principal, no prazo de que a parte dispõe para responder".

Gabarito: C.

---

401. (TRT 15 – Juiz do Trabalho Substituto 15ª Região/2013) Considerando-se que os recursos somente são admitidos quando preenchidos determinados pressupostos previstos em lei, é incorreto afirmar:

a) são pressupostos subjetivos dos recursos no processo de conhecimento, segundo Liebman, a legitimação e o interesse, havendo entendimento ampliativo incluindo a capacidade do recorrente como pressuposto intrínseco, ao passo que os pressupostos objetivos ou extrínsecos são a recorribilidade da decisão, a tempestividade, a singularidade, a adequação do recurso, o preparo e a representação;

b) a despeito de disposição expressa do artigo 191 do CPC acerca da contagem em dobro do prazo recursal em caso de existência de litisconsórcio com diferentes procuradores, é entendimento majoritário do TST de que esta regra é inaplicável ao processo do trabalho, por conta de sua incompatibilidade com o princípio da celeridade inerente ao processo trabalhista;

c) é entendimento sumulado pelo TST que o recesso forense e as férias coletivas dos Ministros do TST importam em causas de suspensão dos prazos recursais;

d) no processo de execução trabalhista, as custas possuem previsão legal e são elencadas como pressuposto objetivo de admissibilidade recursal;

e) tratando-se de litisconsórcio passivo unitário em que a decisão proferida é uniforme, o depósito recursal efetuado por um dos litisconsortes beneficia a todos os demais.

COMENTÁRIOS

⊙ **Nota do autor:** Os recursos, no processo do trabalho, devem ser interpostos no prazo genérico de oito dias. A exceção fica por conta dos embargos declaratórios, que seguem o prazo previsto no Código de Processo Civil de cinco dias, bem como no art. 897-A da CLT. Observe-se, na alternativa "b", que o art. 191 do CPC de 1973 corresponde ao art. 229 do CPC de 2015. Já na alternativa "e", o art. 509 do CPC de 1973 corresponde ao art. 1.005 do CPC de 2015. Por fim, em relação a alternativa "c", a Lei nº 13.545/17 introduziu o art. 775-A à CLT, tratando da suspensão dos prazos processuais com a seguinte redação: "Art. 775-A. Suspende-se o curso do prazo processual nos dias compreendidos entre 20 de dezembro e 20 de janeiro, inclusive. § 1º Ressalvadas as férias individuais e os feriados instituídos por lei, os juízes, os membros do Ministério Público, da Defensoria Pública e da Advocacia Pública e os auxiliares da Justiça exercerão suas atribuições durante o período previsto no caput deste artigo. § 2º Durante a suspensão do prazo, não se realizarão audiências nem sessões de julgamento".

Alternativa "a": Correta. Segundo Liebman, os pressupostos intrínsecos dizem respeito à existência ou não do direito de recorrer da parte, enquanto que os pressupostos extrínsecos estão relacionados ao modo como o referido direito será exercido, ambos citados na assertiva.

Alternativa "b": Correta. O TST fundamenta seu entendimento no princípio da celeridade que norteia o processo laboral, conforme se vê da redação da OJ nº 310 da SDI-I, em sua antiga redação: "A regra contida no art. 191 do CPC é inaplicável ao processo do trabalho, em face da sua incompatibilidade com o princípio da celeridade inerente ao processo trabalhista". A atual redação é a seguinte: "Inaplicável ao processo do trabalho a norma contida no art. 229, caput e §§ 1º e 2º, do CPC de 2015 (art. 191 do CPC de 1973), em razão de incompatibilidade com a celeridade que lhe é inerente".

Alternativa "c": Correta. Como se trata de suspensão, após o recesso ou as férias coletivas dos Ministros do TST, o prazo recomeça a fluir a partir do momento em que foi suspenso. Nesse sentido a Súmula nº 262, II do TST: "O recesso forense e as férias coletivas dos Ministros do Tribunal Superior do Trabalho suspendem os prazos recursais". (ver nota do autor)

Alternativa "d": Incorreta. Apesar de haver previsão legal do seu recolhimento, na fase de execução as custas são pagas no final desse procedimento, como determina o art. 789-A, *caput,* da CLT: "No processo de execução são devidas custas, sempre de responsabilidade do executado e pagas ao final, de conformidade com a seguinte tabela".

Alternativa "e": Correta a assertiva pois corresponde à determinação contida no art. 509, *caput* do CPC de 1973: "O recurso interposto por um dos litisconsortes a todos aproveita, salvo se distintos ou opostos os seus interesses". A Súmula nº 128, III do TST também trata da matéria: "Havendo condenação solidária de duas ou mais empresas, o depósito recursal efetuado por uma delas aproveita as demais, quando a empresa que efetuou o depósito não pleiteia sua exclusão da lide".

Gabarito: D.

---

402. (TRT 2 – Juiz do Trabalho Substituto 2ª Região/2013) Em relação aos princípios e efeitos recursais, observe as proposições abaixo e ao final aponte a alternativa que contenha proposituras corretas.

I. O efeito translativo autoriza, em questões de ordem pública, que o julgamento ocorra ultra ou extra petita, bem como que não se observe o princípio do non reformatio in pejus.

II. O efeito devolutivo pode ser examinado apenas em relação à sua extensão, mas não em relação à sua profundidade.

III. O princípio da transcendência guarda pertinência com as nulidades relativas, vale dizer, estas só devem ser declaradas se e quando puderem acarretar prejuízo às partes.

IV. O efeito expansivo permite que o tribunal, nos casos em que a sentença tenha julgado extinto o processo por ausência de pressupostos processuais ou condições da ação, adentre o julgamento do mérito, quando a demanda versar exclusivamente sobre matéria de direito.

V. O princípio da dialeticidade não exige que o recorrente decline as razões de seu inconformismo com a decisão hostilizada.

Está correta a alternativa

a) I e V

b) I, III e IV

c) II, IV e V

d) II e V

e) II, III e IV

COMENTÁRIOS

✪ **Nota do autor:** O princípio da unirrecorribilidade, também denominado de princípio do recurso único ou princípio da absorção, obsta que a parte prejudicada possa interpor mais de um recurso para atacar uma mesma decisão, salvo se a lei assim o dispuser de forma expressa. Observe-se, no item "II", que o art. 515, §1º e §3º do CPC de 1973 corresponde ao art. 1.013, §1º e §3º do CPC de 2015. Inclusive, a redação da Súmula nº 393 foi modificada pra se adequar ao CPC de 2015: "RECURSO ORDINÁRIO. EFEITO DEVOLUTIVO EM PROFUNDIDADE. ART. 1.013, § 1º, do CPC DE 2015. ART. 515, § 1º, DO CPC de 1973 – (nova redação em decorrência do CPC de 2015) – Res. 208/2016, DEJT divulgado em 22, 25 e 26.04.2016 Súmulas A-125 SÚMULAS I – O efeito devolutivo em profundidade do recurso ordinário, que se extrai do § 1º do art. 1.013 do CPC de 2015 (art. 515, §1º, do CPC de 1973), transfere ao Tribunal a apreciação dos fundamentos da inicial ou da defesa, não examinados pela sentença, ainda que não renovados em contrarrazões, desde que relativos ao capítulo impugnado. II – Se o processo estiver em condições, o tribunal, ao julgar o recurso ordinário, deverá decidir desde logo o mérito da causa, nos termos do § 3º do art. 1.013 do CPC de 2015, inclusive quando constatar a omissão da sentença no exame de um dos pedidos."

Item "I": O efeito translativo provocado pelo recurso confere ao novo julgador a possibilidade de conhecer questões que não foram objeto da irresignação, desde que se classifiquem como matéria de ordem pública ou quando a lei faz a ressalva de forma expressa. Foi denominado de translativo, pois transfere de um órgão judicial para outro a função de solucionar a lide, inclusive com a possibilidade excepcional de aplicação do reformatio *in peius*. **Correto.**

Item "II": O efeito devolutivo em profundidade está previsto expressamente pelo art. 515 do CPC, como deixa claro o entendimento do TST constante da Súmula nº 393: "O efeito devolutivo em profundidade do recurso ordinário, que se extrai do § 1º do art. 515 do CPC, transfere ao Tribunal a apreciação dos fundamentos da inicial ou da defesa, não examinados pela sentença, ainda que não renovados em contrarrazões. Não se aplica, todavia, ao caso de pedido não apreciado na sentença, salvo a hipótese contida no § 3º do art. 515 do CPC". Assertiva **incorreta**. (ver nota do autor)

Item "III": O princípio da transcendência ou do prejuízo corresponde à máxima francesa *pas de nullité sans grief*. Significa dizer que só há nulidade quando houver prejuízo às partes litigantes. Essa regra é acolhida pelo ordenamento jurídico processual, como se constata da redação do art. 794 da CLT e é aplicada apenas do que diz respeito às nulidades relativas. **Correta.**

Item "IV": O efeito expansivo permite ao Tribunal julgar o mérito da causa nas hipóteses em que a demanda tenha sido extinta sem a resolução do mérito, nos casos envolvendo matéria de direito e/ou com provas produzidas nos autos (teoria da causa madura). **Correta** a assertiva.

Item "V". É justamente o contrário. Pelo princípio da dialeticidade, o recorrente deve fundamentar a sua irresignação quanto à decisão, com indicação das razões de fato e de direito com que pretende modificá-la ou anulá-la. Desse modo, por esse princípio, veda-se a interposição de recursos genéricos. **Incorreta** a assertiva.

Gabarito: B.

---

403. (TRT 2 – Juiz do Trabalho Substituto 2ª Região/2013) O art. 518, § 1º, do CPC (cláusula impeditiva de recurso), nos termos da doutrina dominante e incidente no processo do trabalho, somente se aplica na seguinte hipótese:

a) Se a sentença está de acordo com súmula do Superior Tribunal de Justiça e do Supremo Tribunal Federal.

b) Se a sentença, não reconhecendo o contrato de trabalho, decreta a carência da ação, mas a reclamada, inconformada, recorre.

c) Se a sentença decreta a improcedência de todos os pedidos, dentre eles o de horas extraordinárias in itinere, matéria esta já sumulada pelo Tribunal Superior do Trabalho.

d) Se houve sentença contrária a Súmula vinculante.

e) Se a sentença estiver de acordo com Orientação Jurisprudencial ou Precedente Normativo do TST.

COMENTÁRIOS

✪ **Nota do autor:** Renato Saraiva e Jorge Luiz Souto Maior entendem ser incabível a aplicação do instituto da súmula impeditiva de recurso no processo do trabalho, mesmo restringindo-se as hipóteses de Súmulas do STJ e do STF. Observe-se que o art. 518, §1º do CPC de 1973 corresponde ao art. 932, IV, "a" do CPC de 2015.

Alternativa "a": Segundo interpretação literal do art. 518, §1º do CPC, a sentença deve estar em consonância com Súmula do STJ e STF: "O juiz não receberá o recurso de apelação quando a sentença estiver em conformidade com súmula do Superior Tribunal de Justiça ou do Supremo Tribunal Federal". **Correta** a assertiva.

Alternativa "b". A doutrina e jurisprudência majoritária interpretam literalmente o art. 518, § 1º do CPC, no que resulta restrição quanto ao alcance desse dispositivo legal, no sentido de só considerar incabível o recurso quando a sentença estiver de acordo com Súmula do STJ ou STJ. **Incorreta.**

Alternativa "c". Diante da predominância da interpretação restritiva, não se pode utilizar da analogia para incluir o TST no rol ao qual se refere o art. 518, § 1º do CPC de 1973. **Incorreta.**

Alternativa "d". O art. 518, § 1º do CPC de 1973 apresenta o instituto da súmula impeditiva de recurso, que tem eficácia inferior à súmula vinculante, já que esta última alcança o primeiro julgamento e não só o recurso. **Incorreta.**

Alternativa "e". Diante da predominância da interpretação restritiva, não se pode utilizar da analogia para incluir o TST no rol ao qual se refere o art. 518, § 1º do CPC de 1973. **Incorreta.**

Gabarito: A.

---

404. (TRT 14 - Juiz do Trabalho Substituto 14ª Região/2013) Acerca da temática recursal, analise as assertivas abaixo e, após, marque a única alternativa correta:

I. O efeito devolutivo do recurso ordinário implica em devolver ao Tribunal o conhecimento da controvérsia, nos limites das matérias articuladas pela parte recorrente, o que é conhecido como aspecto horizontal da devolução.

II. Sobre o aspecto vertical do efeito devolutivo do recurso ordinário do Processo do Trabalho, tem-se que o Tribunal deve examinar as teses da inicial e da defesa, ainda que não apreciadas pela sentença, não incluindo, porém, eventuais pedidos que deixaram de ser apreciados.

III. Pelo efeito translativo, transfere-se ao Tribunal o conhecimento de matérias não invocadas pelo recorrente no recurso ordinário, normalmente relacionadas a questões de ordem pública.

IV. O efeito substitutivo do recurso ordinário implica dizer que o acórdão substitui por completo a sentença, exceção feita aos casos em que a confirma pelos seus próprios fundamentos.

a) Apenas o item I é falso.

b) Apenas o item II é falso.

c) Apenas o item III é falso.

d) Apenas o item IV é falso.

e) Todos os itens são verdadeiros.

COMENTÁRIOS

✪ **Nota do autor:** O efeito extensivo é verificado quando o julgamento do recurso produz efeitos para as pessoas que não figuraram como recorrentes. Isso acontece, por exemplo, nas hipóteses em que há litisconsórcio unitário, quando a decisão deve ser uniforme para todos que compõem o consórcio processual. Observe-se, nos itens "I" e "II", que o art. 515, §1º e §3º do CPC de 1973 corresponde ao art. 1.013, §1º e §3º do CPC de 2015. Já no item "IV", o art. 512, do CPC de 1973 corresponde ao art. 1.008 do CPC de 2015.

Item "I": Correto, pois o efeito devolutivo horizontal tem essa característica de conferir ao Tribunal a nova análise da demanda, desde que observado as argumentações trazidas aos autos pelas partes, como previsto no art. 515 do CPC de 1973: "A apelação devolverá ao Tribunal o conhecimento da matéria impugnada".

Item "II": Correto. O efeito vertical também é conhecido como efeito devolutivo em profundidade, como destaca a Súmula nº 393 do TST: "O efeito devolutivo em profundidade do recurso ordinário, que se extrai do § 1º do art. 515 do CPC, transfere ao Tribunal a apreciação dos fundamentos da inicial ou da defesa, não examinados pela sentença, ainda que não renovados em contrarrazões. Não se aplica, todavia, ao caso de pedido não apreciado na sentença, salvo a hipótese contida no § 3º do art. 515 do CPC". Atualmente o referido verbete conta com a seguinte redação: "RECURSO ORDINÁRIO. EFEITO DEVOLUTIVO EM PROFUNDIDADE. ART. 1.013, § 1º, do CPC DE 2015. ART. 515, § 1º, DO CPC de 1973 - (nova redação em decorrência do CPC de 2015) - Res. 208/2016, DEJT divulgado em 22, 25 e 26.04.2016 Súmulas A-125 SÚMULAS I - O efeito devolutivo em profundidade do recurso ordinário, que se extrai do § 1º do art. 1.013 do CPC de 2015 (art. 515, §1º, do CPC de 1973), transfere ao Tribunal a apreciação dos fundamentos da inicial ou da defesa, não examinados pela sentença, ainda que não renovados em contrarrazões, desde que relativos ao capítulo impugnado. II - Se o processo estiver em condições, o tribunal, ao julgar o recurso ordinário, deverá decidir desde logo o mérito da causa, nos termos do § 3º do art. 1.013 do CPC de 2015, inclusive quando constatar a omissão da sentença no exame de um dos pedidos."

Item "III": O efeito translativo provocado pelo recurso confere ao novo julgador a possibilidade de conhecer questões que não foram objeto da irresignação, desde que se classifiquem como matéria de ordem pública ou quando a lei faz a ressalva de forma expressa. Foi denominado de translativo, pois transfere de um órgão judicial para outro a função de solucionar a lide, inclusive com a possibilidade excepcional de aplicação do *reformatio in peius*. **Correto.**

Item "IV": Incorreto. Observa-se a incidência do efeito substitutivo somente nos casos em que o recurso é provido. Nesse caso, o conteúdo da sentença originária é substituído pela nova decisão, no todo ou em parte, de acordo com o preceito contido no art. 512 do CPC de 1973: "O julgamento proferido pelo tribunal substituirá a sentença ou a decisão recorrida no que tiver sido objeto de recurso".

Gabarito: D.

---

405. (TRT 14 – Juiz do Trabalho Substituto 14ª Região/2013) Acerca da temática recursal, analise as assertivas abaixo e, após, marque a única alternativa correta:

I. Em decorrência do princípio da sucumbência, nos termos da jurisprudência consolidada pelo Tribunal Superior do Trabalho, a parte vencedora na primeira instância, se vencida na segunda, estará obrigada, no prazo de cinco dias após sua intimação para tanto, a pagar as custas fixadas na sentença originária, das quais ficara isenta a parte então vencida, exceção feita se a parte vencida na primeira instância for beneficiária da justiça gratuita.

II. Cabe mandado de segurança contra ato judicial que, de ofício, arbitrou novo valor à causa, acarretando a majoração das custas processuais, a fim de possibilitar apresentação de recurso ordinário sem deserção.

III. Havendo condenação das empresas com reconhecimento da responsabilidade solidária, o depósito recursal efetuado por uma delas aproveita as demais, quando a empresa que efetuou o depósito não pleiteia sua exclusão da lide.

IV. Não é exigível depósito recursal nas hipóteses de recurso ordinário em sede de ação rescisória.

a) Apenas o item I é verdadeiro.

b) Apenas o item II é verdadeiro.

c) Apenas o item III é verdadeiro.

d) Apenas o item IV é verdadeiro.

e) Todos os itens são falsos.

COMENTÁRIOS

✪ Nota do autor: O valor do depósito recursal, para o recurso ordinário, é equivalente ao valor da condenação, seja líquido ou arbitrado apenas para esse efeito. Entretanto, deve ser observado o limite que anualmente é corrigido por ato do TST.

Item "I": Incorreto, pois a obrigação de recolher as custas, nessas condições processuais, independe de intimação, conforme entendimento constante da Súmula nº 25 do TST: "A parte vencedora na primeira instância, se vencida na segunda, está obrigada, independentemente de intimação, a pagar as custas fixadas na sentença originária, das quais ficara isenta a parte então vencida".

Item "II": Incorreto. Nesse caso não cabe o mandado de segurança, pois ainda há possibilidade da parte recorrer, primeiro com o recurso ordinário, e depois por meio de agravo de instrumento. Nesse sentido a OJ nº 88 da SDI-II do TST: "Incabível a impetração de mandado de segurança contra ato judicial que, de ofício, arbitrou novo valor à causa, acarretando a majoração das custas processuais, uma vez que cabia à parte, após recolher as custas, calculadas com base no valor dado à causa na inicial, interpor recurso ordinário e, posteriormente, agravo de instrumento no caso de o recurso ser considerado deserto".

Item "III": Correto. Esse é o posicionamento do TST expresso na Súmula nº 128: "Havendo condenação solidária de duas ou mais empresas, o depósito recursal efetuado por uma delas aproveita as demais, quando a empresa que efetuou o depósito não pleiteia sua exclusão da lide".

Item "IV": Incorreto, pois o deposito recursal deve ser feito quando houver condenação em pecúnia, conforme posicionamento adotado pelo TST em sua Súmula nº 99: "Havendo recurso ordinário em sede de rescisória, o depósito recursal só é exigível quando for julgado procedente o pedido e imposta condenação em pecúnia, devendo este ser efetuado no prazo recursal, no limite e nos termos da legislação vigente, sob pena de deserção".

Gabarito: C.

---

406. (TRT 14 – Juiz do Trabalho Substituto 14ª Região/2013) Acerca da temática recursal, analise as assertivas abaixo e, após, marque a única alternativa correta:

I. Segundo entendimento jurisprudencial dominante e reiterado no âmbito do Tribunal Superior do Trabalho, não há dispositivo legal que possibilite o aditamento de recurso ou de embargos de declaração, motivo pelo qual, apresentados os primeiros embargos de declaração, exercendo a parte o direito de recorrer, tem-se por consumada a oportunidade (princípios da preclusão consumativa e da unirrecorribilidade) e não é mais possível apresentar outra ou novas impugnações, ainda que dentro do prazo recursal, não cabendo falar no princípio da variabilidade recursal.

II. A rigor, não há previsão explícita na legislação processual comum ou trabalhista prevendo a figura do protesto. Todavia, o chamado protesto antipreclusivo é fundamental em relação às decisões interlocutórias proferidas no Processo do Trabalho, isso porque, para parte significativa da doutrina e da jurisprudência, as nulidades são pronunciadas tão somente se houver prejuízo e sua declaração depende de provocação imediata da parte interessada.

III. Ocorre deserção do recurso pelo recolhimento insuficiente das custas e do depósito recursal, ainda que a diferença em relação ao "quantum" devido seja ínfima, referente a centavos.

IV. O fato de tratar-se de matéria de ordem pública não exime a parte de satisfazer os requisitos do Recurso de Revista, de natureza extraordinária, de modo a enquadrá-lo na previsão do art. 896 da CLT, ou seja, quanto ao prequestionamento.

a) Apenas o item I é falso.

b) Apenas o item II é falso.

c) Apenas o item III é falso.

d) Apenas o item IV é falso.

e) Todos os itens são verdadeiros.

COMENTÁRIOS

✪ **Nota do autor:** Há divergência na doutrina e na jurisprudência trabalhista sobre a aplicação do princípio da variabilidade no processo do trabalho ao qual se refere o item I desta questão. Isso porque a possibilidade de se interpor outro recurso até o fim do seu respectivo prazo estava previsto expressamente no CPC de 1939, no qual a CLT foi buscar inspiração. Entretanto, o CPC de 1973 não reproduziu o dispositivo que admitia expressamente essa possibilidade. Há, assim, duas correntes. Uma que admite a variação do recurso, sob o fundamento de sua desistência tácita com a interposição do segundo ainda dentro do prazo recursal, e outra que não reconhece a aplicação do princípio da variabilidade, com fundamento no instituto da preclusão consumativa. Observe-se, no item "II", que o art. 523 do CPC de 1973 não possui corresponde no CPC de 2015, pois este não adotou a modalidade do agravo retido.

Item "I": Apesar de não haver dispositivo expresso que admita a variabilidade do recurso, a jurisprudência dominante do TST é no sentido de aceita-la. Nesse sentido é a decisão a seguir transcrita: "Não há dispositivo legal que possibilite o aditamento de recurso ou de embargos de declaração. Assim, apresentados os primeiros embargos de declaração, exercendo a parte o direito de recorrer, tem-se por consumada a oportunidade (princípios da preclusão consumativa e da unirrecorribilidade) e não é mais possível apresentar outra ou novas impugnações, ainda que dentro do prazo recursal. Entretanto, o entendimento da maioria desta Turma é no sentido de se aplicar o princípio da variabilidade. Assim, com ressalva de entendimento diverso, conheço dos embargos de declaração e do respectivo aditamento (Proc. nº 41340-62.2005.5.20.0002. Rel. Pedro Paulo Manus). Alternativa **incorreta**.

Item "II": Correto. O protesto serve, no processo do trabalho, como o agravo retido que existia no processo comum, disciplinado pelo art. 523 do CPC de 1973. Assim, sempre que o juiz proferir uma decisão interlocutória pode ser lançado um protesto, que deve ser apresentado no primeiro momento em que a parte prejudicada tiver que se manifestar nos autos ou, se em audiência, registrada na ata respectiva. A inexistência de protesto faz presumir que não houve prejuízo e que a parte concordou com a decisão.

Item "III": Correto. Esse entendimento encontra-se cristalizado na OJ nº 140 da SDI-I do TST, em sua redação anterior: "Ocorre deserção do recurso pelo recolhimento insuficiente das custas e do depósito recursal, ainda que a diferença em relação ao "quantum" devido seja ínfima, referente a centavos". A Resolução nº 217/2017 do TST modificou a redação da mencionada OJ para adaptá-la às regras do CPC de 2015, nos seguintes termos: "DEPÓSITO RECURSAL E CUSTAS PROCESSUAIS. RECOLHIMENTO INSUFICIENTE. DESERÇÃO. (nova redação em decorrência do CPC de 2015) – Res. 217/2017 – DEJT divulgado em 20, 24 e 25.04.2017. Em caso de recolhimento insuficiente das custas processuais ou do depósito recursal, somente haverá deserção do recurso se, concedido o prazo de 5 (cinco) dias previsto no § 2º do art. 1.007 do CPC de 2015, o recorrente não complementar e comprovar o valor devido".

Item "IV": O prequestionamento é exigido como requisito de admissibilidade do recurso de revista, na forma do posicionamento do TST adotado por meio da OJ nº 62 da SDI-I: "É necessário o prequestionamento como pressuposto de admissibilidade em recurso de natureza extraordinária, ainda que se trate de incompetência absoluta". **Correto.**

Gabarito: A.

---

407. (TRT 22 – Juiz do Trabalho Substituto 22ª Região/2013) Quanto ao princípio da proibição da reformatio in pejus, pode ser imaginada alguma exceção quanto a sua observância?

a) em hipótese alguma pode ser excepcionado;

b) esse princípio não vigora mais, após as recentes reformas do CPC;

c) poderá ser excepcionado, em sendo o caso, quanto a matérias de ordem pública, que o órgão "ad quem" possa conhecer de ofício;

d) poderá sê-lo, em caso de ofensa a direitos fundamentais;

e) não vigora a proibição, quando o recurso for da reclamada, considerando-se os princípios que norteiam o processo do trabalho.

COMENTÁRIOS

✪ **Nota do autor:** A regra é pela observância da vedação da reforma *in peius*. Porém, toda regra comporta exceção. No exame das questões não analisadas pelo juízo *a quo*, por meio do efeito devolutivo em profundidade, é possível que o tribunal conheça de ofício de alguma delas classificadas como de ordem pública, que implique reforma da decisão em prejuízo do recorrente. A decisão a seguir transcrita explicita essa possibilidade: "Devolvida a matéria na extensão postulada (princípio dispositivo) pela parte, cabe sua análise, por Juízo ad quem, em sua profundidade plena (princípio inquisitivo), inclusive quanto a seus pressupostos processuais de constituição e desenvolvimento válido da relação processual, bem assim, sobre a presença das condições da ação (artigos 267, o 3º e 301, o 4º do CPC c/c o art. 769 da CLT). Este efeito é denominado translativo, conforme o qual o exame das questões de ordem pública, ainda que não decididas pelo Juízo a quo, fica transferido ao tribunal ad quem por força do permissivo contido no art. 301 c/c arts. 515 e 516 do CPC. Ele é, também, uma das manifestações do princípio inquisitório e que exige do julgador, independentemente da manifestação expressa pelas partes, a apreciação de todas as questões de ordem pública, gênero no qual situa-se a maioria dos pressupostos processuais ("compromisso arbitral", aludido no art. 301, o 4º, do CPC, é uma exceção e que só serve como reforço aquela regra) e condições da ação (art. 301 do CPC c/c o art. 769 da CLT). A partir desta inteligência, o Julgador pode pronunciar, v.g., a incompetência material, a carência de ação ou, ainda, a decadência do direito, mesmo que não ventilada a hipótese pelas partes, constituindo estas honrosas exceções ao princípio que veda a *reformatio in pejus* que é uma das manifestações incisivas do princípio dispositivo (TRT 9ª R. Processo nº 846200069900 PR 846-2000-69-9-0-0. Rel. Sueli Gil El-Rafihi. 06.02.2004)". Por fim, observe-se que os arts. 267, §3º, e 301, §4º, do CPC de 1973 correspondem, respectivamente, aos arts. 485, §3º, e 337, §5º, do CPC de 2015. Já os arts. 515 e 516 do CPC de 1973 correspondem ao art. 1.013 do CPC de 2015.

Alternativa "a": Incorreta. Excepcionalmente é possível, nos casos de exame de questões de ordem pública não analisadas pelo juízo *a quo*, como nos casos de incompetência absoluta, decadência ou carência de ação.

Alternativa "b": O princípio do *non reformatio in peius* vigora como regra no processo comum e trabalhista. Esse princípio, porém, não é absoluto e comporta exceções. **Incorreta.**

Alternativa "c": Correta a assertiva, pois faz referências as exceções que o princípio em comento admite e que foram explicitadas na nota do autor.

Alternativa "d": Há exceções, mas não se classificam como ofensa aos direitos fundamentais. **Incorreta.**

Alternativa "e": As exceções admitidas tanto podem prejudicar o reclamante como o reclamado, desde que assumam a condição de recorrente. **Incorreta.**

Gabarito: C.

---

408. (TRT 22 – Juiz do Trabalho Substituto 22ª Região/2013) Assinale a alternativa INCORRETA, quanto a recursos no processo trabalhista:

a) os embargos infringentes estão previstos na CLT, devem ser opostos no prazo de oito dias contra decisões da Seção de Dissídios Coletivos do TST proferidas em dissídio coletivo de competência originária da Corte;

b) a correição parcial é recurso destinado a corrigir atos ou omissões do juiz que, por abuso ou erro, causarem tumulto ou desordem no processo;

c) o incidente de uniformização não é recurso e sim instrumento destinado a evitar o conflito na interpretação de teses jurídicas entre órgãos do mesmo tribunal, uma vez esta situação não desafia impugnação por meio de recurso de revista;

d) o recurso ordinário em ações coletivas está previsto na CLT e se destinam a impugnar os acórdãos proferidos em ações de competência originária de Tribunal Regional, em matéria de dissídio coletivo;

e) o recurso de embargos, previsto na CLT, destina-se a impugnar os acórdãos das Turmas do TST, quando houver divergência jurisprudencial na interpretação de dispositivo da lei federal ou da Constituição, quando a divergência exista entre decisões das próprias turmas ou entre decisão de turma e da Seção de Dissídios Individuais.

COMENTÁRIOS

✪ **Nota do autor:** Correição parcial é uma medida processual, dirigida ao juiz corregedor para atacar decisões ou despachos proferidos pelo juiz, que conduz a instrução do processo de forma irregular, tumultuada ou com inversão da sua ordem. Não tem natureza jurídica de recurso, mas sim de mero procedimento administrativo que tem por escopo sustar atos do juiz que militem contra a boa ordem processual vigente. Por fim, em relação a alternativa "c", com a vigência da Lei da Reforma Trabalhista foram revogados todos os parágrafos que tratavam do Incidente de uniformização de jurisprudência presentes no art. 896 da CLT.

Alternativa "a": Correto, pois essa espécie de recurso tem previsão expressa no art. 894, I, "a" da CLT: "No Tribunal Superior do Trabalho cabem embargos, no prazo de 8 (oito) dias: I – de decisão não unânime de julgamento que: a) conciliar, julgar ou homologar conciliação em dissídios coletivos que excedam a competência territorial dos Tribunais Regionais do Trabalho e estender ou rever as sentenças normativas do Tribunal Superior do Trabalho, nos casos previstos em lei". Inclusive o TST se manifestou no sentido de não admitir a aplicação do CPC de 2015 no processo do trabalho, que estabelece o prazo de 15 dias para recorrer, uma vez que a CLT não é omissa nesse particular (art. 1º. § 2º da Instrução Normativa nº 39/16: "O prazo para interpor e contra-arrazoar todos os recursos trabalhistas, inclusive agravo interno e agravo regimental, é de oito dias (art. 6º da Lei nº 5.584/70 e art. 893 da CLT), exceto embargos de declaração (CLT, art. 897-A)".

Alternativa "b": Incorreta, pois a correição parcial não é considerada como recurso, mas sim como uma medida de natureza administrativa.

Alternativa "c": Correta a assertiva, pois destaca a natureza não recursal do incidente de uniformização de jurisprudência e seu objetivo de eliminar as divergências de interpretação jurídica dentro de um mesmo Tribunal. (ver nota do autor)

Alternativa "d": Correta, pois descreve o procedimento de recurso ordinário no âmbito da competência originária dos Tribunais Trabalhistas, como previsto no art. 895, II da CLT: "Cabe recurso ordinário para a instância superior: II – das decisões definitivas ou terminativas dos Tribunais Regionais, em processos de sua competência originária, no prazo de 8 (oito) dias, quer nos dissídios individuais, quer nos dissídios coletivos".

Alternativa "e": Correta a assertiva, pois em consonância com o preceito contido no art. 894, II da CLT: "No Tribunal Superior do Trabalho cabem embargos, no prazo de 8 (oito) dias: II - das decisões das Turmas que divergirem entre si, ou das decisões proferidas pela Seção de Dissídios Individuais, salvo se a decisão recorrida estiver em consonância com súmula ou orientação jurisprudencial do Tribunal Superior do Trabalho ou do Supremo Tribunal Federal".

Gabarito: B.

---

409. (TRT 22 – Juiz do Trabalho Substituto 22ª Região/2013) Ainda sobre recurso no processo do trabalho, é CORRETO afirmar que:

a) para que o recurso de revista seja recebido, é necessário que, mesmo havendo na decisão recorrida tese explícita sobre a matéria, seja apresentado prequestionamento, para que conste na decisão referência expressa do dispositivo legal contrariado;

b) o depósito recursal não necessariamente precisa acompanhar o recurso. Havendo interposição antecipada do recurso, o depósito recursal pode ser feito e comprovado até o último momento do prazo para interposição do aludido recurso.

c) é cabível agravo retido, sempre que houver decisão em audiência negando a produção de prova, devendo ser registrado na ata de audiência;

d) ao apresentar agravo de petição, o agravante deve delimitar a matéria e os valores, bem como recolher o depósito recursal, mesmo que já tenha garantido integralmente o juízo de execução;

e) as empresas que requererem, na contestação, os benefícios da justiça gratuita, estão dispensadas do recolhimento de depósito recursal, devendo pagar apenas as custas processuais.

COMENTÁRIOS

✪ **Nota do autor:** Como o recurso de revista é todo ele baseado em divergência jurisprudencial, o acórdão deve ser claro e expresso sobre a tese jurídica que adota para manter ou modificar a decisão de primeira instância, sem que isso signifique a obrigação de fazer referência a determinado preceito normativo.

Alternativa "a": Incorreta, pois se a tese for explícita, não é necessária a referência expressa ao dispositivo legal violado, conforme entendimento do TST constante da OJ nº 118 da SDI-I do TST: "Havendo tese explícita sobre a matéria, na decisão recorrida, desnecessário contenha nela referência expressa do dispositivo legal para ter-se como prequestionado este".

Alternativa "b": Correta. É possível protocolar o recurso e deixar para comprovar o preparo posteriormente, desde que seja observado o respectivo prazo recursal. O TST posiciona-se nesse sentido por meio da Súmula nº 245: "O depósito recursal deve ser feito e comprovado no prazo alusivo ao recurso. A interposição antecipada deste não prejudica a dilação legal".

Alternativa "c": Incorreta, pois não existe a figura do agravo retido no processo do trabalho. Na situação citada, a parte pode impugnar a decisão interlocutória que lhe é desfavorável por meio do protesto.

Alternativa "d": Incorreta, pois no caso do agravo de petição, como o juízo já se encontra seguro, não é necessário efetivar o depósito recursal, na forma prevista pelo inciso II, da Súmula nº 128, II do TST: "Garantido o juízo, na fase executória, a exigência de depósito para recorrer de qualquer decisão viola os incisos II e LV do art. 5º da CF/1988. Havendo, porém, elevação do valor do débito, exige-se a complementação da garantia do juízo". Necessário, apenas, delimitar as matérias e os valores impugnados, na forma prevista pelo art. 897, §1º, da CLT: "O agravo de petição só será recebido quando o agravante delimitar, justificadamente, as matérias e os valores impugnados, permitida a execução imediata da parte remanescente até o final, nos próprios autos ou por carta de sentença".

Alternativa "e": Incorreta. A Resolução nº 66/2010 do CSJT, art. 2º, § 1º, dispõe que a concessão da justiça gratuita a empregador, pessoa física, dependerá da comprovação de situação de carência que inviabilize a assunção dos ônus decorrentes da demanda judicial.

Gabarito: B.

---

410. (TRT 22 – Juiz do Trabalho Substituto 22ª Região/2013) Reclamante ingressa com reclamatória trabalhista postulando reconhecimento de vínculo de emprego e verbas então decorrentes. A reclamada, em defesa, nega que o reclamante tenha prestado qualquer tipo de trabalho. Após regular instrução processual, pelo julgador, em sentença, foi reconhecido o vínculo de emprego. A reclamada recorre e, em seu recurso, admite que o reclamante trabalhou para ela, mas não sob a forma de vinculação empregatícia. Quanto a esse argumento, é CORRETO afirmar:

a) como formulado em sede de recurso ordinário e tendo em vista a sua larga abrangência, plenamente possíveis as razões apresentadas, ainda que não o tenham sido anteriormente;

b) pela direta ligação com a questão discutida, vínculo de emprego, não se cuida de inovação alguma, de modo que regular agitá-la no recurso ordinário;

c) tal argumentação não pode ser validamente feita, por caracterizar o "venire contra factum proprium", o injustificado retorno sobre os próprios passos, já que, em contestação, a reclamada negou a realização de qualquer trabalho;

d) a reclamada teria, mesmo, de agitar esse argumento em grau de recurso ordinário, porquanto, cuidando-se de matéria fática, se não o apresentasse nesse momento, não teria mais como apresentá-lo;

e) a argumentação só pode ser feita se a sentença houver reconhecido a prestação de algum tipo de serviço.

COMENTÁRIOS

✪ **Nota do autor:** A arguição de fatos, fundamentos e pedidos não apresentados com a inicial ou com a defesa em recurso constitui inovação recursal que deve ser repelida, pois ofende o princípio do duplo grau de jurisdição. Observe-se, na alternativa "a", que o art. 515 do CPC de 1973 corresponde ao art. 1.013 do CPC de 2015.

Alternativa "a": Por conta da aplicação do efeito devolutivo, o recurso ordinário confere ao Tribunal a prerrogativa de reexaminar toda a matéria impugnada, segundo dispõe o *caput* do art. 515 do CPC de 1973: "A apelação devolverá ao Tribunal o conhecimento da matéria impugnada". Logo, não há como a parte apresentar fundamentação ou pedido distinto daquele que constou em sua inicial ou em sua defesa, uma vez que não será objeto de apreciação pelo Tribunal". **Incorreta.**

Alternativa "b": A argumentação de existência de prestação de serviço e ausência de relação de emprego constitui inovação recursal, que não é admitida no sistema processual civil ou trabalhista. **Incorreta.**

Alternativa "c": *Venire contra factum proprium* é uma das formas de inobservância da boa-fé objetiva, que se aplica, também, às relações processuais. Significa lançar mão de um comportamento contraditório se comparado com os atos anteriormente praticados pela parte de forma habitual. Essa figura amolda-se perfeitamente ao caso hipotético que consta nessa assertiva. Isso porque, na defesa o reclamado negou tanto a prestação de serviço quando a relação de emprego. Depois que sucumbiu na sentença, em fase de recurso, admitiu a prestação de serviço, mas negou o vínculo empregatício. Além disso, o recurso não poderá ser conhecido por conta da inovação recursal. **Correta** a assertiva.

Alternativa "d": Toda a matéria fática e jurídica que a parte ré disponha para a defesa dos seus interesses deve ser apresentada na defesa, sob pena de preclusão, salvo algumas exceções previstas na norma jurídica processual. A argumentação de existência de prestação de serviço constitui inovação à lide e não comporta apreciação pelo Tribunal. **Incorreta.**

Alternativa "e": Essa argumentação não pode ser apresentada em fase recursal, pois não é classificada como fato novo. **Incorreta.**

Gabarito: C.

---

411. (TRT – JTS 21ª RG/2010) Pedro ajuizou reclamação trabalhista contra a empresa Sonhos Ltda., pleiteando o pagamento de horas extras laboradas. Encerrada a instrução processual, foi designada audiência para o dia 04.03.2010 para a leitura e publicação da sentença. Na data aprazada, não foi possível a prolação do veredicto, sendo este publicado no diário eletrônico da Justiça do Trabalho em data de 11.03.2010 (quinta-feira). Pedro, que até então fez uso do "jus postulandi", buscou, no dia 18.03.2010, um advogado, visto que a sentença lhe foi desfavorável. O causídico protocolou recurso ordinário, visando a reforma do julgado, em 22.03.2010 (segunda-feira), não tendo efetuado o recolhimento das custas processuais. No exame da admissibilidade, o Juiz do Trabalho negou seguimento ao recurso, por intempestividade e deserção, neste último caso em razão da ausência de pedido específico de justiça gratuita quando da elaboração do termo de reclamação, embora preenchesse o autor os seus requisitos legais. Sobre a admissibilidade do recurso, e considerando que não houve feriados nesse período, é CORRETO afirmar:

a) o recurso é tempestivo, mas o recolhimento das custas no caso é obrigatório;

b) o recurso é intempestivo e o recolhimento das custas é obrigatório;

c) o recurso é intempestivo, mas o recolhimento das custas pode ser dispensado, a requerimento da parte, nessa fase processual;

d) o recurso é tempestivo, mas subsiste a deserção, uma vez que não houve requerimento específico quando da propositura da ação;

e) o recurso é tempestivo e o recolhimento das custas processuais pode ser dispensado de ofício pelo Juiz.

COMENTÁRIOS

✪ **Nota do autor:** Com a publicação feita pelo diário da justiça eletrônico, tem-se o dia de graça que é o primeiro subsequente ao da publicação. Como, no caso da questão, isso ocorreu na quinta, considera-se sexta-feira o dia de graça. Sendo assim, o prazo começaria a fluir a partir de segunda-feira, ou seja, dia 16.03.2010, findando dia 23.03.2010. Fundamentos: Súmula nº 30 do TST: "Quando não juntada a ata ao processo em 48 horas, contadas da audiência de julgamento (art. 851, § 2º, da CLT), o prazo para recurso será contado da data em que a parte receber a intimação da sentença"; e art. 4º, § § 3º e 4º, da Lei nº 11.419/06: "§ 3º. Considera-se como data da publicação o primeiro dia útil seguinte ao da disponibilização da informação no Diário da Justiça eletrônico. § 4º. Os prazos processuais terão início no primeiro dia útil que seguir ao considerado como data da publicação". Ainda, com relação a justiça gratuita, com a vigência da Lei da Reforma Trabalhista, houve alteração na redação do § 3º, art. 790 da CLT: "É facultado aos juízes, órgãos julgadores e presidentes dos tribunais do trabalho de qualquer instância conceder, a requerimento ou de ofício, o benefício da justiça gratuita, inclusive quanto a traslados e instrumentos, àqueles que perceberem salário igual ou inferior a 40% (quarenta por cento) do limite máximo dos benefícios do Regime Geral de Previdência Social." Assim, com exceção desse caso, o benefício da justiça gratuita será concedido à parte que comprovar insuficiência de recursos para o pagamento das custas do processo.

Alternativa "a": Incorreta, pois apesar de tempestivo, o juiz tem a faculdade de dispensar o recolhimento das custas de ofício, na forma prevista pelo art. 790, § 3º, CLT: "É facultado aos juízes, órgãos julgadores e presidentes dos tribunais do trabalho de qualquer instância conceder, a requerimento ou de ofício, o benefício da justiça gratuita, inclusive quanto a traslados e instrumentos, àqueles que perceberem salário igual ou inferior ao dobro do mínimo legal, ou declararem, sob as penas da lei, que não estão em condições de pagar as custas do processo sem prejuízo do sustento próprio ou de sua família". (ver nota do autor)

Alternativa "b": Incorreta, pois o recurso é tempestivo, conforme entendimento constante da Súmula nº 30 do TST e do art. 4º, § § 3º e 4º, da Lei nº 11.419/06.

Alternativa "c": Incorreta, pois o recurso é tempestivo, conforme entendimento constante da Súmula nº 30 do TST e do art. 4º, § § 3º e 4º, da Lei nº 11.419/06. Além disso, o juiz pode conceder os benefícios da justiça gratuita de ofício, conforme preceito contido no art. 790, § 3º, CLT, todos já transcritos. (ver nota do autor)

Alternativa "d": Incorreta, pois o juiz pode conceder os benefícios da justiça gratuita de ofício, conforme preceito contido no art. 790, § 3º, CLT, todos já transcritos. (ver nota do autor)

Alternativa "e": Correta, pois em conformidade com a Súmula nº 30 do TST, art. 4º, § 3º e § 4º, da Lei nº 11.419/06 e art. 790, § 3º, CLT. (ver nota do autor)

Gabarito: E.

---

412. (TRT – JTS 23ª RG/2008) Em relação às normas procedimentais aplicáveis ao processo do trabalho em decorrência da alteração de sua competência, por força da Emenda Constitucional nº 45/2004, em conformidade com as regras normatizadas pelo C. TST, é INCORRETO afirmar:

a) exceto nas lides decorrentes da relação de emprego, os honorários advocatícios são devidos pela mera sucumbência;

b) é facultado ao juiz, em relação às perícias, exigir depósito prévio dos honorários, salvo se a parte for beneficiária da Justiça Gratuita;

c) salvo nas lides decorrentes da relação de emprego, é aplicável o princípio da sucumbência recíproca, relativamente às custas judiciais;

d) o depósito recursal a que se refere o art. 899 da CLT é sempre exigível como requisito extrínseco do recurso, quando houver condenação em pecúnia;

e) a sistemática recursal a ser observada é a prevista na CLT, inclusive no tocante à nomenclatura, à alçada, aos prazos e às competências.

COMENTÁRIOS

✪ **Nota do autor:** Segue a íntegra da IN nº 27/05 do TST, cujo teor é bastante cobrado nas provas de concurso para Magistratura e MPT: "Dispõe sobre normas procedimentais aplicáveis ao processo do trabalho em decorrência da ampliação da competência da Justiça do Trabalho pela Emenda Constitucional nº 45/2004. Art. 1º As ações ajuizadas na Justiça do Trabalho tramitarão pelo rito ordinário ou sumaríssimo, conforme previsto na Consolidação das Leis do Trabalho, excepcionando-se, apenas, as que, por disciplina legal expressa, estejam sujeitas a rito especial, tais como o Mandado de Segurança, *Habeas corpus*, *Habeas data*, Ação Rescisória, Ação Cautelar e Ação de Consignação em Pagamento. Art. 2º A sistemática recursal a ser observada é a prevista na Consolidação das Leis do Trabalho, inclusive no tocante à nomenclatura, à alçada, aos prazos e às competências. Parágrafo único. O depósito recursal a que se refere o art. 899 da CLT é sempre exigível como requisito extrínseco do recurso, quando houver condenação em pecúnia. Art. 3º Aplicam-se quanto às custas as disposições da Consolidação das Leis do Trabalho. § 1º As custas serão pagas pelo vencido, após o trânsito em julgado da decisão. § 2º Na hipótese de interposição de recurso, as custas deverão ser pagas e comprovado seu recolhimento no prazo recursal (artigos 789, 789 – A, 790 e 790 – A da CLT). § 3º Salvo nas lides decorrentes da relação de emprego, é aplicável o princípio da sucumbência recíproca, relativamente às custas. Art. 4º Aos emolumentos aplicam-se as regras previstas na Consolidação das Leis do Trabalho, conforme previsão dos artigos 789 – B e 790 da CLT. Art. 5º Exceto nas lides decorrentes da relação de emprego, os honorários advocatícios são devidos pela mera sucumbência. Art. 6º Os honorários periciais serão suportados pela parte sucumbente na pretensão objeto da perícia, salvo se beneficiária da justiça gratuita. Parágrafo único. Faculta-se ao juiz, em relação à perícia, exigir depósito prévio dos honorários, ressalvadas as lides decorrentes da relação de emprego. Art. 7º Esta Resolução entrará em vigor na data da sua publicação". Entretanto, com a vigência da Lei nº 13.467/17, apesar de ter sido mantido o *ius postulandi* das partes no art. 791, foi instituído no processo do trabalho os honorários de sucumbência, inclusive recíproca, entre 5% e 15% (art. 791-A da CLT). Esse novo preceito legal deve provocar alteração na redação do art. 5º da citada Instrução Normativa. Note-se ainda a Lei nº 13.467/17 também alterou a redação do art. 790-B da CLT. Posteriormente, em 2021, o STF declarou a inconstitucionalidade do caput e do § 4º desse dispositivo legal, quando do julgamento da ADI nº 5766. Eis a redação do referido dispositivo legal: "Art. 790-B.

A responsabilidade pelo pagamento dos honorários periciais é da parte sucumbente na pretensão objeto da perícia, ainda que beneficiária da justiça gratuita. § 4º Somente no caso em que o beneficiário da justiça gratuita não tenha obtido em juízo créditos capazes de suportar a despesa referida no caput, ainda que em outro processo, a União responderá pelo encargo."

Alternativa "a": Caso seja uma lide decorrente da relação de trabalho, excluída a de emprego, cabem honorários pela simples sucumbência. **Opção correta**, conforme art. 5º da Instrução Normativa nº 27/2005 do TST transcrita na nota do autor desta questão.

Alternativa "b": Nas lides decorrentes da relação de emprego o juiz não tem essa faculdade. **Opção incorreta**, pois contraria o art. 6º, parágrafo único, da Instrução Normativa nº 27/2005 do TST transcrita na nota do autor desta questão.

Alternativa "c": Correta, pois corresponde ao comando contido no art. 3º, § 3º, da Instrução Normativa nº 27/2005 do TST transcrita na nota do autor desta questão.

Alternativa "d": Nesse caso, o TST entendeu que deve ser aplicado o disciplinamento da CLT em relação ao recurso também para as lides decorrentes da relação de trabalho. **Opção correta**, conforme art. 2º, parágrafo único, da IN nº 27/05 do TST, transcrita na nota do autor desta questão.

Alternativa "e": Correta, em conformidade com o art. 2º da IN nº 27/05 do TST, transcrita na nota do autor desta questão.

Gabarito: B.

---

413. (TRT – JTS 8ª RG/2008) À luz da normatização pertinente, assinale a assertiva INCORRETA:

a) Exceto nas lides decorrentes da relação de emprego, os honorários advocatícios são devidos pela mera sucumbência. Ademais, é cabível recurso de revista interposto de acórdão regional prolatado em sede de agravo de instrumento.

b) A ação rescisória será admitida na forma do Código de Processo Civil, sujeita ao depósito prévio de vinte por cento do valor da causa, salvo prova de miserabilidade jurídica do autor. O valor da causa da ação rescisória que visa a desconstituir decisão da fase de execução corresponderá ao valor apurado em liquidação de sentença.

c) As ações ajuizadas na Justiça do Trabalho tramitarão pelo rito ordinário ou sumaríssimo, conforme previsto na Consolidação das Leis do Trabalho, excepcionando-se, apenas, as que, por disciplina legal expressa, estejam sujeitas a rito especial, tais como o Mandado de Segurança, *Habeas corpus*, *Habeas data*, Ação Rescisória, Ação Cautelar e Ação de Consignação em Pagamento.

d) No âmbito do processo do trabalho, salvo nas lides decorrentes da relação de emprego, é aplicável o princípio da sucumbência recíproca, relativamente às custas. Por outro lado, está desprovido de interesse de agir o autor que demanda em ação individual, singular ou plúrima, quando o direito já foi reconhecido através de decisão normativa.

e) Faculta-se ao juiz, em relação à perícia, exigir depósito prévio dos honorários, ressalvadas as lides decorrentes da relação de emprego.

COMENTÁRIOS

✪ Nota do autor: Em relação a alternativa "a", com a vigência da Lei nº 13.467/17, apesar de ter sido mantido o *ius postulandi* das partes no art. 791, foi instituído, no processo do trabalho, os honorários de sucumbência entre 5% e 15% (art. 791-A da CLT). Esse novo preceito legal deve provocar alteração na redação do art. 5º da IN 27/05 do TST. Já na alternativa "e", com a vigência da Lei da Reforma Trabalhista também foi alterada a redação do art. 790-B da CLT. Posteriormente, em 2021, o STF declarou a inconstitucionalidade do *caput* e do § 4º desse dispositivo legal, quando do julgamento da ADI nº 5766. Eis a redação do referido dispositivo legal: "A responsabilidade pelo pagamento dos honorários periciais é da parte sucumbente na pretensão objeto da perícia, ainda que beneficiária da justiça gratuita. § 4º Somente no caso em que o beneficiário da justiça gratuita não tenha obtido em juízo créditos capazes de suportar a despesa referida no caput, ainda que em outro processo, a União responderá pelo encargo."

Alternativa "a": A primeira parte da assertiva está correta (IN nº 27/05 do TST). Todavia, considera-se a opção **incorreta**, pois em desacordo com o entendimento da Súmula nº 218 do TST: "É incabível recurso de revista interposto de acórdão regional prolatado em agravo de instrumento". (ver nota do autor)

Alternativa "b": Correta, conforme preceito contido no art. 836 da CLT: "É vedado aos órgãos da Justiça do Trabalho conhecer de questões já decididas, excetuados os casos expressamente previstos neste Título e a ação rescisória, que será admitida na forma do disposto no Capítulo IV do Título IX da Lei nº 5.869, de 11 de janeiro de 1973 – Código de Processo Civil, sujeita ao depósito prévio de 20% (vinte por cento) do valor da causa, salvo prova de miserabilidade jurídica do autor". Também, o texto do art. 3º da Instrução Normativa nº 31 do TST: "O valor da causa da ação rescisória que visa desconstituir decisão da fase de execução corresponderá ao valor apurado em liquidação de sentença".

Alternativa "c": Correta, de acordo com o art. 1º da Instrução Normativa nº 27 do TST: "As ações ajuizadas na Justiça do Trabalho tramitarão pelo rito ordinário ou sumaríssimo, conforme previsto na Consolidação das Leis do Trabalho, excepcionando-se, apenas, as que, por disciplina legal expressa, estejam sujeitas a rito especial, tais como o Mandado de Segurança, *Habeas corpus*, *Habeas data*, Ação Rescisória, Ação Cautelar e Ação de Consignação em Pagamento".

Alternativa "d": Correta, de acordo com o art. 3º, § 3º, da Instrução Normativa nº 27 do TST: "Salvo nas lides decorrentes da relação de emprego, é aplicável o princípio da sucumbência recíproca, relativamente às custas". (ver nota do autor)

Alternativa "e": Correta, segundo com o art. 6º, parágrafo único, da Instrução Normativa nº 27 do TST: "Os honorários periciais serão suportados pela parte sucumbente na pretensão objeto da perícia, salvo se beneficiária da justiça gratuita. Parágrafo único. Faculta-se ao juiz, em relação à perícia, exigir depósito prévio dos honorários, ressalvadas as lides decorrentes da relação de emprego". (ver nota do autor)

Gabarito: A.

5.2. RECURSO ORDINÁRIO

414. (TRT 1 – Juiz do Trabalho Substituto 1ª Região/2016) Tendo o juiz rejeitado liminarmente os embargos à execução opostos pelo executado, este impetrou mandado de segurança com pedido de liminar ao relator, para que determinasse o processamento dos ditos embargos. O relator, porém, julgou manifestamente incabível a ação mandamental e indeferiu a sua petição inicial. O executado, então, interpôs agravo regimental, para que fosse processado o mandado de segurança e concedida a liminar. Negado provimento ao agravo regimental, o executado opôs embargos de declaração, os quais não foram conhecidos, uma vez que havia alegação de insatisfação com o julgamento do mencionado agravo. Opostos novos embargos, o relator então negou-lhe seguimento, por manifestamente incabível e contrário à jurisprudência do tribunal.

Dada essa última decisão, é cabível

a) recurso ordinário.

b) agravo regimental ou turmário.

c) recurso de revista.

d) agravo de instrumento.

e) novo mandado de segurança.

COMENTÁRIOS

✪ **Nota do autor:** O agravo interno, também denominado de agravo regimental no processo do trabalho, tem como objetivo principal atacar as decisões monocráticas dos juízes relatores ou dos juízes presidentes dos Tribunais, por meio do envio da matéria para o reexame do órgão colegiado do qual faz parte o referido magistrado.

Alternativa "a": Correta. Como a competência originária do mandado de segurança foi o Tribunal Regional do Trabalho, cabe recurso ordinário para o TST na forma prevista pelo art. art. 895, II, da CLT: "Cabe recurso ordinário para a instância superior: II – das decisões definitivas ou terminativas dos Tribunais Regionais, em processos de sua competência originária, no prazo de 8 (oito) dias, quer nos dissídios individuais, quer nos dissídios coletivos.

Alternativa "b": Incorreta, uma vez que já esgotados todos os recursos no âmbito do regional. Caberia, apenas a interposição de recurso ordinário para o TST, na forma prevista pelo art. art. 895, II, da CLT: "Cabe recurso ordinário para a instância superior: II – das decisões definitivas ou terminativas dos Tribunais Regionais, em processos de sua competência originária, no prazo de 8 (oito) dias, quer nos dissídios individuais, quer nos dissídios coletivos.

Alternativa "c": Incorreta, pois não cabe recurso de revista de decisão de TRT em demandas de sua competência originária. Caberia, apenas a interposição de recurso ordinário para o TST, na forma prevista pelo art. art. 895, II, da CLT.

Alternativa "d": Incorreta, pois o agravo de instrumento, no processo do trabalho, só tem a função de destrancar recurso, não sendo essa a hipótese da questão.

Alternativa "e": Incorreta, pois só caberia mandado de segurança se a decisão fosse irrecorrível, não sendo este o caso da questão, pois cabe ainda recurso ordinário.

Gabarito: A.

415. (FCC – Juiz do Trabalho Substituto 15ª Região/2015) A empresa Esse Prato Alimentos, regularmente citada, compareceu em audiência realizada pelo Juiz da Vara do Trabalho de São Paulo (2ª Região) e apresentou exceção de incompetência territorial requerendo a remessa da reclamação trabalhista para Ribeirão Preto (15ª Região). A exceção foi acolhida com a remessa dos autos para uma das Varas do Trabalho de Ribeirão Preto. Dessa decisão que acolheu a exceção de incompetência

a) cabe recurso para o TRT da 2ª Região.

b) cabe recurso para o TRT da 15ª Região.

c) cabe recurso para o TST.

d) não cabe recurso, tendo em vista tratar-se de decisão interlocutória.

e) não cabe recurso de imediato, devendo a parte aguardar a decisão do juiz da Vara do Trabalho de Ribeirão Preto sobre a exceção.

COMENTÁRIOS

✪ **Nota do autor:** O CPC de 2015 também adotou, de certa forma, o princípio da irrecorribilidade imediata das decisões interlocutórias. Todavia, cabe agravo de instrumento das decisões interlocutórias que versarem sobre os temas listados no art. 1.015 do CPC de 2015.

Alternativa "a": Correta, pois se trata de uma das exceções quanto à irrecorribilidade imediata das decisões interlocutórias, conforme dispõe o art. 799, § 2º, da CLT: "Das decisões sobre exceções de suspeição e incompetência, salvo, quanto a estas, se terminativas do feito, não caberá recurso, podendo, no entanto, as partes alegá-las novamente no recurso que couber da decisão final". Nesse sentido posiciona-se o TST por meio da Súmula nº 214, "c": "Na Justiça do Trabalho, nos termos do art. 893, § 1º, da CLT, as decisões interlocutórias não ensejam recurso imediato, salvo nas hipóteses de decisão: c) que acolhe exceção de incompetência territorial, com a remessa dos autos para Tribunal Regional distinto daquele a que se vincula o juízo excepcionado, consoante o disposto no art. 799, § 2º, da CLT."

Alternativa "b": Incorreta, pois como o recurso é imediato, o Tribunal competente é aquele vinculado à Vara a qual foi ajuizada a reclamação trabalhista, ou seja, o TRT da 2ª Região. Nesse sentido a Súmula nº 214 do TST, "c": "Na Justiça do Trabalho, nos termos do art. 893, § 1º, da CLT, as decisões interlocutórias não ensejam recurso imediato, salvo nas hipóteses de decisão: c) que acolhe exceção de incompetência territorial, com a remessa dos autos para Tribunal Regional distinto daquele a que se vincula o juízo excepcionado, consoante o disposto no art. 799, § 2º, da CLT."

Alternativa "c": Incorreta, não inexiste recurso para o TST em decorrência de decisão proferida por Vara do Trabalho.

Alternativa "d": Incorreta a assertiva, pois se trata de uma das exceções quanto à irrecorribilidade imediata das decisões interlocutórias, conforme dispõe o citado e transcrito art. 799, § 2º da CLT interpretado pela Súmula nº 214, "c" do TST, também já citada.

Alternativa "e": Incorreta. Esse procedimento só seria adotado se a exceção fosse julgada improcedente ou procedente com remessa dos autos para Vara do Trabalho vinculada ao mesmo tribunal.

Gabarito: A.

---

416. (TRT 23 – Juiz do Trabalho Substituto 23ª Região/2014) Assinale a alternativa correta:

a) A Consolidação somente prevê duas exceções para a regra de irrecorribilidade imediata de decisões interlocutórias: a) decisão de tribunal contrária a súmula ou orientação jurisprudencial do TST; b) decisão susceptível de impugnação mediante recurso para o mesmo tribunal.

b) Nas reclamações trabalhistas sujeitas ao rito sumaríssimo, dispensa-se o parecer do representante do Ministério Público.

c) O recurso ordinário é cabível apenas para impugnar decisões definitivas ou terminativas de Varas e Juízos e de decisões definitivas de Tribunais Regionais do Trabalho em processos de sua competência originária.

d) Em julgamento de recurso ordinário, nas causas sujeitas a rito sumaríssimo, se a sentença for confirmada pelos seus próprios fundamentos, a certidão de julgamento, registrando tal circunstância, servirá como acórdão.

e) A execução será, sempre, promovida pelo reclamante.

COMENTÁRIOS

✪ **Nota do autor:** Quando a decisão interlocutória ferir direito líquido e certo, o litigante prejudicado pode impetrar mandado de segurança, desde que não caiba qualquer outra espécie de recurso. Observe-se, com relação a alternativa "e", que a Lei da Reforma Trabalhista alterou o art. 878 da CLT, que passou a contar com a seguinte redação: "Art. 878. A execução será promovida pelas partes, permitida a execução de ofício pelo juiz ou pelo Presidente do Tribunal apenas nos casos em que as partes não estiverem representadas por advogado.". Dessa forma, a execução *ex officio* somente será cabível quando as partes estiverem no exercício do *ius postulandi*.

Alternativa "a": Na verdade são três. Faltou citar a decisão que acolhe exceção de incompetência territorial, com a remessa dos autos para Tribunal Regional distinto daquele a que se vincula o juízo excepcionado, consoante o disposto no art. 799, § 2º, da CLT, na forma prevista pela Súmula nº 214 do TST. **Incorreta.**

Alternativa "b": Há necessidade de parecer do MPT, mas ele será oral, conforme redação do art. 895, § 1º, III da CLT: "Nas reclamações sujeitas ao procedimento sumaríssimo, o recurso ordinário: "terá parecer oral do representante do Ministério Público presente à sessão de julgamento, se este entender necessário o parecer, com registro na certidão." **Incorreta.**

Alternativa "c": Segundo o teor da Súmula nº 214, há três hipóteses de cabimento de recurso ordinário para atacar decisões interlocutórias: "Na Justiça do Trabalho, nos termos do art. 893, § 1º, da CLT, as decisões interlocutórias não ensejam recurso imediato, salvo nas hipóteses de decisão: a) de Tribunal Regional do Trabalho contrária à Súmula ou Orientação Jurisprudencial do Tribunal Superior do Trabalho; b) suscetível de impugnação mediante recurso para o mesmo Tribunal; c) que acolhe exceção de incompetência territorial, com a remessa dos autos para Tribunal Regional distinto daquele a que se vincula o juízo excepcionado, consoante o disposto no art. 799, § 2º, da CLT". **Incorreta.**

Alternativa "d": Essa característica está prevista expressamente pelo art. 895, IV da CLT: "Terá acórdão consistente unicamente na certidão de julgamento, com a indicação suficiente do processo e parte dispositiva, e das razões de decidir do voto prevalente. Se a sentença for confirmada pelos próprios fundamentos, a certidão de julgamento, registrando tal circunstância, servirá de acórdão". **Correta.**

Alternativa "e": A execução, no processo laboral, pode ser promovida de ofício pelo juiz, segundo preceitua o art. 878, caput da CLT: "A execução poderá ser promovida por qualquer interessado, ou *ex officio* pelo próprio Juiz ou Presidente ou Tribunal competente, nos termos do artigo anterior". **Incorreta.** (ver nota do autor)

Gabarito: D.

417. (TRT 3 – Juiz do Trabalho Substituto 3ª Região/2013) Em relação ao processo do trabalho, leia as afirmações abaixo e, em seguida, assinale a alternativa correta, segundo a jurisprudência consolidada do Tribunal Superior do Trabalho:

I. O efeito devolutivo em profundidade do recurso ordinário transfere ao Tribunal a apreciação dos fundamentos da inicial ou da defesa, não examinados pela sentença, ainda que não renovados em contrarrazões.

II. O efeito devolutivo em profundidade do recurso ordinário transfere ao Tribunal a apreciação do pedido não apreciado na sentença, inclusive na hipótese contida no § 3° do art. 515 do CPC.

III. Inadmissível na fase recursal a regularização da representação processual, na forma do art. 13 do CPC, cuja aplicação se restringe ao juízo de 1° grau.

IV. As organizações ou organismos internacionais gozam de imunidade absoluta de jurisdição quando amparados por norma internacional incorporada ao ordenamento jurídico brasileiro, não se lhes aplicando a regra do Direito Consuetudinário relativa à natureza dos atos praticados. Excepcionalmente, prevalecerá a jurisdição brasileira na hipótese de renúncia expressa à cláusula de imunidade jurisdicional.

a) Somente as afirmativas I, III e IV estão corretas.

b) Somente as afirmativas I, II e IV estão corretas.

c) Somente as afirmativas III e IV estão corretas.

d) Somente as afirmativas I, II e III estão corretas.

e) Somente a afirmativa II está correta.

COMENTÁRIOS

✪ **Nota do autor:** O efeito devolutivo em profundidade não atinge os pedidos não apreciados na sentença, salvo no caso em que a sentença foi no sentido de extinguir o processo sem a resolução do mérito. Nessa hipótese, o Tribunal poderia (era uma faculdade e não um dever) avançar no mérito da causa, se a questão fosse de direito e a demanda estivesse apta para julgamento, na forma prevista pelo § 3º, art. 515 do CPC de 1973: "Nos casos de extinção do processo sem julgamento do mérito (art. 267), o tribunal pode julgar desde logo a lide, se a causa versar questão exclusivamente de direito e estiver em condições de imediato julgamento". Observe-se, no item "I", que o art. 515, §1º e §3º do CPC de 1973 corresponde ao art. 1.013, §1º e §3º do CPC de 2015, que transformou a faculdade em um dever. Inclusive, o TST alterou a redação da Súmula nº 393 para se adequar ao CPC de 2015: "RECURSO ORDINÁRIO. EFEITO DEVOLUTIVO EM PROFUNDIDADE. ART. 1.013, § 1º, do CPC DE 2015. ART. 515, § 1º, DO CPC de 1973 – (nova redação em decorrência do CPC de 2015) – Res. 208/2016, DEJT divulgado em 22, 25 e 26.04.2016 Súmulas A-125 SÚMULAS I – O efeito devolutivo em profundidade do recurso ordinário, que se extrai do § 1º do art. 1.013 do CPC de 2015 (art. 515, §1º, do CPC de 1973), transfere ao Tribunal a apreciação dos fundamentos da inicial ou da defesa, não examinados pela sentença, ainda que não renovados em contrarrazões, desde que relativos ao capítulo impugnado. II – Se o processo estiver em condições, o tribunal, ao julgar o recurso ordinário, deverá decidir desde logo o mérito da causa, nos termos do § 3º do art. 1.013 do CPC de 2015, inclusive quando constatar a omissão da sentença no exame de um dos pedidos.". Já o art. 267 do CPC de 1973 corresponde ao art. 485 do CPC de 2015. Por fim, no item "III", o art. 13 do CPC de 1973 corresponde ao art. 76 do CPC de 2015.

Item "I": Correta a assertiva, pois representa o entendimento do TST exposto na Súmula nº 393 do TST, na sua redação anterior: "O efeito devolutivo em profundidade do recurso ordinário, que se extrai do § 1º do art. 515 do CPC, transfere ao Tribunal a apreciação dos fundamentos da inicial ou da defesa, não examinados pela sentença, ainda que não renovados em contrarrazões. Não se aplica, todavia, ao caso de pedido não apreciado na sentença, salvo a hipótese contida no § 3º do art. 515 do CPC". (ver nota do autor)

Item "II": Incorreto. A apreciação, pelo Tribunal, de pedido era excepcional e só ocorria na hipótese de extinção do processo sem resolução do mérito, conforme previsão contida no § 3º, art. 515 do CPC de 1973. Nesse sentido é a parte final da Súmula nº 393 do TST, na sua redação anterior: "O efeito devolutivo em profundidade do recurso ordinário, que se extrai do § 1º do art. 515 do CPC, transfere ao Tribunal a apreciação dos fundamentos da inicial ou da defesa, não examinados pela sentença, ainda que não renovados em contrarrazões. Não se aplica, todavia, ao caso de pedido não apreciado na sentença, salvo a hipótese contida no § 3º do art. 515 do CPC". (ver nota do autor)

Item "III": Correto, uma vez que representa o entendimento do TST constante da redação anterior da Súmula nº 383, II: "Inadmissível na fase recursal a regularização da representação processual, na forma do art. 13 do CPC, cuja aplicação se restringe ao Juízo de 1º grau". Atualmente a redação do inciso II dessa Súmula é a seguinte: "RECURSO. MANDATO. IRREGULARIDADE DE REPRESENTAÇÃO. CPC DE 2015, ARTS. 104 E 76, § 2º (nova redação em decorrência do CPC de 2015) – Res. 210/2016, DEJT divulgado em 30.06, 1º e 04.07.2016. II – Verificada a irregularidade de representação da parte em fase recursal, em procuração ou substabelecimento já constante dos autos, o relator ou o órgão competente para julgamento do recurso designará prazo de 5 (cinco) dias para que seja sanado o vício. Descumprida a determinação, o relator não conhecerá do recurso, se a providência couber ao recorrente, ou determinará o desentranhamento das contrarrazões, se a providência couber ao recorrido (art. 76, § 2º, do CPC de 2015)".

Item "IV": A assertiva corresponde à redação da OJ nº 416 da SDI-I do TST: "As organizações ou organismos internacionais gozam de imunidade absoluta de jurisdição quando amparados por norma internacional incorporada ao ordenamento jurídico brasileiro, não se lhes aplicando a regra do Direito Consuetudinário relativa à natureza dos atos praticados. Excepcionalmente, prevalecerá a jurisdição brasileira na hipótese de renúncia expressa à cláusula de imunidade jurisdicional". **Correta.**

Gabarito: A.

---

418. (TRT – JTS 14ª RG/2008) Sobre o recurso ordinário no processo do trabalho, à luz da jurisprudência do TST, assinale a alternativa falsa:

a) O efeito devolutivo do recurso ordinário transfere ao tribunal a apreciação de fundamento da defesa, ainda que não examinado pela sentença e nem renovado em contrarrazões.

b) Havendo recurso ordinário em sede de ação rescisória, o depósito recursal somente se torna exigível no caso de ter sido julgado procedente o pedido e imposta condenação em pecúnia.

c) Interpondo recurso ordinário em mandado de segurança, cabe ao recorrente comprovar o recolhimento das custas processuais no prazo recursal, sob pena de deserção.

d) Cabe recurso ordinário contra decisão de agravo regimental interposto em reclamação correicional.

e) Cabe recurso adesivo, no prazo de 8 (oito) dias, na hipótese de recurso ordinário, sendo desnecessário que a matéria nele veiculada esteja relacionada com a do recurso interposto pela parte contrária.

COMENTÁRIOS

✪ **Nota do autor:** A presente questão foi elaborada antes da alteração da Súmula nº 393 do TST, que contava com a seguinte redação: "O efeito devolutivo em profundidade do recurso ordinário, que se extrai do § 1º do art. 515 do CPC, transfere ao Tribunal a apreciação dos fundamentos da inicial ou da defesa, não examinados pela sentença, ainda que não renovados em contrarrazões. Não se aplica, todavia, ao caso de pedido não apreciado na sentença, salvo a hipótese contida no § 3º do art. 515 do CPC". Observe-se, que o art. 515, §1º e §3º do CPC de 1973 corresponde ao art. 1.013, §1º e §3º do CPC de 2015. Inclusive, o TST alterou a redação da Súmula nº 393 para se adequar ao CPC de 2015: "RECURSO ORDINÁRIO. EFEITO DEVOLUTIVO EM PROFUNDIDADE. ART. 1.013, § 1º, do CPC DE 2015. ART. 515, § 1º, DO CPC de 1973 – (nova redação em decorrência do CPC de 2015) – Res. 208/2016, DEJT divulgado em 22, 25 e 26.04.2016 Súmulas A-125 SÚMULAS I – O efeito devolutivo em profundidade do recurso ordinário, que se extrai do § 1º do art. 1.013 do CPC de 2015 (art. 515, §1º, do CPC de 1973), transfere ao Tribunal a apreciação dos fundamentos da inicial ou da defesa, não examinados pela sentença, ainda que não renovados em contrarrazões, desde que relativos ao capítulo impugnado. II – Se o processo estiver em condições, o tribunal, ao julgar o recurso ordinário, deverá decidir desde logo o mérito da causa, nos termos do § 3º do art. 1.013 do CPC de 2015, inclusive quando constatar a omissão da sentença no exame de um dos pedidos."

Alternativa "a": Item correto à época, pois de acordo com a redação anterior da Súmula nº 393 do TST: "O efeito devolutivo em profundidade do recurso ordinário, que se extrai do § 1º do art. 515 do CPC, transfere automaticamente ao Tribunal a apreciação de fundamento da defesa não examinado pela sentença, ainda que não renovado em contrarrazões. Não se aplica, todavia, ao caso de pedido não apreciado na sentença". **(ver nota do autor)**

Alternativa "b": Só existe a obrigação de realizar o depósito recursal quando há condenação em pecúnia. Opção **correta**, conforme Súmula nº 99 do TST: "Havendo recurso ordinário em sede de rescisória, o depósito recursal só é exigível quando for julgado procedente o pedido e imposta condenação em pecúnia, devendo este ser efetuado no prazo recursal, no limite e nos termos da legislação vigente, sob pena de deserção".

Alternativa "c": Correta, de acordo com o posicionamento do TST inserido na a OJ nº 148 da SDI-2: "É responsabilidade da parte, para interpor recurso ordinário em mandado de segurança, a comprovação do recolhimento das custas processuais no prazo recursal, sob pena de deserção".

Alternativa "d": O entendimento do TST é justamente em sentido contrário. Opção **incorreta**, segundo a OJ nº 5 do Tribunal Pleno do TST: "Não cabe recurso ordinário contra decisão em agravo regimental interposto em reclamação correicional ou em pedido de providência".

Alternativa "e": Correta, de acordo com a Súmula nº 283 do TST: "O recurso adesivo é compatível com o processo do trabalho e cabe, no prazo de 8 (oito) dias, nas hipóteses de interposição de recurso ordinário, de agravo de petição, de revista e de embargos, sendo desnecessário que a matéria nele veiculada esteja relacionada com a do recurso interposto pela parte contrária".

Gabarito: D.

---

419. (TRT – JTS 6ª RG/2010) De acordo com a jurisprudência sumulada do Tribunal Superior do Trabalho sobre o Recurso Ordinário trabalhista, leia as assertivas abaixo e, depois, assinale a alternativa CORRETA:

I. O efeito devolutivo em profundidade do Recurso Ordinário se extrai do artigo 515, § 1º do Código de Processo Civil.

II. O efeito devolutivo em profundidade do Recurso Ordinário transfere ao Tribunal a apreciação do fundamento da defesa não examinado pela sentença, ainda que não renovado em contrarrazões.

III. Não há efeito devolutivo em profundidade no Recurso Ordinário no processo do trabalho porque a apreciação pelo Tribunal de matéria de defesa não enfrentada pelo juízo *a quo* consistiria em flagrante supressão de instância.

IV. O recurso ordinário trabalhista é destituído de efeito devolutivo.

V. O efeito devolutivo em profundidade não alcança o pedido não apreciado na sentença.

a) As assertivas I, II e V estão corretas.

b) Apenas as assertivas II e III estão corretas.

c) Apenas as assertivas IV e V estão corretas.

d) Apenas a assertiva II está correta.

e) Apenas a assertiva V está correta.

COMENTÁRIOS

Nota do autor: A presente questão foi elaborada antes da alteração da Súmula nº 393 do TST, que contava com a seguinte redação: "O efeito devolutivo em profundidade do recurso ordinário, que se extrai do § 1º do art. 515 do CPC, transfere ao Tribunal a apreciação dos fundamentos da inicial ou da defesa, não examinados pela sentença, ainda que não renovados em contrarrazões. Não se aplica, todavia, ao caso de pedido não apreciado na sentença, salvo a hipótese contida no § 3º do art. 515 do CPC". Observe-se que o art. 515, §1º e §3º do CPC de 1973 corresponde ao art. 1.013, §1º e §3º do CPC de 2015. Inclusive, o TST alterou a redação da Súmula nº 393 para se adequar ao CPC de 2015: "RECURSO ORDINÁRIO. EFEITO DEVOLUTIVO EM PROFUNDIDADE. ART. 1.013, § 1º, do CPC DE 2015. ART. 515, § 1º, DO CPC de 1973 – (nova redação em decorrência do CPC de 2015) – Res. 208/2016, DEJT divulgado em 22, 25 e 26.04.2016 Súmulas A-125 SÚMULAS I – O efeito devolutivo em profundidade do recurso ordinário, que se extrai do § 1º do art. 1.013 do CPC de 2015 (art. 515, §1º, do CPC de 1973), transfere ao Tribunal a apreciação dos fundamentos da inicial ou da defesa, não examinados pela sentença, ainda que não renovados em contrarrazões, desde que relativos ao capítulo impugnado. II – Se o processo estiver em condições, o tribunal, ao julgar o recurso ordinário, deverá decidir desde logo o mérito da causa, nos termos do § 3º do art. 1.013 do CPC de 2015, inclusive quando constatar a omissão da sentença no exame de um dos pedidos."

Item "I": Correto, pois de acordo com a redação anterior da Súmula nº 393 do TST: "O efeito devolutivo em profundidade do recurso ordinário, que se extrai do § 1º do art. 515 do CPC, transfere automaticamente ao Tribunal a apreciação de fundamento da defesa não examinado pela sentença, ainda que não renovado em contrarrazões. Não se aplica, todavia, ao caso de pedido não apreciado na sentença"**. (ver nota do autor)**

Item "II": Correto, pois de acordo com a redação anterior da Súmula nº 393 do TST: "O efeito devolutivo em profundidade do recurso ordinário, que se extrai do § 1º do art. 515 do CPC, transfere automaticamente ao Tribunal a apreciação de fundamento da defesa não examinado pela sentença, ainda que não renovado em contrarrazões. Não se aplica, todavia, ao caso de pedido não apreciado na sentença"**. (ver nota do autor)**

Item "IV": Incorreto. Prova disso é o fato do TST ter editado a Súmula nº 393 tratando da matéria. **(ver nota do autor)**

Item "IV": Pelo contrário. O único efeito previsto em lei para o recurso trabalhista é o devolutivo. **Item incorreto**, pois contraria o disposto no art. 899 da CLT: "Os recursos serão interpostos por simples petição e terão efeito meramente devolutivo, salvo as exceções previstas neste Título, permitida a execução provisória até a penhora".

Item "V": Correto, de acordo com a redação anterior da Súmula nº 393. Contudo, na redação foi inserida uma exceção que permite ao Tribunal analisar um pedido não apreciado na sentença, quando for a hipótese prevista pelo § 3º do art. 515 do CPC de 1973. (ver nota do autor)

Gabarito: A.

5.3. RECURSO DE REVISTA E EMBARGOS

420. (FCC – Juiz do Trabalho/2017) De acordo com as alterações processuais da Lei nº 13.015/2014, a competência para julgar recurso de revista repetitivo e fixar o paradigma judicial obrigatório será

a) da Seção de Dissídios Coletivos do TST ou da Seção de Dissídios Individuais do TST a depender de decisão da maioria simples do Tribunal Pleno do TST.

b) de uma das Turmas ou da Seção de Dissídios Individuais do TST a depender de decisão da maioria simples do Tribunal Pleno do TST.

c) de uma das Turmas ou do Tribunal Pleno do TST a depender de decisão da maioria simples da Seção de Dissídios Individuais.

d) da Seção de Dissídios Individuais ou do Tribunal Pleno do TST a depender de decisão da maioria simples da Seção de Dissídios Individuais.

e) da Seção de Dissídios Individuais ou do Órgão Especial do TST a depender de decisão da maioria absoluta do Tribunal Pleno do TST.

COMENTÁRIOS

Nota do autor: A resposta desta questão está contida no art. 896-C da CLT, que fixa a competência da SDI ou Tribunal Pleno, por decisão da maioria simples de seus integrantes: "Quando houver multiplicidade de recursos de revista fundados em idêntica questão de direito, a questão poderá ser afetada à Seção Especializada em Dissídios Individuais ou ao Tribunal Pleno, por decisão da maioria simples de seus membros, mediante requerimento de um dos Ministros que compõem a Seção Especializada, considerando a relevância da matéria ou a existência de entendimentos divergentes entre os Ministros dessa Seção ou das Turmas do Tribunal."

Alternativa "a": Incorreta, pois a competência é da SDI ou Tribunal Pleno na forma prevista pelo art. 896-C da CLT (ver a nota do autor).

Alternativa "b": Incorreta, pois a competência é da SDI ou Tribunal Pleno na forma prevista pelo art. 896-C da CLT (ver a nota do autor).

Alternativa "c": Incorreta, uma vez que a competência é da SDI ou Tribunal Pleno na forma prevista pelo art. 896-C da CLT (ver a nota do autor).

Alternativa "d": Correta, pois corresponde à previsão contida no art. 896-C da CLT (ver a nota do autor).

Alternativa "e": Incorreta, pois depende da decisão da maioria simples da SDI ou Tribunal Pleno e não maioria absoluta como constou nessa alternativa.

Gabarito: D.

---

421. (FCC – Juiz do Trabalho/2017) O artigo 893 da CLT estabelece o cabimento do recurso de revista dentre os recursos em espécie admitidos no processo do trabalho. Com base na Consolidação das Leis do Trabalho e nas Súmulas e Orientações Jurisprudenciais do TST, conclui-se:

a) É cabível recurso de revista adesivo no procedimento sumaríssimo, desde que a matéria nele veiculada esteja relacionada com a do recurso interposto pela parte contrária.

b) No procedimento sumaríssimo, a parte recorrente, para admissibilidade do recurso de revista, deverá demonstrar a violação direta a dispositivo da Lei Federal ou contrariedade a Súmula do Tribunal Superior do Trabalho.

c) Não se admite recurso de revista fundado tão somente em divergência jurisprudencial, se a parte não comprovar que a lei estadual, a norma coletiva ou o regulamento da empresa extrapolam o âmbito do TRT prolator da decisão recorrida.

d) No procedimento ordinário, é cabível, como regra geral, recurso de revista calcado em divergência jurisprudencial de aresto oriundo do mesmo Tribunal Regional do Trabalho.

e) A admissibilidade do recurso de revista interposto de acórdão proferido em agravo de petição, na liquidação de sentença, depende de demonstração inequívoca de ofensa direta à lei federal.

COMENTÁRIOS

✪ **Nota do autor:** A Lei nº 13.015/14 institui mais duas exceções quanto ao cabimento de recurso de revista na execução trabalhista, conforme se observa do preceito contido no § 10, art. 896, da CLT: "Cabe recurso de revista por violação a lei federal, por divergência jurisprudencial e por ofensa à Constituição Federal nas execuções fiscais e nas controvérsias da fase de execução que envolvam a Certidão Negativa de Débitos Trabalhistas (CNDT), criada pela Lei no 12.440, de 7 de julho de 2011".

Alternativa "a": Incorreta. Apesar do recurso adesivo estar subordinado ao recurso principal, a matéria contida em ambos não precisa estar relacionada entre si, na forma prevista pelo art. 997. § 2º "O recurso adesivo fica subordinado ao recurso independente, sendo-lhe aplicáveis as mesmas regras deste quanto aos requisitos de admissibilidade e julgamento no tribunal, salvo disposição legal diversa, observado, ainda, o seguinte". O TST trata dessa temática em sua Súmula nº 283: "RECURSO ADESIVO. PERTINÊNCIA NO PROCESSO DO TRABALHO. CORRELAÇÃO DE MATÉRIAS (mantida) – Res. 121/2003, DJ 19, 20 e 21.11.2003 O recurso adesivo é compatível com o processo do trabalho e cabe, no prazo de 8 (oito) dias, nas hipóteses de interposição de recurso ordinário, de agravo de petição, de revista e de embargos, sendo desnecessário que a matéria nele veiculada esteja relacionada com a do recurso interposto pela parte contrária."

Alternativa "b": Incorreta, pois no rito sumaríssimo não cabe recurso de revista fundado em violação direta a dispositivo de Lei Federal Essa previsão está contida no art. 896, § 9º da CLT: "Nas causas sujeitas ao procedimento sumaríssimo, somente será admitido recurso de revista por contrariedade a súmula de jurisprudência uniforme do Tribunal Superior do Trabalho ou a súmula vinculante do Supremo Tribunal Federal e por violação direta da Constituição Federal."

Alternativa "c": Correta, uma vez que a principal função do TST é uniformizar a jurisprudência nacional. Se a demanda se restringe ao âmbito territorial de um TRT, não há necessidade do TST exercer a referida função. Essa questão é tratada pelo TST em sua OJ nº 147 da SDI1: "LEI ESTADUAL, NORMA COLETIVA OU NORMA REGULAMENTAR. CONHECIMENTO INDEVIDO DO RECURSO DE REVISTA POR DIVERGÊNCIA JURISPRUDENCIAL (nova redação em decorrência da incorporação da Orientação Jurisprudencial nº 309 da SBDI-I) – DJ 20.04.2005 I – É inadmissível o recurso de revista fundado tão-somente em divergência jurisprudencial, se a parte não comprovar que a lei estadual, a norma coletiva ou o regulamento da empresa extrapolam o âmbito do TRT prolator da decisão recorrida. (ex-OJ nº 309 da SBDI-I – inserida em 11.08.2003)"

Alternativa "d": Incorreta, pois a divergência jurisprudência deve ocorrer entre Tribunais Regionais diversos, na forma do preceito contido no art. 896, alínea "a" da CLT: "Cabe Recurso de Revista para Turma do Tribunal Superior do Trabalho das decisões proferidas em grau de recurso ordinário, em dissídio individual, pelos Tribunais Regionais do Trabalho, quando: a) derem ao mesmo dispositivo de lei federal interpretação diversa da que lhe houver dado outro Tribunal Regional do Trabalho, no seu Pleno ou Turma, ou a Seção de Dissídios Individuais do Tribunal Superior do Trabalho, ou contrariarem súmula de jurisprudência uniforme dessa Corte ou súmula vinculante do Supremo Tribunal Federal;"

Alternativa "e": Incorreta, pois o correto seria violação direta à Constituição Federal, na forma prevista pelo § 2º, art. 896 da CLT: "Das decisões proferidas pelos Tribunais Regionais do Trabalho ou por suas Turmas, em execução de sentença, inclusive em processo incidente de embargos de terceiro, não caberá Recurso de Revista, salvo na hipótese de ofensa direta e literal de norma da

Constituição Federal". A Súmula nº 266 do TST reafirma essa determinação legal: "RECURSO DE REVISTA. ADMISSIBILIDADE. EXECUÇÃO DE SENTENÇA (mantida) – Res. 121/2003, DJ 19, 20 e 21.11.2003 A admissibilidade do recurso de revista interposto de acórdão proferido em agravo de petição, na liquidação de sentença ou em processo incidente na execução, inclusive os embargos de terceiro, depende de demonstração inequívoca de violência direta à Constituição Federal."

Gabarito: C.

---

422. (TRT 2 – Juiz do Trabalho Substituto 2ª Região/2016) Com relação aos Embargos de Terceiro, conforme previsão legal, é correto afirmar que:

a) Os embargos podem ser opostos a qualquer tempo no processo de conhecimento enquanto não transitada em julgado a sentença, e, no processo de execução, até 10 (dez) dias depois da arrematação, adjudicação ou remição, mas sempre antes da assinatura da respectiva carta.

b) Quem, não sendo parte no processo, sofrer turbação ou esbulho na posse de seus bens por ato de apreensão judicial, em casos como o de penhora, depósito, arresto, sequestro, alienação judicial, arrecadação, arrolamento, inventário, partilha, poderá requerer lhe sejam mantidos ou restituídos por meio de embargos de terceiro.

c) Os embargos podem ser de terceiro senhor e possuidor, mas o possuidor direto não pode alegar, com a sua posse, domínio alheio.

d) O cônjuge quando defende a posse de bens totais, próprios, reservados ou de sua meação não será considerado terceiro.

e) Os embargos poderão ser contestados no prazo de 5 (cinco) dias, findo o qual não se verificará o disposto no art. 803 do CPC quanto à presunção de veracidade dos fatos alegados.

COMENTÁRIOS

Nota do autor: Além dos requisitos gerais da petição inicial, a peça incoativa dos embargos de terceiro deve vir acompanhada de documentação que demonstre a qualidade de terceiro do requerente, bem como a prova sumária da propriedade, posse dos bens ou direitos objeto da constrição judicial.

Alternativa "a": Incorreta, pois o prazo seria de cinco e não de dez dias, conforme dispõe art. 1.048 do CPC de 1973: "Os embargos podem ser opostos a qualquer tempo no processo de conhecimento enquanto não transitada em julgado a sentença, e, no processo de execução, até 5 (cinco) dias depois da arrematação, adjudicação ou remição, mas sempre antes da assinatura da respectiva carta". No CPC de 2015 esse preceito está contido no art. 675: "Os embargos podem ser opostos a qualquer tempo no processo de conhecimento enquanto não transitada em julgado a sentença e, no cumprimento de sentença ou no processo de execução, até 5 (cinco) dias depois da adjudicação, da alienação por iniciativa particular ou da arrematação, mas sempre antes da assinatura da respectiva carta".

Alternativa "b": Correta, uma vez que corresponde ao texto do art. 1.046 do CPC de 1973: "Quem, não sendo parte no processo, sofrer turbação ou esbulho na posse de seus bens por ato de apreensão judicial, em casos como o de penhora, depósito, arresto, sequestro, alienação judicial, arrecadação, arrolamento, inventário, partilha, poderá requerer lhe sejam manutenidos ou restituídos por meio de embargos". No CPC de 2015 esse preceito está contido no art. 674: "Quem, não sendo parte no processo, sofrer constrição ou ameaça de constrição sobre bens que possua ou sobre os quais tenha direito incompatível com o ato constritivo, poderá requerer seu desfazimento ou sua inibição por meio de embargos de terceiro".

Alternativa "c": Incorreta. A determinação legal é justamente em sentido contrário, de acordo com o preceito contido no art. 677, § 2º do CPC de 2015 (art. 1.050, § 2º do CPC de 1973): "O possuidor direto pode alegar, além da sua posse, o domínio alheio".

Alternativa "d": Incorreta. Nesse caso o cônjuge é considerado terceiro, de acordo com o que dispõe o art. 1.046, § 2º do CPC de 1973: "Considera-se também terceiro o cônjuge quando defende a posse de bens dotais, próprios, reservados ou de sua meação". Art. 674. § 2º do CPC de 2015: "Considera-se terceiro, para ajuizamento dos embargos: I – o cônjuge ou companheiro, quando defende a posse de bens próprios ou de sua meação, ressalvado o disposto no art. 843".

Alternativa "e": Incorreta. Pois o prazo para contestação era de dez e não de cinco dias, conforme dispõe o art. 1.053 do CPC de 1973: "Os embargos poderão ser contestados no prazo de 10 (dez) dias, findo o qual proceder-se-á de acordo com o disposto no art. 803". No CPC de 2015 esse prazo é estendido para 15 dias, de acordo com o preceito contido no art. 679: "Os embargos poderão ser contestados no prazo de 15 (quinze) dias, findo o qual se seguirá o procedimento comum".

Gabarito: B.

---

423. (TRT 2 – Juiz do Trabalho Substituto 2ª Região/2016) Analise as seguintes proposições:

I. O efeito devolutivo em profundidade do recurso ordinário, segundo entendimento sumulado pelo E. TST, transfere ao Tribunal a apreciação, indistintamente, dos pedidos e fundamentos da inicial ou da defesa, não examinados pela sentença, ainda que não renovados em contrarrazões.

II. Quanto ao recurso de revista, pode-se afirmar que é dotado de efeitos suspensivo e devolutivo e será interposto perante o Presidente do Tribunal Regional do Trabalho, que, por decisão fundamentada, poderá recebê-lo ou denegá-lo.

III. No recurso de revista cabe ao recorrente indicar o trecho da decisão recorrida que consubstancia o prequestionamento da controvérsia objeto do recurso.

IV. No recurso de revista cabe ao recorrente indicar, de forma explícita e fundamentada, contrariedade a dispositivo de lei, súmula ou orientação jurisprudencial do Tribunal Superior do Trabalho que conflite com a decisão regional.

V. No recurso de revista cabe ao recorrente expor as razões do pedido de reforma, impugnando todos os fundamentos jurídicos da decisão recorrida, inclusive mediante demonstração analítica de cada dispositivo de lei, da Constituição Federal, de súmula ou orientação jurisprudencial cuja contrariedade aponte.

Responda:

a) Todas as proposições estão corretas.
b) Todas as proposições estão incorretas.
c) Somente as proposições I e II estão incorretas.
d) Somente as proposições III e IV estão incorretas.
e) Somente as proposições IV e V estão incorretas.

COMENTÁRIOS

✪ **Nota do autor:** Na sistemática recursal do Código de Processo Civil de 1939, incluía-se o recurso de revista (art. 853), que tinha por função a unificação da jurisprudência no âmbito de cada Tribunal quando havia divergência entre as Câmaras ou Turmas. Atualmente, com a vigência da Lei da Reforma Trabalhista, foi inserido mais um inciso ao § 1º-A do art. 896 da CLT, com a seguinte redação: "IV – transcrever na peça recursal, no caso de suscitar preliminar de nulidade de julgado por negativa de prestação jurisdicional, o trecho dos embargos declaratórios em que foi pedido o pronunciamento do tribunal sobre questão veiculada no recurso ordinário e o trecho da decisão regional que rejeitou os embargos quanto ao pedido, para cotejo e verificação, de plano, da ocorrência da omissão."

Item "I": Incorreto, pois o efeito devolutivo não se estende aos pedidos, mas somente aos fundamentos, de acordo com a Súmula nº 393, I do TST: RECURSO ORDINÁRIO. EFEITO DEVOLUTIVO EM PROFUNDIDADE. ART. 1.013, § 1º, do CPC DE 2015. ART. 515, § 1º, DO CPC de 1973 – (nova redação em decorrência do CPC de 2015) – Res. 208/2016, DEJT divulgado em 22, 25 e 26.04.2016. I – O efeito devolutivo em profundidade do recurso ordinário, que se extrai do § 1º do art. 1.013 do CPC de 2015 (art. 515, §1º, do CPC de 1973), transfere ao Tribunal a apreciação dos fundamentos da inicial ou da defesa, não examinados pela sentença, ainda que não renovados em contrarrazões, desde que relativos ao capítulo impugnado.

Item "II": Incorreto, uma vez que o recurso de revista só tem efeito devolutivo, de acordo com o preceito contido no art. 896, § 1º: "O recurso de revista, dotado de efeito apenas devolutivo, será interposto perante o Presidente do Tribunal Regional do Trabalho, que, por decisão fundamentada, poderá recebê-lo ou denegá-lo".

Item "III": Correto, uma vez que o recurso de revista só analisa questões de direito e tem como objetivo uniformizar a jurisprudência. Nesse sentido o art. 896, § 1º-A, I, da CLT: "Sob pena de não conhecimento, é ônus da parte: I – indicar o trecho da decisão recorrida que consubstancia o prequestionamento da controvérsia objeto do recurso de revista".

Item "IV": Correto. Essa exigência encontra-se estabelecida pelo art. 896, §1º-A, II, da CLT: "Sob pena de não conhecimento, é ônus da parte: II – indicar, de forma explícita e fundamentada, contrariedade a dispositivo de lei, súmula ou orientação jurisprudencial do Tribunal Superior do Trabalho que conflite com a decisão regional".

Item "V": Correto, pois corresponde à redação do art. 896, § 1º-A, III, da CLT: "Sob pena de não conhecimento, é ônus da parte: III – expor as razões do pedido de reforma, impugnando todos os fundamentos jurídicos da decisão recorrida, inclusive mediante demonstração analítica de cada dispositivo de lei, da Constituição Federal, de súmula ou orientação jurisprudencial cuja contrariedade aponte".

Gabarito: C.

---

424. (TRT 2 – Juiz do Trabalho Substituto 2ª Região/2016) Assinale a assertiva INCORRETA:

a) A divergência apta a ensejar o recurso de revista deve ser atual, não se considerando como tal a ultrapassada por súmula do Tribunal Superior do Trabalho ou do Supremo Tribunal Federal, ou superada por iterativa e notória jurisprudência do Tribunal Superior do Trabalho.

b) Quando o recurso fundar-se em dissenso de julgados, incumbe ao recorrente o ônus de produzir prova da divergência jurisprudencial, mediante certidão, cópia ou citação do repositório de jurisprudência, oficial ou credenciado, inclusive em mídia eletrônica, em que houver sido publicada a decisão divergente, ou ainda pela reprodução de julgado disponível na internet, com indicação da respectiva fonte, mencionando, em qualquer caso, as circunstâncias que identifiquem ou assemelhem os casos confrontados.

c) Nas causas sujeitas ao procedimento sumaríssimo, somente será admitido recurso de revista por violação a lei federal, por divergência jurisprudencial e por ofensa à Constituição Federal.

d) Nas execuções fiscais cabe recurso de revista por violação a lei federal, por divergência jurisprudencial e por ofensa à Constituição Federal.

e) Quando o recurso tempestivo contiver defeito formal que não se repute grave, o Tribunal Superior do

Trabalho poderá desconsiderar o vício ou mandar saná-lo, julgando o mérito.

COMENTÁRIOS

✪ **Nota do autor:** Em regra, não cabe recurso de revista no processo (ou fase) de execução, já que esse recurso serve para impugnar as decisões proferidas pelos Tribunais em grau de recurso ordinário, o que exclui os acórdãos proferidos em sede de agravo de petição, salvo no caso de ofensa à Constituição Federal, execução fiscal e demanda que envolta a discussão sobre a Certidão Negativa de Débito Trabalhista.

Alternativa "a": Correta. Essa qualidade da divergência, qual seja, de ser atual, encontra-se estabelecida pelo art. 896, § 7º da CLT: "A divergência apta a ensejar o recurso de revista deve ser atual, não se considerando como tal a ultrapassada por súmula do Tribunal Superior do Trabalho ou do Supremo Tribunal Federal, ou superada por iterativa e notória jurisprudência do Tribunal Superior do Trabalho".

Alternativa "b": Correta. Além de transcrever os julgados em sentido contrário entre si, o recorrente deve comprovar o seu conteúdo na forma estabelecida pelo art. 896, § 8º da CLT: "Quando o recurso fundar-se em dissenso de julgados, incumbe ao recorrente o ônus de produzir prova da divergência jurisprudencial, mediante certidão, cópia ou citação do repositório de jurisprudência, oficial ou credenciado, inclusive em mídia eletrônica, em que houver sido publicada a decisão divergente, ou ainda pela reprodução de julgado disponível na internet, com indicação da respectiva fonte, mencionando, em qualquer caso, as circunstâncias que identifiquem ou assemelhem os casos confrontados".

Alternativa "c": Incorreta. Não cabe recurso de revista em sede de rito sumaríssimo por divergência jurisprudencial. A CLT, em seu art. 896, §9º, estabelece as hipóteses de cabimento da revista no caso de rito sumaríssimo: "Nas causas sujeitas ao procedimento sumaríssimo, somente será admitido recurso de revista por contrariedade a súmula de jurisprudência uniforme do Tribunal Superior do Trabalho ou a súmula vinculante do Supremo Tribunal Federal e por violação direta da Constituição Federal".

Alternativa "d": Correta. Essa previsão encontra-se estabelecida pelo art. 896, § 10 da CLT: "Cabe recurso de revista por violação a lei federal, por divergência jurisprudencial e por ofensa à Constituição Federal nas execuções fiscais e nas controvérsias da fase de execução que envolvam a Certidão Negativa de Débitos Trabalhistas (CNDT), criada pela Lei nº 12.440, de 7 de julho de 2011".

Alternativa "e": Correta. A convalidação dessa espécie de nulidade está prevista pelo art. 896, § 11 da CLT: "Quando o recurso tempestivo contiver defeito formal que não se repute grave, o Tribunal Superior do Trabalho poderá desconsiderar o vício ou mandar saná-lo, julgando o mérito".

Gabarito: C.

425. (FCC – Juiz do Trabalho Substituto 24ª Região/2015) A sentença que julgou reclamatória trabalhista declarou que o reclamante exercia cargo de confiança nos termos do artigo 62, inciso II da CLT e deferiu o pedido de pagamento de horas extras com seus reflexos. No mesmo julgado houve procedência de pedido de indenização por danos morais, formando o magistrado a sua convicção com base nas informações trazidas pela testemunha do autor e não do réu. Em relação aos pedidos acolhidos, cabe à reclamada apresentar:

a) embargos de declaração no prazo de 5 dias, com suspensão do prazo do recursal, visto que houve contradição no julgado em relação aos dois pedidos.

b) embargos de declaração no prazo de 5 dias, com interrupção do prazo recursal, apenas quanto ao pedido de horas extras por contradição do julgado, visto que no outro pedido não se configura contradição da decisão com a análise da prova dos autos.

c) recurso ordinário, no prazo de 10 dias, visto que não houve nenhuma contradição no julgado o que não ensejaria embargos de declaração.

d) simples petição, no prazo de 48 horas, para correção de erro material nos termos do artigo 833 da CLT, quanto a ambos os pedidos, com suspensão do prazo recursal.

e) embargos de declaração, no prazo do recurso ordinário, com interrupção do prazo recursal, por dúvida quanto a análise do primeiro pedido e contradição em relação ao segundo pedido.

COMENTÁRIOS

✪ **Nota do autor:** A liberdade para o juiz dirigir o processo decorre do princípio da persuasão racional. Além disso, há regra explícita no ordenamento processual trabalhista, que apesar de estar contida no capítulo que trata do rito sumaríssimo, é aplicável a qualquer demanda trabalhista: "Art. 852-D da CLT: O juiz dirigirá o processo com liberdade para determinar as provas a serem produzidas, considerado o ônus probatório de cada litigante, podendo limitar ou excluir as que considerar excessivas, impertinentes ou protelatórias, bem como para apreciá-las e dar especial valor às regras de experiência comum ou técnica".

Alternativa "a": Incorreta, pois no caso de interposição de embargos de declaração o prazo para o recurso principal é interrompido e não suspenso, conforme se observa da redação do art. 897-A, § 3º, da CLT: "Os embargos de declaração interrompem o prazo para interposição de outros recursos, por qualquer das partes, salvo quando intempestivos, irregular a representação da parte ou ausente a sua assinatura".

Alternativa "b": Correta, pois as duas afirmações contidas na assertiva estão de acordo com o ordenamento jurídico pátrio. Primeiro a interposição dos embargos declaratórios no prazo de cinco dias, que interrompe o prazo para o recurso principal, em face da total contradição entre o reconhecimento do exercício de cargo de confiança pelo autor e o deferimento das horas extras. Em segundo lugar, não há qualquer contradição na sentença do juiz que acolhe a pretensão do autor, pois a testemunha não é da parte e sim do juízo. Sendo assim, a parte cabe apenas indicar a testemunha.

Alternativa "c": Incorreta, pois os recursos, no processo do trabalho, à exceção dos embargos declaratórios, são interpostos no prazo de oito dias, de acordo com o preceito contido no art. 895, inciso I, da CLT: "Cabe recurso ordinário para a instância superior: I – das decisões definitivas ou terminativas das Varas e Juízos, no prazo de 8 (oito) dias." Além disso, a hipótese seria de interposição inicial de embargos declaratórios em face da contradição existente entre o reconhecimento do exercício de cargo de confiança pelo autor e o deferimento das horas extras. Inclusive o TST se manifestou no sentido de não admitir a aplicação do CPC de 2015 no processo do trabalho, que estabelece o prazo de 15 dias para recorrer, uma vez que a CLT não é omissa nesse particular (art. 1º. § 2º da Instrução Normativa nº 39/16: "O prazo para interpor e contra-arrazoar todos os recursos trabalhistas, inclusive agravo interno e agravo regimental, é de oito dias (art. 6º da Lei nº 5.584/70 e art. 893 da CLT), exceto embargos de declaração (CLT, art. 897-A)".

Alternativa "d": Trata-se de contradição no julgado e não simples erro material. Assim, não é possível corrigir o vício mediante simples petição. Aplica-se, a hipótese, a previsão contida no art. 897-A, *caput*, da CLT: "Caberão embargos de declaração da sentença ou acórdão, no prazo de cinco dias, devendo seu julgamento ocorrer na primeira audiência ou sessão subsequente a sua apresentação, registrado na certidão, admitido efeito modificativo da decisão nos casos de omissão e contradição no julgado e manifesto equívoco no exame dos pressupostos extrínsecos do recurso". **Incorreta**.

Alternativa "e": Incorreta a assertiva, pois o prazo para interposição dos embargos declaratórios é de oito dias, na forma do preceito contido no 897-A, *caput*, da CLT: "Art. 897-A Caberão embargos de declaração da sentença ou acórdão, no prazo de cinco dias, devendo seu julgamento ocorrer na primeira audiência ou sessão subsequente a sua apresentação, registrado na certidão, admitido efeito modificativo da decisão nos casos de omissão e contradição no julgado e manifesto equívoco no exame dos pressupostos extrínsecos do recurso".

Gabarito: B.

---

426. (FCC – Juiz do Trabalho Substituto 1ª Região/2014) Em relação ao processamento dos recursos no âmbito da Justiça do Trabalho, é correto afirmar:

a) Quando o recurso de revista tempestivo contiver defeito formal, ainda que não grave, diante de sua especificidade, deve o Tribunal Superior do Trabalho denegá-lo.

b) Cabe recurso de revista das decisões proferidas em grau de recurso ordinário, em dissídio individual, pelos Tribunais Regionais do Trabalho, quando derem ao mesmo dispositivo de lei federal interpretação diversa da que lhe houver dado outro Tribunal Regional do Trabalho, no seu Pleno ou Turma, ou a Seção de Dissídios Individuais do Tribunal Superior do Trabalho, ou contrariarem súmula de jurisprudência uniforme dessa Corte ou súmula vinculante do Supremo Tribunal Federal.

c) O recurso de revista, agora também dotado de efeito suspensivo, será interposto perante o Presidente do Tribunal Regional do Trabalho, que, por decisão fundamentada, poderá recebê-lo ou denegá-lo e ainda proceder à uniformização de jurisprudência após devolução pelo Tribunal Superior do Trabalho, a quem compete exclusivamente a análise de existência de decisões atuais e conflitantes.

d) Cabe recurso de revista das decisões proferidas em grau de recurso ordinário, em dissídio individual, pelos Tribunais Regionais do Trabalho, quando derem ao mesmo dispositivo de lei federal interpretação diversa da que lhe houver dado outro Tribunal Regional do Trabalho, no seu Pleno ou Turma, ou a Seção de Dissídios Individuais do Tribunal Superior do Trabalho, ou contrariarem súmula de jurisprudência uniforme dessa Corte.

e) Nas causas sujeitas ao procedimento sumaríssimo, somente será admitido recurso de revista por contrariedade à súmula de jurisprudência uniforme do Tribunal Superior do Trabalho e por violação direta da Constituição Federal.

COMENTÁRIOS

✪ **Nota do autor:** A Lei nº 13.015/14 efetivou profundas modificações no sistema recursal trabalhista. Essa norma jurídica decorreu da aprovação do projeto de lei de nº 2.214/2011, elaborado a partir das sugestões oferecidas pelo TST após a realização da "Semana do TST", ocorrida em maio desse mesmo ano.

Alternativa "a": Incorreta a assertiva, pois contraria a determinação contida no art. 896, § 11, da CLT: "Quando o recurso tempestivo contiver defeito formal que não se repute grave, o Tribunal Superior do Trabalho poderá desconsiderar o vício ou mandar saná-lo, julgando o mérito."

Alternativa "b": Correta a assertiva, uma vez que se encontra de acordo com a redação dada ao art. 896, alínea "a" da CLT, após a vigência da Lei nº 13.015/14 que incluiu como fundamento para a interposição do recurso de revista a contrariedade a Súmula vinculante do STF: "Art. 896 – Cabe Recurso de Revista para Turma do Tribunal Superior do Trabalho das decisões proferidas em grau de recurso ordinário, em dissídio individual, pelos Tribunais Regionais do Trabalho, quando: a) derem ao mesmo dispositivo de lei federal interpretação diversa da que lhe houver dado outro Tribunal Regional do Trabalho, no seu Pleno ou Turma, ou a Seção de Dissídios Individuais do Tribunal Superior do Trabalho, ou contrariarem súmula de jurisprudência uniforme dessa Corte ou súmula vinculante do Supremo Tribunal Federal."

Alternativa "c": Incorreta, dentre outros aspectos, pelo fato do recurso de revista ser dotado de efeito devolutivo e não suspensivo, como é possível constatar pela simples leitura do art. 896, § 1º, da CLT: "O recurso de revista, dotado de efeito apenas devolutivo, será interposto perante o Presidente do Tribunal Regional do Trabalho, que, por decisão fundamentada, poderá recebê-lo ou denegá-lo".

Alternativa "d": Incorreta, pois faltou mencionar a contrariedade a Súmula vinculante do STF, de acordo com a atual redação do art. 896, alínea "a" da CLT: "Cabe Recurso de Revista para Turma do Tribunal Superior do Trabalho das decisões proferidas em grau de recurso ordinário, em dissídio individual, pelos Tribunais Regionais do Trabalho, quando: a) derem ao mesmo dispositivo de lei federal interpretação diversa da que lhe houver dado outro Tribunal Regional do Trabalho, no seu Pleno ou Turma, ou a Seção de Dissídios Individuais do Tribunal Superior do Trabalho, ou contrariarem súmula de jurisprudência uniforme dessa Corte ou súmula vinculante do Supremo Tribunal Federal."

Alternativa "e": Incorreta, uma vez que não mencionou o cabimento de recurso de revista em rito sumaríssimo quando há contrariedade a Súmula vinculante do STF, na forma da redação do art. 896, § 9º, da CLT, após a vigência da Lei nº 13.015/14: "Nas causas sujeitas ao procedimento sumaríssimo, somente será admitido recurso de revista por contrariedade a súmula de jurisprudência uniforme do Tribunal Superior do Trabalho ou a súmula vinculante do Supremo Tribunal Federal e por violação direta da Constituição Federal."

Gabarito: B.

---

427. (FCC – Juiz do Trabalho Substituto 1ª Região/2015) A Lei nº 13.015/2014, ao instituir o recurso de revista repetitivo no processo do trabalho, preceituou que:

I. diante da multiplicidade de recursos de revista fundados em idêntica questão de fato, a questão poderá ser afetada à Seção Especializada em Dissídios Individuais ou ao Tribunal Pleno.

II. o relator no Tribunal Superior do Trabalho poderá determinar a suspensão dos recursos de revista ou de embargos que tenham como objeto controvérsia idêntica à do recurso afetado como repetitivo.

III. o relator poderá admitir manifestação de pessoa, órgão ou entidade com interesse na controvérsia, inclusive como assistente simples.

Está correto o que se afirma APENAS em

a) II.

b) I e II.

c) II e III.

d) I e III.

e) I.

COMENTÁRIOS

✪ **Nota do autor:** Além da previsão legal específica da admissão do *amicus curiae* no processo do trabalho (art. 896-C, § 8º, da CLT), esse instituto é regulado com maior detalhamento pelo art. 138, caput e parágrafos, do CPC de 2015: "O juiz ou o relator, considerando a relevância da matéria, a especificidade do tema objeto da demanda ou a repercussão social da controvérsia, poderá, por decisão irrecorrível, de ofício ou a requerimento das partes ou de quem pretenda manifestar-se, solicitar ou admitir a participação de pessoa natural ou jurídica, órgão ou entidade especializada, com representatividade adequada, no prazo de 15 (quinze) dias de sua intimação. § 1º A intervenção de que trata o caput não implica alteração de competência nem autoriza a interposição de recursos, ressalvadas a oposição de embargos de declaração e a hipótese do § 3º. § 2º Caberá ao juiz ou ao relator, na decisão que solicitar ou admitir a intervenção, definir os poderes do *amicus curiae*. § 3º O *amicus curiae* pode recorrer da decisão que julgar o incidente de resolução de demandas repetitivas. Inclusive, a IN nº 39/2016 admite expressamente a aplicação desse preceito do CPC de 2015 ao processo laboral: "Art. 3° Sem prejuízo de outros, aplicam-se ao Processo do Trabalho, em face de omissão e compatibilidade, os preceitos do Código de Processo Civil que regulam os seguintes temas: II – art. 138 e parágrafos (*amicus curiae*)".

Item "I": Incorreta a assertiva, pois a afetação dos recursos repetitivos à SDI ou ao Pleno do TST só pode ocorrer quando houver identidade de questão de direito e não de fato. Nesse sentido é a determinação contida no art. 896-C, *caput*, da CLT: "Quando houver multiplicidade de recursos de revista fundados em idêntica questão de direito, a questão poderá ser afetada à Seção Especializada em Dissídios Individuais ou ao Tribunal Pleno, por decisão da maioria simples de seus membros, mediante requerimento de um dos Ministros que compõem a Seção Especializada, considerando a relevância da matéria ou a existência de entendimentos divergentes entre os Ministros dessa Seção ou das Turmas do Tribunal".

Item "II": Correta a assertiva, uma vez que corresponde ao procedimento previsto pelo art. 896-C, § 5º, da CLT que estabelece uma faculdade ao relator e não uma obrigação: "O relator no Tribunal Superior do Trabalho poderá determinar a suspensão dos recursos de revista ou de embargos que tenham como objeto controvérsia idêntica à do recurso afetado como repetitivo".

Item "III": Correta a assertiva, pois se trata da admissão, no processo do trabalho, do *amicus curiae*, previsto no art. 896-C, § 8º, da CLT: "§ 8º O relator poderá admitir manifestação de pessoa, órgão ou entidade com interesse na controvérsia, inclusive como assistente simples, na forma da Lei nº 5.869, de 11 de janeiro de 1973 (Código de Processo Civil)".

Gabarito: C.

428. (FCC – Juiz do Trabalho Substituto 1ª Região/2015) Depois de desconsiderada a personalidade jurídica da executada, seu sócio foi integrado ao polo passivo e citado para pagar o crédito trabalhista em 48 horas, sob pena de execução forçada. Mantido o silêncio, foi penhorado um dos seus imóveis. Ele embargou à execução por discordar dos critérios de atualização monetária e incidência dos juros de mora, mas seu pedido foi rejeitado e julgada subsistente a penhora. Depois de reavaliado o bem e antes de ser designada a arrematação, o exequente manifestou interesse em adjudicar o bem, complementando o valor da avaliação, haja vista a diferença de R$ 10.000,00 entre ela e o crédito exequendo, o que foi deferido e homologado por sentença. Inconformado, poderá o executado

a) ajuizar embargos à adjudicação.

b) impetrar mandado de segurança.

c) ajuizar ação rescisória.

d) interpor recurso ordinário.

e) interpor agravo de instrumento.

COMENTÁRIOS

✪ **Nota do autor:** O CPC de 2015 não utiliza a expressão embargos à arrematação. Essa matéria é tratada pelo, § 1º, art. 903 do CPC de 2015: "§ 1º Ressalvadas outras situações previstas neste Código, a arrematação poderá, no entanto, ser: I – invalidada, quando realizada por preço vil ou com outro vício; II – considerada ineficaz, se não observado o disposto no art. 804; III – resolvida, se não for pago o preço ou se não for prestada a caução. § 2º O juiz decidirá acerca das situações referidas no § 1º, se for provocado em até 10 (dez) dias após o aperfeiçoamento da arrematação."

Alternativa "a": Correta a assertiva, pois encontra respaldo no permissivo contido no art. 746, caput, do CPC de 1973, utilizado subsidiariamente ao processo laboral: "Art. 746. É lícito ao executado, no prazo de 5 (cinco) dias, contados da adjudicação, alienação ou arrematação, oferecer embargos fundados em nulidade da execução, ou em causa extintiva da obrigação, desde que superveniente à penhora, aplicando-se, no que couber, o disposto neste Capítulo."

Alternativa "b": Incorreta a assertiva, uma vez que o remédio cabível são os embargos à adjudicação. Nesse sentido a OJ nº 66, da SDI-2 do TST: É incabível o mandado de segurança contra sentença homologatória de adjudicação, uma vez que existe meio próprio para impugnar o ato judicial, consistente nos embargos à adjudicação (CPC, art. 746)." Atualmente essa OJ tem a seguinte redação: "MANDADO DE SEGURANÇA. SENTENÇA HOMOLOGATÓRIA DE ADJUDICAÇÃO. INCABÍVEL (atualizado o item I e incluído o item II em decorrência do CPC de 2015) Res. 212/2016, DEJT divulgado em 20, 21 e 22.09.2016. I – Sob a égide do CPC de 1973 é incabível o mandado de segurança contra sentença homologatória de adjudicação, uma vez que existe meio próprio para impugnar o ato judicial, consistente nos embargos à adjudicação (CPC de 1973, art. 746). II – Na vigência do CPC de 2015 também não cabe mandado de segurança, pois o ato judicial pode ser impugnado por simples petição, na forma do artigo 877, caput, do CPC de 2015".

Alternativa "c": Incorreta, uma vez que a rescisória exige sentença de mérito transitado em julgado, não sendo essa a hipótese contida na assertiva. Cabem embargos à adjudicação, na forma prevista pelo já citado e transcrito art. 746 do CPC de 1973.

Alternativa "d": Incorreta a assertiva, pois não cabe recurso ordinário de decisão proferida em fase de execução. Cabem embargos à adjudicação, na forma prevista pelo já citado e transcrito art. 746 do CPC de 1973.

Alternativa "e": Incorreta, uma vez que, no processo do trabalho, o agravo de instrumento só tem como objetivo destrancar recurso cujo seguimento tenha sido denegado.

Gabarito: A.

429. (FCC – Juiz do Trabalho Substituto 6ª Região/2015) Em relação aos embargos no TST, considere:

I. A divergência apta a ensejar os embargos deve ser atual, não se considerando tal a ultrapassada por súmula do Tribunal Superior do Trabalho ou do Supremo Tribunal Federal, ou superada por iterativa e notória jurisprudência do Tribunal Superior do Trabalho.

II. O Ministro Relator denegará seguimento aos embargos apenas nas hipóteses de intempestividade, deserção, irregularidade de representação ou de ausência de qualquer outro pressuposto extrínseco de admissibilidade.

III. Da decisão denegatória dos embargos não cabe recurso.

Está correto o que consta em

a) I, II e III.

b) I e II, apenas.

c) II, apenas.

d) I, apenas.

e) I e III, apenas.

COMENTÁRIOS

✪ **Nota do autor:** O CPC de 2015 denomina de agravo interno, o recurso que ataca decisão monocrática de relator nos Tribunais, de acordo com a previsão contida no seu art. 1.021: "Contra decisão proferida pelo relator caberá agravo interno para o respectivo órgão colegiado, observadas, quanto ao processamento, as regras do regimento interno do tribunal".

Item "I": Correta a assertiva que trata dos requisitos da divergência segundo dispõe o art. 894, § 2º, da CLT: "A divergência apta a ensejar os embargos deve ser atual, não se considerando tal a ultrapassada por súmula do Tribunal Superior do Trabalho ou do Supremo Tribunal Federal, ou superada por iterativa e notória jurisprudência do Tribunal Superior do Trabalho."

Item "II": Incorreta a assertiva, pois o relator também pode negar seguimento a decisão se ela estiver de acordo com Súmula do TST, Súmula do STF ou notória e atual jurisprudência do TST, na forma prevista pelo art. 894, § 3º, I, da CLT: "O Ministro Relator denegará seguimento aos embargos: I – se a decisão recorrida estiver em consonância com súmula da jurisprudência do Tribunal Superior do Trabalho ou do Supremo Tribunal Federal, ou com iterativa, notória e atual jurisprudência do Tribunal Superior do Trabalho, cumprindo-lhe indicá-la;"

Item "III": Incorreta a assertiva, pois nesse caso cabe agravo regimental, na forma prevista pelo art. 894, § 4º, da CLT: "Da decisão denegatória dos embargos caberá agravo, no prazo de 8 (oito) dias".

Gabarito: D.

---

430. (FCC – Juiz do Trabalho Substituto 6ª Região/2015) Sobre o recurso de revista considere:

I. O recurso de revista, dotado de efeito devolutivo, será interposto perante o Presidente do Tribunal Regional do Trabalho, que, por decisão fundamentada, poderá recebê-lo ou denegá-lo.

II. Cabe recurso de revista para a Seção Especializada em Dissídios Individuais do Tribunal Superior do Trabalho das decisões proferidas em grau de recurso ordinário, em dissídio individual, pelos Tribunais Regionais do Trabalho.

III. Das decisões proferidas pelos Tribunais Regionais do Trabalho ou por suas Turmas, em execução de sentença, inclusive em processo incidente de embargos de terceiro, somente caberá recurso de revista na hipótese de darem ao mesmo dispositivo de lei federal interpretação diversa da que lhe houver dado outro Tribunal Regional do Trabalho, no seu Pleno ou Turma, ou a Seção de Dissídios Individuais do Tribunal Superior do Trabalho, ou contrariarem súmula de jurisprudência uniforme dessa Corte ou súmula vinculante do Supremo Tribunal Federal.

Está correto o que consta em

a) I, apenas.
b) I e II, apenas.
c) II, apenas.
d) I, II e III.
e) I e III, apenas.

COMENTÁRIOS

✪ **Nota do autor:** Também cabe recurso de revista de decisão proferida em execução nos casos previstos pelo § 10, art. 896 da CLT: "Cabe recurso de revista por violação a lei federal, por divergência jurisprudencial e por ofensa à Constituição Federal nas execuções fiscais e nas controvérsias da fase de execução que envolvam a Certidão Negativa de Débitos Trabalhistas (CNDT), criada pela Lei nº 12.440, de 7 de julho de 2011".

Item "I": Correta a assertiva, pois ressalta o efeito em que é recebido o recurso de revista, além da competência para exercer o juízo de admissibilidade originária, na forma prevista pelo art. 896, § 1º, da CLT: "O recurso de revista, dotado de efeito apenas devolutivo, será interposto perante o Presidente do Tribunal Regional do Trabalho, que, por decisão fundamentada, poderá recebê-lo ou denegá-lo."

Item "II": Incorreta a assertiva, pois o recurso de revista sempre é analisado pelas Turmas do TST, conforme se observa da redação do art. 896, *caput*, da CLT: "Cabe Recurso de Revista para Turma do Tribunal Superior do Trabalho das decisões proferidas em grau de recurso ordinário, em dissídio individual, pelos Tribunais Regionais do Trabalho, quando."

Item "III": Incorreta a assertiva. Na execução, só cabe recurso de revista na hipótese de ofensa direta à Constituição federal, de acordo como o preceito contido no art. 896, § 2º, da CLT: "Das decisões proferidas pelos Tribunais Regionais do Trabalho ou por suas Turmas, em execução de sentença, inclusive em processo incidente de embargos de terceiro, não caberá Recurso de Revista, salvo na hipótese de ofensa direta e literal de norma da Constituição Federal." (ver nota do autor).

Gabarito: A.

---

431. (FCC – Juiz do Trabalho Substituto 6ª Região/2015) Quando houver multiplicidade de recursos de revista fundados em idêntica questão de direito, a questão poderá ser afetada:

a) diretamente à Seção Especializada em Dissídios Individuais, por decisão da maioria de seus membros, mediante requerimento do Presidente do TST, considerando a relevância da matéria ou a existência de entendimento contrário à súmula vinculante do Supremo Tribunal Federal.

b) à Seção Especializada em Dissídios Individuais ou Coletivos, por decisão da maioria simples de seus membros, mediante provocação de qualquer das partes ou do Ministério Público do Trabalho, considerando a relevância da matéria ou a existência de entendimento contrário à súmula do Supremo Tribunal Federal.

c) à Seção Especializada em Dissídios Individuais ou ao Tribunal Pleno, por decisão da maioria simples de seus membros, mediante requerimento de um dos Ministros que compõem a Seção Especializada, considerando a relevância da matéria ou a existência de entendimentos divergentes entre os Ministros dessa Seção ou das Turmas do Tribunal.

d) à Turma ou à Seção Especializada em Dissídios Individuais, por decisão da maioria absoluta de seus membros, mediante requerimento do Presidente do TST, considerando a relevância da matéria ou a existência de entendimentos divergentes entre os Ministros dessa Seção ou das Turmas do Tribunal.

e) diretamente ao Tribunal Pleno, por decisão de um de seus membros, mediante requerimento do Presidente do Tribunal Regional do Trabalho de origem, considerando a relevância da matéria ou a existência de entendimentos divergentes entre os Ministros das Turmas do Tribunal.

COMENTÁRIOS

✪ **Nota do autor:** As modificações decorrentes da vigência da Lei nº 13.015/14 introduzem um procedimento próprio para o processo do trabalho, com o uso subsidiário do CPC, além de forçar a definição efetiva da uniformização da jurisprudência de cada Tribunal Regional. Esse procedimento impede que um TRT possua mais de uma tese jurídica sobre o mesmo tema e a tarefa do TST passa se restringir a uniformizar a jurisprudência nacional e não aquela interna dos TRT's.

Alternativa "a": Incorreta a assertiva, pois faltou mencionar que a maioria é simples. Além disso, o requerimento pode ser feito por qualquer um dos Ministros que compõem a Seção Especializada. Por fim, cabe quando há entendimentos divergentes entre os Ministros da Seção ou das Turmas do Tribunal e não contrário a Súmula vinculante do STF, tudo na forma prevista pelo art. 896-C, caput, da CLT: "Quando houver multiplicidade de recursos de revista fundados em idêntica questão de direito, a questão poderá ser afetada à Seção Especializada em Dissídios Individuais ou ao Tribunal Pleno, por decisão da maioria simples de seus membros, mediante requerimento de um dos Ministros que compõem a Seção Especializada, considerando a relevância da matéria ou a existência de entendimentos divergentes entre os Ministros dessa Seção ou das Turmas do Tribunal."

Alternativa "b": Incorreta, pois a afetação não pode ser direcionada à Seção de Dissídios Coletivos nem o requerimento pode ser feito pelo Ministério Público do Trabalho. Além disso, cabe quando há entendimentos divergentes entre os Ministros da Seção ou das Turmas do Tribunal e não contrário a Súmula vinculante do STF, conforme se observa da redação do citado e transcrito art. 896-C, *caput*, da CLT.

Alternativa "c": Correta a assertiva, pois corresponde aos requisitos estabelecidos pelo art. 896-C, caput, da CLT: "Quando houver multiplicidade de recursos de revista fundados em idêntica questão de direito, a questão poderá ser afetada à Seção Especializada em Dissídios Individuais ou ao Tribunal Pleno, por decisão da maioria simples de seus membros, mediante requerimento de um dos Ministros que compõem a Seção Especializada, considerando a relevância da matéria ou a existência de entendimentos divergentes entre os Ministros dessa Seção ou das Turmas do Tribunal."

Alternativa "d": Incorreta, pois a afetação não pode ser direcionada à Turma do TST e a decisão seria por maioria simples e não absoluta. Além disso, o requerimento pode ser feito por qualquer um dos Ministros que compõem a Seção Especializada, conforme se observa da redação do citado e transcrito art. 896-C, *caput*, da CLT.

Alternativa "e": Incorreta a assertiva, pois a afetação também à SDI, por decisão da maioria simples dos seus membros, por meio d e requerimento de um dos Ministros que compõem a Seção Especializada, conforme preceito legal contido no citado e transcrito art. 896-C, *caput*, da CLT.

Gabarito: C.

---

432. (TRT 8 – Juiz do Trabalho Substituto 8ª Região/2015) Acerca do recurso de revista, é CORRETO afirmar que:

a) O Presidente da Turma ou da Seção de Dissídios Individuais, por indicação dos relatores, afetará um ou mais recursos representativos da controvérsia para julgamento pela Seção Especializada em Dissídios Individuais, sob o rito dos recursos repetitivos.

b) Quando houver multiplicidade de recursos de revista fundados em idêntica questão de direito, a questão poderá ser afetada à Seção Especializada em Dissídios Individuais ou ao Tribunal Pleno, por decisão da maioria simples de seus membros, mediante requerimento de um dos Ministros que compõem a Seção Especializada, considerando a relevância da matéria ou a existência de entendimentos divergentes entre os Ministros dessa Seção ou das Turmas do Tribunal.

c) Cabe ao relator, que afetar processo para julgamento sob o rito dos recursos repetitivos, decidir sobre a comunicação aos demais Presidentes de Turma ou de Seção Especializada, que poderão afetar outros processos sobre a questão para julgamento conjunto, a fim de conferir ao órgão julgador visão global da questão.

d) O Presidente da Seção Especializada oficiará os Presidentes dos Tribunais Regionais do Trabalho para que suspendam os recursos interpostos em casos idênticos aos afetados como recursos repetitivos, até o pronunciamento definitivo do Tribunal Superior do Trabalho.

e) Caberá ao Presidente da Seção Especializada do Tribunal de origem admitir um ou mais recursos representativos da controvérsia, os quais serão encaminhados ao Tribunal Superior do Trabalho, ficando suspensos os demais recursos de revista até o pronunciamento definitivo do Tribunal Superior do Trabalho.

COMENTÁRIOS

✪ **Nota do autor:** O procedimento relativo ao julgamento de recursos repetitivos também poderá ser iniciado no Tribunal Regional. Nesse caso, o Presidente do TRT poderá admitir um ou mais recursos que representam a controvérsia e encaminha-los ao TST. Os demais recursos ficarão suspensos até o pronunciamento definitivo desse Tribunal. O relator do recurso de revista ou de embargos no TST poderá determinar a suspensão dos demais recursos que tratem da mesma matéria até o julgamento final daquele afetado na origem. Em qualquer caso, as partes devem ser intimadas da respectiva suspensão.

Alternativa "a": Incorreto, pois faltou citar que o julgamento poderá ser feito também pelo Tribunal Pleno, conforme se vê da redação do art. 896-C, § 1º, da CLT: "O Presidente da Turma ou da Seção Especializada, por indicação dos relatores, afetará um ou mais recursos representativos da controvérsia para julgamento pela Seção Especializada em Dissídios Individuais ou pelo Tribunal Pleno, sob o rito dos recursos repetitivos."

Alternativa "b": Correta a assertiva, pois corresponde ao procedimento previsto pelo art. 896-C, caput, da CLT: "Quando houver multiplicidade de recursos de revista fundados em idêntica questão de direito, a questão poderá ser afetada à Seção Especializada em Dissídios Individuais ou ao Tribunal Pleno, por decisão da maioria simples de seus membros, mediante requerimento de um dos Ministros que compõem a Seção Especializada, considerando a relevância da matéria ou a existência de entendimentos divergentes entre os Ministros dessa Seção ou das Turmas do Tribunal."

Alternativa "c": Incorreta, pois essa comunicação, além de obrigatória, é feita pelo presidente da Turma ou da Seção Especializada, como determina o art. 896-C, § 2º, da CLT: "O Presidente da Turma ou da Seção Especializada que afetar processo para julgamento sob o rito dos recursos repetitivos deverá expedir comunicação aos demais Presidentes de Turma ou de Seção Especializada, que poderão afetar outros processos sobre a questão para julgamento conjunto, a fim de conferir ao órgão julgador visão global da questão."

Alternativa "d": Incorreta, pois essa comunicação é feita pelo Presidente do TST, de acordo com o mandamento contido no art. 896-C, § 3º, da CLT: "O Presidente do Tribunal Superior do Trabalho oficiará os Presidentes dos Tribunais Regionais do Trabalho para que suspendam os recursos interpostos em casos idênticos aos afetados como recursos repetitivos, até o pronunciamento definitivo do Tribunal Superior do Trabalho."

Alternativa "e": Incorreta, uma vez que esse procedimento é feito pelo Presidente do Tribunal de origem e não pelo presidente da Seção Especializada. Essa é a determinação prevista no art. 896-C, § 4º, da CLT: "Caberá ao Presidente do Tribunal de origem admitir um ou mais recursos representativos da controvérsia, os quais serão encaminhados ao Tribunal Superior do Trabalho, ficando suspensos os demais recursos de revista até o pronunciamento definitivo do Tribunal Superior do Trabalho."

Gabarito: B.

---

433. (TRT 8 – Juiz do Trabalho Substituto 8ª Região/2015) Conforme a jurisprudência sumulada do Supremo Tribunal Federal, é INCORRETO afirmar que:

a) A prescrição da ação de acidente do trabalho conta-se do exame pericial que comprovar a enfermidade ou verificar a natureza da incapacidade.

b) É de decadência o prazo de trinta dias para instauração do inquérito judicial, a contar da suspensão, por falta grave, de empregado estável.

c) Salvo quando contrariarem a Constituição, não cabe recurso para o Supremo Tribunal Federal, de quaisquer decisões da Justiça do Trabalho, inclusive dos presidentes de seus tribunais.

d) Não subsiste a responsabilidade do empregador pela indenização decorrente de acidente do trabalho, quando o segurador, por haver entrado em liquidação, ou por outro motivo, não se encontrar em condições financeiras, de efetuar, na forma da lei, o pagamento que o seguro obrigatório visava garantir.

e) Não se conhece do recurso de revista, nem dos embargos de divergência, do processo trabalhista, quando houver jurisprudência firme do Tribunal Superior do Trabalho no mesmo sentido da decisão impugnada, salvo se houver colisão com a jurisprudência do Supremo Tribunal Federal.

COMENTÁRIOS

✪ **Nota do autor:** O STF tem diversas Súmulas, vinculantes e não vinculantes, que tratam de matéria trabalhista, inclusive de processo do trabalho, a exemplo da de nº 53 com a seguinte redação: "A competência da Justiça do Trabalho prevista no art. 114, VIII, da Constituição Federal alcança a execução de ofício das contribuições previdenciárias relativas ao objeto da condenação constante das sentenças que proferir e acordos por ela homologados".

Alternativa "a": Correta, pois esse entendimento encontra-se estampado na Súmula nº 230 do STF: "A prescrição da ação de acidente do trabalho conta-se do exame pericial que comprovar a enfermidade ou verificar a natureza da incapacidade."

Alternativa "b": Correta a assertiva. Como se trata de demanda de natureza constitutiva, o prazo sempre é de decadência. Nesse sentido a Súmula nº 403 do STF: "É de decadência o prazo de trinta dias para instauração do inquérito judicial, a contar da suspensão, por falta grave, de empregado estável."

Alternativa "c": Correta, pois cabe ao TST uniformizar a jurisprudência relativa a interpretação da legislação infraconstitucional. Nesse sentido a **Súmula nº**

505 do STF: "Salvo quando contrariarem a Constituição, não cabe recurso para o Supremo Tribunal Federal, de quaisquer decisões da Justiça do Trabalho, inclusive dos presidentes de seus Tribunais."

Alternativa "d": Incorreta, pois o entendimento do STF é justamente em sentido contrário, conforme se observa da redação da Súmula nº 529: "Subsiste a responsabilidade do empregador pela indenização decorrente de acidente do trabalho, quando o segurador, por haver entrado em liquidação, ou por outro motivo, não se encontrar em condições financeiras, de efetuar, na forma da lei, o pagamento que o seguro obrigatório visava garantir."

Alternativa "e": Correta a assertiva, pois de conformidade com a Súmula nº 401 do STF: "Não se conhece do recurso de revista, nem dos embargos de divergência, do processo trabalhista, quando houver jurisprudência firme do Tribunal Superior do Trabalho no mesmo sentido da decisão impugnada, salvo se houver colisão com a jurisprudência do Supremo Tribunal Federal."

Gabarito: D.

---

434. (FCC – Juiz do Trabalho Substituto 15ª Região/2015) De acordo com o entendimento sumulado do TST, de decisão em recurso de revista interposto em reclamação trabalhista submetida ao procedimento sumaríssimo, a interposição de embargos no TST

a) não é cabível, em razão das restrições impostas por lei a interposição de recursos no procedimento sumaríssimo.

b) só é cabível na hipótese de divergência jurisprudencial entre Turma do TST e a SDI, fundada em interpretação diversa de dispositivo constitucional.

c) só é cabível em caso de violação a dispositivo constitucional, não sendo cabível em caso de divergência jurisprudencial.

d) é cabível quando demonstrada a divergência jurisprudencial entre Turmas do TST, fundada em interpretações diversas acerca da aplicação de mesmo dispositivo constitucional ou de matéria sumulada.

e) é cabível quando demonstrada divergência entre Turmas do TST, fundada em interpretações diversas de mesmo dispositivo legal ou constitucional.

COMENTÁRIOS

✪ **Nota do autor:** Note-se que o § 6º do art. 896 da CLT foi transformado no § 9º e teve sua redação alterada para admitir recurso de revista em demanda sujeita ao rito sumaríssimo também no caso de contrariedade a Súmula vinculante do STF: "Art. 896. § 9º. Nas causas sujeitas ao procedimento sumaríssimo, somente será admitido recurso de revista por contrariedade a súmula de jurisprudência uniforme do Tribunal Superior do Trabalho ou a súmula vinculante do Supremo Tribunal Federal e por violação direta da Constituição Federal".

Alternativa "a": Incorreta, pois o recurso de revista é admitido nas demandas sujeitas ao rito sumaríssimo, mas com as restrições estabelecidas pelo art. 896, § 6º, da CLT interpretado pela Súmula nº 458 do TST: "Art. 896, § 6º da CLT: Nas causas sujeitas ao procedimento sumaríssimo, somente será admitido recurso de revista por contrariedade a súmula de jurisprudência uniforme do Tribunal Superior do Trabalho e violação direta da Constituição da República. Súmula nº 458 do TST: Em causas sujeitas ao procedimento sumaríssimo, em que pese a limitação imposta no art. 896, § 6º, da CLT à interposição de recurso de revista, admitem-se os embargos interpostos na vigência da Lei nº 11.496, de 22.06.2007, que conferiu nova redação ao art. 894 da CLT, quando demonstrada a divergência jurisprudencial entre Turmas do TST, fundada em interpretações diversas acerca da aplicação de mesmo dispositivo constitucional ou de matéria sumulada".

Alternativa "b": Incorreta, pois não corresponde às hipóteses restritas de cabimento estabelecidas pelo já citado e transcrito art. 896, § 6º, da CLT interpretado pela Súmula nº 458 do TST.

Alternativa "c": Incorreta, pois não corresponde às hipóteses restritas de cabimento estabelecidas pelo já citado e transcrito art. 896, § 6º, da CLT interpretado pela Súmula nº 458 do TST.

Alternativa "d": Correta a assertiva. Com efeito, os motivos que ensejam o cabimento do recurso de revista no rito sumaríssimo encontram-se descritos no art. 896, § 6º, da CLT, que foi interpretado pela Súmula nº 458 do TST. "Art. 896, § 6º da CLT: Nas causas sujeitas ao procedimento sumaríssimo, somente será admitido recurso de revista por contrariedade a súmula de jurisprudência uniforme do Tribunal Superior do Trabalho e violação direta da Constituição da República. Súmula nº 458 do TST: Em causas sujeitas ao procedimento sumaríssimo, em que pese a limitação imposta no art. 896, § 6º, da CLT à interposição de recurso de revista, admitem-se os embargos interpostos na vigência da Lei nº 11.496, de 22.06.2007, que conferiu nova redação ao art. 894 da CLT, quando demonstrada a divergência jurisprudencial entre Turmas do TST, fundada em interpretações diversas acerca da aplicação de mesmo dispositivo constitucional ou de matéria sumulada".

Alternativa "e": Incorreta, pois não corresponde às hipóteses restritas de cabimento estabelecidas pelo já citado e transcrito art. 896, § 6º, da CLT interpretado pela Súmula nº 458 do TST.

Gabarito: D.

---

435. (FCC – Juiz do Trabalho Substituto 15ª Região/2015) Considerando a jurisprudência pacífica do TST sobre embargos de declaração,

a) não cabem embargos de declaração para suprir omissão em recurso de revista ou de embargos, sendo o agravo regimental a medida cabível nesse caso.

b) a natureza da omissão suprida pelo julgamento de embargos declaratórios pode ocasionar efeito modificativo no julgado.

c) a decisão monocrática de provimento ou denegação de recurso não comporta ser esclarecida pela via dos embargos de declaração.

d) cabem embargos de declaração interpostos contra decisão de admissibilidade do recurso de revista, com interrupção do prazo recursal.

e) à interposição de embargos declaratórios por pessoa jurídica de direito público não se aplica o prazo em dobro.

COMENTÁRIOS

Nota do autor: Os embargos declaratórios são destinados, também, para prequestionar determinada matéria, não analisada pela decisão, para que o juízo adote tese explícita a seu respeito, a fim de possibilitar que a parte interponha outro recurso que exija esse requisito.

Alternativa "a": Incorreta a assertiva, pois os embargos declaratórios são cabíveis para suprimir omissão em qualquer decisão, em regra, independentemente se decorre do julgamento de sentença, recurso de revista, de embargos etc., conforme estabelece o art. 897-A da CLT: "Caberão embargos de declaração da sentença ou acórdão, no prazo de cinco dias, devendo seu julgamento ocorrer na primeira audiência ou sessão subsequente a sua apresentação, registrado na certidão, admitido efeito modificativo da decisão nos casos de omissão e contradição no julgado e manifesto equívoco no exame dos pressupostos extrínsecos do recurso".

Alternativa "b": Correta assertiva. Se o juiz deixa de julgar um pedido, a decisão proferida após a interposição dos embargos declaratórios e modificatória quando há acolhimento da argumentação do embargante. Nesse sentido a Súmula nº 278 do TST: "A natureza da omissão suprida pelo julgamento de embargos declaratórios pode ocasionar efeito modificativo no julgado".

Alternativa "c": Incorreta a assertiva. Com efeito, o entendimento do TST é justamente em sentido contrário, pois segue a regra, que tem algumas exceções, de que qualquer decisão pode ser esclarecida pela via dos embargos declaratórios. Nesse sentido o item I, da Súmula nº 421, em sua antiga redação: "Tendo a decisão monocrática de provimento ou denegação de recurso, prevista no art. 557 do CPC, conteúdo decisório definitivo e conclusivo da lide, comporta ser esclarecida pela via dos embargos de declaração, em decisão aclaratória, também monocrática, quando se pretende tão somente suprir omissão e não, modificação do julgado." Em 2016 o TST alterou a redação da referida Súmula, nos seguintes termos: "I – Cabem embargos de declaração da decisão monocrática do relator prevista no art. 932 do CPC de 2015 (art. 557 do CPC de 1973), se a parte pretende tão somente juízo integrativo retificador da decisão e, não, modificação do julgado. II – Se a parte postular a revisão no mérito da decisão monocrática, cumpre ao relator converter os embargos de declaração em agravo, em face dos princípios da fungibilidade e celeridade processual, submetendo-o ao pronunciamento do Colegiado, após a intimação do recorrente para, no prazo de 5 (cinco) dias, complementar as razões recursais, de modo a ajustá-las às exigências do art. 1.021, § 1º, do CPC de 2015".

Alternativa "d": Incorreta, pois o TST firmou entendimento em sentido contrário, por entender que o ato do juiz no caso do exame de pressupostos processuais não tem conteúdo decisório. Nesse sentido a OJ nº 377 da SDI-1, do TST: "Não cabem embargos de declaração interpostos contra decisão de admissibilidade do recurso de revista, não tendo o efeito de interromper qualquer prazo recursal." Note-se que essa OJ foi cancelada em 17.03.2016 pela Resolução nº 204/2016.

Alternativa "e": Como o CPC classifica como recurso os embargos declaratórios, segue a regra geral para Fazenda Pública relativamente ao prazo em dobro. Nesse sentido a OJ nº 192, da SDI-1 do TST: "É em dobro o prazo para a interposição de embargos declaratórios por pessoa jurídica de direito público.". **Incorreta**.

Gabarito: B.

---

436. (FCC – Juiz do Trabalho Substituto 23ª Região/2015) Quanto à divergência jurisprudencial justificadora de recurso de revista, é:

a) a divergência jurisprudencial será comprovada se o recorrente juntar certidão ou cópia autenticada do acórdão paradigma ou citar a fonte oficial ou o repositório autorizado em que foi publicado; e transcrever, nas razões recursais, as ementas e/ou trechos dos acórdãos trazidos à configuração do dissídio, demonstrando o conflito de teses que justifique o conhecimento do recurso, salvo se os acórdãos já se encontrarem nos autos ou venham a ser juntados com o recurso.

b) a concessão de registro de publicação como repositório autorizado de jurisprudência do TST não torna válidas as suas edições anteriores porque a divergência apta a ensejar o recurso de revista deve ser atual.

c) a indicação da data de publicação, em fonte oficial, de aresto paradigma é válida e suficiente para comprovação de divergência jurisprudencial, quando a parte pretende demonstrar o conflito de teses mediante a transcrição de trechos que integram a fundamentação do acórdão divergente, uma vez que só se publicam o dispositivo e a ementa dos acórdãos.

d) é válida para a comprovação da divergência jurisprudencial justificadora do recurso a indicação de aresto extraído de repositório oficial na internet, desde que o recorrente transcreva o trecho divergente; aponte o sítio de onde foi extraído; e decline o número do processo, o órgão prolator do acórdão e a data da respectiva publicação no Diário Eletrônico da Justiça do Trabalho.

e) nas causas sujeitas ao procedimento sumaríssimo, somente será admitido recurso de revista por contrariedade a súmula de jurisprudência uniforme do Tribunal Superior do Trabalho ou a súmula vinculante do Supremo Tribunal Federal e por violação literal de disposição de lei federal ou afronta direta e literal à Constituição Federal.

COMENTÁRIOS

✪ **Nota do autor:** Esse questionamento foi feito já levando em considerações as modificações na legislação trabalhista relativamente ao sistema recursal, promovido pela Lei nº 13.015/14, mas antes da alteração da Súmula nº 337 do TST promovida pela Resolução nº 220/2017, passando a contar com a seguinte redação: "COMPROVAÇÃO DE DIVERGÊNCIA JURISPRUDENCIAL. RECURSOS DE REVISTA E DE EMBARGOS (incluído o item V) – Res. 220/2017, DEJT divulgado em 21, 22 e 25.09.2017 I – Para comprovação da divergência justificadora do recurso, é necessário que o recorrente: a) Junte certidão ou cópia autenticada do acórdão paradigma ou cite a fonte oficial ou o repositório autorizado em que foi publicado; e b) Transcreva, nas razões recursais, as ementas e/ou trechos dos acórdãos trazidos à configuração do dissídio, demonstrando o conflito de teses que justifique o conhecimento do recurso, ainda que os acórdãos já se encontrem nos autos ou venham a ser juntados com o recurso. II – A concessão de registro de publicação como repositório autorizado de jurisprudência do TST torna válidas todas as suas edições anteriores. III – A mera indicação da data de publicação, em fonte oficial, de aresto paradigma é inválida para comprovação de divergência jurisprudencial, nos termos do item I, "a", desta súmula, quando a parte pretende demonstrar o conflito de teses mediante a transcrição de trechos que integram a fundamentação do acórdão divergente, uma vez que só se publicam o dispositivo e a ementa dos acórdãos; IV – É válida para a comprovação da divergência jurisprudencial justificadora do recurso a indicação de aresto extraído de repositório oficial na internet, desde que o recorrente: a) transcreva o trecho divergente; b) aponte o sítio de onde foi extraído; e c) decline o número do processo, o órgão prolator do acórdão e a data da respectiva publicação no Diário Eletrônico da Justiça do Trabalho. V – A existência do código de autenticidade na cópia, em formato pdf, do inteiro teor do aresto paradigma, juntada aos autos, torna-a equivalente ao documento original e também supre a ausência de indicação da fonte oficial de publicação". Note-se, todavia, que não houve alteração na redação dos itens I a IV da mencionada Súmula.

Alternativa "a": Incorreta a assertiva. Com efeito, a parte deve transcrever as ementas ou os trechos dos acordos ainda que os acórdãos já se encontrarem nos autos ou venham a ser juntados com o recurso. Nesse sentido a Súmula nº 337, I, alíneas "a" e "b", do TST: I – Para comprovação da divergência justificadora do recurso, é necessário que o recorrente. a) Junte certidão ou cópia autenticada do acórdão paradigma ou cite a fonte oficial ou o repositório autorizado em que foi publicado; e b) Transcreva, nas razões recursais, as ementas e/ou trechos dos acórdãos trazidos à configuração do dissídio, demonstrando o conflito de teses que justifique o conhecimento do recurso, ainda que os acórdãos já se encontrem nos autos ou venham a ser juntados com o recurso".

Alternativa "b": Incorreta, pois o entendimento do TST é justamente em sentido contrário, admitindo a validade retroativa, conforme se vê da redação do item II, da Súmula nº 337: "A concessão de registro de publicação como repositório autorizado de jurisprudência do TST torna válidas todas as suas edições anteriores."

Alternativa "c": Incorreta a assertiva, uma vez que o posicionamento do TST é oposto ao apresentado. Isso porque a mera indicação de data de publicação é invalida, conforme item III, da Súmula nº 337 do TST: "A mera indicação da data de publicação, em fonte oficial, de aresto paradigma é inválida para comprovação de divergência jurisprudencial, nos termos do item I, "a", desta súmula, quando a parte pretende demonstrar o conflito de teses mediante a transcrição de trechos que integram a fundamentação do acórdão divergente, uma vez que só se publicam o dispositivo e a ementa dos acórdãos."

Alternativa "d": Esse requisito é destacado pelo item IV, da Súmula nº 337 do TST: "É válida para a comprovação da divergência jurisprudencial justificadora do recurso a indicação de aresto extraído de repositório oficial na internet, desde que o recorrente: a) transcreva o trecho divergente; b) aponte o sítio de onde foi extraído; e c) decline o número do processo, o órgão prolator do acórdão e a data da respectiva publicação no Diário Eletrônico da Justiça do Trabalho." **Correta** a assertiva.

Alternativa "e": Incorreta, pois não cabe o recurso de revista em rito sumaríssimo se houver violação literal de disposição de lei federal, conforme se vê da parte final do art. 896, § 9º, da CLT: "Nas causas sujeitas ao procedimento sumaríssimo, somente será admitido recurso de revista por contrariedade a súmula de jurisprudência uniforme do Tribunal Superior do Trabalho ou a súmula vinculante do Supremo Tribunal Federal e por violação direta da Constituição Federal."

Gabarito: D.

---

437. (FCC – Juiz do Trabalho Substituto 23ª Região/2015) A Empresa Papel, Papelão, Papelaria e outras Quinquilharias opôs embargos de terceiro, na execução que Cara- bino Tiro Certo moveu contra a empresa Tem de Tudo Ltda., pretendendo obter declaração de nulidade da penhora que recaiu sobre bens de sua propriedade na cidade de Guarulhos – SP e, consequentemente, a sua exclusão da lide, sob o argumento de que era alheia ao processo havido entre as partes. Distribuídos os embargos de terceiro à Vara do Trabalho de Barra dos Garças (MT), o Juiz Titular determinou a remessa dos autos à 3ª Vara do Trabalho de Guarulhos (SP), afirmando ser do juízo deprecado a competência para julgar os embargos de terceiro. No processo em referência, em que a execução se dá por carta precatória, os embargos de terceiro:

a) podem ser opostos no juízo deprecante ou no juízo deprecado, mas a competência para julgá-los é do juízo deprecante.

b) devem ser opostos no juízo deprecado que tem competência para seu julgamento.

c) devem ser opostos no juízo deprecante que tem competência para seu julgamento.

d) podem ser opostos no juízo deprecante ou no juízo deprecado, mas a competência para julgá-los é do juízo deprecado.

e) devem ser opostos no juízo deprecado que realizou a penhora, mas a competência para julgá-los é do juízo deprecante.

COMENTÁRIOS

✪ **Nota do autor:** Essa questão foi elaborada com base no CPC de 1973 e na antiga redação da Súmula nº 419 do TST: "Na execução por carta precatória, os embargos de terceiro serão oferecidos no juízo deprecante ou no juízo deprecado, mas a competência para julgá-los é do juízo deprecante, salvo se versarem, unicamente, sobre vícios ou irregularidades da penhora, avaliação ou alienação dos bens, praticados pelo juízo deprecado, em que a competência será deste último". Por conta da edição do CPC de 2015, a redação dessa Súmula foi alterada nos seguintes termos: "COMPETÊNCIA. EMBARGOS DE TERCEIRO. EXECUÇÃO POR CARTA PRECATÓRIA. JUÍZO DEPRECADO. (alterada em decorrência do CPC de 2015) – Res. 212/2016, DEJT divulgado em 20, 21 e 22.09.2016. Na execução por carta precatória, os embargos de terceiro serão oferecidos no juízo deprecado, salvo se indicado pelo juízo deprecante o bem constrito ou se já devolvida a carta (art. 676, parágrafo único, do CPC de 2015)".

Alternativa "a": Correta a assertiva, pois se encontra de acordo com o posicionamento do TST representado por sua Súmula nº 419 em sua antiga redação (ver nota do autor).

Alternativa "b": Incorreta, pois o embargante poderia optar em apresentar no juízo deprecante ou no juízo deprecado (ver nota do autor).

Alternativa "c": Incorreta, pois o embargante poderia optar em apresentar no juízo deprecante ou no juízo deprecado (ver nota do autor).

Alternativa "d": Incorreta. Em regra, a competência para julgamento dos embargos era do juízo deprecante, salvo se versassem, unicamente, sobre vícios ou irregularidades da penhora, avaliação ou alienação dos bens, praticados pelo juízo deprecado, em que a competência será deste último (ver nota do autor).

Alternativa "e": Incorreta, pois o embargante poderia optar em apresentar no juízo deprecante ou no juízo deprecado. Quanto a competência para julgamento, em regra era do juízo deprecante, salvo se versassem, unicamente, sobre vícios ou irregularidades da penhora, avaliação ou alienação dos bens, praticados pelo juízo deprecado, em que a competência será deste último (ver nota do autor).

Gabarito: A.

---

438. (TRT 23 – Juiz do Trabalho Substituto 23ª Região/2014) Do exame das assertivas abaixo, assinale a alternativa CORRETA:

I) Em reclamação trabalhista plúrima proposta em face da Fazenda Pública, a análise do valor para fins de dispensa de formação de precatório deve levar em consideração a soma dos créditos dos reclamantes.

II) Ainda que a matéria seja de índole constitucional, não é cabível recurso de revista contra acórdão regional prolatado em sede de agravo de instrumento.

III) Tendo o reclamante interposto recurso ordinário, e tendo o reclamado recorrido adesivamente, em se negando provimento a recurso ordinário, não resta prejudicado o exame do recurso adesivo.

IV) A divergência apta a ensejar o recurso de revista, deve ser atual, não se considerando como tal a ultrapassada por súmula ou superada por iterativa e notória jurisprudência do TST.

a) Somente estão corretas as assertivas I, II e IV.

b) Somente estão corretas as assertivas II e III.

c) Somente estão corretas as assertivas III e IV.

d) Somente está correta a assertiva III.

e) Somente estão corretas as assertivas II, III e IV.

COMENTÁRIOS

✪ **Nota do autor:** Observe-se, no item "III", que o art. 500 do CPC de 1973 corresponde ao art. 997, §2º do CPC de 2015.

Item "I": Incorreto, pois nesse caso deve-se observar o valor do crédito de cada exequente, de acordo com o entendimento do TST exposto na OJ nº 9 do Tribunal Pleno: "Tratando-se de reclamações trabalhistas plúrimas, a aferição do que vem a ser obrigação de pequeno valor, para efeito de dispensa de formação de precatório e aplicação do disposto no § 3º do art. 100 da CF/88, deve ser realizada considerando-se os créditos de cada reclamante."

Item "II": Nesse caso não cabe agravo de instrumento, de acordo com a Súmula nº 218 do TST: "É incabível recurso de revista interposto de acórdão regional prolatado em agravo de instrumento." **Correto.**

Item "III": Correto, pois essa previsão está expressamente contida no art. 500, parágrafo único do CPC de 1973: "Ao recurso adesivo se aplicam as mesmas regras do recurso independente, quanto às condições de admissibilidade, preparo e julgamento no tribunal superior."

Item "IV": A previsão do art. 896, § 7º da CLT é nesse sentido: "A divergência apta a ensejar o recurso de revista deve ser atual, não se considerando como tal a ultrapassada por súmula do Tribunal Superior do Trabalho ou do Supremo Tribunal Federal, ou superada por iterativa e notória jurisprudência do Tribunal Superior do Trabalho." **Correto.**

Gabarito: E.

---

439. (TRT 23 - Juiz do Trabalho Substituto 23ª Região/2014) O juiz proferiu sentença deferindo duas horas extras por dia de efetivo labor, mas indeferiu o pedido de indenização relativa a lanche não concedido pelo reclamado sob o fundamento de que a norma coletiva que rezava sobre a matéria somente determinava a concessão do lanche quando houvesse extrapolação da jornada em mais de sessenta minutos. O reclamante, por seu advogado, que acompanhou o autor em audiência de instrução e julgamento, mas não apresentou procuração, interpôs embargos de declaração pedindo que fosse sanada a contradição, já que reconhecido o sobrelabor diário de duas horas. Segundo pacificado pelo Tribunal Superior do Trabalho, assinale a alternativa CORRETA:

a) Os embargos não devem ser conhecidos, posto que subscritos por advogado sem procuração nos autos.

b) Os embargos devem ser conhecidos, mas não devem ser acolhidos, uma vez que a atuação do julgador envolveu erro de julgamento, a ser sanado por meio de recurso ordinário.

c) O julgador deve, de imediato, sem dar vista à parte contrária, dar provimento aos embargos, já que manifesta a contradição nos fundamentos da sentença.

d) O juiz deve dar vista à parte contrária e, quando do julgamento, em efeito modificativo, dar provimento aos embargos para sanar a contradição havida.

e) O juiz deve dar vista à parte contrária, em razão da possibilidade de efeito modificativo quando do julgamento dos embargos, mas deve rejeitá-los por envolver a questão erro de julgamento.

COMENTÁRIOS

✪ **Nota do autor:** Quando o acórdão é omisso no que diz respeito à tese por ele acolhida, o interessado, antes da interposição do recurso de revista, deve prequestionar a matéria por meio de embargos declaratórios, sob pena de preclusão do direito de manejar o recurso de revista.

Alternativa "a": Incorreta, pois o advogado do reclamante possuía procuração tácita, conferida a ele quando ambos compareceram à audiência.

Alternativa "b": A hipótese é de cabimento de embargos declaratórios já que flagrante e contradição no julgado que reconheceu a veracidade de um fato para deferir um pedido e indeferiu outra pretensão com base no mesmo fato. **Incorreta.**

Alternativa "c": Correta. Flagrante a contradição, o juiz pode julgar os embargos declaratórios sem necessidade de dar vistas a parte contraria. Eventual nulidade seria sanada por conta efeito devolutivo amplo do recurso ordinário. Nesse sentido a OJ nº 142 da SDI-1 do TST: "I - É passível de nulidade decisão que acolhe embargos de declaração com efeito modificativo sem que seja concedida oportunidade de manifestação prévia à parte contrária. II - Em decorrência do efeito devolutivo amplo conferido ao recurso ordinário, o item I não se aplica às hipóteses em que não se concede vista à parte contrária para se manifestar sobre os embargos de declaração opostos contra sentença". Posteriormente a Resolução nº 214/2016 do TST cancelou o item II dessa OJ.

Alternativa "d": Incorreta. Não há obrigatoriedade de conceder vistas a parte contrária quando os embargos declaratórios forem opostos em face de sentença, pois um eventual recurso ordinário sanaria qualquer nulidade decorrente de um efeito modificativo. Nesse sentido a OJ nº 142 da SDI-1 do TST: "I - É passível de nulidade decisão que acolhe embargos de declaração com efeito modificativo sem que seja concedida oportunidade de manifestação prévia à parte contrária. II - Em decorrência do efeito devolutivo amplo conferido ao recurso ordinário, o item I não se aplica às hipóteses em que não se concede vista à parte contrária para se manifestar sobre os embargos de declaração opostos contra sentença". Posteriormente a Resolução nº 214/2016 do TST cancelou o item II dessa OJ.

Alternativa "e": Como dito na alternativa anterior, não é necessário conceder vista a parte contrária. Quanto ao julgamento, deve ser dado provimento, uma vez que é flagrante a contradição no julgado. **Incorreta.**

Gabarito: C.

---

440. (FCC - Juiz do Trabalho Substituto 18ª Região/2014) Com relação ao recurso de revista no Processo do Trabalho:

a) É cabível recurso de revista interposto de acórdão regional prolatado em agravo de instrumento.

b) A admissibilidade do recurso de revista por violação tem como pressuposto a indicação expressa ou implícita, do dispositivo de lei ou da Constituição tido como violado.

c) O fato de o juízo primeiro de admissibilidade do recurso de revista entendê-lo cabível apenas quanto a parte das matérias veiculadas não impede a apreciação integral pela Turma do Tribunal Superior do Trabalho, sendo imprópria a interposição de agravo de instrumento.

d) Para comprovação da divergência justificadora do recurso de revista é necessário que o recorrente junte certidão ou cópia autenticada do acórdão paradigma, não servindo, para tanto, a citação da fonte oficial ou do repositório autorizado em que foi publicado.

e) É admissível o recurso de revista fundado tão somente em divergência jurisprudencial, mesmo que a parte não comprove que a lei estadual, a norma coletiva ou o regulamento da empresa extrapolam o âmbito do Tribunal Regional do Trabalho prolator da decisão recorrida.

COMENTÁRIOS

✪ **Nota do autor:** Como o recurso de revista é baseado, também, em divergência jurisprudencial, o acórdão deve ser claro e expresso sobre a tese jurídica que adota para manter ou modificar a decisão de primeira instância, sem que isso signifique a obrigação de fazer referência a determinado preceito normativo. Observe-se, também, que a Súmula nº 285 foi cancelada pelo TST por meio da Resolução nº 204/2016, para se adaptar à nova ordem do CPC de 2015.

Alternativa "a": O entendimento é no sentido oposto. O TST revela o seu posicionamento contrário por meio da Súmula nº 218: "É incabível recurso de revista interposto de acórdão regional prolatado em agravo de instrumento". **Incorreta.**

Alternativa "b": A indicação do dispositivo violado deve ser expressa e não implícita, como estabelece a Súmula nº 221 do TST: "A admissibilidade do recurso de revista por violação tem como pressuposto a indicação expressa do dispositivo de lei ou da Constituição tido como violado." **Incorreta.**

Alternativa "c": Correta a assertiva, pois corresponde ao texto da Súmula nº 285 do TST, atualmente cancelada: "O fato de o juízo primeiro de admissibilidade do recurso de revista entendê-lo cabível apenas quanto a parte das matérias veiculadas não impede a apreciação integral pela Turma do Tribunal Superior do Trabalho, sendo imprópria a interposição de agravo de instrumento."

Alternativa "d": O recorrente tem a opção de cite a fonte oficial ou o repositório autorizado em que foi publicado para comprovar a divergência, de acordo com o item I, alínea "a", Súmula nº 337 do TST: "I – Para comprovação da divergência justificadora do recurso, é necessário que o recorrente. a) Junte certidão ou cópia autenticada do acórdão paradigma ou cite a fonte oficial ou o repositório autorizado em que foi publicado". **Incorreta.**

Alternativa "e": O entendimento do TST é justamente em sentido contrário, conforme se observa do teor da redação do inciso I, da OJ nº 147, da SDI-1: "É inadmissível o recurso de revista fundado tão somente em divergência jurisprudencial, se a parte não comprovar que a lei estadual, a norma coletiva ou o regulamento da empresa extrapolam o âmbito do TRT prolator da decisão recorrida". **Incorreta.**

Gabarito: C.

441. (TRT 23 – Juiz do Trabalho Substituto 23ª Região/2014) Quanto ao recurso de revista, analise as assertivas abaixo e assinale a alternativa CORRETA:

I) Uma das hipóteses de cabimento de recurso de revista para o TST é para impugnar decisão proferida, em dissídio individual ou coletivo, por Tribunal Regional do Trabalho quando der ao mesmo dispositivo de lei federal interpretação diversa da que lhe houver dado outro Tribunal Regional, no seu Pleno ou Turma, ou a Seção de Dissídios Individuais do Tribunal Superior do Trabalho ou a Súmula de Jurisprudência uniforme desta Corte.

II) O Tribunal Superior do Trabalho, após o julgamento do recurso de revista, examinará se a causa oferece transcendência com relação aos reflexos gerais de natureza econômica, política, social ou jurídica.

III) Estando a decisão recorrida em consonância com enunciado da Súmula de jurisprudência do Tribunal Superior do Trabalho, poderá o Ministro relator, indicando-o, negar seguimento ao recurso de revista, aos embargos ou ao agravo de instrumento.

IV) Cabe recurso de revista contra decisão proferida, por Tribunal Regional do Trabalho, em dissídio coletivo, com violação literal de disposição de lei federal ou afronta direta e literal à Constituição Federal.

a) Estão corretas as assertivas I e III.
b) Estão corretas as assertivas II e IV
c) Estão corretas as assertivas I, III e IV
d) Está correta a assertiva III
e) Estão corretas as assertivas I e IV

COMENTÁRIOS

✪ **Nota do autor:** O recurso de revista está limitado à análise de questões de direito. Dessa forma, incabível é o recurso de revista que pretenda reformar o acórdão do Tribunal com o reexame de fatos ou valoração da prova produzida nos autos. Ainda, com relação ao item "II", com a vigência da Lei nº 13.467/17 foram estabelecidas regras para o reconhecimento da transcendência no recurso de revista (art. 896-A da CLT).

Item "I": Não cabe recurso de revista para atacar decisão proferida em dissídio coletivo. No caso, a hipótese é de cabimento de recurso ordinário (art. 896, caput, da CLT: "Cabe Recurso de Revista para Turma do Tribunal superior do Trabalho das decisões proferidas em grau de recurso ordinário, em dissídio individual, pelos Tribunais Regionais do Trabalho, quando). Item **incorreto.**

Item "II": O exame da transcendência é feito previamente ao julgamento do recurso de revista e não após o julgamento. Nesse sentido é a determinação contida no art. 896-A da CLT: "O Tribunal Superior do Trabalho, no recurso de revista, examinará previamente se a causa oferece transcendência com relação aos reflexos gerais de natureza econômica, política, social ou jurídica." **Incorreto. (ver nota do autor)**

Item "III": Essa prerrogativa do relator está prevista no art. 894, §3º, I da CLT: "O Ministro Relator denegará seguimento aos embargos: I – se a decisão recorrida estiver em consonância com súmula da jurisprudência do Tribunal Superior do Trabalho ou do Supremo Tribunal Federal, ou com iterativa, notória e atual jurisprudência do Tribunal Superior do Trabalho, cumprindo-lhe indicá-la". **Correto.**

Item "IV": Não cabe recurso de revista para atacar decisão proferida em dissídio coletivo. No caso, a hipótese é de cabimento de recurso ordinário (art. 896, caput, da CLT: "Cabe Recurso de Revista para Turma do Tribunal superior do Trabalho das decisões proferidas em grau de recurso ordinário, em dissídio individual, pelos Tribunais Regionais do Trabalho, quando). Item **incorreto.**

Gabarito: D.

---

442. (FCC – Juiz do Trabalho Substituto 18ª Região/2014) Com relação aos embargos de declaração no Processo do Trabalho:

a) É passível de nulidade decisão que acolhe embargos de declaração com efeito modificativo sem que seja concedida oportunidade de manifestação prévia à parte contrária, exceto em relação ao recurso ordinário, em decorrência do seu efeito devolutivo amplo.

b) O relator negará seguimento a recurso manifestamente inadmissível, improcedente, prejudicado ou em confronto com súmula ou com jurisprudência dominante do respectivo Tribunal, do Supremo Tribunal Federal, ou de Tribunal Superior. Desta decisão monocrática, não cabem embargos de declaração, ainda que tenha conteúdo decisório definitivo ou conclusivo da lide e se pretenda tão somente suprir omissão do julgado, uma vez que referido recurso fere o princípio da adequação recursal.

c) O relator negará seguimento a recurso manifestamente inadmissível, improcedente, prejudicado ou em confronto com súmula do Supremo Tribunal Federal, ou de Tribunal Superior. Desta decisão monocrática, cabem embargos de declaração com pedido de efeito modificativo, que serão submetidos ao pronunciamento do relator.

d) Cabem embargos de declaração interpostos contra decisão monocrática de admissibilidade do recurso de revista, por se tratar de pronunciamento jurisdicional revestido de cunho decisório, interrompendo-se qualquer prazo recursal.

e) Se os embargos declaratórios são utilizados para fins de prequestionamento e se o Juiz ou tribunal continua omitindo o ponto respectivo, haverá necessidade de a parte interpor novos embargos de declaração, uma vez que não se considera prequestionada a matéria invocada no recurso principal sobre a qual se omite o Tribunal de pronunciar tese.

COMENTÁRIOS

✪ **Nota do autor:** A parte, que interpõe embargos declaratórios com o intuito único e manifesto de procrastinar o andamento do feito, poderia ser condenada no pagamento de uma multa equivalente a 1% sobre o valor da causa e em caso de reincidência, esse percentual poderia ser elevado até 10%, segundo o preceito contido no art. 538, parágrafo único, do Código de Processo Civil de 1973. Observe-se que o art. 538, parágrafo único, do CPC de 1973 corresponde ao art. 1.026, §2º, do CPC de 2015, que alterou esses percentuais para o máximo de 2%, na primeira tentativa, e até 10% em caso de reincidência. Com a vigência da Lei da Reforma Trabalhista a CLT passou a prever a multa por Litigância de má-fé no art. 793-C, com redação semelhante a do CPC de 2015. Já na alternativa "b", note-se que o art. 557 do CPC de 1973 corresponde ao art. 932, III, do CPC de 2015. Por conta dessas mudanças, em 2016 o TST alterou a redação da Súmula nº 421: "I – Cabem embargos de declaração da decisão monocrática do relator prevista no art. 932 do CPC de 2015 (art. 557 do CPC de 1973), se a parte pretende tão somente juízo integrativo retificador da decisão e, não, modificação do julgado. II – Se a parte postular a revisão no mérito da decisão monocrática, cumpre ao relator converter os embargos de declaração em agravo, em face dos princípios da fungibilidade e celeridade processual, submetendo-o ao pronunciamento do Colegiado, após a intimação do recorrente para, no prazo de 5 (cinco) dias, complementar as razões recursais, de modo a ajustá-las às exigências do art. 1.021, § 1º, do CPC de 2015".

Alternativa "a": Exatamente. No caso do recurso ordinário é possível ao Tribunal sanar eventual nulidade por conta da ausência de manifestação do embargado. Nesse sentido, a OJ nº 142, da SDI-1, do TST: "I – É passível de nulidade decisão que acolhe embargos de declaração com efeito modificativo sem que seja concedida oportunidade de manifestação prévia à parte contrária. II – Em decorrência do efeito devolutivo amplo conferido ao recurso ordinário, o item I não se aplica às hipóteses em que não se concede vista à parte contrária para se manifestar sobre os embargos de declaração opostos contra sentença.". **Correta** à época. Posteriormente a Resolução nº 214/2016 do TST cancelou o item II dessa OJ.

Alternativa "b": A primeira parte da assertiva corresponde ao texto do *caput* do art. 557 do CPC de 1973: "O relator negará seguimento a recurso manifestamente inadmissível, improcedente, prejudicado ou em confronto com súmula ou com jurisprudência dominante do respectivo Tribunal, do Supremo Tribunal Federal, ou de Tribunal Superior". A segunda parte, todavia, apresenta o entendimento do TST constante da redação anterior da Súmula nº 421, I, só que em sentido contrário, ou seja, pelo cabimento dos embargos declaratórios (ver nota do autor): "Tendo a decisão monocrática de provimento ou denegação de recurso, prevista no art. 557 do CPC, conteúdo decisório definitivo e conclusivo da lide, comporta ser esclarecida pela via dos embargos de declaração, em decisão aclaratória, também monocrática, quando se pretende tão somente suprir omissão e não, modificação do julgado." **Incorreta.**

Alternativa "c": A primeira parte da afirmativa corresponde ao texto do *caput* do art. 557 do CPC de 1973. O equívoco da assertiva está em sua segunda parte, pois os embargos declaratórios são submetidos a apreciação do colegiado e não do próprio relator, conforme inciso II, da Súmula nº 421 do TST, em sua redação anterior (ver nota do autor): "Postulando o embargante efeito modificativo, os embargos declaratórios deverão ser submetidos ao pronunciamento do Colegiado, convertidos em agravo, em face dos princípios da fungibilidade e celeridade processual". **Incorreta.**

Alternativa "d": Incorreta. O entendimento do TST é de não cabem embargos declaratórios. Ainda que seja manejado esse recurso, como é incabível, não tem o efeito de interromper o prazo recursal. Nesse sentido é a OJ nº 377, da SDI-1, do TST: "Não cabem embargos de declaração interpostos contra decisão de admissibilidade do recurso de revista, não tendo o efeito de interromper qualquer prazo recursal". Note-se que essa OJ foi cancelada em 17.03.2016 pela Resolução nº 204/2016.

Alternativa "e": Nesse caso não é necessária interposição de novos embargos declaratórios, sendo que a matéria passa a ser prequestionada, conforme posicionamento do TST adotado pela Súmula nº 297, inciso III: "Considera-se prequestionada a questão jurídica invocada no recurso principal sobre a qual se omite o Tribunal de pronunciar tese, não obstante opostos embargos de declaração". **Incorreta.**

Gabarito: A.

---

443. (TRT 2 – Juiz do Trabalho Substituto 2ª Região/2014) Em relação aos embargos de declaração, aponte a alternativa correta:

a) Na Justiça do Trabalho são admitidos, nos termos do art. 897-A da CLT, apenas nas hipóteses de contradição, omissão e manifesto equívoco na apreciação dos pressupostos extrínsecos de admissibilidade do recurso.

b) É passível de nulidade sentença ou acórdão que os acolham com efeito modificativo sem que seja concedida oportunidade de manifestação prévia à parte contrária.

c) Na Justiça do Trabalho suspendem o prazo recursal para ambas as partes no caso de ser deferido efeito modificativo.

d) Nos casos de julgamento "citra petita" a parte que não opôs os embargos, não poderá ajuizar ação rescisória.

e) É cabível a oposição de embargos para supressão de omissão contra decisão monocrática de cunho decisório que denega recurso manifestamente inadmissível.

COMENTÁRIOS

✪ **Nota do autor:** A interposição de embargos declaratórios interrompe o prazo para interposição de outro recurso, para ambas as partes. Nesse caso, depois de proferida nova decisão, despreza-se o prazo que já fluiu e inicia-se a contagem do prazo recursal, inclusive para a parte que não se utilizou dessa medida processual. Observe-se, na alternativa "c", que o art. 538 do CPC de 1973 corresponde ao art. 1.026 do CPC de 2015. Já na alternativa "d", que os arts. 128 e 460 do CPC de 1973 correspondem, respectivamente, aos arts. 141 e 492 do CPC de 2015. Por fim, na alternativa "e", o art. 557 do CPC de 1973 corresponde ao art. 932, III, do CPC de 2015. Inclusive, em 2016 o TST alterou a redação da Súmula nº 421: "I – Cabem embargos de declaração da decisão monocrática do relator prevista no art. 932 do CPC de 2015 (art. 557 do CPC de 1973), se a parte pretende tão somente juízo integrativo retificador da decisão e, não, modificação do julgado. II – Se a parte postular a revisão no mérito da decisão monocrática, cumpre ao relator converter os embargos de declaração em agravo, em face dos princípios da fungibilidade e celeridade processual, submetendo-o ao pronunciamento do Colegiado, após a intimação do recorrente para, no prazo de 5 (cinco) dias, complementar as razões recursais, de modo a ajustá-las às exigências do art. 1.021, § 1º, do CPC de 2015".

Alternativa "a": Quando o art. 897-A da CLT menciona a omissão, contradição e manifesto equívoco no exame dos pressupostos extrínsecos do recurso, relaciona-se com a possibilidade de conferir efeito modificativo aos embargos declaratórios. Portanto, é perfeitamente admissível o manejo dos embargos de declaração para sanar obscuridade: "Art. 897-A – Caberão embargos de declaração da sentença ou acórdão, no prazo de cinco dias, devendo seu julgamento ocorrer na primeira audiência ou sessão subsequente a sua apresentação, registrado na certidão, admitido efeito modificativo da decisão nos casos de omissão e contradição no julgado e manifesto equívoco no exame dos pressupostos extrínsecos do recurso". **Incorreta.**

Alternativa "b": Incorreta. No caso de embargos de sentença, não é indispensável conceder vistas a parte contrária, pois o efeito devolutivo do recurso ordinário sanaria eventual nulidade. Nesse sentido, a OJ nº 142, da SDI-1, do TST: "I – É passível de nulidade decisão que acolhe embargos de declaração com efeito modificativo sem que seja concedida oportunidade de manifestação prévia à parte contrária. II – Em decorrência do efeito devolutivo amplo conferido ao recurso ordinário, o item I não se aplica às hipóteses em que não se concede vista à parte contrária para se manifestar sobre os embargos de declaração opostos contra sentença". Posteriormente a Resolução nº 214/2016 do TST cancelou o item II dessa OJ.

Alternativa "c": O efeito é de interrupção e não de suspensão do prazo como constou na assertiva. **Incorreta,** pois contraria o preceito contido no art. 538 do CPC de 1973: "Os embargos de declaração interrompem o prazo para a interposição de outros recursos, por qualquer das partes."

Alternativa "d": Incorreta. No caso de sentença *citra petita*, há ofensa ao preceito contido nos arts. 128 e 460 do CPC de 1973. Por conta disso, é cabível a ação rescisória, conforme entendimento constante da OJ nº 41 da SDI-2 do TST, em sua antiga redação: "Revelando-se a sentença "citra petita", o vício processual vulnera os arts. 128 e 460 do CPC, tornando-a passível de desconstituição, ainda que não opostos embargos declaratórios". A atual redação dessa OJ é a seguinte: "Revelando-se a sentença "citra petita", o vício processual vulnera os arts. 141 e 492 do CPC de 2015 (arts. 128 e 460 do CPC de 1973), tornando-a passível de desconstituição, ainda que não interpostos embargos de declaração".

Alternativa "e": Essa possibilidade está prevista no inciso I da Súmula nº 421 do TST, em sua redação anterior (ver o final da nota do autor): "Tendo a decisão monocrática de provimento ou denegação de recurso, prevista no art. 557 do CPC, conteúdo decisório definitivo e conclusivo da lide, comporta ser esclarecida pela via dos embargos de declaração, em decisão aclaratória, também monocrática, quando se pretende tão somente suprir omissão e não, modificação do julgado." **Correta.**

Gabarito: E.

---

444. (TRT 8 – Juiz do Trabalho Substituto 8ª Região/2014) O Recurso de Revista é o último recurso, na Justiça do Trabalho, para reexame de decisões proferidas em dissídios individuais, exceto na hipótese de violação direta da Constituição Federal, que ainda caberá o recurso extraordinário ao STF (Art. 102, III, da CF e Art. 893, § 2º, da CLT), assim, assinale a alternativa CORRETA:

a) Estando a decisão recorrida em consonância com enunciado da Súmula da Jurisprudência do Tribunal Superior do Trabalho, poderá o Ministro Relator, indicando-o, negar seguimento ao recurso de revista. Será denegado seguimento ao recurso nas hipóteses de intempestividade, deserção, falta de alçada e ilegitimidade de representação, cabendo a interposição de agravo de instrumento.

b) Nas causas sujeitas ao procedimento sumaríssimo, a admissibilidade de recurso de revista está limitada à demonstração de violação direta a dispositivo da Constituição Federal ou contrariedade a Súmula do Tribunal Superior do Trabalho e a Orientação Jurisprudencial deste Tribunal.

c) O conhecimento do recurso de revista, quanto à preliminar de nulidade por negativa de prestação jurisdicional, supõe indicação de violação do art. 832 da CLT, do art. 458 do CPC ou do art. 93, IX, da CF/1988.

d) Havendo execução provisória e julgado agravo de petição pelo Tribunal Regional, a apreciação do recurso de revista fica sobrestada até o trânsito em julgado da decisão.

e) A decisão judicial proferida por Tribunal do Trabalho que declara a incompetência material da Justiça do Trabalho é meramente interlocutória, já que não extingue o processo, portanto, não comporta recurso de revista.

COMENTÁRIOS

✪ **Nota do autor:** Ao contrário do que ocorre com o recurso ordinário e com o recurso de revista, não se exige o prévio depósito recursal como requisito de admissibilidade do agravo de petição. Observe-se, na alternativa "a", que o § 5º do art. 896 da CLT foi alterado pela Lei nº 13.015/14, mas atualmente foi revogado pela Lei nº 13.467/17. Já na alternativa "b", note-se que a OJ nº 352 da SDI1 foi convertida na Súmula nº 442 do TST. Quando essa questão foi elaborada ainda não estava em vigor a Lei nº 13.015/14, que alterou a redação do § 6º do art. 896 da CLT, além de transformá-lo no § 9º com a seguinte redação: "Nas causas sujeitas ao procedimento sumaríssimo, somente será admitido recurso de revista por contrariedade a súmula de jurisprudência uniforme do Tribunal Superior do Trabalho ou a súmula vinculante do Supremo Tribunal Federal e por violação direta da Constituição Federal". Apesar dessa mudança, a Súmula nº 442 do TST não foi alterada e continua fazendo referência ao § 6º do art. 896 da CLT. Ainda, na alternativa "c", observe-se que o art. 558 do CPC de 1973 corresponde ao art. 489 do CPC de 2015. E, finalmente, que a OJ nº 115 da SDI1 do TST foi convertida na Súmula nº 459, que conta com a seguinte redação: "RECURSO DE REVISTA. NULIDADE POR NEGATIVA DE PRESTAÇÃO JURISDICIONAL. (atualizada em decorrência do CPC de 2015) – Res. 219/2017, DEJT divulgado em 28, 29 e 30.06.2017 – republicada – DEJT divulgado em 12, 13 e 14.07.2017 O conhecimento do recurso de revista, quanto à preliminar de nulidade, por negativa de prestação jurisdicional, supõe indicação de violação do art. 832 da CLT, do art. 489 do CPC de 2015 (art. 458 do CPC de 1973) ou do art. 93, IX, da CF/1988."

Alternativa "a": O recurso cabível no caso de denegação de seguimento da revista por decisão monocrática do relator é o agravo regimental e não agravo de instrumento como constou na assertiva conforme determina o art. 896, § 5º da CLT: "Estando a decisão recorrida em consonância com enunciado da Súmula da Jurisprudência do Tribunal Superior do Trabalho, poderá o Ministro Relator, indicando-o, negar seguimento ao recurso de revista, aos Embargos, ou ao agravo de instrumento. Será denegado seguimento ao recurso nas hipóteses de intempestividade, deserção, falta de alçada e ilegitimidade de representação, cabendo a interposição de agravo." **Incorreta.**

Alternativa "b": O equívoco na assertiva está no fato de ter incluído no rol as decisões que contrariam as OJ's, conforme entendimento do TST explicitado pela OJ nº 352 da SDI-1: "Nas causas sujeitas ao procedimento sumaríssimo, não se admite recurso de revista por contrariedade à Orientação Jurisprudencial do Tribunal Superior do Trabalho (Livro II, Título II, Capítulo III, do RITST), por ausência de previsão no art. 896, § 6º, da CLT". **Incorreta. (ver nota do autor)**

Alternativa "c": Correta, pois de acordo com a OJ nº 115, da SDI-1 do TST: "O conhecimento do recurso de revista, quanto à preliminar de nulidade por negativa de prestação jurisdicional, supõe indicação de violação do art. 832 da CLT, do art. 458 do CPC ou do art. 93, IX, da CF/1988." (ver nota do autor)

Alternativa "d": A execução provisória só pode seguir até a penhora, segundo determina a parte final do art. 899 da CLT: "Os recursos serão interpostos por simples petição e terão efeito meramente devolutivo, salvo as exceções previstas neste Título, permitida a execução provisória até a penhora". Assim, não haveria a possibilidade de se ajuizar agravo de petição, pois o seu pressuposto é a segurança do juízo. **Incorreta.**

Alternativa "e": Não se trata de decisão interlocutória, mas sim terminativa que extingue o processo sem a resolução do mérito. Pode ser atacada pelo recurso ordinário e depois pela via recurso de revista. **Incorreta.**

Gabarito: C.

---

445. (TRT 2 - Juiz do Trabalho Substituto 2ª Região/2014) Condiciona-se à demonstração de divergência jurisprudencial a admissibilidade do recurso de embargos contra acordão de Turma em recurso de revista em fase de execução, publicada na vigência da Lei 11.496 de 26.06.2007, (que deu nova redação ao art. 894 da CLT, para modificar o recurso de embargos no Tribunal Superior do Trabalho). Aponte a alternativa correta:

a) Entre Turmas do Tribunal Superior do Trabalho, em relação às decisões proferidas com violação literal de disposição de lei federal.

b) Entre Turmas ou destas e a Seção Especializada em Dissídios Individuais do Tribunal Superior do Trabalho, em relação à interpretação de dispositivo constitucional.

c) Entre uma Turma e a Seção Especializada em Dissídios Individuais do Tribunal Superior do Trabalho, em relação à interpretação de lei federal.

d) Entre as Turmas do Tribunal Superior do Trabalho, ou destas e a Seção Especializada em Dissídios Coletivos, em relação à interpretação de dispositivo constitucional.

e) Entre Turmas ou destas e a Seção Especializada em Dissídios Individuais do Tribunal Superior do Trabalho, em relação às decisões que têm como conteúdo a análise da aplicação de correção monetária e juros legais.

COMENTÁRIOS

✪ **Nota do autor:** Todas as alternativas desta questão foram formuladas com base no texto da Súmula nº 433 do TST: "A admissibilidade do recurso de embargos contra acórdão de Turma em Recurso de Revista em fase de execução, publicado na vigência da Lei nº 11.496, de 26.06.2007, condiciona-se à demonstração de divergência jurisprudencial entre Turmas ou destas e a Seção Especializada em Dissídios Individuais do Tribunal Superior do Trabalho em relação à interpretação de dispositivo constitucional".

Alternativa "a": A divergência jurisprudencial deve ser entre Turmas ou destas e a Seção Especializada em Dissídios Individuais do Tribunal Superior do Trabalho em relação à interpretação de dispositivo constitucional e não uma simples lei federal como constou no texto. Alternativa **incorreta**, pois contraria a parte final da Súmula nº 433 do TST.

Alternativa "b": Alternativa **correta**, uma vez que coincide com o texto da citada Súmula nº 433 do TST.

Alternativa "c": Nesse caso, a divergência deve guardar correspondência com a interpretação de dispositivo constitucional e não de lei federal. **Incorreta.**

Alternativa "d": A divergência deve ser em relação às decisões de Turmas ou entre uma Turma e a Seção de Dissídio Individual e não Seção de Dissídio Coletivo como constou no texto dessa alternativa. **Incorreta.**

Alternativa "e": A divergência deve guardar correspondência com a interpretação de dispositivo constitucional. **Incorreta.**

Gabarito: B.

---

446. (TRT 8 - Juiz do Trabalho Substituto 8ª Região/2013) Sobre recurso de revista (pressupostos intrínsecos de admissibilidade; matéria de fato, efeitos; juízo de admissibilidade; recurso nos dissídios coletivos; efeito suspensivo) é CORRETO afirmar que:

a) No processo do trabalho, a prescrição pode ser arguida na instância extraordinária.

b) É incabível recurso de revista interposto de acórdão regional prolatado em agravo de instrumento.

c) É admissível o recurso de revista fundado em divergência jurisprudencial, se a parte não comprovar que a lei estadual, a norma coletiva ou o regulamento da empresa extrapolam o âmbito do Tribunal Regional do Trabalho prolator da decisão recorrida.

d) Publicado o acórdão de dissídio coletivo, quando as partes serão consideradas intimadas, seguir-se-á o procedimento recursal como previsto em lei, com a intimação pessoal do Ministério Público, por qualquer dos seus procuradores. Formalizado o acordo pelas partes e homologado pelo Tribunal, não caberá qualquer recurso.

e) Nos dissídios coletivos de natureza econômica ou jurídica de competência originária ou recursal do Tribunal Superior do Trabalho, a sentença poderá ser objeto de ação de cumprimento com a publicação da certidão de julgamento, a partir de 120 dias subsequente ao do julgamento, salvo se concedido efeito suspensivo pelo Presidente do Tribunal Superior do Trabalho.

COMENTÁRIOS

✪ **Nota do autor:** O Tribunal Superior do Trabalho encontra-se dividido em Turmas (oito) e em Seções (Seção Especializada em Dissídio Individual I, Seção Especializada em Dissídio Individual II e Seção Especializada em Dissídio Coletivo). Também julga em sua composição plena, por intermédio do Tribunal Pleno e pelo seu Órgão Especial.

Alternativa "a": Incorreta. A prescrição só pode ser arguída até a instância ordinária, ou seja, perante a Vara do Trabalho ou Tribunal, conforme se observa do teor da Súmula nº 153 do TST: "Não se conhece de prescrição não arguída na instância ordinária".

Alternativa "b": Correta, pois o recurso de revista é cabível quando o Tribunal julga recurso ordinário, conforme preceito contido no art. 896 da CLT: "Cabe Recurso de Revista para Turma do Tribunal Superior do Trabalho das decisões proferidas em grau de recurso ordinário, em dissídio individual, pelos Tribunais Regionais do Trabalho [...]". O posicionamento no sentido de excluir a possibilidade de recurso de revista em sede de agravo de instrumento é adotado pelo TST por meio da Súmula nº 218: "É incabível recurso de revista interposto de acórdão regional prolatado em agravo de instrumento".

Alternativa "c": Incorreta. Nesse caso, o entendimento do TST é justamente no sentido contrário, qual seja, pela inadmissibilidade do recurso de revista, na forma da OJ nº 147, I da SDI-1: I: "É inadmissível o recurso de revista fundado tão somente em divergência jurisprudencial, se a parte não comprovar que a lei estadual, a norma coletiva ou o regulamento da empresa extrapolam o âmbito do TRT prolator da decisão recorrida".

Alternativa "d": Incorreta, uma vez que a irrecorribilidade da decisão homologatória de conciliação não atinge o Ministério Público, conforme prevê o art. 7º, §§ 4º e 5º da Lei 7.701/88: "§ 4º – Publicado o acórdão, quando as partes serão consideradas intimadas, seguir-se-á o procedimento recursal como previsto em lei, com a intimação pessoal do Ministério Público, por qualquer dos seus procuradores. § 5º – Formalizado o acordo pelas partes e homologado pelo Tribunal, não caberá qualquer recurso, salvo por parte do Ministério Público".

Alternativa "e": Incorreta, pois a sentença normativa já pode ser objeto da ação de cumprimento a partir do vigésimo dia e não a partir de 120 dias após a publicação como constou na assertiva. Nesse sentido é a determinação contida nos arts. 10 e 7º, § 6º da Lei 7.701/88: "Art. 10. Nos dissídios coletivos de natureza econômica ou jurídica de competência originária ou recursal da seção normativa do Tribunal Superior do Trabalho, a sentença poderá ser objeto de ação de cumprimento com a publicação da certidão de julgamento. Art. 7º, § 6º, A sentença normativa poderá ser objeto de ação de cumprimento a partir do 20º (vigésimo) dia subsequente ao do julgamento, fundada no acórdão ou na certidão de julgamento, salvo se concedido efeito suspensivo pelo Presidente do Tribunal Superior do Trabalho".

Gabarito: B.

---

447. (TRT – JTS 15ª RG/2008) Considerando a disciplina legal e a jurisprudência consolidada do TST relativas aos recursos trabalhistas, assinale a alternativa CORRETA:

a) o recurso de revista interposto na fase de execução e o recurso de revista interposto na fase cognitiva de procedimento sumaríssimo estão submetidos as mesmas hipóteses de cabimento;

b) em ação rescisória julgada pelo TRT, desfavorável ao ente público, não será admitido recurso se a condenação não exceder a 60 (sessenta) salários mínimos;

c) a devolutividade do recurso ordinário transfere ao tribunal a apreciação de fundamento da defesa não examinado pela sentença, ainda que não renovado em contrarrazões;

d) no recurso ordinário em processo de rito sumaríssimo, se a sentença for confirmada pelos seus próprios fundamentos, a certidão de julgamento, registrando tal circunstância, não poderá servir de acórdão, devendo ser juntado o voto do relator;

e) a ação cautelar não é o meio processual adequado para postular a concessão de efeito suspensivo ao recurso ordinário.

COMENTÁRIOS

✪ **Nota do autor:** A presente questão foi elaborada antes da alteração da Súmula nº 393 do TST, que contava com a seguinte redação: "O efeito devolutivo em profundidade do recurso ordinário, que se extrai do § 1º do art. 515 do CPC, transfere ao Tribunal a apreciação dos fundamentos da inicial ou da defesa, não examinados pela sentença, ainda que não renovados em contrarrazões. Não se aplica, todavia, ao caso de pedido não apreciado na sentença, salvo a hipótese contida no § 3º do art. 515 do CPC". Observe-se que o art. 515, §1º e §3º do CPC de 1973 corresponde ao art. 1.013, §1º e §3º do CPC de 2015. Inclusive, o TST alterou a redação da Súmula nº 393 para se adequar ao CPC de 2015: "RECURSO ORDINÁRIO. EFEITO DEVOLUTIVO EM PROFUNDIDADE. ART. 1.013, § 1º, do CPC DE 2015. ART. 515, § 1º, DO CPC de 1973 – (nova redação em decorrência do CPC de 2015) – Res. 208/2016, DEJT divulgado em 22, 25 e 26.04.2016 Súmulas A-125 SÚMULAS I – O efeito devolutivo em profundidade do recurso ordinário, que se extrai do § 1º do art. 1.013 do CPC de 2015 (art. 515, §1º, do CPC de 1973), transfere ao Tribunal a apreciação dos fundamentos da inicial ou da defesa, não examinados pela sentença, ainda que não renovados em contrarrazões, desde que relativos ao capítulo impugnado. II – Se o processo estiver em condições, o tribunal, ao julgar o recurso ordinário, deverá decidir desde logo o mérito da causa, nos termos do § 3º do art. 1.013 do CPC de 2015, inclusive quando constatar a omissão da sentença no exame de um dos pedidos.". Já com relação a alternativa "a", quando essa questão foi elaborada ainda não estava em vigor a Lei nº 13.015/14 que alterou a redação do § 6º do art. 896 da CLT, além de transformá-lo no § 9º com a seguinte redação: "Nas causas sujeitas ao procedimento sumaríssimo, somente será admitido recurso de revista por contrariedade a súmula de jurisprudência uniforme do Tribunal Superior do Trabalho ou a súmula vinculante do Supremo Tribunal Federal e por violação direta da Constituição Federal".

Alternativa "a": Na fase de execução, só cabe o recurso de revista no rito sumaríssimo se for decisão contraria a CF. Já na fase cognitiva, além da contrariedade à Constituição, cabe a revista no caso de decisão contrária a Súmula do TST. Opção **incorreta**, conforme art. 896, § § 2º e 6º, CLT: "Das decisões proferidas pelos Tribunais Regionais do Trabalho ou por suas Turmas, em execução de sentença, inclusive em processo incidente de embargos de terceiro, não caberá Recurso de Revista, salvo na hipótese de ofensa direta e literal de norma da Constituição Federal. § 6º Nas causas sujeitas ao procedimento sumaríssimo, somente será admitido recurso de revista por contrariedade a súmula de jurisprudência uniforme do Tribunal Superior do Trabalho e violação direta da Constituição da República". (ver nota do autor)

Alternativa "b": Não há que se falar em recurso de ofício, mas admite-se o recurso voluntário. Opção **incorreta**, conforme súmula nº 303, I e II, do TST: "I – Em dissídio individual, está sujeita ao duplo grau de jurisdição, mesmo na vigência da CF/1988, decisão contrária à Fazenda Pública, salvo: a) quando a condenação não ultrapassar o valor correspondente a 60 (sessenta) salários mínimos; b) quando a decisão estiver em consonância com decisão plenária do Supremo Tribunal Federal ou com súmula ou orientação jurisprudencial do Tribunal Superior do Trabalho. II – Em ação rescisória, a decisão proferida pelo juízo de primeiro grau está sujeita ao duplo grau de jurisdição obrigatório quando desfavorável ao ente público, exceto nas hipóteses das alíneas "a" e "b" do inciso anterior". Atualmente os incisos I e II dessa Súmula têm a seguinte redação: "FAZENDA PÚBLICA. REEXAME NECESSÁRIO (nova redação em decorrência do CPC de 2015) – Res. 211/2016, DEJT divulgado em 24, 25 e 26.08.2016. I – Em dissídio individual, está sujeita ao reexame necessário, mesmo na vigência da Constituição Federal de 1988, decisão contrária à Fazenda Pública, salvo quando a condenação não ultrapassar o valor correspondente a: a) 1.000 (mil) salários mínimos para a União e as respectivas autarquias e fundações de direito público; b) 500 (quinhentos) salários mínimos para os Estados, o Distrito Federal, as respectivas autarquias e fundações de direito público e os Municípios que constituam capitais dos Estados; c) 100 (cem) salários mínimos para todos os demais Municípios e respectivas autarquias e fundações de direito público. II – Também não se sujeita ao duplo grau de jurisdição a decisão fundada em: a) súmula ou orientação jurisprudencial do Tribunal Superior do Trabalho; b) acórdão proferido pelo Supremo Tribunal Federal ou pelo Tribunal Superior do Trabalho em julgamento de recursos repetitivos; c) entendimento firmado em incidente de resolução de demandas repetitivas ou de assunção de competência; d) entendimento coincidente com orientação vinculante firmada no âmbito administrativo do próprio ente público, consolidada em manifestação, parecer ou súmula administrativa".

Alternativa "c": Correta, pois de acordo com a redação anterior da Súmula nº 393 do TST: "RECURSO ORDINÁRIO. EFEITO DEVOLUTIVO EM PROFUNDIDADE. ART. 515, § 1º, DO CPC. O efeito devolutivo em profundidade do recurso ordinário, que se extrai do § 1º do art. 515 do CPC, transfere automaticamente ao Tribunal a apreciação de fundamento da defesa não examinado pela sentença, ainda que não renovado em contrarrazões. Não se aplica, todavia, ao caso de pedido não apreciado na sentença". (ver nota do autor)

Alternativa "d": A determinação legal é justamente em sentido contrário. Opção **incorreta**, de acordo com art. 895, § 1º, IV, CLT: "Nas reclamações sujeitas ao procedimento sumaríssimo, o recurso ordinário: IV – terá acórdão consistente unicamente na certidão de julgamento, com a indicação suficiente do processo e parte dispositiva, e das razões de decidir do voto prevalente. Se a sentença for confirmada pelos próprios fundamentos, a certidão de julgamento, registrando tal circunstância, servirá de acórdão".

Alternativa "e": Incorreta, pois esse procedimento está previsto pelo item I da Súmula nº 414 do TST, em sua redação anterior: "A antecipação da tutela concedida na sentença não comporta impugnação pela via do mandado de segurança, por ser impugnável mediante recurso ordinário. A ação cautelar é o meio próprio para se obter efeito suspensivo a recurso". A Resolução nº 217/2017 do TST alterou a redação da mencionada Súmula: "MANDADO DE SEGURANÇA. TUTELA PROVISÓRIA CONCEDIDA ANTES OU NA SENTENÇA (nova redação em decorrência do CPC de 2015) – Res. 217/2017 – DEJT divulgado em 20, 24 e 25.04.2017 I – A tutela provisória concedida na sentença não comporta impugnação pela via do mandado de segurança, por ser impugnável mediante recurso ordinário. É admissível a obtenção de efeito suspensivo ao recurso ordinário mediante requerimento dirigido ao tribunal, ao relator ou ao presidente ou ao vice-presidente do tribunal recorrido, por aplicação subsidiária ao processo do trabalho do artigo 1.029, § 5º, do CPC de 2015. II – No caso de a tutela provisória haver sido concedida ou indeferida antes da sentença, cabe mandado de segurança, em face da inexistência de recurso próprio. III – A superveniência da sentença, nos autos originários, faz perder o objeto do mandado de segurança que impugnava a concessão ou o indeferimento da tutela provisória".

Gabarito: C.

448. (TRT – JTS 23ª RG/2008) Segundo entendimento sumulado do C. Tribunal Superior do Trabalho, em relação à admissão do Recurso de Revista, é CORRETO afirmar:

I. a admissibilidade do recurso de revista contra acórdão proferido em agravo de petição, na liquidação de sentença ou em processo incidente na execução, inclusive os embargos de terceiro, depende de demonstração inequívoca de violência à lei ou a Constituição Federal;

II. enseja o conhecimento de recurso de revista ou de embargos, quando a decisão recorrida resolver determinado item do pedido por diversos fundamentos, ainda que a jurisprudência transcrita não abranger a todos;

III. é incabível recurso de revista interposto de acórdão regional prolatado em agravo de instrumento;

IV. o fato de o juízo primeiro de admissibilidade do recurso de revista entendê-lo cabível apenas quanto a parte das matérias veiculadas não impede a apreciação integral pela Turma do TST, sendo imprópria a interposição de agravo de instrumento.

a) todas as opções estão corretas;

b) apenas três opções estão corretas;

c) apenas duas opções estão corretas;

d) apenas uma opção está correta;

e) todas as opções estão incorretas.

COMENTÁRIOS

✪ **Nota do autor:** No processo do trabalho, o recurso de revista é aquele usado para demonstrar a irresignação da parte em relação às decisões proferidas pelos Tribunais Regionais do Trabalho, no exercício da sua competência recursal. Observe-se, também, que a Súmula nº 285 foi cancelada pelo TST por meio da Resolução nº 204/2016, para se adaptar à nova ordem do CPC de 2015.

Item "I": A regra é no sentido de não se admitir o recurso de revista na execução. A exceção fica por conta de decisão contrária a dispositivo da Constituição Federal. **Item incorreto,** conforme Súmula nº 266 do TST: "A admissibilidade do recurso de revista interposto de acórdão proferido em agravo de petição, na liquidação de sentença ou em processo incidente na execução, inclusive os embargos de terceiro, depende de demonstração inequívoca de violência direta à Constituição Federal".

Item "II": Incorreto, pois essa seria uma hipótese de não conhecimento de recurso de revista, conforme entendimento do TST exposto na Súmula nº 23: "Não se conhece de recurso de revista ou de embargos, se a decisão recorrida resolver determinado item do pedido por diversos fundamentos e a jurisprudência transcrita não abranger a todos".

Item "III": Correto, pois essa impossibilidade é prevista na Súmula nº 218 do TST: "É incabível recurso de revista interposto de acórdão regional prolatado em agravo de instrumento".

Item "IV": Os juízos de admissibilidade do órgão *a quo* e do *ad quem* são independentes. Item **correto,** conforme Súmula nº 285 do TST, atualmente cancelada: "O fato de o juízo primeiro de admissibilidade do recurso de revista entendê-lo cabível apenas quanto a parte das matérias veiculadas não impede a apreciação integral pela Turma do Tribunal Superior do Trabalho, sendo imprópria a interposição de agravo de instrumento" (ver nota do autor).

Gabarito: C.

449. (TRT – JTS 21ª RG/2010) Acerca da admissibilidade do recurso de revista, é INCORRETO afirmar:

a) não se admite recurso de revista, por divergência, fundamentado em orientações jurisprudenciais do Tribunal Superior do Trabalho (TST);

b) não se admite recurso de revista, por divergência, fundado em Orientação Jurisprudencial do TST, quando o feito tramitar sob o rito sumaríssimo;

c) admite-se o recurso de revista de decisão que julgou recurso de agravo de petição, advindo de embargos de terceiro, quando demonstrada a violação direta da Constituição Federal;

d) quando o acórdão for omisso quanto à tese jurídica em que se pretende fundamentar o recurso de revista, deverá a parte recorrente prequestionar a matéria, por meio de embargos de declaração;

e) considera-se prequestionada a questão jurídica, para efeito de cabimento de recurso de revista, quando, mesmo opostos embargos de declaração, o tribunal de origem se omite em se pronunciar expressamente sobre a tese.

COMENTÁRIOS

✪ **Nota do autor:** Essa questão foi elaborada antes da transformação da OJ nº 352 na Súmula nº 442 do TST, que conta com a seguinte redação: "Nas causas sujeitas ao procedimento sumaríssimo, a admissibilidade de recurso de revista está limitada à demonstração de violação direta a dispositivo da Constituição Federal ou contrariedade a Súmula do Tribunal Superior do Trabalho, não se admitindo o recurso por contrariedade a Orientação Jurisprudencial deste Tribunal (Livro II, Título II, Capítulo III, do RITST), ante a ausência de previsão no art. 896, § 6º, da CLT". Note-se que não houve mudança no entendimento do TST em relação a matéria constante da antiga OJ quando da sua transformação para o *status* de Súmula, bem como não foi alterada a indicação do parágrafo § 6º para o § 9º, tendo em vista a alteração promovida pela Lei º 13.015/14.

Alternativa "a": Essa limitação só existe para os processos submetidos ao rito sumaríssimo. Opção **incorreta**, conforme OJ nº 219 da SDI-1: "É válida, para efeito de conhecimento do recurso de revista ou de embargos, a invocação de orientação jurisprudencial do TST, desde que, das razões recursais, conste o número ou conteúdo".

Alternativa "b": Correta, conforme redação da OJ nº 352 da SDI-1 do TST, já cancelada: "Procedimento sumaríssimo. Recurso de revista fundamentado em contrariedade a Orientação Jurisprudencial. inadmissibilidade. Art. 896, § 6º, da CLT, acrescentado pela Lei nº 9.957, de 12.01.2000. Nas causas sujeitas ao procedimento sumaríssimo, a admissibilidade de recurso de revista está limitada à demonstração de violação direta a dispositivo da Constituição Federal ou contrariedade a Súmula do Tribunal Superior do Trabalho, não se admitindo o recurso por contrariedade a Orientação Jurisprudencial deste Tribunal (Livro II, Título II, Capítulo III, do RITST), ante a ausência de previsão no art. 896, § 6º, da CLT" e art. 896, § 6º, da CLT: "§ 6. Nas causas sujeitas ao procedimento sumaríssimo, somente será admitido recurso de revista por contrariedade a súmula de jurisprudência uniforme do TST e violação direta da Constituição da República". (ver nota do autor)

Alternativa "c": A regra é que não cabe recurso de revista de decisão proferida em processo/fase de execução. A exceção fica por conta da decisão que viola dispositivo constitucional. Alternativa **correta**, de acordo com a Súmula nº 266 do TST: "A admissibilidade do recurso de revista interposto de acórdão proferido em agravo de petição, na liquidação de sentença ou em processo incidente na execução, inclusive os embargos de terceiro, depende de demonstração inequívoca de violência direta à Constituição Federal".

Alternativa "d": Os embargos declaratórios também se destinam a prequestionar a matéria. Opção **correta**, de acordo com a Súmula nº 297, III, do TST: "Incumbe à parte interessada, desde que a matéria haja sido invocada no recurso principal, opor embargos declaratórios objetivando o pronunciamento sobre o tema, sob pena de preclusão".

Alternativa "e": Correta, uma vez que essa consequência encontra-se prevista na Súmula nº 297, II, do TST: "Considera-se prequestionada a questão jurídica invocada no recurso principal sobre a qual se omite o Tribunal de pronunciar tese, não obstante opostos embargos de declaração".

Gabarito: A.

---

450. (TRT - JTS 21ª RG/2010) Certo advogado, defendendo a parte recorrente perante o Tribunal Regional do Trabalho, acompanhou o julgamento do recurso ordinário perante a Turma, que lhe foi desfavorável. Ciente dos argumentos expostos no voto condutor da decisão, e de posse da respectiva certidão de julgamento, interpôs recurso de revista, em data, porém, anterior à publicação do acórdão. De acordo com a jurisprudência dominante do Tribunal Superior do Trabalho, o recurso:

a) não deverá ser conhecido, pois é tido por extemporâneo;

b) não deverá ser conhecido de imediato, mas ficará nos autos aguardando uma manifestação de ratificação após a publicação do acórdão;

c) deverá ser conhecido, pois não há extemporaneidade pelo simples fato de ter sido protocolado antes da publicação do acórdão;

d) deverá ser conhecido, desde que haja simetria entre os argumentos impugnados e aqueles constantes do acórdão a ser publicado;

e) deverá ser conhecido, a critério do juízo de admissibilidade, de acordo com a plausibilidade da pretensão recursal.

COMENTÁRIOS

✪ **Nota do autor:** Em relação à todas as alternativas atentar para o fado de o TST, em 09.06.2015, ter cancelado a Súmula nº 434, por meio da Resolução nº 198.

Alternativa "a": Correta, conforme Súmula nº 434 do TST: "I) É extemporâneo recurso interposto antes de publicado o acórdão impugnado II) A interrupção do prazo recursal em razão da interposição de embargos de declaração pela parte adversa não acarreta qualquer prejuízo àquele que apresentou seu recurso tempestivamente" (ver nota do autor desta questão).

Alternativa "b": Incorreta, pois contraria o posicionamento adotado pelo TST em sua Súmula nº 434 (ver nota do autor desta questão).

Alternativa "c": Incorreta, pois contraria o posicionamento adotado pelo TST em sua Súmula nº 434 (ver nota do autor desta questão).

Alternativa "d": Incorreta, pois contraria o posicionamento adotado pelo TST em sua Súmula nº 434 (ver nota do autor desta questão).

Alternativa "e": Incorreta, pois contraria o posicionamento adotado pelo TST em sua Súmula nº 434 (ver nota do autor desta questão).

Gabarito: A.

---

451. (TRT - JTS 14ª RG/2008) Em relação ao recurso de revista, analise as proposições abaixo e responda:

I. Não se admite recurso de revista nas causas de procedimento sumaríssimo, salvo quando contrariadas súmulas e orientações jurisprudenciais do Tribunal Superior do Trabalho ou por violação direta da Constituição da República.

II. Cabe recurso de revista das decisões proferidas em grau de agravo de petição pelos Tribunais Regionais do Trabalho, ou por suas turmas, nas ações de embargos de terceiro, quando tenha havido contrariedade às sumulas ou orientações jurisprudenciais do Tribunal Superior do Trabalho, bem como quando afrontada, de modo direto e literal, a Constituição da República.

III. Considera-se pré-questionada a matéria ou a questão jurídica invocada no recurso de revista, quando o tribunal prolator do acórdão impugnado, mesmo tendo sido provocado por meio de embargos declaratórios, não pronuncia tese explícita a respeito.

IV. Não cabe recurso de revista de ente público que não interpôs recurso ordinário voluntário da decisão de primeira instância, salvo se houve, em segunda instância, o agravamento da condenação imposta.

a) Apenas as proposições I e IV são verdadeiras

b) Apenas as proposições III e IV são verdadeiras

c) Apenas as proposições II, III e IV são verdadeiras

d) Todas as proposições são verdadeiras

e) Todas as proposições são falsas

COMENTÁRIOS

✪ **Nota do autor:** Essa questão foi elaborada antes da transformação da OJ nº 352 na Súmula nº 442, que conta com a seguinte redação: "Nas causas sujeitas ao procedimento sumaríssimo, a admissibilidade de recurso de revista está limitada à demonstração de violação direta a dispositivo da Constituição Federal ou contrariedade a Súmula do Tribunal Superior do Trabalho, não se admitindo o recurso por contrariedade a Orientação Jurisprudencial deste Tribunal (Livro II, Título II, Capítulo III, do RITST), ante a ausência de previsão no art. 896, § 6º, da CLT". Note-se que não houve mudança no entendimento do TST em relação a matéria constante da antiga OJ quando da sua transformação para o *status* de Súmula, bem como, não foi alterada a indicação do parágrafo § 6º para o § 9º, tendo em vista a alteração promovida pela Lei º 13.015/14.

Item "I": A exceção não alcança as decisões que contrariam Orientações Jurisprudenciais. Item **incorreto** à época, pois em conformidade com o texto da OJ nº 357, da SDI-1, do TST, atualmente cancelada em virtude da sua conversão na Súmula nº 442 do TST: "Nas causas sujeitas ao procedimento sumaríssimo, a admissibilidade de recurso de revista está limitada à demonstração de violação direta a dispositivo da Constituição Federal ou contrariedade a Súmula do Tribunal Superior do Trabalho, não se admitindo o recurso por contrariedade a Orientação Jurisprudencial deste Tribunal (Livro II, Título II, Capítulo III, do RITST), ante a ausência de previsão no art. 896, § 6º, da CLT". (ver nota do autor)

Item "II": A exceção fica por conta apenas das decisões que contrariem a Constituição Federal. **Item incorreto**, conforme art. 896, § 2º, CLT: "Das decisões proferidas pelos Tribunais Regionais do Trabalho ou por suas Turmas, em execução de sentença, inclusive em processo incidente de embargos de terceiro, não caberá Recurso de Revista, salvo na hipótese de ofensa direta e literal de norma da Constituição Federal".

Item "III": Correto, uma vez que essa consequência encontra-se expressamente prevista na Súmula nº 297 do TST: "I. Diz-se prequestionada a matéria ou questão quando na decisão impugnada haja sido adotada, explicitamente, tese a respeito. II. Incumbe à parte interessada, desde que a matéria haja sido invocada no recurso principal, opor embargos declaratórios objetivando o pronunciamento sobre o tema, sob pena de preclusão. III. Considera-se prequestionada a questão jurídica invocada no recurso principal sobre a qual se omite o Tribunal de pronunciar tese, não obstante opostos embargos de declaração".

Item "IV": A interposição de recurso ordinário voluntário é condição *sine qua non* para o cabimento de um eventual recurso de revista do Ente Público. Item **correto**, conforme OJ nº 334 da SDI-1: "Incabível recurso de revista de ente público que não interpôs recurso ordinário voluntário da decisão de primeira instância, ressalvada a hipótese de ter sido agravada, na segunda instância, a condenação imposta".

Gabarito: B.

---

452. (TRT – JTS 9ª RG/2009) Considere as seguintes proposições:

I. Cabe Recurso de Revista para Turma do Tribunal Superior do Trabalho das decisões proferidas em grau de recurso ordinário, em dissídio individual, pelos Tribunais Regionais do Trabalho, para melhor apreciação dos fatos e das provas dos autos.

II. Sobre o pré-questionamento, incumbe à parte interessada, desde que a matéria haja sido invocada somente na petição inicial, opor embargos declaratórios objetivando o pronunciamento sobre o tema, sob pena de preclusão.

III. O Recurso de Revista deve ser apresentado ao Presidente do Tribunal recorrido, que poderá denegá-lo ou recebê-lo, indicando neste caso se apenas no efeito devolutivo ou também no efeito suspensivo, fundamentando, em qualquer caso, a decisão.

IV. De acordo com entendimento sumulado do TST, não é possível a penhora de dinheiro do executado quando este nomeia outros bens à penhora para garantia de execução provisória.

V. Quanto à execução de créditos da Previdência Social, o Ministro de Estado da Fazenda pode, mediante ato fundamentado, dispensar a manifestação da União quando o valor total das verbas que integrem o salário-de-contribuição ocasionar perda de escala decorrente da atuação do órgão jurídico.

a) somente as proposições I e II são corretas

b) somente as proposições I e IV são corretas

c) somente as proposições II e III são corretas

d) somente as proposições IV e V são corretas

e) todas as proposições são corretas

COMENTÁRIOS

✪ **Nota do autor:** Como o recurso de revista é lastreado em divergência jurisprudencial, o acórdão deve ser claro e expresso sobre a tese jurídica que adota para manter ou modificar a decisão de primeira instância, sem que isso signifique a obrigação de fazer referência a determinado preceito normativo. É o que a doutrina e a jurisprudência chamam de prequestionamento. Observe-se, no item "IV" que o art. 620 do CPC de 1973 corresponde ao art. 805 do CPC de 2015.

Item "I": O objeto do recurso de revista diz respeito às questões jurídicas, jamais fáticas. Item **incorreto**, pois em desconformidade com a Súmula nº 126 do TST "Incabível o recurso de revista ou de embargos (arts. 896 e 894, "b", da CLT) para reexame de fatos e provas".

Item "II": A matéria precisa ser invocada no recurso principal e não na petição inicial. Item **incorreto**, uma vez que não coincide com o entendimento constante da Súmula nº 297 do TST: "I. Diz-se prequestionada a matéria ou questão quando na decisão impugnada haja sido adotada, explicitamente, tese a respeito. II. Incumbe à parte interessada, desde que a matéria haja sido invocada no recurso principal, opor embargos declaratórios objetivando o pronunciamento sobre o tema, sob pena de preclusão. III. Considera-se prequestionada a questão jurídica invocada no recurso principal sobre a qual se omite o Tribunal de pronunciar tese, não obstante opostos embargos de declaração".

Item "III": O recurso de revista é recebido apenas no efeito devolutivo. Item **incorreto**, segundo o art. 896, § 1º, da CLT: "O Recurso de Revista, dotado de efeito apenas devolutivo, será apresentado ao Presidente do Tribunal recorrido, que poderá recebê-lo ou denegá-lo, fundamentando, em qualquer caso, a decisão".

Item "IV": Correto, conforme posicionamento do TST adotado pela Súmula nº 417, III, do TST, com fundamento no art. 620 do CPC de 1973: "Em se tratando de execução provisória, fere direito líquido e certo do impetrante a determinação de penhora em dinheiro, quando nomeados outros bens à penhora, pois o executado tem direito a que a execução se processe da forma que lhe seja menos gravosa, nos termos do art. 620 do CPC". Atualmente o item III foi cancelado pela Res. 212/2016.

Item "V": Correto, conforme art. 832, § 7º, da CLT: "O Ministro de Estado da Fazenda poderá mediante ato fundamentado, dispensar a manifestação da União quando o valor total das verbas que integram o salário-de-contribuição, na forma da Lei nº 8.212, de 24 de julho de 1991, ocasionar perda de escala decorrente da atuação do órgão jurídico".

Gabarito: D.

---

453. (TRT – JTS 8ª RG/2009) Sobre embargos declaratórios, é INCORRETO afirmar:

a) É passível de nulidade decisão que acolhe embargos declaratórios com efeito modificativo sem oportunidade para a parte contrária se manifestar.

b) A pessoa jurídica de direito público tem prazo em dobro para a interposição de embargos declaratórios.

c) Ocorre preclusão se não forem opostos embargos declaratórios para suprir omissão apontada em recurso de revista.

d) A natureza da omissão suprida pelo julgamento de embargos declaratórios pode ocasionar efeito modificativo no julgado.

e) Cabem embargos declaratórios contra a decisão monocrática do Relator, de denegação ou provimento de recurso, por seu conteúdo decisório definitivo e conclusivo da lide, que serão submetidos ao pronunciamento do colegiado, convertidos em agravo, mesmo quando o embargante não postular efeito modificativo.

COMENTÁRIOS

✪ **Nota do autor:** Essa questão foi elaborada antes da alteração da OJ nº 142 da SDI-1 do TST, que passou a ter a seguinte redação: "I – É passível de nulidade decisão que acolhe embargos de declaração com efeito modificativo sem que seja concedida oportunidade de manifestação prévia à parte contrária. II – Em decorrência do efeito devolutivo amplo conferido ao recurso ordinário, o item I não se aplica às hipóteses em que não se concede vista à parte contrária para se manifestar sobre os embargos de declaração opostos contra sentença". Posteriormente a Resolução nº 214/2016 do TST cancelou o item II dessa OJ. Observe-se, na alternativa "e", que o art. 557 do CPC de 1973 corresponde ao art. 932, III, do CPC de 2015. Inclusive, o TST alterou a redação da Súmula nº 421 que trata da matéria: "I – Cabem embargos de declaração da decisão monocrática do relator prevista no art. 932 do CPC de 2015 (art. 557 do CPC de 1973), se a parte pretende tão somente juízo integrativo retificador da decisão e, não, modificação do julgado. II – Se a parte postular a revisão no mérito da decisão monocrática, cumpre ao relator converter os embargos de declaração em agravo, em face dos princípios da fungibilidade e celeridade processual, submetendo-o ao pronunciamento do Colegiado, após a intimação do recorrente para, no prazo de 5 (cinco) dias, complementar as razões recursais, de modo a ajustá-las às exigências do art. 1.021, § 1º, do CPC de 2015".

Alternativa "a": Correta à época, conforme OJ nº 142 da SDI-1 na sua redação anterior: "É passível de nulidade decisão que acolhe embargos de declaração com efeito modificativo sem que seja concedida oportunidade de manifestação prévia à parte contrária".

Alternativa "b": Como os embargos declaratórios são classificados como recurso, deve ser utilizada a regra contida no DL nº 779/69. **Opção correta**, conforme OJ nº 192 da SDI-1: "É em dobro o prazo para a interposição de embargos declaratórios por pessoa jurídica de direito público".

Alternativa "c": Correta, uma vez que essa consequência consta da Súmula nº 184 do TST: "Ocorre preclusão se não forem opostos embargos declaratórios para suprir omissão apontada em recurso de revista ou de embargos".

Alternativa "d": Correta, de acordo com a Súmula nº 278 do TST: "A natureza da omissão suprida pelo julgamento de embargos declaratórios pode ocasionar efeito modificativo no julgado".

Alternativa "e": Os embargos declaratórios somente são convertidos em agravo quando o embargante postula efeito modificativo do julgado. Opção **incorreta**, pois, contraria o disposto no item II, da Súmula nº 421 do TST, em sua antiga redação (ver nota do autor): "I – Tendo a decisão monocrática de provimento ou denegação de recurso, prevista no art. 557 do CPC, conteúdo decisório definitivo e conclusivo da lide, comporta ser esclarecida pela via dos embargos de declaração, em decisão aclaratória, também monocrática, quando se pretende tão somente suprir omissão e não, modificação do julgado. II – Postulando o embargante efeito modificativo, os embargos declaratórios deverão ser submetidos ao pronunciamento do Colegiado, convertidos em agravo, em face dos princípios da fungibilidade e celeridade processual".

Gabarito: E.

---

454. (TRT – JTS 6ª RG/2010) Tendo por referência a lei e a jurisprudência sumulada do Tribunal Superior do Trabalho, assinale a alternativa INCORRETA em relação aos Embargos de Terceiro.

a) A petição inicial na ação de Embargos de Terceiro deve observar as regras do artigo 282 do Código de Processo Civil.

b) Na petição inicial, o embargante deverá fazer a prova sumária de sua posse e da qualidade de terceiro.

c) Os embargos podem ser de terceiro senhor e possuidor, ou apenas possuidor.

d) Na fase de conhecimento, os Embargos de Terceiro podem ser ajuizados a qualquer tempo, entretanto na fase de execução só até dez dias contados do ato de constrição judicial.

e) Na execução por carta precatória, os Embargos de Terceiro serão oferecidos no Juízo deprecante ou no Juízo deprecado, mas a competência para julgá-los é do juízo deprecante, salvo quando os embargos versarem exclusivamente sobre vícios e irregularidades nos atos de expropriação promovidos pelo Juízo deprecado, passando a ser desse último a competência para o julgamento.

COMENTÁRIOS

✪ **Nota do autor:** Observe-se, alternativa "a", que os arts. 282 e 1.050 do CPC de 1973 correspondem, respectivamente, aos arts. 319 e 677 do CPC de 2015. Já na alternativa "c", o art. 1.046, §1º, do CPC de 1973 corresponde ao art. 674, §1º, do CPC de 2015. Por fim, na alternativa "d", o art. 1.048 do CPC de 1973 corresponde ao art. 675 do CPC de 2015.

Alternativa "a": Considerando que os embargos de terceiros é uma ação autônoma incidental ao processo de conhecimento ou de execução, com prevalência neste último, bem como o fato de a CLT não tratar da matéria, aplica-se subsidiariamente o art. 282 do CPC, diante de determinação contida no art. 1.050 desse mesmo Diploma Legal: "O embargante, em petição elaborada com observância do disposto no art. 282, fará a prova sumária de sua posse e a qualidade de terceiro, oferecendo documentos e rol de testemunhas".

Alternativa "b": Correta, conforme art. 1.050 do CPC de 1973: "O embargante, em petição elaborada com observância do disposto no art. 282, fará a prova sumária de sua posse e a qualidade de terceiro, oferecendo documentos e rol de testemunhas".

Alternativa "c": Correta, de acordo com o art. 1046, § 1º, do CPC de 1973: "Os embargos podem ser de terceiro senhor e possuidor, ou apenas possuidor".

Alternativa "d": Incorreta, tendo em vista que o art. 1.048 do CPC de 1973 fixa esse prazo em cinco dias e ainda assim depois da arrematação, adjudicação ou remição: "Os embargos podem ser opostos a qualquer tempo no processo de conhecimento enquanto não transitada em julgado a sentença, e, no processo de execução, até 5 (cinco) dias depois da arrematação, adjudicação ou remição, mas sempre antes da assinatura da respectiva carta".

Alternativa "e": Correta, de acordo com a Súmula nº 419 do TST em sua antiga redação: "Na execução por carta precatória, os embargos de terceiro serão oferecidos no juízo deprecante ou no juízo deprecado, mas a competência para julgá-los é do juízo deprecante, salvo se versarem, unicamente, sobre vícios ou irregularidades da penhora, avaliação ou alienação dos bens, praticados pelo juízo deprecado, em que a competência será deste último". Por conta da edição do CPC de 2015, a redação dessa Súmula foi alterada nos seguintes termos: "COMPETÊNCIA. EMBARGOS DE TERCEIRO. EXECUÇÃO POR CARTA PRECATÓRIA. JUÍZO DEPRECADO. (alterada em decorrência do CPC de 2015) – Res. 212/2016, DEJT divulgado em 20, 21 e 22.09.2016. Na execução por carta precatória, os embargos de terceiro serão oferecidos no juízo deprecado, salvo se indicado pelo juízo deprecante o bem constrito ou se já devolvida a carta (art. 676, parágrafo único, do CPC de 2015)".

Gabarito: D.

---

455. (TRT – JTS 6ª RG/2010) A respeito da admissibilidade do Recurso de Revista na jurisprudência sumulada do Tribunal Superior do Trabalho, é INCORRETO afirmar:

a) A admissibilidade do Recurso de Revista interposto de acórdão proferido em Agravo de Petição, na liquidação de sentença ou em processo incidente de execução, inclusive os Embargos de Terceiros, depende da denominação inequívoca de violência direta à lei federal ou à Constituição Federal.

b) É incabível Recurso de Revista contra acórdão regional prolatado em Agravo de Instrumento.

c) Não ensejam Recurso de Revista decisões superadas por iterativa, notória e atual jurisprudência do Tribunal Superior do Trabalho.

d) É incabível o Recurso de Revista ou de Embargos para reexame de fatos e provas.

e) O fato do juízo primeiro de admissibilidade do Recurso de Revista entendê-lo cabível apenas quanto à parte das matérias veiculadas não impede a apreciação integral pela Turma do Tribunal Superior do Trabalho.

COMENTÁRIOS

✪ **Nota do autor:** A Medida Provisória nº 2.226/01 (em vigor conforme o art. 2º da EC nº 2001), acrescentou o art. 896-A à CLT, para inserir no ordenamento jurídico trabalhista o instituto da transcendência. Posteriormente, a Lei da Reforma Trabalhista acrescentou alguns parágrafos ao referido dispositivo legal para estabelecer critérios objetivos para identificar a transcendência. Observe-se, também, que a Súmula nº 285 foi cancelada pelo TST por meio da Resolução nº 204/2016, para se adaptar à nova ordem do CPC de 2015. Já na alternativa "c", note-se que a previsão contida no § 4º do art. 896, à época da elaboração da questão, agora consta no § 7º do mesmo artigo e o § 4º foi revogado com a vigência da Lei da Reforma Trabalhista.

Alternativa "a": Só caberia recurso de revista no caso de ofensa à Constituição Federal. Opção **incorreta**, conforme disposição contida no art. 896, § 2º, da CLT: "Das decisões proferidas pelos Tribunais Regionais do Trabalho ou por suas Turmas, em execução de sentença, inclusive em processo incidente de embargos de terceiro, não caberá Recurso de Revista, salvo na hipótese de ofensa direta e literal de norma da Constituição Federal". No mesmo sentido, a Súmula nº 266 do TST: "A admissibilidade do recurso de revista interposto de acórdão proferido em agravo de petição, na liquidação de sentença ou em processo incidente na execução, inclusive os embargos de terceiro, depende de demonstração inequívoca de violência direta à Constituição Federal".

Alternativa "b": Correta, pois essa impossibilidade encontra-se consignada na Súmula nº 218 do TST: "É incabível recurso de revista interposto de acórdão regional prolatado em agravo de instrumento".

Alternativa "c": Correta, de acordo com o art. 896, § 4º, da CLT: "A divergência apta a ensejar o Recurso de Revista deve ser atual, não se considerando como tal a ultrapassada por súmula, ou superada por iterativa e notória jurisprudência do Tribunal Superior do Trabalho". (ver nota do autor)

Alternativa "d": Correta, tendo em vista o entendimento constante da Súmula nº 126 do TST: "Incabível o recurso de revista ou de embargos (arts. 896 e 894, "b", da CLT) para reexame de fatos e provas".

Alternativa "e": O juízo de admissibilidade do juízo *ad quem* é independente do juízo de admissibilidade do juízo *a quo*. Opção **correta**, de acordo com a Súmula nº 285 do TST, atualmente cancelada: "O fato de o juízo primeiro de admissibilidade do recurso de revista entendê-lo cabível apenas quanto a parte das matérias veiculadas não impede a apreciação integral pela Turma do Tribunal Superior do Trabalho, sendo imprópria a interposição de agravo de instrumento". (ver nota do autor).

Gabarito: A.

---

456. (TRT – JTS 3ª RG/2009) Analise as proposições abaixo e, considerando as disposições contidas na Consolidação das Leis do Trabalho e no Código de Processo Civil, bem como no entendimento jurisprudencial sumulado, assinale a alternativa CORRETA:

I. Cabe recurso de revista para turma do Tribunal Superior do Trabalho das decisões proferidas em grau de recurso ordinário, em dissídio individual, pelos Tribunais do Trabalho, quando derem ao mesmo dispositivo de regulamento empresarial de observância obrigatória, em área territorial que exceda a jurisdição do Tribunal Regional prolator da decisão recorrida, interpretação diversa da que lhe houver dado outro Tribunal Regional, no seu Pleno ou Turma, ou a Seção de Dissídios Individuais do Tribunal Superior do Trabalho, ou a Súmula de Jurisprudência Uniforme do TST.

II. Desde que a matéria haja sido invocada no recurso principal, cabe à parte interessada opor embargos declaratórios objetivando o pronunciamento sobre o tema, sob pena de preclusão.

III. Tratando-se de decisões proferidas pelos Tribunais Regionais do Trabalho ou por suas Turmas em processo de embargos de terceiro, aviados em execução de sentença, cabe recurso de revista na hipótese de violação à Súmula de Jurisprudência Uniforme do Tribunal Superior do Trabalho.

IV. Nas causas sujeitas ao procedimento sumaríssimo somente é admitido recurso de revista por violação direta da Constituição da República.

V. Segundo o entendimento jurisprudencial sumulado, é incabível recurso de embargos e recurso de revista contra decisões superadas por atual, notória e iterativa jurisprudência do Tribunal Superior do Trabalho.

a) São falsas as proposições I, II, III e IV.

b) São falsas as proposições III e IV.

c) São falsas as proposições I, III, IV e V.

d) Apenas a proposição IV é falsa e as demais são verdadeiras.

e) Apenas a proposição V é falsa e as demais são verdadeiras.

COMENTÁRIOS

✪ **Nota do autor:** A invocação expressa no recurso de revista dos preceitos legais ou constitucionais tidos como violados não significa exigir da parte a utilização das expressões "contrariar", "ferir", "violar", etc. Em relação ao item "III", a Lei nº 13.015 alterou a redação do art. 896, § 6º, da CLT e o transformou no § 9º, para incluir mais uma hipótese de cabimento de recurso de revista em demandas sujeitas ao rito sumaríssimo, qual seja, quando houver contrariedade a Súmula vinculante do STF: "Nas causas sujeitas ao procedimento sumaríssimo, somente será admitido recurso de revista por contrariedade a súmula de jurisprudência uniforme do Tribunal Superior do Trabalho ou a súmula vinculante do Supremo Tribunal Federal e por violação direta da Constituição Federal".

Item "I": Correto, conforme art. 896 da CLT: "Cabe Recurso de Revista para Turma do Tribunal Superior do Trabalho das decisões proferidas em grau de recurso ordinário, em dissídio individual, pelos Tribunais Regionais do Trabalho, quando: a) derem ao mesmo dispositivo de lei federal interpretação diversa da que lhe houver dado outro Tribunal Regional, no seu Pleno ou Turma, ou a Seção de Dissídios Individuais do Tribunal Superior do Trabalho, ou a Súmula de Jurisprudência Uniforme dessa Corte; b) derem ao mesmo dispositivo de lei estadual, Convenção Coletiva de Trabalho, Acordo Coletivo, sentença normativa ou regulamento empresarial de observância obrigatória em área territorial que exceda a jurisdição do Tribunal Regional prolator da decisão recorrida, interpretação divergente, na forma da alínea a; c) proferidas com violação literal de disposição de lei federal ou afronta direta e literal à Constituição Federal".

Item "II": Correto, pois de acordo com o conteúdo da Súmula nº 297, II, do TST: "Incumbe à parte interessada, desde que a matéria haja sido invocada no recurso principal, opor embargos declaratórios objetivando o pronunciamento sobre o tema, sob pena de preclusão".

Item "III": Só caberia recurso de revista dessas decisões em caso de violação à Constituição Federal. Item **incorreto**, uma vez que contraria o art. 896, § 2º, da CLT: "Das decisões proferidas pelos Tribunais Regionais do Trabalho ou por suas Turmas, em execução de sentença, inclusive em processo incidente de embargos de terceiro, não caberá Recurso de Revista, *salvo* na hipótese de ofensa direta e literal de norma da Constituição Federal."

Item "IV": Além dessa hipótese, cabe recurso de revista também quando a decisão contraria texto de Súmula do TST. Item **incorreto**, pois está em desacordo com o art. 896, § 6º da CLT: "Nas causas sujeitas ao procedimento sumaríssimo, somente será admitido recurso de revista por contrariedade a súmula de jurisprudência uniforme do Tribunal Superior do Trabalho e violação direta da Constituição da República".

Item "V": Correto, conforme Súmula nº 333 do TST: "Não ensejam recurso de revista decisões superadas por iterativa, notória e atual jurisprudência do Tribunal Superior do Trabalho".

Gabarito: B.

457. (USU – JTS 1ª RG/2008) Com relação aos embargos de declaração, no processo do trabalho, é CORRETO afirmar que:

a) São cabíveis para suprir dúvidas que se apresentem no julgado ou nos despachos.

b) São cabíveis para obter, somente no segundo grau de jurisdição, aplicação de efeito modificativo do julgado, no caso de manifesto equívoco dos pressupostos extrínsecos do recurso.

c) Deverão ser opostos no prazo de cinco dias e julgados na primeira audiência ou sessão subsequente a sua apresentação.

d) Deverão ser opostos, pela Fazenda Pública, no prazo de 15 (quinze) dias.

e) Não são cabíveis em caso de procedimento sumaríssimo.

COMENTÁRIOS

Nota do autor: Apesar da CLT possuir dispositivo próprio tratando dos embargos, utiliza-se, também, de forma subsidiária, os preceitos contidos no CPC, principalmente o art. 535: "Cabem embargos de declaração quando: I – houver na sentença ou no acórdão obscuridade" ou contradição; II – for omitido ponto sobre o qual devia pronunciar-se o juiz ou Tribunal". Observe-se que o art. 535, I e II, do CPC de 1973 corresponde ao art. 1.022, I e II, do CPC de 2015.

Alternativa "a": Como os embargos declaratórios são classificados como recurso, não é cabível para modificar despacho. Opção **incorreta**, pois está em desacordo com o art. 897-A da CLT: "Caberão embargos de declaração da sentença ou acórdão, no prazo de cinco dias, devendo seu julgamento ocorrer na primeira audiência ou sessão subsequente a sua apresentação, registrado na certidão, admitido efeito modificativo da decisão nos casos de omissão e contradição no julgado e manifesto equívoco no exame dos pressupostos extrínsecos do recurso".

Alternativa "b": O art. 897-A da CLT diz, expressamente, que cabem embargos declaratórios de sentença ou acórdão. Opção **incorreta**, pois está em desacordo com o referido dispositivo legal.

Alternativa "c": Correta, de acordo com o art. 897-A da CLT já transcrito na alternativa "a".

Alternativa "d": No caso da Fazenda Pública, o prazo é em dobro, ou seja, 10 dias. Opção **incorreta**, pois não coincide com o entendimento constante da OJ nº 192 da SDI-1 do TST: "É em dobro o prazo para a interposição de embargos declaratórios por pessoa jurídica de direito público".

Alternativa "e": Incorreta, pois não há qualquer exclusão expressa nesse sentido na legislação processual, aplicando-se, portanto, a regra geral de cabimento.

Gabarito: C.

458. (TRT – JTS 15ª RG/2010) Em relação aos recursos endereçados ao TST, assinale a alternativa INCORRETA:

a) por se tratar de recurso com fundamentação vinculada, o recurso de revista não admite a interposição de apelo adesivo;

b) excepcionando a regra da mera devolutividade, o recurso interposto de decisão normativa terá efeito suspensivo, na medida e extensão conferidas em despacho do Presidente do TST;

c) o relator poderá negar seguimento ao recurso de revista se a decisão recorrida estiver em consonância com súmula da Corte;

d) julgado o agravo de petição envolvendo embargos de terceiro, o recurso de revista somente será cabível na hipótese de ofensa direta e literal à Constituição Federal;

e) se o acórdão manteve a condenação de origem, o ente público que não apresentou recurso ordinário voluntário não poderá interpor recurso de revista.

COMENTÁRIOS

✪ Nota do autor: Observe-se na alternativa "b", que com a vigência da Lei da Reforma Trabalhista o §5º do art. 896 da CLT foi revogado.

Alternativa "a": Incorreta, pois em desacordo com o texto da Súmula nº 283 do TST que prevê, expressamente, o cabimento do recurso adesivo na hipótese de interposição de recurso de revista: "O recurso adesivo é compatível com o processo do trabalho e cabe, no prazo de 8 (oito) dias, nas hipóteses de interposição de recurso ordinário, de agravo de petição, de revista e de embargos, sendo desnecessário que a matéria nele veiculada esteja relacionada com a do recurso interposto pela parte contrária".

Alternativa "b": Correta, conforme art. 237 do Regimento Interno do TST: "O recurso interposto de decisão normativa da Justiça do Trabalho terá efeito suspensivo, na medida e extensão conferidas em despacho do Presidente do Tribunal Superior do Trabalho". (atualmente esse preceito encontra-se estabelecido no art. 267 do novo RITST, aprovado pela Resolução nº 1.937/2017).

Alternativa "c": Correta, de acordo com o art. 896, § 5º, CLT: "Estando a decisão recorrida em consonância com enunciado da Súmula da Jurisprudência do Tribunal Superior do Trabalho, poderá o Ministro Relator, indicando-o, negar seguimento ao Recurso de Revista, aos Embargos, ou ao Agravo de Instrumento. Será denegado seguimento ao Recurso nas hipóteses de intempestividade, deserção, falta de alçada e ilegitimidade de representação, cabendo a interposição de Agravo". (ver nota do autor)

Alternativa "d": Correta, na forma prevista pelo preceito contido no art. 896, § 2º, CLT: "Das decisões proferidas pelos Tribunais Regionais do Trabalho ou por suas Turmas, em execução de sentença, inclusive em processo incidente de embargos de terceiro, não caberá Recurso de Revista, salvo na hipótese de ofensa direta e literal de norma da Constituição Federal".

Alternativa "e": A interposição de recurso ordinário voluntário é condição *sine qua non* para o conhecimento do recurso de revista. Opção **correta**, de acordo com a OJ nº 334 da SDI-1: "Incabível recurso de revista de ente público que não interpôs recurso ordinário voluntário da decisão de primeira instância, ressalvada a hipótese de ter sido agravada, na segunda instância, a condenação imposta".

Gabarito: A.

5.4. OUTROS RECURSOS

459. (FCC – Juiz do Trabalho/2017) Sobre o recurso agravo de instrumento no processo do trabalho e juízo de admissibilidade recursal, em conformidade com a Consolidação das Leis do Trabalho e o entendimento das Súmulas e Orientações Jurisprudenciais do TST, considere:

I. É imprópria a interposição de agravo de instrumento diante de o juízo primeiro de admissibilidade do recurso de revista entendê-lo cabível apenas quanto à parte das matérias veiculadas, visto que tal situação não impede a apreciação integral do recurso pela turma do Tribunal Superior do Trabalho.

II. Havendo omissão no juízo de admissibilidade do recurso de revista quanto aos temas nele ventilados, não será cabível a oposição de embargos de declaração diante da decisão denegatória de seguimento da revista, visto que a parte interessada deverá impugná-la mediante agravo de instrumento.

III. Quando o agravo de instrumento possuir a finalidade de destrancar recurso de revista que se insurge contra decisão que contraria a jurisprudência uniforme do Tribunal Superior do Trabalho, no ato de interposição do recurso, o depósito recursal do agravo corresponderá a 50% do valor do depósito do recurso ao qual se pretende destrancar.

IV. No julgamento de Agravo de Instrumento, ao afastar o óbice apontado pelo TRT para o processamento do recurso de revista, pode o juízo ad quem prosseguir no exame dos demais pressupostos extrínsecos e intrínsecos do recurso de revista, mesmo que não apreciados pelo TRT.

Está correto o que se afirma APENAS em

a) I, II e III.

b) III.

c) IV.

d) III e IV.

e) I, II e IV.

COMENTÁRIOS

✪ **Nota do autor:** O TST entendia que se o presidente do TRT conhecesse do recurso de revista em relação a alguns pontos e o rejeitasse em relação a outros, tal decisão não comportaria agravo de instrumento, uma vez que aquele Tribunal poderia reexaminar os pressupostos de admissibilidade da matéria que foi rejeitada pelo órgão a quo. Inclusive, esse posicionamento encontrava-se contido na Súmula nº 285, que foi expressamente cancelada por meio da Resolução nº 204/2016 e tinha a seguinte redação: "SÚMULA Nº 285. CANCELADA. RECURSO DE REVISTA. ADMISSIBILIDADE PARCIAL PELO JUIZ-PRESIDENTE DO TRIBUNAL REGIONAL DO TRABALHO. EFEITO. (mantida) – Res. 121/2003, DJ 19, 20 e 21.11.2003. O fato de o juízo primeiro de admissibilidade do recurso de revista entendê-lo cabível apenas quanto a parte das matérias veiculadas não impede a apreciação integral pela Turma do Tribunal Superior do Trabalho, sendo imprópria a interposição de agravo de instrumento. O cancelamento foi necessário em face do preceito contido no parágrafo único, art. 1.034 do CPC de 2015: "Admitido o recurso extraordinário ou o recurso especial por um fundamento, devolve-se ao tribunal superior o conhecimento dos demais fundamentos para a solução do capítulo impugnado".

Item "I": Incorreta, pois corresponde ao entendimento anterior do TST, constante da cancelada Súmula nº 285. Atualmente a matéria é tratada pelo caput do art. 1º da IN nº 40/16 do TST: "Admitido apenas parcialmente o recurso de revista, constitui ônus da parte impugnar, mediante agravo de instrumento, o capítulo denegatório da decisão, sob pena de preclusão."

Item "II": Incorreta, uma vez que nesse caso cabe a parte interpor embargos declaração. Nesse sentido, o art. 1º, da IN nº 40/16 do TST: "Se houver omissão no juízo de admissibilidade do recurso de revista quanto a um ou mais temas, é ônus da parte interpor embargos de declaração para o órgão prolator da decisão embargada supri-la (CPC, art. 1024, § 2º), sob pena de preclusão."

Item "III": Incorreta, pois a prescrição legal é justamente em sentido contrário, ou seja, nesse caso não há necessidade de se efetuar o depósito recursal., conforme se observa do art. 899, §§ 7º e 8º da CLT: "§ 7º No ato de interposição do agravo de instrumento, o depósito recursal corresponderá a 50% (cinquenta por cento) do valor do depósito do recurso ao qual se pretende destrancar. § 8º Quando o agravo de instrumento tem a finalidade de destrancar recurso de revista que se insurge contra decisão que contraria a jurisprudência uniforme do Tribunal Superior do Trabalho, consubstanciada nas suas súmulas ou em orientação jurisprudencial, não haverá obrigatoriedade de se efetuar o depósito referido no § 7º deste artigo."

Item "IV": Correta, uma vez que corresponde ao entendimento do TST constante da OJ nº 282 da SDI1: "AGRAVO DE INSTRUMENTO. JUÍZO DE ADMISSIBILIDADE "AD QUEM" (DJ 11.08.2003) No julgamento de Agravo de Instrumento, ao afastar o óbice apontado pelo TRT para o processamento do recurso de revista, pode o juízo "ad quem" prosseguir no exame dos demais pressupostos extrínsecos e intrínsecos do recurso de revista, mesmo que não apreciados pelo TRT."

Gabarito: C.

---

460. (TRT 8 – Juiz do Trabalho Substituto 8ª Região/2015) Sobre o processo do trabalho, é INCORRETO afirmar que:

a) Nas causas da jurisdição da Justiça do Trabalho, somente podem ser opostas, com suspensão do feito, as exceções de suspeição ou incompetência.

b) Quando o recurso tempestivo contiver defeito formal que não se repute grave, o Tribunal Superior do Trabalho poderá desconsiderar o vício ou mandar saná-lo, julgando o mérito.

c) No ato de interposição do agravo de instrumento, o depósito recursal corresponderá a 50% (cinquenta por cento) do valor do depósito do recurso ao qual se pretende destrancar.

d) Nas reclamações sujeitas ao procedimento sumaríssimo, o recurso ordinário será imediatamente distribuído, uma vez recebido no Tribunal, devendo o relator liberá-lo no prazo máximo de quinze (15) dias, e a Secretaria do Tribunal ou Turma colocá-lo imediatamente em pauta para julgamento, sem revisor.

e) Quando o agravo de instrumento tem a finalidade de destrancar recurso de revista que se insurge contra decisão que contraria a jurisprudência uniforme do Tribunal Superior do Trabalho, consubstanciada nas suas súmulas ou em orientação jurisprudencial, não haverá obrigatoriedade de se efetuar o depósito referido no § 7º do art. 899 da CLT.

COMENTÁRIOS

✪ **Nota do autor:** O CPC de 2015 determina que a incompetência absoluta ou relativa passa a fazer parte do capítulo de preliminares da contestação, conforme se vê da redação do seu art. 64: "A incompetência, absoluta ou relativa, será alegada como questão preliminar de contestação".

Alternativa "a": Correta a assertiva, pois essa previsão está contida no art. 799, caput, da CLT: "Nas causas da jurisdição da Justiça do Trabalho, somente podem ser opostas, com suspensão do feito, as exceções de suspeição ou incompetência".

Alternativa "b": Essa regra relativa à temática das nulidades encontra-se prevista no art. 896, § 11, da CLT: "§ 11. Quando o recurso tempestivo contiver defeito formal que não se repute grave, o Tribunal Superior do Trabalho poderá desconsiderar o vício ou mandar saná-lo, julgando o mérito". **Correta** a assertiva.

Alternativa "c": Correta, pois apresenta o requisito de admissibilidade para o agravo de instrumento estabelecido pelo art. 899, § 7º, da CLT: "No ato de interposição do agravo de instrumento, o depósito recursal corresponderá a 50% (cinquenta por cento) do valor do depósito do recurso ao qual se pretende destrancar".

Alternativa "d": Incorreta, pois o prazo máximo para liberação é de dez e não quinze dias como constou na assertiva, de acordo com o preceito contido no art. 895, § 1º, II, da CLT: "Nas reclamações sujeitas ao procedimento sumaríssimo, o recurso ordinário: II – será imediatamente distribuído, uma vez recebido no Tribunal, devendo o relator liberá-lo no prazo máximo de dez dias, e a Secretaria do Tribunal ou Turma colocá-lo imediatamente em pauta para julgamento, sem revisor".

Alternativa "e": Correta. Essa exceção ao depósito recursal em sede de agravo de instrumento esta expressamente prevista no art. 899, § 8º, da CLT: "Quando o agravo de instrumento tem a finalidade de destrancar recurso de revista que se insurge contra decisão que contraria a jurisprudência uniforme do Tribunal Superior do Trabalho, consubstanciada nas suas súmulas ou em orientação jurisprudencial, não haverá obrigatoriedade de se efetuar o depósito referido no § 7º deste artigo".

Gabarito: D.

---

461. (TRT 8 – Juiz do Trabalho Substituto 8ª Região/2015) Quanto ao recurso repetitivo no processo do trabalho, é INCORRETO afirmar que:

a) O relator poderá admitir manifestação de pessoa, órgão ou entidade com interesse na controvérsia, inclusive como assistente simples, na forma da lei.

b) Caso a questão afetada e julgada sob o rito dos recursos repetitivos também contenha questão constitucional, a decisão proferida pela Seção Especializada não obstará o conhecimento de eventuais recursos extraordinários sobre a questão constitucional.

c) O Presidente do Tribunal Superior do Trabalho poderá oficiar os Tribunais Regionais do Trabalho e os Presidentes das Turmas e da Seção Especializada do Tribunal para que suspendam os processos idênticos aos selecionados como recursos representativos da controvérsia e encaminhados ao Supremo Tribunal Federal, até o seu pronunciamento definitivo.

d) O recurso repetitivo será distribuído a um dos Ministros membros da Seção Especializada ou do Tribunal Pleno e a um Ministro revisor.

e) O relator no Tribunal Superior do Trabalho poderá determinar a suspensão dos recursos de revista ou de embargos que tenham como objeto controvérsia idêntica à do recurso afetado como repetitivo.

COMENTÁRIOS

✪ **Nota do autor:** Essa questão deveria ser declarada nula pela Banca, uma vez que a alternativa "c" também está incorreta. Com efeito, na alternativa afirma-se que o Presidente do Tribunal poderá (faculdade) oficiar aos Presidentes dos Tribunais para que suspendam os recursos interpostos em casos idênticos. Contudo, não se trata de uma faculdade e sim de uma obrigação, pois o art. 896-C, § 3º, da CLT utiliza a expressão "oficiará".

Alternativa "a": Correto. Trata-se da aplicação do instituto do *amicus curiae* no processo do trabalho, previsto expressamente pelo art. 896-C, § 8º, da CLT: "O relator poderá admitir manifestação de pessoa, órgão ou entidade com interesse na controvérsia, inclusive como assistente simples, na forma da Lei nº 5.869, de 11 de janeiro de 1973 (Código de Processo Civil)".

Alternativa "b": Incorreta, pois nesse caso a decisão será proferida pelo Tribunal Pleno e não pela Seção especializada, de acordo com o preceito condito no art. 896-C, § 13, da CLT: "Caso a questão afetada e julgada sob o rito dos recursos repetitivos também contenha questão constitucional, a decisão proferida pelo Tribunal Pleno não obstará o conhecimento de eventuais recursos extraordinários sobre a questão constitucional".

Alternativa "c": Correta a assertiva, segundo a banca, de acordo com a redação do art. 896-C, § 3º, da CLT: "O Presidente do Tribunal Superior do Trabalho oficiará os Presidentes dos Tribunais Regionais do Trabalho para que suspendam os recursos interpostos em casos idênticos aos afetados como recursos repetitivos, até o pronunciamento definitivo do Tribunal Superior do Trabalho".

Alternativa "d": Correta a assertiva, pois corresponde ao mandamento contido no art. 896-C, § 6º, da CLT: "O recurso repetitivo será distribuído a um dos Ministros membros da Seção Especializada ou do Tribunal Pleno e a um Ministro revisor".

Alternativa "e": Correta a assertiva que ressalta a faculdade do relator determinar a suspensão dos recursos de revista ou de embargos com o mesmo objeto, conforme previsão inserida no art. 896-C, § 5º, da CLT: "O relator no Tribunal Superior do Trabalho poderá determinar a suspensão dos recursos de revista ou de embargos que tenham como objeto controvérsia idêntica à do recurso afetado como repetitivo".

Gabarito: B.

---

462. (FCC – Juiz do Trabalho Substituto 15ª Região/2015) Em relação aos recursos no processo do trabalho, considere:

I. O recurso de revista, dotado de efeito apenas devolutivo, será interposto perante o Vice-Presidente do Tribunal Regional do Trabalho que, por decisão fundamentada prolatada no prazo de cinco dias, poderá recebê-lo ou denegá-lo.

II. O agravo de instrumento interposto contra o despacho que não receber agravo de petição não suspende a execução da sentença.

III. Quando o agravo de instrumento tem a finalidade de destrancar recurso de revista que se insurge contra decisão que contraria a jurisprudência uniforme do TST, consubstanciada nas suas súmulas ou em orientação jurisprudencial, não haverá obrigatoriedade de se efetuar o depósito recursal.

IV. O recurso de revista tempestivo que contenha defeito formal, ainda que não se repute grave, não será conhecido pelo TST.

V. Das decisões dos Tribunais Regionais, em processos de sua competência originária, cabe recurso ordinário, desde que a decisão seja definitiva.

De acordo com os dispositivos legais aplicáveis, está correto o que consta APENAS em

a) I e II.

b) I e IV.

c) IV e V.

d) II e III.

e) III e V.

COMENTÁRIOS

✪ **Nota do autor:** Quando é proposta uma ação perante o Tribunal Regional do Trabalho, no exercício de sua competência originária a exemplo do mandado de segurança, da ação rescisória, do dissídio coletivo, do *habeas corpus* etc., o recurso cabível é o ordinário para o TST.

Item "I": Incorreto, pois a interposição do recurso de revista se dá perante o presidente do TRT, conforme ressalta o art. 896, § 1º, da CLT: "O recurso de revista, dotado de efeito apenas devolutivo, será interposto perante o Presidente do Tribunal Regional do Trabalho, que, por decisão fundamentada, poderá recebê-lo ou denegá-lo."

Item "II": Correto, pois segue a regra de que os recursos no processo do trabalho só têm efeito devolutivo. Nesse sentido específico do agravo de instrumento manifesta-se o art. 897, §2º, da CLT: "O agravo de instrumento interposto contra o despacho que não receber agravo de petição não suspende a execução da sentença."

Item "III": Correta a assertiva, pois essa é uma das exceções à regra do depósito recursal em sede de agravo de instrumento como ressalta o art. 899, § 8º, da CLT: "Quando o agravo de instrumento tem a finalidade de destrancar recurso de revista que se insurge contra decisão que contraria a jurisprudência uniforme do Tribunal Superior do Trabalho, consubstanciada nas suas súmulas ou em orientação jurisprudencial, não haverá obrigatoriedade de se efetuar o depósito referido no § 7º deste artigo".

Item "IV": Incorreta a assertiva, uma vez que nesse caso o Tribunal pode desconsiderar o defeito ou mandar saná-lo, como destaca o art. 896, § 11, da CLT: "Quando o recurso tempestivo contiver defeito formal que não se repute grave, o Tribunal Superior do Trabalho poderá desconsiderar o vício ou mandar saná-lo, julgando o mérito".

Item "V": Incorreto, pois cabe recurso ordinário tanto das decisões terminativas quanto das definitivas, de acordo com a previsão contida no art. 895 da CLT: "das decisões definitivas ou terminativas das Varas e Juízos, no prazo de 8 (oito) dias".

Gabarito: D.

---

463. (TRT 8 – Juiz do Trabalho Substituto 8ª Região/2015) Dentre as alternativas a seguir, apenas uma está CORRETA. Assinale-a:

a) Dos despachos que denegarem a interposição de recursos, o agravo de instrumento será colocado em mesa, devendo seu julgamento ocorrer na primeira sessão subsequente à sua apresentação, pelo relator do Tribunal competente para conhecer o recurso cuja interposição foi denegada.

b) Os embargos de declaração interrompem o prazo para interposição de outros recursos, por qualquer das partes, somente na hipótese de intempestividade.

c) Quando os embargos à penhora versarem apenas sobre as contribuições sociais, o juiz da execução determinará a extração de cópias das peças necessárias, que serão autuadas em apartado, conforme dispõe o § 3º, parte final, do art. 897 da CLT, para julgamento, após contraminuta.

d) Das decisões do Juiz ou Presidente, nas execuções, o agravo de petição será julgado pelo próprio tribunal, presidido pela autoridade recorrida, salvo se se tratar de decisão de Juiz do Trabalho de 1ª Instância ou de Juiz de Direito, quando o julgamento competirá a uma das Turmas do Tribunal Regional a que estiver subordinado o prolator da sentença, observado o disposto no art. 67 9, a quem este remeterá as peças necessárias para o exame da matéria controvertida, em autos apartados, ou nos próprios autos, se tiver sido determinada a extração de carta de sentença.

e) Ao Tribunal Pleno compete, em única instância, julgar os agravos de despachos denegatórios dos presidentes de turmas, em matéria de embargos na forma estabelecida no regimento interno.

COMENTÁRIOS

✪ **Nota do autor:** O recurso de revista tem como objetivo principal a unificação das decisões proferidas pelos Tribunais Regionais e a manutenção da autoridade da legislação constitucional e infraconstitucional. Por conta disso, só cabe recurso de revista de acórdão que trata de matéria de direito, o que exclui qualquer possibilidade de reexame probatório.

Alternativa "a": Incorreta a assertiva, uma vez que a legislação processual trabalhista não estabelece essa preferência no julgamento do agravo de instrumento.

Alternativa "b": Incorreta a assertiva, pois não se interrompe o prazo para outros recursos em caso de irregularidade da representação da parte ou ausente a sua assinatura, na forma prevista pelo art. 897-A, § 3º, da CLT: "Os embargos de declaração interrompem o prazo para interposição de outros recursos, por qualquer das partes, salvo quando intempestivos, irregular a representação da parte ou ausente a sua assinatura."

Alternativa "c": Incorreta, uma vez que faltou mencionar que o recurso deve ser remetido para instância superior para apreciação, como ressalta a parte final do § 8º, art. 897 da CLT: "Quando o agravo de petição versar apenas sobre as contribuições sociais, o juiz da execução determinará a extração de cópias das peças necessárias, que serão autuadas em apartado, conforme dispõe o § 3º, parte final, e remetidas à instância superior para apreciação, após contraminuta."

Alternativa "d": Correta a assertiva, pois corresponde ao procedimento previsto pelo art. 897, alínea "a" e § 3º, da CLT: "Art. 897 – Cabe agravo, no prazo de 8 (oito) dias: a) de petição, das decisões do Juiz ou Presidente, nas execuções; § 3º Na hipótese da alínea *a* deste artigo, o agravo será julgado pelo próprio tribunal, presidido pela autoridade recorrida, salvo se se tratar de decisão de Juiz do Trabalho de 1ª Instância ou de Juiz de Direito, quando o julgamento competirá a uma das Turmas do Tribunal Regional a que estiver subordinado o prolator da sentença, observado o disposto no art. 679, a quem este remeterá as peças necessárias para o exame da matéria controvertida, em autos apartados, ou nos próprios autos, se tiver sido determinada a extração de carta de sentença."

Alternativa "e": Incorreta, pois a competência do Tribunal Pleno, no caso citado, é em última instância e não única instância, como se observa da redação do art. 702, II, alínea "d", da CLT: "Art. 702 – Ao Tribunal Pleno compete: II – em última instância: d) julgar os agravos de despachos denegatórios dos presidentes de turmas, em matéria de embargos na forma estabelecida no regimento interno".

Gabarito: D.

---

464. (TRT 23 – Juiz do Trabalho Substituto 23ª Região/2014) Assinale a alternativa CORRETA à luz das Súmulas do TST:

a) Nas causas submetidas ao procedimento sumaríssimo, será admitido recurso de revista por contrariedade a súmula de jurisprudência uniforme do Tribunal Superior do Trabalho e violação direta da Constituição Federal, nesta última hipótese independente de prequestionamento.

b) Não será deserto o recurso interposto pela massa falida por falta de recolhimento de custas e depósito recursal, tendo o TST sumulado o entendimento de que o benefício não se aplica a empresas em liquidação extrajudicial.

c) Nos termos do artigo 114, VI, da Carta Federal, a Justiça do Trabalho é competente para processar e julgar as ações de indenização por dano moral e material, mas somente se decorrentes da relação de emprego, inclusive oriundas de acidente de trabalho e doenças a ele equiparadas.

d) Não são devidos honorários advocatícios em causas onde o ente sindical figure como substituto processual, uma vez que a Lei 5584/70, ao tratar da matéria, explicita que a condenação, no caso, decorre da assistência sindical.

e) Nenhuma das assertivas está correta.

COMENTÁRIOS

✪ **Nota do autor: Na alternativa "d",** com a vigência da Lei da Reforma Trabalhista, apesar de ter sido mantido o *ius postulandi* das partes no art. 791 da CLT, foi instituído os honorários de sucumbência no processo do trabalho, entre 5% e 15% (art. 791-A da CLT). Esse novo preceito legal deve provocar alteração na redação da Súmula nº 219 do TST.

Alternativa "a": Seja no rito ordinário, seja no sumaríssimo, deve haver prequestionamento da matéria para que o recurso de revista seja recebido. **Incorreta.**

Alternativa "b": Correta a alternativa, pois de acordo com o texto da Súmula nº 86 do TST: "Não ocorre deserção de recurso da massa falida por falta de pagamento de custas ou de depósito do valor da condenação. Esse privilégio, todavia, não se aplica à empresa em liquidação extrajudicial. (primeira parte – ex-Súmula nº 86 – RA 69/78, DJ 26.09.1978; segunda parte – ex-OJ nº 31 da SBDI-1 – inserida em 14.03.1994)".

Alternativa "c": Nesse caso a competência da Justiça do Trabalho abrange as demandas decorrentes da relação de trabalho. Inclusive, esse é o posicionamento do TST adotado pela Súmula nº 392: "Nos termos do art. 114, inc. VI, da Constituição da República, a Justiça do Trabalho é competente para processar e julgar ações de indenização por dano moral e material, decorrentes da relação de trabalho, inclusive as oriundas de acidente de trabalho e doenças a ele equiparadas." **Incorreta.**

Alternativa "d": O entendimento do TST é justamente em sentido contrário, conforme se observa do item III, da Súmula nº 219 do TST: "São devidos os honorários advocatícios nas causas em que o ente sindical figure como substituto processual e nas lides que não derivem da relação de emprego." **Incorreta à época. (ver nota do autor)**

Alternativa "e": Há uma resposta correta, no caso, a alternativa "b". Alternativa **incorreta.**

Gabarito: B.

---

465. (TRT 3 – Juiz do Trabalho Substituto 3ª Região/2013) Em relação ao processo do trabalho, leia as afirmações abaixo e, em seguida, assinale a alternativa correta, segundo a jurisprudência consolidada do Tribunal Superior do Trabalho:

a) O depósito recursal deve ser feito e comprovado no prazo alusivo ao recurso, sendo que a interposição antecipada deste prejudica a dilação legal.

b) É indispensável o trânsito em julgado da sentença normativa para propositura da ação de cumprimento.

c) O recesso forense interrompe os prazos recursais.

d) O recurso adesivo é compatível com o processo do trabalho e cabe, no prazo de (8) oito dias, nas hipóteses de interposição de recurso ordinário, de agravo de petição, de revista e de embargos, sendo desnecessário que a matéria veiculada esteja relacionada com a do recurso interposto pela parte contrária.

e) Não cabem embargos para a Seção de Dissídios Individuais do TST de decisão de Turma proferida em agravo.

COMENTÁRIOS

✪ **Nota do autor:** Com a edição da Lei nº 9.756/98, que alterou a redação do art. 896, "a" da CLT, exigiu-se que a divergência necessária para o conhecimento do recurso de revista fosse extraída de Tribunais Regionais diversos, na forma prevista pela OJ nº 111, da SDI-1 do TST: "Não é servível ao conhecimento de recurso de revista aresto oriundo de mesmo Tribunal Regional do Trabalho, salvo se o recurso houver sido interposto anteriormente à vigência da Lei nº 9.756/98". Observe-se, na alternativa "c", que a Lei nº 13.545/17 também alterou a CLT de modo a incluir o art. 775-A que dispõe sobre o recesso forense nos seguintes termos: "Art. 775-A. Suspende-se o curso do prazo processual nos dias compreendidos entre 20 de dezembro e 20 de janeiro, inclusive. § 1º Ressalvadas as férias individuais e os feriados instituídos por lei, os juízes, os membros do Ministério Público, da Defensoria Pública e da Advocacia Pública e os auxiliares da Justiça exercerão suas atribuições durante o período previsto no **caput** deste artigo. § 2º Durante a suspensão do prazo, não se realizarão audiências nem sessões de julgamento.". Por fim, na alternativa "e", que os arts. 538, parágrafo único, e 557, § 2º do CPC de 1973 correspondem, respectivamente, aos arts. 1.026, §2º, e 1.021, §4º, do CPC de 2015. Inclusive, por conta disso, em 2016 o TST alterou a redação da Súmula nº 353, nos seguintes termos: "Não cabem embargos para a Seção de Dissídios Individuais de decisão de Turma proferida em agravo, salvo: a) da decisão que não conhece de agravo de instrumento ou de agravo pela ausência de pressupostos extrínsecos; b) da decisão que nega provimento a agravo contra decisão monocrática do Relator, em que se proclamou a ausência de pressupostos extrínsecos de agravo de instrumento; c) para revisão dos pressupostos extrínsecos de admissibilidade do recurso de revista, cuja ausência haja sido declarada originariamente pela Turma no julgamento do agravo; d) para impugnar o conhecimento de agravo de instrumento; e) para impugnar a imposição de multas previstas nos arts. 1.021, § 4º, do CPC de 2015 ou 1.026, § 2º, do CPC de 2015 (art. 538, parágrafo único, do CPC de 1973, ou art. 557, § 2º, do CPC de 1973). f) contra decisão de Turma proferida em agravo em recurso de revista, nos termos do art. 894, II, da CLT".

Alternativa "a": Incorreta, uma vez que a interposição antecipada do recurso ordinário, ou seja, antes dos oito dias, não prejudica a dilação legal para o depósito recursal, que continua observado esse limite. Nesse sentido é a Súmula nº 245 do TST: "O depósito recursal deve ser feito e comprovado no prazo alusivo ao recurso, sendo que a interposição antecipada deste não prejudica a dilação legal".

Alternativa "b": Excepcionalmente a legislação dispensa o trânsito em julgado da sentença normativa para que seja proposta a ação de cumprimento, devido a sua natureza normativa. O posicionamento do TST é nesse sentido, conforme se observa da redação da Súmula nº 246: "É dispensável o trânsito em julgado da sentença normativa para propositura da ação de cumprimento". **Incorreta.**

Alternativa "c": Nesse caso, o recesso e as férias dos Ministros do TST suspendem, e não interrompem como constou na assertiva, o prazo para recurso. O TST apresenta esse posicionamento em sua Súmula nº 262, inciso II: "O recesso forense e as férias coletivas dos Ministros do Tribunal Superior do Trabalho suspendem os prazos recursais". **Incorreta.** (ver nota do autor)

Alternativa "d": Esse é o entendimento do TST sobre o recurso adesivo, que se encontra cristalizado na Súmula nº 283: "O recurso adesivo compatível com o processo do trabalho e cabe, no prazo de 8 (oito) dias, nas hipóteses de interposição de recurso ordinário, de agravo de petição, de revista e de embargos, sendo desnecessário que a matéria nele veiculada esteja relacionada com a do recurso interposto pela parte contrária". **Correta** a assertiva.

Alternativa "e": Essa é a regra, mas que comporta diversas exceções que estão listadas na Súmula nº 353 do TST, em sua antiga redação (ver nota do autor): "Não cabem embargos para a Seção de Dissídios Individuais de decisão de Turma proferida em agravo, salvo: a) da decisão que não conhece de agravo de instrumento ou de agravo pela ausência de pressupostos extrínsecos; b) da decisão que nega provimento a agravo contra decisão monocrática do Relator, em que se proclamou a ausência de pressupostos extrínsecos de agravo de instrumento; c) para revisão dos pressupostos extrínsecos de admissibilidade do recurso de revista, cuja ausência haja sido declarada originariamente pela Turma no julgamento do agravo; d) para impugnar o conhecimento de agravo de instrumento; e) para impugnar a imposição de multas previstas no art. 538, parágrafo único, do CPC, ou no art. 557, § 2º, do CPC. f) contra decisão de Turma proferida em agravo em recurso de revista, nos termos do art. 894, II, da CLT". Assertiva **incorreta.** (ver nota do autor)

Gabarito: D.

466. (TRT - JTS 23ª RG/2008) Analise os itens abaixo e marque a alternativa CORRETA:

O recurso adesivo no Processo do Trabalho:

I. não poderá ser manejado quando a parte, mesmo sem ter ciência daquele do litigante contrário, desiste do recurso principal que havia interposto.

II. poderá ser utilizado ainda que a parte já tenha interposto o seu recurso principal.

III. não deverá ser conhecido se embutido em contrarrazões.

IV. não deverá ser conhecido se interposto em face do recurso do litisconsorte que figura no mesmo polo da relação processual.

a) Apenas os itens I e IV são verdadeiros.

b) Apenas os itens I e III são verdadeiros.

c) Apenas os itens I e II são falsos.

d) Todos os itens são verdadeiros.

e) Todos os itens são falsos.

COMENTÁRIOS

✪ **Nota do autor:** Diverge-se do entendimento da banca, nessa questão, que considerou como correta a alternativa "b", que reconhece como verdadeiros os itens I e III. Entende-se, todavia, que estão **corretos** os itens I e IV (alínea "a"), conforme fundamentação exposta a seguir. Observe-se, nos itens "I", "III" e "IV", que o art. 500, I e II do CPC de 1973 corresponde ao art. 977, §2º, I e II, do CPC de 2015.

Item "I": O recurso adesivo é totalmente dependente do recurso principal. Se há desistência do principal o adesivo segue a mesma sorte. Se quando da desistência do recurso principal a parte contrária ainda não havia interposto o adesivo, essa faculdade deixa de existir. **Item correto,** de acordo com o disposto no art. 500, III, do CPC, aplicado subsidiariamente ao processo laboral: "Art. 500. Cada parte interporá o recurso, independentemente, no prazo e observadas as exigências legais. Sendo, porém, vencidos autor e réu, ao recurso interposto por qualquer deles poderá aderir a outra parte. O recurso adesivo fica subordinado ao recurso principal e se rege pelas disposições seguintes: III - não será conhecido, se houver desistência do recurso principal, ou se for ele declarado inadmissível ou deserto".

Item "II": A interposição do recurso independente inviabiliza o uso do recurso dependente (adesivo). Item **incorreto.**

Item "III": Apesar de dependente do principal, o recurso adesivo deve ser apresentado em peça apartada das contrarrazões, apesar do prazo ser o mesmo, conforme a parte final do inciso I, art. 500 do CPC de 1973: "Art. 500. I - será interposto perante a autoridade competente para admitir o recurso principal, no prazo de que a parte dispõe para responder". Como a lei não é clara, há posicionamento no sentido de admitir a apresentação do recurso adesivo na mesma peça das contrarrazões. Nesse sentido Didier: "Convém que a parte elabore peças distintas para cada uma dessas atitudes; mas, desde que se contenham todos os elementos indispensáveis à interposição do recurso, nada impede que se apresente única peça, com as contrarrazões e o recurso (Teoria geral dos recursos. Salvador: Ed. JusPodivm. p. 85)". Item **incorreto.**

Item "IV": O recurso adesivo só cabe nos casos de sucumbência recíproca e é totalmente dependente do recurso principal da parte contrária. Logo, não caberia ao litisconsorte aderir ao recurso interposto por outro que faz parte do mesmo polo da relação processual. Item **correto**, conforme jurisprudência do TST: "Apenas cabe interposição de recurso adesivo quando o recurso principal é interposto pela parte adversa, nos termos do artigo 500 do CPC, pois necessária é a ocorrência de sucumbência recíproca para haver a possibilidade de utilização desse meio de defesa por adesão ao recurso da parte *ex adversa*, de modo que um litisconsorte não pode aderir ao recurso do outro que figura no mesmo polo passivo da demanda. Agravo de instrumento a que se nega provimento" (Processo: AIRR - 37240-14.2007.5.02.0255, Data de Julgamento: 15/12/2010, Relator Ministro: Aloysio Corrêa da Veiga, 6ª Turma, Data de Publicação: DEJT 28/01/2011).

Gabarito: A.

467. (TRT - JTS 23ª RG/2008) Dadas as proposições abaixo, assinale a alternativa CORRETA:

I. compete à Seção de Dissídios Individuais do TST julgar, em única instância, os agravos regimentais interpostos em dissídios individuais; os mandados de segurança de sua competência originária e os agravos de instrumento interpostos contra despacho denegatório de recurso ordinário em processo de sua competência;

II. compete ao Tribunal Pleno do TST aprovar os precedentes da jurisprudência predominante em dissídios coletivos e julgar os incidentes de uniformização da jurisprudência em dissídios individuais;

III. as Turmas do Tribunal Superior do Trabalho têm competência para julgar os recursos de revista interpostos de decisões dos Tribunais Regionais do Trabalho, bem como julgar, em última instância, os agravos de instrumento dos despachos de Presidente de Tribunal Regional que denegarem seguimento a recurso de revista, explicitando em que efeito a revista deve ser processada, caso providos;

IV. a sentença normativa poderá ser objeto de ação de cumprimento a partir do 20º (vigésimo) dia subsequente ao do julgamento, fundada no acórdão ou na certidão de julgamento, independentemente do trânsito em julgado, desde que não concedido efeito suspensivo pela autoridade judiciária competente, na forma da lei.

a) todas as proposições estão corretas;

b) apenas a proposição I está incorreta;

c) apenas a proposição II está incorreta;

d) apenas a proposição III está incorreta;

e) apenas a proposição IV está incorreta.

COMENTÁRIOS

✪ **Nota do autor:** A competência originária para o julgamento dos dissídios coletivos é do Tribunal Regional do Trabalho em cuja jurisdição tenha ocorrido o conflito (arts. 677 e 678 da CLT; e art. 6º da Lei nº 7.701/88), salvo se a base territorial do sindicato ultrapassar os limites territoriais de um Estado Federado, hipótese em que a competência originária será do Tribunal Superior do Trabalho (art. 702, I, "b", da CLT), por intermédio da SDC, conforme determina o art. 2º, I, "a", da Lei nº 7.701/88.

Item "I": Não seria em única instância, mas sim em última instância. Item **incorreto**, conforme art. 3º, I, "b", II, "a", III", "f", da Lei nº 7.701/88: "Compete à Seção de Dissídios Individuais julgar: I – originariamente: b) os mandados de segurança de sua competência originária, na forma da lei; II – em única instância: a) os agravos regimentais interpostos em dissídios individuais; III – em última instância: f) os agravos de instrumento interpostos contra despacho denegatório de recurso ordinário em processo de sua competência".

Item "II": Correto, conforme preceito contido no art. 4º, alíneas "c" e "d", da Lei nº 7.701/88: "É da competência do Tribunal Pleno do Tribunal Superior do Trabalho: c) julgar os incidentes de uniformização da jurisprudência em dissídios individuais; d) aprovar os precedentes da jurisprudência predominante em dissídios coletivos".

Item "III": Correto, em conformidade com o art. 5º, "a" e "b", da Lei nº 7.701/88: "As Turmas do Tribunal Superior do Trabalho terão, cada uma, a seguinte competência: a) julgar os recursos de revista interpostos de decisões dos Tribunais Regionais do Trabalho, nos casos previstos em lei; b) julgar, em última instância, os agravos de instrumento dos despachos de Presidente de Tribunal Regional que denegarem seguimento a recurso de revista, explicitando em que efeito a revista deve ser processada, caso providos".

Item "IV": Correto, conforme art. 7º, § 6º, da Lei nº 7.701/88: "A sentença normativa poderá ser objeto de ação de cumprimento a partir do 20º (vigésimo) dia subsequente ao do julgamento, fundada no acórdão ou na certidão de julgamento, salvo se concedido efeito suspensivo pelo Presidente do Tribunal Superior do Trabalho".

Gabarito: B.

5.5. AÇÃO RESCISÓRIA

468. (FCC – Juiz do Trabalho/2017) Em consonância com as regras da CLT e as Súmulas e Orientações Jurisprudenciais do TST sobre a ação rescisória no processo do trabalho, é correto afirmar:

a) Há capacidade postulatória das partes para propor ação rescisória na Justiça do Trabalho sem a necessidade de representação por advogado.

b) Não cabe o requerimento de tutela provisória em sede de ação rescisória.

c) Não há exigência de depósito prévio à propositura de ação rescisória na Justiça do Trabalho.

d) Cabe ação rescisória contra julgamento que deixa de apreciar requerimento expressamente formulado pela parte, mesmo se não houver a interposição de embargos de declaração.

e) Há submissão da ação rescisória a prazo decadencial, contado a partir do dia seguinte ao trânsito em julgado da última decisão, necessariamente de mérito, do processo.

COMENTÁRIOS

✪ **Nota do autor:** A Lei da Reforma trabalhista não promoveu qualquer inovação ou alteração no âmbito da ação rescisória no processo do trabalho.

Alternativa "a": Incorreta, pois a capacidade processual limita-se aos procedimentos previstos na CLT e ainda assim que envolvam questões fática, não sendo essas as características da ação rescisória. Esse é o entendimento do TST constante da Súmula nº 425: "JUS POSTULANDI NA JUSTIÇA DO TRABALHO. ALCANCE – Res. 165/2010, DEJT divulgado em 30.04.2010 e 03 e 04.05.2010 O jus postulandi das partes, estabelecido no art. 791 da CLT, limita-se às Varas do Trabalho e aos Tribunais Regionais do Trabalho, não alcançando a ação rescisória, a ação cautelar, o mandado de segurança e os recursos de competência do Tribunal Superior do Trabalho."

Alternativa "b": Incorreta, pois não há qualquer dispositivo legal nesse sentido. Pelo contrário, o art. 969 do CPC admite a possibilidade de concessão de tutela provisória em sede de ação rescisória: "A propositura da ação rescisória não impede o cumprimento da decisão rescindenda, ressalvada a concessão de tutela provisória". No mesmo sentido, a Súmula nº 405 do TST: "AÇÃO RESCISÓRIA. TUTELA PROVISÓRIA (nova redação em decorrência do CPC de 2015) – Res. 208/2016, DEJT divulgado em 22, 25 e 26.04.2016 Em face do que dispõem a MP 1.984-22/2000 e o art. 969 do CPC de 2015, é cabível o pedido de tutela provisória formulado na petição inicial de ação rescisória ou na fase recursal, visando a suspender a execução da decisão rescindenda."

Alternativa "c": Incorreta. Há previsão expressa no art. 836, caput, da CLT: "É vedado aos órgãos da Justiça do Trabalho conhecer de questões já decididas, excetuados os casos expressamente previstos neste Título e a ação rescisória, que será admitida na forma do disposto no Capítulo IV do Título IX da Lei no 5.869, de 11 de janeiro de 1973 – Código de Processo Civil, sujeita ao depósito prévio de 20% (vinte por cento) do valor da causa, salvo prova de miserabilidade jurídica do autor."

Alternativa "d": Correta. Com efeito, não se aplica à ação rescisória o requisito do pré-questionamento, uma vez que essa medida judicial não possui natureza recursal. Inclusive esse é o entendimento do TST constante da Súmula nº 298, V, em sua redação atual: "AÇÃO RESCISÓRIA. VIOLAÇÃO A DISPOSIÇÃO DE LEI. PRONUNCIAMENTO EXPLÍCITO (redação alterada pelo Tribunal Pleno na sessão realizada em 6.2.2012) – Res. 177/2012, DEJT divulgado em 13, 14 e 15.02.2012 V – Não é absoluta a exigência de pronunciamento explícito na ação rescisória, ainda que esta tenha por fundamento violação de dispositivo de lei. Assim, prescindível o pronunciamento explícito quando o vício nasce no próprio julgamento, como se dá com a sentença "extra, citra e ultra petita".

Alternativa "e": Incorreta. A sentença transitada em julgado que não analisa o mérito também pode ser objeto de ação rescisória desde que impeça nova propositura da demanda; ou a admissibilidade do recurso correspondente, de acordo com o preceito contido no art. 966, § 2º do CPC. A Súmula nº 412 do TST ressalta essa possibilidade: "AÇÃO RESCISÓRIA. REGÊNCIA PELO CPC DE 1973. SENTENÇA DE MÉRITO. QUESTÃO PROCESSUAL (nova redação em decorrência do CPC de 2015) – Res. 217/2017 – DEJT divulgado em 20, 24 e 25.04.2017 Sob a égide do CPC de 1973, pode uma questão processual ser objeto de rescisão desde que consista em pressuposto de validade de uma sentença de mérito. (ex-OJ nº 46 da SBDI-2 – inserida em 20.09.2000).

Gabarito: D.

---

469. (TRT 2 – Juiz do Trabalho Substituto 2ª Região/2016) A respeito da ação rescisória no Processo do Trabalho assinale a alternativa correta:

a) O depósito recursal é pressuposto de admissibilidade indispensável à interposição de recurso ordinário em ação rescisória.

b) O prazo decadencial para propositura de ação rescisória será sempre contado após o decurso do prazo legal previsto para a interposição do recurso extraordinário ao STF.

c) Considera-se de interpretação controvertida nos Tribunais a matéria consagrada por iterativa, notória e atual jurisprudência do Tribunal Superior do Trabalho.

d) A oposição de exceção de incompetência no prazo recursal afasta de plano a consumação da coisa julgada, postergando o termo inicial do prazo decadencial para a ação rescisória.

e) Havendo recurso parcial no processo principal, o trânsito em julgado dá-se em momentos e em tribunais diferentes, contando-se o prazo decadencial para a ação rescisória do trânsito em julgado de cada decisão, salvo se o recurso tratar de preliminar ou prejudicial que possa tornar insubsistente a decisão recorrida, hipótese em que flui a decadência a partir do trânsito em julgado da decisão que julgar o recurso parcial.

COMENTÁRIOS

✪ **Nota do autor:** Ainda que a parte não tenha utilizado todos os recursos cabíveis, a decisão transitada em julgado pode ser objeto da ação rescisória, desde que presentes os requisitos que a autorizem, segundo dispõe a Súmula nº 514 do STF: "Admite-se ação rescisória contra sentença transitada em julgado, ainda que contra ela não se tenha esgotado todos os recursos."

Alternativa "a": Incorreta devido a própria natureza jurídica da ação rescisória, que é predominantemente constitutiva negativa. Assim, só cabe depósito recursal em caso de condenação em pecúnia, conforme destacado na Súmula nº 99 do TST: "AÇÃO RESCISÓRIA. DESERÇÃO. PRAZO (incorporada a Orientação Jurisprudencial nº 117 da SBDI-II) – Res. 137/2005, DJ 22, 23 e 24.08.2005. Havendo recurso ordinário em sede de rescisória, o depósito recursal só é exigível quando for julgado procedente o pedido e imposta condenação em pecúnia, devendo este ser efetuado no prazo recursal, no limite e nos termos da legislação vigente, sob pena de deserção.

Alternativa "b": Incorreta. O termo inicial é dia seguinte ao trânsito em julgado da última decisão. O TST manifesta-se sobre esse tema por meio do inciso I, da Súmula nº 100, I: "AÇÃO RESCISÓRIA. DECADÊNCIA (incorporadas as Orientações Jurisprudenciais nºs 13, 16, 79, 102, 104, 122 e 145 da SBDI-II) – Res. 137/2005, DJ 22, 23 e 24.08.2005. I – O prazo de decadência, na ação rescisória, conta-se do dia imediatamente subsequente ao trânsito em julgado da última decisão proferida na causa, seja de mérito ou não".

Alternativa "c": Incorreta. Na verdade é justamente o contrário. Quando a matéria é consagrada por iterativa, notória e atual jurisprudência do Tribunal Superior do Trabalho ela deixa de ser controvertida. Nesse sentido a Súmula nº 83 do TST: "AÇÃO RESCISÓRIA. MATÉRIA CONTROVERTIDA (incorporada a Orientação Jurisprudencial nº 77 da SBDI-II) – Res. 137/2005, DJ 22, 23 e 24.08.2005. I – Não procede pedido formulado na ação rescisória por violação literal de lei se a decisão rescindenda estiver baseada em texto legal infraconstitucional de interpretação controvertida nos Tribunais. (ex-Súmula nº 83 – alterada pela Res. 121/2003, DJ 21.11.2003) II – O marco divisor quanto a ser, ou não, controvertida, nos Tribunais, a interpretação dos dispositivos legais citados na ação rescisória é a data da inclusão, na Orientação Jurisprudencial do TST, da matéria discutida."

Alternativa "d": Incorreta, pois o entendimento do TST é em sentido contrário, conforme se pode constatar da simples leitura do inciso VIII, da Súmula nº 100: "AÇÃO RESCISÓRIA. DECADÊNCIA (incorporadas as Orientações Jurisprudenciais nºs 13, 16, 79, 102, 104, 122 e 145 da SBDI-II) – Res. 137/2005, DJ 22, 23 e 24.08.2005. VIII – A exceção de incompetência, ainda que oposta no prazo recursal, sem ter sido aviado o recurso próprio, não tem o condão de afastar a consumação da coisa julgada e, assim, postergar o termo inicial do prazo decadencial para a ação rescisória

Alternativa "e": Correta. Quando existir recurso parcial, o trânsito em julgado se efetivará em épocas distintas e, consequentemente, em tribunais diversos. A exceção (trânsito em julgado em um momento único) ocorre quando o recurso parcial tiver como objeto arguição de preliminar (defesa processual) ou de prejudicial de mérito. Nesse sentido, o inciso II, da Súmula nº 100 do TST: "AÇÃO RESCISÓRIA. DECADÊNCIA (incorporadas as Orientações Jurisprudenciais nºs 13, 16, 79, 102, 104, 122 e 145 da SBDI-II) – Res. 137/2005, DJ 22, 23 e 24.08.2005. II – Havendo recurso parcial no processo principal, o trânsito em julgado dá-se em momentos e em tribunais diferentes, contando-se o prazo decadencial para a ação rescisória do trânsito em julgado de cada decisão, salvo se o recurso tratar de preliminar ou prejudicial que possa tornar insubsistente a decisão recorrida, hipótese em que flui a decadência a partir do trânsito em julgado da decisão que julgar o recurso parcial".

Gabarito: E.

---

470. (TRT 2 – Juiz do Trabalho Substituto 2ª Região/2016) Com relação à ação rescisória no Processo do Trabalho, analise as proposições:

I. O litisconsórcio, na ação rescisória, é necessário em relação ao polo passivo da demanda, porque supõe uma comunidade de direitos ou de obrigações que não admite solução díspar para os litisconsortes, em face da indivisibilidade do objeto, por tal razão há exigência de citação de todos os empregados substituídos quando o Sindicato, substituto processual e autor da reclamação trabalhista em cujos autos fora proferida a decisão rescindenda, é réu da rescisória.

II. Decisão de Tribunal Regional que não conhece de recurso de revista fundamentado em divergência jurisprudencial é passível de ação rescisória.

III. É passível de corte rescisório decisão que resolva questão de natureza processual, desde que consista em pressuposto de validade da sentença de mérito.

IV. Acórdão rescindendo do Tribunal Superior do Trabalho que não conhece de recurso de embargos ou de revista, analisando arguição de violação de dispositivo de lei processual ou decidindo em consonância com súmula ou com iterativa, notória e atual jurisprudência da Seção de Dissídios Individuais é passível de ação rescisória.

V. A confissão decorrente de erro, dolo, coação ou efeito da revelia é hipótese de rescindibilidade da decisão judicial.

Responda:

a) Todas as proposições estão incorretas.

b) Somente a proposição III está correta.

c) Somente a proposição IV está correta.

d) Somente as proposições I e III estão corretas.

e) Somente as proposições II e V estão corretas.

COMENTÁRIOS

✪ **Nota do autor:** Excepcionalmente a sentença transitada em julgado que não analisa o mérito também pode ser objeto de ação rescisória desde que impeça nova propositura da demanda; ou a admissibilidade do recurso correspondente (art. 966, § 2º, do CPC de 2015).

Item "I": Incorreto, pois não é necessária a citação de todos os empregados substituídos, conforme deixa claro o inciso II, da Súmula nº 406 do TST: "AÇÃO RESCISÓRIA. LITISCONSÓRCIO. NECESSÁRIO NO PÓLO PASSIVO E FACULTATIVO NO ATIVO. INEXISTENTE QUANTO AOS SUBSTITUÍDOS PELO SINDICATO (conversão das Orientações Jurisprudenciais nºs 82 e 110 da SBDI-II) – Res. 137/2005, DJ 22, 23 e 24.08.2005. II – O Sindicato, substituto processual e autor da reclamação trabalhista, em cujos autos fora proferida a decisão rescindenda, possui legitimidade para figurar como réu na ação rescisória, sendo descabida a exigência de citação de todos os empregados substituídos, porquanto inexistente litisconsórcio passivo necessário. (ex-OJ nº 110 da SBDIII – DJ 29.04.2003)".

Item "II": Incorreto, pois nesse caso não cabia recurso de revista, sob a égide do CPC de 1973, como deixa claro a Súmula nº 413 do TST: "AÇÃO RESCISÓRIA. SENTENÇA DE MÉRITO. VIOLAÇÃO DO ART. 896, "A", DA CLT (nova redação em decorrência do CPC de 2015) – Res. 209/2016, DEJT divulgado em 01, 02 e 03.06.2016. É incabível ação rescisória, por violação do art. 896, "a", da CLT, contra decisão transitada em julgado sob a égide do CPC de 1973 que não conhece de recurso de revista, com base em divergência jurisprudencial, pois não se cuidava de sentença de mérito".

Item "III": Correto. Essa exceção está prevista na Súmula nº 412 do TST, em sua redação original: "AÇÃO RESCISÓRIA. SENTENÇA DE MÉRITO. QUESTÃO PROCESSUAL (conversão da Orientação Jurisprudencial nº 46 da SBDI-II) – Res. 137/2005, DJ 22, 23 e 24.08.2005. Pode uma questão processual ser objeto de rescisão desde que consista em pressuposto de validade de uma sentença de mérito (ver também a hipótese descrita na nota do autor). A Resolução nº 217/2017 conferiu nova redação à referida Súmula: "AÇÃO RESCISÓRIA. REGÊNCIA PELO CPC DE 1973. SENTENÇA DE MÉRITO. QUESTÃO PROCESSUAL (nova redação em decorrência do CPC de 2015) – Res. 217/2017 – DEJT divulgado em 20, 24 e 25.04.2017. Sob a égide do CPC de 1973, pode uma questão processual ser objeto de rescisão desde que consista em pressuposto de validade de uma sentença de mérito. (ex-OJ nº 46 da SBDI-2 – inserida em20.09.2000)".

Item "IV": Incorreto. No caso seria violação de dispositivo de lei material e não de lei processual. Nesse sentido o posicionamento do TST revelado por meio do inciso II, da Súmula nº 192: "AÇÃO RESCISÓRIA. COMPETÊNCIA (atualizada em decorrência do CPC de 2015) –

Res. 212/2016, DEJT divulgado em 20, 21 e 22.09.2016. II – Acórdão rescindendo do Tribunal Superior do Trabalho que não conhece de recurso de embargos ou de revista, analisando arguição de violação de dispositivo de lei material ou decidindo em consonância com súmula de direito material ou com iterativa, notória e atual jurisprudência de direito material da Seção de Dissídios Individuais (Súmula nº 333), examina o mérito da causa, cabendo ação rescisória da competência do Tribunal Superior do Trabalho."

Item "V": Incorreto, sob a égide do CPC de 1973, como deixa claro a Súmula nº 404 já com nova redação: "AÇÃO RESCISÓRIA. FUNDAMENTO PARA INVALIDAR CONFISSÃO. CONFISSÃO FICTA. INADEQUAÇÃO DO ENQUADRAMENTO NO ART. 485, VIII, DO CPC DE 1973. – Res. 209/2016, DEJT divulgado em 01, 02 e 03.06.2016. O art. 485, VIII, do CPC de 1973, ao tratar do fundamento para invalidar a confissão como hipótese de rescindibilidade da decisão judicial, referia-se à confissão real, fruto de erro, dolo ou coação, e não à confissão ficta resultante de revelia."

Gabarito: B.

---

471. (FCC – Juiz do Trabalho Substituto 1ª Região/2014) Considerado o cabimento da ação rescisória no processo do trabalho,

a) padece de inépcia a petição inicial de ação rescisória quando omissa a subsunção do fundamento de rescindibilidade constante do artigo 485 do CPC ou com capitulação errônea em um de seus incisos, não sendo lícito ao Tribunal emprestar-lhe a adequada qualificação jurídica.

b) a confissão real, fruto de erro, dolo ou coação, assim como a confissão ficta resultante da revelia, constitui fundamento para o corte rescisório.

c) a comprovação do trânsito em julgado da decisão rescindenda é pressuposto processual indispensável ao tempo do ajuizamento da ação rescisória. Em caso de trânsito em julgado posterior, quando já em curso a ação rescisória, deve esta última prosseguir normalmente em seus ulteriores termos.

d) diante das ações de alçada previstas na Lei nº 5.584/70, observam-se suas disposições, no que couber, em especial a limitação das matérias sujeitas a recurso ordinário sobre o acórdão rescindendo.

e) não há ofensa à coisa julgada na determinação do Juiz da execução para os recolhimentos dos encargos fiscais e previdenciários, quando omissa a sentença exequenda, dado o caráter de ordem pública da norma respectiva.

COMENTÁRIOS

✪ **Nota do autor:** No CPC de 2015 as hipóteses de cabimento de ação rescisória estão previstas no art. 966 que corresponde ao art. 485 do CPC de 1973 com algumas modificações. Por conta disso, o TST alterou a redação da Súmula nº 408, nos seguintes termos: "Não padece de inépcia a petição inicial de ação rescisória apenas porque omite a subsunção do fundamento de rescindibilidade no art. 966 do CPC de 2015 (art. 485 do CPC de 1973) ou o capitula erroneamente em um de seus incisos. Contanto que não se afaste dos fatos e fundamentos invocados como causa de pedir, ao Tribunal é lícito emprestar-lhes a adequada qualificação jurídica ("iura novit curia"). No entanto, fundando-se a ação rescisória no art. 966, inciso V, do CPC de 2015 (art. 485, inciso V, do CPC de 1973), é indispensável expressa indicação, na petição inicial da ação rescisória, da norma jurídica manifestamente violada (dispositivo legal violado sob o CPC de 1973), por se tratar de causa de pedir da rescisória, não se aplicando, no caso, o princípio 'iura novit curia'. (ex-Ojs nº 32 e 33 da SBDI-2 – inseridas em 20.09.2000)".

Alternativa "a": Incorreta a assertiva, pois cabe ao juiz fazer a subsunção do fato à norma jurídica. No caso específico da ação rescisória o TST se manifesta por meio da Súmula nº 408, em sua antiga redação (ver nota do autor): "Não padece de inépcia a petição inicial de ação rescisória apenas porque omite a subsunção do fundamento de rescindibilidade no art. 485 do CPC ou o capitula erroneamente em um de seus incisos. Contanto que não se afaste dos fatos e fundamentos invocados como causa de pedir, ao Tribunal é lícito emprestar-lhes a adequada qualificação jurídica ('iura novit curia'). No entanto, fundando-se a ação rescisória no art. 485, inc. V, do CPC, é indispensável expressa indicação, na petição inicial da ação rescisória, do dispositivo legal violado, por se tratar de causa de pedir da rescisória, não se aplicando, no caso, o princípio 'iura novit curia'."

Alternativa "b": Incorreta, pois não cabe ação rescisória quando a confissão é ficta, na forma do entendimento do TST constante da Súmula nº 404: "O art. 485, VIII, do CPC, ao tratar do fundamento para invalidar a confissão como hipótese de rescindibilidade da decisão judicial, refere-se à confissão real, fruto de erro, dolo ou coação, e não à confissão ficta resultante de revelia". A redação atual dessa Súmula segue transcrita: "AÇÃO RESCISÓRIA. FUNDAMENTO PARA INVALIDAR CONFISSÃO. CONFISSÃO FICTA. INADEQUAÇÃO DO ENQUADRAMENTO NO ART. 485, VIII, DO CPC DE 1973. – Res. 209/2016, DEJT divulgado em 01, 02 e 03.06.2016. O art. 485, VIII, do CPC de 1973, ao tratar do fundamento para invalidar a confissão como hipótese de rescindibilidade da decisão judicial, referia-se à confissão real, fruto de erro, dolo ou coação, e não à confissão ficta resultante de revelia".

Alternativa "c": Incorreta, pois o transito em julgado é pressuposto da ação rescisória. Assim sendo, se esse fato processual efetiva-se após o ajuizamento da ação rescisória não implica convalidação do defeito. Nesse sentido, o item III, da Súmula nº 299 do TST: "A comprovação do trânsito em julgado da decisão rescindenda é pressuposto processual indispensável ao tempo do ajuizamento da ação rescisória. Eventual trânsito em julgado posterior ao ajuizamento da ação rescisória não reabilita a ação proposta, na medida em que o ordenamento jurídico não contempla a ação rescisória preventiva". A atualmente o inciso III dessa Súmula tem a seguinte redação: "AÇÃO RESCISÓRIA. DECISÃO RESCINDENDA. TRÂNSITO EM JULGADO. COMPROVAÇÃO. EFEITOS (nova redação do item II em decorrência do CPC de 2015) – Res. 211/2016, DEJT divulgado em 24, 25 e 26.08.2016. III – A comprovação do trânsito em julgado da decisão rescindenda é pressuposto processual indispensável ao tempo do ajuizamento da ação rescisória. Eventual trânsito em julgado posterior ao ajuizamento da ação rescisória não reabilita a ação proposta, na medida em que o ordenamento jurídico não contempla a ação rescisória preventiva. (ex-OJ nº 106 da SBDI-II – DJ 29.04.2003)".

Alternativa "d": Incorreta, pois o processamento da ação rescisória e de outras ações especiais possui rito próprio definido em lei. Nesse sentido o posicionamento do TST revelado por meio da Súmula nº 365: "Não se aplica a alçada em ação rescisória e em mandado de segurança".

Alternativa "e": Correta a assertiva, uma vez que corresponde ao entendimento do TST constante da Súmula nº 401: "Os descontos previdenciários e fiscais devem ser efetuados pelo juízo executório, ainda que a sentença exequenda tenha sido omissa sobre a questão, dado o caráter de ordem pública ostentado pela norma que os disciplina. A ofensa à coisa julgada somente poderá ser caracterizada na hipótese de o título exequendo, expressamente, afastar a dedução dos valores a título de imposto de renda e de contribuição previdenciária".

Gabarito: E.

---

472. (FCC – Juiz do Trabalho Substituto 1ª Região/2015) Com base no entendimento sumulado pelo TST a respeito de ação rescisória,

a) a capitulação equivocada do dispositivo legal violado pela sentença rescindenda implica a inépcia da petição inicial da ação rescisória, se esta estiver amparada na violação literal da lei.

b) a sentença que homologa acordo em reclamação trabalhista, que previu o pagamento de valor irrisório ao empregado, quando confrontando aquele com o montante dos pedidos deduzidos, pode ser rescindida se demonstrado o dolo do vencedor em relação ao vencido.

c) a capitulação equivocada do dispositivo legal violado pela sentença rescindenda não implica a inépcia da petição inicial da ação rescisória, mesmo se esta estiver amparada na violação literal da lei, em função do princípio jura novit curia.

d) uma matéria deixa de ser considerada controvertida nos tribunais apenas quando ela é incluída em Súmula do TST.

e) mesmo em matéria exclusivamente de direito, afastada a decadência em sede de recurso ordinário, e sob pena de violação ao princípio do duplo grau de jurisdição, os autos devem retornar ao Tribunal Regional de origem, para que nova decisão seja proferida.

COMENTÁRIOS

✪ **Nota do autor:** A hipótese de cabimento de ação rescisória prevista no inciso V, do art. 485 do CPC de 1973 corresponde ao inciso V do art. 966 do CPC de 2015 que ampliou o seu raio de abrangência ao utilizar a expressão norma jurídica ao invés de Lei: "Art. 966. A decisão de mérito, transitada em julgado, pode ser rescindida quando: V – violar manifestamente norma jurídica". Por conta disso, o TST alterou a redação da Súmula nº 408, nos seguintes termos: "Não padece de inépcia a petição inicial de ação rescisória apenas porque omite a subsunção do fundamento de rescindibilidade no art. 966 do CPC de 2015 (art. 485 do CPC de 1973) ou o capitula erroneamente em um de seus incisos. Contanto que não se afaste dos fatos e fundamentos invocados como causa de pedir, ao Tribunal é lícito emprestar-lhes a adequada qualificação jurídica ('iura novit curia'). No entanto, fundando-se a ação rescisória no art. 966, inciso V, do CPC de 2015 (art. 485, inciso V, do CPC de 1973), é indispensável expressa indicação, na petição inicial da ação rescisória, da norma jurídica manifestamente violada (dispositivo legal violado sob o CPC de 1973), por se tratar de causa de pedir da rescisória, não se aplicando, no caso, o princípio 'iura novit curia'. (ex-Ojs nº 32 e 33 da SBDI-2 – inseridas em 20.09.2000)".

Alternativa "a": Correta, uma vez que se trata de exceção ao princípio *iura novit cúria*, na forma prevista pela parte final da Súmula nº 408 do TST, em sua redação anterior (ver nota do autor): Não padece de inépcia a petição inicial de ação rescisória apenas porque omite a subsunção do fundamento de rescindibilidade no art. 485 do CPC ou o capitula erroneamente em um de seus incisos. Contanto que não se afaste dos fatos e fundamentos invocados como causa de pedir, ao Tribunal é lícito emprestar-lhes a adequada qualificação jurídica ('iura novit curia'). No entanto, fundando-se a ação rescisória no art. 485, inc. V, do CPC, é indispensável expressa indicação, na petição inicial da ação rescisória, do dispositivo legal violado, por se tratar de causa de pedir da rescisória, não se aplicando, no caso, o princípio 'iura novit curia'."

Alternativa "b": Incorreta, pois nesse caso não há que se falar em dolo, pois inexiste parte vencida e vencedora como exige o inciso III, art. 485 do CPC de 1973. Nesse sentido é o posicionamento do TST representado pelo inciso II, da Súmula nº 403: "Se a decisão rescindenda é homologatória de acordo, não há parte vencedora ou vencida, razão pela qual não é possível a sua desconstituição calcada no inciso III do art. 485 do CPC (dolo da parte vencedora em detrimento da vencida), pois constitui fundamento de rescindibilidade que supõe solução jurisdicional para a lide".

Alternativa "c": Incorreta, pois vai de encontro ao posicionamento do TST exposto na citada e transcrita

Súmula nº 408, que defende tese totalmente contrária a essa assertiva (ver comentários à alternativa "a").

Alternativa "d": Incorreta, pois esse não é o marco divisor a ser considerado, mas sim aquele descrito no item II da Súmula nº 83 do TST: "O marco divisor quanto a ser, ou não, controvertida, nos Tribunais, a interpretação dos dispositivos legais citados na ação rescisória é a data da inclusão, na Orientação Jurisprudencial do TST, da matéria discutida".

Alternativa "e": Incorreta, pois deixa de considerar a teoria da causa madura e o efeito devolutivo em profundidade que permite o julgamento, em determinadas situações, da pretensão não apreciada na primeira instância, nos termos do item VII, da Súmula nº 100 do TST: "Não ofende o princípio do duplo grau de jurisdição a decisão do TST que, após afastar a decadência em sede de recurso ordinário, aprecia desde logo a lide, se a causa versar questão exclusivamente de direito e estiver em condições de imediato julgamento".

Gabarito: A.

---

473. (FCC – Juiz do Trabalho Substituto 1ª Região/2015) Em relação à decadência na ação rescisória, e com base no entendimento sumulado pelo TST, é correto afirmar:

a) Inicia-se sua contagem com o término do prazo para interposição de recurso ordinário de sentença que homologa acordo judicial.

b) Ressalvada a hipótese de a parte discutir sua validade e/ou correção, é apenas a certidão de trânsito em julgado o documento que se presta à verificação do dia inicial da sua contagem.

c) Afastada pelo TST a decadência pronunciada pelo Regional, sob pena de violação ao princípio do duplo grau de jurisdição, os autos devem retornar à instância de origem, para nova decisão.

d) Sempre que o prazo decadencial se consumar em qualquer dia que não haja expediente forense, independentemente do motivo, fica aquele prorrogado até o primeiro dia útil subsequente.

e) Com exceção da hipótese de comprovado dolo, e por respeito ao princípio da ampla defesa, a interposição de recurso intempestivo impede o início da contagem do prazo decadencial.

COMENTÁRIOS

✪ Nota do autor: Excepcionalmente, o ordenamento jurídico permite que seja desconstituída a coisa julgada, por meio de uma medida processual denominada de ação rescisória. Ultrapassado o prazo legal para o ajuizamento desse remédio jurídico, a coisa julgada solidifica-se e recebe a denominação de coisa soberanamente julgada.

Alternativa "a": Incorreta, pois se a hipótese é de acordo, tem-se como equivalente a decisão irrecorrível. Nesse sentido, o item V, da Súmula nº 100 do TST: "O acordo homologado judicialmente tem força de decisão irrecorrível, na forma do art. 831 da CLT. Assim sendo, o termo conciliatório transita em julgado na data da sua homologação judicial".

Alternativa "b": Incorreta, pois outros elementos nos autos podem formar o convencimento do juízo, como ressalta o item IV, da Súmula nº 100 do TST: "O juízo rescindente não está adstrito à certidão de trânsito em julgado juntada com a ação rescisória, podendo formar sua convicção através de outros elementos dos autos quanto à antecipação ou postergação do "dies a quo" do prazo decadencial".

Alternativa "c": Incorreta, pois o TST pode avançar no mérito não apreciado pelo Tribunal Regional desde que a causa verse sobre questão exclusivamente de direito e esteja madura para julgamento. Esse é o posicionamento do TST exposto por meio do item VII, Súmula nº 100: "Não ofende o princípio do duplo grau de jurisdição a decisão do TST que, após afastar a decadência em sede de recurso ordinário, aprecia desde logo a lide, se a causa versar questão exclusivamente de direito e estiver em condições de imediato julgamento."

Alternativa "d": Correta a assertiva, pois em conformidade com o item IX, Súmula nº 100 do TST: "Prorroga-se até o primeiro dia útil, imediatamente subsequente, o prazo decadencial para ajuizamento de ação rescisória quando expira em férias forenses, feriados, finais de semana ou em dia em que não houver expediente forense. Aplicação do art. 775 da CLT."

Alternativa "e": Incorreta, pois a ressalva é somente no caso de existir dúvida razoável, na forma do entendimento do TST explicitado por meio do item III, Súmula nº 100 do TST: "Salvo se houver dúvida razoável, a interposição de recurso intempestivo ou a interposição de recurso incabível não protrai o termo inicial do prazo decadencial".

Gabarito: D.

---

474. (FCC – Juiz do Trabalho Substituto 6ª Região/2015) Acerca da ação rescisória considere:

I. É indispensável ao processamento da ação rescisória a prova do trânsito em julgado da decisão rescindenda. Porém, verificando o relator que a parte interessada não juntou à inicial o documento comprobatório, abrirá prazo de dez dias para que o faça, sob pena de indeferimento.

II. A comprovação do trânsito em julgado da decisão rescindenda é pressuposto processual indispensável ao tempo do ajuizamento da ação rescisória. Porém, eventual trânsito em julgado, posterior ao ajuizamento da ação rescisória, reabilita a ação proposta, na medida em que o ordenamento jurídico contempla expressamente a ação rescisória preventiva.

III. O pretenso vício de intimação, posterior à decisão que se pretende rescindir, se efetivamente ocorrido, não permite a formação da coisa julgada material. Assim, a ação rescisória deve ser julgada extinta, sem julgamento do mérito, por carência de ação, por inexistir decisão transitada em julgado a ser rescindida.

Está correto o que consta em

a) I, II e III.

b) I e III, apenas.

c) I, apenas.

d) II e III, apenas.

e) II, apenas.

COMENTÁRIOS

✪ **Nota do autor:** A ação rescisória tem caráter constitutivo-negativo, pois visa desconstituir um ato processual do juízo (decisão) e, por esse motivo, está submetida ao prazo decadencial para sua propositura. Por via reflexa, a ação rescisória pode ter um conteúdo condenatório, quando substitui uma sentença ou acórdão de improcedência da pretensão do autor.

Item "I": Correto. Nesse caso, segue-se a regra geral da ausência de documento indispensável à propositura da ação. Deve-se, primeiro, intimar a parte para juntar a prova do trânsito em julgado da decisão. Nesse sentido, os itens I e II, da Súmula nº 299 do TST: "I – É indispensável ao processamento da ação rescisória a prova do trânsito em julgado da decisão rescindenda. II – Verificando o relator que a parte interessada não juntou à inicial o documento comprobatório, abrirá prazo de 10 (dez) dias para que o faça, sob pena de indeferimento." Atualmente os itens I e II dessa Súmula têm a seguinte redação: "AÇÃO RESCISÓRIA. DECISÃO RESCINDENDA. TRÂNSITO EM JULGADO. COMPROVAÇÃO. EFEITOS (nova redação do item II em decorrência do CPC de 2015) – Res. 211/2016, DEJT divulgado em 24, 25 e 26.08.2016 I – É indispensável ao processamento da ação rescisória a prova do trânsito em julgado da decisão rescindenda. (ex-Súmula nº 299 – Res 8/1989, DJ 14, 18 e 19.04.1989) II – Verificando o relator que a parte interessada não juntou à inicial o documento comprobatório, abrirá prazo de 15 (quinze) dias para que o faça (art. 321 do CPC de 2015), sob pena de indeferimento. (ex-Súmula nº 299 – Res 8/1989, DJ 14, 18 e 19.04.1989)".

Item "II": Incorreto. Não há essa possibilidade de convalidação. Se a decisão não transitou em julgado à época do ajuizamento da ação rescisória, a hipótese é de extinção do feito sem julgamento do mérito por se tratar de vício insanável. Nesse sentido o item III da Súmula nº 299 do TST: "III – A comprovação do trânsito em julgado da decisão rescindenda é pressuposto processual indispensável ao tempo do ajuizamento da ação rescisória. Eventual trânsito em julgado posterior ao ajuizamento da ação rescisória não reabilita a ação proposta, na medida em que o ordenamento jurídico não contempla a ação rescisória preventiva". Atualmente o inciso III dessa Súmula tem a seguinte redação: "AÇÃO RESCISÓRIA. DECISÃO RESCINDENDA. TRÂNSITO EM JULGADO. COMPROVAÇÃO. EFEITOS (nova redação do item II em decorrência do CPC de 2015) – Res. 211/2016, DEJT divulgado em 24, 25 e 26.08.2016. III – A comprovação do trânsito em julgado da decisão rescindenda é pressuposto processual indispensável ao tempo do ajuizamento da ação rescisória. Eventual trânsito em julgado posterior ao ajuizamento da ação rescisória não reabilita a ação proposta, na medida em que o ordenamento jurídico não contempla a ação rescisória preventiva. (ex-OJ nº 106 da SBDI-II – DJ 29.04.2003)

Item "III": O trânsito em julgado é pressuposto fundamental da ação rescisória. **Correta** a assertiva, pois está de acordo com o entendimento do TST exposto no item IV, da Súmula nº 299: "O pretenso vício de intimação, posterior à decisão que se pretende rescindir, se efetivamente ocorrido, não permite a formação da coisa julgada material. Assim, a ação rescisória deve ser julgada extinta, sem julgamento do mérito, por carência de ação, por inexistir decisão transitada em julgado a ser rescindida". Atualmente o inciso IV dessa Súmula tem a seguinte redação: "AÇÃO RESCISÓRIA. DECISÃO RESCINDENDA. TRÂNSITO EM JULGADO. COMPROVAÇÃO. EFEITOS (nova redação do item II em decorrência do CPC de 2015) – Res. 211/2016, DEJT divulgado em 24, 25 e 26.08.2016. IV – O pretenso vício de intimação, posterior à decisão que se pretende rescindir, se efetivamente ocorrido, não permite a formação da coisa julgada material. Assim, a ação rescisória deve ser julgada extinta, sem julgamento do mérito, por carência de ação, por inexistir decisão transitada em julgado a ser rescindida. (ex-OJ nº 96 da SBDI-II – inserida em 27.09.2002)

Gabarito: B.

---

475. (TRT 8 – Juiz do Trabalho Substituto 8ª Região/2015) Nas alternativas a seguir, apenas uma está CORRETA. Assinale-a:

a) Havendo recurso parcial no processo principal, o trânsito em julgado dá-se em momentos e em tribunais diferentes, contando-se o prazo prescricional para a ação rescisória do trânsito em julgado de cada decisão, salvo se o recurso tratar de preliminar ou prejudicial que possa tornar insubsistente a decisão recorrida, hipótese em que flui a prescrição a partir do trânsito em julgado da decisão que julgar o recurso parcial.

b) Na hipótese de colusão das partes, o prazo prescricional da ação rescisória somente começa a fluir para o Ministério Público, que não interveio no processo principal, a partir do momento em que tem ciência da fraude.

c) Havendo recurso ordinário em sede de rescisória, o depósito recursal é exigível quando for julgado procedente o pedido e imposta condenação em pecúnia ou apenas em obrigação de fazer, devendo este ser efetuado no prazo recursal, no limite e nos termos da legislação vigente, sob pena de deserção.

d) A alçada é fixada pelo valor dado à causa na data do ajuizamento da reclamação trabalhista, desde que não impugnado, sendo possível sua adequação no curso do processo.

e) A vedação à produção de prova posterior pela parte confessa somente a ela se aplica, não afetando o exercício, pelo magistrado, do poder/dever de conduzir o processo.

COMENTÁRIOS

✪ **Nota do autor:** O prazo para a propositura da ação rescisória é de dois anos, contados do dia subsequente ao trânsito em julgado da decisão ou do acórdão que a substitui. Trata-se de prazo decadencial que não admite suspensão ou interrupção.

Alternativa "a": Incorreta a assertiva, pois o prazo para propositura da ação rescisória é de decadência e não de prescrição. O inciso II, da Súmula 100 ressalta essa característica da ação rescisória: "Havendo recurso parcial no processo principal, o trânsito em julgado dá-se em momentos e em tribunais diferentes, contando-se o prazo decadencial para a ação rescisória do trânsito em julgado de cada decisão, salvo se o recurso tratar de preliminar ou prejudicial que possa tornar insubsistente a decisão recorrida, hipótese em que flui a decadência a partir do trânsito em julgado da decisão que julgar o recurso parcial."

Alternativa "b": Incorreta a assertiva, pois o prazo para propositura da ação rescisória é de decadência e não de prescrição. O inciso VI da Súmula 100 ressalta essa característica da ação rescisória: "Na hipótese de colusão das partes, o prazo decadencial da ação rescisória somente começa a fluir para o Ministério Público, que não interveio no processo principal, a partir do momento em que tem ciência da fraude".

Alternativa "c": Incorreta, pois não cabe o depósito recursal quando a condenação for apenas de obrigação de fazer. Nesse sentido a Súmula nº 99 do TST: "Havendo recurso ordinário em sede de rescisória, o depósito recursal só é exigível quando for julgado procedente o pedido e imposta condenação em pecúnia, devendo este ser efetuado no prazo recursal, no limite e nos termos da legislação vigente, sob pena de deserção".

Alternativa "d": Incorreta, pois o valor da causa não pode ser alterado no curso do processo, conforme ressalta a Súmula nº 71 do TST: "A alçada é fixada pelo valor dado à causa na data de seu ajuizamento, desde que não impugnado, sendo inalterável no curso do processo".

Alternativa "e": Correta a assertiva, pois o juiz tem liberdade de direção do processo com o objetivo de formar o seu convencimento na busca da verdade real. Nesse sentido o item III, da Súmula nº 74 do TST: "A vedação à produção de prova posterior pela parte confessa somente a ela se aplica, não afetando o exercício, pelo magistrado, do poder/dever de conduzir o processo."

Gabarito: E.

---

476. (TRT 8 – Juiz do Trabalho Substituto 8ª Região/2015) Conforme a jurisprudência sumulada do Tribunal Superior do Trabalho, quando se trata de ação rescisória, é FALSO afirmar que:

a) O art. 485, VIII, do CPC, ao tratar do fundamento para invalidar a confissão como hipótese de rescindibilidade da decisão judicial, refere- se à confissão real, fruto de erro, dolo ou coação, e não à confissão ficta resultante de revelia.

b) Não caracteriza dolo processual, previsto no art. 485, III, do CPC, o simples fato de a parte vencedora haver silenciado a respeito de fatos contrários a ela, porque o procedimento, por si só, não constitui ardil do qual resulte cerceamento de defesa e, em consequência, desvie o juiz de uma sentença não condizente com a verdade.

c) Se a decisão rescindenda é homologatória de acordo, não há parte vencedora ou vencida, razão pela qual não é possível a sua desconstituição calcada no inciso III do art. 485 do CPC (dolo da parte vencedora em detrimento da vencida), pois constitui fundamento de rescindibilidade que supõe solução jurisdicional para a lide.

d) O litisconsórcio, na ação rescisória, é necessário em relação ao polo passivo da demanda, uma vez que a aglutinação de autores se faz por conveniência e não pela necessidade decorrente da natureza do litígio, pois não se pode condicionar o exercício do direito individual de um dos litigantes no processo originário à anuência dos demais para retomar a lide. Já em relação ao polo ativo, o litisconsórcio é facultativo, porque supõe uma comunidade de direitos ou de obrigações que não admite solução díspar para os litisconsortes, em face da indivisibilidade do objeto.

e) Não padece de inépcia a petição inicial de ação rescisória apenas porque omite a subsunção do fundamento de rescindibilidade no art. 4 85 do CPC ou o capitula erroneamente em um de seus incisos. Contanto que não se afaste dos fatos e fundamentos invocados como causa de pedir, ao Tribunal é lícito emprestar-lhes a adequada qualificação jurídica (iura novit curia). No entanto, fundando-se a ação rescisória no art. 485, inc. V, do CPC, é indispensável expressa indicação, na petição inicial da ação rescisória, do dispositivo legal violado, por se tratar de causa de pedir da rescisória, não se aplicando, no caso, o princípio iura novit curia.

COMENTÁRIOS

✪ **Nota do autor:** A ausência de contestação, apesar de caracterizar a revelia, não produz os seus efeitos ordinários, uma vez que o objeto da ação rescisória é a própria sentença, ato judicial que se transformou em lei entre as partes. Observe-se, em relação à alternativa "e", que o TST alterou a redação da Súmula nº 408, nos seguintes termos: "Não padece de inépcia a petição inicial de ação rescisória apenas porque omite a subsunção do fundamento de rescindibilidade no art. 966 do CPC de 2015 (art.

485 do CPC de 1973) ou o capitula erroneamente em um de seus incisos. Contanto que não se afaste dos fatos e fundamentos invocados como causa de pedir, ao Tribunal é lícito emprestar-lhes a adequada qualificação jurídica ('iura novit curia'). No entanto, fundando-se a ação rescisória no art. 966, inciso V, do CPC de 2015 (art. 485, inciso V, do CPC de 1973), é indispensável expressa indicação, na petição inicial da ação rescisória, da norma jurídica manifestamente violada (dispositivo legal violado sob o CPC de 1973), por se tratar de causa de pedir da rescisória, não se aplicando, no caso, o princípio 'iura novit curia'. (ex-Ojs nº 32 e 33 da SBDI-2 – inseridas em 20.09.2000)".

Alternativa "a": Correta a assertiva, pois se amolda ao posicionamento adotado pelo TST em sua Súmula nº 404: "O art. 485, VIII, do CPC, ao tratar do fundamento para invalidar a confissão como hipótese de rescindibilidade da decisão judicial, refere-se à confissão real, fruto de erro, dolo ou coação, e não à confissão ficta resultante de revelia". Atualmente a redação dessa Súmula é a seguinte: "AÇÃO RESCISÓRIA. FUNDAMENTO PARA INVALIDAR CONFISSÃO. CONFISSÃO FICTA. INADEQUAÇÃO DO ENQUADRAMENTO NO ART. 485, VIII, DO CPC DE 1973. – Res. 209/2016, DEJT divulgado em 01, 02 e 03.06.2016. O art. 485, VIII, do CPC de 1973, ao tratar do fundamento para invalidar a confissão como hipótese de rescindibilidade da decisão judicial, referia-se à confissão real, fruto de erro, dolo ou coação, e não à confissão ficta resultante de revelia".

Alternativa "b": O silêncio da parte não é classificado como conduta omissiva dolosa, segundo o entendimento do TST constante do item I, da Súmula nº 403: "Não caracteriza dolo processual, previsto no art. 485, III, do CPC, o simples fato de a parte vencedora haver silenciado a respeito de fatos contrários a ela, porque o procedimento, por si só, não constitui ardil do qual resulte cerceamento de defesa e, em consequência, desvie o juiz de uma sentença não condizente com a verdade." **Correta** a assertiva.

Alternativa "c": Como se trata de acordo, não há que se falar em parte vencida ou vencedora. Essa é a interpretação conferida pelo TST ao ordenamento jurídico processual, de acordo com o item II, da Súmula nº 403: "Se a decisão rescindenda é homologatória de acordo, não há parte vencedora ou vencida, razão pela qual não é possível a sua desconstituição calcada no inciso III do art. 485 do CPC (dolo da parte vencedora em detrimento da vencida), pois constitui fundamento de rescindibilidade que supõe solução jurisdicional para a lide." Assertiva **correta**.

Alternativa "d": Assertiva **incorreta**, pois a justificativa do litisconsórcio ativo facultativo está equivocada, uma vez que a hipótese não é de indivisibilidade do objeto incompatível com a natureza dessa espécie de litisconsórcio. Nesse sentido o item I, da Súmula nº 406 do TST: "O litisconsórcio, na ação rescisória, é necessário em relação ao polo passivo da demanda, porque supõe uma comunidade de direitos ou de obrigações que não admite solução díspar para os litisconsortes, em face da indivisibilidade do objeto. Já em relação ao polo ativo, o litisconsórcio é facultativo, uma vez que a aglutinação de autores se faz por conveniência e não pela necessidade decorrente da natureza do litígio, pois não se pode condicionar o exercício do direito individual de um dos litigantes no processo originário à anuência dos demais para retomar a lide."

Alternativa "e": Correta a assertiva, uma vez que coincide com o posicionamento do TST adotado por meio da Súmula nº 408, em sua anterior redação (ver nota do autor), no que diz respeito à aplicação do princípio *iura novit cúria*, tanto quanto à regra quanto em relação à exceção: "Não padece de inépcia a petição inicial de ação rescisória apenas porque omite a subsunção do fundamento de rescindibilidade no art. 485 do CPC ou o capitula erroneamente em um de seus incisos. Contanto que não se afaste dos fatos e fundamentos invocados como causa de pedir, ao Tribunal é lícito emprestar-lhes a adequada qualificação jurídica ('iura novit curia'). No entanto, fundando-se a ação rescisória no art. 485, inc. V, do CPC, é indispensável expressa indicação, na petição inicial da ação rescisória, do dispositivo legal violado, por se tratar de causa de pedir da rescisória, não se aplicando, no caso, o princípio 'iura novit curia'".

Gabarito: D.

---

477. (FCC – Juiz do Trabalho Substituto 15ª Região/2015) Em ação rescisória, quando da interposição de recurso ordinário, o depósito recursal

a) não é exigível, independentemente do resultado do julgamento da ação.

b) é exigível em caso de procedência total da ação, ainda que não tenha sido imposta condenação em pecúnia.

c) é exigível somente quando julgado procedente o pedido e imposta condenação em pecúnia.

d) é exigível de ambas as partes em caso de procedência parcial, independentemente do resultado, tendo em vista a natureza da ação.

e) não é devido em caso de procedência parcial.

COMENTÁRIOS

✪ **Nota do autor:** O valor teto do depósito recursal na ação rescisória é idêntico àquele exigido para o manejo do recurso de revista, embargos e recurso extraordinário.

Alternativa "a": Incorreta, pois se não houver condenação em pecúnia não se exige o depósito recursal. Nesse sentido a Súmula nº 99 do TST: "Havendo recurso ordinário em sede de rescisória, o depósito recursal só é exigível quando for julgado procedente o pedido e imposta condenação em pecúnia, devendo este ser efetuado no prazo recursal, no limite e nos termos da legislação vigente, sob pena de deserção".

Alternativa "b": Incorreta, pois deve haver condenação em pecúnia, pelo menos parcial, para dar ensejo ao depósito recursal, conforme Súmula nº 99 do TST:

"Havendo recurso ordinário em sede de rescisória, o depósito recursal só é exigível quando for julgado procedente o pedido e imposta condenação em pecúnia, devendo este ser efetuado no prazo recursal, no limite e nos termos da legislação vigente, sob pena de deserção".

Alternativa "c": Correta a assertiva, pois de acordo com o entendimento do TST revelado por meio da Súmula nº 99 do TST: "Havendo recurso ordinário em sede de rescisória, o depósito recursal só é exigível quando for julgado procedente o pedido e imposta condenação em pecúnia, devendo este ser efetuado no prazo recursal, no limite e nos termos da legislação vigente, sob pena de deserção".

Alternativa "d": Incorreta, pois o depósito recursal só é devido pela parte sucumbente.

Alternativa "e": Incorreta, pois é devido em caso de procedência parcial, desde que a condenação seja em pecúnia, na forma do posicionamento adotado pelo TST em sua Súmula nº 99: "Havendo recurso ordinário em sede de rescisória, o depósito recursal só é exigível quando for julgado procedente o pedido e imposta condenação em pecúnia, devendo este ser efetuado no prazo recursal, no limite e nos termos da legislação vigente, sob pena de deserção".

Gabarito: C.

---

478. (FCC – Juiz do Trabalho Substituto 23ª Região/2015) A ação rescisória na Justiça do Trabalho,

a) é incabível para impugnar decisão homologatória de adjudicação, arrematação ou cálculos.

b) não é procedente quando calcada em ofensa à coisa julgada perpetrada por decisão proferida em ação de cumprimento, em face de a sentença normativa, na qual se louvava, ter sido modificada em grau de recurso, porque em dissídio coletivo somente se consubstancia coisa julgada material.

c) ataca a sentença, que é ato oficial do Estado, acobertado pelo manto da coisa julgada, e, por este motivo, como a coisa julgada envolve questão de ordem pública, a revelia não produz confissão.

d) é cabível para invalidar a confissão real ou ficta, resultante de erro, dolo ou coação, na qual se baseou a sentença.

e) na qual o Sindicato atuou como substituto processual e autor da reclamação trabalhista, não possui legitimidade para figurar como réu, sendo cabível a exigência de citação de todos os empregados substituídos, já que o litisconsórcio passivo é necessário.

COMENTÁRIOS

✪ **Nota do autor:** A confissão, a que se reporta o incisivo VIII do art. 485 do CPC de 1973, é aquela decorrente da manifestação expressa da parte, judicial ou extrajudicialmente, e não a confissão ficta, consequência do não comparecimento em juízo ou do seu silêncio durante o interrogatório. No CPC de 2015, os atos de disposição da parte, inclusive a confissão, desistência e transação não são mais objeto de ação rescisória, mas sim de ação anulatória, conforme dispõe o art. 966, § 4º: "Os atos de disposição de direitos, praticados pelas partes ou por outros participantes do processo e homologados pelo juízo, bem como os atos homologatórios praticados no curso da execução, estão sujeitos à anulação, nos termos da lei".

Alternativa "a": Incorreta a assertiva. A decisão que homologa os cálculos de liquidação pode ser atacada pela via rescisória quando as partes discutem a conta, por alguma delas oferecidas ou confeccionada pelo próprio serventuário da justiça, e o juiz manifesta-se, expressamente, sobre os seus erros e acertos. Nesse sentido o item II, da Súmula nº 399 do TST: "A decisão homologatória de cálculos apenas comporta rescisão quando enfrentar as questões envolvidas na elaboração da conta de liquidação, quer solvendo a controvérsia das partes quer explicitando, de ofício, os motivos pelos quais acolheu os cálculos oferecidos por uma das partes ou pelo setor de cálculos, e não contestados pela outra".

Alternativa "b": Incorreta, pois se refere à coisa julgada material em sede de dissídio coletivo, quando o certo seria fazer referência à coisa julgada formal. Nesse sentido a Súmula nº 397 do TST, em sua redação anterior: "Não procede ação rescisória calcada em ofensa à coisa julgada perpetrada por decisão proferida em ação de cumprimento, em face de a sentença normativa, na qual se louvava, ter sido modificada em grau de recurso, porque em dissídio coletivo somente se consubstancia coisa julgada formal. Assim, os meios processuais aptos a atacarem a execução da cláusula reformada são a exceção de pré-executividade e o mandado de segurança, no caso de descumprimento do art. 572 do CPC." A atual redação do referido verbete é a seguinte: "Não procede ação rescisória calcada em ofensa à coisa julgada perpetrada por decisão proferida em ação de cumprimento, em face de a sentença normativa, na qual se louvava, ter sido modificada em grau de recurso, porque em dissídio coletivo somente se consubstancia coisa julgada formal. Assim, os meios processuais aptos a atacarem a execução da cláusula reformada são a exceção de pré-executividade e o mandado de segurança, no caso de descumprimento do art. 514 do CPC de 2015 (art. 572 do CPC de 1973). (ex-OJ nº 116 da SBDI-2 – DJ 11.08.2003)".

Alternativa "c": Correta a assertiva, pois distingue os efeitos da ação rescisória nas demandas ordinárias e na ação rescisória. O TST adota esse entendimento em sua Súmula nº 398, em sua redação anterior: "Na ação rescisória, o que se ataca na ação é a sentença, ato oficial do Estado, acobertado pelo manto da coisa julgada. Assim sendo, e considerando que a coisa julgada envolve questão de ordem pública, a revelia não produz confissão na ação rescisória". A Resolução nº 219/2017 do TST alterou a redação dessa Súmula: "AÇÃO RESCISÓRIA. AUSÊNCIA DE DEFESA. INAPLICÁVEIS OS EFEITOS DA REVELIA (alterada em decorrência do CPC de 2015) – Res. 219/2017, DEJT divulgado em 28, 29 e 30.06.2017 – republicada – DEJT divulgado em 12, 13 e 14.07.2017 Na ação rescisória, o que se ataca é a decisão, ato oficial do Estado, acobertado pelo manto da coisa julgada. Assim, e considerando que a coisa julgada envolve questão de ordem pública, a revelia não produz confissão na ação rescisória. (ex-OJ nº 126 da SBDI-2 – DJ 09.12.2003)".

Alternativa "d": Incorreta, uma vez que por ação rescisória não é possível invalidar confissão ficta. Inclusive o TST posiciona-se nesse sentido, por meio de sua Súmula nº 404: "O art. 485, VIII, do CPC, ao tratar do fundamento para invalidar a confissão como hipótese de rescindibilidade da decisão judicial, refere-se à confissão real, fruto de erro, dolo ou coação, e não à confissão ficta resultante de revelia". Atualmente a redação dessa Súmula é a seguinte: "AÇÃO RESCISÓRIA. FUNDAMENTO PARA INVALIDAR CONFISSÃO. CONFISSÃO FICTA. INADEQUAÇÃO DO ENQUADRAMENTO NO ART. 485, VIII, DO CPC DE 1973. – Res. 209/2016, DEJT divulgado em 01, 02 e 03.06.2016. O art. 485, VIII, do CPC de 1973, ao tratar do fundamento para invalidar a confissão como hipótese de rescindibilidade da decisão judicial, referia-se à confissão real, fruto de erro, dolo ou coação, e não à confissão ficta resultante de revelia".

Alternativa "e": Incorreta, pois no caso citado, o litisconsórcio passivo necessário é inexistente, conforme entendimento explicitado no item II da Súmula nº 406 do TST: "O Sindicato, substituto processual e autor da reclamação trabalhista, em cujos autos fora proferida a decisão rescindenda, possui legitimidade para figurar como réu na ação rescisória, sendo descabida a exigência de citação de todos os empregados substituídos, porquanto inexistente litisconsórcio passivo necessário".

Gabarito: C.

---

479. (FCC – Juiz do Trabalho Substituto 24ª Região/2015) Considere os enunciados a seguir apresentados em relação à ação rescisória no Processo do Trabalho à luz do direito positivo aplicável e do entendimento sumulado pelo TST.

I. Havendo recurso ordinário em sede de rescisória, o depósito recursal só é exigível quando for julgado procedente o pedido e imposta condenação em pecúnia, devendo este ser efetuado no prazo recursal, no limite e nos termos da legislação vigente, sob pena de deserção.

II. A prova do trânsito em julgado da decisão rescindenda é pressuposto processual indispensável ao processamento da ação rescisória, razão pela qual verificada que a parte interessada não juntou à inicial o documento comprobatório, não será aberto prazo para que o faça, devendo ser extinta a ação.

III. A ação rescisória é admissível por força de dispositivo legal do texto consolidado como exceção ao princípio de que é vedado aos órgãos da Justiça do Trabalho conhecer de questões já decididas, estando sujeita ao depósito prévio de 20% do valor da causa, salvo prova de miserabilidade do autor.

IV. A ausência de defesa na ação rescisória torna aplicáveis os efeitos da revelia com a produção da confissão ficta, considerando que a coisa julgada envolve questão de ordem pública.

V. É perfeitamente cabível a ação rescisória para impugnar decisão homologatória de adjudicação ou arrematação e de acertamento de cálculos em liquidação de sentença.

Está correto o que se afirma APENAS em

a) I e V.

b) II e IV.

c) III e IV.

d) I e III.

e) II e V.

COMENTÁRIOS

✪ **Nota do autor:** A depender da causa alegada para fundamentar a ação rescisória, haverá, na maioria dos casos, desconstituição de apenas parte da sentença e não de sua totalidade. Isso acontece porque, como dito alhures, a demanda trabalhista é, em regra, formada por cumulação de pedidos, que são acolhidos ou repelidos em uma única decisão.

Item "I": Correto. Se não há condenação em pecúnia, não há necessidade de depósito para recurso ordinário em ação rescisória. Esse é o entendimento do TST revelado por meio da Súmula nº 99: "Havendo recurso ordinário em sede de rescisória, o depósito recursal só é exigível quando for julgado procedente o pedido e imposta condenação em pecúnia, devendo este ser efetuado no prazo recursal, no limite e nos termos da legislação vigente, sob pena de deserção".

Item "II": Incorreto. Trata-se de vício sanável. Nesse caso, antes de indeferir, a parte deve ser intimada para juntar prova do trânsito em julgado, na forma prevista pelos incisos I e II da Súmula nº 299 do TST: "I – É indispensável ao processamento da ação rescisória a prova do trânsito em julgado da decisão rescindenda. II – Verificando o relator que a parte interessada não juntou à inicial o documento comprobatório, abrirá prazo de 10 (dez) dias para que o faça, sob pena de indeferimento". Atualmente os incisos I e II dessa Súmula possuem a seguinte redação: "AÇÃO RESCISÓRIA. DECISÃO RESCINDENDA. TRÂNSITO EM JULGADO. COMPROVAÇÃO. EFEITOS (nova redação do item II em decorrência do CPC de 2015) – Res. 211/2016, DEJT divulgado em 24, 25 e 26.08.2016 I – É indispensável ao processamento da ação rescisória a prova do trânsito em julgado da decisão rescindenda. (ex-Súmula nº 299 – Res 8/1989, DJ 14, 18 e 19.04.1989) II – Verificando o relator que a parte interessada não juntou à inicial o documento comprobatório, abrirá prazo de 15 (quinze) dias para que o faça (art. 321 do CPC de 2015), sob pena de indeferimento. (ex-Súmula nº 299 – Res 8/1989, DJ 14, 18 e 19.04.1989)".

Item "III": Correto. Essa é a inteligência do art. 836, *caput*, da CLT: "É vedado aos órgãos da Justiça do Trabalho conhecer de questões já decididas, excetuados os casos expressamente previstos neste Título e a ação rescisória, que será admitida na forma do disposto no Capítulo IV do Título IX da Lei nº 5.869, de 11 de janeiro de 1973 – Código de Processo Civil, sujeita ao depósito prévio de 20% (vinte por cento) do valor da causa, salvo prova de miserabilidade jurídica do autor".

Item "IV": Incorreto, pois o fundamento da ação rescisória é diverso das demandas ordinárias. A Súmula nº 398 destaca a natureza jurídica dessa espécie de ação, em sua redação anterior: "Na ação rescisória, o que se ataca na ação é a sentença, ato oficial do Estado, acobertado pelo manto da coisa julgada. Assim sendo, e considerando que a coisa julgada envolve questão de ordem pública, a revelia não produz confissão na ação rescisória". A Resolução nº 219/2017 do TST alterou a redação dessa Súmula: "AÇÃO RESCISÓRIA. AUSÊNCIA DE DEFESA. INAPLICÁVEIS OS EFEITOS DA REVELIA (alterada em decorrência do CPC de 2015) – Res. 219/2017, DEJT divulgado em 28, 29 e 30.06.2017 – republicada – DEJT divulgado em 12, 13 e 14.07.2017 Na ação rescisória, o que se ataca é a decisão, ato oficial do Estado, acobertado pelo manto da coisa julgada. Assim, e considerando que a coisa julgada envolve questão de ordem pública, a revelia não produz confissão na ação rescisória. (ex-OJ nº 126 da SBDI-2 – DJ 09.12.2003)".

Item "V": Incorreto, em relação à decisão homologatória de cálculos, pois em determinadas situações a ação é cabível como revela os itens I e II da Súmula nº 399 do TST: "I – É incabível ação rescisória para impugnar decisão homologatória de adjudicação ou arrematação. II – A decisão homologatória de cálculos apenas comporta rescisão quando enfrentar as questões envolvidas na elaboração da conta de liquidação, quer solvendo a controvérsia das partes quer explicitando, de ofício, os motivos pelos quais acolheu os cálculos oferecidos por uma das partes ou pelo setor de cálculos, e não contestados pela outra".

Gabarito: D.

---

480. (TRT 23 – Juiz do Trabalho Substituto 23ª Região/2014) Com amparo no quanto sumulado pelo Tribunal Superior do Trabalho, indique a alternativa INCORRETA:

a) É incabível ação rescisória para impugnar decisão homologatória de adjudicação ou arrematação.

b) A decisão homologatória de cálculos apenas comporta rescisão quando enfrentar as questões envolvidas na elaboração da conta de liquidação, quer solvendo a controvérsia das partes, quer explicitando, de oficio, os motivos pelos quais acolheu os cálculos oferecidos por uma das partes ou pelo setor de cálculos e não contestados pela outra.

c) A legitimidade ad causam do Ministério Público do Trabalho para propor ação rescisória, ainda que não tenha sido parte no processo que deu origem à decisão rescindenda, não está limitada às alíneas a e b do artigo 487, III, do CPC.

d) A ação rescisória calcada em violação de lei admite reexame de fatos e provas do processo que originou a decisão rescindenda.

e) E incabível ação rescisória, por violação do artigo 896, a, da CLT, contra decisão que não conhece de recurso de revista, com base em divergência jurisprudencial.

COMENTÁRIOS

Nota do autor: Excepcionalmente, o ordenamento jurídico permite que seja desconstituída a coisa julgada, por meio de uma medida processual denominada de ação rescisória. Ultrapassado o prazo legal para o ajuizamento desse remédio jurídico, a coisa julgada solidifica-se e recebe a denominação de coisa soberanamente julgada. Observe-se, na alternativa "c", que o art. 487, III, "a" e "b", do CPC de 1973 corresponde ao art. 967, III, "a" e "b" do CPC de 2015. Já na alternativa "e", o art. 485 do CPC de 1973 corresponde ao art. 966 do CPC de 2015.

Alternativa "a": O TST, por meio do item I de sua Súmula nº 399, entende ser incabível a ação rescisória nesse caso, conforme se vê da respectiva redação: "É incabível ação rescisória para impugnar decisão homologatória de adjudicação ou arrematação". **Correta.**

Alternativa "b": Correta a assertiva, pois está de acordo com o entendimento do TST exposto no item II da mencionada Súmula nº 399: "A decisão homologatória de cálculos apenas comporta rescisão quando enfrentar as questões envolvidas na elaboração da conta de liquidação, quer solvendo a controvérsia das partes quer explicitando, de ofício, os motivos pelos quais acolheu os cálculos oferecidos por uma das partes ou pelo setor de cálculos, e não contestados pela outra."

Alternativa "c": Correta. O TST entende que o rol contido no CPC é meramente exemplificativo, conforme se observa da redação da Súmula nº 407, em sua redação anterior: "A legitimidade "ad causam" do Ministério Público para propor ação rescisória, ainda que não tenha sido parte no processo que deu origem à decisão rescindenda, não está limitada às alíneas "a" e "b" do inciso III do art. 487 do CPC, uma vez que traduzem hipóteses meramente exemplificativas. (ex-OJ nº 83 da SBDI-2 – inserida em 13.03.2002)". TST promoveu a alteração dessa Súmula, que passou a ter a seguinte redação: "A legitimidade 'ad causam' do Ministério Público para propor ação rescisória, ainda que não tenha sido parte no processo que deu origem à decisão rescindenda, não está limitada às alíneas 'a', 'b' e 'c' do inciso III do art. 967 do CPC de 2015 (art. 487, III, 'a' e 'b', do CPC de 1973), uma vez que traduzem hipóteses meramente exemplificativas (ex-OJ nº 83 da SBDI-2 – inserida em 13.03.2002)".

Alternativa "d": Nessa situação, o posicionamento do TST é justamente em sentido contrário, qual seja, de não admitir o exame de fatos e provas, de acordo com a

Súmula nº 410: "A ação rescisória calcada em violação de lei não admite reexame de fatos e provas do processo que originou a decisão rescindenda". **Incorreta.**

Alternativa "e": Correta. Essa hipótese está prevista na Súmula nº 413 do TST: "É incabível ação rescisória, por violação do art. 896, "a", da CLT, contra decisão que não conhece de recurso de revista, com base em divergência jurisprudencial, pois não se cuida de sentença de mérito (art. 485 do CPC)". A nova redação dessa Súmula é a seguinte: "AÇÃO RESCISÓRIA. SENTENÇA DE MÉRITO. VIOLAÇÃO DO ART. 896, "A", DA CLT (nova redação em decorrência do CPC de 2015) – Res. 209/2016, DEJT divulgado em 01, 02 e 03.06.2016 É incabível ação rescisória, por violação do art. 896, "a", da CLT, contra decisão transitada em julgado sob a égide do CPC de 1973 que não conhece de recurso de revista, com base em divergência jurisprudencial, pois não se cuidava de sentença de mérito (art. 485 do CPC de 1973). (ex-OJ nº 47 da SBDI-II – inserida em 20.09.2000)".

Gabarito: D.

---

481. (FCC – Juiz do Trabalho Substituto 18ª Região/2014) Com relação à ação rescisória na Justiça do Trabalho:

a) A conclusão acerca da ocorrência de violação literal a disposição de lei pressupõe pronunciamento, ainda que implícito, na sentença rescindenda, sobre a matéria veiculada.

b) A sentença meramente homologatória, que silencia sobre os motivos de convencimento do Juiz, se mostra rescindível, mesmo diante da ausência de pronunciamento explícito.

c) Fundando-se a ação rescisória na violação literal de disposição de lei, ainda que não haja expressa indicação, na petição inicial, do dispositivo legal violado, é lícito ao Tribunal emprestar-lhes a adequada qualificação jurídica (*iura novit curia*), contanto que não se afaste dos fatos e fundamentos invocados como causa de pedir.

d) É indispensável ao processamento da ação rescisória a prova do trânsito em julgado da decisão rescindenda. Verificando o relator que a parte interessada não juntou à inicial o documento comprobatório, extinguirá o processo sem resolução do mérito.

e) É cabível a rescisória para corrigir contradição entre a parte dispositiva do acórdão rescindendo e a sua fundamentação, por erro de fato na retratação do que foi decidido.

COMENTÁRIOS

✪ **Nota do autor:** A ação rescisória tem caráter constitutivo-negativo, pois visa desconstituir um ato processual do juiz (sentença) e, por esse motivo, está submetida ao prazo decadencial para sua propositura. Por via reflexa, a ação rescisória pode ter um conteúdo condenatório, quando substitui uma sentença ou acórdão de improcedência da pretensão do autor. Observe-se, na alternativa "c", que o art. 485, V, do CPC de 1973 corresponde ao art. 966, V, do CPC de 2015. Por conta disso, o TST alterou a redação da Súmula nº 408, nos seguintes termos: "Não padece de inépcia a petição inicial de ação rescisória apenas porque omite a subsunção do fundamento de rescindibilidade no art. 966 do CPC de 2015 (art. 485 do CPC de 1973) ou o capitula erroneamente em um de seus incisos. Contanto que não se afaste dos fatos e fundamentos invocados como causa de pedir, ao Tribunal é lícito emprestar-lhes a adequada qualificação jurídica ('iura novit curia'). No entanto, fundando-se a ação rescisória no art. 966, inciso V, do CPC de 2015 (art. 485, inciso V, do CPC de 1973), é indispensável expressa indicação, na petição inicial da ação rescisória, da norma jurídica manifestamente violada (dispositivo legal violado sob o CPC de 1973), por se tratar de causa de pedir da rescisória, não se aplicando, no caso, o princípio 'iura novit curia'. (ex-Ojs nº 32 e 33 da SBDI-2 – inseridas em 20.09.2000)".

Alternativa "a": O pronunciamento deve ser explícito, como exige o item I da Súmula nº 298 do TST: "A conclusão acerca da ocorrência de violação literal a disposição de lei pressupõe pronunciamento explícito, na sentença rescindenda, sobre a matéria veiculada". **Incorreta.**

Alternativa "b": Nesse caso, para ser atacável pela via rescisória, o juiz deve expor os motivos de sua decisão. A simples decisão homologatória não comporta rescisória. Nesse sentido é o posicionamento do TST expressado por meio da Súmula nº 298, inciso IV: "A sentença meramente homologatória, que silencia sobre os motivos de convencimento do juiz, não se mostra rescindível, por ausência de pronunciamento explícito". **Incorreta.**

Alternativa "c": Essa seria a regra geral a ser aplicada. Todavia, se a ação rescisória for fundada em violação de dispositivo legal, esse deve ser mencionado na petição inicial, conforme entendimento do TST inserido na parte final da Súmula nº 408, em sua redação anterior (ver nota do autor): "Não padece de inépcia a petição inicial de ação rescisória apenas porque omite a subsunção do fundamento de rescindibilidade no art. 485 do CPC ou o capitula erroneamente em um de seus incisos. Contanto que não se afaste dos fatos e fundamentos invocados como causa de pedir, ao Tribunal é lícito emprestar-lhes a adequada qualificação jurídica ('iura novit curia'). No entanto, fundando-se a ação rescisória no art. 485, inc. V, do CPC, é indispensável expressa indicação, na petição inicial da ação rescisória, do dispositivo legal violado, por se tratar de causa de pedir da rescisória, não se aplicando, no caso, o princípio 'iura novit curia'". **Incorreta.**

Alternativa "d": Incorreta. Diante da omissão do autor da ação rescisória, como se trata de vício sanável, o relator deve conceder um prazo de 10 dias para sana-lo, sob pena de indeferimento da petição inicial. Nesse sentido é a orientação contida no item II da Súmula nº 299 do TST: "Verificando o relator que a parte interessada não juntou à inicial o documento comprobatório, abrirá prazo de 10 (dez) dias para que o faça, sob pena de indeferimento". Atualmente o inciso II dessa Súmula tem a seguinte redação: "AÇÃO RESCISÓRIA. DECISÃO RESCINDENDA. TRÂNSITO EM JULGADO. COMPROVAÇÃO. EFEITOS (nova redação do item II em decorrência do CPC de 2015) – Res. 211/2016, DEJT divulgado em 24, 25 e 26.08.2016 II – Verificando o relator que a parte interessada não juntou à inicial o documento comprobatório, abrirá prazo de 15 (quinze) dias para que o faça (art. 321 do CPC de 2015), sob pena de indeferimento. (ex-Súmula nº 299 – Res 8/1989, DJ 14, 18 e 19.04.1989)".

Alternativa "e": Essa possibilidade está prevista na OJ nº 103, SDI-2, do TST: "É cabível a rescisória para corrigir contradição entre a parte dispositiva do acórdão rescindendo e a sua fundamentação, por erro de fato na retratação do que foi decidido." **Correta.**

Gabarito: E.

---

482. (TRT 3 – Juiz do Trabalho Substituto 3ª Região/2013) Em relação à ação rescisória no processo do trabalho, leia as afirmações abaixo e, em seguida, assinale a alternativa correta, segundo a jurisprudência consolidada do Tribunal Superior do Trabalho:

a) O prazo de decadência, na ação rescisória, conta-se do dia imediatamente subsequente ao trânsito em julgado da última decisão proferida na causa, desde que seja de mérito.

b) A interposição de recurso intempestivo ou a interposição de recurso incabível protrai o termo inicial do prazo decadencial para propositura da ação rescisória.

c) o juízo rescindente está adstrito à certidão de trânsito em julgado juntada com a petição inicial da ação rescisória, não podendo formar o seu convencimento através de outros elementos dos autos quanto à antecipação ou postergação do dies a quo do prazo decadencial.

d) Prorroga-se até o primeiro dia útil, imediatamente subsequente, o prazo decadencial para ajuizamento de ação rescisória quando expira em férias forenses, feriados, finais de semana ou em dia em que não houver expediente forense.

e) O sindicato, substituto processual e autor da reclamação trabalhista, em cujos autos fora proferida a decisão rescindenda, não possui legitimidade para figurar como réu na ação rescisória.

COMENTÁRIOS

Nota do autor: A Lei nº 11.495/07 estabeleceu a exigência do depósito prévio, em quantia equivalente a 20% do valor da causa (procedimento regulamentado pela IN nº 31/2007 do TST).

Alternativa "a": Incorreta, uma vez que a decisão pode ser de mérito ou não. Nesse sentido o item I da Súmula nº 100 do TST: "O prazo de decadência, na ação rescisória, conta-se do dia imediatamente subsequente ao trânsito em julgado da última decisão proferida na causa, seja de mérito ou não".

Alternativa "b": Incorreta a assertiva, pois o entendimento do TST é no sentido contrário, ou seja, de reconhecer que a interposição intempestiva de recurso ou a interposição de recurso incabível não protrai o termo inicial do prazo decadência, na forma do item III da Súmula nº 100, III do TST: "Salvo se houver dúvida razoável, a interposição de recurso intempestivo ou a interposição de recurso incabível não protrai o termo inicial do prazo decadencial".

Alternativa "c": De igual forma, o entendimento do TST é em sentido oposto, conforme se vê da redação do item IV, da Súmula nº 100, IV: "O juízo rescindente não está adstrito à certidão de trânsito em julgado juntada com a ação rescisória, podendo formar sua convicção através de outros elementos dos autos quanto à antecipação ou postergação do "dies a quo" do prazo decadencial". **Incorreta.**

Alternativa "d": Nesse caso, a regra genérica da prorrogação do prazo também é aplicada explicitamente para a hipótese de prazo decadencial de ação rescisória, de acordo com o item IX, da Súmula nº 100 do TST: "Prorroga-se até o primeiro dia útil, imediatamente subsequente, o prazo decadencial para ajuizamento de ação rescisória quando expira em férias forenses, feriados, finais de semana ou em dia em que não houver expediente forense. Aplicação do art. 775 da CLT. **Correta** a assertiva.

Alternativa "e": Incorreto, uma vez que o sindicato tem legitimidade para figurar como réu na ação rescisória, de acordo com o entendimento constante do item II, da Súmula nº 406 do TST: "O Sindicato, substituto processual e autor da reclamação trabalhista, em cujos autos fora proferida a decisão rescindenda, possui legitimidade para figurar como réu na ação rescisória, sendo descabida a exigência de citação de todos os empregados substituídos, porquanto inexistente litisconsórcio passivo necessário."

Gabarito: D.

---

483. (CESPE – Juiz do Trabalho Substituto 5ª Região/2013) Assinale a opção correta acerca da ação rescisória no processo do trabalho.

a) As questões que não são de mérito, como, por exemplo, as extintas por questões processuais, não desafiam a ação rescisória.

b) Somente é cabível a ação rescisória quando esgotados todos os recursos contra a decisão que se busca rescindir.

c) A ação rescisória é apresentada como meio de impugnação de decisão judicial na mesma relação jurídica.

d) Não há, na CLT, alusão à ação rescisória.

e) Não há possibilidade de suspensão do cumprimento da decisão rescindenda.

COMENTÁRIOS

✪ **Nota do autor:** A ação rescisória constitui remédio excepcional para a desconstituição de decisões de mérito acobertadas pela autoridade da coisa julgada material. Excluem-se, consequentemente, as sentenças com qualidade de coisa julgada formal e aquelas que ainda não transitaram em julgado. Excepcionalmente, contudo, uma questão processual pode ser objeto de ação rescisória, como reconhece o TST por meio da Súmula nº 412, em sua redação original: "Pode uma questão processual ser objeto de rescisão desde que consista em pressuposto de validade de uma sentença de mérito". Observe-se, na alternativa "a", que o art. 267, V, do CPC de 1973 corresponde ao art. 485, V, do CPC de 2015. Já na alternativa "e", o art. 273, §7º, do CPC de 1973 corresponde ao art. 305, parágrafo único, do CPC de 2015. Ressalte-se também que a Resolução nº 217/2017 conferiu nova redação à referida Súmula: "AÇÃO RESCISÓRIA. REGÊNCIA PELO CPC DE 1973. SENTENÇA DE MÉRITO. QUESTÃO PROCESSUAL (nova redação em decorrência do CPC de 2015) – Res. 217/2017 – DEJT divulgado em 20, 24 e 25.04.2017. Sob a égide do CPC de 1973, pode uma questão processual ser objeto de rescisão desde que consista em pressuposto de validade de uma sentença de mérito. (ex-OJ nº 46 da SBDI-2 – inserida em20.09.2000)".

Alternativa "a": Correta, pois essa é a regra. Inclusive o TST deixa bem clara essa impossibilidade na OJ nº 150, da SDI-2: "Reputa-se juridicamente impossível o pedido de corte rescisório de decisão que, reconhecendo a configuração de coisa julgada, nos termos do art. 267, V, do CPC, extingue o processo sem resolução de mérito, o que, ante o seu conteúdo meramente processual, a torna insuscetível de produzir a coisa julgada material". Observe-se, porém, a exceção mencionada na Nota do autor. Atualmente essa OJ tem a seguinte redação: "AÇÃO RESCISÓRIA. REGÊNCIA PELO CPC DE 1973. DECISÃO RESCINDENDA QUE EXTINGUE O PROCESSO SEM RESOLUÇÃO DE MÉRITO POR ACOLHIMENTO DE COISA JULGADA. CONTEÚDO MERAMENTE PROCESSUAL. IMPOSSIBILIDADE JURÍDICA DO PEDIDO (atualizada em decorrência do CPC de 2015) Res. 212/2016, DEJT divulgado em 20, 21 e 22.09.2016. Reputa-se juridicamente impossível o pedido de corte rescisório de decisão que, reconhecendo a existência de coisa julgada, nos termos do art. 267, V, do CPC de 1973, extingue o processo sem resolução de mérito, o que, ante o seu conteúdo meramente processual, a torna insuscetível de produzir a coisa julgada material".

Alternativa "b": Incorreta, pois o entendimento do STF é em sentido contrário, conforme se vê da redação de sua Súmula de nº 514: "Admite-se ação rescisória contra sentença transitada em julgado, ainda que contra ela não se tenha esgotado todos os recursos".

Alternativa "c": Incorreta, pois por meio da ação rescisória estabelece-se outra relação processual, que é distinta da demanda que originou a sentença rescindenda.

Alternativa "d": Há sim. Mais precisamente no art. 836 da CLT: "É vedado aos órgãos da Justiça do Trabalho conhecer de questões já decididas, excetuados os casos expressamente previstos neste Título e a ação rescisória, que será admitida na forma do disposto no Capítulo IV do Título IX da Lei nº 5.869, de 11 de janeiro de 1973 – Código de Processo Civil, sujeita ao depósito prévio de 20% (vinte por cento) do valor da causa, salvo prova de miserabilidade jurídica do autor". **Incorreta.**

Alternativa "e": Incorreta, pois a suspensão da execução da sentença rescindenda poderá ocorrer por conta da autorização contida no art. 273, § 7º do CPC de 1973. O TST reforça essa possibilidade em sua Súmula nº 405, I, em sua redação anterior: "Em face do que dispõe a MP 1.984-22/2000 e reedições e o artigo 273, § 7º, do CPC, é cabível o pedido liminar formulado na petição inicial de ação rescisória ou na fase recursal, visando a suspender a execução da decisão rescindenda". Atualmente, essa Súmula vigora com a seguinte redação: "Em face do que dispõem a MP 1.984-22/2000 e o art. 969 do CPC de 2015, é cabível o pedido de tutela provisória formulado na petição inicial de ação rescisória ou na fase recursal, visando a suspender a execução da decisão rescindenda".

Gabarito: A.

---

484. (FCC – Juiz do Trabalho Substituto 6ª Região/2013) Entre as afirmações abaixo, é entendimento sumulado pelo TST, em relação à ação rescisória,

a) a legitimidade ad causam do Ministério Público para propor ação rescisória, ainda que não tenha sido parte no processo que deu origem à decisão rescindenda, está limitada à hipótese de não ter sido ouvido no processo, em que lhe era obrigatória a intervenção.

b) se os recursos de revista ou de embargos para o TST não forem conhecidos, a competência para julgar ação que vise a rescindir a decisão de mérito é do Tribunal Superior do Trabalho, salvo se o julgamento proferido pelo tribunal substituiu a sentença ou a decisão recorrida no que tiver sido objeto de recurso.

c) é cabível ação rescisória, por violação do art. 896, "a", da CLT, contra decisão que não conhece de recurso de revista, com base em divergência jurisprudencial ou afronta direta e literal à Constituição Federal.

d) sujeita-se à reforma pelo TST, a decisão do Tribunal Regional que, invocando controvérsia na interpretação da lei, indefere a petição inicial de ação rescisória, por constituir sentença de mérito.

e) a exigência de pronunciamento explícito na ação rescisória de sentença homologatória é absoluta quando o vício nasce no próprio julgamento, como se dá com a sentença extra, citra e ultra petita.

COMENTÁRIOS

✪ **Nota do autor:** A decisão que homologa os cálculos de liquidação só é passível de ser atacada pela via rescisória quando as partes discutem a conta, por alguma delas oferecidas ou confeccionada pelo próprio serventuário da justiça, e o juiz manifesta-se, expressamente, sobre os seus erros e acertos. Observe-se, na alternativa "a", que o art. 487, III, "a" e "b", do CPC de 1973 corresponde ao art. 967, III, "a" e "b", do CPC de 2015. Já na alternativa "b" a Súmula nº 192 do TST foi atualizada para se adequar ao CPC de 2015. Segue sua nova redação: "AÇÃO RESCISÓRIA. COMPETÊNCIA (atualizada em decorrência do CPC de 2015) – Res. 212/2016, DEJT divulgado em 20, 21 e 22.09.2016 I – Se não houver o conhecimento de recurso de revista ou de embargos, a competência para julgar ação que vise a rescindir a decisão de mérito é do Tribunal Regional do Trabalho, ressalvado o disposto no item II. II – Acórdão rescindendo do Tribunal Superior do Trabalho que não conhece de recurso de embargos ou de revista, analisando arguição de violação de dispositivo de lei material ou decidindo em consonância com súmula de direito material ou com iterativa, notória e atual jurisprudência de direito material da Seção de Dissídios Individuais (Súmula nº 333), examina o mérito da causa, cabendo ação rescisória da competência do Tribunal Superior do Trabalho. (ex-Súmula nº 192 – alterada pela Res. 121/2003, DJ 21.11.2003) III – Sob a égide do art. 512 do CPC de 1973, é juridicamente impossível o pedido explícito de desconstituição de sentença quando substituída por acórdão do Tribunal Regional ou superveniente sentença homologatória de acordo que puser fim ao litígio. IV – Na vigência do CPC de 1973, é manifesta a impossibilidade jurídica do pedido de rescisão de julgado proferido em agravo de instrumento que, limitando-se a aferir o eventual desacerto do juízo negativo de admissibilidade do recurso de revista, não substitui o acórdão regional, na forma do art. 512 do CPC. (ex-OJ nº 105 da SBDI-2 – DJ 29.04.2003) V- A decisão proferida pela SBDI, em agravo regimental, calcada na Súmula nº 333, substitui acórdão de Turma do TST, porque emite juízo de mérito, comportando, em tese, o corte rescisório. (ex-OJ nº 133 da SBDI-2 – DJ 04.05.2004).". Por fim, na alternativa "c", o art. 485 do CPC de 1973 corresponde ao art. 966 do CPC de 2015.

Alternativa "a": Incorreta, pois a legitimidade do MPT não se limita às demandas em que participou. Segundo o TST, as hipóteses previstas pelas alíneas "a" e "b" do inciso III do art. 487 do CPC são meramente exemplificativas. Nesse sentido, a Súmula nº 407, em sua redação anterior: "A legitimidade "ad causam" do Ministério Público para propor ação rescisória, ainda que não tenha sido parte no processo que deu origem à decisão rescindenda, não está limitada às alíneas "a" e "b" do inciso III do art. 487 do CPC, uma vez que traduzem hipóteses meramente exemplificativas". O TST promoveu a alteração dessa Súmula, que passou a ter a seguinte redação: "A legitimidade 'ad causam' do Ministério Público para propor ação rescisória, ainda que não tenha sido parte no processo que deu origem à decisão rescindenda, não está limitada às alíneas 'a', 'b' e 'c' do inciso III do art. 967 do CPC de 2015 (art. 487, III, 'a' e 'b', do CPC de 1973), uma vez que traduzem hipóteses meramente exemplificativas (ex-OJ nº 83 da SBDI-2 – inserida em 13.03.2002)".

Alternativa "b": Incorreta. Nos casos de não conhecimento de recurso de revista ou embargos, a regra é no sentido de atribuir ao TRT a competência para analisar e julgar a ação rescisória. O inciso II, da Súmula nº 192 do TST apresenta uma exceção à referida a regra: "I – Se não houver o conhecimento de recurso de revista ou de embargos, a competência para julgar ação que vise a rescindir a decisão de mérito é do Tribunal Regional do Trabalho, ressalvado o disposto no item II. II – Acórdão rescindendo do Tribunal Superior do Trabalho que não conhece de recurso de embargos ou de revista, analisando arguição de violação de dispositivo de lei material ou decidindo em consonância com súmula de direito material ou com iterativa, notória e atual jurisprudência de direito material da Seção de Dissídios Individuais (Súmula nº 333), examina o mérito da causa, cabendo ação rescisória da competência do Tribunal Superior do Trabalho".

Alternativa "c": Incorreta, uma vez que a sentença rescindenda não solucionou o mérito da demanda. Incabível a ação rescisória conforme Súmula nº 413 do TST: "É incabível ação rescisória, por violação do art. 896, "a", da CLT, contra decisão que não conhece de recurso de revista, com base em divergência jurisprudencial, pois não se cuida de sentença de mérito (art. 485 do CPC)". A nova redação dessa Súmula é a seguinte: "AÇÃO RESCISÓRIA. SENTENÇA DE MÉRITO. VIOLAÇÃO DO ART. 896, "A", DA CLT (nova redação em decorrência do CPC de 2015) – Res. 209/2016, DEJT divulgado em 01, 02 e 03.06.2016 É incabível ação rescisória, por violação do art. 896, "a", da CLT, contra decisão transitada em julgado sob a égide do CPC de 1973 que não conhece de recurso de revista, com base em divergência jurisprudencial, pois não se cuidava de sentença de mérito (art. 485 do CPC de 1973). (ex-OJ nº 47 da SBDI-II – inserida em 20.09.2000)". (ver nota do autor)

Alternativa "d": Incorreta, pois nesse caso, a decisão rescindenda apreciou o mérito da causa. Esse é o posicionamento do TST revelado por meio da Súmula nº 411: "Se a decisão recorrida, em agravo regimental, aprecia a matéria na fundamentação, sob o enfoque das Súmulas nº 83 do TST e 343 do STF, constitui sentença de mérito, ainda que haja resultado no indeferimento da petição inicial e na extinção do processo sem julgamento do mérito. Sujeita-se, assim, à reforma pelo TST, a decisão do Tribunal que, invocando controvérsia na interpretação da lei, indefere a petição inicial de ação rescisória".

Alternativa "e": Incorreta, pois o entendimento do TST é justamente em sentido contrário, qual seja, de declarar que não é absoluta a exigência de pronunciamento explícito, conforme se observa do teor do item V, da Súmula nº 298: "Não é absoluta a exigência de pronunciamento explícito na ação rescisória, ainda que esta tenha por fundamento violação de dispositivo de lei. Assim, prescindível o pronunciamento explícito quando o vício nasce no próprio julgamento, como se dá com a sentença 'extra, citra e ultra petita'".

Gabarito: ver nota do autor.

485. (TRT 8 – Juiz do Trabalho Substituto 8ª Região/2013) Sobre Ação rescisória no processo do trabalho (cabimento, fundamentos de admissibilidade, Juízo rescindente e juízo rescisório, prazos, procedimento e recurso), é CORRETO afirmar que:

a) O prazo de decadência, na ação rescisória, conta-se do dia imediatamente subsequente ao trânsito em julgado da última decisão proferida na causa, seja de mérito ou não. Havendo recurso parcial no processo principal, o trânsito em julgado dá-se em momentos e em tribunais diferentes, contando-se o prazo decadencial para a ação rescisória, do trânsito em julgado de cada decisão, salvo se o recurso tratar de preliminar ou prejudicial que possa tornar insubsistente a decisão recorrida, hipótese em que flui a decadência a partir do trânsito em julgado da decisão que julgar o recurso parcial. Salvo se houver dúvida razoável, a interposição de recurso intempestivo ou a interposição de recurso incabível não protrai o termo inicial do prazo decadencial. O juízo rescindente não está adstrito à certidão de trânsito em julgado juntada com a ação rescisória, podendo formar sua convicção através de outros elementos dos autos quanto à antecipação ou postergação do "dies a quo" do prazo decadencial. Na hipótese de colusão das partes, o prazo decadencial da ação rescisória somente começa a fluir para o Ministério Público, que não interveio no processo principal, a partir do momento em que tem ciência da fraude.

b) Não ofende o princípio do duplo grau de jurisdição a decisão do Tribunal Superior do Trabalho que, após afastar a decadência em sede de recurso ordinário, aprecia desde logo a lide, se a causa versar sobre questão exclusivamente de direito e estiver em condições de imediato julgamento. Mas, a exceção de incompetência, ainda que oposta no prazo recursal, sem ter sido aviado o recurso próprio, tem o condão de afastar a consumação da coisa julgada e, assim, postergar o termo inicial do prazo decadencial para a ação rescisória.

c) Prorroga-se até o primeiro dia útil, imediatamente subsequente, o prazo decadencial para ajuizamento de ação rescisória quando expira em férias forenses, feriados, finais de semana ou em dia em que não houver expediente forense. Conta-se o prazo decadencial da ação rescisória, após o decurso do prazo legal previsto para a interposição do recurso extraordinário, ainda que não esgotadas todas as vias recursais ordinárias.

d) Acórdão rescindendo do Tribunal Superior do Trabalho que não conhece de recurso de embargos ou de revista, analisando arguição de violação de dispositivo de lei material ou decidindo em consonância com súmula de direito material ou com iterativa, notória e atual jurisprudência de direito material da Seção de Dissídios Individuais, examina o mérito da causa, cabendo ação rescisória da competência do Tribunal Superior do Trabalho. Havendo recurso ordinário em sede de rescisória, o depósito recursal só é exigível quando for julgado procedente o pedido e imposta condenação em pecúnia, devendo este ser efetuado até 5 (cinco) dias do prazo recursal, no limite e nos termos da legislação vigente, sob pena de deserção.

e) É juridicamente impossível o pedido explícito de desconstituição de sentença quando substituída por acórdão do Tribunal Regional ou superveniente sentença homologatória de acordo que puser fim ao litígio. Todavia, é manifesta a possibilidade jurídica do pedido de rescisão de julgado proferido em agravo de instrumento que, limitando-se a aferir o eventual desacerto do juízo negativo de admissibilidade do recurso de revista, não substitui o acórdão regional.

COMENTÁRIOS

✪ **Nota do autor:** A Lei nº 11.495/07 alterou a redação do art. 836 da CLT, que passou a exigir o depósito de quantia equivalente a 20% do valor da causa, para o processamento da ação. rescisória, salvo prova da miserabilidade jurídica do autor. O legislador reformista levou em consideração a grande quantidade dessa espécie de ação, que estava sendo utilizada indiscriminadamente em substituição aos recursos, já que estes exigiam depósito prévio para sua interposição. Observe-se, na alternativa "b", que o art. 515, §3º, do CPC de 1973 corresponde ao art. 1.013, §3º, do CPC de 2015.

Alternativa "a": Correta, pois as assertivas coincidem com o entendimento do TST exposto nos incisos da complexa Súmula nº 100. No inciso I, a referida Súmula cuida do prazo de decadência: "I – O prazo de decadência, na ação rescisória, conta-se do dia imediatamente subsequente ao trânsito em julgado da última decisão proferida na causa, seja de mérito ou não". Já o inciso II trata da coisa julgada temporalmente sucessiva no caso de recurso parcial: "II – Havendo recurso parcial no processo principal, o trânsito em julgado dá-se em momentos e em tribunais diferentes, contando-se o prazo decadencial para a ação rescisória do trânsito em julgado de cada decisão, salvo se o recurso tratar de preliminar ou prejudicial que possa tornar insubsistente a decisão recorrida, hipótese em que flui a decadência a partir do trânsito em julgado da decisão que julgar o recurso parcial". Na sequência, o item III aborda a matéria relativa ao termo inicial do prazo decadencial para propositura da ação rescisória, nos casos de interposição de recurso incabível ou da interposição de recurso intempestivo: "III – Salvo se houver dúvida razoável, a interposição de recurso intempestivo ou a interposição de recurso incabível não protrai o termo inicial do prazo decadencial". No item IV, a referida Súmula nº 100 trata da formação do convencimento do juiz sobre a antecipação ou prorrogação do termo inicial do prazo decadencial: "IV – O juízo rescindente não está adstrito à certidão de trânsito em julgado juntada com a ação rescisória, podendo formar sua convicção através de outros elementos dos autos quanto à antecipação ou postergação do "dies a quo" do prazo decadencial. Por fim, o item VI aborda a hipótese do termo inicial do prazo de decadência para o MPT no caso de colusão entre as partes: "VI – Na hipótese de colusão das partes, o prazo decadencial da ação rescisória somente começa a fluir para o Ministério Público, que não interveio no processo principal, a partir do momento em que tem ciência da fraude".

Alternativa "b": Essa possibilidade excepcional de julgamento de pedido não apreciado na sentença encontra-se prevista no § 3º do art. 515 do CPC de 1973: "Nos casos de extinção do processo sem julgamento do mérito (art. 267), o tribunal pode julgar desde logo a lide, se a causa versar questão exclusivamente de direito e estiver em condições de imediato julgamento". Nesse sentido também é o entendimento do TST constante do item VII, da Súmula nº 100: "Não ofende o princípio do duplo grau de jurisdição a decisão do TST que, após afastar a decadência em sede de recurso ordinário, aprecia desde logo a lide, se a causa versar questão exclusivamente de direito e estiver em condições de imediato julgamento". Todavia, a segunda parte da assertiva é incorreta, pois contraria o posicionamento adotado pelo TST no item VIII da mesma Súmula mencionada, que é em sentido contrário: "A exceção de incompetência, ainda que oposta no prazo recursal, sem ter sido aviado o recurso próprio, não tem o condão de afastar a consumação da coisa julgada e, assim, postergar o termo inicial do prazo decadencial para a ação rescisória". **Incorreta.**

Alternativa "c": A primeira parte da assertiva é verdadeira, pois se prorroga o termo final do prazo decadencial da ação rescisória nos casos citados, além de refletir o entendimento do TST constante do item IX, da Sumula nº 100: "IX – Prorroga-se até o primeiro dia útil, imediatamente subsequente, o prazo decadencial para ajuizamento de ação rescisória quando expira em férias forenses, feriados, finais de semana ou em dia em que não houver expediente forense. Aplicação do art. 775 da CLT". Todavia, a parte final da assertiva é falsa, uma vez que se conta o prazo decadencial da ação rescisória quando esgotadas todas as vias recursais ordinárias, como explicitado no item X da Súmula nº 100 do TST: "X – Conta-se o prazo decadencial da ação rescisória, após o decurso do prazo legal previsto para a interposição do recurso extraordinário, apenas quando esgotadas todas as vias recursais ordinárias". **Incorreta.**

Alternativa "d": Novamente a primeira parte da assertiva é verdadeira, uma vez que explicita um caso em que não se conhece de embargos ou de revista e, ainda assim, é cabível a ação rescisória, conforme previsão contida no item II, da Súmula nº 192 do TST: "II – Acórdão rescindendo do Tribunal Superior do Trabalho que não conhece de recurso de embargos ou de revista, analisando arguição de violação de dispositivo de lei material ou decidindo em consonância com súmula de direito material ou com iterativa, notória e atual jurisprudência de direito material da Seção de Dissídios Individuais (Súmula nº 333), examina o mérito da causa, cabendo ação rescisória da competência do Tribunal Superior do Trabalho". Já a segunda parte da assertiva encontra-se equivocada diante do posicionamento adotado pelo TST por meio da Súmula nº 99, ressaltando que o depósito recursal deve ser efetivado dentro do prazo dos oito dias para o recurso: "Havendo recurso ordinário em sede de rescisória, o depósito recursal só é exigível quando for julgado procedente o pedido e imposta condenação em pecúnia, devendo este ser efetuado no prazo recursal, no limite e nos termos da legislação vigente, sob pena de deserção". **Incorreta.**

Alternativa "e": Incorreta. Nesse caso, o pedido deve ser de desconstituição do acórdão regional ou da sentença homologatória de acordo. Portanto, a primeira parte desta assertiva é verdadeira, pois coincide com o entendimento do TST registrado no item III, da Súmula nº 192: "III – Em face do disposto no art. 512 do CPC, é juridicamente impossível o pedido explícito de desconstituição de sentença quando substituída por acórdão do Tribunal Regional ou superveniente sentença homologatória de acordo que puser fim ao litígio". O mesmo não pode se dizer da parte final da afirmativa sob análise, pois se trata de um caso de impossibilidade jurídica do pedido e não de possibilidade jurídica, nos termos do inciso IV, da mesma Súmula já citada: "IV – É manifesta a impossibilidade jurídica do pedido de rescisão de julgado proferido em agravo de instrumento que, limitando-se a aferir o eventual desacerto do juízo negativo de admissibilidade do recurso de revista, não substitui o acórdão regional, na forma do art. 512 do CPC". A atual redação dos incisos III e IV da referida Súmula é a seguinte: AÇÃO RESCISÓRIA. COMPETÊNCIA (atualizada em decorrência do CPC de 2015) – Res. 212/2016, DEJT divulgado em 20, 21 e 22.09.2016. III – Sob a égide do art. 512 do CPC de 1973, é juridicamente impossível o pedido explícito de desconstituição de sentença quando substituída por acórdão do Tribunal Regional ou superveniente sentença homologatória de acordo que puser fim ao litígio. IV – Na vigência do CPC de 1973, é manifesta a impossibilidade jurídica do pedido de rescisão de julgado proferido em agravo de instrumento que, limitando-se a aferir o eventual desacerto do juízo negativo de admissibilidade do recurso de revista, não substitui o acórdão regional, na forma do art. 512 do CPC. (ex-OJ nº 105 da SBDI-2 – DJ 29.04.2003).

Gabarito: A.

---

486. (TRT 2 – Juiz do Trabalho Substituto 2ª Região/2013) Observe as proposições seguintes e ao final aponte a alternativa com as propositura corretas:

I. Documento novo é o cronologicamente velho, já existente ao tempo da decisão rescindenda, mas ignorado pelo interessado ou de impossível utilização, à época, no processo.

II. É considerado documento novo apto a viabilizar a desconstituição de julgado a sentença normativa proferida ou transitada em julgado posteriormente à sentença rescindenda e a sentença normativa preexistente à sentença rescindenda, mas não exibida no processo principal, por culpa da parte, quando podia e deveria louvar-se de documento já existente e não ignorado quando emitida a decisão rescindenda.

III. O inciso VIII, do art. 485, do CPC, ao tratar do fundamento para invalidar a confissão, como hipótese de rescindibilidade da decisão judicial, refere-se à confissão real, fruto de erro, dolo ou coação, e à confissão ficta resultante de revelia.

IV. Pode uma questão processual ser objeto de rescisão desde que consista em pressuposto de validade de uma sentença de mérito.

V. O dolo processual, previsto no inciso III, do art. 485 do CPC, pode ocorrer mesmo se a decisão rescindenda for homologatória de acordo pois, neste caso, apesar de não existir parte vencedora ou vencida, uma das partes sempre será mais prejudicada que a outra.

Está correta apenas a alternativa:

a) I e III.

b) II e III.

c) I e IV.

d) IV e V.

e) II e V.

COMENTÁRIOS

✪ **Nota do autor:** A parte pode postular que o juiz, nos próprios autos da ação rescisória, determine, liminarmente, a suspensão da execução da sentença no processo rescindendo. Observe-se, no item "III", que o art. 485, VIII, do CPC de 1973 não tem correspondente no CPC de 2015, pois a ação a ser ajuizada não é mais a rescisória e sim a anulatória na forma do art. 966, §4º do novo código. Já no item "V", o art. 485, III, do CPC de 1973 corresponde ao art. 966, III, do CPC de 2015.

Item "I": Correta a assertiva, pois descreve as características do que seria considerado documento novo, na forma prevista pela Súmula nº 402 do TST, em sua redação anterior: "Documento novo é o cronologicamente velho, já existente ao tempo da decisão rescindenda, mas ignorado pelo interessado ou de impossível utilização, à época, no processo. Não é documento novo apto a viabilizar a desconstituição de julgado: a) sentença normativa proferida ou transitada em julgado posteriormente à sentença rescindenda; b) sentença normativa preexistente à sentença rescindenda, mas não exibida no processo principal, em virtude de negligência da parte, quando podia e deveria louvar-se de documento já existente e não ignorado quando emitida a decisão rescindenda". A Resolução nº 217/2017 do TST alterou a redação dessa Súmula: "AÇÃO RESCISÓRIA. PROVA NOVA. DISSÍDIO COLETIVO. SENTENÇA NORMATIVA (nova redação em decorrência do CPC de 2015) – Res. 217/2017 – DEJT divulgado em 20, 24 e 25.04.2017 I – Sob a vigência do CPC de 2015 (art. 966, inciso VII), para efeito de ação rescisória, considera-se prova nova a cronologicamente velha, já existente ao tempo do trânsito em julgado da decisão rescindenda, mas ignorada pelo interessado ou de impossível utilização, à época, no processo. II – Não é prova nova apta a viabilizar a desconstituição de julgado: a) sentença normativa proferida ou transitada em julgado posteriormente à sentença rescindenda; b) sentença normativa preexistente à sentença rescindenda, mas não exibida no processo principal, em virtude de negligência da parte, quando podia e deveria louvar-se de documento já existente e não ignorado quando emitida a decisão rescindenda. (ex-OJ nº 20 da SBDI-2 – inserida em 20.09.2000)".

Item "II": Incorreto, pois nesses dois casos os documentos respectivos não são considerados "novos" pela Súmula nº 402 do TST, em sua redação anterior: "Documento novo é o cronologicamente velho, já existente ao tempo da decisão rescindenda, mas ignorado pelo interessado ou de impossível utilização, à época, no processo. Não é documento novo apto a viabilizar a desconstituição de julgado: a) sentença normativa proferida ou transitada em julgado posteriormente à sentença rescindenda; b) sentença normativa preexistente à sentença rescindenda, mas não exibida no processo principal, em virtude de negligência da parte, quando podia e deveria louvar-se de documento já existente e não ignorado quando emitida a decisão rescindenda" (ver redação atual no item anterior).

Item "III": Incorreto, pois a hipótese prevista pelo art. 485, VIII, do CPC não se estende aos casos de confissão ficta. Nesse sentido a Súmula nº 404 do TST: "O art. 485, VIII, do CPC, ao tratar do fundamento para invalidar a confissão como hipótese de rescindibilidade da decisão judicial, refere-se à confissão real, fruto de erro, dolo ou coação, e não à confissão ficta resultante de revelia". Atualmente a redação dessa Súmula é a seguinte: "AÇÃO RESCISÓRIA. FUNDAMENTO PARA INVALIDAR CONFISSÃO. CONFISSÃO FICTA. INADEQUAÇÃO DO ENQUADRAMENTO NO ART. 485, VIII, DO CPC DE 1973. – Res. 209/2016, DEJT divulgado em 01, 02 e 03.06.2016. O art. 485, VIII, do CPC de 1973, ao tratar do fundamento para invalidar a confissão como hipótese de rescindibilidade da decisão judicial, referia-se à confissão real, fruto de erro, dolo ou coação, e não à confissão ficta resultante de revelia".

Item "IV": Correto, trata-se de uma exceção, pois, em regra, as questões processuais não podem ser objeto de ação rescisória, vez que a sentença respectiva não analisa o mérito da demanda. O posicionamento do TST é nesse sentido, conforme se vê da Súmula nº 412 do TST, em sua anterior redação: "Pode uma questão processual ser objeto de rescisão desde que consista em pressuposto de validade de uma sentença de mérito". A Resolução nº 217/2017 conferiu nova redação à referida Súmula: "AÇÃO RESCISÓRIA. REGÊNCIA PELO CPC DE 1973. SENTENÇA DE MÉRITO. QUESTÃO PROCESSUAL (nova redação em decorrência do CPC de 2015) – Res. 217/2017 – DEJT divulgado em 20, 24 e 25.04.2017. Sob a égide do CPC de 1973, pode uma questão processual ser objeto de rescisão desde que consista em pressuposto de validade de uma sentença de mérito. (ex-OJ nº 46 da SBDI-2 – inserida em20.09.2000)".

Item "V": Incorreto, pois no caso de acordo não há parte vencedora ou vencida, como ressalta o item II, da Súmula nº 403 do TST: "Se a decisão rescindenda é homologatória de acordo, não há parte vencedora ou vencida, razão pela qual não é possível a sua desconstituição calcada no inciso III do art. 485 do CPC (dolo da parte vencedora em detrimento da vencida), pois constitui fundamento de rescindibilidade que supõe solução jurisdicional para a lide".

Gabarito: C.

---

487. (TRT 2 – Juiz do Trabalho Substituto 2ª Região/2013) A decisão de mérito, transitada em julgado, pode ser rescindida quanto:

a) Violar literal disposição de lei baseada em texto legal infraconstitucional de interpretação controvertida nos Tribunais.
b) Houver fundamento para invalidar confissão, desistência ou transação, em que se baseou a sentença.
c) Proferida por juiz impedido, suspeito, ou absolutamente incompetente.
d) Não conhecer do recurso de revista, com base em divergência jurisprudencial.
e) Resolver a respeito de prazo prescricional aplicável aos créditos trabalhistas.

COMENTÁRIOS

✪ **Nota do autor:** Transcreve-se, a seguir, decisão importante do TST sobre o cabimento de ação rescisória para desconstituir decisão proferida em sede de agravo de instrumento em agravo de petição: "Cabe ação rescisória para desconstituir acórdão do Tribunal Regional do Trabalho que negou provimento ao agravo de instrumento em agravo de petição, condenando a União ao pagamento de indenização decorrente do reconhecimento da litigância de má-fé, porquanto, no que tange à referida condenação, o acórdão assume contornos de decisão de mérito, viabilizando o corte rescisório com fulcro no art. 485, V, do CPC. Assim, a SBDI-II, por maioria, conheceu do recurso ordinário e reexame necessário e, no mérito, deu-lhes provimento para afastar a impossibilidade jurídica da pretensão rescindente declarada pelo TRT. Ademais, tendo em conta que a matéria objeto do pretendido corte rescisório é eminentemente de direito, a Subseção passou a analisá-la de imediato (art. 515, § 3º, do CPC) para julgar procedente o pedido e, em juízo rescisório, absolver a União da condenação imposta, visto que, nos termos da jurisprudência dominante da Corte, a mera caracterização da litigância de má-fé não se mostra suficiente para ensejar a aplicação da indenização prevista no § 2º do art. 18 do CPC, por ser necessária a demonstração dos efetivos prejuízos sofridos pela parte contrária. Vencidos os Ministros Luiz Philippe Vieira de Mello Filho e Alberto Luiz Bresciani de Fontan Pereira (TST-ReeNec e RO-27-92.2010.5.15.0000, SBDI-II, rel. Min. Caputo Bastos, 29.5.2012)". Observe-se que os arts. 485, V; 515, §3º; e, 18, §2º, do CPC de 1973 correspondem, respectivamente, aos arts. 966, V; 1.013, §3º; e, 81, §3º, do CPC de 2015. Já na alternativa "b", o art. 485, VIII, do CPC de 1973 não tem correspondente no CPC de 2015, pois a ação a ser ajuizada não é mais a rescisória, e sim a anulatória na forma do art. 966, §4º do novo código. Por fim, na alternativa "c", o art. 485, II, do CPC de 1973 corresponde ao art. 966, II, do CPC de 2015.

Alternativa "a": Incorreto. Se a interpretação do dispositivo legal impugnado for controvertida no âmbito dos tribunais, não cabe ação rescisória, conforme entendimento constante da Súmula nº 343 do TST: "Não cabe ação rescisória por ofensa a literal disposição de lei, quando a decisão rescindenda se tiver baseado em texto legal de interpretação controvertida nos tribunais".

Alternativa "b": Correto, uma vez que essa hipótese encontra-se expressamente prevista no inciso VIII, art. 485 do CPC de 1973: "A sentença de mérito, transitada em julgado, pode ser rescindida quando: VIII – houver fundamento para invalidar confissão, desistência ou transação, em que se baseou a sentença".

Alternativa "c": A sentença proferida por juiz suspeito não está sujeita à impugnação pela via da ação rescisória, conforme se observa da redação do inciso II, do art. 485, do CPC de 1973: "A sentença de mérito, transitada em julgado, pode ser rescindida quando: II – proferida por juiz impedido ou absolutamente incompetente". **Incorreta.**

Alternativa "d": Incorreto, pois nesse caso a decisão não analisa o mérito da demanda. Incabível a ação rescisória, segundo o entendimento do TST que consta da Súmula nº 413: "É incabível ação rescisória, por violação do art. 896, "a", da CLT, contra decisão que não conhece de recurso de revista, com base em divergência jurisprudencial, pois não se cuida de sentença de mérito (art. 485 do CPC)". A nova redação dessa Súmula é a seguinte: "AÇÃO RESCISÓRIA. SENTENÇA DE MÉRITO. VIOLAÇÃO DO ART. 896, "A", DA CLT (nova redação em decorrência do CPC de 2015) – Res. 209/2016, DEJT divulgado em 01, 02 e 03.06.2016 É incabível ação rescisória, por violação do art. 896, "a", da CLT, contra decisão transitada em julgado sob a égide do CPC de 1973 que não conhece de recurso de revista, com base em divergência jurisprudencial, pois não se cuidava de sentença de mérito (art. 485 do CPC de 1973). (ex-OJ nº 47 da SBDI-II – inserida em 20.09.2000)".

Alternativa "e": Depende da espécie de abordagem que constou da decisão. Se a questão discutida limita-se a espécie de prescrição, total ou parcial, não cabe a ação rescisória, pois essa classificação não estabelecida pela lei e sim pela jurisprudência. **Incorreta** a assertiva, pois não corresponde ao posicionamento adotado pelo TST por intermédio da Súmula nº 409: "Não procede ação rescisória calcada em violação do art. 7º, XXIX, da CF/1988 quando a questão envolve discussão sobre a espécie de prazo prescricional aplicável aos créditos trabalhistas, se total ou parcial, porque a matéria tem índole infraconstitucional, construída, na Justiça do Trabalho, no plano jurisprudencial".

Gabarito: B.

488. (TRT 14 – Juiz do Trabalho Substituto 14ª Região/2013) Acerca da ação rescisória, é correto afirmar:

I. Documento novo é o cronologicamente velho, já existente ao tempo da decisão rescindenda, mas ignorado pelo interessado ou de impossível utilização, à época, no processo. Não se constitui em documento novo a sentença normativa proferida ou transitada em julgado posteriormente à sentença rescindenda, assim como a sentença normativa preexistente à sentença rescindenda, mas não exibida no processo principal, em virtude de negligência da parte, quando podia e deveria louvar-se de documento já existente e não ignorado quando emitida a decisão rescindenda.

II. Não caracteriza dolo processual, previsto no art. 485, III, do CPC, o simples fato de a parte vencedora haver silenciado a respeito de fatos contrários a ela, porque o procedimento, por si só, não constitui ardil do qual resulte cerceamento de defesa e, em consequência, desvie o juiz de uma sentença não condizente com a verdade.

III. Não se admite tutela antecipada em sede de ação rescisória, ainda que para suspender a execução da decisão rescindenda.

a) Apenas a proposição I é verdadeira.

b) Apenas a proposição II é verdadeira.

c) Apenas a proposição III é verdadeira.

d) Todas as proposições são verdadeiras.

e) Todas as proposições são falsas.

COMENTÁRIOS

✪ **Nota do autor:** O valor da causa da ação rescisória corresponde: ao valor dado à causa do processo originário ou aquele que for fixado pelo juiz, no caso de improcedência; ao respectivo valor arbitrado à condenação, no caso de procedência, total ou parcial; e ao valor apurado em liquidação de sentença, das decisões proferidas na fase de execução. Observe-se, no item "II", que o art. 485, III, do CPC de 1973 corresponde ao art. 966, III, do CPC de 2015. Já no item "III", o art. 273, §3º, do CPC de 1973 corresponde ao art. 305, parágrafo único, do CPC de 2015.

Item "I": Correta a assertiva, pois corresponde ao entendimento do TST sobre o reconhecimento do "documento novo", como consta da Súmula nº 402, em sua redação anterior: "Documento novo é o cronologicamente velho, já existente ao tempo da decisão rescindenda, mas ignorado pelo interessado ou de impossível utilização, à época, no processo. Não é documento novo apto a viabilizar a desconstituição de julgado: a) sentença normativa proferida ou transitada em julgado posteriormente à sentença rescindenda; b) sentença normativa preexistente à sentença rescindenda, mas não exibida no processo principal, em virtude de negligência da parte, quando podia e deveria louvar-se de documento já existente e não ignorado quando emitida a decisão rescindenda". A Resolução nº 217/2017 do TST alterou a redação dessa Súmula: "AÇÃO RESCISÓRIA. PROVA NOVA. DISSÍDIO COLETIVO. SENTENÇA NORMATIVA (nova redação em decorrência do CPC de 2015) – Res. 217/2017 – DEJT divulgado em 20, 24 e 25.04.2017 I – Sob a vigência do CPC de 2015 (art. 966, inciso VII), para efeito de ação rescisória, considera-se prova nova a cronologicamente velha, já existente ao tempo do trânsito em julgado da decisão rescindenda, mas ignorada pelo interessado ou de impossível utilização, à época, no processo. II – Não é prova nova apta a viabilizar a desconstituição de julgado: a) sentença normativa proferida ou transitada em julgado posteriormente à sentença rescindenda; b) sentença normativa preexistente à sentença rescindenda, mas não exibida no processo principal, em virtude de negligência da parte, quando podia e deveria louvar-se de documento já existente e não ignorado quando emitida a decisão rescindenda. (ex-OJ nº 20 da SBDI-2 – inserida em 20.09.2000)".

Item "II": Correta a assertiva, pois corresponde à exata redação do item I, da Súmula 403, do TST: "I – Não caracteriza dolo processual, previsto no art. 485, III, do CPC, o simples fato de a parte vencedora haver silenciado a respeito de fatos contrários a ela, porque o procedimento, por si só, não constitui ardil do qual resulte cerceamento de defesa e, em consequência, desvie o juiz de uma sentença não condizente com a verdade".

Item "III": Correto. Nesse caso, pelo princípio da fungibilidade, o pleito de antecipação de tutela deverá ser recebido como pedido de medida cautelar, na forma da Súmula nº 405 do TST, em sua redação anterior: "I – Em face do que dispõe a MP 1.984-22/2000 e reedições e o artigo 273, § 7º, do CPC, é cabível o pedido liminar formulado na petição inicial de ação rescisória ou na fase recursal, visando a suspender a execução da decisão rescindenda. II – O pedido de antecipação de tutela, formulado nas mesmas condições, será recebido como medida acautelatória em ação rescisória, por não se admitir tutela antecipada em sede de ação rescisória". Atualmente, essa Súmula vigora com a seguinte redação: "Em face do que dispõem a MP 1.984-22/2000 e o art. 969 do CPC de 2015, é cabível o pedido de tutela provisória formulado na petição inicial de ação rescisória ou na fase recursal, visando a suspender a execução da decisão rescindenda".

Gabarito: D.

489. (TRT 22 – Juiz do Trabalho Substituto 22ª Região/2013) Relativamente à ação rescisória, é INCORRETO afirmar:

a) não se destina a discutir a justiça ou a injustiça da sentença, nem cabe para o exame acerca da adequada interpretação da norma jurídica;

b) não tem em vista o interesse subjetivo da parte;

c) tendo a sentença decidido o mérito da causa e não conhecido o recurso ordinário então oferecido, rescindível será a sentença e não o acórdão;

d) a ausência de defesa não produz os efeitos da revelia;

e) incabível ação rescisória de ação rescisória.

COMENTÁRIOS

✪ **Nota do autor:** A ação rescisória tem caráter constitutivo-negativo, pois visa desconstituir um ato processual do juiz (sentença) e, por esse motivo, está submetida ao prazo decadencial para sua propositura. Por via reflexa, a ação rescisória pode ter um conteúdo condenatório, quando substitui uma sentença ou acórdão de improcedência da pretensão do autor, nos termos do art. 494 do CPC de 1973: "Julgando procedente a ação, o Tribunal rescindirá a sentença, proferirá, se for o caso, novo julgamento e determinará a restituição do depósito; declarando inadmissível ou improcedente a ação, a importância do depósito reverterá a favor do réu, sem prejuízo do disposto no artigo 20". Observe-se que o art. 494 do CPC de 1973 corresponde ao art. 974 do CPC de 2015. Já na alternativa "e", o art. 485, V, do CPC de 1973 corresponde ao 966, V, do CPC de 2015. Inclusive, em 2016, o TST alterou a redação da Súmula nº 400, nos seguintes termos: "Em se tratando de rescisória de rescisória, o vício apontado deve nascer na decisão rescindenda, não se admitindo a rediscussão do acerto do julgamento da rescisória anterior. Assim, não procede rescisória calcada no inciso V do art. 966 do CPC de 2015 (art. 485, V, do CPC de 1973) para discussão, por má aplicação da mesma norma jurídica, tida por violada na rescisória anterior, bem como para arguição de questões inerentes à ação rescisória primitiva. (ex-OJ nº 95 da SBDI-2 – inserida em 27.09.2002 e alterada DJ 16.04.2004)".

Alternativa "a": Correta. A ação rescisória constitui o meio processual adequado para rescindir sentenças ou acórdãos qualificados pela coisa julgada material e proferidos sem observância de determinados requisitos expressamente previstos em lei, no prazo decadencial de dois anos.

Alternativa "b": Correta. A ação rescisória tem como objeto a anulação de um ato judicial, qual seja, a sentença, por meio de um procedimento autônomo e não de um recurso, sem qualquer interferência do interesse subjetivo da parte.

Alternativa "c": Correta a assertiva, pois o acórdão não adentrou no mérito da lide. Logo, não houve o efeito da substituição da sentença pelo acórdão. Nese sentido, o item I, da Súmula 192: "Se não houver o conhecimento de recurso de revista ou de embargos, a competência para julgar ação que vise a rescindir a decisão de mérito é do Tribunal Regional do Trabalho, ressalvado o disposto no item II".

Alternativa "d": Correta, pois o objeto da ação rescisória é um ato judicial à qual foi agregada a qualidade da coisa julgada. O TST posiciona-se nesse sentido, por meio da Súmula nº 398, em sua redação anterior: "Na ação rescisória, o que se ataca na ação é a sentença, ato oficial do Estado, acobertado pelo manto da coisa julgada. Assim sendo, e considerando que a coisa julgada envolve questão de ordem pública, a revelia não produz confissão na ação rescisória". A Resolução nº 219/2017 do TST alterou a redação dessa Súmula: "AÇÃO RESCISÓRIA. AUSÊNCIA DE DEFESA. INAPLICÁVEIS OS EFEITOS DA REVELIA (alterada em decorrência do CPC de 2015) – Res. 219/2017, DEJT divulgado em 28, 29 e 30.06.2017 – republicada – DEJT divulgado em 12, 13 e 14.07.2017 Na ação rescisória, o que se ataca é a decisão, ato oficial do Estado, acobertado pelo manto da coisa julgada. Assim, e considerando que a coisa julgada envolve questão de ordem pública, a revelia não produz confissão na ação rescisória. (ex-OJ nº 126 da SBDI-2 – DJ 09.12.2003)".

Alternativa "e": Incorreta a assertiva, pois não há qualquer vedação legal nesse sentido. Inclusive, o TST admite a ação rescisória de ação rescisória em determinadas circunstâncias explicitadas pela Súmula nº 400, em sua antiga redação (ver a parte final da nota do autor): "Em se tratando de rescisória de rescisória, o vício apontado deve nascer na decisão rescindenda, não se admitindo a rediscussão do acerto do julgamento da rescisória anterior. Assim, não se admite rescisória calcada no inciso V do art. 485 do CPC para discussão, por má aplicação dos mesmos dispositivos de lei, tidos por violados na rescisória anterior, bem como para arguição de questões inerentes à ação rescisória primitiva".

Gabarito: E.

---

490. (TRT – JTS 16ª RG/2011) Analise as afirmativas e assinale a alternativa INCORRETA:

a) É cabível ação rescisória em face de acórdão rescindendo do Tribunal Superior do Trabalho que não conhece de recurso de embargos ou de revista, analisando arguição de violação de dispositivo de lei material ou decidindo em consonância com sumula de direito material ou com iterativa jurisprudência de direito material da Seção de Dissídios Individuais.

b) Se o Tribunal, por unanimidade, não admitir a ação rescisória, ou julgar o pedido improcedente, o depósito efetuado pelo autor será revertido, a título de multa, a favor do réu, sem prejuízo da responsabilidade do autor pelas custas e demais despesas processuais.

c) Não se admite a antecipação de tutela em sede de ação rescisória, devendo pedido formulado nestas condições ser recebido e apreciado como medida acautelatória.

d) Não é cabível ação rescisória para analisar decisão proferida em violação literal a normas coletivas, portarias do Poder Executivo, Regulamentos de Empresa, Regimento Interno do Tribunal e Súmulas e Orientações Jurisprudenciais de Tribunal.

e) O vício de consentimento no acordo celebrado perante as Comissões de Conciliação Prévia ensejam a propositura de ação de anulação e não ação rescisória, por se tratar de título executivo extrajudicial.

COMENTÁRIOS

✪ **Nota do autor:** A expressão lei utilizada pelo art. 485, V, do CPC de 1973, deve ser interpretada de forma restritiva, para abarcar os casos das fontes estatais do Direito, provindas do Poder Legislativo ou, excepcionalmente, do Poder Executivo, como no caso das medidas provisórias. Deve-se excluir, por conseguinte, as normas de origem profissional e regulamentares, como a sentença normativa, a convenção coletiva, o acordo coletivo e o regulamento de empresa. Observe-se que o art. 485, V, do CPC de 1973 corresponde ao art. 966, V, do CPC de 2015. Já na alternativa "b", o art. 488, II, do CPC de 1973 corresponde ao art. 968, II, do CPC de 2015. Por fim, na alternativa "c", o art. 273, §7º, do CPC de 1973 corresponde ao art. 305, parágrafo único, do CPC de 2015.

Alternativa "a": Correta, conforme posicionamento do TST contido na Súmula nº 192, II: "Acórdão rescindendo do Tribunal Superior do Trabalho que não conhece de recurso de embargos ou de revista, analisando arguição de violação de dispositivo de lei material ou decidindo em consonância com súmula de direito material ou com iterativa, notória e atual jurisprudência de direito material da Seção de Dissídios Individuais (Súmula nº 333), examina o mérito da causa, cabendo ação rescisória da competência do Tribunal Superior do Trabalho. (ex-Súmula nº 192 – alterada pela Res. 121/2003, DJ 21.11.2003)".

Alternativa "b": Correta, de acordo com a determinação contida no art. 488, II, do CPC de 1973: "A petição inicial será elaborada com observância dos requisitos essenciais do art. 282, devendo o autor: II – depositar a importância de 5% (cinco por cento) sobre o valor da causa, a título de multa, caso a ação seja, por unanimidade de votos, declarada inadmissível, ou improcedente".

Alternativa "c": Correta, segundo a súmula nº 405, II, do TST, em sua redação anterior: "O pedido de antecipação de tutela, formulado nas mesmas condições, será recebido como medida acautelatória em ação rescisória, por não se admitir tutela antecipada em sede de ação rescisória". Esse verbete decorre da interpretação do art. 273, § 7º do CPC de 1973: "Se o autor, a título de antecipação de tutela, requerer providência de natureza cautelar, poderá o juiz, quando presentes os respectivos pressupostos, deferir a medida cautelar em caráter incidental do processo ajuizado". Atualmente, a Súmula nº 406 do TST vigora com a seguinte redação: "Em face do que dispõem a MP 1.984-22/2000 e o art. 969 do CPC de 2015, é cabível o pedido de tutela provisória formulado na petição inicial de ação rescisória ou na fase recursal, visando a suspender a execução da decisão rescindenda".

Alternativa "d": Incorreta, uma vez que o posicionamento do TST é no sentido de não acolher a pretensão rescisória em tais situações e não de rejeitar seu cabimento, como constou na assertiva, de acordo com o entendimento constante da OJ nº 25 da SDI2: "Não procede pedido de rescisão fundado no art. 485, V, do CPC quando se aponta contrariedade à norma de convenção coletiva de trabalho, acordo coletivo de trabalho, portaria do Poder Executivo, regulamento de empresa e súmula ou orientação jurisprudencial de Tribunal". Atualmente a redação dessa OJ é a seguinte: "AÇÃO RESCISÓRIA. REGÊNCIA PELO CPC DE 1973. EXPRESSÃO "LEI" DO ART. 485, V, DO CPC DE 1973. NÃO INCLUSÃO DO ACT, CCT, PORTARIA, REGULAMENTO, SÚMULA E ORIENTAÇÃO JURISPRUDENCIAL DE TRIBUNAL. (atualizada em decorrência do CPC de 2015) Res. 212/2016, DEJT divulgado em 20, 21 e 22.09.2016. Não procede pedido de rescisão fundado no art. 485, V, do CPC de 1973 quando se aponta contrariedade à norma de convenção coletiva de trabalho, acordo coletivo de trabalho, portaria do Poder Executivo, regulamento de empresa e súmula ou orientação jurisprudencial de tribunal. (ex-OJ 25 da SDI-2, inserida em 20.09.2000 e ex-OJ 118 da SDI-2, DJ 11.08.2003)".

Alternativa "e": Correta, uma vez que a termo de conciliação homologado pelas comissões de conciliação prévia não tem natureza jurídica de ato judicial, mas sim de título executivo extrajudicial. Nesse sentido, o 625-E, parágrafo único, da CLT: "Aceita a conciliação, será lavrado termo assinado pelo empregado, pelo empregador ou seu proposto e pelos membros da Comissão, fornecendo-se cópia às partes. Parágrafo único. O termo de conciliação é título executivo **extrajudicial** e terá eficácia liberatória geral, exceto quanto às parcelas expressamente ressalvadas".

Gabarito: D.

---

491. (TRT – JTS 15ª RG/2008) Tendo em vista a jurisprudência consolidada do TST, assinale a alternativa CORRETA em relação a ação rescisória:

a) a decisão que conclui estar preclusa a oportunidade de impugnação da sentença de liquidação é suscetível de rescindibilidade;

b) a interposição de recurso intempestivo não protrai o termo inicial do prazo decadencial, mesmo havendo dúvida razoável;

c) a revelia produz confissão;

d) é cabível para impugnar decisão homologatória de adjudicação ou arrematação;

e) que não é documento novo a sentença normativa proferida posteriormente a sentença rescindenda.

COMENTÁRIOS

✪ **Nota do autor:** A ação rescisória constitui o meio processual adequado para rescindir sentenças ou acórdãos qualificados pela coisa julgada material e proferidos sem observância de determinados requisitos expressamente previstos em lei, no prazo decadencial de dois anos.

Alternativa "a": Nesse caso, a decisão respectiva não adquire a qualidade da coisa julgada material e, por conta disso, não pode ser atacada pela via da ação rescisória. Opção **incorreta**, segundo o entendimento do TST contido na OJ nº 134 da SDI-2: "A decisão que conclui estar preclusa a oportunidade de impugnação da sentença de liquidação, por ensejar tão somente a formação da coisa julgada formal, não é suscetível de rescindibilidade". A nova redação dessa OJ é a seguinte: "AÇÃO RESCISÓRIA. DECISÃO QUE DECLARA PRECLUSA A OPORTUNIDADE DE IMPUGNAÇÃO DA SENTENÇA DE LIQUIDAÇÃO. PRODUÇÃO DE COISA JULGADA FORMAL. IRRESCINDIBILIDADE. (alterada em decorrência do CPC de 2015) – Res. 220/2017, DEJT divulgado em 21, 22 e 25.09.2017 A decisão proferida em embargos à execução ou em agravo de petição que apenas declara preclusa a oportunidade de impugnação da sentença de liquidação não é rescindível, em virtude de produzir tão-somente coisa julgada formal".

Alternativa "b": Se houver dúvida razoável, protrai o termo inicial do prazo decadencial. Opção **incorreta**, segundo o inciso III, Súmula nº 100 do TST: "Salvo se houver dúvida razoável, a interposição de recurso intempestivo ou a interposição de recurso incabível não protrai o termo inicial do prazo decadencial".

Alternativa "c": A fundamentação de uma ação rescisória limita-se às questões jurídicas. Nesse caso, ainda que haja revelia, não há que se falar em confissão. Opção **incorreta**, segundo a Súmula nº 398 do TST, em sua redação anterior: "Na ação rescisória, o que se ataca na ação é a sentença, ato oficial do Estado, acobertado pelo manto da coisa julgada. Assim sendo, e considerando que a coisa julgada envolve questão de ordem pública, a revelia não produz confissão na ação rescisória". A Resolução nº 219/2017 do TST alterou a redação dessa Súmula: "AÇÃO RESCISÓRIA. AUSÊNCIA DE DEFESA. INAPLICÁVEIS OS EFEITOS DA REVELIA (alterada em decorrência do CPC de 2015) – Res. 219/2017, DEJT divulgado em 28, 29 e 30.06.2017 – republicada – DEJT divulgado em 12, 13 e 14.07.2017 Na ação rescisória, o que se ataca é a decisão, ato oficial do Estado, acobertado pelo manto da coisa julgada. Assim, e considerando que a coisa julgada envolve questão de ordem pública, a revelia não produz confissão na ação rescisória. (ex-OJ nº 126 da SBDI-2 – DJ 09.12.2003)".

Alternativa "d": Incorreta, pois contraria o entendimento revelado pelo inciso I da Súmula nº 399 do TST: "É incabível ação rescisória para impugnar decisão homologatória de adjudicação ou arrematação".

Alternativa "e": Correta, de acordo com a Súmula nº 402 do TST, em sua redação anterior: "Documento novo é o cronologicamente velho, já existente ao tempo da decisão rescindenda, mas ignorado pelo interessado ou de impossível utilização, à época, no processo. Não é documento novo apto a viabilizar a desconstituição de julgado: a) sentença normativa proferida ou transitada em julgado posteriormente à sentença rescindenda". A Resolução nº 217/2017 do TST alterou a redação dessa Súmula: "AÇÃO RESCISÓRIA. PROVA NOVA. DISSÍDIO COLETIVO. SENTENÇA NORMATIVA (nova redação em decorrência do CPC de 2015) – Res. 217/2017 – DEJT divulgado em 20, 24 e 25.04.2017 I – Sob a vigência do CPC de 2015 (art. 966, inciso VII), para efeito de ação rescisória, considera-se prova nova a cronologicamente velha, já existente ao tempo do trânsito em julgado da decisão rescindenda, mas ignorada pelo interessado ou de impossível utilização, à época, no processo. II – Não é prova nova apta a viabilizar a desconstituição de julgado: a) sentença normativa proferida ou transitada em julgado posteriormente à sentença rescindenda; b) sentença normativa preexistente à sentença rescindenda, mas não exibida no processo principal, em virtude de negligência da parte, quando podia e deveria louvar-se de documento já existente e não ignorado quando emitida a decisão rescindenda. (ex-OJ nº 20 da SBDI-2 – inserida em 20.09.2000)".

Gabarito: E.

---

492. (TRT – JTS 24ª RG/2008) Sobre a ação rescisória no âmbito do processo do trabalho, é CORRETO afirmar que:

a) De acordo com o entendimento sumulado do Tribunal Superior do Trabalho, o termo de conciliação previsto no parágrafo único do art. 831 da CLT só é impugnável por ação rescisória se celebrado na segunda proposta de conciliação realizada na audiência de instrução.

b) De acordo com o entendimento sumulado do Tribunal Superior do Trabalho, é cabível ação rescisória para impugnar decisão homologatória de adjudicação ou arrematação.

c) Conforme a CLT, é vedado aos órgãos da Justiça do Trabalho conhecer de questões já decididas, excetuados os casos expressamente previstos da CLT, no título do Processo Judiciário do Trabalho, e a ação rescisória, que será admitida na forma do disposto no Capítulo IV do Título IX da Lei nº 5.869, de 11 de janeiro de 1973 – Código de Processo Civil, sempre sujeita ao depósito prévio de 20% (vinte por cento) do valor da causa.

d) O entendimento sumulado do TST estabelece que da decisão de Tribunal Regional do Trabalho, em ação rescisória, é cabível recurso ordinário para o Pleno do mesmo Tribunal Regional, em face da organização judiciária trabalhista.

e) Súmula da Jurisprudência do TST é no sentido de que acórdão rescindendo do Tribunal Superior do Trabalho que não conhece de recurso de embargos ou de revista, analisando arguição de violação de dispositivo de lei material ou decidindo em consonância com súmula de direito material ou com iterativa, notória e atual jurisprudência de direito material da Seção de Dissídios Individuais, examina o mérito da causa, cabendo ação rescisória da competência do Tribunal Superior do Trabalho.

COMENTÁRIOS

✪ **Nota do autor:** Não é qualquer sentença que pode ser objeto de ação rescisória, mas somente a sentença de mérito transitada em julgado. Estão excluídas, portanto, as sentenças inexistentes, as nulas e aquelas que só produzem coisa julgada formal.

Alternativa "a": Não há qualquer limitação nesse sentido. Em qualquer fase do processo, a conciliação homologada só pode ser atacada via ação rescisória. Alternativa **incorreta**, diante do conteúdo da Súmula nº 259 do TST que não faz menção a uma segunda proposta de conciliação conforme o texto: "Só por ação rescisória é impugnável o termo de conciliação previsto no parágrafo único do art. 831 da CLT".

Alternativa "b": Incorreta, diante da vedação expressa contida no inciso I da Súmula nº 399 do TST: "É incabível ação rescisória para impugnar decisão homologatória de adjudicação ou arrematação".

Alternativa "c": Incorreta, uma vez que não excepcionou o autor que prove sua miserabilidade da obrigação de fazer o depósito prévio. Nesse sentido é a determinação contida no art. 836 da CLT: "É vedado aos órgãos da Justiça do Trabalho conhecer de questões já decididas, excetuados os casos expressamente previstos neste Título e a ação rescisória, que será admitida na forma do disposto no Capítulo IV do Título IX da Lei nº 5.869, de 11 de janeiro de 1973 – Código de Processo Civil, sujeita ao depósito prévio de 20% (vinte por cento) do valor da causa, salvo prova de miserabilidade jurídica do autor".

Alternativa "d": Nesse caso, o recurso é para o TST. Alternativa **incorreta**, segundo a Súmula nº 158 do TST: "Da decisão de Tribunal Regional do Trabalho, em ação rescisória, é cabível recurso ordinário para o Tribunal Superior do Trabalho, em face da organização judiciária trabalhista".

Alternativa "e": Correta, pois em conformidade com o inciso II, da Súmula nº 192 do TST: "Acórdão rescindendo do Tribunal Superior do Trabalho que não conhece de recurso de embargos ou de revista, analisando arguição de violação de dispositivo de lei material ou decidindo em consonância com súmula de direito material ou com iterativa, notória e atual jurisprudência de direito material da Seção de Dissídios Individuais (Súmula nº 333), examina o mérito da causa, cabendo ação rescisória da competência do Tribunal Superior do Trabalho".

Gabarito: E.

---

493. (TRT – JTS 23ª RG/2008) Analise os itens abaixo e marque a alternativa CORRETA:

I. Conforme entendimento jurisprudencial a decisão homologatória de cálculos apenas comporta rescisão quando enfrentar as questões envolvidas na elaboração da conta de liquidação, quer solvendo a controvérsia das partes quer explicitando, de ofício, os motivos pelos quais acolheu os cálculos oferecidos por uma das partes ou pelo setor de cálculos, e não contestados pela outra.

II. No Processo do Trabalho, o termo de homologação de conciliação (ato judicial) somente pode ser desfeito por meio da ação rescisória enquanto a transação extrajudicial (ato praticado pelas partes) é reversível por meio de ação anulatória.

III. Não cabe na ação rescisória a aplicação dos efeitos da revelia e confissão.

IV. A ação rescisória no Processo do Trabalho está sujeita ao depósito prévio de 5% (cinco por cento) do valor da causa, salvo prova de miserabilidade jurídica do autor.

a) Apenas os itens II e IV são verdadeiros.

b) Apenas os itens I, II e III são verdadeiros.

c) Apenas os itens I e III são verdadeiros.

d) Todos os itens são verdadeiros.

e) Todos os itens são falsos.

COMENTÁRIOS

✪ **Nota do autor:** As decisões puramente homologatórias, na qual o juiz só ratifica a vontade das partes, não faz coisa julgada, não sendo hipótese de cabimento da ação rescisória, salvo no caso da homologação de acordo judicial, diante da expressa admissão legal contida no art. 831, parágrafo único, da CLT: "A decisão será proferida depois de rejeitada pelas partes a proposta de conciliação. Parágrafo único. No caso de conciliação, o termo que for lavrado valerá como decisão irrecorrível, salvo para a Previdência Social quanto às contribuições que lhe forem devidas".

Item "I": Correto, conforme posicionamento do TST adotado no item II, da Súmula nº 399: "A decisão homologatória de cálculos apenas comporta rescisão quando enfrentar as questões envolvidas na elaboração da conta de liquidação, quer solvendo a controvérsia das partes quer explicitando, de ofício, os motivos pelos quais acolheu os cálculos oferecidos por uma das partes ou pelo setor de cálculos, e não contestados pela outra".

Item "II": Correto. A primeira parte da assertiva justifica-se por conta da expressa disposição legal contida na Súmula nº 259 do TST: "Só por ação rescisória é impugnável o termo de conciliação previsto no parágrafo único do art. 831 da CLT". Como a ação rescisória só é admitida para atacar ato judicial específico, a transação extrajudicial fica excluída por não possuir essa natureza jurídica.

Item "III": Correto, pois esta limitação está expressamente prevista na Súmula nº 398 do TST, em sua redação anterior: "Na ação rescisória, o que se ataca na ação é a sentença, ato oficial do Estado, acobertado pelo manto da coisa julgada. Assim sendo, e considerando que a coisa julgada envolve questão de ordem pública, a revelia não produz confissão na ação rescisória". A Resolução nº 219/2017 do TST alterou a redação dessa Súmula: "AÇÃO RESCISÓRIA. AUSÊNCIA DE DEFESA. INAPLICÁVEIS OS EFEITOS DA REVELIA (alterada em decorrência do CPC de 2015) – Res. 219/2017, DEJT divulgado em 28, 29 e 30.06.2017 – republicada – DEJT divulgado em 12, 13 e 14.07.2017 Na ação rescisória, o que se ataca é a decisão, ato oficial do Estado, acobertado pelo manto da coisa julgada. Assim, e considerando que a coisa julgada envolve questão de ordem pública, a revelia não produz confissão na ação rescisória. (ex-OJ nº 126 da SBDI-2 – DJ 09.12.2003)".

Item "IV": O deposito prévio, nesse caso, seria de 20%. Item **incorreto**, conforme preceito contido no art. 836 da CLT: "É vedado aos órgãos da Justiça do Trabalho conhecer de questões já decididas, excetuados os casos expressamente previstos neste Título e a ação rescisória, que será admitida na forma do disposto no Capítulo IV do Título IX da Lei nº 5.869, de 11 de janeiro de 1973 – Código de Processo Civil, sujeita ao depósito prévio de 20% (vinte por cento) do valor da causa, salvo prova de miserabilidade jurídica do autor".

Gabarito: B.

---

494. (TRT – JTS 23ª RG/2008) Conforme entendimento do TST, é CORRETO afirmar:

I. é cabível a ação rescisória para impugnar decisão homologatória de adjudicação ou arrematação, quando presentes os requisitos do art. 485 do CPC;

II. tendo a decisão monocrática de provimento ou denegação de recurso conteúdo decisório definitivo e conclusivo da lide, comporta ser esclarecida pela via dos embargos de declaração, em decisão também monocrática, mesmo que se pretenda suprir omissão e, com isso, importar modificação no julgado;

III. o efeito devolutivo em profundidade do recurso ordinário, que se extrai do § 1º do art. 515 do CPC, transfere automaticamente ao Tribunal a apreciação de fundamento da defesa não examinado pela sentença, mesmo que não renovado em contrarrazões e não apreciado o pedido na sentença;

IV. o art. 462 do CPC, que admite a invocação de fato constitutivo, modificativo ou extintivo do direito, superveniente à propositura da ação, é aplicável aos processos em curso em qualquer instância trabalhista, desde que haja provocação da parte interessada.

a) todas as opções estão corretas;

b) apenas três opções estão corretas;

c) apenas duas opções estão corretas;

d) apenas uma opção está correta;

e) todas as opções estão incorretas.

COMENTÁRIOS

✪ **Nota do autor:** Esta pergunta foi elaborada antes da modificação da Súmula nº 393, que conta, atualmente, com a seguinte redação: "O efeito devolutivo em profundidade do recurso ordinário, que se extrai do § 1º do art. 515 do CPC, transfere ao Tribunal a apreciação dos fundamentos da inicial ou da defesa, não examinados pela sentença, ainda que não renovados em contrarrazões. Não se aplica, todavia, ao caso de pedido não apreciado na sentença, salvo a hipótese contida no § 3º do art. 515 do CPC". Contudo, a mencionada alteração não interferiu na apreciação da veracidade ou não da assertiva contida no item III. Observe-se, também, que o art. 515, §1º e § 3º, do CPC de 1973 corresponde ao art. 1.013, §1º e §3º, do CPC de 2015. Inclusive, o TST alterou a redação da Súmula nº 393 para se adequar ao CPC de 2015: "RECURSO ORDINÁRIO. EFEITO DEVOLUTIVO EM PROFUNDIDADE. ART. 1.013, § 1º, do CPC DE 2015. ART. 515, § 1º, DO CPC de 1973 – (nova redação em decorrência do CPC de 2015) – Res. 208/2016, DEJT divulgado em 22, 25 e 26.04.2016 Súmulas A-125 SÚMULAS I – O efeito devolutivo em profundidade do recurso ordinário, que se extrai do § 1º do art. 1.013 do CPC de 2015 (art. 515, §1º, do CPC de 1973), transfere ao Tribunal a apreciação dos fundamentos da inicial ou da defesa, não examinados pela sentença, ainda que não renovados em contrarrazões, desde que relativos ao capítulo impugnado. II – Se o processo estiver em condições, o tribunal, ao julgar o recurso ordinário, deverá decidir desde logo o mérito da causa, nos termos do § 3º do art. 1.013 do CPC de 2015, inclusive quando constatar a omissão da sentença no exame de um dos pedidos.". Já no item "II", o art. 557 do CPC de 1973 corresponde ao art. 932, III, do CPC de 2015. Por fim, no item "IV", o art. 462 do CPC de 1973 corresponde ao art. 493 do CPC de 2015, o que ocasionou a modificação na Súmula nº 394 do TST, passando a contar com a seguinte redação: "FATO SUPERVENIENTE. ART. 493 do CPC de 2015. ART. 462 DO CPC de 1973 (atualizada em decorrência do CPC de 2015) – Res. 208/2016, DEJT divulgado em 22, 25 e 26.04.2016 O art. 493 do CPC de 2015 (art. 462 do CPC de 1973), que admite a invocação de fato constitutivo, modificativo ou extintivo do direito, superveniente à propositura da ação, é aplicável de ofício aos processos em curso em qualquer instância trabalhista. Cumpre ao juiz ou tribunal ouvir as partes sobre o fato novo antes de decidir."

Item "I": Incorreto, pois contraria a Súmula nº 399, I, do TST: "É incabível ação rescisória para impugnar decisão homologatória de adjudicação ou arrematação".

Item "II": Caso haja pedido de modificação do julgado, transforma-se em agravo regimental. Item **incorreto**, conforme Súmula nº 421 do TST, em sua antiga redação: "I – Tendo a decisão monocrática de provimento ou denegação de recurso, prevista no art. 557 do CPC, conteúdo decisório definitivo e conclusivo da lide, comporta ser esclarecida pela via dos embargos de declaração, em decisão aclaratória, também monocrática, quando se pretende tão somente suprir omissão e não, modificação do julgado. II – Postulando o embargante efeito modificativo, os embargos declaratórios deverão ser submetidos ao pronunciamento do Colegiado, convertidos em agravo, em face dos princípios da fungibilidade e celeridade processual". Em 2016 o TST alterou a redação dessa Súmula, nos seguintes termos: "I – Cabem embargos de declaração da decisão monocrática do relator prevista no art. 932 do CPC de 2015 (art. 557 do CPC de 1973), se a parte pretende tão somente juízo integrativo retificador da decisão e, não, modificação do julgado. II – Se a parte postular a revisão no mérito da decisão monocrática, cumpre ao relator converter os embargos de declaração em agravo, em face dos princípios da fungibilidade e celeridade processual, submetendo-o ao pronunciamento do Colegiado, após a intimação do recorrente para, no prazo de 5 (cinco) dias, complementar as razões recursais, de modo a ajustá-las às exigências do art. 1.021, § 1º, do CPC de 2015".

Item "III": O pedido tem que ser apreciado na sentença. **Item incorreto**, de acordo com a Súmula nº 393 do TST: "Recurso ordinário. Efeito devolutivo em profundidade. Art. 515, § 1º, do CPC. O efeito devolutivo em profundidade do recurso ordinário, que se extrai do § 1º do art. 515 do CPC, transfere automaticamente ao Tribunal a apreciação de fundamento da defesa não examinado pela sentença, ainda que não renovado em contrarrazões. Não se aplica, todavia, ao caso de pedido não apreciado na sentença". (ver nota do autor)

Item "IV": Aplica-se de ofício também e não só a requerimento da parte. Item **incorreto**, pois em desacordo com a Súmula nº 394 do TST: "O art. 462 do CPC, que admite a invocação de fato constitutivo, modificativo ou extintivo do direito, superveniente à propositura da ação, é aplicável de ofício aos processos em curso em qualquer instância trabalhista". (ver nota do autor)

Gabarito: E.

---

495. (TRT – JTS 23ª RG/2008) Em conformidade com os enunciados das Súmulas do TST, analise as proposições abaixo e assinale a alternativa CORRETA:

I. a comprovação do trânsito em julgado da decisão rescindenda é pressuposto processual indispensável ao tempo do julgamento da ação rescisória;

II. o juízo rescindente não está adstrito à certidão de trânsito em julgado juntada com a ação rescisória, podendo formar sua convicção através de outros elementos dos autos quanto à antecipação ou postergação do *dies a quo* do prazo decadencial;

III. caracteriza dolo processual, previsto no art. 485, III, do CPC, o fato de a parte vencedora haver silenciado a respeito de fatos contrários a ela, porque o procedimento levado a efeito constitui ardil processual que induz o juiz a proferir uma sentença não condizente com a verdade;

IV. procede a ação rescisória calcada em ofensa à coisa julgada perpetrada por decisão proferida em ação de cumprimento, em face de a sentença normativa, na qual se louvava, ter sido modificada em grau de recurso, porque em dissídio coletivo se consubstancia os efeitos da coisa julgada material.

a) todas as opções estão corretas;

b) apenas três opções estão corretas;

c) apenas duas opções estão corretas;

d) apenas uma opção está correta;

e) todas as opções estão incorretas.

COMENTÁRIOS

✪ **Nota do autor:** é juridicamente impossível utilizar-se desse remédio processual para desconstituir acórdão proferido em sede de agravo de instrumento, visto que seu objetivo é, unicamente, destrancar o seguimento de um recurso principal. Observe-se, no item "III", que o art. 485, III, do CPC de 1973 corresponde ao art. 966, III, do CPC de 2015. E, no item "IV", que o art. 572 do CPC de 1973 corresponde ao art. 514 do CPC de 2015.

Item "I": Incorreto por não apresentar a integralidade do conteúdo da Súmula nº 299, III, do TST, mais precisamente na sua parte final: "A comprovação do trânsito em julgado da decisão rescindenda é pressuposto processual indispensável ao tempo do ajuizamento da ação rescisória. Eventual trânsito em julgado posterior ao ajuizamento da ação rescisória não reabilita a ação proposta, na medida em que o ordenamento jurídico não contempla a ação rescisória preventiva". Atualmente o inciso III dessa Súmula tem a seguinte redação: "AÇÃO RESCISÓRIA. DECISÃO RESCINDENDA. TRÂNSITO EM JULGADO. COMPROVAÇÃO. EFEITOS (nova redação do item II em decorrência do CPC de 2015) – Res. 211/2016, DEJT divulgado em 24, 25 e 26.08.2016. III – A comprovação do trânsito em julgado da decisão rescindenda é pressuposto processual indispensável ao tempo do ajuizamento da ação rescisória. Eventual trânsito em julgado posterior ao ajuizamento da ação rescisória não reabilita a ação proposta, na medida em que o ordenamento jurídico não contempla a ação rescisória preventiva. (ex-OJ nº 106 da SBDI-II – DJ 29.04.2003)".

Item "II": Correto, pois é reprodução literal do texto inserido na Súmula nº 100, IV, do TST: "O juízo rescindente não está adstrito à certidão de trânsito em julgado juntada com a ação rescisória, podendo formar sua convicção através de outros elementos dos autos quanto à antecipação ou postergação do "dies *a quo*" do prazo decadencial. (ex-OJ nº 102 da SBDI-2 – DJ 29.04.2003)".

Item "III": Incorreto, pois o entendimento do TST é justamente em sentido contrário, conforme Súmula nº 403: "I – Não caracteriza dolo processual, previsto no art. 485, III, do CPC, o simples fato de a parte vencedora haver silenciado a respeito de fatos contrários a ela, porque o procedimento, por si só, não constitui ardil do qual resulte cerceamento de defesa e, em consequência, desvie o juiz de uma sentença não condizente com a verdade".

Item "IV": Incorreto, uma vez que o entendimento do TST é justamente em sentido contrário, na forma da Súmula nº 397, em sua redação anterior: "Não procede ação rescisória calcada em ofensa à coisa julgada perpetrada por decisão proferida em ação de cumprimento, em face de a sentença normativa, na qual se louvava, ter sido modificada em grau de recurso, porque em dissídio coletivo somente se consubstancia coisa julgada formal. Assim, os meios processuais aptos a atacarem a execução da cláusula reformada são a exceção de pré-

-executividade e o mandado de segurança, no caso de descumprimento do art. 572 do CPC". A atual redação do referido verbete é a seguinte: "Não procede ação rescisória calcada em ofensa à coisa julgada perpetrada por decisão proferida em ação de cumprimento, em face de a sentença normativa, na qual se louvava, ter sido modificada em grau de recurso, porque em dissídio coletivo somente se consubstancia coisa julgada formal. Assim, os meios processuais aptos a atacarem a execução da cláusula reformada são a exceção de pré-executividade e o mandado de segurança, no caso de descumprimento do art. 514 do CPC de 2015 (art. 572 do CPC de 1973). (ex-OJ nº 116 da SBDI-2 - DJ 11.08.2003)".

Gabarito: D.

---

496. (TRT - JTS 21ª RG/2010) Sobre a ação rescisória no Direito Processual do Trabalho, assinale a resposta CORRETA:

a) por se tratar de uma ação de natureza especial, é indispensável a correta indicação do fundamento de rescindibilidade prevista em lei na petição inicial, sob pena de inépcia;

b) a ação rescisória proposta com fundamento de violação à lei não admite o reexame da fatos e provas contidos no processo que originou a decisão rescindenda;

c) não se aplica ao processo trabalhista a exigência do depósito prévio para a propositura de ação rescisória;

d) não há legitimidade do Ministério Público do Trabalho para propor ação rescisória em relação a decisões em cujos processos de origem não figura como parte ente de direito público;

e) nas ações rescisórias ajuizadas com base em erro de fato, a revelia produz os efeitos da confissão ficta quanto a essa matéria;

COMENTÁRIOS

Nota do autor: Observe-se, na alternativa "a", que o art. 485, V, do CPC de 1973 corresponde ao art. 966, V, do CPC de 2015. Já na alternativa "d", o art. 487, III, "a" e "b" do CPC de 1973 corresponde ao art. 967, III, "a" e "b", do CPC de 2015. Por conta disso, o TST alterou a redação da Súmula nº 408, nos seguintes termos: "Não padece de inépcia a petição inicial de ação rescisória apenas porque omite a subsunção do fundamento de rescindibilidade no art. 966 do CPC de 2015 (art. 485 do CPC de 1973) ou o capitula erroneamente em um de seus incisos. Contanto que não se afaste dos fatos e fundamentos invocados como causa de pedir, ao Tribunal é lícito emprestar-lhes a adequada qualificação jurídica ('iura novit curia'). No entanto, fundando-se a ação rescisória no art. 966, inciso V, do CPC de 2015 (art. 485, inciso V, do CPC de 1973), é indispensável expressa indicação, na petição inicial da ação rescisória, da norma jurídica manifestamente violada (dispositivo legal violado sob o CPC de 1973), por se tratar de causa de pedir da rescisória, não se aplicando, no caso, o princípio 'iura novit curia'. (ex-Ojs nº 32 e 33 da SBDI-2 - inseridas em 20.09.2000)".

Alternativa "a": Esse requisito só é necessário quando a rescisória funda-se no inciso V do art. 485 do CPC de 1973. Opção **incorreta**, pois em desacordo com a Súmula nº 408 do TST, em sua redação anterior (ver nota do autor): "Não padece de inépcia a petição inicial de ação rescisória apenas porque omite a subsunção do fundamento de rescindibilidade no art. 485 do CPC ou o capitula erroneamente em um de seus incisos. Contanto que não se afaste dos fatos e fundamentos invocados como causa de pedir, ao Tribunal é lícito emprestar-lhes a adequada qualificação jurídica ("iura novit curia"). No entanto, fundando-se a ação rescisória no art. 485, inc. V, do CPC, é indispensável expressa indicação, na petição inicial da ação rescisória, do dispositivo legal violado, por se tratar de causa de pedir da rescisória, não se aplicando, no caso, o princípio "iura novit curia".

Alternativa "b": Correta, de acordo com o entendimento contido na Súmula nº 410 do TST: "A ação rescisória calcada em violação de lei não admite reexame de fatos e provas do processo que originou a decisão rescindenda".

Alternativa "c": Há expressa disposição legal nesse sentido na CLT. Alternativa **incorreta**, de acordo com o art. 836 do referido Diploma Legal: "É vedado aos órgãos da Justiça do Trabalho conhecer de questões já decididas, excetuados os casos expressamente previstos neste Título e a ação rescisória, que será admitida na forma do disposto no Capítulo IV do Título IX da Lei nº 5.869, de 11 de janeiro de 1973 - Código de Processo Civil, sujeita ao depósito prévio de 20% (vinte por cento) do valor da causa, salvo prova de miserabilidade jurídica do autor".

Alternativa "d": Incorreta, de acordo com o posicionamento do TST inserido na Súmula nº 407, em sua redação anterior: "A legitimidade *ad causam* do Ministério Público para propor ação rescisória, ainda que não tenha sido parte no processo que deu origem à decisão rescindenda, não está limitada às alíneas a e b do inciso III do art. 487 do CPC, uma vez que traduzem hipóteses meramente exemplificativas". TST promoveu a alteração dessa Súmula, que passou a ter a seguinte redação: "A legitimidade 'ad causam' do Ministério Público para propor ação rescisória, ainda que não tenha sido parte no processo que deu origem à decisão rescindenda, não está limitada às alíneas 'a', 'b' e 'c' do inciso III do art. 967 do CPC de 2015 (art. 487, III, 'a' e 'b', do CPC de 1973), uma vez que traduzem hipóteses meramente exemplificativas (ex-OJ nº 83 da SBDI-2 - inserida em 13.03.2002)".

Alternativa "e": Não há essa possibilidade, pois o fato foi reconhecido ou não por uma sentença, essa sim, objeto da ação rescisória. Opção **incorreta**, de acordo com a Súmula nº 398 do TST, em sua redação anterior: "Na ação rescisória, o que se ataca na ação é a sentença, ato oficial do Estado, acobertado pelo manto da coisa julgada. Assim sendo, e considerando que a coisa julgada envolve questão de ordem pública, a revelia não produz confissão na ação rescisória". A Resolução nº 219/2017 do TST alterou a redação dessa Súmula: "AÇÃO RESCISÓRIA. AUSÊNCIA DE DEFESA. INAPLICÁVEIS OS EFEITOS DA REVELIA (alterada em decorrência do CPC de 2015) – Res. 219/2017, DEJT divulgado em 28, 29 e 30.06.2017 – republicada – DEJT divulgado em 12, 13 e 14.07.2017 Na ação rescisória, o que se ataca é a decisão, ato oficial do Estado, acobertado pelo manto da coisa julgada. Assim, e considerando que a coisa julgada envolve questão de ordem pública, a revelia não produz confissão na ação rescisória. (ex-OJ nº 126 da SBDI-2 – DJ 09.12.2003)".

Gabarito: B.

---

497. (TRT – JTS 15ª RG/2010) Aponte a alternativa CORRETA com relação à ação rescisória:

a) procede, quando calcada em ofensa à coisa julgada perpetrada por decisão proferida em ação de cumprimento, em face de a sentença normativa, na qual se louvava, ter sido modificada em grau de recurso;

b) a decisão homologatória de cálculos sempre comporta rescisão, a não ser quando enfrentar as questões envolvidas na elaboração da conta de liquidação;

c) na rescisória de rescisória, o vício apontado deve nascer na própria decisão rescindenda, não se admitindo a rediscussão do acerto do julgamento da rescisória anterior;

d) é documento novo apto a viabilizar a desconstituição de julgado a sentença normativa proferida ou transitada em julgado posteriormente à sentença rescindenda;

e) é possível a desconstituição da decisão homologatória de acordo calcada na alegação de dolo da parte vencedora em detrimento da vencida.

COMENTÁRIOS

✪ **Nota do autor:** Observe-se, na alternativa "a", que o art. 572 do CPC de 1973 corresponde ao 514 do CPC de 2015. Já na alternativa "c", o art. 485, V, do CPC de 1973 corresponde ao art. 966, V, do CPC de 2015. Ainda, na alternativa "e", o art. 485, III, do CPC de 1973 corresponde ao art. 966, III, do CPC de 2015.

Alternativa "a": A sentença normativa não adquire a qualidade da coisa julgada material. Opção **incorreta**, pois em desacordo com a Súmula nº 397 do TST, em sua redação anterior: "Não procede ação rescisória calcada em ofensa à coisa julgada perpetrada por decisão proferida em ação de cumprimento, em face de a sentença normativa, na qual se louvava, ter sido modificada em grau de recurso, porque em dissídio coletivo somente se consubstancia coisa julgada formal. Assim, os meios processuais aptos a atacarem a execução da cláusula reformada são a exceção de pré-executividade e o mandado de segurança, no caso de descumprimento do art. 572 do CPC. (ex-OJ nº 116 da SBDI-2 – DJ 11.08.2003)". A atual redação da referida Súmula é a seguinte: "Não procede ação rescisória calcada em ofensa à coisa julgada perpetrada por decisão proferida em ação de cumprimento, em face de a sentença normativa, na qual se louvava, ter sido modificada em grau de recurso, porque em dissídio coletivo somente se consubstancia coisa julgada formal. Assim, os meios processuais aptos a atacarem a execução da cláusula reformada são a exceção de pré-executividade e o mandado de segurança, no caso de descumprimento do art. 514 do CPC de 2015 (art. 572 do CPC de 1973). (ex-OJ nº 116 da SBDI-2 – DJ 11.08.2003)".

Alternativa "b": A regra é no sentido de não comportar ação rescisória de decisão homologatória. **Opção incorreta**, conforme Súmula nº 399 do TST, que apresenta a exceção para o caso de decisão homologatória de cálculos: "I – É incabível ação rescisória para impugnar decisão homologatória de adjudicação ou arrematação. II – A decisão homologatória de cálculos apenas comporta rescisão quando enfrentar as questões envolvidas na elaboração da conta de liquidação, quer solvendo a controvérsia das partes quer explicitando, de ofício, os motivos pelos quais acolheu os cálculos oferecidos por uma das partes ou pelo setor de cálculos, e não contestados pela outra".

Alternativa "c": Correta, de acordo com a Súmula nº 400 do TST, em sua anterior redação: "Em se tratando de rescisória de rescisória, o vício apontado deve nascer na decisão rescindenda, não se admitindo a rediscussão do acerto do julgamento da rescisória anterior. Assim, não se admite rescisória calcada no inciso V do art. 485 do CPC para discussão, por má aplicação dos mesmos dispositivos de lei, tidos por violados na rescisória anterior, bem como para arguição de questões inerentes à ação rescisória primitiva". Em 2016 o TST alterou a redação do referido verbete, nos seguintes termos: "Em se tratando de rescisória de rescisória, o vício apontado deve nascer na decisão rescindenda, não se admitindo a rediscussão do acerto do julgamento da rescisória anterior. Assim, não procede rescisória calcada no inciso V do art. 966 do CPC de 2015 (art. 485, V, do CPC de 1973) para discussão, por má aplicação da mesma norma jurídica, tida por violada na rescisória anterior, bem como para arguição de questões inerentes à ação rescisória primitiva. (ex-OJ nº 95 da SBDI-2 – inserida em 27.09.2002 e alterada DJ 16.04.2004)".

Alternativa "d": Incorreta, uma vez que o entendimento do TST é no sentido contrário ao exposto nessa assertiva, conforme se vê da Súmula nº 402, em sua anterior redação: "Documento novo é o cronologicamente velho, já existente ao tempo da decisão rescindenda, mas ignorado pelo interessado ou de impossível utilização, à época, no processo. Não é documento novo apto a viabilizar a desconstituição de julgado: a) sentença normativa proferida ou transitada em julgado posteriormente à sentença rescindenda; b) sentença normativa preexistente à sentença rescindenda, mas não exibida no processo principal, em virtude de negligência da parte, quando podia e deveria louvar-se de documento já existente e não ignorado quando emitida a decisão rescindenda. (ex-OJ nº 20 da SBDI-2 – inserida em 20.09.2000)". A Resolução nº 217/2017 do TST alterou a redação dessa Súmula: "AÇÃO RESCISÓRIA. PROVA NOVA. DISSÍDIO COLETIVO. SENTENÇA NORMATIVA (nova redação em decorrência do CPC de 2015) – Res. 217/2017 – DEJT divulgado em 20, 24 e 25.04.2017 I – Sob a vigência do CPC de 2015 (art. 966, inciso VII), para efeito de ação rescisória, considera-se prova nova a cronologicamente velha, já existente ao tempo do trânsito em julgado da decisão rescindenda, mas ignorada pelo interessado ou de impossível utilização, à época, no processo. II – Não é prova nova apta a viabilizar a desconstituição de julgado: a) sentença normativa proferida ou transitada em julgado posteriormente à sentença rescindenda; b) sentença normativa preexistente à sentença rescindenda, mas não exibida no processo principal, em virtude de negligência da parte, quando podia e deveria louvar-se de documento já existente e não ignorado quando emitida a decisão rescindenda. (ex-OJ nº 20 da SBDI-2 – inserida em 20.09.2000)",

Alternativa "e": Incorreta, de acordo com a Súmula nº 403, II, do TST: "Se a decisão rescindenda é homologatória de acordo, não há parte vencedora ou vencida, razão pela qual não é possível a sua desconstituição calcada no inciso III do art. 485 do CPC (dolo da parte vencedora em detrimento da vencida), pois constitui fundamento de rescindibilidade que supõe solução jurisdicional para a lide".

Gabarito: C.

---

498. (TRT – JTS 9ª RG/2009) A respeito da ação rescisória no processo do trabalho, considere as seguintes proposições:

I. Consoante a jurisprudência dominante, a ação rescisória fundada em violação de lei admite reexame de fatos e provas do processo que originou a decisão rescindenda.

II. Não se admite, de acordo com o entendimento jurisprudencial dominante, ação rescisória contra decisão que não conhece de recurso de revista, com base em divergência jurisprudencial, isto é, por violação do art. 896, alínea "a", da CLT, pois não se trata de sentença de mérito.

III. Segundo o entendimento jurisprudencial dominante, a regra do art. 485, VIII, do CPC, ao tratar do fundamento para invalidar a confissão como hipótese de rescindibilidade da sentença, refere-se tanto à confissão real quanto à confissão ficta.

IV. De acordo com o entendimento jurisprudencial dominante é incabível ação rescisória para impugnar decisão homologatória de adjudicação ou arrematação.

a) apenas as proposições I e IV estão corretas

b) apenas as proposições II e III estão corretas

c) apenas as proposições II e IV estão corretas

d) apenas as proposições I e III estão corretas

e) todas as proposições estão corretas

COMENTÁRIOS

✪ **Nota do autor:** A ação rescisória é ajuizada perante o Tribunal competente, observando as regras estabelecidas pelo respectivo regimento interno e distribuída para um relator que examina os pressupostos de constituição e desenvolvimento válidos do processo. Observe-se, no item "II", que o art. 485 do CPC de 1973 corresponde ao art. 966 do CPC de 2015. Já no item "III", o art. 485, VIII, do CPC de 1973 não tem correspondente no CPC de 2015, pois a ação a ser ajuizada não é mais a rescisória, e sim a anulatória na forma do art. 966, §4º do novo código.

Item "I": Nesse caso específico, não é possível. Item **incorreto**, conforme Súmula nº 410 do TST: "A ação rescisória calcada em violação de lei não admite reexame de fatos e provas do processo que originou a decisão rescindenda".

Item "II": Correto, conforme posicionamento do TST inserido na Súmula nº 413: "É incabível ação rescisória, por violação do art. 896, "a", da CLT, contra decisão que não conhece de recurso de revista, com base em divergência jurisprudencial, pois não se cuida de sentença de mérito (art. 485 do CPC)". A nova redação dessa Súmula é a seguinte: "AÇÃO RESCISÓRIA. SENTENÇA DE MÉRITO. VIOLAÇÃO DO ART. 896, "A", DA CLT (nova redação em decorrência do CPC de 2015) – Res. 209/2016, DEJT divulgado em 01, 02 e 03.06.2016 É incabível ação rescisória, por violação do art. 896, "a", da CLT, contra decisão transitada em julgado sob a égide do CPC de 1973 que não conhece de recurso de revista, com base em divergência jurisprudencial, pois não se cuidava de sentença de mérito (art. 485 do CPC de 1973). (ex-OJ nº 47 da SBDI-II – inserida em 20.09.2000)".

Item "III": Admite-se, apenas, em caso de confissão real. Item **incorreto**, pois contraria a Súmula nº 404 do TST: "O art. 485, VIII, do CPC, ao tratar do fundamento para invalidar a confissão como hipótese de rescindibilidade da decisão judicial, refere-se à confissão real, fruto de erro, dolo ou coação, e não à confissão ficta resultante de revelia". Atualmente a redação dessa Súmula é a seguinte: "AÇÃO RESCISÓRIA. FUNDAMENTO PARA INVALIDAR CONFISSÃO. CONFISSÃO FICTA. INADEQUAÇÃO DO ENQUADRAMENTO NO ART. 485, VIII, DO CPC DE 1973. – Res. 209/2016, DEJT divulgado em 01, 02 e 03.06.2016. O art. 485, VIII, do CPC de 1973, ao tratar do fundamento para invalidar a confissão como hipótese de rescindibilidade da decisão judicial, referia-se à confissão real, fruto de erro, dolo ou coação, e não à confissão ficta resultante de revelia".

Item "IV": Correto, conforme Súmula nº 399, II, do TST: "É incabível ação rescisória para impugnar decisão homologatória de adjudicação ou arrematação".

Gabarito: C.

---

499. (TRT – JTS 8ª RG/2009) De acordo com a jurisprudência do Tribunal Superior do Trabalho, é INCORRETO afirmar, sobre ação rescisória:

a) A ação rescisória calcada em violação do art. 37, *caput*, da Constituição Federal, por desrespeito ao princípio da legalidade administrativa, exige que, ao menos, o princípio constitucional tenha sido pré-questionado.

b) Não se admite tutela antecipada em sede de ação rescisória, na medida em que não se pode desconstituir antecipadamente a coisa julgada, com base em juízo de verossimilhança, dadas as garantias especiais de que se reveste o pronunciamento estatal transitado em julgado.

c) Havendo recurso ordinário em sede de rescisória, o depósito recursal prévio só é exigível quando for julgado procedente o pedido e imposta condenação em pecúnia.

d) É cabível a rescisória para corrigir contradição entre a parte dispositiva do acórdão rescindendo e a sua fundamentação, por erro de fato na retratação do que foi decidido.

e) A decisão que declara extinta a execução, pela satisfação da obrigação, remissão da dívida ou renúncia de crédito, não é passível de corte rescisório, uma vez que não há atividade cognitiva.

COMENTÁRIOS

✪ **Nota do autor:** Não cabe ação rescisória por ofensa a literal disposição de lei, quando a decisão rescindenda se tiver baseada em texto legal de interpretação controvertida nos Tribunais (Súmula nº 343 do STF). Observe-se, na alternativa "b", que a Súmula nº 405 do TST foi alterada, passando a vigorar com a seguinte redação: "Em face do que dispõem a MP 1.984-22/2000 e o art. 969 do CPC de 2015, é cabível o pedido de tutela provisória formulado na petição inicial de ação rescisória ou na fase recursal, visando a suspender a execução da decisão rescindenda". Já na alternativa "e", que os arts. 794 e 795 do CPC de 1973 correspondem, respectivamente, aos arts. 924 e 925 do CPC de 2015.

Alternativa "a": Correta, conforme entendimento do TST constante da OJ nº 135 da SDI-2: "A ação rescisória calcada em violação do artigo 37, *"caput"*, da Constituição Federal, por desrespeito ao princípio da legalidade administrativa exige que ao menos o princípio constitucional tenha sido prequestionado na decisão".

Alternativa "b": Correta, conforme posicionamento contido na Súmula nº 405, II, do TST, em sua redação anterior (ver parte final da nota do autor): "O pedido de antecipação de tutela, formulado nas mesmas condições, será recebido como medida acautelatória em ação rescisória, por não se admitir tutela antecipada em sede de ação rescisória".

Alternativa "c": Correta, de acordo com a Súmula nº 99 do TST: "Havendo recurso ordinário em sede de rescisória, o depósito recursal só é exigível quando for julgado procedente o pedido e imposta condenação em pecúnia, devendo este ser efetuado no prazo recursal, no limite e nos termos da legislação vigente, sob pena de deserção".

Alternativa "d": Correta, de acordo com o texto da OJ nº 103 da SDI-2 do TST: É cabível a rescisória para corrigir contradição entre a parte dispositiva do acórdão rescindendo e a sua fundamentação, por erro de fato na retratação do que foi decidido".

Alternativa "e": Nesse caso, o TST entende que cabe a ação rescisória. Opção **incorreta**, segundo a OJ nº 107 da SDI-2: "Embora não haja atividade cognitiva, a decisão que declara extinta a execução, nos termos do art. 794 c/c 795 do CPC, extingue a relação processual e a obrigacional, sendo passível de corte rescisório". A redação atual dessa OJ é a seguinte: "Embora não haja atividade cognitiva, a decisão que declara extinta a execução, nos termos do art. 924, incisos I a IV c/c art. 925 do CPC de 2015 (art. 794 c/c 795 do CPC de 1973), extingue a relação processual e a obrigacional, sendo passível de corte rescisório".

Gabarito: E.

---

500. (CESPE – JTS 1ª RG/2010) Assinale a opção CORRETA com relação à ação rescisória.

a) A ação rescisória trabalhista não está sujeita ao depósito prévio.

b) É indispensável ao processamento da ação rescisória a prova do trânsito em julgado da decisão rescindenda; por isso, caso não seja juntado o documento comprobatório à inicial, caberá o seu indeferimento imediato.

c) É juridicamente impossível o pedido de rescisão de julgado proferido em agravo de instrumento que, limitando-se a aferir o desacerto do juízo negativo de admissibilidade de recurso de revista, não substitua o acórdão regional.

d) Na análise do prazo decadencial, o juízo rescindente deve basear-se na certidão de trânsito em julgado juntada com a ação rescisória.

e) A ausência de defesa na ação rescisória acarreta revelia.

COMENTÁRIOS

✪ **Nota do autor:** O valor da causa da ação rescisória corresponde: ao valor dado à causa do processo originário ou aquele que for fixado pelo juiz, no caso de improcedência; ao respectivo valor arbitrado à condenação, no caso de procedência, total ou parcial; e ao valor apurado em liquidação de sentença, das decisões proferidas na fase de execução. Observe-se, na alternativa "c", que o art. 512 do CPC de 1973 corresponde ao art. 1.008 do CPC de 2015.

Alternativa "a": A CLT trata, de forma expressa, da exigência do depósito prévio para a ação rescisória no processo laboral. Opção **incorreta**, pois em desacordo com o art. 836 da CLT: "É vedado aos órgãos da Justiça do Trabalho conhecer de questões já decididas, excetuados os casos expressamente previstos neste Título e a ação rescisória, que será admitida na forma do disposto no Capítulo IV do Título IX da Lei nº 5.869, de 11 de janeiro de 1973 – Código de Processo Civil, sujeita ao depósito prévio de 20% (vinte por cento) do valor da causa, salvo prova de miserabilidade jurídica do autor".

Alternativa "b": Caberá ao juiz conceder prazo para a juntada da referida certidão, sob pena de indeferimento. Opção **incorreta**, pois em desacordo com a Súmula nº 299 do TST: "I – É indispensável ao processamento da ação rescisória a prova do trânsito em julgado da decisão rescindenda, II – Verificando o relator que a parte interessada não juntou à inicial o documento comprobatório, abrirá prazo de 10 (dez) dias para que o faça, sob pena de indeferimento. III – A comprovação do trânsito em julgado da decisão rescindenda é pressuposto processual indispensável ao tempo do ajuizamento da ação rescisória. Eventual trânsito em julgado posterior ao ajuizamento da ação rescisória não reabilita a ação proposta, na medida em que o ordenamento jurídico não contempla a ação rescisória preventiva". Atualmente essa Súmula tem a seguinte redação: "AÇÃO RESCISÓRIA. DECISÃO RESCINDENDA. TRÂNSITO EM JULGADO. COMPROVAÇÃO. EFEITOS (nova redação do item II em decorrência do CPC de 2015) – Res. 211/2016, DEJT divulgado em 24, 25 e 26.08.2016. I – É indispensável ao processamento da ação rescisória a prova do trânsito em julgado da decisão rescindenda. (ex-Súmula nº 299 – Res 8/1989, DJ 14, 18 e 19.04.1989) II – Verificando o relator que a parte interessada não juntou à inicial o documento comprobatório, abrirá prazo de 15 (quinze) dias para que o faça (art. 321 do CPC de 2015), sob pena de indeferimento.(ex-Súmula nº 299 – Res 8/1989, DJ 14, 18 e 19.04.1989) III – A comprovação do trânsito em julgado da decisão rescindenda é pressuposto processual indispensável ao tempo do ajuizamento da ação rescisória. Eventual trânsito em julgado posterior ao ajuizamento da ação rescisória não reabilita a ação proposta, na medida em que o ordenamento jurídico não contempla a ação rescisória preventiva. (ex-OJ nº 106 da SBDI-II – DJ 29.04.2003) IV – O pretenso vício de intimação, posterior à decisão que se pretende rescindir, se efetivamente ocorrido, não permite a formação da coisa julgada material. Assim, a ação rescisória deve ser julgada extinta, sem julgamento do mérito, por carência de ação, por inexistir decisão transitada em julgado a ser rescindida. (ex-OJ nº 96 da SBDI-II – inserida em 27.09.2002)"

Alternativa "c": Correta, pois corresponde ao entendimento exposto na Súmula nº 192, IV, do TST: "É manifesta a impossibilidade jurídica do pedido de rescisão de julgado proferido em agravo de instrumento que, limitando-se a aferir o eventual desacerto do juízo negativo de admissibilidade do recurso de revista, não substitui o acórdão regional, na forma do art. 512 do CPC". A atual redação do inciso IV dessa Súmula é a seguinte: "AÇÃO RESCISÓRIA. COMPETÊNCIA (atualizada em decorrência do CPC de 2015) – Res. 212/2016, DEJT divulgado em 20, 21 e 22.09.2016. IV – Na vigência do CPC de 1973, é manifesta a impossibilidade jurídica do pedido de rescisão de julgado proferido em agravo de instrumento que, limitando-se a aferir o eventual desacerto do juízo negativo de admissibilidade do recurso de revista, não substitui o acórdão regional, na forma do art. 512 do CPC. (ex-OJ nº 105 da SBDI-2 – DJ 29.04.2003)"

Alternativa "d": O juiz pode formar seu convencimento com base em outros elementos dos autos, mas somente quanto ao prazo decadencial. Opção **incorreta**, pois está em desacordo com a Súmula nº 100, IV, do TST: "O juízo rescindente não está adstrito à certidão de trânsito em julgado juntada com a ação rescisória, podendo formar sua convicção através de outros elementos dos autos quanto à antecipação ou postergação do "dies *a quo*" do prazo decadencial".

Alternativa "e": Não gera esse efeito, pois as questões discutidas na rescisória são de ordem pública. Opção **incorreta**, segundo a Súmula nº 398 do TST, em sua redação anterior: "Na ação rescisória, o que se ataca na ação é a sentença, ato oficial do Estado, acobertado pelo manto da coisa julgada. Assim sendo, e considerando que a coisa julgada envolve questão de ordem pública, a revelia não produz confissão na ação rescisória". A Resolução nº 219/2017 do TST alterou a redação dessa Súmula: "AÇÃO RESCISÓRIA. AUSÊNCIA DE DEFESA. INAPLICÁVEIS OS EFEITOS DA REVELIA (alterada em decorrência do CPC de 2015) – Res. 219/2017, DEJT divulgado em 28, 29 e 30.06.2017 – republicada – DEJT divulgado em 12, 13 e 14.07.2017 Na ação rescisória, o que se ataca é a decisão, ato oficial do Estado, acobertado pelo manto da coisa julgada. Assim, e considerando que a coisa julgada envolve questão de ordem pública, a revelia não produz confissão na ação rescisória. (ex-OJ nº 126 da SBDI-2 – DJ 09.12.2003)".

Gabarito: C.

---

501. (TRT – JTS 8ª RG/2008) À vista da jurisprudência consolidada pelo TST acerca da ação rescisória, é INCORRETO afirmar:

a) O juízo rescindente não está adstrito à certidão de trânsito em julgado juntada com a ação rescisória, podendo formar sua convicção através de outros elementos dos autos quanto à antecipação ou postergação do dies *a quo* do prazo decadencial, desde que a temática tenha sido objeto de debate anterior. Além disso, o acordo homologado judicialmente tem força de decisão irrecorrível, o que faz com que o termo conciliatório transite em julgado na exata data da sua homologação judicial.

b) Havendo recurso ordinário em sede de rescisória, o depósito recursal só é exigível quando for julgado procedente o pedido e imposta condenação em pecúnia, devendo este ser efetuado no prazo recursal, no limite e nos termos da legislação vigente, sob pena de deserção, valendo gizar, também, que o prazo de decadência, na ação rescisória, conta-se do dia imediatamente subsequente ao trânsito em julgado da última decisão proferida na causa, seja de mérito ou não.

c) Havendo recurso parcial no processo principal, o trânsito em julgado dá-se em momentos e em tribunais diferentes, contando-se o prazo decadencial para a ação rescisória do trânsito em julgado de cada decisão, salvo se o recurso tratar de preliminar ou prejudicial que possa tornar insubsistente a decisão recorrida, hipótese em que flui a decadência a partir do trânsito em julgado da decisão que julgar o recurso parcial. Frise-se, ainda, que a interposição de recurso intempestivo ou a interposição de recurso incabível não protrai o termo inicial do prazo decadencial, excetuada a hipótese de dúvida razoável.

d) Na hipótese de colusão das partes, o prazo decadencial da ação rescisória somente começa a fluir para o Ministério Público, que não interveio no processo principal, a partir do momento em que tem ciência da fraude. Ademais, não ofende o princípio do duplo grau de jurisdição a decisão do TST que, após afastar a decadência em sede de recurso ordinário, aprecia desde logo a lide, se a causa versar questão exclusivamente de direito e estiver em condições de imediato julgamento.

e) A exceção de incompetência, ainda que oposta no prazo recursal, sem ter sido aviado o recurso próprio, não tem o condão de afastar a consumação da coisa julgada e, assim, postergar o termo inicial do prazo decadencial para a ação rescisória. Por outro lado, prorroga-se até o primeiro dia útil, imediatamente subsequente, o prazo decadencial para ajuizamento de ação rescisória quando expira em férias forenses, feriados, finais de semana ou em dia em que não houver expediente forense. Outrossim, conta-se o prazo decadencial da ação rescisória, após o decurso do prazo legal previsto para a interposição do recurso extraordinário, apenas quando esgotada a integralidade das vias recursais ordinárias.

COMENTÁRIOS

Alternativa "a": Não é necessário que tenha havido debates anteriores para que o juiz utilize dos outros meios de convicção nos autos para o caso de consideração do termo inicial do prazo de decadência. Opção **incorreta**, pois está em desacordo com a súmula nº 100, IV e V, do TST: "IV – O juízo rescindente não está adstrito à certidão de trânsito em julgado juntada com a ação rescisória, podendo formar sua convicção através de outros elementos dos autos quanto à antecipação ou postergação do "dies *a quo*" do prazo decadencial. V – O acordo homologado judicialmente tem força de decisão irrecorrível, na forma do art. 831 da CLT. Assim sendo, o termo conciliatório transita em julgado na data da sua homologação judicial".

Alternativa "b": Correta, pois se encontra de acordo com a Súmula nº 99 do TST: "Havendo recurso ordinário em sede de rescisória, o depósito recursal só é exigível quando for julgado procedente o pedido e imposta condenação em pecúnia, devendo este ser efetuado no prazo recursal, no limite e nos termos da legislação vigente, sob pena de deserção".

Alternativa "c": Correta, conforme conteúdo da Súmula nº 100, II e III, do TST: "II – Havendo recurso parcial no processo principal, o trânsito em julgado dá-se em momentos e em tribunais diferentes, contando-se o prazo decadencial para a ação rescisória do trânsito em julgado de cada decisão, salvo se o recurso tratar de preliminar ou prejudicial que possa tornar insubsistente a decisão recorrida, hipótese em que flui a decadência a partir do trânsito em julgado da decisão que julgar o recurso parcial. III – Salvo se houver dúvida razoável, a interposição de recurso intempestivo ou a interposição de recurso incabível não protrai o termo inicial do prazo decadencial".

Alternativa "d": Correta, na forma do posicionamento do TST adotado na Súmula nº 100, IV e VI: "VI – Na hipótese de colusão das partes, o prazo decadencial da ação rescisória somente começa a fluir para o Ministério Público, que não interveio no processo principal, a partir do momento em que tem ciência da fraude. VII – Não ofende o princípio do duplo grau de jurisdição a decisão do TST que, após afastar a decadência em sede de recurso ordinário, aprecia desde logo a lide, se a causa versar questão exclusivamente de direito e estiver em condições de imediato julgamento.

Alternativa "e": Correta, segundo a orientação contida na Súmula nº 100, VIII e IX, do TST: "VIII – A exceção de incompetência, ainda que oposta no prazo recursal, sem ter sido aviado o recurso próprio, não tem o condão de afastar a consumação da coisa julgada e, assim, postergar o termo inicial do prazo decadencial para a ação rescisória. IX – Prorroga-se até o primeiro dia útil, imediatamente subsequente, o prazo decadencial para ajuizamento de ação rescisória quando expira em férias forenses, feriados, finais de semana ou em dia em que não houver expediente forense. Aplicação do art. 775 da CLT".

Gabarito: A.

---

502. (TRT – JTS 8ª RG/2008) Considerando a posição sumulada do TST, assinale a alternativa CORRETA:

a) O prazo de decadência, na ação rescisória, conta-se do dia imediatamente subsequente ao trânsito em julgado da última decisão proferida na causa, seja de mérito ou não. Pode uma questão processual ser objeto de rescisão desde que consista em pressuposto de validade de uma sentença de mérito. É motivo de inépcia da petição inicial em ação rescisória, o pedido explícito de desconstituição de sentença quando substituída por acórdão Regional.

b) Em dissídio individual, está sujeita ao duplo grau de jurisdição, mesmo na vigência da CF/1988, decisão contrária à Fazenda Pública, salvo quando a condenação não ultrapassar o valor correspondente a 60 (sessenta) salários mínimos e quando for proferida em consonância com decisão plenária do Tribunal Superior do Trabalho ou com súmula do Supremo Tribunal Federal.

c) Não existe incompatibilidade do que dispõe o art. 462 do CPC com o processo do trabalho, pelo que se admite a invocação de fato constitutivo, modificativo ou extintivo do direito, superveniente à propositura da ação, aos processos em curso em qualquer instância trabalhista. Constitui julgamento *extra petita* a decisão do juiz que acolhe o fato superveniente, independentemente da alegação da parte.

d) O cabimento de ação rescisória contra decisão proferida em ação rescisória é estreito e apenas se admite na excepcionalidade. O vício apontado deve nascer na decisão rescindenda, resultante da má aplicação dos mesmos dispositivos de lei, tidos por violados na rescisória anterior.

e) A contagem do quinquídio para apresentação dos originais de recurso interposto por intermédio de fac-símile começa a fluir do dia subsequente ao término do prazo recursal, nos termos do art. 2º da Lei nº 9.800/1999, e não do dia seguinte à interposição do recurso, se esta se deu antes do termo final do prazo. Aplica-se, na espécie, a regra em que é considerado prorrogado o prazo até o primeiro dia útil, se o termo inicial para a juntada dos originais recair em feriado.

COMENTÁRIOS

✪ **Nota do autor:** A ação rescisória tem caráter constitutivo-negativo, pois visa desconstituir um ato processual do juiz (sentença) e, por esse motivo, está submetida ao prazo decadencial para sua propositura. Por via reflexa, a ação rescisória pode ter um conteúdo condenatório, quando substitui uma sentença ou acórdão de improcedência da pretensão do autor. Observe-se, na alternativa "a", que o art. 512 do CPC de 1973 corresponde ao art. 1.008 do CPC de 2015. Já na alternativa "c", o art. 462 do CPC de 1973 corresponde ao art. 493 do CPC de 2015. Ainda na alternativa "d", o art. 485, V, do CPC de 1973 corresponde ao art. 966, V, do CPC de 2015. Por fim, na alternativa "e", o art. 184 do CPC de 1973 corresponde ao art. 224 do CPC de 2015.

Alternativa "a": Correta, pois está de acordo com o posicionamento do TST exposto em três de seus verbetes: Item I, da Súmula nº 100: "I – O prazo de decadência, na ação rescisória, conta-se do dia imediatamente subsequente ao trânsito em julgado da última decisão proferida na causa, seja de mérito ou não"; Súmula nº 412, em sua redação original: "Pode uma questão processual ser objeto de rescisão desde que consista em pressuposto de validade de uma sentença de mérito". E item III, da Súmula nº 192: "Em face do disposto no art. 512 do CPC, é juridicamente impossível o pedido explícito de desconstituição de sentença quando substituída por acórdão do Tribunal Regional ou superveniente sentença homologatória de acordo que puser fim ao litígio". A atual redação do item III dessa Súmula é a seguinte: "AÇÃO RESCISÓRIA. COMPETÊNCIA (atualizada em decorrência do CPC de 2015) – Res. 212/2016, DEJT divulgado em 20, 21 e 22.09.2016 III – Sob a égide do art. 512 do CPC de 1973, é juridicamente impossível o pedido explícito de desconstituição de sentença quando substituída por acórdão do Tribunal Regional ou superveniente sentença homologatória de acordo que puser fim ao litígio". Ressalte-se também que a Resolução nº 217/2017 conferiu nova redação à Súmula nº 412: "AÇÃO RESCISÓRIA. REGÊNCIA PELO CPC DE 1973. SENTENÇA DE MÉRITO. QUESTÃO PROCESSUAL (nova redação em decorrência do CPC de 2015) – Res. 217/2017 – DEJT divulgado em 20, 24 e 25.04.2017. Sob a égide do CPC de 1973, pode uma questão processual ser objeto de rescisão desde que consista em pressuposto de validade de uma sentença de mérito. (ex-OJ nº 46 da SBDI-2 – inserida em20.09.2000)".

Alternativa "b": Na verdade, não caberia recurso necessário de decisão plenária do Supremo Tribunal Federal ou com súmula ou orientação jurisprudencial do Tribunal Superior do Trabalho. **Opção incorreta**, pois está em desacordo com a Súmula nº 303 do TST: "I – Em dissídio individual, está sujeita ao duplo grau de jurisdição, mesmo na vigência da CF/1988, decisão contrária à Fazenda Pública, salvo: a) quando a condenação não ultrapassar o valor correspondente a 60 (sessenta) salários mínimos; b) quando a decisão estiver em consonância com decisão plenária do Supremo Tribunal Federal ou com súmula ou orientação jurisprudencial do Tribunal Superior do Trabalho". Atualmente o inciso I dessa Súmula tem a seguinte redação: "FAZENDA PÚBLICA. REEXAME NECESSÁRIO (nova redação em decorrência do CPC de 2015) – Res. 211/2016, DEJT divulgado em 24, 25 e 26.08.2016. I – Em dissídio individual, está sujeita ao reexame necessário, mesmo na vigência da Constituição Federal de 1988, decisão contrária à Fazenda Pública, salvo quando a condenação não ultrapassar o valor correspondente a: a) 1.000 (mil) salários mínimos para a União e as respectivas autarquias e fundações de direito público; b) 500 (quinhentos) salários mínimos para os Estados, o Distrito Federal, as respectivas autarquias e fundações de direito público e os Municípios que constituam capitais dos Estados; c) 100 (cem) salários mínimos para todos os demais Municípios e respectivas autarquias e fundações de direito público".

Alternativa "c": Não há qualquer impedimento no sentido de o juiz do trabalho aplicar o art. 462 do CPC no processo do trabalho, pois não há qualquer incompatibilidade com os seus princípios. Alternativa **incorreta**, uma vez que contraria o entendimento constante da Súmula nº 394 do TST: "O art. 462 do CPC, que admite a invocação de fato constitutivo, modificativo ou extintivo do direito, superveniente à propositura da ação, é aplicável de ofício aos processos em curso em qualquer instância trabalhista". A atual redação do referido verbete é a seguinte: "FATO SUPERVENIENTE. ART. 493 do CPC de 2015. ART. 462 DO CPC de 1973 (atualizada em decorrência do CPC de 2015) – Res. 208/2016, DEJT divulgado em 22, 25 e 26.04.2016 O art. 493 do CPC de 2015 (art. 462 do CPC de 1973), que admite a invocação de fato constitutivo, modificativo ou extintivo do direito, superveniente à propositura da ação, é aplicável de ofício aos processos em curso em qualquer instância trabalhista. Cumpre ao juiz ou tribunal ouvir as partes sobre o fato novo antes de decidir."

Alternativa "d": No caso citado, ação rescisória não teria cabimento, pois estaria fundada em erro de julgamento da decisão primitiva. **Opção incorreta**, de acordo com a Súmula nº 400 do TST, em sua redação anterior: "Em se tratando de rescisória de rescisória, o vício apontado deve nascer na decisão rescindenda, não se admitindo a rediscussão do acerto do julgamento da rescisória anterior. Assim, não se admite rescisória calcada no inciso V do art. 485 do CPC para discussão, por má aplicação dos mesmos dispositivos de lei, tidos por violados na rescisória anterior, bem como para arguição de questões inerentes à ação rescisória primitiva". A atual redação do referido verbete é a seguinte: "Em se tratando de rescisória de rescisória, o vício apontado deve nascer na decisão rescindenda, não se admitindo a rediscussão do acerto do julgamento da rescisória anterior. Assim, não procede rescisória calcada no inciso V do art. 966 do CPC de 2015 (art. 485, V, do CPC de 1973) para discussão, por má aplicação da mesma norma jurídica, tida por violada na rescisória anterior, bem como para arguição de questões inerentes à ação rescisória primitiva. (ex-OJ nº 95 da SBDI-2 - inserida em 27.09.2002 e alterada DJ 16.04.2004)".

Alternativa "e": Nessa situação não se aplica a regra geral de início de contagem do prazo prevista na legislação processual. Opção **incorreta**, segundo a Súmula nº 387 do TST: "I – A Lei nº 9.800, de 26.05.1999, é aplicável somente a recursos interpostos após o início de sua vigência. II – A contagem do quinquídio para apresentação dos originais de recurso interposto por intermédio de fac-símile começa a fluir do dia subsequente ao término do prazo recursal, nos termos do art. 2º da Lei nº 9.800, de 26.05.1999, e não do dia seguinte à interposição do recurso, se esta se deu antes do termo final do prazo. III – Não se tratando a juntada dos originais de ato que dependa de notificação, pois a parte, ao interpor o recurso, já tem ciência de seu ônus processual, não se aplica a regra do art. 184 do CPC quanto ao "dies *a quo*", podendo coincidir com sábado, domingo ou feriado. IV – A autorização para utilização do fac-símile, constante do art. 1º da Lei nº 9.800, de 26.05.1999, somente alcança as hipóteses em que o documento é dirigido diretamente ao órgão jurisdicional, não se aplicando à transmissão ocorrida entre particulares".

Gabarito: A.

---

503. (TRT – JTS 8ª RG/2009) Consoante as súmulas da jurisprudência do TST, assinale a opção INCORRETA:

a) Na ação rescisória, a revelia não produz o efeito da confissão tendo em visa que o que se ataca na ação é a sentença, ato oficial do Estado, acobertado pelo manto da coisa julgada, questão, portanto, de ordem pública.

b) Em se tratando de rescisória de rescisória, o vício apontado deve nascer na decisão rescindenda, não se admitindo a rediscussão do acerto do julgamento da rescisória anterior. Assim, não se admite rescisória calcada em violação literal disposição de lei para discussão, por má aplicação dos mesmos dispositivos, tidos por violados na rescisória anterior, bem como para arguição de questões inerentes à ação rescisória primitiva.

c) A contagem do quinquídio para apresentação dos originais de recurso interposto por intermédio de fac-símile começa a fluir do dia subsequente ao término do prazo recursal, nos termos do artigo 2º da Lei nº 9.800/1999, e não do dia seguinte à interposição do recurso, se esta se deu antes do termo final do prazo. Não se tratando a juntada dos originais de ato que dependa de notificação, pois a parte, ao interpor o recurso, já tem ciência de seu ônus processual, não se aplica a regra do artigo 184 do CPC quanto ao *dies a quo*, podendo coincidir com sábado, domingo ou feriado.

d) Tendo a decisão monocrática de provimento ou denegação de recurso, prevista no art. 557 do CPC, conteúdo decisório definitivo e conclusivo da lide, comporta ser esclarecida pela via dos embargos de declaração, em decisão aclaratória, também monocrática, quando se pretende tão somente suprir obscuridade ou contradição, e não modificação do julgado. Postulando o embargante efeito modificativo, os embargos declaratórios deverão ser submetidos ao pronunciamento do Colegiado, convertidos em agravo, em face dos princípios da fungibilidade e celeridade processual.

e) Tratando-se de pedido de diferença de complementação de aposentadoria oriunda de norma regulamentar, a prescrição aplicável é a parcial, não atingindo o direito de ação, mas, tão somente, as parcelas anteriores ao quinquênio, sendo, porém, total a prescrição nas hipóteses em que o pagamento da complementação jamais ocorreu, e começa a fluir o prazo a partir da concessão da aposentadoria.

COMENTÁRIOS

✪ **Nota do autor:** Observe-se, na alternativa "b", que o art. 485, V, do CPC de 1973 corresponde ao art. 966, V, do CPC de 2015. Já na alternativa "c", o art. 184 do CPC de 1973 corresponde ao 224 do CPC de 2015. Por fim, na alternativa "d", o art. 557 do CPC de 1973 corresponde ao art. 932, III, do CPC de 2015, fato que fez o TST alterar a redação da Súmula nº 421: "I – Cabem embargos de declaração da decisão monocrática do relator prevista no art. 932 do CPC de 2015 (art. 557 do CPC de 1973), se a parte pretende tão somente juízo integrativo retificador da decisão e, não, modificação do julgado. II – Se a parte postular a revisão no mérito da decisão monocrática, cumpre ao relator converter os embargos de declaração em agravo, em face dos princípios da fungibilidade e celeridade processual, submetendo-o ao pronunciamento do Colegiado, após a intimação do recorrente para, no prazo de 5 (cinco) dias, complementar as razões recursais, de modo a ajustá-las às exigências do art. 1.021, § 1º, do CPC de 2015)".

Alternativa "a": O objeto da ação rescisória é a sentença, que se traduz em matéria jurídica e não fática. Logo, essa situação não é alcançada pelos efeitos da confissão ficta. Opção **correta**, conforme Súmula nº 398 do TST, em sua redação anterior: "Na ação rescisória, o que se ataca na ação é a sentença, ato oficial do Estado, acobertado pelo manto da coisa julgada. Assim sendo, e considerando que a coisa julgada envolve questão de ordem pública, a revelia não produz confissão na ação rescisória". A Resolução nº 219/2017 do TST alterou a redação dessa Súmula: "AÇÃO RESCISÓRIA. AUSÊNCIA DE DEFESA. INAPLICÁVEIS OS EFEITOS DA REVELIA (alterada em decorrência do CPC de 2015) – Res. 219/2017, DEJT divulgado em 28, 29 e 30.06.2017 – republicada – DEJT divulgado em 12, 13 e 14.07.2017 Na ação rescisória, o que se ataca é a decisão, ato oficial do Estado, acobertado pelo manto da coisa julgada. Assim, e considerando que a coisa julgada envolve questão de ordem pública, a revelia não produz confissão na ação rescisória. (ex-OJ nº 126 da SBDI-2 – DJ 09.12.2003)".

Alternativa "b": Correta, pois a afirmativa contida nessa alternativa corresponde ao texto da Súmula nº 400 do TST, em sua redação anterior: "Em se tratando de rescisória de rescisória, o vício apontado deve nascer na decisão rescindenda, não se admitindo a rediscussão do acerto do julgamento da rescisória anterior. Assim, não se admite rescisória calcada no inciso V do art. 485 do CPC para discussão, por má aplicação dos mesmos dispositivos de lei, tidos por violados na rescisória anterior, bem como para arguição de questões inerentes à ação rescisória primitiva". O TST alterou a redação dessa Súmula, nos seguintes termos: "Em se tratando de rescisória de rescisória, o vício apontado deve nascer na decisão rescindenda, não se admitindo a rediscussão do acerto do julgamento da rescisória anterior. Assim, não procede rescisória calcada no inciso V do art. 966 do CPC de 2015 (art. 485, V, do CPC de 1973) para discussão, por má aplicação da mesma norma jurídica, tida por violada na rescisória anterior, bem como para arguição de questões inerentes à ação rescisória primitiva. (ex-OJ nº 95 da SBDI-2 – inserida em 27.09.2002 e alterada DJ 16.04.2004)".

Alternativa "c": Correta, pois representa o posicionamento do TST adotado pela Súmula nº 387, II, III e IV, em sua redação anterior: "II – A contagem do quinquídio para apresentação dos originais de recurso interposto por intermédio de fac-símile começa a fluir do dia subsequente ao término do prazo recursal, nos termos do art. 2º da Lei nº 9.800, de 26.05.1999, e não do dia seguinte à interposição do recurso, se esta se deu antes do termo final do prazo. III – Não se tratando a juntada dos originais de ato que dependa de notificação, pois a parte, ao interpor o recurso, já tem ciência de seu ônus processual, não se aplica a regra do art. 184 do CPC quanto ao "dies *a quo*", podendo coincidir com sábado, domingo ou feriado. IV – A autorização para utilização do fac-símile, constante do art. 1º da Lei nº 9.800, de 26.05.1999, somente alcança as hipóteses em que o documento é dirigido diretamente ao órgão jurisdicional, não se aplicando à transmissão ocorrida entre particulares". A redação atual desse verbete é a seguinte: "I – A Lei nº 9.800, de 26.05.1999, é aplicável somente a recursos interpostos após o início de sua vigência. (ex-OJ nº 194 da SBDI-1 – inserida em 08.11.2000) II – A contagem do quinquídio para apresentação dos originais de recurso interposto por intermédio de fac-símile começa a fluir do dia subsequente ao término do prazo recursal, nos termos do art. 2º da Lei nº 9.800, de 26.05.1999, e não do dia seguinte à interposição do recurso, se esta se deu antes do termo final do prazo. (ex-OJ nº 337 da SBDI-1 – primeira parte – DJ 04.05.2004) III – Não se tratando a juntada dos originais de ato que dependa de notificação, pois a parte, ao interpor o recurso, já tem ciência de seu ônus processual, não se aplica a regra do art. 224 do CPC de 2015 (art. 184 do CPC de 1973) quanto ao 'dies a quo', podendo coincidir com sábado, domingo ou feriado. (ex-OJ nº 337 da SBDI-1 – 'in fine' – DJ 04.05.2004) IV – A autorização para utilização do fac-símile, constante do art. 1º da Lei n.º 9.800, de 26.05.1999, somente alcança as hipóteses em que o documento é dirigido diretamente ao órgão jurisdicional, não se aplicando à transmissão ocorrida entre particulares".

Alternativa "d": O esclarecimento por meio de embargos dirigido ao relator que proferiu decisão monocrática só é cabível quando houver omissão e não obscuridade ou contradição, como constou nesta alternativa. Opção **incorreta,** uma vez que contraria a Súmula nº 421 do TST, na sua redação anterior (ver final da nota do autor): "I – Tendo a decisão monocrática de provimento ou denegação de recurso, prevista no art. 557 do CPC, conteúdo decisório definitivo e conclusivo da lide, comporta ser esclarecida pela via dos embargos de declaração, em decisão aclaratória, também monocrática, quando se pretende tão somente suprir omissão e não, modificação do julgado. II – Postulando o embargante efeito modificativo, os embargos declaratórios de verão ser submetidos ao pronunciamento do Colegiado, convertidos em agravo, em face dos princípios da fungibilidade e celeridade processual".

Alternativa "e": Correta, conforme Súmula nº 327 do TST: "A pretensão a diferenças de complementação de aposentadoria sujeita-se à prescrição parcial e quinquenal, salvo se o pretenso direito decorrer de verbas não recebidas no curso da relação de emprego e já alcançadas pela prescrição, à época da propositura da ação".

Gabarito: D.

6. EXECUÇÃO

504. FGV - 2023 - TST - Juiz do Trabalho Substituto

Em determinada reclamação trabalhista, na oportunidade de defesa, a empresa confessa dever todos os títulos nos valores reclamados, exceto um deles. O reclamante recusa, porém, a conciliação e pretende prosseguir quanto ao título contestado. O juiz julga então extintos com julgamento de mérito os títulos reconhecidos e fixa prazo para que a empresa deposite os valores desses títulos. A empresa efetua o depósito dos valores determinados, mas se opõe ao seu levantamento pelo reclamante. O juiz decide na sequência:

a) não liberar o dinheiro, porque o processo ainda não tinha sido julgado por inteiro;

b) não liberar o dinheiro, porque a execução em questão seria provisória;

c) não liberar o dinheiro, porque tratar-se-ia de execução de tutela provisória;

d) liberar o dinheiro, já que a execução é definitiva;

e) liberar o dinheiro, porque isso é admitido na execução provisória de parcelas alimentares.

COMENTÁRIOS

✪ **Nota do autor:** na hipótese, teria ocorrido o reconhecimento jurídico do pedido (CPC, art. 487, II), do que teria resultado uma decisão parcial de mérito quanto aos títulos incontroversos (CPC, art. 356). Transcorrido o prazo recursal, a execução será definitiva quanto a esses pedidos, sendo possível inclusive a liberação do dinheiro ao credor.

Gabarito: Letra D.

---

505. Tendo o oficial de justiça penhorado um relógio do devedor, de marca internacional muito famosa e cara, opõe o mesmo devedor embargos à execução, alegando ser o bem impenhorável, já que se trataria de mera réplica, sem valor comercial e de uso pessoal, por apego meramente sentimental.

Realizada a perícia no bem, concluiu o perito ser o relógio uma falsificação bem elaborada, cujo valor naquela oportunidade não saberia precisar.

Diante dessa perícia, deve o juiz julgar:

a) procedentes os embargos e mandar liberar o bem;

b) procedentes os embargos e mandar substituir a penhora, sem liberação imediata do relógio;

c) procedentes os embargos e mandar substituir a penhora, com liberação imediata do relógio;

d) extintos os embargos sem exame de mérito e não liberar o relógio;

e) improcedentes os embargos, sem liberação do relógio.

COMENTÁRIOS

✪ **Nota do autor:** é requisito para o julgamento de mérito dos embargos à execução a prévia garantia do juízo, conforme art. 884, caput, da CLT. "In casu", não foi atendido tal requisito, razão pela qual os embargos à execução deveriam ser extintos sem resolução de mérito. Como o bem penhorado possui valor de mercado (embora ainda indeterminado), a penhora deveria ser mantida até que se conseguisse apurar ou arbitrar o valor ou bem, para viabilizar o prosseguimento da execução.

Gabarito: Letra D.

---

506. FGV - 2023 - TST - Juiz do Trabalho Substituto

Tendo o advogado do exequente tomado conhecimento de que o executado possuía grande quantia em dinheiro, guardada em um cofre alugado em um banco privado, formula petição escrita, requerendo a penhora do valor em execução, imprime essa peca e, antes de juntá-la ao processo eletrônico, pede para despacha-la diretamente com o juiz, alegando urgência e necessidade de cautela, para evitar que o executado sacasse o dinheiro antes que se pudesse efetivar a sua apreensão.

O juiz, depois de ouvir o advogado, profere o seguinte despacho na petição escrita: "Diga o réu. Intime-se"

Ao retirar-se do gabinete do juiz e ler o despacho, o advogado tenta retornar e ponderar com o juiz, mas este se recusa a ouvi-lo e diz que, se estivesse insatisfeito, que usasse o recurso cabível.

O advogado então redige no próprio balcão da Vara uma peça de mandado de segurança e se dirige ao Tribunal Regional do Trabalho para despachá-la, levando consigo a primeira petição mencionada e já despachada pelo juiz. Pediu, na peça de mandado de segurança, que o Tribunal autorizasse que aquela peça primeira fosse juntada aos autos posteriormente, determinando-se antes que o juiz expedisse o mandado de penhora.

Considerando o quadro acima, a conduta do advogado foi:

a) incorreta, porque cometeu arrebatamento de peça dos autos;

b) incorreta, porque a medida cabível seria a reclamação correicional;

c) correta, porque a decisão do juiz foi teratológica e reclamava atuação imediata;

d) correta quanto à medida, mas incorreta quanto a reter a peça dos autos;

e) correta, porque decisão parcial sempre desafia mandado de segurança.

COMENTÁRIOS

✪ **Nota do autor:** a questão narra uma situação inusitada, sendo certo que a decisão do juiz, caso cumprida ou até mesmo caso levada previamente ao conhecimento do réu, implicaria inutilidade da medida, já que presumidamente o réu poderia retirar o dinheiro do cofre, inviabilizando a realização da penhora. Por se tratar de decisão teratológica, cabe mandado de segurança, sendo medida de autodefesa a não juntada imediata da peça aos autos, até decisão liminar do mandado de segurança.

Gabarito: Letra C.

---

507. FGV - 2023 - TST - Juiz do Trabalho Substituto

Ao cumprir mandado de penhora contra uma determinada empresa, o oficial de justiça certificou que estava inativa e que não encontrou bens passíveis de satisfazer a execução, a não ser algumas joias que estavam à vista em um cofre aberto. Tendo uma sócia da empresa alegado que as joias eram propriedade particular dela, porém, sem apresentar comprovação naquele momento, o oficial de justiça lavrou o auto de penhora contra a empresa e juntou-o aos autos, nomeando a sócia como fiel depositária. Esta opôs então embargos de terceiro, alegando ser parte ilegítima no processo e comprovando com as notas fiscais a propriedade das joias. Intimada a falar sobre os embargos, a exequente apresenta petição, requerendo a Instauração de incidente de desconsideração da personalidade jurídica da empresa, em desfavor da sócia em questão, requerendo ainda em tutela cautelar a manutenção da penhora. Ouvida, a sócia declarou que não haveria prova do desvio de finalidade na sua gestão da empresa nem qualquer outro fundamento que autorizasse a sua responsabilização.

Conclusos os autos para decisão, cabe ao juiz:

a) julgar o incidente de desconsideração da personalidade jurídica e manter cautelarmente a penhora:

b) julgar procedentes os embargos, liberar a penhora e diferir a instauração do incidente de desconsideração da personalidade jurídica;

c) julgar improcedentes os embargos e converter em diligência o julgamento do incidente de desconsideração da personalidade jurídica;

d) julgar o incidente de desconsideração da personalidade jurídica e, se for procedente, determinar nova penhora e julgar extintos os embargos com julgamento de mérito, liberando as joias;

e) extinguir tanto os embargos quanto o incidente de desconsideração da personalidade jurídica por falta de cabimento, uma vez que a sócia responderá em qualquer caso.

COMENTÁRIOS

✪ **Nota do autor:** a questão versa sobre execução trabalhista e sobre o incidente de desconsideração da personalidade jurídica (IDPJ).Como o enunciado afirma que a empresa estava inativa e que não foram encontrados bens passíveis de satisfazer a execução, o IDPJ deve ser instaurado e julgado procedente para o fim de responsabilizar a sócia pelas dívidas trabalhistas. Ademais, embora não seja obrigatório, a situação recomenda o deferimento de medida cautelar para manutenção da constrição (penhora) até o julgamento definitivo do IDPJ tendo em vista que o tipo de bem penhorado (jóias) é de fácil desvio ou dilapidação.

Letra A: correta, conforme análise feita na nota acima.

Letra B: diante da instauração do IDPJ, os embargos de terceiro perderiam o objeto, já que a sócia seria incluída no polo passivo. Além disso, desaconselhável a liberação da penhora, conforme análise feita acima, razão porque incorreta a assertiva.

Letra C: Não há necessidade de converter em diligência o julgamento do IDPJ.

Letra D: As joias não deveriam ser liberadas, conforme já analisado,

Letra E: O IDPJ não deve ser extinto, mas regularmente processado a fim de incluir a sócia no polo passivo.

Gabarito: letra A.

---

508. (FCC – Juiz do Trabalho/2017) Sobre a execução na Justiça do Trabalho, é correto afirmar:

a) Na petição inicial, o embargante fará a prova sumária de sua posse, que pode ser feita também em audiência preliminar, ou de domínio próprio ou alheio, bem como da qualidade de terceiro, oferecendo documentos e rol de testemunhas.

b) Só é cabível exceção de pré-executividade quando o título executivo extrajudicial não corresponder à obrigação certa, líquida e exigível e/ou quando o executado não tiver sido regularmente citado.

c) A decisão que rejeita ou acolhe a exceção de pré-executividade tem natureza interlocutória, sendo irrecorrível de imediato.

d) O reconhecimento da fraude à execução depende do registro da penhora do bem alienado, bem como da prova de má-fé do terceiro adquirente, mas, antes de declarar a fraude à execução, o juiz deverá intimar o terceiro adquirente, que, se quiser, poderá opor embargos de terceiro, no prazo de quinze dias.

e) Também se considera terceiro, para ajuizamento dos embargos, o adquirente de bens cuja constrição decorreu de decisão que declara a ineficácia da alienação realizada em fraude à execução e quem sofre constrição judicial de seus bens por força de incidente de desconsideração da personalidade jurídica, do qual fez parte.

COMENTÁRIOS

✪ **Nota do autor:** Em regra, a decisão que rejeita a pretensão do devedor inserida no bojo da exceção de pré-executividade tem natureza interlocutória e só pode ser atacada por meio de eventual recurso principal, qual seja, agravo de petição. Já nos casos em que os argumentos da exceção são acolhidos pelo juízo, como a hipótese de incidência de prescrição intercorrente, a sentença extinguirá o processo de execução. Nesse caso, cabe agravo de petição.

Alternativa "a": Correta, pois corresponde aos preceitos contidos do caput do .art. 677 do CPC bem como nos respectivos §§ 1º e 2º: "Art. 677. Na petição inicial, o embargante fará a prova sumária de sua posse ou de seu domínio e da qualidade de terceiro, oferecendo documentos e rol de testemunhas. § 1º É facultada a prova da posse em audiência preliminar designada pelo juiz. § 2º O possuidor direto pode alegar, além da sua posse, o domínio alheio."

Alternativa "b": Incorreta. Com efeito, é possível que sejam arguidas por meio da objeção de pré-executividade as questões relativas aos pressupostos processuais, a exemplo da incompetência do juízo, quando se tratar de execução por título extrajudicial.

Alternativa "c": Incorreta, pois cabe agravo de petição de forma imediata da sentença que acolhe a exceção de pré-executividade, com extinção total ou parcial da execução."

Alternativa "d": Incorreta, pois é a fraude pode ser por um motivo ou outro e não os dois: ou o registro da penhora do bem alienado ou a prova da má-fé, na forma do entendimento do STJ constante da Súmula nº 375, bem como do art. 792, § 4º do CPC: "Súmula nº 375: O reconhecimento da fraude à execução depende do registro da penhora do bem alienado ou da prova de má-fé do terceiro adquirente. CPC DE 2015. Art. 792, § 4º: § 4º Antes de declarar a fraude à execução, o juiz deverá intimar o terceiro adquirente, que, se quiser, poderá opor embargos de terceiro, no prazo de 15 (quinze) dias."

Alternativa "e": Incorreta, pois só se considera terceiro quem sofre constrição judicial de seus bens por força de desconsideração da personalidade jurídica, de cujo incidente não fez parte. Essa é a determinação contida no art. 674, § 2º, III: "Considera-se terceiro, para ajuizamento dos embargos: III – quem sofre constrição judicial de seus bens por força de desconsideração da personalidade jurídica, de cujo incidente não fez parte;"

Gabarito: A.

---

509. (FCC – Juiz do Trabalho/2017) Sobre a execução na Justiça do Trabalho, é correto afirmar:

a) O cheque emitido em reconhecimento de saldo de salários, férias e gratificação de natal não pode ser executado diretamente na Justiça do Trabalho.

b) O agravo de petição só será recebido quando o agravante delimitar, justificadamente, as matérias e os valores impugnados, permitida a execução provisória da parte remanescente, nos próprios autos ou por carta de sentença.

c) Elaborada a conta e tornada líquida, o juiz poderá abrir às partes prazo sucessivo de dez dias para impugnação fundamentada com a indicação dos itens e valores objeto da discordância, e procederá à intimação da União para manifestação, no mesmo prazo, sob pena de preclusão.

d) O exequente tem preferência em relação à arrematação para pedir adjudicação, devendo depositar de imediato a diferença, quando o valor do crédito for inferior ao valor dos bens, cujo preço não pode ser inferior ao do melhor lance de arrematação.

e) O arrematante deverá garantir o lance com o sinal correspondente a 20% do seu valor, podendo levantá-lo se não complementar o valor remanescente da arrematação, no prazo de vinte e quatro horas, caso em que os bens executados voltarão à praça.

COMENTÁRIOS

✪ **Nota do autor:** Apesar de ter sido uma questão aplicada em 2017, o texto legal utilizado como referência para elaboração da alternativa "c", foi o do art. 879, § 2º da CLT, antes da vigência da Lei da Reforma Trabalhista. Atualmente, a redação desse dispositivo é a seguinte: "Elaborada a conta e tornada líquida, o juízo deverá abrir às partes prazo comum de oito dias para impugnação fundamentada com a indicação dos itens e valores objeto da discordância, sob pena de preclusão.". Por tanto, houve duas mudanças: a) agora não mais é uma liberalidade, mas sim uma obrigação do juiz abrir vista as partes; b) o prazo foi reduzido de 10 (dez) para 8 (oito) dias.

Alternativa "a": Incorreta, pois contraria a determinação contida na IN nº 39/16 do TST, em seu art. 13: "Por aplicação supletiva do art. 784, I (art. 15 do CPC), o cheque e a nota promissória emitidos em reconhecimento de dívida inequivocamente de natureza trabalhista também são títulos extrajudiciais para efeito de execução perante a Justiça do Trabalho, na forma do art. 876 e segs. da CLT."

Alternativa "b": Incorreta, pois nesse caso a execução do valor remanescente seria definitiva e não provisória, conforme se observa da redação do art. 897, § 1º da CLT: "O agravo de petição só será recebido quando o agravante delimitar, justificadamente, as matérias e os valores impugnados, permitida a execução imediata da parte remanescente até o final, nos próprios autos ou por carta de sentença."

Alternativa "c": Correta, uma vez que corresponde à redação do art. 879, § 2º, em sua redação anterior: "Elaborada a conta e tornada líquida, o Juiz poderá abrir às partes prazo sucessivo de 10 (dez) dias para impugnação fundamentada com a indicação dos itens e valores objeto da discordância, sob pena de preclusão." (ver nota do autor)

Alternativa "d": Incorreta, pois a preferência do exequente se efetiva quando o preço por ele oferecido não for inferior ao da avaliação e não ao do melhor lance de arrematação. Nesse sentido o art. 888, § 1º da CLT combinado com o art. 876, caput e § 4º, inciso I do CPC: "Art. 888, § 1º A arrematação far-se-á em dia, hora e lugar anunciados e os bens serão vendidos pelo maior lance, tendo o exequente preferência para a adjudicação. Art. 876. É lícito ao exequente, oferecendo preço não inferior ao da avaliação, requerer que lhe sejam adjudicados os bens penhorados. § 4º Se o valor do crédito for: I – inferior ao dos bens, o requerente da adjudicação depositará de imediato a diferença, que ficará à disposição do executado".

Alternativa "e": Incorreta. Se o arrematante não pagar o restante do preço da arrematação, perde o valor do sinal, conforme estabelece o art. 888, §§ 2º e 4º da CLT: "§ 2º O arrematante deverá garantir o lance com o sinal correspondente a 20% (vinte por cento) do seu valor. § 4º Se o arrematante, ou seu fiador, não pagar dentro de 24 (vinte e quatro) horas o preço da arrematação, perderá, em benefício da execução, o sinal de que trata o § 2º deste artigo, voltando à praça os bens executados."

Gabarito: C.

---

510. (TRT 2 – Juiz do Trabalho Substituto 2ª Região/2016) Analise as seguintes proposições:

I. Em se tratando de execução provisória, o executado tem direito de não sofrer penhora em dinheiro, quando nomear outros bens à penhora.

II. No processo do trabalho é permitida a execução provisória, sendo permitido atos de alienação de bens penhorados, desde que os valores porventura arrecadados fiquem bloqueados até o trânsito em julgado da decisão exequenda.

III. São títulos executivos a serem executados perante a Justiça do Trabalho, o Termo de ajuste de conduta (TAC) celebrado entre o MPT e o empregado e o termo de acordo firmado nas comissões de conciliação prévia, com conteúdos obrigacionais, e a Certidão de Dívida Ativa (CDA) de multa aplicada ao empregador pelos órgãos de fiscalização do trabalho.

IV. Os atos processuais realizar-se-ão em dias úteis das 6 (seis) às 20 (vinte) horas. O juiz da execução não poderá autorizar a realização de penhora em domingo ou dia feriado.

V. Em sucessão ao exequente originário, pessoa física, ficam habilitados para promover a execução, ou nela prosseguir, o espólio, os herdeiros ou os seus sucessores, desde que fazendo prova dessas qualidades.

Responda:

a) Somente as proposições I e III estão incorretas.

b) Somente as proposições II e III estão incorretas.

c) Somente as proposições I e V estão incorretas.

d) Somente as proposições II e IV estão incorretas.

e) Somente as proposições III e V estão incorretas.

COMENTÁRIOS

✪ **Nota do autor:** Há um erro na redação do item III da questão por afirmar que o Termo de Ajuste de Conduta (TAC) é celebrado entre o MPT e o empregado, quando na realidade é celebrado com o empregador.

Item "I": Correto, sob a vigência do CPC de 1973, que propiciou a edição do item III da Súmula nº 417 do TST: "Em se tratando de execução provisória, fere direito líquido e certo do impetrante a determinação de penhora em dinheiro, quando nomeados outros bens à penhora, pois o executado tem direito a que a execução se processe da forma que lhe seja menos gravosa, nos termos do art. 620 do CPC". Em sua nova redação, foi cancelado o referido item III, por conta dos preceitos contidos no CPC de 2015.

Item "II": Incorreta, pois a execução provisória vai até a penhora, na forma prevista pelo art. 899 da CLT: "Os recursos serão interpostos por simples petição e terão efeito meramente devolutivo, salvo as exceções previstas neste Título, permitida a execução provisória até a penhora".

Item "III": Correta, pois corresponde aos títulos executivos extrajudiciais listados no art. 876 da CLT: "As decisões passadas em julgado ou das quais não tenha havido recurso com efeito suspensivo; os acordos, quando não cumpridos; os termos de ajuste de conduta firmados perante o Ministério Público do Trabalho e os termos de conciliação firmados perante as Comissões de Conciliação Prévia serão executada pela forma estabelecida neste Capítulo" (ver nota do autor).

Item "IV": Incorreto, pois o juiz pode autorizar a penhora em domingo ou feriado, conforme previsão contida no parágrafo único, art. 770, da CLT: "A penhora poderá realizar-se em domingo ou dia feriado, mediante autorização expressa do juiz ou presidente".

Item "V": Correto, diante da redação do art. 567 do então vigente CPC de 1973: "Podem também promover a execução, ou nela prosseguir: I – o espólio, os herdeiros ou os sucessores do credor, sempre que, por morte deste, lhes for transmitido o direito resultante do título executivo". Atualmente, o CPC de 2015 regula a matéria em seu art. 778, § 1º, II: "O espólio, os herdeiros ou os sucessores do credor, sempre que, por morte deste, lhes for transmitido o direito resultante do título executivo".

Gabarito: D.

---

511. (TRT 4 – Juiz do Trabalho Substituto 4ª Região/2016) Assinale a assertiva correta sobre execução trabalhista.

a) A Consolidação das Leis do Trabalho – CLT estabelece, como títulos extrajudiciais, passíveis de execução, os termos de ajuste de conduta firmados perante o Ministério Público do Trabalho e os termos de conciliação firmados perante as Comissões de Conciliação Prévia.

b) Na Justiça do Trabalho, a fase que precede a execução do título executivo, seja ele judicial ou extrajudicial, é conhecida como liquidação de sentença, a qual somente poderá ser feita por cálculo ou arbitramento, este último quando a parte que detinha o dever documental não apresenta nos autos os documentos pertinentes.

c) Segundo a CLT, se o executado, procurado por 2 (duas) vezes no espaço de 48 (quarenta e oito) horas, não for encontrado, far-se-á a citação por hora certa, hipótese em que o Oficial de Justiça deverá deixar comunicado informando a hora da primeira visita realizada e a hora da próxima visita.

d) A CLT possui regra própria no tocante à forma em que se dará a garantia da execução, não condicionando a ordem de preferência de bens eventualmente indicados à penhora à aplicação de qualquer norma supletiva.

e) Nas prestações sucessivas por tempo determinado, a execução pelo não pagamento de uma prestação não compreenderá as que lhe sucederem, sob pena de antecipação indevida de parcela vincenda.

COMENTÁRIOS

✪ **Nota do autor:** TST de incluiu no rol dos títulos executivos extrajudiciais o cheque e a nota promissória, conforme se observa do art. 13 da Instrução Normativa nº 36/2016: "Por aplicação supletiva do art. 784, I (art. 15 do CPC), o cheque e a nota promissória emitidos em reconhecimento de dívida inequivocamente de natureza trabalhista também são títulos extrajudiciais para efeito de execução perante a Justiça do Trabalho, na forma do art. 876 e segs. da CLT". Observe-se, em relação a alternativa "d", que a Lei da Reforma Trabalhista alterou o art. 882 da CLT para agregar uma nova possibilidade de garantia da execução, nos seguintes termos: "Art. 882. O executado que não pagar a importância reclamada poderá garantir a execução mediante depósito da quantia correspondente, atualizada e acrescida das despesas processuais, apresentação de seguro-garantia judicial ou nomeação de bens à penhora, observada a ordem preferencial estabelecida no art. 835 da Lei nº 13.105, de 16 de março de 2015 – Código de Processo Civil".

Alternativa "a": Correta, pois apresenta a relação de títulos executivos extrajudiciais previstos pelo art. 876 da CLT: "As decisões passadas em julgado ou das quais não tenha havido recurso com efeito suspensivo; os acordos, quando não cumpridos; os termos de ajuste de conduta firmados perante o Ministério Público do Trabalho e os termos de conciliação firmados perante as Comissões de Conciliação Prévia serão executada pela forma estabelecida neste Capítulo".

Alternativa "b": Incorreta, pois deixou de mencionar a liquidação por artigos, conforme previsão contida no art. 879 da CLT: "Sendo ilíquida a sentença exequenda, ordenar-se-á, previamente, a sua liquidação, que poderá ser feita por cálculo, por arbitramento ou por artigos.

Alternativa "c": Incorreta. Nessa situação especial, a notificação será feita por edital, de acordo com a previsão contida no art. 880, § 3º da CLT: "Se o executado, procurado por 2 (duas) vezes no espaço de 48 (quarenta e oito) horas, não for encontrado, far-se-á citação por edital, publicado no jornal oficial ou, na falta deste, afixado na sede da Junta ou Juízo, durante 5 (cinco) dias".

Alternativa "d": Incorreta, uma vez que a CLT tem norma expressa determinando o uso de dispositivo do CPC que trata da ordem preferencial da penhora, como se pode constatar pela leitura do art. 882: "O executado que não pagar a importância reclamada poderá garantir a execução mediante depósito da mesma, atualizada e acrescida das despesas processuais, ou nomeando bens à penhora, observada a ordem preferencial estabelecida no art. 655 do Código Processual Civil". (ver nota do autor)

Alternativa "e": Incorreta, posto que a determinação legal é justamente em sentido contrário, de acordo com o preceito contido no art. 891 da CLT: "Nas prestações sucessivas por tempo determinado, a execução pelo não-pagamento de uma prestação compreenderá as que lhe sucederem".

Gabarito: A.

---

512. (TRT 1 – Juiz do Trabalho Substituto 1ª Região/2016) Para desconstituir a adjudicação de imóvel penhorado em favor do exequente, já expedida a carta de adjudicação, a medida cabível é:

a) Agravo de petição.

b) Ação rescisória.

c) Mandado de segurança.

d) Ação anulatória.

e) Ação quanti minoris.

COMENTÁRIOS

✪ **Nota do autor:** Assim como ocorre com a arrematação, a adjudicação considera-se perfeita e acabada com a lavratura e a assinatura do auto respectivo pelo juiz, pelo adjudicante, pelo diretor de secretaria e, se estiver presente, pelo executado (art. 877, § 1º do CPC de 2015). Caso seja adjudicado bem imóvel, é necessária a expedição da carta de adjudicação, título hábil para promover o registro no cartório de imóveis e, consequentemente, transferir o domínio da coisa adjudicada.

Alternativa "a": Incorreta, pois só cabe agravo de petição contra decisões do Juiz na execução, não englobando aí o ato que determina a expedição de carga de adjudicação. A CLT trata do cabimento do agravo de petição em seu art. 897: "Cabe agravo, no prazo de 8 (oito) dias: a) de petição, das decisões do Juiz ou Presidente, nas execuções".

Alternativa "b": Incorreta por ser incabível a ação rescisória em face de decisão homologatória. Nesse sentido o item I, da Súmula nº 399, do TST: "AÇÃO RESCISÓRIA. CABIMENTO. SENTENÇA DE MÉRITO. DECISÃO HOMOLOGATÓRIA DE ADJUDICAÇÃO, DE ARREMATAÇÃO E DE CÁLCULOS (conversão das Orientações Jurisprudenciais nºs 44, 45 e 85, primeira parte, da SBDIII) – Res. 137/2005, DJ 22, 23 e 24.08.2005. I – É incabível ação rescisória para impugnar decisão homologatória de adjudicação ou arrematação. (ex-OJs nºs 44 e 45 da SBDI-II – inseridas em 20.09.2000).". Inclusive o CPC de 2015 manifesta-se expressamente sobre o cabimento dessa medida em seu art. 966, § 4º: "Os atos de disposição de direitos, praticados pelas partes ou por outros participantes do processo e homologados pelo juízo, bem como os atos homologatórios praticados no curso da execução, estão sujeitos à anulação, nos termos da lei".

Alternativa "c": Incorreta. Enquanto vigente o CPC, ainda caberia os embargos à adjudicação, na forma prevista pela OJ nº 66, I, da SDI-2 do TST: "MANDADO DE SEGURANÇA. SENTENÇA HOMOLOGATÓRIA DE ADJUDICAÇÃO. INCABÍVEL (atualizado o item I e incluído o item II em decorrência do CPC de 2015) Res. 212/2016, DEJT divulgado em 20, 21 e 22.09.2016. I – Sob a égide do CPC de 1973 é incabível o mandado de segurança contra sentença homologatória de adjudicação, uma vez que existe meio próprio para impugnar o ato judicial, consistente nos embargos à adjudicação (CPC de 1973, art. 746). Pelas regras do CPC de 2015, deixa-se de nomear esse procedimento de "embargos à adjudicação" que passa a ser considerado como mero incidente da execução. Entretanto, uma vez expedida a carta de adjudicação, somente por ação anulatória a adjudicação poderá ser invalidada, na forma prevista pelo art. 903, § 4º do CPC de 2015: "Após a expedição da carta de arrematação ou da ordem de entrega, a invalidação da arrematação poderá ser pleiteada por ação autônoma, em cujo processo o arrematante figurará como litisconsorte necessário".

Alternativa "d": Correta. Como já não se pode mais praticar atos no âmbito interno do processo, inclusive recursos, resta apenas o manejo da ação anulatória de natureza autônoma, na forma prevista pelo art. 966, § 4º, do CPC de 2015, que afasta a possibilidade da ação rescisória: "Os atos de disposição de direitos, praticados pelas partes ou por outros participantes do processo e homologados pelo juízo, bem como os atos homologatórios praticados no curso da execução, estão sujeitos à anulação, nos termos da lei". (art. 486 do CPC de 1973: "Os atos judiciais, que não dependem de sentença, ou em que esta for meramente homologatória, podem ser rescindidos, como os atos jurídicos em geral, nos termos da lei civil).

Alternativa "e": Incorreta, uma vez que ação *quanti minoris* não tem como objetivo desconstituir um ato jurídico. Também denominada de ação estimatória é utilizada pelo adquirente para, ao invés de devolver a coisa, obter um abatimento no preço, o que pressupõe a existência de um vício redibitório.

Gabarito: D.

---

513. (FCC – Juiz do Trabalho Substituto 24ª Região/2015) A empresa Pegasus S/A, após ter sofrido procedimento investigatório, firmou Termo de Ajuste de Conduta – TAC perante o órgão do Ministério Público do Trabalho, ajustando algumas obrigações de fazer com previsão de multa por descumprimento. Entretanto, os termos do TAC não foram cumpridos. No que respeita à execução do Termo de Ajuste de Conduta, é correto afirmar que

a) o Termo de Ajuste de Conduta é considerado título executivo extrajudicial, razão pela qual será competente para a execução o Juiz do Trabalho que teria competência para o processo de conhecimento relativo à matéria.

b) o membro do Ministério Público do Trabalho tem competência para executar, direta e exclusivamente, os termos de ajuste de conduta, junto à Procuradoria da Justiça do Trabalho.

c) nessa situação, não caberá execução, visto que o Termo de Ajuste de Conduta não é reconhecido como título executivo, seja judicial ou extrajudicial.

d) para que o Termo de Ajuste de Conduta possa ser executado é necessário primeiramente que seja protestado perante Cartório de Protesto e depois haja decisão judicial trabalhista outorgando-lhe a natureza de título executivo judicial.

e) será feita mediante ação trabalhista comum, processo de conhecimento, a ser ajuizada perante a Vara do Trabalho competente para conhecer da matéria objeto do Termo de Ajuste de Conduta.

COMENTÁRIOS

✪ Nota do autor: O título executivo extrajudicial, também denominado de título negocial, não provém de um ato estatal que soluciona um conflito de interesses ou de homologação de acordo em juízo. A legislação de direito material confere-lhe eficácia executiva antes mesmo de ter existido uma ação judicial, com a consequente cognição prévia, diante da grande probabilidade da certeza do crédito. Assim, a executividade é uma das características do título executivo extrajudicial, inclusive do TAC, segundo a valoração do legislador do grau de certeza do crédito, que se antecipa de forma excepcional, à sentença de cognição.

Alternativa "a": Correta. Os títulos judiciais e extrajudiciais passíveis de execução na Justiça do Trabalho encontram-se elencados no art. 876, caput da CLT, enquanto que a questão da competência em razão do lugar para iniciar o processo executória é definido pelo art. 877-A da CLT: "Art. 876 – As decisões passadas em julgado ou das quais não tenha havido recurso com efeito suspensivo; os acordos, quando não cumpridos; os termos de ajuste de conduta firmados perante o Ministério Público do Trabalho e os termos de conciliação firmados perante as Comissões de Conciliação Prévia serão executada pela forma estabelecida neste Capítulo. Art. 877-A – É competente para a execução de título executivo extrajudicial o juiz que teria competência para o processo de conhecimento relativo à matéria."

Alternativa "b": Incorreta, pois o Ministério Público não detém essa prerrogativa, mas sim o Poder Judiciário Trabalhista, na forma estabelecida pelo art. 877-A da CLT: "Art. 877-A – É competente para a execução de título executivo extrajudicial o juiz que teria competência para o processo de conhecimento relativo à matéria."

Alternativa "c": Incorreta, pois o TAC é classificado como título executivo judicial pelo já citado e transcrito art. Art. 876, caput, da CLT.

Alternativa "d": Incorreta, pois não há necessidade de protesto, já que a lei em nenhum momento, representada pelos dispositivos contidos no Capítulo V da CLT, estabelece esse requisito.

Alternativa "e": Incorreta, pois o TAC já possui eficácia executiva prévia, não necessitando de ação de conhecimento prévia (ver nota do autor).

Gabarito: A.

---

514. (FCC – Juiz do Trabalho Substituto 1ª Região/2014) Tem-se pela exceção de pré-executividade a possibilidade de o executado alegar determinadas questões em execução sem a prévia garantia do juízo. Neste sentido,

a) qualquer situação que dependa de cognição abrangente, inclusive com coleta de provas orais, refoge totalmente à pertinência da dita exceção e, por isso, não se deve processar a medida.

b) qualquer decisão judicial acerca da exceção de pré-executividade submete-se ao regime da coisa julgada, salvo se admitido o agravo de petição no prazo de oito dias.

c) caso o Juiz realize de ofício o controle de admissibilidade da execução sobre as questões de ordem pública, veda-se ao interessado opor a medida para discutir a quitação, o pagamento, a transação superveniente e a novação, ainda que amparadas em prova pré-constituída.

d) somente podem ser discutidas questões de ordem pública e com prova pré-constituída.

e) a ausência de previsão legal à defesa sem constrição tem cabimento tão somente em face de títulos extrajudiciais, diante da exigibilidade, certeza e liquidez próprias dos títulos judiciais.

COMENTÁRIOS

✪ **Nota do autor:** Determinados vícios de ordem processual são insanáveis e podem ser conhecidos de ofício pelo juiz a qualquer tempo, sem a incidência da preclusão temporal em caso de omissão. Ora, se a matéria é de ordem pública e pode ser conhecida a qualquer tempo pelo juízo, nada impede que o executado informe ao juiz sobre a existência de possíveis irregularidades, também a qualquer tempo, sem a necessidade de que a respectiva arguição esteja inserida no bojo dos embargos à execução. Assim, a exceção ou objeção de pré-executividade nada mais é do que o exercício dessa faculdade pelo executado, que informa ao juiz sobre a existência de nulidades processuais e demais matérias de ordem pública, sem a necessidade de garantir o juízo, requisito dos embargos à execução.

Alternativa "a": Correta a assertiva, de acordo com o entendimento doutrinário e jurisprudencial, a exemplo da decisão que segue transcrita: "A chamada exceção de pré-executividade constitui inovação doutrinária pela qual se pretende a cognição de temas obstativos da execução sem que seja necessária a garantia do Juízo. Seu uso indiscriminado, entretanto, tem causado graves prejuízos à celeridade necessária ao processo do trabalho, e por isso deve ser restrita somente àquelas situações em que se pode aferir, de plano, pelo descabimento da execução da forma como processada. Isso, a rigor, sempre foi praticado no processo laboral, sem o pomposo nome hoje dado pelos processualistas, sempre que o devedor aponta fatores relevantes capazes de obstaculizar a execução, como, p.ex., a inequívoca demonstração do pagamento da dívida. Qualquer situação que dependa de uma cognição abrangente, inclusive com coleta de provas orais, refoge totalmente à pertinência da dita exceção, e por isso não se deve processar medida nesse sentido. TRT/SP 15ª Reg., 21394/01, Ac. 3ª T 6805/02, Rel. Juiz Carlos Eduardo Oliveira Dias".

Alternativa "b": Incorreta. A decisão que rejeita a pretensão do devedor inserida no bojo da exceção de pré-executividade tem natureza interlocutória e só pode ser atacada por meio de eventual recurso principal, qual seja, agravo de petição

Alternativa "c": Incorreta. A exceção de pré-executividade é totalmente compatível com o processo do trabalho e não apenas em caráter excepcional. Não se limita, necessariamente, à matéria de ordem pública. O devedor pode alegar, por exemplo, o pagamento da dívida ou qualquer outro meio de extinção da sua obrigação.

Alternativa "d": Incorreta. A exceção de pré-executividade é totalmente compatível com o processo do trabalho e não apenas em caráter excepcional. Não se limita, necessariamente, à matéria de ordem pública. O devedor pode alegar, por exemplo, o pagamento da dívida ou qualquer outro meio de extinção da sua obrigação.

Alternativa "e": Incorreta. A exceção de pré-executividade pode ser oposta tanto em face de qualquer título executivo, seja ele judicial ou extrajudicial. Quando referente ao primeiro, pode-se alegar as exceções de suspeição e impedimento do magistrado, ausência de citação, inclusive no processo de conhecimento; ausência de certeza, liquidez ou exigibilidade do título; pagamento da dívida; prescrição intercorrente etc.

Gabarito: A.

---

515. (FCC – Juiz do Trabalho Substituto 1ª Região/2014) Durante a execução da sentença e após diversas tentativas, obteve o Juiz do Trabalho êxito na penhora do último bem disponível da executada, empresa de prestação de serviços inativa. Este bem, veículo automotor avaliado nos autos em R$ 10.000,00 (dez mil reais), é insuficiente para a garantia integral da obrigação, atualizada em R$ 50.000,00 (cinquenta mil reais). Além da penhora mencionada, há nos autos dois depósitos judiciais em dinheiro de R$ 1.000,00 (hum mil reais) cada. Insiste o exequente na liberação dos valores em seu favor e o prosseguimento da execução. Nesse caso, compete ao Juiz do Trabalho

a) promover a liberação dos valores em dinheiro e prosseguir com a execução da diferença, desconsiderando a personalidade jurídica do empregador, independentemente de sua conduta na gestão dos negócios ou no cumprimento do estatuto social, sob pena de se transferir o risco da atividade ao exequente.

b) liberar os valores em dinheiro ao autor, promover o leilão do veículo automotor, independentemente de concessão de prazo para embargos à execução, e então direcionar a execução em face dos sócios.

c) não executar as obrigações dos sócios admitidos à sociedade, após o término da relação de emprego objeto do julgado.

d) aguardar a garantia integral da execução para permitir o início da contagem do prazo de embargos à execução previsto no artigo 884 da CLT como forma de preservar a ampla defesa estatuída constitucionalmente.

e) executar o patrimônio dos sócios apenas se comprovado o mau uso ou o desvio de finalidade da pessoa jurídica pelos sócios que a compõe, para obstar prejuízo a terceiros.

COMENTÁRIOS

✪ **Nota do autor:** A doutrina e a jurisprudência criaram a teoria finalística da desconsideração da pessoa jurídica, também denominada de *disregard doctrine* ou teoria da penetração, que acabou, de certa forma, acolhida pelo Código Civil de 2002 em seu art. 50 (teoria maior). Permitiu-se, em determinadas situações, que se possa penhorar os bens particulares dos sócios da pessoa jurídica, quando esta não possui patrimônio suficiente para satisfazer o credor. Antes mesmo da vigência do mencionado Diploma legal, utilizava-se subsidiariamente, no processo do trabalho, do preceito contido no art. 28, § 5º, do Código de Defesa do Consumidor (teoria menor), para declarar a mencionada desconsideração da pessoa jurídica. No âmbito processual, o incidente de desconsideração da personalidade jurídica era tratado pelos arts. 133 a 137 do CPC de 2015, aplicado subsidiariamente ao processo laboral por conta do preceito contido no art. 6º da IN nº 39/16 do TST, salvo no que diz respeito à sistemática recursal. No entanto, com a vigência da Lei nº 13. 467/17, a CLT passou a prever expressamente o incidente de desconsideração da personalidade jurídica, nos seguintes termos: "Art. 855-A. Aplica-se ao processo do trabalho o incidente de desconsideração da personalidade jurídica previsto nos arts. 133 a 137 da Lei nº 13.105, de 16 de março de 2015 – Código de Processo Civil. § 1º Da decisão interlocutória que acolher ou rejeitar o incidente: I – na fase de cognição, não cabe recurso de imediato, na forma do § 1º do art. 893 desta Consolidação; II – na fase de execução, cabe agravo de petição, independentemente de garantia do juízo; III – cabe agravo interno se proferida pelo relator em incidente instaurado originariamente no tribunal. § 2º A instauração do incidente suspenderá o processo, sem prejuízo de concessão da tutela de urgência de natureza cautelar de que trata o art. 301 da Lei nº 13.105, de 16 de março de 2015 (Código de Processo Civil)."

Alternativa "a": Correta, a assertiva. Com efeito, no processo do trabalho a doutrina e a jurisprudência consolidou entendimento segundo o qual não seria necessário o atendimento a todos os requisitos legais estabelecidos no art. 28 do CDC ou art. 50 do Código Civil para determinar a desconsideração da personalidade jurídica da sociedade, sob pena de transferir o risco da atividade econômica para o empregado. (ver nota do autor)

Alternativa "b": Incorreta, pois para leiloar o bem apreendido é necessário, primeiro, a garantia do juízo para possibilitar um eventual embargos à execução, na forma prevista pelo art. 884, caput, da CLT: "Garantida a execução ou penhorados os bens, terá o executado 5 (cinco) dias para apresentar embargos, cabendo igual prazo ao exequente para impugnação."

Alternativa "c": Incorreta, pois mesmo essa espécie de sócio responde pelas dívidas da sociedade, na forma prevista pelo art. 1.025 do Código Civil: "O sócio, admitido em sociedade já constituída, não se exime das dívidas sociais anteriores à admissão".

Alternativa "d": Incorreta, pois a empresa encontra-se inativa. Desse modo, a total garantia do juízo não ocorreria nunca.

Alternativa "e": Incorreta. A jurisprudência trabalhista imprimiu interpretação extensiva aos arts 50 do Código Civil e 28, § 5º do CDC, pois relativizou a necessidade de atender aos requisitos estabelecidos pela ordem jurídica para determinar a penhora dos bens do sócio. Observa-se que as decisões dos Tribunais consideram que o simples inadimplemento das obrigações trabalhistas já seria reflexo da existência de abuso de direito, excesso de poder, infração da lei etc., o que possibilitaria a declaração da desconsideração da personalidade jurídica. (ver nota do autor)

Gabarito: A.

---

516. (FCC – Juiz do Trabalho Substituto 1ª Região/2015) Segundo o art. 655 do Código de Processo Civil de 1973, a penhora obedecerá preferencialmente a seguinte ordem:

a) Bens móveis em geral; veículos de via terrestre; bens imóveis; percentual do faturamento de empresa devedora; ações e quotas de sociedades empresárias.

b) Bens móveis em geral; bens imóveis; pedras e metais preciosos; percentual do faturamento de empresa devedora; títulos da dívida pública da União.

c) Bens imóveis; navios e aeronaves; ações e quotas de sociedades empresárias; percentual do faturamento de empresa devedora; pedras e metais preciosos.

d) Aplicação em instituição financeira; pedras e metais preciosos; bens imóveis; navios e aeronaves; títulos e valores mobiliários com cotação em mercado.

e) Pedras e metais preciosos; navios e aeronaves; bens imóveis; percentual do faturamento de empresa devedora.

COMENTÁRIOS

✪ **Nota do autor:** O art. 655 do CPC de 1973 corresponde ao art. 835 do CPC de 2015 com a seguinte redação: "Art. 835. A penhora observará, preferencialmente, a seguinte ordem: I – dinheiro, em espécie ou em depósito ou aplicação em instituição financeira; II – títulos da dívida pública da União, dos Estados e do Distrito Federal com cotação em mercado; III – títulos e valores mobiliários com cotação em mercado; IV – veículos de via terrestre; V – bens imóveis; VI – bens móveis em geral; VII – semoventes; VIII – navios e aeronaves; IX – ações e quotas de sociedades simples e empresárias; X – percentual do faturamento de empresa devedora; XI – pedras e metais preciosos; XII – direitos aquisitivos derivados de promessa de compra e venda e de alienação fiduciária em garantia; XIII – outros direitos".

Alternativa "a": Incorreta, pois não observada a ordem estabelecida pelo art. 655, II, III, IV, VI e VII, do CPC de 1973: "Art. 655. A penhora observará, preferencialmente, a seguinte ordem: II – veículos de via terrestre; III – bens móveis em geral; IV – bens imóveis; VI – ações e quotas de sociedades empresárias; VII – percentual do faturamento de empresa devedora."

Alternativa "b": Incorreta, pois não observada a ordem estabelecida pelo art. 655, III, IV, V, VII, VIII e IX, do CPC/73: "Art. 655. A penhora observará, referencialmente, a seguinte ordem: III – bens móveis em geral; IV – bens imóveis; VII – percentual do faturamento de empresa devedora; VIII – pedras e metais preciosos; IX – títulos da dívida pública da União, Estados e Distrito Federal com cotação em mercado;"

Alternativa "c": Correta, uma vez que observada a ordem estabelecida pelo art. 655, IV, V, VI, VII e VIII, do CPC de 1973: "Art. 655. A penhora observará, preferencialmente, a seguinte ordem: IV – bens imóveis; V – navios e aeronaves; VI – ações e quotas de sociedades empresárias; VII – percentual do faturamento de empresa devedora; VIII – pedras e metais preciosos;"

Alternativa "d": Incorreta, pois não observada a ordem estabelecida pelo art. 655, I, IV, V, VIII e X, do CPC de 1973: "Art. 655. A penhora observará, preferencialmente, a seguinte ordem: I – dinheiro, em espécie ou em depósito ou aplicação em instituição financeira; IV – bens imóveis; V – navios e aeronaves; VIII – pedras e metais preciosos; X – títulos e valores mobiliários com cotação em mercado;"

Alternativa "e": Incorreta, pois não observada a ordem estabelecida pelo art. 655, IV, V, VII e VIII, do CPC de 1973: "Art. 655. A penhora observará, preferencialmente, a seguinte ordem: IV – bens imóveis; V – navios e aeronaves; VII – percentual do faturamento de empresa devedora; VIII – pedras e metais preciosos."

Gabarito: C.

---

517. (FCC – Juiz do Trabalho Substituto 1ª Região/2015) Juarez era empregado das Indústrias Galo Garnisé Ltda., de 03/04/2000 a 13/8/2014, quando pediu demissão. Entretanto, sob o argumento de que estava em dificuldades financeiras, o empregador não pagou suas verbas rescisórias, e Juarez acabou por processá-lo. Na fase de conhecimento, houve a procedência de seus pedidos, com trânsito em julgado logo na primeira instância. Iniciada a fase de execução, o demandado foi intimado a impugnar os cálculos, no importe de R$ 250.000,00, sob pena de preclusão, e silenciou. Mas, mesmo depois de o juiz e o exequente envidarem todos os esforços, não conseguiram penhorar bens para a satisfação do crédito trabalhista. Na verdade, o ex-empregador fechou o estabelecimento e desapareceu. Deferida a desconsideração da personalidade jurídica e incluído o sócio, Zilmar, no polo passivo, foi penhorada sua conta bancária, bloqueando-se o importe de R$ 5.000,00. Imediatamente, o sócio peticionou e requereu a reconsideração da decisão, pois se tratava de conta-salário, comprovando com a juntada de contracheque. Nesse caso, o juiz deve

a) indeferir o requerimento, uma vez que o crédito trabalhista possui preferência sobre crédito quirografário.

b) deferir o requerimento, uma vez que o numerário constante de conta-salário é impenhorável.

c) indeferir o requerimento, uma vez que o crédito trabalhista possui natureza alimentar.

d) deferir o requerimento, uma vez que a quantia bloqueada atinge apenas 2% do crédito trabalhista.

e) indeferir o requerimento, mas deve limitar o bloqueio a 30% do numerário constante da conta-salário.

COMENTÁRIOS

✪ **Nota do autor:** Essa questão foi elaborada antes da vigência do CPC de 2015. Note-se que, atualmente, a impenhorabilidade do salário e dos seus congêneres não é absoluta. O CPC de 2015, em seu art. 833, § 2º, estabelece que a impenhorabilidade do salário não atinge as dívidas decorrentes de prestação alimentícia. Em relação aos débitos de outra natureza, só vai até o limite de cinquenta salários mínimos. Inclusive o TST modificou a redação da OJ nº 153 da SDI-2 do TST para se adaptar a essa nova ordem legal: "MANDADO DE SEGURANÇA. EXECUÇÃO. ORDEM DE PENHORA SOBRE

VALORES EXISTENTES EM CONTA SALÁRIO. ART. 649, IV, DO CPC DE 1973. ILEGALIDADE. (atualizada em decorrência do CPC de 2015) – Res. 220/2017, DEJT divulgado em 21, 22 e 25.09.2017. Ofende direito líquido e certo decisão que determina o bloqueio de numerário existente em conta salário, para satisfação de crédito trabalhista, ainda que seja limitado a determinado percentual dos valores recebidos ou a valor revertido para fundo de aplicação ou poupança, visto que o art. 649, IV, do CPC de 1973 contém norma imperativa que não admite interpretação ampliativa, sendo a exceção prevista no art. 649, § 2º, do CPC de 1973 espécie e não gênero de crédito de natureza alimentícia, não englobando o crédito trabalhista".

Alternativa "a": Incorreta a assertiva, pois a teoria prevalente na jurisprudência trabalhista a época é em sentido contrário, qual seja, da impenhorabilidade do salário, inclusive da conta-salário. Nesse sentido, a OJ nº 153 da SDI-2 em sua redação anterior: "Ofende direito líquido e certo decisão que determina o bloqueio de numerário existente em conta salário, para satisfação de crédito trabalhista, ainda que seja limitado a determinado percentual dos valores recebidos ou a valor revertido para fundo de aplicação ou poupança, visto que o art. 649, IV, do CPC contém norma imperativa que não admite interpretação ampliativa, sendo a exceção prevista no art. 649, § 2º, do CPC espécie e não gênero de crédito de natureza alimentícia, não englobando o crédito trabalhista" (ver nota do autor).

Alternativa "b": Correta, pois se amoldava a jurisprudência dominante a época representada pela OJ nº 153 da SDI-2 do TST em sua redação anterior (ver nota do autor).

Alternativa "c": Incorreta, pois a OJ nº 153 da SDI-2 do TST, em sua redação anterior considerava que a exceção prevista no art. 649, § 2º, do CPC de 1973 era espécie e não gênero de crédito de natureza alimentícia, não englobando o crédito trabalhista (ver nota do autor).

Alternativa "d": Incorreta, pois a já citada e transcrita OJ nº 153, da SDI-2, do TST, em sua anterior redação, não admitia a penhora de qualquer percentual do salário (ver nota do autor).

Alternativa "e": Incorreta, pois a OJ nº 153, da SDI-2, do TST, em sua redação anterior, não admitia a penhora de qualquer percentual do salário. (ver nota do autor).

Gabarito: B.

---

518. (FCC – Juiz do Trabalho Substituto 1ª Região/2015) No que se refere ao processo do trabalho, os juros de mora

I. incidem sobre a importância da condenação já corrigida monetariamente.

II. e a correção monetária incluem-se na liquidação, ainda que omisso o pedido inicial ou a condenação.

III. incidem na condenação por danos morais, desde a data da decisão de arbitramento ou de alteração de valor.

Está correto o que se afirma APENAS em

a) II.

b) I e II.

c) III.

d) II e III.

e) I e III.

COMENTÁRIOS

✪ **Nota do autor:** Note-se que com a decisão do STF proferida nos autos da ADC nº 58 em dezembro de 2020, incidem juros de mora equivalente a TR antes do ajuizamento da ação, bem como atualização monetária equivalente à variação do IPCA-E. A partir do ajuizamento da demanda deverá ser utilizada apenas a taxa SELIC, que engloba juros de mora e correção monetária.

Item "I": Correto. Primeiro atualiza-se o valor do débito trabalhista, depois se efetua a incidência dos juros moratórios. Nesse sentido a Súmula nº 200 do TST: "Os juros de mora incidem sobre a importância da condenação já corrigida monetariamente" (ver nota do autor).

Item "II": Correto, pois se trata de pedido implícito. Inclusive esse é o posicionamento. do TST revelado por meio da Súmula nº 211: "Os juros de mora e a correção monetária incluem-se na liquidação, ainda que omisso o pedido inicial ou a condenação". (ver nota do autor).

Item "III": Incorreto, pois no caso de danos morais, a incidência da correção monetária efetiva-se de forma diversa, conforme ressalta a Súmula nº 439 do TST: "Nas condenações por dano moral, a atualização monetária é devida a partir da data da decisão de arbitramento ou de alteração do valor. Os juros incidem desde o ajuizamento da ação, nos termos do art. 883 da CLT". (ver nota do autor)

Gabarito: B.

---

519. (FCC – Juiz do Trabalho Substituto 1ª Região/2015) De comum acordo entre o Sindicato dos Comerciários e as Lojas Azur Ltda., em 30/08/2010 instaurou-se dissídio coletivo de natureza econômica perante o Presidente do Tribunal Regional do Trabalho da 25ª Região. Entretanto, não se conseguiu entabular acordo entre as partes, tendo sido proferida sentença normativa em 23/04/2011. Inconformado, o empresário suscitado interpôs recurso ordinário ao TST. Passados seis meses sem que houvesse a sua apreciação ou, tampouco, a observância da sentença normativa, em 23/10/2011 o Sindicato ajuizou ação de cumprimento em face de Lojas Azur Ltda., postulando a efetivação das cláusulas erigidas pelo Tribunal. Contestada a demanda, em 25/09/2012 foi julgado procedente o pedido, tendo esta sentença transitado em julgado em 30/10/2012. Neste mesmo dia, foi apreciado o recurso ordinário pelo

TST e reformada a sentença normativa, tendo esta decisão transitado em julgado em 20/11/2012. Em vista da situação referida e de o Sindicato ter requerido o início da execução da sentença proferida na ação de cumprimento em 05/12/2012, o

a) executado deve ajuizar ação rescisória contra a decisão proferida na ação de cumprimento, haja vista a ofensa à coisa julgada da decisão proferida no dissídio coletivo.

b) executado deve ajuizar ação rescisória contra a decisão proferida na ação de cumprimento, haja vista a inexistência do trânsito em julgado da decisão proferida no dissídio coletivo à época do ajuizamento da ação de cumprimento.

c) executado deve apresentar exceção de pré-executividade ou impetrar mandado de segurança para atacar a execução calcada na decisão proferida na ação de cumprimento.

d) exequente deve ajuizar ação rescisória contra a decisão que reformou a sentença normativa, uma vez que já transitada em julgada a decisão proferida na ação de cumprimento.

e) executado deve alegar a prescrição das pretensões certificadas na decisão proferida na ação de cumprimento, uma vez que passados mais de dois anos da sentença normativa proferida pelo Tribunal Regional do Trabalho da 25ª Região.

COMENTÁRIOS

✪ **Nota do autor:** As decisões normativas proferidas em sede de dissídio coletivo de natureza econômica têm eficácia imediata, mesmo no caso de interposição de recurso para instância superior, em face do seu caráter meramente devolutivo. Não é necessário aguardar o trânsito em julgado da sentença normativa para que os integrantes das categorias profissionais ou econômicas possam exigir as condutas de comportamento nela estabelecidas, por intermédio da ação de cumprimento. Na verdade, como se trata de sentença proferida em sede de dissídio coletivo opera-se apenas a coisa julgada formal, razão pela qual se afasta a incidência da ação rescisória para atacar sentença proferida com fundamento em sentença normativa modificada por força de recurso ordinário.

Alternativa "a": Incorreta, pois a coisa julgada em dissídio coletivo não é de natureza material. Assim, não cabe a ação rescisória. Nesse sentido a Súmula nº 397 do TST, em sua redação anterior: "Não procede ação rescisória calcada em ofensa à coisa julgada perpetrada por decisão proferida em ação de cumprimento, em face de a sentença normativa, na qual se louvava, ter sido modificada em grau de recurso, porque em dissídio coletivo somente se consubstancia coisa julgada formal. Assim, os meios processuais aptos a atacarem a execução da cláusula reformada são a exceção de pré-executividade e o mandado de segurança, no caso de descumprimento do art. 572 do CPC." A atual redação da citada Súmula é a seguinte: "Não procede ação rescisória calcada em ofensa à coisa julgada perpetrada por decisão proferida em ação de cumprimento, em face de a sentença normativa, na qual se louvava, ter sido modificada em grau de recurso, porque em dissídio coletivo somente se consubstancia coisa julgada formal. Assim, os meios processuais aptos a atacarem a execução da cláusula reformada são a exceção de pré-executividade e o mandado de segurança, no caso de descumprimento do art. 514 do CPC de 2015 (art. 572 do CPC de 1973). (ex-OJ nº 116 da SBDI-2 – DJ 11.08.2003)".

Alternativa "b": A assertiva é totalmente contraditória. Se não houve trânsito em julgado não cabe ação rescisória, pois esse é um dos seus principais requisitos. **Incorreta.**

Alternativa "c": Correta, pois como não cabe ação rescisória, a parte pode utilizar a exceção de pré-executividade ou até mesmo o mandado de segurança, na forma do entendimento consolidado pelo TST por meio da já citada e transcrita Súmula nº 397.

Alternativa "d": Incorreta, pois a coisa julgada em dissídio coletivo não é de natureza material. Assim, não cabe a ação rescisória. Nesse sentido a citada Súmula nº 397 do TST.

Alternativa "e": Incorreta. Com efeito, a sentença normativa cria novas condições de trabalho, ou seja, estabelece novos direitos, diante de sua natureza normativa. Assim, não há que se falar em incidência da prescrição.

Gabarito: C.

---

520. (FCC – Juiz do Trabalho Substituto 6ª Região/2015) Quanto à arrematação,

a) não havendo licitante, e não requerendo o exequente a adjudicação dos bens penhorados, poderão os mesmos ser vendidos por leiloeiro nomeado pelo Juiz ou Presidente.

b) se o arrematante, ou seu fiador, não pagar dentro de vinte e quatro horas o sinal correspondente a 20% do preço da avaliação, perderá o direito à arrematação, voltando à praça os bens executados.

c) concluída a avaliação, dentro de dez dias, contados da data da nomeação do avaliador, seguir-se-á a arrematação, que será anunciada por edital afixado na sede do juízo ou tribunal e publicado no jornal local, se houver, com a antecedência mínima de quinze dias.

d) se na primeira praça os bens penhorados não tiverem alcançado o valor total da condenação, haverá, decorrido o prazo de dez dias, a segunda praça, na qual os bens serão vendidos pelo maior lance, tendo o exequente preferência para a adjudicação.

e) o arrematante deverá garantir o lance com o sinal correspondente a 30% do seu valor.

COMENTÁRIOS

✪ **Nota do autor:** A arrematação consiste na maior e última ou única oferta à vista feita pela pessoa que participa da praça ou do leilão, que passa a denominar-se de licitante, o que lhe confere o direito de adquirir a propriedade do bem sob constrição judicial.

Alternativa "a": Correta. Essa regra procedimental encontra-se insculpida no art. 888, § 3º, da CLT: "Não havendo licitante, e não requerendo o exequente a adjudicação dos bens penhorados, poderão os mesmos ser vendidos por leiloeiro nomeado pelo Juiz ou Presidente."

Alternativa "b": Incorreta, pois o arrematante tem o prazo de 24 horas para pagar o preço total da arrematação e não apenas 20%, conforme se pode conferir do preceito contido no art. 888, § 4º, da CLT: "Se o arrematante, ou seu fiador, não pagar dentro de 24 (vinte e quatro) horas o preço da arrematação, perderá, em benefício da execução, o sinal de que trata o § 2º deste artigo, voltando à praça os bens executados."

Alternativa "c": Incorreta, uma vez que o prazo mínimo entre a publicação do edital e a praça pública é de vinte dias e não quinze dias como constou na assertiva. Esse prazo está fixado na parte final do art. 888, caput, da CLT: "Concluída a avaliação, dentro de dez dias, contados da data da nomeação do avaliador, seguir-se-á a arrematação, que será anunciada por edital afixado na sede do juízo ou tribunal e publicado no jornal local, se houver, com a antecedência de vinte (20) dias."

Alternativa "d": Incorreta, pois não há segunda praça, mas sim leilão, conforme previsão contida no § 3º do art. 888 da CLT: "Não havendo licitante, e não requerendo o exequente a adjudicação dos bens penhorados, poderão os mesmos ser vendidos por leiloeiro nomeado pelo Juiz ou Presidente".

Alternativa "e": Incorreta, pois o percentual para garantia do lance é de 20% e não de 30% como constou na assertiva. Esse percentual encontra-se previsto no art. 888, § 2º, da CLT: "O arrematante deverá garantir o lance com o sinal correspondente a 20% (vinte por cento) do seu valor."

Gabarito: A.

---

521. (FCC – Juiz do Trabalho Substituto 6ª Região/2015) Quanto à execução,

a) o prosseguimento da execução quanto aos tópicos e valores não especificados no agravo petição fere direito líquido e certo, diante da ausência de efeito suspensivo dos recursos trabalhistas.

b) os descontos previdenciários e fiscais não devem ser efetuados pelo juízo executório, salvo quando a sentença exequenda tenha sido omissa sobre a questão, dado o caráter de ordem pública ostentado pela norma que os disciplina. A ofensa à coisa julgada somente poderá ser caracterizada na hipótese de o título exequendo, expressamente, afastar a dedução dos valores a título de imposto de renda e de contribuição previdenciária.

c) a atualização do crédito devido à Previdência Social observará os critérios estabelecidos na legislação previdenciária, salvo quando houver reconhecimento de vínculo empregatício, quando a atualização seguirá os critérios da legislação trabalhista.

d) na por carta precatória, os embargos de terceiro serão oferecidos no juízo deprecante ou no juízo deprecado, mas a competência para julgá-los é do juízo deprecante, salvo se versarem, unicamente, sobre vícios ou irregularidades da penhora, avaliação ou alienação dos bens, praticados pelo juízo deprecado, em que a competência será deste último.

e) as decisões passadas em julgado ou das quais não tenha havido recurso com efeito suspensivo; os acordos judiciais ou extrajudiciais, quando não cumpridos; os termos de ajuste de conduta firmados perante o Ministério Público do Trabalho e os termos de conciliação firmados perante as Comissões de Conciliação Prévia serão executadas pela forma estabelecida na legislação trabalhista.

COMENTÁRIOS

✪ **Nota do autor:** O título executivo é o instrumento, judicial ou extrajudicial, que documenta e demonstra a existência de um ato jurídico representativo de um direito de crédito líquido e exigível, que possibilita seu titular ou outra pessoa designada por lei, manejar uma ação de execução forçada para fazer cumprir a obrigação do devedor.

Alternativa "a": Incorreta, pois se o próprio exequente admite ser devedor de determinada quantia, não que se falar em impossibilidade de prosseguimento da execução em relação ao valor incontroverso. Nesse sentido a Súmula nº 416 do TST: "Devendo o agravo de petição delimitar justificadamente a matéria e os valores objeto de discordância, não fere direito líquido e certo o prosseguimento da execução quanto aos tópicos e valores não especificados no agravo."

Alternativa "b": Incorreta, pois o entendimento do TST constante da Súmula nº 401 é justamente em sentido contrário, qual seja, no sentido de que tais descontos devem ser efetuados pelo juízo executório ainda que omissa a sentença: "Os descontos previdenciários e fiscais devem ser efetuados pelo juízo executório, ainda que a sentença exequenda tenha sido omissa sobre a questão, dado o caráter de ordem pública ostentado pela norma que os disciplina. A ofensa à coisa julgada somente poderá ser caracterizada na hipótese de o título exequendo, expressamente, afastar a dedução dos valores a título de imposto de renda e de contribuição previdenciária."

Alternativa "c": Incorreta, pois em qualquer situação os débitos previdenciários deverão ser atualizados pelos índices estabelecidos pela legislação previdenciária. Nesse sentido é a determinação contida no art. 879, § 4º, da CLT: "A atualização do crédito devido à Previdência Social observará os critérios estabelecidos na legislação previdenciária."

Alternativa "d": Correta. O executado tinha a alternativa de apresentar os embargos tanto no juízo deprecante quanto no juízo deprecado, mas o julgamento deveria ser feito pelo primeiro, salvo nos casos que eram mencionados pela Súmula nº 419 do TST em sua antiga redação: "Na execução por carta precatória, os embargos de terceiro serão oferecidos no juízo deprecante ou no juízo deprecado, mas a competência para julgá-los é do juízo deprecante, salvo se versarem, unicamente, sobre vícios ou irregularidades da penhora, avaliação ou alienação dos bens, praticados pelo juízo deprecado, em que a competência será deste último." Por conta da edição do CPC de 2015, a redação dessa Súmula foi alterada nos seguintes termos: "COMPETÊNCIA. EMBARGOS DE TERCEIRO. EXECUÇÃO POR CARTA PRECATÓRIA. JUÍZO DEPRECADO. (alterada em decorrência do CPC de 2015) – Res. 212/2016, DEJT divulgado em 20, 21 e 22.09.2016. Na execução por carta precatória, os embargos de terceiro serão oferecidos no juízo deprecado, salvo se indicado pelo juízo deprecante o bem constrito ou se já devolvida a carta (art. 676, parágrafo único, do CPC de 2015)".

Alternativa "e": Incorreta, pois o acordo extrajudicial não cumprido não é classificado como título executivo pelo art. 876, caput, da CLT: "As decisões passadas em julgado ou das quais não tenha havido recurso com efeito suspensivo; os acordos, quando não cumpridos; os termos de ajuste de conduta firmados perante o Ministério Público do Trabalho e os termos de conciliação firmados perante as Comissões de Conciliação Prévia serão executada pela forma estabelecida neste Capítulo."

Gabarito: D.

---

522. (TRT 8 – Juiz do Trabalho Substituto 8ª Região/2015) Com base nas Súmulas e Orientações Jurisprudenciais do Tribunal Superior do Trabalho, indique a alternativa CORRETA:

a) Não ofende direito líquido e certo, decisão que determina o bloqueio de numerário existente em conta salário, para satisfação de crédito trabalhista, desde que limitado a determinado percentual dos valores recebidos, visto que o art. 649, § 2º do CPC, excepciona expressamente da regra da impenhorabilidade, os créditos trabalhistas.

b) A carta de fiança bancária não apresenta a mesma liquidez que o dinheiro e, por esse motivo, não pode ser equiparada a este na gradação prevista no art. 655 do CPC.

c) É inadmissível penhora sobre renda mensal ou faturamento da empresa, sob pena de inviabilizar a sua atividade econômica e prejudicar os contratos de trabalho vigentes.

d) Não subsistirá a penhora realizada sobre bens de pessoa jurídica de direito privado, ainda que anterior à sucessão pela União ou Estado, de modo que a execução se processará por meio de precatório, na forma do art. 100 da CF/1988.

e) Não fere direito líquido e certo do executado, a penhora em dinheiro em execução definitiva, pois de acordo com a gradação prevista no art. 655 do CPC, no entanto, procedida essa penhora em sede de execução provisória, quando indicados outros bens pelo executado, há violação a direito líquido e certo deste, pois a execução deve se processar de forma que lhe seja menos gravosa.

COMENTÁRIOS

✪ **Nota do autor:** Tratando-se de execução de título executivo judicial, o juízo competente será o mesmo que proferiu a sentença de conhecimento, conforme consta do art. 877 da Consolidação das Leis do Trabalho: "É competente para a execução das decisões o juiz ou presidente do Tribunal que tiver conciliado ou julgado originariamente o dissídio".

Alternativa "a": Incorreta, pois o TST, por meio da OJ nº 153, da SDI-1 em sua redação anterior, entendia que havia ofensa a direito líquido e certo do executado em tais situações: "Ofende direito líquido e certo decisão que determina o bloqueio de numerário existente em conta salário, para satisfação de crédito trabalhista, ainda que seja limitado a determinado percentual dos valores recebidos ou a valor revertido para fundo de aplicação ou poupança, visto que o art. 649, IV, do CPC contém norma imperativa que não admite interpretação ampliativa, sendo a exceção prevista no art. 649, § 2º, do CPC espécie e não gênero de crédito de natureza alimentícia, não englobando o crédito trabalhista". Inclusive o TST modificou a redação dessa OJ para se adaptar ao novo CPC, que admite a penhora em parte do salário em determinadas situações: "MANDADO DE SEGURANÇA. EXECUÇÃO. ORDEM DE PENHORA SOBRE VALORES EXISTENTES EM CONTA SALÁRIO. ART. 649, IV, DO CPC DE 1973. ILEGALIDADE. (atualizada em decorrência do CPC de 2015) – Res. 220/2017, DEJT divulgado em 21, 22 e 25.09.2017. Ofende direito líquido e certo decisão que determina o bloqueio de numerário existente em conta salário, para satisfação de crédito trabalhista, ainda que seja limitado a determinado percentual dos valores recebidos ou a valor revertido para fundo de aplicação ou poupança, visto que o art. 649, IV, do CPC de 1973 contém norma imperativa que não admite interpretação ampliativa, sendo a exceção prevista no art. 649, § 2º, do CPC de 1973 espécie e não gênero de crédito de natureza alimentícia, não englobando o crédito trabalhista".

Alternativa "b": Incorreta, uma vez que o posicionamento do TST é em sentido totalmente contrário ao da assertiva, conforme se observa da OJ nº 59, SDI-2: "A carta de fiança bancária equivale a dinheiro para efeito da gradação dos bens penhoráveis, estabelecida no art. 655 do CPC". Atualmente a redação dessa OJ é a seguinte: "MANDADO DE SEGURANÇA. PENHORA. CARTA DE FIANÇA BANCÁRIA. SEGURO GARANTIA JUDICIAL (nova redação em decorrência do CPC 2015) – Res. 209/2016 – DEJT divulgado em 01, 02 e 03.06.2016. A carta de fiança bancária e o seguro garantia judicial, desde que em valor não inferior ao do débito em execução, acrescido de trinta por cento, equivalem a dinheiro para efeito da gradação dos bens penhoráveis, estabelecida no art. 835 do CPC de 2015 (art. 655 do CPC de 1973)".

Alternativa "c": Incorreta, pois esse procedimento era admitido pelo art. 677 do CPC de 1973 e pelo entendimento do TST explicitado por meio da OJ nº 93, da SDI-2: "É admissível a penhora sobre a renda mensal ou faturamento de empresa, limitada a determinado percentual, desde que não comprometa o desenvolvimento regular de suas atividades". Inclusive a Resolução nº 220/2017 alterou a redação dessa OJ: "PENHORA SOBRE PARTE DA RENDA DE ESTABELECIMENTO COMERCIAL. POSSIBILIDADE. (alterada em decorrência do CPC de 2015) – Res. 220/2017, DEJT divulgado em 21, 22 e 25.09.2017 Nos termos do art. 866 do CPC de 2015, é admissível a penhora sobre a renda mensal ou faturamento de empresa, limitada a percentual, que não comprometa o desenvolvimento regular de suas atividades, desde que não haja outros bens penhoráveis ou, havendo outros bens, eles sejam de difícil alienação ou insuficientes para satisfazer o crédito executado".

Alternativa "d": Incorreta, pois a penhora é válida se feita antes da sucessão pelo Estado, na forma do posicionamento do TST constante da OJ nº 343 da SDI-1: "É válida a penhora em bens de pessoa jurídica de direito privado, realizada anteriormente à sucessão pela União ou por Estado-membro, não podendo a execução prosseguir mediante precatório. A decisão que a mantém não viola o art. 100 da CF/1988".

Alternativa "e": Correta a assertiva, uma vez que está de acordo com os incisos I e III da Súmula 417 do TST. A versão atual dessa Súmula não contempla mais o inciso III e conta com a seguinte redação: "MANDADO DE SEGURANÇA. PENHORA EM DINHEIRO (alterado o item I, atualizado o item II e cancelado o item III, modulando-se os efeitos da presente redação de forma a atingir unicamente as penhoras em dinheiro em execução provisória efetivadas a partir de 18.03.2016, data de vigência do CPC de 2015) – Res. 212/2016, DEJT divulgado em 20, 21 e 22.09.2016. I – Não fere direito líquido e certo do impetrante o ato judicial que determina penhora em dinheiro do executado para garantir crédito exequendo, pois é prioritária e obedece à gradação prevista no art. 835 do CPC de 2015 (art. 655 do CPC de 1973). II – Havendo discordância do credor, em execução definitiva, não tem o executado direito líquido e certo a que os valores penhorados em dinheiro fiquem depositados no próprio banco, ainda que atenda aos requisitos do art. 840, I, do CPC de 2015 (art. 666, I, do CPC de 1973). (ex-OJ nº 61 da SBDI-2 – inserida em 20.09.2000)".

Gabarito: E.

523. (TRT 8 – Juiz do Trabalho Substituto 8ª Região/2015) Marque a alternativa INCORRETA com base na legislação trabalhista:

a) O executado somente pode discutir os cálculos da condenação por meio de simples impugnação, nos casos em que a decisão exequenda é ilíquida e o juízo decidir ouvi-lo acerca da liquidação antes da sua homologação, caso contrário, homologada a conta e expedido o mandado de citação e penhora, a discussão dos cálculos somente é possível por meio dos embargos à execução, cujo conhecimento, depende de prévia garantia do juízo.

b) O agravo de petição das decisões em sede de execução é cabível no prazo de 08 (oito) dias e o agravante deve delimitar justificadamente as matérias e valores impugnados. O agravo de instrumento interposto contra a decisão que não receber o agravo de petição, não suspende a execução de sentença.

c) O arrematante de bem penhorado e levado à hasta pública deverá garantir o lance com o sinal correspondente a pelo menos 20% (vinte por cento) do seu valor. Não havendo pagamento do restante do valor da arrematação pelo arrematante ou seu fiador no prazo de 24 (vinte e quatro) horas, terá voltada contra si a execução, limitada, porém, ao valor do débito remanescente.

d) São executáveis na Justiça do Trabalho, as decisões proferidas por seus membros, transitadas em julgado ou das quais não tenha havido recurso com efeito suspensivo, os acordos nela celebrados e inadimplidos, os termos de ajuste de conduta firmados perante o Ministério Público do Trabalho e os termos de conciliação firmados perante as Comissões de Conciliação Prévia.

e) A matéria dos embargos à execução é restrita apenas às alegações de cumprimento da decisão ou acordo, quitação ou prescrição da dívida.

COMENTÁRIOS

✪ **Nota do autor:** A execução extingue-se com o cumprimento da obrigação contida no título executivo, seja de forma espontânea ou forçada, ou mesmo por meio da transação, remissão ou renúncia do crédito pelo exequente. Em relação a alternativa "a", com a vigência da Lei da Reforma Trabalhista foi modificada a redação do art. §2º do art. 879 da CLT. Atualmente, a abertura de prazo às partes para impugnação dos cálculos deixa de ser uma faculdade e passa a ser uma obrigação: "Elaborada a conta e tornada líquida, o juízo deverá abrir às partes prazo comum de oito dias para impugnação fundamentada com a indicação dos itens e valores objeto da discordância, sob pena de preclusão."

Alternativa "a": Correta a assertiva. Com efeito, apresentada a conta o juiz tinha duas opções: conceder vista as partes para eventual impugnação ou homologar a conta. Em um ou em outro caso o juiz proferirá uma sentença de liquidação, que poderá ser impugnada pelo exequente, no prazo de cinco dias, ou por meio de embargos do executado. Nesse sentido a antiga redação do art. 879, §2º, e a do art. 884, caput, ambos da CLT: "Art. 879. § 2º – Elaborada a conta e tornada líquida, o Juiz poderá abrir às partes prazo sucessivo de 10 (dez) dias para impugnação fundamentada com a indicação dos itens e valores objeto da discordância, sob pena de preclusão. Art. 884 – Garantida a execução ou penhorados os bens, terá o executado 5 (cinco) dias para apresentar embargos, cabendo igual prazo ao exequente para impugnação". (ver nota do autor)

Alternativa "b": Correta as duas assertivas, pois estão de acordo com as prescrições contida no art. 897, *caput* e nos §§ 1º e 2º, da CLT: "Art. 897 – Cabe agravo, no prazo de 8 (oito) dias: § 1º – O agravo de petição só será recebido quando o agravante delimitar, justificadamente, as matérias e os valores impugnados, permitida a execução imediata da parte remanescente até o final, nos próprios autos ou por carta de sentença § 2º – O agravo de instrumento interposto contra o despacho que não receber agravo de petição não suspende a execução da sentença".

Alternativa "c": Incorreta, pois a consequência pelo não pagamento do preço da arrematação é a perda, em benefício da execução, do sinal de 20%, na forma prevista pelo art. 888, §§ 2º e 4º, da CLT: "§ 2º O arrematante deverá garantir o lance com o sinal correspondente a 20% (vinte por cento) do seu valor. § 4º Se o arrematante, ou seu fiador, não pagar dentro de 24 (vinte e quatro) horas o preço da arrematação, perderá, em benefício da execução, o sinal de que trata o § 2º deste artigo, voltando à praça os bens executados".

Alternativa "d": Correta a assertiva pois elenca todos os títulos executivos que podem ser executados na Justiça do Trabalho, de conformidade com o preceito contido no art. 876 da CLT: "As decisões passadas em julgado ou das quais não tenha havido recurso com efeito suspensivo; os acordos, quando não cumpridos; os termos de ajuste de conduta firmados perante o Ministério Público do Trabalho e os termos de conciliação firmados perante as Comissões de Conciliação Prévia serão executada pela forma estabelecida neste Capítulo".

Alternativa "e": Correta, pois corresponde à redação do art. 884, § 1º, da CLT: "A matéria de defesa será restrita às alegações de cumprimento da decisão ou do acordo, quitação ou prescrição da dívida".

Gabarito: C.

---

524. (FCC – Juiz do Trabalho Substituto 15ª Região/2015) Em relação à execução de contribuições previdenciárias, considere:

I. A Justiça do Trabalho não tem competência para a execução da contribuição referente ao Seguro de Acidente de Trabalho – SAT e nem para a execução da contribuição de terceiros, limitando-se sua competência à execução das contribuições previdenciárias incidentes sobre as sentenças condenatórias em pecúnia que proferir.

II. Acordo homologado em juízo sem discriminação das parcelas sujeitas à incidência da contribuição previdenciária implica na incidência das contribuições para a Previdência Social sobre o valor total do acordo, independentemente do reconhecimento de vínculo de emprego.

III. É devida a contribuição previdenciária sobre o valor do acordo celebrado e homologado após o trânsito em julgado de decisão judicial, respeitada a proporcionalidade de valores entre as parcelas de natureza salarial e indenizatória deferidas na decisão condenatória e as parcelas objeto de acordo.

IV. A decisão homologatória de acordo equipara-se à coisa julgada material apenas para as partes que figuraram originalmente na lide, na medida em que somente poderão, em tese, impugná-la por meio de ação rescisória. Com relação às contribuições previdenciárias, a decisão que homologa o acordo somente produzirá os efeitos da coisa julgada se a União, intimada para tomar ciência da decisão, deixar transcorrer in albis o prazo judicial que lhe for assinalado para manifestação.

V. Ainda que omissa a sentença exequenda, os descontos fiscais e previdenciários devem ser efetuados de ofício pelo juízo da execução, sem que isso caracterize ofensa à coisa julgada, salvo no caso de o título exequendo expressamente afastar a dedução dos valores a título de imposto de renda e de contribuição previdenciária.

De acordo com a doutrina, a legislação e a jurisprudência pacífica do TST, está correto o que consta APENAS em

a) I, III e V.

b) I, II e IV.

c) III, IV e V.

d) I, II, III e V.

e) II, III, IV e V.

COMENTÁRIOS

✪ **Nota do autor:** Proferida a sentença, cabe ao juiz de ofício determinar o pagamento das contribuições sociais devidas pelo empregado e pelo empregador. Em caso de recusa de recolhimento espontâneo, segue-se o processo de execução forçada.

Item "I": Incorreto, pois a Justiça do Trabalho é competente para executar as contribuições previdenciárias, inclusive aquelas relativas ao SAT/GILRAT, na forma prevista pelo art. 114, VIII da CF/88. Nesse sentido é o entendimento do TST registrado na Súmula 454: "Compete à Justiça do Trabalho a execução, de ofício, da contribuição referente ao Seguro de Acidente de Trabalho (SAT), que tem natureza de contribuição para a seguridade social (arts. 114, VIII, e 195, I, "a", da CF), pois se destina ao financiamento de benefícios relativos à incapacidade do empregado decorrente de infortúnio no trabalho (arts. 11 e 22 da Lei nº 8.212/1991)".

Item "II": Correto. Se as partes não identificam os valores atrelados às parcelas que formam o objeto do acordo, a contribuição previdenciária incide sobre o seu valor total. Esse é o posicionamento do TST revelado por meio da OJ nº 368 da SDI-1. "É devida a incidência das contribuições para a Previdência Social sobre o valor total do acordo homologado em juízo, independentemente do reconhecimento de vínculo de emprego, desde que não haja discriminação das parcelas sujeitas à incidência da contribuição previdenciária, conforme parágrafo único do art. 43 da Lei nº 8.212, de 24.07.1991, e do art. 195, I, "a", da CF/1988".

Item "III": Correto. Antes do trânsito em julgado as partes podem identificar as parcelas objeto do acordo e, nesse caso, pode até não incidir verba previdenciária dada a natureza indenizatória de algumas verbas trabalhistas. Todavia, após o trânsito em julgado, em caso de acordo, a contribuição previdenciária deve ser proporcional à redução do valor devido. Esse é o posicionamento adotado pelo TST por meio de sua OJ nº 376 da SDI-1: "É devida a contribuição previdenciária sobre o valor do acordo celebrado e homologado após o trânsito em julgado de decisão judicial, respeitada a proporcionalidade de valores entre as parcelas de natureza salarial e indenizatória deferidas na decisão condenatória e as parcelas objeto do acordo".

Item "IV": Correta a assertiva, uma vez que corresponde ao entendimento do TST revelado por meio do inciso V, Súmula nº 100 e Súmula nº 259, bem como dos mandamentos legais contidos nos arts. 831, parágrafo único e 832, § 4º, ambos da CLT: "Súmula nº 100. V – O acordo homologado judicialmente tem força de decisão irrecorrível, na forma do art. 831 da CLT. Assim sendo, o termo conciliatório transita em julgado na data da sua homologação judicial. Súmula nº 259: Só por ação rescisória é impugnável o termo de conciliação previsto no parágrafo único do art. 831 da CLT. Art. 831 – Parágrafo único. No caso de conciliação, o termo que for lavrado valerá como decisão irrecorrível, salvo para a Previdência Social quanto às contribuições que lhe forem devidas. Art. 832 – § 4º A União será intimada das decisões homologatórias de acordos que contenham parcelas indenizatória, na forma do art. 20 da Lei nº 11.033, de 21 de dezembro de 2004, facultada a interposição de recurso relativo aos tributos que lhe forem devidos".

Item "V": Correto, pois se trata de pedido implícito. Nesse sentido a Súmula nº 401 do TST: "Os descontos previdenciários e fiscais devem ser efetuados pelo juízo executório, ainda que a sentença exequenda tenha sido omissa sobre a questão, dado o caráter de ordem pública ostentado pela norma que os disciplina. A ofensa à coisa julgada somente poderá ser caracterizada na hipótese de o título exequendo, expressamente, afastar a dedução dos valores a título de imposto de renda e de contribuição previdenciária".

Gabarito: E.

---

525. (TRT 8 – Juiz do Trabalho Substituto 8ª Região/2014) Assinale a alternativa INCORRETA:

a) Não será recebido o agravo de petição quando o agravante deixar de delimitar, justificadamente, as matérias e os valores impugnados, permitida a execução imediata da parte remanescente até o final, nos próprios autos ou por carta de sentença.

b) Quando citado, caso o devedor não pague, nem indique os bens à penhora, ocorre a preclusão temporal em face deste, hipótese que atrai a execução ex- officio nos termos do artigo 878 da CLT.

c) Havendo discordância do credor, em execução definitiva, não tem o executado direito líquido e certo a que os valores penhorados em dinheiro fiquem depositados no próprio banco, ainda que atenda aos requisitos do art. 666, I, do CPC.

d) Nos termos da súmula 266 do TST, a admissibilidade do recurso de revista interposto de acórdão proferido em agravo de petição, na liquidação de sentença ou em processo incidente na execução, inclusive os embargos de terceiro, depende de demonstração inequívoca de violência direta à Constituição Federal e contrariedade à letra de lei federal.

e) Os descontos previdenciários e fiscais devem ser efetuados pelo juízo executório, ainda que a sentença exequenda tenha sido omissa sobre a questão, dado o caráter de ordem pública ostentado pela norma que os disciplina. A ofensa à coisa julgada somente poderá ser caracterizada na hipótese de o título exequendo, expressamente, afastar a dedução dos valores a título de imposto de renda e de contribuição previdenciária.

COMENTÁRIOS

✪ **Nota do autor:** Observe-se, na alternativa "c", que o art. 666, I, do CPC de 1973 corresponde ao art. 840, I, do CPC de 2015. Em relação a alternativa "b", com a vigência da Lei da Reforma Trabalhista foi alterado o art. 878 da CLT, passando a ter a seguinte redação: "A execução será promovida pelas partes, permitida a execução de ofício pelo juiz ou pelo Presidente do Tribunal apenas nos casos em que as partes não estiverem representadas por advogado.". Dessa forma, a execução *ex officio* somente será cabível quando as partes estiverem no exercício do *ius postulandi*".

Alternativa "a": Correta a assertiva uma vez que corresponde ao mandamento contido art. 897, § 1º, da CLT: "O agravo de petição só será recebido quando o agravante delimitar, justificadamente, as matérias e os valores impugnados, permitida a execução imediata da parte remanescente até o final, nos próprios autos ou por carta de sentença".

Alternativa "b": Na verdade, quando o executado é citado, a execução já teria começado. A banca considerou essa assertiva como **correta**, pois entendeu haver preclusão temporal quanto ao direito de indicar bens a penhora. Assim, diante da omissão do executado, a penhora pode ser feita em bens escolhidos pelo oficial de Justiça ou por indicação do exequente (Art. 878 da CLT – A execução poderá ser promovida por qualquer interessado, ou ex officio pelo próprio Juiz ou Presidente ou Tribunal competente, nos termos do artigo anterior). (ver nota do autor)

Alternativa "c": Correta. Essa hipótese encontra-se prevista pelo inciso II da Súmula nº 417 do TST: "Havendo discordância do credor, em execução definitiva, não tem o executado direito líquido e certo a que os valores penhorados em dinheiro fiquem depositados no próprio banco, ainda que atenda aos requisitos do art. 666, I, do CPC". A versão atual dessa Súmula não contempla mais o inciso III e conta com a seguinte redação: "MANDADO DE SEGURANÇA. PENHORA EM DINHEIRO (alterado o item I, atualizado o item II e cancelado o item III, modulando-se os efeitos da presente redação de forma a atingir unicamente as penhoras em dinheiro em execução provisória efetivadas a partir de 18.03.2016, data de vigência do CPC de 2015) – Res. 212/2016, DEJT divulgado em 20, 21 e 22.09.2016. I – Não fere direito líquido e certo do impetrante o ato judicial que determina penhora em dinheiro do executado para garantir crédito exequendo, pois é prioritária e obedece à gradação prevista no art. 835 do CPC de 2015 (art. 655 do CPC de 1973). II – Havendo discordância do credor, em execução definitiva, não tem o executado direito líquido e certo a que os valores penhorados em dinheiro fiquem depositados no próprio banco, ainda que atenda aos requisitos do art. 840, I, do CPC de 2015 (art. 666, I, do CPC de 1973). (ex-OJ nº 61 da SBDI-2 – inserida em 20.09.2000)".

Alternativa "d": No caso citado, não cabe recurso de revista de acordão proferido em processo de execução por contrariedade a lei federal. Nesse sentido a Súmula nº 266 do TST: "A admissibilidade do recurso de revista interposto de acórdão proferido em agravo de petição, na liquidação de sentença ou em processo incidente na execução, inclusive os embargos de terceiro, depende de demonstração inequívoca de violência direta à Constituição Federal". **Incorreta.**

Alternativa "e": Correta a assertiva, pois corresponde ao texto da Súmula nº 401 do TST: "Os descontos previdenciários e fiscais devem ser efetuados pelo juízo executório, ainda que a sentença exequenda tenha sido omissa sobre a questão, dado o caráter de ordem pública ostentado pela norma que os disciplina. A ofensa à coisa julgada somente poderá ser caracterizada na hipótese de o título exequendo, expressamente, afastar a dedução dos valores a título de imposto de renda e de contribuição previdenciária".

Gabarito: D.

---

526. (TRT 8 – Juiz do Trabalho Substituto 8ª Região/2014) Assinale a alternativa CORRETA:

a) Somente nos embargos à penhora poderá o executado impugnar a sentença de liquidação, cabendo ao exequente igual direito e no mesmo prazo, ocorrendo a preclusão temporal em face das partes se decorrer o prazo in albis sem manifestação por ambas.

b) Nos embargos à execução e no agravo de petição não são admissíveis as alegações de inexigibilidade do título judicial fundado em lei ou ato normativo declarados inconstitucionais pelo Supremo Tribunal Federal ou em aplicação ou interpretação tidas por incompatíveis com a Constituição Federal, visto que a decisão de mérito transitou em julgado e, nessa condição, só podem ser arguidas por meio de ação rescisória nos termos do artigo 585 do CPC, cuja competência é do Tribunal Pleno, em última instância, nos termos do artigo 678, item I, alínea "C", item 2 da CLT.

c) Na execução, garantido o Juízo ou penhorados os bens, nos embargos apenas são admissíveis como matérias de defesa as alegações de cumprimento da decisão ou do acordo, quitação ou prescrição da dívida.

d) A execução da decisão proferida em ação rescisória far-se-á nos próprios autos da ação que lhe deu origem, e será instruída com o acórdão da rescisória e a respectiva certidão de trânsito em julgado.

e) Estão corretas as alternativas das letras "a" e "d", mas estão erradas as alternativas das letras "b" e "c".

COMENTÁRIOS

✪ **Nota do autor:** Quando a matéria dos embargos à execução limita-se às questões relacionadas com a penhora, utiliza-se, também, a denominação embargos à penhora, mencionada pelo art. 884, § 3º, da CLT, para se referir a essa medida judicial posta à disposição do devedor. Observe-se, na alternativa "c", que os arts. 475-L e 745 do CPC de 1973 correspondem, respectivamente, aos arts. 525 e 917 do CPC de 2015.

Alternativa "a": Correta a assertiva, pois corresponde ao texto do art. 884, § 3º, da CLT: "Garantida a execução ou penhorados os bens, terá o executado 5 (cinco) dias para apresentar embargos, cabendo igual prazo ao exequente para impugnação. § 3º – Somente nos embargos à penhora poderá o executado impugnar a sentença de liquidação, cabendo ao exequente igual direito e no mesmo prazo".

Alternativa "b": Nesse caso é admissível o fundamento citado na alternativa, pois consta expressamente da previsão legal contida no art. 884, § 5º, da CLT: "Considera-se inexigível o título judicial fundado em lei ou ato normativo declarados inconstitucionais pelo Supremo Tribunal Federal ou em aplicação ou interpretação tidas por incompatíveis com a Constituição Federal". **Incorreta.**

Alternativa "c": Além das questões citadas nessa alternativa, o art. 475-L do revogado CPC de 1973, utilizado subsidiariamente no processo laboral, previa outras que poderiam ser arguidas em sede de embargos à execução, salientando que quando a execução se fundava em título executivo extrajudicial, seria possível arguir qualquer matéria deduzida pelo executado como defesa em processo de conhecimento (art. 745 do CPC de 1973). **Incorreta.**

Alternativa "d": Correta a assertiva, pois atende ao comando legal contido no art. 836, parágrafo único, da CLT: "A execução da decisão proferida em ação rescisória far-se-á nos próprios autos da ação que lhe deu origem, e será instruída com o acórdão da rescisória e a respectiva certidão de trânsito em julgado".

Gabarito: E.

---

527. (TRT 23 – Juiz do Trabalho Substituto 23ª Região/2014) Após a análise dos itens abaixo, assinale a alternativa CORRETA:

I) Se o arrematante, ou seu fiador, não pagar, no quinquídio legal, o preço da arrematação, perderá, em benefício da execução, o sinal de que trata o artigo 888, §2°, consolidado.

II) Tratando-se de execução para pagamento de prestações sucessivas por tempo indeterminado, a execução compreenderá, inicialmente, as prestações devidas até a data do ingresso da execução.

III) Concedido parcelamento pela Secretaria da Receita Federal do Brasil, o devedor juntará aos autos a comprovação do ajuste, ficando extinta a execução da contribuição social correspondente.

IV) Julgar-se-ão na mesma sentença os embargos e as impugnações à liquidação apresentados pelos credores trabalhistas, mas não os apresentados pelo credor previdenciário.

a) Apenas está correta a assertiva II.

b) Apenas estão corretas as assertivas II e IV.

c) Estão corretas as assertivas I e II,

d) Apenas está correta a assertiva III.

e) Apenas estão corretas as assertivas I e IV

COMENTÁRIOS

✪ Nota do autor: A execução trabalhista por título judicial poderia ser iniciada de ofício pelo juiz ou presidente do Tribunal do Trabalho, conforme preceituava o art. 878 da CLT: "A execução poderá ser promovida por qualquer interessado, ou *ex officio,* pelo próprio juiz ou presidente ou tribunal competente, nos termos do artigo anterior". Com a vigência da Lei nº 13.467/17 foi alterado o art. 878 da CLT, passando a ter a seguinte redação: "A execução será promovida pelas partes, permitida a execução de ofício pelo juiz ou pelo Presidente do Tribunal apenas nos casos em que as partes não estiverem representadas por advogado.". Dessa forma, a execução *ex officio* somente será cabível quando as partes estiverem no exercício do *ius postulandi*".

Item "I": O prazo para pagamento é de vinte quatro horas e não de cinco dias, como reza o art. 888, § 4º, da CLT: "Se o arrematante, ou seu fiador, não pagar dentro de 24 (vinte e quatro) horas o preço da arrematação, perderá, em benefício da execução, o sinal de que trata o § 2º deste artigo, voltando à praça os bens executados". **Incorreto.**

Item "II": Correto, pois corresponde ao texto do art. 892 da CLT: "Tratando-se de prestações sucessivas por tempo indeterminado, a execução compreenderá inicialmente as prestações devidas até a data do ingresso na execução."

Item "III": Não ficaria extinta, mas sim suspensa a execução, de acordo com o disposto no art. 889-A, § 1º, da CLT: "Concedido parcelamento pela Secretaria da Receita Federal do Brasil, o devedor juntará aos autos a comprovação do ajuste, ficando a execução da contribuição social correspondente suspensa até a quitação de todas as parcelas". **Incorreta.**

Item "IV": Na mesma sentença também serão julgados os eventuais embargos ou as impugnações apresentadas pelos credores previdenciários, conforme previsão contida no art. 884, § 4º, da CLT: "Julgar-se-ão na mesma sentença os embargos e as impugnações à liquidação apresentadas pelos credores trabalhista e previdenciário". **Incorreta.**

Gabarito: A.

---

528. (TRT 8 – Juiz do Trabalho Substituto 8ª Região/2014) Assinale a alternativa INCORRETA:

a) Não se acolhe, por violação do art. 920 do Código Civil de 1916 (art. 412 do Código Civil de 2002), pedido de rescisão de julgado que: a) em processo de conhecimento, impôs condenação ao pagamento de multa, quando a decisão rescindenda for anterior à Orientação Jurisprudencial nº 5 da Subseção I Especializada em Dissídios Individuais do TST (30.05.94), incidindo o óbice da Súmula nº 83 do TST; b) em execução, rejeita-se limitação da condenação ao pagamento de multa, por inexistência de violação literal.

b) Em sede de precatório, não configura ofensa à coisa julgada a limitação dos efeitos pecuniários da sentença condenatória ao período anterior ao advento da Lei nº 8.112, de 11.12.1990, em que o exequente submetia-se à legislação trabalhista, salvo disposição expressa em contrário na decisão exequenda.

c) São incompatíveis com a natureza e finalidade do dissídio coletivo as pretensões de provimento judicial de arresto, apreensão ou depósito.

d) Uma vez tendo exaurido o prazo conferido à Fazenda Pública Federal, Estadual ou Municipal à oposição de embargos, e transitada em julgado a decisão, tratando-se de dívida sujeita à expedição de precatório, o juiz requisitará o pagamento por intermédio do Presidente do Tribunal correspondente, salvo quando se tratar de crédito de pequeno valor, caso em que o juiz da execução requisitará o pagamento diretamente à autoridade citada para o processo de execução, pelo modo e procedimentos da Instrução Normativa 32/2007 do Tribunal Superior do Trabalho.

e) É válida a penhora em bens de pessoa jurídica de direito privado, realizada anteriormente à sucessão pela União ou por Estado-membro, não podendo a execução prosseguir mediante precatório. A decisão que a mantém não viola o art. 100 da CF/1988.

COMENTÁRIOS

Alternativa "a": Essa possibilidade está prevista na OJ nº 30, da SDI-2 do TST: "Não se acolhe, por violação do art. 920 do Código Civil de 1916 (art. 412 do Código Civil de 2002), pedido de rescisão de julgado que: a) em processo de conhecimento, impôs condenação ao pagamento de multa, quando a decisão rescindenda for anterior à Orientação Jurisprudencial nº 54 da Subseção I Especializada em Dissídios Individuais do TST (30.05.94), incidindo o óbice da Súmula nº 83 do TST; b) em execução, rejeita-se limitação da condenação ao pagamento de multa, por inexistência de violação literal." **Correta.**

Alternativa "b": Essa afirmação corresponde ao texto da OJ nº 6 do Tribunal Pleno do TST: "Em sede de precatório, não configura ofensa à coisa julgada a limitação dos efeitos pecuniários da sentença condenatória ao período anterior ao advento da Lei nº 8.112, de 11.12.1990, em que o exequente submetia-se à legislação trabalhista, salvo disposição expressa em contrário na decisão exequenda." **Correta.**

Alternativa "c": Exatamente, pois a regra é que o dissídio coletivo tem natureza judicial anômala, uma vez que visa constituir uma norma jurídica de caráter genérico e abstrato. A OJ nº 3 da SDC é nesse sentido: "São incompatíveis com a natureza e finalidade do dissídio coletivo as pretensões de provimento judicial de arresto, apreensão ou depósito." **Correta.**

Alternativa "d": Se for execução contra a Fazenda Pública Nacional de pequeno valor, o juiz da execução requisita a quantia devida a autoridade, mas não diretamente e sim por intermédio do Presidente do Tribunal, na forma do art. 5º da Instrução Normativa nº 32 do TST: "As requisições de pagamento que decorram de precatório ou as de pequeno valor, quando a devedora for a União, serão expedidas pelo Juiz da execução e dirigidas ao presidente do Tribunal, a quem compete." **Incorreta.**

Alternativa "e": Correta, pois esse é o entendimento do TST exposto na OJ nº 343, da SDI-1: "É válida a penhora em bens de pessoa jurídica de direito privado, realizada anteriormente à sucessão pela União ou por Estado-membro, não podendo a execução prosseguir mediante precatório. A decisão que a mantém não viola o art. 100 da CF/1988."

Gabarito: D.

---

529. (TRT 8 – Juiz do Trabalho Substituto 8ª Região/2014) São títulos executivos extrajudiciais admitidos ao processo do trabalho, segundo a Consolidação das Leis Trabalhistas:

a) O crédito de serventuário de justiça, de perito, de intérprete, ou de tradutor, quando os honorários forem aprovados por decisão judicial; o TRCT homologado pelo sindicato da categoria profissional ou pela Superintendência Regional do Trabalho e Emprego.

b) O crédito de perito, de intérprete, ou de tradutor, quando os honorários forem aprovados por decisão judicial; o TRCT homologado pelo sindicato da categoria profissional ou pela Superintendência Regional do Trabalho e Emprego; os termos de conciliação celebrados perante a CCP (Comissão de Conciliação Prévia) com conteúdo obrigacional; as certidões de dívida ativa (CDA) decorrentes das multas aplicadas aos empregadores pelos órgãos de fiscalização do trabalho.

c) O TRCT homologado pelo sindicato profissional ou pela Superintendência Regional do Trabalho e Emprego; as certidões de dívida ativa (CDA) decorrentes das multas aplicadas aos empregadores pelos órgãos de fiscalização do trabalho; os termos de conciliação celebrados perante a CCP (Comissão de Conciliação Prévia) com conteúdo obrigacional.

d) Os Termos de Compromisso de Ajustamento de Conduta (TAC) firmados perante o MPF e MPT com conteúdo obrigacional; os termos de conciliação celebrados perante a CCP (Comissão de Conciliação Prévia) com conteúdo obrigacional; o TRCT homologado pelo sindicato profissional ou pela Superintendência Regional do Trabalho e Emprego.

e) Os Termos de compromisso de Ajustamento de Conduta (TAC) firmados perante o MPT com conteúdo obrigacional; os termos de conciliação celebrados perante a CCP (Comissão de Conciliação Prévia) com conteúdo obrigacional; as certidões de dívida ativa (CDA) decorrentes das multas aplicadas aos empregadores pelos órgãos de fiscalização do trabalho.

COMENTÁRIOS

✪ **Nota do autor:** Todas as alternativas foram elaboradas com base no conteúdo do art. 876 da CLT: "As decisões passadas em julgado ou das quais não tenha havido recurso com efeito suspensivo; os acordos, quando não cumpridos; os termos de ajuste de conduta firmados perante o Ministério Público do Trabalho e os termos de conciliação firmados perante as Comissões de Conciliação Prévia serão executada pela forma estabelecida neste Capítulo." Além disso, são executáveis na Justiça do Trabalho as Certidões da Dívida Ativa decorrentes das multas aplicadas aos empregadores pelo MTE. Incorreu em equívoco o título da questão ao incluir a CDA como títulos executáveis no processo laboral, já que nessa hipótese será utilizada a Lei de Execuções Fiscais.

Alternativa "a": Nenhum dos documentos citados é legalmente reconhecido como título executivo extrajudicial executável na Justiça do Trabalho, pois não consta do rol do art. 876 da CLT. **Incorreta.**

Alternativa "b": Não constitui título executivo extrajudicial o crédito de perito, de intérprete, ou de tradutor, quando os honorários forem aprovados por decisão judicial; o TRCT homologado pelo sindicato da categoria profissional ou pela Superintendência Regional do Trabalho e Emprego. **Incorreta.**

Alternativa "c": Não constitui título executivo extrajudicial o TRCT homologado pelo sindicato da categoria profissional ou pela Superintendência Regional do Trabalho e Emprego. **Incorreta.**

Alternativa "d": Não constituem título executivo extrajudicial o TRCT homologado pelo sindicato profissional ou pela Superintendência Regional do Trabalho e Emprego nem os Termos de Compromisso de Ajustamento de Conduta (TAC) firmados perante o MPF. **Incorreta.**

Alternativa "e": Correta a assertiva, conforme exposição contida na nota do autor.

Gabarito: E.

---

530. (TRT 8 – Juiz do Trabalho Substituto 8ª Região/2014) Sobre a estrutura orgânica do sistema de cumprimento da sentença trabalhista que reconhece obrigações de pagar por quantia certa, é CORRETO afirmar que:

a) É composta de três partes autônomas: quantificação, que pode ser por cálculos, por arbitramento ou por artigos; de constrição, que pode ser promovida a requerimento da parte ou *ex officio* pelo Juiz ou Presidente do Tribunal que tiver conciliado ou julgado originariamente o dissídio, competente para a execução das decisões; a expropriação, que visa, portanto, à satisfação integral da obrigação do título executivo judicial ou extrajudicial.

b) Sendo ilíquida a sentença exequenda, ordenar-se-á, previamente, a sua liquidação, mas não se poderá modificar, ou inovar, a sentença liquidanda nem discutir matéria pertinente à causa principal, salvo quando o Juiz não houver se pronunciado na sentença de mérito sobre pedido constante da petição inicial.

c) Elaborada a conta e tornada líquida por cálculos, o Juiz deverá abrir às partes prazo comum de 10 (dez) dias para impugnação fundamentada com a indicação dos itens e valores objeto da discordância, sob pena de preclusão.

d) Sendo ilíquida a sentença exequenda, elaborada a conta e tornada líquida por cálculos, na fase de execução da decisão, enseja a execução provisória da mesma, ainda que sejam impugnadas as demais parcelas.

e) Concedido o prazo às partes para a impugnação dos cálculos de liquidação, haverá preclusão: I. temporal, se exaurido in albis o respectivo; II. consumativa, se houver impugnação (genérica ou específica).

COMENTÁRIOS

✪ **Nota do autor:** Com a vigência da Lei nº 13.467/17, o art. 878, *caput*, da CLT passou a ter a seguinte redação: "A execução será promovida pelas partes, permitida a execução de ofício pelo juiz ou pelo Presidente do Tribunal apenas nos casos em que as partes não estiverem representadas por advogado.". A liquidação por artigos, entretanto, só pode ser promovida pelo exequente, em face da necessidade de alegação e prova de fato novo. Em relação a alternativa "c", a Lei da Reforma Trabalhista também alterou o § 2º do art. 879 da CLT, que passou a ter a seguinte redação: "Elaborada a conta e tornada líquida, o juízo deverá abrir às partes prazo comum de oito dias para impugnação fundamentada com a indicação dos itens e valores objeto da discordância, sob pena de preclusão.". Dessa forma, a abertura do prazo deixou de ser uma faculdade para ser um dever do juiz, bem como o prazo foi modificado de 10 (dez) para 8 (oito) dias".

Alternativa "a": Como o título da pergunta faz referência expressa ao sistema de cumprimento de sentença, considera-se essa alternativa **incorreta**, pois menciona a execução por título extrajudicial.

Alternativa "b": Não há qualquer previsão legal quanto a ressalva feita no final da assertiva "salvo quando o Juiz não houver se pronunciado na sentença de mérito sobre pedido constante da petição inicial". **Incorreta** a alternativa, pois vai de encontro ao preceito contido no art. 879, § 1º da CLT: "Na liquidação, não se poderá modificar, ou inovar, a sentença liquidanda, nem discutir matéria pertinente à causa principal."

Alternativa "c": Não era uma obrigação e sim uma faculdade que o juiz tinha de abrir vista as partes, conforme se observa da antiga redação do art. 879, § 2º da CLT: "Elaborada a conta e tornada líquida, o Juiz poderá abrir às partes prazo sucessivo de 10 (dez) dias para impugnação fundamentada com a indicação dos itens e valores objeto da discordância, sob pena de preclusão." **Incorreta. (ver nota do autor)**

Alternativa "d": A execução, nesse caso, é definitiva, pois não há qualquer referência à pendência de trânsito em julgado de decisão. **Incorreta.**

Alternativa "e": Exatamente. Por conta disso, uma vez homologada a conta pelo juiz, depois de julgada a impugnação, a parte não poderá renovar seu inconformismo por meio de embargos declaratórios. **Correta.**

Gabarito: E.

---

531. (TRT 23 – Juiz do Trabalho Substituto 23ª Região/2014) Sobre a execução trabalhista, assinale a alternativa INCORRETA:

a) Faculta-se ao devedor o pagamento imediato da parte que entender devida à Previdência Social, sem prejuízo da cobrança de eventuais diferenças encontradas na execução de ofício.

b) Garantida a execução ou penhorados os bens, terá o executado cinco dias para apresentar embargos, cabendo igual prazo ao exequente para impugnação.

c) Segundo o procedimento do artigo 884 da CLT, somente nos embargos à penhora poderá o executado impugnar a sentença de liquidação, cabendo ao exequente igual direito e no mesmo prazo.

d) A matéria de defesa será restrita às alegações de cumprimento da decisão ou do acordo, quitação ou prescrição da dívida.

e) Não cabe em defesa arrolar testemunhas, eis que a matéria debatida cm execução não comporta meio de prova oral.

COMENTÁRIOS

✪ **Nota do autor:** A segurança do juízo, no processo do trabalho, constitui requisito para a oposição dos embargos à execução, conforme preceitua o art. 884 da CLT: "Garantida a execução ou penhorados os bens, terá o executado cinco dias para apresentar embargos, cabendo igual prazo ao exequente para impugnação".

Alternativa "a": Esse procedimento encontra-se previsto no art. 878-A da CLT: "Faculta-se ao devedor o pagamento imediato da parte que entender devida à Previdência Social, sem prejuízo da cobrança de eventuais diferenças encontradas na execução *ex officio*". **Correta.**

Alternativa "b": Correta essa assertiva pois corresponde ao texto contido no art. 884 da CLT: "Garantida a execução ou penhorados os bens, terá o executado 5 (cinco) dias para apresentar embargos, cabendo igual prazo ao exequente para impugnação".

Alternativa "c": Essa afirmativa é encontrada no § 3º do mencionado art. 884 da CLT: "Somente nos embargos à penhora poderá o executado impugnar a sentença de liquidação, cabendo ao exequente igual direito e no mesmo prazo." **Correta.**

Alternativa "d": Essas três matérias que podem ser objeto dos embargos à execução são mencionadas pelo art. 884, § 1º, da CLT: "A matéria de defesa será restrita às alegações de cumprimento da decisão ou do acordo, quitação ou prescrição da dívida". **Correta.**

Alternativa "e": A matéria dos embargos pode ser fática e comportar prova testemunhal, conforme disposição contida no art. 884, § 2º, da CLT: "Se na defesa tiverem sido arroladas testemunhas, poderá o Juiz ou o Presidente do Tribunal, caso julgue necessários seus depoimentos, marcar audiência para a produção das provas, a qual deverá realizar-se dentro de 5 (cinco) dias". **Incorreta a assertiva.**

Gabarito: E.

532. (TRT 3 – Juiz do Trabalho Substituto 3ª Região/2014) Observando-se os procedimentos de execução previstos na CLT, NÃO é correto afirmar que:

a) Garantida a execução ou penhorados os bens terá o executado 5 dias para apresentar embargos, cabendo igual prazo ao exequente para impugnação.

b) O executado que não pagar a importância reclamada poderá garantir a execução mediante depósito da mesma, atualizada e acrescida das despesas processuais, ou nomeando bens à penhora, observada a ordem preferencial estabelecida no art. 11 da Lei n. 6.830/80, que dispõe sobre a cobrança judicial da dívida ativa da Fazenda Pública.

c) Aos trâmites e incidentes do processo da execução são aplicáveis, naquilo em que não contravierem ao Título sobre execução da CLT, os preceitos que regem o processo dos executivos fiscais para a cobrança judicial da dívida ativa da Fazenda Pública Federal.

d) Nas prestações sucessivas por prazo determinado, a execução pelo não pagamento de uma prestação compreenderá as que lhe sucederem.

e) Considera-se inexigível o título judicial fundado em lei ou ato normativo declarados inconstitucionais pelo STF ou em aplicação ou interpretação tidas por incompatíveis com a Constituição da República.

COMENTÁRIOS

✪ **Nota do autor:** Quanto às obrigações contidas na conciliação homologada em juízo, no termo de ajuste de conduta ou no termo de conciliação lavrado perante as comissões de conciliação prévia, devem-se observar os prazos estabelecidos para o seu cumprimento, para adquirirem a qualidade da exigibilidade do título executivo. Nos dois últimos casos, a iniciativa do processo de execução cabe exclusivamente ao credor ou às pessoas legalmente legitimadas para tanto. Observe-se, na alternativa "b", que o art. 655 do CPC de 1973 corresponde ao art. 835 do CPC de 2015. Já na alternativa "c", com a vigência da Lei nº 13.467/17 o art. 882 da CLT foi alterado passando a ter a seguinte redação: "O executado que não pagar a importância reclamada poderá garantir a execução mediante depósito da quantia correspondente, atualizada e acrescida das despesas processuais, apresentação de seguro-garantia judicial ou nomeação de bens à penhora, observada a ordem preferencial estabelecida no art. 835 da Lei nº 13.105, de 16 de março de 2015 – Código de Processo Civil".

Alternativa "a": Esse procedimento encontra-se previsto no art. 884 da CLT: "Garantida a execução ou penhorados os bens, terá o executado 5 (cinco) dias para apresentar embargos, cabendo igual prazo ao exequente para impugnação." **Correta.**

Alternativa "b": A ordem preferencial da penhora que prevalece é aquela que consta do CPC e não a informada na Lei de Execuções Fiscais. Essa preferência está estabelecida no art. 882 da CLT: "O executado que não pagar a importância reclamada poderá garantir a execução mediante depósito da mesma, atualizada e acrescida das despesas processuais, ou nomeando bens à penhora, observada a ordem preferencial estabelecida no art. 655

do Código Processual Civil." **Incorreta. (ver nota do autor)**

Alternativa "c": Essa regra da supletividade no processo de execução está contida no art. 889 da CLT: "Aos trâmites e incidentes do processo da execução são aplicáveis, naquilo em que não contravierem ao presente Título, os preceitos que regem o processo dos executivos fiscais para a cobrança judicial da dívida ativa da Fazenda Pública Federal." **Correta.**

Alternativa "d": Alternativa correta, pois corresponde ao mandamento contido no art. 891 da CLT: "Nas prestações sucessivas por tempo determinado, a execução pelo não pagamento de uma prestação compreenderá as que lhe sucederem." **Correta.**

Alternativa "e": Essa possibilidade está prevista no art. 884, § 5º da CLT: "Considera-se inexigível o título judicial fundado em lei ou ato normativo declarados inconstitucionais pelo Supremo Tribunal Federal ou em aplicação ou interpretação tidas por incompatíveis com a Constituição Federal." **Correta.**

Gabarito: B.

---

533. (TRT 2 – Juiz do Trabalho Substituto 2ª Região/2014) Em matéria de arrematação, aponte a alternativa correta:

a) Sem exceção podem participar da licitação com o fito de arrematar bens penhorados, todos os que estiverem na livre administração de seus bens.

b) O menor púbere ou impúbere pode licitar desde que o faça assistido ou representado.

c) O credor também pode arrematar os bens, desde que exiba o preço.

d) Se o valor do bem exceder ao crédito do exequente, no momento do lanço, poderá aquele depositar dentro de 24 (vinte e quatro) horas a diferença, sob pena de ser tornada sem efeito a arrematação.

e) A expropriação dos bens pode ser efetuada, no processo do trabalho, na fase da segunda praça.

COMENTÁRIOS

✪ Nota do autor: No processo civil há uma nítida distinção entre praça e leilão. A praça é realizada por um serventuário da justiça, no interior de uma unidade jurisdicional ou no fórum respectivo. Já o leilão é efetivado por um leiloeiro, no local onde estejam os bens ou no lugar designado pelo juiz. Observe-se, na alternativa "a", que o art. 690-A, I, II e III, do CPC de 1973 corresponde ao art. 890, I, II e III, do CPC de 2015. Já na alternativa "c", o art. 690-A, parágrafo único, do CPC de 1973 corresponde ao art. 892, §1º, do CPC de 2015.

Alternativa "a": Há exceções sim e elas estavam listadas nos incisos do art. 690-A do CPC de 1973: "É admitido a lançar todo aquele que estiver na livre administração de seus bens, com exceção: I – dos tutores, curadores, testamenteiros, administradores, síndicos ou liquidantes, quanto aos bens confiados a sua guarda e responsabilidade; II – dos mandatários, quanto aos bens de cuja administração ou alienação estejam encarregados; III – do juiz, membro do Ministério Público e da Defensoria Pública, escrivão e demais servidores e auxiliares da Justiça". **Incorreta.**

Alternativa "b": Exatamente. Essa previsão está contida no art. 1.634, V do Código Civil: "Compete a ambos os pais, qualquer que seja a sua situação conjugal, o pleno exercício do poder familiar, que consiste em, quanto aos filhos: V – representá-los, até aos dezesseis anos, nos atos da vida civil, e assisti-los, após essa idade, nos atos em que forem partes, suprindo-lhes o consentimento". **Correta.**

Alternativa "c": O credor não precisava exibir o preço, salvo se o valor do bem arrematado fosse superior ao do seu crédito. Nesse caso, seguia-se a regra prevista no art. 690-A, parágrafo único do CPC de 1973: "O exequente, se vier a arrematar os bens, não estará obrigado a exibir o preço; mas, se o valor dos bens exceder o seu crédito, depositará, dentro de 3 (três) dias, a diferença, sob pena de ser tornada sem efeito a arrematação e, neste caso, os bens serão levados a nova praça ou leilão à custa do exequente". **Incorreta.**

Alternativa "d": O prazo seria de três dias e não de vinte e quatro horas, conforme disposto no citado art. 690-A, parágrafo único, do CPC de 1973. **Incorreta.**

Alternativa "e": No processo do trabalho, a primeira hasta pública é denominada de praça. Não havendo licitante, designa-se leilão, na forma como era prevista pelo art. 972 do CPC de 1939: "Se os bens não forem arrematados, serão vendidos em leilão público, por leiloeiro público, onde houver, à escolha das partes, ou pelo porteiro dos auditórios". Portanto, não haveria uma segunda praça e sim um leilão. **Incorreta.**

Gabarito: B.

---

534. (TRT 2 – Juiz do Trabalho Substituto 2ª Região/2014) No que tange à adjudicação, observe as proposições abaixo e responda a alternativa que contenha proposituras corretas:

I. É uma das formas de pagamento do credor, e também um meio de aquisição da propriedade.

II. A transferência da propriedade dos bens levados à praça poderá se dar contra a vontade do devedor.

III. Pelo sistema do processo do trabalho compreende somente os bens imóveis, que serão adquiridos pelo exequente, quando regularmente processado o procedimento licitatório.

IV. O credor somente pode requerê-la se houver praça e nela comparecerem os licitantes.

V. É incabível ação rescisória para impugnar decisão homologatória que a concede.

Está correta a alternativa:

a) I, II e III.

b) III, IV e V.

c) II, IV e V.

d) I, III e IV.

e) I, II e V.

COMENTÁRIOS

✪ **Nota do autor:** A adjudicação não pode ser confundida com o procedimento pelo qual o credor propõe lances durante a praça ou leilão. Nessa hipótese, ele é licitante e, possivelmente, arrematante, sendo que a legislação processual lhe atribui o privilégio de não ser necessário exibir o preço. Observe-se, no item "I", que o art. 708, II, do CPC de 1973 corresponde ao art. 904, II, do CPC de 2015. Já no item "III", o art. 685-B do CPC de 1973 corresponde ao art. 877, §1º, do CPC de 2015.

Item "I": A adjudicação é forma de pagamento do credor, de acordo com o que dispõe o art. 708 do CPC de 1973. "O pagamento ao credor far-se-á: **II** – pela adjudicação dos bens penhorados". Adjudicação também é forma de aquisição originária da propriedade, assim como a arrematação. **Correto.**

Item "II": Exatamente, pois a execução é forçada e não voluntária. Consequentemente a expropriação também é forçada. Decorre do *ius imperii* do Estado, exercido pelo Poder Judiciário. **Correto.**

Item "III": A adjudicação tanto pode ser de bens móveis quanto imóveis. Esse esclarecimento é obtido com a simples leitura do art. 685-B do CPC de 1973: "A adjudicação considera-se perfeita e acabada com a lavratura e assinatura do auto pelo juiz, pelo adjudicante, pelo escrivão e, se for presente, pelo executado, expedindo-se a respectiva carta, se bem imóvel, ou mandado de entrega ao adjudicante, se bem móvel". **Incorreto.**

Item "IV": A adjudicação pode ser requerida antes ou depois do leilão, com ou sem licitantes. Nesse sentido o art. 24 da LEF: "A Fazenda Pública poderá adjudicar os bens penhorados: I – antes do leilão, pelo preço da avaliação, se a execução não for embargada ou se rejeitados os embargos; II – findo o leilão: a) se não houver licitante, pelo preço da avaliação; b) havendo licitantes, com preferência, em igualdade de condições com a melhor oferta, no prazo de 30 (trinta) dias". **Incorreto.**

Item "V": Nesse sentido é a orientação do TST contida na Súmula nº 399, I: "É incabível ação rescisória para impugnar decisão homologatória de adjudicação ou arrematação". **Correto.**

Gabarito: E.

535. (TRT 2 – Juiz do Trabalho Substituto 2ª Região/2014) Observe as proposições abaixo e ao afinal responda a alternativa que contenha proposições corretas, no que tange à execução, levando-se em conta a legislação específica e as Súmulas do TST:

I. Tendo em vista a regra da CLT, a matéria de impugnação apresentada pela defesa abrange apenas as alegações de cumprimento da decisão ou do acordo, quitação ou prescrição da dívida.

II. Para serem admitidos os embargos à execução nas obrigações de fazer e de não fazer, há necessidade de depositar um valor para a garantia do juízo.

III. Na execução provisória a penhora não deve incidir sobre dinheiro, caso o executado tenha nomeado outros bens.

IV. Havendo discordância do credor, em execução definitiva, não tem o executado direito líquido e certo a que os valores penhorados em dinheiro fiquem depositados no próprio banco.

V. Fere o direito líquido e certo do impetrante o ato judicial que determina penhora em dinheiro do executado, em execução definitiva, para garantir crédito exequendo.

Está correta a alternativa:

a) I, II e IV.

b) II, III e V.

c) III, IV e V.

d) I, III e IV.

e) I, II e V.

COMENTÁRIOS

✪ **Nota do autor:** Na sistemática adotada pelo CPC de 1973, só havia possibilidade de apresentação de embargos à execução, também denominado de embargos do devedor, quando fundada em título executivo extrajudicial ou no caso de execução forçada contra a Fazenda Pública. Os embargos do devedor, em sede de execução fundada em título executivo judicial, foram transformados em impugnação, que pode ser oposta no bojo do processo de conhecimento, por conta da edição da Lei nº 11.232/2005. No processo do trabalho, não houve qualquer alteração, uma vez que existe dispositivo específico na CLT prevendo a hipótese de oposição de embargos à execução por título judicial. Observe-se, no item "II", que o art. 655 do CPC de 1973 corresponde ao art. 835 do CPC de 2015. Ainda, com a vigência da Lei nº 13.467/17 o art. 882 da CLT teve sua redação alterada para agregar uma nova possibilidade de garantia da execução: "Art. 882. O executado que não pagar a importância reclamada poderá garantir a execução mediante depósito da quantia correspondente, atualizada e acrescida das despesas processuais, apresentação de seguro-garantia judicial ou nomeação de bens à penhora, observada a ordem preferencial estabelecida no art. 835 da Lei nº 13.105, de 16 de março de 2015 – Código de Processo Civil". Já no item "III", o art. 620 do CPC de 1973 corresponde ao art. 805 do CPC de 2015. Por fim no item "IV", o art. 666, I, do CPC de 1973 corresponde ao art. 840, I, do CPC de 2015.

Item "I": Correta a assertiva, pois representa o conteúdo do art. 884, § 1º da CLT: "A matéria de defesa será restrita às alegações de cumprimento da decisão ou do acordo, quitação ou prescrição da dívida".

Item "II": O depósito para garantia do juízo só é exigido para dividas de natureza pecuniárias. Observe-se o conteúdo do art. 882 da CLT: "O executado que não pagar a importância reclamada poderá garantir a execução mediante depósito da mesma, atualizada e acrescida das despesas processuais, ou nomeando bens à penhora, observada a ordem preferencial estabelecida no art. 655 do Código Processual Civil". **Incorreto. (ver nota do autor)**

Item "III": Correto. Essa cautela foi estabelecida pelo item III, da Súmula nº 417 do TST, em sua anterior redação: "Em se tratando de execução provisória, fere direito líquido e certo do impetrante a determinação de penhora em dinheiro, quando nomeados outros bens à penhora, pois o executado tem direito a que a execução se processe da forma que lhe seja menos gravosa, nos termos do art. 620 do CPC". A versão atual dessa Súmula não contempla mais o inciso III e conta com a seguinte redação: "MANDADO DE SEGURANÇA. PENHORA EM DINHEIRO (alterado o item I, atualizado o item II e cancelado o item III, modulando-se os efeitos da presente redação de forma a atingir unicamente as penhoras em dinheiro em execução provisória efetivadas a partir de 18.03.2016, data de vigência do CPC de 2015) – Res. 212/2016, DEJT divulgado em 20, 21 e 22.09.2016. I – Não fere direito líquido e certo do impetrante o ato judicial que determina penhora em dinheiro do executado para garantir crédito exequendo, pois é prioritária e obedece à gradação prevista no art. 835 do CPC de 2015 (art. 655 do CPC de 1973). II – Havendo discordância do credor, em execução definitiva, não tem o executado direito líquido e certo a que os valores penhorados em dinheiro fiquem depositados no próprio banco, ainda que atenda aos requisitos do art. 840, I, do CPC de 2015 (art. 666, I, do CPC de 1973). (ex-OJ nº 61 da SBDI-2 – inserida em 20.09.2000)".

Item "IV": Correto. Esse era o entendimento do TST constante do item II, da Súmula nº 417 em sua anterior redação: "Havendo discordância do credor, em execução definitiva, não tem o executado direito líquido e certo a que os valores penhorados em dinheiro fiquem depositados no próprio banco, ainda que atenda aos requisitos do art. 666, I, do CPC". A versão atual dessa Súmula não contempla mais o inciso III e conta com a seguinte redação: "MANDADO DE SEGURANÇA. PENHORA EM DINHEIRO (alterado o item I, atualizado o item II e cancelado o item III, modulando-se os efeitos da presente redação de forma a atingir unicamente as penhoras em dinheiro em execução provisória efetivadas a partir de 18.03.2016, data de vigência do CPC de 2015) – Res. 212/2016, DEJT divulgado em 20, 21 e 22.09.2016. I – Não fere direito líquido e certo do impetrante o ato judicial que determina penhora em dinheiro do executado para garantir crédito exequendo, pois é prioritária e obedece à gradação prevista no art. 835 do CPC de 2015 (art. 655 do CPC de 1973). II – Havendo discordância do credor, em execução definitiva, não tem o executado direito líquido e certo a que os valores penhorados em dinheiro fiquem depositados no próprio banco, ainda que atenda aos requisitos do art. 840, I, do CPC de 2015 (art. 666, I, do CPC de 1973). (ex-OJ nº 61 da SBDI-2 – inserida em 20.09.2000)".

Item "V". Incorreto, pois o posicionamento do TST expressado no item I da Súmula nº 417 era justamente em sentido oposto: "Não fere direito líquido e certo do impetrante o ato judicial que determina penhora em dinheiro do executado, em execução definitiva, para garantir crédito exequendo, uma vez que obedece à gradação prevista no art. 655 do CPC". A versão atual dessa Súmula não contempla mais o inciso III e conta com a seguinte redação: "MANDADO DE SEGURANÇA. PENHORA EM DINHEIRO (alterado o item I, atualizado o item II e cancelado o item III, modulando-se os efeitos da presente redação de forma a atingir unicamente as penhoras em dinheiro em execução provisória efetivadas a partir de 18.03.2016, data de vigência do CPC de 2015) – Res. 212/2016, DEJT divulgado em 20, 21 e 22.09.2016. I – Não fere direito líquido e certo do impetrante o ato judicial que determina penhora em dinheiro do executado para garantir crédito exequendo, pois é prioritária e obedece à gradação prevista no art. 835 do CPC de 2015 (art. 655 do CPC de 1973). II – Havendo discordância do credor, em execução definitiva, não tem o executado direito líquido e certo a que os valores penhorados em dinheiro fiquem depositados no próprio banco, ainda que atenda aos requisitos do art. 840, I, do CPC de 2015 (art. 666, I, do CPC de 1973). (ex-OJ nº 61 da SBDI-2 – inserida em 20.09.2000)".

Gabarito: D.

---

536. (TRT 2 – Juiz do Trabalho Substituto 2ª Região/2014) Em relação ao mandado e à penhora, aponte a alternativa correta:

a) Requerida a execução, o juiz ou presidente do tribunal mandará expedir notificação ao executado, para que cumpra a obrigação de fazer, de dar ou de não fazer, no prazo de 48 (quarenta e oito) horas.

b) Se o executado, procurado por 2 (duas) vezes no espaço de 48 (quarenta e oito) horas, não for encontrado, far-se-á a citação por oficial de justiça.

c) O executado que não pagar a importância reclamada poderá garantir a execução mediante depósito da mesma, atualizada, sem acréscimo das despesas processuais.

d) Caso o executado não garanta a execução mediante depósito, poderá nomear bens à penhora observada a ordem preferencial estabelecida no artigo 655 do CPC.

e) As custas e juros de mora serão considerados quando da penhora de bens do executado, sempre devidos a partir da data do fato que ensejou a reclamatória.

COMENTÁRIOS

✪ **Nota do autor:** A ação de execução trabalhista propriamente dita inicia-se com o despacho do juiz que determina a citação do executado para que pague a dívida ou nomeie bens à penhora, sem a possibilidade de oferecimento imediato do contraditório e sem os efeitos da revelia. Observe-se, na alternativa "c", que a Lei da Reforma Trabalhista alterou o art. 882 da CLT, passando a ter a seguinte redação: "O executado que não pagar a importância reclamada poderá garantir a execução mediante depósito da quantia correspondente, atualizada e acrescida das despesas processuais, apresentação de seguro-garantia judicial ou nomeação de bens à penhora, observada a ordem preferencial estabelecida no art. 835 da Lei nº 13.105, de 16 de março de 2015 – Código de Processo Civil". Ainda, na alternativa "d", que o art. 655 do CPC de 1973 corresponde ao art. 835 do CPC de 2015.

Alternativa "a": O prazo de 48 horas é conferido apenas para os casos de pagamento em dinheiro, conforme prevê o art. 880 da CLT: "Requerida a execução, o juiz ou presidente do tribunal mandará expedir mandado de citação do executado, a fim de que cumpra a decisão ou o acordo no prazo, pelo modo e sob as cominações estabelecidas ou, quando se tratar de pagamento em dinheiro, inclusive de contribuições sociais devidas à União, para que o faça em 48 (quarenta e oito) horas ou garanta a execução, sob pena de penhora." **Incorreta.**

Alternativa "b": Nesse caso, a citação será feita por edital, de acordo com o preceito contido no art. 880, § 3º da CLT: "Se o executado. procurado por 2 (duas) vezes no espaço de 48 (quarenta e oito) horas, não for encontrado, far-se-á citação por edital, publicado no jornal oficial ou, na falta deste, afixado na sede da Junta ou Juízo, durante 5 (cinco) dias". **Incorreta.**

Alternativa "c": Além do valor do principal atualizado, o devedor deverá fazer o depósito das despesas processuais, de acordo com o que determina o art. 882 da CLT: "O executado que não pagar a importância reclamada poderá garantir a execução mediante depósito da mesma, atualizada e acrescida das despesas processuais, ou nomeando bens à penhora, observada a ordem preferencial estabelecida no Art. 655 do Código Processo Civil". **Incorreta. (ver nota do autor)**

Alternativa "d": Essa preferência pelo CPC e não pela LEF encontra-se estabelecida no art. 882 da CLT: "O executado que não pagar a importância reclamada poderá garantir a execução mediante depósito da mesma, atualizada e acrescida das despesas processuais, ou nomeando bens à penhora, observada a ordem preferencial estabelecida no Art. 655 do Código Processo Civil." **Correta. (ver nota do autor)**

Alternativa "e": Os juros de mora, para ressarcir os danos patrimoniais, eram contados a partir do ajuizamento da reclamação trabalhista, conforme previsão contida no art. 883 da CLT: "Não pagando o executado, nem garantindo a execução, seguir-se-á penhora dos bens, tantos quantos bastem ao pagamento da importância da condenação, acrescida de custas e juros de mora, sendo estes, em qualquer caso, devidos a partir da data em que for ajuizada a reclamação inicial". **Incorreta.** Note-se que com a decisão do STF proferida nos autos da ADC nº 58 em dezembro de 2020, incidem juros de mora equivalente a TR antes do ajuizamento da ação, bem como atualização monetária equivalente à variação do IPCA-E. A partir do ajuizamento da demanda deverá ser utilizada apenas a taxa SELIC, que engloba juros de mora e correção monetária.

Gabarito: D.

---

537. (TRT 8 – Juiz do Trabalho Substituto 8ª Região/2014) Sobre a arrematação, é CORRETO afirmar que:

a) No caso de arrematação a prazo, os pagamentos feitos pelo arrematante pertencerão ao exequente até o limite de seu crédito, e os subsequentes ao executado, por isso sendo, neste último caso, defeso ao Juiz trabalhista, de ofício, promover abandonamento do crédito subsequente para outros processos em execução nos quais ainda não haja garantia do Juízo pelo mesmo devedor.

b) O exequente, se vier a arrematar os bens, não estará obrigado a exibir o preço; mas, se o valor dos bens exceder o seu crédito, depositará, dentro de 3 (três) dias, a diferença, sob pena de ser tornada sem efeito a arrematação e perderá, em benefício da execução, o sinal e, neste caso, os bens serão levados a nova praça ou leilão à custa do exequente.

c) Se a praça ou o leilão for de diversos bens e houver mais de um lançador, será preferido aquele que se propuser a arrematá-los englobadamente, oferecendo para os que não tiverem licitante preço igual ao da avaliação e para os demais o de maior lanço.

d) Assinado o auto pelo juiz, pelo arrematante e pelo serventuário da justiça ou leiloeiro, a arrematação considerar-se-á perfeita, acabada e irretratável, ainda que venham a ser julgados procedentes os embargos do executado, sendo precluso o requerimento do arrematante, nos 05 dias subsequentes, para torná-la sem efeito, sob a alegação de existência de ônus real ou de gravame no edital.

e) Quando não fora requerida a adjudicação, é possível a venda antecipada do bem penhorado, com dispensa do edital de hasta pública, desde que o valor dos bens penhorados não exceder 30 (trinta) vezes o valor do salário mínimo vigente na data da avaliação.

COMENTÁRIOS

✪ **Nota do autor:** A expropriação forçada dos bens do devedor ou do responsável representa o exercício do poder estatal, por meio do qual lhe é retirado o direito de dispor sobre o seu patrimônio, objetivando a futura satisfação do credor. Observe-se, na alternativa "a", que o art. 690, §4º, do CPC de 1973 corresponde ao art. 895, §9º, do CPC de 2015. E, na alternativa "b", que o art. 690-A, parágrafo único, do CPC de 1973 corresponde ao art. 892, §1º, do CPC de 2015. Ainda, na alternativa "c", o art. 691 do CPC de 1973 corresponde ao art. 893 do CPC de 2015. Já, na alternativa "d", os arts. 686, V, e 694, §1º, III, do CPC de 1973 correspondem, respectivamente, aos arts. 886, IV, e 903, §1º, do CPC de 2015.

Alternativa "a": Não há qualquer proibição nesse sentido no preceito contido no § 4º, art. 690 do CPC de 1973: "No caso de arrematação a prazo, os pagamentos feitos pelo arrematante pertencerão ao exequente até o limite de seu crédito, e os subsequentes ao executado". Desse modo, o juiz pode destinar o excesso de crédito para outras demandas, usando da prerrogativa que lhe é atribuída pelo art. 765 da CLT: "Os Juízos e Tribunais do Trabalho terão ampla liberdade na direção do processo e velarão pelo andamento rápido das causas, podendo determinar qualquer diligência necessária ao esclarecimento delas". **Incorreta.**

Alternativa "b": O equívoco da questão está em uma consequência não prevista pelo art. 690-A, parágrafo único, do CPC de 1973, que é a perda do sinal em benefício da execução: "O exequente, se vier a arrematar os bens, não estará obrigado a exibir o preço; mas, se o valor dos bens exceder o seu crédito, depositará, dentro de 3 (três) dias, a diferença, sob pena de ser tornada sem efeito a arrematação e, neste caso, os bens serão levados a nova praça ou leilão à custa do exequente". **Incorreta.**

Alternativa "c": Esse procedimento está previsto no art. 691 do CPC de 1973: "Se a praça ou o leilão for de diversos bens e houver mais de um lançador, será preferido aquele que se propuser a arrematá-los englobadamente, oferecendo para os que não tiverem licitante preço igual ao da avaliação e para os demais o de maior lanço". **Correta.**

Alternativa "d": É possível que a arrematação seja declarada sem efeito, dentre outros motivos, quando o arrematante provar, nos 5 (cinco) dias seguintes, a existência de ônus real ou de gravame (art. 686, inciso V, do CPC de 1973) não mencionado no edital, de conformidade com o preceito contido no art. 694, § 1º, III, do CPC de 1973. **Incorreta.**

Alternativa "e": Nesse caso, o valor dos bens penhorados não pode exceder 60 (sessenta) vezes o valor do salário mínimo e não trinta vezes como constou na assertiva. Alternativa **incorreta**, pois contraria o preceito contido no art. 686, § 3º, do CPC de 1973: "Quando o valor dos bens penhorados não exceder 60 (sessenta) vezes o valor do salário mínimo vigente na data da avaliação, será dispensada a publicação de editais; nesse caso, o preço da arrematação não será inferior ao da avaliação".

Gabarito: C.

---

538. (TRT 8 – Juiz do Trabalho Substituto 8ª Região/2014) Assinale a alternativa CORRETA:

a) Conforme os artigos 890, 891 e 892 da CLT, são três as espécies de execução por prestações sucessivas no processo judiciário do trabalho: I. As prestações por tempo determinado; II. As prestações por prazo indeterminado; III. As obrigações de natureza indivisível.

b) De acordo ainda com artigos 890, 891 e 892 da CLT, nas prestações sucessivas por prazo determinado, a execução pelo não pagamento de uma prestação compreenderá as que lhe sucederem; enquanto que nas prestações sucessivas por prazo indeterminado, a execução compreenderá inicialmente as prestações devidas até a data do ingresso na execução (Art. 892, CLT). E na obrigação indivisível com pluralidade de credores, aquele que não participou do processo receberá a sua parte, deduzidas as despesas na proporção de seu crédito.

c) Embora não haja atividade cognitiva, a decisão que declara extinta a execução, nos termos do art. 794 combinado com o art. 795 do CPC, extingue a relação processual e a obrigacional, sendo passível de corte rescisório.

d) Em se cuidando de crédito trabalhista, poderá o credor hipotecário usar do favor legal contido no artigo 1.483. parágrafo único, do Código Civil e pedir a adjudicação do bem, visto que seu direito é preexistente à penhora trabalhista e, nessa condição, ao seu direito de preferência não se opõe a preferência do crédito trabalhista.

e) Os direitos oriundos da existência do contrato de trabalho subsistirão em de recuperação judicial ou dissolução da empresa, exceto em caso de falência, sendo que, nesta, os referidos direitos constituirão créditos privilegiados a totalidade dos salários devidos ao empregado e a totalidade das indenizações a que tiver direito, inclusive em relação ao direito do credor hipotecário, para pagamento de seu crédito, de requerer a adjudicação do imóvel.

COMENTÁRIOS

✪ **Nota do autor:** Observe-se, na alternativa "b", que o art. 291 do CPC de 1973 corresponde ao 328 do CPC de 2015. Já na alternativa "c", os arts. 794 e 795 do CPC de 1973 correspondem, respectivamente, aos arts. 924 e 925 do CPC de 2015.

Alternativa "a": O terceiro item está incorreto, pois o art. 890 da CLT trata da execução prestação sucessiva e não indivisível. Já o art. 891 da CLT fala das prestações sucessivas por prazo determinado e o art. 892 da CLT das prestações por prazo indeterminado. Alternativa **incorreta.**

Alternativa "b": Novamente o equívoco da alternativa se limita à questão relativas às obrigações indivisíveis, que não têm previsão nos artigos 890, 891 e 892 da CLT mas sim no que dispõe o art. 291 do CPC de 1973: "Na obrigação indivisível com pluralidade de credores, aquele que não participou do processo receberá a sua parte, deduzidas as despesas na proporção de seu crédito." **Incorreta.**

Alternativa "c": Correta. Esse é o entendimento do TST constante da OJ nº 107, da SDI-1: "Embora não haja atividade cognitiva, a decisão que declara extinta a execução, nos termos do art. 794 c/c 795 do CPC, extingue a relação processual e a obrigacional, sendo passível de corte rescisório." A redação atual dessa OJ é a seguinte: "Embora não haja atividade cognitiva, a decisão que declara extinta a execução, nos termos do art. 924, incisos I a IV c/c art. 925 do CPC de 2015 (art. 794 c/c 795 do CPC de 1973), extingue a relação processual e a obrigacional, sendo passível de corte rescisório".

Alternativa "d": O entendimento jurisprudencial e doutrinário dominantes é no sentido de reconhecer o privilégio do crédito trabalhista, inclusive em face dos credores com garantia real, para efeito de arrematação e adjudicação. Aplica-se, à hipótese, a previsão contida no art. 888, § 1º, da CLT: "A arrematação far-se-á em dia, hora e lugar anunciados e os bens serão vendidos pelo maior lance, tendo o exequente preferência para a adjudicação", combinada com o preceito contido no art. 1.422, parágrafo único, do Código Civil: "O credor hipotecário e o pignoratício têm o direito de excutir a coisa hipotecada ou empenhada, e preferir, no pagamento, a outros credores, observada, quanto à hipoteca, a prioridade no registro. Parágrafo único. Excetuam-se da regra estabelecida neste artigo as dívidas que, em virtude de outras leis, devam ser pagas precipuamente a quaisquer outros créditos". **Incorreta.**

Alternativa "e": No caso de falência, não é garantido o privilégio sobre a totalidade dos salários, mas sim o valor equivalente a 150 salários mínimos, conforme determinação contida no art. 83, I da Lei nº 11.101/05. **"I – os créditos derivados da legislação trabalhista, limitados a 150 (cento e cinquenta) salários-mínimos por credor, e aqueles decorrentes de acidentes de trabalho". Incorreta.**

Gabarito: C.

---

539. (TRT 8 – Juiz do Trabalho Substituto 8ª Região/2014) Assinale a alternativa INCORRETA:

a) É possível a execução provisória incidente em dinheiro, nos termos do Art. 475-O, do CPC, quando feita a caução suficiente e idônea, arbitrada de plano pelo juiz e prestada nos próprios autos, pois não fere direito líquido e certo do impetrante quando, citado à nomeação de bens na ordem do artigo 655 do CPC no prazo legal, o devedor deixa de nomear outros bens à penhora.

b) Será possível a execução provisória de sentença condenatória de obrigação de fazer para reintegração de empregado portador de garantia provisória ou estabilidade prevista em lei, tal como ocorre com o dirigente sindical.

c) Conforme o art. 790, § 1º da CLT, tratando-se de empregado que não tenha obtido o benefício da justiça gratuita, ou isenção de custas, o sindicato que houver intervindo no processo responderá solidariamente pelo pagamento das custas devidas.

d) Em se tratando de execução provisória, fere direito líquido e certo do impetrante a determinação de penhora em dinheiro, quando nomeados outros bens à penhora, pois o executado tem direito a que a execução se processe da forma que lhe seja menos gravosa, nos termos do art. 620 do CPC.

e) São incorretas as alternativas "a", "b", "c" e "d".

COMENTÁRIOS

✪ **Nota do autor:** Destaca-se mais uma peculiaridade do processo do trabalho. Os recursos, via de regra, não possuem efeito suspensivo, o que permite ao reclamante promover a execução provisória da decisão até a penhora, conforme preconiza o art. 899 da Consolidação das Leis do Trabalho. Observe-se, nas alternativas "a" e "d", que o art. 620 do CPC de 1973 corresponde ao art. 805 do CPC de 2015.

Alternativa "a": Correta. Se a execução for provisória, incabível é a penhora em dinheiro quando forem nomeados outros bens sob a vigência do CPC de 1973. Nesse sentido era o posicionamento do TST revelado por meio do inciso III, da Súmula nº 417: "Em se tratando de execução provisória, fere direito líquido e certo do impetrante a determinação de penhora em dinheiro, quando nomeados outros bens à penhora, pois o executado tem direito a que a execução se processe da forma que lhe seja menos gravosa, nos termos do art. 620 do CPC." Todavia, se houver caução idônea, é possível efetivar a penhora em dinheiro, pois não seria a hipótese de incidência da referida Súmula do TST. A versão atual dessa Súmula não contempla mais o inciso III e conta com a seguinte redação: "MANDADO DE SEGURANÇA. PENHORA EM DINHEIRO (alterado o item I, atualizado o item II e cancelado o item III, modulando-se os efeitos da presente redação de forma a atingir unicamente as penhoras em dinheiro em execução provisória efetivadas a partir de 18.03.2016, data de vigência do CPC de 2015) – Res. 212/2016, DEJT divulgado em 20, 21 e 22.09.2016. I – Não fere direito líquido e certo do impetrante o ato judicial que determina penhora em dinheiro do executado para garantir crédito exequendo, pois é prioritária e obedece à gradação prevista no art. 835 do CPC de 2015 (art. 655 do CPC de 1973). II – Havendo discordância do credor, em execução definitiva, não tem o executado direito líquido e certo a que os valores penhorados em dinheiro fiquem depositados no próprio banco, ainda que atenda aos requisitos do art. 840, I, do CPC de 2015 (art. 666, I, do CPC de 1973). (ex-OJ nº 61 da SBDI-2 – inserida em 20.09.2000)".

Alternativa "b": Não há nenhuma regra expressa nesse sentido. Segundo a OJ nº 65, da SDI-2, é possível a reintegração liminar de dirigente sindical: "Ressalvada a hipótese do art. 494 da CLT, não fere direito líquido e certo a determinação liminar de reintegração no emprego de dirigente sindical, em face da previsão do inciso X do art. 659 da CLT". **Correta.**

Alternativa "c": Correta a assertiva, pois corresponde ao texto do art. 790, § 1º da CLT: "Tratando-se de empregado que não tenha obtido o benefício da justiça gratuita, ou isenção de custas, o sindicato que houver intervindo no processo responderá solidariamente pelo pagamento das custas devidas."

Alternativa "d": Correta. Nesse sentido era o posicionamento do TST revelado por meio do inciso III, da Súmula nº 417: "Em se tratando de execução provisória, fere direito líquido e certo do impetrante a determinação de penhora em dinheiro, quando nomeados outros bens à penhora, pois o executado tem direito a que a execução se processe da forma que lhe seja menos gravosa, nos termos do art. 620 do CPC." A versão atual dessa Súmula não contempla mais o inciso III e conta com a seguinte redação: "MANDADO DE SEGURANÇA. PENHORA EM DINHEIRO (alterado o item I, atualizado o item II e cancelado o item III, modulando-se os efeitos da presente redação de forma a atingir unicamente as penhoras em dinheiro em execução provisória efetivadas a partir de 18.03.2016, data de vigência do CPC de 2015) - Res. 212/2016, DEJT divulgado em 20, 21 e 22.09.2016. I - Não fere direito líquido e certo do impetrante o ato judicial que determina penhora em dinheiro do executado para garantir crédito exequendo, pois é prioritária e obedece à gradação prevista no art. 835 do CPC de 2015 (art. 655 do CPC de 1973). II - Havendo discordância do credor, em execução definitiva, não tem o executado direito líquido e certo a que os valores penhorados em dinheiro fiquem depositados no próprio banco, ainda que atenda aos requisitos do art. 840, I, do CPC de 2015 (art. 666, I, do CPC de 1973). (ex-OJ nº 61 da SBDI-2 - inserida em 20.09.2000)".

Alternativa "e": Incorreta, pois as demais alternativas foram consideradas corretas.

Gabarito: E.

---

540. (CESPE - Juiz do Trabalho Substituto 5ª Região/2013) Assinale a opção correta a respeito da execução no processo do trabalho.

a) Os termos de compromisso de ajustamento de conduta firmados perante o MP do Trabalho não constituem títulos executivos extrajudiciais.

b) A CLT trata de forma completa a execução das decisões trabalhistas, não sendo necessária a utilização de lei ordinária para as execuções trabalhistas.

c) Para ser admitido, o recurso de revista que aborda execução de sentença depende de demonstração inequívoca de violência direta a lei ordinária ou à CF.

d) Após a alteração da competência da justiça do trabalho, não cabe mais execução ex officio.

e) O título executivo extrajudicial ocorre sob a forma de processo autônomo de execução.

COMENTÁRIOS

✪ **Nota do autor:** Observe-se, na alternativa "b", que o art. 655, do CPC de 1973 corresponde ao art. 835 do CPC de 2015. Ainda, que com a vigência da Lei da Reforma Trabalhista o art. 882 da CLT teve sua redação alterada para agregar uma nova possibilidade de garantia da execução: "O executado que não pagar a importância reclamada poderá garantir a execução mediante depósito da quantia correspondente, atualizada e acrescida das despesas processuais, apresentação de seguro-garantia judicial ou nomeação de bens à penhora, observada a ordem preferencial estabelecida no art. 835 da Lei nº 13.105, de 16 de março de 2015 - Código de Processo Civil". Já na alternativa "d", o art. 655 do CPC de 1973 corresponde ao art. 835 do CPC de 2015. Finalmente, com a Lei da Reforma Trabalhista também foi alterado o art. 878 da CLT, que atualmente possui a seguinte redação: "A execução será promovida pelas partes, permitida a execução de ofício pelo juiz ou pelo Presidente do Tribunal apenas nos casos em que as partes não estiverem representadas por advogado.". Dessa forma, a execução *ex officio* somente será cabível quando as partes estiverem no exercício do *ius postulandi*.

Alternativa "a": Incorreta. O art. 876 da CLT inclui, expressamente, o TAC no rol dos títulos executivos extrajudiciais: "As decisões passadas em julgado ou das quais não tenha havido recurso com efeito suspensivo; os acordos, quando não cumpridos; os termos de ajuste de conduta firmados perante o Ministério Público do Trabalho e os termos de conciliação firmados perante as Comissões de Conciliação Prévia serão executada pela forma estabelecida neste Capítulo".

Alternativa "b": Incorreta. O art. 889 da CLT estabelece que, em caso de omissão da regra processual trabalhista na fase de execução, deverá ser utilizada a Lei de Execução Fiscal: "Art. 889 da CLT: Aos trâmites e incidentes do processo da execução são aplicáveis, naquilo em que não contravierem ao presente Título, os preceitos que regem o processo dos executivos fiscais para a cobrança judicial da dívida ativa da Fazenda Pública Federal.". Já o art. 882 da CLT manda usar o CPC para identificar a ordem preferencial da penhora: "Art. 882. O executado que não pagar a importância reclamada poderá garantir a execução mediante depósito da mesma, atualizada e acrescida das despesas processuais, ou nomeando bens à penhora, observada a ordem preferencial estabelecida no art. 655 do Código Processual Civil. (Redação dada pela Lei nº 8.432, 11.6.1992). (ver nota do autor)

Alternativa "c": Incorreta a assertiva. Somente no caso de ofensa direta e literal à Constituição Federal é que será aceito recurso de revista em decisão proferida em execução. Essa determinação está contida no art. 896, §2º da CLT: "Das decisões proferidas pelos Tribunais Regionais do Trabalho ou por suas Turmas, em execução de sentença, inclusive em processo incidente de embargos de terceiro, não caberá Recurso de Revista, salvo na hipótese de ofensa direta e literal de norma da Constituição Federal".

Alternativa "d": Incorreta, pois não houve qualquer alteração constitucional ou infraconstitucional nesse sentido após a edição da EC nº 45/2004. Desse modo, prevalecia o preceito contido no art. 878 da CLT: "A execução poderá ser promovida por qualquer interessado, ou *ex officio* pelo próprio Juiz ou Presidente ou Tribunal competente, nos termos do artigo anterior". (ver nota do autor)

Alternativa "e": Correta. Como se trata de título executivo extrajudicial, não há processo de conhecimento anterior, transformando a execução em processo autônomo, nesse caso específico.

Gabarito: E.

541. (TRT 3 – Juiz do Trabalho Substituto 3ª Região/2013) Sobre a certidão negativa de débitos trabalhistas, leia as afirmações abaixo e, em seguida, assinale a alternativa correta:

I. A certidão negativa de débitos trabalhistas serve para comprovar a inexistência de débitos inadimplidos perante a Justiça do Trabalho.

II. o prazo de validade da certidão positiva de débitos trabalhistas é de 180 (cento e oitenta) dias, contado da data de sua emissão.

III. O interessado não obterá a certidão negativa de débitos trabalhistas quando em seu nome constar o inadimplemento de obrigações estabelecidas em sentença condenatória transitada em julgado proferida pela Justiça do Trabalho ou em acordos judiciais, inclusive no concernente aos recolhimentos previdenciários, a honorários, a custas e emolumentos ou a recolhimentos determinados em lei.

IV. O inadimplemento de obrigações resultantes de execução de acordos firmados perante comissão de conciliação prévia não impede a obtenção da certidão negativa de débitos trabalhistas.

a) Todas as afirmativas estão corretas.

b) Somente as afirmativas I e II e III estão corretas.

c) Somente as afirmativas I, III e IV estão corretas.

d) Somente as afirmativas I e III estão corretas.

e) Somente as afirmativas II e III estão corretas.

COMENTÁRIOS

✪ **Nota do autor:** Qualquer pessoa física ou jurídica que queira participar de licitações públicas só poderá concorrer se não possuir dívidas trabalhistas em processos já sentenciados e que não caibam mais recursos, bem como naquelas demandas nas quais houve homologação de acordo sem o devido cumprimento. Antes da vigência da referida norma jurídica, a exigência de certidão negativa só atingia as dívidas de natureza fiscal, de acordo com o disposto no art. 27, IV, da Lei nº 8.666/93.

Item "I": Correto. Essa função encontra-se destacada na parte final do art. 642-A da CLT: "É instituída a Certidão Negativa de Débitos Trabalhistas (CNDT), expedida gratuita e eletronicamente, para comprovar a inexistência de débitos inadimplidos perante a Justiça do Trabalho".

Item "II": Correto. Esse prazo de 180 dias para validade da certidão negativa encontra-se previsto no art. 642-A, §4º da CLT: "O prazo de validade da CNDT é de 180 (cento e oitenta) dias, contado da data de sua emissão".

Item "III": Correta a assertiva, pois em conformidade com o mandamento contido no art. 642-A, §1º, I da CLT: "O inadimplemento de obrigações estabelecidas em sentença condenatória transitada em julgado proferida pela Justiça do Trabalho ou em acordos judiciais trabalhistas, inclusive no concernente aos recolhimentos previdenciários, a honorários, a custas, a emolumentos ou a recolhimentos determinados em lei".

Item "IV": Incorreto. Nesse caso o interessado não obterá a CNDT, na forma prevista pelo art. 642-A, §1º, II da CLT: "§ 1º O interessado não obterá a certidão quando em seu nome constar: II – o inadimplemento de obrigações decorrentes de execução de acordos firmados perante o Ministério Público do Trabalho ou Comissão de Conciliação Prévia".

Gabarito: B.

542. (FCC – Juiz do Trabalho Substituto 6ª Região/2013) Analise as seguintes informações:

I. A execução das contribuições sociais devidas em decorrência de decisão resultante de condenação deverá ser promovida pelo próprio interessado.

II. A execução das contribuições sociais devidas em decorrência de decisão resultante de homologação de acordo serão executadas ex officio.

III. O pagamento imediato dos valores devidos à previdência pelo devedor impede a cobrança de eventuais diferenças encontradas na execução.

IV. O reconhecimento de fraude à execução independe do registro de penhora do bem alienado.

V. O conceito de impenhorabilidade abrange o imóvel pertencente a pessoas solteiras.

Estão corretas APENAS

a) IV e V.

b) I e III.

c) III e IV.

d) II e V.

e) I, II e III.

COMENTÁRIOS

✪ **Nota do autor:** Nem todas essas contribuições sociais podem ser cobradas de ofício pela Justiça do Trabalho, mas somente aquelas citadas pelo art. 114, VIII, da atual Carta Magna (art. 195, I, a, e II da CF/88). Exclui-se, portanto, as contribuições sociais do empregador decorrente da receita, faturamento ou lucro (PIS/PASEP, CONFINS, FINSOCIAL); sobre a receita de concursos e prognósticos; e do importador de serviços ou bens do exterior. Observe-se que, nas alternativas "a" e "b", a Lei nº 13.467/17 alterou o parágrafo único do art. 876 da CLT, nos seguintes termos: "A Justiça do Trabalho executará de ofício, as contribuições sociais previstas na alínea *a* do inciso I e no inciso II do caput do art. 195 da Constituição Federal, e seus acréscimos legais, relativas ao objeto da condenação constante das sentenças que proferir e dos acordos que homologar."

Item "I": Incorreto. Nesse caso, a execução será feita de ofício, como prevê o art. 876, parágrafo único da CLT: "Serão executadas ex officio as contribuições sociais devidas em decorrência de decisão proferida pelos Juízes e Tribunais do Trabalho, resultantes de condenação ou homologação de acordo, inclusive sobre os salários pagos durante o período contratual reconhecido". (ver nota do autor)

Item "II": Correto, pois a competência para executar de ofício as contribuições sociais é tanto das sentenças quanto das decisões homologatórias de acordo, conforme preceitua o art. 876, parágrafo único da CLT: "Serão executadas ex officio as contribuições sociais devidas em decorrência de decisão proferida pelos Juízes e Tribunais do Trabalho, resultantes de condenação ou homologação de acordo, inclusive sobre os salários pagos durante o período contratual reconhecido". (ver nota do autor)

Item "III": Incorreto, uma vez que nesse caso, não há impedimento para que as eventuais diferenças sejam cobradas na execução de ofício, conforme dispõe o art. 878-A da CLT: "Faculta-se ao devedor o pagamento imediato da parte que entender devida à Previdência Social, sem prejuízo da cobrança de eventuais diferenças encontradas na execução *ex officio*".

Item "IV": Incorreto, pois contraria o entendimento do STJ revelado por meio da Súmula nº 375: "O reconhecimento da fraude à execução depende do registro da penhora do bem alienado ou da prova de má-fé do terceiro adquirente". Inclusive esse entendimento foi albergado pelo CPC de 2015, mais precisamente em seu art. 792, I: "A alienação ou a oneração de bem é considerada fraude à execução: I – quando sobre o bem pender ação fundada em direito real ou com pretensão reipersecutória, desde que a pendência do processo tenha sido averbada no respectivo registro público, se houver". O TST, por meio de sua IN nº 39/16, art. 3º, XIII, considera aplicável ao processo do trabalho todo o capítulo que trata da responsabilidade patrimonial, incluindo o mencionado art. 792.

Item "V": Esse é o entendimento do STJ que consta da Súmula nº 364: "O conceito de impenhorabilidade de bem de família abrange também o imóvel pertencente a pessoas solteiras, separadas e viúvas". **Correta** a assertiva.

Gabarito: D.

---

543. (FCC – Juiz do Trabalho Substituto 6ª Região/2013) A empresa Kalotec Ltda. foi condenada ao pagamento de penalidades administrativas impostas por órgão de fiscalização das relações de trabalho. Durante a execução das referidas penalidades,

a) não é admissível a apresentação de exceção de pré-executividade.
b) a prescrição ocorrida antes da propositura da ação deverá ser arguida pela parte.
c) se não forem localizados bens penhoráveis da empresa Kalotec Ltda., suspende-se o processo por um ano, findo o qual se inicia o prazo de prescrição quinquenal intercorrente.
d) é inexigível o pagamento do encargo de 20% (vinte por cento) previsto no DL nº 1.025/69, em caso de falência da executada.
e) por se tratar de execução fiscal, não é cabível a citação por edital.

COMENTÁRIOS

✪ **Nota do autor:** Atualmente, a Justiça do Trabalho possui competência para julgar "as ações relativas às penalidades administrativas impostas aos empregadores pelos órgãos de fiscalização das relações de trabalho", salvo aquelas concernentes à execução fiscal das contribuições para o FGTS, na forma do entendimento cristalizado pela Súmula nº 349 do STJ: "Compete à Justiça Federal ou aos juízes com competência delegada o julgamento das execuções fiscais de contribuições devidas pelo empregador ao FGTS". Observe-se, na alternativa "b", que o art. 219, §5º, do CPC de 1973 corresponde ao art. 487, II, do CPC de 2015.

Alternativa "a": Incorreta a assertiva. Não há qualquer impedimento para que a exceção de pré-executividade seja manejada pelo executado, mesmo porque esse procedimento não tem previsão estabelecida expressamente na Lei.

Alternativa "b": Incorreta, pois o entendimento do STJ é justamente em sentido contrário, conforme se pode observar do teor da Súmula nº 409: "Em execução fiscal, a prescrição ocorrida antes da propositura da ação pode ser decretada de ofício (art. 219, § 5º, do CPC)".

Alternativa "c": Correta. Esse procedimento está previsto na Súmula nº 314 do STJ: "Em execução fiscal, não localizados bens penhoráveis, suspende-se o processo por um ano, findo o qual se inicia o prazo da prescrição quinquenal intercorrente".

Alternativa "d": Incorreta a assertiva, pois contraria o entendimento do STJ constante da Súmula nº 400: "O encargo de 20% previsto no DL n. 1.025/1969 é exigível na execução fiscal proposta contra a massa falida".

Alternativa "e": Incorreta, pois é possível efetivar a citação por edital, mesmo no caso de execução fiscal. Inclusive o STJ adotou esse posicionamento em sua Súmula nº 414, em sua redação anterior: "A citação por edital na execução fiscal é cabível quando frustradas as demais modalidades".

Gabarito: C.

---

544. (TRT 8 – Juiz do Trabalho Substituto 8ª Região/2013) Sobre execução trabalhista (provisória e definitiva; carta de sentença; aplicação subsidiária da Lei de Execuções Fiscais; execução de quantia certa contra devedor solvente; penhora) é CORRETO afirmar que:

a) Terão efeito apenas devolutivo os recursos interpostos das decisões proferidas em dissídios coletivos, capazes de afetar empresas de serviço público, ou em ação da mesma natureza, promovida de ofício, ou, ainda, em qualquer hipótese, quando se tratar de revisão; em caráter excepcional, contudo, o presidente do Tribunal Superior do Trabalho poderá atribuir efeito suspensivo ao recurso, mediante requerimento motivado do requerente da providência, cabendo desse despacho agravo regimental.

b) As decisões passadas em julgado ou das quais não tenha havido recurso com efeito suspensivo; os acordos, quando não cumpridos; os termos de ajuste de conduta firmados perante o Ministério Público do Trabalho e os termos de conciliação firmados perante as Comissões de Conciliação Prévia serão executadas na forma prevista nas CLT. Serão executadas ex officio as contribuições sociais devidas em decorrência de decisão proferida pelos Juízes e Tribunais do Trabalho, resultantes de condenação ou homologação de acordo, exclusive sobre os salários pagos durante o período contratual reconhecido.

c) Elaborada a conta e tornada líquida a sentença ou acórdão, o Juiz deverá abrir às partes prazo sucessivo de 10 (dez) dias para impugnação fundamentada com a indicação dos itens e valores objeto da discordância, sob pena de preclusão, bem como procederá à intimação da União para manifestação, no prazo de 10 (dez) dias, sob pena de preclusão.

d) Não pagando o executado, nem garantindo a execução, seguir-se-á penhora dos bens, tantos quantos bastem ao pagamento da importância da condenação, acrescida de custas e juros de mora, sendo estes, em qualquer caso, devidos a partir da data do trânsito em julgado da decisão.

e) O Juiz suspenderá o curso da execução, enquanto não for localizado o devedor ou encontrados bens sobre os quais possa recair a penhora, e, nesses casos, não correrá o prazo de prescrição. Suspenso o curso da execução, será aberta vista dos autos ao representante judicial da Fazenda Pública. Decorrido o prazo máximo de 1 (um) ano, sem que seja localizado o devedor ou encontrados bens penhoráveis, o Juiz ordenará o arquivamento dos autos. Encontrados que sejam, a qualquer tempo, o devedor ou os bens, serão desarquivados os autos para prosseguimento da execução. Se da decisão que ordenar o arquivamento tiver decorrido o prazo prescricional, o juiz, poderá, de ofício, reconhecer a prescrição intercorrente e decretá-la de imediato, dispensada a manifestação da Fazenda Pública.

COMENTÁRIOS

✪ **Nota do autor:** Os juros de mora eram calculados de forma simples a partir do momento da propositura da reclamação trabalhista até a data do efetivo pagamento. Incidiam sobre o débito do executado na base de 1% por mês. Durante a vigência do Decreto-Lei nº 2.322/87, os juros de mora na Justiça do Trabalho eram computados de forma capitalizada, ou seja, havia incidência de juros sobre juros. Com a decisão do STF proferida nos autos da ADC nº 58, em dezembro de 2020, incidem juros de mora equivalente a TR antes do ajuizamento da ação, bem como atualização monetária equivalente à variação do IPCA-E. A partir do ajuizamento da demanda deverá ser utilizada apenas a taxa SELIC, que engloba juros de mora e correção monetária. Observe-se na alternativa "b", que a Lei nº 13.467/17 alterou o parágrafo único do art. 876 da CLT, passando a contar com a seguinte redação: "A Justiça do Trabalho executará, de ofício, as contribuições sociais previstas na alínea *a* do inciso I e no inciso II do caput do art. 195 da Constituição Federal, e seus acréscimos legais, relativas ao objeto da condenação constante das sentenças que proferir e dos acordos que homologar.". Por fim, na alternativa "c", que com a vigência da Lei da Reforma Trabalhista, também, foi modificada a redação do art. §2º do art. 879 da CLT para que a abertura de prazo às partes para impugnação dos cálculos deixasse de ser uma faculdade e ser tornasse uma obrigação: "§2º Elaborada a conta e tornada líquida, o juízo deverá abrir às partes prazo comum de oito dias para impugnação fundamentada com a indicação dos itens e valores objeto da discordância, sob pena de preclusão."

Alternativa "a": Correta, uma vez que, em regra, os recursos trabalhistas não são dotados de efeito suspensivo. O art. 6º, *caput* e §1º da Lei 4725/65 confirma essa regra no que diz respeito aos recursos interpostos em face de sentenças normativas: "Art. 6º. Os recursos das decisões proferidas nos dissídios coletivos terão efeito meramente devolutivo. § 1º O Presidente do Tribunal Superior do Trabalho poderá dar efeito suspensivo ao recurso, a requerimento do recorrente em petição fundamentada. Do despacho caberá agravo para o Pleno, no prazo de 5 (cinco) dias, de conformidade com o disposto no Regimento Interno do Tribunal".

Alternativa "b": Incorreta, pois são executadas de ofício as contribuições sociais, inclusive sobre os salários pagos durante a execução do contrato de trabalho e não exclusive como constou na parte final da assertiva, conforme comando contido no art. 876 da CLT: "As decisões passadas em julgado ou das quais não tenha havido recurso com efeito suspensivo; os acordos, quando não cumpridos; os termos de ajuste de conduta firmados perante o Ministério Público do Trabalho e os termos de conciliação firmados perante as Comissões de Conciliação Prévia serão executada pela forma estabelecida neste Capítulo. Parágrafo único. Serão executadas ex officio as contribuições sociais devidas em decorrência de decisão proferida pelos Juízes e Tribunais do Trabalho, resultantes de condenação ou homologação de acordo, inclusive sobre os salários pagos durante o período contratual reconhecido". (ver nota do autor)

Alternativa "c": O procedimento de abertura de vista dos cálculos às partes era uma faculdade e não obrigação do juiz, como se pode constatar do preceito antigo contido no art. 879, §§2º e 3º da CLT: "§ 2º – Elaborada a conta e tornada líquida, o Juiz poderá abrir às partes prazo sucessivo de 10 (dez) dias para impugnação fundamentada com a indicação dos itens e valores objeto da discordância, sob pena de preclusão. § 3º Elaborada a conta pela parte ou pelos órgãos auxiliares da Justiça do Trabalho, o juiz procederá à intimação da União para manifestação, no prazo de 10 (dez) dias, sob pena de preclusão". Alternativa **incorreta**. (ver nota do autor)

Alternativa "d": Incorreta, uma vez que os juros de mora eram contados, à época, a partir do momento do ajuizamento da ação e não do trânsito em julgado da decisão, de acordo com a determinação contida na parte final do art. 883 da CLT: "Não pagando o executado, nem garantindo a execução, seguir-se-á penhora dos bens, tantos quantos bastem ao pagamento da importância da condenação, acrescida de custas e juros de mora, sendo estes, em qualquer caso, devidos a partir da data em que for ajuizada a reclamação inicial". (ver nota do autor).

Alternativa "e": Incorreta, pois a declaração da prescrição só poderá ser feita se antecedida da manifestação da Fazenda Pública, salvo se o valor da execução for inferior ao mínimo fixado por ato do Ministro da Fazenda, na forma prevista pelos §§ 4º e 5º, art. 40 da Lei 6830/81: "Art. 40. O Juiz suspenderá o curso da execução, enquanto não for localizado o devedor ou encontrados bens sobre os quais possa recair a penhora, e, nesses casos, não correrá o prazo de prescrição. § 1º – Suspenso o curso da execução, será aberta vista dos autos ao representante judicial da Fazenda Pública. § 2º – Decorrido o prazo máximo de 1 (um) ano, sem que seja localizado o devedor ou encontrados bens penhoráveis, o Juiz ordenará o arquivamento dos autos. § 3º Encontrados que sejam, a qualquer tempo, o devedor ou os bens, serão desarquivados os autos para prosseguimento da execução. § 4º Se da decisão que ordenar o arquivamento tiver decorrido o prazo prescricional, o juiz, depois de ouvida a Fazenda Pública, poderá, de ofício, reconhecer a prescrição intercorrente e decretá-la de imediato. § 5º A manifestação prévia da Fazenda Pública prevista no § 4º deste artigo será dispensada no caso de cobranças judiciais cujo valor seja inferior ao mínimo fixado por ato do Ministro de Estado da Fazenda".

Gabarito: A.

---

545. (TRT 15 – Juiz do Trabalho Substituto 15ª Região/2013) Uma execução trabalhista foi iniciada em 1992, sendo que apenas em abril de 2012, após a utilização das novas ferramentas eletrônicas disponibilizadas ao juiz, foi localizado um bem imóvel do executado, devidamente registrado, passível de penhora, constatando-se que o referido imóvel, localizado em outro Estado da Federação já pertencia ao patrimônio do executado desde 1980. A execução referida, diante da não localização de bens, permaneceu em arquivo provisório durante dez anos. Efetuada a penhora o executado, por simples petição, 08 (oito) dias após a ciência da penhora, pleiteou a extinção da execução em face da inércia do credor.

Considerando a hipótese acima, indique, dentre as alternativas abaixo, a que apresenta fundamento(s) correto(s) para encaminhamento da questão pelo juiz:

a) com base no entendimento sumulado do TST, pronunciar a prescrição intercorrente;

b) considerando o princípio da fungibilidade, receber a petição como embargos à execução, instaurando o procedimento pertinente;

c) rejeitar, de plano, a petição do executado, por inadequação da via processual eleita, mas acolher de ofício a prescrição intercorrente com base no entendimento sumulado do TST;

d) rejeitar de plano, a petição do executado, aplicando-lhe multa por ato atentatório à dignidade da justiça, em razão de não ter indicado bens sujeitos à penhora conforme lhe competia;

e) receber a petição e rejeitar o pedido do executado com base no entendimento sumulado do STF.

COMENTÁRIOS

✪ Nota do autor: Quanto a prescrição decorrente da paralisação do curso da ação executiva, denominada de prescrição intercorrente, manifestam-se o STF e o TST de forma contraditória. O STF admite a incidência do mencionado instituto na execução trabalhista, por meio do entendimento constante da sua Súmula nº 327: "O direito trabalhista admite a prescrição intercorrente". O TST posiciona-se em sentido contrário, por meio da Súmula nº 114. Por conta dessa contradição é necessário ficar atento ao enunciado da pergunta, que deverá mencionar se a resposta deve estar adequada ao entendimento do TST ou do STF. Com a vigência da Lei nº 13.467/17 a CLT passou a prever expressamente a incidência da prescrição intercorrente nos seguintes termos: "Art. 11-A. Ocorre a prescrição intercorrente no processo do trabalho no prazo de dois anos. § 1º A fluência do prazo prescricional intercorrente inicia-se quando o exequente deixa de cumprir determinação judicial no curso da execução. § 2º A declaração da prescrição intercorrente pode ser requerida ou declarada de ofício em qualquer grau de jurisdição.". Dessa forma, o TST deve em breve modificar a redação da Súmula nº 114. Por fim, observe-se, na alternativa "d", que os arts. 600, IV, e 601 do CPC de 1973 correspondem, respectivamente, ao arts. 774, V, e 774, parágrafo único, do CPC de 2015.

Alternativa "a": Incorreta, pois o entendimento do TST é pela inaplicabilidade da prescrição intercorrente na Justiça do Trabalho, conforme Súmula nº 114: "É inaplicável na Justiça do Trabalho a prescrição intercorrente". Esse posicionamento foi reforçado com a edição da IN nº 39/16, pelo TST, mais precisamente em seu art. 2º, VIII, ao tratar da aplicabilidade do CPC de 2015 ao processo laboral (arts. 921, §§ 4º e 5º, e 924, V). (ver nota do autor)

Alternativa "b": Incorreta, pois se fosse recebida como embargos à execução, seriam intempestivos, uma vez que seu prazo é de cinco dias, de acordo com o art. 884 da CLT: "Garantida a execução ou penhorados os bens, terá o executado 5 (cinco) dias para apresentar embargos, cabendo igual prazo ao exequente para impugnação".

Alternativa "c": Incorreta, pois o entendimento do TST é pela inaplicabilidade da prescrição intercorrente na Justiça do Trabalho, conforme Súmula nº 114: "É inaplicável na Justiça do Trabalho a prescrição intercorrente". Esse posicionamento foi reforçado com a edição da IN nº 39/16, pelo TST, mais precisamente em seu art. 2º, VIII, ao tratar da aplicabilidade do CPC de 2015 ao processo laboral (arts. 921, §§ 4º e 5º, e 924, V). (ver nota do autor)

Alternativa "d": Alternativa correta, pois corresponde se amolda a hipótese prevista pelo art. 600, IV do CPC de 1973, aplicado subsidiariamente ao processo laboral. Assim, cabe a aplicação de multa pelo juiz, conforme previsão contida no art. 601 do CPC de 1973: "Art. 600. Considera-se atentatório à dignidade da Justiça o ato do executado que: IV – intimado, não indica ao juiz, em 5 (cinco) dias, quais são e onde se encontram os bens sujeitos à penhora e seus respectivos valores. Art. 601 do CPC de 1973: Nos casos previstos no artigo anterior, o devedor incidirá em multa fixada pelo juiz, em montante não superior a 20% (vinte por cento) do valor atualizado do débito em execução, sem prejuízo de outras sanções de natureza processual ou material, multa essa que reverterá em proveito do credor, exigível na própria execução".

Alternativa "e": Incorreta. Apesar da Súmula nº 327 do STF admitir a aplicação da prescrição intercorrente, o procedimento correto é reconhecer que o executado não agiu com lealdade processual na fase executória da demanda e aplicar a multa prevista no art. 601 do CPC de 1973.

Gabarito: D.

---

546. (TRT 15 – Juiz do Trabalho Substituto 15ª Região/2013) A respeito da execução trabalhista, é incorreto dizer:

a) no caso das contribuições sociais, resultantes de condenação ou homologação de acordo, inclusive sobre os salários pagos durante o período contratual reconhecido, a CLT prevê que estas serão executadas ex officio pelos juízes e tribunais do trabalho;

b) em vista do poder diretivo estatuído pelo art. 765, da CLT, poderá o juiz designar audiência na execução, a qualquer tempo, para solucionar questões pendentes e buscar a conciliação, atendendo os princípios da efetividade e da duração razoável do processo;

c) havendo discordância do credor, em execução definitiva, não tem a instituição financeira executada direito líquido e certo a que os valores depositados em dinheiro fiquem depositados no próprio Banco, ainda que atenda aos requisitos da ordem preferencial para depósito fixada expressamente no CPC;

d) do valor depositado para garantia do juízo, em execução, a CLT autoriza a liberação da parte incontroversa ao exequente, em execuções cujo valor não ultrapasse a 60 (sessenta) salários mínimos;

e) no caso de liquidação por cálculos, a CLT não estabelece uma ordem necessária para iniciativa da elaboração, dizendo apenas que as partes deverão ser previamente intimadas para a apresentação do cálculo, prevendo a possibilidade da conta ser elaborada por órgãos auxiliares da Justiça do Trabalho e permitindo ao juiz, na hipótese de cálculos de liquidação complexos, nomear perito.

COMENTÁRIOS

✪ **Nota do autor:** A liquidação da sentença, no processo do trabalho, pode ser feita por simples cálculos, por artigos ou por arbitramento, conforme determina o art. 879 da CLT. Pode acontecer de o título executivo necessitar de dois ou mais meios de liquidação. Nesse caso, será feita em primeiro lugar a liquidação por artigos ou por arbitramento e, logo em seguida, a liquidação por cálculos, se for necessária. Observe-se, na alternativa "a", que a Lei nº 13.467/17 alterou o parágrafo único do art. 876 da CLT, nos seguintes termos: "Parágrafo único. A Justiça do Trabalho executará, de ofício, as contribuições sociais previstas na alínea *a* do inciso I e no inciso II do caput do art. 195 da Constituição Federal, e seus acréscimos legais, relativas ao objeto da condenação constante das sentenças que proferir e dos acordos que homologar.". Já na alternativa "c", que o art. 666, I, do CPC de 1973 corresponde ao art. 840, I, do CPC de 2015. Por fim, na alternativa "e", que com a vigência da Lei da Reforma Trabalhista, também, foi modificada a redação do art. §2º do art. 879 da CLT para que a abertura de prazo às partes para impugnação dos cálculos deixasse de ser uma faculdade e ser tornasse uma obrigação: "Elaborada a conta e tornada líquida, o juízo deverá abrir às partes prazo comum de oito dias para impugnação fundamentada com a indicação dos itens e valores objeto da discordância, sob pena de preclusão."

Alternativa "a": Correta a assertiva. Esse procedimento de execução de ofício está previsto no art. 876, parágrafo único, da CLT: "Serão executadas ex officio as contribuições sociais devidas em decorrência de decisão proferida pelos Juízes e Tribunais do Trabalho, resultantes de condenação ou homologação de acordo, inclusive sobre os salários pagos durante o período contratual reconhecido". (ver nota do autor)

Alternativa "b": O princípio inquisitivo e o princípio da conciliação autorizam ao juiz adotar esses procedimentos. A audiência no processo de execução pode ser designada com base no permissivo contido no art. 884, §2º, da CLT: "Se na defesa tiverem sido arroladas testemunhas, poderá o Juiz ou o Presidente do Tribunal, caso julgue necessários seus depoimentos, marcar audiência para a produção das provas, a qual deverá realizar-se dentro de 5 (cinco) dias". Sobre o princípio da conciliação, o preceito contido no art. 764 da CLT: "Os dissídios individuais ou coletivos submetidos à apreciação da Justiça do Trabalho serão sempre sujeitos à conciliação. § 1º Para os efeitos deste artigo, os juízes e Tribunais do Trabalho empregarão sempre os seus bons ofícios e persuasão no sentido de uma solução conciliatória dos conflitos. Alternativa **correta**. Já o princípio inquisitivo é ressaltado no art. 765 da CLT: "Os Juízos e Tribunais do Trabalho terão ampla liberdade na direção do processo e velarão pelo andamento rápido das causas, podendo determinar qualquer diligência necessária ao esclarecimento delas".

Alternativa "c": Correta a assertiva, uma vez que corresponde ao entendimento do TST adotado na Súmula nº 417: "Havendo discordância do credor, em execução definitiva, não tem o executado direito líquido e certo a que os valores penhorados em dinheiro fiquem depositados no próprio banco, ainda que atenda aos requisitos do art. 666, I, do CPC". A versão atual dessa Súmula não contempla mais o inciso III e conta com a seguinte redação: "MANDADO DE SEGURANÇA. PENHORA EM DINHEIRO (alterado o item I, atualizado o item II e cancelado o item III, modulando-se os efeitos da presente redação de forma a atingir unicamente as penhoras em dinheiro em execução provisória efetivadas a partir de 18.03.2016, data de vigência do CPC de 2015) – Res. 212/2016, DEJT divulgado em 20, 21 e 22.09.2016. I – Não fere direito líquido e certo do impetrante o ato judicial que determina penhora em dinheiro do executado para garantir crédito exequendo, pois é prioritária e obedece à gradação prevista no art. 835 do CPC de 2015 (art. 655 do CPC de 1973). II – Havendo discordância do credor, em execução definitiva, não tem o executado direito líquido e certo a que os valores penhorados em dinheiro fiquem depositados no próprio banco, ainda que atenda aos requisitos do art. 840, I, do CPC de 2015 (art. 666, I, do CPC de 1973). (ex-OJ nº 61 da SBDI-2 – inserida em 20.09.2000)".

Alternativa "d": Incorreta, pois não há esse limite. Se há valores incontroversos, poderão ser liberados imediatamente. Inclusive, o art. 897, § 1º, da CLT tem previsão nesse sentido, quando trata dos requisitos do agravo de petição: "O agravo de petição só será recebido quando o agravante delimitar, justificadamente, as matérias e os valores impugnados, permitida a execução imediata da parte remanescente até o final, nos próprios autos ou por carta de sentença".

Alternativa "e": Exatamente. O juiz poderia adotar uma série de procedimentos antes da lei da reforma trabalhista, como homologar a conta feita pelo contador e citar o executado ou abrir vista as partes dos cálculos. Essa previsão está contida no art. 879, §§ 1º-B, 2º e 3º: "§ 1º-B. As partes deverão ser previamente intimadas para a apresentação do cálculo de liquidação, inclusive da contribuição previdenciária incidente. § 2º – Elaborada a conta e tornada líquida, o Juiz poderá abrir às partes prazo sucessivo de 10 (dez) dias para impugnação fundamentada com a indicação dos itens e valores objeto da discordância, sob pena de preclusão. § 3º Elaborada a conta pela parte ou pelos órgãos auxiliares da Justiça do Trabalho, o juiz procederá à intimação da União para manifestação, no prazo de 10 (dez) dias, sob pena de preclusão. **Correta** a assertiva. (ver nota do autor)

Gabarito: D.

---

547. (TRT 15 – Juiz do Trabalho Substituto 15ª Região/2013) Ainda, sobre a execução trabalhista é incorreto dizer:

a) a gradação fixada no art. 655 do CPC, no que se refere à penhora, segundo entendimento sumulado do TST, é aplicável no processo do trabalho, na execução definitiva, em benefício do exequente, significando que o executado, mesmo com base no princípio da execução menos onerosa, não possui direito líquido e certo à constrição de outros bens que indicar;

b) a figura do assédio processual tem sido integrada às execuções trabalhistas, com o fundamento no exercício abusivo do direito, caracterizado pela prática reiterada de atos processuais procrastinatórios, desproporcionais ao legítimo direito de defesa, tendentes a causar um dano ao exequente, abalando a própria imagem do Judiciário;

c) segundo entendimento majoritário da jurisprudência trabalhista, os juros de mora são devidos pelo devedor até a data do efetivo pagamento de seu débito, pois o depósito judicial que não se destina ao pagamento do credor e sim à garantia da execução, visando viabilizar as medidas de objeção, não faz cessar a responsabilidade do devedor pelos referidos juros;

d) os bens de uma pessoa jurídica não podem ser atingidos em função de dívida contraída pelos sócios, dado que a teoria da desconsideração da personalidade jurídica, decorrente de confusão patrimonial, uso abusivo, simulado ou fraudulento da pessoa jurídica, serve exatamente para situação inversa;

e) a alienação ou a oneração de bens, quando ao tempo da alienação ou da oneração corria contra ó devedor demanda capaz de reduzi-lo à insolvência, considera-se em fraude de execução, podendo ser reconhecida incidentalmente no processo de execução, cuja declaração implica a ineficácia do negócio perante o executado.

COMENTÁRIOS

Nota do autor: Com a decisão do STF proferida nos autos da ADC nº 58, em dezembro de 2020, incidem juros de mora equivalente a TR antes do ajuizamento da ação, bem como atualização monetária equivalente à variação do IPCA-E. A partir do ajuizamento da demanda deverá ser utilizada apenas a taxa SELIC, que engloba juros de mora e correção monetária. Observe-se, na alternativa "a", que o art. 655 do CPC de 1973 corresponde ao art. 835 do CPC de 2015. Já na alternativa "b" a Lei nº 13.467/17 alterou a CLT, que passou a dispor sobre a litigância de má-fé (793-A ao 793-D), de modo semelhante ao CPC de 2015. Ainda, na alternativa "d", com a vigência da Lei da Reforma Trabalhista foi instituído o incidente de desconsideração da personalidade jurídica no âmbito do processo laboral no art. 855-A: "Aplica-se ao processo do trabalho o incidente de desconsideração da personalidade jurídica previsto nos arts. 133 a 137 da Lei nº 13.105, de 16 de março de 2015 – Código de Processo Civil.". Por fim, na alternativa "e", o art. 593, III, do CPC de 1973 corresponde ao art. 792, V, do CPC de 2015.

Alternativa "a": Correta a alternativa, pois o TST explicitou esse posicionamento por meio da Súmula nº 417, I: "Não fere direito líquido e certo do impetrante o ato judicial que determina penhora em dinheiro do executado, em execução definitiva, para garantir crédito exequendo, uma vez que obedece à gradação prevista no art. 655 do CPC". A versão atual dessa Súmula não contempla mais o inciso III e conta com a seguinte redação: "MANDADO DE SEGURANÇA. PENHORA EM DINHEIRO (alterado o item I, atualizado o item II e cancelado o item III, modulando-se os efeitos da presente redação de forma a atingir unicamente as penhoras em dinheiro em execução provisória efetivadas a partir de 18.03.2016, data de vigência do CPC de 2015) – Res. 212/2016, DEJT divulgado em 20, 21 e 22.09.2016. I – Não fere direito líquido e certo do impetrante o ato judicial que determina penhora em dinheiro do executado para garantir crédito exequendo, pois é prioritária e obedece à gradação prevista no art. 835 do CPC de 2015 (art. 655 do CPC de 1973). II – Havendo discordância do credor, em execução definitiva, não tem o executado direito líquido e certo a que os valores penhorados em dinheiro fiquem depositados no próprio banco, ainda que atenda aos requisitos do art. 840, I, do CPC de 2015 (art. 666, I, do CPC de 1973). (ex-OJ nº 61 da SBDI-2 – inserida em 20.09.2000)".

Alternativa "b": O assédio processual corresponde ao instituto do abuso do direito no âmbito da demanda judicial. Assim, uma vez constatada a conduta abusiva do litigante, por meio do excesso de medidas procrastinatórias e sem fundamento razoável, é possível imputar-lhe uma sanção correspondente ao pagamento de uma indenização, na forma prevista pelo art. 187 do Código Civil, principalmente quando se tratar de processo de execução: "Também comete ato ilícito o titular de um direito que, ao exercê-lo, excede manifestamente os limites impostos pelo seu fim econômico ou social, pela boa-fé ou pelos bons costumes". **Correta** a assertiva. (ver nota doa autor)

Alternativa "c": Correta. A jurisprudência dominante é justamente nesse sentido, conforme decisão a seguir transcrita: "Juros de mora são devidos até a data do efetivo pagamento do crédito do exequente, de modo que o depósito judicial, que se destina não para pagamento ao credor, mas para garantir a execução nos termos do art. 884 da CLT, não faz cessar a responsabilidade do devedor pelos referidos juros (TRT 1ª Região. 5ª Turma. Processo nº 0175000-83.1999.5.01.0070. Rel. Des. Tânia da Silva Garcia. 25.10.2011)" (ver nota do autor que explica o atual entendimento do STF sobre os juros de mora nos débitos trabalhistas).

Alternativa "d": Incorreta a assertiva. Trata-se da tese da desconsideração inversa da personalidade jurídica, que ocorre quando o devedor, pessoa física, aproveita-se da personalidade jurídica autônoma da sociedade da qual faz parte para se tornar insolvente. Atualmente, o CPC prevê expressamente essa possibilidade, mais precisamente no art. 133, § 2º, aplicado subsidiariamente ao processo laboral por conta do preceito contido no art. 6º, da IN nº 39/16 do TST. (ver nota do autor)

Alternativa "e": Correta, pois correspondia à tipificação descrita pelo item III do art. 593 do CPC de 1973: "Considera-se em fraude de execução a alienação ou oneração de bens: II – quando, ao tempo da alienação ou oneração, corria contra o devedor demanda capaz de reduzi-lo à insolvência". Evidentemente que, em tais situações, é necessário que se faça prova da fraude, o seja, que a alienação ou o gravame tenha se efetivado após iniciada a demanda que possa implicar insolvência do devedor. O negócio jurídico respectivo, ou seja, aquele que teve como objeto bem penhorado, não é nulo, mas ineficaz.

Gabarito: D.

---

548. (TRT 2 – Juiz do Trabalho Substituto 2ª Região/2013) Em matéria de execução é correto afirmar. Aponte a alternativa correta:

a) A retirada, exclusão ou morte do sócio, não o exime, ou a seus herdeiros, da responsabilidade pelas obrigações sociais anteriores, até dois anos após averbada a resolução da sociedade.

b) Penhorados navios ou aeronaves, não podem continuar a navegar ou a operar até que sejam expropriados.

c) É executável até a fase da constrição, mesmo na execução definitiva, a sentença atacada por recurso recebido no efeito meramente devolutivo.

d) As contribuições sociais devidas em decorrência de decisão proferida pelos Juízes e Tribunais do Trabalho serão executadas ex officio, salvo as resultantes de salários pagos durante o período contratual reconhecido.

e) Quando se tratar de decisão dos Tribunais Regionais, a execução somente poderá ser promovida pelo autor, pelo réu ou pelo Juiz, ex officio.

COMENTÁRIOS

✪ **Nota do autor:** Constatado que o devedor é titular de créditos, o oficial de justiça procede à sua penhora, na forma prevista pelo art. 671 do CPC. Desse modo, aperfeiçoa-se a constrição judicial com a efetivação de duas intimações: a primeira, para cientificar o terceiro devedor – o devedor do devedor – para que não pague ao executado; e a segunda para o executado, para lhe informar que não pratique ato de disposição do seu crédito. Observe-se que o art. 671 do CPC de 1973 corresponde ao art. 855 do CPC de 2015. Já na alternativa "a", o art. 679 do CPC de 1973 corresponde ao art. 864 do CPC de 2015. Na alternativa "d" a Lei nº 13.467/17 alterou o parágrafo único do art. 876, que passou a ter a seguinte redação: "A Justiça do Trabalho executará, de ofício, as contribuições sociais previstas na alínea *a* do inciso I e no inciso II do caput do art. 195 da Constituição Federal, e seus acréscimos legais, relativas ao objeto da condenação constante das sentenças que proferir e dos acordos que homologar." Por fim, em relação a alternativa "e", com a vigência da Lei da Reforma Trabalhista foi revogado o parágrafo único, e alterado o *caput* do art. 878 da CLT passando a contar com a seguinte redação: "Art. 878. A execução será promovida pelas partes, permitida a execução de ofício pelo juiz ou pelo Presidente do Tribunal apenas nos casos em que as partes não estiverem representadas por advogado.". Dessa forma, a execução *ex officio* somente será cabível quando as partes estiverem no exercício do *ius postulandi*".

Alternativa "a": Correta. A previsão desse procedimento está contida no art. 1.032 do Código Civil: "A retirada, exclusão ou morte do sócio, não o exime, ou a seus herdeiros, da responsabilidade pelas obrigações sociais anteriores, até dois anos após averbada a resolução da sociedade; nem nos dois primeiros casos, pelas posteriores e em igual prazo, enquanto não se requerer a averbação".

Alternativa "a": Incorreta, pois o mandamento legal era justamente em sentido contrário, conforme se observa da redação do art. 679 do CPC de 1973: "A penhora sobre navio ou aeronave não obsta a que continue navegando ou operando até a alienação; mas o juiz, ao conceder a autorização para navegar ou operar, não permitirá que saia do porto ou aeroporto antes que o devedor faça o seguro usual contra riscos".

Alternativa "c": Incorreta, pois a execução, nesses casos, é permitida até a penhora, na forma do preceito contido no art. 899 da CLT: "Os recursos serão interpostos por simples petição e terão efeito meramente devolutivo, salvo as exceções previstas neste Título, permitida a execução provisória até a penhora".

Alternativa "d": Incorreta, pois se incluem na execução de ofício as contribuições sociais incidentes sobre os salários pagos durante o período contratual, conforme reza o art. 876, parágrafo único, da CLT: "Serão executadas *ex officio* as contribuições sociais devidas em decorrência de decisão proferida pelos Juízes e Tribunais do Trabalho, resultantes de condenação ou homologação de acordo, inclusive sobre os salários pagos durante o período contratual reconhecido". (ver nota do autor)

Alternativa "e": Incorreta, pois, nesse caso, a execução poderá ser promovida pelo Ministério Público do Trabalho, conforme prevê o parágrafo único do art. 878 da CLT: "A execução poderá ser promovida por qualquer interessado, ou ex officio pelo próprio Juiz ou Presidente ou Tribunal competente, nos termos do artigo anterior. Parágrafo único – Quando se tratar de decisão dos Tribunais Regionais, a execução poderá ser promovida pela Procuradoria da Justiça do Trabalho". (ver nota do autor)

Gabarito: A.

---

549. (TRT 2 – Juiz do Trabalho Substituto 2ª Região/2013) Em relação à execução trabalhista, observe as proposições abaixo e ao final aponte a alternativa que contenha proposituras corretas

I. Considera-se em fraude de execução a alienação ou oneração de bens, quando sobre eles pender ação fundada em direito real.

II. Na execução trabalhista, se a penalidade por ato atentatório a dignidade da jurisdição for aplicada, por meio de decisão interlocutória, o executado pode impugná-la quando dos embargos à execução ou por agravo de petição.

III. Segundo dispositivo previsto na CLT, provisória é a execução quando pendente recurso extraordinário.

IV. A penhora pode ser feita em qualquer lugar, ainda que os bens se encontrem sob a posse, detenção ou guarda de terceiros.

V. Na execução provisória há impedimento legal ao oferecimento de embargos pelo executado.

Está correta a alternativa:

a) I, IV e V.

b) II, III e V.

c) III, IV e V.

d) I, II e IV.

e) I, II e III.

COMENTÁRIOS

✪ Nota do autor: A execução provisória é uma forma excepcional de ação de execução por título judicial, na qual se admite a prática de determinadas medidas executivas antes de a sentença adquirir a qualidade da coisa julgada material. Observe-se, no item "I", que o art. 593, I, do CPC de 1973 corresponde ao art. 792, I, do CPC de 2015. Já no item "IV", o art. 659, §1º, do CPC de 1973 corresponde ao art. 845 do CPC de 2015.

Item "I": Correta a assertiva, pois correspondia à previsão contida no art. 593, I do CPC de 1973: "Considera-se em fraude de execução a alienação ou oneração de bens: I – quando sobre eles pender ação fundada em direito real".

Item "II": Correto, pois nesse caso a decisão é irrecorrível de forma imediata, de acordo com o preceito contido no art. 893, §1º da CLT: "Os incidentes do processo são resolvidos pelo próprio Juízo ou Tribunal, admitindo-se a apreciação do merecimento das decisões interlocutórias somente em recursos da decisão definitiva".

Item "III": Incorreta a assertiva, pois nesse caso a execução será considerada definitiva, na forma prevista pelo art. 893, §2º da CLT e Súmula nº 228 do STF: "Art. 893, §2º. A interposição de recurso para o Supremo Tribunal Federal não prejudicará a execução do julgado. Súmula 228 do STF: Não é provisória a execução na pendência de recurso extraordinário, ou de agravo destinado a fazê-lo admitir".

Item "IV": Esse procedimento encontrava-se previsto no art. 659, §1º do CPC de 1973: "Efetuar-se-á a penhora onde quer que se encontrem os bens, ainda que sob a posse, detenção ou guarda de terceiros". Assertiva **correta**.

Item "V": Como a execução provisória não pode implicar atos de alienação ou levantamento de depósito judicial que possam causar graves danos ao executado, deve ser sobrestada após a constrição judicial. Sendo assim, é possível que o executado ofereça embargos à execução, inclusive para impugnar a sentença de liquidação e, consequentemente, manejar agravo de petição, se a sentença respectiva lhe for desfavorável. De qualquer forma, a lei não impede, expressamente, que se ofereçam embargos na execução provisória. Assertiva **incorreta**.

Gabarito: D.

---

550. (TRT – JTS 24ª RG/2008) Sobre a exceção de pré-executividade no processo do trabalho, assinale a alternativa INCORRETA:

a) Sua interposição não exige forma especial, podendo ser apresentada por simples petição acompanhada dos documentos necessários à comprovação do alegado.

b) Não admite dilação probatória.

c) O pronunciamento judicial que decide a exceção de pré-executividade terá natureza jurídica dúplice, que varia conforme implique extinção ou não do processo de execução.

d) Permite ao juiz conhecer, nos próprios autos da execução, das questões de fato e de direito, sobre as quais possa, imediatamente após o contraditório, emitir juízo conclusivo (juízo de certeza) com os elementos e provas pré-constituídas que se lhe apresentarem.

e) Segundo a doutrina majoritária, tem natureza jurídica de ação de conhecimento incidental autônoma.

COMENTÁRIOS

✪ **Nota do autor:** A exceção ou objeção de pré-executividade nada mais é do que uma manifestação do executado, informando ao juiz sobre a existência de nulidades processuais e demais matérias de ordem pública, sem a necessidade de garantir o juízo, requisito dos embargos à execução no processo do trabalho. Observe-se, na alternativa "b", que o art. 1.046 do CPC de 1973 corresponde ao art. 674 do CPC de 2015.

Alternativa "a": Não há qualquer disciplinamento legal no Brasil regulamentando a exceção de pré-executividade. Sendo assim, não há que se falar em formalidade para a peça processual respectiva. Alternativa **correta.**

Alternativa "b": Correta. Com efeito, como se trata de comunicação de nulidade a qual caberia ao juiz conhecer de ofício, não está relacionada com matéria fática. Logo, não cabe a produção de prova. A jurisprudência dominante acompanha esse entendimento: "EXCEÇÃO DE PRÉ-EXECUTIVIDADE. INADEQUAÇÃO DA MEDIDA. A 'exceção de pré-executividade', ou 'oposição pré-processual', tem sido admitida, excepcionalmente, pela doutrina e jurisprudência, em casos de vícios do título, cuja evidência observa-se de plano e sem exigir-se dilação probatória ou maiores reflexões sobre o questionamento jurídico da matéria. A agravante valeu-se da exceção de pré-executividade para discutir sua legitimidade para figurar no polo passivo da presente execução, alegando não ser sucessora da reclamada. Desta feita, conclui-se que a agravante pretende discutir matéria atinente a embargos do devedor ou embargos de terceiro, não se encontrando presentes os requisitos doutrinários e jurisprudenciais que autorizam o processamento do inconformismo através de exceção de pré-executividade, posto que não se pode vislumbrar de plano, ou sem qualquer instrução probatória, a veracidade das alegações da excipiente. Por seu turno, impossível reconhecer-se a medida oposta como se embargos de terceiro fossem, porquanto não restou demonstrado nos autos que a agravante teria sofrido turbação ou esbulho na posse de seus bens por ato de apreensão judicial – artigo 1046 do CPC" (TRT– 2ª turma. AP 2235200129102002 SP 02235-2001-291-02-00-2. Relator(a): ODETTE SILVEIRA MORAES. Publicação: 14/05/2010).

Alternativa "c": Quando o juiz acolhe a formulação feita na exceção e extingue a execução, esse ato é classificado como sentença e pode ser atacado por meio do agravo de petição. Caso contrário, se a hipótese for de rejeição da pretensão do exequente, a decisão terá caráter interlocutório. Portanto, a natureza jurídica do ato jurisdicional que aprecia a exceção de pré-executividade é dúplice. Assertiva **correta.**

Alternativa "d": O objeto da exceção de pré-executividade limita-se a matéria de ordem pública que não foi observada durante o processo de execução e, por isso, pode ser conhecida de ofício pelo juiz. Opção **correta**, de acordo com a doutrina e jurisprudência dominantes: "A chamada 'Exceção de Pré-executividade do Título' consiste na faculdade atribuída ao executado, de submeter ao conhecimento do juiz da execução, independentemente de penhora ou de embargos, determinadas matérias próprias da Ação de Embargos do Devedor. Admite-se tal exceção, limitada, porém, sua abrangência temática, que somente poderá dizer respeito a matéria de ordem processual suscetível de conhecimento de ofício ou à nulidade do título, que seja evidente e flagrante, isto é, nulidade cujo reconhecimento independa de contraditório ou dilação probatória" (23ª Região TRT-23 de 27/08/2012; Processo nº 0000246-03.2012.5.23.0004; AUTOR: MINISTÉRIO DA

FAZENDA – MF PROCURADORIA GERAL DA FAZENDA NACIONAL; RÉU: Age Transportes Ltda.).

Alternativa "e": A doutrina se divide quanto à natureza jurídica dessa medida processual (objeção, defesa do executado ou incidente processual). Não há, contudo, a defesa da tese de que essa exceção seria uma ação de conhecimento. Alternativa **incorreta.**

Gabarito: E.

---

551. (TRT – JTS 23ª RG/2010) Assinale a alternativa INCORRETA sobre a exceção de pré-executividade.

a) Por meio dela o executado pode discutir algumas matérias próprias dos embargos à execução, mas sem a necessidade de prévia garantia do juízo.

b) Limita-se à matérias suscetíveis de conhecimento de ofício e que não dependam de contraditório ou dilação probatória.

c) A prescrição e a decadência podem ser suscitadas por meio de exceção de pré-executividade.

d) Trata-se de instituto incompatível com o processo do trabalho, que prima pela celeridade, dado o caráter alimentar das verbas trabalhistas, não admitindo incidentes outros além daqueles expressamente previstos em lei.

e) Pode ser utilizada tanto na execução de títulos judiciais quanto extrajudiciais.

COMENTÁRIOS

✪ **Nota do autor:** Apesar da banca ter considerado a assertiva contida na alínea "c" como correta, há divergência sobre a possibilidade de se arguir a prescrição de ofício no processo do trabalho. Nesse sentido: "(...) Portanto, em situações específicas e excepcionais, tanto a doutrina quanto a jurisprudência admitem a possibilidade do agito da objeção ou da exceção de pré-executividade, sem a necessidade de ser garantido o juízo da execução, desde que se mostre patente a ausência de condições de admissibilidade de ação ou dos pressupostos processuais. Arguir causas modificativas, extintivas ou impeditivas de direito como, por exemplo, pagamento, prescrição, decadência etc., ainda suscitam muitas controvérsias, eis que estas matérias ou não se encontram enxertadas dentro do círculo das arguições conhecidas *ex officio*, ou dependam de contraditório ou dilação probatória e, ainda, porque não existe julgamento de mérito no próprio processo executivo" (23ª Região TRT-23 de 27/08/2012; Processo nº 0000246-03.2012.5.23.0004; AUTOR: MINISTÉRIO DA FAZENDA – MF PROCURADORIA GERAL DA FAZENDA NACIONAL; RÉU: Age Transportes Ltda.).

Alternativa "a": Correta, conforme a doutrina e a jurisprudência dominantes: "A chamada 'Exceção de Pré-executividade do Título' consiste na faculdade atribuída ao executado, de submeter ao conhecimento do juiz da execução, independentemente de penhora ou de embargos, determinadas matérias próprias da Ação de Embargos do Devedor. Admite-se tal exceção, limitada, porém, sua abrangência temática, que somente poderá dizer respeito a matéria de ordem processual suscetível de conhecimento de ofício ou à nulidade do título, que seja evidente e flagrante, isto é, nulidade cujo reconhecimento independa de contraditório ou dilação probatória" (23ª Região TRT-23 de 27/08/2012; Processo nº 0000246-03.2012.5.23.0004; AUTOR: MINISTÉRIO DA FAZENDA – MF PROCURADORIA GERAL DA FAZENDA NACIONAL; RÉU: Age Transportes Ltda.).

Alternativa "b": Correta, uma vez que as matérias que dependem de provocação das partes só podem ser arguidas, nessa fase, por meio dos embargos à execução.

Alternativa "c": Correta, segundo a doutrina e jurisprudência dominantes (ver nota do autor desta questão).

Alternativa "d": Incorreta, em face da aceitação desse instituto no processo do trabalho, seja pela doutrina, seja pela jurisprudência.

Alternativa "e": Não há qualquer restrição quando à natureza do título executivo. O que importa é a matéria do seu objeto, que deve ser classificada como sendo de ordem pública. Alternativa **correta.**

Gabarito: D.

---

552. (TRT – JTS 21ª RG/2010) Em relação à execução trabalhista, assinale a alternativa INCORRETA:

a) sendo insuficiente o patrimônio da pessoa jurídica executada à satisfação da execução de débitos trabalhistas, respondem pela execução de débitos trabalhistas os bens particulares de sócio-gerente, desde que conste no título executivo como devedor, e tenha participado como pessoa física do polo passivo da reclamação trabalhista na fase cognitiva;

b) quando houver abuso de direito, excesso de poder, infração à lei, fato ou ato ilícito ou violação dos estatutos ou contrato social, o juiz poderá desconsiderar a personalidade jurídica da sociedade;

c) a execução trabalhista poderá ser promovida contra os sucessores, ainda que não constem do título executivo;

d) os atuais sócios, assim como os ex-sócios que integravam a sociedade à época da vigência do contrato de trabalho e, por conseguinte, da constituição do débito trabalhista têm responsabilidade na execução quando os bens da sociedade não são suficientes para a satisfação da obrigação;

e) pode o Juiz do Trabalho dar início, de ofício, à execução.

COMENTÁRIOS

✪ **Nota do autor: Inicialmente,** a doutrina e a jurisprudência criaram a teoria finalística da desconsideração da pessoa jurídica, também denominada de *disregard doctrine*, que acabou, de certa forma, sendo acolhida pelo Código Civil de 2002 em seu art. 50 (teoria maior), permitindo-se que, em determinadas situações, se possa penhorar os bens particulares dos sócios da pessoa jurídica, quando esta não possui patrimônio suficiente para satisfazer o credor. Antes mesmo da vigência do mencionado Diploma legal, utilizava-se subsidiariamente, no processo do trabalho, do quanto disposto no art. 28, § 5º, do Código de Defesa do Consumidor (teoria menor), para declarar a mencionada desconsideração da pessoa jurídica. No entanto, com a vigência da Lei nº 13. 467/17 a CLT passou a prever expressamente o incidente de desconsideração da personalidade jurídica, nos seguintes termos: "Art. 855-A. Aplica-se ao processo do trabalho o incidente de desconsideração da personalidade jurídica previsto nos arts. 133 a 137 da Lei nº 13.105, de 16 de março de 2015 – Código de Processo Civil. § 1º Da decisão interlocutória que acolher ou rejeitar o incidente: I – na fase de cognição, não cabe recurso de imediato, na forma do § 1º do art. 893 desta Consolidação; II – na fase de execução, cabe agravo de petição, independentemente de garantia do juízo; III – cabe agravo interno se proferida pelo relator em incidente instaurado originariamente no tribunal. § 2º A instauração do incidente suspenderá o processo, sem prejuízo de concessão da tutela de urgência de natureza cautelar de que trata o art. 301 da Lei nº 13.105, de 16 de março de 2015 (Código de Processo Civil)." Observe-se, na alternativa "c", que os arts. 568, II, e 586, I, do CPC de 1973 correspondem, respectivamente, aos arts. 779, I, e 784, I, do CPC de 2015. Já na alternativa "d", os arts. 591, 592, II, e 596 do CPC de 1973, correspondem, respectivamente, aos arts. 789, 790, II, e 795 do CPC de 2015. Por fim, em relação a alternativa "e", a Lei da Reforma Trabalhista revogou o parágrafo único e alterou o *caput* do art. 878 da CLT, que passou a ter a seguinte redação: "A execução será promovida pelas partes, permitida a execução de ofício pelo juiz ou pelo Presidente do Tribunal apenas nos casos em que as partes não estiverem representadas por advogado.". Dessa forma, a execução *ex officio* somente será cabível quando as partes estiverem no exercício do *ius postulandi*.

Alternativa "a": Incorreta, uma vez que a Súmula nº 205 do TST, que fazia essa exigência em relação à responsabilidade das empresas do mesmo grupo econômico, foi cancelada: "GRUPO ECONÔMICO. EXECUÇÃO. SOLIDARIEDADE (cancelada) – Res. 121/2003, DJ 19, 20 e 21.11.2003º responsável solidário, integrante do grupo econômico, que não participou da relação processual como reclamado e que, portanto, não consta no título executivo judicial como devedor, não pode ser sujeito passivo na execução". Essa responsabilização específica decorre do fenômeno da desconsideração da pessoa jurídica, acolhida no ordenamento jurídico pátrio pelo art. 50 do Código Civil.

Alternativa "b": Em relação à desconsideração da pessoa jurídica, utilizava-se os dispositivos do CDC e do Código Civil, diante da omissão da normativa trabalhista nesse particular. Opção **correta**, de acordo com o art. 28 da Lei nº 8.078/90 (CDC): "O juiz poderá desconsiderar a personalidade jurídica da sociedade quando, em detrimento do consumidor, houve abuso de direito, excesso de poder, infração da lei, fato ou ato ilícito ou violação dos estatutos ou contrato social. A desconsideração também será efetiva quando houver falência, estado de insolvência, encerramento ou inatividade da pessoa jurídica provocados por má administração". (ver nota doa autor)

Alternativa "c": Correta, de acordo com o art. 568, II, do CPC de 1973: "São sujeitos passivos na execução: II – o espólio, os herdeiros ou os sucessores do devedor". Na verdade, essas entidades não são consideradas como devedoras, mas simplesmente responsáveis. O registro no título executivo só é requisito para promover a execução contra o devedor, como se observa do teor do art. 586, I, do CPC de 1973: "São sujeitos passivos na execução: I – o devedor, reconhecido como tal no título executivo".

Alternativa "d": Correta, de acordo com a teoria da desconsideração da pessoa jurídica, acolhida pela legislação, doutrina e jurisprudência dominantes, inclusive em relação aos sócios que se retiraram da sociedade: "AGRAVO DE PETIÇÃO. PENHORA DE BEM DE EX-SÓCIO. BENEFÍCIO DE ORDEM. AUSÊNCIA DE NOMEAÇÃO DE BENS DA PESSOA JURÍDICA. ATO CONSTRITIVO. VALIDADE. EXEGESE DOS ARTIGOS 50 e 1.032 DO CC/2002, artigo 28 DO CDC, ARTIGOS 591, 592, II, E 596 DO CPC. Não havendo bens da empresa, nem de seus sócios atuais, suscetíveis de penhora, tem-se por válida a constrição havida sobre bem de propriedade de ex-sócio, porquanto este permanece responsável pelos débitos contraídos pela empresa da qual participou, independentemente de ter praticado atos de gestão, por força da adoção do princípio da desconsideração da personalidade jurídica" (TRT-23ª Região, Primeira Turma – AP 00600.2003.051.23.00-6, Rel. Juiz Paulo Brescovici. Julgado em 03/07/2007).

Alternativa "e": Correta, diante do permissivo contido no art. 878 da CLT: "A execução poderá ser promovida por qualquer interessado, ou *ex officio* pelo próprio Juiz ou Presidente ou Tribunal competente, nos termos do artigo anterior. Parágrafo único – Quando se tratar de decisão dos Tribunais Regionais, a execução poderá ser promovida pela Procuradoria da Justiça do Trabalho". (ver nota do autor)

Gabarito: A.

---

553. (TRT – JTS 21ª RG/2010) Sobre a cobrança das contribuições sociais na Justiça do Trabalho, marque a resposta CORRETA:

a) o Instituto Nacional do Seguro Social (INSS) é titular dos créditos relativos às contribuições sociais executadas perante a Justiça do Trabalho, e os respectivos valores devem ser recolhidos em nome daquela autarquia;

b) sendo a sentença ilíquida, o cálculo das contribuições sociais será feito tão logo realizado o efetivo pagamento da obrigação trabalhista, salvo se o juiz do trabalho determinar a sua cobrança conjunta;

c) elaborada a conta das contribuições, o INSS deverá ser intimado, pela via postal, para se pronunciar em 10 (dez) dias, sob pena de preclusão;

d) não se aplicam as regras trabalhistas à atualização dos créditos devidos a título de contribuições sociais, que deve observar a legislação específica em vigor;

e) como forma de ganhar eficiência, é possível, mediante ato do Ministro da Previdência Social, a dispensa de manifestação do INSS nos processos, quando o valor total das verbas que integram o salário de contribuição não exceder a R$ 5.000,00 (cinco mil reais);

COMENTÁRIOS

✪ **Nota do autor:** Ainda que a decisão seja omissa, o juízo da execução deve incluir nos cálculos de liquidação os valores devidos a título de contribuição previdenciária.

Alternativa "a": Incorreta, pois os valores dos respectivos tributos são recolhidos em favor da União.

Alternativa "b": Quando a sentença não é líquida, o juiz ordena a sua liquidação, envolvendo, inclusive, os valores devido a título de contribuições sociais. Opção **incorreta**, conforme art. 879, § 1º-A, CLT: "Sendo ilíquida a sentença exequenda, ordenar-se-á, previamente, a sua liquidação, que poderá ser feita por cálculo, por arbitramento ou por artigos. § 1º-A. A liquidação abrangerá, também, o cálculo das contribuições sociais devidas".

Alternativa "c": A intimação da União é pessoal e não via postal. Alternativa **correta**, de acordo com o art. 879, § 3º, CLT: "Elaborada a conta pela parte ou pelos órgãos auxiliares da Justiça do Trabalho, o juiz procederá à intimação da União para manifestação, no prazo de 10 (dez) dias, sob pena de preclusão". Complementa-se com o preceito contido no art. 25 da Lei nº 6.830/80: "Na execução fiscal, qualquer intimação ao representante judicial da Fazenda Pública será feita pessoalmente".

Alternativa "d": A atualização monetária das verbas previdenciárias não utiliza os mesmos índices usados para corrigir as verbas trabalhistas. Opção **incorreta**, pois contraria o art. 879, § 4º, CLT: "A atualização do crédito devido à Previdência Social observará os critérios estabelecidos na legislação previdenciária".

Alternativa "e": O referido valor seria, à época, de R$10.000,00. Opção **incorreta**, art. 879, § 5º, CLT: "O Ministro de Estado da Fazenda poderá, mediante ato fundamentado, dispensar a manifestação da União quando o valor total das verbas que integram o salário de contribuição, na forma do art. 28 da Lei nº 8.212 de 24 de julho de 1991, ocasionar perda de escala decorrente de atuação do órgão jurídico". Esse valor foi fixado em R$10.000,00, por meio da Portaria MPS/MF nº 435, de 09.09.2011. A Portaria da PGF nº 815, de 28.09.2011, disciplina a mesma matéria no âmbito da execução trabalhista. Em 2010, a Portaria MF nº 176 também havia adotado o mesmo valor, qual seja, R$10.000,00. Atualmente o referido valor foi majorado para R$20.000,00, segundo a Portaria MPS/MF nº 75/2012.

Gabarito: C.

---

554. (TRT - JTS 14ª RG/2008) Analise as proposições abaixo, à luz do Direito Processual do Trabalho, e responda:

I. As contribuições previdenciárias devidas nos processos trabalhistas podem ser executadas *ex officio* pelo Juiz do Trabalho, ainda que tenha ocorrido omissão na sentença.

II. Expedido o precatório, não caberá a revisão dos cálculos anteriormente homologados.

III. A propositura de ação de cumprimento somente se viabiliza após o trânsito em julgado da sentença normativa.

IV. A sentença normativa vigorará a partir da data do ajuizamento do Dissídio Coletivo, ainda que proposto na vigência de acordo ou convenção coletiva.

a) Há apenas uma proposição verdadeira.

b) Há apenas duas proposições verdadeiras.

c) Há apenas três proposições verdadeiras.

d) Todas as proposições são verdadeiras.

e) Todas as proposições são falsas.

COMENTÁRIOS

✪ **Nota do autor:** A Lei nº 13.467/17 alterou a redação do *caput* do art. 878, da CLT: "A execução será promovida pelas partes, permitida a execução de ofício pelo juiz ou pelo Presidente do Tribunal apenas nos casos em que as partes não estiverem representadas por advogado."

Item "I": Correto, de acordo com a Súmula nº 401 do TST: "Os descontos previdenciários e fiscais devem ser efetuados pelo juízo executório, ainda que a sentença exequenda tenha sido omissa sobre a questão, dado o caráter de ordem pública ostentado pela norma que os disciplina. A ofensa à coisa julgada somente poderá ser caracterizada na hipótese de o título exequendo, expressamente, afastar a dedução dos valores a título de imposto de renda e de contribuição previdenciária".

Item "II": Em determinadas situações é possível a revisão dos cálculos**. Item incorreto**, conforme OJ nº 02 do TP: "O pedido de revisão dos cálculos, em fase de precatório, previsto no art. 1º-E da Lei nº 9.494/1997, apenas poderá ser acolhido desde que**:** a) o requerente aponte e especifique claramente quais são as incorreções existentes nos cálculos, discriminando o montante que seria correto, pois do contrário a incorreção torna-se abstrata; b) o defeito nos cálculos esteja ligado à incorreção material ou à utilização de critério em descompasso com a lei ou com o título executivo judicial; e c) o critério legal aplicável ao débito não tenha sido objeto de debate nem na fase de conhecimento, nem na fase de execução".

Item "III": Não é necessário aguardar o trânsito em julgado da sentença normativa para ajuizar a ação de cumprimento. **Item incorreto**, segundo a Súmula nº 246 do TST: "TRÂNSITO EM JULGADO DA SENTENÇA NORMATIVA. AÇÃO DE CUMPRIMENTO. É dispensável o trânsito em julgado da sentença normativa para a propositura da ação de cumprimento".

Item "IV": Somente quando não houver acordo ou convenção coletiva. Item **incorreto**, conforme art. 867, parágrafo único, alínea "a", da CLT: "A sentença normativa vigorará a partir da data do ajuizamento do Dissídio Coletivo, quando não houver acordo ou convenção coletiva em vigor".

Gabarito: A.

---

555. (TRT – JTS 14ª RG/2008) Assinale a alternativa verdadeira em face do Direito Processual do Trabalho:

a) A execução provisória de obrigação de fazer, por não ferir direito líquido e certo do executado, não é atacável pela via do mandado de segurança, podendo, entretanto, ser hostilizada pelo agravo de petição.

b) Na hipótese de acordo na fase de execução, as contribuições previdenciárias devidas deverão incidir sobre o valor acordado.

c) Cabe mandado de segurança para extinguir execução fundada em sentença proferida em ação de cumprimento, quando excluída da sentença normativa a cláusula que lhe dava embasamento.

d) Não compete à Justiça do Trabalho a execução das contribuições previdenciárias incidentes sobre os salários pagos durante o período do vínculo de emprego reconhecido na sentença.

e) No processo do trabalho, a execução pode ser promovida por qualquer interessado, desde que tenha participado da relação jurídica processual.

COMENTÁRIOS

✪ **Nota do autor:** O STF considerou que a cobrança das contribuições previdenciárias, pela Justiça do Trabalho, somente pode incidir sobre o valor pecuniário já definido em condenação trabalhista ou em acordo, entendimento que coincide com aquele constante da Súmula nº 368, item I, do TST: "A Justiça do Trabalho é competente para determinar o recolhimento das contribuições fiscais. A competência da Justiça do Trabalho, quanto à execução das contribuições previdenciárias, limita-se às sentenças condenatórias em pecúnia que proferir e aos valores, objeto de acordo homologado, que integrem o salário-de-contribuição". A Resolução nº 219/2017 do TST deu nova redação à referida Súmula, mas sem alterar o inciso I. Observe-se também que na alternativa "a" o art. 515, §3º, do CPC de 1973 corresponde ao art. 1.013, §3º, do CPC de 2015. Já na alternativa "c", o art. 572 do CPC de 1973 corresponde ao art. 514 do CPC de 2015. Ainda, na alternativa "d", a Lei nº 13.467/17 alterou o parágrafo único do art. 876 da CLT, passando a contar com a seguinte redação: "A Justiça do Trabalho executará, de ofício, as contribuições sociais previstas na alínea *a* do inciso I e no inciso II do *caput* do art. 195 da Constituição Federal, e seus acréscimos legais, relativas ao objeto da condenação constante das sentenças que proferir e dos acordos que homologar.". Por fim, em relação a alternativa "e", a Lei da Reforma Trabalhista revogou o parágrafo único e alterou o *caput* do art. 878 da CLT, passando a contar com a seguinte redação: "A execução será promovida pelas partes, permitida a execução de ofício pelo juiz ou pelo Presidente do Tribunal apenas nos casos em que as partes não estiverem representadas por advogado.". Dessa forma, a execução *ex officio* somente será cabível quando as partes estiverem no exercício do *ius postulandi*.

Alternativa "a": Incorreta, pois a execução provisória não pode implicar atos de alienação, segundo dispõe o art. 899 da CLT. Como não cabe recurso dessa decisão, em sede de execução provisória, o remédio que pode ser utilizado é o mandado de segurança. Nesse sentido a decisão a seguir transcrita: "I – O ato dito coator, materializado na ordem de restabelecimento dos anuênios em folha de pagamento dos substituídos, sob pena de multa diária, é insuscetível de revisão por meio de recurso, pois incontroverso nos autos que a execução processada nos autos da reclamação trabalhista qualifica-se como provisória. II – Isso porque, até a presente data, o acórdão proferido pela Sexta Turma desta Corte, que negou provimento ao agravo de instrumento interposto pelo recorrente na fase de conhecimento, não transitou em julgado, conforme consulta ao Sistema de Informações Judiciárias deste Tribunal, circunstância indutora do cabimento do mandado de segurança como o único meio processual apto a impedir a consumação da suposta ilegalidade ou abusividade do ato impugnado. III – Afastada, desse modo, a carência de ação decretada pelo Regional, está a Corte habilitada a proceder desde logo ao exame do mérito, sem que esse procedimento implique ofensa ao duplo grau de jurisdição, nos termos do disposto no art. 515, § 3º, do CPC. IV – Nesse passo, constata-se dos autos que, não obstante a provisoriedade da execução, o juízo de origem reiterou a ordem de incorporação dos anuênios aos salários dos substituídos, sob pena de multa de R$ 50,00 (cinquenta reais), por substituído e dia de descumprimento. V – Pois bem, acha-se consolidado nesta Corte o entendimento de a obrigação de fazer ser refratária à execução provisória, pois a peculiaridade de ela não ultrapassar o ato de apreensão de bens (art. 899 da CLT) sugere a sua inaplicabilidade às sanções jurídicas consistentes em obrigações de fazer e não fazer, salvo as exceções expressamente previstas em lei. VI – Isso diante da natureza satisfativa da medida, impossibilitando que as partes sejam restituídas ao seu estado anterior, caso modificada a sentença. VII – Precedentes desta Corte. VIII – Recurso provido (TST-ROAG-2477/2008-000-14-00.9. SDI-2. Rel. Min. Barros Levenhagen. 24.11.2009).

Alternativa "b": Nessa situação, são devidas as contribuições previdenciárias proporcionalmente ao valor do acordo. Opção **incorreta,** de acordo com o posicionamento do TST adotado em sua OJ nº 376 da SDI-1: "É devida a contribuição previdenciária sobre o valor do acordo celebrado e homologado após o trânsito em julgado de decisão judicial, respeitada a proporcionalidade de valores entre as parcelas de natureza salarial e indenizatória deferidas na decisão condenatória e as parcelas objeto do acordo."

Alternativa "c": Correta, de acordo com a Súmula nº 397 do TST, em sua redação anterior: "Não procede ação rescisória calcada em ofensa à coisa julgada perpetrada por decisão proferida em ação de cumprimento, em face de a sentença normativa, na qual se louvava, ter sido modificada em grau de recurso, porque em dissídio coletivo somente se consubstancia coisa julgada formal. Assim, os meios processuais aptos a atacarem a execução da cláusula reformada são a exceção de pré-executividade e o mandado de segurança, no caso de descumprimento do art. 572 do CPC". A atual redação do mencionado verbete é o seguinte: "Não procede ação rescisória calcada em ofensa à coisa julgada perpetrada por decisão proferida em ação de cumprimento, em face de a sentença normativa, na qual se louvava, ter sido modificada em grau de recurso, porque em dissídio coletivo somente se consubstancia coisa julgada formal. Assim, os meios processuais aptos a atacarem a execução da cláusula reformada são a exceção de pré-executividade e o mandado de segurança, no caso de descumprimento do art. 514 do CPC de 2015 (art. 572 do CPC de 1973). (ex-OJ nº 116 da SBDI-2 – DJ 11.08.2003)".

Alternativa "d": Incorreta, pois contraria o art. 876, parágrafo único, da CLT: "Serão executadas *ex officio* as contribuições sociais devidas em decorrência de decisão proferida pelos Juízes e Tribunais do Trabalho, resultantes de condenação ou homologação de acordo, inclusive sobre os salários pagos durante o período contratual reconhecido". (ver nota do autor)

Alternativa "e": A CLT não limita a legitimidade dos interessados àqueles que participaram da relação jurídica processual. Opção **incorreta**, conforme art. 878 da CLT: "A execução poderá ser promovida por qualquer interessado, ou *ex officio* pelo próprio Juiz ou Presidente ou Tribunal competente, nos termos do artigo anterior. Parágrafo único. Quando se tratar de decisão dos Tribunais Regionais, a execução poderá ser promovida pela Procuradoria da Justiça do Trabalho". (ver nota do autor)

Gabarito: C.

---

556. (TRT – JTS 14ª RG/2008) Considerando as proposições abaixo, à luz do Direito Processual do Trabalho, assinale a alternativa CORRETA:

I. De acordo com a CLT, a ordem preferencial a ser observada quanto à nomeação de bens à penhora é a da Lei de Execução Fiscal.

II. No processo do trabalho, os bens serão arrematados pelo maior lanço, mas o exequente terá preferência para a adjudicação, sendo requisito indispensável para o respectivo deferimento a aceitação do bem para quitação integral do seu crédito.

III. Tratando-se de prestações sucessivas por tempo determinado, a execução compreenderá inicialmente as prestações devidas até a data do ingresso na execução.

IV. No processo do trabalho, o arrematante garantirá o lance com o sinal correspondente a 20% do valor da arrematação, devendo efetuar o pagamento complementar no prazo de 48 horas.

a) Há apenas uma proposição verdadeira.

b) Há apenas duas proposições verdadeiras.

c) Há apenas três proposições verdadeiras.

d) Todas as proposições são verdadeiras.

e) Todas as proposições são falsas.

COMENTÁRIOS

✪ **Nota do autor:** São diversas as modalidades de expropriação de bens, que em última análise constitui o objetivo principal da execução forçada por quantia certa, podendo ser feita por intermédio da hasta pública, da adjudicação em favor do exequente, da alienação antecipada, da adjudicação em favor de outros credores, do leilão presencial, do leilão pela *internet*, da alienação particular e do usufruto de móvel ou imóvel. Observe-se, no item "I", que o art. 655 do CPC de 1973 corresponde ao art. 835 do CPC de 2015. Com a vigência da Lei da Reforma Trabalhista o art. 882 da CLT teve sua redação alterada para agregar uma nova possibilidade de garantia da execução: "O executado que não pagar a importância reclamada poderá garantir a execução mediante depósito da quantia correspondente, atualizada e acrescida das despesas processuais, apresentação de seguro-garantia judicial ou nomeação de bens à penhora, observada a ordem preferencial estabelecida no art. 835 da Lei nº 13.105, de 16 de março de 2015 – Código de Processo Civil".

Item "I": Trata-se de uma exceção. Nesse caso, a própria CLT determina que se use supletivamente primeiro o CPC. Item **incorreto**, conforme art. 882 da CLT: "O executado que não pagar a importância reclamada poderá garantir a execução mediante depósito da mesma, atualizada e acrescida das despesas processuais, ou nomeando bens à penhora, observada a ordem preferencial estabelecida no art. 655 do Código Processual Civil". (ver nota doa autor)

Item "II": Não há, na lei, qualquer condicionante para o deferimento do pedido de adjudicação em relação à quitação do crédito. Item **incorreto**, conforme art. 888, § 1º, da CLT: "A arrematação far-se-á em dia, hora e lugar anunciados e os bens serão vendidos pelo maior lance, tendo o exequente preferência para a adjudicação".

Item "IV": Incorreto, pois contraria a determinação contida no art. 891 da CLT: "Nas prestações sucessivas por tempo determinado, a execução pelo não pagamento de uma prestação compreenderá as que lhe sucederem".

Item "IV": O prazo para pagamento do preço da arrematação é de 24 horas. Item **incorreto**, conforme art. 888, § 2º e 4º, da CLT: "§ 2º O arrematante deverá garantir o lance com o sinal correspondente a 20% (vinte por cento) do seu valor (...) § 4º Se o arrematante, ou seu fiador, não pagar dentro de 24 (vinte e quatro) horas o preço da arrematação, perderá, em benefício da execução, o sinal de que trata o § 2º deste artigo, voltando à praça os bens executados".

Gabarito: E.

---

557. (TRT – JTS 9ª RG/2009) A respeito da execução no processo do trabalho, analise as proposições a seguir:

I. São espécies de títulos executivos extrajudiciais os termos de ajuste de conduta firmados perante o Ministério Público do Trabalho e os termos de conciliação firmados perante as Comissões de Conciliação Prévia.

II. Segundo a jurisprudência dominante, nos casos de execução provisória, não viola direito líquido e certo do devedor a decisão que determina a penhora de dinheiro, quando nomeados outros bens à penhora, na medida em que amparada na gradação prevista no art. 655 do CPC.

III. Consoante a jurisprudência dominante, não é válida a penhora de bens de pessoa jurídica de direito privado, realizada anteriormente à sucessão pela União ou por Estado da Federação, pois, em face destas, a execução deve seguir mediante precatório, nos termos do art. 100 da Constituição Federal de 1988.

IV. De acordo com jurisprudência consolidada do TRT da 9ª Região, o prazo para o ajuizamento de embargos à execução por parte da União Federal é de 10 (dez) dias, na medida em que é inconstitucional a Medida Provisória 2180-35/2001, que tinha por escopo alterar a redação do art. 730 do CPC.

a) apenas as proposições I e IV estão corretas
b) apenas as proposições II e III estão corretas
c) apenas as proposições II e IV estão corretas
d) apenas as proposições I e III estão corretas
e) todas as proposições estão corretas

COMENTÁRIOS

✪ **Nota do autor:** Observe-se, no item "II", que os arts. 655, 666, I, e 620 do CPC de 1973 correspondem, respectivamente, aos arts. 835, 840, I, e 805 do CPC de 2015. Já no item "IV", o art. 730 do CPC de 1973 corresponde ao art. 910 do CPC de 2015.

Item "I": Correto, pois coincide com o rol apresentado pelo art. 625-E, parágrafo único, da CLT: "O termo de conciliação é título executivo extrajudicial e terá eficácia liberatória geral, exceto quanto às parcelas expressamente ressalvadas". Relativamente ao Termo de Ajustamento de Conduta – TAC dispõe o art. 5º, § 6º, da Lei nº 7.347/85: "Os órgãos públicos legitimados poderão tomar dos interessados compromisso de ajustamento de sua conduta às exigências legais, mediante cominações, que terá eficácia de título executivo extrajudicial". Estabelece ainda o art. 876 da CLT: "As decisões passadas em julgado ou das quais não tenha havido recurso com efeito suspensivo; os acordos, quando não cumpridos; os termos de ajuste de conduta firmados perante o Ministério Público do Trabalho e os termos de conciliação firmados perante as Comissões de Conciliação Prévia serão executada pela forma estabelecida neste Capítulo".

Item "II": O entendimento do TST é justamente no sentido contrário, quando se trata de execução provisória. Item **incorreto**, conforme Súmula nº 417 do TST: "I – Não fere direito líquido e certo do impetrante o ato judicial que determina penhora em dinheiro do executado, em execução definitiva, para garantir crédito exequendo, uma vez que obedece à gradação prevista no art. 655 do CPC. II – Havendo discordância do credor, em execução definitiva, não tem o executado direito líquido e certo a que os valores penhorados em dinheiro fiquem depositados no próprio banco, ainda que atenda aos requisitos do art. 666, I, do CPC. III – Em se tratando de execução provisória, fere direito líquido e certo do impetrante a determinação de penhora em dinheiro, quando nomeados outros bens à penhora, pois o executado tem direito a que a execução se processe da forma que lhe seja menos gravosa, nos termos do art. 620 do CPC". A versão atual dessa **Súmula não contempla mais o inciso III e conta com a seguinte redação:** "MANDADO DE SEGURANÇA. PENHORA EM DINHEIRO (alterado o item I, atualizado o item II e cancelado o item III, modulando-se os efeitos da presente redação de forma a atingir unicamente as penhoras em dinheiro em execução provisória efetivadas a partir de 18.03.2016, data de vigência do CPC de 2015) – Res. 212/2016, DEJT divulgado em 20, 21 e 22.09.2016. I – Não fere direito líquido e certo do impetrante o ato judicial que determina penhora em dinheiro do executado para garantir crédito exequendo, pois é prioritária e obedece à gradação prevista no art. 835 do CPC de 2015 (art. 655 do CPC de 1973). II – Havendo discordância do credor, em execução definitiva, não tem o executado direito líquido e certo a que os valores penhorados em dinheiro fiquem depositados no próprio banco, ainda que atenda aos requisitos do art. 840, I, do CPC de 2015 (art. 666, I, do CPC de 1973). (ex-OJ nº 61 da SBDI-2 – inserida em 20.09.2000)".

Item "III": Nesse caso, a penhora é válida. Item **incorreto**, pois contraria a OJ nº 343 da SDI-1: "É válida a penhora em bens de pessoa jurídica de direito privado, realizada anteriormente à sucessão pela União ou por Estado-membro, não podendo a execução prosseguir mediante precatório. A decisão que a mantém não viola o art. 100 da CF/1988".

Item "IV": Correto, conforme entendimento jurisprudencial consolidado, não só no TRT da 9ª Região, quanto no TST: "O Plenário desta Corte, em 4/8/2005, no Incidente de Uniformização de Jurisprudência suscitado no RR-70/1192-011-04-00.7, declarou a inconstitucionalidade do art. 4º da Medida Provisória nº 2.180-35/2001, que ampliou os prazos fixados nos arts. 730 do CPC e 884 da CLT (...) Diante dessa decisão, esta Corte continuou entendendo que o prazo para a oposição de embargos à execução pela Fazenda Pública seria aquele previsto no art. 884 da CLT".

Gabarito: A.

---

558. (TRT - JTS 8ª RG/2009) À luz da legislação consolidada, da Lei nº 6.830/80 e da jurisprudência do TST, acerca do processo de execução, é CORRETO afirmar:

a) Garantida a execução ou penhorados os bens, terá o executado 5 dias para apresentar embargos, cabendo igual prazo ao exequente para manifestação. Na execução através de carta precatória, os embargos de terceiro serão oferecidos no Juízo deprecado, cabendo a este a competência para julgá-los, salvo nos casos em que os embargos versarem, unicamente, sobre vícios ou irregularidades da penhora, avaliação ou alienação dos bens.

b) À luz do art. 655 do CPC, em execução definitiva, é válida a penhora em dinheiro do executado, não cabendo a impetração de mandado de segurança contra o ato que determinou o bloqueio. Considerando que a execução provisória se processa até a penhora, o bloqueio *"on line"* realizado durante a execução provisória fere direito líquido e certo do executado quando nomeados outros bens à penhora, pois o executado tem direito a que a execução se processe da forma que lhe seja menos gravosa, nos termos do art. 620 do CPC.

c) Serão executadas, de ofício, as contribuições sociais cujo fato gerador seja decisão proferida pelos Juízes e Tribunais do trabalho, resultantes de condenação ou homologação de acordo, inclusive sobre os salários pagos durante o período contratual reconhecido. Nos acordos homologados em que não figurarem, discriminadamente, as parcelas legais de incidência da contribuição previdenciária, esta incidirá sobre o valor total do acordo homologado. Configura-se como discriminação das parcelas legais de incidência de contribuição previdenciária a fixação de percentual de verbas remuneratórias e indenizatórias constante dos acordos homologados. O devedor poderá efetuar o pagamento imediato da quantia que entender devida à Previdência social sem prejuízo da cobrança de eventuais diferenças durante a execução *ex officio*.

d) Ofende a coisa julgada a limitação à data-base da categoria, na fase executória, da condenação ao pagamento de diferenças salariais decorrentes de planos econômicos, quando a decisão exequenda silenciar sobre a limitação.

e) Nas execuções fiscais, o Juiz suspenderá o curso da execução, enquanto não for localizado o devedor ou encontrados bens sobre os quais possa recair a penhora, e, nesses casos, não correrá o prazo de prescrição. Suspenso o curso da execução, será aberta vista dos autos ao representante judicial da Fazenda Pública. Decorrido o prazo de 2 (dois) anos, sem que seja localizado o devedor ou encontrados bens penhoráveis, o Juiz pronunciará a prescrição.

COMENTÁRIOS

✪ **Nota do autor:** Penhora *on line, atualmente chamada de SISBAJUD*, nada mais é do que o ato de constrição judicial, resultado do envio por meio eletrônico de ordem de bloqueio de dinheiro depositado nas contas bancárias do executado. Esse procedimento eletrônico foi batizado de penhora *on line*, apesar de não ser possível ao juiz visualizar, em tempo real, a conta bancária do devedor, para efetuar o bloqueio da quantia devida. O CPC de 2015 trata da matéria em seu art. 854 (aplicado ao processo do trabalho por conta o art. 3º, XIX, da Instrução Normativa nº 39/2016 do TST): "Para possibilitar a penhora de dinheiro em depósito ou em aplicação financeira, o juiz, a requerimento do exequente, sem dar ciência prévia do ato ao executado, determinará às instituições financeiras, por meio de sistema eletrônico gerido pela autoridade supervisora do sistema financeiro nacional, que torne indisponíveis ativos financeiros existentes em nome do executado, limitando-se a indisponibilidade ao valor indicado na execução".

Alternativa "a": O procedimento correto seria a apresentação dos embargos no juízo deprecante ou no juízo deprecado, mas atribuindo competência para julgá-los ao juízo deprecante. Opção **incorreta**, pois contrariava a Súmula nº 419 do TST: "Na execução por carta precatória, os embargos de terceiro serão oferecidos no juízo deprecante ou no juízo deprecado, mas a competência para julgá-los é do juízo deprecante, salvo se versarem, unicamente, sobre vícios ou irregularidades da penhora, avaliação ou alienação dos bens, praticados pelo juízo deprecado, em que a competência será deste último". Por conta da edição do CPC de 2015, a redação dessa Súmula foi alterada nos seguintes termos: "COMPETÊNCIA. EMBARGOS DE TERCEIRO. EXECUÇÃO POR CARTA PRECATÓRIA. JUÍZO DEPRECADO. (alterada em decorrência do CPC de 2015) – Res. 212/2016, DEJT divulgado em 20, 21 e 22.09.2016. Na execução por carta precatória, os embargos de terceiro serão oferecidos no juízo deprecado, salvo se indicado pelo juízo deprecante o bem constrito ou se já devolvida a carta (art. 676, parágrafo único, do CPC de 2015)".

Alternativa "b": Correta, pois representa o entendimento do TST constante da Súmula nº 417: "I – Não fere direito líquido e certo do impetrante o ato judicial que determina penhora em dinheiro do executado, em execução definitiva, para garantir crédito exequendo, uma vez que obedece à gradação prevista no art. 655 do CPC. II – Havendo discordância do credor, em execução definitiva, não tem o executado direito líquido e certo a que os valores penhorados em dinheiro fiquem depositados no próprio banco, ainda que atenda aos requisitos do art. 666, I, do CPC. III – Em se tratando de execução provisória, fere direito líquido e certo do impetrante a determinação de penhora em dinheiro, quando nomeados outros bens à penhora, pois o executado tem direito a que a execução se processe da forma que lhe seja menos gravosa, nos termos do art. 620 do CPC". A versão atual dessa Súmula não contempla mais o inciso III e conta com a seguinte redação: "MANDADO DE SEGURANÇA. PENHORA EM DINHEIRO (alterado o item I, atualizado o item II e cancelado o item III, modulando-se os efeitos da presente redação de forma a atingir unicamente as penhoras em dinheiro em execução provisória efetivadas a partir de 18.03.2016, data de vigência do CPC de 2015) – Res. 212/2016, DEJT divulgado em 20, 21 e 22.09.2016. I – Não fere direito líquido e certo do impetrante o ato judicial que determina penhora em dinheiro do executado para garantir crédito exequendo, pois é prioritária e obedece à gradação prevista no art. 835 do CPC de 2015 (art. 655 do CPC de 1973). II – Havendo discordância do credor, em execução definitiva, não tem o executado direito líquido e certo a que os valores penhorados em dinheiro fiquem depositados no próprio banco, ainda que atenda aos requisitos do art. 840, I, do CPC de 2015 (art. 666, I, do CPC de 1973). (ex-OJ nº 61 da SBDI-2 – inserida em 20.09.2000)".

Alternativa "c": A fixação de percentual de verbas indenizatórias e salariais em acordos judiciais não é aceito como critério de discriminação de valores para efeito de incidência da contribuição previdenciária por expressa determinação legal. Alternativa **incorreta**, pois está em desacordo com o § 3º, art. 276, do Decreto nº 3.048/99: "Não se considera como discriminação de parcelas legais de incidência de contribuição previdenciária a fixação de percentual de verbas remuneratórias e indenizatórias constantes dos acordos homologados, aplicando-se, nesta hipótese, o disposto no parágrafo anterior".

Alternativa "d": Incorreta, pois contraria o entendimento constante da OJ nº 262 da SDI-1 do TST: "Não ofende a coisa julgada a limitação à data-base da categoria, na fase executória, da condenação ao pagamento de diferenças salariais decorrentes de planos econômicos, quando a decisão exequenda silenciar sobre a limitação, uma vez que a limitação decorre de norma cogente. Apenas quando a sentença exequenda houver expressamente afastado a limitação à data-base é que poderá ocorrer ofensa à coisa julgada".

Alternativa "e": O prazo para aguardar a localização de bens do devedor é de um e não de dois anos. **Opção incorreta,** conforme art. 40 da Lei nº 6.830: "O Juiz suspenderá o curso da execução, enquanto não for localizado o devedor ou encontrados bens sobre os quais possa recair a penhora, e, nesses casos, não correrá o prazo de prescrição. § 1º – Suspenso o curso da execução, será aberta vista dos autos ao representante judicial da Fazenda Pública. § 2º – Decorrido o prazo máximo de 1 (um) ano, sem que seja localizado o devedor ou encontrados bens penhoráveis, o Juiz ordenará o arquivamento dos autos".

Gabarito: B.

559. (TRT – JTS 6ª RG/2010) Acerca da desconsideração da personalidade jurídica, assinale a alternativa CORRETA:

a) A teoria da desconsideração da personalidade jurídica do executado permite ao Juiz atuar no sentido de que os atos expropriatórios recaiam sobre os bens particulares do titular ou dos sócios da empresa, sempre que se demonstrar a insuficiência do patrimônio societário.

b) O princípio da responsabilidade limitada do sócio prevalece à teoria da desconsideração da personalidade jurídica do executado, obedecida na hipótese o *quantum* econômico fixado no contrato de constituição da empresa.

c) O sócio-cotista não responde por dívida ou prejuízos causados a terceiros sendo vedada ao Juízo a aplicação da teoria da desconsideração da personalidade jurídica do executado.

d) Inaplicável a teoria da desconsideração da personalidade jurídica do executado quando ausente prova de gestão fraudulenta ou desvio de finalidade empresarial.

e) A teoria da desconsideração da personalidade jurídica do executado não alcança micro e pequenas empresas.

COMENTÁRIOS

✪ **Nota do autor:** O CPC de 2015 estabeleceu o procedimento a ser utilizado em tais situações mais precisamente entre os arts 133 e 137. Atualmente, o art. 855-A da CLT, introduzido pela Lei da Reforma Trabalhista, determina a aplicação desse procedimento de forma expressa no processo laboral: "Art. 855-A. Aplica-se ao processo do trabalho o incidente de desconsideração da personalidade jurídica previsto nos arts. 133 a 137 da Lei no 13.105, de 16 de março de 2015 – Código de Processo Civil. § 1º Da decisão interlocutória que acolher ou rejeitar o incidente: I – na fase de cognição, não cabe recurso de imediato, na forma do § 1º do art. 893 desta Consolidação; II – na fase de execução, cabe agravo de petição, independentemente de garantia do juízo; III – cabe agravo interno se proferida pelo relator em incidente instaurado originariamente no tribunal. § 2º A instauração do incidente suspenderá o processo, sem prejuízo de concessão da tutela de urgência de natureza cautelar de que trata o art. 301 da Lei no 13.105, de 16 de março de 2015 (Código de Processo Civil).

Alternativa "a": Correta, conforme entendimento doutrinário também acolhido pela jurisprudência, mesmo antes de ser acolhido pelo CDC e Código Civil: "Em sede de Direito do Trabalho, em que os créditos trabalhistas não podem ficar a descoberto, vem – se abrindo uma exceção ao princípio da responsabilidade limitada do sócio, ao se aplicar a teoria da desconsideração da personalidade jurídica (*disregard of legal entity*) para que o empregado possa, *verificando a insuficiência do patrimônio societário*, sujeitar à execução os bens dos sócios individualmente considerados, porém solidária e ilimitadamente, até o pagamento integral dos créditos dos empregados, visando impedir a consumação de fraudes e abusos de direito cometidos pela sociedade. (TST- ROAR - 545348/1999 - Rel. Min. Ronaldo José Lopes Leal - DJ - 14/05/2001)".

Alternativa "b": Não há qualquer limitação nesse sentido, seja no art. 50 do Código Civil, seja no art. 28, § 5º do Código de defesa do Consumidor: "O juiz poderá desconsiderar a personalidade jurídica da sociedade quando, em detrimento do consumidor, houver abuso de direito, excesso de poder, infração da lei, fato ou ato ilícito ou violação dos estatutos ou contrato social. A desconsideração também será efetivada quando houver falência, estado de insolvência, encerramento ou inatividade da pessoa jurídica provocados por má administração". Alternativa **incorreta**. (ver nota do autor)

Alternativa "c": Incorreta, pois os bens dos sócios, ainda que cotistas, respondem pela dívida no caso de aplicação da teoria da desconsideração da personalidade jurídica, na forma prevista pela redação anterior do art. 50 do Código Civil: "Em caso de abuso da personalidade jurídica, caracterizado pelo desvio de finalidade, ou pela confusão patrimonial, pode o juiz decidir, a requerimento da parte, ou do Ministério Público quando lhe couber intervir no processo, que os efeitos de certas e determina das relações de obrigações sejam estendidos aos bens particulares dos administradores ou sócios da pessoa jurídica".

Note-se que a Lei da liberdade econômica (Lei n. 13.874/10), alterou o caput do art. 50 do Código Civil e acrescentou cinco parágrafos, com a seguinte redação: "Art. 50. Em caso de abuso da personalidade jurídica, caracterizado pelo desvio de finalidade ou pela confusão patrimonial, pode o juiz, a requerimento da parte, ou do Ministério Público quando lhe couber intervir no processo, desconsiderá-la para que os efeitos de certas e determinadas relações de obrigações sejam estendidos aos bens particulares de administradores ou de sócios da pessoa jurídica beneficiados direta ou indiretamente pelo abuso. (Redação dada pela Lei nº 13.874, de 2019)".

Alternativa "d": A desconsideração da personalidade jurídica também pode ser fundamentada na confusão patrimonial, conforme previsão expressa contida no citado art. 50 do Código Civil. Alternativa **incorreta**. (ver nota do autor)

Alternativa "e": Não há qualquer limitação nesse sentido, seja no art. 50 do Código Civil, seja no art. 28, § 5º do Código de defesa do Consumidor, ambos já transcritos nas alternativas anteriores. Alternativa **incorreta**. (ver nota do autor)

Gabarito: A.

---

560. (TRT - JTS 8ª RG/2008) À luz da jurisprudência consolidada pelo TST, é INCORRETO afirmar:

a) É inadmissível o recurso de revista fundado tão somente em divergência jurisprudencial, se a parte não comprovar que a lei estadual, a norma coletiva ou o regulamento da empresa extrapolam o âmbito do TRT prolator da decisão hostilizada.

b) Não padece de inépcia a exordial de ação rescisória apenas porque se capitula erroneamente em um dos incisos do artigo 485 do CPC. Deveras, desde que não se afaste dos fatos e fundamentos invocados como causa de pedir, ao Tribunal é lícito lhes emprestar a adequada qualificação jurídica, já que o juiz conhece o direito (*iura novit curia*). É evidente que essa assertiva não se aplica às ocasiões em que a ação rescisória tem fulcro jurídico no artigo 485, inciso V, do CPC (violar literal disposição de lei). Nessa última hipótese, ressoa imprescindível a expressa indicação, na peça inaugural da ação rescisória, do dispositivo legal que se afirma arrostado.

c) Na execução por carta precatória, os embargos de terceiro serão oferecidos no juízo deprecante ou no juízo deprecado, mas a competência para julgá-los é do juízo deprecante, salvo se versarem, unicamente, sobre vícios ou irregularidades da penhora, avaliação ou alienação dos bens, praticados pelo juízo deprecado, em que a competência será deste último.

d) Existindo, na decisão recorrida, tese explícita sobre a matéria, desnecessário contenha nela referência expressa do dispositivo legal para se ter como prequestionado este.

e) Tratando-se de execução provisória, fere direito líquido e certo do devedor a simples determinação de penhora de numerário, porquanto o executado tem direito a que a execução se processe da forma que lhe seja menos gravosa.

COMENTÁRIOS

✪ **Nota do autor:** Observe-se, na alternativa "b", que o art. 485, V, do CPC de 1973 corresponde ao art. 966, V, do CPC de 2015. Já na alternativa "e", o art. 620 do CPC de 1973 corresponde ao art. 805 do CPC de 2015.

Alternativa "a": Correta, pois corresponde ao entendimento inserido na OJ nº 147 da SDI-1 do TST: "I – É inadmissível o recurso de revista fundado tão somente em divergência jurisprudencial, se a parte não comprovar que a lei estadual, a norma coletiva ou o regulamento da empresa extrapolam o âmbito do TRT prolator da decisão recorrida".

Alternativa "b": Correta, conforme Súmula nº 408 do TST, em sua redação anterior (ver nota do autor): "Não padece de inépcia a petição inicial de ação rescisória apenas porque omite a subsunção do fundamento de rescindibilidade no art. 485 do CPC ou o capitula erroneamente em um de seus incisos. Contanto que não se afaste dos fatos e fundamentos invocados como causa de pedir, ao Tribunal é lícito emprestar-lhes a adequada qualificação jurídica ("*iura novit curia*"). No entanto, fundando-se a ação rescisória no art. 485, inc. V, do CPC, é indispensável expressa indicação, na petição inicial da ação rescisória, do dispositivo legal violado, por se tratar de causa de pedir da rescisória, não se aplicando, no caso, o princípio "*iura novit curia*". A atual redação da

Súmula nº 408 é a seguinte: "Não padece de inépcia a petição inicial de ação rescisória apenas porque omite a subsunção do fundamento de rescindibilidade no art. 966 do CPC de 2015 (art. 485 do CPC de 1973) ou o capitula erroneamente em um de seus incisos. Contanto que não se afaste dos fatos e fundamentos invocados como causa de pedir, ao Tribunal é lícito emprestar-lhes a adequada qualificação jurídica ('iura novit curia'). No entanto, fundando-se a ação rescisória no art. 966, inciso V, do CPC de 2015 (art. 485, inciso V, do CPC de 1973), é indispensável expressa indicação, na petição inicial da ação rescisória, da norma jurídica manifestamente violada (dispositivo legal violado sob o CPC de 1973), por se tratar de causa de pedir da rescisória, não se aplicando, no caso, o princípio 'iura novit curia'. (ex-Ojs nº 32 e 33 da SBDI-2 – inseridas em 20.09.2000)".

Alternativa "c": Correta, pois estava de acordo com a orientação contida na Súmula nº 419 do TST em sua antiga redação: "Na execução por carta precatória, os embargos de terceiro serão oferecidos no juízo deprecante ou no juízo deprecado, mas a competência para julgá-los é do juízo deprecante, salvo se versarem, unicamente, sobre vícios ou irregularidades da penhora, avaliação ou alienação dos bens, praticados pelo juízo deprecado, em que a competência será deste último". Por conta da edição do CPC de 2015, a redação dessa Súmula foi alterada nos seguintes termos: "COMPETÊNCIA. EMBARGOS DE TERCEIRO. EXECUÇÃO POR CARTA PRECATÓRIA. JUÍZO DEPRECADO. (alterada em decorrência do CPC de 2015) – Res. 212/2016, DEJT divulgado em 20, 21 e 22.09.2016. Na execução por carta precatória, os embargos de terceiro serão oferecidos no juízo deprecado, salvo se indicado pelo juízo deprecante o bem constrito ou se já devolvida a carta (art. 676, parágrafo único, do CPC de 2015)".

Alternativa "d": Correta, uma vez que se encontra de acordo com a Súmula nº 297 do TST: "I. Diz-se prequestionada a matéria ou questão quando na decisão impugnada haja sido adotada, explicitamente, tese a respeito. II. Incumbe à parte interessada, desde que a matéria haja sido invocada no recurso principal, opor embargos declaratórios objetivando o pronunciamento sobre o tema, sob pena de preclusão. III. Considera-se prequestionada a questão jurídica invocada no recurso principal sobre a qual se omite o Tribunal de pronunciar tese, não obstante opostos embargos de declaração".

Alternativa "e": Não basta a simples determinação de bloqueio de dinheiro. É necessário que o devedor tenha nomeado outros bens à penhora. Opção **incorreta**, conforme Súmula nº 417, III do TST: "Em se tratando de execução provisória, fere direito líquido e certo do impetrante a determinação de penhora em dinheiro, quando nomeados outros bens à penhora, pois o executado tem direito a que a execução se processe da forma que lhe seja menos gravosa, nos termos do art. 620 do CPC". A versão atual dessa Súmula não contempla mais o inciso III e conta com a seguinte redação: "MANDADO DE SEGURANÇA. PENHORA EM DINHEIRO (alterado o item I, atualizado o item II e cancelado o item III, modulando-se os efeitos da presente redação de forma a atingir unicamente as penhoras em dinheiro em execução provisória efetivadas a partir de 18.03.2016, data de vigência do CPC de 2015) – Res. 212/2016, DEJT divulgado em 20, 21 e 22.09.2016. I – Não fere direito líquido e certo do impetrante o ato judicial que determina penhora em dinheiro do executado para garantir crédito exequendo, pois é prioritária e obedece à gradação prevista no art. 835 do CPC de 2015 (art. 655 do CPC de 1973). II – Havendo discordância do credor, em execução definitiva, não tem o executado direito líquido e certo a que os valores penhorados em dinheiro fiquem depositados no próprio banco, ainda que atenda aos requisitos do art. 840, I, do CPC de 2015 (art. 666, I, do CPC de 1973). (ex-OJ nº 61 da SBDI-2 – inserida em 20.09.2000)".

Gabarito: E.

---

561. (TRT – JTS 9ª RG/2009) Considere as proposições a seguir:

I. O prazo para o oficial de justiça avaliar os bens é de 10 dias, após o que segue a arrematação.

II. Nos termos da CLT, a arrematação é anunciada por edital afixado na sede do juízo ou tribunal e publicado no Diário da Justiça, com antecedência de 20 dias.

III. A CLT estabelece que os bens são vendidos em primeira hasta pública por preço não inferior a 50% da avaliação, e na segunda hasta por qualquer preço.

IV. Na arrematação o exequente tem preferência para adjudicação.

V. Findo o leilão, sem licitantes, pode o exequente adjudicar os bens penhorados pelo preço da avaliação.

a) somente as proposições I, II e III estão corretas

b) somente as proposições I, III e IV estão corretas

c) somente as proposições I, IV e V estão corretas

d) somente as proposições II, III e V estão corretas

e) todas as proposições estão corretas

COMENTÁRIOS

✪ **Nota do autor:** No processo do trabalho, a primeira hasta pública é denominada de praça. Não havendo licitante, designa-se leilão, na forma como era prevista pelo art. 972 do CPC de 1939: "Se os bens não forem arrematados, serão vendidos em leilão público, por leiloeiro público, onde houver, à escolha das partes, ou pelo porteiro dos auditórios".

Item "I": Correto, pois em conformidade com art. 888 da CLT: "Concluída a avaliação, dentro de dez dias, contados da data da nomeação do avaliador, seguir-se-á a arrematação, que será anunciada por edital afixado na sede do juízo ou tribunal e publicado no jornal local, se houver, com a antecedência de vinte (20) dias".

Item "II": O edital deve ser publicado no jornal local, se houver, e não no Diário da Justiça. Item **incorreto**, uma vez que contraria o art. 888 da CLT: "Concluída a avaliação, dentro de dez dias, contados da data da nomeação do avaliador, seguir-se-á a arrematação, que será anunciada por edital afixado na sede do juízo ou tribunal e publicado no jornal local, se houver, com a antecedência de vinte (20) dias".

Item "III": Não há, na CLT, imposição de percentual mínimo para o deferimento do lance. Item **incorreto**, pois em desconformidade com o art. 888, § 1º, da CLT: "A arrematação far-se-á em dia, hora e lugar anunciados e os bens serão vendidos pelo maior lance, tendo o exequente preferência para a adjudicação".

Item "IV": Correto, uma vez que essa preferência encontra-se expressamente estabelecida pelo art. 888, § 1º, da CLT: "A arrematação far-se-á em dia, hora e lugar anunciados e os bens serão vendidos pelo maior lance, tendo o exequente preferência para a adjudicação".

Item "V": Correto, já que essa faculdade é permitida pelo art. 888, § 3º, da CLT, em caso de inexistência de licitantes: "Não havendo licitante, e não requerendo o exequente a adjudicação dos bens penhorados, poderão os mesmos ser vendidos por leiloeiro nomeado pelo Juiz ou Presidente".

Gabarito: C.

---

562. (TRT - JTS 23ª RG/2008) Leia as proposições abaixo e marque a alternativa CORRETA:

I. Não cabe mandado de segurança para atacar ordem judicial de bloqueio de numerário existente em conta salário, à falta de direito líquido e certo do impetrante, nas hipóteses em que haja limitação a determinado percentual do *quantum* percebido pelo devedor.

II. A exceção de pré-executividade é o instrumento adequado para que o executado possa alegar a existência de vícios fundamentais que afetam o desenvolvimento regular da execução, devendo, para possibilitar sua compatibilidade com o Processo do Trabalho, garantir parcialmente a dívida consolidada em juízo quanto ao valor incontroverso.

III. Determinado trabalhador da Administração Pública Direta foi admitido em janeiro de 1988 sem prévia aprovação em concurso público, e foi enquadrado no regime celetista. No ano subsequente foi eleito dirigente sindical. Depois de dois anos de exercício no cargo, ainda no curso do mandato, foi suspenso de suas atribuições e, ato contínuo, ajuizado inquérito judicial para apuração de falta grave. Quando ainda em curso a ação de inquérito, sobreveio lei transmudando o regime dos trabalhadores de celetista para estatutário. A pretensão expressa no inquérito judicial foi rejeitada por sentença que veio a transitar em julgado. Diante disso, na oportunidade da execução do comando judicial, deverá ser providenciada a reintegração do trabalhador na condição de celetista, acaso não haja opção expressa por regime diverso.

a) Apenas o item I é verdadeiro.

b) Apenas o item II é verdadeiro.

c) Apenas o item III é verdadeiro.

d) Todos os itens são falsos.

e) Todos os itens são verdadeiros.

COMENTÁRIOS

Nota do autor: Observe-se, no item "I", que o art. 649, IV e §2º, do CPC de 1973 corresponde ao art. 833, IV e §2º, do CPC de 2015.

Item "I": O TST entendia que o salário era impenhorável. Item **incorreto,** conforme OJ nº 153, da SDI-2 em sua redação anterior: "Ofende direito líquido e certo decisão que determina o bloqueio de numerário existente em conta salário, para satisfação de crédito trabalhista, ainda que seja limitado a determinado percentual dos valores recebidos ou a valor revertido para fundo de aplicação ou poupança, visto que o art. 649, IV, do CPC contém norma imperativa que não admite interpretação ampliativa, sendo a exceção prevista no art. 649, § 2º, do CPC espécie e não gênero de crédito de natureza alimentícia, não englobando o crédito trabalhista". Inclusive o TST modificou a redação dessa OJ para se adaptar ao CPC de 2015 que admite a penhora de parte do salário: "MANDADO DE SEGURANÇA. EXECUÇÃO. ORDEM DE PENHORA SOBRE VALORES EXISTENTES EM CONTA SALÁRIO. ART. 649, IV, DO CPC DE 1973. ILEGALIDADE. (atualizada em decorrência do CPC de 2015) – Res. 220/2017, DEJT divulgado em 21, 22 e 25.09.2017. Ofende direito líquido e certo decisão que determina o bloqueio de numerário existente em conta salário, para satisfação de crédito trabalhista, ainda que seja limitado a determinado percentual dos valores recebidos ou a valor revertido para fundo de aplicação ou poupança, visto que o art. 649, IV, do CPC de 1973 contém norma imperativa que não admite interpretação ampliativa, sendo a exceção prevista no art. 649, § 2º, do CPC de 1973 espécie e não gênero de crédito de natureza alimentícia, não englobando o crédito trabalhista".

Item "II": Incorreto, pois a lei processual não prevê o instituto da exceção de pré-executividade, muito menos a exigência de depósito prévio.

Item "III": A conversão de regime celetista para o estatutário, por meio de lei local instituidora do Estatuto do servidor público, tem aplicabilidade geral. Desse modo, com a vigência da referida norma jurídica, a relação de emprego que estava em vigor, apesar de suspenso o trabalho, é transformada em relação de direito administrativo. Portanto, o servidor público deve ser reintegrado já na condição de estatutário. **Item incorreto.**

Gabarito: D.

---

563. (TRT - JTS 23ª RG/2008) Marque a alternativa CORRETA:

Iniciada a execução trabalhista e diante da omissão da demandada, depois de citada para tanto, em efetuar o pagamento da dívida no prazo legal ou garantir a execução, requereu o credor a aplicação da multa prevista no art. 475-J do CPC. Como deverá proceder o juiz atento e disposto a seguir a jurisprudência predominante, no momento, na Corte Superior do Trabalho sobre o tema:

a) deferir o pedido, porque as normas do CPC têm aplicação subsidiária no Processo do Trabalho.

b) indeferir o pedido, uma vez que a CLT tem rito executivo específico e que não contempla tal multa, pelo que inexiste omissão a justificar o socorro do preceito do Direito Processual Comum.

c) deferir o pedido, uma vez que o ato do devedor importa em oposição maliciosa à execução.

d) indeferir a pretensão, porque intempestiva, já que o exequente deveria ter se acautelado e requerido na fase cognitiva a incidência da penalidade para o eventual descumprimento da coisa julgada.

e) deferir o pedido, porque a efetividade do processo se sobrepõe à polêmica sobre a incidência ou não da multa do art. 475-J do CPC na execução trabalhista, até porque os ramos processuais constituem um todo interligado.

COMENTÁRIOS

✪ **Nota do autor:** A doutrina diverge sobre a possibilidade da aplicação do procedimento previsto no art. 475-J do CPC de 1973, que corresponde ao art. 523 do CPC de 2015, ao processo do trabalho. Apesar de considerar que o referido procedimento confere mais efetividade à execução, não há como reconhecer a omissão na CLT que permitiria a sua aplicação supletiva no processo do trabalho, incluindo a multa pelo não cumprimento espontâneo da obrigação contida na sentença, conforme previsão contida no mencionado dispositivo do CPC de 1973.

Alternativa "a": Incorreta, pois contraria a jurisprudência dominante do TST na SDI-1, que não admite a aplicação subsidiária do referido dispositivo do CPC de 1973 no processo laboral: "1. A regra do art. 475-J do CPC não se ajusta ao processo do trabalho atualmente, visto que a matéria possui disciplina específica na CLT, objeto do seu art. 879, § § 1º-B e 2º. Assim, a aplicação subsidiária do art. 475-J do CPC contraria os arts. 769 e 889 da CLT, que não autoriza a utilização da regra, com o consequente desprezo da norma de regência do processo do trabalho. 2. A novidade não encontra abrigo no processo do trabalho, em primeiro lugar, porque neste não há previsão de multa para a hipótese de o executado não pagar a dívida ao receber a conta líquida; em segundo, porque a via estreita do art. 769 da CLT somente cogita da aplicação supletiva das normas do Direito processual Civil se o processo se encontrar na fase de conhecimento e se presentes a omissão e a compatibilidade; e, em terceiro lugar, porque para a fase de execução, o art. 889 indica como norma subsidiária a Lei nº 6.830/1980, que disciplina os executivos fiscais. Fora dessas duas hipóteses, ou seja, a omissão e a compatibilidade, estar-se-ia diante de indesejada substituição dos dispositivos da CLT por aqueles do CPC que se pretende adotar. 3. A inobservância das normas inscritas nos arts. 769 e 889 da CLT, com a mera substituição das normas de regência da execução trabalhista por outras de execução no processo comum, enfraquece a autonomia do Direito Processual do Trabalho. Recurso de Embargos de que se conhece e a que se dá provimento (TST. SDI-1. E-RR 38300-47-2005.5.01.0052. Rel. Min. João Batista Brito Pereira. DJET 11.07.2011".

Alternativa "b": Correta, uma vez que se encontra de acordo com o posicionamento do TST, ainda que não sumulado.

Alternativa "c": Incorreta, conforme jurisprudência dominante do TST citada acima.

Alternativa "d": Incorreta, uma vez que o TST, majoritariamente, entende que não é possível utilizar esse procedimento no processo do trabalho, diante da inexistência de omissão na CLT, ainda que o pedido tenha sido formulado na fase de conhecimento.

Alternativa "e": Incorreta, conforme jurisprudência dominante do TST citada acima.

Gabarito: B.

---

564. (TRT – JTS 24ª RG/2008) Mônica foi casada com Cebolinha e tiveram duas filhas, Magali e Rosinha. Em janeiro de 1996, Mônica e Cebolinha divorciaram-se. Na partilha de bens foram destinados à Mônica dois imóveis, um à Rua 13 de Maio, nº 10.215, onde Mônica e as duas filhas continuaram residindo, e outro à Rua 14 de Julho, nº 15.315. Em abril de 2000, Mônica, em sociedade com seu irmão Cascão, constituiu uma empresa denominada Construtora Turma da Mônica Ltda., na qual Mônica é titular de 50% das cotas sociais. O imóvel da Rua 14 de Julho foi por ela vendido, em maio de 2001, para fins de investimento na empresa. Em março de 2005, Mônica transferiu, a título de doação, a propriedade do imóvel da Rua 13 de Maio para suas filhas Magali e Rosinha, assegurando no negócio jurídico o usufruto dela sobre o bem. Em dezembro de 2005, Chico Bento ajuizou reclamação trabalhista em face da empresa Construtora Turma da Mônica Ltda., pleiteando direitos decorrentes do contrato de trabalho mantido com a referida empresa no período de 10.02.2003 a 12.09.2005. Os pedidos formulados foram julgados procedentes, ocorrendo o trânsito em julgado da sentença condenatória em fevereiro de 2007. Após instaurada a execução da sentença, foi desconsiderada a personalidade jurídica da sociedade em razão da inexistência de bens penhoráveis, com o consequente direcionamento dos atos executivos contra os sócios. Com isso, Chico Bento indicou à penhora o imóvel da Rua 13 de Maio. Seu requerimento foi deferido pelo Juiz da execução e a constrição foi efetivada.

Considerando a situação fática descrita, assinale a alternativa **CORRETA**:

a) A doação feita por Mônica configura fraude à execução, pois foi gratuita e em benefício de suas filhas.

b) A doação feita por Mônica configura fraude contra credores, pois foi gratuita e em benefício de suas filhas.

c) A cláusula de usufruto na doação do imóvel caracteriza o consilium fraudis indispensável à configuração da fraude a execução.

d) A penhora é nula, pois o imóvel constrito caracteriza-se como bem de família, nos termos da Lei nº 8.009/90.

e) A penhora é válida, pois tendo sido desconsiderada a personalidade jurídica da empresa por absoluta inexistência de bens, são cabíveis todas as medidas executórias em desfavor dos sócios para satisfação do crédito trabalhista, dada sua notória natureza alimentar.

COMENTÁRIOS

✪ **Nota do autor:** O STJ interpreta a expressão "bem de família" de forma extensiva, conforme se vê da redação da sua Súmula de nº 364: "O conceito de impenhorabilidade de bem de família abrange também o imóvel pertencente a pessoas solteiras, separadas e viúvas".

Alternativa "a": Não é considerada fraude à execução, pois quando a empresa foi constituída, Mônica só possuía um único bem imóvel no qual residia com suas filhas. Portanto, esse ato de transferência não alterou a destinação do imóvel, que continuou sendo bem de família. **Opção incorreta**, uma vez diante do permissivo contido no art. 1º da Lei nº 8.009/90: "O imóvel residencial próprio do casal, ou da entidade familiar, é impenhorável e não responderá por qualquer tipo de dívida civil, comercial, fiscal, previdenciária ou de outra natureza, contraída pelos cônjuges ou pelos pais ou filhos que sejam seus proprietários e nele residam, salvo nas hipóteses previstas nesta lei".

Alternativa "b": Não é considerada fraude contra credores, pois quando a empresa foi constituída, Mônica só possuía um único bem imóvel no qual residia com suas filhas. Portanto, esse ato de transferência não alterou a destinação do imóvel, que continuou sendo bem de família. **Opção incorreta**, uma vez diante do permissivo contido no citado art. 1º da Lei nº 8.009/90.

Alternativa "c": O ato da doação aos filhos, por si mesmo e desconsiderando a situação patrimonial de Mônica, é válido de acordo com a legislação civil. Não é considerada fraude contra execução, pois quando a empresa foi constituída, Mônica só possuía um único bem imóvel no qual residia com suas filhas. **Alternativa incorreta.**

Alternativa "d": Correta, segundo o art. 1º da Lei nº 8.009/90: "O imóvel residencial próprio do casal, ou da entidade familiar, é impenhorável e não responderá por qualquer tipo de dívida civil, comercial, fiscal, previdenciária ou de outra natureza, contraída pelos cônjuges ou pelos pais ou filhos que sejam seus proprietários e nele residam, salvo nas hipóteses previstas nesta lei".

Alternativa "e": A desconsideração é possível, mas o procedimento de constrição judicial esbarra na vedação contida no art. 1º da Lei nº 8.009/90. Alternativa **incorreta.**

Gabarito: D.

---

565. (TRT – JTS 24ª RG/2008) Em tema de arrematação na execução trabalhista, de acordo com as disposições da CLT, assinale a alternativa INCORRETA:

a) A adjudicação prefere à arrematação.

b) Se o arrematante, ou seu fiador, não pagar dentro de 24 (vinte e quatro) horas o preço da arrematação, perderá, em benefício da execução, o sinal dado para garantia do lance, voltando à praça os bens executados.

c) O arrematante deverá garantir o lance com o sinal correspondente a 40% (quarenta por cento) do seu valor.

d) O valor das custas nos embargos à arrematação é fixo, não variando de acordo com valor do lance oferecido para a arrematação do bem.

e) Concluída a avaliação, dentro de 10 (dez) dias, contados da data da nomeação do avaliador, seguir-se-á a arrematação que será anunciada por edital afixado na sede do juízo ou tribunal e publicado no jornal local, se houver, com a antecedência de 20 (vinte) dias.

COMENTÁRIOS

✪ **Nota do autor:** Após a edição da Lei nº 11.382/06, foi alterada a redação do § 5º, art. 687, do CPC de 1973, permitindo que a intimação do dia, hora e local da praça ou leilão fosse feita na pessoa do procurador constituído nos autos, ou, na sua ausência, por meio de mandado, carta registrada, edital ou outro meio idôneo. Observe-se que o art. 687, §5º, do CPC de 1973 corresponde ao art. 889, I, do CPC de 2015.

Alternativa "a": Correta, conforme § 1º do art. 888 da CLT: "Concluída a avaliação, dentro de dez dias, contados da data da nomeação do avaliador, seguir-se-á a arrematação, que será anunciada por edital afixado na sede do juízo ou tribunal e publicado no jornal local, se houver, com a antecedência de vinte (20) dias. § 1º A arrematação far-se-á em dia, hora e lugar anunciados e os bens serão vendidos pelo maior lance, tendo o exequente **preferência** para a adjudicação".

Alternativa "b": Assertiva **correta**, de acordo com o procedimento previsto pelo § 4º do art. 888 da CLT: "Se o arrematante, ou seu fiador, não pagar dentro de 24 (vinte e quatro) horas o preço da arrematação, perderá, em benefício da execução, o sinal de que trata o § 2º deste artigo, voltando à praça os bens executados".

Alternativa "c": O lance é garantido com um sinal de 20% e não 40%. Opção **incorreta**, pois conforme o § 2º do art. 888 da CLT: "O arrematante deverá garantir o lance com o sinal correspondente a 20% (vinte por cento) do seu valor".

Alternativa "d": Correta, uma vez que essa invariabilidade é prevista pelo inciso V do art. 798-A da CLT, que fixa o valor em R$ 44,25: "No processo de execução são devidas custas, sempre de responsabilidade do executado e pagas ao final, de conformidade com a seguinte tabela: V – embargos à execução, embargos de terceiro e embargos à arrematação: R$ 44,26 (quarenta e quatro reais e vinte e seis centavos)".

Alternativa "e": Correta, conforme preceito contido no *caput* do art. 888 da CLT: "Concluída a avaliação, dentro de dez dias, contados da data da nomeação do avaliador, seguir-se-á a arrematação, que será anunciada por edital afixado na sede do juízo ou tribunal e publicado no jornal local, se houver, com a antecedência de vinte (20) dias".

Gabarito: C.

6.1. LIQUIDAÇÃO

566. (TRT 2 – Juiz do Trabalho Substituto 2ª Região/2016) Sobre a impugnação aos cálculos de liquidação e dos Embargos à Execução no processo do trabalho, analise as proposições abaixo conforme a legislação trabalhista e a jurisprudência sumulada do Tribunal Superior do Trabalho:

I. Elaborada a conta e tornada líquida, o Juiz poderá abrir às partes prazo sucessivo de 5 (cinco) dias para impugnação fundamentada com a indicação dos itens e valores objeto da discordância, sob pena de preclusão.

II. Garantida a execução ou penhorados os bens, terá o executado 8 (oito) dias para apresentar embargos, cabendo igual prazo ao exequente para impugnação.

III. A matéria de defesa será restrita às alegações de cumprimento da decisão ou do acordo, quitação ou prescrição da dívida.

IV. É aplicável na Justiça do Trabalho a prescrição intercorrente.

V. Considera-se inexigível o título judicial fundado em lei ou ato normativo que foram declarados inconstitucionais pelo Supremo Tribunal Federal ou em aplicação ou interpretação tidas por incompatíveis com a Constituição Federal.

Responda:

a) Somente as proposições I, II e III estão incorretas.

b) Somente as proposições I, IV e V estão corretas.

c) Somente as proposições II, III e IV estão incorretas.

d) Somente as proposições II, IV e V estão corretas.

e) Somente as proposições I, II e IV estão incorretas.

COMENTÁRIOS

✪ **Nota do autor:** O STF e o TST, por meio de suas Súmulas, mantêm posições antagônicas, conforme se observa a seguir: "STF. SÚMULA Nº 327 – O direito trabalhista admite a prescrição intercorrente. TST. SÚMULA Nº 114 – PRESCRIÇÃO INTERCORRENTE. É inaplicável na Justiça do Trabalho a prescrição intercorrente". Assim, a proposição IV só está correta pois o enunciado da questão fez referência expressa à jurisprudência sumulada do Tribunal Superior do Trabalho. Com a vigência da Lei nº 13.467/17, a CLT passou a prever expressamente a incidência da prescrição intercorrente nos seguintes termos: "Art. 11-A. Ocorre a prescrição intercorrente no processo do trabalho no prazo de dois anos. § 1º A fluência do prazo prescricional intercorrente inicia-se quando o exequente deixa de cumprir determinação judicial no curso da execução. § 2º A declaração da prescrição intercorrente pode ser requerida ou declarada de ofício em qualquer grau de jurisdição.". Dessa forma, o TST deve em breve modificar a redação da Súmula nº 114. Por fim, em relação ao item "I", com a vigência da Reforma, o art. § 2º do art. 879 teve sua redação alterada, atualmente é a seguinte: "Elaborada a conta e tornada líquida, o juízo deverá abrir às partes prazo comum de oito dias para impugnação fundamentada com a indicação dos itens e valores objeto da discordância, sob pena de preclusão.". Por tanto, houve duas mudanças: a) agora não mais é uma liberalidade, mas sim uma obrigação do juiz abrir vista as partes; b) o prazo foi reduzido de 10 (dez) para 8 (oito) dias.

Item "I": Incorreto, pois o prazo para impugnação era de dez dias e não cinco como constou na alternativa. Nesse sentido é a antiga determinação contida no art. 879, § 2º, da CLT: "Elaborada a conta e tornada líquida, o Juiz poderá abrir às partes prazo sucessivo de 10 (dez) dias para impugnação fundamentada com a indicação dos itens e valores objeto da discordância, sob pena de preclusão". (ver nota do autor)

Item "II": Incorreto, uma vez que o prazo para apresentação de embargos é de cinco dias conforme preceitua o art. 884 da CLT: "Garantida a execução ou penhorados os bens, terá o executado 5 (cinco) dias para apresentar embargos, cabendo igual prazo ao exequente para impugnação".

Item "III": Correto, pois a limitação da matéria relativa aos embargos encontra-se definida pelo art. 884, § 1º da CLT: "A matéria de defesa será restrita às alegações de cumprimento da decisão ou do acordo, quitação ou prescrição da dívida".

Item "IV": Incorreto, de acordo com o posicionamento do TST estampado na Súmula nº 114: "PRESCRIÇÃO INTERCORRENTE (mantida) – Res. 121/2003, DJ 19, 20 e 21.11.2003. É inaplicável na Justiça do Trabalho a prescrição intercorrente" (ver nota do autor).

Item "V": Correto, uma vez que corresponde à redação do art. 884, § 5º da CLT: "Considera-se inexigível o título judicial fundado em lei ou ato normativo declarados inconstitucionais pelo Supremo Tribunal Federal ou em aplicação ou interpretação tidas por incompatíveis com a Constituição Federal".

Gabarito: E.

567. (FCC – Juiz do Trabalho Substituto 1ª Região/2015) Paula foi cobradora da Empresa Percheron Ltda. por doze anos, até ser dispensada sem justa causa. Ajuizou ação trabalhista e, em audiência, a ré arguiu uma justa causa genérica e sequer apresentou documentos ou produziu prova testemunhal. Diante da procedência de todos os pedidos em primeiro grau, com a prolação de sentença líquida no importe de R$ 82.537,23, a demandada recorreu, tendo recolhido as custas e o depósito recursal. Contudo, desde logo se iniciou a execução na Vara de origem, com convolação do depósito em penhora e expedição de mandado para a complementação do restante em 48 horas. Esgotado o prazo, a executada ofereceu um caminhão, avaliado em R$ 80.000,00, em garantia, o que foi recusado pela exequente. O juiz determinou a penhora eletrônica e bloqueou o saldo devedor encontrado nas contas da Empresa. Inconformada, a empresa peticionou pedindo a reconsideração. Nesse caso, o juiz deve

a) indeferir e determinar a expedição de alvará para liberação do numerário bloqueado em favor da exequente, uma vez que a execução é provisória.

b) indeferir e intimar a executada para, se quiser, apresentar impugnação no prazo de cinco dias, uma vez que a execução é definitiva.

c) indeferir e intimar a executada para, se quiser, apresentar embargos à execução no prazo de cinco dias, uma vez que a execução é definitiva.

d) deferir e intimar a exequente a indicar os meios necessários ao prosseguimento da execução, sob pena de arquivamento sem baixa.

e) deferir e determinar o desbloqueio, uma vez que a execução é provisória e o bem ofertado é suficiente para garantir o juízo.

COMENTÁRIOS

✪ **Nota do autor:** O art. 602 do CPC de 1973, que fundamenta o entendimento do TST exposto na Súmula nº 417, corresponde ao art. 805 do CPC de 2015: "Quando por vários meios o exequente puder promover a execução, o juiz mandará que se faça pelo modo menos gravoso para o executado. Parágrafo único. Ao executado que alegar ser a medida executiva mais gravosa incumbe indicar outros meios mais eficazes e menos onerosos, sob pena de manutenção dos atos executivos já determinados". A versão atual dessa Súmula não contempla mais o inciso III e conta com a seguinte redação: "MANDADO DE SEGURANÇA. PENHORA EM DINHEIRO (alterado o item I, atualizado o item II e cancelado o item III, modulando-se os efeitos da presente redação de forma a atingir unicamente as penhoras em dinheiro em execução provisória efetivadas a partir de 18.03.2016, data de vigência do CPC de 2015) – Res. 212/2016, DEJT divulgado em 20, 21 e 22.09.2016. I – Não fere direito líquido e certo do impetrante o ato judicial que determina penhora em dinheiro do executado para garantir crédito exequendo, pois é prioritária e obedece à gradação prevista no art. 835 do CPC de 2015 (art. 655 do CPC de 1973). II – Havendo discordância do credor, em execução definitiva, não tem o executado direito líquido e certo a que os valores penhorados em dinheiro fiquem depositados no próprio banco, ainda que atenda aos requisitos do art. 840, I, do CPC de 2015 (art. 666, I, do CPC de 1973). (ex-OJ nº 61 da SBDI-2 – inserida em 20.09.2000)".

Alternativa "a": Incorreta, pois se trata de execução provisória. Nesse caso, considerava-se temerário o bloqueio de numerário da empresa, uma vez que a sentença poderia ser alterada na instância superior. Nesse sentido era a redação do inciso III, da Súmula nº 417 do TST: "Em se tratando de execução provisória, fere direito líquido e certo do impetrante a determinação de penhora em dinheiro, quando nomeados outros bens à penhora, pois o executado tem direito a que a execução se processe da forma que lhe seja menos gravosa, nos termos do art. 620 do CPC" (ver nota do autor).

Alternativa "b": Incorreta, pois não cabia bloqueio de dinheiro em execução provisória de acordo com o posicionamento do TST adotado no item III da já citada e transcrita Súmula nº 417 (ver nota do autor).

Alternativa "c": Incorreta, pois não cabia bloqueio de dinheiro em execução provisória de acordo com o posicionamento do TST adotado no item III da já citada e transcrita Súmula nº 417 (ver nota do autor).

Alternativa "d": Incorreta, uma vez que o juiz deve deferir o pedido reconsideração e determinar o imediato desbloqueio da quantia, pois se trata de execução provisória e não definitiva. Assim, deve-se seguir a orientação contida na Súmula nº 417 do TST (ver nota do autor).

Alternativa "e": Correta a assertiva, uma vez que seguia a orientação contida no inciso III da Súmula nº 417 do TST: "Em se tratando de execução provisória, fere direito líquido e certo do impetrante a determinação de penhora em dinheiro, quando nomeados outros bens à penhora, pois o executado tem direito a que a execução se processe da forma que lhe seja menos gravosa, nos termos do art. 620 do CPC" (ver nota do autor).

Gabarito: E.

---

568. (FCC – Juiz do Trabalho Substituto 1ª Região/2014) Após regular processamento de sua ação trabalhista, o reclamante Sérgio Luiz obteve provimento favorável à maioria de suas pretensões, com direito a obrigações de pagar. Diante do trânsito em julgado da decisão, compete ao Juiz do Trabalho

a) instaurar contraditório durante a liquidação, havendo equívoco no julgado, para discutir a matéria contida no comando judicial, tudo como forma de garantir a segurança jurídica das decisões.

b) determinar, em qualquer circunstância, a intimação da parte contrária para manifestação das contas apresentadas, no prazo de dez dias.

c) determinar previamente a liquidação da sentença por cálculo, por arbitramento ou por artigos, inclusive das contribuições previdenciárias incidentes.

d) liberar imediatamente o depósito recursal ao reclamante antes mesmo de promover o acertamento das contas de liquidação, por simples despacho, como forma de garantir a rápida satisfação dos créditos de natureza alimentar.

e) arquivar o feito tão logo constate a inércia do reclamante em promover a liquidação da sentença, caso o tenha intimado para a providência. Neste caso, inicia-se a contagem de prazo para a prescrição intercorrente.

COMENTÁRIOS

✪ **Nota do autor:** A liquidação do título executivo judicial é, no processo do trabalho, um procedimento incidental, intercalado entre o processo de conhecimento e a execução, com o objetivo de tornar líquido o crédito. Em relação a alternativa "b", com a vigência da Lei da Reforma Trabalhista, o art. § 2º do art. 879 teve sua redação alterada nos seguintes termos: "Elaborada a conta e tornada líquida, o juízo deverá abrir às partes prazo comum de oito dias para impugnação fundamentada com a indicação dos itens e valores objeto da discordância, sob pena de preclusão.". Por tanto, houve duas mudanças: a) agora não mais é uma liberalidade, mas sim uma obrigação do juiz abrir vista as partes; b) o prazo foi reduzido de 10 (dez) para 8 (oito) dias.

Alternativa "a": Incorreta, uma vez que não cabe rediscutir a matéria cognitiva na liquidação, como determina o art. 879, § 1º da CLT: "Na liquidação, não se poderá modificar, ou inovar, a sentença liquidanda nem discutir matéria pertinente à causa principal."

Alternativa "b": Incorreta, pois conceder prazo às partes para impugnar a conta era uma faculdade do Juiz, conforme se vê da redação do art. 879, § 2ª em sua redação anterior: "Elaborada a conta e tornada líquida, o Juiz poderá abrir às partes prazo sucessivo de 10 (dez) dias para impugnação fundamentada com a indicação dos itens e valores objeto da discordância, sob pena de preclusão". (ver nota do autor)

Alternativa "c": Incorreta. Antes de liquidar o julgado, o juiz deve determinar a liberação imediata do valor do depósito recursal como determina a parte final do art. 899, § 1º, da CLT: "Sendo a condenação de valor até 10 (dez) vezes o salário mínimo regional, nos dissídios individuais, só será admitido o recurso inclusive o extraordinário, mediante prévio depósito da respectiva importância. Transitada em julgado a decisão recorrida, ordenar-se-á o levantamento imediato da importância de depósito, em favor da parte vencedora, por simples despacho do juiz".

Alternativa "d": Correta, pois atende ao comando contido no art. 899, § 1º, da CLT: "Sendo a condenação de valor até 10 (dez) vezes o salário mínimo regional, nos dissídios individuais, só será admitido o recurso inclusive o extraordinário, mediante prévio depósito da respectiva importância. Transitada em julgado a decisão recorrida, ordenar-se-á o levantamento imediato da importância de depósito, em favor da parte vencedora, por simples despacho do juiz".

Alternativa "e": Incorreta, pois poderia ser promovida de ofício pelo juiz, além de existir a determinação legal no sentido de liberar o valor do depósito recursal imediatamente após o trânsito em julgado da decisão, na forma da parte final do art. 899, § 1º, da CLT.

Gabarito: D.

---

569. (TRT 8 – Juiz do Trabalho Substituto 8ª Região/2014) Em relação às Súmulas Vinculantes do Supremo Tribunal Federal em matéria que afeta o ramo trabalhista, assinale a alternativa INCORRETA:

a) Salvo nos casos previstos na Constituição, o salário mínimo não pode ser usado como indexador de base de cálculo de vantagem de servidor público ou de empregado, nem ser substituído por decisão judicial.

b) A Justiça do Trabalho é competente para processar e julgar ação possessória ajuizada em decorrência do exercício do direito de greve pelos trabalhadores da iniciativa privada.

c) É ilícita a prisão civil de depositário infiel, qualquer que seja a modalidade do depósito.

d) Durante o período previsto no § 1º do artigo 100 da Constituição, incidem juros de mora sobre os precatórios que nele sejam pagos.

e) Aplicam-se ao servidor público, no que couber, as regras do regime geral da previdência social sobre aposentadoria especial de que trata o artigo 40, § 4º, inciso III, da Constituição Federal, até a edição de lei complementar específica.

COMENTÁRIOS

✪ **Nota do autor:** A Súmula vinculante, instituída no ordenamento jurídico pátrio por meio da EC nº 45/2004, que introduziu o art. 103-A a CF de 1988, foi regulamentada pela Lei nº 11.417/06. A aludida Súmula aproxima-se das demais fontes formais do direito, uma vez que tem efeito vinculante em relação aos demais órgãos do Poder Judiciário e à administração pública direta e indireta.

Alternativa "a": Correta a assertiva, pois corresponde ao texto da Súmula Vinculante nº 4 do STF: "Salvo nos casos previstos na constituição, o salário mínimo não pode ser usado como indexador de base de cálculo de vantagem de servidor público ou de empregado, nem ser substituído por decisão judicial".

Alternativa "b": Correta a assertiva, pois corresponde ao texto da Súmula Vinculante nº 25 do STF: "A Justiça do Trabalho é competente para processar e julgar ação possessória ajuizada em decorrência do exercício do direito de greve pelos trabalhadores da iniciativa privada".

Alternativa "c": Correta a assertiva, pois corresponde ao texto da Súmula Vinculante nº 31 do STF: "É ilícita a prisão civil de depositário infiel, qualquer que seja a modalidade do depósito".

Alternativa "d": Incorreta a assertiva, pois não corresponde ao texto da Súmula Vinculante nº 17 do STF, que exclui a incidência de juros: "Durante o período previsto no parágrafo 1º do artigo 100 da Constituição, não incidem juros de mora sobre os precatórios que nele sejam pagos".

Alternativa "e": Correta a assertiva, pois corresponde ao texto da Súmula Vinculante nº 33 do STF: "Aplicam-se ao servidor público, no que couber, as regras do regime geral da previdência social sobre aposentadoria especial de que trata o artigo 40, § 4º, inciso III da Constituição Federal, até a edição de lei complementar específica".

Gabarito: D.

---

570. (TRT 23 – Juiz do Trabalho Substituto 23ª Região/2014) A luz da CLT e da jurisprudência cristalizada pelo Tribunal Superior do Trabalho, assinale a alternativa INCORRETA:

a) O recolhimento da multa imposta por litigância de má-fé, na forma do artigo 18 do Código de Processo Civil, não é pressuposto para interposição de recurso.

b) Não fere direito líquido e certo a concessão de tutela antecipada para reintegração de empregado protegido por estabilidade provisória decorrente de lei ou norma coletiva.

c) Considera-se inexigível o título judicial fundado em lei ou ato normativo declarados inconstitucionais pelo Supremo Tribunal Federal ou em aplicação ou interpretação tidas por incompatíveis com a Constituição Federal.

d) Na hipótese de cálculos de liquidação complexos, o juiz poderá nomear perito para a elaboração e fixará, depois da conclusão do trabalho, o valor dos respectivos honorários.

e) Elaborada a conta e tornada líquida, o juiz abrirá às partes prazo sucessivo de dez dias para impugnação fundamentada, com indicação dos itens e valores objeto da discordância, sob pena de preclusão.

COMENTÁRIOS

Nota do autor: Observe-se, na alternativa "a", que os arts. 18 e 35 do CPC de 1973 correspondem, respectivamente aos arts. 81 e 96 do CPC de 2015. Em relação a alternativa "a", com a vigência da Lei nº 13.467/17 a CLT, nos artigos 793-A ao 793-D, passou a tratar da litigância de má-fé no processo do trabalho com redação semelhante ao do CPC, Ainda, em relação a alternativa "e", a Lei da Reforma Trabalhista também alterou o art. § 2º do art. 879 da CLT, nos seguintes termos: "Elaborada a conta e tornada líquida, o juízo deverá abrir às partes prazo comum de oito dias para impugnação fundamentada com a indicação dos itens e valores objeto da discordância, sob pena de preclusão.". Por tanto, houve duas mudanças: a) agora não mais é uma liberalidade, mas sim uma obrigação do juiz abrir vista as partes; b) o prazo foi reduzido de 10 (dez) para 8 (oito) dias.

Alternativa "a": Esse é o entendimento do TST estampado na OJ nº 409 da SDI-1 do TST: "O recolhimento do valor da multa imposta por litigância de má-fé, nos termos do art. 18 do CPC, não é pressuposto objetivo para interposição dos recursos de natureza trabalhista. Assim, resta inaplicável o art. 35 do CPC como fonte subsidiária, uma vez que, na Justiça do Trabalho, as custas estão reguladas pelo art. 789 da CLT". Atualmente a redação dessa OJ é a seguinte: **"**MULTA POR LITIGÂNCIA DE MÁ-FÉ. RECOLHIMENTO. PRESSUPOSTO RECURSAL. INEXIGIBILIDADE. (nova redação em decorrência do CPC de 2015) – Res. 209/2016 – DEJT divulgado em 01, 02 e 03.06.2016**.** O recolhimento do valor da multa imposta como sanção por litigância de má-fé (art. 81 do CPC de 2015 – art. 18 do CPC de 1973) não é pressuposto objetivo para interposição dos recursos de natureza trabalhista". (ver nota do autor)

Alternativa "b": Correta a assertiva, pois corresponde ao posicionamento do TST adotado por intermédio da OJ nº 64 da SDI-2 do TST: "Não fere direito líquido e certo a concessão de tutela antecipada para reintegração de empregado protegido por estabilidade provisória decorrente de lei ou norma coletiva".

Alternativa "c": Essa é a dicção do art. 884, § 5º, da CLT: "Considera-se inexigível o título judicial fundado em lei ou ato normativo declarados inconstitucionais pelo Supremo Tribunal Federal ou em aplicação ou interpretação tidas por incompatíveis com a Constituição Federal". **Correta.**

Alternativa "d": Correta essa alternativa, pois corresponde à redação do **art. 879, § 6º, da CLT:** "Tratando-se de cálculos de liquidação complexos, o juiz poderá nomear perito para a elaboração e fixará, depois da conclusão do trabalho, o valor dos respectivos honorários com observância, entre outros, dos critérios de razoabilidade e proporcionalidade".

Alternativa "e": Não se tratava de uma obrigação do juiz, mas sim de uma faculdade, de conformidade com o antigo texto do art. 879, § 2º, da CLT: "Elaborada a conta e tornada líquida, o Juiz poderá abrir às partes prazo sucessivo de 10 (dez) dias para impugnação fundamentada com a indicação dos itens e valores objeto da discordância, sob pena de preclusão". **Incorreta. (ver nota do autor)**

Gabarito: E.

---

571. (FCC – Juiz do Trabalho Substituto 18ª Região/2014) Com relação à fase de liquidação de sentença no Processo do Trabalho:

a) Ao apreciar os cálculos, poderá o Juiz, ex officio, determinar qualquer diligência probatória para que os cálculos espelhem a coisa julgada material.

b) Apresentados os cálculos pelo reclamante, sem a correspondente apresentação de cálculos de liquidação pela reclamada, o Juiz deverá homologar a conta de liquidação do reclamante, considerando-os verdadeiros, independentemente de refletirem a coisa julgada, em razão da preclusão.

c) Aberto prazo às partes para impugnação fundamentada da conta tornada líquida, mesmo que não se manifestem, não incidirá a preclusão, por se tratar de matéria de ordem pública.

d) Intimada a União para manifestação sobre a conta elaborada pela parte ou pelos órgãos auxiliares da Justiça do Trabalho, não incidirá a preclusão, caso não se manifeste.

e) A liquidação abrangerá, também, o cálculo das contribuições previdenciárias devidas, admitindo-se a modificação ou inovação da sentença liquidanda, bem como a discussão sobre matéria relativa à causa principal.

COMENTÁRIOS

✪ **Nota do autor:** A liquidação, procedimento prévio à execução, limita-se a tornar líquido o que não é líquido, além de vedar qualquer tentativa de acrescentar ou diminuir alguma pretensão do título executivo. Em relação a alternativa "c", a Lei nº 13.467/17 alterou o § 2º, art. 879 da CLT, nos seguintes termos: "Elaborada a conta e tornada líquida, o juízo deverá abrir às partes prazo comum de oito dias para impugnação fundamentada com a indicação dos itens e valores objeto da discordância, sob pena de preclusão.". Por tanto, houve duas mudanças: a) agora não mais é uma liberalidade, mas sim uma obrigação do juiz abrir vista as partes; b) o prazo foi reduzido de 10 (dez) para 8 (oito) dias."

Alternativa "a": Para conferir efetividade ao disposto no § 1º do art. 879 da CLT, o juiz poderá adotar todas as medidas necessárias para preservar a imutabilidade da sentença transitada em julgado, inclusive a conversão da liquidação por cálculos em liquidação por artigos, que tem como objetivo a prova de fato novo: "Na liquidação, não se poderá modificar, ou inovar, a sentença liquidanda nem discutir matéria pertinente à causa principal". **Correta.**

Alternativa "b": Os cálculos devem refletir a coisa julgada, na forma prevista pelo art. 879, § 1º, da CLT: "Na liquidação, não se poderá modificar, ou inovar, a sentença liquidanda nem discutir matéria pertinente à causa principal". **Incorreta.**

Alternativa "c": O efeito da preclusão está expressamente previsto na parte final do art. 879, § 2º, da CLT, em sua redação anterior: "Elaborada a conta e tornada líquida, o Juiz poderá abrir às partes prazo sucessivo de 10 (dez) dias para impugnação fundamentada com a indicação dos itens e valores objeto da discordância, sob pena de preclusão". **Incorreta. (ver nota do autor)**

Alternativa "d": O efeito da preclusão para União está expressamente previsto na parte final do art. 879, § 3º, da CLT: "Elaborada a conta pela parte ou pelos órgãos auxiliares da Justiça do Trabalho, o juiz procederá à intimação da União para manifestação, no prazo de 10 (dez) dias, sob pena de preclusão". **Incorreta.**

Alternativa "e": Não se admite a modificação ou inovação da sentença muito menos a discussão da causa principal, conforme expressamente veda o art. 879, §§ 1º e 1º-A, da CLT: "§1º Na liquidação, não se poderá modificar, ou inovar, a sentença liquidanda nem discutir matéria pertinente à causa principal. §1º-A. A liquidação abrangerá, também, o cálculo das contribuições previdenciárias devidas.". **Incorreta.**

Gabarito: A.

---

572. (TRT 2 – Juiz do Trabalho Substituto 2ª Região/2013) Em relação à liquidação de sentença, é certo afirmar. Aponte a alternativa correta:

a) Elaborada a conta e tornada líquida, o Juiz deverá abrir às partes prazo sucessivo de 10 (dez) dias para impugnação fundamentada com a indicação dos itens e valores objeto da discordância, sob pena de preclusão.

b) A atualização do crédito devido à Previdência Social observará os critérios estabelecidos na legislação trabalhista.

c) Os atos de acertamento de uma sentença ilíquida abrangem parte dos atos de constrição.

d) A correção monetária não incide sobre o débito do trabalhador reclamante.

e) Os juros de mora incidem sobre a importância da condenação não corrigida monetariamente.

COMENTÁRIOS

✪ **Nota do autor:** Quando a sentença é ilíquida, é necessário que se proceda à liquidação da sentença condenatória antes do início do processo executório propriamente dito, sob pena de nulidade deste último, uma vez que a liquidez constitui requisito necessário para promover a execução do título executivo. Em relação a alternativa "a", a Lei da Reforma Trabalhista alterou o § 2º, art. 879 da CLT, que passou a ter a seguinte redação: "Elaborada a conta e tornada líquida, o juízo deverá abrir às partes prazo comum de oito dias para impugnação fundamentada com a indicação dos itens e valores objeto da discordância, sob pena de preclusão.". Por tanto, houve duas mudanças: a) agora não mais é uma liberalidade, mas sim uma obrigação do juiz abrir vista as partes; b) o prazo foi reduzido de 10 (dez) para 8 (oito) dias. Note-se, por fim, que com a decisão do STF proferida nos autos da ADC nº 58, em dezembro de 2020, incidem juros de mora equivalente a TR antes do ajuizamento da ação, bem como atualização monetária equivalente à variação do IPCA-E. A partir do ajuizamento da demanda deverá ser utilizada apenas a taxa SELIC, que engloba juros de mora e correção monetária

Alternativa "a": Incorreta, pois esse procedimento constituía uma faculdade e não obrigação do juiz, conforme se vê da antiga redação do art. 879, §2º, da CLT: "Elaborada a conta e tornada líquida, o Juiz poderá abrir às partes prazo sucessivo de 10 (dez) dias para impugnação fundamentada com a indicação dos itens e valores objeto da discordância, sob pena de preclusão". (ver nota do autor)

Alternativa "b": Nesse caso, deverão ser observados os critérios instituídos pela legislação previdenciária e não trabalhista, conforme previsão contida no art. 879, § 4º, da CLT: "A atualização do crédito devido à Previdência Social observará os critérios estabelecidos na legislação previdenciária". **Incorreta.**

Alternativa "c": Incorreta a assertiva, pois a fase de liquidação é prévia à execução do título judicial que necessita de liquidez. Já os atos de constrição são praticados durante o processo de execução.

Alternativa "d": Esse é o entendimento do TST constante da Súmula nº 187: "A correção monetária não incide sobre o débito do trabalhador reclamante". **Correta** a assertiva.

Alternativa "e": Na verdade os juros de mora incidem sobre o débito já corrigido monetariamente, conforme posicionamento do TST adotado por meio da Súmula nº 200 do TST: "Os juros de mora incidem sobre a importância da condenação já corrigida monetariamente". **Incorreta. (ver a parte final da nota do autor que fala sobre o posicionamento atual do STF sobre os juros de mora).**

Gabarito: D.

---

573. (TRT - JTS 15ª RG/2008) Quanto aos trâmites da execução na Justiça do Trabalho, aponte a alternativa CORRETA:

a) a avaliação é realizada por profissional escolhido pelas partes; não havendo acordo entre elas, o magistrado o designará livremente;

b) a arrematação será anunciada por edital afixado na sede do juízo e em jornal local, se houver, com antecedência de 10 (dez) dias da data da praça;

c) na praça do bem penhorado, o arrematante que pretender adquiri-lo deverá garantir seu lance depositando 10% (dez por cento) do seu valor;

d) na praça do bem penhorado, o arrematante que não tiver pago o lance a vista deverá depositar o valor restante em 48 (quarenta e oito) horas;

e) o arrematante que dá lance e deposita tão só parcela do prego, mas não paga o restante no prazo estipulado na legislação, perde o valor do sinal em benefício da execução.

COMENTÁRIOS

✪ **Nota do autor:** Os oficiais de justiça da Justiça do Trabalho também são avaliadores, de conformidade com o disposto na Lei nº 5.442, de 24.05.1968. Essa mesma lei alterou o art. 721 da CLT para determinar que o oficial de justiça faça a avaliação no prazo estabelecido pelo art. 888 desse mesmo diploma Legal. Desse modo, ficou tacitamente revogado o art. 887 que atribui às partes a faculdade de escolher o avaliador de comum acordo: "A avaliação dos bens penhorados em virtude da execução de decisão condenatória, será feita por avaliador escolhido de comum acordo pelas partes, que perceberá as custas arbitradas pelo juiz, ou presidente do tribunal trabalhista, de conformidade com a tabela a ser expedida pelo Tribunal Superior do Trabalho".

Alternativa "a": Incorreta, conforme art. 721, § 3º, da CLT: "No caso de avaliação, terá o Oficial de Justiça Avaliador, para cumprimento do ato, o prazo previsto no art. 888".

Alternativa "b": A antecedência mínima é de 20 dias. Opção **incorreta**, conforme art. 888 da CLT: "Concluída a avaliação, dentro de dez dias, contados da data da nomeação do avaliador, seguir-se-á a arrematação, que será anunciada por edital afixado na sede do juízo ou tribunal e publicado no jornal local, se houver, com a antecedência de vinte (20) dias".

Alternativa "c": O lance mínimo é de 20%. Alternativa **incorreta**, conforme art. 888, § 2º, da CLT: "O arrematante deverá garantir o lance com o sinal correspondente a 20% (vinte por cento) do seu valor".

Alternativa "d": O prazo é de 24 horas. Opção **incorreta**, conforme art. 888, § 4º, da CLT: "Se o arrematante, ou seu fiador, não pagar dentro de 24 (vinte e quatro) horas o preço da arrematação, perderá, em benefício da execução, o sinal de que trata o § 2º deste artigo, voltando à praça os bens executados".

Alternativa "e": Correta, conforme art. 888, § 4º, da CLT: "Se o arrematante, ou seu fiador, não pagar dentro de 24 (vinte e quatro) horas o preço da arrematação, perderá, em benefício da execução, o sinal de que trata o § 2º deste artigo, voltando à praça os bens executados".

Gabarito: E.

---

574. (TRT - JTS 15ª RG/2008) O parcelamento do débito previdenciário obtido junto a Secretaria da Receita Federal do Brasil, decorrente de condenação em processo trabalhista, implica em:

a) suspensão da execução com relação ao débito previdenciário, com seu regular prosseguimento para pagamento dos valores devidos ao trabalhador;

b) regular prosseguimento do feito quanto à execução do crédito previdenciário, até que seja demonstrada sua quitação;

c) prosseguimento da execução quanto ao crédito trabalhista e extinção quanto ao previdenciário;

d) suspensão integral da execução de todos os créditos;

e) extinção integral da execução.

COMENTÁRIOS

✪ **Nota do autor:** É possível que o empregador obtenha o benefício do parcelamento do seu débito previdenciário perante a Secretaria da Receita Federal do Brasil. Caso o pleito da executada seja aceito administrativamente pela SRF, a sua comprovação em juízo implica suspensão da execução previdenciária.

Alternativa "a": Correta, conforme permissivo contido no art. 889-A, § 1º, da CLT: "Concedido parcelamento pela Secretaria da Receita Federal do Brasil, o devedor juntará aos autos a comprovação do ajuste, ficando a execução da contribuição social correspondente suspensa até a quitação de todas as parcelas".

Alternativa "b": Incorreta, pois a execução das contribuições previdenciárias ficará suspensa conforme o citado art. 889-A, § 1º, da CLT.

Alternativa "c": Incorreta, uma vez que, apesar de suspensa, é necessário aguardar a quitação total da dívida para extinguir o processo de execução previdenciária, conforme o citado art. 889-A, § 1º, da CLT.

Alternativa "d": Só suspende a execução de créditos previdenciários. Opção **incorreta**, conforme o citado art. 889-A, § 1º, da CLT.

Alternativa "e": Incorreta, conforme previsão contida no art. 889-A, § 1º, da CLT, que prevê apenas a suspensão da execução previdenciária.

Gabarito: A.

---

575. (TRT – JTS 15ª RG/2010) Com relação à liquidação por arbitramento dos valores devidos em decorrência de decisão judicial, é CORRETO afirmar que:

a) só na própria sentença pode ser determinada a adoção do procedimento;

b) as partes podem convencionar que o valor devido seja apurado por arbitramento;

c) é processada da mesma forma que a liquidação por artigos;

d) não é possível seu processamento quando a execução for provisória;

e) nenhuma das anteriores.

COMENTÁRIOS

✪ **Nota do autor:** Na fase de liquidação é defeso às partes rediscutirem a matéria acobertada pelo manto da *res iudicata, ex vi* do disposto no art. 879, § 1º, da CLT: "Na liquidação, não se poderá modificar, ou inovar, a sentença liquidanda, nem discutir matéria pertinente à causa principal". Observe-se, na alternativa "b", que o art. 475-C do CPC de 1973 corresponde ao art. 509, I, do CPC de 2015. Já na alternativa "d", o art. 475-O do CPC de 1973 corresponde ao art. 520 do CPC de 2015.

Alternativa "a": A lei não exige que a sentença seja líquida, muito menos que se deva lançar nesse ato judicial a forma como se processará a liquidação. Alternativa **incorreta**.

Alternativa "b": Correta, de acordo com o art. 475-C do CPC de 1973: "Far-se-á a liquidação por arbitramento quando: I – determinado pela sentença ou convencionado pelas partes".

Alternativa "c": Na liquidação por artigos, busca-se provar fato novo. Já na liquidação por arbitramento, o juiz designa um perito para apresentar um laudo. Opção **incorreta**.

Alternativa "d": Não há qualquer restrição legal quanto à utilização da liquidação por arbitramento da execução provisória. Opção **incorreta**, em desacordo com o art. 475-O do CPC de 1973: "Art. 475-O. A execução provisória da sentença far-se-á, no que couber, do mesmo modo que a definitiva, observadas as seguintes normas (...)".

Alternativa "e": Incorreta.

Gabarito: B.

---

576. (TRT – JTS 9ª RG/2009) Considere as seguintes proposições:

I. A execução de título executivo extrajudicial compete ao juiz que teria competência para o processo de conhecimento relativamente à matéria.

II. Apresentada a conta de liquidação, o juiz deve abrir às partes prazo sucessivo de 10 dias para impugnação fundamentada com a indicação dos itens e valores objeto de discordância, sob pena de preclusão.

III. A matéria de defesa, nos embargos à execução, está restrita à alegação de cumprimento da decisão ou do acordo, quitação ou prescrição da dívida, oportunidade em que pode o executado apresentar impugnação à sentença de liquidação.

IV. Nas prestações sucessivas por tempo indeterminado, a execução pelo não pagamento de uma prestação compreenderá as que lhe sucederem.

V. Em relação aos trâmites e incidentes da execução, a CLT estabelece a aplicação subsidiária da lei de execuções fiscais naquilo em que não contravierem o processo do trabalho.

a) somente as proposições I e III são corretas

b) somente as proposições II, III e V são corretas

c) somente as proposições I, III e V são corretas

d) somente as proposições IV e V são corretas

e) todas as proposições são corretas

COMENTÁRIOS

✪ **Nota do autor:** Apesar da lei não falar expressamente, o laudo arbitral derivado da atuação do Ministério Público do Trabalho, quando for solicitado pelas partes para atuar como árbitro, também é considerado como título executivo extrajudicial, conforme previsão contida no art. 31 da Lei nº 9.307/96: "A sentença arbitral produz, entre as partes e seus sucessores, os mesmos efeitos da sentença proferida pelos órgãos do Poder Judiciário e, sendo condenatória, constitui título executivo." Em relação ao item "II", a Lei da Reforma Trabalhista modificou o § 2º, art. 879 da CLT, nos seguintes termos: "Elaborada a conta e tornada líquida, o juízo deverá abrir às partes prazo comum de oito dias para impugnação fundamentada com a indicação dos itens e valores objeto da discordância, sob pena de preclusão.". Por tanto, houve duas mudanças: a) agora não mais é uma liberalidade, mas sim uma obrigação do juiz abrir vista as partes; b) o prazo foi reduzido de 10 (dez) para 8 (oito) dias.

Item "I": Correto, de acordo com a previsão contida no art. 877 da CLT: "É competente para a execução das decisões o Juiz ou Presidente do Tribunal que tiver conciliado ou julgado originariamente o dissídio".

Item "II": A abertura de vistas às partes era uma faculdade do juiz. Item **incorreto**, conforme a antiga redação do art. 879, § 2º, da CLT: "Elaborada a conta e tornada líquida, o Juiz poderá abrir às partes prazo sucessivo de 10 (dez) dias para impugnação fundamentada com a indicação dos itens e valores objeto da discordância, sob pena de preclusão". (ver nota do autor)

Item "III": Correto, pois em conformidade art. 884, §§ 1º e 3º, da CLT "§ 1º – A matéria de defesa será restrita às alegações de cumprimento da decisão ou do acordo, quitação ou prescrição da dívida. § 3º – Somente nos embargos à penhora poderá o executado impugnar a sentença de liquidação, cabendo ao exequente igual direito e no mesmo prazo".

Item "IV": Limita-se, a execução dessa natureza, às prestações devidas até a data do ingresso na execução. **Item incorreto**, conforme art. 892 da CLT: "Tratando-se de prestações sucessivas por tempo indeterminado, a execução compreenderá inicialmente as prestações devidas até a data do ingresso na execução".

Item "V": Correto, conforme art. 889 da CLT: "Aos trâmites e incidentes do processo da execução são aplicáveis, naquilo em que não contravierem ao presente Título, os preceitos que regem o processo dos executivos fiscais para a cobrança judicial da dívida ativa da Fazenda Pública Federal".

Gabarito: C.

---

577. (TRT – JTS 8ª RG/2009) Assinale a alternativa CORRETA:

a) O executado poderá garantir a execução mediante depósito da quantia exequenda, atualizada e acrescida das despesas processuais, ou nomeando bens à penhora, observada a ordem preferencial estabelecida no art. 655 do Código Processual Civil. Não pagando o executado, nem garantindo a execução, seguir-se-á à penhora dos bens, tantos quantos bastem ao pagamento da importância da condenação, acrescida de custas, correção monetária e juros de mora, computados a partir da data do ajuizamento da ação.

b) Requerida a execução, o juiz mandará expedir mandado de citação do executado, a fim de que cumpra a decisão no prazo, pelo modo e sob as cominações estabelecidas ou, quando se tratar de pagamento em dinheiro, inclusive de contribuições sociais devidas à União, para que o faça em 48 (quarenta e oito) horas ou garanta a execução, sob pena de penhora. Se o executado, procurado por 3 (três) vezes no espaço de 48 (quarenta e oito) horas, não for encontrado, far-se-á citação por edital, publicado no jornal oficial ou, na falta deste, afixado na sede do Juízo, durante 5 (cinco) dias.

c) Nas hipóteses em que a sentença é proferida de forma ilíquida, ordenar-se-á, previamente, sua liquidação, que poderá ser feita por cálculo, por arbitramento ou por artigos, e que abrangerá o cômputo das contribuições previdenciárias, não sendo possível, na liquidação, modificar, ou inovar, a sentença liquidanda nem discutir matéria pertinente à causa principal. Efetuada a liquidação, o Juiz abrirá às partes prazo sucessivo de 10 (dez) dias para impugnação fundamentada com a indicação dos itens e valores objeto da discordância, sob pena de preclusão.

d) Relativamente à execução das contribuições previdenciárias, uma vez concedido o parcelamento do débito pela Secretaria da Receita Federal do Brasil, o devedor juntará aos autos a comprovação do ajuste, ficando a execução da contribuição social correspondente suspensa até a quitação de todas as parcelas. As Varas do Trabalho encaminharão a cada trinta dias à Secretaria da Receita Federal do Brasil informações sobre os recolhimentos efetivados nos autos, salvo se outro prazo for estabelecido em regulamento.

e) A arrematação, no processo do trabalho, far-se-á em dia, hora e lugar anunciados e os bens serão vendidos pelo maior lance, tendo o exequente preferência para adjudicá-los. Na hipótese de arrematação, o arrematante deverá garantir o lance com o sinal correspondente a 20% (vinte por cento) do seu valor. Se o arrematante, ou seu fiador, não pagar em 24 (vinte e quatro) horas o preço da arrematação, perderá, em benefício da execução, o sinal retro referido, volvendo à praça os bens penhorados. Não havendo licitante, e não requerendo o exequente a adjudicação, os bens penhorados poderão ser levados a leilão, cujo leiloeiro será nomeado pelo Juiz.

COMENTÁRIOS

Nota do autor: Em relação a alternativa "c", a Lei nº 13.467/17 alterou o art. § 2º do art. 879, nos seguintes termos: "Elaborada a conta e tornada líquida, o juízo deverá abrir às partes prazo comum de oito dias para impugnação fundamentada com a indicação dos itens e valores objeto da discordância, sob pena de preclusão.". Por tanto, houve duas mudanças: a) agora não mais é uma liberalidade, mas sim uma obrigação do juiz abrir vista as partes; b) o prazo foi reduzido de 10 (dez) para 8 (oito) dias. Note-se, por fim, que com a decisão do STF proferida nos autos da ADC nº 58, em dezembro de 2020, incidem juros de mora equivalente a TR antes do ajuizamento da ação, bem como atualização monetária equivalente à variação do IPCA-E. A partir do ajuizamento da demanda deverá ser utilizada apenas a taxa SELIC, que engloba juros de mora e correção monetária

Alternativa "a": Somente os juros eram contados a partir do ajuizamento da ação. A correção monetária incidia a partir do momento no qual o credor poderia exigir o cumprimento da obrigação. Opção **incorreta**, por contrariar determinação contida no art. 883 da CLT: "Não pagando o executado, nem garantindo a execução, seguir-se-á penhora dos bens, tantos quantos bastem ao pagamento da importância da condenação, acrescida de custas e juros de mora, sendo estes, em qualquer caso, devidos a partir da data em que for ajuizada a reclamação inicial". (ver a parte final da nota do autor que explica o atual posicionamento do STF sobre a incidência de juros de mora e correção monetária nos débitos trabalhistas).

Alternativa "b": A citação por edital deve ser precedida de duas tentativas de localização do executado. Opção **incorreta**, pois contraria o art. 880 da CLT: "Requerida a execução, o juiz ou presidente do tribunal mandará expedir mandado de citação do executado, a fim de que cumpra a decisão ou o acordo no prazo, pelo modo e sob as cominações estabelecidas ou, quando se tratar de pagamento em dinheiro, inclusive de contribuições sociais devidas à União, para que o faça em 48 (quarenta e oito) horas ou garanta a execução, sob pena de penhora (...) § 3º Se o executado procurado por 2 (duas) vezes no espaço de 48 (quarenta e oito) horas, não for encontrado, far-se-á citação por edital, publicado no jornal oficial ou, na falta deste, afixado na sede da Junta ou Juízo, durante 5 (cinco) dias".

Alternativa "c": O procedimento de abrir vistas às partes da conta de liquidação era uma faculdade e não obrigação do juiz. Alternativa **incorreta**, segundo o art. 879 da CLT em sua redação anterior: "Sendo ilíquida a sentença exequenda, ordenar-se-á, previamente, a sua liquidação, que poderá ser feita por cálculo, por arbitramento ou por artigos (...) § 2º – Elaborada a conta e tornada líquida, o Juiz poderá abrir às partes prazo sucessivo de 10 (dez) dias para impugnação fundamentada com a indicação dos itens e valores objeto da discordância, sob pena de preclusão". (ver nota do autor)

Alternativa "d": As Varas do Trabalho devem encaminhar informações mensais, e não a cada trinta dias, sobre os recolhimentos efetivados nos autos à Receita Federal. Opção **incorreta**, em desacordo com o art. 889-A da CLT: "Os recolhimentos das importâncias devidas, referentes às contribuições sociais, serão efetuados nas agências locais da Caixa Econômica Federal ou do Banco do Brasil S.A., por intermédio de documento de arrecadação da Previdência Social, dele se fazendo constar o número do processo. § 1º Concedido parcelamento pela Secretaria da Receita Federal do Brasil, o devedor juntará aos autos a comprovação do ajuste, ficando a execução da contribuição social correspondente suspensa até a quitação de todas as parcelas. § 2º As Varas do Trabalho encaminharão mensalmente à Secretaria da Receita Federal do Brasil informações sobre os recolhimentos efetivados nos autos, salvo se outro prazo for estabelecido em regulamento".

Alternativa "e": Correta, conforme art. 888 da CLT: "Concluída a avaliação, dentro de 10 (dez) dias, contados da data da nomeação do avaliador, seguir-se-á a arrematação que será anunciada por edital afixada na sede do Juízo ou Tribunal e publicado no jornal local, se houver, com a antecedência de 20 (vinte) dias. **§ 1º** A arrematação far-se-á em dia, hora e lugar anunciados e os bens serão vendidos pelo maior lance, tendo o exequente preferência para a adjudicação. **§ 2º** O arrematante deverá garantir o lance com o sinal correspondente a 20% (vinte por cento) do seu valor. **§ 3º** Não havendo licitante, e não requerendo o exequente a adjudicação dos bens penhorados, poderão os mesmos ser vendidos por leiloeiro nomeado pelo juiz ou presidente. **§ 4º** Se o arrematante, ou seu fiador, não pagar dentro de 24 (vinte e quatro) horas o preço da arrematação, perderá, em benefício da execução, o sinal de que trata o § 2º deste artigo, voltando à praça os bens executados".

Gabarito: E.

---

578. (TRT – JTS 6ª RG/2010) No tocante à execução trabalhista, leia atentamente as assertivas abaixo e, depois, assinale a alternativa CORRETA:

I. Faculta-se ao devedor o pagamento imediato da parte que entender devida à Previdência Social, sem prejuízo da cobrança de eventuais diferenças encontradas na execução.

II. Sendo ilíquida a sentença exequenda, ordenar-se-á, previamente, a sua liquidação, que poderá ser feita por cálculo, por arbitramento ou por artigos.

III. Na liquidação, não se poderá modificar, ou inovar, a sentença liquidanda nem discutir matéria pertinente à causa principal.

IV. A liquidação abrangerá, também, o cálculo das contribuições previdenciárias devidas.

V. A atualização do crédito devido à Previdência Social observará os critérios estabelecidos na legislação previdenciária.

a) Apenas as assertivas I e II estão corretas.

b) Todas as assertivas estão corretas.

c) Apenas a assertiva III está correta.

d) Apenas a assertiva IV está correta.

e) Apenas a assertiva V está correta.

COMENTÁRIOS

✪ **Nota do autor:** As regras sobre a atualização monetária e juros de mora dos créditos trabalhistas foram radicalmente alteradas pela decisão do STF nos autos da ADI 58 (dezembro de 2020), afastando a incidência da TR e dos juros de mora de 1% ao mês após o ajuizamento da ação.

Item "I": Correto, conforme permissivo contido no art. 897-A da CLT: "Faculta-se ao devedor o pagamento imediato da parte que entender devida à Previdência Social, sem prejuízo da cobrança de eventuais diferenças encontradas na execução *ex officio*".

Item "II": Correto, de acordo com o art. 879 da CLT: "Sendo ilíquida a sentença exequenda, ordenar-se-á, previamente, a sua liquidação, que poderá ser feita por cálculo, por arbitramento ou por artigos".

Item "III": Correto, pois corresponde à determinação contida no art. 879, § 1º da CLT: "Na liquidação, não se poderá modificar, ou inovar, a sentença liquidanda nem discutir matéria pertinente à causa principal".

Item "IV": Correto. Esse procedimento está previsto no art. 879, § 1º A da CLT: "A liquidação abrangerá, também, o cálculo das contribuições previdenciárias devidas".

Item "V": Correto, conforme art. 879, § 4º da CLT: "A atualização do crédito devido à Previdência Social observará os critérios estabelecidos na legislação previdenciária".

Gabarito: B.

---

579. (CESPE – JTS 1ª RG/2010) Assinale a opção CORRETA acerca da execução trabalhista.

a) Na execução por carta precatória, o juízo deprecado detém competência para julgar os embargos de terceiro que versarem unicamente sobre vícios ou irregularidades de penhora, avaliação ou alienação dos bens por ele praticados.

b) A admissibilidade do recurso de revista interposto contra acórdão em agravo de petição, na liquidação de sentença ou em processo incidente na execução, inclusive os embargos de terceiro, depende de demonstração inequívoca de violação direta à CF ou de dissonância da decisão com súmula do TST.

c) Os descontos previdenciários e fiscais devem ser efetuados pelo juízo executório, salvo se a sentença exequenda tiver sido omissa sobre a questão, hipótese em que aludidos descontos ofenderiam a coisa julgada.

d) O responsável solidário integrante de grupo de empresas que não tiver participado da relação processual como reclamado e que, portanto, não conste no título executivo judicial como devedor não pode ser sujeito passivo na execução.

e) Na execução por carta precatória, sob pena de não conhecimento, os embargos de terceiro devem ser oferecidos no juízo deprecante, pois dele é a competência para julgá-los.

COMENTÁRIOS

✪ **Nota do autor: Com a utilização de ferramentas eletrônicas para pesquisa patrimonial e bloqueio de bens, o procedimento relativo à expedição de carta precatória executória para penhora de bens do devedor localizados** em território diverso daquele coberto pela jurisdição da Vara do Trabalho é cada vez menos utilizado.

Alternativa "a": Correta, pois estava de acordo com a Súmula nº 419 do TST em sua antiga redação: "Na execução por carta precatória, os embargos de terceiro serão oferecidos no juízo deprecante ou no juízo deprecado, mas a competência para julgá-los é do juízo deprecante, salvo se versarem, unicamente, sobre vícios ou irregularidades da penhora, avaliação ou alienação dos bens, praticados pelo juízo deprecado, em que a competência será deste último". Por conta da edição do CPC de 2015, a redação dessa Súmula foi alterada nos seguintes termos: "COMPETÊNCIA. EMBARGOS DE TERCEIRO. EXECUÇÃO POR CARTA PRECATÓRIA. JUÍZO DEPRECADO. (alterada em decorrência do CPC de 2015) – Res. 212/2016, DEJT divulgado em 20, 21 e 22.09.2016. Na execução por carta precatória, os embargos de terceiro serão oferecidos no juízo deprecado, salvo se indicado pelo juízo deprecante o bem constrito ou se já devolvida a carta (art. 676, parágrafo único, do CPC de 2015)".

Alternativa "b": Nessa situação, só cabe agravo de petição na hipótese de violação à Constituição Federal. Opção **incorreta**, pois em desconformidade com o art. 896, § 2º, da CLT: "Das decisões proferidas pelos Tribunais Regionais do Trabalho ou por suas Turmas, em execução de sentença, inclusive em processo incidente de embargos de terceiro, não caberá Recurso de Revista, salvo na hipótese de ofensa direta e literal de norma da Constituição Federal".

Alternativa "c": A execução deve ser promovida de ofício, ainda que a sentença tenha sido omissa em relação à condenação das contribuições previdenciárias. Alternativa **incorreta,** por contrariar a Súmula nº 401 do TST: "Os descontos previdenciários e fiscais devem ser efetuados pelo juízo executório, ainda que a sentença exequenda tenha sido omissa sobre a questão, dado o caráter de ordem pública ostentado pela norma que os disciplina. A ofensa à coisa julgada somente poderá ser caracterizada na hipótese de o título exequendo, expressamente, afastar a dedução dos valores a título de imposto de renda e de contribuição previdenciária".

Alternativa "d": Incorreta, diante do cancelamento da Súmula nº 205 do Tribunal Superior do Trabalho que continha esse entendimento: "O responsável solidário, integrante do grupo econômico, que não participou da relação processual como reclamado e que, portanto, não consta no título executivo judicial como devedor, não pode ser sujeito passivo na execução". Entretanto, com o cancelamento desse verbete, o posicionamento deixou de ser predominante na jurisprudência, permitindo que as empresas do mesmo grupo econômico possam ser responsabilizadas na execução, ainda que não tenham figurado no título executivo judicial.

Alternativa "e": Os embargos de terceiro, na execução por carta, poderiam ser oferecidos tanto no juízo deprecante quanto no juízo deprecado. Opção **incorreta**, pois contrariava o disposto na Súmula nº 419 do TST em sua antiga redação: "Na execução por carta precatória, os embargos de terceiro serão oferecidos no juízo deprecante ou no juízo deprecado, mas a competência para julgá-los é do juízo deprecante, salvo se versarem, unicamente, sobre vícios ou irregularidades da penhora, avaliação ou alienação dos bens, praticados pelo juízo deprecado, em que a competência será deste último". Por conta da edição do CPC de 2015, a redação dessa Súmula foi alterada nos seguintes termos: "COMPETÊNCIA. EMBARGOS DE TERCEIRO. EXECUÇÃO POR CARTA PRECATÓRIA. JUÍZO DEPRECADO. (alterada em decorrência do CPC de 2015) – Res. 212/2016, DEJT divulgado em 20, 21 e 22.09.2016. Na execução por carta precatória, os embargos de terceiro serão oferecidos no juízo deprecado, salvo se indicado pelo juízo deprecante o bem constrito ou se já devolvida a carta (art. 676, parágrafo único, do CPC de 2015)".

Gabarito: A.

---

580. (TRT – JTS 23ª RG/2010) No tocante à penhora no processo do trabalho analise as seguintes proposições e ao final com base na legislação, jurisprudência pacificada e doutrina predominante aponte a alternativa CORRETA.

I. Não fere direito líquido e certo o ato judicial que determina penhora em dinheiro do executado para garantir crédito exequendo definitivo.

II. Havendo discordância do credor, em execução definitiva, não tem o executado direito líquido e certo a que os valores penhorados em dinheiro fiquem depositados no próprio banco, exceto se o devedor for um banco oficial.

III. O executado tem direito que a execução se processe da forma que lhe seja menos gravosa. Assim, na execução provisória nunca é cabível penhora em dinheiro.

IV. A carta de fiança bancária equivale a dinheiro para efeito da gradação dos bens penhoráveis.

a) As proposições I e III estão corretas e as proposições II e IV incorretas.

b) As proposições I e IV estão corretas e as proposições II e III incorretas.

c) As proposições II e III estão corretas e as proposições I e IV incorretas.

d) As proposições II e IV estão corretas e as proposições I e III incorretas.

e) As proposições I e II estão corretas e as proposições III e IV incorretas.

COMENTÁRIOS

✪ **Nota do autor:** Apesar de não haver previsão na Consolidação das Leis do Trabalho sobre o procedimento a ser adotado na hipótese de execução provisória, aplicam-se as disposições do Diploma Adjetivo Civil no que se refere a essa espécie de execução. Observe-se, no item "I", que o art. 655 do CPC de 1973 corresponde ao art. 835 do CPC de 2015. Já no item "II", o art. 666, I, corresponde ao art. 840, I, do CPC de 2015. Por fim, no item "III" o art. 620 do CPC de 1973 corresponde ao art. 805 do CPC de 2015.

Item "I": Correto, conforme entendimento constante da Súmula nº 417, I, do TST: "Não fere direito líquido e certo do impetrante o ato judicial que determina penhora em dinheiro do executado, em execução definitiva, para garantir crédito exequendo, uma vez que obedece à gradação prevista no art. 655 do CPC". A versão atual dessa Súmula não contempla mais o inciso III e conta com a seguinte redação: "MANDADO DE SEGURANÇA. PENHORA EM DINHEIRO (alterado o item I, atualizado o item II e cancelado o item III, modulando-se os efeitos da presente redação de forma a atingir unicamente as penhoras em dinheiro em execução provisória efetivadas a partir de 18.03.2016, data de vigência do CPC de 2015) – Res. 212/2016, DEJT divulgado em 20, 21 e 22.09.2016. I – Não fere direito líquido e certo do impetrante o ato judicial que determina penhora em dinheiro do executado para garantir crédito exequendo, pois é prioritária e obedece à gradação prevista no art. 835 do CPC de 2015 (art. 655 do CPC de 1973). II – Havendo discordância do credor, em execução definitiva, não tem o executado direito líquido e certo a que os valores penhorados em dinheiro fiquem depositados no próprio banco, ainda que atenda aos requisitos do art. 840, I, do CPC de 2015 (art. 666, I, do CPC de 1973). (ex-OJ nº 61 da SBDI-2 – inserida em 20.09.2000)".

Item "II": Mesmo que seja um banco oficial, o devedor não tem esse direito. Item **incorreto**, pois contraria o teor da Súmula nº 417, II, do TST: "Havendo discordância do credor, em execução definitiva, não tem o executado direito líquido e certo a que os valores penhorados em dinheiro fiquem depositados no próprio banco, ainda que atenda aos requisitos do art. 666, I, do CPC" (a redação atual dessa Súmula foi transcrita no item anterior).

Item "III": É cabível nos casos em que o devedor não nomeia bens a penhora. Item **incorreto**, pois diverge da Súmula nº 417, III, do TST: "Em se tratando de execução provisória, fere direito líquido e certo do impetrante a determinação de penhora em dinheiro, quando nomeados outros bens à penhora, pois o executado tem direito a que a execução se processe da forma que lhe seja menos gravosa, nos termos do art. 620 do CPC" (a redação atual dessa Súmula foi transcrita no item I).

Item "IV": Correto, conforme OJ nº 59 da SDI-2 do TST: "A carta de fiança bancária equivale a dinheiro para efeito da gradação dos bens penhoráveis, estabelecida no art. 655 do CPC". Atualmente a redação dessa OJ é a seguinte: "MANDADO DE SEGURANÇA. PENHORA. CARTA DE FIANÇA BANCÁRIA. SEGURO GARANTIA JUDICIAL (nova redação em decorrência do CPC 2015) – Res. 209/2016 – DEJT divulgado em 01, 02 e 03.06.2016. A carta de fiança bancária e o seguro garantia judicial, desde que em valor não inferior ao do débito em execução, acrescido de trinta por cento, equivalem a dinheiro para efeito da gradação dos bens penhoráveis, estabelecida no art. 835 do CPC de 2015 (art. 655 do CPC de 1973)".

Gabarito: B.

581. (TRT – JTS 23ª RG/2010) Na data de 22.03.2006, Elivelton da Silva, adquiriu imóvel de João Paulo de Oliveira, por meio de contrato de compromisso de compra e venda. Ocorre que no dia 10.03.2006 o imóvel havia sido penhorado em face de dívida trabalhista cobrada contra João Paulo de Oliveira (reclamatória ajuizada em 2004). A penhora somente foi averbada no cartório em 15.04.2006. Diante disso Elivelton da Silva ajuizou ação de embargos de terceiro pedindo a desconstituição da penhora, pois não sabia da dívida trabalhista, juntando certidão do cartório referente ao imóvel, emitida em 22.03.2006 na qual não constava qualquer informação sobre a penhora. Nenhuma outra prova foi produzida por qualquer das partes. Qual solução se amolda à doutrina e jurisprudência dominantes/pacificadas.

a) Rejeição dos embargos de terceiro, pois o compromisso de compra e venda de imóvel não averbado no Cartório de Registro de Imóveis não autoriza o uso desta via processual.

b) Rejeição dos embargos de terceiro, porque presumida a má-fé do embargante que adquiriu o bem quando já havia demanda em curso contra o executado.

c) Rejeição dos embargos de terceiro com fundamento na fraude à execução que está configurada.

d) Rejeição dos embargos de terceiro com fundamento na fraude contra credores que está configurada.

e) Acolhimento dos embargos de terceiro, eis que a penhora somente poderia ser mantida se no momento da aquisição já estivesse registrada/averbada no ofício imobiliária, para presunção absoluta de conhecimento de terceiros.

COMENTÁRIOS

Nota do autor: Não confundir fraude à execução com fraude contra credores, pois esta última diz respeito ao procedimento referente à alienação ou à oneração de bens ocorrido antes de iniciada a demanda, capaz de reduzir o devedor à insolvência, e depende, para a anulação do ato jurídico respectivo, de ação própria (ação pauliana). Observe-se, na alternativa "a", que o art. 1.046 do CPC de 1973 corresponde ao art. 674 do CPC de 2015.

Alternativa "a": Os embargos de terceiro não servem apenas para defender a propriedade, mas também a posse, na forma prevista pelo art. 1.046 do CPC de 1973: "Quem, não sendo parte no processo, sofrer turbação ou esbulho na posse de seus bens por ato de apreensão judicial, em casos como o de penhora, depósito, arresto, sequestro, alienação judicial, arrecadação, arrolamento, inventário, partilha, poderá requerer [que] lhe sejam manutenidos ou restituídos por meio de embargos". Opção **incorreta**, conforme entendimento constante da Súmula nº 84 do STJ: "EMBARGOS DE TERCEIRO. ALEGAÇÃO DE POSSE. COMPROMISSO DE COMPRA E VENDA DE IMÓVEL. REGISTRO. É admissível a oposição de embargos de terceiro fundados em alegação de posse advinda de compromisso de compra e venda de imóvel, ainda que desprovido do registro" (ver nota do autor).

Alternativa "b": Não há que se falar em presunção de má-fé, uma vez que esse requisito depende de prova. Opção **incorreta**, pois contraria o entendimento inserido na Súmula nº 375 do STJ: "RECONHECIMENTO DA FRAUDE À EXECUÇÃO. REGISTRO DA PENHORA. PROVA DE MÁ-FÉ DO TERCEIRO ADQUIRENTE. O reconhecimento da fraude à execução depende do registro da penhora do bem alienado ou da prova de má-fé do terceiro adquirente". Inclusive esse entendimento foi albergado pelo CPC de 2015, mais precisamente em seu art. 792, I: "A alienação ou a oneração de bem é considerada fraude à execução: I – quando sobre o bem pender ação fundada em direito real ou com pretensão reipersecutória, desde que a pendência do processo tenha sido averbada no respectivo registro público, se houver". O TST, por meio de sua IN nº 39/16, art. 3º, XIII, considera aplicável ao processo do trabalho todo o capítulo que trata da responsabilidade patrimonial, incluindo o mencionado art. 792.

Alternativa "c": Incorreta. Com efeito, como não houve registro da penhora antes da alienação do imóvel, não há que se falar em fraude à execução, na forma do posicionamento adotado pelo STJ na citada Súmula nº 375 (ver comentários à alternativa "b").

Alternativa "d": Incorreta, uma vez que na fraude contra credores exige-se a prova do *consilium fraudis*.

Alternativa "e": Correta, conforme entendimento constante da Súmula nº 375 do STJ: "RECONHECIMENTO DA FRAUDE À EXECUÇÃO. REGISTRO DA PENHORA. PROVA DE MÁ-FÉ DO TERCEIRO ADQUIRENTE. O reconhecimento da fraude à execução depende do registro da penhora do bem alienado ou da prova de má-fé do terceiro adquirente" (ver comentários à alternativa "b").

Gabarito: E.

6.2. EXECUÇÃO CONTRA A FAZENDA PÚBLICA

582. (TRT 4 – Juiz do Trabalho Substituto 4ª Região/2016) Assinale a assertiva correta sobre execução contra a Fazenda Pública na Justiça do Trabalho.

a) É inválida a penhora em bens de pessoa jurídica de direito privado, realizada anteriormente à sucessão pela União ou por Estado-membro, devendo a execução prosseguir mediante precatório.

b) O sequestro de verbas públicas para satisfação de precatórios trabalhistas é admitido exclusivamente nas hipóteses de preterição do direito de precedência do credor ou de não alocação orçamentária do valor necessário à satisfação do débito.

c) Em sede de precatório, configura ofensa à coisa julgada a limitação dos efeitos pecuniários da sentença condenatória ao período anterior ao advento da Lei nº 8.112/1990, em que o exequente submetia-se à legislação trabalhista, salvo disposição expressa em contrário na decisão exequenda.

d) Na hipótese de não cumprimento da requisição de pequeno valor, no prazo de 60 (sessenta) dias, contados da sua expedição, o Juiz determinará o sequestro de numerário suficiente ao pagamento.

e) Tratando-se de reclamações trabalhistas plúrimas, a aferição do que vem a ser obrigação de pequeno valor, para efeito de dispensa de formação de precatório e aplicação do disposto no art. 100, § 3º, da Constituição Federal de 1988, deve ser realizada considerando-se os créditos somados de todos os reclamantes.

COMENTÁRIOS

✪ **Nota do autor:** Com relação a alternativa "d", o CPC de 2015, em seu art. 535, § 3º, II, contém preceito similar aquele constante do art. 17 da Lei nº 10.259: "Por ordem do juiz, dirigida à autoridade na pessoa de quem o ente público foi citado para o processo, o pagamento de obrigação de pequeno valor será realizado no prazo de 2 (dois) meses contado da entrega da requisição, mediante depósito na agência de banco oficial mais próxima da residência do exequente".

Alternativa "a": Incorreta, uma vez que antes da sucessão não se classificava como bem público. Nesse sentido a OJ nº 343 da SDI-1 do TST: "PENHORA. SUCESSÃO. ART. 100 DA CF/1988. EXECUÇÃO (DJ 22.06.2004) É válida a penhora em bens de pessoa jurídica de direito privado, realizada anteriormente à sucessão pela União ou por Estado-membro, não podendo a execução prosseguir mediante precatório. A decisão que a mantém não viola o art. 100 da CF/1988".

Alternativa "b": Correta. Nesse sentido a parte final do art. 100, § 6º, da Constituição Federal de 1988: "As dotações orçamentárias e os créditos abertos serão consignados diretamente ao Poder Judiciário, cabendo ao Presidente do Tribunal que proferir a decisão exequenda determinar o pagamento integral e autorizar, a requerimento do credor e exclusivamente para os casos de preterimento de seu direito de precedência ou de não alocação orçamentária do valor necessário à satisfação do seu débito, o sequestro da quantia respectiva".

Alternativa "c": Incorreta, pois o entendimento do TST é justamente em sentido contrário, pois deixa claro que o procedimento não configura ofensa à coisa julgada, conforme se observa da OJ do Tribunal Pleno/ Órgão Especial nº 6: "PRECATÓRIO. EXECUÇÃO. LIMITAÇÃO DA CONDENAÇÃO IMPOSTA PELO TÍTULO JUDICIAL EXEQÜENDO À DATA DO ADVENTO DA LEI Nº 8.112, de 11.12.1990 (DJ 25.04.2007). Em sede de precatório, não configura ofensa à coisa julgada a limitação dos efeitos pecuniários da sentença condenatória ao período anterior ao advento da Lei nº 8.112, de 11.12.1990, em que o exequente submetia-se à legislação trabalhista, salvo disposição expressa em contrário na decisão exequenda.

Alternativa "d": Incorreta, pois conta-se o prazo a partir da entrega da requisição e não da expedição como constou da assertiva. Essa determinação está contida no art. 17 da Lei nº 10.259: "Tratando-se de obrigação de pagar quantia certa, após o trânsito em julgado da decisão, o pagamento será efetuado no prazo de sessenta dias, contados da entrega da requisição, por ordem do Juiz, à autoridade citada para a causa, na agência mais próxima da Caixa Econômica Federal ou do Banco do Brasil, independentemente de precatório.

Alternativa "e": Incorreta, pois para aferir o valor da obrigação de pequeno valor, considera-se os créditos de cada reclamante e não de todos, na forma da OJ-TP/ OE nº 9 do TST: "PRECATÓRIO. PEQUENO VALOR. INDIVIDUALIZAÇÃO DO CRÉDITO APURADO. RECLAMAÇÃO TRABALHISTA PLÚRIMA. EXECUÇÃO DIRETA CONTRA A FAZENDA PÚBLICA. POSSIBILIDADE (DJ 25.04.2007) Tratando-se de reclamações trabalhistas plúrimas, a aferição do que vem a ser obrigação de pequeno valor, para efeito de dispensa de formação de precatório e aplicação do disposto no § 3º do art. 100 da CF/88, deve ser realizada considerando-se os créditos de cada reclamante".

Gabarito: B.

---

583. (FCC – Juiz do Trabalho Substituto 1ª Região/2014) Na Execução em face da Fazenda Pública,

a) compete ao Juiz do Trabalho ordenar o sequestro de valores contra a Fazenda Pública em caso de não pagamento.

b) a ordem cronológica de apresentação dos precatórios sujeita toda e qualquer obrigação da Fazenda Pública.

c) a Fazenda Pública dispõe de prazo de 15 dias para os embargos à execução.

d) todas as obrigações da Fazenda Pública sujeitam-se ao precatório.

e) as obrigações consideradas pela lei como de pequeno valor não estão sujeitas ao precatório.

COMENTÁRIOS

✪ **Nota do autor:** Uma vez que a proposta orçamentária é enviada pelo Chefe do Poder Executivo para ser discutida e aprovada pelo Poder Legislativo, o pagamento dos diversos créditos deve ser feito em observância a ordem cronológica de apresentação dos precatórios, de acordo com a data de recebimento do ofício requisitório respectivo.

Alternativa "a": Incorreta, pois o procedimento correto é a expedição de precatório ou requisição de pequeno valor, na forma do preceito contido no art. 100, *caput* da CF/88: "Os pagamentos devidos pelas Fazendas Públicas Federal, Estaduais, Distrital e Municipais, em virtude de sentença judiciária, far-se-ão exclusivamente na ordem cronológica de apresentação dos precatórios e à conta dos créditos respectivos, proibida a designação de casos ou de pessoas nas dotações orçamentárias e nos créditos adicionais abertos para este fim."

Alternativa "b": Incorreta, pois existe preferência de pagamento conferida aos maiores de sessenta anos ou portadores de doenças graves, conforme determinação contida no art. 100, § 2º, da CF/88: Os débitos de natureza alimentícia cujos titulares, originários ou por sucessão hereditária, tenham 60 (sessenta) anos de idade, ou sejam portadores de doença grave, ou pessoas com deficiência, assim definidos na forma da lei, serão pagos com preferência sobre todos os demais débitos, até o valor equivalente ao triplo fixado em lei para os fins do disposto no § 3º deste artigo, admitido o fracionamento para essa finalidade, sendo que o restante será pago na ordem cronológica de apresentação do precatório. (Redação dada pela EC 94/2016)

Alternativa "c": Incorreta, pois o prazo para embargos é de trinta dias, de acordo com o que preceitua o art. 1º-B da Lei nº 9.494/97: "O prazo a que se refere o caput dos arts. 730 do Código de Processo Civil, e 884 da Consolidação das Leis do Trabalho, aprovada pelo Decreto-Lei nº 5.452, de 1º de maio de 1943, passa a ser de trinta dias."

Alternativa "d": Incorreta, pois se excepcionam as dívidas de pequeno valor, na forma do mandamento contido no art. 100, § 3º, da CF/88: "O disposto no caput deste artigo relativamente à expedição de precatórios não se aplica aos pagamentos de obrigações definidas em leis como de pequeno valor que as Fazendas referidas devam fazer em virtude de sentença judicial transitada em julgado."

Alternativa "e": Correta, uma vez que nesse caso basta apenas a expedição da requisição de pequeno valor, na forma estatuída pelo art. 100, § 3º, da CF/88: "O disposto no caput deste artigo relativamente à expedição de precatórios não se aplica aos pagamentos de obrigações definidas em leis como de pequeno valor que as Fazendas referidas devam fazer em virtude de sentença judicial transitada em julgado."

Gabarito: E.

---

584. (TRT 8 – Juiz do Trabalho Substituto 8ª Região/2015) Assinale a alternativa INCORRETA conforme jurisprudência consolidada do Tribunal Superior do Trabalho:

a) O sequestro de verbas públicas para satisfação de precatórios trabalhistas só é admitido na hipótese de preterição do direito de precedência do credor, a ela não se equiparando as situações de não inclusão da despesa no orçamento ou de não pagamento do precatório até o final do exercício, quando incluído no orçamento.

b) O Presidente do TRT, em sede de precatório, tem competência funcional para declarar a inexigibilidade do título judicial exequendo, com fundamento no art. 884, § 5°, da CLT, ante a natureza meramente administrativa do procedimento.

c) É indevido o sequestro de verbas públicas quando o exequente/requerente não se encontra em primeiro lugar na lista de ordem cronológica para pagamento de precatórios ou quando não demonstrada essa condição.

d) Há dispensa da expedição de precatório, na forma do art. 100, § 3°, da CF/1988, quando a execução contra a Fazenda Pública não exceder os valores definidos, provisoriamente, pela Emenda Constitucional n° 37/02, como obrigações de pequeno valor, inexistindo ilegalidade, sob esse prisma, na determinação de sequestro da quantia devida pelo ente público.

e) Em sede de precatório, por se tratar de decisão de natureza administrativa, não se aplica o disposto no art. 1°, V, do Decreto-Lei n° 779, de 21.08.1969, em que se determina a remessa necessária em caso de decisão judicial desfavorável a ente público.

COMENTÁRIOS

Nota do autor: Houve um equívoco da Banca na avaliação das respostas desta pergunta. Isso porque a Constituição Federal foi alterada no sentido de permitir o sequestro por conta da não inclusão no orçamento de verba para pagamento da dívida requerida pelo Tribunal e não apenas por preterição. Nesse sentido é a determinação contida no Art. 100, § 6º, da CF/88: "As dotações orçamentárias e os créditos abertos serão consignados diretamente ao Poder Judiciário, cabendo ao Presidente do Tribunal que proferir a decisão exequenda determinar o pagamento integral e autorizar, a requerimento do credor e exclusivamente para os casos de preterimento de seu direito de precedência ou de não alocação orçamentária do valor necessário à satisfação do seu débito, o sequestro da quantia respectiva". No caso, a Banca só considerou o conteúdo da OJ-TP/OE-3 do TST: "O sequestro de verbas públicas para satisfação de precatórios trabalhistas só é admitido na hipótese de preterição do direito de precedência do credor, a ela não se equiparando as situações de não inclusão da despesa no orçamento ou de não pagamento do precatório até o final do exercício, quando incluído no orçamento." O argumento no sentido de o TST ainda não ter revisto a redação desse verbete não se sustenta, pois vai de encontro ao mandamento Constitucional, ainda que tenha constado a ressalva no título da questão "conforme jurisprudência consolidada do Tribunal Superior do Trabalho".

Alternativa "a": Correta, no entender da Banca, por conta de coincidir com o posicionamento do TST adotado na OJ-TP/OE-3: "O sequestro de verbas públicas para satisfação de precatórios trabalhistas só é admitido na hipótese de preterição do direito de precedência do credor, a ela não se equiparando as situações de não inclusão da despesa no orçamento ou de não pagamento do precatório até o final do exercício, quando incluído no orçamento."

Alternativa "b": Incorreta, pois não se tem dúvida que o precatório tem natureza administrativa e não judicial. Nesse sentido a OJ-TP/OE-12 do TST: "O Presidente do TRT, em sede de precatório, não tem competência funcional para declarar a inexigibilidade do título judicial exequendo, com fundamento no art. 884, § 5º, da CLT, ante a natureza meramente administrativa do procedimento."

Alternativa "c": Correta, pois corresponde ao entendimento do TST revelado por meio da OJ-TP/OE-13: "É indevido o sequestro de verbas públicas quando o exequente/requerente não se encontra em primeiro lugar na lista de ordem cronológica para pagamento de precatórios ou quando não demonstrada essa condição."

Alternativa "d": Correta, pois nesse caso dispensa-se a expedição de precatório, conforme entendimento contido na OJ-TP/OE-1 do TST: "Há dispensa da expedição de precatório, na forma do art. 100, § 3º, da CF/1988, quando a execução contra a Fazenda Pública não exceder os valores definidos, provisoriamente, pela Emenda Constitucional nº 37/2002, como obrigações de pequeno valor, inexistindo **ilegalidade**, sob esse prisma, na determinação de sequestro da quantia devida pelo ente público."

Alternativa "e": Correta, pois enfatiza o caráter administrativo do precatório, na forma do posicionamento do TST adotado pela OJ-TP/OE-8: "Em sede de precatório, por se tratar de decisão de natureza administrativa, não se aplica o disposto no art. 1º, V, do Decreto-Lei nº 779, de 21.08.1969, em que se determina a remessa necessária em caso de decisão judicial desfavorável a ente público."

Gabarito: B.

---

585. (FCC – Juiz do Trabalho Substituto 18ª Região/2014) Com relação à execução contra a Fazenda Pública:

a) O sequestro de verbas públicas para satisfação de precatórios trabalhistas é admitido na hipótese de preterição do direito de precedência do credor; nas situações de não inclusão da despesa no orçamento ou de não pagamento do precatório até o final do exercício, quando incluído no orçamento.

b) Em sede de precatório, por se tratar de decisão de natureza administrativa, não se aplica a remessa necessária em caso de decisão judicial desfavorável a ente público.

c) Tratando-se de reclamações trabalhistas plúrimas, a aferição do que vem a ser obrigação de pequeno valor, para efeito de dispensa de formação de precatório, deve ser realizada considerando-se o valor global dos créditos.

d) Em sede de precatório, configura ofensa à coisa julgada a limitação dos efeitos pecuniários da sentença condenatória ao período anterior ao advento da lei que dispõe sobre o regime jurídico dos servidores públicos civis da União, autarquias e fundações públicas federais, em que o exequente submetia-se à legislação trabalhista.

e) Os débitos de natureza alimentícia cujos titulares tenham 65 anos de idade ou mais na data de expedição do precatório, ou sejam portadores de doença grave, definidos na forma da lei, serão pagos com preferência sobre todos os demais débitos, até o valor equivalente ao sêxtuplo do fixado em lei, relativamente às obrigações consideradas de pequeno valor, admitido o fracionamento para essa finalidade.

COMENTÁRIOS

✪ **Nota do autor:** Uma vez que a proposta orçamentária é enviada pelo Chefe do Poder Executivo para ser discutida e aprovada pelo Poder Legislativo, o pagamento dos diversos créditos deve ser feito em observância a ordem cronológica de apresentação dos precatórios, de acordo com a data de recebimento do ofício requisitório respectivo.

Alternativa "a": O sequestro só é autorizado em caso de preterição ou de não alocação da verba respectiva no orçamento, de conformidade com o disposto no art. 100, § 6º da CF/88: "Art. 100. § 6º As dotações orçamentárias e os créditos abertos serão consignados diretamente ao Poder Judiciário, cabendo ao Presidente do Tribunal que proferir a decisão exequenda determinar o pagamento integral e autorizar, a requerimento do credor e exclusivamente para os casos de preterimento de seu direito de precedência ou de não alocação orçamentária do valor necessário à satisfação do seu débito, o sequestro da quantia respectiva". **Incorreta.**

Alternativa "b": O precatório é um procedimento de natureza administrativa. Por conta disso, não se aplica o princípio do duplo grau de jurisdição necessário. Nesse sentido a OJ nº 8 do Tribunal Pleno do TST: "Em sede de precatório, por se tratar de decisão de natureza administrativa, não se aplica o disposto no art. 1º, V, do Decreto-Lei nº 779, de 21.08.1969, em que se determina a remessa necessária em caso de decisão judicial desfavorável a ente público." **Correta.**

Alternativa "c": Nesse caso, deve-se observar o valor individual e não coletivo, de conformidade com a OJ nº 9 do Tribunal Pleno do TST: "Tratando-se de reclamações trabalhistas plúrimas, a aferição do que vem a ser obrigação de pequeno valor, para efeito de dispensa de formação de precatório e aplicação do disposto no § 3º do art. 100 da CF/88, deve ser realizada considerando-se os créditos de cada reclamante." **Incorreta.**

Alternativa "d": O entendimento do TST é justamente em sentido contrário, conforme se verifica do teor da OJ nº 6 do Tribunal Pleno: "Em sede de precatório, não configura ofensa à coisa julgada a limitação dos efeitos pecuniários da sentença condenatória ao período anterior ao advento da Lei nº 8.112, de 11.12.1990, em que o exequente submetia-se à legislação trabalhista, salvo disposição expressa em contrário na decisão exequenda." **Incorreta.**

Alternativa "e": O limite é equivalente ao triplo e não ao sêxtulo, como constou no texto. **Incorreta** a alternativa, pois não corresponde ao mandamento contido no art. 100, **§ 2º** Os débitos de natureza alimentícia cujos titulares, originários ou por sucessão hereditária, tenham 60 (sessenta) anos de idade, ou sejam portadores de doença grave, ou pessoas com deficiência, assim definidos na forma da lei, serão pagos com preferência sobre todos os demais débitos, até o valor equivalente ao triplo fixado em lei para os fins do disposto no § 3º deste artigo, admitido o fracionamento para essa finalidade, sendo que o restante será pago na ordem cronológica de apresentação do precatório. (Redação dada pela EC 94/2016)

Gabarito: B.

---

586. (TRT 8 – Juiz do Trabalho Substituto 8ª Região/2014) Na execução em face da Fazenda Pública, é CORRETO o procedimento judicial trabalhista:

a) que homologa a renúncia do credor quanto à importância superior à estabelecida na definição de pequeno valor porque se trata de livre opção pelo pagamento do saldo dispensando-se o precatório, mas, de outro lado, na hipótese de crédito de valor aproximado ao de pequeno valor legalmente previsto, é defeso ao Presidente do Tribunal ou ao Juízo Auxiliar de Conciliação de Precatórios consultar o credor quanto ao interesse em renunciar parcialmente ao crédito de modo a afastar a necessidade de expedição do precatório.

b) que indefere o fracionamento do valor da execução relativamente ao mesmo beneficiário, de modo que se faça o pagamento, em parte, por intermédio de requisição de pequeno valor e, em parte, mediante expedição de precatório, exceto quanto ao credor privilegiado que tenha mais de 60 (sessenta) anos, dada a hipossuficiência financeira presumida, nos termos da Lei nº 12.008/09.

c) que nas requisições de pagamento que decorram de precatório ou as de pequeno valor, quando a devedora for a Fazenda Federal ou Distrital, o Juiz da execução, a quem compete examinar a regularidade formal das requisições, as expedirá ao presidente do Tribunal, mas competindo a este, no caso de precatórios: I. corrigir, de ofício ou a requerimento das partes, inexatidões materiais ou retificar erros de cálculos, vinculados à utilização de critério em descompasso com a lei ou com o título executivo judicial, desde que o critério não haja sido objeto de debate quer na fase de conhecimento, quer na fase de execução; II. expedir o ofício requisitório; III. zelar pela obediência à ordem de preferência de pagamento dos créditos, na hipótese de precatórios.

d) que na hipótese de título executivo oriundo de reclamação plúrima ajuizada por sindicato profissional na qualidade de substituto processual, inclui os honorários advocatícios e periciais como parcela integrante da requisição de pequeno valor, somando ao crédito dos exequentes.

e) que no caso de título executivo oriundo de reclamação plúrima ajuizada por sindicato profissional na qualidade de substituto processual, será considerado o valor devido a cada litisconsorte, expedindo-se, simultaneamente, se for o caso: I. requisições de pequeno valor em favor dos exequentes cujos créditos não ultrapassam os limites definidos no art. 3º da IN 32/2007 do TST; e, II. requisições mediante precatório para os demais credores.

COMENTÁRIOS

✪ **Nota do autor:** Paralelo ao regime ordinário de precatório foi instituído, em caráter transitório, o regime especial de pagamento dos débitos judiciais da Fazenda Pública por meio da EC nº 62/2009, que acrescentou o art. 97 ao ADCT da CF/88. Todavia, o STF declarou inconstitucional a referida EC, na parte que acrescentou o mencionado art. 97 ao ADCT e o § 15, do art. 100 da CF/88, por meio das ADI's nº 4357 e 4425. Em relação a alternativa "b" a atual redação do § 2º, art. 100 da CF/88 é a seguinte: "§ 2º Os débitos de natureza alimentícia cujos titulares, originários ou por sucessão hereditária, tenham 60 (sessenta) anos de idade, ou sejam portadores de doença grave, ou pessoas com deficiência, assim definidos na forma da lei, serão pagos com preferência sobre todos os demais débitos, até o valor equivalente ao triplo fixado em lei para os fins do disposto no § 3º deste artigo, admitido o fracionamento para essa finalidade, sendo que o restante será pago na ordem cronológica de apresentação do precatório.

Alternativa "a": Não há qualquer vedação legal no sentido de impedir que o Presidente do Tribunal consulte o exequente sobre o seu interesse em renunciar o que excede o valor do que seja considerada dívida de pequeno valor (art. 87, parágrafo único, do ADCT da CF/88: "Se o valor da execução ultrapassar o estabelecido neste artigo, o pagamento far-se-á, sempre, por meio de precatório, sendo facultada à parte exequente a renúncia ao crédito do valor excedente, para que possa optar pelo pagamento do saldo sem o precatório, da forma prevista no § 3º do art. 100"). **Incorreta.**

Alternativa "b": Esse procedimento vai de encontro ao que estabelece o art. 100, § 2º, da CF/88 que permite o fracionamento no caso de créditos de titulares com sessenta anos ou mais: "Os débitos de natureza alimentícia cujos titulares tenham 60 (sessenta) anos de idade ou mais na data de expedição do precatório, ou sejam portadores de doença grave, definidos na forma da lei, serão pagos com preferência sobre todos os demais débitos, até o valor equivalente ao triplo do fixado em lei para os fins do disposto no § 3º deste artigo, admitido o fracionamento para essa finalidade, sendo que o restante será pago na ordem cronológica de apresentação do precatório". **Incorreta. (ver nota do autor).**

Alternativa "c": O procedimento que consta do texto só se aplica a Fazenda Nacional e não à Fazenda Distrital, como constou no texto, conforme se observa do art. 5º da Instrução Normativa nº 32 do TST: "Art. 5º As requisições de pagamento que decorram de precatório ou as de pequeno valor, quando a devedora for a União, serão expedidas pelo Juiz da execução e dirigidas ao presidente do Tribunal, a quem compete: a) examinar a regularidade formal da requisição; b) corrigir, de ofício ou a requerimento das partes, inexatidões materiais ou retificar erros de cálculos, vinculados à utilização de critério em descompasso com a lei ou com o título executivo judicial, desde que o critério não haja sido objeto de debate quer na fase de conhecimento, quer na fase de execução; c) expedir o ofício requisitório; e d) zelar pela obediência à ordem de preferência de pagamento dos créditos, na hipótese de precatórios. **Incorreta.**

Alternativa "d": Nesse caso, os honorários são considerados verbas autônomas, de acordo com a previsão contida no art. 7º, parágrafo único da Instrução Normativa nº 32 do TST: "Parágrafo único. Os honorários advocatícios e periciais serão considerados parcela autônoma, não se somando ao crédito dos exequentes para fins de classificação do requisitório de pequeno valor." **Incorreta.**

Alternativa "e": Esse texto encontra-se de acordo com o art. 7º, alíneas a e b da Instrução Normativa nº 32 do TST: "Na hipótese de reclamação plúrima será considerado o valor devido a cada litisconsorte, expedindo-se, simultaneamente, se for o caso: a) requisições de pequeno valor em favor dos exequentes cujos créditos não ultrapassam os limites definidos no art. 3º desta Instrução; e b) requisições mediante precatório para os demais credores." **Correta.**

Gabarito: E.

---

587. (TRT 3 – Juiz do Trabalho Substituto 3ª Região/2014) Os pagamentos devidos pelas Fazendas Públicas Federal, Estaduais, Distrital e Municipais, em virtude de sentença judiciária, far-se-ão através de precatório. É correto afirmar, a partir das disposições constitucionais em plena vigência sobre o tema, EXCETO:

a) O disposto no caput do art. 100 da Constituição da República relativamente à expedição de precatórios não se aplica aos pagamentos de obrigações definidas em leis como de pequeno valor que as Fazendas referidas devam fazer em virtude de sentença judicial transitada em julgado.

b) Os débitos de natureza alimentícia compreendem aqueles decorrentes de salários, vencimentos, proventos, pensões e suas complementações, benefícios previdenciários e indenizações por morte ou por invalidez, fundadas em responsabilidade civil, em virtude de sentença judicial transitada em julgado.

c) A seu critério exclusivo e na forma de lei, a União poderá assumir débitos, oriundos de precatórios, de Estados, Distrito Federal e Municípios, refinanciando-os diretamente.

d) O Presidente do Tribunal competente que, por ato comissivo ou omissivo, retardar ou tentar frustrar a liquidação regular de precatórios incorrerá em crime de responsabilidade e responderá, também, perante o Conselho Nacional de Justiça.

e) No momento da expedição dos precatórios, independentemente de regulamentação, deles deverá ser abatido, a título de compensação, valor correspondente aos débitos líquidos e certos, inscritos ou não em dívida ativa e constituídos contra o credor original pela Fazenda Pública devedora, incluídas parcelas vincendas de parcelamentos, ressalvados aqueles cuja execução esteja suspensa em virtude de contestação administrativa ou judicial.

COMENTÁRIOS

✪ **Nota do autor:** Pelo procedimento introduzido por meio da EC nº 62, antes da expedição do precatório, o Presidente do Tribunal intimaria a Fazenda Pública para que esta informasse, no prazo de até 30 dias, sobre a possível existência de débitos do exequente para que fosse feito o devido abatimento. O STF, por intermédio das ADI's nº 4357 e 4425, declarou a inconstitucionalidade da referida Emenda constitucional, na parte que introduziu os §§9º e 10 ao art. 100 da CF/88. Conferiu-se eficácia prospectiva à decisão, de modo que o marco inicial foi o dia 24/03/2015 (data de julgamento de questão de ordem na ADI).

Alternativa "a": Correta a assertiva, uma vez que corresponde ao texto do art. 100, § 3º, da CF/88: "O disposto no caput deste artigo relativamente à expedição de precatórios não se aplica aos pagamentos de obrigações definidas em leis como de pequeno valor que as Fazendas referidas devam fazer em virtude de sentença judicial transitada em julgado."

Alternativa "b": Nesse sentido o art. 100, § 1º, da CF/88: "Os débitos de natureza alimentícia compreendem aqueles decorrentes de salários, vencimentos, proventos, pensões e suas complementações, benefícios previdenciários e indenizações por morte ou por invalidez, fundadas em responsabilidade civil, em virtude de sentença judicial transitada em julgado, e serão pagos com preferência sobre todos os demais débitos, exceto sobre aqueles referidos no § 2º deste artigo." **Incorreta.**

Alternativa "c": Essa possibilidade está expressamente prevista no art. 100, § 16, da CF/88: "A seu critério exclusivo e na forma de lei, a União poderá assumir débitos, oriundos de precatórios, de Estados, Distrito Federal e Municípios, refinanciando-os diretamente". **Correta.**

Alternativa "d": Essa tipificação criminal está contida no art. 100, § 7º da CF/88: "O Presidente do Tribunal competente que, por ato comissivo ou omissivo, retardar ou tentar frustrar a liquidação regular de precatórios incorrerá em crime de responsabilidade e responderá, também, perante o Conselho Nacional de Justiça." **Correta.**

Alternativa "e": A ressalva excludente no final do texto na verdade é de natureza inclusiva, conforme se observa do Art. 100, § 9º da CF/88: "No momento da expedição dos precatórios, independentemente de regulamentação, deles deverá ser abatido, a título de compensação, valor correspondente aos débitos líquidos e certos, inscritos ou não em dívida ativa e constituídos contra o credor original pela Fazenda Pública devedora, incluídas parcelas vincendas de parcelamentos, ressalvados aqueles cuja execução esteja suspensa em virtude de contestação administrativa ou judicial." **Incorreta.**

A atual redação do § 9º do art. 100 da CF e a decisão das ADIs 7.047 e 7.064:

§ 9º Sem que haja interrupção no pagamento do precatório e mediante comunicação da Fazenda Pública ao Tribunal, o valor correspondente aos eventuais débitos inscritos em dívida ativa contra o credor do requisitório e seus substituídos deverá ser depositado à conta do juízo responsável pela ação de cobrança, que decidirá pelo seu destino definitivo. (Redação dada pela EC 113/2021) (Vide ADI 7047) (Vide ADI 7064)

ADIs 7.047 e 7.064: O STF, por maioria, conheceu da ação direta para julgá-la parcialmente procedente e declarar a inconstitucionalidade deste dispositivo. DJE 29.02.2024.

Gabarito: ver nota do autor.

---

588. (TRT 8 – Juiz do Trabalho Substituto 8ª Região/2014) Em termos de jurisprudência sumulada do STJ aplicável à execução no âmbito da Justiça do Trabalho, assinale a alternativa CORRETA:

a) Proposta a execução fiscal, a posterior mudança de domicílio do executado implica no deslocamento da competência então fixada.

b) É necessária a intervenção do Ministério Público nas execuções fiscais como custo legis.

c) A Fazenda Pública pode substituir a certidão de dívida ativa (CDA) até a prolação da sentença de embargos, quando se tratar de correção de erro material ou formal, vedada a modificação do sujeito passivo da execução.

d) O reconhecimento da fraude à execução não depende do registro da penhora do bem alienado, mas exige a prova de má-fé do terceiro adquirente.

e) O juízo da recuperação judicial é competente para decidir sobre a constrição de bens, ainda que não abrangidos pelo plano de recuperação da empresa.

COMENTÁRIOS

✪ **Nota do autor:** É considerado como terceiro o cônjuge do executado que é intimado da penhora de imóvel pertencente ao casal, com o objetivo de defender a sua meação, conforme entendimento constante da Súmula nº 134 do STJ: "Embora intimado da penhora em imóvel do casal, o cônjuge do executado pode opor embargos de terceiro para defesa de sua meação".

Alternativa "a": O entendimento do STJ é justamente em sentido oposto, conforme se vê da redação da Súmula nº 58: "Proposta a execução fiscal, a posterior mudança de domicílio do executado não desloca a competência já fixada". **Incorreta.**

Alternativa "b": O entendimento do STJ é justamente em sentido oposto, conforme se vê da redação da Súmula nº 189: "É desnecessária a intervenção do Ministério Público nas execuções fiscais". **Incorreta.**

Alternativa "c": Correta a assertiva, pois corresponde ao texto da Súmula nº 392 do STJ: "A Fazenda Pública pode substituir a certidão de dívida ativa (CDA) até a prolação da sentença de embargos, quando se tratar de correção de erro material ou formal, vedada a modificação do sujeito passivo da execução".

Alternativa "d": Incorreta. O entendimento do STJ é justamente em sentido oposto, conforme se vê da redação da Súmula nº 375: "O reconhecimento da fraude à execução depende do registro da penhora do bem alienado ou da prova de má-fé do terceiro adquirente." Inclusive esse entendimento foi albergado pelo CPC de 2015, mais precisamente em seu art. 792, I: "A alienação ou a oneração de bem é considerada fraude à execução: I – quando sobre o bem pender ação fundada em direito real ou com pretensão reipersecutória, desde que a pendência do processo tenha sido averbada no respectivo registro público, se houver". O TST, por meio de sua IN nº 39/16, art. 3º, XIII, considera aplicável ao processo do trabalho todo o capítulo que trata da responsabilidade patrimonial, incluindo o mencionado art. 792.

Alternativa "e": O entendimento do STJ é justamente em sentido oposto, conforme se vê da redação da Súmula nº 480: "O juízo da recuperação judicial não é competente para decidir sobre a constrição de bens não abrangidos pelo plano de recuperação da empresa". **Incorreta.**

Gabarito: C.

---

589. (TRT 22 – Juiz do Trabalho Substituto 22ª Região/2013) A Emenda Constitucional n. 62/2009 alterou a Constituição Federal de 1988, estabelecendo regras gerais para pagamento de precatórios, além de criar o regime especial de pagamento de precatórios para a União, Estados e Municípios. Recentemente, o E. Supremo Tribunal Federal julgou as ADIs 4357 e 4425, declarando a inconstitucionalidade de parte da referida Emenda. Com a decisão, foram declarados inconstitucionais alguns dispositivos do artigo 100 da Constituição, bem como foi declarado integralmente inconstitucional o artigo 97 do Ato de Disposições Constitucionais Transitórias, que criou o regime especial de pagamento. Os fundamentos que motivaram a declaração de inconstitucionalidade foram:

a) a independência harmônica entre os poderes constituídos da República; afronta direta às cláusulas pétreas; desrespeito ao princípio da duração razoável do processo e do devido processo legal; ofensa à dignidade da pessoa jurídica de direito público;

b) ferimento ao princípio da garantia de acesso à Justiça; afronta direta aos poderes da União, Estados e Municípios de legislar sobre a matéria; afronta à coisa julgada e ofensa à dignidade da pessoa jurídica de direito público; a ideia central de um Estado Democrático de Direito;

c) ferimento ao princípio da garantia de acesso à Justiça; a independência harmônica entre os poderes constituídos da República; a proteção à coisa julgada; afronta direta às cláusulas pétreas; desrespeito ao princípio da duração razoável do processo e do devido processo legal.

d) ferimento ao princípio da garantia de acesso à Justiça; a independência harmônica entre os poderes constituídos da República; afronta direta aos poderes da União, Estados e Municípios de legislar sobre a matéria; a proteção à coisa julgada; desrespeito ao princípio da celeridade processual.

e) independência harmônica dos poderes constituídos da República; a ideia central de um Estado Democrático de Direito; a proteção à coisa julgada; a garantia de prazo de pagamento de 15 anos por se tratar de órgão público; desrespeito ao devido processo legal.

COMENTÁRIOS

✪ **Nota do autor:** Segundo Ayres Britto, Ministro Relator das referidas ADI's, a EC nº 62, que efetuou mudanças no procedimento dos precatórios afrontam diretamente às cláusulas pétreas, a ideia central do Estado democrático direito, violam as garantias do livre e eficaz acesso ao Poder Judiciário, do devido processo legal, da duração razoável do processo e a autoridades das decisões judiciais (coisa julgada).

Alternativa "a": A ofensa à dignidade da pessoa jurídica de direito público não fez parte da fundamentação que reconheceu a inconstitucionalidade do art. 97 do ADCT e alguns dispositivos do art. 100 da CF/88. **Incorreta.**

Alternativa "b": A afronta direta aos poderes da União, Estados e Municípios de legislar sobre a matéria; e afronta à coisa julgada e ofensa à dignidade da pessoa jurídica de direito público não fizeram parte da fundamentação que reconheceu a inconstitucionalidade do art. 97 do ADCT e alguns dispositivos do art. 100 da CF/88. **Incorreta.**

Alternativa "c": Correta a assertiva, pois corresponde à descrição do voto constante da nota do autor.

Alternativa "d": A afronta direta aos poderes da União, Estados e Municípios de legislar sobre a matéria não fez parte da fundamentação que reconheceu a inconstitucionalidade do art. 97 do ADCT e alguns dispositivos do art. 100 da CF/88. **Incorreta.**

Alternativa "e": A garantia de prazo de pagamento de 15 anos por se tratar de órgão público não fez parte da fundamentação que reconheceu a inconstitucionalidade do art. 97 do ADCT e alguns dispositivos do art. 100 da CF/88. **Incorreta.**

Gabarito: C.

---

590. 225. (TRT – JTS 16ª RG/2011) Analise as afirmativas e assinale a alternativa CORRETA:

I. São passíveis de penhora no processo do trabalho as cédulas de crédito industrial garantida por alienação fiduciária e as cédulas rurais pignoratícias.

II. De acordo com a jurisprudência do TST, é admissível a penhora sobre renda mensal ou faturamento de empresa, desde que não incida sobre valores reservados a folha de pagamento dos empregados.

III. A substituição de bem penhorado por dinheiro pode ser determinada de ofício pelo juiz do trabalho, mediante ordem de bloqueio, ainda que o exequente não tenha refutado o bem ofertado pelo executado.

IV. A existência de penhora sobre um mesmo bem não impede a realização de novas penhoras, observada a preferência das precedentes compatibilizada com o privilégio do crédito trabalhista.

a) Estão corretas apenas as afirmativas I, II e III.

b) Estão corretas apenas as afirmativas I, II e IV.

c) Estão corretas apenas as afirmativas III e IV.

d) Está correta apenas a afirmativa III.

e) Está correta apenas a afirmativa VI.

COMENTÁRIOS

✪ **Nota do autor:** Ao contrário do que ocorre com o processo civil, o exequente pode postular a substituição dos bens já penhorados por outros, independente da gradação legal, bem como a indicação daqueles necessários para o reforço da penhora, conforme disposto no art. 15, I e II, da Lei nº 6.830/80: "Em qualquer fase do processo, será deferida pelo Juiz: I – ao executado, a substituição da penhora por depósito em dinheiro ou fiança bancária; II – à Fazenda Pública, a substituição dos bens penhorados por outros, independentemente da ordem enumerada no artigo 11, bem como o reforço da penhora insuficiente". Observe-se que, com a vigência da Lei nº 13.043/14 o inciso I do referido art. 15 foi alterado para a inclusão do seguro garantia: "I – ao executado, a substituição da penhora por depósito em dinheiro, fiança bancária ou seguro garantia; e". Já no item "IV", o art. 613 do CPC de 1973 corresponde ao art. 797, parágrafo único, do CPC de 2015.

Item "I": Não é possível penhorar as cédulas de crédito industrial garantida por alienação fiduciária. Item **incorreto**, conforme OJ nº 226 da SDI-1 do TST: "Diferentemente da cédula de crédito industrial garantida por alienação fiduciária, na cédula rural pignoratícia ou hipotecária o bem permanece sob o domínio do devedor (executado), não constituindo óbice à penhora na esfera trabalhista. (Decreto-Lei nº 167/67, art. 69; CLT, arts. 10 e 30 e Lei nº 6.830/80)".

Item "II": Incorreto, de acordo com o posicionamento do TST adotado em sua OJ nº 93 da SDI-1: "É admissível a penhora sobre a renda mensal ou faturamento de empresa, limitada a determinado percentual, desde que não comprometa o desenvolvimento regular de suas atividades". Inclusive a Resolução nº 220/2017 alterou a redação dessa OJ: "PENHORA SOBRE PARTE DA RENDA DE ESTABELECIMENTO COMERCIAL. POSSIBILIDADE. (alterada em decorrência do CPC de 2015) – Res. 220/2017, DEJT divulgado em 21, 22 e 25.09.2017. Nos termos do art. 866 do CPC de 2015, é admissível a penhora sobre a renda mensal ou faturamento de empresa, limitada a percentual, que não comprometa o desenvolvimento regular de suas atividades, desde que não haja outros bens penhoráveis ou, havendo outros bens, eles sejam de difícil alienação ou insuficientes para satisfazer o crédito executado".

Item "III": Correto, pois esse procedimento encontra-se previsto no art. 83 da Consolidação dos Provimentos da Corregedoria-Geral da Justiça do Trabalho: "Em execução definitiva por quantia certa, se o executado, regularmente citado, não efetuar o pagamento do débito nem garantir a execução, conforme dispõe o artigo 880 da CLT, o Juiz deverá, de ofício ou a requerimento da parte, emitir ordem judicial de bloqueio mediante o Sistema BACEN JUD, com precedência sobre outras modalidades de constrição judicial" (atualmente essa regra encontra-se contida no art. 95 da nova Consolidação dos Provimentos da Corregedoria-Geral da Justiça do Trabalho).

Item "IV": Correto, conforme art. 613 do CPC de 1973: "Recaindo mais de uma penhora sobre os mesmos bens, cada credor conservará o seu título de preferência".

Gabarito: C.

---

591. (TRT - JTS 23ª RG/2008) Analise os itens abaixo e marque a alternativa CORRETA:

I. Nos casos omissos, o direito processual comum será fonte subsidiária do direito processual do trabalho, exceto naquilo em que for incompatível com as normas Consolidadas sob o título respectivo.

II. Os Juízos e Tribunais do Trabalho podem determinar qualquer diligência necessária ao esclarecimento das circunstâncias da causa.

III. No processo de execução trabalhista são aplicáveis os preceitos que regem o processo dos executivos fiscais da Fazenda Pública Federal que não contrariarem o procedimento estabelecido na CLT para o referido processo.

a) Apenas os itens II e III são verdadeiros.

b) Apenas os itens I e II são verdadeiros.

c) Todos os itens são verdadeiros.

d) Apenas os itens I e III são verdadeiros.

e) Todos os itens são falsos.

COMENTÁRIOS

✪ **Nota do autor:** Na ausência das referidas normas celetistas, a própria Consolidação das Leis do Trabalho autoriza a utilização subsidiária da Lei de Execuções Fiscais, representada atualmente pela Lei nº 6.830/80. Contudo, essa mesma norma permite o emprego das regras contidas no Código de Processo Civil, em caso de omissão, conforme disposto no seu art. 1º: "A execução judicial para cobrança da Dívida Ativa da União, dos Estados, do Distrito Federal, dos Municípios e respectivas autarquias será regida por esta lei e, subsidiariamente, pelo Código de Processo Civil".

Item "I": Correto, conforme permissivo contido no art. 769 da CLT: "Nos casos omissos, o direito processual comum será fonte subsidiária do direito processual do trabalho, exceto naquilo em que for incompatível com as normas deste Título". Posteriormente à confecção desse questionamento o TST reforçou a tese da utilização subsidiária ou supletiva do CPC de 2015 por meio da Instrução Normativa, nº 39/16: "Art. 1° Aplica-se o Código de Processo Civil, subsidiária e supletivamente, ao Processo do Trabalho, em caso de omissão e desde que haja compatibilidade com as normas e princípios do Direito Processual do Trabalho, na forma dos arts. 769 e 889 da CLT e do art. 15 da Lei nº 13.105, de 17.03.2015".

Item "II": Essa faculdade consta do art. 765 da CLT: "Os Juízos e Tribunais do Trabalho terão ampla liberdade na direção do processo e velarão pelo andamento rápido das causas, podendo determinar qualquer diligência necessária ao esclarecimento delas". Item **correto.**

Item "III": Correto, pois essa subsidiariedade está prevista expressamente no art. 889 da CLT: "Aos trâmites e incidentes do processo da execução são aplicáveis, naquilo em que não contravierem ao presente Título, os preceitos que regem o processo dos executivos fiscais para a cobrança judicial da dívida ativa da Fazenda Pública Federal".

Gabarito: C.

---

592. (TRT - JTS 21ª RG/2010) Leia as assertivas abaixo e marque a resposta CORRETA sobre as normas de execução contra a Fazenda Pública, considerando as alterações feitas no texto da Constituição Federal pela Emenda nº 62/2009:

I. os titulares de crédito que tenham mais de 65 (sessenta e cinco anos) possuem preferência em relação aos que têm créditos alimentícios;

II. aos portadores de doenças graves, assim definidas em lei, é também assegurada preferência sobre os demais titulares de créditos alimentícios, desde que seus créditos também tenham essa mesma natureza e não excedam ao dobro do valor fixado em lei como de pequeno valor;

III. as indenizações por responsabilidade civil decorrentes de morte ou invalidez também integram o conceito de crédito de natureza alimentícia;

IV. as dívidas de pequeno valor não se sujeitam ao regime do precatório, e são definidas por leis editadas pelos respectivos entes de direito público, sendo o valor mínimo equivalente ao maior benefício do regime geral da previdência social;

V. no caso de omissão superior a 90 (noventa) dias, contados a partir da promulgação da Emenda 62/2009, serão considerados como de pequeno valor os créditos iguais a 30 (trinta) salários mínimos para os Municípios e 60 (sessenta) salários mínimos para os Estados e Distrito Federal.

a) nenhuma das assertivas está correta;

b) apenas a assertiva III está correta;

c) apenas as assertivas III e IV estão corretas;

d) apenas as assertivas I, II e IV estão corretas;

e) apenas as assertivas I, II e V estão corretas;

COMENTÁRIOS

✪ **Nota do autor:** Veda-se fracionamento ou parcelamento do valor do crédito reconhecido pela sentença judicial, após iniciado o processo de execução, com a finalidade de não submeter a execução ao procedimento do precatório judicial. Note-se que a redação atual do § 2º, art. 100 da CF/88, conferida pela EC nº 94/2016, é a seguinte: "Os débitos de natureza alimentícia cujos titulares, originários ou por sucessão hereditária, tenham 60 (sessenta) anos de idade, ou sejam portadores de doença grave, ou pessoas com deficiência, assim definidos na forma da lei, serão pagos com preferência sobre todos os demais débitos, até o valor equivalente ao triplo fixado em lei para os fins do disposto no § 3º deste artigo, admitido o fracionamento para essa finalidade, sendo que o restante será pago na ordem cronológica de apresentação do precatório".

Item "I": A preferência inicia-se aos 60 anos. Item **incorreto**, conforme art. 100, § 2º, CF/88, em sua redação anterior à promulgação da EC nº 94/2016: "Os débitos de natureza alimentícia cujos titulares tenham mais de 60 (sessenta) anos de idades ou mais na data da expedição do precatório, ou sejam portadores de doença grave, definidos na forma da lei, serão pagos com preferência sobre todos os demais débitos, até o valor equivalente ao triplo do fixado em lei para os fins do disposto no § 3º deste artigo, admitido o fracionamento para essa finalidade, sendo que o restante será pago na ordem cronológica de apresentação do precatório". (ver nota do autor).

Item "II": O **correto** seria até o valor equivalente ao triplo do fixado em lei e não o dobro como constou na assertiva. Item **incorreto**, conforme art. 100, § 2º, CF/88, em sua redação anterior à promulgação da EC nº 94/2016: "Os débitos de natureza alimentícia cujos titulares tenham mais de 60 (sessenta) anos de idades ou mais na data da expedição do precatório, ou sejam portadores de doença grave, definidos na forma da lei, serão pagos com preferência sobre todos os demais débitos, até o valor equivalente ao triplo do fixado em lei para os fins do disposto no § 3º deste artigo, admitido o fracionamento para essa finalidade, sendo que o restante será pago na ordem cronológica de apresentação do precatório".

Item "III": Correto, pois em conformidade com o art. 100, § 1º, CF/88: "Os débitos de natureza alimentícia compreendem aqueles decorrentes de salários, vencimentos, proventos, pensões e suas complementações, benefícios previdenciários e indenizações por morte ou por invalidez, fundadas em responsabilidade civil, em virtude de sentença judicial transitada em julgado, e serão pagos com preferência sobre todos os demais débitos, exceto sobre aqueles referidos no § 2º deste artigo".

Item "IV": Correto, conforme art. 100, § § 3º e 4º, da CF/88: "§ 3º O disposto no *caput* deste artigo relativamente à expedição de precatórios não se aplica aos pagamentos de obrigações definidas em leis como de pequeno valor que as Fazendas referidas devam fazer em virtude de sentença judicial transitada em julgado. § 4º Para os fins do disposto no § 3º, poderão ser fixados, por leis próprias, valores distintos às entidades de direito público, segundo as diferentes capacidades econômicas, sendo o mínimo igual ao valor do maior benefício do regime geral de previdência social".

Item "V": O prazo **correto** para publicação é de 180 dias e não 90, conforme constou na assertiva. Item **incorreto**, conforme, art. 97, § 12, ADCT: "Se a lei a que se refere o § 4º não estiver publicada até 180 (cento e oitenta) dias, contados da data de publicação desta Emenda Constitucional, será considerado, para os fins referidos, em relação a Estados, Distrito Federal e Municípios devedores, omissos na regulamentação, o valor de: I – 40 (quarenta) salários mínimos para Estados e para o Distrito Federal; II – 30 (trinta) salários mínimos para Municípios".

Gabarito: C.

---

593. (CESPE – JTS 1ª RG/2010) Assinale a opção CORRETA no que concerne à execução contra a fazenda pública.

a) Em fase de precatório, o pedido de revisão dos cálculos dirigido ao presidente do tribunal pode ser acolhido se o requerente apontar e especificar claramente as incorreções neles existentes, discriminando o montante que seria correto, pois, do contrário, a incorreção torna-se abstrata.

b) A não inclusão da despesa no orçamento equipara-se à preterição do direito de precedência do credor, a ponto de possibilitar o sequestro de verbas públicas para satisfação de precatório trabalhista.

c) Tratando-se de reclamações trabalhistas plúrimas, a aferição do que vem a ser obrigação de pequeno valor, para efeito de dispensa de formação de precatório, deve ser realizada considerando-se os créditos de todos os reclamantes conjuntamente.

d) Atualmente, são aplicáveis juros de mora de 0,5% ao mês nas condenações subsidiárias impostas à fazenda pública pelas obrigações trabalhistas devidas pela empregadora principal.

e) Em precatório, por se tratar de decisão de natureza administrativa, não se determina a remessa necessária em caso de decisão judicial desfavorável a ente público.

COMENTÁRIOS

✪ **Nota do autor:** A banca do concurso considerou incorreta a assertiva contida na alínea "b", sem considerar que o posicionamento TST expresso em sua OJ nº 3, do Tribunal Pleno, não mais subsiste em face da redação atual do § 6º, art. 100 da CF/88: "§ 6º As dotações orçamentárias e os créditos abertos serão consignados diretamente ao Poder Judiciário, cabendo ao Presidente do Tribunal que proferir a decisão exequenda determinar o pagamento integral e autorizar, a requerimento do credor e exclusivamente para os casos de preterimento de seu direito de precedência **ou de não alocação orçamentária** do valor necessário à satisfação do seu débito, o sequestro da quantia respectiva (grifou-se)".

Alternativa "a": Incorreta, pois os critérios presentes na OJ nº 2 do TP são cumulativos e na assertiva dessa alternativa só menciona um deles: "O pedido de revisão dos cálculos, em fase de precatório, previsto no art. 1º-E da Lei nº 9.494/97, apenas poderá ser acolhido desde que: a) o requerente aponte e especifique claramente quais são as incorreções existentes nos cálculos, discriminando o montante que seria **correto**, pois do contrário a incorreção torna-se abstrata; b) o defeito nos cálculos esteja ligado à incorreção material ou à utilização de critério em descompasso com a lei ou com o título executivo judicial; e c) o critério legal aplicável ao débito não tenha sido objeto de debate nem na fase de conhecimento, nem na fase de execução".

Alternativa "b": Incorreta (segundo a banca), em face do disposto na OJ nº 3 do TP (ver nota do autor desta questão): "O sequestro de verbas públicas para satisfação de precatórios trabalhistas só é admitido na hipótese de preterição do direito de precedência do credor, a ela não se equiparando as situações de não inclusão da despesa no orçamento ou de não pagamento do precatório até o final do exercício, quando incluído no orçamento".

Alternativa "c": Essa aferição deve ser feita considerando-se os créditos de cada reclamante. Alternativa **incorreta**, por contrariar a OJ nº 9 do Tribunal Pleno do TST: "Tratando-se de reclamações trabalhistas plúrimas, a aferição do que vem a ser obrigação de pequeno valor, para efeito de dispensa de formação de precatório e aplicação do disposto no § 3º do art. 100 da CF/88, deve ser realizada considerando-se os créditos de cada reclamante".

Alternativa "d": Devem ser utilizados os índices da caderneta de poupança quando se tratar de crédito não tributário. Opção **incorreta**, na forma da OJ nº 7 do Tribunal Pleno do TST: "I – Nas condenações impostas à Fazenda Pública, incidem juros de mora segundo os seguintes critérios: a) 1% (um por cento) ao mês, até agosto de 2001, nos termos do § 1º do art. 39 da Lei nº 8.177, de 01.03.1991; b) 0,5% (meio por cento) ao mês, de setembro de 2001 a junho de 2009, conforme determina o art. 1º-F da Lei nº 9.494, de 10.09.1997, introduzido pela Medida Provisória nº 2.180-35, de 24.08.2001. II – A partir de 30 de junho de 2009, atualizam-se os débitos trabalhistas da Fazenda Pública, mediante a incidência dos índices oficiais de remuneração básica e juros aplicados à caderneta de poupança, por força do art. 5º da Lei nº 11.960, de 29.06.2009. III – A adequação do montante da condenação deve observar essa limitação legal, ainda que em sede de precatório". Note-se que o STF, no julgamento das ADI's 4357 e 4425, manteve a incidência dos juros de mora aplicados à caderneta de poupança para os débitos de natureza não tributária.

Alternativa "e": Correta, conforme posicionamento adotado pelo TST por meio da OJ nº 8 do Tribunal Pleno: "Em sede de precatório, por se tratar de decisão de natureza administrativa, não se aplica o disposto no artigo 1º, V, do Decreto-Lei nº 779, de 21.08.1969, em que se determina a remessa necessária em caso de decisão judicial desfavorável a ente público".

Gabarito: E.

---

594. (TRT – JTS 14ª RG/2008) Considerando as proposições abaixo, conforme o Direito Processual do Trabalho, responda:

I. Na execução trabalhista, os embargos de terceiro podem ser opostos até a lavratura do auto de arrematação ou do deferimento da adjudicação, conforme o caso.

II. Na execução contra a Fazenda Pública Federal, o Juiz da execução deixará de requisitar ao Presidente do Tribunal Regional o pagamento do débito quando o mesmo for de pequeno valor, assim considerado até o limite de quarenta salários mínimos.

III. O acordo homologado perante a Justiça do Trabalho equivale a uma sentença irrecorrível, somente atacável por ação rescisória. Neste caso, o prazo decadencial para ajuizamento da aludida ação conta-se a partir do integral cumprimento da avença.

IV. A reclamação correicional possui natureza jurisdicional e é cabível contra procedimentos atentatórios da boa ordem processual adotados por Juízes do Trabalho.

a) Há apenas uma proposição verdadeira.
b) Há apenas duas proposições verdadeiras.
c) Há apenas três proposições verdadeiras.
d) Todas as proposições são verdadeiras.
e) Todas as proposições são falsas.

COMENTÁRIOS

✪ **Nota do autor:** A reclamação correicional, também denominada de correição parcial, é um remédio processual que não possui previsão legal, mas está previsto na grande parte dos regimentos internos dos Tribunais do Trabalho. Trata-se de uma medida judicial, de natureza exclusivamente processual, dirigida ao juiz corregedor, para atacar decisões ou despachos proferidos pelo juiz, que conduz a instrução do processo de forma irregular, tumultuada ou com inversão da sua ordem. Observe-se, no item "I", que o art. 1.048 do CPC de 1973 corresponde ao art. 675 do CPC de 2015.

Item "I": Incorreto, conforme art. 1.048 do CPC de 1973: "Os embargos podem ser opostos a qualquer tempo no processo de conhecimento enquanto não transitada em julgado a sentença, e, no processo de execução, até 5 (cinco) dias depois da arrematação, adjudicação ou remição, mas sempre antes da assinatura da respectiva carta".

Item "II": O limite é de 60 salários mínimos. **Item incorreto**, conforme art. 17, § 1º, da Lei nº 10.259/2001:

"Para os efeitos do § 3º do art. 100 da Constituição Federal, as obrigações ali definidas como de pequeno valor, a serem pagas independentemente de precatório, terão como limite o mesmo valor estabelecido nesta Lei para a competência do Juizado Especial Federal Cível (art. 3º, *caput*)". Art. 3º da Lei nº 10.259: "Compete ao Juizado Especial Federal Cível processar, conciliar e julgar causas de competência da Justiça Federal até o valor de sessenta salários mínimos, bem como executar as suas sentenças".

Item "III": Na verdade, conta-se do dia imediatamente subsequente ao trânsito em julgado da última decisão proferida na causa. Item **incorreto**, em conformidade com a Súmula nº 100, I, do TST: "O prazo de decadência, na ação rescisória, conta-se do dia imediatamente subsequente ao trânsito em julgado da última decisão proferida na causa, seja de mérito ou não. (ex-Súmula nº 100 – alterada pela Res. 109/2001, DJ 20.04.2001)".

Item "IV": Incorreto, conforme posicionamento doutrinário (ver nota do autor desta questão).

Gabarito: E.

6.3. EXPROPRIAÇÃO E EMBARGOS À EXECUÇÃO

595. (TRT 2 – Juiz do Trabalho Substituto 2ª Região/2016) Em se tratando da expropriação dos bens do devedor, considerando a legislação vigente, analise as seguintes proposições:

I. Se o arrematante, ou seu fiador, não pagar no quinquídio legal o preço da arrematação, perderá, em benefício da execução, o sinal, voltando à praça os bens executados.

II. Não havendo licitante, e não requerendo o exequente a remição dos bens penhorados, poderão os mesmos ser vendidos por leiloeiro nomeado pelo juiz ou presidente.

III. O arrematante deverá garantir o lance com sinal de 20% (vinte por cento) do seu valor e se não efetuar o pagamento dentro de 24 (vinte e quatro) horas do preço da arrematação, perderá esse sinal, em benefício da execução, voltando à praça os bens penhorados.

IV. É lícito ao exequente requerer que lhe sejam adjudicados os bens penhorados, podendo oferecer preço inferior ao da avaliação.

V. Aos trâmites e incidentes do processo da execução são aplicáveis, naquilo em que não contravierem as normas especificas da CLT, os preceitos que regem o processo dos executivos fiscais para a cobrança judicial da dívida ativa da Fazenda Pública Federal.

Responda:

a) Somente as proposições III e IV estão corretas.

b) Somente as proposições II e V estão corretas.

c) Somente as proposições I, III e IV estão incorretas.

d) Somente as proposições I, II e IV estão incorretas.

e) Somente as proposições II, III e V estão incorretas.

COMENTÁRIOS

✪ **Nota do autor:** A adjudicação não pode ser confundida com o procedimento pelo qual o credor propõe lances durante a praça ou leilão. Nessa hipótese, ele é licitante e possivelmente arrematante.

Item "I": Incorreto, uma vez que o prazo não é de cinco dias, mas sim de 24 horas, como deixa claro o art. 888, § 4º, da CLT: "Se o arrematante, ou seu fiador, não pagar dentro de 24 (vinte e quatro) horas o preço da arrematação, perderá, em benefício da execução, o sinal de que trata o § 2º deste artigo, voltando à praça os bens executados".

Item "II": Incorreto. Na verdade o requerimento do exequente não seria de remição, mas sim de adjudicação, de acordo com o preceito contido no art. 888, § 3º, da CLT: "Não havendo licitante, e não requerendo o exequente a adjudicação dos bens penhorados, poderão os mesmos ser vendidos por leiloeiro nomeado pelo Juiz ou Presidente".

Item "III": Correto. Essa previsão está contida no art. 888, §§ 2º e 4º da CLT: "§ 2º O arrematante deverá garantir o lance com o sinal correspondente a 20% (vinte por cento) do seu valor. § 4º Se o arrematante, ou seu fiador, não pagar dentro de 24 (vinte e quatro) horas o preço da arrematação, perderá, em benefício da execução, o sinal de que trata o § 2º deste artigo, voltando à praça os bens executados.

Item "IV": Incorreto, uma vez que o preço não pode ser inferior ao da avaliação. Nesse sentido o art. 876 do CPC de 2015: "É lícito ao exequente, oferecendo preço não inferior ao da avaliação, requerer que lhe sejam adjudicados os bens penhorados".

Item "V": Correto. Essa utilização subsidiária está prevista pelo art. 889 da CLT: "Aos trâmites e incidentes do processo da execução são aplicáveis, naquilo em que não contravierem ao presente Título, os preceitos que regem o processo dos executivos fiscais para a cobrança judicial da dívida ativa da Fazenda Pública Federal".

Gabarito: D.

596. (TRT 1 – Juiz do Trabalho Substituto 1ª Região/2016) Sendo ré em uma execução em curso na Justiça do Trabalho, na qual a dívida estava no montante de R$ 5.000,00 (cinco mil reais), a empresa Antiquário "X" teve penhorado e removido para o depósito público um antigo lustre no valor de R$ 10.000,00 (dez mil reais), o qual estava em seu poder em razão de um contrato estimatório que havia celebrado com terceiro, sendo certo que este ainda aguardava a venda do bem para haver seu crédito.

Nesse caso, o

a) devedor embargaria a execução, alegando que o lustre era impenhorável.

b) devedor apresentaria exceção de pré-executividade, alegando que não seria o possuidor do lustre.

c) devedor apresentaria simples petição, comprovando o caráter estimatório do lustre.

d) terceiro embargaria de terceiro a execução, pedindo que o bem fosse retirado da posse do Antiquário e a ele devolvido.

e) devedor embargaria a execução, alegando excesso de execução, uma vez que o lustre valeria o dobro do valor da dívida.

COMENTÁRIOS

✪ **Nota do autor:** O contrato estimatório, conhecido como contrato de venda sob consignação, é regido pelos artigos 534 e seguintes do Código Civil, nos seguintes termos: "Art. 534. Pelo contrato estimatório, o consignante entrega bens móveis ao consignatário, que fica autorizado a vendê-los, pagando àquele o preço ajustado, salvo se preferir, no prazo estabelecido, restituir-lhe a coisa consignada. Art. 535. O consignatário não se exonera da obrigação de pagar o preço, se a restituição da coisa, em sua integridade, se tornar impossível, ainda que por fato a ele não imputável. Art. 536. A coisa consignada não pode ser objeto de penhora ou sequestro pelos credores do consignatário, enquanto não pago integralmente o preço. Art. 537. O consignante não pode dispor da coisa antes de lhe ser restituída ou de lhe ser comunicada a restituição.

Alternativa "a": Correta. A impenhorabilidade, prevista pelo art. 536 do Código Civil, deve ser arguida por meio de embargos à execução, no prazo estabelecido pelo art. 884 da CLT: "Garantida a execução ou penhorados os bens, terá o executado 5 (cinco) dias para apresentar embargos, cabendo igual prazo ao exequente para impugnação".

Alternativa "b": Incorreta, pois o remédio jurídico a ser utilizado seria os embargos de terceiro para alegação da impenhorabilidade do bom, na forma prevista pelo art. 536 do Código Civil. A exceção de pré-executividade poderia ser utilizada na hipótese de nulidade processual absoluta, não sendo esse o caso da questão.

Alternativa "c": Incorreta, uma vez que a simples petição não teria o condão desconstituir a penhora.

Alternativa "d": Incorreta, uma vez que a retirada da posse do bem consignado deve observar o contrato estimatório, inclusive o eventual prazo para restituição nele consignado. Assim, dos embargos de terceiro não poderia derivar decisão sobre o referido ajuste feito entre o consignante e o consignatário.

Alternativa "e": Incorreta, pois o fundamento dos embargos à execução seria relacionado com a impenhorabilidade do bem consignado e não o excesso de execução, mesmo porque a penhora deve cobrir não só o valor atualizado da dívida, mas dos juros e das custas segundo dispõe o art. 831 do CPC de 2015 e art. 883 da CLT.

Gabarito: A.

597. (FCC – Juiz do Trabalho Substituto 6ª Região/2015) Garantida a execução ou penhorados os bens, terá o executado

a) cinco dias para apresentar embargos, cabendo igual prazo ao exequente para impugnação. A matéria de defesa será restrita às alegações de cumprimento da decisão ou do acordo, quitação ou prescrição da dívida. Não tendo sido arroladas testemunhas na defesa, o juiz ou presidente, conclusos os autos, proferirá sua decisão, dentro de dez dias, julgando subsistente ou insubsistente a penhora.

b) dez dias para apresentar embargos, cabendo igual prazo ao exequente para impugnação. A matéria de defesa será restrita às alegações de cumprimento da decisão ou do acordo, quitação ou prescrição da dívida. Não tendo sido arroladas testemunhas na defesa, o juiz ou presidente, conclusos os autos, proferirá sua decisão, dentro de dez dias, julgando subsistente ou insubsistente a penhora.

c) cinco dias para apresentar embargos, cabendo igual prazo ao exequente para impugnação. A matéria de defesa será restrita às alegações de cumprimento da decisão ou do acordo, quitação ou prescrição da dívida. Se na defesa tiverem sido arroladas testemunhas, poderá o Juiz ou o Presidente do Tribunal, caso julgue necessários seus depoimentos, marcar audiência para a produção das provas, a qual deverá realizar-se dentro de cinco dias.

d) dez dias para apresentar embargos, cabendo igual prazo ao exequente para impugnação. A matéria de defesa será restrita à impugnação da liquidação apresentada pelos credores trabalhista e previdenciário. Se na defesa tiverem sido arroladas testemunhas, poderá o Juiz ou o Presidente do Tribunal, caso julgue necessários seus depoimentos, marcar audiência para a produção das provas, a qual deverá realizar-se dentro de dez dias.

e) quinze dias para apresentar embargos, cabendo igual prazo ao exequente para impugnação. A matéria de defesa será restrita às alegações de penhora, cumprimento da decisão ou do acordo, quitação ou prescrição da dívida. Se tiverem sido arroladas testemunhas, finda a sua inquirição em audiência, o escrivão ou secretário fará, dentro de quarenta e oito horas, conclusos os autos ao juiz ou presidente, que proferirá sua decisão.

COMENTÁRIOS

✪ **Nota do autor:** A principal característica dos embargos à execução contra a Fazenda Pública diz respeito ao prazo para apresentação, que é de trinta dias, e à desnecessidade de segurança do juízo.

Alternativa "a": Incorreta, pois o prazo para o juiz proferir a decisão é de cinco dias e não dez como constou na assertiva, segundo dispõe a parte final do art.

885 da CLT: "Não tendo sido arroladas testemunhas na defesa, o juiz ou presidente, conclusos os autos, proferirá sua decisão, dentro de 5 (cinco) dias, julgando subsistente ou insubsistente a penhora".

Alternativa "b": Incorreta, uma vez que o prazo para apresentação de embargos é de cinco dias, conforme se observa da redação do art. 884, *caput* da CLT: "Art. 884 – Garantida a execução ou penhorados os bens, terá o executado 5 (cinco) dias para apresentar embargos, cabendo igual prazo ao exequente para impugnação".

Alternativa "c": Corretas as assertivas, uma vez que de acordo com as prescrições legais contidas no art. 884, §§ 1º e 2º, da CLT: "Art. 884 – Garantida a execução ou penhorados os bens, terá o executado 5 (cinco) dias para apresentar embargos, cabendo igual prazo ao exequente para impugnação. § 1º – A matéria de defesa será restrita às alegações de cumprimento da decisão ou do acordo, quitação ou prescrição da dívida. § 2º – Se na defesa tiverem sido arroladas testemunhas, poderá o Juiz ou o Presidente do Tribunal, caso julgue necessários seus depoimentos, marcar audiência para a produção das provas, a qual deverá realizar-se dentro de 5 (cinco) dias."

Alternativa "d": Incorreta, uma vez que o prazo para apresentação de embargos é de cinco dias, conforme se observa da redação do art. 884, *caput* da CLT: "Art. 884 – Garantida a execução ou penhorados os bens, terá o executado 5 (cinco) dias para apresentar embargos, cabendo igual prazo ao exequente para impugnação".

Alternativa "e": Incorreta, uma vez que o prazo para apresentação de embargos é de cinco dias, conforme se observa da redação do art. 884, *caput* da CLT: "Art. 884 – Garantida a execução ou penhorados os bens, terá o executado 5 (cinco) dias para apresentar embargos, cabendo igual prazo ao exequente para impugnação".

Gabarito: C.

598. (TRT 23 – Juiz do Trabalho Substituto 23ª Região/2014) Assinale a assertiva CORRETA:

a) Em não comparecendo à audiência testemunha convidada pela parte, poderá o juiz determinar a sua imediata condução coercitiva.

b) Aberta a audiência, não havendo acordo, o reclamado terá vinte minutos para aduzir sua defesa, salvo na hipótese da Fazenda Pública, que, beneficiada pelo prazo em quádruplo para contestar, poderá aduzir a defesa em até oitenta minutos.

c) Existindo na decisão erros ou enganos de escrita, de datilografia ou de cálculo, poderão os mesmos, em qualquer fase do processo, ser corrigidos, de oficio ou a requerimento dos interessados ou da Procuradoria da Justiça do Trabalho.

d) A testemunha que for parente até o quarto grau civil, amigo íntimo ou inimigo de qualquer das partes, não prestará compromisso, e seu depoimento valerá como simples informação.

e) A matéria de defesa, em sede de embargos à execução, será restrita às alegações de cumprimento da decisão ou do acordo, quitação ou prescrição da dívida.

COMENTÁRIOS

Alternativa "a": Só há condução coercitiva quando a testemunha é intimada para comparecer e não se faz presente sem qualquer justificativa. Nesse sentido o art. 852-H, § 3º, da CLT: "Só será deferida intimação de testemunha que, comprovadamente convidada, deixar de comparecer. Não comparecendo a testemunha intimada, o juiz poderá determinar sua imediata condução coercitiva". **Incorreta.**

Alternativa "b": Não há essa possibilidade. Na verdade, o privilégio da Fazenda Pública no sentido de a audiência só ser marcada após 20 dias da intimação e não 5 como acontece com as demais demandas. Nesse sentido o inciso II, art. 1º, do Decreto-Lei nº 779/69: "Art. 1º Nos processos perante a Justiça do Trabalho, constituem privilégio da União, dos Estados, do Distrito Federal, dos Municípios e das autarquias ou fundações de direito público federais, estaduais ou municipais que não explorem atividade econômica: II – o quádruplo do prazo fixado no artigo 841, "in fine", da Consolidação das Leis do Trabalho". **Incorreta.**

Alternativa "c": Tais erros ou enganos só podem ser corrigidos até antes de iniciada a execução, de acordo com o art. 833 da CLT: "Existindo na decisão evidentes erros ou enganos de escrita, de datilografia ou de cálculo, poderão os mesmos, antes da execução, ser corrigidos, ex officio, ou a requerimento dos interessados ou da Procuradoria da Justiça do trabalho". **Incorreta.**

Alternativa "d": O limite de parentesco é até o terceiro grau. Alternativa **incorreta**, pois não corresponde ao mandamento contido no art. 829 da CLT: "A testemunha que for parente até o terceiro grau civil, amigo íntimo ou inimigo de qualquer das partes, não prestará compromisso, e seu depoimento valerá como simples informação".

Alternativa "e": São esses os três fundamentos que podem constar nos embargos à execução, de acordo com o art. 884, § 1º da CLT: "A matéria de defesa será restrita às alegações de cumprimento da decisão ou do acordo, quitação ou prescrição da dívida". **Correta.**

Gabarito: E.

599. (TRT 8 – Juiz do Trabalho Substituto 8ª Região/2014) Assinale a alternativa INCORRETA:

a) Não se acolhe, por violação do art. 920 do Código Civil de 1916 (art. 412 do Código Civil de 2002), pedido de rescisão de julgado que: a) em processo de conhecimento, impôs condenação ao pagamento de multa, quando a decisão rescindenda for anterior à Orientação Jurisprudencial nº 5 da Subseção I Especializada em Dissídios Individuais do TST (30.05.94), incidindo o óbice da Súmula nº 83 do TST; b) em execução, rejeita-se limitação da condenação ao pagamento de multa, por inexistência de violação literal.

b) Em sede de precatório, não configura ofensa à coisa julgada a limitação dos efeitos pecuniários da sentença condenatória ao período anterior ao advento da Lei nº 8.112, de 11.12.1990, em que o exequente submetia-se à legislação trabalhista, salvo disposição expressa em contrário na decisão exequenda.

c) São incompatíveis com a natureza e finalidade do dissídio coletivo as pretensões de provimento judicial de arresto, apreensão ou depósito.

d) Uma vez tendo exaurido o prazo conferido à Fazenda Pública Federal, Estadual ou Municipal à oposição de embargos, e transitada em julgado a decisão, tratando-se de dívida sujeita à expedição de precatório, o juiz requisitará o pagamento por intermédio do Presidente do Tribunal correspondente, salvo quando se tratar de crédito de pequeno valor, caso em que o juiz da execução requisitará o pagamento diretamente à autoridade citada para o processo de execução, pelo modo e procedimentos da Instrução Normativa 32/2007 do Tribunal Superior do Trabalho.

e) É válida a penhora em bens de pessoa jurídica de direito privado, realizada anteriormente à sucessão pela União ou por Estado-membro, não podendo a execução prosseguir mediante precatório. A decisão que a mantém não viola o art. 100 da CF/1988.

COMENTÁRIOS

✪ **Nota do autor:** Para a satisfação do credor da Fazenda Pública é necessário que exista uma dotação orçamentária específica. Para tanto, as requisições de precatórios devem ser apresentadas até o dia primeiro de julho para possibilitar a inclusão no orçamento e o consequente pagamento durante o exercício seguinte, acrescido da atualização monetária.

Alternativa "a": Esse procedimento em relação ao não cabimento da ação rescisória está previsto na OJ nº 30 da SDI-2: "Não se acolhe, por violação do art. 920 do Código Civil de 1916 (art. 412 do Código Civil de 2002), pedido de rescisão de julgado que: a) em processo de conhecimento, impôs condenação ao pagamento de multa, quando a decisão rescindenda for anterior à Orientação Jurisprudencial nº 54 da Subseção I Especializada em Dissídios Individuais do TST (30.05.94), incidindo o óbice da Súmula nº 83 do TST; b) em execução, rejeita-se limitação da condenação ao pagamento de multa, por inexistência de violação literal". **Correta.**

Alternativa "b": Correta, pois corresponde ao texto da OJ nº 6 do Tribunal Pleno, do TST: "Em sede de precatório, não configura ofensa à coisa julgada a limitação dos efeitos pecuniários da sentença condenatória ao período anterior ao advento da Lei nº 8.112, de 11.12.1990, em que o exequente submetia-se à legislação trabalhista, salvo disposição expressa em contrário na decisão exequenda".

Alternativa "c": Correta a assertiva, considerado o fato da natureza normativa da sentença proferida no dissídio coletivo, conforme entendimento do TST constante da OJ nº 3 do Tribunal Pleno: "São incompatíveis com a natureza e finalidade do dissídio coletivo as pretensões de provimento judicial de arresto, apreensão ou depósito".

Alternativa "d": O juiz da execução não detém essa prerrogativa. A requisição é expedida por ele, mas é dirigida ao presidente do Tribunal, na forma prevista pelo art. 5º, da Instrução normativa nº 32 do TST: "Art. 5º As requisições de pagamento que decorram de precatório ou as de pequeno valor, quando a devedora for a União, serão expedidas pelo Juiz da execução e dirigidas ao presidente do Tribunal, a quem compete: a) examinar a regularidade formal da requisição; b) corrigir, de ofício ou a requerimento das partes, inexatidões materiais ou retificar erros de cálculos, vinculados à utilização de critério em descompasso com a lei ou com o título executivo judicial, desde que o critério não haja sido objeto de debate quer na fase de conhecimento, quer na fase de execução; c) expedir o ofício requisitório; e d) zelar pela obediência à ordem de preferência de pagamento dos créditos, na hipótese de precatórios". **Incorreta.**

Alternativa "e": Correta a assertiva, pois corresponde ao entendimento do TST revelado por meio da OJ nº 343 da SDI-1: "É válida a penhora em bens de pessoa jurídica de direito privado, realizada anteriormente à sucessão pela União ou por Estado-membro, não podendo a execução prosseguir mediante precatório. A decisão que a mantém não viola o art. 100 da CF/1988".

Gabarito: D.

---

600. (TRT 2 – Juiz do Trabalho Substituto 2ª Região/2014) Em relação aos embargos de terceiro, aponte a alternativa correta:

a) Equipara-se a terceiro, para efeito dos embargos, o cônjuge quando defende bens de sua meação.

b) Os embargos de terceiro podem ser opostos a qualquer tempo no processo de conhecimento ainda que a sentença tenha passado em julgado.

c) Uma vez que não está previsto na CLT, o recurso oponível à decisão de embargos de terceiro, na execução, lícito entender-se possível a apelação.

d) O possuidor direto não pode alegar, com sua posse, domínio alheio.

e) Na execução por carta precatória, os embargos de terceiro serão oferecidos no juízo deprecado, mas a competência para julgá-los é sempre do juízo deprecante.

COMENTÁRIOS

✪ **Nota do autor:** A suspensão do processo principal só ocorre quando os embargos de terceiro versarem sobre todos os bens ou direitos. Caso seja parcial, prossegue-se o feito em relação àqueles bens não embargados. Observe-se, na alternativa "a", que o art. 1.046, §3º, do CPC de 1973 corresponde ao art. 674, §2º, I, do CPC de 2015. Já na alternativa "b", o art. 1.048 do CPC de 1973 corresponde ao art. 675 do CPC de 2015. Ainda, na alternativa "d" o art. 1.050, § 2º, do CPC de 1973 corresponde ao art. 677, §2º, do CPC de 2015. Por fim, na alternativa "e", o art. 747 do CPC de 1973 corresponde ao art. 914, §2º, do CPC de 2015.

Alternativa "a": Correta a assertiva, pois corresponde ao mandamento legal contido no art. 1.046, §3º, do CPC de 1973: "Considera-se também terceiro o cônjuge quando defende a posse de bens dotais, próprios, reservados ou de sua meação".

Alternativa "b": No processo de conhecimento só é possível o ajuizamento de embargos de terceiro enquanto a sentença não transitar em julgado. Nesse sentido é a determinação contida no art. 1.048 do CPC de 1973: "Os embargos podem ser opostos a qualquer tempo no processo de conhecimento enquanto não transitada em julgado a sentença, e, no processo de execução, até 5 (cinco) dias depois da arrematação, adjudicação ou remição, mas sempre antes da assinatura da respectiva carta". **Incorreta.**

Alternativa "c": Apesar de ser uma ação especial, deve-se seguir o sistema recursal trabalhista (Instrução Normativa nº 27/2005 do TST. "Art. 2º A sistemática recursal a ser observada é a prevista na Consolidação das Leis do Trabalho, inclusive no tocante à nomenclatura, à alçada, aos prazos e às competências"), que nesse caso prevê a possibilidade de interposição de recurso ordinário, caso haja decisão na fase de conhecimento, ou agravo de petição, se na fase de execução. **Incorreta.**

Alternativa "d": A determinação legal é justamente em sentido contrário, de acordo com o preceito contido no art. 1.050, § 2º, do CPC de 1973: "O possuidor direto pode alegar, com a sua posse, domínio alheio". **Incorreta.**

Alternativa "e": Também pode ser oferecido no juízo deprecante, de acordo com o art. 747 do CPC de 1973: "Na execução por carta, os embargos serão oferecidos no juízo deprecante ou no juízo deprecado, mas a competência para julgá-los é do juízo deprecante, salvo se versarem unicamente vícios ou defeitos da penhora, avaliação ou alienação dos bens". **Incorreta.**

Gabarito: A.

---

601. (TRT 3 – Juiz do Trabalho Substituto 3ª Região/2013) Sobre o processo de execução, leia as afirmações abaixo e, em seguida, assinale a alternativa correta:

I. Foi adotado pelo ordenamento jurídico brasileiro o princípio da responsabilidade patrimonial ilimitada, ficando autorizada a penhora de quaisquer bens do executado.

II. É impenhorável o único bem imóvel do devedor que esteja locado a terceiro, desde que a renda obtida com a locação seja revertida para a subsistência ou a moradia da sua família.

III. É penhorável o único bem imóvel do devedor que esteja locado a terceiro, ainda que a renda obtida com a locação seja revertida para a subsistência ou a moradia da sua família.

IV. É admissível a penhora da renda mensal ou faturamento de empresa, limitada a determinado percentual, desde que não comprometa o desenvolvimento regular de suas atividades.

a) Somente as afirmativas I, III e IV estão corretas.

b) Somente as afirmativas I, II e IV estão corretas.

c) Somente as afirmativas II e IV estão corretas.

d) Somente as afirmativas III e IV estão corretas.

e) Somente as afirmativas I e II estão corretas.

COMENTÁRIOS

✪ **Nota do autor: Em regra,** todos os bens e direitos disponíveis do devedor que sejam sujeitos a uma apreciação econômica são passíveis de penhora, salvo aqueles por lei declarados como impenhoráveis.

Item "I": Incorreta a assertiva, pois existem diversos casos legais de impenhorabilidade absoluta e relativa, notadamente aqueles constantes do art. 649 do CPC de 1973, aplicado subsidiariamente ao processo laboral, cujo correspondente no CPC de 2015 é o art. 833.

Item "II": Correta a assertiva, pois corresponde ao entendimento do STJ revelado pela Súmula nº 486: "É impenhorável o único imóvel residencial do devedor que esteja locado a terceiros, desde que a renda obtida com a locação seja revertida para a subsistência ou a moradia da sua família".

Item "III": Incorreto, pois contraria o posicionamento do STJ revelado por meio da Súmula nº 486: "É impenhorável o único imóvel residencial do devedor que esteja locado a terceiros, desde que a renda obtida com a locação seja revertida para a subsistência ou a moradia da sua família".

Item "IV": Correta a assertiva, conforme entendimento do TST constante da OJ º 93 da SDI-II: "É admissível a penhora sobre a renda mensal ou faturamento de empresa, limitada a determinado percentual, desde que não comprometa o desenvolvimento regular de suas atividades". Atualmente a referida OJ conta com a seguinte redação: "PENHORA SOBRE PARTE DA RENDA DE ESTABELECIMENTO COMERCIAL. POSSIBILIDADE. (alterada em decorrência do CPC de 2015) – Res. 220/2017 – DEJT divulgado em 21, 22 e 25.09.2017 Nos termos do art. 866 do CPC de 2015, é admissível a penhora sobre a renda mensal ou faturamento de empresa, limitada a percentual, que não comprometa o desenvolvimento regular de suas atividades, desde que não haja outros bens penhoráveis ou, havendo outros bens, eles sejam de difícil alienação ou insuficientes para satisfazer o crédito executado."

Gabarito: C.

602. (TRT 8 – Juiz do Trabalho Substituto 8ª Região/2013) Sobre embargos à execução e exceção de pré-executividade é CORRETO afirmar que:

a) O ato jurisdicional que aprecia a exceção de pré-executividade possui natureza dúplice: decisão interlocutória (se a rejeitar) ou sentença (se a acolher).

b) A exceção de pré-executividade é compatível com o processo do trabalho, em caráter excepcional, e envolve matérias exclusivas de ordem pública, cujas provas devem ser constituídas previamente.

c) Garantida a execução ou penhorados os bens, terá o executado 5 (cinco) dias para apresentar embargos, cabendo igual prazo ao exequente para impugnação. A matéria de defesa será restrita às alegações de cumprimento da decisão ou do acordo e quitação da dívida.

d) As matérias que deram conteúdo à exceção de pré-executividade não poderão ser repetidas nos embargos do devedor, inclusive com relação à Fazenda Pública.

e) A fraude à execução é regulada pelo direito processual e integra a classe dos direitos públicos, constituindo-se em ilícito penal, sendo ineficazes os atos praticados em fraude à execução. Todavia, a má-fé do devedor deve ser provada pelo credor.

COMENTÁRIOS

Nota do autor: Determinados vícios de ordem processual são insanáveis e podem ser conhecidos de ofício pelo juiz a qualquer tempo, sem a incidência da preclusão temporal em caso de omissão. Ora, se a matéria é de ordem pública e pode ser conhecida a qualquer tempo pelo juízo, nada impede que o executado informe ao juiz sobre a existência de possíveis irregularidades, também a qualquer tempo, sem a necessidade de que a respectiva arguição esteja inserida no bojo dos embargos à execução. Assim, a exceção ou objeção de pré-executividade nada mais é do que o exercício dessa faculdade pelo executado, que informa ao juiz sobre a existência de nulidades processuais e demais matérias de ordem pública, sem a necessidade de garantir o juízo, requisito dos embargos à execução.

Alternativa "a": Correta. A decisão que rejeita a pretensão do devedor inserida no bojo da exceção de pré-executividade tem natureza interlocutória e só pode ser atacada por meio de eventual recurso principal, qual seja, agravo de petição. Nos casos em que os argumentos da exceção são acolhidos pelo juízo, como a hipótese de incidência de prescrição intercorrente, a sentença extinguirá o processo de execução. Nese caso, cabe agravo de petição.

Alternativa "b": Incorreta, pois a exceção de pré-executividade é totalmente compatível com o processo do trabalho e não apenas em caráter excepcional. Além disso, não se limita, necessariamente, às matérias de ordem pública. O devedor pode alegar, por exemplo, o pagamento da dívida ou qualquer outro meio de extinção da sua obrigação.

Alternativa "c": Incorreta, uma vez que pode ser alegada ainda a prescrição da dívida, na forma prevista pela parte final do § 1º, art. 884, da CLT: "Garantida a execução ou penhorados os bens, terá o executado 5 (cinco) dias para apresentar embargos, cabendo igual prazo ao exequente para impugnação. § 1º – A matéria de defesa será restrita às alegações de cumprimento da decisão ou do acordo, quitação ou prescrição da dívida".

Alternativa "d": Não há previsão legal nesse sentido, mesmo porque nem mesmo o procedimento denominado de exceção ou objeção de pré-executividade está previsto na legislação processual brasileira. **Incorreta.**

Alternativa "e": Incorreta. A fraude a execução é classificada como ilícito penal previsto no art. 179 do CP: "Fraudar execução, alienando, desviando, destruindo ou danificando bens, ou simulando dívidas: Pena – detenção, de seis meses a dois anos, ou multa. Parágrafo único – Somente se procede mediante queixa". A fraude à execução difere da fraude contra credores, porque esta última exige a prova da fraude, ou mais precisamente, do *consilium fraudis*. Na primeira, instituto de direito processual, basta apenas o ato objetivo da alienação ou do gravame, independentemente de se perquirir se o adquirente ou possuidor estava de boa-fé ou de má-fé. A jurisprudência flexibilizou os rigores dos efeitos da fraude à execução, no sentido de exigir o registro da constrição judicial no cartório de imóveis, para conferir publicidade absoluta ao ato. Consolidando esse posicionamento jurisprudencial, o STJ editou a Súmula nº 375, com a seguinte redação: "O reconhecimento da fraude à execução depende do registro da penhora do bem alienado ou da prova de má-fé do terceiro adquirente". Portanto, se a penhora estiver registrada, não é necessário fazer a prova da má-fé do terceiro adquirente. Alternativa. Inclusive esse entendimento foi albergado pelo CPC de 2015, mais precisamente em seu art. 792, I: "A alienação ou a oneração de bem é considerada fraude à execução: I – quando sobre o bem pender ação fundada em direito real ou com pretensão reipersecutória, desde que a pendência do processo tenha sido averbada no respectivo registro público, se houver". O TST, por meio de sua IN nº 39/16, art. 3º, XIII, considera aplicável ao processo do trabalho todo o capítulo que trata da responsabilidade patrimonial, incluindo o mencionado art. 792.

Gabarito: A.

603. (TRT 8 – Juiz do Trabalho Substituto 8ª Região/2013) Sobre expropriação dos bens do devedor, arrematação, adjudicação, remição e execução contra a Fazenda Pública (precatórios e dívidas de pequeno valor) é CORRETO afirmar que:

a) O dispositivo constitucional que torna privilegiado o crédito trabalhista (pelo seu caráter alimentar) não afasta tal crédito do procedimento do precatório nem o dispensa do princípio geral de observância da ordem cronológica de ingresso, podendo ser determinado o sequestro da conta do ente público para pagamento do crédito trabalhista se houver preterição na observância da ordem cronológica de apresentação.

b) Não se admite o fracionamento do crédito judicial para receber, parte diretamente, até o limite do pequeno valor, e parte mediante precatório. Todavia, é admissível a renúncia do valor excedente para receber o crédito sem necessidade de precatório, considerando-se como de pequeno valor, em definição legal, os débitos judiciais da Fazenda Pública de até 40 salários mínimos.

c) A arrematação deverá ser anunciada por edital afixado na sede do juízo ou tribunal e publicado no jornal local, se houver, com a antecedência de vinte (20) dias. A arrematação far-se-á em dia, hora e lugar anunciados e os bens serão vendidos pelo maior lance, com exigência de sinal correspondente a 20% (vinte por cento) do valor. Se o arrematante não pagar dentro de 2 4 (vinte e quatro) horas o preço da arrematação, perderá o sinal em benefício da execução, voltando à praça os bens executados. A adjudicação prefere à arrematação.

d) Para evitar a alienação judicial pode o executado remir a execução até 5 (cinco) dias após arrematados ou adjudicados os bens e assinatura do auto, pagando a importância atualizada da condenação, inclusive juros, correção monetária, despesas processuais e honorários de advogado.

e) A manifestação volitiva do credor é requisito essencial para a adjudicação de bens imóveis, por tratar-se de um meio de aquisição de propriedade, o que não ocorre com os bens móveis em face da "tradição".

COMENTÁRIOS

✪ **Nota do autor:** A remição, substantivo derivado do verbo remir, consiste em instituto do direito processual por meio do qual o próprio devedor resgata sua dívida. Para tanto, o pagamento deve envolver o principal da dívida, acrescido de juros de mora, correção monetária, bem como das despesas processuais. A outra hipótese prevista pela legislação era a de remição de bens, faculdade exercida pelos parentes do devedor com previsão legal inserta no revogado art. 787 do CPC de 1973, mas que não implicava o fim da relação processual da execução forçada. Observe-se, na alternativa "d", que o art. 651 do CPC de 1973 corresponde ao art. 826 do CPC de 2015.

Alternativa "a": Se o crédito alimentar for classificado como de pequeno valor, ficará dispensado do procedimento do precatório, na forma prevista pelo art. 100, *caput* e § 3º da CF/88: "O disposto no caput deste artigo relativamente à expedição de precatórios não se aplica aos pagamentos de obrigações definidas em leis como de pequeno valor que as Fazendas referidas devam fazer em virtude de sentença judicial transitada em julgado". **Incorreta.**

Alternativa "b": A primeira parte da assertiva é verdadeira, pois está de acordo com o art. 100, §8º da CLT: "É vedada a expedição de precatórios complementares ou suplementares de valor pago, bem como o fracionamento, repartição ou quebra do valor da execução para fins de enquadramento de parcela do total ao que dispõe o § 3º deste artigo". Todavia, a parte final não é verdadeira, pois cada Ente da federação deve fixar o valor da dívida de pequeno valor, conforme previsão contida no § 4º, art. 100, da CF/88. "Para os fins do disposto no § 3º, poderão ser fixados, por leis próprias, valores distintos às entidades de direito público, segundo as diferentes capacidades econômicas, sendo o mínimo igual ao valor do maior benefício do regime geral de previdência social". Em caso de omissão, o § 12, do art. 97 do ADCT da CF/88 estabelece os seguintes valores: "Se a lei a que se refere o § 4º do art. 100 não estiver publicada em até 180 (cento e oitenta) dias, contados da data de publicação desta Emenda Constitucional, será considerado, para os fins referidos, em relação a Estados, Distrito Federal e Municípios devedores, omissos na regulamentação, o valor de: I – 40 (quarenta) salários mínimos para Estados e para o Distrito Federal; II – 30 (trinta) salários mínimos para Municípios". Assertiva **Incorreta**.

Alternativa "c": Correta a assertiva, pois se encontra em consonância com os preceitos contidos no art. 888 da CLT: "Concluída a avaliação, dentro de dez dias, contados da data da nomeação do avaliador, seguir-se-á a arrematação, que será anunciada por edital afixado na sede do juízo ou tribunal e publicado no jornal local, se houver, com a antecedência de vinte (20) dias. § 1º A arrematação far-se-á em dia, hora e lugar anunciados e os bens serão vendidos pelo maior lance, tendo o exequente preferência para a adjudicação. § 2º O arrematante deverá garantir o lance com o sinal correspondente a 20% (vinte por cento) do seu valor. § 3º Não havendo licitante, e não requerendo o exequente a adjudicação dos bens penhorados, poderão os mesmos ser vendidos por leiloeiro nomeado pelo Juiz ou Presidente. § 4º Se o arrematante, ou seu fiador, não pagar dentro de 24 (vinte e quatro) horas o preço da arrematação, perderá, em benefício da execução, o sinal de que trata o § 2º deste artigo, voltando à praça os bens executados".

Alternativa "d": Incorreta a assertiva, pois a remição da execução só pode ser feita antes da adjudicação ou alienação dos bens, conforme determina o art. 651 do CPC aplicado subsidiariamente ao processo laboral: "Antes de adjudicados ou alienados os bens, pode o executado, a todo tempo, remir a execução, pagando ou consignando a importância atualizada da dívida, mais juros, custas e honorários advocatícios".

Alternativa "e": Incorreto. A adjudicação é o ato processual de expropriação judicial por meio do qual o juiz, por sentença, faz a entrega do bem penhorado ao credor, mediante seu requerimento. O credor deve participar da praça ou leilão para que demonstre, formalmente, o seu interesse em adjudicar o bem e exercer seu direito de preferência. Na hipótese de bem móvel, expede-se mandado de entrega ao adjudicante, pois a transferência do domínio opera-se apenas com a tradição da coisa. Assim, não basta apenas a manifestação de vontade do adjudicante. No caso de imóveis, expede-se uma carta de adjudicação que deverá conter a descrição do imóvel, com remissão à sua matrícula e registros, a cópia do auto de adjudicação e a prova de quitação do imposto de transmissão.

Gabarito: C.

---

604. (TRT 2 – Juiz do Trabalho Substituto 2ª Região/2013) Em relação à execução trabalhista, observe as proposições abaixo e ao final aponte a alternativa que contenha proposituras corretas

I. Concluída a avaliação dos bens, seguir-se-á a arrematação e, não havendo licitante, os bens deverão ser vendidos por leiloeiro nomeado pelo Juiz ou Presidente.

II. De acordo com a legislação trabalhista, a alienação de qualquer bem penhorado, será feita por iniciativa particular ou por leilão público.

III. O objetivo da execução por quantia certa não é o de transferir os bens penhorados ao patrimônio do credor, e sim, propiciar que este possa ter, com o produto da expropriação atendido o seu direito.

IV. O licitante da arrematação poderá fazê-la em dinheiro, com o sinal correspondente a, pelo menos, 20% do seu valor que, se não pago dentro de 24 horas, será perdido em prol da execução.

V. Sendo a arrematação ato translativo de domínio, transmite esta ao arrematante o direito de propriedade dos bens expropriados, e se a coisa pertencia a terceiro, este perderá os direitos reais parciais que, acaso, possuísse sobre a coisa:

Está correta a alternativa:

a) I e IV.

b) II e III.

c) III e IV.

d) III e V.

e) I e V.

COMENTÁRIOS

✪ **Nota do autor:** São diversas as modalidades de expropriação de bens, que em última análise constitui o objetivo principal da execução forçada por quantia certa. Pode ser feita por intermédio da hasta pública, da adjudicação em favor do exequente, da alienação antecipada, da adjudicação em favor de outros credores, do leilão presencial, do leilão pela internet, da alienação particular e do usufruto de móvel ou imóvel. Observe-se, no item "II", que o art. 685-C do CPC de 1973 corresponde ao art. 880 do CPC de 2015.

Item "I": Incorreto, pois o art. 888, §3º, da CLT confere uma faculdade e não um dever ao juiz: "Não havendo licitante, e não requerendo o exequente a adjudicação dos bens penhorados, poderão os mesmos ser vendidos por leiloeiro nomeado pelo Juiz ou Presidente".

Item "II": Incorreto, pois na legislação trabalhista não há previsão para a alienação por iniciativa particular, conforme se observa da redação do art. 23 da Lei nº 6830/80 que rege a execução trabalhista em face da omissão da CLT: "A alienação de quaisquer bens penhorados será feita em leilão público, no lugar designado pelo Juiz". Entretanto, há dispositivo nesse sentido no CPC, mais precisamente o art. 685-C, que confere o exequente a faculdade de requerer que os bens sejam alienados por sua própria iniciativa ou por intermédio de corretor credenciado perante a autoridade judiciária, caso não prefira a sua adjudicação.

Item "III": Correto. A expropriação forçada dos bens do devedor ou do responsável representa o exercício do poder estatal, por meio do qual lhe é retirado o direito de dispor sobre o seu patrimônio, com o objetivo de satisfazer o credor e não de lhe entregar o bem penhorado, o que só ocorre com a adjudicação.

Item "IV": Correto, uma vez que esse procedimento encontra-se previsto no art. 888, §§2º e 4º, da CLT: "O arrematante deverá garantir o lance com o sinal correspondente a 20% (vinte por cento) do seu valor. § 4º Se o arrematante, ou seu fiador, não pagar dentro de 24 (vinte e quatro) horas o preço da arrematação, perderá, em benefício da execução, o sinal de que trata o § 2º deste artigo, voltando à praça os bens executados".

Item "V": Incorreto. O domínio do bem só se transfere com a tradição, quando se tratar de bens móveis, ou pelo registro no cartório competente, do auto e da carta de arrematação, em caso de bens imóveis.

Gabarito: C.

---

605. (TRT – JTS 6ª RG/2010) Com relação aos Embargos à Execução e à Impugnação aos Cálculos de Liquidação, assinale a alternativa CORRETA,

a) O prazo para Embargos à Execução no processo do trabalho é de dez dias contados da juntada aos autos do auto de penhora.

b) Na fase de Embargos à Execução, não é possível produção de prova testemunhal.

c) O exequente só poderá impugnar os cálculos de liquidação no momento em que tiver ciência da liberação do crédito exequendo.

d) Nos Embargos o executado poderá suscitar a inexigibilidade do título pela quitação.

e) A Impugnação aos Cálculos, promovida pelo exequente, será julgada em autos apartados.

COMENTÁRIOS

✪ **Nota do autor:** No caso da Fazenda Pública, o prazo para apresentação dos embargos à execução inicia-se com a citação, uma vez que não há que se falar em penhora de bem público. Observe-se, na alternativa "d", que o art. 475-L, II, do CPC de 1973 corresponde ao art. 525, §1º, III, do CPC de 2015.

Alternativa "a": Incorreta, pois em desacordo com o art. 774 da CLT: "Salvo disposição em contrário, os prazos previstos neste Título contam-se, conforme o caso, a partir da data em que for feita pessoalmente, ou recebida a notificação, daquela em que for publicado o edital no jornal oficial ou no que publicar o expediente da Justiça do Trabalho, ou, ainda, daquela em que for afixado o edital na sede da Junta, Juízo ou Tribunal".

Alternativa "b": Incorreta, em face do disposto no art. 884, § 2º, da CLT que prevê expressamente essa possibilidade: "Se na defesa tiverem sido arroladas testemunhas, poderá o Juiz ou o Presidente do Tribunal, caso julgue necessários seus depoimentos, marcar audiência para a produção das provas, a qual deverá realizar-se dentro de 5 (cinco) dias".

Alternativa "c": Essa impugnação deve ser feita na mesma oportunidade que o executado tem para oferecer embargos à execução. Alternativa **incorreta**, por contrariar o disposto no art. 884, § 2º, da CLT: "Somente nos embargos à penhora poderá o executado impugnar a sentença de liquidação, cabendo ao exequente igual direito e no mesmo prazo".

Alternativa "d": Correta, conforme art. 884, § 1º, da CLT: "A matéria de defesa será restrita às alegações de cumprimento da decisão ou do acordo, quitação ou prescrição da dívida". De forma mais específica trata o art. 475-L, II, do CPC, aplicado subsidiariamente ao processo laboral: "A impugnação somente poderá versar sobre: II – inexigibilidade do título".

Alternativa "e": Incorreta, pois contraria o art. 884, § 4º, da CLT: "Julgar-se-ão na mesma sentença os embargos e as impugnações à liquidação apresentadas pelos credores trabalhista e previdenciário".

Gabarito: D.

7. DISSÍDIO COLETIVO, AÇÕES COLETIVAS E ESPECIAIS

7.1. DISSÍDIO COLETIVO

606. (TRT 4 – Juiz do Trabalho Substituto 4ª Região/2016) Assinale a assertiva incorreta sobre dissídio coletivo.

a) A prerrogativa para instauração do dissídio coletivo em caso de greve é da entidade sindical ou do Ministério Público do Trabalho, considerando que o art. 856 da Consolidação das Leis do Trabalho – CLT restou derrogado pelo art. 8º da Lei nº 7.783/1989, que dispõe sobre o exercício do direito de greve.

b) O dissídio coletivo somente pode ser instaurado pela federação quando inexistir sindicato no âmbito de sua atuação. Do mesmo modo, a confederação somente poderá instaurar o dissídio coletivo na hipótese de inexistência de federação e de sindicato no âmbito de sua atuação respectiva, seja de empregado, seja de empregador.

c) Nos termos da CLT, a representação dos sindicatos para instauração da instância não se subordina à aprovação de assembleia da qual participem os associados interessados na solução do dissídio coletivo, em primeira convocação, por maioria de 2/3 (dois terços) dos mesmos, ou, em segunda convocação, por 1/3 (um terço) dos presentes.

d) As cláusulas de natureza econômica não podem ser objeto de dissídio coletivo quando proposto em face das pessoas jurídicas de direito público que mantenham empregados.

e) São peças indispensáveis para a instauração do dissídio coletivo o edital de convocação da categoria e a ata da assembleia geral de trabalhadores, sendo imprescindível, quando instaurado contra determinada empresa, a autorização dos trabalhadores diretamente envolvidos.

COMENTÁRIOS

✪ **Nota do autor:** Aos servidores públicos civis foi assegurado o direito de associação em sindicatos. Entretanto, as conquistas obtidas durante o estágio de negociação entre o sindicato dos servidores públicos e a Administração Pública só podem ser efetivadas por meio de um instrumento formal próprio, qual seja, a lei. Assim, admite-se a possibilidade da adoção de convênios coletivos ou de sentença normativa no serviço público, desde que tratam de cláusulas de natureza social excluída as cláusulas de natureza econômica.

Alternativa "a": Correta a assertiva, conforme art. 857 da CLT e art. 8º da Lei nº 7.783/89: "Art. 857 – A representação para instaurar a instância em dissídio coletivo constitui prerrogativa das associações sindicais, excluídas as hipóteses aludidas no art. 856, quando ocorrer suspensão do trabalho.". Lei nº 7.783/89: "Art. 8º A Justiça do Trabalho, por iniciativa de qualquer das partes ou do Ministério Público do Trabalho, decidirá sobre a procedência, total ou parcial, ou improcedência das reivindicações, cumprindo ao Tribunal publicar, de imediato, o competente acórdão". Observe-se, porém, que a legitimidade do Ministério Público do Trabalho foi limitada aos casos de greve em serviço essencial, na forma prevista pelo art. 114, § 3º, da CF/88: "Em caso de greve em atividade essencial, com possibilidade de lesão do interesse público, o Ministério Público do Trabalho poderá ajuizar dissídio coletivo, competindo à Justiça do Trabalho decidir o conflito".

Alternativa "b": Correta. Essa ordem de legitimidade encontra-se estabelecida por intermédio do art. 857, parágrafo único, da CLT: "Quando não houver sindicato representativo da categoria econômica ou profissional, poderá a representação ser instaurada pelas federações correspondentes e, na falta destas, pelas confederações respectivas, no âmbito de sua representação".

Alternativa "c": Incorreta, pois a determinação legal é justamente em sentido contrário, quando subordina à aprovação de assembleia, conforme se observa da redação do art. 859 da CLT, que também prevê *quorum* de 2/3 dos presentes para segunda convocação: "A representação dos sindicatos para instauração da instância fica subordinada à aprovação de assembleia, da qual participem os associados interessados na solução do dissídio coletivo, em primeira convocação, por maioria de 2/3 (dois terços) dos mesmos, ou, em segunda convocação, por 2/3 (dois terços) dos presentes".

Alternativa "d": Correta, pois se encontra de acordo com o posicionamento do TST revelado por meio da OJ nº 5 da SDC: "DISSÍDIO COLETIVO. PESSOA JURÍDICA DE DIREITO PÚBLICO. POSSIBILIDADE JURÍDICA. CLÁUSULA DE NATUREZA SOCIAL (redação alterada na sessão do Tribunal Pleno realizada em 14.09.2012) – Res. 186/2012, DEJT divulgado em 25, 26 e 27.09.2012. Em face de pessoa jurídica de direito público que mantenha empregados, cabe dissídio coletivo exclusivamente para apreciação de cláusulas de natureza social. Inteligência da Convenção n.º 151 da Organização Internacional do Trabalho, ratificada pelo Decreto Legislativo n.º 206/2010".

Alternativa "e": Correta de acordo com o entendimento do TST constante da OJ nº 29 da SDC: "EDITAL DE CONVOCAÇÃO E ATA DA ASSEMBLÉIA GERAL. REQUISITOS ESSENCIAIS PARA INSTAURAÇÃO DE DISSÍDIO COLETIVO (inserida em 19.08.1998). O edital de convocação da categoria e a respectiva ata da AGT constituem peças essenciais à instauração do processo de dissídio coletivo".

Gabarito: C.

---

607. (FCC – Juiz do Trabalho Substituto 6ª Região/2015) Quanto aos dissídios coletivos,

a) quando os empregadores deixarem de satisfazer o pagamento de salários, na conformidade da decisão proferida em dissídio coletivo, poderão os empregados ou seus sindicatos, conforme a efetiva outorga de poderes de seus associados, juntando certidão de tal decisão, apresentar reclamação à Vara do Trabalho ou Juízo competente, sendo vedado questionar sobre a matéria de fato e de direito já apreciada na decisão, salvo no que se refere às cláusulas econômicas.

b) decorridos mais de 3 meses de sua vigência, caberá revisão das decisões que fixarem condições de trabalho, quando se tiverem modificado as circunstâncias que as ditaram, de modo que tais condições tenham se tornado injustas ou inaplicáveis. A revisão poderá ser promovida por iniciativa do Tribunal prolator, da Procuradoria da Justiça do Trabalho, das associações sindicais ou de empregador ou empregadores interessados no cumprimento da decisão.

c) a representação dos sindicatos para instauração da instância fica subordinada à aprovação de assembleia, da qual participem os interessados na solução do dissídio coletivo, associados ou não, em primeira convocação, por maioria de 2/3 (dois terços) dos mesmos, ou, em segunda convocação, por 2/3 (dois terços) dos presentes.

d) em caso de dissídio coletivo, que tenha por motivo novas condições de trabalho e no qual figure como parte apenas uma fração de empregados de uma empresa, poderá o Tribunal competente, na própria decisão, estender tais condições de trabalho, se julgar justo e conveniente, aos demais empregados da empresa que forem da mesma profissão dos dissidentes. O Tribunal fixará a data em que a decisão deve entrar em execução, bem como o prazo de sua vigência, o qual não poderá ser superior a 2 anos.

e) a decisão sobre novas condições de trabalho do dissídio coletivo poderá também ser estendida a todos os empregados da mesma categoria profissional compreendida na jurisdição do Tribunal por solicitação de 1 ou mais empregadores, ou de qualquer sindicato destes; por solicitação de 1 ou mais sindicatos de empregados; ex oficio, pelo Tribunal que houver proferido a decisão; por solicitação da Procuradoria da Justiça do Trabalho.

COMENTÁRIOS

✪ **Nota do autor:** O dissídio coletivo de natureza jurídica assemelha-se a uma ação judicial clássica de caráter declaratória, uma vez que a pretensão deduzida em juízo objetiva a adequação dos fatos a uma norma jurídica profissional pré-existente, mas sem qualquer conteúdo condenatório ou constitutivo.

Alternativa "a": Incorreta, pois é possível questionar sobre a matéria de fato e de direito já apreciada na decisão relativamente às cláusulas econômicas, conforme ressalva contida no art. 872, parágrafo único, da CLT: "Quando os empregadores deixarem de satisfazer o pagamento de salários, na conformidade da decisão proferida, poderão os empregados ou seus sindicatos, independentes de outorga de poderes de seus associados, juntando certidão de tal decisão, apresentar reclamação à Junta ou Juízo competente, observado o processo previsto no Capítulo II deste Título, sendo vedado, porém, questionar sobre a matéria de fato e de direito já apreciada na decisão".

Alternativa "b": Incorreta, pois cabe revisão a partir um ano da vigência das decisões normativas, na forma prevista pelo art. 873 da CLT: "Decorrido mais de 1 (um) ano de sua vigência, caberá revisão das decisões que fixarem condições de trabalho, quando se tiverem modificado as circunstâncias que as ditaram, de modo que tais condições se hajam tornado injustas ou inaplicáveis".

Alternativa "c": Incorreta, pois a maioria de 2/3 deve ser de associados interessados, na forma do preceito contido no art. 859 da CLT: "A representação dos sindicatos para instauração da instância fica subordinada à aprovação de assembleia, da qual participem os associados interessados na solução do dissídio coletivo, em primeira convocação, por maioria de 2/3 (dois terços) dos mesmos, ou, em segunda convocação, por 2/3 (dois terços) dos presentes".

Alternativa "d": Incorreta, pois o prazo máximo de vigência da sentença normativa é de quatro anos e não dois anos como constou na assertiva, conforme se observa do art. 868, parágrafo único, da CLT: "O Tribunal fixará a data em que a decisão deve entrar em execução, bem como o prazo de sua vigência, o qual não poderá ser superior a 4 (quatro) anos".

Alternativa "e": Correta a assertiva, uma vez que corresponde aos preceitos contidos no art. 869, alíneas "a", "b", "c" e "d", da CLT: "Art. 869 – A decisão sobre novas condições de trabalho poderá também ser estendida a todos os empregados da mesma categoria profissional compreendida na jurisdição do Tribunal: a) por solicitação de 1 (um) ou mais empregadores, ou de qualquer sindicato destes; b) por solicitação de 1 (um) ou mais sindicatos de empregados; c) ex officio, pelo Tribunal que houver proferido a decisão; d) por solicitação da Procuradoria da Justiça do Trabalho".

Gabarito: E.

---

608. (TRT 8 – Juiz do Trabalho Substituto 8ª Região/2015) Acerca das Orientações Jurisprudenciais vigentes do Tribunal Superior do Trabalho, conforme a Seção de Dissídios Coletivos (SDC), é VERDADEIRO afirmar que:

a) É possível aplicar condições constantes de acordo homologado nos autos de dissídio coletivo às partes que não o subscreveram, exceto se observado o procedimento previsto no art. 868 e seguintes, da CLT.

b) São compatíveis com a natureza e finalidade do dissídio coletivo as pretensões de provimento judicial de arresto, apreensão ou depósito.

c) Em face de pessoa jurídica de direito público que mantenha empregados, cabe dissídio coletivo exclusivamente para apreciação de cláusulas de natureza social. Inteligência da Convenção nº 151 da Organização Internacional do Trabalho, ratificada pelo Decreto Legislativo nº 206/2010.

d) As cláusulas coletivas que estabeleçam contribuição em favor de entidade sindical, a qualquer título, obrigando trabalhadores não sindicalizados, são admissíveis, não violando o direito de livre associação e sindicalização, constitucionalmente assegurado.

e) A legitimidade da entidade sindical para a instauração da instância contra determinada empresa não está condicionada à prévia autorização dos trabalhadores da suscitada diretamente envolvidos no conflito.

COMENTÁRIOS

✪ **Nota do autor:** Deve-se instaurar o dissídio coletivo durante os sessenta dias que antecedem o final da vigência da sentença normativa, do acordo coletivo ou da convenção coletiva de trabalho. A inobservância desse prazo não implica prescrição ou decadência. Tem como objetivo, apenas, propiciar a vigência da nova sentença normativa no dia imediato ao final do prazo do instrumento normativo anterior.

Alternativa "a": Falsa a assertiva, pois não é possível aplicar as novas condições de trabalho previstas em acordo homologado em sede de dissídio coletivo para as partes que não o subscreveram, na forma prevista pela OJ nº 2 da SDC do TST: "É inviável aplicar condições constantes de acordo homologado nos autos de dissídio coletivo, extensivamente, às partes que não o subscreveram, exceto se observado o procedimento previsto no art. 868 e seguintes, da CLT".

Alternativa "b": Falsa, pois o dissídio coletivo tem por objetivo criar novas condições de trabalho. Nesse sentido a OJ nº 3 da SDC do TST: "São incompatíveis com a natureza e finalidade do dissídio coletivo as pretensões de provimento judicial de arresto, apreensão ou depósito".

Alternativa "c": Verdadeira, pois nesse caso não se cria despesa que seria objeto de lei orçamentária. O posicionamento do TST é nesse sentido, conforme se observa da redação da OJ nº 5 da SDC: "Em face de pessoa jurídica de direito público que mantenha empregados, cabe dissídio coletivo exclusivamente para apreciação de cláusulas de natureza social. Inteligência da Convenção n.º 151 da Organização Internacional do Trabalho, ratificada pelo Decreto Legislativo n.º 206/2010".

Alternativa "d": Falsa, uma vez que o entendimento do TST é justamente em sentido contrário, como se vê da OJ nº 17 da SDC do TST: "As cláusulas coletivas que estabeleçam contribuição em favor de entidade sindical, a qualquer título, obrigando trabalhadores não sindicalizados, são ofensivas ao direito de livre associação e sindicalização, constitucionalmente assegurado, e, portanto, nulas, sendo passíveis de devolução, por via própria, os respectivos valores eventualmente descontados".

Alternativa "e": Falsa, pois a legitimidade do sindicato depende da aprovação dos trabalhadores obtida em assembleia, conforme posicionamento adotado pelo TST em sua OJ nº 19 da SDC: "A legitimidade da entidade sindical para a instauração da instância contra determinada empresa está condicionada à prévia autorização dos trabalhadores da suscitada diretamente envolvidos no conflito".

Gabarito: C.

---

609. (FCC – Juiz do Trabalho Substituto 15ª Região/2015) Em relação ao dissídio coletivo, com fundamento na doutrina, na lei e no entendimento pacífico do TST,

a) o dissídio coletivo é uma espécie de ação coletiva de matriz constitucional, sendo que no ordenamento jurídico brasileiro apenas os sindicatos das categorias econômicas e das categorias profissionais são legitimados para proporem o mesmo.

b) o dissídio coletivo de natureza jurídica é uma ação declaratória que tem por objetivo interpretar norma legal de caráter geral para toda a classe trabalhadora.

c) decorrido mais de um ano de sua vigência, caberá revisão das decisões que fixarem condições de trabalho, quando se tiverem modificado as circunstâncias que as ditaram, de modo que tais condições se hajam tornado injustas ou inaplicáveis.

d) entre os pressupostos processuais objetivos do dissídio coletivo estão a competência originária dos Tribunais, a negociação coletiva prévia, a inexistência de norma coletiva em vigor e o comum acordo entre as partes.

e) a extensão da decisão entrará em vigor e obrigará as partes do dissídio trinta dias após a data da decisão do Tribunal que a determinou, tendo em vista ser necessária a adequação às novas condições de trabalho fixadas.

COMENTÁRIOS

Nota do autor: Ao contrário do que ocorre no processo individual, não se admite que demanda seja proposta verbalmente quando se tratar de dissídio coletivo. O nível de formalidade nesta última categoria processual é mais elevado do que aquele observado no procedimento ordinário ou sumaríssimo do dissídio individual.

Alternativa "a": Incorreta, a assertiva uma vez que em situações excepcionais o dissídio coletivo pode ser ajuizado pelas federações ou confederações, conforme se observa da redação do parágrafo único, do art. 857 da CLT: "Quando não houver sindicato representativo da categoria econômica ou profissional, poderá a representação ser instaurada pelas federações correspondentes e, na falta destas, pelas confederações respectivas, no âmbito de sua representação".

Alternativa "b": Incorreta, pois o dissídio coletivo de natureza jurídica tem como objetivo a interpretação de normas profissionais e não normas de origem estatal. Esse é o posicionamento adotado pelo TST por meio da OJ nº 7º da SDC: "Não se presta o dissídio coletivo de natureza jurídica à interpretação de normas de caráter genérico, a teor do disposto no art. 313, II, do RITST".

Alternativa "c": Correta. O prazo de um ano para revisão está previsto no art. 873 da CLT: "Decorrido mais de 1 (um) ano de sua vigência, caberá revisão das decisões que fixarem condições de trabalho, quando se tiverem modificado as circunstâncias que as ditaram, de modo que tais condições se hajam tornado injustas ou inaplicáveis".

Alternativa "d": Incorreta, pois faltou mencionar a autorização em assembleia, conforme exigência contida no art. 859 da CLT: "A representação dos sindicatos para instauração da instância fica subordinada à aprovação de assembleia, da qual participem os associados interessados na solução do dissídio coletivo, em primeira convocação, por maioria de 2/3 (dois terços) dos mesmos, ou, em segunda convocação, por 2/3 (dois terços) dos presentes".

Alternativa "e": Incorreta, pois em cada caso o Tribunal fixará a data para que a extensão da decisão entre em vigor, conforme preceitua o art. 871 da CLT: "Sempre que o Tribunal estender a decisão, marcará a data em que a extensão deva entrar em vigor".

Gabarito: C.

---

610. (TRT 8 – Juiz do Trabalho Substituto 8ª Região/2014) Assinale a alternativa INCORRETA:

a) O inadimplemento de obrigações decorrentes de execução de acordos firmados perante o Ministério Público do Trabalho ou Comissão de Conciliação Prévia pela empresa impede a emissão de Certidão Negativa de Débitos Trabalhistas (CNDT) para comprovar a inexistência de débitos inadimplidos perante a Justiça do Trabalho.

b) Nas decisões em sede dissídios coletivos, as revisões de sentenças normativas e de extensão das decisões proferidas em dissídios coletivos dos Tribunais Plenos dos Tribunais Regionais do Trabalho, a execução deverá ser promovida pela Procuradoria da Justiça do Trabalho, de ofício, caso em que o presidente do tribunal mandará expedir mandado de citação do executado, a fim de que cumpra a decisão ou o acordo pelo modo e sob as cominações estabelecidas ou, quando se tratar de pagamento em dinheiro, inclusive de contribuições sociais devidas à União, para que faça em 48 (quarenta e oito) horas ou garanta a execução, sob pena de penhora.

c) No processo de execução são devidas custas, sempre de responsabilidade do executado e pagas ao final, inclusive as fixadas em sede de sentença de embargos à execução, de embargos de terceiro e de embargos à arrematação e mesmo no caso de interposição de agravo de petição pelo executado.

d) As custas relativas aos cálculos de liquidação realizados pelo contador do juízo sobre o valor liquidado são sempre de responsabilidade do executado, mas seu recolhimento não é pressuposto extrínseco de admissibilidade do agravo de petição em sede de Impugnação à sentença de liquidação.

e) No caso de inquérito para apuração de falta grave contra empregado garantido com estabilidade, se tiver havido prévio reconhecimento da estabilidade do empregado, o julgamento do inquérito pelo Juízo não prejudicará a execução para pagamento dos salários devidos ao empregado, até a data da instauração do mesmo inquérito.

COMENTÁRIOS

✪ **Nota do autor:** O dissídio coletivo insere-se no âmbito do poder normativo da Justiça do Trabalho, relativizado após a promulgação da EC nº 45/2004, que alterou a redação original do art. 114, § 2º, da Constituição Federal de 1988, ao exigir que a referida ação seja proposta por ambos os litigantes.

Alternativa "a": Correta, pois esse efeito está previsto no art. 642-A, § 1º, II, da CLT: "§ 1º O interessado não obterá a certidão quando em seu nome constar: II – o inadimplemento de obrigações decorrentes de execução de acordos firmados perante o Ministério Público do Trabalho ou Comissão de Conciliação Prévia".

Alternativa "b": As decisões proferidas em dissídio coletivo têm natureza jurídica normativa e não são executáveis diretamente, pois não são condenatórias, muito menos criam obrigações de pagar dinheiro, o que ensejaria a expedição de mandado de citação e penhora. **Incorreta.**

Alternativa "c": Essa previsão está contida no art. 874 da CLT: "A revisão poderá ser promovida por iniciativa do Tribunal prolator, da Procuradoria da Justiça do Trabalho, das associações sindicais ou de empregador ou empregadores interessados no cumprimento da decisão". **Correta.**

Alternativa "d": Isso porque as custas, no processo de execução, são devidas sempre ao final, conforme determina o art. 789-A da CLT: "No processo de execução são devidas custas, sempre de responsabilidade do executado e pagas ao final, de conformidade com a seguinte tabela". **Correta.**

Alternativa "e": Esse procedimento está previsto no art. 855 da CLT: "Se tiver havido prévio reconhecimento da estabilidade do empregado, o julgamento do inquérito pela Junta ou Juízo não prejudicará a execução para pagamento dos salários devidos ao empregado, até a data da instauração do mesmo inquérito". **Correta.**

Gabarito: B.

---

611. (TRT 23 – Juiz do Trabalho Substituto 23ª Região/2014) Assinale a alternativa CORRETA:

a) A sentença normativa vigorará sempre a partir da data de sua publicação.

b) Em sede de dissídio coletivo, recebida e protocolada a representação, em havendo acordo, o Presidente do Tribunal o homologará.

c) Quando o dissídio ocorrer fora da sede do Tribunal, o Presidente delegará à autoridade local as atribuições de que tratam os artigos 860 e 862 da CLT.

d) Em caso de dissídio coletivo que tenha por motivo novas condições de trabalho, e no qual figure como parte apenas uma fração de empregados de uma empresa, deverá o Tribunal competente, na própria decisão, estender tais condições de trabalho aos demais empregados da empresa que forem da mesma profissão dos dissidentes.

e) Nenhuma das alternativas é correta.

COMENTÁRIOS

✪ **Nota do autor:** Prevaleceu a denominação dissídio coletivo para não ser confundido com as ações tipicamente coletivas, fundadas em direitos metaindividuais, sejam difusos, coletivos ou individuais homogêneos.

Alternativa "a": A vigência da sentença normativa pode ocorrer em três momentos distintos, na forma prevista pelo art. 867, parágrafo único, alíneas a e b da CLT: "A sentença normativa vigorará: a) a partir da data de sua publicação, quando ajuizado o dissídio após o prazo do Art. 616, § 3º, ou, quando não existir acordo, convenção ou sentença normativa em vigor, da data do ajuizamento; b) a partir do dia imediato ao termo final de vigência do acordo, convenção ou sentença normativa, quando ajuizado o dissídio no prazo do Art. 616, § 3º." **Incorreta.**

Alternativa "b": A competência para homologar o acordo não é do Presidente mas sim do Colegiado, conforme previsão contida no art. 863 da CLT: "Havendo acordo, o Presidente o submeterá à homologação do Tribunal na primeira sessão." **Incorreta.**

Alternativa "c": O preceito contido no art. 866 da CLT estabelece uma faculdade e não uma obrigação para o Presidente do Tribunal: "Quando o dissídio ocorrer fora da sede do Tribunal, poderá o presidente, se julgar conveniente, delegar à autoridade local as atribuições de que tratam os arts. 860 e 862. Nesse caso, não havendo conciliação, a autoridade delegada encaminhará o processo ao Tribunal, fazendo exposição circunstanciada dos fatos e indicando a solução que lhe parecer conveniente". **Incorreta.**

Alternativa "d": O preceito contido no art. 868 da CLT estabelece uma faculdade e não uma obrigação para o Tribunal: "Em caso de dissídio coletivo que tenha por motivo novas condições de trabalho e no qual figure como parte apenas uma fração de empregados de uma empresa, poderá o Tribunal competente, na própria decisão, estender tais condições de trabalho, se julgar justo e conveniente, aos demais empregados da empresa que forem da mesma profissão dos dissidentes". **Incorreta.**

Alternativa "e": Correta a alternativa, posto que as demais foram consideradas incorretas.

Gabarito: E.

---

612. (FCC – Juiz do Trabalho Substituto 6ª Região/2013) A sentença normativa vigorará a partir

a) do dia imediato ao termo final de vigência, quando o dissídio for ajuizado dentro do prazo de 60 (sessenta) dias posteriores a seu termo final.

b) do dia imediato ao termo final de vigência, quando o dissídio for ajuizado dentro do prazo de 60 (sessenta) dias anteriores a seu termo final.

c) do dia imediato ao termo final de sua vigência, quando o dissídio for ajuizado após o prazo de 60 (sessenta) dias anteriores a seu termo final.

d) da data de sua publicação, quando houver acordo, convenção ou sentença normativa em vigor.

e) da data de sua publicação, quando o dissídio for ajuizado dentro do prazo de 60 (sessenta) dias anteriores a seu termo final.

COMENTÁRIOS

✪ **Nota do autor:** Todas as assertivas devem ser analisadas de acordo com os preceitos contidos nos arts. 867, parágrafo único, da CLT: "A sentença normativa vigorará: a) a partir da data de sua publicação, quando ajuizado o dissídio após o prazo do art. 616, § 3º, ou, quando não existir acordo, convenção ou sentença normativa em vigor, da data do ajuizamento; b) a partir do dia imediato ao termo final de vigência do acordo, convenção ou sentença normativa, quando ajuizado o dissídio no prazo do art. 616, § 3º." Art. 616: "§ 3º – Havendo convenção, acordo ou sentença normativa em vigor, o dissídio coletivo deverá ser instaurado dentro dos 60 (sessenta) dias anteriores ao respectivo termo final, para que o novo instrumento possa ter vigência no dia imediato a esse termo".

Alternativa "a": Se for ajuizado o dissídio no prazo de sessenta dias que antecede o termo final da convenção, acordo ou sentença normativa, a vigência da nova sentença normativa se dará a partir do dia imediato ao termo final da norma coletiva substituída. Alternativa está **incorreta**, pois fala no prazo de sessenta dias posteriores ao respectivo termo final.

Alternativa "b": Como foi ajuizado o dissídio no prazo de sessenta dias que antecedeu o termo final da convenção, acordo ou sentença normativa, a vigência da nova sentença normativa se dará a partir do dia imediato ao termo final da norma coletiva substituída. **Correta** a assertiva, na forma do procedimento descrito na Nota do autor.

Alternativa "c": Assertiva **incorreta**, pois são os sessenta dias que antecedem o termo final da vigência da norma coletiva e não sessenta dias após esse período.

Alternativa "d": A vigência a partir da data de publicação da sentença normativa só ocorre quando o dissídio é ajuizado a pós o prazo previsto pelo art. 616, § 3º da CLT ou quando não existir acordo, convenção ou sentença normativa em vigor. Assertiva **incorreta**.

Alternativa "e": A vigência a partir da data de publicação da sentença normativa só ocorre quando o dissídio é ajuizado a pós o prazo previsto pelo art. 616, § 3º da CLT. **Incorreta**.

Gabarito: B.

---

613. (TRT 8 – Juiz do Trabalho Substituto 8ª Região/2013) Sobre Dissídio Coletivo (Conceito, Classificação, Competência), Instauração (prazo, legitimação e procedimento), Sentença normativa (Efeitos e vigência), é CORRETO afirmar que:

a) A representação para instaurar a instância em dissídio coletivo constitui prerrogativa exclusiva das associações sindicais. Quando não houver sindicato representativo da categoria econômica ou profissional, poderá a representação ser instaurada pelas federações correspondentes e, na falta destas, pelas confederações respectivas, no âmbito de sua representação. A representação dos sindicatos para instauração da instância fica subordinada à aprovação de assembleia, da qual participem os associados interessados na solução do dissídio coletivo, em primeira convocação, por maioria de 2/3 (dois terços) dos mesmos, ou, em segunda convocação, por 2/3 (dois terços) dos presentes.

b) Recebida e protocolada a representação, e estando na devida forma, o Presidente do Tribunal designará a audiência de conciliação, dentro do prazo de 10 (dez) dias, determinando a notificação dos dissidentes. Na audiência designada, comparecendo ambas as partes ou seus representantes, o Presidente do Tribunal as convidará para se pronunciarem sobre as bases da conciliação. Caso não sejam aceitas as bases propostas, o Presidente submeterá aos interessados a solução que lhe pareça capaz de resolver o dissídio. Havendo acordo, o Presidente o submeterá à homologação do Tribunal na primeira sessão. É facultado ao empregador fazer-se representar na audiência pelo gerente, ou por qualquer outro preposto que tenha conhecimento do dissídio, e por cujas declarações será sempre responsável, sob pena de revelia.

c) Quando o dissídio ocorrer fora da sede do Tribunal, poderá o presidente, se julgar conveniente, delegar competência ao Juiz de 1º grau para tentativa de conciliação. Nesse caso, não havendo conciliação, a autoridade delegada encaminhará o processo ao Tribunal, fazendo exposição circunstanciada dos fatos e indicando a solução que lhe parecer conveniente.

d) A sentença normativa vigorará: a partir da data de sua publicação, quando ajuizado o dissídio dentro dos 60 (sessenta) dias anteriores ao respectivo termo final, para que o novo instrumento possa ter vigência no dia imediato a esse termo, ou, quando não existir acordo, convenção ou sentença normativa em vigor, da data do ajuizamento; ou, ainda, a partir do dia imediato ao termo final de vigência do acordo, convenção ou sentença normativa, quando ajuizado o dissídio no prazo de 30 dias da data base da categoria.

e) A sentença normativa produz coisa julgada com eficácia ultra partes, a partir do 1º ano de sua vigência, pois os seus limites subjetivos estendem-se aos integrantes das categorias que figuram como parte na demanda coletiva.

COMENTÁRIOS

✪ **Nota do autor:** Somente na hipótese de as negociações serem infrutíferas, inclusive em caso de não comparecimento da parte convidada para as devidas tratativas, é que se autoriza o ajuizamento do dissídio coletivo de trabalho, como preceituado pelo art. 616, §§ 2º e 4º da CLT e art. 114, § 2º da CF/88. Observe-se, na alternativa "e", que o art. 572 do CPC de 1973 corresponde ao art. 514 do CPC de 2015.

Alternativa "a": A matéria é disciplinada pelos arts. 857 e 859 da CLT: "Art. 857: A representação para instaurar a instância em dissídio coletivo constitui prerrogativa das associações sindicais, excluídas as hipóteses aludidas no art. 856, quando ocorrer suspensão do trabalho. Parágrafo único. Quando não houver sindicato representativo da categoria econômica ou profissional, poderá a representação ser instaurada pelas federações correspondentes e, na falta destas, pelas confederações respectivas, no âmbito de sua representação. Art. 859 da CLT: A representação dos sindicatos para instauração da instância fica subordinada à aprovação de assembleia, da qual participem os associados interessados na solução do dissídio coletivo, em primeira convocação, por maioria de 2/3 (dois terços) dos mesmos, ou, em segunda convocação, por 2/3 (dois terços) dos presentes". Discute-se se o *quorum* estabelecido pelo art. 859 da CLT foi recepcionado pela atual Carta Magna, em face da incidência do princípio constitucional da liberdade sindical. Em um primeiro momento o TST entendeu que prevalecia o *quorum* instituído pela legislação ordinária, mesmo após a promulgação da CF/88, quando se tratasse de convocação para celebração de acordo ou convenção coletiva de trabalho (art. 612 da CLT). Todavia, as OJ's nº 13 e 14, da SDC que revelavam o posicionamento dessa Corte em relação a essa questão foram canceladas em 2003. Portanto, atualmente a matéria é de competência exclusiva das próprias entidades sindicais que poderão alterar o *quorum* estabelecido na lei. O *quorum* legal só prevalece na hipótese de omissão nos estatutos, tanto para a celebração do contrato coletivo de trabalho, quanto para autorizar o dissídio coletivo. Assertiva **incorreta**.

Alternativa "b": O texto da assertiva é composto pela reunião dos preceitos contidos dos arts. 860 a 863 da CLT. Há apenas um equívoco, quanto ao fato da possibilidade de aplicação dos efeitos da revelia, que não ocorre no dissídio coletivo como ressalta a parte final do art. 861 da CLT diante de sua omissão sobre essa consequência: "Art. 860 Recebida e protocolada a representação, e estando na devida forma, o Presidente do Tribunal designará a audiência de conciliação, dentro do prazo de 10 (dez) dias, determinando a notificação dos dissidentes, com observância do disposto no art. 841. Parágrafo único – Quando a instância for instaurada ex officio, a audiência deverá ser realizada dentro do prazo mais breve possível, após o reconhecimento do dissídio. Art. 861 – É facultado ao empregador fazer-se representar na audiência pelo gerente, ou por qualquer outro preposto que tenha conhecimento do dissídio, e por cujas declarações será sempre responsável. Art. 862 – Na audiência designada, comparecendo ambas as partes ou seus representantes, o Presidente do Tribunal as convidará para se pronunciarem sobre as bases da conciliação. Caso não sejam aceitas as bases propostas, o Presidente submeterá aos interessados a solução que lhe pareça capaz de resolver o dissídio. Art. 863 – Havendo acordo, o Presidente o submeterá à homologação do Tribunal na primeira sessão". **Incorreta.**

Alternativa "c": Correta, pois essa faculdade de delegação encontra-se prevista pelo art. 866 da CLT: "Quando o dissídio ocorrer fora da sede do Tribunal, poderá o presidente, se julgar conveniente, delegar à autoridade local as atribuições de que tratam os arts. 860 e 862. Nesse caso, não havendo conciliação, a autoridade delegada encaminhará o processo ao Tribunal, fazendo exposição circunstanciada dos fatos e indicando a solução que lhe parecer conveniente".

Alternativa "d": Incorreta, pois a vigência a partir da publicação ocorre quando o dissídio é ajuizado após o prazo de 60 dias, ou quando inexistir acordo, convenção ou sentença normativa em vigor, na forma prevista pelo art. 867, parágrafo único da CLT: "A sentença normativa vigorará: a) a partir da data de sua publicação, quando ajuizado o dissídio após o prazo do art. 616, § 3º, ou, quando não existir acordo, convenção ou sentença normativa em vigor, da data do ajuizamento; b) a partir do dia imediato ao termo final de vigência do acordo, convenção ou sentença normativa, quando ajuizado o dissídio no prazo do art. 616, § 3º".

Alternativa "e": Incorreta, pois a lei não estabelece esse limite. Além disso, a coisa julgada na sentença normativa é meramente formal e não material. Nesse sentido, a Súmula nº 397 do TST, em sua antiga redação: "Não procede ação rescisória calcada em ofensa à coisa julgada perpetrada por decisão proferida em ação de cumprimento, em face de a sentença normativa, na qual se louvava, ter sido modificada em grau de recurso, porque em dissídio coletivo somente se consubstancia coisa julgada formal. Assim, os meios processuais aptos a atacarem a execução da cláusula reformada são a exceção de pré-executividade e o mandado de segurança, no caso de descumprimento do art. 572 do CPC". Inclusive, em 2016, o TST alterou a redação da Súmula nº 397, nos seguintes termos: "Não procede ação rescisória calcada em ofensa à coisa julgada perpetrada por decisão proferida em ação de cumprimento, em face de a sentença normativa, na qual se louvava, ter sido modificada em grau de recurso, porque em dissídio coletivo somente se consubstancia coisa julgada formal. Assim, os meios processuais aptos a atacarem a execução da cláusula reformada são a exceção de pré-executividade e o mandado de segurança, no caso de descumprimento do art. 514 do CPC de 2015 (art. 572 do CPC de 1973). (ex-OJ nº 116 da SBDI-2 – DJ 11.08.2003)".Os efeitos da sentença normativa iniciam-se nos prazos estabelecidos pelo já citado art. 867, parágrafo único da CLT e atinge todos os integrantes da categoria profissional e econômica: "Art. 867. Parágrafo único. A sentença normativa vigorará: a) a partir da data de sua publicação, quando ajuizado o dissídio após o prazo do art. 616, § 3º, ou, quando não existir acordo, convenção ou sentença normativa em vigor, da data do ajuizamento; b) a partir do dia imediato ao termo final de vigência do acordo, convenção ou sentença normativa, quando ajuizado o dissídio no prazo do art. 616, § 3º".

Gabarito: C.

---

614. (TRT 15 – Juiz do Trabalho Substituto 15ª Região/2013) Sobre os dissídios coletivos, é incorreto afirmar:

a) é requisito próprio para o ajuizamento de dissídio coletivo de natureza econômica a frustração da tentativa de negociação coletiva;

b) tem o Ministério Público do Trabalho legitimação ativa ad causam para o ajuizamento de dissídio coletivo em caso de greve em atividade essencial, com possibilidade de ofensa ao interesse público, podendo recorrer nos dissídios coletivos em que for parte ou naqueles em que funcionar como custos legis;

c) havendo convenção, acordo ou sentença normativa em vigor, o dissídio coletivo deverá ser instaurado no prazo máximo de trinta dias anteriores ao respectivo termo final, para que o novo instrumento possa ter vigência no dia imediato a esse termo;

d) há autorização legal para a utilização de juízo de equidade pelo Tribunal do Trabalho competente, no que se refere à extensão, aos demais empregados de uma empresa, de novas condições de trabalho fixadas em dissídio coletivo relativo a apenas uma fração deles;

e) a legitimação ativa ad causam para o ajuizamento de ação de cumprimento é concorrente, podendo ser ajuizada tanto pelo empregado quanto pelo sindicato da categoria profissional.

COMENTÁRIOS

Nota do autor: A redação do parágrafo único, art. 872 da CLT, foi alterada pela Lei nº 2.275/54, no sentido de permitir a propositura de uma ação coletiva pelo sindicato, independente de autorização expressa dos associados, o que representa uma verdadeira substituição processual.

Alternativa "a": Correta. A necessidade de negociação prévia é requisito para o ajuizamento do dissídio coletivo, conforme mandamento constitucional constante do art. 114, §2º da CF/88: "Recusando-se qualquer das partes à negociação coletiva ou à arbitragem, é facultado às mesmas, de comum acordo, ajuizar dissídio coletivo de natureza econômica, podendo a Justiça do Trabalho decidir o conflito, respeitadas as disposições mínimas legais de proteção ao trabalho, bem como as convencionadas anteriormente".

Alternativa "b": Correta. A previsão dessa legitimação do MPT encontra-se inserida no art. 114, §3º da CF/88: "Em caso de greve em atividade essencial, com possibilidade de lesão do interesse público, o Ministério Público do Trabalho poderá ajuizar dissídio coletivo, competindo à Justiça do Trabalho decidir o conflito. Art. 856 da CLT: A instância será instaurada mediante representação escrita ao Presidente do Tribunal. Poderá ser também instaurada por iniciativa do presidente, ou, ainda, a requerimento da Procuradoria da Justiça do Trabalho, sempre que ocorrer suspensão do trabalho".

Alternativa "c": Incorreta, pois o prazo seria de sessenta dias anteriores ao respectivo termo final, conforme dispõe o art. 616, §3º da CLT: "Havendo convenção, acordo ou sentença normativa em vigor, o dissídio coletivo deverá ser instaurado dentro dos 60 (sessenta) dias anteriores ao respectivo termo final, para que o novo instrumento possa ter vigência no dia imediato a esse termo".

Alternativa "d": Correta. A previsão expressa de uso da equidade encontra-se no preceito contido no art. 868, *caput* da CLT, quando utiliza a expressão "justo e conveniente": "Em caso de dissídio coletivo que tenha por motivo novas condições de trabalho e no qual figure como parte apenas uma fração de empregados de uma empresa, poderá o Tribunal competente, na própria decisão, estender tais condições de trabalho, se julgar justo e conveniente, aos demais empregados da empresa que forem da mesma profissão dos dissidentes".

Alternativa "e": Correta. O art. 872, parágrafo único da CLT estabelece expressamente essa legitimação concorrente: "Quando os empregadores deixarem de satisfazer o pagamento de salários, na conformidade da decisão proferida, poderão os empregados ou seus sindicatos, independentes de outorga de poderes de seus associados, juntando certidão de tal decisão, apresentar reclamação à Junta ou Juízo competente, observado o processo previsto no Capítulo II deste Título, sendo vedado, porém, questionar sobre a matéria de fato e de direito já apreciada na decisão".

Gabarito: C.

---

615. (TRT 2 – Juiz do Trabalho Substituto 2ª Região/2013) Quanto ao Dissídio coletivo, é correto afirmar que:

a) O dissídio coletivo não é cabível em face de pessoa jurídica de direito público para apreciação de cláusulas de natureza social.

b) Os dissídios coletivos de natureza jurídica e econômica podem prescindir de autorização da categoria e de negociação prévia, quando o direito for previsto em Convenção Internacional, ratificada pelo país.

c) O dissídio coletivo de natureza jurídica é viável para a interpretação de normas de caráter específico e genérico, bastando que sejam de interesse dos trabalhadores.

d) A competência originária para conhecer e julgar os dissídios coletivo é das Varas do Trabalho e, excepcionalmente, dos Tribunais, se o conflito exceder a área territorial de sua jurisdição.

e) Contra a decisão do Tribunal Regional do Trabalho em dissídio coletivo é cabível recurso ordinário à Seção de Dissídios Coletivos do Tribunal Superior do Trabalho.

COMENTÁRIOS

✪ **Nota do autor:** Ao contrário do que ocorre no processo individual, não se admite que demanda seja proposta verbalmente quando se tratar de dissídio coletivo. O nível de formalidade nesta última categoria processual é mais elevado do que aquele observado no procedimento ordinário ou sumaríssimo do dissídio individual.

Alternativa "a": Incorreta, pois a OJ nº 5 da SDC do TST adota procedimento em sentido contrário: "Em face de pessoa jurídica de direito público que mantenha empregados, cabe dissídio coletivo exclusivamente para apreciação de cláusulas de natureza social. Inteligência da Convenção nº 151 da Organização Internacional do Trabalho, ratificada pelo Decreto Legislativo nº 206/2010".

Alternativa "b": Incorreta. A autorização dos integrantes da categoria profissional ou econômica obtida em assembleia da entidade sindical constitui requisito *sine qua non* para o ajuizamento do dissídio coletivo, na forma da determinação contida no art. 859 da CLT: "A representação dos sindicatos para instauração da instância fica subordinada à aprovação de assembleia, da qual participem os associados interessados na solução do dissídio coletivo, em primeira convocação, por maioria de 2/3 (dois terços) dos mesmos, ou, em segunda convocação, por 2/3 (dois terços) dos presentes".

Alternativa "c": Incorreta, pois contraria a OJ nº 7 da SDC do TST: "Não se presta o dissídio coletivo de natureza jurídica à interpretação de normas de caráter genérico, a teor do disposto no art. 313, II, do RITST".

Alternativa "d": Incorreta, pois a competência originária para conhecer e julgar os dissídios coletivos em nenhuma hipótese é da Vara do Trabalho, conforme determina o art. 678, I, "a" da CLT: "Aos Tribunais Regionais, quando divididos em Turmas, compete: I – ao Tribunal Pleno, especialmente: a) processar, conciliar e julgar originariamente os dissídios coletivos".

Alternativa "e": Correta, pois corresponde ao procedimento previsto pelo art. 895, II da CLT e item II, art. 70 do Regimento Interno do TST: "Art. 895. Cabe recurso ordinário para a instância superior: II – das decisões definitivas ou terminativas dos Tribunais Regionais, em processos de sua competência originária, no prazo de 8 (oito) dias, quer nos dissídios individuais, quer nos dissídios coletivos. Art. 70, II, 'a' do RITST: À Seção Especializada em Dissídios Coletivos compete: II – em última instância, julgar: a) os recursos ordinários interpostos contra as decisões proferidas pelos Tribunais Regionais do Trabalho em dissídios coletivos de natureza econômica ou jurídica". (atualmente essa competência encontra-se estabelecida no art. 77 do novo RITST, aprovado pela Resolução nº 1.937/2017).

Gabarito: E.

---

616. (TRT – JTS 16ª RG/2011) Analise as afirmativas e assinale a alternativa CORRETA:

a) Em dissídio coletivo, o julgamento *ultra* ou *extra petita* é passível de nulidade.

b) Segundo entendimento do Tribunal Superior do Trabalho, a sentença normativa produz coisa julgada material, sendo cabível ação rescisória contra esta decisão.

c) No caso de não existir acordo, convenção ou sentença normativa em vigor, a sentença normativa vigerá a partir da data do ajuizamento, cabendo sua execução imediata.

d) A competência para apreciar dissídios coletivos se restringe aos Tribunais Regionais do Trabalho, ocorrendo a cumulação entre a competência funcional e territorial.

e) A celebração de acordo pelas partes após a propositura de dissídio coletivo prescinde de homologação judicial para sua validade e eficácia, implicando em extinção do dissídio coletivo correspondente por carência superveniente de ação.

COMENTÁRIOS

✪ **Nota do autor:** Pela redação atual do art. 114, § 2º, da CF/88, o Poder Judiciário Trabalhista só poderá conhecer dos conflitos coletivos mediante a provocação de todos os interessados, salvo no dissídio coletivo de greve. Em face dessa exigência constitucional, a jurisdição estatal foi praticamente transformada em arbitragem pública, método de solução de conflitos que exige a concordância de todos os envolvidos para que a escolha tenha validade. Observe-se, na alternativa "b", que o art. 572 do CPC de 1973 corresponde ao art. 514 do CPC de 2015. Inclusive, o TST alterou a redação da Súmula nº 397, nos seguintes termos: "Não procede ação rescisória calcada em ofensa à coisa julgada perpetrada por decisão proferida em ação de cumprimento, em face de a sentença normativa, na qual se louvava, ter sido modificada em grau de recurso, porque em dissídio coletivo somente se consubstancia coisa julgada formal. Assim, os meios processuais aptos a atacarem a execução da cláusula reformada são a exceção de pré-executividade e o mandado de segurança, no caso de descumprimento do art. 514 do CPC de 2015 (art. 572 do CPC de 1973). (ex-OJ nº 116 da SBDI-2 – DJ 11.08.2003)".

Alternativa "a": Incorreta, uma vez que não há fundamento nos pedidos formulados na representação do dissídio coletivo, mas sim motivos e as bases da conciliação, na forma prevista pelo art. 858 da CLT: "A representação será apresentada em tantas vias quantos forem os reclamados e deverá conter: a) designação e qualificação dos reclamantes e dos reclamados e a natureza do estabelecimento ou do serviço; b) os motivos do dissídio e as bases da conciliação". Assim, não há que se falar em julgamento *extra petita*, conforme entendimento jurisprudencial dominante do TST: "1. O dissídio coletivo de natureza econômica tem particularidades que o distinguem do dissídio individual trabalhista ou do processo civil comum, razão pela qual não se lhe aplicam rigorosamente as regras processuais ordinárias. De caráter inquisitório, constitui instrumento de exercício do poder normativo da Justiça do Trabalho para criação de novas condições de trabalho. 2. A sentença normativa, de natureza dispositiva, não se prende estritamente ao pedido, mas se baseia nos motivos do dissídio e bases da conciliação (alínea - b - do art. 858 da CLT). Por isso, não é próprio em dissídio coletivo aludir a julgamento - extra - ou - *ultra petita* (ED-ED-RODC 7645818920015025555 764581-89.2001.5.02.5555. Rel. João Oreste Dalazen. DJ 07/03/2003)".

Alternativa "b": Só faz coisa julgada formal. Opção **incorreta**, conforme Súmula nº 397 do TST, em sua anterior redação: "Não procede ação rescisória calcada em ofensa à coisa julgada perpetrada por decisão proferida em ação de cumprimento, em face de a sentença normativa, na qual se louvava, ter sido modificada em grau de recurso, porque em dissídio coletivo somente se consubstancia coisa julgada formal. Assim, os meios processuais aptos a atacarem a execução da cláusula reformada são a exceção de pré-executividade e o mandado de segurança, no caso de descumprimento do art. 572 do CPC". (ver nota do autor)

Alternativa "c": Incorreta, pois o art. 867, parágrafo único, "a", da CLT estabelece outros critérios para o início da vigência da sentença normativa: "A sentença normativa vigorará: a) a partir da data de sua publicação, quando ajuizado o dissídio após o prazo do art. 616, § 3º, ou, quando não existir acordo, convenção ou sentença normativa em vigor, da data do ajuizamento".

Alternativa "d": O TST também tem competência originária para apreciar e julgar determinados dissídios coletivos. Opção **incorreta**, conforme arts. 678 e 702, I, "b", da CLT que estabelecem a competência do TRT e TST, respectivamente, para o julgamento de dissídio coletivo: Aos Tribunais Regionais, quando divididos em Turmas, compete: I - ao Tribunal Pleno, especialmente: a) processar, conciliar e julgar originariamente os dissídios coletivos." e art. 702, I, "b", da CLT: "Ao Tribunal Pleno compete: I - em única instância: (...) b) conciliar e julgar os dissídios coletivos que excedam a jurisdição dos Tribunais Regionais do Trabalho, bem como estender ou rever suas próprias decisões normativas, nos casos previstos em lei".

Alternativa "e": Correta, conforme OJ nº 34 da SDC do TST: "É desnecessária a homologação, por Tribunal Trabalhista, do acordo extrajudicialmente celebrado, sendo suficiente, para que surta efeitos, sua formalização perante o Ministério do Trabalho (art. 614 da CLT e art. 7º, inciso XXXV (*), da Constituição Federal)".

Gabarito: E.

---

617. (TRT - JTS 15ª RG/2008) Tendo em vista a jurisprudência consolidada do TST, assinale a alternativa CORRETA em relação ao dissídio coletivo:

a) são compatíveis com a natureza e finalidade do dissídio as pretensões de provimento judicial de arresto, apreensão ou depósito;

b) o de natureza jurídica não se presta a interpretação de normas de caráter genérico;

c) a comprovação da legitimidade *"ad processum"* da entidade sindical se faz por seu registro no cartório correspondente;

d) a legitimidade *"ad causam"* do sindicato independe da correspondência entre as atividades exercidas pelos setores profissional e econômico envolvidos no conflito;

e) os empregados menores podem ser discriminados em cláusula que fixa salário mínimo profissional para a categoria.

COMENTÁRIOS

✪ **Nota do autor:** Com a promulgação da atual Carta Maior, a jurisprudência limitou mais ainda o exercício do poder normativo da Justiça do Trabalho, vedando a fixação de condições de trabalho por sentença normativa quando essa tarefa for atribuída, exclusivamente, à negociação coletiva.

Alternativa "a": Incorreta, pois a OJ nº 3 da SDC do TST afasta expressamente essas espécies de pretensão do âmbito do dissídio coletivo: "São incompatíveis com a natureza e finalidade do dissídio coletivo as pretensões de provimento judicial de arresto, apreensão ou depósito".

Alternativa "b": Correta, conforme posicionamento do TST contido na OJ nº 7 da SDC: "Não se presta o dissídio coletivo de natureza jurídica à interpretação de normas de caráter genérico, a teor do disposto no art. 313, II, do RITST".

Alternativa "c": O registro deve ser feito no Ministério do Trabalho e Emprego. Opção **incorreta**, segundo a OJ nº 15 da SDC do TST: "A comprovação da legitimidade *"ad processum"* da entidade sindical se faz por seu registro no órgão competente do Ministério do Trabalho, mesmo após a promulgação da Constituição Federal de 1988".

Alternativa "d": Incorreta, uma vez que o entendimento do TST é justamente no sentido contrário, conforme OJ nº 22 da SDC: "É necessária a correspondência entre as atividades exercidas pelos setores profissional e econômico, a fim de legitimar os envolvidos no conflito a ser solucionado pela via do dissídio coletivo".

Alternativa "e": Incorreta, pois a OJ 26 da SDC do TST veda essa discriminação: "Os empregados menores não podem ser discriminados em cláusula que fixa salário mínimo profissional para a categoria".

Gabarito: B.

618. (TRT – JTS 21ª RG/2010) Sobre os dissídios coletivos, leia atentamente as assertivas abaixo e marque, em seguida, a resposta CORRETA:

I. Para a solução dos conflitos coletivos, as partes envolvidas podem recorrer à arbitragem, expressamente autorizada pela legislação brasileira para essa hipótese;

II. De acordo com a jurisprudência pacificada do Tribunal Superior do Trabalho, é constitucional a atual exigência do comum acordo para o ajuizamento de dissídios coletivos perante a Justiça do Trabalho;

III. A verificação do comum acordo, também de harmonia com a jurisprudência do Tribunal Superior do Trabalho, pode ser expressada formalmente pelas partes, ou pode ser verificada de forma tácita, esta última consistente no seu silêncio durante a tramitação do processo;

IV. Na decisão do dissídio coletivo, a Justiça do Trabalho não está obrigada a observar as disposições convencionadas anteriormente, mas deve respeitar as disposições mínimas legais de proteção ao trabalho;

V. Em caso de greve, o Ministério Público do Trabalho poderá ajuizar dissídio coletivo, desde que provocado, de forma fundamentada, por pessoas e organizações (governamentais ou não) prejudicadas.

a) todas as assertivas estão corretas;

b) somente as assertivas I, II e IV estão corretas;

c) somente as assertivas II, e III estão corretas;

d) somente as assertivas I, IV e V estão corretas;

e) somente as assertivas I, II e III estão corretas;

COMENTÁRIOS

✪ **Nota do autor:** O típico dissídio coletivo é aquele de natureza econômica, ou seja, quando os interessados não chegam a um consenso extrajudicial sobre as reivindicações relativas às condições de trabalho a serem implantadas no âmbito das relações individuais de labor. Observe-se, no item "II", que o art. 267, IV, do CPC de 1973 corresponde ao art. 485, IV, do CPC de 2015.

Item "I": Correto, conforme permissivo contido no art. 114, § 1º, da CF/88: "Frustrada a negociação coletiva, as partes poderão eleger árbitros".

Item "II": Correto, conforme jurisprudência já pacificada pelo TST: "Conforme a jurisprudência firmada pela SDC do TST, a partir da exigência trazida pela Emenda Constitucional nº 45/05 ao art. 114, § 2º, da Constituição Federal, o comum acordo constitui pressuposto processual para o ajuizamento do dissídio coletivo de natureza econômica. No caso, verifica-se que o não preenchimento desse requisito, ora renovado em arguição preliminar, foi expressamente indicado pelo Suscitado desde a contestação, o que implica óbice ao chamamento desta Justiça Especializada para exercício de seu Poder Normativo. Assim, reformando a decisão regional que rejeitou a preliminar de ausência de comum acordo, julga-se extinto o processo sem resolução de mérito, a teor do 267, IV, do CPC, ressalvadas as situações fáticas já constituídas, na linha do art. 6º, § 3º, da Lei nº 4.725/65. Recurso ordinário provido. (TST. RODC – 1309/2006-000-15-00.9, Relator Ministro: Walmir Oliveira da Costa, Data de Julgamento: 10/04/2008, Seção Especializada em Dissídios Coletivos, Data de Publicação: 25/04/2008)".

Item "III": Correto, também de acordo com a jurisprudência predominante do TST: "Não se verificando anuência expressa ou tácita dos Suscitados para o ajuizamento do dissídio coletivo, de modo a configurar o comum acordo de que trata o § 2º do artigo 114 da Constituição Federal, correta a decisão que, acolhendo preliminar de carência da ação, extingue o processo sem julgamento do mérito. Recurso a que se nega provimento. (TST. RODC – 243/2005-000-12-00.5, Relator Ministro: Márcio Eurico Vitral Amaro, Data de Julgamento: 10/04/2008, Seção Especializada em Dissídios Coletivos, Data de Publicação: 02/05/2008)".

Item "IV": A Carta Maior determina, expressamente, que devem ser observadas as condições de trabalho mínimas estabelecidas anteriormente por meio de instrumentos normativos negociados. Item **incorreto**, conforme art. 114, § 2º, CF/88: "Recusando-se qualquer das partes à negociação coletiva ou à arbitragem, é facultado às mesmas, de comum acordo, ajuizar dissídio coletivo de natureza econômica, podendo a Justiça do Trabalho decidir o conflito, respeitadas as disposições mínimas legais de proteção ao trabalho, bem como as convencionadas anteriormente".

Item "V": Não há necessidade de provocação do MPT para que este ajuíze o dissídio coletivo de greve. Item **incorreto**, pois em desconformidade com o art. 114, § 3º, CLT: "Em caso de greve em atividade essencial, com possibilidade de lesão do interesse público, o Ministério Público do Trabalho poderá ajuizar dissídio coletivo, competindo à Justiça do Trabalho decidir o conflito".

Gabarito: E.

619. (TRT – JTS 15ª RG/2010) Não havendo acordo em dissídio coletivo e não comparecendo ambas as partes à audiência designada, o presidente do Tribunal deverá:

a) extinguir o processo sem julgamento do mérito por falta de interesse processual;

b) submeter o processo a julgamento, depois de realizadas as diligências que entender necessárias e ouvida a Procuradoria;

c) arquivar o feito em razão da ausência do suscitante;

d) decretar a revelia do suscitado;

e) nenhuma das anteriores.

COMENTÁRIOS

Alternativa "a": No dissídio coletivo não há arquivamento ou revelia decorrente do não comparecimento das partes à audiência. Opção **incorreta**, pois em desacordo com o art. 864 da CLT: "Não havendo acordo, ou não comparecendo ambas as partes ou uma delas, o presidente submeterá o processo a julgamento, depois de realizadas as diligências que entender necessárias e ouvida a Procuradoria".

Alternativa "b": Correta, em face do disposto no citado art. 864 da CLT.

Alternativa "c": No dissídio coletivo não há arquivamento ou revelia decorrente do não comparecimento das partes à audiência. Opção **incorreta**, pois em desacordo com o citado art. 864 da CLT.

Alternativa "d": No dissídio coletivo não há arquivamento ou revelia decorrente do não comparecimento das partes à audiência. Opção **incorreta**, pois em desacordo com o citado art. 864 da CLT.

Alternativa "e": Incorreta.

Gabarito: B.

---

620. (TRT – JTS 9ª RG/2009) A respeito do Dissídio Coletivo, analise as proposições a seguir:

I. Da sessão de julgamento de um dissídio coletivo fixando normas e condições de trabalho, resultará uma sentença normativa da qual caberá recurso ordinário, no prazo de oito dias, que será apreciado pelo Tribunal Superior do Trabalho.

II. A negociação coletiva é requisito indispensável para o ajuizamento de dissídio coletivo.

III. Ocorrendo greve em serviços e atividades essenciais, a instauração da instância em dissídios coletivos será feita mediante representação escrita, dirigida ao Ministério Público do Trabalho que, depois de cumpridas as formalidades legais, encaminhará a mesma ao Tribunal.

IV. O dissídio coletivo será instaurado mediante representação escrita ao Presidente do Tribunal Regional.

a) todas as proposições estão corretas

b) a proposição I é incorreta

c) a proposição II é incorreta

d) a proposição III é incorreta

e) a proposição IV é incorreta

COMENTÁRIOS

Item "I": Correto, conforme preceito contido no art. 895, II, da CLT: "Cabe recurso ordinário para a instância superior: II – das decisões definitivas ou terminativas dos Tribunais Regionais, em processos de sua competência originária, no prazo de 8 (oito) dias, quer nos dissídios individuais, quer nos dissídios coletivos". Observar que a instância originária do dissídio coletivo nunca será a Vara do Trabalho.

Item "II": O legislador constituinte também valorizou a negociação coletiva exigindo-a como pré-requisito para o ajuizamento do dissídio coletivo. Item **correto**, conforme art. 114, § 2º, da CF/88: "Recusando-se qualquer das partes à negociação coletiva ou à arbitragem, é facultado às mesmas, de comum acordo, ajuizar dissídio coletivo de natureza econômica, podendo a Justiça do Trabalho decidir o conflito, respeitadas as disposições mínimas legais de proteção ao trabalho, bem como as convencionadas anteriormente".

Item "III": Na verdade, em caso de greve em atividade essencial, o MPT passa a ter legitimidade para ajuizar o denominado dissídio coletivo de greve. Item **incorreto**, pois contraria o art. 114, § 3º, CF/88: "Em caso de greve em atividade essencial, com possibilidade de lesão do interesse público, o Ministério Público do Trabalho poderá ajuizar dissídio coletivo, competindo à Justiça do Trabalho decidir o conflito".

Item "IV": Ao contrário da reclamação trabalhista do dissídio individual, que pode ser feita oralmente e depois reduzida a termo, no dissídio coletivo essa peça processual deve se revestir da forma escrita. Item **correto**, conforme art. 856 da CLT: "A instância será instaurada mediante representação escrita ao Presidente do Tribunal. Poderá ser também instaurada por iniciativa do presidente, ou, ainda, a requerimento da Procuradoria da Justiça do Trabalho, sempre que ocorrer suspensão do trabalho".

Gabarito: D.

---

621. (TRT – JTS 14ª RG/2008) Considerando as proposições abaixo, à luz do Direito Processual do Trabalho, assinale a alternativa CORRETA:

I. O Dissídio Coletivo poderá ser o meio próprio para que o sindicato obtenha o reconhecimento de que representa categoria diferenciada.

II. Poderá o Ministério Público do Trabalho, se entender necessário, intervir nos feitos perante os graus superiores da Justiça do Trabalho, quando integrar o polo passivo da relação jurídica processual pessoa jurídica de Direito Público, Estado estrangeiro ou organismo internacional.

III. Na ocorrência de greve, pode o dissídio ser instaurado *ex officio* pelo Presidente do Tribunal Regional do Trabalho.

IV. Nos termos da jurisprudência dominante do Tribunal Superior do Trabalho, o dissídio coletivo de natureza jurídica não se presta para interpretação de normas de caráter genérico.

a) Há apenas uma proposição verdadeira.

b) Há apenas duas proposições verdadeiras.

c) Há apenas três proposições verdadeiras.

d) Todas as proposições são verdadeiras.

e) Todas as proposições são falsas.

COMENTÁRIOS

✪ **Nota do autor:** O dissídio coletivo, em sua essência, visa estabelecer novas condições de trabalho por meio de uma sentença normativa. Cria uma norma jurídica e não interpreta uma norma pré-existente.

Item "I": Essa pretensão deve ser objeto de uma demanda ordinária em órgão de primeira instância trabalhista. Item **incorreto**, conforme OJ nº 9 da SDC do TST: "O dissídio coletivo não é meio próprio para o Sindicato vir a obter o reconhecimento de que a categoria que representa é diferenciada, pois esta matéria – enquadramento sindical – envolve a interpretação de norma genérica, notadamente do art. 577 da CLT".

Item "II": Correto, conforme art. 83, inciso XIII, da Lei Complementar nº 73/95: "Compete ao Ministério Público do Trabalho o exercício das seguintes atribuições junto aos órgãos da Justiça do Trabalho: XIII – intervir obrigatoriamente em todos os feitos nos segundo e terceiro graus de jurisdição da Justiça do Trabalho, quando a parte for pessoa jurídica de Direito Público, Estado estrangeiro ou organismo internacional".

Item "III": A Lei nº 7.783/89, art. 8º, derrogou o art. 856 da CLT, excluindo-se a legitimidade do presidente do Tribunal para instaurar a instância de ofício do dissídio coletivo, em caso de greve, seja originário ou de revisão. Item **incorreto.**

Item "IV": Correto, conforme OJ nº 7 da SDC do TST: "Não se presta o dissídio coletivo de natureza jurídica à interpretação de normas de caráter genérico, a teor do disposto no art. 313, II, do RITST".

Gabarito: B.

---

622. (TRT – JTS 23ª RG/2010) Analise as assertivas abaixo e indique a alternativa CORRETA:

I. Quanto aos dissídios coletivos pode se afirmar que, em regra, se dividem em dissídio de natureza econômica ou de interesse e dissídio de natureza jurídica, o primeiro é de natureza declaratória e o segundo constitutiva, sendo cabível para interpretação de norma legal de caráter geral, já os dissídios coletivos de greve podem ter uma natureza mista.

II. O microssistema de proteção aos interesses e direitos metaindividuais é formado, principalmente, pela Constituição Federal, pela Lei da Ação Civil Pública, pelo Código de Defesa do Consumidor.

III. Segundo o microssistema de proteção aos direitos e interesses metaindividuais não haverá adiantamento de custas, emolumentos, honorários periciais e quaisquer outras despesas, nem condenação da associação autora, salvo comprovada má-fé, em honorários de advogados, custas e despesas processuais.

a) Todas as proposições estão corretas

b) As proposições I e II estão corretas, e a proposição III está errada

c) As proposições II e III estão corretas, e a proposição I está errada

d) Todas as proposições estão incorretas

e) A proposição II está correta, e as proposições I e III estão erradas

COMENTÁRIOS

✪ **Nota do autor:** O dissídio coletivo de greve somente deve ser assim considerado quando for provocado, exclusivamente, pelo Ministério Público do Trabalho, no exercício de sua legitimidade extraordinária específica nos casos de greve em serviço essencial.

Item "I": O dissídio coletivo de natureza jurídica assemelha-se a uma ação judicial clássica de caráter declaratória, uma vez que a pretensão deduzida em juízo objetiva a adequação dos fatos a uma norma jurídica profissional pré-existente, mas sem qualquer conteúdo condenatório ou constitutivo. Item **incorreto.**

Item "II": Correto, uma vez que a CLT não possui dispositivos sistematizados de proteção aos direitos metaindividuais, a exceção da citação da ação de cumprimento, demanda coletiva por natureza, porém calcada em sentença normativa ou instrumentos normativos negociados.

Item "III": Correto, de acordo com o art. 18 da LACP: "Nas ações de que trata esta Lei não haverá adiantamento de custas, emolumentos, honorários periciais e quaisquer outras despesas, nem condenação da associação autora, salvo comprovada má-fé, em honorários de advogado, custas e despesas processuais".

Gabarito: C.

7.2. AÇÕES COLETIVAS E AÇÃO DE CUMPRIMENTO

---

623. (TRT 2 – Juiz do Trabalho Substituto 2ª Região/2016) Quanto aos dissídios coletivos e ação de cumprimento, assinale a alternativa INCORRETA:

a) Somente com o trânsito em julgado da sentença normativa é que começa a fluir o prazo prescricional da ação de cumprimento correspondente.

b) Em dissídio coletivo somente se consubstancia a coisa julgada formal.

c) É dispensável o trânsito em julgado da sentença normativa para a propositura da ação de cumprimento.

d) É incabível a oposição de exceção de pré-executividade contra execução de cláusula de sentença normativa reformada em sede de dissídio coletivo.

e) A legitimidade do sindicato para propor ação de cumprimento estende-se também à observância de acordo ou de convenção coletivos.

COMENTÁRIOS

✪ **Nota do autor:** A ação de cumprimento consiste em uma espécie de ação judicial, individual ou coletiva, cuja legitimidade ativa é atribuída aos empregados e, extraordinariamente, aos respectivos sindicatos da categoria profissional, com o objetivo dar efetividade aos direitos laborais estabelecidos por intermédio de acordo coletivo, convenção coletiva ou sentença normativa.

Alternativa "a": Correta, pois se encontra de acordo com o texto da Súmula nº 350 do TST: "PRESCRIÇÃO. TERMO INICIAL. AÇÃO DE CUMPRIMENTO. SENTENÇA NORMATIVA (mantida) - Res. 121/2003, DJ 19, 20 e 21.11.2003. O prazo de prescrição com relação à ação de cumprimento de decisão normativa flui apenas da data de seu trânsito em julgado".

Alternativa "b": Correta. As decisões normativas proferidas em sede de dissídio coletivo de natureza econômica têm eficácia imediata, mesmo no caso de interposição de recurso para instância superior. Como se trata de sentença proferida em sede de dissídio coletivo opera-se apenas a coisa julgada formal, conforme entendimento do TST revelado por meio da Sumula nº 397: "AÇÃO RESCISÓRIA. ART. 966, IV, DO CPC DE 2015. ART. 485, IV, DO CPC DE 1973. AÇÃO DE CUMPRIMENTO. OFENSA À COISA JULGADA EMANADA DE SENTENÇA NORMATIVA MODIFICADA EM GRAU DE RECURSO. INVIABILIDADE. CABIMENTO DE MANDADO DE SEGURANÇA (atualizada em decorrência do CPC de 2015) - Res. 208/2016, DEJT divulgado em 22, 25 e 26.04.2016. Não procede ação rescisória calcada em ofensa à coisa julgada perpetrada por decisão proferida em ação de cumprimento, em face de a sentença normativa, na qual se louvava, ter sido modificada em grau de recurso, porque em dissídio coletivo somente se consubstancia coisa julgada formal. Assim, os meios processuais aptos a atacarem a execução da cláusula reformada são a exceção de pré-executividade e o mandado de segurança, no caso de descumprimento do art. 514 do CPC de 2015 (art. 572 do CPC de 1973).

Alternativa "c": Correta. Não é necessário aguardar o trânsito em julgado da sentença normativa para que os integrantes das categorias profissionais ou econômicas possam exigir as condutas de comportamento nela estabelecidas, por intermédio da ação de cumprimento, uma vez que o parágrafo único do art. 872 da CLT exige apenas a juntada da certidão da decisão normativa. Nesse sentido, a Súmula nº 246 do TST: "SÚMULA Nº 246: AÇÃO DE CUMPRIMENTO. TRÂNSITO EM JULGADO DA SENTENÇA NORMATIVA (mantida) - Res. 121/2003, DJ 19, 20 e 21.11.2003. É dispensável o trânsito em julgado da sentença normativa para a propositura da ação de cumprimento.

Alternativa "d": Incorreta. Isso porque a parte não pode se socorrer da via rescisória para atacar a sentença que foi proferida em dissonância com o conteúdo da sentença normativa, pois não se forma a coisa julgada material. Resta-lhe, portanto, a exceção de pré-executividade ou o mandado de segurança, na forma do entendimento do TST constante da Súmula nº 397: "AÇÃO RESCISÓRIA. ART. 966, IV, DO CPC DE 2015. ART. 485, IV, DO CPC DE 1973. AÇÃO DE CUMPRIMENTO. OFENSA À COISA JULGADA EMANADA DE SENTENÇA NORMATIVA MODIFICADA EM GRAU DE RECURSO. INVIABILIDADE. CABIMENTO DE MANDADO DE SEGURANÇA (atualizada em decorrência do CPC de 2015) - Res. 208/2016, DEJT divulgado em 22, 25 e 26.04.2016. Não procede ação rescisória calcada em ofensa à coisa julgada perpetrada por decisão proferida em ação de cumprimento, em face de a sentença normativa, na qual se louvava, ter sido modificada em grau de recurso, porque em dissídio coletivo somente se consubstancia coisa julgada formal. Assim, os meios processuais aptos a atacarem a execução da cláusula reformada são a exceção de pré-executividade e o mandado de segurança, no caso de descumprimento do art. 514 do CPC de 2015 (art. 572 do CPC de 1973)".

Alternativa "e": Correta, pois possuem a mesma natureza normativa. Inclusive esse é o posicionamento adotado pelo TST por intermédio da Súmula nº 286: "SINDICATO. SUBSTITUIÇÃO PROCESSUAL. CONVENÇÃO E ACORDO COLETIVOS (mantida) - Res. 121/2003, DJ 19, 20 e 21.11.2003. A legitimidade do sindicato para propor ação de cumprimento estende-se também à observância de acordo ou de convenção coletivos.

Gabarito: D.

---

624. (TRT 4 - Juiz do Trabalho Substituto 4ª Região/2016) Considere as seguintes pretensões deduzidas em diferentes ações ajuizadas na Justiça do Trabalho sobre direitos transindividuais:

I. ação que busca a declaração da nulidade da dispensa em massa de trabalhadores em razão da ausência de negociação coletiva prévia entre empregador e entidade sindical sobre a referida dispensa;

II. ação que pretende impedir contratação sem concurso público;

III. ação que objetiva anular contratos de trabalho de trabalhadores que ingressaram na Administração Pública sem concurso público em órgão específico;

IV. ação que pretende o pagamento de adicional de periculosidade decorrente de ingresso em área de risco de explosão.

Com base em tais pretensões, assinale a assertiva correta.

a) Corresponde a interesse ou direito difuso somente a ação referida em II e a sentença prolatada fará coisa julgada erga omnes apenas no caso de procedência do pedido.

b) No caso da ação proposta em IV, a sentença prolatada fará coisa julgada erga omnes, exceto se o pedido for julgado improcedente por insuficiência de provas, hipótese em que qualquer legitimado poderá intentar outra ação, com idêntico fundamento, valendo-se de nova prova.

c) A ação referida em I pode ser proposta pelo Ministério Público do Trabalho ou outros legitimados concorrentes e a sentença fará coisa julgada ultra partes, mas limitadamente ao grupo dispensado em massa, salvo improcedência por insuficiência de provas, hipótese em que qualquer legitimado poderá intentar outra ação, com idêntico fundamento, valendo-se de nova prova.

d) A sentença prolatada no caso do item III fará coisa julgada secundum eventum litis, ou seja, segundo o resultado da lide.

e) Na ação civil pública, a coisa julgada coletiva não estende seus efeitos ao plano individual in utilibus no caso de procedência do pedido.

COMENTÁRIOS

✪ **Nota do autor:** No caso de direitos difusos e coletivos, uma vez proferida a sentença verificam-se os efeitos da coisa julgada material apenas na hipótese de sua procedência ou improcedência por outros fundamentos que não a insuficiência de provas. A sentença condenatória produz efeitos ***erga omnes***, na hipótese de direitos difusos e *ultra partes*, no caso de direitos coletivos.

Alternativa "a": Incorreta. Apesar de se tratar de interesses difusos, fará coisa julgada *erga omnes* mesmo no caso de improcedência, salvo se for por insuficiência de provas como deixa claro o art. 103, I, do CDC: "Nas ações coletivas de que trata este código, a sentença fará coisa julgada: I – erga omnes, exceto se o pedido for julgado improcedente por insuficiência de provas, hipótese em que qualquer legitimado poderá intentar outra ação, com idêntico fundamento valendo-se de nova prova, na hipótese do inciso I do parágrafo único do art. 81".

Alternativa "b": Incorreta, pois nesse caso trata-se de direitos individuais e homogêneos (art. 81, parágrafo único, III, do CDC). Nesse caso a sentença faz coisa julgada *erga omnes* somente no caso de procedência do pedido para beneficiar todos os trabalhadores, na forma prevista pelo art. 103, III, § 2º: "Art. 103. Nas ações coletivas de que trata este código, a sentença fará coisa julgada: III – erga omnes, apenas no caso de procedência do pedido, para beneficiar todas as vítimas e seus sucessores, na hipótese do inciso III do parágrafo único do art. 81.; § 2° Na hipótese prevista no inciso III, em caso de improcedência do pedido, os interessados que não tiverem intervindo no processo como litisconsortes poderão propor ação de indenização a título individual".

Alternativa "c": Correta. A demanda descrita no item I, tem natureza jurídica coletiva em sentido estrito pois a despedida em massa ofende o grupo de trabalhadores que presta serviços em determinada em presa, na forma prevista pelo CDC em seu art. 81, parágrafo único, II: "A defesa coletiva será exercida quando se tratar de: II interesses ou direitos coletivos, assim entendidos, para efeitos deste código, os transindividuais, de natureza indivisível de que seja titular grupo, categoria ou classe de pessoas ligadas entre si ou com a parte contrária por uma relação jurídica base". Consequentemente a sentença fará coisa julgada ultra partes, de acordo com a previsão contida no art. Art. 103 do CDC: "Nas ações coletivas de que trata este código, a sentença fará coisa julgada: II – ultra partes, mas limitadamente ao grupo, categoria ou classe, salvo improcedência por insuficiência de provas, nos termos do inciso anterior, quando se tratar da hipótese prevista no inciso II do parágrafo único do art. 81".

Alternativa "d": Incorreta. Nessa situação é necessário saber qual o resultado da decisão para verificar se há ou não a formação da coisa julgada, de acordo com os preceitos contidos no art. 103 do CDC.

Alternativa "e": Incorreta, pois a ação civil pública trata de direitos e interesses difusos que beneficia os trabalhadores no plano individual, caso procedente o pedido, conforme estabelecido no CDC, art. 103, §3º: "Os efeitos da coisa julgada de que cuida o art. 16, combinado com o art. 13 da Lei n° 7.347, de 24 de julho de 1985, não prejudicarão as ações de indenização por danos pessoalmente sofridos, propostas individualmente ou na forma prevista neste código, mas, se procedente o pedido, beneficiarão as vítimas e seus sucessores, que poderão proceder à liquidação e à execução, nos termos dos arts. 96 a 99".

Gabarito: C.

---

625. (TRT 4 – Juiz do Trabalho Substituto 4ª Região/2016) Considere as assertivas abaixo sobre ação civil pública na Justiça do Trabalho.

I. A competência para a ação civil pública fixa-se pela extensão do dano. Em caso de dano de abrangência regional, que atinja cidades sujeitas à jurisdição de mais de uma Vara do Trabalho, a competência será de qualquer das Varas das localidades atingidas, ainda que vinculadas a Tribunais Regionais do Trabalho distintos.

II. Em caso de dano de abrangência suprarregional ou nacional, há competência concorrente para a ação civil pública das Varas do Trabalho das sedes dos Tribunais Regionais do Trabalho, ficando prevento o Juízo a que a primeira ação houver sido despachada.

III. Na Justiça do Trabalho, os sindicatos e o Ministério Público têm competência para a propositura de ação civil pública, sendo vedada sua atuação em litisconsórcio na hipótese de defesa de interesses difusos.

Quais são corretas?

a) Apenas I

b) Apenas II

c) Apenas III

d) Apenas I e II

e) I, II e III

COMENTÁRIOS

✪ **Nota do autor:** A competência *racione loci* para apreciar a ação civil pública e a ação civil coletiva é a do local onde ocorrer o dano, conforme art. 2º, da Lei nº 7.347/85. Contudo, o dispositivo citado deve ser interpretado em conjunto com o disposto no art. 93 do CDC, que estabelece critérios de definição de competência a partir da extensão do dano, que pode ser local, suprarregional ou nacional.

Item "I": Correto. Estabelece-se uma competência concorrente entre as diversas Varas do Trabalho existentes na localidade de dano de abrangência regional, na forma prevista pela OJ nº 130 da SDI-2, I e II: "OJ-SDI2-130 AÇÃO CIVIL PÚBLICA. COMPETÊNCIA. LOCAL DO DANO. LEI Nº 7.347/1985, ART. 2º. CÓDIGO DE DEFESA DO CONSUMIDOR, ART. 93 (redação alterada na sessão do Tribunal Pleno realizada em 14.09.2012) – Res. 186/2012, DEJT divulgado em 25, 26 e 27.09.2012 I – A competência para a Ação Civil Pública fixa-se pela extensão do dano. II – Em caso de dano de abrangência regional, que atinja cidades sujeitas à jurisdição de mais de uma Vara do Trabalho, a competência será de qualquer das varas das localidades atingidas, ainda que vinculadas a Tribunais Regionais do Trabalho distintos".

Item "II": Incorreto, pois a prevenção é do juízo para o qual for primeiro distribuída a ação e não despachada. Nesse sentido os itens III e IV da OJ nº 130, da SDI-2 do TST: "AÇÃO CIVIL PÚBLICA. COMPETÊNCIA. LOCAL DO DANO. LEI Nº 7.347/1985, ART. 2º. CÓDIGO DE DEFESA DO CONSUMIDOR, ART. 93 (redação alterada na sessão do Tribunal Pleno realizada em 14.09.2012) – Res. 186/2012, DEJT divulgado em 25, 26 e 27.09.2012 III – Em caso de dano de abrangência suprarregional ou nacional, há competência concorrente para a Ação Civil Pública das Varas do Trabalho das sedes dos Tribunais Regionais do Trabalho. IV – Estará prevento o juízo a que a primeira ação houver sido distribuída.

Item "III": Incorreto, pois a formação do litisconsórcio entre os legitimados é autorizada pelo art. 5º, 2º da Lei nº 7.347/85: "Fica facultado ao Poder Público e a outras associações legitimadas nos termos deste artigo habilitar-se como litisconsortes de qualquer das partes".

Gabarito: A.

---

626. (FCC – Juiz do Trabalho Substituto 1ª Região/2014) A multiplicidade de conflitos de origem comum ou que atingem um número indeterminado de pessoas, ou até mesmo um grupo determinado, ensejou a criação de mecanismos para o acesso coletivo à justiça como forma de garantia da efetividade dos direitos fundamentais. Em relação aos efeitos da coisa julgada em ações coletivas é correto afirmar:

a) Nas hipóteses de interesses coletivos e individuais homogêneos veda-se ao titular individual o ajuizamento de ação individual.

b) Serão erga omnes em face de direitos difusos, exceto se o pedido for julgado improcedente por insuficiência de provas, hipótese em que qualquer legitimado poderá intentar outra ação com idêntico fundamento, valendo-se de nova prova.

c) Se o pedido for julgado improcedente após análise exauriente das provas, não haverá a conformação dos efeitos da coisa julgada formal e material.

d) Serão ultra partes em face de interesses coletivos, considerados estes em razão das garantias postuladas por grupo, classe ou categoria de pessoas ligadas entre si ou com a parte contrária por uma relação jurídica, inclusive em caso de improcedência por insuficiência de provas.

e) Há litispendência entre a ação individual e a coletiva para a defesa dos direitos difusos, coletivos ou individuais homogêneos em razão da identidade das pretensões e da impossibilidade de o réu responder pelo mesmo objeto em ações distintas e, ao fim, suportar os efeitos de múltiplas decisões acobertadas pelo manto da coisa julgada.

COMENTÁRIOS

✪ **Nota do autor:** A defesa, em juízo, dos interesses ou dos direitos coletivos *lato sensu* é feita por intermédio das ações coletivas, inclusive pela ação civil pública e ação civil coletiva. Os interesses ou direitos que ultrapassam os limites da pessoa individualmente considerada, também denominados de direitos ou interesses metaindividuais são classificados como difusos, coletivos em sentido estrito e individuais homogêneos.

Alternativa "a": Incorreta assertiva, uma vez que não há essa vedação. Pelo contrário, o art. 81 do CDC deixa claro que a defesa em juízo poderá ser feita de forma individualizada: "A defesa dos interesses e direitos dos consumidores e das vítimas poderá ser exercida em juízo individualmente, ou a título coletivo".

Alternativa "b": Correta a assertiva, pois esse efeito erga omnes e sua respectiva exceção encontra-se definido pelo art. 103, caput e inciso I, do CDC: "Art. 103. Nas ações coletivas de que trata este código, a sentença fará coisa julgada: I – erga omnes, exceto se o pedido for julgado improcedente por insuficiência de provas, hipótese em que qualquer legitimado poderá intentar outra ação, com idêntico fundamento valendo-se de nova prova, na hipótese do inciso I do parágrafo único do art. 81".

Alternativa "c": Incorreta, pois se o pedido for indeferido por insuficiência de provas, qualquer outro legitimado pode propor a mesma ação novamente, conforme permissão contida no art. 16 da Lei nº 7.347/85: "A sentença civil fará coisa julgada erga omnes, nos limites da competência territorial do órgão prolator, exceto se o pedido for julgado improcedente por insuficiência de provas, hipótese em que qualquer legitimado poderá intentar outra ação com idêntico fundamento, valendo-se de nova prova".

Alternativa "d": Incorreta a assertiva, uma vez que não faz coisa julgada a decisão coletiva por insuficiência de provas, conforme determinação contida no art. 103, *caput* e inciso II, do CDC: Art. 103. Nas ações coletivas de que trata este código, a sentença fará coisa julgada: II – ultra partes, mas limitadamente ao grupo, categoria ou classe, salvo improcedência por insuficiência de provas, nos termos do inciso anterior, quando se tratar da hipótese prevista no inciso II do parágrafo único do art. 81".

Alternativa "e": A determinação legal é justamente em sentido contrário, conforme se observa da redação do art. 104 do CDC: "As ações coletivas, previstas nos incisos I e II e do parágrafo único do art. 81, não induzem litispendência para as ações individuais, mas os efeitos da coisa julgada erga omnes ou ultra partes a que aludem os incisos II e III do artigo anterior não beneficiarão os autores das ações individuais, se não for requerida sua suspensão no prazo de trinta dias, a contar da ciência nos autos do ajuizamento da ação coletiva". Assertiva **incorreta**.

Gabarito: B.

---

627. (FCC – Juiz do Trabalho Substituto 1ª Região/2015) Em relação à competência para julgar ação civil pública na Justiça do Trabalho, e com base no entendimento do TST (súmulas e orientações jurisprudenciais), é correto afirmar:

a) Se o dano alegado na inicial possuir abrangência suprarregional, a competência será de qualquer das Varas do Trabalho das cidades onde o dano ocorrer.

b) Se o dano for limitado à jurisdição de duas Varas contíguas, vinculadas ao mesmo Tribunal Regional, além destas é competente também, em qualquer caso, as Varas da sede do respectivo tribunal Regional.

c) Se o dano for de extensão nacional a competência originária é de qualquer dos Tribunais Regionais do Trabalho.

d) No caso do ajuizamento de duas ações idênticas, em juízos diferentes, a competência se fixa por aquele que primeiro tiver despachado.

e) No caso de dano de extensão suprarregional, a competência é de qualquer das Varas da sede dos Tribunais Regionais com jurisdição nas regiões atingidas.

COMENTÁRIOS

✪ **Nota do autor:** Ao contrário do que ocorre nos processos de dissídio coletivo, a competência hierárquica para apreciar e julgar ação civil pública e ação civil coletiva trabalhista é do juízo singular de primeiro grau, uma vez que não há que se falar em exercício da jurisdição normativa, de competência originária dos Tribunais do Trabalho, mas sim de aplicação da norma genérica e abstrata a um caso concreto.

Alternativa "a": Incorreta, pois nesse caso a competência será de uma das varas do trabalho das sedes dos Tribunais Regionais do Trabalho, na forma prevista pela OJ nº 130, III, da SDI-2-130 do TST: "III – Em caso de dano de abrangência suprarregional ou nacional, há competência concorrente para a Ação Civil Pública das Varas do Trabalho das sedes dos Tribunais Regionais do Trabalho".

Alternativa "b": Incorreta, uma vez que nessa situação a competência seria de qualquer das varas das localidades atingidas conforme OJ nº 130, II, da SDI-2-130 do TST: "II – Em caso de dano de abrangência regional, que atinja cidades sujeitas à jurisdição de mais de uma Vara do Trabalho, a competência será de qualquer das varas das localidades atingidas, ainda que vinculadas a Tribunais Regionais do Trabalho distintos".

Alternativa "c": Incorreta, pois a competência originária nunca será do Tribunal. Nesse sentido a OJ nº 130, III, da SDI-2-130 do TST: "III – Em caso de dano de abrangência suprarregional ou nacional, há competência concorrente para a Ação Civil Pública das Varas do Trabalho das sedes dos Tribunais Regionais do Trabalho".

Alternativa "d": Incorreta, pois a prevenção é do juízo para o qual for primeiro distribuída a ação de acordo com o inciso IV, OJ nº 130, da SDI-2-130 do TST: "IV – Estará prevento o juízo a que a primeira ação houver sido distribuída".

Alternativa "e": Correta a assertiva, pois se encontra em conformidade com o entendimento do TST revelado por meio OJ nº 130, III, da SDI-2-130: "III – Em caso de dano de abrangência suprarregional ou nacional, há competência concorrente para a Ação Civil Pública das Varas do Trabalho das sedes dos Tribunais Regionais do Trabalho".

Gabarito: E.

---

628. (FCC – Juiz do Trabalho Substituto 1ª Região/2015) Com base na lei que disciplina a ação civil pública, é correto afirmar, em relação àquelas de competência da Justiça do Trabalho:

a) Relativamente aos municípios, apenas aqueles que possuam pelo menos 20.000 habitantes têm legitimidade para o ajuizamento da ação.

b) O juiz prolator da sentença pode conceder efeito suspensivo ao recurso, visando a evitar dano irreparável às partes.

c) É incabível o litisconsórcio ativo facultativo.

d) Para possuir legitimidade para o ajuizamento de ação, a associação civil, em qualquer hipótese, deve estar constituída há pelo menos um ano, contado do ajuizamento da ação.

e) Se a lesão alegada atingir apenas um Município, havendo condenação em dinheiro, decorrente da indenização do dano causado, o montante reverterá para fundo gerido por conselho do Município atingido, que deverá ter necessariamente a participação do Ministério Público e representantes da comunidade.

COMENTÁRIOS

✪ **Nota do autor:** A legitimação para propor ação civil pública é concorrente, porque a legitimidade de uma entidade não exclui as demais. É disjuntiva, pois para propositura da ação coletiva não se exige a formação de um litisconsórcio necessário, uma vez que cada uma pode atuar isoladamente ou em conjunto. É taxativa, uma vez que o rol dos legitimados não é exemplificativo.

Alternativa "a": Incorreta, pois não há qualquer restrição legal nesse sentido, conforme se vê do art. 5º, III, da Lei nº 7.347/85: "Têm legitimidade para propor a ação principal e a ação cautelar: III – a União, os Estados, o Distrito Federal e os Municípios".

Alternativa "b": Correta. Essa possibilidade está prevista no art. 14 da Lei nº 7.347/85: "O juiz poderá conferir efeito suspensivo aos recursos, para evitar dano irreparável à parte".

Alternativa "c": Incorreta, pois a legislação prevê expressamente a possiblidade de haver litisconsórcio ativo, de acordo com o que preceitua o art. 5º, §§ 2º e 5º, da Lei nº 7.347/85: "§ 2º Fica facultado ao Poder Público e a outras associações legitimadas nos termos deste artigo habilitar-se como litisconsortes de qualquer das partes. § 5.º Admitir-se-á o litisconsórcio facultativo entre os Ministérios Públicos da União, do Distrito Federal e dos Estados na defesa dos interesses e direitos de que cuida esta lei".

Alternativa "d": Incorreta, pois há uma exceção expressamente prevista no art. 5º, V, "a", e § 4º, da Lei nº 7.347/85: "O requisito da pré-constituição poderá ser dispensado pelo juiz, quando haja manifesto interesse social evidenciado pela dimensão ou característica do dano, ou pela relevância do bem jurídico a ser protegido".

Alternativa "e": Incorreta, pois o valor da indenização reverte-se para um Conselho Federal ou Estadual. Não há previsão legal de um Conselho Municipal, conforme leitura do art. 13 da Lei nº 7.347/85: "Havendo condenação em dinheiro, a indenização pelo dano causado reverterá a um fundo gerido por um Conselho Federal ou por Conselhos Estaduais de que participarão necessariamente o Ministério Público e representantes da comunidade, sendo seus recursos destinados à reconstituição dos bens lesados".

Gabarito: B.

---

629. (TRT 8 – Juiz do Trabalho Substituto 8ª Região/2015) A respeito da ação civil pública, é INCORRETO afirmar que:

a) A competência para a ação civil pública fixa-se pela extensão do dano. Em caso de dano de abrangência regional, que atinja cidades sujeitas à jurisdição de mais de uma Vara do Trabalho, a competência será de qualquer das Varas das localidades atingidas, ainda que vinculadas a Tribunais Regionais do Trabalho distintos.

b) Em caso de dano de abrangência suprarregional ou nacional, há competência concorrente para a ação civil pública das Varas do Trabalho das sedes dos Tribunais Regionais do Trabalho. Estará prevento o juízo a que a primeira ação houver sido distribuída.

c) Na execução por carta precatória, os embargos de terceiro serão oferecidos no juízo deprecante, salvo se versarem, unicamente, sobre vícios ou irregularidades da alienação do bem, praticados pelo juízo deprecado, em que a competência será deste último.

d) Nas causas sujeitas ao procedimento sumaríssimo, não se admite recurso de revista por contrariedade à Orientação Jurisprudencial do Tribunal Superior do Trabalho.

e) Havendo pedido expresso de que as intimações e publicações sejam realizadas exclusivamente em nome de determinado advogado, a comunicação em nome de outro profissional constituído nos autos, é nula, salvo se constatada a inexistência de prejuízo.

COMENTÁRIOS

✪ **Nota do autor:** O § 6º do art. 896 da CLT, que serviu de fundamento para os comentários da alternativa "d" teve sua redação alterada pela Lei nº 13.015/14, além de ter sido transformado no § 9º do art. 896: "Nas causas sujeitas ao procedimento sumaríssimo, somente será admitido recurso de revista por contrariedade a súmula de jurisprudência uniforme do Tribunal Superior do Trabalho ou a súmula vinculante do Supremo Tribunal Federal e por violação direta da Constituição Federal". Por fim, note-se que mesmo com apesar essa alteração o TST ainda não modificou a Súmula nº 442.

Alternativa "a": Correta a assertiva, pois se amolda ao posicionamento do TST revelado por meio dos incisos I e II, da OJ nº 130, da SDI-2: "I – A competência para a Ação Civil Pública fixa-se pela extensão do dano. II – Em caso de dano de abrangência regional, que atinja cidades sujeitas à jurisdição de mais de uma Vara do Trabalho, a competência será de qualquer das varas das localidades atingidas, ainda que vinculadas a Tribunais Regionais do Trabalho distintos".

Alternativa "b": Correta a assertiva, pois corresponde ao entendimento do TST revelado por meio dos incisos III e IV, da OJ nº 130, da SDI-2: "III – Em caso de dano de abrangência suprarregional ou nacional, há competência concorrente para a Ação Civil Pública das Varas do Trabalho das sedes dos Tribunais Regionais do Trabalho. IV – Estará prevento o juízo a que a primeira ação houver sido distribuída".

Alternativa "c": Incorreta, pois os embargos de terceiro na execução por carta poderiam ser oferecidos tanto no juízo deprecante quanto no juízo deprecado. Nesse sentido era o posicionamento do TST inserido na Súmula nº 419 em sua antiga redação: "Na execução por carta precatória, os embargos de terceiro serão oferecidos no juízo deprecante ou no juízo deprecado, mas a competência para julgá-los é do juízo deprecante, salvo se versarem, unicamente, sobre vícios ou irregularidades da penhora, avaliação ou alienação dos bens, praticados pelo juízo deprecado, em que a competência será deste último". Por conta da edição do CPC de 2015, a redação dessa Súmula foi alterada nos seguintes termos: "COMPETÊNCIA. EMBARGOS DE TERCEIRO. EXECUÇÃO POR CARTA PRECATÓRIA. JUÍZO DEPRECADO. (alterada em decorrência do CPC de 2015) – Res. 212/2016, DEJT divulgado em 20, 21 e 22.09.2016. Na execução por carta precatória, os embargos de terceiro serão oferecidos no juízo deprecado, salvo se indicado pelo juízo deprecante o bem constrito ou se já devolvida a carta (art. 676, parágrafo único, do CPC de 2015)".

Alternativa "d": Correta a assertiva, como determina o art. 896, § 6º, da CLT e a Súmula nº 442 do TST: "Art. 896. § 6º Nas causas sujeitas ao procedimento sumaríssimo, somente será admitido recurso de revista por contrariedade a súmula de jurisprudência uniforme do Tribunal Superior do Trabalho e violação direta da Constituição da República. Súmula nº 442. Nas causas sujeitas ao procedimento sumaríssimo, a admissibilidade de recurso de revista está limitada à demonstração de violação direta a dispositivo da Constituição Federal ou contrariedade a Súmula do Tribunal Superior do Trabalho, não se admitindo o recurso por contrariedade a Orientação Jurisprudencial deste Tribunal (Livro II, Título II, Capítulo III, do RITST), ante a ausência de previsão no art. 896, § 6º, da CLT". (ver nota do autor)

Alternativa "e": Correta a assertiva, pois coincide com o entendimento do TST constante da Súmula nº 427 do TST: "Havendo pedido expresso de que as intimações e publicações sejam realizadas exclusivamente em nome de determinado advogado, a comunicação em nome de outro profissional constituído nos autos é nula, salvo se constatada a inexistência de prejuízo".

Gabarito: C.

---

630. (TRT 8 – Juiz do Trabalho Substituto 8ª Região/2014) Na execução em sede de Ação Civil Coletiva, considerando os dispositivos legais, é CORRETO afirmar que:

a) O cumprimento da sentença genérica deverá ser promovido por meio de uma nova demanda individual pela qual o titular do direito material pedirá a liquidação do direito declarado na decisão principal transitada em julgado, com o objetivo de ensejar a imediata execução propriamente dita à concretização ou à efetivação do direito reparatório reconhecido.

b) A decisão em sede da Ação Civil Coletiva trabalhista pode ser executada de forma individual ou coletiva, sendo que nesse último caso os legalmente legitimados poderão promover a execução, abrangendo todos os trabalhadores vitimados, cujos valores indenizatórios já tenham sido determinados na sentença de liquidação, obstando-se o ajuizamento de outras e futuras execuções.

c) A execução coletiva far-se-á com base em certidão das sentenças de liquidação, da qual deverá constar a ocorrência ou não do trânsito em julgado, sendo competente para a execução o juízo da ação condenatória, no caso de execução individual ou coletiva.

d) Se decorrido o prazo de um ano sem habilitação de interessados (individual ou coletivamente) em número compatível com a gravidade do dano reconhecido na sentença trabalhista em sede de Ação Civil Coletiva, compete privativamente ao Ministério Público do Trabalho promover a liquidação e execução da indenização devida, caso em que o valor da indenização reverterá para o fundo criado pela Lei nº 7.347/1985 ou pela entidade filantrópica regularmente constituída.

e) A liquidação e a execução de sentença de Ação Civil Coletiva poderão ser promovidas pela vítima e seus sucessores, assim como pelos legitimados, dentre outros, o Ministério Público e as associações legalmente constituídas há pelo menos um ano e que incluam entre seus fins institucionais a defesa dos interesses e direitos protegidos pelo Código de Defesa do Consumidor.

COMENTÁRIOS

✪ **Nota do autor:** Note-se que a legitimação das entidades autorizadas a ingressar com a ação civil pública é de natureza ordinária, enquanto que na ação civil coletiva os legitimados defendem interesses de terceiros, que são os verdadeiros titulares do direito perseguido em juízo (legitimação extraordinária ou substituição processual).

Alternativa "a": A execução também poderá ser coletiva, conforme permissão contida no art. 98 da Lei 8.078/90: "A execução poderá ser coletiva, sendo promovida pelos legitimados de que trata o art. 82, abrangendo as vítimas cujas indenizações já tiveram sido fixadas em sentença de liquidação, sem prejuízo do ajuizamento de outras execuções". **Incorreta.**

Alternativa "b": Assertiva **incorreta**, pois afronta a parte final do art. 98 da Lei 8.078/90: "A execução poderá ser coletiva, sendo promovida pelos legitimados de que trata o art. 82, abrangendo as vítimas cujas indenizações já tiveram sido fixadas em sentença de liquidação, sem prejuízo do ajuizamento de outras execuções".

Alternativa "c": A competência da execução também poderá ser do juízo da liquidação, no caso de execução individual, de acordo com o que dispõe o art. 98, § 1º e § 2º, I e II da Lei 8.078/90: "§ 1º A execução coletiva far-se-á com base em certidão das sentenças de liquidação, da qual deverá constar a ocorrência ou não do trânsito em julgado. § 2º É competente para a execução o juízo: I – da liquidação da sentença ou da ação condenatória, no caso de execução individual; II – da ação condenatória, quando coletiva a execução". **Incorreta.**

Alternativa "d": A legitimidade para promover a execução, nesse caso, não é só do Ministério Público, de acordo com o preceito contido no **art. 100 da Lei 8.078/90:** "Decorrido o prazo de um ano sem habilitação de interessados em número compatível com a gravidade do dano, poderão os legitimados do art. 82 promover a liquidação e execução da indenização devida". **Incorreta.**

Alternativa "e": Correta a assertiva, pois de conformidade com o art. 82 e 97 da Lei 8.078/90: "A liquidação e a execução de sentença poderão ser promovidas pela vítima e seus sucessores, assim como pelos legitimados de que trata o art. 82".

Gabarito: E.

---

631. (TRT 8 – Juiz do Trabalho Substituto 8ª Região/2014) Em se tratando de execução de decisão em sede de Ação Civil Pública ajuizada pelo Ministério Público do Trabalho (MPT) ou por associação sindical, é INCORRETO afirmar que:

a) A execução trabalhista das multas e das astreintes objetiva coagir o infrator, financeira e psicologicamente, a cumprir a sentença ou o acordo judicial trabalhista.

b) As multas e as astreintes fixadas no Termo de Ajustamento de Conduta celebrado com o MPT, na execução trabalhista constituem natureza de título judicial executável ex officio, consoante as disciplinas dos artigos 876 e 87 8 da CLT.

c) Na ACP que tenha por objeto o cumprimento de obrigação de fazer ou não fazer, o juiz determinará o cumprimento da prestação da atividade devida ou a cessação da atividade nociva, sob pena de execução específica, ou de cominação de multa diária, se esta for suficiente ou compatível, independentemente de requerimento do autor.

d) A multa cominada liminarmente em decisão trabalhista só será exigível do réu (reclamado) após o trânsito em julgado da decisão favorável ao autor, mas será devida desde o dia em que se houver configurado o descumprimento, podendo a execução ser promovida por qualquer interessado, ou ex officio pelo próprio Juiz ou Presidente ou Tribunal competente.

e) Decorridos (60) sessenta dias do trânsito em julgado da sentença condenatória, sem que a associação autora lhe promova a execução, deverá fazê-lo o Ministério Público, facultada igual iniciativa aos demais legitimados.

COMENTÁRIOS

✪ **Nota do autor:** A diferença entre a ação civil pública e a ação civil coletiva é de conteúdo e de finalidade. Em primeiro lugar, a ação civil coletiva não abrange pedidos fundados em direitos difusos e coletivos *stricto sensu*. Em segundo lugar, objetiva, apenas, a reparação e/ou a compensação dos danos causados a um grupo de pessoas, mas individualmente consideradas. A indenização respectiva reverte-se em favor dos indivíduos e não para o fundo de reconstituição dos bens lesados, previsto pela LACP ou mesmo ao FAT, como ocorre com a ação civil pública. Já em relação a alternativa "b", a Lei da Reforma Trabalhista alterou o art. 878 da CLT passando a contar com a seguinte redação: "A execução será promovida pelas partes, permitida a execução de ofício pelo juiz ou pelo Presidente do Tribunal apenas nos casos em que as partes não estiverem representadas por advogado.". Dessa forma, a execução *ex officio* somente será cabível quando as partes estiverem no exercício do *ius postulandi*.

Alternativa "a": A astreinte, também denominada de multa coercitiva ou de preceito cominatório, é um dos métodos indiretos de coação para que o devedor cumpra a obrigação, uma vez que a coação física, pessoal e direta é repelida pelo ordenamento jurídico pátrio. **Correta** a assertiva.

Alternativa "b". Incorreta, pois a execução de ofício só pode ser efetivada em relação aos títulos executivos judiciais, como as sentenças transitadas em julgado e os acordos homologados e não cumpridos, conforme dispõe os artigos 877 e 878 da CLT: "Art. 878. A execução poderá ser promovida por qualquer interessado, ou ex officio pelo próprio Juiz ou Presidente ou Tribunal competente, nos termos do artigo anterior. Art. 877 – É competente para a execução das decisões o Juiz ou Presidente do Tribunal que tiver conciliado ou julgado originariamente o dissídio." (ver nota do autor)

Alternativa "c". Correta a assertiva, diante da coincidência com o texto contido no art. 11 da Lei nº 7.347/85: "Na ação que tenha por objeto o cumprimento de obrigação de fazer ou não fazer, o juiz determinará o cumprimento da prestação da atividade devida ou a cessação da atividade nociva, sob pena de execução específica, ou de cominação de multa diária, se esta for suficiente ou compatível, independentemente de requerimento do autor."

Alternativa "d". Correta, pois de conformidade com o art. 12, § 2º da Lei nº 7.347/85 e arts. 877 e 878 da CLT: "§ 2º A multa cominada liminarmente só será exigível do réu após o trânsito em julgado da decisão favorável ao autor, mas será devida desde o dia em que se houver configurado o descumprimento. Art. 878 – A execução poderá ser promovida por qualquer interessado, ou ex officio pelo próprio Juiz ou Presidente ou Tribunal competente, nos termos do artigo anterior. Art. 877 – É competente para a execução das decisões o Juiz ou Presidente do Tribunal que tiver conciliado ou julgado originariamente o dissídio". (ver nota do autor)

Alternativa "e": Correta, pois corresponde ao mandamento contido no art. 15 da Lei nº 7.347/85: "Decorridos sessenta dias do trânsito em julgado da sentença condenatória, sem que a associação autora lhe promova a execução, deverá fazê-lo o Ministério Público, facultada igual iniciativa aos demais legitimados."

Gabarito: B.

---

632. (CESPE – Juiz do Trabalho Substituto 5ª Região/2013) No que diz respeito à ACP, assinale a opção correta.

a) A ACP não poderá ser eliminada por meio de lei infraconstitucional.

b) A ACP surgiu no Brasil com a CF.

c) Compete ao MP do Trabalho promover ACP no âmbito da justiça do trabalho, para a defesa dos interesses individuais e coletivos.

d) O cabimento da ACP, no processo do trabalho, ocorre quando vulnerados os direitos sociais previstos na CF, nas leis complementares e também nas leis ordinárias.

e) A legitimação ad causam para o ajuizamento da ACP está restrita ao MP, órgão que deve representar os direitos trabalhistas no MP do Trabalho.

COMENTÁRIOS

✪ **Nota do autor:** A ação civil coletiva constitui espécie de ação coletiva em sentido amplo, utilizada apenas para a defesa de direitos individuais e homogêneos, com o objetivo de obter uma tutela de natureza condenatória para reparação de danos morais e materiais na órbita vários indivíduos pertencentes a determinado grupo.

Alternativa "a": A Ação Civil Pública está prevista no art. 129, III, da CF/88: "São funções institucionais do Ministério Público: III – promover o inquérito civil e a ação civil pública, para a proteção do patrimônio público e social, do meio ambiente e de outros interesses difusos e coletivos". Por conta disso, a ACP não pode ser eliminada por meio de norma infraconstitucional. **Correta.**

Alternativa "b": Incorreta. A ACP surgiu no Brasil com a edição da Lei nº 7.347/85.

Alternativa "c": Incorreta, pois não cabe ao MPT a defesa de interesses individuais não homogêneos, conforme previsão contida no art. 83, III, da LC nº 75/93: "Compete ao Ministério Público do Trabalho o exercício das seguintes atribuições junto aos órgãos da Justiça do Trabalho: III – promover a ação civil pública no âmbito da Justiça do Trabalho, para defesa de interesses coletivos, quando desrespeitados os direitos sociais constitucionalmente garantidos".

Alternativa "d": Incorreta, pois segundo o art. 83, III da LC nº 75/93, cabe ao MPT promover a ACP para defesa de interesses coletivos, quando inobservados os direitos sociais constitucionalmente garantidos: "Art. 83. Compete ao Ministério Público do Trabalho o exercício das seguintes atribuições junto aos órgãos da Justiça do Trabalho: III – promover a ação civil pública no âmbito da Justiça do Trabalho, para defesa de interesses coletivos, quando desrespeitados os direitos sociais constitucionalmente garantidos".

Alternativa "e": Incorreta, pois há outros legitimados concorrentes, listados pelo art. 5º da Lei nº 7.347/85: "Têm legitimidade para propor a ação principal e a ação cautelar: I – o Ministério Público; II – a Defensoria Pública; III – a União, os Estados, o Distrito Federal e os Municípios; IV – a autarquia, empresa pública, fundação ou sociedade de economia mista; V – a associação que, concomitantemente: a) esteja constituída há pelo menos 1; b) inclua, entre suas finalidades institucionais, a proteção ao meio ambiente, ao consumidor, à ordem econômica, à livre concorrência ou ao patrimônio artístico, estético, histórico, turístico e paisagístico".

Gabarito: A.

633. (FCC – Juiz do Trabalho Substituto 6ª Região/2013) Analise as seguintes afirmações:

I. A competência funcional para julgamento de Ação Civil Pública que envolve matéria trabalhista é do segundo grau de jurisdição, ou seja, dos Tribunais Regionais do Trabalho em razão da natureza coletiva da pretensão, equiparando-se a um dissídio coletivo de natureza jurídica, segundo a jurisprudência dominante do Tribunal Superior do Trabalho.

II. A competência para a Ação Civil Pública fixa-se pela extensão do dano. Em caso de dano de abrangência regional, que atinja cidades sujeitas à jurisdição de mais de um Tribunal Regional, a competência será de qualquer dos Tribunais das localidades atingidas. Em caso de dano de abrangência suprarregional ou nacional, há competência concorrente para a Ação Civil Pública dos Tribunais Regionais do Trabalho e do TST.

III. O mandado de segurança que impugna liminar em ação civil pública, substituída por sentença de mérito superveniente, perde seu objeto.

IV. A legitimidade dos Sindicatos para propor Ação Civil Pública na defesa dos interesses e direitos difusos e coletivos é autônoma e concorrente, enquanto que para a defesa de interesses individuais homogêneos, a legitimidade se dá sob a modalidade de substituição processual.

V. Segundo entendimento jurisprudencial dominante, existe litispendência entre as ações coletivas ajuizadas pelos sindicatos e pelo Ministério Público do Trabalho e as ações individuais, devendo o juiz extinguir sem exame de mérito a ação individual, salvo em caso de decisão desfavorável da ação coletiva.

Estão corretas APENAS

a) I e V.

b) III e IV.

c) II e III.

d) I e II.

e) IV e V.

COMENTÁRIOS

✪ **Nota do autor:** A relação entre a ação civil, coletiva ou pública, e a ação de cumprimento é de gênero e espécie. Com efeito, a ação de cumprimento, apesar de ser classificada como uma ação coletiva, tem o seu objeto limitado à defesa dos direitos individuais e homogêneos instituídos por normas coletivas profissionais ou por sentença normativa. A ação coletiva é mais ampla, pois engloba, além dos direitos acima mencionados, aqueles estabelecidos pelas normas estatais.

Item "I": Incorreto, pois a competência funcional é da Vara do Trabalho. Essa questão relativa a competência territorial encontra-se disciplinada no âmbito da Justiça do Trabalho pela OJ nº 130 da SDI-II do TST: "I – A competência para a Ação Civil Pública fixa-se pela extensão do dano. II – Em caso de dano de abrangência regional, que atinja cidades sujeitas à jurisdição de mais de uma Vara do Trabalho, a competência será de qualquer das varas das localidades atingidas, ainda que vinculadas a Tribunais Regionais do Trabalho distintos. III – Em caso de dano de abrangência suprarregional ou nacional, há competência concorrente para a Ação Civil Pública das varas do trabalho das sedes dos Tribunais Regionais do Trabalho. IV – Estará prevento o juízo a que a primeira ação houver sido distribuída".

Item "II": Incorreto, pois nesse caso, a competência será de qualquer das varas das localidades atingidas, conforme item II, da OJ nº 130 da SDI-II do TST: "II – Em caso de dano de abrangência regional, que atinja cidades sujeitas à jurisdição de mais de uma Vara do Trabalho, a competência será de qualquer das varas das localidades atingidas, ainda que vinculadas a Tribunais Regionais do Trabalho distintos".

Item "III": Correto, pois essa consequência encontra-se prevista no item III, da Súmula nº 414 do TST, em sua redação anterior: "A superveniência da sentença, nos autos originários, faz perder o objeto do mandado de segurança que impugnava a concessão da tutela antecipada (ou liminar)". A Resolução nº 217/2017 do TST alterou a redação da mencionada Súmula: "MANDADO DE SEGURANÇA. TUTELA PROVISÓRIA CONCEDIDA ANTES OU NA SENTENÇA (nova redação em decorrência do CPC de 2015) – Res. 217/2017 – DEJT divulgado em 20, 24 e 25.04.2017 I – A tutela provisória concedida na sentença não comporta impugnação pela via do mandado de segurança, por ser impugnável mediante recurso ordinário. É admissível a obtenção de efeito suspensivo ao recurso ordinário mediante requerimento dirigido ao tribunal, ao relator ou ao presidente ou ao vice-presidente do tribunal recorrido, por aplicação subsidiária ao processo do trabalho do artigo 1.029, § 5º, do CPC de 2015. II – No caso de a tutela provisória haver sido concedida ou indeferida antes da sentença, cabe mandado de segurança, em face da inexistência de recurso próprio. III – A superveniência da sentença, nos autos originários, faz perder o objeto do mandado de segurança que impugnava a concessão ou o indeferimento da tutela provisória".

Item "IV": Correto. A legitimação do sindicato para a defesa dos direitos difusos é autônoma, pois independente da titularidade do direito material. Já a legitimação do sindicato nas ACP's é concorrente, pois ela não é exclusividade dessa entidade, conforme se observa da redação do art. 5º da Lei nº 7.347/85: "Têm legitimidade para propor a ação principal e a ação cautelar: I – o Ministério Público; II – a Defensoria Pública; III – a União, os Estados, o Distrito Federal e os Municípios; IV – a autarquia, empresa pública, fundação ou sociedade de economia mista; V – a associação que, concomitantemente: a) esteja constituída há pelo menos 1 (b) inclua, entre suas finalidades institucionais, a proteção ao meio ambiente, ao consumidor, à ordem econômica, à livre concorrência ou ao patrimônio artístico, estético, histórico, turístico e paisagístico". Por fim, quanto à defesa dos direitos e interesses homogêneos, a legitimidade do sindicato é classificada como substituição processual, pois o titular direto do direito poderá exercer o direito de ação independentemente da atuação dessa entidade.

Item "V": Incorreto, pois o art. 104 do CDC deixa claro que inexiste litispendência entre ação individual e ação coletiva: "As ações coletivas, previstas nos incisos I e II e do parágrafo único do art. 81, não induzem litispendência para as ações individuais, mas os efeitos da coisa julgada erga omnes ou ultra partes a que aludem os incisos II e III do artigo anterior não beneficiarão os autores das ações individuais, se não for requerida sua suspensão no prazo de trinta dias, a contar da ciência nos autos do ajuizamento da ação coletiva".

Gabarito: B.

---

634. (TRT 8 – Juiz do Trabalho Substituto 8ª Região/2013) Sobre ação civil pública e ação civil coletiva (legitimidade, substituição processual, coisa julgada e litispendência) é CORRETO afirmar que.

a) De acordo com a doutrina moderna, a legitimação extraordinária deve ser a regra da tutela jurisdicional coletiva na sociedade de massa, devendo ser dada preferência à "molecularização dos conflitos". O interesse poderá pertencer a pessoas determinadas ou indetermináveis, mas sempre pertencerá a terceiros que não integram a relação processual, o que caracteriza a legitimidade como extraordinária (sui-generis), mas não possui autonomia processual porque defende direitos alheios.

b) Na defesa de direito individuais homogêneos temos a figura da legitimação extraordinária (substituição processual), porque o legitimado coletivo atua em nome próprio na defesa dos direitos de outrem, de forma concorrente e disjuntiva. Mas, tratando-se de tutela de direitos difusos e coletivos, a legitimação para agir, como ocorre na ação civil pública, caracteriza a hipótese de mandato legal.

c) Na substituição processual é necessária a relação dos substituídos acompanhando a petição inicial, considerando que as ações coletivas induzem à litispendência para as ações individuais, sendo que os efeitos da coisa julgada erga omnes ou ultra partes não beneficiarão os autores das ações individuais, se não for requerida a sua suspensão no prazo de trinta dias, a contar da ciência nos autos do ajuizamento da ação coletiva.

d) Em respeito aos princípios de economia e celeridade processuais, tão caros no processo do trabalho, cabe reconvenção na legitimação extraordinária, portanto, na ação coletiva.

e) É pacífica na doutrina e na jurisprudência a vedação da ação civil pública para tutela do FGTS.

COMENTÁRIOS

✪ **Nota do autor:** A LACP prevê, em seu art. 12, a possibilidade de o juiz conceder liminarmente a tutela pretendida pelo autor, com ou sem justificação prévia. O CDC possui dispositivo semelhante: "Art. 84. § 3º. Sendo relevante o fundamento da demanda e havendo justificado receio de ineficácia do provimento final, é lícito ao Juiz conceder a tutela liminarmente ou após justificação prévia, citado o réu". Observe-se, na alternativa "b", que o art. 6º do CPC de 1973 corresponde ao art. 18 do CPC de 2015. Já na alternativa "d", o art. 315, parágrafo único, do CPC de 1973 corresponde ao art. 343, §5º, do CPC de 2015.

Alternativa "a": Incorreta. No caso dos direitos difusos e coletivos, há autonomia na legitimidade dos Ministério Público e demais legitimados concorrentes, pois inexiste vinculação entre a legitimação e a titularidade do direito, que pertence a coletividade e não pode ser defendido em juízo por uma pessoa individualmente considerada.

Alternativa "b": Correta. Permite-se, excepcionalmente que alguém acione o Poder Judiciário em seu próprio nome para defender direitos de terceiros, na forma prevista pelo o art. 6º, do Código de Processo Civil de 1973: "Ninguém poderá pleitear, em nome próprio, direito alheio, salvo quando autorizado por lei". Esse fenômeno processual é denominado de legitimação extraordinária ou substituição processual e se efetiva na seara dos direitos individuais homogêneos. Trata-se de legitimação concorrente e disjuntiva. É concorrente, porque a legitimidade de uma entidade não exclui as demais. É disjuntiva, pois para propositura da ação coletiva não se exige a formação de um litisconsórcio necessário, uma vez que cada uma pode atuar isoladamente ou em conjunto. Na tutela dos direitos difusos e coletivos não há que se falar em substituição processual, pois o direito não pertence a uma pessoa ou grupo de pessoas individualmente considerados. Nesse caso, a coletividade que é a titular do direito e por conta disso a legitimidade é atribuída a uma entidade por determinação expressa da lei, denominando-se mandato legal.

Alternativa "c": Incorreta, pois não é necessário juntar aos autos a relação de substituídos. A Súmula nº 310 do TST que possuía entendimento em sentido foi cancelada. Não há que se falar também em litispendência entre ação individual e ação coletiva, conforme prevê o art. 104 do CDC: "As ações coletivas, previstas nos incisos I e II e do parágrafo único do art. 81, não induzem litispendência para as ações individuais, mas os efeitos da coisa julgada erga omnes ou ultra partes a que aludem os incisos II e III do artigo anterior não beneficiarão os autores das ações individuais, se não for requerida sua suspensão no prazo de trinta dias, a contar da ciência nos autos do ajuizamento da ação coletiva".

Alternativa "d": A Lei da Ação Civil Pública é omissa nesse particular. No caso da substituição processual, o art. 315, parágrafo único do CPC de 1973 veda a reconvenção de forma expressa: "Não pode o réu, em seu próprio nome, reconvir ao autor, quando este demandar em nome de outrem". A doutrina admite a reconvenção na ação coletiva, desde que observados alguns requisitos, o que transforma essa medida em exceção. Como na assertiva nada foi dito sobre a limitação da reconvenção nas demandas coletivas, considera-se **incorreta**.

Alternativa "e": Assim dispõe o parágrafo único, art. 1º, da Lei de Ação Civil Pública: "Não será cabível ação civil pública para veicular pretensões que envolvam tributos, contribuições previdenciárias, o Fundo de Garantia do Tempo de Serviço – FGTS ou outros fundos de natureza institucional cujos beneficiários podem ser individualmente determinados". Entretanto, como há entendimentos de que o FGTS tem natureza jurídica dúplice ou tríplice, pois constitui obrigação do empregador para com o Estado e ao mesmo tempo obrigação do empregador para com o empregado, neste último caso a ação coletiva seria admitida, pois não seria alcançada pela exceção prevista pelo citado dispositivo legal da LACP que trata de tributos. Por conta disso, o tema não é pacífico na doutrina e na jurisprudência. Assertiva **incorreta**.

Gabarito: B.

---

635. (TRT 15 – Juiz do Trabalho Substituto 15ª Região/2013) A ação civil pública atende a exigência atual de coletivização do processo em contraposição à tendência tradicional individualista do direito processual comum, realizando os princípios da acessibilidade coletiva e da efetividade do processo. A esse respeito, é incorreto afirmar:

a) a ação civil pública presta-se a tutelar Interesses difusos, coletivos e individuais homogêneos, sendo que parte da doutrina estabelece uma diferenciação entre a ação civil pública stricto sensu, que seria destinada aos interesses difusos e coletivos, e a ação coletiva, voltada aos interesses individuais homogêneos;

b) os interesses difusos são aqueles de natureza transindividual, indeterminados, indivisíveis, de interesse de um grupo de pessoas, não havendo entre elas vínculo jurídico ou fático bem definido; os interesses coletivos, por sua vez, são transindividuais, determinados ou determináveis, indivisíveis e interligados por uma relação jurídica de interesse do grupo; os interesses individuais homogêneos, por fim, são caracterizados por possuírem a identificação de seu titular, sendo divisível o seu objeto, possuindo origem comum;

c) a competência para a apreciação das ações civis públicas é definida pelo local do dano, sendo entendimento majoritário do TST que, havendo, dano de abrangência regional, que atinge cidades sujeitas à jurisdição de mais de uma Vara do Trabalho, a competência será de qualquer das varas das localidades atingidas, ainda que vinculadas a Tribunais Regionais do Trabalho distintos, ao passo que, em caso de dano de abrangência suprarregional ou nacional, há competência concorrente para a ação civil pública das Varas do Trabalho das sedes dos Tribunais Regionais do Trabalho;

d) a legitimidade ativa ad causam para a ação civil pública não é taxativa, pertencendo, entre outros, ao Ministério Público, a União, aos Estados, ao Distrito Federal, aos Municípios e aos órgãos da Administração Pública, direta ou indireta, destinados à defesa de direitos metaindividuais, como também às associações constituídas há pelo menos um ano, tendo entre seus fins a defesa de interesses metaindividuais;

e) na ação civil pública voltada à tutela de interesses difusos, a sentença de procedência gera efeitos vinculantes "erga omnes".

COMENTÁRIOS

✪ **Nota do autor:** Como o art. 8º, III, da CF/88 não estabelece qualquer condição para o sindicato representar em juízo os integrantes da sua categoria, não é exigido dessa entidade os requisitos descritos pelo art. 5º, V, da Lei nº 7.347/85, qual seja, a pré-constituição há mais de um ano.

Alternativa "a": Correta. A diferença entre a ação civil pública e a ação civil coletiva é de conteúdo e de finalidade. Em primeiro lugar, a ação civil coletiva não abrange pedidos fundados em direitos difusos e coletivos *stricto sensu*. Em segundo lugar, objetiva, apenas, a reparação e/ou a compensação dos danos causados a um grupo de pessoas, mas individualmente consideradas. Ambas são reguladas pela LACP e pelo CDC.

Alternativa "b": Correta, pois a delimitação e características dos direitos difusos, coletivos e individuais homogêneos corresponde ao texto do art. 81, Parágrafo único do CDC: "A defesa coletiva será exercida quando se tratar de: I – interesses ou direitos difusos, assim entendidos, para efeitos deste código, os transindividuais, de natureza indivisível, de que sejam titulares pessoas indeterminadas e ligadas por circunstâncias de fato; II – interesses ou direitos coletivos, assim entendidos, para efeitos deste código, os transindividuais, de natureza indivisível de que seja titular grupo, categoria ou classe de pessoas ligadas entre si ou com a parte contrária por uma relação jurídica base; III – interesses ou direitos individuais homogêneos, assim entendidos os decorrentes de origem comum".

Alternativa "c": Correta a assertiva, pois se encontra de acordo com o posicionamento do TST expressado por meio da OJ nº 130 da SDI-II: "I – A competência para a Ação Civil Pública fixa-se pela extensão do dano. II – Em caso de dano de abrangência regional, que atinja cidades sujeitas à jurisdição de mais de uma Vara do Trabalho, a competência será de qualquer das varas das localidades atingidas, ainda que vinculadas a Tribunais Regionais do Trabalho distintos. III – Em caso de dano de abrangência suprarregional ou nacional, há competência concorrente para a Ação Civil Pública das varas do trabalho das sedes dos Tribunais Regionais do Trabalho. IV – Estará prevento o juízo a que a primeira ação houver sido distribuída".

Alternativa "d": Incorreta, pois a doutrina e jurisprudências dominantes entendem que o rol de legitimados para as ações coletivas é taxativo. Além disso, não é atribuída legitimidade aos órgãos da administração pública, conforme se vê da redação do art. 5º da Lei nº 7.347/85: "Art. 5º Têm legitimidade para propor a ação principal e a ação cautelar: I – o Ministério Público; II – a Defensoria Pública; III – a União, os Estados, o Distrito Federal e os Municípios IV – a autarquia, empresa pública, fundação ou sociedade de economia mista; V – a associação que, concomitantemente: a) esteja constituída há pelo menos 1 (um) ano nos termos da lei civil; b) inclua, entre suas finalidades institucionais, a proteção ao meio ambiente, ao consumidor, à ordem econômica, à livre concorrência ou ao patrimônio artístico, estético, histórico, turístico e paisagístico".

Alternativa "e": Correta, pois no caso de interesses difusos, incide a regra inserida no item I, art. 103 do Código de Defesa do Consumidor: "Art. 103. Nas ações coletivas de que trata este código, a sentença fará coisa julgada: I – erga omnes, exceto se o pedido for julgado improcedente por insuficiência de provas, hipótese em que qualquer legitimado poderá intentar outra ação, com idêntico fundamento valendo-se de nova prova, na hipótese do inciso I do parágrafo único do art. 81".

Gabarito: D.

---

636. (TRT 2 – Juiz do Trabalho Substituto 2ª Região/2013) Em relação à Ação Civil Pública, assinale a alternativa correta:

a) É cabível na hipótese de danos morais e patrimoniais causados a qualquer interesse difuso ou coletivo, inclusive em se tratando de Fundo de Garantia por Tempo de Serviço (FGTS).

b) Pode ser proposta pelo Ministério Público, quando os fatos objeto da ação, chegarem ao seu conhecimento por juízes e tribunais, no exercício de suas funções, ou por qualquer pessoa.

c) Será instruída por certidões e informações, que não podem ser negadas pela autoridade competente.

d) Em que for reconhecida a litigância de má fé da associação autora, terá os seus diretores subsidiariamente responsáveis pelas condenações impostas.

e) Deve ser proposta no Tribunal Regional do Trabalho competente para julgar a matéria discutida.

COMENTÁRIOS

✪ **Nota do autor:** Só em caso de má-fé da associação autora da ação coletiva são devidos os honorários advocatícios em caso de sucumbência.

Alternativa "a": Incorreta, pois o art. 1º, parágrafo único da Lei nº 7.347/85 veda o uso da ACP para defesa de pretensão envolvendo o FGTS: "Não será cabível ação civil pública para veicular pretensões que envolvam tributos, contribuições previdenciárias, o Fundo de Garantia do Tempo de Serviço – FGTS ou outros fundos de natureza institucional cujos beneficiários podem ser individualmente determinados".

Alternativa "b": Correta, pois esse procedimento encontra-se expressamente previsto nos arts. 6º e 7º da Lei nº 7.347/85: "Art. 6º Qualquer pessoa poderá e o servidor público deverá provocar a iniciativa do Ministério Público, ministrando-lhe informações sobre fatos que constituam objeto da ação civil e indicando-lhe os elementos de convicção. Art. 7º Se, no exercício de suas funções, os juízes e tribunais tiverem conhecimento de fatos que possam ensejar a propositura da ação civil, remeterão peças ao Ministério Público para as providências cabíveis".

Alternativa "c": Incorreta, pois há dispositivo legal em sentido contrário, representado pelo art. 8º, §2º da Lei nº 7.347/85: "Somente nos casos em que a lei impuser sigilo, poderá ser negada certidão ou informação, hipótese em que a ação poderá ser proposta desacompanhada daqueles documentos, cabendo ao juiz requisitá-los".

Alternativa "d": Incorreta, pois a natureza da responsabilidade dos diretores responsáveis é solidária, conforme prevê o art. 17 da Lei nº 7347/85: "Em caso de litigância de má-fé, a associação autora e os diretores responsáveis pela propositura da ação serão solidariamente condenados em honorários advocatícios e ao décuplo das custas, sem prejuízo da responsabilidade por perdas e danos".

Alternativa "e": Incorreta, pois a competência hierárquica originária para propor ação coletiva pertence ao órgão da primeira instância trabalhista, de acordo com o entendimento do TST exposto na OJ 130 da SDI-II: "I – A competência para a Ação Civil Pública fixa-se pela extensão do dano. II – Em caso de dano de abrangência regional, que atinja cidades sujeitas à jurisdição de mais de uma Vara do Trabalho, a competência será de qualquer das varas das localidades atingidas, ainda que vinculadas a Tribunais Regionais do Trabalho distintos. III – Em caso de dano de abrangência suprarregional ou nacional, há competência concorrente para a Ação Civil Pública das varas do trabalho das sedes dos Tribunais Regionais do Trabalho. IV – Estará prevento o juízo a que a primeira ação houver sido distribuída".

Gabarito: B.

---

637. (TRT 2 – Juiz do Trabalho Substituto 2ª Região/2013) É correto afirmar que a ação de cumprimento ajuizada pelo sindicato é hipótese de:

a) Representação processual, já que o sindicato não é parte, mas apenas atua em nome do representado.

b) Substituição processual, pois a ação é ajuizada em nome próprio, mas em defesa de direito alheio.

c) Substituição processual, pois a ação é ajuizada em nome alheio para defender direito de outrem.

d) Legitimação ordinária, pois o sindicato figura como representante dos interesses da categoria em juízo.

e) Legitimação extraordinária que surge com a inércia do legitimado ordinário.

COMENTÁRIOS

✪ **Nota do autor:** A ação de cumprimento, apesar de ser classificada como uma ação coletiva, tem o seu objeto limitado à defesa dos direitos individuais e homogêneos instituídos por normas coletivas profissionais ou por sentença normativa. A ação coletiva é mais ampla, pois engloba, além dos direitos acima mencionados, aqueles estabelecidos pelas normas estatais.

Alternativa "a": Não é representação processual, pois o sindicato age em nome próprio para defesa de interesse dos integrantes da categoria, sem a necessidade de outorga de mandato. **Incorreta.**

Alternativa "b": Trata-se de substituição processual, pois o sindicato age em nome próprio para defesa de interesse dos integrantes da categoria. **Correta.**

Alternativa "c": É substituição processual. Mas, ao contrário do que constou na assertiva, o sindicato age em nome próprio para defesa de interesse dos integrantes da categoria. **Incorreta.**

Alternativa "d": Trata-se de legitimação extraordinária e não ordinária, pois o sindicato age em nome próprio (substituto processual), para defesa de interesse alheio. **Incorreta.**

Alternativa "e": A legitimação do sindicato e do titular direto do direito é concorrente. Logo, não é necessário que se verifique a inércia do referido titular para que o sindicato proponha a ação de cumprimento. **Incorreta.**

Gabarito: B.

---

638. (TRT – JTS 23ª RG/2010) Quanto ao conceito legal de interesses ou direitos metaindividuais, analise as proposições a assinale a alternativa CORRETA:

I. são difusos, os transindividuais, de natureza indivisível, de que sejam titulares pessoas indeterminadas e ligadas por uma relação jurídica base;

II. coletivos, os de natureza indivisível de que seja titular grupo, categoria ou classe de pessoas ligadas entre si ou com a parte contrária por uma relação de origem comum

III. individuais homogêneos, assim entendidos os decorrentes do mesmo fato.

a) Todas as proposições estão corretas

b) A proposição III está correta, e as proposições I e II estão erradas

c) A proposição I está correta, e as proposições II e III estão erradas

d) Todas as proposições estão incorretas

e) A proposição II está correta, e as proposições I e III estão erradas

COMENTÁRIOS

✪ **Nota do autor:** Para responder essa questão basta que o candidato tenha conhecimento da literalidade do art. 81 do Código de Defesa do Consumidor.

Item "I": O vínculo entre as pessoas deriva de circunstâncias fáticas e não por uma relação jurídica base. **Item incorreto**, segundo o art. 81, parágrafo único, I, do CDC: "A defesa coletiva será exercida quando se tratar de: I – interesses ou direitos difusos, assim entendidos, para efeitos deste código, os transindividuais, de natureza indivisível, de que sejam titulares pessoas indeterminadas e ligadas por circunstâncias de fato".

Item "II": O elo que une os integrantes da categoria ou com a parte contrária decorre de uma relação jurídica base e não por uma relação de origem comum. **Item incorreto**, pois contraria o disposto no art. 81, parágrafo único, II, do CDC: "II – interesses ou direitos coletivos, assim entendidos, para efeitos deste código, os transindividuais, de natureza indivisível de que seja titular grupo, categoria ou classe de pessoas ligadas entre si ou com a parte contrária por uma relação jurídica base".

Item "IV": Incorreto, conforme dispõe o art. 81, parágrafo único, III, do CDC: "III – interesses ou direitos individuais homogêneos, assim entendidos os decorrentes de origem comum".

Gabarito: D.

---

639. (TRT – JTS 15ª RG/2010) Ao julgar dissídio coletivo o tribunal defere benefícios aos empregados. A empresa interpõe recurso e se recusa ao cumprimento da sentença normativa. Assinale a alternativa CORRETA:

a) o sindicato dos trabalhadores deve aguardar o julgamento do recurso. Só depois do trânsito em julgado, caso persista a recusa, poderá intentar a ação de cumprimento;

b) é dispensável o trânsito em julgado da sentença normativa para a propositura da ação de cumprimento;

c) para ajuizar ação de cumprimento antes do trânsito em julgado o sindicato dos trabalhadores deve obter liminar em ação cautelar;

d) para ajuizar ação de cumprimento antes do trânsito em julgado o sindicato dos trabalhadores deve obter liminar em mandado de segurança coletivo;

e) a ação de cumprimento só pode ser ajuizada em relação às matérias que não foram objeto de recurso.

COMENTÁRIOS

✪ **Nota do autor:** As ações de dissídio coletivo ainda podem ser classificadas como originária ou de revisão. No primeiro caso, o dissídio coletivo é ajuizado ao se aproximar ou logo após o final da vigência de um instrumento normativo negociado ou de uma sentença normativa. Já o dissídio de revisão é utilizado para modificar as condições de trabalho impostas por sentença normativa ainda durante o prazo de sua vigência, desde que sejam verificadas alterações nas situações fáticas que motivaram o julgador para solucionar o conflito coletivo.

Alternativa "a": Basta a publicação da sentença normativa para o interessado ingressar com ação de cumprimento. Opção **incorreta**, pois está em desacordo com o entendimento contido na Súmula nº 246 do TST: "É dispensável o trânsito em julgado da sentença normativa para a propositura da ação de cumprimento".

Alternativa "b": Correta, pois em conformidade com a citada Súmula nº 246 do TST.

Alternativa "c": Não é necessário esse requisito. Alternativa **incorreta**, pois em desconformidade com a citada Súmula nº 246 do TST.

Alternativa "d": Não há qualquer limitação nesse sentido. Opção **incorreta**, conforme a citada Súmula nº 246 do TST.

Alternativa "e": Como o trânsito em julgado não constitui requisito para ingressar com a ação de cumprimento respectiva, nada impede que o pedido envolva matéria objeto de recurso à sentença normativa. Opção **incorreta**.

Gabarito: B.

---

640. (TRT – JTS 23ª RG/2008) Analise as assertivas abaixo e marque a alternativa CORRETA:

I. A diretoria executiva de determinado sindicato, de acordo com previsão estatutária, possui onze membros, na seguinte ordem: presidente, vice-presidente, primeiro secretário, segundo secretário, primeiro tesoureiro, segundo tesoureiro, diretor jurídico, diretor socioesportivo, diretor de informática, diretor das filiais da região oeste e diretor das filiais da região leste. Considerando que todos são detentores de mandato sindical, em razão de eleições legítimas, a demissão de qualquer deles deverá ser precedida de inquérito judicial para apuração de falta grave.

II. O comum acordo, após a EC 45/2004, é pressuposto específico para o ajuizamento do dissídio coletivo, sendo que para seu atendimento é admitida a figura da concordância tácita na instauração da instância, desde que não haja oposição expressa do suscitado, na contestação.

III. Observando o princípio da *actio nata*, o prazo de prescrição com relação à ação de cumprimento de decisão normativa flui apenas da data de seu trânsito em julgado.

a) Apenas o item I é falso.

b) Apenas o item II é falso.

c) Apenas o item III é falso.

d) Todos os itens são falsos.

e) Todos os itens são verdadeiros.

COMENTÁRIOS

Item "I": O número **correto** é sete. Item **incorreto**, conforme Súmula nº 369, II, do TST: "O art. 522 da CLT foi recepcionado pela Constituição Federal de 1988. Fica limitada, assim, a estabilidade a que alude o art. 543, § 3º, da CLT a sete dirigentes sindicais e igual número de suplentes".

Item "II": Correto, conforme previsão contida no art. 114, § 2º, da CF/88: "Recusando-se qualquer das partes à negociação coletiva ou à arbitragem, é facultado às mesmas, de comum acordo, ajuizar dissídio coletivo de natureza econômica, podendo a Justiça do Trabalho decidir o conflito, respeitadas as disposições mínimas legais de proteção ao trabalho, bem como as convencionadas anteriormente".

Item "III": Correto, pois em conformidade com o entendimento contido na Súmula nº 350 do TST: "PRAZO DE PRESCRIÇÃO. AÇÃO DE CUMPRIMENTO DE DECISÃO NORMATIVA. O prazo de prescrição com relação à ação de cumprimento de decisão normativa flui apenas a partir da data de seu trânsito em julgado".

Gabarito: A.

7.3. MANDADO DE SEGURANÇA E AÇÕES ESPECIAIS

641. (FCC – Juiz do Trabalho/2017) Em se tratando de ação de cumprimento no processo do trabalho, em conformidade com a Consolidação das Leis do Trabalho e o entendimento das Súmulas e Orientações Jurisprudenciais do Tribunal Superior do Trabalho, considere:

I. A propositura da ação de cumprimento prescinde do trânsito em julgado da sentença normativa.

II. A ação de cumprimento de decisão normativa tem como início do prazo prescricional a data do trânsito em julgado desta.

III. O sindicato possui legitimidade, como substituto processual, para propor ação de cumprimento de sentença normativa, necessitando, para tanto, da outorga de poderes de seus associados.

IV. A legitimidade do sindicato para propor ação de cumprimento estende-se também à observância de acordo ou de convenção coletivos.

Está correto o que se afirma APENAS em

a) III e IV.

b) II, III e IV.

c) I, II e IV.

d) IV.

e) III.

COMENTÁRIOS

✪ **Nota do autor:** No que diz respeito ao termo inicial da vigência temporal da sentença normativa, devem ser observadas as seguintes regras: a) se inexistir acordo coletivo, convenção coletiva ou sentença normativa em vigor, a vigência efetiva-se a partir da data da publicação da sentença; b) se há instrumento normativo negociado ou sentença normativa em vigor, a vigência da nova decisão inicia-se no dia imediato ao termo final respectivo, desde que tenha sido observado o prazo estabelecido pelo art. 616, § 3º da CLT para o ajuizamento do dissídio coletivo; c) se o dissídio for proposto após o referido prazo, a vigência inicia-se a partir da publicação da sentença normativa (parágrafo único, art. 867 da CLT).

Item "I": Correto. Não há necessidade de aguardar o trânsito em julgado da decisão normativa para ajuizar a ação de cumprimento. Basta juntar a prova de sua publicação no diário oficial, que deverá ser feita no prazo máximo de quinze dias, segundo dispõe o art. 12, § 2º, da Lei nº 10.192/01. Esse também é a interpretação do TST constante da Súmula nº 246: "AÇÃO DE CUMPRIMENTO. TRÂNSITO EM JULGADO DA SENTENÇA NORMATIVA (mantida) – Res. 121/2003, DJ 19, 20 e 21.11.2003 É dispensável o trânsito em julgado da sentença normativa para a propositura da ação de cumprimento."

Item "II": Correto. As decisões normativas proferidas em sede de dissídio coletivo de natureza econômica têm eficácia imediata, mesmo no caso de interposição de recurso para instância superior. A coisa julgada produzida na ação de cumprimento é atípica, pois dependente de condição resolutiva, ou seja, da não modificação da decisão normativa por eventual recurso. Por conta disso, o termo inicial do prazo de prescrição da ação de cumprimento só ocorre após o seu trânsito em julgado. Nesse sentido a Súmula nº 350 do TST: "PRESCRIÇÃO. TERMO INICIAL. AÇÃO DE CUMPRIMENTO. SENTENÇA NORMATIVA (mantida) – Res. 121/2003, DJ 19, 20 e 21.11.2003 O prazo de prescrição com relação à ação de cumprimento de decisão normativa flui apenas da data de seu trânsito em julgado."

Item "III": Incorreto, pois a hipótese é de representação legal autorizada expressamente pelo art. 872, parágrafo único da CLT: "Celebrado o acordo, ou transitada em julgado a decisão, seguir-se-á o seu cumprimento, sob as penas estabelecidas neste Título. Parágrafo único – Quando os empregadores deixarem de satisfazer o pagamento de salários, na conformidade da decisão proferida, poderão os empregados ou seus sindicatos, independentes de outorga de poderes de seus associados, juntando certidão de tal decisão, apresentar reclamação à Junta ou Juízo competente, observado o processo previsto no Capítulo II deste Título, sendo vedado, porém, questionar sobre a matéria de fato e de direito já apreciada na decisão."

Item "IV": Correto, pois os instrumentos normativos negociados e as sentenças proferidas em dissídios coletivos de natureza econômica tem natureza de norma jurídica. O posicionamento do TST espelhado na Súmula nº 286 é nesse sentido: "SINDICATO. SUBSTITUIÇÃO PROCESSUAL. CONVENÇÃO E ACORDO COLETIVOS (mantida) - Res. 121/2003, DJ 19, 20 e 21.11.2003 A legitimidade do sindicato para propor ação de cumprimento estende-se também à observância de acordo ou de convenção coletivos."

Gabarito: C.

---

642. (FCC - Juiz do Trabalho/2017) Nas ações civis no processo do trabalho,

a) os atos de disposição de direitos, praticados pelas partes ou por outros participantes do processo e homologados pelo juízo, bem como os atos homologatórios praticados no curso da execução, podem ser objeto de ação anulatória.

b) somente o devedor poderá requerer, com efeito de pagamento, a consignação da quantia ou da coisa devida.

c) se o empregador tiver dúvida sobre quem deve legitimamente receber o pagamento de verbas rescisórias do empregado falecido, poderá propor ação de consignação em pagamento, requerendo o depósito e a citação dos possíveis credores, caso em que a o juiz declarará extinta a obrigação na mesma sentença que definir os legítimos credores.

d) a ação anulatória ajuizada para desconstituir a arrematação deve ser proposta originariamente perante o Tribunal Regional do Trabalho.

e) a decisão que declara extinta a execução é passível de ação anulatória.

COMENTÁRIOS

✪ **Nota do autor:** O ordenamento jurídico permite que seja desconstituída a coisa julgada, por meio de uma medida processual denominada de ação rescisória. Para os demais atos processuais praticados pelas partes ou por outros participantes do processo e postos ao crivo do juiz, bem como aqueles em que a decisão é meramente homologatória na fase de execução, a lei processual reserva a via da ação anulatória para a sua desconstituição.

Alternativa "a": Correta, pois corresponde ao mandamento contido no art. 966, § 4º do CPC: "Os atos de disposição de direitos, praticados pelas partes ou por outros participantes do processo e homologados pelo juízo, bem como os atos homologatórios praticados no curso da execução, estão sujeitos à anulação, nos termos da lei."

Alternativa "b": Incorreta, pois não só o devedor possui essa prerrogativa mas também o terceiro, como deixa claro o art. 539, caput, do CPC: "Nos casos previstos em lei, poderá o devedor ou terceiro requerer, com efeito de pagamento, a consignação da quantia ou da coisa devida."

Alternativa "c": Incorreta, pois a extinção a obrigação irá depender da quantidade de pretendentes que atender à citação. Essa é a interpretação decorrente da leitura dos arts 547 e 548, inciso I a III do CPC: "Art. 547. Se ocorrer dúvida sobre quem deva legitimamente receber o pagamento, o autor requererá o depósito e a citação dos possíveis titulares do crédito para provarem o seu direito. Art. 548. No caso do art. 547: I - não comparecendo pretendente algum, converter-se-á o depósito em arrecadação de coisas vagas; II - comparecendo apenas um, o juiz decidirá de plano; III - comparecendo mais de um, o juiz declarará efetuado o depósito e extinta a obrigação, continuando o processo a correr unicamente entre os presuntivos credores, observado o procedimento comum".

Alternativa "d": Incorreta, pois a competência em razão da hierarquia é do órgão de primeira instância (residual), por inexistir preceito legal expresso atribuindo essa competência ao TRT. Nesse sentido a decisão a seguir transcrita: "AÇÃO ANULATÓRIA AJUIZADA NO TRT. DESCONSTITUIÇÃO DE ARREMATAÇÃO. INCOMPETÊNCIA FUNCIONAL. A inicial é emblemática de a pretensão deduzida em Juízo ter sido disparada contra ato praticado no curso da execução do processo nº 1107/96, visando a nulidade da arrematação, a dar o tom da incompetência funcional do TRT para julgamento da demanda. Isso porque em se tratando de ação anulatória a competência originária se dá no mesmo juízo em que praticado o ato supostamente eivado de vício. (TST - ROAA: 749473522001508555 5 749473-52.2001.5.08.5555, Relator Antônio José de Barros Levenhagen, Data de Julgamento 28 de Maio de 2002, Subseção II Especializada em Dissídios Individuais, Data de Publicação DJ 14/06/2002.)

Alternativa "e": Incorreta, pois essa decisão tem natureza jurídica de sentença, na forma prevista pelo art. 925 do CPC: "A extinção só produz efeito quando declarada por sentença". Logo, cabe agravo de petição e não ação anulatória. A natureza desse ato judicial é ressaltado pela OJ nº 107 da SDI-2 do TST. "AÇÃO RESCISÓRIA. DECISÃO RESCINDENDA DE MÉRITO. SENTENÇA DECLARATÓRIA DE EXTINÇÃO DE EXECUÇÃO. SATISFAÇÃO DA OBRIGAÇÃO (atualizada em decorrência do CPC de 2015) - Res. 208/2016, DEJT divulgado em 22, 25 e 26.04.2016. Embora não haja atividade cognitiva, a decisão que declara extinta a execução, nos termos do art. 924, incisos I a IV c/c art. 925 do CPC de 2015 (art. 794 c/c 795 do CPC de 1973), extingue a relação processual e a obrigacional, sendo passível de corte rescisório".

Gabarito: A.

---

643. (TRT 2 - Juiz do Trabalho Substituto 2ª Região/2016) Das ações civis admissíveis no processo trabalhista é INCORRETO afirmar que:

a) Nos casos previstos em lei, poderá o devedor ou terceiro requerer, com efeito de pagamento, a consignação da quantia ou da coisa devida.

b) É admitida a ação monitoria a quem pretender, com base em prova escrita sem eficácia de título executivo, pagamento de soma em dinheiro, entrega de coisa fungível ou de determinado bem móvel.

c) A sentença da Ação Civil Pública fará coisa julgada erga omnes, nos limites da competência territorial do órgão prolator, exceto se o pedido for julgado improcedente por insuficiência de provas, hipótese em que qualquer legitimado poderá intentar outra ação com idêntico fundamento, valendo-se de nova prova.

d) No caso de conciliação, a medida cabível para desconstituir o termo de homologação é a ação anulatória.

e) Os Termos de Ajustamento de Conduta firmados perante o Ministério Público do Trabalho, e os Termos de Conciliação firmados nas Comissões de Conciliação Prévia constituem títulos executivos extrajudiciais aptos a instruir a ação executiva.

COMENTÁRIOS

✪ **Nota do autor:** A ação monitória tem natureza cognitiva. Assim, nada impede que seja utilizada no processo do trabalho as regras do processo civil de forma supletiva. Isso porque, ao contrário do que ocorre com a execução trabalhista, na qual o rol de títulos com eficácia executiva é bastante limitado, na ação monitória pode-se utilizar qualquer documento que revele a existência de dívida.

Alternativa "a": Correta, pois corresponde ao texto do art. 539 do CPC de 2015 (art. 890 do CPC de 1973): "Nos casos previstos em lei, poderá o devedor ou terceiro requerer, com efeito de pagamento, a consignação da quantia ou da coisa devida."

Alternativa "b": Correta, uma vez que está de acordo com o mandamento do então vigente CPC de 1973, eu seu art. 1.102.a: "A ação monitória compete a quem pretender, com base em prova escrita sem eficácia de título executivo, pagamento de soma em dinheiro, entrega de coisa fungível ou de determinado bem móvel". O CPC de 2015 disciplina a ação monitória em seu art. 700 e seguintes.

Alternativa "c": Correta, pois de conformidade com o art. 16 da Lei nº 7.347/85: "A sentença civil fará coisa julgada erga omnes, nos limites da competência territorial do órgão prolator, exceto se o pedido for julgado improcedente por insuficiência de provas, hipótese em que qualquer legitimado poderá intentar outra ação com idêntico fundamento, valendo-se de nova prova".

Alternativa "d": Incorreta, pois a conciliação homologada equivale a sentença irrecorrível, cabendo ação rescisória. Nesse sentido a Súmula nº 259 do TST: "TERMO DE CONCILIAÇÃO. AÇÃO RESCISÓRIA (mantida) – Res. 121/2003, DJ 19, 20 e 21.11.2003. Só por ação rescisória é impugnável o termo de conciliação previsto no parágrafo único do art. 831 da CLT".

Alternativa "e": Correta, uma vez que se refere ao rol estabelecido pelo art. 876 da CLT: "As decisões passadas em julgado ou das quais não tenha havido recurso com efeito suspensivo; os acordos, quando não cumpridos; os termos de ajuste de conduta firmados perante o Ministério Público do Trabalho e os termos de conciliação firmados perante as Comissões de Conciliação Prévia serão executada pela forma estabelecida neste Capítulo".

Gabarito: D.

644. (TRT 1 – Juiz do Trabalho Substituto 1ª Região/2016) Em uma ação civil pública, movida pelo Ministério Público do Trabalho, para proibir determinado fazendeiro de impor trabalho escravo ou análogo a ele a trabalhadores que permaneciam presos na sede de sua fazenda, o juiz do trabalho requisitou ao delegado de polícia local uma viatura e dois agentes de polícia, para que pudessem fazer uma incursão na mesma fazenda e libertar os trabalhadores em cumprimento a uma decisão liminar que o mesmo juiz havia proferido na dita ação. A diligência seria acompanhada por dois procuradores do trabalho e dois oficiais de justiça, devidamente munidos do mandado do juiz.

Não obstante, o delegado respondeu que não colocaria a viatura e os agentes à disposição do juiz do trabalho, porque a questão dizia respeito à matéria criminal, fora de sua competência, e que ele não estava obrigado a cumprir aquela ordem ilegal do juiz.

Ciente dessa resposta, o juiz foi à delegacia, acompanhado dos oficiais de justiça e dos procuradores do trabalho e ordenou a prisão do delegado por crime de desobediência, além de determinar aos policiais que o acompanhassem na viatura policial à fazenda, para darem cumprimento à liminar.

O procedimento do juiz foi

a) incorreto, porque não cabe ao juiz, pessoalmente, dar cumprimento a suas decisões e, menos ainda, fazer incursões em delegacias policiais.

b) correto quanto à requisição da viatura com os agentes policiais, mas não quanto à prisão do delegado, para a qual ele não teria competência.

c) correto quanto à prisão e à requisição da viatura, porque estava acompanhado dos representantes do Ministério Público do Trabalho, os quais, de toda sorte, seriam competentes também para a prisão e a requisição da viatura com os agentes.

d) correto quanto à prisão e à requisição da viatura e dos agentes, porque havia situação de flagrante e urgência no cumprimento da ordem judicial.

e) incorreto quanto à requisição da viatura e dos agentes, porque não cabe ao Poder Judiciário fazer uso de bens ou servidores afetos a outros Poderes, mas correto quanto à prisão porque houve desobediência.

COMENTÁRIOS

✪ **Nota do autor:** Há divergência doutrinaria e jurisprudencial sobre a possibilidade de servidor público ser sujeito ativo do crime de desobediência e da própria necessidade da prisão em flagrante por se tratar de crime de menor potencial ofensivo. Por conta disso, causou espécie a banca ter inserido essa temática em uma pergunta objetiva. A decisão a seguir transcrita exemplifica a mencionada divergência: "PROCESSUAL PENAL. HABEAS CORPUS. DESOBEDIÊNCIA. FUNCIONÁRIO PÚBLICO. AMEAÇA DE PRISÃO. CONCESSÃO DA ORDEM. 1. Esta Turma, em vários precedentes, na linha de julgados do STJ, tem entendido que o juiz federal cível não tem poderes para expedir mandado de prisão fora dos casos de depositário infiel ou de devedor de alimentos; e que, na hipótese de flagrante por crime permanente, como o suposto descumprimento de ordem judicial, não cabe ao juiz dar a respectiva ordem, pois se trata de prisão sem mandado, embora tenha, como qualquer do povo, a faculdade de proceder à prisão se o crime ocorrer na sua presença. (Cf . art. 301 – Código de Processo Penal .) 2. O crime de desobediência, inserido no capítulo do Código Penal que tipifica os crimes praticados por particular contra a administração em geral, **não pode ter como sujeito ativo o funcionário público** (no caso, pelo conceito ampliado do parágrafo único do art. 327 do Código Penal). 3. Cuidando-se de infração classificada como de menor potencial ofensivo – aquela em que a lei comine pena máxima não superior a dois anos -, **em princípio não comporta prisão em flagrante,** desde que, lavrado o termo circunstanciado e encaminhado ao juizado, assuma o autor o compromisso de a ele comparecer (cf . Lei nº 9.099 /95 – art. 69). 4. Ordem concedida (TRF-1 – HABEAS CORPUS HC 6726 BA 2007.01.00.006726-9. 13.04.2007).

Alternativa "a": Incorreta, pois a realização dessas diligências diretamente pelo juiz encontra-se autorizadas pelo arts. 653, "a" e 765 da CLT, bem como pelo art. 139, IV do CPC de 2015: "Art. 653 – Compete, ainda, às Juntas de Conciliação e Julgamento: a) requisitar às autoridades competentes a realização das diligências necessárias ao esclarecimento dos feitos sob sua apreciação, representando contra aquelas que não atenderem a tais requisições. Art. 765. Os Juízos e Tribunais do Trabalho terão ampla liberdade na direção do processo e velarão pelo andamento rápido das causas, podendo determinar qualquer diligência necessária ao esclarecimento delas. Art. 139, IV: O juiz dirigirá o processo conforme as disposições deste Código, incumbindo-lhe: IV – determinar todas as medidas indutivas, coercitivas, mandamentais ou sub-rogatórias necessárias para assegurar o cumprimento de ordem judicial, inclusive nas ações que tenham por objeto prestação pecuniária".

Alternativa "b": Incorreta, pois o juiz, como qualquer um do povo pode efetuar prisão em flagrante, na forma prevista pelo art. 301 do Código de Processo Penal: "Qualquer do povo poderá e as autoridades policiais e seus agentes deverão prender quem quer que seja encontrado em flagrante delito" (ver nota do autor).

Alternativa "c": Correta. A prisão em flagrante, na forma prevista pelo art. 301 do Código de Processo Penal, poderia ser feita por qualquer um do povo, inclusive pelo Juiz do Trabalho e representantes do MPT. A requisição de viatura feita pelo juiz encontra-se autorizada pelos arts. 653, "a" e 765 da CLT: "Art. 653 – Compete, ainda, às Juntas de Conciliação e Julgamento: a) requisitar às autoridades competentes a realização das diligências necessárias ao esclarecimento dos feitos sob sua apreciação, representando contra aquelas que não atenderem a tais requisições. Art. 765. Os Juízos e Tribunais do Trabalho terão ampla liberdade na direção do processo e velarão pelo andamento rápido das causas, podendo determinar qualquer diligência necessária ao esclarecimento delas". O CPC de 2015 possui regra semelhante em seu art. 139, IV: "O juiz dirigirá o processo conforme as disposições deste Código, incumbindo-lhe: IV – determinar todas as medidas indutivas, coercitivas, mandamentais ou sub-rogatórias necessárias para assegurar o cumprimento de ordem judicial, inclusive nas ações que tenham por objeto prestação pecuniária". Já o Ministério Público do Trabalho pode requerer as diligências que entender necessárias, na forma prevista pelo art. 83, XII da Lei Complementar nº 75/93: "Compete ao Ministério Público do Trabalho o exercício das seguintes atribuições junto aos órgãos da Justiça do Trabalho. XII – requerer as diligências que julgar convenientes para o correto andamento dos processos e para a melhor solução das lides trabalhistas (ver nota do autor).

Alternativa "d": Incorreta. Apesar da situação de flagrante justificar a prisão por qualquer do povo, inclusive pelo juiz ou representante do Ministério Público do Trabalho, a medida adotada pelo juiz não foi fundamentada na urgência.

Alternativa "e": Incorreta, pois esse procedimento encontra-se autorizado pelo arts. 653, "a" e 765 da CLT, bem como pelo art. 139, IV do CPC de 2015: "Art. 653 – Compete, ainda, às Juntas de Conciliação e Julgamento: a) requisitar às autoridades competentes a realização das diligências necessárias ao esclarecimento dos feitos sob sua apreciação, representando contra aquelas que não atenderem a tais requisições. Art. 765. Os Juízos e Tribunais do Trabalho terão ampla liberdade na direção do processo e velarão pelo andamento rápido das causas, podendo determinar qualquer diligência necessária ao esclarecimento delas. Art. 139. O juiz dirigirá o processo conforme as disposições deste Código, incumbindo-lhe: IV – determinar todas as medidas indutivas, coercitivas, mandamentais ou sub-rogatórias necessárias para assegurar o cumprimento de ordem judicial, inclusive nas ações que tenham por objeto prestação pecuniária.

Gabarito: C.

---

645. (TRT 2 – Juiz do Trabalho Substituto 2ª Região/2016) Com relação ao Mandado de Segurança no processo do trabalho analise as proposições abaixo à luz do entendimento sumulado pelo Tribunal Superior do Trabalho:

I. A antecipação da tutela concedida na sentença não comporta impugnação pela via do mandado de segurança, por ser impugnável mediante recurso ordinário. A ação cautelar é o meio próprio para se obter efeito suspensivo a recurso.

II. Exigindo o mandado de segurança prova documental pré-constituída, inaplicável se torna o art. 284 do CPC quando verificada, na petição inicial do mandamus, a ausência de documento indispensável ou de sua autenticação.

III. Devendo o agravo de petição delimitar justificadamente a matéria e os valores objeto de discordância fere direito líquido e certo o prosseguimento da execução quanto aos tópicos e valores não especificados no agravo.

IV. Em se tratando de execução provisória, fere direito líquido e certo do impetrante a determinação de penhora em dinheiro, quando nomeados outros bens à penhora, pois o executado tem direito a que a execução se processe da forma que lhe seja menos gravosa, nos termos do art. 620 do CPC.

V. A concessão de liminar ou a homologação de acordo constituem faculdade do Juiz, embora nesses casos exista direito líquido e certo tutelável pela via do mandado de segurança.

Responda:

a) Somente as proposições I, II e IV estão corretas.

b) Somente as proposições I e III estão incorretas.

c) Somente as proposições I, III e IV estão corretas.

d) Somente as proposições II e V estão incorretas.

e) Todas as proposições estão corretas.

COMENTÁRIOS

✪ **Nota do autor:** Essa questão foi elaborada antes da alteração da redação da Súmula nº 417 do TST, que culminou com o cancelamento do seu item III, que tinha a seguinte redação: "Em se tratando de execução provisória, fere direito líquido e certo do impetrante a determinação de penhora em dinheiro, quando nomeados outros bens à penhora, pois o executado tem direito a que a execução se processe da forma que lhe seja menos gravosa, nos termos do art. 620 do CPC". Atualmente a referida Súmula tem a seguinte redação: "MANDADO DE SEGURANÇA. PENHORA EM DINHEIRO (alterado o item I, atualizado o item II e cancelado o item III, modulando-se os efeitos da presente redação de forma a atingir unicamente as penhoras em dinheiro em execução provisória efetivadas a partir de 18.03.2016, data de vigência do CPC de 2015) – Res. 212/2016, DEJT divulgado em 20, 21 e 22.09.2016 I – Não fere direito líquido e certo do impetrante o ato judicial que determina penhora em dinheiro do executado para garantir crédito exequendo, pois é prioritária e obedece à gradação prevista no art. 835 do CPC de 2015 (art. 655 do CPC de 1973). II – Havendo discordância do credor, em execução definitiva, não tem o executado direito líquido e certo a que os valores penhorados em dinheiro fiquem depositados no próprio banco, ainda que atenda aos requisitos do art. 840, I, do CPC de 2015 (art. 666, I, do CPC de 1973). (ex-OJ nº 61 da SBDI-2 – inserida em 20.09.2000)".

Item "I": Correto, pois o ato judicial deixa de ser irrecorrível e passa a ser atacável pela via do recurso ordinário. Nesse sentido a Súmula nº 414, I do TST, em sua redação original: "MANDADO DE SEGURANÇA. ANTECIPAÇÃO DE TUTELA (OU LIMINAR) CONCEDIDA ANTES OU NA SENTENÇA (conversão das Orientações Jurisprudenciais nºs 50, 51, 58, 86 e 139 da SBDI-II) – Res. 137/2005, DJ 22, 23 e 24.08.2005 I – A antecipação da tutela concedida na sentença não comporta impugnação pela via do mandado de segurança, por ser impugnável mediante recurso ordinário. A ação cautelar é o meio próprio para se obter efeito suspensivo a recurso". A Resolução nº 217/2017 do TST alterou a redação da mencionada Súmula: "MANDADO DE SEGURANÇA. TUTELA PROVISÓRIA CONCEDIDA ANTES OU NA SENTENÇA (nova redação em decorrência do CPC de 2015) – Res. 217/2017 – DEJT divulgado em 20, 24 e 25.04.2017 I – A tutela provisória concedida na sentença não comporta impugnação pela via do mandado de segurança, por ser impugnável mediante recurso ordinário. É admissível a obtenção de efeito suspensivo ao recurso ordinário mediante requerimento dirigido ao tribunal, ao relator ou ao presidente ou ao vice-presidente do tribunal recorrido, por aplicação subsidiária ao processo do trabalho do artigo 1.029, § 5º, do CPC de 2015. II – No caso de a tutela provisória haver sido concedida ou indeferida antes da sentença, cabe mandado de segurança, em face da inexistência de recurso próprio. III – A superveniência da sentença, nos autos originários, faz perder o objeto do mandado de segurança que impugnava a concessão ou o indeferimento da tutela provisória". (ver nota do autor)

Item "II": Correto. Se faltar o documento ou não estiver autenticado, o juiz não pode determinar que a irregularidade seja sanada. Nesse caso a petição inicial deve ser imediatamente indeferida. Nesse sentido a Súmula nº 415 do TST: "MANDADO DE SEGURANÇA. PETIÇÃO INICIAL. ART. 321 DO CPC DE 2015. ART. 284 DO CPC de 1973. INAPLICABILIDADE – (atualizada em decorrência do CPC de 2015) – Res. 208/2016, DEJT divulgado em 22, 25 e 26.04.2016. Exigindo o mandado de segurança prova documental pré-constituída, inaplicável o art. 321 do CPC de 2015 (art. 284 do CPC de 1973) quando verificada, na petição inicial do "mandamus", a ausência de documento indispensável ou de sua autenticação".

Item "III": Incorreto, pois o entendimento do TST é justamente em sentido contrário quando declara que não fere direito líquido e certo, conforme se observa da redação da Súmula nº 416: "MANDADO DE SEGURANÇA. EXECUÇÃO. LEI Nº 8.432/1992. ART. 897, § 1º, DA CLT. CABIMENTO (conversão da Orientação Jurisprudencial nº 55 da SBDI-II) – Res. 137/2005, DJ 22, 23 e 24.08.2005. Devendo o agravo de petição delimitar justificadamente a matéria e os valores objeto de discordância, não fere direito líquido e certo o prosseguimento da execução quanto aos tópicos e valores não especificados no agravo".

Item "IV": Correto à época da redação anterior do item III da Súmula nº 417 do TST: "Em se tratando de execução provisória, fere direito líquido e certo do impetrante a determinação de penhora em dinheiro, quando nomeados outros bens à penhora, pois o executado tem direito a que a execução se processe da forma que lhe seja menos gravosa, nos termos do art. 620 do CPC".

Item "V": Incorreto, pois nesses casos não há direito líquido e certo tutelável pela via do mandado de segurança, na forma do entendimento do TST constante da Súmula nº 418, em sua redação original: "MANDADO DE SEGURANÇA VISANDO À CONCESSÃO DE LIMINAR OU HOMOLOGAÇÃO DE ACORDO (conversão das Orientações Jurisprudenciais nºs 120 e 141 da SBDI-II) - Res. 137/2005, DJ 22, 23 e 24.08.2005. A concessão de liminar ou a homologação de acordo constituem faculdade do juiz, inexistindo direito líquido e certo tutelável pela via do mandado de segurança". A Resolução nº 217/2017 do TST modificou a redação da mencionada Súmula, nos seguintes termos: "MANDADO DE SEGURANÇA VISANDO À HOMOLOGAÇÃO DE ACORDO (nova redação em decorrência do CPC de 2015) - Res. 217/2017 - DEJT divulgado em 20, 24 e 25.04.2017 A homologação de acordo constitui faculdade do juiz, inexistindo direito líquido e certo tutelável pela via do mandado de segurança". Com isso, o TST passa a admitir a possibilidade de atacar decisões que concedem a tutela provisória pela via do mandado de segurança.

Gabarito: A.

---

646. (FCC - Juiz do Trabalho Substituto 1ª Região/2015) Maurício ajuizou ação trabalhista, na qual pleiteou pagamento de comissões, horas extras, adicional noturno, indenização por danos morais e pensão vitalícia, atribuindo à causa o valor de R$ 30.000,00. Durante a audiência inaugural, o réu fez a proposta de acordo de R$ 15.000,00, ao que o patrono de Maurício fez a contraproposta de R$ 80.000,00. Diante da negativa do demandado, o juiz recebeu a defesa e, de ofício, alterou o valor da causa de R$ 30.000,00 para R$ 80.000,00, sob o argumento de que este último era a correta estimativa econômica da pretensão, pois foi o que o postulante almejou para pôr fim ao litígio. Inconformado, o advogado do autor impetrou mandado de segurança contra esta decisão. Nesse caso,

a) não cabe mandado de segurança pois havendo futura majoração de custas para o autor, deveria ele recolhê-las sobre o valor da inicial, apresentar recurso ordinário e, se julgado deserto, interpor agravo de instrumento.

b) o mandado de segurança deve ser acolhido, uma vez que é direito líquido e certo do autor definir o valor da causa de sua demanda.

c) o mandado de segurança deve ser acolhido, uma vez que a decisão judicial não foi fundamentada.

d) não cabe mandado de segurança, o recurso adequado à hipótese é o agravo retido nos autos.

e) o mandado de segurança deve ser acolhido, uma vez que possui natureza jurídica igual ao do agravo de instrumento.

COMENTÁRIOS

✪ **Nota do autor:** Nos casos da situação clássica observada na Justiça do Trabalho, de impetração do mandado de segurança em face de decisões judiciais, a competência originária é sempre do Tribunal e jamais do Juiz de primeira instância. Nesse caso e nas demais situações nas quais a autoridade coatora for integrante no Ministério do Trabalho e Emprego ou do Ministério Público do Trabalho, a competência é definida pela Constituição ou pela legislação ordinária.

Alternativa "a": Correta a assertiva, uma vez que ressalta a possibilidade de apresentar a irresignação da parte prejudicada quando da interposição de recurso ordinário e, posteriormente, agravo de instrumento. Nesse sentido é o posicionamento do TST revelado por meio da OJ nº 88 da SDI-2 do TST: "Incabível a impetração de mandado de segurança contra ato judicial que, de ofício, arbitrou novo valor à causa, acarretando a majoração das custas processuais, uma vez que cabia à parte, após recolher as custas, calculadas com base no valor dado à causa na inicial, interpor recurso ordinário e, posteriormente, agravo de instrumento no caso de o recurso ser considerado deserto".

Alternativa "b": Incorreta, pois a hipótese não é e cabimento de mandado de segurança, uma vez que existem outros remédios jurídicos a disposição da parte prejudicada, conforme se pode observar da redação da citada e transcrita OJ nº 88 da SDI-2 do TST.

Alternativa "c": Incorreta, pois a hipótese não é e cabimento de mandado de segurança, uma vez que existem outros remédios jurídicos a disposição da parte prejudicada, conforme se pode observar da redação da citada e transcrita OJ nº 88 da SDI-2 do TST.

Alternativa "d": Incorreta, pois não existe a figura do agravo retido no processo do trabalho.

Alternativa "e": Incorreta, pois a hipótese não é e cabimento de mandado de segurança, uma vez que existem outros remédios jurídicos a disposição da parte prejudicada, conforme se pode observar da redação da citada e transcrita OJ nº 88, da SDI-2 do TST.

Gabarito: A.

---

647. (FCC - Juiz do Trabalho Substituto 1ª Região/2015) Luiz ajuizou ação trabalhista em face de seu ex-empregador, postulando o pagamento de adicional de periculosidade, tendo requerido, ainda, gratuidade de justiça. Contestado o pedido na audiência inaugural, o juiz indeferiu a gratuidade determinando ao autor que depositasse os honorários periciais em dez dias. Inconformado, o advogado do demandante impetrou mandado de segurança. Nesse caso, o mandado de segurança deve ser

a) acolhido, pois o ônus da prova era do autor, que deveria ter realizado o depósito prévio dos honorários periciais.

b) acolhido, pois é ilegal a exigência de depósito prévio para custeio de honorários periciais, haja vista sua incompatibilidade com o processo do trabalho.

c) rejeitado, pois o juiz acertou ao inverter o ônus da prova, haja vista a maior capacidade econômica da ré.

d) rejeitado, pois o autor deverá ressarcir o réu na hipótese de ser sucumbente no objeto da perícia.

e) acolhido, pois o ônus da prova é do autor, que é beneficiário de gratuidade de justiça.

COMENTÁRIOS

✪ **Nota do autor:** A Lei nº 12.016/09, art. 23, estabelece o prazo decadencial de 120 dias para a impetração do mandado de segurança, contados a partir da ciência do ato impugnado, pelo interessado. Note-se também que essa questão foi elaborada antes da vigência da Lei nº 13.467/17, que alterou a redação do art. 790-B da CLT. Posteriormente, em 2021, o STF declarou a inconstitucionalidade do *caput* e do § 4º desse dispositivo legal, quando do julgamento da ADI nº 5766. Eis a redação do referido dispositivo legal:"Art. 790-B. A responsabilidade pelo pagamento dos honorários periciais é da parte sucumbente na pretensão objeto da perícia, ainda que beneficiária da justiça gratuita. § 4º Somente no caso em que o beneficiário da justiça gratuita não tenha obtido em juízo créditos capazes de suportar a despesa referida no caput, ainda que em outro processo, a União responderá pelo encargo."

Alternativa "a": Incorreta, pois o sistema processual trabalhista só exige o pagamento de despesas judiciais ao final e não previamente, conforme entendimento do TST exposto na OJ nº 98 da SDI-2: "É ilegal a exigência de depósito prévio para custeio dos honorários periciais, dada a incompatibilidade com o processo do trabalho, sendo cabível o mandado de segurança visando à realização da perícia, independentemente do depósito." (ver nota do autor)

Alternativa "b": Correta a assertiva, pois se encontra de acordo com o entendimento do TST exposto na OJ nº 98 da SDI-2: "É ilegal a exigência de depósito prévio para custeio dos honorários periciais, dada a incompatibilidade com o processo do trabalho, sendo cabível o mandado de segurança visando à realização da perícia, independentemente do depósito." (ver nota do autor)

Alternativa "c": Incorreta, pois a hipótese não é de inversão do ônus da prova, visto que o argumento utilizado pelo autor é classificado como fato constitutivo, cabendo-lhe, consequentemente, esse encargo processual específico caso não fosse beneficiário da justiça gratuita. (ver nota do autor)

Alternativa "d": Incorreta, uma vez que o sistema processual trabalhista só exige o pagamento de despesas judiciais ao final e não previamente, conforme entendimento do TST exposto na já citada e transcrita OJ nº 98 da SDI-2. (ver nota do autor)

Alternativa "e": Incorreta, uma vez que o autor é beneficiário da justiça gratuita e, por esse motivo, não lhe pode ser imposto o ônus financeiro de pagamento dos honorários provisionais do perito. (ver a segunda parte da nota do autor)

Gabarito: B.

---

648. (TRT 8 – Juiz do Trabalho Substituto 8ª Região/2015) Sobre o processamento e julgamento do mandado de segurança, segundo a jurisprudência consolidada do Tribunal Superior do Trabalho, é INCORRETO afirmar que:

a) Não cabe mandado de segurança contra decisão judicial passível de reforma mediante recurso próprio, ainda que com efeito diferido.

b) A interposição de recurso de revista de decisão definitiva de Tribunal Regional do Trabalho em ação rescisória ou em mandado de segurança, com fundamento em violação legal e divergência jurisprudencial e remissão expressa ao art. 896 da CLT, configura erro grosseiro, insuscetível de autorizar o seu recebimento como recurso ordinário, em face do disposto no art. 8 95, "b", da CLT.

c) Esgotadas as vias recursais existentes, não cabe mandado de segurança.

d) Incabível a impetração de mandado de segurança contra ato judicial que, de ofício, arbitrou novo valor à causa, acarretando a majoração das custas processuais, uma vez que cabia à parte, após recolher as custas, calculadas com base no valor dado à causa na inicial, interpor recurso ordinário e, posteriormente, agravo de instrumento no caso de o recurso ser considerado deserto.

e) É cabível mandado de segurança para impugnar antecipação de tutela concedida em sentença de conhecimento.

COMENTÁRIOS

Alternativa "a": Correta a assertiva. Se cabe recurso em face do ato impugnado, não há que se falar em mandado de segurança. O TST posiciona-se nesse sentido por meio da OJ nº 92 da SDI-2: "Não cabe mandado de segurança contra decisão judicial passível de reforma mediante recurso próprio, ainda que com efeito diferido".

Alternativa "b": Correta. Com efeito, a hipótese é de cabimento de recurso ordinário e não de recurso de revista. Nesse sentido é o entendimento do TST exposto na OJ nº 152, da SDI-2: "A interposição de recurso de revista de decisão definitiva de Tribunal Regional do Trabalho em ação rescisória ou em mandado de segurança, com fundamento em violação legal e divergência jurisprudencial e remissão expressa ao art. 896 da CLT, configura erro grosseiro, insuscetível de autorizar o seu recebimento como recurso ordinário, em face do disposto no art. 895, "b", da CLT".

Alternativa "c": Correta, pois pressupõe que a parte prejudicada já manifestou sua irresignação por meio do sistema recursal trabalhista. Nesse caso aplica-se o entendimento constante da OJ nº 99 da SDI-2 do TST: "Esgotadas as vias recursais existentes, não cabe mandado de segurança".

Alternativa "d": Correta. Não cabe mandado de segurança pois a decisão ainda pode ser alterada por intermédio de agravo de instrumento. O TST manifesta-se sobre o tema por meio da OJ nº 88 da SDI-2 do TST: "Incabível a impetração de mandado de segurança contra ato judicial que, de ofício, arbitrou novo valor à causa, acarretando a majoração das custas processuais, uma vez que cabia à parte, após recolher as custas, calculadas com base no valor dado à causa na inicial, interpor recurso ordinário e, posteriormente, agravo de instrumento no caso de o recurso ser considerado deserto".

Alternativa "e": Nessa hipótese, o remédio judicial adequado é o recurso ordinário, conforme revela o item I da Súmula nº 414 do TST: "A antecipação da tutela concedida na sentença não comporta impugnação pela via do mandado de segurança, por ser impugnável mediante recurso ordinário. A ação cautelar é o meio próprio para se obter efeito suspensivo a recurso". Assertiva **incorreta.** A Resolução nº 217/2017 do TST alterou a redação da mencionada Súmula: "MANDADO DE SEGURANÇA. TUTELA PROVISÓRIA CONCEDIDA ANTES OU NA SENTENÇA (nova redação em decorrência do CPC de 2015) – Res. 217/2017 – DEJT divulgado em 20, 24 e 25.04.2017 I – A tutela provisória concedida na sentença não comporta impugnação pela via do mandado de segurança, por ser impugnável mediante recurso ordinário. É admissível a obtenção de efeito suspensivo ao recurso ordinário mediante requerimento dirigido ao tribunal, ao relator ou ao presidente ou ao vice-presidente do tribunal recorrido, por aplicação subsidiária ao processo do trabalho do artigo 1.029, § 5º, do CPC de 2015. II – No caso de a tutela provisória haver sido concedida ou indeferida antes da sentença, cabe mandado de segurança, em face da inexistência de recurso próprio. III – A superveniência da sentença, nos autos originários, faz perder o objeto do mandado de segurança que impugnava a concessão ou o indeferimento da tutela provisória".

Gabarito: E.

---

649. (FCC – Juiz do Trabalho Substituto 18ª Região/2014) Com relação ao mandado de segurança no Processo do Trabalho:

a) Cabe recurso ordinário para o Tribunal Superior do Trabalho de decisão proferida pelo Tribunal Regional do Trabalho em agravo regimental interposto contra despacho que concede ou não liminar em mandado de segurança.

b) Em mandado de segurança, cabe remessa ex officio se, na relação processual, figurar pessoa jurídica de direito público como parte prejudicada pela concessão da ordem ou se figurar no feito como impetrante e terceiro interessado pessoa de direito privado, ressalvada a hipótese de matéria administrativa.

c) A interposição de recurso de revista de decisão definitiva de Tribunal Regional do Trabalho em mandado de segurança, com fundamento em violação legal e divergência jurisprudencial e remissão expressa ao artigo que trata do cabimento do recurso de revista, configura erro grosseiro, insuscetível de autorizar o seu recebimento como recurso ordinário.

d) Havendo discordância do credor, em execução definitiva, tem o executado direito líquido e certo a que os valores penhorados em dinheiro fiquem depositados no próprio banco.

e) Atribuído o valor da causa na inicial do mandado de segurança é permitido ao Juízo majorá-lo de ofício, mesmo não havendo impugnação da parte contrária, ante o princípio do inquisitivo.

COMENTÁRIOS

✪ Nota do autor: O mandado de segurança coletivo tem sua legitimidade ativa limitada ao partido político com representação no Congresso Nacional ou organização sindical, entidade de classe ou associação legalmente constituída e em funcionamento há pelo menos um ano, em defesa dos interesses de seus membros ou associados. Observe-se, na alternativa "d", que o art. 666, I, do CPC de 1973 corresponde ao art. 840, I, do CPC de 2015. Já na alternativa "e", o art. 261 do CPC de 1973 corresponde ao art. 293 do CPC de 2015.

Alternativa "a": Como não há ainda decisão definitiva, não cabe recurso ordinário, conforme entendimento do TST exposto na OJ nº 100, da SDI-2: "Não cabe recurso ordinário para o TST de decisão proferida pelo Tribunal Regional do Trabalho em agravo regimental interposto contra despacho que concede ou não liminar em ação cautelar ou em mandado de segurança, uma vez que o processo ainda pende de decisão definitiva do Tribunal 'a quo'." **Incorreta.**

Alternativa "b": Incorreta. Se o impetrante for pessoa jurídica de direito privado que integrou a lide como terceiro interessado, não cabe mandado de segurança. Nesse sentido o item III, da Súmula nº 303 do TST: "Em mandado de segurança, somente cabe remessa 'ex officio' se, na relação processual, figurar pessoa jurídica de direito público como parte prejudicada pela concessão da ordem. Tal situação não ocorre na hipótese de figurar no feito como impetrante e terceiro interessado pessoa de direito privado, ressalvada a hipótese de matéria administrativa." Atualmente o inciso III dessa Súmula tem a seguinte redação: "FAZENDA PÚBLICA. REEXAME NECESSÁRIO (nova redação em decorrência do CPC de 2015) – Res. 211/2016, DEJT divulgado em 24, 25 e 26.08.2016.. III – Em ação rescisória, a decisão proferida pelo Tribunal Regional do Trabalho está sujeita ao duplo grau de jurisdição obrigatório quando desfavorável ao ente público, exceto nas hipóteses dos incisos anteriores. (ex-OJ nº 71 da SBDI-1 – inserida em 03.06.1996)".

Alternativa "c": Trata-se de cabimento de recurso ordinário. A interposição de recurso de revista, nesse caso, configuraria a hipótese de erro grosseiro, não incidindo o princípio da fungibilidade recursal. Nesse sentido a OJ nº 152, da SDI-2 do TST: "A interposição de recurso de revista de decisão definitiva de Tribunal Regional do Trabalho em ação rescisória ou em mandado de segurança, com fundamento em violação legal e divergência jurisprudencial e remissão expressa ao art. 896 da CLT, configura erro grosseiro, insuscetível de autorizar o seu recebimento como recurso ordinário, em face do disposto no art. 895, "b", da CLT". **Correta.**

Alternativa "d": Incorreta. O entendimento do TST é justamente em sentido contrário, conforme Súmula nº 417, II: "Havendo discordância do credor, em execução definitiva, não tem o executado direito líquido e certo a que os valores penhorados em dinheiro fiquem depositados no próprio banco, ainda que atenda aos requisitos do art. 666, I, do CPC". A versão atual dessa Súmula não contempla mais o inciso III e conta com a seguinte redação: "MANDADO DE SEGURANÇA. PENHORA EM DINHEIRO (alterado o item I, atualizado o item II e cancelado o item III, modulando-se os efeitos da presente redação de forma a atingir unicamente as penhoras em dinheiro em execução provisória efetivadas a partir de 18.03.2016, data de vigência do CPC de 2015) – Res. 212/2016, DEJT divulgado em 20, 21 e 22.09.2016. I – Não fere direito líquido e certo do impetrante o ato judicial que determina penhora em dinheiro do executado para garantir crédito exequendo, pois é prioritária e obedece à gradação prevista no art. 835 do CPC de 2015 (art. 655 do CPC de 1973). II – Havendo discordância do credor, em execução definitiva, não tem o executado direito líquido e certo a que os valores penhorados em dinheiro fiquem depositados no próprio banco, ainda que atenda aos requisitos do art. 840, I, do CPC de 2015 (art. 666, I, do CPC de 1973). (ex-OJ nº 61 da SBDI-2 – inserida em 20.09.2000)".

Alternativa "e": Incorreta a assertiva, pois vai de encontro ao conteúdo da OJ nº 155, da SDI-2 do TST, atualmente cancelada pela Resolução 206/2016: "Atribuído o valor da causa na inicial da ação rescisória ou do mandado de segurança e não havendo impugnação, nos termos do art. 261 do CPC, é defeso ao Juízo majorá-lo de ofício, ante a ausência de amparo legal. Inaplicável, na hipótese, a Orientação Jurisprudencial da SBDI-2 nº 147 e o art. 2º, II, da Instrução Normativa nº 31 do TST".

Gabarito: C.

---

650. (TRT 2 – Juiz do Trabalho Substituto 2ª Região/2014) Em relação às contribuições previdenciárias, aponte a alternativa correta:

a) Nos processos em que se apuram contribuições previdenciárias decorrentes de acordo sempre haverá a incidência de juros e multa.

b) Mesmo que o INSS não tenha participado do processo original, por falta de interesse processual imediato, nada impede que venha a se tornar parte no processo de execução, no que respeita às contribuições sociais que lhe são devidas.

c) As sentenças condenatórias, constitutivas ou declaratórias geram interesse processual do INSS e arrimam a ação deste instituto na execução.

d) Para ser parte na execução, a União deve recorrer das decisões cognitivas ou homologatórias, que indicam a natureza jurídica das parcelas constantes da condenação ou do acordo, no que concerne ao recolhimento das contribuições previdenciárias.

e) Deixando a parte de recolher a contribuição previdenciária que lhe incumbe, o juiz só poderá dar início à execução forçada por quantia certa se provocado pelo INSS.

COMENTÁRIOS

✪ **Nota do autor:** O ato que substitui o lançamento fiscal, no processo do trabalho, é a sentença de conhecimento, quando for líquida; a decisão de liquidação, quando o valor da condenação for arbitrado apenas para efeito de recurso e custas processuais; ou o acordo homologado por sentença.

Alternativa "a": Não necessariamente. Isso porque a sentença de homologação de acordo equivale ao lançamento fiscal das contribuições previdenciárias. Só haverá incidência de juros e multa se o acordo não for cumprido. **Incorreta.**

Alternativa "b": Essa possibilidade decorre do fato da competência da Justiça do Trabalho para executar de ofício as contribuições previdenciárias. **Correta.**

Alternativa "c": O interesse do INSS, nesse caso, limita-se as sentenças de natureza predominantemente condenatória. Nesse sentido é a posição do TST revelada por meio da Súmula nº 368, I: "A Justiça do Trabalho é competente para determinar o recolhimento das contribuições fiscais. A competência da Justiça do Trabalho, quanto à execução das contribuições previdenciárias, limita-se às sentenças condenatórias em pecúnia que proferir e aos valores, objeto de acordo homologado, que integrem o salário de contribuição". Observe-se que a Resolução nº 219/2017 do TST deu nova redação à referida Súmula, mas sem alterar o inciso I. **Incorreta.**

Alternativa "d": Não é necessária essa formalidade. Isso porque a Justiça do Trabalho tem competência para executar de ofício as contribuições previdenciárias, sem a necessidade de intervenção da União. Por conta disso, a sua intervenção na execução independente da sua participação no processo de conhecimento, inclusive em nível recursal. **Incorreta.**

Alternativa "e": Incorreta a assertiva, uma vez que a Justiça do Trabalho deve executar de ofício as contribuições previdenciárias, conforme previsão contida no art. 114, VIII, da CF/88: "Compete à Justiça do Trabalho processar e julgar: VIII a execução, de ofício, das contribuições sociais previstas no art. 195, I, a, e II, e seus acréscimos legais, decorrentes das sentenças que proferir".

Gabarito: B.

---

651. (TRT 3 – Juiz do Trabalho Substituto 3ª Região/2014) É correto afirmar em matéria de Mandado de Segurança, a partir das súmulas do TST:

a) Não se aplica a alçada em mandado de segurança.

b) A homologação de acordo constitui faculdade do juiz, inexistindo direito líquido e certo tutelável pela via do mandado de segurança.

c) Da decisão de TRT em mandado de segurança cabe recurso ordinário, no prazo de 8 dias, para o TST, e igual dilação para o recorrido e interessados apresentarem razões de contrariedade.

d) A superveniência da sentença, nos autos originários, faz perder o objeto do mandado de segurança que impugnava a concessão da tutela antecipada (ou liminar).

e) Todas as opções estão corretas.

COMENTÁRIOS

✪ **Nota do autor:** Cabe mandado de segurança contra ato de autoridade de qualquer categoria ou agente de pessoa jurídica no exercício de atribuições do Poder Público, inclusive quando o ato for praticado por delegação de competência, na forma prevista pela Súmula nº 510 do STF: "Praticado o ato por autoridade, no exercício de competência delegada, contra ela cabe o mandado de segurança ou a medida judicial".

Alternativa "a": O mandado de segurança tem rito próprio previsto em lei. Sendo assim, não se aplica o procedimento da CLT, inclusive a determinação de alçada. **Correta** a assertiva, pois corresponde ao entendimento do TST constante da Súmula nº 365: "Não se aplica a alçada em ação rescisória e em mandado de segurança".

Alternativa "b": O juiz ao homologar o acordo deve verificar se inexiste ilegalidade ou conluio das partes. Sendo assim, constitui faculdade juiz homologar ou não o acordo, conforme entendimento do TST constante da Súmula nº 418, em sua redação anterior: "A concessão de liminar ou a homologação de acordo constituem faculdade do juiz, inexistindo direito líquido e certo tutelável pela via do mandado de segurança". **Correta** a assertiva. A Resolução nº 217/2017 do TST modificou a redação da mencionada Súmula, nos seguintes termos: "MANDADO DE SEGURANÇA VISANDO À HOMOLOGAÇÃO DE ACORDO (nova redação em decorrência do CPC de 2015) – Res. 217/2017 – DEJT divulgado em 20, 24 e 25.04.2017 A homologação de acordo constitui faculdade do juiz, inexistindo direito líquido e certo tutelável pela via do mandado de segurança".

Alternativa "c": O texto da alternativa pressupõe que a competência originária do mandado de segurança seria o TRT. Nesse caso, cabe recurso ordinário da decisão do TRT, na forma da Súmula nº 201: "Da decisão de Tribunal Regional do Trabalho em mandado de segurança cabe recurso ordinário, no prazo de 8 (oito) dias, para o Tribunal Superior do Trabalho, e igual dilação para o recorrido e interessados apresentarem razões de contrariedade". **Correta a assertiva.**

Alternativa "d": Nesse caso, a decisão interlocutória passa a ser atacável pela via do recurso ordinário. **Correta** a assertiva, pois de acordo com a Súmula nº 414, II, do TST, em sua redação anterior: "A superveniência da sentença, nos autos originários, faz perder o objeto do mandado de segurança que impugnava a concessão da tutela antecipada (ou liminar)". A Resolução nº 217/2017 do TST alterou a redação da mencionada Súmula: "MANDADO DE SEGURANÇA. TUTELA PROVISÓRIA CONCEDIDA ANTES OU NA SENTENÇA (nova redação em decorrência do CPC de 2015) – Res. 217/2017 – DEJT divulgado em 20, 24 e 25.04.2017 I – A tutela provisória concedida na sentença não comporta impugnação pela via do mandado de segurança, por ser impugnável mediante recurso ordinário. É admissível a obtenção de efeito suspensivo ao recurso ordinário mediante requerimento dirigido ao tribunal, ao relator ou ao presidente ou ao vice-presidente do tribunal recorrido, por aplicação subsidiária ao processo do trabalho do artigo 1.029, § 5º, do CPC de 2015. II – No caso de a tutela provisória haver sido concedida ou indeferida antes da sentença, cabe mandado de segurança, em face da inexistência de recurso próprio. III – A superveniência da sentença, nos autos originários, faz perder o objeto do mandado de segurança que impugnava a concessão ou o indeferimento da tutela provisória".

Alternativa "e": Correta a alternativa, pois todas as demais também são corretas.

Gabarito: E.

---

652. (CESPE – Juiz do Trabalho Substituto 5ª Região/2013) A correição parcial

a) não é prevista na CLT.

b) constitui uma ação.

c) constitui, entre outros, remédio capaz de eliminar o error in procedendo.

d) é promovida somente pelo presidente do tribunal.

e) não tem qualquer previsão na CF.

COMENTÁRIOS

✪ **Nota do autor:** Da decisão proferida em sede de reclamação correicional cabe agravo regimental (art. 63, "e", do RITST).

Alternativa "a": Incorreta, pois há referência expressa a correição parcial no art. 709, II, da CLT: Compete ao Corregedor, eleito dentre os Ministros togados do Tribunal Superior do Trabalho: II – Decidir reclamações contra os atos atentatórios da boa ordem processual praticados pelos Tribunais Regionais e seus presidentes, quando inexistir recurso específico.

Alternativa "b": Incorreta. A reclamação correicional não tem natureza judicial, mas sim administrativa e tem por escopo sustar atos do juiz que militem contra a boa ordem processual vigente.

Alternativa "c": Exatamente. Inclusive, o inciso II, do art. 709 da CLT deixa bem claro essa função de correção de *erro in procedendo*: no art. 709, II, da CLT: "Compete ao Corregedor, eleito dentre os Ministros togados do Tribunal Superior do Trabalho: II – Decidir reclamações contra os atos atentatórios da boa ordem processual praticados pelos Tribunais Regionais e seus presidentes, quando inexistir recurso específico". Alternativa **correta**.

Alternativa "d": Incorreta, pois é promovida pelo Corregedor e não pelo Presidente do Tribunal, conforme dispõe o já citado inciso II do art. 709 da CLT.

Alternativa "e": Incorreta, pois há previsão específica no art. 96, I, "b", da CF: "Compete privativamente: I – aos tribunais: b) organizar suas secretarias e serviços auxiliares e os dos juízos que lhes forem vinculados, velando pelo exercício da atividade correicional respectiva".

Gabarito: C.

---

653. (CESPE – Juiz do Trabalho Substituto 5ª Região/2013) Assinale a opção correta no que diz respeito ao mandado de segurança no processo do trabalho.

a) Cabe mandado de segurança contra atos de gestão comercial praticados por administradores de empresas públicas, de sociedade de economia mista ou de concessionárias de serviços públicos.

b) Cabe recurso ordinário para o TST, no prazo de oito dias, da decisão de TRT em mandado de segurança e de cinco dias, para apresentação de razões de contrariedade pelo recorrido e interessados.

c) Não cabe mandado de segurança de decisão transitada em julgado.

d) Cabe mandado de segurança quando a ação é extinta sem julgamento do mérito.

e) Na hipótese de multa aplicada por órgãos da fiscalização do trabalho, a competência originária para analisar mandado de segurança impetrado pelo empregador é do TRT.

COMENTÁRIOS

✪ **Nota do autor:** Cabe mandado de segurança contra ato de autoridade de qualquer categoria ou agente de pessoa jurídica no exercício de atribuições do Poder Público, inclusive quando o ato for praticado por delegação de competência, na forma prevista pela Súmula nº 510 do STF: "Praticado o ato por autoridade, no exercício de competência delegada, contra ela cabe o mandado de segurança ou a medida judicial".

Alternativa "a": Incorreta, pois não cabe mandado de segurança contra atos dessa natureza, de acordo com o disposto no art. 1º, §2º, da Lei nº 12.016/2009: "Não cabe mandado de segurança contra os atos de gestão comercial praticados pelos administradores de empresas públicas, de sociedade de economia mista e de concessionárias de serviço público".

Alternativa "b": Incorreta, pois se deve obedecer ao prazo ordinário, tanto para recurso quanto para as contrarrazões, de oito dias. Nesse sentido, a Súmula nº 201 do TST: "Da decisão de Tribunal Regional do Trabalho em mandado de segurança cabe recurso ordinário, no prazo de 8 (oito) dias, para o Tribunal Superior do Trabalho, e igual dilação para o recorrido e interessados apresentarem razões de contrariedade". Inclusive o TST se manifestou no sentido de não admitir a aplicação do CPC de 2015 ao processo do trabalho, que estabelece o prazo de 15 dias para recorrer, uma vez que a CLT não é omissa nesse particular (art. 1º. § 2º da Instrução Normativa nº 39/16: "O prazo para interpor e contra-arrazoar todos os recursos trabalhistas, inclusive agravo interno e agravo regimental, é de oito dias (art. 6º da Lei nº 5.584/70 e art. 893 da CLT), exceto embargos de declaração (CLT, art. 897-A)".

Alternativa "c": Correta. Essa vedação encontra-se expressamente prevista no art. 5º, III da Lei nº 12.016/2009: "Não se concederá mandado de segurança quando se tratar: III – de decisão judicial transitada em julgado".

Alternativa "d": Incorreta, pois nesse caso cabe recurso da referida decisão. A irrecorribilidade da decisão é requisito para cabimento do mandado de segurança, conforme se depreende da interpretação do art. 5º, II da Lei nº 12.016/2009: "Não se concederá mandado de segurança quando se tratar: II – de decisão judicial da qual caiba recurso com efeito suspensivo".

Alternativa "e": Incorreta, pois nesse caso a competência hierárquica é da Vara do Trabalho, pois inexiste norma processual atribuindo expressamente essa competência para o TRT.

Gabarito: C.

---

654. (TRT 8 – Juiz do Trabalho Substituto 8ª Região/2013) Sobre mandado de segurança é CORRETO afirmar que:

a) Não será concedida medida liminar nem antecipação de tutela em mandado de segurança que tenha por objeto a compensação de créditos tributários, a entrega de mercadorias e bens provenientes do exterior, a reclassificação ou equiparação de servidores públicos e a concessão de aumento ou a extensão de vantagens ou pagamento de qualquer natureza.

b) Os processos de mandado de segurança e os respectivos recursos terão prioridade sobre todos os atos judiciais. O prazo para a conclusão dos autos não poderá exceder de 5 (cinco) dias.

c) No mandado de segurança coletivo, a sentença fará coisa julgada limitadamente aos membros do grupo ou categoria substituídos pelo impetrante, além do que induz litispendência para as ações individuais e os efeitos da coisa julgada não beneficiarão o impetrante a título individual se não requerer a desistência de seu mandado de segurança no prazo de 30 (trinta) dias a contar da ciência comprovada da impetração da segurança coletiva.

d) No mandado de segurança coletivo, a liminar só poderá ser concedida após a audiência do representante judicial da pessoa jurídica de direito público, que deverá se pronunciar no prazo de 5 (cinco) dias.

e) Não cabem, no processo de mandado de segurança, a interposição de embargos infringentes e a condenação ao pagamento dos honorários advocatícios nem a aplicação de sanções no caso de litigância de má-fé.

COMENTÁRIOS

Nota do autor: A Lei n° 12.016/09, art. 23, estabelece o prazo decadencial de 120 dias para a impetração do mandado de segurança, contados a partir da ciência do ato impugnado, pelo interessado.

Alternativa "a": Correta. Essa vedação está prevista no art. 7º, §2º da Lei nº 12.016/2009: "Não será concedida medida liminar que tenha por objeto a compensação de créditos tributários, a entrega de mercadorias e bens provenientes do exterior, a reclassificação ou equiparação de servidores públicos e a concessão de aumento ou a extensão de vantagens ou pagamento de qualquer natureza".

Alternativa "b": Incorreta, pois há uma exceção em relação à prioridade de tramitação, que é conferida ao *habeas corpus,* conforme se observa do mandamento contido no art. 20, *caput* e §2º, da Lei nº 12.016/2009: "Os processos de mandado de segurança e os respectivos recursos terão prioridade sobre todos os atos judiciais, salvo habeas corpus. § 2º O prazo para a conclusão dos autos não poderá exceder de 5 (cinco) dias".

Alternativa "c": Incorreta, pois o mandado de segurança coletivo não induz litispendência para as ações individuais, na forma prevista pelo art. 22, §1º da Lei nº 12.016/2009: "No mandado de segurança coletivo, a sentença fará coisa julgada limitadamente aos membros do grupo ou categoria substituídos pelo impetrante. § 1º O mandado de segurança coletivo não induz litispendência para as ações individuais, mas os efeitos da coisa julgada não beneficiarão o impetrante a título individual se não requerer a desistência de seu mandado de segurança no prazo de 30 (trinta) dias a contar da ciência comprovada da impetração da segurança coletiva".

Alternativa "d": Incorreta, pois o prazo para o representante se pronunciar é de 72 horas, de acordo com o preceito contido no art. 22, §2º da Lei nº 12.016/2009: "No mandado de segurança coletivo, a liminar só poderá ser concedida após a audiência do representante judicial da pessoa jurídica de direito público, que deverá se pronunciar no prazo de 72 (setenta e duas) horas".

Alternativa "e": Incorreta, pois cabe a aplicação de sanções pela litigância de má-fé, conforme dispõe o art. 25 da Lei nº 12.016/2009: "Não cabem, no processo de mandado de segurança, a interposição de embargos infringentes e a condenação ao pagamento dos honorários advocatícios, sem prejuízo da aplicação de sanções no caso de litigância de má-fé". Observe-se que o CPC de 2015 extinguiu o recurso dos embargos infringentes no âmbito do processo civil e substituiu por uma regra de julgamento estabelecida pelo seu art. 942, mas que não se aplica ao processo do trabalho, conforme preceito contido no art. 2º, IX, da Instrução Normativa nº 39/16 do TST.

Gabarito: A.

655. (TRT 8 – Juiz do Trabalho Substituto 8ª Região/2013) Sobre ações civis admissíveis no processo trabalhista (mandado de segurança, consignação em pagamento e prestação de contas) é CORRETO afirmar que:

a) Da sentença que denega ou concede o mandado de segurança cabe recurso ordinário, inclusive por parte da autoridade coatora. Mas, a sentença que conceder o mandado de segurança pode ser executada provisoriamente, salvo nos casos em que for vedada a concessão da medida liminar. Todavia, quando, a requerimento de pessoa jurídica de direito público interessada ou do Ministério Público e para evitar grave lesão à ordem, à saúde, à segurança e à economia públicas, o presidente do tribunal ao qual couber o conhecimento do respectivo recurso suspender, em decisão fundamentada, a execução da liminar e da sentença, dessa decisão caberá agravo, sem efeito suspensivo, no prazo de 5 (cinco) dias, que será levado a julgamento na sessão seguinte à sua interposição.

b) Não cabe mandado de segurança contra os atos de gestão comercial praticados pelos administradores de empresas públicas, de sociedade de economia mista e de concessionárias de serviço público. Para este fim, considerar-se-á federal a autoridade coatora se as consequências de ordem patrimonial do ato contra o qual se requer o mandado houverem de ser suportadas pela União ou entidade por ela controlada. O titular de direito líquido e certo decorrente de direito, em condições idênticas, de terceiro poderá impetrar mandado de segurança a favor do direito originário, se o seu titular não o fizer, no prazo de 60 (sessenta) dias, quando notificado judicialmente.

c) Requerer-se-á a consignação no lugar do pagamento, cessando para o devedor os juros e os riscos, desde que efetue o depósito no prazo legal.

d) Tratando-se de prestações periódicas, uma vez consignada a primeira, pode o devedor continuar a consignar, no mesmo processo e sem mais formalidades, as que se forem vencendo, desde que os depósitos sejam efetuados até a data do vencimento.

e) A ação de prestação de contas competirá a quem tiver o direito de exigi-las e a obrigação de prestá-las. Aquele que pretender exigir a prestação de contas requererá a citação do réu para, no prazo de 5 (cinco) dias, apresentá-la ou contestar a ação. Prestadas as contas, terá o autor 5 (cinco) dias para dizer sobre elas; havendo necessidade de produzir provas, o juiz designará audiência de instrução e julgamento; em caso contrário, proferirá desde logo a sentença. As contas, assim do autor como do réu, serão apresentadas em forma mercantil, especificando-se as receitas e a aplicação das despesas, bem como o respectivo saldo; e serão instruídas com os documentos justificativos. As contas do inventariante, do tutor, do curador, do depositário e de outro qualquer administrador serão prestadas nos autos do processo em que tiver sido nomeado. Sendo condenado a pagar o saldo e não o fazendo no prazo de 180 dias, o juiz poderá destituí-lo, sequestrar os bens sob sua guarda e glosar o prêmio ou gratificação a que teria direito.

COMENTÁRIOS

✪ **Nota do autor:** O mandado de segurança não admite dilação probatória. Assim, para o seu ajuizamento o autor deve providenciar a juntada da prova do seu direito líquido e certo. Devem-se comprovar, de plano, o direito líquido e certo, seja por intermédio de documentos em poder do impetrante ou por meio daqueles existentes nos órgãos públicos. Portanto, exclui-se da órbita do mandado de segurança as pretensões fundadas em questões fáticas que só podem ser provadas por testemunhas. Observe-se, na alternativa "c", que o art. 891, caput, do CPC de 1973 corresponde ao art. 540 do CPC de 2015. Já na alternativa "d", o art. 892 corresponde ao art. 541 do CPC de 2015. Ainda, na alternativa "e", os arts. 914, I e II; 915, §1º; 917; e 919 do CPC de 1973 correspondem, respectivamente, aos arts. 550, *caput*; 550, §2º; 551; e 553, *caput* e parágrafo único, do CPC de 2015.

Alternativa "a": Correta a assertiva, pois se encontra de acordo com o preceito contido no art. 14, §§2º e 3º e art. 15 da Lei 12.016/2009: "Da sentença, denegando ou concedendo o mandado, cabe apelação. § 2º Estende-se à autoridade coatora o direito de recorrer. § 3º A sentença que conceder o mandado de segurança pode ser executada provisoriamente, salvo nos casos em que for vedada a concessão da medida liminar Art. 15. Quando, a requerimento de pessoa jurídica de direito público interessada ou do Ministério Público e para evitar grave lesão à ordem, à saúde, à segurança e à economia públicas, o presidente do tribunal ao qual couber o conhecimento do respectivo recurso suspender, em decisão fundamentada, a execução da liminar e da sentença, dessa decisão caberá agravo, sem efeito suspensivo, no prazo de 5 (cinco) dias, que será levado a julgamento na sessão seguinte à sua interposição". Observe-se que a expressão "apelação" é entendida como "recurso ordinário" no âmbito do processo do trabalho.

Alternativa "b": Incorreta, pois o prazo para interposição de mandado de segurança por terceiro é de trinta dias e não sessenta, conforme previsão contida no art. 3º da Lei nº 12.016/09. "Art. 1º. § 2º Não cabe mandado de segurança contra os atos de gestão comercial praticados pelos administradores de empresas públicas, de sociedade de economia mista e de concessionárias de serviço público. Art. 2º, Considerar-se-á federal a autoridade coatora se as consequências de ordem patrimonial do ato contra o qual se requer o mandado houverem de ser suportadas pela União ou entidade por ela controlada. Art. 3º. O titular de direito líquido e certo decorrente de direito, em condições idênticas, de terceiro poderá impetrar mandado de segurança a favor do direito originário, se o seu titular não o fizer, no prazo de 30 (trinta) dias, quando notificado judicialmente.

Alternativa "c": Incorreta, pois contraria a parte final do art. 891, *caput*, do CPC de 1973, que excepciona os casos de improcedência: "Requerer-se-á a consignação no lugar do pagamento, cessando para o devedor, tanto que se efetue o depósito, os juros e os riscos, salvo se for julgada improcedente".

Alternativa "d": Incorreta, pois os depósitos devem ser efetuados até cinco dias, contados da data do vencimento, de acordo com o que preceitua o art. 892 do CPC de 1973: "Tratando-se de prestações periódicas, uma vez consignada a primeira, pode o devedor continuar a consignar, no mesmo processo e sem mais formalidades, as que se forem vencendo, desde que os depósitos sejam efetuados até 5 (cinco) dias, contados da data do vencimento".

Alternativa "e": Incorreta, pois o prazo para a prestação de contas do inventariante, do tutor, do curador, do depositário e de outro qualquer administrador é aquele definido na lei e não 180 dias como constou nesta assertiva, conforme dispõe o art. 919 do CPC de 1973: "As contas do inventariante, do tutor, do curador, do depositário e de outro qualquer administrador serão prestadas em apenso aos autos do processo em que tiver sido nomeado. Sendo condenado a pagar o saldo e não o fazendo no prazo legal, o juiz poderá destituí-lo, sequestrar os bens sob sua guarda e glosar o prêmio ou gratificação a que teria direito".

Gabarito: A.

---

656. (TRT 15 – Juiz do Trabalho Substituto 15ª Região/2013) Acerca dos procedimentos especiais é incorreto afirmar:

a) segundo o entendimento majoritário do TST, é incabível o mandado de segurança contra decisão que homologa a adjudicação em execução trabalhista, em face da existência de previsão expressa acerca de medida cabível no Código de Processo Civil, cuja aplicação ao processo do trabalho decorre do art. 769 da CLT;

b) o termo de ajustamento de conduta firmado com o Ministério Público do Trabalho, após a competente ação monitoria, constitui título executivo judicial, desde que tenha por objeto o pagamento de soma em dinheiro, entrega de coisa fungível ou de determinado bem móvel;

c) a ação de consignação em pagamento admite, além do provimento declaratório do cumprimento ou não da obrigação, provimento de natureza condenatória em que o juiz, concluindo pela insuficiência do depósito, determina o valor devido, cabendo ao credor promover a respectiva execução nos mesmos autos;

d) a ação anulatória prevista pelo art. 486 do Código de Processo Civil poderá ser ajuizada na Justiça do Trabalho contra ato do juiz que homologa a arrematação;

e) a decisão do juiz que, na ação de prestação de contas ajuizada perante a Justiça do Trabalho, nos limites de sua competência material, declarar o direito do autor de exigi-las ou a obrigação do réu de prestá-las, tendo natureza interlocutória, desafiará impugnação no recurso ordinário cabível contra a sentença que julgar as contas prestadas.

COMENTÁRIOS

✪ **Nota do autor:** A decisão que homologa os cálculos de liquidação só é passível de ser atacada pela via rescisória quando as partes discutem a conta, por alguma delas oferecidas ou confeccionada pelo próprio serventuário da justiça, e o juiz manifesta-se, expressamente, sobre os seus erros e acertos. Observe-se, na alternativa "a", que o art. 746 do CPC de 1973 não possui corresponde no CPC de 2015, tendo em vista que não há mais essa modalidade de embargos, devendo o interessado ingressar com ação autônoma como prevê o art. 903, §3º, do novo código. Já na alternativa "c", o art. 899, §2º, do CPC de 1973 corresponde ao art. 545, §2º, do CPC de 2015. Por fim, na alternativa "d", o art. 486 do CPC de 1973 corresponde ao art. 966, §4º, do CPC de 2015.

Alternativa "a": Correta, pois esse é o entendimento do TST que consta da OJ nº 66 da SDI-II: "É incabível o mandado de segurança contra sentença homologatória de adjudicação, uma vez que existe meio próprio para impugnar o ato judicial, consistente nos embargos à adjudicação (CPC de 1973, art. 746)". Atualmente essa OJ tem a seguinte redação: "MANDADO DE SEGURANÇA. SENTENÇA HOMOLOGATÓRIA DE ADJUDICAÇÃO. INCABÍVEL (atualizado o item I e incluído o item II em decorrência do CPC de 2015) Res. 212/2016, DEJT divulgado em 20, 21 e 22.09.2016. I – Sob a égide do CPC de 1973 é incabível o mandado de segurança contra sentença homologatória de adjudicação, uma vez que existe meio próprio para impugnar o ato judicial, consistente nos embargos à adjudicação (CPC de 1973, art. 746). II – Na vigência do CPC de 2015 também não cabe mandado de segurança, pois o ato judicial pode ser impugnado por simples petição, na forma do artigo 877, caput, do CPC de 2015".

Alternativa "b": Incorreta, pois não é necessário submeter o TAC à ação monitória para lhe conferir natureza executória, conforme se vê da redação do art. 876 da CLT: "As decisões passadas em julgado ou das quais não tenha havido recurso com efeito suspensivo; os acordos, quando não cumpridos; os termos de ajuste de conduta firmados perante o Ministério Público do Trabalho e os termos de conciliação firmados perante as Comissões de Conciliação Prévia serão executada pela forma estabelecida neste Capítulo".

Alternativa "c": Correta a assertiva, pois está de acordo com o preceito contido no art. 899, §2º do CPC de 1973: "A sentença que concluir pela insuficiência do depósito determinará, sempre que possível, o montante devido, e, neste caso, valerá como título executivo, facultado ao credor promover-lhe a execução nos mesmos autos". Com efeito, quando não há insuficiência de depósito, o provimento jurisdicional na ação de consignação em pagamento é meramente declaratório.

Alternativa "d": Correta. Para os atos processuais praticados pelas partes (atos judiciais) e postos ao crivo ao juiz, que não estejam sujeitos à sentença ou aqueles em que a decisão é meramente homologatória e necessária para a produção dos efeitos pretendidos pelas partes, a lei processual reserva a via da ação anulatória para a sua desconstituição, na forma prevista pelo art. 486 do Código de Processo Civil, como acontece nos casos de decisão de adjudicação ou de arrematação. Nesse sentido é o posicionamento do TST, exposto no item I, da Súmula nº 399: "I – É incabível ação rescisória para impugnar decisão homologatória de adjudicação ou arrematação".

Alternativa "e": Correta. Como se trata de decisão interlocutória, não cabe recurso de forma imediata. A impugnação da decisão, depois de efetivado o devido protesto, deverá ocorrer quando da interposição do recurso ordinário, em sede de preliminar.

Gabarito: B.

---

657. (TRT 2 – Juiz do Trabalho Substituto 2ª Região/2013) Sobre a ação monitoria é possível dizer:

a) Trata-se de uma ação cautelar que tem por objeto o estado de fato inicial da lide.

b) É instrumento processual colocado à disposição do devedor de quantia certa, de coisa fungível ou de coisa móvel determinada.

c) É ação que tem por objeto liberar da obrigação aquele que tem o dever de prestar contas ou assegurar o direito daquele que pode exigi-la.

d) É o meio pelo qual o credor de quantia certa ou de coisa móvel determinada, cujo crédito esteja provado por documento hábil requer a prolação de provimento judicial consubstanciado num mandado de pagamento ou de entrega de coisa.

e) É a ação daquele que pretende, com base em prova escrita, que tenha eficácia de título executivo, pagamento de soma em dinheiro, entrega de coisa fungível ou de determinado bem móvel.

COMENTÁRIOS

✪ **Nota do autor:** Como a ação monitória tem natureza condenatória, nada impede que seja utilizada no processo do trabalho. Isso porque, ao contrário do que ocorre com a execução trabalhista, na qual o rol de títulos com eficácia executiva é bastante limitado, na ação monitória pode-se utilizar qualquer documento que revele a existência de dívida. Observe-se, nas alternativas "b" a "e", que o art. 1.102-A do CPC de 1973 corresponde ao art. 700 do CPC de 2015.

Alternativa "a": Incorreta. A natureza jurídica da ação monitória não é de medida cautelar, mas sim de demanda condenatória. Alguns autores ainda defendem a natureza constitutiva da ação monitória.

Alternativa "b": Incorreta, pois é um instrumento processual colocado à disposição do credor e não do devedor, conforme preceitua o art. 1102-A do CPC de 1973: "A ação monitória compete a quem pretender, com base em prova escrita sem eficácia de título executivo, pagamento de soma em dinheiro, entrega de coisa fungível ou de determinado bem móvel".

Alternativa "c": Incorreta, pois não é esse o objetivo da ação monitória, segundo dispõe o art. 1102-A do CPC de 1973: "A ação monitória compete a quem pretender, com base em prova escrita sem eficácia de título executivo, pagamento de soma em dinheiro, entrega de coisa fungível ou de determinado bem móvel".

Alternativa "d": Correta, pois corresponde à definição legal contida no art. 1102-A do CPC de 1973: "A ação monitória compete a quem pretender, com base em prova escrita sem eficácia de título executivo, pagamento de soma em dinheiro, entrega de coisa fungível ou de determinado bem móvel".

Alternativa "e": Incorreta, pois a prova escrita não precisa ter a eficácia de título executivo, conforme esclarece o art. 1102-A do CPC de 1973: "A ação monitória compete a quem pretender, com base em prova escrita sem eficácia de título executivo, pagamento de soma em dinheiro, entrega de coisa fungível ou de determinado bem móvel".

Gabarito: D.

---

658. (TRT 14 – Juiz do Trabalho Substituto 14ª Região/2013) Assinale a alternativa correta:

I. De acordo com entendimento da Corte Superior Trabalhista, constitui faculdade do juiz, no uso de seu poder discricionário de cautela, a concessão de liminar, logo, não existe direito líquido e certo a ser oposto contra decisão judicial que, em antecipação de tutela, determina a reintegração de empregado até a decisão final do processo, quando demonstrada a razoabilidade do direito subjetivo material, como nos casos de aposentado, integrante de comissão de fábrica, dirigente sindical, portador de doença profissional, portador de vírus HIV ou detentor de estabilidade provisória prevista em norma coletiva. De igual modo, não será cabível mandado de segurança para impugnar despacho que acolheu ou indeferiu liminar em outro mandado de segurança ou decisão homologatória de acordo.

II. Com suporte na jurisprudência sumulada do Tribunal Superior do Trabalho, pode-se afirmar que o ato judicial que determina penhora em dinheiro do executado, em execução definitiva, para garantir crédito exequendo, não fere direito líquido e certo daquele, porquanto restou observada na hipótese a gradação prevista no art. 655 do CPC. Já quando se tratar de execução provisória, a penhora em dinheiro, quando nomeados outros bens à penhora, constitui ofensa a direito líquido e certo do executado, já que este possui direito a que a execução se processe da forma que lhe seja menos gravosa, em face da dicção do art. 620 do CPC. Quando se tratar de execução definitiva, o executado possui direito líquido e certo a que os valores penhorados em dinheiro fiquem depositados no próprio banco, desde que observados os requisitos estabelecidos no Código de Processo Civil.

III. Quando o juiz arbitrar novo valor à causa, acarretando a majoração das custas processuais, caberá a impetração de mandado de segurança, porquanto é responsabilidade da parte, para interpor recurso ordinário, a comprovação do recolhimento daquelas custas no prazo recursal, sob pena de deserção. Também se pode afirmar que a superveniência de sentença, nos autos originários, faz perder o objeto do mandado de segurança que impugnava a concessão da tutela antecipada.

IV. Com base na jurisprudência reiterada e iterativa do Tribunal Superior do Trabalho, é certo afirmar que a execução fundada em sentença proferida em ação de cumprimento, quando excluída da sentença normativa a cláusula que lhe serviu de sustentáculo, pode ser atacada por meio de mandado de segurança.

a) Apenas as proposições I e III são corretas.
b) Apenas as proposições I e IV são corretas.
c) Apenas as proposições II e III são corretas.
d) Todas as proposições II e IV são corretas.
e) Todas as proposições são corretas.

COMENTÁRIOS

✪ **Nota do autor:** Da sentença proferida em sede de mandado de segurança ajuizado na Justiça do Trabalho, cabe recurso ordinário, no prazo de oito dias, ainda que a competência originária para a sua análise seja dos Tribunais Regionais. Observe-se, no item "II", que os arts. 655, 666, I, e 620 do CPC de 1973 correspondem, respectivamente, aos arts. 835, 840, I, e 805 do CPC de 2015. Já no item "IV", o art. 572 do CPC de 1973 corresponde ao art. 514 do CPC de 2015. Inclusive, o TST alterou a redação da Súmula nº 397, nos seguintes termos: "Não procede ação rescisória calcada em ofensa à coisa julgada perpetrada por decisão proferida em ação de cumprimento, em face de a sentença normativa, na qual se louvava, ter sido modificada em grau de recurso, porque em dissídio coletivo somente se consubstancia coisa julgada formal. Assim, os meios processuais aptos a atacarem a execução da cláusula reformada são a exceção de pré-executividade e o mandado de segurança, no caso de descumprimento do art. 514 do CPC de 2015 (art. 572 do CPC de 1973). (ex-OJ nº 116 da SBDI-2 – DJ 11.08.2003)".

Item "I": Correta a assertiva, pois em conformidade com o entendimento do TST constante da OJ nº 142 da SDI-II e Súmula nº 418 do TST, em sua redação original: "OJ nº 142. Inexiste direito líquido e certo a ser oposto contra ato de Juiz que, antecipando a tutela jurisdicional, determina a reintegração do empregado até a decisão final do processo, quando demonstrada a razoabilidade do direito subjetivo material, como nos casos de anistiado pela Lei nº 8.878/94, aposentado, integrante de comissão de fábrica, dirigente sindical, portador de doença profissional, portador de vírus HIV ou detentor de estabilidade provisória prevista em norma coletiva. Súmula nº 418: A concessão de liminar ou a homologação de acordo constituem faculdade do juiz, inexistindo direito líquido e certo tutelável pela via do mandado de segurança". A Resolução nº 217/2017 do TST modificou a redação da mencionada Súmula, nos seguintes termos: "MANDADO DE SEGURANÇA VISANDO À HOMOLOGAÇÃO DE ACORDO (nova redação em decorrência do CPC de 2015) – Res. 217/2017 – DEJT divulgado em 20, 24 e 25.04.2017 A homologação de acordo constitui faculdade do juiz, inexistindo direito líquido e certo tutelável pela via do mandado de segurança". Com isso, o TST passa a admitir a possibilidade de atacar decisões que concedem a tutela provisória pela via do mandado de segurança.

Item "II": Incorreto. A primeira e a segunda parte da assertiva são corretas, pois se amoldam aos itens I e III, da Súmula nº 417 do. TST. O mesmo não se pode dizer da terceira e última parte, pois não tem o executado direito líquido e certo a que os valores penhorados em dinheiro fiquem depositados no próprio banco, na forma prevista pelo item II, da Súmula nº 417 do TST: "I – Não fere direito líquido e certo do impetrante o ato judicial que determina penhora em dinheiro do executado, em execução definitiva, para garantir crédito exequendo, uma vez que obedece à gradação prevista no art. 655 do CPC. II – Havendo discordância do credor, em execução definitiva, não tem o executado direito líquido e certo a que os valores penhorados em dinheiro fiquem depositados no próprio banco, ainda que atenda aos requisitos do art. 666, I, do CPC. III – Em se tratando de execução provisória, fere direito líquido e certo do impetrante a determinação de penhora em dinheiro, quando nomeados outros bens à penhora, pois o executado tem direito a que a execução se processe da forma que lhe seja menos gravosa, nos termos do art. 620 do CPC". A versão atual dessa Súmula não contempla mais o inciso III e conta com a seguinte redação: "MANDADO DE SEGURANÇA. PENHORA EM DINHEIRO (alterado o item I, atualizado o item II e cancelado o item III, modulando-se os efeitos da presente redação de forma a atingir unicamente as penhoras em dinheiro em execução provisória efetivadas a partir de 18.03.2016, data de vigência do CPC de 2015) – Res. 212/2016, DEJT divulgado em 20, 21 e 22.09.2016. I – Não fere direito líquido e certo do impetrante o ato judicial que determina penhora em dinheiro do executado para garantir crédito exequendo, pois é prioritária e obedece à gradação prevista no art. 835 do CPC de 2015 (art. 655 do CPC de 1973). II – Havendo discordância do credor, em execução definitiva, não tem o executado direito líquido e certo a que os valores penhorados em dinheiro fiquem depositados no próprio banco, ainda que atenda aos requisitos do art. 840, I, do CPC de 2015 (art. 666, I, do CPC de 1973). (ex-OJ nº 61 da SBDI-2 – inserida em 20.09.2000)".

Item "III": Incorreto, pois nesse caso específico não cabe mandado de segurança, de acordo com o que preceitua a OJ nº 88 da SDI-II do TST: "Incabível a impetração de mandado de segurança contra ato judicial que, de ofício, arbitrou novo valor à causa, acarretando a majoração das custas processuais, uma vez que cabia à parte, após recolher as custas, calculadas com base no valor dado à causa na inicial, interpor recurso ordinário e, posteriormente, agravo de instrumento no caso de o recurso ser considerado deserto".

Item "IV": Correto, uma vez que está de acordo com o posicionamento do TST adotado por meio da Súmula nº 397, em sua redação anterior (ver parte final da nota do autor): "Não procede ação rescisória calcada em ofensa à coisa julgada perpetrada por decisão proferida em ação de cumprimento, em face de a sentença normativa, na qual se louvava, ter sido modificada em grau de recurso, porque em dissídio coletivo somente se consubstancia coisa julgada formal. Assim, os meios processuais aptos a atacarem a execução da cláusula reformada são a exceção de pré-executividade e o mandado de segurança, no caso de descumprimento do art. 572 do CPC".

Gabarito: B.

---

659. (TRT 22 – Juiz do Trabalho Substituto 22ª Região/2013) Relativamente ao mandado de segurança, é INCORRETO afirmar:

a) não cabe na execução trabalhista;

b) não cabe em caso de homologação de acordo, por se tratar de faculdade do juiz;

c) não cabe a concessão de prazo para a juntada de documento indispensável, quando este não tiver instruído a petição inicial;

d) não cabe, em regra, contra atos de gestão comercial praticados pelos administradores de empresas públicas, de sociedade de economia mista e de concessionárias de serviço público;

e) quando o direito ameaçado ou violado couber a várias pessoas, qualquer delas poderá requerer o mandado de segurança.

COMENTÁRIOS

✪ **Nota do autor:** Decorrido o prazo para apresentação das informações pela autoridade coatora e depois de ouvido o representante do Ministério Público do Trabalho (no prazo de 10 dias), a decisão será proferida no prazo máximo de trinta dias, mas não haverá condenação em honorários advocatícios de sucumbência. Observe-se, na alternativa "c", que o art. 284 do CPC de 1973 corresponde ao art. 321 do CPC de 2015. Por conta disso o TST alterou a redação da Súmula nº 415, nos seguintes termos: "Exigindo o mandado de segurança prova documental pré-constituída, inaplicável o art. 321 do CPC de 2015 (art. 284 do CPC de 1973) quando verificada, na petição inicial do "mandamus", a ausência de documento indispensável ou de sua autenticação. (ex-OJ nº 52 da SBDI-2 – inserida em 20.09.2000)".

Alternativa "a": Incorreta, pois o mandado de segurança serve para atacar ato judicial irrecorrível, o que pode ocorrer durante o processo de execução. A Súmula nº 416 do TST, por exemplo, apesar de reconhecer que a determinação judicial de prosseguimento da execução, em agravo de petição, não fere direito líquido e certo, reconhece o cabimento dessa medida: "Súmula nº 416. Devendo o agravo de petição delimitar justificadamente a matéria e os valores objeto de discordância, não fere direito líquido e certo o prosseguimento da execução quanto aos tópicos e valores não especificados no agravo".

Alternativa "b": Correta a assertiva, pois corresponde ao entendimento constante da Súmula nº 418 do TST em sua redação original: "A concessão de liminar ou a homologação de acordo constituem faculdade do juiz, inexistindo direito líquido e certo tutelável pela via do mandado de segurança". A Resolução nº 217/2017 do TST modificou a redação da mencionada Súmula, nos seguintes termos: "MANDADO DE SEGURANÇA VISANDO À HOMOLOGAÇÃO DE ACORDO (nova redação em decorrência do CPC de 2015) – Res. 217/2017 – DEJT divulgado em 20, 24 e 25.04.2017 A homologação de acordo constitui faculdade do juiz, inexistindo direito líquido e certo tutelável pela via do mandado de segurança".

Alternativa "c": Correta, uma vez que essa limitação encontra-se destacada na Súmula nº 415 do TST, em sua redação anterior (ver parte final da nota do autor): "Exigindo o mandado de segurança prova documental pré-constituída, inaplicável se torna o art. 284 do CPC quando verificada, na petição inicial do "mandamus", a ausência de documento indispensável ou de sua autenticação".

Alternativa "d": Correta a assertiva, pois está de acordo com o preceito contido no art. 1º, §2º, da Lei nº 12.016/2009: "Não cabe mandado de segurança contra os atos de gestão comercial praticados pelos administradores de empresas públicas, de sociedade de economia mista e de concessionárias de serviço público".

Alternativa "e": Essa possibilidade encontra-se prevista no art. 1º, §3º da Lei nº 12.016/2009: "Quando o direito ameaçado ou violado couber a várias pessoas, qualquer delas poderá requerer o mandado de segurança". **Correta.**

Gabarito: A.

---

660. (USU – JTS 1ª RG/2008) José, residente em Mangaratiba, se envolve numa briga com o dono da confecção onde trabalhava em Angra dos Reis e é preso. A mulher de José, estudante de Direito, impetra *habeas corpus* em favor dele. Assinale a resposta CORRETA:

a) A mulher de José não poderia impetrar *habeas corpus*, por se tratar de ato privativo de advogado e depender de outorga de poderes.

b) Por se tratar de fato ocorrido no ambiente de trabalho, compete à Vara do Trabalho de Angra dos Reis apreciar o pedido.

c) A mulher de José poderia contratar um advogado para impetrar *habeas corpus*, mas dependeria de outorga de poderes para tanto.

d) A mulher de José poderia impetrar *habeas corpus* perante a Vara do Trabalho de Mangaratiba, independentemente de procuração.

e) Nenhuma das respostas anteriores.

COMENTÁRIOS

✪ **Nota do autor:** A hipótese mais comum de utilização do *habeas corpus* na Justiça do Trabalho seria para livrar o paciente da prisão civil decorrente da declaração de depositário infiel. Todavia, A ratificação, pelo Brasil, do Pacto Internacional dos Direitos Civis e Políticos e da Convenção Americana sobre Direitos Humanos (Pacto de San José da Costa Rica) obsta a determinação da prisão civil por dívida.

Alternativa "a": Nesse caso, a lei confere capacidade postulatória à parte. Opção **incorreta**, pois em desacordo com o art. 654 do Código de Processo Penal: "O *habeas corpus* poderá ser impetrado por qualquer pessoa, em seu favor ou de outrem, bem como pelo Ministério Público". Da mesma forma, o art. 1º, § 1º, do Estatuto da OAB assim preceitua "Não se inclui na atividade privativa de advocacia a impetração de *habeas corpus* em qualquer instância ou tribunal".

Alternativa "b": Incorreta, pois o STF, na **Ação Direta de Inconstitucionalidade 3684,** proferiu a seguinte decisão liminar, excluindo a competência criminal da Justiça do Trabalho: "EMENTA: COMPETÊNCIA CRIMINAL. Justiça do Trabalho. Ações penais. Processo e julgamento. Jurisdição penal genérica. Inexistência. Interpretação conforme dada ao art. 114, incs. I, IV e IX, da CF, acrescidos pela EC nº 45/2004. Ação direta de inconstitucionalidade. Liminar deferida com efeito *ex tunc*. O disposto no art. 114, incs. I, IV e IX, da Constituição da República, acrescidos pela Emenda Constitucional nº 45, não atribui à Justiça do Trabalho competência para processar e julgar ações penais".

Alternativa "c": Incorreta, pois em desconformidade com o art. 654 do Código de Processo Penal que estabeleceu a capacidade postulatória da parte ou de qualquer interessado: "O *habeas corpus* poderá ser impetrado por qualquer pessoa, em seu favor ou de outrem, bem como pelo Ministério Público" e com o art. 1º, § 1º, do Estatuto da OAB assim preceitua "Não se inclui na atividade privativa de advocacia a impetração de *habeas corpus* em qualquer instância ou tribunal".

Alternativa "d": Incorreta, uma vez que o STF, na **Ação Direta de Inconstitucionalidade 3684,** proferiu a seguinte decisão liminar, excluindo a competência criminal da Justiça do Trabalho: "EMENTA: COMPETÊNCIA CRIMINAL. Justiça do Trabalho. Ações penais. Processo e julgamento. Jurisdição penal genérica. Inexistência. Interpretação conforme dada ao art. 114, incs. I, IV e IX, da CF, acrescidos pela EC nº 45/2004. Ação direta de inconstitucionalidade. Liminar deferida com efeito *ex tunc*. O disposto no art. 114, incs. I, IV e IX, da Constituição da República, acrescidos pela Emenda Constitucional nº 45, não atribui à Justiça do Trabalho competência para processar e julgar ações penais".

Alternativa "e": Correta.

Gabarito: E.

---

661. (CESPE – JTS 1ª RG/2010) No que se refere a ações civis admissíveis no processo trabalhista, assinale a opção CORRETA.

a) As varas do trabalho e os juízes de direito investidos de jurisdição trabalhista não têm competência para julgar mandado de segurança.

b) A legitimação ativa e a passiva, o interesse de agir e a possibilidade jurídica do pedido constituem condições genéricas do mandado de segurança, enquanto o direito líquido e certo, a ilegalidade ou o abuso de poder e o ato de autoridade pública constituem condições especiais desse tipo de ação.

c) Se pessoa não beneficiária da justiça gratuita apresentar requerimento perante a secretaria de turma de TRT, relativo à autenticação de peças, extraídas do processo principal, para formação de agravo de instrumento, e esse requerimento for indeferido, caberá mandado de segurança contra essa decisão.

d) A ação anulatória é uma ação de conhecimento, de natureza cominatória.

e) Na ação monitória, considerando-se as peculiaridades do processo do trabalho, embora seja indispensável que o credor possua prova escrita destituída de executoriedade, não há necessidade de a obrigação ser líquida, podendo, portanto, abranger parcelas vencidas e vincendas.

COMENTÁRIOS

✪ **Nota do autor:** Antes da promulgação da EC nº 45/2004, o mandado de segurança era utilizado na Justiça do Trabalho com o único propósito de atacar as decisões judiciais interlocutórias de natureza irrecorrível, ou seja, sempre contra atos da autoridade judiciária trabalhista. A partir da vigência da mencionada EC, passou-se a admitir o *writ* também nas hipóteses, por exemplo, em que as autoridades do Ministério do Trabalho e Emprego exerçam suas funções no sentido de aplicar sanções administrativas aos empregadores. Observe-se, na alternativa "b", que os arts. 3º e 267, VI, do CPC de 1973 correspondem, respectivamente, aos arts. 17 e 485, VI, do CPC de 2015. Já na alternativa "e", o art. 1.102-A do CPC de 1973 corresponde ao art. 700 do CPC de 2015.

Alternativa "a": Incorreta, pois está em desacordo com o art. art. 114 da CF: "Compete a Justiça do Trabalho processar e julgar: (...) IV: os mandados de segurança, *habeas corpus* e *habeas data*, quando o ato questionado envolver matéria sujeita à sua jurisdição" (ver também nota do autor desta questão).

Alternativa "b": Como ação autônoma, o mandado de segurança seguia a regra geral que exigia a presença das condições da ação, na forma prevista pelo art. 3º do CPC de 1973: "Para propor ou contestar ação é necessário ter interesse e legitimidade". O uso supletivo desse Diploma legal encontra-se garantido pelo art. 6º, § 5º da Lei nº 12.016/09: "denega-se o mandado de segurança nos casos previstos pelo art. 267 da Lei nº 5.869, de 11 de janeiro de 1973 – Código de Processo Civil". Art. 267, VI, do CPC de 1973: "Extingue-se o processo, sem resolução de mérito: VI – quando não concorrer qualquer das condições da ação, como a possibilidade jurídica, a legitimidade das partes e o interesse processual". As condições especiais do mandado de segurança estão previstas no art. 1º da Lei nº 12.016/09: Conceder-se-á mandado de segurança para proteger direito líquido e certo, não amparado por *habeas corpus ou habeas data*, sempre que, ilegalmente ou com abuso de poder, qualquer pessoa física ou jurídica sofrer violação ou houver justo receio de sofrê-la por parte de autoridade, seja de que categoria for e sejam quais forem as funções que exerça". O atual CPC extinguiu o instituto das "Condições da ação". Alternativa **correta**.

Alternativa "c": Nesse caso, não existe direito líquido e certo. Alternativa **incorreta**, em desconformidade com a OJ nº 91 da SDI-II: "Não sendo a parte beneficiária da assistência judiciária gratuita, inexiste direito líquido e certo à autenticação, pelas Secretarias dos tribunais, de peças extraídas do processo principal, para formação do agravo de instrumento".

Alternativa "d": A ação anulatória tem a mesma natureza jurídica da ação rescisória. Nesse caso, é uma ação de conhecimento de caráter constitutivo-negativo. Opção **incorreta**.

Alternativa "e": Incorreta, pois está contrária ao disposto art. 1.102-A do CPC de 1973, já que esse dispositivo preceitua que a obrigação deve ser líquida e vencida: "A ação monitória compete a quem pretender, com base em prova escrita sem eficácia de título executivo, pagamento de soma em dinheiro, entrega de coisa fungível ou de determinado bem móvel".

Gabarito: B.

---

662. (CESPE – JTS 1ª RG/2010) Acerca de ACP e ação civil coletiva, assinale a opção CORRETA.

a) A ACP é exclusiva do MP.

b) A justiça do trabalho não tem competência para julgar ACP que envolva o meio ambiente do trabalho.

c) Caso o Ministério Público do Trabalho proponha ACP envolvendo questões inerentes a trabalhadores de empresa com sede no Rio de Janeiro e filial em São Paulo, a ação deverá ser ajuizada perante uma das varas do DF.

d) O efeito da coisa julgada nas ACPs em defesa de interesses difusos ou coletivos pode prejudicar interesses e direitos individuais dos integrantes da coletividade.

e) A ACP coletiva é ação cujas hipóteses de cabimento e cujos requisitos específicos se encontram no texto constitucional.

COMENTÁRIOS

✪ **Nota do autor:** Essa questão foi elaborada antes da alteração da OJ nº 130, da SDI-2 do TST, que atualmente conta com a seguinte redação: "I – A competência para a Ação Civil Pública fixa-se pela extensão do dano. II – Em caso de dano de abrangência regional, que atinja cidades sujeitas à jurisdição de mais de uma Vara do Trabalho, a competência será de qualquer das varas das localidades atingidas, ainda que vinculadas a Tribunais Regionais do Trabalho distintos. III – Em caso de dano de abrangência suprarregional ou nacional, há competência concorrente para a Ação Civil Pública das varas do trabalho das sedes dos Tribunais Regionais do Trabalho. IV – Estará prevento o juízo a que a primeira ação houver sido distribuída".

Alternativa "a": Existem diversos outros legitimados arrolados na legislação específica. Opção **incorreta**, pois em desacordo com o art. 5º da Lei nº 7.347/85: "Têm legitimidade para propor a ação principal e a ação cautelar: I – o Ministério Público; II – a Defensoria Pública; III – a União, os Estados, o Distrito Federal e os Municípios; IV – a autarquia, empresa pública, fundação ou sociedade de economia mista; V – a associação que, concomitantemente: a) esteja constituída há pelo menos 1 (um) ano nos termos da lei civil; b) inclua, entre suas finalidades institucionais, a proteção ao meio ambiente, ao consumidor, à ordem econômica, à livre concorrência ou ao patrimônio artístico, estético, histórico, turístico e paisagístico".

Alternativa "b": Segundo o STF, por meio da Súmula nº 736 essa competência pertence à Justiça do Trabalho: "COMPETÊNCIA. CAUSA DE PEDIR. DESCUMPRIMENTO. NORMAS TRABALHISTAS. Compete à Justiça do Trabalho julgar as ações que tenham como causa de pedir o descumprimento de normas trabalhistas relativas à segurança, higiene e saúde dos trabalhadores". Nesse sentido, a decisão a seguir transcrita: "Tendo a ação civil pública como causas de pedir disposições trabalhistas e pedidos voltados à preservação do meio ambiente do trabalho e, portanto, aos interesses dos empregados, a competência para julgá-la é da Justiça do Trabalho (STF. RE 206220/MG – Relator: Min. Marco Aurélio – Publicação: DJ 17-09-99)". Opção **incorreta**.

Alternativa "c": Alternativa estaria **correta** de acordo com a antiga redação da OJ nº 130, SDI-2, do TST: "Para a fixação da competência territorial em sede de ação civil pública, cumpre tomar em conta a extensão do dano causado ou a ser reparado, pautando-se pela incidência analógica do art. 93 do Código de Defesa do Consumidor. Assim, se a extensão do dano a ser reparado limitar-se ao âmbito regional, a competência é de uma das Varas do Trabalho da Capital do Estado; se for de âmbito suprarregional ou nacional, o foro é o do Distrito Federal". (ver nota do autor)

Alternativa "d": A determinação legal é no sentido contrário. Opção **incorreta**, de acordo com o mandamento contido no § 1º, art. 103 do CDC: "Os efeitos da coisa julgada previstos nos incisos I e II não prejudicarão interesses e direitos individuais dos integrantes da coletividade, do grupo, categoria ou classe".

Alternativa "e": Incorreta, uma vez que as hipóteses de cabimento e os requisitos da ACP estão estabelecidos na legislação infraconstitucional, principalmente no CDC e na Lei nº 7.347/1985.

Gabarito: C.

---

663. (TRT – JTS 6ª RG/2010) Considerando-se a jurisprudência sumulada do Tribunal Superior do Trabalho, assinale a alternativa CORRETA em relação ao Mandado de Segurança:

a) O remédio heroico poderá ser manejado quando a antecipação da tutela for deferida na sentença.

b) Não cabe Mandado de Segurança de decisão que antecipa a tutela antes da sentença porque no processo do trabalho as decisões interlocutórias são irrecorríveis.

c) Com fundamento no artigo 284 do Código de Processo Civil, conceder-se-á prazo de dez dias para a emenda à inicial na hipótese de o impetrante não carrear aos autos documento indispensável à propositura da ação.

d) Cabe Mandado de Segurança de ato judicial que determina penhora em dinheiro em execução definitiva, porque o impetrante/executado tem direito líquido e certo a que os atos de expropriação submetam-se ao princípio da execução menos gravosa.

e) Havendo superveniência da sentença nos autos originários, o *mandamus* manejado para impugnar a concessão de tutela antecipada perde o objeto.

COMENTÁRIOS

✪ **Nota do autor:** A Lei nº 12.016/09, art. 23, estabelece o prazo decadencial de 120 dias para a impetração do mandado de segurança, contados a partir da ciência do ato impugnado, pelo interessado. Observe-se, na alternativa "c", que o art. 284 do CPC de 1973 corresponde ao art. 321 do CPC de 2015. Já na alternativa "d", o art. 655 do CPC de 1973 corresponde ao art. 835 do CPC de 2015.

Alternativa "a": Nesse caso, o remédio cabível é o recurso ordinário. Opção **incorreta,** pois contraria a Súmula nº 414, I, do TST, em sua redação anterior: "A antecipação da tutela concedida na sentença não comporta impugnação pela via do mandado de segurança, por ser impugnável mediante recurso ordinário. A ação cautelar é o meio próprio para se obter efeito suspensivo a recurso". A Resolução nº 217/2017 do TST alterou a redação da mencionada Súmula: "MANDADO DE SEGURANÇA. TUTELA PROVISÓRIA CONCEDIDA ANTES OU NA SENTENÇA (nova redação em decorrência do CPC de 2015) – Res. 217/2017 – DEJT divulgado em 20, 24 e 25.04.2017 I – A tutela provisória concedida na sentença não comporta impugnação pela via do mandado de segurança, por ser impugnável mediante recurso ordinário. É admissível a obtenção de efeito suspensivo ao recurso ordinário mediante requerimento dirigido ao tribunal, ao relator ou ao presidente ou ao vice-presidente do tribunal recorrido, por aplicação subsidiária ao processo do trabalho do artigo 1.029, § 5º, do CPC de 2015. II – No caso de a tutela provisória haver sido concedida ou indeferida antes da sentença, cabe mandado de segurança, em face da inexistência de recurso próprio. III – A superveniência da sentença, nos autos originários, faz perder o objeto do mandado de segurança que impugnava a concessão ou o indeferimento da tutela provisória".

Alternativa "b": Justamente por ser irrecorrível é que cabe o mandado de segurança. Opção **incorreta**, conforme entendimento contido na Súmula nº 414, II, do TST, em sua redação anterior: "No caso da tutela antecipada (ou liminar) ser concedida antes da sentença, cabe a impetração do mandado de segurança, em face da inexistência de recurso próprio" (ver a redação atual transcrita na alternativa anterior)

Alternativa "c": Nesse caso, o vício é insanável, pois a prova pré-constituída é requisito do mandado de segurança. Alternativa **incorreta,** conforme Súmula nº 415 do TST, em sua redação anterior: "Exigindo o mandado de segurança prova documental pré-constituída, inaplicável se torna o art. 284 do CPC quando verificada, na petição inicial do *"mandamus"*, a ausência de documento indispensável ou de sua autenticação". O TST alterou a redação da Súmula nº 415, nos seguintes termos: "Exigindo o mandado de segurança prova documental pré-constituída, inaplicável o art. 321 do CPC de 2015 (art. 284 do CPC de 1973) quando verificada, na petição inicial do 'mandamus', a ausência de documento indispensável ou de sua autenticação. (ex-OJ nº 52 da SBDI-2 – inserida em 20.09.2000)"

Alternativa "d": O posicionamento do TST é no sentido contrário, quando a execução é definitiva. Opção **incorreta,** visto que em desconformidade com a Súmula nº 417, II, do TST: "Não fere direito líquido e certo do impetrante o ato judicial que determina penhora em dinheiro do executado, em execução definitiva, para garantir crédito exequendo, uma vez que obedece à gradação prevista no art. 655 do CPC". A versão atual dessa Súmula não contempla mais o inciso III e conta com a seguinte redação: "MANDADO DE SEGURANÇA. PENHORA EM DINHEIRO (alterado o item I, atualizado o item II e cancelado o item III, modulando-se os efeitos da presente redação de forma a atingir unicamente as penhoras em dinheiro em execução provisória efetivadas a partir de 18.03.2016, data de vigência do CPC de 2015) – Res. 212/2016, DEJT divulgado em 20, 21 e 22.09.2016. I – Não fere direito líquido e certo do impetrante o ato judicial que determina penhora em dinheiro do executado para garantir crédito exequendo, pois é prioritária e obedece à gradação prevista no art. 835 do CPC de 2015 (art. 655 do CPC de 1973). II – Havendo discordância do credor, em execução definitiva, não tem o executado direito líquido e certo a que os valores penhorados em dinheiro fiquem depositados no próprio banco, ainda que atenda aos requisitos do art. 840, I, do CPC de 2015 (art. 666, I, do CPC de 1973). (ex-OJ nº 61 da SBDI-2 – inserida em 20.09.2000)".

Alternativa "e": Correta, segundo a literalidade do item III, da Súmula nº 414 do TST, em sua redação anterior: "A superveniência da sentença, nos autos originários, faz perder o objeto do mandado de segurança que impugnava a concessão da tutela antecipada (ou liminar)". A Resolução nº 217/2017 do TST alterou a redação da mencionada Súmula: "MANDADO DE SEGURANÇA. TUTELA PROVISÓRIA CONCEDIDA ANTES OU NA SENTENÇA (nova redação em decorrência do CPC de 2015) – Res. 217/2017 – DEJT divulgado em 20, 24 e 25.04.2017 I – A tutela provisória concedida na sentença não comporta impugnação pela via do mandado de segurança, por ser impugnável mediante recurso ordinário. É admissível a obtenção de efeito suspensivo ao recurso ordinário mediante requerimento dirigido ao tribunal, ao relator ou ao presidente ou ao vice-presidente do tribunal recorrido, por aplicação subsidiária ao processo do trabalho do artigo 1.029, § 5º, do CPC de 2015. II – No caso de a tutela provisória haver sido concedida ou indeferida antes da sentença, cabe mandado de segurança, em face da inexistência de recurso próprio. III – A superveniência da sentença, nos autos originários, faz perder o objeto do mandado de segurança que impugnava a concessão ou o indeferimento da tutela provisória".

Gabarito: E.

---

664. (TRT – JTS 8ª RG/2008) Quanto à disciplina legal da ação civil pública, é INCORRETO afirmar:

a) Poderão ajuizar ação civil pública o Ministério Público; a Defensoria Pública; a União, os Estados, o Distrito Federal e os Municípios; a autarquia, empresa pública, fundação ou sociedade de economia mista; a associação que, concomitantemente, esteja constituída há pelo menos um ano nos termos da lei civil e inclua, entre suas finalidades institucionais, a proteção ao meio ambiente, ao consumidor, à ordem econômica, à livre concorrência ou ao patrimônio artístico, estético, histórico, turístico e paisagístico.

b) Não será cabível ação civil pública para veicular pretensões que envolvam tributos, contribuições previdenciárias, o Fundo de Garantia do Tempo de Serviço – FGTS ou outros fundos de natureza institucional cujos beneficiários podem ser individualmente determinados. Ademais, a propositura da ação prevenirá a jurisdição do juízo para todas as ações posteriormente intentadas, desde que possuam a mesma causa de pedir e o mesmo objeto.

c) O Ministério Público, se não intervier no processo como parte, atuará como fiscal da lei, obrigatoriamente. De outra banda, faculta-se ao Poder Público e a outras associações legitimadas habilitar-se como litisconsortes de qualquer das partes. Em caso de desistência infundada ou abandono da ação por associação legitimada, o Ministério Público assumirá a titularidade ativa, o mesmo sendo permitido, expressamente, segundo a lei, em relação a qualquer outro legitimado.

d) No que se refere à legitimidade ativa, é certo que o requisito da pré-constituição poderá ser dispensado pelo juiz, quando haja manifesto interesse social evidenciado pela dimensão ou característica do dano, ou pela relevância do bem jurídico a ser protegido. Por outro lado, na ação que tenha por objeto o cumprimento de obrigação de fazer ou não fazer, o juiz determinará o cumprimento da prestação da atividade devida ou a cessação da atividade nociva, sob pena de execução específica, ou de cominação de multa diária, se esta for suficiente ou compatível, independentemente de requerimento do autor.

e) O juiz poderá conferir efeito suspensivo aos recursos, para evitar dano irreparável à parte. A sentença civil fará coisa julgada *erga omnes*, nos limites da competência territorial do órgão prolator, exceto se o pedido for julgado improcedente por insuficiência de provas, hipótese em que qualquer legitimado poderá intentar outra ação com idêntico fundamento, valendo-se de nova prova. Em caso de litigância de má-fé, a associação autora e os diretores responsáveis pela propositura da ação serão solidariamente condenados em honorários advocatícios e ao décuplo das custas, sem prejuízo da responsabilidade por perdas e danos.

COMENTÁRIOS

✪ **Nota do autor:** A ação civil pública tem como objeto a defesa de todas as espécies de direitos ou interesses metaindividuais e a consequente postulação de condenação do ofensor no pagamento de uma indenização e/ou para o cumprimento de obrigação de fazer ou não fazer. Denomina-se de ação civil para se contrapor à ação penal e utiliza-se o adjetivo *pública* para vinculá-la à defesa dos direitos metaindividuais.

Alternativa "a": Correta, conforme previsão contida no art. 5º da Lei nº 7.347/85: "Têm legitimidade para propor a ação principal e a ação cautelar: I – o Ministério Público; II – a Defensoria Pública; III – a União, os Estados, o Distrito Federal e os Municípios; IV – a autarquia, empresa pública, fundação ou sociedade de economia mista; V – a associação que, concomitantemente: a) esteja constituída há pelo menos 1 (um) ano nos termos da lei civil; b) inclua, entre suas finalidades institucionais, a proteção ao meio ambiente, ao consumidor, à ordem econômica, à livre concorrência ou ao patrimônio artístico, estético, histórico, turístico e paisagístico. § 1º O Ministério Público, se não intervier no processo como parte, atuará obrigatoriamente como fiscal da lei".

Alternativa "b": A primeira assertiva está correta. A segunda, ao contrário, é equivocada, pois a prevenção ocorre quando as demandas possuam a mesma causa de pedir ou o mesmo objeto. Na alternativa exigem-se os dois requisitos cumulativamente e não alternativamente. Opção **incorreta**, uma vez que contraria a vedação contida no art. 2º, parágrafo único, da Lei nº 7.347/85: "A propositura da ação prevenirá a jurisdição do juízo para todas as ações posteriormente intentadas que possuam a mesma causa de pedir ou o mesmo objeto".

Alternativa "c": Correta, uma vez que corresponde aos mandamentos contidos nos § § 1º, 2º e 3º, do art. 5º da Lei nº 7.347/85: "§ 1º O Ministério Público, se não intervier no processo como parte, atuará obrigatoriamente como fiscal da lei. § 2º Fica facultado ao Poder Público e a outras associações legitimadas nos termos deste artigo habilitar-se como litisconsortes de qualquer das partes. § 3º Em caso de desistência infundada ou abandono da ação por associação legitimada, o Ministério Público ou outro legitimado assumirá a titularidade ativa".

Alternativa "d": Correta, conforme preceito contido nos seguintes dispositivos legais: art. 5º, § 4º, da Lei nº 7.347/85: "O requisito da pré-constituição poderá ser dispensado pelo juiz, quando haja manifesto interesse social evidenciado pela dimensão ou característica do dano, ou pela relevância do bem jurídico a ser protegido"; e art. 11 da Lei nº 7.347/85: "Na ação que tenha por objeto o cumprimento de obrigação de fazer ou não fazer, o juiz determinará o cumprimento da prestação da atividade devida ou a cessação da atividade nociva, sob pena de execução específica, ou de cominação de multa diária, se esta for suficiente ou compatível, independentemente de requerimento do autor".

Alternativa "e": Correta, uma vez que se encontra de acordo com os seguintes dispositivos legais da Lei nº 7.347/85: "Art. 14. O juiz poderá conferir efeito suspensivo aos recursos, para evitar dano irreparável à parte. Art. 16. A sentença civil fará coisa julgada *erga omnes*, nos limites da competência territorial do órgão prolator, exceto se o pedido for julgado improcedente por insuficiência de provas, hipótese em que qualquer legitimado poderá intentar outra ação com idêntico fundamento, valendo-se de nova prova. Art. 17. Em caso de litigância de má-fé, a associação autora e os diretores responsáveis pela propositura da ação serão solidariamente condenados em honorários advocatícios e ao décuplo das custas, sem prejuízo da responsabilidade por perdas e danos".

Gabarito: B.

---

665. (TRT – JTS 8ª RG/2008) À luz da legislação pertinente, notadamente quanto à tutela metaindividual, é INCORRETO afirmar:

a) Quanto à tutela de direitos individuais homogêneos, proposta a ação, será publicado edital no órgão oficial, a fim de que os interessados possam intervir no processo como litisconsortes, sem prejuízo de ampla divulgação pelos meios de comunicação social por parte dos órgãos de defesa do consumidor. Em caso de procedência do pedido, a condenação será genérica, fixando a responsabilidade do réu pelos danos causados.

b) Quanto à tutela de direitos individuais homogêneos, a execução poderá ser coletiva, abrangendo as vítimas cujas indenizações já tiveram sido fixadas em sentença de liquidação, sem prejuízo do ajuizamento de outras execuções. A execução coletiva far-se-á com base em certidão das sentenças de liquidação, da qual deverá constar a ocorrência ou não do trânsito em julgado. É competente para a execução o juízo da liquidação da sentença ou da ação condenatória, no caso de execução individual, e da ação condenatória, quando coletiva a execução.

c) A coisa julgada, na esfera da tutela metaindividual, especificamente quanto aos interesses ou direitos difusos, dar-se-á *erga omnes*, exceto se o pedido for julgado improcedente por insuficiência de provas, hipótese em que qualquer legitimado poderá intentar outra ação com idêntico fundamento, valendo-se, porém, de nova prova. Por outro lado, a coisa julgada, especificamente quanto aos interesses coletivos, dar-se-á ultra partes, mas limitadamente ao grupo, categoria ou classe, salvo improcedência por insuficiência probatória.

d) A coisa julgada, na esfera da tutela metaindividual, especificamente quanto aos interesses individuais homogêneos, dar-se-á *erga omnes*, apenas e tão somente no caso de procedência do pedido, para beneficiar todas as vítimas e seus sucessores. Registre-se, de outra banda, que interesses ou direitos difusos, para os efeitos legais, são aqueles transindividuais, de natureza indivisível, de que sejam titulares pessoas indeterminadas e ligadas por uma circunstância fática.

e) Já interesses ou direitos coletivos, para os efeitos legais, são aqueles transindividuais, de natureza indivisível, de que seja titular grupo, categoria ou classe de pessoas ligadas entre si ou com a parte adversa por uma relação jurídica base, sendo que o simples fato de existir ação coletiva tutelando interesses ou direitos coletivos não impede que o lesado, individualmente, proponha a ação de reparação de danos, mas os efeitos da coisa julgada exarada na ação coletiva só beneficiarão os autores das ações individuais se não for requerida sua suspensão no prazo de trinta dias, a contar da ciência nos autos do ajuizamento da ação coletiva.

COMENTÁRIOS

✪ **Nota do autor:** A ação civil coletiva é mais restrita, pois constitui espécie de ação coletiva em sentido amplo, utilizada apenas para a defesa de direitos individuais e homogêneos, objetivando uma tutela de natureza condenatória para reparação de danos morais e materiais na órbita vários indivíduos pertencentes a determinado grupo.

Alternativa "a": Correta, uma vez que essas regras estão contidas nos arts. 94 e 95 do CDC: "Art. 94. Proposta a ação, será publicado edital no órgão oficial, a fim de que os interessados possam intervir no processo como litisconsortes, sem prejuízo de ampla divulgação pelos meios de comunicação social por parte dos órgãos de defesa do consumidor. Art. 95. Em caso de procedência do pedido, a condenação será genérica, fixando a responsabilidade do réu pelos danos causados".

Alternativa "b": Correta, pois em conformidade com art. 98 do CDC: "A execução poderá ser coletiva, sendo promovida pelos legitimados de que trata o art. 82, abrangendo as vítimas cujas indenizações já tiveram sido fixadas em sentença de liquidação, sem prejuízo do ajuizamento de outras execuções. § 1° A execução coletiva far-se-á com base em certidão das sentenças de liquidação, da qual deverá constar a ocorrência ou não do trânsito em julgado. § 2° É competente para a execução o juízo: I – da liquidação da sentença ou da ação condenatória, no caso de execução individual; II – da ação condenatória, quando coletiva a execução".

Alternativa "c": Correta, tendo em vista que corresponde ao preceito inserido no art. 103 do CDC: "Nas ações coletivas de que trata este código, a sentença fará coisa julgada: I – *erga omnes*, exceto se o pedido for julgado improcedente por insuficiência de provas, hipótese em que qualquer legitimado poderá intentar outra ação, com idêntico fundamento valendo-se de nova prova, na hipótese do inciso I do parágrafo único do art. 81".

Alternativa "d": Correta, pois de acordo com os arts. 103, III, e a 81, I, do CDC: "Art. 103. Nas ações coletivas de que trata este código, a sentença fará coisa julgada: (...) III – *erga omnes*, apenas no caso de procedência do pedido, para beneficiar todas as vítimas e seus sucessores, na hipótese do inciso III do parágrafo único do art. 81" e "art. 81 (...) I – interesses ou direitos difusos, assim entendidos, para efeitos deste código, os transindividuais, de natureza indivisível, de que sejam titulares pessoas indeterminadas e ligadas por circunstâncias de fato".

Alternativa "e": Para beneficiar os autores das ações individuais é necessário requerer a sua suspensão. Opção **incorreta**, segundo os artigos arts. 81 e 104 do CDC: "Art. 81. II – interesses ou direitos coletivos, assim entendidos, para efeitos deste código, os transindividuais, de natureza indivisível de que seja titular grupo, categoria ou classe de pessoas ligadas entre si ou com a parte contrária por uma relação jurídica base. Art. 104. As ações coletivas, previstas nos incisos I e II e do parágrafo único do art. 81, não induzem litispendência para as ações individuais, mas os efeitos da coisa julgada *erga omnes* ou ultra partes a que aludem os incisos II e III do artigo anterior não beneficiarão os autores das ações individuais, se não for requerida sua suspensão no prazo de trinta dias, a contar da ciência nos autos do ajuizamento da ação coletiva".

Gabarito: E.

---

666. (TRT – JTS 8ª RG/2008) Assinale a alternativa CORRETA, nos termos da jurisprudência sumulada do TST:

a) A antecipação da tutela concedida pelo Juiz de primeiro grau na sentença não comporta impugnação pela via do mandado de segurança, por ser impugnável mediante recurso ordinário. A ação cautelar é o meio próprio para se obter efeito suspensivo a recurso. No caso da tutela antecipada ser concedida antes da sentença, cabe a impetração do mandado de segurança, em face da inexistência de recurso próprio. Não se admite o mandado de segurança para atacar tutela antecipatória expressamente prevista como de competência do Juízo, na medida em que a concessão de liminar constitui faculdade do juiz, no uso de seu poder discricionário e de cautela, inexistindo direito líquido e certo tutelável pela via do mandado de segurança.

b) O indeferimento de petição inicial de mandado de segurança, pela falta de documento essencial à propositura da ação, não prescinde da abertura de prazo para facultar ao autor a emenda aos termos da petição inicial, regularizando a ação.

c) Diante da existência de previsão, no mandato, fixando termo para sua juntada, o instrumento de mandato só tem validade se anexado ao processo dentro do aludido prazo. Considerando a existência de instrumento de mandato substabelecido, têm-se como inválidos os atos praticados pelo substabelecido, quando inexistirem, no mandato, poderes expressos para substabelecer.

d) Não se aplica, nas instâncias recursais, as normas dos artigos 13 e 37 do CPC para a juntada de instrumento de mandato por advogado na ocasião da interposição de apelo e regularização da representação processual.

e) O art. 899 da CLT, ao impedir a execução definitiva do título executório, enquanto pendente recurso, alcança tanto as execuções por obrigação de pagar quanto as por obrigação de fazer. Assim, tendo a obrigação de reintegrar caráter definitivo é defesa sua decretação, em sede liminar.

COMENTÁRIOS

✪ **Nota do autor:** Observe-se, na alternativa "b", que o art. 284 do CPC de 1973 corresponde ao 321 do CPC de 2015. Já na alternativa "d", os arts. 37 e 13 do CPC de 1973 correspondem, respectivamente, aos arts. 104 e 76 do CPC de 2015.

Alternativa "a": Essa questão aborda duas situações distintas, porém bastante semelhantes e com posicionamento já firmado pelo TST por meio das Súmulas nº 414 e 418. No primeiro caso, trata-se de cabimento de mandado de segurança quando o juiz antecipa os efeitos da tutela (ação positiva do juiz) antes ou no corpo da sentença (Súmula nº 414). Já no segundo caso, o TST emite o seu entendimento para regular as situações nas quais o juiz não (ação negativa do juiz) antecipou a tutela ou homologou o acordo. O erro da questão está justamente no fato de afirmar que não cabe mandado de segurança quando o juiz se recusa a conceder a liminar, pois o cabimento só seria possível quando ele concede essa medida. Seguem os textos das referidas Súmulas em sua redação original: "414. I – A antecipação da tutela concedida na sentença não comporta impugnação pela via do mandado de segurança, por ser impugnável mediante recurso ordinário. A ação cautelar é o meio próprio para se obter efeito suspensivo a recurso. II – No caso da tutela antecipada (ou liminar) ser concedida antes da sentença, cabe a impetração do mandado de segurança, em face da inexistência de recurso próprio. (ex-OJs nº 50 e 58 da SBDI-2 – inseridas em 20.09.2000). III – A superveniência da sentença, nos autos originários, faz perder o objeto do mandado de segurança que impugnava a concessão da tutela antecipada (ou liminar). 418. A concessão de liminar ou a homologação de acordo constituem faculdade do juiz, inexistindo direito líquido e certo tutelável pela via do mandado de segurança". A Resolução nº 217/2017 do TST alterou a redação da mencionada Súmula: "MANDADO DE SEGURANÇA. TUTELA PROVISÓRIA CONCEDIDA ANTES OU NA SENTENÇA (nova redação em decorrência do CPC de 2015) – Res. 217/2017 – DEJT divulgado em 20, 24 e 25.04.2017 I – A tutela provisória concedida na sentença não comporta impugnação pela via do mandado de segurança, por ser impugnável mediante recurso ordinário. É admissível a obtenção de efeito suspensivo ao recurso ordinário mediante requerimento dirigido ao tribunal, ao relator ou ao presidente ou ao vice-presidente do tribunal recorrido, por aplicação subsidiária ao processo do trabalho do artigo 1.029, § 5º, do CPC de 2015. II – No caso de a tutela provisória haver sido concedida ou indeferida antes da sentença, cabe mandado de segurança, em face da inexistência de recurso próprio. III – A superveniência da sentença, nos autos originários, faz perder o objeto do mandado de segurança que impugnava a concessão ou o indeferimento da tutela provisória". Opção **incorreta.**

Alternativa "b": Incorreta, conforme entendimento inserido na Súmula nº 415 do TST, em sua redação anterior: "Exigindo o mandado de segurança prova documental pré-constituída, inaplicável se torna o art. 284 do CPC quando verificada, na petição inicial do "*mandamus*", a ausência de documento indispensável ou de sua autenticação". Art. 284 do CPC: Verificando o juiz que a petição inicial não preenche os requisitos exigidos nos arts. 282 e 283, ou que apresenta defeitos e irregularidades capazes de dificultar o julgamento de mérito, determinará que o autor a emende, ou a complete, no prazo de 10 (dez) dias. Parágrafo único. Se o autor não cumprir a diligência, o juiz indeferirá a petição inicial. O TST alterou a redação da Súmula nº 415, nos seguintes termos: "Exigindo o mandado de segurança prova documental pré-constituída, inaplicável o art. 321 do CPC de 2015 (art. 284 do CPC de 1973) quando verificada, na petição inicial do 'mandamus', a ausência de documento indispensável ou de sua autenticação (ex-OJ nº 52 da SBDI-2 – inserida em 20.09.2000)".

Alternativa "c": Ainda que não exista, na procuração, outorga de podres expressos para substabelecer, os atos praticados pelo substabelecido são válidos. Alternativa **incorreta**, conforme entendimento contido na Súmula nº 395 do TST: "I – Válido é o instrumento de mandato com prazo determinado que contém cláusula estabelecendo a prevalência dos poderes para atuar até o final da demanda. II – Diante da existência de previsão, no mandato, fixando termo para sua juntada, o instrumento de mandato só tem validade se anexado ao processo dentro do aludido prazo III – São válidos os atos praticados pelo substabelecido, ainda que não haja, no mandato, poderes expressos para substabelecer (art. 667, e parágrafos, do Código Civil de 2002). IV – Configura-se a irregularidade de representação se o substabelecimento é anterior à outorga passada ao substabelecente". A atual redação dessa Súmula é seguinte: "MANDATO E SUBSTABELECIMENTO. CONDIÇÕES DE VALIDADE (nova redação dos itens I e II e acrescido o item V em decorrência do CPC de 2015) – Res. 211/2016, DEJT divulgado em 24, 25 e 26.08.2016. I – Válido é o instrumento de mandato com prazo determinado que contém cláusula estabelecendo a prevalência dos poderes para atuar até o final da demanda (§ 4º do art. 105 do CPC de 2015). (ex -OJ nº 312 da SBDI-1 – DJ 11.08.2003). II – Se há previsão, no instrumento de mandato, de prazo para sua juntada, o mandato só tem validade se anexado ao processo o respectivo instrumento no aludido prazo. (ex-OJ nº 313 da SBDI-1 – DJ 11.08.2003). III – São válidos os atos praticados pelo substabelecido, ainda que não haja, no mandato, poderes expressos para substabelecer (art. 667, e parágrafos, do Código Civil de 2002). (ex-OJ nº 108 da SBDI-1 – inserida em 01.10.1997). IV – Configura-se a irregularidade de representação se o substabelecimento é anterior à outorga passada ao substabelecente. (ex-OJ nº 330 da SBDI-1 – DJ 09.12.2003). V – Verificada a irregularidade de representação nas hipóteses dos itens II e IV, deve o juiz suspender o processo e designar prazo razoável para que seja sanado o vício, ainda que em instância recursal (art. 76 do CPC de 2015)".

Alternativa "d": Isso porque o recurso não é considerado como ato de urgência. Opção **correta**, conforme Súmula nº 383 do TST: "I – É inadmissível, em instância recursal, o oferecimento tardio de procuração, nos termos do art. 37 do CPC, ainda que mediante protesto por posterior juntada, já que a interposição de recurso não pode ser reputada ato urgente. II – Inadmissível na fase recursal a regularização da representação processual, na forma do art. 13 do CPC, cuja aplicação se restringe ao Juízo de 1º grau". A atual redação dessa Súmula é a seguinte: "RECURSO. MANDATO. IRREGULARIDADE DE REPRESENTAÇÃO. CPC DE 2015, ARTS. 104 E 76, § 2º (nova redação em decorrência do CPC de 2015) – Res. 210/2016, DEJT divulgado em 30.06, 1º e 04.07.2016 I – É inadmissível recurso firmado por advogado sem procuração juntada aos autos até o momento da sua interposição, salvo mandato tácito. Em caráter excepcional (art. 104 do CPC de 2015), admite-se que o advogado, independentemente de intimação, exiba a procuração no prazo de 5 (cinco) dias após a interposição do recurso, prorrogável por igual período mediante despacho do juiz. Caso não a exiba, considera-se ineficaz o ato praticado e não se conhece do recurso. II – Verificada a irregularidade de representação da parte em fase recursal, em procuração ou substabelecimento já constante dos autos, o relator ou o órgão competente para julgamento do recurso designará prazo de 5 (cinco) dias para que seja sanado o vício. Descumprida a determinação, o relator não conhecerá do recurso, se a providência couber ao recorrente, ou determinará o desentranhamento das contrarrazões, se a providência couber ao recorrido (art. 76, § 2º, do CPC de 2015)".

Alternativa "e": "A OJ nº 87 da SDI-2 que tratava desse tema, foi cancelada pelo TST em 2005: "O art. 899 da CLT, ao impedir a execução definitiva do título executório, enquanto pendente recurso, alcança tanto as execuções por obrigação de pagar quanto as por obrigação de fazer. Assim, tendo a obrigação de reintegrar caráter definitivo, somente pode ser decretada, liminarmente, nas hipóteses legalmente previstas, em sede de tutela antecipada ou tutela específica". Opção **incorreta**, pois cabe ao juiz verificar se estão presentes os requisitos que autorizam a concessão de liminar ou antecipação de tutela, em cada caso concreto.

Gabarito: D.

---

667. (TRT – JTS 8ª RG/2009) Sobre ação civil pública, é INCORRETO afirmar:

- Compete ao Ministério Público do Trabalho promover a ação civil pública no âmbito da Justiça do Trabalho, para defesa de interesses coletivos, quando desrespeitados os direitos sociais constitucionalmente garantidos.
- O Supremo Tribunal Federal tem reconhecido a legitimidade do Ministério Público do Trabalho para propor ação civil pública perante a Suprema Corte.

- Não será cabível ação civil pública para veicular pretensões que envolvam tributos, contribuições previdenciárias e o FGTS.
- A imprescritibilidade da ação civil pública justifica-se pela natureza indisponível do direito tutelado.
- De acordo com o TST, a competência territorial para a ação civil pública será de uma das Varas do Trabalho da Capital do Estado quando a extensão do dano a ser reparado limitar-se ao âmbito regional. Quando a extensão do dano for de âmbito suprarregional, o foro será o do Distrito Federal.

COMENTÁRIOS

✪ **Nota do autor:** Essa questão foi elaborada antes da alteração da OJ nº 130, da SDI-2 do TST, que atualmente conta com a seguinte redação: "I – A competência para a Ação Civil Pública fixa-se pela extensão do dano. II – Em caso de dano de abrangência regional, que atinja cidades sujeitas à jurisdição de mais de uma Vara do Trabalho, a competência será de qualquer das varas das localidades atingidas, ainda que vinculadas a Tribunais Regionais do Trabalho distintos. III – Em caso de dano de abrangência suprarregional ou nacional, há competência concorrente para a Ação Civil Pública das varas do trabalho das sedes dos Tribunais Regionais do Trabalho. IV – Estará prevento o juízo a que a primeira ação houver sido distribuída".

Alternativa "a": Correta, pois essa atribuição está prevista no art. 83, III, da LC 73/95: "Compete ao Ministério Público do Trabalho o exercício das seguintes atribuições junto aos órgãos da Justiça do Trabalho: III – promover a ação civil pública no âmbito da Justiça do Trabalho, para defesa de interesses coletivos, quando desrespeitados os direitos sociais constitucionalmente garantidos".

Alternativa "b": Incorreta, uma vez que o STF não reconhece a legitimidade do MPT, mas sim do MPU: "O Ministério Público do Trabalho – MPT não dispõe de legitimidade para atuar perante o Supremo Tribunal Federal, porque a representação institucional do Ministério Público da União – MPU, nas causas instauradas nesta Corte, inclusive em tema de reclamação, está inserida na esfera de atribuições do Procurador-Geral da República, chefe do MPU (CF, art. 128, § 1º) e em cujo âmbito está estruturado o MPT. Com base nesse entendimento, o Tribunal, por maioria, não conheceu de agravo regimental interposto pelo MPT contra decisão que deferira pedido de medida liminar em reclamação proposta pelo Instituto Estadual de Meio Ambiente e Recursos Hídricos – IEMA do Espírito Santo. A reclamante sustenta que o Juízo da 10ª Vara do Trabalho de Vitória/ES – ao reconhecer, em sede de ação civil pública ajuizada pelo MPT, a competência da Justiça do Trabalho para apreciar e julgar referida ação, que veio a ser declarada procedente, em tema de contratações, sem concurso público, de pessoal temporário e de investidura, alegadamente inconstitucional, de servidores públicos em cargos comissionados – teria desrespeitado a eficácia vinculante que é inerente aos pronunciamentos do Supremo em sede de fiscalização normativa abstrata (ADI 3395/DF). Vencido o Min. Marco Aurélio que conhecia do recurso, admitindo o interesse de agir do MPT Rcl 5873 AgR/ES, rel. Min. Celso de Mello, 9.12.2009. (Rcl-5873)".

Alternativa "c": Correta, de acordo com o art. 1º, parágrafo único, da Lei nº 7.347/85: "Art. 1º, parágrafo único. Não será cabível ação civil pública para veicular pretensões que envolvam tributos, contribuições previdenciárias, o Fundo de Garantia do Tempo de Serviço – FGTS ou outros fundos de natureza institucional cujos beneficiários podem ser individualmente determinados".

Alternativa "d": Justifica-se a imprescritibilidade, notadamente na defesa dos direitos difusos e coletivo, cujos titulares não são pessoas específicas, mas sim indeterminadas. Tal regra não se aplica, todavia, quando se tratar de direitos individuais homogêneos, quando incide a prescrição. Opção **correta**.

Alternativa "e": Correta à época, segundo a redação anterior da OJ nº 130 da SDI-2: "Para a fixação da competência territorial em sede de ação civil pública, cumpre tomar em conta a extensão do dano causado ou a ser reparado, pautando-se pela incidência analógica do art. 93 do Código de Defesa do Consumidor. Assim, se a extensão do dano a ser reparado limitar-se ao âmbito regional, a competência é de uma das Varas do Trabalho da Capital do Estado; se for de âmbito suprarregional ou nacional, o foro é o do Distrito Federal". (ver nota do autor)

Gabarito: B.

---

668. (TRT – JTS 8ª RG/2009) Responda a alternativa CORRETA, nos termos da legislação em vigor e da jurisprudência consolidada do TST:

a) Não é possível confundir a atuação administrativa do Estado, realizada pelos órgãos de proteção ao trabalho, com a atividade jurisdicional, monopólio do Poder Judiciário. Assim, a ocorrência de processo judicial discutindo a existência de vínculo de emprego não possui o condão de sobrestar o julgamento do processo administrativo de aplicação de penalidade por violação da legislação consolidada, salvo se assim o determinar o Juiz. A disposição que condicionava o acesso ao Poder Judiciário ao esgotamento da instância administrativa foi revogada pela Constituição Federal de 1988.

b) O direito de ação é pessoal, sendo de legitimação extraordinária seu manejo por terceiro, admitindo-se a legitimação por entidade associativa por expressa previsão legal. Assim, considerando apenas as pessoas em plena capacidade civil, não é possível a instauração da ação trabalhista independentemente da vontade do trabalhador e/ou do empregador.

c) É possível o manejo de Mandado de Segurança para atacar decisão judicial recorrível na origem, mas tornada irrecorrível pelo decurso do prazo, respeitando-se, em todas as hipóteses, o prazo decadencial de 120 dias para o ajuizamento da medida, nos termos da Lei nº 1533/51.

d) É possível a impetração de mandado de segurança contra ato judicial que, de ofício, arbitrou novo valor à causa, acarretando a majoração das custas processuais. Na hipótese, o impetrante possui direito líquido e certo a observância dos princípios da legalidade estrita e do devido processo legal.

e) Nos termos da lei da informatização do processo judicial, considera-se meio eletrônico qualquer forma de armazenamento ou tráfego de documentos e arquivos digitais. Assim sendo, consideram-se realizados os atos processuais por meio eletrônico no dia e hora do seu envio ao sistema do Poder Judiciário, do que deverá ser fornecido protocolo eletrônico, sendo que, quando a petição eletrônica for enviada para atender prazo processual, serão consideradas tempestivas as transmitidas até as 24 (vinte e quatro) horas do seu último dia. Esta norma excepciona disposição consolidada que fixa o horário das 6 (seis) às 20 (vinte) horas para a prática dos atos processuais.

COMENTÁRIOS

✪ **Nota do autor:** A CLT contêm dispositivos consagrando a substituição processual do sindicato, nos casos de ação postulando pagamento de adicional de periculosidade ou insalubridade (art. 195, § 2º) e da ação de cumprimento (art. 872, parágrafo único). No mesmo sentido, dispõe a Lei nº 7.238/84, art. 3º, § 2º, que autoriza a substituição processual do sindicato para cobrar reajustes salariais; a Lei nº 7.788/89, em seu art. 8º, há regra no mesmo sentido; a Lei nº 8.036/90, art. 25, para as ações postulando o depósito do FGTS; e, por fim, a Lei nº 8.073/90, em seu art. 3º.

Alternativa "a": De acordo com o *caput* do art. 39 da CLT, uma vez ajuizada a reclamação trabalhista fica imediatamente sobrestado o processo administrativo: "Verificando-se que as alegações feitas pelo reclamado versam sobre a não existência de relação de emprego ou sendo impossível verificar essa condição pelos meios administrativos, será o processo encaminhado a Justiça do Trabalho ficando, nesse caso, sobrestado o julgamento do auto de infração que houver sido lavrado". Opção **incorreta**.

Alternativa "b": Trata-se da legitimação anômala, admitida excepcionalmente pela legislação constitucional e processual, inclusive em relação aos direitos trabalhistas. Opção **incorreta**, pois contraria o art. 8º da CF/88: "É livre a associação profissional ou sindical, observado o seguinte: III – ao sindicato cabe a defesa dos direitos e interesses coletivos ou individuais da categoria, inclusive em questões judiciais ou administrativas". A jurisprudência trilha esse caminho: "Versando a discussão dos autos sobre hipótese na qual o sindicato da categoria profissional, na condição de substituto processual, busca a defesa de interesses individuais homogêneos dos substituídos processualmente, pertencentes à categoria profissional representada, não há falar em restrição quanto à legitimidade do sindicato para o exercício do direito de ação, garantido no artigo 8º, inciso III, da Constituição Federal, que, conforme interpretação do excelso STF, confere legitimidade ampla à entidade sindical para atuar como o substituto processual na defesa dos interesses individuais homogêneos dos integrantes da categoria profissional que representa TST. AIRR 5440-96.2004.5.04.0851. 2ª T. Rel. Min. José Roberto Freire Pimenta. DEJT 17.12.2010".

Alternativa "c": Incorreta, pois não cabe mandado de segurança de decisão transitada em julgado, conforme previsão expressa contida no art. 5º, Lei nº 12.016/09: "Não se concederá mandado de segurança quando se tratar: III – de decisão judicial transitada em julgado".

Alternativa "d": Nesse caso, o mandado de segurança é cabível, segundo a jurisprudência do TST. Opção **incorreta**, uma vez que se encontra em desconformidade com a OJ nº 88 da SDI-2: "Incabível a impetração de mandado de segurança contra ato judicial que, de ofício, arbitrou novo valor à causa, acarretando a majoração das custas processuais, uma vez que cabia à parte, após recolher as custas, calculadas com base no valor dado à causa na inicial, interpor recurso ordinário e, posteriormente, agravo de instrumento no caso de o recurso ser considerado deserto.".

Alternativa "e": Correta, pois reproduz as determinações contidas nos arts. 1º, § 2º, I e 3º da Lei nº 11.419/06: "art. 1º, § 2º, I – meio eletrônico qualquer forma de armazenamento ou tráfego de documentos e arquivos digitais" e "Art. 3º. Consideram-se realizados os atos processuais por meio eletrônico no dia e hora do seu envio ao sistema do Poder Judiciário, do que deverá ser fornecido protocolo eletrônico. Parágrafo único. Quando a petição eletrônica for enviada para atender prazo processual, serão consideradas tempestivas as transmitidas até as 24 (vinte e quatro) horas do seu último dia".

Gabarito: E.

---

669. (TRT – JTS 9ª RG/2009) Considere as seguintes proposições:

I. A orientação jurisprudencial do Tribunal Superior do Trabalho é no sentido de que a fixação da competência territorial em sede de ação civil pública deve tomar em conta a extensão do dano causado ou a ser reparado, pautando-se pela incidência analógica do art. 93 do Código de Defesa do Consumidor. Assim, se a extensão do dano a ser reparado limitar-se ao âmbito regional, a competência é de uma das Varas do Trabalho da Capital do Estado; se for de âmbito suprarregional ou nacional, o foro é o do Distrito Federal.

II. A ação civil pública é cabível na defesa de interesses difusos de trabalhadores prejudicados pela contratação de outros trabalhadores pela Administração Pública sem prévio concurso, na defesa de interesses coletivos de trabalhadores prejudicados por ambiente de trabalho inseguro em determinada empresa e na defesa de interesses individuais homogêneos de trabalhadores que não recebem horas extras quando prorrogam jornadas de trabalho em determinada empresa.

III. A ação coletiva não gera litispendência em relação à ação individual concomitante de algum dos integrantes da coletividade, do grupo, categoria ou classe, desde que a parte autora da ação individual requeira a suspensão processual no prazo de 30 dias contados da ciência nos autos do ajuizamento da ação coletiva, hipótese em que não será beneficiada pelos efeitos da coisa julgada *erga omnes* ou *ultra* partes na ação coletiva.

IV. Nas ações coletivas para a defesa de direitos individuais homogêneos, como de recebimento de adicional de insalubridade para empregados em determinada empresa e em determinado período, em caso de procedência do pedido a condenação será genérica, fixando a responsabilidade da parte ré pelos danos causados, com liquidação e execução individual pelo trabalhador beneficiado ou coletiva pelos legitimados ativamente à propositura da ação coletiva.

V. No caso de ações coletivas com objeto de interesses ou direitos trabalhistas individuais homogêneos, o alcance subjetivo da coisa julgada será *erga omnes* apenas no caso de procedência do pedido, para beneficiar todas as vítimas e seus sucessores, mas no caso de improcedência do pedido os interessados que atuaram como litisconsortes na ação coletiva poderão propor ação de indenização a título individual.

a) nenhuma das proposições está correta

b) apenas uma proposição está correta

c) apenas duas proposições estão corretas

d) apenas três proposições estão corretas

e) apenas quatro proposições estão corretas

COMENTÁRIOS

✪ **Nota do autor:** Essa questão foi elaborada antes da alteração da OJ nº 130, da SDI-2 do TST, que atualmente conta com a seguinte redação: "I – A competência para a Ação Civil Pública fixa-se pela extensão do dano. II – Em caso de dano de abrangência regional, que atinja cidades sujeitas à jurisdição de mais de uma Vara do Trabalho, a competência será de qualquer das varas das localidades atingidas, ainda que vinculadas a Tribunais Regionais do Trabalho distintos. III – Em caso de dano de abrangência suprarregional ou nacional, há competência concorrente para a Ação Civil Pública das varas do trabalho das sedes dos Tribunais Regionais do Trabalho. IV – Estará prevento o juízo a que a primeira ação houver sido distribuída".

Item "I": Correto à época, conforme entendimento constante da OJ nº 130 da SDI-2 do TST em sua redação anterior: "Para a fixação da competência territorial em sede de ação civil pública, cumpre tomar em conta a extensão do dano causado ou a ser reparado, pautando-se pela incidência analógica do art. 93 do Código de Defesa do Consumidor. Assim, se a extensão do dano a ser reparado limitar-se ao âmbito regional, a competência é de uma das Varas do Trabalho da Capital do Estado; se for de âmbito suprarregional ou nacional, o foro é o do Distrito Federal". (ver nota do autor)

Item "II": A assertiva relaciona corretamente determinados interesses dos trabalhadores com sua respectiva natureza jurídica no âmbito dos direitos metaindividuais. Item **correto**, conforme art. 81 do CDC: "A defesa dos interesses e direitos dos consumidores e das vítimas poderá ser exercida em juízo individualmente, ou a título coletivo. Parágrafo único. A defesa coletiva será exercida quando se tratar de: I – interesses ou direitos difusos, assim entendidos, para efeitos deste código, os transindividuais, de natureza indivisível, de que sejam titulares pessoas indeterminadas e ligadas por circunstâncias de fato; II – interesses ou direitos coletivos, assim entendidos, para efeitos deste código, os transindividuais, de natureza indivisível de que seja titular grupo, categoria ou classe de pessoas ligadas entre si ou com a parte contrária por uma relação jurídica base; III – interesses ou direitos individuais homogêneos, assim entendidos os decorrentes de origem comum".

Item "III": Correto, pois em conformidade com o art. 104 do CDC: "As ações coletivas, previstas nos incisos I e II e do parágrafo único do art. 81, não induzem litispendência para as ações individuais, mas os efeitos da coisa julgada *erga omnes* ou ultra partes a que aludem os incisos II e III do artigo anterior não beneficiarão os autores das ações individuais, se não for requerida sua suspensão no prazo de trinta dias, a contar da ciência nos autos do ajuizamento da ação coletiva".

Item "IV": A legitimidade originária para iniciar a execução é da entidade que figurou no polo ativo da relação processual coletiva. Havendo omissão durante mais de 60 dias após o trânsito em julgado, o MPT deverá iniciar a execução (legitimação derivada), facultando igual prerrogativa aos demais legitimados, conforme preceito contido no art. 15 da LACP: "Decorridos sessenta dias do trânsito em julgado da sentença condenatória, sem que a associação autora lhe promova a execução, deverá fazê-lo o Ministério Público, facultada igual iniciativa aos demais legitimados". Item **incorreto.**

Item "V": Se houve intervenção do autor da ação individual na ação coletiva como litisconsorte (intervenção litisconsorcial), suportará o ônus da sentença proferida nesta última, mesmo em caso de improcedência. Item **incorreto**, conforme art. 103, inciso III e § 2º do CDC: "Nas ações coletivas de que trata este código, a sentença fará coisa julgada: III – *erga omnes*, apenas no caso de procedência do pedido, para beneficiar todas as vítimas e seus sucessores, na hipótese do inciso III do parágrafo único do art. 81. § 2° Na hipótese prevista no inciso III, em caso de improcedência do pedido, os interessados que não tiverem intervindo no processo como litisconsortes poderão propor ação de indenização a título individual".

Gabarito: D.

---

670. (TRT - JTS 14ª RG/2008) Considerando as proposições abaixo, assinale a alternativa CORRETA:

I. Cabe mandado de segurança contra decisão do Juiz do Trabalho que não homologa acordo celebrado pelas partes.

II. Tratando-se de execução mediante carta precatória executória, compete sempre ao juízo deprecado que efetivou a penhora o julgamento dos embargos de terceiro eventualmente propostos.

III. Em se tratando de execução provisória, fere direito líquido e certo do impetrante a determinação de penhora em dinheiro, quando outros bens foram nomeados pelo executado, consoante jurisprudência pacificada do Tribunal Superior do Trabalho.

IV. A suspensão dos efeitos da antecipação de tutela concedida na sentença pode ser obtida pela via do mandado de segurança, conforme jurisprudência pacificada do Tribunal Superior do Trabalho.

a) Apenas as proposições III e IV são verdadeiras.

b) Apenas as proposições II e III são verdadeiras.

c) Apenas a proposição IV é verdadeira.

d) Apenas a proposição III é verdadeira.

e) Todas as proposições são falsas.

COMENTÁRIOS

✪ **Nota do autor:** Observe-se, no item "III", que o art. 620 do CPC de 1973 corresponde ao art. 805 do CPC de 2015. O TST, por meio de sua IN nº 39/16, art. 3º, XIV, considera aplicável ao processo do trabalho todo o capítulo que trata da responsabilidade patrimonial, incluindo o mencionado art. 805.

Item "I": A homologação do acordo é uma faculdade do juiz. Item **incorreto**, uma vez que se encontra em desacordo com a Súmula nº 418 do TST: "A concessão de liminar ou a homologação de acordo constituem faculdade do juiz, inexistindo direito líquido e certo tutelável pela via do mandado de segurança". A Resolução nº 217/2017 do TST modificou a redação da mencionada Súmula, nos seguintes termos: "MANDADO DE SEGURANÇA VISANDO À HOMOLOGAÇÃO DE ACORDO (nova redação em decorrência do CPC de 2015) - Res. 217/2017 - DEJT divulgado em 20, 24 e 25.04.2017 A homologação de acordo constitui faculdade do juiz, inexistindo direito líquido e certo tutelável pela via do mandado de segurança".

Item "II": A regra era da competência do juízo deprecante, admitindo em alguns casos a competência do juízo deprecado. Item **incorreto**, uma vez que contrariava a Súmula nº 419 do TST em sua antiga redação: "Na execução por carta precatória, os embargos de terceiro serão oferecidos no juízo deprecante ou no juízo deprecado, mas a competência para julgá-los é do juízo deprecante, salvo se versarem, unicamente, sobre vícios ou irregularidades da penhora, avaliação ou alienação dos bens, praticados pelo juízo deprecado, em que a competência será deste último". Por conta da edição do CPC de 2015, a redação dessa Súmula foi alterada nos seguintes termos: "COMPETÊNCIA. EMBARGOS DE TERCEIRO. EXECUÇÃO POR CARTA PRECATÓRIA. JUÍZO DEPRECADO. (alterada em decorrência do CPC de 2015) - Res. 212/2016, DEJT divulgado em 20, 21 e 22.09.2016. Na execução por carta precatória, os embargos de terceiro serão oferecidos no juízo deprecado, salvo se indicado pelo juízo deprecante o bem constrito ou se já devolvida a carta (art. 676, parágrafo único, do CPC de 2015)".

Item "III": Correto, pois em conformidade com a Súmula nº 417, III, do TST: "Em se tratando de execução provisória, fere direito líquido e certo do impetrante a determinação de penhora em dinheiro, quando nomeados outros bens à penhora, pois o executado tem direito a que a execução se processe da forma que lhe seja menos gravosa, nos termos do art. 620 do CPC". A versão atual dessa Súmula não contempla mais o inciso III e conta com a seguinte redação: "MANDADO DE SEGURANÇA. PENHORA EM DINHEIRO (alterado o item I, atualizado o item II e cancelado o item III, modulando-se os efeitos da presente redação de forma a atingir unicamente as penhoras em dinheiro em execução provisória efetivadas a partir de 18.03.2016, data de vigência do CPC de 2015) - Res. 212/2016, DEJT divulgado em 20, 21 e 22.09.2016. I - Não fere direito líquido e certo do impetrante o ato judicial que determina penhora em dinheiro do executado para garantir crédito exequendo, pois é prioritária e obedece à gradação prevista no art. 835 do CPC de 2015 (art. 655 do CPC de 1973). II - Havendo discordância do credor, em execução definitiva, não tem o executado direito líquido e certo a que os valores penhorados em dinheiro fiquem depositados no próprio banco, ainda que atenda aos requisitos do art. 840, I, do CPC de 2015 (art. 666, I, do CPC de 1973). (ex-OJ nº 61 da SBDI-2 - inserida em 20.09.2000)".

Item "IV": Esse efeito pode ser conseguido por meio de ação cautelar. Item **correto**, conforme Súmula nº 414, I, do TST, em sua redação anterior: "A antecipação da tutela concedida na sentença não comporta impugnação pela via do mandado de segurança, por ser impugnável mediante recurso ordinário. A ação cautelar é o meio próprio para se obter efeito suspensivo a recurso". A Resolução nº 217/2017 do TST alterou a redação da mencionada Súmula: "MANDADO DE SEGURANÇA. TUTELA PROVISÓRIA CONCEDIDA ANTES OU NA SENTENÇA (nova redação em decorrência do CPC de 2015) - Res. 217/2017 - DEJT divulgado em 20, 24 e 25.04.2017 I - A tutela provisória concedida na sentença não comporta impugnação pela via do mandado de segurança, por ser impugnável mediante recurso ordinário. É admissível a obtenção de efeito suspensivo ao recurso ordinário mediante requerimento dirigido ao tribunal, ao relator ou ao presidente ou ao vice-presidente do tribunal recorrido, por aplicação subsidiária ao processo do trabalho do artigo 1.029, § 5º, do CPC de 2015. II – No caso de a tutela provisória haver sido concedida ou indeferida antes da sentença, cabe mandado de segurança, em face da inexistência de recurso próprio. III – A superveniência da sentença, nos autos originários, faz perder o objeto do mandado de segurança que impugnava a concessão ou o indeferimento da tutela provisória".

Gabarito: A.

---

671. (TRT – JTS 21ª RG/2010) Leia as assertivas abaixo e marque a resposta CORRETA sobre o mandado de segurança, considerando o procedimento previsto na Lei nº 12.016/2009 e a jurisprudência dominante do Tribunal Superior do Trabalho:

I. conceder-se-á mandado de segurança para proteger direito líquido e certo, não amparado por *"habeas corpus"* ou *"habeas data"*, sempre que, ilegalmente ou com abuso de poder, qualquer pessoa física ou jurídica sofrer violação ou houver justo receio de sofrê-la por parte de autoridade, seja de que categoria for e sejam quais forem as funções que exerça;

II. não é cabível a concessão da segurança quando o ato da autoridade apontada como coatora for passível de impugnação mediante recurso com efeito suspensivo;

III. a autoridade coatora, por não ser tecnicamente parte no processo, não pode recorrer da decisão proferida em mandado de segurança;

IV. não há mais a remessa necessária de decisões concessivas de mandado de segurança, subsistindo, porém, o recurso ordinário e voluntário;

V. por ausência de recurso específico, a antecipação de tutela concedida no curso da ação trabalhista ou na sentença de mérito admite a impugnação pela via do mandado de segurança;

a) apenas a assertiva I está correta;

b) apenas as assertivas I e II estão corretas;

c) apenas as assertivas II, III e V estão corretas;

d) apenas as assertivas III, IV e V estão corretas;

e) apenas as assertivas IV e V estão corretas;

COMENTÁRIOS

✪ **Nota do autor:** Da decisão de Tribunal Regional do Trabalho em mandado de segurança cabe recurso ordinário, no prazo de oito dias, para o Tribunal Superior do Trabalho, e igual dilação para o recorrido e interessados apresentarem razões de contrariedade.

Item "I": Correto, uma vez que se encontra de acordo com o art. 1º da Lei nº 12.016/09: "Conceder-se-á mandado de segurança para proteger direito líquido e certo, não amparado por *habeas corpus* ou *habeas data*, sempre que, ilegalmente ou com abuso de poder, qualquer pessoa física ou jurídica sofrer violação ou houver justo receio de sofrê-la por parte de autoridade, seja de que categoria for e sejam quais forem as funções que exerça".

Item "II": Correto, uma vez que esta vedação está expressamente consignada no art. 5º, I, da Lei nº 12.016/09: "Não se concederá mandado de segurança quanto se tratar: I – de ato do qual caiba recurso administrativo com efeito suspensivo, independentemente de caução".

Item "III": A possibilidade de a autoridade coatora interpor recurso está prevista expressamente na Lei do mandado de segurança. Item **incorreto**, pois não está de acordo com o art. 14, § 2º, da Lei nº 12.016/09: "Da sentença, denegando ou concedendo mandado, cabe apelação. § 2º Estende-se à autoridade coatora o direito de recorrer.".

Item "IV": Há remessa necessária no caso de concessão da segurança pelo juízo de primeiro grau. Item **incorreto**, conforme art. 14, § 1º, da Lei nº 12.016/09 "Da sentença, denegando ou concedendo o mandado, cabe apelação. § 1º Concedida a segurança, a sentença estará sujeita obrigatoriamente ao duplo grau de jurisdição".

Item "V": Caso a decisão seja antecipada juntamente com a sentença de mérito, não cabe mandado de segurança, mas sim recurso ordinário. Item **incorreto**, conforme Súmula nº 414 do TST, em sua redação anterior: I – A antecipação da tutela concedida na sentença não comporta impugnação pela via do mandado de segurança, por ser impugnável mediante recurso ordinário. A ação cautelar é o meio próprio para se obter efeito suspensivo a recurso. II – No caso de tutela antecipada (liminar) ser concedida antes da sentença, cabe a impetração de mandado de segurança, em face da inexistência de recurso próprio". A Resolução nº 217/2017 do TST alterou a redação da mencionada Súmula: "MANDADO DE SEGURANÇA. TUTELA PROVISÓRIA CONCEDIDA ANTES OU NA SENTENÇA (nova redação em decorrência do CPC de 2015) – Res. 217/2017 – DEJT divulgado em 20, 24 e 25.04.2017 I – A tutela provisória concedida na sentença não comporta impugnação pela via do mandado de segurança, por ser impugnável mediante recurso ordinário. É admissível a obtenção de efeito suspensivo ao recurso ordinário mediante requerimento dirigido ao tribunal, ao relator ou ao presidente ou ao vice-presidente do tribunal recorrido, por aplicação subsidiária ao processo do trabalho do artigo 1.029, § 5º, do CPC de 2015. II – No caso de a tutela provisória haver sido concedida ou indeferida antes da sentença, cabe mandado de segurança, em face da inexistência de recurso próprio. III – A superveniência da sentença, nos autos originários, faz perder o objeto do mandado de segurança que impugnava a concessão ou o indeferimento da tutela provisória".

Gabarito: B.

---

672. (TRT – JTS 21ª RG/2010) De acordo com as normas legais aplicáveis à ação civil pública, é INCORRETO afirmar:

a) a ação pode ter por objeto o cumprimento de obrigação de realizar determinada obra, de cessar conduta específica, de se abster da prática de certos atos e, também, a condenação em dinheiro;

b) a ação pode ser proposta, em litisconsórcio facultativo, pelos Ministérios Públicos do Trabalho e Estadual;

c) a sentença proferida na ação fará coisa julgada *"erga omnes"*, salvo se o pedido for julgado improcedente por insuficiência de provas;

d) a ação induz litispendência apenas em relação às ações trabalhistas plúrimas, de maneira a ensejar a reunião dos processos e a instrução e decisão em conjunto;

e) mesmo após a propositura da ação pelo Ministério Público do Trabalho, admite-se a habilitação de sindicato como litisconsorte ativo.

COMENTÁRIOS

✪ **Nota do autor:** A diferença entre a ação civil pública e a ação civil coletiva é de conteúdo e de finalidade. Em primeiro lugar, a ação civil coletiva não abrange pedidos fundados em direitos difusos e coletivos *stricto sensu*. Em segundo lugar, objetiva, apenas, a reparação e/ou a compensação dos danos causados a um grupo de pessoas, mas individualmente consideradas.

Alternativa "a": Correta, conforme art. 3º da Lei nº 7.347/85: "A ação civil poderá ter por objeto a condenação em dinheiro ou o cumprimento de obrigação de fazer ou não fazer".

Alternativa "b": Correta, de acordo com o art. 5º, § 5º, da Lei nº 7.347/85: "Admitir-se-á o litisconsórcio facultativo entre os Ministérios Públicos da União, do Distrito Federal e dos Estados na defesa dos interesses e direitos de que cuida esta lei".

Alternativa "c": Correta, na forma prevista pelo art. 16 da Lei nº 7.347/85: "A sentença civil fará coisa julgada *erga omnes*, nos limites da competência territorial do órgão prolator, exceto se o pedido for julgado improcedente por insuficiência de provas, hipótese em que qualquer legitimado poderá intentar outra ação com idêntico fundamento, valendo-se de nova prova".

Alternativa "d": A lei prevê efeito contrário, qual seja, de não induzir litispendência. Opção **incorreta**, em desconformidade com o art. 104 do CDC: "As ações coletivas, previstas nos incisos I e II e do parágrafo único do art. 81, não induzem litispendência para as ações individuais, mas os efeitos da coisa julgada *erga omnes* ou ultra partes a que aludem os incisos II e III do artigo anterior não beneficiarão os autores das ações individuais, se não for requerida sua suspensão no prazo de trinta dias, a contar da ciência nos autos do ajuizamento da ação coletiva".

Alternativa "e": Correta, conforme art. 5º, § 2º, da Lei nº 7.347/85: "Fica facultado ao Poder Público e a outras associações legitimadas nos termos deste artigo habilitar-se como litisconsortes de qualquer das partes".

Gabarito: D.

---

673. (TRT – JTS 23ª RG/2008) Analise os itens abaixo e marque a alternativa CORRETA:

I. Em razão da prerrogativa que decorre do mandato sindical, o empregado detentor de estabilidade tem direito líquido e certo, amparável por mandado de segurança, de permanecer trabalhando, a despeito do ajuizamento de inquérito para apuração de falta grave.

II. No caso da ação civil pública, se a extensão do dano a ser reparado for de âmbito suprarregional, a competência territorial será ou de uma das Varas do Trabalho da Capital do Estado ou de uma das Varas do Trabalho do Distrito Federal.

III. É cabível mandado de segurança para atacar liminar concedida em sede de ação civil pública e não haverá perda do objeto da garantia fundamental acaso a sentença superveniente confirme o conteúdo da providência liminar atacada.

IV. A irresignação contra o ato da penhora em dinheiro, tanto no caso de execução provisória como definitiva, deve ser manifestada em agravo de petição, cujo cabimento afasta a possibilidade de impetração do mandado de segurança.

a) Os itens I e II são verdadeiros.

b) Os itens II e III são verdadeiros.

c) Os itens III e IV são verdadeiros.

d) Apenas o item IV é verdadeiro.

e) Todos os itens são falsos.

COMENTÁRIOS

✪ **Nota do autor:** Essa questão foi elaborada antes da alteração da OJ nº 130, da SDI-2 do TST, que atualmente conta com a seguinte redação: "I – A competência para a Ação Civil Pública fixa-se pela extensão do dano. II – Em caso de dano de abrangência regional, que atinja cidades sujeitas à jurisdição de mais de uma Vara do Trabalho, a competência será de qualquer das varas das localidades atingidas, ainda que vinculadas a Tribunais Regionais do Trabalho distintos. III – Em caso de dano de abrangência suprarregional ou nacional, há competência concorrente para a Ação Civil Pública das varas do trabalho das sedes dos Tribunais Regionais do Trabalho. IV – Estará prevento o juízo a que a primeira ação houver sido distribuída". Por fim, observe-se, no item "IV", que o art. 620 do CPC de 1973 corresponde ao art. 805 do CPC de 2015. Inclusive, o TST, por meio de sua IN nº 39/16, art. 3º, XIV, considera aplicável ao processo do trabalho todo o capítulo que trata da responsabilidade patrimonial, incluindo o mencionado art. 805.

Item "I": Nessa hipótese, o direito líquido e certo é do empregador de suspender o contrato de trabalho. Item **incorreto**, de acordo com o posicionamento do TST inserido na OJ nº 137 da SDI-2: "Constitui direito líquido e certo do empregador a suspensão do empregado, ainda que detentor de estabilidade sindical, até a decisão final do inquérito em que se apure a falta grave a ele imputada, na forma do art. 494, *"caput"* e parágrafo único, da CLT".

Item "II": Correto à época, conforme entendimento constante da OJ nº 130 da SDI-2 do TST em sua redação anterior: "Para a fixação da competência territorial em sede de ação civil pública, cumpre tomar em conta a extensão do dano causado ou a ser reparado, pautando-se pela incidência analógica do art. 93 do Código de Defesa do Consumidor. Assim, se a extensão do dano a ser reparado limitar-se ao âmbito regional, a competência é de uma das Varas do Trabalho da Capital do Estado; se for de âmbito suprarregional ou nacional, o foro é o do Distrito Federal". (ver nota do autor)

Item "IV": Incorreto, de acordo com a Súmula nº 414, II e III, do TST, em sua redação anterior: "II – No caso da tutela antecipada (ou liminar) ser concedida antes da sentença, cabe a impetração do mandado de segurança, em face da inexistência de recurso próprio. (ex-OJs nº 50 e 58 da SBDI-2 – inseridas em 20.09.2000). III – A superveniência da sentença, nos autos originários, faz perder o objeto do mandado de segurança que impugnava a concessão da tutela antecipada (ou liminar)". A Resolução nº 217/2017 do TST alterou a redação da mencionada Súmula: "MANDADO DE SEGURANÇA. TUTELA PROVISÓRIA CONCEDIDA ANTES OU NA SENTENÇA (nova redação em decorrência do CPC de 2015) – Res. 217/2017 – DEJT divulgado em 20, 24 e 25.04.2017 I – A tutela provisória concedida na sentença não comporta impugnação pela via do mandado de segurança, por ser impugnável mediante recurso ordinário. É admissível a obtenção de efeito suspensivo ao recurso ordinário mediante requerimento dirigido ao tribunal, ao relator ou ao presidente ou ao vice-presidente do tribunal recorrido, por aplicação subsidiária ao processo do trabalho do artigo 1.029, § 5º, do CPC de 2015. II – No caso de a tutela provisória haver sido concedida ou indeferida antes da sentença, cabe mandado de segurança, em face da inexistência de recurso próprio. III – A superveniência da sentença, nos autos originários, faz perder o objeto do mandado de segurança que impugnava a concessão ou o indeferimento da tutela provisória".

Item "IV": Nesse caso, por ser decisão irrecorrível, cabe mandado de segurança. Item **incorreto**, conforme entendimento constante do item III da Súmula nº 417 do TST: "Em se tratando de execução provisória, fere direito líquido e certo do impetrante a determinação de penhora em dinheiro, quando nomeados outros bens à penhora, pois o executado tem direito a que a execução se processe da forma que lhe seja menos gravosa, nos termos do art. 620 do CPC". A versão atual dessa Súmula não contempla mais o inciso III e conta com a seguinte redação: "MANDADO DE SEGURANÇA. PENHORA EM DINHEIRO (alterado o item I, atualizado o item II e cancelado o item III, modulando-se os efeitos da presente redação de forma a atingir unicamente as penhoras em dinheiro em execução provisória efetivadas a partir de 18.03.2016, data de vigência do CPC de 2015) – Res. 212/2016, DEJT divulgado em 20, 21 e 22.09.2016. I – Não fere direito líquido e certo do impetrante o ato judicial que determina penhora em dinheiro do executado para garantir crédito exequendo, pois é prioritária e obedece à gradação prevista no art. 835 do CPC de 2015 (art. 655 do CPC de 1973). II – Havendo discordância do credor, em execução definitiva, não tem o executado direito líquido e certo a que os valores penhorados em dinheiro fiquem depositados no próprio banco, ainda que atenda aos requisitos do art. 840, I, do CPC de 2015 (art. 666, I, do CPC de 1973). (ex-OJ nº 61 da SBDI-2 – inserida em 20.09.2000)".

Gabarito: ver comentários do autor.

---

674. (TRT – JTS 23ª RG/2008) Leia as assertivas abaixo e marque a alternativa CORRETA:

I. O prazo para propositura da ação de consignação em pagamento na Justiça do Trabalho é de 10 dias contados da comunicação da demissão do empregado.

II. No caso de empresa integrante do mesmo grupo econômico do empregador, o instrumento jurídico adequado para insurgência contra a penhora de bem de sua propriedade é o embargo de terceiro, após a garantia do juízo.

III. A ação anulatória de cláusula de convenção ou acordo coletivo de trabalho deverá ser proposta pelo Ministério Público do Trabalho, não sendo viável que assim procedam os próprios signatários do instrumento normativo.

a) Apenas o item I é verdadeiro.

b) Apenas o item II é verdadeiro.

c) Apenas o item III é verdadeiro.

d) Todos os itens são falsos.

e) Todos os itens são verdadeiros.

COMENTÁRIOS

✪ **Nota do autor:** Os embargos de terceiro representam uma ação autônoma, de natureza predominantemente mandamental, podendo ser interposta no processo de conhecimento, de execução ou cautelar, pela qual o terceiro pretende ver reconhecido o seu direito real (domínio e posse) ou pessoal, limitado por conta de ato de apreensão judicial efetiva (esbulho) ou ameaça (turbação). Observe-se, no item "I", que o art. 890, §3º, do CPC de 1973 corresponde ao art. 539, §3º do CPC de 2015.

Item "I": O prazo é de 30 dias. Item **incorreto**. Por ausência de previsão legal na CLT deve-se seguir o procedimento previsto no art. 890, § 3º, do CPC de 1973: "Ocorrendo a recusa, manifestada por escrito ao estabelecimento bancário, o devedor ou terceiro poderá propor, dentro de 30 (trinta) dias, a ação de consignação, instruindo a inicial com a prova do depósito e da recusa".

Item "II": Trata-se de obrigação solidária. A execução da empresa pertencente ao mesmo grupo econômico independe do codevedor ter figurado no título executivo judicial. Item **incorreto**, pois o remédio cabível seria os embargos do devedor.

Item "III": Nesse caso, os sujeitos do negócio jurídico (convenção ou acordo coletivo de trabalho) têm legitimação direta e ordinária para propor a ação de anulação. Item **incorreto**.

Gabarito: D.

---

675. (TRT - JTS 23ª RG/2008) No que diz respeito à correição parcial marque a alternativa INCORRETA:

a) Correição parcial não é recurso, mas uma ação especial, tendo por objetivo fazer cessar ato tumultuário praticado pelo juiz que subverter a ordem processual.

b) O Ministro Corregedor do TST julgará as correições parciais contra atos dos Juízes dos TRT's e dos Juízes das Varas do Trabalho.

c) Não será cabível correição parcial quando houver recurso específico para a decisão e quando se tratar de decisão interlocutória no Processo do Trabalho.

d) Das decisões proferidas pelos Juízes Corregedores dos Tribunais, nas correições parciais será cabível o Agravo Regimental.

e) O prazo para interposição de correição parcial é fixado nos Regimentos Internos dos Tribunais. O juiz corrigendo apresentará suas razões no mesmo prazo.

COMENTÁRIOS

✪ **Nota do autor:** A reclamação correicional não tem natureza jurídica de recurso, mas sim de mero procedimento administrativo que tem por escopo sustar atos do juiz que militem contra a boa ordem processual vigente.

Alternativa "a": A reclamação correicional, também denominada de correição parcial, é um remédio processual que não possui previsão legal, mas está previsto na grande parte dos regimentos internos dos Tribunais do Trabalho. Trata-se de uma medida judicial, de natureza exclusivamente processual, dirigida ao juiz corregedor, para atacar decisões ou despachos proferidos pelo juiz, que conduz a instrução do processo de forma irregular, tumultuada ou com inversão da sua ordem. Alternativa **correta**.

Alternativa "b": Em relação aos Juízes das Varas do Trabalho, a competência para conhecer da correição parcial é dos Corregedores Regionais e não do Corregedor-Geral do TST, a quem cabe, por sua vez, julgar as reclamações correicionais de atos praticados pelos Tribunais Regionais, segundo dispõe o art. 709, II, da CLT: "Compete ao Corregedor, eleito dentre os Ministros togados do Tribunal Superior do Trabalho: (...) II - Decidir reclamações contra os atos atentatórios da boa ordem processual praticados pelos Tribunais Regionais e seus presidentes, quando inexistir recurso específico." Opção **incorreta**.

Alternativa "c": A reclamação correicional é medida excepcional e não cabe quando há recurso para o ato judicial. A decisão interlocutória, apesar de ser irrecorrível imediatamente, pode ser objeto de mandado de segurança. Alternativa **correta**, conforme art. 709, II da CLT e Súmula 214 do TST: "Art. 709. Compete ao Corregedor, eleito dentre os Ministros togados do Tribunal Superior do Trabalho: (...) II - Decidir reclamações contra os atos atentatórios da boa ordem processual praticados pelos Tribunais Regionais e seus presidentes, quando inexistir recurso específico. Súmula nº 214. Na Justiça do Trabalho, nos termos do art. 893, § 1º, da CLT, as decisões interlocutórias não ensejam recurso imediato, salvo nas hipóteses de decisão: a) de Tribunal Regional do Trabalho contrária à Súmula ou Orientação Jurisprudencial do Tribunal Superior do Trabalho; b) suscetível de impugnação mediante recurso para o mesmo Tribunal; c) que acolhe exceção de incompetência territorial, com a remessa dos autos para Tribunal Regional distinto daquele a que se vincula o juízo excepcionado, consoante o disposto no art. 799, § 2º, da CLT".

Alternativa "d": Correta, em conformidade com o art. 709, § 1º, da CLT: "Das decisões proferidas pelo Corregedor, nos casos do artigo, caberá o agravo regimental, para o Tribunal Pleno".

Alternativa "e": Correta, uma vez que o procedimento da reclamação correicional, diante da omissão legal, fica por conta de cada Tribunal.

Gabarito: B.

---

676. (TRT - JTS 23ª RG/2008) Analise os itens abaixo e marque a alternativa CORRETA:

I. A tutela cautelar faz parte do gênero tutelas de urgência.

II. Assim como a tutela antecipada, as cautelares, como regra geral, se destinam à satisfação do direito e não apenas à sua conservação.

III. Diante do caráter precário da ação cautelar, a tutela pode ser revogada a qualquer momento, bem como substituída por outra medida.

IV. O juiz não pode conceder o arresto quando pedido o sequestro, ainda que presentes os requisitos daquele, haja vista que as cautelares não admitem a fungibilidade.

a) V, V, V, F.

b) F, V, V, V.

c) V, V, F, F.

d) V, F, V, F.

e) F, F, V, V.

COMENTÁRIOS

✪ **Nota do autor:** A ação cautelar tem como objetivo conferir instrumentos que garantam a eficácia do provimento jurisdicional principal, com nítido caráter instrumental e não satisfativo, eliminando os inconvenientes da demora. Observe-se, no item "III", que o art. 273, §4º, do CPC de 1973 corresponde ao art. 296 do CPC de 2015. Já no item "IV", o art. 273, §7º, do CPC de 1973 corresponde ao art. 305, parágrafo único, do CPC de 2015.

Item "I": Como as medidas cautelares objetivam garantir o resultado útil do processo principal, enquadram-se no gênero das tutelas de urgência justamente em face dessa e das outras caraterísticas elencadas na nota do autor. Item **correto**.

Item "II": Umas das principais características da tutela cautelar é sua instrumentalidade. Sendo assim, afasta-se qualquer possibilidade das medidas cautelares terem conteúdo satisfativo. Item **incorreto**.

Item "III": Correto, pois em conformidade com o art. 273, § 4º, do CPC de 1973: "A tutela antecipada poderá ser revogada ou modificada a qualquer tempo, em decisão fundamentada".

Item "IV": Esse procedimento não é vedado pela legislação processual. Pelo contrário, ele é expressamente permitido, diante do poder geral de cautela do juiz. Item **incorreto**, de acordo com o art. 273, § 7º, do CPC de 1973: "Se o autor, a título de antecipação de tutela, requerer providência de natureza cautelar, poderá o juiz, quando presentes os respectivos pressupostos, deferir a medida cautelar em caráter incidental do processo ajuizado".

Gabarito: D.

---

677. (TRT – JTS 23ª RG/2008) No que diz respeito à tutela inibitória e sua aplicação ao Processo do Trabalho marque a alternativa INCORRETA:

a) a tutela inibitória é preventiva, ao contrário das tutelas cautelares e antecipatórias que pressupõem um direito já violado que merece imediata tutela.

b) a tutela inibitória tem suporte no princípio constitucional do acesso à Justiça e na efetividade da tutela jurisdicional.

c) a tutela inibitória tem aplicação na esfera trabalhista nas condutas antissindicais.

d) a tutela inibitória não tem aplicação em interdito proibitório em caso de greve.

e) A natureza do provimento em ação inibitória é mandamental, independendo para sua efetivação de posterior processo de execução.

COMENTÁRIOS

✪ **Nota do autor:** A diferença básica entre a tutela inibitória e a reparatória reside no prejuízo (dano). Para justificar a primeira, basta a probabilidade de dano. Já para segunda, o dano já ocorreu. Desse modo, aplicam-se todos os institutos processuais a tutela inibitória, salvo aqueles que são incompatíveis com a necessidade de demonstrar a ocorrência de dano. Portanto, é perfeitamente cabível a antecipação dos efeitos da tutela inibitória, desde que presentes os requisitos estabelecidos pela legislação processual. Observe-se, na alternativa "d", que o art. 932 do CPC de 1973 corresponde ao art. 567 do CPC de 2015.

Alternativa "a": As tutelas inibitórias, cautelares e antecipatórias são consideradas de urgência. Contudo, é possível requerer medida cautelar incidental ou antecipar os efeitos da tutela inibitória, na forma prevista pelo art. 287 do CPC de 1973: "Se o autor pedir que seja imposta ao réu a abstenção da prática de algum ato, tolerar alguma atividade, prestar ato ou entregar coisa, poderá requerer cominação de pena pecuniária para o caso de descumprimento da sentença ou da decisão antecipatória de tutela". Isso significa que a medida cautelar e a tutela antecipatória são procedimentos incidentais. Alternativa **incorreta**.

Alternativa "b": A previsão genérica do livre e irrestrito acesso ao Poder Judiciário, contido no art. 5° XXXV da CF/88, no sentido de que a lei não excluirá da apreciação do poder judiciário lesão ou ameaça a direito, fundamenta a tutela inibitória de modo amplo. Alternativa **correta.**

Alternativa "c": Não só na seara da conduta antissindical, mas em qualquer outra na qual haja probabilidade de ocorrência de dano. Alternativa **correta.**

Alternativa "d": O interdito proibitório já é, pela sua própria natureza, uma ação de caráter preventivo, na forma prevista pelo art. 932 do CPC de 1973: "O possuidor direto ou indireto, que tenha justo receio de ser molestado na posse, poderá impetrar ao juiz que o segure da turbação ou esbulho iminente, mediante mandado proibitório, em que se comine ao réu determinada pena pecuniária, caso transgrida o preceito". Alternativa **correta.**

Alternativa "e": O uso da tutela inibitória permite que as obrigações de fazer, de não fazer e de dar coisa diversa de dinheiro, sempre de natureza contratual no Direito Laboral, sejam satisfeitas exatamente como ajustadas pelos sujeitos do contrato de trabalho, por meio de uma ação judicial com provimento de eficácia predominantemente executiva *lato sensu* ou mandamental, dispensando-se o processo autônomo de execução. Alternativa **correta.**

Gabarito: A.

---

678. (TRT – JTS 23ª RG/2010) Assinale a opção INCORRETA sobre a tutela inibitória no processo do trabalho.

a) A CR/88 ao estipular no art. 5° XXXV que a lei não excluirá da apreciação do poder judiciário lesão ou ameaça a direito, expressamente agasalhou a tutela inibitória de modo amplo.

b) A tutela inibitória funciona, basicamente, através de decisão que impõe um fazer ou não fazer, sob pena de multa, conforme a conduta ilícita que compõe seu objeto seja de natureza comissiva ou omissiva.

c) A ação inibitória visa impedir a repetição ou continuação do ato antijurídico, ilícito ou danoso, sendo imprescindível a prévia existência de dano para que o direito de ação possa ser validamente exercido.

d) Sendo a tutela inibitória ação de cognição exauriente com finalidade específica, é cabível a antecipação de tutela nesta modalidade de provimento.

e) A tutela inibitória mostra-se perfeitamente compatível com o processo do trabalho.

COMENTÁRIOS

✪ **Nota do autor:** Para forçar o cumprimento da obrigação de fazer, não fazer ou de entregar coisa diversa de dinheiro, por meio de uma tutela específica, o juiz pode, de ofício ou a requerimento da parte, impor ao reclamado o pagamento de uma multa (que pode ser diária, semanal, quinzenal, mensal etc.), também denominada de astreinte, que se reverte em favor do reclamante até que haja o cumprimento do comando jurisdicional, seja em tutela antecipada ou final. Observe-se, na alternativa "b", que o art. 461, *caput* e §4º, do CPC de 1973 corresponde aos arts. 497 e 500 do CPC de 2015.

Alternativa "a": Correta. A jurisprudência já se manifesta expressamente sobre a matéria: "O meio ambiente do trabalho adequado e seguro é um dos mais importantes direitos humanos e fundamentais dos trabalhadores, que, juntamente com os demais direitos dessa mesma natureza, tais quais os direitos à vida e à saúde, integra o conceito mais amplo de dignidade da pessoa humana, um dos fundamentos da República Federativa do Brasil (art. 1º, III, da CF/88) e valor igualmente velado no âmbito internacional. Daí porque se mostra necessário propiciá-los o acesso à justiça preventiva (art. 5º, XXXV, da CF/88), isto é, àquela tutela efetivamente capaz de impedir a violação às normas de proteção à saúde e à segurança no trabalho, em atenção aos princípios ambientais da precaução e da prevenção, também aplicáveis na seara laboral. Com esse propósito mostra-se impositiva a concessão pelo Poder Judiciário de tutela inibitória, de natureza preventiva, destinada a impedir a prática, a repetição ou a continuação do ilícito, para cuja utilização basta a mera probabilidade de que venha a ser praticado algum ato contrário ao direito no futuro, sendo irrelevante a existência atual de qualquer dano (TRT 23 R. 3ª T. RO 1088200900823009 MT 01088.2009.008.23.00-9. Rel. Des. Tarcísio Valente. DJ 24.11.2011".

Alternativa "b": Correta, de acordo com o preceito contido no art. 461, *caput* e § 4º do CPC de 1973: "Na ação que tenha por objeto o cumprimento de obrigação de fazer ou não fazer, o juiz concederá a tutela específica da obrigação ou, se procedente o pedido, determinará providências que assegurem o resultado prático equivalente ao do adimplemento (...) § 4º O juiz poderá, na hipótese do parágrafo anterior ou na sentença, impor multa diária ao réu, independentemente de pedido do autor, se for suficiente ou compatível com a obrigação, fixando-lhe prazo razoável para o cumprimento do preceito".

Alternativa "c": Não se exige o dano, pois como a própria denominação sugere, a tutela é inibitória. Basta, apenas, a probabilidade de ocorrência do dano para justificar o ingresso de medida judicial dessa natureza. Alternativa **incorreta**, conforme entendimento doutrinário e jurisprudencial (ver decisão transcrita para fundamentar a alternativa "a" que faz referência expressa à desnecessidade de dano atual).

Alternativa "d": Correta, uma vez que o art. 287 do CPC de 1973, utilizado subsidiariamente no processo laboral, prevê a possibilidade de aplicação de pena pecuniária ao réu em caso de descumprimento de decisão antecipatória de tutela, inclusive quando se impõe a abstenção da prática de algum ato: "Art. 287. Se o autor pedir que seja imposta ao réu a abstenção da prática de algum ato, tolerar alguma atividade, prestar ato ou entregar coisa, poderá requerer cominação de pena pecuniária para o caso de descumprimento da sentença ou da decisão antecipatória de tutela".

Alternativa "e": Não há qualquer impedimento legal para a utilização da tutela inibitória no processo laboral. A doutrina e a jurisprudência também não apresentam qualquer restrição quanto ao uso dessa medida judicial na Justiça do Trabalho e, consequentemente, no âmbito do processo do trabalho. Alternativa **correta.**

Gabarito: C.

---

679. (TRT – JTS 24ª RG/2008) Assinale a alternativa que está em desconformidade com Súmula da Jurisprudência do Tribunal Superior do Trabalho:

a) A concessão de liminar ou a homologação de acordo constituem faculdade do juiz, inexistindo direito líquido e certo tutelável pela via do mandado de segurança.

b) Em se tratando de execução provisória, fere direito líquido e certo do impetrante a determinação de penhora em dinheiro, independentemente de nomeação de outros bens à penhora, pois o executado tem direito a que a execução se processe da forma que lhe seja menos gravosa, nos termos do art. 620 do CPC.

c) Exigindo o mandado de segurança prova documental pré-constituída, quando na petição inicial do *mandamus* for verificada a ausência de documento indispensável ou de sua autenticação, o juiz não concederá prazo para o impetrante emendar ou completar a inicial.

d) A superveniência da sentença, nos autos originários, faz perder o objeto do mandado de segurança que impugnava a concessão de tutela antecipada ou liminar.

e) Da decisão de Tribunal Regional do Trabalho em mandado de segurança cabe recurso ordinário, no prazo de 08 (oito) dias, para o Tribunal Superior do

Trabalho, e igual dilação para o recorrido e interessados apresentarem razões de contrariedade.

COMENTÁRIOS

✪ **Nota do autor:** Observe-se, na alternativa "b", que o art. 620 do CPC de 1973 corresponde ao art. 805 do CPC de 2015. Já na alternativa "c", o art. 284 do CPC de 1973 corresponde ao art. 321 do CPC de 2015. Por conta disso o TST alterou a redação da Súmula nº 415, nos seguintes termos: "Exigindo o mandado de segurança prova documental pré-constituída, inaplicável o art. 321 do CPC de 2015 (art. 284 do CPC de 1973) quando verificada, na petição inicial do 'mandamus', a ausência de documento indispensável ou de sua autenticação. (ex-OJ nº 52 da SBDI-2 – inserida em 20.09.2000)".

Alternativa "a": Correta à época, conforme entendimento constante da Súmula n° 418 do TST, em sua redação anterior: "A concessão de liminar ou a homologação de acordo constituem faculdade do juiz, inexistindo direito líquido e certo tutelável pela via do mandado de segurança". Atualmente essa súmula possui a seguinte redação: "MANDADO DE SEGURANÇA VISANDO À HOMOLOGAÇÃO DE ACORDO (nova redação em decorrência do CPC de 2015) – Res. 217/2017, DEJT divulgado em 20, 24 e 25.04.2017 A homologação de acordo constitui faculdade do juiz, inexistindo direito líquido e certo tutelável pela via do mandado de segurança."

Alternativa "b": Para que se configure direito líquido e certo do executado é necessário que a hipótese seja de execução provisória na qual não tenha sido nomeado outros bens passíveis de penhora. Alternativa **incorreta à época**, pois contrariava o inciso III da Súmula n° 417 do TST, atualmente revogado: "Em se tratando de execução provisória, fere direito líquido e certo do impetrante a determinação de penhora em dinheiro, quando nomeados outros bens à penhora, pois o executado tem direito a que a execução se processe da forma que lhe seja menos gravosa, nos termos do art. 620 do CPC. (ex-OJ nº 62 da SBDI-2 – inserida em 20.09.2000)". O texto atual dessa Súmula não contempla mais o inciso III e conta com a seguinte redação: **"**MANDADO DE SEGURANÇA. PENHORA EM DINHEIRO (alterado o item I, atualizado o item II e cancelado o item III, modulando-se os efeitos da presente redação de forma a atingir unicamente as penhoras em dinheiro em execução provisória efetivadas a partir de 18.03.2016, data de vigência do CPC de 2015) – Res. 212/2016, DEJT divulgado em 20, 21 e 22.09.2016. I – Não fere direito líquido e certo do impetrante o ato judicial que determina penhora em dinheiro do executado para garantir crédito exequendo, pois é prioritária e obedece à gradação prevista no art. 835 do CPC de 2015 (art. 655 do CPC de 1973). II – Havendo discordância do credor, em execução definitiva, não tem o executado direito líquido e certo a que os valores penhorados em dinheiro fiquem depositados no próprio banco, ainda que atenda aos requisitos do art. 840, I, do CPC de 2015 (art. 666, I, do CPC de 1973). (ex-OJ nº 61 da SBDI-2 – inserida em 20.09.2000)".

Alternativa "c": Correta, conforme procedimento previsto pela Súmula nº 415 do TST, em sua redação anterior (ver nota do autor): "Exigindo o mandado de segurança prova documental pré-constituída, inaplicável se torna o art. 284 do CPC quando verificada, na petição inicial do '*mandamus*', a ausência de documento indispensável ou de sua autenticação".

Alternativa "d": Correta, pois em conformidade com o inciso III da Súmula nº 414 do TST, em sua redação original: "A superveniência da sentença, nos autos originários, faz perder o objeto do mandado de segurança que impugnava a concessão da tutela antecipada (ou liminar)". A Resolução nº 217/2017 do TST alterou a redação da mencionada Súmula: "MANDADO DE SEGURANÇA. TUTELA PROVISÓRIA CONCEDIDA ANTES OU NA SENTENÇA (nova redação em decorrência do CPC de 2015) – Res. 217/2017 – DEJT divulgado em 20, 24 e 25.04.2017 I – A tutela provisória concedida na sentença não comporta impugnação pela via do mandado de segurança, por ser impugnável mediante recurso ordinário. É admissível a obtenção de efeito suspensivo ao recurso ordinário mediante requerimento dirigido ao tribunal, ao relator ou ao presidente ou ao vice-presidente do tribunal recorrido, por aplicação subsidiária ao processo do trabalho do artigo 1.029, § 5º, do CPC de 2015. II – No caso de a tutela provisória haver sido concedida ou indeferida antes da sentença, cabe mandado de segurança, em face da inexistência de recurso próprio. III – A superveniência da sentença, nos autos originários, faz perder o objeto do mandado de segurança que impugnava a concessão ou o indeferimento da tutela provisória".

Alternativa "e": Correta, uma vez que se encontra de acordo com o entendimento constante da Súmula nº 201 do TST: "Da decisão de Tribunal Regional do Trabalho em mandado de segurança cabe recurso ordinário, no prazo de 8 (oito) dias, para o Tribunal Superior do Trabalho, e igual dilação para o recorrido e interessados apresentarem razões de contrariedade".

Gabarito: ver comentários do autor.

---

680. (TRT – JTS 15ª RG/2008) Tendo em vista a jurisprudência consolidada do TST, o mandado de segurança é incabível:

a) contra ato judicial que, de ofício, arbitra novo valor a causa, acarretando a majoração das custas processuais;

b) para atacar exigência de depósito prévio de honorários periciais;

c) contra o deferimento de liminar de reintegração no emprego em ação cautelar;

d) contra determinação de penhora em dinheiro, quando nomeados bens a penhora, em execução provisória;

e) para atacar tutela antecipada concedida antes da sentença.

COMENTÁRIOS

✪ **Nota do autor:** O mandado de segurança é uma ação constitucional especial que tem como objetivo garantir direito líquido e certo lesado ou ameaçado por autoridade, cujo titular seja uma pessoa física, jurídica ou entidades legalmente personificadas e que não seja protegido por *habeas corpus* ou *habeas data*. Observe-se, na alternativa "b" que, com a vigência da Lei nº 13.467/17, a CLT passou a prever expressamente a impossibilidade da cobrança do adiantamento de valores relacionados aos honorários periciais, como se vê da redação do §3º, art. 790-B da CLT: "O juízo não poderá exigir adiantamento de valores para realização de perícias.". Já na alternativa "d", que o art. 620 do CPC de 1973 corresponde ao art. 805 do CPC de 2015.

Alternativa "a": Correta, conforme previsão contida na OJ nº 88 da SDI-2 do TST: "Incabível a impetração de mandado de segurança contra ato judicial que, de ofício, arbitrou novo valor à causa, acarretando a majoração das custas processuais, uma vez que cabia à parte, após recolher as custas, calculadas com base no valor dado à causa na inicial, interpor recurso ordinário e, posteriormente, agravo de instrumento no caso de o recurso ser considerado deserto".

Alternativa "b": Nesse caso, o mandado de segurança é cabível. Opção **incorreta**, segundo entendimento constante da OJ nº 98 da SDI-2: "É ilegal a exigência de depósito prévio para custeio dos honorários periciais, dada a incompatibilidade com o processo do trabalho, sendo cabível o mandado de segurança visando à realização da perícia, independentemente do depósito". (ver nota do autor)

Alternativa "c": Incorreta, pois essa possibilidade encontra-se prevista pela OJ nº 63 da SDI-2 do TST: "Comporta a impetração de mandado de segurança o deferimento de reintegração no emprego em ação cautelar".

Alternativa "d": Incorreta à época, pois contrariava o inciso III da Súmula n° 417 do TST, atualmente revogado: "Em se tratando de execução provisória, fere direito líquido e certo do impetrante a determinação de penhora em dinheiro, quando nomeados outros bens à penhora, pois o executado tem direito a que a execução se processe da forma que lhe seja menos gravosa, nos termos do art. 620 do CPC. (ex-OJ nº 62 da SBDI-2 – inserida em 20.09.2000)". O texto atual dessa Súmula não contempla mais o inciso III e conta com a seguinte redação: "MANDADO DE SEGURANÇA. PENHORA EM DINHEIRO (alterado o item I, atualizado o item II e cancelado o item III, modulando-se os efeitos da presente redação de forma a atingir unicamente as penhoras em dinheiro em execução provisória efetivadas a partir de 18.03.2016, data de vigência do CPC de 2015) – Res. 212/2016, DEJT divulgado em 20, 21 e 22.09.2016. I – Não fere direito líquido e certo do impetrante o ato judicial que determina penhora em dinheiro do executado para garantir crédito exequendo, pois é prioritária e obedece à gradação prevista no art. 835 do CPC de 2015 (art. 655 do CPC de 1973). II – Havendo discordância do credor, em execução definitiva, não tem o executado direito líquido e certo a que os valores penhorados em dinheiro fiquem depositados no próprio banco, ainda que atenda aos requisitos do art. 840, I, do CPC de 2015 (art. 666, I, do CPC de 1973). (ex-OJ nº 61 da SBDI-2 – inserida em 20.09.2000)".

Alternativa "e": Só não caberia mandado de segurança se a antecipação da tutela fosse efetivada juntamente com a sentença. Opção **incorreta**, segundo o inciso II da Súmula nº 414 do TST, em sua redação original: "No caso da tutela antecipada (ou liminar) ser concedida antes da sentença, cabe a impetração do mandado de segurança, em face da inexistência de recurso próprio". A Resolução nº 217/2017 do TST alterou a redação da mencionada Súmula: "MANDADO DE SEGURANÇA. TUTELA PROVISÓRIA CONCEDIDA ANTES OU NA SENTENÇA (nova redação em decorrência do CPC de 2015) – Res. 217/2017 – DEJT divulgado em 20, 24 e 25.04.2017 I – A tutela provisória concedida na sentença não comporta impugnação pela via do mandado de segurança, por ser impugnável mediante recurso ordinário. É admissível a obtenção de efeito suspensivo ao recurso ordinário mediante requerimento dirigido ao tribunal, ao relator ou ao presidente ou ao vice-presidente do tribunal recorrido, por aplicação subsidiária ao processo do trabalho do artigo 1.029, § 5º, do CPC de 2015. II – No caso de a tutela provisória haver sido concedida ou indeferida antes da sentença, cabe mandado de segurança, em face da inexistência de recurso próprio. III – A superveniência da sentença, nos autos originários, faz perder o objeto do mandado de segurança que impugnava a concessão ou o indeferimento da tutela provisória".

Gabarito: A.

---

681. (TRT – JTS 23ª RG/2010) Analise as proposições abaixo e indique a alternativa CORRETA:

I. Segundo orientação jurisprudencial dominante do TST para fixação da competência territorial em sede de ação civil pública, deve ser levada em conta a extensão do dano causado ou a ser reparado, assim se de âmbito regional a competência é de uma das Varas do Trabalho da Capital do Estado, se for de âmbito suprarregional ou nacional, o foro é o do Distrito Federal.

II. Proposta a ação para proteção de direitos difusos, será publicado edital no órgão oficial, a fim de que os interessados possam intervir no processo como litisconsortes, sem prejuízo de ampla divulgação pelos meios de comunicação.

III. O único requisito às associações para propositura da ação civil pública é que estejam constituídas há pelo menos 1 (um) ano, nos termos da lei civil, entretanto, esse requisito poderá ser dispensado pelo juiz, quando haja manifesto interesse social evidenciado pela dimensão ou característica do dano, ou pela relevância do bem jurídico a ser protegido.

a) todas as proposições estão corretas

b) todas as proposições estão erradas

c) as proposições II e III estão corretas e a proposição I está errada

d) as proposições I e II estão corretas, a proposição III está errada

e) a proposição I está correta e as proposições II e III estão erradas

COMENTÁRIOS

✪ **Nota do autor:** Essa questão foi elaborada antes da alteração da OJ nº 130, da SDI-2 do TST, que atualmente conta com a seguinte redação: "I – A competência para a Ação Civil Pública fixa-se pela extensão do dano. II – Em caso de dano de abrangência regional, que atinja cidades sujeitas à jurisdição de mais de uma Vara do Trabalho, a competência será de qualquer das varas das localidades atingidas, ainda que vinculadas a Tribunais Regionais do Trabalho distintos. III – Em caso de dano de abrangência suprarregional ou nacional, há competência concorrente para a Ação Civil Pública das varas do trabalho das sedes dos Tribunais Regionais do Trabalho. IV – Estará prevento o juízo a que a primeira ação houver sido distribuída".

Item "I": Alternativa estaria **correta** de acordo com a antiga redação da OJ nº 130, da SDI-2 do TST: "Para a fixação da competência territorial em sede de ação civil pública, cumpre tomar em conta a extensão do dano causado ou a ser reparado, pautando-se pela incidência analógica do art. 93 do Código de Defesa do Consumidor. Assim, se a extensão do dano a ser reparado limitar-se ao âmbito regional, a competência é de uma das Varas do Trabalho da Capital do Estado; se for de âmbito suprarregional ou nacional, o foro é o do Distrito Federal". (ver nota do autor)

Item "II": Essa regra de publicação de edital só se aplica para as ações civis coletivas para a defesa de interesses individuais e homogêneos. Item **incorreto**, pois o art. 94 do CDC está inserido no Capítulo II do CDC, que trata da defesa de interesses individuais e homogêneos: "Art. 94. Proposta a ação, será publicado edital no órgão oficial, a fim de que os interessados possam intervir no processo como litisconsortes, sem prejuízo de ampla divulgação pelos meios de comunicação social por parte dos órgãos de defesa do consumidor".

Item "III": A dispensa desse requisito só é possível quando se tratar de ação civil coletiva para defesa de interesses individuais homogêneos. Item **incorreto**, pois contrário ao preceito contido no art. 82, IV e § 1º, do CDC: "(...) IV – as associações legalmente constituídas há pelo menos um ano e que incluam entre seus fins institucionais a defesa dos interesses e direitos protegidos por este código, dispensada a autorização assemblear. § 1º O requisito da pré-constituição pode ser dispensado pelo juiz, nas ações previstas nos arts. 91 e seguintes, quando haja manifesto interesse social evidenciado pela dimensão ou característica do dano, ou pela relevância do bem jurídico a ser protegido".

Gabarito: E.

---

682. (TRT – JTS 15ª RG/2008) À luz da jurisprudência consolidada do TST sobre o mandado de segurança, assinale a alternativa CORRETA:

a) a decisão do juiz que indefere a homologação de um acordo pode ser alterada pela via do mandado de segurança;

b) não cabe mandado de segurança para impugnar decisão que deferiu liminar em outro mandado de segurança;

c) cabe mandado de segurança da antecipação de tutela concedida em sentença;

d) se a petição inicial do "writ" não estiver acompanhada do documento indispensável, o juiz não poderá indeferi-la sem antes conceder prazo para o impetrante emenda-la;

e) a existência de recurso próprio para atacar a decisão judicial não impede a impetração do mandado de segurança.

COMENTÁRIOS

✪ **Nota do autor:** o mandado de segurança coletivo tem sua legitimidade ativa limitada ao partido político com representação no Congresso Nacional ou organização sindical, entidade de classe ou associação legalmente constituída e em funcionamento há pelo menos um ano, em defesa dos interesses de seus membros ou associados. Observe-se, na alternativa "d", que o art. 284 do CPC de 1973 corresponde ao art. 321 do CPC de 2015. Por conta disso o TST alterou a redação da Súmula nº 415, nos seguintes termos: "Exigindo o mandado de segurança prova documental pré-constituída, inaplicável o art. 321 do CPC de 2015 (art. 284 do CPC de 1973) quando verificada, na petição inicial do "mandamus", a ausência de documento indispensável ou de sua autenticação. (ex-OJ nº 52 da SBDI-2 – inserida em 20.09.2000)".

Alternativa "a": A homologação de acordo é uma faculdade do juiz. Opção **incorreta**, conforme Súmula nº 418 do TST em sua redação anterior: "A concessão de liminar ou a homologação de acordo constituem faculdade do juiz, inexistindo direito líquido e certo tutelável pela via do mandado de segurança". A Resolução nº 217/2017 do TST modificou a redação da mencionada Súmula, nos seguintes termos: "MANDADO DE SEGURANÇA VISANDO À HOMOLOGAÇÃO DE ACORDO (nova redação em decorrência do CPC de 2015) – Res. 217/2017 – DEJT divulgado em 20, 24 e 25.04.2017 A homologação de acordo constitui faculdade do juiz, inexistindo direito líquido e certo tutelável pela via do mandado de segurança". Com isso, o TST passa a admitir a possibilidade de atacar decisões que concedem a tutela provisória pela via do mandado de segurança.

Alternativa "b": Correta, de acordo com o posicionamento do TST constante da Súmula nº 418, em sua redação anterior: "A concessão de liminar ou a homologação de acordo constituem faculdade do juiz, inexistindo direito líquido e certo tutelável pela via do mandado de segurança". A Resolução nº 217/2017 do TST modificou a redação da mencionada Súmula, conforme se observa de sua transcrição do item anterior. Com isso, o TST passa a admitir a possibilidade de atacar decisões que concedem a tutela provisória pela via do mandado de segurança.

Alternativa "c": Nesse caso, cabe recurso ordinário. Opção **incorreta**, conforme inciso I, da Súmula nº 414, do TST, em sua redação original: "A antecipação da tutela concedida na sentença não comporta impugnação pela via do mandado de segurança, por ser impugnável mediante recurso ordinário. A ação cautelar é o meio próprio para se obter efeito suspensivo a recurso". A Resolução nº 217/2017 do TST alterou a redação da mencionada Súmula: "MANDADO DE SEGURANÇA. TUTELA PROVISÓRIA CONCEDIDA ANTES OU NA SENTENÇA (nova redação em decorrência do CPC de 2015) - Res. 217/2017 - DEJT divulgado em 20, 24 e 25.04.2017 I - A tutela provisória concedida na sentença não comporta impugnação pela via do mandado de segurança, por ser impugnável mediante recurso ordinário. É admissível a obtenção de efeito suspensivo ao recurso ordinário mediante requerimento dirigido ao tribunal, ao relator ou ao presidente ou ao vice-presidente do tribunal recorrido, por aplicação subsidiária ao processo do trabalho do artigo 1.029, § 5º, do CPC de 2015. II - No caso de a tutela provisória haver sido concedida ou indeferida antes da sentença, cabe mandado de segurança, em face da inexistência de recurso próprio. III - A superveniência da sentença, nos autos originários, faz perder o objeto do mandado de segurança que impugnava a concessão ou o indeferimento da tutela provisória".

Alternativa "d": É possível o indeferimento sem a necessidade de intimar o autor para emendar a inicial, pois o mandado de segurança exige a prova pré-constituída. Opção **incorreta**, conforme entendimento constante da Súmula nº 415 do TST, em sua redação anterior (ver nota do autor): "Exigindo o mandado de segurança prova documental pré-constituída, inaplicável se torna o art. 284 do CPC quando verificada, na petição inicial do '*mandamus*', a ausência de documento indispensável ou de sua autenticação".

Alternativa "e": Só cabe mandado de segurança se o ato judicial não é passível de recurso. Opção **incorreta**, conforme Súmula nº 267 do STF: "Não cabe mandado de segurança contra ato judicial passível de recurso ou correição".

Gabarito: B.

---

683. (TRT - JTS 16ª RG/2011) Analise as afirmativas e assinale a alternativa CORRETA:

a) Compete aos Tribunais Regionais do Trabalho o julgamento de mandado de segurança impetrado contra seus próprios atos administrativos.

b) Caso a petição inicial do mandado de segurança não venha instruída com a prova documental pré-constituída, o juiz assinalará prazo para emenda, sob pena de indeferimento da inicial.

c) As varas do trabalho e os juízes de direito investidos de jurisdição trabalhista não têm competência para julgar mandado de segurança.

d) São passíveis de mandado de segurança atos de gestão comercial praticados por administradores de empresa pública e concessionárias de serviços públicos essenciais.

e) A antecipação da tutela concedida na sentença comporta impugnação pela via do mandado de segurança, em face da inexistência de recurso próprio.

COMENTÁRIOS

✪ **Nota do autor:** A Lei nº 12.016/09, art. 23, estabelece o prazo decadencial de 120 dias para a impetração do mandado de segurança, contados a partir da ciência do ato impugnado, pelo interessado. Observe-se, na alternativa "b", que o art. 284 do CPC de 1973 corresponde ao art. 321 do CPC de 2015. Por conta disso o TST alterou a redação da Súmula nº 415, nos seguintes termos: "Exigindo o mandado de segurança prova documental pré-constituída, inaplicável o art. 321 do CPC de 2015 (art. 284 do CPC de 1973) quando verificada, na petição inicial do 'mandamus', a ausência de documento indispensável ou de sua autenticação. (ex-OJ nº 52 da SBDI-2 - inserida em 20.09.2000)".

Alternativa "a": Correta, de acordo com o art. 21, VI, da LC nº 35, de 14.3.79: "Compete aos Tribunais, privativamente: VI - julgar, originariamente, os mandados de segurança contra seus atos, os dos respectivos Presidentes e os de suas Câmaras, Turmas ou Seções". A competência originária dos Tribunais Regionais do Trabalho para apreciar e julgar mandado de segurança, também é fixada por meio dos respectivos regimentos internos. A título de exemplo, transcreve-se o art. 145 do Regimento Interno do TRT da 2ª Região: "Para proteger direito líquido e certo, não amparado por *habeas corpus* ou *habeas data*, conceder-se-á mandado de segurança quando a autoridade responsável por ato de ilegalidade ou abuso de poder estiver sob a jurisdição do Tribunal".

Alternativa "b": Nesse caso, a petição inicial do mandado de segurança será indeferida. Opção **incorreta**, conforme Súmula nº 415 do TST, em sua redação anterior (ver nota do autor): "Exigindo o mandado de segurança prova documental pré-constituída, inaplicável se torna o art. 284 do CPC quando verificada, na petição inicial do '*mandamus*', a ausência de documento indispensável ou de sua autenticação". (ver nota do autor)

Alternativa "c": Incorreta, pois essa competência encontra-se estabelecida pelo art. 114, IV e VII, CF/88, inclusive em relação aos órgãos de primeira instância: "Art. 114. Compete à Justiça do Trabalho processar e julgar: IV – os mandados de segurança, *habeas corpus* e *habeas data*, quando o ato questionado envolver matéria sujeita à sua jurisdição; VII – as ações relativas às penalidades administrativas impostas aos empregadores pelos órgãos de fiscalização das relações de trabalho".

Alternativa "d": Nesses casos, a lei excepciona de forma expressa o cabimento do mandado de segurança. Opção **incorreta**, conforme art. 1º, § 2º, Lei nº 12.016/09: "Não cabe mandado de segurança contra os atos de gestão comercial praticados pelos administradores de empresas públicas, de sociedade de economia mista e de concessionárias de serviço público".

Alternativa "e": A medida cabível é o recurso ordinário. Opção **incorreta**, pois segundo o inciso II da Súmula nº 414 do TST, em sua redação anterior: "No caso da tutela antecipada (ou liminar) ser concedida antes da sentença, cabe a impetração do mandado de segurança, em face da inexistência de recurso próprio". A Resolução nº 217/2017 do TST alterou a redação da mencionada Súmula: "MANDADO DE SEGURANÇA. TUTELA PROVISÓRIA CONCEDIDA ANTES OU NA SENTENÇA (nova redação em decorrência do CPC de 2015) – Res. 217/2017 – DEJT divulgado em 20, 24 e 25.04.2017 I – A tutela provisória concedida na sentença não comporta impugnação pela via do mandado de segurança, por ser impugnável mediante recurso ordinário. É admissível a obtenção de efeito suspensivo ao recurso ordinário mediante requerimento dirigido ao tribunal, ao relator ou ao presidente ou ao vice-presidente do tribunal recorrido, por aplicação subsidiária ao processo do trabalho do artigo 1.029, § 5º, do CPC de 2015. II – No caso de a tutela provisória haver sido concedida ou indeferida antes da sentença, cabe mandado de segurança, em face da inexistência de recurso próprio. III – A superveniência da sentença, nos autos originários, faz perder o objeto do mandado de segurança que impugnava a concessão ou o indeferimento da tutela provisória".

Gabarito: A.

Processo do Trabalho

José Cairo Jr.
Felipe Bernardes

✦ DICAS

1. TEORIA GERAL DO PROCESSO DO TRABALHO, JURISDIÇÃO E AÇÃO

1.1. HISTÓRICO

A Justiça do Trabalho teve como célula embrionária as Juntas de Conciliação e Julgamento às quais competia solucionar os conflitos individuais trabalhistas. Já às Comissões Mistas de Conciliação cabia dirimir os dissídios coletivos do trabalho.

Ambas foram instituídas em 1932 e eram dotadas de natureza jurídica administrativa, pois não faziam parte do Poder Judiciário, mas estavam vinculados ao Ministério do Trabalho.

Já o Conselho Nacional do Trabalho – CNT, precursor do Tribunal Superior do Trabalho – TST, foi criado em 1923, por meio do Decreto nº 16.027.

A Justiça do Trabalho era mencionada na Constituição Federal de 1934, mas só foi instalada durante a vigência da CF/37. Sua incorporação ao Poder Judiciário da União só ocorreu com o advento da Constituição Federal de 1946.

Outros três fatores históricos importantes para o direito processual trabalhista nacional foram:

- a extinção da representação classista na Justiça do Trabalho, quando da promulgação da Emenda Constitucional nº 24/1999;
- a ampliação da competência da Justiça Laboral, por meio da EC nº 45/2004;
- o advento da Lei nº 13.467/17, conhecida como Lei da Reforma Trabalhista.

1.2. PRINCÍPIOS

Conciliação ➔ a qualquer momento e em qualquer grau de jurisdição deve ser incentivada a solução dos conflitos mediada pelo magistrado.

***Ius postulandi* ➔** *os empregados e os empregadores possuem capacidade postulatória. Assim, poderão reclamar pessoalmente perante a Justiça do Trabalho e acompanhar as suas reclamações até o final. Segundo o TST, o ius postulandi não alcança a ação rescisória, a ação cautelar, o mandado de segurança e os recursos de sua competência.* Importante salientar que o ius postulandi foi mantido mesmo após a vigência da Lei da Reforma Trabalhista, que instituiu os honorários de sucumbência no processo laboral.

Imediatidade ➔ o juiz deve aproximar-se das partes e dos meios de provas por elas produzidos, a fim de que consiga extrair, pela sua percepção imediata, a verdade dos fatos alegados e, consequentemente, tornar o julgamento mais justo.

Oralidade ➔ confere-se preferência ao ato processual praticado oralmente, pois se acentua a cognição entre aqueles que participam do processo. Para dar segurança jurídico-processual, esses atos são registrados, dando ensejo ao princípio da escrituração.

Publicidade ➔ constitui princípio da administração pública em geral. No âmbito do Poder Judiciário e, mais precisamente, da Justiça do Trabalho, os atos processuais são públicos, salvo quando o contrário determinar o interesse social, e serão realizados nos dias úteis das 6 às 20 horas.

Concentração ➔ os atos processuais devem concentrar-se, preferencialmente, em um único momento ou ato complexo. No processo do trabalho, esse ato é representado pela audiência.

Identidade física do juiz ➔ Esse instituto não foi mantido pelo CPC de 2015. Assim, eventual vinculação do juiz à demanda só ocorrerá por conta de regras internas dos Tribunais.

Duração razoável do processo ou celeridade ➔ o princípio da celeridade ou da duração razoável do processo é mais intenso no processo do trabalho, pois o empregado, na maioria das vezes, tem o salário como fonte principal ou única do seu sustento e de sua família.

Jurisdição normativa ➔ consiste na possibilidade da Justiça do Trabalho criar uma norma genérica e abstrata, por meio de uma sentença normativa proferida nos processos de dissídio coletivo de natureza econômica, que se incorpora, automaticamente, e durante o respectivo prazo de validade, aos contratos de trabalho dos integrantes da categoria econômica e profissional em litígio. Trata-se, portanto, de um princípio exclusivo do processo do trabalho.

Informalidade ➔ diz respeito à existência de uma carga menor de requisitos de validade de um ato processual ou mesmo da possibilidade de convalidação de um ato defeituoso, desde que não prejudique as partes e que sejam atingidos os objetivos fixados na lei. Esse princípio é muito mais intenso no processo do trabalho do que no processo civil.

Cooperação ou colaboração ➔ O processo resultado da atuação do juiz, do autor e do réu, com a participação ativa das partes. Essa atuação conjunta seria no sentido de conferir maior efetividade e celeridade à prestação jurisdicional adequada e pode ser entendido também não como um objetivo, mas sim como um meio de desenvolvimento do processo com o estímulo à ação cooperativa triangular.

1.3. AUTONOMIA E FONTES DO DIREITO PROCESSUAL DO TRABALHO

Autonomia ➔ a doutrina não é pacífica quando se trata de determinar a autonomia do Direito Processual do Trabalho ou mesmo do Direito Processual Civil, havendo adeptos tanto da teoria monista, também denominada de unitarista, quanto da teoria dualista.

- **Teoria monista ➔** minoritária e considera que o direito processual é unitário.
- **Teoria dualista ➔** majoritária e entende que o direito processual do trabalho é autônomo, apesar de recorrer subsidiariamente e supletivamente às regras do processo civil.

Fontes formais do Direito Processual do Trabalho ➔ as leis em sentido amplo, os princípios, a jurisprudência, os costumes processuais as portarias, atos e instruções normativas dos tribunais.

Jurisprudência ➔ é a reunião de decisões que se pronunciam em um determinado sentido (precedentes) é que se denomina de jurisprudência, que pode ser notória, reiterativa ou dominante quando boa parte das decisões que a compõem adota o idêntico entendimento.

Precedente judicial ➔ é uma decisão específica na qual se adota uma tese jurídica (*ratio decidendi*) sobre uma questão de direito e, de certa forma, pode vincular ou direcionar a atividade do julgador em demandas futuras. Em sentido estrito, precedente seria a própria tese jurídica (*ratio decidendi*) na qual se funda uma decisão. Em sentido amplo, o precedente judicial é composto da tese jurídica (*ratio decidendi*) e da situação fática na qual se embasa o litígio.

Súmula ➔ é o resumo da jurisprudência, quando as questões muito debatidas já se encontram, de certa forma, pacificadas. Para cada assunto, o Tribunal cria um texto, denominado de extrato normativo, que representa o seu posicionamento sobre determinada matéria, denominado de enunciado ou ementa de súmula, aprovado por 2/3 dos seus integrantes.

Tese jurídica prevalecente ➔ entendimento do Tribunal sobre determinado tema, mas aprovado por maioria simples dos seus integrantes.

Hierarquia das fontes ➔ ao contrário do que ocorre com o Direito individual do trabalho, não há que se falar em aplicação do princípio da regra mais favorável ao empregado no Direito processual do trabalho. Consequentemente, deve ser observada a hierarquia clássica das normas do ordenamento jurídico, em face ao caráter público desse ramo do Direito, cujo ápice é ocupado pelos dispositivos de caráter constitucional.

1.4. FORMAS DE SOLUÇÃO DE CONFLITOS INDIVIDUAIS TRABALHISTAS

Arbitragem ➔ admitida, expressamente, pela CF/88 para solução de conflitos coletivos. Quanto aos dissídios individuais trabalhistas, pode ser utilizada quando o empregado for hipersuficiente, sem a necessidade de exigência do Diploma de nível superior. Em relação aos empregados hipossuficientes há divergência na doutrina e na jurisprudência quanto à possibilidade de sua utilização, devido a natureza dos direitos trabalhistas, de caráter indisponível.

Autocomposição ➔ no ordenamento jurídico brasileiro, a solução de um conflito individual decorrente de uma relação de emprego com a utilização do método da autocomposição extrajudicial só é possível quando se tratar de empregado hipersuficiente ou quando o vínculo empregatício do trabalhador hipossuficiente já tenha sido dissolvido. Em qualquer caso é possível submeter ao crivo do juiz do trabalho acordo extrajudicial firmado por advogados distintos que representem os interesses dos interessados, em sede de jurisdição voluntária.

Mediação ➔ é uma espécie heterônoma de solução de divergências intersubjetivas. Quando se opta por esse sistema, escolhe-se, por mútuo acordo, uma terceira pessoa estranha ao conflito, que utiliza de diversas técnicas de mediação, elimina paulatinamente os pontos principais do dissenso, e aproxima os interesses à categoria de convergência.

Comissões de conciliação prévia ➔ são organismos paritários, formados por representantes de empregados e empregadores, destinados a promover a transação extrajudicial entre esses atores sociais, funcionando como mediadores. Têm as seguintes características:

- **Composição e funcionamento:** composta de no mínimo 2 e no máximo 10 membros; a metade de seus membros é indicada pelo empregador e a outra metade eleita pelos empregados, em escrutínio secreto, fiscalizado pelo sindicato da categoria profissional; há na Comissão tantos suplentes quantos forem os representantes titulares; o mandato dos seus membros, titulares e suplentes, é de 1 ano, permitida uma recondução;
- **Procedimento:** a demanda deve ser formulada por escrito ou reduzida a termo por qualquer dos membros da Comissão, sendo entregue cópia datada e assinada pelo membro aos interessados; não prosperando a conciliação, será fornecida ao empregado e ao empregador declaração da tentativa conciliatória frustrada com a descrição de seu objeto, firmada pelos membros da Comissão; caso exista, na mesma localidade e para a mesma categoria, Comissão de empresa e Comissão sindical, o interessado optará por uma delas para submeter a sua demanda, sendo competente aquela que primeiro conhecer do pedido; aceita a conciliação, será lavrado termo assinado pelo empregado, pelo empregador ou seu preposto e pelos membros da Comissão, fornecendo-se cópia às partes, que tem força de **título executivo extrajudicial** e terá **eficácia liberatória geral**, exceto quanto às parcelas expressamente ressalvadas.
- **Facultatividade**: a submissão dos dissídios individuais do trabalho às comissões de conciliação prévia é facultativa (ADIs 2139 e 2160).

Centros judiciários de solução consensual de conflitos → não se aplica ao Processo do Trabalho o art. 165 do CPC, salvo nos conflitos coletivos de natureza econômica (art. 14 da Instrução Normativa nº 39/16 do TST).

1.5. ÓRGÃOS DA JUSTIÇA DO TRABALHO

TST → Composto por 27 Ministros, sendo que 4/5 dos seus integrantes são provenientes dos Tribunais Regionais do Trabalho, representado por Desembargadores Federais do Trabalho com mais de 35 e menos de 65 anos. O restante, 1/5, é formado por advogados com mais de 10 anos de exercício e integrantes do Ministério Público do Trabalho com mais de 10 anos de efetivo exercício.

ENAMAT → A Escola Nacional da Magistratura foi criada com a promulgação da Emenda Constitucional nº 45, com o objetivo de centralizar as políticas de formação e aperfeiçoamento dos magistrados brasileiros.

CSJT → O Conselho Superior da Justiça do Trabalho tem como função, dentre outras, exercer a supervisão administrativa, orçamentária, financeira e patrimonial da Justiça do Trabalho de primeiro e segundo graus, como órgão de emissão de estratégia central desse ramo do Poder Judiciário, cujas decisões terão efeito vinculante.

TRTs → Atualmente, 24 Tribunais Regionais do Trabalho compõem a estrutura do segundo grau do Poder Judiciário do Trabalho no Brasil e gozam de autonomia financeira e administrativa.

Varas do Trabalho → Constituem os órgãos da primeira instância da Justiça Trabalhista. Substituíram as extintas Juntas de Conciliação e Julgamento, que eram formadas por um juiz togado e dois classistas, sendo um representante dos empregados e outro dos empregadores.

Juízes de Direito → Apesar de **não fazer parte do Poder Judiciário do Trabalho,** ficam excepcionalmente investidos da jurisdição laboral quando a localidade não for atendida por órgão específico da Justiça do Trabalho.

1.6. COMPETÊNCIA

Competência em razão da matéria → Absoluta

- Ações oriundas da relação de trabalho, abrangidos os Entes de direito público externo e da administração pública direta e indireta da União, dos Estados, do Distrito Federal e dos Municípios;
- Ações que envolvam exercício do direito de greve, inclusive de natureza possessória (interdito proibitório);
- Ações sobre representação sindical, entre sindicatos, entre sindicatos e trabalhadores, e entre sindicatos e empregadores;
- Mandados de segurança, *habeas corpus* e *habeas data*, quando o ato questionado envolver matéria sujeita à sua jurisdição;
- Conflitos de competência entre órgãos com jurisdição trabalhista, ressalvado a competência do STF para julgar aqueles suscitados entre o TST e outros Tribunais superiores;
- Ações de indenização por dano moral ou patrimonial, decorrentes da relação de trabalho, inclusive aquelas decorrentes de acidente do trabalho ou de doença ocupacional, ainda que propostas pelos dependentes ou sucessores do trabalhador;
- As ações relativas às penalidades administrativas impostas aos empregadores pelos órgãos de fiscalização das relações de trabalho;
- A execução, de ofício, das contribuições sociais previstas devidas pelo empregado e empregador em razão dos salários e demais rendimentos pagos ou creditados em razão da prestação de serviços, bem como seus acréscimos legais, decorrentes das sentenças que proferir. Inclusive a Súmula vinculante nº 53 do STF trata dessa matéria: "A competência da Justiça do Trabalho prevista no artigo 114, inciso VIII, da Constituição Federal alcança a execução de ofício das contribuições previdenciárias relativas ao objeto da condenação constante das sentenças que proferir e acordos por ela homologados";
- Outras controvérsias decorrentes da relação de trabalho, na forma da lei;
- Dissídios coletivos de trabalho de natureza jurídica e econômica.

A Justiça do Trabalho não detém competência em razão da matéria para apreciar e julgar:

- Demandas criminais, ainda que decorrentes da relação de trabalho;
- Ações acidentárias propostas contra a autarquia previdenciária ou União;
- Demandas de servidor público estatutário, inclusive relativas ao exercício do direito de greve.
- Demandas envolvendo pedido de complementação de aposentadoria em face de institutos de previdência privada, ainda que do mesmo grupo econômico do empregador;
- Ação de cobrança de honorários de profissional liberal, inclusive advocatícios;
- Ações envolvendo relações de consumo;
- Representação comercial;
- Autorização para trabalho artístico de menor.

Competência em razão do lugar (relativa e, por isso, prorrogável): deve ser observada a seguinte regra → fixação pelo critério da localidade onde o empregado, reclamante ou reclamado, prestar serviços ao empregador, ainda que tenha sido contratado noutro local ou no estrangeiro. Devem ser observadas as seguintes exceções:

- Quando for parte no dissídio agente ou viajante comercial, a competência será da localidade em que a empresa tenha agência ou filial e a esta o empregado esteja subordinado e, na falta, será competente a vara do trabalho da localidade em que o empregado tenha domicílio ou a localidade mais próxima;

- Em se tratando de empregador que promova realização de atividades fora do lugar do contrato de trabalho, é assegurado ao empregado apresentar reclamação no foro da celebração do contrato ou no da prestação dos respectivos serviços;
- A competência das Varas do Trabalho em razão do lugar estende-se aos dissídios ocorridos em agência ou filial no estrangeiro, desde que o empregado seja brasileiro e não haja convenção internacional dispondo em contrário.

Conflito de competência ➔ serão resolvidos:

- Pelos Tribunais regionais, os suscitados entre Varas do Trabalho e entre Juízos de Direito investidos na administração da Justiça do Trabalho, ou entre umas e outros, nas respectivas Regiões;
- Pelo TST, os suscitados entre Tribunais Regionais, ou entre Varas do Trabalho e Juízos de Direito sujeitos à jurisdição de Tribunais Regionais diferentes;
- Pelo STJ, os suscitados entre as autoridades da Justiça do Trabalho e as da Justiça Ordinária.

Modificação da competência ➔ No processo do trabalho as partes não podem modificar a competência em razão do valor e do território, por meio da eleição de foro onde será proposta ação oriunda de direitos e obrigações. Assim, não se aplica o art. 63 do CPC, conforme art. 2º, I, da Instrução Normativa nº 39/16 do TST.

2. PROCESSO E PROCEDIMENTO TRABALHISTA

2.1. PROCEDIMENTOS (SUMARÍSSIMO, DE ALÇADA EXCLUSIVA DA VARA, INQUÉRITO E HOMOLOGAÇÃO DE ACORDO JUDICIAL)

Inquérito ➔ o inquérito para apuração de falta grave representa uma ação específica de cognição, de rito especial, cuja decisão possui carga predominantemente constitutiva, destinando-se a promover o rompimento do contrato de trabalho do empregado portador de estabilidade, desde que assim a lei o determine expressamente. Características e efeitos:

- O empregador apresentará reclamação por escrito à Vara do Trabalho ou Juízo de Direito, dentro do prazo decadencial de 30 dias, contados da data da suspensão do empregado;
- Se a hipótese for de abandono de emprego, o prazo de decadência é contado a partir do momento em que o empregado pretendeu seu retorno ao serviço;
- Caso tenha havido prévio reconhecimento da estabilidade do empregado, o julgamento do inquérito pelo juízo não prejudicará a execução para pagamento dos salários devidos ao empregado, até a data da instauração do mesmo inquérito;
- Reconhecida a inexistência de falta grave praticada pelo empregado, fica o empregador obrigado a readmiti-lo no serviço e a pagar-lhe os salários a que teria direito no período da suspensão;
- Se a reintegração for desaconselhável, dado o grau de incompatibilidade resultante do dissídio, especialmente quando for o empregador pessoa física, o Tribunal do Trabalho poderá converter aquela obrigação em indenização.

Procedimento de alçada exclusiva das Varas do Trabalho ➔ reclamações trabalhistas cujo valor da causa não supere dois salários mínimos são da alçada exclusiva de julgamento da Vara do Trabalho, salvo se versarem sobre matéria constitucional. Dispensa-se, a critério do juiz, o resumo dos depoimentos, devendo constar da ata a conclusão do Tribunal quanto à matéria de fato.

Sumaríssimo ➔ demandas cujo valor da causa não ultrapasse quarenta salários mínimos, salvo nas demandas em que é parte a Administração Pública direta, autárquica e fundacional. Tem as seguintes características:

- Pedido: deve ser certo ou determinado e indicará o valor correspondente, sob pena de arquivamento;
- Notificação: não se faz citação/notificação por edital, incumbindo ao autor a correta indicação do nome e endereço do reclamado, sob pena de arquivamento;
- Audiência: a apreciação, a instrução e o julgamento da reclamação devem ocorrer no prazo máximo de 15 dias do seu ajuizamento em audiência única. Interrompida a audiência, o seu prosseguimento e a solução do processo se darão no prazo máximo de 30 dias, salvo motivo relevante justificado nos autos pelo juiz;
- Testemunhas: até o máximo de duas para cada parte, comparecerão à audiência de instrução e julgamento independentemente de intimação. Só será deferida intimação de testemunha que, comprovadamente convidada, deixar de comparecer. Não comparecendo a testemunha intimada, o juiz pode determinar sua imediata condução coercitiva;
- Perícia: somente quando a prova do fato o exigir, ou for legalmente imposta, será deferida prova técnica, incumbindo ao juiz, desde logo, fixar o prazo, o objeto da perícia e nomear perito. As partes são intimadas a manifestar-se sobre o laudo, no prazo comum de 5 dias;
- Sentença: a sentença mencionará os elementos de convicção do juízo, com resumo dos fatos relevantes ocorridos em audiência, dispensado o relatório. O juízo adotará em cada caso a decisão que reputar mais justa e equânime, atendendo aos fins sociais da lei e as exigências do bem comum;

- Recurso ordinário: é imediatamente distribuído, uma vez recebido no Tribunal; não existe a figura do revisor; tem parecer oral do representante do Ministério Público presente à sessão de julgamento; e o acórdão consiste unicamente na certidão de julgamento;
- Recurso de revista: somente será admitido por contrariedade a súmula de jurisprudência uniforme do TST, súmula vinculante do STF e violação direta da Constituição da República.

Processo de jurisdição voluntária para homologação de acordo extrajudicial ➔ o processo de homologação de acordo extrajudicial terá início por petição conjunta, sendo obrigatória a representação das partes por advogado:

- As partes não poderão ser representadas por advogado comum;
- Faculta-se ao trabalhador ser assistido pelo advogado do sindicato de sua categoria;
- No prazo de quinze dias a contar da distribuição da petição, o juiz analisará o acordo, designará audiência se entender necessário e proferirá sentença;
- A petição de homologação de acordo extrajudicial suspende o prazo prescricional da ação quanto aos direitos nela especificados. Voltará a fluir no dia útil seguinte ao do trânsito em julgado da decisão que negar a homologação do acordo.

Definição do rito ➔ As ações ajuizadas na Justiça do Trabalho tramitam pelo rito ordinário ou sumaríssimo, conforme previsto na Consolidação das Leis do Trabalho, excepcionando-se, apenas, as que, por disciplina legal expressa, estejam sujeitas a rito especial, tais como o Mandado de Segurança, *Habeas Corpus*, *Habeas Data*, Ação Rescisória, Ação Cautelar e Ação de Consignação em Pagamento. A sistemática recursal a ser observada é a prevista na Consolidação das Leis do Trabalho, inclusive no tocante à nomenclatura, à alçada, aos prazos e às competências (IN nº 27/05 do TST).

2.2. PARTES, REPRESENTAÇÃO, SUBSTITUIÇÃO PROCESSUAL E FAZENDA PÚBLICA

Ministério Público do Trabalho ➔ é composto de uma Procuradoria-Geral, que atua perante o TST, e de 24 Procuradorias Regionais, atuando perante os Tribunais Regionais do Trabalho. Na Justiça do Trabalho só atua como órgão interveniente (*custos legis*) na fiscalização dos processos da competência originária ou derivada dos Tribunais do Trabalho, observando, também, o quanto disposto no art. 82 do CPC de 1973, sob pena de nulidade processual.

Legitimação do MPT ➔ tem legitimidade para ajuizar ações trabalhistas em defesa dos direitos difusos e coletivos dos trabalhadores, menores e incapazes e, de forma específica:

- Promover as ações que lhe sejam atribuídas pela Constituição Federal e pelas leis trabalhistas;
- Promover a ação civil pública no âmbito da Justiça do Trabalho, para defesa de interesses coletivos, quando desrespeitados os direitos sociais constitucionalmente garantidos;
- Propor as ações cabíveis para declaração de nulidade de cláusula de contrato, acordo coletivo ou convenção coletiva que viole as liberdades individuais ou coletivas ou os direitos individuais indisponíveis dos trabalhadores;
- Recorrer das decisões da Justiça do Trabalho, quando entender necessário, tanto nos processos em que for parte, como naqueles em que oficiar como fiscal da lei, bem como pedir revisão dos Enunciados da Súmula de Jurisprudência do Tribunal Superior do Trabalho;
- Propor as ações necessárias à defesa dos direitos e interesses dos menores, incapazes e índios, decorrentes das relações de trabalho;
- Instaurar instância em caso de greve, quando a defesa da ordem jurídica ou o interesse público assim o exigir;
- Promover mandado de injunção, quando a competência for da Justiça do Trabalho.

Fazenda Pública ➔ a União, os Estados, o Distrito Federal, os Municípios e as autarquias ou fundações de direito público federais, estaduais ou municipais que não explorem atividades econômicas gozam dos seguintes privilégios processuais:

- Duplo grau de jurisdição necessário, salvo quando a sentença estiver fundada em súmula de tribunal superior; acórdão proferido pelo Supremo Tribunal Federal ou pelo Superior Tribunal de Justiça em julgamento de recursos repetitivos; entendimento firmado em incidente de resolução de demandas repetitivas ou de assunção de competência; entendimento coincidente com orientação vinculante firmada no âmbito administrativo do próprio ente público, consolidada em manifestação, parecer ou súmula administrativa; ou quando o valor da condenação não ultrapassar (art. 496, § 3º do CPC):
  a) 1.000 salários mínimos para a União e as respectivas autarquias e fundações de direito público;
  b) 500 salários mínimos para os Estados, o Distrito Federal, as respectivas autarquias e fundações de direito público e os Municípios que constituam capitais dos Estados;
  c) 100 (cem) salários mínimos para todos os demais Municípios e respectivas autarquias e fundações de direito público.
- Quádruplo do prazo para realização da audiência (20 dias);
- Prazo em dobro para praticar todos os atos processuais (art. 183 do CPC);
- Dispensa de depósito recursal e custas para interposição de recurso.

Intervenção de terceiros → Verifica-se a intervenção de terceiros quando uma pessoa ingressa em um processo que, originariamente, não é parte, por iniciativa própria ou por provocação do reclamante ou do reclamado.

Incidente de desconsideração da personalidade jurídica (inclusive a desconsideração inversa) → Cabe em todas as fases do processo e será instaurado a pedido da parte ou do Ministério Público, quando lhe couber intervir no processo. (art. 133 a 137 do novo CPC aplicável ao processo do trabalho por força do disposto no art. 855-A da CLT).

Da decisão interlocutória que acolher ou rejeitar o incidente:

- na fase de cognição, não cabe recurso de imediato, na forma do art. 893, § 1º da CLT;
- na fase de execução, cabe agravo de petição, independentemente de garantia do juízo;
- cabe agravo interno se proferida pelo Relator, em incidente instaurado originariamente no tribunal.

Amicus curiae → é a pessoa ou entidade que ingressa no processo para fornecer subsídios científicos, técnicos ou práticos para auxiliar o juiz ou tribunal a proferir uma decisão. O juiz ou o relator, considerando a relevância da matéria, a especificidade do tema objeto da demanda ou a repercussão social da controvérsia, poderá, por decisão irrecorrível, de ofício ou a requerimento das partes ou de quem pretenda manifestar-se, solicitar ou admitir a participação de pessoa natural ou jurídica, órgão ou entidade especializada, com representatividade adequada, no prazo de quinze dias de sua intimação.

2.3. DANOS PROCESSUAIS

Responsabilidade → responde por perdas e danos aquele que litigar de má-fé como reclamante, reclamado ou interveniente.

Tipificação:

- deduzir pretensão ou defesa contra texto expresso de lei ou fato incontroverso;
- alterar a verdade dos fatos;
- usar do processo para conseguir objetivo ilegal;
- opuser resistência injustificada ao andamento do processo;
- proceder de modo temerário em qualquer incidente ou ato do processo;
- provocar incidente manifestamente infundado;
- interpuser recurso com intuito manifestamente protelatório.

Multa → de ofício ou a requerimento, o juízo condenará o litigante de má-fé a pagar multa, que deverá ser superior a 1% (um por cento) e inferior a 10% (dez por cento) do valor corrigido da causa, a indenizar a parte contrária pelos prejuízos que esta sofreu e a arcar com os honorários advocatícios e com todas as despesas que efetuou.

2.4. ADVOGADO, PROCURAÇÃO, HONORÁRIOS, DESPESAS PROCESSUAIS, JUSTIÇA GRATUITA E *IUS POSTULANDI*

Custas → nos dissídios individuais e nos dissídios coletivos do trabalho, nas ações e procedimentos de competência da Justiça do Trabalho, bem como nas demandas propostas perante a Justiça Estadual, no exercício da jurisdição trabalhista, as custas relativas ao processo de conhecimento incidirão à base de 2% (dois por cento), observado o mínimo de R$ 10,64 (dez reais e sessenta e quatro centavos) e o máximo de quatro vezes o limite máximo dos benefícios do Regime Geral de Previdência Social.

Honorários periciais provisionais → segundo regra do processo civil, a responsabilidade pelo pagamento dos honorários provisionais é da parte que requereu a perícia ou rateada quando a perícia for determinada de ofício ou requerida por ambas as partes (art. 95 do CPC). Considerando que no processo do trabalho as despesas processuais somente são cobradas ao final, o legislador deixou claro não ser cabível a cobrança de honorários provisionais na Justiça do Trabalho, ao introduzir o § 3º ao art. 790-B da CLT: "O juízo não poderá exigir adiantamento de valores para realização de perícias".

Honorários periciais definitivos → A responsabilidade pelo pagamento dos honorários periciais é da parte sucumbente na pretensão objeto da perícia, salvo se beneficiária de justiça gratuita.

Honorários do assistente técnico → a indicação do perito assistente é faculdade da parte, a qual deve responder pelos respectivos honorários, ainda que vencedora no objeto da perícia.

Assistência judiciária → é devida pelo Estado a todo cidadão que não tiver condições de arcar com o pagamento das despesas processuais, sem prejuízo do seu sustento próprio e da sua família. Na Justiça do Trabalho, de acordo com o que preceitua o art. 14 da Lei nº 5.584/70, a assistência judiciária é prestada pelos sindicatos, aos associados e não associados, ou seja, a todos os integrantes da categoria profissional que representa.

Justiça Gratuita → o benefício da justiça gratuita fundado em simples declaração de insuficiência de recursos financeiros (declaração de pobreza) só pode ser concedido aos empregados que percebam até 40% do limite máximo dos benefícios do Regime Geral de Previdência Social. Acima desse valor é necessário que a parte requerente comprove a insuficiência de recursos para o pagamento das custas processuais.

Justiça gratuita e despesas processuais → O STF, em 20.10.2021, nos autos da ADI nº 5766 declarou inconstitucionais o caput do art. 790-B, e § 4º, do art. 791-A, da CLT, que tinham a seguinte redação: "Art. 790-B. A responsabilidade pelo pagamento dos honorários periciais é da parte sucumbente na pretensão objeto da perícia, ainda que beneficiária da justiça gratuita. Art. 791-A. § 4º Vencido o beneficiário da justiça gratuita, desde que não tenha obtido em juízo, ainda que em outro processo, créditos capazes de suportar a despesa, as obrigações decorrentes de sua sucumbência ficarão sob condição suspensiva de exigibilidade e somente poderão ser executadas se, nos dois anos subsequentes ao trânsito em julgado da decisão que as certificou, o credor demonstrar que deixou de existir a situação de insuficiência de recursos que justificou a concessão de gratuidade, extinguindo-se, passado esse prazo, tais obrigações do beneficiário".

Advogado e *ius postulandi* → empregados e empregadores podem reclamar pessoalmente perante a Justiça do Trabalho e acompanhar as suas reclamações até o final, salvo nos casos de processos em grau de recurso no TST, ação cautelar, rescisória, mandado de segurança e pedido de homologação de acordo extrajudicial.

Procuração e substabelecimento:

- Para atuar em juízo, o advogado necessita do instrumento de mandato (procuração), que pode ser escrito ou verbal, expresso ou tácito.
- Os procuradores dos Entes da Administração Pública Direta, autárquica e fundacional estão dispensados da juntada de instrumento de mandato e de comprovação do ato de nomeação. Todavia, é essencial que o signatário ao menos se declare exercente do cargo de procurador, não bastando a indicação do número de inscrição na Ordem dos Advogados do Brasil.
- Os poderes outorgados também podem ser transferidos para outro advogado por intermédio do substabelecimento.
- Em se tratando de outorgante analfabeto, é necessária a assinatura a rogo da parte e a subscrição por duas testemunhas.
- A procuração outorgada com poderes específicos para ajuizamento de reclamação trabalhista não autoriza a propositura de ação rescisória e mandado de segurança. Constatado, todavia, o defeito de representação processual na fase recursal, cumpre ao relator ou ao tribunal conceder prazo de 5 (cinco) dias para a regularização.
- O advogado poderá renunciar ao mandato a qualquer tempo, provando que comunicou a renúncia ao mandante, a fim de que este nomeie sucessor. Durante os 10 (dez) dias seguintes, o advogado continuará a representar o mandante, desde que necessário para lhe evitar prejuízo. Dispensa-se a comunicação referida no caput quando a procuração tiver sido outorgada a vários advogados e a parte continuar representada por outro, apesar da renúncia.
- A juntada de nova procuração aos autos, sem ressalva de poderes conferidos ao antigo patrono, implica revogação tácita do mandato anterior.
- Mandato tácito: É possível o registro em ata de audiência dos poderes outorgados ao procurador, desde que a parte esteja presente (art. 791, § 3º, da CLT). O simples registro do nome do advogado em ata de audiência, presente, à parte, configura o mandato tácito (*apud acta*), possuindo o advogado poderes para o foro em geral, mas não podendo praticar os atos que dependam de poderes específicos. É inválido o substabelecimento de advogado investido de mandato tácito (OJ n. 200 da SDI-1 do TST). É inválido o instrumento de mandato firmado em nome de pessoa jurídica que não contenha, pelo menos, o nome do outorgante e do signatário da procuração, pois estes dados constituem elementos que os individualizam (Súm. 456, I, do TST).

Honorários advocatícios de sucumbência:

- Foram instituídos com a Reforma Trabalhista e, segundo o entendimento do TST, somente se aplicam aos processos ajuizados após a vigência da Lei nº 13.467 (11.11.2017).
- Ao advogado, ainda que atue em causa própria, serão devidos honorários de sucumbência, fixados entre o mínimo de 5% (cinco por cento) e o máximo de 15% (quinze por cento) sobre o valor que resultar da liquidação da sentença, do proveito econômico obtido ou, não sendo possível mensurá-lo, sobre o valor atualizado da causa.
- Os honorários são devidos também nas ações contra a Fazenda Pública, nas ações em que a parte estiver assistida ou substituída pelo sindicato de sua categoria e na reconvenção.
- Na hipótese de procedência parcial, o juízo arbitrará honorários de sucumbência recíproca, vedada a compensação entre os honorários.

Honorários advocatícios de sucumbência antes da vigência da Lei da Reforma Trabalhista – IRR-341-06.2013.5.04.0011:

- Nas lides decorrentes da relação de emprego, os honorários advocatícios, com relação às ações ajuizadas no período anterior ao início de vigência da Lei 13.467/2017, somente são cabíveis na hipótese prevista no artigo 14 da Lei 5.584/1970 e na Súmula 219, item I, do TST, tendo por destinatário o sindicato assistente, conforme disposto no artigo 16 do referido diploma legal, até então vigente (revogado expressamente pela Lei 13.725/2018) e no caso de assistência judiciária prestada pela Defensoria Pública da União ao beneficiário da Justiça gratuita, consoante os artigos 17 da Lei 5.584/1970 e 14 da Lei Complementar 80/94, revelando-se incabível a condenação da parte vencida ao pagamento dessa verba honorária, seja pela mera sucumbência, seja a título de indenização por perdas e danos, seja pela simples circunstância de a parte ser beneficiária da justiça gratuita.

- A ampliação da competência da Justiça do Trabalho pela Emenda Constitucional 45/2004 acarretou o pagamento de honorários advocatícios com base unicamente no critério da sucumbência apenas com relação às lides não decorrentes da relação de emprego, conforme sedimentado nos itens III e IV da Súmula 219 do TST.
- Às demandas não decorrentes da relação de emprego, mas que já tramitavam na Justiça do Trabalho por força de norma legal expressa, relativas aos trabalhadores avulsos e portuários, são inaplicáveis o item 5 da Instrução Normativa 27/2005 e o item III da Súmula 219 do TST, porquanto a Constituição Federal, em seu artigo 7º, inciso XXXIV, equipara o avulso ao trabalhador com vínculo empregatício, sendo-lhe aplicável, portanto, o entendimento previsto no item I da Súmula 219.
- Às lides decorrentes da relação de emprego, objeto de ações propostas antes do início da vigência da Lei 13.467/2017, não se aplica a Súmula 234 do STF, segundo a qual "são devidos honorários de advogado em ação de acidente de trabalho julgada procedente".
- Não houve derrogação tácita do artigo 14 da Lei 5.584/1970 em virtude do advento da Lei 10.288/2001, que adicionou o parágrafo 10 ao artigo 789 da CLT, reportando-se à assistência judiciária gratuita prestada pelos sindicatos, e a superveniente revogação expressa desse dispositivo da CLT pela Lei 10.537/2002 sem que esta disciplinasse novamente a matéria, pelo que a assistência judiciária prestada pela entidade sindical no âmbito da Justiça do Trabalho ainda permanece regulamentada pela referida lei especial.
- São inaplicáveis os artigos 389, 395 e 404 do Código Civil ao Processo do Trabalho para fins de condenação ao pagamento de honorários advocatícios, nas lides decorrentes da relação de emprego, objeto de ações ajuizadas antes do início da vigência da Lei 13.467/2017, visto que, no âmbito da Justiça do Trabalho, essa condenação não se resolve pela ótica da responsabilidade civil, mas sim da sua legislação específica, notadamente a Lei 5.584/1970.
- A condenação em honorários advocatícios sucumbenciais prevista no artigo 791-A, caput e parágrafos, da CLT será aplicável apenas às ações propostas na Justiça do Trabalho a partir de 11 de novembro de 2017, data do início da vigência da Lei 13.467/2017, conforme já decidiu o Tribunal Pleno, de forma unânime, por ocasião da aprovação do artigo 6º da Instrução Normativa 41/2018.
- A deliberação neste incidente a respeito da Lei 13.467/2017 limita-se estritamente aos efeitos de direito intertemporal decorrentes das alterações introduzidas pela citada lei, que generalizou a aplicação do princípio da sucumbência em tema de honorários advocatícios no âmbito da Justiça do Trabalho, não havendo emissão de tese jurídica sobre o conteúdo em si e as demais peculiaridades da nova disposição legislativa, tampouco acerca da inconstitucionalidade do artigo 791-A, caput e parágrafo 4º, da CLT.

2.5. ATOS PROCESSUAIS, PRAZOS E NULIDADES

Atos processuais → são atos, simples ou complexos, praticados pelas pessoas que fazem parte ou intervêm no processo e que, em conjunto, formam o próprio processo e os autos respectivos, com o objetivo de solucionar a lide, criando, modificando ou extinguindo direitos processuais. São públicos, salvo quando o contrário determinar o interesse social, realizados nos dias úteis das 6 às 20 horas, salvo a penhora, que pode ser feita em domingo ou dia feriado, mediante autorização expressa do juiz.

Início do prazo → salvo disposições em contrário, os prazos contam-se a partir da data:

- Em que for feita pessoalmente ou recebida a notificação;
- Em que for publicado o edital no jornal oficial ou no que publicar o expediente da Justiça do Trabalho;
- Em que for afixado o edital, na sede da Unidade Jurisdicional;
- Depois de decorridos dez dias sem que o advogado acesse sua conta de intimação no sistema PJe.

Comunicação dos atos processuais:

Salvo nos casos previstos na CLT, a publicação das decisões e sua notificação aos litigantes, ou seus patronos, consideram-se realizadas nas próprias audiências em que forem as mesmas proferidas;

Da decisão serão os litigantes notificados, pessoalmente ou por seu representante, na própria audiência. No caso de revelia, a notificação será feita em registro postal com franquia. Se o reclamado criar embaraços ao seu recebimento, ou não for encontrado, far-se-á a notificação por edital.

Contagem do prazo → os prazos serão contados em dias úteis, com exclusão do dia do começo e inclusão do dia do vencimento:

- Os prazos que se vencerem em sábado, domingo ou dia feriado terminarão no primeiro dia útil seguinte;
- Intimada ou notificada a parte no sábado, o início do prazo se dará no primeiro dia útil imediato e a contagem, no subsequente;
- Quando a intimação tiver lugar na sexta-feira, ou a publicação com efeito de intimação for feita nesse dia, o prazo judicial será contado da segunda-feira imediata, inclusive, salvo se não houver expediente, caso em que fluirá no dia útil que se seguir;
- Quando o ato processual for publicado no diário oficial eletrônico, considera-se como data da publicação o primeiro dia útil seguinte ao da disponibili-

zação da informação. Já os prazos processuais terão início no primeiro dia útil que seguir ao considerado como data da publicação;

- Não se aplica ao processo do trabalho a regra do prazo em dobro para procuradores distintos (OJ 310 da SDB1 do TST), em razão da incompatibilidade com a celeridade que lhe é inerente.

Prorrogação dos prazos ➔ podem ser prorrogados, pelo tempo estritamente necessário, nas seguintes hipóteses:

- Quando o juízo entender necessário;
- Em virtude de força maior, devidamente comprovada.

Dilação dos prazos ➔ Ao juízo incumbe dilatar os prazos processuais e alterar a ordem de produção dos meios de prova, adequando-os às necessidades do conflito de modo a conferir maior efetividade à tutela do direito.

Prazos para a Fazenda Pública:

As pessoas jurídicas de direito público que não explorem atividade econômica, o Ministério Público e a Defensoria Pública possuem prazo em dobro para se manifestar nos autos, isto é, para a prática de qualquer ato processual, como por exemplo, recorrer.

As pessoas jurídicas de direito público da Administração Direta, Autárquica e Fundacional da União, DF, Estados e Municípios possuem prazo em quádruplo para contestar, ou seja, o prazo entre a data da propositura da ação trabalhista e da audiência inicial ou una deve ser de 20 dias.

Para os Correios também se aplicam os prazos diferenciados acima expostos (prazo em quádruplo para contestar e em dobro para as demais manifestações).

A Recomendação nº 02/2012 da CGJT autoriza que a União possa protocolar sua defesa, no prazo de 20 dias, dispensando a realização de audiência inicial, quando a matéria for unicamente de direito.

Principais prazos do processo do trabalho (do menor para o maior)		
Razões finais	➔	**10 minutos**
Defesa	➔	**20 minutos**
Prazo máximo que pode durar a audiência, salvo quando houver matéria urgente	➔	**5 horas**
Pedido de revisão do valor da causa	➔	**48 horas**
Prazo para designação da audiência para o julgamento da exceção de suspeição	➔	**48 horas**
Presunção de recebimento da notificação inicial	➔	**48 horas**
Para o devedor pagar a dívida ou nomear bens à penhora	➔	**48 horas**
Embargos declaratórios	➔	**5 dias**

Principais prazos do processo do trabalho (do menor para o maior)		
Exceção de incompetência em razão do lugar e respectiva manifestação da parte contrária	➔	5 dias
Embargos à execução, salvo para Fazenda Pública	➔	**5 dias**
Apresentação dos originais quando for juntada cópia em fax	➔	**5 dias**
Manifestação das partes sobre o laudo pericial no rito sumaríssimo	➔	**5 dias**
Prazo mínimo para que seja designada a audiência inicial	➔	**5 dias**
Impugnação à sentença de liquidação pelo credor trabalhista e previdenciário	➔	**5 dias**
Recursos trabalhistas em geral	➔	**8 dias**
Impugnação dos cálculos de liquidação pelas partes	➔	**8 dias**
Impugnação dos cálculos de liquidação pelas partes e pela União	➔	**10 dias**
Recurso extraordinário	➔	**15 dias**
Apreciação da reclamação no rito sumaríssimo	➔	**15 dias**
Embargos à execução pela Fazenda Pública	➔	**30 dias**
Penalidade aplicada ao reclamante que der causa a dois arquivamentos seguidos	➔	**6 meses**

Nulidades ➔ princípios e regras a serem observados:

- **Princípio da transcendência ou do prejuízo ➔** nos processos sujeitos à apreciação da Justiça do Trabalho, só haverá nulidade quando resultar dos atos inquinados manifesto prejuízo às partes litigantes;
- **Princípio da convalidação ou preclusão ➔** A nulidade não será pronunciada quando for possível suprir-se a falta ou repetir-se o ato. E a declaração da nulidade depende da provocação das partes, as quais deverão arguí-las à primeira vez em que tiverem de falar em audiência ou nos autos, salvo aquela fundada em incompetência de foro, leia-se, em razão da matéria;
- **Princípio do interesse ➔** A nulidade não poderá ser declarada quando arguida por quem lhe tiver dado causa;
- **Princípio da causalidade ou da utilidade ➔** Ao ser declarada a nulidade, deverá indicar os atos a que ela se estende, e não prejudicará senão os posteriores que dele dependam ou sejam consequência;
- Quando o recurso tempestivo contiver defeito formal que não se repute grave, o Tribunal Superior do Trabalho poderá desconsiderar o vício ou mandar saná-lo, julgando o mérito.

3. INICIAL, DEFESA, AUDIÊNCIA E CONCILIAÇÃO

3.1. INICIAL E DEFESA

Petição inicial trabalhista → requisitos **segundo o art. 840, § 1º da CLT**:

- Designação da Vara do Trabalho ou do juiz de Direito, a quem for dirigida;
- Qualificação das partes;
- Pedido certo, determinado e com indicação do valor;
- Data e a assinatura do reclamante ou de seu representante;
- O valor da causa não consta do rol dos requisitos da reclamação inicial trabalhista (art. 840, § 1º, da CLT). Contudo, com a introdução do rito sumaríssimo ao processo laboral, tornou-se necessária a informação do valor da causa na petição inicial. Observe-se também, que uma vez atribuído um valor à causa, o juiz pode alterá-lo de ofício ou a requerimento, diante da aplicabilidade do art. 292, § 3º, do CPC de 2015. Nesse sentido, a Instrução Normativa nº 39/16, 3º, V, do TST.

Citação → no processo do trabalho de conhecimento, a citação é denominada de notificação. Características e efeitos:

- Recebida e protocolada a reclamação, o escrivão ou chefe de secretaria, dentro de 48 horas, remeterá a segunda via da petição, ou do termo, ao reclamado, notificando-o, ao mesmo tempo, para comparecer à audiência de julgamento, que será a primeira desimpedida, depois de 5 dias;
- Se o reclamado criar embaraços ao recebimento da notificação, ou não for encontrado, a notificação será feita por edital, inserto no jornal oficial ou no que publicar o expediente forense, ou, na falta, afixado na sede da Junta ou Juízo;
- Oferecida a contestação, ainda que eletronicamente, o reclamante não poderá, sem o consentimento do reclamado, desistir da ação.

Defesa → não havendo acordo, o reclamado terá 20 minutos para aduzir sua defesa. Entretanto, é possível protocolar a contestação escrita pelo sistema de processo judicial eletrônico até a audiência. Feito isso, o reclamante não poderá aditar ou desistir da pretensão sem a concordância da parte contrária.

- **Contestação →** é a peça processual por meio da qual o réu, denominado de reclamado no processo do trabalho, pode refutar as pretensões contidas na inicial e no eventual aditamento, utilizando-se de alegações de fato e de direito;
- **Exceção de incompetência →** nas causas da jurisdição da Justiça do Trabalho, somente podem ser opostas, com suspensão do feito, as exceções de suspeição ou incompetência (em razão do lugar). As demais exceções serão alegadas como matéria de defesa, inclusive a incompetência absoluta. Das decisões sobre exceções de suspeição e incompetência, salvo, quanto a estas, se terminativas do feito, não caberá recurso, podendo, no entanto, as partes alegá-las novamente no recurso que couber da decisão final. Com a vigência da Lei da Reforma Trabalhista o prazo para apresentação da exceção de incompetência em razão do lugar passa a ser de cinco dias contados a partir do recebimento da notificação inicial;
- **Incompetência relativa pelo CPC de 2015 →** passa a ser arguida como preliminar da contestação (art. 337, II do CPC). Não se aplica ao processo laboral quando se tratar de incompetência territorial, diante do preceito contido no art. 800 da CLT;
- **Exceção de suspeição ou de impedimento →** apresentada a exceção de suspeição ou de impedimento, em peça apartada, o juiz ou Tribunal designará audiência, dentro de 48 horas, para instrução e julgamento da exceção. Como a CLT não é omissa, a exceção de suspeição ou de impedimento continua sendo considerada como matéria de defesa, apesar do CPC ter retirada essa matéria desse rol;
- **Reconvenção →** constitui uma ação do réu contra o autor, tendo por base os mesmos fatos ou fundamentos jurídicos constantes da inicial ou quando existir conexão com os fundamentos da defesa. Nesse caso, o réu deduz uma pretensão derivada ou relacionada com os referidos fatos que lhe atribuem a titularidade do direito violado pelo autor, na mesma peça da contestação (art. 343 do CPC), sendo essa regra aplicável ao processo do trabalho.

3.2. AUDIÊNCIA E CONCILIAÇÃO

Audiência → ato processual especial efetivado, em regra, na sede do Juízo ou Tribunal em dias úteis previamente fixados, entre 8 e 18 horas, não podendo ultrapassar 5 horas seguidas, salvo quando houver matéria urgente:

- Deverão estar presentes o reclamante e o reclamado, independentemente do comparecimento de seus representantes, salvo nos casos de reclamatórias plúrimas ou ações de cumprimento, quando os empregados poderão fazer-se representar pelo sindicato de sua categoria;
- Se, até quinze minutos após a hora marcada, o juiz ou presidente não houver comparecido, os presentes poderão retirar-se, devendo o ocorrido constar do livro de registro das audiências.

Preposto → é facultado ao empregador fazer-se substituir pelo gerente, ou qualquer outro preposto que tenha conhecimento do fato, e cujas declarações obrigarão o proponente. Esse preposto não precisa ser empregado da empresa.

Arquivamento → o não comparecimento injustificado do reclamante à primeira audiência ou em outra oportunidade na qual ainda não tenha sido oferecida a defesa importa em arquivamento da reclamação. Na hipótese de ausência do reclamante à primeira audiência, este será condenado ao pagamento das custas (que na verdade tem natureza de multa), ainda que beneficiário da justiça gratuita, salvo se comprovar, no prazo de quinze dias, que a ausência ocorreu por motivo legalmente justificável. O pagamento é condição para a propositura de nova demanda.

Perempção temporária ➜ se o reclamante der ensejo a um duplo arquivamento seguido, fica impossibilitado de ingressar com outra reclamação trabalhista durante o prazo de 6 meses. Na mesma pena incorre em caso de não comparecer em juízo, em cinco dias, para redução a termo da petição inicial verbal.

Revelia ➜ o não comparecimento injustificado do reclamado à audiência importa revelia, além de confissão, quanto à matéria de fato. Ainda que ausente o reclamado, presente o advogado na audiência, serão aceitos a contestação e os documentos eventualmente apresentados. Não produz os efeitos da revelia se:

- havendo pluralidade de reclamados, algum deles contestar a ação;
- o litígio versar sobre direitos indisponíveis;
- a petição inicial não estiver acompanhada de instrumento que a lei considere indispensável à prova do ato;
- as alegações de fato formuladas pelo reclamante forem inverossímeis ou estiverem em contradição com prova constante dos autos.

Confissão se a demanda já foi contestada, a ausência do autor à audiência implica confissão ficta.

Conciliação ➜ se houver acordo em audiência, será lavrado o termo respectivo, assinado pelo juiz e pelos litigantes, consignando-se o prazo e demais condições para seu cumprimento. Deverá ser indicada a natureza jurídica das parcelas constantes do acordo homologado, inclusive o limite de responsabilidade de cada parte pelo recolhimento da contribuição previdenciária, se for o caso, com intimação da União para ter ciência dos termos da conciliação, facultada a interposição de recurso relativo aos tributos que lhe forem devidos.

No caso de acordo que envolva as verbas de natureza remuneratória não poderá ter como base de cálculo valor inferior ao salário-mínimo ou o piso da categoria, para as competências que integram o vínculo empregatício reconhecido na decisão homologatória ou à diferença entre a remuneração reconhecida como devida na decisão homologatória e a efetivamente paga pelo empregador, cujo valor total referente a cada competência não será inferior ao salário-mínimo ou o piso da categoria.

No dissídio individual do trabalho a audiência é de conciliação, instrução e julgamento, o que torna inaplicável o art. 334 do CPC (art. 2º, IV, da Instrução Normativa nº 39/16):

Valor da causa ➜ o juiz corrigirá, de ofício e por arbitramento, o valor da causa quando verificar que não corresponde ao conteúdo patrimonial em discussão ou ao proveito econômico perseguido pelo autor, caso em que se procederá ao recolhimento das custas correspondentes.

4. PROVAS, SENTENÇA E COISA JULGADA

4.1. PROVAS

Princípios que regem a fase probatória:

- **Necessidade da prova** ➜ deve haver prova nos autos sobre os fatos controversos, ainda que o juiz tenha conhecimento pessoal sobre a veracidade do quanto ocorrido e alegado pelas partes;
- **Persuasão racional do juiz motivada** ➜ implica não reconhecer uma hierarquia entre os diversos meios de provas em direito admitidos. Entretanto, a sentença deve reportar-se, expressamente, ao meio de prova que serviu para formar o convencimento do juiz, guardando uma coerência lógica entre ambos, circunstancia essa que difere esse sistema do princípio do livre convencimento do juiz;
- **Concentração processual** ➜ as provas devem ser produzidas em audiência e, de preferência, em uma única sessão;
- **Indivisibilidade da prova** ➜ reconhece que a determinada espécie de prova produzida nos autos é una e não admite cisão, de forma que não há como declarar que uma parte dela tem credibilidade e o restante não, para atender aos interesses da parte que a produziu;
- **Busca da verdade real** ➜ mesmo admitindo-se como ideal inatingível, deve ser a meta do processo, norteando toda a atividade do julgador na entrega do provimento jurisdicional;
- **Instrução** ➜ terminada a defesa, segue-se a instrução do processo, podendo o juiz interrogar os litigantes. Findo o interrogatório, poderá qualquer dos litigantes retirar-se, prosseguindo a instrução com o seu representante. Em seguida, são ouvidas as testemunhas, os peritos e os técnicos, se houver.

Meios de prova em espécie:

- **Documental** ➜ em regra, para o reclamante, a oportunidade para juntada de documentos coincide com o da propositura da demanda e, em relação ao reclamado, com a da apresentação da defesa. O documento em cópia oferecido para prova poderá ser declarado autêntico pelo próprio advogado, sob sua responsabilidade pessoal;
- **Depoimento pessoal** ➜ é o ato processual por meio do qual a parte manifesta-se sobre os fatos da causa, que constam da petição inicial ou descritos pela defesa, destinando-se, também, à obtenção da confissão. As partes e testemunhas serão inquiridas pelo juiz ou presidente, podendo ser reinquiridas,

por seu intermédio, a requerimento das partes, seus representantes ou advogados;

- **Perícia ➔** os exames periciais serão realizados por perito único designado pelo juiz, que fixará o prazo para entrega do laudo. Permite-se a cada parte a indicação de um assistente, cujo laudo terá que ser apresentado no mesmo prazo assinado para o perito, sob pena de ser desentranhado dos autos. O juiz ou presidente poderá (é uma faculdade) arguir os peritos ou os técnicos;

- **Testemunhas ➔** cada uma das partes poderá indicar até três testemunhas, salvo quando se tratar de inquérito, caso em que esse número poderá ser elevado a seis, ou nos processos submetidos ao rito sumaríssimo, reduzindo-se para duas testemunhas.

- **Procedimento e características da prova testemunhal::**

a) As testemunhas comparecerão à audiência independentemente de notificação ou intimidação;

b) Se for servidor público civil ou militar e tiver de depor em hora de serviço, será requisitado ao chefe da repartição para comparecer à audiência marcada;

c) As testemunhas que não comparecerem serão intimadas, de ofício ou a requerimento da parte, ficando sujeitas à condução coercitiva, além das penalidades pecuniárias caso, sem motivo justificado, não atendam à intimação e ao pagamento de multa;

d) Antes de prestar o compromisso legal, a testemunha será qualificada, indicando o nome, nacionalidade, profissão, idade, residência e, quando empregada, o tempo de serviço prestado ao empregador, ficando sujeita, em caso de falsidade, as leis penais;

e) Os depoimentos das testemunhas serão resumidos, por ocasião da audiência, pelo servidor para esse fim designado, devendo a súmula ser assinada pelo juiz e pelos depoentes;

f) As testemunhas serão inquiridas pelo juiz, podendo ser reinquiridas, por seu intermédio, a requerimento das partes, seus representantes ou advogados. Assim, não se aplica o preceito contido no art. 459 do CPC, que permite a formulação de perguntas diretamente pelo advogado;

g) O juiz providenciará para que o depoimento de uma testemunha não seja ouvido pelas demais que tenham de depor no processo;

h) A testemunha que for parente até o terceiro grau civil, amigo íntimo ou inimigo de qualquer das partes não prestará compromisso e seu depoimento valerá como simples informação;

i) As testemunhas não poderão sofrer qualquer desconto pelas faltas ao serviço ocasionadas pelo seu comparecimento para depor, quando devidamente arroladas ou convocadas.

Ônus da prova:

- Incumbe ao reclamante, quanto ao fato constitutivo de seu direito;
- Incumbe ao reclamado, quanto à existência de fato impeditivo, modificativo ou extintivo do direito do reclamante.
- Não se admite a convenção sobre o ônus da prova no processo do trabalho;
- **Distribuição dinâmica do ônus da prova ➔** Nos casos previstos em lei ou diante de peculiaridades da causa relacionadas à impossibilidade ou à excessiva dificuldade de cumprir o encargo nos termos deste artigo ou à maior facilidade de obtenção da prova do fato contrário, poderá o juízo atribuir o ônus da prova de modo diverso, desde que o faça por decisão fundamentada, caso em que deverá dar à parte a oportunidade de se desincumbir do ônus que lhe foi atribuído.

Prova e Lei nº 13.709/18 (Lei Geral de Proteção de Dados – LGPD) A utilização de provas nos processos trabalhistas que contenham dados pessoais (sensíveis ou não) sobre o trabalhador é autorizada pela LGPD, já que se trata do exercício do direito do contraditório e ampla defesa. O tratamento de dados pessoais, consistentes nas informações relacionadas à pessoa natural identificada ou identificável, poderá ocorrer, sem o consentimento do titular, para o exercício regular de direitos em processo judicial, administrativo ou arbitral. Ainda que se trate de dados sensíveis, é possível sua utilização sem o consentimento, quando for indispensável para o exercício regular de direitos, inclusive em contrato e em processo judicial, administrativo e arbitral (Lei nº 13.709/18, art. 11, II, "d"). Se o trabalhador entender que houve utilização indevida de suas informações pessoais, poderá pleitear que esses dados sejam excluídos do processo ou que sejam mantidos em sigilo.

Razões finais ➔ terminada a instrução, poderão as partes aduzir razões finais, em prazo não excedente de dez minutos para cada uma. Em seguida, o juiz ou presidente renovará a proposta de conciliação e, não se realizando esta, será proferida a decisão.

4.2. DECISÕES, TUTELA PROVISÓRIA E COISA JULGADA

Decisão interlocutória (princípio da irrecorribilidade em separado das decisões interlocutórias) ➔ os incidentes do processo são resolvidos pelo próprio juízo ou tribunal, admitindo-se a apreciação do merecimento das decisões interlocutórias somente em recurso da decisão definitiva, salvo no caso de decisão (Súmula nº 214 do TST):

- do TRT contrária à Súmula ou Orientação Jurisprudencial do TST;
- suscetível de impugnação mediante recurso para o mesmo Tribunal;
- que acolhe exceção de incompetência territorial, com a remessa dos autos para Tribunal regional

distinto daquele a que se vincula o juízo excepcionado.

- A doutrina apresenta mais duas exceções não previstas na súmula 214 do TST: 1) decisão sobre o valor da causa: cabe pedido de revisão dirigido ao presidente do tribunal (art. 2º, §§ 1º e 2º, da Lei nº 5584/74); 2) decisões na fase de execução: cabível agravo de petição, conforme art. 897, "a", CLT.
- A IN nº 39/2016 também criou uma nova possibilidade de recorribilidade imediata de decisão interlocutória, qual seja, a decisão de julgamento antecipado parcial do mérito contra a qual é cabível recurso ordinário de imediato (art. 5º da IN nº 39/2016 do TST e art. 356 do CPC).

Tutela provisória no processo do trabalho:

- a tutela provisória concedida na sentença não comporta impugnação pela via do mandado de segurança, por ser impugnável mediante recurso ordinário. É admissível a obtenção de efeito suspensivo ao recurso ordinário mediante requerimento dirigido ao tribunal, ao relator ou ao presidente ou ao vice-presidente do tribunal recorrido;
- no caso da tutela provisória haver sido concedida ou indeferida antes da sentença, cabe mandado de segurança, em face da inexistência de recurso próprio;
- a superveniência da sentença, nos autos originários, faz perder o objeto do mandado de segurança que impugnava a concessão ou o indeferimento da tutela provisória.

Julgamento liminar improcedente do pedido ➔ cabe ao juiz do trabalho julgar liminarmente improcedente o pedido quando verificar a ocorrência de decadência ou que contrariar:

- enunciado de súmula do Supremo Tribunal Federal ou do Tribunal Superior do Trabalho (CPC, art. 927, inciso V);
- acórdão proferido pelo Supremo Tribunal Federal ou pelo Tribunal Superior do Trabalho em julgamento de recursos repetitivos (CLT, art. 896-B; CPC, art. 1046, § 4º);
- entendimento firmado em incidente de resolução de demandas repetitivas ou de assunção de competência;
- enunciado de súmula de Tribunal Regional do Trabalho sobre direito local, convenção coletiva de trabalho, acordo coletivo de trabalho, sentença normativa ou regulamento empresarial de observância obrigatória em área territorial que não exceda à jurisdição do respectivo Tribunal (CLT, art. 896, "b", *a contrario sensu*).

Julgamento parcial antecipado do mérito ➔ o juiz decidirá parcialmente o mérito quando um ou mais dos pedidos formulados ou parcela deles mostrar-se incontroverso ou estiver em condições de imediato julgamento.

Procedimento:

- a decisão que julgar parcialmente o mérito poderá reconhecer a existência de obrigação líquida ou ilíquida.
- a parte poderá liquidar ou executar, desde logo, a obrigação reconhecida na decisão que julgar parcialmente o mérito, independentemente de caução, ainda que haja recurso contra essa interposto.
- na hipótese anterior, se houver trânsito em julgado da decisão, a execução será definitiva.
- a liquidação e o cumprimento da decisão que julgar parcialmente o mérito poderão ser processados em autos suplementares, a requerimento da parte ou a critério do juiz.
- a decisão é impugnável por recurso ordinário.

Sentença ➔ requisitos:

- nome das partes (exceto no rito sumaríssimo);
- resumo do pedido e da defesa (exceto no rito sumaríssimo);
- apreciação das provas;
- fundamentos da decisão;
- conclusão;
- fixação das despesas processuais e honorários advocatícios que devam ser pagas pela parte vencida;
- indicação da natureza jurídica das parcelas constantes da condenação, inclusive o limite de responsabilidade de cada parte pelo recolhimento da contribuição previdenciária, se for o caso, com determinação de intimação da União.
- No caso de sentença que defira verbas de natureza remuneratória não poderá ter como base de cálculo valor inferior ao salário-mínimo ou o piso salarial da categoria, para as competências que integram o vínculo empregatício reconhecido na decisão cognitiva ou à diferença entre a remuneração reconhecida como devida na sentença e a efetivamente paga pelo empregador, cujo valor total referente a cada competência não será inferior ao salário-mínimo ou o piso da categoria.

Fundamentação da decisão ➔ Não se considera fundamentada qualquer decisão judicial, seja ela interlocutória, sentença ou acórdão, que:

- se limitar à indicação, à reprodução ou à paráfrase de ato normativo, sem explicar sua relação com a causa ou a questão decidida;
- empregar conceitos jurídicos indeterminados, sem explicar o motivo concreto de sua incidência no caso;
- invocar motivos que se prestariam a justificar qualquer outra decisão;
- não enfrentar todos os argumentos deduzidos no processo capazes de, em tese, infirmar a conclusão adotada pelo julgador;

- se limitar a invocar precedente ou enunciado de súmula, sem identificar seus fundamentos determinantes nem demonstrar que o caso sob julgamento se ajusta àqueles fundamentos;
- deixar de seguir enunciado de súmula, jurisprudência ou precedente invocado pela parte, sem demonstrar a existência de distinção no caso em julgamento ou a superação do entendimento.

Colisão entre normas ➔ no caso de colisão entre normas, o juiz deve justificar o objeto e os critérios gerais da ponderação efetuada, enunciando as razões que autorizam a interferência na norma afastada e as premissas fáticas que fundamentam a conclusão.

Decisão surpresa ➔ é aquela decisão que aplica fundamento jurídico ou embasar-se em fato não submetido à audiência prévia de uma ou de ambas as partes. Não se considera "decisão surpresa" a que, à luz do ordenamento jurídico nacional e dos princípios que informam o Direito Processual do Trabalho, as partes tinham obrigação de prever, concernente às condições da ação, aos pressupostos de admissibilidade de recurso e aos pressupostos processuais, salvo disposição legal expressa em contrário.

Vedação da decisão surpresa ➔ não se proferirá decisão contra uma das partes sem que ela seja previamente ouvida, salvo nos casos de (art. 9º do CPC aplicado subsidiariamente ao processo do trabalho de acordo com o art. 4º da IN nº 39/16 do TST):

- tutela de urgência;
- tutela da evidência;
- decisão em ação monitória.

Cumprimento de sentença: obrigação de fazer e não fazer – astreinte ➔ no cumprimento de sentença que reconheça a exigibilidade de obrigação de fazer ou de não fazer, o juiz poderá, de ofício ou a requerimento, para a efetivação da tutela específica ou a obtenção de tutela pelo resultado prático equivalente, determinar as medidas necessárias à satisfação do exequente (art. 536, *caput* do CPC). Inclusive, o juiz poderá determinar, entre outras medidas, a imposição de multa, a busca e apreensão, a remoção de pessoas e coisas, o desfazimento de obras e o impedimento de atividade nociva, podendo, caso necessário, requisitar o auxílio de força policial.

Erros materiais ➔ existindo na decisão evidentes erros ou enganos de escrita, de datilografia ou de cálculo, poderão os mesmos, antes da execução, ser corrigidos, de ofício ou a requerimento dos interessados ou da Procuradoria da Justiça do Trabalho.

5. RECURSOS E AÇÃO RESCISÓRIA

Características dos recursos na Justiça do Trabalho ➔ são interpostos por simples petição e tem efeito meramente devolutivo, salvo as exceções previstas na CLT, permitida a execução provisória até a penhora.

Fungibilidade ➔ o juiz pode receber determinado recurso, mesmo que tenha sido denominado com outra expressão, desde que estejam presentes os seus requisitos de admissibilidade extrínsecos e intrínsecos e que não constitua um erro grosseiro.

5.1. PRESSUPOSTOS RECURSAIS

Tempestividade ➔ os recursos, no processo do trabalho, devem ser interpostos no prazo genérico de oito dias e até mesmo antes da publicação da decisão. A exceção fica por conta dos embargos declaratórios, que seguem o prazo de cinco dias.

Legitimidade ➔ a legitimidade para recorrer é de quem sucumbiu no processo, o juridicamente interessado e o Ministério Público, nos casos em que a lei prevê.

Preparo ➔ no processo do trabalho, para fins recursais, exige-se que o recorrente recolha as custas e realize o depósito recursal, sob pena de deserção, salvo se for beneficiário da justiça gratuita.

Devem ser observadas as seguintes regras:

- O depósito recursal será feito em conta vinculada ao juízo e corrigido com os mesmos índices da poupança;
- Em caso de recolhimento insuficiente das custas processuais ou do depósito recursal, somente haverá deserção do recurso se, concedido o prazo de 5 (cinco) dias o recorrente não complementar e comprovar o valor devido;
- O valor do depósito recursal será reduzido pela metade para entidades sem fins lucrativos, empregadores domésticos, microempreendedores individuais, microempresas e empresas de pequeno porte;
- São isentos do depósito recursal os beneficiários da justiça gratuita, as entidades filantrópicas e as empresas em recuperação judicial;
- São isentos do depósito recursal os beneficiários da justiça gratuita, as entidades filantrópicas e as empresas em recuperação judicial;
- Caso o empregado seja o vencido, não há necessidade do depósito recursal;
- O depósito recursal poderá ser substituído por fiança bancária ou seguro garantia judicial;
- Conforme o STF (RE nº 607447), não é necessário o depósito recursal para a admissibilidade de recurso extraordinário;
- Não ocorre deserção de recurso da massa falida por falta de pagamento de custas ou de depósito do valor da condenação. Esse privilégio, todavia, não se aplica à empresa em liquidação extrajudicial ou em recuperação judicial;
- Quando existe litisconsórcio passivo com condenação solidária dos reclamados, o recurso e o consequente depósito recursal feito por um dos litisconsortes aproveita aos demais (art. 1.005 do CPC).

Excepciona-se essa regra quando o litisconsorte for condenado solidária ou subsidiariamente e pretende, com o recurso, a sua exclusão da lide (Súm. nº 128, III, do TST).

5.2. RECURSO ORDINÁRIO

Cabimento ➔ das decisões definitivas proferidas nas Varas do Trabalho e das decisões definitivas dos TRTs, em processos de sua competência originária.

Juízo de admissibilidade ➔ diferentemente do que ocorre no processo civil, o juiz a quo exerce o juízo de admissibilidade do recurso ordinário. Assim, quando o juiz a quo negar seguimento ao recurso ordinário, caberá a parte interessada manejar o agravo de instrumento.

Juízo de retratação ➔ interposto o recurso ordinário em face de sentença que extingue o processo sem a apreciação do mérito, o juiz terá cinco dias para exercer o juízo de retratação.

Efeito devolutivo em profundidade:

- o recurso ordinário devolverá ao tribunal o conhecimento da matéria impugnada;
- serão, porém, objeto de apreciação e julgamento pelo tribunal todas as questões suscitadas e discutidas no processo, ainda que não tenham sido solucionadas, desde que relativas ao capítulo impugnado;
- Quando o pedido ou a defesa tiver mais de um fundamento e o juiz acolher apenas um deles, a apelação devolverá ao tribunal o conhecimento dos demais.
- Se o processo estiver em condições de imediato julgamento, o tribunal deve decidir desde logo o mérito quando:
  a) reformar sentença fundada no art. 485 do CPC;
  b) decretar a nulidade da sentença por não ser ela congruente com os limites do pedido ou da causa de pedir;
  c) constatar a omissão no exame de um dos pedidos, hipótese em que poderá julgá-lo;
  d) decretar a nulidade de sentença por falta de fundamentação.
- quando reformar sentença que reconheça a decadência ou a prescrição, o tribunal, se possível, julgará o mérito, examinando as demais questões, sem determinar o retorno do processo ao juízo de primeiro grau.
- o capítulo da sentença que confirma, concede ou revoga a tutela provisória é impugnável no recurso ordinário.

5.3. RECURSO DE REVISTA

Recurso de revista

Cabimento ➔ das decisões proferidas em grau de recurso ordinário, em dissídio individual, pelos Tribunais Regionais do Trabalho:

a) derem ao mesmo dispositivo de lei federal interpretação diversa da que lhe houver dado outro Tribunal Regional do Trabalho, no seu Pleno ou Turma, ou a Seção de Dissídios Individuais do Tribunal Superior do Trabalho, ou contrariarem súmula de jurisprudência uniforme dessa Corte ou súmula vinculante do Supremo Tribunal Federal;

b) derem ao mesmo dispositivo de lei estadual, Convenção Coletiva de Trabalho, Acordo Coletivo, sentença normativa ou regulamento empresarial de observância obrigatória em área territorial que exceda a jurisdição do Tribunal Regional prolator da decisão recorrida, interpretação divergente, na forma do item anterior;

c) proferidas com violação literal de disposição de lei federal ou afronta direta e literal à Constituição Federal.

d) nas causas sujeitas ao procedimento sumaríssimo, somente será admitido recurso de revista por contrariedade a súmula de jurisprudência uniforme do Tribunal Superior do Trabalho ou a súmula vinculante do Supremo Tribunal Federal e por violação direta da Constituição Federal.

e) cabe recurso de revista por violação a lei federal, por divergência jurisprudencial e por ofensa à Constituição Federal nas execuções fiscais e nas controvérsias da fase de execução que envolvam a Certidão Negativa de Débitos Trabalhistas (CNDT).

Requisitos intrínsecos ➔

a) indicar o trecho da decisão recorrida que consubstancia o prequestionamento da controvérsia objeto do recurso de revista;

b) indicar, de forma explícita e fundamentada, contrariedade a dispositivo de lei, súmula ou orientação jurisprudencial do Tribunal Superior do Trabalho que conflite com a decisão regional;

c) expor as razões do pedido de reforma, impugnando todos os fundamentos jurídicos da decisão recorrida, inclusive mediante demonstração analítica de cada dispositivo de lei, da Constituição Federal, de súmula ou orientação jurisprudencial cuja contrariedade aponte.

d) transcrever na peça recursal, no caso de suscitar preliminar de nulidade de julgado por negativa de prestação jurisdicional, o trecho dos embargos declaratórios em que foi pedido o pronunciamento do tribunal sobre questão veiculada no recurso ordinário e o trecho da decisão regional que rejeitou os embargos quanto ao pedido, para cotejo e verificação, de plano, da ocorrência da omissão.

Transcendência ➔ o Tribunal Superior do Trabalho, no recurso de revista, examinará previamente se a causa oferece transcendência com relação aos reflexos gerais de natureza econômica, política, social ou jurídica.

a) econômica, o elevado valor da causa;

b) política, o desrespeito da instância recorrida à jurisprudência sumulada do Tribunal Superior do Trabalho ou do Supremo Tribunal Federal;

c) social, a postulação, por reclamante-recorrente, de direito social constitucionalmente assegurado;

d) Jurídica, a existência de questão nova em torno da interpretação da legislação trabalhista.

Divergência jurisprudencial →

a) A divergência apta a ensejar o recurso de revista deve ser atual, não se considerando como tal a ultrapassada por súmula do Tribunal Superior do Trabalho ou do Supremo Tribunal Federal, ou superada por iterativa e notória jurisprudência do Tribunal Superior do Trabalho.

b) Quando o recurso fundar-se em dissenso de julgados, incumbe ao recorrente o ônus de produzir prova da divergência jurisprudencial, mediante certidão, cópia ou citação do repositório de jurisprudência, oficial ou credenciado, inclusive em mídia eletrônica, em que houver sido publicada a decisão divergente, ou ainda pela reprodução de julgado disponível na internet, com indicação da respectiva fonte, mencionando, em qualquer caso, as circunstâncias que identifiquem ou assemelhem os casos confrontados.

Relator → poderá negar seguimento ao recurso de revista, em decisão monocrática, nas hipóteses de intempestividade, deserção, irregularidade de representação ou de ausência de qualquer outro pressuposto extrínseco ou intrínseco de admissibilidade.

Recurso de revista parcial → Admitido o recurso de revista por um fundamento, devolve-se ao Tribunal Superior do Trabalho o conhecimento dos demais fundamentos para a solução apenas do capítulo impugnado.

5.4. RECURSO DE EMBARGOS

Cabimento → das decisões das Turmas que divergirem entre si ou das decisões proferidas pela Seção de Dissídios Individuais, ou contrárias a súmula ou orientação jurisprudencial do Tribunal Superior do Trabalho ou súmula vinculante do Supremo Tribunal Federal.

Divergência jurisprudencial → a divergência apta a ensejar os embargos deve ser atual, não se considerando tal a ultrapassada por súmula do Tribunal Superior do Trabalho ou do Supremo Tribunal Federal, ou superada por iterativa e notória jurisprudência do Tribunal Superior do Trabalho.

Requisitos → o Ministro Relator denegará seguimento aos embargos:

a) se a decisão recorrida estiver em consonância com súmula da jurisprudência do Tribunal Superior do Trabalho ou do Supremo Tribunal Federal, ou com iterativa, notória e atual jurisprudência do Tribunal Superior do Trabalho, cumprindo-lhe indicá-la;

b) nas hipóteses de intempestividade, deserção, irregularidade de representação ou de ausência de qualquer outro pressuposto extrínseco de admissibilidade.

c) da decisão denegatória dos embargos caberá agravo, no prazo de 8 (oito) dias.

5.5. EMBARGOS DECLARATÓRIOS

Cabimento → quando houver na sentença ou no acórdão obscuridade, contradição, omissão ou manifesto equívoco no exame dos pressupostos extrínsecos do recurso.

Efeito modificativo → eventual efeito modificativo dos embargos de declaração somente poderá ocorrer em virtude da correção de vício na decisão embargada e desde que ouvida a parte contrária, no prazo de 5 (cinco) dias.

Consequências → os embargos de declaração interrompem o prazo para interposição de outros recursos, independentemente de preparo, por qualquer das partes, salvo quando intempestivos, irregular a representação da parte ou ausente a sua assinatura."

Prequestionamento → consideram-se incluídos no acórdão os elementos que o embargante suscitou, para fins de prequestionamento, ainda que os embargos de declaração sejam inadmitidos ou rejeitados, caso o tribunal superior considere existentes erro, omissão, contradição ou obscuridade. A omissão para fins do prequestionamento ficto dá-se no caso de o Tribunal Regional do Trabalho, mesmo instado mediante embargos de declaração, recusar-se a emitir tese sobre questão jurídica pertinente.

5.6. AGRAVO DE INSTRUMENTO

Cabimento → em face de despachos que denegam a interposição de recursos.

Observação → Quando o agravo de instrumento tem a finalidade de destrancar recurso de revista que se insurge contra decisão que contraria a jurisprudência uniforme do Tribunal Superior do Trabalho, consubstanciada nas suas súmulas ou em orientação jurisprudencial, não haverá obrigatoriedade de se efetuar o depósito recursal.

Execução → o agravo de instrumento interposto contra o despacho que não receber agravo de petição não suspende a execução da sentença.

5.7. AGRAVO DE PETIÇÃO

Cabimento → das decisões do juiz nas execuções.

Requisitos → O agravo de petição só será recebido quando o agravante delimitar, justificadamente, as matérias e os valores impugnados, permitida a execução imediata da parte remanescente até o final, nos próprios autos ou por carta de sentença.

5.8. AGRAVO INTERNO

Cabimento → Contra decisão proferida pelo relator caberá agravo interno para o respectivo órgão colegiado, observadas, quanto ao processamento, as regras do regimento interno do tribunal:

a) Na petição de agravo interno, o recorrente impugnará especificadamente os fundamentos da decisão agravada.

b) agravo será dirigido ao relator, que intimará o agravado para manifestar-se sobre o recurso no prazo de oito dias, ao final do qual, não havendo retratação, o relator levá-lo-á a julgamento pelo órgão colegiado, com inclusão em pauta.

c) É vedado ao relator limitar-se à reprodução dos fundamentos da decisão agravada para julgar improcedente o agravo interno.

d) Quando o agravo interno for declarado manifestamente inadmissível ou improcedente em votação unânime, o órgão colegiado, em decisão fundamentada, condenará o agravante a pagar ao agravado multa fixada entre um e cinco por cento do valor atualizado da causa.

e) A interposição de qualquer outro recurso está condicionada ao depósito prévio do valor da multa prevista no § 4º, à exceção da Fazenda Pública e do beneficiário de gratuidade da justiça, que farão o pagamento ao final.

5.9. UNIFORMIZAÇÃO DA JURISPRUDÊNCIA

Definição → consiste na necessidade, decorrente de política judiciária, no sentido de firmar a orientação jurisprudencial de cada tribunal, principalmente daqueles divididos em Turmas.

IUJ → o CPC de 2015 extinguiu o incidente de uniformização de jurisprudência - IUJ e a Lei nº 13.467/17 revogou os dispositivos da CLT que disciplinavam esse procedimento no âmbito do processo do trabalho. Apesar disso, ainda se aplica o art. 926 do CPC ao processo laboral que impõe a cada Tribunal a obrigação de uniformizar sua jurisprudência, mas não por meio de um incidente.

Competência e procedimento para aprovação ou alteração de Súmulas e OJs → compete ao Tribunal Pleno estabelecer ou alterar súmulas e outros enunciados de jurisprudência uniforme, pelo voto de pelo menos dois terços de seus membros, caso a mesma matéria já tenha sido decidida de forma idêntica por unanimidade em, no mínimo, dois terços das turmas em pelo menos dez sessões diferentes em cada uma delas, podendo, ainda, por maioria de dois terços de seus membros, restringir os efeitos daquela declaração ou decidir que ela só tenha eficácia a partir de sua publicação no Diário Oficial.

Publicidade → as sessões de julgamento sobre estabelecimento ou alteração de súmulas e outros enunciados de jurisprudência deverão ser públicas, divulgadas com, no mínimo, trinta dias de antecedência, e deverão possibilitar a sustentação oral pelo Procurador-Geral do Trabalho, pelo Conselho Federal da Ordem dos Advogados do Brasil, pelo Advogado-Geral da União e por confederações sindicais ou entidades de classe de âmbito nacional. Esses critérios também devem ser observados pelos Tribunais Regionais.

Incidente de resolução de demanda repetitiva - IRDR de recurso de revista repetitivos no TST → constatada a existência de diversos recursos de revista tratando da mesma matéria de direito, o julgamento da demanda repetitiva poderá ser transferido para a Sessão de Dissídios individuais ou ao Tribunal Pleno do TST.

a) o Presidente da Turma ou da Seção Especializada que afetar processo para julgamento sob o rito dos recursos repetitivos deverá expedir comunicação aos demais Presidentes de Turma ou de Seção Especializada, que poderão afetar outros processos sobre a questão para julgamento conjunto, a fim de conferir ao órgão julgador visão global da questão;

b) o Presidente do Tribunal Superior do Trabalho oficiará os Presidentes dos Tribunais Regionais do Trabalho para que suspendam os recursos interpostos em casos idênticos aos afetados como recursos repetitivos, até o pronunciamento definitivo do Tribunal Superior do Trabalho;

c) caberá ao Presidente do Tribunal de origem admitir um ou mais recursos representativos da controvérsia, os quais serão encaminhados ao Tribunal Superior do Trabalho, ficando suspensos os demais recursos de revista até o pronunciamento definitivo do Tribunal Superior do Trabalho;

d) o relator no Tribunal Superior do Trabalho poderá determinar a suspensão dos recursos de revista ou de embargos que tenham como objeto controvérsia idêntica à do recurso afetado como repetitivo;

e) o recurso repetitivo será distribuído a um dos Ministros membros da Seção Especializada ou do Tribunal Pleno e a um Ministro revisor;

f) o relator poderá solicitar, aos Tribunais Regionais do Trabalho, informações a respeito da controvérsia, a serem prestadas no prazo de 15 (quinze) dias;

g) o relator poderá admitir manifestação de pessoa, órgão ou entidade com interesse na controvérsia, inclusive como assistente simples;

h) recebidas as informações terá vista o Ministério Público pelo prazo de quinze dias;

i) transcorrido o prazo para o Ministério Público e remetida cópia do relatório aos demais Ministros, o processo será incluído em pauta na Seção Especializada ou no Tribunal Pleno, devendo ser julgado com preferência sobre os demais feitos.

j) publicado o acórdão do Tribunal Superior do Trabalho, os recursos de revista sobrestados na origem: I - terão seguimento denegado na hipótese de o acórdão recorrido coincidir com a orientação a respeito da matéria no Tribunal Superior do Trabalho; ou II - serão novamente examinados pelo Tribunal de origem na hipótese de o acórdão recorrido divergir da orientação do Tribunal Superior do Trabalho a respeito da matéria.

k) mantida a decisão divergente pelo Tribunal de origem, far-se-á o exame de admissibilidade do recurso de revista.

l) caso a questão afetada e julgada sob o rito dos recursos repetitivos também contenha questão constitucional, a decisão proferida pelo Tribunal Pleno não obstará o conhecimento de eventuais recursos extraordinários sobre a questão constitucional.

IRDR nos Tribunais Regionais (arts. 976 a 986 do CPC aplicado ao processo do trabalho de acordo com o preceito contido no art. 8º da IN nº 39/16 do TST):

a) Admitido o incidente, o relator suspenderá o julgamento dos processos pendentes, individuais ou coletivos, que tramitam na Região, no tocante ao tema objeto de IRDR, sem prejuízo da instrução integral das causas e do julgamento dos eventuais pedidos distintos e cumulativos igualmente deduzidos em tais processos, inclusive, se for o caso, do julgamento antecipado parcial do mérito;

b) Do julgamento do mérito do incidente caberá recurso de revista para o Tribunal Superior do Trabalho, dotado de efeito meramente devolutivo, nos termos dos arts. 896 e 899 da CLT;

c) Apreciado o mérito do recurso, a tese jurídica adotada pelo Tribunal Superior do Trabalho será aplicada no território nacional a todos os processos, individuais ou coletivos, que versem sobre idêntica questão de direito.

IRDR de recursos extraordinários repetitivos:

a) aos recursos extraordinários interpostos perante o Tribunal Superior do Trabalho será aplicado o procedimento previsto no CPC.

b) cabe ao Presidente do Tribunal Superior do Trabalho selecionar um ou mais recursos representativos da controvérsia e encaminhá-los ao Supremo Tribunal Federal, sobrestando os demais até o pronunciamento definitivo da Corte;

c) o Presidente do Tribunal Superior do Trabalho poderá oficiar os Tribunais Regionais do Trabalho e os Presidentes das Turmas e da Seção Especializada do Tribunal para que suspendam os processos idênticos aos selecionados como recursos representativos da controvérsia e encaminhados ao Supremo Tribunal Federal, até o seu pronunciamento definitivo.

Coisa julgada, *distinguishing* e *overruling*:

a) **Coisa julgada:** ao contrário da qualidade da coisa julgada, que somente vincula as partes, no precedente o resultado do julgamento de recursos repetitivos tem efeito *erga omnes*;

b) ***Distinguishing:*** a decisão firmada em recurso repetitivo não será aplicada aos casos em que se demonstrar que a situação de fato ou de direito é distinta das presentes no processo julgado sob o rito dos recursos repetitivos;

c) ***Overruling:*** caberá revisão da decisão firmada em julgamento de recursos repetitivos quando se alterar a situação econômica, social ou jurídica, caso em que será respeitada a segurança jurídica das relações firmadas sob a égide da decisão anterior, podendo o Tribunal Superior do Trabalho modular os efeitos da decisão que a tenha alterado.

IAC - Incidente de assunção de competência:

Conceito → é o incidente por meio do qual se altera a competência de julgamento de um recurso ou de processo de competência originária da Turma para um Órgão do Tribunal definido pelo seu respectivo regimento interno, com o objetivo de julgar demanda de interesse público, com relevante questão de direito e grande repercussão social, mas sem natureza repetitiva. Ainda utiliza-se do IAC quando ocorrer relevante questão de direito a respeito da qual seja conveniente a prevenção ou a composição de divergência entre câmaras ou turmas do tribunal.

Procedimento:

a) o relator proporá, de ofício ou a requerimento da parte, do Ministério Público ou da Defensoria Pública, que seja o recurso, a remessa necessária ou o processo de competência originária julgado pelo órgão colegiado que o regimento indicar;

b) o órgão colegiado julgará o recurso, a remessa necessária ou o processo de competência originária se reconhecer interesse público na assunção de competência;

c) o acórdão proferido em assunção de competência vinculará todos os juízes e órgãos fracionários, exceto se houver revisão de tese.

Reclamação:

Conceito → é uma demanda destinada a preservar a competência ou garantir a autoridade das decisões de determinado Tribunal, sem que seja necessário percorrer todas as instâncias inferiores.

Cabimento:

a) preservar a competência do tribunal;

b) garantir a autoridade das decisões do tribunal;

c) garantir a observância de enunciado de súmula vinculante e de decisão do Supremo Tribunal Federal em controle concentrado de constitucionalidade;

d) garantir a observância de acórdão proferido em julgamento de incidente de resolução de demandas repetitivas ou de incidente de assunção de competência.

5.10. AÇÃO RESCISÓRIA

Conceito → constitui o meio processual adequado para rescindir sentenças ou acórdãos qualificados pela coisa julgada material e proferidos sem observância de determinados requisitos expressamente previstos em lei, no prazo decadencial de dois anos.

Respeito à coisa julgada → é vedado aos órgãos da Justiça do Trabalho conhecer de questões já decididas, excetuados o erro material e as hipóteses onde é cabível a ação rescisória, sujeita ao depósito prévio de 20% do valor da causa, salvo prova de miserabilidade jurídica do autor.

Competência funcional:

- Compete ao TRT julgar as ações rescisórias propostas contra as decisões proferidas pelos juízos de primeira instância e contra suas próprias decisões;
- Compete à seção especializada em dissídios coletivos ou seção normativa julgar as ações rescisórias propostas contra suas sentenças normativas;
- Compete à Seção de Dissídios Individuais julgar originariamente as ações rescisórias propostas contra decisões das Turmas do Tribunal Superior do Trabalho e suas próprias, inclusive as anteriores à especialização em seções.

Legitimidade para propor a ação rescisória:

- quem foi parte no processo ou o seu sucessor a título universal ou singular;
- o terceiro juridicamente interessado;
- o Ministério Público, se não foi ouvido no processo em que lhe era obrigatória a intervenção; quando a decisão rescindenda é o efeito de simulação ou de colusão das partes, a fim de fraudar a lei; ou em outros casos em que se imponha sua atuação;
- aquele que não foi ouvido no processo em que lhe era obrigatória a intervenção.

Cabimento → a sentença de mérito, transitada em julgado, pode ser rescindida quando:

- se verificar que foi proferida por força de prevaricação, concussão ou corrupção do juiz;
- for proferida por juiz impedido ou por juízo absolutamente incompetente;
- resultar de dolo ou coação da parte vencedora em detrimento da parte vencida ou, ainda, de simulação ou colusão entre as partes, a fim de fraudar a lei;
- ofender a coisa julgada;
- violar manifestamente norma jurídica;
- for fundada em prova cuja falsidade tenha sido apurada em processo criminal ou venha a ser demonstrada na própria ação rescisória;
- obtiver o autor, posteriormente ao trânsito em julgado, prova nova cuja existência ignorava ou de que não pôde fazer uso, capaz, por si só, de lhe assegurar pronunciamento favorável;
- for fundada em erro de fato verificável do exame dos autos.

Cabimento em caso de sentença que não aprecia o mérito → a sentença sem análise de mérito, transitada em julgado, pode ser rescindida quando impeça:

- nova propositura da demanda; ou
- admissibilidade do recurso correspondente.

Prova do trânsito em julgado: é indispensável ao processamento da ação rescisória a prova do trânsito em julgado da decisão rescindenda. Verificando o relator que a parte interessada não juntou à inicial o documento comprobatório, abrirá prazo de 15 (quinze) dias para que o faça (art. 321 do CPC), sob pena de indeferimento. Eventual trânsito em julgado posterior ao ajuizamento da ação rescisória não reabilita a ação proposta, na medida em que o ordenamento jurídico não contempla a ação rescisória preventiva.

Prazo: o prazo decadencial para o ajuizamento da ação rescisória é de dois anos. Por se tratar de prazo decadencial, não se admite suspensão ou interrupção.

Peculiaridades no processo do trabalho:

- o acordo celebrado entre as partes e homologado pelo juiz do trabalho tem o mesmo efeito de uma decisão irrecorrível, somente sendo impugnável por ação rescisória.
- a decisão que homologa os cálculos de liquidação só é passível de ser atacada pela via rescisória quando as partes discutem a conta e o juiz manifesta-se, expressamente, sobre os seus erros e acertos.
- é incabível ação rescisória para desconstituir sentença proferida nos autos de ação de cumprimento na medida em que a coisa julgada nas sentenças normativas é apenas formal.

6. EXECUÇÃO

6.1. LIQUIDAÇÃO E EXECUÇÃO

Liquidação →

- Sendo ilíquida a sentença exequenda, ordenar-se-á, previamente, a sua liquidação, que poderá ser feita por cálculo, por arbitramento ou por artigos;
- Não se poderá modificar ou inovar a sentença liquidanda, nem discutir matéria pertinente à causa principal, devendo abranger, também, o cálculo das contribuições previdenciárias devidas;
- As partes deverão ser previamente intimadas para a apresentação do cálculo de liquidação, inclusive da contribuição previdenciária incidente;
- Elaborada a conta e tornada líquida, o Juiz deverá abrir às partes prazo comum de oito dias para impugnação fundamentada com a indicação dos itens e valores objeto da discordância, sob pena de preclusão;
- A atualização dos créditos decorrentes de condenação judicial trabalhista não será feita pela Taxa Referencial – TR como determina a Lei nº 8.177/91 e a CLT, uma vez que o STF declarou tais dispositivos inconstitucionais;
- A atualização dos débitos trabalhistas das entidades privadas deverá observar os parâmetros esta-

belecidos pela decisão do STF nos autos da ADC nº 58, quais sejam: antes do ajuizamento da ação trabalhista, deverá incidir o IPCA-e acrescido de juros de mora equivalente à variação da TR; a partir do ajuizamento da demanda deverá incidir, exclusivamente, a taxa SELIC, que engloba a taxa de juros e a correção monetária;

- A atualização dos débitos trabalhistas da fazenda pública será feita mediante a aplicação do IPCA-e e, a partir do ajuizamento da ação, incidirá também os juros de mora que remuneram os depósitos das cadernetas de poupança, ou seja, de 0,5% ao mês, na forma da decisão do STF proferida nos autos das ADIs 4357 e 4425, bem como no RE 870.947.
- Elaborada a conta pela parte ou pelos órgãos auxiliares da Justiça do Trabalho, o juiz procederá à intimação da União para manifestação, no prazo de 10 dias, sob pena de preclusão;
- A atualização do crédito devido à Previdência Social observará os critérios estabelecidos na legislação previdenciária, ou seja, pela taxa referencial SELIC;
- Os valores devidos em decorrência de decisão judicial trabalhista, inclusive os créditos relativos ao FGTS, devem ser corrigidos monetariamente a partir do momento em que cada parcela tornou-se exigível, durante a execução ou extinção do contrato de trabalho, até o momento do efetivo pagamento, não incidindo sobre o débito do trabalhador reclamante.

Execução →

- A execução será promovida pelas partes, permitida a execução de ofício pelo juiz ou pelo Presidente do Tribunal apenas nos casos em que as partes não estiverem representadas por advogado, ou ainda quando se tratar de execução de contribuições previdenciárias;
- Aos trâmites e incidentes do processo da execução trabalhistas são aplicáveis, naquilo em que não contravierem aos princípios do processo laboral, os preceitos que regem o processo dos executivos fiscais para a cobrança judicial da dívida ativa da Fazenda Pública Federal;
- Execução provisória é aquela que se processa com base em um título executivo judicial que ainda não adquiriu a qualidade da coisa julgada;
- Execução por carta acontece quando os bens do devedor estiverem localizados em território diverso daquele coberto pela jurisdição da Vara do Trabalho onde a execução trabalhista fora iniciada;
- São executadas de ofício as contribuições sociais previstas na alínea a do inciso I e no inciso II do *caput* do art. 195 da Constituição Federal, e seus acréscimos legais, relativas ao objeto da condenação constante das sentenças que proferir e dos acordos que homologar.

Títulos executivos judiciais trabalhistas:

- as decisões passadas em julgado ou das quais não tenha havido recurso com efeito suspensivo e
- os acordos, quando não cumpridos.

Títulos executivos extrajudiciais trabalhistas

- termo de ajuste de conduta;
- termo de acordo homologado pela CCP;
- sentença arbitral (segundo o art. 515, VII do CPC é considerado como título executivo judicial);
- cheque e a nota promissória emitidos em reconhecimento de dívida inequivocamente de natureza trabalhista; e
- certidão de inscrição da dívida ativa da União, desde que derive de penalidades administrativas impostas aos empregadores pelos órgãos de fiscalização das relações de trabalho.

Prescrição intercorrente →

- a Lei nº 13.467/17 pôs fim à controvérsia sobre a incidência ou não da prescrição intercorrente no processo laboral, com a introdução do art. 11-A à CLT, com a seguinte redação: "Ocorre a prescrição intercorrente no processo do trabalho no prazo de dois anos";
- a prescrição pode ser requerida ou declarada de ofício em qualquer grau de jurisdição;
- o prazo é de dois anos contados a partir do momento em que o exequente deixa de cumprir determinação judicial na execução.

Citação → requerida a execução, o juiz ou presidente do tribunal mandará expedir mandado de citação do executado, a fim de que cumpra a decisão ou o acordo no prazo, pelo modo e sob as cominações estabelecidas ou, quando se tratar de pagamento em dinheiro, inclusive de contribuições sociais devidas à União, para que o faça em 48 horas ou garanta a execução, sob pena de penhora.

Protesto → a decisão judicial transitada em julgado somente poderá ser levada a protesto, gerar inscrição do nome do executado em órgãos de proteção ao crédito ou no Banco Nacional de Devedores Trabalhistas (BNDT), nos termos da lei, depois de transcorrido o prazo de quarenta e cinco dias a contar da citação do executado, se não houver garantia do juízo.

6.2. EXECUÇÃO CONTRA A FAZENDA PÚBLICA

Prerrogativas da Fazenda Pública na execução:

- citação pessoal;
- prazo para apresentação de embargos à execução de trinta dias;
- execução pelo procedimento do precatório.

Regime geral de precatório → Os pagamentos devidos pelas Fazendas Públicas Federal, Estaduais,

Distrital e Municipais, em virtude de sentença judiciária, far-se-ão exclusivamente na ordem cronológica de apresentação dos precatórios e à conta dos créditos respectivos, proibida a designação de casos ou de pessoas nas dotações orçamentárias e nos créditos adicionais abertos para este fim.

Regime especial de pagamento → O STF declarou a inconstitucionalidade do dispositivo que instituiu esse procedimento. Em 25.03.2015 o STF modulou os efeitos de sua decisão dando sobrevida ao regime especial de pagamento de precatórios, instituído pela EC 62/09, por 5 exercícios financeiros a contar de primeiro de janeiro de 2016.

Crédito de natureza alimentícia → é assegurado o direito de preferência aos credores de obrigação de natureza alimentícia, obedecida, entre eles, a ordem cronológica de apresentação dos respectivos precatórios judiciários.

Dívida de pequeno valor → cada Ente da Federação tem a competência para fixar, por lei, os limites individuais das dívidas de pequeno valor, que não pode ser inferior ao valor do maior benefício pago pela previdência social. Assim, quando a dívida não ultrapassar os mencionados limites, não haverá necessidade de expedição de precatório. Nesse caso, será expedida uma requisição de pequeno valor, no prazo de sessenta dias, para efetuar o pagamento da quantia devida pela Fazenda Pública. Em caso de recusa, expede-se ordem de sequestro.

Pagamento preferencial → os débitos de natureza alimentícia cujos titulares, originários ou por sucessão hereditária, tenham 60 (sessenta) anos de idade, ou sejam portadores de doença grave, ou pessoas com deficiência, assim definidos na forma da lei, serão pagos com preferência sobre todos os demais débitos, até o valor equivalente ao triplo fixado em lei, admitido o fracionamento para essa finalidade, sendo que o restante será pago na ordem cronológica de apresentação do precatório.

6.3. EXPROPRIAÇÃO E EMBARGOS À EXECUÇÃO

Penhora → não pagando o executado, nem garantindo a execução, mediante depósito em dinheiro ou seguro-garantia judicial, seguir-se-á penhora dos bens, tantos quantos bastem ao pagamento da importância da condenação, acrescida de custas e juros de mora, sendo estes, em qualquer caso, devidos a partir da data em que for ajuizada a reclamação inicial.

Ordem de preferência:

- dinheiro, em espécie ou em depósito ou aplicação em instituição financeira;
- títulos da dívida pública da União, dos Estados e do Distrito Federal com cotação em mercado;
- títulos e valores mobiliários com cotação em mercado;
- veículos de via terrestre;
- bens imóveis;
- bens móveis em geral;
- semoventes;
- navios e aeronaves;
- ações e quotas de sociedades simples e empresárias;
- percentual do faturamento de empresa devedora;
- pedras e metais preciosos;
- direitos aquisitivos derivados de promessa de compra e venda e de alienação fiduciária em garantia;
- outros direitos.

Impenhorabilidade:

- os bens inalienáveis e os declarados, por ato voluntário, não sujeitos à execução;
- os móveis, os pertences e as utilidades domésticas que guarnecem a residência do executado, salvo os de elevado valor ou os que ultrapassem as necessidades comuns correspondentes a um médio padrão de vida;
- os vestuários, bem como os pertences de uso pessoal do executado, salvo se de elevado valor;
- os vencimentos, os subsídios, os soldos, os salários, as remunerações, os proventos de aposentadoria, as pensões, os pecúlios e os montepios, bem como as quantias recebidas por liberalidade de terceiro e destinadas ao sustento do devedor e de sua família, os ganhos de trabalhador autônomo e os honorários de profissional liberal;
- os livros, as máquinas, as ferramentas, os utensílios, os instrumentos ou outros bens móveis necessários ou úteis ao exercício da profissão do executado;
- o seguro de vida;
- os materiais necessários para obras em andamento, salvo se essas forem penhoradas;
- a pequena propriedade rural, assim definida em lei, desde que trabalhada pela família;
- os recursos públicos recebidos por instituições privadas para aplicação compulsória em educação, saúde ou assistência social;
- a quantia depositada em caderneta de poupança, até o limite de 40 (quarenta) salários mínimos;
- os recursos públicos do fundo partidário recebidos por partido político, nos termos da lei;
- os créditos oriundos de alienação de unidades imobiliárias, sob regime de incorporação imobiliária, vinculados à execução da obra

Penhora on-line → para possibilitar a penhora de dinheiro em depósito ou em aplicação financeira, o juiz, a requerimento do exequente, sem dar ciência prévia do ato ao executado, determinará às instituições financeiras, por meio de sistema eletrônico gerido pela autoridade supervisora do sistema financeiro nacional, que torne indisponíveis ativos financeiros existentes em nome do executado, limitando-se a indisponibilidade ao valor indicado na execução.

Embargos à execução → garantida a execução ou penhorados os bens, terá o executado cinco dias para apresentar embargos, cabendo igual prazo ao exequente para impugnação:

- a matéria de defesa será restrita as alegações de cumprimento da decisão ou do acordo, quitação ou prescrição da dívida;
- se na defesa tiverem sido arroladas testemunhas, poderá o juiz ou o presidente do Tribunal, caso julgue necessários seus depoimentos, marcar audiência para a produção das provas, a qual deverá realizar-se dentro de cinco dias;
- não tendo sido arroladas testemunhas na defesa, o juiz ou presidente, conclusos os autos, proferirá sua decisão, dentro de cinco dias, julgando subsistente ou insubsistente a penhora;
- se tiverem sido arroladas testemunhas, finda a sua inquirição em audiência, o escrivão ou secretário fará, dentro de 48 horas, conclusos os autos ao juiz ou presidente, que proferirá sua decisão, na forma prevista no artigo anterior;
- proferida a decisão, serão da mesma notificadas as partes interessadas, em registro postal com franquia;
- somente nos embargos à penhora poderá o executado impugnar a sentença de liquidação, cabendo ao exequente igual direito e no mesmo prazo;
- julga-se na mesma sentença os embargos e as impugnações à liquidação apresentadas pelos credores trabalhista e previdenciário.
- A exigência da garantia ou penhora não se aplica às entidades filantrópicas e/ou àqueles que compõem ou compuseram a diretoria dessas instituições.

Arrematação:

- será anunciada por edital afixado na sede do juízo ou tribunal e publicado no jornal local, se houver, com a antecedência de 20 dias;
- será feita em dia, hora e lugar anunciados e os bens serão vendidos pelo maior lance, tendo o exequente preferência para a adjudicação;
- o arrematante deverá garantir o lance com o sinal correspondente a 20% do seu valor. Se o arrematante ou seu fiador, não pagar dentro de 24 horas, o preço da arrematação, perderá, em benefício da execução, esse sinal, voltando à praça os bens executados;
- não havendo licitante, e não requerendo o exequente a adjudicação dos bens penhorados, poderão os mesmos ser vendidos por leiloeiro nomeado pelo juiz.

7. DISSÍDIO COLETIVO, AÇÕES COLETIVAS E ESPECIAIS

7.1. DISSÍDIO COLETIVO

Requisitos da ação de dissídio coletivo:

- nenhum processo de dissídio coletivo de natureza econômica será admitido sem antes se esgotarem as medidas relativas à formalização da convenção ou acordo correspondente;
- necessita de prévia autorização dos trabalhadores da suscitada diretamente envolvidos no conflito;
- deve haver o prévio comum acordo dos interessados para submeter a lide coletiva à Justiça do Trabalho.

Legitimidade:

- **Ordinária →** sindicato e, na sua ausência, da federação ou confederação, desde que tenha sido esgotada a via da negociação coletiva e haja autorização prévia em assembleia dos integrantes da categoria respectiva.
- **Extraordinária →** em caso de greve em atividade essencial, com possibilidade de lesão do interesse público, o Ministério Público do Trabalho poderá ajuizar dissídio coletivo, competindo à Justiça do Trabalho decidir o conflito.

Competência funcional → Tribunal Regional do Trabalho, salvo se a base territorial da entidade suscitante for superior à jurisdição do TRT, transferindo-se a competência, nesse caso, para o TST por meio da Seção de Dissídios Coletivos.

7.2. AÇÕES COLETIVAS

Ação civil pública → tem como objeto a defesa de todas as espécies de direitos ou interesses metaindividuais e a consequente postulação de condenação do ofensor no pagamento de uma indenização e/ou para o cumprimento de obrigação de fazer ou não fazer.

A ação civil coletiva → constitui espécie de ação coletiva em sentido amplo, utilizada apenas para a defesa de direitos individuais e homogêneos, com vistas a obter uma tutela de natureza condenatória para reparação de danos morais e materiais na órbita vários indivíduos pertencentes a determinado grupo.

Competência territorial

- Em se tratando de dano de âmbito local, no foro do lugar onde ocorreu ou deva ocorrer o dano;
- Em se tratando de ação civil pública de efeitos nacionais ou regionais será competente para apreciar e julgar a causa a justiça do local do foro da Capital do Estado ou no do Distrito Federal, para os danos de âmbito nacional ou regional;
- Ajuizadas múltiplas ações civis públicas de âmbito nacional ou regional, firma-se a prevenção do juízo

que primeiro conheceu de uma delas, para o julgamento de todas as demandas conexas.

Competência funcional ➔ o órgão de primeiro grau da Justiça Especializada do Trabalho, qual seja, a Vara do Trabalho, é competente para apreciar e julgar, originariamente, as ações coletivas.

Legitimidade ativa ➔ além do Ministério Público, a Lei da ACP ainda confere legitimidade concorrente, disjuntiva e taxativa às seguintes entidades:

- à Defensoria Pública;
- à União, os Estados, o Distrito Federal e os Municípios;
- à autarquia, empresa pública, fundação ou sociedade de economia mista;
- às associações que estejam constituídas há mais de um ano e que incluam entre as suas finalidades a proteção ao meio ambiente, ao consumidor, à ordem econômica, à livre concorrência, ou ao patrimônio artístico, estético, histórico, turístico e paisagístico.

Inquérito civil ➔ é um procedimento investigativo de natureza administrativa promovido pelo Ministério Público que tem como objetivo colher elementos de convicção sobre a existência de danos coletivos ou individuais indisponíveis, sejam eles efetivos ou potenciais.

Efeitos e a eficácia da decisão

- A sentença civil fará coisa julgada erga omnes, exceto se a ação for julgada improcedente por deficiência de provas, hipótese em que qualquer legitimado poderá intentar outra ação com idêntico fundamento.
- Inconstitucionalidade do artigo 16 da LACP, com a redação da Lei 9.494/1997, cuja finalidade foi ostensivamente restringir os efeitos condenatórios de demandas coletivas, limitando o rol dos beneficiários da decisão por meio de um critério territorial de competência (RE 1101937 com repercussão geral declarada. Tema 1075 do STF).

7.3. AÇÕES ESPECIAIS

Mandado de segurança ➔ utilizado para proteger direito líquido e certo, não amparado por *habeas corpus*, sempre que, ilegalmente ou com abuso do poder, alguém sofrer violação ou houver justo receio de sofrê-la por parte de autoridade, seja de que categoria for ou sejam quais forem as funções que exerça.

Ação de cumprimento ➔ quando os empregadores deixarem de satisfazer o pagamento de salários, na conformidade da decisão proferida em dissídio coletivo (ainda que não tenha transitado em julgado), acordo coletivo ou convenção coletiva, podera/o os empregados ou seus sindicatos, independentes de outorga de poderes de seus associados, juntando certidão de tal decisão, apresentar reclamação ao Juízo competente, sendo vedado, porém, questionar sobre a matéria de fato e de direito ja apreciada na decisão

✦ SÚMULAS E OJ'S APLICÁVEIS

1. TEORIA GERAL DO PROCESSO DO TRABALHO, JURISDIÇÃO E AÇÃO

1.1. FORMAS DE SOLUÇÃO DE CONFLITOS TRABALHISTAS

- **OJ nº 391. SDI-1 do TST.** PORTUÁRIOS. SUBMISSÃO PRÉVIA DE DEMANDA A COMISSÃO PARITÁRIA. LEI N.º 8.630, DE 25.02.1993. INEXIGIBILIDADE. (DEJT divulgado em 09, 10 e 11.06.2010). A submissão prévia de demanda a comissão paritária, constituída nos termos do art. 23 da Lei nº 8.630, de 25.02.1993 (Lei dos Portos), não é pressuposto de constituição e desenvolvimento válido e regular do processo, ante a ausência de previsão em lei.

1.2. COMPETÊNCIA

- **Súmula nº 19 do TST.** QUADRO DE CARREIRA (mantida) – Res. 121/2003, DJ 19, 20 e 21.11.2003. A Justiça do Trabalho é competente para apreciar reclamação de empregado que tenha por objeto direito fundado em quadro de carreira.
- **Súmula nº 189 do TST.** GREVE. COMPETÊNCIA DA JUSTIÇA DO TRABALHO. ABUSIVIDADE (nova redação) – Res. 121/2003, DJ 19, 20 e 21.11.2003. A Justiça do Trabalho é competente para declarar a abusividade, ou não, da greve.
- **Súmula nº 300 do TST.** COMPETÊNCIA DA JUSTIÇA DO TRABALHO. CADASTRAMENTO NO PIS (mantida) – Res. 121/2003, DJ 19, 20 e 21.11.2003. Compete à Justiça do Trabalho processar e julgar ações ajuizadas por empregados em face de empregadores relativas ao cadastramento no Programa de Integração Social (PIS).
- **Súmula nº 368 do TST.** DESCONTOS PREVIDENCIÁRIOS. IMPOSTO DE RENDA. COMPETÊNCIA. RESPONSABILIDADE PELO RECOLHIMENTO. FORMA DE CÁLCULO. FATO GERADOR (aglutinada a parte final da Orientação Jurisprudencial nº 363 da SBDI-I à redação do item II e incluídos os itens IV, V e VI em sessão do Tribunal Pleno realizada em 26.06.2017) - Res. 219/2017, DEJT divulgado em 28, 29 e 30.06.2017.I - A Justiça do Trabalho é competente para determinar o recolhimento das contribuições fiscais. A competência da Justiça do Trabalho, quanto à execução das contribuições previdenciárias, limita-se às sentenças condenatórias em pecúnia que proferir e aos valores, objeto de acordo homologado, que integrem o salário de contribuição. (ex-OJ nº 141 da SBDI-1 - inserida em 27.11.1998). II - É do empregador a responsabilidade pelo recolhimento das contribuições previdenciárias e fiscais, resultantes de crédito do empregado oriundo de condenação judicial. A culpa do empregador pelo inadimplemento das verbas remuneratórias, contudo, não exime a responsabilidade do empregado

pelos pagamentos do imposto de renda devido e da contribuição previdenciária que recaia sobre sua quota-parte. (ex-OJ nº 363 da SBDI-1, parte final) III – Os descontos previdenciários relativos à contribuição do empregado, no caso de ações trabalhistas, devem ser calculados mês a mês, de conformidade com o art. 276, § 4º, do Decreto n º 3.048/1999 que regulamentou a Lei nº 8.212/1991, aplicando-se as alíquotas previstas no art. 198, observado o limite máximo do salário de contribuição (ex-OJs nºs 32 e 228 da SBDI-1 – inseridas, respectivamente, em 14.03.1994 e 20.06.2001). IV - Considera-se fato gerador das contribuições previdenciárias decorrentes de créditos trabalhistas reconhecidos ou homologados em juízo, para os serviços prestados até 4.3.2009, inclusive, o efetivo pagamento das verbas, configurando-se a mora a partir do dia dois do mês seguinte ao da liquidação (art. 276, "caput", do Decreto nº 3.048/1999). Eficácia não retroativa da alteração legislativa promovida pela Medida Provisória nº 449/2008, posteriormente convertida na Lei nº 11.941/2009, que deu nova redação ao art. 43 da Lei nº 8.212/91. V - Para o labor realizado a partir de 5.3.2009, considera-se fato gerador das contribuições previdenciárias decorrentes de créditos trabalhistas reconhecidos ou homologados em juízo a data da efetiva prestação dos serviços. Sobre as contribuições previdenciárias não recolhidas a partir da prestação dos serviços incidem juros de mora e, uma vez apurados os créditos previdenciários, aplica-se multa a partir do exaurimento do prazo de citação para pagamento, se descumprida a obrigação, observado o limite legal de 20% (art. 61, § 2º, da Lei nº 9.460/96). VI – O imposto de renda decorrente de crédito do empregado recebido acumuladamente deve ser calculado sobre o montante dos rendimentos pagos, mediante a utilização de tabela progressiva resultante da multiplicação da quantidade de meses a que se refiram os rendimentos pelos valores constantes da tabela progressiva mensal correspondente ao mês do recebimento ou crédito, nos termos do art. 12-A da Lei nº 7.713, de 22/12/1988, com a redação conferida pela Lei nº 13.149/2015, observado o procedimento previsto nas Instruções Normativas da Receita Federal do Brasil.

- **Súmula nº 389 do TST.** SEGURO-DESEMPREGO. COMPETÊNCIA DA JUSTIÇA DO TRABALHO. DIREITO À INDENIZAÇÃO POR NÃO LIBERAÇÃO DE GUIAS (conversão das Orientações Jurisprudenciais nº 210 e 211 da SBDI-1) - Res. 129/2005, DJ 20, 22 e 25.04.2005. I – Inscreve-se na competência material da Justiça do Trabalho a lide entre empregado e empregador tendo por objeto indenização pelo não fornecimento das guias do seguro-desemprego. (ex-OJ nº 210 da SBDI-1 – inserida em 08.11.2000). II – O não fornecimento pelo empregador da guia necessária para o recebimento do seguro-desemprego dá origem ao direito à indenização. (ex-OJ nº 211 da SBDI-1 – inserida em 08.11.2000).
- **Súmula nº 392 do TST.** DANO MORAL E MATERIAL. RELAÇÃO DE TRABALHO. COMPETÊNCIA DA JUSTIÇA DO TRABALHO (nova redação. 27.11.2015). Nos termos do art. 114, inc. VI, da Constituição da República, a Justiça do Trabalho é competente para processar e julgar ações de indenização por dano moral e material decorrentes da relação de trabalho, inclusive as oriundas de acidente de trabalho e doenças a ele equiparadas, ainda que propostas pelos dependentes ou sucessores do trabalhador falecido.
- **Súmula nº 420 do TST.** COMPETÊNCIA FUNCIONAL. CONFLITO NEGATIVO. TRT E VARA DO TRABALHO DE IDÊNTICA REGIÃO. NÃO CONFIGURAÇÃO (conversão da Orientação Jurisprudencial nº 115 da SBDI-2) – Res. 137/2005, DJ 22, 23 e 24.08.2005. Não se configura conflito de competência entre Tribunal Regional do Trabalho e Vara do Trabalho a ele vinculada. (ex-OJ nº 115 da SBDI-2 – DJ 11.08.2003).
- **Súmula nº 454 do TST.** COMPETÊNCIA DA JUSTIÇA DO TRABALHO. EXECUÇÃO DE OFÍCIO. CONTRIBUIÇÃO SOCIAL REFERENTE AO SEGURO DE ACIDENTE DE TRABALHO (SAT). ARTS. 114, VIII, E 195, I, "A", DA CONSTITUIÇÃO DA REPÚBLICA. (conversão da Orientação Jurisprudencial nº 414 da SBDI-1) Res. 194/2014, DEJT divulgado em 21, 22 e 23.05.2014. Compete à Justiça do Trabalho a execução, de ofício, da contribuição referente ao Seguro de Acidente de Trabalho (SAT), que tem natureza de contribuição para a seguridade social (arts. 114, VIII, e 195, I, "a", da CF), pois se destina ao financiamento de benefícios relativos à incapacidade do empregado decorrente de infortúnio no trabalho (arts. 11 e 22 da Lei nº 8.212/1991).
- **OJ nº 138. SDI-1 do TST.** COMPETÊNCIA RESIDUAL. REGIME JURÍDICO ÚNICO. LIMITAÇÃO DA EXECUÇÃO. (nova redação em decorrência da incorporação da Orientação Jurisprudencial nº 249 da SBDI-1, DJ 20.04.2005). Compete à Justiça do Trabalho julgar pedidos de direitos e vantagens previstos na legislação trabalhista referente a período anterior à Lei nº 8.112/90, mesmo que a ação tenha sido ajuizada após a edição da referida lei. A superveniência de regime estatutário em substituição ao celetista, mesmo após a sentença, limita a execução ao período celetista. (1ª parte – ex-OJ nº 138 da SBDI-1 – inserida em 27.11.98; 2ª parte – ex-OJ nº 249 – inserida em 13.03.02)

2. PROCESSO E PROCEDIMENTO TRABALHISTA

2.1. PROCEDIMENTOS (SUMÁRIO, SUMARÍSSIMO, INQUÉRITO, PJE E HOMOLOGAÇÃO DE ACORDO EXTRAJUDICIAL)

- **Súmula nº 442 do TST.** PROCEDIMENTO SUMARÍSSIMO. RECURSO DE REVISTA FUNDAMENTADO EM CONTRARIEDADE A ORIENTAÇÃO JURISPRUDEN-

CIAL. INADMISSIBILIDADE. ART. 896, § 6º, DA CLT, ACRESCENTADO PELA LEI Nº 9.957, DE 12.01.2000 (conversão da Orientação Jurisprudencial nº 352 da SBDI-1) - Res. 185/2012, DEJT divulgado em 25, 26 e 27.09.2012. Nas causas sujeitas ao procedimento sumaríssimo, a admissibilidade de recurso de revista está limitada à demonstração de violação direta a dispositivo da Constituição Federal ou contrariedade a Súmula do Tribunal Superior do Trabalho, não se admitindo o recurso por contrariedade a Orientação Jurisprudencial deste Tribunal (Livro II, Título II, Capítulo III, do RITST), ante a ausência de previsão no art. 896, § 6º, da CLT.

- **Súmula nº 458 do TST.** EMBARGOS. PROCEDIMENTO SUMARÍSSIMO. CONHECIMENTO. RECURSO INTERPOSTO APÓS VIGÊNCIA DA LEI Nº 11.496, DE 22.06.2007, QUE CONFERIU NOVA REDAÇÃO AO ART. 894, DA CLT. (conversão da Orientação Jurisprudencial nº 405 da SBDI-1 com nova redação). Res. 194/2014, DEJT divulgado em 21, 22 e 23.05.2014. Em causas sujeitas ao procedimento sumaríssimo, em que pese a limitação imposta no art. 896, § 6º, da CLT à interposição de recurso de revista, admitem-se os embargos interpostos na vigência da Lei nº 11.496, de 22.06.2007, que conferiu nova redação ao art. 894 da CLT, quando demonstrada a divergência jurisprudencial entre Turmas do TST, fundada em interpretações diversas acerca da aplicação de mesmo dispositivo constitucional ou de matéria sumulada.

2.2. PARTES, REPRESENTAÇÃO, SUBSTITUIÇÃO PROCESSUAL E FAZENDA PÚBLICA

- **Súmula nº 82 do TST.** ASSISTÊNCIA (nova redação) - Res. 121/2003, DJ 19, 20 e 21.11.2003. A intervenção assistencial, simples ou adesiva, só é admissível se demonstrado o interesse jurídico e não o meramente econômico.
- **Súmula nº 170 do TST.** SOCIEDADE DE ECONOMIA MISTA. CUSTAS (mantida) - Res. 121/2003, DJ 19, 20 e 21.11.2003. Os privilégios e isenções no foro da Justiça do Trabalho não abrangem as sociedades de economia mista, ainda que gozassem desses benefícios anteriormente ao Decreto-Lei nº 779, de 21.08.1969 (ex-Prejulgado nº 50).
- **Súmula nº 303 do TST.** FAZENDA PÚBLICA. REEXAME NECESSÁRIO (nova redação em decorrência do CPC de 2015) - Res. 211/2016, DEJT divulgado em 24, 25 e 26.08.2016. I - Em dissídio individual, está sujeita ao reexame necessário, mesmo na vigência da Constituição Federal de 1988, decisão contrária à Fazenda Pública, salvo quando a condenação não ultrapassar o valor correspondente a: a) 1.000 (mil) salários mínimos para a União e as respectivas autarquias e fundações de direito público; b) 500 (quinhentos) salários mínimos para os Estados, o Distrito Federal, as respectivas autarquias e fundações de direito público e os Municípios que constituam capitais dos Estados; c) 100 (cem) salários mínimos para todos os demais Municípios e respectivas autarquias e fundações de direito público. II – Também não se sujeita ao duplo grau de jurisdição a decisão fundada em: a) súmula ou orientação jurisprudencial do Tribunal Superior do Trabalho; b) acórdão proferido pelo Supremo Tribunal Federal ou pelo Tribunal Superior do Trabalho em julgamento de recursos repetitivos; c) entendimento firmado em incidente de resolução de demandas repetitivas ou de assunção de competência; d) entendimento coincidente com orientação vinculante firmada no âmbito administrativo do próprio ente público, consolidada em manifestação, parecer ou súmula administrativa. III - Em ação rescisória, a decisão proferida pelo Tribunal Regional do Trabalho está sujeita ao duplo grau de jurisdição obrigatório quando desfavorável ao ente público, exceto nas hipóteses dos incisos anteriores. (ex-OJ nº 71 da SBDI-1 - inserida em 03.06.1996). IV - Em mandado de segurança, somente cabe reexame necessário se, na relação processual, figurar pessoa jurídica de direito público como parte prejudicada pela concessão da ordem. Tal situação não ocorre na hipótese de figurar no feito como impetrante e terceiro interessado pessoa de direito privado, ressalvada a hipótese de matéria administrativa. (ex-OJs nºs 72 e 73 da SBDI-1 – inseridas, respectivamente, em 25.11.1996 e 03.06.1996)
- **Súmula nº 377 do TST.** PREPOSTO. EXIGÊNCIA DA CONDIÇÃO DE EMPREGADO (nova redação) – Res. 146/2008, DJ 28.04.2008, 02 e 05.05.2008. Exceto quanto à reclamação de empregado doméstico, ou contra micro ou pequeno empresário, o preposto deve ser necessariamente empregado do reclamado. Inteligência do art. 843, § 1º, da CLT e do art. 54 da Lei Complementar nº 123, de 14 de dezembro de 2006.
- **Súmula nº 406 do TST.** AÇÃO RESCISÓRIA. LITISCONSÓRCIO. NECESSÁRIO NO POLO PASSIVO E FACULTATIVO NO ATIVO. INEXISTENTE QUANTO AOS SUBSTITUÍDOS PELO SINDICATO (conversão das Orientações Jurisprudenciais nos 82 e 110 da SBDI-2) – Res. 137/2005, DJ 22, 23 e 24.08.2005. I – O litisconsórcio, na ação rescisória, é necessário em relação ao polo passivo da demanda, porque supõe uma comunidade de direitos ou de obrigações que não admite solução díspar para os litisconsortes, em face da indivisibilidade do objeto. Já em relação ao polo ativo, o litisconsórcio é facultativo, uma vez que a aglutinação de autores se faz por conveniência e não pela necessidade decorrente da natureza do litígio, pois não se pode condicionar o exercício do direito individual de um dos litigantes no processo originário à anuência dos demais para retomar a lide. (ex-OJ nº 82 da SBDI-2 – inserida em 13.03.2002). II – O Sindicato, substituto processual e autor da reclamação trabalhista, em cujos autos fora proferida a decisão rescindenda, possui legitimidade para figurar como réu na ação rescisória,

sendo descabida a exigência de citação de todos os empregados substituídos, porquanto inexistente litisconsórcio passivo necessário. (ex-OJ nº 110 da SBDI-2 – DJ 29.04.2003).

- **OJ nº 121. SDI-1 do TST**. SUBSTITUIÇÃO PROCESSUAL. DIFERENÇA DO ADICIONAL DE INSALUBRIDADE. LEGITIMIDADE. (nova redação, DJ 20.04.2005). O sindicato tem legitimidade para atuar na qualidade de substituto processual para pleitear diferença de adicional de insalubridade.
- **OJ nº 130. SDI-1 do TST.** PRESCRIÇÃO. MINISTÉRIO PÚBLICO. ARGUIÇÃO. "CUSTOS LEGIS". ILEGITIMIDADE (atualizada em decorrência do CPC de 2015) – Res. 209/2016 – DEJT divulgado em 01, 02 e 03.06.2016. Ao exarar o parecer na remessa de ofício, na qualidade de "custos legis", o Ministério Público não tem legitimidade para arguir a prescrição em favor de entidade de direito público, em matéria de direito patrimonial.
- **OJ nº 188. SDI-1 do TST.** DECISÃO NORMATIVA QUE DEFERE DIREITOS. FALTA DE INTERESSE DE AGIR PARA AÇÃO INDIVIDUAL. Inserida em 08.11.00. Falta interesse de agir para a ação individual, singular ou plúrima, quando o direito já foi reconhecido através de decisão normativa, cabendo, no caso, ação de cumprimento.
- **OJ nº 192. SDI-1 do TST**. EMBARGOS DECLARATÓRIOS. PRAZO EM DOBRO. PESSOA JURÍDICA DE DIREITO PÚBLICO. DECRETO-LEI Nº 779/69 (inserida em 08.11.2000). É em dobro o prazo para a interposição de embargos declaratórios por Pessoa jurídica de direito público.
- **OJ nº 237. SDI-1 do TST.** MINISTÉRIO PÚBLICO DO TRABALHO. ILEGITIMIDADE PARA RECORRER. SOCIEDADE DE ECONOMIA MISTA. EMPRESA PÚBLICA (incorporada a Orientação Jurisprudencial nº 338 da SBDI-I) - Res. 210/2016, DEJT divulgado em 30.06, 1º e 04.07.2016. I - O Ministério Público do Trabalho não tem legitimidade para recorrer na defesa de interesse patrimonial privado, ainda que de empresas públicas e sociedades de economia mista. II – Há legitimidade do Ministério Público do Trabalho para recorrer de decisão que declara a existência de vínculo empregatício com sociedade de economia mista ou empresa pública, após a Constituição Federal de 1988, sem a prévia aprovação em concurso público, pois é matéria de ordem pública.
- **OJ nº 247. SDI-1 do TST**. SERVIDOR PÚBLICO. CELETISTA CONCURSADO. DESPEDIDA IMOTIVADA. EMPRESA PÚBLICA OU SOCIEDADE DE ECONOMIA MISTA. POSSIBILIDADE (alterada – Res. nº 143/2007) – DJ 13.11.2007. I – A despedida de empregados de empresa pública e de sociedade de economia mista, mesmo admitidos por concurso público, independe de ato motivado para sua validade; II – A validade do ato de despedida do empregado da Empresa Brasileira de Correios e Telégrafos (ECT) está condicionada à motivação, por gozar a empresa do mesmo tratamento destinado à Fazenda Pública em relação à imunidade tributária e à execução por precatório, além das prerrogativas de foro, prazos e custas processuais.
- **OJ nº 310. SDI-1 do TST**. LITISCONSORTES. PROCURADORES DISTINTOS. PRAZO EM DOBRO. art. 229, caput e §§ 1º e 2º, do CPC de 2015. ART. 191 DO CPC de 1973. INAPLICÁVEL AO PROCESSO DO TRABALHO (atualizada em decorrência do CPC de 2015) – Res. 208/2016, DEJT divulgado em 22, 25 e 26.04.2016 Inaplicável ao processo do trabalho a norma contida no art. 229, caput e §§ 1º e 2º, do CPC de 2015 (art. 191 do CPC de 1973), em razão de incompatibilidade com a celeridade que lhe é inerente.
- **OJ nº 318. SDI-1 do TST**. AUTARQUIA. FUNDAÇÃO PÚBLICA. LEGITIMIDADE PARA RECORRER. REPRESENTAÇÃO PROCESSUAL. (incluído o item II e alterada em decorrência do CPC de 2015) - Res. 220/2017, DEJT divulgado em 21, 22 e 25.09.2017 I - Os Estados e os Municípios não têm legitimidade para recorrer em nome das autarquias e das fundações públicas. II – Os procuradores estaduais e municipais podem representar as respectivas autarquias e fundações públicas em juízo somente se designados pela lei da respectiva unidade da federação (art. 75, IV, do CPC de 2015) ou se investidos de instrumento de mandato válido.
- **OJ nº 359. SDI-1 do TST**. SUBSTITUIÇÃO PROCESSUAL. SINDICATO. LEGITIMIDADE. PRESCRIÇÃO. INTERRUPÇÃO (DJ 14.03.2008). A ação movida por sindicato, na qualidade de substituto processual, interrompe a prescrição, ainda que tenha sido considerado parte ilegítima "ad causam".
- **OJ nº 382. SDI-1 do TST**. JUROS DE MORA. ART. 1º-F DA LEI Nº 9.494, DE 10.09.1997. INAPLICABILIDADE À FAZENDA PÚBLICA QUANDO CONDENADA SUBSIDIARIAMENTE. (DEJT divulgado em 19, 20e 22.04.2010). A Fazenda Pública, quando condenada subsidiariamente pelas obrigações trabalhistas devidas pela empregadora principal, não se beneficia da limitação dos juros, prevista no art. 1º-F da Lei nº 9.494, de 10.09.1997.
- **OJ nº 5. SDC.** FERIADO LOCAL. AUSÊNCIA DE EXPEDIENTE FORENSE. PRAZO RECURSAL. PRORROGAÇÃO. COMPROVAÇÃO. NECESSIDADE. ATO ADMINISTRATIVO DO JUÍZO A QUO. I – Incumbe à parte o ônus de provar, quando da interposição do recurso, a existência de feriado local que autorize a prorrogação do prazo recursal. II – Na hipótese de feriado forense, incumbirá à autoridade que proferir a decisão de admissibilidade certificar o expediente nos autos. III – Na hipótese do inciso II, admite-se a reconsideração da análise da tempestividade do recurso, mediante prova documental superveniente, em Agravo Regimental, Agravo de Instrumento ou Embargos de Declaração.

- **OJ nº 15. SDC do TST.** SINDICATO. LEGITIMIDADE "AD PROCESSUM". IMPRESCINDIBILIDADE DO REGISTRO NO MINISTÉRIO DO TRABALHO. Inserida em 27.03.1998. A comprovação da legitimidade "ad processum" da entidade sindical se faz por seu registro no órgão competente do Ministério do Trabalho, mesmo após a promulgação da Constituição Federal de 1988.

2.3. ADVOGADO, PROCURAÇÃO, DESPESAS PROCESSUAIS JUSTIÇA GRATUITA E *IUS POSTULANDI*

- **Súmula nº 25 do TST.** INVERSÃO DO ÔNUS DA SUCUMBÊNCIA. (alterada a Súmula e incorporadas as Orientações Jurisprudenciais nº 104 e 186 da SBDI-1) - Res. 197/2015 - DEJT divulgado em 14, 15 e 18.05.2015 I - A parte vencedora na primeira instância, se vencida na segunda, está obrigada, independentemente de intimação, a pagar as custas fixadas na sentença originária, das quais ficara isenta a parte então vencida; II - No caso de inversão do ônus da sucumbência em segundo grau, sem acréscimo ou atualização do valor das custas e se estas já foram devidamente recolhidas, descabe um novo pagamento pela parte vencida, ao recorrer. Deverá ao final, se sucumbente, reembolsar a quantia; (ex-OJ nº 186 da SBDI-I) III - Não caracteriza deserção a hipótese em que, acrescido o valor da condenação, não houve fixação ou cálculo do valor devido a título de custas e tampouco intimação da parte para o preparo do recurso, devendo ser as custas pagas ao final; (ex-OJ nº 104 da SBDI-I) IV - O reembolso das custas à parte vencedora faz-se necessário mesmo na hipótese em que a parte vencida for pessoa isenta do seu pagamento, nos termos do art. 790-A, parágrafo único, da CLT.
- **Súmula nº 36 do TST.** CUSTAS (mantida) – Res. 121/2003, DJ 19, 20 e 21.11.2003. Nas ações plúrimas, as custas incidem sobre o respectivo valor global.
- **Súmula nº 53 do TST.** CUSTAS (mantida) – Res. 121/2003, DJ 19, 20 e 21.11.2003. O prazo para pagamento das custas, no caso de recurso, é contado da intimação do cálculo.
- **Súmula nº 128 do TST.** DEPÓSITO RECURSAL (incorporadas as Orientações Jurisprudenciais nº 139, 189 e 190 da SBDI-1) – Res. 129/2005, DJ 20, 22 e 25.04.2005. I – É ônus da parte recorrente efetuar o depósito legal, integralmente, em relação a cada novo recurso interposto, sob pena de deserção. Atingido o valor da condenação, nenhum depósito mais é exigido para qualquer recurso. (ex-Súmula nº 128 – alterada pela Res. 121/2003, DJ 21.11.03, que incorporou a OJ nº 139 da SBDI-1 – inserida em 27.11.1998). II – Garantido o juízo, na fase executória, a exigência de depósito para recorrer de qualquer decisão viola os incisos II e LV do art. 5º da CF/1988. Havendo, porém, elevação do valor do débito, exige-se a complementação da garantia do juízo. (ex-OJ nº 189 da SBDI-1 – inserida em 08.11.2000). III – Havendo condenação solidária de duas ou mais empresas, o depósito recursal efetuado por uma delas aproveita as demais, quando a empresa que efetuou o depósito não pleiteia sua exclusão da lide. (ex-OJ nº 190 da SBDI-1 – inserida em 08.11.2000).
- **Súmula nº 161 do TST.** DEPÓSITO. CONDENAÇÃO A PAGAMENTO EM PECÚNIA (mantida) – Res. 121/2003, DJ 19, 20 e 21.11.2003. Se não há condenação a pagamento em pecúnia, descabe o depósito de que tratam os § § 1º e 2º do art. 899 da CLT (ex-Prejulgado nº 39).
- **Súmula nº 217 do TST.** DEPÓSITO RECURSAL. CREDENCIAMENTO BANCÁRIO. PROVA DISPENSÁVEL (mantida) – Res. 121/2003, DJ 19, 20 e 21.11.2003. O credenciamento dos bancos para o fim de recebimento do depósito recursal é fato notório, independendo da prova.
- **Súmula nº 219 do TST.** HONORÁRIOS ADVOCATÍCIOS. CABIMENTO (incorporada a Orientação Jurisprudencial nº 305 da SBDI-1 ao item I) - Res. 197/2015, DEJT divulgado em 14, 15 e 18.05.2015 I - Na Justiça do Trabalho, a condenação ao pagamento de honorários advocatícios, nunca superiores a 15% (quinze por cento), não decorre pura e simplesmente da sucumbência, devendo a parte, concomitantemente: a) estar assistida por sindicato da categoria profissional; b) comprovar a percepção de salário inferior ao dobro do salário mínimo ou encontrar-se em situação econômica que não lhe permita demandar sem prejuízo do próprio sustento ou da respectiva família. (art.14, §1º, da Lei nº 5.584/1970). (ex-OJ nº 305da SBDI-I) II - É cabível a condenação ao pagamento de honorários advocatícios em ação rescisória no processo trabalhista. III – São devidos os honorários advocatícios nas causas em que o ente sindical figure como substituto processual e nas lides que não derivem da relação de emprego.
- **Súmula nº 245 do TST**. DEPÓSITO RECURSAL. PRAZO (mantida) – Res. 121/2003, DJ 19, 20 e 21.11.2003. O depósito recursal deve ser feito e comprovado no prazo alusivo ao recurso. A interposição antecipada deste não prejudica a dilação legal.
- **Súmula nº 329 do TST.** HONORÁRIOS ADVOCATÍCIOS. ART. 133 DA CF/1988(mantida) – Res. 121/2003, DJ 19, 20 e 21.11.2003. Mesmo após a promulgação da CF/1988, permanece válido o entendimento consubstanciado na Súmula nº 219 do Tribunal Superior do Trabalho.
- **Súmula nº 341 do TST.** HONORÁRIOS DO ASSISTENTE TÉCNICO (mantida) – Res. 121/2003, DJ 19, 20 e 21.11.2003. A indicação do perito assistente é faculdade da parte, a qual deve responder pelos respectivos honorários, ainda que vencedora no objeto da perícia.
- **Súmula nº 356 do TST.** ALÇADA RECURSAL. VINCULAÇÃO AO SALÁRIO MÍNIMO (mantida) – Res. 121/2003, DJ 19, 20 e 21.11.2003. O art. 2º, § 4º, da

Lei nº 5.584, de 26.06.1970, foi recepcionado pela CF/1988, sendo lícita a fixação do valor da alçada com base no salário mínimo.

- **Súmula nº 383 do TST**. RECURSO. MANDATO. IRREGULARIDADE DE REPRESENTAÇÃO. CPC DE 2015, ARTS. 104 E 76, § 2º (nova redação em decorrência do CPC de 2015) - Res. 210/2016, DEJT divulgado em 30.06, 1º e 04.07.2016 I – É inadmissível recurso firmado por advogado sem procuração juntada aos autos até o momento da sua interposição, salvo mandato tácito. Em caráter excepcional (art. 104 do CPC de 2015), admite-se que o advogado, independentemente de intimação, exiba a procuração no prazo de 5 (cinco) dias após a interposição do recurso, prorrogável por igual período mediante despacho do juiz. Caso não a exiba, considera-se ineficaz o ato praticado e não se conhece do recurso. II – Verificada a irregularidade de representação da parte em fase recursal, em procuração ou substabelecimento já constante dos autos, o relator ou o órgão competente para julgamento do recurso designará prazo de 5 (cinco) dias para que seja sanado o vício. Descumprida a determinação, o relator não conhecerá do recurso, se a providência couber ao recorrente, ou determinará o desentranhamento das contrarrazões, se a providência couber ao recorrido (art. 76, § 2º, do CPC de 2015).

- **Súmula nº 395 do TST**. MANDATO E SUBSTABELECIMENTO. CONDIÇÕES DE VALIDADE (nova redação dos itens I e II e acrescido o item V em decorrência do CPC de 2015) - Res. 211/2016, DEJT divulgado em 24, 25 e 26.08.2016. I - Válido é o instrumento de mandato com prazo determinado que contém cláusula estabelecendo a prevalência dos poderes para atuar até o final da demanda (§ 4º do art. 105 do CPC de 2015). (ex -OJ nº 312 da SBDI-1 - DJ 11.08.2003). II – Se há previsão, no instrumento de mandato, de prazo para sua juntada, o mandato só tem validade se anexado ao processo o respectivo instrumento no aludido prazo. (ex-OJ nº 313 da SBDI-1 - DJ 11.08.2003). III - São válidos os atos praticados pelo substabelecido, ainda que não haja, no mandato, poderes expressos para substabelecer (art. 667, e parágrafos, do Código Civil de 2002). (ex-OJ nº 108 da SBDI-1 - inserida em 01.10.1997). IV - Configura-se a irregularidade de representação se o substabelecimento é anterior à outorga passada ao substabelecente. (ex-OJ nº 330 da SBDI-1 - DJ 09.12.2003). V – Verificada a irregularidade de representação nas hipóteses dos itens II e IV, deve o juiz suspender o processo e designar prazo razoável para que seja sanado o vício, ainda que em instância recursal (art. 76 do CPC de 2015)

- **Súmula nº 425 do TST**. JUS POSTULANDI NA JUSTIÇA DO TRABALHO. ALCANCE. Res. 165/2010, DEJT divulgado em 30.04.2010 e 03 e 04.05.2010. O jus postulando das partes, estabelecido no art. 791 da CLT, limita-se às Varas do Trabalho e aos Tribunais Regionais do Trabalho, não alcançando a ação rescisória, a ação cautelar, o mandado de segurança e os recursos de competência do Tribunal Superior do Trabalho.

- **Súmula nº 426 do TST.** DEPÓSITO RECURSAL. UTILIZAÇÃO DA GUIA GFIP. OBRIGATORIEDADE (editada em decorrência do julgamento do processo TST-IUJEEDRR 91700-09.2006.5.18.0006) – Res. 174/2011, DEJT divulgado em 27, 30 e 31.05.2011. Nos dissídios individuais o depósito recursal será efetivado mediante a utilização da Guia de Recolhimento do FGTS e Informações à Previdência Social – GFIP, nos termos dos § § 4º e 5º do art. 899 da CLT, admitido o depósito judicial, realizado na sede do juízo e à disposição deste, na hipótese de relação de trabalho não submetida ao regime do FGTS.

- **Súmula nº 436 do TST.** REPRESENTAÇÃO PROCESSUAL. PROCURADOR DA UNIÃO, ESTADOS, MUNICÍPIOS E DISTRITO FEDERAL, SUAS AUTARQUIAS E FUNDAÇÕES PÚBLICAS. JUNTADA DE INSTRUMENTO DE MANDATO (conversão da Orientação Jurisprudencial nº 52 da SBDI-I e inserção do item II à redação) – Res. 185/2012, DEJT divulgado em 25, 26 e 27.09.2012. I – A União, Estados, Municípios e Distrito Federal, suas autarquias e fundações públicas, quando representadas em juízo, ativa e passivamente, por seus procuradores, estão dispensadas da juntada de instrumento de mandato e de comprovação do ato de nomeação. II – Para os efeitos do item anterior, é essencial que o signatário ao menos declare-se exercente do cargo de procurador, não bastando a indicação do número de inscrição na Ordem dos Advogados do Brasil.

- **Súmula nº 456 do TST**. REPRESENTAÇÃO. PESSOA JURÍDICA. PROCURAÇÃO. INVALIDADE. IDENTIFICAÇÃO DO OUTORGANTE E DE SEU REPRESENTANTE. (inseridos os itens II e III em decorrência do CPC de 2015) - Res. 211/2016, DEJT divulgado em 24, 25 e 26.08.2016. I - É inválido o instrumento de mandato firmado em nome de pessoa jurídica que não contenha, pelo menos, o nome do outorgante e do signatário da procuração, pois estes dados constituem elementos que os individualizam. II – Verificada a irregularidade de representação da parte na instância originária, o juiz designará prazo de 5 (cinco) dias para que seja sanado o vício. Descumprida a determinação, extinguirá o processo, sem resolução de mérito, se a providência couber ao reclamante, ou considerará revel o reclamado, se a providência lhe couber (art. 76, § 1º, do CPC de 2015). III – Caso a irregularidade de representação da parte seja constatada em fase recursal, o relator designará prazo de 5 (cinco) dias para que seja sanado o vício. Descumprida a determinação, o relator não conhecerá do recurso, se a providência couber ao recorrente, ou determinará o desentranhamento das contrarrazões, se a providência couber ao recorrido (art. 76, § 2º, do CPC de 2015).

- **Súmula nº 457 do TST.** HONORÁRIOS PERICIAIS. BENEFICIÁRIO DA JUSTIÇA GRATUITA. RESPONSABILIDADE DA UNIÃO PELO PAGAMENTO. RESOLUÇÃO

Nº 66/2010 DO CSJT. OBSERVÂNCIA. (conversão da Orientação Jurisprudencial nº 387 da SBDI-1 com nova redação). Res. 194/2014, DEJT divulgado em 21, 22 e 23.05.2014. A União é responsável pelo pagamento dos honorários de perito quando a parte sucumbente no objeto da perícia for beneficiária da assistência judiciária gratuita, observado o procedimento disposto nos arts. 1º, 2º e 5º da Resolução n.º 66/2010 do Conselho Superior da Justiça do Trabalho – CSJT.

- **Súmula nº 463 do TST** ASSISTÊNCIA JUDICIÁRIA GRATUITA. COMPROVAÇÃO (conversão da Orientação Jurisprudencial nº 304 da SBDI-1, com alterações decorrentes do CPC de 2015) - Res. 219/2017, DEJT divulgado em 28, 29 e 30.06.2017. I – A partir de 26.06.2017, para a concessão da assistência judiciária gratuita à pessoa natural, basta a declaração de hipossuficiência econômica firmada pela parte ou por seu advogado, desde que munido de procuração com poderes específicos para esse fim (art. 105 do CPC de 2015); II – No caso de pessoa jurídica, não basta a mera declaração: é necessária a demonstração cabal de impossibilidade de a parte arcar com as despesas do processo.
- **OJ nº 7. SDI-1 do TST.** ADVOGADO. ATUAÇÃO FORA DA SEÇÃO DA OAB ONDE O ADVOGADO ESTÁ INSCRITO. AUSÊNCIA DE COMUNICAÇÃO. (LEI Nº 4.215/1963, § 2º, ART. 56). INFRAÇÃO DISCIPLINAR. NÃO IMPORTA NULIDADE. (inserido dispositivo) – DJ 20.04.2005. A despeito da norma então prevista no artigo 56, § 2º, da Lei nº 4.215/63, a falta de comunicação do advogado à OAB para o exercício profissional em seção diversa daquela na qual tem inscrição não importa nulidade dos atos praticados, constituindo apenas infração disciplinar, que cabe àquela instituição analisar.
- **OJ nº 13. SDI-I do TST.** APPA. DECRETO-LEI Nº 779, DE 21.08.1969. DEPÓSITO RECURSAL E CUSTAS. NÃO ISENÇÃO (mantida conforme decidido no julgamento do processo TST-AgR-E-RR 148500-29.2004.5.09.0022 pelo Tribunal Pleno em 22.08.2016) A Administração dos Portos de Paranaguá e Antonina – APPA, vinculada à Administração Pública indireta, não é isenta do recolhimento do depósito recursal e do pagamento das custas processuais por não ser beneficiária dos privilégios previstos no Decreto-Lei n.º 779, de 21.08.1969, ante o fato de explorar atividade econômica com fins lucrativos, o que descaracteriza sua natureza jurídica, igualando-a às empresas privadas.
- **OJ nº 33. SDI-I do TST.** DESERÇÃO. CUSTAS. CARIMBO DO BANCO. VALIDADE (inserida em 25.11.1996). O carimbo do banco recebedor na guia de comprovação do recolhimento das custas supre a ausência de autenticação mecânica.
- **OJ nº 75. SDI-1 do TST.** SUBSTABELECIMENTO SEM O RECONHECIMENTO DE FIRMA DO SUBSTABELECENTE. INVÁLIDO (ANTERIOR À LEI Nº 8.952/1994). Inserida em 01.02.95 (inserido dispositivo, DJ 20.04.2005). Não produz efeitos jurídicos recurso subscrito por advogado com poderes conferidos em substabelecimento em que não consta o reconhecimento de firma do outorgante. Entendimento aplicável antes do advento da Lei nº 8.952/1994.
- **OJ nº 140. SDI-1 do TST.** DEPÓSITO RECURSAL E CUSTAS PROCESSUAIS. RECOLHIMENTO INSUFICIENTE. DESERÇÃO. (nova redação em decorrência do CPC de 2015) – Res. 217/2017 – DEJT divulgado em 20, 24 e 25.04.2017. Em caso de recolhimento insuficiente das custas processuais ou do depósito recursal, somente haverá deserção do recurso se, concedido o prazo de 5 (cinco) dias previsto no § 2º do art. 1.007 do CPC de 2015, o recorrente não complementar e comprovar o valor devido.
- **OJ nº 200. SDI-1 do TST.** MANDATO TÁCITO. SUBSTABELECIMENTO INVÁLIDO. Inserida em 08.11.00 (inserido dispositivo, DJ 20.04.2005). É inválido o substabelecimento de advogado investido de mandato tácito.
- **OJ nº 217. SDI-1 do TST.** AGRAVO DE INSTRUMENTO. TRASLADO. LEI Nº 9.756/1998. GUIAS DE CUSTAS E DE DEPÓSITO RECURSAL. Inserida em 02.04.01. Para a formação do agravo de instrumento, não é necessária a juntada de comprovantes de recolhimento de custas e de depósito recursal relativamente ao recurso ordinário, desde que não seja objeto de controvérsia no recurso de revista a validade daqueles recolhimentos.
- **OJ nº 255. SDI-1 do TST.** MANDATO. CONTRATO SOCIAL. DESNECESSÁRIA A JUNTADA. (atualizada em decorrência do CPC de 2015) – Res. 208/2016, DEJT divulgado em 22, 25 e 26.04.2016. O art. 75, inciso VIII, do CPC de 2015 (art. 12, VI, do CPC de 1973) não determina a exibição dos estatutos da empresa em juízo como condição de validade do instrumento de mandato outorgado ao seu procurador, salvo se houver impugnação da parte contrária.
- **OJ nº 264. SDI-1 do TST.** DEPÓSITO RECURSAL. PIS/PASEP. AUSÊNCIA DE INDICAÇÃO NA GUIA DE DEPÓSITO RECURSAL. VALIDADE. Inserida em 27.09.02. Não é essencial para a validade da comprovação do depósito recursal a indicação do número do PIS/PASEP na guia respectiva.
- **OJ nº 269. SDI-1 do TST.** JUSTIÇA GRATUITA. REQUERIMENTO DE ISENÇÃO DE DESPESAS PROCESSUAIS. MOMENTO OPORTUNO (inserido item II em decorrência do CPC de 2015) I – O benefício da justiça gratuita pode ser requerido em qualquer tempo ou grau de jurisdição, desde que, na fase recursal, seja o requerimento formulado no prazo alusivo ao recurso; II – Indeferido o requerimento de justiça gratuita formulado na fase recursal, cumpre ao relator fixar prazo para que o recorrente efetue o preparo (art. 99, § 7º, do CPC de 2015).
- **OJ nº 286. SDI-1 do TST.** AGRAVO DE INSTRUMENTO. TRASLADO. MANDATO TÁCITO. ATA DE AUDIÊNCIA. CONFIGURAÇÃO (alterada – Res.

167/2010, DEJT divulgado em 30.04.2010 e 03 e 04.05.2010). I – A juntada da ata de audiência, em que consignada a presença do advogado, desde que não estivesse atuando com mandato expresso, torna dispensável a procuração deste, porque demonstrada a existência de mandato tácito. II – Configurada a existência de mandato tácito fica suprida a irregularidade detectada no mandato expresso.

- **OJ nº 319. SDI-1 do TST.** REPRESENTAÇÃO REGULAR. ESTAGIÁRIO. HABILITAÇÃO POSTERIOR. DJ 11.08.03. Válidos são os atos praticados por estagiário se, entre o substabelecimento e a interposição do recurso, sobreveio a habilitação, do então estagiário, para atuar como advogado.

- **OJ nº 331. SDI-1 do TST.** JUSTIÇA GRATUITA. DECLARAÇÃO DE INSUFICIÊNCIA ECONÔMICA. MANDATO. PODERES ESPECÍFICOS DESNECESSÁRIOS (cancelada) – Res. 210/2016, DEJT divulgado em 30.06.2016 e 01 e 04.07.2016. Desnecessária a outorga de poderes especiais ao patrono da causa para firmar declaração de insuficiência econômica, destinada à concessão dos benefícios da justiça gratuita.

- **OJ nº 348. SDI-1 do TST.** HONORÁRIOS ADVOCATÍCIOS. BASE DE CÁLCULO. VALOR LÍQUIDO. LEI Nº 1.060, DE 05.02.1950 (DJ 25.04.2007). Os honorários advocatícios, arbitrados nos termos do art. 11, § 1º, da Lei nº 1.060, de 05.02.1950, devem incidir sobre o valor líquido da condenação, apurado na fase de liquidação de sentença, sem a dedução dos descontos fiscais e previdenciários.

- **OJ nº 349. SDI-1 do TST.** MANDATO. JUNTADA DE NOVA PROCURAÇÃO. AUSÊNCIA DE RESSALVA. EFEITOS. DJ 25.04.2007. A juntada de nova procuração aos autos, sem ressalva de poderes conferidos ao antigo patrono, implica revogação tácita do mandato anterior.

- **OJ nº 371. SDI-1 do TST.** IRREGULARIDADE DE REPRESENTAÇÃO. SUBSTABELECIMENTO NÃO DATADO. INAPLICABILIDADE DO ART. 654, § 1º, DO CÓDIGO CIVIL. (atualizada em decorrência do CPC de 2015) – Res. 208/2016, DEJT divulgado em 22, 25 e 26.04.2016 Não caracteriza a irregularidade de representação a ausência da data da outorga de poderes, pois, no mandato judicial, ao contrário do mandato civil, não é condição de validade do negócio jurídico. Assim, a data a ser considerada é aquela em que o instrumento for juntado aos autos, conforme preceitua o art. 409, IV, do CPC de 2015 (art. 370, IV, do CPC de 1973). Inaplicável o art. 654, § 1º, do Código Civil.

- **OJ nº 373. SDI-1 do TST.** REPRESENTAÇÃO. PESSOA JURÍDICA. PROCURAÇÃO. INVALIDADE. IDENTIFICAÇÃO DO OUTORGANTE E DE SEU REPRESENTANTE. (redação alterada na sessão do Tribunal Pleno realizada em 16.11.2010 – IUJ-85600-06.2007.5.15.0000) – Res. 170/2010, DEJT divulgado em 19, 22 e 23.11.2010. É inválido o instrumento de mandato firmado em nome de pessoa jurídica que não contenha, pelo menos, o nome da entidade outorgante e do signatário da procuração, pois estes dados constituem elementos que os individualizam.

- **OJ nº 374. SDI-1 do TST.** AGRAVO DE INSTRUMENTO. REPRESENTAÇÃO PROCESSUAL. REGULARIDADE. PROCURAÇÃO OU SUBSTABELECIMENTO COM CLÁUSULA LIMITATIVA DE PODERES AO ÂMBITO DO TRIBUNAL REGIONAL DO TRABALHO (DEJT divulgado em 19, 20 e 22.04.2010). É regular a representação processual do subscritor do agravo de instrumento ou do recurso de revista que detém mandato com poderes de representação limitados ao âmbito do Tribunal Regional do Trabalho, pois, embora a apreciação desse recurso seja realizada pelo Tribunal Superior do Trabalho, a sua interposição é ato praticado perante o Tribunal Regional do Trabalho, circunstância que legitima a atuação do advogado no feito.

- **OJ nº 387. SDI-1 do TST.** HONORÁRIOS PERICIAIS. BENEFICIÁRIO DA JUSTIÇA GRATUITA. RESPONSABILIDADE DA UNIÃO PELO PAGAMENTO. RESOLUÇÃO Nº 35/2007 DO CSJT. OBSERVÂNCIA. (DEJT divulgado em 09, 10 e 11.06.2010). A União é responsável pelo pagamento dos honorários de perito quando a parte sucumbente no objeto da perícia for beneficiária da assistência judiciária gratuita, observado o procedimento disposto nos arts. 1º, 2º e 5º da Resolução nº 35/2007 do Conselho Superior da Justiça do Trabalho – CSJT.

- **OJ nº 421. SDI-1 do TST** HONORÁRIOS ADVOCATÍCIOS. AÇÃO DE INDENIZAÇÃO POR DANOS MORAIS E MATERIAIS DECORRENTES DE ACIDENTE DE TRABALHO OU DE DOENÇA PROFISSIONAL. AJUIZAMENTO PERANTE A JUSTIÇA COMUM ANTES DAPROMULGAÇÃO DA EMENDA CONSTITUCIONAL Nº 45/2004. POSTERIOR REMESSA DOS AUTOS À JUSTIÇA DO TRABALHO. ART. 20 DO CPC. INCIDÊNCIA. (DEJT divulgado em 1º, 4 e 5/2/2013A condenação em honorários advocatícios nos autos de ação de indenização por danos morais e materiais decorrentes de acidente de trabalho ou de doença profissional, remetida à Justiça do Trabalho após ajuizamento na Justiça comum, antes da vigência da Emenda Constitucional nº 45/2004, decorre da mera sucumbência, nos termos do art. 20 do CPC, não se sujeitando aos requisitos da Lei nº 5.584/1970.

- **OJ nº 27. SDC do TST.** CUSTAS. AUSÊNCIA DE INTIMAÇÃO. DESERÇÃO. CARACTERIZAÇÃO. (inserida em 19.08.1998). A deserção se impõe mesmo não tendo havido intimação, pois incumbe à parte, na defesa do próprio interesse, obter os cálculos necessários para efetivar o preparo.

2.4. ATOS PROCESSUAIS, PRAZOS E NULIDADES

- **Súmula nº 1 do TST.** PRAZO JUDICIAL (mantida) – Res. 121/2003, DJ 19, 20 e 21.11.2003. Quando a intimação tiver lugar na sexta-feira, ou a publicação com efeito de intimação for feita nesse dia, o prazo judicial será contado da segunda-feira imediata, inclusive, salvo se não houver expediente, caso em que fluirá no dia útil que se seguir.

- **Súmula nº 30 do TST**. INTIMAÇÃO DA SENTENÇA (mantida) – Res. 121/2003, DJ 19, 20 e 21.11.2003. Quando não juntada a ata ao processo em 48 horas, contadas da audiência de julgamento (art. 851, § 2º, da CLT), o prazo para recurso será contado da data em que a parte receber a intimação da sentença.
- **Súmula nº 197 do TST.** PRAZO (mantida) – Res. 121/2003, DJ 19, 20 e 21.11.2003. O prazo para recurso da parte que, intimada, não comparecer à audiência em prosseguimento para a prolação da sentença conta-se de sua publicação.
- **Súmula nº 262 do TST**. PRAZO JUDICIAL. NOTIFICAÇÃO OU INTIMAÇÃO EM SÁBADO. RECESSO FORENSE (redação do item II alterada na sessão do Tribunal Pleno realizada em 19.05.2014) I – Intimada ou notificada a parte no sábado, o início do prazo se dará no primeiro dia útil imediato e a contagem, no subsequente. II – O recesso forense e as férias coletivas dos Ministros do Tribunal Superior do Trabalho suspendem os prazos recursais.
- **Súmula nº 385 do TST**. FERIADO LOCAL OU FORENSE. AUSÊNCIA DE EXPEDIENTE. PRAZO RECURSAL. PRORROGAÇÃO. COMPROVAÇÃO. NECESSIDADE. (alterada em decorrência do CPC de 2015) - Res. 220/2017, DEJT divulgado em 21, 22 e 25.09.2017 I – Incumbe à parte o ônus de provar, quando da interposição do recurso, a existência de feriado local que autorize a prorrogação do prazo recursal (art. 1.003, § 6º, do CPC de 2015). No caso de o recorrente alegar a existência de feriado local e não o comprovar no momento da interposição do recurso, cumpre ao relator conceder o prazo de 5 (cinco) dias para que seja sanado o vício (art. 932, parágrafo único, do CPC de 2015), sob pena de não conhecimento se da comprovação depender a tempestividade recursal; II – Na hipótese de feriado forense, incumbirá à autoridade que proferir a decisão de admissibilidade certificar o expediente nos autos; III – Admite-se a reconsideração da análise da tempestividade do recurso, mediante prova documental superveniente, em agravo de instrumento, agravo interno, agravo regimental, ou embargos de declaração, desde que, em momento anterior, não tenha havido a concessão de prazo para a comprovação da ausência de expediente forense.
- **Súmula nº 427 do TST**. INTIMAÇÃO. PLURALIDADE DE ADVOGADOS. PUBLICAÇÃO EM NOME DE ADVOGADO DIVERSO DAQUELE EXPRESSAMENTE INDICADO. NULIDADE (editada em decorrência do julgamento do processo TST-IUJERR 5400-31.2004.5.09.0017) – Res. 174/2011, DEJT divulgado em 27, 30 e 31.05.2011. Havendo pedido expresso de que as intimações e publicações sejam realizadas exclusivamente em nome de determinado advogado, a comunicação em nome de outro profissional constituído nos autos é nula, salvo se constatada a inexistência de prejuízo.

3. FASE POSTULATÓRIA E AUDIÊNCIA

- **Súmula nº 16 do TST**. NOTIFICAÇÃO (nova redação) – Res. 121/2003, DJ 19, 20 e 21.11.2003. Presume-se recebida a notificação 48 (quarenta e oito) horas depois de sua postagem. O seu não recebimento ou a entrega após o decurso desse prazo constitui ônus de prova do destinatário.
- **Súmula nº 69 do TST**. RESCISÃO DO CONTRATO (nova redação) – Res. 121/2003, DJ 19, 20 e 21.11.2003. A partir da Lei nº 10.272, de 05.09.2001, havendo rescisão do contrato de trabalho e sendo revel e confesso quanto à matéria de fato, deve ser o empregador condenado ao pagamento das verbas rescisórias, não quitadas na primeira audiência, com acréscimo de 50% (cinquenta por cento).
- **Súmula nº 74 do TST**. (atualizada em decorrência do CPC de 2015) – Res. 208/2016, DEJT divulgado em 22, 25 e 26.04.2016 I - Aplica-se a confissão à parte que, expressamente intimada com aquela cominação, não comparecer à audiência em prosseguimento, na qual deveria depor. (ex-Súmula nº 74 - RA 69/1978, DJ 26.09.1978) II - A prova pré-constituída nos autos pode ser levada em conta para confronto com a confissão ficta (arts. 442 e 443, do CPC de 2015 - art. 400, I, do CPC de 1973), não implicando cerceamento de defesa o indeferimento de provas posteriores. (ex-OJ nº 184 da SBDI-1 - inserida em 08.11.2000) III- A vedação à produção de prova posterior pela parte confessa somente a ela se aplica, não afetando o exercício, pelo magistrado, do poder/dever de conduzir o processo.
- **Súmula nº 122 do TST.** REVELIA. ATESTADO MÉDICO (incorporada a Orientação Jurisprudencial nº 74 da SBDI-1) – Res. 129/2005, DJ 20, 22 e 25.04.2005. A reclamada, ausente à audiência em que deveria apresentar defesa, é revel, ainda que presente seu advogado munido de procuração, podendo ser ilidida a revelia mediante a apresentação de atestado médico, que deverá declarar, expressamente, a impossibilidade de locomoção do empregador ou do seu preposto no dia da audiência. (primeira parte – ex-OJ nº 74 da SBDI-1 – inserida em 25.11.1996; segunda parte – ex-Súmula nº 122 – alterada pela Res. 121/2003, DJ 21.11.2003).
- **OJ nº 152. SDI-1 do TST.** REVELIA. PESSOA JURÍDICA DE DIREITO PÚBLICO. APLICÁVEL. (ART. 844 DA CLT) (inserido dispositivo) – DJ 20.04.2005. Pessoa jurídica de direito público sujeita-se à revelia prevista no artigo 844 da CLT.
- **OJ nº 245. SDI-1 do TST.** REVELIA. ATRASO. AUDIÊNCIA (inserida em 20.06.2001). Inexiste previsão legal tolerando atraso no horário de comparecimento da parte na audiência.

4. PETIÇÃO INICIAL, DEFESAS E AUDIÊNCIA

4.1. PETIÇÃO INICIAL

- **Súmula nº 263 do TST.** PETIÇÃO INICIAL. INDEFERIMENTO. INSTRUÇÃO OBRIGATÓRIA DEFICIENTE (nova redação em decorrência do CPC de 2015) – Res. 208/2016, DEJT divulgado em 22, 25 e 26.04.2016 Salvo nas hipóteses do art. 330 do CPC de 2015 (art. 295 do CPC de 1973), o indeferimento da petição inicial, por encontrar-se desacompanhada de documento indispensável à propositura da ação ou não preencher outro requisito legal, somente é cabível se, após intimada para suprir a irregularidade em 15 (quinze) dias, mediante indicação precisa do que deve ser corrigido ou completado, a parte não o fizer (art. 321 do CPC de 2015).

- **Súmula nº 293 do TST.** ADICIONAL DE INSALUBRIDADE. CAUSA DE PEDIR. AGENTE NOCIVO DIVERSO DO APONTADO NA INICIAL (mantida) – Res. 121/2003, DJ 19, 20 e 21.11.2003. A verificação mediante perícia de prestação de serviços em condições nocivas, considerado agente insalubre diverso do apontado na inicial, não prejudica o pedido de adicional de insalubridade.

4.2. DEFESAS

- **Súmula nº 48 do TST.** COMPENSAÇÃO (mantida) – Res. 121/2003, DJ 19, 20 e 21.11.2003. A compensação só poderá ser arguida com a contestação.

- **Súmula nº 394 do TST.** FATO SUPERVENIENTE. ART. 493 DO CPC DE 2015. ART. 462 DO CPC DE 1973. (atualizada em decorrência do CPC de 2015) – Res. 208/2016, DEJT divulgado em 22, 25 e 26.04.2016. O art. 493 do CPC de 2015 (art. 462 do CPC de 1973), que admite a invocação de fato constitutivo, modificativo ou extintivo do direito, superveniente à propositura da ação, é aplicável de ofício aos processos em curso em qualquer instância trabalhista. Cumpre ao juiz ou tribunal ouvir as partes sobre o fato novo antes de decidir.

4.3. AUDIÊNCIA E ACORDO

- **Súmula nº 9 do TST.** AUSÊNCIA DO RECLAMANTE (mantida) – Res. 121/2003, DJ 19, 20 e 21.11.2003. A ausência do reclamante, quando adiada a instrução após contestada a ação em audiência, não importa arquivamento do processo.

- **Súmula nº 418 do TST.** MANDADO DE SEGURANÇA VISANDO À HOMOLOGAÇÃO DE ACORDO (nova redação em decorrência do CPC de 2015) - Res. 217/2017 - DEJT divulgado em 20, 24 e 25.04.2017 A homologação de acordo constitui faculdade do juiz, inexistindo direito líquido e certo tutelável pela via do mandado de segurança.

5. PROVAS, SENTENÇA E COISA JULGADA

5.1. PROVAS

- **Súmula nº 8 do TST.** JUNTADA DE DOCUMENTO (mantida) – Res. 121/2003, DJ 19, 20 e 21.11.2003. A juntada de documentos na fase recursal só se justifica quando provado o justo impedimento para sua oportuna apresentação ou se referir a fato posterior à sentença.

- **Súmula nº 12 do TST.** CARTEIRA PROFISSIONAL (mantida) – Res. 121/2003, DJ 19, 20 e 21.11.2003. As anotações apostas pelo empregador na carteira profissional do empregado não geram presunção "juris et de jure", mas apenas "juris tantum".

- **Súmula nº 212 do TST.** DESPEDIMENTO. ÔNUS DA PROVA (mantida) – Res. 121/2003, DJ 19, 20 e 21.11.2003. O ônus de provar o término do contrato de trabalho, quando negados a prestação de serviço e o despedimento, é do empregador, pois o princípio da continuidade da relação de emprego constitui presunção favorável ao empregado.

- **Súmula nº 357 do TST.** TESTEMUNHA. AÇÃO CONTRA A MESMA RECLAMADA. SUSPEIÇÃO (mantida) – Res. 121/2003, DJ 19, 20 e 21.11.2003. Não torna suspeita a testemunha o simples fato de estar litigando ou de ter litigado contra o mesmo empregador.

- **Súmula nº 453 do TST.** ADICIONAL DE PERICULOSIDADE. PAGAMENTO ESPONTÂNEO. CARACTERIZAÇÃO DE FATO INCONTROVERSO. DESNECESSÁRIA A PERÍCIA DE QUE TRATA O ART. 195 DA CLT. (conversão da Orientação Jurisprudencial nº 406 da SBDI-1) Res. 194/2014, DEJT divulgado em 21, 22 e 23.05.2014. O pagamento de adicional de periculosidade efetuado por mera liberalidade da empresa, ainda que de forma proporcional ao tempo de exposição ao risco ou em percentual inferior ao máximo legalmente previsto, dispensa a realização da prova técnica exigida pelo art. 195 da CLT, pois torna incontroversa a existência do trabalho em condições perigosas.

- **Súmula nº 460 do TST.** VALE-TRANSPORTE. ÔNUS DA PROVA - Res. 209/2016, DEJT divulgado em 01, 02 e 03.06.2016. É do empregador o ônus de comprovar que o empregado não satisfaz os requisitos indispensáveis para a concessão do vale-transporte ou não pretenda fazer uso do benefício.

- **Súmula nº 461.** FGTS. DIFERENÇAS. RECOLHIMENTO. ÔNUS DA PROVA - Res. 209/2016, DEJT divulgado em 01, 02 e 03.06.2016. É do empregador o ônus da prova em relação à regularidade dos depósitos do FGTS, pois o pagamento é fato extintivo do direito do autor (art. 373, II, do CPC de 2015).

- **OJ nº 36. SDI-1 do TST.** INSTRUMENTO NORMATIVO. CÓPIA NÃO AUTENTICADA. DOCUMENTO COMUM ÀS PARTES. VALIDADE (título alterado e inserido dispositivo) – DJ 20.04.2005. O instrumento normativo em cópia não autenticada possui valor probante, desde que não haja impugnação ao seu conteúdo, eis que se trata de documento comum às partes.

- **OJ nº 134. SDI-1 do TST.** AUTENTICAÇÃO. PESSOA JURÍDICA DE DIREITO PÚBLICO. DISPENSADA. MEDIDA PROVISÓRIA Nº 1.360, DE 12.03.1996 (inserida em 27.11.1998). São válidos os documentos apresentados, por pessoa jurídica de direito público, em fotocópia não autenticada, posteriormente à edição da Medida Provisória nº 1.360/96 e suas reedições.
- **OJ nº 233. SDI-1 do TST.** HORAS EXTRAS. COMPROVAÇÃO DE PARTE DO PERÍODO ALEGADO (nova redação) - DJ 20.04.2005. A decisão que defere horas extras com base em prova oral ou documental não ficará limitada ao tempo por ela abrangido, desde que o julgador fique convencido de que o procedimento questionado superou aquele período.

5.2. DECISÕES, TUTELAS DE URGÊNCIA E COISA JULGADA

- **OJ nº 8. TP do TST.** PRECATÓRIO. MATÉRIA ADMINISTRATIVA. REMESSA NECESSÁRIA. NÃO CABIMENTO. DJ 25.04.2007. Em sede de precatório, por se tratar de decisão de natureza administrativa, não se aplica o disposto no art. 1º, V, do Decreto-Lei nº 779, de 21.08.1969, em que se determina a remessa necessária em caso de decisão judicial desfavorável a ente público.

6. RECURSOS E AÇÃO RESCISÓRIA

- **Súmula nº 86 do TST.** DESERÇÃO. MASSA FALIDA. EMPRESA EM LIQUIDAÇÃO EXTRAJUDICIAL (incorporada a Orientação Jurisprudencial nº 31 da SBDI-1) - Res. 129/2005, DJ 20, 22 e 25.04.2005. Não ocorre deserção de recurso da massa falida por falta de pagamento de custas ou de depósito do valor da condenação. Esse privilégio, todavia, não se aplica à empresa em liquidação extrajudicial. (primeira parte - ex-Súmula nº 86 - RA 69/78, DJ 26.09.1978; segunda parte - ex-OJ nº 31 da SBDI-1 - inserida em 14.03.1994).
- **Súmula nº 214 do TST.** DECISÃO INTERLOCUTÓRIA. IRRECORRIBILIDADE (nova redação) - Res. 127/2005, DJ 14, 15 e 16.03.2005. Na Justiça do Trabalho, nos termos do art. 893, § 1º, da CLT, as decisões interlocutórias não ensejam recurso imediato, salvo nas hipóteses de decisão: a) de Tribunal Regional do Trabalho contrária à Súmula ou Orientação Jurisprudencial do Tribunal Superior do Trabalho; b) suscetível de impugnação mediante recurso para o mesmo Tribunal; c) que acolhe exceção de incompetência territorial, com a remessa dos autos para Tribunal Regional distinto daquele a que se vincula o juízo excepcionado, consoante o disposto no art. 799, § 2º, da CLT.
- **Súmula nº 279 do TST.** RECURSO CONTRA SENTENÇA NORMATIVA. EFEITO SUSPENSIVO. CASSAÇÃO (mantida) - Res. 121/2003, DJ 19, 20 e 21.11.2003. A cassação de efeito suspensivo concedido a recurso interposto de sentença normativa retroage à data do despacho que o deferiu.
- **Súmula nº 296 do TST.** RECURSO. DIVERGÊNCIA JURISPRUDENCIAL. ESPECIFICIDADE (incorporada a Orientação Jurisprudencial nº 37 da SBDI-1) - Res. 129/2005, DJ 20, 22 e 25.04.2005. I - A divergência jurisprudencial ensejadora da admissibilidade, do prosseguimento e do conhecimento do recurso há de ser específica, revelando a existência de teses diversas na interpretação de um mesmo dispositivo legal, embora idênticos os fatos que as ensejaram. (ex-Súmula nº 296 - Res. 6/1989, DJ 19.04.1989). II - Não ofende o art. 896 da CLT decisão de Turma que, examinando premissas concretas de especificidade da divergência colacionada no apelo revisional, conclui pelo conhecimento ou desconhecimento do recurso. (ex-OJ nº 37 da SBDI-1 - inserida em 01.02.1995).
- **Súmula nº 385 do TST.** FERIADO LOCAL OU FORENSE. AUSÊNCIA DE EXPEDIENTE. PRAZO RECURSAL. PRORROGAÇÃO. COMPROVAÇÃO. NECESSIDADE. (alterada em decorrência do CPC de 2015) - Res. 220/2017, DEJT divulgado em 21, 22 e 25.09.2017 I - Incumbe à parte o ônus de provar, quando da interposição do recurso, a existência de feriado local que autorize a prorrogação do prazo recursal (art. 1.003, § 6º, do CPC de 2015). No caso de o recorrente alegar a existência de feriado local e não o comprovar no momento da interposição do recurso, cumpre ao relator conceder o prazo de 5 (cinco) dias para que seja sanado o vício (art. 932, parágrafo único, do CPC de 2015), sob pena de não conhecimento se da comprovação depender a tempestividade recursal; II - Na hipótese de feriado forense, incumbirá à autoridade que proferir a decisão de admissibilidade certificar o expediente nos autos; III - Admite-se a reconsideração da análise da tempestividade do recurso, mediante prova documental superveniente, em agravo de instrumento, agravo interno, agravo regimental, ou embargos de declaração, desde que, em momento anterior, não tenha havido a concessão de prazo para a comprovação da ausência de expediente forense.
- **Súmula nº 422 do TST.** RECURSO. APELO QUE NÃO ATACA OS FUNDAMENTOS DA DECISÃO RECORRIDA. NÃO CONHECIMENTO. ART. 514, II, do CPC(-conversão da Orientação Jurisprudencial nº 90 da SBDI-2) - Res. 137/2005, DJ 22, 23 e 24.08.2005. Não se conhece de recurso para o TST, pela ausência do requisito de admissibilidade inscrito no art. 514, II, do CPC, quando as razões do recorrente não impugnam os fundamentos da decisão recorrida, nos termos em que fora proposta. (ex-OJ nº 90 da SBDI-2 - inserida em 27.05.2002).
- **Súmula nº 435 do TST.** DECISÃO MONOCRÁTICA. RELATOR. art. 932 do CPC de 2015. ART. 557 DO CPC de 1973. APLICAÇÃO SUBSIDIÁRIA AO PROCESSO

DO TRABALHO (atualizada em decorrência do CPC de 2015) – Res. 208/2016, DEJT divulgado em 22, 25 e 26.04.2016 Aplica-se subsidiariamente ao processo do trabalho o art. 932 do CPC de 2015 (art. 557 do CPC de 1973).

- **OJ nº 118. SDI-1 do TST.** PREQUESTIONAMENTO. TESE EXPLÍCITA. INTELIGÊNCIA DA SÚMULA Nº 297. Inserida em 20.11.97. Havendo tese explícita sobre a matéria, na decisão recorrida, desnecessário contenha nela referência expressa do dispositivo legal para ter-se como prequestionado este.

- **OJ nº 120. SDI-1 do TST.** RECURSO. ASSINATURA DA PETIÇÃO OU DAS RAZÕES RECURSAIS. ART. 932, PARÁGRAFO ÚNICO, DO CPC DE 2015. (alterada em decorrência do CPC de 2015) Res. 212/2016, DEJT divulgado em 20, 21 e 22.09.2016 I - Verificada a total ausência de assinatura no recurso, o juiz ou o relator concederá prazo de 5 (cinco) dias para que seja sanado o vício. Descumprida a determinação, o recurso será reputado inadmissível (art. 932, parágrafo único, do CPC de 2015). II - É válido o recurso assinado, ao menos, na petição de apresentação ou nas razões recursais.

- **OJ Nº 409. SDI-1 do TST.** MULTA POR LITIGÂNCIA DE MÁ-FÉ. RECOLHIMENTO. PRESSUPOSTO RECURSAL. INEXIGIBILIDADE. (nova redação em decorrência do CPC de 2015) – Res. 209/2016 - DEJT divulgado em 01, 02 e 03.06.2016. O recolhimento do valor da multa imposta como sanção por litigância de má-fé (art. 81 do CPC de 2015 – art. 18 do CPC de 1973) não é pressuposto objetivo para interposição dos recursos de natureza trabalhista".

6.1. RECURSO ORDINÁRIO

- **Súmula nº 201 do TST.** RECURSO ORDINÁRIO EM MANDADO DE SEGURANÇA (mantida) – Res. 121/2003, DJ 19, 20 e 21.11.2003. Da decisão de Tribunal Regional do Trabalho em mandado de segurança cabe recurso ordinário, no prazo de 8 (oito) dias, para o Tribunal Superior do Trabalho, e igual dilação para o recorrido e interessados apresentarem razões de contrariedade.

- **Súmula nº 393 do TST.** RECURSO ORDINÁRIO. EFEITO DEVOLUTIVO EM PROFUNDIDADE. ART. 1.013, § 1º, DO CPC DE 2015. ART. 515, § 1º, DO CPC DE 1973. (nova redação em decorrência do CPC de 2015) – Res. 208/2016, DEJT divulgado em 22, 25 e 26.04.2016. I – O efeito devolutivo em profundidade do recurso ordinário, que se extrai do § 1º do art. 1.013 do CPC de 2015 (art. 515, §1º, do CPC de 1973), transfere ao Tribunal a apreciação dos fundamentos da inicial ou da defesa, não examinados pela sentença, ainda que não renovados em contrarrazões, desde que relativos ao capítulo impugnado. II – Se o processo estiver em condições, o tribunal, ao julgar o recurso ordinário, deverá decidir desde logo o mérito da causa, nos termos do § 3º do art. 1.013 do CPC de 2015, inclusive quando constatar a omissão da sentença no exame de um dos pedidos.

- **OJ nº 100. SDI-2 do TST.** RECURSO ORDINÁRIO PARA O TST. DECISÃO DE TRT PROFERIDA EM AGRAVO REGIMENTAL CONTRA LIMINAR EM AÇÃO CAUTELAR OU EM MANDADO DE SEGURANÇA. INCABÍVEL (inserida em 27.09.2002). Não cabe recurso ordinário para o TST de decisão proferida pelo Tribunal Regional do Trabalho em agravo regimental interposto contra despacho que concede ou não liminar em ação cautelar ou em mandado de segurança, uma vez que o processo ainda pende de decisão definitiva do Tribunal "a quo".

6.2. RECURSO DE REVISTA E EMBARGOS

- **Súmula nº 23 do TST.** RECURSO (mantida) – Res. 121/2003, DJ 19, 20 e 21.11.2003. Não se conhece de recurso de revista ou de embargos, se a decisão recorrida resolver determinado item do pedido por diversos fundamentos e a jurisprudência transcrita não abranger a todos.

- **Súmula nº 126 do TST.** RECURSO. CABIMENTO (mantida) – Res. 121/2003, DJ 19, 20 e 21.11.2003. Incabível o recurso de revista ou de embargos (arts. 896 e 894, "b", da CLT) para reexame de fatos e provas.

- **Súmula nº 184 do TST.** EMBARGOS DECLARATÓRIOS. OMISSÃO EM RECURSO DE REVISTA. PRECLUSÃO (mantida) – Res. 121/2003, DJ 19, 20 e 21.11.2003. Ocorre preclusão se não forem opostos embargos declaratórios para suprir omissão apontada em recurso de revista ou de embargos.

- **Súmula nº 218 do TST.** RECURSO DE REVISTA. ACÓRDÃO PROFERIDO EM AGRAVO DE INSTRUMENTO (mantida) – Res. 121/2003, DJ 19, 20 e 21.11.2003. É incabível recurso de revista interposto de acórdão regional prolatado em agravo de instrumento.

- **Súmula nº 221 do TST.** RECURSO DE REVISTA. VIOLAÇÃO DE LEI. INDICAÇÃO DE PRECEITO. (cancelado o item II e conferida nova redação na sessão do Tribunal Pleno realizada em 14.09.2012) – Res. 185/2012, DEJT divulgado em 25, 26 e 27.09.2012. A admissibilidade do recurso de revista por violação tem como pressuposto a indicação expressa do dispositivo de lei ou da Constituição tido como violado.

- **Súmula nº 266 do TST.** RECURSO DE REVISTA. ADMISSIBILIDADE. EXECUÇÃO DE SENTENÇA (mantida) – Res. 121/2003, DJ 19, 20 e 21.11.2003. A admissibilidade do recurso de revista interposto de acórdão proferido em agravo de petição, na liquidação de sentença ou em processo incidente na execução, inclusive os embargos de terceiro, depende de demonstração inequívoca de violência direta à Constituição Federal.

- **Súmula nº 278 do TST.** EMBARGOS DE DECLARAÇÃO. OMISSÃO NO JULGADO (mantida) – Res. 121/2003, DJ 19, 20 e 21.11.2003. A natureza da omissão suprida pelo julgamento de embargos declaratórios pode ocasionar efeito modificativo no julgado.

- **Súmula nº 297 do TST.** PREQUESTIONAMENTO. OPORTUNIDADE. CONFIGURAÇÃO (nova redação) – Res. 121/2003, DJ 19, 20 e 21.11.2003. I. Diz-se prequestionada a matéria ou questão quando na decisão impugnada haja sido adotada, explicitamente, tese a respeito. II. Incumbe à parte interessada, desde que a matéria haja sido invocada no recurso principal, opor embargos declaratórios objetivando o pronunciamento sobre o tema, sob pena de preclusão. III. Considera-se prequestionada a questão jurídica invocada no recurso principal sobre a qual se omite o Tribunal de pronunciar tese, não obstante opostos embargos de declaração.

- **Súmula nº 312 do TST.** CONSTITUCIONALIDADE. ALÍNEA "B" DO ART. 896 DA CLT (mantida) – Res. 121/2003, DJ 19, 20 e 21.11.2003. É constitucional a alínea "b" do art. 896 da CLT, com a redação dada pela Lei nº 7.701, de 21.12.1988.

- **Súmula nº 333 do TST.** RECURSOS DE REVISTA. CONHECIMENTO (alterada) – Res. 155/2009, DEJT 26 e 27.02.2009 e 02.03.2009. Não ensejam recurso de revista decisões superadas por iterativa, notória e atual jurisprudência do Tribunal Superior do Trabalho.

- **Súmula nº 337 do TST.** COMPROVAÇÃO DE DIVERGÊNCIA JURISPRUDENCIAL. RECURSOS DE REVISTA E DE EMBARGOS (incluído o item V) - Res. 220/2017, DEJT divulgado em 21, 22 e 25.09.2017 I - Para comprovação da divergência justificadora do recurso, é necessário que o recorrente: a) Junte certidão ou cópia autenticada do acórdão paradigma ou cite a fonte oficial ou o repositório autorizado em que foi publicado; e b) Transcreva, nas razões recursais, as ementas e/ou trechos dos acórdãos trazidos à configuração do dissídio, demonstrando o conflito de teses que justifique o conhecimento do recurso, ainda que os acórdãos já se encontrem nos autos ou venham a ser juntados com o recurso. II - A concessão de registro de publicação como repositório autorizado de jurisprudência do TST torna válidas todas as suas edições anteriores. III – A mera indicação da data de publicação, em fonte oficial, de aresto paradigma é inválida para comprovação de divergência jurisprudencial, nos termos do item I, "a", desta súmula, quando a parte pretende demonstrar o conflito de teses mediante a transcrição de trechos que integram a fundamentação do acórdão divergente, uma vez que só se publicam o dispositivo e a ementa dos acórdãos; IV - É válida para a comprovação da divergência jurisprudencial justificadora do recurso a indicação de aresto extraído de repositório oficial na internet, desde que o recorrente: a) transcreva o trecho divergente; b) aponte o sítio de onde foi extraído; e c) decline o número do processo, o órgão prolator do acórdão e a data da respectiva publicação no Diário Eletrônico da Justiça do Trabalho. V – A existência do código de autenticidade na cópia, em formato pdf, do inteiro teor do aresto paradigma, juntada aos autos, torna-a equivalente ao documento original e também supre a ausência de indicação da fonte oficial de publicação.

- **Súmula nº 353 do TST.** EMBARGOS. AGRAVO. CABIMENTO (atualizada em decorrência do CPC de 2015) – Res. 208/2016, DEJT divulgado em 22, 25 e 26.04.2016 Não cabem embargos para a Seção de Dissídios Individuais de decisão de Turma proferida em agravo, salvo: a) da decisão que não conhece de agravo de instrumento ou de agravo pela ausência de pressupostos extrínsecos; b) da decisão que nega provimento a agravo contra decisão monocrática do Relator, em que se proclamou a ausência de pressupostos extrínsecos de agravo de instrumento; c) para revisão dos pressupostos extrínsecos de admissibilidade do recurso de revista, cuja ausência haja sido declarada originariamente pela Turma no julgamento do agravo; d) para impugnar o conhecimento de agravo de instrumento; e) para impugnar a imposição de multas previstas nos arts. 1.021, § 4º, do CPC de 2015 ou 1.026, § 2º, do CPC de 2015 (art. 538, parágrafo único, do CPC de 1973, ou art. 557, § 2º, do CPC de 1973). f) contra decisão de Turma proferida em agravo em recurso de revista, nos termos do art. 894, II, da CLT.

- **Súmula nº 419 do TST.** COMPETÊNCIA. EMBARGOS DE TERCEIRO. EXECUÇÃO POR CARTA PRECATÓRIA. JUÍZO DEPRECADO. (alterada em decorrência do CPC de 2015) - Res. 212/2016, DEJT divulgado em 20, 21 e 22.09.2016. Na execução por carta precatória, os embargos de terceiro serão oferecidos no juízo deprecado, salvo se indicado pelo juízo deprecante o bem constrito ou se já devolvida a carta (art. 676, parágrafo único, do CPC de 2015).

- **Súmula nº 421 do TST.** EMBARGOS de DECLARAÇÃO. CABIMENTO. DECISÃO MONOCRÁTICA DO RELATOR CALCADA NO art. 932 do cpc de 2015. ART. 557 DO CPC de 1973. (atualizada em decorrência do CPC de 2015) – Res. 208/2016, DEJT divulgado em 22, 25 e 26.04.2016 I – Cabem embargos de declaração da decisão monocrática do relator prevista no art. 932 do CPC de 2015 (art. 557 do CPC de 1973), se a parte pretende tão somente juízo integrativo retificador da decisão e, não, modificação do julgado. II – Se a parte postular a revisão no mérito da decisão monocrática, cumpre ao relator converter os embargos de declaração em agravo, em face dos princípios da fungibilidade e celeridade processual, submetendo-o ao pronunciamento do Colegiado, após a intimação do recorrente para, no prazo de 5 (cinco) dias, complementar as razões recursais, de modo a ajustá-las às exigências do art. 1.021, § 1º, do CPC de 2015)

- **Súmula nº 422 do TST.** RECURSO. APELO QUE NÃO ATACA OS FUNDAMENTOS DA DECISÃO RECORRIDA. NÃO CONHECIMENTO. ART. 514, II, do CPC (redação alterada, com inserção dos itens I, II e III) - Res. 199/2015, DEJT divulgado em 24, 25 e 26.06.2015. Com errata publicado no DEJT divulgado em 01.07.2015 I – Não se conhece de recurso para o Tribunal Superior do Trabalho se as razões do recorrente não impugnam os fundamentos da decisão recorrida, nos termos em que proferida. II – O entendimento referido no item anterior não se aplica em relação à motivação secundária e impertinente, consubstanciada em despacho de admissibilidade de recurso ou em decisão monocrática. III – Inaplicável a exigência do item I relativamente ao recurso ordinário da competência de Tribunal Regional do Trabalho, exceto em caso de recurso cuja motivação é inteiramente dissociada dos fundamentos da sentença.

- **Súmula nº 433 do TST.** EMBARGOS. ADMISSIBILIDADE. PROCESSO EM FASE DE EXECUÇÃO. ACÓRDÃO DE TURMA PUBLICADO NA VIGÊNCIA DA LEI Nº 11.496, DE 26.06.2007. DIVERGÊNCIA DE INTERPRETAÇÃO DE DISPOSITIVO CONSTITUCIONAL. – Res. 177/2012, DEJT divulgado em 13, 14 e 15.02.2012. A admissibilidade do recurso de embargos contra acórdão de Turma em Recurso de Revista em fase de execução, publicado na vigência da Lei nº 11.496, de 26.06.2007, condiciona-se à demonstração de divergência jurisprudencial entre Turmas ou destas e a Seção Especializada em Dissídios Individuais do Tribunal Superior do Trabalho em relação à interpretação de dispositivo constitucional.
- **Súmula nº 458 do TST**. EMBARGOS. PROCEDIMENTO SUMARÍSSIMO. CONHECIMENTO. RECURSO INTERPOSTO APÓS VIGÊNCIA DA LEI Nº 11.496, DE 22.06.2007, QUE CONFERIU NOVA REDAÇÃO AO ART. 894, DA CLT. (conversão da Orientação Jurisprudencial nº 405 da SBDI-1 com nova redação). Res. 194/2014, DEJT divulgado em 21, 22 e 23.05.2014. Em causas sujeitas ao procedimento sumaríssimo, em que pese a limitação imposta no art. 896, § 6º, da CLT à interposição de recurso de revista, admitem-se os embargos interpostos na vigência da Lei nº 11.496, de 22.06.2007, que conferiu nova redação ao art. 894 da CLT, quando demonstrada a divergência jurisprudencial entre Turmas do TST, fundada em interpretações diversas acerca da aplicação de mesmo dispositivo constitucional ou de matéria sumulada.
- **Súmula nº 459 do TST.** RECURSO DE REVISTA. NULIDADE POR NEGATIVA DE PRESTAÇÃO JURISDICIONAL (atualizada em decorrência do CPC de 2015) – Res. 219/2017, DEJT divulgado em 28, 29 e 30.06.2017). O conhecimento do recurso de revista, quanto à preliminar de nulidade, por negativa de prestação jurisdicional, supõe indicação de violação do art. 832 da CLT, do art. 489 do CPC de 2015 (art. 458 do CPC de 1973) ou do art. 93, IX, da CF/1988.
- **OJ nº 119. SDI-1 do TST.** PREQUESTIONAMENTO INEXIGÍVEL. VIOLAÇÃO NASCIDA NA PRÓPRIA DECISÃO RECORRIDA. SÚMULA Nº 297 DO TST. INAPLICÁVEL (inserido dispositivo) – DEJT divulgado em 16, 17 e 18.11.2010. É inexigível o prequestionamento quando a violação indicada houver nascido na própria decisão recorrida. Inaplicável a Súmula nº 297 do TST.
- **OJ nº 142. SDI-1 do TST.** EMBARGOS DE DECLARAÇÃO. EFEITO MODIFICATIVO. VISTA PRÉVIA À PARTE CONTRÁRIA (cancelado o item II em decorrência do CPC de 2015) - Res. 214/2016, DEJT divulgado em 30.11.2016 e 01 e 02.12.2016 I - É passível de nulidade decisão que acolhe embargos de declaração com efeito modificativo sem que seja concedida oportunidade de manifestação prévia à parte contrária.
- **OJ Nº 378. SDI-1 DO TST.** embargos. interposição contra decisão monocrática. não cabimento. (atualizada em decorrência do CPC de 2015) - Res. 208/2016, DEJT divulgado em 22, 25 e 26.04.2016 Não encontra amparo no art. 894 da CLT, quer na redação anterior quer na redação posterior à Lei n.º 11.496, de 22.06.2007, recurso de embargos interposto à decisão monocrática exarada nos moldes do art. 932 do CPC de 2015 (art. 557 do CPC de 1973), pois o comando legal restringe seu cabimento à pretensão de reforma de decisão colegiada proferida por Turma do Tribunal Superior do Trabalho.

6.3. OUTROS RECURSOS

- **Súmula nº 283 do TST.** RECURSO ADESIVO. PERTINÊNCIA NO PROCESSO DO TRABALHO. CORRELAÇÃO DE MATÉRIAS (mantida) – Res. 121/2003, DJ 19, 20 e 21.11.2003. O recurso adesivo é compatível com o processo do trabalho e cabe, no prazo de 8 (oito) dias, nas hipóteses de interposição de recurso ordinário, de agravo de petição, de revista e de embargos, sendo desnecessário que a matéria nele veiculada esteja relacionada com a do recurso interposto pela parte contrária.
- **Súmula nº 387 do TST.** RECURSO. FAC-SÍMILE. LEI Nº 9.800/1999 (atualizada em decorrência do CPC de 2015) – Res. 208/2016, DEJT divulgado em 22, 25 e 26.04.2016 I - A Lei nº 9.800, de 26.05.1999, é aplicável somente a recursos interpostos após o início de sua vigência. (ex-OJ nº 194 da SBDI-1 - inserida em 08.11.2000) II - A contagem do quinquídio para apresentação dos originais de recurso interposto por intermédio de fac-símile começa a fluir do dia subsequente ao término do prazo recursal, nos termos do art. 2º da Lei nº 9.800, de 26.05.1999, e não do dia seguinte à interposição do recurso, se esta se deu antes do termo final do prazo. (ex-OJ nº 337 da SBDI-1 - primeira parte - DJ 04.05.2004) III - Não se tratando a juntada dos originais de ato que dependa de notificação, pois a parte, ao interpor o recurso, já tem ciência de seu ônus processual, não se aplica a regra do art. 224 do CPC de 2015 (art. 184 do CPC de 1973) quanto ao "dies a quo", podendo coincidir com sábado, domingo ou feriado. (ex-OJ nº 337 da SBDI-1 - "in fine" - DJ 04.05.2004) IV – A autorização para utilização do fac-símile, constante do art. 1º da Lei n.º 9.800, de 26.05.1999, somente

alcança as hipóteses em que o documento é dirigido diretamente ao órgão jurisdicional, não se aplicando à transmissão ocorrida entre particulares.

- **Súmula nº 424 do TST.** RECURSO ADMINISTRATIVO. PRESSUPOSTO DE ADMISSIBILIDADE. DEPÓSITO PRÉVIO DA MULTA ADMINISTRATIVA. NÃO RECEPÇÃO PELA CONSTITUIÇÃO FEDERAL DO § 1º DO ART. 636 DA CLT. Res. 160/2009, DEJT divulgado em 23, 24 e 25.11.2009. O § 1º do art. 636 da CLT, que estabelece a exigência de prova do depósito prévio do valor da multa cominada em razão de autuação administrativa como pressuposto de admissibilidade de recurso administrativo, não foi recepcionado pela Constituição Federal de 1988, ante a sua incompatibilidade com o inciso LV do art. 5º.
- **OJ nº 412. SDI-1 do TST.** AGRAVO INTERNO OU AGRAVO REGIMENTAL. INTERPOSIÇÃO EM FACE DE DECISÃO COLEGIADA. NÃO CABIMENTO. ERRO GROSSEIRO. INAPLICABILIDADE DO PRINCÍPIO DA FUNGIBILIDADE RECURSAL. (nova redação em decorrência do CPC de 2015) – Res. 209/2016 – DEJT divulgado em 01, 02 e 03.06.2016 É incabível agravo interno (art. 1.021 do CPC de 2015, art. 557, §1º, do CPC de 1973) ou agravo regimental (art. 235 do RITST) contra decisão proferida por Órgão colegiado. Tais recursos destinam-se, exclusivamente, a impugnar decisão monocrática nas hipóteses previstas. Inaplicável, no caso, o princípio da fungibilidade ante a configuração de erro grosseiro.

6.4. AÇÃO RESCISÓRIA

- **Súmula nº 83 do TST.** AÇÃO RESCISÓRIA. MATÉRIA CONTROVERTIDA (incorporada a Orientação Jurisprudencial nº 77 da SBDI-2) – Res. 137/2005, DJ 22, 23 e 24.08.2005. I – Não procede pedido formulado na ação rescisória por violação literal de lei se a decisão rescindenda estiver baseada em texto legal infraconstitucional de interpretação controvertida nos Tribunais. (ex-Súmula nº 83 – alterada pela Res. 121/2003, DJ 21.11.2003). II – O marco divisor quanto a ser, ou não, controvertida, nos Tribunais, a interpretação dos dispositivos legais citados na ação rescisória é a data da inclusão, na Orientação Jurisprudencial do TST, da matéria discutida. (ex-OJ nº 77 da SBDI-2 – inserida em 13.03.2002).
- **Súmula nº 99 do TST.** AÇÃO RESCISÓRIA. DESERÇÃO. PRAZO (incorporada a Orientação Jurisprudencial nº 117 da SBDI-2) – Res. 137/2005, DJ 22, 23 e 24.08.2005. Havendo recurso ordinário em sede de rescisória, o depósito recursal só é exigível quando for julgado procedente o pedido e imposta condenação em pecúnia, devendo este ser efetuado no prazo recursal, no limite e nos termos da legislação vigente, sob pena de deserção. (ex-Súmula nº 99 – alterada pela Res. 110/2002, DJ 15.04.2002 – e ex-OJ nº 117 da SBDI-2 – DJ 11.08.2003).
- **Súmula nº 100 do TST.** AÇÃO RESCISÓRIA. DECADÊNCIA (incorporadas as Orientações Jurisprudenciais nº 13, 16, 79, 102, 104, 122 e 145 da SBDI-2) – Res. 137/2005, DJ 22, 23 e 24.08.2005. I – O prazo de decadência, na ação rescisória, conta-se do dia imediatamente subsequente ao trânsito em julgado da última decisão proferida na causa, seja de mérito ou não. (ex-Súmula nº 100 – alterada pela Res. 109/2001, DJ 20.04.2001). II – Havendo recurso parcial no processo principal, o trânsito em julgado dá-se em momentos e em tribunais diferentes, contando-se o prazo decadencial para a ação rescisória do trânsito em julgado de cada decisão, salvo se o recurso tratar de preliminar ou prejudicial que possa tornar insubsistente a decisão recorrida, hipótese em que flui a decadência a partir do trânsito em julgado da decisão que julgar o recurso parcial. (ex-Súmula nº 100 – alterada pela Res. 109/2001, DJ 20.04.2001). III – Salvo se houver dúvida razoável, a interposição de recurso intempestivo ou a interposição de recurso incabível não protrai o termo inicial do prazo decadencial. (ex-Súmula nº 100 – alterada pela Res. 109/2001, DJ 20.04.2001). IV – O juízo rescindente não está adstrito à certidão de trânsito em julgado juntada com a ação rescisória, podendo formar sua convicção através de outros elementos dos autos quanto à antecipação ou postergação do "dies a quo" do prazo decadencial. (ex-OJ nº 102 da SBDI-2 – DJ 29.04.2003). V – O acordo homologado judicialmente tem força de decisão irrecorrível, na forma do art. 831 da CLT. Assim sendo, o termo conciliatório transita em julgado na data da sua homologação judicial. (ex-OJ nº 104 da SBDI-2 – DJ 29.04.2003). VI – Na hipótese de colusão das partes, o prazo decadencial da ação rescisória somente começa a fluir para o Ministério Público, que não interveio no processo principal, a partir do momento em que tem ciência da fraude. (ex-OJ nº 122 da SBDI-2 – DJ 11.08.2003). VII – Não ofende o princípio do duplo grau de jurisdição a decisão do TST que, após afastar a decadência em sede de recurso ordinário, aprecia desde logo a lide, se a causa versar questão exclusivamente de direito e estiver em condições de imediato julgamento. (ex-OJ nº 79 da SBDI-2 – inserida em 13.03.2002). VIII – A exceção de incompetência, ainda que oposta no prazo recursal, sem ter sido aviado o recurso próprio, não tem o condão de afastar a consumação da coisa julgada e, assim, postergar o termo inicial do prazo decadencial para a ação rescisória. (ex-OJ nº 16 da SBDI-2 – inserida em 20.09.2000). IX – Prorroga-se até o primeiro dia útil, imediatamente subsequente, o prazo decadencial para ajuizamento de ação rescisória quando expira em férias forenses, feriados, finais de semana ou em dia em que não houver expediente forense. Aplicação do art. 775 da CLT. (ex-OJ nº 13 da SBDI-2 – inserida em 20.09.2000). X – Conta-se o prazo decadencial da ação rescisória, após o decurso do prazo legal previsto para a interposição do recurso extraordinário, apenas quando esgotadas todas as vias recursais ordinárias. (ex-OJ nº 145 da SBDI-2 – DJ 10.11.2004).
- **Súmula nº 158 do TST.** AÇÃO RESCISÓRIA (mantida) – Res. 121/2003, DJ 19, 20 e 21.11.2003. Da

decisão de Tribunal Regional do Trabalho, em ação rescisória, é cabível recurso ordinário para o Tribunal Superior do Trabalho, em face da organização judiciária trabalhista (ex-Prejulgado nº 35).

- **Súmula nº 192 do TST.** AÇÃO RESCISÓRIA. COMPETÊNCIA (atualizada em decorrência do CPC de 2015) - Res. 212/2016, DEJT divulgado em 20, 21 e 22.09.2016. I - Se não houver o conhecimento de recurso de revista ou de embargos, a competência para julgar ação que vise a rescindir a decisão de mérito é do Tribunal Regional do Trabalho, ressalvado o disposto no item II. II - Acórdão rescindendo do Tribunal Superior do Trabalho que não conhece de recurso de embargos ou de revista, analisando arguição de violação de dispositivo de lei material ou decidindo em consonância com súmula de direito material ou com iterativa, notória e atual jurisprudência de direito material da Seção de Dissídios Individuais (Súmula nº 333), examina o mérito da causa, cabendo ação rescisória da competência do Tribunal Superior do Trabalho. (ex-Súmula nº 192 – alterada pela Res. 121/2003, DJ 21.11.2003) III – Sob a égide do art. 512 do CPC de 1973, é juridicamente impossível o pedido explícito de desconstituição de sentença quando substituída por acórdão do Tribunal Regional ou superveniente sentença homologatória de acordo que puser fim ao litígio. IV – Na vigência do CPC de 1973, é manifesta a impossibilidade jurídica do pedido de rescisão de julgado proferido em agravo de instrumento que, limitando-se a aferir o eventual desacerto do juízo negativo de admissibilidade do recurso de revista, não substitui o acórdão regional, na forma do art. 512 do CPC. (ex-OJ nº 105 da SBDI-2 - DJ 29.04.2003).V- A decisão proferida pela SBDI, em agravo regimental, calcada na Súmula nº 333, substitui acórdão de Turma do TST, porque emite juízo de mérito, comportando, em tese, o corte rescisório. (ex-OJ nº 133 da SBDI-2 - DJ 04.05.2004).
- **Súmula nº 194 do TST.** AÇÃO RESCISÓRIA. JUSTIÇA DO TRABALHO. DEPÓSITO PRÉVIO (mantida) – Res. 121/2003, DJ 19, 20 e 21.11.2003. As ações rescisórias ajuizadas na Justiça do Trabalho serão admitidas, instruídas e julgadas conforme os arts. 485 "usque" 495 do Código de Processo Civil de 1973, sendo, porém, desnecessário o depósito prévio a que aludem os respectivos arts. 488, II, e 494.
- **Súmula nº 259 do TST**. TERMO DE CONCILIAÇÃO. AÇÃO RESCISÓRIA (mantida) – Res. 121/2003, DJ 19, 20 e 21.11.2003. Só por ação rescisória é impugnável o termo de conciliação previsto no parágrafo único do art. 831 da CLT.
- **Súmula nº 298 do TST.** AÇÃO RESCISÓRIA. VIOLAÇÃO A DISPOSIÇÃO DE LEI. PRONUNCIAMENTO EXPLÍCITO (Redação alterada pelo Tribunal Pleno na sessão realizada em 6.2.2012) – Res. 177/2012, DEJT divulgado em 13, 14 e 15.02.2012. I – A conclusão acerca da ocorrência de violação literal a disposição de lei pressupõe pronunciamento explícito, na sentença rescindenda, sobre a matéria veiculada. II – O pronunciamento explícito exigido em ação rescisória diz respeito à matéria e ao enfoque específico da tese debatida na ação, e não, necessariamente, ao dispositivo legal tido por violado. Basta que o conteúdo da norma reputada violada haja sido abordado na decisão rescindenda para que se considere preenchido o pressuposto. III – Para efeito de ação rescisória, considera-se pronunciada explicitamente a matéria tratada na sentença quando, examinando remessa de ofício, o Tribunal simplesmente a confirma. IV – A sentença meramente homologatória, que silencia sobre os motivos de convencimento do juiz, não se mostra rescindível, por ausência de pronunciamento explícito. V – Não é absoluta a exigência de pronunciamento explícito na ação rescisória, ainda que esta tenha por fundamento violação de dispositivo de lei. Assim, prescindível o pronunciamento explícito quando o vício nasce no próprio julgamento, como se dá com a sentença "extra, citra e ultra petita".
- **Súmula nº 299 do TST.** AÇÃO RESCISÓRIA. DECISÃO RESCINDENDA. TRÂNSITO EM JULGADO. COMPROVAÇÃO. EFEITOS (nova redação do item II em decorrência do CPC de 2015) - Res. 211/2016, DEJT divulgado em 24, 25 e 26.08.2016. I - É indispensável ao processamento da ação rescisória a prova do trânsito em julgado da decisão rescindenda. (ex-Súmula nº 299 - Res 8/1989, DJ 14, 18 e 19.04.1989) II - Verificando o relator que a parte interessada não juntou à inicial o documento comprobatório, abrirá prazo de 15 (quinze) dias para que o faça (art. 321 do CPC de 2015), sob pena de indeferimento.(ex-Súmula nº 299 - Res 8/1989, DJ 14, 18 e 19.04.1989) III - A comprovação do trânsito em julgado da decisão rescindenda é pressuposto processual indispensável ao tempo do ajuizamento da ação rescisória. Eventual trânsito em julgado posterior ao ajuizamento da ação rescisória não reabilita a ação proposta, na medida em que o ordenamento jurídico não contempla a ação rescisória preventiva. (ex-OJ nº 106 da SBDI-II - DJ 29.04.2003) IV - O pretenso vício de intimação, posterior à decisão que se pretende rescindir, se efetivamente ocorrido, não permite a formação da coisa julgada material. Assim, a ação rescisória deve ser julgada extinta, sem julgamento do mérito, por carência de ação, por inexistir decisão transitada em julgado a ser rescindida. (ex-OJ nº 96 da SBDI-II - inserida em 27.09.2002).
- **Súmula nº 365 do TST**. ALÇADA. AÇÃO RESCISÓRIA E MANDADO DE SEGURANÇA (conversão das Orientações Jurisprudenciais nº 8 e 10 da SBDI-1) – Res. 129/2005, DJ 20, 22 e 25.04.2005. Não se aplica a alçada em ação rescisória e em mandado de segurança. (ex-OJs nº 8 e 10 da SBDI-1 – inseridas em 01.02.1995).
- **Súmula nº 397 do TST.** AÇÃO RESCISÓRIA. ART. 966, IV, do CPC de 2015. ART. 485, IV, DO CPC de 1973. AÇÃO DE CUMPRIMENTO. OFENSA À COISA JULGADA EMANADA DE SENTENÇA NORMATIVA

MODIFICADA EM GRAU DE RECURSO. INVIABILIDADE. CABIMENTO DE MANDADO DE SEGURANÇA. (atualizada em decorrência do CPC de 2015) – Res. 208/2016, DEJT divulgado em 22, 25 e 26.04.2016 Não procede ação rescisória calcada em ofensa à coisa julgada perpetrada por decisão proferida em ação de cumprimento, em face de a sentença normativa, na qual se louvava, ter sido modificada em grau de recurso, porque em dissídio coletivo somente se consubstancia coisa julgada formal. Assim, os meios processuais aptos a atacarem a execução da cláusula reformada são a exceção de pré-executividade e o mandado de segurança, no caso de descumprimento do art. 514 do CPC de 2015 (art. 572 do CPC de 1973). (ex-OJ nº 116 da SBDI-2 - DJ 11.08.2003)

- **Súmula nº 398 do TST**. AÇÃO RESCISÓRIA. AUSÊNCIA DE DEFESA. INAPLICÁVEIS OS EFEITOS DA REVELIA (alterada em decorrência do CPC de 2015) - Res. 219/2017, DEJT divulgado em 28, 29 e 30.06.2017 Na ação rescisória, o que se ataca é a decisão, ato oficial do Estado, acobertado pelo manto da coisa julgada. Assim, e considerando que a coisa julgada envolve questão de ordem pública, a revelia não produz confissão na ação rescisória. (ex-OJ nº 126 da SBDI-2 - DJ 09.12.2003)

- **Súmula nº 399 do TST.** AÇÃO RESCISÓRIA. CABIMENTO. SENTENÇA DE MÉRITO. DECISÃO HOMOLOGATÓRIA DE ADJUDICAÇÃO, DE ARREMATAÇÃO E DE CÁLCULOS (conversão das Orientações Jurisprudenciais nº 44, 45 e 85, primeira parte, da SBDI-2) – Res. 137/2005, DJ 22, 23 e 24.08.2005. I – É incabível ação rescisória para impugnar decisão homologatória de adjudicação ou arrematação. (ex-OJs nº 44 e 45 da SBDI-2 – inseridas em 20.09.2000). II – A decisão homologatória de cálculos apenas comporta rescisão quando enfrentar as questões envolvidas na elaboração da conta de liquidação, quer solvendo a controvérsia das partes quer explicitando, de ofício, os motivos pelos quais acolheu os cálculos oferecidos por uma das partes ou pelo setor de cálculos, e não contestados pela outra. (ex-OJ nº 85 da SBDI-2 – primeira parte – inserida em 13.03.2002 e alterada em 26.11.2002).

- **Súmula nº 400 do TST.** AÇÃO RESCISÓRIA DE AÇÃO RESCISÓRIA. VIOLAÇÃO MANIFESTA DE NORMA JURÍDICA. INDICAÇÃO DA MESMA NORMA JURÍDICA APONTADA NA RESCISÓRIA PRIMITIVA (MESMO DISPOSITIVO DE LEI SOB O CPC DE 1973). (nova redação em decorrência do CPC de 2015) – Res. 208/2016, DEJT divulgado em 22, 25 e 26.04.2016 Em se tratando de rescisória de rescisória, o vício apontado deve nascer na decisão rescindenda, não se admitindo a rediscussão do acerto do julgamento da rescisória anterior. Assim, não procede rescisória calcada no inciso V do art. 966 do CPC de 2015 (art. 485, V, do CPC de 1973) para discussão, por má aplicação da mesma norma jurídica, tida por violada na rescisória anterior, bem como para arguição de questões inerentes à ação rescisória primitiva. (ex-OJ nº 95 da SBDI-2 - inserida em 27.09.2002 e alterada DJ 16.04.2004)

- **Súmula nº 401 do TST**. AÇÃO RESCISÓRIA. DESCONTOS LEGAIS. FASE DE EXECUÇÃO. SENTENÇA EXEQUENDA OMISSA. INEXISTÊNCIA DE OFENSA À COISA JULGADA (conversão da Orientação Jurisprudencial nº 81 da SBDI-2) – Res. 137/2005 – DJ 22, 23 e 24.08.2005. Os descontos previdenciários e fiscais devem ser efetuados pelo juízo executório, ainda que a sentença exequenda tenha sido omissa sobre a questão, dado o caráter de ordem pública ostentado pela norma que os disciplina. A ofensa à coisa julgada somente poderá ser caracterizada na hipótese de o título exequendo, expressamente, afastar a dedução dos valores a título de imposto de renda e de contribuição previdenciária. (ex-OJ nº 81 da SBDI-2 – inserida em 13.03.2002).

- **Súmula nº 402 do TST.** AÇÃO RESCISÓRIA. PROVA NOVA. DISSÍDIO COLETIVO. SENTENÇA NORMATIVA (nova redação em decorrência do CPC de 2015) - Res. 217/2017 - DEJT divulgado em 20, 24 e 25.04.2017I – Sob a vigência do CPC de 2015 (art. 966, inciso VII), para efeito de ação rescisória, considera-se prova nova a cronologicamente velha, já existente ao tempo do trânsito em julgado da decisão rescindenda, mas ignorada pelo interessado ou de impossível utilização, à época, no processo. II – Não é prova nova apta a viabilizar a desconstituição de julgado:a) sentença normativa proferida ou transitada em julgado posteriormente à sentença rescindenda; b) sentença normativa preexistente à sentença rescindenda, mas não exibida no processo principal, em virtude de negligência da parte, quando podia e deveria louvar-se de documento já existente e não ignorado quando emitida a decisão rescindenda. (ex-OJ nº 20 da SBDI-2 - inserida em 20.09.2000)

- **Súmula nº 403 do TST.** AÇÃO RESCISÓRIA. DOLO DA PARTE VENCEDORA EM DETRIMENTO DA VENCIDA. ART. 485, III, DO CPC(conversão das Orientações Jurisprudenciais nº 111 e 125 da SBDI-2) – Res. 137/2005, DJ 22, 23 e 24.08.2005. I – Não caracteriza dolo processual, previsto no art. 485, III, do CPC, o simples fato de a parte vencedora haver silenciado a respeito de fatos contrários a ela, porque o procedimento, por si só, não constitui ardil do qual resulte cerceamento de defesa e, em consequência, desvie o juiz de uma sentença não condizente com a verdade. (ex-OJ nº 125 da SBDI-2 – DJ 09.12.2003). II – Se a decisão rescindenda é homologatória de acordo, não há parte vencedora ou vencida, razão pela qual não é possível a sua desconstituição calcada no inciso III do art. 485 do CPC (dolo da parte vencedora em detrimento da vencida), pois constitui fundamento de rescindibilidade que supõe solução jurisdicional para a lide. (ex-OJ nº 111 da SBDI-2 – DJ 29.04.2003).

- **Súmula nº 404 do TST.** AÇÃO RESCISÓRIA. FUNDAMENTO PARA INVALIDAR CONFISSÃO. CONFIS-

SÃO FICTA. INADEQUAÇÃO DO ENQUADRAMENTO NO ART. 485, VIII, DO CPC DE 1973. - Res. 209/2016, DEJT divulgado em 01, 02 e 03.06.2016. O art. 485, VIII, do CPC de 1973, ao tratar do fundamento para invalidar a confissão como hipótese de rescindibilidade da decisão judicial, referia-se à confissão real, fruto de erro, dolo ou coação, e não à confissão ficta resultante de revelia.

- **Súmula nº 405 do TST.** AÇÃO RESCISÓRIA. TUTELA PROVISÓRIA (nova redação em decorrência do CPC de 2015) – Res. 208/2016, DEJT divulgado em 22, 25 e 26.04.2016 Em face do que dispõem a MP 1.984-22/2000 e o art. 969 do CPC de 2015, é cabível o pedido de tutela provisória formulado na petição inicial de ação rescisória ou na fase recursal, visando a suspender a execução da decisão rescindenda.

- **Súmula nº 406 do TST.** AÇÃO RESCISÓRIA. LITISCONSÓRCIO. NECESSÁRIO NO POLO PASSIVO E FACULTATIVO NO ATIVO. INEXISTENTE QUANTO AOS SUBSTITUÍDOS PELO SINDICATO (conversão das Orientações Jurisprudenciais nº 82 e 110 da SBDI-2) – Res. 137/2005, DJ 22, 23 e 24.08.2005. I – O litisconsórcio, na ação rescisória, é necessário em relação ao polo passivo da demanda, porque supõe uma comunidade de direitos ou de obrigações que não admite solução díspar para os litisconsortes, em face da indivisibilidade do objeto. Já em relação ao polo ativo, o litisconsórcio é facultativo, uma vez que a aglutinação de autores se faz por conveniência e não pela necessidade decorrente da natureza do litígio, pois não se pode condicionar o exercício do direito individual de um dos litigantes no processo originário à anuência dos demais para retomar a lide. (ex-OJ nº 82 da SBDI-2 – inserida em 13.03.2002). II – O Sindicato, substituto processual e autor da reclamação trabalhista, em cujos autos fora proferida a decisão rescindenda, possui legitimidade para figurar como réu na ação rescisória, sendo descabida a exigência de citação de todos os empregados substituídos, porquanto inexistente litisconsórcio passivo necessário. (ex-OJ nº 110 da SBDI-2 – DJ 29.04.2003).

- **Súmula nº 407 do TST.** AÇÃO RESCISÓRIA. MINISTÉRIO PÚBLICO. LEGITIMIDADE "AD CAUSAM" PREVISTA NO ART. 967, III, "A", "B" E "C" DO CPC DE 2015. ART. 487, III, "A" E "B", DO CPC DE 1973. HIPÓTESES MERAMENTE EXEMPLIFICATIVAS (nova redação em decorrência do CPC de 2015) – Res. 208/2016, DEJT divulgado em 22, 25 e 26.04.2016 A legitimidade "ad causam" do Ministério Público para propor ação rescisória, ainda que não tenha sido parte no processo que deu origem à decisão rescindenda, não está limitada às alíneas "a", "b" e "c" do inciso III do art. 967 do CPC de 2015 (art. 487, III, "a" e "b", do CPC de 1973), uma vez que traduzem hipóteses meramente exemplificativas (ex-OJ nº 83 da SBDI-2 - inserida em 13.03.2002)

- **Súmula nº 408 do TST.** AÇÃO RESCISÓRIA. PETIÇÃO INICIAL. CAUSA DE PEDIR. AUSÊNCIA DE CAPITULAÇÃO OU CAPITULAÇÃO ERRÔNEA NO ART. 966 DO CPC DE 2015. ART. 485 DO CPC DE 1973. PRINCÍPIO «IURA NOVIT CURIA» (nova redação em decorrência do CPC de 2015) – Res. 208/2016, DEJT divulgado em 22, 25 e 26.04.2016 Não padece de inépcia a petição inicial de ação rescisória apenas porque omite a subsunção do fundamento de rescindibilidade no art. 966 do CPC de 2015 (art. 485 do CPC de 1973) ou o capitula erroneamente em um de seus incisos. Contanto que não se afaste dos fatos e fundamentos invocados como causa de pedir, ao Tribunal é lícito emprestar-lhes a adequada qualificação jurídica ("iura novit curia"). No entanto, fundando-se a ação rescisória no art. 966, inciso V, do CPC de 2015 (art. 485, inciso V, do CPC de 1973), é indispensável expressa indicação, na petição inicial da ação rescisória, da norma jurídica manifestamente violada (dispositivo legal violado sob o CPC de 1973), por se tratar de causa de pedir da rescisória, não se aplicando, no caso, o princípio "iura novit curia". (ex-Ojs nº 32 e 33 da SBDI-2 - inseridas em 20.09.2000)

- **Súmula nº 409 do TST.** AÇÃO RESCISÓRIA. PRAZO PRESCRICIONAL. TOTAL OU PARCIAL. VIOLAÇÃO DO ART. 7º, XXIX, DA CF/1988. MATÉRIA INFRACONSTITUCIONAL (conversão da Orientação Jurisprudencial nº 119 da SBDI-2) – Res. 137/2005, DJ 22, 23 e 24.08.2005. Não procede ação rescisória calcada em violação do art. 7º, XXIX, da CF/1988 quando a questão envolve discussão sobre a espécie de prazo prescricional aplicável aos créditos trabalhistas, se total ou parcial, porque a matéria tem índole infraconstitucional, construída, na Justiça do Trabalho, no plano jurisprudencial. (ex-OJ nº 119 da SBDI-2 – DJ 11.08.2003).

- **Súmula nº 410 do TST.** AÇÃO RESCISÓRIA. REEXAME DE FATOS E PROVAS. INVIABILIDADE (conversão da Orientação Jurisprudencial nº 109 da SBDI-2) – Res. 137/2005 DJ 22, 23 e 24.08.2005. A ação rescisória calcada em violação de lei não admite reexame de fatos e provas do processo que originou a decisão rescindenda. (ex-OJ nº 109 da SBDI-2 – DJ 29.04.2003).

- **Súmula nº 411 do TST.** AÇÃO RESCISÓRIA. SENTENÇA DE MÉRITO. DECISÃO DE TRIBUNAL REGIONAL DO TRABALHO EM AGRAVO REGIMENTAL CONFIRMANDO DECISÃO MONOCRÁTICA DO RELATOR QUE, APLICANDO A SÚMULA Nº 83 DO TST, INDEFERIU A PETIÇÃO INICIAL DA AÇÃO RESCISÓRIA. CABIMENTO (conversão da Orientação Jurisprudencial nº 43 da SBDI-2) – Res. 137/2005, DJ 22, 23 e 24.08.2005. Se a decisão recorrida, em agravo regimental, aprecia a matéria na fundamentação, sob o enfoque das Súmulas nº 83 do TST e 343 do STF, constitui sentença de mérito, ainda que haja resultado no indeferimento da petição inicial e na extinção do processo sem julgamento do mérito. Sujeita-se, assim, à reforma pelo TST, a decisão do Tribunal que, invocando controvérsia na interpretação da lei, indefere a petição inicial de ação rescisória. (ex-OJ nº 43 da SBDI-2 – inserida em 20.09.2000).

- **Súmula nº 412 do TST.** AÇÃO RESCISÓRIA. REGÊNCIA PELO CPC DE 1973. SENTENÇA DE MÉRITO. QUESTÃO PROCESSUAL (nova redação em decorrência do CPC de 2015) - Res. 217/2017 - DEJT divulgado em 20, 24 e 25.04.2017 Sob a égide do CPC de 1973, pode uma questão processual ser objeto de rescisão desde que consista em pressuposto de validade de uma sentença de mérito. (ex-OJ nº 46 da SBDI-2 - inserida em20.09.2000)

- **Súmula nº 413 do TST.** AÇÃO RESCISÓRIA. SENTENÇA DE MÉRITO. VIOLAÇÃO DO ART. 896, "A", DA CLT (nova redação em decorrência do CPC de 2015) - Res. 209/2016, DEJT divulgado em 01, 02 e 03.06.2016 É incabível ação rescisória, por violação do art. 896, "a", da CLT, contra decisão transitada em julgado sob a égide do CPC de 1973 que não conhece de recurso de revista, com base em divergência jurisprudencial, pois não se cuidava de sentença de mérito (art. 485 do CPC de 1973). (ex-OJ nº 47 da SBDI-II - inserida em 20.09.2000).

- **OJ nº 2. SDI-2 do TST.** AÇÃO RESCISÓRIA. ADICIONAL DE INSALUBRIDADE. BASE DE CÁLCULO. SALÁRIO MÍNIMO. CABÍVEL (mantida a redação na sessão do Tribunal Pleno realizada em 26.06.2008) – Res. 148/2008, DJ 04 e 07.07.2008 – Republicada DJ 08, 09 e 10.07.2008. Viola o art. 192 da CLT decisão que acolhe pedido de adicional de insalubridade com base na remuneração do empregado.

- **OJ nº 4. SDI-2 do TST.** AÇÃO RESCISÓRIA. BANCO DO BRASIL. ADICIONAL DE CARÁTER PESSOAL. ACP (inserida em 20.09.2000). Procede, por ofensa ao art. 5º, inciso XXXVI, da CF/88, o pedido de rescisão de julgado que acolheu Adicional de Caráter Pessoal em favor de empregado do Banco do Brasil S.A.

- **OJ nº 5. SDI-2 do TST.** AÇÃO RESCISÓRIA. BANCO DO BRASIL. AP E ADI. HORAS EXTRAS. SÚMULA Nº 83 DO TST. APLICÁVEL (inserida em 20.09.2000). Não se acolhe pedido de rescisão de julgado que deferiu a empregado do Banco do Brasil S.A. horas extras após a sexta, não obstante o pagamento dos adicionais AP e ADI, ou AFR quando a decisão rescindenda for anterior à Orientação Jurisprudencial nº 17, da Seção de Dissídios Individuais do TST (07.11.94). Incidência das Súmulas nº 83 do TST e 343 do STF.

- **OJ nº 6. SDI-2 do TST.** AÇÃO RESCISÓRIA. CIPEIRO SUPLENTE. ESTABILIDADE. ADCT DA CF/88, ART. 10, II, "A". SÚMULA Nº 83 DO TST (nova redação) – DJ 22.08.2005. Rescinde-se o julgado que nega estabilidade a membro suplente de CIPA, representante de empregado, por ofensa ao art. 10, II, "a", do ADCT da CF/88, ainda que se cuide de decisão anterior à Súmula nº 339 do TST.

- **OJ nº 7. SDI-2 do TST.** AÇÃO RESCISÓRIA. COMPETÊNCIA. CRIAÇÃO DE TRIBUNAL REGIONAL DO TRABALHO. NA OMISSÃO DA LEI, É FIXADA PELO ART. 678, INC. I, "C", ITEM 2, DA CLT (nova redação) – DJ 22.08.2005. A Lei nº 7.872/89 que criou o Tribunal Regional do Trabalho da 17ª Região não fixou a sua competência para apreciar as ações rescisórias de decisões oriundas da 1ª Região, o que decorreu do art. 678, I, "c", item 2, da CLT.

- **OJ nº 8. SDI-2 do TST.** AÇÃO RESCISÓRIA. COMPLEMENTAÇÃO DE APOSENTADORIA. BANESPA. SÚMULA Nº 83 DO TST (nova redação) – DJ 22.08.2005. Não se rescinde julgado que acolheu pedido de complementação de aposentadoria integral em favor de empregado do BANESPA, antes da Súmula nº 313 do TST, em virtude da notória controvérsia jurisprudencial então reinante. Incidência da Súmula nº 83 do TST.

- **OJ nº 9. SDI-2 do TST.** AÇÃO RESCISÓRIA. CONAB. AVISO DIREH 2/84. SÚMULA Nº 83 DO TST. APLICÁVEL (inserida em 20.09.2000). Não se rescinde julgado que reconheceu garantia de emprego com base no Aviso DIREH 02/84 da Conab, antes da Súmula nº 355 do TST, em virtude da notória controvérsia jurisprudencial então reinante. Incidência da Súmula nº 83 do TST.

- **OJ nº 10. SDI-2 do TST.** AÇÃO RESCISÓRIA. CONTRATO NULO. ADMINISTRAÇÃO PÚBLICA. EFEITOS. ART. 37, II E § 2º, DA CF/1988. Inserida em 20.09.00. Somente por ofensa ao art. 37, II e § 2º, da CF/1988, procede o pedido de rescisão de julgado para considerar nula a contratação, sem concurso público, de servidor, após a CF/1988.

- **OJ nº 11. SDI-2 do TST.** AÇÃO RESCISÓRIA. CORREÇÃO MONETÁRIA. LEI Nº 7.596/87. UNIVERSIDADES FEDERAIS. IMPLANTAÇÃO TARDIA DO PLANO DE CLASSIFICAÇÃO DE CARGOS. VIOLAÇÃO DE LEI. SÚMULA Nº 83 DO TST. APLICÁVEL. Inserida em 20.09.00. Não se rescinde julgado que acolhe pedido de correção monetária decorrente da implantação tardia do Plano de Classificação de Cargos de Universidade Federal previsto na Lei nº 7.596/87, à época em que era controvertida tal matéria na jurisprudência. Incidência da Súmula nº 83 do TST.

- **OJ nº 12. SDI-2 do TST.** AÇÃO RESCISÓRIA. DECADÊNCIA. CONSUMAÇÃO ANTES OU DEPOIS DA EDIÇÃO DA MEDIDA PROVISÓRIA Nº 1.577/97. AMPLIAÇÃO DO PRAZO – Res. 208/2016, DEJT divulgado em 22, 25 e 26.04.2016 I - A vigência da Medida Provisória nº 1.577/97 e de suas reedições implicou o elastecimento do prazo decadencial para o ajuizamento da ação rescisória a favor dos entes de direito público, autarquias e fundações públicas. Se o biênio decadencial do art. 495 do CPC de 1973 findou após a entrada em vigor da referida medida provisória e até sua suspensão pelo STF em sede liminar de ação direta de inconstitucionalidade (ADIn 1753-2), tem-se como aplicável o prazo decadencial elastecido à rescisória. (ex-OJ nº 17 da SDI-2 – inserida em 20.09.00) II - A regra ampliativa do prazo decadencial para a propositura de ação rescisória em favor de pessoa jurídica de direito público não se aplica se, ao tempo em que sobreveio a Medida Provisória nº 1.577/97, já se exaurira o biênio do art. 495 do CPC. Preservação do direito adquirido da parte à decadência já consumada sob a égide da lei velha. (ex-OJ nº 12 da SDI-2 – inserida em 20.09.00)

- **OJ nº 18. SDI-2 do TST.** AÇÃO RESCISÓRIA. DECADÊNCIA. UNIÃO. LEI COMPLEMENTAR Nº 73/93, ART. 67. LEI Nº 8.682/93, ART. 6º (inserida em 20.09.2000). O art. 67 da Lei Complementar nº 73/93 interrompeu todos os prazos, inclusive o de decadência, em favor da União no período compreendido entre 14.02.93 e 14.08.93.

- **OJ nº 19. SDI-2 do TST.** AÇÃO RESCISÓRIA. DESLIGAMENTO INCENTIVADO. IMPOSTO DE RENDA. ABONO PECUNIÁRIO. VIOLAÇÃO DE LEI. SÚMULA Nº 83 DO TST. APLICÁVEL (inserida em 20.09.2000). Havendo notória controvérsia jurisprudencial acerca da incidência de imposto de renda sobre parcela paga pelo empregador ("abono pecuniário") a título de "desligamento incentivado", improcede pedido de rescisão do julgado. Incidência da Súmula nº 83 do TST.

- **OJ nº 21. SDI-2 do TST.** AÇÃO RESCISÓRIA. DUPLO GRAU DE JURISDIÇÃO. TRÂNSITO EM JULGADO. INOBSERVÂNCIA. DECRETO-LEI Nº 779/69, ART. 1º, V. INCABÍVEL (nova redação) – DJ 22.08.2005. É incabível ação rescisória para a desconstituição de sentença não transitada em julgado porque ainda não submetida ao necessário duplo grau de jurisdição, na forma do Decreto-Lei nº 779/69. Determina-se que se oficie ao Presidente do TRT para que proceda à avocatória do processo principal para o reexame da sentença rescindenda.

- **OJ nº 23. SDI-2 do TST.** AÇÃO RESCISÓRIA. ESTABILIDADE. PERÍODO PRÉ-ELEITORAL. VIOLAÇÃO DE LEI. SÚMULA Nº 83 DO TST. APLICÁVEL (inserida em 20.09.2000). Não procede pedido de rescisão de sentença de mérito que assegura ou nega estabilidade pré-eleitoral, quando a decisão rescindenda for anterior à Orientação Jurisprudencial nº 51, da Seção de Dissídios Individuais do TST (25.11.96). Incidência da Súmula nº 83 do TST.

- **OJ nº 24. SDI-2 do TST.** AÇÃO RESCISÓRIA. ESTABILIDADE PROVISÓRIA. REINTEGRAÇÃO EM PERÍODO POSTERIOR. DIREITO LIMITADO AOS SALÁRIOS E CONSECTÁRIOS DO PERÍODO DA ESTABILIDADE (inserida em 20.09.2000). Rescinde-se o julgado que reconhece estabilidade provisória e determina a reintegração de empregado, quando já exaurido o respectivo período de estabilidade. Em juízo rescisório, restringe-se a condenação quanto aos salários e consectários até o termo final da estabilidade.

- **OJ nº 25. SDI-2 do TST.** AÇÃO RESCISÓRIA. REGÊNCIA PELO CPC DE 1973. EXPRESSÃO "LEI" DO ART. 485, V, DO CPC DE 1973. NÃO INCLUSÃO DO ACT, CCT, PORTARIA, REGULAMENTO, SÚMULA E ORIENTAÇÃO JURISPRUDENCIAL DE TRIBUNAL. (atualizada em decorrência do CPC de 2015) Res. 212/2016, DEJT divulgado em 20, 21 e 22.09.2016. Não procede pedido de rescisão fundado no art. 485, V, do CPC de 1973 quando se aponta contrariedade à norma de convenção coletiva de trabalho, acordo coletivo de trabalho, portaria do Poder Executivo, regulamento de empresa e súmula ou orientação jurisprudencial de tribunal. (ex-OJ 25 da SDI-2, inserida em 20.09.2000 e ex-OJ 118 da SDI-2, DJ 11.08.2003).

- **OJ nº 26. SDI-2 do TST.** AÇÃO RESCISÓRIA. GRATIFICAÇÃO DE NÍVEL SUPERIOR. SUFRAMA (inserida em 20.09.2000). A extensão da gratificação instituída pela SUFRAMA aos servidores celetistas exercentes de atividade de nível superior não ofende as disposições contidas nos arts. 37, XIII e 39, § 1º, da CF/88.

- **OJ nº 30. SDI-2 do TST.** AÇÃO RESCISÓRIA. MULTA. ART. 920 DO Código Civil DE 1916 (ART. 412 DO Código Civil DE 2002) (nova redação em decorrência da incorporação da Orientação Jurisprudencial nº 31 da SBDI-II) – DJ 22.08.20050. Não se acolhe, por violação do art. 920 do Código Civil de 1916 (art. 412 do Código Civil de 2002), pedido de rescisão de julgado que: a) em processo de conhecimento, impôs condenação ao pagamento de multa, quando a decisão rescindenda for anterior à Orientação Jurisprudencial nº 54 da Subseção I Especializada em Dissídios Individuais do TST (30.05.94), incidindo o óbice da Súmula nº 83 do TST; (ex-OJ nº 30 da SDI-2 inserida em 20.09.00). b) em execução, rejeita-se limitação da condenação ao pagamento de multa, por inexistência de violação literal. (ex-OJ nº 31 da SDI-2 – inserida em 20.09.00).

- **OJ nº 34. SDI-2 do TST.** AÇÃO RESCISÓRIA. PLANOS ECONÔMICOS – Res. 208/2016, DEJT divulgado em 22, 25 e 26.04.20161. O acolhimento de pedido em ação rescisória de plano econômico, fundada no art. 485, inciso V, do CPC de 1973, pressupõe, necessariamente, expressa invocação na petição inicial de afronta ao art. 5º, inciso XXXVI, da Constituição Federal de 1988. A indicação de ofensa literal a preceito de lei ordinária atrai a incidência do Súmula nº 83 do TST e Súmula nº 343 do STF.

- **OJ nº 35. SDI-2 do TST.** AÇÃO RESCISÓRIA. PLANOS ECONÔMICOS. COISA JULGADA. LIMITAÇÃO À DATA-BASE NA FASE DE EXECUÇÃO **(inserida em 20.09.2000).** Não ofende a coisa julgada a limitação à data-base da categoria, na fase executória, da condenação ao pagamento de diferenças salariais decorrentes de planos econômicos, quando a decisão exequenda silenciar sobre a limitação, uma vez que a limitação decorre de norma cogente. Apenas quando a sentença exequenda houver expressamente afastado a limitação à data-base é que poderá ocorrer ofensa à coisa julgada.

- **OJ nº 38. SDI-2 do TST.** AÇÃO RESCISÓRIA. PROFESSOR-ADJUNTO. INGRESSO NO CARGO DE PROFESSOR-TITULAR. EXIGÊNCIA DE Concurso PÚBLICO (LEI Nº 7.596/87, DECRETO Nº 94.664/87 E ART. 206, V, CF/1988). Inserida em 20.09.00. A assunção do professor-adjunto ao cargo de professor titular de universidade pública, sem prévia aprovação em concurso público, viola o art. 206, inciso V, da Constituição Federal. Procedência do pedido de rescisão do julgado.

- **OJ nº 39. SDI-2 do TST.** AÇÃO RESCISÓRIA. REAJUSTES BIMESTRAIS E QUADRIMESTRAIS. LEI Nº 8.222/91. SÚMULA Nº 83 DO TST. APLICÁVEL. Inserida em 20.09.00. Havendo controvérsia jurisprudencial à época, não se rescinde decisão que aprecia a possibilidade de cumulação das antecipações bimestrais e reajustes quadrimestrais de salário previstos na Lei nº 8.222/91. Incidência da Súmula nº 83 do TST.
- **OJ nº 41. SDI-2 do TST.** AÇÃO RESCISÓRIA. SENTENÇA "CITRA PETITA". CABIMENTO (atualizada em decorrência do CPC de 2015) – Res. 208/2016, DEJT divulgado em 22, 25 e 26.04.2016 Revelando-se a sentença "citra petita", o vício processual vulnera os arts. 141 e 492 do CPC de 2015 (arts. 128 e 460 do CPC de 1973), tornando-a passível de desconstituição, ainda que não interpostos embargos de declaração.
- **OJ nº 70. SDI-2 do TST.** AÇÃO RESCISÓRIA. REGÊNCIA PELO CPC DE 1973. MANIFESTO E INESCUSÁVEL EQUÍVOCO NO DIRECIONAMENTO. INÉPCIA DA INICIAL. EXTINÇÃO DO PROCESSO (atualizada em decorrência do CPC de 2015) - Res. 220/2017, DEJT divulgado em 21, 22 e 25.09.2017 Sob a égide do CPC de 1973, o manifesto equívoco da parte em ajuizar ação rescisória no TST para desconstituir julgado proferido pelo TRT, ou vice-versa, implica a extinção do processo sem julgamento do mérito por inépcia da inicial.
- **OJ nº 71. SDI-2 do TST.** AÇÃO RESCISÓRIA. SALÁRIO PROFISSIONAL. FIXAÇÃO. MÚLTIPLO DE SALÁRIO MÍNIMO. ART. 7º, IV, DA CF/88 (nova redação) – DJ 22.11.2004. A estipulação do salário profissional em múltiplos do salário mínimo não afronta o art. 7º, inciso IV, da Constituição Federal de 1988, só incorrendo em vulneração do referido preceito constitucional a fixação de correção automática do salário pelo reajuste do salário mínimo.
- **OJ nº 76. SDI-2 do TST.** AÇÃO RESCISÓRIA. AÇÃO CAUTELAR PROPOSTA SOB A VIGÊNCIA DO CPC DE 1973. SUSPENSÃO DA EXECUÇÃO. JUNTADA DE DOCUMENTO INDISPENSÁVEL. POSSIBILIDADE DE ÊXITO NA RESCISÃO DO JULGADO (atualizada em decorrência do CPC de 2015) - Res. 220/2017, DEJT divulgado em 21, 22 e 25.09.2017 É indispensável a instrução da ação cautelar proposta sob a vigência do CPC de 1973 com as provas documentais necessárias à aferição da plausibilidade de êxito na rescisão do julgado. Assim sendo, devem vir junto com a inicial da cautelar as cópias da petição inicial da ação rescisória principal, da decisão rescindenda, da certidão do trânsito em julgado da decisão rescindenda e informação do andamento atualizado da execução.
- **OJ nº 78. SDI-2 do TST.** AÇÃO RESCISÓRIA. CUMULAÇÃO SUCESSIVA DE PEDIDOS. RESCISÃO DA SENTENÇA E DO ACÓRDÃO. AÇÃO ÚNICA. ART. 326 DO CPC DE 2015. ART. 289 DO CPC DE 1973 (atualizada em decorrência do CPC de 2015) – Res. 208/2016, DEJT divulgado em 22, 25 e 26.04.2016 É admissível o ajuizamento de uma única ação rescisória contendo mais de um pedido, em ordem sucessiva, de rescisão da sentença e do acórdão. Sendo inviável a tutela jurisdicional de um deles, o julgador está obrigado a apreciar os demais, sob pena de negativa de prestação jurisdicional.
- **OJ nº 80. SDI-2 do TST.** AÇÃO RESCISÓRIA. DECADÊNCIA. "DIES A QUO". RECURSO DESERTO. SÚMULA Nº 100 DO TST (inserida em 13.03.2002). O não conhecimento do recurso por deserção não antecipa o "dies a quo" do prazo decadencial para o ajuizamento da ação rescisória, atraindo, na contagem do prazo, a aplicação da Súmula nº 100 do TST.
- **OJ nº 84. SDI-2 do TST.** AÇÃO RESCISÓRIA. AUSÊNCIA DA DECISÃO RESCINDENDA E/OU DA CERTIDÃO DE SEU TRÂNSITO EM JULGADO DEVIDAMENTE AUTENTICADAS. CONCESSÃO DE PRAZO PARA COMPLEMENTAÇÃO DA DOCUMENTAÇÃO. (alterada em decorrência do CPC de 2015) - Res. 220/2017, DEJT divulgado em 21, 22 e 25.09.2017 . São peças essenciais para o julgamento da ação rescisória a decisão rescindenda e/ou a certidão do seu trânsito em julgado, devidamente autenticadas, à exceção de cópias reprográficas apresentadas por pessoa jurídica de direito público, a teor do art. 24 da Lei nº 10.522/2002, ou declaradas autênticas pelo advogado na forma do artigo 830 da CLT com a redação dada pela Lei nº 11.925/2009. Em fase recursal, verificada a ausência de qualquer delas, cumpre ao Relator do recurso ordinário conceder o prazo de 5 (cinco) dias ao recorrente para que seja complementada a documentação exigível, nos termos do art. 932, parágrafo único, do CPC de 2015.
- **OJ nº 94. SDI-2 do TST.** AÇÃO RESCISÓRIA. COLUSÃO. FRAUDE À LEI. RECLAMATÓRIA SIMULADA EXTINTA (inserida em 27.09.2002). A decisão ou acordo judicial subjacente à reclamação trabalhista, cuja tramitação deixa nítida a simulação do litígio para fraudar a lei e prejudicar terceiros, enseja ação rescisória, com lastro em colusão. No juízo rescisório, o processo simulado deve ser extinto.
- **OJ nº 97. SDI-2 do TST.** AÇÃO RESCISÓRIA. VIOLAÇÃO DO ART. 5º, II, LIV E LV, DA CONSTITUIÇÃO FEDERAL. PRINCÍPIOS DA LEGALIDADE, DO DEVIDO PROCESSO LEGAL, DO CONTRADITÓRIO E DA AMPLA DEFESA (nova redação) – DJ 22.08.2005. Os princípios da legalidade, do devido processo legal, do contraditório e da ampla defesa não servem de fundamento para a desconstituição de decisão judicial transitada em julgado, quando se apresentam sob a forma de pedido genérico e desfundamentado, acompanhando dispositivos legais que tratam especificamente da matéria debatida, estes

sim, passíveis de fundamentarem a análise do pleito rescisório.

- **OJ nº 101. SDI-2 do TST.** AÇÃO RESCISÓRIA. INCISO IV DO ART. 966 DO CPC DE 2015. ART. 485, IV, DO CPC DE 1973. OFENSA A COISA JULGADA. NECESSIDADE DE FIXAÇÃO DE TESE NA DECISÃO RESCINDENDA (atualizada em decorrência do CPC de 2015) – Res. 208/2016, DEJT divulgado em 22, 25 e 26.04.2016 Para viabilizar a desconstituição do julgado pela causa de rescindibilidade do inciso IV, do art. 966 do CPC de 2015 (inciso IV do art. 485 do CPC de 1973), é necessário que a decisão rescindenda tenha enfrentado as questões ventiladas na ação rescisória, sob pena de inviabilizar o cotejo com o título executivo judicial tido por desrespeitado, de modo a se poder concluir pela ofensa à coisa julgada.
- **OJ nº 103. SDI-2 do TST.** AÇÃO RESCISÓRIA. CONTRADIÇÃO ENTRE FUNDAMENTAÇÃO E PARTE DISPOSITIVA DO JULGADO. CABIMENTO. ERRO DE FATO (DJ 29.04.2003). É cabível a rescisória para corrigir contradição entre a parte dispositiva do acórdão rescindendo e a sua fundamentação, por erro de fato na retratação do que foi decidido.
- **OJ nº 107. SDI-2 do TST.** AÇÃO RESCISÓRIA. DECISÃO RESCINDENDA DE MÉRITO. SENTENÇA DECLARATÓRIA DE EXTINÇÃO DE EXECUÇÃO. SATISFAÇÃO DA OBRIGAÇÃO (atualizada em decorrência do CPC de 2015) – Res. 208/2016, DEJT divulgado em 22, 25 e 26.04.2016 Embora não haja atividade cognitiva, a decisão que declara extinta a execução, nos termos do art. 924, incisos I a IV c/c art. 925 do CPC de 2015 (art. 794 c/c 795 do CPC de 1973), extingue a relação processual e a obrigacional, sendo passível de corte rescisório.
- **OJ nº 112. SDI-2 do TST.** AÇÃO RESCISÓRIA. VIOLAÇÃO DE LEI. DECISÃO RESCINDENDA POR DUPLO FUNDAMENTO. IMPUGNAÇÃO PARCIAL (DJ 29.04.2003). Para que a violação da lei dê causa à rescisão de decisão de mérito alicerçada em duplo fundamento, é necessário que o Autor da ação rescisória invoque causas de rescindibilidade que, em tese, possam infirmar a motivação dúplice da decisão rescindenda.
- **OJ nº 123. SDI-2 do TST.** AÇÃO RESCISÓRIA. INTERPRETAÇÃO DO SENTIDO E ALCANCE DO TÍTULO EXECUTIVO. INEXISTÊNCIA DE OFENSA À COISA JULGADA (título alterado) – DJ 22.08.2005. O acolhimento da ação rescisória calcada em ofensa à coisa julgada supõe dissonância patente entre as decisões exequenda e rescindenda, o que não se verifica quando se faz necessária a interpretação do título executivo judicial para se concluir pela lesão à coisa julgada.
- **OJ nº 124. SDI-2 do TST.** AÇÃO RESCISÓRIA. ART. 966, INCISO II, DO CPC DE 2015. ART. 485, II, DO CPC DE 1973. ARGUIÇÃO DE INCOMPETÊNCIA ABSOLUTA. PREQUESTIONAMENTO INEXIGÍVEL (atualizada em decorrência do CPC de 2015) – Res. 208/2016, DEJT divulgado em 22, 25 e 26.04.2016. Na hipótese em que a ação rescisória tem como causa de rescindibilidade o inciso II do art. 966 do CPC de 2015 (inciso II do art. 485 do CPC de 1973), a arguição de incompetência absoluta prescinde de prequestionamento.
- **OJ nº 128. SDI-2 do TST.** AÇÃO RESCISÓRIA. Concurso PÚBLICO ANULADO POSTERIORMENTE. APLICAÇÃO DA SÚMULA Nº 363 DO TST(DJ 09.12.2003). O certame público posteriormente anulado equivale à contratação realizada sem a observância da exigência contida no art. 37, II, da Constituição Federal de 1988. Assim sendo, aplicam-se à hipótese os efeitos previstos na Súmula nº 363 do TST.
- **OJ nº 129. SDI-2 do TST.** AÇÃO ANULATÓRIA. COMPETÊNCIA ORIGINÁRIA. DJ 04.05.2004. Em se tratando de ação anulatória, a competência originária se dá no mesmo juízo em que praticado o ato supostamente eivado de vício.
- **OJ nº 131. SDI-2 do TST.** AÇÃO RESCISÓRIA. AÇÃO CAUTELAR PARA SUSPENDER EXECUÇÃO DA DECISÃO RESCINDENDA. PENDÊNCIA DE TRÂNSITO EM JULGADO DA AÇÃO RESCISÓRIA PRINCIPAL. EFEITOS (DJ 04.05.2004). A ação cautelar não perde o objeto enquanto ainda estiver pendente o trânsito em julgado da ação rescisória principal, devendo o pedido cautelar ser julgado procedente, mantendo-se os efeitos da liminar eventualmente deferida, no caso de procedência do pedido rescisório ou, por outro lado, improcedente, se o pedido da ação rescisória principal tiver sido julgado improcedente.
- **OJ nº 132. SDI-2 do TST.** AÇÃO RESCISÓRIA. ACORDO HOMOLOGADO. ALCANCE. OFENSA À COISA JULGADA (DJ 04.05.2004). Acordo celebrado – homologado judicialmente – em que o empregado dá plena e ampla quitação, sem qualquer ressalva, alcança não só o objeto da inicial, como também todas as demais parcelas referentes ao extinto contrato de trabalho, violando a coisa julgada, a propositura de nova reclamação trabalhista.
- **OJ nº 134. SDI-2 do TST.** AÇÃO RESCISÓRIA. DECISÃO QUE DECLARA PRECLUSA A OPORTUNIDADE DE IMPUGNAÇÃO DA SENTENÇA DE LIQUIDAÇÃO. PRODUÇÃO DE COISA JULGADA FORMAL. IRRESCINDIBILIDADE. (alterada em decorrência do CPC de 2015) - Res. 220/2017, DEJT divulgado em 21, 22 e 25.09.2017 A decisão proferida em embargos à execução ou em agravo de petição que apenas declara preclusa a oportunidade de impugnação da sentença de liquidação não é rescindível, em virtude de produzir tão-somente coisa julgada formal.
- **OJ nº 135. SDI-2 do TST.** AÇÃO RESCISÓRIA. VIOLAÇÃO DO ART. 37, "CAPUT", DA CF/1988. NECESSIDADE DE PREQUESTIONAMENTO (DJ 04.05.2004). A ação rescisória calcada em violação do artigo 37, "caput", da Constituição Federal, por desrespeito ao princípio da legalidade administrativa exige que ao

menos o princípio constitucional tenha sido prequestionado na decisão.

- **OJ nº 136. SDI-2 do TST.** AÇÃO RESCISÓRIA. ERRO DE FATO. CARACTERIZAÇÃO (atualizada em decorrência do CPC de 2015) – Res. 208/2016, DEJT divulgado em 22, 25 e 26.04.2016 A caracterização do erro de fato como causa de rescindibilidade de decisão judicial transitada em julgado supõe a afirmação categórica e indiscutida de um fato, na decisão rescindenda, que não corresponde à realidade dos autos. O fato afirmado pelo julgador, que pode ensejar ação rescisória calcada no inciso VIII do art. 966 do CPC de 2015 (inciso IX do art. 485 do CPC de 1973), é apenas aquele que se coloca como premissa fática indiscutida de um silogismo argumentativo, não aquele que se apresenta ao final desse mesmo silogismo, como conclusão decorrente das premissas que especificaram as provas oferecidas, para se concluir pela existência do fato. Esta última hipótese é afastada pelo § 1º do art. 966 do CPC de 2015 (§ 2º do art. 485 do CPC de 1973), ao exigir que não tenha havido controvérsia sobre o fato e pronunciamento judicial esmiuçando as provas.

- **OJ nº 146. SDI-2 do TST.** AÇÃO RESCISÓRIA. INÍCIO DO PRAZO PARA APRESENTAÇÃO DA CONTESTAÇÃO. ART. 774 DA CLT (atualizada em decorrência do CPC de 2015) – Res. 208/2016, DEJT divulgado em 22, 25 e 26.04.2016. A contestação apresentada em ação rescisória obedece à regra relativa à contagem de prazo constante do art. 774 da CLT, sendo inaplicável o art. 231 do CPC de 2015 (art. 241 do CPC de 1973).

- **OJ nº 150. SDI-2 do TST.** AÇÃO RESCISÓRIA. REGÊNCIA PELO CPC DE 1973. DECISÃO RESCINDENDA QUE EXTINGUE O PROCESSO SEM RESOLUÇÃO DE MÉRITO POR ACOLHIMENTO DE COISA JULGADA. CONTEÚDO MERAMENTE PROCESSUAL. IMPOSSIBILIDADE JURÍDICA DO PEDIDO (atualizada em decorrência do CPC de 2015) Res. 212/2016, DEJT divulgado em 20, 21 e 22.09.2016. Reputa-se juridicamente impossível o pedido de corte rescisório de decisão que, reconhecendo a existência de coisa julgada, nos termos do art. 267, V, do CPC de 1973, extingue o processo sem resolução de mérito, o que, ante o seu conteúdo meramente processual, a torna insuscetível de produzir a coisa julgada material.

- **OJ nº 151. SDI-2 do TST.** AÇÃO RESCISÓRIA E MANDADO DE SEGURANÇA. PROCURAÇÃO. PODERES ESPECÍFICOS PARA AJUIZAMENTO DE RECLAMAÇÃO TRABALHISTA. IRREGULARIDADE DE REPRESENTAÇÃO PROCESSUAL. FASE RECURSAL. VÍCIO PROCESSUAL SANÁVEL (nova redação em decorrência do CPC de 2015) A procuração outorgada com poderes específicos para ajuizamento de reclamação trabalhista não autoriza a propositura de ação rescisória e mandado de segurança. Constatado, todavia, o defeito de representação processual na fase recursal, cumpre ao relator ou ao tribunal conceder prazo de 5 (cinco) dias para a regularização, nos termos da Súmula nº 383, item II, do TST.

- **OJ nº 152. SDI-2 do TST.** AÇÃO RESCISÓRIA E MANDADO DE SEGURANÇA. RECURSO DE REVISTA DE ACÓRDÃO REGIONAL QUE JULGA AÇÃO RESCISÓRIA OU MANDADO DE SEGURANÇA. PRINCÍPIO DA FUNGIBILIDADE. INAPLICABILIDADE. ERRO GROSSEIRO NA INTERPOSIÇÃO DO RECURSO. (DEJT divulgado em 03, 04 e 05.12.2008). A interposição de recurso de revista de decisão definitiva de Tribunal Regional do Trabalho em ação rescisória ou em mandado de segurança, com fundamento em violação legal e divergência jurisprudencial e remissão expressa ao art. 896 da CLT, configura erro grosseiro, insuscetível de autorizar o seu recebimento como recurso ordinário, em face do disposto no art. 895, "b", da CLT.

- **OJ nº 154. SDI-2 do TST.** AÇÃO RESCISÓRIA. ACORDO PRÉVIO AO AJUIZAMENTO DA RECLAMAÇÃO. QUITAÇÃO GERAL. LIDE SIMULADA. POSSIBILIDADE DE RESCISÃO DA SENTENÇA HOMOLOGATÓRIA DE ACORDO APENAS SE VERIFICADA A EXISTÊNCIA DE VÍCIO DE CONSENTIMENTO. (DEJT divulgado em 09, 10 e 11.06.2010). A sentença homologatória de acordo prévio ao ajuizamento de reclamação trabalhista, no qual foi conferida quitação geral do extinto contrato, sujeita-se ao corte rescisório tão somente se verificada a existência de fraude ou vício de consentimento.

- **OJ nº 155. SDI-2 do TST.** AÇÃO RESCISÓRIA E MANDADO DE SEGURANÇA. VALOR ATRIBUÍDO À CAUSA NA INICIAL. MAJORAÇÃO DE OFÍCIO. INVIABILIDADE. (cancelada em decorrência do CPC de 2015) – Res; 206/2016, DEJT divulgado em 18, 19 e 20.04.2016. Atribuído o valor da causa na inicial da ação rescisória ou do mandado de segurança e não havendo impugnação, nos termos do art. 261 do CPC, é defeso ao Juízo majorá-lo de ofício, ante a ausência de amparo legal. Inaplicável, na hipótese, a Orientação Jurisprudencial da SBDI-2 nº 147 e o art. 2º, II, da Instrução Normativa nº 31 do TST.

- **OJ nº 157. SDI-2 do TST.** AÇÃO RESCISÓRIA. DECISÕES PROFERIDAS EM FASES DISTINTAS DE UMA MESMA AÇÃO. COISA JULGADA. NÃO CONFIGURAÇÃO. (atualizada em decorrência do CPC de 2015) – Res. 208/2016, DEJT divulgado em 22, 25 e 26.04.2016 A ofensa à coisa julgada de que trata o inciso IV do art. 966 do CPC de 2015 (inciso IV do art. 485 do CPC de 1973) refere-se apenas a relações processuais distintas. A invocação de desrespeito à coisa julgada formada no processo de conhecimento, na correspondente fase de execução, somente é possível com base na violação do art. 5º, XXXVI, da Constituição da República.

- **OJ nº 158. SDI-2 do TST.** AÇÃO RESCISÓRIA. DECLARAÇÃO DE NULIDADE DE DECISÃO HOMOLOGATÓRIA DE ACORDO EM RAZÃO DE COLUSÃO (ART. 485, III, DO CPC). MULTA POR LITIGÂNCIA DE MÁ-FÉ. IMPOSSIBILIDADE. (DEJT divulgado em 12, 13 e

16.04.2012). A declaração de nulidade de decisão homologatória de acordo, em razão da colusão entre as partes (art. 485, III, do CPC), é sanção suficiente em relação ao procedimento adotado, não havendo que ser aplicada a multa por litigância de má-fé.

7. EXECUÇÃO

7.1. LIQUIDAÇÃO E EXECUÇÃO

- **Súmula nº 187 do TST.** CORREÇÃO MONETÁRIA. INCIDÊNCIA (mantida) – Res. 121/2003, DJ 19, 20 e 21.11.2003. A correção monetária não incide sobre o débito do trabalhador reclamante.
- **Súmula nº 200 do TST.** JUROS DE MORA. INCIDÊNCIA (mantida) – Res. 121/2003, DJ 19, 20 e 21.11.2003. Os juros de mora incidem sobre a importância da condenação já corrigida monetariamente.
- **Súmula nº 211 do TST.** JUROS DE MORA E CORREÇÃO MONETÁRIA. INDEPENDÊNCIA DO PEDIDO INICIAL E DO TÍTULO EXECUTIVO JUDICIAL (mantida) – Res. 121/2003, DJ 19, 20 e 21.11.2003. Os juros de mora e a correção monetária incluem-se na liquidação, ainda que omisso o pedido inicial ou a condenação.
- **Súmula nº 304 do TST.** CORREÇÃO MONETÁRIA. EMPRESAS EM LIQUIDAÇÃO. ART. 46 DO ADCT/CF (mantida) – Res. 121/2003, DJ 19, 20 e 21.11.2003 e republicada DJ 25.11.2003. Os débitos trabalhistas das entidades submetidas aos regimes de intervenção ou liquidação extrajudicial estão sujeitos a correção monetária desde o respectivo vencimento até seu efetivo pagamento, sem interrupção ou suspensão, não incidindo, entretanto, sobre tais débitos, juros de mora.
- **Súmula nº 307 do TST.** JUROS. IRRETROATIVIDADE DO DECRETO-LEI Nº 2.322, DE 26.02.1987 (mantida) – Res. 121/2003, DJ 19, 20 e 21.11.2003. A fórmula de cálculo de juros prevista no Decreto-Lei nº 2.322, de 26.02.1987 somente é aplicável a partir de 27.02.1987. Quanto ao período anterior, deve-se observar a legislação então vigente.
- **Súmula nº 311 do TST.** BENEFÍCIO PREVIDENCIÁRIO A DEPENDENTE DE EX-EMPREGADO. CORREÇÃO MONETÁRIA. LEGISLAÇÃO APLICÁVEL (mantida) – Res. 121/2003, DJ 19, 20 e 21.11.2003. O cálculo da correção monetária incidente sobre débitos relativos a benefícios previdenciários devidos a dependentes de ex-empregado pelo empregador, ou por entidade de previdência privada a ele vinculada, será o previsto na Lei nº 6.899, de 08.04.1981.
- **Súmula nº 384 do TST.** MULTA CONVENCIONAL. COBRANÇA (conversão das Orientações Jurisprudenciais nº 150 e 239 da SBDI-1) – Res. 129/2005, DJ 20, 22 e 25.04.2005. I – O descumprimento de qualquer cláusula constante de instrumentos normativos diversos não submete o empregado a ajuizar várias ações, pleiteando em cada uma o pagamento da multa referente ao descumprimento de obrigações previstas nas cláusulas respectivas. (ex-OJ nº 150 da SBDI-1 – inserida em 27.11.1998). II – É aplicável multa prevista em instrumento normativo (sentença normativa, convenção ou acordo coletivo) em caso de descumprimento de obrigação prevista em lei, mesmo que a norma coletiva seja mera repetição de texto legal. (ex-OJ nº 239 da SBDI-1 – inserida em 20.06.2001).
- **Súmula nº 439 do TST.** DANOS MORAIS. JUROS DE MORA E ATUALIZAÇÃO MONETÁRIA. TERMO INICIAL – Res. 185/2012, DEJT divulgado em 25, 26 e 27.09.2012. Nas condenações por dano moral, a atualização monetária é devida a partir da data da decisão de arbitramento ou de alteração do valor. Os juros incidem desde o ajuizamento da ação, nos termos do art. 883 da CLT.
- **Súmula nº 445 do TST.** INADIMPLEMENTO DE VERBAS TRABALHISTAS. FRUTOS. POSSE DE MÁ-FÉ. ART. 1.216 DO CÓDIGO CIVIL. INAPLICABILIDADE AO DIREITO DO TRABALHO. (Res. 189/2013, DEJT divulgado em 13, 14 e 15.03.2013). A indenização por frutos percebidos pela posse de má-fé, prevista no art. 1.216 do Código Civil, por tratar-se de regra afeta a direitos reais, mostra-se incompatível com o Direito do Trabalho, não sendo devida no caso de inadimplemento de verbas trabalhistas.
- **OJ nº 28. SDI-1 do TST.** CORREÇÃO MONETÁRIA SOBRE AS DIFERENÇAS SALARIAIS. UNIVERSIDADES FEDERAIS. DEVIDA. LEI Nº 7.596/1987. (nova redação, DJ 20.04.2005). Incide correção monetária sobre as diferenças salariais dos servidores das universidades federais, decorrentes da aplicação retroativa dos efeitos financeiros assegurados pela Lei nº 7.596/1987, pois a correção monetária tem como escopo único minimizar a desvalorização da moeda em decorrência da corrosão inflacionária.
- **OJ nº 87. SDI-1 do TST.** ENTIDADE PÚBLICA. EXPLORAÇÃO DE ATIVIDADE EMINENTEMENTE ECONÔMICA. EXECUÇÃO. ART. 883 DA CLT (mantida conforme decidido no julgamento do processo TST-AgR-E-RR-148500-29.2004.5.09.0022 pelo Tribunal Pleno em 22.08.2016). É direta a execução contra a APPA e MINASCAIXA (§ 1º do art. 173, da CF/1988).
- **OJ nº 181. SDI-1 do TST.** COMISSÕES. CORREÇÃO MONETÁRIA. CÁLCULO. Inserida em 08.11.00. O valor das comissões deve ser corrigido monetariamente para em seguida obter-se a média para efeito de cálculo de férias, 13º salário e verbas rescisórias.
- **OJ nº 198. SDI-1 do TST.** HONORÁRIOS PERICIAIS. ATUALIZAÇÃO MONETÁRIA. Inserida em 08.11.00. Diferentemente da correção aplicada aos débitos trabalhistas, que têm caráter alimentar, a atualização monetária dos honorários periciais é fixada pelo art. 1º da Lei nº 6.899/81, aplicável a débitos resultantes de decisões judiciais.
- **OJ nº 226. SDI-1 do TST.** CRÉDITO TRABALHISTA. CÉDULA DE CRÉDITO RURAL. CÉDULA DE CRÉ-

DITO INDUSTRIAL. PENHORABILIDADE. Inserida em 20.06.01 (título alterado, DJ 20.04.2005). Diferentemente da cédula de crédito industrial garantida por alienação fiduciária, na cédula rural pignoratícia ou hipotecária o bem permanece sob o domínio do devedor (executado), não constituindo óbice à penhora na esfera trabalhista. (Decreto-Lei nº 167/67, art. 69; CLT, arts. 10 e 30 e Lei nº 6.830/80).

- **OJ nº 300. SDI-1 do TST.** EXECUÇÃO TRABALHISTA. CORREÇÃO MONETÁRIA. JUROS. LEI Nº 8.177/91, ART. 39, E LEI Nº 10.192/01, ART. 15. (nova redação, DJ 20.04.2005). Não viola norma constitucional (art. 5°, II e XXXVI) a determinação de aplicação da TRD, como fator de correção monetária dos débitos trabalhistas, cumulada com juros de mora, previstos no artigo 39 da Lei nº 8.177/91 e convalidado pelo artigo 15 da Lei nº 10.192/01.

- **OJ nº 302. SDI-1 do TST.** FGTS. ÍNDICE DE CORREÇÃO. DÉBITOS TRABALHISTAS. DJ 11.08.03; Os créditos referentes ao FGTS, decorrentes de condenação judicial, serão corrigidos pelos mesmos índices aplicáveis aos débitos trabalhistas.

- **OJ nº 408. SDI-1 do TST.** DE MORA. EMPRESA EM LIQUIDAÇÃO EXTRAJUDICIAL. SUCESSÃO TRABALHISTA. (DEJT divulgado em 22, 25 e 26.10.2010). É devida a incidência de juros de mora em relação aos débitos trabalhistas de empresa em liquidação extrajudicial sucedida nos moldes dos arts. 10 e 448 da CLT. O sucessor responde pela obrigação do sucedido, não se beneficiando de qualquer privilégio a este destinado.

- **OJ nº 59. SDI-2 do TST.** MANDADO DE SEGURANÇA. PENHORA. CARTA DE FIANÇA BANCÁRIA. SEGURO GARANTIA JUDICIAL (nova redação em decorrência do CPC 2015) – Res. 209/2016 – DEJT divulgado em 01, 02 e 03.06.2016. A carta de fiança bancária e o seguro garantia judicial, desde que em valor não inferior ao do débito em execução, acrescido de trinta por cento, equivalem a dinheiro para efeito da gradação dos bens penhoráveis, estabelecida no art. 835 do CPC de 2015 (art. 655 do CPC de 1973)".

- **OJ nº 89. SDI-2 do TST.** "HABEAS CORPUS". DEPOSITÁRIO. TERMO DE DEPÓSITO NÃO ASSINADO PELO PACIENTE. NECESSIDADE DE ACEITAÇÃO DO ENCARGO. IMPOSSIBILIDADE DE PRISÃO CIVIL. Inserida em 27.05.02. A investidura no encargo de depositário depende da aceitação do nomeado que deve assinar termo de compromisso no auto de penhora, sem o que, é inadmissível a restrição de seu direito de liberdade.

- **OJ nº 93. SDI-2 do TST.** PENHORA SOBRE PARTE DA RENDA DE ESTABELECIMENTO COMERCIAL. POSSIBILIDADE. (alterada em decorrência do CPC de 2015) – Res. 220/2017, DEJT divulgado em 21, 22 e 25.09.2017. Nos termos do art. 866 do CPC de 2015, é admissível a penhora sobre a renda mensal ou faturamento de empresa, limitada a percentual, que não comprometa o desenvolvimento regular de suas atividades, desde que não haja outros bens penhoráveis ou, havendo outros bens, eles sejam de difícil alienação ou insuficientes para satisfazer o crédito executado.

- **OJ nº 143. SDI-2 do TST.** "HABEAS CORPUS". PENHORA SOBRE COISA FUTURA E INCERTA. PRISÃO. DEPOSITÁRIO INFIEL (redação alterada na sessão do Tribunal Pleno realizada em 17.11.2008) – Res.151/2008, DEJT divulgado em 20, 21 e 24.11.2008. Não se caracteriza a condição de depositário infiel quando a penhora recair sobre coisa futura e incerta, circunstância que, por si só, inviabiliza a materialização do depósito no momento da constituição do paciente em depositário, autorizando-se a concessão de "habeas corpus" diante da prisão ou ameaça de prisão que sofra.

- **OJ nº 153. SDI-2 do TST.** MANDADO DE SEGURANÇA. EXECUÇÃO. ORDEM DE PENHORA SOBRE VALORES EXISTENTES EM CONTA SALÁRIO. ART. 649, IV, DO CPC DE 1973. ILEGALIDADE. (atualizada em decorrência do CPC de 2015) - Res. 220/2017, DEJT divulgado em 21, 22 e 25.09.2017 Ofende direito líquido e certo decisão que determina o bloqueio de numerário existente em conta salário, para satisfação de crédito trabalhista, ainda que seja limitado a determinado percentual dos valores recebidos ou a valor revertido para fundo de aplicação ou poupança, visto que o art. 649, IV, do CPC de 1973 contém norma imperativa que não admite interpretação ampliativa, sendo a exceção prevista no art. 649, § 2º, do CPC de 1973 espécie e não gênero de crédito de natureza alimentícia, não englobando o crédito trabalhista.

- **OJ nº 7. TP do TST.** JUROS DE MORA. CONDENAÇÃO DA FAZENDA PÚBLICA. (nova redação) – Res. 175/2011, DEJT divulgado em 27, 30 e 31.05.2011. I – Nas condenações impostas à Fazenda Pública, incidem juros de mora segundo os seguintes critérios: a) 1% (um por cento) ao mês, até agosto de 2001, nos termos do § 1º do art. 39 da Lei nº 8.177, de 1.03.1991; b) 0,5% (meio por cento) ao mês, de setembro de 2001 a junho de 2009, conforme determina o art. 1º-F da Lei nº 9.494, de 10.09.1997, introduzido pela Medida Provisória nº 2.180-35, de 24.08.2001; II – A partir de 30 de junho de 2009, atualizam-se os débitos trabalhistas da Fazenda Pública, mediante a incidência dos índices oficiais de remuneração básica e juros aplicados à caderneta de poupança, por força do art. 5º da Lei nº 11.960, de 29.06.2009. III – A adequação do montante da condenação deve observar essa limitação legal, ainda que em sede de precatório.

- **OJ nº 54. Transitória da SDI do TST.** PLANO ECONÔMICO (COLLOR). EXECUÇÃO. CORREÇÃO MONETÁRIA. ÍNDICE DE 84,32%. LEI Nº 7.738/89. APLICÁVEL. (conversão da Orientação Jurisprudencial nº 203 da SBDI-1, DJ 20.04.2005). Aplica-se o índice de 84,32%, relativo ao IPC de março de 1990, para a correção monetária do débito trabalhista, por ocasião da execução, nos termos da Lei nº 7.738/89. (ex-OJ nº 203 da SBDI-1 – inserida em 08.11.00).

7.2. EXECUÇÃO CONTRA A FAZENDA PÚBLICA

- **Súmula nº 303 do TST.** FAZENDA PÚBLICA. REEXAME NECESSÁRIO (nova redação em decorrência do CPC de 2015) - Res. 211/2016, DEJT divulgado em 24, 25 e 26.08.2016. I - Em dissídio individual, está sujeita ao reexame necessário, mesmo na vigência da Constituição Federal de 1988, decisão contrária à Fazenda Pública, salvo quando a condenação não ultrapassar o valor correspondente a: a) 1.000 (mil) salários mínimos para a União e as respectivas autarquias e fundações de direito público; b) 500 (quinhentos) salários mínimos para os Estados, o Distrito Federal, as respectivas autarquias e fundações de direito público e os Municípios que constituam capitais dos Estados; c) 100 (cem) salários mínimos para todos os demais Municípios e respectivas autarquias e fundações de direito público. II – Também não se sujeita ao duplo grau de jurisdição a decisão fundada em: a) súmula ou orientação jurisprudencial do Tribunal Superior do Trabalho; b) acórdão proferido pelo Supremo Tribunal Federal ou pelo Tribunal Superior do Trabalho em julgamento de recursos repetitivos; c) entendimento firmado em incidente de resolução de demandas repetitivas ou de assunção de competência; d) entendimento coincidente com orientação vinculante firmada no âmbito administrativo do próprio ente público, consolidada em manifestação, parecer ou súmula administrativa. III - Em ação rescisória, a decisão proferida pelo Tribunal Regional do Trabalho está sujeita ao duplo grau de jurisdição obrigatório quando desfavorável ao ente público, exceto nas hipóteses dos incisos anteriores. (ex-OJ nº 71 da SBDI-1 - inserida em 03.06.1996). IV - Em mandado de segurança, somente cabe reexame necessário se, na relação processual, figurar pessoa jurídica de direito público como parte prejudicada pela concessão da ordem. Tal situação não ocorre na hipótese de figurar no feito como impetrante e terceiro interessado pessoa de direito privado, ressalvada a hipótese de matéria administrativa. (ex-OJs nºs 72 e 73 da SBDI-1 – inseridas, respectivamente, em 25.11.1996 e 03.06.1996)

7.3. EMBARGOS À EXECUÇÃO E EMBARGOS DE TERCEIROS

- **OJ nº 153. SDI-2 do TST.** MANDADO DE SEGURANÇA. EXECUÇÃO. ORDEM DE PENHORA SOBRE VALORES EXISTENTES EM CONTA SALÁRIO. ART. 649, IV, DO CPC DE 1973. ILEGALIDADE. (atualizada em decorrência do CPC de 2015) – Res. 220/2017, DEJT divulgado em 21, 22 e 25.09.2017. Ofende direito líquido e certo decisão que determina o bloqueio de numerário existente em conta salário, para satisfação de crédito trabalhista, ainda que seja limitado a determinado percentual dos valores recebidos ou a valor revertido para fundo de aplicação ou poupança, visto que o art. 649, IV, do CPC de 1973 contém norma imperativa que não admite interpretação ampliativa, sendo a exceção prevista no art. 649, § 2º, do CPC de 1973 espécie e não gênero de crédito de natureza alimentícia, não englobando o crédito trabalhista.

8. DISSÍDIO COLETIVO, AÇÕES COLETIVAS E ESPECIAIS

8.1. DISSÍDIO COLETIVO

- **Súmula nº 90 do TST.** PODER NORMATIVO DO TST. CONDIÇÕES DE TRABALHO. INCONSTITUCIONALIDADE. DECISÕES CONTRÁRIAS AO STF (mantida) – Res. 121/2003, DJ 19, 20 e 21.11.2003. Ao julgar ou homologar ação coletiva ou acordo nela havido, o Tribunal Superior do Trabalho exerce o poder normativo constitucional, não podendo criar ou homologar condições de trabalho que o Supremo Tribunal Federal julgue iterativamente inconstitucionais.

8.2. AÇÕES COLETIVAS E AÇÃO DE CUMPRIMENTO

- **Súmula nº 246 do TST.** AÇÃO DE CUMPRIMENTO. TRÂNSITO EM JULGADO DA SENTENÇA NORMATIVA (mantida) – Res. 121/2003, DJ 19, 20 e 21.11.2003. É dispensável o trânsito em julgado da sentença normativa para a propositura da ação de cumprimento.
- **Súmula nº 286 do TST.** SINDICATO. SUBSTITUIÇÃO PROCESSUAL. CONVENÇÃO E ACORDO COLETIVOS (mantida) – Res. 121/2003, DJ 19, 20 e 21.11.2003. A legitimidade do sindicato para propor ação de cumprimento estende-se também à observância de acordo ou de convenção coletivos.
- **Súmula nº 350 do TST.** PRESCRIÇÃO. TERMO INICIAL. AÇÃO DE CUMPRIMENTO. SENTENÇA NORMATIVA (mantida) – Res. 121/2003, DJ 19, 20 e 21.11.2003. O prazo de prescrição com relação à ação de cumprimento de decisão normativa flui apenas da data de seu trânsito em julgado.
- **OJ nº 277. SDI-1 do TST.** AÇÃO DE CUMPRIMENTO FUNDADA EM DECISÃO NORMATIVA QUE SOFREU POSTERIOR REFORMA, QUANDO JÁ TRANSITADA EM JULGADO A SENTENÇA CONDENATÓRIA. COISA JULGADA. NÃO CONFIGURAÇÃO. DJ 11.08.03. A coisa julgada produzida na ação de cumprimento é atípica, pois dependente de condição resolutiva, ou seja, da não modificação da decisão normativa por eventual recurso. Assim, modificada a sentença normativa pelo TST, com a consequente extinção do processo, sem julgamento do mérito, deve-se extinguir a execução em andamento, uma vez que a norma sobre a qual se apoiava o título exequendo deixou de existir no mundo jurídico.

8.3. AÇÕES ESPECIAIS

- **Súmula nº 33 do TST.** MANDADO DE SEGURANÇA. DECISÃO JUDICIAL TRANSITADA EM JULGADO (mantida) – Res. 121/2003, DJ 19, 20 e 21.11.2003. Não cabe mandado de segurança de decisão judicial transitada em julgado.

- **Súmula nº 414 do TST.** MANDADO DE SEGURANÇA. TUTELA PROVISÓRIA CONCEDIDA ANTES OU NA SENTENÇA (nova redação em decorrência do CPC de 2015) - Res. 217/2017 - DEJT divulgado em 20, 24 e 25.04.2017 I – A tutela provisória concedida na sentença não comporta impugnação pela via do mandado de segurança, por ser impugnável mediante recurso ordinário. É admissível a obtenção de efeito suspensivo ao recurso ordinário mediante requerimento dirigido ao tribunal, ao relator ou ao presidente ou ao vice-presidente do tribunal recorrido, por aplicação subsidiária ao processo do trabalho do artigo 1.029, § 5º, do CPC de 2015. II – No caso de a tutela provisória haver sido concedida ou indeferida antes da sentença, cabe mandado de segurança, em face da inexistência de recurso próprio. III – A superveniência da sentença, nos autos originários, faz perder o objeto do mandado de segurança que impugnava a concessão ou o indeferimento da tutela provisória.

- **Súmula nº 415 do TST.** MANDADO DE SEGURANÇA. PETIÇÃO INICIAL. art. 321 do CPC de 2015. ART. 284 DO CPC de 1973. INAPLICABILIDADE. (atualizada em decorrência do CPC de 2015) – Res. 208/2016, DEJT divulgado em 22, 25 e 26.04.2016 Exigindo o mandado de segurança prova documental pré-constituída, inaplicável o art. 321 do CPC de 2015 (art. 284 do CPC de 1973) quando verificada, na petição inicial do "mandamus", a ausência de documento indispensável ou de sua autenticação. (ex-OJ nº 52 da SBDI-2 - inserida em 20.09.2000).

- **Súmula nº 416 do TST.** MANDADO DE SEGURANÇA. EXECUÇÃO. LEI Nº 8.432/1992. ART. 897, § 1º, DA CLT. CABIMENTO (conversão da Orientação Jurisprudencial nº 55 da SBDI-2) – Res. 137/2005, DJ 22, 23 e 24.08.2005. Devendo o agravo de petição delimitar justificadamente a matéria e os valores objeto de discordância, não fere direito líquido e certo o prosseguimento da execução quanto aos tópicos e valores não especificados no agravo. (ex-OJ nº 55 da SBDI-2 – inserida em 20.09.2000).

- **Súmula nº 417 do TST.** MANDADO DE SEGURANÇA. PENHORA EM DINHEIRO (alterado o item I, atualizado o item II e cancelado o item III, modulando-se os efeitos da presente redação de forma a atingir unicamente as penhoras em dinheiro em execução provisória efetivadas a partir de 18.03.2016, data de vigência do CPC de 2015) - Res. 212/2016, DEJT divulgado em 20, 21 e 22.09.2016. I - Não fere direito líquido e certo do impetrante o ato judicial que determina penhora em dinheiro do executado para garantir crédito exequendo, pois é prioritária e obedece à gradação prevista no art. 835 do CPC de 2015 (art. 655 do CPC de 1973). II - Havendo discordância do credor, em execução definitiva, não tem o executado direito líquido e certo a que os valores penhorados em dinheiro fiquem depositados no próprio banco, ainda que atenda aos requisitos do art. 840, I, do CPC de 2015 (art. 666, I, do CPC de 1973). (ex-OJ nº 61 da SBDI-2 - inserida em 20.09.2000).

- **Súmula nº 418 do TST.** MANDADO DE SEGURANÇA VISANDO À HOMOLOGAÇÃO DE ACORDO (nova redação em decorrência do CPC de 2015) - Res. 217/2017 - DEJT divulgado em 20, 24 e 25.04.2017 A homologação de acordo constitui faculdade do juiz, inexistindo direito líquido e certo tutelável pela via do mandado de segurança.

- **Súmula nº 432 do TST.** CONTRIBUIÇÃO SINDICAL RURAL. AÇÃO DE COBRANÇA. PENALIDADE POR ATRASO NO RECOLHIMENTO. INAPLICABILIDADE DO ART. 600 DA CLT. INCIDÊNCIA DO ART. 2º DA LEI Nº 8.022/1990. – Res. 177/2012, DEJT divulgado em 13, 14 e 15.02.2012. O recolhimento a destempo da contribuição sindical rural não acarreta a aplicação da multa progressiva prevista no art. 600 da CLT, em decorrência da sua revogação tácita pela Lei nº 8.022, de 12 de abril de 1990.

- **OJ nº 392. SDI-1. TST.** PRESCRIÇÃO. INTERRUPÇÃO. AJUIZAMENTO DE PROTESTO JUDICIAL. MARCO INICIAL (atualizada em decorrência do CPC de 2015) (republicada em razão de erro material) - Res. 209/2016, DEJT divulgado em 01, 02 e 03.06.2016. O protesto judicial é medida aplicável no processo do trabalho, por força do art. 769 da CLT e do art. 15 do CPC de 2015. O ajuizamento da ação, por si só, interrompe o prazo prescricional, em razão da inaplicabilidade do § 2º do art. 240 do CPC de 2015 (§ 2º do art. 219 do CPC de 1973), incompatível com o disposto no art. 841 da CLT.

- **OJ nº 53. SDI-2 do TST.** MANDADO DE SEGURANÇA. COOPERATIVA EM LIQUIDAÇÃO EXTRAJUDICIAL. LEI Nº 5.764/71, ART. 76. INAPLICÁVEL. NÃO SUSPENDE A EXECUÇÃO. Inserida em 20.09.00. A liquidação extrajudicial de sociedade cooperativa não suspende a execução dos créditos trabalhistas existentes contra ela.

- **OJ nº 54. SDI-2 do TST.** MANDADO DE SEGURANÇA. EMBARGOS DE TERCEIRO. CUMULAÇÃO. PENHORA. INCABÍVEL (atualizada em decorrência do CPC de 2015) – Res. 208/2016, DEJT divulgado em 22, 25 e 26.04.2016. Ajuizados embargos de terceiro (art. 674 do CPC de 2015 – art. 1.046 do CPC de 1973) para pleitear a desconstituição da penhora, é incabível mandado de segurança com a mesma finalidade.

- **OJ nº 56. SDI-2 do TST.** MANDADO DE SEGURANÇA. PENHORA. CARTA DE FIANÇA BANCÁRIA. SEGURO GARANTIA JUDICIAL (nova redação em decorrência do CPC de 2015) – Res. 209/2016, DEJT divulgado em 01, 02 e 03.06.2016. A carta de fiança bancária e o seguro garantia judicial, desde que em valor não inferior ao do débito em execução, acrescido de trinta por cento, equivalem a dinheiro para efeito da gradação dos bens penhoráveis, estabelecida no art. 835 do CPC de 2015 (art. 655 do CPC de 1973).

- **OJ nº 57. SDI-2 do TST**. MANDADO DE SEGURANÇA. INSS. TEMPO DE SERVIÇO. AVERBAÇÃO E/OU RECONHECIMENTO (inserida em 20.09.2000). Conceder-se-á mandado de segurança para impugnar ato que determina ao INSS o reconhecimento e/ou averbação de tempo de serviço.
- **OJ nº 59. SDI-2 do TST**. MANDADO DE SEGURANÇA. PENHORA. CARTA DE FIANÇA BANCÁRIA. SEGURO GARANTIA JUDICIAL (nova redação em decorrência do CPC 2015) – Res. 209/2016 – DEJT divulgado em 01, 02 e 03.06.2016. A carta de fiança bancária e o seguro garantia judicial, desde que em valor não inferior ao do débito em execução, acrescido de trinta por cento, equivalem a dinheiro para efeito da gradação dos bens penhoráveis, estabelecida no art. 835 do CPC de 2015 (art. 655 do CPC de 1973).
- **OJ nº 63. SDI-2 do TST**. MANDADO DE SEGURANÇA. REINTEGRAÇÃO. AÇÃO CAUTELAR (inserida em 20.09.2000). Comporta a impetração de mandado de segurança o deferimento de reintegração no emprego em ação cautelar.
- **OJ nº 64. SDI-2 do TST**. MANDADO DE SEGURANÇA. REINTEGRAÇÃO LIMINARMENTE CONCEDIDA (inserida em 20.09.2000). Não fere direito líquido e certo a concessão de tutela antecipada para reintegração de empregado protegido por estabilidade provisória decorrente de lei ou norma coletiva.
- **OJ nº 65. SDI-2 do TST**. MANDADO DE SEGURANÇA. REINTEGRAÇÃO LIMINARMENTE CONCEDIDA. DIRIGENTE SINDICAL (inserida em 20.09.2000). Ressalvada a hipótese do art. 494 da CLT, não fere direito líquido e certo a determinação liminar de reintegração no emprego de dirigente sindical, em face da previsão do inciso X do art. 659 da CLT.
- **OJ nº 66. SDI-2 do TST**. MANDADO DE SEGURANÇA. SENTENÇA HOMOLOGATÓRIA DE ADJUDICAÇÃO. INCABÍVEL (atualizado o item I e incluído o item II em decorrência do CPC de 2015) Res. 212/2016, DEJT divulgado em 20, 21 e 22.09.2016. I – Sob a égide do CPC de 1973 é incabível o mandado de segurança contra sentença homologatória de adjudicação, uma vez que existe meio próprio para impugnar o ato judicial, consistente nos embargos à adjudicação (CPC de 1973, art. 746). II – Na vigência do CPC de 2015 também não cabe mandado de segurança, pois o ato judicial pode ser impugnado por simples petição, na forma do artigo 877, caput, do CPC de 2015.
- **OJ nº 67. SDI-2 do TST**. MANDADO DE SEGURANÇA. TRANSFERÊNCIA. ART. 659, IX, DA CLT (inserida em 20.09.2000). Não fere direito líquido e certo a concessão de liminar obstativa de transferência de empregado, em face da previsão do inciso IX do art. 659 da CLT.
- **OJ nº 69. SDI-2 do TST**. FUNGIBILIDADE RECURSAL. INDEFERIMENTO LIMINAR DE AÇÃO RESCISÓRIA OU MANDADO DE SEGURANÇA. RECURSO PARA O TST. RECEBIMENTO COMO AGRAVO REGIMENTAL E DEVOLUÇÃO DOS AUTOS AO TRT (inserida em 20.09.2000). Recurso ordinário interposto contra despacho monocrático indeferitório da petição inicial de ação rescisória ou de mandado de segurança pode, pelo princípio de fungibilidade recursal, ser recebido como agravo regimental. Hipótese de não conhecimento do recurso pelo TST e devolução dos autos ao TRT, para que aprecie o apelo como agravo regimental.
- **OJ nº 88. SDI-2 do TST**. MANDADO DE SEGURANÇA. VALOR DA CAUSA. CUSTAS PROCESSUAIS. CABIMENTO (inserida em 13.03.2002). Incabível a impetração de mandado de segurança contra ato judicial que, de ofício, arbitrou novo valor à causa, acarretando a majoração das custas processuais, uma vez que cabia à parte, após recolher as custas, calculadas com base no valor dado à causa na inicial, interpor recurso ordinário e, posteriormente, agravo de instrumento no caso de o recurso ser considerado deserto.
- **OJ nº 91. SDI-2 do TST**. MANDADO DE SEGURANÇA. AUTENTICAÇÃO DE CÓPIAS PELAS SECRETARIAS DOS TRIBUNAIS REGIONAIS DO TRABALHO. REQUERIMENTO INDEFERIDO. ART. 789, § 9º, DA CLT (inserida em 27.05.2002). Não sendo a parte beneficiária da assistência judiciária gratuita, inexiste direito líquido e certo à autenticação, pelas Secretarias dos Tribunais, de peças extraídas do processo principal, para formação do agravo de instrumento.
- **OJ nº 92. SDI-2 do TST**. MANDADO DE SEGURANÇA. EXISTÊNCIA DE RECURSO PRÓPRIO (inserida em 27.05.2002). Não cabe mandado de segurança contra decisão judicial passível de reforma mediante recurso próprio, ainda que com efeito diferido.
- **OJ nº 93. SDI-2 do TST**. PENHORA SOBRE PARTE DA RENDA DE ESTABELECIMENTO COMERCIAL. POSSIBILIDADE. (alterada em decorrência do CPC de 2015) - Res. 220/2017, DEJT divulgado em 21, 22 e 25.09.2017 . Nos termos do art. 866 do CPC de 2015, é admissível a penhora sobre a renda mensal ou faturamento de empresa, limitada a percentual, que não comprometa o desenvolvimento regular de suas atividades, desde que não haja outros bens penhoráveis ou, havendo outros bens, eles sejam de difícil alienação ou insuficientes para satisfazer o crédito executado.
- **OJ nº 98. SDI-2 do TST**. MANDADO DE SEGURANÇA. CABÍVEL PARA ATACAR EXIGÊNCIA DE DEPÓSITO PRÉVIO DE HONORÁRIOS PERICIAIS (nova redação) – DJ 22.08.2005. É ilegal a exigência de depósito

prévio para custeio dos honorários periciais, dada a incompatibilidade com o processo do trabalho, sendo cabível o mandado de segurança visando à realização da perícia, independentemente do depósito.

- **OJ nº 99. SDI-2 do TST**. MANDADO DE SEGURANÇA. ESGOTAMENTO DE TODAS AS VIAS PROCESSUAIS DISPONÍVEIS. TRÂNSITO EM JULGADO FORMAL. DESCABIMENTO (inserida em 27.09.2002). Esgotadas as vias recursais existentes, não cabe mandado de segurança.

- **OJ nº 127. SDI-2 do TST**. MANDADO DE SEGURANÇA. DECADÊNCIA. CONTAGEM. EFETIVO ATO COATOR (DJ 09.12.2003). Na contagem do prazo decadencial para ajuizamento de mandado de segurança, o efetivo ato coator é o primeiro em que se firmou a tese hostilizada e não aquele que a ratificou.

- **OJ nº 130. SDI-2 do TST**. AÇÃO CIVIL PÚBLICA. COMPETÊNCIA. LOCAL DO DANO. LEI 7.347/1985, ART. 2º. CÓDIGO DE DEFESA DO CONSUMIDOR, ARTIGO 93. I – A competência para a Ação Civil Pública fixa-se pela extensão do dano. II – Em caso de dano de abrangência regional, que atinge cidades sujeitas à jurisdição de mais de uma Vara do Trabalho, a competência será de qualquer das varas das localidades atingidas, ainda que vinculadas a Tribunais Regionais do Trabalho distintos. III – Em caso de dano de abrangência suprarregional ou nacional, há competência concorrente para a ação civil pública das varas do trabalho das sedes dos Tribunais Regionais do Trabalho. IV – Estará prevento o juízo a que a primeira ação houver sido distribuída.

- **OJ nº 137. SDI-2 do TST**. MANDADO DE SEGURANÇA. DIRIGENTE SINDICAL. ART. 494 DA CLT. APLICÁVEL (DJ 04.05.2004). Constitui direito líquido e certo do empregador a suspensão do empregado, ainda que detentor de estabilidade sindical, até a decisão final do inquérito em que se apure a falta grave a ele imputada, na forma do art. 494, "caput" e parágrafo único, da CLT.

- **OJ nº 140. SDI-2 do TST**. DEPÓSITO RECURSAL E CUSTAS PROCESSUAIS. RECOLHIMENTO INSUFICIENTE. DESERÇÃO. (nova redação em decorrência do CPC de 2015) - Res. 217/2017 - DEJT divulgado em 20, 24 e 25.04.2017 Em caso de recolhimento insuficiente das custas processuais ou do depósito recursal, somente haverá deserção do recurso se, concedido o prazo de 5 (cinco) dias previsto no § 2º do art. 1.007 do CPC de 2015, o recorrente não complementar e comprovar o valor devido.

- **OJ nº 142. SDI-2 do TST**. MANDADO DE SEGURANÇA. REINTEGRAÇÃO LIMINARMENTE CONCEDIDA (DJ 04.05.2004). Inexiste direito líquido e certo a ser oposto contra ato de Juiz que, antecipando a tutela jurisdicional, determina a reintegração do empregado até a decisão final do processo, quando demonstrada a razoabilidade do direito subjetivo material, como nos casos de anistiado pela Lei nº 8.878/94, aposentado, integrante de comissão de fábrica, dirigente sindical, portador de doença profissional, portador de vírus HIV ou detentor de estabilidade provisória prevista em norma coletiva.

- **OJ nº 148. SDI-2 do TST**. CUSTAS. MANDADO DE SEGURANÇA. RECURSO ORDINÁRIO. EXIGÊNCIA DO PAGAMENTO **(conversão da Orientação Jurisprudencial nº 29 da SBDI-1) – Res. 129/2005, DJ 20.04.2005.** É responsabilidade da parte, para interpor recurso ordinário em mandado de segurança, a comprovação do recolhimento das custas processuais no prazo recursal, sob pena de deserção. (ex-OJ nº 29 – inserida em 20.09.00).

- **OJ nº 151. SDI-2 do TST**. AÇÃO RESCISÓRIA E MANDADO DE SEGURANÇA. PROCURAÇÃO. PODERES ESPECÍFICOS PARA AJUIZAMENTO DE RECLAMAÇÃO TRABALHISTA. IRREGULARIDADE DE REPRESENTAÇÃO PROCESSUAL. FASE RECURSAL. VÍCIO PROCESSUAL SANÁVEL (nova redação em decorrência do CPC de 2015) A procuração outorgada com poderes específicos para ajuizamento de reclamação trabalhista não autoriza a propositura de ação rescisória e mandado de segurança. Constatado, todavia, o defeito de representação processual na fase recursal, cumpre ao relator ou ao tribunal conceder prazo de 5 (cinco) dias para a regularização, nos termos da Súmula nº 383, item II, do TST.

- **OJ nº 153. SDI-2 do TST**. MANDADO DE SEGURANÇA. EXECUÇÃO. ORDEM DE PENHORA SOBRE VALORES EXISTENTES EM CONTA SALÁRIO. ART. 649, IV, DO CPC DE 1973. ILEGALIDADE. (atualizada em decorrência do CPC de 2015) – Res. 220/2017, DEJT divulgado em 21, 22 e 25.09.2017. Ofende direito líquido e certo decisão que determina o bloqueio de numerário existente em conta salário, para satisfação de crédito trabalhista, ainda que seja limitado a determinado percentual dos valores recebidos ou a valor revertido para fundo de aplicação ou poupança, visto que o art. 649, IV, do CPC de 1973 contém norma imperativa que não admite interpretação ampliativa, sendo a exceção prevista no art. 649, § 2º, do CPC de 1973 espécie e não gênero de crédito de natureza alimentícia, não englobando o crédito trabalhista.

- **OJ nº 155. SDI-2 do TST.** AÇÃO RESCISÓRIA E MANDADO DE SEGURANÇA. VALOR ATRIBUÍDO À CAUSA NA INICIAL. MAJORAÇÃO DE OFÍCIO. INVIABILIDADE. (cancelada em decorrência do CPC de 2015) – Res; 206/2016, DEJT divulgado em 18, 19 e 20.04.2016. Atribuído o valor da causa na inicial da ação rescisória ou do mandado de segurança e não havendo impugnação, nos termos do art. 261 do CPC, é defeso ao Juízo majorá-lo de ofício, ante a ausência de amparo legal. Inaplicável, na hipótese, a Orientação Jurisprudencial da SBDI-2 nº 147 e o art. 2º, II, da Instrução Normativa nº 31 do TST.

✦ INFORMATIVOS APLICÁVEIS DO TST

1. TEORIA GERAL DO PROCESSO DO TRABALHO, JURISDIÇÃO E AÇÃO

1.1. PRINCÍPIOS DO PROCESSO DO TRABALHO

➘ Negativa de prestação jurisdicional. Preliminar acolhida. Retorno dos autos ao Tribunal Regional. Exame dos temas remanescentes do recurso de revista anteriormente interposto, julgados prejudicados. Ratificação das razões recursais. Possibilidade. Princípio da instrumentalidade das formas.

Quando acolhida a preliminar de negativa de prestação jurisdicional, com determinação de retorno dos autos ao Regional e prejudicialidade dos temas remanescentes, pode a parte recorrente apenas ratificar as razões recursais anteriores, desde que observado o prazo recursal e não tenha havido alteração da situação jurídica. A mera reiteração das insurgências já expostas no recurso de revista é suficiente para demonstrar o interesse no julgamento do apelo quanto aos temas remanescentes, admitindo-se, portanto, a aplicação do princípio da instrumentalidade das formas, nos termos do art. 277 do CPC de 2015. Ademais, no caso concreto, o excesso de formalismo implicaria violação dos princípios do contraditório e da ampla defesa, consagrados no art. 5º, LV, da CF, além de caracterizar a insuficiente prestação jurisdicional. Sob esses fundamentos, a SBDI-I, por unanimidade, conheceu dos embargos do reclamante, por divergência jurisprudencial, e, no mérito, negou-lhes provimento. TST-E-ED-RR-241900-80.2006.5.04.0341, SBDI-I, rel. Min. José Roberto Freire Pimenta, 6.9.2018 (TST. Info nº 183).

1.2. FORMAS DE SOLUÇÃO DE CONFLITOS TRABALHISTAS

➘ Participação nos lucros e resultados. Arbitragem de ofertas finais. Não apresentação de propostas definitivas pelas partes. Atuação do TRT para solucionar o litígio. Impossibilidade. Extrapolação dos limites do poder normativo fixados pelos interessados.

A jurisprudência do TST, alicerçada no art. 4º, II, § 1º, da Lei nº 10.101/2000, permite à Justiça do Trabalho decidir a respeito de participação nos lucros e resultados por meio do sistema da arbitragem de ofertas finais, quando as partes assim pactuarem. Tal sistema, todavia, não comporta a atuação do TRT, ainda que com a finalidade de pacificar o conflito, pois o árbitro deve ater-se a escolher uma das ofertas definitivas apresentadas pelos demandantes. Assim, na hipótese em que a Corte Regional, ante a ausência de propostas das partes, desempenhou o papel de mediador do conflito e arbitrou valor para cada trabalhador a título de participação nos lucros e resultados, verifica-se que houve extrapolamento da expressa delimitação fixada pelos interessados para a atuação do poder normativo. Sob esse entendimento, a SDC, por unanimidade, conheceu do recurso ordinário e, no mérito, deu-lhe provimento para excluir a condenação relativa ao pagamento de participação nos lucros e resultados no valor de R$ 2.000,00 (dois mil reais) para cada trabalhador da Duratex S.A., resguardadas as situações fáticas já estabelecidas. TST-RO-5902- 33.2016.5.15.0000, SDC, rel. Min. Kátia Magalhães Arruda, 11.6.2018 (TST. Info nº 180).

1.3. COMPETÊNCIA

➘ Ação civil pública. Município. Implementação de políticas públicas para prevenção e erradicação do trabalho infantil. Omissão do administrador público. Competência material da Justiça do Trabalho.

A Justiça do Trabalho é competente para apreciar e julgar ação civil pública objetivando que o município implemente políticas públicas constitucionalmente previstas para prevenir e erradicar o trabalho infantil. Prevaleceu o entendimento de que a competência inscrita no art. 114 da Constituição da República não se limita aos casos de relação de emprego existente, abrangendo, também, o exame de questões relativas ao direito subjetivo das crianças ao não trabalho, tutela ora pretendida pelo Ministério Público do Trabalho. Destacou-se, ainda, que as omissões inconstitucionais do administrador público inserem-se na função típica do Poder Judiciário, que poderá intervir na implantação de políticas públicas direcionadas à concretização de direitos fundamentais. Sob esses fundamentos, a SBDI-I, por unanimidade, conheceu dos embargos por divergência jurisprudencial e, no mérito, por maioria, deu-lhes parcial provimento para afastar a declaração de incompetência da Justiça do Trabalho apenas quanto aos pedidos relativos à elaboração e implementação de políticas públicas pelo Município de Campo Largo para combate e erradicação do trabalho infantil, mantida a declaração de incompetência quanto aos pedidos relativos à elaboração e implementação de políticas públicas para educação e profissionalização de crianças e adolescentes. Vencidos, totalmente, os Ministros Maria Cristina Irigoyen Peduzzi, relatora, Márcio Eurico Vitral Amaro, Walmir Oliveira da Costa, Alexandre Luiz Ramos e João Batista Brito Pereira, que negavam provimento aos embargos, e, parcialmente, o Ministro Lelio Bentes Corrêa, que dava total provimento ao recurso. TST-E-RR-44-64.2013.5.09.0009, SBDI-I, red. p/ acórdão Min. Alberto Luiz Bresciani de Fontan Pereira, 6/8/2020 (TST. Info nº 222).

➘ Petrobras. Empregados anistiados. Art. 471 da CLT. Reinclusão no Plano Petros 1. Competência da Justiça do Trabalho.

A Justiça do Trabalho é competente para julgar matéria que envolva os efeitos da readmissão de empregados anistiados, com fundamento nos artigos 471 da CLT e na Lei nº 8.878/94. Na espécie, a controvérsia cinge-se a saber se os reclamantes, afastados do emprego por reforma administrativa, têm direito ou não, por ocasião de sua readmissão pela lei de anistia, às vantagens atribuídas à sua categoria durante seu afastamento, dentre elas a de serem reincluídos no plano de previdência (Petros 1) que era oferecido naquela época pela Petrobras. No caso, não se aplicam os precedentes RE 586453 e RE 583050, de repercussão geral reconhecida, firmados pelo STF, que tratam da competência da Justiça Comum para processar ação ajuizada contra entidade de previdência privada com o objetivo de obter complementação de aposentadoria. Isso porque a questão não se refere à complementação ou reajuste de benefícios instituídos pela entidade de previdência privada, que sequer gura no polo passivo da demanda. Portanto, sendo a causa de pedir trabalhista e não previdenciária, a Justiça do Trabalho é competente para o julgamento do feito, nos termos do art. 114, I, da Constituição Federal. Sob esses fundamentos, a SBDI-1, por unanimidade, conheceu dos embargos, por dissenso jurisprudencial, e, no mérito, por maioria, negou-lhes provimento. Vencido o Min. Alexandre Luiz Ramos, que reconhecia a incompetência da Justiça Trabalhista para julgar a demanda. TST-E-ED-RR-11421-44.2015.5.01.0022, SBDI-1, rel. Min. Luiz Philippe Vieira de Mello Filho, 18/6/2020 (TST. Info nº 221).

➘ Ação rescisória ajuizada sob a égide do CPC de 1973. Incompetência material da Justiça do Trabalho. Relação jurídica existente entre Município e professores públicos municipais. Controvérsia sobre a natureza da relação jurídica. Competência da Justiça Comum. Causa de rescindibilidade configurada. Art. 485, II, do CPC de 1973.

A Justiça do Trabalho é incompetente para apreciar controvérsia sobre a natureza da relação jurídica existente entre Município e servidores públicos, ainda que se vislumbrem elementos capazes de inferir que os servidores não estariam submetidos ao regime estatutário. No caso, extrai-se do acórdão rescindendo a existência de controvérsia acerca da natureza da relação jurídica estabelecida entre o Município de Mascote e seus professores municipais. Conforme entendimento pacificado pelo STF, compete à Justiça Comum analisar, preliminarmente, eventual desvirtuamento da relação jurídica invocada pelo ente público. Resta, portanto, caracterizada a hipótese de rescindibilidade prevista no inciso II do art. 485 do CPC de 1973. Sob esse fundamento, a SBDI-II, por unanimidade, conheceu do Recurso Ordinário e, no mérito, deu-lhe provimento para desconstituir o acórdão proferido pelo TRT no julgamento do Recurso Ordinário, e, em juízo rescisório, declarou a incompetência da Justiça do Trabalho para julgar a reclamação trabalhista originária, determinando a remessa dos autos do processo matriz à Justiça Comum. TST- RO-457-47.2015.5.05.0000, SBDI-II, rel. Min. Luiz José Dezena da Silva, julgado em 12/5/2020 (TST. Info nº 218).

➘ Mandado de segurança. Excepcional cabimento. Ato coator que acolheu exceção de incompetência territorial e determinou a remessa dos autos a uma das Varas do local da prestação de serviços. Empresa com atuação na cidade em que proposta a reclamatória. Ausência de óbice ao exercício da ampla defesa e do contraditório. Empregado impossibilitado de se locomover até o local da prestação de serviços. Ordem concedida para manter o foro do domicílio do reclamante.

A decisão de acolhimento de exceção de incompetência territorial, com determinação de remessa do feito a Vara do Trabalho integrante da jurisdição do mesmo TRT a que vinculado o Juízo excepcionado, detém natureza jurídica interlocutória e não enseja a interposição de recurso imediato. Todavia, ante a aptidão para gerar danos manifestos, admite-se, de forma excepcional, o ajuizamento de mandado de segurança, afastando-se a incidência da Orientação Jurisprudencial nº 92 da SBDI-II. De outra sorte, na hipótese em que a empresa reclamada atua em local situado na mesma região geográfica da residência do empregado, é possível o ajuizamento da ação no foro do domicílio do reclamante, e não no local da contratação e prestação de serviços, pois não há óbice ao exercício da ampla defesa e do contraditório. No caso concreto, o reclamante prestou serviços na cidade de Valença/BA, mas ajuizou a reclamatória em Salvador/BA, local de seu domicílio. Tal circunstância não causou qualquer prejuízo à reclamada, pois se trata de empresa baiana, sediada em Salvador/BA, com liais em outras cidades do Estado e em outras unidades da federação. Ademais, o empregado, por meio de relatório médico, comprovou sua impossibilidade de deslocamento até o município em que os serviços foram prestados, o que reforça a desnecessidade de retificação do foro eleito, sob pena de ofensa ao art. 5º, XXXV, da CF. Sob esses fundamentos, a SBDI-II, por unanimidade, conheceu do recurso ordinário e, no mérito, deu-lhe provimento para, concedendo a segurança pleiteada, cassar a decisão que acolhera a exceção de incompetência territorial para ordenar a remessa dos autos a uma das Varas do Trabalho de Valença/BA, e determinar o prosseguimento do feito perante o Juízo da 21ª Vara do Trabalho de Salvador/BA, domicílio do reclamante. TST-RO-679-10.2018.5.05.0000, SBDI-II, rel. Min. Douglas Alencar Rodrigues, 24.9.2019 (TST. Info nº 206).

➘ Competência territorial. Domicílio do reclamante. Possibilidade. Desnecessidade de coincidir com o local da prestação de serviços ou com o da contratação ou arregimentação. Empresa de atuação nacional. Aplicação ampliativa do art. 651, caput e § 3º, da CLT.

É possível reconhecer a competência territorial do foro do domicílio do reclamante quando a empresa contratante tiver atuação em âmbito nacional, não havendo necessidade de coincidir o domicilio do empregado com o local da prestação de serviço ou com o da contratação ou arregimentação. Trata-se de interpretação ampliativa dos critérios objetivos do art. 651, caput, e § 3º, da CLT, de modo a garantir o acesso amplo à Justiça sem prejuízo do direito de defesa. No caso, restou consignado que a contratação do reclamante pela Petrobras, empresa notoriamente de atuação nacional, se deu em Salvador/BA, com prestação de serviços no Estado da Bahia e em Macaé/RJ, mas a ação foi ajuizada no domicílio do empregado, em Aracaju/SE, onde também se localiza uma das sedes da empresa reclamada. Sob esse entendimento, a SBDI-I, por unanimidade, conheceu dos embargos, por divergência jurisprudencial, e, no mérito, por maioria, negou-lhes provimento. Vencidos os Ministros Márcio Eurico Vitral Amaro, relator, Walmir Oliveira da Costa e Alexandre Luiz Ramos. TST-EED-RR-278-87.2015.5.20.0003, SBDI-I, rel. Min. Márcio Eurico Vitral Amaro, red. p/ acórdão Min. Breno Medeiros, 6.6.2019 (TST. Info nº 198).

➘ Empregado aposentado. Reajuste de mensalidade de plano de saúde. Benefício decorrente da relação de emprego. Competência da Justiça do Trabalho.

Conforme preceitua o art. 114, IX, da CF, a Justiça do Trabalho é competente para processar e julgar ação que verse sobre reajuste de mensalidade de plano de saúde de empregado aposentado, na hipótese em que o benefício teve origem na relação de emprego. Sob esse fundamento, a SBDI-I, por unanimidade, conheceu do recurso de embargos, por divergência jurisprudencial, e, no mérito, deu-lhe provimento para restabelecer a sentença quanto à competência da Justiça do Trabalho e determinar o retorno dos autos ao Tribunal de origem para que prossiga no exame dos recursos ordinários dos reclamados como entender de direito. TST- E-ED-RR-10583-96.2015.5.03.0038, SBDI-I, rel. Min. Hugo Carlos Scheuermann, 21.9.2017 (TST. Info nº 165).

➘ Ação de prestação de contas entre sindicato e trabalhador a ele filiado. Retenção de honorários advocatícios em crédito trabalhista deferido em juízo. Competência da Justiça do Trabalho. Art. 114, III, da CF.

A Justiça do Trabalho é competente para processar e julgar ação proposta por trabalhador em face do sindicato a que é filiado, em que se postula a prestação de contas acerca de valores retidos a título de honorários advocatícios em crédito trabalhista decorrente de ação ajuizada anteriormente pela entidade sindical na condição de substituta processual. A relação entre empregado de determinada categoria e o respectivo sindicato decorre do enquadramento sindical e irradia o principal efeito da defesa dos direitos e interesses da categoria, nos termos do art. 8º, III, da CF e do art. 513, "a", da CLT, inserindo-se, portanto, na expressão contida no art. 114, III, da Constituição, que se refere às ações sobre representação sindical entre sindicatos e trabalhadores. Sob esse fundamento, a SBDI-I, por unanimidade, conheceu dos embargos, por divergência jurisprudencial, e, no mérito, por maioria, negou-lhes provimento. Vencidos os Ministros Augusto César Leite de Carvalho, Walmir Oliveira da Costa e Brito Pereira, os quais entendiam que, se compete à Justiça comum julgar cobrança de honorários advocatícios, inclusive nas hipóteses em que tais verbas são reclamadas por sindicato, não se pode alterar a competência somente em razão de a ação ter sido ajuizada por quem se beneficiou dos serviços contra o prestador. TST-E-ED-RR-128300-64.2008.5.03.0042, SBDI-I, rel. Min. Marcio Eurico Vitral Amaro, 17.8.2017 (TST. Info nº 162).

➘ Competência territorial. Domicílio do reclamante. Possibilidade. Coincidência com o local da contratação ou da prestação de serviços. Empresa de atuação nacional. Aplicação ampliativa do art. 651, § 3º, da CLT.

Admite-se o ajuizamento de reclamação trabalhista no foro de domicílio do empregado apenas quando a contratação ou a arregimentação tenha ocorrido naquela localidade e a empresa contrate e preste serviços em diferentes partes do território brasileiro, ou seja, possua atuação nacional. Trata-se de aplicação ampliativa do art. 651, § 3º, da CLT que não é possível ocorrer quando se alega tão somente a hipossuficiência econômica do trabalhador e a garantia de acesso à justiça. Sob esses argumentos, a SBDI-I, por unanimidade, conheceu dos embargos, por divergência jurisprudencial, e, no mérito, por maioria, deu-lhes provimento para, restabelecendo o acórdão do Regional, reconhecer a incompetência da Vara do Trabalho de Estância/SE - domicílio do reclamante - e declarar a competência de uma das Varas do Trabalho de Itabuna/BA - local da contratação e da prestação dos serviços - para processar e julgar a reclamação trabalhista. Vencidos os Ministros José Roberto Freire Pimenta e Brito Pereira. TST-E-RR-73-36.2012.5.20.0012, SBDI-I, rel. Min. Cláudio Mascarenhas Brandão, 30.3.2017 (TST. Info nº 156).

➘ Conflito negativo de competência. Competência territorial. Art. 651, caput e § 3º, da CLT. Pretensão deduzida por candidata aprovada em concurso público. Fase pré-contratual. Terceirização dos serviços no prazo de validade do concurso na região em que foi aprovada.

Questões alusivas à competência territorial devem ser resolvidas com base nas regras inscritas no art. 651, caput e § 3º, da CLT, segundo as quais deve ser observado o foro da prestação de serviços ou o foro da contratação. No caso concreto, busca a reclamante ser admitida nos quadros do Banco do Brasil em virtude de ter logrado aprovação em concurso público, alegando ter havido preterição na ordem de convocação dos candidatos aprovados, em face da contratação de trabalhadores temporários e terceirizados em atividade fim do banco. Não obstante a discussão anteceda a própria constituição do vínculo laboral, a solução que se impõe é a de considerar competente, por extensão, o foro do local em que os serviços deveriam ser prestados ou, sucessivamente, do local em que iniciadas as medidas para a contratação, com a inscrição no concurso público, já que figura no polo passivo instituição financeira com atuação em âmbito nacional. De outra sorte, ainda que se afaste a incidência do art. 651 da CLT, permanece a competência do local da sede da agência em que a trabalhadora poderá vir a ser lotada, nos termos do art. 100, IV, "b", do CPC de 1973. Com esses fundamentos, a SBDI-II, por unanimidade, admitiu o conflito negativo de competência para declarar a competência da Vara do Trabalho de Votuporanga/SP, local sede da microrregião de habilitação da reclamante no certame. TST-CC-328-55.2016.5.10.0004, SBDI-II, rel. Min. Douglas Alencar Rodrigues, 8.11.2016 (TST. Info nº 149).

➘ Conflito de competência. Competência territorial. Ajuizamento de reclamação trabalhista no foro do domicílio do reclamante. Local diverso da contratação e da prestação de serviços. Empresa de âmbito nacional. Possibilidade.

Admite-se o ajuizamento da reclamação trabalhista no domicílio do reclamante quando a reclamada for empresa de grande porte e prestar serviços em âmbito nacional. Trata-se de interpretação ampliativa do art. 651, caput e § 3º da CLT, em observância ao princípio constitucional do amplo acesso à jurisdição e ao princípio protetivo do trabalhador. No caso, a ação fora ajuizada em Ipiaú/BA, domicílio do reclamante, embora a contratação e a prestação de serviços tenham ocorrido em Porto Velho/RO. Sob esses fundamentos, a SBDI-II, por maioria, acolheu o conflito negativo de competência e declarou competente para processar e julgar a ação a Vara de Ipiaú/BA, domicílio do reclamante. Vencidos os Ministros Alberto Luiz Bresciani de Fontan Pereira, relator, Emmanoel Pereira e Ives Gandra da Silva Martins Filho. TST-CC-54-74.2016.5.14.0006, SBDI-II, rel. Min. Alberto Luiz Bresciani de Fontan Pereira, red. p/ acórdão Min. Luiz Philippe Vieira de Mello Filho, 27.9.2016 (TST. Info nº 146).

➘ Mandado de segurança. Licença para o exercício de comércio ambulante em local público municipal administrado por concessionária de rodovia estadual. Incompetência absoluta da Justiça do Trabalho. Declaração de ofício.

A controvérsia em torno do direito de uso do espaço público municipal localizado em rodovia estadual administrada por concessionária, para o exercício de comércio ambulante, foge à competência da Justiça do Trabalho, especialmente na hipótese em que a insurgência é dirigida contra atos do Município, que negou a licença para o comércio, e da concessionária, que teria colocado pedras do local onde a atividade vinha se desenvolvendo, e não contra o empregador ou o tomador dos serviços. Sob esses fundamentos, a SBDI-II, por unanimidade, negou provimento ao recurso ordinário e, de ofício, declarou a incompetência absoluta da Justiça do Trabalho para o exame da pretensão mandamental, determinando o retorno dos autos à Corte de origem, a fim de que seja providenciada a remessa do feito ao setor de distribuição das Varas do Tribunal de Justiça de São Paulo em Cubatão/SP, na forma do art. 12, § 2º, da Lei nº 11.419/2006 c/c art. 64, § 3º, do CPC de 2015. TST-RO-1000407-85.2015.5.02.0000, SBDI-II, rel. Min. Douglas Alencar Rodrigues, 20.9.2016 (TST. Info nº 145).

➘ Conflito de competência. Competência em razão do lugar. Músico componente de banda. Prestação de serviços em diversas localidades, mas de forma transitória. Não enquadramento na exceção prevista no art. 651, § 3º, da CLT. Competência do local da contratação.

A SBDI-II, por unanimidade, acolheu conflito de competência para declarar que compete a uma das Varas do Trabalho de São Paulo/SP, local da contratação, processar e julgar reclamação em que baixista pretende o reconhecimento de vínculo de emprego com conjunto musical que realizava turnê em várias regiões do país. Na espécie, restou consignado que embora o reclamante resida em Florianópolis/SC e a sede da banda seja em Juiz de Fora/MG (local do ajuizamento da ação), a reunião dos músicos para a formação da trupe ocorreu na cidade de São Paulo/SP, domicílio do reclamante à época. Ressaltou-se, ademais, que embora o empregado tenha prestado serviço em diversas localidades, isso se deu de forma meramente transitória, não se equiparando à prestação regular e habitual de atividades a que se refere a exceção prevista no § 3º do art. 651 da CLT. TST-CC-10745-33.2016.5.03.0143, SBDI-II, rel. Min. Luiz Philippe Vieira de Mello Filho, 13.9.2016 (TST. Info nº 144).

➘ Ação rescisória. Art. 485, II, do CPC de 1973. Competência da Justiça do Trabalho. Aprovação em concurso público. Preterição. Contratação de terceirizados. Fase pré-contratual. Art. 114, I, da CF.

A pretensão de rescisão de julgados com fundamento no art. 485, II, do CPC de 1973 apenas se viabiliza quando a incompetência da Justiça do Trabalho é evidenciada de forma fácil e objetiva. Não é o que ocorre na hipótese em que a lide envolve a legalidade da preterição de advogados aprovados em concurso público e concomitante terceirização de serviços jurídicos por empresa pública. À luz do art. 114, I, da CF, a Justiça do Trabalho é competente para processar e julgar pleitos relacionados a fatos ocorridos antes do nascimento do vínculo, durante ou após a sua cessação, pois a competência se estabelece em razão de o pacto laboral ser causa próxima ou remota do dissenso instaurado. Assim, não afastam a natureza trabalhista da demanda o fato de a fase pré-contratual do certame ser antecedente à efetiva formalização da relação empregatícia e de o concurso público ter natureza administrativa. Sob esse entendimento, a SBDI-II, por unanimidade, conheceu e negou provimento ao recurso ordinário, mantendo, portanto, a decisão do Regional que julgou improcedente o pleito rescisório. TST-RO-206-59.2013.5.10.0000, SBDI-II, rel. Min. Douglas Alencar Rodrigues, 30.8.2016 (TST. Info nº 143).

➘ Competência da Justiça do Trabalho. Ação civil pública. Caminhoneiro. Ausência de relação de emprego ou de trabalho com a empresa que mantém terminais de carga e descarga. Questões de saúde, segurança e higiene do trabalho. Tutela de direitos trabalhistas coletivos.

Em se tratando de controvérsia envolvendo questões de saúde, segurança e higiene do trabalho, subsiste a competência da Justiça do Trabalho e o interesse de atuação do Ministério Público do Trabalho, ainda que o pedido e a causa de pedir não decorram de contrato de emprego ou de trabalho, mas envolvam a tutela de direitos trabalhistas coletivos de motoristas autônomos (caminhoneiros) que prestam serviço junto a terminais de carga e descargas de grãos mantidos por empresa de logística. Sob esse fundamento, a SBDI-II, por unanimidade, conheceu do recurso ordinário e, no mérito, negou-lhe provimento, mantendo, portanto, a decisão do TRT que julgara improcedente a ação rescisória, fundada em violação do art. 114, I, VI e IX, da CF, por meio da qual se pretendia desconstituir acórdão prolatado pela 2ª Vara do Trabalho de Rondonópolis/MT nos autos de ação civil pública. TST-RO-327-27.2013.5.23.0000, SBDI-II, rel. Min. Alberto Luiz Bresciani de Fontan Pereira, 2.8.2016 (TST. Info nº 141).

➘ Incompetência da Justiça do Trabalho. Ação civil pública. Reajuste dos honorários repassados pelas operadoras de plano de saúde aos médicos credenciados. Relação de trabalho não configurada.

A Justiça do Trabalho é incompetente para processar e julgar ação civil pública na qual se postula o reajuste dos honorários repassados pelas operadoras de plano de saúde aos médicos credenciados, pois a relação entre eles não possui natureza trabalhista. As operadoras de plano de saúde, ligadas à chamada autogestão, atuam como intermediadoras entre os interesses dos usuários e dos prestadores de serviço, ao passo que os médicos credenciados não prestam serviço diretamente às operadoras, mas aos beneficiários/usuários, não havendo falar, portanto, em relação de trabalho nos moldes do art. 114, I, da CF. Sob esses fundamentos, a SBDI-I, por unanimidade, não conheceu do recurso de embargos da Conab, mas conheceu dos recursos de embargos interpostos pela Cassi, Geap, Petrobras e Embratel, e, no mérito, deu-lhes provimento para restabelecer o acórdão do Regional que manteve a sentença que julgou extinto o processo, sem resolução de mérito, por incompetência da Justiça do Trabalho para apreciar o pedido de correção de honorários médicos de profissionais vinculados às gestoras de plano de saúde. TST-E-ED-RR-1485-76.2010.5.09.0012, SBDI-I, rel. Min. Guilherme Augusto Caputo Bastos, 30.6.2016 (TST. Info nº 140).

➘ Conflito negativo de competência. Execução por carta precatória. Penhora do bem imóvel situado fora dos limites territoriais do juízo onde tramita a execução. Competência do juízo deprecado.

Nas hipóteses em que existirem bens do executado em outro foro, os atos de penhora, avaliação e alienação deverão ser praticados perante o juízo deprecado (arts. 658 e 747 do CPC). No caso, o Juízo da 6ª Vara do Trabalho de Guarulhos/SP, deprecante, suscitou conflito negativo de competência em face da devolução da carta precatória executória pelo Juízo da Vara do Trabalho de Itanhaém/SP, o qual entendera que sua atuação se limitava à avaliação do imóvel, depois de penhorado pela origem, cabendo a esta os atos posteriores, inclusive a designação e a realização de hasta pública. Assim, a SBDI-II, por unanimidade, admitiu o conflito de competência para declarar a competência da Vara do Trabalho de Itanhaém/SP, deprecado, para onde serão remetidos os autos. TST-CC-167600-14.2008.5.02.0316, SBDI-II, rel. Min. Alberto Luiz Bresciani de Fontan Pereira, 16.2.2016 (TST. Info-execução nº 22).

➘ Incompetência da Justiça do Trabalho. Mandado de segurança. Ato do Superintendente Regional do Trabalho. Seguro-desemprego. Não concessão. Matéria de natureza administrativa.

A Justiça do Trabalho é incompetente para processar e julgar mandado de segurança contra ato do Superintendente Regional do Trabalho que obstou a concessão de seguro-desemprego. No caso, a pretensão ao pagamento de parcelas do benefício em questão tem natureza administrativa, pois não decorre de vínculo de emprego com o Estado, nem se caracteriza como obrigação atribuída ao empregador. Assim, não se trata de matéria sujeita à jurisdição da Justiça do Trabalho, nos termos do art. 114, IV, da CF. Sob esse fundamento, a SBDI-I, por unanimidade, conheceu dos embargos, por divergência jurisprudencial, e, no mérito, deu-lhes provimento para declarar a incompetência absoluta da Justiça do Trabalho para apreciar o mandado de segurança e, com fundamento no art. 64, § 4º, do CPC de 2015, anular todos os atos decisórios praticados até então e determinar a remessa dos autos a uma das Varas da Justiça Federal - Seção Judiciária de São Paulo. TST-E-RR-144740-36.2008.5.02.0084, SBDI-I, rel. Min. João Oreste Dalazen, 5.5.2016 (TST. Info nº 135).

➘ Conflito de competência. Ação proposta no domicílio do advogado. Incompetência. Remessa ao juízo do local da prestação dos serviços. Prejuízo à defesa do autor. Competência da Vara do Trabalho que tem jurisdição sob o local da contratação.

Para a fixação da competência territorial devem prevalecer os critérios objetivos estabelecidos no art. 651, caput e § 3º, da CLT, admitindo-se o ajuizamento da reclamação trabalhista no domicílio do reclamante apenas se este coincidir com o local da prestação dos serviços ou da contratação. Assim, na hipótese em que o autor foi contratado na cidade de Alvorada do Norte/GO, e posteriormente transferido para Porto Velho/RO, local da extinção do pacto laboral, não atende ao comando legal o ajuizamento da reclamação em Brasília/DF, domicílio do advogado que patrocina a reclamação. De outra sorte, o declínio da competência em favor de uma das varas do trabalho de Porto Velho/RO também não se mostra adequado, eis que impediria a defesa dos direitos do autor, domiciliado no Estado de Goiás. Sob esses fundamentos, a SBDI-II, por unanimidade, admitiu conflito negativo de competência instaurado entre a 6ª Vara do Trabalho de Porto Velho/RO (suscitante) e a 18ª Vara do Trabalho de Brasília/DF (suscitado) para declarar a competência do Juízo da Vara do Trabalho de Posse/GO, que tem jurisdição sob a cidade de Alvorada do Norte/GO, local da contratação e domicílio do reclamante. TST-CC-1-64.2014.5.14.0006, SBDI-II, rel. Min Douglas Alencar Rodrigues, 12.4.2016 (TST. Info nº 132).

➘ Incompetência da Justiça do Trabalho. Demanda envolvendo a administração pública e servidor. Admissão sem concurso público. Relação jurídico-administrativa. Competência da Justiça comum.

A Justiça do Trabalho é incompetente para processar e julgar demanda na qual resultou caracterizada a admissão de servidor, após a Constituição da República de 1988, sem prévia submissão a concurso público. Com efeito, consoante decidido pelo STF, no julgamento do AgReg nº 7.217/MG, cabe à Justiça comum o prévio exame acerca da existência, da validade e da eficácia do vínculo jurídico-administrativo existente entre servidor e Administração Pública, eis que, para o reconhecimento do liame trabalhista, deverá o julgador, anteriormente, averiguar a presença, ou não, de eventual vício a macular a relação administrativa. Sob esse fundamento, a SBDI-I, por maioria, conheceu dos embargos interpostos pela reclamante, por divergência jurisprudencial, e, no mérito, negou-lhes provimento. Vencidos os Ministros João Oreste Dalazen, Brito Pereira, Márcio Eurico Vitral Amaro, Alexandre de Souza Agra Belmonte e Cláudio Mascarenhas Brandão, que davam provimento aos embargos para, reformulando a decisão recorrida, reconhecer a competência da Justiça do Trabalho para processar e julgar a lide. TST-E-ED-RR-629-39.2011.5.22.0102, SBDI-I, rel. Min. Renato de Lacerda Paiva, 31.3.2016 (TST. Info nº 131).

➘ Incompetência da Justiça do Trabalho. Contrato de estágio. Entes da administração pública.

As relações de trabalho decorrentes de estágio se inserem na competência da Justiça do Trabalho, exceto quando a contratação envolve entes da administração pública. Incidência, por analogia, do entendimento firmando na ADI nº 3395. Assim, compete à Justiça comum processar e julgar ação civil pública que tem como objeto denúncia contra o Centro de Ensino Integrado Empresa e Escola (CIEE), em face do descumprimento do art. 37 da CF, pois não vem observando os princípios da publicidade e da impessoalidade na execução dos contratos para preenchimento de vagas destinadas a estágio em instituições públicas. Com base nessas premissas, a SBDI-I, por unanimidade, conheceu do recurso de embargos interpostos pelo Ministério Público do Trabalho, por divergência jurisprudencial, e, no mérito, por maioria, negou-lhe provimento. Vencidos os Ministros Lelio Bentes Corrêa, José Roberto Freire Pimenta e Hugo Carlos Scheuermann. TST-E-RR-5500-47.2010.5.13.0022, SBDI-I, rel. Min. Aloysio Corrêa da Veiga, 31.3.2016 (TST. Info nº 131).

➘ Complementação de aposentadoria. Diferenças. Ex-empregado da Rede Ferroviária Federal - RFFSA. Sucessão pela União. Incompetência da Justiça do Trabalho.

A Justiça do Trabalho é incompetente para processar e julgar pleitos de diferenças de complementação de aposentadoria de ex-empregado da empresa Trens Urbanos de Porto Alegre S/A - Trensurb, subsidiária da extinta Rede Ferroviária Federal - RFFSA, sucedida pela União. O Supremo Tribunal Federal definiu a competência da justiça comum para o julgamento da matéria, diante da eficácia vinculante no exame da ADI 3.395-MC/DF, que suspendeu toda e qualquer interpretação atribuída ao art. 114, I, da CF, que inclua na competência da Justiça do Trabalho a apreciação de causas instauradas entre o Poder Público e os servidores a ele vinculados por típica relação de caráter estatutário ou jurídico-administrativo. Sob esse fundamento, a SBDI-I, por unanimidade, conheceu dos embargos interpostos pela reclamante, por divergência jurisprudencial, e, no mérito, negou-lhes provimento, mantendo incólume a decisão turmária que concluiu pela incompetência da Justiça do Trabalho para julgar a demanda. TST-E-ED-RR-71-58.2013.5.04.0018, SBDI-I, rel. Min. Guilherme Augusto Caputo Bastos, 17.12.2015 (TST. Info nº 127).

➘ Acidente de trabalho. Falecimento do empregado. Ação movida por viúva e filhos menores. Pretensão deduzida em nome próprio. Competência territorial. Local do domicílio dos reclamantes. Ausência de disciplina legal específica na CLT. Aplicação analógica do disposto no art. 147, I, do ECA.

Na hipótese de julgamento de dissídio individual movido por viúva e filhos menores de ex-empregado falecido em decorrência de acidente de trabalho, na defesa de direito próprio, admite-se excepcionalmente a fixação da competência territorial pelo foro do local do domicílio dos reclamantes. Aplicação analógica do disposto no art. 147, I, do Estatuto da Criança e do Adolescente (ECA), diante da ausência de disciplina legal específica na CLT. No caso, ressaltou-se que por se tratar de situação excepcional, a qual refoge à regra do caput do art. 651 e parágrafos, da CLT — em que a competência territorial define-se pelo local da prestação dos serviços do empregado, e, excepcionalmente, pela localidade da contratação —, cumpre ao órgão jurisdicional colmatar a lacuna mediante a aplicação de norma compatível com o princípio da acessibilidade. Sob esse entendimento, a SBDI-I, por unanimidade, conheceu dos embargos, por divergência jurisprudencial e, no mérito, por maioria, deu-lhes provimento para reconhecer a competência da Vara do Trabalho de Manaus, local do domicílio dos reclamantes. Vencidos os Ministros Aloysio Corrêa da Veiga, relator, Guilherme Augusto Caputo Bastos e Márcio Eurico Vitral Amaro. TST-E-RR-86700-15.2009.5.11.0007, SBDI-I, rel. Min. Aloysio Corrêa da Veiga, red. p/ acórdão Min. João Oreste Dalazen, 12.11.2015 (TST. Info nº 123).

2. PROCESSO E PROCEDIMENTO TRABALHISTA

2.1. PROCEDIMENTOS (SUMARÍSSIMO, DE ALÇADA EXCLUSIVA DA VARA DO TRABALHO, INQUÉRITO E HOMOLOGAÇÃO DE ACORDO EXTRAJUDICIAL)

➘ Rito sumaríssimo. Decisão de Turma que conheceu do recurso de revista por contrariedade à Orientação Jurisprudencial nº 191 da SBDI-I. Conhecimento dos embargos por contrariedade à Orientação Jurisprudencial nº 352 da SBDI-I posteriormente convertida na Súmula nº 442 do TST. Possibilidade.

Não obstante, em causas sujeitas ao procedimento sumaríssimo, o conhecimento de embargos esteja autorizado apenas quando em discussão matéria de cunho constitucional ou na hipótese de contrariedade a súmula do TST (Súmula nº 458 do TST, antiga Orientação Jurisprudencial nº 405 da SBDI-I), admite-se, excepcionalmente, o conhecimento do apelo por contrariedade a orientação jurisprudencial, desde que tenha havido a conversão do verbete em súmula. No presente caso, a Turma conheceu e deu provimento ao recurso de revista interposto pela reclamada para afastar a sua responsabilidade subsidiária, reconhecendo contrariedade à Orientação Jurisprudencial nº 191 da SBDI-I, a despeito da vedação disposta no art. 896, § 6º, da CLT. Nos embargos, mesmo diante da alegação de contrariedade à Orientação Jurisprudencial nº 352 da SBDI-I, entendeu-se autorizado o conhecimento do apelo tendo em vista a posterior conversão desse verbete na Súmula nº 442 do TST. Assim, a SBDI-I, por unanimidade, conheceu dos embargos interpostos pelo reclamante, por contrariedade à Orientação Jurisprudencial nº 352 da SBDI-I, posteriormente convertida na Súmula nº 442 do TST, e, no mérito, deu-lhe provimento para, afastada a possibilidade de conhecimento do recurso de revista pela Orientação Jurisprudencial nº 191 da SBDI-I, determinar o retorno dos autos à Turma de origem, a fim de que aprecie o tema da responsabilidade subsidiária sob o prisma da ofensa aos preceitos constitucionais invocados, bem como da alegada contrariedade à Súmula nº 331 do TST. TST-E-RR-132800-68.2009.5.15.0087, SBDI-I, rel. Min. Luiz Philippe Vieira de Mello Filho, 4.9.2014 (TST. Info nº 88).

➘ Embargos sujeitos à sistemática da Lei n.º 11.496/2007. Processo submetido ao rito sumaríssimo. Arguição de contrariedade à Orientação Jurisprudencial nº 142 da SBDI-I. Conhecimento por divergência com os precedentes que originaram o referido verbete. Possibilidade.

Nos termos da Orientação Jurisprudencial nº 405 da SBDI-I, o recurso de embargos sujeito à sistemática da Lei nº 11.496/2007, interposto em processo submetido ao rito sumaríssimo, somente pode ser conhecido quando demonstrada divergência jurisprudencial fundada em interpretação de mesmo dispositivo constitucional ou de matéria sumulada. Não obstante esse entendimento, e tendo em conta que o item I da Orientação Jurisprudencial nº 412 da SBDI-I contempla questão ligada ao art. 5º, LV, da CF, interpretando, portanto, disposição constitucional, a SBDI-I, por maioria, vencidos os Ministros Dora Maria da Costa, Brito Pereira, Maria Cristina Irigoyen Peduzzi e Alberto Luiz Bresciani de Fontan Pereira, conheceu dos embargos pela preliminar de nulidade arguida, por contrariedade aos precedentes que originaram a Orientação Jurisprudencial nº 142 da SBDI-I, e, no mérito, por unanimidade, deu-lhes provimento para anular a decisão proferida pela Turma e determinar a regular intimação pessoal da União, a fim de que, querendo, se manifeste sobre os embargos de declaração opostos pelo reclamante. TST-E-ED-RR-150500-91.2003.5.02.0002, SBDI-I, rel. Min. Delaíde Miranda Arantes, 7.2.2013 (TST. Info nº 35).

2.2. PARTES, REPRESENTAÇÃO, SUBSTITUIÇÃO PROCESSUAL, MINISTÉRIO PÚBLICO E FAZENDA PÚBLICA

➘ Irregularidade de representação. Recurso interposto eletronicamente. Ausência de procuração outorgada ao advogado subscritor. Concessão de prazo para saneamento do vício. Não cabimento. Súmula nº 383, II, do TST.

Não se conhece de recurso interposto com assinatura digital de advogado sem procuração nos autos, revelando-se inexistente o ato praticado por irregularidade de representação. A concessão do prazo de 5 (cinco) dias para a parte recorrente sanar o vício, consoante o item II da Súmula nº 383 do TST, só é cabível quando verificada irregularidade no instrumento de procuração ou substabelecimento que já consta nos autos. No caso, o recurso ordinário interposto pelo impetrante foi subscrito eletronicamente por advogado que não estava habilitado por procuração ou substabelecimento no momento da interposição do apelo. Sob esse entendimento, a SBDI-II, por unanimidade, negou provimento ao agravo de instrumento. TST-AIRO-154-58.2019.5.17.0000, SBDI-II, rel. Min. Maria Helena Mallmann, julgado em 5/5/2020 (TST. Info nº 218).

➘ Ação rescisória. Art. 485, II, do CPC de 1973. Impedimento do relator da decisão rescindenda. Configuração. Parentesco com um dos advogados da parte ré. Voto decisivo para o julgamento da causa.

Conforme a jurisprudência pacífica da SBDI-II, considera-se improcedente o corte rescisório fundado no art. 485, II, do CPC de 1973 quando o julgamento no processo matriz se der por unanimidade e o voto do magistrado impedido não for decisivo para o julgamento da causa – a exemplo do caso em que o desembargador se limita a seguir o voto condutor proferido por magistrado de imparcialidade inquestionável -, visto que não há prejuízo à formação da coisa julgada. Todavia, no caso concreto, há um distinguishing, pois o voto condutor da decisão rescindenda foi proferido por magistrado impedido por lei de integrar o julgamento (art. 134, V, do CPC de 1973), em virtude de ser o pai de um dos advogados da parte ré, o qual estava regularmente habilitado nos autos originários, tendo comparecido a audiências e assinado peças. Assim, estando evidente o protagonismo assumido pelo relator impedido na elaboração da decisão rescindenda, em flagrante desrespeito ao princípio da imparcialidade, a SBDI-II, por unanimidade, conheceu do recurso ordinário e, no mérito, negou-lhe provimento para manter a decisão do TRT que julgara procedente a ação rescisória calcada no inciso II do art. 485 do CPC de 1973. TST-RO-5300- 54.2012.5.16.0000, SBDI-II, rel. Min. Maria Helena Mallmann, 21.5.2019 (TST. Info nº 196).

➘ Mandado de Segurança. Empresa em recuperação judicial. Depósito recursal anterior ao processamento da recuperação judicial. Integração ao Juízo universal da falência.

Embora o depósito recursal que à disposição do Juízo trabalhista, ele não integra o patrimônio do reclamante, ainda que realizado antes do processamento da recuperação judicial ou da decretação da falência da empresa, de modo que todos os atos de execução referentes às reclamações trabalhistas movidas contra a recuperanda são de competência do Juízo universal, consoante jurisprudência reiterada do STJ. Sob esse fundamento, a SBDI-II, por maioria, vencidos os Ministros Maria Helena Mallmann, relatora, Emmanoel Pereira e Delaíde Miranda Arantes, deu provimento ao recurso ordinário interposto pela empresa para denegar a segurança pretendida. TSTRO-348-74.2016.5.13.0000, SBDI-II, rel. Min. Maria Helena Mallmann, red. p/ acórdão Min. Renato de Lacerda Paiva, 15.5.2018 (TST. Info nº 178).

➘ INSS. Interposição de recurso ordinário contra sentença de mérito. Fase de conhecimento. Possibilidade. Terceiro prejudicado. Legitimidade e interesse recursal.

O INSS possui interesse recursal e legitimidade para interpor recurso ordinário contra decisão de mérito proferida na fase de conhecimento, pretendendo a incidência de contribuições previdenciárias sobre parcelas remuneratórias objeto da condenação. Nos termos do § 3º do art. 832 da CLT, as decisões cognitivas devem indicar a natureza jurídica das parcelas constantes da condenação, inclusive o limite de responsabilidade de cada parte no recolhimento da contribuição previdenciária. A partir da prolação da sentença condenatória, portanto, surgem o interesse e a legitimidade da autarquia federal para recorrer e suscitar todas as questões que entender pertinentes ao conteúdo da decisão cognitiva, em homenagem ao princípio da eventualidade. De outra sorte, ainda que não integre a relação processual, o INSS é terceiro juridicamente prejudicado, na medida em que afetado diretamente pela sentença quanto ao seu direito de cobrar as contribuições previdenciárias. Sob esses fundamentos, a SBDI-I, por unanimidade, conheceu do recurso de embargos, por divergência jurisprudencial, e, no mérito, por maioria, negou-lhe provimento. Vencidos os Ministros Luiz Philippe Vieira de Mello Filho, relator, Renato de Lacerda Paiva, José Roberto Freire Pimenta e Alexandre Agra Belmonte. TST-E-RR-29941-92.2003.5.04.0732, SBDI-I, rel. Min. Luiz Phillipe Vieira de Mello Filho, red. p/ acórdão Min. João Oreste Dalazen, 12.5.2016 (TST. Info nº 136).

➘ Indenização por dano moral. Dano sofrido pelo empregado. Ação proposta pelo espólio. Legitimidade ativa.

O espólio tem legitimidade ativa para pleitear pagamento de indenização por danos morais quando o prejuízo a ser reparado foi experimentado pelo próprio empregado, em razão de acidente de trabalho. Hipótese que não se confunde com aquela em que o pleito de indenização é oriundo do dano sofrido pelos herdeiros. Sob esse entendimento, a SBDI-I, por unanimidade, conheceu dos embargos, por divergência jurisprudencial e, no mérito, por maioria, negou-lhes provimento. Vencidos os Ministros Brito Pereira, relator, Renato de Lacerda Paiva, Walmir Oliveira da Costa e José Roberto Freire Pimenta. TST-E-RR-1187-80.2010.5.03.0035, SBDI-I, rel. Min. Brito Pereira, red. p/ acórdão Min. Márcio Eurico Vitral Amaro, 12.5.2016 (TST. Info nº 136).

➘ Sucessão trabalhista. Eficácia do recurso interposto pelo sucedido excluído da lide.

A sucessão processual implica a substituição de parte integrante do polo passivo sem prejuízo dos atos praticados pelo sucedido, que permanecem eficazes. Em outras palavras, altera-se a titularidade da ação, porém aproveitam-se todos os atos válidos praticados pela parte substituída. No caso concreto, trata-se de sucessão trabalhista admitida pelos bancos reclamados no curso do processo, o que acarretou a sucessão processual e, consequentemente, a exclusão da lide dos bancos sucedidos. O banco sucessor assumiu, portanto, o polo passivo da demanda, recebendo o processo no estado em que se encontrava, não havendo falar em prejuízo dos atos praticados pelos sucedidos, que permanecem eficazes, alterada apenas a titularidade dos recursos interpostos anteriormente. Assim, entendendo que a decisão da Turma que reputou prejudicado o recurso de revista interposto pelo banco sucedido, em virtude de sua exclusão da lide decorrente da sucessão trabalhista, violou o art. 5º, LIV e LV, da CF, a SBDI-I, por maioria, conheceu dos embargos e, no mérito, deu-lhes provimento para restabelecer o primeiro acórdão turmário, proferido em sede de recurso de revista, embora mantida a retificação do polo passivo da demanda. Vencido o Ministro Lelio Bentes Corrêa. TST-E-ED-RR-790304-68.2001.5.01.0026, SBDI-I, rel. Min. Rosa Maria Weber, red. p/ acórdão Min. Guilherme Augusto Caputo Bastos, 10.3.2015 (TST. Info nº 130).

2.3. ADVOGADO, PROCURAÇÃO, DESPESAS PROCESSUAIS, HONORÁRIOS ADVOCATÍCIOS, JUSTIÇA GRATUITA, DEVERES DAS PARTES E *IUS POSTULANDI*

➘ Honorários de sucumbência fixados em sentença transitada em julgado. Posterior celebração e homologação judicial de acordo. Cláusula que limita o pagamento dos honorários advocatícios à modalidade contratual. Acordo assinado pelo advogado reclamante. Aquiescência aos termos do acordo. Honorários sucumbenciais indevidos.

A assinatura do advogado em acordo celebrado e homologado judicialmente entre as partes, no qual se limitou o pagamento dos honorários advocatícios à modalidade contratual, comprova a sua aquiescência quanto à exclusão dos honorários sucumbenciais fixados em sentença transitada em julgado, anterior ao aludido acordo. Com esse entendimento, a SBDI-I, por unanimidade, conheceu do recurso de embargos por divergência jurisprudencial, e, no mérito, por maioria, negou-lhe provimento, vencido o Ministro Augusto César Leite de Carvalho, Relator. TST-E-ED-RR-225340-83.1998.5.07.0010, SBDI-I, rel. Min. Augusto César Leite de Carvalho, red. p/ acórdão Min. Breno Medeiros, 13.2.2020 (TST. Info nº 215).

➘ Ação rescisória. Depósito prévio. Justiça gratuita. Requisitos do art. 790, §§ 3º e 4º, da CLT, com a redação da Lei nº 13.467/2017. Não incidência. Matéria regida pelo art. 99, § 3º, do CPC de 2015, pelo item I da Súmula nº 463 do TST e pelo art. 6º da Instrução Normativa nº 31/2007.

O depósito prévio da ação rescisória ajuizada na Justiça do Trabalho corresponde a 20% do valor da causa (art. 836 da CLT), percentual bastante superior ao exigido no art. 968, II, do CPC de 2015. Diante da maior onerosidade, as disposições acerca da gratuidade de justiça previstas no art. 790, §§ 3º e 4º, da CLT, com a redação da Lei nº 13.467/2017, não se aplicam às ações rescisórias processadas na Justiça do Trabalho, sob pena de excluir da apreciação do Poder Judiciário lesão ou ameaça a direito, especialmente nos casos em que a parte autora seja pessoa física ou micro e pequena empresa. De outra sorte, não há disposição específica na Lei nº 13.467/2017 acerca da justiça gratuita pleiteada em ação rescisória, o que atrai a incidência do art. 99, § 3º, do CPC de 2015, da Súmula nº 463, I, do TST e do art. 6º da Instrução Normativa nº 31/2007. Sob esse fundamento, e havendo declaração de hipossuficiência nos autos sem impugnação da parte contrária, a SBDI-II, por unanimidade, conheceu do recurso ordinário e, no mérito, deu-lhe provimento para deferir ao autor os benefícios da justiça gratuita. A Subseção determinou, ainda, o retorno dos autos ao Tribunal de origem para que prossiga no julgamento da rescisória como entender de direito, afastada a exigência do depósito prévio. TST-RO10899-07.2018.5.18.0000, SBDI-II, rel. Min. Maria Helena Mallmann, 19.11.2019 (TST. Info nº 213).

➘ Trabalhador portuário avulso. Honorários Advocatícios devidos pela mera sucumbência. Impossibilidade. Equiparação a trabalhador com vínculo empregatício. Aplicação da Súmula nº 219, I, do TST.

O trabalhador portuário avulso, apesar de manter com os tomadores de serviço relação de trabalho e não de emprego, é equiparado ao trabalhador com vínculo empregatício (art. 7º, XXXIV, da CF). Assim, nas lides envolvendo os trabalhadores avulsos não é possível afastar os requisitos exigidos na Súmula nº 219, I, do TST quanto à condenação ao pagamento de honorários advocatícios, sendo indevido, portanto, o pagamento da verba honorária por mera sucumbência, conforme disciplinado no art. 5º da Instrução Normativa nº 27/2005 do TST e na parte final do item III da Súmula nº 219 do TST. Sob esses fundamentos, a SBDI-I, por unanimidade, conheceu do recurso de embargos, por divergência jurisprudencial, e, no mérito, por maioria, deu-lhe provimento para excluir da condenação os honorários advocatícios. Vencido o Ministro José Roberto Freire Pimenta. TST-E-ED-RR-156800-41.2011.5.17.0012, SBDI-I, rel. Min. Alexandre Agra Belmonte, 23.5.2019 (TST. Info nº 196).

➘ Litigância de má-fé. Violação do dever de lealdade processual. Arestos colacionados nos embargos inservíveis. Súmula nº 337, I, "a", e IV, do TST. URL completa indicada apenas em sede de agravo. Indução do julgador a erro.

Considera-se litigante de má-fé, por violação do dever de lealdade processual, a parte que, nos embargos, colaciona arestos inservíveis, nos termos da Súmula nº 337, I, "a", e IV, do TST (não há indicação de datas e da fonte de publicação, as cópias juntadas não estão autenticadas e as URLs são incompletas), mas, nas razões do agravo interposto contra a decisão que denegara seguimento aos embargos, transcreve as URLs de maneira completa e afirma a validade dos paradigmas indicados, induzindo o julgador ao erro. Sob esse entendimento, a SBDI-I, por unanimidade, negou provimento ao agravo e aplicou à agravante a multa de 2% sobre o valor corrigido da causa, por litigância de má-fé, nos termos dos arts. 80, II e V, e 81 do CPC de 2015, reversível ao autor. TST Ag-E-ED-RR-178000-36.2003.5.01.0043 , SBDI-I, rel. Min. Cláudio Mascarenhas Brandão, 23.11.2017 (TST. Info nº 169).

➘ Embargos de declaração. Alegação de fato superveniente. Documento com data anterior ao ajuizamento da reclamação trabalhista. Inovação ilegal no estado de fato da lide. Litigância de má-fé. Configuração.

Considera-se litigância de má-fé o fato de a parte, em sede de embargos de declaração, sob a alegação de existência de fato superveniente, apresentar documento com data anterior ao ajuizamento da reclamação trabalhista, sem alegar o justo impedimento a que se refere a Súmula nº 8 do TST. Assim, configurada a inovação ilegal no estado de fato da lide, a SBDI-I, por maioria, reputou o embargante litigante de má-fé e o condenou ao pagamento à embargada de multa de 2% sobre o valor atualizado da causa, nos termos do art. 81, caput, do CPC de 2015. Vencidos os Ministros Luiz Philippe Vieira de Mello Filho e Márcio Eurico Vitral Amaro. TST-ED-E-RR-17554-76.2014.5.16.0004 , SBDI-I, Min. Walmir Oliveira da Costa, 16.11.2017 (TST. Info nº 168).

➘ Honorários advocatícios. Base de cálculo. Exclusão da cota-parte do empregador relativa aos descontos previdenciários. Crédito de natureza tributária.

A cota-parte do empregador relativa aos descontos previdenciários resulta de imposição legal decorrente da prestação de serviço, não constituindo crédito de natureza trabalhista. A Justiça do Trabalho apenas perfaz o cálculo em razão da sua capacidade tributária para arrecadar o tributo do empregador e repassá-lo ao destinatário final, que é a União. Dessa forma, a cota-parte patronal da contribuição previdenciária não pode ser incluída na base de cálculo dos honorários advocatícios. Sob esses fundamentos, a SBDI-I, por unanimidade, conheceu do recurso de embargos do reclamante, por divergência jurisprudencial, e, no mérito, negou-lhe provimento. TST-E-RR-779-35.2013.5.03.0019 , SBDI-I, rel. Min. Augusto César Leite de Carvalho, 19.10.2017 (TST. Info nº 168).

➘ Representação processual. Juntada de substabelecimento horas depois da interposição do recurso. Regularidade de representação. Aplicação da Lei nº 11.419/2006.

Nos termos do art. 3º, parágrafo único, da Lei nº 11.419/2006, são tempestivas as petições transmitidas até às 24 horas do último dia do prazo. Assim, na hipótese em que a reclamada interpôs agravo de instrumento por meio físico, às 15:55h e, no mesmo dia, às 20:39h, juntou, via e-DOC, substabelecimento conferindo poderes ao subscritor do referido recurso, reputa-se regular a representação processual. Sob esses fundamentos, a SBDI-I, por unanimidade, conheceu dos embargos, por divergência jurisprudencial, e, no mérito, por maioria, deu-lhes provimento. Vencidos os Ministros Brito Pereira, relator, e José Roberto Freire Pimenta. TST-E-ED-AIRR-22300-37.2006.5.15.0087, SBDI-I, rel. Min. Brito Pereira, red. p/ acórdão Min. João Oreste Dalazen, 16.2.2017 (TST. Info nº 153).

➘ Justiça gratuita. Declaração de pobreza. Presunção relativa de veracidade não elidida pelo fato de o reclamante ter recebido verbas rescisórias e de indenização em decorrência de adesão a plano de demissão voluntária.

O fato de o reclamante ter recebido quantia vultosa (R$ 1.358.507,65) decorrente de verbas rescisórias e de indenização oriunda de adesão a plano de demissão voluntária não é suficiente para elidir a presunção de veracidade da declaração de pobreza por ele firmada. Sob esse fundamento, a SBDI-I, maioria, conheceu dos embargos por contrariedade à Orientação Jurisprudencial nº 304 da SBDI-I, e, no mérito, deu-lhes provimento para restabelecer a sentença que deferira os benefícios da justiça gratuita. Vencidos os Ministros João Oreste Dalazen, Renato de Lacerda Paiva e Alexandre Agra Belmonte. TST-ERR-11237-87.2014.5.18.0010 , SBDI-I, rel. Min. Hugo Carlos Scheuermann, 2.2.2017 (TST. Info nº 151).

➘ Reclamação. Não cabimento. Ausência de capacidade postulatória. Incidência da Súmula nº 425 do TST.

Não se conhece de reclamação (art. 988 do CPC de 2015) na hipótese em que o reclamante postula em causa própria e não comprova sua condição de advogado regularmente inscrito nos quadros da OAB, pois a dispensa da capacidade postulatória mediante a competente habilitação técnica legal somente pode ocorrer nos casos expressamente autorizados por lei, conforme entendimento consagrado pelo Supremo Tribunal Federal. Ademais, ao caso concreto não se aplica o jus postulandi de que trata o art. 791 da CLT, pois este dispõe acerca das lides decorrentes da relação de emprego, ao passo que, na espécie, a reclamação envolve matéria sindical, de competência da Justiça do Trabalho em virtude do art. 114, III, da CF. Incide, portanto, a ratio decidendi da Súmula nº 425 do TST, cuja redação não faz referência à reclamação porque editada em momento anterior à existência do referido instrumento jurídico no âmbito da Justiça do Trabalho. Sob esse entendimento, e ausentes quaisquer das situações que autorizam o cabimento da reclamação, o Órgão Especial, por unanimidade, extinguiu o processo, sem resolução de mérito, na forma do art. 485, I e IV, do CPC de 2015. TST-Rcl-20103-47.2016.5.00.0000, Órgão Especial, rel. Min. José Roberto Freire Pimenta, 6.12.2016 (TST. Info nº 150).

➘ Honorários advocatícios. Assistência sindical. Comprovação. Procuração firmada em papel timbrado do sindicato. Validade.

A procuração firmada em papel timbrado do sindicato é suficiente para comprovar a assistência sindical, viabilizando, portanto, o deferimento de honorários advocatícios, na forma da Súmula nº 219 do TST. Sob esses fundamentos, a SBDI-I, por unanimidade, conheceu dos embargos por má aplicação da Súmula nº 219, I, do TST, e, no mérito, por maioria, deu-lhes provimento para condenar a reclamada ao pagamento de honorários de advogado, no importe de 15% do valor líquido da condenação, apurado na fase de liquidação de sentença, sem a dedução dos descontos fiscais e previdenciários nos termos da Orientação Jurisprudencial nº 348 da SBDI-I, e sem a inclusão das contribuições previdenciárias devidas pelo empregador. Vencidos os Ministros Brito Pereira, relator, João Oreste Dalazen e Emmanoel Pereira. TST-E-RR-60200-56.2009.5.17.0002, SBDI-I, rel. Min. Brito Pereira, red. p/ acórdão Min. Cláudio Mascarenhas Brandão, 20.10.2016 (TST. Info nº 148).

➘ Honorários advocatícios. Contrato celebrado pelo trabalhador diretamente com os advogados do sindicato por indicação da própria entidade de classe. Indeferimento dos honorários assistenciais.

Os honorários assistenciais não são devidos se a parte celebra contrato diretamente com os advogados do sindicato, ainda que por indicação da própria entidade de classe. A contratação particular de serviços de advocacia, com percentual de honorários sobre o eventual valor auferido, é incompatível com o instituto da assistência sindical, ainda que declarada a impossibilidade de a parte litigar sem prejuízo do próprio sustento. Trata-se, portanto, de situação distinta da hipótese prevista na Súmula nº 219 do TST, de modo que os únicos honorários devidos são os contratuais. Sob esse fundamento, a SBDI-I, por maioria, não conheceu do recurso de embargos da reclamante. Vencidos os Ministros Delaíde Miranda Arantes e José Roberto Freire Pimenta. TST-E-RR-216-21.2010.5.24.0000, SBDI-I, rel. Min. Augusto César Leite de Carvalho, 22.9.2016 (TST. Info nº 145).

➘ Mandado de segurança. Ato coator que determina a dedução de honorários advocatícios do precatório expedido em favor dos substituídos. Violação de direito líquido e certo. Contrato firmado exclusivamente entre sindicato e advogado. Ausência de autorização expressa.

Viola direito líquido e certo o ato coator que determina a liberação de honorários advocatícios contratuais deduzidos do precatório expedido em favor dos substituídos, sem que haja autorização destes. Apesar de a legitimação do sindicato para a defesa de interesses da categoria ser ampla, a retenção de honorários contratuais incidentes sobre o montante da condenação só é permitida se o contrato de honorários for celebrado com cada um dos substituídos (art. 22, § 4º da Lei nº 8.906/94) ou se houver autorização expressa de cada um deles. Desse modo, a pactuação exclusiva entre sindicato e advogado não vincula os substituídos, visto não haver relação jurídica contratual. Sob esse fundamento, a SBDI-II, por unanimidade, conheceu do recurso ordinário e, por maioria, deu-lhe provimento para conceder o mandado de segurança e cassar a decisão que determinara a dedução dos honorários advocatícios contratuais dos créditos dos substituídos, além de determinar a suspensão de qualquer ato que implique a liberação de valores atinentes a honorários advocatícios contratuais sem a expressa autorização de todos os substituídos na ação principal. Vencidos os Ministros Delaíde Miranda Arantes, Maria Helena Mallmann e Emmanoel Pereira. TST-RO-373-20.2011.5.11.0000, SBDI-II, rel. Min Luiz Philippe Vieira de Mello Filho, 23.2.2016 (TST. Info nº 130).

➘ Assédio processual. Configuração. Indenização devida.

Configura assédio processual o uso sucessivo de instrumentos procedimentais lícitos visando protelar a solução definitiva da controvérsia e abalar a esfera psicológica da parte contrária. Trata-se, portanto, de ato ilícito (art. 187 do CC c/c art. 16 do CPC) que gera dano de natureza moral, vez que atinge principalmente a saúde psíquica da vítima. No caso, registrou o TRT que o autor, ao ajuizar a ação rescisória, fez acusações absolutamente desprovidas de razão e de provas, configurando, desse modo, ato de deslealdade processual a autorizar a imposição de multa a título indenizatório. Sob esse entendimento, a SBDI-II, por unanimidade, conheceu do recurso ordinário e, no mérito, negou-lhe provimento, mantendo a condenação ao pagamento de indenização, a título de dano moral, no percentual de 10% sobre o montante atualizado da execução. TST-RO-293-76.2012.5.09.0000, SBDI-II, rel. Min. Alberto Luiz Bresciani de Fontan Pereira, 2.2.2016 (TST. Info nº 128).

➘ Trabalhador portuário avulso. Honorários Advocatícios devidos pela mera sucumbência. Impossibilidade. Equiparação a trabalhador com vínculo empregatício. Aplicação da Súmula nº 219, I, do TST.

O trabalhador portuário avulso, apesar de manter com os tomadores de serviço relação de trabalho e não de emprego, é equiparado ao trabalhador com vínculo empregatício (art. 7º, XXXIV, da CF). Assim, não obstante tratar-se de ação de indenização por danos morais e materiais decorrentes de acidente de trabalho, ajuizada na Justiça do Trabalho após a Emenda Constitucional nº 45/2004, por trabalhador portuário avulso inscrito no Órgão Gestor de Mão de Obra (OGMO), não é possível afastar os requisitos exigidos na Súmula nº 219, I, do TST quanto à condenação ao pagamento de honorários advocatícios. Indevido, portanto, o pagamento da verba honorária por mera sucumbência, conforme disciplinado no art. 5º da Instrução Normativa nº 27/2005 do TST e na parte final do item III da Súmula nº 219 do TST. Sob esses fundamentos, a SBDI-I, pelo voto prevalente da Presidência, decidiu conhecer do recurso de embargos do reclamante, por divergência jurisprudencial, e, no mérito, negar-lhe provimento. Vencidos os Ministros Augusto César Leite de Carvalho, relator, João Oreste Dalazen, Walmir Oliveira da Costa, José Roberto Freire Pimenta, Hugo Carlos Scheuermann e Cláudio Mascarenhas Brandão. TST-E-RR-42200-42.2008.5.17.0002, SBDI-I, rel. Min. Augusto César Leite de Carvalho, red. p/ acórdão Min. Alexandre Agra Belmonte, 26.11.2015 (TST. Info nº 125).

2.4. ATOS PROCESSUAIS FÍSICOS E ELETRÔNICOS, PRAZOS E NULIDADES

➘ Ação rescisória. Citação. Nulidade. Não configuração. Carta entregue no endereço da parte e recebida por pessoa a ela vinculada. Art. 841 da CLT.

O art. 841 da CLT não exige que a citação ocorra na pessoal do reclamado, sendo suficiente que seja entregue no endereço da parte. No caso, embora o reclamado não negue que a carta de citação foi recebida por sua esposa, no endereço residencial do casal, alega que, à época, estava separado de fato, razão pela qual arguiu a nulidade da citação. Todavia, as provas produzidas nos autos não confirmaram que a parte residia em outro endereço, e os depoimentos colhidos ratificaram a informação de que a esposa do reclamado recebia as correspondências dele com habitualidade. Assim, ficou comprovado que tanto a citação quanto a intimação da sentença foram direcionadas para o endereço do reclamado e recebidas por pessoas a ele vinculadas, não havendo falar, portanto, em cerceio de defesa ou em ofensa ao princípio do contraditório. Sob esse entendimento, a SBDI-II, por unanimidade, conheceu do recurso ordinário e, no mérito, negou-lhe provimento, mantendo a decisão que negou o pleito rescisório dirigido contra acórdão proferido em agravo de petição que rejeitara a alegação de cerceamento do direito de defesa por nulidade de citação. TST-RO-1266-96.2012.5.03.0000, SBDI-II, rel. Min. Luiz Philippe Vieira de Mello Filho, 9.8.2016 (TST. Info-execução nº 27)

➘ Sentença. Ausência de intimação das partes. Carga dos autos. Ciência inequívoca dos termos da sentença. Início do prazo recursal. Deferimento do pedido de restituição do prazo pelo juízo de origem. Intempestividade do recurso.

A ausência de intimação da publicação da sentença é suprida por ocasião da retirada dos autos em carga pelo advogado, momento em que passa a fluir o prazo recursal. No caso, o TRT registrou ter a parte tomado ciência inequívoca dos termos da sentença ao fazer a carga dos autos para apresentar cálculos de liquidação, razão pela qual não caberia, vinte e dois dias após, expedir notificação deflagrando a reabertura do prazo para interposição do recurso ordinário. Com esse entendimento, a SBDI-I, por unanimidade, conheceu dos embargos do reclamante, por divergência jurisprudencial, e, no mérito, deu-lhes provimento para restabelecer o acórdão do Regional que considerou intempestivo o recurso ordinário da reclamada. TST-E-RR-192500-08.2009.5.03.0087, SBDI-I, rel. Min. Augusto César Leite de Carvalho, 11.9.2014 (TST. Info nº 89).

➘ Ação rescisória. Execução fiscal. Coproprietário de imóvel arrematado que não figura como parte no processo executório. Ausência de intimação. Aplicação dos art. 880 e 888 da CLT. Negativa de vigência da Lei nº 6.830/80. Violação do art. 5º, LV, da CF. Configuração.

Viola o direito de propriedade, o devido processo legal e o contraditório, a decisão, proferida em sede de ação anulatória incidental à execução fiscal, que, negando vigência à Lei nº 6.830/80, considera válida a arrematação de imóvel penhorado sem a devida intimação de coproprietário que não figura como parte no processo executório. No caso concreto, a autora da ação anulatória era coproprietária do bem arrematado para o pagamento de dívida assumida pelo outro proprietário, réu no processo de execução fiscal. Todavia, as diversas tentativas de intimação de penhora se restringiram ao devedor e a única ciência do ato expropriatório dirigida à recorrente foi o edital de praça, publicado no Diário Oficial, tido como suficiente pela decisão rescindenda, pois em conformidade com os arts. 880 e 888 da CLT, equivocadamente aplicados à hipótese. Nesse contexto, a SBDI-II, à unanimidade, deu provimento ao recurso ordinário para, em juízo rescindendo e com apoio no art. 485, V, do CPC, reconhecer a ocorrência de violação literal ao art. 5º, LV, da CF, diante da negativa de aplicação, ao caso, da Lei nº 6.830/80 e, em juízo rescisório, julgar procedente a ação anulatória incidental e, em consequência, anular a arrematação, diante da ausência de intimação prévia da coproprietária. TST-RO-5800-07.2012.5.13.0000, SBDI-II, rel. Min. Cláudio Mascarenhas Brandão, 10.6.2014 (TST. Info-Execução nº 2).

➘ Irregularidade de representação. Questão não impugnada na primeira oportunidade. Arguição apenas quando a parte a quem socorre a irregularidade se tornou sucumbente. Preclusão. Configuração. Art. 245 do CPC.

As alegações relacionadas ao exame de pressupostos extrínsecos processuais, por serem matéria de ordem pública, não estão sujeitas à preclusão, devendo ser examinadas de ofício pelo julgador. Todavia, nos termos do art. 245 do CPC, se a parte a quem socorre a irregularidade deixa de indica-la na primeira oportunidade que falar nos autos, entende-se que anuiu com seu conteúdo, não podendo argui-la apenas quando sucumbente em sua pretensão. Na hipótese, trata-se de vício decorrente da ausência de autenticação da procuração outorgada aos advogados das reclamadas juntada com a contestação, o qual não foi alegado pelo reclamante perante a Vara do Trabalho, mas apenas em sede de embargos de declaração ao recurso ordinário, quando não mais possível à parte adversa sanar o vício, conforme disposto art. 13 do CPC. Com esse entendimento, a SBDI-I, por unanimidade, conheceu dos embargos interpostos pelo reclamante, por divergência jurisprudencial, e, no mérito, por maioria, negou-lhes provimento, mantendo a decisão da Turma por fundamento diverso. TST-E-ED-RR-98500-35.2005.5.01.0047, SBDI-I, rel. Min. Aloysio Corrêa da Veiga, 5.6.2014 (TST. Info nº 85).

➘ Suspensão de prazo recursal. Ato de Tribunal Regional. Retomada da contagem. Inclusão de feriados e fins de semana.

Tratando-se de suspensão de prazo recursal pré-estabelecida, fundada em ato de Tribunal Regional, é desnecessária a intimação da parte para a retomada da contagem do prazo, a qual ocorre imediatamente, independentemente de recair em feriado ou final de semana, prorrogando-se somente o termo final para o primeiro dia útil subsequente. Com esse entendimento, o Órgão Especial, por maioria, não conheceu do recurso ordinário da União, por intempestivo. No caso dos autos, após as suspensões operadas pelo TRT, a contagem dos dois dias remanescentes do prazo foi reiniciada no dia 14/01/2012, sábado, findando-se no domingo, dia 15/01/2012, de modo que o termo final foi prorrogado para o primeiro dia útil seguinte, qual seja, 16/01/2012, segunda-feira. Todavia, o recurso foi protocolado somente no dia 17/01/2012, terça-feira, estando intempestivo, portanto. Vencidos os Ministros João Oreste Dalazen, Alexandre Agra Belmonte, Brito Pereira e Delaíde Miranda Arantes. TST-ReeNec e RO-29300-82.2005.5.01.0000, Órgão Especial, rel. Min. Hugo Carlos Scheuermann, 3.6.2013 (TST. Info nº 49).

➘ Feriado forense. Comprovação em sede de embargos. Interpretação da nova redação da Súmula nº 385 do TST.

Não obstante o item III da Súmula nº 385 do TST estabelecer a possibilidade de reconsideração da análise da tempestividade do recurso, por meio de prova documental superveniente, em sede de agravo regimental, agravo de instrumento ou embargos de declaração, é possível à parte provar a ausência de expediente forense em embargos. Na hipótese, prevaleceu o entendimento de que o item III da Súmula nº 385 do TST não pode ser interpretado de forma dissociada de seu item II, de modo que, descumprida a obrigação de a autoridade judiciária certificar a ocorrência de feriado, a possibilidade de reforma da decisão que declarou a intempestividade do recurso de revista não se inviabiliza pelo simples fato de a parte não ter juntado a certidão em sede de embargos de declaração. Com esses fundamentos, a SBDI-I decidiu, por maioria, conhecer do recurso de embargos interposto antes da vigência da Lei nº 11.496/2007, por violação do art. 184, § 2º, do CPC, e, no mérito, por unanimidade, dar-lhe provimento para determinar o retorno dos autos à Turma de origem, a fim de que prossiga no exame do recurso de revista interposto pelo Município do Rio de Janeiro, como entender de direito, afastada a intempestividade do apelo. Vencidos os Ministros Renato de Lacerda Paiva e Augusto César Leite de Carvalho, que não conheciam dos embargos ao fundamento de que, ao não opor embargos de declaração com o objetivo de trazer a prova da ausência de expediente forense, a parte perdeu o momento processual oportuno para se manifestar. TST-E-RR-721145-82.2001.5.01.0018, SBDI-I, rel. Min. Lelio Bentes Corrêa, 28.2.2013 (TST. Info nº 38).

➘ Embargos interpostos anteriormente à Lei n.º 11.496/07. Subscritores de recurso ordinário não inscritos nos quadros da OAB. Nulidade absoluta. Violação do art. 4º da Lei n.º 8.906/94.

A SBDI-I, por maioria, afastando a necessidade de indicação expressa de violação do art. 896 da CLT, conheceu dos embargos interpostos anteriormente à Lei nº 11.496/07, por violação do art. 4º da Lei n.º 8.906/94, e deu-lhes provimento para anular os atos processuais praticados a partir do recurso ordinário interposto por subscritores não inscritos nos quadros da Ordem dos Advogados do Brasil - OAB. No caso, a Corregedoria do TRT da 15ª Região comunicou ao TST que os subscritores do recurso ordinário interposto pelo reclamante perante aquele Tribunal – e ao qual foi dado provimento – não possuíam inscrição na OAB. Essa questão não foi objeto do recurso de revista e dos embargos de declaração interpostos pela reclamada, que só tomou conhecimento dos fatos após o relator facultar-lhe manifestar-se sobre os documentos encaminhados por aquela Corte regional. Apresentada a manifestação, o Ministro relator, ao considerar exaurido o ofício jurisdicional com a prolação do acórdão em embargos de declaração – o qual manteve o não conhecimento da revista –, devolveu o prazo recursal à parte, que aditou os embargos anteriormente interpostos. Assim, tendo a Turma remetido o fato novo à cognição da SBDI-I, entendeu a Subseção que a ausência de indicação de violação do art. 896 da CLT não poderia ser invocada como obstáculo ao conhecimento do recurso, e que a violação do art. 4º da Lei n.º 8.906/94, na hipótese, se dá diretamente, pois se trata de questão de ordem pública insanável. Vencido totalmente o Ministro Renato de Lacerda Paiva, relator, e, parcialmente, o Ministro Ives Gandra Martins Filho. TST-E-ED-RR-22100-64.2002.5.15.0121, SBDI-I, rel. Min. Renato de Lacerda Paiva, red. p/ acórdão Min. Luiz Philippe Vieira de Mello Filho, 18.10.2012 (TST. Info nº 26).

3. INICIAL, DEFESA, AUDIÊNCIA E CONCILIAÇÃO

3.1. INICIAL E DEFESA

➘ Limitação da condenação aos valores líquidos constantes da petição inicial. Aplicação do artigo 492 do CPC de 2015.

Ao formular pedidos com valores líquidos na petição inicial, sem registrar qualquer ressalva, o autor limita a condenação a esses parâmetros, a teor do disposto no art. 492 do CPC de 2015. Com efeito, nos termos do referido dispositivo legal, "é vedado ao juiz proferir decisão de natureza diversa da pedida, bem como condenar a parte em quantidade superior ou em objeto diverso do que lhe foi demandado". No caso concreto, extrai-se da petição inicial que o reclamante requereu o pagamento de horas in itinere no exato valor de R$ 3.803,00, não havendo qualquer menção de se tratar de mera estimativa ou requerimento de apuração em liquidação, como havia sido feito em outros pedidos. Sob esse fundamento, a SBDI-1, por unanimidade, decidiu conhecer do recurso de embargos, por divergência jurisprudencial, e, no mérito, dar-lhe provimento para, no tocante ao pedido de horas in itinere, limitar as parcelas condenatórias aos valores indicados na petição inicial. TST-E-ARR-10472-61.2015.5.18.0211, SBDI-I, rel. Min. Walmir Oliveira da Costa, 21/5/2020 (TST. Info nº 219).

➘ Conflito negativo de competência. Reclamação trabalhista ajuizada no foro da prestação de serviços. Exceção de incompetência territorial. Indicação do foro de domicílio do autor e do réu. Anuência do reclamante.

Modificação da competência relativa por convenção das partes. Possibilidade. Negócio jurídico processual atípico. O litígio entre as partes a propósito do foro competente para apreciação da causa constitui pressuposto necessário para que o Juízo declinado suscite o conflito de competência. No caso, a reclamação trabalhista foi proposta no foro da prestação dos serviços (Hortolândia/SP) e o reclamante, no bojo da exceção de incompetência territorial oposta pelo reclamado, concordou com a declinação do foro para uma das Varas do domicílio de ambos os litigantes (São Paulo/SP), em uma espécie de negócio jurídico processual superveniente e anômalo que encontra respaldo no art. 190 do CPC de 2015. O Juízo de Hortolândia, então, acolhendo a exceção de competência, determinou o envio dos autos a uma das Varas da capital paulista que, por sua vez, suscitou o conflito de competência. Todavia, havendo ajuste entre as partes, e sendo a competência territorial de natureza relativa e, portanto, prorrogável, não há espaço para a recusa do curso do feito no Juízo para o qual direcionada a causa, nem necessidade de analisar de ofício o acerto ou não da decisão declinatória proferida pelo Juízo suscitante, a quem compete instruir e julgar a reclamação trabalhista. Sob esses fundamentos, a SBDI-II, por unanimidade, admitiu o conflito negativo de competência e, por maioria, declarou competente a 12ª Vara do Trabalho de São Paulo/SP. Vencidos os Ministros Dezena da Silva, relator, Evandro Pereira Valadão e Renato de Lacerda Paiva. TST-CC-7301-46.2018.5.00.0000, SBDI-II, rel. Min. Luiz José Dezena da Silva, red. p/ acórdão Min. Douglas Alencar Rodrigues, 17.12.2019 (TST. Info nº 214).

➘ Procedência do pedido principal nas instâncias ordinárias. Pedido subsidiário nunca apreciado porque prejudicado. Pedido principal julgado improcedente no TST.

Necessidade de devolução dos autos à Vara do Trabalho para apreciação do pedido sucessivo. Art. 326 do CPC de 2015. Preclusão. Não ocorrência. A Turma do TST, ao reformar a decisão recorrida para julgar improcedente o pedido principal, deverá, desde logo, determinar o retorno dos autos à Vara do Trabalho de origem para julgar o pedido subsidiário, nunca apreciado porque prejudicado ante a procedência do principal nas instâncias ordinárias. No caso, a reclamante pleiteou diferenças salariais decorrentes de promoções por mérito previstas no PCCS/90 do extinto Banco do Estado da Bahia – Baneb e, caso não concedidas, requereu as diferenças relativas às promoções trienais por antiguidade, visto que a norma interna do banco proibia a cumulação das referidas promoções. A decisão do TRT confirmou a sentença que julgara procedente o pedido de diferenças decorrentes das promoções por merecimento, de modo que o pleito sucessivo ficou prejudicado. No TST, a Turma deu provimento ao recurso de revista do reclamado para julgar improcedente o pedido relativo às promoções por mérito e, instada a se manifestar sobre o pedido subsidiário, entendeu que a questão estava preclusa, visto que não renovada em contrarrazões à revista, nem em contraminuta ao agravo de instrumento. Todavia, nos termos do art. 326 do CPC de 2015, é dever do juiz analisar o pedido subsidiário se não acolher o principal. Ademais, não havia interesse do autor em devolver o pedido subsidiário às instâncias recursais, em razão da procedência do pleito principal, o que também afasta a preclusão. Sob esses fundamentos, a SBDI-I, por maioria, conheceu dos embargos por divergência jurisprudencial e, no mérito, por unanimidade, deu-lhes provimento para determinar o retorno dos autos à Vara do Trabalho de origem para julgar o pedido sucessivo (diferenças salariais decorrentes das promoções trienais por antiguidade) como entender de direito. Vencidos, no conhecimento, os Ministros Breno Medeiros e Alexandre Luiz Ramos. TST-E-EDRR-219-56.2010.5.05.0015, SBDI-I, rel. Min. José Roberto Freire Pimenta, 7.11.2019 (TST. Info nº 211).

➘ Ação rescisória. Falecimento do réu antes do ajuizamento da ação. Desconhecimento pela parte autora. Emenda à petição inicial. Possibilidade. Arts. 139, IX, e 317 do CPC de 2015.

Na hipótese em que o autor, no momento do ajuizamento da ação rescisória, desconhecia o falecimento do réu, admite-se a emenda à petição inicial, pois a sanabilidade dos defeitos que possam impedir o exame do mérito é a regra adotada pelo CPC de 2015 (arts. 139, IX, e 317), e o vício em questão pode ser facilmente suprido mediante a retificação do polo passivo. No caso, o TRT de origem, ao verificar que o falecimento do réu ocorreu antes da propositura da ação rescisória, manteve a decisão monocrática que extinguiu o processo, sem resolução de mérito, por ausência de pressuposto de constituição do processo referente à existência da parte. Sob esse entendimento, a SBDI-II, por unanimidade, conheceu do recurso ordinário do autor e, no mérito, por maioria, deu-lhe provimento para determinar o retorno dos autos à Corte de origem para a regularização do polo passivo e posterior retomada do curso legal do processo, como de direito. Vencido o Ministro Emmanoel Pereira, relator. TSTRO-1001448-87.2015.5.02.0000, SBDI-II, rel, Min. Emmanoel Pereira, red. p/ acórdão Min. Douglas Alencar Rodrigues, 15.10.2019 (TST. Info nº 209).

➘ Ação rescisória. Pedido líquido. Condenação limitada ao valor indicado na petição inicial. Exercício adequado e regular da atividade jurisdicional. Violação dos arts. 128 e 460 do CPC. Não configuração.

O pedido deduzido pelo reclamante de forma líquida, e não por mera estimativa, enseja a limitação da condenação ao valor indicado na petição inicial, a qual reflete o exercício adequado e regular da atividade jurisdicional (art. 5º, LIV, da CF). Com esse entendimento, e não vislumbrando violação dos arts. 128 e 460 do CPC, a SBDI-II, à unanimidade, negou provimento a recurso ordinário interposto contra decisão que julgara improcedente a ação rescisória a qual visava desconstituir acórdão que, ao deferir diferenças salariais decorrentes de equiparação salarial, adotou como parâmetro para a condenação o valor indicado na petição inicial. TST-RO-10437-75.2010.5.02.0000, SBDI-II, rel. Min. Douglas Alencar Rodrigues, 19.8.2014 (TST. Info nº 87).

➘ Prescrição suscitada em contestação e não analisada em sentença. Exame em sede de recurso ordinário do reclamante. Não arguição em contrarrazões. Possibilidade. Princípio da ampla devolutividade.

Em face do princípio da ampla devolutividade, a prejudicial de prescrição arguida em contestação e não examinada em sentença que julgou improcedente a reclamação trabalhista é automaticamente devolvida ao exame do colegiado quando do julgamento do recurso ordinário do reclamante, mesmo que não suscitada em contrarrazões. Com esse posicionamento, a SBDI-I, à unanimidade, conheceu dos embargos, por divergência jurisprudencial, e, no mérito, por maioria, vencido o Ministro Ives Gandra Martins Filho, deu-lhes provimento para determinar o retorno dos autos ao Tribunal Regional de origem a fim de que, julgando novamente os embargos de declaração, aprecie o fundamento da defesa relativo à prescrição bienal, ficando excluída, por consequência lógica, a multa nele aplicada com base no art. 538, parágrafo único, do CPC. TST-E-RR-589200-82.2006.5.12.0036, SBDI-I, rel. Min. Renato de Lacerda Paiva, 14.6.12 (TST. Info nº 13).

3.2. AUDIÊNCIA E CONCILIAÇÃO

➘ Audiência. Não comparecimento da reclamante. Atestado médico que não registra a impossibilidade de locomoção. Existência de outros elementos que justificam a ausência. Confissão ficta. Afastamento.

A SBDI-I, por unanimidade, conheceu dos embargos interpostos pela reclamada, por divergência jurisprudencial, e, no mérito, por maioria, negou-lhes provimento para manter a decisão turmária que afastara a pena de confissão ficta aplicada à reclamante que justificou sua ausência à audiência mediante a apresentação de atestado médico sem expressa menção à impossibilidade de locomoção. Na espécie, prevaleceu o entendimento de que embora o atestado médico não tenha atendido aos requisitos da Súmula nº 122 do TST – aplicável a empregador e a empregado, em razão do princípio da isonomia –, restou justificada a ausência da reclamante, na medida em que o documento noticiou o comparecimento da empregada ao médico na mesma data da audiência e em horário próximo, e registrou o Código Internacional de Doenças – CID e a necessidade de afastamento das atividades laborais por um dia, o que leva a concluir que também não estava apta a comparecer à audiência marcada. Vencidos os Ministros Maria Cristina Irigoyen Peduzzi e Márcio Eurico Vitral Amaro. TST-E-RR-736-21.2012.5.09.0002, SBDI-I, rel. Min. Guilherme Augusto Caputo Bastos, 14.6.2018 (TST. Info nº 180).

➘ Confissão ficta. Configuração. Comparecimento do advogado da reclamada após o encerramento da audiência. Orientação Jurisprudencial nº 245 da SBDI-I.

Nos termos da Orientação Jurisprudencial nº 245 da SBDI-I, não existe expressa previsão legal de tolerância ao atraso no horário de comparecimento da parte na audiência, aplicando-se o parágrafo único do art. 815 da CLT apenas aos magistrados. Em alguns casos, porém, o TST tem relevado atrasos ínfimos das partes, desde que demonstrada a ausência de prejuízos, ou seja, desde que a parte compareça antes da prática de atos processuais relevantes e do encerramento da audiência. Todavia, no caso concreto, embora o atraso do advogado da reclamada tenha sido de apenas nove minutos, consta dos autos que, no momento do comparecimento, a audiência já estava encerrada e que a preposta, embora tenha chegado no horário, nenhuma informação útil pode prestar. Sob esses fundamentos, a SBDI-II, por unanimidade, negou provimento ao recurso ordinário, mantendo, portanto, a improcedência do corte rescisório por violação ao direito de defesa, bem como a pena de confissão ficta aplicada. TST-RO-10734-07.2013.5.01.0000 , SBDI-II, rel. Min. Luiz Philippe Vieira de Mello Filho, 13.12.2016 (TST. Info nº 151).

➘ Revelia. Caracterização. Atraso de 37 minutos. Orientação Jurisprudencial nº 245 da SBDI-I. Incidência.

Na hipótese em que a reclamada somente se fez presente, por meio de seu preposto, 37 minutos após o início da audiência, e em momento posterior à tomada do depoimento do reclamante, não é possível, ainda que excepcionalmente, afastar a incidência da Orientação Jurisprudencial nº 245 da SBDI-I. No caso concreto, o Juízo de 1º grau, no início da audiência, às 15 horas, registrou a ausência da primeira reclamada e declarou-a revel e confessa. Em seguida, no entanto, ficou registrado o comparecimento da patrona da primeira reclamada às 15h15, ainda na fase conciliatória, motivo pelo qual a juíza reconsiderou a declaração de sua revelia, sob os protestos do reclamante. Após recebidas as defesas das reclamadas e colhido o depoimento pessoal do autor, às 15h37, houve o registro do comparecimento do preposto da primeira reclamada, encerrando-se a instrução processual após a coleta de seu depoimento pessoal. Ressalte-se que o comparecimento da advogada da reclamada com quinze minutos de atraso não é suficiente para afastar a revelia, de modo que a empregadora somente cumpriu os requisitos para a regular representação processual no momento em que seu preposto se fez presente, ou seja, após 37 minutos do início da audiência. Ademais, o fato de o atraso dever-se à presença da reclamada em outra audiência trabalhista não é motivo justificador para a sua ausência no horário marcado, cabendo aos reclamados o cuidado de designar quantos prepostos forem necessários para o acompanhamento das audiências. Assim, a SBDI-I, por unanimidade, conheceu do recurso de embargos, por divergência jurisprudencial e, no mérito, por maioria, deu-lhe provimento para, anulando a sentença, declarar a revelia da primeira reclamada e os seus efeitos materiais e processuais inerentes, mormente quanto à sua confissão ficta sobre a matéria de fato, e determinar o retorno dos autos à Vara do Trabalho de origem para prolação de nova decisão de mérito, como entender de direito, sem reabertura de nova instrução processual, ante o que preconiza o item II da Súmula nº 74 do TST. Vencido o Ministro Márcio Eurico Vitral Amaro. TST-E-ED-RR-265500-36.2005.5.02.0046, SBDI-I, rel. Min. José Roberto Freire Pimenta, 2.6.2016 (TST. Info nº 138).

4. PROVAS, TUTELA DE URGÊNCIA, SENTENÇA E COISA JULGADA

4.1. PROVAS

➘ Ente público. Terceirização. Responsabilidade subsidiária. Ônus da prova. Matéria infraconstitucional. Dever ordinário de fiscalização imposto à Administração Pública.

No julgamento do RE nº 760.931/DF, com repercussão geral reconhecida, o STF firmou a tese de que "o inadimplemento dos encargos trabalhistas dos empregados do contratado não transfere automaticamente ao Poder Público contratante a responsabilidade pelo seu pagamento, seja em caráter solidário ou subsidiário, nos termos do art. 71, § 1º, da Lei nº 8.666/93". A ratio decidendi da referida decisão permite concluir que a responsabilização do ente público apenas está autorizada quando comprovada a ausência sistemática de fiscalização quanto ao cumprimento das obrigações trabalhistas pela prestadora. De outra sorte, a Suprema Corte, ao rejeitar os embargos de declaração interpostos no referido recurso extraordinário, e fixar o alcance da repercussão geral, deixou claro que não adentrou na questão do ônus da prova, de modo que cabe ao TST defini-la, diante de sua natureza eminentemente infraconstitucional. Assim, tendo em vista o dever ordinário de fiscalização da execução do contrato e de outras obrigações impostas à Administração Pública por diversas normas legais, conclui-se que é do poder público o ônus de demonstrar que fiscalizou adequadamente os contratos de prestação de serviços por ele firmados. Sob esses fundamentos, a SBDI-I, por unanimidade, conheceu dos embargos, por divergência jurisprudencial, e, no mérito, por maioria, deu-lhes provimento para restabelecer o acórdão do Tribunal Regional que, reputando insuficientes os documentos juntados aos autos, entendeu que o ente público reclamado não se desincumbiu do ônus que lhe cabia, devendo, portanto, ser responsabilizado subsidiariamente pelos débitos trabalhistas inadimplidos pela prestadora de serviços por ele contratada. Vencidos os Ministros Breno Medeiros, Alexandre Luiz Ramos e Brito Pereira. TST-E-RR-925- 07.2016.5.05.0281, SBDI-I, rel. Min. Cláudio Mascarenhas Brandão, 12.12.2019 (Info nº 214).

➘ Pedido de adiamento da audiência para intimação de testemunha. Indeferimento. Determinação judicial prévia de apresentação de rol de testemunhas. Inobservância. Cerceamento do direito de defesa.

Não caracterização. Art. 825, da CLT. Não violação. Com o objetivo de imprimir razoável duração ao processo, a praxe nos Tribunais Regionais é no sentido de designar audiências unas e contínuas, em que as partes são previamente notificadas a respeito da necessidade de apresentar o rol de testemunhas antecipadamente ou trazer as não arroladas independentemente de intimação, sob pena de não serem ouvidas. Nesse contexto, o indeferimento do pedido de adiamento da audiência, para que fosse intimada a testemunha não arrolada e que não compareceu espontaneamente, não viola o art. 825 da CLT, nem caracteriza cerceamento do direito de defesa. Reforça tal entendimento o fato de, no caso concreto, além de a parte ter sido previamente informada a respeito das consequências advindas da ausência das testemunhas na data da audiência, não haver justificativa para o não comparecimento, nem prova de que foram realmente convidadas. Sob esses fundamentos, a SBDI-I, por unanimidade, conheceu dos embargos por divergência jurisprudencial e, no mérito, por maioria, negou-lhes provimento. Vencidos os Ministros João Oreste Dalazen, relator, Márcio Eurico Vitral Amaro e Augusto César Leite de Carvalho. TST-E-RR-1810-18.2012.5.15.0108, SBDI-I, rel. Min. João Oreste Dalazen, red. p/ acórdão Min. Hugo Carlos Scheuermann, 12.4.2018 (Informativo TST nº 176).

➘ Pedido de intimação de testemunha. Indeferimento. Determinação judicial prévia de apresentação de rol de testemunhas. Inobservância. Cerceamento de defesa. Não caracterização.

Na hipótese em que a parte não observa determinação judicial prévia de apresentação de rol de testemunhas e não comprova a realização de convite à testemunha ausente, o indeferimento do pedido de adiamento de audiência para intimação de testemunha que não compareceu espontaneamente não caracteriza cerceamento do direito de defesa, nem viola o art. 825 da CLT. No caso, foi dada ciência ao reclamante quanto à designação de audiência una, registrando-se a recomendação de que as testemunhas não arroladas previamente deveriam ser trazidas independentemente de intimação, sob pena de preclusão. Sob esse fundamento, a SBDI-I, por unanimidade, conheceu dos embargos, por divergência jurisprudencial, e, no mérito, pelo voto prevalente da Presidência, deu-lhes provimento para, reformando a decisão turmária quanto ao reconhecimento de violação do art. 825 da CLT, afastar a declaração de nulidade por cerceamento de defesa, e restabelecer o acórdão do Regional. Vencidos os Ministros Guilherme Augusto Caputo Bastos, Luiz Philippe Vieira de Mello Filho, Márcio Eurico Vitral Amaro, Walmir Oliveira da Costa, Augusto César leite de Carvalho e Alexandre Agra Belmonte. TST-E-RR-2300-70.2007.5.02.0401 , SBDI-I, rel. Min. Hugo Carlos Scheuermann, 28.9.2017 (TST. Info nº 166).

➘ Salário-família. Ônus da prova. Súmula nº 254 do TST. Matéria suspensa para apreciação do Tribunal Pleno.

A SBDI-I decidiu, por unanimidade, suspender a proclamação do resultado do julgamento do processo em que se discute se cabe ao empregado ou ao empregador o ônus de provar o direito ao salário-família e, nos termos do art. 158, § 1º, do RITST, remeter os autos ao Tribunal Pleno para revisão, se for o caso, da Súmula nº 254 do TST. Na hipótese, os Ministros Márcio Eurico Vitral Amaro, relator, Luiz Philippe Vieira de Mello Filho, Guilherme Augusto Caputo Bastos, Walmir Oliveira da Costa e Renato de Lacerda Paiva votaram no sentido de conhecer dos embargos, por divergência jurisprudencial, e, no mérito, dar-lhes provimento para, reformando o acórdão embargado que endossara a inversão do ônus da prova em desfavor da empregadora, julgar improcedente o pedido de salário-família. De outra sorte, os Ministros José Roberto Freire Pimenta, Augusto César Leite de Carvalho, Hugo Carlos Scheuermann, Alexandre Agra Belmonte, Cláudio Mascarenhas Brandão e Brito Pereira conheciam dos embargos, por divergência jurisprudencial, e, no mérito, negavam-lhes provimento, inclinando-se, portanto, a decidir em sentido contrário ao disposto na Súmula nº 254 do TST. TST-E-RR-696-25.2012.5.05.0463 , SBDI-I, rel. Min. Márcio Eurico Vitral Amaro, 28.9.2017 (TST. Info nº 166).

➘ Adicional de insalubridade. Perícia. Dispensa. Condenação com base no Programa de Prevenção de Riscos Ambientais - PPRA. Possibilidade. Art. 427 do CPC de 1973. Local de difícil acesso. Inviabilidade de realização de prova pericial.

Apesar de o art. 195 da CLT estabelecer que a caracterização da insalubridade ocorrerá por meio de perícia, o art. 427 do CPC de 1973 (art. 472 do CPC de 2015) faculta ao juiz dispensar a prova pericial quando já houver nos autos pareceres técnicos ou documentos elucidativos suficientes à formação de seu convencimento. Assim, na hipótese em que o reclamante é laboratorista em mina na Serra dos Carajás/PA, local de difícil acesso, em que a realização de perícia revelou-se inviável, admite-se o reconhecimento da insalubridade com base no Programa de Prevenção de Riscos Ambientais – PPRA, documento obrigatório destinado à preservação da saúde e da integridade física dos trabalhadores, em que se registra a classificação do risco da atividade. No caso, ressaltou-se que a adoção do PPRA é medida excepcional, que se justifica como forma de garantir aos trabalhadores dos rincões do Pará o acesso à justiça. Ademais, trata-se de prova que goza de presunção juris tantum, razão pela qual pode a empresa demonstrar que o reclamante não realizava trabalho insalubre ou perigoso. Sob esses fundamentos, a SBDI-I, por unanimidade, conheceu dos embargos, por divergência jurisprudencial, e, no mérito, por maioria, negou-lhes provimento. Vencidos os Ministros Márcio Eurico Vitral Amaro, relator, João Oreste Dalazen, Brito Pereira, Emmanoel Pereira e Aloysio Corrêa da Veiga. TST-E-RR- 223400-20.2007.5.08.0114, SBDI-I, rel. Min. Márcio Eurico Vitral, red. p/ acórdão Min. Walmir Oliveira da Costa, 6.4.2017 (TST. Info nº 156).

➘ Notificação prévia para indicação de provas na audiência inaugural. Ausência de apresentação do rol de testemunhas. Indeferimento do pedido de produção de prova testemunhal na audiência de prosseguimento. Cerceamento de defesa. Não configuração.

Não configura cerceamento de defesa o indeferimento do pedido de produção de prova testemunhal na audiência de prosseguimento, quando a parte, previamente notificada para indicar as provas que pretende produzir, comparece à audiência inaugural e não apresenta o rol de testemunhas. Embora, no processo do trabalho, não haja obrigação de a parte requerer o arrolamento de testemunhas (arts. 825 e 845 da CLT), no caso, o fato de haver determinação judicial expressa no sentido de que o reclamado indicasse todas as provas que pretendia produzir no feito, quando da audiência inaugural, afastou a pretendida nulidade processual por cerceamento do direito de defesa. Sob esse fundamento, a SBDI-I, por maioria, conheceu dos embargos, por divergência jurisprudencial, vencidos os Ministros José Roberto Freire Pimenta, relator, Antonio José de Barros Levenhagen, Lelio Bentes Corrêa, Luiz Philippe Vieira de Mello Filho e Delaíde Miranda Arantes, e, no mérito, por unanimidade, negou-lhes provimento, mantendo incólume a decisão turmária mediante a qual não se conheceu do recurso de revista do reclamado. TST-E-ED-RR-50200-44.2003.5.08.0006 , SBDI-I, rel. Min. José Roberto Freire Pimenta, 15.12.2016 (TST. Info nº 151).

➘ Conflito negativo de competência. Carta precatória. Oitiva de testemunhas. Degravação de depoimentos audiovisuais. Competência do juízo deprecado.

É atribuição do juízo deprecado proceder à degravação dos depoimentos colhidos em audiência por meio audiovisual. Na hipótese, após a oitiva das testemunhas, o juízo deprecado determinou a devolução das cartas precatórias sem que houvesse realizado a degravação dos depoimentos, cujo conteúdo foi disponibilizado mediante mídia (CD). De acordo com o art. 417, § 1º, do CPC de 1973, o depoimento registrado por meio idôneo de documentação será passado para a versão datilográfica quando houver recurso da sentença ou quando o juiz o determinar, de ofício ou a requerimento da parte, razão pela qual não se pode atribuir ao reclamante ou ao reclamado a responsabilidade da degravação. De outra sorte, o registro audiovisual não fora determinado pelo juízo deprecante, mas decorrera de iniciativa do próprio juízo deprecado, razão pela qual se conclui que cabe a este o ônus da degravação. Sob esses fundamentos, e citando precedentes do STJ que afirmam ser a transcrição de depoimentos obrigação do juízo deprecado, como parte do cumprimento integral da carta precatória, a SBDI-II, por unanimidade, conheceu do conflito negativo de competência e declarou competente o Juízo da 9ª Vara do Trabalho de Curitiba (deprecado) para efetuar a degravação das declarações das testemunhas ali ouvidas mediante registro audiovisual. TST-CC-10634-88.2013.5.07.0031, SBDI-II, rel. Min. Antonio José de Barros Levenhagen, 28.6.2016 (TST. Info nº 140).

4.2. TUTELAS PROVISÓRIAS, DECISÕES, SENTENÇAS E COISA JULGADA

➘ Ação rescisória. Depósito prévio. Pessoa jurídica. Ausência de regularização. Extinção do processo, sem resolução do mérito, antes da análise do pedido de concessão de gratuidade de justiça. Impossibilidade.

A decisão que, antes de analisar o pedido de benefício de gratuidade de justiça pleiteado por pessoa jurídica, indefere a petição inicial e extingue a ação rescisória, sem resolução de mérito, por falta de regularização do depósito prévio, está em desacordo com o que preceitua o art. 99, § 2º, do CPC de 2015. No caso, diante do descumprimento de determinação que concedia prazo para a regularização do depósito prévio, o julgador extinguiu a ação sem que houvesse manifestação da parte a respeito da ausência dos requisitos para a concessão da justiça gratuita e sem a oportunidade para o exercício do direito de defesa quanto a esse aspecto. Sob esse entendimento, a SBDI-II, por unanimidade, conheceu do recurso ordinário e, no mérito, deu-lhe provimento parcial para afastar a extinção do processo, sem resolução do mérito, e determinar o retorno dos autos ao Tribunal Regional para que prossiga no exame da admissibilidade da ação rescisória, considerando o pedido de concessão dos benefícios da justiça gratuita requerido na petição inicial. TSTRO-315-82.2017.5.19.0000, SBDI-II, rel. Min. Alexandre de Souza Agra Belmonte, 26/5/2020 (TST. Info nº 219).

➘ Representação comercial autônoma. Acordo extrajudicial homologado pela Justiça comum. Posterior ajuizamento de reclamação trabalhista. Pedido de reconhecimento de vínculo de emprego. Coisa julgada. Não configuração.

Não faz coisa julgada perante a Justiça do Trabalho o acordo extrajudicial homologado pela Justiça comum em que o reclamante, sua empresa e a empresa ré, em instrumento particular de distrato, confissão e quitação de dívida, deram ampla, geral e irrestrita quitação da relação jurídica decorrente do contrato de representação comercial mantido entre as partes. No caso, não se verifica os requisitos configuradores da coisa julgada, pois os pedidos formulados são distintos. Enquanto a reclamação trabalhista visa o reconhecimento do vínculo de emprego, a sentença homologatória teve por objeto o acordo envolvendo uma relação jurídica comercial. Ademais, compete à Justiça do Trabalho a análise do preenchimento dos requisitos estabelecidos nos arts. 2° e 3° da CLT e a decisão quanto à existência ou não de vínculo de emprego. Sob esses fundamentos, a SBDI-I, em sua composição plena, por unanimidade, conheceu do recurso de embargos, por divergência jurisprudencial, e, no mérito, por maioria, negou-lhe provimento, mantendo, portanto, a decisão recorrida que afastou a coisa julgada e determinou o retorno dos autos ao TRT de origem para o prosseguimento do julgamento. Vencidos os Ministros Maria Cristina Irigoyen Peduzzi, Brito Pereira, Breno Medeiros, Alexandre Luiz Ramos e Walmir Oliveira da Costa. TST-E-ED-RR-115- 05.2010.5.04.0561, SBDI-I, rel. Min. Augusto César Leite de Carvalho, 24.10.2019 (TST. Info nº 210).

➘ Incidente de Recursos de Revista Repetitivos. "Tema nº 0004 – Multa do art. 523, § 1º, do CPC de 2015 (art. 475-J do CPC de 1973). Compatibilidade com o processo do trabalho."

O Tribunal Pleno, por maioria, definiu a seguinte tese jurídica para o Tema Repetitivo nº 0004 – MULTA DO ART. 523, § 1º, DO CPC DE 2015 (ART. 475-J DO CPC DE 1973). COMPATIBILIDADE COM O PROCESSO DO TRABALHO: a multa coercitiva do art. 523, § 1º, do CPC de 2015 (art. 475-J do CPC de 1973) não é compatível com as normas vigentes da CLT por que se rege o processo de trabalho, ao qual não se aplica. Vencidos os Ministros Mauricio Godinho Delgado, relator, Kátia Magalhães Arruda, revisora, Augusto César Leite de Carvalho, José Roberto Freire Pimenta, Delaíde Miranda Arantes, Hugo Carlos Scheuermann, Cláudio Mascarenhas Brandão, Douglas Alencar Rodrigues, Maria Helena Mallmann, Lelio Bentes Corrêa e Luiz Philippe Vieira de Mello Filho. TST-IRR-1786-24.2015.5.04.0000, Tribunal Pleno, rel. Min. Mauricio Godinho Delgado, red. p/ acórdão Min. João Oreste Dalazen, 21.8.2017 (TST. Info nº 162).

➘ Execução. Compensação de progressões. Norma coletiva. Ofensa à coisa julgada. Contrariedade à Orientação jurisprudencial nº 123 da SBDI-II. Não configuração.

Para a constatação de ofensa à coisa julgada, não se admite a interpretação do título executivo judicial, mas apenas a verificação de dissonância patente entre o título e a decisão proferida em sede de execução. No caso, não contraria o entendimento contido na Orientação Jurisprudencial nº 123 da SBDI-II a decisão que, observando o teor da decisão exequenda, reconheceu a afronta à coisa julgada do acórdão prolatado pelo TRT e ordenou a compensação das progressões decorrentes das normas coletivas na apuração das diferenças salariais deferidas no título executivo, porquanto a sentença determinara expressamente o pagamento de diferenças salariais ao empregado que não recebeu "qualquer promoção". Sob esses fundamentos, a SBDI-I, por unanimidade, negou provimento ao agravo regimental interposto pelo exequente visando a reforma da decisão que denegara seguimento aos embargos por não vislumbrar divergência jurisprudencial específica nem contrariedade à Súmula nº 48 ou à Orientação Jurisprudencial nº 123 da SBDI-II, ambas do TST. TST-AgR-E-RR-2937-96.2011.5.09.0009, SBDI-I, rel. Min. João Oreste Dalazen, 30.6.2016 (TST. Info-execução nº 25).

➘ Execução. Fazenda Pública. Juros de mora. Alteração do percentual fixado na decisão exequenda. Impossibilidade. Ofensa à coisa julgada.

Não obstante a inobservância dos juros de mora de que trata o artigo 1º-F da Lei nº 9.494/97 viabilize, em tese, o conhecimento do recurso de revista por violação direta e literal do art. 5º, II, da CF, na fase de execução não é possível alterar o percentual de juros de mora instituído na decisão exequenda, por configurar evidente afronta à coisa julgada consagrada no art. 5º, XXXVI, da CF. No caso, a decisão transitada em julgado, ao invés de aplicar à condenação imposta à Fazenda Pública os juros de mora na forma do art. 1º-F da Lei nº 9.494/97, determinou "a adoção dos juros estampados na lei trabalhista". Sob esse entendimento, a SBDI-I, por unanimidade, conheceu dos embargos da executada, por divergência jurisprudencial, e, no mérito, negou-lhes provimento. TST-E-RR-187785-50.2007.5.12.0051, SBDI-I, rel. Min. João Oreste Dalazen, 2.6.2016 (TST. Info-execução nº 24).

➘ Intervalo intrajornada. Supressão parcial. Pedido que se refere ao "pagamento das horas laboradas nos períodos para descanso e alimentação intrajornada". Pagamento de todo o período correspondente ao intervalo. Súmula nº 437, I, do TST. Julgamento ultra petita. Não configuração. Invocação do art. 71, § 4º, da CLT.

Na hipótese em que a reclamante alega que gozou apenas trinta minutos de intervalo intrajornada e postula na inicial "pagamento das horas laboradas nos períodos para descanso e alimentação intrajornada (art. 71, § 4º, da CLT) com adicional de 50% e reflexos", não configura julgamento ultra petita o deferimento do pagamento de todo o período correspondente ao intervalo, e não apenas daquele suprimido (Súmula nº 437, I, do TST). No caso, prevaleceu o entendimento de que, embora o pedido mencione o pagamento das horas laboradas, o artigo da CLT invocado refere-se à remuneração devida no caso de descumprimento do intervalo intrajornada. Assim, a SBDI-I, por maioria, conheceu dos embargos por contrariedade à Orientação Jurisprudencial nº 358 da SBDI-I, vencidos os Ministros Augusto César Leite de Carvalho, Márcio Eurico Vitral Amaro, José Roberto Freire Pimenta, Hugo Carlos Scheuermann e Cláudio Mascarenhas Brandão. No mérito, a Subseção deu provimento ao recurso para excluir da condenação a determinação para que a reclamada garanta "o pagamento do salário mínimo da categoria profissional, de acordo com a Convenção Coletiva do Trabalho, independentemente do número de horas trabalhadas", julgando-se improcedente a presente ação no particular. TST-E-ED-RR-9891900-16.2005.5.09.0004, SBDI-I, rel. Min. Renato de Lacerda Paiva, 26.11.2015 (TST. Info nº 126).

➘ Mandado de segurança. Concessão de tutela inibitória fundada na existência de ações que revelam a prática reiterada da empresa em retaliar os empregados que ajuízam reclamação trabalhista. Possibilidade.

A existência de ações que retratam casos similares e revelam a prática reiterada da empresa em retaliar os empregados que ajuízam reclamação trabalhista é suficiente à concessão de tutela inibitória. Na espécie, o TRT denegou a segurança, mantendo a decisão do juiz de primeiro grau que, vislumbrando a verossimilhança da alegação e o perigo da demora (art. 461, § 3º, do CPC), deferiu a antecipação de tutela para determinar à reclamada que se abstenha de praticar atos retaliatórios contra o empregado que ajuizou reclamação trabalhista no curso do contrato de trabalho. Ressaltou-se que a prática de condutas retaliatórias é plenamente possível na vigência do pacto laboral e que a empresa já tinha ciência do ajuizamento da ação, pois havia sido notificada da audiência inicial. Ademais, o recente registro de caso similar envolvendo a mesma empregadora corroboraria a possibilidade do dano. Sob esses fundamentos, a SBDI-II, por unanimidade, conheceu de recurso ordinário interposto pela empresa, e, no mérito, por maioria, negou-lhe provimento. Vencido o Ministro Emmanoel Pereira. TST-RO-32-46.2012.5.15.0000, SBDI-II, rel. Min. Emmanoel Pereira, red. p/ acórdão Min. Luiz Philippe Vieira de Mello Filho, 1º.12.2015 (TST. Info nº 125).

5. RECURSOS E AÇÃO RESCISÓRIA

5.1. PRESSUPOSTOS RECURSAIS

➘ Embargos. Recurso de revista interposto sob a égide do CPC/2015. Depósito recursal. Recolhimento dentro do prazo. Comprovação em momento processual posterior. Vício insanável. Deserção configurada. Lei nº 5.584/70. Súmula nº 245 do TST. Multa por embargos protelatórios. Denegado seguimento aos Embargos quanto ao tema. Ausência de impugnação por meio de agravo. Exclusão da multa pela Seção Uniformizadora. Mero corolário.

Configura-se a deserção quando o recorrente, apesar de ter feito o recolhimento das custas e do depósito recursal tempestivamente, deixa de comprová-lo dentro do prazo alusivo ao recurso. Na espécie, o reclamado, ao interpor o recurso de revista, juntou a guia referente ao depósito recursal, sem a respectiva autenticação. A comprovação do preparo, com a juntada da guia devidamente autenticada, ocorreu mais de um mês depois do término do prazo recursal. Nesse contexto, não havendo comprovação do pagamento do depósito recursal no prazo para sua interposição, o recurso mostra-se deserto, nos termos do art. 7º da Lei nº 5.584/70 e da Súmula nº 245 do TST. Com esse entendimento, a SBDI-1 decidiu, por unanimidade, conhecer do recurso de embargos por contrariedade à Súmula nº 245 desta Corte e, no mérito, dar-lhe provimento para, reconhecendo a deserção do recurso de revista do reclamado, restabelecer integralmente o acórdão regional. No tocante à multa por embargos de declaração protelatórios, a despeito de os embargos à SBDI-1 não terem sido admitidos pelo Presidente da Turma quanto a esse tema e de não ter havido impugnação por meio de agravo, prevaleceu o entendimento de que o acolhimento da pretensão recursal principal (reforma da decisão da Turma quanto à deserção) tem como efeito necessário e automático a exclusão da multa imposta no acórdão impugnado, por restar evidente a ausência de intuito protelatório dos embargos de declaração interpostos. Sob esse fundamento, a SBDI-1, por maioria, excluiu a multa por embargos de declaração protelatórios aplicada à autora, vencidos os Ministros Breno Medeiros e Alexandre Luiz Ramos. TST-E-ED-ED-RR-11105-22.2015.5.03.004, SBDI-I, rel. Min. José Roberto Freire Pimenta, 18/6/2020. (TST. Info nº 221).

➘ Intempestividade. Recurso interposto após o prazo legal contado a partir da publicação no DEJT. Posterior intimação via sistema PJE. Impossibilidade de alteração do início do prazo recursal.

A intimação mediante o sistema do PJE não invalida, nem substitui a publicação ocorrida no Diário Eletrônico da Justiça do Trabalho (DEJT). Nos termos do art. 4º, § 2º, da Lei nº 11.419/2006, a publicação eletrônica do diário de justiça substitui qualquer outro meio de publicação oficial, para quaisquer efeitos legais, à exceção dos casos que, por lei, exigem intimação ou vista pessoal. Assim, é intempestivo o recurso ordinário interposto em 24/8/2018, pois o acórdão recorrido foi divulgado no DEJT de 2/8/2018, considerado publicado em 3/8/2018, tendo o octídio legal para a interposição do recurso (contado em dias úteis) expirado em 15/8/2018. O fato de a parte ter tido ciência da decisão no sistema do PJE apenas em 20/8/2018 não tem o condão de alterar a data inicial para a contagem do prazo recursal, pois não torna a publicação no DEJT sem efeitos. Sob esses fundamentos, a SBDI-II, por unanimidade, conheceu e negou provimento ao agravo de instrumento, mantendo incólume a decisão do Tribunal Regional que não admitiu o recurso ordinário porque intempestivo. TST-AIRO-6893-43.2015.5.15.0000, SBDI-II, rel. Min. Alexandre Agra Belmonte, 27.8.2019 (TST. Info nº 203).

➘ Juntada de voto vencido. Ausência. Nulidade absoluta do julgado. Configuração. Art. 941, § 3º, do CPC de 2015.

O art. 941, § 3º, do CPC de 2015 determina que "o voto vencido necessariamente será declarado e considerado como parte integrante do acórdão para todos os ns legais, inclusive para o de pré-questionamento", de forma que o legislador não deixou nenhuma margem interpretativa apta a relativizar a aplicação do dispositivo. A juntada do referido voto, portanto, é condição imprescindível para a efetivação do art. 93, IX, da CF, pois compõe a própria fundamentação da decisão colegiada e possibilita o conhecimento pelas partes de todas as razões (acatadas e rechaçadas) que resultaram no provimento jurisdicional. Assim, a ausência do voto vencido não pode ser considerada uma mera irregularidade passível de ser sanada pela ampla devolutividade do recurso ordinário, porquanto se trata de providência que, quando não observada, acarreta a nulidade absoluta do julgado. Sob esses fundamentos, a SBDI-II, por maioria, declarou a nulidade dos atos procedimentais a partir da publicação do acórdão do TRT sem o voto vencido, e determinou a devolução dos autos ao Tribunal Regional de origem para que seja sanada a irregularidade apontada, com restituição às partes do prazo para a interposição do recurso ordinário e o regular prosseguimento do feito. Vencidos, em parte, os Ministros Douglas Alencar Rodrigues e Luiz José Dezena da Silva. TST-RO-7956-69.2016.5.15.0000, SBDI-II, rel. Min. Maria Helena Mallmann, 13.8.2019 (TST. Info nº 202).

➘ Divergência jurisprudencial. Não demonstração. Arestos transcritos no agravo regimental não colacionados no recurso de embargos denegado. Inovação. Multa por litigância de má-fé.

Os arestos transcritos no agravo regimental que não foram colacionados no recurso de embargos anteriormente denegado não servem à demonstração de divergência jurisprudencial, porquanto são inovatórios. Sob esse fundamento, a SBDI-I, por unanimidade, negou provimento a agravo regimental e condenou a reclamada ao pagamento de multa por litigância de má-fé correspondente a 2% do valor corrigido da causa, nos termos do art. 81, caput, do CPC de 2015. TST-AgR-E-Ag-AIRR-3900-16.2013.5.13.0012, SBDI-I, rel. Min. José Roberto Freire Pimenta, 10.8.2017 (TST. Info nº 162).

➘ Prazo recursal. Termo inicial. Não comparecimento à audiência de julgamento. Juntada da sentença aos autos no dia seguinte. Súmula nº 197 do TST. Não incidência.

Na hipótese em que as partes não compareceram à audiência de julgamento previamente designada para o dia 6.10.2010, e a sentença foi juntada aos autos em 7.10.2010, considera-se como marco inicial da contagem do prazo recursal o dia útil seguinte à divulgação no Diário Eletrônico da Justiça do Trabalho ou a partir da notificação das partes, já que elas não tiveram acesso ao conteúdo da decisão no momento em que proferida. Ao caso não se aplica o entendimento consolidado na Súmula nº 197 do TST, pois esta pressupõe a prolação da sentença na data designada para a audiência, e não no dia seguinte, como ocorrido. Sob esses fundamentos, a SBDI-I, por unanimidade, conheceu dos embargos interpostos pela reclamada, por divergência jurisprudencial e, no mérito, negou-lhes provimento, mantendo a decisão turmária que não conhecera do recurso de revista interposto pela reclamada quanto à alegação de intempestividade do recurso ordinário do reclamante. TST-E-ED-RR-382-05.2010.5.03.0108, SBDI-I, rel. Min. José Roberto Freire Pimenta, 17.12.2015 (TST. Info nº 127).

➘ Recurso. Conhecimento. Impossibilidade. Inversão do ônus da sucumbência. Custas processuais não recolhidas. Deserção declarada.

Reputa-se inviável o conhecimento de recurso que se encontra deserto por falta de pagamento de custas processuais, não se aplicando à hipótese o § 11 do art. 896 da CLT, inserido pela Lei nº 13.015/2014, o qual se refere a "defeito formal que não se repute grave". Na espécie, as custas ainda não haviam sido recolhidas em virtude da isenção assegurada à ré sucumbente nas instâncias ordinárias. Todavia, em sede de recurso de revista, houve a inversão do ônus da sucumbência, tendo a autora permanecido inerte quanto ao cumprimento do encargo a ela imposto. Sob esse fundamento, por unanimidade, a SBDI-I não conheceu dos embargos. TST-E-ED-RR-2285-53.2013.5.09.0092, SBDI-I, rel. Min. Márcio Eurico Vitral Amaro 17.12.2015 (TST. Info nº 127).

5.2. RECURSO ORDINÁRIO

➘ Recurso ordinário. Cabimento. Agravo regimental que confirma decisão monocrática em ação rescisória. Determinação de intimação da parte para complementação do depósito prévio sob pena de indeferimento liminar da inicial. Antecipação da extinção do processo, sem resolução de mérito. Recorribilidade imediata.

Cabe recurso ordinário contra decisão de TRT que, ao analisar agravo regimental, confirma decisão monocrática em ação rescisória determinando a intimação da autora para complementação do depósito prévio, sob pena de indeferimento da petição inicial. Trata-se de decisão que antecipa a extinção do processo, sem resolução de mérito (art. 485, IV, do CPC de 2015), ostentando, portanto, natureza jurídica de decisão terminativa a autorizar o cabimento de recurso ordinário ao TST, em atenção aos princípios da economia, utilidade e celeridade processuais. Sob esse fundamento, a SBDI-II, por unanimidade, conheceu do recurso ordinário e, no mérito, por maioria, deu-lhes provimento para, afastado o ônus processual imposto à parte relativamente à complementação do depósito prévio, determinar o retorno dos autos ao TRT de origem para que prossiga no exame da ação rescisória, como entender de direito. Vencidos os Ministros Luiz Jose Dezena da Silva, Douglas Alencar Rodrigues, Evandro Valadão e Renato de Lacerda Paiva. TST-RO-7878- 41.2017.5.15.0000, SBDI-II, rel. Min. Alexandre Agra Belmonte, 1º.10.2019 (TST. Info nº 207).

➘ Prescrição. Arguição em defesa. Afastamento pelo Juízo de primeiro grau. Improcedência dos pedidos iniciais. Efeito devolutivo em profundidade do recurso da parte sucumbente no pedido principal. Desnecessidade de renovação da prescrição em recurso adesivo ou em contrarrazões.

O Tribunal Regional do Trabalho pode conhecer da prejudicial de prescrição arguida em defesa, ainda que não renovada por meio de recurso adesivo ou em contrarrazões ao recurso ordinário, quando julgados improcedentes os pedidos do reclamante. O efeito devolutivo do recurso ordinário é amplo e, consequentemente, admite o conhecimento da matéria impugnada, assim como de todas as questões suscitadas e discutidas no processo, ainda que o Juízo de primeiro grau não as tenha julgado por inteiro. Assim, no caso concreto, mesmo diante da não interposição de recurso adesivo, cabia ao TRT conhecer da prejudicial de prescrição arguida em contrarrazões pela reclamada. Sob esses fundamentos, a SBDI-I, em sua composição plena, por unanimidade, conheceu do recurso de embargos, por divergência jurisprudencial, e, no mérito, por maioria, deu-lhe provimento para reconhecer a possibilidade de exame, pelo Tribunal Regional, da prescrição renovada em contrarrazões ao recurso ordinário, e determinar o retorno dos autos à Turma a m de que prossiga no exame do recurso de revista, como entender de direito. Vencidos os Ministros Renato de Lacerda Paiva, Walmir Oliveira da Costa, José Roberto Freire Pimenta e Hugo Carlos Scheuermann, os quais negavam provimento ao recurso ao entendimento de que, na espécie, permitir que uma prejudicial de mérito seja arguida apenas em sede de contrarrazões ao recurso ordinário significa inviabilizar ao reclamante o exercício do contraditório e da ampla defesa. TST-E-ED-RR-103900-80.2012.5.17.0001, SBDI-I, rel. Min. Cláudio Mascarenhas Brandão, 21.2.2019 (TST. Info nº 192).

➘ Recurso ordinário. Interposição antes da publicação da sentença em Diário Oficial. Intempestividade. Não configuração. Inaplicabilidade da Súmula n.º 434, I, do TST.

A Súmula n.º 434, I, do TST (ex-OJ n.º 357 da SBDI-I) não se aplica à hipótese de interposição de recurso ordinário antes da publicação da sentença em Diário Oficial, pois seu conteúdo pode ser disponibilizado às partes por outros meios (arts. 834 e 852 da CLT), não sendo a referida publicação imprescindível à produção de efeitos jurídicos. Com esse entendimento, a SBDI-I, à unanimidade, conheceu dos embargos por má aplicação da Orientação Jurisprudencial n.º 357 da SBDI-I e deu-lhes provimento para restabelecer o acórdão que afastou a alegação de extemporaneidade do recurso ordinário do reclamante. TST-E-RR-176100-21.2009.5.09.0872, SBDI-I, rel. Min. Renato de Lacerda Paiva, 29.3.2012 (TST. Info nº 4).

➘ Recurso ordinário. Deserção. Não configuração. Acolhimento da preliminar de cerceamento de defesa. Nova sentença. Interposição de segundo recurso ordinário. Realização de novo depósito recursal. Inexigibilidade.

O depósito recursal deve ser efetuado uma vez a cada recurso, havendo necessidade de novo recolhimento apenas nas hipóteses em que haja alteração de instância. Assim, o reclamado que, no julgamento de seu primeiro recurso ordinário, teve a preliminar de cerceamento de defesa acolhida, para determinar o retorno dos autos à Vara do Trabalho a fim de que proferisse nova sentença, não necessita efetuar outro depósito recursal para interpor, pela segunda vez, recurso ordinário. Com esse entendimento, a SBDI-I, à unanimidade, conheceu do recurso de embargos, por divergência jurisprudencial e, no mérito, deu-lhe provimento para determinar o retorno dos autos ao TRT, a fim de que, superada a deserção do segundo recurso ordinário, prossiga no julgamento como entender de direito. No caso, ressaltou o relator que a parte completou o valor depositado de forma a atingir o limite legal em vigor à época da interposição, sendo inegável, portanto, a não ocorrência de deserção. TST-E-ED-RR-87200-72.1994.5.02.0261, SBDI-I, rel. Min. Renato de Lacerda Paiva, 15.3.2012 (TST. Info nº 2).

5.3. RECURSO DE REVISTA E EMBARGOS

➘ Recurso de revista e embargos. Conhecimento por contrariedade à Súmula nº 126 do TST. Excepcional possibilidade. Exame do mérito do recurso de revista sem considerar particularidade fática insuscetível de afastamento em sede extraordinária.

Em regra, não se conhece dos embargos por contrariedade ou má aplicação de súmula ou orientação jurisprudencial de conteúdo processual invocada como óbice ao conhecimento do recurso de revista, com exceção da hipótese em que a decisão embargada contenha armação ou manifestação contrária ao teor do verbete indicado como mal aplicado. No caso, a decisão turmária determinou a apuração das horas extras referentes ao período em que não foram juntados os cartões de ponto com base na jornada alegada na inicial (Súmula nº 338, I, do TST), sem atentar para a particularidade registrada pelo Tribunal Regional de que as condições de trabalho no período em que não foi registrada a jornada permaneceram inalteradas. Assim, restou configurada a hipótese excepcional de cabimento dos embargos por contrariedade à Súmula nº 126 do TST, pois a Turma procedeu ao exame do mérito ignorando peculiaridade fática insuscetível de afastamento em sede extraordinária. Com esses fundamentos, a SBDI-I, por maioria, conheceu do recurso de embargos, por contrariedade à Súmula nº 126 do TST, e, no mérito, aplicando a Orientação Jurisprudencial nº 233 da SBDI-I, deu-lhe provimento para restabelecer o acórdão do TRT, o qual mantivera a sentença que determinou a apuração das horas extraordinárias pela média da totalidade dos controles de jornada apresentados. Vencidos os Ministros José Roberto Freire Pimenta, relator, Alberto Luiz Bresciani de Fontan Pereira e Wlamir Oliveira da Costa. TST-Ag-E-ED-ARR-21130-73.2016.5.04.0802, SBDI-I, rel. Min. José Roberto Freire Pimenta, red. p/ acórdão Min. Breno Medeiros, 30.5.2019 (TST. Info nº 197).

➘ Conhecimento do recurso de revista por contrariedade a precedente normativo do TST. Possibilidade.

É possível o conhecimento de recuso de revista por contrariedade a precedente normativo do TST, pois, embora o art. 896, "a", da CLT, com redação dada pela Lei nº 13.015/2014, refira-se a "súmula de jurisprudência uniforme", pode-se armar que jurisprudência uniformizada é gênero, do qual súmulas, orientações jurisprudenciais e precedentes normativos são espécies. Ademais, se a Orientação Jurisprudencial nº 219 da SBDI-I admite invocar orientação jurisprudencial do TST para conhecimento de recurso de revista ou de embargos, independentemente da origem do verbete (SBDI-I, SBDI-II, Tribunal Pleno/Órgão Especial ou SDC), não se justifica inadmitir o recurso por contrariedade a precedente normativo, simplesmente pelo fato de consolidar entendimento jurisprudencial firmado no âmbito dos dissídios coletivos. Assim, a SBDI-I, por unanimidade, conheceu dos embargos da reclamada, por divergência jurisprudencial e, no mérito, por maioria, negou-lhes provimento, mantendo, portanto, a decisão turmária que conhecera do recurso de revista por contrariedade ao Precedente Normativo nº 119 do TST e dera-lhe provimento para condenar a reclamada a restituir ao reclamante os valores descontados a título de contribuição assistencial sem sua expressa autorização. Vencidos os Ministros Ives Gandra Martins Filho e Walmir Oliveira da Costa. TSTE-RR-2294-39.2012.5.02.0029, SBDI-I, rel. Min. Aloysio Corrêa da Veiga, 6.9.2018 (TST. Info nº 183).

➘ Execução. Bem de família. Penhora. Reconhecimento de ofensa constitucional. Possibilidade.

É possível conhecer de recurso de revista, em fase de execução, por violação dos arts. 5º, XXII, e 6º, da CF, na hipótese de penhora de imóvel que fora caracterizado como bem de família, por ser o único destinado à residência e à moradia do executado, sem registro de outros de sua propriedade que sejam utilizados com o mesmo caráter de habitação. Não obstante o bem de família possa ser penhorado em determinadas circunstâncias, a regra primeira a ser observada é a de sua impenhorabilidade. Assim, a inobservância de tal garantia, ainda que contida em norma infraconstitucional, implica violação, por via direta, da proteção constitucional relativa aos bens jurídicos da família que se referem à vida, à dignidade humana, à moradia e à propriedade. Sob esses fundamentos, a SBDI-I decidiu, por maioria, conhecer do recurso de embargos, por divergência jurisprudencial, e, no mérito, ainda por maioria, negou-lhe provimento para manter a decisão turmária que, vislumbrando violação dos art. 5º, XXII, e 6º, da CF, desconstituiu a penhora de bem imóvel e invalidou os atos posteriores dela decorrentes. Vencidos parcialmente no conhecimento e totalmente no mérito os Ministros João Oreste Dalazen e Brito Pereira. TST-E-ED RR-767-88.2011.5.01.0005 , SBDI-I, rel. Min. Alexandre Agra Belmonte, 4.5.2017 (TST. Info-execução nº 30).

➘ Indenização por dano moral. Valor da condenação. Conhecimento do recurso de revista por violação do art. 5º, X, da CF. Possibilidade.

O recurso de revista que se insurge contra o valor da indenização fixada a título de danos morais comporta conhecimento por violação do art. 5º, X, da CF, conforme a jurisprudência prevalente do TST. Sob esse fundamento, a SBDI-I, por unanimidade, conheceu dos embargos, por divergência jurisprudencial, e, no mérito, negou-lhes provimento, mantendo, assim, a decisão turmária que conhecera do recurso de revista do reclamante por violação do art. 5º, X, da CF, e dera-lhe provimento para restabelecer a sentença quanto ao valor da indenização por danos morais. TST-E ED- RR-298300-34.2009.5.12.0003 , SBDI-I, rel. Min. Hugo Carlos Scheuermann, 24.8.2017 (TST. Info nº 163).

➘ Embargos. Recurso parcialmente admitido pela Presidência da Turma. Ausência de impugnação dos temas inadmitidos por meio da interposição de agravo regimental. Preclusão. Instrução Normativa nº 40 do TST. Aplicação analógica.

Constitui ônus da parte interpor agravo regimental para impugnar o capítulo denegatório da decisão do Ministro Presidente da Turma que admitiu parcialmente o recurso de embargos, sob pena de preclusão da matéria não impugnada. Inteligência dos arts. 1.002, 1.008, 1.021 § 1º, e 1.034, parágrafo único, do CPC de 2015 e aplicação, por analogia, da Instrução Normativa nº 40 do TST. No caso, a parte não interpôs agravo regimental para impugnar a decisão do Presidente da Terceira Turma que não admitiu dois dos três temas aventados no recurso de embargos. Assim, operada a preclusão quanto aos temas não impugnados, a SBDI-I, por maioria, deixou de examiná-los. Vencidos os Ministros Renato de Lacerda Paiva, João Oreste Dalazen e Ives Gandra da Silva Martins Filho, os quais não aplicavam a Instrução Normativa nº 40 do TST ao procedimento de admissibilidade do recurso de embargos. TST-ED-ED-RR-176-37.2012.5.02.0079, SBDI-I, rel. Min. Márcio Eurico Vitral Amaro, 22.6.2017 (TST. Info nº 161).

➘ Recurso de revista. Conhecimento. Indicação expressa de afronta a dispositivo de lei ou da Constituição. Necessidade. Súmula nº 221 do TST. Orientação Jurisprudencial nº 257 da SDBII.

Para viabilizar o conhecimento do recurso de revista, deve a parte demonstrar, claramente, a intenção de indicar ofensa a preceito de lei ou da Constituição Federal. Assim, nos termos do art. 896 da CLT e da jurisprudência pacífica do TST (Súmula nº 221 do TST e Orientação Jurisprudencial nº 257 da SBDI-I), não é viável o conhecimento de recurso de revista que faz mera referência superficial a dispositivo de lei não expressamente indicado como violado. Embora não se imponha à parte o emprego de termos como "contrariar", "violar" ou "afrontar", é vital que das razões recursais extraia-se, clara e objetivamente, o propósito de indicar afronta a determinado dispositivo legal ou constitucional, no tocante ao tema objeto da impugnação recursal. Na espécie, a Turma conhecera do recurso de revista por violação do art. 186 do Código Civil quanto ao tema "configuração de dano moral". Todavia, a menção ao dispositivo em comento foi registrada apenas de forma circunstancial no capítulo do recurso destinado a impugnar o valor fixado a título de indenização por dano moral, não configurando, portanto, arguição de violação literal, como exigia o art. 896, "c", da CLT, com a redação vigente à época da interposição do recurso. Sob esse entendimento, a SBDI-I, por maioria, vencido o Ministro Aloysio Corrêa da Veiga, conheceu dos embargos, por divergência jurisprudencial, e, no mérito, ainda por maioria, deu-lhes provimento parcial para, afastado o conhecimento do recurso de revista da reclamada por violação do art. 186 do Código Civil, determinar o retorno dos autos à turma de origem, a fim de que prossiga no exame do conhecimento do referido recurso, como entender de direito. Vencidos os Ministros Cláudio Mascarenhas Brandão, Aloysio Corrêa da Veiga e Márcio Eurico Vitral Amaro. E-ED-RR - 35000- 19.2006.5.07.0006, SBDI-I, rel. Min. João Oreste Dalazen, 23.3.2017 (TST. Info nº 155).

➘ Negativa de prestação jurisdicional alegada em recurso de revista. Cumprimento do disposto no art. 896, § 1º-A, I, da CLT. Transcrição do trecho dos embargos de declaração e do acórdão que os julgou. Necessidade. Princípios da impugnação específica e da dialeticidade recursal.

Nos casos em que a parte busca o reconhecimento da negativa de prestação jurisdicional no recurso de revista, exige-se, com fulcro no artigo 896, §1º-A, I, da CLT, a transcrição do trecho dos embargos de declaração em que a parte, de forma inequívoca, provoca o Tribunal Regional a se manifestar sobre determinada matéria e, em consequência o acórdão prolatado no julgamento dos aludidos embargos. Tal exigência representa a materialização dos princípios da impugnação específica e da dialeticidade recursal, pois objetiva evitar que seja do órgão julgador a tarefa de interpretar a decisão impugnada, para deduzir a tese nela veiculada e a fundamentação que ampara a pretensão quanto ao atendimento dos pressupostos singulares do recurso interposto, notadamente quanto à indicação do trecho da decisão recorrida que consubstancia o prequestionamento da controvérsia. Sob esses fundamentos, a SBDI-I, em sua composição plena, decidiu, pelo voto prevalente da Presidência, conhecer do recurso de embargos, por divergência jurisprudencial, e, no mérito, negar-lhe provimento. Vencidos os Ministros João Oreste Dalazen, José Roberto Freire Pimenta, Renato de Lacerda Paiva, Emmanoel Pereira, Márcio Eurico Vitral Amaro, Augusto César Leite de Carvalho e Alexandre de Souza Agra Belmonte, os quais proviam os embargos sob entendimento de que é prescindível a demonstração do prequestionamento no caso de preliminar de nulidade decorrente de suposta negativa de prestação jurisdicional. TST-E-RR-1522-62.2013.5.15.0067, SBDI-I, rel. Min. Cláudio Mascarenhas Brandão, 16.3.2017 (TST. Info nº 155).

➘ Embargos. Decisão de Turma que reinterpreta os depoimentos transcritos no acórdão recorrido. Contrariedade à Súmula nº 126 do TST. Configuração.

Contraria a Súmula nº 126 do TST a decisão de Turma que reforma decisão do Regional com fundamento na reanálise dos depoimentos transcritos, pois configurado o reexame da prova. Na espécie, o TRT negou a existência de vínculo de emprego entre o reclamante e a Igreja Universal do Reino de Deus pautado não apenas na ausência de pessoalidade e de subordinação, mas também por vislumbrar vocação religiosa. Desse modo, ao reinterpretar os depoimentos constantes do acórdão recorrido e deles extrair conclusão diversa da prova produzida, ou seja, de que houve vínculo empregatício, a Turma reavaliou o conjunto de fatos e provas, o que é vedado na instância extraordinária por força da Súmula nº 126 do TST. Sob esse entendimento, a SBDI-I, por maioria, conheceu dos embargos por contrariedade à Súmula nº 126 do TST e, no mérito, deu-lhes provimento para não conhecer do recurso de revista do reclamante em relação ao pedido de reconhecimento de vínculo de emprego, restabelecendo, portanto, a decisão do Regional no tópico. Vencido o Ministro Alexandre Agra Belmonte. TST-E-ED-RR-1007-13.2011.5.09.0892, SBDI-I, rel. Min Aloysio Corrêa da Veiga, 14.4.2016 (TST. Info nº 132).

5.4. EMBARGOS DECLARATÓRIOS

➘ Embargos de declaração interpostos pelo reclamante. Intuito protelatório. Aplicação da multa prevista no art. 1.026, § 2º, do CPC de 2015. Possibilidade.

É admissível a imposição de multa em situações em que se constate que há procrastinação na interposição de embargos de declaração pelo reclamante. Verificado que o empregado se utilizou dos embargos de declaração para ver reapreciadas premissas fáticas já afastadas, em contrário aos seus interesses, resultou demonstrado o manifesto caráter protelatório do curso normal do processo, a atrair a aplicação da multa prevista no art. 1.026, § 2º, do CPC de 2015. Na ocasião, ressaltou-se que não é possível adotar a presunção de que o credor de verba alimentar nunca tem a intenção de procrastinar o feito, devendo-se apurar, no caso concreto, a má utilização dos embargos de declaração. Sob esse fundamento, a SBDI-I, por unanimidade, conheceu do recurso de embargos, por divergência jurisprudencial, e, no mérito, por maioria, negou-lhes provimento. Vencidos os Ministros Augusto César Leite de Carvalho, relator, e Alexandre Agra Belmonte. TST-E-ED-ARR-414800-90.2007.5.09.0892, SBDI-I, rel. Min. Ministro

Augusto César Leite de Carvalho, red. p/ acórdão Min. João Oreste Dalazen, 18.5.2017 (TST. Info nº 159).

➘ Embargos de declaração. Desistência. Interrupção do prazo para interposição de outros recursos. Recontagem do prazo a partir da ciência da homologação da desistência.

A oposição de embargos de declaração tempestivos e regulares interrompe o prazo para interposição de outro recurso, ainda que haja a posterior desistência dos declaratórios, devendo o prazo ser recontado a partir da ciência, pela parte contrária, da homologação da desistência. Com base nesse entendimento, a SBDI-I decidiu, por unanimidade, conhecer dos embargos interpostos pela reclamada, por divergência jurisprudencial e, no mérito, por maioria, dar-lhes provimento para, afastada a intempestividade, determinar o retorno dos autos ao TRT de origem a fim de que julgue o recurso ordinário, como entender de direito. Vencidos os Ministros Dora Maria da Costa, relatora, e Luiz Philippe Vieira de Mello Filho, os quais negavam provimento ao apelo ao fundamento de que os embargos de declaração deixam de existir quando a parte dele desiste, não podendo, portanto, produzir qualquer efeito jurídico, inclusive a interrupção do prazo para a interposição de outros recursos. TST-E-RR-223200-17.2009.5.12.0054, SBDI-I, rel. Min. Dora Maria da Costa, red. p/ acórdão Min. Aloysio Corrêa da Veiga, 27.3.2014 (TST. Info nº 77).

➘ Embargos de declaração. Interposição prematura. Extemporaneidade. Recurso inexistente. Interposição de novo recurso no devido prazo legal. Possibilidade. Preclusão consumativa. Não configuração.

O recurso interposto antes da publicação da decisão impugnada é considerado inexistente. Consequentemente, admite-se a interposição de novo recurso, se no devido prazo legal, não havendo falar em preclusão consumativa, nem em desrespeito ao princípio da unirrecorribilidade. No caso em apreço, o sindicato interpôs primeiros embargos de declaração antes da publicação do acórdão do recurso ordinário. No prazo recursal, interpôs segundos declaratórios, reconhecendo o equívoco na interposição prematura do primeiro recurso. No dia seguinte, interpôs terceiros embargos de declaração, idêntico ao segundo recurso, o qual, por sua vez, já reproduzia o teor dos primeiros declaratórios. Assim, a SDC, por maioria, vencidos os Ministros Fernando Eizo Ono, relator, Márcio Eurico Vitral Amaro e Walmir Oliveira da Costa, entendendo inexistente os primeiros embargos de declaração, regular os segundos e preclusos os terceiros, suspendeu o julgamento do feito a fim de que o Ministro relator aprecie os segundos declaratórios. TST-ED-RO-7724-30.2010.5.02.0000, SDC, rel. Min. Fernando Eizo Ono, 11.11.2013 (TST. Info nº 65).

5.5. OUTROS RECURSOS

➘ Execução. Agravo de petição do exequente. Delimitação de valores prevista no art. 897, § 1º, da CLT. Inexigibilidade.

A delimitação dos valores impugnados a que alude o art. 897, § 1º, da CLT é pressuposto de admissibilidade do agravo de petição e visa a execução imediata da parte incontroversa, razão pela qual somente é exigível do executado. O exequente, via de regra, pretende obter um acréscimo ao valor já apurado, de modo que o descumprimento da referida norma não acarreta qualquer prejuízo ao prosseguimento da execução. Sob esse entendimento, a SBDI-I, por unanimidade, conheceu dos embargos, por divergência jurisprudencial, e, no mérito, por maioria, deu-lhes provimento para, afastada a necessidade de delimitação de valores, determinar o retorno dos autos ao TRT para que prossiga no exame do agravo de petição do exequente, como entender de direito. Vencidos os Ministros Cláudio Mascarenhas Brandão, Alexandre Agra Belmonte, Guilherme Augusto Caputo Bastos, Walmir Oliveira da Costa e Ives Gandra Martins Filho. TST-E-RR-143500-80.2004.5.01.0342, SBDII, rel. Min. Hugo Carlos Scheuermann, 8.2.2018 (TST. Info nº 171).

➘ Execução. Agravo de petição. Exigência de valores atualizados até a data de interposição do recurso. Requisito não previsto no art. 897, § 1º, da CLT. Afronta ao art. 5º, II e LV, da CF. Configuração.

A decisão do TRT que condiciona o exame do agravo de petição à apresentação de valores atualizados até a data de interposição do recurso viola o art. 5º, II e LV, da CF, pois estabelece requisito não previsto em lei. O art. 897, § 1º, da CLT impõe ao agravante tão somente a delimitação justificada das matérias e dos valores impugnados. Sob esse entendimento, a SBDI-I, por unanimidade, conheceu de embargos, por divergência jurisprudencial, e, no mérito, negou-lhes provimento, mantendo, portanto, decisão turmária que determinou o retorno dos autos ao TRT de origem a fim de que prossiga no exame do agravo de petição da executada, afastada a necessidade de delimitação dos valores atualizados. TST-E-RR-48900-10.2007.5.04.0203, SBDI-I, rel. Min. Aloysio Corrêa da Veiga, 16.2.2017 (*CF. Informativo TST n.º 59) (TST. Info-execução nº 29).

➘ Reclamação. Art. 988, II, do CPC de 2015. Incompetência do Órgão Especial. Prevenção quanto ao órgão jurisdicional e ao relator da causa principal. Art. 988, §§ 1º e 3º, do CPC de 2015. Remessa dos autos ao juízo competente.

Embora não haja regra de competência específica para processar e julgar a reclamação no âmbito do TST e caiba ao Órgão Especial deliberar sobe as matérias jurisdicionais não incluídas na competência dos outros órgãos da Corte (art. 69, I, "h", do RITST), aplica-se a regra de prevenção prevista no art. 988, §§ 1º e 3º, do CPC de 2015, quanto ao órgão jurisdicional e ao relator da causa principal, aos casos em que a causa de pedir na reclamação visa à garantia da autoridade de decisão proferida por Turma. Sob esse entendimento, e na forma dos arts. 64, § 3º, e 988, §§ 1º e 3º, do CPC de 2015, o Órgão Especial, por unanimidade, deu provimento ao agravo regimental para, acolhendo a preliminar de incompetência para processar e julgar reclamação ajuizada com fulcro no art. 988, II, do CPC de 2015, determinar a remessa dos autos ao juízo competente, com redistribuição do feito, por prevenção, no âmbito da 7ª Turma, ao Ministro Luiz Philippe Vieira de Mello Filho, relator do acórdão indicado como descumprido na petição inicial. TST-AgR-Rcl-4852-86.2016.5.00.0000, Órgão Especial, rel. Min. Augusto César Leite de Carvalho, 5.9.2016 (TST. Info nº 143).

5.6. INCIDENTE DE RESOLUÇÃO DE DEMANDA REPETITIVA – IRDR E INCIDENTE DE ASSUNÇÃO DE COMPETÊNCIA – IAC

➘ Reclamação. Tribunal Pleno. Competência funcional. Suposta inobservância de súmula do TST.

O Tribunal Pleno detém competência para estabelecer súmulas e julgar reclamações, nos termos dos incisos VII e XI do art. 75 do RITST, respectivamente, do que resulta sua competência para julgar reclamação que tiver como causa de pedir alegada inobservância de súmula por ele estabelecida, visto ser o órgão colegiado cuja autoridade se pretende garantir, conforme previsto no art. 210, parágrafo 2º, do RITST. Sob esse entendimento, o Tribunal Pleno, por unanimidade, decidiu ser da sua competência o julgamento de reclamação contra acórdão regional que supostamente negara cumprimento à Súmula nº 463, II, do TST, e negou provimento ao agravo interno interposto, mantendo a decisão monocrática que julgara incabível a reclamação. Rcl-1000623-61.2019.5.00.0000, Tribunal Pleno, rel. Min. Márcio Eurico Vitral Amaro, 29/6/2020 (TST. Info nº 221).

➘ Ação rescisória. Art. 966, VII, do CPC de 2015. Acordão prolatado em julgamento de recurso de revista repetitivo. Publicação posterior à decisão rescindenda. Ausência de demonstração de fato ocorrido na relação jurídica controvertida no processo matriz. Prova nova. Não configuração.

Acórdão prolatado em julgamento de incidente de recurso repetitivo não constitui prova apta a deflagrar o corte rescisório calcado no art. 966, VII, do CPC de 2015, pois referido julgado não se destina à demonstração de um fato ocorrido na relação jurídica controvertida no processo matriz, mas apenas explicita entendimento uniforme e vinculante do TST sobre a controvérsia jurídica. Ademais, a prova nova deve ser cronologicamente velha, o que não ocorreu no caso em apreço, pois o acórdão invocado foi publicado após a decisão rescindenda. Assim, ausente a probabilidade do direito, a SBDI-II, por unanimidade, conheceu do agravo regimental e, no mérito, negou-lhe provimento para manter a decisão monocrática que indeferira o pedido de tutela provisória de urgência formulado nos autos da ação rescisória. TST-AgRAR-1000450-71.2018.5.00.0000, SBDI-II, rel. Min. Delaíde Miranda Arantes, 18.6.2019 (Info nº 199).

➘ Embargos de declaração. Incidente de Recursos de Revista Repetitivos. "Tema nº 0006 – Responsabilidade subsidiária. Dona da obra. Aplicação da OJ 191 da SBDI-I limitada à pessoa física ou micro e pequenas empresas".

A SBDI-I, por unanimidade, deu provimento aos embargos de declaração da Associação Brasileira do Agronegócio (Abag) para, ao sanar omissão, mediante a atribuição de efeito modificativo, acrescer ao acórdão originário referente ao Tema Repetitivo nº 0006 – RESPONSABILIDADE SUBSIDIÁRIA. DONA DA OBRA. APLICAÇÃO DA OJ 191 DA SBDI-I LIMITADA À PESSOA FÍSICA OU MICRO E PEQUENAS EMPRESAS, a tese jurídica nº 5, de seguinte teor: V) O entendimento contido na tese jurídica nº 4 aplica-se exclusivamente aos contratos de empreitada celebrados após 11 de maio de 2017, data do presente julgamento. TST-ED-IRR-190-53.2015.5.03.0090, SBDI-I, rel. Min. João Oreste Dalazen, 9.8.2018 (Info nº 181).

➘ Questão de ordem. Incidente de Recursos Repetitivos. Matéria veiculada em súmula e/ou orientação jurisprudencial do TST. Competência.

O Tribunal Pleno, ao julgar questão de ordem, decidiu, por maioria, que a SBDI-I tem competência para julgar os incidentes de recursos repetitivos que impliquem alteração de súmula e/ou orientação jurisprudencial do TST, não podendo o Tribunal Pleno, quando analisar eventual alteração de súmula e/ ou orientação jurisprudencial, rever aquilo que foi decidido pela referida Subseção no julgamento do incidente. Vencidos os Ministros José Roberto Freire Pimenta, Brito Pereira, Lelio Bentes Corrêa, Luiz Philippe Vieira de Mello Filho, Alberto Luiz Bresciani de Fontan Pereira, Mauricio Godinho Delgado, Kátia Magalhães Arruda, Augusto César Leite de Carvalho, Delaíde Miranda Arantes, Hugo Carlos Scheuermann, Alexandre Agra Belmonte e Maria Helena Mallmann. Questão de Ordem suscitada durante a apreciação da proposta de revisão da Súmula nº 124 do TST, Tribunal Pleno, 26.6.2017 (TST. Info nº 161).

➘ Incidente de Recurso Repetitivo. Art. 896-C da CLT. Bancário. Horas extras. Divisor. Norma coletiva. Consideração, ou não, do sábado como dia de descanso semanal remunerado. Aplicação da Súmula 124, I, do TST.

Acolhendo a proposta de Incidente de Recurso de Revista Repetitivo, aprovado pela 4ª Turma do Tribunal Superior do Trabalho, a SBDI-1 decidiu, por maioria, afetar a matéria "Bancário. Horas extras. Divisor. Bancos Privados" à SBDI-1 Plena, vencidos os Ministros Antonio José Barros Levenhagen, Augusto César Leite de Carvalho, José Roberto Freire Pimenta, Hugo Carlos Scheuermann e Cláudio Mascarenhas Brandão, os quais entendiam que a matéria deveria ser afetada ao Tribunal Pleno. Também por unanimidade, determinou-se que no processo nº RR 144700-24.2013.5.13.3, cujo tema afetado é "Bancário. Horas extras. Divisor. Bancos Públicos", seja registrada esta mesma deliberação, com a finalidade de que as matérias de ambos os recursos sejam apreciadas em conjunto. Por fim, examinando questão de ordem referente à apreciação das matérias constantes de ambos os recursos de revista, decidiu-se, por maioria, que a apreciação deve ser em conjunto, vencidos os Ministros João Oreste Dalazen, Aloysio Corrêa da Veiga, Guilherme Augusto Caputo Bastos, Márcio Eurico Vitral Amaro e Walmir Oliveira da Costa, os quais entendiam que o exame deveria ser em separado. TST-RR-849-83.2013.5.03.0138 e TST-RR-144700-24.2013.5.13.0003, SBDI-I, em 18.6.2015 (TST. Info nº 111).

5.7. AÇÃO RESCISÓRIA

➘ Ação rescisória Ação rescisória. Irregularidade no depósito prévio. Saneamento do vício de forma espontânea, logo após o ajuizamento da ação. Extinção do processo, sem resolução do mérito. Impossibilidade. Direito à emenda ou complementação da petição inicial previsto no CPC de 2015. Princípio da primazia da resolução do mérito.

A decisão que, antes de conceder prazo para regularização do depósito prévio, indefere a petição inicial e extingue a ação rescisória, sem resolução de mérito, está em desacordo com o princípio da primazia da resolução do mérito e com o que preceitua o art. 321 do CPC, o qual é aplicável à ação rescisória em virtude do parágrafo único do art. 318 do CPC. Na espécie, a despeito de a autora ter regularizado, espontaneamente, o depósito prévio um dia após o ajuizamento da ação rescisória, o julgador extinguiu a ação, sem qualquer concessão de prazo para que o vício fosse sanado. Ocorre que, se a ausência de recolhimento do depósito prévio reclama a concessão de prazo para saneamento do vício, antes de se cogitar do indeferimento da exordial, a sua realização espontânea pela parte, ainda que em data diversa do protocolo da petição inicial, demonstra o pleno atendimento dos pressupostos processuais para a regular tramitação do feito. Sob esse entendimento, a SBDI-II, por unanimidade, conheceu do recurso ordinário e, no mérito, deu-lhe provimento para afastar a extinção do processo, sem resolução do mérito, e determinar o retorno dos autos ao Tribunal Regional para prosseguimento dos trâmites ulteriores, com prolação de nova decisão, como entender de direito. TST-RO-107- 24.2016.5.23.0000, SBDI-II, rel. Min. Luiz José Dezena da Silva, 23/6/2020 (TST. Info nº 221).

➘ Ação rescisória. Justiça gratuita. Indeferimento do pedido e extinção do processo sem resolução de mérito após a instrução do feito e do decurso do prazo decadencial. Ausência de prévia ciência da parte e não concessão de prazo para a regulação do preparo. Violação do princípio da proteção da legítima confiança do jurisdicionado.

A decisão de extinção da ação rescisória sem resolução do mérito por ausência do depósito prévio, sem anterior ciência da parte a respeito do indeferimento da justiça gratuita e sem a oportunidade para a regularização do pressuposto processual, viola o princípio da proteção da legítima confiança do jurisdicionado. No caso, o autor ajuizou ação rescisória em 21.5.2013, requerendo, na petição inicial, a dispensa do depósito previsto no art. 836 da CLT, ao argumento que o benefício da justiça gratuita havia sido deferido no processo originário. Apenas em 25.2.2014, após toda a tramitação e a instrução do feito, bem como depois de transcorrido o prazo decadencial para eventual propositura de nova rescisória, foi indeferido o requerimento de justiça gratuita e extinto o processo sem resolução do mérito em julgamento colegiado. Todavia, o curso regular do processo, sem pronunciamento inicial acerca dos pressupostos processuais, criou para o autor a expectativa de que o pleito referente à justiça gratuita seria deferido e de que haveria exame da pretensão rescisória. Assim, a posterior detecção de vício sanável exigiria a concessão de prazo para a regularização do preparo e impossibilitaria a extinção do processo sem resolução de mérito. Sob esse entendimento, a SBDI-II, por unanimidade, conheceu do recurso ordinário, e, no mérito, por maioria, deu-lhe provimento para afastar a extinção do processo sem resolução do mérito e determinar o retorno dos autos ao Tribunal Regional para o prosseguimento do feito, com concessão de prazo para a realização do depósito prévio. Vencido o Ministro Alexandre Luiz Ramos. TST-RO-5263-80.2013.5.02.0000, SBDI-II, rel. Min. Douglas Alencar Rodrigues, 17.12.2019 (TST. Info nº 214).

➘ Ação Rescisória. Prazo decadencial. Termo inicial. Ciência da fraude pelo órgão do Ministério Público legitimado para propor a ação.

O termo inicial do prazo decadencial para ajuizamento da ação rescisória coincide com a data da ciência da fraude pelo órgão legitimado para a propositura da aludida ação. Assim, não prospera a alegação de que, tendo em conta os princípios da unidade e da indivisibilidade do Ministério Público (art. 127 da CF), o prazo do art. 495 do CPC de 1973 deveria ser contado a partir da data da audiência em ação penal em que, na presença do Ministério Público Federal (MPF), foi mencionada a existência de reclamação trabalhista com reconhecimento de vínculo entre as partes. Embora o MPF e o Ministério Público do Trabalho (MPT) integrem o Ministério Público da União (MPU), possuem atribuições e âmbitos de atuação distintos, de modo que o MPF não tem legitimidade para propor ação rescisória perante a Justiça do Trabalho. Desse modo, tendo em conta que o Ministério Público do Trabalho teve ciência da fraude apenas quando do recebimento do ofício da 1ª Vara Federal Tributária de Porto Alegre/RS, em 16.5.2008, e ajuizou a ação rescisória em 13.5.2010, não há falar em decadência. Sob esse fundamento, a SBDI-II, por unanimidade, conheceu do recurso ordinário e, no mérito, negou-lhe provimento para manter a decisão recorrida que afastou a arguição de decadência. TST-RO-7939-06.2010.5.02.0000, SBDI-II, rel. Min. Douglas Alencar Rodrigues, 26.11.2019 (TST. Info nº 213).

➘ Ação rescisória. Art. 485, VII, do CPC de 1973. Alegação de documento novo. Fato não suscitado, nem apreciado no processo matriz. Impossibilidade do corte rescisório.

A hipótese de desconstituição de decisão transitada em julgado prevista no art. 485, VII, do CPC de 1973 pressupõe a obtenção de documento novo referente a fato alegado na ação matriz. No caso, o autor pretende a desconstituição da decisão que indeferiu a indenização substitutiva da estabilidade provisória no emprego e as multas dos arts. 467 e 477 da CLT invocando a existência de documentos novos que comprovariam a sucessão de empregadores e, consequentemente, a possibilidade de o sucessor responder pelos pleitos inicialmente indeferidos. Todavia, a questão da sucessão empresarial não foi suscitada por nenhuma das partes no processo principal, nem foi objeto de apreciação pela decisão rescindenda, o que inviabiliza, portanto, o corte rescisório fundado no inciso VII do art. 485 do CPC de 1973. Sob esses fundamentos, a SBDI-II, por unanimidade, conheceu do recurso ordinário do autor e, no mérito, negou-lhe provimento. TST-RO-5120-28.2015.5.09.0000, SBDI-II, rel. Min. Luiz José Dezena da Silva, 22.10.2019 (TST. Info nº 210).

➘ Ação rescisória. Colusão. Ministério Público do Trabalho. Decadência. Termo inicial. Ciência da fraude. Súmula nº 100, VI, do TST.

A SBDI-II, por unanimidade, conheceu do recurso ordinário da empresa ré e, reconhecendo a decadência, deu-lhe provimento para extinguir o feito com julgamento do mérito. No caso, prevaleceu o entendimento de que a data da ciência da fraude pelo Ministério Público do Trabalho, para ns de contagem do prazo decadencial da ação rescisória calcada em colusão (item VI da Súmula nº 100 do TST), não poderia ser 29.11.2013, data da instauração do inquérito, mas sim 2.7.2013, data da emissão do Memorando 008/TMA/2013, pela Procuradoria do Trabalho do Município de Joinville – 12ª Região. Nesse documento, houve o registro de que um dos membros do MPT recebeu uma ligação telefônica de um advogado informando a existência de várias ações trabalhistas simuladas, nas quais seriam celebrados acordos em audiência sem a presença dos trabalhadores. Ressaltou-se, na hipótese, que a simples existência de indícios já seria suficiente para a propositura da ação rescisória, não se admitindo que o dies a quo para a contagem do prazo decadencial seja a data em que o MPT instaurou o inquérito ou concluiu acerca da existência ou não da fraude, já que cabe ao Poder Judiciário decidir a respeito, mediante ampla dilação probatória. Vencidas, quanto à fundamentação, as Ministras Maria Helena Mallmann e Delaíde Miranda Arantes. TST-RO-5564-61.2015.5.09.0000, SBDI-II, rel. Min. Maria Helena Mallmann, red. p/ acórdão Min. Douglas Alencar Rodrigues, 3.9.2019 (TST. Info nº 204).

➘ Ação rescisória. Desconstituição do capítulo atinente às custas processuais no processo matriz. Ilegitimidade passiva da União. Interesse meramente econômico.

A União é parte ilegítima para figurar no polo passivo de ação rescisória cujo propósito é desconstituir capítulo atinente às custas processuais do processo matriz do qual não zera parte. O argumento de que haveria legitimidade do ente público em razão de ser o destinatário das custas processuais não prevalece, pois o interesse, no caso, é meramente econômico. Se assim não fosse, a União teria que integrar obrigatoriamente todas as ações rescisórias, ainda que não se discutisse o capítulo referentes às custas, e todas as demais ações, simplesmente pela razão de ser a detentora das custas processuais e de elas serem arbitradas, por força de lei, em praticamente todos os processos. Sob esse entendimento, a SBDI-II, por unanimidade, conheceu do recurso ordinário e, por maioria, de ofício, declarou extinto o processo sem resolução de mérito em relação à União, por ilegitimidade passiva. Vencidos os Ministros Douglas Alencar Rodrigues, Evandro Valadão e Renato de Lacerda Paiva. TST-RO-10196- 96.2013.5.02.0000, SBDI-II, rel. Min. Maria Helena Mallmann, 27.8.2019 (TST. Info nº 203).

➘ Ação rescisória. Depósito prévio de 5% sobre o valor da causa previsto no CPC de 1973. Não incidência na Justiça do Trabalho. Prevalência do disposto no art. 836 da CLT.

O depósito prévio de 5% sobre o valor da causa, previsto no CPC de 1973, não se aplica à ação rescisória proposta na Justiça do Trabalho. Nos termos do art. 836 da CLT, norma específica do processo do trabalho, a ação rescisória sujeita-se ao depósito prévio no percentual de 20%. Ressalte-se que esse entendimento permanece inalterado mesmo após o advento da Lei nº 13.105/2015, visto que a incidência das normas do CPC permanece restrita às hipóteses em que houver omissão e compatibilidade com o processo do trabalho (art. 769 da CLT e art. 15 do CPC de 2015). Da mesma forma, a aplicação das normas procedimentais previstas nos arts. 966 a 975 do CPC de 2015, autorizada pela IN nº 39/2016 do TST, não acarreta o afastamento das regras específicas do processo do trabalho. Não obstante esses fundamentos, no caso concreto, a SBDI-II, por unanimidade, dispensou o autor do recolhimento do depósito prévio de 20% sobre o valor da causa por ser beneficiário da justiça gratuita. TST-AR-22152-61.2016.5.00.0000, SBDI-II, rel. Min. Douglas Alencar Rodrigues, 6.6.2017 (TST. Info nº 160).

➘ Ação rescisória. Decadência. Extinção do processo com resolução do mérito. Depósito prévio. Reversão ao réu.

O reconhecimento da decadência em sede de ação rescisória possui como consequência a determinação de reversão ao réu do valor do depósito prévio de que tratam os artigos 836 da CLT e 968, II do CPC de 2015 c/c o art. 5º da IN/TST 31/2007. A decisão assim proferida acarreta a extinção do processo com resolução do mérito, produzindo os mesmos efeitos intrínsecos às decisões de inadmissão e de improcedência da ação. Sob esses fundamentos, a SBDI-II, por unanimidade, conheceu do recurso ordinário e, no mérito, por maioria, negou-lhe provimento, mantendo a decisão proferida pelo Tribunal Regional que determinara a liberação do depósito judicial em favor do réu. Vencidos os Ministros Luiz Philippe Vieira de Mello Filho, Antonio José de Barros Levenhagen e Delaíde Miranda Arantes. TST-RO-5703-90.2011.5.04.0000, SBDI-II, rel. Min. Douglas Alencar Rodrigues, 13.9.2016 (TST. Info nº 144).

➘ Ação rescisória. Indenização. Frutos percebidos na posse de má-fé. Violação do art. 1.216 do CC. Inaplicabilidade do óbice da Súmula nº 83 do TST. Inexistência de controvérsia mesmo antes da edição da Súmula nº 445 do TST.

A SBDI-II, por unanimidade, afastando o óbice da Súmula nº 83, I e II, do TST, negou provimento a recurso ordinário, mantendo, portanto, o acórdão que, reconhecendo violação do art. 1.216 do CC, rescindiu a sentença e julgou improcedente o pedido relativo à indenização por perdas e danos decorrentes dos frutos percebidos na posse de má-fé. Na espécie, prevaleceu o entendimento de que mesmo antes da edição da Súmula nº 445 do TST já havia na Corte jurisprudência íntegra, coerente e estável a respeito da incompatibilidade da referida indenização com o direito do trabalho, não havendo falar em matéria de interpretação controvertida à época do trânsito em julgado da decisão rescindenda. Ressaltou-se, ademais, que a função precípua do TST é dar unidade ao direito material e processual do trabalho, pacificando a jurisprudência nacional, de modo que as Súmulas nº 343 do STF e 83 do TST e a chamada "interpretação razoável" não podem obstar a atuação institucional do TST quanto à interpretação mais adequada de norma federal. TST-RO-7213-61.2012.5.02.0000, SBDI-I, rel. Min. Luiz Philippe Vieira de Mello Filho, 30.8.2016 (TST. Info nº 143).

➘ Ação rescisória. Reintegração por acometimento de doença ocupacional e por ausência de motivação do ato de dispensa. Pretensões autônomas. Inexistência do óbice da Orientação Jurisprudencial nº 112 da SBDI-II.

A diretriz consagrada na Orientação Jurisprudencial nº 112 da SBDI-II, no sentido de ser necessário invocar causas de rescindibilidade que infirmem a fundamentação dúplice da decisão rescindenda, não se aplica ao caso em que houve o deferimento de duas pretensões autônomas. Na hipótese, o acórdão rescindendo não adotou motivação dúplice em relação a um único direito, mas reconheceu duas pretensões distintas, quais sejam, o direito à reintegração decorrente da doença ocupacional e o direito à reintegração em virtude da ilegalidade da dispensa por ausência de motivação do ato, as quais, inclusive, geram diferentes consequências. Assim sendo, não há qualquer obstáculo a que o autor dirija a pretensão desconstitutiva apenas contra a ilegalidade da dispensa por ausência de motivação, apontando violação dos arts. 5º, II, 7º, II e III, 37, II, 41 e 173, § 1º, II, da CF. Sob esse fundamento, a SBDI-II, por unanimidade, conheceu do recurso ordinário e, no mérito, deu-lhe provimento para determinar o retorno dos autos à origem a fim de que, afastado o óbice da Orientação Jurisprudencial nº 112 da SBDI-II, examine o pedido de corte rescisório. TST-RO-889-94.2011.5.09.0000, SBDI-II, rel. Min. Douglas Alencar Rodrigues, 2.8.2016 (TST. Info nº 141).

➘ Ação rescisória. Decadência. Recurso ordinário intempestivo. Remessa necessária não conhecida. Condenação inferior a sessenta salários mínimos. Prazo decadencial contado a partir do transcurso do prazo para a interposição do recurso ordinário. Súmula nº 100, IV, do TST.

O prazo decadencial, na ação rescisória, deve ser contado a partir do dia imediatamente subsequente ao trânsito em julgado da última decisão proferida na causa, seja de mérito ou não. De outro lado, recurso intempestivo ou incabível não tem o condão de impedir o trânsito em julgado da decisão recorrida, salvo se houver dúvida razoável (Súmula nº 100 do TST, itens I e III). Assim, na hipótese em que se denegou seguimento ao recurso ordinário do reclamado, por intempestivo, e o TRT não conheceu da remessa necessária porque a condenação não ultrapassou os sessenta salários mínimos exigidos pelo art. 475, § 2º, do CPC de 1973, conclui-se que a matéria trazida em sede de rescisória foi abordada apenas na sentença proferida pela vara do trabalho, cujo trânsito em julgado se operou após o transcurso do prazo para a interposição do recurso ordinário. Incidência do item IV da Súmula nº 100 do TST, segundo o qual o juízo rescindente não está adstrito à certidão de trânsito em julgado juntada com a ação rescisória, podendo formar sua convicção por meio de outros elementos dos autos quanto à postergação ou não do início do prazo decadencial. Sob esses fundamentos, a SBDI-II, por unanimidade, conheceu do recurso ordinário e, por maioria, extinguiu o processo com resolução do mérito, na forma do art. 487, II, do CPC de 2015. Vencidos os Ministros Douglas Alencar Rodrigues, relator, Maria Helena Mallmann, Renato de Lacerda Paiva e Alberto Luiz Bresciani de Fontan Pereira, os quais entendiam que a determinação explícita de submissão da sentença condenatória ao duplo grau de jurisdição e a circunstância de o valor da condenação ter sido apenas arbitrado, não espelhando o conteúdo econômico das pretensões deferidas à reclamante (sentença ilíquida), consistiriam em dúvida razoável capaz de protrair o marco inicial do prazo decadencial. TST-RO-7190-84.2014.5.15.0000, SBDI-II, rel. Min. Douglas Alencar Rodrigues, red. p/ acórdão Min. Emmanoel Pereira,14.6.2016 (TST. Info nº 139).

6. EXECUÇÃO

➘ Descumprimento de liminar. Abusividade da greve Astreintes. Destinação da multa. Valor devido ao exequente.

Nos termos do art. 537, § 2º, do CPC de 2015, o valor das astreintes é devido ao exequente, de modo que a sua destinação não pode ser fixada de acordo com a discricionariedade do magistrado. Assim, a decisão judicial que determina que a multa aplicada em razão do descumprimento de liminar seja paga a instituições beneficentes, ainda que louvável, contraria o disposto no art. 537, § 2º, do CPC de 2015, pois não atende ao critério objetivo nele fixado. Sob esse fundamento, a SDC, por maioria, deu provimento ao recurso ordinário adesivo para determinar que o valor total da multa arbitrada pelo Tribunal Regional, decorrente do descumprimento da liminar que declarou abusiva a greve, seja revertido ao exequente, no caso, o sindicato patronal. Vencidos os Ministros Mauricio Godinho Delgado e Lelio Bentes Corrêa. TST-RO-8-53.2017.5.11.0000, SDC, rel. Min. Ives Gandra da Silva Martins Filho, 9.9.2019 (TST. Info nº 204).

➘ Mandado de segurança. Cabimento. Execução provisória. Redirecionamento da execução contra sócio. Não observância do incidente de desconsideração da personalidade jurídica. Arts. 133 a 137 do CPC de 2015. Aplicação ao Processo do Trabalho. Art. 6º da IN nº 39/2016 do TST e art. 855-A da CLT.

O art. 6º da IN nº 39/2016 do TST e o art. 855-A da CLT (incluído pela Lei nº 13.467/2017) estabelecem a aplicação do incidente de desconsideração da personalidade jurídica (arts. 133 a 137 do CPC de 2015) ao Processo do Trabalho. Assim, se na vigência do CPC de 2015 a execução provisória é redirecionada contra a representante legal da pessoa jurídica sem a observância do referido incidente, cabe mandado de segurança para discutir a extensão dos efeitos da obrigação contida no título executivo aos bens particulares da administradora da empresa. Sob esse fundamento, a SBDI-II, por unanimidade, conheceu do recurso ordinário e, no mérito, deu-lhe provimento para, reformando a decisão que indeferira a petição inicial do mandamus, determinar o retorno dos autos à Corte de origem a m de que o mandado de segurança seja processado e julgado. TST-RO-406-27.2017.5.10.0000, SBDI-II, rel. Min. Douglas Alencar Rodrigues, 6.11.2018 (TST. Info nº 186).

➘ Execução. Aquisição de bem imóvel por meio de alvará expedido pelo Juízo da concordata. Terceiro adquirente de boa-fé. Fraude à execução. Inexistência.

Para o reconhecimento de fraude à execução é imprescindível que haja má-fé por parte do terceiro comprador, o que se evidencia pela ciência da existência de processo judicial contra o alienante ou de constrição judicial sobre o bem objeto da transação. Na hipótese dos autos, todavia, a boa-fé do adquirente ficou demonstrada em razão de a aquisição do bem constrito ter ocorrido mediante a expedição de alvará judicial pelo Juízo da concordata, o que confere presunção de validade e eficácia à alienação perpetrada. Com esse entendimento, a SBDI-I, por unanimidade, conheceu do recurso de embargos no tópico e, no mérito, negou-lhe provimento para manter a decisão turmária que desconstituíra a penhora sobre o bem imóvel adquirido. TST-E-ED-RR-154900-19.2004.5.15.0046 , SBDI-I, rel. Min. José Roberto Freire Pimenta. 18.5.2017 (TST. Info-Execução nº 31).

➘ Ação rescisória. Execução. Diferenças de abono de complementação de aposentadoria. Decisão que adequa os cálculos de liquidação para incluir parcelas vincendas. Ausência de pedido expresso. Possibilidade. Art. 290 do CPC de 1973.

As diferenças de abono de complementação de aposentadoria deferidas em sede de reclamação trabalhista constituem prestações periódicas, de trato sucessivo, de modo que, nos termos do art. 290 do CPC de 1973, o deferimento das parcelas vincendas independe de pedido, mantendo-se o pagamento enquanto inalterada a situação de fato, sem prejuízo de eventual revisão, conforme disposto no art. 471, I, do CPC de 1973. Assim, a decisão, na fase de execução, que faz a adequação dos cálculos de liquidação para incluir as verbas vincendas dá efetividade ao comando exequendo, além de valorizar o princípio da economia processual, ao coibir o ajuizamento de demandas idênticas. Sob esses fundamentos, a SBDI-II, por unanimidade, conheceu do recurso ordinário e, no mérito, negou-lhe provimento, mantendo, ainda que por fundamento diverso (violação do art. 290 do CPC de 1973), a decisão do Tribunal Regional que julgara procedente a ação rescisória para determinar o prosseguimento da execução quanto às parcelas vincendas do abono de complementação de aposentadoria. TST-RO-9476-95.2014.5.02.0000, SBDI-II, rel. Min. Alberto Luiz Bresciani de Fontan Pereira, 25.10.2016 (TST. Info-Execução nº 28).

➘ Recuperação judicial. Decurso do prazo de 180 dias do art. 6º, § 4º, da Lei nº 11.101/2005. Manutenção da suspensão da execução trabalhista. Possibilidade.

Deferido o processamento ou aprovado o plano de recuperação judicial, é imperiosa a manutenção da suspensão das execuções individuais trabalhistas, ainda que superado o prazo de cento e oitenta dias previsto no art. 6º, § 4º, da Lei nº 11.101/2005, não se admitindo o prosseguimento automático de tais execuções. Nessa situação, é vedado ao juízo trabalhista a alienação ou a disponibilização de ativos da empresa, salvo quando houver hasta designada, hipótese em que o produto será revertido para o juízo em recuperação. Sob esses fundamentos, a SBDI-II, por unanimidade, conheceu do recurso ordinário e, no mérito, deu-lhe provimento para conceder a segurança pleiteada, determinando a suspensão da execução e das medidas de constrição efetuadas nos autos de reclamação trabalhista. TST-RO-80169-95.2016.5.07.0000, SBDI-II, rel. Min. Alberto Luiz Bresciani de Fontan Pereira, 11.10.2016 (TST. Info-Execução nº 27).

➘ Mandado de segurança. Cabimento. Exceção de pré-executividade. Rejeição. Teratologia do ato coator.

É cabível mandado de segurança contra decisão que rejeitou exceção de pré-executividade na hipótese de teratologia do ato coator ou quando evidenciada a excepcionalidade do caso. Na espécie, entendeu-se teratológica a decisão que negou à impetrante o direito de discutir, por meio de exceção de pré-executividade, a adequação dos cálculos elaborados pela perita e homologados na sentença de liquidação aos termos da coisa julgada produzida na sentença exequenda. Não se mostra razoável exigir do devedor o ajuizamento de embargos à execução, após prévia garantia de juízo, para demonstrar possível ofensa à coisa julgada, matéria cognoscível de ofício. Sob esse entendimento, a SBDI-II, afastando a incidência de sua Orientação Jurisprudencial nº 92, conheceu do recurso ordinário por unanimidade, e, por maioria, negou-lhe provimento, mantendo a decisão do Regional que concedera a segurança. Vencidos os Ministros Emmanoel Pereira e Delaíde Miranda Arantes. TST-RO-2368-09.2011.5.06.0000, SBDI-II, rel. Min. Emmanoel Pereira, red. p/ acórdão Min. Guilherme Augusto Caputo Bastos, 23.2.2016 (TST. Info-Execução nº 21).

➘ Penhora de bem imóvel. Arrematação. Posterior constatação judicial de erro nos cálculos homologados. Nulidade de todos os atos executivos e expropriatórios fundados nos cálculos incorretos. Excesso de execução. Prejuízo ao executado. Título inexigível. Ausência de coisa julgada.

A certeza, liquidez e exigibilidade do título executivo são pressupostos de validade da execução. Nesse sentido, erro de liquidação que aumenta sensivelmente o valor devido torna inexigível o título executivo judicial e a execução nele pautada é nula, nos termos da lei. Na hipótese, posteriormente à arrematação de bem imóvel em hasta pública, o juízo verificou a ocorrência de erro nos cálculos homologados, razão pela qual procedeu à nova liquidação que apurou valores sensivelmente menores do que o efetivamente exigível. Não obstante tal constatação, convalidou os atos expropriatórios já praticados, causando prejuízo ao executado, que não pode substituir o bem arrematado por outro compatível com o cálculo refeito. Ressalte-se, ademais, que o excesso de execução decorrente do cálculo equivocadamente homologado não estava acobertado pela coisa julgada que se formou na ação trabalhista, de modo que a parcela excedente apresentava-se como pedido sem título executivo, o que também torna nula a execução. Sob esses fundamentos, a SBDI-II, por unanimidade, conheceu do recurso ordinário, e, no mérito, deu-lhe provimento para conceder o mandado de segurança e determinar a anulação de todos os atos constritivos e executórios anteriores à decisão que fixou o novo quantum debeatur. (TST. Info-Execução nº 21).

➘ Conflito positivo de competência. Execução. Carta precatória. Requerimento de alienação judicial perante o Juízo deprecante. Impossibilidade. Competência do Juízo deprecado. Art. 658 do CPC.

Na execução por carta precatória, os atos de penhora, avaliação e expropriação de bem imóvel submetido à jurisdição distinta do local da execução são de competência do Juízo deprecado, na forma preconizada pelo art. 658 do CPC. Na espécie, foi solicitada a devolução de carta precatória em razão da existência de requerimento de venda judicial do bem penhorado, com o qual havia concordado a empresa executada, mediante o pagamento da quantia de R$ 290.000,00 (duzentos e noventa mil reais). Ocorre que o imóvel penhorado fora avaliado em R$ 11.000.000,00 (onze milhões de reais) perante o Juízo deprecado, tendo este, inclusive, recusado uma proposta de arrematação apresentada em hasta pública no valor de R$ 6.000.000,00 (seis milhões de reais), para pagamento parcelado. Assim, não há razão para a devolução da carta precatória, cabendo ao Juízo deprecado apreciar o pedido de aquisição do bem penhorado. Sob esse entendimento, a SBDI-II, por unanimidade, admitiu o conflito positivo de competência para declarar a competência do Juízo deprecado. TST-CC-474-52.2013.5.08.0103, SBDI-II, rel. Min. Douglas Alencar Rodrigues, 24.11.2015 (TST. Info-Execução nº 20).

➘ Multa de 20% sobre o valor da condenação em razão do não pagamento ou de ausência de garantia da execução. Art. 832, §1º, da CLT. Impossibilidade. Existência de regramento específico. Art. 880 da CLT.

O art. 880 da CLT determina o pagamento ou a garantia da execução no prazo de 48 horas, sob pena de penhora. Assim, havendo regramento específico para o não cumprimento espontâneo da decisão judicial ou para a ausência de garantia do juízo, não subsiste a multa de 20% sobre o valor da condenação imposta à reclamada com fundamento no art. 832, § 1º, da CLT. No caso concreto, ressaltou-se que o referido dispositivo tem caráter genérico e deve ser interpretado em conjunto com a disciplina que a CLT confere à execução trabalhista. Sob esses fundamentos, a SBDI-I, por maioria, conheceu dos embargos, vencido o Ministro Aloysio Corrêa da Veiga. No mérito, também por maioria, a Subseção deu provimento ao recurso para, reformado o acórdão turmário, excluir da condenação o pagamento da multa de 20% para o caso de não pagamento ou de ausência de garantia da execução no prazo de 48 horas. Vencidos os Ministros Augusto César Leite de Carvalho, José Roberto Freire Pimenta e Alexandre Agra Belmonte. TST-E-ED--RR-1228-29.2011.5.08.0114, SBDI-I, rel. Min. Guilherme Augusto Caputo Bastos, 26.11.2015 (TST. Info-Execução nº 20).

6.1. LIQUIDAÇÃO E EXECUÇÃO

➘ ECT. Equiparação à Fazenda Pública. Juros de mora. Art. 1º- F da Lei nº 9.494/97. Orientação Jurisprudencial nº 7 do Tribunal Pleno. Aplicabilidade.

Aplicam-se à Empresa de Correios e Telégrafos – ECT os juros de mora previstos no art. 1º-F da Lei nº 9.494/97 e na Orientação Jurisprudencial nº 7 do Tribunal Pleno, pois equiparada à Fazenda Pública. Ademais, o STF, ao apreciar o tema nº 810 da Repercussão Geral (RE-870947/SE), decidiu, de forma vinculante, que, "quanto às condenações oriundas de relação jurídica não tributária, a fixação dos juros moratórios segundo o índice de remuneração da caderneta de poupança é constitucional, permanecendo hígido, nesta extensão, o disposto no art. 1º-F da Lei nº 9.494/97 com a redação dada pela Lei nº 11.960/09." Sob esses fundamentos, a SBDI-I, por maioria, conheceu do recurso de embargos, por divergência jurisprudencial e por contrariedade à Orientação Jurisprudencial nº 7 do Tribunal Pleno, e, no mérito, por unanimidade, deu-lhe provimento para determinar a aplicação do art. 1º-F da Lei nº 9.494/1997. Vencido, no conhecimento, o Ministro Brito Pereira, relator. TST-E-RR–2900- 58.2009.5.08.0012, SBDI-I, rel. Min. Brito Pereira, 23.11.2017 (TST. Info nº 169).

➘ Embargos de declaração em incidente de arguição de inconstitucionalidade. Atualização monetária dos débitos trabalhistas. Art. 39 da Lei nº 8.177/91. Declaração de inconstitucionalidade da expressão "equivalentes à TRD". Aplicação do índice IPCA-E. Efeito modificativo. Modulação de efeitos.

O Tribunal Pleno, em sede de embargos de declaração em incidente de arguição de inconstitucionalidade, decidiu, por maioria, conferir efeito modificativo ao julgado para modular os efeitos da decisão que declarou inconstitucional, por arrastamento, a expressão "equivalentes à TRD", contida no art. 39 da Lei nº 8.177/91, e acolheu o IPCA-E como índice de atualização monetária dos débitos trabalhistas, para que produza efeitos somente a partir de 25.3.2015, data coincidente com aquela adotada pelo Supremo Tribunal Federal no acórdão prolatado na ADI 4.357. De outra sorte, por unanimidade, em cumprimento à decisão liminar concedida no processo STFRcl-22.012, rel. Min. Dias Toffoli, o Pleno excluiu a determinação contida na decisão embargada de reedição da Tabela Única de cálculo de débitos trabalhistas, a fim de que fosse adotado o índice IPCA-E, visto que tal comando poderia significar a concessão de efeito "erga omnes", o que não é o caso. Vencidos, totalmente, os Ministros Maria de Assis Calsing, Antonio José de Barros Levenhagen, Maria Cristina Irigoyen Peduzzi, Dora Maria da Costa e Ives Gandra Martins Filho, que julgavam prejudicados os embargos de declaração em razão da liminar deferida pelo STF e, parcialmente, o Ministro Brito Pereira, que acolhia os embargos declaratórios para prestar esclarecimentos, sem modular os efeitos da decisão. TST-ED-ArgInc-479-60.2011.5.04.0231, Tribunal Pleno, rel. Min. Cláudio Mascarenhas Brandão, 20.3.2017 (TST. Info-execução nº 29).

➘ ECT. Equiparação à Fazenda Pública. Juros de mora. Art. 1º- F da Lei nº 9.494/97. Orientação Jurisprudencial nº 7 do Tribunal Pleno. Aplicabilidade.

Aplicam-se à Empresa de Correios e Telégrafos - ECT os juros de mora previstos no art. 1º-F da Lei nº 9.494/97 e na Orientação Jurisprudencial nº 7 do Tribunal Pleno, pois equiparada à Fazenda Pública. Ademais, o STF, ao apreciar o tema nº 810 da Repercussão Geral (RE-870947/SE), decidiu, de forma vinculante, que, "quanto às condenações oriundas de relação jurídica não tributária, a fixação dos juros moratórios segundo o índice de remuneração da caderneta de poupança é constitucional, permanecendo hígido, nesta extensão, o disposto no art. 1º-F da Lei nº 9.494/97 com a redação dada pela Lei nº 11.960/09." Sob esses fundamentos, a SBDI-I, por maioria, conheceu do recurso de embargos, por divergência jurisprudencial e por contrariedade à Orientação Jurisprudencial nº 7 do Tribunal Pleno, e, no mérito, por unanimidade, deu-lhe provimento para determinar a aplicação do art. 1º-F da Lei nº 9.494/1997. Vencido, no conhecimento, o Ministro Brito Pereira, relator. TST--E-RR–2900-58.2009.5.08.0012 , SBDI-I, rel. Min. Brito Pereira, 23.11.2017 (TST. Info nº 169).

➘ Embargos de declaração em incidente de arguição de inconstitucionalidade. Atualização monetária dos débitos trabalhistas. Art. 39 da Lei nº 8.177/91. Declaração de inconstitucionalidade da expressão "equivalentes à TRD". Aplicação do índice IPCA-E. Efeito modificativo. Modulação de efeitos.

O Tribunal Pleno, em sede de embargos de declaração em incidente de arguição de inconstitucionalidade, decidiu, por maioria, conferir efeito modificativo ao julgado para modular os efeitos da decisão que declarou inconstitucional, por arrastamento, a expressão "equivalentes à TRD", contida no art. 39 da Lei nº 8.177/91, e acolheu o IPCA-E como índice de atualização monetária dos débitos trabalhistas, para que produza efeitos somente a partir de 25.3.2015, data coincidente com aquela adotada pelo Supremo Tribunal Federal no acórdão prolatado na ADI 4.357. De outra sorte, por unanimidade, em cumprimento à decisão liminar concedida no processo STF-Rcl-22.012, rel. Min. Dias Toffoli, o Pleno excluiu a determinação contida na decisão embargada de reedição da Tabela Única de cálculo de débitos trabalhistas, a fim de que fosse adotado o índice IPCA-E, visto que tal comando poderia significar a concessão de efeito "erga omnes", o que não é o caso. Vencidos, totalmente, os Ministros Maria de Assis Calsing, Antonio José de Barros Levenhagen, Maria Cristina Irigoyen

Peduzzi, Dora Maria da Costa e Ives Gandra Martins Filho, que julgavam prejudicados os embargos de declaração em razão da liminar deferida pelo STF e, parcialmente, o Ministro Brito Pereira, que acolhia os embargos declaratórios para prestar esclarecimentos, sem modular os efeitos da decisão. TST-ED-ArgInc-479-60.2011.5.04.0231, Tribunal Pleno, rel. Min. Cláudio Mascarenhas Brandão, 20.3.2017 (TST. Info nº 155).

➘ Contribuição previdenciária. Fato gerador. Incidência de multa e juros de mora. Data da prestação dos serviços. Alteração do art. 43 da Lei nº 8.2012/1991 pela Medida Provisória nº 449/2008, convertida na Lei nº 11.941/2009.

Na vigência do art. 276, caput, do Decreto nº 3.048/99, o fato gerador da contribuição previdenciária era o pagamento do crédito devido ao trabalhador e, no caso de decisão judicial trabalhista, somente seria cabível a incidência de multa e juros de mora após o dia dois do mês subsequente ao trânsito em julgado da decisão que pôs fim à discussão acerca dos cálculos de liquidação. Porém, desde a edição da Medida Provisória nº 449/2008, convertida na Lei nº 11.941/2009, que modificou o art. 43 da Lei nº 8.212/1991, as contribuições sociais apuradas em virtude de sentença judicial ou acordo homologado judicialmente passaram a ser devidas a partir da data de prestação do serviço, considerando-se como marco de incidência do novo dispositivo de lei o dia 5.3.2009, em atenção aos princípios da anterioridade tributária e nonagesimal (arts. 150, III, "a", e 195, § 6º, da CF). Entendimento consolidado pelo Tribunal Pleno no julgamento do processo TST-E-RR-1125-36.2010.5.06.0171, em 20.10.2015. Sob esses fundamentos, e tendo em conta os limites da insurgência recursal, ou seja, a prestação de serviços ocorrida após 5.3.2009, a SBDI-I, por unanimidade, conheceu dos embargos, por divergência jurisprudencial, e, no mérito, deu-lhes parcial provimento para determinar: a) no tocante aos juros de mora devidos nas contribuições previdenciárias decorrentes do crédito trabalhista reconhecido judicialmente, que a sua incidência se dê a partir da data da efetiva prestação dos serviços, nos moldes do que dispõe a nova redação do artigo 43, § 2º, da Lei nº 8.212/91; e b) quanto à multa, que ela incida somente depois de exaurido o prazo da intimação para o seu pagamento, ou seja, a partir do primeiro dia subsequente ao término do prazo de 48 horas para pagamento, após a citação, limitada a 20% (art. 61, § 2º, da Lei nº 9.430/96). TST-E-ARR-4001138-73.2010.5.03.0001, SBDI-I, rel. Min. Guilherme Augusto Caputo Bastos, 23.2.2017 (TST. Info-execução nº 29).

➘ Execução. Fazenda Pública. Juros de mora. Alteração do percentual fixado na decisão exequenda. Impossibilidade. Ofensa à coisa julgada.

Não obstante a inobservância dos juros de mora de que trata o artigo 1º-F da Lei nº 9.494/97 viabilize, em tese, o conhecimento do recurso de revista por violação direta e literal do art. 5º, II, da CF, na fase de execução não é possível alterar o percentual de juros de mora instituído na decisão exequenda, por configurar evidente afronta à coisa julgada consagrada no art. 5º, XXXVI, da CF. No caso, a decisão transitada em julgado, ao invés de aplicar à condenação imposta à Fazenda Pública os juros de mora na forma do art. 1º-F da Lei nº 9.494/97, determinou "a adoção dos juros estampados na lei trabalhista". Sob esse entendimento, a SBDI-I, por unanimidade, conheceu dos embargos da executada, por divergência jurisprudencial, e, no mérito, negou-lhes provimento. TST-E-RR-187785-50.2007.5.12.0051, SBDI-I, rel. Min. João Oreste Dalazen, 2.6.2016 (TST. Info-execução nº 24).

➘ Ação rescisória. Atualização de débito trabalhista. Incidência da taxa de juros do cheque especial em substituição à taxa de juros prevista no § 1º do art. 39 da Lei nº 8.177/91. Impossibilidade.

Os juros de mora incidentes sobre os débitos trabalhistas estão expressamente previstos no art. 39, § 1º, da Lei nº 8.177/91, razão pela qual, ausente qualquer lacuna normativa, não se aplica, na Justiça do Trabalho, a taxa de juros do cheque especial ou a taxa SELIC (art. 406 do CC). Assim, a SBDI-II, por unanimidade, conheceu do recurso ordinário e, no mérito, negou-lhe provimento, mantendo a decisão do TRT que julgara procedente a pretensão rescisória para desconstituir acórdão proferido nos autos de reclamação trabalhista e, em juízo rescisório, determinar a observância da taxa de juros prevista na Lei nº 8.177/91. TST-RO-5218-45.2015.5.15.0000 , SBDI-II, rel. Min Douglas Alencar Rodrigues, 12.4.2016 (TST. Info nº 132).

6.2. EXECUÇÃO CONTRA A FAZENDA PÚBLICA

➘ Precatório. Segundo pedido de revisão de cálculos. Argumentos que poderiam ter sido deduzidos na primeira oportunidade. Preclusão consumativa. Configuração. Orientação Jurisprudencial nº 2, "a", do Tribunal Pleno.

Em sede de precatório não se admite a apresentação de um segundo pedido de revisão de cálculos para trazer argumentos que poderiam ter sido deduzidos na primeira oportunidade. A Orientação Jurisprudencial nº 2, "a", do Tribunal Pleno determina que o pedido de revisão de cálculos deve especificar claramente todas as incorreções e discriminar o montante correto, sob pena de preclusão. No caso, a executada (União) opôs dois embargos à execução (em 1993 e em 1998) e dois pedidos de revisão de cálculo (em 2010 e em 2015), e apenas neste último, em 2015, veiculou a tese de que a condenação deveria se limitar ao início do regime jurídico único da Lei nº 8.112/90. Admitir diversos pedidos de revisão de cálculos levaria ao prosseguimento indefinido do processo de precatório, em contrariedade ao princípio da celeridade (art. 5º, LXXVIII, da CF). Assim, sob esses fundamentos, o Órgão Especial, por maioria, negou provimento ao recurso ordinário da União para manter a decisão de indeferimento do pedido de revisão de cálculos, ainda que por fundamentos diversos. Vencido o Ministro Alexandre Luiz Ramos. TST-RO-4000- 52.2015.5.16.0000, Órgão Especial, rel. Min. Maria Cristina Irigoyen Peduzzi, 5.8.2019 (TST. Info nº 201).

➘ Ação coletiva. Sindicato. Substituição Processual. Execução contra a Fazenda Pública. Individualização do crédito de cada substituído. Possibilidade. Expedição de Requisição de Pequeno Valor (RPV).

No caso de ação coletiva em que o sindicato atua como substituto processual na defesa de direitos individuais homogêneos, o pagamento individualizado do crédito devido pela Fazenda Pública aos substituídos não afronta o art. 100, § 8º, da CF. A titularidade do crédito judicialmente concedido não pertence ao sindicato, mas aos empregados que ele substitui, de modo que é possível considerar o valor deferido a cada um deles, isoladamente, para ns de expedição da Requisição de Pequeno Valor (RPV). Sob esse entendimento, já consolidado no STF e no Tribunal Pleno do TST (TST-ReeNec e RO-118-88.2015.5.05.0000), a SBDI-I, por unanimidade, conheceu dos embargos, por divergência jurisprudencial, e, no mérito, deu-lhe provimento para restabelecer o acórdão do TRT no que tange à expedição de RPV, nos termos do art. 87 do ADCT. TST-E-RR-126900-42.1994.5.04.0021, SBDI-I, rel. Min. Cláudio Mascarenhas Brandão, 17.11.2016 (TST. Info-execução nº 28).

➘ Precatório sujeito ao regime especial. Art. 97 do ADCT. Período de graça. Juros de mora. Incidência.

Ao modular os efeitos das decisões proferidas nas ADI 4357 e 4425, que declararam a inconstitucionalidade parcial do regime especial de pagamento de precatórios previsto no art. 97 do ADCT, com redação dada pela EC nº 62/2009, o Supremo Tribunal Federal decidiu pela continuidade do regime especial de pagamento para os precatórios expedidos ou pagos até

25.3.2015. Assim, para o precatório emitido em data anterior ao limite estabelecido, permanece a regra do caput do art. 97 do ADCT, no sentido de que o § 5º, art. 100, da CF é inaplicável ao regime especial de pagamento, o que afasta a incidência da Súmula Vinculante 17 e torna indevida a exclusão dos juros de mora no período de graça. Sob esses fundamentos, o Órgão Especial, por unanimidade, conheceu do recurso ordinário e, no mérito, por maioria, negou-lhe provimento. Vencidos os Ministros Walmir Oliveira da Costa e Guilherme Augusto Caputo Bastos. TST-RO-39000-57.1990.5.17.0002, Órgão Especial, rel. Min. Maria Cristina Irigoyen Peduzzi, 8.8.2016 (TST. Info-execução nº 26).

➘ Ação coletiva. Sindicato. Substituição Processual. Execução contra a Fazenda Pública. Individualização do crédito de cada substituído. Possibilidade. Expedição de Requisição de Pequeno Valor (RPV).

No caso de ação coletiva em que o sindicato atua como substituto processual na defesa de direitos individuais homogêneos, o pagamento individualizado do crédito devido pela Fazenda Pública aos substituídos não afronta o art. 100, § 8º, da CF. A titularidade do crédito judicialmente concedido não pertence ao sindicato, mas aos empregados que ele substitui, de modo que é possível considerar o valor deferido a cada um deles, isoladamente, para fins de expedição da Requisição de Pequeno Valor (RPV). Sob esse entendimento, já consolidado no STF e no Tribunal Pleno do TST (TST-ReeNec e RO-118-88.2015.5.05.0000), a SBDI-I, por unanimidade, conheceu dos embargos, por divergência jurisprudencial, e, no mérito, deu-lhe provimento para restabelecer o acórdão do TRT no que tange à expedição de RPV, nos termos do art. 87 do ADCT. TST-E-RR-126900-42.1994.5.04.0021, SBDI-I, rel. Min. Cláudio Mascarenhas Brandão, 17.11.2016 (TST. Info-execução nº 28).

➘ Precatório sujeito ao regime especial. Art. 97 do ADCT. Período de graça. Juros de mora. Incidência.

Ao modular os efeitos das decisões proferidas nas ADI 4357 e 4425, que declararam a inconstitucionalidade parcial do regime especial de pagamento de precatórios previsto no art. 97 do ADCT, com redação dada pela EC nº 62/2009, o Supremo Tribunal Federal decidiu pela continuidade do regime especial de pagamento para os precatórios expedidos ou pagos até 25.3.2015. Assim, para o precatório emitido em data anterior ao limite estabelecido, permanece a regra do caput do art. 97 do ADCT, no sentido de que o § 5º, art. 100, da CF é inaplicável ao regime especial de pagamento, o que afasta a incidência da Súmula Vinculante 17 e torna indevida a exclusão dos juros de mora no período de graça. Sob esses fundamentos, o Órgão Especial, por unanimidade, conheceu do recurso ordinário e, no mérito, por maioria, negou-lhe provimento. Vencidos os Ministros Walmir Oliveira da Costa e Guilherme Augusto Caputo Bastos. TST-RO-39000-57.1990.5.17.0002, Órgão Especial, rel. Min. Maria Cristina Irigoyen Peduzzi, 8.8.2016 (TST. Info-execução nº 26).

➘ Matéria remetida ao Tribunal Pleno. Art. 77, II, do RITST. Ação coletiva. Sindicato. Substituição Processual. Execução contra a Fazenda Pública. Individualização do crédito de cada substituído. Possibilidade. Expedição de Requisição de Pequeno Valor (RPV).

No caso de ação coletiva em que o sindicato atua como substituto processual na defesa de direitos individuais homogêneos, não configura quebra do valor da execução, vedada pelo art. 100, § 8º, da CF, o pagamento individualizado do crédito devido pela Fazenda Pública aos substituídos. Entendimento consolidado pelo STF nos autos do processo STF-ARE 925754/PR, com repercussão geral reconhecida, que, não obstante se refira à hipótese de execução individual da sentença condenatória genérica, também se aplica à situação em apreço, em que a execução é coletiva. Em ambos os casos, a titularidade do crédito judicialmente concedido não pertence ao sindicato, mas aos empregados que ele substitui, de modo que é possível considerar o valor deferido a cada um deles, individualmente, para fins de expedição da Requisição de Pequeno Valor (RPV). Sob esses fundamentos, o Tribunal Pleno, por unanimidade, conheceu do recurso ordinário e da remessa necessária, e, no mérito, negou-lhes provimento, mantendo a decisão que denegara a segurança por entender que o Município de Salvador/BA não tem direito líquido e certo à execução do valor global do crédito constante do título judicial. TST-ReeNec e RO-118-88.2015.5.05.0000, Tribunal Pleno, rel. Min. Maria de Assis Calsing, 27.6.2016 (TST. Info nº 139).

➘ Fundação Padre Anchieta. Natureza pública. Execução pelo regime de precatórios. Possibilidade.

A despeito de a Fundação Padre Anchieta ser constituída, formalmente, como pessoa jurídica de direito privado, ela exerce múnus público, pois possui como finalidade exclusiva a promoção de atividades educativas e culturais por meio de rádio, televisão e outras mídias, em atendimento ao comando do art. 23, V, da CF. Além disso, para sua criação e manutenção, percebeu e continua a perceber dotações, subvenções e contribuições do Estado de São Paulo (arts. 3º e 28, I e IV, de seu Estatuto). Assim, patente a natureza pública da Fundação, a ela se aplicam as prerrogativas processuais da Fazenda Pública no que tange à execução, devendo o pagamento de valores decorrentes de condenação judicial seguir o regime de precatórios, nos termos do art. 730 do CPC e do art. 100 da CF. Sob esses fundamentos, a SBDI-II, por unanimidade, conheceu do recurso ordinário interposto pela referida Fundação, e, no mérito, deu-lhe provimento para conceder a segurança, determinando que a execução se proceda mediante o rito dos precatórios, afastando, assim, a execução direta. TST-RO-1000552-78.2014.5.02.0000, SBDI-II, rel. Min. Emmanoel Pereira, 15.12.2015 (TST. Info-execução nº 21).

➘ Ação civil coletiva ajuizada por sindicato. Substituição processual. Execução. Individualização do crédito apurado. Requisição de Pequeno Valor (RPV). Possibilidade. Precedentes do STF. Orientação Jurisprudencial nº 9 do TP/OE.

Na ação coletiva em que os interesses dos trabalhadores são defendidos pelo sindicato na condição de substituto processual, o enquadramento do débito como obrigação de pequeno valor, para fins de dispensa de expedição de precatório e aplicação do § 3º do art. 100 da CF, deve ser realizado levando-se em conta os créditos de cada trabalhador beneficiado. Nesse sentido, posicionou-se o STF, cujas decisões mais recentes apontam para a possibilidade de utilização da Requisição de Pequeno Valor (RPV) na execução individualizada da decisão proferida na ação coletiva (ARE 909556 AgR/PR, Min. Relator Marco Aurélio, 1ªT, DJe 17/3/2016, ARE 925754 RG/PR, Min. Relator Teori Zavascki, DJe 2/2/2016, ARE 916839 AgR/PR, Min. Relator Marco Aurélio, 1ªT, DJe 17/3/2016). Ademais, fazendo um paralelo entre a reclamação plúrima e a ação civil coletiva, conclui-se que em ambas as ações os titulares do crédito são os trabalhadores individualmente considerados, razão pela qual é possível incidir, no caso concreto, a diretriz da Orientação Jurisprudencial nº 9 do TP/OE. Sob esses fundamentos, a SBDI-II, por unanimidade, conheceu e negou provimento a recurso ordinário interposto pelo Município de Salvador/BA, mantendo acórdão do TRT da 5ª Região que concedeu parcialmente a segurança para cassar a decisão que determinara a expedição de RPV no montante global da execução, e para impedir a expedição de precatório no lugar de RPV, visto que a quantia total da execução é composta de diversos créditos individuais ainda não identificados para cada um dos titulares, fazendo-se necessário, primeiramente, individualizá-los na demanda de origem. TST-RO-50-41.2015.5.05.0000, SBDI-II, rel. Min. Douglas Alencar Rodrigues, 19.4.2016 (TST. Info nº 133).

6.3. EXECUÇÃO DE CONTRIBUIÇÕES PREVIDENCIÁRIAS

➘ Contribuição previdenciária. Fato gerador. Incidência de multa e juros de mora. Data da prestação dos serviços. Alteração do art. 43 da Lei nº 8.2012/1991 pela Medida Provisória nº 449/2008, convertida na Lei nº 11.941/2009.

Nos termos da jurisprudência do STF, a matéria envolvendo o fato gerador de contribuições previdenciárias tem natureza infraconstitucional, visto que o art. 195, I, da CF não trata da hipótese de incidência do tributo. Assim, na vigência do art. 276, caput, do Decreto nº 3.048/99, o fato gerador da contribuição previdenciária era o pagamento do crédito devido ao trabalhador e, no caso de decisão judicial trabalhista, somente seria cabível a incidência de multa e juros de mora após o dia dois do mês subsequente ao trânsito em julgado da decisão que pôs fim à discussão acerca dos cálculos de liquidação. Porém, desde a edição da Medida Provisória nº 449/2008, convertida na Lei nº 11.941/2009, que modificou o art. 43 da Lei nº 8.212/1991, as contribuições sociais apuradas em virtude de sentença judicial ou acordo homologado judicialmente passaram a ser devidas a partir da data de prestação do serviço, considerando-se como marco de incidência do novo dispositivo de lei o dia 5.3.2009, em atenção aos princípios da anterioridade tributária e nonagesimal (arts. 150, III, "a", e 195, § 6º, da CF). A multa, todavia, incide a partir do primeiro dia subsequente ao término do prazo de citação para pagamento das parcelas previdenciárias, observado o limite legal de 20% (art. 61, § 2º, da Lei nº 9.430/96). Ademais, pela atualização monetária das contribuições respondem trabalhador e empresa, ao passo que os juros e a multa são de responsabilidade exclusiva do empregador. Entendimento consolidado pelo Tribunal Pleno no julgamento do processo TST-E-RR-1125-36.2010.5.06.0171, em 20.10.2015. Sob esses fundamentos, a SBDI-I, por unanimidade, negou provimento ao agravo regimental, fazendo incidir o óbice do art. 894, § 2º, da CLT ao processamento do recurso de embargos do reclamado. TST-AgR-E-RR-1150-73.2012.5.02.0047, SBDI-I, rel. Min. Cláudio Mascarenhas Brandão, 18.5.2017 (TST. Info-execução nº 31).

➘ Execução. Embargos interpostos na vigência da Lei nº 13.015/2014. Fato gerador. Contribuições previdenciárias. Juros de mora e multa. Art. 195, I, "a", da CF. Inexistência de violação literal e direta à CF. Conhecimento por contrariedade à Súmula nº 266 do TST. Possibilidade. Não incidência da Súmula nº 433 do TST.

Na vigência da Lei nº 13.015/2014, são cabíveis embargos, em execução, por contrariedade à Súmula nº 266 do TST, na hipótese em que a Turma conhece de recurso de revista, não obstante ausente afronta literal e direta a dispositivo da Constituição Federal. A Súmula nº 433 do TST, ao condicionar a admissibilidade dos embargos à demonstração de divergência jurisprudencial em relação à interpretação de dispositivo constitucional, não alcança os recursos regidos pela Lei nº 13.015/2014, em razão da nova redação do art. 894, II, da CLT. Assim, ao apreciar controvérsia relativa ao fato gerador das contribuições previdenciárias, para efeito de incidência de juros de mora e multa, a decisão turmária que conheceu do recurso de revista por violação do art. 195, I, "a", da CF, contrariou a Súmula nº 266 do TST, pois, em 20.10.2015, o Tribunal Pleno, no julgamento do processo nº TST-E-RR-1125-36.2010.5.06.0171, decidiu que o fato gerador das contribuições previdenciárias não está efetivamente disciplinado no dispositivo constitucional em questão, ostentando, portanto, natureza infraconstitucional. Sob esses fundamentos, a SBDI-I, por unanimidade, conheceu dos embargos por contrariedade à Súmula nº 266 do TST e, no mérito, deu-lhes provimento para restabelecer o acórdão do Regional, no que reputou indevida a incidência de juros de mora e de multa sobre as contribuições previdenciárias devidas em decorrência do crédito trabalhista reconhecido em juízo. TST-E-RR-994-79.2012.5.15.0126, SBDI-I, rel. Min. João Oreste Dalazen, 1º.9.2016 (TST. Info-execução nº 27).

➘ Contribuição previdenciária. Fato gerador. Incidência de multa e juros de mora. Data da prestação dos serviços. Alteração do art. 43 da Lei nº 8.2012/1991 pela Medida Provisória nº 449/2008, convertida na Lei nº 11.941/2009.

Na vigência do art. 276, caput, do Decreto nº 3.048/99, o fato gerador da contribuição previdenciária era o pagamento do crédito devido ao trabalhador e, no caso de decisão judicial trabalhista, somente seria cabível a incidência de multa e juros de mora após o dia dois do mês subsequente ao trânsito em julgado da decisão que pôs fim à discussão acerca dos cálculos de liquidação. Porém, desde a edição da Medida Provisória nº 449/2008, convertida na Lei nº 11.941/2009, que modificou o art. 43 da Lei nº 8.212/1991, as contribuições sociais apuradas em virtude de sentença judicial ou acordo homologado judicialmente passaram a ser devidas a partir da data de prestação do serviço, considerando-se como marco de incidência do novo dispositivo de lei o dia 5.3.2009, em atenção aos princípios da anterioridade tributária e nonagesimal (arts. 150, III, "a", e 195, § 6º, da CF). A multa, todavia, incide a partir do primeiro dia subsequente ao término do prazo de citação para pagamento das parcelas previdenciárias, observado o limite legal de 20% (art. 61, § 2º, da Lei nº 9.430/96). Entendimento consolidado pelo Tribunal Pleno no julgamento do processo TST-E-RR-1125-36.2010.5.06.0171, em 20.10.2015. Sob esses fundamentos, a SBDI-I, por unanimidade, conheceu do recurso de embargos, por divergência jurisprudencial, e, no mérito, deu-lhe provimento parcial para determinar a aplicação de multa a partir do exaurimento do prazo decorrente da citação para o pagamento dos créditos previdenciários apurados em juízo, observado o limite de 20%. TST-E-RR-293-78.2010.5.15.0065, SBDI-I, rel. Min. José Roberto Freire Pimenta, 16.6.2016 (TST. Info-execução nº 24).

➘ Contribuição previdenciária. Fato gerador. Incidência de multa e juros de mora. Data da prestação dos serviços. Alteração do art. 43 da Lei nº 8.2012/1991 pela Medida Provisória nº 449/2008, convertida na Lei nº 11.941/2009.

Na vigência do art. 276, caput, do Decreto nº 3.048/99, o fato gerador da contribuição previdenciária era o pagamento do crédito devido ao trabalhador e, no caso de decisão judicial trabalhista, somente seria cabível a incidência de multa e juros de mora após o dia dois do mês subsequente ao trânsito em julgado da decisão que pôs fim à discussão acerca dos cálculos de liquidação. Porém, desde a edição da Medida Provisória nº 449/2008, convertida na Lei nº 11.941/2009, que modificou o art. 43 da Lei nº 8.212/1991, as contribuições sociais apuradas em virtude de sentença judicial ou acordo homologado judicialmente passaram a ser devidas a partir da data de prestação do serviço, considerando-se como marco de incidência do novo dispositivo de lei o dia 5.3.2009, em atenção aos princípios da anterioridade tributária e nonagesimal (arts. 150, III, "a", e 195, § 6º, da CF). Entendimento consolidado pelo Tribunal Pleno no julgamento do processo TST-E-RR-1125-36.2010.5.06.0171, em 20.10.2015. Sob esses fundamentos, e tendo em conta que, na espécie, a prestação de serviço objeto da reclamação trabalhista ocorreu no período de 21.3.2003 a 28.12.2011, a SBDI-I, por unanimidade, conheceu dos embargos, por divergência jurisprudencial, e, no mérito, deu-lhe provimento parcial para determinar que a partir de 5.3.2009 o fato gerador da obrigação previdenciária para fins de incidência dos juros moratórios é a data da efetiva prestação de serviço, mantendo-se o termo inicial do referido encargo no dia dois do mês seguinte ao do efetivo pagamento do débito em relação às prestações laborais ocorridas até o dia 4.3.2009. A multa incide a partir do primeiro dia subsequente ao término do prazo de citação para pagamento das parcelas previdenciárias, observado o limite legal de 20% (art. 61, § 2º, da Lei nº 9.430/96). TST-E-ED-RR-4484-80.2012.5.12.0001, SBDI-I, rel. Min. Renato de Lacerda Paiva, 19.11.2015 (TST. Info-execução nº 20).

6.4. EXECUÇÃO FISCAL

➘ MS. Execução fiscal para cobrança de multa administrativa imposta por infração à legislação trabalhista. Determinação de penhora de numerário via BacenJud. Legalidade do ato coator. Aplicação analógica da Súmula nº 417, I, do TST.

Em sede de execução definitiva de título executivo extrajudicial, in casu, execução fiscal para cobrança de multa administrativa imposta por infração à legislação trabalhista, não viola direito líquido e certo o ato judicial que indefere a penhora de bens indicados e determina a constrição sobre dinheiro, via BacenJud, em contas bancárias da executada, porquanto atendida a gradação contida no art. 655 do CPC. Aplicação, por analogia, da Súmula nº 417, I, do TST. Com esse entendimento, a SBDI-II conheceu do reexame necessário e do recurso ordinário, e, no mérito, deu-lhes provimento para, reformando o acórdão recorrido, denegar a segurança. Na hipótese, registrou-se, ainda, que a impetrante não demonstrou que o referido bloqueio inviabilizaria suas atividades, sendo inaplicável, portanto, o teor da Orientação Jurisprudencial n.º 93 da SBDI-I. TST-RXOF e ROMS-1353800-27.2007.5.02.0000, SBDI-II, rel. Min. Emmanoel Pereira, 17.4.2012 (TST. Info nº 7).

6.5. CONSTRIÇÃO JUDICIAL

➘ Mandado de segurança. Ato coator proferido na vigência do CPC de 2015. Determinação de penhora incidente sobre percentual da aposentadoria. Legalidade. Ausência de ofensa a direito líquido e certo dos impetrantes. Art. 833, § 2º, do CPC de 2015. Não aplicação da Orientação Jurisprudencial nº 153 da SBDI-II.

Na hipótese em que o ato impugnado foi proferido na vigência do CPC de 2015, não ofende direito líquido e certo dos impetrantes a penhora de 15% dos proventos de aposentadoria para pagamento de créditos trabalhistas efetuada nos termos do art. 833, § 2º, do CPC de 2015. O entendimento consagrado na Orientação Jurisprudencial nº 153 da SBDI-II não se aplica ao caso em concreto porque a diretriz ali definida restringe-se às penhoras efetuadas quando em vigor o CPC de 1973. Sob esse fundamento, a SBDI-II, à unanimidade, conheceu do recurso ordinário dos impetrantes, e, no mérito, negou-lhe provimento. TST-RO-20605-38.2017.5.04.0000, SBDI-II, rel. Min. Delaíde Miranda Arantes, 17.10.2017 (TST. Info nº 168).

➘ Ação rescisória. Imóvel destinado à moradia da família. Registro da condição de bem de família no cartório de imóveis. Desnecessidade. Impenhorabilidade do bem constrito. Desconstituição da sentença que julgou improcedente o pedido de nulidade da penhora.

A SBDI-II, por unanimidade, conheceu de recurso ordinário e, no mérito, negou-lhe provimento, mantendo, portanto, a decisão recorrida que julgou procedente o pleito rescisório da sentença proferida nos autos de embargos de terceiros que julgara improcedente o pedido de nulidade da penhora que recaiu sobre bem de família. Na espécie, o acórdão rescindendo registrou não se tratar de bem de família porque demonstrado que o devedor possui mais de um imóvel e a embargante não apresentou nenhuma certidão dos cartórios de registro de imóveis para comprovar a condição de bem de família do bem penhorado. Todavia, a Lei nº 8.009/90 não exige que conste no registro do imóvel a condição de bem de família. Ao prever a situação do executado que possui vários imóveis e estabelecer que, neste caso, a impenhorabilidade recairá sobre o de menor valor, salvo se outro tiver sido registrado como bem de família, pretendeu o legislador apenas impedir que o devedor possa se valer do benefício da impenhorabilidade para resguardar mais de um imóvel. Ademais, no caso concreto, a própria embargante e autora da ação rescisória indicou outro bem à penhora e apresentou provas de que o imóvel constrito é utilizado para moradia familiar, fato não impugnado no recurso ordinário. TST-RO-232-31.2012.5.23.0000, SBDI-II, rel. Min. Luiz Philippe Vieira de Mello Filho, 17.5.2016 (TST. Info-execução nº 23).

➘ Conta poupança utilizada como conta corrente. Valores passíveis de penhora. Art. 649, X, do CPC. Não incidência.

A impenhorabilidade de que trata o art. 649, X, do CPC não alcança valores depositados em conta poupança quando esta é utilizada como conta corrente, sem o cunho de economia futura e segurança pessoal. No caso, registrou-se que os valores em depósito eram empregados em necessidades corriqueiras ou como suporte a transações financeiras efetuadas na conta corrente. Sob esse entendimento, a SBDI-II, por unanimidade, conheceu do recurso ordinário e, no mérito, negou-lhe provimento. TST-RO-20598-85.2013.5.04.0000, SBDI-II, rel. Min. Luiz Philippe Vieira de Mello Filho, 16.2.2016 (TST. Info-execução nº 22).

➘ Ação rescisória. Penhora não inscrita no registro imobiliário ao tempo da alienação do imóvel. Terceiro de boa-fé. Fraude à execução. Não ocorrência.

Para a caracterização da fraude à execução, quando inexistente penhora inscrita no registro imobiliário, não basta a mera constatação de que o negócio jurídico se operou quando corria processo em desfavor do alienante capaz de reduzi-lo à insolvência (requisito objetivo), sendo necessária a demonstração de má-fé do terceiro adquirente (requisito subjetivo). Na hipótese, o TRT, nos autos do processo matriz, negou provimento a agravo de petição ao fundamento de que o preenchimento do requisito objetivo (alienação no curso de processo pendente) cumulado com a ausência/dispensa de pesquisa quanto aos débitos capazes de conduzir o alienante à insolvência caracterizaram a fraude à execução, porque denotada a má-fé do adquirente. Todavia, documento constante dos autos revelou que em 23.1.2007, a penhora ocorrida em 28.1.2003 não estava registrada junto ao cartório de registro de imóveis. Assim, o Tribunal Regional, ao afastar a boa-fé do adquirente, mesmo diante da realização de pesquisa de eventual óbice à transação imobiliária, violou o art. 593, II, do CPC. Sob esses fundamentos, a SBDI-II, por unanimidade, conheceu do recurso ordinário em ação rescisória e, no mérito, deu-lhe provimento para desconstituir o acórdão do TRT prolatado nos autos de embargos de terceiro e, em juízo rescisório, dar provimento ao agravo de petição da embargante para desconstituir a penhora. TST-RO-239-94.2012.5.06.0000, SBDI-II, rel. Min. Alberto Luiz Bresciani de Fontan Pereira, 2.2.2016 (TST. Info-execução nº 22).

➘ Mandado de segurança. Execução. Penhora do depósito recursal. Transferência para saldar execução em outro feito. Legalidade.

Não se reveste de ilegalidade o ato judicial que, atendendo à solicitação de registro de penhora no rosto dos autos, determina a transferência do depósito recursal para prover execução em outro processo em que a ora recorrente figura como executada. No caso, o TRT denegou a segurança pleiteada por entender que o juízo originário se atentou para que a execução da dívida relativa ao outro processo observasse os princípios da execução menos gravosa e da economia e celeridade processuais, assegurando, portanto, efetividade à execução e à coisa julgada. Assim, não se configurando qualquer abuso de poder ou ilegalidade no ato judicial, e não havendo direito líquido e certo a ser tutelado pela via mandamental, a SBDI-II, por unanimidade, conheceu do recurso ordinário e, no mérito, negou-lhe provimento. TST-RO-1000989-22.2014.5.02.0000, SBDI-II, rel. Min. Alberto Luiz Bresciani de Fontan Pereira, 15.12.2015 (TST. Info-execução nº 21).

6.6. EXPROPRIAÇÃO

➘ Mandado de segurança. Execução. Penhora e arrematação de bem de terceiro estranho à lide. Ausência de intimação. Violação à garantia do contraditório e da ampla defesa. Nulidade do leilão e da carta de arrematação.

A SBDI-II, por unanimidade, conheceu e negou provimento a recurso ordinário em mandado de segurança, mantendo, portanto, a decisão do TRT da 1ª Região que concedera a segurança para anular o leilão e a subsequente carta de arrematação expedida nos autos de execução que penhorou e alienou bem imóvel dos impetrantes, até então estranhos à reclamação trabalhista, sem lhes oportunizar o direito à ampla defesa e ao contraditório. Na espécie, consignou-se que durante o processo de execução, não obstante os ostensivos alertas acerca da nulidade que se consumava a cada dia, as autoridades judiciárias que nele atuaram incorreram em equívocos que levaram à expropriação de patrimônio pertencente a pessoas estranhas à execução, sem que estas tivessem ciência do ocorrido. Não se olvida que o art. 694 do CPC de 1973 privilegiava a segurança do arrematante em relação a praticamente todas as nuances capazes de invalidar a arrematação. Todavia, o seu desfazimento sempre foi possível em casos excepcionais como o dos autos, em que a prevalência do direito dos arrematantes causaria o sacrifício integral das garantias do devido processo legal e da ampla defesa dos proprietários do bem arrematado, terceiros estranhos à lide. TST-RO-10681-26.2013.5.01.0000, SBDI-II, rel. Min. Alberto Luiz Bresciani de Fontan Pereira, 6.12.2016 (TST. Info-Execução nº 28).

➘ Mandado de segurança. Execução definitiva. Descumprimento de ordem judicial. Penhora de dinheiro de instituição financeira. Impossibilidade

Na hipótese de eventual descumprimento de ordem de bloqueio judicial de conta do executado, a instituição financeira não pode ser responsabilizada pelo valor da execução trabalhista. Em atenção aos princípios constitucionais da legalidade, do devido processo legal e da ampla defesa, a instituição financeira, que é terceiro estranho à lide, não pode responder pela efetividade do título executivo judicial proveniente de relação jurídica da qual jamais foi parte. Sob esses fundamentos, a SBDI-II, por unanimidade, conheceu do recurso ordinário, e, no mérito, deu-lhe provimento para conceder integralmente a segurança, a fim de que seja afastada a constrição sobre o patrimônio do banco. TST-RO-417-61.2014.5.10.0000, SBDI-II, rel. Min. Alberto Luiz Bresciani de Fontan Pereira, 9.8.2016 (TST. Info-Execução nº 26).

➘ Remição da execução pelo devedor realizada antes da assinatura do auto de arrematação. Possibilidade. Interpretação conjunta dos arts. 651 e 694 do CPC.

Consoante o art. 651 do CPC, interpretado conjuntamente com o art. 694 do mesmo diploma, o depósito, pelo próprio devedor, do valor integral da condenação antes da assinatura do auto de arrematação é válido e tem como consequência a extinção da execução, mostrando-se abusiva a retenção da penhora. Outrossim, ofende a garantia constitucional do devido processo legal a evocação dos arts. 787 a 790 do CPC, revogados pela Lei nº 11.382/2006, como óbice à remição da execução pelo devedor, pois tais preceitos disciplinavam a remição do bem por cônjuge, ascendente ou descendente do executado. Sob esses fundamentos, a SBDI-II, à unanimidade, conheceu do recurso ordinário e, no mérito, negou-lhe provimento. TST-RO-2003-75.2010.5.10.0000, SBDI-II, rel. Min. Alberto Luiz Bresciani de Fontan Pereira, 10.11.2015 (TST. Info-Execução nº 19).

6.7. EMBARGOS À EXECUÇÃO E EMBARGOS DE TERCEIROS

➘ Ação rescisória. Acórdão que rejeitou a preliminar de intempestividade dos embargos de terceiro. Penhora de percentual de faturamento de empresa. Juízo garantido apenas quando o valor total executado se completar. Contagem do prazo para oposição de embargos de terceiro a partir da ciência da penhora. Impossibilidade. Violação dos arts. 184, § 2º, e 1.048 do CPC de 1973. Não configuração.

No caso de penhora de percentual de faturamento de empresa, o juízo somente estará integralmente garantido quando o valor total executado se completar por meio dos depósitos realizados mês a mês (art. 655-A, caput, e § 3º, do CPC de 1973). Assim, não há como contar o prazo para a apresentação de embargos de terceiro a partir da ciência da penhora, nos termos dos arts. 184, § 2º, e 1.048 do CPC de 1973, visto que nesse momento a constrição não está completa. Sob esse fundamento, a SBDI-II, à unanimidade, conheceu do recurso ordinário e, no mérito, negou-lhe provimento, afastando, portanto, a alegação de violação dos arts. 184, § 2º, e 1.048 do CPC de 1973, no caso em que a decisão rescindenda rejeitou a preliminar de intempestividade dos embargos de terceiro opostos quando já transcorridos 298 dias da ciência da penhora que recaiu sobre 20% da renda líquida mensal de cartório, até atingir o montante da dívida. TST-RO-11518-13.2015.5.01.0000 , SBDI-II, rel. Min. Luiz Philippe Vieira de Mello Filho, 21.11.2017 (TST. Info nº 169).

➘ Execução. Embargos de terceiro. Bem imóvel alienado mediante alvará judicial e antes do reconhecimento do grupo econômico e inclusão das empresas na lide. Adquirente de boa-fé. Fraude à execução. Não caracterização.

Age de boa-fé o terceiro adquirente de imóvel alienado judicialmente, mediante alvará regularmente expedido em processo de concordata, e em momento anterior ao reconhecimento judicial do grupo econômico e à inclusão de todas as empresas na lide. Assim, ausente o registro da prova da má-fé do adquirente, requisito imprescindível à caracterização da fraude à execução, conforme preconiza a Súmula n.º 375 do STJ, não há falar em declaração de ineficácia do negócio jurídico celebrado entre as partes. Com esse entendimento, a SBDI-I, à unanimidade, conheceu dos embargos interpostos pela Anthares Técnicas Construtivas e Comércio Ltda., por divergência jurisprudencial, e, no mérito, deu-lhes provimento para julgar procedente o pedido deduzido na ação de embargos de terceiro, a fim de desconstituir a penhora realizada sobre o imóvel adquirido pela embargante. TSTE- ED-RR-155100-26.2004.5.15.0046, SBDI-I, rel. Min. Luiz Philippe Vieira de Mello Filho, 5.6.2014 (TST. Info-Execução nº 2).

7. DISSÍDIO COLETIVO, AÇÕES COLETIVAS, MANDADO DE SEGURANÇA E OUTRAS AÇÕES ESPECIAIS

7.1. DISSÍDIO COLETIVO

➘ Declaração de abusividade. Formalização de acordo perante o MPT. Fim do movimento paredista. Inexistência de ressalva quanto ao interesse na análise de abusividade da greve. Perda do objeto. Ausência de interesse processual. Art. 485, VI, do CPC.

A celebração de acordo sem ressalvas, com o fim de encerrar movimento paredista, afasta o interesse processual, em dissídio coletivo, de ver declarada a abusividade da greve, configurando a hipótese do art. 485, VI, do CPC/2015. Assim, não havendo, no acordo entabulado, manifestação expressa quanto ao interesse no exame da legalidade da greve, o processo deve ser extinto sem resolução de mérito. Com base nesse entendimento, a SDC, por maioria, ao analisar questão preliminar, decidiu pela extinção do processo, sem resolução de mérito, ante a incompatibilidade da pretensão de declaração de abusividade da greve com a celebração de acordo entre as partes. Vencidos os Ministros Mauricio Godinho Delgado, relator, Lelio Bentes Corrêa, Guilherme Augusto Caputo Bastos e Kátia Magalhães Arruda, os quais entendiam que, por ser o movimento grevista capaz de causar repercussões em relações da empresa empregadora com outras entidades, subsistia o interesse de agir, devendo a matéria ser apreciada pelo Poder Judiciário. TST-RO-240-16.2017.5.20.0000, SDC, rel. Min. Mauricio Godinho Delgado, red. p/ acórdão Min. Aloysio Corrêa da Veiga, 9.3.2020 (TST. Info nº 216).

➘ Acordo homologado em juízo. Acréscimo de benefício à categoria profissional, de ofício, pelo Tribunal. Impossibilidade. Desrespeito à autonomia privada coletiva.

O Tribunal, por ocasião da homologação de acordo, não pode, ex officio, incluir benefício à categoria profissional que não tenha sido avençado pelas partes, ainda que tenha relevância social. Tal conduta desrespeita a autonomia privada coletiva e macula o princípio da proteção da confiança, enfraquecendo o processo negocial e desequilibrando as relações coletivas. No caso, o TRT, ao homologar setenta e seis cláusulas que foram objeto de acordo firmado nos autos de dissídio coletivo de natureza econômica, também deferiu à categoria profissional, de ofício, a estabilidade provisória de trinta dias a partir da publicação do respectivo acórdão. Sob esse entendimento, a SDC, por maioria, deu provimento ao recurso ordinário para excluir do acórdão recorrido a concessão da estabilidade de trinta dias aos integrantes da categoria profissional. Vencidos os Ministros Maurício Godinho Delgado, relator, Kátia Magalhães Arruda e Lélio Bentes Côrrea. TST-RO-1000674-52.2018,5.02.0000, SDC, rel. Min. Maurício Godinho Delgado, red. p/ acórdão Min. Ives Gandra da Silva Martins Filho, 14.10.2019 (TST. Info nº 208).

➘ Dissídio coletivo de natureza econômica. Reajuste salarial. Concessão por sentença normativa. Caso em que a empresa estatal está vinculada a ente público que excedeu o limite com o gasto de pessoal estabelecido na Lei de Responsabilidade Fiscal. Impossibilidade.

Não é possível a concessão de reajuste pela via do exercício do poder normativo da Justiça do Trabalho quando o ente público ao qual está vinculada a empresa estatal encontra-se no limite de gasto com pessoal estabelecido pela Lei de Responsabilidade Fiscal (Lei Complementar nº 101/2000). Embora o art. 22, parágrafo único, I, da LRF, nessa circunstância, admita os aumentos ou reajustes decorrentes de sentença judicial, enquadram-se nesse conceito somente as sentenças condenatórias e mandamentais, pois provenientes da função típica do Poder Judiciário. As sentenças normativas não representam, rigorosamente, exercício de poder jurisdicional, razão pela qual não constituem exceção à aplicação dos limites impostos pela Lei de Responsabilidade Fiscal. Sob esses fundamentos, a SDC, por maioria, negou provimento ao recurso ordinário do sindicato profissional. Vencidos os Ministros Mauricio Godinho Delgado, relator, e Kátia Magalhães Arruda, que davam provimento ao recurso para conceder o reajuste de 7,5% à categoria. TST-RO-296-96.2015.5.10.0000, SDC, rel. Min. Mauricio Godinho Delgado, red. p/ acórdão Min. Emmanoel Pereira, 13.3.2017 (TST. Info nº 154).

➘ Dissídio coletivo de greve. Não cumprimento imediato da sentença normativa pela empresa. Irregular exercício do direito de greve pela categoria profissional. Culpa recíproca. Descontos dos dias parados. Estabilidade provisória indevida.

A SDC, por maioria, conheceu do recurso ordinário e, no mérito, deu-lhe parcial provimento para declarar a culpa recíproca das partes no tocante à greve deflagrada em 10.7.2014, determinar o desconto dos dias de paralisação e indeferir a estabilidade provisória, nos termos da Orientação Jurisprudencial nº 10 da SDC. Na hipótese, a empresa agiu mal ao decidir pelo não cumprimento imediato da sentença normativa quanto ao reajuste ali fixado, a pretexto da interposição de embargos de declaração. Todavia, a categoria profissional também atuou em desconformidade com o direito, pois deflagrou nova greve, sem as notificações devidas, e mesmo após a existência de sentença normativa a seu favor, passível de ação de cumprimento, portanto. Vencidos os Ministros Mauricio Godinho Delgado e Kátia Magalhães Arruda. TST-RO-1000974-53.2014.5.02.0000, SDC, rel. Min. Maria de Assis Calsing, 13.2.2017 (TST. Info nº 152).

➘ Dissídio coletivo de natureza econômica. Terceirização. Limitação por sentença normativa. Impossibilidade

A Súmula nº 331 do TST não contém uma proibição absoluta à terceirização em atividade-fim, razão pela qual não é possível, em sede de sentença normativa, deferir cláusula estabelecendo que "todas as atividades permanentes serão realizadas por pessoal próprio e que as atividades realizadas por serviços de terceiros serão limitadas às atividades esporádicas ou não rotineiras". O deferimento de cláusula que proíba terminantemente a terceirização, sem que tenha havido negociação entre as partes, pode inviabilizar a criação de novos métodos de gerenciamento da atividade produtiva que não necessariamente resultem em fraude à legislação trabalhista ou contrariedade à Súmula nº 331 do TST. Sob esses fundamentos, a SDC, por maioria, negou provimento à cláusula em questão, mantendo o seu indeferimento. Vencidos os Ministros Mauricio Godinho Delgado, relator, e Maria de Assis Calsing. TST-RO-361-12.2014.5.07.0000, SDC, rel. Min. Mauricio Godinho Delgado, 13.2.2017 (TST. Info nº 152).

➘ Dissídio coletivo de natureza econômica. Greve deflagrada no curso da instrução processual. Comum acordo. Desnecessidade.

É possível a apreciação de dissídio coletivo de natureza econômica, ainda que ausente o comum acordo, se houver deflagração de greve por qualquer das partes no curso da instrução processual. No caso, o sindicato da categoria profissional instaurou dissídio coletivo de natureza econômica sem a concordância do sindicato patronal, havendo deflagração de greve pelos trabalhadores antes mesmo da audiência de conciliação. Ressaltou-se que a ocorrência de movimento paredista, superveniente ao ajuizamento do dissídio e anterior à decisão de mérito, supera a exigência do mútuo acordo, cabendo à Justiça do Trabalho decidir sobre a procedência das reivindicações (art. 8º da Lei 7.783/89). Sob esse entendimento, a SDC, por maioria, negou provimento ao recurso, quanto à preliminar de mérito arguida, vencida a Ministra Dora Maria da Costa. TST-RO-381-24.2014.5.17.0000, SDC, rel. Min. Mauricio Godinho Delgado. 14.3.2016 (TST. Info nº 130).

7.2. AÇÕES COLETIVAS E AÇÃO DE CUMPRIMENTO

➘ Ação civil pública. Município. Implementação de políticas públicas para prevenção e erradicação do trabalho infantil. Omissão do administrador público. Competência material da Justiça do Trabalho.

A Justiça do Trabalho é competente para apreciar e julgar ação civil pública objetivando que o município implemente políticas públicas constitucionalmente previstas para prevenir e erradicar o trabalho infantil. Prevaleceu o entendimento de que a competência inscrita no art. 114 da Constituição da República não se limita aos casos de relação de emprego existente, abrangendo, também, o exame de questões relativas ao direito subjetivo das crianças ao não trabalho, tutela ora pretendida pelo Ministério Público do Trabalho. Destacou-se, ainda, que as omissões inconstitucionais do administrador público inserem-se na função típica do Poder Judiciário, que poderá intervir na implantação de políticas públicas direcionadas à concretização de direitos fundamentais. Sob esses fundamentos, a SBDI-I, por unanimidade, conheceu dos embargos por divergência jurisprudencial e, no mérito, por maioria, deu-lhes parcial provimento para afastar a declaração de incompetência da Justiça do Trabalho apenas quanto aos pedidos relativos à elaboração e implementação de políticas públicas pelo Município de Campo Largo para combate e erradicação do trabalho infantil, mantida a declaração de incompetência quanto aos pedidos relativos à elaboração e implementação de políticas públicas para educação e profissionalização de crianças e adolescentes. Vencidos, totalmente, os Ministros Maria Cristina Irigoyen Peduzzi, relatora, Márcio Eurico Vitral Amaro, Walmir Oliveira da Costa, Alexandre Luiz Ramos e João Batista Brito Pereira, que negavam provimento aos embargos, e, parcialmente, o Ministro Lelio Bentes Corrêa, que dava total provimento ao recurso. TST-E-RR-44-64.2013.5.09.0009, SBDI-I, red. p/ acórdão Min. Alberto Luiz Bresciani de Fontan Pereira, 6/8/2020 (TST. Info nº 222).

➘ Ação civil pública. Tutela inibitória. Prevenção de nova ocorrência do ilícito. Obrigação de não fazer. Proibição de fundar, criar, gerenciar ou participar de qualquer outra cooperativa fraudulenta. Possibilidade.

No caso, o Ministério Público do Trabalho ajuizou Ação Civil Pública para obter a reparação de lesão aos direitos coletivos de trabalhadores contratados de forma fraudulenta em intermediação de mão de obra. Desde a sentença, mantida pelo TRT e pela 5ª Turma do TST, reconheceu-se a configuração do dano moral coletivo, com a condenação solidária ao pagamento de indenização, além da imposição de que a cooperativa não mais forneça mão de obra a terceiros. Contudo, foi rejeitada a pretensão do MPT de que, por meio de obrigação de não fazer, fossem os réus, pessoas físicas, impedidos de "fundar, criar, participar de, gerenciar, administrar qualquer outra sociedade cooperativa que tenha por objeto o fornecimento e a intermediação de mão-de-obra, e cujas atividades estejam fora da hipótese prevista no artigo 4° da Lei 5.764/71". A SBDI-I, por maioria de votos, reformou o acórdão embargado, por entender que a concessão da tutela inibitória pleiteada tem apenas o escopo de coibir ou prevenir futuras condutas lesivas à ordem jurídica, não implicando afronta aos direitos constitucionais de liberdade de associação e de presunção de inocência, sobretudo, porque a proibição restringe-se à constituição de sociedade cooperativa fraudulenta. Sob esse fundamento, a SBDI-I, por unanimidade, conheceu dos embargos interpostos pelo MPT, por divergência jurisprudencial, e, no mérito, por maioria, deu-lhes provimento para condenar os sócios-réus na obrigação de não mais fundar, criar, gerenciar, administrar ou participar de qualquer outra sociedade cooperativa que tenha por objeto o fornecimento e a intermediação de mão de obra e cujas atividades não estejam previstas nos artigos 4º da Lei nº 5.764/71, sob pena de multa de R$1.000,00 para cada trabalhador prejudicado pela fraude, revertida ao FAT. Vencidos os Ministros Maria Cristina Irigoyen Peduzzi, relatora, Luiz Philippe Vieira de Mello Filho, Marcio Eurico Vitral Amaro, Alexandre Luiz Ramos e João Batista Brito Pereira. TST-Ag-E-RR-163400-88.2009.5.02.0037, SBDI-I, rel. Maria Cristina Irigoyen Peduzzi, red. p/ acórdão Min. Cláudio Mascarenhas Brandão, 12.3.2020 (TST. Info nº 216).

➘ Ação civil pública. Dano imaterial coletivo. Descumprimento da cota de aprendizes. Art. 429 da CLT. Regularização posterior ao ajuizamento da ação pelo MPT. Irrelevância. Lesão à coletividade já caracterizada. Embargos desprovidos. Quantum indenizatório. Divergência jurisprudencial. Não conhecimento.

O descumprimento pela empresa do percentual mínimo de contratação de aprendizes, prevista no art. 429 da CLT, mostra-se suficiente à configuração do dano moral coletivo, sendo despiciendo comprovar a repercussão do ato ilícito na consciência coletiva do grupo social. A regularização desse percentual de contratação pela empresa, após o ajuizamento da ação ou do inquérito proposto pelo Ministério Público do Trabalho, não extingue o feito sem julgamento de mérito, tampouco descaracteriza o dano imaterial coletivo decorrente do descumprimento da cota de aprendizes, visto que já caracterizada a lesão à coletividade. Com esse entendimento, a SBDI-I, por unanimidade, conheceu do recurso de embargos apenas quanto à configuração do dano imaterial coletivo decorrente do descumprimento da cota de aprendizes, por divergência jurisprudencial, e, no mérito, por maioria, negou-lhe provimento, vencidos os Exmos. Ministros Maria Cristina Irigoyen Peduzzi, Márcio Eurico Vitral Amaro e Alexandre Luiz Ramos. No tocante ao valor da indenização, com base no entendimento majoritário da Subseção de que é inviável a aferição de especificidade dos arestos paradigmas nas hipóteses em que se discute o valor arbitrado a título de indenização por danos morais, a SBDI-I, por maioria, não conheceu do recurso de embargos e manteve a condenação da reclamada ao pagamento de indenização por dano imaterial coletivo no valor de R$ 300.000,00 (trezentos mil reais). Vencidos os Exmos. Ministros Maria Cristina Irigoyen Peduzzi e Márcio Eurico Vitral Amaro. TST-ERR-822-68.2011.5.23.0056, SBDI-I, rel. Min. Luiz Philippe Vieira de Mello Filho, 12.3.2020 (TST. Info nº 216).

➘ Mandado de segurança. Cabimento. Inaplicabilidade da Orientação Jurisprudencial nº 92 da SBDI-II. Rejeição da exceção de pré-executividade. Ação autônoma de cumprimento de sentença condenatória proferida em ação civil pública. Ausência do título executivo judicial e de prévio debate sobre os cálculos de liquidação. Bloqueio de contas bancárias.

Cabe mandado de segurança contra decisão que rejeita exceção de pré-executividade proposta em face de ação executiva autônoma, relativa ao cumprimento de sentença proferida em ação civil pública, iniciada sem a juntada do provimento condenatório expedido no processo principal e sem o cumprimento do disposto no art. 879, § 2º, da CLT, que impõe ao Juízo que preside a execução o dever de permitir que as partes impugnem itens e valores na conta de liquidação. Na espécie, concluiu-se não ser aplicável o entendimento consubstanciado na Orientação Jurisprudencial nº 92 da SBDI-II, pois à luz dos princípios do devido processo legal, do contraditório e da ampla defesa, não é razoável que a parte que nega o descumprimento das obrigações contidas no título executivo judicial e impugna a imposição das sanções nele previstas tenha que primeiro suportar a apreensão de seu patrimônio (bloqueio de contas bancárias) para depois ter a possibilidade de discutir a licitude da execução e o acerto da conta confeccionada pela parte exequente. Sob esse fundamento, a SBDI-II, por unanimidade, conheceu e deu provimento ao recurso ordinário para armar o cabimento do writ e determinar que o TRT de origem prossiga no processamento e julgamento, com notificação da autoridade tida como coatora e do litisconsorte passivo, deferindo a liminar postulada para suspender a execução em curso na ação de cumprimento originária até o trânsito em julgado do mandado de segurança, com a imediata devolução dos valores já apreendidos à impetrante. TST-RO-515- 18.2018.5.06.0000, SBDI-II, rel. Min. Douglas Alencar Rodrigues, 5.11.2019 (TST. Info nº 211).

➘ Execução. Sentença proferida nos autos de ação coletiva ajuizada por sindicato na condição de substituto processual. Execução individual. Possibilidade. Legitimidade concorrente. Art. 5º, XXXV, da CF.

O empregado, de forma individual, possui legitimidade para promover a execução de sentença proferida nos autos de ação coletiva ajuizada por sindicato na condição de substituto processual, sob pena de ofensa ao art. 5º, XXXV, da CF. Trata-se de legitimação concorrente e não subsidiária, nos termos dos arts. 97 e 98 do CDC, razão pela qual o direito de escolha quanto à execução, se individual ou coletiva, está relacionado ao próprio conteúdo do direito de ação. Sob esses fundamentos, a SBDI-I, por unanimidade, conheceu dos embargos, por divergência jurisprudência, e, no mérito, deu-lhes provimento para, reformando o acórdão recorrido, determinar o retorno dos autos à vara do trabalho de origem para, afastada a extinção do processo sem resolução do mérito, por falta de interesse de agir, prossiga no julgamento da causa como entender de direito. TST-E-RR- 1843-88.2012.5.15.0049 , SBDI-I, rel. Min. Augusto César Leite de Carvalho, 30.3.2017 (TST. Info-execução nº 30).

➘ Ação civil pública. Nulidade de cláusula de convenção coletiva. Inadequação da via eleita. Necessidade de ajuizamento de ação anulatória.

Dos termos do art. 3º da Lei nº 7.347/85 depreende-se que a ação civil pública ostenta natureza eminentemente cominatória, ou seja, visa à imposição de condenação pecuniária ou ao cumprimento de uma obrigação de fazer ou de não fazer. Assim, não constitui o meio adequado para postular a declaração de nulidade de cláusula de norma coletiva, a qual desafia o ajuizamento de ação anulatória perante o juízo competente. Sob esse fundamento, a SBDI-I, por unanimidade, conheceu do recurso de embargos, por divergência jurisprudencial, e, no mérito, deu-lhe provimento para julgar incabível a ação civil pública, reestabelecendo o acórdão do Tribunal Regional. TST-E-RR-281-80.2014.5.01.0302 , SBDI-I, rel. Min. Hugo Carlos Scheuermann, 23.11.2017 (TST. Info nº 169).

➘ Ação civil pública. Sociedade de advogados. Admissão de advogados como associados para dissimular relações de emprego. Conselho Federal da Ordem dos Advogados do Brasil. Ingresso como assistente simples. Possibilidade.

A SBDI-II, por unanimidade, conheceu de recurso ordinário em mandado de segurança e, no mérito, por maioria, deu-lhe provimento para reconhecer a possibilidade de o Conselho Federal da Ordem dos Advogados do Brasil participar como assistente simples em ação civil pública ajuizada em desfavor de sociedade de advogados, cuja controvérsia diz respeito à possibilidade de advogados serem admitidos como associados com o intuito de dissimular relações de emprego. Na hipótese, a segurança foi denegada pela Corte Regional sob o fundamento de que a pretensão do Conselho não era a de defender em Juízo interesses coletivos ou individuais de advogados, ou intervir em processo em que advogado fosse indiciado, acusado ou ofendido, mas, sim, prestar assistência jurídica à sociedade dos advogados demandada na ação principal. Todavia, prevaleceu o entendimento de que há interesse do Conselho Federal da OAB, tendo em vista a natureza abstrata do provimento decorrente de ações civis públicas e o fato de a matéria discutida no processo matriz estar relacionada à própria forma de organização dos escritórios e das sociedades de advogados. Vencidos os Ministros Douglas Alencar Rodrigues, relator, Lelio Bentes Corrêa e Alberto Luiz Bresciani de Fontan Pereira. TST-RO-259-46.2016.5.06.0000 , SBDI-II, rel. Min. Douglas Alencar Rodrigues, red. p/ acórdão Min. Ives Gandra Martins Filho, 17.10.2017 (TST. Info nº 168).

➘ Matéria afetada ao Tribunal Pleno. Ação civil pública. Multa por descumprimento de obrigação de fazer (astreinte). Exigibilidade antes do trânsito em julgado. Depósito em juízo.

É possível a exigibilidade da multa (astreinte) por descumprimento de obrigação de fazer imposta em sentença proferida nos autos de ação civil pública antes do trânsito em julgado, desde que depositada em juízo, com fundamento no princípio da máxima efetividade e no afastamento da aplicação do art. 12, § 2º, da Lei 7.347/85 frente ao que preceitua o art. 84 do Código de Defesa do Consumidor. Sob esse posicionamento, e superando a questão de ordem suscitada quanto à conversão do julgamento em diligência para que as partes sejam intimadas a se manifestar sobre a aplicação ou não, na espécie, do art. 537, § 3º, do CPC de 2015, à luz dos arts. 9º e 10 do CPC de 2015 e 4º da IN nº 39/2016 do TST, o Tribunal Pleno decidiu, por unanimidade, conhecer dos embargos, por divergência jurisprudencial, e, no mérito, por maioria, dar-lhes provimento parcial para restabelecer a decisão proferida pelo Tribunal Regional, que manteve a exigibilidade do pagamento de multa antes do trânsito em julgado da decisão condenatória, ficando, no entanto, condicionada ao depósito em juízo, com levantamento somente após o trânsito em julgado da decisão. Vencidos os Ministros João Oreste Dalazen, Maria Cristina Irigoyen Peduzzi, Renato de Lacerda Paiva, Emmanoel Pereira, Guilherme Augusto Caputo Bastos, Márcio Eurico Vitral Amaro, Walmir Oliveira da Costa e Ives Gandra Martins Filho. TST-E-RR-161200-53.2004.5.03.0103, Tribunal Pleno, rel. Min. Delaíde Miranda Arantes, 19.4.2016 (TST. Info nº 133).

7.3. MANDADO DE SEGURANÇA

➘ Mandado de segurança. Execução. Decisão que determinou a suspensão da execução em cumprimento a provimento cautelar do STF em matéria com repercussão geral (RMNR). Existência de recurso idôneo para ataque da decisão. Orientação Jurisprudencial nº 92 da SBDI-II do TST.

Não é cabível o manejo de mandado de segurança para impugnar decisão que suspendeu a execução de título judicial em que deferidas diferenças de remuneração mínima por nível de regime – RMNR, em obediência a provimento cautelar emanado do Supremo Tribunal Federal em questão gravada de repercussão geral. Na presente hipótese, a determinação de suspensão da execução definitiva, exarada no bojo da decisão de extinção, sem resolução do mérito, dos embargos à execução, pode ser impugnada por meio da interposição de agravo de petição, não sendo adequada a utilização da via mandamental. Com efeito, havendo no ordenamento jurídico instrumento processual idôneo para corrigir a suposta ilegalidade cometida pela autoridade apontada como coatora (no caso, agravo de petição), revela-se incabível a impetração do mandamus. Inteligência da Orientação Jurisprudencial nº 92 da SBDI-II. Sob esse fundamento, a SBDI-II, por unanimidade, conheceu do recurso ordinário em mandado de segurança e, no mérito, negou-lhe provimento. TSTRO-21653-61.2019.5.04.0000, SBDI-II, rel. Min. Douglas Alencar Rodrigues, 9/6/2020 (TST. Info nº 220).

➘ Mandado de segurança. Ação civil pública. Indeferimento dos pedidos de mediação e de reconsideração. Ausência de direito líquido e certo. Orientação Jurisprudencial nº 92 da SBDI-II.

Não é cabível o manejo de mandado de segurança para impugnar decisões que indeferiram os pedidos de mediação e de reconsideração formulados pelo sindicato impetrante. Na espécie, o MPT ajuizou ação civil pública em face do Sindicato dos Trabalhadores em Alimentação e Afins do Estado do Espírito Santo, requerendo a condenação em obrigação de não fazer, consistente na abstenção de realizar acordos em nome dos trabalhadores, destituição de toda a diretoria e indenização por danos materiais e morais coletivos. O Sindicato apresentou pedido de mediação para solucionar a questão relativa à abstenção de cobranças de honorários advocatícios decorrentes da prestação de assistência judiciária, o qual foi indeferido. Em virtude do indeferimento, postulou reconsideração, que foi rejeitada. Ocorre que a Lei nº 5.584/70 diz que a assistência judiciária prestada pelo sindicato é gratuita. Assim, não há falar em direito líquido e certo, tampouco em cabimento de mandado de segurança. Sob esses fundamentos, a SBDI-II, por unanimidade, conheceu do recurso ordinário e, no mérito, por maioria, vencida a Ministra Delaíde Miranda Arantes, negou-lhe provimento. TST-RO-572-30.2018.5.17.0000, SBDI-II, rel. Min. Delaíde Miranda Arantes, red. p/ acórdão Min. Douglas Alencar Rodrigues, 18.2.2020 (TST. Info nº 215).

➘ Mandado de segurança. Renúncia. Empresa prestadora de serviços. Decisão monocrática. Extinção do processo com resolução de mérito. Impugnação via recurso próprio. Não cabimento.

Não cabe mandado de segurança quando o ato apontado como coator for decisão judicial da qual caiba recurso com efeito suspensivo, ou seja, passível de reforma via recurso próprio, consoante art. 5º da Lei nº 12.016/2009 e Orientação Jurisprudencial nº 92 da SBDI-2 do TST. No caso, a decisão monocrática, apontada como ato coator, que extinguiu o processo, com resolução do mérito, com base no art. 487, III, c, do CPC de 2015, em face da homologação da renúncia exclusivamente em relação à empresa prestadora de serviços, não constitui decisão irrecorrível, sendo suscetível de impugnação por meio do agravo. Trata-se de decisão de mérito, atraindo a incidência dos citados artigos 203, §1º, do CPC de 2015 e 265, caput, do Regimento Interno do TST. A nomenclatura utilizada pelo juiz é irrelevante para determinar a natureza jurídica do pronunciamento judicial, importando o seu conteúdo material. A decisão que homologa a renúncia, por tratar-se de litisconsórcio passivo meramente facultativo, e transcorrer o prazo para interposição de agravo, enseja o manejo da via adequada, ação rescisória, prevista no art. 966 do CPC de 2015. Assim, merece ser mantida a denegação do mandado de segurança em virtude do seu não cabimento, nos termos do art. 6º, § 5º, da Lei nº 12.016/2009. Sob esses fundamentos, o Órgão Especial, por unânime, negou provimento ao agravo para manter a denegação do mandado de segurança em virtude do seu não cabimento, nos termos do art. 6º, § 5º, da Lei nº 12.016/2009. TST- Ag-MS-1000121-25.2019.5.00.0000, Órgão Especial, rel. Min. José Roberto Freire Pimenta, 2.9.2019 (TST. Info nº 203).

➘ Mandado de segurança. Quebra de sigilo bancário. Indícios de utilização de manobras para impedir a constrição de valores pela Justiça do Trabalho. Ausência de direito líquido e certo.

Não se vislumbra violação a direito líquido e certo na hipótese em que a quebra de sigilo bancário, autorizada judicialmente, decorreu da presença de indícios de que os impetrantes utilizaram-se de manobras bancárias para impedir que valores fossem localizados e constritos pela Justiça do Trabalho. A natureza alimentar dos valores devidos pelos impetrantes aos ex-empregados que não receberam o salário do último mês trabalhado, aliado ao amplo poder de direção do julgador conferido pelo art. 795 da CLT impedem a constatação de ofensa à inviolabilidade do sigilo de dados no caso concreto. Sob esse fundamento, a SBDI-II, à unanimidade, conheceu do recurso ordinário e, no mérito negou-lhe provimento para manter a decisão do Regional que denegara a segurança pleiteada. TST-RO-20033-19.2016.5.04.0000, SBDI-II, rel. Min. Alberto Luiz Bresciani de Fontan Pereira, 23.5.2017 (TST. Info nº 159).

➘ Mandado de segurança. Cabimento. Indeferimento da desconstituição de penhora. Execução parcialmente garantida. Existência de dúvida acerca do cabimento de agravo de petição.

É cabível mandado de segurança contra decisão que indefere a desconstituição de penhora de numerário nos autos de reclamação trabalhista na hipótese de dúvida sobre o cabimento de agravo de petição. Os valores bloqueados garantiam apenas parcialmente a execução e, nessas circunstâncias, o TRT da 4ª Região, conforme julgados trazidos aos autos, possivelmente não conheceria do agravo de petição eventualmente interposto, atraindo, portanto, o cabimento do writ para o exame da higidez do ato impugnado. Sob esse entendimento, e a contrario sensu do art. 5º, II, da Lei nº 12.016/2009, a SBDI-II, por unanimidade, deu provimento ao recurso ordinário para, reformando o acórdão recorrido, afastar a conclusão sobre o não cabimento do mandado de segurança e determinar o retorno dos autos ao TRT da 4ª Região, a fim de que lhe dê processamento e o julgue como entender de direito. TST-RO-21245-75.2016.5.04.0000, SBDI-II, rel. Min. Antonio José de Barros Levenhagen, 8.11.2016 (TST. Info-execução nº 28).

➘ Mandado de segurança. Pedido de antecipação de tutela. Indeferimento pelo juízo de origem. Presença dos pressupostos autorizadores da tutela antecipada. Mitigação da Súmula nº 418 do TST.

Há direito líquido e certo tutelável pela via do mandado de segurança na hipótese em que, embora presentes os pressupostos do art. 273 do CPC de 1973, a antecipação de tutela não foi concedida pelo juízo de origem. No caso, a autoridade coatora indeferiu a reintegração do impetrante ao emprego não obstante, na própria fundamentação do ato coator, tenha constado a existência de prova inequívoca da verossimilhança da alegação, qual seja, o ato oficial da Previdência Social concedendo ao trabalhador, no período de aviso prévio, auxílio doença acidentário. Ao menos em tese, portanto, a dispensa imotivada teria ofendido a estabilidade prevista no art. 118 da Lei nº 8.213/91, causando prejuízo desproporcional ao empregado despedido, revelando a plausibilidade do direito a ser resguardado. Assim, mitigando o entendimento consolidado na Súmula nº 418 do TST, a SBDI-II, por unanimidade, conheceu do recurso ordinário e, no mérito, negou-lhe provimento, mantendo a decisão proferida pelo Tribunal Regional que, concedendo a segurança pleiteada, determinou a reintegração imediata do trabalhador. TST-RO-578-75.2015.5.05.0000, SBDI-II, rel. Min. Alberto Luiz Bresciani de Fontan Pereira, 2.8.2016 (TST. Info nº 141).

7.4. OUTRAS AÇÕES ESPECIAIS

➘ Habeas corpus. Não cabimento. Liminar deferida em mandado de segurança interposto pela ex-empregadora. Cláusula de não concorrência. Ausência de restrição ao direito de liberdade de locomoção.

Conforme diversos julgados do STF e do STJ, o objeto de tutela do habeas corpus é a defesa do direito físico de ir e vir. Assim, é incabível habeas corpus para discutir interpretação do conteúdo de cláusula contratual para se extrair a garantia de exercício profissional. No caso, concedeu-se liminar no âmbito do Regional para que o trabalhador se abstenha de prestar serviços a empresas concorrentes e, portanto, cumpra o disposto em cláusula de não concorrência prevista em aditivo ao contrato de trabalho. Assim, o trabalhador não está cerceado na sua liberdade de locomoção. Ele se impôs, em razão das suas condições subjetivas, um dever de abstenção, sendo compensado por isso. A discussão está em estrita consonância com o devido processo legal perante as instâncias da Justiça do Trabalho. Portanto, a só delonga no julgamento do agravo interno não representa elemento suficiente para justificar o cabimento do habeas corpus. Sob esses fundamentos, a SBDI-II, por maioria, entendeu incabível o habeas corpus, extinguindo o processo sem resolução de mérito e afastada a liminar deferida Ministra Maria Helena Mallmann. Vencidos os Ministros Maria Helena Mallmann, relatora, Alexandre de Souza Agra Belmonte e Delaíde Miranda Arantes. TST- HCCiv-1000288-08.2020.5.00.0000, SBDI-II, rel. Min. Maria Helena Mallmann, red. p/ acórdão Min. Douglas Alencar Rodrigues, 9/6/2020 (TST. Info nº 220).

↘ Execução. Equívoco nos cálculos de liquidação. Levantamento de valores a maior. Devolução nos próprios autos da execução. Impossibilidade. Necessidade do ajuizamento de ação de repetição de indébito.

O meio processual idôneo para pleitear a devolução de valores levantados a maior em execução de sentença, decorrentes de equívoco nos cálculos realizados em liquidação, é a ação de repetição de indébito. A pretensão de restituição de tais valores nos próprios autos da execução é inviável, pois, nessa fase, a cognição é limitada e não proporciona ao exequente medidas capazes de assegurar o direito à ampla defesa e ao contraditório. Sob esses fundamentos, a SBDI-I, por unanimidade, conheceu dos embargos, por divergência jurisprudencial, e, no mérito, negou-lhes provimento, mantendo, portanto, a decisão turmária que conhecera do recurso de revista dos exequentes por violação do art. 5º, LV, da CF e dera-lhe provimento para cassar a ordem de devolução de valores recebidos a maior expedida nos próprios autos. TST-E-ED-RR-59886-60.1993.5.05.0017, SBDI-I, rel. Min. José Roberto Freire Pimenta, 1º.6.2017 (TST. Info-execução nº 31).

↘ Habeas corpus. Cabimento. Jogador de futebol. Livre exercício da profissão.

A SBDI-II, por maioria, conheceu de agravo regimental e, no mérito, negou-lhe provimento, mantendo, portanto, decisão monocrática que, em sede de habeas corpus, concedeu pedido liminar para autorizar jogador de futebol a exercer livremente sua profissão, participando de jogos e treinamentos em qualquer localidade e para qualquer empregador, conforme sua livre escolha. Na espécie, ressaltou-se que não há falar em não cabimento do habeas corpus, pois, na Justiça do Trabalho, a referida ação constitucional não se restringe à proteção do direito à locomoção, mas abrange a defesa da autonomia da vontade contra ilegalidade ou abuso de poder perpetrado tanto pela autoridade judiciária quanto pelas partes da relação de trabalho. Ademais, no caso em tela restou demonstrada a presença da fumaça do bom direito e do perigo da demora, pois o paciente encontra-se impedido de exercer a função de jogador de futebol no clube que lhe interessa, e a manutenção do vínculo com o empregador atual, por tempo indeterminado, ofende o direito de livre exercício da profissão. De outra sorte, o debate travado nos autos reclama medida urgente, pois envolve atleta que, em razão da idade, encontra-se em fim de carreira. Vencidos os Ministros Douglas Alencar Rodrigues e Renato de Lacerda Paiva. TST-AgR-HC-5451-88.2017.5.00.0000, SBDI-II, rel. Min. Delaíde Miranda Arantes, 8.8.2017 (TST. Info nº 162).

↘ Matéria afetada ao Tribunal Pleno. Execução. Ação anulatória de arrematação. Recurso de revista. Admissibilidade. Óbice restritivo contido no art. 896, § 2º, da CLT. Incidência da Súmula nº 266 do TST.

As restrições previstas no art. 896, § 2º, da CLT, em conformidade com a Súmula n.º 266 do TST, são aplicáveis às ações anulatórias ajuizadas em sede de execução, por versarem sobre matéria incidente ao processo de execução trabalhista. A ação anulatória de arrematação, embora seja enquadrável, abstratamente, como ação autônoma de cognição, quando proposta na fase de execução, configura instrumento hábil a resolver as questões incidentais, devendo, por conexão lógica e critério de sistematicidade, ser tratada como simples incidente do processo de execução. Assim, a admissibilidade do recurso de revista interposto de acórdão proferido em ação anulatória de arrematação depende de demonstração inequívoca de violência direta à Constituição da República. Sob esse fundamento, o Tribunal Pleno, por maioria, conheceu dos embargos interpostos pelo autor, por divergência jurisprudencial, vencidos os Ministros Maurício Godinho Delgado, relator, Kátia Magalhães Arruda, Augusto César Leite de Carvalho, José Roberto Freire Pimenta, Delaíde Miranda Arantes, Hugo Scheuermann, Maria Helena Mallmann, Alberto Luiz Bresciani de Fontan Pereira, Maria de Assis Calsing e Walmir Oliveira da Costa. No mérito, também por maioria, reafirmou-se a tese jurídica de que se aplicam às ações anulatórias ajuizadas em sede de execução o óbice contido na Súmula nº 266 do TST, vencidos os Ministros Aloysio Corrêa da Veiga, Alexandre de Souza Agra Belmonte, Douglas Alencar Rodrigues, João Oreste Dalazen, Antônio José de Barros Levenhagen, Maria Cristina Irigoyen Peduzzi, Emmanoel Pereira, Luiz Philippe Vieira de Mello Filho, Dora Maria da Costa e Guilherme Augusto Caputo Bastos. TST-E-ED-RR-68700-21.2006.5.02.0007, Tribunal Pleno, rel. Min. Maurício Godinho Delgado, 20.2.2017 (TST. Info-execução nº 29).

↘ Ação declaratória. Participação nos Lucros e Resultados. Afastamento da natureza indenizatória da parcela. Inadequação da via eleita.

É incabível ação declaratória na hipótese em que o Ministério Público do Trabalho pretende afastar a natureza indenizatória da parcela paga sob o título de Participação nos Lucros e Resultados – PLR, prevista na Cláusula 29º do acordo impugnado, porque em desconformidade com os requisitos da Lei nº 10.101/2000. Na hipótese, registrou-se que o postulado não se coaduna com a ação declaratória, pois não se questiona a interpretação e o alcance da cláusula normativa, nem se invoca dúvida a respeito de seu conteúdo. Ao contrário, o fundamento da ação consiste na desconformidade dos termos da cláusula com a legislação que rege a PLR. Sob esse entendimento, a SDC, por unanimidade, acolhendo a preliminar de inadequação da via eleita, extinguiu o processo sem resolução do mérito. TST-RO-38300-81.2013.5.17.0000, SDC, rel. Min. Dora Maria da Costa, 22.2.2016 (TST. Info nº 129).

Direito Administrativo

Leandro Bortoleto e Luís Felipe Cirino

TABELA DE INCIDÊNCIA DE QUESTÕES

Distribuição das questões organizada por ordem didática de assuntos		
Assunto	**Número de Questões**	**Peso**
1. REGIME JURÍDICO ADMINISTRATIVO	18	12,77%
2. ADMINISTRAÇÃO PÚBLICA	15	10,64%
3. AGENTES PÚBLICOS: DISPOSIÇÕES CONSTITUCIONAIS	20	14,18%
4. REGIME JURÍDICO DOS SERVIDORES PÚBLICOS CIVIS FEDERAIS: LEI Nº 8.112/90	17	12,06%
5. PODERES ADMINISTRATIVOS	15	10,64%
6. ATO ADMINISTRATIVO	21	14,89%
7. LICITAÇÃO E CONTRATO ADMINISTRATIVO	1	0,71%
8. SERVIÇOS PÚBLICOS	4	2,84%
9. BENS PÚBLICOS	7	4,96%
10. RESPONSABILIDADE EXTRACONTRATUAL DO ESTADO	11	7,80%
11. CONTROLE DA ADMINISTRAÇÃO PÚBLICA	9	6,38%
12. IMPROBIDADE ADMINISTRATIVA: LEI Nº 8.429/92	3	2,13%
Total	**141**	**100%**

Direito Administrativo

Leandro Bortoleto e Luís Felipe Cirino

✦ QUESTÕES

1. REGIME JURÍDICO ADMINISTRATIVO

▸ CF, art. 37, caput

▸ Lei nº 9.784/99, art. 2º

01. (TRT 1 – Juiz do Trabalho Substituto 1ª Região/2016) São princípios previstos na Constituição Federal e que devem ser obedecidos pela Administração Pública Direta e Indireta de qualquer dos poderes da União, Estados, Distrito Federal e Municípios:

I. Pessoalidade

II. Legalidade

III. Formalidade

IV. Eficiência

Está correto o que consta em

a) II e IV, apenas.

b) I, II, III e IV.

c) I e IV, apenas.

d) II e III, apenas.

e) I e III, apenas.4

COMENTÁRIOS

✪ **Nota do autor:** o regime jurídico administrativo é o **conjunto de princípios** que atribuem à Administração Pública, em um extremo, **prerrogativas** e, no outro, **sujeições**. Dentre os que diversos princípios que o compõem, há dois que são considerados **pedras angulares** ou **pedras de toque**[1] do direito administrativo, quais sejam, o princípio da **supremacia do interesse público** e o princípio da **indisponibilidade do interesse público.** A Constituição de 1988, neste sentido, inovou ao fazer expressa menção a alguns princípios a que se submete a Administração Pública direta e indireta, a saber, os princípios da ***legalidade***, da ***impessoalidade***, da ***moralidade administrativa***, da ***publicidade*** e ***eficiência*** (art. 37, *caput*). É o conhecido LIMPE.

Item I. Errado. Ao contrário do contido no item, o **princípio da impessoalidade** é que está previsto no texto constitucional e pode ser visto sob duas formas. Uma, em **relação à própria Administração**, significa que quando um ato é praticado por um agente público, na verdade, quem o faz é a pessoa jurídica à qual pertence o órgão em que o servidor está lotado. Ainda, o princípio da impessoalidade pode ser visto em **relação aos administrados** e, nesse caso, significa que a Administração deve sempre buscar o interesse público, a finalidade pública, de maneira a não prejudicar ou beneficiar ninguém em específico e, nessa acepção, sem dúvida, trata-se de uma forma de manifestação do princípio da isonomia, pois todos que estejam na mesma situação devem receber o mesmo tratamento por parte da Administração Pública e, por outro lado, aqueles que estejam em situações desiguais merecem um tratamento diferenciado.

Item II. Correto. O princípio da **legalidade** é aquele que, de maneira mais íntima, representa o Estado de Direito, revelando a supremacia da lei e, dessa maneira, constitui-se importantíssima forma de tutela dos direitos fundamentais. O **princípio da legalidade** não apresenta conteúdo idêntico para o particular e para a Administração Pública. Para esta, significa que **a atuação administrativa deve se dar em conformidade com a lei, com o direito.** Assim, ao administrador somente é permitido agir de acordo com a lei, não vigorando a autonomia da vontade, prevalente na esfera privada, em que o particular não é obrigado senão em virtude de lei.

Item III. Errado. Não existe qualquer previsão semelhante ao **princípio da formalidade** na Constituição Federal. O que há, nos **processos administrativos**, é, em regra, a adoção do **princípio da informalidade**,

1 MELLO, Celso Antônio Bandeira de. *Curso de direito administrativo*. 27. ed. São Paulo: Malheiros, 2010. p. 55 e 57.

sem qualquer menção constitucional, tendo em vista se tratar de princípio implícito.

Item IV. Correto. O **princípio da eficiência** foi expressamente incluído no texto constitucional por força da Emenda Constitucional nº 19/98 e por ele o agente público deve executar sua atividade de maneira a **buscar o melhor resultado possível e a Administração Pública deve ser organizada para que se alcance a finalidade pública da forma mais efetiva possível**.

Alternativa correta: letra "a". Estão corretos os itens II e IV, apenas.

---

02. (FCC – Juiz do Trabalho Substituto 6ª Região/2015) Acerca dos princípios informativos da Administração pública, considere:

I. O princípio da publicidade aplica-se também às entidades integrantes da Administração indireta, exceto àquelas submetidas ao regime jurídico de direito privado e que atuam em regime de competição no mercado.

II. O princípio da moralidade é considerado um princípio prevalente e a ele se subordinam os demais princípios reitores da Administração.

III. O princípio da eficiência, que passou a ser explicitamente citado pela Carta Magna a partir da Emenda Constitucional nº 19/1998, aplica-se a todas as entidades integrantes da Administração direta e indireta.

Está correto o que consta APENAS em

a) III.

b) I e II.

c) I e III.

d) I.

e) II.

COMENTÁRIOS

Item I. Errado. Pelo princípio da **publicidade**, a atuação administrativa não pode ser secreta. Ao contrário, deve ser **transparente** para que, assim, o titular do poder – que é o povo – possa verificar se, realmente, a conduta do administrador estava pautada no interesse público. O princípio da publicidade é materializado pela **publicação dos atos administrativos**, em impressos e periódicos. A aplicação do **princípio da publicidade** é para toda a Administração Pública, direta e indireta, inclusive àquelas submetidas ao regime jurídico de direito privado e que atuam em regime de competição no mercado.

Item II. Errado. Não há hierarquia entre os princípios previstos na Constituição Federal, daí impossível se falar que há prevalência do princípio da moralidade administrativa. Se é que se pode falar em princípios mais importantes, destacam-se as **pedras angulares**, já citadas, que são o princípio da **supremacia do interesse público** e o princípio da **indisponibilidade do interesse público.**

Item III. Certo. Pelo princípio da **eficiência**, a Administração Pública **deve atuar de maneira a buscar resultados, e não simplesmente agir.** Isto é, a atuação administrativa deve buscar a **melhor relação custo-benefício**, deve ser feita a otimização dos recursos, o devido planejamento e estabelecimento de metas e a fiscalização do efetivo cumprimento do que fora planejado. Foi inserido no ordenamento jurídico pela Emenda Constitucional nº 19/98 e, como previsto no art. 37, *caput*, da Constituição Federal, aplica-se a toda a Administração Pública, direta e indireta.

Alternativa correta: letra "a". Está correto o item III.

---

03. (FCC – Juiz do Trabalho Substituto 15ª Região/2015) Sobre os princípios informativos da atuação administrativa e a aplicação deles como ferramentas para controle interno e externo, considere:

I. os princípios possuem força normativa e informativa aferível sempre em conjunto com as demais normas do ordenamento, não se lhes emprestando poder autônomo para servir de parâmetro de controle dos atos praticados pela Administração.

II. os princípios que regem a atuação da Administração pública podem ser informativos ou interpretativos, mas em algumas hipóteses também se pode retirar força autônoma para, quando violados, servirem como fundamento direto para exercício de medidas de controle externo.

III. os princípios implícitos não gozam da mesma força normativa dos princípios expressos, tendo em vista que estes podem ser invocados como fundamentos para controle dos atos da Administração, uma vez que possuem conteúdo definido e descrito na legislação vigente.

Está correto o que consta em

a) I, II e III.

b) I e II, apenas.

c) II e III, apenas.

d) I e III, apenas.

e) II, apenas.

COMENTÁRIOS

Itens I e III. Errados. Item II. Certo. Os princípios são "[...] o fundamento de regras jurídicas e têm uma idoneidade irradiante que lhes permite <ligar> ou cimentar objectivamente todo o sistema constitucional"[2]. Não são mais vistos, apenas, como repositório de valores, mas, na verdade, são normas e, assim, dizem o que deve ser. Isso implica que a interpretação jurídica deve ser feita a partir dos princípios constitucionais para os demais

---

2 CANOTILHO, José Joaquim Gomes. *Direito constitucional e teoria da constituição*. 3. ed. Coimbra: Almedina. 1999. p. 1089. Original sem destaque.

atos normativos. Dessa maneira, deve haver o estudo de determinado princípio e, partindo dele, realizar a análise da compatibilidade de determinada lei. Conforme a síntese de Paulo Bonavides, os princípios são a "norma das normas", a "fonte das fontes" e o "penhor da constitucionalidade das regras de uma Constituição"[3]. A consequência direta é que a Administração Pública direta e indireta deve obedecer a eles. Quer dizer, os princípios constitucionais vinculam a atuação administrativa. Um exemplo dessa afirmação é a decisão proferida pelo STF, no RE 579.951, em que se afirmou que a vedação do "nepotismo não depende de lei formal para coibir a prática. Proibição que decorre diretamente dos princípios contidos no art. 37, caput, da Constituição Federal". Tanto é que não existe, até o momento, lei específica sobre o assunto e, independentemente disso, o nepotismo continua proibido em decorrência dos princípios constitucionais – em especial, os princípios da moralidade e da impessoalidade – e a Súmula Vinculante nº 13 consagra essa vedação. Há princípios constitucionais da Administração, explícitos e implícitos e ambas as espécies têm o caráter normativo mencionado.

Alternativa correta: letra "e". Está correto o item II.

---

04. (FCC – Juiz do Trabalho Substituto 15ª Região/2015) Um dos temas mais atuais no âmbito da Administração pública é o da "transparência", que, remete, entre outros aspectos, ao princípio da publicidade, o qual, por seu turno,

a) alcança todos os atos praticados no âmbito da Administração direta, sendo afastado em relação às empresas públicas e sociedades de economia mista dado o regime privado a que se submetem.

b) não pode importar divulgação de informação relativa a vencimentos de servidores, salvo os ocupantes de cargo de livre provimento.

c) preconiza a divulgação de salários e vencimentos praticados no âmbito de toda a Administração, vedada, contudo, a individualização dos servidores.

d) faculta a qualquer cidadão, independentemente da comprovação de interesse direto, o acesso a documentos e informações relativas a contratos celebrados pela Administração.

e) deve ser concatenado com o princípio da economicidade, de forma que a divulgação do ato somente é obrigatória se não implicar ônus financeiro para a Administração.

COMENTÁRIOS

Alternativa "a". Todos os atos administrativos – com exceção daqueles cujo sigilo seja imprescindível, conforme art. 5º, XXXIII da Constituição Federal – devem ser públicos, inclusive aqueles praticados pelas empresas estatais, pessoas jurídicas de direito privado.

Alternativa "b" (responde a alternativa "c"). A remuneração dos servidores públicos está amplamente divulgada, **de modo individualizado**, nos mais diferentes portais de transparência disponíveis na rede mundial de computadores. Nesse sentido, aliás, já decidiu o STF no RE 652.777-SP.

Alternativa "d". Pela necessária aplicação do princípio da publicidade, todo e qualquer cidadão, independentemente de interesse direto, pode ter acesso a documentos e informações relativas a contratos celebrados pela Administração, nos exatos termos do art. 7º, VI, da Lei de Acesso à Informação.

Alternativa "e". Inexiste tal previsão em qualquer ato normativo ou, ainda, na doutrina especializada. Assim, ainda que implique ônus financeiro para a Administração Pública, a divulgação do ato administrativo é obrigatória, excepcionadas as situações elencadas pela Constituição Federal.

Alternativa correta: letra "d".

---

05. (FCC – Juiz do Trabalho Substituto 23ª Região/2015) A respeito do poder de autotutela da Administração pública, o Supremo Tribunal Federal já pacificou, por meio da Súmula 473 que "a Administração pública pode anular seus próprios atos, quando eivados de vícios que os tornem ilegais, porque deles não se originam direitos, ou revogá-los, por motivo de conveniência ou oportunidade, respeitados os direitos adquiridos e ressalvada, em todos os casos, a apreciação judicial", o que, no que se refere ao Poder Executivo e Tribunais de Contas,

a) significa a necessidade de submissão dos atos de concessão de aposentadoria ao Tribunal de Contas, mas a revisão dos referidos atos não envolve a participação daquela Corte de Contas, independentemente do prazo decorrido desde a emissão.

b) pode significar revisão dos atos de concessão de aposentadoria pela própria Administração pública quando tiver decorrido menos de cinco anos desde a edição daqueles e o Tribunal de Contas ainda não tiver procedido ao registro dos mesmos.

c) acarreta a transferência da competência da declaração de nulidade para o pleno do Tribunal de Contas, que cancelará o registro do ato e anulará a concessão da aposentadoria.

d) enseja a anulação dos atos concessórios de aposentadoria, independentemente da data da edição e da boa-fé do administrado beneficiado, sendo vedado o ressarcimento dos proventos recebidos.

e) significa que a revisão dos atos de concessão de aposentadoria somente pode se dar após o registro nos Tribunais de Contas, quando se aperfeiçoa o ato administrativo complexo, pois antes disso não se pode considerar deferida a aposentadoria.

---

3 BONAVIDES. Paulo. *Curso de direito constitucional*. 24. ed. São Paulo: Malheiros, 2009. p. 294.

COMENTÁRIOS

✪ **Nota do autor:** Pelo princípio da autotutela, a Administração Pública analisa se os atos administrativos já praticados estão em conformidade com a legalidade ou se continuam convenientes e oportunos e, caso verificada a incompatibilidade, anulará o ato, quando possuir vício de legalidade, ou o revogará, quando se tornar inconveniente ou inoportuno diante do interesse público. Há, inclusive, no Supremo Tribunal Federal, as Súmulas nº 346 ("A Administração Pública pode declarar a nulidade dos seus próprios atos")e a nº 473, já mencionada no enunciado.

Alternativa correta: letra "b" (responde as demais alternativas). Conforme entendimento jurisprudencial vigente à época do concurso, é possível a revisão dos atos de concessão de aposentadoria pela própria Administração Pública, desde que não escorrido o prazo decadencial de cinco anos desde a sua edição – nos termos do art. 54, da Lei nº 9.784/99 – e, ainda, o competente Tribunal de Constas não tiver procedido ao registro dos mesmos. Neste sentido, por exemplo, é o Mandado de Segurança nº 25.116-DF, julgado pelo Supremo Tribunal Federal. Ainda quanto ao poder de autotutela da Administração Pública, de forma indireta, há incidência da Súmula Vinculante nº 3, que preceitua que "nos processos perante o Tribunal de Contas da União asseguram-se o contraditório e a ampla defesa quando da decisão puder resultar anulação ou revogação de ato administrativo que beneficie o interessado, excetuada a apreciação da legalidade do ato de concessão inicial de aposentadoria, reforma e pensão". Atualmente, contudo, o posicionamento acima fora alterado, nos termos do decidido no RE 636553, em que se fixou a seguinte tese de repercussão geral: "Em atenção aos princípios da segurança jurídica e da confiança legítima, os Tribunais de Contas estão sujeitos ao prazo de 5 anos para o julgamento da legalidade do ato de concessão inicial de aposentadoria, reforma ou pensão, a contar da chegada do processo à respectiva Corte de Contas". Assim, após decorridos 5 anos da chegada do processo ao Tribunal de Contas, haveria a prescrição, de modo que não mais se poderia analisar a legalidade da concessão da aposentadoria.

06. (TRT 8 – Juiz do Trabalho Substituto 8ª Região/2014) Sobre os princípios que norteiam a atuação da Administração Pública é CORRETO afirmar:

I Assim como o princípio da autonomia da vontade, aplicável nas relações entre os particulares, o princípio da legalidade impõe à Administração Pública, em toda a sua atividade, obediência aos mandamentos da lei. Como corolário disso, a atuação da Administração Pública está presa aos mandamentos da lei, deles não podendo se afastar, sob pena de invalidade do ato e responsabilidade de seu autor.

II O princípio da impessoalidade destina-se a proteger simultaneamente o interesse público e os interesses privados, na medida em que traz a ideia de que a Administração tem que tratar a todos os administrados sem discriminações, benéficas ou nocivas, coibindo a interferência de simpatias ou animosidades pessoais, políticas ou ideológicas na atuação administrativa, impedindo que o ato administrativo tenha um beneficiário, ante a prevalência do interesse público.

III A Constituição Federal, ao consagrar o princípio da moralidade administrativa como vetor da atuação da Administração Pública, igualmente consagrou a necessidade de proteção à moralidade e responsabilização do administrador público imoral. Desse modo, qualquer cidadão pode propor ação popular objetivando anular ato lesivo à moralidade administrativa.

IV Em razão do princípio da moralidade, os atos de improbidade administrativa importarão a suspensão dos direitos políticos, a perda da função pública, a indisponibilidade dos bens e o ressarcimento ao erário, na forma e gradação previstas em lei, sem prejuízo da ação penal cabível.

V Segundo o princípio da publicidade, a Administração Pública direta e indireta está compelida à divulgação de seus atos, conferindo transparência e visibilidade à atuação administrativa. Todavia, tal princípio não é irrestrito, porquanto também é dever do Estado controlar o acesso e a divulgação de informações sigilosas produzidas por seus órgãos e entidades, assegurando a sua proteção.

a) Estão corretas apenas as assertivas I, III e IV.

b) Estão corretas apenas as assertivas I e IV.

c) Estão corretas apenas as afirmativas II, III e V.

d) Estão corretas apenas as afirmativas III, IV e V.

e) Todas as afirmativas estão corretas.

COMENTÁRIOS

Item I. Errado. De fato, a segunda parte do item está correta, pois a atividade administrativa deve se dar em obediência ao Direito, mas a primeira parte do item está incorreta, invalidando-o, pois o **princípio da legalidade** não apresenta conteúdo idêntico para o particular e para a Administração Pública. Para esta, significa que **a atuação administrativa deve se dar em conformidade com a lei, com o direito**. Assim, ao administrador somente é permitido agir de acordo com a lei, não vigorando a autonomia da vontade, prevalente na esfera privada, em que o particular não é obrigado senão em virtude de lei.

Item II. Errado. O princípio da impessoalidade reflete a tutela do interesse público e, por ele, a Administração deve atuar de maneira impessoal tanto em relação aos administrados – não prejudicando nem beneficiando pessoas determinadas; deve buscar, sempre, a finalidade pública – quanto em relação a ela própria – os atos praticados pelos agentes públicos são imputados à pessoa jurídica à qual pertence o órgão em que o servidor está lotado.

Item III. Certo. A atuação administrativa além de ser legal tem que ser moral. Tem que estar de acordo coma **boa-fé,** com a **moral,** com a **ética,** com a **honestidade,** com a **lealdade,** com a **probidade.** Mesmo que determinada situação seja respaldada pelo ordenamento jurídico, o ato pode ser considerado viciado por afrontar o princípio da moralidade. A improbidade administrativa é espécie do gênero moralidade e foi tratada, de forma específica, no texto constitucional, nos artigos 37, § 4º, 14, § 9º, 15, 85. Dentre os meios jurídicos para se afrontar o ato imoral, a Constituição Federal previu a participação popular, por meio da ação popular que, nos termos do art. 5º, LXXIII, "qualquer cidadão é parte legítima para propor ação popular que vise a anular ato lesivo ao patrimônio público ou de entidade de que o Estado participe, à moralidade administrativa, ao meio ambiente e ao patrimônio histórico e cultural, ficando o autor, salvo comprovada má-fé, isento de custas judiciais e do ônus da sucumbência".

Item IV. Certo. O item reproduz literalmente o § 4º do art. 37, que é o fundamento constitucional da Lei nº 8.429/92 (Lei de Improbidade Administrativa): "os atos de improbidade administrativa importarão a suspensão dos direitos políticos, a perda da função pública, a indisponibilidade dos bens e o ressarcimento ao erário, na forma e gradação previstas em lei, sem prejuízo da ação penal cabível".

Alternativa correta: letra "d". Estão corretos os itens III, IV e V.

---

07. (CESPE – Juiz do Trabalho Substituto 5ª Região/2013) Em relação aos atos e princípios administrativos, assinale a opção correta à luz da CF, da jurisprudência dos tribunais superiores e da doutrina.

a) Segundo o STF, é imprescindível a existência de norma legal específica com vistas a coibir a prática do nepotismo, haja vista que a vedação a essa prática decorre diretamente das normas constitucionais aplicáveis à administração pública, em especial do princípio da moralidade.

b) É do princípio constitucional da eficiência que decorre o dever estatal de neutralidade, objetividade e imparcialidade do comportamento dos agentes públicos.

c) O STF admite a aplicação do princípio da isonomia com vistas a elevar a remuneração de servidores públicos.

d) O princípio da razoabilidade é expressamente previsto na CF.

e) O ato administrativo complexo deve ser formado pela junção de manifestações de vontade de órgãos diferentes, sendo, portanto, derivado da conjugação de vontades de órgãos diversos.

COMENTÁRIOS

Alternativa "a". Segundo entendimento do Supremo Tribunal Federal, as restrições impostas à atuação do administrador público pelo princípio da moralidade e demais postulados do art. 37 da Constituição Federal – dentre os quais se depreende a proibição do nepotismo – são autoaplicáveis, por trazerem em si carga de normatividade apta a produzir efeitos jurídicos, permitindo, em consequência, ao Judiciário exercer o controle dos atos que transgridam os valores fundantes do texto constitucional. Dessa forma, não é necessário que haja norma legal específica com vistas a coibir o nepotismo, conforme sugere a assertiva.

Alternativa "b". Pelo princípio da **eficiência**, a Administração Pública **deve atuar de maneira a buscar resultados, e não simplesmente agir.** Isto é, a atuação administrativa deve buscar a **melhor relação custo-benefício**, deve ser feita a otimização dos recursos, o devido planejamento e estabelecimento de metas e a fiscalização do efetivo cumprimento do que fora planejado. A assertiva, na realidade, refere-se ao **princípio da impessoalidade.**

Alternativa "c". Nos termos da Súmula Vinculante nº 37, não cabe ao Poder Judiciário, que não tem função legislativa, aumentar vencimentos de servidores públicos sob fundamento de isonomia. O princípio da isonomia dirige-se aos Poderes Executivo e Legislativo, a quem cabe, mediante avaliação de conveniência e oportunidade, estabelecer a remuneração dos servidores públicos, permitindo a sua efetivação.

Alternativa "d". O princípio da razoabilidade é decorrência direta do princípio do **devido processo legal** e significa que **os meios devem ser adequados aos fins do ato administrativo.** Assim, para que a atividade administrativa seja razoável, devem ser adotados **"meios que, para a realização de seus fins, revelam-se adequados, necessários e proporcionais"**[4]. Tal princípio, contudo, não se encontra expressamente previsto na Constituição Federal.

Alternativa "e". Quanto à **formação de vontade**, os atos podem ser classificados como **simples, complexos e compostos. O ato complexo** decorre da **manifestação de vontade de dois ou mais órgãos,** ou seja, há a soma de vontades de mais de um órgão para que seja possível a formação de um ato único.

Alternativa correta: letra "e".

---

08. (TRT 14 – Juiz do Trabalho Substituto 14ª Região/2013) No que respeita à doutrina e jurisprudência concernentes aos princípios administrativos, é correto afirmar:

I. Decorre diretamente do princípio da impessoalidade a exigência constitucional de concurso público para provimento de cargos públicos.

II. A observância da moralidade administrativa em determinado ato da administração está sujeita a uma análise de oportunidade e conveniência.

---

4 CUNHA JÚNIOR, Dirley de. *Curso de direito administrativo*. 8 ed. Salvador: Juspodivm, 2009. p. 50.

III. Afronta o princípio da eficiência o gerenciamento de recursos públicos sem preocupação de obter deles o melhor resultado possível, no atendimento do interesse público.

a) Apenas as proposições I e II são verdadeiras.

b) Apenas as proposições I e III são verdadeiras.

c) Apenas as proposições II e III são verdadeiras.

d) Todas as proposições são verdadeiras.

e) Todas as proposições são falsas.

COMENTÁRIOS

Item I. Certo. O **princípio da impessoalidade** deve ser visto sob dois aspectos: em **relação ao administrado** e em **relação à própria Administração.** No que se refere ao administrado, a impessoalidade se faz presente na **busca pela finalidade pública** e nunca de interesse particular. No outro sentido – em relação à própria Administração – significa que não é o agente público, enquanto pessoa física, que pratica o ato administrativo, pois, na verdade, quem o faz é a pessoa jurídica à qual pertence o órgão em que o servidor está lotado. É exemplo de aplicação do princípio da impessoalidade, na primeira acepção acima, a exigência constitucional de concurso público.

Item II. Errado. A atuação administrativa além de ser legal tem que ser moral. Tem que estar de acordo com a **boa-fé,** com a **moral,** com a **ética,** com a **honestidade,** com a **lealdade,** com a **probidade.** Mesmo que determinada situação seja respaldada pelo ordenamento jurídico, o ato pode ser considerado viciado por afrontar o princípio da moralidade. Tal constatação não comporta análise de conveniência e oportunidade, devendo o princípio em comento ser sempre observado.

Item III. Certo. Pelo princípio da eficiência, **a Administração Pública deve atuar de maneira a buscar resultados e não simplesmente agir.** É uma exigência constitucional que se manifesta, especialmente, em relação aos serviços públicos, pois esses devem ser, cada vez mais, executados da melhor maneira possível e devem alcançar todos os administrados, de maneira eficiente.

Alternativa correta: letra "b" (estão corretos os itens I e III).

---

09. (TRT 14 – Juiz do Trabalho Substituto 14ª Região/2013) Ainda no tocante aos princípios administrativos, é correto afirmar:

I. A moral administrativa liga-se à ideia de probidade e boa fé e independe da concepção subjetiva (pessoal) de conduta moral e ética que o agente público tenha, já que se trata de noção objetiva, aferível a partir de elementos objetivos.

II. A moralidade administrativa recebeu da Constituição Federal brasileira tratamento próprio, em um de seus aspectos, por meio da probidade administrativa.

III. Qualquer cidadão é parte legítima propor ação popular visando anular ou revogar atos administrativos lesivos à moralidade administrativa.

a) Apenas as proposições I e II são verdadeiras.

b) Apenas as proposições I e III são verdadeiras.

c) Apenas as proposições II e III são verdadeiras.

d) Todas as proposições são verdadeiras.

e) Todas as proposições são falsas.

COMENTÁRIOS

Itens I e II. Certos. A atuação administrativa além de ser legal tem que ser moral. Tem que estar de acordo com a **boa-fé,** com a **moral,** com a **ética,** com a **honestidade,** com a **lealdade,** com a **probidade.** Mesmo que determinada situação seja respaldada pelo ordenamento jurídico, o ato pode ser considerado viciado por afrontar o princípio da moralidade. A improbidade administrativa é espécie do gênero moralidade e foi tratada, de forma específica, no texto constitucional, nos artigos 37, § 4º, 14, § 9º, 15, 85.

Item III. Errado. Nos termos do art. 1º da Lei da Ação Popular, qualquer cidadão será parte legítima para pleitear a anulação ou a declaração de nulidade de atos lesivos ao patrimônio da União, do Distrito Federal, dos Estados, dos Municípios. A Constituição Federal traz previsão ainda mais ampla ao atestar que **qualquer cidadão é parte legítima para propor ação popular que vise anular ato lesivo ao patrimônio público ou de entidade de que o Estado participe, à moralidade administrativa, ao meio ambiente e ao patrimônio histórico e cultural.** O erro da alternativa, portanto, encontra-se na possibilidade do cidadão de pleitear a **revogação de atos administrativos,** uma vez que o pedido se restringe à possibilidade de **anulá-los.** A anulação é a extinção do ato administrativo por motivo de ilegalidade, podendo ser feita pela própria Administração ou pelo Poder Judiciário e, por outro lado, a revogação ocorre por razões de interesse público, extinguindo-se o ato por ter se tornado inconveniente e inoportuno e, assim, somente a própria Administração pode fazê-lo.

Alternativa correta: letra "a" (estão corretos os itens I e II).

---

10. (CESPE – Juiz do Trabalho Substituto 5ª Região/2013) Ainda no que diz respeito aos atos e princípios administrativos, assinale a opção correta com base na CF, na jurisprudência dos tribunais superiores e na doutrina.

a) São atributos do ato administrativo a competência, a finalidade, a forma, o motivo e o objeto.

b) De acordo com entendimento jurisprudencial, é permitido o corte salarial dos servidores públicos nos dias de paralisação do serviço em razão de greve da categoria.

c) Configura nepotismo a nomeação, por governador de estado, do próprio irmão para ocupar o cargo de secretário estadual.

d) A discricionariedade administrativa não é limitada pelo princípio da razoabilidade.

e) A administração pública pode comprometer direitos fundamentais sob a justificativa de concretização do princípio constitucional da eficiência, em uma chamada ponderação de princípios.

COMENTÁRIOS

Alternativa "a". Os atributos dos atos administrativos são (**PIA**): a) **presunção de legitimidade**, pela qual se presume que todo ato administrativo praticado seja legal; b) **imperatividade**, que significa que o ato administrativo é impositivo, obrigatório ao administrado, ou seja, a Administração não necessita da concordância do destinatário para que o ato seja praticado; c) **autoexecutoriedade**, pela qual a Administração pode executar o ato administrativo por seus próprios meios, sem necessidade de atuação do Poder Judiciário para tanto. A alternativa faz referência aos **requisitos ou elementos do ato administrativo.**

Alternativa "b". Em relação ao desconto da remuneração dos servidores em greve, o STF, no RE 693.456, fixou a seguinte tese de repercussão geral: "A administração pública deve proceder ao desconto dos dias de paralisação decorrentes do exercício do direito de greve pelos servidores públicos, em virtude da suspensão do vínculo funcional que dela decorre, permitida a compensação em caso de acordo. O desconto será, contudo, incabível se ficar demonstrado que a greve foi provocada por conduta ilícita do Poder Público".

Alternativa "c". A súmula vinculante número 13 proíbe o nepotismo nos seguintes termos: "a **nomeação de cônjuge, companheiro ou parente em linha reta, colateral ou por afinidade, até o terceiro grau**, inclusive, da autoridade nomeante ou de servidor da mesma pessoa jurídica investido em **cargo de direção, chefia ou assessoramento, para o exercício de cargo em comissão ou de confiança ou, ainda, de função gratificada na administração pública direta e indireta em qualquer dos Poderes** da União, dos Estados, do Distrito Federal e dos Municípios, compreendido o ajuste mediante designações recíprocas, viola a Constituição Federal". Ocorre que o próprio STF, no julgamento da Rcl 6.650-MC-Agr/PR, fixou o entendimento de que a vedação constante do verbete não se estende aos agentes políticos, sendo restrita a cargos administrativos e, posteriormente, porém, o STF vem se posicionando no sentido de que tal exceção não é absoluta, ou seja, o entendimento de que a Súmula Vinculante nº 13 não é aplicável quando se tratar de nomeação para cargo em comissão de natureza política não se aplica no caso de nomeação de parente para o cargo em comissão com a manifesta intenção de fraudar a lei como ocorre, por exemplo, nas hipóteses de nomeação decorrente de "comprovada troca de favores ou de evidente inaptidão do nomeado para seu exercício", conforme decidido no RE 825.862.

Alternativa "d". O princípio da razoabilidade é decorrência direta do princípio do **devido processo legal** e significa que **os meios devem ser adequados aos fins do ato administrativo.** Assim, para que a atividade administrativa seja razoável, devem ser adotados **"meios que, para a realização de seus fins, revelam-se adequados, necessários e proporcionais"**[5]. Esse princípio vem se fazendo presente em várias decisões judiciais, já que pode ser aplicado para limitar a discricionariedade da Administração ou como critério de interpretação de outros princípios[6]. É usado para limitar a discricionariedade, principalmente, quanto aos atos que imponham restrições ou limitações ao exercício de direitos e quanto àqueles que aplicam penalidades.

Alternativa "e". A Administração Pública jamais pode comprometer direitos fundamentais, ainda que em detrimento do princípio da eficiência. A ponderação de princípios faz-se necessária quando houver conflito entre dois ou mais deles, mas sempre conferindo maior proteção aos direitos fundamentais.

Alternativa correta: letra "b".

---

11. (TRT 19 – Juiz do Trabalho Substituto 19ª Região/2012) Assinale a alternativa incorreta, no que refere aos princípios que norteiam a Administração Pública brasileira:

a) Princípio da Legalidade – O administrador público está sujeito aos mandamentos da lei e às exigências do bem comum e deles não se pode afastar ou desviar.

b) Princípio da Moralidade – O Princípio da Moralidade restringe-se ao aspecto das práticas de improbidade administrativa.

c) Princípio da Impessoalidade – Critério para evitar favoritismos ou privilégios. A Administração Pública não pode, no exercício da atividade administrativa, atuar com vistas a prejudicar ou beneficiar pessoas determinadas, uma vez que é o interesse público seu elemento norteador.

d) Princípio da Publicidade – Pode ser visualizado na necessidade de divulgação oficial dos atos administrativos para conhecimento público e, em regra, para início de seus efeitos.

e) Princípio da Eficiência – Obriga a Administração Pública a desenvolver mecanismos para o exercício de uma atividade administrativa célere e com qualidade.

---

5 CUNHA JÚNIOR, Dirley de. *Curso de direito administrativo.* 8 ed. Salvador: Juspodivm, 2009. p. 50.

6 ALEXANDRINO, Marcelo; PAULO, Vicente. *Direito administrativo descomplicado.* 18. ed. São Paulo: Método, 2010, p. 209-210.

COMENTÁRIOS

✪ **Nota do autor:** O estudo dos princípios é essencial, pois, na concepção atual, os princípios constitucionais são a **"norma das normas"**[7] e, dessa maneira, se são normas, dizem o que deve ser e a Administração Pública, direta e indireta, deve obedecer a eles. Em outras palavras, **os princípios constitucionais vinculam a atividade da Administração Pública**. Insta destacar, a título de auxílio ao candidato, que as iniciais dos princípios da Administração Pública consignados no art. 37 da Constituição Federal formam a palavra 'LIMPE' (Legalidade, Impessoalidade, Moralidade, Publicidade e Eficiência).

Alternativa "a". O **princípio da legalidade** não apresenta conteúdo idêntico para o particular e para a Administração Pública. Para esta, significa que **a atuação administrativa deve se dar em conformidade com a lei, com o direito**. Assim, ao administrador somente é permitido agir de acordo com a lei, não vigorando a autonomia da vontade, prevalente na esfera privada, em que o particular não é obrigado senão em virtude de lei.

Alternativa "b". O princípio da moralidade preceitua que **a atuação administrativa além de ser legal tem que ser moral.** Tem que estar de acordo coma **boa-fé,** com a **moral,** com a **ética,** com a **honestidade,** com a **lealdade,** com a **probidade.** Mesmo que determinada situação seja respaldada pelo ordenamento jurídico, o ato pode ser considerado viciado por afrontar o princípio da moralidade. Assim, aplica-se a todas as atividades da Administração Pública, não se restringindo às situações consignadas na Lei de Improbidade Administrativa.

Alternativa "c". O princípio da impessoalidade pode ser visto sob dois aspectos: quanto aos administrados e em relação à própria Administração Pública. Na questão em comento, trata-se do primeiro aspecto citado. Quanto aos administrados, o princípio da impessoalidade corresponde que a atuação administrativa deve ser sempre conduzida em busca da finalidade pública; quando assim não age o Poder Público – como descrito no enunciado *supra* –, afronta o princípio da impessoalidade.

Alternativa "d". Pelo princípio da publicidade, a **atuação administrativa** não pode ser secreta. Ao contrário, deve ser transparente, para que assim, o titular do poder – que é o povo – possa verificar se, realmente, a conduta do administrador estava pautada no interesse público. O **princípio da publicidade** é materializado pela **publicação dos atos administrativos.** A regra, portanto, é que todo ato administrativo deve ser publicado, exceto quando, nos termos do art. 5º, XXXIII da Constituição Federal, o "sigilo seja imprescindível à segurança da sociedade e do Estado".

7 BONAVIDES, Paulo. *Curso de direito constitucional.* 24. ed. São Paulo: Malheiros, 2009. p. 294.

Alternativa "e". O princípio da **eficiência** faz com que se espere da atuação do agente público o melhor desempenho possível de suas atribuições, de forma a atingir os **melhores resultados.** Além disso, o referido princípio também se presta à mesma finalidade no que diz respeito à organização, à estruturação e à disciplina da Administração Pública. Diante disso, a Emenda Constitucional nº 19/1998 fez incluir, no artigo 41, em seu parágrafo 4º, da Constituição Federal, o requisito segundo o qual, para a aquisição de estabilidade pelos servidores nomeados para cargo de provimento efetivo, após três anos de efetivo exercício – tal qual dispõe o *caput* do dispositivo –, é obrigatória a avaliação especial de desempenho por comissão instituída para essa finalidade.

Alternativa "b": correta.

12. (TRT 21 – Juiz do Trabalho Substituto 21ª Região/2012) Sobre os princípios que regem a administração pública, é incorreto afirmar:

a) o princípio da moralidade exige que o administrador se paute por conceitos éticos;
b) corolário do princípio da igualdade é a vedação de se estabelecer diferenças em razão da sede ou domicílio dos licitantes;
c) o princípio da supremacia do interesse público decorre da posição privilegiada dos órgãos e entes públicos encarregados da preservação do interesse público;
d) em decorrência do princípio da hierarquia, que é restrito às funções administrativas e não aplicáveis às funções tipicamente legislativas e judiciais, a Administração Pública possui a prerrogativa de avocar atribuições, e também de rever os atos dos subordinados;
e) A Constituição Federal prevê, expressamente, os princípios da legalidade, publicidade, impessoalidade, moralidade, eficiência e razoabilidade.

COMENTÁRIOS

✪ **Nota do autor:** "No direito administrativo, os princípios revestem-se de grande importância. Por ser um direito de elaboração recente e não codificado, os princípios auxiliam a compreensão e consolidação de seus institutos. [...] Daí a importância dos princípios, sobretudo para possibilitar a solução de casos não previstos, para permitir melhor compreensão dos textos esparsos e para conferir certa segurança aos cidadãos quanto à extensão dos seus direitos e deveres"[8].

Alternativa "a". O **princípio da moralidade** preceitua que a atuação administrativa além de ser legal tem que ser moral. Tem que estar de acordo com a **boa-fé, com a moral, com a ética, com a honestidade,**

8 MEDAUAR, Odete. *Direito Administrativo Moderno.* 13 ed. São Paulo: Editora Revista dos Tribunais, 2009. p. 125.

com a lealdade, com a probidade. Mesmo que determinada situação seja respaldada pelo ordenamento jurídico, o ato pode ser considerado viciado por afrontar o princípio da moralidade.

Alternativa "b". O **princípio da igualdade entre os licitantes** determina que a Administração na condução da licitação deve atuar de **forma impessoal, sem privilegiar ou prejudicar nenhum dos licitantes.** Todos que queiram e preencham os requisitos exigidos têm que ter as mesmas oportunidades para ingressar na disputa e, uma vez nela, devem ser tratados com **isonomia no processo licitatório.**

Alternativa "c". De acordo com o **princípio da supremacia do interesse público**, havendo conflito entre o interesse público e o interesse privado, aquele deverá prevalecer.

Alternativa "d". O **princípio da hierarquia** impõe que Administração Pública tem de se organizar para buscar o interesse público e, para isso, desconcentra competências, isto é, distribui internamente competência entre seus diversos órgãos, escalonando-os, hierarquizando-os. Com isso, cria-se uma **relação de hierarquia** entre os órgãos, pelo que os subordinados têm o dever de obediência aos superiores. Assim, dessa organização administrativa decorrem vários poderes, dentre os quais: o de editar atos normativos, o de dar ordens aos subordinados, o de controlar, coordenar e corrigir a atividade dos órgãos inferiores, o de avocar atribuições (desde que não sejam de competência exclusiva do órgão subordinado), o de delegar atribuições (que não lhes sejam privativas) e, inclusive, a avocação.

Alternativa "e": correta. A Constituição de 1988 inovou ao fazer expressa menção a alguns princípios a que se submete a Administração Pública Direta e Indireta, a saber, os princípios da **legalidade**, da **impessoalidade**, da **moralidade administrativa**, da **publicidade** e **eficiência** (art. 37, *caput*). É o conhecido LIMPE. Entretanto, o princípio da razoabilidade não está expresso no texto constitucional. É um princípio implícito na Constituição Federal e, de acordo com a jurisprudência do STF, é decorrência direta do princípio do devido processo legal.

---

13. (TRT 23 - Juiz do Trabalho Substituto 23ª Região/2011) Quanto aos atos administrativos, princípios e poderes da Administração, assinale a alternativa que contém uma afirmativa FALSA:

a) Dentre os elementos do ato administrativo, a competência e a finalidade são elementos vinculados, previstos em lei, ao passo que o motivo e o objeto podem ser vinculados ou discricionários.

b) O princípio da razoabilidade, conquanto não esteja consagrado expressamente na legislação federal que rege a atuação da Administração como princípio a ser observado na conduta da Administração Pública, revela-se importante instrumento para o controle jurisdicional da discricionariedade administrativa.

c) O poder de polícia pode ser definido como atividade da administração pública que, limitando direito, interesse ou liberdade, regula a prática de ato ou abstenção de fato, em razão de interesse público concernente à segurança, à higiene, à ordem, dentre outras razões de interesse público.

d) O princípio da eficiência enseja para o agente público o dever de realizar suas atribuições com presteza, perfeição e rendimento funcional.

e) De acordo com Súmula do Supremo Tribunal Federal, a Administração Pública pode anular seus atos, quando eivados de vícios que os tornam ilegais, ou revogá-los, por motivo de conveniência ou oportunidade.

COMENTÁRIOS

Alternativa a. Os elementos que identificam se o ato é vinculado ou discricionário são o motivo e o objeto. O motivo é o pressuposto de fato e de direito que autoriza ou determina a prática do ato. É o "por que" do ato realizado. Nesse sentido, ao se perquirir o que levou a autoridade administrativa a praticar o ato, haverá a descoberta se ela tinha escolha ou não. Por exemplo, em portaria concedendo licença gestante para servidora pública federal, observa-se que a autoridade administrativa deve se limitar a verificar se, realmente, houve o nascimento da criança e não lhe é permitido analisar se é conveniente ou oportuno conceder a licença, pois presente o requisito deve concedê-la. Nesse exemplo, o motivo determina a prática do ato. Situação diversa é o caso da servidora federal que requer licença para tratar de interesse particular, pois o art. 91 da Lei nº 8.112/90 estabelece que a concessão é a critério da Administração e, assim, neste caso, a autoridade analisará se é conveniente e oportuno conceder tal licença, pois o motivo é autorizador e não determinante. Em relação ao objeto, isso também ocorre porque ele é decorrente do motivo. Os demais elementos do ato administrativo possuem natureza vinculada, pois ou a autoridade é competente ou não é, ou a finalidade é pública ou não é, ou a forma adotada é a correta ou não é.

Alternativa b. O princípio da razoabilidade também é chamado de princípio da proibição de excessos ou de proporcionalidade ampla e não está expresso na Constituição Federal. No entanto, de acordo com a jurisprudência do STF, é decorrência direta do princípio do devido processo legal e, ademais, está expressamente positivado na Lei nº 9.784/99, em seu art. 2º, *caput*. Os meios devem ser adequados aos fins do ato administrativo. A razoabilidade possui como requisitos: utilidade ou adequação, exigibilidade ou necessidade, proporcionalidade em sentido estrito. Assim, para que a atividade administrativa seja razoável, devem ser adotados *"meios que, para a realização de seus fins, revelem-se adequados, necessários e proporcionais"*[9]. Esse princípio

---

9 CUNHA JÚNIOR, Dirley. Curso de direito administrativo. 8. ed. Salvador: Juspodivm, 2009. p.50.

vem se fazendo presente em várias decisões judiciais, já que pode ser aplicado para limitar a discricionariedade da Administração ou como critério de interpretação de outros princípios[10]. É usado para limitar a discricionariedade, principalmente, quanto aos atos que imponham restrições ou limitações ao exercício de direitos e quanto àqueles que aplicam penalidades.

Alternativa c. O art. 78 do Código Tributário Nacional define poder de polícia como "a atividade da administração pública que, limitando ou disciplinando direito, interesse ou liberdade, regula a prática de ato ou a abstenção de fato, em razão de interesse público concernente à segurança, à higiene, à ordem, aos costumes, à disciplina da produção e do mercado, ao exercício de atividades econômicas dependentes de concessão ou autorização do Poder Público, à tranquilidade pública ou ao respeito à propriedade e aos direitos individuais ou coletivos".

Alternativa d. O princípio da eficiência foi expressamente incluído no texto constitucional por força da Emenda Constitucional nº 19/98 e por ele o agente público deve executar sua atividade de maneira a buscar o melhor resultado possível e a Administração Pública deve ser organizada para que se alcance a finalidade pública da forma mais efetiva possível.

Alternativa e. Súmula 473 do Supremo Tribunal Federal: "A Administração pode anular seus próprios atos quando eivados de vícios que os tornem ilegais, porque deles não se originam direitos; ou revogá-los, por motivo de conveniência ou oportunidade, respeitados os direitos adquiridos, e ressalvada, em todos os casos, a apreciação judicial".

Alternativa "b": correta.

---

14. (TRT 23 – Juiz do Trabalho Substituto 23ª Região/2011) Analisando se os itens abaixo (I a III) contêm proposições verdadeiras ou falsas, indique qual alternativa corresponde, em ordem sequencial, à CORRETA análise dos itens:

I. O princípio da segurança jurídica, consagrado expressamente como princípio na legislação que rege a conduta da Administração Pública Federal, investe o administrado em posição de proteção à sua confiança diante dos atos dotados de aparente legalidade e legitimidade da administração.

II. A proteção à confiança e a exigência de boa-fé na conduta da Administração acarreta, em regra, a proibição da prática de comportamentos contraditórios (*venire contra factum proprium*), o que se dá quando a Administração, desprovida de fundamento normativo que a ampare, pratica atos que contrariam a conduta administrativa anterior, a qual havia investido o particular em uma legítima posição de confiança.

III. De acordo com a atual jurisprudência do Superior Tribunal de Justiça, há direito subjetivo do candidato à nomeação em caso de aprovação dentro do número de vagas anunciadas em edital de concurso público pela Administração.

a) item I: falsa; item II: falsa; item III: verdadeira.

b) item I: verdadeira; item II: verdadeira; item III: falsa.

c) item I: verdadeira; item II: falsa; item III: verdadeira.

d) item I: falsa; item II: verdadeira; item III: verdadeira.

e) item I: verdadeira; item II: verdadeira; item III: verdadeira.

COMENTÁRIOS

Item I e II. Certos. Pelo princípio da segurança jurídica, deve ocorrer a tentativa de preservação dos atos administrativos praticados. Para não causar insegurança jurídica, não pode ser regra desfazer os atos já realizados. A Constituição Federal, inclusive, tutela as situações já consolidadas, pois o art. 5º, XXXVI, assegura que "a lei não prejudicará o direito adquirido, o ato jurídico perfeito e a coisa julgada". A lei nº 9.784/99 tem dois dispositivos que servem para exemplificar esse princípio. O primeiro deles é o art. 2º, parágrafo único, XIII, pois estabelece que a interpretação da norma administrativa deve ser feita no sentido de se buscar a finalidade pública e que é vedada a aplicação retroativa de nova interpretação. O outro dispositivo é o art. 54, ao prever que a Administração Pública decairá do direito de anular os atos administrativos, quando seus efeitos forem benéficos ao destinatário e não tenha ocorrido má-fé. Pelo princípio da proteção da confiança, leva-se em conta a boa-fé do administrado, "que acredita e espera que os atos praticados pelo Poder Público sejam lícitos e, nessa qualidade, serão mantidos e respeitados pela própria Administração e por terceiros"[11]. Nesse sentido, Diogo de Figueiredo Moreira Neto sustenta que a teoria do *venire contra factum proprium* é derivada do princípio da boa-fé objetiva e da confiança legítima, os quais, por sua vez, estão sintetizados no megaprincípio da segurança jurídica, "partindo da premissa que é inaceitável interpretar-se atos ou contratos *em contradição* com atos e comportamentos anteriormente adotados pela parte que os alegar. [...] Com efeito, à luz das premissas expostas, parece claro que não podem ser alegados pela Administração Pública *atos próprios* que, por ela praticados anteriormente, tenham concorrido para que um particular haja concordado em com ela travar certa relação contratual, mas que, de outro modo, provavelmente não aceitaria, *agindo em fraude da boa-fé*

---

10 ALEXANDRINO, Marcelo; PAULO, Vicente. *Direito administrativo descomplicado*. 18. ed. São Paulo: Método, 2010, p. 209-210.

11 DI PIETRO, Maria Sylvia Zanella. *Direito administrativo*. 23. ed. São Paulo: Atlas, 2010. p. 86.

exigível *inter partes*, apenas para *beneficiar-se patrimonialmente*"[12].

Item III. Certo. No Superior Tribunal de Justiça, já havia posicionamento no sentido da nomeação como, por exemplo, o RMS 25957, no qual ficou assentado que a "aprovação do candidato no limite do número de vagas definido no Edital do concurso gera em seu favor o direito subjetivo à nomeação para o cargo". Entretanto, diante de recentes decisões tanto do STJ como do STF é possível afirmar que há o direito subjetivo à nomeação do candidato aprovado em concurso público:

a) quando for aprovado dentro do número de vagas previsto no edital, exceto se surgir, após a publicação do edital, situação imprevisível e de extrema gravidade que justifique, mediante decisão motivada, a não nomeação dos candidatos por não haver medida menos gravosa a ser adotada;

b) quando for aprovado fora do número de vagas previsto no edital E surgirem novas vagas ou for aberto novo certame durante o prazo de validade do concurso anterior E houver preterição arbitrária e imotivada por parte da Administração[13] (candidato deve demonstrar, de forma cabal, comportamento tácito ou expresso do Poder Público demonstrando a necessidade de nomeação como, por exemplo, a ocorrência de cessão de servidores de outros órgãos públicos).

c) quando for preterido na nomeação por inobservância da ordem de classificação, mesmo que esteja fora do número de vagas previsto no edital.

Alternativa "e": correta.

---

15. (TRT 23 – Juiz do Trabalho Substituto 23ª Região/2011) Assinale a alternativa que contém uma afirmação CORRETA:

a) O princípio da supremacia do interesse público, embora tradicionalmente consagrado na doutrina administrativista, vem sendo criticado como princípio na atualidade, sendo um dos fundamentos da crítica o fato de que a supremacia do interesse público não poderia ser invocada por si só, na condição de princípio, para restringir direitos fundamentais consagrados constitucionalmente em situação na qual a restrição não encontre amparo normativo-constitucional.

b) O abuso do poder administrativo pode decorrer do excesso de poder, caracterizado quando o agente, embora dentro de sua competência, afasta-se do interesse público que deve nortear o desempenho administrativo, bem como pelo desvio de poder, que atua fora dos limites de sua competência.

c) Embora os limites do poder regulamentar devam ser observados, não é possível que o Poder Legislativo suste atos normativos do Poder Executivo que exorbitem do poder regulamentar, tendo em vista o princípio da separação de poderes.

d) A adoção pela lei de conceitos jurídicos indeterminados faz com que o ato administrativo fundado naquela lei seja insuscetível de controle jurisdicional em relação à verificação de eventual desvio de finalidade ou da compatibilização ou não com o princípio da razoabilidade, por respeito à opção do legislador quanto à total liberdade do agir da Administração em tal situação.

e) Considerando-se que os órgãos da Administração Pública são desprovidos de personalidade jurídica, a jurisprudência não admite que um órgão da Administração, ainda que de elevada estatura no âmbito da organização do Poder Público, possa ser dotado de "personalidade judiciária" para atuar em juízo na defesa de suas prerrogativas e competências.

COMENTÁRIOS

Alternativa a. Tradicionalmente, sustenta-se que em caso de conflito entre o interesse público e o interesse privado, aquele deverá prevalecer. Em relação ao interesse público, deve-se atentar para a divisão entre interesse público primário e interesse público secundário. O interesse público primário é o interesse público propriamente dito; é o interesse da coletividade; está estabelecido na Constituição Federal. O interesse público secundário é o interesse do ente estatal (União, Estados, etc.); é o interesse individual do Estado, enquanto pessoa jurídica[14]. Isso é importante porque é o interesse público primário que justifica a atuação da Administração Pública restringindo um interesse particular. Entretanto, há alguns estudos doutrinários contrapondo-se, de certa forma, a essa abordagem de que haveria supremacia, em tese, do interesse público. Nesse sentido, Gustavo Binenbojm afirma que a Administração tem o dever de ponderar o interesse público e o interesse privado, almejando sua concretização em um grau máximo de otimização, pois não é possível mais a existência de regra absoluta que determina a supremacia do interesse público sobre o interesse privado em razão da "centralidade do sistema de direitos fundamentais instituído pela Constituição e a estrutura pluralista e *maleável* dos princípios constitucionais"[15]. Refutando as novas argumentações, Maria Sylvia

---

12 *Curso de direito administrativo: parte introdutória, parte geral e parte especial.* 15. ed. Rio de Janeiro: Forense, 2009. p. 99.

13 Deve-se apontar que, segundo o STJ, no caso de preterição de candidato na nomeação de concurso público, o termo inicial do prazo prescricional quinquenal será a data em que foram nomeados outros servidores no lugar dos aprovados no certame. (AgInt no REsp 1.643.048-GO. Informativo nº 668)

14 MELLO, Celso Antonio Bandeira de. *Curso de direito administrativo.* 27. ed. São Paulo: Malheiros, 2010. p. 65-66.

15 *Uma teoria do direito administrativo: direitos fundamentais, democracia e constitucionalização.* 2. ed. Rio de Janeiro: Renovar, 2008. p. 31.

Zanella Di Pietro aduz que o princípio da supremacia do interesse público não põe em risco os direitos fundamentais porque deve ser aplicado juntamente com os demais princípios do direito administrativo e, na verdade, aquele princípio protege os direitos individuais e que, assim, negá-lo é "negar o próprio papel do Estado. [...] Na realidade, a razoabilidade ou proporcionalidade (como preferem alguns), pressupõe a existência de um interesse público a ser protegido. A razoabilidade exige relação, proporção, adequação entre *meios* e *fins*. Quais fins? Os que dizem respeito ao interesse público. [...] Isto não é novidade. Isto é velho e se conserva novo, atual, porque é indispensável à busca do equilíbrio entre o direito individual e o interesse público"[16]. Gustavo Assed Ferreira faz, também, a defesa do princípio da supremacia do interesse público e, escorando-se em Amartya Sen, propõe que, no caso brasileiro, o uso da supremacia do interesse público no caso concreto é legítimo se "cumprir os objetivos propostos no art. 3º da Constituição Federal de 1988, ou seja, construir uma sociedade livre, justa e solidária; garantir o desenvolvimento nacional; erradicar a pobreza e a marginalização e reduzir as desigualdades sociais e regionais; e promover o bem de todos, sem preconceito de origem, raça, sexo, cor, idade e quaisquer outras formas de discriminação"[17].

Alternativa b. Os conceitos foram invertidos, porque o excesso de poder ocorre quando a autoridade extrapola sua competência e o desvio de poder ou de finalidade se dá quando a autoridade, agindo dentro dos limites da sua competência (não extrapola), pratica o ato visando fim diverso do estabelecido na lei.

Alternativa c. Nos termos do art. 49, V, é competência exclusiva do Congresso Nacional sustar os atos administrativos que exorbitem o poder regulamentar. É uma das formas de controle legislativo da Administração Pública e, na verdade, é inerente ao princípio da separação dos poderes, pois a divisão de poderes não significa que cada um é alheio à fiscalização dos demais, pois o próprio texto constitucional refere-se a poderes "independentes e harmônicos entre si", no art. 2º, *caput*. É o denominado sistema de freios e contrapesos (*check and balances*)[18].

Alternativa d. O princípio da razoabilidade também é chamado de princípio da proibição de excessos ou de proporcionalidade ampla e não está expresso na Constituição Federal. No entanto, de acordo com a jurisprudência do STF, é decorrência direta do princípio do devido processo legal e, ademais, está expressamente positivado na Lei nº 9.784/99, em seu art. 2º, *caput*. Os meios devem ser adequados aos fins do ato administrativo. A razoabilidade possui como requisitos: utilidade ou adequação, exigibilidade ou necessidade, proporcionalidade em sentido estrito. Assim, para que a atividade administrativa seja razoável, devem ser adotados "*meios* que, para a realização de seus *fins*, revelem-se *adequados, necessários e proporcionais*"[19]. Esse princípio vem se fazendo presente em várias decisões judiciais, já que pode ser aplicado para limitar a discricionariedade da Administração ou como critério de interpretação de outros princípios[20]. É usado para limitar a discricionariedade, principalmente, quanto aos atos que imponham restrições ou limitações ao exercício de direitos e quanto àqueles que aplicam penalidades. Também, no caso dos conceitos jurídicos indeterminados (boa-fé, moralidade, incontinência pública e escandalosa, etc.) tem bastante utilização para se analisar se houve razoabilidade na atuação administrativa.

Alternativa e. Quanto à hierarquia, os órgãos públicos classificam-se em: a) independentes (representam as funções principais do Estado; estão no topo da estrutura estatal e não estão subordinados a nenhum outro; exemplos: Câmara dos Deputados, Presidência da República, Supremo Tribunal Federal); b) autônomos (estão situados abaixo dos órgãos independentes, aos quais estão subordinados; exemplos: ministérios, secretarias de estado); d) subalternos (são aqueles que possuem pequeno poder de decisão; exemplos: seção de expediente, seção de pessoal). Uma característica de grande relevância em relação aos órgãos públicos é a ausência de personalidade jurídica; são despersonalizados. Por integrarem uma pessoa jurídica, pertence a esta a capacidade processual. No entanto, os órgãos de mais elevada estatura possuem personalidade judiciária, "quando defendem suas prerrogativas e competências"[21]. Assim, por exemplo, a Câmara Municipal pode ajuizar mandado de segurança requerendo que seja determinado ao prefeito que faça o repasse do duodécimo.

Alternativa correta: letra "a".

---

16. (TRT 8 – Juiz do Trabalho Substituto 8ª Região/2011) Consoante a jurisprudência dominante do STF, é INCORRETO afirmar:

---

16 *Direito administrativo*. 23. ed. São Paulo: Atlas, 2010. p. 37-38.

17 A legitimidade do Estado e a supremacia do interesse público sobre o interesse particular. In: MARRARA, Thiago (org.). *Princípios de direito administrativo: legalidade, segurança jurídica, impessoalidade, publicidade, motivação, eficiência, moralidade, razoabilidade, interesse público*. São Paulo: Atlas, 2012. p. 445-450).

18 "Cada uma das funções estatais – Executivo, Legislativo e Judiciário – passaram a realizar funções típicas de sua natureza, mas, ainda, funções atípicas, fiscalizando e limitando a atuação dos demais. A lógica aqui é 'apenas o poder limita o poder', de modo que cada órgão tem, não apenas que cumprir sua função essencial, como ainda atuar de modo a impedir que outro abuse de sua competência" (FERNANDES, Bernardo Gonçalves. *Curso de direito constitucional*. 3. ed. Rio de Janeiro: Lumen Juris, 2011. p. 216).

19 CUNHA JÚNIOR, Dirley. *Curso de direito administrativo*. 8. ed. Salvador: Juspodivm, 2009. p. 50.

20 ALEXANDRINO, Marcelo; PAULO, Vicente. *Direito administrativo descomplicado*. 18. ed. São Paulo: Método, 2010, p. 209-210.

21 CARVALHO FILHO, José dos Santos. *Manual de direito administrativo*. 19. ed. Rio de Janeiro: Lumen Juris, 2008, p. 14.

a) Se o ato administrativo regulamentar normativo ofender diretamente a Constituição da República, sem que haja lei a que deva se subordinar, poderá sofrer controle de constitucionalidade através da ação direta de inconstitucionalidade.

b) Em homenagem ao princípio da segurança jurídica, pode ser convalidado ato administrativo de transposição de carreira, embora baseado em lei inconstitucional, em virtude de já se ter consolidado a situação jurídica do destinatário da norma.

c) É inconstitucional a cobrança de taxa para a extração administrativa de certidões que visem à defesa de direitos e ao esclarecimento de interesses pessoais do requerente, pois violadora do princípio da publicidade.

d) A Resolução n. 7 do CNJ, que veda a prática do nepotismo, com fundamento no princípio da moralidade, é aplicável apenas ao Poder Judiciário, sendo necessária lei formal para coibir a prática no âmbito dos demais Poderes.

e) A criação de milhares de cargos em comissão por estado-membro, comparada com a pequena quantidade de cargos de provimento efetivo, é inconstitucional, por violar os princípios da proporcionalidade e da moralidade administrativa.

COMENTÁRIOS

Alternativa a. A Constituição Federal, no art. 102, I, "a", da Constituição Federal estabelece que compete ao Supremo Tribunal Federal processar e julgar, originariamente a ação direta de inconstitucionalidade de lei ou ato normativo federal ou estadual e a ação declaratória de constitucionalidade de lei ou ato normativo federal. Assim, admite-se o controle concentrado da constitucionalidade de ato normativo federal – por meio da ação direta de inconstitucionalidade ou pela ação declaratória de constitucionalidade – e de ato normativo estadual – pela ação declaratória de constitucionalidade. Lucas Rocha Furtado aponta que "inúmeras resoluções editadas por Tribunais Regionais do Trabalho que concediam aos magistrados e servidores vantagens ou benefícios foram questionadas e declaradas inconstitucionais pelo eg. STF [...]"[22]. Nesse sentido, o Supremo Tribunal Federal, em 2007, julgou inconstitucional a Resolução Administrativa 51/99 do Tribunal Regional do Trabalho da 14ª Região, tendo sido decidido que havia "inconstitucionalidade do ato normativo que concedia aumento de remuneração dos magistrados de forma diversa da prevista no artigo 96, inciso II, da Constituição do Brasil". Outro exemplo, agora referente à Justiça Estadual, é a decisão da Suprema Corte, de junho de 2011, na ADI 4140-GO, pois declarou a inconstitucionalidade da Resolução nº 2/2008 do Conselho Superior da Magistratura do Estado de Goiás, pois a "substancial modificação da organização judiciária do Estado de Goiás sem a respectiva edição da legislação estadual pertinente violou o disposto no art. 96, II, d, da Constituição Federal".

Alternativa b. Pelo princípio da segurança jurídica, deve ocorrer a tentativa de preservação dos atos administrativos praticados. Para não causar insegurança jurídica, não pode ser regra desfazer os atos já realizados. A Constituição Federal, inclusive, tutela as situações já consolidadas, pois o art. 5º, XXXVI, assegura que "a lei não prejudicará o direito adquirido, o ato jurídico perfeito e a coisa julgada". A Lei nº 9.784/99 tem dois dispositivos que servem para exemplificar esse princípio. O primeiro deles é o art. 2º, parágrafo único, XIII, pois estabelece que a interpretação da norma administrativa deve ser feita no sentido de se buscar a finalidade pública e que é vedada a aplicação retroativa de nova interpretação. O outro dispositivo é o art. 54, ao prever que a Administração Pública, após o prazo de cinco anos, decairá do direito de anular os atos administrativos, quando seus efeitos forem benéficos ao destinatário e não tenha ocorrido má-fé. A indagação posta na questão refere-se à possibilidade ou não de se convalidar ato administrativo praticado com fundamento em lei inconstitucional. Abordando o assunto, ao comentar esse princípio, José dos Santos Carvalho Filho ressalta que o Supremo Tribunal Federal, "invocando a Lei nº 9.784/99, convalidou ato administrativo de transposição de carreira em favor de servidor, porquanto, embora calcado em lei supostamente inconstitucional, já consolidara a situação jurídica do destinatário"[23]. A decisão referida foi proferida no RE 466.546/RJ, tendo o Relator Ministro Gilmar Mendes destacado que a Administração queria anular ato praticado há mais de 14 anos, não levando em conta a decadência administrativa e que havia controvérsia quanto à constitucionalidade do ato, à época de sua realização. Prossegue o Ministro afirmando que "os atos praticados com base na lei inconstitucional que não mais se afigurem suscetíveis de revisão não são afetados pela declaração de inconstitucionalidade".

Alternativa c. De acordo com o princípio da publicidade, a atividade administrativa não pode ser secreta, pois deve ser transparente de modo a permitir que o titular do poder – que é o povo – possa verificar se, realmente, a conduta do administrador estava pautada no interesse público. O princípio da publicidade é materializado pela publicação dos atos administrativos e, assim, a regra é que todo ato administrativo deva ser publicado, exceto quando, nos termos do art. 5º, XXXIII, da Constituição Federal, o "sigilo seja imprescindível à segurança da sociedade e do Estado". Destaca José dos Santos Carvalho Filho[24] que há três instrumentos básicos pelos quais pode ser reclamado o princípio da publicidade: o direito de petição, as certidões e divulgação de ofício pela Administração de informações de interesse público. De fato, o art. 5º, XXXIV, garante a todos, independentemente do pagamento de taxas, o direito de petição aos Poderes

22 *Curso de direito administrativo*. 2. ed. Belo Horizonte: Fórum, 2010. p. 1232.

23 *Manual de direito administrativo*. 26. ed. São Paulo: Atlas, 2013. p. 38.

24 *Manual de direito administrativo*. 26. ed. São Paulo: Atlas, 2013. p. 26.

Públicos em defesa de direitos ou contra ilegalidade ou abuso de poder e a obtenção de certidões em repartições públicas, para defesa de direitos e esclarecimento de situações de interesse pessoal. Nesse diapasão, o Supremo Tribunal Federal, na ADI 2969, julgou inconstitucional a cobrança para extração de certidões[25].

Alternativa "d". Os princípios constitucionais vinculam a atividade da Administração Pública e, nesse sentido, o STF decidiu, no RE 579.951, que a vedação ao "nepotismo não depende de lei formal para coibir a prática. Proibição que decorre diretamente dos princípios contidos no art. 37, *caput,* da Constituição Federal". Dessa forma, a Resolução nº 7 do Conselho Nacional de Justiça é um ato administrativo normativo aplicável no âmbito do Poder Judiciário, mas, por outro lado, não há necessidade de lei para se coibir a nefasta prática do nepotismo, em razão da força normativa dos princípios constitucionais especialmente, no caso, do princípio da moralidade. Inclusive, na mesma esteira, o Supremo Tribunal Federal aprovou a Súmula Vinculante nº 13, dispondo sobre a vedação do nepotismo: "A nomeação de cônjuge, companheiro ou parente em linha reta, colateral ou por afinidade, até o terceiro grau, inclusive, da autoridade nomeante ou de servidor da mesma pessoa jurídica investido em cargo de direção, chefia ou assessoramento, para o exercício de cargo em comissão ou de confiança ou, ainda, de função gratificada na administração pública direta e indireta em qualquer dos poderes da União, dos Estados, do Distrito Federal e dos Municípios, compreendido o ajuste mediante designações recíprocas, viola a Constituição Federal".

Alternativa e. Exige-se que a atuação administrativa, além de legal, seja moral, isto é, tem que estar de acordo com a boa-fé, com a moral, com a ética, com a honestidade, com a lealdade. Mesmo que determinada situação seja respaldada pelo ordenamento jurídico, o ato pode ser considerado viciado por afrontar o princípio da moralidade. A moralidade representa o respeito aos padrões morais e éticos que predominam na sociedade. Pelo princípio da proporcionalidade, as "competências administrativas só podem ser *validamente* exercidas na *extensão* e *intensidade* ao que seja realmente demandado para o cumprimento da finalidade de interesse público a que estão atreladas", conforme sustenta Celso Antônio Bandeira de Mello[26]. Em relação ao provimento dos cargos públicos, nos termos do art. 37, II, da Constituição Federal, a regra é que a investidura em cargo ou emprego público depende de aprovação prévia em concurso público, ressalvadas as nomeações para cargo em comissão, declarado em lei de livre nomeação e exoneração. Depreende-se do texto constitucional que o provimento dos cargos públicos por meio de concurso público é a regra e a exceção é não haver a disputa e uma dessas situações excepcionais é o provimento dos cargos em comissão. Conforme o art. 37, V, o cargo em comissão é aquele declarado em lei de livre nomeação e exoneração e destina-se às atribuições de direção, chefia e assessoramento. Assim, não há cargo em comissão sem lei e esta, por sua vez, não pode criar cargos em comissão indiscriminadamente, pois sua criação somente pode ocorrer quando se tratar de atribuição de direção, de chefia e de assessoramento. Além disso, deve obedecer à proporcionalidade, pois, por natureza, o número de cargos de direção, chefia e assessoramento é bem menor do que o número de cargos efetivos. Nesse sentido, o Supremo Tribunal Federal, na ADI 4.125/TO, julgou inconstitucional lei do Estado de Tocantins por ter havido a criação de milhares de cargos em comissão, bem como porque foram criados cargos em comissão para o exercício de atribuições técnicas e operacionais, vislumbrando-se no caso, nos termos da decisão, o descumprimento dos artigos 37, II e V, da Constituição e dos princípios da proporcionalidade e moralidade administrativa. Nesse sentido, o STF, no RE 1041210, a seguinte tese de repercussão geral: "a) A criação de cargos em comissão somente se justifica para o exercício de funções de direção, chefia e assessoramento, não se prestando ao desempenho de atividades burocráticas, técnicas ou operacionais; b) tal criação deve pressupor a necessária relação de confiança entre a autoridade nomeante e o servidor nomeado; c) o número de cargos comissionados criados deve guardar proporcionalidade com a necessidade que eles visam suprir e com o número de servidores ocupantes de cargos efetivos no ente federativo que os criar; e d) as atribuições dos cargos em comissão devem estar descritas, de forma clara e objetiva, na própria lei que os instituir.

Alternativa correta: letra "d".

17. (TRT 6 – Juiz do Trabalho Substituto 6ª Região/2010) Tendo em vista os princípios da Administração Pública, leia atentamente as assertivas abaixo e, depois, assinale a alternativa CORRETA:

I. De acordo com o princípio da legalidade, a Administração Pública só pode fazer o que a lei permite. A Constituição Federal de 1988 confere garantia a esse princípio, consagrando a inafastabilidade do Poder Judiciário diante de ameaça de lesão, ou lesão, mesmo que decorra dos atos da Administração Pública.

II. O princípio da impessoalidade molda os atos administrativos de sorte que não venham a prejudicar ou beneficiar determinadas pessoas. O princípio se aplica tanto para o administrado como para a própria Administração.

III. O princípio da especialidade decorre dos princípios da legalidade e da indisponibilidade do interesse

25 "Ação direta de inconstitucionalidade. Art. 178 da LC 19, de 29 de dezembro de 1997, do Estado do Amazonas. Extração de certidões, em repartições públicas, condicionada ao recolhimento da 'taxa de segurança pública'. violação à alínea *b* do inciso XXXIV do 5º da CF. Ação julgada procedente." (ADI 2.969, Rel. Min. Ayres Britto, julgamento em 29-3-2007, Plenário, DJ de 22-6-2007).

26 *Curso de direito administrativo*. 27. ed. São Paulo: Malheiros, 2010. p. 110.

público e tem relação com a descentralização dos serviços públicos.

IV. O princípio da continuidade do serviço público consiste em que os serviços essenciais à coletividade não podem parar. Consectário desse princípio é a faculdade que se reconhece à Administração Pública de utilizar equipamentos e instalações da empresa contratada para assegurar a continuidade do serviço público.

V. O princípio da eficiência impõe ao agente público um modo de atuar que produza resultados favoráveis à consecução das metas administrativas.

a) Apenas as assertivas I e II estão corretas.

b) Apenas as assertivas II, III e IV estão corretas.

c) Apenas a assertiva IV está correta.

d) Todas as assertivas estão corretas.

e) Apenas a assertiva V está correta.

COMENTÁRIOS

Item I. Certo. O princípio da legalidade na esfera pública não possui conteúdo idêntico ao que tem na esfera privada, na qual o particular só é obrigado a fazer o que está previsto em lei e, assim, o que não está proibido, está permitido. Nota-se a presença, na seara privada, da autonomia da vontade. De outro modo, na esfera pública, o administrador deve atuar de acordo com o direito (em razão da força normativa dos princípios é mais adequado a menção à compatibilização ao direito do que só à lei). A inobservância desse princípio pode ser contrastada junto ao Poder Judiciário, nos termos do art. 5º, XXXV: "a lei não excluirá da apreciação do Poder Judiciário lesão ou ameaça a direito". Esse dispositivo constitucional consagra a inafastabilidade da jurisdição, o amplo acesso ao Poder Judiciário, já que no Brasil é adotado o sistema inglês ou de jurisdição única, conforme enunciado no princípio do controle judicial dos atos administrativos. Há processo administrativo e, obviamente, decisão administrativa no Brasil, mas o efeito dessa decisão é restrito à esfera administrativa (coisa julgada administrativa), pois, de maneira definitiva, cabe somente ao Poder Judiciário, na função jurisdicional, decidir a respeito.

Item II. Certo. A atuação impessoal da Administração Pública deve estar presente tanto em relação ao administrado quanto em relação a ela própria. No que se refere ao administrado, a impessoalidade se faz presente na busca pela finalidade pública e nunca de interesse particular e, por isso, não se admite atuação administrativa no sentido de prejudicar ou beneficiar pessoas determinadas como, por exemplo, no caso de remoção de servidor em razão de ser desafeto da autoridade administrativa. A única atuação admitida é em prol da finalidade pública, do interesse público. Esse aspecto do princípio da impessoalidade é perceptível na exigência de realização de concurso público, de licitação pública ou, quanto aos precatórios, na vedação de designação de nomes ou casos nas dotações orçamentárias, por exemplo. De outra forma, ser impessoal em relação à própria Administração significa que não é o agente público, enquanto pessoa física, que pratica o ato administrativo, pois, na verdade, quem o faz é a pessoa jurídica à qual pertence o órgão em que o servidor está lotado. Formalmente, não é o Auditor-Fiscal do Trabalho que interdita o parque industrial de indústria por apresentar risco à saúde do trabalhador, mas sim a União, por meio do órgão Ministério do Trabalho, valendo-se do agente público. A Constituição assegura essa vertente do princípio da impessoalidade ao estabelecer no art. 37, § 1º, que a "publicidade dos atos, programas, obras, serviços e campanhas dos órgãos públicos deverá ter caráter educativo, informativo ou de orientação social, dela não podendo constar nomes, símbolos ou imagens que caracterizem promoção pessoal de autoridades ou servidores públicos".

Item III. Certo. O princípio da especialidade decorre dos princípios da legalidade e da indisponibilidade do interesse público[27]. De maneira geral, uma determinada atividade é desempenhada com maior eficiência quando é realizada por pessoa jurídica especializada e, dessa forma, é frequente a opção do ente político (União, Estados, Distrito Federal e Municípios) em descentralizar a atividade administrativa criando, para tanto, pessoa jurídica para integrar sua administração indireta ou, ainda, transferindo a execução de um serviço público para outra pessoa jurídica, por meio da concessão ou da permissão de serviços públicos.

Item IV. Certo. O serviço público não pode parar. A atividade deve ser ininterrupta, salvo, por exemplo, a interrupção em razão de emergência ou, após prévio aviso, por motivo de ordem técnica ou de segurança das instalações e por motivo de inadimplência do usuário, conforme estabelece o art. 6º, § 1º, da Lei nº 8.987/95. Deve-se apontar que em caso de inadimplência do usuário, a interrupção do serviço não poderá se iniciar na sexta-feira, no sábado ou domingo, nem em feriado ou dia anterior ao feriado (art. 6º, §4º da Lei nº 8.987/1995, incluído Lei nº 14.105/2020). E, como consequência desse princípio, pode ser apontada a possibilidade de a Administração Pública realizar a ocupação das instalações necessárias à prestação do serviço público, nos termos do art. 35, § 3º daquele diploma normativo.

Item V. Certo. O princípio da eficiência foi expressamente incluído no texto constitucional por força da Emenda Constitucional nº 19/98 e por ele o agente público deve executar sua atividade de maneira a buscar o melhor resultado possível e a Administração Pública deve ser organizada para que se alcance a finalidade pública da forma mais efetiva possível. Uma manifestação desse princípio é, no próprio texto constitucional, o art. 41, § 1º, III, ao prever que o servidor, mesmo estável, pode perder o cargo se não for aprovado em procedimento de avaliação periódica de desempenho, nos termos de lei complementar.

27 DI PIETRO, Maria Sylvia Zanella. *Direito administrativo*. 23. ed. São Paulo: Atlas, 2010. p. 68.

Alternativa "d": correta. Todos os itens estão corretos.

18. (TRT 23 – Juiz do Trabalho Substituto 23ª Região/2010) Em relação aos princípios da Administração Pública, analise as proposições abaixo e assinale a alternativa correta:

I. Decorre diretamente do princípio da probidade administrativa a possibilidade da Administração Pública revogar os próprios atos quando inconvenientes ou inoportunos, assim como o dever de anular os atos inválidos que haja praticado.

II. A encampação da concessão de serviço público decorre da aplicação do princípio da continuidade do serviço público.

III. Quando se reconhece a validade aos atos praticados por funcionário irregularmente investido no cargo ou função pública é aplicação direta do princípio da impessoalidade.

IV. O princípio da motivação é aplicável em todo e qualquer ato administrativo.

a) todas as proposições estão corretas.

b) as proposições II e IV estão erradas, e as proposições I e III estão corretas.

c) a proposição I está errada e as proposições II, III e IV estão corretas.

d) as proposições III e IV estão corretas, e as proposições I e II estão erradas.

e) todas as proposições estão erradas.

COMENTÁRIOS

Item I. Errado. Pelo princípio da autotutela, a Administração Pública analisa se os atos administrativos já praticados estão em conformidade com a legalidade ou se continuam convenientes e oportunos e, caso verificada a incompatibilidade, anulará o ato, quando possuir vício de legalidade, ou o revogará, quando se tornar inconveniente ou inoportuno diante do interesse público. Há, inclusive, no Supremo Tribunal Federal, as Súmulas 346 ("A Administração Pública pode declarar a nulidade dos seus próprios atos") e 473 ("A Administração pode anular seus próprios atos quando eivados de vícios que os tornem ilegais, porque deles não se originam direitos; ou revogá-los, por motivo de conveniência ou oportunidade, respeitados os direitos adquiridos, e ressalvada, em todos os casos, a apreciação judicial").

Item II. Certo. Pela encampação, a execução do serviço público – que havia sido entregue ao concessionário – retorna para o Poder Público antes do prazo previsto, em razão de conveniência ou oportunidade, isto é, por motivo de interesse público. Assim, a Administração Pública, em face de interesse público que torne inconveniente ou inoportuna a concessão, pratica ato retomando o serviço. O concessionário não deu causa ao encerramento da concessão, pois isso ocorre por iniciativa exclusiva da Administração. Todavia, segundo o art. 37 da Lei nº 8.987/95, só pode haver a encampação se houver lei autorizativa específica e mediante o pagamento prévio de indenização. Sem dúvida, a encampação é medida que deve ser adotada para assegurar a continuidade do serviço público.

Item III. Certo. O princípio da impessoalidade deve ser visto sob dois aspectos: em relação ao administrado e em relação à própria Administração. No que se refere ao administrado, a impessoalidade se faz presente na busca pela finalidade pública e nunca de interesse particular. No outro sentido – em relação à própria Administração – significa que não é o agente público, enquanto pessoa física, que pratica o ato administrativo, pois, na verdade, quem o faz é a pessoa jurídica à qual pertence o órgão em que o servidor está lotado. O ato administrativo é atribuído, imputado, à pessoa jurídica. Nesse sentido, ocorre com os atos realizados pelo funcionário de fato, permitindo a manutenção de seus efeitos quanto aos terceiros de boa-fé, pois o funcionário de fato é aquele que está irregularmente investido no cargo, isto é, possui vício na sua investidura, mas por outro lado, aparenta ser servidor (princípio da aparência) e pratica atos administrativos normalmente. Tais atos, todavia, são imputados, atribuídos, à pessoa jurídica, à qual pertence o órgão público em que o servidor está lotado e, assim, os terceiros de boa-fé não serão prejudicados.

Item IV. Certo. Os elementos do ato administrativo são a competência, a finalidade, o motivo e o objeto. O motivo é o pressuposto de fato e de direito que autoriza ou determina a prática do ato. De outro lado, motivação é a demonstração, por escrito, da ocorrência do motivo, isto é, consiste em fundamentar, motivar. Pelo princípio da motivação, também conhecido como princípio da fundamentação, todo ato administrativo deve ser motivado, seja discricionário seja vinculado. Não há consenso doutrinário quanto à obrigatoriedade de motivação de todo e qualquer ato administrativo, mas a posição majoritária é nesse sentido como, por exemplo, sustentam Celso Antônio Bandeira de Mello[28] e Lucia Valle Figueiredo[29]. Entretanto, há exceção como no caso da exoneração *ad nutum*, pois a própria Constituição Federal, art. 37, II, estabelece que o cargo em comissão é de livre nomeação e exoneração. De qualquer maneira, em tese, o princípio da motivação é aplicável aos atos administrativos em geral. No plano infraconstitucional, a Lei nº 9.784/99, no art. 2º, parágrafo único, VII, prevê como critério, no processo administrativo federal, a "indicação dos pressupostos de fato e de direito que determinarem a decisão", bem como autoriza a motivação *aliunde* ou *per relationem*, isto é, a motivação realizada externamente ao ato, consistindo em declaração de concordância com os fun-

28 *Curso de direito administrativo*. 27. ed. São Paulo: Malheiros, 2010. p.112-113.

29 *Curso de direito administrativo*. 9. ed. São Paulo: Malheiros, 2008, p. 53.

damentos de um parecer anterior, de uma decisão já proferida e que passam a fazer parte integrante do ato, consoante o art. 50, § 1º.

Alternativa "c": correta. Estão corretos os itens II, III e IV.

2. ADMINISTRAÇÃO PÚBLICA

- CF, art. 37, XIX, XX e § 8º
- CF, art. 173 e 175
- Decreto-Lei nº 200/67
- Decreto-Lei nº 900/69, art. 5º
- Lei nº 9.649/98, art. 51
- Lei nº 11.107/05

---

19. (FCC – Juiz do Trabalho Substituto 6ª Região/2015) Uma fundação pública que tem como finalidade a pesquisa e desenvolvimento de medicamentos e tratamentos na área de saúde pública apresentou ao Ministério da Saúde um plano estratégico de reestruturação e desenvolvimento institucional, objetivando a ampliação de sua autonomia. De acordo com as disposições constitucionais e legais aplicáveis, a referida fundação poderá

a) ser declarada, por Portaria do Ministro da Saúde, fundação de apoio e amparo à pesquisa, que poderá celebrar contratos de gestão para prestação de serviços à Administração pública, com dispensa de licitação.

b) ter a sua autonomia ampliada mediante a edição de lei específica, que altere sua natureza para agência reguladora ou agência executiva.

c) ter sua natureza alterada mediante atribuição de qualificação, por decreto governamental, de fundação de apoio à pesquisa, passando a caracterizar-se como fundação privada.

d) ser alçada à categoria de agência reguladora, mediante a adequação de seus estatutos para refletir o grau de autonomia compatível com tal categorização.

e) celebrar contrato de gestão com o Ministério da Saúde, com a fixação de metas de desempenho, recebendo, por ato do Presidente da República, a qualificação de agência executiva.

COMENTÁRIOS

Alternativa "e" (responde as demais alternativas). A agência executiva é a qualificação dada à autarquia ou **fundação que celebre contrato de desempenho com órgão da Administração Direta a que se acha vinculada para melhoria da eficiência e redução de custos.** Trata-se de entidade preexistente que, uma vez preenchidos os requisitos legais, recebe a qualificação de agência executiva, podendo perdê-la, se deixar de atender os mesmos requisitos[30]. Neste sentido, o art. 51, da Lei nº 9.649/98, estabelece que "o Poder Executivo poderá qualificar como Agência Executiva a autarquia ou fundação que tenha cumprido os seguintes requisitos: I – ter um plano estratégico de reestruturação e de desenvolvimento institucional em andamento; II – ter celebrado Contrato de Gestão com o respectivo Ministério supervisor." Deve-se apontar que, com o advento da Lei nº 13.934/2019, o contrato em questão passa a se denominar contrato de desempenho, inobstante ainda figure na lei a expressão "contrato de gestão".

Alternativa correta: letra "e".

---

20. (FCC – Juiz do Trabalho Substituto 15ª Região/2015) Considere que a União pretenda instituir uma entidade autônoma, com personalidade jurídica própria, para executar obras de infraestrutura necessárias à realização dos Jogos Olímpicos. Tendo em vista as características e o regime jurídico aplicável, referida entidade poderá ser

a) autarquia, criada por lei, com autonomia administrativa e sujeita a regime de direito privado parcialmente derrogado pelos princípios aplicáveis à Administração pública.

b) empresa pública, cuja criação é autorizada por lei, sujeita ao mesmo regime jurídico do ente instituidor.

c) fundação, constituída mediante contrato de programa celebrado em conjunto com as entidades da federação beneficiadas pelas obras.

d) sociedade de economia mista, cuja criação é autorizada por lei, admitindo-se a participação minoritária de particulares no seu capital social.

e) agência reguladora, sob a forma de autarquia de regime especial, cuja criação é autorizada por lei, dotada de autonomia financeira.

COMENTÁRIOS

✪ **Nota do autor:** A **administração indireta** é o conjunto de **pessoas administrativas**, com personalidade de direito público ou de direito privado, patrimônio próprio e autonomia administrativa, vinculadas à administração direta, criadas para o desempenho de determinada atividade administrativa.

Alternativa "a". A **autarquia** é **pessoa jurídica de direito público** e, por conseguinte, se sujeita ao **regime jurídico de direito público.**

Alternativa "b". A **empresa pública**, tal qual a sociedade de economia mista, é **pessoa jurídica de direito privado**, em regime jurídico diferente do ente

30 DI PIETRO, Maria Sylvia Zanella. *Direito Administrativo.* 24 ed. São Paulo: Atlas, 2011.p. 476.

instituidor, pessoa política, que se submete ao **regime jurídico de direito público.**

Alternativa "c". As **fundações públicas** são criadas por lei – quando com personalidade jurídica de direito público – ou autorizadas por lei – quando com personalidade jurídica de direito privado.

Alternativa "d". A sociedade de economia mista é **pessoa jurídica de direito privado,** em que há conjugação de capital público e privado, participação do poder público na gestão e organização sob a forma de sociedade anônima. A criação dela é **autorizada por lei** e, necessariamente, **presta determinado serviço público** ou **explora determinada atividade econômica**.

Alternativa "e". As **agências reguladoras** são criadas por **lei específica.**

Alternativa correta: letra "d".

---

21. (FCC – Juiz do Trabalho Substituto 15ª Região/2015) De acordo com a legislação que rege a matéria, as denominadas agências executivas são

a) entidades que não integram a Administração pública, mas com esta se relacionam por vínculo de colaboração.

b) autarquias de regime especial, com prerrogativas de independência fixadas na lei instituidora.

c) órgãos colegiados instituídos no âmbito da Administração direta para atividades de coordenação de ações estratégicas.

d) pessoas jurídicas de direito privado sem fins lucrativos, que recebem tal qualificação mediante celebração de contrato de gestão.

e) entidades integrantes da Administração pública, criadas sob a forma de autarquias ou fundações, que, em decorrência de tal qualificação, passam a se submeter a regime especial.

COMENTÁRIOS

✪ **Nota do autor:** A agência executiva encontra-se prevista na Lei nº 9.649/98, que dispõe sobre a organização da Presidência da República e dos Ministérios.

Alternativa "a". As agências executivas – por serem autarquias ou fundações públicas – **integram a Administração Pública Indireta.**

Alternativa "b". Não necessariamente as agências executivas são autarquias, podendo ser fundações públicas.

Alternativa "d". As **agências executivas** são **pessoas jurídicas de direito público**; a alternativa faz referências às **organizações sociais**.

Alternativa "e" (responde a alternativa "c"). A agência executiva é a qualificação dada à autarquia ou fundação que celebre contrato de desempenho com órgão da Administração Direta a que se acha vinculada para melhoria da eficiência e redução de custos. Trata-se de entidade preexistente que, uma vez preenchidos os requisitos legais, recebe a qualificação de agência executiva, podendo perdê-la, se deixar de atender os mesmos requisitos[31]. Ademais, o art. 51 do referido diploma legal estabelece que "O Poder Executivo poderá qualificar como Agência Executiva a autarquia ou fundação que tenha cumprido os seguintes requisitos: I – ter um plano estratégico de reestruturação e de desenvolvimento institucional em andamento; II – ter celebrado Contrato de Gestão com o respectivo Ministério supervisor." Deve-se apontar que, com o advento da Lei nº 13.934/2019, o contrato em questão passa a se chamar contrato de desempenho, correspondendo àquele firmado entre o órgão ou entidade supervisora e o órgão ou entidade supervisionada, para estabelecimento de metas de desempenho do supervisionado, com prazos de execução e indicadores de qualidade, tendo, como contrapartida, a concessão de flexibilidades ou autonomias especiais (art. 2º da Lei nº 13.934/2019).

Alternativa correta: letra "e"

---

22. (FCC – Juiz do Trabalho Substituto 23ª Região/2015) As sociedades de economia mista são entes integrantes da Administração Indireta e fazem parte da organização administrativa descentralizada. Dessas pessoas jurídicas se destacam algumas características, tais como:

a) o controle societário privado, embora seja obrigatória a composição de capital público e a submissão a concurso público para contratação de seus servidores, porque estão sujeitos ao regime jurídico de direito público.

b) podem ser prestadoras de serviço público e se submetem a obrigatoriedade de licitação para contratação das chamadas atividades meio, havendo previsão constitucional para edição de lei específica sobre o tema destinada às pessoas jurídicas dessa natureza.

c) seus bens estarem protegidos pelo regime jurídico de direito público, o que lhes predica impenhorabilidade e imprescritibilidade e derroga a lógica do regime jurídico privado a que estão submetidas essas pessoas jurídicas.

d) submissão ao regime jurídico típico das empresas privadas, o que acarreta a consequência de derrogar as normas típicas do regime jurídico de direito público, tais como as que impõem obrigatoriedade de licitação e concurso, a fim de garantir a livre iniciativa e a livre concorrência, valores que regem o mercado privado.

e) serem criadas por lei, instrumento que contém o escopo e finalidades institucionais de sua atuação, bem como as autorizações e limites de suas ativida-

31 DI PIETRO, Maria Sylvia Zanella. *Direito Administrativo.* 24 ed. São Paulo: Atlas, 2011.p. 476.

des, possibilitando o exercício do poder de controle e do poder de tutela.

COMENTÁRIOS

Nota do autor: As principais características das pessoas administrativas, integrantes da Administração Pública Indireta, costumam ser cobradas nos mais diferentes concursos públicos.

Alternativa "a". As sociedades de economia mista estão sujeitas ao **regime jurídico de direito privado.** Todavia, esse regime de direito privado das pessoas administrativas não é idêntico ao das empresas do setor privado, pois, na verdade, é um regime híbrido, já que há normas de direito privado e normas de direito público. Assim, por exemplo, uma sociedade de economia mista adota o mesmo regime de emprego usado no setor privado, qual seja, o celetista e, também, nos contratos celebrados no desempenho de sua atividade, de maneira semelhante aos seus concorrentes, mas, por outro lado, seus empregados, em regra, não podem acumular dois empregos públicos e ingressarão por meio de concurso público, bem como há necessidade de licitação para as contratações. Além disso, o **controle acionário é da Administração Pública**, uma vez que a maioria do capital social deve ser de **entidades públicas, entes federativos ou não.**

Alternativa "b" (responde as alternativas "d" e "e"). As **sociedades de economia mista** são pessoas jurídicas de **direito privado**, integrantes da Administração Indireta, cuja criação é autorizada por lei, destinadas à **prestação de serviço público ou à exploração de atividade econômica**. O art. 173, § 1º, da Constituição Federal estabelece que as empresas estatais exploradoras de atividade econômica terão estatuto próprio, a ser estabelecido por lei, dispondo sobre: a) sua função social e formas de fiscalização pelo Estado e pela sociedade; b) a sujeição ao regime jurídico próprio das empresas privadas, inclusive quanto aos direitos e obrigações civis, comerciais, trabalhistas e tributários; c) licitação e contratação de obras, serviços, compras e alienações, observados os princípios da administração pública (atenção nesse ponto, pois a Constituição não desobrigou essas entidades da realização de licitação e, apenas, permitiu que a lei dê tratamento diferenciado em relação às demais entidades da Administração Pública); d) a constituição e o funcionamento dos conselhos de administração e fiscal, com a participação de acionistas minoritários; e) os mandatos, a avaliação de desempenho e a responsabilidade dos administradores. Portanto, mesmo que as sociedades de economia mista explorem atividade econômica, devem obediência aos princípios constitucionais, inclusive, por expressa previsão no próprio art. 173, § 1º, III, pois, de fato, não deixam de ser pessoas integrantes da administração indireta. O mencionado estatuto está contido na Lei nº 13.303/16, que prevê regras específicas para a realização de licitação das empresas estatais, bem como as hipóteses em que poderá haver a contratação direta.

Alternativa "c". Em se tratando de sociedade de economia mista exploradora de atividade econômica, são penhoráveis os seus bens, a despeito do **regime jurídico de direito privado** ser derrogado, em parte, por **normas de direito público.**

Alternativa correta: letra "b".

---

23. (FCC – Juiz do Trabalho Substituto 1ª Região/2014) A melhoria de eficiência e redução de custos constitui uma busca constante da Administração pública, com vistas a ampliar, em quantidade e qualidade, os equipamentos e serviços disponibilizados aos cidadãos. Um dos mecanismos que podem ser utilizados nessa busca é a

a) qualificação, mediante aprovação de plano de metas pelo Ministério Supervisor, de autarquias como agências reguladoras, dotadas de maior flexibilidade de gestão.

b) celebração, por autarquias e fundações, de contrato de gestão fixando metas de desempenho para a entidade, qualificada, por ato do Chefe do Executivo, como agência executiva.

c) criação, por lei específica, de organizações sociais, para gestão descentralizada e mais flexível de serviços públicos não exclusivos.

d) qualificação de fundações como organizações sociais, por ato do Chefe do Executivo, com base em plano de metas aprovado pelo Ministério Supervisor.

e) criação, por lei específica, de agências executivas, na forma de autarquias de regime especial, dotadas de autonomia orçamentária e financeira.

COMENTÁRIOS

Alternativa "a". A agência reguladora é uma pessoa jurídica integrante da administração indireta. Estão sendo criadas como **autarquias em regime especial**, por possuírem maior autonomia do que as autarquias em geral.

Alternativa "b" (responde a alternativa "e"). A agência executiva é a **qualificação dada à autarquia ou fundação** que celebre contrato de desempenho com órgão da Administração Direta a que se acha vinculada para melhoria da eficiência e redução de custos. Atenção! O contrato em questão passou a ser denominado contrato de desempenho a partir do advento da Lei nº 13.934/2019. É uma qualificação dada a uma autarquia ou fundação pública já existentes. Nos termos do art. 51 da Lei nº 9.649/98, "o Poder Executivo poderá qualificar como Agência Executiva a autarquia ou fundação que tenha cumprido os seguintes requisitos: I – ter um plano estratégico de reestruturação e de desenvolvimento institucional em andamento; II – ter celebrado Contrato de Gestão com o respectivo Ministério supervisor."

Alternativa "c" (responde a alternativa "d"). A organização social é a pessoa jurídica de direito privado, sem fins lucrativos, instituída por iniciativa de particulares que, mediante contrato de gestão, recebe do Poder Público a delegação para desempenhar serviço de natureza social, estando disposta na Lei nº 9.637/1998. Assim, a criação de organizações sociais não depende, única e exclusivamente, da discricionariedade da Administração Pública, uma vez que são entidades criadas pelo setor privado.

Alternativa correta: letra "b".

---

24. (FCC – Juiz do Trabalho Substituto 18ª Região/2014) Ao criar uma entidade da Administração indireta, o ente político pode optar por constituí-la sob regime de direito privado. Dentre as entidades que podem ser instituídas sob tal regime, estão

a) as autarquias, as fundações e as agências executivas.

b) as sociedades de economia mista, os consórcios públicos e as fundações.

c) as empresas públicas, as sociedades de economia mista e as agências reguladoras.

d) as autarquias corporativas, as empresas públicas e as sociedades de economia mista.

e) as agências reguladoras, as sociedades de economia mista e as fundações.

COMENTÁRIOS

Alternativa "b" (responde às demais alternativas). A personalidade jurídica de direito público é inerente às pessoas políticas (União, Estados, Distrito Federal, Municípios), as quais, entretanto, têm a prerrogativa de criar entidades administrativas para integrarem sua administração indireta. As pessoas administrativas podem ser criadas com personalidade de direito público (a lei as cria diretamente) ou com personalidade de direito privado (lei autoriza sua criação). Sempre terá personalidade de direito público a autarquia e, também, podem ser assim criadas a fundação pública e o consórcio público. Por outro lado, sempre terão personalidade de direito privado a empresa pública e a sociedade de economia mista, sendo que a fundação pública e o consórcio público (art. 1º, §1º da Lei nº 11.107/2005) também podem ser criados dessa forma.

Alternativa correta: letra "b".

---

25. (FCC – Juiz do Trabalho Substituto 18ª Região/2014) O status de "agência executiva" constitui uma qualificação criada pela chamada "reforma gerencial" da Administração pública federal. NÃO é característica típica de tal figura jurídica,

a) a necessidade de elaboração de um plano estratégico de reestruturação e de desenvolvimento institucional, voltado para a melhoria da qualidade da gestão e para a redução de custos da entidade candidata à qualificação.

b) a ampliação da autonomia gerencial, orçamentária e financeira do órgão ou entidade assim qualificado.

c) a outorga de tal qualificação por decreto presidencial.

d) a exigência de prévia celebração de contrato de gestão com o respectivo Ministério supervisor, para obtenção da qualificação.

e) a previsão de mandato fixo aos seus dirigentes, vedada a sua exoneração ad nutum.

COMENTÁRIOS

Alternativa correta: letra "e" (responde as demais alternativas). A agência executiva é a qualificação dada à autarquia ou fundação que celebre contrato de desempenho com órgão da Administração Direta a que se acha vinculada para melhoria da eficiência e redução de custos. Atenção! Com o advento da Lei nº 13.934/2019, o contrato em questão passou a se chamar contrato de desempenho. Trata-se de entidade preexistente que, uma vez preenchidos os requisitos legais, recebe a qualificação de agência executiva, podendo perdê-la, se deixar de atender os mesmos requisitos[32]. Ademais, o art. 51 do referido diploma legal estabelece que "O Poder Executivo poderá qualificar como Agência Executiva a autarquia ou fundação que tenha cumprido os seguintes requisitos: I – ter um plano estratégico de reestruturação e de desenvolvimento institucional em andamento; II – ter celebrado Contrato de Gestão com o respectivo Ministério supervisor." Não há a previsão estabelecida na alternativa, o que, na verdade, ocorre nas agências reguladoras, pois são criadas como autarquias em regime especial. Aliás, nada impede que uma autarquia em regime especial receba a qualificação de agência executiva, mas não se trata de requisito para tanto.

---

26. (TRT 3 – Juiz do Trabalho Substituto 3ª Região/2013) Relativamente às agências reguladoras, é correto afirmar.

a) Cabe-lhes, nos limites do texto constitucional, definir políticas públicas assim como executá-las nos diversos setores regulados.

b) Integram a administração direta federal.

c) Seus servidores são empregados públicos, sujeitos ao regime da CLT.

d) Cabe-lhes substituir o poder executivo relativamente às funções que o poder concedente exerce nos contratos de concessão ou permissão de serviços públicos.

e) As agências reguladoras podem assumir o modelo de fundação pública ou autarquia, conforme opção do ente político (União), no momento de sua criação.

---

32 DI PIETRO, Maria Sylvia Zanella. *Direito Administrativo.* 24 ed. São Paulo: Atlas, 2011.p. 476.

COMENTÁRIOS

✪ **Nota do autor:** agência reguladora é uma entidade administrativa da Administração Pública indireta, com personalidade de direito público, criada para exercer a regulação, o controle administrativo, a fiscalização, a disciplina sobre a prestação de um determinado serviço público ou a realização de alguma atividade econômica.

Alternativa "b". A **agência reguladora** é uma entidade da **Administração Pública Indireta** e, portanto, é exemplo da **descentralização administrativa**, em que a pessoa política se utiliza de **outras pessoas jurídicas para realizar a função administrativa.**

Alternativa "c" (responde, também, as alternativas "d" e "e"). Estão sendo criadas como autarquias em regime especial, por possuírem maior autonomia do que as autarquias em geral. Pela atividade que desempenham não podem revestir-se de personalidade jurídica de direito privado e, assim, devem sempre se submeter ao regime de direito público. Nesse sentido, o Supremo Tribunal Federal deferiu medida cautelar na ADI 2.135, ajuizada em face da Lei nº 9.986/00, que previa o regime de emprego público para as agências reguladoras, tendo o Relator Min. Marco Aurélio afirmado que "não se coaduna com os objetivos precípuos das agências reguladoras, verdadeiras autarquias, embora de caráter especial, a flexibilidade inerente aos empregos públicos, impondo-se a adoção da regra que é a revelada pelo regime de cargo público [...]".

Alternativa "d" (responde também a alternativa "a"). Optou-se pela transferência da regulação, normatização e fiscalização das atividades econômicas e de diversos serviços públicos da administração direta para a indireta, criando-se as agências reguladoras. Pode-se dizer que, em geral, as **atribuições das agências reguladoras** resumem-se, em suma, a regulamentar os serviços que constituem objeto de delegação, celebrar o contrato de concessão ou permissão, definir o valor da tarifa e da sua revisão ou reajuste, enfim, exercer as prerrogativas que a lei outorga ao Poder Público na concessão, permissão e autorização. De forma alguma cabe a elas a definição e/ou execução de políticas públicas.

Alternativa correta: letra "d".

27. (TRT 8 – Juiz do Trabalho Substituto 8ª Região/2013) Sobre as pessoas jurídicas que compõem a administração pública indireta e à luz da legislação em vigor, assinale a alternativa CORRETA:

a) Os dirigentes das Agências Reguladoras – Presidente, ou Diretor-Geral, ou Diretor-Presidente e os demais membros do Conselho Diretor ou da Diretoria – são escolhidos pelo Presidente da República e por ele nomeados, após aprovação pelo Senado Federal, por voto aberto, e terão prazo de mandato fixado na lei de criação de cada Agência.

b) O Poder Executivo poderá qualificar como Agência Executiva a autarquia ou fundação que tenha cumprido os seguintes requisitos: I – ter um plano estratégico de reestruturação e de desenvolvimento institucional em andamento, que definirão diretrizes, políticas e medidas voltadas para a racionalização de estruturas e do quadro de servidores, a revisão dos processos de trabalho, o desenvolvimento dos recursos humanos e o fortalecimento da identidade institucional da Agência Executiva; II – ter celebrado Contrato de Gestão com o respectivo Ministério supervisor com periodicidade mínima de dois anos e estabelecerão os objetivos, metas e respectivos indicadores de desempenho da entidade, bem como os recursos necessários e os critérios e instrumentos para a avaliação do seu cumprimento.

c) À égide do Decreto-Lei 200/67 considera-se Autarquia o serviço autônomo, criado por lei, com personalidade jurídica, patrimônio e receita próprios, que objetiva executar atividades típicas da Administração Pública, além de gestão administrativa e financeira centralizada.

d) A remuneração e o subsídio dos ocupantes de cargos, funções e empregos públicos da administração direta, autárquica e fundacional, dos membros de qualquer dos Poderes da União, dos Estados, do Distrito Federal e dos Municípios, dos detentores de mandato eletivo e dos demais agentes políticos e os proventos, pensões ou outra espécie remuneratória, percebidos cumulativamente, incluídas as vantagens pessoais ou de qualquer outra natureza, não poderão exceder o subsídio mensal, em espécie, dos Ministros do Supremo Tribunal Federal. Aplica-se essa mesma regra às empresas públicas e às sociedades de economia mista, e suas subsidiárias, que receberem ou não recursos da União, dos Estados, do Distrito Federal ou dos Municípios para pagamento de despesas de pessoal ou de custeio em geral.

e) A concessão de qualquer vantagem ou aumento de remuneração, a criação de cargos, empregos e funções ou alteração de estrutura de carreiras, bem como a admissão ou contratação de pessoal, a qualquer título, pelos órgãos e entidades da administração direta ou indireta, inclusive fundações instituídas e mantidas pelo poder público, só poderão ser feitas se houver prévia dotação orçamentária suficiente para atender às projeções de despesa de pessoal e aos acréscimos dela decorrentes e se houver autorização específica na lei de diretrizes orçamentárias, exceto quanto às empresas públicas e as sociedades de economia mista.

COMENTÁRIOS

Alternativa "a". O equívoco da assertiva encontra-se na afirmação de que a **aprovação da escolha dos dirigentes das agências reguladoras pelo Senado Federal** é feita mediante voto aberto. Isso porque o artigo 52, III da Constituição Federal é claro ao atestar que tal escolha é feita via **voto secreto.**

Alternativa "b". A qualificação de uma fundação ou autarquia como agência executiva segue os parâmetros traçados pelos artigos 51 e 52 da Lei nº 9.649/98, cuja leitura permite identificar que o erro da assertiva está no prazo mínimo do contrato de desempenho celebrado com o Ministério supervisor, que é de um ano, e não dois, como sugere a alternativa. Atenção! Com o advento da Lei nº 13.934/2019, o contrato em questão passou a se denominar contrato de desempenho.

Alternativa "c". O artigo 5º, I do Decreto-Lei nº 200/67 define autarquia como o "serviço autônomo, criado por lei, com personalidade jurídica, patrimônio e receita próprios, para executar atividades típicas da Administração Pública, que requeiram, para seu melhor funcionamento, gestão administrativa e financeira **descentralizada",** e não centralizada, conforme afirma a presente alternativa.

Alternativa "d". A alternativa é transcrição da primeira parte do artigo 37, XI da Constituição Federal. Seu erro encontra-se em afirmar que a regra do limite de remuneração e subsídio dos ocupantes de cargos, funções e empregos públicos aplica-se às empresas públicas e às sociedades de economia mista, e suas subsidiárias, **que receberem ou não recursos da União,** dos Estados, do Distrito Federal ou dos Municípios para pagamento de despesas de pessoal ou de custeio em geral. Isso porque, o § 9º do referido dispositivo impõe que, para aplicação da regra às empresas pública, sociedades de economia e suas subsidiárias, é necessário, sim, o recebimento de recursos da União, dos Estados, do Distrito Federal ou dos Municípios para as despesas de pessoal ou para custeio em geral.

Alternativa "e". A solução da presente questão pode ser facilmente depreendida da leitura do § 1º do artigo 169 da Constituição Federal, segundo o qual "a concessão de qualquer vantagem ou aumento de remuneração, a criação de cargos, empregos e funções ou alteração de estrutura de carreiras, bem como a admissão ou contratação de pessoal, a qualquer título, pelos órgãos e entidades da administração direta ou indireta, inclusive fundações instituídas e mantidas pelo poder público, só poderão ser feitas: I – se houver prévia dotação orçamentária suficiente para atender às projeções de despesa de pessoal e aos acréscimos dela decorrentes; II – se houver autorização específica na lei de diretrizes orçamentárias, ressalvadas as empresas públicas e as sociedades de economia mista".

Alternativa correta: letra "e".

---

28. (TRT 3 – Juiz do Trabalho Substituto 3ª Região/2012) Assinale a opção correta, após a análise das afirmativas abaixo:

I. Fazem parte da administração indireta as autarquias, as fundações instituídas pelo Poder Público, as sociedades de economia mista, as empresas públicas e os consórcios públicos.

II. As autarquias e as fundações instituídas pelo Poder Público têm praticamente as mesmas prerrogativas e sofrem as mesmas restrições que os órgãos da Administração Direta; e as pessoas de direito privado (as sociedades de economia mista e as empresas públicas) só possuem as prerrogativas e sujeitam-se às restrições expressamente previstas em lei.

III. A admissão nos empregos públicos das sociedades de economia mista e das empresas públicas sujeitam-se à regra do concurso público (ressalvadas as nomeações para cargo em comissão declarado em lei de livre nomeação e exoneração), mas o regime após a admissão pelo concurso é o da CLT.

IV. As autarquias são criadas por lei, têm personalidade jurídica pública, capacidade de autoadministração, especialização dos fins ou atividades, objetivo de desempenho de serviço público descentralizado e sujeição ao controle ou tutela nos limites da lei.

V. As fundações instituídas pelo Poder Público têm as seguintes características: dotação patrimonial, que pode ser inteiramente do poder público ou semipública e semiprivada; personalidade jurídica pública ou privada, atribuída por lei; desempenho de atividade atribuída ao Estado no âmbito social; descentralização de atividade estatal; capacidade de autoadministração; e sujeição ao controle administrativo ou tutela por parte da Administração Direta, nos limites da lei.

a) Estão corretas somente as proposições I, II e V.

b) Estão corretas todas as proposições.

c) Estão corretas somente as proposições I, II, III e IV

d) Estão corretas somente as proposições I, II e III.

e) Estão corretas somente as proposições III, IV e V

COMENTÁRIOS

✪ **Nota do autor:** A administração indireta é o conjunto das pessoas administrativas, com personalidade de direito público ou de direito privado, patrimônio próprio e autonomia administrativa, vinculadas à administração direta, criadas para o desempenho de determinada atividade administrativa.

Item I. Certo. A afirmativa é autoexplicativa. De fato, fazem parte da administração indireta as autarquias, as fundações instituídas pelo Poder Público, as sociedades de economia mista, as empresas públicas e os consórcios públicos, destacando-se que as fundações públicas e os consórcios públicos podem ter personalidade de direito público ou de direito privado.

Item II. Certo. As autarquias e fundações públicas com personalidade jurídica de direito público aproximam-se, no que se refere a direitos e deveres, aos órgãos públicos, com a especial diferença, dentre tantas outras, de serem personificadas e possuírem autonomia administrativa. Por seu turno, às sociedades de economia mista e as empresas públicas aplica-se o **regime de direito privado**, em que há incidência de **normas de direito privado e de direito público**.

Item III. Certo. Os funcionários das sociedades de economia mista e das empresas públicas são **empre-**

gados públicos e, assim, estão submetidos ao **regime celetista**. Entretanto, o ingresso, em regra, ocorre por meio de **concurso público e não podem acumular** outro cargo ou emprego público, salvo as exceções constitucionais.

Item IV. Certo. As autarquias são pessoas jurídicas de direito público, criadas por lei específica, com patrimônio próprio e autonomia administrativa, para a execução de atividade típica da Administração Pública e sujeitas ao controle administrativo e político da administração direta.

Item V. Certo. A fundação pública é a pessoa jurídica de direito público ou privado, com autonomia administrativa e que tem como substrato o patrimônio – próprio – que é criada por lei específica ou cuja criação é por ela autorizada, com área de atuação de interesse público, não exclusiva da Administração, definida em lei complementar.

Alternativa "b": correta. Estão corretas todas as afirmativas.

---

29. (FCC – Juiz do Trabalho Substituto 4ª Região/2012) De acordo com a Constituição Federal, a criação de empresa pública ou sociedade de economia mista

a) é feita por decreto governamental, salvo no caso de ser cometida à empresa o exercício de atividade em regime de monopólio, hipótese em que a criação depende de lei específica.

b) depende de autorização legislativa para aquelas que atuem no domínio econômico e de decreto governamental para as prestadoras de serviço público.

c) depende de autorização legislativa, assim como a criação de suas subsidiárias ou a participação em empresa privada.

d) prescinde de autorização legislativa, a qual é exigida na hipótese de alienação do controle acionário ou participação em empresa privada.

e) é feita por decreto governamental, no caso de empresas prestadoras de serviço público de titularidade do ente instituidor, dependendo de lei autorizativa nas demais hipóteses.

COMENTÁRIOS

✪ **Nota do autor:** A **empresa pública** e a **sociedade de economia mista** são espécies de **empresas estatais**. Há várias semelhanças entre elas, tais como o fato de **integrar a Administração Indireta, possuírem personalidade jurídica de direito privado, patrimônio próprio e autonomia administrativa** e, ainda, terem como ramo de atuação a **exploração de atividade econômica** ou a **prestação de serviço público.**

Alternativa "c" (responde as demais alternativas). A **criação** da empresa pública e da sociedade de economia mista é **autorizada por lei específica**, na forma prevista no art. 37, XIX, da Constituição Federal. A lei específica autoriza o Poder Executivo a, por ato próprio, proceder à instituição do ente da Administração Indireta pretendido. Ademais, nos termos do inciso seguinte, qual seja, art. 37, XX, da Constituição Federal, a **criação de subsidiárias pelas empresas públicas e sociedades de economia mista**, bem como sua eventual participação em empresas privadas, **depende**, de igual modo, **de autorização legislativa. No mesmo sentido é o art. 2º da Lei nº 13.303/16.**

Alternativa correta: letra "c".

---

30. (FCC – Juiz do Trabalho Substituto 4ª Região/2012) No ordenamento jurídico brasileiro, compete exclusivamente ao Presidente da República, no plano federal, por decreto, praticar ato

a) decorrente do poder hierárquico, editado para fiel execução da lei.

b) decorrente do poder normativo da Administração, contemplando a edição de restrições ao exercício de direitos e atividades de particulares.

c) decorrente do exercício do poder de polícia, para instituir limitações de caráter geral à atuação do particular em face do interesse público.

d) voltado à extinção de cargos vagos.

e) voltado à organização administrativa, incluindo a criação de órgãos e cargos públicos.

COMENTÁRIOS

Alternativa "d" (responde as demais alternativas). Trata-se do denominado **decreto autônomo**. A Emenda Constitucional nº 32/01 alterou a redação do art. 84, VI, da Constituição Federal, que passou a prever que é competência privativa do Presidente da República dispor, mediante decreto, sobre a organização e funcionamento da administração federal (quando não implicar aumento de despesa nem criação ou extinção de órgãos públicos) e a extinção de funções ou cargos públicos (quando vagos). Entretanto, deve ser feita a ressalva que, não obstante a competência seja privativa do Presidente da República, o parágrafo único do art. 84 prevê, expressamente, a possibilidade de delegação para os Ministros de Estado, o Procurador-Geral da República ou o Advogado-Geral da União.

Alternativa correta: letra "d".

---

31. (FCC – Juiz do Trabalho Substituto 11ª Região/2012) Suponha uma sociedade de economia mista e uma empresa pública, ambas explorando atividades econômicas de produção ou comercialização de bens ou de prestação de serviços. Nos termos da Constituição,

a) ambas estarão sujeitas ao regime jurídico próprio das empresas privadas quanto aos direitos e obrigações civis, comerciais e tributárias, mas seguirão regras aplicáveis às entidades da Administração direta quanto à matéria trabalhista.

b) a empresa pública estará sujeita ao regime jurídico próprio das empresas privadas, inclusive quanto aos direitos e obrigações civis, comerciais, trabalhistas e tributários, mas a sociedade de economia mista estará sujeita ao regime jurídico de direito público.

c) ambas estarão sujeitas ao regime jurídico próprio das empresas privadas quanto aos direitos e obrigações civis, comerciais e trabalhistas, mas seguirão regras aplicáveis às entidades da Administração direta quanto à matéria tributária.

d) ambas estarão sujeitas ao regime jurídico próprio das empresas privadas, inclusive quanto aos direitos e obrigações civis, comerciais, trabalhistas e tributários.

e) ambas estarão sujeitas ao regime jurídico próprio das empresas privadas quanto aos direitos e obrigações civis e comerciais, mas seguirão regras aplicáveis às entidades da Administração direta quanto às matérias trabalhista e tributária.

COMENTÁRIOS

✪ **Nota do autor:** A empresa pública e a sociedade de economia mista são espécies das **empresas estatais**. Como características comuns, destacam-se o fato de **integrarem a administração indireta, possuírem personalidade de direito privado, patrimônio próprio e autonomia administrativa.** Além disso, a criação delas é **autorizada por lei específica** e a sua atuação, necessariamente, volta-se ou à **exploração de atividade econômica** ou à **prestação de serviço público.**

Alternativa "d"(responde as demais alternativas). Quando **exploradoras de atividade econômica**, a empresa pública e a sociedade de economia mista submetem-se ao regime estabelecido no **art. 173 da Constituição Federal**, cujo § 1º prevê que será estabelecido estatuto jurídico das empresas "que explorem atividade econômica de produção ou comercialização de bens ou de prestação de serviços". Nos termos do art. 173, *caput*, o Estado somente poderá explorar, diretamente, atividade econômica quando necessária à segurança nacional ou a relevante interesse coletivo. As empresas estatais, quando atuarem nesse tipo de atividade, deverão obedecer às regras previstas para as empresas do setor privado. Assim, **não é possível que a elas sejam estendidos privilégios fiscais não extensivos às pessoas da iniciativa privada, devendo se submeter ao regime privado quanto às obrigações civis, comerciais, trabalhistas e tributárias.** Entretanto, salienta-se que, na verdade, há o chamado **regime híbrido**, pelo qual há uma mistura das normas de direito público com as normas de direito privado.

Alternativa correta: letra "d".

---

32. (FCC – Juiz do Trabalho Substituto 20ª Região/2012) Determinada sociedade de economia mista exploradora de atividade econômica, deixou de efetuar pagamentos devidos a empresa privada por ela contratada para a prestação de serviços de vigilância e limpeza. Considerando o regime jurídico a que se submete, a referida sociedade de economia mista

a) poderá ter seus bens e rendas penhorados no curso de regular processo judicial intentado pela contratada, eis que se submete ao regime jurídico das empresas privadas quanto às obrigações civis.

b) não poderá sofrer qualquer constrição judicial sobre bens e rendas, eis que se submete ao regime jurídico de direito público, salvo quanto às obrigações fiscais.

c) somente poderá ter seus bens e rendas penhorados no montante necessário para assegurar as obrigações trabalhistas decorrentes do contrato, que configuram exceção à prerrogativa de impenhorabilidade.

d) poderá ser executada judicialmente em relação às obrigações civis e trabalhistas, desde que asseguradas as mesmas prerrogativas da Fazenda Pública.

e) sujeita-se ao regime de execução ordinário no que diz respeito às obrigações civis, e ao regime próprio da Fazenda Pública no que concerne às obrigações trabalhistas decorrentes do contrato.

COMENTÁRIOS

✪ **Nota do autor:** Na administração indireta, há pessoas com personalidade de direito público e com personalidade de direito privado. No último caso, mesmo sendo pessoas de direito privado, não há a submissão integral ao direito privado, pois os princípios da Administração Pública são de obediência obrigatória para a administração direta e indireta, nos termos do art. 37, *caput*, da Constituição Federal. São pessoas de direito privado a fundação pública de direito privado, a empresa pública, a sociedade de economia mista e o consórcio público de direito privado. Os funcionários dessas pessoas, por exemplo, são celetistas, mas devem ingressar, em regra, por concurso público. Todas se submetem à exigência de licitação. Assim, na verdade, o regime de direito privado aplicável às pessoas mencionadas da Administração Pública é um regime híbrido, em que há aplicação de normas de direito privado e normas de direito público.

Alternativa "a" (responde as demais alternativas). A sociedade de economia mista é **pessoa jurídica de direito privado,** em que há conjugação de capital público e privado, participação do poder público na gestão e organização sob forma de sociedade anônima, com as referidas derrogações estabelecidas pelo direito público e pela própria lei das S.A. A harmonização entre as normas de direito público e as de direito privado é diferente conforme se trate de exploradora de atividade econômica ou de prestadora de serviço público, pois naquela a maior incidência é de normas de direito privado e nesta predominam as normas de direito público. Por exemplo, não é possível estender às exploradoras de atividade econômica privilégios fiscais não extensivos às pessoas da iniciativa privada, conforme o art. 173, § 2º. De forma diferente ocorre com as prestadoras de serviço público, especialmente as que executam atividade própria estatal e em regime não concorrencial. Portanto, quando se tratar de empresa pública ou de sociedade de economia mista exploradora de atividade econômica seus bens podem ser penhorados.

Alternativa correta: letra "a".

---

33. (TRT 23 – Juiz do Trabalho Substituto 23ª Região/2011) Quanto ao regime jurídico da administração indireta, assinale a alternativa que contém uma afirmação FALSA:

a) A proibição de acumular cargos públicos estende-se a empregos e funções e abrange autarquias, fundações, empresas públicas, sociedades de economia mista, suas subsidiárias, e sociedade controladas, direta ou indiretamente pelo poder público.

b) Depende de autorização legislativa, em cada caso, a criação de subsidiárias das autarquias, empresas públicas, sociedades de economia mista e fundações, assim como a participação de qualquer delas em empresa privada.

c) Somente por lei poderá ser criada autarquia e autorizada a instituição de empresa pública, de sociedade de economia mista e de fundação, cabendo à lei específica, neste último caso, definir as áreas de atuação.

d) Os limites de remuneração e subsídios previstos no art. 37, XI, da Constituição Federal são aplicáveis às empresas públicas e às sociedades de economia mista, e suas subsidiárias, que receberem recursos da União, dos Estados, do Distrito Federal ou dos Municípios para pagamento de despesa de pessoal ou de custeio em geral.

e) Nas sociedades de economia mista, diversamente do que ocorre nas empresas públicas, o capital pode ser formado pela conjugação de recursos das pessoas integrantes da Administração Pública e da iniciativa privada.

COMENTÁRIOS

Alternativa a. Consoante o art. 37, XVII, a "proibição de acumular estende-se a empregos e funções e abrange autarquias, fundações, empresas públicas, sociedades de economia mista, suas subsidiárias, e sociedades controladas, direta ou indiretamente, pelo poder público".

Alternativa b. De acordo com o art. 37, XIX, a lei autoriza a criação de sociedade de economia mista ou de empresa pública, as quais, por sua vez, podem criar subsidiárias, que são empresas por elas geridas e controladas. Todavia, a criação das subsidiárias somente é possível se houver autorização legal, isto é, da mesma forma que deve haver lei autorizando a criação de empresa pública ou de sociedade de economia mista, a subsidiária somente pode ser criada se a lei autorizar. Na ADI 1.649, o Supremo Tribunal Federal enfrentou a questão e decidiu, no entanto, que não há necessidade de lei específica para criar cada subsidiária, desde que haja autorização nesse sentido na lei que autorizou a criação da empresa pública ou sociedade de economia mista.

Alternativa c. Conforme o art. 37, XIX, da Constituição Federal, as autarquias são criadas por lei e as empresas públicas, as sociedades de economia mistas e as fundações públicas têm sua criação autorizada por lei. No caso da fundação, cabe à lei complementar definir suas áreas de atuação. Ainda, é posição predominante na doutrina e jurisprudência que as fundações públicas podem ter personalidade de direito público ou de direito privado. No primeiro caso, são consideradas como espécie de autarquia (autarquia fundacional) e, assim, são criadas diretamente pela lei e, por outro lado, na segunda hipótese, não são criadas diretamente pela lei, mas esta autoriza sua criação.

Alternativa d. O art. 37, XI, estabelece que o limite máximo, o teto, aplicável a qualquer agente público é o subsídio de Ministro do Supremo Tribunal Federal, que é fixado por lei de iniciativa do próprio tribunal. O teto é aplicável na esfera federal, estadual, distrital e municipal e abrange todas as espécies remuneratórias (remuneração, subsídio, proventos de aposentadoria), incluindo, até, as vantagens pessoais como, por exemplo, quinquênios e incorporações. A exceção, estabelecida no texto constitucional, é o recebimento de verba indenizatória prevista em lei (art. 37, § 11). Além do teto, há subtetos nos Estados, Distrito Federal e Municípios. Em relação à aplicação do limite remuneratório, o comando constitucional determina que seja aplicável a todas as esferas da federação, englobando os poderes executivo, legislativo e judiciário, incluindo a administração direta e indireta. Todavia, as sociedades de economia mista, as empresas públicas e suas subsidiárias receberam tratamento peculiar, pois, nos termos do art. 37, § 9º, só devem se submeter ao teto constitucional quando "receberem recursos da União, dos Estados, do Distrito Federal ou dos Municípios para pagamento de despesas de pessoal ou de custeio em geral".

Alternativa e. O capital é uma das diferenças entre as sociedades de economia mista e as empresas públicas, porque naquelas – como o próprio nome sugere – o capital é misto, ou seja, público e privado, exigindo-se, todavia, que a maioria do capital votante pertença ao poder público. Por outro lado, o capital da empresa pública é totalmente público, conforme estabelece o art. 5º, II, do Decreto-Lei nº 200/67 e o art. 3º da Lei nº 13.303/16. Entretanto, o parágrafo único do art. 3º, determina que desde "que a maioria do capital votante permaneça em propriedade da União, do Estado, do Distrito Federal ou do Município, será admitida, no capital da empresa pública, a participação de outras pessoas jurídicas de direito público interno, bem como de entidades da administração indireta da União, dos Estados, do Distrito Federal e dos Municípios".

Alternativa correta: letra "c".

3. AGENTES PÚBLICOS: DISPOSIÇÕES CONSTITUCIONAIS

▸ CF, artigos 37 a 41

34. (FGV – Juiz do Trabalho Substituto – TST/2023) Electra foi aprovada em concurso público para o cargo de técnica do Ministério do Meio Ambiente, em regime estatuário, e nele tomou posse.

Considerando o entendimento do Supremo Tribunal Federal, analise as afirmativas a seguir.

I. A nomeação de Electra para o exercício de cargo de Confiança, por seu cunhado que ocupa cargo de assessoramento no Ministério do Meio Ambiente, não viola a Constituição da República de 1988.

II. Como Electra exerce as mesmas tarefas que um analista do Ministério do Meio Ambiente, é possível a equiparação salarial com esse último por decisão do Poder Judiciário, sob o fundamento de isonomia.

III. Caso Electra fosse servidora estadual, o reajuste de seus vencimentos não poderia ser vinculado a índice federal de correção monetária.

IV. Em processo perante o Tribunal de Contas da União, no qual é apreciada a legalidade do ato de concessão inicial da aposentadoria de Electra, lhe são assegurados o contraditório e a ampla defesa.

Está correto o que se afirma em:

a) somente III;
b) somente I e II;
c) somente II e IV;
d) somente III e IV;
e) I, II, III e IV.

COMENTÁRIOS

Alternativa "a" (responde as demais alternativas). Apenas o item III está correto.

Item I. Errado. A Súmula Vinculante nº 13 estabelece que "a nomeação de cônjuge, companheiro ou parente em linha reta, colateral ou por afinidade, até o terceiro grau, inclusive, da autoridade nomeante ou de servidor da mesma pessoa jurídica investido em cargo de direção, chefia ou assessoramento, para o exercício de cargo em comissão ou de confiança ou, ainda, de função gratificada na administração pública direta e indireta em qualquer dos poderes da União, dos Estados, do Distrito Federal e dos Municípios, compreendido o ajuste mediante designações recíprocas, viola a Constituição Federal".

Item II. Errado. Nos termos da Súmula Vinculante nº 37, "não cabe ao Poder Judiciário, que não tem função legislativa, aumentar vencimentos de servidores públicos sob o fundamento de isonomia".

Item III. Correto. Eis a redação da Súmula Vinculante nº 42, pela qual, "é inconstitucional a vinculação do reajuste de vencimentos de servidores estaduais ou municipais a índices federais de correção monetária".

Item IV. Errado. Nos termos da Súmula Vinculante nº 3, "nos processos perante o Tribunal de Contas da União asseguram-se o contraditório e a ampla defesa quando da decisão puder resultar anulação ou revogação de ato administrativo que beneficie o interessado, excetuada a apreciação da legalidade do ato de concessão inicial de aposentadoria, reforma e pensão".

Alternativa correta: letra "a".

35. (FCC – Juiz do Trabalho/2017) Avizinhando-se o período de eleições para governador, policiais civis e auditores fiscais de um determinado estado-membro promovem greve, com a finalidade de influenciar a não reeleição do candidato da situação. Diante de tais fatos, segundo o entendimento do Supremo Tribunal Federal – STF,

a) a Lei de Greve aplicável ao setor privado deve balizar o movimento paredista de servidores públicos, enquanto o Poder Legislativo não normatiza a matéria, devendo a greve de servidores públicos ser avisada com antecedência mínima de noventa e seis horas.

b) o exercício do direito de greve, muito embora seja vedado, sob qualquer forma ou modalidade, a policiais militares, é admitido aos policiais civis e aos auditores fiscais.

c) caso seja instaurada mediação pelos órgãos classistas das carreiras de segurança pública, para vocalização dos interesses da categoria, será obrigatória a participação do Poder Público na tentativa de solução consensual de conflito.

d) a Administração pública não pode proceder ao desconto dos dias de paralisação decorrentes do exercício do direito de greve pelos servidores públicos, porque estes possuem uma relação estatutária com o Estado, a qual não é interrompida pela greve.

e) a supremacia do interesse público gera a necessidade de continuação do serviço público, que não poderá ser prejudicado, interrompido ou paralisado por policiais militares, por auditores fiscais nem por policiais civis, sendo-lhes vedado o exercício de greve.

COMENTÁRIOS

✪ **Nota do Autor:** O direito de greve está assegurado aos servidores públicos civis no art. 37, VII, da Constituição Federal. Todavia, esse dispositivo estabelece que "o direito de greve será exercido nos termos e nos limites definidos em lei específica". Trata-se, dessa forma, de norma de eficácia limitada, sendo necessária lei regulamentadora para que possa ser concretizado. Entretanto, a mencionada lei ainda não surgiu e a consequência disso, na posição tradicional do Supremo Tribunal Federal, era no sentido da impossibilidade da realização de greve enquanto não editada a lei. Mas, no ano de 2007, a Corte Suprema – que, em julgamentos anteriores somente reconhecia a mora – julgou os Mandados de Injunção n°s 670, 708 e 712 e, além de reconhecer a mora, autorizou a realização de greve, com base na Lei nº 7.783/89, no que couber, tendo sido atribuído efeito *erga omnes* às decisões. No MI 708, o Ministro Gilmar Mendes ressaltou que a mora legislativa já havia sido declarada várias vezes e que a "permanência dessa situação de ausência de regulamentação do direito de greve dos servidores públicos civis passa a invocar, para si, os riscos de consolidação de uma típica omissão judicial" e, por isso, decidiu-se pela Lei nº 7.783/89, enquanto não houver a lei regulamentadora exigida pelo texto constitucional. Asseverou, também, considerando o princípio da continuidade dos serviços públicos, que pode ser imposto pelo tribunal competente regime mais severo de greve, já que pela "complexidade e variedade dos serviços públicos e atividades estratégicas típicas do Estado, há outros serviços públicos, cuja essencialidade não está contemplada pelo rol dos arts. 9º a 11 da Lei 7.783/1989", ou seja, o rol dessa lei é exemplificativo, o que exige a análise das peculiaridades de cada caso concreto.

Alternativa "a". De fato, o Supremo Tribunal Federal já manifestou entendimento no sentido de que a Lei de Greve aplicável ao setor privado deve balizar o movimento paredista de servidores públicos, enquanto o Poder Legislativo não normatiza a matéria. Todavia, segundo entendimento majoritário, é necessária prévia notificação no prazo mínimo de 48 (quarenta e oito) horas ou 72 horas no caso de serviços essenciais.

Alternativa "c" (responde as alternativas "b" e "e"). No julgamento do ARE nº 654.432, o Supremo Tribunal Federal reafirmou entendimento no sentido de que é inconstitucional o exercício do direito de greve por parte de policiais civis e demais servidores públicos que atuem diretamente na área de segurança pública. A tese aprovada pelo STF para fins de repercussão geral aponta que "(1) o exercício do direito de greve, sob qualquer forma ou modalidade, é vedado aos **policiais civis e a todos os servidores públicos que atuem diretamente na área de segurança pública.** (2) É obrigatória a participação do Poder Público em mediação instaurada pelos órgãos classistas das carreiras de segurança pública, nos termos do artigo 165 do Código de Processo Civil, para vocalização dos interesses da categoria". Quanto aos militares federais, existe vedação expressa no art. 142, §3º, da Constituição Federal, que é aplicável aos militares estaduais (policiais militares e bombeiros militares) por força do art. 42, §1º, do texto constitucional. Por fim, os auditores fiscais não são das carreiras de segurança, às quais o STF vedou o exercício do direito de greve, permitindo-lhes, portanto, que possam exercitar o direito de greve nos moldes dos demais servidores públicos.

Alternativa "d". O Supremo Tribunal Federal, no julgamento do RE nº 693.456 firmou entendimento no sentido de que dias parados de greve de servidor devem ser descontados, exceto se houver acordo de compensação ou, ainda, se o movimento grevista tenha sido causado por conduta ilícita da Administração Pública.

Alternativa correta: letra "c".

---

36. (TRT 1 – Juiz do Trabalho Substituto 1ª Região/2016) A Constituição Federal assegura, em seu art. 39, §3º, entre outros, aos servidores ocupantes de cargos públicos os seguintes direitos também previstos em seu art. 7º:

I. adicional para as atividades insalubres.

II. irredutibilidade de salário.

III. repouso semanal remunerado, preferencialmente aos domingos.

IV. licença-paternidade.

Está correto o que consta APENAS em

a) II e IV.

b) I, II e IV.

c) I, II e III.

d) I e III.

e) III e IV.

COMENTÁRIOS

✪ **Nota do autor:** os servidores públicos também têm direitos sociais assegurados. Entretanto, pela **peculiaridade do regime estatutário, nem todos os direitos garantidos aos trabalhadores do setor privado podem ser estendidos a eles.** Por exemplo, o servidor público ocupante de cargo efetivo, após três anos de efetivo exercício e avaliação por comissão, nos termos do art. 41 da Constituição Federal, adquire estabilidade e, com isso, ao contrário de quem se submete ao regime celetista, não pode ser despedido sem justa causa. O empregado do setor privado pode perder o seu emprego, sem nenhum motivo justificado, a qualquer tempo e, por isso, a Constituição o protege contra essa despedida prevendo indenização compensatória, bem como tem direito ao FGTS (Fundo de Garantia por Tempo de Serviço), aviso prévio proporcional ao tempo de serviço, garantias essas substituídas pela estabilidade no caso do servidor público. Neste sentido, os direitos dos trabalhadores da iniciativa privada estão previstos no art. 7º da Constituição Federal e, por sua vez, os do setor público estão consagrados no art. 37 e no art. 39, § 3º, sendo que este último dispositivo estende alguns dos direitos previstos no art. 7º aos servidores públicos. **São direitos sociais do servidor público: a)** salário mínimo; **b)** garantia de salário nunca inferior ao mínimo, para os que percebem remuneração variável; **c)** décimo terceiro; **d)** remuneração do trabalho noturno superior à do diurno; **e)** salário-família; **f)** duração do trabalho normal não superior a oito horas diárias e quarenta e quatro semanais; **g)** repouso semanal remunerado; **h)** remuneração do serviço extraordinário superior, no mínimo, em 50% à do normal; **i)** férias anuais remuneradas com, pelo menos, um terço a mais do que o salário normal; **j)** licença à gestante (120 dias); **k)**licença-paternidade; **l)** proteção do mercado de trabalho da mulher; **m)** redução dos riscos inerentes ao trabalho, por meio de normas de saúde, higiene e segurança; **n)** proibição de diferença de salários, de exercício de funções e de critério de admissão por motivo de sexo, idade, cor ou estado civil.

Item I. Errado. O adicional de remuneração para as atividades penosas, insalubres ou perigosas, embora seja direito reconhecido ao trabalhador comum, conforme o art. 7º, inc. XXIII, da CF, não é um direito extensível aos agentes públicos, pois não encontra amparo no **art. 39, §3º, da CF.** Todavia, isso não impede a previsão no estatuto do servidor de tais direitos.

Item II. Errado. Em regra, de fato, vige o **princípio da irredutibilidade** da remuneração e dos subsídios dos servidores públicos. Todavia, tal previsão consta expressamente no art. 37, XV, e não está prevista no art. 39, §3º, da Constituição Federal, que faz a extensão de vários direitos sociais dos trabalhadores da iniciativa privada previstos no art. 7º**.** Assim, trata-se de item capcioso e que, na verdade, pouco avalia o candidato, pois está errado, apenas, em razão do dispositivo em que a irredutibilidade está prevista.

Item III. Correto. Na forma do art. 39, §3º, da Constituição Federal, o **repouso semanal remunerado**, gozado preferencialmente aos domingos, é um direito social dos servidores públicos.

Item IV. Correto. Na forma do art. 39, §3º, da Constituição Federal, a **licença-paternidade** é, de igual modo, um direito social dos servidores públicos.

Alternativa correta: letra "e". Estão corretos os itens III e IV.

---

37. (TRT 2 – Juiz do Trabalho Substituto 2ª Região/2016) Em relação ao direito de sindicalização e ao direito de greve dos servidores públicos analise as seguintes proposições:

I. O Brasil ratificou a Convenção nº 151 da Organização Internacional do Trabalho sobre as Relações de Trabalho na Administração Pública, promulgando-a. Segundo tal Convenção, que, no Brasil, abrange tanto os empregados públicos, ingressos na Administração Pública mediante concurso público, regidos pela Consolidação das Leis do Trabalho, quanto os servidores públicos no plano federal, regidos pela Lei nº 8.112/90, e os servidores públicos nos âmbitos estadual e municipal, regidos pela legislação específica de cada um desses entes federativos, "Os trabalhadores da Administração Pública devem usufruir, como os outros trabalhadores, dos direitos civis e políticos que são essenciais ao exercício normal da liberdade sindical, com a única reserva das obrigações referentes ao seu estatuto e à natureza das funções que exercem".

II. O Brasil ratificou a Convenção nº 98 da Organização Internacional do Trabalho sobre a Aplicação dos Princípios do Direito de Organização e de Negociação Coletiva, promulgando-a. Segundo tal Convenção, que, no Brasil, abrange tanto os empregados públicos, ingressos na Administração Pública mediante concurso público, regidos pela Consolidação das Leis do Trabalho, quanto os servidores públicos no plano federal, regidos pela Lei nº 8.112/90, e os servidores públicos nos âmbitos estadual e municipal, regidos pela legislação específica de cada um desses entes federativos, "Os trabalhadores deverão gozar de proteção adequada contra quaisquer atos atentatórios à liberdade sindical em matéria de emprego".

III. A Lei nº 8.112/90, na sua atual redação, dispondo acerca do direito à livre associação sindical dos servidores públicos civis da União, das autarquias e das fundações públicas federais, assegura ao servidor público civil, como decorrência do direito à livre associação sindical, nos termos da Constituição Federal, o direito de inamovibilidade do dirigente sindical, até um ano após o final do mandato, exceto se a pedido.

IV. A Lei nº 8.112/90, na sua atual redação, dispondo acerca do direito à livre associação sindical dos servidores públicos civis da União, das autarquias e das fundações públicas federais, assegura ao servidor público civil, como decorrência do direito à livre associação sindical, nos termos da Constituição Federal, o direito de negociação coletiva.

V. Aos servidores civis da segurança pública, assim compreendidos os servidores integrantes dos órgãos da polícia federal, da polícia rodoviária federal, da polícia ferroviária federal e das polícias civis, não é constitucionalmente proibida a greve.

Responda:

a) Somente as proposições I, II e III estão corretas.

b) Somente as proposições I, III e V estão corretas.

c) Somente as proposições II, III e IV estão corretas.

d) Somente as proposições II, IV e V estão corretas.

e) Todas as proposições estão corretas.

COMENTÁRIOS

✪ **Nota do autor:** o direito de greve está assegurado aos servidores públicos civis no art. 37, VII, da Constituição Federal. Todavia, esse dispositivo estabelece que "o direito de greve será exercido nos termos e nos limites definidos em lei específica". Trata-se, dessa forma, de norma de eficácia limitada, sendo necessária lei regulamentadora para que possa ser concretizado. Entretanto, a mencionada lei ainda não surgiu e a consequência disso, na posição tradicional do Supremo Tribunal Federal, era no sentido da impossibilidade da realização de greve enquanto não editada a lei. Mas, no ano de 2007, a Corte Suprema – que, em julgamentos anteriores somente reconhecia a mora – julgou os Mandados de Injunção nos 670,

708 e 712 e, além de reconhecer a mora, autorizou a realização de greve, com base na Lei nº 7.783/89, no que couber, tendo sido atribuído efeito erga omnes às decisões. No MI 708, o Ministro Gilmar Mendes ressaltou que a mora legislativa já havia sido declarada várias vezes e que a "permanência dessa situação de ausência de regulamentação do direito de greve dos servidores públicos civis passa a invocar, para si, os riscos de consolidação de uma típica omissão judicial" e, por isso, decidiu-se pela Lei nº 7.783/89, enquanto não houver a lei regulamentadora exigida pelo texto constitucional.

Item I. Correto. A Convenção nº 151, da Organização Internacional do Trabalho foi promulgada pelo Decreto nº 7.944, de 06 de março de 2013. Na forma do art. 9º, da Convenção, "Os trabalhadores da Administração Pública devem usufruir, como os outros trabalhadores, dos direitos civis e políticos que são essenciais ao exercício normal da liberdade sindical, com a única reserva das obrigações referentes ao seu estatuto e à natureza das funções que exercem".

Item II. Errado. De fato, o art. 1º, da Convenção nº 98, da Organização Internacional do Trabalho dispõe que "os trabalhadores deverão gozar de proteção adequada contra quaisquer atos atentatórios à liberdade sindical em matéria de emprego". Referida Convenção foi promulgada pelo Decreto nº 33.196, de 29 de junho de 1953. Ocorre que a aplicação do documento se restringe aos trabalhadores do setor privado, na forma do próprio art. 6º, que destaca que "a presente Convenção não trata da situação dos funcionários públicos ao serviço do Estado e não deverá ser interpretada, de modo algum, em prejuízo de seus direitos ou de seus estatutos.

Item III. Correto. Na forma do art. 240, *b*, da Lei nº 8.112/90, ao servidor público civil é assegurado, nos termos da Constituição Federal, o direito à livre associação sindical e os seguintes direitos, entre outros, dela decorrentes, como "de inamovibilidade do dirigente sindical, até um ano após o final do mandato, exceto se a pedido".

Item IV. Errado. O **direito à negociação coletiva** estava previsto na redação original da Lei nº 8.112/90, no art. 240, *d*. Ocorre que a Lei nº 9.527/1997 revogou referido dispositivo, de tal modo que este direito não mais se aplica aos servidores públicos civis federais.

Item V. Correto. Quando da realização da prova, esse item foi considerado correto. Todavia, atualmente, deveria ser considerado incorreto porque o STF, no ARE 654432, fixou a seguinte tese de repercussão geral: "(1) o exercício do direito de greve, sob qualquer forma ou modalidade, é vedado aos policiais civis e a todos os servidores públicos que atuem diretamente na área de segurança pública. (2) É obrigatória a participação do Poder Público em mediação instaurada pelos órgãos classistas das carreiras de segurança pública, nos termos do artigo 165 do Código de Processo Civil, para vocalização dos interesses da categoria".

Alternativa correta: letra "b". Estão corretos os itens I, III e V.

---

38. (FCC – Juiz do Trabalho Substituto 6ª Região/2015) O conceito de agente público NÃO é coincidente com o de agente político, cabendo destacar que

a) os particulares que atuam em colaboração com a Administração, embora no exercício de função estatal, não são considerados agentes públicos.

b) todos aqueles que exercem função estatal em caráter transitório, sem vínculo com a Administração, não são considerados agentes públicos e sim agentes políticos.

c) apenas os ocupantes de cargos, empregos e funções na Administração pública podem ser considerados agentes públicos.

d) são exemplos de agentes políticos os Chefes do Executivo e seus auxiliares imediatos, assim entendidos Ministros e Secretários de Estado.

e) os detentores de mandato eletivo são os únicos que se caracterizam como agentes políticos.

COMENTÁRIOS

✪ **Nota do autor:** Na clássica lição de Hely Lopes Meirelles[33], os agentes públicos dividem-se em **agentes políticos, agentes administrativos, agentes honoríficos, agentes delegados** e **agentes credenciados**.

Alternativa "a". Os **agentes delegados** são **particulares que possuem atribuição de executar, por sua conta e risco, um serviço público ou uma atividade de interesse público**, sob a fiscalização estatal e de acordo com as normas estabelecidas pelo Estado. É o caso, por exemplo, dos cartorários e tabeliães.

Alternativa "b" (responde a alternativa "c"). Segundo a obra de Hely Lopes Meirelles, agentes públicos são "todas as pessoas físicas incumbidas, definitiva ou transitoriamente, do exercício de alguma função estatal"[34]. Assim, aqueles que exercem função estatal em caráter transitório, sem vínculo com a Administração **são considerados agentes públicos** e, ainda, **não é necessário ser detentor de cargo, emprego ou função pública para ser considerado agente público.**

Alternativa "d" (responde a alternativa "e"). Os **agentes políticos** são aqueles que representam **as funções típicas estatais de legislar, julgar, administrar; exercem atribuições previstas na Constituição Federal.** Assim, não é necessário ser detentor de mandato eletivo para ser considerado **agente político**, uma vez que, segundo a lição do doutrinador, magistrados,

33 *Direito administrativo brasileiro.* 36 ed. São Paulo: Malheiros, 2010. p. 76.

34 MEIRELLES, Hely Lopes. *Direito administrativo brasileiro.* 36. ed. São Paulo: Malheiros, 2010. p. 75. Original sem destaque.

defensores públicos e membros do Ministério Público, por exemplo, **são agentes políticos, a despeito de não deterem mandato eletivo.**

Alternativa correta: letra "d".

---

39. (FCC – Juiz do Trabalho Substituto 15ª Região/2015) Suponha que servidores públicos da área da Saúde, insatisfeitos com as condições de trabalho e de remuneração, pretendam iniciar um movimento reivindicatório perante a Administração. Considerando as disposições legais e constitucionais aplicáveis à espécie, o movimento

a) não poderá envolver a paralisação dos servidores, eis que aos mesmos não é assegurado o direito de greve, por ausência de regulamentação específica.

b) poderá ensejar a instauração de dissídio coletivo, vedada, contudo, a fixação de cláusulas econômicas se a entidade suscitada for de direito público.

c) somente será legítimo do ponto de vista constitucional, se os servidores forem submetidos ao regime da Consolidação das Leis do Trabalho.

d) encontra respaldo no ordenamento jurídico brasileiro, tanto para servidores celetistas como estatutários, desde que sindicalizados.

e) não se coaduna com a legislação vigente, por se tratar de serviço público de natureza essencial.

COMENTÁRIOS

✪ **Nota do autor:** Os servidores públicos também têm direitos sociais assegurados. Entretanto, pela **peculiaridade do regime estatutário, nem todos os direitos garantidos aos trabalhadores do setor privado podem ser estendidos a eles.** Aos **empregados públicos**, contudo, são assegurados os mesmos direitos dos trabalhadores do setor privado, eis que regidos pela Consolidação das Leis do Trabalho. Como o enunciado faz expressa menção a **servidores públicos**, pode-se afirmar que a entidade suscitada é, necessariamente, de **direito público.**

Alternativa "b" (responde as alternativas "a" e "e"). O direito de greve está assegurado aos servidores públicos civis no art. 37, VII, da Constituição Federal. Todavia, esse dispositivo estabelece que "o direito de greve será exercido nos termos e nos limites definidos em lei específica". Trata-se, dessa forma, de norma de eficácia limitada, sendo necessária lei regulamentadora para que possa ser concretizado. Entretanto, a mencionada lei ainda não surgiu e a consequência disso, na posição tradicional do Supremo Tribunal Federal, era no sentido da impossibilidade da realização de greve enquanto não editada a lei. Mas, no ano de 2007, a Corte Suprema – que, em julgamentos anteriores somente reconhecia a mora – julgou os Mandados de Injunção nºs 670, 708 e 712 e, além de reconhecer a mora, autorizou a realização de greve, com base na Lei nº 7.783/89, no que couber, tendo sido atribuído efeito *erga omnes* às decisões. No Mandado de Injunção nº 708, o Ministro Gilmar Mendes ressaltou que a mora legislativa já havia sido declarada várias vezes e que a "permanência dessa situação de ausência de regulamentação do direito de greve dos servidores públicos civis passa a invocar, para si, os riscos de consolidação de uma típica omissão judicial" e, por isso, decidiu-se pela Lei nº 7.783/89, enquanto não houver a lei regulamentadora exigida pelo texto constitucional. Asseverou também, considerando o princípio da continuidade dos serviços públicos, que pode ser imposto pelo tribunal competente regime mais severo de greve, já que pela "complexidade e variedade dos serviços públicos e atividades estratégicas típicas do Estado, há outros serviços públicos, cuja essencialidade não está contemplada pelo rol dos arts. 9º a 11 da Lei 7.783/1989", ou seja, o rol dessa lei é, apenas, exemplificativo, o que exige a análise das peculiaridades de cada caso concreto.. Ainda em relação aos dias parados por greve, o STF, no RE 693.456, fixou a seguinte tese de repercussão geral: "A administração pública deve proceder ao desconto dos dias de paralisação decorrentes do exercício do direito de greve pelos servidores públicos, em virtude da suspensão do vínculo funcional que dela decorre, permitida a compensação em caso de acordo. O desconto será, contudo, incabível se ficar demonstrado que a greve foi provocada por conduta ilícita do Poder Público". De acordo com o STF, algumas categorias de servidores públicos não podem exercer o direito de greve: "(1) o exercício do direito de greve, sob qualquer forma ou modalidade, é vedado aos policiais civis e a todos os servidores públicos que atuem diretamente na área de segurança pública. (2) É obrigatória a participação do Poder Público em mediação instaurada pelos órgãos classistas das carreiras de segurança pública, nos termos do artigo 165 do Código de Processo Civil, para vocalização dos interesses da categoria" (ARE 654432).

Alternativa "c" (responde a alternativa "d"). Os empregados públicos são celetistas e, assim, têm direito ao exercício de greve com base no art. 7º da Constituição Federal, regulamentado pela Lei nº 7.783/89. Já, em relação aos servidores públicos, a garantia está prevista no art. 37, VII, e não há lei, ainda, regulamentando esse dispositivo, mas o exercício do direito é assegurado em razão das decisões mencionadas, proferidas pelo STF. Deve se destacar, ademais, **que não é necessária a sindicalização dos agentes públicos para que reconhecido seja o direito de greve.**

Alternativa correta: letra "b".

---

40. (FCC – Juiz do Trabalho Substituto 15ª Região/2015) O conceito de agente político

a) alcança apenas os detentores de mandato eletivo, inclusive os membros do Poder Executivo.

b) corresponde àqueles que não detêm vínculo jurídico com a Administração, mas exercem atividade pública.

c) compreende as pessoas que exercem atividades típicas de governo, entre as quais os Chefes do

Poderes Executivo, os Ministros e Secretários de Estado.

d) diz respeito apenas aos detentores de mandato eletivo no âmbito do Poder Legislativo.

e) é espécie do gênero agente público, diferenciando-se do conceito de servidor público em face apenas do caráter temporário da investidura perante a Administração.

COMENTÁRIOS

Alternativa "a" (responde a alternativa "d"). Não é necessário ser detentor de mandato eletivo para ser considerado **agente político**, uma vez que, segundo a lição de Hely Lopes Meirelles, magistrados, defensores públicos e membros do Ministério Público, por exemplo, **são agentes políticos, a despeito de não deterem mandato eletivo.**

Alternativa "c" (responde a alternativa "b"). Os **agentes políticos** são aqueles que representam **as funções típicas estatais de legislar, julgar, administrar; exercem atribuições previstas na Constituição Federal**. Assim, as funções típicas de governo, por estarem definidas na Constituição Federal, são exercidas pelos **agentes políticos**, como o são os chefes do Executivo, os Ministros e Secretários de Estado.

Alternativa "e". De fato, os **agentes políticos são espécie do gênero agente público; todavia, não há que se falar em caráter temporário da investidura perante a Administração em todos os casos, já que essa característica não corresponde, por exemplo, à atividade desenvolvida pelo magistrado, a quem é garantida a vitaliciedade.**

Alternativa correta: letra "c".

---

41. (FCC – Juiz do Trabalho Substituto 23ª Região/2015) Benjamin é um professor francês que veio ao Brasil ministrar algumas palestras como convidado na Universidade Federal de determinado Estado da Federação, em um importante evento da área agro científica. Após conhecer as possibilidades de pesquisas que poderiam ser desenvolvidas no país, interessou-se em permanecer definitivamente no Brasil, mas precisa saber se poderá exercer as atividades de pesquisador e professor para as quais possui capacitação. Nos termos da Lei nº 8.112/1990 e da Constituição Federal,

a) somente as empresas estatais poderiam contratar estrangeiros, e desde que para provimento de cargos em comissão, tendo em vista que é necessária a nacionalidade brasileira para ocupar cargo público.

b) as empresas públicas e fundações, pessoas jurídicas de direito privado, podem preencher empregos públicos com professores e técnicos estrangeiros, dispensada a submissão a prévio concurso público, porque é possível manter a vinculação daquele com a universidade internacional onde exerce suas funções.

c) em função do princípio da reciprocidade e da isonomia, é facultado ao estrangeiro demonstrar que os requisitos legais elencados na legislação brasileira para provimento de cargo público são atendidos pelo estrangeiro em seu país natal, comprovando o implemento das condições pela juntada de documentos e atestados comprobatórios devidamente traduzidas para a língua portuguesa.

d) as agências reguladoras existentes no país, em razão de sua proximidade com o mercado privado e submissão ao regime jurídico típico das empresas privadas, têm autorização constitucional para contratação de profissionais e técnicos estrangeiros para áreas que reputem necessárias, a fim de capturar conhecimento técnico.

e) às universidades federais é facultado prover seus cargos com professores estrangeiros, na forma do que dispuserem as normas legais pertinentes, considerando, inclusive, o profícuo intercâmbio de conhecimento que essa possibilidade pode gerar.

COMENTÁRIOS

Alternativa "e" (responde as demais alternativas). O art. 37, I, da Constituição Federal estabelece que os cargos, empregos e funções públicas são acessíveis aos brasileiros que preencham os requisitos estabelecidos em lei, **assim como aos estrangeiros**, na forma da lei. Portanto, a regra é que os estrangeiros somente, poderão ter acesso aos cargos, empregos e funções públicas quando a mencionada lei entrar em vigor. Excepcionalmente, a Constituição Federal, no art. 207, § 1º e 2º, assegura às universidades federais e aos institutos federais de pesquisa a admissão de professores, técnicos e cientistas estrangeiros, na forma da lei. Na esfera federal, o art. 5º, §3º, da Lei nº 8.112/90 regulamenta esse dispositivo e determina que "as universidades e instituições de pesquisa científica e tecnológica federais poderão prover seus cargos com professores, técnicos e cientistas estrangeiros, de acordo com as normas e os procedimentos desta Lei".

Alternativa correta: letra "e".

---

42. (FCC – Juiz do Trabalho Substituto 23ª Região/2015) A compatibilização entre os dispositivos constitucionais que estabelecem a obrigatoriedade de concurso público de provas, ou de provas e títulos, para provimento de cargo ou emprego público e aquele que assegura o direito de greve ao servidor, nos termos de lei específica, leva, dentre as conclusões possíveis e cotejando o posicionamento do Supremo Tribunal Federal sobre o tema, ao entendimento de que

a) enquanto não for editada lei específica para a categoria dos funcionários públicos ocupantes de cargo efetivo, as greves não são constitucionalmente autorizadas, não sendo, portanto, livre seu exercício, demandando prévia autorização judicial.

b) esse é o único exemplo constitucionalmente embasado de inobservância do princípio da igualdade, na medida em que aos empregados públicos é garantido o exercício do direito de greve, com base na legislação aplicável ao trabalhador comum, enquanto que aos funcionários públicos esse direito ainda não produz efeitos, aguardando a edição de lei específica.

c) a omissão legislativa na regulamentação do direito de greve acarretava verdadeiro aniquilamento do direito constitucional, havendo fundamento para aplicação da legislação endereçada ao trabalhador celetista também ao servidor estatutário, com algumas ressalvas e estabelecidos parâmetros pela Corte, representando expressão do princípio da isonomia.

d) o Supremo Tribunal Federal deve legislar sobre o direito de greve dos servidores estatutários, em face da omissão legislativa declarada e do poder normativo originário atribuído também ao Poder Judiciário e ao Poder Executivo quando do exercício de suas funções atípicas.

e) não é constitucionalmente reconhecido o direito de greve para os servidores públicos, celetistas ou estatutários, relativo a serviços públicos essenciais, tendo em vista que a legislação aplicável aos trabalhadores comuns não contém dispositivos sobre o tema, de forma que as greves deflagradas nesses setores serão obrigatoriamente ilegais.

COMENTÁRIOS

Alternativa correta: letra "c" (responde as demais alternativas). O direito de greve está assegurado aos servidores públicos civis no art. 37, VII, da Constituição Federal. Todavia, esse dispositivo estabelece que "o direito de greve será exercido nos termos e nos limites definidos em lei específica". Trata-se, dessa forma, de norma de eficácia limitada, sendo necessária lei regulamentadora para que possa ser concretizado. Entretanto, a mencionada lei ainda não surgiu e a consequência disso, na posição tradicional do Supremo Tribunal Federal, era no sentido da impossibilidade da realização de greve enquanto não editada a lei. Mas, no ano de 2007, a Corte Suprema – que, em julgamentos anteriores somente reconhecia a mora – julgou os Mandados de Injunção nºs 670, 708 e 712 e, além de reconhecer a mora, autorizou a realização de greve, com base na Lei nº 7.783/89, no que couber, tendo sido atribuído efeito *erga omnes* às decisões. No Mandado de Injunção nº 708, o Ministro Gilmar Mendes ressaltou que a mora legislativa já havia sido declarada várias vezes e que a "permanência dessa situação de ausência de regulamentação do direito de greve dos servidores públicos civis passa a invocar, para si, os riscos de consolidação de uma típica omissão judicial" e, por isso, decidiu-se pela Lei nº 7.783/89, enquanto não houver a lei regulamentadora exigida pelo texto constitucional. Asseverou também, considerando o princípio da continuidade dos serviços públicos, que pode ser imposto pelo tribunal competente regime mais severo de greve, já que pela "complexidade e variedade dos serviços públicos e atividades estratégicas típicas do Estado, há outros serviços públicos, cuja essencialidade não está contemplada pelo rol dos arts. 9º a 11 da Lei 7.783/1989", ou seja, o rol dessa lei é, apenas, exemplificativo, o que exige a análise das peculiaridades de cada caso concreto. Foi estabelecida, também, a competência provisória dos tribunais para a apreciação dos dissídios de greve, nos seguintes termos: a) Superior Tribunal de Justiça: quando a paralisação abranger mais de um estado ou área maior que de uma região da Justiça Federal ou for de âmbito nacional; b) Tribunais Regionais Federais: quando abranger uma única região da Justiça Federal; c) Tribunais de Justiça: quando a greve for de servidores municipais e estaduais em âmbito local ou estiver adstrita a uma unidade da federação. Ainda, de acordo com a decisão, esses tribunais serão competentes para decidir sobre o pagamento, ou não, dos dias de paralisação, devendo ser observado o art. 7º da Lei nº 7.783/89, pelo qual ocorre a suspensão do contrato de trabalho e, assim, como regra geral, não deve haver o pagamento dos dias parados, salvo se a deflagração da greve se deu por atraso no pagamento dos servidores públicos civis, "ou por outras situações excepcionais que justifiquem o afastamento da premissa da suspensão do contrato de trabalho". É importante lembrar que a solução normativa dada pelo Supremo é provisória, no sentido de que a lei específica reclamada, quando editada – **pelo Poder Legislativo**, e não pelo STF -, poderá dispor de maneira diferente sobre o assunto. Ainda em relação aos dias parados por greve, o STF, no RE 693.456, após a aplicação da prova, fixou a seguinte tese de repercussão geral: "A administração pública deve proceder ao desconto dos dias de paralisação decorrentes do exercício do direito de greve pelos servidores públicos, em virtude da suspensão do vínculo funcional que dela decorre, permitida a compensação em caso de acordo. O desconto será, contudo, incabível se ficar demonstrado que a greve foi provocada por conduta ilícita do Poder Público". Cumpre lembrar que, conforme entendimento do STF, não são todas as categorias de servidor público que podem exercer o direito de greve: "(1) o exercício do direito de greve, sob qualquer forma ou modalidade, é vedado aos policiais civis e a todos os servidores públicos que atuem diretamente na área de segurança pública. (2) É obrigatória a participação do Poder Público em mediação instaurada pelos órgãos classistas das carreiras de segurança pública, nos termos do artigo 165 do Código de Processo Civil, para vocalização dos interesses da categoria". (ARE 654432, tese de repercussão geral – também julgado após a aplicação da prova).

---

43. (FCC – Juiz do Trabalho Substituto 24ª Região/2015) Arnaldo passou em concurso de provas, promovido por sociedade de economia mista federal que atua como instituição bancária, no qual exercerá a atividade de analista de mercado. Acerca de tal situação, é correto concluir que Arnaldo

a) é um servidor estatutário, visto que todos que atuam em funções permanentes na Administração têm vínculo de natureza legal e se sujeitam inteiramente ao regime jurídico-administrativo.

b) tem sua remuneração sujeita ao teto constitucional previsto no art. 37, XI, da Constituição Federal, que se aplica a todos os cargos, empregos e funções da Administração direta e indireta.

c) não pode pleitear judicialmente equiparação salarial em relação a outro empregado, nos termos do art. 461 da Consolidação das Leis do Trabalho, em vista do que dispõe o art. 37, XIII, da Constituição Federal: "XIII – é vedada a vinculação ou equiparação de quaisquer espécies remuneratórias para o efeito de remuneração de pessoal do serviço público.»

d) pode legalmente acumular a atividade na sociedade de economia mista federal com cargo de professor em universidade estadual, desde que haja compatibilidade de horários.

e) tornar-se-á estável, após três anos de efetivo exercício na atividade em questão, nos termos do art. 41 da Constituição Federal.

COMENTÁRIOS

Alternativa "a". Arnaldo é **empregado público**, sujeito ao **regime jurídico de direito privado**, híbrido, na Administração Pública. Fala-se em regime híbrido pois, por exemplo, depende de concurso público para ingresso, ao contrário do que ocorre na iniciativa particular.

Alternativa "b". A regra, conforme o comando constitucional, é que o limite (teto) remuneratório seja aplicável a todas as esferas da federação, englobando os poderes executivo, legislativo e judiciário, incluindo a administração direta e indireta. Todavia, as sociedades de economia mista, as empresas públicas e suas subsidiárias receberam tratamento peculiar, pois, nos termos do art. 37, § 9º, só devem se submeter ao teto constitucional quando "receberem recursos da União, dos Estados, do Distrito Federal ou dos Municípios para pagamento de despesas de pessoal ou de custeio em geral". Assim, a possibilidade de não incidência do teto somente se refere às sociedades de economia mista e às empresas públicas – isso**, quando não receberem recursos para despesa de pessoal ou custeio em geral** – e nunca em relação às fundações públicas, às autarquias e à administração direta.

Alternativa "c". De acordo com o inciso XIII do art. 37, "é vedada a vinculação ou equiparação de quaisquer espécies remuneratórias para o efeito de remuneração de pessoal do serviço público". Como Arnaldo é **empregado público**, todavia, sujeito ao regime da CLT, é possível o manejo da competente ação para que a ele seja garantida a **equiparação salarial**, nos termos do art. 461, deste diploma normativo.

Alternativa "d". A Constituição Federal de 1988 estabelece como **regra a vedação de acumulação remunerada de cargos e empregos públicos,** excetuadas as hipóteses em que houver compatibilidade de horários, observando-se, nesses casos, o teto de vencimento ou subsídio – **salvo quando empresas estatais que não recebem recursos da Administração Pública para custeio** – e enquadrando-se dentro das hipóteses de exceção, de forma taxativa, que são as seguintes: a de dois cargos de professor, a de um cargo de professor com um cargo técnico ou cientifico, e a de dois cargos ou empregos privativos de outros profissionais de saúde, cujas profissões possuam regulamentação, dispositivo este aplicável aos militares dos Estados, do DF e Territórios, nos termos do art. 42, §3º da CF, **estendendo-se a proibição de acumular a empregos e funções às autarquias, fundações, empresas públicas, sociedades de economia mista, suas subsidiárias, e sociedades controladas, direta ou indiretamente, pelo poder público.** Assim, **desde que haja compatibilidade de horários,** Arnaldo poderá acumular os cargos públicos em questão.

Alternativa "e". A **estabilidade** é a **garantia constitucional destinada aos servidores públicos nomeados para cargo de provimento efetivo em virtude de concurso público**, após três anos de efetivo exercício e avaliação especial de desempenho por comissão instituída para essa finalidade, pela qual o servidor somente perderá o cargo nas hipóteses estabelecidas no texto constitucional. Assim, **como empregado público**, Arnaldo não faz jus à **estabilidade**, nem mesmo à **provisória**, prevista no art. 19, dos Atos de Disposições Constitucionais Transitórias (ADCT).

Alternativa correta: letra "d".

---

44. (TRT 2 – Juiz do Trabalho Substituto 2ª Região/2014) Em relação aos direitos dos servidores públicos, aponte a alternativa correta:

a) Direito a associação sindical, direito de greve e negociação coletiva.

b) Irredutibilidade de vencimentos, sendo vedada a cumulação de cargos, funções ou empregos, seja na administração direta, indireta ou fundacional.

c) Estabilidade, após dois anos de efetivo exercício no cargo.

d) Valor do trabalho noturno igual ao diurno.

e) Férias de sessenta dias ao ano com acréscimo de 1/3.

COMENTÁRIOS

✪ **Nota do autor:** O art. 37 delimita as balizas que devem ser observadas por todos os entes federados ao estabelecerem o estatuto de seus servidores públicos.

Alternativa "a". O servidor público tem direito à associação sindical e à greve (nos termos e limites definidos em lei específica), conforme o art. 37, VI e VII, respectivamente. Entretanto, aos servidores públicos não é assegurada a negociação coletiva, porque o art. 39, ao fazer remissão aos direitos do trabalhador previstos no art. 7º e que seriam extensivos ao servidor, excluiu o inciso XXVI – assegura o reconhecimento das convenções e acordos coletivos de trabalho – bem como porque a remuneração e o subsídio dos servidores devem ser fixados em lei, conforme o art. 37, X. Nesse sentido, reconheceu o STF ao declarar inconstitucional, na ADI 492, o art. 240 da Lei nº 8.112/90, que garantia o direito à negociação coletiva aos servidores estatutários federais.

Alternativa "b". Conforme o art. 37, XV, está assegurada a **irredutibilidade da remuneração e dos subsídios**. Essa garantia, todavia, não impede a aplicação do teto constitucional, nem a incidência de tributos como, por exemplo, o Imposto de Renda. Em regra, nos moldes definidos no inciso XVI do art. 37, é vedada a **acumulação remunerada** de cargos, empregos e funções públicas. A permissão é **exceção** e, somente, pode ocorrer se houver **compatibilidade de horários** e quando se tratar de: **a)** dois cargos de professor; **b)** um cargo de professor com outro técnico ou científico; **c)** dois cargos ou empregos privativos de profissionais de saúde, com profissões regulamentadas. Com o advento da EC nº 101/2019, as disposições em questão passaram a se aplicar aos militares dos Estados, DF e Territórios, nos termos do art. 42, §3º da CF.

Alternativa "c". Nos termos do art. 41 Constituição Federal, a estabilidade é adquirida pelo servidor ocupante de cargo efetivo após três anos de efetivo exercício e se aprovado em avaliação especial de desempenho por comissão instituída para essa finalidade.

Alternativa "d". Conforme o art. 7º, VII, da Constituição, o trabalho noturno deve ser remunerado de forma superior ao diurno, destacando-se que esse dispositivo estende-se aos servidores públicos, por força do art. 39, § 3º.

Alternativa "e". Da mesma maneira que o trabalhador da iniciativa privada, o servidor público tem direito às férias anuais, remuneradas com, pelo menos, um terço a mais do que o salário normal. O art. 77 da Lei nº 8/112/90, aplicável na esfera federal, garante o direito a trinta dias de férias.

Alternativa correta: letra "b".

---

45. (TRT 3 – Juiz do Trabalho Substituto 3ª Região/2013) O jurado, no Tribunal do Júri, e o advogado contratado pelo ente público, para sua defesa em juízo, são respectivamente:

a) Agente honorífico e agente credenciado

b) Agente credenciado e agente delegado

c) Agente delegado e agente credenciado

d) Agente político e agente delegado

e) Agente administrativo e agente credenciado

COMENTÁRIOS

✪ **Nota do autor:** Na clássica lição de Hely Lopes Meirelles[35], os agentes públicos dividem-se em **agentes políticos, agentes administrativos, agentes honoríficos, agentes delegados** e **agentes credenciados**.

35 *Direito administrativo brasileiro*. 36 ed. São Paulo: Malheiros, 2010. p. 76.

Alternativa "a" (responde parcialmente a alternativa "b"). Os **agentes honoríficos** são as **pessoas convocadas para prestar determinado serviço para a Administração Pública,** de maneira temporária e, normalmente, sem remuneração, em razão de sua honorabilidade, de sua idoneidade. Os **agentes credenciados** são pessoas que **recebem a atribuição de representar a Administração Pública em determinado evento ou de praticar certa atividade.**

Alternativa "b" (responde também a alternativa "c" e parcialmente a alternativa "d"). Os **agentes delegados,** por sua vez, são **particulares que possuem atribuição de executar, por sua conta e risco, um serviço público ou uma atividade de interesse público**, sob fiscalização estatal e de acordo com as normas estabelecidas pelo Estado.

Alternativa "d". Os **agentes políticos** são aqueles que representam **as funções típicas estatais de legislar, julgar, administrar; exercem atribuições previstas na Constituição Federal.**

Alternativa "e". Os **agentes administrativos** são as **pessoas que possuem uma relação funcional com a Administração Pública.** Nessa categoria estão os **servidores públicos propriamente ditos, os empregados públicos e os servidores temporários.**

Alternativa correta: letra "a".

---

46. (CESPE – Juiz do Trabalho Substituto 5ª Região/2013) No que se refere ao servidor público e ao ato administrativo, assinale a opção correta de acordo com a CF, a jurisprudência dos tribunais superiores e a doutrina.

a) Segundo o STJ, ressalvadas as hipóteses constitucionais de acumulação de proventos de aposentadoria, não é mais possível, após o advento da Emenda Constitucional n.º 20/1998, a cumulação de mais de uma aposentadoria à conta do regime próprio de previdência, salvo se o ingresso do servidor no cargo em que obteve a segunda aposentação tenha ocorrido antes da referida emenda.

b) Salvo nos casos previstos na CF, o salário mínimo não pode ser usado como indexador de base de cálculo de vantagem de servidor público ou de empregado nem ser substituído por decisão judicial.

c) O ato administrativo simples deriva da manifestação de vontade ou declaração jurídica de apenas um órgão, sendo possível, portanto, apenas na forma singular.

d) A expressa previsão editalícia de que serão providas, além das vagas previstas no edital, outras que vierem a existir durante o prazo de validade do certame não confere direito líquido e certo à nomeação ao candidato aprovado fora das vagas originalmente determinadas, mas dentro das surgidas no decurso do prazo de validade do concurso.

e) Cabe mandado de segurança para a revisão de penalidade imposta em processo administrativo disciplinar sob o argumento de ofensa ao princípio da proporcionalidade.

COMENTÁRIOS

Alternativa "a". Conforme Informativo nº 510 (Período: 18 de dezembro de 2012), a Segunda Turma do STJ decidiu que "ressalvadas as hipóteses de acumulação de cargo público expressamente previstas na CF, não é possível, após a EC n. 20/1998, cumular mais de uma aposentadoria à conta do regime previdenciário do art. 40 da CF, ainda que o ingresso no cargo em que se deu a segunda aposentadoria tenha ocorrido antes da referida Emenda". Ademais, o art. 11 dessa Emenda preservou a situação dos servidores inativos que reingressaram no serviço público antes de sua promulgação, de forma a permitir a percepção tanto dos proventos da aposentadoria como dos vencimentos do novo cargo público. Entretanto, o servidor nessa situação, a partir do momento em que se aposenta novamente, não pode acumular as duas aposentadorias, por expressa vedação constitucional. Por fim, cabe ressaltar que a proibição de acumulação de proventos somente passou a existir com a EC 20/98 e, assim, se o servidor já havia se aposentado em dois cargos públicos antes da promulgação dessa Emenda pode receber os proventos decorrentes das duas aposentadorias, sendo que, inclusive, nesse sentido o STF decidiu que isso se aplica mesmo se a concessão se deu posteriormente à promulgação da Emenda, desde que os requisitos para a aposentadoria já estivessem preenchidos antes dela (MS 32833).

Alternativa "b". Trata-se de entendimento consolidado na súmula vinculante número 4, segundo o qual o salário mínimo não pode ser usado como indexador de base de cálculo de vantagem de servidor público ou de empregado nem ser substituído por decisão judicial, salvo diante de previsão constitucional.

Alternativa "c". O **ato administrativo simples** pode ser: **singular,** quando o órgão que o realizou for constituído por apenas uma pessoa (exemplo de órgão singular: presidência da república) ou **coletivo** quando realizado por órgão composto por diversas pessoas (exemplo de órgão colegiado: tribunais).

Alternativa "d". Conforme decidido pelo STF, no RE 837.311 , surge direito subjetivo à nomeação em decorrência da aprovação em concurso público quando: a) a aprovação se der dentro do número de vagas previstas no edital; b) houver preterição na nomeação por inobservância da ordem de classificação no concurso; c) surgirem novas vagas durante a validade do concurso e, excepcionalmente, a Administração Pública, mesmo após reconhecer, de forma inequívoca e demonstrada casuisticamente, a necessidade do provimento das vagas durante a validade do concurso, deixar o referido prazo escoar para nomear candidatos de concurso superveniente. Deve-se apontar que o tema em questão é objeto de várias decisões tanto do STJ como do STF e que, do cotejo destas, é possível afirmar que há o direito subjetivo à nomeação do candidato aprovado em concurso público:

a) quando for aprovado dentro do número de vagas previsto no edital, exceto se surgir, após a publicação do edital, situação imprevisível e de extrema gravidade que justifique, mediante decisão motivada, a não nomeação dos candidatos por não haver medida menos gravosa a ser adotada;

b) quando for aprovado fora do número de vagas previsto no edital E surgirem novas vagas ou for aberto novo certame durante o prazo de validade do concurso anterior E houver preterição arbitrária e imotivada por parte da Administração[36] (candidato deve demonstrar, de forma cabal, comportamento tácito ou expresso do Poder Público demonstrando a necessidade de nomeação como, por exemplo, a ocorrência de cessão de servidores de outros órgãos públicos).

c) quando for preterido na nomeação por inobservância da ordem de classificação, mesmo que esteja fora do número de vagas previsto no edital.

Alternativa "e". Mais uma vez, a questão exige conhecimento dos informativos do STJ. Nesse caso, o entendimento consolidado pelo Superior Tribunal é pela inviabilidade de MS para revisão de penalidade imposta em PAD, sob o argumento de ofensa ao princípio da proporcionalidade, por implicar reexame do mérito administrativo, conforme decidido no MS 17.479-DF.

Alternativa correta: letra "b".

---

47. (CESPE – Juiz do Trabalho Substituto 5ª Região/2013) Em relação ao provimento dos cargos públicos, a responsabilidade civil e administrativa do servidor e inquérito civil público, assinale a opção correta de acordo com a CF, a jurisprudência dos tribunais superiores e a doutrina.

a) É possível a investidura de servidor em cargo que não integre a carreira da qual faça parte o servidor, mesmo sem a prévia aprovação em concurso público.

b) É prescindível a previsão legal do exame psicotécnico para fins de habilitação de candidato em concurso público.

c) O inquérito civil público tem natureza administrativa e não é autônomo em relação ao processo de responsabilidade.

d) A CF consagra dupla garantia, uma em favor do particular, possibilitando-lhe ação indenizatória contra a pessoa jurídica de direito público ou de direito privado que preste serviço público, e outra em prol do servidor, que somente responde administrativa

36 Deve-se apontar que, segundo o STJ, no caso de preterição de candidato na nomeação de concurso público, o termo inicial do prazo prescricional quinquenal será a data em que foram nomeados outros servidores no lugar dos aprovados no certame. (AgInt no REsp 1.643.048-GO. Informativo nº 668)

e civilmente perante a pessoa jurídica a cujo quadro funcional se vincular.

e) A administração pública tem ampla liberdade para escolher o limite de idade para a inscrição em concurso público.

COMENTÁRIOS

Alternativa "a". Nos termos da Súmula Vinculante nº 43, é inconstitucional toda modalidade de provimento que propicie ao servidor investir-se, sem prévia aprovação em concurso público destinado ao seu provimento, em cargo que não integra a carreira na qual anteriormente investido.

Alternativa "b". Conforme • Súmula vinculante nº 44, só por lei se pode sujeitar a exame psicotécnico a habilitação de candidato a cargo público.

Alternativa "c". Ao contrário do que consta na alternativa, o inquérito civil público tem natureza administrativa e é autônomo em relação ao processo de responsabilidade, conforme decidido pelo STJ no RMS 25.763: "PRAZO. INQUÉRITO CIVIL PÚBLICO. DANO. ERÁRIO. A exegese do art. 37, § 5º, da CF/1988 leva ao reconhecimento da imprescritibilidade da ação civil pública (ACP) para ressarcimento de dano ao erário, conforme assente neste Superior Tribunal. Na espécie, trata-se de inquérito civil para apurar danos ao erário, de modo a permitir o ajuizamento de futura ACP, sendo que o investigado já fora condenado na esfera criminal, bem como na seara administrativa. O inquérito civil público tem natureza administrativa e é autônomo em relação ao processo de responsabilidade, do mesmo modo que o processo de apuração de danos ao erário também é autônomo em relação ao processo penal. Não há legislação que fixe um prazo para a conclusão do inquérito civil público, contudo a Res. n. 23/2007 do Conselho Nacional do Ministério Público (Conamp), em seu art. 9º, prevê que o inquérito civil deve ser concluído em um ano, prorrogável pelo mesmo prazo, quantas vezes forem necessárias, por decisão fundamentada de seu presidente. Assim, cabe ao investigado demonstrar que a dilação do prazo causa-lhe prejuízo, do contrário, inexistindo este, não há dano ou nulidade. Precedentes citados: HC 70.501-SE, DJ 25/6/2007; MS 10.128-DF, DJe 22/2/2010; MS 13.245-DF, DJe 31/5/2010; REsp 928.725-DF, DJe 5/8/2009, e REsp 1.069.723-SP, DJe 2/4/2009. AgRg no RMS 25.763-RS, Rel. Min. Humberto Martins, julgado em 2/9/2010.

Alternativa "d": Conforme a jurisprudência do Supremo Tribunal Federal (RE 327.904 e 470.996), não é possível acionar diretamente o agente público, pois o art. 37, § 6º, da Constituição estabelece dupla garantia: uma, em favor do particular (promover ação indenizatória em face de pessoa jurídica) e, outra, em benefício do servidor (somente responde civil e administrativamente perante a pessoa jurídica a que estiver vinculado). Nesse sentido, aliás, é o decidido no tema nº 940 de repercussão geral (RE 1027633): "A teor do disposto no art. 37, § 6º, da Constituição Federal, a ação por danos causados por agente público deve ser ajuizada contra o Estado ou a pessoa jurídica de direito privado prestadora de serviço público, sendo parte ilegítima para a ação o autor do ato, assegurado o direito de regresso contra o responsável nos casos de dolo ou culpa"

Alternativa "e". O STF tem duas súmulas a respeito do tema. A Súmula 14 estabelece que não "é admissível, por ato administrativo, restringir, em razão da idade, inscrição em concurso para cargo público" e a Súmula 683 tem a seguinte redação: "O limite de idade para a inscrição em concurso público só se legitima em face do art.7º, XXX, da Constituição, quando possa ser justificado pela natureza das atribuições do cargo a ser preenchido."

Alternativa correta: letra "d".

---

48. (TRT 22 – Juiz do Trabalho Substituto 22ª Região/2013) Marque a assertiva INCORRETA:

a) provimento é o ato pelo qual se efetua o preenchimento do cargo público, com a designação de seu titular;

b) a Administração Pública pode, a qualquer tempo, suprimir, transformar e alterar cargos públicos, independente da vontade de seu titular, visto que não existe direito adquirido à imutabilidade das atribuições do cargo;

c) os cargos, empregos e funções públicas são acessíveis aos brasileiros que preencham os requisitos estabelecidos em lei, assim como aos estrangeiros, na forma da lei;

d) o prazo de validade do concurso público poderá ser de até 4 (quatro) anos;

e) os vencimentos dos cargos do Poder Legislativo e do Poder Executivo não poderão ser superiores aos pagos pelo Poder Judiciário.

COMENTÁRIOS

Alternativa "a". O **ato de se prover o cargo público** é chamado de **provimento**. Por meio dele, o cargo deixa de ser vago e passa a ser provido. Ocorre tanto nos cargos efetivos quanto nos cargos em comissão e, assim, há o provimento efetivo e o provimento em comissão. Há, ainda, outra divisão: provimento **originário e derivado.** Naquele, a investidura no cargo integrante de determinada carreira é feita pela primeira vez, de modo inaugural e, ao contrário, no provimento derivado, a investidura é decorrente.

Alternativa "b". O regime estatutário tem como característica a mutabilidade, pois o servidor não tem direito adquirido ao regime. No mesmo sentido, por lei, podem ser alterados direitos, atribuições, sem necessidade de consentimento do servidor.

Alternativa "c". A presente assertiva consiste em transcrição do artigo 37, I, da Constituição Federal, segundo o qual os cargos, empregos e funções públicas são acessíveis aos brasileiros que preencham os requisitos estabelecidos em lei, assim como aos estrangeiros, na forma da lei.

Alternativa "d". Conforme artigo 37, III, da Constituição Federal, o prazo de validade do concurso público será de até dois anos, prorrogável uma vez, por igual período.

Alternativa "e". Nos termos do artigo 37, XII, da Constituição Federal, os vencimentos dos cargos do Poder Legislativo e do Poder Judiciário não poderão ser superiores aos pagos pelo Poder Executivo.

Alternativa correta: letra "e".

---

49. (TRT 14 – Juiz do Trabalho Substituto 14ª Região/2013) Faça a opção pela alternativa correta:

I. As funções de confiança, exercidas exclusivamente por servidores ocupantes de cargo efetivo, e os cargos em comissão, a serem preenchidos por servidores de carreira nos casos, condições e percentuais mínimos previstos em lei, destinam-se apenas às atribuições de direção, chefia e assessoramento.

II. O servidor público civil, após aprovado em concurso público e nomeado para cargo de provimento efetivo, adquire estabilidade após dois anos de exercício.

III. Extinto o cargo ou declarada sua desnecessidade, o servidor estável ficará em disponibilidade, com percepção integral dos vencimentos, até sua adequada reintegração em outro cargo.

a) Apenas as proposições I e II são falsas.
b) Apenas as proposições I e III são falsas.
c) Apenas as proposições II e III são falsas.
d) Todas as proposições são verdadeiras.
e) Todas as proposições são falsas.

COMENTÁRIOS

Item I. Certo. A assertiva traz transcrição literal do artigo 37, V, da Constituição Federal, segundo o qual "as funções de confiança, exercidas exclusivamente por servidores ocupantes de cargo efetivo, e os cargos em comissão, a serem preenchidos por servidores de carreira nos casos, condições e percentuais mínimos previstos em lei, destinam-se apenas às atribuições de direção, chefia e assessoramento". Função de confiança só será exercida por quem já ocupa cargo efetivo e, por outro lado, cargo em comissão pode ser ocupado por quem já está em um cargo efetivo ou por terceiro sem vínculo com a Administração.

Item II. Errado. São estáveis após **três anos** de efetivo exercício os servidores nomeados para cargo de provimento efetivo em virtude de concurso público (artigo 41 da CF).

Item III. Errado. Extinto o cargo ou declarada a sua desnecessidade, o servidor estável ficará em disponibilidade, **com remuneração proporcional ao tempo de serviço**, até seu adequado aproveitamento em outro cargo (artigo 41, § 3º da CF).

Alternativa correta: letra "c" (está correto o item I).

---

50. (TRT 14 – Juiz do Trabalho Substituto 14ª Região/2013) No pertinente a cargos, empregos e funções públicas, de acordo com o atual cenário constitucional, é correto afirmar, EXCETO:

a) São acessíveis aos estrangeiros, na forma da lei.
b) Durante o prazo improrrogável, previsto no edital de convocação, aquele aprovado em concurso público de provas ou de provas e títulos será convocado com prioridade sobre novos concursados para assumir cargo ou emprego, na carreira.
c) No caso de invalidação por sentença judicial da demissão do servidor público estável, será ele reintegrado, e o eventual ocupante da vaga, se estável, reconduzido ao cargo de origem, sem direito a indenização, aproveitado em outro cargo ou posto em disponibilidade.
d) É vedada a acumulação remunerada de cargos públicos, proibição que se estende a empregos e funções e abrange autarquias e fundações públicas, excluindo apenas as empresas públicas e sociedades de economia mista.
e) É condição para a aquisição da estabilidade a avaliação especial de desempenho por comissão instituída para essa finalidade.

COMENTÁRIOS

Alternativa "a". Os cargos, empregos e funções públicas são acessíveis aos brasileiros que preencham os requisitos estabelecidos em lei, **assim como aos estrangeiros, na forma da lei** (art. 37, I, CF).

Alternativa "b". Durante o prazo improrrogável previsto no edital de convocação, **aquele aprovado em concurso público de provas ou de provas e títulos será convocado com prioridade sobre novos concursados** para assumir cargo ou emprego, na carreira (artigo 37, IV, CF).

Alternativa "c". Invalidada por sentença judicial a demissão do servidor estável, será ele reintegrado, e o eventual ocupante da vaga, se estável, reconduzido ao cargo de origem, sem direito a indenização, aproveitado em outro cargo ou posto em disponibilidade com remuneração proporcional ao tempo de serviço (artigo 41, § 2º, CF).

Alternativa correta: letra "d". A Constituição Federal de 1988 estabelece como **regra a vedação de acumulação remunerada de cargos e empregos públicos,** excetuadas as hipóteses em que houver compatibilidade de horários, observando-se, nesses casos, o teto de vencimento ou subsídio e enquadrando-se dentro das hipóteses de exceção, de forma taxativa, as seguintes: a de dois cargos de professor, a de um cargo de professor com um cargo técnico ou científico, e a de dois cargos ou empregos privativos de outros profissionais de saúde, cujas profissões possuam regulamentação, **estendendo-se a proibição de acumular a empregos e funções, abrangendo autarquias,**

fundações, empresas públicas, sociedades de economia mista, suas subsidiárias, e sociedades controladas, direta ou indiretamente, pelo poder público.

Alternativa "e". Conforme artigo 41, § 4º da Constituição Federal, como condição para a aquisição da estabilidade, é **obrigatória a avaliação especial de desempenho por comissão** instituída para essa finalidade.

Alternativa correta: letra "d".

---

51. (TRT 8 – Juiz do Trabalho Substituto 8ª Região/2012) Analise as proposições abaixo e assinale a alternativa CORRETA:

I. A responsabilidade do Estado, fixada pelo texto constitucional, é objetiva, mas exige, como requisito, a fixação do nexo causal entre o dano produzido e a atividade funcional desempenhada pelo agente estatal, o mesmo se aplicando à ação regressiva do Estado contra o agente, que é assegurada em qualquer hipótese.

II. O processo disciplinar para a destituição de servidor de cargo em comissão deverá ser precedido de sindicância, em que lhe seja assegurada ampla defesa.

III. No caso de eleição de servidor público para o cargo de vereador, há previsão legal do exercício simultâneo obrigatório do cargo público efetivo, emprego ou função com o mandato, desde que haja compatibilidade de horários.

IV. A absolvição criminal, fundada em ausência de prova no tocante à autoria, não exclui a punição administrativa do servidor público, desde que baseada em inquérito regular.

a) As alternativas I e II estão corretas.

b) As alternativas III e IV estão corretas.

c) As alternativas II e III estão corretas.

d) As alternativas I e IV estão corretas.

e) As alternativas II e IV estão corretas.

COMENTÁRIOS

Item I. Errado. O art. 37, §6º da Constituição Federal estabelece que "as pessoas jurídicas de direito público e as de direito privado prestadoras de serviços públicos responderão pelos danos que seus agentes, nessa qualidade, causarem a terceiros, assegurado o direito de regresso contra o responsável nos casos de dolo ou culpa". Verifica-se no dispositivo que **existe a exigência de dolo ou culpa para os agentes públicos (responsabilidade subjetiva)**, o que não ocorre em relação às pessoas jurídicas mencionadas. Assim, a responsabilidade do Estado é objetiva e a do agente público é subjetiva e, por isso, a ação regressiva não é assegurada em qualquer hipótese, mas, somente, quando o agente atuou com dolo ou culpa.

Item II. Errado. A apuração de infração disciplinar, nos termos da Lei nº 8.112/1990, pode se dar por meio de sindicância ou de processo administrativo e o uso deste é obrigatório sempre que o ilícito ensejar a imposição de penalidade de suspensão por mais de 30 dias, de demissão, cassação de aposentadoria ou disponibilidade, ou destituição de cargo em comissão (art. 146). Nas hipóteses em que instaurada a sindicância ao seu final poderá haver o arquivamento do processo, a aplicação de penalidade de advertência ou suspensão de até 30 dias ou a instauração de processo disciplinar. Assim, a sindicância não é um antecedente necessário para o processo disciplinar..

Item III. Certo. A situação do **servidor ocupante de cargo ou emprego ou função pública que é eleito para exercer mandato eletivo** foi disciplinada no art. 38 da Constituição Federal. De acordo com esse dispositivo, se eleito para mandato de **vereador, poderá acumular** a remuneração ou subsídio de seu cargo, emprego ou função pública com o subsídio de vereador, desde que haja **compatibilidade de horários.**

Item IV. Certo. Em regra, vigora a independência das esferas ou instâncias em matéria de responsabilidade, isto é, pelo mesmo ato o servidor pode ser responsabilizado nas esferas civil, penal e administrativa. Nesse sentido, por exemplo, estabelece o art. 125 da Lei nº 8.112/90, que as sanções civis, penais e administrativas poderão cumular-se, sendo independentes entre si. Entretanto, o art. 126 determina que a responsabilidade administrativa do servidor seja afastada no caso de absolvição criminal que negue a existência do fato ou sua autoria e, na mesma esteira, há o art. 945 do Código Civil em relação à responsabilidade civil. Assim, não basta ser absolvido, pois a absolvição deve ter como fundamento a negativa de autoria e a inexistência do fato.

Alternativa "b": correta. Estão corretas as alternativas III e IV.

---

52. (FCC – Juiz do Trabalho Substituto 4ª Região/2012) Servidores públicos federais foram condenados em processo administrativo disciplinar por coagir seus subordinados a filiarem-se a partido político. Um deles aposentou-se após a condenação e o outro permaneceu na ativa. De acordo com o disposto na Lei Federal no 8.112/90, que dispõe sobre o regime jurídico dos servidores civis da União,

a) apenas o servidor ativo ocupante de cargo efetivo poderá ser punido, com pena de exoneração e multa.

b) o servidor ativo ocupante de cargo efetivo sujeita-se à pena de demissão, não cabendo nenhuma sanção ao inativo.

c) o servidor ativo ocupante de cargo efetivo sujeita-se à pena de demissão e o inativo à cassação de aposentadoria.

d) o servidor ativo sujeita-se à pena de suspensão, que não poderá exceder 90 dias e o inativo à pena de multa.

e) o servidor ativo sujeita-se à pena de advertência, não cabendo penalidade disciplinar ao inativo.

COMENTÁRIOS

✪ **Nota do autor:** De acordo com o art. 125, **as sanções penais, administrativas e civis podem cumular-se, pois são independentes entre si**. No entanto, **a exceção** se dá quando, na esfera penal, **o servidor for absolvido em razão da inexistência do fato ou da negativa de autoria**, na forma do art. 126.

Alternativa "e": correta (responde as demais alternativas). Como prevê o art. 117, VII, ao servidor público é proibido "**coagir ou aliciar subordinados** para que se filiem a associação profissional ou sindical, ou a **partido político**", sob pena de, conforme preceitua o art. 129, ser-lhe aplicada pena de **advertência**, que é uma repreensão **feita por escrito e anotada no prontuário do servidor**. Quanto aos servidores inativos, contudo, há de se ressaltar que somente é possível a aplicação de penalidade de **cassação de aposentadoria e disponibilidade**, pela qual **há o rompimento do vínculo com a Administração** e o servidor não receberá mais os proventos. Mas, para a aplicação desta pena é necessário que o **servidor público, quando ainda estava em atividade, tenha praticado alguma infração cuja pena prevista é a demissão**. Como no caso a infração em questão não é penalizada com demissão, não cabe penalidade disciplinar alguma ao servidor inativo.

---

53. (FCC – Juiz do Trabalho Substituto 11ª Região/2012) Integra o regime constitucional dos servidores públicos a regra segundo a qual

a) os cargos, empregos e funções públicas são acessíveis aos brasileiros que preencham os requisitos estabelecidos em lei, assim como aos estrangeiros, na forma da lei.

b) a investidura em cargo ou emprego público depende de aprovação prévia em concurso público de provas, de provas e títulos, ou de títulos, de acordo com a natureza e a complexidade do cargo ou emprego, na forma prevista em lei, ressalvadas as nomeações para cargo em comissão declarado em lei de livre nomeação e exoneração.

c) o prazo de validade do concurso público será de até quatro anos, prorrogável uma vez, por igual período.

d) as funções de confiança, exercidas exclusivamente por indivíduos que não ocupem cargo efetivo, e os cargos em comissão, a serem preenchidos por servidores de carreira nos casos, condições e percentuais mínimos previstos em lei, destinam-se apenas às atribuições de direção, chefia e assessoramento.

e) é garantido ao servidor público civil o direito à livre associação sindical, mediante autorização, em cada caso, da pessoa da Administração a que se vincule.

COMENTÁRIOS

✪ **Nota do autor:** São agentes públicos "todas as pessoas físicas incumbidas, definitiva ou transitoriamente, do exercício de alguma função estatal"[37].

Alternativa "a". Nos termos do art. 37, I, da Constituição Federal, os cargos, empregos e funções públicas são acessíveis a todos os brasileiros que preencham os requisitos estabelecidos em lei, bem como aos estrangeiros, na forma da lei.

Alternativa "b". Na forma do art. 37, II, da Constituição Federal, a regra é que a investidura em cargo ou emprego público depende de aprovação prévia em concurso público, ressalvadas as nomeações para cargo em comissão, declarado em lei de livre nomeação e exoneração. O concurso pode ser de provas, ou de provas e títulos, e nunca somente de títulos, a depender da natureza e complexidade do cargo ou emprego.

Alternativa "c". O prazo de validade do concurso é de **até dois anos, prorrogável por igual período**, na forma do art. 37, III, da CF.

Alternativa "d". Deve-se atentar para a **diferença entre cargo em comissão e função de confiança, pois somente naquele pode haver a nomeação de pessoa que não é servidor de carreira**, desde que dentro do limite estabelecido em lei. Apenas **quem já é titular de cargo efetivo**, por sua vez, **pode ser designado para exercer função de confiança.**

Alternativa "e". Nos termos do art. 37, VI, da CF, é garantido ao servidor público civil o direito à livre associação sindical, sendo desnecessária autorização da pessoa da Administração a que se vincule.

Alternativa correta: letra "a".

4. REGIME JURÍDICO DOS SERVIDORES PÚBLICOS CIVIS FEDERAIS: LEI Nº 8.112/90

- CF, artigos 37 a 41
- Lei nº 8.112/90

---

54. (TRT 1 – Juiz do Trabalho Substituto 1ª Região/2016) Segundo a Lei nº 8.112/90, que dispõe sobre o regime jurídico único dos servidores públicos civis da união, autarquias e fundações públicas federais,

a) são, dentre outros, requisitos para a investidura em cargo público, ter idade mínima de 18 anos, estar no gozo dos direitos políticos, ser brasileiro nato e a quitação com obrigações eleitorais.

b) também são formas de provimento em cargo público: reintegração, promoção, reversão, nomeação e conversão.

---

37 MEIRELLES, Hely Lopes. *Direito administrativo brasileiro*. 36 ed. São Paulo: Malheiros, 2010.

c) a posse em cargo público, que ocorre apenas no provimento por nomeação, pode se dar por procuração específica, desde que o agente justifique o motivo da impossibilidade de comparecimento ao ato.

d) é direito do servidor público licenciar-se, sem remuneração, para o exercício de mandato em associação de classe de âmbito nacional, computando-se este tempo como de efetivo serviço, exceto para promoção por merecimento.

e) o servidor público deverá se afastar do cargo quando investido, além de outros, nos seguintes mandatos eletivos: deputado federal, governador de estado, deputado estadual, prefeito municipal e vereador.

COMENTÁRIOS

Alternativa "a". Consoante art. 3º, parágrafo único, da Lei, " os cargos públicos, acessíveis a **todos os brasileiros**, são criados por lei, com denominação própria e vencimento pago pelos cofres públicos, para provimento em caráter efetivo ou em comissão". Ademais, de maneira específica, o art. 5º estabelece que são requisitos básicos para investidura em cargo público: I – a **nacionalidade brasileira**; II – o gozo dos direitos políticos; III – a quitação com as obrigações militares e eleitorais; IV – o nível de escolaridade exigido para o exercício do cargo; V – a idade mínima de dezoito anos; VI – aptidão física e mental. Assim, ser **brasileiro nato** não é requisito, sendo possível a investidura dos brasileiros **naturalizados**, de igual modo.

Alternativa "b". No art. 8º da Lei nº 8.112/90, as **formas de provimento** são: a) nomeação; b) **promoção**; c) readaptação; d) **reversão**; e) **aproveitamento**; f) **recondução**; g) reintegração. A ascensão e a transferência constavam nos incisos III e IV daquele artigo, mas foram revogados pela Lei nº 9.527/97. Mesmo antes da revogação, o Supremo Tribunal Federal já as considerava inconstitucionais porque com a adoção no texto constitucional do acesso aos cargos públicos via concurso público, somente as hipóteses constantes da própria Constituição legitimam a dispensa do certame.

Alternativa "c". Na forma do art. 13, §3º, da Lei, "a posse poderá dar-se mediante procuração específica". Assim, **não há qualquer necessidade de justificativa da impossibilidade de comparecimento ao ato.**

Alternativa "d". Na forma do art. 92, *caput*, da Lei nº 8.112/90, "é assegurado ao servidor o direito à licença sem remuneração para o desempenho de mandato em confederação, federação, associação de classe de âmbito nacional, sindicato representativo da categoria ou entidade fiscalizadora da profissão ou, ainda, para participar de gerência ou administração em sociedade cooperativa constituída por servidores públicos para prestar serviços a seus membros (...)". Ademais, na forma do art. 102, VIII, *c*, do mesmo diploma legal, são considerados como de efetivo exercício os afastamentos em virtude de licença "para o desempenho de mandato classista ou participação de gerência ou administração em sociedade cooperativa constituída por servidores para prestar serviços a seus membros, exceto para efeito de promoção por merecimento".

Alternativa "e". Em se tratando do mandato de vereador, só é necessário o afastamento do cargo **quando não houver possibilidade de compatibilização dos horários de trabalho**, nos termos do art. 94, III, da Lei.

Alternativa correta: letra "d".

55. (TRT 2 – Juiz do Trabalho Substituto 2ª Região/2016) Em relação ao regime jurídico dos servidores públicos civis da União, das autarquias e das fundações públicas federais, nos termos da Constituição da República e da Lei nº 8.112/90, é correto afirmar que:

a) São formas de provimento de cargo público previstas na Lei nº 8.112/90, na sua redação atual, entre outras: nomeação, promoção, ascensão, transferência, readaptação, reversão e reintegração.

b) O servidor habilitado em concurso público e empossado em cargo de provimento efetivo adquirirá estabilidade no serviço público ao completar 3 (três) anos de efetivo exercício; como condição para a aquisição da estabilidade, é obrigatória a avaliação especial de desempenho por comissão instituída para essa finalidade.

c) Recondução é o retorno do servidor estável ao cargo anteriormente ocupado e decorrerá de inabilitação em estágio probatório relativo a outro cargo ou de reintegração do anterior ocupante. Encontrando-se provido o cargo de origem, o servidor exercerá suas atribuições como excedente, obrigatoriamente, até a ocorrência de vaga, vedado o seu aproveitamento em outro cargo.

d) Ao servidor é expressamente proibido manter sob sua chefia imediata, em cargo ou função de confiança, cônjuge, companheiro ou parente em linha reta, colateral ou por afinidade, em qualquer grau civil.

e) Será punido com suspensão de até 30 (trinta) dias o servidor que, injustificadamente, recusar- se a ser submetido à inspeção médica determinada pela autoridade competente, cessando os efeitos da penalidade uma vez cumprida a determinação.

COMENTÁRIOS

Alternativa "a". No art. 8º da Lei nº 8.112/90, as **formas de provimento** são: a) nomeação; b) **promoção**; c) readaptação; d) **reversão**; e) **aproveitamento**; f) **recondução**; g) reintegração. A ascensão e a transferência constavam nos incisos III e IV daquele artigo, mas foram revogados pela Lei nº 9.527/97. Mesmo antes da revogação, o Supremo Tribunal Federal já as considerava inconstitucionais porque com a adoção no texto constitucional do acesso aos cargos públicos via concurso público, somente as hipóteses constantes da própria Constituição legitimam a dispensa do certame.

Alternativa "b". Nos termos do art. 41 da Constituição Federal, são estáveis os servidores nomeados para cargo de provimento efetivo em virtude de concurso público, após três anos de efetivo exercício e desde que ocorra avaliação especial de desempenho por comissão instituída para essa finalidade.

Alternativa "c". De fato, a recondução é o retorno do servidor estável ao cargo anteriormente ocupado e decorrerá de inabilitação em estágio probatório relativo a outro cargo ou de reintegração do anterior ocupante. Ocorre que, nos termos do art. 29, parágrafo único, "encontrando-se provido o cargo de origem, **o servidor será aproveitado em outro**, observado o disposto no art. 30", dispositivo este que trata do aproveitamento.

Alternativa "d". Consoante art. 117, VIII, da Lei, ao servidor é proibido " manter sob sua chefia imediata, em cargo ou função de confiança, cônjuge, companheiro ou parente até o **segundo grau civil**".

Alternativa "e". Na forma do art. 130, §1º, da Lei, "será punido com **suspensão de até 15 (quinze) dias** o servidor que, injustificadamente, recusar-se a ser submetido a inspeção médica determinada pela autoridade competente, cessando os efeitos da penalidade uma vez cumprida a determinação".

Alternativa correta: letra "b".

---

56. (FCC – Juiz do Trabalho Substituto 1ª Região/2015) Em relação ao exercício do cargo pelo servidor público, é hipótese de reversão quando:

a) por força de decisão judicial ou administrativa, é invalidada a demissão e a ocupação pelo servidor público estável do cargo anterior.

b) decorrente de inabilitação do servidor em estágio probatório relativo a cargo outro, há o retorno ao cargo antes ocupado.

c) a requerimento do interessado e no interesse da administração, o servidor público estável, ocupante de determinado cargo volta a ocupar cargo outro, para o qual já tenha sido aprovado em certame público.

d) por força de decisão judicial ou administrativa, é invalidada a demissão e a ocupação pelo servidor público estável do cargo resultante da transformação daquele ocupado no momento da demissão.

e) no interesse da administração, o servidor público estável, voluntariamente aposentado nos últimos 5 anos, voltar ocupar o mesmo cargo.

COMENTÁRIOS

✪ **Nota do autor:** A **reversão** é o **retorno do aposentado à ativa** e pode ocorrer quando o servidor tenha se aposentado por invalidez ou voluntariamente, como prevê o art. 25, da Lei nº 8.112/90. O aposentado **voltará para o mesmo cargo ou para cargo resultante de sua transformação.**

Alternativa "a". A alternativa faz menção à **reintegração.**

Alternativa "b". A alternativa faz menção à **recondução.**

Alternativa "e" (responde as alternativas "c" e "d"). A reversão pode ocorrer com o servidor aposentado por invalidez, quando junta médica oficial declarar insubsistentes os motivos da aposentadoria ou, ainda, no interesse da administração, desde que o servidor aposentado: a) tenha solicitado a reversão; b) a aposentadoria tenha sido voluntária; c) estável quando na atividade; d) a aposentadoria tenha ocorrido nos cinco anos anteriores à solicitação; e) haja cargo vago.

Alternativa correta: letra "e".

---

57. (FCC – Juiz do Trabalho Substituto 6ª Região/2015) Sandro, servidor público, ocupa cargo efetivo de engenheiro, integrante do quadro de autarquia federal responsável pelos sistemas de transporte rodoviário. Tendo em vista a sua classificação no concurso público de ingresso, Sandro teve a oportunidade de ocupar cargo lotado em unidade regional da autarquia, localizada próxima à cidade onde reside. Ocorre que, no decorrer do tempo, diversos cargos do quadro de engenheiros da autarquia ficaram vagos em função de aposentadorias e desligamentos, prejudicando o atendimento em determinadas localidades. Considerando as disposições da Lei federal nº 8.112/1990, Sandro

a) poderá sofrer remoção, de ofício, no interesse da Administração, ainda que com mudança de sede.

b) caso removido de ofício pela Administração para outra localidade, terá prioridade para recondução à lotação de origem na hipótese de abertura de novo concurso público para provimento de cargos vagos.

c) poderá ter a sua lotação alterada para outra sede, no interesse da Administração, desde que instaurado processo seletivo de remoção.

d) somente poderá ser removido a pedido, salvo se ainda não tiver completado o período de estágio probatório.

e) somente estará obrigado a exercer suas atribuições em localidade diversa de sua lotação original na hipótese de redistribuição do seu cargo.

COMENTÁRIOS

Alternativa "a" (responde as alternativas "c" e "d"). A **remoção** é o deslocamento do servidor, a pedido ou de ofício, no âmbito do mesmo quadro, com ou sem mudança de sede. Caso ocorra de ofício, a remoção se dará no interesse da Administração. Porém, se a **remoção** for feita a pedido do servidor, poderá se dar: a) **a critério da Administração**; ou b) para outra localidade, **independentemente do interesse da Administração**: – para acompanhar cônjuge ou companheiro, também servidor público civil ou militar, de qualquer dos Poderes da União, dos Estados, do Distrito Federal e dos Municípios, que foi deslocado no interesse da Administração; – por motivo de saúde do servidor, cônjuge, companheiro ou dependente que viva às suas expensas e conste do seu assentamento funcional, condicionada à comprovação por junta médica oficial; – em virtude de processo seletivo promovido, na hipótese em que o número de interessados for superior ao número de vagas, de acordo com normas preestabelecidas pelo órgão ou entidade em que aqueles estejam lotados.

Alternativa "b" (responde a alternativa "e"). A **recondução** é o retorno do servidor estável ao cargo anteriormente ocupado e decorrerá da inabilitação em estágio probatório relativo a outro cargo e da reintegração do anterior ocupante (artigo 29 da Lei 8112/90).

Alternativa correta: letra "a".

58. (TRT 8 – Juiz do Trabalho Substituto 8ª Região/2015) Em relação às penalidades aplicáveis ao servidor público, de que trata a Lei nº 8.112, de 11 de dezembro de 1990, é INCORRETO afirmar que:

a) As penalidades consistem em advertência, suspensão, demissão, cassação de aposentadoria ou disponibilidade, destituição de cargo em comissão e destituição de função comissionada.
b) A suspensão poderá ser aplicada ao servidor, por até 15 dias, na hipótese em que, injustificadamente, recusar-se a ser submetido à inspeção médica determinada pela autoridade competente, cessando os efeitos da penalidade uma vez cumprida a determinação.
c) Não é cabível a conversão da penalidade de suspensão por multa.
d) Somente será cassada a aposentadoria ou a disponibilidade do inativo, se tiver praticado, na atividade, falta punível com a demissão.
e) Diferente do abandono de cargo, a inassiduidade habitual, caracteriza- se pela falta injustificada do servidor ao serviço, por sessenta dias, interpoladamente, durante o período de doze meses.

COMENTÁRIOS

✪ **Nota do autor:** O regime disciplinar dos servidores públicos federais elenca os deveres, as proibições, as penalidades e as responsabilidades atinentes a referidos agentes. A matéria está disciplinada nos artigos 116 a 142 da Lei nº 8.112/90.

Alternativa "a". Nos termos do art. 127, são penalidades disciplinares a advertência, a suspensão; a demissão; a cassação de aposentadoria ou disponibilidade; a destituição de cargo em comissão e a destituição de função comissionada.

Alternativa "b". A situação descrita na alternativa está prevista expressamente no art. 130, §1º: "Será punido com suspensão de até 15 (quinze) dias o servidor que, injustificadamente, recusar-se a ser submetido a inspeção médica determinada pela autoridade competente, cessando os efeitos da penalidade uma vez cumprida a determinação".

Alternativa "c". Nos termos do art. 130, §2º, da Lei nº 8.112/90, "quando houver conveniência para o serviço, a penalidade de suspensão poderá ser convertida em multa, na base de 50% (cinquenta por cento) por dia de vencimento ou remuneração, ficando o servidor obrigado a permanecer em serviço".

Alternativa "d". A pena de cassação de aposentadoria ou disponibilidade aplica-se quando o inativo que houver praticado, na atividade, falta punível com a demissão (art. 134).

Alternativa "e". O abandono de cargo é "a ausência intencional do servidor ao serviço por mais de trinta dias consecutivos" (art. 138) e, por sua vez, a inassiduidade habitual é "a falta ao serviço, sem causa justificada, por sessenta dias, interpoladamente, durante o período de doze meses" (art. 139).

Alternativa correta: letra "c".

59. (TRT 8 – Juiz do Trabalho Substituto 8ª Região/2015) Nos termos da Lei nº 8.112, de 11 de dezembro de 1990, é INCORRETO afirmar que:

a) Em relação às licenças concedidas ao servidor público federal, na fruição de qualquer delas, é vedado o exercício de atividade remunerada.
b) Poderá ser concedida licença ao servidor por motivo de doença do cônjuge ou companheiro, dos pais, dos filhos, do padrasto ou madrasta e enteado, ou dependente que viva a suas expensas e conste do seu assentamento funcional, desde que comprovada por perícia médica oficial.
c) Será por prazo indeterminado e sem remuneração a licença concedida ao servidor para acompanhar cônjuge ou companheiro que foi deslocado para outro ponto do território nacional, para o exterior ou para o exercício de mandato eletivo dos Poderes Executivo e Legislativo.
d) Em relação à licença para atividade política, esta será concedida sem remuneração, durante o período que mediar entre a sua escolha em convenção partidária, como candidato a cargo eletivo, e a véspera do registro de sua candidatura perante a Justiça Eleitoral, mas a partir do registro da candidatura e até o décimo dia seguinte ao da eleição, o servidor fará jus à licença, assegurados os vencimentos do cargo efetivo, somente pelo período de três meses.
e) Poderá ser concedida ao servidor, pelo prazo de até três anos consecutivos, sem remuneração sempre a critério da Administração, desde que ocupante de cargo efetivo e que não esteja em estágio probatório, licenças para o trato de assuntos particulares, podendo, no entanto, ser interrompida, a qualquer tempo, a pedido do servidor ou no interesse do serviço.

COMENTÁRIOS

✪ **Nota do autor:** São várias as licenças e afastamentos assegurados ao servidor público federal, conforme previsto nos artigos 81 a 96-A e 202 a 214 da Lei nº 8.112/90.

Alternativa "a". A vedação ao exercício de atividade remunerada durante o período de licença depende, na verdade, da espécie de licença a ser usufruída. Assim, por exemplo, na forma do art. 81, §3º, da Lei nº 8.112/90, é vedado o exercício de atividade remunerada durante o período da licença por motivo de doença em pessoa de família, mas, por outro lado, isso é permitido no caso de licença para tratar de interesses particulares, inclusive podendo participar de gerência ou administração de sociedade privada, observada a legislação de conflito de interesses (art. 117, parágrafo único). Por isso, está incorreto o conteúdo da alternativa.

Alternativa "b". Nos termos do art. 83 da Lei nº 8.112/90, poderá "ser concedida licença ao servidor por motivo de doença do cônjuge ou companheiro, dos pais, dos filhos, do padrasto ou madrasta e enteado, ou dependente que viva a suas expensas e conste do seu assentamento funcional, mediante comprovação por perícia médica oficial".

Alternativa "c". A licença por motivo de afastamento do cônjuge está prevista no art. 84 do estatuto federal e pode ser concedida ao servidor "para acompanhar cônjuge ou companheiro que foi deslocado para outro ponto do território nacional, para o exterior ou para o exercício de mandato eletivo dos Poderes Executivo e Legislativo". Terá duração indeterminada, conforme o §1º do mesmo artigo.

Alternativa "d". Em relação à licença para atividade política, nos moldes do que consta no *caput* do art. 86 da Lei nº 8.112/90, o servidor a ela terá direito, sem remuneração, "durante o período que mediar entre a sua escolha em convenção partidária, como candidato a cargo eletivo, e a véspera do registro de sua candidatura perante a Justiça Eleitoral" e, por outro lado, a "partir do registro da candidatura e até o décimo dia seguinte ao da eleição, o servidor fará jus à licença, assegurados os vencimentos do cargo efetivo, somente pelo período de três meses", conforme estabelece o §2º do mesmo artigo.

Alternativa "e". O art. 91 do estatuto prevê que a "critério da Administração, poderão ser concedidas ao servidor ocupante de cargo efetivo, desde que não esteja em estágio probatório, licenças para o trato de assuntos particulares pelo prazo de até três anos consecutivos, sem remuneração" e que "poderá ser interrompida, a qualquer tempo, a pedido do servidor ou no interesse do serviço".

Alternativa correta: letra "a".

---

60. (FCC – Juiz do Trabalho Substituto 1ª Região/2014) Determinado servidor público federal, ocupante de cargo efetivo, foi acometido de doença degenerativa que lhe impôs limitações físicas, impossibilitando-o de exercer as atribuições inerentes ao cargo que ocupa, que demandam, não apenas funções cognitivas mas também relativo esforço físico. Tal situação foi identificada em inspeção médica, que concluiu não estar configurada hipótese de aposentadoria por invalidez permanente. Diante da situação narrada, à luz das disposições da Lei federal nº 8.112/90, o servidor poderá ser

a) submetido a processo de recondução, com avaliação por junta médica, na hipótese de haver indícios de que não subsistem as limitações para o exercício das atribuições de seu cargo.

b) submetido a processo de readaptação, mediante processo seletivo interno para verificar a sua aptidão para o exercício das atribuições de cargo diverso do que ocupa, que, se resultar inviável, determina a colocação do servidor em disponibilidade.

c) afastado do serviço público por invalidez temporária, afastamento esse passível de reversão se considerados insubsistentes os motivos que o determinaram.

d) colocado em disponibilidade, com obrigatoriedade de aproveitamento em cargo ou função com requisitos de aptidão intelectual e remuneração equivalentes ao de origem, caso identificada capacidade para o exercício.

e) readaptado, em cargo de atribuições e responsabilidades compatíveis com a limitação que tenha sofrido, observados os requisitos legais, entre os quais a equivalência de vencimentos.

COMENTÁRIOS

Alternativa "a". A **recondução** é o **retorno do servidor estável ao cargo anteriormente ocupado** e ocorre quando o servidor for inabilitado no estágio probatório de outro cargo ou quando o anterior ocupante do cargo é reintegrado, nos termos do art. 29 da Lei nº 8.112/90.

Alternativa "b". Em se tratando de readaptação, **não há que se falar na realização de processo seletivo interno.**

Alternativa "c". A **reversão** é o **retorno do aposentado à ativa** e pode ocorrer quando o servidor tenha se aposentado por invalidez ou voluntariamente, como prevê o art. 25. O aposentado **voltará para o mesmo cargo ou para cargo resultante de sua transformação**; assim, só se fala em reversão **quando houver aposentadoria por invalidez e não afastamento.**

Alternativa "d". O **aproveitamento** é o retorno do servidor que está em disponibilidade e o cargo em que será aproveitado deverá ter vencimentos e atribuições compatíveis com o anteriormente ocupado (art. 30 da Lei nº 8.112/90).

Alternativa "e". A **readaptação** é destinada ao servidor que passou a sofrer de **limitação** em sua capacidade física ou mental e, em razão disso, não é capaz de desempenhar as atribuições inerentes ao cargo que ocupa, conforme verificado em inspeção médica, e assim, será investido em outro **cargo com atribuições e responsabilidade compatíveis** com suas limitações e desde que o novo cargo seja de atribuições afins e seja respeitada a equivalência de vencimentos, o nível de escolaridade e a habilitação exigida, consoante o art. 24 da Lei nº 8.112/90.

Alternativa correta: letra "e".

---

61. (FCC – Juiz do Trabalho Substituto 18ª Região/2014) A Lei Federal nº 8.112/1990 prevê, dentre as hipóteses de licenciamento do servidor, a concessão de licença para atividade política (art. 86); e licença para tratar de interesses particulares (art. 91). Sobre tais atos administrativos, é correto afirmar que

a) o primeiro é ato discricionário e revogável; o segundo é ato vinculado e irrevogável.

b) o primeiro é ato vinculado e irrevogável; o segundo é ato discricionário e revogável.

c) ambos são atos discricionários e revogáveis.

d) ambos são atos vinculados e irrevogáveis.

e) o primeiro é ato vinculado e revogável; o segundo é ato discricionário e irrevogável.

COMENTÁRIOS

✪ **Nota do autor:** No estatuto dos servidores federais, Lei 8.112/90, as licenças estão elencadas no art. 81.

Alternativa "b" (responde as demais alternativas). O art. 86 da Lei 8.112/90 disciplina a licença para atividade política, que é a licença para que o servidor possa desenvolver as atividades inerentes a sua campanha política. Ela tem **início com a escolha do servidor em convenção partidária**, como candidato a cargo eletivo, e segue até o 10º dia seguinte ao encerramento das eleições. A sua concessão é direito do servidor, não cabendo análise de conveniência e oportunidade por parte da Administração Pública. Trata-se de ato vinculado e, por isso mesmo, é irrevogável. Por outro lado, a licença para tratar de interesses particulares, prevista no art. 91 da Lei, pode ser concedida (é discricionária a concessão) ao servidor ocupante de cargo efetivo, desde que não esteja em estágio probatório, por até três anos consecutivos, sem remuneração. Uma vez concedida, a licença pode ser interrompida, a qualquer tempo, a pedido do servidor ou no interesse do serviço.

Alternativa correta: letra "b".

---

62. (CESPE – Juiz do Trabalho Substituto 5ª Região/2013) Assinale a opção correta em relação à ajuda de custo no âmbito da Lei n.º 8.112/1990.

a) É vedada a concessão de ajuda de custo àquele que, não sendo servidor da União, for nomeado para cargo em comissão, com mudança de domicílio.

b) O servidor ficará obrigado a restituir a ajuda de custo quando, injustificadamente, não se apresentar na nova sede no prazo de quinze dias.

c) A ajuda de custo destina-se a compensar as despesas de instalação do servidor que, no interesse do serviço, passar a ter exercício em nova sede, com mudança de domicílio em caráter eventual.

d) É vedado o duplo pagamento de indenização a título de ajuda de custo, a qualquer tempo, no caso de o servidor passar a ter exercício na mesma sede de seu cônjuge ou companheiro, também servidor, anteriormente agraciado com o benefício.

e) Cabe ajuda de custo ao servidor que se afastar do cargo, ou reassumi-lo, em virtude de mandato eletivo.

COMENTÁRIOS

✪ **Nota do autor:** Em relação à ajuda de custo, cuidado para não a confundir com a diária, pois esta é devida quando o servidor se ausentar de maneira transitória de sua localidade e, ao contrário, a ajuda de custo tem relação com a permanência da mudança.

Alternativa "a". Ao contrário do que propõe a assertiva, será concedida ajuda de custo àquele que, não sendo servidor da União, for nomeado para cargo em comissão, com mudança de domicílio (art.56).

Alternativa "b". Conforme artigo 57 da Lei nº 8.112/90, o servidor é obrigado a restituir a ajuda de custo quando, injustificadamente, não se apresentar na nova sede no prazo de trinta dias, e não quinze, como consta na alternativa.

Alternativa "c". A **ajuda de custo** serve para compensar as **despesas de instalação do servidor que passa a ter exercício, de maneira definitiva, em nova localidade** (art. 53).

Alternativa "d". Nos termos da segunda parte do artigo 53 da Lei nº 8.112/90, é vedado o duplo pagamento de indenização, a qualquer tempo, no caso de o cônjuge ou companheiro que detenha também a condição de servidor, e que vier a ter exercício na mesma sede.

Alternativa "e". O art. 55 determina, expressamente, que "não será concedida ajuda de custo ao servidor que se afastar do cargo, ou reassumi-lo, em virtude de mandato eletivo".

Alternativa correta: letra "d".

---

63. (FCC – Juiz do Trabalho Substituto 6ª Região/2013) Paulo, servidor público ocupante de cargo efetivo e exercendo função comissionada de Chefia, retirou, sem autorização da autoridade responsável, documento interno da repartição em que atua. De acordo com o regime disciplinar previsto na Lei no 8.112/90, a conduta de Paulo enseja a aplicação de pena de

a) destituição da função comissionada.

b) demissão.

c) advertência.

d) suspensão.

e) multa.

COMENTÁRIOS

Nota do autor: As **penas** que podem ser aplicadas ao servidor são: **advertência, suspensão, multa, demissão, cassação de aposentadoria e disponibilidade, destituição de cargo em comissão e destituição de função de confiança.**

Alternativa "c" (responde as demais alternativas). A pena de **advertência** é uma **repreensão feita por escrito e anotada no prontuário do servidor.** Tem cabimento, conforme artigo 129 da Lei nº 8.112/90, quando se tratar de violação dos deveres funcionais constantes do artigo 117, I a VIII e XIX, ou quando houver inobservância de dever funcional previsto em lei, regulamento ou norma interna e não se justifique pena mais grave. Assim, o referido dispositivo (art. 117) dispõe que são puníveis com advertência as seguintes condutas: ausentar-se do serviço durante o expediente, sem prévia autorização do chefe imediato; **retirar, sem prévia anuência da autoridade competente, qualquer documento ou objeto da repartição**; recusar fé a documentos públicos; opor resistência injustificada ao andamento de documento e processo ou execução de serviço; promover manifestação de apreço ou desapreço no recinto da repartição; cometer a pessoa estranha à repartição, fora dos casos previstos em lei, o desempenho de atribuição que seja de sua responsabilidade ou de seu subordinado; coagir ou aliciar subordinados no sentido de filiarem-se a associação profissional ou sindical, ou a partido político; manter sob sua chefia imediata, em cargo ou função de confiança, cônjuge, companheiro ou parente até o segundo grau civil; valer-se do cargo para lograr proveito pessoal ou de outrem, em detrimento da dignidade da função pública; recusar-se a atualizar seus dados cadastrais quando solicitado.

Alternativa correta: letra "c".

---

64. (FCC - Juiz do Trabalho Substituto 6ª Região/2013) Considere as seguintes afirmações a respeito dos afastamentos de servidores públicos, na forma prevista pela Lei no 8.112/90, que disciplina o regime jurídico dos servidores públicos civis da União:

I. O afastamento de servidor investido em mandato de vereador dar-se-á quando houver incompatibilidade de horário, sendo-lhe facultado optar pela remuneração.

II. Ao servidor para o qual tenha sido concedido afastamento para estudo ou missão oficial no exterior não será concedida exoneração antes de decorrido período igual ao do afastamento, ressalvada a hipótese de ressarcimento da despesa havida com seu afastamento.

III. O afastamento para o exercício em cargo em comissão ou função de confiança deverá ocorrer com ônus para a entidade cessionária, quando a cessão for para outro órgão ou entidade dos Poderes da União.

Está correto o que se afirma APENAS em

a) II.

b) II e III.

c) I.

d) I e III.

e) I e II.

COMENTÁRIOS

Item I. Certo. De acordo com o artigo 94, III, da Lei nº 8.112/90, o servidor investido em mandato de vereador, havendo **compatibilidade de horário, perceberá as vantagens de seu cargo**, sem prejuízo da remuneração do cargo eletivo. Todavia, **não havendo compatibilidade de horário, será afastado do cargo, sendo-lhe facultado optar pela sua remuneração.**

Item II. Certo. Nos termos do artigo 95, § 2º, também da Lei nº 8.112/90, ao servidor beneficiado por afastamento para estudo ou missão no exterior **não será concedida exoneração ou licença para tratar de interesse particular antes de decorrido período igual ao do afastamento,** ressalvada a hipótese de ressarcimento da despesa havida com seu afastamento.

Item III. Errado. Conforme artigo 93, o **servidor poderá ser cedido para ter exercício em outro órgão ou entidade** dos Poderes da União, dos Estados, ou do Distrito Federal e dos Municípios para **exercício de cargo em comissão ou função de confiança.** Sendo a cessão para órgãos ou entidades dos Estados, do Distrito Federal ou dos Municípios, **o ônus da remuneração será do órgão ou entidade cessionária,** mantido o ônus para o cedente nos demais casos.

Alternativa correta: letra "e" (estão corretos os itens I e II).

---

65. (TRT 14 - Juiz do Trabalho Substituto 14ª Região/2013) Dentre as formas de provimento de cargo público pode-se citar, EXCETO:

a) Promoção.

b) Transferência.

c) Aproveitamento.

d) Recondução.

e) Reversão.

COMENTÁRIOS

Alternativa "b" (responde as demais alternativas). No art. 8º da Lei nº 8.112/90, as **formas de provimento** são: a) nomeação; b) **promoção**; c) readaptação; d) **reversão**; e) **aproveitamento**; f) **recondução**; g) reintegração. A ascensão e a transferência constavam nos incisos III e IV daquele artigo, mas foram revogados pela Lei nº 9.527/97. Mesmo antes da revogação, o Supremo Tribunal Federal já as considerava inconstitucionais porque com a adoção no texto constitucional do acesso aos cargos públicos via concurso público, somente as hipóteses constantes da própria Constituição legitimam a dispensa do certame.

Alternativa correta: letra "b".

66. (FCC – Juiz do Trabalho Substituto 4ª Região/2012) Constitui forma de provimento de cargo público, de acordo com a legislação que rege a matéria:

a) Reversão, consistente no retorno à atividade de servidor aposentado, nas hipóteses previstas em lei, no mesmo cargo ou em cargo resultante de sua transformação.

b) Recondução, consistente no retorno do servidor ao cargo de origem, quando invalidada sua demissão por decisão administrativa ou judicial.

c) Readaptação, consistente no retorno à atividade de servidor aposentado por invalidez, quando junta médica oficial declarar insubsistentes os motivos da aposentadoria.

d) Reversão, consistente no provimento de cargo decorrente de transformação do originalmente ocupado pelo servidor, condicionada a aprovação em processo seletivo específico.

e) Readaptação, consistente na investidura de servidor em cargo de menor complexidade, quando inabilitado em estágio probatório do cargo efetivo originalmente provido.

COMENTÁRIOS

✪ **Nota do autor:** O ato de se prover o cargo público é chamado de **provimento**. Por meio dele, o cargo deixa de ser vago e passa a ser provido. Ocorre tanto nos cargos efetivos quanto nos cargos em comissão e, assim, há o provimento efetivo e o provimento em comissão. Nos termos do art. 8º da Lei nº 8.112/90, são formas de provimento: a) nomeação; b) promoção; c) readaptação; d) reversão; e) aproveitamento; f) recondução; g) reintegração.

Alternativa "a"(responde a alternativa "d"). A **reversão** é o **retorno do aposentado à ativa** e pode ocorrer quando o servidor tenha se aposentado por invalidez ou voluntariamente, como prevê o art. 25. O aposentado **voltará para o mesmo cargo ou para cargo resultante de sua transformação.**

Alternativa "b". A **recondução** é o **retorno do servidor estável ao cargo anteriormente ocupado** e ocorre quando o servidor for inabilitado no estágio probatório de outro cargo ou quando o anterior ocupante do cargo é reintegrado, nos termos do art. 29.

Alternativa "c" (responde a alternativa "e"). A **readaptação** destina-se ao **servidor que passou a sofrer limitação em sua capacidade física ou mental** e, em razão disso, **não é capaz de desempenhar as atribuições inerentes ao cargo que ocupa**, nos termos do art. 24. Nesse caso, o servidor é readaptado, **sendo investido em outro cargo com atribuições e responsabilidades compatíveis com suas limitações.**

Alternativa correta: letra "a".

67. (TRT 8 – Juiz do Trabalho Substituto 8ª Região/2012) Consoante a Lei n. 8.112/90, que trata do regime jurídico único dos servidores públicos federais, assinale a alternativa INCORRETA:

a) O início do exercício de função de confiança coincidirá com a data de publicação do ato de designação, salvo quando o servidor estiver em licença ou afastado por qualquer outro motivo legal, hipótese em que recairá no primeiro dia útil após o término do impedimento, que não poderá exceder a trinta dias da publicação.

b) O substituto fará jus à retribuição pelo exercício do cargo ou função de direção ou chefia ou de cargo de Natureza Especial, nos casos dos afastamentos ou impedimentos legais do titular, superiores a trinta dias consecutivos, paga na proporção dos dias de efetiva substituição, que excederem o referido período.

c) A critério da Administração, poderão ser concedidas ao servidor ocupante de cargo efetivo, desde que não esteja em estágio probatório, licenças para o trato de assuntos particulares pelo prazo de até três anos consecutivos, sem remuneração, que poderá ser interrompida a qualquer tempo, a pedido do servidor ou no interesse do serviço.

d) É vedado ao servidor participar de gerência ou administração de sociedade privada, personificada ou não personificada e exercer o comércio, exceto na qualidade de acionista, cotista ou comanditário. Também é vedada a participação nos conselhos de administração e fiscal de empresas ou entidades em que a União detenha, direta ou indiretamente, participação no capital social ou em sociedade cooperativa constituída para prestar serviços a seus membros.

e) O servidor vinculado ao regime da Lei n. 8.112/90, que acumular licitamente dois cargos efetivos, quando investido em cargo de provimento em comissão, ficará afastado de ambos os cargos efetivos, salvo na hipótese em que houver compatibilidade de horário e local com o exercício de um deles, declarada pelas autoridades máximas dos órgãos ou entidades envolvidos.

COMENTÁRIOS

Alternativa "a". No caso de cargo público, o prazo para entrar em exercício é de quinze dias contados da data da posse. Por outro lado, quando se tratar de função de confiança, o início do exercício coincidirá com a data de publicação do ato de designação, conforme dispõe o art. 15.

Alternativa "b". A alternativa reproduz literalmente o art. 38, § 2º, da Lei nº 8.112/90, que determina que o "substituto fará jus à retribuição pelo exercício do cargo ou função de direção ou chefia ou de cargo de Natureza Especial, nos casos dos afastamentos ou impedimentos legais do titular, superiores a trinta dias consecutivos, paga na proporção dos dias de efetiva substituição, que excederem o referido período".

Alternativa "c". A **licença para tratar de interesses particulares** está disciplinada no art. 91 da Lei nº 8.112/90 e é concedida, a critério da Administração, pelo prazo de até três anos consecutivos, **sem remuneração**. Todavia, **não** pode ser concedida ao servidor em **estágio probatório.**

Alternativa "d". O art. 117 enumera as **proibições** do servidor público; a atual redação do inciso X estabelece ser proibido ao servidor "participar de gerência ou administração de sociedade privada, personificada ou não personificada, exercer o comércio, exceto na qualidade de acionista, cotista ou comanditário". Nos termos mesmo art. 117, parágrafo único, contudo**, a vedação consignada no inciso X não se aplica nos seguintes casos**: a) **participação nos conselhos de administração e fiscal de empresas ou entidades em que a União detenha, direta ou indiretamente, participação no capital social ou em sociedade cooperativa constituída para prestar serviços a seus membros**; b) gozo de licença para o trato de interesses particulares, observada a legislação sobre conflito de interesses. Assim, verifica-se que é **permitida ao servidor público a participação nos conselhos de administração e fiscal de empresas**, motivo pelo qual equivocada a alternativa em questão.

Alternativa "e". Nos termos do art. 120, Lei nº 8.112/90, o servidor que acumular licitamente dois cargos efetivos, quando investido em cargo de provimento em comissão, ficará afastado de ambos os cargos efetivos, salvo na hipótese em que houver compatibilidade de horário e local com o exercício de um deles, declarada pelas autoridades máximas dos órgãos ou entidades envolvidos.

Alternativa correta: letra "d".

---

68. (TRT 15 – Juiz do Trabalho Substituto 15ª Região/2012) Assinale a alternativa **incorreta:**

a) O servidor não aprovado no estágio probatório será exonerado ou, se estável, reconduzido ao cargo anteriormente ocupado, observado o disposto no parágrafo único do art. 29 da Lei 8.112/90.

b) Consideram-se formas de provimento original a nomeação de pessoa estranha aos quadros do serviço público, bem como a de pessoa que já exercia função pública como ocupante de Cargo não vinculado àquele para o qual foi nomeada.

c) A vedação de remuneração de servidor por órgão de deliberação coletiva não se aplica à remuneração devida pela participação em conselhos de administração e fiscal das empresas públicas e sociedades de economia mista, suas subsidiárias e controladas, bem como quaisquer empresas ou entidades em que a União, direta ou indiretamente, detenha participação no capital social, observado o que, a respeito, dispuser legislação específica.

d) O tempo de serviço do servidor afastado para exercer mandato eletivo será contado para todos os efeitos legais, inclusive para promoção por merecimento.

e) O servidor ocupante de cargo em comissão ou de natureza especial poderá ser nomeado para ter exercício, interinamente, em outro cargo de confiança, sem prejuízo das atribuições do que atualmente ocupa, hipótese em que deverá optar pela remuneração de um deles durante o período da interinidade.

COMENTÁRIOS

Alternativa "a". Nos termos do art. 29, da Lei nº 8.112/90, a recondução é "o retorno do servidor estável ao cargo anteriormente ocupado e decorrerá de: I – inabilitação em estágio probatório relativo a outro cargo; II – reintegração do anterior ocupante".

Alternativa "b". O ato de **se prover o cargo público é chamado de provimento**. Por meio dele, o cargo deixa de ser vago e passa a ser **provido**. Ocorre tanto nos cargos efetivos quanto nos cargos em comissão. Ademais, insta destacar que há o **provimento originário** e o **provimento derivado.** Naquele, **a investidura** no cargo integrante de determinada carreira é feita pela **primeira vez**, de modo inaugural, enquanto neste, a **investidura é decorrente**.

Alternativa "c" (responde, também, a alternativa "e"). De acordo com o art. 9º do Estatuto, o servidor ocupante de cargo em comissão ou de natureza especial poderá ser nomeado para ter exercício, interinamente, em outro cargo de confiança, sem prejuízo das atribuições do que atualmente ocupa, hipótese em que deverá optar pela remuneração de um deles durante o período da interinidade. Por sua vez, o art. 119 estabelece que, com exceção da previsão do art. 9º, o servidor não pode exercer mais de um cargo em comissão e, também, não pode ser remunerado pela participação em órgão de deliberação coletiva. Entretanto, o parágrafo único desse dispositivo abre exceção e permite a remuneração quando for devida pela participação em conselhos de administração e fiscal das empresas públicas e sociedades de economia mista, suas subsidiárias e controladas, bem como quaisquer empresas ou entidades em que a União, direta ou indiretamente, detenha participação no capital social, observado o que, a respeito, dispuser legislação específica.

Alternativa "d": correta. A situação do **servidor ocupante de cargo ou emprego ou função pública**

que é eleito para exercer mandato eletivo foi disciplinada no art. 38 da Constituição Federal. Em tais condições, o servidor não perde seu cargo, mas é apenas afastado e, no período de afastamento para o exercício do mandato eletivo, seu tempo de serviço será contado para todos os efeitos legais, **exceto para promoção por merecimento.**

Alternativa correta: letra "d".

---

69. (TRT 19 – Juiz do Trabalho Substituto 19ª Região/2012) A respeito dos direitos do servidor e à luz da Lei nº 8.112/1990, assinale a alternativa correta:

a) O servidor não poderá ausentar-se do País para estudo ou missão oficial, sem autorização do Presidente da República, Presidente dos Órgãos do Poder Legislativo e Presidente do Supremo Tribunal Federal. A ausência não excederá a 5 (cinco) anos, e finda a missão ou estudo, somente decorrido igual período, será permitida nova ausência.

b) A Gratificação por Encargo de Curso ou Concurso deve ser utilizada como base de cálculo para fins de cálculo dos proventos da aposentadoria e das pensões.

c) As férias somente poderão ser interrompidas a pedido do servidor ou por motivo de calamidade pública, comoção interna, convocação para júri, serviço militar ou eleitoral, ou por necessidade do serviço declarada pela autoridade máxima do órgão ou entidade.

d) O servidor investido em mandato de vereador, não havendo compatibilidade de horário, perceberá as vantagens de seu cargo, embora fique afastado deste, sem prejuízo da remuneração do cargo eletivo.

e) Afora outras condicionantes, os afastamentos para realização de programas de mestrado e doutorado somente serão concedidos aos servidores titulares de cargos efetivos no respectivo órgão ou entidade há pelo menos 3 (três) anos para mestrado e 4 (quatro) anos para doutorado, incluído o período de estágio probatório.

COMENTÁRIOS

Alternativa "a". O equívoco da assertiva encontra-se em sua segunda parte, ao afirmar que a ausência para estudo ou missão oficial não excederá a cinco anos. Isso porque o prazo previsto na legislação é de quatro anos (art. 95, § 1º). Findo tal período, de fato, somente decorrido igual prazo, será permitida nova ausência.

Alternativa "b". A gratificação por encargo de curso é destinada ao servidor que atue como **instrutor** em curso de formação, de desenvolvimento ou de treinamento na Administração Pública Federal; participe de banca examinadora ou de comissão para exames orais, para análise curricular, para correção de provas discursivas, para elaboração de questões de provas ou para julgamento de recursos apresentados por candidatos; que participe de logística de preparação para realização de concurso público; ou, por fim, que participe de aplicação, fiscalização ou avaliação de provas de exame vestibular ou de concurso público ou supervisionar essas atividades. Tais atividades devem ser **exercidas fora do horário de trabalho do servidor ou, se exercidas dentro de sua jornada, deve haver compensação,** para que se tenha direito a gratificação. Esta **não se incorpora ao vencimento para qualquer efeito e não poderá ser utilizada como base de cálculo para quaisquer outras vantagens, inclusive para fins de cálculo dos proventos de aposentadoria e das pensões** (art. 76-A, § 3º da Lei no 8.112/90).

Alternativa "c". O erro da alternativa encontra-se na afirmação de que as férias poderão ser interrompidas "a pedido do servidor". Afinal, tal hipótese não é prevista pela legislação cujo rol de possibilidade de interrupção de férias é taxativo: motivo de calamidade pública, comoção interna, convocação para júri, serviço militar ou eleitoral, ou por necessidade do serviço declarada pela autoridade máxima do órgão ou entidade.

Alternativa "d". Ao servidor investido no mandato de vereador, havendo compatibilidade de horário, perceberá as vantagens de seu cargo, sem prejuízo da remuneração do cargo eletivo. Não havendo compatibilidade, será afastado do cargo, **sendo-lhe facultado optar pela remuneração** (art. 94, III).

Alternativa "e". O servidor poderá, no interesse da Administração, afastar-se do exercício do cargo efetivo, com a respectiva remuneração, para participar em programa de pós-graduação *stricto sensu* em instituição de ensino superior no País. Os afastamentos para realização de programas de mestrado e doutorado somente serão concedidos aos servidores titulares de cargos efetivos no respectivo órgão ou entidade há pelo menos três anos para mestrado e quatro anos para doutorado, incluído o período de estágio probatório, que não tenham se afastado por licença para tratar de assuntos particulares para gozo de licença capacitação ou com fundamento neste artigo nos dois anos anteriores à data da solicitação de afastamento (art. 96-A, § 2º).

Alternativa correta: letra "e".

---

70. (TRT 21 – Juiz do Trabalho Substituto 21ª Região/2012) Paulo da Luz ingressou no serviço público no cargo de Analista Judiciário do TRF em 10.04.2000. Em agosto de 2010 foi aprovado em concurso público para o cargo de Auditor Fiscal do Ministério da Fazenda. Para evitar a acumulação ilícita de cargos públicos, solicitou exoneração do cargo ocupando no TRF. Em dezembro de 2011, após regular tramitação de processo administrativo, Paulo foi demitido pelo Ministério da Fazenda pela prática de insubordinação grave em serviço, ainda no curso do estágio probatório. Diante desse fato, considerando que o servidor deixou o cargo de Analista Judiciário, após aprovado no estágio probatório, e considerando, ainda, as disposições do regime jurídico dos servidores públicos civis da União, é correto afirmar que:

a) poderá pleitear a sua recondução ao cargo anterior, pois já era detentor de estabilidade;

b) poderá pleitear a sua reintegração ao cargo anterior, uma vez que já cumpriu o estágio probatório;

c) não lhe assiste qualquer direito em relação ao cargo de Analista Judiciário, visto que seu desligamento do cargo de Auditor Fiscal ocorreu por demissão;

d) a sua demissão é nula, visto que a insubordinação, ainda que grave, não é hipótese de demissão, nos termos da Lei 8.112/90, logo poderá pleitear a sua reintegração e regular cumprimento do estágio probatório;

e) Paulo poderá interpor mandado de segurança para ter deferido o seu retorno ao cargo de Analista Judiciário, visto que, tendo sido aprovado no estágio probatório, possui direito líquido e certo.

COMENTÁRIOS

Alternativa "b". A **reintegração** é a reinvestidura do servidor no cargo antes ocupado quando sua demissão foi anulada por decisão administrativa ou judicial, tendo direito ao ressarcimento de remuneração e vantagens não percebidas.

Alternativa "c" (responde também a alternativa "a"). Com relação ao cargo de Analista, a única possibilidade em que se vislumbra eventual retorno a tal cargo, seria a **recondução**, ou seja, o retorno do servidor estável ao cargo anteriormente ocupado. Depende, contudo, de duas hipóteses: I) inabilitação em estágio probatório relativo a outro cargo; II) reintegração do anterior ocupante (artigo 29 da Lei 8.112/90); hipóteses essas que não se aplicam ao presente caso.

Alternativa "d". Nos termos da Lei nº 8.112/90, art. 132, VI, a **insubordinação grave** é punida com demissão.

Alternativa "e". O servidor não possui direito líquido e certo para ser reconduzido ao seu cargo anterior. Isso apenas ocorreria se não houvesse sido aprovado no estágio probatório. Tendo em vista que foi penalizado com pena de demissão, não há que se falar em direito à recondução.

Alternativa correta: letra "c".

5. PODERES ADMINISTRATIVOS

- CTN, art. 78
- Lei nº 9.873/99
- CF, art. 84, VI

71. (FCC - Juiz do Trabalho/2017) A respeito dos poderes da Administração pública, é correto afirmar:

a) O poder de rever atos e decisões e de decidir conflitos de competência entre subordinados são desdobramentos ou decorrências do poder disciplinar.

b) As multas decorrentes do poder de polícia devem ser executadas na via administrativa.

c) Compete privativamente ao Presidente da República dispor, mediante decreto, sobre (i) organização e funcionamento da Administração federal, quando não implicar aumento de despesa nem criação ou extinção de órgãos públicos; e (ii) extinção de funções ou cargos públicos, quando vagos.

d) Em matéria de poder de polícia, suspende-se a prescrição da ação punitiva por qualquer ato inequívoco que importe em manifestação expressa de tentativa de solução conciliatória no âmbito interno da Administração pública federal.

e) É da competência exclusiva da Câmara dos Deputados sustar os atos normativos do Poder Executivo que exorbitem do poder regulamentar ou dos limites de delegação legislativa.

COMENTÁRIOS

Alternativa "a". Na verdade, as situações descritas na alternativa retratam exemplos do poder hierárquico e não do poder disciplinar.

Alternativa "b". Pela autoexecutoriedade, a Administração Pública pode executar, por seus próprios meios, os atos necessários à medida de polícia administrativa, não necessitando recorrer ao Poder Judiciário, mas em relação à multa deve ser feita uma ressalva, pois para se impor a multa não é necessária nenhuma medida judicial, isto é, não é preciso ordem judicial para se multar, porém, se a multa não for paga voluntariamente, sua cobrança somente será feita em ação de execução fiscal, porque não pode a Administração, por seus meios, realizar a constrição de bens do devedor. Assim, existe autoexecutoriedade na imposição da multa, mas não há em sua cobrança, quando resistida.

Alternativa "c". No exercício do poder regulamentar, além do tradicional **decreto executivo** – que tem por finalidade regulamentar, explicar uma lei para que esta possa ser fielmente cumprida – há o **decreto** ou **regulamento autônomo**, que é um ato administrativo normativo, que pode inovar na ordem jurídica e que tem seu fundamento diretamente estabelecido no texto constitucional, dispondo sobre matéria não constante em lei. Nos termos do art. 84, VI, da Constituição Federal, é competência do Presidente da República dispor, mediante decreto, sobre a administração federal, desde que não implique aumento de despesa, não faça a criação ou extinção de órgão público nem a extinção de função pública provida ou cargo público provido (por decreto, pode extinguir cargo vago ou função vaga).

Alternativa "d". Na esfera federal, **prescreve em 5 anos a ação punitiva da Administração Pública**, direta ou indireta, **no exercício do poder de polícia**, objetivando apurar a infração, contados da prática do ato, ou no caso de infração permanente ou continuada, no dia em que tiver cessado (art. 1º da Lei nº 9.873/99). Nos casos de procedimentos administrativos paralisados por mais de três anos, pendentes de julgamento ou despacho, também incide a prescrição (Lei nº 9.873/99). Nos casos de prescrição da ação punitiva da Administração, no caso das sanções de polícia será **interrompido** (art. 2º): a) pela citação do acusado, ainda que por edital; b) por qualquer ato inequívoco pelo qual se demonstre o interesse administrativo na apuração do fato; e c) pela decisão condenatória recorrível. A lei ainda estabelece no art. 3º, casos de **suspensão do prazo prescricional**: I – dos compromissos de cessação ou de desempenho, respectivamente, previstos nos arts. 53 e 58 da Lei nº 8.884, de 11 de junho de 1994; e II – do termo de compromisso de que trata o § 5º do art. 11 da Lei nº 6.385, de 7 de dezembro de 1976, com a redação dada pela Lei nº 9.457, de 5 de maio de 1997.

Alternativa "e". É da competência exclusiva do **Congresso Nacional** sustar os atos normativos do Poder Executivo que exorbitem do poder regulamentar ou dos limites de delegação legislativa, na forma do art. 49, V, da Constituição Federal.

Alternativa correta: letra "c".

---

72. (FCC – Juiz do Trabalho Substituto 6ª Região/2015) Na lição de Hely Lopes Meirelles, os poderes administrativos nascem com a Administração e se apresentam diversificados segundo as exigências do serviço público, o interesse da coletividade e os objetivos a que se dirigem. Esclarece o renomado administrativista que, diferentemente dos poderes políticos, que são estruturais e orgânicos, os poderes administrativos são instrumentais.

Uma adequada correlação entre o poder administrativo citado e sua utilização pela Administração é:

a) o poder disciplinar possibilita às autoridades administrativas a práticas de atos restritivos de direitos individuais dos cidadãos, nos limites previstos em lei.

b) o poder normativo autoriza a Administração a estabelecer condutas e as correspondentes punições aos servidores públicos, para ordenar a atuação administrativa.

c) o poder de polícia comporta atos preventivos e repressivos, exercidos pela Administração para condicionar ou restringir atividades ou direitos individuais, no interesse da coletividade.

d) o poder regulamentar atribuído, pela Constituição Federal, ao Chefe do Executivo, o autoriza a editar normas autônomas em relação a toda e qualquer matéria de organização administrativa e complementares à lei em relação às demais matérias.

e) o poder hierárquico autoriza a aplicação de penalidades aos servidores públicos e demais pessoas sujeitas à disciplina administrativa em razão de vínculo contratual estabelecido com a Administração.

COMENTÁRIOS

✪ **Nota do autor:** Para que seja possível a materialização das medidas administrativas necessárias a consecução do interesse público, a Administração dispõe dos chamados poderes administrativos, ou seja, instrumentos, ferramentas, mecanismos indispensáveis para esse agir. Os **poderes administrativos** são **as prerrogativas à disposição da Administração destinadas à viabilização do interesse público.**

Alternativa "a". O **poder disciplinar** é a prerrogativa pela qual a Administração apura as infrações e aplica as penalidades ao infrator, que pode ser um servidor público ou particular sujeito à disciplina administrativa.

Alternativa "b" (responde a alternativa "d"). O **poder normativo** permite à Administração editar normas gerais e abstratas, observando os princípios da legalidade e as regras de competência. Conforme Maria Sylvia Zanella Di Pietro, o **poder regulamentar** é espécie do poder normativo, conferindo ao Chefe do Executivo a prerrogativa de editar atos gerais e abstratos, complementares à lei, **sem inovar, de forma original, a ordem jurídica**. Normalmente, se manifesta pela expedição de decretos executivos destinados a explicitar, aclarar, explicar a lei para que possa ser posta em prática, e essa possibilidade de regulamentação não é privativa do Chefe do Poder Executivo, pois o Judiciário (provimentos, resoluções) e o Legislativo (regimento) também podem regulamentar as leis, mas a regulamentação não é tão extensa quanto à feita pelo Poder Executivo.

Alternativa "c". Conforme Hely Lopes Meirelles, o poder de polícia é definido como a **"faculdade de que dispõe a Administração Pública para condicionar e restringir o uso e gozo de bens, atividades e direitos individuais, em benefício da coletividade ou do próprio Estado"**[38]. Pode-se, assim, afirmar que o poder de polícia é uma atividade administrativa consistente em **intervir no exercício de direitos e liberdades individuais, impondo restrições e condições para que o interesse particular não cause prejuízo ao interesse público**, manifestando-se de forma preventiva ou repressiva, a depender se o interesse público está na iminência de ser lesado ou se isso já está ocorrendo.

Alternativa "e". O **poder hierárquico** é uma ferramenta de grande valia para a Administração porque possibilita a concatenação de suas ações em busca da satisfação do interesse público. Por ele, tem-se a organização, a estruturação, criando-se uma **relação de coordenação e subordinação** entre os diversos órgãos criados. É com base na hierarquia que se pode **avocar, delegar, ordenar, controlar, corrigir e aplicar sanções.** A alternativa faz menção ao **poder disciplinar.**

Alternativa correta: letra "c".

---

38 MEIRELLES, Hely Lopes. *Direito administrativo brasileiro.* 36 ed. São Paulo: Malheiros, 2010. p. 134.

73. (FCC – Juiz do Trabalho Substituto 15ª Região/2015) O exercício do poder de polícia contemporaneamente seria melhor referido como função de polícia, esclarecendo Diogo de Figueiredo Moreira Neto que "o emprego do poder estatal para restringir e condicionar liberdades e direitos individuais é uma exceção às suas correspectivas afirmações e garantias constitucionais,..." (Curso de Direito Administrativo, Rio de Janeiro: Forense, 16. ed, p. 438), de cuja lição se pode depreender que

a) é a legislação que promove a essencial limitação e condicionamento aos direitos e garantias individuais, cabendo ao exercício da função de polícia a correta aplicação dessas disposições.

b) a atuação de polícia depende de expressa prescrição normativa, de forma que os órgãos de controle possam averiguar se as limitações e condicionamentos foram bem aplicados.

c) inexiste margem de apreciação no exercício do poder de polícia, tendo em vista que, devido ao caráter excepcional, todas as limitações devem estar previstas na legislação vigente.

d) não há possibilidade de delegação do exercício do poder de polícia, tendo em vista que a lei estabelece o destinatário da norma e o titular do exercício das funções administrativas.

e) a atuação vinculada da Administração no exercício do poder de polícia não procede, cabendo à Administração reservar a análise discricionária do tema para si, a fim de garantir a efetividade dessa manifestação de competência.

COMENTÁRIOS

✪ **Nota do autor:** No que se refere aos limites do poder de polícia, não há dúvida de que incidem limites, como ocorre em qualquer outra atividade administrativa, pois deve estar em consonância com os princípios da Administração Pública. O cerne da existência do poder de polícia é a preservação do interesse público em face de atividade particular nociva e, assim, sua atuação deve ser na medida necessária para tanto, respeitando-se os direitos fundamentais. Nesse controle da atividade de polícia administrativa tem realce o **princípio da razoabilidade,** pois a **medida de polícia administrativa** adotada deve ser **razoável**, isto é, deve ser **adequada, necessária e proporcional**.

Alternativa "a". No exercício do **poder de polícia**, considerado em seu sentido amplo, a Administração Pública pode impor limites ao exercício de direito por meio de lei. Isso porque, como qualquer outra atividade administrativa, a atuação deve se dar à luz do **princípio da legalidade**, que, em Direito Administrativo, significa que a atuação deve se dar conforme a lei e, mais, somente nos limites em que a lei permitir (**nada contra lei e nada sem lei**), entendida a expressão "lei" em sentido amplo, melhor aplicando-se a expressão "direito".

Alternativa "b" (responde as alternativas "c" e "e"). Os atributos ou características do poder de polícia são a discricionariedade, a autoexecutoriedade e a coercibilidade. **Em regra, a atividade de polícia administrativa é discricionária**, havendo liberdade de escolha do administrador em relação ao momento de atuação, à forma de atuação e, às vezes, até no que se refere a qual sanção aplicar. Todavia, **nem sempre há discricionariedade e o poder de polícia pode ser manifestação administrativa vinculada**, como são exemplos a licença para dirigir e a licença para construir. A autoexecutoriedade aponta que a Administração Pública pode praticar diretamente os atos afetos à polícia administrativa, não necessitando recorrer ao Poder Judiciário. Assim, a Administração não precisa de ordem judicial para multar, interditar, apreender e demais medidas de polícia, devendo tal prerrogativa, obviamente, ser compatibilizada com a inviolabilidade do domicílio consagrada no texto constitucional.

Alternativa "d". O poder de polícia, de maneira geral, não é **passível de delegação a particulares**, sendo exceção a situação dos **capitães de navios**, conforme aponta a doutrina. Muitos costumam apontar, de igual modo, os radares instalados em rodovias pelas concessionárias de serviço público como expressão do poder de polícia. Na verdade, não são atos de polícia, mas meros **atos preparatórios do ato jurídico do poder de polícia.** Não pode haver confusão com a delegação para pessoa de direito privado integrante da administração indireta, pois, de acordo a tese fixada pelo STF, "É constitucional a delegação do poder de polícia, por meio de lei, às pessoas jurídicas de direito privado, integrantes da Administração Pública indireta de capital social majoritariamente público que prestem exclusivamente serviço público de atuação própria do Estado e em regime não concorrencial." (RE 633.782)

Alternativa correta: letra "a".

74. (FCC – Juiz do Trabalho Substituto 15ª Região/2015) Quando se fala sobre a coordenação e subordinação de entes, órgãos e agentes entre si e se alude à uma distribuição de funções, para que seja promovida uma sequência de autoridade progressiva, estrutura que viabilizará a ordenação harmônica de atuações, agregada a possibilidade de fiscalização e correção de eventuais irregularidades, trata-se da descrição do poder

a) discricionário da administração, que tem a função de gestão, com esfera de decisão fundada exclusivamente em critérios de conveniência e oportunidade para organização administrativa.

b) disciplinar, que se aplica às relações jurídicas ou não jurídicas travadas pela Administração pública, com vistas ao incremento de controle.

c) de polícia, cujo conteúdo contemporâneo não traz mais o sentido de limitação a direitos e garantias individuais.

d) hierárquico, intrínseco à organização administrativa e que se consubstancia em importante ferramenta para viabilizar a execução das funções administrativas.

e) regulamentar, que constitui verdadeira competência normativa originária para organização da administração, possibilitando não só a estruturação das atividades, mas também a reestruturação de pessoal, com criação e extinção de cargos e empregos visando ganho de eficiência e economicidade.

COMENTÁRIOS

Alternativa "d" (responde as demais alternativas). O **poder hierárquico** é uma ferramenta de grande valia para a Administração porque possibilita a concatenação de suas ações em busca da satisfação do interesse público. Por ele, tem-se a organização, a estruturação, promovendo-se uma **relação de coordenação e subordinação** entre os diversos órgãos criados. Na lição de Hely Lopes Meirelles, o poder hierárquico é o poder "de que dispõe o Executivo para distribuir e escalonar as funções de seus órgãos, ordenar e rever a atuação de seus agentes, estabelecendo a relação de subordinação entre os servidores do seu quadro de pessoal"[39]. Assim, por meio dele, ocorre a organização, a estruturação e cria-se uma relação de coordenação e subordinação entre os diversos órgãos criados, dentro da mesma pessoa jurídica. É com base na hierarquia que se pode **avocar, delegar, ordenar, controlar, corrigir e aplicar sanções.**

Alternativa correta: letra "d" (responde as demais alternativas).

75. (FCC – Juiz do Trabalho Substituto 15ª Região/2015) A Administração estadual editou um decreto delimitando como deveriam ser apresentados e instruídos os requerimentos dos administrados para obtenção de certidões e manifestações dos órgãos competentes quanto ao reconhecimento de limites de imóveis quando confrontantes com bens públicos. A manifestação dos confrontantes é exigida em lei federal para fins de obtenção de retificação de área. Esse decreto configura

a) exacerbação do poder de polícia, tendo em vista que decreto estadual não pode disciplinar as condições formais de apresentação de requerimento cujo objeto é o reconhecimento de direito previsto em lei federal.

b) manifestação do poder de polícia, vez que limita os direitos individuais dos administrados, passando a condicionar o exercício do direito de retificação da área de seus imóveis.

c) exemplo de poder disciplinar, porque possui caráter geral e impessoal, dissociado de vínculo jurídico específico, aplicável isonomicamente a todos os proprietários de bens que confrontem com bens públicos.

d) exteriorização do poder normativo autônomo, tendo em vista que inexiste lei estadual disciplinando a matéria, apenas lei federal, de forma que o decreto é a única norma a tratar do tema na esfera do ente federado em questão.

e) regular exercício do poder regulamentar, tendo em vista que cuida de explicitar as condições para aplicação da lei federal na esfera estadual, no que concerne às confrontações com bens imóveis de titularidade estadual.

COMENTÁRIOS

Alternativa "e" (responde as demais alternativas). Para Maria Sylvia Zanella Di Pietro, o **poder regulamentar** é espécie do poder normativo, conferindo ao Chefe do Executivo a prerrogativa de editar atos gerais e abstratos, complementares à lei, sem inovar, de forma original, a ordem jurídica. Normalmente, manifesta-se pela expedição de decretos executivos destinados a explicitar, aclarar, explicar a lei para que possa ser posta em prática, e essa possibilidade de regulamentação não é privativa do Chefe do Poder Executivo, pois o Judiciário (provimentos, resoluções) e o Legislativo (regimento) também podem regulamentar as leis, mas a regulamentação não é tão extensa quanto a feita pelo Poder Executivo. A manifestação típica do poder regulamentar é o decreto ou regulamento executivo ou de execução, que tem por finalidade regulamentar, explicar uma lei para que esta possa ser fielmente cumprida. Essa atividade de regulamentação tem como limite a própria lei, pois a Constituição Federal estabelece, no art. 84, VI, que é competência do Presidente da República "expedir decretos e regulamentos para sua fiel execução", bem como, no art. 49, V, atribui competência ao Congresso Nacional para sustar os atos normativos que exorbitem do poder regulamentar. No caso narrado na questão, a edição de decreto pela Administração do Estado delimitando como deveriam ser apresentados e instruídos os requerimentos dos administrados para obtenção de certidões e manifestações dos órgãos competentes quanto ao reconhecimento de limites de imóveis quando confrontantes com bens públicos é **típica manifestação do poder regulamentar**, porque não há criação de direitos ou obrigações aos administrados; **o decreto restringe-se a explicitar como se dará a aplicação da lei federal em âmbito estadual.**

Alternativa correta: letra "e" (responde as demais alternativas).

76. (FCC – Juiz do Trabalho Substituto 18ª Região/2014) É tradicional a distinção entre polícia judiciária e polícia administrativa. Dentre os critérios que permitem distinguir as duas modalidades de exer-

39 MEIRELLES, Hely Lopes. *Direito administrativo brasileiro*. 36. ed.São Paulo: Malheiros, 2010. p. 124.

cício do poder estatal por agentes públicos, é correto afirmar que a polícia judiciária

a) age somente repressivamente e a polícia administrativa age somente preventivamente.

b) age sempre de maneira vinculada e a polícia administrativa atua sempre de maneira discricionária.

c) é privativa de corporações especializadas e a polícia administrativa é exercida por vários órgãos administrativos.

d) é exercida com autoexecutoriedade e a polícia administrativa é exercida com coercibilidade.

e) atua exclusivamente com base no princípio da tipicidade e a polícia administrativa atua exclusivamente com base no princípio da atipicidade.

COMENTÁRIOS

✪ Nota do autor: A diferença entre polícia administrativa e polícia judiciária é cobrada de forma recorrente nas provas.

Alternativa "c" (responde as demais alternativas). A polícia administrativa e a polícia judiciária são distintas. A polícia administrativa tem como foco a limitação a uma liberdade, ao exercício de um direito para que não seja exercido de forma nociva ao interesse público e a polícia judiciária tem como objetivo a responsabilização do infrator. Outra diferença que pode ser apontada é que a polícia administrativa é regulada pelas normas de direito administrativo e a polícia judiciária pelas normas do direito processual penal. Por outro lado, a atuação repressiva ou preventiva não é critério suficiente para distinguir a polícia administrativa da polícia judiciária, porque o poder de polícia tem manifestações preventivas e repressivas. Normalmente, os órgãos de polícia judiciária exercem as duas formas de polícia como se vê, por exemplo, na polícia civil em relação ao trânsito e na polícia federal no que se refere à atividade de segurança privada. Ao contrário, as atividades de polícia administrativas são realizadas por diversos órgãos administrativos.

Alternativa correta: letra "c" (responde as demais alternativas).

---

77. (TRT 3 – Juiz do Trabalho Substituto 3ª Região/2013) Relativamente aos poderes administrativos é incorreto afirmar:

a) O poder discricionário confere ao administrador público liberdade de escolha da conveniência, oportunidade e conteúdo do ato.

b) O poder vinculado impõe ao agente público a restrição rigorosa aos preceitos legais, sem qualquer liberdade de ação.

c) O poder hierárquico tem por objetivo ordenar, controlar, coordenar e corrigir as atividades administrativas no âmbito interno da Administração pública.

d) O poder regulamentar é a faculdade de que dispõem os chefes do Executivo, em todas as esferas, de explicar a lei para a sua correta execução.

e) O poder de polícia é a faculdade punitiva interna da Administração e só abrange as infrações relacionadas com o serviço.

COMENTÁRIOS

Alternativa "a". O **poder discricionário** é o que o "Direito concede à Administração, de modo explícito ou implícito, para a prática de atos administrativos com **liberdade na escolha de sua conveniência, oportunidade e conteúdo."**[40]

Alternativa "b". O **poder vinculado** é aquele que a lei "confere à Administração Pública para a prática de ato de sua competência, determinando os elementos e requisitos necessários a sua formalização"[41].

Alternativa "c". O **poder hierárquico** é "o de que dispõe o Executivo para distribuir e escalonar as funções de seus órgãos, ordenar e rever a atuação de seus agentes, estabelecendo a relação de subordinação entre os servidores do seu quadro de pessoal"[42].

Alternativa "d". O **poder regulamentar** consiste na "faculdade de que dispõem os Chefes do Executivo de explica a lei para sua correta execução, ou de expedir decretos autônomos sobre matéria de sua competência ainda não disciplinada em lei"[43].

Alternativa "e". O poder de polícia, conforme Hely Lopes Meirelles, é a "**faculdade de que dispõe a Administração Pública para condicionar e restringir o uso e gozo de bens, atividades e direitos individuais, em benefício da coletividade ou do próprio Estado"**[44].

Alternativa correta: letra "e".

---

78. (FCC – Juiz do Trabalho Substituto 6ª Região/2013) Considere (i) imposição de restrição ao exercício de atividade que enseje risco à saúde pública; (ii) aplicação de pena de suspensão do direito de contratar com a Administração a particular que descumpriu obrigações decorrentes de contrato administrativo; (iii) edição de regimento disciplinando o funcionamento de órgão público colegiado.

Referidos atos caracterizam, respectivamente, representação do exercício, pela Administração, de poder

---

40 MEIRELLES, Hely Lopes. *Direito administrativo brasileiro*. 36 ed. São Paulo: Malheiros, 2010. p. 121.

41 MEIRELLES, Hely Lopes. *Direito administrativo brasileiro*. 36 ed. São Paulo: Malheiros, 2010. p. 120.

42 MEIRELLES, Hely Lopes. *Direito administrativo brasileiro*. 36 ed. São Paulo: Malheiros, 2010. p. 121.

43 MEIRELLES, Hely Lopes. *Direito administrativo brasileiro*. 36 ed. São Paulo: Malheiros, 2010. p. 130.

44 *Direito administrativo brasileiro*. 36 ed. São Paulo: Malheiros, 2010. p. 134.

a) de polícia; hierárquico e disciplinar.

b) normativo; hierárquico e disciplinar.

c) regulamentar; de polícia e hierárquico.

d) de polícia, disciplinar e normativo.

e) disciplinar; hierárquico e regulamentar.

COMENTÁRIOS

Alternativa "d" (responde todas as alternativas). O **poder de polícia**, em seu sentido restrito, é caracterizado como a "faculdade de que dispõe a Administração para condicionar e restringir o uso e gozo de bens, atividades e direitos individuais, em benefício da coletividade ou do próprio Estado"[45]. Por meio dele tutela-se o interesse público frente ao interesse particular que lhe é nocivo. O **poder disciplinar,** por sua vez, pode ser definido como a prerrogativa pela qual a Administração apura as infrações e aplica as penalidades aos infratores, que pode ser um servidor público ou particular sujeito à disciplina administrativa. Já o **Poder normativo** é a prerrogativa conferida à Administração Pública de editar atos gerais para complementar as leis e possibilitar sua efetiva aplicação. Quanto ao **poder hierárquico, cumpre destacar que se trata da** a prerrogativa que a Administração Pública tem de se organizar para buscar o interesse público e, para isso, desconcentra competências, isto é, distribui internamente competência entre seus diversos órgãos, escalonando-os, hierarquizando-os. Com isso, cria-se uma **relação de hierarquia** entre os órgãos, pelo que os subordinados têm o dever de obediência aos superiores. Desse modo, as hipóteses descritas no enunciado referem-se, respectivamente, aos poderes de polícia, disciplinar e normativo.

Alternativa correta: letra "d".

---

79. (TRT 8 – Juiz do Trabalho Substituto 8ª Região/2013) Assinale a alternativa CORRETA:

a) Constitui ato de improbidade administrativa, importando enriquecimento ilícito, auferir qualquer tipo de vantagem patrimonial indevida em razão do exercício de cargo, mandato, função, emprego ou atividade perante a administração direta, indireta ou fundacional de qualquer dos Poderes da União, dos Estados, do Distrito Federal, dos Municípios, de Território, de empresa incorporada ao patrimônio público ou de entidade para cuja criação ou custeio o erário haja concorrido ou concorra com no mínimo cinquenta por cento do patrimônio ou da receita anual, sujeitando o infrator à perda dos bens ou valores acrescidos ilicitamente ao patrimônio, ressarcimento integral do dano, quando houver, perda da função pública, suspensão dos direitos políticos de oito a dez anos, pagamento de multa civil de até três vezes o valor do acréscimo patrimonial e proibição de contratar com o Poder Público ou receber benefícios ou incentivos fiscais ou creditícios, direta ou indiretamente, ainda que por intermédio de pessoa jurídica da qual seja sócio majoritário, pelo prazo de dez anos.

b) Dentre os poderes afetos à Administração Pública, destaca-se o poder regulamentar, que é a prerrogativa que lhe é conferida para complementar as leis e permitir a sua efetiva aplicação, não se inserindo dentro dela a aptidão para alterar a lei sob o pretexto de estar regulamentando-a, pois, caso assim o faça, estará invadindo a competência do Poder Legislativo, o que configura abuso de poder regulamentar, podendo o Congresso Nacional sustar os atos normativos do Poder Executivo Federal que exorbitem do poder regulamentar ou dos limites de delegação legislativa.

c) A ordem jurídica brasileira conceitua o poder de polícia como sendo a atividade da administração pública que, limitando ou disciplinando direito, interesse ou liberdade, regula a prática ou abstenção de ato, em razão de interesse público concernente à segurança, à higiene, à ordem, aos costumes, à disciplina da produção e do mercado, ao exercício de atividades econômicas dependentes de concessão ou autorização do Poder Público, à tranquilidade pública ou ao respeito à propriedade e aos direitos individuais ou coletivos, considerando-se o seu exercício regular quando desempenhado pelo órgão competente nos limites da lei aplicável, com observância do processo legal e, tratando-se de atividade que a lei tenha como discricionária, sem abuso ou desvio de poder.

d) No que concerne aos meios de controle jurisdicional dos atos da Administração Pública, a Constituição Federal de 1988 põe à disposição do cidadão, dentre outros, o mandado de segurança individual ou coletivo, o habeas data, o direito de petição, mandado de injunção e a ação popular, sendo todos eles aptos a provocar a atuação direta do Poder Judiciário em face de um ato administrativo concreto, tendo cabimento o mandado de segurança quando alguém venha a sofrer lesão ou ameaça de lesão a direito líquido certo, não amparado por habeas corpus, habeas data ou mandado de injunção, decorrente de ato de autoridade, praticado com ilegalidade ou abuso de poder.

e) O inquérito civil público, previsto na Constituição Federal de 1988, pode ser instaurado pelo Ministério Público, a quem competirá requisitar, de qualquer organismo público ou particular, certidões, informações, exames ou perícias, no prazo que assinalar, o qual não poderá ser inferior a 10 (dez) dias, sendo que, na hipótese do Parquet, depois de esgotadas todas as diligências, convencer-se da inexistência de fundamento para a propositura da ação civil, promoverá o arquivamento dos autos do inquérito civil público ou das peças informativas, fazendo-o fundamentadamente. Em tal hipótese,

---

45 MEIRELLES, Hely Lopes. *Direito administrativo brasileiro*. 36 ed. São Paulo: Malheiros, 2010. p. 134.

os autos do inquérito civil ou das peças de informação arquivadas serão remetidos, sob pena de se incorrer em falta grave, no prazo de 3 (três) dias, ao Conselho Superior do Ministério Público, para fins de homologação ou rejeição do arquivamento do inquérito.

COMENTÁRIOS

Alternativa "a". A assertiva exige leitura conjugada dos artigos 9º, *caput*, e 1º, *caput* e parágrafo primeiro, da Lei de Improbidade Administrativa. A partir disso, é possível concluir que o erro da alternativa encontra-se na afirmação de que os atos praticados contra **entidade para cuja criação ou custeio o erário haja concorrido ou concorra com no mínimo cinquenta por cento do patrimônio ou da receita anual** constituem ato de improbidade administrativa. Isso porque, o artigo 1º da referida lei refere-se a entidades para cuja criação ou custeio o erário haja concorrido ou concorra com mais de cinquenta por cento do patrimônio ou da receita anual, sendo que o parágrafo primeiro do citado dispositivo amplia o rol, ao incluir entidade que receba subvenção, benefício ou incentivo, fiscal ou creditício, de órgão público bem como **daquelas para cuja criação ou custeio o erário haja concorrido ou concorra com menos de cinquenta por cento do patrimônio ou da receita anual,** limitando-se, nestes casos, a sanção patrimonial à repercussão do ilícito sobre a contribuição dos cofres públicos.

Alternativa "b". O **poder regulamentar** consiste na "**faculdade de que dispõem os Chefes do Executivo de explicar a lei para sua correta execução, ou de expedir decretos autônomos sobre matéria de sua competência ainda não disciplinada em lei**"[46]. Se houver abuso no exercício desse poder, nos termos do art. 49, V, da Constituição Federal, compete ao Congresso Nacional sustar os atos normativos do Poder Executivo que exorbitem do poder regulamentar.

Alternativa "c". De fato, a definição legal de poder de polícia está no art. 78 do Código Tributário Nacional: "atividade da administração pública que, limitando ou disciplinando direito, interesse ou liberdade, **regula a prática de ato ou abstenção de fato**, em razão de interesse público concernente à segurança, à higiene, à ordem, aos costumes, à disciplina da produção e do mercado, ao exercício de atividades econômicas dependentes de concessão ou autorização do Poder Público, à tranquilidade pública ou ao respeito à propriedade e aos direitos individuais ou coletivos". O parágrafo único ainda complementa que se considera regular o exercício do poder de polícia quando desempenhado pelo órgão competente nos limites da lei aplicável, com observância do processo legal e, tratando-se de atividade que a lei tenha como discricionária, sem abuso ou desvio de poder. Veja-se, portanto, que o erro da assertiva é bastante sutil e está contido na afirmação de que poder de polícia é atividade da administração que regula **prática ou abstenção de ato**, uma vez que o dispositivo faz referência à prática de ato ou abstenção de fato.

Alternativa "d". O **mandado de segurança** tem cabimento quando alguém venha a sofrer **lesão ou ameaça de lesão a direito líquido certo, não amparado por habeas corpus, habeas data, sempre que, ilegalmente ou com abuso de poder, qualquer pessoa física ou jurídica sofrer violação ou houver justo receio de sofrê-la por parte de autoridade, seja de que categoria for e sejam quais forem as funções que exerça** (artigo 1º, Lei 12.016/2009). O dispositivo não se refere, portanto, a direito não amparado por mandado de injunção, conforme sugere a alternativa.

Alternativa "e". Conforme artigo 8º da Lei da Ação Civil Pública, o Ministério Público poderá instaurar, sob sua presidência, inquérito civil, ou requisitar, de qualquer organismo público ou particular, certidões, informações, exames ou perícias, no prazo que assinalar, o qual não poderá ser inferior a **dez dias úteis** (a alternativa refere-se apenas a "dez dias").

Alternativa correta: letra "b".

---

80. (TRT 14 – Juiz do Trabalho Substituto 14ª Região/2013) Acerca dos poderes administrativos, é correto afirmar que:

a) Normas gerais e abstratas editadas pela Administração Pública para a explicitação de conceitos legalmente previstos não são admitidas no Direito Administrativo brasileiro, haja vista a existência de matérias absolutamente reservadas à lei pela Constituição Federal de 1988.

b) São atribuições da Administração Pública, decorrentes exclusivamente do poder hierárquico, delegar atribuições, impor prestação de contas, controlar e avocar atividades dos órgãos subordinados, aplicar sanções disciplinares e editar atos regulamentares.

c) Sobre temática não prevista em lei, o regulamento autônomo de autoria dos chefes do Executivo é válido e está dentro do âmbito do chamado Poder Regulamentar.

d) Encontra-se dentro dos atributos do poder de polícia discricionário o juízo de conveniência e oportunidade, a autoexecutoriedade e a coercibilidade, obedecidos os requisitos da competência, objeto, forma, finalidade e motivo, bem assim os princípios da administração pública, consistentes na legalidade, moralidade, proporcionalidade e vinculação.

e) Não são admitidas no Direito Administrativo brasileiro normas gerais e abstratas editadas pela Administração Pública de forma independente ou autônoma em relação a regras gerais, salvo hipóteses excepcionais previstas necessariamente na Constituição Federal de 1988.

---

46 MEIRELLES, Hely Lopes. *Direito administrativo brasileiro*. 36 ed. São Paulo: Malheiros, 2010. p. 130.

COMENTÁRIOS

Alternativa "b". O **poder hierárquico** é "o de que dispõe o Executivo para distribuir e escalonar as funções de seus órgãos, ordenar e rever a atuação de seus agentes, estabelecendo a relação de subordinação entre os servidores do seu quadro de pessoal"[47]. Dele decorrem as prerrogativas de avocação, delegação, correção, dar ordens. Todavia, a aplicação de sanções disciplinares e edição de atos regulamentares decorrem, respectivamente, do poder disciplinar e do poder regulamentar.

Alternativa "d". Em regra, costuma-se apontar que a discricionariedade é um atributo do poder de polícia, pois há, em regra, liberdade de escolha do administrador em relação ao momento de atuação. Todavia, se o ato é praticado por licença, há vinculação. Assim, na hipótese narrada na alternativa trata-se de manifestação discricionária do poder de polícia e, assim, a admissão da vinculação é incompatível.

Alternativa "e" (responde, também, as alternativas "a" e "c"). A edição de atos normativos no exercício da função administrativa é plenamente possível de ser feita na Administração Pública brasileira e se manifesta como decorrência do poder regulamentar. O meio apto a veicular essa norma é o decreto executivo ou regulamento executivo, os quais, necessariamente, dependem da existência de ato normativo primário, que será explicado, detalhado, para sua fiel execução. A doutrina, em regra, não admite a possibilidade de expedição de ato normativo sem que tenha lei. Entretanto, atualmente, o art. 84, VI, da Constituição Federal prevê a existência do decreto autônomo, pois esse dispositivo atribui ao Presidente da República a competência para dispor, mediante decreto, sobre a administração federal, desde que não implique aumento de despesa, não faça a criação ou extinção de órgão público, nem a extinção de cargo público provido (por decreto, pode extinguir cargo vago).

Alternativa correta: letra "e".

---

81. (TRT 14 – Juiz do Trabalho Substituto 14ª Região/2013) Assinale a alternativa correta, após a análise das proposições:

I. No exercício do poder regulamentar ou normativo, é franqueado ao Presidente da República criar ou extinguir ministérios e órgãos da administração pública federal.

II. O poder disciplinar permite à administração apurar infrações e aplicar penalidades a servidores públicos e a particulares, ainda que não estejam sujeitos à disciplina interna da administração.

III. O poder hierárquico confere o poder de avocar atribuições de competência exclusiva do órgão subordinado.

a) Apenas as proposições I e II são falsas.

b) Apenas as proposições I e III são falsas.

c) Apenas as proposições II e III são falsas.

d) Todas as proposições são verdadeiras.

e) Todas as proposições são falsas.

COMENTÁRIOS

Item I. Errado. É imprescindível para a criação ou extinção de um ministério ou órgão que haja **lei** assim dispondo. Nesse sentido, o artigo 61, § 1º, II, "e" da Constituição Federal elenca como **iniciativa privativa do Presidente da Repúblicas a edição leis que disponham sobre a criação e extinção de Ministérios e órgãos da administração pública.** Ademais, o artigo 84, VI, "a", também da Constituição, **proíbe a criação ou extinção de órgãos públicos por meio de decreto presidencial.** Ou seja, é impossível a criação ou extinção de órgãos públicos mediante exercício do poder regulamentar.

Item II. Errado. O **poder disciplinar** é a prerrogativa pela qual a Administração **apura as infrações e aplica as penalidades ao infrator,** que deve ser **um servidor público ou particular sujeito à disciplina administrativa.**

Item III. Errado. O **poder hierárquico** é uma ferramenta de grande valia para a Administração porque possibilita a concatenação de suas ações em busca da satisfação do interesse público. Por ele, tem-se a organização, a estruturação, criando-se uma **relação de coordenação e subordinação** entre os diversos órgãos criados. É com base na hierarquia que se pode **avocar, delegar, ordenar, controlar, corrigir e aplicar sanções.** Todavia, não é possível a avocação de competências exclusivas do órgão subordinado.

Alternativa correta: letra "e" (nenhum item está correto).

---

82. (TRT 3 – Juiz do Trabalho Substituto 3ª Região/2012) São atributos do poder de polícia, exceto:

a) Discricionariedade

b) Exigibilidade

c) Executoriedade

d) Atividade positiva

e) Coercibilidade

COMENTÁRIOS

✪ **Nota do autor:** O **poder de polícia** é, na clássica definição de Hely Lopes Meirelles, a "faculdade de que dispõe a Administração Pública para condicionar e restringir o uso e gozo de bens, atividades e direitos individuais, em benefício da coletividade ou do próprio Estado"[48].

---

47 MEIRELLES, Hely Lopes. *Direito administrativo brasileiro*. 36 ed. São Paulo: Malheiros, 2010. p. 121.

48 *Direito administrativo brasileiro*. 36 ed. São Paulo: Malheiros, 2010. p. 134.

Alternativa "a". Em regra, a atividade de polícia administrativa é **discricionária**, havendo liberdade de escolha do administrador em relação ao momento de atuação. Mas, o poder de polícia também pode ser manifestação administrativa vinculada, em especial, se o ato é praticado por licença.

Alternativa "b" (responde a alternativa "c"). A autoexecutoriedade é a característica pela qual a Administração Pública não necessita recorrer ao Poder Judiciário para praticar os atos administrativos, pois pode fazê-lo com seus próprios meios. Esse atributo somente está presente quando prevista em lei ou quando se tratar de situação de urgência. Importante registrar que Celso Antônio Bandeira de Mello desdobra esse atributo em dois: exigibilidade e executoriedade. Pela exigibilidade, a Administração pode exigir do administrado o cumprimento da obrigação que lhe foi imposta e, pela executoriedade, pode compeli-lo materialmente a fazê-lo, ou seja, "pela exigibilidade pode-se induzir à obediência, pela executoriedade pode-se compelir, constranger fisicamente"[49].

Alternativa "d". A atividade positiva não é característica do poder de polícia e não guarda qualquer relevância com o assunto tratado.

Alternativa "e". A **coercibilidade** é a prerrogativa que a Administração tem de **impor ao administrado o cumprimento de medida de polícia administrativa**, isto é, o ato de polícia é impositivo, coercitivo para o destinatário.

Alternativa correta: letra "d".

---

83. (TRT 19 – Juiz do Trabalho Substituto 19ª Região/2012) Sobre o poder de polícia, aponte a resposta correta:

a) A fixação do horário bancário, para atendimento ao público, é da competência da União.

b) Não ofende o princípio da livre concorrência lei municipal que impede a instalação de estabelecimentos comerciais do mesmo ramo em determinada área.

c) Tendo em vista os princípios da recorribilidade das decisões administrativas e da inafastabilidade do controle jurisdicional, além da necessidade e eficácia das medidas de polícia administrativa, as sanções aplicadas administrativamente não precisam observar o devido processo legal.

d) O poder de polícia, não sendo privativo do poder público, é passível de delegação a entidades privadas.

e) Em regra, o exercício do poder de polícia é vinculado, em razão de seu caráter de restrição e limitação de direitos.

COMENTÁRIOS

Alternativa "a". Nos termos da súmula nº 19 do Superior Tribunal de Justiça, a fixação do horário bancário, para atendimento do público, é da competência da União.

Alternativa "b". Como previsto na Súmula Vinculante 49, ofende o princípio da livre concorrência lei municipal que impede a instalação de estabelecimentos comerciais do mesmo ramo em determinada área.

Alternativa "c". O art. 2º da Lei nº 9.784/99 – que regula o processo administrativo no âmbito da Administração Pública Federal – estabelece a obrigatoriedade de observância de vários princípios, dentre os quais se destaca os do **contraditório** e da **ampla defesa**, intimamente relacionados com o **devido processo legal**.

Alternativa "d". De maneira geral, a doutrina considera que **não é possível a delegação de poder de polícia a particulares.** Não pode haver confusão com a delegação para pessoa de direito privado integrante da administração indireta, pois, de acordo a tese fixada pelo STF, "É constitucional a delegação do poder de polícia, por meio de lei, às pessoas jurídicas de direito privado, integrantes da Administração Pública indireta de capital social majoritariamente público que prestem exclusivamente serviço público de atuação própria do Estado e em regime não concorrencial." (RE 633.782)

Alternativa "e". Em regra, a atividade de polícia administrativa é **discricionária**, havendo liberdade de escolha do administrador em relação ao momento da atuação, à forma de atuação e, às vezes, até no que se refere a qual sanção aplicar.

Alternativa "a": correta.

---

84. (FCC – Juiz do Trabalho Substituto 20ª Região/2012) A respeito dos poderes da Administração, é correto afirmar que o poder

a) de polícia constitui atividade da administração pública que, limitando ou disciplinando direito, interesse ou liberdade, regule a prática de ato ou abstenção de fato, em razão de interesse público concernente, entre outros, à segurança e à tranquilidade pública.

b) hierárquico fundamenta a avocação, pela Administração direta, de matérias inseridas na competência das autarquias a ela vinculadas.

c) regulamentar autoriza a edição, pelo Chefe do Executivo, de normas complementares à lei, admitindo-se o regulamento autônomo para matéria de organização administrativa, incluindo a criação de órgãos e de cargos públicos.

d) de polícia é exercido pelo Poder Executivo, por intermédio da autoridade competente, mediante a edição de normas gerais criando obrigações para toda a coletividade, disciplinadoras de atividades individuais, concernentes, entre outros, à segurança, à higiene, à ordem e aos costumes.

e) hierárquico, também denominado disciplinar, corresponde ao poder conferido aos agentes públicos para emitir ordens a seus subordinados e aplicar as sanções disciplinares não expressamente previstas em lei.

---

49 Curso de direito administrativo. 27. ed. São Paulo: Malheiros, 2010. p. 420.

COMENTÁRIOS

Alternativa "a"(responde também a alternativa "d"). O **poder de polícia** pode ser entendido como a faculdade de que dispõe a administração pública para condicionar e restringir o uso e gozo de bens, atividades e direitos individuais, em benefício da coletividade ou do próprio Estado[50]. São atributos de tal poder: a **discricionariedade** (a lei concede ao administrador a possibilidade de decidir o momento, as circunstâncias para o exercício da atividade); a **autoexecutoriedade** (o ato será executado diretamente pela Administração, não carecendo de provimento judicial para tornar-se apto); e **coercibilidade** (ao particular, a decisão administrativa sempre será cogente, obrigatória, admitindo o emprego de força para seu cumprimento). Em **sentido amplo**, o poder de polícia consiste no conjunto de medidas adotadas tanto pelo Poder Executivo quanto pelo Poder Legislativo para condicionar a liberdade e a propriedade. Assim, o poder de polícia reparte-se entre Legislativo e Executivo. O primeiro, no exercício de tal poder, cria, por lei, as chamadas **limitações administrativas** ao exercício das liberdades públicas.

Alternativa "b". O **poder hierárquico** é a prerrogativa que a Administração Pública tem de se organizar para buscar o interesse público e, para isso, desconcentra competências, isto é, distribui internamente competência entre seus diversos órgãos, escalonando-os, hierarquizando-os. Com isso, cria-se uma **relação de hierarquia** entre os órgãos, pelo que os subordinados têm o dever de obediência aos superiores. Assim, dessa organização administrativa decorrem vários poderes, dentre os quais: o de editar atos normativos, o de dar ordens aos subordinados, o de controlar, coordenar e corrigir a atividade dos órgãos inferiores, o de avocar atribuições (desde que não sejam de competência exclusiva do órgão subordinado), o de delegar atribuições (que não lhes sejam privativas) e, inclusive, **a avocação.** Todavia, não há hierarquia entre Administração Direta e Indireta (na questão, uma autarquia), mas sim, controle finalístico, o que não possibilita a avocação de competências.

Alternativa "c". O poder normativo permite à Administração editar normas gerais e abstratas, os princípios da legalidade e as regras de competência. O **poder regulamentar** é espécie do poder normativo, conferindo ao **Chefe do Executivo** a prerrogativa de **editar atos gerais e abstratos, complementares à lei, sem inovar,** de forma original, a ordem jurídica, de modo que não se admitam decretos autônomos, salvo hipótese prevista pelo art. 84, VI, "a" da Constituição Federal (organização e funcionamento da administração federal, quando não implicar aumento de despesa nem criação ou extinção de órgãos públicos). Normalmente, se manifesta pela expedição de decretos executivos destinados a explicitar, aclarar, explicar a lei para que possa ser posta em prática.

50 MEIRELLES, Hely Lopes. *Direito administrativo brasileiro.* 36. ed.São Paulo: Malheiros, 2010. p. 134.

Alternativa "e". O poder hierárquico não se confunde com o poder disciplinar, que é aquele conferido à Administração Pública para apurar infrações e aplicar penalidades aos servidores públicos e demais pessoas sujeitas à disciplina administrativa.

Alternativa correta: letra "a".

85. (TRT 21 – Juiz do Trabalho Substituto 21ª Região/2012) Sobre os poderes da administração pública, é correto afirmar-se que:

I. a doutrina e a jurisprudência contemporâneas têm verificado a legitimidade do exercício do poder discricionário à luz de novos elementos, como a transparência no processo formativo do ato administrativo e a razoabilidade da motivação administrativa;

II. o exercício do poder de polícia é limitado pelos direitos fundamentais, de modo que a imposição de abstenções aos particulares só é legítima na medida em que o poder público comprove a necessidade da medida, a sua proporcionalidade e eficácia;

III. O poder disciplinar, conquanto relacionado ao poder discricionário, deve observar a garantia do contraditório e da ampla defesa nos processos administrativos;

I. Se, no exercício do poder regulamentar, o administrador, por intermédio de decreto, realizar interpretação que amplie o conteúdo da norma, o Supremo Tribunal Federal tem entendido que, se o caso for de interpretação "ultra legem", a situação resolve-se pela exclusão da ampliação de conteúdo; mas se a norma regulamentar for "contra legem", a questão caracterizará crise de legalidade, resolvendo-se pela nulidade do decreto regulamentar.

a) apenas as assertivas I, II e IV estão corretas;
b) apenas as assertivas I, II e III estão corretas;
c) apenas as assertivas I e II estão corretas;
d) apenas as assertivas II, III e IV estão corretas;
e) apenas as assertivas I, III e IV estão corretas.

COMENTÁRIOS

Item I. Certo. A discricionariedade tem inserida em seu bojo a ideia de prerrogativa, uma vez que a lei deixa alguns aspectos do ato para serem apreciados pela Administração diante do caso concreto. No entanto, tal poder não confere liberdade ampla e irrestrita à Administração na prática de seus atos. Ao contrário, é sempre necessária a observância dos consagrados princípios constitucionais, dentre os quais se destaca a necessidade de motivação suficiente dos atos administrativos e a transparência em seus processos formativos.

Item II. Certo. O ato de polícia, como qualquer ato administrativo, mesmo que praticado no exercício de competência discricionária, submete-se às limitações legais. Dentre elas, encontra-se a aplicação do princípio da proporcionalidade, ou seja, o poder de polícia não deve ir além do necessário para a satisfação do interesse público que visa proteger. Assim, alguns autores estabelecem regras para serem observadas na prática dos atos de polícia administrativa, objetivando a tutela dos direitos individuais, evitando a sua eliminação: a da necessidade, a da proporcionalidade e a da eficácia[51].

Item III. Errado. Prevalece o entendimento de que o poder disciplinar é vinculado, ou seja, uma vez tendo conhecimento da infração, a Administração não pode escolher entre aplicar, ou não a pena. A discricionariedade existe limitadamente em alguns aspectos da aplicação das sanções. Considerando que os estatutos dos servidores na definição das infrações funcionais não estabelecem regras rígidas como as quais se impõem na esfera criminal, não há a definição de um verbo, o que muitas vezes gera para o Administrador Público um juízo de valor no reconhecimento do ilícito. Entretanto, no processo administrativo, especialmente o disciplinar, deve haver a obediência aos princípios do contraditório e ampla defesa.

Item IV. Errado. Se a interpretação administrativa da lei, que vier a consubstanciar-se em decreto executivo, divergir do sentido e do conteúdo da norma legal que o ato secundário pretendeu regulamentar, **quer porque tenha este se projetado "ultra legem", quer porque tenha permanecido "citra legem", quer, ainda, porque tenha investido "contra legem", a questão caracterizará, sempre, típica crise de legalidade,** e não de inconstitucionalidade, a inviabilizar, em consequência, a utilização do mecanismo processual da fiscalização normativa abstrata (ADI 996-MC, Rel. Min. Celso de Mello, julgamento em 11-3-1994, Plenário, DJ de 6-5-1994.).

Alternativa "c": correta. Estão corretos os itens I e II.

6. ATO ADMINISTRATIVO

- Lei nº 9.784/99, artigos 11 a 17, 50, 53, 54 e 55
- Lei nº 4.717/65, art. 2º

86. (FCC – Juiz do Trabalho/2017) Sobre o ato administrativo, é correto afirmar:

a) Os atos que apresentarem defeitos sanáveis, em decisão na qual se evidencie não acarretarem lesão ao interesse público nem prejuízo a terceiros, serão convalidados pela própria Administração com efeitos *ex nunc*.

b) O órgão competente para decidir o recurso administrativo poderá confirmar, modificar, anular ou revogar, total ou parcialmente, a decisão recorrida, se a matéria for de sua competência, dispensando-se a oitiva do recorrente na hipótese de *reformatio in pejus*.

c) O direito da Administração de anular os atos administrativos de que decorram efeitos favoráveis para os destinatários decai em cinco anos, contados da data em que foram praticados, salvo comprovada má-fé, sendo certo que, no caso de efeitos patrimoniais contínuos, o prazo decadencial contar-se-á da percepção do primeiro pagamento.

d) O poder de revogar atos administrativos fundamenta-se juridicamente na normal competência de agir da autoridade administrativa e tem como características nucleares a renunciabilidade, a transmissibilidade e a prescritibilidade.

e) Pode haver revogação de ato administrativo vinculado, a exemplo da licença.

COMENTÁRIOS

✪ **Nota do Autor:** O **ato administrativo** é "**toda manifestação unilateral da vontade da Administração Pública que, agindo nessa qualidade, tenha por fim imediato adquirir, resguardar, transferir, modificar, extinguir e declarar direitos, ou impor obrigações aos administrados ou a si própria"[52].** Em razão do princípio da autotutela, a Administração Pública deve cuidar dos atos por ela praticados e, assim, deve anulá-los ou pode revogá-los. Quando o ato administrativo contiver um vício, a Administração deve anulá-lo, caso não seja possível a convalidação, e pode revogá-lo por motivo de conveniência e oportunidade, respeitando-se os direitos adquiridos e, em ambos os casos, sujeitando-se, se houver provocação, ao controle judicial, conforme a Súmula 473 do Supremo Tribunal Federal.

Alternativa "a". A **convalidação** é o suprimento da **invalidade de um ato com efeitos retroativos**. Convalidar é tornar **válido um ato inválido**, por meio de outro ato que supre **vício sanável, com efeitos *ex tunc*.**

Alternativa "b". No caso de recurso administrativo, não há proibição, em regra, da denominada *reformatio in pejus*, ou seja, é possível que a decisão do apelo administrativo agrave a situação do recorrente, sendo apenas exigido que ele seja cientificado para que formule suas alegações antes de proferida a decisão (art. 64 da Lei nº 9.784/99).

Alternativa "c". A Administração Pública federal, nos termos do art. 54, *caput*, da Lei nº 9.784/99, tem o **prazo decadencial de cinco anos** para anular os atos administrativos com **efeitos favoráveis ao destinatário, desde que não haja má-fé.** E, nos termos do §1º do mesmo artigo, no "caso de efeitos patrimoniais contínuos, o prazo de decadência contar-se-á da percepção do primeiro pagamento".

Alternativa "d". De fato, o poder de revogar atos administrativos fundamenta-se juridicamente na normal competência de agir da autoridade administrativa. Todavia, como características nucleares, podem

51 DI PIETRO, Maria Sylvia Zanella. *Direito Administrativo*. 24 ed. São Paulo: Atlas, 2011.p. 124.

52 MEIRELLES, Hely Lopes. *Direito administrativo brasileiro*. 36 ed. São Paulo: Malheiros, 2010. p. 153.

ser apontadas, por exemplo, a intransmissibilidade (o agente não pode transferi-la para outro agente, salvo o caso de delegação legalmente admitida, mas, mesmo nesse caso, pode retomá-la a qualquer tempo), a irrenunciabilidade (seu titular não pode dela dispor) e a imprescritibilidade (não é extinta pelo eventual desuso).

Alternativa "e". A revogação é a extinção de ato administrativo válido ou de seus efeitos por razões de conveniência e oportunidade, em face do interesse público, ou seja, em dado momento, um ato administrativo, de natureza discricionária, foi praticado porque a autoridade administrativa entendeu que isso era conveniente e oportuno, mas em momento posterior, esse juízo de valoração é alterado e o que era conveniente e oportuno passa a ser inconveniente e inoportuno, cabendo sua extinção pela revogação. Não é possível a revogação de ato vinculado porque nele não há juízo de conveniência e oportunidade.

Alternativa correta: letra "c".

---

87. (TRT 2 – Juiz do Trabalho Substituto 2ª Região/2016) Em relação ao regime jurídico dos atos administrativos é INCORRETO afirmar que:

a) A Administração pode revogar seus próprios atos, quando eivados de vício de legalidade, ou por motivo de conveniência ou oportunidade, respeitados os direitos adquiridos.

b) O direito da Administração de anular os atos administrativos de que decorram efeitos favoráveis para os destinatários decai, em regra, em cinco anos, contados da data em que foram praticados, salvo comprovada má-fé.

c) Os atos administrativos, quando importem anulação, revogação, suspensão ou convalidação de ato administrativo, deverão ser motivados, com indicação dos fatos e dos fundamentos jurídicos.

d) Os atos administrativos, quando decidam processos administrativos de concurso ou seleção pública, deverão ser motivados, com indicação dos fatos e dos fundamentos jurídicos.

e) Segundo a "teoria dos motivos determinantes", os motivos que determinaram a vontade do agente, ou seja, os fatos que serviram de suporte à sua decisão, integram a validade do ato administrativo, de forma que, uma vez enunciados pelo agente os motivos que o fundam, ainda quando a lei não haja expressamente imposto a obrigação de enunciá-los, o ato administrativo editado no exercício de competência discricionária só será válido se tais motivos realmente ocorreram e o justificavam.

COMENTÁRIOS

✪ **Nota do autor:** o **ato administrativo** é "toda manifestação unilateral da vontade da Administração Pública que, agindo nessa qualidade, tenha por fim imediato adquirir, resguardar, transferir, modificar, extinguir e declarar direitos, ou impor obrigações aos administrados ou a si própria"[53].

Alternativa "a". A **revogação** é a extinção de ato administrativo válido por razões de conveniência e oportunidade em face do interesse público, ou seja, em dado momento um ato administrativo, de natureza discricionária, foi praticado porque a autoridade administrativa entendeu que isto era conveniente e oportuno, mas em momento posterior, esse juízo de valoração é alterado e o que era conveniente e oportuno passa a ser inconveniente e inoportuno, cabendo sua extinção pela revogação. A competência para revogar é privativa da Administração e não depende de provocação, não sendo permitido ao Poder Judiciário, no exercício da função jurisdicional, fazê-lo. Assim, **a revogação se dá, apenas e tão somente, quando o ato em questão não é mais interessante para a Administração Pública, não podendo haver referida modalidade de extinção quando o ato está eivado de vícios, que o tornem ilegal**. Para tanto, a **anulação** é a extinção do ato administrativo por razões de ilegalidade. Neste caso, o ato possui algum vício que o contamina e, não sendo passível a convalidação, deve haver a sua invalidação. Como, no caso, tem-se ato administrativo eivado de vício, quando é feito o ato anulatório, apenas se está reconhecendo um vício que já maculava o ato desde sua feitura e, por isso, os efeitos da anulação voltam no tempo de modo a atingir o ato no nascedouro, isto é, os efeitos são *ex tunc*. A competência para anular é da própria Administração, de ofício ou a pedido (aqui está o erro da alternativa, pois considerou que somente seria possível espontaneamente).

Alternativa "b". Nos termos do art. 54 da Lei nº 9.784/99, o "direito da Administração de anular os atos administrativos de que decorram efeitos favoráveis para os destinatários decai em cinco anos, contados da data em que foram praticados, salvo comprovada má-fé".

Alternativa "c" (responde, também, a alternativa "d"). O art. 50 da Lei nº 9.784/99 determina que os "atos administrativos deverão ser motivados, com indicação dos fatos e dos fundamentos jurídicos, quando: I – neguem, limitem ou afetem direitos ou interesses; II – imponham ou agravem deveres, encargos ou sanções; III – **decidam processos administrativos de concurso ou seleção pública**; IV – dispensem ou declarem a inexigibilidade de processo licitatório; V – decidam recursos administrativos; VI – decorram de reexame de ofício; VII – deixem de aplicar jurisprudência firmada sobre a questão ou discrepem de pareceres, laudos, propostas e relatórios oficiais; VIII – **importem anulação, revogação, suspensão ou convalidação de ato administrativo**".

Alternativa "e". Pela teoria dos motivos determinantes, não importa se deve haver ou não a motivação do ato administrativo, pois o administrador fica vincu-

53 MEIRELLES, Hely Lopes. *Direito administrativo brasileiro.* 36 ed. São Paulo: Malheiros, 2010. p. 153.

lado aos motivos declarados para a prática do ato. Quer dizer, mesmo que se trate de situação em que não havia obrigação de motivar, uma vez feita a motivação ou o motivo declarado, existiu e é verdadeiro ou o ato é nulo.

Alternativa correta: letra "a".

---

88. (TRT 4 - Juiz do Trabalho Substituto 4ª Região/2016) Considere as assertivas abaixo sobre vícios dos atos administrativos.

I. A Administração pode anular seus próprios atos, quando eivados de vícios que os tornam ilegais, ainda que deles se originem direitos; ou revogá-los, por motivo de conveniência ou oportunidade, respeitados os direitos adquiridos, e ressalvada, nas hipóteses previstas em lei, a apreciação judicial.

II. A Administração não pode deixar que um ato ilegal prevaleça, ainda que sua manutenção seja menos prejudicial ao interesse público do que sua anulação, independentemente de dolo do agente, prejuízo ao Erário ou a direito de terceiros.

III. Segundo a teoria dos motivos determinantes, a validade do ato vincula-se aos motivos indicados como seu fundamento, sob pena de, se inexistentes ou falsos, o ato ser nulo.

Quais são corretas?

a) Apenas I

b) Apenas II

c) Apenas III

d) Apenas I e III

e) I, II e III

COMENTÁRIOS

Item I. Errado. Nos termos da Súmula 473 do STF, representativa do princípio da autotutela, a "administração pode anular seus próprios atos, quando eivados de vícios que os tornam ilegais, **porque deles não se originam direitos**; ou revogá-los, por motivo de conveniência ou oportunidade, respeitados os direitos adquiridos, e ressalvada, em todos os casos, a apreciação judicial".

Item II. Errado. Havendo **vícios sanáveis**, é dever da Administração Pública a **convalidação do ato administrativo ilegal**, à luz do **princípio da segurança jurídica.** Assim, a Administração pode deixar que um ato ilegal prevaleça, considerando que sua manutenção seja menos prejudicial ao interesse público do que sua anulação, **desde que promova a convalidação do ato viciado.** Nesse sentido, estabelece o art. 55 da Lei nº 9.784/99 que em "decisão na qual se evidencie não acarretarem lesão ao interesse público nem prejuízo a terceiros, os atos que apresentarem defeitos sanáveis poderão ser convalidados pela própria Administração".

Item III. Correto. Pela **teoria dos motivos determinantes,** não importa se deve ou não haver a **motivação – demonstração do motivo, por escrito** – do ato administrativo, pois o administrador fica **vinculado aos motivos declarados para a prática do ato.** Quer dizer, mesmo que se trate de situação em que não havia obrigação de motivar, **uma vez feita a motivação ou motivo declarado existiu e é verdadeiro ou o ato é nulo.**

Alternativa correta: letra "c". Está correto apenas o item III.

---

89. (FCC – Juiz do Trabalho Substituto 1ª Região/2015) São nulos os atos lesivos ao patrimônio da União, do Distrito Federal, dos Estados, dos Municípios, de entidades autárquicas, de sociedades de economia mista, de sociedades mútuas de seguro nas quais a União representa os segurados ausentes, de empresas de serviços sociais autônomos, de instituições ou fundações para cuja criação ou custeio o tesouro público haja ocorrido ou concorra com mais de 50% do patrimônio ou da receita anual de empresas incorporadas ao patrimônio da União, do Distrito Federal, dos Estados e dos Municípios e de quaisquer pessoas jurídicas ou entidades subvencionadas pelos cofres públicos, havendo a ocorrência, das hipóteses abaixo relacionadas, com EXCEÇÃO de

a) vício de forma.

b) ilegalidade do objeto.

c) decisões administrativas tomadas pelo voto da maioria absoluta de seus membros.

d) inexistência dos motivos.

e) desvio de finalidade.

COMENTÁRIOS

✪ **Nota do autor:** Qualquer um dos elementos do ato administrativo pode conter vício e é importante saber identificar em qual deles há ilegalidade, pois isso influenciará se será admitida ou não convalidação. São **elementos** do **ato administrativo** a **competência, a forma, o motivo, a finalidade e o objeto.**

Alternativa "c" (responde as demais alternativas). A nulidade do ato administrativo é cabível quando o vício se encontra nos elementos **competência** e **forma,** em se tratando de **competência exclusiva** ou **forma essencial** e, em qualquer situação, quando se encontra nos elementos **objeto, motivo e finalidade**. Assim, todas as alternativas fazem referência a situações em que possível a **anulação de ato administrativo,** com exceção das **decisões administrativas tomadas pelo voto da maioria absoluta de seus membros,** que não guardam relação alguma com os **elementos dos atos administrativos.** Neste sentido, é o art. 2º, da Lei nº 4.717/65, que estabelece que "são nulos os atos lesivos ao patrimônio das entidades mencionadas no artigo anterior (União, Distrito Federal, Estados, Municípios, entidades autárquicas, sociedades de economia mista, sociedades mútuas de seguro nas quais a União represente os segurados ausentes, empresas públicas, serviços sociais autônomos, instituições ou fundações para cuja criação ou custeio o tesouro público haja concorrido ou concorra com mais de cinquenta por cento do patrimônio ou da receita ânua, empresas incorporadas ao patrimônio da União, do Distrito Federal, dos Estados e dos Municípios, e quaisquer pessoas jurídicas ou entidades subvencionadas pelos cofres públicos) nos casos de: a) incompetência; b) vício de forma; c) ilegalidade do objeto; d) inexistência dos motivos; e) desvio de finalidade.

Alternativa correta: letra "c".

---

90. (FCC – Juiz do Trabalho Substituto 6ª Região/2015) O Diretor de uma escola da rede pública, com base em juízo de conveniência e oportunidade, concedeu autorização a uma entidade privada para utilizar salas de aula durante os finais de semana, para oferecer aos pais dos alunos e à população em geral serviços de orientação profissional. Como pressupostos declarados pelo Diretor no ato de edição da referida autorização, constou, com destaque, a ampla experiência da entidade privada no referido mister, com apresentação de dados que evidenciavam o sucesso dos programas por ela implementados. Posteriormente, restou comprovado que os referidos pressupostos eram falsos, o que levou ao questionamento acerca da validade da autorização concedida. Na situação narrada, o ato praticado pelo Diretor

a) somente poderá ser invalidado, com base na Teoria dos Motivos Determinantes, se comprovada a insubsistência de pressupostos de direito para a sua edição.

b) é considerado válido, por ser de natureza discricionária e prescindir de motivação fática, podendo, contudo, ser revogado de acordo com novo juízo de conveniência e oportunidade.

c) deve ser considerado inválido, em face da ausência de correspondência entre a realidade e os motivos de fato indicados para a sua edição.

d) não pode ser invalidado, eis que a Teoria dos Motivos determinantes se aplica a atos vinculados, exclusivamente.

e) pode ser anulado, pela própria autoridade que o praticou ou por superior hierárquico, mediante novo juízo de conveniência e oportunidade.

COMENTÁRIOS

✪ **Nota do autor:** De início, deve ficar claro que motivo e motivação não são sinônimos. O motivo é elemento do ato administrativo e representa o pressuposto de fato ou de direito cuja ocorrência autoriza ou determina a prática do ato. O motivo nem sempre está previsto na lei e há casos em que o legislador deixa para o administrador analisar no caso concreto se o motivo está ou não presente e, por isso, aliás, é que o motivo pode ser vinculado ou definitivo. Por sua vez, a motivação é a demonstração do motivo por escrito. O entendimento atual da doutrina é no sentido da obrigatoriedade de motivação de todos os atos administrativos, mas há exceções, como é o caso da exoneração *ad nutum*.

Alternativa "c" (responde as demais alternativas). Pela **teoria dos motivos determinantes**, não importa se deve ou não haver a **motivação – demonstração do motivo, por escrito** – do ato administrativo, pois o administrador fica **vinculado aos motivos declarados para a prática do ato.** Quer dizer, mesmo que se trate de situação em que não havia obrigação de motivar, **uma vez feita a motivação ou motivo declarado existiu e é verdadeiro ou o ato é nulo.** No caso narrado na alternativa, **por se tratar de autorização – ato discricionário da Administração Pública** -, poderia o Diretor ter deixado, inclusive, de apresentar os pressupostos de fato que o levaram a proceder de tal forma (**motivação**); todavia, como o fez, a ele fica vinculado, **sob pena de anulação do ato administrativo em questão**, anulação essa que **não depende de juízo de conveniência e oportunidade da Administração Pública**, sendo dever desta, à luz do **princípio da autotutela.**

Alternativa correta: letra "c".

---

91. (FCC – Juiz do Trabalho Substituto 15ª Região/2015) Considere que tenha sido incluída entre as ações prioritárias de governo a construção de uma estrada vicinal, tendo constado expressamente da motivação do ato administrativo consistente na autorização para a abertura do correspondente procedimento licitatório a relevância da obra em questão para o escoamento da produção agrícola da região. A decisão administrativa foi objeto de questionamento na via judicial, pleiteando-se a nulidade do ato com base na teoria dos motivos determinantes. Neste caso, a pretensão deduzida

a) é descabida, eis que a teoria dos motivos determinantes somente é aplicável na esfera administrativa, autorizando a revogação do ato por motivos de conveniência e oportunidade.

b) não poderá ser acolhida, vez que a teoria dos motivos determinantes diz respeito a atos vinculados, autorizando a declaração de nulidade por vício de legalidade.

c) é cabível, mesmo em se tratando de ato discricionário, desde que comprovado desvio de finalidade.

d) não encontra respaldo no ordenamento jurídico brasileiro, que não acolhe, em nenhuma hipótese, a análise dos motivos que fundamentam a prática do ato administrativo.

e) é cabível, se comprovada a inexistência ou falsidade das razões de fato declaradas pela Administração para justificar a prática do ato.

COMENTÁRIOS

Alternativa "a". A teoria dos motivos determinantes é cabível na esfera judicial e dá ensejo à anulação do ato administrativo, ato vinculado quando verificada ilegalidade.

Alternativa "b" (responde a alternativa "c"). A aplicação da **teoria dos motivos determinantes** se dá em **relação a atos vinculados ou discricionários**; aliás, mesmo que não necessária, sequer, a motivação do ato administrativo, possível a aplicação de referida teoria.

Alternativa "e" (responde a alternativa "d"). Pela aplicação da **teoria dos motivos determinantes,** não importa se deve ou não haver a **motivação – demonstração do motivo, por escrito** – do ato administrativo, pois o administrador fica **vinculado aos motivos declarados para a prática do ato.** Quer dizer, mesmo que se trate de situação em que não havia obrigação de motivar, **uma vez feita a motivação ou motivo declarado existiu e é verdadeiro ou o ato é nulo. Assim, uma vez comprovada a inexistência ou falsidade das razões declaradas pela Administração para justificar a prática do ato – razões essas que vinculam a Administração Pública – cabível questionamento judicial pleiteando a nulidade do ato administrativo.**

Alternativa correta: letra "e".

---

92. (FCC – Juiz do Trabalho Substituto 15ª Região/2015) Vários critérios e abordagens são utilizados pela doutrina para a classificação dos atos administrativos, ensejando classificações em função das prerrogativas com as quais atua a Administração; de acordo com a formação de vontade para a prática do ato; de acordo com os destinatários; quanto aos efeitos, entre outros. Considerando tais acepções, a certidão expedida por uma autoridade administrativa constitui exemplo de ato administrativo

a) enunciativo, que atesta ou reconhece determinada situação de fato ou de direito.

b) constitutivo, que confere ao administrado condição específica perante a Administração.

c) de império, sendo expressão do poder extroverso da Administração.

d) discricionário, configurando manifestação de conveniência e oportunidade da Administração.

e) normativo, com base nas competências ou atribuições conferidas pelo ordenamento jurídico à autoridade que o expediu.

COMENTÁRIOS

Alternativa "a". Os atos administrativos **enunciativos** são os atos pelos quais a Administração Pública certifica ou atesta um fato ou emite uma opinião sobre determinado assunto. Não há manifestação de vontade. São exemplos de ato administrativos enunciativos as certidões, os atestados e os pareceres.

Alternativa "b". Ato constitutivo é aquele que cria uma situação jurídica individual para o destinatário. Exemplos: a nomeação de servidor e a concessão de licença.

Alternativa "c". A classificação dos atos administrativos, quanto ao seu **objeto**, em atos de império, de gestão e de expediente não é mais tão aceita na doutrina, pois, em verdade, para que o ato seja administrativo deve ser regido pelo direito público e isso não ocorre nos chamados atos de gestão, pois são regulados pelo direito privado, são atos de direito privado como é o caso da emissão de um cheque pela Administração Pública. Todavia, não obstante isso, ainda é cobrado quando se fala em classificação dos atos administrativos. Os atos de império são aqueles em que a Administração está em posição de superioridade, o que é, aliás, da essência do ato administrativo. Por fim, os atos de expediente são os atos de rotina interna, sem cunho decisório, destinados a dar andamento aos processos e documentos nas repartições públicas.

Alternativa "d". Quando o administrador estiver diante da ocorrência de um fato e **puder escolher qual comportamento adotar**, analisando a conveniência e a oportunidade, há **discricionariedade**. Assim, os **atos discricionários** são aqueles praticados no exercício da competência discricionária, ou seja, quando **existe possibilidade de opção para o administrador diante de uma situação concreta**.

Alternativa "e". Os atos administrativos normativos são os atos que **possuem conteúdo geral, abstrato, destinado a todas as pessoas que estejam na situação por eles regulada**. Possuem finalidade normativa, mas são submissos à lei e esta é o seu limite. Exemplos: decreto, instrução normativa, resolução, etc.

Alternativa correta: letra "a".

---

93. (TRT 3 – Juiz do Trabalho Substituto 3ª Região/2014) Quanto ao motivo do ato administrativo é correto afirmar:

a) Ele é a própria motivação do ato.

b) Ele é relevante para a eficácia do ato.

c) Ele é um atributo e não o elemento do ato.

d) Ele é o próprio mérito do ato.

e) Ele é vinculado às razões de fato e de direito que servem de fundamento ao ato.

COMENTÁRIOS

Alternativa "e" (responde as demais alternativas). O motivo é o pressuposto de fato e de direito que autoriza ou determina a prática do ato. É o "porque" do ato realizado. Entretanto, motivo é diferente de motivação, pois esta é a exposição, por escrito, do motivo. Caso o motivo alegado inexista ou seja falso, o ato será nulo.

Alternativa correta: letra "e"

---

94. (TRT 3 – Juiz do Trabalho Substituto 3ª Região/2013) São atributos do ato administrativo:

a) Autoexecutoriedade e autoridade

b) Presunção de legitimidade e imperatividade

c) Presunção de legitimidade e eficiência

d) Publicidade e autenticidade

e) Exigibilidade e publicidade

COMENTÁRIOS

✪ **Nota do autor:** Em razão do regime peculiar a que estão sujeitos os atos administrativos, a doutrina costuma apontar algumas características principais a eles inerentes. São os chamados **atributos dos atos administrativos.**

Alternativa "b" (responde as demais alternativas). Os atributos dos atos administrativos são (**PIA**): a) **presunção de legitimidade**, pela qual se presume que todo ato administrativo praticado seja legal; b) **imperatividade**, que significa que o ato administrativo é impositivo, obrigatório ao administrado, ou seja, a Administração não necessita da concordância do destinatário para que o ato seja praticado; c) **autoexecutoriedade**, pela qual a Administração pode executar o ato administrativo por seus próprios meios, sem necessidade de atuação do Poder Judiciário para tanto.

Alternativa correta: letra "b".

95. (FCC – Juiz do Trabalho Substituto 6ª Região/2013) A União pretende implementar um grande programa de recuperação de rodovias e firmou convênio com diversos Estados, para repasse de recursos destinados à execução das obras necessárias. A opção da Administração federal foi contestada por diversos setores da opinião pública, que consideram que tal investimento não seria prioritário e sustentam que os recursos orçamentários correspondentes deveriam ser redirecionados para programas de melhoria da mobilidade nos grandes centros e regiões metropolitanas. Com base em tais argumentos, entidade representante da sociedade civil submeteu a matéria ao controle do Poder Judiciário buscando a anulação dos atos administrativos de celebração dos convênios. O Poder Judiciário

a) poderá anular os atos administrativos se identificar vício de legalidade, inclusive em relação aos motivos e finalidade.

b) poderá anular os atos administrativos, se discordar dos critérios de conveniência e oportunidade da Administração.

c) poderá revogar os atos administrativos se identificar desvio de finalidade, consistente na afronta ao interesse público.

d) poderá alterar os atos administrativos, redirecionando os recursos orçamentários, com base na teoria dos motivos determinantes.

e) não poderá anular os atos administrativos e, na hipótese de identificar desvio de finalidade, deverá assinalar prazo para a Administração editar novo ato.

COMENTÁRIOS

Alternativa "a" (responde, também, as alternativas "b" e "e"). A **anulação** é a **extinção de um ato administrativo por razões de ilegalidade.** O ato tem **vício em um dos seus elementos.** A **competência para anular é** tanto da **própria Administração,** de ofício ou a pedido, quanto **do Poder Judiciário,** mediante provocação.

Alternativa "c". A **revogação** é a **extinção de ato administrativo válido ou de seus efeitos por razões de** conveniência **e oportunidade**, em face do interesse público. **A competência para revogar é privativa da Administração** e não depende de provocação, não sendo permitido ao Poder Judiciário, no exercício da função jurisdicional, fazê-lo.

Alternativa "d". O Poder Judiciário não tem competência para alterar atos administrativos. Sua competência restringe-se à **anulação** de atos administrativos por **razões de ilegalidade.** O juízo de mérito, isto é, análise da **conveniência e oportunidade do ato**, cabe apenas à própria Administração Pública – única competente para **revogar/alterar** seus atos. Quando no exercício da função administrativa, entretanto, o Poder Judiciário poderá revogar seus próprios atos.

Alternativa correta: letra "a".

96. (TRT 8 – Juiz do Trabalho Substituto 8ª Região/2013) Com relação aos atos administrativos, é CORRETO afirmar que:

a) São nulos os atos lesivos ao patrimônio da União, do Distrito Federal, dos Estados, dos Municípios e das entidades autárquicas, nos casos de incompetência, vício de forma, ausência de vontade de produzir o ato administrativo; ilegalidade do objeto; inexistência dos motivos e desvio de finalidade.

b) Ato administrativo é espécie de ato jurídico e distingue-se dos atos de direito privado pelos seguintes atributos ou características: autoexecutoriedade, atributo do ato administrativo pelo qual ele é executado pela própria Administração Pública, não carecendo de auxílio do Poder Judiciário; presunção de legitimidade e veracidade, que diz respeito a sua conformidade com a lei e a fé pública de que é dotado; imperatividade, por conta do que o ato administrativo se impõe a terceiros quando estabelece obrigações; e tipicidade que é o atributo segundo o qual o ato administrativo deve corresponder a figuras definidas nas políticas públicas estabelecidas pela Administração Pública, como aptas a produzir determinados resultados, sendo decorrência direta do princípio constitucional da eficiência.

c) Revogação é a extinção explícita ou implícita de um ato administrativo ou de seus efeitos por outro ato administrativo, executada por motivos de conveniência e oportunidade, com efeito ex tunc, e tem lugar quando uma autoridade, no exercício de competência administrativa, conclui que um determinado ato ou relação jurídica não atende ao interesse público, resolvendo extingui-lo, a fim de prover de forma mais satisfatória às conveniências administrativas.

d) Nos atos discricionários o agente tem o poder de valorar os fatores constitutivos do motivo e do objeto, apreciando a conveniência e a oportunidade da conduta. Essa valoração reflete o que modernamente denomina- se reserva do possível, ou seja, o conjunto de elementos que viabilizam ou não determinada ação governamental.

e) A invalidação é a eliminação de um ato administrativo ou relação jurídica dele advinda, em face de haver sido produzido em desacordo com a ordem jurídica vigente. Tem como sujeitos ativos tanto a Administração de onde proveio o ato administrativo inválido, quanto o Poder Judiciário. No 1º caso, sua atuação é sempre espontânea, enquanto que no segundo, a invalidação do ato dá-se em face da apreciação de uma lide. Desse modo, a invalidação pode ser administrativa ou judicial.

COMENTÁRIOS

Alternativa "a". O defeito de um ato administrativo será sanável, isto é, passível de convalidação, quando estiver nos elementos **competência ou forma,** desde que não seja **competência exclusiva ou forma essencial.** Nesse caso, portanto, diferentemente de quando o vício estiver nos elementos **motivo, finalidade ou objeto,** o ato não será imediatamente considerado nulo, sendo passível de convalidação.

Alternativa "b". Os atributos dos atos administrativos são (**PIA**): a) **presunção de legitimidade**, pela qual presume-se que todo ato administrativo praticado seja legal; b) **imperatividade**, que significa que o ato administrativo é impositivo, obrigatório ao administrado, ou seja, a Administração não necessita da concordância do destinatário para que o ato seja praticado; c) **autoexecutoriedade**, pela qual a Administração pode executar o ato administrativo por seus próprios meios, sem necessidade de atuação do Poder Judiciário para tanto. Também se aponta como atributo do ato administrativo a **tipicidade,** segundo a qual **o ato deve corresponder a uma das figuras definidas previamente pela lei,** como aptas a produzir determinados resultados, **sendo corolário, portanto, do princípio da legalidade** (e não da eficiência).

Alternativa "c". A **revogação** é a extinção de ato administrativo válido ou de seus efeitos por **razões de conveniência e oportunidade**, em face do interesse público. Assim, tendo em vista que a **revogação** tem por objeto um **ato administrativo válido**, extinto apenas por motivo de interesse público, os **efeitos da revogação não retroagem, ou seja, são *ex nunc*.**

Alternativa "d". Os **atos discricionários** são aqueles praticados no exercício da competência discricionária, ou seja, quando **existe possibilidade de opção para o administrador diante de uma situação concreta.** Assim, é a partir desse juízo de conveniência e oportunidade, que o administrador colocará em prática o princípio da reserva do possível, segundo o qual, tendo em vista que o Estado possui demandas infindáveis e recursos limitados para concretizá-las, é necessário priorizar as que efetivamente irá atender.

Alternativa "e". A **anulação** é a extinção de um ato administrativo por razões de **ilegalidade.** O ato tem **vício em um dos seus elementos.** A competência para anular é da própria Administração ou do Poder Judiciário. No primeiro caso, a atuação (da Administração) pode ser tanto **espontânea,** quanto **provocada.**

Alternativa correta: letra "d".

---

97. (TRT 14 – Juiz do Trabalho Substituto 14ª Região/2013) No que tange à doutrina e jurisprudência acerca do controle dos atos administrativos é pertinente afirmar:

I. Em caso de demissão de servidor público decorrente de processo administrativo disciplinar, o controle por parte do Poder Judiciário deve ficar restrito aos aspectos formais, dado não ser possível a análise da motivação do ato decisório.

II. O TCU, quando julga as contas dos administradores e demais responsáveis por dinheiro, bens e valores públicos, atua no exercício de função jurisdicional atípica.

III. Sob pena de incursão no denominado mérito administrativo, é vedado, via de regra, nas demandas que envolvam discussão acerca de concurso público, o controle pelo Poder Judiciário dos critérios utilizados pela banca examinadora para a formulação de questões e atribuição de notas a candidatos.

a) Apenas a proposição I é verdadeira.

b) Apenas a proposição II é verdadeira.

c) Apenas a proposição III é verdadeira.

d) Todas as proposições são verdadeiras.

e) Todas as proposições são falsas.

COMENTÁRIOS

Item I. Errado. O controle exercido pelo Poder Judiciário é um controle de **legalidade ou legitimidade,** não sendo a ele permitida a ingerência no mérito administrativo, ou seja, sobre a conveniência e a oportunidade. Entretanto, a motivação do ato é objeto de controle do Poder Judiciário, pois por ela é possível se aferir se a escolha feita no exercício de competência discricionária é compatível com o princípio da razoabilidade. Destaca-se, também, a teoria dos motivos determinantes, pois uma vez feita a motivação, independentemente se havia ou não obrigação de fazê-la, ou o motivo declinado para a prática do ato é verdadeiro ou o ato é nulo, admitindo-se controle pelo Poder Judiciário.

Item II. Errado. O Poder Legislativo tem por **funções precípuas ou típicas,** expressamente previstas na Constituição Federal, a edição de leis e a fiscalização do Poder Executivo. Nessa última encontra-se a fiscalização contábil, financeira, orçamentária, operacional e patrimonial da União e das entidades da administração direta e indireta, quanto à legalidade, legitimidade, economicidade, aplicação das subvenções e renúncias de receitas. Esse controle será exercido com o auxílio do Tribunal de Contas da União, conforme disposto no artigo 71 da Carta Magna. Veja-se, portanto, que se trata de **função típica** desse Tribunal julgar as contas dos administradores e demais responsáveis por dinheiro, bens e valores públicos, enquanto forma de realizar a fiscalização contábil, financeira, orçamentária. Mas, não se trata de função jurisdicional.

Item III. Certo. A competência para revogar é privativa da Administração e não depende de provocação, não sendo permitido ao Poder Judiciário, no exercício da função jurisdicional, fazê-lo. Portanto, quaisquer situações que envolvam análise de conveniência e oportunidade para a realização do ato, como, por exemplo, escolha de critérios utilizados pela banca examinadora para a formulação de questões e atribuição de notas a candidatos, só poderão ser apreciadas pela Administração Pública. Essa é a regra.

Alternativa correta: letra "c" (está correto o item III).

---

98. (TRT 14 – Juiz do Trabalho Substituto 14ª Região/2013) No que concerne ao ato administrativo, assinale a alternativa correta:

I. Quanto à exequibilidade, o ato administrativo imperfeito e o ato pendente não estão aptos à produção de efeitos jurídicos, já que não completaram seu ciclo de formação.

II. Quanto à formação de vontade, a deliberação de um conselho constitui exemplo de ato administrativo simples.

III. Os atos administrativos, por razões de segurança e certeza jurídicas, devem seguir obrigatoriamente a forma escrita, garantia de verificação e controle desses atos.

a) Apenas a proposição I é verdadeira.

b) Apenas a proposição II é verdadeira.

c) Apenas a proposição III é verdadeira.

d) Todas as proposições são verdadeiras.

e) Todas as proposições são falsas.

COMENTÁRIOS

Item I. Errado. O **ato imperfeito** é o que **não completou seu ciclo de formação.** O **ato pendente** é aquele que **não está apto para a produção dos seus efeitos** por estar sujeito **termo ou condição.**

Item II. Certo. O ato simples é aquele em que **a formação da vontade decorre de um só órgão.** Nesse sentido, constitui exemplo de ato simples a deliberação de um conselho.

Item III. Errado. Em regra, o ato administrativo deve seguir a **forma escrita.** Todavia, existem **atos administrativos não escritos,** como é o caso de ordens verbais para o subordinado, a sinalização dos agentes de trânsito, as placas de sinalização.

Alternativa correta: letra "b" (está correto o item II).

---

99. (TRT 2 – Juiz do Trabalho Substituto 2ª Região/2013) No que se refere ao "silêncio administrativo" pode-se afirmar. Aponte a alternativa correta:

a) Não pode ser declarado por lei porque tal declaração equivale à imposição de prática de ato negativo.

b) É ato jurídico com natureza de ato administrativo quando decorre do cumprimento de obrigação do agente público.

c) O silêncio, como ato omissivo da Administração, é um fato jurídico, no caso, administrativo, porque o silêncio, como abstenção de declaração, não induz a prática de ato administrativo algum.

d) É ato ilícito.

e) Trata-se de declaração que produz efeitos jurídicos, dependendo de ação voluntária do agente público.

COMENTÁRIOS

Alternativa "c" (responde as demais alternativas). O silêncio administrativo é a omissão da Administração Pública em se manifestar quando deveria fazê-lo. Essa inércia administrativa não pode ser considerada manifestação de vontade da Administração Pública e, por isso, o silêncio administrativo não é ato administrativo, mas sim um fato administrativo.

Alternativa correta: letra "c".

---

100. (TRT 2 – Juiz do Trabalho Substituto 2ª Região/2012) Analise as assertivas e ao final responda.

I. Pela aplicação do princípio da impessoalidade, o ato administrativo praticado por funcionário irregularmente investido no cargo ou função é válido.

II. A presunção de legitimidade dos atos administrativos é "júris et de jure".

III. Pela aplicação do princípio da especialidade, a Assembleia Geral de acionistas das sociedades de economia mista não pode alterar os objetivos de sua constituição.

IV. Cabe à Administração Pública, no exercício do poder vinculado, antes da edição do ato, apreciar os aspectos concernentes à oportunidade, conveniência, interesse público e equidade.

V. A concessão de alvará de licença é ato de polícia discricionário.

Estão corretas apenas as assertivas:

a) I e III.

b) II e IV.

c) III e V.

d) II e V.

e) IV e V.

COMENTÁRIOS

Item I. Certo. O princípio da impessoalidade pode ser visto sob dois aspectos: quanto aos administrados e em relação à própria Administração Pública. Na questão em comento, trata-se do segundo aspecto. O **Poder Público deve ser impessoal em relação a ele mesmo**; assim, quando um ato é praticado por agente público, na verdade, quem o faz é a pessoa jurídica, à qual pertence o órgão em que o servidor está lotado. Isso tem consequências significativas e a mais relevante delas é a que se refere aos **atos praticados por funcionário de fato**, em razão da denominada teoria da imputação, desde que o terceiro esteja de boa-fé. **Tais atos devem ser imputados à pessoa jurídica de que ele fazia parte e, assim, devem ser considerados válidos.**

Item II. Errado. A presunção de legitimidade, atributo de todos os atos administrativos, é uma presunção *iuris tantum*.

Item III. Certo. O **princípio da especialidade** – intimamente ligado à legalidade – preceitua que os órgãos e entidades da Administração Pública devem cumprir o papel para os quais foram criados, sendo vedadas atividades estranhas à missão a elas legalmente destinadas. Assim, a sociedade de economia mista – como ente da Administração Pública Indireta –, não pode ter alterados os objetivos de sua constituição senão por meio de lei.

Item IV. Errado. O **poder vinculado ou regrado** é aquele que a **lei "confere à Administração Pública para a prática de ato de sua competência, determinando os elementos e requisitos necessários a sua formalização"**[54]. Não há que se falar, portanto, em análise da oportunidade, conveniência, interesse público e equidade, características da **discricionariedade.**

Item V. Errado. Em regra, a atividade de **polícia administrativa** é **discricionária**, havendo **liberdade de escolha do administrador** em relação ao momento de atuação. Todavia, se **o ato é praticado por licença, há vinculação.**

Alternativa "a": correta. Estão corretos os itens I e III.

101. (TRT 3 – Juiz do Trabalho Substituto 3ª Região/2012) São atributos do ato administrativo, exceto:

a) Presunção de legitimidade

b) Finalidade

c) Imperatividade

d) Autoexecutoriedade

e) Tipicidade

COMENTÁRIOS

Alternativa "a". A **presunção de legitimidade** está intimamente relacionada com o princípio da legalidade, pois se a atuação administrativa deve se dar de acordo com a lei e com o Direito, **presume-se que todo ato administrativo praticado seja legal.** São efeitos da **presunção de legitimidade**: a) **o ato pode ser praticado imediatamente**; b) **produz efeitos até que seja retirado da esfera jurídica**; c) **inversão do ônus da prova**; d) **o Judiciário não pode apreciar de ofício o vício do ato.**

Alternativa "b". A finalidade é **elemento do ato administrativo** e é o **resultado almejado na prática**. É o **'para que'** o ato foi realizado, que deve ser sempre a **finalidade pública**, sob pena de desvio de finalidade.

Alternativa "c". A **imperatividade** significa que o **ato administrativo é impositivo, obrigatório ao administrado**, quer dizer, a Administração não necessita da concordância do destinatário para que ato seja praticado.

Alternativa "d". Pela **autoexecutoriedade**, a Administração Pública **pode executar o ato administrativo por seus próprios meios** sem necessidade de atuação do Poder Judiciário. A autoexecutoriedade só existe quando **prevista em lei** ou quando se tratar de **situação de urgência** e, assim, **não existe em todos os atos administrativos.**

Alternativa "e". A **tipicidade** significa que o **ato administrativo deve corresponder a figuras previamente definidas em lei como aptas à produção de resultados determinados**, isto é, para "cada finalidade que a Administração pretende alcançar existe um ato definido em lei"[55], não sendo possível a prática de atos administrativos atípicos.

Alternativa correta: letra "b".

102. (FCC – Juiz do Trabalho Substituto 4ª Região/2012) A respeito do ato administrativo, é correto afirmar que

a) motivo é o pressuposto de fato e de direito que serve de fundamento ao ato e, quando falso, importa a invalidade do ato, que pode ser declarada pelo Poder Judiciário com base na teoria dos motivos determinantes.

b) a discricionariedade administrativa impede o exame, pelo Poder Judiciário, do motivo do ato,

54 MEIRELLES, Hely Lopes. *Direito administrativo brasileiro*. 36. ed.São Paulo: Malheiros, 2010. p.120.

55 DI PIETRO, Maria Sylvia Zanella *Direito administrativo*. 23. ed. São Paulo: Atlas, 2010. p.201.

aplicando-se, no caso dos atos vinculados, a teoria dos motivos determinantes.

c) apenas os atos discricionários comportam o exame, pelo Poder Judiciário, da validade e veracidade dos pressupostos de fato e de direito para sua edição.

d) o desvio de poder constitui vício relativo ao motivo do ato administrativo e enseja sua nulidade, com base na teoria dos motivos determinantes.

e) a finalidade do ato discricionário decorre da aderência das razões de conveniência e oportunidade ao interesse público, sendo nulo, com base na teoria dos motivos determinantes, o ato que não cumpra tal condição.

COMENTÁRIOS

Alternativa "a"(responde, também, a alternativa "b"). O **motivo** é um dos elementos dos atos administrativos. É o **pressuposto, a razão, a situação de fato ou de direito cuja ocorrência autoriza ou determina a prática do ato.** É o que leva o administrador a praticar o ato. O **"porquê"** do ato realizado. Pela **teoria dos motivos determinantes**, não importa se deve ou não haver a **motivação – demonstração do motivo, por escrito** – do ato administrativo, pois o administrador fica **vinculado aos motivos declarados para a prática do ato.** Quer dizer, mesmo que se trate de situação em que não havia obrigação de motivar, **uma vez feita a motivação ou motivo declarado existiu e é verdadeiro ou o ato é nulo.** Por exemplo, o ocupante de cargo em comissão pode ser exonerado a qualquer tempo, e a autoridade não precisa expor o motivo. Se, contudo, em determinado caso justifica-se a exoneração pela ausência de verba e, em seguida, outro servidor é nomeado, o ato é invalido porque o motivo alegado é falso. Isso, inclusive, pode ser apreciado pelo Poder Judiciário porque o ato somente é válido se todos os seus elementos estiverem em conformidade com o direito. É o elemento motivo que identifica se o ato é vinculado ou discricionário, mas em qualquer um dos casos, admite-se o controle jurisdicional.

Alternativa "c". Qualquer ato administrativo pode ser anulado, seja ele vinculado ou discricionário, porque mesmo neste os elementos de validade devem estar presentes. Assim, os atos vinculados e os discricionários comportam exame do Judiciário da validade e veracidade dos pressupostos de fato e de direito para sua edição.

Alternativa "d". Ocorre **desvio de poder** quando houver divergência entre a **finalidade** legal e a **finalidade** do ato. Constitui, assim, vício relativo à **finalidade** do ato administrativo.

Alternativa "e". O elemento da **finalidade**, que deve **sempre** ser a **finalidade pública**, é, necessariamente, **vinculado**. Não cabe, desse modo, aderência às razões de conveniência e oportunidade, característico dos atos discricionários.

Alternativa correta: letra "a".

103. (TRT 14 – Juiz do Trabalho Substituto 14ª Região/2012) Acerca de temas do Direito Administrativo, leia as assertivas abaixo e marque a única alternativa correta:

I. Os atos administrativos que envolvem a aplicação de conceitos indeterminados, como no caso da desídia imputada em processo disciplinar, não estão sujeitos ao controle jurisdicional.

II. O princípio da irredutibilidade de vencimentos alcança todos os servidores, exceção feita àqueles que não mantêm vínculo efetivo com a Administração Pública, o que inclui o ocupante de cargo em comissão.

III. Nos processos perante o Tribunal de Contas da União asseguram-se o contraditório e a ampla defesa quando da decisão puder resultar anulação ou revogação de ato administrativo que beneficie o interessado, excetuada a apreciação da legalidade do ato de concessão inicial de aposentadoria, reforma e pensão.

a) Apenas o item I é verdadeiro.

b) Apenas o item II é verdadeiro.

c) Apenas o item III é verdadeiro.

d) Todos os itens são falsos.

e) Todos os itens são verdadeiros.

COMENTÁRIOS

Item I. Errado. O controle judicial é controle de natureza **externa** e, quanto a sua extensão, é um controle de **legalidade** ou **legitimidade**, não sendo permitida ao Poder Judiciário a ingerência no mérito do ato administrativo, ou seja, sobre a conveniência e a oportunidade. Quando se faz referência aos "conceitos jurídicos indeterminados", significa que o administrador tem uma pequena margem de liberdade. Entretanto, há decisões judiciais reconhecendo a possibilidade do controle judicial investir no **mérito** (ou seja, quando há **discricionariedade**), desde que tenha como parâmetro a legalidade do ato, ou seja, "o Judiciário não examina o mérito dos atos da Administração a partir de considerações sobre sua oportunidade ou conveniência, mas sim relativamente à sua conformação com os princípios constitucionais(...)"[56].

Item II. Errado. O art. 37, XV, da Constituição Federal assegura a irredutibilidade da remuneração e dos subsídios dos agentes públicos, **não fazendo distinção entre servidores ocupantes de cargo efetivo ou de cargo em comissão.**

Item III. Certo. Nos termos da Súmula Vinculante nº 3, do Supremo Tribunal Federal, "nos processos perante o tribunal de contas da união asseguram-se o con-

56 CUNHA JÚNIOR, Dirley da. *Curso de direito administrativo.* 8 ed. Salvador: Juspodivm, 2009. p. 642.

traditório e a ampla defesa quando da decisão puder resultar anulação ou revogação de ato administrativo que beneficie o interessado, excetuada a apreciação da legalidade do ato de concessão inicial de aposentadoria, reforma e pensão".

Alternativa "c": correta. Apenas o item III está correto.

---

104. (TRT 15 – Juiz do Trabalho Substituto 15ª Região/2012) Assinale a alternativa correta:

a) Os bens públicos nunca podem ser alienados.

b) A responsabilidade civil do Estado é objetiva, tendo a Constituição Federal Brasileira adotado a teoria do risco integral.

c) São atributos do ato administrativo: presunção de legitimidade, imperatividade e autoexecutoriedade.

d) A ação de mandado de segurança somente pode ser ajuizada contra ilegalidade ou abuso de poder praticado por autoridade pública.

e) Tratando-se de ato discricionário, a validade do ato administrativo não fica vinculada à motivação que lhe fora dada..

COMENTÁRIOS

Alternativa "a". Em regra, os bens públicos **não podem ser alienados**. Todavia, tal característica não é absoluta, pois, com a **desafetação** os bens públicos passam a ser alienáveis, devendo eventual alienação, contudo, obedecer à prescrição legal.

Alternativa "b". Pela **teoria do risco integral**, não são admitidas excludentes de responsabilidade, e o Estado deve indenizar todo e qualquer dano sofrido pelo administrado, ainda que causado por culpa ou dolo da vítima. No Brasil, vigora a **teoria do risco administrativo, com previsão no art. 37, §6º da Constituição Federal**.

Alternativa "c". Em razão do regime peculiar a que estão sujeitos os atos administrativos, são apontadas como sendo suas **características (PIA): a) presunção de legitimidade,** intimamente relacionada com o princípio da legalidade, pois se a atuação administrativa deve se dar de acordo com a lei e com o direito, **presume-se que todo ato administrativo seja legal; b) imperatividade**, que significa que o **ato administrativo é impositivo, obrigatório ao administrado**, sendo que a Administração não precisa da concordância do administrado para que o ato seja praticado; **c) autoexecutoriedade**, pela qual a Administração pode **executar o ato administrativo por seus próprios meios**, sem necessidade de atuação do Poder Judiciário.

Alternativa "d". A autoridade coatora é o sujeito passivo, e o art. 1º, §1º, da Lei nº 12.016/09 **equipara** à autoridade para impetração de mandado de segurança: a) os representantes ou órgãos de partidos políticos; b) os administradores de entidades autárquicas; c) **os dirigentes de pessoas jurídicas ou pessoas naturais no exercício de atribuições do poder público, somente no que disser respeito a essas atribuições.** Desse modo, o *mandamus* pode ser impetrado contra ato de dirigente de estabelecimento de ensino privado ou ato de administrador de concessionária de serviço público, por exemplo.

Alternativa "e". Trata-se de enunciado contrário à **teoria dos motivos determinantes**, segundo a qual não importa se deve haver ou não a motivação dos atos administrativos, pois **o administrador fica vinculado aos motivos declarados para a prática do ato.**

Alternativa correta: letra "c".

---

105. (TRT 15 – Juiz do Trabalho Substituto 15ª Região/2012) Analise as assertivas abaixo e, após, responda;

I. A nulidade do ato administrativo pode ser reconhecida pela própria administração e pelo Poder Judiciário.

II. A revogação de ato pela administração produz efeito *ex nunc*.

III. Poder hierárquico é a faculdade que a administração possui de punir internamente as infrações funcionais de servidores.

IV. Os serviços públicos *uti singuli* são mantidos pelos impostos.

V. Ao servidor público não é assegurado o direito de greve.

a) Apenas as assertivas I, II e V estão corretas.

b) Apenas as assertivas I e IV estão corretas.

c) Apenas as assertivas I e II estão corretas.

d) Apenas as assertivas I e III estão corretas.

e) Apenas as II e V estão corretas.

COMENTÁRIOS

Item I. Certo. A **anulação** é a **extinção do ato administrativo por razões de ilegalidade**. A competência para anular é da **própria Administração**, de ofício ou a pedido, e do **Poder Judiciário**, mediante provocação.

Item II. Certo. Os efeitos **revogação,** extinção do ato administrativo válido ou de seus efeitos por razões de conveniência e oportunidade, **não retroagem (*ex nunc*)** e, assim, o ato revogador somente produz efeitos futuros.

Item III. Errado. O **poder hierárquico** é "o de que dispõe o Executivo para distribuir e escalonar as funções de seus órgãos, ordenar e rever a atuação de seus agentes, estabelecendo a relação de subordinação entre os servidores do seu quadro de pessoal"[57].

---

57 MEIRELLES, Hely Lopes. *Direito administrativo brasileiro*. 36 ed. São Paulo: Malheiros, 2010. p. 124.

Item IV. Errado. Os **serviços *uti singuli* ou individuais** são aqueles que têm usuários determinados e cuja utilização pode ser mensurada, individualizada para cada usuário e, assim, **são remuneradas por taxa ou tarifa.**

Item V. Errado. A **greve** é um **direito fundamental** garantido pela Constituição Federal. O **direito de greve dos servidores públicos**, no entanto, recebeu tratamento diverso. O legislador constituinte originário estatui, no art. 37, VII, que **o direito de greve será exercido nos termos e nos limites definidos em lei complementar**. Todavia, o legislador não cumpriu a determinação constitucional e a lei exigida não foi produzida. Assim, na posição atualmente adotada pelo Supremo Tribunal Federal, **considerando a mora do legislador em posicionar-se, até que a lei venha a existir, fica autorizado o exercício do direito de greve pelos servidores públicos, usando, para tanto, a lei da iniciativa privada, no que couber.**

Alternativa "c": correta. Estão corretos os itens I e II.

---

106. (TRT 19 – Juiz do Trabalho Substituto 19ª Região/2012) A respeito dos atos administrativos, assinale a alternativa correta:

a) Todos os atos jurídicos praticados pela administração são atos administrativos (em sentido estrito).

b) O ato administrativo pode ser anulado pela própria Administração Pública.

c) A competência para a prática de atos administrativos pode ser sempre delegada.

d) O ato administrativo emanado do resultado da votação de um órgão colegiado é qualificado como ato composto.

e) Os atos administrativos discricionários são insuscetíveis de qualquer Controle Judicial.

COMENTÁRIOS

✪ **Nota do autor:** As principais formas de extinção do ato pela retirada são a anulação e a revogação.

Alternativa "a". Ato administrativo não pode ser confundido com ato da administração. Esta expressão é mais abrangente e representa todos os atos praticados no exercício da função administrativa. Nessa categoria estão: a) os atos de direito privado; b) os atos materiais; c) os atos políticos; d) **os atos administrativos**.

Alternativa "b". A **anulação** é a **extinção do ato administrativo por razões de ilegalidade**. Nesse caso, o ato possui algum vício que o contamina e, não sendo possível a convalidação, deve haver sua invalidação. A **competência** para anular é da **própria Administração**, de ofício ou a pedido, e do **Poder Judiciário**, mediante provocação.

Alternativa "c". A delegação não pode ocorrer sempre. Por exemplo, não é possível delegar no caso de competência exclusiva.

Alternativa "d". Os **atos compostos** são dois atos e não um só. Existem, pois, **dois atos distintos, sendo um principal e outro acessório**, constituindo-se este em pressuposto ou complemento daquele, como, por exemplo, se dá na nomeação de Ministro do Supremo Tribunal Federal, em que é necessário o ato acessório, qual seja, a aprovação do nome no Senado, para que seja praticado o ato principal, que é a nomeação pelo Presidente da República.

Alternativa "e". O **controle judicial** tem natureza **externa** e, quanto a sua extensão, é um controle de **legalidade** ou **legitimidade**, não sendo permitido ao Poder Judiciário a ingerência no mérito do ato administrativo, ou seja, sobre a conveniência e a oportunidade. Entretanto, há decisões judiciais que reconhecem a possibilidade de o controle judicial investir no **mérito**, desde que tenha como parâmetro a legalidade do ato.

Alternativa correta: letra "b".

7. LICITAÇÃO E CONTRATO ADMINISTRATIVO

▸ Lei 14.133/2021

---

107. (FGV – Juiz do Trabalho Substituto – TST/2023) Nos termos da Lei nº 14.133/2021 (Lei de Licitações e Contratos Administrativos), analise as afirmativas a seguir.

I. Na aquisição de hortifrutigranjeiros, no período necessário para a realização do correspondente processo licitatório, é dispensável a licitação, devendo a contratação direta ser realizada com base no preço do dia.

II. Na contratação direta de cantora consagrada pela crítica especializada, é inexigível a licitação.

III. Na aquisição de materiais que só possam ser fornecidos por produtor exclusivo, é dispensável a licitação.

IV. É inexigível a licitação na contratação de serviço técnico especializado de publicidade e divulgação prestado por profissional de notória especialização.

Está correto o que se afirma em

a) somente I e II;

b) somente III e IV;

c) somente I, II e IV;

d) somente I, III e IV;

e) I, II, III e IV.

COMENTÁRIOS

Alternativa "a" (responde as demais alternativas). Estão corretos os itens I e II.

Item I. Correto. Nos termos do art. 75, III, *e*, da Lei, é dispensável a licitação, para contratação que mantenha todas as condições definidas em edital de licitação realizada há menos de 1 (um) ano, quando se verificar que naquela licitação, hortifrutigranjeiros, pães e outros gêneros perecíveis, no período necessário para a realização dos processos licitatórios correspondentes, hipótese em que a contratação será realizada diretamente com base no preço do dia.

Item II. Correto. Na forma do art. 74, II, da Lei, é inexigível a licitação quando inviável a competição, em especial nos casos de contratação de profissional do setor artístico, diretamente ou por meio de empresário exclusivo, desde que consagrado pela crítica especializada ou pela opinião pública.

Item III. Errado. Nos termos do art. 74, I, da Lei, é **inexigível** licitação para aquisição de materiais, de equipamentos ou de gêneros ou contratação de serviços que só possam ser fornecidos por produtor, empresa ou representante comercial exclusivos.

Item IV. Errado. Consoante art. 74, III, da Lei, é inexigível a licitação para contratação dos serviços técnicos especializados de natureza predominantemente intelectual com profissionais ou empresas de notória especialização, **vedada, contudo, a inexigibilidade para serviços de publicidade e divulgação.**

Alternativa correta: letra a".

8. SERVIÇOS PÚBLICOS

- CF, artigos 21, 23, 25, 30 e 32, § 1º
- CF, art. 175
- Lei nº 8.987/95
- Lei nº 11.079/04

108. (FGV - Juiz do Trabalho Substituto - TST/2023) Quanto aos serviços públicos, considerando o disposto na Constituição da República de 1988 e o entendimento do Supremo Tribunal Federal, é INCORRETO afirmar que:

a) o fomento à produção agropecuária pode ser realizado pelos Estados;

b) o serviço de energia elétrica pode ser organizado por meio de lei complementar estadual;

c) a promoção de programas de construção de moradias pode ser realizada pelos Municípios;

d) o licenciamento de motocicletas para o transporte remunerado de passageiros não pode ser regulamentado por lei estadual sem autorização em lei complementar federal;

e) o serviço de distribuição de gás canalizado é privativo dos Estados, que podem explorá-lo diretamente ou mediante concessão, sendo vedada a sua regulamentação por medida provisória.

COMENTÁRIOS

Alternativa "a". De acordo com o art. 23, VIII, da Constituição Federal, é competência comum da União, do Distrito Federal e dos Municípios, "fomentar a produção agropecuária e organizar o abastecimento alimentar".

Alternativa "b". O Supremo Tribunal federal, no julgamento da ADIn nº 3703, invalidou lei estadual que invadiu competência privativa da União sobre legislar sobre fornecimento de energia elétrica. No julgamento do caso concreto, ficou determinado que a Lei Estadual do Rio de Janeiro nº 4.724/2006 invadiu a competência da União para explorar serviços e instalações de energia elétrica e legislar sobre o regime jurídico das autorizadas, concessionárias e permissionárias desse serviço público, ressaltando-se que cabe à União legislar sobre os direitos do usuário, a política tarifária e a obrigação de manutenção da qualidade adequada do serviço.

Alternativa "c". O Município pode realizar a promoção de programas de construção de moradias porque é competência comum dos entes federados, nos termos do inciso IX do art. 23 da Constituição Federal.

Alternativa "d". É da União a competência privativa para legislar sobre trânsito e transporte, nos termos do art. 22, XI, do texto constitucional e, com esse fundamento, o STF declarou inconstitucional lei distrital que criou o sistema de *moto-service* – transporte remunerado de passageiros com uso de motocicletas (ADI 3.269).

Alternativa "e". O art. 25, §2º, da Constituição Federal estabelece que cabe "aos Estados explorar diretamente, ou mediante concessão, os serviços locais de gás canalizado, na forma da lei, vedada a edição de medida provisória para a sua regulamentação".

Alternativa correta: letra "b".

109. (FCC - Juiz do Trabalho Substituto 15ª Região/2015) Uma empresa privada, concessionária de serviço público de transporte de passageiros, deixou de realizar os investimentos previstos no contrato de concessão para a modernização dos sistemas de bilhetagem eletrônica, alegando frustração da demanda em relação às estimativas iniciais e consequente perda de receita tarifária. A conduta da concessionária

a) viola a obrigação de manutenção do serviço adequado, no que concerne à atualidade, que compreende a modernidade de equipamentos e instalações, bem como a melhoria e expansão do serviço.

b) está de acordo com o regime jurídico aplicável na hipótese de concessão de serviço público, onde a exploração se dá por conta e risco da concessionária, a qual detém, portanto, a prerrogativa de compatibilizar os níveis de adequação do serviço à receita obtida.

c) pode configurar violação ao princípio da continuidade do serviço público, em seu sentido amplo, facultando à concessionária a redução da oferta dos serviços apenas para adequar os custos à perda de receita suportada.

d) é decorrência do princípio da modicidade tarifária, que se sobrepõe aos demais, ensejando, em muitos casos, a redução dos níveis de adequação do serviço e dos critérios de universalidade.

e) configura violação ao princípio da eficiência, aplicável apenas em se tratando de prestação de serviço sob regime de concessão, que pressupõe a aplicação de índices de qualidade comparáveis aos praticados pela iniciativa privada.

COMENTÁRIOS

✪ **Nota do autor:** A concessão de serviço público é, na lição de Maria Sylvia Di Pietro, **"o contrato administrativo por meio do qual a Administração Pública delega a terceiro a execução de um serviço público, para que o execute em seu próprio nome, por sua conta e risco, assegurando-lhe remuneração mediante tarifa paga pelo usuário ou outra forma de remuneração decorrente da exploração do serviço"**[58].

Alternativa "a". Na forma do art. 6º, *caput*, da Lei nº 8.987/85, toda concessão ou permissão pressupõe a prestação de serviço adequado ao pleno atendimento dos usuários, conforme estabelecido na Lei, nas normas pertinentes e no respectivo contrato. O §1º, estabelece que "serviço adequado é o que satisfaz as condições de regularidade, continuidade, eficiência, segurança, **atualidade**, generalidade, cortesia na sua prestação e modicidade das tarifas", sendo que, o §2º, determina que "a atualidade compreende a modernidade das técnicas, do equipamento e das instalações e a sua conservação, bem como a melhoria e expansão do serviço".

Alternativa "b" (responde a alternativa "c"). Muito embora a concessionária exerça a atividade por sua conta e risco, ela não tem a prerrogativa de compatibilizar os níveis de adequação do serviço à receita obtida, **eis que previstos no contrato administrativo firmado.**

Alternativa "d". Pela **modicidade das tarifas**, não é possível haver tarifa de serviço público com preço exorbitante, pois as tarifas devem ser módicas, razoáveis e, ainda, dependendo do serviço deve haver a consideração da condição financeira do usuário para, inclusive, a instituição de subsídios. Ou seja, sem relação alguma com a situação narrada na alternativa.

Alternativa "e". A observância do **princípio da eficiência** se dá no âmbito de toda a Administração Pública, nos termos do art. 37, *caput*, da Constituição Federal, e, ainda, a todas as demais formas de prestação do serviço público, não se restringindo, portanto, à concessão de serviço público.

Alternativa correta: letra "a".

58 DI PIETRO, Maria Sylvia Zanella. *Direito Administrativo*. 23 ed. São Paulo: Atlas, 2010. p. 294.

110. (FCC – Juiz do Trabalho Substituto 20ª Região/2012) Determinada atividade, quando caracterizada como serviço público, constitui obrigação do Estado, que pode prestá-la diretamente ou sob o regime de concessão ou permissão, devendo observar, entre outros, o princípio da

a) modicidade tarifária, que veda a exploração por regime de concessão de serviços de natureza essencial, exceto se subsidiada pelo poder concedente.

b) universalidade, que impõe a obrigação do poder concedente de subsidiar a prestação do serviço, por agente público ou privado, quando o mesmo se mostrar deficitário.

c) continuidade, que impede o concessionário de rescindir o contrato administrativamente, exceto no caso de desequilíbrio econômico-financeiro.

d) continuidade, que impede a Administração de declarar a encampação em contrato de concessão, salvo se verificada a prestação deficiente do serviço pela concessionária.

e) continuidade, que não é violado quando a interrupção do serviço se dá, após prévio aviso, por inadimplemento do usuário.

COMENTÁRIOS

✪ **Nota do autor:** O serviço público é **incumbência do Poder Público**, conforme expressa determinação do art. 175 da Constituição Federal. Esse artigo admite a possibilidade de delegação da execução do serviço público a terceiros. Todavia, transfere-se apenas a execução, pois a titularidade do serviço continua sendo do Estado e a este cabe a sua regulamentação e o seu controle. Quer dizer, mesmo que seja feita opção para que determinado serviço público passe a ser executado por um particular é **dever** do Estado estabelecer as diretrizes, a forma de execução e, também, fiscalizar, controlar o desenvolvimento da atividade, de maneira que a população tenha acesso a um serviço público eficiente.

Alternativa "a". Pela **modicidade das tarifas**, não é possível haver tarifa de serviço público com preço exorbitante, pois as tarifas devem ser módicas, razoáveis e, ainda, dependendo do serviço deve haver a consideração da condição financeira do usuário para, inclusive, a instituição de subsídios.

Alternativa "b". A **universalidade** ou **generalidade** impõe que o serviço público seja realizado de forma a atender os usuários de maneira indistinta, de forma impessoal, isto é, todas as pessoas que estejam na mesma situação devem ser beneficiadas pelo serviço público, sem prejudicar ou privilegiar ninguém.

Alternativa "e": correta (também responde as alternativas "c" e "d"). Pelo princípio da **continuidade do serviço público**, o serviço público não pode parar. Não é possível a interrupção do serviço público e tal princípio serve, inclusive, para que se faça a ponderação entre ele e o direito à greve dos servidores públicos. Ainda, **excepcionalmente, nos termos da Lei nº 8.987/95, art. 6º, § 3º, pode haver a interrupção do serviço público** em caso de emergência ou, após prévio aviso, por motivo de ordem técnica ou de segurança das instalações e por motivo de inadimplência do usuário. Também, nessa lei há a previsão de que a Administração Pública, para evitar a interrupção do serviço público, pode intervir na concessão de serviços públicos e, caso não solucionado o problema, pode extinguir a concessão e realizar a ocupação das instalações necessárias à prestação do serviço público.

Alternativa correta: letra "e".

---

111. (TRT 15 – Juiz do Trabalho Substituto 15ª Região/2010) Não é princípio ou requisito que se amolde ao regime jurídico do serviço público:

a) a continuidade;

b) a cortesia na sua prestação;

c) a imutabilidade do regime jurídico;

d) a generalidade;

e) a modicidade das tarifas.

COMENTÁRIOS

Alternativa a. O princípio da continuidade do serviço público impõe que o serviço público não pode parar. Não é possível a interrupção do serviço público e tal princípio serve, inclusive, para que se faça a ponderação entre ele e o direito à greve dos servidores públicos. Ainda, excepcionalmente, nos termos da Lei nº 8.987/95, art. 6º, § 1º, pode haver a interrupção do serviço público em caso de emergência ou, após prévio aviso, por motivo de ordem técnica ou de segurança das instalações e por motivo de inadimplência do usuário. Deve-se atentar que no caso de interrupção por inadimplência do usuário, não poderá se iniciar na sexta-feira, no sábado, domingo, nem em feriado ou dia anterior a feriado, nos termos da Lei nº 14.015/2020. Também, nessa lei há a previsão de que a Administração Pública, para evitar a interrupção do serviço público, pode intervir na concessão de serviços públicos e, caso não solucionado o problema, pode extinguir a concessão e realizar a ocupação das instalações necessárias à prestação do serviço público.

Alternativa b. Pelo princípio da cortesia, o usuário do serviço público deve ser tratado de forma polida, cordial.

Alternativa "c". A imutabilidade não é própria do regime jurídico do serviço público, porque o contrato de concessão de serviço público é um contrato administrativo e, como tal, possui a característica da mutabilidade, pela qual o regime jurídico do contrato administrativo pode ser alterado para se adaptar ao interesse público como, por exemplo, em razão do fato do príncipe ou do fato da administração.

Alternativa d. A generalidade é indispensável ao serviço público e consectária da impessoalidade, pois o serviço público deve ser prestado de maneira geral, ampla, de forma a se atingir a amplitude dos usuários, ou seja, todos os usuários que estejam em situação semelhante devem receber a mesma forma de tratamento.

Alternativa e. A modicidade das tarifas significa que não é possível haver tarifa de serviço público com preço exorbitante, pois as tarifas devem ser módicas, razoáveis e, ainda, dependendo do serviço deve haver a consideração da condição financeira do usuário para, inclusive, a instituição de subsídios.

Alternativa "c": correta.

9. BENS PÚBLICOS

- Código Civil, artigos 98 a 103
- CF, artigos 20, 26, 30, 32, 183, § 3º, e 191, parágrafo único

---

112. (FCC – Juiz do Trabalho Substituto 15ª Região/2015) Um Município encaminhou à Câmara de Vereadores proposta de Lei para autorizar a alienação onerosa de um terreno que anteriormente estava destinado para a construção de um teatro e uma oficina de artes, mas que ficaria desafetado com a edição da lei. Diante desse cenário, uma empresa credora do Município, ajuizou uma medida cautelar para impedir a venda do imóvel, a fim de que fosse possível a adoção das providências processuais cabíveis para penhora do imóvel. A medida cautelar ainda não tinha sido julgada, mas o Judiciário acatou o pedido liminar, determinando a suspensão da publicação do edital de concorrência. A decisão

a) encontra fundamento no ordenamento jurídico, tendo em vista que os credores do Estado possuem direito de preferência para quitar seus débitos, antes que seja alienado patrimônio para fazer frente a investimentos.

b) deve ser reformada, tendo em vista que o terreno pertencente ao Município é dotado de imprescritibilidade e inalienabilidade, justamente para garantir que o patrimônio público não seja empregado para custeio ou investimentos.

c) deve ser reformada, em razão da impenhorabilidade que grava os bens públicos, independentemente da afetação direta, tendo em vista que o patrimônio público é indisponível e se presta ao atendimento do interesse público, ainda que indiretamente, por meio do produto apurado com a venda do imóvel.

d) pode ser reformada, desde que o Município garanta o crédito da empresa autora da medida cautelar, tendo em vista que quando ocorre a desafetação do bem público, fica alterado o regime jurídico que o protege, passando para o regime privado.

e) deve ser mantida, tendo em vista que a afetação dada ao bem público não poderia ser alterada, porque destinada ao uso comum do povo, tampouco poderia ser alienada onerosamente a terceiros.

COMENTÁRIOS

Alternativa "b". Pela **imprescritibilidade** não podem ser objeto de usucapião, não importando se estão ou não vinculados a uso de finalidade pública, conforme a Súmula nº 340 do Supremo Tribunal Federal cujo enunciado prevê que desde "a vigência do Código Civil, os bens dominicais, como os demais bens públicos, não podem ser adquiridos por usucapião". Quanto à **inalienabilidade**, os bens públicos, em regra, não podem ser alienados, pois são bens fora do comércio, salvo se houver a desafetação. Pela afetação, o bem público dominical passa a ser bem público de uso especial e, nessa condição, é inalienável por determinação expressa do art. 100 do Código Civil e, de outro lado, com a desafetação passa para a categoria dominial e, portanto, pode ser alienado.

Alternativa "c" (responde as alternativas "a" e "e"). Os bens públicos não podem ser penhorados, não importando se são de uso comum do povo, de uso especial ou dominicais, pois a impenhorabilidade decorre do art. 100 da Constituição. Deve-se apontar que, recentemente decidiu o STF na ADPF nº 789 que "São inconstitucionais atos de constrição, por decisão judicial, do **patrimônio de estatais prestadoras de serviço público essencial, em regime não concorrencial e sem intuito lucrativo primário, para fins de quitação de suas dívidas.**"

Alternativa "d". Os bens dominicais ou bens do patrimônio disponível do Estado, consoante o art. 99, III do Código Civil, constituem o patrimônio das pessoas jurídicas de direito público, como objeto de direito pessoal, ou real, de cada uma dessas entidades, isto é, são bens do domínio privado do Estado. Possuem, na visão tradicional as características de comportarem função patrimonial ou financeira porque são destinados a assegurar rendas ao Estado, bem como de se submeterem ao regime jurídico de direito privado. Todavia, no caso concreto, **não é necessário que a Administração Pública garanta o juízo**, dada a **impenhorabilidade** dos bens públicos, característica de **natureza absoluta.**

Alternativa correta: letra "c".

---

113. (FCC – Juiz do Trabalho Substituto 15ª Região/2015) O regime jurídico de direito público que protege os bens públicos imóveis identifica-se, dentre outras características, pela imprescritibilidade, que

a) guarnece os bens de uso comum e os bens de uso especial, mas é excepcionado dos bens dominicais, pois estes são considerados os bens privados da Administração pública e, portanto, não podem se eximir de se submeter ao regime jurídico comum, como expressão do princípio da isonomia.

b) impede que os particulares adquiram a propriedade dos bens públicos por usucapião, independentemente do tempo de permanência no imóvel e da boa-fé da ocupação, mas não se aplica a eventuais ocupantes que possuam natureza jurídica de direito público, pelo princípio da reciprocidade.

c) impede a aquisição de bens públicos, independentemente de sua classificação, por usucapião, o que se aplica a particulares e pessoas jurídicas de direito público e privado, mas também se presta à proteção do patrimônio em face de qualquer instituto que venha a representar a subtração dos poderes inerentes à propriedade pública.

d) determina que o poder público pode promover ações para ressarcimento de danos e responsabilização dos envolvidos indefinidamente, com base no ordenamento jurídico vigente, no caso de ocupações multifamiliares irregulares, que gerem ou tenham gerado efeito favelizador da área.

e) aplica-se reciprocamente à Administração pública e aos administrados, na medida em que aquela também não pode regularizar suas ocupações por meio de usucapião de bens imóveis pertencentes a pessoas físicas ou jurídicas de direito privado.

COMENTÁRIOS

Alternativa "b". Nem particulares **nem pessoas jurídicas de direito público podem adquirir**, por usucapião, os bens públicos, dada a característica da **impenhorabilidade** que, como destacado, é de natureza absoluta.

Alternativa "c" (responde as alternativas "a" e "d"). Pela **imprescritibilidade**, os bens públicos não podem ser objeto de usucapião, não importando se estão ou não vinculados a uso de finalidade pública, conforme a **Súmula nº 340** do Supremo Tribunal Federal cujo enunciado prevê que desde "a vigência do Código Civil, os bens dominicais, como os demais bens públicos, não podem ser adquiridos por usucapião". Nesse mesmo sentido, dispõe Súmula mais recente sobre o tema (619 do STJ): "A ocupação indevida de bem público configura mera detenção, de natureza precária, insuscetível de retenção ou indenização por acessões e benfeitorias". Desse modo, os bens de uso comum do povo, os bens de uso especial e os bens dominicais não se sujeitam à prescrição aquisitiva.

Alternativa "e". A **imprescritibilidade** faz referência, apenas e tão somente, à impossibilidade de os bens públicos serem adquiridos por usucapião, não havendo qualquer menção na doutrina no sentido destacado pela alternativa.

Alternativa correta: letra "c".

---

114. (FCC – Juiz do Trabalho Substituto 24ª Região/2015) Jonas é jornaleiro de profissão e obteve da Prefeitura Municipal uma "permissão não qualificada e incondicionada de uso de bem público", para fins de instalação de banca de jornais e revistas, em logradouro urbano. Tal ato é

a) declaratório, discricionário e ablativo.

b) imperativo, bilateral e constitutivo.

c) contratual, complexo e ampliativo.

d) enunciativo, composto e homologatório.

e) discricionário, unilateral e precário.

COMENTÁRIOS

✪ **Nota do autor:** Os bens públicos podem ser objeto de uso por particulares, inclusive os bens de uso comum e os bens de uso especial. Essa utilização pode ser comum ou especial. Quando é usado pelas pessoas em geral, sem distinção entre os usuários e sem necessidade de autorização específica para tanto, tem-se o uso comum e, por outro lado, se o administrado se sujeita a regras específicas, ao consentimento do Poder Público ou ao pagamento pelo uso, há o uso especial do bem público. O uso especial, por sua vez, quando destinado a pessoas determinadas, por meio de instrumento jurídico formal, é conhecido por uso privativo ou uso especial privativo e, necessariamente, tem as seguintes características[59]: a) ***privatividade do uso***, b) ***instrumentalidade formal***, c) ***precariedade do uso***, d) ***regime de direito público***.

Alternativa letra "e" (responde as demais alternativas). Quanto à instrumentalidade formal, podem ser destacados os seguintes instrumentos de formalização: autorização de uso, permissão de uso, concessão de uso, concessão de direito real de uso e cessão de uso. Em específico, a permissão é ato unilateral, discricionário e precário, pelo qual a Administração consente a utilização de bem público por particular, com exclusividade, para atender ao interesse predominante do particular.

Alternativa correta: letra "e".

---

115. (FCC – Juiz do Trabalho Substituto 6ª Região/2013) Paulo, proprietário de terreno lindeiro a uma área abandonada de titularidade da União, passou a ocupar e exercer a vigilância da referida área, sem sofrer qualquer oposição da União. Considerando o regime jurídico dos bens públicos, Paulo

a) não poderá usucapir a área, haja vista a impossibilidade de oneração dos bens públicos, que só pode ser afastada por lei específica.

b) poderá usucapir a área, observados os prazos e requisitos legais, desde que a mesma não esteja afetada a finalidade pública específica.

c) poderá usucapir a área, mediante o instituto da investidura, se comprovado que o terreno é inaproveitável.

d) não poderá usucapir a área, haja vista a imprescritibilidade dos bens públicos, seja qual for a sua natureza.

e) somente poderá usucapir a área se a mesma for remanescente de desapropriação ou de obra pública e não comportar, isoladamente, aproveitamento para edificação urbana.

COMENTÁRIOS

✪ **Nota do autor:** Os bens públicos submetem-se a regime jurídico peculiar, diferente do aplicado aos bens particulares e, da análise desse regime, é possível extrair como características a **inalienabilidade, a impenhorabilidade, a imprescritibilidade e a não onerabilidade**[60].

Alternativa correta: letra "d" (responde as demais alternativas). Os bens públicos são **imprescritíveis,** isto é, **não se sujeitam à usucapião.** Assim, não é possível a aquisição de bem público em razão da posse prolongada e ininterrupta nos prazos legalmente estabelecidos. Essa característica tem natureza **absoluta** e é indiferente que o bem não esteja afetado a determinada finalidade pública, existindo, nesse sentido, a Súmula 340 do STF: "Desde a vigência do Código Civil, os bens dominicais, como os demais bens públicos, não podem ser adquiridos por usucapião". Nesse mesmo sentido, dispõe Súmula mais recente sobre o tema (619 do STJ): "A ocupação indevida de bem público configura mera detenção, de natureza precária, insuscetível de retenção ou indenização por acessões e benfeitorias".

---

116. (TRT 8 – Juiz do Trabalho Substituto 8ª Região/2013) Acerca dos bens públicos, assinale a alternativa CORRETA:

a) São terrenos de marinha, em uma profundidade de 35 (trinta e cinco) metros, medidos horizontalmente, para a parte da terra, da posição da linha do preamar-médio de 1831: os que contornam as ilhas situadas em zona onde se faça sentir a influência das marés e os situados no continente, na costa marítima e nas margens dos rios e lagoas, até onde se faça sentir a influência das marés.

b) São bens da União: as terras tradicionalmente ocupadas pelos índios e as terras devolutas indispensáveis à defesa das fronteiras, das fortificações e construções militares, das vias federais de comunicação e à preservação ambiental, definidas em lei; os recursos naturais da plataforma continental e da zona econômica inclusiva; os potenciais de energia hidráulica; e os recursos minerais, exceto os do subsolo.

c) Aquele que, não sendo proprietário de imóvel rural ou urbano, possua como seu, por cinco anos ininterruptos, sem oposição, área de terra, em zona

59 CARVALHO FILHO, José dos Santos. *Manual de direito administrativo*. 19. ed. Rio de Janeiro: Lumen Juris, 2008, p.1026.

60 BORTOLETO, Leandro. *Direito administrativo*. Salvador: Juspodivm, 2012. p. 546.

rural, não superior a cinquenta hectares, tornando-a produtiva por seu trabalho ou de sua família, tendo nela sua moradia, adquirir-lhe-á a propriedade, salvo os imóveis públicos que serão adquiridos por usucapião.

d) Os bens públicos de uso comum do povo e os de uso especial são inalienáveis, enquanto conservarem a sua qualificação e na forma que a lei determinar, sendo que uso desses bens é sempre gratuito.

e) A alienação de bens imóveis da União ocorrerá quando não houver interesse público, econômico ou social em manter o imóvel no domínio da União, nem inconveniência quanto à preservação ambiental e à defesa nacional, no desaparecimento do vínculo de propriedade. A alienação depende de autorização por meio de ato do Presidente da República, precedida de parecer da Secretaria do Patrimônio da União (SPU) quanto à sua oportunidade e conveniência, sendo que a competência para autorizar a alienação poderá ser delegada ao Ministro de Estado da Fazenda, permitida a subdelegação.

COMENTÁRIOS

Alternativa "a". O Decreto-lei nº 9.760/1946 dispõe sobre o que se considera terrenos de marinha: "em uma profundidade de trinta e três metros, medidos horizontalmente, para a parte da terra, da posição da linha do preamar-médio de 1831: a) os situados no continente, na costa marítima e nas margens dos rios e lagoas, até onde se faça sentir a influência das marés; b) os que contornam as ilhas situadas em zona onde se faça sentir a influência das marés".

Alternativa "b". Os bens da União estão descritos no artigo 20 da Constituição Federal. Da leitura desse dispositivo, é possível identificar o erro da presente assertiva no que diz respeito à exclusão dos recursos do subsolo como pertencentes à União; afinal, tais bens estão expressamente previstos no inciso IX do referido artigo.

Alternativa "c". Os bens públicos são **imprescritíveis,** isto é, **não se sujeitam à usucapião.** Assim, não é possível a aquisição de bem público em razão da posse prolongada e ininterrupta nos prazos legalmente estabelecidos. Essa característica tem natureza **absoluta.**

Alternativa "d". De fato, os bens públicos de uso comum do povo e os de uso especial são inalienáveis, enquanto conservarem a sua qualificação, na forma que a lei determinar (artigo 100 do Código Civil). Todavia, **o uso comum dos bens públicos pode ser gratuito ou retribuído,** conforme for estabelecido legalmente pela entidade a cuja administração pertencer (artigo 103 do CC).

Alternativa "e". A resposta para a presente questão encontra respaldo no artigo 23 da Lei nº 9.636/98, que dispõe que a alienação de bens imóveis da União dependerá de autorização, mediante ato do Presidente da República, e será sempre precedida de parecer da SPU quanto à sua oportunidade e conveniência, podendo ocorrer apenas quando **não houver interesse público, econômico ou social em manter o imóvel no domínio da União, nem inconveniência quanto à preservação ambiental e à defesa nacional, no desaparecimento do vínculo de propriedade.**

Alternativa correta: letra "e".

---

117. (TRT 2 – Juiz do Trabalho Substituto 2ª Região/2012) Observe as assertivas e ao final responda.

I. Os bens dominicais, sob o aspecto jurídico, são de domínio privado do Estado.

II. A inalienabilidade dos bens públicos é absoluta.

III. Os terrenos destinados a serviço ou estabelecimento da administração municipal, inclusive os de suas autarquias, são considerados bens públicos de uso comum.

IV. Os bens públicos de uso comum não estão sujeitos à usucapião, enquanto que os dominicais sim.

V. Os imóveis da União podem ser cedidos a pessoas físicas, em se tratando de aproveitamento econômico de interesse nacional, desde que referida cessão seja autorizada pelo Ministro de Estado da Fazenda, por delegação do Presidente da República.

Estão corretas apenas as assertivas:

a) I e V;

b) II e III;

c) I e IV;

d) III e V;

e) II e V.

COMENTÁRIOS

✪ **Nota do autor:** Há divergência doutrinária acerca de quais são os bens públicos; pelo **conceito legalmente adotado**, são bens públicos aqueles pertencentes às pessoas jurídicas de direito público. Todavia, há controvérsia quanto aos bens das pessoas administrativas que tenham **personalidade jurídica de direito privado.** Para parte da doutrina, os bens desses entes administrativos são bens públicos e para outros não são.

Item I. Certo. Os bens dominicais, assim entendidos como aqueles que não possuem destinação específica e que fazem parte do patrimônio disponível do Estado, apresentam as características de comportarem **função patrimonial ou financeira** porque são destinados a assegurar rendas ao Estado e compõem o chamado **domínio privado do Estado.**

Item II. Errado. Em regra, os bens públicos **não podem ser alienados**. Essa característica é, todavia, relativa, já que com a **desafetação**, passam a ser alienáveis, devendo a alienação obedecer à prescrição legal. Deve-se apontar que a Lei nº 14.133/2021 (Nova Lei de Licitações e Contratos) dispõe sobre as alienações de bens públicos nos arts. 76 e 77, passando a depender de licitação na modalidade leilão.

Item III. Errado. Os terrenos destinados a serviço ou estabelecimento da administração municipal, inclusive os de suas autarquias, são considerados bens públicos de **uso especial**, uma vez que são utilizados para a **execução das atividades administrativas.**

Item IV. Errado. Os bens públicos são **imprescritíveis**, isto é, **não se sujeitam à usucapião**. Trata-se de característica **absoluta** e independe da espécie de bem público em questão: mesmo os **bens dominicais** não podem ser usucapidos, conforme, inclusive, Súmula nº 340 STF (desde "a vigência do Código Civil, os bens dominicais, como os demais bens públicos, não podem ser adquiridos por usucapião)". **Nesse sentido, aliás, é a Súmula nº 619 do STJ: "A ocupação indevida de bem público configura mera detenção, de natureza precária, insuscetível de retenção ou indenização por acessões e benfeitorias."**

Item V. Certo. Nos termos do art. 18 da Lei nº 9.636/98, os imóveis da União podem ser cedidos, gratuitamente ou em condições especiais, aos Estados, Distrito Federal, Municípios e entidades sem fins lucrativos das áreas de educação, cultura, assistência social ou saúde, e às pessoas físicas ou jurídicas, em se tratando de interesse público ou social ou de aproveitamento econômico de interesse nacional. A competência para autorizar a cessão é do Presidente da República, que pode ser delegada ao Ministério da Fazenda, admitindo subdelegação, conforme os §§ 3º e 4º da mencionada lei.

Alternativa "a": correta. Estão corretos os itens I e V.

---

118. (FCC – Juiz do Trabalho Substituto 20ª Região/2012) Os bens públicos são classificados em

a) de uso especial e de uso comum do povo, considerados de domínio privado do Estado, e os de domínio público, também denominados bens dominicais.

b) de uso comum do povo, de uso especial e dominicais, todos inalienáveis, imprescritíveis e impenhoráveis, salvo as terras devolutas.

c) de uso comum do povo ou privativos do Estado, conforme a forma de aquisição da propriedade pelo Poder Público.

d) de uso especial, de uso comum do povo e dominicais, estes últimos alienáveis observadas as exigências da lei.

e) de uso especial e de uso comum do povo, sendo apenas os de uso especial passíveis de utilização pelo particular sob a forma de concessão ou permissão de uso.

COMENTÁRIOS

✪ **Nota do autor:** O artigo 98 do Código Civil estabelece que são "públicos os bens do domínio nacional pertencentes às pessoas jurídicas de direito público interno; todos os outros são particulares, seja qual for a pessoa a que pertencerem". Ainda assim, há bastante **controvérsia doutrinária** acerca dos bens das pessoas administrativas que tenham personalidade jurídica de direito privado. Para parte da doutrina, os bens desses entes administrativos são bens públicos e para outros não são. De qualquer forma, os autores, em geral, admitem que os bens de tais pessoas **vinculados à prestação de serviço público não podem ser penhorados.**

Alternativa "d": (responde as demais alternativas). Quanto à destinação, além de **dominiais**, ou bens públicos classificam-se em **bens de uso comum do povo** (destinados ao uso de todos, de maneira geral) e **bens de uso especial** (usados para a execução das atividades administrativas). Essas duas últimas classificações compõem o chamado domínio público de Estado, regido por normas de direito público. Veja-se, portanto, que os bens do domínio público não são exclusivamente os que se destinam à execução dos serviços públicos, uma vez que integram os bens de uso comum, além dos de uso especial destinados à execução de atividades administrativas, ainda que não sejam serviço público. São características dos bens públicos a **inalienabilidade**, a **impenhorabilidade**, a **imprescritibilidade** e a **não onerabilidade.** Pela imprescritibilidade não podem ser objeto de usucapião, não importando se estão ou não vinculados a uso de finalidade pública, conforme a Súmula nº 340 do Supremo Tribunal Federal cujo enunciado prevê que desde "a vigência do Código Civil, os bens dominicais, como os demais bens públicos, não podem ser adquiridos por usucapião". Desse modo, os bens de uso comum do povo, os bens de uso especial e os bens dominicais não se sujeitam à prescrição aquisitiva. A impenhorabilidade impede que se dê a constrição dos bens públicos, havendo a previsão da execução contra a Fazenda Pública e, em consequência, o pagamento por meio de precatório (art.100, CF). Quanto à inalienabilidade, os bens públicos, em regra, não podem ser alienados, pois são bens fora do comércio, salvo se houver a desafetação. Pela afetação, o bem público dominical passa a ser bem público de uso especial e, nessa condição, é inalienável por determinação expressa do art. 100 do Código Civil e, de outro lado, com a desafetação passa para a categoria dominial e, portanto, pode ser alienado.

Alternativa correta: letra "d".

10. RESPONSABILIDADE EXTRACONTRATUAL DO ESTADO

▸ CF, art. 37, § 6º

---

119. (FCC – Juiz do Trabalho/2017) Em matéria de responsabilidade civil extracontratual do Estado, é correto afirmar:

a) O caso fortuito, a força maior e a culpa concorrente da vítima rompem o nexo causal e, por conseguinte, afastam a responsabilidade civil objetiva do Estado.

b) No âmbito do Superior Tribunal de Justiça, prevalece o entendimento de que o prazo prescricional para a propositura da ação indenizatória é de três anos contados da ocorrência do evento danoso.

c) A responsabilidade dos concessionários de serviços públicos, de acordo com a jurisprudência mais recente do Supremo Tribunal Federal, não se sujeita à aplicação da teoria objetiva quanto a danos causados a terceiros não usuários.

d) A expressão "nessa qualidade", prevista no art. 37, § 6°, da CF/88, significa que somente podem ser atribuídos à pessoa jurídica os comportamentos do agente público levados a efeito durante o exercício da função pública, em razão do que os danos causados por servidor público em seu período de férias, em princípio, não implicam responsabilização objetiva do Estado.

e) A imunidade relativa a opiniões, palavras e votos, em sede de atos legislativos, prevista no texto constitucional de 1988, não afasta o direito de regresso do Estado contra o parlamentar.

COMENTÁRIOS

Alternativa "a". A culpa concorrente **não** rompe o nexo de causalidade, mas apenas o atenua, diferentemente da **culpa exclusiva da vítima**, em que há rompimento do nexo causal.

Alternativa "b". O STJ modificou sua posição com relação ao prazo prescricional a ser aplicado nas ações de reparação de dano em face do Estado. A posição anterior era no sentido de que o prazo a ser aplicado deveria ser o do art. 206, §3º, V do Código Civil, ou seja, o prazo de 3 anos. **A posição atual da referida Corte é a de que, em qualquer caso de reparação em face do Estado, o prazo a ser aplicado será de 5 anos,** conforme prescreve o art. 1º do Decreto nº 20.910/32, entendendo que esse último possui regra especial com relação ao Código Civil (EResp 1.081.885).

Alternativa "c". A responsabilidade objetiva prevista no art. 37, §6º, da Constituição Federal aplica-se a todas as **pessoas jurídicas de direito privado prestadoras de serviço público,** que respondem integralmente pelos danos que seus agentes, nessa qualidade, causarem a terceiros, usuários e não usuários de serviço público, respondendo o Estado de forma subsidiária, caso a concessionária não tenha condições de suportar o prejuízo. Inclusive, o **Supremo Tribunal Federal**, no RE 591874/MS, decidiu que **a responsabilidade extracontratual das pessoas jurídicas de direito privado prestadoras de serviço público é objetiva em relação aos usuários e aos não usuários do serviço.**

Alternativa "d". O art. 37, § 6º, da Constituição Federal estabelece que as "pessoas jurídicas de direito público e as de direito privado prestadoras de serviços públicos responderão pelos danos que seus agentes, nessa qualidade, causarem a terceiros, assegurado o direito de regresso contra o responsável nos casos de dolo ou culpa". Assim, para haver a responsabilização do Estado não é necessária a perquirição do elemento subjetivo da conduta do agente público, isto é, não é preciso indagar se este agiu com dolo ou culpa, cuidando-se de indagação irrelevante para que o Estado seja obrigado a indenizar a vítima do dano, porque, para tanto, basta o nexo causal entre a conduta do agente e o prejuízo dela decorrente. Entretanto, situação diferente se revela em relação ao agente público, pois a pessoa estatal tem o direito de regresso apenas quando houve a conduta dolosa ou culposa, quer dizer, o agente público só responderá, perante a Administração Pública, se agiu com dolo ou culpa. No que se refere à expressão **nessa qualidade**, para que haja a responsabilização da Administração Pública, é necessário que o agente causador do dano assuma a posição de representante do Estado, não podendo este responder, *a priori*, em caso de férias do agente público. Entretanto, deve ser destacado que, conforme afirma Irene Patrícia Nohara, colacionando, dentre outros, julgado do STF (RE 213.525), no qual se reconheceu a responsabilidade estatal por ato ilícito praticado por policial militar de folga, com o uso de revólver da corporação[61].

Alternativa "e". Não há, sequer, entendimento consolidado de que o Estado deve responder por ato protegido por imunidade parlamentar. Neste sentido, o Supremo Tribunal Federal, recentemente, reconheceu a repercussão geral de recurso (RE nº 632.115) movido pelo Estado do Ceará condenado a indenizar um juiz em R$ 200 mil por ofensas proferidas por, à época, deputado estadual em pronunciamento na Assembleia Legislativa, sendo questão a ser decidida pela Suprema Corte "se a inviolabilidade civil e penal assegurada aos parlamentares, por suas opiniões, palavras e votos, afasta a responsabilidade civil objetiva do Estado, prevista no art. 37, § 6º, da Constituição".

Alternativa correta: letra "d".

---

120. (FCC – Juiz do Trabalho Substituto 6ª Região/2015) Em face de greve de serventuários da Justiça alguns candidatos à vagas abertas por uma prestigiada empresa de tecnologia não puderam se submeter ao correspondente processo seletivo, por não terem logrado obter certidões necessárias para comprovar a inexistência de antecedentes criminais. A responsabilidade civil do Estado, perante referidos cidadãos,

a) somente se configura em face de condutas comissivas, sendo afastada, dada a sua natureza objetiva, quando não identificado o agente causador do dano.

b) independe de comprovação de dolo ou culpa do agente, elementos esses que, somente, são requeridos para fins do direito de regresso do Estado perante o agente.

c) depende da comprovação de dolo ou culpa dos serventuários, não bastando a comprovação do dano

61 *Direito administrativo*. 2. ed. São Paulo: Atlas, 2012. p. 750-751.

e do nexo de causalidade com ação ou omissão de agente público.

d) é de natureza subjetiva, ensejando o direito de regresso em face dos servidores responsabilizados em processo administrativo.

e) é de natureza objetiva e independe, portanto, da comprovação do dano, bastando a identificação do nexo de causalidade.

COMENTÁRIOS

Alternativa "a". Ainda quando não identificado o agente causador do dano, possível a responsabilização do Estado, em se tratando de omissão, na modalidade subjetiva. Pela teoria da culpa administrativa ou culpa do serviço, não importa indagar sobre dolo ou culpa do agente público, pois o que interessava era a culpa do serviço (***faute du service***) e não a culpa individual do agente. Ocorre a culpa do serviço quando o serviço é inexistente, quando devia existir, ou funciona inadequadamente ou funciona atrasado. Apesar da previsão da responsabilidade objetiva no texto constitucional, a teoria da culpa administrativa é usada para se responsabilizar o Estado nos casos de omissão. Apesar disso, deve-se atentar que doutrina e jurisprudência não são unânimes em considerar a responsabilidade por omissão como subjetiva. Há quem sustente que a responsabilidade objetiva, prevista no art. 37, §6º, da CF, é aplicável tanto nos casos comissivos quanto nos omissivos, exigindo-se, na verdade, a demonstração de que o Poder Público devia e podia ter agido, mas não o fez.

Alternativa "b" (responde as alternativas "c", "d" e "e"). Nos termos do art. 37, § 6º, da Constituição Federal, há a ***exigência de dolo ou culpa para a responsabilização dos agentes públicos***, o que não ocorre em relação às pessoas jurídicas de direito público ou de direito privado prestadoras de serviço público. Em regra, portanto, ***a responsabilidade extracontratual do Estado brasileiro é objetiva***, ou seja, independe da verificação de dolo ou culpa. Assim, verificados a conduta danosa, o prejuízo à vítima e o nexo de causalidade – e, por fim, a não incidência em uma das hipóteses de exclusão da responsabilidade –, a Administração Pública tem o dever de indenizar a vítima da lesão suportada.

Alternativa correta: letra "b".

---

121. (FCC – Juiz do Trabalho Substituto 15ª Região/2015) Os princípios que informam a atuação da Administração pública, embora possam ser isoladamente identificados como parâmetros para controle das funções executivas, na maior parte das vezes expressam-se por meio de normas que não lhes fazem alusão direta. Como exemplo da presença implícita do princípio que se destaca nas diversas atribuições e obrigações da Administração pública pode-se mencionar a

a) responsabilidade civil do Estado sob a modalidade objetiva, em decorrência da prática de atos lícitos, que bem representa o conteúdo do princípio da isonomia, de forma a evitar a distribuição desigual dos ônus entre os administrados.

b) responsabilidade civil do Estado sob a modalidade objetiva, como forma de expressão do princípio da moralidade, na medida em que seria excessivo exigir do administrado demonstrar culpa do agente público em determinado evento.

c) ação regressiva cabível em face dos agentes públicos causadores de danos que tenham sido ressarcidos pelo Estado sob a modalidade da responsabilidade objetiva, como forma de manifestação do princípio da eficiência, na medida em que permite o atingimento de dupla finalidade, financeira e disciplinar.

d) modalidade objetiva de responsabilização do Estado, em que não há culpa nem é necessário demonstrar o nexo causal, como expressão do princípio da impessoalidade, visto que independe da identificação do agente público.

e) ação regressiva em face do agente público causador dos danos, sob a modalidade objetiva, como expressão do princípio da legalidade, na medida em que a atuação ilícita deve ser sancionada e o prejuízo reparado.

COMENTÁRIOS

Alternativa "a" (responde as demais alternativas). A teoria do risco administrativo, que fundamenta a **responsabilidade objetiva do Estado** – prevista no art. 37, §6º, da Constituição Federal – baseia-se no risco inerente à atividade administrativa e, assim, devem ser repartidos os ônus e os bônus dessa atividade, pelo que todos da sociedade, de maneira difusa, por meio Estado, arcarão com determinado prejuízo causado a alguém no exercício da atividade administrativa e não apenas a vítima do dano. Por essa teoria, a responsabilização do Estado se dá de maneira objetiva, sendo necessária, apenas, a demonstração do dano e que este fora causado por agente público. Não se confunde com a teoria do risco integral, porque a teoria do risco administrativo apenas dispensa a vítima de demonstrar o dolo ou a culpa do agente público, mas a Administração Pública poderá demonstrar que a vítima foi a causadora do dano e ficar imune à indenização ou ter, ao menos, a redução do valor e, por outro lado, no caso de risco integral, a Administração deve indenizar todo e qualquer dano sofrido pelo administrado, ainda que causado por culpa ou dolo da vítima[62]. São consideradas causas excludentes da responsabilidade objetiva do Estado a força maior e a culpa exclusiva da vítima. Caso o Estado tenha que indenizar a vítima, poderá se voltar contra o servidor que causou o dano, desde que tenha agido com dolo ou culpa. É a ação de regresso. Entretanto, o princípio que se relaciona com esse dever

---

62 MEIRELLES, Hely Lopes. *Direito administrativo brasileiro*. 36. ed. São Paulo: Malheiros, 2010. p. 682-683.

da Administração Pública é o da indisponibilidade do interesse público.

Alternativa correta: letra "a".

122. (FCC – Juiz do Trabalho Substituto 23ª Região/2015) Era janeiro e, portanto, época de férias escolares. Os alunos da escola de ensino fundamental municipal de uma cidade litorânea participavam de um campeonato de natação, que consistia em uma travessia de 3 km, largando da praia em direção a uma conhecida ilha, onde era o ponto de chegada. A competição é anualmente organizada pela Municipalidade, mas nessa edição contou com patrocínio de empresa detentora de tradicional marca de protetores solares, possibilitando sensível melhoria nos equipamentos de segurança, fiscalização e resgate ao longo de todo o trajeto, além de disponibilização de embarcações de apoio aos nadadores.

Não obstante, durante o trajeto um dos alunos acabou não resistindo à força da corrente marítima e se afastou do grupo. Constatado o desaparecimento e, horas após o início das buscas, noticiado o acidente fatal, a família da vítima, inconformada,

a) pode demandar judicialmente os patrocinadores do evento, tendo em vista que foram os responsáveis pela equipe de segurança e salvamento, para responsabilizá-los objetivamente pelos danos morais e materiais sofridos.

b) não possui direito à indenização, tendo em vista que o aluno se inscreveu voluntariamente na competição, sendo o exclusivo responsável pela sua condição física e capacidade de conclusão do trajeto.

c) deve demandar a Municipalidade, em razão de se tratar de aluno de escola municipal e, portanto, com vínculo jurídico direto, respondendo objetivamente pelos danos materiais ocorridos, excluídos eventuais danos morais em razão do evento danoso ter se dado fora das dependências escolares e do período regular de aulas, quando o risco é integralmente assumido pelo ente político.

d) deve demandar judicialmente a União Federal, responsável jurídica, por ser a titular do domínio das praias e do mar, existindo, em decorrência, dever de vigilância, facultado, ainda, litisconsórcio ativo com a empresa patrocinadora do evento, responsável financeira pelos danos.

e) pode demandar a Municipalidade, demonstrando o nexo de causalidade entre a má prestação do dever de salvaguardar e vigiar os nadadores, na qualidade de organizadora do evento, e os danos experimentados pela vítima, pleiteando responsabilização objetiva, incluídos danos morais, embora não haja submissão à teoria do risco integral.

COMENTÁRIOS

Alternativa "a". No caso concreto, impossível a responsabilidade dos **patrocinadores do evento**, uma vez que não eram os responsáveis nem pela organização nem, sequer, pela segurança dos competidores, **tendo, apenas e tão somente, procedido a aporte financeiro que tornou possível a realização da competição.**

Alternativa "c". Os reparos dos prejuízos suportados pelas vítimas de evento danoso causado pela Administração Pública **abarcam tanto os danos materiais quanto os danos morais verificados.**

Alternativa "d". Não há qualquer fundamento jurídico para a responsabilização da União, pessoa jurídica de direito público interno que não participou, em nenhuma medida, da organização do evento que veio a vitimar o aluno, inexistindo, pois, qualquer relação jurídica com o lamentável ocorrido.

Alternativa "e" (responde a alternativa "b". O art. 37, §6º, da Constituição Federal estabelece que as "pessoas jurídicas de direito público e as de **direito privado prestadoras de serviços públicos** responderão pelos danos que seus agentes, nessa qualidade, causarem a terceiros, assegurado o direito de regresso contra o responsável nos casos de dolo ou culpa". Assim, sendo a Municipalidade a organizadora do evento – **titular portanto, dos deveres de fiscalização e segurança do evento em questão** – cabe a sua responsabilização, para indenizar os danos materiais e morais suportados pelas vítimas do evento danoso. Importa destacar, enfim, que no Brasil adota-se a **teoria do risco administrativo**, em que possível a incidência de **excludentes de responsabilidade**, diferentemente da **teoria do risco integral**, em que não há possibilidade de verificação de excludentes.

Alternativa correta: letra "e" (responde a alternativa "b").

123. (FCC – Juiz do Trabalho Substituto 18ª Região/2014) Com relação à responsabilidade civil na atuação estatal, considere as seguintes afirmações:

I. Em ação de responsabilidade por dano causado a particular, o ente público réu pode buscar a responsabilização do agente público autor do dano, por meio da nomeação à autoria.

II. O regime de responsabilidade objetiva da pessoa jurídica prestadora de serviços públicos pelos danos que causar em razão de sua atividade se aplica tanto em favor de usuários do serviço prestado quanto em favor de terceiros não-usuários.

III. A absolvição do agente público causador de dano a particular, na esfera penal, nem sempre impede sua responsabilização perante a Administração, em ação regressiva.

Está correto o que se afirma APENAS em

a) I.

b) II.

c) III.

d) I e II.

e) II e III.

COMENTÁRIOS

Item I. o **Supremo Tribunal Federal** firmou entendimento no sentido da **impossibilidade** da vítima acionar diretamente o agente público (RE 327.904 e 470.996), pois o art. 37, § 6º, da Constituição estabelece dupla garantia: uma, em favor do particular (promover ação indenizatória em face de pessoa jurídica) e, outra, em benefício do servidor (somente responde civil e administrativamente perante a pessoa jurídica a que estiver vinculado). Dessa maneira, admitir qualquer forma de intervenção de terceiro seria meio de ignorar o dispositivo constitucional. Nesse sentido, aliás, é o entendimento adotado no tema nº 940 do STF, in verbis: "A teor do disposto no art. 37, § 6º, da Constituição Federal, a ação por danos causados por agente público deve ser ajuizada contra o Estado ou a pessoa jurídica de direito privado prestadora de serviço público, sendo parte ilegítima para a ação o autor do ato, assegurado o direito de regresso contra o responsável nos casos de dolo ou culpa."

Item II. Quanto às **prestadoras de serviço público**, há divergência se respondem apenas quanto aos danos causados a **terceiros** usuários do serviço ou se podem ser incluídos os não usuários, mas o **Supremo Tribunal Federal**, no RE 591874/MS, decidiu que a responsabilidade extracontratual das pessoas jurídicas de direito privado prestadoras de serviço público é objetiva em relação aos **usuários** e aos **não usuários** do serviço.

Item III. Em regra, vigora a independência das esferas ou instâncias em matéria de responsabilidade, isto é, pelo mesmo ato o servidor pode ser responsabilizado nas esferas civil, penal e administrativa. Nesse sentido, por exemplo, estabelece o art. 125 da Lei nº 8.112/90, que as sanções civis, penais e administrativas poderão cumular-se, sendo independentes entre si. Entretanto, o art. 126 determina que a responsabilidade administrativa do servidor seja afastada no caso de absolvição criminal que negue a existência do fato ou sua autoria e, na mesma esteira, há o art. 945 do Código Civil em relação à responsabilidade civil. Assim, não basta ser absolvido, pois a absolvição deve ter como fundamento a negativa de autoria ou a inexistência do fato.

Alternativa correta: letra "e". Estão corretos os itens II e III.

---

124. (FCC – Juiz do Trabalho Substituto 6ª Região/2013) Sandro foi aprovado em concurso público e, como requisito para a posse, foi exigida a apresentação de certidão de antecedentes criminais. Ocorre que referida certidão apontou, equivocadamente, uma condenação por crime doloso, impedindo que Sandro tomasse posse no cargo, causando-lhe prejuízo financeiro e moral. Constatado o erro, a Administração

a) não pode ser civilmente responsabilizada pelos danos morais sofridos por Sandro, salvo na hipótese de condenação judicial, por conduta dolosa, do agente público responsável pela emissão da certidão.

b) responde pelos danos morais e patrimoniais sofridos por Sandro, desde que caracterizada conduta dolosa ou culposa do agente público.

c) responde, civilmente, pelos danos comprovadamente causados a Sandro, independentemente de comprovação de culpa do agente público responsável pela emissão da certidão.

d) não pode ser civilmente responsabilizada pelos danos sofridos por Sandro enquanto não apurada, na esfera administrativa, a responsabilidade do agente público emissor da certidão.

e) pode ser civilmente responsabilizada pelos danos comprovadamente sofridos por Sandro, desde que constatada falha na prestação do serviço, consistente em conduta comissiva comprovadamente culposa de agente público.

COMENTÁRIOS

Alternativa "c" (responde as demais alternativas). A responsabilidade do Estado tem natureza **objetiva**, sendo desnecessária a demonstração de dolo ou culpa para que ocorra a responsabilização estatal. Tal regra tem por base a **teoria do risco,** fundada no **risco** e na **solidariedade social** porque o Estado no exercício de suas atividades tem grande probabilidade de causar dano ao administrado, isto é, o risco de dano é grande e, ademais, como essa atividade tem como finalidade beneficiar a coletividade como um todo, o prejuízo causado também deve ser dividido com todos. Quanto à responsabilidade do agente público que emitiu a certidão, somente poderá ser responsabilizado se agiu com dolo ou culpa, posteriormente, em ação regressiva do Estado.

Alternativa correta: letra "c".

---

125. (FCC – Juiz do Trabalho Substituto 11ª Região/2012) Segundo tendência jurisprudencial mais recente no Supremo Tribunal Federal, a responsabilidade civil das pessoas jurídicas de direito privado prestadoras de serviço público é

a) subjetiva relativamente a terceiros usuários, e objetiva em relação a não usuários do serviço.

b) objetiva relativamente a terceiros usuários, e subjetiva em relação a não usuários do serviço.

c) objetiva relativamente a terceiros usuários e não usuários do serviço.

d) objetiva relativamente a terceiros usuários, e não existe em relação a não usuários do serviço.

e) subjetiva relativamente a terceiros usuários, e não existe em relação a não usuários do serviço.

COMENTÁRIOS

✪ **Nota do autor:** A responsabilidade extracontratual do Estado pode ser definida como a "obrigação de reparar os danos causados a terceiros em decorrência de comportamentos comissivos ou omissivos, materiais ou jurídicos, lícitos ou ilícitos, imputáveis aos agentes públicos"[63].

Alternativa "c"(responde as demais alternativas). O art. 37, §6º, da Constituição Federal estabelece que as "pessoas jurídicas de direito público e as de **direito privado prestadoras de serviços públicos** responderão pelos danos que seus agentes, nessa qualidade, causarem a terceiros, assegurado o direito de regresso contra o responsável nos casos de dolo ou culpa". Quanto às **prestadoras de serviço público**, há divergência se respondem apenas quanto aos danos causados a terceiros usuários do serviço ou se podem ser incluídos os não usuários, mas o **Supremo Tribunal Federal**, no RE 591874/MS, decidiu que **a responsabilidade extracontratual das pessoas jurídicas de direito privado prestadoras de serviço público é objetiva em relação aos usuários e aos não usuários do serviço.**

Alternativa "c": correta.

---

126. (TRT 14 – Juiz do Trabalho Substituto 14ª Região/2012) Acerca da responsabilidade civil do Estado, marque a única alternativa correta:

I. Deve-se considerar como agente público quem quer que desempenhe funções estatais, enquanto as exercita, por isso, assim pode ser considerado o particular nomeado pelo juízo como depositário judicial, o qual, enquanto perdurar tal condição, será considerado agente do Estado, podendo ensejar a responsabilidade civil objetiva prevista na Constituição de 1988.

II. Não é relevante aferir-se a licitude da ação administrativa, uma vez que, sofrendo o particular um prejuízo decorrente da ação estatal, regular ou irregular, no interesse da coletividade, é devida indenização compensatória.

III. Nos termos da jurisprudência do Supremo Tribunal Federal, imaginando-se a hipótese de um policial militar que dispara arma de fogo e causa a morte de pessoa inocente, enquanto estava de folga, usando trajes civis, sendo certa a proibição da corporação quanto a portá-la fora do horário de trabalho, não incidirá o nexo de causalidade material, uma vez que, nas condições em que ocorrido o dano, não se tratava de típico agente do Estado.

IV. Nos casos de erro judiciário e de prisão além do tempo devido, há consenso entre doutrina e jurisprudência sobre a incidência do princípio da responsabilidade objetiva do Estado por atos jurisdicionais.

a) Apenas o item I é falso.

b) Apenas o item II é falso.

c) Apenas o item III é falso.

d) Apenas o item IV é falso.

e) Todos os itens são verdadeiros.

COMENTÁRIOS

✪ **Nota do autor:** O art. 37, §6º, da Constituição Federal estabelece que as "pessoas jurídicas de direito público e as de **direito privado prestadoras de serviços públicos** responderão pelos danos que seus agentes, nessa qualidade, causarem a terceiros, assegurado o direito de regresso contra o responsável nos casos de dolo ou culpa". Verifica-se, no dispositivo, que existe a exigência de dolo ou culpa para os agentes públicos, o que não ocorre em relação às pessoas jurídicas mencionadas, **donde se conclui que a responsabilidade extracontratual do Estado brasileiro é objetiva.**

Item I. Certo. Conforme Maria Sylvia Zanella Di Pietro[64], os agentes públicos subdividem-se em agentes políticos, servidores públicos, militares e particulares em colaboração com o Poder Público. Nesta última categoria, **há as pessoas físicas que prestam, sem vínculo empregatício, serviços ao Estado, por delegação do Poder Público, por requisição ou designação ou como gestores de negócios.** Assim, considerado o particular nomeado pelo juízo como depositário judicial insere-se nesta última categoria, sendo, para efeitos de responsabilidade, verdadeiro **agente público.**

Item II. Certo. Pela teoria do risco, adotada no ordenamento jurídico brasileiro, a responsabilização do Estado se dá de maneira objetiva, sendo necessária, apenas, **a demonstração do dano e que este fora causado por agente público**, ou seja, basta a ação estatal e o nexo de causalidade, **pouco importando se a atividade lesiva provocada pela Administração é lícita ou ilícita.**

Item III. Errado. Nos termos do Recurso Extraordinário nº 291035/SP, *in verbis*, "(...) a circunstância de não se encontrar o agente público em exercício efetivo de sua função, qual seja, não estar em local ou horário de serviço, não parece suficiente para descaracterizar a responsabilidade objetiva do Estado pela conduta daquele que, a pretexto de exercer a referida função, utiliza-se de arma pertencente à Corporação, causando danos a terceiros (...)". Ademais, no RE 213.525 , se reconheceu a responsabilidade estatal por ato ilícito praticado por policial militar de folga, com o uso de revólver da corporação Desse modo, há que se imputar responsabilidade objetiva do Estado, nos termos do art. 37, §6º da Constituição Federal.

Item IV. Certo. O Estado, **em regra, não responde** pelos atos judiciais, **exceto** nos casos de (art. 5º, LXXV, CF): **a) erro judiciário; b) prisão além do tempo da condenação.** O art. 143 do Novo CPC estabelece que o juiz responderá, civil e regressivamente, por perdas e danos quando: a) no exercício de suas funções, proceder com dolo ou fraude; b) recusar, omitir ou retardar, sem

---

63 DI PIETRO, Maria Sylvia Zanella. *Direito administrativo*. 23 ed. São Paulo: Atlas, 2010. p. 643.

64 *Direito administrativo*. 23 ed. São Paulo: Atlas, 2010. p. 511.

justo motivo, providência que deva ordenar de ofício ou a requerimento da parte (neste caso, somente serão verificadas essas hipóteses depois que a parte requerer ao juiz que determine a providência e o requerimento não for apreciado no prazo de 10 dias).

Alternativa "c": correta. Apenas o item III é falso.

---

127. (FCC - Juiz do Trabalho Substituto 20ª Região/2012) De acordo com a Constituição Federal, a responsabilização civil do Estado por danos causados a terceiros pressupõe

a) que o dano seja causado por agente público que atue nessa qualidade, sendo considerados agentes públicos, para tal finalidade, apenas aqueles com vínculo laboral com a Administração, celetista ou estatutário, e os detentores de mandato eletivo.

b) a comprovação da responsabilidade objetiva, caracterizada como a falha na prestação do serviço público aliada à conduta dolosa ou culposa do agente público.

c) a comprovação do nexo de causalidade entre a ação do agente público e o dano e independe da comprovação de dolo ou culpa do agente.

d) a comprovação de dolo ou culpa do agente, o qual responde pelos danos causados perante os terceiros, podendo exercer direito de regresso em face da Administração na hipótese de causas excludentes da ilicitude da sua conduta.

e) a comprovação da responsabilidade subjetiva do agente, caracterizadora de culpa in vigilando ou in elegendo do Estado, salvo se comprovada culpa concorrente da vítima ou outras causas excludentes de ilicitude.

COMENTÁRIOS

✪ **Nota do autor:** A questão trata da responsabilidade extracontratual do Estado, tema recorrente nos concursos públicos. Deve haver atenção para não se confundir a responsabilidade do Estado com a do servidor, como se verá adiante.

Alternativa "c"(responde as demais alternativas). O art. 37, §6º da Constituição Federal estabelece que "as pessoas jurídicas de direito público e as de direito privado prestadoras de serviços públicos responderão pelos danos que seus agentes, nessa qualidade, causarem a terceiros, assegurado o direito de regresso contra o responsável nos casos de dolo ou culpa". Em referido dispositivo, verifica-se que existe a **exigência de dolo ou culpa para a responsabilização dos agentes públicos**, o que não ocorre em relação às pessoas jurídicas mencionadas, **donde se conclui que a responsabilidade extracontratual do Estado brasileiro é objetiva**, ou seja, independe da verificação de dolo ou culpa. Assim, verificados a conduta danosa, o prejuízo a vítima e o nexo de causalidade – e, por fim, a não incidência em uma das hipóteses de exclusão da responsabilidade –, a Administração Pública tem o dever de indenizar a vítima quanto à lesão suportada. Caso – e tão somente – verificado **dolo ou culpa** na conduta do agente público causador da lesão, a Administração tem o dever de ajuizar **ação de regresso** conta aquele, como apontado no dispositivo constitucional mencionado.

Alternativa "c": correta.

---

128. (TRT 21 - Juiz do Trabalho Substituto 21ª Região/2012) A respeito da responsabilidade civil da administração pública, é correto afirmar:

a) a administração tem o dever de reparar os danos ocasionados a terceiros, ainda que no exercício regular da atividade administrativa, devendo, todavia, esperar a citação em ação de indenização por danos, promovida pelo ofendido, para promover à reparação integral ou obter conciliação judicial, sendo-lhe defeso, por seus próprios meios, reparar o dano no âmbito administrativo;

b) a necessidade de determinação judicial para a reparação do dano causado a terceiros justifica-se pela necessidade de certeza, liquidez e arbitramento judicial do valor da indenização, com vistas a possibilitar que a administração pública ingresse com ação regressiva contra o servidor ou agente público causador do dano;

c) proposta a ação de indenização por danos contra o agente público, não é o caso de sua extinção por ilegitimidade passiva, mas de chamamento à lide da pessoa jurídica de direito público;

d) o Supremo Tribunal Federal firmou sua jurisprudência no sentido de que a ação de indenização por danos deve ser proposta contra a pessoa jurídica e não contra o agente público, não sendo admitido o litisconsórcio;

e) o parágrafo 6º do art. 37 da constituição federal estabelece a responsabilidade objetiva, por danos causados a terceiros, das pessoas jurídicas de direito público e das pessoas jurídicas de direito privado prestadoras de serviços e que exercem atividades delegadas do Estado de intervenção no domínio econômico.

COMENTÁRIOS

Alternativa "a". A Administração tem o dever de reparar os danos ocasionados a terceiros, ainda que no exercício regular da atividade administrativa, podendo, inclusive, por seus próprios meios, reparar o dano no âmbito administrativo.

Alternativa "b". Não há necessidade de determinação judicial para a reparação do dano causado a terceiros pela Administração, podendo o dano causado ser reparado na via administrativa, o que não impede o exercício do direito de regresso contra o servidor ou agente público causador do dano.

Alternativa "c". Proposta a ação de indenização por danos contra o agente público, não é o caso de denunciação à lide da pessoa jurídica de direito público, mas sim de extinção do processo por ilegitimidade passiva, já que pacífico o entendimento no âmbito do STF de que a obrigação de indenizar é da pessoa jurídica a que pertence o agente.

Alternativa "d". Conforme a jurisprudência do Supremo Tribunal Federal (RE 327.904 e 470.996), não é possível acionar diretamente o agente público, pois o art. 37, § 6º, da Constituição estabelece dupla garantia: uma, em favor do particular (promover ação indenizatória em face de pessoa jurídica) e, outra, em benefício do servidor (somente responde civil e administrativamente perante a pessoa jurídica a que estiver vinculado). Nesse sentido, aliás, é o tema nº 940 do STF: "A teor do disposto no art. 37, § 6º, da Constituição Federal, a ação por danos causados por agente público deve ser ajuizada contra o Estado ou a pessoa jurídica de direito privado prestadora de serviço público, sendo parte ilegítima para a ação o autor do ato, assegurado o direito de regresso contra o responsável nos casos de dolo ou culpa."

Alternativa "e". O parágrafo 6º, do art. 37, da Constituição Federal estabelece a responsabilidade objetiva, por danos causados a terceiros, das pessoas jurídicas de direito público e das pessoas jurídicas de direito privado prestadoras de serviços públicos.

Alternativa correta: letra "d".

---

129. (TRT 15 – Juiz do Trabalho Substituto 15ª Região/2011) A respeito da responsabilidade civil da Administração Pública, assinale a alternativa correta:

a) a teoria do risco administrativo não admite as causas excludentes da responsabilidade do Estado, tais como a culpa exclusiva da vítima ou a força maior.

b) norma constitucional vigente consagra a responsabilidade objetiva do Estado e a responsabilidade subjetiva do agente público.

c) a responsabilidade objetiva da administração pública prescinde da comprovação do dano e do nexo causal.

d) apenas as pessoas jurídicas de direito público respondem, objetivamente, pelos danos decorrentes da atuação de seus agentes.

e) todas as pessoas jurídicas integrantes da administração pública indireta respondem, objetivamente, pelos danos que seus agentes, nesta qualidade causarem a terceiros.

COMENTÁRIOS

Alternativa "a". A teoria do risco administrativo baseia-se no risco inerente à atividade administrativa e, assim, devem ser repartidos os ônus e os bônus dessa atividade, pelo que todos da sociedade, de maneira difusa, por meio Estado, arcarão com determinado prejuízo causado a alguém no exercício da atividade administrativa e não apenas a vítima do dano. Por essa teoria, a responsabilização do Estado se dá de maneira objetiva, sendo necessária, apenas, a demonstração do dano e que este fora causado por agente público. Não se confunde com a teoria do risco integral, porque a teoria do risco administrativo apenas dispensa a vítima de demonstrar o dolo ou a culpa do agente público, mas a Administração Pública poderá demonstrar que a vítima foi a causadora do dano e ficar imune à indenização ou ter, ao menos, a redução do valor e, por outro lado, no caso de risco integral, a Administração deve indenizar todo e qualquer dano sofrido pelo administrado, ainda que causado por culpa ou dolo da vítima[65]. São consideradas causas excludentes da responsabilidade objetiva do Estado, o caso fortuito e a força maior, culpa exclusiva de terceiros e a culpa exclusiva da vítima.

Alternativa "b". O art. 37, § 6º, da Constituição Federal estabelece que as "pessoas jurídicas de direito público e as de direito privado prestadoras de serviços públicos responderão pelos danos que seus agentes, nessa qualidade, causarem a terceiros, assegurado o direito de regresso contra o responsável nos casos de dolo ou culpa". Assim, para haver a responsabilização do Estado não é necessária a perquirição do elemento subjetivo da conduta do agente público, isto é, não é preciso indagar se este agiu com dolo ou culpa, cuidando-se de indagação irrelevante para que o Estado seja obrigado a indenizar a vítima do dano, porque, para tanto, basta o nexo causal entre a conduta do agente e o prejuízo dela decorrente. Entretanto, situação diferente se revela em relação ao agente público, pois a pessoa estatal tem o direito de regresso apenas quando houve a conduta dolosa ou culposa, quer dizer, o agente público só responderá, perante a Administração Pública, se agiu com dolo ou culpa.

Alternativa "c". Não há necessidade da demonstração de dolo ou culpa do agente público, mas é essencial que se demonstre que houve o dano e há nexo causal entre ele e a conduta do agente.

Alternativas "d" e "e". A responsabilidade objetiva prevista no art. 37, § 6º, da Constituição Federal aplica-se a todas as pessoas jurídicas de direito público e às pessoas jurídicas de direito privado prestadoras de serviço público. Portanto, deve-se ficar atento, pois não é privilégio das pessoas da Administração Pública a responsabilidade objetiva e, por outro lado, não são todas as pessoas administrativas que a ela se submetem. De fato, a União, os Estados, o Distrito Federal, os Municípios, as autarquias, as fundações públicas com personalidade de direito público e os consórcios públicos com personalidade de direito público submetem-se à responsabilidade objetiva. Já em relação às pessoas jurídicas de direito privado, sejam da Administração Pública (fundação pública com regime de direito privado, empresa pública, sociedade de economia mista e consórcio público com personalidade de direito privado) ou não, somente haverá responsabilidade objetiva se forem prestadoras de serviço público e em razão dos danos decorrentes da prestação do serviço público.

Alternativa correta: letra "b".

---

65 MEIRELLES, Hely Lopes. *Direito administrativo brasileiro*. 36. ed. São Paulo: Malheiros, 2010. p. 682-683.

11. CONTROLE DA ADMINISTRAÇÃO PÚBLICA

- CF, art. 5º LXVIII, LXIX, LXX, LXXI, LXXII, LXIII e LXXVII
- CF, artigos 50 e 58
- CF, artigos 70, 71 e 74
- CF, art. 103
- CF, art. 129, II
- Lei nº 12.016/09
- Lei nº 7.347/85
- Lei nº 4.717/65

130. (FGV - Juiz do Trabalho Substituto - TST/2023) O Ministério Público do Trabalho (MPT) instaurou, sob sua presidência, inquérito civil, após o recebimento de notícia de fato em que é relatada a inobservância de direitos sociais de trabalhadores.

Considerando o exposto, analise as afirmativas a seguir.

I. O MPT poderá requisitar, de organismo particular, a realização de perícia, no prazo mínimo de dez dias úteis.

II. O retardamento em fornecer dados técnicos indispensáveis à propositura de ação civil pública, requisitados pelo MPT no curso do inquérito civil, constitui crime.

II. No curso do inquérito civil, se constatada a inobservância de direitos trabalhistas, o sindicato que representa os trabalhadores prejudicados poderá tomar do inquirido o compromisso de ajustamento de sua conduta às exigências legais, mediante cominações, que terá eficácia de título executivo extrajudicial.

IV. O inquérito civil também pode ser instaurado pelo Ministério do Trabalho, no caso de recebimento de denúncia em que é relatada a inobservância da legislação trabalhista.

Está correto o que se afirma em:

a) somente I e II;

b) somente II e III;

c) somente III e IV;

d) somente I, II e IV;

e) I, II, III e IV.

COMENTÁRIOS

✪ **Nota do Autor:** A ação civil pública é o instrumento utilizado para tutelar os interesses difusos, coletivos e individuais homogêneos, estabelecidos no art. 1º da Lei nº 7.347/85. Ocorre que a legitimidade ativa para propositura de ação civil pública restringe-se ao **Ministério Público** e **às outras pessoas jurídicas** indicadas no art. 5º da Lei, sendo descabido o ajuizamento por pessoa física, motivo pelo qual incorreta a assertiva em questão.

Alternativa "a" (responde as demais alternativas). Estão corretos os itens I e II.

Item I. Correto. Nos termos do art. 8º, §1º, da Lei nº 7.347/85, "o Ministério Público poderá instaurar, sob sua presidência, inquérito civil, ou requisitar, de qualquer organismo público ou particular, certidões, informações, exames ou perícias, no prazo que assinalar, o qual não poderá ser inferior a 10 (dez) dias úteis".

Item II. Correto. Na forma do art. 10, da Lei nº 7.347/85, "constitui crime, punido com pena de reclusão de 1 (um) a 3 (três) anos, mais multa de 10 (dez) a 1.000 (mil) Obrigações Reajustáveis do Tesouro Nacional - ORTN, a recusa, o retardamento ou a omissão de dados técnicos indispensáveis à propositura da ação civil, quando requisitados pelo Ministério Público".

Item III. Errado. No curso do inquérito civil, se constatada a inobservância de direitos trabalhistas, os **órgãos públicos legitimados** – dentre os quais **não** se incluem os sindicatos - poderão tomar dos interessados compromisso de ajustamento de sua conduta às exigências legais, mediante cominações, que terá eficácia de título executivo extrajudicial, nos exatos termos do art. 5º, §6º, da Lei nº 7.347/85.

Item IV. Errado. Como destacado no item I, o Ministério Público poderá instaurar, sob sua presidência, inquérito civil, não se estendendo tal prerrogativa ao Ministério do Trabalho.

Alternativa correta: letra "a".

131. (FCC - Juiz do Trabalho Substituto 6ª Região/2015) Os órgãos de controle interno de determinada autarquia federal apontaram a ocorrência de danos ao patrimônio da entidade, especialmente em função da inadequada conservação de seus imóveis, alguns dos quais de valor histórico. A situação narrada

a) permite a celebração de compromisso de ajustamento de conduta dos responsáveis, desde que previamente à instauração do competente Inquérito Civil Público.

b) poderá ensejar, mediante provocação de qualquer pessoa, a instauração, sob a Presidência do Ministério Público, de Inquérito Civil para averiguar a existência de fundamentos para a propositura de Ação Civil Pública.

c) determina a apuração, em litisconsórcio necessário, dos danos ao patrimônio público e histórico, pela União e pelo Ministério Público, mediante a instauração de Inquérito Civil sob a presidência deste último.

d) uma vez noticiada ao Ministério Público, obriga a imediata interposição de Ação Civil Pública, no bojo da qual poderá ser firmado compromisso de ajustamento de conduta.

e) comporta apuração em sede de Inquérito Civil Público, com competência concorrente entre Ministério Público e a pessoa jurídica de direito público atingida pelos danos indicados.

COMENTÁRIOS

Alternativa "a". O Termo de Ajustamento de Conduta está previsto no art. 5º, § 6º da Lei nº 7.347/85, ao estabelecer que os "órgãos públicos legitimados poderão tomar dos interessados compromisso de ajustamento de sua conduta às exigências legais, mediante cominações, que terá eficácia de título executivo extrajudicial". Não há, todavia, qualquer menção legal no sentido de que celebração de compromisso de ajustamento de conduta dos responsáveis se dê previamente à instauração do competente Inquérito Civil Público.

Alternativa "b" (responde a alternativa "e"). O inquérito civil é um procedimento administrativo, não sujeito ao contraditório porque tem natureza inquisitiva. Conforme o art. 129, III, da Constituição Federal, é função institucional do Ministério Público instaurar o inquérito civil para a proteção do patrimônio público e social, do meio ambiente e de outros interesses difusos e coletivos. No mesmo sentido, há o art. 8º, § 1º, da Lei nº 7.347/85, prevendo a instauração do inquérito civil pelo Ministério Público. Assim, **o inquérito civil é de competência exclusiva do Ministério Público**, mas não é obrigatório para a propositura da ação, ou seja, é dispensável, desde que haja outros meios de convicção pelos quais se obtiveram os elementos necessários para o ingresso em juízo. Entretanto, a legitimidade para a propositura de ação civil pública não é privativa do Parquet, pois, além dele, também podem propor a ação, conforme o art. 5º dessa lei, a Defensoria Pública, a União, os Estados, o Distrito Federal, os Municípios, as autarquias, as empresas públicas, as fundações públicas, as sociedade de economia mista, as associações (que, concomitantemente, estejam constituídas há pelo menos um ano nos termos da lei civil e incluam, entre suas finalidades institucionais, a proteção ao patrimônio público e social, ao meio ambiente, ao consumidor, à ordem econômica, à livre concorrência, aos direitos de grupos raciais, étnicos ou religiosos ou ao patrimônio artístico, estético, histórico, turístico e paisagístico).

Alternativa "c". A **autarquia** é **pessoa jurídica de direito público** e, sendo personificada, **plenamente possível a sua responsabilização direta,** não havendo que se falar em litisconsórcio necessário com a União e o Ministério Público.

Alternativa "d". Antes do ajuizamento da competente ação civil pública, pode o Ministério Público optar pela instauração de **inquérito civil**.

Alternativa correta: letra "b".

132. (FCC – Juiz do Trabalho Substituto 15ª Região/2015) O Ministério Público instaurou inquérito civil para apuração de danos e responsabilidades na gestão de um imóvel público, tendo em vista que a Administração pública não teria agido com a diligência necessária para evitar a ocupação irregular da área por famílias de baixa renda. Pretendia imputar aos gestores públicos envolvidos na guarda do imóvel a responsabilidade pela prática de ato de improbidade, acompanhada do dever de desocupação e recomposição da área. A tramitação do inquérito civil demonstrou, contudo, que a Administração pública adotou todas as cautelas necessárias para boa guarda e vigilância do terreno, mostrando-se claro ao Promotor de Justiça que conduzia o procedimento que a ocupação irregular foi inevitável. Este

a) deverá propor a subscrição de termo de ajustamento de conduta, reconhecendo a ausência de responsabilidade dos gestores públicos e o compromisso de dar tratamento à ocupação promovida, fixando prazo e condições para tanto.

b) poderá promover o arquivamento do inquérito civil, em decisão fundamentada e alusiva ao conjunto probatório dos autos, para submissão ao Conselho Superior da Instituição, para fins de homologação ou rejeição.

c) deverá representar ao Conselho Superior da Instituição, solicitando autorização para promover o arquivamento dos autos, instruindo o pedido com toda a fundamentação e provas colhidas no curso do inquérito civil, bem como indicando a desvantagem da propositura da competente ação civil pública.

d) poderá, como expressão de sua função de órgão de controle, ajuizar ação civil pública para, no curso da instrução processual, colher provas e evidências que permitam o aditamento da inicial para correta descrição fática e enquadramento jurídico.

e) não poderá prosseguir com o trâmite do inquérito civil porque, não se tendo apurado prejuízo ao erário ou lesão aos cofres públicos, inexiste causa de pedir para embasar a ação civil pública ou para formalizar o termo de ajustamento de conduta.

COMENTÁRIOS

✪ **Nota do autor:** São muito frequentes nos concursos da magistratura trabalhista as questões envolvendo a Lei nº 7.347/85, especialmente as disposições referentes ao inquérito civil, recomendando-se sua leitura atenta.

Alternativa "b" (responde as alternativas "a", "c" e "e"). O art. 9º, caput, da Lei nº 7.347/85 estabelece que se "o órgão do Ministério Público, esgotadas todas as diligências, se convencer da inexistência de fundamento para a propositura da ação civil, promoverá o arquivamento dos autos do inquérito civil ou das peças informativas, fazendo-o fundamentadamente". Assim, o membro do Ministério Público determina o arquivamento do inquérito civil e, sob pena de incorrer em falta grave, no prazo de três dias, encaminha os autos para o Conselho Superior do Ministério Público. Cabe a este órgão a homologação do arquivamento ou sua rejeição, e, até que haja a decisão, poderão as associações legitimadas apresentar razões escritas ou documentos, que serão juntados aos autos do inquérito ou anexados às peças de informação. Se o Conselho rejeitar a promoção do arquivamento, designará desde logo outro membro do Ministério Público para o ajuizamento da ação.

Alternativa "d". A instauração de inquérito civil público não impede que outros legitimados ajuízem a competente ação civil pública. Ao contrário, tais entes podem habilitar-se como litisconsortes de qualquer das partes, além de assumirem a titularidade ativa, em caso de desistência infundada ou abandono da ação (art. 5º, V, § 2º e § 3º).

Alternativa correta: letra "b".

---

133. (FCC – Juiz do Trabalho Substituto 6ª Região/2013) A respeito do inquérito civil público previsto no artigo 129, III, da Constituição Federal e disciplinado na Lei no 7.347/85, é correto afirmar que

a) poderá ter sua instauração determinada por associação constituída há pelo menos 1 (um) ano, que inclua entre suas finalidades institucionais a proteção ao meio ambiente ou ao consumidor.

b) poderá ser instaurado por pessoa jurídica de direito público, mediante requisição fundamentada do Ministério Público, para apuração de danos ao erário.

c) constitui competência institucional do Ministério Público, que poderá requisitar de qualquer organismo, público ou particular, certidões, informações, exames ou perícias.

d) uma vez instaurado não poderá ser arquivado, salvo por decisão do Conselho Superior do Ministério Público homologada pelo Procurador-Geral de Justiça.

e) terá, obrigatoriamente, caráter sigiloso enquanto não reunidos indícios suficientes para caracterizar a ocorrência de ofensa aos direitos coletivos e difusos resguardados pelo Ministério Público.

COMENTÁRIOS

Alternativa "c" (responde também as alternativas "a" e "b"). O inquérito civil é de competência exclusiva do Ministério Público. Nos termos do art. 8º, § 1º, o Ministério Público poderá instaurar, sob sua presidência, inquérito civil, ou requisitar, de qualquer organismo público ou particular, certidões, informações, exames ou perícias, no prazo que assinalar, o qual não poderá ser inferior a 10 dias úteis.

Alternativa "d". Se o órgão do Ministério Público, esgotadas todas as diligências, se convencer da **inexistência de fundamento para a propositura da ação civil,** promoverá o **arquivamento dos autos do inquérito civil** ou das peças informativas, fazendo-o fundamentadamente (artigo 9º, Lei nº 7.347/85).

Alternativa "e". O inquérito terá caráter sigiloso somente quando a lei assim impuser (art. 8º, § 2º).

Alternativa correta: letra "c".

---

134. (FCC – Juiz do Trabalho Substituto 11ª Região/2012) Nos termos da Lei da Ação Civil Pública, se o órgão do Ministério Público, esgotadas todas as diligências, se convencer da inexistência de fundamento para a propositura da ação civil, promoverá o arquivamento dos autos do inquérito civil ou das peças informativas, fazendo-o fundamentadamente. Nesse caso,

I. os autos do inquérito civil ou das peças de informação arquivadas serão remetidos, sob pena de se incorrer em falta grave, no prazo de 3 dias, ao Conselho Superior do Ministério Público.

II. até que, em sessão do Conselho Superior do Ministério Público, seja homologada ou rejeitada a promoção de arquivamento, poderão as associações legitimadas apresentar razões escritas ou documentos, que serão juntados aos autos do inquérito ou anexados às peças de informação.

III. deixando o Conselho Superior de homologar a promoção de arquivamento, designará, desde logo, outro órgão do Ministério Público para o ajuizamento da ação.

Está correto o que se afirma em

a) II e III, apenas.

b) I e II, apenas.

c) I, II e III.

d) I e III, apenas.

e) II, apenas.

COMENTÁRIOS

✪ **Nota do autor:** A **ação civil pública**, disciplinada pela Lei nº 7.347/85, é instrumento de **controle judicial** sobre a Administração Pública, este entendido como aquele "exercido privativamente pelos órgãos do Poder Judiciário sobre os atos administrativos do Executivo, do Legislativo e do próprio Judiciário, quando realiza atividade administrativa"[66].

Itens I, II e II. Certos. O art. 9º, *caput*, da Lei nº 7.347/85 estabelece que se "o órgão do Ministério Público, esgotadas todas as diligências, se convencer da inexistência de fundamento para a propositura da ação civil, promoverá o arquivamento dos autos do inquérito civil ou das peças informativas, fazendo-o fundamentadamente". Assim, o membro do Ministério Público determina o arquivamento do inquérito civil e, sob pena de incorrer em falta grave, no prazo de três dias, encaminha os autos para o Conselho Superior do

66 *Idem*, p. 744.

Ministério Público. Cabe a este órgão a homologação do arquivamento ou sua rejeição, e, até que haja a decisão, poderão as associações legitimadas apresentar razões escritas ou documentos, que serão juntados aos autos do inquérito ou anexados às peças de informação. Se o Conselho rejeitar a promoção do arquivamento, designará desde logo outro membro do Ministério Público para o ajuizamento da ação.

Alternativa "c": correta. Estão corretos os itens I, II e III.

---

135. (TRT 15 – Juiz do Trabalho Substituto 15ª Região/2012) Tratando-se de controle de legalidade do ato administrativo é correto afirmar:

a) A ação civil pública pode ser ajuizada pelo Ministério Público, pela União, pelos Estados e Municípios, por autarquias, empresa pública; sociedade de economia mista, fundação e associação.

b) O inquérito civil público pode ser instaurado pelo Ministério Público, pela União, pelos Estados e Municípios.

c) O termo de ajustamento de conduta somente pode ser celebrado pelo Ministério Público.

d) O pedido de arquivamento de inquérito civil público depende de homologação do Juiz que, se entender que não é caso de arquivamento, remeterá os autos ao Procurador Geral de Justiça que poderá designar outro representante do Ministério Público para ajuizar a ação civil pública.

e) A instauração do inquérito civil público é imprescindível para o ajuizamento da ação civil pública.

COMENTÁRIOS

Alternativa "a". A **ação civil pública** está prevista na Constituição Federal, no art. 129, III, e está disciplinada pela Lei nº 7.347/85, podendo ser definida como "o meio processual de que se podem valer **o Ministério Público e as pessoas jurídicas indicadas em lei para proteção de interesses difusos e gerais**"[67]. Nos termos do art. 5º da Lei, possuem **legitimidade ativa para propor a ação:** a) **Ministério Público**; b) Defensoria Pública; c) **União, Estados, DF e Municípios**; d) **autarquia, empresa pública, fundação ou sociedade de economia mista**; e) associação que esteja constituída há pelos menos 1 ano nos termos da lei civil e inclua, entre suas finalidades institucionais, a proteção ao meio ambiente, ao consumidor, à ordem econômica, à livre concorrência ou ao patrimônio artístico, estético, histórico, turístico e paisagístico.

Alternativa "b". O **inquérito civil é de competência exclusiva do Ministério Público.**

Alternativa "c". São legitimados para celebração do 'Termo de Ajustamento de Conduta' os mesmos órgãos e pessoas administrativas legitimados para a propositura de Ação Civil Pública, nos termos do art. 5º, §6º da Lei.

Alternativa "d". Quando o membro do Ministério Público determina o arquivamento do inquérito civil, sob pena de incorrer em falta grave, deve, no prazo de três dias, **encaminhar os autos para o Conselho Superior do Ministério Público**. Cabe a **este** órgão a homologação do arquivamento ou sua rejeição.

Alternativa "e". O **inquérito civil público é dispensável para a propositura da ação**, desde que haja outros meios de convicção pelos quais se obtiveram os meios necessários para o ingresso em juízo.

Alternativa correta: letra "a".

---

136. (FCC – Juiz do Trabalho Substituto 20ª Região/2012) A respeito do controle jurisdicional dos atos administrativos, é correto afirmar que

a) os atos discricionários, por envolverem juízo de conveniência e oportunidade, afastam o controle de legalidade pelo Poder Judiciário.

b) apenas os atos vinculados admitem controle do Poder Judiciário, que atinge aspectos de legalidade e mérito.

c) o Poder Judiciário pode, por provocação da Administração, revogar atos considerados inconvenientes ou inoportunos, com base na teoria dos motivos determinantes.

d) os atos vinculados e os discricionários sujeitam-se ao controle do Poder Judiciário no que diz respeito aos requisitos de legalidade.

e) os atos discricionários não admitem exame de aspectos de mérito, podendo, contudo, ser revogados pelo Poder Judiciário quando comprovado desvio de finalidade.

COMENTÁRIOS

✪ **Nota do autor:** O controle da Administração Pública é **"o conjunto de mecanismos administrativos e jurídicos por meio dos quais é possível o pleno exercício do poder de fiscalização e de revisão da atividade administrativa em qualquer das esferas de Poder"**[68].

Alternativa "c" (responde também a alternativa "e"). A **revogação** é a extinção de ato administrativo válido por razões de **conveniência e oportunidade** em face do interesse público, ou seja, em dado momento um ato administrativo, de natureza discricionária, foi praticado porque a autoridade administrativa entendeu que isso era conveniente e oportuno, mas em momento posterior, esse juízo de valoração é alterado e o que era conveniente e oportuno passa a ser inconveniente

67 DI PIETRO, Maria Sylvia Zanella. *Direito administrativo.* 23 ed. São Paulo: Atlas, 2010. p. 812.

68 CARVALHO FILHO, José dos Santos. *Manual de direito administrativo.* 19. ed. Rio de Janeiro: Lumen Juris, 2008. p. 836.

e inoportuno, cabendo sua extinção pela revogação. **A competência para revogar é privativa da Administração e não depende de provocação**, não sendo permitido ao Poder Judiciário, no exercício da função jurisdicional, fazê-lo, podendo, não obstante, **anular** atos administrativos, por razões de legalidade (ato tem vício em um de seus elementos).

Alternativa "d": correta (responde também as alternativas "a" e "b"). O controle judicial é controle de natureza **externa** e, quanto a sua extensão, é um controle de **legalidade** ou **legitimidade**, não sendo permitido ao Poder Judiciário a ingerência no mérito do ato administrativo, podendo abranger tanto atos vinculados quanto discricionários – sempre restrito à análise de legalidade. Quanto ao momento, o controle judicial é feito *a posteriori*, embora também seja excepcionalmente possível o controle prévio, quando houver ameaça de lesão a direito.

Alternativa correta: letra "d".

---

137. (FCC – Juiz do Trabalho Substituto 20ª Região/2012) De acordo com a Lei nº 7.347/85, o inquérito civil público

a) pode ser instaurado pelo Ministério Público e pelas Procuradorias dos Estados e Municípios, para apuração de danos morais e patrimoniais causados ao meio ambiente, ao consumidor e a bens e direitos de valor artístico, estético, histórico, turístico e paisagístico.

b) pode ser instaurado pelo órgão competente do Ministério Público que, convencendo-se da inexistência de fundamento para a propositura de ação civil pública, promoverá o seu arquivamento, com subsequente remessa ao Conselho Superior do Ministério Público, que poderá homologá-la ou determinar o ajuizamento da ação.

c) afasta, após a sua instauração, a possibilidade de ajuizamento da competente ação civil pública pelos demais órgãos legitimados, salvo se não for concluído no prazo máximo de 180 (cento e oitenta) dias, prorrogável por igual período.

d) não afasta a possibilidade de celebração, durante o seu curso, de compromisso de ajustamento de conduta dos indiciados às exigências legais, o qual terá eficácia de título executivo, salvo manifestação contrária da pessoa jurídica de direito público interessada.

e) afasta a possibilidade, após a sua instauração, de celebração de compromisso de ajustamento de conduta dos indiciados às exigências legais, salvo se homologado na competente ação civil pública, com a anuência da pessoa jurídica de direito público interessada.

COMENTÁRIOS

Alternativa "b": correta (responde também a alternativa "a"). De acordo com a Lei nº 7.347/85, a competência para instaurar inquérito civil público é do Ministério Público, que, ainda, poderá requisitar, de qualquer organismo público ou particular, certidões, informações, exames ou perícias. Realizadas todas as diligências possíveis, o Ministério Público, se convencido da inexistência de fundamento para a propositura da ação civil, promoverá o arquivamento dos autos do inquérito civil ou das peças informativas, fazendo-o fundamentadamente. Feito isso, o Conselho Superior deverá homologar a promoção do arquivamento ou, caso assim não entenda, designará outro órgão do Ministério Público para o ajuizamento da ação.

Alternativa "c". A instauração de inquérito civil público não impede que outros legitimados ajuízem a competente ação civil pública. Ao contrário, tais entes podem habilitar-se como litisconsortes de qualquer das partes, além de assumirem a titularidade ativa, em caso de desistência infundada ou abandono da ação (art. 5º, V, § 2º e § 3º).

Alternativa "d" (responde também a alternativa "e"). Os órgãos públicos legitimados poderão tomar dos interessados compromisso de ajustamento de sua conduta às exigências legais, mediante cominações, que terá eficácia de título executivo extrajudicial (sem qualquer ressalva, tal qual pretende a alternativa "d"), conforme art. 5º, V, § 6º da Lei nº 7.347/85.

Alternativa correta: letra "b".

---

138. (TRT 21 – Juiz do Trabalho Substituto 21ª Região/2012) Segundo a Lei da Ação Civil Pública, os órgãos públicos legitimados à ação civil pública ou coletiva podem tomar o compromisso de ajustamento de conduta, através de Termo de Compromisso de Ajustamento de Conduta. Diante dessa norma, assinale a assertiva correta:

I. a legitimidade dos órgãos públicos para tomar o compromisso de ajustamento de conduta independe do órgão possuir personalidade jurídica;

II. como ato que é tomado perante órgãos públicos, o compromisso de ajustamento de conduta tem natureza de ato administrativo, apesar de ser um ato em que há concessões recíprocas de direito material e processual, já que o órgão público que toma o compromisso também se compromete a não ajuizar a ação civil pública ou coletiva;

III. as autarquias podem tomar dos particulares o compromisso de ajustamento de conduta;

IV. o órgão público legitimado pode tomar o compromisso de ajustamento de conduta de outro ente público, observada, apenas, a esfera administrativa a que pertence, de modo que o Município não pode tomar um compromisso de ajustamento de conduta da União, mas o contrário é possível;

a) apenas as assertivas I e III estão corretas;

b) apenas as assertivas II e IV estão corretas;

c) apenas as assertivas I, II e IV estão corretas;

d) apenas as assertivas III e IV estão corretas;

e) apenas as assertivas I, II e III estão corretas.

COMENTÁRIOS

✪ **Nota do autor:** A ação civil pública é o instrumento utilizado para tutelar os interesses difusos, coletivos e individuais homogêneos, estabelecidos no art. 1º da Lei nº 7.347/85.

Item I. Certo. Conforme § 6º do art. 5º, da Lei nº 7.347/85, os órgãos públicos legitimados poderão tomar dos interessados compromisso de ajustamento de sua conduta às exigências legais, sem qualquer referência à necessidade de que tenham personalidade jurídica. Até porque, tecnicamente, órgão não tem personalidade jurídica.

Item II. Errado. Inicialmente, a natureza jurídica do instituto é a de ato jurídico unilateral quanto à manifestação volitiva, e bilateral somente quanto à formalização, eis que nele intervêm o órgão público e o promitente. Em regra, firmar um compromisso de ajustamento de conduta inviabiliza o ingresso de Ação Civil Pública. Caso, porém, tal compromisso seja descumprido ou o acordo celebrado tenha sido parcial, bem como quando houver algum vício no ajustamento acordado, não estará impedida a propositura da ação civil pública.

Item III. Certo. O rol dos legitimados ao compromisso de ajustamento de conduta é o mesmo dos legitimados à propositura da ação civil pública: o Ministério Público; a Defensoria Pública; a União, os Estados, o Distrito Federal e os Municípios; **as autarquias**, empresas públicas, fundações ou sociedades de economia mista; as associações que cumpram os requisitos legais.

Item IV. Errado. Conforme § 6º do art. 5º, da Lei nº 7.347/85, os órgãos públicos legitimados poderão tomar dos interessados compromisso de ajustamento de sua conduta às exigências legais, sem qualquer referência à limitação quanto à esfera administrativa.

Alternativa "a": correta. Estão corretos os itens I e III.

12. IMPROBIDADE ADMINISTRATIVA: LEI Nº 8.429/92

▸ Lei nº 8.429/92

139. (FGV – Juiz do Trabalho Substituto – TST/2023). Considerando o disposto na Lei nº 8.429/1992 (Lei de Improbidade Administrativa), é INCORRETO afirmar que:

a) os atos de improbidade praticados contra o patrimônio de entidade privada que receba incentivo creditício de ente público estão sujeitos às sanções legais;

b) aquele que exerce, transitoriamente e sem remuneração, por designação, função em ente público é considerado um agente público para os efeitos legais;

c) aquele que, mesmo não sendo agente público, concorra com imprudência para a prática do ato de improbidade está sujeito às sanções legais;

d) a suspensão dos direitos políticos, a perda dos bens ou valores acrescidos ilicitamente ao patrimônio e a perda da função pública não estão previstas entre as sanções legais aplicáveis ao responsável por ato de improbidade que atenta contra os princípios da administração pública;

e) as sanções previstas na lei podem ser aplicadas isoladamente, de acordo com a gravidade do fato.

COMENTÁRIO

✪ **Nota do Autor:** A Lei nº 14.230/2021 trouxe significativas modificações à Lei nº 8.429/92, de tal modo que é importante estar atento à nova redação deste diploma legal.

Alternativa "a". Trata-se da previsão contida no §6º do art. 1º da Lei nº 8.429/1992: "Estão sujeitos às sanções desta Lei os atos de improbidade praticados contra o patrimônio de entidade privada que receba subvenção, benefício ou incentivo, fiscal ou creditício, de entes públicos ou governamentais, previstos no § 5º deste artigo."

Alternativa "b". Nos termos do art. 2º, "consideram-se agente público o agente político, o servidor público e todo aquele que exerce, ainda que transitoriamente ou sem remuneração, por eleição, nomeação, designação, contratação ou qualquer outra forma de investidura ou vínculo, mandato, cargo, emprego ou função nas entidades referidas no art. 1º" da Lei de Improbidade Administrativa.

Alternativa "c". O art. 3º, *caput*, da Lei, estabelece que "as disposições desta Lei são aplicáveis, no que couber, àquele que, mesmo não sendo agente público, induza ou concorra dolosamente para a prática do ato de improbidade". Portanto, é necessário que o terceiro atue de forma **dolosa** para que a ele seja eventualmente imputada penalidade por ato de improbidade administrativa.

Alternativa "d", Havia a previsão dessas penas em relação aos atos que atentam contra os princípios da Administração Pública, porém com as mudanças implementadas pela Lei nº 14.230/2021 isso deixou de existir e, atualmente, as penas passíveis de aplicação para essa modalidade de ato de improbidade são: "pagamento de multa civil de até 24 (vinte e quatro) vezes o valor da remuneração percebida pelo agente e proibição de contratar com o poder público ou de receber benefícios ou incentivos fiscais ou creditícios, direta ou indiretamente, ainda que por intermédio de pessoa jurídica da qual seja sócio majoritário, pelo prazo não superior a 4 (quatro) anos" (art. 12, III).

Alternativa "e". De acordo com o art. 12, *caput*, as sanções previstas na Lei de Improbidade Administrativa podem ser aplicadas isolada ou cumulativamente, de acordo com a gravidade do fato.

Alternativa correta: letra "c".

140. (TRT 1 – Juiz do Trabalho Substituto 1ª Região/2016) Em relação aos atos de improbidade administrativa praticados por agentes públicos ou terceiros, bem como os deveres daqueles, na forma da Lei nº 8.429/1992, é correto afirmar:

a) Os sucessores do agente público que causar lesão dolosa ao erário da União serão sempre responsáveis pelo ressarcimento integral do prejuízo causado.

b) Considera-se ato de improbidade administrativa aquele praticado pelo agente público que, por qualquer forma, incorpora indevidamente ao seu patrimônio bens pertencentes à Fundação Pública.

c) O agente público que recebe promessa de vantagem econômica para que tolere a exploração ou prática de jogos de azar, de lenocínio, de narcotráfico, de contrabando ou de usura comete ato de improbidade administrativa.

d) Presume-se a prática de ato de improbidade administrativa o agente público que, até 180 dias após o término do exercício de mandato, cargo, emprego ou função pública, adquire, para si ou para outrem, bens de qualquer natureza que seja desproporcional à evolução de seu patrimônio ou renda.

e) Ressalvados os objetos e utensílios de uso doméstico, anualmente, o agente público deve apresentar declaração dos bens e valores que compõem seu patrimônio, de cônjuge ou companheiro, de ascendentes e descendentes em 1º grau e de outras pessoas que vivam sob a dependência econômica do agente.

COMENTÁRIOS

✪ **Nota do autor:** à época da prova, a Lei de Improbidade Administrativa (Lei nº 8.429/1992) ainda não havia sido objeto de alteração pela Lei nº 14.230/2021, de modo que as questões foram respondidas com base na redação então vigente. Para auxiliar nos seus estudos, entretanto, efetuamos comentários sobre como ficaram os dispositivos alterados pela lei em questão, o que não dispensa sua leitura na íntegra,

Alternativa "a". À época da prova, consoante art. 8º, da LIA, "o sucessor daquele que causar lesão ao patrimônio público ou se enriquecer ilicitamente está sujeito às cominações desta lei até o limite do valor da herança". Atualmente, com a nova redação dada ao artigo passou a prever que: "O sucessor ou o herdeiro daquele que causar dano ao erário ou que se enriquecer ilicitamente estão sujeitos apenas à obrigação de repará-lo até o limite do valor da herança ou do patrimônio transferido."

Alternativa "b". Na forma do art. 9º, XI, da Lei nº 8.429/92, constitui ato de improbidade administrativa que importa enriquecimento ilícito "incorporar, por qualquer forma, ao seu patrimônio bens, rendas, verbas ou valores integrantes do acervo patrimonial das entidades mencionadas no art. 1° desta lei". Nesse sentido, o art. 1º, da Lei, determina que "os atos de improbidade praticados por qualquer agente público, servidor ou não, contra a administração direta, indireta ou fundacional de qualquer dos Poderes da União, dos Estados, do Distrito Federal, dos Municípios, de Território, de empresa incorporada ao patrimônio público ou de entidade para cuja criação ou custeio o erário haja concorrido ou concorra com mais de cinquenta por cento do patrimônio ou da receita anual, serão punidos na forma desta lei". Desta feita, é ato de improbidade administrativa aquele praticado pelo agente público que, por qualquer forma, incorpora indevidamente ao seu patrimônio bens pertencentes à Fundação Pública. **Atenção!** Deve-se esclarecer que referida disposição contida no art. 9º, XI não foi alterada pela Lei nº 14.230/2021. Ademais, segundo o contido no art. 1º, §5º da LIA, os atos de improbidade podem ser praticados contra administração indireta.

Alternativa "c". Nos termos do art. 9º, V, da Lei, constitui ato de improbidade administrativa que importa em enriquecimento ilícito "**receber vantagem** econômica de qualquer natureza, direta ou indireta, para tolerar a exploração ou a prática de jogos de azar, de lenocínio, de narcotráfico, de contrabando, de usura ou de qualquer outra atividade ilícita, ou **aceitar promessa** de tal vantagem".

Alternativa "d". Em verdade, constitui-se ato de improbidade administrativa que importa enriquecimento ilícito "adquirir, para si ou para outrem, no exercício de mandato, cargo, emprego ou função pública, bens de qualquer natureza cujo valor seja desproporcional à evolução do patrimônio ou à renda do agente público", na forma do art. 9º, VII, da Lei. Assim, não há que se falar em mencionada presunção, como destacado à alternativa. Atenção! Com a nova redação dada pela Lei nº 14.230/2021, o art. 9º, VII passou a constar com a seguinte redação: "adquirir, para si ou para outrem, no exercício de mandato, de cargo, de emprego ou de função pública, e em razão deles, bens de qualquer natureza, decorrentes dos atos descritos no **caput** deste artigo, cujo valor seja desproporcional à evolução do patrimônio ou à renda do agente público, assegurada a demonstração pelo agente da licitude da origem dessa evolução".

Alternativa "e". O art. 13, *caput*, da Lei, determina que "a posse e o exercício de agente público ficam condicionados à apresentação de declaração dos bens e valores que compõem o seu patrimônio privado, a fim de ser arquivada no serviço de pessoal competente". E, em complementação, o art. 13, §1º, determina que "a declaração compreenderá imóveis, móveis, semoventes, dinheiro, títulos, ações, e qualquer outra espécie de bens e valores patrimoniais, localizado no País ou no exterior, e, quando for o caso, abrangerá os bens e valores patrimoniais do cônjuge ou companheiro, dos filhos e de outras pessoas que vivam sob a dependência econômica do declarante, excluídos apenas os objetos e utensílios de uso doméstico". O §2º desse artigo exige, ainda, que essa declaração seja **anualmente atualizada** e, para tanto, o servidor pode apresentar **cópia da declaração anual** de bens entregue à Delegacia da Receita Federal. Atenção! Nos termos da nova redação dada ao art. 13 da LIA, não há mais previsão no sentido de apresentação de declaração de bens e valores patrimoniais de cônjuge, companheiro, filhos ou outras pessoas que vivam sob a dependência do declarante.

Alternativa correta: letra "b".

141. (TRT 4 – Juiz do Trabalho Substituto 4ª Região/2016) Considere as assertivas abaixo sobre a aplicação da Lei nº 8.429/1992 (Lei de Improbidade Administrativa), segundo a doutrina e a jurisprudência.

I. Nem todo ato ilegal caracteriza necessariamente ato de improbidade.

II. Consideram-se atos de improbidade apenas os que importem enriquecimento ilícito ou causem prejuízo ao Erário.

III. Em qualquer hipótese de ato de improbidade, admite-se a responsabilidade objetiva do agente, bastando a existência de dano efetivo.

Quais são corretas?

a) Apenas I

b) Apenas II

c) Apenas III

d) Apenas I e II

e) I, II e III

COMENTÁRIOS

✪ **Nota do autor:** os atos de improbidade são "aqueles que, possuindo natureza civil e devidamente tipificados em lei federal, ferem direta ou indiretamente os princípios constitucionais e legais da administração pública, independentemente de importarem enriquecimento ilícito ou de causarem prejuízo material ao erário público"[69]. Lembre-se de que a Lei nº 14.230/2021 promoveu inúmeras alterações à Lei nº 8.429/1992, de forma que a leitura atenta das novas disposições inseridas na LIA é essencial para sua preparação.

Item I. Correto. Ilegalidade não se confunde com improbidade. Assim, para que se caracterize como ato ímprobo, mister que o ato tenha sido praticado com desonestidade, malícia ou dolo, enquadrando-se no disposto nos arts. 9º a 11 da LIA.

Item II. Errado. Os atos que atentam contra os princípios da Administração Pública também são atos de improbidade administrativa.

Item III. Errado. Em nenhuma das hipóteses admite-se a responsabilidade objetiva do causador do ato de improbidade de tal modo que quanto aos atos de improbidade que importam enriquecimento ilícito e atentam contra os princípios da Administração Pública exige-se o **dolo** do praticante e, quanto aos atos de improbidade que causam lesão ao erário, a Lei nº 8.429/92 admitia-se, expressamente, à época da prova, a possibilidade de prática do ato com **culpa**. Atenção! Uma das principais alterações promovidas à Lei de Improbidade diz respeito à caracterização do ato ímprobo, apenas, quando presente o dolo, consistente na vontade livre e consciente de alcançar o resultado ilícito tipificado nos arts. 9º a 11 da LIA.

Alternativa correta: letra "a". Está correto o item I.

69 MORAES, Alexandre. *Direito constitucional.* 24 ed. São Paulo: Atlas, 2009. p. 366.

✦ DICAS

Leandro Bortoleto

1. CONCEITO E FONTES DO DIREITO ADMINISTRATIVO

- O direito administrativo é o "conjunto harmônico de princípios jurídicos que regem os órgãos, os agentes e as atividades públicas tendentes a realizar concreta, direta e imediatamente os fins desejados pelo Estado"[1].
- A principal fonte do direito administrativo é a lei, mas deve ser concebida em sentido amplo, isto é, abrange todos os atos legislativos. Nesse sentido, além das leis ordinárias, complementares e delegadas, inclui, ainda, as medidas provisórias, os decretos legislativos, as resoluções legislativas, a Constituição Federal, as Emendas à Constituição, as Constituições estaduais, a Lei Orgânica do Distrito Federal e as Leis Orgânicas dos Municípios. São as chamadas fontes primárias. De todos os atos legislativos apontados, por óbvio, a Constituição Federal é a principal fonte, na qual há diversos dispositivos aplicados ao direito administrativo (por exemplo, art. 5º, 21, 23, 37).
- A jurisprudência em regra, caráter orientador, mas há casos em que tem força vinculante. Exemplos: as decisões proferidas pelo STF na ação direta de inconstitucionalidade, na ação declaratória de constitucionalidade (CF, art. 102, § 2º) e a súmula vinculante.
- **Art. 22 da LINDB (Lei nº 13.655/2018)**: o art. 22 da LINDB determina que sejam considerados os obstáculos e dificuldades do gestor e as exigências das políticas públicas na interpretação das normas sobre gestão pública, sem prejuízo dos direitos dos administrados. Tal disposição, segundo Irene Patrícia Nohara[2], trata do primado da realidade, que não pode servir, todavia, para obstar a realização do direito, mas sim ser aplicado para que se considere a "circunstância contextual de exigência de cumprimento da determinação contida no texto normativo".

Fontes:

Lei: trata-se da principal fonte do Direito Administrativo. Deve ser concebida em sentido amplo, isto é, abrange todos os atos legislativos.
Doutrina: estudo realizado pelos juristas.
Jurisprudência: conjunto reiterado de decisões judiciais sobre o mesmo assunto; vem ganhando relevo, em razão do efeito vinculante de algumas decisões. Ex: súmulas vinculantes
Costume: apesar de divergências, entende-se ser o costume fonte do Direito Administrativo. Não pode ser contra a lei.

2. REGIME JURÍDICO ADMINISTRATIVO

- Os ***princípios são normas*** e vinculam a Administração Pública. STF (RE 579.951): a vedação do "nepotismo não depende de lei formal para coibir a prática. Proibição que decorre diretamente dos princípios contidos no art. 37, *caput*, da Constituição Federal".
- O ***regime jurídico administrativo é o conjunto de princípios*** que confere ***prerrogativas*** e impõe ***sujeições*** à Administração Pública. É a interação de dois polos opostos. Por isso, o uso das expressões bipolaridade do direito administrativo[3] ou binômio[4] do direito administrativo.
- Síntese dos princípios da Administração Pública[5]:

PRINCÍPIOS DA ADMINISTRAÇÃO PÚBLICA	
Supremacia do interesse público	• prerrogativa • interesse público prevalece sobre privado • interesse público primário
Indisponibilidade do interesse público	• sujeição • interesse público é indisponível
Legalidade	• atuação de acordo com a lei e o direito • esfera pública: não vigora autonomia da vontade

1. *Direito administrativo brasileiro.* 36. ed.São Paulo: Malheiros, 2010. p. 40.
2. NOHARA, Irene Patrícia. *LINDB*: Lei de Introdução às Normas do Direito Brasileiro, hermenêutica e novos Parâmetros ao Direito Público. Curitiba: Juruá, 2018.
3. DI PIETRO, Maria Sylvia Zanella. *Direito administrativo.* 25. ed. São Paulo: Atlas, 2012. p. 62.
4. Fernando Garrido Fala apud Celso Antônio Bandeira de Mello (*Curso de direito administrativo.* 27. ed. São Paulo: Malheiros, 2010. p. 56).
5. BORTOLETO, Leandro. *Direito administrativo.* Salvador: Juspodivm, 2012. p. 50.

PRINCÍPIOS DA ADMINISTRAÇÃO PÚBLICA	
Impessoalidade	• busca da finalidade pública • atos imputados à Administração: imputação • proibição de promoção pessoal
Moralidade	• honestidade, boa-fé, lealdade, padrões morais e éticos
Publicidade	• transparência; publicação dos atos administrativos
Eficiência	• rendimento; atuação eficiente; organização eficiente
Continuidade do serviço público	• serviço público não pode parar Exceções: poderá ser interrompido quando baseado em razões de ordem técnica ou segurança das instalações e na hipótese de inadimplência do usuário (neste caso, a interrupção não poderá ter início na sexta-feira, sábado ou domingo, nem feriado ou dia anterior ao feriado, conforme art. 6º, §4º
Autotutela	• administração anula e revoga seus próprios atos
Tutela ou controle	• administração direta controla finalidade da administração indireta
Especialidade	• criação de pessoa específica para atuação específica
Presunção de legitimidade	• regra: ato administrativo é legal • produz efeitos até ser extinto
Controle judicial dos atos administrativos	• sistema de jurisdição única
Segurança jurídica	• aspecto objetivo: princípio da segurança jurídica. Tentativa de preservação do ato. Nova interpretação não retroage • aspecto subjetivo: princípio da proteção à confiança. Expectativa do administrado de que Administração respeitará os atos por ela praticados. • Os arts. 23, 24, 26 e 30 da LINDB (inseridos pela Lei nº 13.655/2018) reforçam a necessidade de se buscar a segurança jurídica no âmbito da Administração Pública.
Motivação ou fundamentação	• indicação dos pressupostos de fato e direito • A motivação deverá demonstrar a necessidade e adequação da medida imposta ou da invalidação do ato, contrato, ajuste, processo ou norma administrativa, indicando se a alternativa encontrada é superior às demais alternativas (art. 20, parágrafo único, LINDB).

PRINCÍPIOS DA ADMINISTRAÇÃO PÚBLICA	
Razoabilidade	• meios devem ser adequados aos fins do ato • utilidade, necessidade, proporcionalidade • O art. 21 da LINDB, inserido pela Lei nº 13.655/2018, trata da aplicação da razoabilidade nos impactos da decisão administrativa[6] ao estabelecer que a decisão que invalidar ato, contrato, ajuste, processo ou norma administrativa, deverá indicar suas consequências jurídicas e administrativas, de modo expresso. • O art. 21 da LINDB, inserido pela Lei nº 13.655/2018, trata da aplicação da razoabilidade nos impactos da decisão administrativa[7] ao estabelecer que a decisão que invalidar ato, contrato, ajuste, processo ou norma administrativa, deverá indicar suas consequências jurídicas e administrativas, de modo expresso.
Hierarquia	• coordenação, organização, delegação, avocação

LINDB - Lei de Introdução às Normas do Direito Brasileiro

- A LINDB é uma norma de sobredireito e tem por objetivo regulamentar outras normas.
- No ano de 2018, a Lei nº 13.655/2018 inseriu os arts. 20 a 30 à LINDB, tratando de temas relacionados ao Direito Administrativo. Dentre eles, podem ser destacados:
- Art. 20: prevê que nas esferas administrativa, controladora e judicial não se decidirá com base em valores jurídicos abstratos, devendo ser consideradas as consequências da decisão.
- Art. 21: trata da aplicação da razoabilidade nos impactos da decisão administrativa ao estabelecer que a decisão que invalidar ato, contrato, ajuste, processo ou norma administrativa, deverá indicar suas consequências jurídicas e administrativas, de modo expresso. Esta decisão deverá indicar as condições para que a regularização ocorra de forma proporcional e equânime, não se podendo impor ônus ou perdas anormais ou excessivos.
- Art. 22: determina que sejam considerados os obstáculos e dificuldades do gestor e as exigências

6. NOHARA, Irene Patrícia. *LINDB*: Lei de Introdução às Normas do Direito Brasileiro, hermenêutica e novos Parâmetros ao Direito Público. Curitiba: Juruá, 2018.
7. NOHARA, Irene Patrícia. LINDB: Lei de Introdução às Normas do Direito Brasileiro, hermenêutica e novos Parâmetros ao Direito Público. Curitiba: Juruá, 2018.

das políticas públicas na interpretação das normas sobre gestão pública, sem prejuízo dos direitos dos administrados.

- A mencionada lei também trouxe alterações que visam assegurar maior segurança jurídica aos administrados ao dispor, por exemplo:
  - sobre a previsão de regime de transição quando a decisão administrativa, controladora ou judicial estabelecer nova interpretação ou orientação sobre norma de conteúdo indeterminado (art. 23, LINDB).
  - que a revisão nas esferas administrativa, controladora ou judicial quanto à validade do ato, contrato, ajuste, processo ou norma administrativa cuja produção já houver completado, levará em conta as orientações gerais da época, sendo vedada a declaração de invalidade de situações plenamente constituídas, com base em mudança de orientação geral posterior (art. 24, LINDB).
  - sobre a possibilidade de celebrar compromisso com os interessados, observada a legislação aplicável, para eliminar irregularidade, incerteza jurídica ou situação contenciosa na aplicação do direito público (art. 26, LINDB).
  - a atuação das autoridades públicas para aumentar a segurança jurídica na aplicação das normas, por regulamentos, súmulas administrativas e respostas a consultas, de caráter vinculante (art. 30, LINDB).

Lei de Acesso à Informação (Lei nº 12.527/2011)

Dispõe sobre os **procedimentos** a serem observados pela União, Estados, Distrito Federal e Municípios com o fim de **garantir o acesso a informações** previsto no inciso XXXIII do art. 5º, no inciso II do § 3º do art. 37 e no § 2º do art. 216 da Constituição Federal.

Lei é aplicável:

a) órgãos públicos integrantes da administração direta dos Poderes Executivo, Legislativo, incluindo as Cortes de Contas, e Judiciário e do Ministério Público;

b) autarquias, às fundações públicas, as empresas públicas, as sociedades de economia mista e demais entidades controladas direta ou indiretamente pela União, Estados, Distrito Federal e Municípios;

c) No que couber, às entidades privadas sem fins lucrativos que recebam, para realização de ações de interesse público, recursos públicos diretamente do orçamento ou mediante subvenções sociais, contrato de gestão, termo de parceria, convênios, acordo, ajustes ou outros instrumentos congêneres. Publicidade só quanto à parcela dos recursos públicos recebidos e à sua destinação (sem prejuízo das prestações de contas a que estejam legalmente obrigadas).

Procedimentos previstos na Lei (art. 3º):

- destinam-se a assegurar o direito fundamental de acesso à informação e devem ser executados em conformidade com os princípios básicos da administração pública
- devem seguir as seguintes **diretrizes**:

I - observância da publicidade como preceito geral e do sigilo como exceção;

II - divulgação de informações de interesse público, independentemente de solicitações;

III - utilização de meios de comunicação viabilizados pela tecnologia da informação;

IV - fomento ao desenvolvimento da cultura de transparência na administração pública;

V - desenvolvimento do controle social da administração pública.

Acesso à informação **compreende**, entre outros, **o direito de** (art. 7º):

I - **orientação** sobre os **procedimentos** para a consecução de acesso, bem como sobre o **local** onde poderá ser encontrada ou obtida a informação almejada;

II - **informação contida** em registros ou documentos, produzidos ou acumulados por seus órgãos ou entidades, recolhidos ou não a arquivos públicos;

III - **informação produzida ou custodiada** por pessoa física ou entidade privada decorrente de qualquer vínculo com seus órgãos ou entidades, mesmo que esse vínculo já tenha cessado;

IV - **informação primária**, íntegra, autêntica e atualizada;

V - **informação sobre atividades exercidas** pelos órgãos e entidades, inclusive as relativas à sua política, organização e serviços;

VI - **informação pertinente à administração** do patrimônio público, **utilização** de recursos públicos, licitação, contratos administrativos; e

VII - **informação relativa**:

a) à implementação, acompanhamento e resultados dos programas, projetos e ações dos órgãos e entidades públicas, bem como metas e indicadores propostos;

b) ao resultado de inspeções, auditorias, prestações e tomadas de contas realizadas pelos órgãos de controle interno e externo, incluindo prestações de contas relativas a exercícios anteriores.

Acesso à informação não compreende: as informações referentes a projetos de pesquisa e desenvolvimento científicos ou tecnológicos cujo **sigilo** seja **imprescindível** à segurança da sociedade e do Estado (art. 7º, § 1º).

Negado o **acesso integral** à informação por ser ela parcialmente sigilosa: é **assegurado o acesso à parte**

não sigilosa por meio de certidão, extrato ou cópia com ocultação da parte sob sigilo. **Negativa de acesso** às informações, **não fundamentada**: sujeitará o responsável a medidas disciplinares, nos termos do art. 32 (art. 7º, § 4º).

São consideradas **imprescindíveis à segurança da sociedade ou do Estado** e, portanto, passíveis de **classificação** as informações cuja divulgação ou **acesso irrestrito possam (art. 23)**:

I – pôr em risco a **defesa** e a **soberania** nacionais ou a **integridade** do território nacional;

II – prejudicar ou pôr em risco a condução de **negociações** ou as **relações internacionais** do País, ou as que tenham sido fornecidas em caráter sigiloso por outros Estados e organismos internacionais;

III – pôr em risco a **vida**, a **segurança** ou a **saúde** da população;

IV – oferecer elevado risco à **estabilidade financeira**, econômica ou monetária do País;

V – prejudicar ou causar risco a **planos** ou **operações** estratégicos das **Forças Armadas**;

VI – prejudicar ou causar risco a **projetos** de **pesquisa** e **desenvolvimento** científico ou tecnológico, assim como a **sistemas, bens, instalações** ou áreas de **interesse estratégico** nacional;

VII – pôr em risco a **segurança** de **instituições** ou de **altas autoridades** nacionais ou estrangeiras e seus **familiares**; ou

VIII – comprometer **atividades de inteligência**, bem como de **investigação** ou **fiscalização** em andamento, relacionadas com a prevenção ou repressão de infrações.

A informação em poder dos órgãos e entidades públicas, conforme o **teor** e a **imprescindibilidade** à segurança da sociedade ou do Estado, pode ser classificada como **ultrassecreta, secreta** ou **reservada** (art. 24).

A partir da **data de produção da informação**, começam a correr os **prazos máximos de restrição** de acesso, conforme a classificação:

I – **ultrassecreta: 25 anos**;

II – **secreta: 15 anos**;

III – **reservada: 5 anos.**

Informações que puderem colocar em risco a segurança do Presidente e Vice-Presidente da República e respectivos cônjuges e filhos(as): são classificadas como **reservadas** e ficam sob sigilo até o **término do mandato** em exercício ou do último mandato, em caso de reeleição.

Informações Pessoais

O tratamento das informações pessoais deve ser feito de forma transparente e com respeito à intimidade, vida privada, honra e imagem das pessoas, bem como às liberdades e garantias individuais (art. 31).

O acesso a informações pessoais, relativas à intimidade, vida privada, honra e imagem:

I – terão seu acesso restrito, independentemente de classificação de sigilo e pelo prazo máximo de 100 (cem) anos a contar da sua data de produção, a agentes públicos legalmente autorizados e à pessoa a que elas se referirem; e

II – poderão ter autorizada sua divulgação ou acesso por terceiros diante de previsão legal ou consentimento expresso da pessoa a que elas se referirem. Não se exige o consentimento quando as informações forem necessárias:

a) à prevenção e diagnóstico médico, quando a pessoa estiver física ou legalmente incapaz, e para utilização única e exclusivamente para o tratamento médico;

b) à realização de estatísticas e pesquisas científicas de evidente interesse público ou geral, previstos em lei, sendo vedada a identificação da pessoa a que as informações se referirem;

c) ao cumprimento de ordem judicial;

d) à defesa de direitos humanos; ou

e) à proteção do interesse público e geral preponderante.

Quem tiver acesso a informações pessoais será responsabilizado por seu uso indevido.

A restrição de acesso à informação relativa à vida privada, honra e imagem de pessoa não poderá ser invocada com o intuito de prejudicar processo de apuração de irregularidades em que o titular das informações estiver envolvido, bem como em ações voltadas para a recuperação de fatos históricos de maior relevância.

Responsabilidades

São **condutas ilícitas** que ensejam responsabilidade do agente público ou militar (art. 32):

I – recusar-se a fornecer informação requerida nos termos desta Lei, retardar deliberadamente o seu fornecimento ou fornecê-la intencionalmente de forma incorreta, incompleta ou imprecisa;

II – utilizar indevidamente, bem como subtrair, destruir, inutilizar, desfigurar, alterar ou ocultar, total ou parcialmente, informação que se encontre sob sua guarda ou a que tenha acesso ou conhecimento em razão do exercício das atribuições de cargo, emprego ou função pública;

III – agir com dolo ou má-fé na análise das solicitações de acesso à informação;

IV – divulgar ou permitir a divulgação ou acessar ou permitir acesso indevido à informação sigilosa ou informação pessoal;

V - impor sigilo à informação para obter proveito pessoal ou de terceiro, ou para fins de ocultação de ato ilegal cometido por si ou por outrem;

VI - ocultar da revisão de autoridade superior competente informação sigilosa para beneficiar a si ou a outrem, ou em prejuízo de terceiros; e

VII - destruir ou subtrair, por qualquer meio, documentos concernentes a possíveis violações de direitos humanos por parte de agentes do Estado.

Essas condutas, desde que atendido o princípio do contraditório, da ampla defesa e do devido processo legal, serão consideradas:

I - para fins dos regulamentos disciplinares das Forças Armadas, transgressões militares médias ou graves, segundo os critérios neles estabelecidos, desde que não tipificadas em Lei como crime ou contravenção penal; ou

II - para fins do disposto na Lei nº 8.112, de 11 de dezembro de 1990, e suas alterações, infrações administrativas, que deverão ser apenadas, no mínimo, com suspensão, segundo os critérios nela estabelecidos.

O militar ou o agente público, caso seja praticada uma dessas condutas, poderá, também, responder por improbidade administrativa.

No caso de pessoa física ou entidade privada que detiver informações em virtude de vínculo de qualquer natureza com o poder público e deixar de observar o disposto na Lei de Acesso à Informação, as sanções aplicáveis são:

I - advertência;

II -multa.

III - rescisão do vínculo com o poder público;

IV - suspensão temporária de participar em licitação e impedimento de contratar com a administração pública por prazo não superior a 2 (dois) anos; e

V - declaração de inidoneidade para licitar ou contratar com a administração pública, até que seja promovida a reabilitação perante a própria autoridade que aplicou a penalidade

LGPD - Lei Geral de Proteção de Dados (Lei nº 13.709/2018): tratamento de dados pessoais pelo Poder Público

A Lei Geral de Proteção de Dados tem por objetivo proteger os direitos fundamentais de liberdade, de privacidade e o livre desenvolvimento da personalidade da pessoa natural, nos termos do seu art. 1º e aplica-se à União, aos Estados, ao Distrito Federal e aos Municípios.

A LGPD tem como fundamentos (art. 2º):

a) o respeito à privacidade;

b) a autodeterminação informativa;

c) a liberdade de expressão, de informação, de comunicação e de opinião;

d) a inviolabilidade da intimidade, da honra e da imagem;

e) o desenvolvimento econômico e tecnológico e a inovação;

f) a livre iniciativa, a livre concorrência e a defesa do consumidor; e

g) os direitos humanos, o livre desenvolvimento da personalidade, a dignidade e o exercício da cidadania pelas pessoas naturais.

É aplicável a qualquer operação de tratamento realizada por pessoa natural ou jurídica de direito público ou privado, independentemente do meio, do país de sua sede ou do país onde estejam localizados os dados, desde que (art. 3º):

a) a operação de tratamento seja realizada no território nacional;

b) a atividade de tratamento tenha por objetivo a oferta ou o fornecimento de dados ou serviços ou o tratamento de dados de indivíduos localizados no território nacional; ou

c) os dados pessoais objeto do tratamento tenham sido coletados no território nacional.

Aliás, consideram-se coletados no território nacional os dados pessoais cujo titular nele se encontre no momento da coleta (§1º, art. 3º).

Nos termos da LGPD, tratamento de dados é toda operação realizada com dados pessoais, como as que se referem a coleta, produção, recepção, classificação, utilização, acesso, reprodução, transmissão, distribuição, processamento, arquivamento, armazenamento, eliminação, avaliação ou controle da informação, modificação, comunicação, transferência, difusão ou extração (art. 5º, X).

Conforme a LGPD, o tratamento de dados pessoais, como regra, exige consentimento pelo titular. Não pode haver coleta de dados sem prévio consentimento do titular. No entanto, **o tratamento e uso compartilhado realizado pela Administração Pública, necessários à execução de políticas públicas** previstas em leis e regulamentos ou respaldadas em contratos, convênios ou congêneres (art. 7º, III) **pode ser realizado sem consentimento específico**, devendo o titular ser informado sobre o tratamento de seus dados.

Por sua vez, o tratamento de dados pessoais de acesso público deve considerar a finalidade, a boa-fé e o interesse público que justificaram sua disponibilização (art. 7º, §3º), sendo dispensado também o consentimento quando o próprio titular tornar os dados manifestamente públicos, resguardados, no entanto, seus direitos e os princípios previstos na LGPD (art. 7º, §4º).

O **tratamento de dados pessoais pelas pessoas jurídicas de direito público deverá ser realizado para o atendimento de sua finalidade pública**, devendo observar dois **requisitos** (art. 23):

a) sejam informadas as hipóteses em que, no exercício de suas competências, realizam o tratamento de dados pessoais, fornecendo informações claras e atualizadas sobre a previsão legal, a finalidade, os procedimentos e as práticas utilizadas para a execução dessas atividades, em veículos de fácil acesso, preferencialmente em seus sítios eletrônicos; e

b) seja indicado um encarregado quando realizarem operações de tratamento de dados pessoais, nos termos do art. 39 da LGPD.

Aliás, poderá o **Poder Público realizar compartilhamento interno, dentro da própria Administração Pública**, com o objetivo de:

a) execução de políticas públicas;

b) prestação de serviços públicos

c) descentralização da atividade pública

d) disseminação e ao acesso das informações pelo público em geral.

Entretanto, é **vedado o compartilhamento externo de dados**, isto é, veda-se ao Poder Público transferir às entidades privadas os dados pessoais que constem de bases a que tenha acesso, **exceto** (art. 26, §1º):

a) em casos de execução descentralizada da atividade pública que exija a transferência exclusivamente para esse fim específico e determinado, observando a Lei de Acesso à Informação;

b) nos casos em que os dados forem acessíveis publicamente;

c) quando houver previsão em lei ou a transferência for respaldada por contratos, convênios ou instrumentos congêneres; ou

d) na hipótese de a transferência objetivar exclusivamente a prevenção de fraudes e irregularidades, ou proteger e resguardar a segurança e a integridade do titular dos dados, desde que vedado o tratamento para outras finalidades.

Por fim, as **empresas públicas e sociedades de economia mista** que atuam no mercado em regime de concorrência terão o mesmo tratamento dado às pessoas jurídicas de direito privado particulares. Por sua vez, se tais entidades estiverem operacionalizando políticas públicas e no âmbito da execução delas, terão o mesmo tratamento dispensado aos órgãos e às entidades do Poder Público (art. 24).

3. ADMINISTRAÇÃO PÚBLICA E TERCEIRO SETOR

- ***Função administrativa***: exercida pelo Poder Executivo, de forma típica, e pelo Poder Legislativo e pelo Poder Judiciário, de maneira atípica.
- ***Administração Pública***: conjunto de pessoas jurídicas, órgãos públicos e agentes públicos que realizam a atividade administrativa, consistente em serviços públicos, fomento, polícia administrativa e intervenção.
- Administração Pública em ***sentido amplo***: engloba a atividade política e a atividade administrativa, incluindo tanto os órgãos governamentais quanto os órgãos administrativos. Administração Pública em ***sentido estrito***: corresponde, exclusivamente, à função administrativa exercida pelos órgãos administrativos. Subdivide-se em: a) ***sentido subjetivo***, formal ou orgânico (conjunto de pessoas jurídicas, órgãos públicos e agentes públicos que realizam a atividade administrativa; quem faz a atividade administrativa); b) ***sentido objetivo***, material ou funcional (é a atividade administrativa, que compreende o serviço público, a polícia administrativa, o fomento e a intervenção; o que é realizado).
- Há várias formas de desempenho da atividade administrativa[8]:

FORMAS DE DESEMPENHO DA ATIVIDADE ADMINISTRATIVA	
Concentrada (concentração)	• atividade é realizada por um único órgão • pessoa jurídica sem divisão interna
Desconcentrada (desconcentração)	• atividade é realizada por vários órgãos • pessoa jurídica com divisão interna • distribuição interna de competência
Centralizada (centralização)	• atividade é realizada diretamente pela pessoa política, por meio de seus órgãos
Descentralizada (descentralização)	• atividade é realizada por outra pessoa jurídica • distribuição externa de competência

No que tange à descentralização, não há unanimidade na classificação das suas espécies, mas a mais usual é a descrita por Maria Sylvia Zanella Di Pietro[9]:

a) **descentralização política**: realizada diretamente pela Constituição Federal e cada ente federado possui **capacidade política**, com fonte direta no texto constitucional. Também é chamada de **descentralização vertical.**

b) **descentralização administrativa**: as **atribuições** da pessoa jurídica não surgem diretamente da Constituição, mas **são distribuídas pelo ente federado**, quer dizer, a União, os Estados, o Distrito Federal e os Municípios, com base na competência

8. BORTOLETO, Leandro. *Direito administrativo.* Salvador: Juspodivm, 2012. p. 69.

9. *Direito administrativo.* 23. ed. São Paulo: Atlas, 2010. p. 56.

política que receberam, distribuem competências para outras pessoas jurídicas. A descentralização administrativa pode ser **subdividida** em:

- **territorial ou geográfica**: é **criada uma pessoa jurídica de direito público, com área geográfica delimitada e com capacidade administrativa genérica**; são exemplos, no Brasil, os territórios federais[10];
- **por serviços, funcional ou técnica**: a pessoa política **cria outra pessoa jurídica, de direito público ou de direito privado, para exercer determinada atividade**. São exemplos as autarquias, as fundações públicas, as empresas públicas, as sociedades de economia mista e os consórcios públicos. É essa descentralização que **dá origem à administração indireta**;
- **por colaboração**: a **pessoa política transfere a execução de um serviço público para uma pessoa jurídica de direito privado já existente, que, em razão disso, torna-se concessionária de serviço público ou permissionária de serviço público. Elas não passam a integrar a Administração Pública** indireta do ente político titular do serviço público.

ADMINISTRAÇÃO DIRETA

Administração direta: conjunto de órgãos que compõem a pessoa política. Também é conhecida como **administração centralizada.**

Órgãos Públicos: são **"centros de competência instituídos para o desempenho de funções estatais, através de seus agentes, cuja atuação é imputada à pessoa jurídica a que pertencem"**[11].

Classificação dos órgãos públicos:

a) Quanto à posição estatal ou hierarquia:

- **independentes** (representam as funções principais do Estado; não estão subordinados a nenhum outro);
- **autônomos** (estão **situados abaixo dos órgãos independentes;** possuem autonomia administrativa, financeira e técnica);
- **superiores** (subordinados aos autônomos e independentes; possuem poder de direção, mas não têm autonomia administrativa nem financeira);
- **subalternos** (**possuem pequeno poder de decisão;** atividades de execução).

b) Quanto à estrutura:

- **simples** (não se subdividem em outros);
- **compostos**: (subdividem-se em outros órgãos).

c) Quanto à atuação funcional ou composição:

- **singulares ou unipessoais** (a atuação do órgão é realizada de acordo com a decisão de um único agente);
- **coletivos ou pluripessoais** (a atuação do órgão é decidida por vários agentes).

d) Quanto à esfera de atuação:

- **centrais** (atuam em toda a área territorial da pessoa);
- **locais** (atuam apenas em parte do território da pessoa que integram).

São **características dos órgãos públicos**:

a) criação e extinção por lei;

b) resultado da desconcentração;

c) despersonalizados;

d) não possuem patrimônio próprio;

e) não possuem capacidade processual;

f) alguns órgãos podem ser parte em processo para defesa de prerrogativa;

g) podem celebrar contrato de desempenho (Lei nº 13.934/2019);

h) devem ser inscritos no CNPJ.

- Quanto ao contrato de desempenho, a Lei nº 13.934/2019 o conceitua como: "o acordo celebrado entre o órgão ou entidade supervisora e o órgão ou entidade supervisionada, por meio de seus administradores, para o estabelecimento de metas de desempenho do supervisionado, com os respectivos prazos de execução e indicadores de qualidade, tendo como contrapartida a concessão de flexibilidades ou autonomias especiais." Seu objetivo fundamental consiste em promover a melhoria do desempenho do supervisionado, visando, especialmente (art. 5º da Lei nº 13.934/2019):

I - aperfeiçoar o acompanhamento e o controle de resultados da gestão pública, mediante instrumento caracterizado por consensualidade, objetividade, responsabilidade e transparência;

II - compatibilizar as atividades do supervisionado com as políticas públicas e os programas governamentais;

III - facilitar o controle social sobre a atividade administrativa;

IV - estabelecer indicadores objetivos para o controle de resultados e o aperfeiçoamento das relações de cooperação e supervisão;

V - fixar a responsabilidade de dirigentes quanto aos resultados;

VI - promover o desenvolvimento e a implantação de modelos de gestão flexíveis, vinculados ao

10. Atualmente, não há territórios federais no país, mas podem ser criados, conforme o art. 18 da Constituição Federal. No passado, eram territórios: Fernando de Noronha, Amapá, Rondônia e Roraima.
11. MEIRELLES, Hely Lopes. *Direito administrativo brasileiro*. 36. ed. São Paulo: Malheiros, 2010. p. 68.

desempenho e propiciadores de envolvimento efetivo dos agentes e dos dirigentes na obtenção de melhorias contínuas da qualidade dos serviços prestados à comunidade.

- ***Administração indireta***: conjunto das pessoas administrativas, com personalidade de direito público ou de direito privado, patrimônio próprio e autonomia administrativa, vinculadas à administração direta, criadas para o desempenho de determinada atividade administrativa.

Características comuns às pessoas da administração indireta:

a) possuem personalidade jurídica;

b) possuem patrimônio próprio;

c) possuem autonomia administrativa;

d) submetem-se a controle da administração direta;

e) dependem de Lei para serem criadas;

f) desempenham atividade administrativa específica.

Autarquia	• lei cria; • personalidade de direito público; • atividade típica do Estado.
Fundação Pública	• lei cria (personalidade de direito público) e lei autoriza (personalidade de direito privado); • atividade não exclusiva do Estado (interesse público).
Sociedade de economia mista* e *Empresa Pública	• lei autoriza; • personalidade de direito privado; • prestação de serviço público ou exploração de atividade econômica.

Regime de direito público: aplicável à pessoa da administração direta, às autarquias e às fundações públicas de direito público. Características:

a) em regra, deve haver realização de concurso público (art. 37, II, da Constituição Federal);

b) em regra, é vedada a acumulação remunerada de cargos, empregos e funções públicas;

c) em regra, deve realizar licitação;

d) celebração de contratos administrativos;

e) prática de atos administrativos;

f) bens públicos: impenhoráveis, imprescritíveis e relativamente inalienáveis;

g) existe imunidade tributária recíproca; (nos termos do art. 150, VI, "a", da CF, na redação dada pela EC 132/2023, é extensiva às autarquias e às fundações instituídas e mantidas pelo poder público e à **empresa pública prestadora de serviço postal**, no que se refere ao patrimônio, à renda e aos serviços vinculados a suas finalidades essenciais ou às delas decorrentes)

h) prescrição quinquenal das dívidas, em conformidade com o art. 1º do Decreto 20.910/32;

i) cobrança dos débitos por meio de execução fiscal, nos termos da Lei nº 6.830/80;

j) responsabilidade objetiva pelos danos causados; direito de regresso contra o servidor que causou o prejuízo, se houve dolo ou culpa;

k) privilégios processuais (ex: prazo em dobro; art. 183 CPC);

l) controle pelo Tribunal de Contas;

m) obediência às normas orçamentárias.

Regime de direito privado: aplicável às empresas públicas, sociedades de economia mista e fundações públicas de direito privado. Na verdade, trata-se de regime híbrido, pois não são aplicadas as normas do direito privado na íntegra, em razão da aplicação obrigatória de algumas normas de direito público. Por exemplo, o pessoal é celetista, mas o ingresso, em regra, é por concurso público e, salvo as exceções constitucionais, não pode haver a acumulação remunerada de cargo, emprego ou função pública.

AUTARQUIA: pessoa jurídica de direito público, integrante da administração indireta, criada diretamente pela Lei para o desempenho de atividade típica da Administração Pública.

Definição do Decreto-Lei 200/67 (art. 5º, I): autarquia é o "serviço autônomo, criado por lei, com personalidade jurídica, patrimônio e receita próprios, para executar atividades típicas da Administração Pública, que requeiram, para seu melhor funcionamento, gestão administrativa e financeira descentralizada".

Autarquia em regime especial: autarquia com autonomia maior do que a normalmente existente. Em regra, há uma redução do controle político por parte da administração direta, resultando no aumento da autonomia administrativa, por exemplo, quando houver previsão legal de impossibilidade de livre exoneração do dirigente da autarquia por parte do chefe do Executivo (em regra, nas agências reguladoras).

Conselhos Profissionais

Conforme decisão proferida no STF, na ADI 3026/DF, a OAB não é entidade da administração indireta federal; é uma entidade *sui generis*, um serviço público independente.

Também: no RE 1.182.189, o STF fixou a seguinte tese de repercussão geral (Tema 1054): "O Conselho Federal e os Conselhos Seccionais da Ordem dos Advogados do Brasil não estão obrigados a prestar contas ao Tribunal de Contas da União nem a qualquer outra entidade externa.

Demais conselhos: apesar de tradicionalmente considerados como autarquias, os conselhos profissionais não se submetem na íntegra ao regime de direito público próprio daquelas entidades. Nesse sentido, na ADC 36, o STF, decidiu-se que os conselhos profissionais são, na verdade, espécie *sui generis* de pessoa jurídica de direito público não estatal e, assim, entendeu-se que não necessitam seguir a exigência do regime jurídico único para seu pessoal. Ainda nesse sentido, cumpre destacar que não são todas as prerrogativas próprias das autarquias que lhe são outorgadas e, dessa forma, no STF foi fixada a tese no RE 938.877: "Os pagamentos devidos, em razão de pronunciamento judicial, pelos Conselhos de Fiscalização não se submetem ao regime de precatórios".

AGÊNCIA REGULADORA

- Pessoa da administração indireta, com personalidade de direito público, que exerce a regulação, o controle administrativo, a fiscalização, a disciplina sobre a prestação de um determinado serviço público ou a realização de alguma atividade econômica.
- Estão sendo criadas como autarquias em regime especial.
- Maior autonomia; controle político mitigado
    - Lei nº 13.848/2019: dispõe "sobre a gestão, a organização, o processo decisório e o controle social das agências reguladoras" e, entre outras, modificou a **Lei nº 9.986/00**, que regula a gestão de recursos humanos dessas pessoas jurídicas, configurando-se, assim, o **marco regulatório das agências reguladoras federais**..
    - A Lei nº 13.848/2019 estabelece que são características das agências reguladoras (art. 3º):

Autonomia funcional;
Autonomia decisória;
Autonomia administrativa;
Autonomia financeira;
Investidura a termo de seus dirigentes e estabilidade durante os mandatos.

Ainda nos termos da Lei, caracterizam a autonomia administrativa (art. 2º):

I - solicitar diretamente ao Ministério da Economia:

a) autorização para a realização de concursos públicos;

b) provimento dos cargos autorizados em lei para seu quadro de pessoal, observada a disponibilidade orçamentária;

c) alterações no respectivo quadro de pessoal, fundamentadas em estudos de dimensionamento, bem como alterações nos planos de carreira de seus servidores;

II - conceder diárias e passagens em deslocamentos nacionais e internacionais e autorizar afastamentos do País a servidores da agência;

III - celebrar contratos administrativos e prorrogar contratos em vigor relativos a atividades de custeio, independentemente do valor.

- As atividades da agência reguladora devem se dar com observância entre os meios e fins, sendo vedada a imposição de obrigações restrições e sanções superiores às necessárias, ou seja, sua atuação deverá ser proporcional, devendo motivar suas decisões, inclusive a respeito da edição ou não de atos normativos.
- A adoção e propostas de alteração de atos normativos de interesse geral dos agentes econômicos, consumidores ou usuários dos serviços prestados serão precedidas de Análise de Impacto Regulatório, que conterá informações e dados sobre os efeitos do ato normativo.
- O processo de decisão da agência, no tocante à regulação, terá caráter colegiado.
- As minutas e as propostas de alteração de atos normativos de interesse geral dos agentes econômicos, consumidores ou usuários dos serviços prestados serão objeto de consulta pública, que ocorrerá previamente à tomada de decisão pelo conselho diretor ou pela diretoria colegiada. Por ela, a sociedade é consultada por meio do envio de críticas, sugestões e contribuições por quaisquer interessados sobre proposta de norma regulatória aplicável ao setor de atuação da agência (art. 9º).
- Ainda, a agência reguladora, por decisão colegiada, poderá convocar audiência pública para formação do juízo e tomada de decisão sobre matéria considerada relevante (art. 10).
- Possuem grande autonomia em relação à administração direta. Na esfera federal, seus dirigentes são nomeados pelo Presidente da República, após aprovação do nome pelo Senado, têm mandato fixo de 5 anos, sendo vedada a recondução dos diretores após o final do mandato e somente perderão o cargo no caso de renúncia, de decisão judicial transitada em julgado ou de processo administrativo disciplinar. Não ocorre a exoneração ad nutum. Com isso, o controle político exercido sobre a agência é bem diminuto porque o Presidente da República, mesmo se estiver descontente com o presidente de determinada agência, não poderá simplesmente exonerá-lo e substituí-lo. Não há hierarquia ou subordinação em relação à administração direta. Está submetida ao controle administrativo de finalidade, de tutela administrativa.
- Haverá, em cada agência reguladora, 1 ouvidor, que atuará sem subordinação hierárquica, sendo vedada a acumulação com outras funções. São suas atribuições: zelar pela qualidade e pela tempestividade dos serviços prestados pela agência; acompanhar o processo interno de apuração de denúncias e reclamações dos interessados contra a atuação da agência; elaborar relatório anual de ouvidoria sobre as atividades da agência.

O controle externo das agências federais será executado pelo Congresso Nacional, com auxílio do TCU, devendo a agência elaborar relatório anual circunstanciado de suas atividades, nos termos do art. 15 da Lei nº 13.848/2019.

FUNDAÇÃO PÚBLICA: é a pessoa jurídica de direito público ou de direito privado, com autonomia administrativa e que tem como substrato o patrimônio – próprio –, que é criada por Lei específica ou cuja criação é por ela autorizada, com área de atuação de interesse público, não exclusiva da Administração Pública, definida em Lei complementar.

STF (RE nº 716.378): "1. A qualificação de uma fundação instituída pelo Estado como sujeita ao regime público ou privado depende (i) do estatuto de sua criação ou autorização e (ii) das atividades por ela prestadas. As atividades de conteúdo econômico e as passíveis de delegação, quando definidas como objetos de dada fundação, ainda que essa seja instituída ou mantida pelo Poder público, podem-se submeter ao regime jurídico de direito privado. 2. A estabilidade especial do art. 19 do ADCT não se estende aos empregados das fundações públicas de direito privado, aplicando-se tão somente aos servidores das pessoas jurídicas de direito público".

- ***Agência executiva***: é uma qualificação, um título, que é dado a uma autarquia ou a uma fundação pública. São requisitos (art. 51 da Lei nº 9.649/98) a existência de plano estratégico de reestruturação e de desenvolvimento institucional em andamento e a celebração de contrato de gestão (ou de desempenho, conforme Lei nº 13.934/2019) com o ministério supervisor. A qualificação se dá por ato do Presidente da República.

Lei 13.303/16 (estatuto das estatais) "estatuto jurídico da empresa pública, da sociedade de economia mista e de suas subsidiárias, abrangendo toda e qualquer empresa pública e sociedade de economia mista da União, dos Estados, do Distrito Federal e dos Municípios que explore atividade econômica de produção ou comercialização de bens ou de prestação de serviços, ainda que a atividade econômica esteja sujeita ao regime de monopólio da União ou seja de prestação de serviços públicos" (art. 1º, *caput*).

Exploração de atividade econômica pelo Estado será exercida por meio de empresa pública, de sociedade de economia mista e de suas subsidiárias. Lei precisa indicar de forma clara a presença de relevante interesse coletivo ou imperativo de segurança nacional, nos termos do caput do art. 173 da Constituição Federal.

Depende de autorização legal: criação de empresa pública ou de sociedade de economia mista; criação de suas subsidiárias; participação de qualquer delas em empresa privada, cujo objeto social deve estar relacionado ao da investidora.

Empresa pública (art. 3º): entidade dotada de personalidade jurídica de direito privado, com criação autorizada por lei e com patrimônio próprio, cujo capital social é integralmente detido pela União, pelos Estados, pelo Distrito Federal ou pelos Municípios. Podem participar no capital social outras pessoas jurídicas de direito público interno, bem como as entidades da administração indireta da União, dos Estados, do Distrito Federal e dos Municípios, desde que pessoas jurídicas de direito público interno, bem como de entidades da administração indireta da União, dos Estados, do Distrito Federal e dos Municípios.

Sociedade de economia mista (art. 4º): entidade dotada de personalidade jurídica de direito privado, com criação autorizada por lei, sob a forma de sociedade anônima, cujas ações com direito a voto pertençam em sua maioria à União, aos Estados, ao Distrito Federal, aos Municípios ou a entidade da administração indireta.

Diferenças entre empresa pública e sociedade de economia mista:

- **Capital:** empresa pública possui capital integralmente público; sociedade de economia mista tem capital misto: público e privado.
- **Forma de organização**: sociedade de economia mista adotará, sempre, a forma de sociedade anônima e empresa pública pode adotar qualquer forma empresarial. Na área federal, o Decreto nº 8.945/16, em seu art. 11, prevê que as empresas públicas federais adotarão, **preferencialmente**, a forma de sociedade na anônima, o que será obrigatório para suas subsidiárias.
- **Foro competente**: somente há diferença na esfera federal. As ações em que a empresa federal for autora, ré, assistente ou oponente serão julgadas na justiça federal, o que não ocorre com a sociedade de economia mista federal, que tem como foro a justiça estadual.

Reforma Tributária incluiu expressamente no art. 150, VI, "a", que a imunidade tributária destinada à União, aos Estados e ao Distrito Federal é extensiva à empresa pública prestadora de serviço postal, no que se refere ao patrimônio, à renda e aos serviços vinculados a suas finalidades essenciais ou às delas decorrentes, conforme o §2º do art. 150, na redação dada pela EC 132/2023

RE 601392 (tese de repercussão geral): "Os serviços prestados pela Empresa Brasileira de Correios e Telégrafos – ECT, inclusive aqueles em que a empresa não age em regime de monopólio, estão abrangidos pela imunidade tributária recíproca (CF, art. 150, VI, a e §§ 2º e 3º)".

RE 599628: (tese de repercussão geral) "Sociedades de economia mista que desenvolvem atividade econômica em regime concorrencial não se beneficiam do regime de precatórios, previsto no art. 100 da Constituição da República."

RE 852302: "As sociedades de economia mista prestadoras de serviço público de atuação própria do Estado e de natureza não concorrencial submetem-se ao regime de precatório."

ADPF 387: "É aplicável o regime dos precatórios às sociedades de economia mista prestadoras de serviço público próprio do Estado e de natureza não concorrencial".

ADPF 588/PB: "Os recursos públicos vinculados ao orçamento de estatais prestadoras de serviço público essencial, em regime não concorrencial e sem intuito lucrativo primário não podem ser bloqueados ou sequestrados por decisão judicial para pagamento de verbas trabalhistas, em virtude do disposto no art. 100 da CF/1988, e dos princípios da legalidade orçamentária (art. 167, VI, da CF), da separação dos poderes (arts. 2º, 60, § 4º, III, da CF) e da eficiência da administração pública (art. 37, 'caput', da CF)".

RE 627051 (tese de repercussão geral): "Não incide o ICMS sobre o serviço de transporte de encomendas realizado pela Empresa Brasileira de Correios e Telégrafos - ECT, tendo em vista a imunidade recíproca prevista no art. 150, VI, a, da Constituição Federal."

RE 638315 (tese de repercussão geral): "A Empresa Brasileira de Infraestrutura Aeroportuária - INFRAERO, empresa pública prestadora de serviço público, faz jus à imunidade recíproca prevista no art. 150, VI, a, da Constituição Federal."

RE 773992 (tese de repercussão geral): "A imunidade tributária recíproca reconhecida à Empresa Brasileira de Correios e Telégrafos — ECT alcança o IPTU incidente sobre imóveis de sua propriedade e por ela utilizados, não se podendo estabelecer, a priori, nenhuma distinção entre os imóveis afetados ao serviço postal e aqueles afetados à atividade econômica."

RE 594015 (tese de repercussão geral): "A imunidade recíproca, prevista no art. 150, VI, a, da Constituição não se estende a empresa privada arrendatária de imóvel público, quando seja ela exploradora de atividade econômica com fins lucrativos. Nessa hipótese é constitucional a cobrança do IPTU pelo Município".

RE 130054 (tese de repercussão geral): "As empresas públicas e as sociedades de economia mista delegatárias de serviços públicos essenciais, que não distribuam lucros a acionistas privados nem ofereçam risco ao equilíbrio concorrencial, são beneficiárias da imunidade tributária recíproca prevista no artigo 150, VI, a, da Constituição Federal, independentemente de cobrança de tarifa como contraprestação do serviço".

STF 556: "É competente a justiça comum para julgar as causas em que é parte sociedade de economia mista".

STF 517: "As sociedades de economia mista só têm foro na Justiça Federal, quando a União intervém como assistente ou opoente"

STJ 525: "A Câmara de Vereadores não possui personalidade jurídica, apenas personalidade judiciária, somente podendo demandar em juízo para defender os seus direitos institucionais".

STJ 324: "Compete à Justiça Federal processar e julgar ações de que participa a Fundação Habitacional do Exército, equiparada à entidade autárquica federal, supervisionada pelo Ministério do Exército."

STJ 150: "Compete a justiça federal decidir sobre a existência de interesse jurídico que justifique a presença, no processo, da união, suas autarquias ou empresas públicas".

- ***CONSÓRCIO PÚBLICO***

Está regulado pela Lei nº 11.107/05. Trata-se de uma nova pessoa administrativa que surge da união entre pessoas políticas (União, Estados, Distrito Federal e Municípios).

Criação do consórcio público:

1 - Em um primeiro momento, há o **protocolo de intenções**, que é uma espécie de ajuste preliminar entre as pessoas políticas, no qual há a definição do objeto do consórcio, quais são seus participantes, qual sua duração, qual a forma de eleição do representante legal.

2 - Depois, o **protocolo** de intenções deve ser **publicado na imprensa oficial** e, na sequência, ele deve ser **ratificado por Lei** em cada um dos entes consorciados.

3 - Após a celebração do **contrato de consórcio**.

4 - **Apenas na hipótese de ser pessoa jurídica de direito privado**, deverá haver o **registro no órgão competente**.

Personalidade jurídica: **consórcio público** poderá ter **personalidade de direito público (associação pública;** conhecido como **autarquia interfederativa ou autarquia multifederada)** ou de **direito privado**. Em ambos os casos deve observar as normas de direito público no que concerne à realização de licitação, à celebração de contratos, à prestação de contas e à admissão de pessoal, que será regido pela CLT (art. 6º, §2º da Lei nº 11.107/2005).

"Para a celebração dos convênios de que trata o caput deste artigo, as exigências legais de regularidade aplicar-se-ão ao próprio consórcio público envolvido, e não aos entes federativos nele consorciados" (Art. 14).

Contrato de consórcio: formaliza a **constituição** do consórcio.

Contrato de rateio: formaliza a **entrega de recursos** dos entes consorciados para o consórcio. Será formalizado em cada exercício financeiro, e seu prazo de vigência não será superior ao das dotações que o suportam, salvo no caso de contratos que tenham por objeto exclusivamente projetos consistentes em programas e ações contemplados em plano plurianual (art. 8º, §1º da Lei nº 11.107/2005).

Contrato de programa: constante do art. 2º, XVI, do Decreto 6.017/07, é o "instrumento pelo qual devem ser constituídas e reguladas as obrigações que um ente da Federação, inclusive sua administração indireta, tenha para com outro ente da Federação, ou para com consórcio público, no âmbito da prestação de serviços públicos por meio de cooperação federativa".

Extinção do contrato de consórcio: dependerá de instrumento aprovado pela assembleia geral, ratificado mediante lei por todos os entes consorciados (art. 12).

Alteração do contrato de consórcio: dependerá de instrumento aprovado pela assembleia geral, ratificado mediante lei pela **maioria dos entes consorciados (art. 12-A).**

<table>
<tr><th colspan="2">ADMINISTRAÇÃO PÚBLICA</th></tr>
<tr><th>ADMINISTRAÇÃO INDIRETA</th><th>ADMINISTRAÇÃO DIRETA</th></tr>
<tr><td rowspan="3">Conjunto das pessoas administrativas, com personalidade de direito público ou de direito privado, patrimônio próprio e autonomia administrativa, vinculadas à administração direta, criadas para o desempenho de determinada atividade administrativa</td><td>Conjunto dos órgãos públicos que integram as pessoas jurídicas políticas</td></tr>
<tr><td>Pessoas jurídicas de direito público</td></tr>
<tr><td>União, Estados, Distrito Federal e Municípios</td></tr>
<tr><td>Autarquia: direito público

Agência reguladora: autarquia em regime especial

Agência Executiva: autarquia que recebeu a qualificação (contrato de gestão)</td><td rowspan="6"></td></tr>
<tr><td>Fundação Pública: direito público ou direito privado

Agência Executiva: fundação pública que recebeu a qualificação (contrato de desempenho)</td></tr>
<tr><td>Empresa Pública: direito privado; prestadora de serviço público ou exploradora de atividade econômica</td></tr>
<tr><td>Sociedade de Economia Mista: direito privado; prestadora de serviço público ou exploradora de atividade econômica</td></tr>
<tr><td>Consórcio Público: direito público (associação pública) ou direito privado</td></tr>
</table>

TERCEIRO SETOR

- Marco regulatório: Lei 13.019/14. Disposições da nova lei não se aplicam às organizações sociais, reguladas pela Lei nº 9.637/98, nos termos do art. 3º, III. Quanto às organizações da sociedade civil, objeto da Lei nº 9.790/99, as disposições aplicam-se, no que couber.

Parcerias são formalizadas:

a) **quando houver transferência de recursos**: **termo de colaboração** (para a realização de atividades de interesse público propostas pela Administração Pública, nos termos do art. 16) e por **termo de fomento** (para a realização de atividades de interesse público propostas pela organização da sociedade civil, conforme o art. 17); em ambos os casos: exigência de escolha da entidade do Terceiro Setor por meio de um processo seletivo denominado Chamamento Público, salvo as exceções previstas em lei;

b) **quando não houver transferência de recursos**: **acordo de cooperação.**

- ***Organização social (OS) e Organização da Sociedade Civil de Interesse Público (Oscip)***: são entidades civis sem fins lucrativos, integrantes do setor privado, que recebem a qualificação do Poder Público. Oscip: deve estar em funcionamento regular há, no mínimo, 3 anos.
- ***Não podem ser qualificadas como Oscip*** (art. 2º da Lei nº 9.790/1999)***:***
  a) sociedades comerciais;
  b) sindicatos, associações de classe ou de representação de categoria profissional;
  c) instituições religiosas ou voltadas para a disseminação de credos, cultos, práticas e visões devocionais e confessionais;
  d) organizações partidárias e assemelhadas, inclusive suas fundações;
  e) entidades de benefício mútuo destinadas a proporcionar bens ou serviços a um círculo restrito de associados ou sócios;
  f) entidades e empresas que comercializam planos de saúde e assemelhados;
  g) instituições hospitalares privadas não gratuitas e suas mantenedoras;
  h) escolas privadas dedicadas ao ensino formal não gratuito e suas mantenedoras;
  i) organizações sociais;
  j) cooperativas;
  k) fundações públicas;
  l) fundações, sociedades civis ou associações de direito privado criadas por órgão público ou por fundações públicas;
  m) organizações creditícias que tenham qualquer tipo de vinculação com o sistema financeiro nacional a que se refere o art. 192 da Constituição Federal.

Atenção! Nos termos do parágrafo único do art. 2º da Lei, incluído pela Lei nº 13.999/2020, "não constituem impedimento à qualificação como Organização da Sociedade Civil de Interesse Público as operações destinadas a microcrédito realizadas com instituições financeiras na forma de recebimento de repasses, venda de operações realizadas ou atuação como mandatárias".

- Diferenças entre OS e Oscip: a) a OS opera a absorção de determinada atividade que o Estado esteja fazendo e, com frequência, leva à extinção do órgão público que realizava a mesma atividade e, por outro lado, a Oscip representa verdadeira parceria e não há extinção de órgãos; b) a outorga da qualificação é ato discricionário na OS e ato vinculado na Oscip; c) o vínculo na OS é contrato de gestão e na Oscip é termo de parceria; d) na OS, há exigência de que tenha a presença de representantes do poder público no órgão de administração, o que não ocorre com a Oscip; e) no caso de desqualificação, os bens adquiridos com recursos públicos serão revertidos ao Poder Público, no caso da OS e, se for Oscip, será transferida à outra Oscip, de preferência, na mesma área de atuação.
- **Organizações gestoras de fundos patrimoniais:** No ano de 2019, foi editada a Lei nº 13.800, que trata das organizações gestoras de fundos patrimoniais. Segundo a lei, referidos fundos serão geridos e administrados por organização gestora de fundos patrimoniais, instituição privada sem fins lucrativos, "instituída na forma de associação ou de fundação privada com o intuito de atuar exclusivamente para um fundo na captação e na gestão das doações oriundas de pessoas físicas e jurídicas e do patrimônio constituído" (art. 2º, II).

TERCEIRO SETOR
Pessoas jurídicas de direito privado, sem fins lucrativos, pertencentes ao setor privado, que desenvolvem atividade de interesse público. Marco regulatório (Lei nº 13.019/14): parcerias firmadas por: a) termo de fomento ou por termo de colaboração, quando envolverem transferência de recursos financeiros; entidades são escolhidas por meio de chamamento público, exceto os casos de dispensa e inexigibilidade; b) acordo de cooperação, quando não envolver transferência de recursos financeiros.
Serviço social autônomo
Entidade de apoio
Organização Social (OS) Vínculo jurídico com a administração direta: contrato de gestão
Organização da Sociedade Civil de Interesse Público (Oscip) Vínculo jurídico com a administração direta: termo de parceria

4. AGENTES PÚBLICOS: DISPOSIÇÕES CONSTITUCIONAIS

CONCEITO E CLASSIFICAÇÃO

São agentes públicos "todas as pessoas físicas incumbidas, definitiva ou transitoriamente, do exercício de alguma função estatal"[12].

Classificação (Hely Lopes Meirelles): agentes públicos subdividem-se em agentes políticos, agentes administrativos, agentes honoríficos, agentes delegados e agentes credenciados:

a) **agentes políticos**: são aqueles que representam as funções típicas estatais de legislar, julgar e administrar; exercem atribuições previstas na Constituição Federal. Aliás, o próprio texto constitucional disciplina os principais direitos e deveres dos agentes políticos, que é complementado por normas específicas, pois não se sujeitam ao regime jurídico previsto para os servidores públicos em geral. Possuem liberdade funcional. São exemplos: Senador, Deputado federal, Deputado estadual, Vereador, Presidente da República, Governador, Prefeito, Ministro, secretário de Estado, secretário municipal, membros da magistratura (Juiz, Desembargador, Ministro... não se aplica aos servidores do Poder Judiciário), membros do Ministério Público (Promotor de Justiça, Procurador de Justiça, Procurador da República, Procurador do Trabalho... não se aplica aos servidores do Ministério Público), membros dos Tribunais de Contas (Conselheiros e Ministros)[13], representantes diplomáticos.

b) **agentes administrativos:** são as pessoas que possuem uma relação funcional com a Administração Pública. São aquelas que, de maneira geral, possuem uma relação empregatícia na esfera pública, sujeitos à hierarquia funcional. Exercem função de apoio aos agentes políticos. Nessa categoria estão:
   - os **servidores públicos propriamente ditos**: ocupantes de cargo efetivo ou de cargo em comissão; são regidos por leis específicas, denominadas estatutos e, por isso, são chamados de estatutários;
   - os **empregados públicos**: são aqueles regidos pela Consolidação das Leis Trabalhistas (CLT) e, assim, chamados de celetistas;

12. MEIRELLES, Hely Lopes. *Direito administrativo brasileiro*. 36. ed. São Paulo: Malheiros, 2010. p. 75. Original sem destaque.

13. Há divergência na doutrina sobre a inclusão dos magistrados, membros do Ministério Público e dos Tribunais de Contas na categoria de agentes políticos. Incluindo-os nessa categoria, há Hely Lopes Meirelles (*Direito administrativo brasileiro*. 36. ed.São Paulo: Malheiros, 2010. p. 79) e, por outro lado, excluindo-os está Celso Antônio Bandeira de Mello (*Curso de direito administrativo*. 27. ed. São Paulo: Malheiros, 2010. p. 247-248) e José dos Santos Carvalho Filho (*Manual de direito administrativo*. 19. ed. Rio de Janeiro: Lumen Juris, 2008. p. 532), por exemplo. Todavia, no RE 228977/SP, **o STF decidiu que "os magistrados enquadram-se na espécie agente político, investidos para o exercício de atribuições constitucionais, sendo dotados de plena liberdade funcional de suas funções, com prerrogativas próprias e legislação específica" já fez referência aos magistrados na condição de agentes políticos , o que se aplica aos membros do Ministério Público e, por outro lado, considerou, na Rcl 6702 MC-Agr, o cargo de Conselheiro do Tribunal de Contas do Paraná, "à primeira vista, de natureza administrativa".**.

- os servidores **temporários**: são aqueles que exercem função temporária na Administração Pública, submetidos à legislação específica e que são contratados para atender à necessidade temporária de excepcional interesse público.

c) **agentes honoríficos**: são as pessoas convocadas para prestar determinado serviço para a Administração Pública, de maneira temporária e, normalmente, sem remuneração, em razão de sua honorabilidade, de sua idoneidade. São exemplos o mesário e o jurado.

d) **agentes delegados**: são particulares que possuem atribuição de executar, por sua conta e risco, um serviço público ou uma atividade de interesse público, sob fiscalização estatal e de acordo com as normas estabelecidas pelo Estado. São os concessionários e permissionários de serviço público, os registradores de imóveis, os tabeliães, os notários, os tradutores públicos, os leiloeiros.

e) **agentes credenciados**: são as pessoas que recebem a atribuição de representar a Administração Pública em determinado evento ou de praticar certa atividade. Por exemplo, um pesquisador ou um empresário representando o Brasil em algum evento internacional.

CARGO PÚBLICO, EMPREGO PÚBLICO E FUNÇÃO PÚBLICA

Cargos públicos: "são as mais simples e indivisíveis unidades de competência a serem expressadas por um agente, previstas em número certo, com denominação própria, retribuídas por pessoas jurídicas de Direito Público e criadas por lei, salvo quando concernentes aos serviços auxiliares do Legislativo, caso em que se criam por resolução, da Câmara ou do Senado, conforme se trate de serviços de uma ou de outra destas Casas"[14].

Empregos públicos são "núcleos de encargos de trabalho permanentes a serem preenchidos por agentes contratados para desempenhá-los, sob regime trabalhista"[15]. A relação de emprego público tem natureza contratual (a estatutária tem natureza legal)

Função pública: conjunto de atribuições desvinculadas de cargo ou emprego, ao qual se dá o nome de função, que pode ser de duas espécies: a função exercida por servidores temporários e a função de direção, chefia e assessoramento (função de confiança), atribuída a servidores titulares de cargo efetivo[16].

14. MELLO, Celso Antônio Bandeira de. *Curso de direito administrativo*. 27. ed. São Paulo: Malheiros, 2010. p. 254.
15. MELLO, Celso Antônio Bandeira de. *Curso de direito administrativo*. 27. ed. São Paulo: Malheiros, 2010. p. 256.
16. DI PIETRO, Maria Sylvia Zanella. *Direito administrativo*. 23. ed. São Paulo: Atlas, 2010. p. 519-520.

PROVIMENTO E VACÂNCIA

Formas de provimento

Ato de se prover o cargo público é chamado de provimento. Por meio dele, o cargo deixa de ser vago e passa a ser provido. Ocorre tanto nos cargos efetivos quanto nos cargos em comissão e, assim, há o **provimento efetivo** (deve haver prévia aprovação em concurso público) e o **provimento em comissão** (livre nomeação e exoneração, vedado o nepotismo).

Em relação ao provimento, ainda, há o **provimento originário** e o **provimento derivado.** Naquele, a investidura no cargo integrante de determinada carreira é feita pela primeira vez, de modo inaugural e, ao contrário, no provimento derivado, a investidura é decorrente, ou seja, só é possível ocorrer uma das formas de provimento derivado se o servidor já for ocupante de cargo. Só há provimento derivado se antes houve o provimento originário.

Vacância

É a situação de desprovimento do cargo público, ou seja, este passa da condição de provido para vago.

DISPOSIÇÕES CONSTITUCIONAIS APLICÁVEIS AOS AGENTES PÚBLICOS

- ***Regime jurídico único***: STF (ADI 2135): foi deferida medida liminar para suspender a eficácia do art. 39, *caput*, da Constituição, por vício formal na aprovação da Emenda nº 19/98, com efeitos *ex nunc*, "subsistindo a legislação editada nos termos da emenda declarada suspensa", mantendo-se, "assim, o então vigente *caput* do art. 39, que tratava do regime jurídico único, incompatível com a figura do emprego público".

  Em ação destinada a analisar a inconstitucionalidade de leis complementares de âmbito estadual, que criaram milhares de empregos públicos na Universidade de São Paulo, o Min. Alexandre de Moraes, acompanhado pela maioria dos ministros do STF, entendeu que a CF não excluiu a possibilidade de adoção do regime de emprego público para autarquias. Assim, o art. 39 deveria ser interpretado no sentido de que caberia a cada ente federativo estipular o regime jurídico de seus servidores, escolhendo entre o estatutário ou celetista, tratando-se, pois, de norma de eficácia limitada (ADI 5.615/SP).

- Cronologia do regime jurídico único:

REGIME JURÍDICO ÚNICO								
05/10/1988		**12/12/1990**		**04/06/1998**		**23/02/2000**		**02/08/2007**
CF, art. 39, *caput*	→	Lei nº 8.112	→	EC 19, art. 39, *caput*	→	Lei nº 9.962	→	ADI 2135
Regime Jurídico Único		RJU Servidores federais		Fim Regime Jurídico Único		Emprego Público União, aut. e fund.		retorno do Regime Jurídico Único

RE 960.429 (Tema 992): Compete à Justiça Comum processar e julgar controvérsias relacionadas à fase pré-contratual de seleção e de admissão de pessoal e eventual nulidade do certame em face da Administração Pública, direta e indireta, nas hipóteses em que adotado o regime celetista de contratação de pessoas, salvo quando a sentença de mérito tiver sido proferida antes de 6 de junho de 2018, situação em que, até o trânsito em julgado e a sua execução, a competência continuará a ser da Justiça do Trabalho.

RE 1.288.440 (Tema 1143): "A Justiça Comum é competente para julgar ação ajuizada por servidor celetista contra o Poder Público, em que se pleiteia parcela de natureza administrativa".

INGRESSO

Brasileiro, desde que preencha os **requisitos estabelecidos em Lei** e, também, o estrangeiro, na forma da Lei (art. 37, I, da Constituição Federal).

Súmula Vinculante nº 44: "só por Lei se pode sujeitar a exame psicotécnico a habilitação de candidato a cargo público".

Súmula 683 STF: "O limite de idade para a inscrição em concurso público só se legitima em face do art.7º, XXX, da Constituição, quando possa ser justificado pela natureza das atribuições do cargo a ser preenchido."

- Síntese sobre concurso público[9]:

CONCURSO PÚBLICO	
Regra: realização para provimento de cargo efetivo	
Exceção: não realização	- ***Contratação temporária***: necessidade temporária e excepcional interesse público
Exceção: não realização	- ***Cargo em comissão***: existência de lei declarando de livre nomeação e exoneração; atribuições de direção, de chefia e de assessoramento Pode ser ocupado por ocupante de cargo efetivo (lei definirá casos, condições e percentuais) e por não ocupante. Função de confiança: só ocupante de cargo efetivo
Exceção: não realização	- ***Agentes públicos de saúde e agentes de combate a endemias***
Prazo de validade: até 2 anos, prorrogável, uma vez, por igual período	
Pode ser de ***provas ou de provas e títulos***: natureza e complexidade do cargo	

CONCURSO PÚBLICO
Reserva de vagas para deficientes: lei definirá percentual. No âmbito federal, o tema é regulado pelo Decreto nº 9.508/2018.
Segundo a Lei nº 13.872/2019, "Fica assegurado à mãe o direito de amamentar seus filhos de até 6 (seis) meses de idade durante a realização de provas ou de etapas avaliatórias em concursos públicos na administração pública direta e indireta dos Poderes da União, mediante prévia solicitação à instituição organizadora".
Lei nº 13.656/2018: são isentos de pagamento das inscrições em concursos públicos: (i) os candidatos que pertençam a família inscrita no CadÚnico, cuja renda familiar mensal per capita seja inferior ou igual a meio salário-mínimo nacional; (ii) os candidatos doadores de medula óssea em entidades reconhecidas pelo Ministério da Saúde.

- O candidato aprovado em concurso possui ***direito subjetivo à nomeação*** ou apenas expectativa de direito?
- Do cotejo das diversas decisões do STJ e da tese fixada pelo STF nos dois julgados paradigmáticos (RE 598.099 e RE 837.311), é possível afirmar que **há o direito subjetivo à nomeação do candidato aprovado em concurso público**:
  a) quando for aprovado dentro do número de vagas previsto no edital, exceto se surgir, após a publicação do edital, situação imprevisível e de extrema gravidade que justifique, mediante decisão motivada, a não nomeação dos candidatos por não haver medida menos gravosa a ser adotada;
  b) quando for aprovado fora do número de vagas previsto no edital E surgirem novas vagas ou for aberto novo certame durante o prazo de validade do concurso anterior E houver preterição arbitrária e imotivada por parte da Administração (candidato deve demonstrar, de forma cabal, comportamento tácito ou expresso do Poder Público demonstrando a necessidade de nomeação como, por exemplo, a ocorrência de cessão de servidores de outros órgãos públicos).
  c) quando for preterido na nomeação por inobservância da ordem de classificação, mesmo que esteja fora do número de vagas previsto no edital.

STF (RE 630.733) **Tese de repercussão geral**: "Inexiste direito dos candidatos em concurso público à prova de segunda chamada nos testes de aptidão física, salvo contrária disposição editalícia, em razão de circunstâncias pessoais, ainda que de caráter fisiológico ou de força maior, mantida a validade das provas de segunda chamada realizadas até 15/5/2013, em nome da segurança jurídica".

Súmula 684 do STF: "É inconstitucional o veto não motivado à participação de candidato a concurso público".

STF (RE 898.450): **Tese de repercussão geral**: "Editais de concurso público não podem estabelecer restrição a pessoas com tatuagem, salvo situações excepcionais, em razão de conteúdo que viole valores constitucionais".

STF (RE 560900/DF): **Tese de repercussão geral**: "Sem previsão constitucionalmente adequada e instituída por lei, não é legítima a cláusula de edital de concurso público que restrinja a participação de candidato pelo simples fato de responder a inquérito ou ação penal".

STF (RE 1.282.553) "A suspensão dos direitos políticos prevista no artigo 15 inciso III da Constituição Federal - condenação criminal transitada em julgado enquanto durarem seus efeitos - não impede a nomeação e posse de candidato aprovado em concurso público, desde que não incompatível com a infração penal praticada, em respeito aos princípios da dignidade da pessoa humana e do valor social do trabalho (Constituição Federal, artigo 1°, incisos III e IV) e do dever do Estado em proporcionar as condições necessárias para harmônica integração social do condenado, objetivo principal da execução penal, nos termos do artigo 1° da Lei de Execuções Penais (Lei 7.210/84). O início do efetivo exercício do cargo ficará condicionado ao regime da pena ou à decisão judicial do Juízo de Execuções, que analisará a compatibilidade de horários".

STF (RE 635.739) **Tese de repercussão geral**: "É constitucional a regra inserida no edital de concurso público, denominada cláusula de barreira, com o intuito de selecionar apenas os candidatos mais bem classificados para prosseguir no certame".

STF (RE 630733 DF) **Tese de repercussão geral**: "Os candidatos em concurso público não têm direito à prova de segunda chamada nos testes de aptidão física em razão de circunstâncias pessoais, ainda que de caráter fisiológico ou de força maior, salvo se houver previsão no edital permitindo essa possibilidade." (fixada em 15/05/2013).

STF (RE 1058333 PR) **Tese de repercussão geral**: "É constitucional a remarcação do teste de aptidão física de candidata que esteja grávida à época de sua realização, independentemente da previsão expressa em edital do concurso" (fixada em 21/11/2018).

STF (ADC 41/DF) Reserva de vagas. Tese fixada: "É constitucional a reserva de 20% das vagas oferecidas nos concursos públicos para provimento de cargos efetivos e empregos públicos no âmbito da administração pública direta e indireta".

STJ Súmula 377: "O portador de visão monocular tem direito de concorrer, em concurso público, às vagas reservadas aos deficientes".

Lei 14.126/21 (art. 1º): Fica a visão monocular classificada como deficiência sensorial, do tipo visual, para todos os efeitos legais.

Lei nº 14.768/23 (art. 1º): considera-se "deficiência auditiva a limitação de longo prazo da audição, unilateral total ou bilateral parcial ou total, a qual, em interação com uma ou mais barreiras, obstrui a participação plena e efetiva da pessoa na sociedade, em igualdade de condições com as demais pessoas."

CARGO EM COMISSÃO

É aquele declarado em Lei de livre nomeação e exoneração e destina-se às atribuições de direção, chefia e assessoramento.

STF (RE 1041210) **Tese de repercussão geral**: "a) A criação de cargos em comissão somente se justifica para o exercício de funções de direção, chefia e assessoramento, não se prestando ao desempenho de atividades burocráticas, técnicas ou operacionais; b) tal criação deve pressupor a necessária relação de confiança entre a autoridade nomeante e o servidor nomeado; c) o número de cargos comissionados criados deve guardar proporcionalidade com a necessidade que eles visam suprir e com o número de servidores ocupantes de cargos efetivos no ente federativo que os criar; e d) as atribuições dos cargos em comissão devem estar descritas, de forma clara e objetiva, na própria lei que os instituir".

Súmula Vinculante nº 13: "A nomeação de cônjuge, companheiro ou parente em linha reta, colateral ou por afinidade, até o terceiro grau, inclusive, da autoridade nomeante ou de servidor da mesma pessoa jurídica investido em cargo de direção, chefia ou assessoramento, para o exercício de cargo em comissão ou de confiança ou, ainda, de função gratificada na administração pública direta e indireta em qualquer dos poderes da União, dos Estados, do Distrito Federal e dos Municípios, compreendido o ajuste mediante designações recíprocas, viola a Constituição Federal".

STF: Rcl 6.650-MC-Agr/PR: vedação da Súmula Vinculante nº 13 não se estende aos cargos em comissão de natureza política, sendo restrita a cargos em comissão de natureza administrativa. Exceção: nomeação de parente para o cargo em comissão com a manifesta intenção de fraudar a Lei como ocorre, por exemplo, nas hipóteses de nomeação decorrente de "comprovada troca de favores ou de evidente inaptidão do nomeado para seu exercício" (RE 825.862).

Cargo em comissão e função de confiança: cargo em comissão pode haver a nomeação de pessoa que é servidora de carreira (nos casos, condições e percentuais mínimos previstos em lei) e de quem não é (ocupante exclusivamente de cargo em comissão);

função de confiança somente pode ser exercida por quem já é titular de cargo efetivo.

STF (RE 786540) **Tese de repercussão geral**: "1. Os servidores ocupantes de cargo exclusivamente em comissão não se submetem à regra da aposentadoria compulsória prevista no art. 40, § 1º, II, da Constituição Federal, a qual atinge apenas os ocupantes de cargo de provimento efetivo, inexistindo, também, qualquer idade limite para fins de nomeação a cargo em comissão;2. Ressalvados impedimentos de ordem infraconstitucional, não há óbice constitucional a que o servidor efetivo aposentado compulsoriamente permaneça no cargo comissionado que já desempenhava ou a que seja nomeado para cargo de livre nomeação e exoneração, uma vez que não se trata de continuidade ou criação de vínculo efetivo com a Administração".

LIMITES REMUNERATÓRIOS

- Sistematização dos limites remuneratórios[17]:

<table>
<tr><th colspan="3">LIMITES REMUNERATÓRIOS</th></tr>
<tr><td colspan="3">TETO → subsídio dos Ministros do Supremo Tribunal Federal</td></tr>
<tr><td rowspan="3">SUBTETOS</td><td rowspan="3">ESTADOS E DISTRITO FEDERAL</td><td>Poder Executivo → subsídio do Governador</td></tr>
<tr><td>Poder Legislativo → subsídio dos Deputados Estaduais e Distritais (máximo de 75% do subsídio do Deputado Federal)</td></tr>
<tr><td>Poder Judiciário → subsídio dos Desembargadores do Tribunal de Justiça (90,25% do STF)</td></tr>
<tr><td rowspan="2">SUBTETOS</td><td>ESTADOS E DISTRITO FEDERAL</td><td>• aplicável aos membros do Ministério Público, Procuradores e Defensores Públicos
• não se aplica aos magistrados estaduais, de acordo com o STF
• Estados e DF podem adotar como subteto único este previsto para o Poder Judiciário, desde que haja alteração da Constituição Estadual ou da Lei Orgânica</td></tr>
<tr><td>MUNICÍPIOS</td><td>Subsídio do Prefeito
• Vereadores: regra própria (art. 29, VI, CF)
• Procuradores Municipais: Subsídio de Desembargador do Tribunal de Justiça - 90,25% do STF (STF. Plenário. RE 663696 MG, julgado em 28/02/2019).</td></tr>
</table>

- ADI 6584/DF: Em referida ADI, o Plenário do STF, por maioria, decidiu que o teto constitucional remuneratório não incide sobre os salários pagos por empresas públicas e sociedades de economia mista e suas subsidiárias quando não receberem recursos da Fazenda Pública.
- **STF** (RE 675.978) **Tese de repercussão geral**: "Subtraído o montante que exceder o teto e subteto previsto no artigo 37, inciso XI, da Constituição Federal, tem-se o valor que vale como base para o Imposto de Renda e para a contribuição previdenciária".

Tese de repercussão geral (REs 602043 e 612975) "Nos casos autorizados, constitucionalmente, de acumulação de cargos, empregos e funções, a incidência do artigo 37, inciso XI, da Constituição Federal, pressupõe consideração de cada um dos vínculos formalizados, afastada a observância do teto remuneratório quanto ao somatório dos ganhos do agente público".

Tese de repercussão geral (RE 663696) "A expressão "Procuradores", contida na parte final do inciso XI do art. 37 da Constituição da República, compreende os Procuradores Municipais, uma vez que estes se inserem nas funções essenciais à Justiça, estando, portanto, submetidos ao teto de noventa inteiros e vinte e cinco centésimos por cento do subsídio mensal, em espécie, dos Ministros do Supremo Tribunal Federal".

Na **ADI 6257**, em 18/01/2020, o Min. Dias Toffoli deferiu, *ad referendum* do Plenário, medida cautelar para "dar interpretação conforme ao inciso XI do art. 37, da Constituição Federal, no tópico em que a norma estabelece subteto, para suspender qualquer interpretação e aplicação do subteto aos professores e pesquisadores das universidades estaduais, prevalecendo, assim, como teto único das universidades no país, os subsídios dos Ministros do Supremo Tribunal Federal".

ADI 3854 e 4014: As ADI 3854 e 4014 foram julgadas procedentes, por maioria de votos, para declarar inconstitucional o subteto dos juízes estaduais diferente do teto remuneratório da magistratura federal, por ofensa ao caráter nacional da estrutura judiciária brasileira. Segundo a Constituição Federal e Resoluções do CNJ, o subteto dos juízes estaduais corresponde a 90,25% dos vencimentos dos ministros do STF, e já no ano de 2007, o Plenário havia impedido sua aplicação, para determinar que o teto corresponde ao valor de subsídio dos membros do STF.

Tese de repercussão geral (RE 602.584) "Ocorrida a morte do instituidor da pensão em momento posterior ao da Emenda Constitucional 19/1998, o teto constitucional previsto no inciso XI do artigo 37 da Constituição Federal incide sobre o somatório de remuneração ou provento e a pensão recebida por servidor".

STF (ADI 6436) – "É inconstitucional lei que equipara, vincula ou referencia espécies remuneratórias devidas a cargos e carreiras distintos, especialmente quando pretendida a vinculação ou a equiparação entre servidores de Poderes e níveis federativos diferentes."

---

17. BORTOLETO, Leandro. Direito administrativo. Salvador: Juspodivm, 2012. p. 147.

ACUMULAÇÃO

- Sistematização da acumulação remunerada de cargos públicos[18]:

<table>
<tr><th colspan="2">ACUMULAÇÃO DE CARGOS, EMPREGOS E FUNÇÕES PÚBLICAS</th></tr>
<tr><th colspan="2">Cargo, função ou emprego público x Cargo, função ou emprego público</th></tr>
<tr><td>REGRA
Proibição de acumulação remunerada</td><td>EXCEÇÕES
Compatibilidade de horários
+
Dois cargos de professor
ou
Um cargo de professor com outro técnico ou científico
ou
Dois cargos ou empregos privativos de profissionais de saúde, com profissões regulamentadas
Obs: deve-se ressaltar que, com a EC nº 101/2019 estabeleceu-se que o militar do Estado e DF também poderá cumular seu cargo com:
a) Um cargo de professor;
b) Cargo da saúde com profissão regulamentada;
c) Com outro cargo técnico e científico.
Atenção! Para os militares das Forças Armadas, só é possível a cumulação com outro cargo na área da saúde (art. 142, §3º, VIII da CF).</td></tr>
<tr><th colspan="2">Cargo, função ou emprego público x Mandato eletivo</th></tr>
<tr><td rowspan="2">Vereador</td><td>Horários compatíveis:
Acumulação</td></tr>
<tr><td>Horários não compatíveis:
Afastamento e escolha da remuneração</td></tr>
<tr><td>Prefeito e Vice-Prefeito</td><td>Afastamento e escolha da remuneração</td></tr>
<tr><td>Presidente da República e Vice, Governador e Vice,
Deputados federais, estaduais e distritais e Senadores</td><td>Afastamento, sem escolha da remuneração</td></tr>
</table>

18. BORTOLETO, Leandro. *Direito administrativo*. Salvador: Juspodivm, 2012. p. 106.

<table>
<tr><th colspan="2">Proventos x Cargo, função ou emprego público</th></tr>
<tr><td>REGRA
Proibição</td><td>EXCEÇÕES
• Cargo em comissão
• Cargo eletivo
• Cargos acumuláveis</td></tr>
<tr><th colspan="2">Proventos x Proventos</th></tr>
<tr><td>REGRA
Proibição</td><td>EXCEÇÃO
Proventos decorrentes de cargos acumuláveis</td></tr>
</table>

DIREITOS SOCIAIS DO SERVIDOR PÚBLICO

- São ***direitos sociais do servidor público***: a) salário mínimo; b) garantia de salário nunca inferior ao mínimo, para os que percebem remuneração variável; c) décimo terceiro; d) remuneração do trabalho noturno superior à do diurno; e) salário-família; f) duração do trabalho normal não superior a oito horas diárias e quarenta e quatro semanais; g) repouso semanal remunerado; h) remuneração do serviço extraordinário superior, no mínimo, em 50% à do normal; i) férias anuais remuneradas com, pelo menos, um terço a mais do que o salário normal; j) licença à gestante (120 dias); k) licença-paternidade; l) proteção do mercado de trabalho da mulher; m) redução dos riscos inerentes ao trabalho, por meio de normas de saúde, higiene e segurança; n) proibição de diferença de salários, de exercício de funções e de critério de admissão por motivo de sexo, idade, cor ou estado civil.
- ***Licença-gestante***: ***Licença-gestante:* RE 778.889:** "Os prazos da licença-adotante não podem ser inferiores aos prazos da licença-gestante, o mesmo valendo para as respectivas prorrogações. Em relação à licença-adotante, não é possível fixar prazos diversos em função da idade da criança adotada."

ADI 6.327: o STF conferiu interpretação conforme "ao artigo 392, §1º, da CLT, assim como ao artigo 71 da Lei n.º 8.213/91 e, por arrastamento, ao artigo 93 do seu Regulamento (Decreto n.º 3.048/99), de modo a se considerar como termo inicial da licença-maternidade e do respectivo salário-maternidade a alta hospitalar do recém-nascido e/ou de sua mãe, o que ocorrer por último, prorrogando-se em todo o período os benefícios, quando o período de internação exceder as duas semanas previstas no art. 392, §2º, da CLT, e no art. 93, §3º, do Decreto n.º 3.048/99". Apesar da decisão referir-se às empregadas celetistas, deve ser aplicado às estatutárias e não a literalidade da previsão contida no §2º do art. 207 da Lei nº 8.112/1990.

RE 842.844: "A trabalhadora gestante tem direito ao gozo de licença maternidade e à estabilidade provisória, independentemente do regime jurídico aplicado, se contratual ou administrativo, ainda que ocupe cargo em comissão ou seja contratada por tempo determinado".

Licença-paternidade: ADO 20: "1. Existe omissão inconstitucional relativamente à edição da lei regulamentadora da licença-paternidade, prevista no art. 7º, XIX, da Constituição. 2. Fica estabelecido o prazo de 18 meses para o Congresso Nacional sanar a omissão apontada, contados da publicação da ata de julgamento. 3. Não sobrevindo a lei regulamentadora no prazo acima estabelecido, caberá a este Tribunal fixar o período da licença paternidade".

RE 1.348.854: "À luz do art. 227 da CF, que confere proteção integral da criança com absoluta prioridade e do princípio da paternidade responsável, a licença maternidade, prevista no art. 7º, XVIII, da CF/88 e regulamentada pelo art. 207 da Lei 8.112/1990, estende-se ao pai genitor monoparental".

- ***Direito de greve***: STF (MI 670, 708 e 712): o direito de greve dos servidores públicos civis depende de lei para poder ser exercido, mas, em razão da inércia do legislador em produzir a lei, até que sobrevenha tal norma, fica autorizado o exercício do direito de greve pelos servidores públicos, usando, para tanto, a lei da iniciativa privada (Lei nº 7.783/89), no que couber. Todavia, essa situação é provisória, isto é, uma vez que a lei regulamentadora do art. 37, VII da Constituição Federal entre em vigor, o direito de greve dos servidores públicos não poderá mais ser aplicada a lei da iniciativa privada. O dispositivo constitucional referente ao direito de greve dos servidores aplica-se, em regra, a todas as categorias de servidores, com exceção dos militares, cujo exercício de greve é vedado e, dessa forma, não é considerado norma de eficácia plena para nenhuma categoria, inclusive para os servidores das carreiras de Estado. Aliás, em face do princípio da continuidade do serviço público, restou decidido no MI 708 que pode ser imposto regime de greve mais severo quando se tratar de serviços ou atividades essenciais, nos moldes dos artigos 9º a 11 da Lei nº 7.783/89. Em específico quanto aos policiais civis, na Rcl 6568/SP, que tinha como objeto preservar a competência do Tribunal de Justiça do Estado de São Paulo para dirimir o dissídio referente à greve dos policiais civis, o Min. Eros Grau sustentou a relativização do direito de greve, por não ser absoluto e que "servidores que exercem atividades relacionadas à manutenção da ordem pública e à segurança pública, à administração da Justiça – aí os integrados nas chamadas carreiras de Estado, que exercem atividades indelegáveis, inclusive as de exação tributária – e à saúde pública" sejam privados do direito de greve. Inclusive, no caso dos policiais civis, foi suscitada a questão de ser um movimento armado e não pacífico. Entretanto, a questão não era objeto do processo e, por isso, alguns Ministros não quiseram se posicionar, mas, expressamente, manifestaram-se acompanhando o relator, o Min. Cezar Peluso e o Min. Gilmar Mendes.

  Tese de repercussão geral (RE 693456): "A administração pública deve proceder ao desconto dos dias de paralisação decorrentes do exercício do direito de greve pelos servidores públicos, em virtude da suspensão do vínculo funcional que dela decorre, permitida a compensação em caso de acordo. O desconto será, contudo, incabível se ficar demonstrado que a greve foi provocada por conduta ilícita do Poder Público".

- **Greve de policiais civis: Tese de repercussão geral (ARE 654432)**: "(1) o exercício do direito de greve, sob qualquer forma ou modalidade, é vedado aos policiais civis e a todos os servidores públicos que atuem diretamente na área de segurança pública. (2) É obrigatória a participação do Poder Público em mediação instaurada pelos órgãos classistas das carreiras de segurança pública, nos termos do artigo 165 do Código de Processo Civil, para vocalização dos interesses da categoria". Justiça competente: Tese de repercussão geral (RE 846854): "A justiça comum, federal ou estadual, é competente para julgar a abusividade de greve de servidores públicos celetistas da Administração pública direta, autarquias e fundações públicas."

- **Justiça competente:** Tese de repercussão geral (RE 846854): "A justiça comum, federal ou estadual, é competente para julgar a abusividade de greve de servidores públicos celetistas da Administração pública direta, autarquias e fundações públicas."

ESTABILIDADE

Requisitos para a aquisição da estabilidade (art. 41, CF):

a) cargo de provimento efetivo e

b) três anos de efetivo exercício e

c) avaliação de desempenho por comissão instituída para essa finalidade.

Servidor estável **somente perderá o cargo**:

a) em virtude de sentença judicial transitada em julgado;

b) mediante processo administrativo, assegurada a ampla defesa;

c) mediante procedimento de avaliação de desempenho, nos termos de Lei complementar, assegurada a ampla defesa.

d) conforme o art. 169, § 4º, em razão de excesso de despesa.

Reintegração e recondução

Art. 37, § 2º Invalidada por sentença judicial a demissão do servidor estável, será ele reintegrado, e o eventual ocupante da vaga, se estável, reconduzido ao cargo de origem, sem direito a indenização, aproveitado em outro cargo ou posto em disponibilidade com remuneração proporcional ao tempo de serviço.

§ 3º Extinto o cargo ou declarada a sua desnecessidade, o servidor estável ficará em disponibilidade, com remuneração proporcional ao tempo de serviço, até seu adequado aproveitamento em outro cargo.

Dispensa de empregado público e motivação

"As empresas públicas e as sociedades de economia mista, sejam elas prestadoras de serviço público ou exploradoras de atividade econômica, ainda que em regime concorrencial, têm o dever jurídico de motivar, em ato formal, a demissão de seus empregados concursados, não se exigindo processo administrativo. Tal motivação deve consistir em fundamento razoável, não se exigindo, porém, que se enquadre nas hipóteses de justa causa da legislação trabalhista" (RE 688267).

REGIME PRÓPRIO DE PREVIDÊNCIA SOCIAL

- É o regime destinado aos servidores titulares de cargo efetivo. Nesse regime, é proibida a existência de critérios diferentes para a concessão de aposentadoria, exceto, nos termos definidos em leis complementares, conforme o art. 40, § 4º, no caso de:
    a) servidores com deficiência, em relação aos quais poderão ser estabelecidos, por lei complementar do respectivo ente federativo, idade e tempo de contribuição diferenciados;
    b) servidores ocupantes do cargo de agente penitenciário, de agente socioeducativo ou de policial os órgãos de que tratam o inciso IV do caput do art. 51, o inciso XIII do caput do art. 52 e os incisos I a IV do caput do art. 144 (policiais da Câmara e do Senado, policiais federais, policiais rodoviários federais, policiais ferroviários federais e policiais civis), em relação aos quais poderão ser estabelecidos, por lei complementar do respectivo ente federativo, idade e tempo de contribuição diferenciados;
    c) servidores cujas atividades sejam exercidas com efetiva exposição a agentes químicos, físicos e biológicos prejudiciais à saúde, ou associação desses agentes, vedada a caracterização por categoria profissional ou ocupação, em relação aos quais poderão ser estabelecidos, por lei complementar do respectivo ente federativo, idade e tempo de contribuição diferenciados;
    d) professores, que terão idade mínima reduzida em 5 (cinco) anos em relação às idades decorrentes da aplicação do disposto no inciso III do § 1º do art. 40 da CF/88, desde que comprovem tempo de efetivo exercício das funções de magistério na educação infantil e no ensino fundamental e médio fixado em lei complementar do respectivo ente federativo.
- ***Pensão por morte***:
    a) **Servidor federal**: equivalente a 50% do valor da aposentadoria recebida pelo segurado ou servidor ou daquela a que teria direito se fosse aposentado por incapacidade permanente à data do óbito, acrescida de 10% por dependente, até o máximo de 100% (art. 23 da EC nº 103/2019);
    b) **Servidor estadual, distrital ou municipal**: aplicam-se as normas constitucionais e infraconstitucionais anteriores à data de entrada em vigor da EC nº 103/2019, enquanto não promovidas alterações na legislação interna relacionada ao respectivo regime próprio de previdência social (Antes da EC nº 103/2019, a CF 88 estabelecia para a pensão: até o valor do limite do regime geral de previdência, a pensão será integral. Se a remuneração ou os proventos do servidor eram superiores ao limite mencionado, a pensão não terá valor integral, pois corresponderá, na verdade, ao valor total até o limite, mais 70% do valor que exceder o limite).
- ***Contribuição:*** União, Estados, DF e Municípios instituirão, por lei, contribuições para custeio de regime próprio de previdência social, cobradas dos servidores ativos, dos aposentados e dos pensionistas, que poderão ter alíquotas progressivas, de acordo com o valor base de contribuição e proventos (art. 149, §1º da CF/88).
- ***Abono de permanência***: servidor titular de cargo efetivo que tenha completado as exigências para aposentadoria voluntária e que opte em permanecer em serviço **poderá** fazer jus a um abono de permanência equivalente, no máximo, ao valor de sua contribuição previdenciária, até completar a idade para aposentadoria compulsória, observados os critérios estabelecidos em lei (art. 40, §19 da CF/88).
- **Salário-maternidade e afastamentos por incapacidade**: serão pagos diretamente pelo ente federativo e não correrão à conta do RPPS ao qual o servidor se vincula (art. 9º da EC nº 103/2019).
- **Cálculo dos proventos de aposentadoria:** As regras para cálculo de proventos de aposentadoria serão disciplinadas em lei do respectivo ente federativo (art. 40, §3º). **Servidores federais:** Até que lei discipline o cálculo dos benefícios do RPPS da União e do RGPS, será utilizada a média aritmética simples dos salários de contribuição e das remunerações adotadas como base para as contribuições, inclusive das atividades militares de que tratam os arts. 42 e 142 da CF/88, correspondentes a **100%** do período contributivo, desde julho de 1994 (art. 26 da EC nº 103/2019).
- **Valores dos proventos de aposentadoria:** não poderão ser inferiores ao valor mínimo a que se refere o § 2º do art. 201 ou superiores ao limite máximo estabelecido para o Regime Geral de Previdência Social, observado o disposto nos §§ 14 a 16 (art. 40, §2º da CF/88).
- Sistematização da aposentadoria pelo regime próprio:

APOSENTADORIA PELO REGIME PRÓPRIO	
Por incapacidade permanente para o trabalho	• no cargo em que estiver investido, quando insuscetível de readaptação, hipótese em que será obrigatória a realização de avaliações periódicas para verificação da continuidade das condições que ensejaram a concessão da aposentadoria, na forma de lei do respectivo ente federativo (art. 40, §1º, I da CF/88). Readaptação (art. 37, §13): o servidor público titular de cargo efetivo

APOSENTADORIA PELO REGIME PRÓPRIO	
Por incapacidade permanente para o trabalho	poderá ser readaptado para exercício de cargo cujas atribuições e responsabilidades sejam compatíveis com a limitação que tenha sofrido em sua capacidade física ou mental, enquanto permanecer nesta condição, desde que possua a habilitação e o nível de escolaridade exigidos para o cargo de destino, mantida a remuneração do cargo de origem. Valor do benefício: a) **servidor federal**: até que lei discipline o cálculo dos benefícios do regime próprio de previdência social da União, o valor corresponderá a 60% da média aritmética de 100% das contribuições, com acréscimo de 2% para cada ano de contribuição que exceder o tempo de 20 anos de contribuição; o valor do benefício será de **100% da média**, quando decorrer de **acidente de trabalho, de doença profissional e de doença do trabalho**
Compulsória	• proventos proporcionais • 70 ou 75 anos, nos termos de lei complementar. Lei Complementar nº 152/15: **75 anos** para I – os servidores titulares de cargos efetivos da União, dos Estados, do Distrito Federal e dos Municípios, incluídas suas autarquias e fundações; II – os membros do Poder Judiciário; III – os membros do Ministério Público; IV – os membros das Defensorias Públicas; V – os membros dos Tribunais e dos Conselhos de Contas.
Voluntária	• **União**: a) 62 anos, se mulher; b) 65 anos, se homem. Até que entre em vigor lei federal, os servidores federais serão aposentados após 25 anos de contribuição, desde que cumpridos: a) 10 anos de efetivo exercício no serviço público; b) 5 anos no cargo efetivo em que for concedida a aposentadoria. **Estados e Municípios:** – idade mínima estabelecida mediante emenda às respectivas Constituições e Leis Orgânicas, observados o tempo de contribuição e os demais requisitos estabelecidos em lei complementar do respectivo ente federativo. – enquanto não promovidas alterações na legislação interna relacionada ao respectivo regime próprio de previdência social, aplicam-se às aposentadorias

<table>
<tr><th colspan="3">APOSENTADORIA PELO REGIME PRÓPRIO</th></tr>
<tr><td rowspan="3">Voluntária</td><td colspan="2">dos servidores dos Estados, do Distrito Federal e dos Municípios as normas constitucionais e infraconstitucionais anteriores à data de entrada em vigor antes da EC nº 103/2019.
Antes da EC nº 103/2019, CF 88 estabelecia:</td></tr>
<tr><td>Integral:
Homem
10 anos de serviço público, e
5 anos no cargo, e
35 anos de contribuição, e
60 anos de idade</td><td>Mulher
10 anos de serviço público, e
5 anos no cargo, e
30 anos de contribuição, e
55 anos de idade</td></tr>
<tr><td>Integral proporcional:
Homem
10 anos de serviço público, e
5 anos no cargo, e
65 anos de idade</td><td>Mulher
10 anos de serviço público, e
5 anos no cargo, e
60 anos de idade</td></tr>
<tr><td>Aposentadoria especial</td><td colspan="2">• Regra: vedada a adoção de requisitos ou critérios diferenciados para concessão de benefícios em RPPS.
• Exceção: art. 40, §§4º-A, 4º-B, 4º-C e 5º da CF/88:
a) servidores com deficiência, previamente submetidos à avaliação biopsicossocial realizada por equipe multiprofissional e interdisciplinar; a eles, poderão ser estabelecidos, por lei complementar do respectivo ente federativo, idade e tempo de contribuição diferenciados. Servidores federais: desde que cumpridos, no caso do servidor, o tempo mínimo de 10 (dez) anos de efetivo exercício no serviço público e de 5 (cinco) anos no cargo efetivo em que for concedida a aposentadoria, será concedida na forma da Lei Complementar nº 142, de 8 de maio de 2013, inclusive quanto aos critérios de cálculo dos benefícios (art. 22 da EC nº 103/2019).
b) ocupantes do cargo de agente penitenciário, de agente socioeducativo ou de policial dos órgãos de que tratam o inciso IV do caput do art. 51, o inciso XIII do caput do art. 52 e os incisos I a IV do caput do art. 144; a eles, poderão ser estabelecidos, por</td></tr>
</table>

APOSENTADORIA PELO REGIME PRÓPRIO	
Aposentadoria especial	lei complementar do respectivo ente federativo, idade e tempo de contribuição diferenciados. **Servidores federais**: até que entre em vigor lei federal que discipline os benefícios do regime próprio de previdência social dos servidores da União, policiais civis do Distrito Federal, policiais da Câmara dos Deputados e do Senado Federal, policiais federais, policiais rodoviários federais, policiais ferroviários federais, agentes federais penitenciários ou socioeducativos aposentar-se-ão aos 55 (cinquenta e cinco) anos de idade, com 30 (trinta) anos de contribuição e 25 (vinte e cinco) anos de efetivo exercício em cargo dessas carreiras, para ambos os sexos (art. 10, §2º, I da EC nº 103/2019). c) servidores cujas atividades sejam exercidas com efetiva exposição a agentes químicos, físicos e biológicos prejudiciais à saúde, ou associação desses agentes, vedada a caracterização por categoria profissional ou ocupação; a eles, poderão ser estabelecidos, por lei complementar do respectivo ente federativo, idade e tempo de contribuição diferenciados. **Servidores federais**: até que entre em vigor lei federal que discipline os benefícios do regime próprio de previdência social dos servidores da União: aos 60 (sessenta) anos de idade, com 25 (vinte e cinco) anos de efetiva exposição e contribuição, 10 (dez) anos de efetivo exercício de serviço público e 5 (cinco) anos no cargo efetivo em que for concedida a aposentadoria (art. 10, §2º, II da EC nº 103/2019). **Servidores estaduais, distritais e municipais**: Aplicam-se às aposentadorias dos servidores dos Estados, do Distrito Federal e dos Municípios as normas constitucionais e infraconstitucionais anteriores à data de entrada em vigor da EC 103/2019, enquanto não promovidas alterações na legislação interna relacionada ao respectivo regime próprio de previdência social (art. 10, §7º e art. 22) **d) Professores**: terão as idades exigidas reduzidas em 5 anos, ou seja, 57 anos, se mulher e 60 anos, se homem, desde que comprovem tempo de efetivo exercício das funções de magistério na educação infantil e no ensino fundamental e médio fixado em lei complementar do respectivo ente federativo (art. 40, §5º da CF/88 – com redação dada pela EC nº 103/2019).

APOSENTADORIA PELO REGIME PRÓPRIO	
Aposentadoria especial	**Servidores federais**: até que entre em vigor lei federal que discipline os benefícios do regime próprio de previdência social dos servidores da União: aos 60 (sessenta) anos de idade, se homem, aos 57 (cinquenta e sete) anos, se mulher, com 25 (vinte e cinco) anos de contribuição exclusivamente em efetivo exercício das funções de magistério na educação infantil e no ensino fundamental e médio, 10 (dez) anos de efetivo exercício de serviço público e 5 (cinco) anos no cargo efetivo em que for concedida a aposentadoria, para ambos os sexos (art. 10, §2º, III da EC nº 103/2019). **Servidores estaduais, distritais e municipais**: aplicam-se às aposentadorias dos servidores dos Estados, do Distrito Federal e dos Municípios as normas constitucionais e infraconstitucionais anteriores à data de entrada em vigor desta Emenda Constitucional, enquanto não promovidas alterações na legislação interna relacionada ao respectivo regime próprio de previdência social. Antes da EC nº 103/2019, CF 88 estabelecia: • requisitos estabelecidos na Constituição • tempo exclusivo no magistério: infantil, fundamental e médio

Homem	Mulher
10 anos de serviço público, e	10 anos de serviço público, e
5 anos no cargo, e	5 anos no cargo, e
30 anos de contribuição, e	25 anos de contribuição, e
55 anos de idade	50 anos de idade

5. REGIME JURÍDICO DOS SERVIDORES PÚBLICOS

- O ***regime estatutário ou legal*** é aquele em que o ***conjunto de regras reguladoras do servidor com a Administração está inserido em lei específica, conhecidas como estatuto.***
- É ***o regime próprio das pessoas jurídicas de direito público***, assim, é admitido na administração direta, nas autarquias e nas fundações com regime de direito público.
- ***Não há uma lei só, um estatuto único. Pelo contrário, há diversas leis e, portanto, vários estatutos,*** pois cabe a cada ente político legislar a respeito, ou seja, cada Município e cada Estado podem ter os seus.
- Na esfera federal, o estatuto dos servidores públicos civis federais está previsto na ***Lei nº 8.112/90.***

- O ***estatuto federal*** é base para muitos estatutos municipais e alguns estaduais e, dessa maneira, muitos institutos têm tratamento idêntico ou semelhante. Assim, sua cobrança se dá nos concursos federais e, também, em alguns concursos estaduais.
- ***Provimento*** é o ato de se prover o cargo público. Pode ser originário (a investidura no cargo é feita pela primeira vez) ou derivado (investidura decorrente; servidor já era ocupante de cargo).

5.1. LEI Nº 8.112/90

- ***Requisitos*** para investidura (art. 5º):

a) ser brasileiro;

b) estar no gozo dos direitos políticos;

c) estar adimplente com as obrigações militares e eleitorais;

d) ter o nível de escolaridade exigido para o exercício do cargo;

e) ter a idade mínima de dezoito anos;

f) estar em aptas condições física e mental.

- É frequente a cobrança das formas de provimento derivado nas provas.
- ***Posse:*** com ela ***materializa-se*** a ***investidura*** do servidor no cargo.
- A posse pode ocorrer ***mediante procuração específica*** (art. 13, § 3º), depende de ***prévia inspeção médica oficial*** (art. 14; é necessária a aptidão física e mental para a posse).
- No ***ato*** da ***posse*** deve ser apresentada ***declaração de bens e valores*** que formam seu patrimônio e a declaração de exercício ou não de outro cargo, emprego ou função pública (art. 13, § 5º).
- ***Prazo*** para a ***posse: trinta dias***, contados da publicação do ato de provimento (art. 13, § 1º).
- Nomeado ***não toma posse*** no prazo: ***ato de provimento será tornado sem efeito***, pois ainda não era servidor para ser exonerado.
- ***Exercício***: desempenho efetivo das atribuições do cargo.
- ***Prazo para exercício***: ***quinze dias,*** contados da data da posse.
- Servidor ***não entra em exercício*** no prazo: será ***exonerado*** de ofício.
- ***Estágio probatório***: lei prevê 24 meses, mas para STF é de 3 anos (STA 269, STA 290 e AI 754.802-DF).
- Sistematização das licenças e afastamentos em relação ao servidor em estágio probatório[19]:

SERVIDOR EM ESTÁGIO PROBATÓRIO – Licenças e Afastamentos	
PERMITIDO	**PROIBIDO**
• para o serviço militar (não suspende) • para exercício de mandato eletivo (não suspende) • para estudo ou missão no exterior (não suspende) • para servir a outro órgão ou entidade (só cargo de nível elevado; não suspende) • por motivo de doença em pessoa da família (suspende) • por motivo de afastamento do cônjuge ou companheiro (suspende) • para atividade política (suspende) • para servir em organismo internacional de que o Brasil participe ou com o qual coopere (suspende) • participação em curso de formação (suspende)	• para capacitação • para tratar de interesses particulares • para desempenho de mandato classista • para participação em programa de pós-graduação stricto sensu no País

- Sistematização das formas de provimento derivado[20]:

PROVIMENTO DERIVADO: principais formas
Readaptação → investidura em outro cargo com atribuições e responsabilidade
→ compatíveis com as limitações do servido
Aproveitamento → volta à ativa do servidor em disponibilidade
Reversão → volta do aposentado
Reintegração → volta do demitido
Recondução → volta ao cargo anterior

- Remoção (art. 36): ***deslocamento do servidor,*** a pedido ou de ofício, no âmbito do mesmo quadro, ***com ou sem mudança de sede.***
- Remoção pode ocorrer ***de ofício ou a pedido*** do servidor.
- Hipóteses em que a ***Administração não pode recusar*** o pedido de remoção do servidor (art. 36, III):

a) para ***acompanhar cônjuge ou companheiro***, também servidor público civil ou militar, de qualquer dos Poderes da União, dos Estados, do Distrito

19. BORTOLETO, Leandro. *Direito administrativo.* 2. ed. Salvador: Juspodivm, 2013. p. 200.

20. BORTOLETO, Leandro. *Direito administrativo.* 2. ed. Salvador: Juspodivm, 2013. p. 205.

Federal e dos Municípios, que foi deslocado no interesse da Administração;

b) por ***motivo de saúde*** do servidor, cônjuge, companheiro ou dependente que viva às suas expensas e conste do seu assentamento funcional, condicionada à comprovação por junta médica oficial;

c) em virtude de ***processo seletivo*** promovido, na hipótese em que o número de interessados for superior ao número de vagas, de acordo com normas preestabelecidas pelo órgão ou entidade em que aqueles estejam lotados.

- ***Vantagens***: servidor pode receber indenizações, gratificações e adicionais.
- Sistematização das ***indenizações***[21]:

INDENIZAÇÕES	
Ajuda de custo	• Deslocamento definitivo, no interesse da Administração • Valor em regulamento: máximo 3 remunerações • servidor não se desloca: devolução em 30 dias
Diária	• Deslocamento transitório • Valor em regulamento: é ½ diária quando não houver pernoite fora da sede ou quando a União custear por outros meios • Servidor não se desloca: devolução em 5 dias
Indenização de transporte	• Uso de meio próprio de locomoção para execução de serviço externo, por força das atribuições do cargo • Valor em regulamento • Valor será reduzido em 25% a cada ano e deixará de ser devido após o 4º ano de recebimento (após 4 anos do encerramento do pagamento, poderá ser retomado, se presentes, novamente, os requisitos)
Auxílio-moradia	• Servidor deslocado para ocupar alto cargo em comissão e demais requisitos do Art. 60-B • Valor: o que for menor: ou 25% do subsídio de Ministro ou 25% da remuneração do cargo ocupado. Independentemente do valor do cargo, assegura-se até R$ 1.800,00

- Sistematização das ***gratificações*** e ***adicionais***[22]:

GRATIFICAÇÕES E ADICIONAIS	
Retribuição pelo exercício de função de direção, chefia e assessoramento	- Servidor que ocupa cargo em comissão ou exerce → função comissionada
Gratificação natalina	- 13º
Adicionais pelo exercício de atividades insalubres, perigosas ou penosas	- Adicional de insalubridade: local insalubre ou em: → contato permanente com substâncias tóxicas - Adicional de periculosidade: permanente risco de vida
Adicionais pelo exercício de atividades insalubres, perigosas ou penosas	- Se tiver direito aos dois, tem que escolher um - Adicional de penosidade: zona de fronteira ou → localidade cujas condições de vida o justifiquem - Percentual: regulamento
Adicional por serviço extraordinário	- Hora extra - 50% sobre o valor da hora normal - Máximo de 2h por jornada
Adicional noturno	- Trabalho das 22h às 5h - Hora, nesse período, é 52min30s - 25% sobre o valor da hora normal - Se for o caso, incide sobre a remuneração com o → adicional por serviço extraordinário
Adicional de férias	- 1/3 sobre a remuneração do período de férias
Gratificação por encargo de curso ou concurso	- Fazer as atividades do art. 76-A, fora do horário → de trabalho ou com compensação - Máximo: 120h anuais (exceção: + 120h)

- ***Licenças e afastamentos*** assegurados ao servidor (artigos 86 a 96-A e 202 a 214): a) licença por motivo de doença em pessoa da família; b) licença por motivo de afastamento do cônjuge ou companheiro; c) licença para o serviço militar; d) licença para atividade política; e) licença para capacitação; f) licença para tratar de interesses particulares; g) licença para desempenho de mandato classista; h) licença para tratamento de saúde; i) licença à gestante, à adotante e licença-paternidade; j) licença por acidente em serviço; k) afastamento para servir a outro órgão ou entidade; l) afastamento para exercício de mandato eletivo; m) afastamento para estudo ou missão no exterior; n) afastamento para participação em programa de pós-graduação *stricto sensu* no País.

21. BORTOLETO, Leandro. *Direito administrativo*. Salvador: Juspodivm, 2012. p. 212.
22. BORTOLETO, Leandro. *Direito administrativo*. Salvador: Juspodivm, 2012. p. 214.

- Sistematização da licença para atividade política:

DURAÇÃO DA LICENÇA						
Convenção partidária	→	Registro Justiça Eleitoral	→	Eleições	→	10º dia após as eleições
Não remunerada				Remunerada		
REMUNERAÇÃO						

- Sistematização da contagem do tempo de serviço[23]:

TEMPO DE SERVIÇO	
Efetivo exercício	**Somente para aposentadoria e disponibilidade**
• tempo de serviço público federal (conta para todos os fins) • exercício de cargo em comissão ou equivalente, em órgão ou entidade dos Poderes da União, dos Estados, Municípios e Distrito Federal (cessão de servidor federal) • exercício de cargo ou função de governo ou administração, em qualquer parte do território nacional, por nomeação do Presidente da República	• tempo de serviço público prestado aos Estados, Municípios e Distrito Federal • tempo de serviço em atividade privada, vinculada à Previdência Social
• serviço militar federal (Forças Armadas; conta para todos os fins)	• tempo de serviço relativo a tiro de guerra
• desempenho de mandato eletivo federal, estadual, municipal ou do Distrito Federal, exceto para promoção por merecimento	• desempenho de mandato eletivo federal, estadual, municipal ou distrital, anterior ao ingresso no serviço público federal
• licença para tratamento da própria saúde, até o limite de vinte e quatro meses, cumulativo ao longo do tempo de serviço público prestado à União, em cargo de provimento efetivo	• licença para tratamento da própria saúde, além do limite de vinte e quatro meses, cumulativo ao longo do tempo de serviço público prestado à União, em cargo de provimento efetivo
• licença para tratamento de saúde de pessoal da família do servidor, com remuneração, até trinta dias, em período de doze meses	• licença para tratamento de saúde de pessoal da família do servidor, com remuneração, que exceder a trinta dias, em período de 12 doze meses

TEMPO DE SERVIÇO	
Efetivo exercício	**Somente para aposentadoria e disponibilidade**
• ausências do art. 97 (alistamento eleitoral, doação de sangue, casamento, etc.) • férias • participação em programa de treinamento ou em programa de pós-graduação stricto sensu no País • júri e outros serviços obrigatórios por lei • missão ou estudo no exterior, quando autorizado o afastamento • licença à gestante, à adotante e à paternidade • licença para o desempenho de mandato classista ou participação de gerência ou administração em sociedade cooperativa constituída por servidores para prestar serviços a seus membros, exceto para efeito de promoção por merecimento • licença por motivo de acidente em serviço ou doença profissional • licença para capacitação • licença por convocação para o serviço militar • deslocamento para a nova sede (período de trânsito para o servidor que deva ter exercício em outro Município por ter sido removido, redistribuído, requisitado, cedido ou posto em exercício provisório) • participação em competição desportiva nacional ou convocação para integrar representação desportiva nacional, no País ou no exterior • afastamento para servir em organismo internacional de que o Brasil participe ou com o qual coopere	• licença para atividade política, com remuneração (do registro da candidatura na Justiça Eleitoral até dez dias após as eleições)

- ***Direito de petição*** do servidor ***prescreve*** em (art. 110): a) em ***cinco anos***, quanto aos atos de demissão e de cassação de aposentadoria ou disponibilidade, ou que afetem interesse patrimonial e créditos resultantes das relações de trabalho; b) em ***cento e vinte dias***, nos demais casos, salvo se houver outro prazo fixado em lei.

- Os artigos 116 e 117 devem ser lidos várias vezes. São muito importantes porque descrevem os deveres e proibições dos servidores e a definição das penas é correlacionada com esses dispositivos legais.

- ***Responsabilidades***: as ***sanções*** penais, administrativas e civis podem ***cumular-se***, pois são independentes entre si. ***Exceção***: quando na esfera penal o servidor for ***absolvido*** em razão da ***inexistência do fato*** ou da ***negativa de autoria*** (art. 126).

- As ***penas*** que podem ser aplicadas ao servidor são (art. 127): a) advertência; b) suspensão; c) multa; d) demissão; e) cassação de aposentadoria e disponibilidade; f) destituição de cargo em comissão; g) destituição de função de confiança.

- ***Advertência:*** tem cabimento, conforme o art. 129, quando se tratar de ***violação dos deveres funcionais*** constantes do art. 117, I a VIII e XIX, ou quando houver a ***inobservância de dever funcional*** previsto em lei, regulamento ou norma interna, e não haja justificativa para a aplicação de pena mais grave.

- ***Suspensão*** é cabível (art. 130):

a) quando houver reincidência de falta punida com advertência;

b) nos casos de violação das proibições que não sejam punidas com demissão, isto é, nas situações previstas no art. 117, XVII e XVIII;

c) quando o servidor se recusar, injustificadamente, a se submeter a inspeção médica determinada pela autoridade competente (a partir do momento que se submeter a inspeção, cessam os efeitos da pena).

- ***Suspensão*** pode, a critério do administrador, ser ***substituída por multa*** no valor equivalente a ***50% por dia*** da remuneração do servidor e este continua a trabalhar.

- ***Demissão***: hipóteses de ***cabimento***:

a) **Art. 117, IX a XVI**: *"IX – valer-se do cargo para lograr proveito pessoal ou de outrem, em detrimento da dignidade da função pública; X – participar de gerência ou administração de sociedade privada, personificada ou não personificada, exercer o comércio, exceto na qualidade de acionista, cotista ou comanditário; XI – atuar, como procurador ou intermediário, junto a repartições públicas, salvo quando se tratar de benefícios previdenciários ou assistenciais de parentes até o segundo grau, e de cônjuge ou companheiro; XII – receber propina, comissão, presente ou vantagem de qualquer espécie, em razão de suas atribuições; XIII – aceitar comissão, emprego ou pensão de estado estrangeiro; XIV – praticar usura sob qualquer de suas formas; XV – proceder de forma desidiosa; XVI – utilizar pessoal ou recursos materiais da repartição em serviços ou atividades particulares";*

b) **Art. 132, I a XII**: *"I – crime contra a administração pública; II – abandono de cargo; III – inassiduidade habitual; IV – improbidade administrativa; V – incontinência pública e conduta escandalosa, na repartição; VI – insubordinação grave em serviço; VII – ofensa física, em serviço, a servidor ou a particular, salvo em legítima defesa própria ou de outrem; VIII – aplicação irregular de dinheiros públicos; IX – revelação de segredo do qual se apropriou em razão do cargo; X – lesão aos cofres públicos e dilapidação do patrimônio nacional; XI – corrupção; XII – acumulação ilegal de cargos, empregos ou funções públicas.*

- Sistematização da pena de demissão[24]:

DEMISSÃO
Somente após 5 anos pode retornar ao serviço público federal
• valer-se do cargo para lograr proveito pessoal ou de outrem, em detrimento da dignidade da função pública • atuar, como procurador ou intermediário, junto a repartições públicas, salvo quando se tratar de benefícios previdenciários ou assistenciais de parentes até o segundo grau, e de cônjuge ou companheiro
Não pode mais retornar ao serviço público federal
• crime contra a Administração Pública **Atenção!** Na ADI nº 2.975 entendeu-se pela inconstitucionalidade do parágrafo único do art. 137 da Lei nº 8.112/1990.
Não pode mais retornar ao serviço público federal **Indisponibilidade dos bens** **Ressarcimento ao erário**
• improbidade administrativa • aplicação irregular de dinheiros públicos • lesão aos cofres públicos e dilapidação do patrimônio nacional • corrupção **Atenção!** Na ADI nº 2.975 entendeu-se pela inconstitucionalidade do parágrafo único do art. 137 da Lei nº 8.112/1990.
Demais casos: sem restrição de retorno ao serviço público federal
• abandono de cargo • inassiduidade habitual • incontinência pública e conduta escandalosa, na repartição • insubordinação grave em serviço • ofensa física, em serviço, a servidor ou a particular, salvo em legítima defesa própria ou de outrem

24. BORTOLETO, Leandro. *Direito administrativo*. Salvador: Juspodivm, 2012. p. 233.

- revelação de segredo do qual se apropriou em razão do cargo
- acumulação ilegal de cargos, empregos ou funções públicas
- participar de gerência ou administração de sociedade privada, personificada ou não personificada, exercer o comércio, exceto na qualidade de acionista, cotista ou comanditário
- recebimento de propina, comissão, presente ou vantagem de qualquer espécie, em razão de suas atribuições
- aceitação de comissão, emprego ou pensão de Estado estrangeiro
- prática de usura sob qualquer de suas formas
- procedimento desidioso
- utilização pessoal ou recursos materiais da repartição em serviços ou atividades particulares

- Em 22 de setembro de 2021, foi aprovada nova súmula do STJ, de nº 650, *in verbis*: "A autoridade administrativa não dispõe de discricionariedade para aplicar ao servidor pena diversa de demissão quando caraterizadas as hipóteses previstas no artigo 132 da Lei 8.112/1990."
- **ADI 2.975:** Para o STF, a previsão contida no parágrafo único do art. 137 da Lei nº 8.112/1990 é inconstitucional por violar o art. 5º, XLVII, "b" da CF/88, pois impõe penalidade de caráter perpétuo. Assim, apesar de a norma constitucional se referir à sanção penal, sua extensão às sanções administrativas é possível, tendo em vista o vínculo entre as esferas, decorrente do poder sancionatório estatal. Exemplo disso é a impossibilidade de imposição de sanções administrativas mais graves do que as penas aplicadas pela prática de crimes, tendo em vista os conceitos da subsidiariedade e da intervenção penal mínima. Nesse sentido, o STF possui jurisprudência (RE 154.134/SP) no sentido da não aplicação de penalidade administrativa de "inabilitação permanente para o exercício de cargos de administração ou gerência de instituição financeira". Com base no exposto, o Plenário, por maioria, decidiu pela inconstitucionalidade do parágrafo único do art. 137 da Lei nº 8.112/1990, comunicando ao Congresso para que delibere acerca do prazo para proibição de retorno ao cargo público nos casos acima.
- ***Ação disciplinar*** prescreve: a) se a infração administrativa também for crime, no prazo previsto na lei penal; b) se a infração administrativa não for crime: em 5 anos, para as infrações puníveis com demissão, cassação de aposentadoria ou disponibilidade e destituição de cargo em comissão; em 2 anos, para os casos de suspensão; em 180 dias para a advertência.
- STJ: "O prazo prescricional previsto na lei penal se aplica às infrações disciplinares também capituladas como crime independentemente da apuração criminal da conduta do servidor. Para se aplicar a regra do § 2º do art. 142 da Lei nº 8.112/90 não se exige que o fato esteja sendo apurado na esfera penal (não se exige que tenha havido oferecimento de denúncia ou instauração de inquérito policial). Se a infração disciplinar praticada for, em tese, também crime, deve ser aplicado o prazo prescricional previsto na legislação penal independentemente de qualquer outra exigência". (1ª Seção. MS 20.857-DF, Rel. Min. Napoleão Nunes Maia Filho, Rel. Acd. Min. Og Fernandes, julgado em 22/05/2019 - Info 651).
- STJ: Desde que devidamente motivada e com amparo em investigação ou sindicância, é possível a instauração de processo administrativo disciplinar com base em denúncia anônima, em face do poder-dever de autotutela imposto à Administração (Súmula nº 611).
- STJ: "A portaria de instauração do processo administrativo disciplinar prescinde da exposição detalhada dos fatos a serem apurados" (Súmula nº 641).
- Sistematização das formas de apuração de infração disciplinar[25]:

APURAÇÃO DE INFRAÇÃO DISCIPLINAR	
Infração punida com	**Meio de apuração**
Advertência Suspensão ≤ 30 dias	Sindicância ou Processo administrativo disciplinar
Suspensão > 30 dias Demissão Cassação de aposentadoria ou disponibilidade Destituição de cargo em comissão	Processo administrativo disciplinar

- Processo administrativo: rito ordinário e rito sumário.
- ***Rito ordinário*** do processo administrativo disciplinar[26]:

PROCESSO ADMINISTRATIVO DISCIPLINAR: Rito Ordinário		
Instauração	Publicação do ato de constituição da comissão disciplinar Comissão → 3 servidores estáveis	
	Consequências	• (60 dias + 60 dias) • possibilidade de afastamento temporário do servidor • impossibilidade de aposentadoria voluntária ou exoneração a pedido do servidor

25. BORTOLETO, Leandro. *Direito administrativo*. 2. ed.Salvador: Juspodivm, 2013. p. 239.
26. BORTOLETO, Leandro. *Direito administrativo*. 2. ed.Salvador: Juspodivm, 2013. p. 243.

<table>
<tr><th colspan="4">PROCESSO ADMINISTRATIVO DISCIPLINAR:
Rito Ordinário</th></tr>
<tr><td rowspan="4">Inquérito Administrativo</td><td rowspan="2">Instrução</td><td colspan="2">• Produção de provas: testemunhas, perícias, acareações, interrogatório do servidor e demais diligências
• Indiciação: se for o caso, após análise das provas</td></tr>
<tr><td>Citação</td><td>• por mandado
ou
• por edital</td></tr>
<tr><td rowspan="2">Defesa</td><td rowspan="2">Prazo</td><td>• 10 dias ➔ 1 indiciado
• 20 dias ➔ + de 1 indiciado (comum)</td></tr>
<tr><td>• 15 dias ➔ citação por edital</td></tr>
<tr><td rowspan="2">Inquérito Administrativo</td><td>Defesa</td><td>Defesa não apresentada no prazo</td><td>• servidor nomeado defensor dativo
• devolução do prazo</td></tr>
<tr><td>Relatório</td><td>Conteúdo</td><td>• resumo das principais peças
• menção às provas
• conclusão (inocência ou responsabilidade)
• indicação do dispositivo legal</td></tr>
<tr><td rowspan="3">Julgamento</td><td>• Prazo</td><td colspan="2">➔ 20 dias
➔ inobservância: não gera nulidade; se ocorrer a prescrição autoridade será responsabilizada</td></tr>
<tr><td>• Competência</td><td colspan="2">➔ Art. 141; se autoridade instauradora não tiver competência, deve encaminhar os autos à competente</td></tr>
<tr><td>• Relatório da Comissão Disciplinar</td><td colspan="2">➔ Regra: deve ser acatado
➔ Exceção: pode ser refutado se, motivadamente, for demonstrado que é contrário à prova dos autos</td></tr>
<tr><td colspan="4">PRAZO PARA CONCLUSÃO: 60 dias + 60 dias = 120 dias. Conforme STF e STJ, não está incluído prazo para julgamento (20 dias), totalizando 140 dias.

Súmula nº 635 do STJ: "Os prazos prescricionais previstos no artigo 142 da Lei 8.112/1990 iniciam-se na data em que a autoridade competente para a abertura do procedimento administrativo toma conhecimento do fato, interrompem-se com o primeiro ato de instauração válido – sindicância de caráter punitivo ou processo disciplinar – e voltam a fluir por inteiro, após decorridos 140 dias desde a interrupção."</td></tr>
</table>

- ***Revisão*** do processo administrativo disciplinar: ***pode se dar de ofício ou a requerimento*** do servidor (em caso de falecimento, ausência ou desaparecimento do servidor, qualquer pessoa da família poderá fazê-lo) e não há prazo, mas devem ser cumpridos os seguintes ***requisitos***: ***fato novo ou circunstância suscetível de justificar a inocência do punido ou a inadequação da penalidade aplicada*** (art. 174).

- Seguridade social: é ***dever da União manter Plano de Seguridade Social para o servidor e sua família*** (art. 183).

- ***Benefícios do Plano de Seguridade Social.*** **Benefícios para o servidor**: a) aposentadoria; b) auxílio-natalidade; c) salário-família; d) licença para tratamento de saúde; e) licença à gestante, à adotante e licença-paternidade; f) licença por acidente em serviço; g) assistência à saúde; h) garantia de condições individuais e ambientais de trabalho satisfatórias. **Benefícios para os dependentes**: a) pensão vitalícia e temporária; b) auxílio-funeral; c) auxílio-reclusão; d) assistência à saúde. **ATENÇÃO!** O rol de benefícios dos regimes próprios de previdência social fica limitado às aposentadorias e à pensão por morte (art. 9º, §2º da EC nº 103/2019) e no caso de afastamentos por incapacidade temporária para o trabalho e salário-maternidade, o pagamento será feito diretamente pelo ente federativo e não correrá à conta do RPPS ao qual o servidor se vincula (art. 9º, §3º da EC nº 103/2019).

- **PENSÃO**:

– **Valor:** o valor da pensão por morte concedida a dependente do servidor federal passou a ser regido pelo disposto na EC nº 103/2019 e será equivalente a:

- uma cota familiar de 50% do valor da aposentadoria recebida pelo segurado ou servidor ou daquela a que teria direito se fosse aposentado por incapacidade permanente na data do óbito, acrescida de cotas de 10 pontos percentuais por dependente, até o máximo de 100%. **ATENÇÃO!** As cotas por dependente cessarão com a perda dessa qualidade e não serão reversíveis aos demais dependentes, preservado o valor de 100% da pensão por morte quando o número de dependentes remanescente for igual ou superior a 5.

- **dependente inválido:** I – 100% da aposentadoria recebida pelo segurado ou servidor ou daquela a que teria direito se fosse aposentado por incapacidade permanente na data do óbito, até o limite máximo de benefícios do Regime Geral de Previdência Social; e II – uma cota familiar de 50% acrescida de cotas de 10 pontos percentuais por dependente, até o máximo de 100%, para o valor que supere o limite máximo de benefícios do Regime Geral de Previdência Social. **ATENÇÃO!** Quando não houver mais dependente inválido ou com deficiência intelectual, mental ou grave, o valor da pensão será recalculado na forma do disposto acima.

ATENÇÃO! O tempo de duração da pensão por morte e das cotas individuais por dependente até a perda dessa qualidade, o rol de dependentes e sua qualificação e as condições necessárias para enquadramento serão aqueles estabelecidos na Lei nº 8.213, de 24 de julho de 1991 (art. 23, §4º da EC nº 103/2019).

- **Beneficiários da pensão:** o rol de dependentes e sua qualificação, assim como as condições necessárias para enquadramento serão aqueles estabelecidos pela Lei nº 8.213/1991, que traz as regras do RGPS. São eles (art. 16 da Lei nº 8.213/1991):

> *I – o cônjuge, a companheira, o companheiro e o filho não emancipado, de qualquer condição, menor de 21 (vinte e um) anos ou inválido ou que tenha deficiência intelectual ou mental ou deficiência grave;*
>
> *II – os pais;*
>
> *III – o irmão não emancipado, de qualquer condição, menor de 21 (vinte e um) anos ou inválido ou que tenha deficiência intelectual ou mental ou deficiência grave;*

ATENÇÃO! Segundo o art. 23, §6º da EC nº 103/2019, "equiparam-se a filho, para fins de recebimento da pensão por morte, exclusivamente o enteado e o menor tutelado, desde que comprovada a dependência econômica".

Súmula 663 do STJ: "A pensão por morte de servidor público federal pode ser concedida ao filho inválido de qualquer idade, desde que a invalidez seja anterior ao óbito."

- **Perda da qualidade de beneficiário:** O tempo de duração da pensão por morte e das cotas individuais por dependente até a perda dessa qualidade também seguirá o estabelecido pela Lei nº 8.213/1991 (art. 77, §2º da Lei nº 8.213/1991):

- pela morte do pensionista;
- para o filho, a pessoa a ele equiparada ou o irmão, de ambos os sexos, ao completar vinte e um anos de idade, salvo se for inválido ou tiver deficiência intelectual ou mental ou deficiência grave;
- para filho ou irmão inválido, pela cessação da invalidez;
- para filho ou irmão que tenha deficiência intelectual ou mental ou deficiência grave, pelo afastamento da deficiência, nos termos do regulamento;
- para cônjuge ou companheiro:

a) se inválido ou com deficiência, pela cessação da invalidez ou pelo afastamento da deficiência, respeitados os períodos mínimos;

b) em 4 meses, se o óbito ocorrer sem que o segurado tenha vertido 18 contribuições mensais ou se o casamento ou a união estável tiverem sido iniciados em menos de 2 anos antes do óbito do segurado;

c) transcorridos os seguintes períodos, estabelecidos de acordo com a idade do beneficiário na data de óbito do segurado, se o óbito ocorrer depois de vertidas 18 contribuições mensais e pelo menos 2 anos após o início do casamento ou da união estável (ATENÇÃO! Nos termos do §3º do art. 222 da Lei nº 8.112/1990, os períodos constantes do art. 222, VII, "b", podem ser atualizados e, com base nesse dispositivo, a Portaria nº 424, de 29/12/2020, do Ministério da Economia, elevou a idade para a pensão vitalícia de 44 para 45 anos):

a) 3 anos, com menos de 22 anos de idade;

b) 6 anos, entre 22 e 27 anos de idade;

c) 10 anos, entre 28 e 30 anos de idade;

d) 15 anos, entre 31 e 41 anos de idade;

e) 20 anos, entre 42 e 44 anos de idade;

f) vitalícia, com 45 anos de idade.

Com o advento da MP nº 871/2019, convertida na Lei nº 13.846/2019 a pensão por morte será devida ao conjunto dos dependentes do segurado a contar **da data** (art. 219). **ATENÇÃO!** Referida disposição é idêntica à estabelecida pelo art. 74 da Lei nº 8.213/1991:

a) do óbito, quando requerida em até 180 após o óbito, para os filhos menores de 16 (dezesseis) anos, ou em até 90 dias após o óbito, para os demais dependentes;

b) do **requerimento**, quando requerida após o prazo previsto acima; ou

c) da **decisão judicial**, na hipótese de morte presumida.

6. PODERES ADMINISTRATIVOS

- **São as prerrogativas à disposição da Administração destinadas à viabilização do interesse público.**

PODER VINCULADO (OU REGRADO): é aquele que a lei "confere **à** Administração Pública para a prática de ato de sua competência, determinando os elementos e requisitos necessários a sua formalização"[27]. Na verdade, não se trata de prerrogativa à disposição da Administração e, sim, uma restrição, uma obrigação de atuação em conformidade com a lei. De fato, é mais uma exigência de comportamento do que um poder.

PODER DISCRICIONÁRIO: prerrogativa conferida à Administração Pública de fazer opções, de escolher, de analisar se é oportuno, se é conveniente, segundo o interesse público, a prática de determinado ato.

Quando existe a discricionariedade:

a) quando a lei expressamente prever;

b) quando a lei utilizar conceitos jurídicos indeterminados (boa-fé, moralidade, decoro, bons costumes...). Tal poder pode sofrer limitação em face do princípio da razoabilidade.

PODER HIERÁRQUICO: o de que dispõe o Executivo para distribuir e escalonar as funções de seus

27. MEIRELLES, Hely Lopes. *Direito administrativo brasileiro*. 36. ed.São Paulo: Malheiros, 2010. p. 120. Essa definição é cobrada de maneira literal, com frequência, nas provas.

órgãos, ordenar e rever a atuação de seus agentes, estabelecendo a relação de subordinação entre os servidores do seu quadro de pessoal"[28].

É típico da função administrativa, mas não é exclusivo do Executivo e faz parte dos Poderes Legislativo e Judiciário, na função atípica de administrar. É com base na **hierarquia** que se pode **avocar, delegar, ordenar, controlar, corrigir e aplicar sanções**.

Delegação: é a transferência de parte das atribuições feita por quem era originariamente competente.

Avocação: o superior, que não era competente, chama para si parcela de competência legalmente atribuída a subordinado seu.

PODER DISCIPLINAR: é a prerrogativa pela qual a Administração apura as infrações e aplica as penalidades ao infrator, que pode ser um servidor público ou particular sujeito à disciplina administrativa, como um estudante de escola pública[29].

Diferenças entre poder disciplinar e ius puniendi:

1). Penalidade administrativa: objeto as infrações relacionadas ao serviço; dirige-se a um agente público ou a um particular juridicamente relacionado com a administração.

- Sanção penal: dirigida a qualquer infrator da lei penal e não pode ser aplicada por órgão administrativo, sendo privativa da atuação judicial.

2) Esfera administrativa: tipicidade afrouxada (nem todas as infrações são previstas de forma detalhada; conceitos jurídicos indeterminados).

- Esfera penal: tipicidade rígida

PODER REGULAMENTAR

Para Maria Sylvia Zanella Di Pietro, é espécie do poder normativo da Administração Pública, ou seja, é um tipo, uma das formas pela qual se expressa a função normativa da Administração Pública, e o poder regulamentar, assim entendido, é privativo do Chefe do Executivo e se materializa por meio de decreto, mas há outras formas de expressão do poder normativo como as resoluções, as portarias, as instruções, os regimentos, mas esses atos possuem alcance restrito aos limites de atuação do órgão e não têm a mesma natureza dos regulamentos expedidos pelos Chefes do Executivo[30].

Regulamento executivo: é ato administrativo que explica, detalha a lei para seu fiel cumprimento; é ato normativo secundário, não podendo criar direitos e obrigações (apenas as acessórias ou derivadas).

Regulamento autônomo: é ato normativo, infralegal, que pode inovar na ordem jurídica; tem seu fundamento diretamente estabelecido no texto constitucional; trata de matéria não constante em lei. Art. 84, VI, da Constituição Federal.

Por esse dispositivo constitucional, o Presidente da República tem competência para dispor, mediante decreto, sobre a administração federal, desde que não implique aumento de despesa, não faça a criação ou extinção de órgão público e nem a extinção de cargo público provido (por decreto, pode extinguir cargo vago). Os Governadores e Prefeitos também dispõem dessa competência, desde que haja previsão, respectivamente, nas Constituições estaduais e leis orgânicas.

Regulamentação técnica ou regulamento autorizado: manifesta-se, por exemplo, na função normativa exercida pelas agências reguladoras, as quais recebem a função de regular por meio da deslegalização de parte da matéria.

Deslegalização ou delegificação: a lei delega a função de criar norma a respeito de assuntos técnicos a órgãos administrativos. Fala-se, também, em discricionariedade técnica, porque a lei estabelece parâmetros, diretrizes para que, em nível administrativo, seja feita a complementação da lei, com conteúdo técnico.

- ***PODER DE POLÍCIA***

"faculdade de que dispõe a administração pública para condicionar e restringir o uso e gozo de bens, atividades e direitos individuais, em benefício da coletividade ou do próprio Estado"[31].

- ***Poder de polícia em sentido amplo e em sentido estrito***: ***sentido amplo***: engloba tanto os atos legislativos quanto os atos administrativos; ***sentido estrito***: é uma atividade administrativa e, assim, só pode ser exercida na função administrativa e não na função legislativa.

Polícia administrativa e polícia de judiciária

Polícia administrativa: o foco é a limitação a uma liberdade, ao exercício de um direito para que não seja exercido de forma nociva ao interesse público. Regulada pelas normas de direito administrativo.

Polícia judiciária: o objetivo é a responsabilização do infrator. Regulada pelas normas de direito processual penal.

STF (RE 658570) fixou tese de repercussão geral: "é constitucional a atribuição às guardas municipais do exercício de poder de polícia de trânsito, inclusive para imposição de sanções administrativas legalmente previstas".

- **Atributos do poder de polícia:**

28. MEIRELLES, Hely Lopes. *Direito administrativo brasileiro*. 36. ed.São Paulo: Malheiros, 2010. p. 124.
29. DI PIETRO, Maria Sylvia Zanella. *Direito administrativo*. 23. ed. São Paulo: Atlas, 2010. p. 94.
30. MEIRELLES, Hely Lopes. *Direito administrativo*. 25. ed. São Paulo: Atlas, 2012. p. 91 e 94.
31. MEIRELLES, Hely Lopes. *Direito administrativo brasileiro*. 36. ed.São Paulo: Malheiros, 2010. p. 134.

- discricionariedade: em regra é discricionário, mas pode ser vinculado também. Licença: vinculado. Autorização: discricionário.
- autoexecutoriedade: Administração pode praticar diretamente os atos afetos à polícia administrativa, não necessitando recorrer ao Poder Judiciário.
- coercibilidade: ato de polícia administrativa é impositivo, coercitivo para o destinatário.

• ***Ciclo de polícia***: ordem de polícia, consentimento de polícia, fiscalização de polícia, sanção de polícia.

• O STF, no RE 633782/MG (Informativo nº 996), fixou a seguinte tese de repercussão geral: "É constitucional a delegação do poder de polícia, por meio de lei, a pessoas jurídicas de direito privado integrantes da Administração Pública indireta de capital social majoritariamente público que prestem exclusivamente serviço público de atuação própria do Estado e em regime não concorrencial". Segundo o decidido, o regime jurídico híbrido das estatais prestadoras de serviço público em regime de monopólio é compatível com a delegação, pois a incidência de normas de direito público em relação às entidades da Administração indireta tem condão de as aproximar do regime de direito público. Em resumo, os atos de consentimento, fiscalização e aplicação de sanções podem ser delegados a estatais com regime jurídico próximo ao aplicável à Fazenda Pública.

• **Prescrição:** Lei 9.873/99 (esfera federal): prescreve "em cinco anos a ação punitiva da Administração Pública Federal, direta e indireta, no exercício do poder de polícia, objetivando apurar infração à legislação em vigor, contados da data da prática do ato ou, no caso de infração permanente ou continuada, do dia em que tiver cessado". Se o fato objeto da ação punitiva também for crime, o prazo de prescrição será o previsto na Lei penal.

No caso dos Estados e Municípios, **quando não existir legislação local específica**, o prazo prescricional para as ações administrativas punitivas "é quinquenal, conforme previsto no art. 1º do Decreto n. 20.910/32, sendo inaplicáveis as disposições contidas na Lei n. 9.873/99, cuja incidência limita-se à Administração Pública Federal Direta e Indireta" (Tese STJ AgInt no REsp 1409267/PR, 2ª Turma, AgRg no REsp 1513771/PR, 1ª Turma).

• **Consensualidade e poder de polícia**

A consensualidade ganhou muita força no Direito Administrativo e a Administração Pública deve preferir técnicas consensuais de solução de conflitos em detrimento da unilateralidade imperativa dos atos administrativos e, inclusive, isso pode ser aplicado aos atos de polícia administrativa.

A contratualização da competência de polícia permite que a Administração realize acordos com o administrado, possibilitando ao particular cessar com determinada prática ou adotar certa providência, sendo que em contrapartida a "Administração restringe, condiciona ou afasta o exercício da competência administrativa no caso concreto (KLEIN, 2014, p. 84).

Nesse sentido, disparado "o procedimento administrativo sancionador e garantidos o devido processo legal, a ampla defesa e o contraditório, há duas possibilidades: caso se verifique que as infrações são verídicas, poder-se-á impor a sanção de polícia, motivada e proporcional à gravidade da falta, compelindo o infrator à prática de atos corretivos ou dissuadindo-o de persistir no cometimento da infração administrativa ; ou, então, pode--se deixar de aplicar a sanção, pela celebração de acordos substitutivos/suspensivos, por meio de Termos de Ajustamento de Conduta (TACs), segundo o que melhor atenda ao interesse público"[32].

Inclusive, a LINDB reforça a consensualidade em dois dispositivos:

Art. 26. Para eliminar irregularidade, incerteza jurídica ou situação contenciosa na aplicação do direito público, inclusive no caso de expedição de licença, a autoridade administrativa poderá, após oitiva do órgão jurídico e, quando for o caso, após realização de consulta pública, e presentes razões de relevante interesse geral, celebrar compromisso com os interessados, observada a legislação aplicável, o qual só produzirá efeitos a partir de sua publicação oficial.

§ 1º O compromisso referido no caput deste artigo:

I - buscará solução jurídica proporcional, equânime, eficiente e compatível com os interesses gerais; (Incluído pela Lei nº 13.655, de 2018)

---

32. SADDY, André; GRECO, Rodrigo Azevedo. Termo de Ajustamento de Conduta em procedimentos sancionatórios regulatórios. Revista de Informação Legislativa, nº 52, 2015, p. 170, disponível em <https://repositorio.idp.edu.br/bitstream/123456789/606/1/Monografia_Daniel%20Ricardo%20Lemos%20Linder.pdf>.

II – (VETADO);

III - não poderá conferir desoneração permanente de dever ou condicionamento de direito reconhecidos por orientação geral;

IV - deverá prever com clareza as obrigações das partes, o prazo para seu cumprimento e as sanções aplicáveis em caso de descumprimento.

§ 2º (VETADO).

Art. 27. A decisão do processo, nas esferas administrativa, controladora ou judicial, poderá impor compensação por benefícios indevidos ou prejuízos anormais ou injustos resultantes do processo ou da conduta dos envolvidos.

§ 1º A decisão sobre a compensação será motivada, ouvidas previamente as partes sobre seu cabimento, sua forma e, se for o caso, seu valor.

§ 2º Para prevenir ou regular a compensação, poderá ser celebrado compromisso processual entre os envolvidos.

- A atividade de polícia administrativa, como qualquer outra atividade administrativa, deve estar em consonância com os princípios da Administração Pública e, portanto, possui limites. A razão de existir o poder de polícia é a preservação do interesse público em face de atividade particular nociva e, desse modo, sua atuação deve ser na medida necessária para tanto e, obviamente, deve haver o respeito aos direitos fundamentais.

- Sistematização do abuso de poder[33]:

<table>
<tr><th colspan="2">ABUSO DE PODER</th></tr>
<tr><td colspan="2">• Uso dos poderes administrativos contrariando o regime jurídico administrativo
• Forma comissiva ou omissiva</td></tr>
<tr><td colspan="2">Espécies</td></tr>
<tr><td>Excesso de poder</td><td>Desvio de poder</td></tr>
<tr><td>Atua fora dos limites da competência</td><td>Atua dentro dos limites da competência, mas com finalidade diversa daquela com que deveria atuar</td></tr>
</table>

Lei do abuso de autoridade (Lei nº 13.869/2019)

Efeitos da condenação (art. 4º):

a) **tornar certa a obrigação de indenizar** o dano causado pelo crime, devendo o juiz, a requerimento do ofendido, fixar na sentença o valor mínimo para reparação dos danos causados pela infração, considerando os prejuízos por ele sofridos;

b) **a inabilitação para o exercício de cargo, mandato ou função pública**, pelo período de 1 (um) a 5 (cinco) anos;

c) **a perda do cargo, do mandato ou da função pública.**

Os dois últimos **efeitos (inabilitação e perda) não são automáticos, são condicionados à reincidência em crime de abuso de autoridade** e devem ser **declarados motivadamente** na sentença pelo juiz.

Art. 5º: prevê as **penas restritivas de direito substitutivas** das penas privativas de liberdade e uma delas é a **suspensão do exercício do cargo, da função ou do mandato** e pode ter duração de 1 a 6 meses, com a perda dos vencimentos e das vantagens.

7. ATO ADMINISTRATIVO

– Fato produz efeito jurídico no direito administrativo: fato administrativo

– Fato não produz efeito jurídico no direito administrativo: fato da administração

– Ato da Administração: abrange todos os atos praticados no exercício da função administrativa. Nessa categoria estão:

a) atos de direito privado;

b) atos materiais (são os fatos administrativos);

c) atos políticos;

d) atos administrativos.

CONCEITO

Ato administrativo é "toda manifestação unilateral de vontade da Administração Pública que, agindo nessa qualidade, tenha por fim imediato adquirir, resguardar, transferir, modificar, extinguir e declarar direitos, ou impor obrigações aos administrados ou a si própria"[34].

Ato administrativo:

a) o regime jurídico é sempre o de **direito público**;

b) o ato é uma **manifestação**, uma declaração jurídica **unilateral**;

c) é ato **infralegal**;

d) submete-se ao **controle** administrativo e judicial.

ELEMENTOS

Sistematização dos elementos do ato administrativo[35]:

33. BORTOLETO, Leandro. *Direito administrativo*. Salvador: Juspodivm, 2012. p. 300.

34. MEIRELLES, Hely Lopes. *Direito administrativo brasileiro*. 36. ed. São Paulo: Malheiros, 2010. p. 153.

35. Quanto à posição de Celso Antônio Bandeira de Mello: *Curso de direito administrativo*. 27. ed. São Paulo: Malheiros, 2010. p. 393-412.

ELEMENTOS OU REQUISITOS DO ATO ADMINISTRATIVO
Posição tradicional (usualmente cobrada nas provas)
Competência ou Sujeito: Quem? Conjunto de atribuições administrativas do servidor. **Finalidade:** Para quê? Resultado mediato almejado com a prática do ato. **Forma:** Como? Exteriorização do ato. Maneira pela qual o ato se apresenta. **Motivo ou Causa:** Por quê? Pressuposto de fato e de direito cuja ocorrência autoriza ou determina a prática do ato. **Objeto ou Conteúdo:** O quê? Resultado imediato pretendido com a prática do ato
Posição de Celso Antônio Bandeira de Mello (requisitos)
Motivo do ato x Motivo legal: motivo legal é a previsão abstrata de uma situação fática e motivo do ato é a própria situação material. Ambos têm que coincidir. **Motivo x móvel:** motivo é a situação objetiva, real, empírica; é a realidade objetiva, externa ao agente; móvel é a representação subjetiva, psicológica, interna do agente; móvel é a vontade do agente. **Objeto x Conteúdo:** não são sinônimos. Objeto sobre o que o ato incide. Conteúdo é o próprio ato em essência; é interno ao ato, já o objeto é externo ao ato. **Causa:** Não é sinônimo de motivo. É a correlação lógica entre o motivo do ato administrativo e seu conteúdo, em vista da finalidade pública. É a relação lógica entre motivo e o conteúdo do ato, em função da finalidade pública.

<table>
<tr><th colspan="3">Sistematização dos requisitos do ato (Celso Antônio)</th></tr>
<tr><td>ELEMENTOS</td><td colspan="2">• Conteúdo
• Forma</td></tr>
<tr><td rowspan="2">PRESSUPOSTOS</td><td>• De existência</td><td>• Objeto
• Pertinência da função administrativa</td></tr>
<tr><td>• De validade</td><td>• Sujeito incompetente (pressuposto subjetivo)
• Motivo (pressuposto objetivo)
• Requisitos procedimentais
• Finalidade Pública (pressuposto teleológico)
• Causa (pressuposto lógico)
• Formalização (pressuposto formalístico)</td></tr>
</table>

TEORIA DOS MOTIVOS DETERMINANTES

O administrador fica vinculado aos motivos declarados para a prática do ato. Quer dizer, mesmo que se trate de situação em que não havia obrigação de motivar, uma vez feita a motivação ou o motivo declarado, existiu e é verdadeiro ou o ato é nulo.

Consequência do silêncio administrativo:

a) se houver Lei a respeito: previsão legal;

b) se não houver Lei a respeito: competência discricionária: exigência de decisão motivada; competência vinculada: exigência da prática do ato.

ATRIBUTOS

Sistematização dos **atributos** do ato administrativo[36]:

<table>
<tr><th colspan="2">ATRIBUTOS OU CARACTERÍSTICAS DO ATO ADMINISTRATIVO</th></tr>
<tr><td>PRESUNÇÃO DE LEGITIMIDADE</td><td>• presunção de que todo ato administrativo praticado está de acordo com a lei
• pode ser praticado imediatamente
• produz efeitos até que seja anulado
• ônus da prova do interessado
• nulidade só é apreciada a pedido pelo Judiciário
• existe em todos os atos administrativos</td></tr>
<tr><td>IMPERATIVIDADE</td><td>• ato administrativo é imposto ao destinatário
• não está presente em todos os atos administrativos</td></tr>
<tr><td>AUTOEXECUTORIEDADE</td><td>• Administração executa o ato por seus próprios meios
• não existe em todos os atos administrativos: só em urgência ou se previsto em lei</td></tr>
</table>

Sistematização da **classificação** dos atos administrativos:

<table>
<tr><th colspan="2">CLASSIFICAÇÃO DOS ATOS ADMINISTRATIVOS</th></tr>
<tr><td rowspan="2">Quanto ao destinatário</td><td>geral ▸ sem destinatário definido; fim normativo</td></tr>
<tr><td>individual → com destinatário definido</td></tr>
</table>

36. BORTOLETO, Leandro. *Direito administrativo*. Salvador: Juspodivm, 2012. p. 334.

Quanto ao alcance	interno → efeitos somente dentro da Administração
	Externo → efeitos para fora da Administração
Quanto ao objeto	império → posição de superioridade
	gestão → posição de igualdade
	expediente → rotina interna; sem poder decisório
Quanto ao regramento	vinculado → não pode escolher no caso concreto
	discricionário → pode escolher no caso concreto
Quanto à formação da vontade	simples → vontade de um órgão só
	complexo → vontade de dois órgãos e um ato só
	composto → dois órgãos e dois atos (principal e acessório)
Quanto ao conteúdo	constitutivo → cria situação jurídica individual
	extintivo → encerra situação jurídica individual
	declaratório → declara situação já existente
	alienativo → transfere bens ou direitos
	modificativo → altera situação jurídica, sem encerrá-la
	abdicativo → renúncia a um direito
Quanto à eficácia	válido → em conformidade com o direito
	nulo → vício insanável
	anulável → vício sanável
	Inexistente → parece ato, mas não é
Quanto à exequibilidade	perfeito → completou ciclo de formação
	imperfeito → não completou ciclo de formação
	Pendente → não está apto para produzir efeitos
	consumado → já produziu seus efeitos; definitivo

PERFEIÇÃO, VALIDADE E EFICÁCIA DO ATO ADMINISTRATIVO

- **Perfeição** diz respeito ao processo de formação do ato:
  - perfeito: ocorreram todas as fases de formação
  - imperfeito: não ocorreram todas as fases de formação
- **Validade** refere-se à verificação da conformidade do ato com a lei
  - válido: está de acordo com o direito
  - inválido: não está em conformidade com o direito
- **Eficácia** é a possibilidade, atual e imediata, de produção dos efeitos típicos do ato
  - eficaz: está disponível para a produção de seus efeitos típicos
  - ineficaz: não está disponível para a produção de seus efeitos típicos

ATOS ADMINISTRATIVOS NULOS E ANULÁVEIS:

- Nulidade absoluta: quando o vício for insanável
- Nulidade relativa: quando o vício for sanável
- Administração pode decretar de ofício a nulidade (absoluta ou relativa), por força do princípio da autotutela
  - Ato válido é aquele que possui todos os elementos de validade, ou seja, é praticado por autoridade competente e em obediência aos demais requisitos (finalidade, forma, motivo e objeto).
  - Ato nulo é o ato que tem vício insanável, isto é, há ausência ou defeito em um dos seus elementos, especialmente nos elementos motivo, finalidade e objeto, porque o vício de um desses requisitos não é passível de convalidação.
  - Ato anulável é aquele que tem vício sanável quanto ao elemento competência ou quanto à forma.
  - Ato inexistente é aquele que aparenta ser ato, mas não é. A situação mais comum é a usurpação de função.

VÍCIOS DO ATO ADMINISTRATIVO.

Lei nº 4.717/65: Art. 2º São nulos os atos lesivos ao patrimônio das entidades mencionadas no artigo anterior, nos casos de:

a) incompetência;

b) vício de forma;

c) ilegalidade do objeto;

d) inexistência dos motivos;

e) desvio de finalidade.

Parágrafo único. Para a conceituação dos casos de nulidade observar-se-ão as seguintes normas:

a) a incompetência fica caracterizada quando o ato não se incluir nas atribuições legais do agente que o praticou;

b) o vício de forma consiste na omissão ou na observância incompleta ou irregular de formalidades indispensáveis à existência ou seriedade do ato;

c) a ilegalidade do objeto ocorre quando o resultado do ato importa em violação de lei, regulamento ou outro ato normativo;

d) a inexistência dos motivos se verifica quando a matéria de fato ou de direito, em que se fundamenta o ato, é materialmente inexistente ou juridicamente inadequada ao resultado obtido;

e) o desvio de finalidade se verifica quando o agente pratica o ato visando a fim diverso daquele previsto, explícita ou implicitamente, na regra de competência.

EXTINÇÃO DO ATO ADMINISTRATIVO

O ato administrativo extingue-se[37]:

a) pelo cumprimento dos seus efeitos: é a extinção natural do ato e ocorre quando este encerrou a produção dos seus efeitos. Pode ocorrer nas seguintes hipóteses:

- **esgotamento do conteúdo jurídico**: seus efeitos fluem ao longo do prazo previsto. Exemplo: o ato que concede férias ou licença para o servidor é extinto quando há o término das férias ou da licença.
- **execução material**: quando realizado o ato material determinado pelo ato administrativo. Exemplo: o ato que ordena a demolição de prédio que ameaça ruir é extinto com a execução da ordem.
- **implemento de condição resolutiva ou termo final**: quando acontece o evento previsto no próprio ato (se estiver previsto na lei, como próprio do ato, é esgotamento do conteúdo jurídico) para sua extinção. Exemplo: permissão para derivar água de um rio, se este não baixar aquém de certo limite.

b) pelo desaparecimento do sujeito ou do objeto: quando o sujeito ou o objeto da relação jurídica, que o ato constitui, deixa de existir. Exemplo: incêndio destrói imóvel objeto de permissão ou morte do motorista extingue licença para dirigir.

c) pela retirada do ato: é praticado outro ato retirando, extinguindo o anterior. São espécies:

- **cassação**: o destinatário do ato **descumpre condição a que estava obrigado** pelo ato para se beneficiar de seus efeitos. Exemplo: cassação de licença ambiental de posto de combustível por passar a desrespeitar as exigências quanto ao armazenamento de combustível.
- **caducidade**: **nova norma** jurídica **proíbe situação antes permitida** e que é objeto do ato. É o caso de ato permitindo a exploração de atividade comercial em área pública e, posteriormente, a Lei de zoneamento urbano é alterada e a região onde a área se localiza passa a ser de ocupação estritamente residencial.
- **contraposição ou derrubada**: **novo ato** é praticado, com fundamento em competência diversa, cujos **efeitos são contrapostos** ao anterior. Exemplo: o ato de demissão de servidor produz efeitos opostos aos causados pelo ato de nomeação.
- **revogação** é a extinção do ato administrativo por razões de interesse público (conveniência e oportunidade).
- **anulação:** extinção do ato administrativo em razão de ilegalidade.

d) pela **renúncia**: o **beneficiário** do ato **renuncia à situação jurídica** por ele implementada. Exemplo: exoneração de servidor, a pedido.

Sistematização da anulação e da revogação do ato administrativo[38]:

ANULAÇÃO	REVOGAÇÃO
Ilegalidade	interesse público (conveniência e oportunidade)
ex tunc (ato restritivo) *ex nunc* (ato ampliativo e boa-fé)	ex nunc
Poder Judiciário e Administração	somente a Administração
qualquer ato (vinculado e discricionário)	atos irrevogáveis: • vinculados • integrantes de procedimento • enunciativos • geraram direito adquirido

DISCRICIONARIEDADE E VINCULAÇÃO

Todo e qualquer ato administrativo deve estar em conformidade com o direito e, em muitos casos, a conveniência e a oportunidade de se praticar determinado ato já foram valoradas pelo legislador, não havendo margem de escolha ao administrador. Nesse caso, a atividade administrativa será vinculada. De outro modo, o legislador opta em atribuir ao administrador a prerrogativa de fazer opções, de escolher, de analisar se é oportuno, se é conveniente, segundo o interesse público, a

37. MELLO, Celso Antônio Bandeira de. *Curso de direito administrativo*. 27. ed. São Paulo: Malheiros, 2010. p. 446-447.

38. BORTOLETO, Leandro. *Direito administrativo*. Salvador: Juspodivm, 2012. p. 347.

prática de determinado ato. Nessa hipótese, a atividade administrativa será discricionária.

Quando o administrador estiver diante da ocorrência de um fato e **puder escolher qual comportamento adotar**, analisando a conveniência e a oportunidade, há **discricionariedade** e se **não puder escolher**, porque só há uma conduta possível, há **vinculação**.

A **discricionariedade existe:**

a) **quando houver expressa previsão legal**: normalmente são usadas expressões como "a critério da Administração" ou "é facultado à Administração";

b) **quando a lei for omissa**: não foi possível prever todas as situações que poderiam ocorrer;

c) **quando a lei utilizar conceitos jurídicos indeterminados**: desde que se trate de situação duvidosa e que, em tese, possa ser aplicado mais de um conceito. A discricionariedade, nesse caso, é mais limitada do que nas outras hipóteses, mas pode existir. Por exemplo, o art. 132, V, da Lei nº 8.112/90 arrola como causa de demissão a incontinência pública e escandalosa.

CONVALIDAÇÃO

Convalidação: o suprimento da invalidade de um ato com efeitos retroativos"[39]. Convalidar é tornar válido um ato inválido, por meio de outro ato que supre vício sanável, com efeitos ex tunc (retroagem).

Quando a convalidação não é possível?[40]

a) quando o **vício** estiver nos elementos **finalidade, motivo ou objeto**;

b) quando o **vício** estiver nos elementos **competência** e **forma** e se tratar de **competência exclusiva ou forma essencial**;

c) quando o **vício foi impugnado** administrativa ou judicialmente;

d) quando **houve a estabilização** do vício pela prescrição ou decadência;

e) quando a convalidação **causar lesão ao interesse público;**

f) quando a convalidação **causar prejuízo a terceiros.**

8. LICITAÇÃO E CONTRATO ADMINISTRATIVO

Atenção! Lei nº 8.666/1993 (Lei Geral de Licitações), Lei nº 10.520/2002 (Lei do Pregão) e os arts. 1º ao 47-A da Lei nº 12.462/2011 (Lei do RDC) foram revogados em 30/12/2023 e, assim, o foco será direcionado às principais previsões contidas na Lei nº 14.133/2021.

Todavia, é importante lembrar que, mesmo após a revogação das leis 8.666/1993, 10.520/2002 e 12.462/2011 (arts. 1º a 47-A), há previsão de ultratividade dessas normas porque, se houve a opção pela licitação ser regida por aquelas leis, o contrato administrativo decorrente será por elas regido durante toda a sua vigência (art. 191, parágrafo único), da mesma forma que os contratos assinados antes do início da vigência da Lei nº 14.133/21 seguem sendo regidos pelas leis revogadas até a sua extinção (art. 190).

- **Licitação** é o processo administrativo instaurado pela Administração Pública, consistente na disputa igualitária entre os interessados em celebrar contrato com ela, para a escolha da proposta que permita a melhor contratação em face do interesse público.
- **Âmbito de aplicação:** a Lei traz normas gerais para as Administrações Públicas diretas, autárquicas e fundacionais da União, Estados, DF e Municípios, abrangendo:

  I – os órgãos dos Poderes Legislativo e Judiciário da União, dos Estados e do Distrito Federal e os órgãos do Poder Legislativo dos Municípios, quando no desempenho de função administrativa;

  II – os fundos especiais e as demais entidades controladas direta ou indiretamente pela Administração Pública.
- **Atenção!** A Lei nº 14.133/2021 estabelece, de forma expressa, que não são abrangidas pela lei as empresas públicas, sociedades de economia mista e suas subsidiárias, regidas pela Lei nº 13.303. As disposições penais, inseridas pelo art. 178 do novo marco legal, entretanto, aplicam-se às estatais.
- **Serviço de publicidade**: licitação regulada pela Lei nº 12.232/10. A Lei nº 14.133/2021 será aplicada de forma complementar.
- **Aplicação subsidiária da Nova Lei**: nos termos do art. 186, aplicam-se as disposições da Lei nº 14.133/2021, de forma subsidiária, à Lei nº 8.987/1995 (Lei geral de concessões), à Lei nº 11.079/2004 (Lei das PPP) e à Lei nº 12.232 (serviços de publicidade).
- **Objeto da licitação (art. 2º, Lei nº 14.133/21):**
a) alienação e concessão de direito real de uso de bens; b) compra, inclusive por encomenda; c) locação; d) concessão e permissão de uso de bens públicos; e) prestação de serviços, inclusive os técnico-profissionais especializados; f) obras e serviços de arquitetura e engenharia; g) contratações de tecnologia da informação e de comunicação.
- **Princípios da licitação (art. 5º):** a) legalidade; b) impessoalidade; c) moralidade; d) publicidade; e) eficiência; f) interesse público; g) probidade admi-

39. MELLO, Celso Antônio Bandeira de. *Curso de direito administrativo*. 27. ed. São Paulo: Malheiros, 2010. p. 473.

40. MAZZA, Alexandre. *Manual de direito administrativo*. São Paulo: Saraiva, 2011. p. 137.

nistrativa; h) igualdade; i) planejamento; j) transparência; k) eficácia; l) segregação de funções; m) motivação; n) vinculação ao edital; o) julgamento objetivo; p) segurança jurídica; q) razoabilidade; r) competitividade; s) proporcionalidade; t) celeridade; u) economicidade; v) desenvolvimento nacional sustentável; x) disposições da Lei de Introdução às Normas do Direito Brasileiro.

- **Publicidade diferida:** A regra é que o processo licitatório seja público, excepcionada nos casos de informações cujo sigilo seja imprescindível à segurança da sociedade e do Estado. Mas, nos termos do art. 13, parágrafo único, a publicidade poderá ser diferida quanto ao conteúdo das propostas, até a abertura e quanto ao orçamento da Administração, desde que justificado, sem prejuízo da divulgação do detalhamento dos quantitativos e demais informações necessárias para a elaboração das propostas, devendo-se apontar que o sigilo não prevalecerá para os órgãos de controle interno e externo (art. 24).
- **Margem de preferência e participação de ME e EPP:**

a) margem de preferência (art. 26):

- pode ser instituída para bens manufaturados e para serviços nacionais que atendam às normas técnicas brasileiras: será definida mediante decisão fundamentada pelo Chefe do Executivo federal**;**
- pode ser instituída para bens reciclados, recicláveis ou biodegradáveis, conforme regulamento;
  - poderá ser de até 10% sobre o preço dos bens e serviços que não se enquadrem nos dois casos citados;
  - poderá ser estendida a bens manufaturados e serviços originários dos Estados Partes do Mercosul, desde que haja reciprocidade prevista em acordo internacional aprovado pelo Congresso e ratificado pelo Presidente;
  - para bens manufaturados nacionais e serviços nacionais resultantes de desenvolvimento e inovação tecnológica no País, definidos conforme regulamento do Poder Executivo federal, a margem de preferência poderá ser de até 20%;

Atenção! A margem não se aplica aos bens manufaturados nacionais e aos serviços nacionais se a capacidade de produção desses bens ou de prestação desses serviços no País for inferior:

- à quantidade a ser adquirida ou contratada; ou
- aos quantitativos fixados em razão do parcelamento do objeto, quando for o caso.

b) ***Tratamento diferenciado*** para microempresa e empresa de pequeno porte nas licitações (Lei Complementar nº 123/06). Benefícios:

- preferência em caso de empate (art. 44 da LC 123/06);
- exigência de regularidade fiscal e trabalhista somente para fins de assinatura do contrato (art. 42);
- tratamento diferenciado e simplificado nas contratações públicas (art. 47 e 48): • abertura de licitações só para participação de ME e EPP, para contratações de até R$ 80.000, 00; • possibilidade de exigência ao licitante para que faça a subcontratação de ME e EPP; • deverá estabelecer cota de até 25% do objeto, no caso de bens divisíveis. Esse tratamento diferenciado não é possível quando (art. 49): • não houver no mínimo três fornecedores sendo microempresa ou empresa de pequeno porte; • quando não for vantajoso ou representar prejuízo para a Administração; • quando a licitação for dispensável ou inexigível, excetuando-se as dispensas tratadas pelos incisos I e II do art. 24 da mesma Lei (dispensa em razão do valor), nas quais a compra deverá ser feita preferencialmente de microempresas e empresas de pequeno porte.

Atenção! A obtenção dos benefícios em questão se limita às microempresas e empresas de pequeno porte que, no ano-calendário de realização da licitação ainda não tenham celebrado contratos com a Administração, cujos valores, somados, superem a receita bruta máxima admitida para enquadramento como empresa de pequeno porte (R$ 4.800.000,00, nos termos do art. 3º, II da LC nº 123/2006). Para tanto, deverá o órgão ou entidade exigir do licitante, declaração de observância desse limite na contratação (art. 4º, §2º da NLLC). Ademais, as disposições contidas nos arts. 42 a 49 da LC nº 123/2006 não se aplicam no caso de licitação para aquisição de bens ou contratação de serviços em geral, ao item cujo valor estimado for superior à receita bruta máxima admitida para fins de enquadramento como empresa de pequeno porte e no caso de contratação de obras e serviços de engenharia, às licitações cujo valor estimado for superior à receita bruta máxima admitida para fins de enquadramento como empresa de pequeno porte (art. 4º, §1º da NLLC).

- **Agente de contratação ou pregoeiro (art. 8º):** A condução da licitação será efetuada por **agente de contratação** ou pregoeiro (no caso de pregão), designado pela autoridade competente entre **servidores efetivos ou empregados públicos permanentes** da Administração Pública, que terá como atribuições: tomar decisões, acompanhar o trâmite da licitação, dar impulso ao procedimento licitatório e executar atividades necessárias ao bom andamento do certame, até sua homologação.
- **Comissão de licitação:** No caso de licitação que envolva bens ou serviços especiais, observados os requisitos preferenciais e obrigatórios acima mencionados, o agente de contratação **poderá ser substituído por comissão de contratação** formada por, no mínimo, 3 membros, que responderão solidariamente pelos atos praticados pela

comissão, salvo se o membro expressar posição individual divergente fundamentada e registrada em ata lavrada na reunião em que a decisão foi tomada. (art. 8º).

- **São objetivos da licitação (art. 11):** a) assegurar a seleção da proposta apta a gerar o resultado de contratação mais vantajoso para a Administração, inclusive no que se refere ao ciclo de vida do objeto; b) assegurar tratamento isonômico entre os licitantes, bem como a justa competição; c) evitar contratações com sobrepreço ou com preços manifestamente inexequíveis e superfaturamento na execução dos contratos; d) incentivar a inovação e o desenvolvimento nacional sustentável.
- **Fases do processo licitatório (art. 17): a)** preparatória; b) de divulgação do edital de licitação; c) de apresentação de propostas e lances, quando for o caso; d) de julgamento; e) de habilitação; f) recursal; g) de homologação.

  Atenção! A fase de habilitação, mediante decisão motivada com explicação dos benefícios dela decorrentes, poderá antecipar a fase de apresentação das propostas e julgamento.
- HABILITAÇÃO

A fase de habilitação é destinada para a Administração comprovar que o interessado preenche todas as condições exigidas no edital. Se preenchidas, estará habilitado e, por outro lado, não preenchendo as exigências será inabilitado e, nesse caso, será excluído do processo licitatório.

De acordo com o art. 62, na fase de habilitação será verificado o conjunto de informações e documentos necessários e suficientes para demonstrar a capacidade do licitante em realizar o objeto e divide-se em: a) jurídica; b) técnica; c) fiscal, social e trabalhista; d) econômico-financeira.

Habilitação fiscal, social e trabalhista

Já a habilitação fiscal, social e trabalhista será aferida pela verificação dos seguintes requisitos (art. 68):

a) inscrição no Cadastro de Pessoas Físicas (CPF) ou no Cadastro Nacional da Pessoa Jurídica (CNPJ);

b) inscrição no cadastro de contribuintes estadual e/ ou municipal, se houver, relativo ao domicílio ou sede do licitante, pertinente ao seu ramo de atividade e compatível com o objeto contratual;

c) regularidade perante a Fazenda federal, estadual e/ ou municipal do domicílio ou sede do licitante, ou outra equivalente, na forma da lei;

d) a regularidade relativa à Seguridade Social e ao FGTS, que demonstre cumprimento dos encargos sociais instituídos por lei;

e) regularidade perante a Justiça do Trabalho;

f) cumprimento do disposto no inciso XXXIII do art. 7º da Constituição Federal, que prevê a proibição de trabalho noturno, perigoso ou insalubre a menores de 16 anos, salvo na condição de aprendiz a maiores de 14 anos.

Esses documentos poderão ser substituídos ou supridos por outros que sejam aptos a comprovar a regularidade do licitante, inclusive por meio eletrônico e, em relação à comprovação de regularidade perante a Fazenda, Seguridade Social, FGTS e perante a Justiça do Trabalho, se dará dos termos da lei específica.

Habilitação econômico-financeira

Esse aspecto da habilitação tem por objetivo demonstrar a aptidão econômica do licitante para cumprir obrigações decorrentes do futuro contrato, devendo ser comprovada de forma objetiva, por coeficientes e índices econômicos previstos no edital, devidamente justificados na licitação, restrita à apresentação dos seguintes documentos:

a) balanço patrimonial, demonstração de resultado de exercício e demais demonstrações contábeis dos últimos 2 exercícios sociais, sendo que cada exercício social tem a duração de 1 ano. Tais documentos se limitam ao último exercício no caso de a pessoa jurídica ter sido constituída há menos de 2 anos (art. 69, §6º).

b) certidão negativa de feitos sobre falência, expedida pelo distribuidor da sede do licitante.

Fase preparatória: caracterizada pelo planejamento da licitação, compreendendo, por exemplo: a) descrição da necessidade fundamentada em estudo técnico; b) definição do objeto para o atendimento da necessidade, por meio de termo de referência, anteprojeto, projeto básico ou executivo, conforme o caso; c) definição das condições de execução e pagamento, das garantias exigidas e ofertadas e das condições de recebimento; d) orçamento estimado; e) elaboração do edital; f) elaboração da minuta de contrato, quando necessária; g) regime de fornecimento; h) modalidade de licitação; i) exposição de motivos das condições estabelecidas no edital, como exigência de qualificação técnica, qualificação econômico-financeira, entre outros; j) análise dos riscos; k) motivação sobre o momento da divulgação do orçamento da licitação.

- **Edital: conteúdo do edital** (art. 25), obrigatoriamente:

a) o objeto da licitação;

b) as regras relativas à:

- convocação;
- julgamento;
- habilitação;
- recursos;
- penalidades;
- fiscalização;
- gestão do contrato;

- entrega do objeto; e
- condições de pagamento.

Todos os elementos do edital, incluídos minuta de contrato, termos de referência, anteprojeto, projetos e outros anexos, deverão ser divulgados em sítio eletrônico oficial na mesma data de divulgação do edital, sem necessidade de registro ou de identificação para acesso.

Atenção! Desde que estudo técnico preliminar demonstre a inexistência de prejuízos à competitividade, o edital poderá prever a utilização de mão de obra, materiais, tecnologias e matérias-primas existentes no local da execução, conservação e operação do bem, serviço ou obra.

O edital de licitação poderá prever a responsabilidade do contratado pela obtenção de licença ambiental e realização da desapropriação autorizada pelo poder público.

O índice de reajustamento de preço deverá estar previsto no edital, independentemente do prazo de duração do contrato, com data-base vinculada à data do orçamento estimado e com a possibilidade de ser estabelecido mais de um índice específico ou setorial.

- **Modalidades de licitação:**

a) **concorrência:** modalidade de licitação para contratação de bens e serviços especiais e de obras e serviços comuns e especiais de engenharia, cujo critério de julgamento poderá ser: • menor preço; • melhor técnica ou conteúdo artístico; • técnica e preço; • maior retorno econômico; • maior desconto.

b) **pregão:** modalidade de licitação obrigatória para aquisição de bens e serviços comuns (inclusive de engenharia), cujo critério de julgamento poderá ser o de menor preço ou o de maior desconto.

Atenção! Bens e serviços comuns: aqueles cujos padrões de desempenho e qualidade possam ser objetivamente definidos pelo edital, por meio de especificações usuais no mercado (art. 6º, XIII).

c) **concurso:** modalidade de licitação para escolha de trabalho técnico, científico ou artístico, cujo critério de julgamento será o de melhor técnica ou conteúdo artístico, e para concessão de prêmio ou remuneração ao vencedor.

d) **leilão:** modalidade de licitação para alienação de bens imóveis ou de bens móveis inservíveis ou legalmente apreendidos a quem oferecer o maior lance. Poderá ser cometido a leiloeiro oficial ou a servidor designado pela autoridade competente.

e) **diálogo competitivo:** modalidade de licitação para contratação de obras, serviços e compras em que a Administração Pública realiza diálogos com licitantes previamente selecionados mediante critérios objetivos, com o intuito de desenvolver uma ou mais alternativas capazes de atender às suas necessidades, devendo os licitantes apresentar proposta final após o encerramento dos diálogos.

Atenção! Note que na NLLC, foram extintas as modalidades de convite e tomada de preços e há a previsão do diálogo competitivo como nova modalidade.

- **Critérios de julgamento:** a) menor preço: a proposta com o menor preço é a vencedora; b) **maior desconto:** considera o menor dispêndio à Administração; c) melhor técnica ou conteúdo artístico: o objetivo é um produto ou serviço de melhor qualidade; d) técnica e preço: almeja-se um produto de qualidade com bom preço; e) maior lance, quando se tratar de leilão: para os casos de **alienação de bens**; f) **maior retorno econômico**: utilizado na celebração do contrato de eficiência, considerando a maior economia à Administração.
- **Itens de consumo de qualidade comum (art. 20):** os itens de consumo deverão ser de qualidade comum, não superior à necessária para os fins a que se destinam, vedada a aquisição de artigos de luxo.
- **Fase externa: a) divulgação do edital de licitação; b) apresentação de propostas; c) julgamento; d) habilitação; d) recursal; e) homologação.**
- **Prazo para apresentação das propostas:**

PRAZO PARA APRESENTAÇÃO DE PROPOSTAS E LANCES - LEI Nº14.133/21	
8 dias úteis	Aquisição de bens, quanto o critério de julgamento for: – menor preço; ou – maior desconto;
15 dias úteis	Aquisição de bens nas demais hipóteses
10 dias úteis	Contratação de serviços comuns e obras e serviços comuns de engenharia, quando o critério de julgamento for: – menor preço; ou – maior desconto;
25 dias úteis	Contratação de serviços especiais e obras e serviços especiais de engenharia, quando o critério de julgamento for: - menor preço; - maior desconto;
60 dias úteis	Contratação de obras e serviços quando o regime de execução for: - contratação integrada

PRAZO PARA APRESENTAÇÃO DE PROPOSTAS E LANCES - LEI Nº14.133/21	
35 dias úteis	Contratação de obras e serviços quando o regime de execução for: - contratação semi-integrada; ou - quando não ocorrer nenhuma das hipóteses anteriores sobre contratação de obras e serviços (que são os casos de 10, 25 e 60 dias úteis acima mencionados);
15 dias úteis	Quando o critério de julgamento for: - maior lance;
35 dias úteis	Quando o critério de julgamento for: – melhor técnica; – a melhor combinação de técnica e preço; - melhor conteúdo artístico.

- Mediante decisão fundamentada, os prazos previstos no quadro acima poderão ser reduzidos até a metade nas licitações realizadas pelo Ministério da Saúde, no âmbito do SUS.
- Indicação de marcas ou modelos (art. 41): A Administração poderá, excepcionalmente, indicar marcas ou modelos, desde que justificado: em decorrência da necessidade de padronização do objeto; em decorrência da necessidade de manter a compatibilidade com plataformas e padrões já adotados pela Administração; quando determinada marca ou modelo comercializados por mais de um fornecedor forem os únicos capazes de atender às necessidades do contratante; quando a descrição do objeto a ser licitado puder ser mais bem compreendida pela identificação de determinada marca ou determinado modelo aptos a servir apenas como referência.
- **Regimes de execução de obras e serviços de engenharia:** a) empreitada por preço unitário; b) empreitada por preço global; c) empreitada integral; d) contratação por tarefa; e) contratação integrada; f) contratação semi-integrada; g) fornecimento e prestação de serviço associado.
- **Apresentação das propostas e modos de disputa (art. 56):**

  a) **aberto**, momento em que os licitantes apresentarão suas propostas por lances públicos e sucessivos, de forma crescente (do menor para o maior) ou decrescente (do maior para o menor): sua utilização será vedada quando adotado o critério de julgamento de técnica e preço.

  b) **fechado**, quando as propostas permanecerão em sigilo até a data e hora designada para sua divulgação: sua utilização de forma isolada será vedada quando adotados os critérios de julgamento de menor preço ou maior desconto.

- Após a definição da melhor proposta, se a diferença em relação à proposta classificada em segundo lugar for de, pelo menos 5% (cinco por cento), a Administração poderá admitir o reinício da disputa aberta, nos termos estabelecidos no instrumento convocatório, para a definição das demais colocações (art. 56, §4º).
- **Critérios de desempate (art. 60)**: a) disputa final; b) avaliação do desempenho contratual prévio dos licitantes; c) desenvolvimento de ações de equidade entre homens e mulheres no ambiente de trabalho; d) desenvolvimento de programa de integridade pelo licitante.
- Caso o empate persista, assegura-se preferência, **sucessivamente**, a bens e serviços produzidos e prestados: empresas estabelecidas no território do Estado ou do Distrito Federal do órgão ou entidade da Administração Pública estadual ou distrital licitante ou, no caso de licitação realizada por órgão ou entidade de Município, no território do Estado em que este se localize; empresas brasileiras; empresas que invistam em pesquisa e no desenvolvimento de tecnologia no País; empresas que comprovem a prática de mitigação, nos termos da Lei nº 12.187, de 29 de dezembro de 2009.
- **Encerramento da licitação (art. 71):** encerradas as fases da licitação de julgamento e habilitação, e exauridos os recursos administrativos, o processo será encaminhado à autoridade superior, que poderá: a) determinar o retorno dos autos para saneamento de irregularidades; b) revogar a licitação por motivo de conveniência e oportunidade superveniente e devidamente comprovado; c) proceder à anulação da licitação, quando presente irregularidade insanável; d) adjudicar o objeto e homologar a licitação.
- **Contratação direta (art. 72):** casos de dispensa e inexigibilidade. Deve ser instruído com os seguintes documentos: a) documento de formalização de demanda e, se for o caso, estudo técnico preliminar, análise de riscos, termo de referência, projeto básico ou projeto executivo; b) estimativa de despesa; c) parecer jurídico e pareceres técnicos, se for o caso, que demonstrem o atendimento dos requisitos exigidos; d) demonstração da compatibilidade da previsão de recursos orçamentários com o compromisso a ser assumido; e) comprovação de que o contratado preenche os requisitos de habilitação e qualificação mínima necessária; f) razão da escolha do contratado; g) justificativa de preço; h) autorização da autoridade competente.
- **Dispensa de licitação** é uma opção legal, pois os interessados poderiam competir. As hipóteses de dispensa são taxativas. a) Licitação dispensada: ocorre nas alienações de bens. A lei determina a não realização da licitação (art. 76); b) licitação dispensável: a lei faculta ao administrador realizar ou não a licitação (art. 75).

Com a Nova Lei, os valores para dispensa de licitação passaram a ser: a) valor inferior a R$ 100.000,00: obras e serviços de engenharia ou serviços de manutenção de veículos automotores; b) valor inferior a R$ 50.000,00, no caso de serviços e compras. ATENÇÃO! Entretanto, nos termos do art. 182, os valores serão atualizados anualmente e, atualmente, em razão do Decreto 11.871/2023 os valores para dispensa que estão em vigor são: a) valor inferior a R$ 119.812,02: obras e serviços de engenharia ou serviços de manutenção de veículos automotores; b) valor inferior a R$ 59.906,02, no caso de serviços e compras.

Demais hipóteses do art. 75 nas quais a licitação é dispensável: III - para contratação que mantenha todas as condições definidas em edital de licitação realizada há menos de 1 (um) ano, quando se verificar que naquela licitação: a) não surgiram licitantes interessados ou não foram apresentadas propostas válidas; b) as propostas apresentadas consignaram preços manifestamente superiores aos praticados no mercado ou incompatíveis com os fixados pelos órgãos oficiais competentes; IV - para contratação que tenha por objeto: a) bens, componentes ou peças de origem nacional ou estrangeira necessários à manutenção de equipamentos, a serem adquiridos do fornecedor original desses equipamentos durante o período de garantia técnica, quando essa condição de exclusividade for indispensável para a vigência da garantia; b) bens, serviços, alienações ou obras, nos termos de acordo internacional específico aprovado pelo Congresso Nacional, quando as condições ofertadas forem manifestamente vantajosas para a Administração; c) produtos para pesquisa e desenvolvimento, limitada a contratação, no caso de obras e serviços de engenharia, ao valor de R$ 300.000,00 (atualmente, R$ 359.436,08, em razão do Decreto 11.871/2023); d) transferência de tecnologia ou licenciamento de direito de uso ou de exploração de criação protegida, nas contratações realizadas por instituição científica, tecnológica e de inovação (ICT) pública ou por agência de fomento, desde que demonstrada vantagem para a Administração; e) hortifrutigranjeiros, pães e outros gêneros perecíveis, no período necessário para a realização dos processos licitatórios correspondentes, hipótese em que a contratação será realizada diretamente com base no preço do dia; f) bens ou serviços produzidos ou prestados no País que envolvam, cumulativamente, alta complexidade tecnológica e defesa nacional; g) materiais de uso das Forças Armadas, com exceção de materiais de uso pessoal e administrativo, quando houver necessidade de manter a padronização requerida pela estrutura de apoio logístico dos meios navais, aéreos e terrestres, mediante autorização por ato do comandante da força militar; h) bens e serviços para atendimento dos contingentes militares das forças singulares brasileiras empregadas em operações de paz no exterior, hipótese em que a contratação deverá ser justificada quanto ao preço e à escolha do fornecedor ou executante e ratificada pelo comandante da força militar; i) abastecimento ou suprimento de efetivos militares em estada eventual de curta duração em portos, aeroportos ou localidades diferentes de suas sedes, por motivo de movimentação operacional ou de adestramento; j) coleta, processamento e comercialização de resíduos sólidos urbanos recicláveis ou reutilizáveis, em áreas com sistema de coleta seletiva de lixo, realizados por associações ou cooperativas formadas exclusivamente de pessoas físicas de baixa renda reconhecidas pelo poder público como catadores de materiais recicláveis, com o uso de equipamentos compatíveis com as normas técnicas, ambientais e de saúde pública; k) aquisição ou restauração de obras de arte e objetos históricos, de autenticidade certificada, desde que inerente às finalidades do órgão ou com elas compatível; l) serviços especializados ou aquisição ou locação de equipamentos destinados ao rastreamento e à obtenção de provas previstas nos incisos II e V do caput do art. 3º da Lei nº 12.850, de 2 de agosto de 2013, quando houver necessidade justificada de manutenção de sigilo sobre a investigação; m) aquisição de medicamentos destinados exclusivamente ao tratamento de doenças raras definidas pelo Ministério da Saúde; V - para contratação com vistas ao cumprimento do disposto nos arts. 3º, 3º-A, 4º, 5º e 20 da Lei nº 10.973, de 2 de dezembro de 2004, observados os princípios gerais de contratação constantes da referida Lei; VI - para contratação que possa acarretar comprometimento da segurança nacional, nos casos estabelecidos pelo Ministro de Estado da Defesa, mediante demanda dos comandos das Forças Armadas ou dos demais ministérios; VII - nos casos de guerra, estado de defesa, estado de sítio, intervenção federal ou de grave perturbação da ordem; VIII - nos casos de emergência ou de calamidade pública, quando caracterizada urgência de atendimento de situação que possa ocasionar prejuízo ou comprometer a continuidade dos serviços públicos ou a segurança de pessoas, obras, serviços, equipamentos e outros bens, públicos ou particulares, e somente para aquisição dos bens necessários ao atendimento da situação emergencial ou calamitosa e para as parcelas de obras e serviços que possam ser concluídas no prazo máximo de 1 (um) ano, contado da data de ocorrência da emergência ou da calamidade, vedadas a prorrogação dos respectivos contratos e a recontratação de empresa já contratada com base no disposto neste inciso. Atenção! ADI 6890: - É constitucional a vedação à recontratação de empresa contratada diretamente por dispensa de licitação nos casos de emergência ou calamidade pública, prevista no inc. VIII do art. 75 da Lei n. 14.133/2021; - A vedação incide na recontratação fundada na mesma situação emergencial ou calamitosa que extrapole o prazo máximo legal de 1 (um) ano, e não impede que a empresa participe de eventual licitação substitutiva à dispensa de licitação e seja contratada diretamente por outro fundamento previsto em lei, incluindo uma nova emergência ou calamidade pública, sem prejuízo do controle de abusos ou ilegalidades na aplicação da norma; **IX - para a aquisição, por pessoa jurídica de direito público interno, de bens produzidos ou serviços prestados por órgão ou entidade que integrem a Administração Pública e que tenham sido criados para esse fim específico, desde que o preço contratado seja**

compatível com o praticado no mercado; X - quando a União tiver que intervir no domínio econômico para regular preços ou normalizar o abastecimento; XI - para celebração de contrato de programa com ente federativo ou com entidade de sua Administração Pública indireta que envolva prestação de serviços públicos de forma associada nos termos autorizados em contrato de consórcio público ou em convênio de cooperação; XII - para contratação em que houver transferência de tecnologia de produtos estratégicos para o Sistema Único de Saúde (SUS), conforme elencados em ato da direção nacional do SUS, inclusive por ocasião da aquisição desses produtos durante as etapas de absorção tecnológica, e em valores compatíveis com aqueles definidos no instrumento firmado para a transferência de tecnologia; XIII - para contratação de profissionais para compor a comissão de avaliação de critérios de técnica, quando se tratar de profissional técnico de notória especialização; XIV - para contratação de associação de pessoas com deficiência, sem fins lucrativos e de comprovada idoneidade, por órgão ou entidade da Administração Pública, para a prestação de serviços, desde que o preço contratado seja compatível com o praticado no mercado e os serviços contratados sejam prestados exclusivamente por pessoas com deficiência; XV - para contratação de instituição brasileira que tenha por finalidade estatutária apoiar, captar e executar atividades de ensino, pesquisa, extensão, desenvolvimento institucional, científico e tecnológico e estímulo à inovação, inclusive para gerir administrativa e financeiramente essas atividades, ou para contratação de instituição dedicada à recuperação social da pessoa presa, desde que o contratado tenha inquestionável reputação ética e profissional e não tenha fins lucrativos; XVI - para aquisição, por pessoa jurídica de direito público interno, de insumos estratégicos para a saúde produzidos por fundação que, regimental ou estatutariamente, tenha por finalidade apoiar órgão da Administração Pública direta, sua autarquia ou fundação em projetos de ensino, pesquisa, extensão, desenvolvimento institucional, científico e tecnológico e de estímulo à inovação, inclusive na gestão administrativa e financeira necessária à execução desses projetos, ou em parcerias que envolvam transferência de tecnologia de produtos estratégicos para o SUS, nos termos do inciso XII deste caput, e que tenha sido criada para esse fim específico em data anterior à entrada em vigor desta Lei, desde que o preço contratado seja compatível com o praticado no mercado; (Redação dada pela Lei nº 14.628, de 2023) XVII - para contratação de entidades privadas sem fins lucrativos para a implementação de cisternas ou outras tecnologias sociais de acesso à água para consumo humano e produção de alimentos, a fim de beneficiar as famílias rurais de baixa renda atingidas pela seca ou pela falta regular de água; e (Incluído pela Lei nº 14.628, de 2023); XVIII - para contratação de entidades privadas sem fins lucrativos, para a implementação do Programa Cozinha Solidária, que tem como finalidade fornecer alimentação gratuita preferencialmente à população em situação de vulnerabilidade e risco social, incluída a população em situação de rua, com vistas à promoção de políticas de segurança alimentar e nutricional e de assistência social e à efetivação de direitos sociais, dignidade humana, resgate social e melhoria da qualidade de vida.

- O candidato deve ficar atento às questões nas provas, pois podem ser enumerados casos para que sejam identificadas quais hipóteses são de licitação dispensável e quais são de licitação dispensada (a dica é que dispensada é usada para os casos de alienação), ou, na maioria das vezes, o examinador não quer saber a diferença entre elas, mas sim se determinada situação é caso de dispensa ou de inexigibilidade).
- **Requisitos para a alienação de imóvel** da Administração Pública (art. 76):

a) **interesse público** justificado;

b) **avaliação** prévia;

c) **autorização legislativa;**

d) **licitação,** na modalidade leilão (exceto se for caso de licitação dispensada)[41].

- Sistematização das hipóteses de dispensa de licitação em razão do valor (atualizados, conforme o Decreto 11.871/2023)[42]:

DISPENSA EM RAZÃO DO PEQUENO VALOR	
Administração direta Autarquia Fundação pública	**Valores inferiores a R$ 59.906,02** serviços e compras
	Valores inferiores a R$ 119.812,02 obras e serviços de engenharia ou serviços de manutenção de veículos automotores
Autarquia qualificada como agência executiva Fundação pública qualificada como agência executiva Consórcio público	**Valores inferiores a R$ 119.812,02** outros serviços e compras
	Valores inferiores a R$ 239.624,04 obras e serviços de engenharia

- **Inexigibilidade de licitação (art. 74): as hipóteses são exemplificativas, ocorrendo quando inviável a competição, em especial para:** a) aquisição de materiais, de equipamentos ou de gêneros ou contratação de serviços que só possam ser fornecidos por produtor, empresa ou representante comercial exclusivos; b) contratação de profissional do setor artístico, diretamente ou por meio de empresário exclusivo, desde que consagrado pela crítica especializada ou

41. No caso de imóvel da União, ainda, há a necessidade de autorização do Presidente da República (art. 23, Lei nº 9.636/98).
42. BORTOLETO, Leandro. *Direito administrativo*. Salvador: Juspodivm, 2012. p. 416.

pela opinião pública; c) contratação de serviços técnicos especializados de natureza predominantemente intelectual com profissionais ou empresas de notória especialização, vedada a inexigibilidade para serviços de publicidade e divulgação (a lei arrola quais serviços): d) objetos que devam ou possam ser contratados por meio de credenciamento; e) aquisição ou locação de imóvel cujas características de instalações e de localização tornem necessária sua escolha.

> Nos termos do art. 3º-A da Lei nº 8.906/1994 (Estatuto da OAB), alterada pela Lei nº 14.039/2020, "os serviços profissionais de advogado são, por sua natureza, técnicos e singulares, quando comprovada sua notória especialização, nos termos da lei." Por sua vez, "considera-se **notória especialização** o profissional ou a sociedade de advogados cujo conceito no campo de sua especialidade, decorrente de desempenho anterior, estudos, experiências, publicações, organização, aparelhamento, equipe técnica ou de outros requisitos relacionados com suas atividades, permita inferir que o seu trabalho é essencial e indiscutivelmente o mais adequado à plena satisfação do objeto do contrato."

- **Procedimentos auxiliares (art. 78):** credenciamento, pré-qualificação, procedimento de manifestação de interesse, sistema de registro de preços, registro cadastral.
- **Nulidade da licitação:** Em regra, não gera obrigação de indenizar, exceto quanto ao que o contratado houver executado até a data em que ela for declarada e por outros prejuízos regularmente comprovados, contanto que não lhe seja imputável, promovendo-se a responsabilidade de quem lhe deu causa (art. 149).
- Com a nova Lei de Licitações, a nulidade somente será reconhecida na hipótese em que se revelar medida de interesse público, que será aferido mediante avaliação de diversos critérios, a exemplo, entre outros, dos riscos sociais, ambientais e à segurança da população local decorrentes do atraso na fruição dos benefícios do objeto contratado (art. 147).
- Verificado que o reconhecimento da nulidade se revela medida de interesse público, sua declaração operará com efeitos:

a) **retroativos (regra);**

b) **não retroativos** (caso impossível retornar à situação anterior, hipótese que será resolvido em perdas e danos);

c) **pro futuro** (com vistas à continuidade da atividade administrativa, pelo prazo de até 6 meses, prorrogável uma única vez).

Anulação na Nova Lei de Licitações
Requisitos para anulação:
• Ilegalidade + interesse público
Efeitos da anulação:
• *Ex tunc* (retroativos)
• *Ex nunc* (não retroativos, resolvendo em perdas e danos)
• *Pro futuro* (para frente, em prazo suficiente para nova contratação – até 6 meses, prorrogável uma vez)

- **Revogação da licitação:** é possível por motivo de conveniência e oportunidade resultante de fato superveniente devidamente comprovado (art. 71, II e §2º).
- Recurso é admitido nos casos de (art. 165, I): a) ato que defira ou indefira pedido de pré-qualificação de interessado ou de inscrição em registro cadastral, sua alteração ou cancelamento; b) julgamento das propostas; c) ato de habilitação ou inabilitação de licitante; d) anulação ou revogação da licitação; e) extinção do contrato, quando determinada por ato unilateral e escrito da Administração.
- **Prazo para interposição do recurso (art. 165, I):** a) três dias úteis.
- **Pedido de reconsideração (art. 165, II):** prazo de três dias úteis, de ato contra o qual não caiba recurso hierárquico.
- **Contrato administrativo:** é o "ajuste que a Administração Pública, agindo nessa qualidade, firma com particular ou outra entidade administrativa para a consecução de objetivos de interesse público, nas condições estabelecidas pela própria Administração"[43]. Regulam-se pelas suas cláusulas e pelos preceitos de direito público, sendo a eles aplicado, de forma supletiva, os princípios da teoria geral dos contratos e as disposições de direito privado (art. 89).
- **Características do contrato administrativo[44]:** a) presença da Administração Pública como Poder Público; b) finalidade pública; c) natureza de contrato de adesão; d) natureza *intuitu personae* (pessoalidade); e) obediência à forma prescrita em lei; f) procedimento legal; g) mutabilidade; h) presença de cláusulas exorbitantes; i) controle e fiscalização do contrato administrativo; j) retomada do objeto; k) aplicação de penalidades (advertência, multa, suspensão temporária, declaração de inidoneidade).
- **Cláusulas exorbitantes:** são cláusulas inexistentes no direito privado e, por isso, extrapolam, exorbitam o direito privado, concedendo prerrogativas à Administração ao colocá-la em posição de superioridade em relação ao contratado. As principais cláusulas exorbitantes são: a) modificação unilateral; b) extinção unilateral; c) ocupação provisória; d) aplicação de sanções; e) fiscalização de execução do contrato (art. 104).

43. MEIRELLES, Hely Lopes. *Licitação e contrato administrativo.* 15. ed. São Paulo: Malheiros, 2010. p. 247.

44. DI PIETRO, Maria Sylvia Zanella. *Direito administrativo.* 25. ed. São Paulo: Atlas, 2012. p. 269.

Divulgação do contrato no PNCP (Portal Nacional de Contratações Públicas) (art. 94): 20 dias úteis da assinatura, no caso de licitação e 10 dias úteis da assinatura no caso de contratação direta. Referida publicação se trata de condição de eficácia do contrato e respectivos aditamentos. No caso de urgência, os contratos terão eficácia a partir de sua assinatura, devendo ser publicados nos prazos citados, sob pena de nulidade.

- **Instrumento contratual (art. 95): o instrumento de contrato é obrigatório,** salvo nas seguintes hipóteses, em que a Administração poderá substituí-lo por outro instrumento hábil, como carta-contrato, nota de empenho de despesa, autorização de compra ou ordem de execução de serviço: a) dispensa de licitação em razão de valor; b) compras com entrega imediata e integral dos bens adquiridos e dos quais não resultem obrigações futuras, inclusive quanto a assistência técnica, independentemente de seu valor.
- **Contrato verbal:** é nulo e de nenhum efeito o contrato verbal com a Administração, salvo o de pequenas compras ou o de prestação de serviços de pronto pagamento, assim entendidos aqueles de valor não superior a R$ 11.981,20 (art. 95, §2º da Lei 14.133/2021 e Decreto 11.871/2023.
- Garantias (art. 96): a) caução em dinheiro ou em títulos da dívida pública; b) seguro-garantia; c) fiança bancária; d) título de capitalização custeado por pagamento único, com resgate pelo valor total.
- Limites das garantias contratuais: a) no máximo, 5% do valor inicial do contrato, nas contratações de obras, serviços e fornecimentos (art. 98); b) no máximo, 10% do valor inicial do contrato, desde que justificada mediante análise da complexidade técnica e dos riscos envolvidos (art. 98); c) no máximo, 30% do valor inicial do contrato, nas contratações de obras e serviços de engenharia de grande vulto, com previsão legal da modalidade seguro-garantia (art. 99), contendo a cláusula de retomada prevista no art. 101. d) detalhes: nos casos de contratos que impliquem a entrega de bens pela Administração, dos quais o contratado ficará depositário, o valor desses bens deverá ser acrescido ao valor da garantia (art. 101); nas contratações de serviços e fornecimentos contínuos com vigência superior a 1 ano, assim como nas subsequentes prorrogações, será utilizado o valor anual do contrato para definição e aplicação dos percentuais para fins de garantia.

Duração dos contratos:

DURAÇÃO DOS CONTRATOS
REGRA GERAL (art. 105)
Prazo previsto no edital
- Observância da disponibilidade orçamentária:
a) no momento da contratação; e b) a cada exercício financeiro
- Se prazo for superior a um ano, deve haver previsão no plano plurianual

SITUAÇÕES ESPECÍFICAS	
Contratos de **serviços e fornecimentos contínuos** (art. 106)	**Até 5 anos** (pode ser **prorrogado,** sucessivamente, até o **máximo de 10 anos)**
Contratação de (art. 108): a) **bens ou serviços** produzidos ou prestados no País que envolvam, cumulativamente, **alta complexidade tecnológica e defesa nacional;** b) **materiais de uso das Forças Armadas,** com exceção de materiais de uso pessoal e administrativo, quando houver necessidade de manter a padronização requerida pela estrutura de apoio logístico dos meios navais, aéreos e terrestres, mediante autorização por ato do comandante da força militar; c) para **contratação** com vistas ao cumprimento do disposto nos arts. 3º, 3º-A, 4º, 5º e 20 da **Lei nº 10.973**, de 2 de dezembro de 2004, observados os princípios gerais de contratação constantes da referida Lei; c) para contratação que possa acarretar **comprometimento da segurança nacional,** nos casos estabelecidos pelo Ministro de Estado da Defesa, mediante demanda dos comandos das Forças Armadas ou dos demais ministérios; d) para contratação em que houver **transferência de tecnologia de produtos estratégicos para SUS**, conforme elencados em ato da direção nacional do SUS, inclusive por ocasião da aquisição desses produtos durante as etapas de absorção tecnológica, e em valores compatíveis com aqueles definidos no instrumento firmado para a transferência de tecnologia; e) **para aquisição, por pessoa jurídica de direito público interno, de insumos estratégicos para a saúde** produzidos por fundação que, regimental ou estatutariamente, tenha por finalidade apoiar órgão da Administração Pública direta, sua autarquia ou fundação em projetos de ensino, pesquisa, extensão, desenvolvimento institucional, científico e tecnológico e de estímulo à inovação, inclusive na gestão administrativa e financeira necessária à execução desses projetos, ou em parcerias que envolvam transferência de tecnologia de produtos estratégicos para o SUS, nos termos do inciso XII do caput do art. 75, e que tenha sido criada para esse fim específico em data anterior à entrada em vigor desta Lei, desde que o preço contratado seja compatível com o praticado no mercado.	**Até 10 anos**

SITUAÇÕES ESPECÍFICAS	
Contrato (art. 110) a) Que **gere receita**; e b) De **eficiência**, que gere economia para a Administração	- **Até 10 anos**, nos contratos **sem investimento** - **Até 35 anos**, nos contratos **com investimento**
Contrato sob o regime de **fornecimento e prestação de serviço associado** (art. 113)	Soma do a) **Prazo** do **fornecimento inicial ou entrega da obra** + b) **Prazo** do **serviço de operação e manutenção** (limitado a **5 anos**) - **Prorrogação**: por **até 10 anos**
Contratos de **operação continuada de sistemas estruturantes de tecnologia da informação** (art. 114)	**Até 15 anos**
Contratos em que Administração seja **usuária de serviço público oferecido em regime de monopólio** (art. 109)	**Prazo indeterminado**
Contratos por **escopo** (art. 111)	Prazo definido no **edital** **Prorrogação automática** até a conclusão do objeto

- **Exceção do contrato não cumprido (*exceptio non adimpleti contractus*):** é muito usada na esfera privada e, por ela, se um dos contratantes não cumpre o pactuado o outro pode se recusar a cumprir o que lhe cabe, conforme o art. 477 do Código Civil. Por outro lado, nos contratos administrativos, essa regra não é aplicada integralmente, em razão dos princípios da continuidade dos serviços públicos e da supremacia do interesse público, sendo possível a exceção do contrato não cumprido, mas de forma mitigada. Se for contrato de concessão de serviço público, há entendimento de que não pode ser invocada, em razão do princípio da continuidade do serviço público. O art. 137, §2º IV, prevê como causa de extinção do contrato o atraso superior a dois meses do pagamento ou parcelas de pagamento devidos pela Administração por despesas de obras, serviços ou fornecimento, podendo o contratado optar pela suspensão de suas obrigações até que a situação seja normalizada.
- **Hipóteses de alteração unilateral do contrato administrativo (art. 124, I):** a) quando houver modificação do projeto ou das especificações, para melhor adequação técnica aos seus objetivos (modificação qualitativa); b) quando necessária a modificação do valor contratual em decorrência de acréscimo ou diminuição quantitativa de seu objeto, nos seguintes limites (modificação quantitativa):
  - até 25% do valor inicial atualizado do contrato para acréscimos e supressões feitas nas obras, serviços ou compras;
  - até 50% do valor inicial atualizado do contrato para acréscimos no caso de reforma de edifício ou equipamento (se for supressão, o limite é de 25%).
  - Por acordo entre as partes, é possível a redução do valor contratual além do limite de 25%, mas não é possível o acréscimo.
- Não é possível a alteração de nenhuma cláusula econômico-financeira e monetária do contrato sem a concordância do contratado (art. 104, § 1º), e, toda vez, que a Administração alterar unilateralmente o contrato deverá haver a revisão das cláusulas econômico-financeiras para que seja mantido o equilíbrio econômico-financeiro do contrato (art. 104, § 2º).
- **Hipóteses de extinção do contrato (137):** a) não cumprimento ou cumprimento irregular de normas editalícias ou de cláusulas contratuais, de especificações, de projetos ou de prazos; b) desatendimento das determinações regulares emitidas pela autoridade designada para acompanhar e fiscalizar sua execução ou por autoridade superior; c) alteração social ou modificação da finalidade ou da estrutura da empresa que restrinja sua capacidade de concluir o contrato; d) decretação de falência ou de insolvência civil, dissolução da sociedade ou falecimento do contratado; e) caso fortuito ou força maior, regularmente comprovados, impeditivos da execução do contrato; f) atraso na obtenção da licença ambiental, ou impossibilidade de obtê-la, ou alteração substancial do anteprojeto que dela resultar, ainda que obtida no prazo previsto; g) atraso na liberação das áreas sujeitas a desapropriação, a desocupação ou a servidão administrativa, ou impossibilidade de liberação dessas áreas; h) razões de interesse público, justificadas pela autoridade máxima do órgão ou da entidade contratante; i) não cumprimento das obrigações relativas à reserva de cargos prevista em lei, bem como em outras normas específicas, para pessoa com deficiência, para reabilitado da Previdência Social ou para aprendiz.
- **Responsabilidade do contratado.** O contratado é responsável: a) pelos danos causados diretamente à Administração ou a terceiros, decorrentes de sua culpa ou dolo na execução do contrato, não excluindo ou reduzindo essa responsabilidade a fiscalização ou o acompanhamento pelo órgão interessado (art. 120). Não é possível a alegação de *culpa in vigilando* da Administração; b) pelos encar-

gos trabalhistas, previdenciários, fiscais e comerciais resultantes da execução do contrato (art. 121); c) mesmo após o recebimento do objeto pela Administração (art. 140, § 2º):

- civilmente pela solidez e segurança da obra ou do serviço;
- ético-profissional pela perfeita execução do contrato.

- STF (ADC 16): decidiu que o § 1º do art. 71 da Lei nº 8.666/93 é constitucional e, assim, é vedada a aplicação de responsabilidade subsidiária à Administração Pública de forma automática, apenas pela constatação de inadimplemento dos direitos trabalhistas pela empresa contratada. Por outro lado, foi decidido que, como a Administração Pública tem o dever de licitar e fiscalizar de forma eficaz a execução do contrato, inclusive quanto ao adimplemento de direitos trabalhistas, se verificada, no caso concreto, a omissão da Administração no seu dever de fiscalizar, é possível "a imputação de responsabilidade subsidiária à Administração Pública por *culpa in eligendo* ou *in vigilando*". Este entendimento pode ser aplicado à nova Lei de Licitações e Contratos, uma vez que houve continuidade normativa do dispositivo no §1º do art. 121 da nova legislação.
- **A Administração**, nos termos do art. 121, §2º, exclusivamente "nas contratações de serviços contínuos com regime de dedicação exclusiva de mão de obra, a Administração responderá solidariamente pelos encargos previdenciários e subsidiariamente pelos encargos trabalhistas se comprovada falha na fiscalização do cumprimento das obrigações do contratado". Nesse tipo de contrato, para exercer essa fiscalização quanto ao cumprimento das obrigações trabalhistas, o §3º do art. 121 estabelece que a Administração, conforme previsão no edital ou no contrato, poderá, entre outras medidas: I – exigir caução, fiança bancária ou contratação de seguro-garantia com cobertura para verbas rescisórias inadimplidas; II – condicionar o pagamento à comprovação de quitação das obrigações trabalhistas vencidas relativas ao contrato; III – efetuar o depósito de valores em conta vinculada; IV – em caso de inadimplemento, efetuar diretamente o pagamento das verbas trabalhistas, que serão deduzidas do pagamento devido ao contratado; V – estabelecer que os valores destinados a férias, a décimo terceiro salário, a ausências legais e a verbas rescisórias dos empregados do contratado que participarem da execução dos serviços contratados serão pagos pelo contratante ao contratado somente na ocorrência do fato gerador".

Teoria da imprevisão

- **Fato do príncipe** é toda determinação estatal, positiva ou negativa, geral, imprevista e imprevisível, que onera substancialmente a execução do contrato administrativo ou impede sua execução.
- **Fato da Administração** é toda ação ou omissão estatal que incide de forma direta sobre o contrato, onerando-o ou impedindo sua execução.
- **Caso fortuito ou força maior:** se referem a **situações imprevisíveis e inevitáveis** que, ao ocorrerem, tornam extremamente **onerosa a execução do contrato** – autorizando sua alteração, por acordo entre as partes, para a recomposição do equilíbrio econômico-financeiro – ou tornam **impossível a sua execução**, permitindo a rescisão contratual sem culpa do contratado.
- **Interferências imprevisíveis:** ocorrências materiais não imaginadas pelas partes quando da celebração do contrato, mas que são descobertas após o início de sua execução como, por exemplo, é o encontro de terreno rochoso não esperado para o local[45].
- **Recebimento do objeto: em regra**, o **recebimento é subdivido** em provisório e definitivo (art. 140):

a) **recebimento provisório**:

- **quanto a obras e serviços**: realizado pelo responsável por seu acompanhamento e fiscalização, mediante termo detalhado, quando verificado o cumprimento das exigências de caráter técnico;
- **quanto às compras**: de forma sumária, pelo responsável por seu acompanhamento e fiscalização, com verificação posterior da conformidade do material com as exigências contratuais;

b) **recebimento definitivo**: • **quanto a obras e serviços**: realizado por servidor ou comissão designada pela autoridade competente, mediante termo detalhado que comprove o atendimento das exigências contratuais; • **quanto às compras**: realizado por servidor ou comissão designada pela autoridade competente, mediante termo detalhado que comprove o atendimento das exigências contratuais.

- **Meios alternativos de solução de conflitos (art. 151):** nas contratações regidas pela nova legislação, poderão ser utilizados meios alternativos de prevenção e resolução de controvérsias, notadamente a conciliação, a mediação, o comitê de resolução de disputas e a arbitragem. Atenção! Os meios alternativos se aplicam às controvérsias relacionadas a direitos patrimoniais disponíveis, como as questões relacionadas ao restabelecimento do equilíbrio econômico-financeiro do contrato, ao inadimplemento de obrigações contratuais por quaisquer das partes e ao cálculo de indenizações.
- **Sanções administrativas (art. 156):**

a) Advertência:

- A Lei prevê que a advertência será aplicada exclusivamente na hipótese de inexecução parcial do objeto, quando não se justificar a imposição de pena mais grave.

---

45. MEIRELLES, Hely Lopes. ***Direito administrativo brasileiro***. 43. ed.São Paulo: Malheiros, 2018.

b) Multa:

- Limites mínimo de 0,5% e máximo 30% do valor da contratação.
- Aplicável cumulativamente com qualquer das outras sanções.
- Interessado será intimado para apresentar defesa no prazo de 15 dias úteis, contados da data da intimação

c) Impedimento de licitar ou contratar:

- Aplicável quando a conduta não justificar penalidade mais grave, nos seguintes casos: dar causa à inexecução parcial do contrato que cause grave dano à Administração, ao funcionamento dos serviços públicos ou ao interesse coletivo; dar causa à inexecução total do contrato; deixar de entregar a documentação exigida para o certame; não manter a proposta, salvo em decorrência de fato superveniente devidamente justificado; não celebrar o contrato ou não entregar a documentação exigida para a contratação, quando convocado dentro do prazo de validade de sua proposta; ensejar o retardamento da execução ou da entrega do objeto da licitação sem motivo justificado.
- Impedirá o responsável de licitar ou contratar no âmbito da Administração Pública direta e indireta **do ente federativo que tiver aplicado a sanção**.
- Prazo **máximo** de 3 anos.
- A aplicação desta penalidade deverá ser precedida da instauração de processo de responsabilização, a ser conduzida por 2 ou mais servidores estáveis, que avaliará fatos e circunstâncias.
- Não havendo servidores estatutários, a comissão será formada por 2 ou mais empregados públicos pertencentes aos quadros permanentes, preferencialmente com, no mínimo, 3 anos de tempo de serviço no órgão ou entidade.
- Prazo de defesa: 15 dias úteis, da intimação. Deverá apresentar defesa escrita e especificar as provas que pretende produzir.

d) Declaração de inidoneidade para licitar ou contratar:

- Aplicável: I)às condutas elencadas no art. 155, VIII a XII (apresentar declaração ou documentação falsa exigida para o certame ou prestar declaração falsa durante a licitação ou a execução do contrato; fraudar a licitação ou praticar ato fraudulento na execução do contrato; comportar-se de modo inidôneo ou cometer fraude de qualquer natureza; praticar atos ilícitos com vistas a frustrar os objetivos da licitação; praticar ato lesivo previsto no art. 5º da Lei nº 12.846, de 1º de agosto de 2013); II) e aos casos em que se justificar penalidade mais grave do que o impedimento de licitar e contratar;
- Impedirá o responsável de licitar ou contratar no âmbito da Administração Pública direta e indireta **de todos os entes federativos**.
- Prazo **mínimo** de 3 anos e **máximo** de 6 anos.
- A aplicação desta penalidade deverá ser precedida da instauração de processo de responsabilização, a ser conduzida por 2 ou mais servidores estáveis, que avaliará fatos e circunstâncias.
- Não havendo servidores estatutários, a comissão será formada por 2 ou mais empregados públicos pertencentes aos quadros permanentes, preferencialmente com, no mínimo, 3 anos de tempo de serviço no órgão ou entidade.
- Prazo de defesa: 15 dias úteis, da intimação. Deverá apresentar defesa escrita e especificar as provas que pretende produzir.

> Atenção! As penalidades de advertência, impedimento de licitar e contratar e declaração de inidoneidade, poderão ser cumuladas com a pena de multa (art. 156, §7º).

8.1. LICITAÇÃO E CONTRATO ADMINISTRATIVO NA LEI DAS ESTATAIS (LEI Nº 13.303/2016)

Atenção! A Lei nº 14.133/2021, que traz o novo regime jurídico das licitações e contratos administrativos, não se aplica às estatais, que continuam regidas pela Lei nº 13.303/2016.

- **Lei nº 13.303/16 (estatuto das estatais):** 1) nos artigos 28 a 84 dispõe sobre as licitações e as contratações feitas pelas empresas públicas e sociedades de economia mista e às suas subsidiárias, que explorem atividade econômica de produção ou comercialização de bens ou de prestação de serviços, ainda que a atividade econômica esteja sujeita ao regime de monopólio da união ou seja de prestação de serviços públicos; 2) Os contratos com terceiros destinados à prestação de serviços às empresas públicas e às sociedades de economia mista, **inclusive de engenharia e de publicidade, à aquisição e à locação de bens, à alienação de bens e ativos integrantes do respectivo patrimônio ou à execução de obras a serem integradas a esse patrimônio, bem como à implementação de ônus real sobre tais bens**, serão precedidos de licitação nos termos da Lei 13.303/16, ressalvadas as hipóteses de dispensa e inexigibilidade (art. 28); 3) A Lei nº 13.303/16 aplica-se às empresas públicas e às sociedades de economia mista constituídas após o início da vigência da lei (01/07/2016). Em relação às que já existiam nessa data, prevê o prazo de adaptação de 24 meses. Os procedimentos licitatórios e os contratos administrativos celebrados até o final desse prazo permanecem regidos pela legislação anterior.
- **Dispensa e inexigibilidade:** os casos de dispensa e inexigibilidade estão previstos nos artigos 29 e 30, respectivamente, da Lei nº 13.303/16.
- **Alienação** (Lei nº 13.303/16): **a alienação de bens por empresas públicas e por sociedades de economia mista** será precedida de: **I – avaliação**

formal do bem contemplado, ressalvadas as hipóteses previstas nos incisos XVI a XVIII do art. 29 (XVI – na transferência de bens a órgãos e entidades da administração pública, inclusive quando efetivada mediante permuta; XVII – na doação de bens móveis para fins e usos de interesse social, após avaliação de sua oportunidade e conveniência socioeconômica relativamente à escolha de outra forma de alienação; XVIII – na compra e venda de ações, de títulos de crédito e de dívida e de bens que produzam ou comercializem); **II – licitação**, exceto: a) quando executarem a comercialização, prestação ou execução, de forma direta, de produtos, serviços ou obras especificamente relacionados com seus respectivos objetos sociais; b) nos casos em que a escolha do parceiro esteja associada a suas características particulares, vinculada a oportunidades de negócio definidas e específicas, justificada a inviabilidade de procedimento competitivo.

DISPENSA EM RAZÃO DO PEQUENO VALOR ESTATAIS (LEI Nº 13.303/16)	
Obras e serviços de engenharia	Outros serviços e compras
Até R$ 100.000,00	Até R$ 50.000,00
Atenção! Esses **valores podem ser alterados**, para refletir a variação de custos, **por deliberação do Conselho de Administração** da empresa pública ou sociedade de economia mista, **admitindo-se valores diferenciados para cada sociedade.**	

- **Pregão**: é a modalidade a ser adotada de forma preferencial (art. 32, V).
- **Prazo para apresentação de propostas ou lances: art. 39 da Lei nº 13.303/2016.**

PRAZO PARA APRESENTAÇÃO DE PROPOSTAS OU LANCES (LEI Nº 13.303/16: art. 39)	
5 dias úteis	Aquisição de bens, quanto o critério de julgamento for: – menor preço; ou – maior desconto;
10 dias úteis	Aquisição de bens nas demais hipóteses
15 dias úteis	Contratação de obras e serviços, quando o critério de julgamento for: – menor preço; ou – maior desconto;
30 dias úteis	Contratação de obras e serviços nas demais hipóteses
45 dias úteis	Quando o critério de julgamento for: – melhor técnica; – a melhor combinação de técnica e preço;

PRAZO PARA APRESENTAÇÃO DE PROPOSTAS OU LANCES (LEI Nº 13.303/16: art. 39)	
45 dias úteis	Para licitação em que haja: – contratação semi-integrada; ou – contratação integrada.

- **Recurso. Regra: fase recursal única**; momento de apresentação de recurso: **5 dias úteis após a fase de habilitação. Exceção**: Se houver **inversão nas fases** do procedimento licitatório, haverá **dois momentos** de apresentação de recurso: a) **5 dias úteis após a habilitação**; b) **5 dias úteis após o encerramento da fase de verificação** de efetividade dos lances ou propostas.
- **Não há alteração unilateral do contrato administrativo.** Pode ser alterado, por acordo (art. 81):

I. quando houver modificação do projeto ou das especificações, para melhor adequação técnica aos seus objetivos;

II. quando necessária a modificação do valor contratual em decorrência de acréscimo ou diminuição quantitativa de seu objeto, nos limites permitidos por esta Lei;

III. quando conveniente a substituição da garantia de execução;

IV. quando necessária a modificação do regime de execução da obra ou serviço, bem como do modo de fornecimento, em face de verificação técnica da inaplicabilidade dos termos contratuais originários;

V. quando necessária a modificação da forma de pagamento, por imposição de circunstâncias supervenientes, mantido o valor inicial atualizado, vedada a antecipação do pagamento, com relação ao cronograma financeiro fixado, sem a correspondente contraprestação de fornecimento de bens ou execução de obra ou serviço;

VI. para restabelecer a relação que as partes pactuaram inicialmente entre os encargos do contratado e a retribuição da administração para a justa remuneração da obra, serviço ou fornecimento, objetivando a manutenção do equilíbrio econômico-financeiro inicial do contrato, na hipótese de sobrevirem fatos imprevisíveis, ou previsíveis porém de consequências incalculáveis, retardadores ou impeditivos da execução do ajustado, ou, ainda, em caso de força maior, caso fortuito ou fato do príncipe, configurando álea econômica extraordinária e extracontratual.

Obs.: O contratado poderá aceitar, nas mesmas condições contratuais, os acréscimos ou supressões que se fizerem nas obras, serviços ou compras, até 25% (vinte e cinco por cento) do valor inicial atualizado do contrato, e, no caso particular de reforma de edifício ou de equipamento, até o limite de 50% (cinquenta por cento) para os seus acréscimos.

9. SERVIÇOS PÚBLICOS

- Deve ser feita a leitura dos artigos 21, 23, 25, 30 e 32, § 1º, da Constituição Federal, quanto à competência para o serviço público.

Conceito de serviço público: **critérios**:

a) critério subjetivo ou orgânico (é serviço público a atividade desempenhada pelo Poder Público);

b) critério objetivo ou material (é a atividade destinada a satisfazer as necessidades coletivas);

c) critério formal (é a atividade desenvolvida pela Administração Pública sob o regime de direito público).

Conceito de serviço público: é "todo aquele prestado pela Administração ou por seus delegados, sob normas e controles estatais, para satisfazer necessidades essenciais ou secundárias da coletividade ou simples conveniências do Estado"[46].

Conceito legal (art. 2º, II, Lei nº 13.460/2017): "atividade administrativa ou de prestação direta ou indireta de bens ou serviços à população, exercida por órgão ou entidade da administração pública",

Sistematização da classificação e dos princípios do serviço público[47]:

SERVIÇO PÚBLICO: classificação e princípios	
CLASSIFICAÇÃO	
Quanto à essencialidade	• serviço público propriamente dito • serviço de utilidade pública
Quanto à adequação	• serviço próprio • serviço impróprio
Quanto à finalidade	• serviço administrativo • serviço industrial
Quanto aos destinatários	• serviço uti universi • serviço uti singuli
PRINCÍPIOS	
Continuidade do serviço público	serviço público não pode parar
Modicidade das tarifas	tarifas módicas, razoáveis
Generalidade	usuários devem receber o mesmo tratamento
Mutabilidade	Administração pode alterar, unilateralmente, regime de execução do serviço público

Princípios previstos na Lei nº 13.460/2017: o art. 4º prevê, expressamente, a obediência aos princípios "da regularidade, continuidade, efetividade, segurança, atualidade, generalidade, transparência e cortesia". Inclusive, de maneira detalhada, no art. 5º ao estabelecer que o usuário tem direito à adequada prestação dos serviços, elenca diretrizes, padrões de comportamento, que dão contorno aos princípios a serem observados na execução dos serviços públicos, que são os seguintes: "I – urbanidade, respeito, acessibilidade e cortesia no atendimento aos usuários; II – presunção de boa-fé do usuário; III – atendimento por ordem de chegada, ressalvados casos de urgência e aqueles em que houver possibilidade de agendamento, asseguradas as prioridades legais às pessoas com deficiência, aos idosos, às gestantes, às lactantes e às pessoas acompanhadas por crianças de colo; IV – adequação entre meios e fins, vedada a imposição de exigências, obrigações, restrições e sanções não previstas na legislação; V – igualdade no tratamento aos usuários, vedado qualquer tipo de discriminação; VI – cumprimento de prazos e normas procedimentais; VII – definição, publicidade e observância de horários e normas compatíveis com o bom atendimento ao usuário; VIII – adoção de medidas visando a proteção à saúde e a segurança dos usuários; IX – autenticação de documentos pelo próprio agente público, à vista dos originais apresentados pelo usuário, vedada a exigência de reconhecimento de firma, salvo em caso de dúvida de autenticidade; X – manutenção de instalações salubres, seguras, sinalizadas, acessíveis e adequadas ao serviço e ao atendimento; XI – eliminação de formalidades e de exigências cujo custo econômico ou social seja superior ao risco envolvido; XII – observância dos códigos de ética ou de conduta aplicáveis às várias categorias de agentes públicos; XIII – aplicação de soluções tecnológicas que visem a simplificar processos e procedimentos de atendimento ao usuário e a propiciar melhores condições para o compartilhamento das informações; XIV – utilização de linguagem simples e compreensível, evitando o uso de siglas, jargões e estrangeirismos; e XV – vedação da exigência de nova prova sobre fato já comprovado em documentação válida apresentada; XVI – comunicação prévia ao consumidor de que o serviço será desligado em virtude de inadimplemento, bem como do dia a partir do qual será realizado o desligamento, necessariamente durante horário comercial.".

46. MEIRELLES, Hely Lopes. *Direito administrativo brasileiro*. 36. ed.São Paulo: Malheiros, 2010. p. 350.

47. BORTOLETO, Leandro. *Direito administrativo*. Salvador: Juspodivm, 2012. p. 514.

- **Competência para prestação do serviço público**

SERVIÇO PÚBLICO: competência	
UNIÃO (exemplos de competência exclusiva; art. 21)	a) garantia da defesa nacional; b) autorização e fiscalização da produção e do comércio de material bélico; c) emissão de moeda; d) serviço postal e correio aéreo nacional; e) telecomunicações; f) radiodifusão; g) energia elétrica e aproveitamento energético dos cursos de água; h) navegação aérea e aeroespacial; i) infraestrutura aeroportuária; j) transporte ferroviário e aquaviário entre portos brasileiros e fronteiras nacionais, ou que transponham os limites de Estado ou Território; k) transporte rodoviário interestadual e internacional de passageiros; l) portos marítimos, fluviais e lacustres; m) organizar e manter o Poder Judiciário, o Ministério Público do Distrito Federal e dos Territórios e a Defensoria Pública dos Territórios; n) organizar e manter a polícia civil, a polícia penal, a polícia militar e o corpo de bombeiros militar do Distrito Federal, bem como prestar assistência financeira ao Distrito Federal para a execução de serviços públicos, por meio de fundo próprio; o) serviços oficiais de estatística, geografia, geologia e cartografia de âmbito nacional; p) classificação, para efeito indicativo, de diversões públicas e de programas de rádio e televisão; q) defesa permanente contra as calamidades públicas, especialmente as secas e as inundações; r) instituição de diretrizes para o desenvolvimento urbano, inclusive habitação, saneamento básico, transportes urbanos e sistema nacional de viação; s) polícia marítima, aeroportuária e de fronteiras; t) serviços nucleares; u) inspeção do trabalho; v) organizar e fiscalizar a proteção e o tratamento de dados pessoais, nos termos da lei.

SERVIÇO PÚBLICO: competência	
ESTADOS (art. 25)	a) competência remanescente; b) exploração e distribuição dos serviços de gás canalizado; c) instituição de regiões metropolitanas, aglomerações urbanas e microrregiões.
DISTRITO FEDERAL (art. 32)	Competência dos Estados + competência dos Municípios
MUNICÍPIOS (art. 30)	a) serviços de interesse local (ex.; transporte coletivo municipal, serviço funerário); b) criação, organização e supressão de distritos; c) promoção do adequado ordenamento territorial; d) manutenção, com a cooperação técnica e financeira da União e do Estado, de programas de educação infantil e ensino fundamental e de serviços de atendimento à saúde da população; e) proteção do patrimônio histórico-cultural local.
COMUM (art. 23)	a) conservação do patrimônio público; b) saúde, assistência pública, proteção e garantia das pessoas portadoras de deficiência; c) proteção dos documentos, das obras e de outros bens de valor histórico, artístico e cultural, dos monumentos, das paisagens naturais notáveis e dos sítios arqueológicos; d) impedimento da evasão, da destruição e da descaracterização de obras de arte e de outros bens de valor histórico, artístico ou cultural; e) acesso à cultura, à educação e à ciência, à tecnologia, à pesquisa e à inovação; f) proteção do meio ambiente e combate à poluição em qualquer de suas formas; g) preservação das florestas, da fauna e da flora; h) fomento à produção agropecuária e organização do abastecimento alimentar; i) programas de construção de moradias e melhoria das condições habitacionais e de saneamento básico;

SERVIÇO PÚBLICO: competência	
COMUM (art. 23)	j) combate às causas da pobreza e aos fatores de marginalização; k) registro, acompanhamento e fiscalização das concessões de direitos de pesquisa e exploração de recursos hídricos e minerais em seus territórios; l) política de educação para a segurança do trânsito.

CF, Art. 175. Incumbe ao Poder Público, na forma da lei, diretamente ou sob regime de concessão ou permissão, **sempre através de licitação**, a prestação de serviços públicos.

Parágrafo único. A Lei disporá sobre:

I – o regime das empresas concessionárias e permissionárias de serviços públicos, o caráter especial de seu contrato e de sua prorrogação, bem como as condições de caducidade, fiscalização e rescisão da concessão ou permissão;

II – os direitos dos usuários;

III – política tarifária;

IV – a obrigação de manter serviço adequado.

Atenção! Decisões do STF específicas sobre transporte coletivo e sobre transporte terrestre interestadual e internacional de passageiros:

RE 1.001.104: Salvo situações excepcionais, devidamente comprovadas, serviço público de transporte coletivo pressupõe prévia licitação

ADI 5549: *(...) "4. A previsão constitucional de prestação do TRIIP por meio de autorização (Art. 21, XI, "e") afasta a incidência do artigo 175 da Constituição Federal, que impõe prévio procedimento licitatório especificamente às modalidades de outorga que pressupõem a excludência em razão da contratação pela Administração com determinado particular."*

FORMAS DE PRESTAÇÃO DO SERVIÇO PÚBLICO

É possível, dependendo do serviço, que a sua execução seja transferida para outra pessoa, quando houver autorização constitucional ou legal. Na primeira hipótese – execução por seus próprios meios – há a **forma centralizada** e, na segunda, tem-se a **forma descentralizada.**

Nessa última, ocorre a denominada **descentralização administrativa**, a qual pode ser feita, em relação aos serviços públicos, de duas formas, quais sejam, a **descentralização por serviços** e a **descentralização por colaboração.** Na primeira, a pessoa política cria (ou autoriza a criação) outra pessoa jurídica para a execução de determinada atividade administrativa (pessoa da administração indireta) e, na segunda, a execução do serviço público é transferida para uma pessoa do setor privado[48]. No primeiro caso, tem-se a **outorga** e, no segundo, a **delegação.**

A **outorga** se opera mediante **lei**, pois esta é necessária para a criação ou a autorização de criação de entidade da administração indireta para a prestação de serviços públicos.

Por sua vez, na **delegação**, a transferência da execução do serviço é feita mediante **contrato** ou **ato** administrativo. A delegação pode ser feita por meio da **concessão**, da **permissão** e da **autorização.**

Concessão de serviço público é o contrato administrativo por meio do qual a Administração Pública delega a terceiro a "execução de um serviço público, para que o execute em seu próprio nome, por sua conta e risco, assegurando-lhe a remuneração mediante tarifa paga pelo usuário ou outra forma de remuneração decorrente da exploração do serviço"[49].

Deveres dos usuários (art. 7º, IV, V e VI):

a) **levar ao conhecimento** do poder público e da concessionária as **irregularidades** de que tenham conhecimento, referentes ao serviço prestado;

b) **comunicar** às autoridades competentes os **atos ilícitos** praticados pela concessionária na prestação do serviço;

c) **contribuir** para a permanência das **boas condições** dos bens públicos por meio dos quais lhes são prestados os serviços.

Direitos dos usuários (art. 7º, I, II e III e art. 7º- A):

a) receber **serviço adequado** (é o serviço que satisfaz as condições de regularidade, continuidade, eficiência, segurança, atualidade, generalidade, cortesia na sua prestação e modicidade das tarifas, conforme art. 6º, § 1º);

b) receber do poder concedente e da concessionária **informações** para a **defesa** de interesses individuais ou coletivos;

c) obter e utilizar o serviço, com liberdade de **escolha** entre vários **prestadores** de serviços, quando for o caso, observadas as normas do poder concedente.

d) **escolher** entre, no mínimo, **seis datas**, dentro do mês de vencimento, para o dia de vencimento de seus débitos.

Importante lembrar que, nos termos do art. 1º, §3º, da Lei nº 13.460/17 , esse diploma normativo, conhecido como Código de Defesa dos Usuários de Serviço Público possui aplicação subsidiária em relação aos serviços prestados por particular e, dessa maneira, além da aplicação do Código de Defesa do Consumidor (Lei nº 8.078/90), dos direitos expressamente consagrados na

48. Para maiores detalhes sobre a descentralização e suas espécies, ver capítulo 2, item 1.2.

49. DI PIETRO, Maria Sylvia Zanella. *Direito administrativo.* 25. ed. São Paulo: Atlas, 2012. p. 302.

Lei nº 8.987/95, os usuários de serviços públicos executados por concessionários e permissionários de serviços públicos podem invocar, de forma subsidiária, os direitos elencados no art. 6º da Lei nº 13.460/17.

Licitação para concessão e permissão de serviço público (artigos 14 a 22, Lei nº 8.987/95):

a) possibilidade de o edital prever a inversão das fases de habilitação e julgamento (art. 18-A);

b) critérios usados para julgar a licitação (art. 15):

- menor valor da tarifa do serviço público a ser prestado;
- maior oferta, nos casos de pagamento ao poder concedente pela outorga da concessão;
- melhor proposta técnica, com preço fixado no edital;
- melhor oferta de pagamento pela outorga após qualificação de propostas técnicas. Os critérios podem ser assim combinados:
- menor valor da tarifa e maior oferta pela outorga;
- menor valor da tarifa e melhor oferta pela outorga, após qualificação das propostas técnicas;
- menor valor da tarifa e melhor técnica;
- maior oferta pela outorga e melhor técnica.

Modalidade de licitação: concorrência ou diálogo competitivo.

Cláusulas essenciais do contrato de concessão; são as relativas (art. 23):

I – ao objeto, à área e ao prazo da concessão;

II – ao modo, forma e condições de prestação do serviço;

III – aos critérios, indicadores, fórmulas e parâmetros definidores da qualidade do serviço;

IV – ao preço do serviço e aos critérios e procedimentos para o reajuste e a revisão das tarifas;

V – aos direitos, garantias e obrigações do poder concedente e da concessionária, inclusive os relacionados às previsíveis necessidades de futura alteração e expansão do serviço e consequente modernização, aperfeiçoamento e ampliação dos equipamentos e das instalações;

VI – aos direitos e deveres dos usuários para obtenção e utilização do serviço;

VII – à forma de fiscalização das instalações, dos equipamentos, dos métodos e práticas de execução do serviço, bem como a indicação dos órgãos competentes para exercê-la;

VIII – às penalidades contratuais e administrativas a que se sujeita a concessionária e sua forma de aplicação;

IX – aos casos de extinção da concessão;

X – aos bens reversíveis;

XI – aos critérios para o cálculo e a forma de pagamento das indenizações devidas à concessionária, quando for o caso;

XII – às condições para prorrogação do contrato;

XIII – à obrigatoriedade, forma e periodicidade da prestação de contas da concessionária ao poder concedente;

XIV – à exigência da publicação de demonstrações financeiras periódicas da concessionária; e

XV – ao foro e ao modo amigável de solução das divergências contratuais.

No caso de contratos relativos à concessão de serviço público precedido da execução de obra pública, adicionalmente, deverá haver a previsão

I – dos cronogramas físico-financeiros de execução das obras vinculadas à concessão; e

II – da garantia do fiel cumprimento, pela concessionária, das obrigações relativas às obras vinculadas à concessão.

O contrato de concessão poderá prever o emprego de mecanismos privados para resolução de disputas decorrentes ou relacionadas ao contrato, inclusive a arbitragem, a ser realizada no Brasil e em língua portuguesa (art. 23-A)

Encargos do poder concedente (art. 29):

a) regulamentar o serviço concedido e fiscalizar permanentemente a sua prestação;

b) aplicar as penalidades regulamentares e contratuais;

c) intervir na prestação do serviço, nos casos e condições previstos em lei;

d) extinguir a concessão, nos casos previstos nesta Lei e na forma prevista no contrato;

e) homologar reajustes e proceder à revisão das tarifas na forma desta Lei, das normas pertinentes e do contrato;

f) cumprir e fazer cumprir as disposições regulamentares do serviço e as cláusulas contratuais da concessão;

g) zelar pela boa qualidade do serviço, receber, apurar e solucionar queixas e reclamações dos usuários, que serão cientificados, em até trinta dias, das providências tomadas;

h) declarar de utilidade pública os bens necessários à execução do serviço ou obra pública, promovendo as desapropriações, diretamente ou mediante outorga de poderes à concessionária, caso em que será desta a responsabilidade pelas indenizações cabíveis;

i) declarar de necessidade ou utilidade pública, para fins de instituição de servidão administrativa, os bens necessários à execução de serviço ou obra pública, promovendo-a diretamente ou mediante outorga de poderes à concessionária, caso em que será desta a responsabilidade pelas indenizações cabíveis;

j) estimular o aumento da qualidade, produtividade, preservação do meio ambiente e conservação;

k) incentivar a competitividade;

l) estimular a formação de associações de usuários para defesa de interesses relativos ao serviço.

Encargos da concessionária são (art. 31):

a) prestar serviço adequado, na forma prevista nesta lei, nas normas técnicas aplicáveis e no contrato;

b) manter em dia o inventário e o registro dos bens vinculados à concessão;

c) prestar contas da gestão do serviço ao poder concedente e aos usuários, nos termos definidos no contrato;

d) cumprir e fazer cumprir as normas do serviço e as cláusulas contratuais da concessão;

e) permitir aos encarregados da fiscalização livre acesso, em qualquer época, às obras, aos equipamentos e às instalações integrantes do serviço, bem como a seus registros contábeis;

f) promover as desapropriações e constituir servidões autorizadas pelo poder concedente, conforme previsto no edital e no contrato;

g) zelar pela integridade dos bens vinculados à prestação do serviço, bem como segurá-los adequadamente;

h) captar, aplicar e gerir os recursos financeiros necessários à prestação do serviço.

A declaração de utilidade pública de imóvel para desapropriação e a declaração de necessidade ou utilidade pública para fins de servidão são sempre encargos do poder concedente. Já, a promoção da desapropriação e a instituição da servidão podem ser feitas tanto pelo poder concedente quanto pela concessionária. No entanto, esta somente poderá fazê-los quando autorizada pelo poder concedente e desde que exista previsão no edital e no contrato, cabendo à concessionária, nesses casos, a responsabilidade pelas indenizações cabíveis.

Extinção da concessão (art. 35):

a) advento do termo contratual;

b) encampação ou resgate (o poder concedente retoma o serviço da concessionária, durante o prazo da concessão, por motivo de interesse público, mediante Lei autorizativa específica e após prévio pagamento de indenização);

c) caducidade ou decadência (o poder concedente retoma o serviço da concessionária, durante o prazo da concessão, em razão da inadimplência da concessionária);

d) rescisão;

e) anulação;

f) falência ou extinção da concessionária de serviço público.

A caducidade pode ser declarada quando (art. 38, §1º):

I – o serviço estiver sendo prestado de forma inadequada ou deficiente, tendo por base as normas, critérios, indicadores e parâmetros definidores da qualidade do serviço;

II – a concessionária descumprir cláusulas contratuais ou disposições legais ou regulamentares concernentes à concessão;

III – a concessionária paralisar o serviço ou concorrer para tanto, ressalvadas as hipóteses decorrentes de caso fortuito ou força maior;

IV – a concessionária perder as condições econômicas, técnicas ou operacionais para manter a adequada prestação do serviço concedido;

V – a concessionária não cumprir as penalidades impostas por infrações, nos devidos prazos;

VI – a concessionária não atender a intimação do poder concedente no sentido de regularizar a prestação do serviço; e

VII – a concessionária não atender a intimação do poder concedente para, em 180 (cento e oitenta) dias, apresentar a documentação relativa a regularidade fiscal, no curso da concessão, na forma do art. 29 da Lei nº 8.666, de 21 de junho de 1993. Atenção! Com a revogação da Lei nº 8.666/1993, a remissão legal feita a ela considera-se feita à Lei nº 14.133/2021, nos termos do seu art. 189.

Reversão não é forma de extinção da concessão, mas é consequência dela, pois consiste na transferência dos bens do concessionário afetados ao serviço para o poder concedente, no final da concessão.

PARCERIA PÚBLICO-PRIVADA é um contrato de concessão e tem duas modalidades (art. 2º):

a) concessão patrocinada: é a concessão de serviços públicos ou de obras públicas de que trata a Lei no 8.987, de 13 de fevereiro de 1995, quando envolver, adicionalmente à tarifa cobrada dos usuários contraprestação pecuniária do parceiro público ao parceiro privado;

b) concessão administrativa: é o contrato de prestação de serviços de que a Administração Pública seja a usuária direta ou indireta, ainda que envolva execução de obra ou fornecimento e instalação de bens.

É **vedada a celebração de contrato de parceria público-privada** Lei 11.079/04 (art. 2º, § 4º):

a) cujo valor do contrato seja inferior a R$ 10.000.000,00;

b) cujo período de prestação do serviço seja inferior a cinco anos; ou

c) que tenha como objeto único o fornecimento de mão de obra, o fornecimento e instalação de equipamentos ou a execução de obra pública.

A contratação na modalidade PPP será precedida de licitação na modalidade concorrência ou diálogo competitivo.

CONTRATOS DE PARCERIA PÚBLICO-PRIVADA

Cláusulas

"Art. 5º As cláusulas dos contratos de parceria público-privada atenderão ao disposto no art. 23 da Lei nº 8.987, de 13 de fevereiro de 1995, no que couber, devendo também prever:

I – o prazo de vigência do contrato, compatível com a amortização dos investimentos realizados, não inferior a 5 (cinco), nem superior a 35 (trinta e cinco) anos, incluindo eventual prorrogação;

II – as penalidades aplicáveis à Administração Pública e ao parceiro privado em caso de inadimplemento contratual, fixadas sempre de forma proporcional à gravidade da falta cometida, e às obrigações assumidas;

III – a repartição de riscos entre as partes, inclusive os referentes a caso fortuito, força maior, fato do príncipe e álea econômica extraordinária;

IV – as formas de remuneração e de atualização dos valores contratuais;

V – os mecanismos para a preservação da atualidade da prestação dos serviços;

VI – os fatos que caracterizem a inadimplência pecuniária do parceiro público, os modos e o prazo de regularização e, quando houver, a forma de acionamento da garantia;

VII – os critérios objetivos de avaliação do desempenho do parceiro privado;

VIII – a prestação, pelo parceiro privado, de garantias de execução suficientes e compatíveis com os ônus e riscos envolvidos, observados os limites dos §§ 3º e 5º do art. 56 da Lei nº 8.666, de 21 de junho de 1993, e, no que se refere às concessões patrocinadas, o disposto no inciso XV do art. 18 da Lei nº 8.987, de 13 de fevereiro de 1995 ; Atenção! Com a revogação da Lei nº 8.666/1993, a remissão legal feita a ela considera-se feita à Lei nº 14.133/2021, nos termos do seu art. 189.

IX – o compartilhamento com a Administração Pública de ganhos econômicos efetivos do parceiro privado decorrentes da redução do risco de crédito dos financiamentos utilizados pelo parceiro privado;

X – a realização de vistoria dos bens reversíveis, podendo o parceiro público reter os pagamentos ao parceiro privado, no valor necessário para reparar as irregularidades eventualmente detectadas.

XI – o cronograma e os marcos para o repasse ao parceiro privado das parcelas do aporte de recursos, na fase de investimentos do projeto e/ou após a disponibilização dos serviços, sempre que verificada a hipótese do § 2º do art. 6º desta Lei.

§ 1º As cláusulas contratuais de atualização automática de valores baseadas em índices e fórmulas matemáticas, quando houver, serão aplicadas sem necessidade de homologação pela Administração Pública, exceto se esta publicar, na imprensa oficial, onde houver, até o prazo de 15 (quinze) dias após apresentação da fatura, razões fundamentadas nesta Lei ou no contrato para a rejeição da atualização.

§ 2º Os contratos poderão prever adicionalmente:

I – os requisitos e condições em que o parceiro público autorizará a transferência do controle ou a administração temporária da sociedade de propósito específico aos seus financiadores e garantidores com quem não mantenha vínculo societário direto, com o objetivo de promover a sua reestruturação financeira e assegurar a continuidade da prestação dos serviços, não se aplicando para este efeito o previsto no inciso I do parágrafo único do art. 27 da Lei nº 8.987, de 13 de fevereiro de 1995;

II – a possibilidade de emissão de empenho em nome dos financiadores do projeto em relação às obrigações pecuniárias da Administração Pública;

III – a legitimidade dos financiadores do projeto para receber indenizações por extinção antecipada do contrato, bem como pagamentos efetuados pelos fundos e empresas estatais garantidores de parcerias público-privadas."

Contraprestação pecuniária e aporte. Requisitos.

- A contraprestação da Administração Pública nos contratos de parceria público-privada poderá ser feita por (art. 6º da Lei nº 11.079/2004):

a) ordem bancária;

b) cessão de créditos não tributários;

c) outorga de direitos em face da Administração Pública;

d) outorga de direitos sobre bens públicos dominicais;

e) outros meios admitidos em lei.

- **Aporte:** O contrato poderá prever o aporte de recursos em favor do parceiro privado para a realização de obras e aquisição de bens reversíveis, desde que autorizado no edital de licitação, se contratos novos, ou em lei específica, se contratos celebrados até 8 de agosto de 2012.

Regime de garantias. Atividades delegáveis e indelegáveis por meio de parcerias.

Art. 8º da Lei nº 11.079/04: As obrigações pecuniárias contraídas pela Administração Pública em contrato de parceria público-privada poderão ser garantidas mediante:

I – vinculação de receitas, observado o disposto no inciso IV do art. 167 da Constituição Federal ;

II – instituição ou utilização de fundos especiais previstos em lei;

III – contratação de seguro-garantia com as companhias seguradoras que não sejam controladas pelo Poder Público;

IV – garantia prestada por organismos internacionais ou instituições financeiras;

V – garantias prestadas por fundo garantidor ou empresa estatal criada para essa finalidade;

VI – outros mecanismos admitidos em lei.

- **Indelegabilidade:** nos termos do art. 4º, III da Lei nº 11.079/04, não poderão ser delegadas as funções de regulação, jurisdicional, do exercício do poder de polícia e de outras atividades exclusivas do Estado.

PERMISSÃO é formalizada por meio de contrato de adesão, mas tem como características a precariedade e a revogabilidade unilateral (art. 40, Lei nº 8.987/95).

Diferenças legais entre concessão e permissão (art. 2º):

a) a concessão deve adotar a modalidade concorrência, e a permissão pode adotar outra modalidade licitatória;

b) a concessão somente pode ser feita com pessoa jurídica ou com consórcio de empresas, e a permissão pode ser realizada com pessoa jurídica e com pessoa física.

10. BENS PÚBLICOS

- Conceito legal (art. 98, Código Civil): são "públicos os bens do domínio nacional pertencentes às pessoas jurídicas de direito público interno; todos os outros são particulares, seja qual for a pessoa a que pertencerem".
- Divergência doutrinária: para uns, são somente os pertencentes às pessoas jurídicas de ***direito público (adotam o conceito legal); para outros, são*** os que pertencem às pessoas jurídicas de ***direito público*** e aqueles que, mesmo não pertencendo a essas pessoas, estejam ***afetados à prestação de serviço público***. Entretanto, maioria concorda que os ***bens*** das ***pessoas administrativas*** com personalidade de ***direito privado*** (empresa pública, sociedade de economia mista, fundações públicas com personalidade de direito privado, os consórcios públicos com personalidade jurídica de direito privado) ***vinculados à prestação de serviço público não podem ser penhorados***, em face do princípio da continuidade do serviço público.
- STF (RE 393032/MG e a ACO 958/DF): em relação à Empresa Brasileira de Correios e Telégrafos (ECT), foi decido que as disposições do art. 173, §§ 1º e 2º da CF (equiparação às empresas privadas e proibição de extensão de benefícios fiscais não aplicáveis ao setor privado) somente se aplicam às empresas públicas e sociedades de economia mista exploradoras de atividade econômica e, assim, em diversas ações (execuções trabalhistas e tributárias) considerou-se a ECT como prestadora de serviços públicos e, dessa forma, seus bens são impenhoráveis e possui imunidade tributária recíproca quanto aos bens usados para a prestação do serviço, tendo havido a recepção pela Constituição Federal do art. 12 do Decreto-Lei nº 509/69.
- STF (RE 852302/AL): "As sociedades de economia mista prestadoras de serviço público de atuação própria do Estado e de natureza não concorrencial submetem-se ao regime de precatório."
- STF (RE 599628/DF): "Sociedades de economia mista que desenvolvem atividade econômica em regime concorrencial não se beneficiam do regime de precatórios, previsto no art. 100 da Constituição da República."
- Sistematização da classificação dos bens públicos[50]:

CLASSIFICAÇÃO DOS BENS PÚBLICOS	
Quanto à titularidade	• federais • estaduais • distritais • municipais
Quanto à destinação	• uso comum do povo com finalidade pública geral (uso de todos; afetado) • uso especial com finalidade pública específica (afetado) • dominicais sem finalidade pública específica (desafetado)
Quanto à disponibilidade	• indisponíveis por natureza não têm natureza patrimonial • patrimoniais indisponíveis têm natureza patrimonial e estão afetados • patrimoniais disponíveis têm natureza patrimonial e estão afetados

- Características dos bens públicos
  - **inalienabilidade:** em regra, os bens públicos são inalienáveis. Os bens públicos de uso comum do povo e de uso especial são inalienáveis enquanto conservarem essa condição (art. 100, Código Civil); os bens dominicais podem ser alienados, obedecidos os requisitos legais (art. 101, Código Civil). Alienação: além da desafetação, conforme o art. 76 da Lei nº 14.133/2021, deve haver interesse público demonstrado, avaliação prévia, licitação e, se for imóvel da administração direta, autarquia e fundação pública, deve haver autorização legislativa.
  - **impenhorabilidade:** bens públicos não podem ser penhorados.

50. BORTOLETO, Leandro. *Direito administrativo*. Salvador: Juspodivm, 2012. p. 543.

STF (AI 553.712): vem sendo admitido o bloqueio de valores em contas públicas para cumprimento de liminar com o objetivo de garantir o fornecimento gratuito de medicamento a pessoa hipossuficiente.

– **imprescritibilidade:** bens públicos não podem ser objeto de usucapião, inclusive, quanto aos bens dominicais (Súmula nº 340 do Supremo Tribunal Federal: desde "a vigência do Código Civil, os bens dominicais, como os demais bens públicos, não podem ser adquiridos por usucapião").

Reforçando a característica da imprescritibilidade do bem público, foi editada a Súmula nº 619 do STJ, que estabelece: "A ocupação indevida de bem público configura mera detenção, de natureza precária, insuscetível de retenção ou indenização por acessões e benfeitorias".

– **não onerabilidade:** bem público não pode ser dado em garantia para o credor no caso de inadimplemento da obrigação

- Reforçando a característica da imprescritibilidade do bem público, foi editada a Súmula nº 619 do STJ, que estabelece: "A ocupação indevida de bem público configura mera detenção, de natureza precária, insuscetível de retenção ou indenização por acessões e benfeitorias".
- **STF (ADPF nº 588/PB):** "Os recursos públicos vinculados ao orçamento de estatais prestadoras de serviço público essencial, em regime não concorrencial e sem intuito lucrativo primário não podem ser bloqueados ou sequestrados por decisão judicial para pagamento de verbas trabalhistas, em virtude do disposto no art. 100 da CF/1988, e dos princípios da legalidade orçamentária (art. 167, VI, da CF), da separação dos poderes (arts. 2º, 60, § 4º, III, da CF) e da eficiência da administração pública (art. 37, 'caput', da CF)".
- A afetação ou consagração é a atribuição de destinação pública específica a determinado bem e, de outra forma, a desafetação ou desconsagração é a retirada da destinação de finalidade pública que fora dada a um bem público. Com a afetação, o bem desafetado torna-se afetado e, com a desafetação, o bem afetado passa a ser desafetado. A falta de uso do bem não pode ser considerada desafetação tácita.
- STF (AI 553.712): vem sendo admitido o bloqueio de valores em contas públicas para cumprimento de liminar com o objetivo de garantir o fornecimento gratuito de medicamento a pessoa hipossuficiente.
- Súmula nº 340 (STF): desde "a vigência do Código Civil, os bens dominicais, como os demais bens públicos, não podem ser adquiridos por usucapião".
- **Súmula nº 619 (STJ):** "A ocupação indevida de bem público configura mera detenção, de natureza precária, insuscetível de retenção ou indenização por acessões e benfeitorias".
- Uso comum e uso especial do bem público. O uso comum de um bem público ocorre quando ele é utilizado pelas pessoas em geral, sem distinção entre os usuários e sem necessidade de autorização específica para tanto, e o uso especial de bem público se verifica quando o administrado se sujeita a regras específicas, ao consentimento do Poder Público ou ao pagamento pelo uso.
- O uso especial, quando é destinado a pessoas determinadas, mediante instrumento jurídico formal, é chamado de uso privativo ou uso especial privativo.
- Instrumentos de formalização de **uso privativo de bem público**: autorização de uso; permissão de uso; concessão de uso; concessão de direito real de uso; cessão de uso.

a) **autorização de uso:** é ato unilateral, discricionário e precário, pelo qual a Administração consente a utilização de bem público por particular, com exclusividade, para atender ao interesse predominante do particular. Em regra, sua revogação não gera direito à indenização, mas se, excepcionalmente, for concedida com prazo determinado, a revogação antes do término do prazo dá ensejo à indenização.

b) **permissão de uso:** é ato unilateral, discricionário e precário, pelo qual a Administração consente a utilização de bem público por particular, com exclusividade, para a satisfação do interesse predominantemente público. Uma vez concedida a permissão, o permissionário tem obrigação de usar o bem para a finalidade permitida.

c) **concessão de uso:** "é o contrato administrativo pelo qual a Administração Pública faculta ao particular a utilização privativa de bem público, para que a exerça conforme a sua destinação" Necessita de licitação prévia. O interesse é preponderantemente público e por ser um contrato, a rescisão antecipada gera, em regra, direito à indenização.

d) **concessão de direito real de uso:** nos termos do art. 7º, do Decreto-Lei nº 271/67, pode ser instituída a concessão "de uso de terrenos públicos ou particulares remunerada ou gratuita, por tempo certo ou indeterminado, como direito real resolúvel, para fins específicos de regularização fundiária de interesse social, urbanização, industrialização, edificação, cultivo da terra, aproveitamento sustentável das várzeas, preservação das comunidades tradicionais e seus meios de subsistência ou outras modalidades de interesse social em áreas urbanas". Como se trata de direito real – e não pessoal como há na concessão de uso comum –, pode ser transmitido por sucessão legítima ou testamentária ou por atos inter vivos (art. 7º, § 4º);

e) concessão de uso especial para fins de moradia: na forma do artigo 1º da Medida Provisória 2.220/01 (que ainda está em vigor), "aquele que, até 22 de dezembro de 2016, possui como seu, por cinco anos, ininterruptamente e sem oposição, até duzentos e cinqüenta metros quadrados de imóvel público situado em área com características e finalidades urbanas, e que o utilize para sua moradia ou de sua família, tem o direito à concessão de uso especial para fins de moradia em relação ao bem objeto da posse, desde que não seja proprietário ou concessionário, a qualquer título, de outro imóvel urbano ou rural."

f) **cessão de uso:** é a transferência da posse de um bem público de uma entidade ou órgão para outro, de forma gratuita, para que o cessionário o utilize, por tempo certo e determinado, nas condições estabelecidas no termo.

11. RESPONSABILIDADE EXTRACONTRATUAL DO ESTADO

- Sistematização das teorias sobre a responsabilidade extracontratual do Estado[51;52]:

<table>
<tr><th colspan="5">Teorias sobre a responsabilidade extracontratual do Estado</th></tr>
<tr><td>Teoria da irresponsabilidade</td><td colspan="4">• Estado não responde
• teoria regaliana ou regalista</td></tr>
<tr><td rowspan="3">Teorias civilistas</td><td colspan="2" rowspan="2">teoria dos atos de império e atos de gestão</td><td colspan="2">atos de gestão → responde</td></tr>
<tr><td colspan="2">atos de império → não responde</td></tr>
<tr><td colspan="2">teoria da culpa civil</td><td colspan="2">• responsabilidade subjetiva
• dolo ou culpa do agente</td></tr>
<tr><td rowspan="3">Teorias publicistas</td><td colspan="2">teoria da culpa administrativa
(culpa do serviço; culpa anônima)</td><td>culpa do serviço</td><td>• responsabilidade subjetiva
• não funciona
• funciona mal
• funcional atrasado</td></tr>
<tr><td rowspan="2">teoria do risco</td><td rowspan="2">ação estatal
+
dano
+
nexo de causalidade</td><td>risco administrativo</td><td>admite excludentes</td></tr>
<tr><td>risco integral</td><td>não admite excludentes</td></tr>
</table>

51. BORTOLETO, Leandro. *Direito administrativo*. Salvador: Juspodivm, 2012. p. 580.
52. BORTOLETO, Leandro. *Direito administrativo*. Salvador: Juspodivm, 2012. p. 587.

- Sistematização da responsabilidade extracontratual no Estado brasileiro[47]:

<table>
<tr><th colspan="2">RESPONSABILIDADE CIVIL DO ESTADO BRASILEIRO</th></tr>
<tr><td colspan="2">• Pessoas de direito público
• Pessoas de direito privado prestadoras de serviço público (terceiro usuário e não usuário do serviço)</td></tr>
<tr><th colspan="2">RESPONSABILIDADE POR AÇÃO</th></tr>
<tr><td>Responsabilidade Objetiva</td><td>• teoria do risco administrativo
• teoria do risco integral (para alguns) → dano nuclear e ato terrorista contra aeronave</td></tr>
<tr><td colspan="2">Comportamento lícito ou ilícito de agente público nessa qualidade
+
Dano
+
Nexo de causalidade</td></tr>
<tr><td>Excludentes da responsabilidade objetiva</td><td>• caso fortuito ou força maior
• culpa exclusiva da vítima
• culpa exclusiva de terceiro</td></tr>
<tr><th colspan="2">RESPONSABILIDADE POR OMISSÃO</th></tr>
<tr><td colspan="2">Omissão genérica: responsabilidade subjetiva
Teoria da culpa administrativa ou da culpa do serviço
Omissão específica: responsabilidade objetiva
Teoria do risco administrativo (STF)</td></tr>
<tr><td colspan="2">Omissão
+
Dever de agir
+
Fato da natureza ou comportamento material de terceiro
+
Dano
+
Nexo entre dano e omissão</td></tr>
</table>

Quando a omissão caracterizar violação a dever específico, o STF vem entendendo que existe responsabilidade objetiva.

STF (RE nº 1.209.429/SP) Tese de repercussão geral: "É objetiva a Responsabilidade Civil do Estado em relação a profissional da imprensa ferido por agentes policiais durante cobertura jornalística, em manifestações em que haja tumulto ou conflitos entre policiais e manifestantes. Cabe a excludente da responsabilidade da culpa exclusiva da vítima, nas hipóteses em que o profissional de imprensa descumprir ostensiva e clara advertência sobre acesso a áreas delimitadas, em que haja grave risco à sua integridade física."

Morte de detento: RE 841.526: STF fixou a seguinte tese de repercussão geral: "em caso de inobservância do seu dever específico de proteção previsto no artigo 5º, inciso XLIX, da Constituição Federal, o Estado é responsável pela morte do detento".

- RE 591874/MS: Supremo Tribunal Federal decidiu que a responsabilidade extracontratual das pessoas jurídicas de direito privado prestadoras de serviço público é objetiva em relação aos ***usuários*** e aos ***não usuários*** do serviço.
- STF (RE 327.904 e RE 470.996): impossibilidade de o agente público causador do dano ser acionado diretamente pela vítima. CF (art. 37, § 6º) estabelece ***dupla garantia***: ***uma, em favor do particular*** assegurando-lhe o direito de promover ação indenizatória em face de pessoa jurídica de direito público ou de pessoa jurídica de direito privado prestadora de serviço público e, ***outra, em benefício do servidor***, que apenas responde civil e administrativamente perante a pessoa jurídica a que estiver vinculado; Nesse sentido, o tema de nº 940 do STF (julgado com repercussão geral): "A teor do disposto no art. 37, § 6º, da Constituição Federal, a ação por danos causados por agente público deve ser ajuizada contra o Estado ou a pessoa jurídica de direito privado prestadora de serviço público, sendo parte ilegítima para a ação o autor do ato, assegurado o direito de regresso contra o responsável nos casos de dolo ou culpa".
- STJ (REsp 1.163.652/PE, AgRg no REsp 1.149.194/AM, EREsp 313.886/RN): em se tratando de responsabilidade civil do Estado, a denunciação da lide é facultativa e não obrigatória. Todavia, o "cabimento da denunciação depende da ausência de violação dos princípios da celeridade e da economia processual, o que implica a valoração a ser realizada pelo magistrado em cada caso concreto" (Resp 975.799/DF).
- STF (RE 842846/RJ): "O Estado responde, objetivamente, pelos atos dos tabeliães e registradores oficiais que, no exercício de suas funções, causem dano a terceiros, assentado o dever de regresso contra o responsável, nos casos de dolo ou culpa, sob pena de improbidade administrativa."
- RE 138.861: "Para que fique caracterizada a responsabilidade civil do Estado por danos decorrentes do comércio de fogos de artifício, é necessário que exista a violação de um dever jurídico específico de agir, que ocorrerá quando for concedida a licença para funcionamento sem as cautelas legais ou quando for de conhecimento do poder público eventuais irregularidades praticadas pelo particular".
- STJ Súmula nº 652: "A responsabilidade da administração por dano ao meio ambiente decorrente de sua omissão no dever de fiscalização é de caráter solidário, mas de execução subsidiária".
- RE 580.252: "Considerando que é dever do Estado, imposto pelo sistema normativo, manter em seus presídios os padrões mínimos de humanidade previstos no ordenamento jurídico, é de sua responsabilidade, nos termos do art. 37, § 6º da Constituição, a obrigação de ressarcir os danos, inclusive morais, comprovadamente causados aos detentos em decorrência da falta ou insuficiência das condições legais de encarceramento."• RE 608.880 (Tema 362): "Nos termos do artigo 37, § 6º, da Constituição Federal, não se caracteriza a responsabilidade civil objetiva do Estado por danos decorrentes de crime praticado por pessoa foragida do sistema prisional, quando não demonstrado o nexo causal direto entre o momento da fuga e a conduta praticada".

Direito de regresso

- A **reparação do dano** pode ser feita no âmbito **administrativo**, desde que a Administração reconheça a sua responsabilidade pelo dano causado, bem como haja consenso sobre o valor da indenização. Caso contrário, a vítima deverá ingressar com **ação judicial** em face da pessoa jurídica causadora do dano para a reparação. Reparado o dano, surge para o Estado o **direito de regresso,** desde que o servidor tenha atuado com dolo ou culpa. Nesse caso, fará uso da **ação regressiva, que é uma** ação de natureza civil de que o Estado se vale para reparar o dano sofrido, causado por dolo ou culpa do servidor.
- Nos moldes do art. 37, § 6º, da Constituição Federal, a responsabilidade do Estado é objetiva e, por sua vez, a do agente público é subjetiva. Assim, não há a necessidade de demonstração de dolo ou culpa para que a vítima seja indenizada, bastando a comprovação do dano e do nexo de causalidade entre este e a conduta estatal. Por sua vez, em relação ao servidor, este somente será responsabilizado se agiu com dolo ou culpa. Desse modo, o Estado responde perante a vítima e, caso haja dolo ou culpa, volta-se contra o servidor, por meio de **ação regressiva,** constituindo-se, portanto, **duas relações**:

a) entre o **Estado e a vítima**: de natureza **objetiva** e fundada no **nexo causal**;

b) entre o **agente causador do dano e o Estado**: de natureza **subjetiva**, baseada no **dolo** ou **culpa.**

STF (RE 327.904 e RE 470.996): impossibilidade de o agente público causador do dano ser acionado diretamente pela vítima. CF (art. 37, § 6º) estabelece **dupla garantia**: **uma, em favor do particular** assegurando-lhe o direito de promover ação indenizatória em face de pessoa jurídica de direito público ou de pessoa jurídica de direito privado prestadora de serviço público e, **outra, em benefício do servidor**, que apenas responde civil e administrativamente perante a pessoa jurídica a que estiver vinculado;

STJ (REsp 1.163.652/PE, AgRg no REsp 1.149.194/AM, EREsp 313.886/RN): em se tratando de responsabilidade civil do Estado, a denunciação da lide é facultativa e não obrigatória. Todavia, o "cabimento da denunciação depende da ausência de violação dos princípios da celeridade e da economia processual, o que implica a valoração a ser realizada pelo magistrado em cada caso concreto" (Resp 975.799/DF)

- Prescrição: o prazo para interposição de ação de indenização em face do Estado é de ***5 anos***, nos termos do art. 1º do Decreto nº 20.910/32.

12. CONTROLE DA ADMINISTRAÇÃO PÚBLICA

O controle da Administração Pública é "**o conjunto de mecanismos jurídicos e administrativos por meio dos quais se exerce o poder de fiscalização e de revisão da atividade administrativa em qualquer das esferas de Poder**"[53].

Espécies de controle:

a) quanto à origem ou localização:
- interno
- externo;

b) quanto ao momento:
- prévio ou preventivo (*a priori*)
- concomitante
- posterior ou subsequente;

c) quanto ao aspecto controlado:
- legalidade
- mérito;

d) quanto à amplitude ou fundamento:
- hierárquico ou por subordinação;
- finalístico ou por vinculação;

e) quanto à iniciativa:
- de ofício
- provocado.

CONTROLE ADMINISTRATIVO

Controle administrativo

O "controle administrativo é um **autocontrole** dentro da Administração Pública"[54]. É "o poder de fiscalização e correção que a Administração Pública (em sentido amplo) exerce sobre sua própria atuação, sob os aspectos de legalidade e mérito, por iniciativa própria ou mediante provocação"[55].

53. CARVALHO FILHO, José dos Santos. *Manual de direito administrativo*. 19. ed. Rio de Janeiro: Lumen Juris, 2008. p. 836.

54. FAGUNDES, Miguel Seabra. *O controle dos atos administrativos pelo poder judiciário*. 8. ed. atualizada por Gustavo Binenbojm. Rio de Janeiro: Forense, 2010. p. 126. Original sem destaque.

55. DI PIETRO, Maria Sylvia Zanella. *Direito administrativo*. 23. ed. São Paulo: Atlas, 2010. p. 730.

Recurso administrativo: todo meio apto para provocar o reexame de ato ou decisão administrativa. Modalidades de recurso administrativo[56]:

a) **representação administrativa**: é o meio pelo qual o administrado denuncia, formalmente, irregularidades ou abuso de poder no seio da Administração;

b) **reclamação administrativa**: é a forma usada pelo administrado para se opor aos atos da Administração que afetem seus direitos ou interesses;

c) **pedido de reconsideração**: é o requerimento de reexame de ato ou decisão administrativa, dirigido à mesma autoridade que expediu o ato ou decidiu;

d) **recurso hierárquico**: é o requerimento de reexame de ato ou decisão administrativa, dirigido a autoridade superior à que expediu o ato ou decidiu. Pode ser:

- **recurso hierárquico próprio**: dirigido a autoridade hierarquicamente superior dentro do mesmo órgão em que o ato foi praticado. Por ser consequência da hierarquia, não depende da previsão legal;
- **recurso hierárquico impróprio**: é o que se "dirige a autoridade ou órgão estranho à repartição que expediu o ato recorrido, mas com competência julgadora expressa, como ocorre com os *tribunais administrativos* e com os *chefes* do Executivo federal, estadual e municipal"[57]. É um recurso que não se dirige a autoridade hierarquicamente superior, mas sim a autoridade de outro órgão, sem relação hierárquica com o que proferiu o ato como, por exemplo, recurso, na esfera federal, contra ato de dirigente de autarquia para o Ministério a que estiver vinculada ou para o Presidente da República. Em razão da inexistência de hierarquia, somente é admissível quando houver previsão expressa em lei.

e) **revisão**: é o meio usado pelo servidor para requerer o reexame de punição que lhe foi imposta quando houver fato novo capaz de inocentá-lo ou de demonstrar a inadequação da penalidade aplicada.

CONTROLE LEGISLATIVO

Controle legislativo abrange o controle político e o controle financeiro.

Controle financeiro: a "fiscalização contábil, financeira, orçamentária, operacional e patrimonial da União e das entidades da administração direta e indireta, quanto à legalidade, legitimidade, economicidade, aplicação das subvenções e renúncia de receitas, será exercida pelo Congresso Nacional, mediante controle externo, e pelo sistema de controle interno de cada Poder" (CF, art. 70). **Subdivide-se em controle interno e externo.**

56. MEIRELLES, Hely Lopes. *Direito administrativo brasileiro*. 36. ed.São Paulo: Malheiros, 2010. p. 710-714.

57. MEIRELLES, Hely Lopes. *Direito administrativo brasileiro*. 36. ed.São Paulo: Malheiros, 2010. p. 713.

Controle interno: os Poderes Executivo, Legislativo e Judiciário deverão manter, de forma integrada, sistema de controle interno, com a finalidade de: a) "avaliar o cumprimento das metas previstas no plano plurianual, a execução dos programas de governo e dos orçamentos da União" (inciso I); b) "comprovar a legalidade e avaliar os resultados, quanto à eficácia e eficiência, da gestão orçamentária, financeira e patrimonial nos órgãos e entidades da administração federal, bem como da aplicação de recursos públicos por entidades de direito privado" (inciso II); c) "exercer o controle das operações de crédito, avais e garantias, bem como dos direitos e haveres da União" (inciso III); d) "apoiar o controle externo no exercício de sua missão institucional" (inciso IV).

Controle externo: exercido pelo Congresso Nacional, com o auxílio do Tribunal de Contas da União (TCU).

O TCU é um órgão independente. Não está subordinado ao Congresso Nacional e não integra o Poder Judiciário.

Competência do TCU: art. 71 da Constituição Federal:

> *Art. 71. O controle externo, a cargo do Congresso Nacional, será exercido com o auxílio do Tribunal de Contas da União, ao qual compete:*
>
> *I – apreciar as contas prestadas anualmente pelo Presidente da República, mediante parecer prévio que deverá ser elaborado em sessenta dias a contar de seu recebimento;*
>
> *II – julgar as contas dos administradores e demais responsáveis por dinheiros, bens e valores públicos da administração direta e indireta, incluídas as fundações e sociedades instituídas e mantidas pelo Poder Público federal, e as contas daqueles que derem causa a perda, extravio ou outra irregularidade de que resulte prejuízo ao erário público;*
>
> *III – apreciar, para fins de registro, a legalidade dos atos de admissão de pessoal, a qualquer título, na administração direta e indireta, incluídas as fundações instituídas e mantidas pelo Poder Público, excetuadas as nomeações para cargo de provimento em comissão, bem como a das concessões de aposentadorias, reformas e pensões, ressalvadas as melhorias posteriores que não alterem o fundamento legal do ato concessório;*
>
> *IV – realizar, por iniciativa própria, da Câmara dos Deputados, do Senado Federal, de Comissão técnica ou de inquérito, inspeções e auditorias de natureza contábil, financeira, orçamentária, operacional e patrimonial, nas unidades administrativas dos Poderes Legislativo, Executivo e Judiciário, e demais entidades referidas no inciso II;*
>
> *V – fiscalizar as contas nacionais das empresas supranacionais de cujo capital social a União participe, de forma direta ou indireta, nos termos do tratado constitutivo;*
>
> *VI – fiscalizar a aplicação de quaisquer recursos repassados pela União mediante convênio, acordo, ajuste ou outros instrumentos congêneres, a Estado, ao Distrito Federal ou a Município;*
>
> *VII – prestar as informações solicitadas pelo Congresso Nacional, por qualquer de suas Casas, ou por qualquer das respectivas Comissões, sobre a fiscalização contábil, financeira, orçamentária, operacional e patrimonial e sobre resultados de auditorias e inspeções realizadas;*
>
> *VIII – aplicar aos responsáveis, em caso de ilegalidade de despesa ou irregularidade de contas, as sanções previstas em lei, que estabelecerá, entre outras cominações, multa proporcional ao dano causado ao erário;*
>
> *IX – assinar prazo para que o órgão ou entidade adote as providências necessárias ao exato cumprimento da lei, se verificada ilegalidade;*
>
> *X – sustar, se não atendido, a execução do ato impugnado, comunicando a decisão à Câmara dos Deputados e ao Senado Federal;*
>
> *XI – representar ao Poder competente sobre irregularidades ou abusos apurados.*
>
> *§ 1º No caso de contrato, o ato de sustação será adotado diretamente pelo Congresso Nacional, que solicitará, de imediato, ao Poder Executivo as medidas cabíveis.*
>
> *§ 2º Se o Congresso Nacional ou o Poder Executivo, no prazo de noventa dias, não efetivar as medidas previstas no parágrafo anterior, o Tribunal decidirá a respeito.*
>
> *§ 3º As decisões do Tribunal de que resulte imputação de débito ou multa terão eficácia de título executivo.*
>
> *§ 4º O Tribunal encaminhará ao Congresso Nacional, trimestral e anualmente, relatório de suas atividades.*

Decisões do TCU: as "decisões do Tribunal de que resulte imputação de débito ou multa terão eficácia de título executivo" (art. 71, § 3º).

STF (RE 510.034-AgR; AI 826.676-AgR): a cobrança da dívida em juízo deve ser feita pelo ente público beneficiário da condenação, por intermédio de seus procuradores.

STF (MS 24.997): o "ato de aposentadoria configura ato administrativo complexo, aperfeiçoando-se somente com o registro perante o Tribunal de Contas. Submetido à condição resolutiva, não se operam os efeitos da decadência antes da vontade final da Administração".

Súmula Vinculante nº 3: "Nos processos perante o Tribunal de Contas da União asseguram-se o contraditório e a ampla defesa quando da decisão puder resultar anulação ou revogação de ato administrativo que beneficie o interessado, excetuada a apreciação da legalidade do ato de concessão inicial de aposentadoria, reforma e pensão".

STF (RE 636.553): "Em atenção aos princípios da segurança jurídica e da confiança legítima, os Tribunais de Contas estão sujeitos ao prazo de cinco anos para o julgamento da legalidade do ato de concessão inicial de aposentadoria, reforma ou pensão a contar da chegada do processo à respectiva Corte de contas."

CONTROLE JUDICIAL

Controle judicial

O controle judicial é o "exercido privativamente pelos órgãos do Poder Judiciário sobre os atos administrativos do Executivo, do Legislativo e do próprio Judiciário quando realiza atividade administrativa"[58].

Sistemas de controle jurisdicional do ato administrativo:

a) **sistema do contencioso administrativo ou sistema francês**: o controle dos atos administrativos é realizado, de maneira definitiva, por tribunais administrativos;

b) **sistema de jurisdição única ou sistema inglês**: há somente uma jurisdição e, assim, o controle dos atos administrativos, de maneira definitiva, é feito pelo Poder Judiciário (é o adotado no Brasil, pois o art. 5º, XXXV da Constituição Federal estabelece que nenhuma lesão ou ameaça a direito será excluída da apreciação do Poder Judiciário).

Principais meios de controle judicial:

MANDADO DE SEGURANÇA

O mandado de segurança está previsto no art. 5º, LXIX, em cuja redação assegura-se a concessão desse remédio constitucional "para proteger direito líquido e certo, não amparado por 'habeas-corpus' ou 'habeas-data', quando o responsável pela ilegalidade ou abuso de poder for autoridade pública ou agente de pessoa jurídica no exercício de atribuições do Poder Público", bem como no inciso LXX do mesmo artigo, assegurando a impetração de mandado de segurança coletivo por partido político com representação no Congresso Nacional e por organização sindical, entidade de classe ou associação legalmente constituída e em funcionamento há pelo menos um ano, em defesa dos interesses de seus membros ou associados.

Na clássica definição de Hely Lopes Meirelles, mandado de segurança é: "O meio constitucional posto à disposição de toda pessoa física ou jurídica, órgão com capacidade processual ou universalidade reconhecida por lei para proteger direito individual ou coletivo, líquido e certo, não amparado por habeas corpus ou habeas data, lesado ou ameaçado de lesão por ato de qualquer autoridade, seja de que categoria for e sejam quais forem as funções que exerça"[59].

Ambos os dispositivos constitucionais mencionados foram regulamentados pela Lei nº 12.016/09.

O mandado de segurança somente pode ser utilizado quando se tratar de direito líquido e certo, que é o direito que pode ser comprovado de plano, sendo possível reconhecê-lo no momento da impetração pelas provas existentes e, caso a prova do direito dependa de momento futuro, não cabe o mandado de segurança.

ATENÇÃO! Súmula 625, STF: "Controvérsia sobre matéria de direito não impede concessão de mandado de segurança".

A autoridade coatora é o sujeito passivo, mas o art. 1º, § 1º, da Lei nº 12.016/09 equipara à autoridade para a impetração de mandado de segurança:

a) os representantes ou órgãos de partidos políticos;

b) os administradores de entidades autárquicas;

c) os dirigentes de pessoas jurídicas ou as pessoas naturais no exercício de atribuições do poder público, somente no que disser respeito a essas atribuições.

Dessa maneira, o mandamus pode ser impetrado contra ato de dirigente de estabelecimento de ensino privado ou ato de administrador de concessionária de serviço público, ressalvando-se, no último caso e também quanto aos atos de administradores de empresas públicas e de sociedade de economia mista, os atos de gestão comercial, nos termos do § 2º do mesmo artigo.

O art. 5º da Lei nº 12.016/09 veda a concessão de mandado de segurança nos seguintes casos:

a) ato do qual caiba recurso administrativo com efeito suspensivo, independentemente de caução;

b) decisão judicial da qual caiba recurso com efeito suspensivo;

c) decisão judicial transitada em julgado.

Além dessas hipóteses, nos termos da Súmula 266 do STF, não "cabe o mandado de segurança contra lei em tese".

O prazo para interposição é de 120 dias (art. 23). A respeito, há a Súmula 632, do STF, estabelecendo que é "constitucional lei que fixa prazo de decadência para impetração de mandado de segurança", bem como a Súmula 430, também do STF, prevendo que o pedido "de reconsideração na via administrativa não interrompe o prazo para o mandado de segurança".

Com relação ao mandado de segurança coletivo, pode ser impetrado por:

a) partido político com representação no Congresso Nacional: "na defesa de seus interesses legítimos relativos a seus integrantes ou à finalidade partidária" (art. 21, Lei nº 12.016/09)

b) por organização sindical, entidade de classe ou associação legalmente constituída e em funcionamento há pelo menos um ano, em defesa dos interesses de seus membros ou associados: "em defesa de direitos líquidos e certos da totalidade, ou de parte, dos seus membros ou associados, na forma dos seus estatutos e desde que pertinentes às suas finalidades, dispensada, para tanto, autorização especial" (art. 21, Lei nº 12.016/09). Nos termos da Súmula 630, do STF, a "entidade de classe tem legitimação para o mandado de segurança ainda quando a pretensão veiculada interesse apenas a uma parte da respectiva categoria".

ATENÇÃO! O funcionamento e a pré-constituição há pelo menos um ano aplica-se apenas às associações, com o que se visa impedir a formação de um novo legitimado que não existia quando da ocorrência do fato, bem como evitar a "possibilidade de eventual conluio com o Poder

58. MEIRELLES, Hely Lopes. *Direito administrativo brasileiro*. 36. ed. São Paulo: Malheiros, 2010. p. 744.

59. MEIRELLES, Hely Lopes. *Mandado de segurança, ação popular, ação civil pública, mandado de injunção, habeas data*. 18. ed. São Paulo: Malheiros, 1997. p. 21.

Público por parte de uma associação recém-constituída e ainda de bases pouco sólidas", conforme adverte André Ramos Tavares, colacionando o autor, inclusive, decisão do STF nesse sentido (RE 198.919-0/DF).

Esses legitimados podem se valer do mandado de segurança coletivo para proteger os seguintes direitos (art. 21, parágrafo único):

a) coletivos: "os transindividuais, de natureza indivisível, de que seja titular grupo ou categoria de pessoas ligadas entre si ou com a parte contrária por uma relação jurídica básica";

b) individuais homogêneos: "os decorrentes de origem comum e da atividade ou situação específica da totalidade ou de parte dos associados ou membros do impetrante".

- **AÇÃO POPULAR**

A ação popular está prevista no art. 5º, LXXIII, que tem a seguinte redação: "Qualquer cidadão é parte legítima para propor ação popular que vise a anular ato lesivo ao patrimônio público ou de entidade de que o Estado participe, à moralidade administrativa, ao meio ambiente e ao patrimônio histórico e cultural, ficando o autor, salvo comprovada má-fé, isento de custas judiciais e do ônus da sucumbência".

Em âmbito infraconstitucional, há a Lei nº 4.717/65 disciplinando a ação popular.

É ação destinada à tutela da moralidade administrativa, do meio ambiente, do patrimônio histórico e cultural e do patrimônio público, este na sua mais ampla acepção, incluindo bens móveis, imóveis, ações e créditos públicos.

São pressupostos específicos da ação popular:

a) o autor da ação deve ser cidadão ativo, isto é, deve ser eleitor, comprovando-se por título eleitoral ou documento equivalente;

b) o ato impugnado deve ser lesivo ao patrimônio público, à moralidade, ao meio ambiente e ao patrimônio histórico e cultural;

c) a ocorrência de ilegalidade ou ilegitimidade, o que inclui os princípios administrativos como, por exemplo, o da moralidade.

ATENÇÃO! Nesse ponto, há na doutrina quem sustente que somente é possível a ação popular se a lesão for decorrente de ilegalidade, isto é, se houver a ocorrência do binômio lesividade/ilegalidade. Entretanto, a lesão pode ser dos princípios da Administração e, nesse sentido, já decidiu o STF e o STJ como, por exemplo, o REsp 1.130.754, no qual foi assentado que "é possível afirmar a prescindibilidade do dano para a propositura da ação popular", porque "o termo 'patrimônio público' deve ser entendido de maneira ampla, a abarcar não apenas o patrimônio econômico, mas também outros valores, entre eles, a moralidade administrativa".

Quanto ao sujeito ativo, excluem-se a pessoa jurídica (Súmula 365, do STF), os estrangeiros, os apátridas e as pessoas que estiverem com os direitos políticos suspensos ou perdidos, nas situações elencadas no art. 15 da Constituição Federal.

Nos termos do art. 6º, podem ser sujeitos passivos da ação popular:

a) as pessoas cujo patrimônio é protegido: União, Estados, Distrito Federal, Municípios, autarquias, fundações públicas (com personalidade de direito público ou de direito privado), empresas públicas, sociedades de economia mista, pessoas jurídicas subvencionadas pelo Estado;

b) aqueles que causaram, ou ameaçaram causar, por ato ou omissão, lesão aos bens tutelados: autoridades, funcionários ou administradores;

c) os beneficiários diretos do ato ou da omissão: não pode ser beneficiário indireto.

A ação deve ser proposta por meio de advogado e há isenção de custas e do ônus da sucumbência para o autor, salvo se comprovada má-fé. Se ficar demonstrado que o requerente agiu de má-fé, conforme o art. 13 da Lei nº 4.717/65, o juiz pode condená-lo ao décuplo das custas.

A ação popular tem natureza dupla, sendo constitutiva e condenatória, pois tem como objeto:

a) a anulação do ato;

b) a condenação ao pagamento de perdas e danos ou à restituição de bens e valores (art. 14, § 4º).

- **AÇÃO CIVIL PÚBLICA**

A ação civil pública está prevista na Constituição Federal, no art. 129, III, sendo disciplinada pela Lei nº 7.347/85 e pode ser definida como "o meio processual de que se podem valer o Ministério Público e as pessoas jurídicas indicas em lei para proteção de interesses difusos e gerais".

A ação civil pública é usada para tutelar os interesses difusos, coletivos e individuais homogêneos, e o art. 1º da Lei nº 7.347/85 estabelece que, sem prejuízo da ação popular, a tutela por meio da ação civil pública se dá em relação:

a) ao meio ambiente;

b) ao consumidor;

c) a bens e direitos de valor artístico, estético, histórico, turístico e paisagístico;

d) à infração da ordem econômica ;

e) à ordem urbanística;

f) à honra e à dignidade de grupos raciais, étnicos ou religiosos.

g) ao patrimônio público e social.

h) a qualquer outro interesse difuso ou coletivo.

No parágrafo único do mesmo dispositivo, porém, a lei veda a propositura de ação civil pública para "veicular pretensões que envolvam tributos, contribuições previdenciárias, o Fundo de Garantia do Tempo de Serviço – FGTS ou outros fundos de natureza institucional cujos beneficiários podem ser individualmente determinados".

Possuem legitimidade ativa para propor a ação (art. 5º):

a) Ministério Público;

b) Defensoria Pública;

c) União, Estados, Distrito Federal e Municípios;

d) autarquia, empresa pública, fundação ou sociedade de economia mista;

e) associação que, concomitantemente:

- esteja constituída há pelo menos 1 ano nos termos da lei civil; e
- inclua, entre suas finalidades institucionais, a proteção ao patrimônio público e social, ao meio ambiente, ao consumidor, à ordem econômica, à livre concorrência, aos direitos de grupos raciais, étnicos ou religiosos ou ao patrimônio artístico, estético, histórico, turístico e paisagístico.

> *STF (RE 1101937) Tese de repercussão geral: "I – É inconstitucional a redação do art. 16 da Lei 7.347/1985, alterada pela Lei 9.494/1997, sendo repristinada sua redação original. II – Em se tratando de ação civil pública de efeitos nacionais ou regionais, a competência deve observar o art. 93, II, da Lei 8.078/1990 (Código de Defesa do Consumidor). III – Ajuizadas múltiplas ações civis públicas de âmbito nacional ou regional e fixada a competência nos termos do item II, firma-se a prevenção do juízo que primeiro conheceu de uma delas, para o julgamento de todas as demandas conexas".*

INQUÉRITO CIVIL

O inquérito civil é um **procedimento administrativo**, não sujeito ao contraditório porque tem natureza inquisitiva. Conforme o art. 129, III, da Constituição Federal, é função institucional do Ministério Público instaurar o inquérito civil para a proteção do patrimônio público e social, do meio ambiente e de outros interesses difusos e coletivos. No mesmo sentido, há o art. 8º, § 1º, da Lei nº 7.347/85, prevendo a instauração do inquérito civil pelo Ministério Público.

É de competência exclusiva do Ministério Público, mas não é obrigatório para a propositura da ação. É **dispensável**, desde que haja outros meios de convicção pelos quais se obteve os elementos necessários para o ingresso em juízo. Entretanto, a legitimidade para a propositura de ação civil pública não é privativa do M.P.

Instauração: pode ser de ofício ou a requerimento de qualquer pessoa (art. 6º). O inquérito civil tramitará sob a presidência do órgão do Ministério Público, destacando-se que durante as investigações o próprio Ministério Público, diretamente, pode requisitar, de qualquer organismo público ou particular, certidões, informações, exames ou perícias, no prazo que assinalar, o qual não poderá ser inferior a 10 dias úteis (art. 8º, § 1º). No entanto, nos casos em que a lei impuser sigilo, poderá ser negada certidão ou informação, hipótese em que a ação poderá ser proposta desacompanhada desses documentos, cabendo ao juiz requisitá-los (§ 2º).

Encerrada a investigação, havendo fundamento, será proposta a ação civil pública, mas, nos termos do art. 9º, *caput*, se "o órgão do Ministério Público, esgotadas todas as diligências, se convencer da inexistência de fundamento para a propositura da ação civil, promoverá o arquivamento dos autos do inquérito civil ou das peças informativas, fazendo-o fundamentadamente".

Se opção for arquivamento, o membro do Ministério Público, sob pena de incorrer em falta grave, no prazo de três dias após determinar a medida, encaminha os autos para o Conselho Superior do Ministério Público. Cabe a este órgão a homologação do arquivamento ou sua rejeição, e até que haja a decisão poderão as associações legitimadas apresentar razões escritas ou documentos, que serão juntados aos autos do inquérito ou anexados às peças de informação. Se o Conselho rejeitar a promoção do arquivamento, designará desde logo outro membro do Ministério Público para o ajuizamento da ação.

TERMO DE AJUSTAMENTO DE CONDUTA (TAC)

O Termo de Ajustamento de Conduta (TAC) está previsto no art. 5º, § 6º, da Lei nº 7.347/85, ao estabelecer que os "órgãos públicos legitimados poderão tomar dos interessados compromisso de ajustamento de sua conduta às exigências legais, mediante cominações, que terá eficácia de título executivo extrajudicial".

Trata-se de importante ferramenta de controle da Administração Pública, realizada extrajudicialmente, pois, por meio dele, é possível a obtenção de comportamento do agente que está causando ou na iminência de causar dano, adequando-se ao exigido pelo direito, sem a necessidade de propositura de ação judicial. Todavia, se houver o descumprimento do que fora pactuado, o título executivo já está disponível para a execução.

13. IMPROBIDADE ADMINISTRATIVA: LEI Nº 8.429/92

LEI 8.429/92

- **Sistema de Responsabilização por Ato de Improbidade:** tem por finalidade a probidade na organização do Estado e no exercício de suas funções, como forma de assegurar a integridade do patrimônio público e social (art. 1º, *caput*).
- **Ato de improbidade**
- Nos termos do art. 1º da Lei, são atos de improbidade as condutas **dolosas** especificadas nos arts. 9º, 10 e 11, ressalvados tipos previstos em leis especiais. Nos termos do §2º, não basta a mera voluntariedade e, para tanto, considera-se dolo a vontade livre e consciente de alcançar o resultado ilícito tipificado previsto nos artigos mencionados.
- **Não configura improbidade administrativa:** a) o **mero exercício** da função ou desempenho de competências públicas, sem comprovação de ato doloso com fim ilícito, afasta a responsabilidade por ato de improbidade administrativa; b) **divergência interpretativa** da lei, se baseada em jurisprudência, ainda que não pacificada (art. 1º, §8º): ATENÇÃO! Na ADI 7236, o Min. Alexandre de Moraes deferiu medida cautelar e suspendeu a eficácia desse dispositivo; c) a ilegalidade sem a presença de dolo que a qualifique (art. 16, §1º).

> **Atenção!** Já pelo primeiro artigo da lei é possível vislumbrar uma das principais alterações promovidas, qual seja, a necessidade da presença de dolo para a configuração de improbidade administrativa. Lembre-se de que, pela redação anterior, admitia-se a modalidade culposa para os atos de improbidade administrativa que causassem prejuízo ao erário.

Nesse sentido, o STF decidiu, no ARE 843989, que: "1) É necessária a comprovação de responsabilidade subjetiva para a tipificação dos atos de improbidade administrativa, exigindo-se - nos artigos 9º, 10 e 11 da LIA - a presença do elemento subjetivo – DOLO (...)"

- **Direito administrativo sancionador:** aplicam-se ao sistema de improbidade tratado na lei, os princípios constitucionais do Direito Administrativo sancionador, tais quais: devido processo legal, contraditório e ampla defesa, legalidade.
- **Sujeito passivo:** a) Administração direta; b) Administração indireta; c) Entidade Privada que receba subvenção, benefício ou incentivo, fiscal, creditício, de entes públicos ou governamentais (art. 1º, § 6º); d) entidade privada para cuja criação ou custeio o erário haja concorrido ou concorra no seu patrimônio ou receita atual, limitado o ressarcimento de prejuízos, nesse caso, à repercussão do ilícito sobre a contribuição dos cofres públicos (art. 1º, §7º).
- ***Sujeito ativo*** do ato de improbidade (artigos 2º e 3º): a) agente público: agente político, servidor público, e aquele que exerce ainda que transitoriamente ou sem remuneração, por eleição, nomeação, designação, contratação ou qualquer outra forma de investidura ou vínculo, mandato, cargo, emprego ou função nas entidades do art. 1º da Lei; b) terceiro que induza ou concorra **dolosamente** para a prática do ato de improbidade.

  Recursos de origem pública: sujeita-se às sanções previstas na Lei 8.429/92, o particular, pessoa física ou jurídica, que celebra com a administração pública convênio, contrato de repasse, contrato de gestão, termo de parceria, termo de cooperação ou ajuste administrativo equivalente.

> **Atenção! Art. 3º da LIA**
>
> 1- sócios, cotistas, diretores e colaboradores de pessoa jurídica de direito privado não respondem por ato de improbidade imputado à pessoa jurídica, **salvo** se comprovada sua participação e benefícios, respondendo na medida da participação.
>
> 2- sanções da Lei não se aplicam à pessoa jurídica, caso o ato de improbidade seja sancionado como lesivo à Administração Pública de que trata a lei anticorrupção (Lei nº 12.846/2013).

- **Responsabilidade sucessória** (art. 8º): a) sucessor ou herdeiro: reparação até o limite do valor da herança ou do patrimônio transferido; b) também se aplica à alteração contratual, transformação, incorporação, fusão ou cisão societária: no caso de fusão e incorporação, a responsabilidade será restrita à obrigação de reparação integral do dano, até o limite do patrimônio transferido, não se aplicando as demais sanções, salvo simulação ou fraude, devidamente comprovados.
- ***Modalidades*** de atos de improbidade:
- **É indispensável a leitura dos artigos 9º, 10, 11 e 12 da Lei nº 8.429/92.**

a) atos que ***importam enriquecimento ilícito*** (art. 9º): são aqueles em que o agente aufere, **dolosamente**, vantagem patrimonial indevida em razão do exercício do cargo, mandato, função, emprego ou atividade nas entidades do art. 1º;

b) atos que ***causam prejuízo ao erário*** (art. 10); causa prejuízo ao erário "qualquer ação ou omissão **dolosa**, que enseje, efetiva e comprovadamente, perda patrimonial, desvio, apropriação, malbaratamento ou dilapidação dos bens ou haveres das entidades referidas no art. 1º";

> **Atenção!** Nos termos do art. 10, §1º, caso a inobservância da lei ou regulamento não implicar perda patrimonial efetiva, não haverá imposição de ressarcimento, vedado o enriquecimento sem causa das entidades do art. 1º da LIA.

STF 843989: **"(...) 2) A norma benéfica da Lei 14.230/2021 - revogação da modalidade culposa do ato de improbidade administrativa -, é IRRETROATIVA, em virtude do artigo 5º, inciso XXXVI, da Constituição Federal, não tendo incidência em relação à eficácia da coisa julgada; nem tampouco durante o processo de execução das penas e seus incidentes; 3) A nova Lei 14.230/2021 aplica-se aos atos de improbidade administrativa culposos praticados na vigência do texto anterior da lei, porém sem condenação transitada em julgado, em virtude da revogação expressa do texto anterior; devendo o juízo competente analisar eventual dolo por parte do agente (...)";**

c) atos que ***atentam contra os princípios da Administração Pública (art. 11)***: a ação ou omissão **dolosa** que viole os deveres de honestidade, de imparcialidade e de legalidade;

Atenção! Com a nova redação do art. 11 da Lei de Improbidade Administrativa, o rol das condutas que caracterizam os atos que violam os princípios da Administração Pública passou a ser taxativo. Os demais (art. 9º e 10) são exemplificativos.

> **Atenção!** a) só se configura como ato de improbidade, quando comprovado que a conduta do agente se deu para fins de obtenção de proveito ou benefício indevido para si ou para outra pessoa ou entidade (art. 11, §§1º e 2º) e isso se aplica a todas as modalidades de ato de improbidade;

- **Nepotismo:** a) configura ato de improbidade que viola os princípios da Administração Pública "nomear cônjuge, companheiro ou parente em linha reta, colateral ou por afinidade, até o terceiro grau, inclusive, da autoridade nomeante ou de servidor da mesma pessoa jurídica investido em cargo de direção, chefia ou assessoramento, para o exercício de cargo em comissão ou de confiança ou, ainda, de função gratificada na administração pública direta e indireta em qualquer dos Poderes da União, dos Estados, do Distrito Federal e dos Municípios, compreendido o ajuste mediante designações recíprocas"; **porém, não configura improbidade a mera nomeação ou indicação política** pelos detentores de mandato eletivo, sendo necessária a aferição de dolo com finalidade ilícita pelo agente (art. 11, §5º).

- Sistematização das sanções previstas para os atos de improbidade administrativa:

Sanções – Lei de Improbidade Administrativa		
• Podem ser aplicadas isolada ou cumulativamente • Independem da efetiva ocorrência de dano ao erário, salvo quanto à pena de ressarcimento e às condutas do art. 10 da Lei e da aprovação ou rejeição de contas pelo órgão de controle interno ou Tribunal de Contas. • Independentemente do ressarcimento integral do dano patrimonial, se efetivo, e das sanções penais comuns e de responsabilidade, civis e administrativas previstas na legislação específica, está o responsável sujeito:		
Atos que importam enriquecimento ilícito	***Atos que causam lesão ao erário***	***Atos que atentam contra os princípios da Administração***
Perda da função pública	Perda da função pública	-
Suspensão dos direitos políticos: até 14 anos	Suspensão dos direitos políticos: até 12 anos	
Multa civil: equivalente ao acréscimo patrimonial	Multa civil: equivalente ao valor do dano	Multa civil: até 24x valor da remuneração
Proibição de celebrar contrato com o Poder Público ou de receber benefícios ou incentivos fiscais ou creditícios: Até 14 anos	Proibição de celebrar contrato com o Poder Público ou de receber benefícios ou incentivos fiscais ou creditícios: Até 12 anos	Proibição de celebrar contrato com o Poder Público ou de receber benefícios ou incentivos fiscais ou creditícios: Até 4 anos
Perda dos bens ou valores acrescidos indevidamente	Perda dos bens ou valores acrescidos indevidamente, se ocorreu	-

- **Perda da função pública:** somente terá cabimento no caso de **enriquecimento ilícito e prejuízo ao erário** e atinge, apenas, o vínculo de mesma qualidade e natureza que o agente detinha na época do cometimento da infração. Pode o magistrado, no caso de **enriquecimento ilícito,** de forma excepcional, estendê-la aos demais vínculos, consideradas as circunstâncias do caso e a gravidade da infração (art. 12, §1º). Entretanto, Na ADI 7236, o Min. Alexandre de Moraes deferiu medida cautelar e suspendeu a eficácia desse dispositivo e, com isso, a perda da função pública pode ocorrer "independentemente da função ocupada no momento da condenação com trânsito em julgado".
- Suspensão dos direitos políticos: • somente terá cabimento no caso de enriquecimento ilícito e prejuízo ao erário; • só se efetiva com o trânsito em julgado da sentença condenatória (art. 20); • para efeitos de contagem do prazo da sanção de suspensão dos direitos políticos, computar-se-á retroativamente o intervalo de tempo entre a decisão colegiada e o trânsito em julgado da sentença condenatória (art. 12, §10): na ADI 7236, o Min. Alexandre de Moraes deferiu medida cautelar e suspendeu a eficácia desse dispositivo (§10).
- **Multa:** pode ser aumentada até o dobro, se o juiz considerar que, em razão da situação econômica do réu, o cálculo é ineficaz para reprovação e prevenção do ato de improbidade (art. 12, §2º).
- **Responsabilização da pessoa jurídica:** devem se considerar os efeitos econômicos e sociais das sanções, a fim de viabilizar a manutenção de suas atividades (art. 12, §3º).
- Sanções apenas poderão ser executadas após o **trânsito em julgado da sentença condenatória** (art. 12, §9º).

Indisponibilidade de bens:

- Pedido em caráter antecedente ou incidente, deferido mediante demonstração de perigo de dano irreparável ou de risco ao resultado útil do processo, desde que o juiz se convença da probabilidade da ocorrência dos atos descritos na inicial, após oitiva do réu em 5 dias (art. 16, §3º).
- A indisponibilidade poderá ser decretada sem a oitiva prévia do réu, quando o contraditório prévio puder, comprovadamente, frustrar a efetividade da medida ou houver outras circunstâncias que recomendem a proteção liminar (art. 16, §4º).
- Havendo mais de um réu, a somatória dos valores não poderá superar o montante indicado na inicial como dano ao erário ou como enriquecimento ilícito (art. 16, §5º).
- Indisponibilidade recairá sobre bens que assegurem o integral ressarcimento do dano ao erário, sem incidir sobre os valores eventualmente aplicados a título de multa civil ou sobre acréscimo patrimonial decorrente de atividade lícita (art. 16, §10).
- **Indisponibilidade de bens de terceiro:** depende de sua efetiva concorrência para os atos. Quando se tratar de pessoa jurídica, deverá haver a instauração do inci-

dente de desconsideração da personalidade jurídica, processado na forma da lei processual (art. 16, §7º).

- **Vedações**: a) decretação de indisponibilidade até 40 salários mínimos depositados em caderneta de poupança, outras aplicações financeiras ou conta-corrente (art. 16, §13); b) decretação de indisponibilidade do bem de família, salvo se comprovado que o imóvel seja fruto de vantagem patrimonial indevida (art. 16, §14).
- **Rito (art. 17):**
- ***Legitimidade ativa*** para propor ação: De acordo com a redação do art. 17, dada pela Lei nº 14.230/2021, somente o Ministério Público poderia propor a ação de improbidade e a pessoa jurídica interessada deveria ser intimada para, caso queira, intervir no processo. Porém, nas ADIs 7042 e 7043, o STF decidiu, por maioria: " (a) declarar a inconstitucionalidade parcial, sem redução de texto, do caput e dos §§ 6º-A e 10-C do art. 17, assim como do caput e dos §§ 5º e 7º do art. 17-B, da Lei 8.429/1992, na redação dada pela Lei 14.230/2021, de modo a **restabelecer a existência de legitimidade ativa concorrente e disjuntiva entre o Ministério Público e as pessoas jurídicas interessadas para a propositura da ação por ato de improbidade administrativa e para a celebração de acordos de não persecução civil**". Na mesma ação, decidiu o STF: "(b) declarar a inconstitucionalidade parcial, com redução de texto, do § 20 do art. 17 da Lei 8.429/1992, incluído pela Lei 14.230/2021, no sentido de que **não existe "obrigatoriedade de defesa judicial"; havendo, porém, a possibilidade dos órgãos da Advocacia Pública autorizarem a realização dessa representação judicial, por parte da assessoria jurídica que emitiu o parecer atestando a legalidade prévia**".
- Procedimento comum previsto no CPC, salvo o disposto na Lei.
- **Local de propositura da ação:** onde ocorrer o dano ou da pessoa prejudicada.

> Nos termos do decidido pelo STF, na Pet 3240/ DF: **Não há foro por prerrogativa de função** nas ações de improbidade administrativa contra agentes políticos. Para a Corte, o foro por prerrogativa é restrito às ações penais comuns, conforme previsão Constitucional, não se estendendo às ações de improbidade administrativa, cuja natureza é civil. Não obstante a inserção do art. 17-D na Lei de Improbidade Administrativa, que expressamente prevê que a ação de improbidade não é ação civil e que se trata de ação repressiva, de natureza sancionatória e destinada à aplicação de sanções de caráter pessoal, esse entendimento da Suprema Corte não teria porque deixar de ser aplicado porque o foro por prerrogativa de função tem lugar em ações penais.

- Estando a petição inicial em forma, o juiz mandará autuá-la e ordenará a **citação** dos requeridos para que contestem no prazo comum de 30 dias, iniciado na forma do art. 231 do CPC.
- Se houver a possibilidade de solução consensual, poderão as partes requerer ao juiz a interrupção do prazo para a contestação, por prazo não superior a 90 dias (art. 17, §10-A).
- Oferecida a contestação e, se for o caso, ouvido o autor, o juiz: a) procederá ao julgamento conforme o estado do processo, observada a eventual inexistência manifesta do ato de improbidade; b) poderá desmembrar o litisconsórcio, com vistas a otimizar a instrução processual (art. 17, §10-B).
- Após a réplica do Ministério Público, o juiz proferirá decisão, indicando com precisão a tipificação do ato de improbidade administrativa imputável ao réu, vedada a modificação do fato principal e a capitulação legal dada pelo autor (art. 17, §10-C).
- Proferida a decisão, as partes serão intimadas a especificar as provas que pretendem produzir (art. 17, §10-E).
- Será nula a decisão de mérito, total ou parcial, que: a) condenar o requerido por tipo diverso do definido na petição inicial; b) condenar o requerido sem produção das provas por ele especificadas (art. 17, §10-F).
- Verificada a inexistência do ato de improbidade, o juiz julgará a demanda improcedente, a qualquer tempo (art. 17, §11).

  ATENÇÃO! Na ação de improbidade: a) o direito tem o direito de ser interrogado sobre os fatos de que trata a ação, e a sua recusa ou o seu silêncio não implicarão confissão (art. 10, §18); b) não se aplicam: I - a presunção de veracidade dos fatos alegados pelo autor em caso de revelia; II - a imposição de ônus da prova ao réu, na forma dos §§ 1º e 2º do art. 373 do CPC; III - o ajuizamento de mais de uma ação de improbidade administrativa pelo mesmo fato, competindo ao Conselho Nacional do Ministério Público dirimir conflitos de atribuições entre membros de Ministérios Públicos distintos; IV - o reexame obrigatório da sentença de improcedência ou de extinção sem resolução de mérito.

Acordo de não persecução civil (art. 17-B)

- A lei previa somente a possibilidade da celebração do acordo pelo Ministério Público, porém essa exclusividade não tem mais aplicação porque nas ADIs 7042 e 7043.
- Possível a celebração, desde que advenham os seguintes resultados:

a) integral ressarcimento do dano;

b) reversão à pessoa jurídica lesada da vantagem indevida obtida, ainda que oriunda de agentes privados.

- A celebração do acordo dependerá, **cumulativamente**:

a) da oitiva do ente federativo lesado, em momento anterior ou posterior à propositura da ação. Em face da decisão do STF nas ADIs 7042 e 7043, essa previsão fica restrita à hipótese de o autor da ação ser o Ministério Público, destacando-se que se o Ministério Público não for o autor participará do processo como fiscal da lei;

b) da aprovação, no prazo de até 60 dias, pelo órgão do MP competente para apreciar as promoções de arquivamento de inquéritos civis, se anterior ao ajuizamento da ação. Diante da decisão do STF nas ADIs mencionadas anteriormente, essa previsão só se aplica se o autor for o Ministério Público.

c) de homologação judicial, independentemente de o acordo ocorrer antes ou depois do ajuizamento da ação de improbidade administrativa.

- Para apuração do valor do dano, o Tribunal de Contas competente deverá ser ouvido em 90 dias, indicando os parâmetros utilizados em sua manifestação (§3º): **ATENÇÃO**! Na ADI 7236, o Min. Alexandre de Moraes deferiu medida cautelar para **suspender a eficácia** desse dispositivo!
- **Momento:** outro ponto que era objeto de dúvidas, antes da edição da Lei, dizia respeito ao momento para a celebração do acordo de não persecução civil. Pela nova redação legal, o acordo poderá ser celebrado no curso da investigação de apuração do ilícito, no curso da ação de improbidade ou no momento de execução da sentença condenatória.
- **Descumprimento:** descumprido o acordo, o investigado ficará impedido de celebrar novo pelo período de 5 anos, contado do conhecimento do MP do efetivo descumprimento.

Uso de colaboração premiada na ação de improbidade

ARE 1.175.650/PR (Tema 1.043 RG): "É constitucional a utilização da colaboração premiada, nos termos da Lei 12.850/2013, no âmbito civil, em ação civil pública por ato de improbidade administrativa movida pelo Ministério Público, observando-se as seguintes diretrizes:

(1) Realizado o acordo de colaboração premiada, serão remetidos ao juiz, para análise, o respectivo termo, as declarações do colaborador e cópia da investigação, devendo o juiz ouvir sigilosamente o colaborador, acompanhado de seu defensor, oportunidade em que analisará os seguintes aspectos na homologação: regularidade, legalidade e voluntariedade da manifestação de vontade, especialmente nos casos em que o colaborador está ou esteve sob efeito de medidas cautelares, nos termos dos §§ 6º e 7º do artigo 4º da referida Lei 12.850/2013;

(2) As declarações do agente colaborador, desacompanhadas de outros elementos de prova, são insuficientes para o início da ação civil por ato de improbidade;

(3) A obrigação de ressarcimento do dano causado ao erário pelo agente colaborador deve ser integral, não podendo ser objeto de transação ou acordo, sendo válida a negociação em torno do modo e das condições para a indenização;

(4) O acordo de colaboração deve ser celebrado pelo Ministério Público, com a interveniência da pessoa jurídica interessada e devidamente homologado pela autoridade judicial;

(5) Os acordos já firmados somente pelo Ministério Público ficam preservados até a data deste julgamento, desde que haja previsão de total ressarcimento do dano, tenham sido devidamente homologados em Juízo e regularmente cumpridos pelo beneficiado."

Ação de improbidade x Ação civil

- Nos termos do art. 17-D da LIA, a ação de improbidade é repressiva, de caráter sancionatório, destinando-se à aplicação de sanções de caráter pessoal previstas na Lei. Difere-se, portanto, da ação civil e é vedado o seu ajuizamento para controle da legalidade de políticas públicas e para proteção do patrimônio público e social, do meio ambiente e outros interesses difusos, coletivos e individuais homogêneos.

Sentença

- Sentença que julgar procedente a ação fundamentada nos arts. 9º e 10 da Lei (art. 18): condenará ao ressarcimento dos danos e à perda ou reversão dos bens e valores ilicitamente adquiridos, conforme o caso, em favor da pessoa jurídica prejudicada pelo ilícito.
- Para apuração do valor: serão descontados os serviços efetivamente prestados.
- Parcelamento: o juiz poderá autorizar o parcelamento em até 48 parcelas mensais se o réu demonstrar incapacidade de saldar o débito decorrente da condenação.

Afastamento do agente público

- Autoridade judicial poderá determinar o afastamento do agente público do exercício do cargo, emprego ou função, sem prejuízo da remuneração, quando a medida for necessária à instrução processual ou para evitar a prática de novos ilícitos, pelo período de 90 dias, prorrogáveis uma vez por igual período (art. 20).
- **Sentenças civis e penais:** produzirão efeitos em relação à improbidade quando concluírem pela inexistência de conduta ou negativa de autoria (art. 21, §3º).
- **Absolvição criminal**: ação que discuta os mesmos fatos, confirmada por decisão colegiada, impede o trâmite da ação de improbidade, comunicando-se os fundamentos da absolvição previstos no art. 386 do CPP (art. 21, §4º). ATENÇÃO! Na ADI 7236, o Min.

Alexandre de Moraes deferiu medida cautelar para **suspender a eficácia** desse dispositivo!

- **Sanções aplicadas em outras esferas:** devem ser compensadas com as aplicadas por esta lei (art. 21, §5º).

Prescrição (art. 23)

- **8 anos,** contados da ocorrência do fato ou, no caso de infrações permanentes, no dia em que cessou a permanência.
- **Suspensão da prescrição:** instauração de inquérito civil ou processo administrativo para apuração dos ilícitos suspende o curso do prazo prescricional pelo prazo máximo de 180 dias corridos, recomeçando a correr após a sua conclusão ou, caso não concluído, esgotado o prazo de suspensão.
- **Interrupção do prazo prescricional (art. 23, §4º):**
  a) Ajuizamento da ação de improbidade administrativa;
  b) publicação da sentença condenatória;
  c) publicação da decisão ou acórdão de TJ ou TRF que confirma sentença condenatória ou reforma sentença de improcedência;
  d) publicação da decisão ou acórdão do STJ que confirma acórdão condenatório ou reforma acórdão de improcedência;
  e) publicação de decisão ou acórdão do STF que confirma acórdão condenatório ou reforma acórdão de improcedência.
- Interrompida a prescrição, o prazo recomeça do dia de interrupção, pela metade do prazo de 8 anos.

STF 843989: **"(...) 4) O novo regime prescricional previsto na Lei 14.230/2021 é IRRETROATIVO, aplicando-se os novos marcos temporais a partir da publicação da lei"**

- **Capacitação:** dever do poder público oferecer contínua capacitação aos agentes públicos e políticos que atuem com prevenção e repressão de atos de improbidade administrativa (art. 23-A).

Custas e honorários (art. 23-B)

- Não haverá adiamento de custas, preparo, emolumentos, honorários periciais e quaisquer outras despesas nas ações e acordos regidos pela lei.
- No caso de procedência da ação, as custas e demais despesas processuais serão pagas ao final.
- Havendo má-fé, haverá condenação em honorários sucumbenciais.

Improbidade e partidos políticos (art. 23-C).

"Os atos que ensejem enriquecimento ilícito, perda patrimonial, desvio, apropriação, malbaratamento ou dilapidação de recursos públicos dos partidos políticos, ou de suas fundações, serão responsabilizados nos termos da Lei nº 9.096, de 19 de setembro de 1995". ATENÇÃO! NA ADI 7236, o Min. Alexandre de Moraes deferiu medida cautelar para dar interpretação conforme a esse dispositivo "no sentido de que os atos que ensejem enriquecimento ilícito, perda patrimonial, desvio, apropriação, malbaratamento ou dilapidação de recursos públicos dos partidos políticos, ou de suas fundações, poderão ser responsabilizados nos termos da Lei 9.096/1995, **mas sem prejuízo da incidência da Lei de Improbidade Administrativa**".

STF ADIs 7042 e 7043: "O Tribunal, por maioria, julgou parcialmente procedentes os pedidos formulados na ação direta para: (a) declarar a inconstitucionalidade parcial, sem redução de texto, do caput e dos §§ 6º-A e 10-C do art. 17, assim como do caput e dos §§ 5º e 7º do art. 17-B, da Lei 8.429/1992, na redação dada pela Lei 14.230/2021, de modo a restabelecer a existência de legitimidade ativa concorrente e disjuntiva entre o Ministério Público e as pessoas jurídicas interessadas para a propositura da ação por ato de improbidade administrativa e para a celebração de acordos de não persecução civil; (b) declarar a inconstitucionalidade parcial, com redução de texto, do § 20 do art. 17 da Lei 8.429/1992, incluído pela Lei 14.230/2021, no sentido de que não existe "obrigatoriedade de defesa judicial"; havendo, porém, a possibilidade dos órgãos da Advocacia Pública autorizarem a realização dessa representação judicial, por parte da assessoria jurídica que emitiu o parecer atestando a legalidade prévia".

STF ARE 843989 (Tema 1199): "1) É necessária a comprovação de responsabilidade subjetiva para a tipificação dos atos de improbidade administrativa, exigindo-se - nos artigos 9º, 10 e 11 da LIA - a presença do elemento subjetivo - DOLO; 2) A norma benéfica da Lei 14.230/2021 - revogação da modalidade culposa do ato de improbidade administrativa -, é IRRETROATIVA, em virtude do artigo 5º, inciso XXXVI, da Constituição Federal, não tendo incidência em relação à eficácia da coisa julgada; nem tampouco durante o processo de execução das penas e seus incidentes; 3) A nova Lei 14.230/2021 aplica-se aos atos de improbidade administrativa culposos praticados na vigência do texto anterior da lei, porém sem condenação transitada em julgado, em virtude da revogação expressa do texto anterior; devendo o juízo competente analisar eventual dolo por parte do agente; 4) O novo regime prescricional previsto na Lei 14.230/2021 é IRRETROATIVO, aplicando-se os novos marcos temporais a partir da publicação da lei"."

✦ SÚMULAS APLICÁVEIS

1. PRINCÍPIOS DA ADMINISTRAÇÃO PÚBLICA

1.1. SÚMULA DO STF

- **Súmula nº 636**: "Não cabe recurso extraordinário por contrariedade ao princípio constitucional da legalidade, quando a sua verificação pressuponha rever a interpretação dada a normas infraconstitucionais pela decisão recorrida".

2. AGENTES PÚBLICOS

2.1. SERVIDOR PÚBLICO

- ***Súmula vinculante* 33:** "Aplicam-se ao servidor público, no que couber, as regras do Regime Geral de Previdência Social sobre aposentadoria especial de que trata o artigo 40, parágrafo 4º, inciso III, da Constituição Federal, até edição de lei complementar específica".
- ***Súmula vinculante 21*** – É inconstitucional a exigência de depósito ou arrolamento prévios de dinheiro ou bens para admissibilidade de recurso administrativo.
- ***Súmula Vinculante 5*** – A falta de defesa técnica por advogado no processo administrativo disciplinar não ofende a Constituição.
- ***Súmula vinculante 3*** – Nos processos perante o Tribunal de Contas da União asseguram-se o contraditório e a ampla defesa quando da decisão puder resultar anulação ou revogação de ato administrativo que beneficie o interessado, excetuada a apreciação da legalidade do ato de concessão inicial de aposentadoria, reforma e pensão.
- ***STF 21*** – Funcionário em estágio probatório não pode ser exonerado nem demitido sem inquérito ou sem as formalidades legais de apuração de sua capacidade.
- ***STF 20*** – É necessário processo administrativo, com ampla defesa, para demissão de funcionário admitido por concurso.
- ***STF 19*** – É inadmissível segunda punição de servidor público, baseada no mesmo processo em que se fundou a primeira.
- ***STF 18*** – Pela falta residual, não compreendida na absolvição pelo juízo criminal, é admissível a punição administrativa do servidor público.
- ***STJ 378*** – Reconhecido o desvio de função, o servidor faz jus às diferenças salariais decorrentes.
- ***STJ 218*** – Compete à justiça dos estados processar e julgar ação de servidor estadual decorrente de direitos e vantagens estatutárias no exercício de cargo em comissão.
- ***STJ 173*** – Compete à justiça federal processar e julgar o pedido de reintegração em cargo público federal, ainda que o servidor tenha sido dispensado antes da instituição do Regime Jurídico Único.
- ***STJ 170*** – Compete ao juízo onde primeiro for intentada a ação envolvendo acumulação de pedidos, trabalhista e estatutário, decidi-la nos limites da sua jurisdição, sem prejuízo do ajuizamento de nova causa, com o pedido remanescente, no juízo próprio.
- ***STJ 137*** – Compete à justiça comum estadual processar e julgar ação de servidor público municipal, pleiteando direitos relativos ao vínculo estatutário.
- ***STJ 97*** – Compete à justiça do trabalho processar e julgar reclamação de servidor público relativamente a vantagens trabalhistas anteriores à instituição do Regime Jurídico Único.

2.1.1. CONCURSO PÚBLICO

- **Súmula vinculante nº 44**: "Só por lei se pode sujeitar a exame psicotécnico a habilitação de candidato a cargo público".
- **Súmula vinculante nº 43**: "É inconstitucional toda modalidade de provimento que propicie ao servidor investir-se, sem prévia aprovação em concurso público destinado ao seu provimento, em cargo que não integra a carreira na qual anteriormente investido".
- ***STF 684*** – É inconstitucional o veto não motivado à participação de candidato a concurso público.
- ***STF 683*** – O limite de idade para a inscrição em concurso público só se legitima em face do art. 7º, XXX, da Constituição, quando possa ser justificado pela natureza das atribuições do cargo a ser preenchido.
- ***STF 17*** – A nomeação de funcionário sem concurso pode ser desfeita antes da posse.
- ***STF 16*** – Funcionário nomeado por concurso tem direito a posse.
- ***STF 15*** – Dentro do prazo de validade do concurso, o candidato aprovado tem o direito a nomeação, quando o cargo for preenchido sem observância da classificação.
- ***STJ 377*** – O portador de visão monocular tem direito de concorrer, em concurso público, às vagas reservadas aos deficientes.
- ***STJ 266*** – O diploma ou habilitação legal para o exercício do cargo deve ser exigido na posse e não na inscrição para o concurso público.

2.1.2. DEMISSÃO

- ***STF 25*** – A nomeação a termo não impede a livre demissão, pelo Presidente da República, de ocupante de cargo dirigente de autarquia.
- ***STF 8*** – Diretor de sociedade de economia mista pode ser destituído no curso do mandato.
- ***STJ 650*** – A autoridade administrativa não dispõe de discricionariedade para aplicar ao servidor pena diversa de demissão quando caraterizadas as hipóteses previstas no artigo 132 da Lei 8.112/1990.

2.1.3. DISPONIBILIDADE

- ***STF 39*** – À falta de lei, funcionário em disponibilidade não pode exigir, judicialmente, o seu aproveitamento, que fica subordinado ao critério de conveniência da Administração.
- ***STF 22*** – O estágio probatório não protege o funcionário contra a extinção do cargo.

2.1.4. REMUNERAÇÃO

- ***Súmula vinculante nº 55:*** "O direito ao auxílio-alimentação não se estende aos servidores inativos".
- ***Súmula vinculante nº 42:*** "É inconstitucional a vinculação do reajuste de vencimentos de servidores estaduais ou municipais a índices federais de correção monetária".
- ***Súmula vinculante nº 37:*** "Não cabe ao Poder Judiciário, que não tem função legislativa, aumentar vencimentos de servidores públicos sob o fundamento de isonomia".
- ***Súmula Vinculante 20*** – A Gratificação de Desempenho de Atividade Técnico-Administrativa – GDATA, instituída pela Lei nº 10.404/2002, deve ser deferida aos inativos nos valores correspondentes a 37,5 (trinta e sete vírgula cinco) pontos no período de fevereiro a maio de 2002 e, nos termos do art. 5º, parágrafo único, da Lei nº 10.404/2002, no período de junho de 2002 até a conclusão dos efeitos do último ciclo de avaliação a que se refere o art. 1º da Medida Provisória nº 198/2004, a partir da qual passa a ser de 60 (sessenta) pontos.
- ***Súmula Vinculante 16*** – Os artigos 7º, IV, e 39, § 3º (redação da EC 19/98), da Constituição, referem-se ao total da remuneração percebida pelo servidor público.
- ***Súmula Vinculante 15*** – O cálculo de gratificações e outras vantagens do servidor público não incide sobre o abono utilizado para se atingir o salário mínimo.
- ***Súmula vinculante 6*** – Não viola a constituição o estabelecimento de remuneração inferior ao salário mínimo para as praças prestadoras de serviço militar inicial.
- ***Súmula Vinculante 4*** – Salvo os casos previstos na Constituição Federal, o salário mínimo não pode ser usado como indexador de base de cálculo de vantagem de servidor público ou de empregado, nem ser substituído por decisão judicial.
- ***STF 682*** – Não ofende a Constituição a correção monetária no pagamento com atraso dos vencimentos de servidores públicos.
- ***STF 672*** – O reajuste de 28,86%, concedido aos servidores militares pelas leis 8.622/93 e 8.627/93, estende-se aos servidores civis do Poder Executivo, observadas as eventuais compensações decorrentes dos reajustes diferenciados concedidos pelos mesmos diplomas legais.
- ***STF 671*** – Os servidores públicos e os trabalhadores em geral têm direito, no que concerne à URP de abril/maio de 1988, apenas ao valor correspondente a 7/30 de 16,19% sobre os vencimentos e salários pertinentes aos meses de abril e maio de 1988, não cumulativamente, devidamente corrigido até o efetivo pagamento.
- ***STF 359*** – Ressalvada a revisão prevista em lei, os proventos da inatividade regulam-se pela lei vigente ao tempo em que o militar, ou o servidor civil, reuniu os requisitos necessários.
- ***STF 339*** – Não cabe ao Poder Judiciário, que não tem função legislativa, aumentar vencimentos de servidores públicos sob fundamento de isonomia.

2.1.5. TEMPO DE SERVIÇO

- ***STF 726*** – Para efeito de aposentadoria especial de professores, não se computa o tempo de serviço prestado fora da sala de aula. ***Atenção:*** em 29/10/2008, o STF, por maioria, no julgamento da ADI 3.772, decidiu que a atividade de magistério não é restrita ao trabalho em sala de aula e que dela fazem parte as funções de direção, coordenação e assessoramento pedagógico, desde que exercidas, em estabelecimentos de ensino básico, por professores de carreira, excluídos os especialistas em educação.
- ***STF 567*** – A Constituição, ao assegurar, no § 3º, do art. 102, a contagem integral do tempo de serviço público federal, estadual ou municipal para os efeitos de aposentadoria e disponibilidade não proíbe à União, aos Estados e aos Municípios mandarem contar, mediante lei, para efeito diverso, tempo de serviço prestado a outra pessoa de direito público interno.

2.1.6. VITALICIEDADE

- ***STF 47*** – Reitor de universidade não é livremente demissível pelo Presidente da República durante o prazo de sua investidura.
- ***STF 46*** – Desmembramento de serventia de justiça não viola o princípio de vitaliciedade do serventuário.
- ***STF 36*** – Servidor vitalício está sujeito a aposentadoria compulsória, em razão da idade.

2.1.7. NOMEAÇÃO PARA CARGO EM COMISSÃO (NEPOTISMO)

- ***Súmula Vinculante 13*** – A nomeação de cônjuge, companheiro ou parente em linha reta, colateral ou por afinidade, até o terceiro grau, inclusive, da autoridade nomeante ou de servidor da mesma pessoa jurídica, investido em cargo de direção, chefia ou assessoramento, para o exercício de cargo em comissão ou de confiança, ou, ainda, de função gratificada na Administração Pública direta e indireta, em qualquer dos Poderes da União, dos Estados, do Distrito Federal e dos municípios, compreendido o ajuste mediante designações recíprocas, viola a Constituição Federal.

3. PODERES ADMINISTRATIVOS

3.1. PODER DE POLÍCIA

- ***Súmula Vinculante 49*** – Ofende o princípio da livre concorrência lei municipal que impede a instalação de estabelecimentos comerciais do mesmo ramo em determinada área.
- ***STF 645*** – É competente o município para fixar o horário de funcionamento de estabelecimento comercial.
- ***STF 419*** – Os municípios têm competência para regular o horário do comércio local, desde que não infrinjam leis estaduais ou federais válidas.
- ***STF 397*** – O poder de polícia da Câmara dos Deputados e do Senado Federal, em caso de crime cometido nas suas dependências, compreende, consoante o regimento, a prisão em flagrante do acusado e a realização do inquérito.

4. ATO ADMINISTRATIVO

- ***STF 473*** – A administração pode anular seus próprios atos, quando eivados de vícios que os tornam ilegais, porque deles não se originam direitos; ou revogá-los, por motivo de conveniência ou oportunidade, respeitados os direitos adquiridos, e ressalvada, em todos os casos, a apreciação judicial.
- ***STF 346*** – A Administração Pública pode declarar a nulidade dos seus próprios atos.

5. BENS PÚBLICOS

- ***STF 650*** – Os incisos I e XI do art. 20 da Constituição Federal não alcançam terras de aldeamentos extintos, ainda que ocupadas por indígenas em passado remoto.
- ***STF 480*** – Pertencem ao domínio e administração da União, nos termos dos artigos 4º, IV, e 186, da Constituição Federal de 1967, as terras ocupadas por silvícolas.
- ***STF 479*** – As margens dos rios navegáveis são domínio público, insuscetíveis de expropriação e, por isso mesmo, excluídas de indenização.
- ***STF 477*** – As concessões de terras devolutas situadas na faixa de fronteira, feitas pelos Estados, autorizam, apenas, o uso, permanecendo o domínio com a União, ainda que se mantenha inerte ou tolerante, em relação aos possuidores.
- ***STJ 496*** – Os registros de propriedade particular de imóveis situados em terrenos de marinha não são oponíveis à União.
- ***STJ 238*** – A avaliação da indenização devida ao proprietário do solo, em razão de alvará de pesquisa mineral, é processada no juízo estadual da situação do imóvel.
- ***STJ 103*** – Incluem-se entre os imóveis funcionais que podem ser vendidos os administrados pelas Forças Armadas e ocupados pelos servidores civis.

6. IMPROBIDADE

- ***STJ 634***: "Ao particular aplica-se o mesmo regime prescricional previsto na Lei de Improbidade Administrativa para o agente público."

Direito Internacional e Comunitário

Paulo Lépore

TABELA DE INCIDÊNCIA DE QUESTÕES

Distribuição das questões organizada por ordem didática de assuntos		
Questões	**Número de Questões**	**Peso**
1. SUJEITOS DO DIREITO INTERNACIONAL PÚBLICO: ESTADOS E ORGANIZAÇÕES INTERNACIONAIS	1	5,26%
2. ÓRGÃOS DAS RELAÇÕES ENTRE OS ESTADOS: AGENTES DIPLOMÁTICOS E REPRESENTANTES CONSULARES. CONVENÇÕES DE VIENA DE 1961 E 1963. MISSÕES ESPECIAIS	2	10,53%
3. A IMUNIDADE DE JURISDIÇÃO DOS ESTADOS: ORIGEM, FUNDAMENTOS, EXTENSÃO E LIMITES. IMUNIDADE DE EXECUÇÃO. ORGANISMOS PÚBLICOS MULTILATERAIS INTERNACIONAIS: A QUESTÃO DA IMUNIDADE DE JURISDIÇÃO E PROBLEMAS CORRELATOS	2	10,53%
4. ATIVIDADES DO ESTRANGEIRO NO BRASIL: LIMITAÇÕES CONSTITUCIONAIS	1	5,26%
5. TRATADOS INTERNACIONAIS: VIGÊNCIA E APLICAÇÃO. EXIGIBILIDADE E EFETIVIDADE. HIERARQUIA E CONTROLE DE CONVENCIONALIDADE	3	15,79%
6. ORGANIZAÇÃO INTERNACIONAL DO TRABALHO	5	26,32%
7. OMC E CONCORRÊNCIA INTERNACIONAL. "DUMPING SOCIAL", "CLÁUSULA SOCIAL" E "SELO SOCIAL". PADRÕES TRABALHISTAS MÍNIMOS	1	5,26%
8. CONFLITO DE LEIS NO ESPAÇO: OS PRINCÍPIOS DA *LEX LOCI EXECUTIONIS* E DE *LOCUS REGIT ACTUM*. JURISDIÇÃO E DIREITO DO TRABALHO RELATIVOS AOS TRABALHADORES BRASILEIROS TRANSFERIDOS PARA O EXTERIOR. JURISDIÇÃO E DIREITO DO TRABALHO RELATIVOS AOS TRABALHADORES BRASILEIROS QUE LABOREM EM EMBARCAÇÕES EM ALTO MAR	1	5,26%
9. DIREITO COMUNITÁRIO E UNIÃO EUROPEIA	2	10,53%
10. MERCOSUL. CONSTITUIÇÃO. LIVRE CIRCULAÇÃO DE TRABALHADORES	1	5,26%
Total	**19**	**100%**

Direito Internacional e Comunitário

Paulo Lépore

✦ QUESTÕES

1. SUJEITOS DO DIREITO INTERNACIONAL PÚBLICO: ESTADOS E ORGANIZAÇÕES INTERNACIONAIS

01. (TRT – 6ª região – 2015) As organizações intergovernamentais:

a) serão dotadas de personalidade jurídica internacional, desde que isso esteja expressamente previsto em seu tratado constitutivo.

b) podem celebrar tratados internacionais entre si e com Estados, embora a esses acordos não se apliquem as disposições da Convenção de Viena sobre Direitos dos Tratados de 1969, sendo tais tratados ainda objeto de regulação por normas costumeiras.

c) gozam das mesmas imunidades de jurisdição, perante o judiciário brasileiro, que os Estados estrangeiros, fundadas no princípio *par in parem non habet judicium*.

d) dotadas de personalidade jurídica internacional podem demandar Estados perante órgãos jurisdicionais internacionais, inclusive a Corte Internacional de Justiça.

e) não podem ser membro de outra organização intergovernamental.

COMENTÁRIOS

Alternativa a: Na verdade, as organizações internacionais possuem personalidade jurídica de Direito Internacional que independe de seu ato constitutivo.

Alternativa b: É o que se extrai do artigo 3 da Convenção de Viena sobre o Direito dos Tratados de 1969.

Alternativa c: Na verdade, organizações intergovernamentais terão imunidade de jurisdição se assim for estabelecido em tratado e no alcance que determinar referido tratado. Não se aplica, portanto, a distinção de atos de gestão como no caso dos Estados.

Alternativa d: Não é possível que organismos internacionais figurem como partes em processos na Corte Internacional de Justiça, como se extrai do art. 34, parágrafo 1 de seu estatuto.

Alternativa e: É possível que uma organização intergovernamental faça parte de outra organização intergovernamental, de modo que a alternativa está incorreta.

Alternativa correta: letra "b".

2. ÓRGÃOS DAS RELAÇÕES ENTRE OS ESTADOS: AGENTES DIPLOMÁTICOS E REPRESENTANTES CONSULARES. CONVENÇÕES DE VIENA DE 1961 E 1963. MISSÕES ESPECIAIS

02. (TRT – 1ª região – 2015) A respeito do agente diplomático, relativamente ao previsto na Convenção de Viena sobre Relações Diplomáticas, é correto afirmar:

a) O agente diplomático é obrigado a prestar depoimento como testemunha quando se tratar de ação penal.

b) O agente diplomático poderá renunciar à imunidade de jurisdição.

c) O agente diplomático não gozará de imunidade civil relativamente à ação real sobre imóvel privado situado no território do Estado acreditado, mesmo nas hipóteses em que o agente diplomático o possuir por conta do Estado acreditado para os fins da missão.

d) A renúncia à imunidade de jurisdição, no tocante às ações civis ou administrativas, não implica renúncia à imunidade quanto às medidas de execução da sentença, para as quais nova renúncia é necessária.

e) Se um agente diplomático inicia uma ação judicial, ser-lhe-á permitido invocar a imunidade de jurisdição no tocante a uma reconvenção.

COMENTÁRIOS

Alternativa a: Nos termos do artigo 31, parágrafo 2, da Convenção de Viena sobre Relações Diplomáticas, de 1961, "O agente diplomático não é obrigado a prestar depoimento como testemunha".

Alternativa b: Na verdade, a renúncia é ato do Estado, não do agente, como se extrai do artigo 32, parágrafo 1, da Convenção de Viena sobre Relações Diplomáticas, de 1961, que prevê que "O Estado acreditante pode renunciar à imunidade de jurisdição dos seus agentes diplomáticos".

Alternativa c: Na verdade, nos termos do artigo 31, parágrafo 1, alínea "a", da Convenção de Viena sobre Relações Diplomáticas, de 1961, o agente diplomático terá imunidade de jurisdição civil e administrativa, exceto quando se tratar de: "a) uma ação real sobre imóvel privado situado no território do Estado acreditado, **salvo se o agente diplomático o possuir por conta do Estado acreditado para os fins da missão**". Portanto, está incorreta.

Alternativa d: É o que se extrai do artigo 32, parágrafo 4, da Convenção de Viena sobre Relações Diplomáticas, de 1961.

Alternativa e: Nos termos do art. 32, parágrafo 3 da Convenção de Viena de 1961, "Se um agente diplomático ou uma pessoa que goza de imunidade de jurisdição nos termos do artigo 37 inicia uma ação judicial, **não lhe será permitido** invocar a imunidade de jurisdição no tocante a uma reconvenção ligada à ação principal".

Alternativa correta: letra "d".

---

03. (TRT – 2ª região – 2014) No que tange às relações diplomáticas e consulares e tendo em vista os preceitos das Convenções de Viena de 1961 (Dec. Legislativo 103/64 e Decreto 56.453/65) e de 1962 (Dec. Legislativo 6/67 e Decreto 61.078/67), observe as proposições abaixo e responda a alternativa que contenha proposituras corretas:

I. "Chefe de Missão diplomática" é a pessoa encarregada pelo Estado acreditado de agir nessa qualidade.

II. "Funcionário consular" é toda pessoa, inclusive o chefe de repartição consular, encarregada nesta qualidade do exercício das funções consulares.

III. O Estado acreditado deverá certificar-se de que a pessoa que pretende nomear como Chefe de Missão Diplomática perante o Estado acreditante obteve o "exequatur" do referido Estado.

IV. A repartição consular poderá cobrar no território do Estado receptor os direitos e emolumentos que as leis e os regulamentos do Estado que envia prescreverem para os atos consulares. As somas recebidas a título de direitos e emolumentos e os recibos correspondentes não estarão isentos de impostos e taxas do Estado receptor.

V. A renúncia à imunidade de jurisdição no tocante às ações civis ou administrativas não implica renúncia à imunidade quanto às medidas de execução da sentença para as quais nova renúncia é necessária.

Está correta a alternativa:

a) I e II.

b) III e IV.

c) I e IV.

d) II e V.

e) III e V.

COMENTÁRIOS

Proposição I: Correta. Nos termos do art. 1, alínea "a" da Convenção de Viena sobre Relações Diplomáticas de 1961, chefe da missão diplomática é "a pessoa encarregada pelo Estado acreditante de agir nessa qualidade".

Proposição II: Correta. É o que se extrai do art. 1, alínea "d" da Convenção de Viena de 1963.

Proposição III: Incorreta. Na verdade, o art. 4 da Convenção de Viena de 1961 prevê que o chefe da missão diplomática deve receber o *agrément* do Estado **acreditado** para exercer suas funções. O *exequatur* é recebido pelo chefe da repartição consular (e não da missão diplomática).

Proposição IV: Incorreta. Na verdade, o art. 39 da Convenção de Viena de 1963 prevê que as somas e os recibos correspondentes **estarão isentos** de quaisquer taxas e impostos no Estado receptor.

Proposição V: Correta. É o que se extrai dos arts. 32, parágrafo 4 da Convenção de Viena de 1961 e 45, parágrafo 4 da Convenção de Viena de 1963.

Alternativa correta: letra "d".

3. A IMUNIDADE DE JURISDIÇÃO DOS ESTADOS: ORIGEM, FUNDAMENTOS, EXTENSÃO E LIMITES. IMUNIDADE DE EXECUÇÃO. ORGANISMOS PÚBLICOS MULTILATERAIS INTERNACIONAIS: A QUESTÃO DA IMUNIDADE DE JURISDIÇÃO E PROBLEMAS CORRELATOS

---

04. (FGV- CSJT-Juiz do Trabalho/2023) Considerando as normas de Direito Internacional e Comunitário, é correto afirmar que:

a) o Brasil é membro da Organização dos Estados Americanos (OEA), mas não se submete à Comissão Interamericana de Direitos Humanos (CIDH);

b) empregado contratado pela Organização das Nações Unidas (ONU) para prestar serviços no Brasil terá o mérito de sua reclamação trabalhista apreciado pela Justiça do Trabalho brasileira;

c) não será apreciada pela Justiça brasileira, tendo em vista a imunidade de jurisdição, reclamação trabalhista de trabalhadora doméstica que presta serviços em residência de embaixadora com representação no Brasil;

d) a pessoa imigrante sem visto ou passaporte, encontrada em trabalho em condição análoga à de escravo em território nacional, não tem direito à autorização de residência no Brasil, devendo ser deportada imediatamente, pois não detém nenhum direito trabalhista ou humanitário;

e) são objetivos estratégicos da Agenda de Trabalho Decente da OIT: aplicar os princípios e direitos fundamentais no trabalho; promover as oportunidades de trabalho e renda decentes para homens e mulheres; adotar e ampliar medidas de proteção social; promover o diálogo social e tripartismo.

COMENTÁRIOS

Alternativa a: Na verdade, o Brasil ratificou a Carta da OEA e promulgou a Convenção Americana sobre Direitos Humanos, de modo que se submete à Comissão Interamericana de Direitos Humanos.

Alternativa b: Em razão da Convenção sobre Privilégios e Imunidades das Nações Unidas, a ONU goza de imunidade de jurisdição, aplicável inclusive às demandas de natureza trabalhista.

Alternativa c: A imunidade de jurisdição de Estado estrangeiro ou sua missão diplomática não se aplica em caso de reclamação trabalhista contra embaixadora, pois são atos de gestão.

Alternativa d: Na verdade, nos termos do art. 30, II, g da Lei Nº 13.445/2017, a residência poderá ser autorizada, mediante registro, ao imigrante, residente fronteiriço ou visitante que tenha sido vítima de tráfico de pessoas, trabalho escravo ou violação de direito agravada por sua condição migratória.

Alternativa e: Alternativa correta.

Alternativa correta: letra "e".

05. (TRT – 18ª região – 2014) Sobre a imunidade de jurisdição das pessoas jurídicas de direito público externo perante o judiciário brasileiro, é correto afirmar:

a) Os Estados estrangeiros gozam de imunidade absoluta de jurisdição no Brasil, assim como suas Missões Diplomáticas sediadas em território brasileiro.

b) Derivada do costume internacional, a imunidade de jurisdição dos Estados estrangeiros tem sido atenuada no Brasil, permitindo, por exemplo, o trâmite de reclamações trabalhistas movidas por empregados de Missões Diplomáticas sediadas em território brasileiro.

c) As Organizações Internacionais Intergovernamentais, em especial, a Organização das Nações Unidas (ONU), gozam das mesmas imunidades concedidas às Missões Diplomáticas e, por isso, podem figurar como Reclamadas em processo trabalhista, mesmo contra sua vontade expressa.

d) Os funcionários das Repartições Consulares estrangeiras situadas em território brasileiro não gozam de imunidade de jurisdição, diferentemente dos das Missões Diplomáticas.

e) As Organizações Internacionais Intergovernamentais somente poderão ser rés perante o judiciário brasileiro em ações relativas a atos de gestão, gozando de plena imunidade em relação aos atos de império que porventura venham a praticar.

COMENTÁRIOS

Alternativa a: Na verdade, a imunidade de jurisdição do Estado estrangeiro não é absoluta, pois não se aplica chamados atos de gestão (*jure gestionis*).

Alternativa b: A imunidade de jurisdição dos Estados estrangeiros não se aplica em matéria trabalhista, portanto, a alternativa está correta.

Alternativa c: Ao contrário dos Estados, as organizações internacionais gozam de imunidade de jurisdição total, inclusive em matéria trabalhista.

Alternativa d: Na verdade, os funcionários de repartições consulares gozam de imunidade de jurisdição, embora não seja tão ampla quanto a dos agentes de missões diplomáticas.

Alternativa e: Incorreta, pois as organizações gozam de imunidade de jurisdição total, inclusive quanto a atos de gestão.

Alternativa correta: letra "b".

4. ATIVIDADES DO ESTRANGEIRO NO BRASIL: LIMITAÇÕES CONSTITUCIONAIS

06. (TRT 8 – Juiz do Trabalho Substituto 8ª Região/2014) No tocante as atividades do estrangeiro no Brasil e respectivas limitações, marque a resposta CORRETA:

a) Será regulada por medida provisória a aquisição ou o arrendamento de propriedade rural por pessoa física ou jurídica estrangeira e estabelecerá os casos que dependerão de autorização do Congresso Nacional.

b) A lei regulará e limitará a aquisição ou o arrendamento de propriedade rural por pessoa física e jurídica estrangeira e estabelecerá os casos que dependerão de autorização do Congresso Nacional.

c) O Senado Federal regulará e limitará a aquisição ou arrendamento de propriedade rural por pessoa física ou jurídica estrangeira.

d) Será regulada por medida provisória a aquisição ou o arrendamento de propriedade rural por pessoa física e jurídica estrangeira e estabelecerá os casos que dependerão de autorização do Congresso Nacional.

e) A lei regulará e limitará a aquisição ou o arrendamento de propriedade rural por pessoa física ou jurídica estrangeira e estabelecerá os casos que dependerão de autorização do Congresso Nacional.

COMENTÁRIOS

Alternativa e (Responde todas as alternativas): O artigo 190 da CF/88 estabelece que "A **lei** regulará e limitará a aquisição ou o arrendamento de propriedade rural por pessoa física ou jurídica estrangeira e estabelecerá os casos que dependerão de autorização do Congresso Nacional.";

Alternativa correta: letra "e".

5. TRATADOS INTERNACIONAIS: VIGÊNCIA E APLICAÇÃO. EXIGIBILIDADE E EFETIVIDADE. HIERARQUIA E CONTROLE DE CONVENCIONALIDADE

07. (FGV- CSJT-Juiz do Trabalho/2023) Com relação à internalização de tratados internacionais de direitos humanos e Convenções da OIT, é correto afirmar que:

a) todos os tratados internacionais que abarcam normas materialmente constitucionais são equivalentes às normas formalmente constitucionais, portanto, o controle concentrado de constitucionalidade é o que analisa a compatibilidade da lei com a norma contida em qualquer tratado internacional vigente no Brasil;

b) a produção legislativa nacional deve observar a dupla compatibilidade vertical material, ou seja, deve respeitar a Constituição da República de 1988, bem como os tratados internacionais de direitos humanos ratificados e em vigor no Brasil;

c) a contrariedade de nova lei com qualquer tratado internacional vigente no Brasil é passível de controle concentrado de convencionalidade;

d) a compatibilidade entre lei e tratados internacionais de direitos humanos, incluindo Convenções da OIT, se dá por meio de controle difuso de convencionalidade apenas se forem equivalentes a emenda constitucional;

e) o princípio internacional pro homine não se aplica no plano interno, pois não tem relação com o princípio da dignidade da pessoa humana ou o princípio da prevalência dos direitos humanos.

COMENTÁRIOS

Alternativa a: Na verdade, nos termos do art. 5º, §3º da CF/88: "Os tratados e convenções internacionais sobre direitos humanos que forem aprovados, em cada Casa do Congresso Nacional, em dois turnos, por três quintos dos votos dos respectivos membros, serão equivalentes às emendas constitucionais.". Portanto, não são **todos** os tratados internacionais que abarcam normas materialmente constitucionais, mas somente aqueles sobre direitos humanos.

Alternativa b: Correta, pois ainda que o tratado sobre direitos humanos não tenha sido incorporado no rito do art. 5º, §3º da CF/88, terá status supralegal, de modo que a produção legislativa deve observá-los.

Alternativa c: Somente cabe controle de convencionalidade quando o parâmetro é tratado internacional materialmente constitucional.

Alternativa d: Não é necessário que seja equivalente a emenda constitucional.

Alternativa e: Referido princípio, que tem relação com a dignidade da pessoa humana e a prevalência dos direitos humanos, estabelece que em eventual conflito de normas, prevalecerá a mais favorável à dignidade da pessoa humana.

Alternativa correta: letra "b".

08. (FGV- CSJT-Juiz do Trabalho/2023) Segundo dados da Secretaria de Inspeção do Trabalho do Ministério do Trabalho e Emprego (MTE), 2.575 pessoas foram resgatadas de trabalho em condições análogas às de escravo no Brasil. Recentemente, um grupo de mais de 200 trabalhadores foi resgatado em Bento Gonçalves/RS, sendo que 198 deles eram provenientes do Estado da Bahia. O grupo foi contratado para trabalhar na safra da uva e foi encontrado em um alojamento em condições precárias. De acordo com o levantamento do grupo de fiscalização, as pessoas eram submetidas a ameaças e agressões, bem como a restrição da liberdade no local e a jornada exaustiva, além de terem contraído dívidas em razão de transporte e alimentação. Diversos tratados internacionais que guardam relação com a eliminação do trabalho forçado ou em condição análoga à escravidão estão em vigência no Brasil, EXCETO:

a) Convenção sobre Trabalho Forçado ou Obrigatório (nº 29), adotada pela OIT (1930);

b) Declaração Universal dos Direitos Humanos, adotada pela ONU (1948);

c) Convenção sobre a Abolição do Trabalho Forçado (nº 130), adotada pela OIT (1957);

d) Convenção sobre a Proibição das Piores Formas de Trabalho Infantil (nº 182), adotada pela OIT (1999);

e) Protocolo à Convenção sobre o Trabalho Forçado (P029), adotado pela OIT (2014).

COMENTÁRIOS

Alternativa a: Na verdade, referida Convenção foi aprovada pelo Decreto Legislativo nº 24 e promulgada no Brasil em 1957.

Alternativa b: O Brasil ratificou o documento durante a Assembleia de 1948. Vale observar, no entanto, que a Declaração Universal de Direitos Humanos não é propriamente um tratado internacional.

Alternativa c: Referida convenção foi aprovada pelo Decreto Legislativo nº 20 e está em vigor no Brasil desde 1966. Vale destacar, no entanto, que o número correto da Convenção sobre a Abolição do Trabalho Forçado é nº 105 e não 130 como indica a alternativa.

Alternativa d: A Convenção em questão foi aprovada pelo Decreto Legislativo nº 178 e está em vigor desde 2001.

Alternativa e: Alternativa correta, pois referido protocolo não foi ratificado até o momento.

Alternativa correta: Gabarito preliminar indicava letra "e". Questão foi anulada.

09. (TRT 4 – Juiz do Trabalho Substituto 4ª Região/2016) Considere as assertivas abaixo sobre normas internacionais:

I. Os tratados internacionais de direitos humanos que forem aprovados, em cada Casa do Congresso Nacional, em 2 (dois) turnos, por 3/5 (três quintos) dos votos dos respectivos membros, serão equivalentes às emendas constitucionais, ingressando no ordenamento jurídico interno com essa hierarquia.

II. De acordo com a Declaração da Organização Internacional do Trabalho sobre os Princípios e Direitos Fundamentais no Trabalho, todos os membros, ainda que não tenham ratificado convenções, têm o compromisso, dentre outros, com a eliminação de todas as formas de trabalho forçado ou obrigatório e com a eliminação da discriminação em matéria de emprego e ocupação.

III. Os Estados Partes do Pacto Internacional sobre Direitos Econômicos, Sociais e Culturais reconhecem o direito ao trabalho, que compreende o direito de toda a pessoa de ter a possibilidade de ganhar a vida mediante um trabalho livremente escolhido ou aceito, e tomarão medidas apropriadas para salvaguardar esse direito.

Quais são corretas?

a) Apenas I

b) Apenas II

c) Apenas III

d) Apenas II e III

e) I, II e III.

COMENTÁRIOS

Item I. Correto: É o que estabelece o art. 5º, §3º da CF/88.

Item II. Correto: Trata-se da previsão do ponto 2, alíneas "b" e "d" da Declaração.

Item III. Correto: Nesse sentido é o que prevê o art. 6 do Pacto sobre Direitos Econômicos, Sociais e Culturais.

Alternativa correta: letra "e".

6. ORGANIZAÇÃO INTERNACIONAL DO TRABALHO

10. (FGV- CSJT-Juiz do Trabalho/2023)

"A merendeira desce, o ônibus sai

Dona Maria já se foi, só depois é que o sol nasce

De madruga é que as aranha tece no breu

E amantes ofegantes vão pro mundo de Morfeu

E o sol só vem depois

O sol só vem depois"

Emicida, 2019

Profissões relacionadas ao trabalho reprodutivo (trabalho doméstico e de cuidado) são preponderantemente ocupadas por mulheres, tais como: auxiliares na área de saúde, trabalhadoras domésticas, professoras no ensino infantil, babás, cuidadoras de idosos ou pessoas doentes, trabalhadoras na área de limpeza e conservação. O trabalho reprodutivo é o que assegura a vida e a reprodução social – já parou para pensar quantas pessoas cuidaram para que você pudesse fazer esta prova hoje? No entanto, em geral, são profissões desvalorizadas e com baixa remuneração.

Segundo dados da Pesquisa Nacional por Amostra de Domicílios Contínua (Pnad Contínua), realizada pelo Instituto Brasileiro de Geografia e Estatística (IBGE), no 4º trimestre de 2021, 5,7 milhões de pessoas estavam ocupadas em trabalhos domésticos, das quais 92% são mulheres, das quais 65% são negras; 4,2 milhões trabalhavam sem carteira assinada. À luz da Convenção sobre o Trabalho Decente para as Trabalhadoras e os Trabalhadores Domésticos (nº 189) da OIT, é correto afirmar que:

a) trabalho doméstico é aquele executado em ou para um ou mais domicílios, como ocupação profissional e de forma não ocasional ou esporádica, no marco de uma relação de trabalho;

b) o conceito de trabalho doméstico na Convenção nº 189 tem como requisito a prestação de serviços por mais de dois dias na semana no âmbito residencial de pessoa ou família;

c) trabalho doméstico é aquele prestado sem objetivo de lucro em ambiente familiar e, por isso, não há exigência de idade mínima;

e) trabalho doméstico não visa ao lucro nem tem caráter profissional e, por isso, não enseja medidas que assegurem a segurança e a saúde no ambiente de trabalho;

e) no contrato de trabalho doméstico, é possível que o empregador retenha os documentos de viagem e de identidade do trabalhador ou trabalhadora migrante.

COMENTÁRIOS

✪ **Nota do autor:** a Convenção nº 189 da OIT (Convenção sobre o Trabalho Decente para as Trabalhadoras e os Trabalhadores Domésticos) deu origem à Lei Complementar nº 150/2015 embora só tenha sido ratificada pelo Brasil em 2017 (Decreto nº 172/2017).

Alternativa a: Trata-se do art. 1 da Convenção, mais especificamente em suas alíneas "a" e "c".

Alternativa b: Embora tal requisito esteja presente na LC nº 150/2015, não se identifica tal requisito na Convenção, que apenas estabelece que "uma pessoa que executa o trabalho doméstico apenas ocasionalmente ou esporadicamente, sem que este trabalho seja uma ocupação profissional, não é considerada trabalhador doméstico." (art. 1, c).

Alternativa c: Na verdade, o art. 4 da Convenção prevê que "Todo Membro deverá estabelecer uma idade mínima para os trabalhadores domésticos, em consonância com as disposições da Convenção sobre a Idade Mínima, 1973 (nº 138), e a Convenção sobre as Piores Formas de Trabalho Infantil, 1999 (nº 182), idade que não poderá ser inferior à idade mínima estabelecida na legislação nacional para os trabalhadores em geral.". Na LC 150/2015, identificamos no art. 1º, parágrafo único a vedação de contratação de menor de 18 anos para o desempenho de trabalho doméstico.

Alternativa d: Nos termos do art. 13 da Convenção, "Todo trabalhador doméstico tem direito a um ambiente de trabalho seguro e saudável. Todo Membro, em conformidade com a legislação e a prática nacionais, deverá adotar medidas eficazes, com devida atenção às características específicas do trabalho doméstico, a fim de assegurar a segurança e saúde no trabalho dos trabalhadores domésticos.".

Alternativa e: Nos termos do art. 9, "c" da Convenção, "Cada Membro deverá tomar medidas para assegurar que os trabalhadores domésticos: (...)(c) tenham o direito de manter em sua posse seus documentos de viagem e de identidade.".

Alternativa correta: letra "a".

---

11. (FGV- CSJT-Juiz do Trabalho/2023)

"Amou daquela vez como se fosse máquina

Beijou sua mulher como se fosse lógico

Ergueu no patamar quatro paredes flácidas

Sentou pra descansar como se fosse um pássaro

E flutuou no ar como se fosse um príncipe

E se acabou no chão feito um pacote bêbado

Morreu na contramão atrapalhando o sábado"

Chico Buarque, 1971

No mesmo ano em que o Brasil foi tricampeão mundial no futebol (1970), foi também campeão mundial no número de acidentes de trabalho. O número de acidentes de trabalho e de óbitos deles decorrentes ainda é alto no Brasil, e especialistas afirmam que o índice de subnotificação esconde um volume ainda maior. A segurança e a medicina no trabalho são, portanto, essenciais para garantir a vida saudável e produtiva de quem trabalha.

Sobre a proteção internacional quanto à saúde e medicina do trabalho, é correto afirmar que:

a) o Brasil ratificou tanto a Convenção sobre Segurança e Saúde dos Trabalhadores (nº 155) quanto a Convenção do Quadro Promocional para a Segurança e Saúde Ocupacional (nº 187);

b) embora o assunto saúde e medicina seja relevante, ele ainda não é considerado um direito fundamental pela OIT;

c) o princípio de um ambiente de trabalho seguro e saudável recentemente passou a ser considerado uma das cinco categorias de Princípios e Direitos Fundamentais no Trabalho pela OIT;

d) como a Convenção nº 155 não foi ratificada pelo Brasil, o Estado brasileiro não está comprometido a respeitá-la nem a promovê-la;

e) a Convenção nº 187 foi ratificada pelo Brasil, mas o Estado brasileiro não a vem respeitando.

COMENTÁRIOS

Alternativa a: Na verdade, o Brasil somente ratificou a Convenção sobre Segurança e Saúde dos Trabalhadores (nº155).

Alternativa b: A 110ª Conferência Internacional do Trabalho incluiu segurança e saúde como um dos Princípios e Direitos Fundamentais no Trabalho.

Alternativa c: Correta, conforme alternativa "b".

Alternativa d: Conforme alternativa "a", a Convenção sobre Segurança e Saúde dos Trabalhadores (nº 155) foi ratificada pelo Brasil.

Alternativa e: Incorreta, pois não foi ratificada, conforme alternativa "a".

Alternativa correta: letra "c".

---

12. (FGV- CSJT-Juiz do Trabalho/2023) Com relação às Convenções da Organização Internacional do Trabalho (OIT), é correto afirmar que:

a) são tratados particulares, discutidos, aprovados e assinados exclusivamente por representantes dos Estados;

b) visam apenas à fixação de vantagens, prestações e contraprestações recíprocas, como outros tratados internacionais;

c) buscam universalizar as normas de proteção ao trabalho, com a incorporação no direito interno dos Estados-membros;

d) têm destinatários certos e a adesão só pode se dar no momento da aprovação da Convenção em Assembleia Geral;

e) o descumprimento de uma convenção da OIT por alguma das partes prejudica o cumprimento pelas demais, uma vez que compromete a execução do tratado como um todo.

COMENTÁRIOS

Alternativa a: As Convenções da OIT são, na verdade, tratados **internacionais.**

Alternativa b: Ao contrário dos demais tratados internacionais, as Convenções da OIT são normas jurídicas com o objetivo de criar regras gerais obrigatórias aos Estados membros que a ratificam. Trata-se, portanto, um tratado internacional com natureza de "tratado-lei".

Alternativa c: Alternativa correta. As Convenções definem padrões e pisos mínimos que devem ser seguidos pelos países que as ratificam.

Alternativa d: Na verdade, a admissão ocorre em momento posterior (prazo de um ano a partir do encerramento da sessão da Conferência (sem nunca exceder o prazo de 18 meses após o encerramento), nos termos do art. 19 da Constituição da OIT.

Alternativa e: Os tratados são, na verdade, autônomos, de modo que o descumprimento por alguma das partes não prejudica o cumprimento pelas demais ou o tratado como um todo.

Alternativa correta: letra "c".

---

13. (FCC – Juiz do Trabalho/2017) Em relação à Convenção 111 da Organização Internacional do Trabalho sobre discriminação em matéria de emprego e ocupação, ratificada pelo Brasil em 26/11/1965, considere:

I. O termo discriminação engloba toda distinção, exclusão ou preferência que tenha por efeito anular ou impedir a igualdade de oportunidades ou de tratamento no emprego ou na ocupação, incluindo o acesso à formação profissional.

II. Compreende, expressamente, práticas ditadas por motivações com base em raça, cor, sexo, religião, opinião política, ascendência nacional ou origem social.

III. As distinções, exclusões ou preferência com base em qualificações exigidas para um determinado trabalho poderão ser consideradas discriminatórias, dependendo da análise do caso em concreto.

IV. Quaisquer medidas que afetem uma pessoa sobre a qual recaia legítima suspeita de estar envolvida em atividades prejudiciais à segurança do Estado não deverão ser consideradas como discriminação.

Está correto o que se afirma APENAS em

a) II e IV.

b) I e II.

c) III e IV.

d) II e III.

e) I e IV.

COMENTÁRIOS

Afirmativa I: Correta. É o que se extrai do art. 1.1, item "b" da Convenção 111 da OIT.

Afirmativa II: Correta. Trata-se da disposição do art. 1.1, item "a" da Convenção 111 da OIT.

Afirmativa III: Na verdade, o art. 1.2 estabelece que: "As distinções, exclusões ou preferências fundadas em qualificações exigidas para um determinado emprego não são consideradas como discriminação".

Afirmativa IV: Incorreta, pois, nos termos do art. 4 da Convenção: "Não são consideradas como discriminação qualquer medidas tomadas em relação a uma pessoa que, individualmente, seja objeto de uma suspeita legítima de se entregar a uma atividade prejudicial à segurança do Estado ou cuja atividade se encontre realmente comprovada, desde que a referida pessoa tenha o direito de recorrer a uma instância competente, estabelecida de acordo com a prática nacional.". Portanto, se a pessoa não tiver o direito de recorrer a uma instância competente, a medida será discriminatória, sendo incorreto o uso do termo "quaisquer".

Alternativa correta: b.

---

14. (TRT 1 – Juiz do Trabalho Substituto 1ª Região/2016) Considerando-se o que estabelece a Declaração da Organização Internacional do Trabalho sobre os Princípios e Direitos Fundamentais no Trabalho, os Membros, ainda que não tenham ratificado as Convenções pertinentes, têm um compromisso derivado do ato de pertencer à Organização de respeitar, promover e tornar realidade, de boa fé e de conformidade com a Constituição, os princípios relativos aos direitos fundamentais que são objeto das convenções, relativamente a diversas matérias, EXCETO:

a) liberdade sindical e o reconhecimento efetivo do direito de negociação coletiva.

b) abolição do trabalho com amianto.

c) eliminação de todas as formas de trabalho obrigatório.

d) abolição efetiva do trabalho infantil.

e) eliminação da discriminação em matéria de emprego e ocupação.

COMENTÁRIOS

Alternativa "b" (Responde todas as alternativas): O art. 2 da Declaração prevê: "Declara que todos os Membros, ainda que não tenham ratificado as convenções aludidas, têm um compromisso derivado do fato de pertencer à Organização de respeitar, promover e tornar realidade, de boa fé e de conformidade com a Constituição, os princípios relativos aos direitos fundamentais que são objeto dessas convenções, isto é: a) a liberdade sindical e o reconhecimento efetivo do direito de negociação coletiva; b) a eliminação de todas as formas de trabalho forçado ou obrigatório; c) a abolição efetiva do trabalho infantil; e d) a eliminação da discriminação em matéria de emprego e ocupação.". Portanto, a única que não contém um dos princípios é a alternativa "b", que deve ser assinalada.

Alternativa incorreta: letra "b".

7. OMC E CONCORRÊNCIA INTERNACIONAL. "DUMPING SOCIAL", "CLÁUSULA SOCIAL" E "SELO SOCIAL". PADRÕES TRABALHISTAS MÍNIMOS

15. (TRT - 6ª região - 2013) Em relação à proteção internacional do trabalhador é correto afirmar que a:

a) Organização Mundial do Comércio e a OIT atuam em consonância na busca de direitos fundamentais e um padrão trabalhista mínimo aos trabalhadores.

b) Organização Mundial do Comércio determina os padrões trabalhistas mínimos que a OIT deve observar e proteger mediante suas convenções.

c) chamada "cláusula social" é instrumento previsto nos tratados internacionais da OIT que regulam o comércio internacional.

d) eliminação da discriminação em matéria de emprego e ocupação é um dos direitos fundamentais no trabalho estabelecidos pela OIT.

e) OIT tem como objetivo fundamental evitar o chamado dumping social e garantir o equilíbrio no comércio internacional entre seus Estados-membros.

COMENTÁRIOS

Alternativa a: a Organização Internacional do Trabalho (OIT) tem por objetivo assegurar padrões mínimos aos trabalhadores. No entanto, o objetivo da OMC é garantir o livre comércio internacional. Embora a OMC tenha discutido conceitos como o *dumping social* e a proposta de *cláusula social*, seu objetivo precípuo é o livre comércio, de modo que a alternativa está incorreta.

Alternativa b: A alternativa inverteu OMC e OIT, portanto, está incorreta.

Alternativa c: Como apontado na alternativa "a", a cláusula social é proposta pela OMC, e não pela OIT.

Alternativa d: Alternativa correta, conforme se extrai da Declaração da OIT sobre os Princípios e Direitos Fundamentais no Trabalho de 1998. Ademais, a OIT aprovou a Convenção 111, que aborda a discriminação em matéria de emprego e profissão.

Alternativa e: Trata-se de objetivo da OMC e não da OIT, como apontado nas demais alternativas.

Alternativa correta: "e".

8. CONFLITO DE LEIS NO ESPAÇO: OS PRINCÍPIOS DA *LEX LOCI EXECUTIONIS* E DE *LOCUS REGIT ACTUM*. JURISDIÇÃO E DIREITO DO TRABALHO RELATIVOS AOS TRABALHADORES BRASILEIROS TRANSFERIDOS PARA O EXTERIOR. JURISDIÇÃO E DIREITO DO TRABALHO RELATIVOS AOS TRABALHADORES BRASILEIROS QUE LABOREM EM EMBARCAÇÕES EM ALTO MAR

16. (FCC - Juiz do Trabalho - 2017) A legislação sobre a aplicação de leis trabalhistas no espaço e eventual conflito de normas estabelece que:

a) a relação de trabalhadores contratados ou transferidos para prestar serviços no exterior é regida pela lei brasileira, quando for mais favorável do que a legislação territorial, no conjunto de normas e em relação a cada matéria.

b) o Direito do Trabalho brasileiro aplica-se às relações empregatícias que ocorram dentro do espaço interno do território brasileiro, à exceção da hipótese de técnico estrangeiro domiciliado ou residente no exterior e alocado para prestação de serviços especializados no Brasil, em caráter provisório, ainda que com estipulação de pagamento em moeda brasileira.

c) a relação de trabalhador contratado no Brasil para prestar serviços no exterior é regida pela lei vigente no país em que ocorrerá a prestação de serviços, e não pela lei brasileira, salvo na hipótese de contrato para prestação de serviços de natureza transitória, por período não superior a noventa dias.

d) a relação de trabalhador contratado no Brasil, mas posteriormente cedido à empresa sediada no estrangeiro para trabalhar no exterior, ainda que mantido o vínculo com o empregador brasileiro, passa a ser regida pela lei vigente no país da prestação de serviços, e não mais pela lei brasileira.

e) as relações de trabalho marítimo, em rotas internacionais, são regidas pela lei do pavilhão do navio, independentemente de limitações impostas pela lei do lugar da execução do contrato ou pela lei do lugar em que foi celebrado.

COMENTÁRIOS

Alternativa a: É o que se extrai da interpretação conjunta dos arts. 1º e 3, II da Lei 7.064/82.

Alternativa b: Não se identifica referida exceção no texto da Lei 7.064/82.

Alternativa c: Incorreta, conforme alternativa "a".

Alternativa d: Nos termos dos arts.1º e 2 da Lei 7.064/82 aplica-se também a tais trabalhadores.

Alternativa e: Prevalece a regra de que vigora a lei do pavilhão. Vale ressalvar, no entanto, que enquanto o trabalho for prestado em águas nacionais, será aplicável a legislação brasileira (conforme TST - ED-RR-12700-42.2006.5.02.0446).

Alternativa correta: letra "a".

9. DIREITO COMUNITÁRIO E UNIÃO EUROPEIA

17. (FCC – Juiz do Trabalho/2017) Diante da necessidade de reforçar a proteção dos trabalhadores em caso de despedimento coletivo, tendo em conta o desenvolvimento econômico e social equilibrado na Comunidade e a melhoria das condições de vida e de trabalho, a União Europeia, por meio da Diretiva 98/59/CE, buscou aproximar as legislações dos Estados-membros. Entre as matérias disciplinadas, inclui-se:

a) O empregador não necessita notificar por escrito a autoridade pública competente de qualquer projeto de despedimento coletivo.

b) O despedimento coletivo pode ter origem em um ou vários motivos, inclusive inerentes às pessoas dos trabalhadores.

c) É aplicável aos trabalhadores das Administrações públicas ou de estabelecimentos de direito público.

d) A entidade patronal não é obrigada a consultar previamente os representantes dos trabalhadores sobre a possibilidade de acordo.

e) Os Estados-membros podem prever a existência de procedimentos meramente administrativos para fazer cumprir a diretiva.

COMENTÁRIOS

Alternativa a: Na verdade, o artigo 3, parágrafo 1 da Diretiva 98/59/CE, dispõe que "O empregador deve notificar por escrito a autoridade pública competente de qualquer projeto de despedimento coletivo".

Alternativa b: Nos termos do artigo 1º, parágrafo 1º, letra "a", da Diretiva 98/59/CE "Entende-se por 'despedimentos coletivos' os despedimentos efetuados por um empregador, por um ou vários motivos **não inerentes à pessoa dos trabalhadores**".

Alternativa c: Incorreta, pois o artigo 2, letra "b", da Diretiva 98/59/CE prevê que o despedimento coletivo **não é aplicável** "Aos trabalhadores das administrações públicas ou dos estabelecimentos de direito público (ou das entidades equivalentes nos Estados-membros que não conheçam esta noção)".

Alternativa d: Conforme se extrai do art. 2º da Diretiva 98/59/CE do Conselho da U.E., **a entidade patronal é obrigada**, sempre que tencionar efetuar despedimentos coletivos, a "consultar em tempo útil os representantes dos trabalhadores, com o objetivo de chegar a um acordo",

Alternativa e: Correta, conforme se extrai do artigo 6 da Diretiva 98/59/CE.

Alternativa correta: letra "e".

---

18. (FCC – Juiz do Trabalho/2017) Com vistas a assegurar o progresso econômico e social dos Estados-Membros, fixando como objetivo a melhoria constante das condições de vida e de trabalho dos seus povos, a União Europeia fixou diretrizes em matéria social. À luz do Tratado sobre o Funcionamento da União Europeia, considere:

I. A livre circulação de trabalhadores implica a abolição de toda e qualquer discriminação em razão da nacionalidade, entre trabalhadores dos Estados-Membros, no que diz respeito ao emprego, à remuneração e demais condições de trabalho, o que se aplica aos empregos na Administração pública.

II. Tendo presentes os direitos sociais fundamentais, a União Europeia apoiará as ações dos Estados-Membros condizentes com a proteção dos trabalhadores em caso de rescisão do contrato de trabalho e com a representação e defesa coletiva dos interesses dos trabalhadores e das entidades patronais, incluindo a cogestão.

III. A fim de assegurar a plena igualdade entre homens e mulheres na vida profissional, o princípio da igualdade de tratamento não obsta que o Estado-Membro mantenha ou adote medidas específicas que facilitem o exercício de uma atividade profissional por pessoas do sexo sub-representado.

IV. Dentro das políticas sociais, de modo a permitir a harmonização dos sistemas sociais existentes com as diretrizes de funcionamento da União Europeia, os Estados-Membros esforçar-se-ão por manter equivalência dos regimes de férias pagas e de indenização por despedida arbitrária.

Está correto o que se afirma APENAS em

a) III e IV.

b) I e II.

c) II e III.

d) III e IV.

e) I e IV.

COMENTÁRIOS

Item I: Incorreto: Na verdade, o art. 42, item 2 do Tratado prevê que: "A livre circulação dos trabalhadores implica a abolição de toda e qualquer discriminação em razão da nacionalidade, entre os trabalhadores dos Estados-Membros, no que diz respeito ao emprego, à remuneração e demais condições de trabalho". Ademais, o art. 45, item 4 do Tratado estabelece que "**não** se aplica aos empregos na Administração Pública".

Item II. Correto: É o que estabelece o art. 153 do Tratado, em suas alíneas "d" e "f".

Item III. Correto: Assim está disposto no art. 157, item 4 do Tratado.

Item IV. Incorreto: Nos termos do art. 158 do Tratado de Lisboa "Os Estados-Membros esforçar-se-ão por manter a equivalência existente dos regimes de férias pagas". No entanto, não há referida disposição sobre indenização por despedida arbitrária.

Alternativa correta: letra "c".

10. MERCOSUL. CONSTITUIÇÃO. LIVRE CIRCULAÇÃO DE TRABALHADORES

19. (TRT 1 – Juiz do Trabalho Substituto 1ª Região/2016) A Comissão de Representantes Permanentes do Mercosul pertence ao:

a) Tribunal Permanente de Revisão.

b) Parlamento do Mercosul.

c) Foro Consultivo Econômico-Social.

d) Conselho do Mercado Comum.

e) Grupo Mercado Comum.

COMENTÁRIOS

Alternativa d (responde todas as alternativas): o MERCOSUL é composto por 3 órgãos decisórios, quais sejam: Conselho do Mercado Comum (CMC); Grupo Mercado Comum (GMC); e Comissão de Comércio do MERCOSUL (CCM). O Conselho (CMC) tem por função conduzir politicamente o processo de integração de seus membros, sendo integrado por Ministros de Relações Exteriores e de Economia dos Estados-Parte. Assim se manifesta por meio de **decisões. A Comissão de Representantes Permanentes do Mercosul (CRPM) integra o Conselho do Mercado Comum**, conforme definido por meio da Decisão CMC 11/03.

Alternativa correta: letra "d".

Direito Internacional e Comunitário

Paulo Lépore

✦ DICAS

1. SUJEITOS DO DIREITO INTERNACIONAL PÚBLICO: ESTADOS E ORGANIZAÇÕES INTERNACIONAIS

Sujeitos do Direito Internacional Público: atores que se relacionam e compartilham interesses no âmbito da **sociedade internacional**, titulares de direitos e obrigações internacionais.

Na perspectiva clássica: apenas Estados ocupariam essa posição, pois elaboram normas internacionais e são seus destinatários imediatos. São os chamados **sujeitos originários** de Direito Internacional.

Na perspectiva moderna: além dos Estados, teriam a capacidade de ser titular de direitos e obrigações internacionais as Organizações Internacionais, Blocos Regionais (como Mercosul/União Europeia), Santa Sé, assim como indivíduos. São os chamados **sujeitos derivados**.

As Organizações Internacionais surgiram por meio de tratados, com personalidade jurídica própria e aparelho institucional permanente, com a finalidade de tratar de interesses comuns com a cooperação de seus membros. São exemplos a ONU (Organização Internacional das Nações Unidas) e a OIT (Organização Internacional do Trabalho). Surgiram a partir da necessidade de cooperação entre as nações para manter a paz e auxiliar na conquista de interesses comuns.

Como têm personalidade jurídica própria, Organizações internacionais podem celebrar tratados.

2. ÓRGÃOS DAS RELAÇÕES ENTRE OS ESTADOS: AGENTES DIPLOMÁTICOS E REPRESENTANTES CONSULARES

Representam o Estado em suas relações de âmbito internacional. São eles:

a) **Chefe de Estado**: autêntico representante do Estado. Órgão central responsável por formular e executar a política estatal externa. Ex: Presidente da República (art. 84, VII, CF/88); Rei;

b) **Chefe de Governo:** no parlamentarismo, o Primeiro-Ministro exerce funções executivas do Estado e de líder da nação.

c) **Ministro das Relações Exteriores:** principal auxiliar do Chefe de Estado/de Governo na formulação e execução da política externa do país. Dirige o Ministério das Relações Exteriores. Chefe hierárquico dos funcionários diplomáticos e consulares do país.

d) **Agentes diplomáticos:** funcionários estatais que são representantes oficiais de um Estado perante o governo de ouro. Podem trabalhar interna ou externamente. Suas atribuições se relacionam com decisões políticas de elevado interesse da nação.

A Convenção de Viena sobre relações Diplomáticas regula as relações desempenhadas pelos agentes diplomáticos, entre Estado acreditante (que envia o representante) e o acreditado (recebe o representante).

e) **Agentes consulares:** representantes extraterritoriais do Estado em assuntos privados. Suas funções são regulamentadas pela Convenção de Viena sobre Relações Consulares.

3. A IMUNIDADE DE JURISDIÇÃO DOS ESTADOS: ORIGEM, FUNDAMENTOS, EXTENSÃO E LIMITES. IMUNIDADE DE EXECUÇÃO

O Estado é soberano sobre seu território, de modo que todos aqueles que ali estiverem (sejam pessoas ou bens), independentemente de sua nacionalidade ou tempo em que ali permaneçam, deverão respeitar tal soberania, estando sujeitos à jurisdição e demais autoridades.

No entanto, certas pessoas e entes possuem condição especial, de modo que mesmo que estejam em território estrangeiro, não podem, via de regra, serem submetidos à jurisdição ou execução das autoridades daquele Estado. Trata-se da imunidade de jurisdição e imunidade de execução.

3.1. IMUNIDADE DE JURISDIÇÃO

Aqueles que possuem imunidade de jurisdição não podem ser submetidos, contra sua vontade, ao Poder Judiciário de outro Estado. Em uma concepção clássica, tal imunidade era baseada no princípio ***par in parem non habet judicium/imperium*** (iguais não podem julgar iguais). No entanto, em uma concepção atual, prevalece que a imunidade será relativa conforme o tipo de ato praticado pelo Estado:

a) ***ato de império*** (*jure imperium*): atos praticados no exercício das prerrogativas de soberania de um Estado (ex: concessão de visto; admissão de estrangeiros; deportação; etc.). Nesses casos **sempre haverá imunidade**, a menos que seu detentor renuncie a ela.

b) ***atos de gestão*** *(jure gestionis)*: atos praticados pelo Estado na mesma condição de particular (ex. aquisição de bens; relações trabalhistas). Nesses casos **não há imunidade**.

Cabe observar que a imunidade de jurisdição **pode ser afastada** diante da **renúncia**. Por exemplo: sendo ajuizado processo judicial contra Estado estrangeiro, é necessário notificá-lo para que declare se aceita ou não ser processado e julgado pelo Poder Judiciário brasileiro. Trata-se, portanto, de uma notificação/comunicação, pois não há propriamente uma citação.

Importante: para o STF (ARE 954858/RJ, rel. Min. Edson Fachin, julg. 20/09/2021) "**Os atos ilícitos praticados por Estados estrangeiros em violação a direitos humanos não gozam de imunidade de jurisdição**".

Prevalece o entendimento de que **organizações internacionais** possuem imunidade de jurisdição (que advém de tratados) **mesmo em atos de gestão por relações trabalhistas**.

3.2. IMUNIDADE DE EXECUÇÃO

Aqueles que possuem imunidade de jurisdição não podem ser submetidos a medidas executórias aplicadas por outro Estado. Decorre do princípio da **inviolabilidade dos bens das missões diplomáticas e consulares**. Sua garantia advém da Convenção de Viena sobre Relações Diplomáticas e na Convenção de Viena sobre as Relações Consulares.

Nesses casos, o Estado só poderá ser obrigado a cumprir essa medida (por exemplo, uma ordem judicial), se renunciar à imunidade.

Vale observar que na imunidade de execução não há que se distinguir atos de império ou atos de gestão, pois, como regra, **sempre há imunidade**. Tais questões precisam ser solucionadas por intermédio de negociações diplomáticas ou execução de bens não afetos ao serviço exterior.

Ademais, ainda que um Estado renuncie à imunidade de jurisdição, será necessária **nova renúncia** quanto à imunidade de execução.

4. ATIVIDADES DO ESTRANGEIRO NO BRASIL: LIMITAÇÕES CONSTITUCIONAIS

A disciplina da nacionalidade é trabalhada na matéria de Direito Constitucional, portanto, neste ponto, abordaremos outros aspectos.

Exercício de serviço público por estrangeiros: é possível aos estrangeiros ocuparem cargos, empregos ou funções públicas. No entanto, é necessário que haja lei regulamentadora autorizando o exercício daquela atividade por estrangeiros.

Acesso à instituições de pesquisa científica e tecnológica: trata-se de uma faculdade das Universidades e Instituições admitir professores, técnicos ou cientistas estrangeiros.

Investimentos de capital estrangeiro: é possível, na forma da lei, desde que observado o interesse nacional. Ademais, para que possam ocorrer investimentos de capital estrangeiro nas instituições que integram o sistema financeiro nacional, deve haver regulamentação por meio de **lei complementar**.

Estrangeiros na mídia: não é permitido a estrangeiros serem proprietários de empresa jornalística e de radiodifusão sonora e de sons e imagens. Ademais, pelo menos 70% do capital total e do capital votante de tais empresas deve pertencer, direta ou indiretamente, a brasileiros natos ou naturalizados há mais de 10 anos, que obrigatoriamente exercerão a gestão das atividades e estabelecerão o conteúdo da programação.

Direitos políticos: os estrangeiros nãos os possuem. Como consequência, não podem votar nem serem votados. Ademais, entidades estrangeiras não podem doar recursos para partidos políticos brasileiros.

Aquisição de propriedade rural: Para que estrangeiros (pessoas físicas ou jurídicas) possam adquirir ou arrendar propriedades rurais, dependerão de autorização do Congresso Nacional.

Vale destacar que os estrangeiros possuem, contudo, direitos sociais e direitos humanos em geral, ainda que estejam no território nacional em situação irregular. A partir dessa ideia tem-se o princípio do *non refoulement*, segundo o qual é vedado recusar estrangeiro quando isso acarrete seu retorno para país onde sua vida ou dignidade está ameaçada.

Nesse ponto, vale destacar que a Lei nº 13.445/17 disciplina a política migratória do Brasil, e tem como princípios:

I - universalidade, indivisibilidade e interdependência dos direitos humanos;

II - repúdio e prevenção à xenofobia, ao racismo e a quaisquer formas de discriminação;

III - não criminalização da migração;

IV - não discriminação em razão dos critérios ou dos procedimentos pelos quais a pessoa foi admitida em território nacional;

V - promoção de entrada regular e de regularização documental;

VI - acolhida humanitária;

VII - desenvolvimento econômico, turístico, social, cultural, esportivo, científico e tecnológico do Brasil;

VIII - garantia do direito à reunião familiar;

IX - igualdade de tratamento e de oportunidade ao migrante e a seus familiares;

X - inclusão social, laboral e produtiva do migrante por meio de políticas públicas;

XI - acesso igualitário e livre do migrante a serviços, programas e benefícios sociais, bens públicos, educação, assistência jurídica integral pública, trabalho, moradia, serviço bancário e seguridade social;

XII - promoção e difusão de direitos, liberdades, garantias e obrigações do migrante;

XIII - diálogo social na formulação, na execução e na avaliação de políticas migratórias e promoção da participação cidadã do migrante;

XIV - fortalecimento da integração econômica, política, social e cultural dos povos da América Latina, mediante constituição de espaços de cidadania e de livre circulação de pessoas;

XV - cooperação internacional com Estados de origem, de trânsito e de destino de movimentos migratórios, a fim de garantir efetiva proteção aos direitos humanos do migrante;

XVI - integração e desenvolvimento das regiões de fronteira e articulação de políticas públicas regionais capazes de garantir efetividade aos direitos do residente fronteiriço;

XVII - proteção integral e atenção ao superior interesse da criança e do adolescente migrante;

XVIII - observância ao disposto em tratado;

XIX - proteção ao brasileiro no exterior;

XX - migração e desenvolvimento humano no local de origem, como direitos inalienáveis de todas as pessoas;

XXI - promoção do reconhecimento acadêmico e do exercício profissional no Brasil, nos termos da lei; e

XXII - repúdio a práticas de expulsão ou de deportação coletivas.

Ainda, cabe destacar as hipóteses de denegação do visto brasileiro, elencadas na Lei de Migração:

I - a quem não preencher os requisitos para o tipo de visto pleiteado;

II - a quem comprovadamente ocultar condição impeditiva de concessão de visto ou de ingresso no País; ou

III - a menor de 18 (dezoito) anos desacompanhado ou sem autorização de viagem por escrito dos responsáveis legais ou de autoridade competente.

Observa-se que, para a concessão de visto de trabalho, **não é necessário o vínculo empregatício**, pois basta a comprovação de oferta de trabalho formalizada por pessoa jurídica, dispensada ainda esta exigência quando comprovar titulação em curso de ensino superior ou equivalente.

Medidas de retirada compulsória: repatriação, deportação e expulsão.

- Repatriação: devolução de pessoa em situação de impedimento ao país de nacionalidade (desde que não viole o princípio do *non refoulement*).

- Deportação: retirada compulsória de pessoa em situação migratória irregular que decorre de processo administrativo.

- Expulsão: retirada compulsória de pessoa em situação migratória irregular que decorre de processo administrativo, **somada ao impedimento de reingressar por prazo determinado**.

Atenção! É vedada a expulsão nas seguintes hipóteses:

- quando configurar extradição inadmitida pela legislação;

- quando o expulsando tiver filho **brasileiro** sob sua guarda ou dependência (econômica ou socioafetiva) ou tiver pessoa **brasileira** sob sua tutela;

- quando o expulsando tiver cônjuge ou companheiro **residente no Brasil**, sem discriminação alguma, reconhecido judicial ou legalmente;

- quando o expulsando tiver ingressado no Brasil **até os 12 anos de idade**, residindo desde então no País;

- quando o expulsando for pessoa com mais de 70 anos de idade que resida no País há mais de 10 anos, considerados a gravidade e fundamento da expulsão.

Ademais, **é proibida a expulsão de nacional.**

EXTRADIÇÃO

É uma medida de cooperação penal, cabível em qualquer fase do processo (e até mesmo antes de sua instauração). Enquanto as medidas de retirada compulsória (repatriação, deportação e expulsão) são atos de ofício, a extradição depende de pedido do **Estado** interessado (não pode ser organização internacional).

Situação interessante é solucionada pelo art. 85 da Lei de migração:

Art. 85. Quando mais de um Estado requerer a extradição da mesma pessoa, pelo mesmo fato, terá preferência o pedido daquele em cujo território a infração foi cometida.

§ 1º Em caso de crimes diversos, terá preferência, sucessiva-mente:

I - o Estado requerente em cujo território tenha sido cometido o crime mais grave, segundo a lei brasileira;

II - o Estado que em primeiro lugar tenha pedido a entrega do extraditando, se a gravidade dos crimes for idêntica;

III - o Estado de origem, ou, em sua falta, o domiciliar do extraditando, se os pedidos forem simultâneos.

§ 2º Nos casos não previstos nesta Lei, o órgão competente do Poder Executivo decidirá sobre a preferência do pedido, priorizando o Estado requerente que mantiver tratado de extradição com o Brasil.

§ 3º Havendo tratado com algum dos Estados requerentes, prevalecerão suas normas no que diz respeito à preferência de que trata este artigo

Ademais, é importante lembrar que é **vedada a extradição por crimes políticos.**

Podem ser extraditados brasileiros naturalizados em caso de crime comum, praticado **antes** da naturalização, ou de comprovado envolvimento em tráfico ilícito de entorpecentes e drogas afins. Brasileiros **natos** não podem ser extraditados.

Também não pode haver extradição quando (art. 82):

- o fato que motivar o pedido não for considerado crime no Brasil ou no Estado requerente;
- o Brasil for competente, segundo suas leis, para julgar o crime imputado ao extraditando;
- a lei brasileira impuser ao crime pena de prisão inferior a 2 (dois) anos;
- o extraditando estiver respondendo a processo ou já houver sido condenado ou absolvido no Brasil pelo mesmo fato em que se fundar o pedido;
- a punibilidade estiver extinta pela prescrição, segundo a lei brasileira ou a do Estado requerente;
- o fato constituir crime político ou de opinião;
- o extraditando tiver de responder, no Estado requerente, perante tribunal ou juízo de exceção; ou
- o extraditando for beneficiário de refúgio, nos termos da Lei nº 9.474, de 22 de julho de 1997, ou de asilo territorial.

O procedimento da extradição tem início com o pedido do Estado interessado, que é recebido pelo Poder Executivo. Preenchidos os requisitos, o pedido é encaminhado ao STF que o examina com base no princípio da contenciosidade limitada, ou seja, não se avalia o mérito do caso, mas sim o cabimento ou não da extradição na hipótese. A conclusão se dá com a autorização ou não da extradição pelo STF, decisão a qual é **irrecorrível**. Sendo aprovada, caberá ao Estado interessado retirar o extraditando do território nacional.

Sobre a matéria, destaca-se tese fixada pelo STF:

É cabível o ajuizamento de ação rescisória em face de acórdão proferido pelo STF em processo de extradição, pois este possui cunho predominantemente administrativo, não havendo que se falar na hipótese de julgamento de natureza penal.

A extradição constitui instrumento de cooperação jurídica internacional e possui natureza jurídica de ato administrativo, diplomático e jurídico.

Na espécie, trata-se de ação rescisória ajuizada contra acórdão da Segunda Turma desta Corte que, diante do empate na votação decorrente da ausência de ministro por motivo de licença médica, concluiu pela prevalência do voto mais favorável ao réu e julgou improcedente o pedido extradicional (Ext 1.560/DF). Como o objeto em discussão é justamente a verificação da validade da prevalência desse voto em caso de empate, atrai-se a hipótese de cabimento da rescisória referente à manifesta violação a literal dispositivo de norma jurídica (CPC/2015, art. 966, V).

Verificada a ocorrência de empate em julgamento de processo de extradição, é necessário o seu adiamento para que a decisão seja tomada somente depois do voto de desempate, visto que a aplicação de solução mais favorável ao réu se restringe aos casos expressamente previstos na legislação.

A partir da leitura sistemática de dispositivos regimentais (1) e na linha da jurisprudência desta Corte (2), vê-se que há preferência pela votação majoritária em julgamentos colegiados, com a obtenção do voto de desempate, especialmente quando o empate se deve a situação totalmente solucionável, como no caso concreto (licença médica). Nesse contexto, o Código de Processo Penal (CPP/1941, arts. 615, § 1º, e 664, parágrafo único) dispõe sobre a necessidade de colheita do voto do presidente do Tribunal, da Câmara ou da Turma, se não tiver votado, oportunidade em que proferirá, então, o voto de desempate, conhecido como "voto de qualidade".

A solução favorável ao réu, no caso de empate em **habeas corpus** ou recurso criminal, configura situação excepcionalíssima, que não pode ser estendida a casos distintos dos estabelecidos na lei.

Com base nesses entendimentos, o Plenário, por maioria, julgou parcialmente procedente a ação para (i) afastar a proclamação do resultado prolatada no mencionado processo de extradição; e (ii) determinar a remessa dos autos à Segunda Turma para fins de aplicação do art. 150, §§ 1º e 2º, do RISTF, com a tomada do voto do ministro ausente para a conclusão do julgamento.

STF (AR 2.921/DF, relator Ministro Alexandre de Moraes, julgamento finalizado em 30.3.2023)- INFO 1089.

5. TRATADOS INTERNACIONAIS: VIGÊNCIA E APLICAÇÃO. EXIGIBILIDADE E EFETIVIDADE. HIERARQUIA E CONTROLE DE CONVENCIONALIDADE

Tratado internacional é um acordo entre vontades de dois ou mais sujeitos de direito internacional, formalizado em texto escrito com a finalidade de produzir efeitos jurídicos no plano global. Tais efeitos jurídicos envolvem a criação de obrigações e eventual responsabilização em caso de descumprimento.

São suas características:

a) **voluntariedade**: resulta do acordo de vontades de dois ou mais sujeitos de direito internacional;

b) **formalidade**: acordo formal, escrito;

c) **regulado pelo Direito Internacional Público**: deve seguir os procedimentos e práticas estabelecidas pela comunidade internacional; e

d) **produz efeitos jurídicos**: obrigatoriedade de cumprimento (*pacta sunt servanda*).

Tem por requisitos de validade:

- **Capacidade das partes:** sujeitos de Direito Internacional (Estados, Organizações Internacionais, blocos regionais, Santa Sé, Comitê Internacional da Cruz Vermelha, beligerantes, insurgentes);
- **Habilitação dos agentes**: *treaty making power*. Agentes devem estar devidamente habilitados para representar as partes. Mas, ainda que habilitado por carta de plenos poderes, o tratado somente será obrigatório ao Estado após a ratificação.
- **Objeto lícito e possível**: não pode ser editado tratado que viole as normas internacionais já existentes (Salvo se para alterá-las), ou ainda as normas de *jus cogens* (indispensáveis para a subsistência da comunidade internacional).
- **Consentimento regular**: a vontade das partes deve ser livre, sem influência de vícios ou distorções que possam prejudicar a expressão das verdadeiras vontades das partes envolvidas. A propósito, a Convenção de Viena de 1969 (Art. 48) prevê a possibilidade de se **anular** manifestação de vontade prejudicada por erro, dolo ou corrupção do representante do Estado; coação do representante; ou coação do Estado.

Atenção! Indivíduos, empresas, sindicatos e ONGs não podem celebrar tratados.

Fases da elaboração e incorporação de tratados

1. Negociações preliminares e assinatura: atos de negociação (representante do Estado); autenticação do tratado (conclusão do texto definitivo); assinatura do tratado (aceite formal e precário do texto do tratado- é de competência do Presidente da República);
2. Aprovação parlamentar: etapa interna, em que o parlamento delibera sobre o tratado (referendo). É de competência do Congresso Nacional e, sendo aprovado, é editado Decreto Legislativo. Nos termos do art. 5º, §3º, CF/88, pode ser adotado o rito descrito (dois turnos, nas duas casas, com quórum de 3/5) para que o tratado de direitos humanos tenha status equivalente às emendas constitucionais. Vale observar que os demais tratados de direitos humanos e os tratados em matéria tributária (art. 98, CTN) terão status supralegal, enquanto os tratados sobre outras matérias serão equivalentes às leis ordinárias.
3. Ratificação: aceitação definitiva do tratado. É prerrogativa do Presidente da República. É a partir deste momento que o tratado passa a ser obrigatório e vinculante no âmbito internacional, podendo ensejar a responsabilidade do Estado em caso de descumprimento.
4. Promulgação e publicação: Para que tenha início a vigência interna do tratado é necessária a promulgação, por meio de Decreto Executivo editado pelo presidente da República; e a publicação deste decreto no Diário Oficial da União, a partir da qual dá-se publicidade ao ato e tem início a vigência interna do tratado.

Observação: Foram incorporados na forma do § 3º do artigo 5º da Constituição os seguintes tratados: **Convenção da ONU sobre os Direitos das Pessoas com Deficiência** e seu **Protocolo Facultativo**; e o **Tratado de Marraqueche para Facilitar o Acesso a Obras Publicadas às Pessoas Cegas, com Deficiência Visual ou com Outras Dificuldades para Ter Acesso ao Texto Impresso**.

Reservas a tratados

É possível que, ao aderir, o Estado estabeleça reserva a parte do tratado, ou seja, salvaguarda com relação a determinadas normas indicadas no momento da ratificação. Trata-se de "declaração unilateral, qualquer que seja a sua redação ou denominação, feita por um Estado ao assinar, ratificar, aceitar ou aprovar um trato, ou a ele aderir, com o objetivo de excluir ou modificar o efeito jurídico de certas disposições do tratado em sua aplicação a esse Estado" (art. 2º, §1º, d, Convenção de Viena de 1969).

É possível a realização de reservas meramente interpretativas.

É, contudo, **vedada** a reserva quando:

- For proibida pelo tratado;
- For incompatível com a finalidade e objeto do instrumento;
- For relativa a dispositivo sobre o qual o tratado proíba a reserva.

Modificação dos tratados

A modificação nos tratados é realizada por meio de **acordo de emenda**, que **não vincula os Estados que já são partes**, a menos que sejam também partes do acordo de emenda.

A doutrina elenca ainda a espécie **revisões**, que, ao contrário das emendas, que têm pouca amplitude e tratam de matérias não essenciais; são modificações de maior amplitude e expressão, envolvendo matérias centrais do tratado.

A propósito, quando as emendas gerem compromissos gravosos ao patrimônio nacional, faz-se necessária nova aprovação pelo Congresso Nacional.

Extinção e suspensão de tratados

O encerramento da vigência de um tratado pode ocorrer:

- Por vontade comum das partes (expiração do termo pactuado, condição resolutiva, tratado posterior ou suspensão consensual);
- Por causas extrínsecas (impossibilidade superveniente ou mudança fundamental de circunstâncias);
- Por vontade de uma parte (unilateral- denúncia).

A suspensão tem caráter temporário e pode ocorrer por disposições do próprio tratado, ou por consentimento das partes. Pode se dar com relação a apenas algumas partes em tratado multilateral (Desde que tal possibilidade conste do tratado ou seja compatível com seu objeto e finalidade, sem prejuízos a terceiros).

A extinção, por sua vez, tem caráter permanente e pode ocorrer nas seguintes hipóteses:

a) Expiração do tratado (quando estipulado prazo de vigência/termo final);

b) Ocorrência de condição resolutiva (condição afirmativa ou negativa que implica na extinção do tratado);

c) Execução integral (objeto totalmente executado);

d) Tratado posterior (desde que as partes sejam as mesmas do tratado anterior);

e) Violação grave (violação substancial ao tratado que autoriza às partes inocentes rescindir o acordo);

f) Impossibilidade superveniente/mudança fundamental das circunstâncias;

g) Rompimento das relações diplomáticas e consulares entre as partes quando for indispensável à correta aplicação do tratado;

h) Estado de guerra (com relação a tratados bilaterais entre os Estados em conflito). Nos tratados multilaterais há suspensão entre os estados inimigos enquanto perdurar o conflito.

i) Denúncia (Ato unilateral).

A denúncia diz respeito ao ato unilateral por meio do qual uma parte do tratado anuncia sua vontade de se desvincular do compromisso assumido, de modo que se desobrigue das obrigações por ele estabelecidas, cessando a possibilidade de responsabilização internacional.

Deve ser formalizada por meio de **notificação** ou **carta**, que deve ser transmitida ao depositário do instrumento com **antecedência mínima de 12 meses**. É **retratável** desde que ainda não tenha gerado efeitos. Trata-se de ato **privativo e discricionário** do Presidente da República.

<u>Controle de Convencionalidade</u>

Trata-se do processo de compatibilização vertical entre normas internas e tratados internacionais de direitos humanos. Pode ser:

a. **Interno**: podendo ser realizado nos meios **concentrado** (Realizado pelo STF); ou **difuso** (realizado por qualquer juiz ou tribunal do país);

b. **Internacional**: realizado por Tribunal Internacional de Direitos Humanos, órgãos internacionais compostos por julgadores independentes criados por tratados ou Comitês de Tratados elaborados pela ONU, dentre outros;

No âmbito interno, pode ocorrer por requerimento da parte ou *ex officio*.

Sobre a matéria, destaca-se tese fixada pelo STF:

"A denúncia pelo Presidente da República de tratados internacionais aprovados pelo Congresso Nacional, para que produza efeitos no ordenamento jurídico interno, não prescinde da sua aprovação pelo Congresso."

RESUMO: Em decorrência do próprio Estado Democrático de Direito e de seu corolário, o princípio da legalidade, é necessária a manifestação de vontade do Congresso Nacional para que a denúncia de um tratado internacional produza efeitos no direito doméstico, razão pela qual é inconstitucional a denúncia unilateral pelo Presidente da República. Contudo, esse entendimento deve ser aplicado somente a partir da publicação da ata do presente julgamento, mantendo-se a eficácia das denúncias realizadas até esse marco temporal. A exclusão das normas incorporadas ao ordenamento jurídico interno não pode ocorrer de forma automática, por vontade exclusiva do Presidente da República, sob pena de vulnerar o princípio democrático, a separação de Poderes, o sistema de freios e contrapesos e a própria soberania popular. Assim, uma vez ingressado no ordenamento jurídico pátrio mediante referendo do Congresso Nacional, a supressão do tratado internacional pressupõe também a chancela popular por meio de seus representantes eleitos (1). Essa participação do Poder Legislativo ganha importância ainda mais elevada quando se tem em perspectiva normas de proteção aos direitos humanos. Na espécie, trata-se de denúncia da Convenção 158 da Organização Internacional do Trabalho – OIT, cujo intuito é proteger os trabalhadores contra a dispensa arbitrária ou sem justa causa (direito social previsto no art. 7º, I, da CF/1988). Em homenagem ao princípio da segurança jurídica, deve ser mantida a validade do Decreto 2.100/1996, por meio do qual o Presidente da República tornou pública a denúncia da Convenção 158 da OIT. Embora, à luz do ordenamento constitucional, a denúncia de tratados internacionais dependa de anuência do Congresso Nacional para surtir efeitos internamente, a prática institucional resultou em uma aceitação tácita da denúncia unilateral por reiteradas vezes e em períodos variados da história nacional, de modo que se consubstanciou em costume consolidado pelo tempo e que vinha sendo adotado de boa-fé e com justa expectativa de legitimidade, eis que, até então, não foi formalmente invalidado. Com base nesses entendimentos, o Plenário, por maioria, julgou procedente a ação para manter a validade do Decreto 2.100/1996 e formular apelo ao legislador "para que elabore disciplina acerca da denúncia dos tratados internacionais, a qual preveja a chancela do Congresso Nacional como condição para a produção de efeitos na ordem jurídica interna, por se tratar de um imperativo democrático e de uma exigência do princípio da legalidade".

ADC 39/DF, relator Ministro Dias Toffoli, julgamento virtual finalizado em 16.6.2023 (sexta-feira), às 23:59 (INFO 1099)

6. ORGANIZAÇÃO INTERNACIONAL DO TRABALHO

A Organização Internacional do Trabalho foi instituída em 1919 pelo Tratado de Versalhes. Tem estrutura tripartite, pois se compõe de representantes de Governos, representantes de empregadores e e representantes de empregados. Integra o Sistema das Nações Unidas, embora constitua organismo internacional com personalidade jurídica própria.

Conta com 186 Estados Membros.

São seus objetivos estratégicos:

1. Liberdade sindical e reconhecimento efetivo do direito de negociação coletiva;
2. Eliminação de todas as formas de trabalho forçado;
3. Abolição efetiva do trabalho infantil;
4. Eliminação de todas as formas de discriminação em matéria de emprego e ocupação.

É composta por diversos órgãos, sendo os principais:

- Conferência Geral do Trabalho (integrada pelos representantes dos Estados parte, representante dos empregados e representante dos empregadores);

- Conselho de Administração (composta por 56 membros: 28 representantes dos Estados (10 dos quais serão nomeados por Estados de maior importância industrial); 14 representantes de empregadores e 14 representantes de empregados);

- Repartição (*Bureau*) Internacional do Trabalho (subordinada ao Conselho de Administração- integrada por um Diretor-Geral).

O Brasil ainda não ratificou a Convenção 87 da OIT, que trata da liberdade sindical.

7. OMC E CONCORRÊNCIA INTERNACIONAL

A Organização Mundial do Comércio foi criada em 1994. Tem por objetivo regular o comércio internacional e promover o livre comércio em âmbito global.

Dentre as diversas matérias que regula para preservar a concorrência internacional, destaca-se a regulação de medidas ***antidumping.*** Por definição, *dumping* consiste na prática de vender produtos no mercado externo por preço inferior ao praticado internamente para, assim, eliminar seus concorrentes e conquistar o mercado e, então, sucessivamente elevar seus preços e auferir cada vez mais lucro com o monopólio criado.

Passou-se a discutir a conduta do *dumping social*, que ao contrário do *dumping* em seu conceito tradicional, aborda a proteção do trabalhador. A partir de tal discussão surgiu a proposta de cláusula social, ou seja, a inclusão de normas de proteção ao trabalhador em tratados internacionais, a fim de evitar que se obtenha lucro com importações às custas de padrões trabalhistas precários, como com a utilização de trabalho infantil ou semiescravidão.

O selo social, por sua vez, consiste em proposta de "etiquetar" produtos com base no respeito às normas internacionais que estabelecem padrões trabalhistas mínimos.

8. CONFLITO DE LEIS NO ESPAÇO: OS PRINCÍPIOS DA *LEX LOCI EXECUTIONIS* E DE *LOCUS REGIT ACTUM*

Com a globalização, problemas que envolvem dois ou mais ordenamentos jurídicos tornam-se cada vez mais frequentes, ocasionando os chamados **conflitos de leis internacionais no espaço.** Trata-se de matéria disciplinada pelo Direito Internacional Privado, que estabelece critérios para definir qual norma deve ser aplicada no caso específico.

Nesse contexto, não se avalia o conteúdo da norma, mas sim qual é o "ponto de atração", ou seja, qual a ordem jurídica, dentre as envolvidas, que mais se aproxima do problema e é capaz de solucioná-lo com maior respeito à harmonia e justiça.

A técnica para solucionar o conflito de normas tem dois momentos: a hipótese e a disposição. Realiza-se conforme as seguintes etapas:

1) Classificação/qualificação do fato ou instituto jurídico do caso (**objeto de conexão – hipótese conforme a matéria);**
2) Identificação do **elemento de conexão**;
3) Definição da **norma aplicável** na hipótese.

São espécies de elementos de conexão:

a) Pessoais (ex. nacionalidade, domicílio);
b) Territoriais (ex. localização da coisa – *lox rei sitae*);
c) Formais (ex. local da celebração, execução do ato jurídico);
d) Voluntárias (ex. escolha das partes);
e) Delituais (ex. local do delito, local do dano).

O critério *lex loci executionis* consiste na aplicação da lei do local de execução. Por outro lado, o critério *locus regit actum* consiste na aplicação da lei do local de celebração.

No direito trabalhista, a definição de lei aplicável quando estão envolvidos mais de um ordenamento segue os seguintes parâmetros:

- Se o contrato foi celebrado no exterior e a prestação ocorreu no Brasil, há duas possibilidades: aplicar-se a lei do local da execução (*lex loci executionis* – apesar do cancelamento da Súmula 207 do TST). Entende-se ser possível, ainda, a aplicação da norma mais favorável ao trabalho.

- Se o contrato foi celebrado no Brasil e a prestação ocorreu no exterior, incide a Lei 7.064/82, de modo que será aplicada a legislação brasileira quando for mais favorável. Se não for a mais favorável, aplicar-se-á a norma do local de execução.

9. DIREITO COMUNITÁRIO. CONCEITO, PRINCÍPIOS E ORIENTAÇÕES SOCIAIS. UNIÃO EUROPEIA

O Direito Comunitário consiste em desdobramento do Direito Internacional, que lhe atribui caráter supranacional. Tem 5 princípios nucleares: a autonomia, a primazia, a unidade, a aplicabilidade imediata e o efeito direto das normas comunitárias.

Nesse contexto surgem as **Organizações Supranacionais, que têm por característica** se sobrepor aos interesses internos dos próprios Estados que a compõem. Ou seja, em sua constituição, o Estado-Membro abre mão/delega parte de sua soberania para tais organizações, que têm capacidade de criar seu próprio direito e aplica-lo imediatamente aos Estados, sem que haja a internalização no direito local.

A União Europeia é a **única** organização supranacional que existe hoje, pois detém poderes que se sobrepõe às autoridades dos Estados membros, que transferiram parte de suas competências, dentre as quais a legislativa (de modo que as normas editadas pela União Europeia são automaticamente aplicadas aos Estados membros).

Foi instituída por meio do Tratado de Maastricht em 1993, como união econômica e política de 26 Estados Membros. Foi complementada pelo Tratado de Amsterdã, em 1998 e adaptado pelo Tratado de Nice em 2001 e Tratado de Lisboa em 2007.

Vigora na União Europeia a livre circulação de trabalhadores.

10. MERCOSUL. CONSTITUIÇÃO. LIVRE CIRCULAÇÃO DE TRABALHADORES

Tecnicamente o Mercosul não é organização supranacional (pois não há delegação de soberania dos Estados membros). Ainda assim é relevante organização que integra os países da América do Sul.

Foi instituído pelo Tratado de Assunção em 1991, com a finalidade de desenvolver os mercados dos Estados membros, que na época eram Brasil, Argentina, Paraguai e Uruguai, acelerando seu desenvolvimento. Hoje também é Estado membro a Venezuela.

O Mercosul detém personalidade jurídica de Direito Internacional própria.

Sua estrutura é composta por:

a) **Conselho do Mercado Comum (CMC)**, órgão superior do Mercosul, responsável por sua condução política e tomada de decisões;

b) **Grupo Mercado Comum (GMC)**, órgão executivo do Mercosul;

c) **Comissão de Comércio do Mercosul (CCM)**, órgão responsável por prestar assistência ao GMC;

d) **Parlamento do Mercosul (Parlasul)**, criado para substituir a anterior Comissão Parlamentar Conjunta;

e) **Foro Consultivo Econômico-Social (FCES)**, órgão de representação econômico e social;

f) **Secretaria Administrativa do Mercosul (SAM)**, órgão de apoio operacional.

Todos seus órgãos têm natureza intergovernamental, ou seja, não são supranacionais.

Suas decisões dependem de consenso entre os Estados-parte.

Embora seja um de seus objetivos, o Mercosul ainda não possui livre circulação de pessoas/trabalhadores como ocorre na União Europeia.

11. JURISPRUDÊNCIA APLICÁVEL DOS TRIBUNAIS SUPERIORES

▸ RECURSO DE REVISTA INTERPOSTO A ACÓRDÃO PUBLICADO NA VIGÊNCIA DA LEI N.º 13.467/2017 EMPRESA PÚBLICA. CARGO EM COMISSÃO DE LIVRE NOMEAÇÃO E EXONERAÇÃO. EMPREGADA PORTADORA DE LEUCEMIA MIELÓIDE CRÔNICA (CÂNCER). DOENÇA ESTIGMATIZANTE. SÚMULA N.º 443 DO TRIBUNAL SUPERIOR DO TRABALHO. DISPENSA DISCRIMINATÓRIA. NULIDADE. REINTEGRAÇÃO. POSSIBILIDADE. CONVENÇÃO N.º 111 DA ORGANIZAÇÃO INTERNACIONAL DO TRABALHO. TRANSCENDÊNCIA JURÍDICA DA CAUSA RECONHECIDA. 1. Cuida-se de controvérsia acerca da possibilidade de decretação da nulidade da dispensa, e consequente reintegração no emprego, de empregada de empresa pública contratada sob o regime da Consolidação das Leis do Trabalho para o exercício de cargo em comissão de livre nomeação e exoneração, bem como sobre a incidência ou não da Súmula n.º 443 deste Tribunal Superior no caso de acometimento por Leucemia Mielóide Crônica. 2. Considerando a complexidade da presente controvérsia, bem como o ineditismo em seu exame por esta Corte superior, revela-se prudente o reconhecimento da transcendência da causa pelo critério jurídico. 3. Consoante disposto no artigo 3º, alínea d , da Convenção n.º 111 da Organização Internacional do Trabalho, ratificada pelo Brasil, promulgada por meio do Decreto n.º 62.150/1968 e consolidada mediante o Decreto n.º 10.088/2019, os Estados-Membros para os quais a Convenção se encontre em vigor devem, por métodos adequados às circunstâncias e aos usos nacionais, seguir a política de combate à discriminação no trabalho, inclusive no que diz respeito a empregos dependentes do controle direto de uma autoridade nacional. Significa dizer que a obrigatoriedade do combate à discriminação no trabalho - gênero do qual a dispensa discriminatória é espécie - abrange as relações de trabalho firmadas com a Administração Pública, sejam elas estabelecidas por meio de concurso público (provimento de cargo

efetivo), ou mediante vínculo precário de livre nomeação e exoneração, nos termos do artigo 37, II, da Constituição da República. 4. A Constituição da República, ao adotar como valor central do ordenamento jurídico pátrio a dignidade da pessoa humana (artigo 1º, III), alçou o combate à discriminação ao patamar de objetivo fundamental da República Federativa do Brasil (artigo 3º, IV). A centralidade da pessoa humana na ordem social, política e jurídica irradia-se, por óbvio, às relações de trabalho, sejam elas estabelecidas entre particulares ou entre trabalhador e Estado. Nesse contexto, ante a eventual colisão entre o valor basilar da dignidade da pessoa humana no trabalho e as normas constitucionais relacionadas à liberdade de gestão das empresas estatais, deve prevalecer a centralidade da dignidade da pessoa humana, um dos alicerces do Estado Democrático de Direito. 5. O disposto no artigo 173, § 1º, II, corrobora a impossibilidade de se validar a dispensa discriminatória no âmbito das empresas estatais. A vedação à discriminação em matéria de emprego estende-se, por certo, aos empregados públicos ocupantes de cargo em comissão. Observe-se que nem sequer a iniciativa privada está livre para praticar conduta discriminatória. Inafastável, daí, a conclusão de que a decisão proferida pelo Tribunal Regional, no sentido de considerar inviável a decretação de nulidade da dispensa, supostamente discriminatória, tão somente com fundamento na precariedade e transitoriedade do cargo ocupado pela reclamante, importou em afronta ao princípio da dignidade da pessoa humana insculpido no artigo 1º, III, da Constituição da República. 6. Reconhecida a possibilidade de decretação de nulidade da dispensa de empregada ocupante de cargo de livre nomeação e exoneração em empresa pública, resta perquirir acerca do caráter discriminatório da dispensa. No caso dos autos, resulta incontroverso que, à época da dispensa, a reclamante já era portadora de Leucemia Mielóide Crônica (câncer que se origina nas células-tronco da medula óssea). Consoante iterativa e notória jurisprudência desta Corte superior, a dispensa de trabalhador portador de câncer atrai a incidência do disposto na Súmula n.º 443 do Tribunal Superior do Trabalho, visto que considerado doença estigmatizante. Ausentes elementos capazes de infirmar a presunção da natureza discriminatória da dispensa da reclamante, resulta inafastável a incidência do referido verbete sumular e a decretação de nulidade da dispensa, com determinação da sua reintegração no emprego. 7. Diante de requerimento expresso de concessão de tutela de urgência, bem como ante a demonstração da plausibilidade do direito e do perigo na demora, defere-se a antecipação dos efeitos do presente acórdão, a fim de determinar a imediata reintegração da reclamante ao emprego e o restabelecimento de todos os benefícios, inclusive o Plano de Saúde, independentemente do seu trânsito em julgado. 8. Recurso de Revista conhecido e provido, com deferimento da tutela provisória de urgência requerida no apelo para determinar a imediata reintegração da reclamante ao emprego e o restabelecimento de todos os benefícios, inclusive o Plano de Saúde." (*TST-RRAg-324-27.2017.5.10.0022, 6ª Turma, rel. Min. Lélio Bentes Corrêa, julgado em 23/6/2021*). (Info 240)

▸ RECURSO DE REVISTA.INCOMPETÊNCIA DA JUSTIÇA DO TRABALHO. ESTADO ESTRANGEIRO. CONSULADO-GERAL DA REPÚBLICA PORTUGUESA. SERVIDOR PÚBLICO. OPÇÃO PELO REGIME PÚBLICO PORTUGUÊS. PROVIMENTO. O Decreto nº 61.078/1967, que promulgou a Convenção de Viena sobre relações consulares, estabelece, em seu artigo 43, que os funcionários e empregados consulares não estão sujeitos à jurisdição das autoridades judiciárias e administrativas do Estado receptor pelos atos realizados no exercício das funções inerentes ao Consulado. Na hipótese, consoante noticiado pelo Tribunal Regional, o reclamante foi nomeado pelo Estado de Portugal, estando sujeito a regime jurídico-administrativo diferenciado, de acordo com o termo de posse acostado ao processo. Extrai-se, ainda, do acórdão recorrido, o trecho do depoimento pessoal do autor, que revela a sua opção pela caixa de aposentação de Portugal, bem como a de não proceder ao recolhimento de contribuição previdenciária e de imposto de renda no Brasil. Além disso, consta que o reclamante usufruía de todos os feriados portugueses. Ainda assim, a Corte de origem entendeu que, em decorrência da aplicação do princípio da *lex loci executionis*, não há como afastar a incidência da legislação brasileira ao caso vertente. Posicionou-se no sentido de que a imunidade de jurisdição do Estado estrangeiro diz respeito apenas aos atos de império e não às ações que envolvam atos de gestão e nas quais se discuta direitos decorrentes do vínculo de emprego. Dessa forma, uma vez constatada a existência de registro em CTPS, assinalou o Colegiado Regional que o reclamante foi contratado no Brasil, para prestar serviços em território brasileiro e que não haveria indícios de que o obreiro, enquanto Secretário de 3ª classe ou assistente administrativo, no exercício de funções de registro civil, praticasse atos de império. Acrescentou, nesse aspecto, que o fato de o empregado laborar para o reclamado, que atua na função pública, não altera a relação de emprego anotada em CTPS. Sob os aludidos fundamentos, o Tribunal recorrido afastou a imunidade de jurisdição e considerou aplicável ao caso concreto o disposto no artigo 114, I, da Constituição Federal. Ocorre que, em se tratando de hipótese que versa acerca de servidor público incontroversamente sujeito ao regime jurídico-administrativo do Estado estrangeiro, aplica-se a imunidade absoluta de jurisdição, que atrai a incompetência da Justiça do Trabalho para o presente feito, sendo irrelevante, em tal contexto, a discussão relativa ao exercício de atos de império ou de gestão. Esclareça-se, por fim, que o registro em CTPS não se sobrepõe ao ato jurídico perfeito consubstanciado em face da vinculação do reclamante ao regime jurídico-administrativo lusitano. Recurso de revista de que se conhece e a que se dá provimento. (TST-RR-11176-28.2015.5.01.0056, 4ª Turma, rel. Min. Guilherme Augusto Caputo Bastos, julgado em 23/3/2021). (Info 234)

▸ RECURSO DE REVISTA. GREVE. BONIFICAÇÃO A TRABALHADORES NÃO PARTICIPANTES. CONDUTA ANTISSINDICAL - CARACTERIZAÇÃO. INDENIZAÇÃO. DANOS MORAL E MATERIAL. 1. O direito de greve, ínsito ao Estado Democrático de Direito e consagrado na Constituição Federal como direito fundamental (art. 9º), representa expressão da autonomia privada coletiva, sendo corolário da liberdade e autonomia sindicais (art. 8º da CLT). 2. Por essa razão, o direito comparado e o direito pátrio identificam comportamentos que visem a enfraquecer esse direito e essa liberdade, as chamadas práticas desleais ("unfair labour practices") ou antissindicais. 3. Quanto ao tema, o art. 1º da Convenção 98 da OIT, da qual o Brasil é signatário, dispõe: "Os trabalhadores deverão gozar de proteção adequada contra quaisquer atos atentatórios à liberdade sindical em matéria de emprego". 4. Rememore-se a lição

de Oscar Ermida Uriarte, para quem as condutas ou atos antissindicais são "aqueles que prejudiquem indevidamente um titular de direitos sindicais no exercício da atividade sindical ou por causa desta ou aqueles atos mediante os quais lhe são negadas, injustificadamente, as facilidades ou prerrogativas necessárias ao normal desempenho da ação coletiva" 5. Veda-se, portanto, a discriminação decorrente da expressão da liberdade sindical, da qual é exemplo a greve. Qualquer conduta tendente a mitigar ou obstaculizar o direito (tanto individual quanto coletivo) configura ilícito. 6. Segundo o autor uruguaio referido, são três os grupos de medidas de proteção, que abrangem não só dirigentes sindicais e empregados sindicalizados, mas todos os trabalhadores: preventivas, reparatórias e complementares. Especificamente quanto à greve, a proteção positivou-se, no direito objetivo brasileiro, no art. 6º, § 2º, da Lei nº 7.783/89. 7. Praticado o ilícito, deve o empregador arcar com a reparação, por meio de indenização por danos moral e material (arts. 186, 187 e 927 do Código Civil). 8. No caso concreto, o pagamento de vantagem pecuniária expressiva a trabalhadores que não participaram do movimento paredista evidencia a prática de sofisticada conduta antissindical, com a intenção de frustrar greve. 9. Perpetrada a quebra da isonomia entre empregados (sendo a isonomia protoprincípio da Constituição Federal – art. 5º), tem o trabalhador reclamante direito à mesma bonificação ofertada, em caráter geral, aos empregados não grevistas. Da mesma forma, a discriminação e a ofensa a direito fundamental provocam, "in re ipsa", violação dos direitos de personalidade do reclamante. Assim, também é devida indenização por dano moral. Recurso de revista conhecido e provido" (*TST-RR-212-68.2017.5.05.0193, 3ª Turma, rel. Min. Alberto Luiz Bresciani de Fontan Pereira, julgado em 25/11/2020*). (Info 230)

Direitos Humanos

Paulo Lépore

TABELA DE INCIDÊNCIA DE QUESTÕES

Distribuição das questões organizada por ordem didática de assuntos		
Assunto	**Número de Questões**	**Peso**
1. TRATADOS INTERNACIONAIS DE DIREITOS HUMANOS	3	63,64%
1.1 TRATADOS INTERNACIONAIS DE DIREITOS HUMANOS E O ORDENAMENTO JURÍDICO NACIONAL	4	36,36%
Total	**7**	**100%**

Direitos Humanos

Paulo Lépore

✦ QUESTÕES

1. TRATADOS INTERNACIONAIS DE DIREITOS HUMANOS

01. FGV – 2023 – TST – Juiz do Trabalho

Os chefes de Estado e de Governo e altos representantes, reunidos na sede das Nações Unidas em Nova York de 25 a 27 de setembro de 2015, lançaram os novos Objetivos de Desenvolvimento Sustentável globais, a chamada Agenda 2030.

Considerando a Agenda 2030 das Nações Unidas, analise os objetivos a seguir.

I. Acabar com a pobreza em todas as suas formas, em todos os lugares e alcançar a igualdade de gênero e empoderar todas as mulheres e meninas.

II. Assegurar a educação inclusiva e equitativa e de qualidade, e promover oportunidades de aprendizagem ao longo da vida para todos, bem como construir infraestruturas resilientes, promover a industrialização inclusiva e sustentável e fomentar a inovação.

III. Proteger, recuperar e promover o uso sustentável dos ecossistemas terrestres, gerir de forma sustentável as florestas, combater a desertificação, deter e reverter a degradação da terra e deter a perda de biodiversidade e também assegurar padrões de produção e de consumo sustentáveis.

Está correto o que se afirma em:

a) somente I;

b) somente II;

c) somente I e II;

d) somente II e III;

e) I,II e III.

COMENTÁRIOS

I. O item contém os objetivos 1 e 5 da agenda 2030.

II. O item contém os objetivos 4 e 9 da agenda 2030.

III. Trata-se dos objetivos 15 e 12 da agenda 2030.

Portanto, todos os itens são corretos.

Alternativa correta: letra "e".

---

02. (FGV - 2023 - TST - Juiz do Trabalho Substituto) A Declaração Universal dos Direitos Humanos tem como um dos seus objetivos o reconhecimento da dignidade inerente a todos os membros da família humana e de seus direitos iguais e inalienáveis sendo o fundamento da liberdade, da justiça e da paz no mundo.

Considerando o texto aprovado pela Assembleia Geral das Nações Unidas (Resolução nº 217-A, III), em 10 de dezembro de 1948, é correto afirmar que:

a) as férias remuneradas e periódicas não fazem parte do direito ao repouso e ao lazer;

b) poderá haver casamento válido sem o consentimento livre dos nubentes, desde que previsto em norma legal;

c) caberá ao Estado a prioridade de direito na escolha do gênero de instrução que será ministrada a seus filhos;

d) todo ser humano tem direito a receber dos tribunais nacionais competentes remédio efetivo para os atos que violem os direitos fundamentais que lhe sejam reconhecidos pela Constituição ou pela lei;

e) todo ser humano, vítima de perseguição, tem o direito de procurar e de gozar asilo em outros países, mesmo em caso de perseguição legitimamente motivada por crimes de direito comum ou por atos contrários aos objetivos e princípios das Nações Unidas.

COMENTÁRIOS

Alternativa a: Na verdade, fazem parte de referido, conforme se extrai do art. 24 da Declaração.

Alternativa b: O art. 16.2 da Declaração estabelece que o casamento **não será válido**, senão com o livre e pleno consentimento dos nubentes.

Alternativa c: Nos termos do art. 26.3 da Declaração, os **pais** têm referida prioridade, e não o Estado.

Alternativa d: É o que se extrai do art. 8º da Declaração.

Alternativa e: O que se extrai do art. 14.2 da Declaração é que o direito de asilo não pode ser invocado em caso de perseguição legitimamente motivada por crimes de direito comum ou por atos contrários aos objetivos e princípios das Nações Unidas.

Alternativa correta: letra "d".

---

03. (FGV - 2023 - TST - Juiz do Trabalho Substituto) Segundo dados da Pesquisa Nacional por Amostra de Domicílios Continua (Pnad Contínua), realizada pelo Instituto Brasileiro de Geografia e Estatística (IBGE), no segundo trimestre de 2022, enquanto os homens não negros (= brancos + amarelos + indígenas receberam a remuneração mensal média de R$ 3.708,00, as mulheres não negras (= brancas + amarelas + indígenas) receberam R$ 2.774,00, os homens negros (= negros + pardos) receberam R$ 2.142,00 e as mulheres negras (= negras + pardas), R$ 1.715,00. Com base nesses dados, é correto afirmar que:

a) a igualdade salarial entre homens e mulheres não é objeto de convenções internacionais de direitos humanos;

b) as diferenças de remuneração são resultantes de escolhas pessoais quanto aos estudos e à profissão escolhida ao longo das gerações e, por isso, não importam aos direitos humanos sociais;

c) as desigualdades no mercado de trabalho vão se diluir com o decorrer do tempo em razão do principio da igualdade formal e, por isso, não há necessidade de outros mecanismos jurídicos para enfrentá-las;

d) as diferenças de remuneração apenas refletem o número de horas trabalhadas por integrantes de cada um grupo social, o que demostra o mérito de cada um, afastado a legitimidade de políticas especiais e ações afirmativas;

e) a desigualdade salarial pode ser melhor compreendida a partir do conceito da discriminação múltipla ou agravada que encontra fundamento na Convenção Interamericana contra o Racismo, a Discriminação Racial e Formas Correlatas de Intolerância

COMENTÁRIOS

Alternativa a: Na verdade, a igualdade na remuneração é prevista no art. 11.1 "d" da Convenção sobre a Eliminação de Todas as Formas de Discriminação contra a Mulher.

Alternativa b: Incorreta, conforme comentário das demais alternativas.

Alternativa c: Na verdade, a igualdade formal não é suficiente para superar desigualdades estruturais da sociedade, que fragilizam minorias historicamente. É necessária a busca ativa pela igualdade material.

Alternativa d: Incorreta, conforme comentários das demais alternativas.

Alternativa e: Nos termos do art. 1º, 3 da Convenção mencionada, discriminação múltipla ou agravada é qualquer preferência, distinção, exclusão ou restrição baseada, de modo concomitante, em dois ou mais critérios dispostos no Artigo 1.1, ou outros reconhecidos em instrumentos internacionais, cujo objetivo ou resultado seja anular ou restringir o reconhecimento, gozo ou exercício, em condições de igualdade, de um ou mais direitos humanos e liberdades fundamentais consagrados nos instrumentos internacionais aplicáveis aos Estados Partes, em qualquer área da vida pública ou privada.

Alternativa correta: letra "e".

1.1. TRATADOS INTERNACIONAIS DE DIREITOS HUMANOS E O ORDENAMENTO JURÍDICO NACIONAL

---

04. (FGV - 2023 - TST - Juiz do Trabalho Substituto) O documento Princípios de Yogyakarta, que trata da aplicação de normas de direitos humanos a questões de orientação sexual e identidade de gênero, preconiza que:

"1. Todos os seres humanos nascem livres e iguais em dignidade e direitos, Os seres humanos de todas as orientações sexuais e identidades de gênero têm o direito de desfrutar plenamente de todos os direitos humanos". Considerando tal enunciado, é correto afirmar diante dos Princípios de Bangalore sobre conduta judicial:

a) no caso de divergência entre o nome social e o nome constante do registro civil, o magistrado deve utilizar o prenome registrado nos documentos oficiais, para se dirigir à parte ou testemunha durante a audiência, pois o uso do que consta do documento oficial determina o que é ser imparcial;

b) no caso de divergência entre o nome social e o nome constante do registro civil, o magistrado deve utilizar o nome social para se dirigir à parte ou testemunha durante a audiência, pois deve reconhecer e compreender a diversidade na sociedade;

c) em audiência, é facultativo ao magistrado utilizar o nome social ou o nome constante no registro civil da parte ou testemunha, conforme sua percepção, observadas as máximas da experiência, e assim proceder no julgamento do caso;

d) em audiência, é facultativo ao magistrado utilizar o gênero que, na sua avaliação, melhor se adequar à pessoa interlocutora, observadas as máximas da experiência, e assim proceder no julgamento do caso;

e) o magistrado deverá utilizar apenas os dados já incluídos no cadastramento inicial do processo eletrônico, imparcialmente, e a insistência do advogado no uso do nome social da parte ou testemunha enseja reprimenda por quem preside a audiência.

COMENTÁRIOS

Alternativa b (responde todas as alternativas): Os princípios de Yogykarta (princípios sobre a aplicação da legislação internacional de direitos humanos em relação à orientação sexual e identidade de gênero) asseguram a igualdade de gênero que deve ser respeitada inclusive pelos juízes. Vale observar que tais princípios foram mencionados pelo próprio Conselho Nacional de Justiça, em sua Resolução nº 270/2018, cujo art. 2º, §4º dispõe: "§ 4º Os agentes públicos deverão respeitar a identidade de gênero e tratar a pessoa pelo prenome indicado nas audiências, nos pregões e nos demais atos processuais, devendo, ainda, constar nos atos escritos".

Alternativa correta: letra "b".

---

05. (FGV - 2023 - TST - Juiz do Trabalho Substituto) A empregada, que sofreu paralisia na cerebral na infância e ficou com graves sequelas quanto ao funcionamento de seus membros inferiores, foi contratada pelo banco "em vaga para pessoa com deficiência" . No decorrer do contrato de trabalho, o banco alterou o local de prestação de serviços para uma agência a vinte quilômetro de distância da sua residência da trabalhadora, o que passou a ensejar baldeações em ônibus e metrô, tornando mais longo e difícil seu deslocamento. A empregada ingressa com reclamação trabalhista e pede alteração do local de trabalho para uma agência próxima de sua residência, para a qual conseguisse se deslocar sozinha com menos tempo e menor dificuldade. O banco afirma que o atual local de trabalho atende aos requisitos de acessibilidade, recusando-se a alterar a lotação da reclamante para uma agência mais próxima.

Uma solução atenta aos direitos da pessoa com deficiência consideraria:

a) o pedido improcedente por não existir direito subjetivo s trabalhar em um local próximo de sua residência;

b) não caber ao Poder judiciário interferir no âmbito do poder diretivo do empregador, que determina com exclusividade a forma de execução do contrato de trabalho;

c) não reconhecer o direito, pois atender às medidas adaptativas pode ter o efeito inverso de ampliar a discriminação contra as pessoas com deficiência;

d) o pedido improcedente, pois constituiria conduta discriminatória em relação aos demais colegas de trabalho, inclusive outras pessoas com deficiência;

e) que a alteração do local de trabalho da reclamante para uma agência de acesso mais fácil equivaleria à adaptação razoável, pois leva em conta a especificidade de seu caso concreto e não gera carga excessiva ou desproporcional ao empregador.

COMENTÁRIOS

Alternativa e (responde todas as alternativas): Nos termos do art. 3º, Vi da Lei nº 13.146/15 (Estatuto da Pessoa com Deficiência), adaptações razoáveis são modificações e ajustes necessários e adequados que não acarretem ônus desproporcional e indevido, quando requeridos em cada caso, a fim de assegurar que a pessoa com deficiência possa gozar ou exercer, em igualdade de condições e oportunidades com as demais pessoas, todos os direitos e liberdades fundamentais. Portanto, no caso, se faz necessário o acolhimento do pleito, por corresponder a adaptação razoável.

Alternativa correta: letra "e".

---

06. (FCC - Juiz do Trabalho/2017) Desde a Emenda Constitucional nº 45/2004, os tratados e convenções internacionais sobre direitos humanos que forem aprovados, em cada Casa do Congresso Nacional, em dois turnos, por três quintos dos votos dos respectivos membros, serão equivalentes às emendas constitucionais (Constituição, art. 5º, § 3º). No entanto, há tratados e convenções internacionais nesse âmbito que foram incorporados ao ordenamento brasileiro antes de 2004 e que, portanto, não seguiram esse procedimento. Segundo a jurisprudência do Supremo Tribunal Federal, os tratados e convenções sobre direitos humanos aprovados antes de 2004:

a) têm hierarquia constitucional, já que o § 2º do art. 5º da Constituição já assim definia desde 1988.

b) têm hierarquia supralegal, mas infraconstitucional.

c) têm hierarquia de lei ordinária, nos termos definidos pelo STF em decisões como as do RE 80.004 e da ADI 1480.

d) terão hierarquia constitucional, desde que sejam aprovados novamente pelo Congresso Nacional, seguindo o procedimento de aprovação de emendas constitucionais.

e) têm hierarquia supraconstitucional, seguindo a tendência de valorizar normas internacionais.

COMENTÁRIOS

Alternativa b (responde todas as alternativas): O STF, no julgamento do RE 466.343, fixou entendimento de que os tratados internacionais de direitos humanos subscritos pelo Brasil antes da edição da EC nº45/2004, têm status normativo supralegal, ou seja, tornam inaplicável a legislação infraconstitucional com ele conflitante, seja ela anterior ou posterior ao ato de adesão.

Alternativa correta: letra "d".

---

07. (FCC - Juiz do Trabalho/2017) O chamado controle de convencionalidade funda-se na ideia de que as leis ordinárias podem ser controladas não apenas em relação à sua compatibilidade com a Constituição, mas também com tratados e convenções internacionais.

Tendo como base a jurisprudência do Supremo Tribunal Federal sobre tratados internacionais, o controle concentrado de convencionalidade:

a) tem como base todos os tratados de direitos humanos incorporados ao ordenamento interno.

b) somente seria possível nos casos em que um tratado ou convenção tenha sido aprovado pelo Poder Legislativo seguindo o processo de aprovação de emendas constitucionais.

c) pode ser realizado por meio de ação direta de inconstitucionalidade tendo como parâmetro o Pacto de São José da Costa Rica.

d) não pode ser realizado no Brasil porque tratados internacionais têm mesma hierarquia que leis ordinárias.

e) não se diferencia do controle de constitucionalidade das leis.

COMENTÁRIOS

✪ **Nota do autor:** a questão fala em controle **concentrado** de convencionalidade.

Alternativa a: Para o controle **concentrado** de convencionalidade, somente poderão ser parâmetro os tratados incorporados no rito do art. 5º, §3º da CF/88.

Alternativa b: Correto, pois a questão perguntou sobre o controle **concentrado** de convencionalidade. No âmbito **difuso**, seria possível o controle de convencionalidade com relação aos tratados de direitos humanos com status supralegal.

Alternativa c: O Pacto de São José da Costa Rica tem status supralegal, logo, não pode ser parâmetro do controle **concentrado** de convencionalidade.

Alternativa d: Incorreto, pois tratados de direitos humanos terão status de norma constitucional (se aprovados no rito das emendas constitucionais), ou supralegal.

Alternativa e: Se diferencia com relação ao parâmetro, que é o tratado aprovado no rito do art. 5º, §3º da CF/88, e não a Constituição, como no controle concentrado de constitucionalidade.

Alternativa correta: letra "b".

Direitos Humanos

Paulo Lépore

✦ DICAS

1. HISTÓRIA DOS DIREITOS HUMANOS

- Direitos do homem, direitos da pessoa humana, direitos fundamentais, garantias fundamentais, ou, mais precisamente, direitos humanos, são direitos inerentes à condição humana. No direito nacional, distinguimos direitos fundamentais como aqueles estabelecidos nas normas do ordenamento jurídico interno e direitos humanos como os estabelecidos em tratados e normas internacionais.

  Aspecto intrínseco aos direitos humanos é a dignidade da pessoa humana, advinda da doutrina de Immanuel Kant. É elencada na CF/88 como um fundamento do Estado Democrático de Direito. Trata-se de um núcleo mínimo de direitos garantidos a todos os seres humanos, como mera consequência de sua condição de ser humano. É considerada um axioma da ordem constitucional, ou seja, serve como parâmetro de interpretação das demais normas do ordenamento, além de ser parâmetro de validade das demais normas.

  A corrente jusnaturalista foi a primeira a estabelecer direitos mínimos necessários para a garantia de vida digna aos seres humanos. Nessa corrente, surgiu a ideia de que tais direitos seriam naturais e universais, inerentes a todos os seres humanos. Em momento posterior surgiu a corrente juspositivista naturalista, para a qual os direitos somente surgiriam após sua positivação, ou seja, quando fossem estabelecidos em declarações e legislações do direito interno de cada país. Existe, ainda, a vertente internacionalista da corrente juspositivista, para a qual a positivação deveria se dar em cartas internacionais.

  A evolução dos direitos humanos, por sua vez, se intensificou no cenário pós-segunda-guerra, como resposta às atrocidades praticadas, que ressaltaram a importância de se criar um instrumento internacional voltado à proteção da dignidade da pessoa humana.

  A doutrina elenca gerações ou dimensões no estudo dos direitos humanos. Cabe ressaltar que essas não se substituem, mas sim, se complementam, de modo a constituir um conjunto indivisível de direitos fundamentais.

  Os **direitos civis e políticos**, caracterizados pelo valor liberdade, são classificados como a **primeira** geração ou dimensão.

  Os **direitos econômicos, sociais e culturais**, caracterizados pelo valor igualdade, são classificados como a **segunda** geração ou dimensão.

  Por fim, os **direitos de solidariedade ou fraternidade** são a terceira geração ou dimensão.

- Os direitos fundamentais são caracterizados pela **indivisibilidade, irrenunciabilidade e incaducabilidade.**

- **Efeito** cliquet **e vedação do retrocesso: o** efeito *cliquet* corresponde à aplicação do princípio da vedação do retrocesso, por meio do qual um direito garantido não pode mais ser revogado, ou seja, não se deve retroceder na garantia de direitos humanos.

- **Sistema dos direitos subjetivos públicos de Georg Jellinek:** É possível identificar 4 status/relações do Estado para com os indivíduos. Status sujectionis ou passivo; status negativus ou libertatis; status civitatis ou status positivo; e status activus. (JELLINEK, Georg. *Teoria general del Estado.* Buenos Aires: Albatros, 1981, p. 306).

- ***Status subjectionis* ou status passivo**: indivíduo subordinado aos poderes estatais, com relação às proibições e aos deveres.

- ***Status libertatis, status negativus* ou status negativo:** indivíduo requer um comportamento negativo do Estado, uma abstenção, para que exerça suas liberdades.

- ***Status civitatis* ou status positivo:** indivíduo exige prestações positivas do Estado, a fim de reduzir as desigualdades sociais.

- ***Status activus:*** indivíduo participa ativamente da formação de vontade da política estatal, como por meio da iniciativa popular.

- **Eficácia Vertical dos Direitos Humanos e Fundamentais:** aplicação dos direitos fundamentais nas relações entre Estado e particulares.

- **Eficácia Horizontal, Privada, Externa, ou Em Relação a Terceiros dos Direitos Humanos e Fundamentais:** trata-se da aplicação dos direitos fundamentais nas relações entre particulares. O STF reconheceu a eficácia horizontal em pelo menos três oportunidades: a) Exclusão de Cooperado: cooperados não poderiam ter sido excluídos sem que fosse respeitado o devido processo legal (RE 158.215, julgado em 1996 e relatado pelo Ministro Marco Aurélio); b) Caso Air France: os franceses não poderiam conceder aumento salarial apenas aos seus funcionários franceses, discriminado os brasileiros que exerciam as mesmas funções (RE 161243-6, julgado em 2006 e relatado pelo Ministro Carlos Velloso); c) Expulsão de Associado: associado não poderia ter sido expulso da União Brasileira de Compositores sem que lhe fosse garantido a ampla defesa (RE 201819, julgado em 2005 e relatado para acórdão pelo Ministro Gilmar Mendes).

Teorias quanto à Eficácia Horizontal: No que tange à eficácia horizontal, é possível apontar as seguintes teorias: a) Teoria da Ineficácia horizontal: nega a aplicação dos direitos fundamentais às relações privadas; b) Teoria da Eficácia Horizontal Indireta: reclama a necessidade de normas infraconstitucionais delimitando a aplicabilidade das normas de direito fundamental nas relações privadas; c) Teoria da Eficácia Horizontal Direta: consente na aplicação direta dos direitos fundamentais às relações privadas, independentemente de sua delimitação legal; d) Teoria Integradora: preconiza que, em um plano ideal, cabe à lei regular a aplicação dos direitos fundamentais nas relações privadas, no entanto, diante de sua ausência, a aplicação será direta.

- **Eficácia Diagonal:** trata-se da aplicação dos direitos fundamentais nas relações privadas demarcadas por patente desequilíbrio fático e visível desproporção entre as partes.

2. TEORIA, CONCEITOS E ELEMENTOS DOS DIREITOS HUMANOS

Alguns direitos humanos, além de previstos em documentos internacionais, gozam também de proteção constitucional. O título II da CF/88 traz disposições relativas aos direitos e garantias fundamentais, sendo seu principal dispositivo o art. 5º.

Vale observar, contudo, que o rol de direitos previstos na Constituição é um rol exemplificativo, por força do que dispõe o art. 5º, §2º: "§ 2º Os direitos e garantias expressos nesta Constituição não excluem outros decorrentes do regime e dos princípios por ela adotados, ou dos tratados internacionais em que a República Federativa do Brasil seja parte."

Ademais, estabelece o art. 5º, §1º que as normas que definem direitos e garantias fundamentais têm aplicação imediata.

No Brasil, os tratados e convenções internacionais sobre direitos humanos que forem aprovados, em cada Casa do Congresso Nacional, em dois turnos, por três quintos dos votos dos respectivos membros, **serão equivalentes às emendas constitucionais,** nos termos do art. 5°, § 3°, da CF, incluído pela EC 45/04.

- Essa sistemática de incorporação de tratados de direitos humanos (art. 5°, § 3°, da CF) foi aplicada pela primeira vez em 2008, na votação do Decreto Legislativo 186, que acabou culminando na promulgação da Convenção sobre os Direitos das Pessoas com Deficiência com força constitucional, segundo o Decreto 6.949/2009. Como reflexo do reconhecimento de status constituição à Convenção, a Procuradora Geral da República Deborah Macedo Duprat de Britto Pereira ajuizou, em 2009, a **ADPF 182**, cujos pedidos são para que se reconheça que: a) o art. 20, § 2º, da Lei nº 8.742/93 não foi recepcionado pela Convenção dos Direitos da Pessoa com Deficiência, que foi aprovada pelo Decreto Legislativo nº 186/2008, de acordo com o procedimento previsto no art. 5º, § 3º, da Constituição Federal, **integrando, portanto, o bloco de constitucionalidade brasileiro**; b) o conceito estabelecido no art. 1° da Convenção sobre os Direitos da Pessoa com Deficiência, é de uso imperativo no direito interno brasileiro, sendo imediatamente aplicável no que tange aos critérios para concessão dos benefícios de prestação continuada disciplinados pela Lei nº 8.742/93.
- Sem prejuízo da supremacia da Constituição sobre os tratados e convenções internacionais, a norma convencional internacional em vigor e aplicável no Brasil e que disponha acerca de direitos humanos, não tendo sido objeto de processo legislativo que a equiparasse a emenda constitucional (art. 5°, § 3°, da CF, nos termos da EC 45/04), tem força jurídico-normativa suficiente para restringir a eficácia e indiretamente obstar a aplicabilidade da norma constitucional paradigma, gozando de **status supralegal**. Tal posição foi firmada no RE 466.343, julgado em 2008 e relatado pelo Ministro Cezar Peluso.
- Vale destacar trecho do voto do Ministro Gilmar Mendes: "Desde a adesão do Brasil, sem qualquer reserva, ao Pacto Internacional dos Direitos Civis e Políticos (art. 11) e à Convenção Americana sobre Direitos Humanos – Pacto de San José da Costa Rica (art. 7º, 7), ambos no ano de 1992, não há mais base legal para prisão civil do depositário infiel, pois o caráter especial desses diplomas internacionais sobre direitos humanos lhes reserva lugar específico no ordenamento jurídico, estando abaixo da Constituição, porém acima da legislação interna. **O status normativo supralegal dos tratados internacionais de direitos humanos subscritos pelo Brasil, dessa forma, torna inaplicável a legislação infraconstitucional com ele conflitante, seja ela anterior ou posterior ao ato de adesão. Assim ocorreu com o art. 1.287 do CC de 1916 e com o DL 911/1969, assim como em relação ao art. 652 do Novo CC (Lei 10.406/2002).**" (RE 466.343, julgado em 2008 e relatado pelo Ministro Cezar Peluso).
- A proteção dos direitos fundamentais não desconsidera o princípio da supremacia da constituição, **entretanto,** a norma convencional internacional sobre direitos humanos **tem** aptidão para afetar a eficácia ou a aplicabilidade da norma constitucional interna. No bojo do RE 466.343, ficou consignado que "Desde a adesão do Brasil, sem qualquer reserva, ao Pacto Internacional dos Direitos Civis e Políticos (art. 11) e à Convenção Americana sobre Direitos Humanos – Pacto de San José da Costa Rica (art. 7º, 7), ambos no ano de 1992, não há mais base

legal para prisão civil do depositário infiel, pois o caráter especial desses diplomas internacionais sobre direitos humanos lhes reserva lugar específico no ordenamento jurídico, estando abaixo da Constituição, porém acima da legislação interna. O status normativo supralegal dos tratados internacionais de direitos humanos subscritos pelo Brasil, dessa forma, **torna inaplicável a legislação infraconstitucional com ele conflitante**, seja ela anterior ou posterior ao ato de adesão. Assim ocorreu com o art. 1.287 do CC de 1916 e com o DL 911/1969, assim como em relação ao art. 652 do Novo CC (Lei 10.406/2002)."

- Nas hipóteses de **grave violação de direitos humanos**, o Procurador Geral da República, com a finalidade de assegurar o cumprimento de obrigações decorrentes de tratados internacionais de direitos humanos dos quais o Brasil seja parte, poderá suscitar, perante o **Superior Tribunal de Justiça**, em qualquer fase do inquérito ou processo, incidente de deslocamento de competência para a Justiça Federal. Trata-se do disposto no § 5° do art. 109 da CF.

Importante ainda lembrar que o Brasil se submete à jurisdição do Tribunal Penal Internacional, por força do art. 5º, §4º da CF/88.

3. DECLARAÇÕES E TRATADOS INTERNACIONAIS

- Os tratados internacionais podem estabelecer direitos a todos os seres humanos ou apenas a determinado grupo, em geral minorias. Nesse sentido, a doutrina elenca **dois sistemas de proteção**: homogêneo e heterogêneo.
- No **sistema homogêneo**, há uma universalidade, pois os direitos são comuns a todos os seres humanos e não a apenas um grupo específico. Trata-se de sistema "posto à disposição de todos os destinatários das normas que o compõem, de forma indistinta" (MÔNACO, Gustavo Ferraz de Campos. A Declaração Universal dos Direitos da Criança e seus sucedâneos internacionais.).
- O **sistema heterogêneo** de proteção, por sua vez, é direcionado a grupo específico caracterizado como minoria em razão de várias circunstâncias – como a exclusão histórica – pelo que demandam proteção especial, como se verifica com as crianças, as mulheres, os portadores de deficiência, dentre outros. Cabe observar que esse sistema implica uma discriminação (benefício de alguns em detrimento de outros), o que se justifica em razão da prévia desigualdade já observada, ou seja, é maneira de tratar desigualmente os desiguais, na medida de sua desigualdade, para assim obter a igualdade em seu sentido material.
- A obrigatoriedade (força cogente) dos tratados internacionais advém com sua ratificação, conforme as regras de cada Estado.

Sistema universal de proteção aos direitos humanos

Sistema instituído pela Organização das Nações Unidas (ONU) a partir de documentos como a Declaração Universal de Direitos Humanos, o Pacto Internacional dos Direitos Civis e Políticos e o Pacto Internacional dos Direitos Econômicos, Sociais e Culturais, dentre outros.

A Declaração Universal de Direitos Humanos foi elaborada em 1948, sob a forma de resolução. A edição desse documento foi um marco na proteção do ser humano em nível universal. Seu principal avanço foi ter estabelecido que todos os seres humanos nascem livres e iguais em dignidade e direitos, ou seja, estabeleceu o direito a ter direitos. A doutrina atual considera que, apesar de sua natureza originária ter sido meramente recomendatória, constitui um documento dotado de força vinculante, ou seja, considera-se que possui normas cogentes (*jus cogens*).

Sistema interamericano de direitos humanos

Sistema composto pela Comissão Interamericana de Direitos Humanos e pela Corte Interamericana de Direitos Humanos, além de outros órgãos. Foi instituído pela Convenção Americana de Direitos Humanos (Pacto de São José da Costa Rica), seguida por outros documentos como a Convenção Interamericana para Prevenir e Punir a Tortura, Convenção Interamericana para Prevenir, Punir e Erradicar a Violência contra a Mulher, Convenção Interamericana para a eliminação de todas as formas de discriminação contra as pessoas portadoras de deficiência, a Convenção Interamericana sobre o Desaparecimento Forçado, dentre outros.

Declarações e tratados internacionais

Algumas convenções e pactos tem ganhado maior destaque nas provas:

- **Convenção Americana de Direitos Humanos (Pacto de São José da Costa Rica)**

  A Convenção Americana sobre Direitos Humanos, também chamada Pacto de São José da Costa Rica, foi editada na Conferência Especializada Interamericana sobre Direitos Humanos, em São José da Costa Rica, no ano de 1969, na Organização dos Estados Americanos. Sua vigência, contudo, somente se iniciou em 1978. Sua promulgação, no Brasil, ocorreu apenas em 1992, com o Decreto nº 678.

  Como sua incorporação se deu antes da edição da Emenda Constitucional nº 45/2004, prevalece entendimento de que possui status jurídico de norma supralegal, ou seja, tem status superior à legislação em geral, mas inferior às normas constitucionais.

  Seu texto é composto por 82 artigos, divididos em 3 partes: Deveres dos Estados e Direitos Protegidos; Meios da Proteção; e Disposições Gerais e Transitórias.

É o principal instrumento jurídico do Sistema Interamericano.

- **Regras Mínimas para o Tratamento dos Reclusos (texto atualizado em 2015)**

As Regras Mínimas para o Tratamento dos Reclusos ou Presos foram criadas em 1955, no I Congresso das Nações Unidas para a prevenção do crime e para o tratamento de delinquentes, tendo, já à época, recebido também a denominação de "Regras Nelson Mandela", como uma homenagem por ter passado 27 anos preso, lutando por direitos humanos.

Em 2015, as regras foram atualizadas pela Comissão das Nações Unidas, obtendo aprovação unânime da Assembleia Geral da ONU. Já no início do documento fica claro que não tem por objetivo descrever um modelo de sistema prisional, mas, por outro lado, busca estabelecer princípios e práticas a serem seguidos no tratamento de reclusos e na gestão, quaisquer sejam os modelos prisionais adotados por cada Estado-Parte.

Trata-se de um documento com natureza de soft law, ou seja, não vinculante aos Estados. No Entanto, no caso do Brasil observamos esforços para melhorar o sistema prisional, como se observa na edição da lei n. 13434/2017 que proibiu o uso de algemas em mulheres grávidas durante a preparação para o parto e o parto em si, bem como no puerpério imediato.

Sobre a situação dos presos, cabe destacar que o STF decidiu:

"1. **Há um estado de coisas inconstitucional no sistema carcerário brasileiro, responsável pela violação massiva de direitos fundamentais dos presos. Tal estado de coisas demanda a atuação cooperativa das diversas autoridades, instituições e comunidade para a construção de uma solução satisfatória.**

2. **Diante disso, União, Estados e Distrito Federal, em conjunto com o Departamento de Monitoramento e Fiscalização do Conselho Nacional de Justiça (DMF/CNJ), deverão elaborar planos a serem submetidos à homologação do Supremo Tribunal Federal, nos prazos e observadas as diretrizes e finalidades expostas no presente voto, especialmente voltados para o controle da superlotação carcerária, da má qualidade das vagas existentes e da entrada e saída dos presos.**

3. **O CNJ realizará estudo e regulará a criação de número de varas de execução penal proporcional ao número de varas criminais e ao quantitativo de presos."** STF. Plenário. ADPF 347/DF, Rel. Min. Marco Aurélio, redator do acórdão Min. Luís Roberto Barroso, julgado em 4/10/2023 (Info 1111).

- **Declaração Universal de Direitos Humanos**

Considerada o "macro normativo fundamental" do sistema de proteção das Nações Unidas, foi adotada em Paris em 1948. Sua estrutura compreende um preâmbulo e trinta artigos, prevendo direitos civis e políticos bem como direitos sociais, econômicos e culturais.

Importante observar que, tecnicamente, não consiste a declaração em um tratado, uma vez que os mecanismos de ratificação de tratados não foi observado em sua celebração. Seria, a princípio, uma espécie de "recomendação", no entanto, hoje pode-se considerar tal declaração como uma norma de jus cogens internacional, ou seja, uma regra imperativa.

São princípios adotados pela declaração, com relação aos direitos humanos, a universalidade, indivisibilidade, interdependência e inter-relacionariedade.

- **Declaração do Milênio das Nações Unidas e Agenda 2030 para Desenvolvimento Sustentável**

Foi adotada pela Assembleia Geral da ONU, em setembro de 2000, a Declaração do Milênio, com a finalidade de identificar os desafios da Organização no novo período que então se iniciava, com o propósito de fixar metas de avanços em alguns campos estabelecidos como prioritários, como o campo econômico e social.

Foram, assim, definidos objetivos de desenvolvimento, ficando conhecidos como a agenda 2030, no qual são elencadas 17 metas/objetivos, abrangendo as três dimensões do desenvolvimento sustentável: a econômica, a social e a ambiental.

- **Protocolo de Prevenção, Supressão e Punição do Tráfico de Pessoas, Especialmente Mulheres e Crianças**

Trata-se de Protocolo Adicional à Convenção das Nações Unidas contra o Crime Organizado Transnacional, relativo à prevenção, repressão e punição do Tráfico de Pessoas, especialmente mulheres e crianças.

Esse documento foi incorporado pelo ordenamento jurídico nacional por meio do Decreto nº 5.017/2004, tendo seus objetivos definidos no artigo 2:

a) Prevenir e combater o tráfico de pessoas, prestando uma atenção especial às mulheres e às crianças;

b) Proteger e ajudar as vítimas desse tráfico, respeitando plenamente os seus direitos humanos; e

c) Promover a cooperação entre os Estados Partes de forma a atingir esses objetivos.

Outra importante previsão diz respeito ao conceito de "tráfico de pessoas" que, segundo o artigo 3: "significa o recrutamento, o transporte, a transferência, o alojamento ou o acolhimento de pessoas, recorrendo à ameaça ou uso da força ou a outras formas de coação, ao rapto, à fraude, ao engano, ao abuso de autoridade ou à situação de vulnerabilidade ou à entrega ou aceitação de pagamentos ou benefícios para obter o consentimento de uma pessoa que tenha autoridade sobre outra para fins de exploração. A exploração incluirá, no mínimo, a exploração da prostituição de outrem ou outras formas de exploração sexual, o trabalho ou serviços forçados, escravatura ou práticas similares à escravatura, a servidão ou a remoção de órgãos;".

Ademais, fica estabelecido que "criança", para o documento, diz respeito a qualquer pessoa com idade inferior a dezoito anos.

Além das previsões mencionadas, o Protocolo prevê medidas de proteção às vítimas do tráfico de pessoas, estabelecendo que: "1. Nos casos em que se considere apropriado e na medida em que seja permitido pelo seu direito interno, cada Estado Parte protegerá a privacidade e a identidade das vítimas de tráfico de pessoas, incluindo, entre outras (ou inter alia), a confidencialidade dos procedimentos judiciais relativos a esse tráfico."

Há ainda inúmeras previsões voltadas a prevenir que o tráfico de pessoas ocorra, devendo os Estados Partes estabelecerem políticas abrangentes, programas e medidas pra esse fim.

- **Estatuto de Roma**

O Estatuto de Roma tem grande relevância pois foi a partir dele que se instituiu o Tribunal Penal Internacional, sendo o primeiro tribunal internacional com jurisdição criminal permanente. O TPI possui personalidade jurídica própria e está sediado em Haia, na Holanda.

O Estatuto foi assinado pelo Brasil em 2000, sendo promulgado no ordenamento jurídico interno em 2002, sob o Decreto nº 4.388.

Dentre as características do TPI, merecem destaque seu caráter supraconstitucional, de natureza centrífuga (havendo uma derrogação das normas de direito interno); sua independência; e sua subsidiariedade.

Seu art. 2º destaca ainda que: "a relação entre o Tribunal e as Nações Unidas será estabelecida através de um acordo a ser aprovado pela Assembleia dos Estados Partes no presente Estatuto e, em seguida, concluído pelo Presidente do Tribunal em nome deste".

Outro ponto que merece comentário diz respeito à impossibilidade de ratificação do Estatuto com reservas, ou seja, sua ratificação deve ser integral.

Sua competência material abrande os crimes de genocídio; crimes contra a humanidade; crimes de guerra e crimes de agressão.

O TPI é composto por 18 juízes, conforme art. 36, sendo seus órgãos a presidência, as seções judiciais, o gabinete do procurador e a secretaria, nos termos do art. 34.

- **Estatuto da Igualdade Racial (Lei 12.888/2010)**

Após ter ratificado a Convenção Internacional sobre todas as formas de discriminação racial, incorporada ao ordenamento jurídico por meio do Decreto nº 65.810/1969, editou-se o Estatuto da Igualdade Racial, em 2010, com a finalidade de concretizar as obrigações assumidas pelo Brasil naquela Convenção:

"Art. 1º. Esta Lei institui o Estatuto da Igualdade Racial, destinado a garantir à população negra a efetivação da igualdade de oportunidades, a defesa dos direitos étnicos individuais, coletivos e difusos e o combate à discriminação e às demais formas de intolerância étnica."

Importante observar que o Estatuto ampliou alguns conceitos, os quais tem grande incidência em provas:

I – discriminação racial ou étnico-racial: toda distinção, exclusão, restrição ou preferência baseada em raça, cor, descendência ou origem nacional ou étnica que tenha por objeto anular ou restringir o reconhecimento, gozo ou exercício, em igualdade de condições, de direitos humanos e liberdades fundamentais nos campos político, econômico, social, cultural ou em qualquer outro campo da vida pública ou privada;

II – desigualdade racial: toda situação injustificada de diferenciação de acesso e fruição de bens, serviços e oportunidades, nas esferas pública e privada, em virtude de raça, cor, descendência ou origem nacional ou étnica;

III – desigualdade de gênero e raça: assimetria existente no âmbito da sociedade que acentua a distância social entre mulheres negras e os demais segmentos sociais;

IV – população negra: o conjunto de pessoas que se autodeclaram pretas e pardas, conforme o quesito cor ou raça usado pela Fundação Instituto Brasileiro de Geografia e Estatística (IBGE), ou que adotam autodefinição análoga;

V – políticas públicas: as ações, iniciativas e programas adotados pelo Estado no cumprimento de suas atribuições institucionais;

VI – ações afirmativas: os programas e medidas especiais adotados pelo Estado e pela iniciativa privada para a correção das desigualdades raciais e para a promoção da igualdade de oportunidades.

A esse respeito, merece comentário entendimento pacificado pelo STF da constitucionalidade dos programas de cotas implementados pelas universidades, com destaque, contudo, ao seu caráter transitório:

"Ressaltou-se a natureza transitória dos programas de ação afirmativa, já que as desigualdades entre brancos e negros decorreriam de séculos de dominação econômica, política e social dos primeiros sobre os segundos. Dessa forma, na medida em que essas distorções históricas fossem corrigidas, não haveria razão para a subsistência dos programas de ingresso nas universidades públicas. Se eles ainda assim permanecessem, poderiam converter-se em benesses permanentes, em detrimento da coletividade e da democracia." ADPF 186/DF, rel. Min. Ricardo Lewandowski, 25 e 26.4.2012. (Informativo nº 663).

Outro ponto do Estatuto que merece destaque está contido em seu art. 11:

"Art. 11. Nos estabelecimentos de ensino fundamental e de ensino médio, públicos e privados, é obrigatório o estudo da história geral da África e da história da população negra no Brasil, observado o disposto na Lei no 9.394, de 20 de dezembro de 1996.

§ 1º Os conteúdos referentes à história da população negra no Brasil serão ministrados no âmbito de todo o currículo escolar, resgatando sua contribuição decisiva para o desenvolvimento social, econômico, político e cultural do País.

§ 2º O órgão competente do Poder Executivo fomentará a formação inicial e continuada de professores e a elaboração de material didático específico para o cumprimento do disposto no caput deste artigo.

§ 3º Nas datas comemorativas de caráter cívico, os órgãos responsáveis pela educação incentivarão a participação de intelectuais e representantes do movimento negro para debater com os estudantes suas vivências relativas ao tema em comemoração."

O Estatuto instituiu o Sistema Nacional de Promoção da Igualdade Racial (SINAPIR), como forma de organização e de articulação voltadas à implementação do conjunto de políticas e serviços destinados a superar as desigualdades étnicas existentes no País, prestados pelo poder público federal.

Para as provas, importante conhecer seus objetivos, que estão previstos no art. 48:

"Art. 48. São objetivos do Sinapir:

I – promover a igualdade étnica e o combate às desigualdades sociais resultantes do racismo, inclusive mediante adoção de ações afirmativas;

II – formular políticas destinadas a combater os fatores de marginalização e a promover a integração social da população negra;

III – descentralizar a implementação de ações afirmativas pelos governos estaduais, distrital e municipais;

IV – articular planos, ações e mecanismos voltados à promoção da igualdade étnica;

V – garantir a eficácia dos meios e dos instrumentos criados para a implementação das ações afirmativas e o cumprimento das metas a serem estabelecidas."

- **Convenção Contra a Tortura e Outros Tratamentos ou Penas Cruéis, Desumanos e Degradantes:** Essa convenção foi aprovada em 1984, tendo sido incorporada ao ordenamento jurídico nacional com o Decreto nº 40/1991. Segundo o art. 1º desse documento, tortura diz respeito a "qualquer ao pelo qual dores ou sofrimentos agudos, físicos ou mentais são infligidos intencionalmente a uma pessoa a fim de obter, dela ou de uma terceira pessoa, informações ou confissões; de castigá-la por ato que ela ou uma terceira pessoa tenha cometido ou seja suspeita de ter cometido; de intimidar ou coagir esta pessoa ou outras pessoas; ou por qualquer motivo baseado em discriminação de qualquer naturea; quando tais dores ou sofrimentos são infligidos por um funcionário público ou outra pessoa no exercício de funções públicas, ou por sua instigação, ou com o seu consentimento ou aquiescência (...)". Contudo, "não se considerará como tortura as dores ou sofrimentos que sejam consequência unicamente de sanções legítimas, ou que sejam inerentes a tais sanções ou delas decorram".

  Deve ainda ser destacado o princípio do non refoulement, encontrado no art. 3º, que determina que "Nenhum Estado Parte procederá à expulsão, devolução ou extradição de uma pessoa para outro Estado quando houver razões substanciais para crer que a mesma corre perigo de ali ser submetida a tortura".

  Essa Convenção estipula ainda que: "Cada Estado Parte assegurará que todos os atos de tortura sejam considerados crimes segundo a sua legislação penal. O mesmo aplicar-se-á à tentativa de tortura e a todo ato de qualquer pessoa que constitua cumplicidade ou participação na tortura."

Estatuto da Pessoa com Deficiência

Instituído por meio da Lei nº 13.146/2015, foi essencial para trazer a definição de relevantes conceitos e promover a inclusão social e cidadania das pessoas com deficiência. O mais relevante conceito é estabelecido em seu art. 2º, segundo o qual: "Considera-se pessoa com deficiência aquela que tem impedimento de longo prazo de natureza física, mental, intelectual ou sensorial, o qual, em interação com uma ou mais barreiras, pode obstruir sua participação plena e efetiva na sociedade em igualdade de condições com as demais pessoas.".

Outro relevante aspecto foi a capacidade civil, pois adotou-se o conceito de que a deficiência não afeta a plena capacidade civil da pessoa, inclusive para casar-se, exercer direitos sexuais, conservar sua fertilidade e exercer o direito à família, dentre outros.

No que tange ao Poder Judiciário, estabeleceu-se no parágrafo único do art. 7º que se, no exercício de suas funções, os juízes e os tribunais tiverem conhecimento de fatos que caracterizem as violações previstas nesta Lei, devem remeter peças ao Ministério Público para as providências cabíveis.

Poder Judiciário e Direitos Humanos

É essencial o papel desempenhado pelo Poder Judiciário na promoção e proteção dos direitos humanos, sobretudo ao desempenhar papel contramajoritário na defesa desses direitos. Diante de tal importância, tem exercido notável papel o Conselho Nacional de Justiça. Destaca-se a Resolução nº 364/2021-CNJ, que instituiu uma Unidade de Monitoramento e Fiscalização das decisões e deliberações da Corte Interamericana de Direitos Humanos no âmbito do CNJ.

A Recomendação nº 123/2022 – CNJ foi editada com a finalidade de recomendar aos órgãos do Poder Judiciário Brasileiro a observância dos tratados e convenções internacionais de direitos humanos em vigor no Brasil, assim como a utilização da jurisprudência da Corte Interamericana de Direitos Humanos.

Cabe ressaltar a instituição do Pacto Nacional do Judiciários pelos Direitos Humanos, em que foram apontadas várias medidas voltadas à concretização de direitos humanos no âmbito do Poder Judiciário.

Na Resolução nº 270/2018 o CNJ fez ainda menção aos Princípios de Yogyakarta (princípios sobre a aplicação da legislação internacional de direitos humanos em relação à orientação sexual e identidade de gênero) para assegurar o direito ao uso de nome social, tanto por usuários do Poder Judiciário, quanto por membros, servidores ou trabalhadores terceirizados, o que deve ser respeitado pelos agentes públicos inclusive em audiências, pregões e demais atos processuais.

✦ SÚMULAS APLICÁVEIS

- **Súmula Vinculante 11:** Só é lícito o uso de algemas em casos de resistência e de fundado receio de fuga ou de perigo à integridade física própria ou alheia, por parte do preso ou de terceiros, justificada a excepcionalidade por escrito, sob pena de responsabilidade disciplinar, civil e penal do agente ou da autoridade e de nulidade da prisão ou do ato processual a que se refere, sem prejuízo da responsabilidade civil do Estado.
- **Súmula Vinculante 25:** É ilícita a prisão civil de depositário infiel, qualquer que seja a modalidade do depósito.
- **Súmula vinculante 56:** A falta de estabelecimento penal adequado não autoriza a manutenção do condenado em regime prisional mais gravoso, devendo-se observar, nessa hipótese, os parâmetros fixados no RE 641.320/RS.
- **Súmula 419 do STJ:** Descabe a prisão civil do depositário judicial infiel.
- **Súmula 552 do STJ:** O portador de surdez unilateral não se qualifica como pessoa com deficiência para o fim de disputar as vagas reservadas em concursos públicos.

✦ JURISPRUDÊNCIA APLICÁVEL

A) STF

MULHERES

LICENÇA-MATERNIDADE E DISCRIMINAÇÃO ENTRE GESTAÇÃO E ADOÇÃO

Os prazos da licença-adotante não podem ser inferiores aos prazos da licença-gestante, o mesmo valendo para as respectivas prorrogações. Em relação à licença-adotante, não é possível fixar prazos diversos em função da idade da criança adotada. Com base nessa orientação, o Plenário, por maioria, deu provimento a recurso extraordinário em que discutida a possibilidade de lei instituir prazos diferenciados para a concessão de licença-maternidade às servidoras gestantes e às adotantes. Reconheceu o direito da recorrente, servidora pública, ao prazo remanescente da licença parental, a fim de que o tempo total de fruição do benefício, computado o período já gozado, seja de 180 dias de afastamento remunerado, correspondentes aos 120 dias de licença, previstos no art. 7º, XVIII, da CF, acrescidos dos 60 dias de prorrogação, nos termos da lei. De início, o Colegiado afirmou que a Constituição trouxera inovações a respeito do tema. Uma delas, a superação da ideia de família tradicional, hierarquizada, liderada pelo homem, chefe da sociedade conjugal. Fora criada uma noção de família mais igualitária, que não apenas resulta do casamento. Além disso, ela não é mais voltada para proteger o patrimônio, mas para cultivar e manter laços afetivos. Outra mudança diz respeito à igualdade entre os filhos, que tinham regime jurídico diferenciado, a depender de suas origens. Por fim, fora estabelecido, no art. 7º, XVIII, da CF, a licença à gestante como um direito social. No que se refere à legislação infraconstitucional, o Tribunal explicou sua evolução até o quadro atual, em que há duas situações distintas: para servidoras públicas, regidas de acordo com a Lei 8.112/1990, a licença-maternidade, para gestantes, é de 120 dias. Para adotantes, a licença-maternidade é de 90 dias, para crianças menores de 1 ano, e de 30 dias, para maiores de 1 ano. Por outro lado, para trabalhadoras da iniciativa privada, regidas de acordo com a CLT, a licença-gestante é equiparada à licença-adotante, e não há diferenciação em virtude da idade da criança adotada. Com o advento da Lei 11.770/2008, passara a ser previsto o direito de prorrogação da licença-maternidade em até 50%, tanto para servidoras públicas quanto para trabalhadoras do setor privado.

O Plenário analisou que essa diferenciação existente no setor público, tanto em razão de a mãe ser adotante quanto em virtude da idade da criança adotada, seria ilegítima. Isso porque as crianças adotadas apresentam dificuldades inexistentes para filhos biológicos: histórico de cuidados inadequados, carência, abuso físico, moral e sexual, traumas, entre outros. Além disso, quanto maior a idade da criança, maior o tempo em que submetida a esse quadro, e maior a dificuldade de adaptação à família adotiva. Por isso, quanto mais a mãe pudesse estar disponível para a criança adotiva, mormente nesse período inicial, maior a probabilidade de recuperação emocional da criança em adaptação. Além disso, crianças adotadas apresentam mais problemas de saúde, se comparadas com filhos biológicos, e quanto mais avançada a idade da criança, menor a probabilidade de ser escolhida para adoção. Assim, nada indica que crianças mais velhas demandam menos cuidados se comparadas a bebês. A situação revela justamente o contrário. Ademais, é necessário criar estímulos para a adoção de crianças mais velhas. Portanto, o tratamento mais gravoso dado ao adotado de mais idade viola o princípio da proporcionalidade, e implica proteção deficiente. O Colegiado observou o tema, ainda, à luz da autonomia da mulher. Por causa de razões culturais, o membro da família mais onerado na experiência da adoção é a mãe. Também por esse motivo, não há justificativa plausível para conferir licença inferior à mãe adotiva, se comparada à gestante. Não existe fundamento constitucional para a desequiparação da mãe gestante e da mãe adotante, sequer do adotado mais velho e mais novo. Vencido o Ministro Marco Aurélio, que desprovia o recurso. Considerava que a diferenciação quanto a gestantes e adotivas teria fundamento constitucional. RE 778889/PE, rel. Min. Roberto Barroso, 10.3.2016. (RE-778889). (Info 817)

Presos – Direitos

Morte de detento e responsabilidade civil do estado

Em caso de inobservância do seu dever específico de proteção previsto no art. 5º, XLIX, da CF, o Estado é responsável pela morte de detento. Essa a conclusão do Plenário, que desproveu recurso extraordinário em que discutida a responsabilidade civil objetiva do Estado por morte de preso em estabelecimento penitenciário. No caso, o falecimento ocorrera por asfixia mecânica, e o Estado-Membro alegava que, havendo indícios de suicídio, não seria possível impor-lhe o dever absoluto de guarda da integridade física de pessoa sob sua custódia. O Colegiado asseverou que a responsabilidade civil estatal, segundo a CF/1988, em seu art. 37, § 6º, subsume-se à teoria do risco administrativo, tanto para as condutas estatais comissivas quanto paras as omissivas, uma vez rejeitada a teoria do risco integral. Assim, a omissão do Estado reclama nexo de causalidade em relação ao dano sofrido pela vítima nas hipóteses em que o Poder Público ostenta o dever legal e a efetiva possibilidade de agir para impedir o resultado danoso. Além disso, é dever do Estado e direito subjetivo do preso a execução da pena de forma humanizada, garantindo-se-lhe os direitos fundamentais, e o de ter preservada a sua incolumidade física e moral. Esse dever constitucional de proteção ao detento somente se considera violado quando possível a atuação estatal no sentido de garantir os seus direitos fundamentais, pressuposto inafastável para a configuração da responsabilidade civil objetiva estatal. Por essa razão, nas situações em que não seja possível ao Estado agir para evitar a morte do detento (que ocorreria mesmo que o preso estivesse em liberdade), rompe-se o nexo de causalidade. Afasta-se, assim, a responsabilidade do Poder Público, sob pena de adotar-se a teoria do risco integral, ao arrepio do texto constitucional. A morte do detento pode ocorrer por várias causas, como homicídio, suicídio, acidente ou morte natural, não sendo sempre possível ao Estado evitá-la, por mais que adote as precauções exigíveis. Portanto, a responsabilidade civil estatal fica excluída nas hipóteses em que o Poder Público comprova causa impeditiva da sua atuação protetiva do detento, rompendo o nexo de causalidade da sua omissão com o resultado danoso. Na espécie, entretanto, o tribunal "a quo" não assentara haver causa capaz de romper o nexo de causalidade da omissão do Estado-Membro com o óbito. Correta, portanto, a decisão impositiva de responsabilidade civil estatal. RE 841526/RS, rel. Min. Luiz Fux, 30.3.2016. (RE-841526. (Info 819).

Na condução coercitiva, resta evidente que o investigado é conduzido para demonstrar sua submissão à força, o que desrespeita a dignidade da pessoa humana. (...) A condução coercitiva representa uma supressão absoluta, ainda que temporária, da liberdade de locomoção. Há uma clara interferência na liberdade de locomoção, ainda que por período breve. Potencial violação ao direito à não autoincriminação, na modalidade direito ao silêncio. Direito consistente na prerrogativa do implicado a recursar-se a depor em investigações ou ações penais contra si movimentadas, sem que o silêncio seja interpretado como admissão de responsabilidade. Art. 5º, LXIII, combinado com os arts. 1º, III; 5º, LIV, LV e LVII. O direito ao silêncio e o direito a ser advertido quanto ao seu exercício são previstos na legislação e aplicáveis à ação penal e ao interrogatório policial, tanto ao indivíduo preso quanto ao solto – art. 6º, V, e art. 186 do CPP. (...) Também é assistido pelo direito a fazer-se aconselhar por seu advogado. Potencial violação à presunção de não culpabilidade. Aspecto relevante ao caso é a vedação de tratar pessoas não condenadas como culpadas – art. 5º, LVII. A restrição temporária da liberdade e a condução sob custódia por forças policiais em vias públicas não são tratamentos que normalmente possam ser aplicados a pessoas inocentes. O investigado é claramente tratado como culpado. A legislação prevê o direito de ausência do investigado ou acusado ao interrogatório. O direito de ausência, por sua vez, afasta a possibilidade de condução coercitiva. Arguição julgada procedente, para declarar a incompatibilidade com a Constituição Federal da condução coercitiva de investigados ou de réus para interrogatório, tendo em vista que o imputado não é legalmente obrigado a participar do ato, e pronunciar a não recepção da expressão 'para o interrogatório', constante do art. 260 do CPP.

[ADPF 395 e ADPF 444, rel. min. Gilmar Mendes, j. 14-6-2018, P, DJE de 22-5-2019.]

Prisão cautelar com duração excessiva

"EMENTA: "HABEAS CORPUS". PRISÃO CAUTELAR QUE SE PROLONGA POR MAIS DE 06 (SEIS) ANOS. RÉU PRONUNCIADO, MAS SEQUER SUBMETIDO A JULGAMENTO PERANTE O TRIBUNAL DO JÚRI. EXCESSO DE PRAZO CARACTERIZADO. SITUAÇÃO QUE NÃO PODE SER TOLERADA NEM ADMITIDA. DIREITO PÚBLICO SUBJETIVO DE QUALQUER RÉU, MESMO TRATANDO-SE DE DELITO HEDIONDO, AO JULGAMENTO PENAL SEM DILAÇÕES INDEVIDAS NEM DEMORA EXCESSIVA OU IRRAZOÁVEL. DURAÇÃO ABUSIVA DA PRISÃO CAUTELAR QUE TRADUZ SITUAÇÃO ANÔMALA APTA A COMPROMETER A EFETIVIDADE DO PROCESSO E A FRUSTRAR O DIREITO DO ACUSADO À PROTEÇÃO JUDICIAL DIGNA E CÉLERE. PRECEDENTES (RTJ 187/933-934, Rel. Min. CELSO DE MELLO, v.g.). MAGISTÉRIO DA DOUTRINA. OCORRÊNCIA, NA ESPÉCIE, DE LESÃO EVIDENTE AO "STATUS LIBERTATIS" DO PACIENTE EM RAZÃO DE OFENSA À CONVENÇÃO AMERICANA DE DIREITOS HUMANOS (ARTIGO 7º, n. 5) E À CONSTITUIÇÃO DA REPÚBLICA (ART. 5º, INCISO LXXVIII). "HABEAS CORPUS" DEFERIDO." (HC 126.163/PE, rel. Min. Celso de Mello, julg. 16.12.2016). (Info 852).

Uso de força policial pelo estado

Lei federal que disciplina o uso dos instrumentos de menor potencial ofensivo pelos agentes de segurança pública e que visa proteger o direito à vida não ofende a autonomia estadual. A proporcionalidade no uso da força por parte dos agentes de segurança decorre diretamente do texto constitucional e dos tratados de direitos humanos que a República Federal do Brasil aderiu. Nenhuma pessoa pode ser arbitrariamente privada de sua vida. A arbitrariedade é aferida de forma objetiva, por meio de padrões mínimos de razoabilidade e proporcionalidade, como os estabelecidos pelos Princípios Básicos sobre o Uso da Força e Armas de Fogo pelos Funcionários Responsáveis pela Aplicação da Lei, adotados em 7 de setembro de 1990, por ocasião do Oitavo Congresso das Nações Unidas sobre a Prevenção do Crime e o Tratamento dos Delinquentes. A Lei Federal 13.060/2014 dá respaldo aos Princípios Básicos, adotando critérios mínimos de razoabilidade e objetividade, e, como tal, nada mais faz do que concretizar o direito à vida. [ADI 5.243, rel. p/ o ac. min. Edson Fachin, j. 11-4-2019, P, DJE de 5-8-2019

Questões de gênero

O transgênero tem direito fundamental subjetivo à alteração de seu prenome e de sua classificação de gênero no registro civil, não se exigindo, para tanto, nada além da manifestação de vontade do indivíduo, o qual poderá exercer tal faculdade tanto pela via judicial como diretamente pela via administrativa. Essa alteração deve ser averbada à margem do assento de nascimento, vedada a inclusão do termo "transgênero". Nas certidões do registro não constará nenhuma observação sobre a origem do ato, vedada a expedição de certidão de inteiro teor, salvo a requerimento do próprio interessado ou por determinação judicial. (...) Qualquer tratamento jurídico discriminatório sem justificativa constitucional razoável e proporcional importa em limitação à liberdade do indivíduo e ao reconhecimento de seus direitos como ser humano e como cidadão. [RE 670.422, rel. min. Dias Toffoli, j. 15-8-2018, P, Informativo 911, RG, tema 761.]

A Constituição não interdita a formação de família por pessoas do mesmo sexo. Consagração do juízo de que não se proíbe nada a ninguém senão em face de um direito ou de proteção de um legítimo interesse de outrem, ou de toda a sociedade, o que não se dá na hipótese sub judice. Inexistência do direito dos indivíduos heteroafetivos à sua não equiparação jurídica com os indivíduos homoafetivos. Aplicabilidade do § 2º do art. 5º da CF, a evidenciar que outros direitos e garantias, não expressamente listados na Constituição, emergem "do regime e dos princípios por ela adotados" (...). [ADI 4.277 e ADPF 132, rel. min. Ayres Britto, j. 5-5-2011, P, DJE de 14-10-2011.]

(...) Lei Estadual 8.008/2018 do Rio de Janeiro, que impõe a obrigatoriedade de que as crianças e adolescentes do sexo feminino vítimas de estupro sejam examinadas por perito legista mulher (...). Lei impugnada em sintonia com o direito fundamental à igualdade material (art. 5º, I, da CRFB), que impõe especial proteção à mulher e o atendimento empático entre iguais, evitando-se a revitimização da criança ou adolescente, mulher, vítima de violência. [ADI 6.039 MC, rel. min. Edson Fachin, j. 13-3-2019, P, DJE de 1º-8-2019.]

Embora seja uma decisão do STJ, é relevante citar que foi manifestado pela jurisprudência desse Tribunal que: "A Lei n. 11.340/2006 (Maria da Penha) é aplicável às mulheres trans em situação de violência doméstica. (…) é descabida a preponderância de um fator meramente biológico sobre o que realmente importa para a incidência da Lei Maria da Penha, com todo o seu arcabouço protetivo, inclusive a competência urisdictional para julgar ações penais decorrentes de crimes perpetrados em situação de violência doméstica, familiar ou afetiva contra mulheres." (STJ, Informativo 732, Processo sob segredo judicial, Rel. Min. Rogerio Schietti Cruz, Sexta Turma, por unanimidade, julgado em 05/04/2022.)

Tribunal penal internacional

Estatuto de Roma. Incorporação dessa convenção multilateral ao ordenamento jurídico interno brasileiro (Decreto 4.388/2002). Instituição do Tribunal Penal Internacional. Caráter supraestatal desse organismo judiciário. Incidência do princípio da complementaridade (ou da subsidiariedade) sobre o exercício, pelo Tribunal Penal Internacional, de sua jurisdição. Cooperação internacional e auxílio judiciário: obrigação geral que se impõe aos Estados-partes do Estatuto de Roma (art. 86). Pedido de detenção de chefe de Estado estrangeiro e de sua ulterior entrega ao Tribunal Penal Internacional, para ser julgado pela suposta prática de crimes contra a humanidade e de guerra. Solicitação formalmente dirigida, pelo Tribunal Penal Internacional, ao governo brasileiro. Distinção entre os institutos da entrega (surrender) e da extradição. Questão prejudicial pertinente ao reconhecimento, ou não, da competência originária do STF para examinar este pedido de cooperação internacional. Controvérsias jurídicas em torno da compatibilidade de determinadas cláusulas do Estatuto de Roma em face da Constituição do Brasil. O § 4º do art. 5º da Constituição, introduzido pela EC 45/2004: cláusula constitucional aberta destinada a legitimar, integralmente, o Estatuto de Roma? A experiência do direito comparado na busca da superação dos conflitos entre o Estatuto de Roma e as Constituições nacionais. A questão da imunidade de jurisdição do chefe de Estado em face do Tribunal Penal Internacional: irrelevância da qualidade oficial, segundo o Estatuto de Roma (art. 27). Magistério da doutrina. Alta relevância jurídico-constitucional de diversas questões suscitadas pela aplicação doméstica do Estatuto de Roma. Necessidade de prévia audiência da douta PGR. [Pet 4.625, ementa do despacho proferido pelo min. Celso de Mello, no exercício da Presidência, em 17-7-2009, DJE de 4-8-2009 e Informativo 554.]

Pessoas com deficiência

A ordem constitucional brasileira, inaugurada em 1988, trouxe desde seus escritos originais a preocupação com a proteção das pessoas portadoras de necessidades especiais, construindo políticas e diretrizes de inserção nas diversas áreas sociais e econômicas da comunidade (trabalho privado, serviço público, previdência e assistência social). Estabeleceu, assim, nos arts. 227, § 2º, e 244, a necessidade de se conferir amplo acesso e plena capacidade de locomoção às pessoas com deficiência, no que concerne tanto aos logradouros públicos quanto aos veículos de transporte coletivo, determinando ao legislador ordinário a edição de diplomas que estabeleçam as formas de construção e modificação desses espaços e desses meios de transporte. Na mesma linha afirmativa, há poucos anos, incorporou-se ao ordenamento constitucional a Convenção Internacional sobre os Direitos das Pessoas com Deficiência, primeiro tratado internacional aprovado pelo rito legislativo previsto no art. 5º, § 3º, da CF, o qual foi internalizado por meio do Decreto presidencial 6.949/2009. O art. 9º da convenção veio justamente reforçar o arcabouço de proteção do direito de acessibilidade das pessoas com deficiência. [ADI 903, rel. min. Dias Toffoli, j. 22-5-2013, P, DJE de 7-2-2014.]= RMS 32.732 AgR, rel. min. Celso de Mello, j. 3-6-2014, 2ª T, DJE de 1º-8-2014

Status jurídico dos tratados internacionais

(...) desde a adesão do Brasil, sem qualquer reserva, ao Pacto Internacional dos Direitos Civis e Políticos (art. 11) e à Convenção Americana sobre Direitos Humanos – Pacto de São José da Costa Rica (art. 7º, 7), ambos no ano de 1992, não há mais base legal para prisão civil do depositário infiel, pois o caráter especial desses diplomas internacionais sobre direitos humanos lhes reserva lugar específico no ordenamento jurídico, estando abaixo da Constituição, porém acima da legislação interna. O status normativo supralegal dos tratados internacionais de direitos humanos subscritos pelo Brasil, dessa forma, torna inaplicável a legislação infraconstitucional com ele conflitante, seja ela anterior ou posterior ao ato de adesão. Assim ocorreu com o art. 1.287 do Código Civil de 1916 e com o DL 911/1969, assim como em relação ao art. 652 do novo Código Civil (Lei 10.406/2002). [RE 466.343, rel. min. Cezar Peluso, voto do min. Gilmar Mendes, j. 3-12-2008, P, DJE de 5-6-2009, Tema 60.]

A subscrição pelo Brasil do Pacto de São José da Costa Rica, limitando a prisão civil por dívida ao descumprimento inescusável de prestação alimentícia, implicou a derrogação das normas estritamente legais referentes à prisão do depositário infiel. [HC 87.585, rel. min. Marco Aurélio, j. 3-12-2008, P, DJE de 26-6-2009.]

Supremacia da Constituição da República sobre todos os tratados internacionais. O exercício do treaty-making power, pelo Estado brasileiro, está sujeito à observância das limitações jurídicas emergentes do texto constitucional. Os tratados celebrados pelo Brasil estão subordinados à autoridade normativa da Constituição da República. Nenhum valor jurídico terá o tratado internacional, que, incorporado ao sistema de direito positivo interno, transgredir, formal ou materialmente, o texto da Carta Política.

[MI 772 AgR, rel. min. Celso de Mello, j. 24-10-2007, P, DJE de 20-3-2009.]

Liberdade de imprensa

O art. 220 da Constituição radicaliza e alarga o regime de plena liberdade de atuação da imprensa, porquanto fala: a) que os mencionados direitos de personalidade (liberdade de pensamento, criação, expressão e informação) estão a salvo de qualquer restrição em seu exercício, seja qual for o suporte físico ou tecnológico de sua veiculação; b) que tal exercício não se sujeita a outras disposições que não sejam as figurantes dela própria, Constituição. (...) O art. 220 é de instantânea observância quanto ao desfrute das liberdades de pensamento, criação, expressão e informação que, de alguma forma, se veiculem pelos órgãos de comunicação social. Isto sem prejuízo da aplicabilidade dos seguintes incisos do art. 5º da mesma CF: vedação do anonimato (parte final do inciso IV); do direito de resposta (inciso V); direito a indenização por dano material ou moral à intimidade, à vida privada, à honra e à imagem das pessoas (inciso X); livre exercício de qualquer trabalho, ofício ou profissão, atendidas as qualificações profissionais que a lei estabelecer (inciso XIII); direito ao resguardo do sigilo da fonte de informação, quando necessário ao exercício profissional (inciso XIV). Lógica diretamente constitucional de calibração temporal ou cronológica na empírica incidência desses dois blocos de dispositivos constitucionais (o art. 220 e os mencionados incisos do art. 5º). Noutros termos, primeiramente, assegura-se o gozo dos "sobredireitos" de personalidade em que se traduz a "livre" e "plena" manifestação do pensamento, da criação e da informação. Somente depois é que se passa a cobrar do titular de tais situações jurídicas ativas um eventual desrespeito a direitos constitucionais alheios, ainda que também densificadores da personalidade humana. Determinação constitucional de momentânea paralisia à inviolabilidade de certas categorias de direitos subjetivos fundamentais, porquanto a cabeça do art. 220 da Constituição veda qualquer cerceio ou restrição à concreta manifestação do pensamento (vedado o anonimato), bem assim todo cerceio ou restrição que tenha por objeto a criação, a expressão e a informação, seja qual for a forma, o processo, ou o veículo de comunicação social. Com o que a Lei Fundamental do Brasil veicula o mais democrático e civilizado regime da livre e plena circulação das ideias e opiniões, assim como das notícias e informações, mas sem deixar de prescrever o direito de resposta e todo um regime de responsabilidades civis, penais e administrativas. Direito de resposta e responsabilidades que, mesmo atuando a posteriori, infletem sobre as causas para inibir abusos no desfrute da plenitude de liberdade de imprensa. (...) Incompatibilidade material insuperável entre a Lei 5.250/1967 e a Constituição de 1988. Impossibilidade de conciliação que, sobre ser do tipo material ou de substância (vertical), contamina toda a Lei de Imprensa: a) quanto ao seu entrelace de comandos, a serviço da prestidigitadora lógica de que para cada regra geral afirmativa da liberdade é aberto um leque de exceções que praticamente tudo desfaz; b) quanto ao seu inescondível efeito prático de ir além de um simples projeto de governo para alcançar a realização de um projeto de poder, este a se eternizar no tempo e a sufocar todo pensamento crítico no País.

[ADPF 130, rel. min. Ayres Britto, j. 30-4-2009, P, DJE de 6-11-2009.] Vide ADI 4.451, rel. min. Alexandre de Moraes, j. 21-6-2018, P, DJE de 6-3-2019 Vide Rcl 22.238, rel. min. Roberto Barroso, j. 6-3-2018, 1ª T, DJE de 10-5-2018

Convenção das nações unidas contra a tortura

a chamada Lei da Anistia veicula uma decisão política assumida naquele momento – o momento da transição conciliada de 1979. A Lei 6.683 é uma lei-medida, não uma regra para o futuro, dotada de abstração e generalidade. Há de ser interpretada a partir da realidade no momento em que foi conquistada. A Lei 6.683/1979 precede a Convenção das Nações Unidas contra a tortura e outros tratamentos ou penas cruéis, desumanos ou degradantes – adotada pela Assembleia Geral em 10-12-1984, vigorando desde 26-6-1987 – e a Lei 9.455, de 7-4-1997, que define o crime de tortura; e o preceito veiculado pelo art. 5º, XLIII, da Constituição – que declara insuscetíveis de graça e anistia a prática da tortura, entre outros crimes – não alcança, por impossibilidade lógica, anistias anteriormente a sua vigência consumadas. A Constituição não afeta leis-medida que a tenham precedido. [ADPF 153, rel. min. Eros Grau, j. 29-4-2010, P, DJE de 6-8-2010.]

Desigualdade étnico-racial

Atos que instituíram sistema de reserva de vagas com base em critério étnico-racial (cotas) no processo de seleção para ingresso em instituição pública de ensino superior. (...) Não contraria – ao contrário, prestigia – o princípio da igualdade material, previsto no caput do art. 5º da Carta da República, a possibilidade de o Estado lançar mão seja de políticas de cunho universalista, que abrangem um número indeterminado de indivíduos, mediante ações de natureza estrutural, seja de ações afirmativas, que atingem grupos sociais determinados, de maneira pontual, atribuindo a estes certas vantagens, por um tempo limitado, de modo a permitir-lhes a superação de desigualdades decorrentes de situações históricas particulares. (...) Justiça social hoje, mais do que simplesmente retribuir riquezas criadas pelo esforço coletivo, significa distinguir, reconhecer e incorporar à sociedade mais ampla valores culturais diversificados, muitas vezes considerados inferiores àqueles reputados dominantes. No entanto, as políticas de ação afirmativa fundadas na discriminação reversa apenas são legítimas se a sua manutenção estiver condicionada à persistência, no tempo, do quadro de exclusão social que lhes deu origem. Caso contrário, tais políticas poderiam converter-se em benesses permanentes, instituídas em prol de determinado grupo social, mas em detrimento da coletividade como um todo, situação – é escusado dizer – incompatível com o espírito de qualquer Constituição que se pretenda democrática, devendo, outrossim, respeitar a proporcionalidade entre os meios empregados e os fins perseguidos. [ADPF 186, rel. min. Ricardo Lewandowski, j. 26-4-2012, P, DJE de 20-10-2014.] = RE 597.285, rel. min. Ricardo Lewandowski, j. 9-5-2012, P, DJE de 18-3-2014, Tema 203 Vide ADC 41, rel. min. Roberto Barroso, j. 8-6-2017, P, DJE de 17-8-2017

Letalidade policial no Rio de Janeiro

"O Estado do Rio de Janeiro deve elaborar, no prazo máximo de 90 dias, um plano para redução da letalidade policial e controle das violações aos direitos humanos pelas forças de segurança, que apresente medidas objetivas, cronogramas específicos e previsão dos recursos necessários para a sua implementação.

Nesse mesmo sentido, até que plano mais abrangente seja formulado, o emprego e a fiscalização da legalidade do uso da força devem ser feitos à luz dos "Princípios Básicos sobre a Utilização da Força e de Armas de Fogo pelos Funcionários Responsáveis pela Aplicação da Lei", com todos os desdobramentos daí derivados. Desse modo, cabe às forças de segurança a análise, diante das situações concretas, da proporcionalidade e da excepcionalidade do uso da força, servindo os princípios como guias para o exame das justificativas apresentadas a fortiori.

Portanto, o uso da força letal por agentes de Estado só se justifica quando, ressalvada a ineficácia da elevação gradativa do nível da força empregada para neutralizar a situação de risco ou de violência, exauridos os demais meios, inclusive os de armas não letais, e necessário para proteger a vida ou prevenir um dano sério, decorrente de uma ameaça concreta e iminente.

Ademais, nos termos do art. 227 da Constituição Federal, é imperiosa a necessidade de dar prioridade absoluta às investigações de incidentes que tenham como vítimas crianças ou adolescentes.

Além disso, a fim de resguardar o direito à vida, deve-se reconhecer a obrigatoriedade de disponibilização de ambulâncias em operações policiais previamente planejadas em que haja a possibilidade de confrontos armados.

De igual modo, no caso de buscas domiciliares por parte das forças de segurança do Estado do Rio de Janeiro, devem ser observadas as seguintes diretrizes constitucionais, sob pena de responsabilidade: (i) a diligência, no caso específico de cumprimento de mandado judicial, deve ser realizada somente durante o dia, vedando-se, assim, o ingresso forçado a domicílios à noite; (ii) a diligência, quando feita sem mandado judicial, pode ter por base denúncia anônima; (iii) a diligência deve ser justificada e detalhada por meio da elaboração de auto circunstanciado, que deverá instruir eventual auto de prisão em flagrante ou de apreensão de adolescente por ato infracional e ser remetido ao juízo da audiência de custódia para viabilizar o controle judicial posterior; e (iv) a diligência deve ser realizada nos estritos limites dos fins excepcionais a que se destina.

Por fim, o Estado do Rio de Janeiro deve, no prazo máximo de 180 dias, instalar equipamentos de GPS e sistemas de gravação de áudio e vídeo nas viaturas policiais e nas fardas dos agentes de segurança, com o posterior armazenamento digital dos respectivos arquivos.

Com base nesses e em outros fundamentos, o Plenário acolheu parcialmente embargos de declaração em medida cautelar em arguição de descumprimento de preceito fundamental."(STF, Informativo 1042, Plano de redução de letalidade policial e controle de violações de direitos humanos, ADPF 635 MC-ED/RJ, relator Min. Edson Fachin, julgamento em 2 e 3.2.2022).

B) STJ

Ação civil pública que visa obrigar Estado a disponibilizar, em suas unidades prisionais, equipamentos para banho dos presos em temperatura adequada ("chuveiro quente").

Trata-se de caso peculiar, por sua negativa ferir aspectos existenciais da textura íntima de direitos humanos substantivos. Primeiro, porque se refere à dignidade da pessoa humana, naquilo que concerne à integridade física e mental a todos garantida. Segundo, porque versa sobre obrigação inafastável e imprescritível do Estado de tratar prisioneiros como pessoas, e não como animais. Terceiro, porque o encarceramento configura pena de restrição do direito de liberdade, e não salvo-conduto para a aplicação de sanções extralegais e extrajudiciais, diretas ou indiretas. Quarto, porque, em presídios e lugares similares de confinamento, ampliam-se os deveres estatais de proteção da saúde pública e de exercício de medidas de assepsia pessoal e do ambiente, em razão do risco agravado de enfermidades, consequência da natureza fechada dos estabelecimentos, propícia à disseminação de patologias.

Ofende os alicerces do sistema democrático de prestação jurisdicional admitir que decisão judicial, relacionada à essência dos direitos humanos fundamentais, não possa ser examinada pelo STJ sob o argumento de se tratar de juízo político. Quando estão em jogo aspectos mais elementares da dignidade da pessoa humana (um dos fundamentos do Estado Democrático de Direito em que se constitui a República Federativa do Brasil, expressamente enunciado na Constituição, logo em seu art. 1º) impossível subjugar direitos indisponíveis a critérios outros que não sejam os constitucionais e legais.

Ademais, as Regras Mínimas para o Tratamento dos Reclusos, promulgadas pelas Nações Unidas (Regras de Mandela), dispõem que "Devem ser fornecidas instalações adequadas para banho", exigindo-se que seja "na temperatura apropriada ao clima" (Regra 16). Irrelevante, por óbvio, que o texto não faça referência expressa a "banho quente".

Assim, assegurar a dignidade de presos sob custódia do Estado dispara a aplicação não do princípio da reserva do possível, mas do aforismo da reserva do impossível (= reserva de intocabilidade da essência), ou seja, manifesto interesse público reverso, considerando-se que a matéria se inclui no núcleo duro dos direitos humanos fundamentais, expressados em deveres constitucionais e legais indisponíveis, daí marcados pela vedação de descumprimento estatal, seja por ação, seja por omissão. Consequentemente, impróprio retirar do controle do Judiciário tais violações gravíssimas, pois equivaleria a afastar o juiz de julgar ataques diretos ou indiretos aos pilares centrais do ordenamento jurídico.

STJ. REsp 1.537.530-SP, Rel. Min. Herman Benjamin, Segunda Turma, por unanimidade, julgado em 27/04/2017, DJe 27/02/2020 (Info 666).

Direito Empresarial

Danniel Trindade

TABELA DE INCIDÊNCIA DE QUESTÕES

Distribuição das questões organizada por ordem didática de assuntos		
Questões	**Número de Questões**	**Peso**
1. EMPRESÁRIO	2	25,00%
2. PROPRIEDADE INDUSTRIAL	3	37,50%
3. SOCIEDADE ANÔNIMA	1	12,50%
4. RECUPERAÇÃO JUDICIAL	1	12,50%
5. CONTRATOS COMERCIAIS	1	12,50%
Total	**8**	**100%**

Direito Empresarial

Danniel Trindade

✦ QUESTÕES

1. EMPRESÁRIO

01. (FCC – Juiz do Trabalho Substituto 1ª Região/2015) Sobre o empresário, considere:

I. Faculta-se aos cônjuges contratar sociedade, entre si ou com terceiros, desde que não tenham casado no regime de comunhão universal de bens, ou no da separação obrigatória.

II. O empresário casado pode, sem necessidade de outorga conjugal, qualquer que seja o regime de bens, alienar os imóveis que integrem o patrimônio da empresa ou gravá-los de ônus real.

III. É facultativa a inscrição do empresário no Registro Público de Empresas Mercantis da respectiva sede, antes do início de sua atividade.

IV. Poderá o incapaz, por meio de representante ou assistido, continuar a empresa antes exercida por ele enquanto capaz, por seus pais ou pelo autor da herança.

Está correto o que se afirma APENAS em

a) I, II e IV.

b) IV.

c) I e III.

d) III.

e) II.

COMENTÁRIOS

✪ **Nota do autor:** A questão exigia do candidato conhecimento do texto da lei.

Item I: correta. De acordo com o art. 977 do CC, "Faculta-se aos cônjuges contratar sociedade, entre si ou com terceiros, desde que não tenham casado no regime da comunhão universal de bens, ou no da separação obrigatória."

Item II: correta. De acordo com o art. 978 do CC, "O empresário casado pode, sem necessidade de outorga conjugal, qualquer que seja o regime de bens, alienar os imóveis que integrem o patrimônio da empresa ou gravá-los de ônus real."

Item III: incorreta. Nos termos do art. 967 do CC, "É **obrigatória** a inscrição do empresário no Registro Público de Empresas Mercantis da respectiva sede, antes do início de sua atividade".

Item IV: correta. De fato, nos termos do art. 974 do CC, "Poderá o incapaz, por meio de representante ou devidamente assistido, continuar a empresa antes exercida por ele enquanto capaz, por seus pais ou pelo autor de herança." Trata-se da possibilidade de o incapaz continuar a empresa nos casos de incapacidade superveniente ou de sucessão hereditária.

Alternativa correta: letra "a".

02. (FCC – Juiz do Trabalho Substituto 24ª Região/2015) Considera-se gerente

a) o sócio majoritário nas sociedades limitadas.

b) o representante legal da sociedade.

c) somente o preposto permanente no exercício da empresa, em sua sede.

d) o preposto permanente no exercício da empresa, na sede desta, ou em sucursal, filial ou agência.

e) qualquer empregado que, mesmo eventualmente, estiver na sede da empresa, executando as ordens do empresário.

COMENTÁRIOS

✪ **Nota do autor:** A questão exigia do candidato conhecimento do texto da lei.

Alternativa "a" (responde, também, as demais alternativas): Na realidade, nos termos do art. 1.172

do CC, "Considera-se gerente o preposto permanente no exercício da empresa, na sede desta, ou em sucursal, filial ou agência." Vale lembrar que os chamados "prepostos" são os trabalhadores que desempenham tarefas sob a coordenação do empresário, como o gerente (facultativo) e o contabilista (obrigatório). Os atos praticados pelo preposto obrigam o empresário preponente, que terá direito à ação de regresso se o ato foi praticado com culpa do primeiro. Caso o ato tenha sido praticado com dolo, o preposto responde perante o terceiro em solidariedade com o empresário.

Alternativa correta: letra "d".

2. PROPRIEDADE INDUSTRIAL

03. (FGV – 2023 – TST – Juiz do Trabalho) A sociedade XXX, que desenvolve atividade de cursos de línguas, tem como maior canal de publicidade e promoção de seus serviços os provedores de busca na internet. A sociedade YYY, sua concorrente na atividade desenvolvida, contratou serviço de publicidade paga de um dos provedores de busca mais utilizados pelos usuários da internet. Com base no uso de certas palavras. chave, dentre elas, a marca registrada da sociedade XXX, a sociedade YYY visa colocar em destaque e precedência o conteúdo pretendido por ela, anunciante pagador por meio de links patrocinados.

Sobre o caso, é correto afirmar que:

a) a sociedade YYY infringe a legislação de propriedade industrial quando elege, em links patrocinados, palavra-chave que é marca registrada da sociedade XXX;

b) a sociedade YYY, devido ao uso indevido de sua marca registrada pela sociedade XXX, faz jus a indenização por danos morais, sendo necessária a prova do abalo reputacional sofrido;

c) a sociedade YYY não comete ato ilícito, na medida em que o consumidor é capaz de reconhecer que o serviço por ela oferecido não se confunde com aquele prestado pelo seu concorrente, sociedade XXX;

d) a sociedade YYY não comete ato ilícito, pois a contratação de links patrocinados com o provedor de buscas é lícita, respaldada pelas normas de direito contratual, sendo, portanto, válida;

e) o uso da expressão "XXX quando atrelada à expressão "curso de inglês" pela sociedade YYY não configura uso indevido da marca e prática de concorrência desleal, na medida em que não é possível reconhecer o desvio de clientela.

COMENTÁRIOS

✪ **Nota do autor:** A questão exigia do candidato conhecimento da jurisprudência.

Alternativa "a" (responde, também, as demais alternativas): correta. De fato, a sociedade YYY infringe a legislação de propriedade industrial quando elege, em links patrocinados, palavra-chave que é marca registrada da sociedade XXX. De acordo com o Superior Tribunal de Justiça, "a utilização de marca como palavra-chave para direcionar o consumidor do produto ou serviço para o link de seu concorrente configura-se como meio fraudulento para desvio de clientela, porquanto permite a concorrência parasitária e a confusão do consumidor." É o que estabelece, inclusive o artigo 195, inciso III, da Lei 9.279/1996 (Lei de Propriedade Industrial), que determina que comete crime de concorrência desleal quem emprega meio fraudulento, para desviar, em proveito próprio ou alheio, clientela de outrem. Vale destacar, ainda, que de acordo com o Superior Tribunal de Justiça, neste caso, "o dano moral por uso indevido da marca é aferível in re ipsa, ou seja, sua configuração decorre da mera comprovação da prática de conduta ilícita, revelando-se despicienda a demonstração de prejuízos concretos ou a comprovação probatória do efetivo abalo moral." Neste sentido: STJ. 3ª Turma. REsp 2012895-SP, Rel. Min. Nancy Andrighi, julgado em 08/08/2023.

Alternativa correta: letra "a".

2.1. ASPECTOS GERAIS

04. (FCC – Juiz do Trabalho Substituto 15ª Região/2015) Acerca da sociedade limitada, considere:

I. Seu contrato social poderá prever a regência supletiva pelas normas da sociedade anônima.

II. Os sócios respondem individual e limitadamente às suas respectivas participações pela exata estimação de bens conferidos ao seu capital social.

III. Para a formação do seu capital social, é vedada contribuição que consista em prestação de serviços.

IV. Deve adotar denominação social, vedado o uso de firma como nome empresarial.

V. Na omissão do contrato social, é vedado aos sócios ceder sua participação na sociedade, mesmo para outros sócios, sem a concordância dos demais.

Está correto o que consta APENAS em

a) I e II.

b) I e III.

c) II e IV.

d) III e V.

e) IV e V.

COMENTÁRIOS

✪ **Nota do autor:** A questão exigia do candidato conhecimento do texto da lei. **Item I:** correto. Nos termos do art. 1.053, parágrafo único, do CC, "O contrato social poderá prever a regência supletiva da sociedade limitada pelas normas da sociedade anônima." Neste caso, a sociedade limitada será regida pelas normas inseridas na Lei 6.404/1976 (Lei das Sociedades Anônimas).

Item II: incorreto. De acordo com o art. 1.055, § 1º, do CC, "Pela exata estimação de bens conferidos ao capital social **respondem solidariamente** todos os sócios, até o prazo de **5 (cinco) anos** da data do registro da sociedade." Por fim, vale lembrar a regra do § 2º do art. 1.055 do CC, pela qual é vedada a integralização do capital social com serviços: "É vedada contribuição que consista em prestação de serviços."

Item III: correto. De fato, pela regra do § 2º do art. 1.055 do CC, é vedada a integralização do capital social com serviços: "É vedada contribuição que consista em prestação de serviços." **Item IV:** incorreto. De acordo com o art. 1.158 do CC, "**Pode a sociedade limitada adotar firma ou denominação**, integradas pela palavra final "limitada" ou a sua abreviatura." **Item V:** incorreto. De acordo com o art. 1.057 do CC, "Na omissão do contrato, o sócio **pode** ceder sua quota, total ou parcialmente, a quem seja sócio, independentemente de audiência dos outros, ou a estranho, se não houver oposição de titulares de mais de um quarto do capital social." Vale lembrar a regra prevista no parágrafo único do dispositivo em comento, pela qual "A cessão terá eficácia quanto à sociedade e terceiros, inclusive para os fins do parágrafo único do art. 1.003, a partir da averbação do respectivo instrumento, subscrito pelos sócios anuentes."

Alternativa correta: letra "b".

---

05. (FCC – Juiz do Trabalho Substituto 24ª Região/2015) Sobre a sociedade limitada, é correto afirmar:

I. Na omissão do contrato, o sócio pode ceder sua quota, total ou parcialmente, a quem seja sócio, independentemente de audiência dos outros, ou a estranho, se não houver oposição de titulares de mais de um quarto do capital social.

II. A quota é sempre divisível em relação à sociedade, inclusive para efeitos de transferência.

III. Só depende de deliberação dos sócios a modificação do contrato social, sendo as demais decisões atribuídas ao administrador, que prestará contas à sociedade.

IV. Os sócios serão obrigados à reposição dos lucros e das quantias retiradas, a qualquer título, ainda que autorizados pelo contrato, quando tais lucros ou quantia se distribuírem com prejuízo do capital.

V. As deliberações infringentes do contrato ou da lei tornam ilimitada a responsabilidade dos que expressamente as aprovaram.

Está correto o que consta APENAS em

a) II, III e IV.

b) III, IV e V.

c) II, IV e V.

d) I, II e III.

e) I, IV e V.

COMENTÁRIOS

✪ **Nota do autor:** A questão exigia do candidato conhecimento do texto da lei.

Item I: correto. De acordo com o art. 1.057 do CC, "Na omissão do contrato, o sócio pode ceder sua quota, total ou parcialmente, a quem seja sócio, independentemente de audiência dos outros, ou a estranho, se não houver oposição de titulares de mais de um quarto do capital social."**Item II:** incorreto, na medida em que o art. 1.056 do CC preconiza que "A quota é indivisível em relação à sociedade, **salvo para efeito de transferência**, caso em que se observará o disposto no artigo seguinte."

Item III: incorreto. Não é somente a alteração do contrato social que depende da deliberação dos sócios. O art. 1.071 do CC prevê outras matérias que também estão sujeitas à deliberação dos sócios. Confira: "Art. 1.071. Dependem da deliberação dos sócios, além de outras matérias indicadas na lei ou no contrato: I – a aprovação das contas da administração; II – a designação dos administradores, quando feita em ato separado; III – a destituição dos administradores; IV – o modo de sua remuneração, quando não estabelecido no contrato; V – a modificação do contrato social; VI – a incorporação, a fusão e a dissolução da sociedade, ou a cessação do estado de liquidação; VII – a nomeação e destituição dos liquidantes e o julgamento das suas contas; VIII – o pedido de concordata." Vale ressaltar que, por "concordata" (inciso VIII) leia-se "recuperação judicial", instituto que prestigia o princípio da preservação da empresa, que está previsto na Lei 11.101/2005 (Lei de Falência e Recuperação de Empresas).

Item IV: correto. De acordo com o art. 1.059 do CC: "Os sócios serão obrigados à reposição dos lucros e das quantias retiradas, a qualquer título, ainda que autorizados pelo contrato, quando tais lucros ou quantia se distribuírem com prejuízo do capital.".

Item V: a assertiva é exatamente igual ao art. 1.080 correto. De acordo com o art. 1.080 do CC, "As deliberações infringentes do contrato ou da lei tornam ilimitada a responsabilidade dos que expressamente as aprovaram."

Alternativa correta: letra "e".

3. SOCIEDADE ANÔNIMA

06. (FGV – 2023 – TST – Juiz do Trabalho) Sobre a incorporação de sociedade por ação, é correto afirmar que:

a) na incorporação, uma ou mais sociedades se unem para formar uma sociedade nova;

b) o acionista passa a participar de nova sociedade, desde que consinta quanto ao procedimento de incorporação;

c) a sociedade sucessora poderá ser companhia aberta ou fechada, ainda que a incorporada seja companhia aberta;

d) na incorporação de companhia aberta, o acionista tem o direito ao recesso, mediante reembolso do valor de suas y ações, em casos excepcionais;

e) o credor prejudicado terá até noventa dias para requerer Judicialmente a anulação da incorporação, a contar da publicação dos atos relativos à incorporação.

COMENTÁRIOS

✪ **Nota do autor:** A questão exigia do candidato conhecimento da legislação, precisamente, da Lei 6.404/1976 (Lei das Sociedades por Ações).

Alternativa "a" (responde, também, as demais alternativas): Na incorporação, uma ou várias sociedades (incorporadas) são absorvidas por outra (incorporadora). A sociedade incorporadora sucederá as demais quanto aos direitos e obrigações sociais. Na incorporação, apenas a sociedade incorporada será extinta. A incorporadora continua em pleno funcionamento. Não há, portanto, a criação de uma nova sociedade. Tomando por base os dados apresentados pela Banca Examinadora, aplica-se o artigo 230 da Lei 6.404/1976 (Lei das Sociedades por Ações), "in verbis": "Art. 230. Nos casos de incorporação ou fusão, o prazo para exercício do direito de retirada, previsto no artigo 137, inciso II, será contado a partir da publicação da ata que aprovar o protocolo ou justificação, mas o pagamento do preço de reembolso somente será devido se a operação vier a efetivar-se." Em complemento, prevê o artigo 137, inciso II, da Lei 6.404/1976 (Lei das Sociedades por Ações), que: "A aprovação das matérias previstas nos incisos I a VI e IX do artigo 136 dá ao acionista dissidente o direito de retirar-se da companhia, mediante reembolso do valor das suas ações (art. 45), observadas as seguintes normas: (...) II – nos casos dos incisos IV e V do art. 136, não terá direito de retirada o titular de ação de espécie ou classe que tenha liquidez e dispersão no mercado, considerando-se haver: **a)** liquidez, quando a espécie ou classe de ação, ou certificado que a represente, integre índice geral representativo de carteira de valores mobiliários admitido à negociação no mercado de valores mobiliários, no Brasil ou no exterior, definido pela Comissão de Valores Mobiliários; e **b)** dispersão, quando o acionista controlador, a sociedade controladora ou outras sociedades sob seu controle detiverem menos da metade da espécie ou classe de ação."

Alternativa correta: letra "d".

4. RECUPERAÇÃO JUDICIAL

07. (FGV – 2023 – TST – Juiz do Trabalho) A respeito da recuperação judicial da sociedade empresária, é correto afirmar que:

a) é vedada a previsão, no plano de recuperação sujeito à supervisão judicial, de obrigações excedentes ao prazo bienal;

b) o plano de recuperação judicial não poderá prever prazo superior a trinta dias para pagamento de créditos trabalhistas de qualquer natureza;

c) a conclusão bem-sucedida da recuperação judicial se opera automaticamente, após os dois anos de homologação do plano de recuperação judicial;

d) é possível a convolação da recuperação judicial em falência após o transcurso do prazo bienal de supervisão judicial, enquanto não houver decisão judicial de encerramento da recuperação;

e) o prazo bienal do estado recuperacional do devedor representa o período para o cumprimento das obrigações do plano de recuperação e se sujeitará à supervisão exclusiva da assembleia geral de credores.

COMENTÁRIOS

✪ **Nota do autor:** A questão exigia do candidato conhecimento da legislação, precisamente, da Lei 11.101/2005 (Lei de Falências e Recuperação de Empresas), assim como da jurisprudência dos tribunais superiores.

Alternativa "a": incorreta. De acordo com o Superior Tribunal de Justiça, "com as alterações trazidas pela Lei nº 14.112/2020, o artigo 61 da Lei 11.101/2005 passou a dispor que o prazo de 2 (dois) anos passaria a ser contado, 'independentemente do eventual período de carência'. (...) O legislador tornou claro que a 'ratio' do dispositivo é que cabe aos credores decidir acerca do período de fiscalização, podendo até mesmo renunciar a ele, o que ocorrerá no momento em que aprovarem o prazo de carência, sinalizando que se cuidava de norma dispositiva". (STJ. 3ª Turma. REsp 1853968-SC, Rel. Min. Ricardo Villas Bôas Cueva, julgado em 15/02/2022)

Alternativa "b": incorreta. Nos termos do artigo 54, "caput", da Lei 11.101/2005 (Lei de Falências e Recuperação de Empresas), "O plano de recuperação judicial não poderá prever prazo superior a 1 (um) ano para pagamento dos créditos derivados da legislação do trabalho ou decorrentes de acidentes de trabalho vencidos até a data do pedido de recuperação judicial." Em exceção, de acordo com o § 2º do mesmo dispositivo, tal prazo poderá ser estendido em até 2 (dois) anos, se o plano de recuperação judicial atender aos seguintes requisitos, cumulativamente: **(i)** apresentação de garantias julgadas suficientes pelo juiz; **(ii)** aprovação pelos credores titulares de créditos derivados da legislação trabalhista ou decorrentes de acidentes de trabalho, na forma do § 2º do art. 45 desta Lei; e **(iii)** garantia da integralidade do pagamento dos créditos trabalhistas.**Alternativa "c":** incorreta. Segundo decidiu o Superior Tribunal de Justiça, "a finalização exitosa da recuperação pressupõe a prolação de sentença judicial, não se operando automaticamente, com o implemento do segundo aniversário de concessão e homologação do plano de soerguimento, de forma a perdurar o estado de supervisão judicial, enquanto não proferida a respectiva decisão jurisdicional de ultimação do estado recuperacional (art. 63 da Lei 11.101/2005)." (STJ. 3ª Turma. REsp n. 1707468-RS, Rel. Min. Marco Aurélio Bellizze, julgado em 25/10/2022)

Alternativa "d": correta. Segundo decidiu o Superior Tribunal de Justiça, "É possível a convolação da recuperação judicial em falência após o transcurso do prazo bienal de supervisão judicial, enquanto não houver decisão judicial de encerramento da recuperação." (STJ. 3ª Turma. REsp 1707468-RS, Rel. Min. Marco Aurélio Bellizze, julgado em 25/10/2022)

Alternativa "e": incorreta. De acordo com o Superior Tribunal de Justiça, "ainda que escoado o prazo bienal fiscalizatório, a Recuperação Judicial ainda se submeterá ao decidido pela Assembleia-Geral de Credores, mantendo os efeitos do referido instituto". (STJ. 4ª Turma. AgInt no AREsp 1663617-SP, Rel. Min. Raul Araújo, julgado em 22/11/2021)

Alternativa correta: letra "d".

5. CONTRATOS COMERCIAIS

08. (FGV - 2023 - TST - Juiz do Trabalho) João contrata com a sociedade Z o arrendamento mercantil de um carro. Pelo acordado expressamente no contrato, João, arrendatário, em caso de inadimplemento a ele imputado, ficaria obrigado ao pagamento integral do valor contratado, reconhecendo-se o vencimento antecipado da dívida.

Sobre o acordado contratualmente, é correto afirmar que:

a) somente pode ser reconhecido o vencimento antecipado da dívida nas hipóteses previstas no art. 333 do Código Civil, dentre as quais se destaca o concurso de credores;

b) a sociedade Z tem direito não só ao pagamento integral do valor contratado, como também o de reaver o bem arrendado por meio de ação judicial de busca e apreensão;

c) a cláusula que reconhece o vencimento antecipado da dívida decorrente do inadimplemento do arrendatário é válida, sendo facultado à sociedade Z a cobrança integral do valor antes do termo avençado;

d) João pode exigir a restituição integral dos valores pagos, pois tal cláusula contratual deve ser reconhecida como excessivamente onerosa, gerando o enriquecimento ilícito da sociedade Z, o que permite a sua revisão;

e) sendo o contrato de arrendamento mercantil classificado como de fornecimento de produto regido pelo Código de Defesa do Consumidor (CDC), a cláusula que prevê o vencimento antecipado é abusiva, com base no art. 51 do CDC.

COMENTÁRIOS

✪ **Nota do autor:** A questão exigia do candidato conhecimento da legislação.

Alternativa "a" (responde, também, as demais alternativas): Arrendamento mercantil ou leasing é o contrato pelo qual o arrendador adquire um bem indicado pelo cliente (arrendatário) para, ato contínuo, alugá-lo a este, por prazo determinado. Ao término do contrato, o arrendatário pode optar por renovar o contrato por mais um período, devolver o bem ao arrendador, ou adquirir o bem arrendado pagando o valor de mercado ou o chamado valor residual. Em linguagem simples, trata-se de um contrato de locação em que, ao final do negócio jurídico, o arrendatário tem a opção de compra do bem arrendado. Nos termos da Súmula 564 do Superior Tribunal de Justiça, no caso de reintegração de posse em arrendamento mercantil financeiro, quando a soma da importância antecipada a título de valor residual garantido (VRG) com o valor da venda do bem ultrapassar o total do VRG previsto contratualmente, o arrendatário terá direito de receber a respectiva diferença, cabendo, porém, se estipulado no contrato, o prévio desconto de outras despesas ou encargos pactuados. Frise-se que, nos termos do artigo 333 do CC, pode ser reconhecido o vencimento antecipado da dívida em outras hipóteses. Vejamos: "Art. 333. Ao credor assistirá o direito de cobrar a dívida antes de vencido o prazo estipulado no contrato ou marcado neste Código: – no caso de falência do devedor, ou de concurso de credores; II – se os bens, hipotecados ou empenhados, forem penhorados em execução por outro credor; III – se cessarem, ou se se tornarem insuficientes, as garantias do débito, fidejussórias, ou reais, e o devedor, intimado, se negar a reforçá-las."

Alternativa correta: letra "c".

Direito Empresarial

Danniel Trindade

✦ DICAS (RESUMO)

1. TEORIA GERAL DO DIREITO EMPRESARIAL

TEORIA GERAL DA EMPRESA

O Código Comercial de 1850 adotava a **Teoria dos Atos de Comércio**, originada no **Direito Francês.** Referida teoria tratava do comerciante (pessoa física) e da sociedade comercial (pessoa jurídica) como sendo aqueles que praticavam atos de comércio com habitualidade e finalidade lucrativa. O Direito Comercial regulava, portanto, as relações jurídicas decorrentes da prática de alguns atos tipificados como atos de comércio.

O Código Civil de 2002 passou a adotar a Teoria da Empresa, originada no Direito Italiano, de autoria de Alberto Asquini, em substituição a antiga teoria dos atos de comércio (art. 966, CC).

LEMBRE-SE:

- A teoria da empresa foi desenvolvida na **Itália**, sendo um de seus expoentes **Alberto Asquini.**
- Para a Teoria da Empresa, adotada no Brasil com o Código Civil de 2002, é empresarial a atividade econômica organizada para a produção ou a circulação de bens ou de serviços. Será empresário, pois, aquele que exercer profissionalmente essa atividade.

A EMPRESA E O EMPRESÁRIO

A empresa não se confunde com o conceito de empresário:

Empresário	Empresa
Empresário é a pessoa física (empresário individual) ou jurídica (sociedade empresária) que exerce profissionalmente atividade econômica organizada para a produção ou circulação de bens ou de serviços.	Empresa significa a própria atividade empresarial exercida pelo empresário, pessoa física (empresário individual) ou jurídica (sociedade empresária).

DO CONCEITO DE EMPRESA

Em termos jurídicos, a empresa é a atividade econômica organizada exercida pelo empresário. Atividade econômica organizada é aquela que reúne os quatro os fatores de produção (mão de obra + matéria prima + capital + tecnologia). Para a doutrina majoritária, faltando qualquer um dos fatores de produção, não há falar em atividade empresarial.

NOME EMPRESARIAL

O nome empresarial é uma cláusula pétrea, nos termos do art. 5º, XXIX, da CF ("a lei assegurará aos autores de inventos industriais privilégio temporário para sua utilização, bem como proteção às criações industriais, à propriedade das marcas, aos nomes de empresariais e a outros signos distintivos, tendo em vista o interesse social e o desenvolvimento tecnológico e econômico do País;").

Conceito: *nome empresarial* é o elemento de identificação do empresário no meio empresarial. "CC, art. 1.155. Considera-se nome empresarial a firma ou a denominação adotada, de conformidade com este Capítulo, para o exercício de empresa".

Modalidades: há duas modalidades de nome empresarial, quais sejam a *firma* e a *denominação*.

<table>
<tr><td rowspan="14">Firma</td><td>Pode ser: firma individual ou firma social.</td></tr>
<tr><td>Firma individual</td></tr>
<tr><td>Aplicada ao empresário individual, nos termos do art. 1.156 ("o empresário opera sob firma constituída por seu nome, completo ou abreviado, aditando-lhe, se quiser, designação mais precisa da sua pessoa ou do gênero de atividade").</td></tr>
<tr><td>Composição: nome civil do empresário, completo ou abreviado. Ex.: Daniel Messias da Trindade; D.M.T., D. Messias da Trindade, etc.</td></tr>
<tr><td>Ramo de atividade: a inclusão do ramo de atividade é facultativa. Caso queira, o empresário individual poderá acrescentar uma designação mais precisa da pessoa ou gênero de atividade (ramo de atividade).</td></tr>
<tr><td>Firma social</td></tr>
<tr><td>Aplica-se às sociedades que possuem sócio com responsabilidade ilimitada: sociedade em nome coletivo e sociedade em comandita simples, nos termos do art. 1.157 do CC ("A sociedade em que houver sócios de responsabilidade ilimitada operará sob firma, na qual somente os nomes daqueles poderão figurar, bastando para formá-la aditar ao nome de um deles a expressão "e companhia" ou sua abreviatura").</td></tr>
<tr><td>Atenção: os sócios que figurarem no nome empresarial, são solidária e ilimitadamente responsáveis pelas dívidas contraídas pela sociedade.</td></tr>
<tr><td>Composição: nomes dos sócios (pessoas físicas), completos ou abreviados. Ex.: Daniel Messias da Trindade e João da Silva; D. Trindade e J. Silva; D. Trindade e Cia.</td></tr>
<tr><td>Ramo de atividade: o ramo de atividade também é facultativo.</td></tr>
</table>

Denominação	Aplica-se às sociedades que possuem sócios com responsabilidade limitada (sociedade limitada e sociedade anônima). Cuidado: a sociedade limitada pode adotar tanto firma como denominação (art. 1.158, CC), integradas pela palavra final "limitada" ou a sua abreviatura.
	Na denominação, o nome empresarial é composto por uma expressão linguística (nome fantasia) e o ramo de atividade. O ramo de atividade é obrigatório. O elemento fantasia é facultativo. O nome dos sócios não aparece. No entanto, excepcionalmente, admite-se a inclusão de nome de sócio, a fim de prestar-lhe uma homenagem.
	Composição: Expressões linguísticas (elemento fantasia) + ramo de atividade. Exemplos: Divina Delícia Pizzaria; Doce Festa Doceria; Escola Aprender S.A.

Quadro sinótico:

Firma	• Empresário individual; • Sociedade em nome coletivo; • Sociedade em comandita simples.
Denominação	• Sociedade anônima; • Sociedade cooperativa.
Firma ou denominação	• Sociedade limitada; • Sociedade comandita por ações[1].

Proteção ao nome empresarial: a proteção do nome empresarial ocorre automaticamente do registro do empresário (art. 33, Lei 8.934/94). A proteção do nome empresarial se dá nos limites do Estado (art. 1.166, CC). Para ter efeito em outros estados da federação, o empresário deve efetivar o registro em cada um deles.

Princípios aplicáveis ao nome empresarial: a) novidade: o nome empresarial deve ser novo, original; e b) veracidade: o nome empresarial deve ser verdadeiro, não podendo conter informação falsa.

Inalienabilidade do nome empresarial: nos termos do art. 1.164 do CC, "o nome empresarial não pode ser objeto de alienação". O nome empresarial é personalíssimo e inalienável, porque envolve direitos da personalidade que também são assegurados às pessoas jurídicas. "CC, art. 52. Aplica-se às pessoas jurídicas, no que couber, a proteção dos direitos da personalidade."

Anulação da inscrição do nome empresarial: não há prazo para a ação de anulação de inscrição do nome empresarial, nos termos do art. 1.167 do CC ("Cabe ao prejudicado, a qualquer tempo, ação para anular a inscrição do nome empresarial feita com violação da lei ou do contrato").

Nome empresarial, marca e título de estabelecimento:

Nome empresarial	Marca	Título de estabelecimento
Identifica o empresário no meio empresarial.	Identifica o produto ou serviço no meio empresarial.	Identifica o estabelecimento empresarial.
É protegido a partir do momento em que o empresário registra os seus atos constitutivos na Junta Comercial, que é um órgão estadual. A proteção é de âmbito estadual.	**É protegida a partir do momento em que é registrada no INPI (Instituto Nacional de Propriedade Industrial), que é** um órgão federal. A proteção é de âmbito federal.	Não precisa ser registrado.
Não pode ser alienado.	Pode ser alienada.	Pode ser alienado.

2. EMPRESÁRIO

Conceito: empresário é a pessoa física (empresário individual) ou jurídica (sociedade empresária) que exerce profissionalmente uma atividade econômica organizada para a produção ou circulação de bens ou de serviços. O conceito está no art. 966, CC ("Considera-se empresário quem exerce profissionalmente atividade econômica organizada para a produção ou a circulação de bens ou de serviços").

Elementos do conceito de empresário: a) profissionalmente: habitualidade/continuidade; **b)** atividade econômica: finalidade lucrativa; **c)** organizada: reunião dos quatro fatores de produção (mão de obra, matéria prima, capital e tecnologia). Na ausência de qualquer um dos fatores de produção não há falar em atividade empresarial. Interessante anotar posição mais moderna de André Luiz Santa Cruz Ramos (a qual nos filiamos), para quem a "ideia fechada de que a *organização* dos fatores de produção é absolutamente imprescindível para a caracterização do empresário vem perdendo força no atual contexto da economia capitalista. Com efeitos, basta citar o caso dos microempresários, os quais, não raro, exercem atividade empresarial única ou preponderantemente com trabalho próprio. Pode-se citar também o caso dos *empresários virtuais*, que muitas vezes atuam completamente sozinhos, resumindo-se sua atividade à intermediação de produtos ou serviços por meio da *internet*" (*Direito Empresarial Esquematizado*. 4 ed. Rio de Janeiro: Forense; São Paulo: Método, 2014, p. 38).

Desconsideração da personalidade jurídica: não cabe desconsideração da personalidade jurídica do

1 Vale lembrar que o art. 1.161 do Código Civil, com redação dada pela Lei 14.382/2022, passou a estabelecer que a sociedade em comandita por ações poderá, no lugar de firma, adotar denominação aditada da expressão "comandita por ações", sendo facultada a indicação do objeto social.

empresário individual. Isso porque, o empresário individual não tem personalidade jurídica.

Sócio: o sócio da sociedade empresária não é empresário. Quem exerce atividade empresária é a pessoa jurídica (sociedade empresária) e não o sócio.

Empresário rural: de acordo com o art. 971 do Código Civil, é o empresário, cuja atividade rural constitua sua principal profissão. Caso o empresário rural efetue o registro, ficará equiparado ao empresário comum, tendo as mesmas obrigações deste. No entanto, o registro do empresário rural tem natureza constitutiva.

Empresário futebolístico: A Lei 14.193/2021, que disciplina a sociedade anônima do futebol, introduziu mais uma hipótese de **registro facultativo** no parágrafo único do art. 971 do Código Civil. Agora, portanto, a associação que desenvolva atividade futebolística em caráter habitual e profissional, também **pode** (é uma faculdade), requerer sua inscrição na Junta Comercial da respectiva sede, caso em que, depois de inscrito, ficará equiparado, para todos os efeitos, ao empresário sujeito a registro.

MEI, ME e EPP:

	Quem pode ser?	Qual a receita bruta anual?
Microempreendedor individual – MEI	Só o empresário individual.	Até 81.000 reais.
Microempresa – ME	Empresário individual; Sociedade empresária; Empresa individual de responsabilidade limitada; Sociedade simples.	Até 360.000 reais.
Empresa de pequeno porte – EPP	Empresário individual; Sociedade empresária; Empresa individual de responsabilidade limitada; Sociedade simples.	De 360.000 até 4.800.000 reais.

EMPRESÁRIO INDIVIDUAL

Conceito: empresário individual é a pessoa física que exerce profissionalmente atividade econômica organizada para produção ou circulação de bens. De acordo com o art. 972 do CC, "podem exercer a atividade de empresário os que estiverem em pleno gozo da capacidade civil e não forem legalmente impedidos".

Capacidade: Podem exercer a atividade de empresário os que estiverem em pleno gozo da capacidade civil e não forem legalmente impedidos, nos termos do art. 972 do Código Civil.

Menor emancipado: a emancipação antecipa a capacidade plena, portanto, o menor emancipado pode exercer atividade empresarial. No entanto, se praticar ato tipificado como crime falimentar, submeter-se-á às regras do Estatuto da Criança e do Adolescente.

Incapaz: há apenas duas hipóteses em que o incapaz poderá ser empresário: **a)** continuação da empresa no caso de incapacidade superveniente; ou **b)** continuação da empresa no caso de sucessão hereditária. Trata-se de prestígio ao princípio da continuação da empresa. **Atenção:** o incapaz não poderá *iniciar* a atividade empresarial, mas no caso de incapacidade superveniente ou sucessão hereditária poderá *continuar* a empresa já existente. **Requisitos:** o incapaz deve estar devidamente *representado* (no caso de incapacidade absoluta) ou *assistido* (no caso de incapacidade relativa), bem como deve haver prévia *autorização judicial* (o juiz deve analisar a pertinência da continuação da empresa). **Atenção para o art. 974, § 2º, do Código Civil:** "Não ficam sujeitos ao resultado da empresa os bens que o incapaz já possuía, ao tempo da sucessão ou da interdição, desde que estranhos ao acervo daquela, devendo tais fatos constar do alvará que conceder a autorização". Assim, desde que estranhos ao acervo da empresa, o patrimônio que o incapaz tinha antes da continuação da atividade não ficam sujeitos às dívidas sociais.

Empresário casado: no caso do empresário casado aplica-se a regra do art. 978 do CC, que é uma exceção ao art. 1647, I, do CC, dispondo que: "O empresário casado pode, sem necessidade de outorga conjugal, qualquer que seja o regime de bens, alienar os imóveis que integrem o patrimônio da empresa ou gravá-los de ônus real". **Atenção:** tudo que envolva o aspecto patrimonial do **empresário individual** deve ser levado a registro (ex.: o pacto antenupcial do empresário individual deve ser levado a registro). Segundo o Código Civil: "Art. 979. Além de no Registro Civil, serão arquivados e averbados, no Registro Público de Empresas Mercantis, os pactos e declarações antenupciais do empresário, o título de doação, herança, ou legado, de bens clausulados de incomunicabilidade ou inalienabilidade. "

Responsabilidade do empresário individual: o empresário individual tem responsabilidade ilimitada.

Pessoas legalmente impedidas de serem empresários individuais: não podem ser empresários: **a)** funcionários públicos civis da União, dos Estados, dos Municípios e do Distrito Federal; **b)** magistrados; **c)** membros do Ministério Público; **d)** falidos, enquanto não houverem sido reabilitados; **e)** estrangeiros não residentes no País; **f)** corretores e leiloeiros; **g)** cônsules, salvo os não remunerados; **h)** médicos, para o exercício simultâneo da medicina e farmácia, drogaria ou laboratório; **i)** militares da ativa das Forças Armadas (Exército, Marinha e Aeronáutica) e da Polícia Militar. Casos estas pessoas exerçam atividade própria de empresário, haverá responsabilidade ilimitada pelas dívidas decorrentes da exploração da atividade empresarial (art. 973, CC). **Atenção:** essa proibição não impede que tais pessoas sejam **sócios** (acionistas ou quotistas) de sociedade empresária. **Atenção!** "CC, art. 973. A pessoa legalmente impedida de exercer atividade própria de empresário, se a exercer, responderá pelas obrigações contraídas. "

3. ESTABELECIMENTO EMPRESARIAL

Conceito: O estabelecimento empresarial compreende o complexo (conjunto) de bens, corpóreos e incorpóreos, organizados pelo empresário para o exercício da atividade empresarial.

NOVIDADE LEGISLATIVA! A Lei 14.382, de 27 de junho de 2022, que dispõe sobre o Sistema Eletrônico dos Registros Públicos (Serp), incluiu três novos parágrafos ao art. 1.142 do Código Civil, que estabelecem o seguinte: (i) O estabelecimento empresarial não se confunde com o ponto empresarial (local onde se exerce a atividade empresarial), que poderá ser físico ou virtual; (ii) No caso de ponto empresarial virtual, o endereço informado para fins de registro poderá ser o endereço do empresário individual ou o de um dos sócios da sociedade empresária; (iii) Quando o ponto empresarial for físico, a fixação do horário de funcionamento competirá ao Município."

Sinônimo: fundo de comércio.

O estabelecimento empresarial é sujeito de direitos? Não. O estabelecimento empresarial não é sujeito de direitos e obrigações, uma vez que não possui personalidade jurídica. O estabelecimento empresarial é objeto de direito, porquanto possui proteção legal.

Elementos: O estabelecimento empresarial é formado por elementos corpóreos e incorpóreos.

Atributos: O estabelecimento empresarial possui dois atributos: o *aviamento* e a *clientela.*

Elementos corpóreos ou materiais	Elementos incorpóreos ou imateriais
• Bens móveis (ex.: mercadorias em estoque); • Bens imóveis (ex.: imóvel utilizado como armazém para depósitos das mercadorias; prédios apropriados para instalação de usinas; estacionamentos para cargas, etc.)	Propriedade industrial (patente de invenção e de modelo de utilidade; registro de marca e de desenho industrial). Nome empresarial; Ponto empresarial.
1ª OBSERVAÇÃO: • **Mercadorias em estoque.** Segundo o STJ, as mercadorias em estoque constituem elementos materiais do estabelecimento empresarial, pois são bens corpóreos utilizados pelo empresário na exploração da atividade econômica (REsp 1.079.781/RS).	

Elementos corpóreos ou materiais	Elementos incorpóreos ou imateriais
• **Nome de domínio.** Nome de domínio é o nome indicativo do *website* do empresário. O nome de domínio constitui elemento imaterial do estabelecimento empresarial, pois é bem incorpóreo utilizado pelo empresário na exploração da atividade econômica.	
2ª OBSERVAÇÃO: • **Aviamento.** O aviamento é a potencialidade do estabelecimento de gerar lucros. O aviamento não compõe o conceito de estabelecimento. Ou seja, o aviamento não é elemento do estabelecimento, mas **atributo** deste, que corresponde a sua capacidade de gerar lucros. • **Clientela.** A clientela é conjunto de pessoas que mantém relação de fidelidade com o empresário, adquirindo seus produtos e serviços. Está diretamente relacionada ao aviamento, pois, quanto maior a clientela, tanto maior será o aviamento. A clientela não compõe o conceito de estabelecimento. Ou seja, a clientela não é um elemento do estabelecimento, mas **atributo** deste, que corresponde a sua capacidade de gerar lucros.	

Natureza jurídica: prevalece que o estabelecimento empresarial tem natureza jurídica de *universalidade de fato* (bens que estão juntos por vontade do titular). O estabelecimento é uma universalidade de fato, formada por bens corpóreos e incorpóreos, porque os elementos que o compõe formam uma coisa unitária por destinação do próprio empresário.

Penhora do estabelecimento: Segundo o STJ, "é *legítima* a penhora do estabelecimento comercial", nos termos da Súmula nº 451.

TRESPASSE

Conceito: é o nome que se dá ao contrato de compra e venda do estabelecimento empresarial. Trata-se de um *negócio jurídico translativo.*

Trespasse *vs.* Cessão de quotas: O trespasse não se confunde com a cessão de quotas. No trespasse ocorre a **transferência da titularidade do estabelecimento**. Já na cessão de cotas ocorre a **modificação do quadro societário**, mas não a transferência da titularidade do estabelecimento.

Formalidades: Averbação + publicação na imprensa oficial. O contrato de trespasse só produz efeitos quanto a terceiros, depois de averbado à margem da inscrição do empresário, ou da sociedade empresária, no Registro Público de Empresas Mercantis (Junta Comercial) e de publicado na Imprensa Oficial (art. 1.144, CC).

EXCEÇÃO!
As microempresas e empresas de pequeno porte estão desobrigadas do requisito de publicação na imprensa oficial (art. 71 da LC n. 123/2006).

Formalidade adicional: Se o alienante não tiver bens suficientes para saldar as dívidas do estabelecimento, é necessária uma formalidade adicional, que é a **notificação dos credores**, que terão prazo de 30 dias para concordar de forma expressa ou tácita com a alienação.

Consequência do trespasse sem o cumprimento dos requisitos legais: caso o trespasse seja realizado sem o pagamento de todos os credores ou sem a notificação de todos os credores, o contrato será ineficaz.

Ineficácia do contrato de trespasse: o credor pode pedir a ineficácia do contrato de trespasse tanto em ação ordinária como em ação de falência (arts. 129, VI, e 136, todos da Lei 11.101/05). Reconhecida a ineficácia ou julgada procedente a ação revocatória, as partes retornarão ao estado anterior, e o contratante de boa-fé terá direito à restituição dos bens ou valores entregues ao devedor.

E se os credores não concordarem com a venda do estabelecimento? Caso não concordem com a venda do estabelecimento, o alienante ainda poderá fazê-lo, mas desde que pague todos os credores. É o que diz o art. 1.145 do Código Civil: "Se ao alienante não restarem bens suficientes para solver o seu passivo, a eficácia da alienação do estabelecimento depende do pagamento de todos os credores, ou do consentimento destes, de modo expresso ou tácito, em trinta dias a partir de sua notificação."

E se a alienação for feita sem a notificação dos credores? Caso a alienação seja feita sem a notificação de todos os credores, o contrato de trespasse será *ineficaz*.

E se todos os credores foram notificados, mas não consentiram com a alienação? Caso a alienação seja feita sem o pagamento de todos os credores, o contrato de trespasse será *ineficaz*.

Como o credor pode pleitear a ineficácia da alienação? O credor pode pleitear a ineficácia do contrato de trespasse tanto em ação ordinária como em ação de falência. Na falência, reconhecida a ineficácia ou julgada procedente a ação revocatória, as partes retornarão ao estado anterior, e o contratante de boa-fé terá direito à restituição dos bens ou valores entregues ao devedor.

Responsabilidade do alienante pelas dívidas anteriores ao trespasse: O alienante responde solidariamente com o adquirente pelas dívidas anteriores, pelo prazo de *um ano*. Se a dívida estiver vencida, conta-se um ano da data da publicação do trespasse na imprensa oficial. Se a dívida é vincenda, conta-se um ano da data do vencimento.

Responsabilidade do adquirente:

1) **Dívidas posteriores ao trespasse:** Após o trespasse, todas as dívidas sociais correm por conta do adquirente.

2) **Dívidas anteriores ao trespasse:** O adquirente responde pelas dívidas anteriores, desde que regularmente contabilizadas. **Exceção:** se a compra do estabelecimento ocorreu no processo de falência ou de recuperação judicial, o adquirente não responde pelas dívidas anteriores, inclusive as tributárias e trabalhistas.

3) **Dívidas tributárias anteriores ao trespasse:** O adquirente que continua explorando a atividade empresarial antes desenvolvida pelo alienante, responde pelos tributos do estabelecimento adquirido devidos até a data do trespasse: **a) integralmente:** se o alienante cessar a exploração do comércio, indústria ou atividade; **b) subsidiariamente com o alienante:** se o alienante prosseguir na exploração ou iniciar dentro de 6 meses, a contar da data da alienação, nova atividade no mesmo ou em outro ramo de comércio, indústria ou profissão. **Exceção:** se a compra do estabelecimento ocorreu no processo de falência ou de recuperação judicial, o adquirente não responde pelas dívidas anteriores, inclusive as tributárias e trabalhistas.

Cláusula de não restabelecimento ou de não concorrência: A cláusula de não restabelecimento é uma cláusula **implícita** do contrato de trespasse, pois decorre da própria lei (art. 1.147 do CC). Por se tratar de uma cláusula implícita, se não houver autorização expressa no contrato de trespasse, o alienante não poderá fazer concorrência ao adquirente nos **cinco anos** subsequentes à transferência do estabelecimento.

Abusividade da cláusula de não concorrência sem limitação de tempo: Segundo o STJ, é abusiva a vigência, por prazo indeterminado, da cláusula de não restabelecimento, também denominada cláusula de não concorrência.

Sub-rogação do adquirente nos contratos de exploração atinentes ao estabelecimento adquirido: desde que não possuam caráter pessoal, é a regra geral, incluindo o contrato de locação. É o que dispõe o art. 1.148 do Código Civil: "Salvo disposição em contrário, a transferência importa a sub-rogação do adquirente nos contratos estipulados para exploração do estabelecimento, se não tiverem caráter pessoal, podendo os terceiros rescindir o contrato em 90 dias a contar da publicação da transferência, se ocorrer justa causa, ressalvada, neste caso, a responsabilidade do alienante."

Cessão de créditos referentes ao estabelecimento transferido: produzirá efeito em relação aos respectivos devedores, desde o momento da publicação da transferência na Imprensa Oficial, mas o devedor ficará exonerado se de boa-fé pagar ao cedente (art. 1.149 do Código Civil).

ENUNCIADOS DO CJF

Enunciado 7 da I Jornada de Direito Comercial: O nome de domínio integra o estabelecimento empresarial como bem incorpóreo para todos os fins de direito.

Enunciado 8 da I Jornada de Direito Comercial: A sub-rogação do adquirente nos contratos de exploração atinentes ao estabelecimento adquirido, desde que não possuam caráter pessoal, é a regra geral, incluindo o contrato de locação.

Enunciado 59 da II Jornada de Direito Comercial: A mera instalação de um novo estabelecimento, em lugar antes ocupado por outro, ainda que no mesmo ramo de atividade, não implica responsabilidade por sucessão prevista no art. 1.146 do CC.

Enunciado 67 da II Jornada de Direito Comercial: Na locação *built to suit*, é válida a estipulação contratual que estabeleça cláusula penal compensatória equivalente à totalidade dos aluguеres a vencer, sem prejuízo da aplicação do art. 416, parágrafo único, do Código Civil.

Enunciado 233 da III Jornada de Direito Civil: A sistemática do contrato de trespasse delineada pelo Código Civil nos arts. 1.142 e ss., especialmente seus efeitos obrigacionais, aplica-se somente quando o conjunto de bens transferidos importar a transmissão da funcionalidade do estabelecimento empresarial.

Enunciado 234 da III Jornada de Direito Civil: Quando do trespasse do estabelecimento empresarial, o contrato de locação do respectivo ponto não se transmite automaticamente ao adquirente.

Enunciado 393 da IV Jornada de Direito Civil: A **validade** da alienação do estabelecimento empresarial não depende de forma específica, observado o regime jurídico dos bens que a exijam.

SÚMULAS APLICÁVEIS

STF – Súmula 451: É legítima a penhora da sede do estabelecimento comercial.

STJ – Súmula 166: Não constitui fato gerador do ICMS, o simples deslocamento de mercadoria de um para outro estabelecimento do mesmo contribuinte.

4. REGISTRO E ESCRITURAÇÃO

Inscrição: o empresário é obrigado a efetuar seu registro no Registro Público de Empresas Mercantis, antes de iniciar sua atividade. O art. 967 do CC dispõe que "é obrigatória a inscrição do empresário no Registro Público de Empresas Mercantis da respectiva sede, antes do início de sua atividade". O registro do empresário tem natureza jurídica de condição de regularidade.

Legislação sobre o registro do empresário: a Lei 8.934/94 dispõe sobre o Registro Público de Empresas Mercantis.

Consequências da ausência do registro: a) responsabilidade ilimitada; **b)** impossibilidade de requerer falência de terceiros (no entanto, pode pedir a própria falência); **c)** impossibilidade de requerer a própria recuperação judicial; **d)** impossibilidade de participar de licitação.

Empresário rural: de acordo com o art. 971 do Código Civil, é o empresário, cuja atividade rural constitua sua principal profissão. Caso o empresário rural efetue o registro, ficará equiparado ao empresário comum, tendo as mesmas obrigações deste. No entanto, o registro do empresário rural tem natureza constitutiva.

Todo empresário (salvo o pequeno empresário) tem obrigação de **escriturar** os livros empresariais. Isso porque os empresários são obrigados a manter um sistema de contabilidade.

- A escrituração dos livros materializa a higidez da empresa e do sistema contábil, trazendo vantagens ao empresário, porque os livros fornecem subsídios para a escolha de estratégias de gestão e atuação no mercado.
- Para que sejam considerados regulares e tenham eficácia probatória em favor do empresário, os livros empresariais devem preencher requisitos intrínsecos e extrínsecos.

ATENÇÃO! O pequeno empresário está dispensado da escrituração de livros.

Requisitos da escrituração dos livros empresariais:

a) Requisitos intrínsecos: os livros empresariais devem ser escriturados em idioma nacional, moeda corrente e forma contábil, ordem cronológica e sem rasura.

b) Requisitos extrínsecos: se relacionam com a segurança e autenticidade, que ocorre quando o livro empresarial possui contiver termos de abertura e de encerramento, e estiver autenticado pela Junta Comercial.

- **Livro obrigatório:** Livro Diário. O livro diário pode ser datilografado (escrituração mecânica) ou informatizado.

Atenção! Com o Marco Legal das Startups (LC 182/2021), o art. 294 da Lei 6.404/1976, passou a prever que a **sociedade anônima fechada** que tiver **receita bruta anual de até R$ 78.000.000,00** (setenta e oito milhões de reais) pode substituir os livros de que trata o art. 100 da lei (ex.: livro de ações nominativas; livro de ata de assembleias gerais; livro de atas do Conselho Fiscal) por registros mecanizados ou eletrônicos.

Consequências da ausência de escrituração:

a) ineficácia probatória dos livros comerciais;

b) ilegitimidade ativa para requerer a recuperação judicial;

c) configuração de crime falimentar (Lei 11.101/05, art. 178).

Sigilosidade: Os livros empresariais são sigilosos. No entanto, há exceções:

a) Súmula 260 do STF ("O exame de livros comerciais, em ação judicial, fica limitado às transações entre os litigantes");

b) O juiz poderá autorizar a exibição integral dos livros e papéis de escrituração quando necessária para resolver questões relativas a sucessão, comunhão ou sociedade, administração ou gestão à conta de outrem, ou em caso de falência;

c) A sigilosidade dos livros comerciais não se aplica às autoridades fazendárias, quando no exercício da fiscalização de impostos;

d) Arts. 420 e 421 do CPC/2015.

> **ATENÇÃO!** O procedimento de exibição judicial está no art. 396 do CPC/2015 e depende da apresentação de justo motivo, a saber: questões sucessórias, questões societárias, questões sobre a administração/gestão e falência.

Força probatória dos livros empresariais: Os livros empresariais provam contra seu autor, sendo lícito ao empresário, todavia, demonstrar, por todos os meios permitidos em direito, que os lançamentos não correspondem à verdade dos fatos. Os livros empresariais que preencham os requisitos exigidos por lei provam a favor de seu autor no litígio entre empresários. Além disso, como a escrituração contábil é indivisível, se dos fatos que resultam dos lançamentos, uns são favoráveis ao interesse de seu autor e outros lhe são contrários, ambos serão considerados em conjunto, como unidade.

Falsificação de livro mercantil: A falsificação de livro mercantil configura o crime de falsificação de documento público, nos termos do art. 297 do Código Penal.

5. DIREITO SOCIETÁRIO

SOCIEDADES SIMPLES OU EMPRESÁRIAS:

São pessoas jurídicas de direito privado, formadas por um conjunto de pessoas (pessoa jurídica intersubjetiva) e com finalidade lucrativa. As sociedades podem ser *simples* ou *empresárias*.

Sociedade simples: é a sociedade não empresária. No caso das sociedades simples, o ato constitutivo deve ser levado a registro no Cartório de Registro Civil de Pessoas Jurídicas. A sociedade simples pode se constituir segundo os seguintes tipos: **a)** cooperativa; **b)** sociedade em comandita simples; **c)** sociedade limitada. **Exceção:** a "sociedade de advogados" é uma sociedade simples, mas adquire personalidade jurídica quando o seu ato constitutivo é levado a registro na Ordem dos Advogados do Brasil – OAB.

Sociedade empresária: é aquela que tem por objeto o exercício de atividade própria de empresário sujeito a registro (CC, art. 966). Sociedade empresária é o empresário pessoa jurídica. As sociedades empresárias devem se constituir mediante um dos seguintes tipos societários: a) sociedade em nome coletivo; b) sociedade em comandita simples; c) sociedade em comandita por ações; d) sociedade limitada; e) sociedade anônima.

Atenção! Não importa se a sociedade é simples ou se a sociedade é empresária, elas sempre têm finalidade lucrativa.

SOCIEDADES NÃO PERSONIFICADAS:

Conceito: sociedades não personificadas (ou despersonalizadas) são aquelas que não possuem personalidade jurídica.

Espécies: são apenas duas as sociedades não personificadas: a) sociedade em comum (sociedade irregular e sociedade de fato); e b) sociedade em conta de participação.

Patrimônio especial: o patrimônio da sociedade não personificada é chamado de especial, uma vez que não pertence à pessoa jurídica, mas aos sócios. "CC, art. 988. Os bens e dívidas sociais constituem patrimônio especial, do qual os sócios são titulares em comum. "

DA SOCIEDADE EM COMUM/IRREGULAR/DE FATO:

Conceito: a sociedade em comum é gênero que abrange a sociedade irregular (aquela que possui contrato social, mas não foi levado a registro) e a sociedade de fato (aquela que sequer possui contrato social).

Responsabilidade perante terceiros: a responsabilidade dos sócios é ilimitada (art. 990, CC), sobretudo em razão da irregularidade decorrente da ausência de registro.

Responsabilidade perante os demais sócios: a responsabilidade é solidária entre os sócios.

Responsabilidade perante a sociedade empresária: a responsabilidade do sócio, perante a pessoa jurídica, é subsidiária, nos termos do art. 1.024 do CC ("Os bens particulares dos sócios não podem ser executados por dívidas da sociedade, senão depois de executados os bens sociais").

DA SOCIEDADE EM CONTA DE PARTICIPAÇÃO:

Previsão legal: a sociedade em conta de participação está prevista a partir do art. 991. Na sociedade em conta de participação, a atividade constitutiva do objeto social é exercida unicamente pelo sócio ostensivo, em seu nome individual e sob sua própria e exclusiva responsabilidade, participando os demais dos resultados correspondentes. Obriga-se perante terceiro tão-somente o sócio ostensivo; e, exclusivamente perante este, o sócio participante, nos termos do contrato social.

Conceito: é a sociedade que possui um sócio oculto (ou participante), que não aparece perante terceiros, e um sócio ostensivo, em nome do qual são realizadas todas as atividades.

Sócios: duas modalidades de sócios = o *sócio ostensivo* e o *sócio oculto (ou participante)*.

Características do sócio ostensivo: a) exerce o objeto social (ou seja, é o único que administra a sociedade); b) possui responsabilidade exclusiva (ou seja, é o único que responde perante terceiros); e c) age em seu nome próprio (e não em nome da sociedade).

Sócio oculto: o sócio oculto, também chamado de sócio participante, somente participa dos resultados. O sócio participante investe e participa dos resultados. No entanto, importante lembrar a regra do parágrafo único do art. 993 do Código Civil que dispõe que "sem prejuízo do direito de fiscalizar a gestão dos negócios sociais, o sócio participante não pode tomar parte nas relações do sócio ostensivo com terceiros, sob pena de responder solidariamente com este pelas obrigações em que intervier".

Legitimidade passiva em juízo: o ajuizamento de qualquer ação judicial deve ser em face do sócio ostensivo e não em face da sociedade, porquanto é ele que exerce o objeto social em seu próprio nome e sob sua própria e exclusiva responsabilidade.

Atenção! Por expressa determinação legal, a sociedade em conta de participação será sempre despersonificada. Ainda que se leve a registro o seu ato constitutivo, a sociedade em conta de participação nunca adquirirá personalidade jurídica, nos termos do art. 993, CC ("o contrato social produz efeito somente entre os sócios, e a eventual inscrição de seu instrumento em qualquer registro não confere personalidade jurídica à sociedade").

DAS SOCIEDADES PERSONIFICADAS:

Conceito: Sociedades personificadas são aquelas que possuem personalidade jurídica.

Aquisição da personalidade jurídica: a sociedade adquire personalidade jurídica com o seu registro no órgão competente. "CC, art. 45. **Começa a existência legal das pessoas jurídicas de direito privado com a inscrição do ato constitutivo no respectivo registro**, precedida, quando necessário, de autorização ou aprovação do Poder Executivo, averbando-se no registro todas as alterações por que passar o ato constitutivo."

Registro: o órgão competente para o registro é a junta comercial se se tratar de uma sociedade empresária. Por outro lado, se se tratar de uma sociedade simples, o registro se dará no Registro Civil de Pessoas Jurídicas. **Exceção:** as sociedades de advogados adquirem personalidade jurídica quando o contrato social é levado a registro na OAB.

Atributos: quando uma sociedade adquire personalidade jurídica ela passa a ter três atributos: **a)** titularidade negocial (aptidão para realizar negócios jurídicos); **b)** titularidade processual (aptidão para demandar e ser demandada em juízo); e **c)** autonomia patrimonial (a sociedade tem patrimônio próprio, distinto do patrimônio dos sócios).

Espécies: as sociedades personificadas podem ser: **a)** sociedade simples (sociedades não empresária); ou **b)** sociedade empresária.

SOCIEDADES EMPRESÁRIAS

Obrigação de registro: a sociedade empresária é obrigada a efetuar seu registro no Registro Público de Empresas Mercantis, antes de iniciar sua atividade, nos termos do art. 967 do CC. O registro do empresário tem natureza jurídica de mera condição de regularidade. Para o empresário rural, o registro é facultativo (art. 971, CC). Caso o empresário rural efetue o registro, ficará equiparado ao empresário comum, tendo as mesmas obrigações deste. O registro do empresário rural tem natureza constitutiva.

Tipos societários: O Código Civil, elenca os seguintes tipos societários: (i) sociedade em nome coletivo; (ii) sociedade em comandita simples; (iii) sociedade limitada (que pode ser, inclusive, unipessoal); (iv) sociedade em comandita por ações; (v) sociedade anônima.

a) SOCIEDADE EM NOME COLETIVO

Na sociedade em nome coletivo, somente **pessoas físicas** podem tomar parte como sócios.

Responsabilidade dos sócios: respondem **solidária e ilimitadamente**, pelas obrigações sociais (art. 1.039, CC).

Limitação da responsabilidade dos sócios: Sem prejuízo da responsabilidade perante terceiros, podem os sócios, no ato constitutivo, ou por unânime convenção posterior, **limitar entre si**, a responsabilidade de cada um.

Administração: A administração da sociedade em nome coletivo **compete exclusivamente aos sócios**.

Nome empresarial: A sociedade em nome coletivo opera sob **firma** composta com o nome completo ou abreviado de um ou mais sócios. A inclusão do ramo de atividade é facultativa.

Dissolução: A sociedade em nome coletivo se dissolve de pleno direito **por qualquer das causas enumeradas no art. 1.033 e, se empresária, também pela declaração da falência.**

b) SOCIEDADE EM COMANDITA SIMPLES

Na sociedade em comandita simples tomam parte sócios de duas categorias, os comanditados e os comanditários, devendo o contrato social discriminá-los.

Sócios comanditados: somente podem ser pessoas físicas e serão responsáveis solidária e ilimitadamente pelas obrigações sociais. Aos comanditados cabem os mesmos direitos e obrigações dos sócios da sociedade em nome coletivo.

Sócios comanditários: podem ser pessoas físicas ou jurídicas e são obrigados somente pelo valor de sua quota. Sem prejuízo da faculdade de participar das deliberações da sociedade e de lhe fiscalizar as operações, não pode o comanditário praticar qualquer ato de gestão, nem ter o nome na firma social, sob pena de ficar sujeito às responsabilidades de sócio comanditado.

Regime jurídico supletivo: Aplicam-se à sociedade em comandita simples as normas da **sociedade em nome coletivo**, no que forem compatíveis com as deste Capítulo.

Sociedade de capital: No caso de morte de sócio comanditário, a sociedade, salvo disposição do contrato, continuará com os seus sucessores, que designarão quem os represente.

Dissolução da sociedade: Dissolve-se de pleno direito a sociedade em comandita simples: **(i)** por qualquer das causas previstas no art. 1.044; **(ii)** quando por mais de cento e oitenta dias perdurar a falta de uma das categorias de sócio.

c) SOCIEDADE LIMITADA

Legislação aplicável: A sociedade limitada rege-se pelos arts. 1.052 e seguintes do CC (Capítulo das Sociedades Limitadas). Nas omissões deste Capítulo, aplicam-se, subsidiariamente, as normas aplicáveis às sociedades simples. **Exceção:** o contrato social poderá prever a regência supletiva da sociedade limitada pelas normas da sociedade anônima.

Constituição: a sociedade limitada pode ser constituída por um instrumento público ou particular, devendo em todo caso ter o visto de um advogado, sob pena de nulidade (art. 1º, § 2º, EOAB). **Exceção:** quando se tratar de microempresa e empresa de pequeno porte não se exige que o instrumento particular tenha o visto de um advogado.

Pressupostos de existência (regra): a) pluralidade de sócios (dois ou mais sócios); e **b)** *affectio societatis* (vontade comum entre os sócios).

> **Atenção!**
>
> Com a Lei 13.874/2019, foram incluídos os §§ 1º e 2º ao art. 1.052 do CC, passando o ordenamento jurídico a admitir a figura da sociedade limitada unipessoal, ou seja, aquela constituída por um único sócio. Veja o que estabelecem os dispositivos em comento: "§ 1º A sociedade limitada pode ser constituída por 1 (uma) ou mais pessoas. § 2º Se for unipessoal, aplicar-se-ão ao documento de constituição do sócio único, no que couber, as disposições sobre o contrato social."

Responsabilidade do sócio: a responsabilidade do sócio é limitada, estando restrita ao valor de suas quotas, mas todos os sócios respondem de forma solidária pelo que falta para a integralização do capital social (art. 1.052, CC).

Exceções quanto à responsabilidade limitada dos sócios: 1) dívidas trabalhistas; 2) dívidas com o INSS; 3) casos de desconsideração da personalidade jurídica.

Capital social: o capital social divide-se em quotas, iguais ou desiguais, cabendo uma ou diversas a cada sócio.

Quotas sociais: conferem ao titular o direito de sócio de uma sociedade limitada. O sócio pode integralizar as quotas que subscreveu de diversas formas, a saber: 1) dinheiro; 2) bens móveis ou imóveis (lembrando que quem integraliza com bens responde pela evicção); 3) créditos (lembrando que quem integraliza com créditos responde pela solvência). **Atenção:** É vedada a integralização com prestação de serviços, em razão do art. 1.055, § 2º, CC.

Transferência de quotas: art. 1.057, CC. Se o contrato for omisso quanto à possibilidade de transferência de quotas, aplica-se a regra do art. 1.057 do CC. Assim sendo, se o sócio quiser transferir sua quota para outro sócio não é necessária autorização de ninguém. No entanto, caso o sócio pretenda transferir suas quotas para um terceiro estranho à sociedade, somente poderá fazê-lo se não houver a oposição de mais de um quarto do capital social.

Direitos dos sócios: 1) direito de participar nos resultados (participação nos lucros e perdas – art. 1008, CC); **2)** direito de deliberar sobre os assuntos da sociedade; **3)** direito de retirada (direito de recesso); **4)** direito de fiscalização.

Administração: o administrador da sociedade limitada pode ser tanto um sócio como um não sócio. No entanto, se se tratar de não sócio, deve-se observar o art. 1.061 do CC ("Se o contrato permitir administradores não sócios, a designação deles dependerá de aprovação da unanimidade dos sócios, enquanto o capital não estiver totalmente integralizado, e de dois terços, no mínimo, após a integralização"). Vale lembrar, ainda, a recente alteração trazida pela Lei 13.792/2019 que traz regra de quórum diversa para a destituição de administradores. Vejamos: "Art. 1.063. O exercício do cargo de administrador cessa pela destituição, em qualquer tempo, do titular, ou pelo término do prazo se, fixado no contrato ou em ato separado, não houver recondução. § 1º **Tratando-se de sócio nomeado administrador no contrato, sua destituição somente se opera pela aprovação de titulares de quotas correspondentes a mais da metade do capital social, salvo disposição contratual diversa** (Parágrafo com redação dada pela Lei nº 13.792, de 2019) § 2º A cessação do exercício do cargo de administrador deve ser averbada no registro competente, mediante requerimento apresentado nos dez dias seguintes ao da ocorrência. § 3º A renúncia de administrador torna-se eficaz, em relação à sociedade, desde o momento em que esta toma conhecimento da comunicação escrita do renunciante; e, em relação a terceiros, após a averbação e publicação."

d) SOCIEDADE EM COMANDITA POR AÇÕES

Sociedade em comandita por ações é aquela em que o capital social é divido em ações, e cuja responsabilidade é mista, ou seja, os acionistas respondem limitadamente pelo preço das ações subscritas ou adquiridas, e o acionista diretor responde solidária e ilimitadamente pelas obrigações sociais.

e) SOCIEDADE ANÔNIMA

Fundamento legal: Lei 6.404/76 (Lei da Sociedade Anônima).

Sinônimo: a sociedade anônima é também chamada de companhia (Cia).

Espécies: as sociedades anônimas podem ser abertas ou fechadas (art. 4º, LSA):

S/A aberta	S/A fechada
É aquela em que seus valores mobiliários (papéis, títulos, ações) são admitidos à negociação no Mercado de Valores Mobiliários (Bolsa de Valores). A sociedade anônima aberta é aquela que pode negociar seus valores mobiliários na Bolsa de Valores.	É aquela em que seus valores mobiliários não são admitidos à negociação no mercado de valores mobiliários. No entanto, isso não significa que a sociedade anônima fechada não possa negociar os seus valores mobiliários, mas apenas que estes valores não poderão ser negociados na Bolsa de Valores.

Constituição: a constituição de uma sociedade anônima passa, preliminarmente, pelo preenchimento de três requisitos: **a)** subscrição das ações por, no mínimo, duas pessoas; **b)** realização, como entrada, de 10% (dez por cento), no mínimo, do preço de emissão das ações subscritas em dinheiro (tratando-se de instituição financeira, a realização mínima é de 50%); **c)** depósito no Banco do Brasil S.A. ou em outro estabelecimento bancário autorizado pela Comissão de Valores Mobiliários (CVM), da parte do capital realizado em dinheiro.

Autorização da Comissão de Valores Mobiliários (CVM): a sociedade anônima aberta precisa da autorização da CVM para ser constituída. Trata-se do que a doutrina denomina de subscrição pública, também chamada de subscrição sucessiva). **Atenção:** a sociedade anônima fechada não precisa da autorização da CVM para ser constituída.

Estatuto social: a sociedade anônima, quanto ao regime jurídico, é considerada uma sociedade institucional. Logo, o ato constitutivo é um estatuto social (e não um contrato social).

Capital social: o capital social da sociedade anônima é dividido em *ações*, sendo os seus sócios chamados de *acionistas*.

Penhora de ações: as ações de uma sociedade anônima (aberta ou fechada) podem ser penhoradas. Isso porque, as sociedades anônimas são classificadas como sociedades de capital (e não de pessoas).

Objeto social: por expressa determinação legal, as sociedades anônimas serão sempre sociedades empresárias. Logo, o único objeto social a ser explorado por uma sociedade anônima é a atividade empresarial e ou a participação em outras sociedades (art. 2º, § 3º, LSA).

Responsabilidade dos sócios acionistas: nos termos do art. 1.088 do Código Civil: "Na sociedade anônima ou companhia, o capital divide-se em ações, *obrigando-se cada sócio ou acionista somente pelo preço de emissão das ações que subscrever ou adquirir*. A regra também é estampada no art. 1º da Lei n. 6.404/76 (Lei da Sociedade Anônima), que dispõe: "A companhia ou sociedade anônima terá o capital dividido em ações, *e a responsabilidade dos sócios ou acionistas será limitada ao preço de emissão das ações subscritas ou adquiridas*." Com efeito, na sociedade anônima, a responsabilidade do acionista é limitada ao valor das ações subscritas (adquiridas mas não integralizadas) ou adquiridas (já integralizadas).

Órgãos da sociedade anônima: a) Assembleia Geral; **b)** Conselho de Administração; **c)** Diretoria; **d)** Conselho Fiscal.

Assembleia Geral: a principal função é a tomada de decisão sobre determinados assuntos, quais sejam: alteração de estatuto social; aprovação de balanço (uma vez por ano); eleição de administradores e membros do Conselho Fiscal; avaliação das contas dos administradores; autorização do Conselho de Administração a pedir a autofalência ou a recuperação da empresa.

Conselho de Administração: os membros são eleitos pela Assembleia Geral. O Conselho de Administração é composto por, no mínimo, três pessoas físicas, acionistas ou não acionistas (antes de 2011 havia exigência de que fossem acionistas). Trata-se do órgão que toma as decisões que não são de atribuição específica da assembleia geral. O Conselho de Administração é obrigatório na sociedade aberta (SA aberta), na sociedade de capital autorizado e na sociedade de economia mista (LSA, art. 168). Os membros do Conselho de Administração são eleitos pela Assembleia Geral, sendo composto por, no mínimo, três pessoas físicas, acionistas ou não acionistas (antes de 2011 havia exigência de que fossem acionistas), nos termos do art. 140, da Lei 6.404/76. **Exceção:** nas sociedades de economia mista, o Conselho de Administração é composto por, no mínimo, sete e no máximo onze membros (Lei 13.303/16, art. 13, I).

Diretoria: normalmente o diretor é responsável pela ação ou omissão própria, mas será responsável solidariamente por atos ou omissões de terceiros se sabia do ato ou omissão e deixou de fazer constar em ata a sua divergência.

> **Atenção!** Com o Marco Legal das Startups (LC 182/2021), o art. 134 da Lei 6.404/1976, passou a prever que a Diretoria pode ser composta por **1 (um) ou mais** membros eleitos e destituíveis a qualquer tempo pelo conselho de administração ou, se inexistente, pela assembleia geral.

Conselho Fiscal: é composto de três a cinco pessoas físicas, mesmo que existam auditores independentes. O Conselho Fiscal tem existência obrigatória, mas seu funcionamento depende de convocação (por acionista com pelo menos 5% do capital social). **Exceção:** na sociedade de economia mista o funcionamento do Conselho Fiscal é obrigatório (Lei 13.303/16, art. 13, IV).

Direitos do acionista (art. 109, LSA):a) direito de participação nos lucros; **b)** direito de participação no acervo da sociedade anônima no caso de liquidação; **c)** direito de fiscalização; **d)** direito de retirada (direito de recesso); **e)** direito de preferência. **Cuidado!** O direito de voto não é um direito essencial.

Mercado de capitais (Bolsa de Valores): é o sistema de distribuição dos valores mobiliários cuja finalidade é a de proporcionar liquidez aos títulos de emissão de empresas e viabilizar seu processo de capitalização.

Valores mobiliários: são títulos de investimento que uma sociedade anônima pode emitir para obtenção dos recursos que necessita. São títulos de valores mobiliários: **a)** ações; **b)** debêntures; **c)** *comercial papers*; **d)** bônus de subscrição; **e)** partes beneficiárias.

Ações	• **Conceito:** *Ações* são frações do capital social, que conferem ao titular o direito de sócio de uma sociedade anônima. • **Classificação das ações (LSA, art. 15): a)** ações ordinárias; **b)** ações preferenciais; **c)** ações de fruição. • **Ações ordinárias:** são aquelas que conferem direitos comuns ao acionista (ex. direito de fiscalização, direito de participação nos lucros), bem como o direito de voto em assembleia. **Atenção!** A sociedade anônima é obrigada a emitir as ações ordinárias. • **Ações preferenciais:** são aquelas que conferem vantagens econômicas/preferências econômicas ao titular. Ex.: art. 17, LSA (prioridade de recebimento). **Atenção!** A emissão das ações preferenciais é facultativa. • **Ações de fruição (LSA, art. 44, § 5º):** são aquelas que conferem meros direitos de gozo e fruição, sendo emitidas para substituir as ações ordinárias e preferenciais que já foram amortizadas. • **Acionista controlador:** é aquele que tem a maioria das ações com direito de voto e o poder de eleger a maioria dos administradores. • **Limite máximo de ações preferenciais sem voto que a sociedade anônima pode emitir:** até 50% (cinquenta por cento) do total de ações (art. 15, § 2º, LSA).
Debêntures	• **Conceito:** *Debêntures* são títulos representativos de um contrato de mútuo, em que a sociedade anônima é a mutuaria e o debenturista é o mutuante.
Comercial papers	• **Conceito:** *Comercial papers* são títulos de curto prazo, emitidas pelas sociedades anônimas, visando captar recursos para financiar seu capital de giro.
Bônus de subscrição	• **Conceito:** *Bônus de subscrição* nada mais é que o direito de preferência. Antes de a sociedade anônima ofertar as ações ao público ela as oferece em primeiro lugar para quem tem o bônus de subscrição.
Partes beneficiárias	• **Conceito:** *Partes beneficiárias* são títulos negociáveis, sem valor nominal e estranhos ao capital social. Logo, os titulares de partes beneficiárias não são os sócios. As partes beneficiárias conferem aos titulares, direito de crédito eventual (participação dos lucros anuais).

***Holding*:** é a sociedade anônima constituída com o objetivo de participar de outras sociedades. **Atenção:** tanto a sociedade limitada como a sociedade anônima podem ser *holding*.

***Holding* pura**	***Holding* mista**
É a sociedade anônima ou sociedade limitada que tem por único objeto participar de outras sociedades.	É a sociedade anônima ou sociedade limitada que tem por objeto participar de outras sociedades, bem como exercer qualquer outra atividade empresarial com finalidade lucrativa.

Unipessoalidade: a sociedade anônima pode ser unipessoal quando se tratar de empresa pública (quando o Poder Público que a criou for seu único acionista) ou subsidiária integral. "LSA, art. 251. A companhia pode ser constituída, mediante escritura pública, tendo como único acionista sociedade brasileira."

Subsidiária Integral: é um tipo de sociedade anônima que admite um único acionista que, necessariamente, será uma sociedade nacional. Ex.: Transpetro (possui um único sócio que é a Petrobrás).

e.1) SOCIEDADE DE ECONOMIA MISTA

• As empresas estatais (empresas públicas e sociedades de economia mista) são regidas pela Lei nº 13.303, de 30 de junho de 2016.

• Sociedades de economia mista são pessoas jurídicas de direito privado integrantes da Administração Indireta, criadas por meio de lei específica autorizatária, para a prestação de serviços públicos ou a exploração de atividades econômicas, contando com um capital misto, constituídas sob a modalidade empresarial S.A. (sociedade anônima).

• Perceba que o capital social desta modalidade de empresa estatal é misto, ou seja, parte público e parte privado. Muito embora o capital seja misto, o capital votante (maioria do capital) deve estar nas mãos do Poder Público.• O regime jurídico das empresas públicas e das sociedades de economia mista é o mesmo, porquanto são pessoas jurídicas de direito privado integrantes da Administração Pública Indireta. Na verdade, elas seguem um regime jurídico híbrido – parte público e parte privado. Não há um regime exclusivamente privado ou exclusivamente público. O que há é apenas a predominância do regime privado.

• Exemplos de sociedade de economia mista: Banco do Brasil; Petrobras.

SOCIEDADES COOPERATIVAS

Fundamento constitucional: a criação de associações e, na forma da lei, a de cooperativas independem de autorização, sendo vedada a interferência estatal em seu funcionamento (CF, art. 5º, XVIII).

Natureza jurídica: por expressa determinação legal, as sociedades cooperativas serão sempre sociedades simples.

ATENÇÃO! O ato constitutivo das cooperativas deve ser levado à registro perante a Junta Comercial. Embora o ato constitutivo das sociedades cooperativas deva ser levado a registro na Junta Comercial, elas nunca serão consideradas empresárias.

Conceito e características: as cooperativas são sociedades de pessoas, com forma e natureza próprias, de natureza civil, não sujeitas à falência, constituídas para prestar serviços aos associados, distinguindo-se das demais sociedades pelas seguintes características:

a) variabilidade, ou dispensa do capital social;

b) concurso de sócios em número mínimo necessário a compor a administração da sociedade, sem limitação de número máximo;

c) limitação do valor da soma de quotas do capital social que cada sócio poderá tomar;

d) intransferibilidade das quotas do capital a terceiros estranhos à sociedade, ainda que por herança;

e) quórum, para a assembleia geral funcionar e deliberar, fundado no número de sócios presentes à reunião, e não no capital social representado;

f) direito de cada sócio a um só voto nas deliberações, tenha ou não capital a sociedade, e qualquer que seja o valor de sua participação (*"one man, one vote"*);

g) distribuição dos resultados, proporcionalmente ao valor das operações efetuadas pelo sócio com a sociedade, podendo ser atribuído juro fixo ao capital realizado;

h) indivisibilidade do fundo de reserva entre os sócios, ainda que em caso de dissolução da sociedade.

Responsabilidade dos sócios: na sociedade cooperativa, a responsabilidade dos sócios pode ser limitada ou ilimitada.

Direito de voto à distância em reunião ou em assembleia: De acordo com o art. 43-A da Lei 5.764/71, incluído pela Lei 14.030/2020, o associado poderá participar e votar a distância em reunião ou em assembleia, que poderão ser realizadas em meio digital. Referida possibilidade de presença remota foi pensada pelo legislador como uma forma de conter os avanços da pandemia do novo corona vírus (Covid-19), iniciada em 2020.

Legitimidade extraordinária autônoma concorrente para a tutela de direitos coletivos dos associados: De acordo com o art. 88-A da Lei 5.764/71, incluído pela Lei 13.806/2019, a cooperativa poderá ser dotada de legitimidade extraordinária autônoma concorrente para agir como substituta processual em defesa dos direitos coletivos de seus associados quando a causa de pedir versar sobre atos de interesse direto dos associados que tenham relação com as operações de mercado da cooperativa, desde que isso seja previsto em seu estatuto e haja, de forma expressa, autorização manifestada individualmente pelo associado ou por meio de assembleia geral que delibere sobre a propositura da medida judicial.

SOCIEDADES DEPENDENTES DE AUTORIZAÇÃO

Sociedades dependentes de autorização são aquelas que precisam de prévia autorização do Poder Executivo para começar a funcionar.

É uma exceção ao princípio da livre iniciativa. Pelo princípio da livre iniciativa é assegurado a todos o livre exercício de qualquer atividade econômica, independentemente de autorização de órgãos públicos.

Dispensa-se prévia autorização do Poder Executivo para a constituição de pessoa jurídica, considerando que a livre iniciativa é um fundamento da República Federativa do Brasil, bem como um princípio da Ordem Econômica. As sociedades dependentes de autorização são exceção ao princípio da livre iniciativa.

Dependem de autorização do Poder Executivo para funcionar:

- instituições financeiras;
- operadoras de planos de seguros privados;
- operadoras de planos de saúde;
- empresas de segurança e de transporte de valores;
- sociedades estrangeiras.

A sociedade estrangeira, qualquer que seja o seu objeto, não pode, sem autorização do Poder Executivo, funcionar no País, ainda que por estabelecimentos subordinados, podendo, todavia, ressalvados os casos expressos em lei, ser acionista de sociedade anônima brasileira.

RESUMINDO O TEMA SOCIEDADES:

Sociedades Simples	Sociedades Empresárias
Sociedades simples são aquelas que exploram o seu objeto sem empresarialidade, ou seja, sem a organização profissional dos fatores de produção. Em outras palavras, são aquelas que não exercem atividade empresarial.	São aquelas que têm por objeto o exercício de atividade própria de empresário sujeito a registro (CC, art. 966). Em outras palavras, são aquelas que exercem atividade empresarial.
O ato constitutivo deve ser levado a registro no Cartório de Registro Civil de Pessoas Jurídicas. **Exceção:** a sociedade de advogados e a sociedade unipessoal de advogados são sociedades simples, mas que adquirem personalidade jurídica com o registro aprovado dos seus atos constitutivos no Conselho Seccional da OAB em cuja base territorial tiver sede.	O ato constitutivo deve ser levado a registo na Junta Comercial.
Sociedades Simples	**Sociedades Empresárias**
A sociedade simples pode se constituir segundo os seguintes tipos: **a)** sociedade cooperativa; **b)** sociedade em comandita simples; **c)** sociedade limitada.	As sociedades empresárias devem se constituir mediante um dos seguintes tipos societários: **a)** sociedade em nome coletivo; **b)** sociedade em comandita simples; **c)** sociedade em comandita por ações; **d)** sociedade limitada; **e)** sociedade anônima.
ATENÇÃO! Por expressa previsão legal, as sociedades cooperativas serão sempre sociedades simples.	**ATENÇÃO!** Por expressa previsão legal, as sociedades por ações – sociedade anônima e sociedade em comandita por ações – serão sempre sociedades empresárias.

DA TRANSFORMAÇÃO, DA INCORPORAÇÃO, DA FUSÃO, DA CISÃO E COLIGAÇÃO SOCIETÁRIA

Transformação	• Transformação é a modificação do tipo societário. Ex.: uma limitada que se transforma em sociedade anônima (ou vice-versa). Na transformação não ocorre a extinção da pessoa jurídica ("só há uma mudança de roupagem"). • A deliberação acerca da transformação exige, em regra, votação unânime, salvo nos casos em que o ato constitutivo da sociedade transformada já contenha disposição expressa já contendo a transformação. • A transformação não prejudica e nem modifica os direitos dos credores. Isso porque, houve apenas a mudança do tipo societário, sem a dissolução ou liquidação da pessoa jurídica).
Incorporação	• Na incorporação, uma ou várias sociedades (incorporadas) são absorvidas por outra (incorporadora). A sociedade incorporadora sucederá as demais quanto aos direitos e obrigações sociais. Na incorporação, apenas a sociedade incorporada será extinta. A incorporadora continua em pleno funcionamento. Não há, portanto, a criação de uma nova sociedade.
Fusão	• Fusão nada mais é que a união de duas ou mais sociedades para formar uma nova sociedade, extinguindo-se as sociedades que se uniram. A nova sociedade sucederá as demais quanto aos direitos e obrigações sociais. Na fusão, todas que se uniram são extintas, sendo criada uma nova sociedade. **Entenda:** a sociedade X se une com uma sociedade Y, dando origem a uma nova sociedade, Z. As sociedades X e Y serão extintas.
Cisão	• Cisão é a operação societária onde a sociedade transfere seu patrimônio para uma ou mais sociedades, constituídas para esta finalidade ou já existentes, extinguindo-se a sociedade cindida (no caso de transferência de todo o seu patrimônio) ou dividindo-se o seu capital

Cisão	(no caso de transferência de parcela do seu patrimônio). Dito de outro modo, a cisão nada mais é que a transferência (total ou parcial) do patrimônio de uma sociedade para outra. A cisão implica a venda de patrimônio (e não da empresa). **Cisão parcial:** transferência de parcela do patrimônio para outra sociedade, implicando a divisão do capital. **Cisão total:** transferência da totalidade do patrimônio para outra sociedade, implicando em extinção da sociedade cindida.
Coligação societária	• As sociedades coligadas são também chamadas de *ligações societárias*. • Consideram-se *coligadas* as sociedades que, em suas relações de capital, são controladas, filiadas, ou de simples participação (art. 1.097, CC). • As sociedades coligadas podem ser de três tipos, a saber: *sociedade filiada* (CC, art. 1.099), *sociedade de simples participação* (CC, art. 1.100) e *sociedade controladora* (CC, art. 1.098). • *Sociedade filiada ou coligada* é a sociedade de cujo capital outra sociedade participa com *dez por cento ou mais*, do capital da outra, *sem controlá-la*. • *Sociedade de simples participação* é a sociedade de cujo capital outra sociedade possua *menos de dez por cento*, do capital da outra, *com direito de voto*. • *Sociedade controladora* é a sociedade que possui a maioria de votos da outra sociedade, bem como o poder de eleger a maioria dos administradores da outra sociedade. É controlada: **a)**a sociedade de cujo capital outra sociedade possua a maioria dos votos nas deliberações dos quotistas ou da assembleia geral e o poder de eleger a maioria dos administradores; e **b)**a sociedade cujo controle esteja em poder de outra, mediante ações ou quotas possuídas por sociedades ou sociedades por esta já controladas. **Atenção!** A sociedade controladora deve ser brasileira. • A responsabilidade civil nas ligações societárias está regulada pelo art. 28, §§ 2º e 3º do Código de Defesa do Consumidor. **Dica para memorização:**

DISSOLUÇÃO, LIQUIDAÇÃO E EXTINÇÃO DA SOCIEDADE

O ato de dissolução pode ser judicial ou extrajudicial.

Hipóteses de dissolução da sociedade: nos termos do art. 1.033 do CC, dissolve-se a sociedade quando ocorrer: a) o vencimento do prazo de duração, salvo se, vencido este e sem oposição de sócio, não entrar a sociedade em liquidação, caso em que se prorrogará por tempo indeterminado; b) o consenso unânime dos sócios; c) a deliberação dos sócios, por maioria absoluta, na sociedade de prazo indeterminado; d) a extinção, na forma da lei, de autorização para funcionar.

Dissolução judicial: nos termos do art. 1.034 do CC, dissolve-se a sociedade, a requerimento de qualquer dos sócios, quando: **a)** anulada a sua constituição; **b)** exaurido o fim social, ou verificada a sua inexequibilidade. **Obs.1:** a falência da sociedade também acarreta a sua dissolução. **Obs.2:** o contrato social pode prever outras hipóteses de dissolução.

Ocorrido o ato de dissolução da sociedade, ela não perde automaticamente a personalidade jurídica. Para tanto, o ato de dissolução deve ser levado a registro no Registro Público de Empresas Mercantis. A partir daí a sociedade inicia a sua liquidação, ocasião em que será acrescido ao seu nome empresarial a expressão "em liquidação". Dissolvida a sociedade, é nomeado um liquidante. A **liquidação** é conduzida com a finalidade de atingir dois objetivos primordiais: a realização do ativo e a satisfação do passivo.

Perda da autorização para funcionamento: no caso de dissolução decorrente da perda da autorização, dispõe o art. 1.037 do CC, que: "Ocorrendo a hipótese prevista no inciso V do art. 1.033, o Ministério Público, tão logo lhe comunique a autoridade competente, promoverá a liquidação judicial da sociedade, se os administradores não o tiverem feito nos trinta dias seguintes à perda da autorização, ou se o sócio não houver exercido a faculdade assegurada no parágrafo único do artigo antecedente. Parágrafo único. Caso o Ministério Público não promova a liquidação judicial da sociedade nos quinze dias subsequentes ao recebimento da comunicação, a autoridade competente para conceder a autorização nomeará interventor com poderes para requerer a medida e administrar a sociedade até que seja nomeado o liquidante.

DA NACIONALIDADE DA SOCIEDADE:

Sociedade nacional é aquela organizada de conformidade com a lei brasileira e que tenha no País a sede de sua administração.

Quando a lei exigir que todos ou alguns sócios sejam brasileiros, as ações da sociedade anônima revestirão, no silêncio da lei, a forma nominativa. Qualquer que seja o tipo da sociedade, na sua sede ficará arquivada cópia autêntica do documento comprobatório da nacionalidade dos sócios.

Não haverá mudança de nacionalidade de sociedade brasileira sem o consentimento unânime dos sócios ou acionistas.

Conforme visto anteriormente, a sociedade estrangeira, qualquer que seja o seu objeto, não pode, sem autorização do Poder Executivo, funcionar no País, ainda que por estabelecimentos subordinados. No entanto, ressalvados os casos expressos em lei, a sociedade estrangeira pode ser acionista de sociedade anônima brasileira.

ENUNCIADO DO CJF SOBRE O TEMA:

Enunciado 486 da V Jornada de Direito Civil: "A sociedade estrangeira pode, independentemente de autorização do Poder Executivo, ser sócia em sociedades de outros tipos além das anônimas."

6. DESCONSIDERAÇÃO DA PERSONALIDADE JURÍDICA

Conceito: A desconsideração da personalidade jurídica é uma medida processual que tem por objetivo a inclusão dos sócios ou administradores da pessoa jurídica no polo passivo da demanda para que respondam pelas dívidas sociais com o seu patrimônio pessoal.

Afastamento temporário da personalidade: A desconsideração não acarreta a extinção, dissolução, liquidação ou anulação da pessoa jurídica. A pessoa jurídica continua existindo. Apenas afasta-se temporariamente a personalidade jurídica da sociedade para atingir o patrimônio pessoal dos sócios.

Limites subjetivos: A desconsideração deve atingir apenas o patrimônio dos sócios ou administradores que praticaram o ato irregular (e não de todo e qualquer sócio ou administrador).

Natureza jurídica: A desconsideração da personalidade jurídica é uma espécie de intervenção de terceiro.

Excepcionalidade da medida: A desconsideração é sempre uma medida excepcional.

Teorias: A desconsideração funda-se em duas teorias, a maior e a menor:

Teoria maior	Teoria menor
A teoria maior exige além da insuficiência patrimonial da pessoa jurídica, outros motivos para a desconsideração.	Para a desconsideração, basta a insuficiência patrimonial da pessoa jurídica, dispensando-se outros motivos.
É adotada pelo Código Civil (art. 50).	É adotada: no Código de Defesa do Consumidor (art. 28 da Lei 8.078/1990); na Lei dos Crimes Ambientais (art. 4º da Lei 9.605/98); Lei Antitruste (art. 34, da Lei 12.529/2011).

A desconsideração da personalidade jurídica pode ser decretada pelo juiz de ofício? Depende:

a) **Código Civil e CPC/2015:** no CC e no CPC, o juiz não pode desconsiderar de ofício, dependendo de requerimento da parte interessada ou do Ministério Público, quando lhe couber intervir nos autos;

b) **Código de Defesa do Consumidor:** no CDC, o juiz pode desconsiderar de ofício, considerando que as normas consumeristas são de ordem pública e interesse social;

c) **Meio Ambiente:** há divergência. Uma primeira corrente entende que sim, considerando que as normas ambientais são de ordem pública e interesse social.

Pode haver a desconsideração de pessoa jurídica sem finalidade lucrativa (ex.: associação)? Sim. A desconsideração também pode ser decretada em face de pessoas jurídicas de direito privado sem intuito lucrativo. Nesse caso, a desconsideração deverá atingir apenas os sócios e os administradores que praticaram os atos irregulares.

A desconsideração é uma modalidade de intervenção de terceiro? Sim. O novo Código de Processo Civil prevê o incidente de desconsideração da personalidade jurídica como uma modalidade de intervenção de terceiro.

O CPC tratou das hipóteses de desconsideração? Não. O novo CPC não tratou das hipóteses de desconsideração, considerando que esse tema cabe ao direito material.

Até qual momento se admite a desconsideração no processo? A desconsideração pode ser feita até a fase recursal.

O juiz pode decretar a desconsideração da personalidade jurídica *inaudita altera pars*? Sim. A desconsideração da personalidade jurídica, como incidente processual, pode ser decretada sem prévia citação dos sócios atingidos. Nesse caso, o exercício do contraditório e da ampla defesa será postergado ou diferido.

Encerramento irregular das atividades empresariais. Segundo o STJ, o encerramento das atividades da sociedade ou sua dissolução, ainda que irregulares, não são causas, por si sós, para a desconsideração da personalidade jurídica a que se refere o art. 50 do Código Civil (STJ, EREsp 1.306.553-SC).

A **desconsideração inversa da personalidade jurídica** caracteriza-se pelo afastamento da autonomia patrimonial da sociedade, para, contrariamente do que ocorre na desconsideração propriamente dita, atingir, então, o ente coletivo e seu patrimônio social por dívida pessoal do sócio, de modo a responsabilizar a pessoa jurídica por obrigações de seus sócios ou administradores.

Exemplo: quando o marido transfere para sua empresa o rol mais significativo dos bens matrimoniais para prejudicar a meação no divórcio.

O novo Código de Processo Civil admite expressamente a desconsideração inversa: "Art. 133. O incidente de desconsideração da personalidade jurídica será instaurado a pedido da parte ou do Ministério Público, quando lhe couber intervir no processo. § 1º O pedido de desconsideração da personalidade jurídica observará os pressupostos previstos em lei. § 2º Aplica-se o disposto neste Capítulo à hipótese de desconsideração inversa da personalidade jurídica."

Em complemento, vale lembrar que, recentemente, precisamente no REsp 1980607 (julgado em 09/08/2022), o Superior Tribunal de Justiça entendeu que o sócio devedor possui legitimidade e interesse recursal para impugnar a decisão que deferiu o pedido de desconsideração inversa da personalidade jurídica das empresas de que participa.

7. TÍTULOS DE CRÉDITO

- Teoria Geral dos Títulos de Crédito

Legislação aplicável: arts. 887 a 923 do Código Civil (regras gerais); Lei nº 5.474/68 (lei da duplicata); Lei nº 7.357/85 (lei do cheque); decreto nº 57.663/66 (Lei Uniforme de Genebra – LUG, aplicável às letras de câmbio e nota promissória) e Decreto nº 2.044/08 (aplicável nas omissões da LUG).

Legislação supletiva: as disposições do Código Civil relativas aos títulos de crédito, aplicam-se àqueles regulados por leis especiais, nos casos de omissão ou lacuna.

- **Integração das leis uniformes de Genebra no direito brasileiro**

O cosmopolitismo, uma das principais características do direito empresarial, deu origem a usos e costumes comuns a todos os comerciantes, independentemente de sua nacionalidade, a exemplo da criação, pela Convenção de Genebra, de uma lei uniforme para a letra de câmbio e a nota promissória. A lei uniforme de Genebra é uma norma de direito internacional, que foi incorporada ao ordenamento jurídico pátrio por meio do Decreto n. 57.663/66.

No Brasil, a Convenção de Genebra para a regulação das letras de câmbio e notas promissórias, não foi adotada integralmente, haja vista que algumas regras contidas na Lei Uniforme, não são aplicáveis ao Brasil. As matérias que foram objeto de reservas pelo Brasil, são tratadas pelo Decreto nº 2.044/1908. Assim, o Decreto nº 57.663/66 (Lei Uniforme de Genebra – LUG) e o Decreto nº 2.044/08 (aplicável nas omissões da LUG) são o regramento jurídico aplicável às letras de câmbio e notas promissórias.

Dica importante: se o examinador não especificar o título de crédito, responder a questão com base nas regras gerais do Código Civil. Por outro lado, se o examinador especificar o título de crédito, responder com base na legislação respectiva.

Conceito: título de crédito é o documento necessário ao exercício do direito literal e autônomo nele contido e somente produz efeito quando preencha os requisitos legais. Trata-se do conceito legal, que está contido no art. 887 do Código Civil.

CARACTERÍSTICAS

Como visto, o documento, para ser título de crédito, deve preencher os requisitos essenciais previstos na lei especial de cada título de crédito (p.ex.: o art. 1º da Lei do Cheque prevê os requisitos essenciais do cheque). Requisitos essenciais são aqueles que a ausência não pode ser suprida.

Há, pelo menos, **três requisitos essencia**is comuns a todos os títulos de crédito:

a) denominação (nome do título de crédito);

b) data da emissão; e

c) assinatura do emitente ou a assinatura do mandatário com poderes especiais.

> **ATENÇÃO!**
>
> Súmula 387 do STF: "A cambial emitida ou aceita com omissões, ou em branco, pode ser completada pelo credor de boa-fé, antes da cobrança ou do protesto." A Súmula 387 do STF não mitiga o formalismo dos títulos de crédito. Na verdade, mitiga tão somente o momento de preenchimento dos requisitos essenciais do título, desde que os requisitos essenciais sejam preenchidos antes do momento da cobrança ou do protesto.

- **Obrigação querable, quesível, ou não *portable*:** todo título de crédito documenta uma obrigação *querable*, ou seja, cabe ao credor ir até o devedor e exigir o pagamento da obrigação.
- **Obrigação certa, líquida e exigível:** todo título de crédito documenta uma obrigação certa (existente), líquida (o valor inserido no título é determinado), e exigível (não pode ter havido prescrição da pretensão executória).
- **Título executivo extrajudicial:** os títulos de crédito são títulos executivos extrajudiciais, desde que executados dentro do seu prazo prescricional previsto na lei especial de cada título.

> **ATENÇÃO!**
>
> **Após o decurso do prazo prescricional, o título de crédito perde a força executória, mas o titular poderá ajuizar ação monitória. Veja:**
>
> **Súmula 299-STJ: "É admissível a ação monitória fundada em cheque prescrito."**
>
> **Súmula 503-STJ: "O prazo para ajuizamento de ação monitória em face do emitente de cheque sem força executiva é quinquenal, a contar do dia seguinte à data de emissão estampada na cártula."**
>
> **Súmula 504-STJ: "O prazo para ajuizamento de ação monitória em face do emitente de nota promissória sem força executiva é quinquenal, a contar do dia seguinte ao vencimento do título."**

- **Títulos de resgate:** os títulos de crédito são títulos de resgate, porque há sempre um momento determinado (data) para o cumprimento da obrigação. Se o documento não tiver data de vencimento, considerar-se-á que o pagamento é à vista.
- **Título *pro solvendo*:** os títulos de crédito são *pro solvendo*, porque a emissão de um novo título de crédito não gera a novação da dívida. Dito de outro modo, a emissão de um novo título de crédito não extingue a dívida anterior.
- **Solidariedade cambiária ou legal:** havendo mais de um devedor no título, todos eles serão sempre solidários. Ex.: art. 51 da Lei do Cheque; art. 47 da LUG.
- **Circulabilidade:** os títulos de crédito são passíveis de circulação. A circulação dos títulos de crédito não pode ser obstaculizada. O endosso é uma das formas de pôr em circulação o título de crédito.
- Classificação dos títulos de crédito quanto à circulabilidade:

Título ao portador	• *Título ao portador* é aquele que não identifica o credor, podendo circular pela simples tradição. • A maioria dos títulos de crédito não pode ser ao portador, porque na maioria das leis especiais, exige-se que se identifique o credor (a maioria dos títulos de crédito, portanto, são nominais, ou seja, devem indicar o credor). • Cheque: b) o cheque pode ser ao portador, desde que o valor seja inferior a cem reais; b) o cheque acima de cem reais deve ser nominal (deve indicar o credor).
Título nominal	• *Título nominal* é aquele que identifica o credor (o nome do credor consta da cártula). • O título nominal pode ser à ordem ou não à ordem. • *Título nominal à ordem* é aquele que pode circular por endosso (assinatura no verso do título, ou designação e assinatura no anverso). A cláusula à ordem pode ser expressa. No caso de omissão, o título será considerado à ordem. O título de crédito só circula por endosso se for à ordem. • *Título nominal não à ordem* é aquele que não pode circular por endosso. Se o emitente consignar expressamente na cártula a cláusula não à ordem, o título não poderá circular por endosso, mas poderá circular por cessão de crédito.

PRINCÍPIOS INFORMADORES

Três princípios informam o regime jurídico cambial:

a) Princípio da cartularidade: a exigibilidade do crédito representado no título depende da apresentação do documento original. Pelo princípio da cartularidade, o direito exigível está incorporado num documento formal e original, qual seja o título de crédito.

b) Princípio da literalidade: as relações jurídicas que podem interferir *com o crédito adquirido são apenas* aquelas que constam, expressamente, do título de crédito. Os títulos de crédito são formais devendo todos os requisitos essenciais estarem previstos na cártula (documento), valendo apenas o que nele está escrito.

c) Princípio da autonomia: as obrigações cambiárias são autônomas e independentes. Em outras palavras, havendo mais de um devedor no título, cada devedor tem uma obrigação autônoma. Os princípios da abstração e da inoponibilidade das exceções pessoais em matéria de títulos de créditos são subprincípios da autonomia dos títulos de crédito.

TÍTULOS DE CRÉDITO EM ESPÉCIE

Letra de câmbio	• Está prevista nos arts. 1º a 74 do Decreto 57.663/66 (Lei Uniforme de Genebra). • A letra de câmbio é uma ordem de pagamento. • Na letra de câmbio, as partes são o sacador (aquele que dá a ordem de pagamento), o sacado (aquele que recebe a ordem de pagamento) e o credor/tomador (beneficiário da ordem de pagamento). • Os devedores cambiários diretos são o aceitante e seu avalista. • Os devedores cambiários indiretos são o endossante e seu avalista, bem como o sacador e seu avalista. • Na letra de câmbio o aceite deve ser expresso, mas não é obrigatório. • A letra de câmbio é um título nominal (deve indicar o credor), podendo ser à ordem ou não à ordem, quando houver cláusula expressa (ex.: "este título não circulará por endosso, mas por cessão"). • A letra de câmbio admite aval total ou parcial. • O endosso parcial na letra de câmbio é nulo. • A letra de câmbio admite vencimento à vista ou a prazo. • A letra de câmbio é um título abstrato, pois sua emissão independe de causa específica. • Prazo prescricional da ação contra o aceitante: 3 (três) anos a partir do vencimento; • Prazo prescricional da ação do portador contra o endossante e sacador: 1 (um) ano da data do protesto ou vencimento do título com cláusula "sem despesas"; • Prazo prescricional da ação dos endossantes uns contra os outros e contra o sacador: 6 (seis) meses do dia em que o endossante pagou a letra ou ele próprio foi acionado.

Cheque	• Está previsto na Lei nº 7.357/85. • O cheque é uma ordem de pagamento à vista. • No cheque, as partes são o emitente (devedor do cheque), o sacado (banco) e o credor/beneficiário (terceira pessoa ou o próprio emitente). • Os devedores cambiários diretos são o emitente e seu avalista. • Os devedores cambiários indiretos são o endossante e seus avalistas. • No cheque não há aceite. • Quanto à circulação, o cheque pode ser: **1)** ao portador (não identifica o credor – somente para cheques de valor inferior a R$ 100,00 – circulará por tradição); **2)** nominal à ordem (identifica o credor – como regra, é à ordem – circula via endosso); **3)** nominal não à ordem (identifica o credor – não se transfere via endosso, mas sim via cessão). • O cheque admite aval total ou parcial. • O endosso parcial no cheque é nulo. • Quanto ao vencimento o cheque é à vista, nos termos do art. 32 da lei do cheque ("O cheque é pagável à vista. Considera-se não escrita qualquer menção em contrário. O cheque apresentado para pagamento antes do dia indicado como data de emissão é pagável no dia da apresentação"). • Embora haja previsão legal que proíba cheque a prazo, convencionou-se (costume) que entre o emitente e o credor existe uma obrigação de não fazer (obrigação de não depositar antes do prazo). Tal convenção foi sumulada pelo STJ no enunciado 370 ("Caracteriza dano moral a apresentação antecipada de cheque pré-datado"). • O cheque é um título abstrato, pois sua emissão independe de causa específica. • Prescrição (arts. 33, 47 e 59 da Lei 7.357/85): 6 (seis) meses da data da expiração do prazo para apresentação (30 dias a contar da data da emissão quando emitido no lugar onde houver de ser pago; e de 60 dias, quando emitido em outro lugar do País ou no exterior).
Nota promissória	• Está prevista nos arts. 75 a 78 do Decreto 57.663/66 (Lei Uniforme de Genebra – LUG). • A nota promissória é uma promessa de pagamento. • Na nota promissória, as partes são o emitente (aquele que promete pagar) e o credor (beneficiário do pagamento). • Os devedores cambiários diretos são o emitente da nota e seu avalista. • Os devedores cambiários indiretos são o endossante e seus avalistas. • Na nota promissória não há aceite. • A nota promissória é um título nominal (deve indicar o credor), podendo ser à ordem ou não à ordem, quando houver cláusula expressa (ex.: "este título não circulará por endosso, mas por cessão"). • A nota promissória admite aval total ou parcial. • O endosso parcial na nota promissória é nulo. • A nota promissória admite vencimento à vista ou a prazo. • A nota promissória é um título abstrato, pois sua emissão independe de causa específica. • Prazo prescricional da ação contra o devedor direto (art. 70, LUG): 3 (três anos). • Prazo prescricional da ação contra o devedor indireto (art. 70, LUG): 1 (um) ano.
Duplicata	Está prevista na Lei nº 5.474/1968 e, agora, também pela Lei nº 13.775/2018. A duplicata é título cambiariforme assemelhado à letra de câmbio. Na duplicata, não se aplica diretamente o Código Civil, mas sim as normas da Letra de Câmbio, nos termos do art. 25, da Lei 5.474/68 ("Aplicam-se à duplicata e à triplicata, no que couber, os dispositivos da legislação sobre emissão, circulação e pagamento das Letras de Câmbio"). A duplicata é uma ordem de pagamento. A duplicata não é um título de saque obrigatório. Mas, para sacar, necessariamente, deve haver um contrato de compra e venda ou um contrato de prestação de serviços (causas específicas previstas na Lei da Duplicata).

Duplicata	Na duplicata, as partes são o sacador/credor/vendedor (é autor da ordem de pagamento e ao mesmo tempo o credor), o sacado/devedor/comprador (aquele que recebe a ordem de pagamento) e o credor/beneficiário do título (é o próprio sacador). O devedor cambiário direto é o aceitante e seu avalista. O devedor cambiário indireto é o endossante e seu avalista. "O pagamento da duplicata poderá ser assegurado por aval, sendo o avalista equiparado àquele cujo nome indicar; na falta da indicação, àquele abaixo de cuja firma lançar a sua; fora desses casos, ao comprador" (LD, art. 12) Na duplicata há a figura do aceite, que pode ser expresso ou tácito. A duplicata é, necessariamente, um título nominal e à ordem (indica o credor e circula via endosso), nos termos do art. 2º, § 1º, da Lei da Duplicata. A duplicata admite aval total ou parcial. O endosso parcial na duplicata é nulo. Quanto ao vencimento, a duplicata pode ser à vista ou a prazo. A duplicata é um título causal, ou seja, sua emissão depende de uma causa específica. Prazo prescricional da ação contra o sacado e respectivos avalistas: 3 (três) anos, contados da data de vencimento do título. Prazo prescricional da ação contra o endossante e seus avalistas: 1 (um) ano, contado da data do protesto. Prazo prescricional da ação de qualquer dos coobrigados contra os demais: 1 (um) ano, contado da data em que haja sido efetuado o pagamento do título. Os prazos prescricionais acima listados estão previstos nos arts. 15 e 18 da Lei 5.474/68. A Lei nº 13.775/2018 "dispõe sobre a emissão de duplicata sob a forma escritural" – também chamada de "duplicata virtual" ou "duplicata eletrônica". A norma regulamentou a sua prática utilizando esta nomenclatura mais técnica. **Novidade legislativa:** A Lei 14.206, de 27 de setembro de 2021, deu nova redação ao art. 20 da Lei 5.474/1968, estabelecendo que podem emitir fatura e duplicata: **(i)** as empresas, individuais ou coletivas, fundações ou sociedades civis que se dediquem à prestação de serviços; e (ii) o transportador autônomo de cargas (TAC).

ATOS CAMBIAIS

ACEITE

Letra de câmbio	Cheque	Nota promissória	Duplicata
O aceite deve ser expresso, mas não é obrigatório.	Não há aceite.	Não há aceite.	O aceite pode ser expresso ou tácito.

AVAL

Conceito: *aval* é o ato cambiário pelo qual uma pessoa (avalista) se compromete a pagar título de crédito, nas mesmas condições que um devedor desse título (avalizado). A grande característica do aval é que o avalista é um garantidor. Segundo André Luiz Santa Cruz Ramos, o aval é o "ato cambiário pelo qual um terceiro (o avalista) se responsabiliza pelo pagamento da obrigação constante no título" (*Direito Empresarial Esquematizado*. 4 ed. Rio de Janeiro: Forense; São Paulo: Método, 2014, p. 496).

Aval e fiança:

Aval	Fiança
• É um instituto cambiário. • É uma declaração unilateral de vontade. • É uma obrigação autônoma e independente (princípio da autonomia). • É uma obrigação solidária. • Partes: avalista e avalizado. • O aval não admite o benefício de ordem, motivo pelo qual o avalista pode ser acionado juntamente com o avalizado.	• É um instituto civilista. • É um contrato, portanto, uma declaração bilateral de vontade. • É uma obrigação acessória. • É uma obrigação subsidiária (há benefício de ordem, benefício de excussão). • Partes: fiador e afiançado. • A fiança admite o benefício de ordem, assegurando ao fiador, a prerrogativa de ser acionado somente após o afiançado. Logo, a responsabilidade do fiador é subsidiária.

ENDOSSO

Conceito: *endosso* é o ato cambiário que põe o título de crédito em circulação. Através do endosso, o endossante transfere o seu direito de receber o crédito documentado no título ao endossatário. O endosso garante a existência da obrigação e o pagamento. Segundo André Luiz Santa Cruz Ramos, "o endosso é o ato cambiário mediante o qual o credor do título de crédito (*endossante*) transmite seus direitos a outrem (*endossatário*). É ato cambiário, pois, que põe o título em circulação. Os títulos 'não à ordem', registre-se, são transmitidos mediante cessão civil de crédito (...). Os títulos de crédito típicos, nominados ou próprios (letra de cambio, nota promissória, cheque, duplicata etc.) circulam mediante endosso porque todos eles possuem implícita a cláusula 'à ordem'. Somente quando for inserida, expressamente, a cláusula 'não à ordem' num título de crédito é que ele não poderá circular por endosso, e sim por mera cessão civil de crédito. O endosso produz dois efeitos, basicamente: a) *transfere a titularidade do crédito*; e b) *responsabiliza o endossante*, passando este a ser codevedor do título (se o devedor principal não pagar, o endossatário poderá cobrar do endossante)" (*Direito Empresarial Esquematizado*. 4 ed. Rio de Janeiro: Forense; São Paulo: Método, 2014, p. 490).

Regras especiais decorrentes da legislação regente de cada título de crédito:

Letra de câmbio	Cheque	Nota promissória	Duplicata
Admite aval total ou parcial.	Admite aval total ou parcial.	Admite aval total ou parcial.	Admite aval total ou parcial.
O endosso parcial é nulo.	O endosso parcial é nulo.	O endosso parcial é nulo.	O endosso parcial é nulo.

Endosso e cessão de crédito:

Endosso	Cessão de crédito
• É um instituto cambial. • É uma declaração unilateral de vontade. • Partes: endossante e endossatário. • Garante a existência da obrigação e o pagamento. • Diz respeito ao título nominal à ordem, porquanto somente estes circulam por endosso. • Transfere um direito puro, originário, sem vícios. O endosso tem efeito purificador.	• É um instituto civilista. • É uma declaração bilateral de vontade (é um negócio jurídico). • Partes: cedente e cessionário. • Garante a existência da obrigação, mas o cedente ao ceder não garante o pagamento do título, salvo previsão expressa. • Utilizada tanto para os negócios jurídicos previstos no Código Civil como para o título nominal não à ordem. • Transfere um direito derivado, ou seja, transfere o título com eventuais vícios. A cessão não tem efeito purificador.

Endosso e aval:

Endosso	Aval
• É um instituto cambiário. • É uma declaração unilateral de vontade. • Partes: endossante e endossatário. • Garante a existência da obrigação e o pagamento. • Diz respeito ao título nominal à ordem, porquanto somente estes circulam por endosso. • Transfere um direito puro, originário, sem vícios. O endosso tem efeito purificador. • O endosso é feito através de uma assinatura no verso. É possível que ele seja feito no anverso do título. Nesse caso, deverá ser feita uma assinatura acompanhada de uma expressão identificadora do ato (ex.: "endosso a"; "pague-se a").	• É um instituto cambiário. • É uma declaração unilateral de vontade. • Partes: avalista e avalizado. • É uma obrigação autônoma e independente (princípio da autonomia). • É uma obrigação solidária. • O aval é feito através de uma assinatura no anverso do título. É possível que ele seja feito no verso do título. Nesse caso, deverá ser feita uma assinatura acompanhada de uma expressão identificadora do ato (ex.: "avalizo a", "por aval a").

Endosso-mandato (ou endosso-procuração): é uma das espécies de endosso impróprio. O endosso-mandato tem previsão no art. 18 da LUG e no art. 917 do CC. Segundo a doutrina de André Luiz Santa Cruz Ramos, por meio do endosso-mandato, "o endossante confere poderes ao endossatário – por exemplo, uma instituição financeira – para agir como seu legítimo representante, exercendo em nome daquele os direitos constantes do título, podendo cobrá-lo, protestá-lo, executá-lo, etc. Faz-se o endosso-mandato, segundo a Lei Uniforme, mediante a colocação, junto ao endosso, das expressões 'para cobrança', 'valor a cobrar' ou 'por procuração'." (*Direito Empresarial Esquematizado*. 4 ed. Rio de Janeiro: Forense; São Paulo: Método, 2014, p. 492).

PROTESTO

Previsão legal: a Lei nº 9.492/1997 regulamenta o protesto de títulos e documentos.

Conceito: *protesto* é o ato formal e solene pelo qual se prova a inadimplência e o descumprimento de uma obrigação originada em títulos e outros documentos de dívida.

Certidão de dívida ativa (CDA): importante lembrar que dentre os títulos protestáveis, incluem-se as certidões de dívida ativa da União, dos Estados, do Distrito Federal, dos Municípios e das respectivas autarquias e fundações públicas.

Cancelamento do protesto: o cancelamento do protesto é um ônus do devedor, porquanto cabe a ele a iniciativa do procedimento para o cancelamento. Essa regra se justifica, na medida em que o protesto é motivado exatamente pela mora do devedor.

Protesto por falta de aceite: o protesto por falta de aceite só pode ser efetuado antes do vencimento da obrigação e após o decurso do prazo para o aceite ou para a devolução (§ 1º do art. 21 da Lei 9.492/97).

Protesto no cheque: tratando-se de cheque, poderá o protesto ser lavrado no lugar do pagamento ou do domicílio do emitente, devendo do referido cheque constar a prova de apresentação ao Banco sacado, salvo se o protesto tenha por fim instruir medidas pleiteadas contra o estabelecimento de crédito (art. 6º da Lei 7.357/85).

Protesto de duplicata: para provar (i) a falta de pagamento; (ii) a falta de aceite da duplicata; (iii) a falta de devolução da duplicata. Um dos requisitos da duplicata tradicional (chamada de "cartular" ou "não escritural") é que ela deverá conter "a praça de pagamento" (art. 2º, § 1º, VI, da Lei nº 5.474/68). No caso das duplicatas virtuais, a Lei nº 13.775/2018 dispõe que a praça de pagamento das duplicatas escriturais deverá coincidir com o domicílio do devedor, ou seja, a praça de pagamento é o domicílio do devedor.

Procedimento do protesto:

Protocolização	• Todos os títulos e documentos de dívida protocolizados serão examinados em seus caracteres formais e terão curso se não apresentarem vícios, não cabendo ao Tabelião de Protesto investigar a ocorrência de prescrição ou caducidade. • Qualquer irregularidade formal observada pelo Tabelião obstará o registro do protesto. • Poderão ser protestados títulos e outros documentos de dívida em moeda estrangeira, emitidos fora do Brasil, desde que acompanhados de tradução efetuada por tradutor público juramentado
Intimação	• O protesto será registrado dentro de 3 (três) dias úteis contados da protocolização do título ou documento de dívida. • Na contagem do prazo, exclui-se o dia da protocolização e inclui-se o do vencimento. • Quando a intimação for efetivada excepcionalmente no último dia do prazo ou além dele, por motivo de força maior, o protesto será tirado no primeiro dia útil subsequente.
Intimação	• Protocolizado o título ou documento de dívida, o Tabelião expedirá a intimação ao devedor, no endereço fornecido pelo apresentante do título ou documento, considerando-se cumprida quando comprovada a sua entrega no mesmo endereço. • A remessa da intimação poderá ser feita por portador do próprio tabelião, ou por qualquer outro meio, desde que o recebimento fique assegurado e comprovado através de protocolo, aviso de recebimento (AR) ou documento equivalente. **Obs.:** A notificação do protesto, para requerimento de falência da empresa devedora, exige a identificação da pessoa que a recebeu (Súmula 361-STJ). • A intimação deverá conter nome e endereço do devedor, elementos de identificação do título ou documento de dívida, e prazo limite para cumprimento da obrigação no Tabelionato, bem como número do protocolo e valor a ser pago. • A intimação será feita por edital se a pessoa indicada para aceitar ou pagar for desconhecida, sua localização incerta ou ignorada, for residente ou domiciliada fora da competência territorial do Tabelionato, ou, ainda, ninguém se dispuser a receber a intimação no endereço fornecido pelo apresentante. O edital será afixado no Tabelionato de Protesto e publicado pela imprensa local onde houver jornal de circulação diária. • Aquele que fornece endereço incorreto, agindo de má-fé, responderá por perdas e danos, sem prejuízo de outras sanções civis, administrativas ou penais.
Sustação	• Antes da lavratura do protesto, poderá o apresentante retirar o título ou documento de dívida, pagos os emolumentos e demais despesas. • Permanecerão no Tabelionato, à disposição do Juízo respectivo, os títulos ou documentos de dívida cujo protesto for judicialmente sustado. • O título do documento de dívida cujo protesto tiver sido sustado judicialmente só poderá ser pago, protestado ou retirado com autorização judicial.

<table>
<tr><td>Sustação</td><td>
• Revogada a ordem de sustação, não há necessidade de se proceder a nova intimação do devedor, sendo a lavratura e o registro do protesto efetivados até o primeiro dia útil subsequente ao do recebimento da revogação, salvo se a materialização do ato depender de consulta a ser formulada ao apresentante, caso em que o mesmo prazo será contado da data da resposta dada.
• Tornada definitiva a ordem de sustação, o título ou o documento de dívida será encaminhado ao Juízo respectivo, quando não constar determinação expressa a qual das partes o mesmo deverá ser entregue, ou se decorridos trinta dias sem que a parte autorizada tenha comparecido no Tabelionato para retirá-lo.
• As dúvidas do Tabelião de Protesto serão resolvidas pelo Juízo competente.
</td></tr>
<tr><td>Pagamento</td><td>
• O pagamento do título ou do documento de dívida apresentado para protesto será feito diretamente no Tabelionato competente, no valor igual ao declarado pelo apresentante, acrescido dos emolumentos e demais despesas.
• Não poderá ser recusado pagamento oferecido dentro do prazo legal, desde que feito no Tabelionato de Protesto competente e no horário de funcionamento dos serviços.
• No ato do pagamento, o Tabelionato de Protesto dará a respectiva quitação, e o valor devido será colocado à disposição do apresentante no primeiro dia útil subsequente ao do recebimento.
• Quando for adotado sistema de recebimento do pagamento por meio de cheque, ainda que de emissão de estabelecimento bancário, a quitação dada pelo Tabelionato fica condicionada à efetiva liquidação.
• Quando do pagamento no Tabelionato ainda subsistirem parcelas vincendas, será dada quitação da parcela paga em apartado, devolvendo-se o original ao apresentante.
</td></tr>
<tr><td>Registro</td><td>
• Não ocorrendo pagamento, desistência ou sustação, o Tabelião lavrará e registrará o protesto, sendo o respectivo instrumento entregue ao apresentante.
• Como visto anteriormente, o protesto será tirado por falta de pagamento, de aceite ou de devolução.
a) Protesto por falta de aceite: o protesto por falta de aceite somente poderá ser efetuado antes do vencimento da obrigação e após o decurso do prazo legal para o aceite ou a devolução.
b)Protesto por falta de pagamento: após o vencimento, o protesto sempre será efetuado por falta de pagamento, vedada a recusa da lavratura e registro do protesto por motivo não previsto na lei cambial. Obs.: não se poderá tirar protesto por falta de pagamento de letra de câmbio contra o sacado não aceitante.
c) Protesto por falta de devolução: quando o sacado retiver a letra de câmbio ou a duplicata enviada para aceite e não proceder à devolução dentro do prazo legal, o protesto poderá ser baseado na segunda via da letra de câmbio ou nas indicações da duplicata, que se limitarão a conter os mesmos requisitos lançados pelo sacador ao tempo da emissão da duplicata, vedada a exigência de qualquer formalidade não prevista na Lei que regula a emissão e circulação das duplicatas.
• Os devedores, assim compreendidos os emitentes de notas promissórias e cheques, os sacados nas letras de câmbio e duplicatas, bem como os indicados pelo apresentante ou credor como responsáveis pelo cumprimento da obrigação, não poderão deixar de figurar no termo de lavratura e registro de protesto.
</td></tr>
</table>

PRESCRIÇÃO

Título executivo extrajudicial: os títulos de crédito são títulos executivos extrajudiciais, desde que executados dentro do seu prazo prescricional previsto na lei especial de cada título. Após o decurso do prazo prescricional, o título de crédito perde a força executória, mas o titular poderá ajuizar ação monitória (vide Súmulas 299 e 503 do STJ). Dito de outro modo, desde que dentro do prazo prescricional, o titular do título de crédito vencido e não pago, poderá ajuizar, em face dos devedores, a competente ação de execução. Isso porque, os títulos de crédito são considerados títulos executivos extrajudiciais.

Para facilitar a compreensão, vejamos o quadro sinótico sobre os prazos prescricionais de cada título de crédito:

Letra de câmbio	• Prazo prescricional da ação contra o aceitante: 3 (três) anos a partir do vencimento; • Prazo prescricional da ação do portador contra o endossante e sacador: 1 (um) ano da data do protesto ou vencimento do título com cláusula "sem despesas"; • Prazo prescricional da ação dos endossantes uns contra os outros e contra o sacador: 6 (seis) meses do dia em que o endossante pagou a letra ou ele próprio foi acionado.
Cheque	• Prescrição (arts. 33, 47 e 59 da Lei 7.357/85): 6 (seis) meses da data da expiração do prazo para apresentação (30 dias a contar da data da emissão quando emitido no lugar onde houver de ser pago; e de 60 dias, quando emitido em outro lugar do País ou no exterior).
Nota promissória	• Prazo prescricional da ação contra o devedor direto (art. 70, LUG): 3 (três anos). • Prazo prescricional da ação contra o devedor indireto (art. 70, LUG): 1 (um) ano.
Duplicata	• Prazo prescricional da ação contra o sacado e respectivos avalistas: 3 (três) anos, contados da data de vencimento do título. • Prazo prescricional da ação contra o endossante e seus avalistas: 1 (um) ano, contado da data do protesto. • Prazo prescricional da ação de qualquer dos coobrigados contra os demais: 1 (um) ano, contado da data em que haja sido efetuado o pagamento do título. • Os prazos prescricionais acima listados estão previstos nos arts. 15 e 18 da Lei 5.474/68. • O cheque pré-datado, apesar de usual no comércio brasileiro, não está previsto na legislação, segundo a qual o cheque é uma ordem de pagamento à vista, estando a instituição bancária obrigada a pagá-lo no ato de sua apresentação, de modo que a instituição não pode ser responsabilizada pelo pagamento imediato de cheques datados com lembrete de desconto para data futura.

AÇÕES CAMBIAIS

Conceito: *ação cambial* é o instrumento processual adequado para a cobrança do título de crédito em juízo. Desde que dentro do prazo prescricional, o titular do título de crédito vencido e não pago, poderá ajuizar, em face dos devedores, a competente ação de execução. Isso porque, os títulos de crédito são considerados títulos executivos extrajudiciais.

Ação monitória: É admissível a ação monitória fundada em cheque prescrito (súmula 299 do STJ). O prazo para ajuizamento de ação monitória em face do emitente de cheque sem força executiva é quinquenal (5 anos), a contar do dia seguinte à data de emissão estampada na cártula (súmula 503 do STJ). Em ação monitória fundada em cheque prescrito ajuizada contra o emitente, é dispensável a menção ao negócio jurídico subjacente à emissão da cártula (súmula 531 do STJ).

TÍTULOS DE CRÉDITO RURAL

O financiamento rural concedido pelos órgãos integrantes do sistema nacional de crédito rural à pessoa física ou jurídica poderá efetivar-se por meio das células de crédito rural. A cédula de crédito rural é promessa de pagamento em dinheiro, com ou sem garantia real cedularmente constituída, sob as seguintes denominações e modalidades: a) cédula rural pignoratícia; b) cédula rural hipotecária; c) cédula rural pignoratícia e hipotecária; d) nota de crédito rural. Súmula 16-STJ: A legislação ordinária sobre crédito rural não veda a incidência da correção monetária. Súmula 93-STJ: A legislação sobre cédulas de crédito rural, comercial e industrial admite o pacto de capitalização de juros.

TÍTULOS DE CRÉDITO INDUSTRIAL

A cédula de crédito industrial é promessa de pagamento em dinheiro, com garantia real, cedularmente constituída. Trata-se de título líquido e certo, exigível pela soma dela constante ou do endosso, além dos juros, da comissão de fiscalização, se houver, e demais despesas que o credor fizer para segurança, regularidade e realização de seu direito creditório. Importa em vencimento antecipado da dívida resultante da cédula, independentemente de aviso ou de interpelação judicial, a inadimplência de qualquer obrigação do eminente do título ou, sendo o caso, do terceiro prestante da garantia real. Dentre outros requisitos, a cédula de crédito industrial deve conter a taxa de juros a pagar, comissão de fiscalização, se houver, e as épocas em que serão exigíveis, podendo ser capitalizadas.

TÍTULOS DE FINANCIAMENTO COMERCIAL

Títulos de financiamento comercial são títulos de crédito impróprios, pois, embora se assemelhem aos títulos próprios, não se submetem a todos os princípios cambiários. Os títulos de financiamento comercial podem ser constituídos sob às seguintes modalidades: a) letra de câmbio financeira (Lei 4.728/65); b) certificado de depósito bancário (Lei 4.728/65); c) certificado de recebíveis imobiliários (Lei 9.514/97, art. 6º); e d) letra de crédito imobiliário (Lei 10.193/04, art.12).

TÍTULOS DE GARANTIA IMOBILIÁRIA

Os títulos de garantia imobiliária podem ser constituídos sob às seguintes modalidades: a) letras imobiliárias (Lei 4.380/64): b) cédulas hipotecárias (Decreto 70/66): c) letra hipotecária (Lei 7.684/88); d) letras de crédito imobiliário (Lei 10.931/2004); e) cédulas de crédito imobiliárias (Lei 10.931/04); f) certificado de recebíveis imobiliários.

CONHECIMENTO DE DEPÓSITO E WARRANT

Segundo Fábio Ulhôa Coelho, "o conhecimento de depósito e o warrant gerais são títulos de emissão de armazéns gerais, representativos de mercadorias neles depositadas (Decreto 1.102/03). Sua emissão depende de solicitação do depositante e substituem o recibo de depósito." (Manual de Direito Comercial. 18 ed. São Paulo: Saraiva, 2007, p. 195)

8. CONTRATOS EMPRESARIAIS

NOÇÕES GERAIS

1. Conceito: contratos mercantis são aqueles em que ambos os contratantes são empresários.

2. Classificação: os contratos mercantis classificam-se em: a) cíveis: são aqueles regidos pelo CC e ocorrem quando ambos os contratantes empresários estiverem em posição de igualdade do ponto de vista econômico; b) de relação de consumo: são aqueles regidos pelo CDC e ocorrem quando um dos contratantes empresários está em posição de desigualdade (vulnerabilidade) frente ao outro. Ex.: um empresário adquire produto ou serviço como destinatário final; aplicação da teoria finalista mitigada; c) Contratos bancários são aqueles em que, necessariamente, uma das partes é um Banco e o objeto seja algum serviço ligado à atividade bancária, como a coleta, a intermediação ou aplicação de recursos financeiros próprios ou de terceiros, a custódia de valores.

Em complemento, vale lembrar que no REsp 1943845, o Superior Tribunal de Justiça admitiu, excepcionalmente, que o CDC pode incidir nos contratos de sociedade em conta de participação. Confira: "Para incidência excepcional do Código de Defesa do Consumidor aos contratos de sociedade em conta de participação, devem estar presentes dois requisitos: (a) a caracterização do sócio participante ou oculto como investidor ocasional vulnerável, e (b) ter sido a sociedade em conta de participação constituída ou utilizada com fim fraudulento, notadamente para afastar a incidência do Código de Defesa do Consumidor." (REsp 1943845, julgado em 22/03/2022)

CONTRATOS EM ESPÉCIE

COMPRA E VENDA MERCANTIL

- "A compra e venda é mercantil quando comprador e vendedor são empresários. Trata-se do contrato elementar da atividade empresarial. Numa esquematização simples, o comércio pode ser explicado como a sucessão de contratos de compra e venda. O importador compra o produto do fabricante sediado no exterior e o revende ao atacadista, que o revende ao varejista e assim por diante." (Coelho, Fábio Ulhoa. Manual de Direito Comercial. 18 ed. São Paulo: Saraiva, 2007, p. 422). Pelo contrato de compra e venda, um dos contratantes se obriga a transferir o domínio de certa coisa, e o outro, a pagar-lhe certo preço em dinheiro, nos termos do art. 481 do Código Civil.

COMPRA E VENDA INTERNACIONAL

- A compra e venda internacional é disciplinada pela Convenção de Viena sobre Contratos de Compra e Venda Internacional de Mercadorias (CISG ou CVIM). Aprovada por meio de decreto legislativo em 2012, passou a vigorar no Brasil em 2014. O objetivo da Convenção é dar uniformidade ao tratamento jurídico da compra e venda de mercadorias em todo o mundo, contemplando diferentes sistemas sociais, econômicos e jurídicos, a fim de contribuir para a eliminação de obstáculos jurídicos às trocas internacionais e promover o desenvolvimento do comércio internacional.

VENDA SOBRE DOCUMENTOS

- Está prevista nos arts. 529 a 532 do Código Civil. Na venda sobre documentos, a tradição da coisa é substituída pela entrega do seu título representativo e dos outros documentos exigidos pelo contrato ou, no silêncio deste, pelos usos. Achando-se a documentação em ordem, uma vez que esta (a documentação) representa a coisa vendida, não pode o comprador recusar o pagamento, a pretexto de defeito de qualidade ou do estado da coisa vendida, salvo se o defeito já houver sido comprovado.

CONTRATO DE FORNECIMENTO

- Ocorrendo o contrato de trespasse, automaticamente, haverá a sub-rogação (transferência) de todos os contratos envolvendo exploração do estabelecimento, salvo disposição em sentido contrário. Exceção: contrato de locação (Lei 8.245/91, art. 13). Para que o contrato de locação seja sub-rogado ao adquirente, o locador deve anuir prévia e expressamente com o contrato de trespasse. Enunciado 234 do CJF: "Quando do trespasse do estabelecimento empresarial, o contrato de locação do respectivo ponto não se transmite automaticamente ao adquirente. Fica cancelado o Enunciado n. 64".

GESTÃO DE NEGÓCIOS

1. A gestão de negócios ocorre quando uma pessoa, sem autorização do interessado, intervém na gestão de negócio alheio, dirigindo-o segundo o interesse e a vontade presumível de seu dono, ficando responsável a este e às pessoas com que tratar (CC, art. 861).

2. Crime de gestão temerária: Está presente o dolo do delito de gestão temerária (art. 4º, p.u., da Lei 7.492/86) na realização, por alguma das pessoas mencionadas no art. 25 da Lei 7.492/86, de atos que transgridam, voluntária e conscientemente, normas específicas expedidas pela CVM, CMN ou BACEN (STJ, REsp 1.613.260-SP).

TRANSPORTE DE COISAS E DE PESSOAS

1. A obrigação do transportador é de resultado. O transportador responde pelos danos causados às pessoas transportadas e suas bagagens, salvo motivo de força maior, sendo nula qualquer cláusula excludente da responsabilidade.

2. Súmula 187 do STF: A responsabilidade contratual do transportador, pelo acidente com o passageiro, não é elidida por culpa de terceiro, contra o qual tem ação regressiva.

3. Súmula 161 do STF: Em contrato de transporte, é inoperante a cláusula de não indenizar.

4. Súmula 145 do STJ: No transporte desinteressado, de simples cortesia, o transportador só será civilmente responsável por danos causados ao transportado quando incorrer em dolo ou culpa grave.

MANDATO MERCANTIL

1. Está previsto nos arts. 653 a 691 do CC.

2. Mandato mercantil é o contrato em que o mandatário se obriga a praticar certos atos negociais em nome e por conta do mandante. A procuração é o instrumento do mandato. Ainda quando se outorgue mandato por instrumento público, pode substabelecer-se mediante instrumento particular. O mandatário tem direito de reter, do objeto da operação que lhe foi cometida, quanto baste para pagamento de tudo que lhe for devido em consequência do mandato. O mandatário que exceder os poderes do mandato ou proceder contra eles, será considerado mero gestor de negócios, enquanto o mandante lhe não ratificar os atos. O maior de dezesseis e menor de dezoito anos não emancipado pode ser mandatário, mas o mandante não tem ação contra ele senão de conformidade com as regras gerais, aplicáveis às obrigações contraídas por menores.

FIANÇA

1. Pelo contrato de fiança, uma pessoa garante satisfazer ao credor uma obrigação assumida pelo devedor, caso este não a cumpra.

2. Súmula 332 do STJ: A fiança prestada sem autorização de um dos cônjuges implica a ineficácia total da garantia.

3. Súmula 549 do STJ: É válida a penhora de bem de família pertencente a fiador de contrato de locação.

4. Fiança prestada por fiador convivente em união estável sem a autorização do outro companheiro: Ainda que a união estável esteja formalizada por meio de escritura pública, é válida a fiança prestada por um dos conviventes sem a autorização do outro (STJ, REsp 1.299.866-DF).

5. Fiança bancária: é a operação pela qual a instituição financeira garante em contrato, perante terceiros, o cumprimento de obrigações decorrentes de riscos assumidos pelo seu cliente.

AGÊNCIA E DISTRIBUIÇÃO

- Pelo contrato de "agência", uma pessoa assume, em caráter não eventual e sem vínculos de dependência, a obrigação de promover, à conta de outra, mediante retribuição, a realização de certos negócios, em zona determinada, caracterizando-se a "distribuição" quando o agente tiver à sua disposição a coisa a ser negociada. Salvo ajuste, o proponente não pode constituir, ao mesmo tempo, mais de um agente, na mesma zona, com idêntica incumbência; nem pode o agente assumir o encargo de nela tratar de negócios do mesmo gênero, à conta de outros proponentes.

CORRETAGEM

1. Pelo contrato de corretagem, uma pessoa, não ligada a outra em virtude de mandato, de prestação de serviços ou por qualquer relação de dependência, obriga-se a obter para a segunda um ou mais negócios, conforme as instruções recebidas.

2. Comissão de corretagem: Ainda que o negócio jurídico de compra e venda de imóvel não se concretize em razão do inadimplemento do comprador, é devida comissão de corretagem no caso em que o corretor tenha intermediado o referido negócio jurídico, as partes interessadas tenham firmado contrato de promessa de compra e venda e o promitente comprador tenha pagado o sinal (STJ, REsp 1.339.642-RJ, j. em 12/3/13. Info 518).

REPRESENTAÇÃO COMERCIAL

1. Exerce representação comercial autônoma a pessoa física ou jurídica, sem relação de emprego, que desempenha, em caráter não eventual, por conta de uma ou mais pessoas, a mediação para a realização de negó-

cios mercantis, agenciando propostas ou pedidos, para, transmiti-los aos representados, praticando ou não atos relacionados com a execução dos negócios. Em suma, cabe ao representante comercial expandir os negócios do representado e promover os seus produtos.

2. É obrigatório o registro dos que exerçam a representação comercial autônoma nos Conselhos Regionais dos Representantes Comerciais, aos quais incumbe a fiscalização do exercício da profissão.

3. O contrato de representação comercial deve obrigatoriamente indicar o prazo (determinado ou indeterminado), bem como a zona(s) em que será exercida a representação.

4. No caso de contrato a prazo certo, a indenização corresponderá à importância equivalente à média mensal da retribuição auferida até a data da rescisão, multiplicada pela metade dos meses resultantes do prazo contratual.

5. Salvo autorização expressa, o representante não poderá conceder abatimentos, descontos ou dilações, nem agir em desacordo com as instruções do representado.

6. Exclusividade de zona: prevendo o contrato de representação a exclusividade de zona(s), ou quando este for omisso, fará jus o representante à comissão pelos negócios aí realizados, ainda que diretamente pelo representado ou por intermédio de terceiros. A exclusividade de representação não se presume na ausência de ajustes expressos.

7. Remuneração: o representante comercial adquire o direito às comissões quando do pagamento dos pedidos ou propostas. No caso de falência do representado, as importâncias por ele devidas ao representante comercial, inclusive comissões vencidas e vincendas, indenização e aviso prévio, serão considerados créditos da mesma natureza dos créditos trabalhistas.

COMISSÃO

1. O contrato de comissão tem por objeto a aquisição ou a venda de bens pelo comissário, em seu próprio nome, à conta do comitente.

2. O comissário fica diretamente obrigado para com as pessoas com quem contratar, sem que estas tenham ação contra o comitente, nem este contra elas, salvo se o comissário ceder seus direitos a qualquer das partes.

3. Se do contrato de comissão constar a cláusula *del credere*, responderá o comissário solidariamente com as pessoas com que houver tratado em nome do comitente, caso em que, salvo estipulação em contrário, o comissário tem direito a remuneração mais elevada, para compensar o ônus assumido.

4. Para reembolso das despesas feitas, bem como para recebimento das comissões devidas, tem o comissário direito de retenção sobre os bens e valores em seu poder em virtude da comissão.

FRANQUIA

1. Está prevista na Lei 13.966/2019.

2. Franquia (franchising) é o contrato mercantil de colaboração pelo qual um franqueador autoriza por meio de contrato um franqueado a usar marcas e outros objetos de propriedade intelectual, sempre associados ao direito de produção ou distribuição exclusiva ou não exclusiva de produtos ou serviços e também ao direito de uso de métodos e sistemas de implantação e administração de negócio ou sistema operacional desenvolvido ou detido pelo franqueador, mediante remuneração direta ou indireta, sem caracterizar relação de consumo ou vínculo empregatício em relação ao franqueado ou a seus empregados, ainda que durante o período de treinamento.

3. Circular de Oferta de Franquia: sempre que o franqueador tiver interesse na implantação de sistema de franquia empresarial, deverá fornecer ao interessado em tornar-se franqueado uma "circular de oferta de franquia", por escrito e em linguagem clara e acessível, contendo os dados essenciais do negócio que se pretende realizar. A circular oferta de franquia deve ser entregue ao candidato a franqueado no mínimo 10 dias antes da assinatura do contrato ou pré-contrato de franquia ou ainda do pagamento de qualquer tipo de taxa pelo franqueado ao franqueador ou a empresa ou pessoa ligada a este. Na hipótese do não cumprimento dessa regra, o franqueado poderá arguir a anulabilidade do contrato e exigir devolução de todas as quantias que já houver pago ao franqueador ou a terceiros por ele indicados, a título de taxa de filiação e royalties, devidamente corrigidas, mais perdas e danos.

4. Formalismo: o contrato de franquia deve ser sempre escrito e assinado na presença de 2 testemunhas e terá validade independentemente de ser levado a registro perante cartório ou órgão público.

5. Inaplicabilidade do Código de Defesa do Consumidor: no contrato de franquia não há relação de consumo tutelada pelo CDC, mas de fomento econômico, com intuito de estimular as atividades empresariais do franqueado. Assim, não há incidência das regras protetivas do CDC a esses contratos, não se admitindo a alegação de nulidade do compromisso arbitral com base no disposto no art. 51, VII, do CDC, que proíbe a utilização compulsória de arbitragem (STJ, REsp 1.602.076/SP).

6. Cláusula compromissória em contrato de franquia: no contrato de franquia, a cláusula compromissória só terá eficácia se o aderente tomar a iniciativa de instituir a arbitragem ou concordar, expressamente, com a sua instituição, desde que por escrito em documento anexo ou em negrito, com a assinatura ou visto especialmente para essa cláusula" (art. 4º, § 2º, da Lei 9.307/96) (STJ, REsp 1.602.076-SP).

DEPÓSITO MERCANTIL

1. Pelo contrato de depósito recebe o depositário um objeto móvel, para guardar, até que o depositante o reclame.

2. Súmula vinculante 25 do STF: É ilícita a prisão civil de depositário infiel, qualquer que seja a modalidade do depósito.

CONTRATOS BANCÁRIOS

1. Contratos bancários são aqueles em que, necessariamente, uma das partes é um Banco e o objeto seja algum serviço ligado à atividade bancária, como a coleta, a intermediação ou aplicação de recursos financeiros próprios ou de terceiros, a custódia de valores.

2. Dever de utilização do sistema braille: As instituições financeiras devem utilizar o sistema braille na confecção dos contratos bancários de adesão e todos os demais documentos fundamentais para a relação de consumo estabelecida com indivíduo portador de deficiência visual (STJ, REsp 1.315.822-RJ).

CONTA CORRENTE

1. Súmula 233 do STJ: O contrato de abertura de crédito, ainda que acompanhado de extrato da conta-corrente, não é título executivo.

2. Súmula 247 do STJ: O contrato de abertura de crédito em conta-corrente, acompanhado do demonstrativo de débito, constitui documento hábil para o ajuizamento da ação monitória.

3. Súmula 259 do STJ: A ação de prestação de contas pode ser proposta pelo titular de conta-corrente bancária.

MÚTUO MERCANTIL

1. Mútuo mercantil é o contrato pelo qual o Banco empresta ao cliente certa quantia em dinheiro. O cliente, por sua vez, assume as obrigações de restituir-lhe o valor emprestado, de acordo com correção monetária, juros, encargos e demais taxas previstas no ajuste, além de amortizar o valor emprestado, de acordo com as condições e prazos estabelecidos.

2. Súmula 26 do STJ: O avalista do título de crédito vinculado a contrato de mútuo também responde pelas obrigações pactuadas, quando no contrato figurar como devedor solidário.

3. Capitalização de juros: É legal a capitalização mensal e anual de juros, desde que haja expressa pactuação neste sentido. A cobrança de juros capitalizados nos contratos de mútuo é permitida, quando houver expressa pactuação (STJ REsp 1.388.972-SC).

DEPÓSITO PECUNIÁRIO

1. O contrato de depósito pecuniário ou bancário por ostentar natureza real, somente se aperfeiçoa com a efetiva entrega do dinheiro ou equivalente ao banco. Assim, uma das formas de extinção dessa espécie contratual ocorre com a retirada da quantia integralmente depositada ou diante do pedido feito pelo depositante para que a conta bancária seja encerrada, com a consequente devolução de todo o montante pecuniário (STJ, REsp 1.535.990-MS).

ANTECIPAÇÃO BANCÁRIA

1. Antecipação bancária é o contrato pelo qual o Banco confere uma quantia ao cliente, proporcional ao valor da garantia real dada por este ao primeiro.

DESCONTO BANCÁRIO

1. Desconto bancário é o contrato pelo qual o Banco antecipa o pagamento ao cliente de um título de crédito. O cliente, por sua vez, cede ao Banco um determinado crédito, não vencido, contra ele mesmo ou contra terceiro. Normalmente, este crédito cedido ao Banco é representado por um título de crédito, respondendo o cliente pelo seu pagamento. No desconto bancário de cheque, havendo cessão de crédito do beneficiário ao banco, a cessão só terá eficácia se o emitente do cheque dela for notificado.

CONTRATO DE ABERTURA DE CRÉDITO

1. Súmula 233 do STJ: O contrato de abertura de crédito, ainda que acompanhado de extrato da conta-corrente, não é título executivo.

2. Súmula 247 do STJ: O contrato de abertura de crédito em conta-corrente, acompanhado do demonstrativo de débito, constitui documento hábil para o ajuizamento da ação monitória.

3. Súmula 258 do STJ: A nota promissória vinculada a contrato de abertura de crédito não goza de autonomia em razão da iliquidez do título que a originou.

4. Súmula 565 do STJ. A pactuação das tarifas de abertura de crédito (TAC) e de emissão de carnê (TEC), ou outra denominação para o mesmo fato gerados, é válida apenas nos contratos bancários anteriores ao início da vigência da Resolução – CMN nº 3.518/2007, em 30/04/2008.

5. Contrato de abertura de crédito rotativo, ainda que acompanhado dos extratos relativos à movimentação bancária do cliente, não constitui título executivo (STJ, REsp 1.022.034-SP).

CONTRATO DE CARTÃO DE CRÉDITO

1. Súmula 283 do STJ: As empresas administradoras de cartão de crédito são instituições financeiras e, por isso, os juros remuneratórios por elas cobrados não sofrem as limitações da Lei de Usura.

2. Súmula 532 do STJ: Constitui prática comercial abusiva o envio de cartão de crédito sem prévia e expressa solicitação do consumidor, configurando-se ato ilícito indenizável e sujeito à aplicação de multa administrativa.

OPERAÇÕES DE CUSTÓDIA DE VALORES E TÍTULOS

- Sociedades corretoras de títulos e valores mobiliários são as instituições auxiliares que fazem parte do SFN e que, dentre outras atividades, administram carteiras e custodiam valores mobiliários. O sistema de custódia de títulos e valores mobiliários emitidos por sociedades anônimas consiste de um conjunto de instituições financeiras autorizadas pela CVM para manter a guarda de ativos fungíveis.

SEGURO

1. Pelo contrato de seguro, o segurador se obriga, mediante o pagamento do prêmio, a garantir interesse legítimo do segurado, relativo a pessoa ou a coisa, contra riscos predeterminados. Somente pode ser parte, no contrato de seguro, como segurador, entidade para tal fim legalmente autorizada.

2. O contrato de seguro prova-se com a exibição da apólice ou do bilhete do seguro, e, na falta deles, por documento comprobatório do pagamento do respectivo prêmio.

3. A emissão da apólice deverá ser precedida de proposta escrita com a declaração dos elementos essenciais do interesse a ser garantido e do risco.

4. Súmula 465 do STJ: Ressalvada a hipótese de efetivo agravamento do risco, a seguradora não se exime do dever de indenizar em razão da transferência do veículo sem a sua prévia comunicação.

5. Súmula 529 do STJ: No seguro de responsabilidade civil facultativo, não cabe o ajuizamento de ação pelo terceiro prejudicado direta e exclusivamente em face da seguradora do apontado causador do dano.

6. Súmula 537 do STJ: Em ação de reparação de danos, a seguradora denunciada, se aceitar a denunciação ou contestar o pedido do autor, pode ser condenada, direta e solidariamente junto com o segurado, ao pagamento da indenização devida à vítima, nos limites contratados na apólice.

7. Aplicação do CDC ao contrato de seguro empresarial: Há relação de consumo entre a seguradora e a concessionária de veículos que firmam seguro empresarial visando à proteção do patrimônio desta (destinação pessoal) – ainda que com o intuito de resguardar veículos utilizados em sua atividade comercial –, desde que o seguro não integre os produtos ou serviços oferecidos por esta (STJ, REsp 1.352.419-SP).

CONTRATO DE CÂMBIO

1. O contrato de câmbio é o documento que formaliza a operação de compra ou venda de moeda estrangeira, devendo ser registrado no Sistema Integrado de Registro de Operações de Câmbio.

2. As operações de compra e de venda de moeda estrangeira de até US$ 3.000,00 são dispensadas da formalização de contrato de câmbio, mas devem ser registradas no Sistema Câmbio, administrado pelo Banco Central.

ARRENDAMENTO MERCANTIL (*LEASING*)

1. O arrendamento mercantil ou *leasing* é o contrato pelo qual o arrendador adquire um bem indicado pelo cliente (arrendatário) para, ato contínuo, alugá-lo a este, por prazo determinado. Ao término do contrato, o arrendatário pode optar por renovar o contrato por mais um período, devolver o bem ao arrendador, ou adquirir o bem arrendado pagando o valor de mercado ou o chamado valor residual. Em linguagem simples, trata-se de um contrato de locação em que, ao final do negócio jurídico, o arrendatário tem a opção de compra do bem arrendado.

2. Súmula 564 do STJ: No caso de reintegração de posse em arrendamento mercantil financeiro, quando a soma da importância antecipada a título de valor residual garantido (VRG) com o valor da venda do bem ultrapassar o total do VRG previsto contratualmente, o arrendatário terá direito de receber a respectiva diferença, cabendo, porém, se estipulado no contrato, o prévio desconto de outras despesas ou encargos pactuados.

3. Cobrança por liquidação antecipada de débito: É lícita a cobrança de tarifa por liquidação antecipada de débito para as operações de crédito e arrendamento mercantil contratadas antes de 10/12/2007 (data da publicação da Resolução CMN 3.516, de 2007), desde que esteja claramente identificada no extrato de conferência. (STJ, REsp 1.370.144-SP, j. em 7/2/17. Info 597)

CONTRATO DE GARAGEM OU ESTACIONAMENTO

1. Os contratos de garagem ou estacionamento consistem em contratos de depósito.

2. Roubo ocorrido em estacionamento privado não mantido por agência bancária: Não é possível atribuir responsabilidade civil a sociedade empresária responsável por estacionamento particular e autônomo – independente e desvinculado de agência bancária – em razão da ocorrência, nas dependências daquele estacionamento, de roubo à mão armada de valores recentemente sacados na referida agência e de outros pertences que o cliente carregava consigo no momento do crime. (STJ, REsp 1.232.795-SP, j. em 2/4/2013. Info. 521).

3. Roubo ocorrido nas dependências de estacionamento mantido por agência bancária: A instituição bancária possui o dever de segurança em relação ao público em geral (Lei 7.102/83), o qual não pode ser afastado por fato doloso de terceiro (roubo e assalto), não sendo admitida a alegação de força maior ou caso fortuito, mercê da previsibilidade de ocorrência de tais eventos na atividade bancária. (STJ, AgRg nos EDcl no REsp 844.186/RS, j. em 19/06/2012).

FATURIZAÇÃO

1. Faturização, *factoring* ou fomento mercantil "é o contrato pelo qual uma sociedade empresária se obriga a cobrar os devedores de exercente de atividade econômica, empresária ou não (faturizado), prestando a este, serviços de administração de crédito. (Coelho, Fábio Ulhoa. Manual de Direito Comercial. 18. ed. São Paulo: Saraiva, 2007, p. 464).

2. As empresas de *factoring* desempenham atividades de fomento mercantil, de cunho meramente comercial, em que se ajusta a compra de créditos vencíveis, mediante preço certo e ajustado, e com recursos próprios, não podendo ser caracterizadas como instituições financeiras (STJ, CC 98.062/SP).

3. Como a *factoring* não integra o Sistema Financeiro Nacional, a taxa de juros obedece à limitação de 12% ao ano prevista no Dec. 22.626/33, não se incluindo na exceção prevista na moderna regra da Lei de Usura. Embora as *factoring* desempenhem algumas atividades também desenvolvidas pelas instituições financeiras, delas se distinguiram, pois não há operação de risco, nem para seu funcionamento exige-se autorização do Banco Central (STJ, REsp 1.048.341/RS).

CONTRATOS DE PROPRIEDADE INDUSTRIAL

1. Contrato de cessão de marca: a cessão de marca é o instrumento apto a transferir os direitos de propriedade da marca transacionada, legitimando o cessionário ao uso, fruição, disposição e reivindicação e, por consequência, a opor-se, ainda que preventivamente, à pretensão de registro por terceiro, inclusive o próprio cedente (STJ, REsp 1.532.206/RJ).

2. Contrato de licença voluntária: o titular de patente ou o depositante poderá celebrar contrato de licença para exploração da patente. O contrato deve ser averbado no INPI para que produza efeitos em relação a terceiros.

3. Contrato de licença de uso da marca: o titular de registro ou o depositante de pedido de registro poderá celebrar contrato de licença para uso da marca, sem prejuízo de seu direito de exercer controle efetivo sobre as especificações, natureza e qualidade dos respectivos produtos ou serviços. O contrato deve ser averbado no INPI para que produza efeitos em relação a terceiros.

LICENÇA DE "SOFTWARE"

- Os programas de computador, embora possam ser registrados no INPI, são considerados espécie de direito autoral, sendo protegidos pela Lei 9.609/1998. O uso de programa de computador é objeto do contrato de licença de software. No caso de inexistência de contrato escrito, o documento fiscal relativo à aquisição ou licenciamento de cópia servirá para comprovação da regularidade do seu uso (Lei 9.609/98, art. 9º).

CONTRATOS DE ENGENHARIA ("ENGINEERING")

- De acordo com André Luiz Santa Cruz Ramos, "o contrato de franquia envolve outros contratos, como a cessão do uso de marca ou patente e a distribuição exclusiva ou semiexclusiva de produtos ou serviços. Ademais, o franqueador presta ao franqueado serviços de organização empresarial, que se desdobram, basicamente, em três contratos específicos: (i) *engineering*, por meio do qual o franqueador orienta o franqueado em todo o processo de montagem e planejamento do seu estabelecimento; (ii) management, mediante o qual o franqueador orienta o franqueado no treinamento de sua equipe de funcionários e na gerência de sua atividade; (iii) marketing, por meio do qual o franqueador orienta o franqueado quanto aos procedimentos de divulgação e promoção dos produtos comercializados." (Direito Empresarial Esquematizado. 4ª ed. Rio de Janeiro: Forense; São Paulo: Método, 2014, p. 635).

FUNDO DE INVESTIMENTO

1. Os fundos de investimento estão regulamentados pelos arts. 1.368-C a 1.368-F do Código Civil, que foram incluídos pela Lei 13.874/2019, que instituiu, no Brasil, a chamada Declaração de Direitos de Liberdade Econômica.

2. Fundos de investimentos são uma comunhão de recursos, com natureza jurídica de **condomínio de natureza especial**, empregados na aplicação em ativos financeiros, bens e direitos de qualquer natureza.

3. O registro dos regulamentos dos fundos de investimentos devem ser realizados na Comissão de Valores Mobiliários, sendo condição suficiente para garantir a sua publicidade e a oponibilidade de efeitos em relação a terceiros.

4. O conteúdo do regulamento do fundo de investimento poderá estabelecer: I – a limitação da responsabilidade de cada investidor ao valor de suas cotas; II – a limitação da responsabilidade, bem como parâmetros de sua aferição, dos prestadores de serviços do fundo de investimento, perante o condomínio e entre si, ao cumprimento dos deveres particulares de cada um, sem solidariedade; e III – classes de cotas com direitos e obrigações distintos, com possibilidade de constituir patrimônio segregado para cada classe.

5. Vale frisar que a adoção da responsabilidade limitada por fundo de investimento constituído sem a limitação de responsabilidade somente poderá abranger os fatos ocorridos após a respectiva mudança em seu regulamento, com registro na Comissão de Valores Mobiliários para garantir a sua publicidade e oponibilidade perante terceiros.

6. Na avaliação da responsabilidade dos prestadores de serviço levar-se-ão em conta os riscos inerentes às aplicações nos mercados de atuação do fundo de investimento e a natureza de obrigação de meio de seus serviços.

7. O Código Civil estabelece, ainda, que os fundos de investimento respondem diretamente pelas obrigações legais e contratuais por eles assumidas. Por outro lado, os prestadores de serviço não respondem por essas obrigações, mas respondem pelos prejuízos que causarem quando procederem com dolo ou má-fé. (responsabilidade subjetiva).

8. Se o fundo de investimento com limitação de responsabilidade não possuir patrimônio suficiente para responder por suas dívidas, aplicam-se as regras de insolvência previstas nos arts. 955 a 965 do Código Civil, que tratam "Das Preferências e Privilégios Creditórios". Quanto à legitimidade, a insolvência poderá ser requerida judicialmente por credores, por deliberação própria dos cotistas do fundo de investimento, ou até mesmo pela Comissão de Valores Mobiliários.

9. Na jurisprudência, destacam-se as seguintes decisões relacionadas com os Fundos de Investimento:

- "O administrador do fundo de investimento é parte legítima para figurar no polo passivo de demanda em que se pretende a reparação de supostos danos resultantes de inadequada liquidação." (STJ, 3ª Turma, REsp 1.834.003/SP, Rel. Min. Ricardo Villas Bôas Cueva, por unanimidade, julgado em 17/09/2019, Informativo 656)
- "É válida a celebração de contrato acessório de fiança na cessão de crédito em operação de securitização de recebíveis, tendo por cessionário um FIDC (Fundo de Investimento em Direito Creditório)." (STJ, 4ª Turma, REsp 1.726.161/SP, Rel. Min. Luis Felipe Salomão, julgado em 06/08/2019, Informativo 655).
- A aplicação financeira em fundo de investimento estrangeiro não declarada à repartição federal competente no exterior configura o crime previsto na parte final do parágrafo único do art. 22 da Lei 7.492/1986. (STJ, 5ª Turma, AREsp 774523/SP, Rel. Min. Joel Ilan Paciornik, julgado em 07/05/2019, Informativo 648).

9. FALÊNCIA E RECUPERAÇÃO DE EMPRESA

9.1. ASPECTOS GERAIS

9.1.1. APLICABILIDADE DA LEI

- A Lei 11.101/05 se aplica ao devedor **empresário individual e à sociedade empresária**.
- Por expressa previsão legal, alguns agentes econômicos são excluídos da falência, a saber: empresa pública e sociedade de economia mista; instituição financeira pública ou privada; cooperativa de crédito; consórcio; entidade de previdência complementar; sociedade operadora de plano de assistência à saúde; sociedade seguradora; sociedade de capitalização e outras entidades legalmente equiparadas.
- Na realidade, alguns destes agentes econômicos estão totalmente excluídos do âmbito de incidência da Lei nº 11.101/2005, enquanto outros estão apenas parcialmente excluídos. Vejamos:

Totalmente excluídos da lei de falência	Parcialmente excluídos da lei de falência
• Empresas públicas; e • Sociedade de economia mista.	• Instituições financeiras públicas ou privadas; • Consórcios; • Cooperativas de crédito; • Seguradoras; • Operadoras de planos de saúde; • Entidades de previdência complementar; • Sociedades de capitalização; e • Outras entidades legalmente equiparadas à estas, como, por exemplo, as sociedades administradoras de cartão de crédito e as sociedades de arrendamento mercantil (*leasing*).

9.1.2. COMPETÊNCIA

- O foro competente para recuperação e decretação de falência é o do juízo do local do principal estabelecimento do devedor (art. 3º da Lei 11.101/2005), assim considerado o local mais importante da atividade empresária, o do maior volume de negócios.
- Para fins do Direito Falimentar, o local do principal estabelecimento é aquele de onde partem as decisões empresariais, e não necessariamente a sede indicada no registro público.
- Inaplicabilidade da Teoria do fato consumado: Ajuizada a ação de falência em juízo incompetente, não deve ser aplicada a teoria do fato consumado e tornar prevento o juízo inicial, considerando que a competência para processar e julgar falência é funcional e, portanto, absoluta (STJ, CC 116.743-MG).

9.1.3. INTERVENÇÃO DO MINISTÉRIO PÚBLICO

A Lei 11.101/05 não exige a atuação geral e obrigatória do Ministério Público na fase pré-falimentar, determinando a sua intervenção, apenas nas hipóteses que enumera, a partir da sentença que decreta a falência. No entanto, convém lembrar que presente alguma das hipóteses do art. 178 do CPC/2015, é possível a atuação do Parquet na fase pré-falimentar como fiscal da ordem jurídica.

9.1.4. VERIFICAÇÃO E HABILITAÇÃO DOS CRÉDITOS CONCURSAIS

- A verificação dos créditos é realizada pelo administrador judicial, com base nos livros contábeis e documentos comerciais e fiscais do devedor e nos documentos que lhe forem apresentados pelos credores, podendo contar com o auxílio de profissionais ou empresas especializadas.

- Os credores devem habilitar seus créditos no prazo de 15 dias contados da publicação do edital. Encerrado o prazo de 15 dias para a habilitação dos créditos dos credores, inicia-se, automaticamente, novo prazo de 45 dias para o administrador judicial publicar uma nova relação de credores.

9.1.5. ADMINISTRADOR JUDICIAL

- Fábio Ulhoa Coelho conceitua o administrador judicial como o "agente auxiliar do juiz que, em nome próprio (portanto, com responsabilidade), deve cumprir com as funções cometidas pela lei. Além de auxiliar o juiz na administração da falência, o administrador judicial é também o representante da comunhão de interesses dos credores na falência." (COELHO, Fábio Ulhoa. Comentários à nova lei de falências e de Recuperação de empresas. São Paulo: Saraiva, 2005, p. 58)
- O administrador judicial é o agente nomeado pelo juiz no processo falimentar ou de recuperação judicial.
- A presidência da administração da falência é feita pelo juiz competente, com o auxílio do administrador judicial.
- Cabe ao administrador judicial a representação legal da massa falida subjetiva.
- O administrador judicial deve ser profissional idôneo, preferencialmente advogado, economista, administrador de empresas ou contador, ou pessoa jurídica especializada.
- Se o administrador judicial nomeado for pessoa jurídica, deve-se declarar o nome de profissional responsável pela condução do processo de falência ou de recuperação judicial, que não poderá ser substituído sem autorização do juiz. As atribuições do administrador judicial são indelegáveis.

9.1.6. ASSEMBLEIA DE CREDORES

- A assembleia dos credores é, em suma, o órgão colegiado responsável por representar a vontade predominante dos credores sujeitos aos efeitos do plano de recuperação judicial do devedor.
- Compete à assembleia geral de credores:

a) aprovar, rejeitar e revisar o plano de recuperação;

b) aprovar a instalação do comitê e eleger seus membros;

c) manifestar-se sobre o pedido de desistência da recuperação;

d) eleger gestor judicial, quando afastados os diretores da sociedade empresária requerente;

e) deliberar sobre qualquer outra matéria de interesse dos credores.

9.1.7. COMITÊ DE CREDORES

- O comitê dos credores é um órgão facultativo, cuja atribuição é, basicamente, fiscalizar o trabalho do administrador judicial e auxiliar o juiz no processo falimentar ou de recuperação.
- No caso de ausência, as atribuições do comitê serão exercidas pelo administrador judicial.

> **LEMBRE-SE!**
>
> O comitê de credores não é um órgão obrigatório nos processos falimentares ou de recuperação.

9.2. RECUPERAÇÃO JUDICIAL

9.2.1. COMPETÊNCIA

- O foro competente para recuperação e decretação de falência é o do juízo do local do principal estabelecimento do devedor (art. 3º da Lei 11.101/2005), assim considerado o local mais importante da atividade empresária, o do maior volume de negócios.
- Qual é o efeito da decisão de processamento da recuperação judicial sobre as execuções fiscais em curso em que figura como executada a recuperanda? "Por expressa determinação legal, o deferimento da recuperação judicial não tem o condão de suspender as execuções fiscais, salvo se concedido o parcelamento. No entanto, de acordo com a jurisprudência dos tribunais superiores, a competência para os atos judiciais que implicarem restrição patrimonial ou alienação de bens devem ser submetidos ao juízo universal da recuperação judicial, a fim de que o plano de recuperação não seja inviabilizado por completo. Trata-se de prestígio ao princípio da preservação da empresa." (TRINDADE, Daniel Messias da. Direito Empresarial em Provas Discursivas. Editora JusPodivm, 2018, p. 257)

9.2.2. LEGITIMADOS

- Poderá requerer recuperação judicial o devedor que, no momento do pedido, exerça regularmente suas atividades há mais de 2 anos e que atenda aos seguintes requisitos, cumulativamente:

1) não ser falido e, se o foi, estejam declaradas extintas, por sentença transitada em julgado, as responsabilidades daí decorrentes;

2) não ter, há menos de 5 anos, obtido concessão de recuperação judicial;

3) não ter, há menos de 8 anos, obtido concessão de recuperação judicial especial;

4) não ter sido condenado ou não ter, como administrador ou sócio controlador, pessoa condenada por crime falimentar.

> **ATENÇÃO!**
>
> A recuperação judicial também poderá ser requerida pelo cônjuge sobrevivente, herdeiros do devedor, inventariante ou sócio remanescente.

9.2.3. CRÉDITOS SUJEITOS À RECUPERAÇÃO

- Podem ser incluídos no plano de recuperação judicial todos os créditos existentes na data do pedido, ainda que não estejam vencidos.
- No entanto, por expressa vedação legal, não podem ser incluídos no plano de recuperação judicial, os seguintes créditos:

1) créditos posteriores ao pedido de recuperação judicial;
2) créditos tributários;
3) créditos do art. 49, § 3º da LF;
4) créditos decorrentes de propriedade fiduciária;
5) créditos decorrentes de arrendamento mercantil (leasing);
6) créditos decorrentes de contrato de compra e venda com reserva de domínio;
7) créditos decorrentes de contratos de compra e venda de imóvel com cláusula de irrevogabilidade ou irretratabilidade; e
8) créditos decorrentes de adiantamento de contrato de câmbio.

9.2.4. PROCESSAMENTO DA RECUPERAÇÃO JUDICIAL

- 1) Petição inicial com os requisitos do art. 51 da LF: exposição das causas concretas que provocaram a crise; apresentação de demonstrativos contábeis dos últimos três exercícios sociais; relação nominal completa dos credores.
- 2) Despacho de processamento: Verificando que a inicial preenche os requisitos, o juiz autoriza o processamento da recuperação judicial.
- A decisão que defere o processamento da recuperação judicial é irrecorrível, por aplicação analógica da Súmula 264 do STJ, que dispõe: "É irrecorrível o ato judicial que apenas manda processar a concordata preventiva".
- 3) Efeitos do despacho de processamento: O despacho de processamento da recuperação acarreta:

a) suspensão de todas as ações e execuções que correm contra o devedor pelo prazo de 180 (cento e oitenta) dias , prorrogável por igual período, uma única. Na recuperação judicial, as suspensões das ações perdurarão pelo prazo de 180 dias, contado a partir do deferimento do processamento da recuperação. Com a nova redação do art. 6º, § 4º, da Lei 11.101/2005, passa a ser permitida a prorrogação desse prazo por mais 180 dias, uma única vez, em caráter excepcional e desde que o devedor não haja concorrido para a superação do lapso temporal;

b) a nomeação do administrador judicial.

- 4) Publicação do edital: Deferido o processamento da recuperação, haverá a publicação de edital que conterá: o pedido do autor; os termos da decisão que deferiu o processamento da recuperação; a relação de credores (mesma relação apresentada na petição inicial).
- 5) Apresentação do plano de recuperação: No prazo improrrogável de 60 (sessenta) dias, contados da publicação da decisão que deferiu o processamento, o devedor deve apresentar o plano de recuperação judicial, sob pena de conversão (convolação) em falência. Vale lembrar que, recentemente, o STJ entendeu que a contagem dos prazos na recuperação judicial deve ser feita em dias corridos, sendo inaplicável a contagem em dias úteis prevista no CPC/2015. Confira trecho do julgado: "A forma de contagem do prazo – de 180 dias de suspensão das ações executivas e de 60 dias para a apresentação do plano de recuperação judicial – em dias corridos é a que melhor preserva a unidade lógica da recuperação judicial: alcançar, de forma célere, econômica e efetiva, o regime de crise empresarial, seja pelo soerguimento econômico do devedor e alívio dos sacrifícios do credor, na recuperação, seja pela liquidação dos ativos e satisfação dos credores, na falência." (STJ, 4ª Turma, REsp 1.699.528/MG, Rel. Min. Luis Felipe Salomão, julgado em 10/04/2018).
- 6) Habilitação dos créditos: Os credores devem habilitar seus créditos no prazo de 15 dias contados da publicação do edital.
- 7) Nova relação de credores: Encerrado o prazo de 15 dias para a habilitação dos créditos dos credores, inicia-se, automaticamente, novo prazo de 45 dias para o administrador judicial publicar uma nova relação de credores.
- 8) Abertura de prazo para objeção: A objeção só ocorre quando os credores habilitados não concordarem com o plano de recuperação apresentado. O prazo para a apresentação da objeção é de 30 dias, contados da publicação da nova relação de credores.
- Se, durante esse prazo, algum credor apresentar objeção, o juiz deve convocar Assembleia Geral de Credores, que poderá aprovar ou reprovar o plano de recuperação judicial. Caso a Assembleia Geral de Credores reprove o plano, o juiz deve decretar a falência do empresário.

- 9) Decisão concessiva da recuperação judicial: Se os credores concordaram com o plano o juiz defere a recuperação judicial.
- Encerrado o prazo de 30 dias sem objeção, presume-se que os credores concordaram com o plano apresentado pelo devedor, ocasião em que o juiz também defere a recuperação judicial.
- **Possibilidade de os credores apresentarem um plano alternativo de recuperação judicial:** Com a inclusão do § 4º-A do art. 6º da Lei 11.101/2005, pela Lei 14.112/2020, o ordenamento jurídico passou a permitir que os credores apresentem um plano alternativo de recuperação judicial, quando este não for apresentado pelo devedor ou tenha sido inicialmente rejeitado na Assembleia.

9.3. RECUPERAÇÃO JUDICIAL ESPECIAL

- A recuperação judicial especial é assim chamada, porque só ela se aplica às microempresas e às empresas de pequeno porte.
- Créditos abrangidos: Até o ano de 2014, o plano de recuperação judicial especial só abrangia os créditos quirografários. No entanto, a LC 147/14, deu nova redação ao inciso I do art. 71 da Lei 11.101/05, passando a prever que o plano de recuperação judicial especial abrangerá todos os créditos existentes na data do pedido, ainda que não vencidos, excetuados os decorrentes de repasse de recursos oficiais, os fiscais e os previstos nos parágrafos 3º e 4º do art. 49 da lei.
- Fases do processo da recuperação judicial especial:

1) Petição inicial;
2) Despacho de processamento da recuperação. O pedido de recuperação judicial com base em plano especial não acarreta a suspensão do curso da prescrição nem das ações e execuções por créditos não abrangidos pelo plano;
3) Publicação de edital;
4) Apresentação do plano: Na recuperação judicial especial, o plano já está pronto pela lei, que estabelece o seguinte:

a) parcelamento em até 36 parcelas mensais, iguais e sucessivas, acrescidas de juros equivalentes à taxa SELIC, podendo conter ainda a proposta de abatimento do valor das dívidas;

b) pagamento da 1a parcela no prazo máximo de 180 dias, contado da distribuição do pedido de recuperação judicial. Não será convocada assembleia-geral de credores para deliberar sobre o plano, e o juiz concederá a recuperação judicial se atendidas as exigências legais;

5) Habilitação dos créditos;
6) Nova relação de credores;
7) Abertura de prazo para eventual objeção (30 dias, contados da publicação da nova relação de credores). Mesmo com a objeção dos credores, o juiz pode deferir o plano de recuperação. No entanto, se os credores titulares de mais da metade de qualquer de uma das classes de créditos previstos no art. 83 apresentarem objeção, o juiz deve decretar a falência do devedor;
8) Decisão concessiva da recuperação judicial especial.

> **ATENÇÃO!**
> Da decisão concessiva da recuperação judicial especial cabe agravo de instrumento, que poderá ser interposto por qualquer credor ou pelo Ministério Público.

9.4. RECUPERAÇÃO EXTRAJUDICIAL

- Recuperação extrajudicial é o acordo privado que o devedor realiza diretamente com seus credores fora do âmbito judicial. Se o acordo não for cumprido pelo devedor, não haverá conversão automática em falência exatamente por se tratar de recuperação extrajudicial.
- Créditos excluídos da recuperação extrajudicial: De acordo com a nova redação do § 1º do art. 161 da Lei 11.101/05, dada pela Lei 14.112/2020, estão sujeitos à recuperação extrajudicial todos os créditos existentes na data do pedido, exceto: •créditos de natureza tributária; • créditos previstos no § 3º do art. 49 da Lei 11.101/2005; • créditos previstos no inciso II do *caput* do art. 86 da Lei 11.101/2005; •créditos de natureza trabalhista e por acidentes de trabalho que passem por negociação coletiva com o sindicato *da* respectiva categoria profissional.
- Legitimidade: Poderá requerer recuperação extrajudicial o devedor que, no momento do pedido, exerça regularmente suas atividades há mais de 2 anos e que atenda aos seguintes requisitos, cumulativamente:

a) não ser falido e, se o foi, estejam declaradas extintas, por sentença transitada em julgado, as responsabilidades daí decorrentes;

b) não ter, há menos de 5 anos, obtido concessão de recuperação judicial;

c) não ter, há menos de 5 anos, obtido concessão de recuperação judicial com base no plano especial;

d) não ter sido condenado ou não ter, como administrador ou sócio controlador, pessoa condenada por qualquer dos crimes previstos nesta Lei.

> **ATENÇÃO!**
> A recuperação judicial também poderá ser requerida pelo cônjuge sobrevivente, herdeiros do devedor, inventariante ou sócio remanescente.

- Órgaos da recuperação extrajudicial:

a) não exige nomeação de administrador judicial;

b) não há comitê de credores nem a assembleia geral de credores;

c) não é obrigatória a participação do Ministério Público.

ATENÇÃO!
Como visto acima, pode-se dizer que o único órgão da recuperação extrajudicial é a autoridade judiciária. No entanto, aqui, a função do juiz é a de homologar o plano, não tendo competência para atrair outras questões de caráter econômico.

- Efeitos da recuperação extrajudicial:

a) não suspende a prescrição de outras ações e execuções do devedor e dos participantes do plano;

b) não suspende a prescrição da rescisão de contratos bilaterais;

c) o credor não incluído no plano de recuperação pode pedir a falência do devedor, assim como os demais participantes do plano, quando descumprida as obrigações;

d) a homologação do plano de recuperação extrajudicial não afeta os bens do devedor nem o funcionamento da empresa. No entanto, acarreta a vedação do pagamento antecipado de dívida e do tratamento desfavorável aos credores.

9.5. FALÊNCIA

9.5.1. INCIDÊNCIA DA LEI

- A Lei de Falência se aplica ao devedor empresário individual e à sociedade empresária.
- Agentes econômicos excluídos da falência:

Totalmente excluídos da lei de falência	Parcialmente excluídos da lei de falência
• Empresas públicas; e • Sociedade de economia mista.	• Instituições financeiras públicas ou privadas; • Consórcios; • Cooperativas de crédito; • Seguradoras; • Operadoras de planos de saúde; • Entidades de previdência complementar; • Sociedades de capitalização; e • Outras entidades legalmente equiparadas à estas, como, por exemplo, as sociedades administradoras de cartão de crédito e as sociedades de arrendamento mercantil (*leasing*).

9.5.2. ÓRGÃOS DA FALÊNCIA

Administrador judicial	• Trata-se de agente nomeado pelo juiz, no processo falimentar. • Ao juiz compete a presidência da administração da falência, com o auxílio do administrador judicial. Assim, o administrador judicial (antigo síndico), é o agente criado por lei para desempenhar atribuições relacionadas com a administração da falência, auxiliando o magistrado. Além disso, cabe ao administrador judicial a representação legal da massa falida subjetiva. • O administrador judicial deve ser profissional idôneo, preferencialmente (e não obrigatoriamente) advogado, economista, administrador de empresas ou contador, ou pessoa jurídica especializada. • Se o administrador judicial nomeado for pessoa jurídica, deve-se declarar o nome de profissional responsável pela condução do processo de falência ou de recuperação judicial, que não poderá ser substituído sem autorização do juiz. As atribuições do administrador judicial são indelegáveis.
Assembleia de credores	De acordo com o art. 35, II da LF, no processo falimentar, a assembleia geral de credores possui as seguintes atribuições: • constituição do Comitê de Credores, a escolha de seus membros e sua substituição; adoção de outras modalidades de realização do ativo, na forma do art. 145 da LF; qualquer outra matéria que possa afetar os interesses dos credores.
Comitê de credores	• O comitê de credores é um órgão facultativo, sendo que a sua atribuição é, basicamente, fiscalizar o trabalho do administrador judicial e auxiliar o juiz no processo falimentar ou de recuperação. • Na sua ausência, as atribuições do comitê serão exercidas pelo administrador judicial.

9.5.3. EFEITOS DA FALÊNCIA

Efeitos da decretação da falência quanto ao falido	• inabilitação do empresário; • indisponibilidade dos bens; • dissolução total da sociedade; • extinção de concessão de serviço público, se houver.

Efeitos da decretação da falência quanto aos contratos	Os contratos bilaterais não se resolvem pela falência e podem ser cumpridos pelo administrador judicial se o cumprimento reduzir ou evitar o aumento do passivo da massa falida ou for necessário à manutenção e preservação de seus ativos, mediante autorização do comitê.

9.5.4. PROCESSO DE FALÊNCIA

- Legitimidade ativa: podem requerer a falência do devedor:

a) próprio empresário devedor (autofalência);

b) sócio quotista ou acionista;

c) espólio, cônjuge sobrevivente, herdeiro ou inventariante do empresário individual;

d) qualquer credor.

- Legitimidade passiva: a Lei de Falência e Recuperação de Empresas se aplica ao devedor empresário individual e à sociedade empresária.

- Juízo competente: é competente para homologar o plano de recuperação extrajudicial, deferir a recuperação judicial ou decretar a falência o juízo do local do principal estabelecimento do devedor ou da filial de empresa que tenha sede fora do Brasil.

- Fundamentos jurídicos da falência:

a) impontualidade injustificada;

b) execução frustrada;

c) atos de falência.

> **ATENÇÃO!**
> Vale lembrar que estes não são fundamentos cumulativos (presente ao menos uma das hipóteses arroladas, já será possível requerer a falência do empresário).

- Impontualidade injustificada: trata-se da falta de pagamento sem relevante razão de direito. A obrigação deve ser líquida e materializada em título executivo extrajudicial ou judicial. Além disso, o título deve estar protestado (o protesto do título é indispensável para o pedido de falência com base na impontualidade injustificada). Ainda, o valor da obrigação deve ser superior a 40 (quarenta) salários mínimos.

> **ATENÇÃO!**
> Admite-se o litisconsórcio de credores para que, somados, o valor da obrigação ultrapasse 40 (quarenta) salários mínimos.

- Execução frustrada: ocorre quando o devedor é executado e não paga, não deposita e não nomeia bens à penhora dentro do prazo legal. Aqui, não há limite de valor para o pedido de falência, bastando a frustração da execução.

- Prática de atos de falência (atos de bancarrota): atos de falência são comportamentos previstos em lei que, caso praticados, acarretarão a presunção do estado de insolvência do empresário. Os principais atos de falência estão nas alíneas "a" a "g" do inciso III do art. 94 da LF. Exemplos:

a) liquidação precipitada, que ocorre quando o devedor se desfaz dos seus bens sem reposição correspondente;

b) descumprimento de obrigação assumida no plano de recuperação judicial.

- Atitudes que podem ser tomadas pelo devedor após a citação: citado, o devedor-empresário pode tomar uma das seguintes atitudes:

a) apresentar contestação;

b) fazer o depósito elisivo;

c) fazer o depósito elisivo e apresentar contestação; e

d) pleitear recuperação judicial, dentro do prazo para a contestação.

- Depósito elisivo: quando o devedor efetua o depósito elisivo, o juiz fica impedido de decretar a falência. O depósito elisivo deve ser feito no prazo da contestação e deve compreender o valor principal, mais juros, correção monetária e honorários advocatícios.

- Sentença declaratória da falência: é a sentença de procedência, ou seja, que decreta a falência. Da sentença que decreta a falência cabe recurso de agravo de instrumento pelo devedor, pelo Ministério Público, ou pelo credor.

- Sentença denegatória da falência: é a sentença de improcedência, ou seja, que rejeita o pedido de falência. Da sentença denegatória da falência cabe recurso de apelação pelo devedor, pelo Ministério Público e pelo credor.

9.6. PEDIDOS DE RESTITUIÇÃO

- Os pedidos de restituição estão disciplinados a partir do art. 85 da LF.

- Restituição dos bens alienados que não eram do falido, mas de terceiros: o proprietário de bem arrecadado no processo de falência ou que se encontre em poder do devedor na data da decretação da falência poderá pedir sua restituição (pedido de restituição). Também pode ser pedida a restituição de coisa vendida a crédito e entregue ao devedor nos 15 dias anteriores ao requerimento de sua falência, se ainda não alienada.

- Restituição em dinheiro dos bens alienados que não eram do falido, mas de terceiros: a restituição proceder-se-á em dinheiro:

a) se a coisa não mais existir ao tempo do pedido de restituição, hipótese em que o requerente receberá o valor da avaliação do bem, ou, no caso de ter ocorrido sua venda, o respectivo preço, em ambos os casos no valor atualizado;

b) da importância entregue ao devedor, em moeda corrente nacional, decorrente de adiantamento a contrato de câmbio para exportação, desde que o prazo total da operação, inclusive eventuais prorrogações, não exceda o previsto nas normas específicas da autoridade competente; e

c) dos valores entregues ao devedor pelo contratante de boa-fé na hipótese de revogação ou ineficácia do contrato. Por fim, cumpre lembrar que, nos casos em que não couber pedido de restituição, fica resguardado o direito dos credores de propor embargos de terceiros, nos termos do novo CPC.

9.7. INEFICÁCIA E REVOGAÇÃO DE ATOS PRATICADOS ANTES DA FALÊNCIA

Ação revocatória nas hipóteses de ineficácia objetiva	Ação revocatória nas hipóteses de ineficácia subjetiva
Art. 129 da LF.	Art. 130 da LF.
Hipóteses de ineficácia objetiva	Hipóteses de ineficácia subjetiva
Não precisa provar o conluio fraudulento	Precisa provar o conluio fraudulento e o dano.
Pode ser declarada pelo juiz de ofício	Não pode ser declarada pelo juiz de ofício

9.8. REALIZAÇÃO DO ATIVO

Após a arrecadação dos bens do falido, será dada a realização do ativo, que deverá obedecer a uma determinada ordem de preferência definida pela lei. De acordo com a nova redação do art. 142 da LF, dada pela Lei 14.112/2020, a alienação de bens dar-se-á por uma das seguintes modalidades: **i)** leilão eletrônico, presencial ou híbrido; **ii)** processo competitivo organizado promovido por agente especializado e de reputação ilibada, cujo procedimento deverá ser detalhado em relatório anexo ao plano de realização do ativo ou ao plano de recuperação judicial, conforme o caso; **iii)** qualquer outra modalidade, desde que aprovada pelo juízo da falência.

9.9. CLASSIFICAÇÃO E PAGAMENTO DOS CREDORES

De acordo com a nova redação do art. 83 da LF, dada pela Lei 14.112/2020, a classificação dos créditos na falência foi alterada, passando a obedecer à seguinte ordem: **1º)** créditos derivados da legislação trabalhista, limitados a 150 salários-mínimos por credor, e aqueles decorrentes de acidentes de trabalho; **2º)** créditos gravados com direito real de garantia até o limite do valor do bem gravado; **3º)** créditos tributários, independentemente da sua natureza e do tempo de constituição, exceto os créditos extraconcursais e as multas tributárias; **4º)** créditos quirografários (aqueles não previstos nos demais incisos deste artigo; saldos dos créditos não cobertos pelo produto da alienação dos bens vinculados ao seu pagamento; saldos dos créditos derivados da legislação trabalhista que excederem o limite estabelecido no item 1º); **5º)** multas contratuais e as penas pecuniárias por infração das leis penais ou administrativas, incluídas as multas tributárias; **6º)** créditos subordinados (previstos em lei ou em contrato; créditos dos sócios e dos administradores sem vínculo empregatício cuja contratação não tenha observado as condições estritamente comutativas e as práticas de mercado); **7º)** juros vencidos após a decretação da falência.

9.10. ENCERRAMENTO DA FALÊNCIA

Concluída a realização de todo o ativo (venda dos bens), e distribuído o produto entre os credores, o administrador judicial apresentará suas contas, que serão julgadas pelo juiz. Julgadas as contas do administrador judicial, ele apresentará o relatório final da falência no prazo de 10 (dez) dias, indicando o valor do ativo e o do produto de sua realização, o valor do passivo e o dos pagamentos feitos aos credores, e especificará justificadamente as responsabilidades com que continuará o falido. Por fim, apresentado o relatório final, o juiz encerrará a falência por sentença, que será publicada por edital e dela caberá apelação.

9.11. EXTINÇÃO DAS OBRIGAÇÕES DO FALIDO

De acordo com o art. 158 da Lei 11.101/2005, com redação dada pela Lei 14.112/2020, extinguem as obrigações do falido: • o pagamento de todos os créditos; •o pagamento, após realizado todo o ativo, de mais de 25% dos créditos quirografários, facultado ao falido o depósito da quantia necessária para atingir a referida porcentagem se para isso não tiver sido suficiente a integral liquidação do ativo; • o decurso do prazo de três anos, contado da decretação da falência, ressalvada a utilização dos bens arrecadados anteriormente, que serão destinados à liquidação para a satisfação dos credores habilitados ou com pedido de reserva realizado; e • o encerramento da falência nos termos dos arts. 114-A ou 156 da LF.

9.12. PRINCIPAIS NOVIDADES TRAZIDAS PELA LEI 14.112, DE 24 DE DEZEMBRO DE 2020

1 – **Aspectos gerais:** A Lei 14.112, de 24 de dezembro de 2020, aprovada na véspera do Natal, alterou as Leis 11.101/2005 (Lei de Falência e Recuperação de Empresas – LF), 10.522/2002 (Lei do cadastro informativo dos créditos não quitados de órgãos e entidades federais), e 8.929/1994 (Lei da cédula de produto rural). Sem sombra de dúvidas, os pontos mais importantes para fins de Exame da Ordem e

Concursos Públicos se relacionam com as alterações promovidas na Lei 11.101/2005, para atualizar a recuperação judicial, a recuperação extrajudicial e a falência do empresário e da sociedade empresária. Passemos, então, aos destaques promovidos pela Lei 14.112/2020.

2 - **Efeitos da decretação da falência ou o deferimento do processamento da recuperação judicial:** O *"caput"* do artigo 6º da Lei 11.101/2005, passa a ter a seguinte redação: "A decretação da falência ou o deferimento do processamento da recuperação judicial implica: I - suspensão do curso da prescrição das obrigações do devedor sujeitas ao regime desta lei; II - suspensão das execuções ajuizadas contra o devedor, inclusive daquelas dos credores particulares do sócio solidário, relativas a créditos ou obrigações sujeitos à recuperação judicial ou à falência; III - proibição de qualquer forma de retenção, arresto, penhora, sequestro, busca e apreensão e constrição judicial ou extrajudicial sobre os bens do devedor, oriunda de demandas judiciais ou extrajudiciais cujos créditos ou obrigações sujeitem-se à recuperação judicial ou à falência."

3 - **Possibilidade de prorrogação do chamado "stay period" na recuperação judicial:** Como sabido, na recuperação judicial, as suspensões das ações perdurarão pelo prazo de 180 dias, contado a partir do deferimento do processamento da recuperação. Com a nova redação do art. 6º, § 4º, da Lei 11.101/2005, passa a ser permitida a prorrogação desse prazo por mais 180 dias, uma única vez, em caráter excepcional e desde que o devedor não haja concorrido para a superação do lapso temporal.

4 - **Possibilidade de os credores apresentarem um plano alternativo de recuperação judicial:** Com a inclusão do § 4º-A do art. 6º da Lei 11.101/2005, o ordenamento jurídico passou a permitir que os credores apresentem um plano alternativo de recuperação judicial, quando este não for apresentado pelo devedor ou tenha sido inicialmente rejeitado na Assembleia.

5 - **Possibilidade de utilização da convenção de arbitragem e estimulo a conciliação, mediação e outros métodos alternativos de solução de conflitos (justiça multiportas no âmbito da falência e da recuperação judicial):** Pelo § 9º do art. 6º da LF, o processamento da recuperação judicial ou a decretação da falência não autoriza o administrador judicial a recusar a eficácia da convenção de arbitragem, não impedindo ou suspendendo a instauração do procedimento arbitral. Além disso, o art. 22, inciso I, alínea "j", da LF, passou a prever como um dever do administrador judicial, sob a fiscalização do juiz e do Comitê de credores, na recuperação judicial e na falência, a necessidade de estimular, sempre que possível, a conciliação, a mediação e outros métodos alternativos de solução de conflitos relacionados à recuperação judicial e à falência. Em suma, adotando a tendencia do direito processual moderno, o ordenamento passa a prever a possibilidade de aplicação da justiça multiportas na falência e recuperação judicial, que viabilizam a soluções consensuais entre os credores e o devedor empresário.

6 - **Possibilidade expressa da tutela provisória no âmbito do processo de recuperação judicial:** Agora, a Lei 11.101/2005, passa a prever expressamente a possibilidade de o juiz antecipar total ou parcialmente os efeitos do deferimento do processamento da recuperação judicial. Com a Lei 14.112/2020, o fundamento legal para a antecipação da tutela passou a ter previsão expressa na Lei de Falência. Para isso, o juiz deverá observar os pressupostos disposto no art. 300 do novo Código de Processo Civil.

7 - **Prestígio ao processo judicial eletrônico com a possibilidade utilização de meios digitais de comunicação:** Como exemplos, podemos citar os arts. 22, II, "h", 36, 39, § 4º, II, 52, V, 58, § 3º, etc., todos da Lei 11.101/2005.

8 - **Possibilidade de recuperação judicial do devedor pessoa jurídica que exerça atividade rural:** Sem dúvida, esta foi uma das maiores novidades trazidas pela Lei 14.112/2020. O art. 48, § 2º, da LF, passou a prever que no caso de atividade rural por pessoa jurídica, admite-se a recuperação judicial.

9 - **Aumento do prazo para pagamento dos credores derivados da legislação trabalhista no processo de recuperação judicial:** O art. 54 da LF estabelece que o plano de recuperação judicial não poderá prever prazo superior a **um ano** para pagamento dos créditos derivados da legislação do trabalho ou decorrentes de acidentes de trabalho vencidos até a data do pedido de recuperação judicial. No entanto, com a inclusão do § 2º ao art. art. 54 da LF, o ordenamento passou a prever que esse prazo de um ano **pode ser estendido em até 2 (dois) anos**, se o plano de recuperação judicial atender, cumulativamente, a três requisitos: **i)** apresentação de garantias julgadas suficientes pelo juiz; **ii)** aprovação pelos credores titulares de créditos derivados da legislação trabalhista ou decorrentes de acidentes de trabalho; e **iii)** garantia da integralidade do pagamento dos créditos trabalhistas.

10 - **Possibilidade da chamada insolvência transnacional:** Atento ao processo de globalização e tendências de negociações internacionais, o ordenamento passou a prever a possibilidade de insolvência transnacional. Para tanto, o legislador dedicou um Capítulo inteiro (Capítulo VI-A) para tratar do regramento da insolvência transnacional, cujo objetivo é proporcionar mecanismos para: **i)** cooperação entre juízes e outras autoridades competentes do Brasil e de outros países em casos de insolvência transnacional; **ii)** aumento da segurança jurídica para a atividade econômica e para o investimento; **iii)** administração justa e eficiente de processos de insolvência transnacional, de modo a proteger os

interesses de todos os credores e dos demais interessados, inclusive do devedor; **iv)** proteção e a maximização do valor dos ativos do devedor; **v)** promoção da recuperação de empresas em crise econômico-financeira, com a proteção de investimentos e a preservação de empregos; e **vi)** promoção da liquidação dos ativos da empresa em crise econômico-financeira, com a preservação e a otimização da utilização produtiva dos bens, dos ativos e dos recursos produtivos da empresa, inclusive os intangíveis.

11 – **Alteração na ordem de pagamento do Quadro Geral de Credores:** De acordo com a nova redação do art. 83 da LF, a classificação dos créditos na falência passam a obedecer à seguinte ordem: **1º)** créditos derivados da legislação trabalhista, limitados a 150 salários-mínimos por credor, e aqueles decorrentes de acidentes de trabalho; **2º)** créditos gravados com direito real de garantia até o limite do valor do bem gravado; **3º)** créditos tributários, independentemente da sua natureza e do tempo de constituição, exceto os créditos extraconcursais e as multas tributárias; **4º)** créditos quirografários (aqueles não previstos nos demais incisos deste artigo; saldos dos créditos não cobertos pelo produto da alienação dos bens vinculados ao seu pagamento; saldos dos créditos derivados da legislação trabalhista que excederem o limite estabelecido no item 1º); **5º)** multas contratuais e as penas pecuniárias por infração das leis penais ou administrativas, incluídas as multas tributárias; **6º)** créditos subordinados (previstos em lei ou em contrato; créditos dos sócios e dos administradores sem vínculo empregatício cuja contratação não tenha observado as condições estritamente comutativas e as práticas de mercado); **7º)** juros vencidos após a decretação da falência.

12 – **Alteração nas formas de realização do ativo do devedor:** De acordo com a nova redação do art. 142 da LF, a alienação de bens dar-se-á por uma das seguintes modalidades: **i)** leilão eletrônico, presencial ou híbrido; **ii)** processo competitivo organizado promovido por agente especializado e de reputação ilibada, cujo procedimento deverá ser detalhado em relatório anexo ao plano de realização do ativo ou ao plano de recuperação judicial, conforme o caso; **iii)** qualquer outra modalidade, desde que aprovada pelo juízo da falência.

10. PROPRIEDADE INDUSTRIAL

A propriedade industrial está sujeita às normas constantes da Lei nº 9.279/1996 (Lei da Propriedade Industrial – LPI).

Natureza dos direitos de propriedade industrial: consideram-se **bens móveis**, para os efeitos legais, os direitos de propriedade industrial.

Abrangência do Direito Industrial: são 4 os bens imateriais protegidos pelo Direito Industrial: **a)** patente de invenção; **b)** patente de modelo de utilidade; **c)** registro de desenho industrial; **d)** registro de marca. O empresário que titulariza tais bens (patentes ou registro) possui o direito de explorar economicamente, com exclusividade, o respectivo objeto.

Instituto Nacional de Propriedade Industrial: O INPI, autarquia federal, é o ente encarregado de proteger os direitos do empresário relativos à propriedade industrial.

Formas de proteção dos direitos de propriedade industrial: a proteção dos direitos relativos à propriedade industrial, considerado o seu interesse social e o desenvolvimento tecnológico e econômico do País, efetua-se mediante:

a) concessão de patentes de invenção e de modelo de utilidade;

b) concessão de registro de desenho industrial;

c) concessão de registro de marca;

d) repressão às falsas indicações geográficas; e

e) repressão à concorrência desleal.

f) concessão de registro para jogos eletrônicos (hipótese incluída no artigo 2º da Lei 9.279/1996 pela Lei 14.852/2024)

PATENTES

Requisitos da patenteabilidade (A.N.A.):

a) atividade inventiva;

b) novidade;

c) aplicação industrial.

Efeito da patente: é a concessão de propriedade do bem, garantindo o direito de exploração com exclusividade. Em outras palavras, a patente confere ao seu titular o direito de impedir terceiro, sem o seu consentimento, de produzir, usar, colocar à venda, vender ou importar com estes propósitos: **a)** produto objeto de patente; **b)** processo ou produto obtido diretamente por processo patenteado.

Cessão da patente: o pedido de patente ou a patente, ambos de conteúdo indivisível, poderão ser concedidos, total ou parcialmente.

Vigência da patente: é muito comum as bancas examinadoras cobrarem os seguintes prazos, todos previstos na Lei 9.279/96:

Patente de invenção	Patente de modelo de utilidade	Registro de desenho industrial	Registro de marca
20 anos	15 anos	10 anos	10 anos
Art. 40	Art. 40	Art. 108	Art. 133

Prescrição: Prescreve em 5 (cinco) anos a ação para reparação de dano causado ao direito de propriedade industrial (art. 225 da LPI).

STF ADI 5529 (j. em 01/09/2021): O STF declarou a inconstitucionalidade o parágrafo único do art. 40 da Lei 9.279/1996 – LPI. De acordo com o Supremo, a indeterminação do prazo contido no parágrafo único do art. 40 da LPI gera insegurança jurídica e ofende o Estado Democrático de Direito. Referido dispositivo autoriza o adiamento da entrada da concorrência no mercado e a permanência dos efeitos da exclusividade por prazo indeterminado e excessivo, proporcionando dominação de mercados, eliminação da concorrência, aumento arbitrário dos lucros, desigualdade entre os agentes econômicos e, portanto, ofensa à função social da propriedade intelectual (art. 5º, XXIX, c.c. o art. 170, III), à livre concorrência e à defesa do consumidor (art. 170, IV e V). (STF, ADI 5529, Rel. Dias Toffoli, Tribunal Pleno, julgado em 12/05/2021)

INVENÇÃO

A patente se relaciona com à invenção ou ao modelo de utilidade. "Invenção é o ato original do gênio humano. Toda vez que alguém projeta algo que desconhecia, estará produzindo uma invenção. Embora toda invenção seja, assim, original, nem sempre será nova, ou seja, desconhecida das demais pessoas. E a novidade, conforme se verá em seguida, é condição de patenteabilidade da invenção." (Coelho, Fábio Ulhoa. *Manual de Direito Comercial.* 28 ed. – São Paulo: Editora Revista dos Tribunais, 2016).

- **Requisitos para a patente de invenção:** é patenteável a invenção que atenda aos requisitos de novidade, atividade inventiva e aplicação industrial.
  - **a) Novidade:** a invenção é considerada nova, quando não compreendida no estado da técnica. Em outras palavras, a invenção deve ser desconhecida da comunidade científica, técnica ou industrial.
  - **b) Atividade inventiva:** a invenção é dotada de atividade inventiva sempre que, para um técnico no assunto, não decorra de maneira evidente ou óbvia do estado da técnica.
  - **c) Aplicação industrial:** a invenção é considerada suscetível de aplicação industrial quando possa ser utilizado ou produzida em qualquer tipo de indústria.
- **Vigência da patente de invenção:** 20 anos.
- **Não se considera invenção (art. 10 da LPI):**
  - **a)** descobertas, teorias científicas e métodos matemáticos;
  - **b)** concepções puramente abstratas;
  - **c)** esquemas, planos, princípios ou métodos comerciais, contábeis, financeiros, educativos, publicitários, de sorteio e de fiscalização;
  - **d)** obras literárias, arquitetônicas, artísticas e científicas ou qualquer criação estética;
  - **e)** programas de computador em si;
  - **f)** apresentação de informações;
  - **g)** regras de jogo;
  - **h)** técnicas e métodos operatórios ou cirúrgicos, bem como métodos terapêuticos ou de diagnóstico, para aplicação no corpo humano ou animal; e
  - **i)** o todo ou parte de seres vivos naturais e materiais biológicos encontrados na natureza, ou ainda que dela isolados, inclusive o genoma ou germoplasma de qualquer ser vivo natural e os processos biológicos naturais.
- **Não são patenteáveis (art. 18 da LPI):**
  - **a)** o que for contrário à moral, aos bons costumes e à segurança, à ordem e à saúde públicas;
  - **b)** substâncias, matérias, misturas, elementos ou produtos de qualquer espécie, bem como a modificação de suas propriedades físico-químicas e os respectivos processos de obtenção ou modificação, quando resultantes de transformação do núcleo atômico; e
  - **c)** o todo ou parte dos seres vivos, exceto os microrganismos transgênicos que atendam aos três requisitos de patenteabilidade – novidade, atividade inventiva e aplicação industrial – previstos no art. 8º e que não sejam mera descoberta. **Obs.:** micro-organismos transgênicos são organismos, exceto o todo ou parte de plantas ou de animais, que expressem, mediante intervenção humana direta em sua composição genética, uma característica normalmente não alcançável pela espécie em condições naturais.

MODELO DE UTILIDADE

- A patente se relaciona com à invenção ou ao modelo de utilidade. "Desenho industrial diz respeito à forma dos objetos, e serve tanto para conferir-lhe um ornamento harmonioso como para distingui-los de outros do mesmo gênero. Lembre-se, por exemplo, a cadeira *Hill House*, projetada pelo arquiteto Charles Mackintosh em 1902, cuja forma (desenho industrial, design) tem especificidades que permitem sua imediata identificação. A marca, por sua vez, é o signo que identifica produtos e serviços, como Coca-Cola, RT, Itaú." (Coelho, Fábio Ulhoa. Manual de Direito Comercial. 28 ed. – São Paulo: Editora Revista dos Tribunais, 2016).
- **Requisitos para a patente de modelo de utilidade:** é patenteável o modelo de utilidade que atenda aos requisitos de novidade, atividade inventiva e aplicação industrial.
  - **a) Novidade:** o modelo de utilidade é considerado novo, quando não compreendido no estado da técnica. Em outras palavras, o modelo de utilidade deve ser desconhecido

da comunidade científica, técnica ou industrial.

b) **Atividade inventiva:** o modelo de utilidade é dotado de ato inventivo sempre que, para um técnico no assunto, não decorra de maneira comum ou vulgar do estado da técnica.

c) **Aplicação industrial:** o modelo de utilidade é considerado suscetível de aplicação industrial quando possa ser utilizado ou produzido em qualquer tipo de indústria.

- **Vigência da patente de modelo de utilidade:** 15 anos.
- **Não se considera modelo de utilidade (art. 10 da LPI):**

a) descobertas, teorias científicas e métodos matemáticos;

b) concepções puramente abstratas;

c) esquemas, planos, princípios ou métodos comerciais, contábeis, financeiros, educativos, publicitários, de sorteio e de fiscalização;

d) obras literárias, arquitetônicas, artísticas e científicas ou qualquer criação estética;

e) programas de computador em si;

f) apresentação de informações;

g) regras de jogo;

h) técnicas e métodos operatórios ou cirúrgicos, bem como métodos terapêuticos ou de diagnóstico, para aplicação no corpo humano ou animal; e

i) o todo ou parte de seres vivos naturais e materiais biológicos encontrados na natureza, ou ainda que dela isolados, inclusive o genoma ou germoplasma de qualquer ser vivo natural e os processos biológicos naturais.

- Não são patenteáveis (art. 18 da LPI):

a) o que for contrário à moral, aos bons costumes e à segurança, à ordem e à saúde públicas;

b) as substâncias, matérias, misturas, elementos ou produtos de qualquer espécie, bem como a modificação de suas propriedades físico-químicas e os respectivos processos de obtenção ou modificação, quando resultantes de transformação do núcleo atômico; e

c) o todo ou parte dos seres vivos, exceto os microrganismos transgênicos que atendam aos três requisitos de patenteabilidade – novidade, atividade inventiva e aplicação industrial – previstos no art. 8º e que não sejam mera descoberta. **Obs.:** micro-organismos transgênicos são organismos, exceto o todo ou parte de plantas ou de animais, que expressem, mediante intervenção humana direta em sua composição genética, uma característica normalmente não alcançável pela espécie em condições naturais.

ATENÇÃO!

Não se considera modelo de utilidade e, portanto, não podem ser patenteados:

I – as descobertas, teorias científicas e métodos matemáticos;

II – concepções puramente abstratas;

III – esquemas, planos, princípios ou métodos comerciais, contábeis, financeiros, educativos, publicitários, de sorteio e de fiscalização;

IV – as obras literárias, arquitetônicas, artísticas e científicas ou qualquer criação estética;

V – programas de computador em si;

VI – apresentação de informações;

VII – regras de jogo;

VIII – técnicas e métodos operatórios ou cirúrgicos, bem como métodos terapêuticos ou de diagnóstico, para aplicação no corpo humano ou animal; e

IX – o todo ou parte de seres vivos naturais e materiais biológicos encontrados na natureza, ou ainda que dela isolados, inclusive o genoma ou germoplasma de qualquer ser vivo natural e os processos biológicos naturais.

MARCAS

Marca é o signo que identifica produtos e serviços, produzidos ou colocados em circulação pelo empresário.

- **Requisitos do registro de marca:** é registrável a marca que atenta aos requisitos da *novidade relativa, não colidência com marca notória* e *não impedimento*.
- **Sinais registráveis como marca:** são suscetíveis de registro como marca os sinais distintivos visualmente perceptíveis, não compreendidos nos impedimentos legais do art. 124 da LPI.
- **Não são registráveis como marca (art. 124 da LPI):**

a) brasão, armas, medalha, bandeira, emblema, distintivo e monumento oficiais, públicos, nacionais, estrangeiros ou internacionais, bem como a respectiva designação, figura ou imitação;

b) letra, algarismo e data, isoladamente, salvo quando revestidos de suficiente forma distintiva;

c) expressão, figura, desenho ou qualquer outro sinal contrário à moral e aos bons costumes ou que ofenda a honra ou imagem de pessoas ou atente contra liberdade de consciência, crença, culto religioso ou ideia e sentimento dignos de respeito e veneração;

d) designação ou sigla de entidade ou órgão público, quando não requerido o registro pela própria entidade ou órgão público;

e) reprodução ou imitação de elemento característico ou diferenciador de título de estabelecimento ou nome de empresa de terceiros, suscetível de causar confusão ou associação com estes sinais distintivos;

f) sinal de caráter genérico, necessário, comum, vulgar ou simplesmente descritivo, quando tiver relação com o produto ou serviço a distinguir, ou aquele empregado comumente para designar uma característica do produto ou serviço, quanto à natureza, nacionalidade, peso, valor, qualidade e época de produção ou de prestação do serviço, salvo quando revestidos de suficiente forma distintiva;

g) sinal ou expressão empregada apenas como meio de propaganda;

h) cores e suas denominações, salvo se dispostas ou combinadas de modo peculiar e distintivo;

i) indicação geográfica, sua imitação suscetível de causar confusão ou sinal que possa falsamente induzir indicação geográfica;

j) sinal que induza a falsa indicação quanto à origem, procedência, natureza, qualidade ou utilidade do produto ou serviço a que a marca se destina;

k) reprodução ou imitação de cunho oficial, regularmente adotada para garantia de padrão de qualquer gênero ou natureza;

l) reprodução ou imitação de sinal que tenha sido registrado como marca coletiva ou de certificação por terceiro, observado o disposto no art. 154;

m) nome, prêmio ou símbolo de evento esportivo, artístico, cultural, social, político, econômico ou técnico, oficial ou oficialmente reconhecido, bem como a imitação suscetível de criar confusão, salvo quando autorizados pela autoridade competente ou entidade promotora do evento;

n) reprodução ou imitação de título, apólice, moeda e cédula da União, dos Estados, do Distrito Federal, dos Territórios, dos Municípios, ou de país;

o) nome civil ou sua assinatura, nome de família ou patronímico e imagem de terceiros, salvo com consentimento do titular, herdeiros ou sucessores;

p) pseudônimo ou apelido notoriamente conhecidos, nome artístico singular ou coletivo, salvo com consentimento do titular, herdeiros ou sucessores;

q) obra literária, artística ou científica, assim como os títulos que estejam protegidos pelo direito autoral e sejam suscetíveis de causar confusão ou associação, salvo com consentimento do autor ou titular;

r) termo técnico usado na indústria, na ciência e na arte, que tenha relação com o produto ou serviço a distinguir;

s) reprodução ou imitação, no todo ou em parte, ainda que com acréscimo, de marca alheia registrada, para distinguir ou certificar produto ou serviço idêntico, semelhante ou afim, suscetível de causar confusão ou associação com marca alheia;

t) dualidade de marcas de um só titular para o mesmo produto ou serviço, salvo quando, no caso de marcas de mesma natureza, se revestirem de suficiente forma distintiva;

u) a forma necessária, comum ou vulgar do produto ou de acondicionamento, ou, ainda, aquela que não possa ser dissociada de efeito técnico;

v) objeto que estiver protegido por registro de desenho industrial de terceiro; e

w) sinal que imite ou reproduza, no todo ou em parte, marca que o requerente evidentemente não poderia desconhecer em razão de sua atividade, cujo titular seja sediado ou domiciliado em território nacional ou em país com o qual o Brasil mantenha acordo ou que assegure reciprocidade de tratamento, se a marca se destinar a distinguir produto ou serviço idêntico, semelhante ou afim, suscetível de causar confusão ou associação com aquela marca alheia.

- **Espécies de marca:**

a) **marca de produto ou serviço:** aquela usada para distinguir produto ou serviço de outro idêntico, semelhante ou afim, de origem diversa;

b) **marca de certificação:** aquela usada para atestar a conformidade de um produto ou serviço com determinadas normas ou especificações técnicas, notadamente quanto à qualidade, natureza, material utilizado e metodologia empregada; e

c) **marca coletiva:** aquela usada para identificar produtos ou serviços provindos de membros de uma determinada entidade.

- **Marca de alto renome:** à marca registrada no Brasil considerada de alto renome será assegurada proteção especial, em todos os ramos de atividade.

ATENÇÃO!

As marcas de alto renome dependem de registro no Brasil para terem a respectiva proteção.

- **Marca de alto renome x Marca notoriamente conhecida:** A marca de alto renome é uma exceção ao princípio da especialidade. Isso porque, desde que devidamente registrada e assim declarada pelo INPI, a marca de alto renome terá proteção especial em todos os ramos de atividade no território nacional. Por outro lado, a marca notória, independentemente de registro, terá proteção no seu ramo específico de atividade. Por fim, vale ressaltar que, independentemente de estar registrada no Brasil, a marca notória possui proteção em todos os países signatários da Convenção da União de Paris.

Marca de alto renome	Marca notória
Depende de registro no Brasil para ser protegida.	Não depende de registro no Brasil para ser protegida.
A marca de alto renome terá proteção especial em todos os ramos de atividade no território nacional.	A marca notória, independentemente de registro, terá proteção no seu ramo específico de atividade. Possui também proteção em todos os países signatários da Convenção da União de Paris.
"O conceito de marca notoriamente conhecida não se confunde com marca de alto renome. A primeira – notoriamente conhecida – é exceção ao princípio da territorialidade e goza de proteção especial independente de registro no Brasil em seu respectivo ramo de atividade. A segunda – marca de alto renome – cuida de	
exceção ao princípio da especificidade e tem proteção especial em todos os ramos de atividade, desde que previamente registrada no Brasil e declarada pelo INPI – Instituto Nacional de Propriedade Industrial." (STJ, 3ª Turma, REsp 1114745/RJ, Rel. Min. Massami Uyeda, julgado em 02/09/2010, DJe 21/09/2010).	

- **Legitimidade para requerer o registro da marca:** podem requerer registro de marca as pessoas físicas ou jurídicas de direito público ou de direito privado.

> **ATENÇÃO!**
> As pessoas de direito privado só podem requerer registro de marca relativo à atividade que exerçam efetiva e licitamente, de modo direto ou através de empresas que controlem direta ou indiretamente, declarando, no próprio requerimento, esta condição, sob as penas da lei.

- **Aquisição dos direitos sobre a marca:** a propriedade da marca adquire-se pelo **registro validamente expedido**, conforme as disposições desta Lei, **sendo assegurado ao titular seu uso exclusivo em todo o território nacional**.

> **ATENÇÃO!**
> Toda pessoa que, de boa-fé, na data da prioridade ou depósito, usava no País, há pelo menos 6 (seis) meses, marca idêntica ou semelhante, para distinguir ou certificar produto ou serviço idêntico, semelhante ou afim, terá direito de precedência ao registro.

- **Vigência do registro da marca:** 10 anos.
- **Contrato de cessão de marca:** a cessão de marca é o instrumento apto a transferir os direitos de propriedade da marca transacionada, legitimando o cessionário ao uso, fruição, disposição e reivindicação e, por consequência, a opor-se, ainda que preventivamente, à pretensão de registro por terceiro, inclusive o próprio cedente (STJ, REsp 1.532.206/RJ).
- **Distinção:**

Nome empresarial	Marca	Título de estabelecimento
Identifica o empresário no meio empresarial.	Identifica o produto ou serviço no meio empresarial.	Identifica o estabelecimento empresarial.
É protegido a partir do momento em que o empresário registra os seus atos constitutivos na Junta Comercial, que é um órgão estadual. A proteção é de âmbito estadual.	É protegida a partir do momento em que é registrada no INPI (Instituto Nacional de Propriedade Industrial), que é um órgão federal. A proteção é de âmbito federal.	Não precisa ser registrado.
Não pode ser alienado.	Pode ser alienada.	Pode ser alienado.

- **Princípio da especialidade:** pelo princípio da especialidade, a proteção da marca é assegurada no âmbito da sua classe de produtos ou serviços, e não em todos os ramos de atividade. É possível, portanto, que produtos ou serviços tenham marcas semelhantes.

ENUNCIADOS DO CJF APLICÁVEIS:

Enunciado 1 da I Jornada de Direito Comercial: "Decisão judicial que considera ser o nome empresarial violador do direito de marca não implica a anulação do respectivo registro no órgão próprio nem lhe retira os efeitos, preservado o direito de o empresário alterá-lo."

Enunciado 2 da I Jornada de Direito Comercial: "A vedação de registro de marca que reproduza ou imite elemento característico ou diferenciador de nome empresarial de terceiros, suscetível de causar confusão ou associação (art. 124, V, da Lei n. 9.279/1996), deve ser interpretada restritivamente e em consonância com o art. 1.166 do Código Civil."

✦ SÚMULAS APLICÁVEIS

- **STJ – Súmula 143:** Prescreve em cinco anos a ação de perdas e danos pelo uso de marca comercial.

DESENHOS INDUSTRIAIS

O registro se relaciona com o desenho industrial e com a marca. Considera-se desenho industrial a forma plástica ornamental de um objeto ou o conjunto ornamental de linhas e cores que possa ser aplicado a um produto, proporcionando resultado visual novo e original na sua configuração externa e que possa servir de tipo de fabricação industrial.

Requisitos para o registro do desenho industrial: o desenho industrial pode ser registrado quando atenda aos requisitos da novidade, originalidade e desimpedimento:

a) **Novidade:** o desenho industrial é considerado novo quando não compreendido no estado da técnica. O desenho industrial deve resultar em visual inédito, desconhecido dos técnicos do setor.

b) **Originalidade:** o desenho industrial é considerado original quando dele resulte uma configuração visual distintiva, em relação a outros objetos anteriores. **Obs.:** O resultado visual original poderá ser decorrente da combinação de elementos já conhecidos.

c) **Desimpedimento:** o desenho industrial não pode incorrer em nenhuma das situações do art. 100 da LPI.

Não é registrável como desenho industrial (art. 100 da LPI):

a) o que for contrário à moral e aos bons costumes ou que ofenda a honra ou imagem de pessoas, ou atente contra liberdade de consciência, crença, culto religioso ou ideia e sentimentos dignos de respeito e veneração;

b) a forma necessária comum ou vulgar do objeto ou, ainda, aquela determinada essencialmente por considerações técnicas ou funcionais.

Vigência do registro do desenho industrial: 10 anos.

LICENÇA COMPULSÓRIA

Em razão do contexto de pandemia causada pelo novo coronavírus (SARS-CoV-2), o assunto "licença compulsória" está entre os mais prováveis de serem cobrados nas próximas provas. Tanto é verdade que o Congresso Nacional se movimentou para aprovar a Lei 14.200, de 2 de setembro de 2021, que altera a Lei 9.279/1996 (Lei de Propriedade Industrial) para dispor sobre a licença compulsória de patentes ou de pedidos de patente nos casos de declaração de emergência nacional ou internacional, ou de interesse público, ou de reconhecimento de estado de calamidade pública de âmbito nacional.

A finalidade da lei, em síntese, é possibilitar o acesso universal a produtos farmacêuticos, vacinas e terapias imprescindíveis para o combate ao novo coronavírus e a outras epidemias ou graves crises de saúde pública.

Ao nosso ver, andou bem o legislador, considerando que, por razões humanitárias, prestigiou os princípios da dignidade da humana, da supremacia do interesse público e da função social da propriedade industrial.

Foi assim que a Lei 14.200/2021 deu nova redação ao art. 71 da Lei 9.279/1996, passando a prever que nos casos de emergência nacional ou internacional ou de interesse público declarados em lei ou em ato do Poder Executivo federal, ou de reconhecimento de estado de calamidade pública de âmbito nacional pelo Congresso Nacional, poderá ser concedida licença compulsória, de ofício, temporária e não exclusiva, para a exploração da patente ou do pedido de patente, sem prejuízo dos direitos do respectivo titular, desde que seu titular ou seu licenciado não atenda a essa necessidade.

Neste sentido, atualmente, diante do estado excepcional de calamidade pública reconhecida pelo Poder Público, é possível o licenciamento compulsório pelo Estado de patentes capazes de assegurar o atendimento da demanda interna para o enfrentamento de uma pandemia, por exemplo.

Vale destacar, ainda, o art. 71-A da Lei 9.279/1996, introduzido pela Lei 14.200/2021, passou a admitir que seja concedida, por razões humanitárias e nos termos de tratado internacional do qual o Brasil seja parte, licença compulsória de patentes de produtos destinados à exportação a países com insuficiente ou nenhuma capacidade de fabricação no setor farmacêutico para atendimento de sua população.

Direito do Consumidor

Lucas Lehfeld

TABELA DE INCIDÊNCIA DE QUESTÕES

Distribuição das questões organizada por ordem didática de assuntos		
Questões	**Número de Questões**	**Peso**
1. O CONSUMIDOR DAS RELAÇÕES DE CONSUMO	2	13,33%
2. DA QUALIDADE DE PRODUTOS E SERVIÇOS, DA PREVENÇÃO E DA REPARAÇÃO DOS DANOS	2	13,33%
3. DA DESCONSIDERAÇÃO DA PERSONALIDADE JURÍDICA	4	26,67%
4. DAS PRÁTICAS COMERCIAIS	3	20,00%
5. DA PROTEÇÃO CONTRATUAL	3	20,00%
6. DA DEFESA DO CONSUMIDOR EM JUÍZO	1	6,67%
Total	**15**	**100%**

Direito do Consumidor

Lucas Lehfeld

✦ QUESTÕES

1. O CONSUMIDOR DAS RELAÇÕES DE CONSUMO

01. (TRT 15 – Juiz do Trabalho Substituto 15ª Região/2013) A informação é um direito do consumidor que interfere na atividade empresarial. Neste assunto é incorreto afirmar:

a) é enganosa qualquer modalidade de informação ou comunicação de caráter publicitário, inteira ou parcialmente falsa, que induza em erro o consumidor a respeito da natureza, características, qualidade, quantidade, propriedades, origem, preço e quaisquer outros dados sobre produtos e serviços e abusiva a publicidade discriminatória de qualquer natureza;

b) constitui direito dos consumidores a proteção contra a publicidade enganosa e abusiva, os métodos comerciais coercitivos ou desleais, e as práticas e cláusulas abusivas ou impostas no fornecimento de produtos e serviços;

c) dentre as penas possíveis para o agressor aos direitos dos consumidores estão a interdição temporária de direitos e a publicação em órgãos de comunicação de grande circulação ou audiência, às expensas do condenado, de notícia sobre os fatos e a condenação;

d) constitui ônus do consumidor provar a inverdade ou a incorreção da informação ou da comunicação publicitária, com relação à qual alegue ter sido induzido a erro;

e) é direito básico do consumidor a informação adequada e clara sobre os diferentes produtos e serviços, com especificação correta de quantidade, características, composição, qualidade e preço, bem como sobre os riscos que apresentem.

✪ **Nota do autor**: a questão exige conhecimento a respeito dos direitos básicos do consumidor, bem como sobre os conceitos de publicidade enganosa e abusiva, sendo que o candidato deverá se atentar ao fato do enunciado solicitar a assertiva incorreta como gabarito da questão.

Alternativa "a": incorreta. A assertiva está de acordo com a previsão do artigo 37, § 1º, do Código de Defesa do Consumidor, o qual preceitua: "(...) É enganosa qualquer modalidade de informação ou comunicação de caráter publicitário, inteira ou parcialmente falsa, ou, por qualquer outro modo, mesmo por omissão, capaz de induzir em erro o consumidor a respeito da natureza, características, qualidade, quantidade, propriedades, origem, preço e quaisquer outros dados sobre produtos e serviços".

Alternativa "b": incorreta. A assertiva está de acordo tanto com a previsão do artigo 6º, inciso IV, que menciona expressamente o direito à proteção contra "publicidade enganosa e abusiva, os métodos comerciais coercitivos ou desleais, e as práticas e cláusulas abusivas ou impostas no fornecimento de produtos e serviços".

Alternativa "c": incorreta. A assertiva está de acordo com a previsão do artigo 78 do Código de Defesa do Consumidor, a saber: *"Além das penas privativas de liberdade e de multa, podem ser impostas, cumulativa ou alternadamente, observado o disposto nos arts. 44 a 47, do Código Penal: I - a interdição temporária de direitos; II - a publicação em órgãos de comunicação de grande circulação ou audiência, às expensas do condenado, de notícia sobre os fatos e a condenação; III - a prestação de serviços à comunidade"*.

Alternativa "d": correta. A assertiva é o gabarito da questão, que pede a alegação incorreta a respeito do direito do consumidor, ou seja, ao contrário do que consta, o ônus de provar a veracidade e correção da informação ou comunicação publicitária cabe a quem as patrocina e não ao consumidor, nos termos do artigo 38 do CDC.

Alternativa "e": incorreta. A assertiva está de acordo com a previsão do artigo 6º, inciso III, do Código de Defesa do Consumidor, a saber: *"a informação ade-*

quada e clara sobre os diferentes produtos e serviços, com especificação correta de quantidade, características, composição, qualidade, tributos incidentes e preço, bem como sobre os riscos que apresentem;".

Alternativa correta "d".

---

02. (TRT 15 – Juiz do Trabalho Substituto 15ª Região/2013) Não constitui direito básico dos consumidores:

a) a proteção da vida, saúde e segurança contra os riscos provocados por práticas no fornecimento de produtos e serviços considerados perigosos ou nocivos;

b) a educação e divulgação sobre o consumo adequado dos produtos e serviços, asseguradas a liberdade de escolha e a igualdade nas contratações;

c) a informação adequada e clara sobre os diferentes produtos e serviços, com especificação correta de quantidade, características, composição, qualidade e preço, bem como sobre os riscos que apresentem;

d) a informação ou publicidade, suficientemente precisa, veiculada por qualquer forma ou meio de comunicação com relação a produtos e serviços oferecidos ou apresentados;

e) a facilitação da defesa de seus direitos, inclusive com a inversão do ônus da prova, a seu favor, no processo civil e trabalhista, quando, a critério do juiz, for verossímil a alegação ou quando for ele hipossuficiente, segundo as regras ordinárias de experiências.

COMENTÁRIOS

✪ **Nota do autor**: exige conhecimento a respeito dos direitos básicos do consumidor previstos pelo artigo 6º do Código de Defesa do Consumidor, devendo o candidato atentar para o enunciado da questão que solicita a alternativa que **não** menciona uma destes direitos.

Alternativa "a": incorreta. A assertiva está incorreta, tendo em vista que reproduz a previsão do artigo 6º, inciso I, do Código de Defesa do Consumidor.

Alternativa "b": incorreta. A assertiva está incorreta, tendo em vista que reproduz a previsão do artigo 6º, inciso II, do Código de Defesa do Consumidor.

Alternativa "c": incorreta. Nesta alternativa, importante destacar que a prova foi realizada em 2013, sendo que a questão fazia menção ao texto antigo do artigo 6º, inciso III, do Código de Defesa do Consumidor, o qual foi alterado pela Lei n.º 12.741/2012.

Alternativa "d": incorreta. A assertiva está incorreta, uma vez que se coaduna com a previsão do artigo 30 do Código de Defesa do Consumidor e, portanto, consiste em direito do consumidor.

Alternativa "e": correta. A assertiva é a resposta para o enunciado da questão, haja vista que a inversão do ônus da prova ocorre somente no processo civil e não no processo trabalhista, conforme a previsão do artigo 6º, inciso VIII, do Código de Defesa do Consumidor.

Alternativa correta 'e".

2. DA QUALIDADE DE PRODUTOS E SERVIÇOS, DA PREVENÇÃO E DA REPARAÇÃO DOS DANOS

---

03. (TRT 3 – Juiz do Trabalho Substituto 3ª Região/2013) A partir da disciplina jurídica do fato social consumo, é correto afirmar:

a) Os serviços públicos, por serem objeto de leis próprias, estão excluídos do campo de aplicação do Código de Defesa do Consumidor.

b) No caso de prestação de serviços hospitalares, se o hospital não for sociedade empresária, mas entidade filantrópica, não se configura a relação de consumo.

c) Em se tratando de responsabilidade civil pelo fato do produto, regida pelo Código de Defesa do Consumidor, ainda que o fabricante comprove que não colocou o produto no mercado, ele será responsabilizado objetivamente pelos danos causados aos consumidores.

d) O Código de Defesa do Consumidor fixou prazos decadenciais, para os casos de responsabilidade pelo vício do produto ou do serviço, e fixou prazo prescricional, para os casos de responsabilidade pelo fato do produto ou do serviço.

e) Segundo o Código de Defesa do Consumidor, o Juiz poderá inverter o ônus da prova quando verificar, de forma cumulativa, a hipossuficiência do consumidor e a verossimilhança de suas alegações.

COMENTÁRIOS

✪ **Nota do autor:** exige o conhecimento a respeito da responsabilidade no Código de Defesa do Consumidor, bem como dos prazos de prescrição e decadência e inversão do ônus da prova previstos no referido Diploma Legal.

Alternativa "a": incorreta. A assertiva está incorreta, uma vez que em desacordo com o Código de Defesa do Consumidor, o qual prevê expressamente a responsabilidade dos órgãos públicos pelo fornecimento de um serviço adequado em seu artigo 22, sob pen de reparação do dano, a saber: *"os órgãos públicos, por si ou suas empresas, concessionárias, permissionárias ou sob qualquer outra forma de empreendimento, são obrigados a fornecer serviços adequados, eficientes, seguros e, quanto aos essenciais, contínuos".*

Alternativa "b": incorreta. A assertiva está incorreta, posto que basta o fato de haver remuneração para que se caracterize a relação de consumo, conforme a descrição do artigo 3º, do Código de Defesa do Consumidor, conforme segue: *"Fornecedor é toda pessoa física ou jurídica, pública ou privada, nacional ou estrangeira,* *bem como os entes despersonalizados, que desenvolvem atividade de produção, montagem, criação, construção, transformação, importação, exportação, distribuição ou comercialização de produtos ou prestação de serviços". § 1° Produto é qualquer bem, móvel ou imóvel, material ou imaterial. § 2° Serviço é qualquer atividade fornecida no mercado de consumo, mediante remuneração, inclusive as de natureza bancária, financeira, de crédito e securitária, salvo as decorrentes das relações de caráter trabalhista."*

Alternativa "c": incorreta. A assertiva está incorreta, uma vez que contraria a previsão do artigo 12, §3º, inciso I, a saber: *"o fabricante, o construtor, o produtor ou importador só não será responsabilizado quando provar: I - que não colocou o produto no mercado".*

Alternativa "d": correta. A assertiva está de acordo com a previsão do Código de Defesa do Consumidor em seus artigos 26 e 27, a saber: *Art. 26. O direito de reclamar pelos vícios aparentes ou de fácil constatação caduca em: I - trinta dias, tratando-se de fornecimento de serviço e de produtos não duráveis; II - noventa dias, tratando-se de fornecimento de serviço e de produtos duráveis. § 1° Inicia-se a contagem do prazo decadencial a partir da entrega efetiva do produto ou do término da execução dos serviços. § 2° Obstam a decadência: I - a reclamação comprovadamente formulada pelo consumidor perante o fornecedor de produtos e serviços até a resposta negativa correspondente, que deve ser transmitida de forma inequívoca; II - (Vetado). III - a instauração de inquérito civil, até seu encerramento. § 3° Tratando-se de vício oculto, o prazo decadencial inicia-se no momento em que ficar evidenciado o defeito.*

Art. 27. Prescreve em cinco anos a pretensão à reparação pelos danos causados por fato do produto ou do serviço prevista na Seção II deste Capítulo, iniciando-se a contagem do prazo a partir do conhecimento do dano e de sua autoria".

Alternativa "e": incorreta. A assertiva contraria a previsão do artigo 6º, inciso VIII, do Código de Defesa do Consumidor, que prevê a possibilidade da inversão caso haja alguma das hipóteses mencionadas (de forma alternativa), a saber: *"(...) VIII - a facilitação da defesa de seus direitos, inclusive com a inversão do ônus da prova, a seu favor, no processo civil, quando, a critério do juiz, for verossímil a alegação ou quando for ele hipossuficiente, segundo as regras ordinárias de experiências".*

Alternativa correta "d".

---

04. (TRT - 2ª RG - 2010) Quanto ao Código de Defesa do Consumidor, aponte a alternativa INCORRETA:

a) A garantia legal de adequação do produto ou serviço depende de termo expresso, vedada a exoneração contratual do fornecedor.

b) O fornecedor de serviços responde, independentemente da existência de culpa, pela reparação dos danos causados aos consumidores por defeitos relativos à prestação dos serviços, bem como por informações insuficientes ou inadequadas sobre sua fruição e riscos; no caso dos profissionais liberais, no entanto, a responsabilidade pessoal será apurada mediante a verificação de culpa

c) O produto é defeituoso quando não oferece a segurança que dele legitimamente se espera, mas não é considerado defeituoso pelo fato de outro de melhor qualidade ter sido colocado no mercado.

d) Não sendo o vício sanado no prazo máximo de trinta dias, pode o consumidor exigir, alternativamente e à sua escolha: a substituição do produto por outro da mesma espécie, em perfeitas condições de uso; a restituição imediata da quantia paga, monetariamente atualizada, sem prejuízo de eventuais perdas e danos; o abatimento proporcional do preço.

e) O consumidor pode desistir do contrato, no prazo de 7 (sete) dias a contar de sua assinatura ou do ato de recebimento do produto ou serviço, sempre que a contratação de fornecimento de produtos e serviços ocorrer fora do estabelecimento comercial, especialmente por telefone ou a domicílio. Se o consumidor exercitar o direito de arrependimento, os valores eventualmente pagos, a qualquer título, durante o prazo de reflexão, serão devolvidos, de imediato, monetariamente atualizados.

COMENTÁRIOS

✪ **Nota do autor:** o candidato deverá estar atento ao pedido constante no enunciado da questão pela assertiva de conteúdo incorreto a respeito dos temas consumeristas.

Alternativa "a": correta. A assertiva contraria a previsão do artigo 24 do Código de Defesa do Consumidor, que estabelece que *"A garantia legal de adequação do produto ou serviço independe de termo expresso, vedada a exoneração contratual do fornecedor".*

Alternativa "b": incorreta. A assertiva está de acordo com a previsão do artigo 14, do Código de Defesa do Consumidor, conforme segue: "o fornecedor de serviços responde, independentemente da existência de culpa, pela reparação dos danos causados aos consumidores por defeitos relativos à prestação dos serviços, bem como por informações insuficientes ou inadequadas sobre sua fruição e riscos. (...) § 4° A responsabilidade pessoal dos profissionais liberais será apurada mediante a verificação de culpa".

Alternativa "c": incorreta. A assertiva está de acordo com a previsão do artigo 14, § 1º, do CDC, a saber: *"§ 1° O serviço é defeituoso quando não fornece a segurança que o consumidor dele pode esperar, levando-se em consideração as circunstâncias relevantes, entre as quais: I - o modo de seu fornecimento; II - o resultado e os riscos que razoavelmente dele se esperam; III - a época em que foi fornecido. § 2º O serviço não é considerado defeituoso pela adoção de novas técnicas".*

Alternativa "d": incorreta. A assertiva está de acordo com a previsão do artigo 18, do Código de Defesa do Consumidor, conforme segue: *"os fornecedores de produtos de consumo duráveis ou não duráveis respondem* *solidariamente pelos vícios de qualidade ou quantidade que os tornem impróprios ou inadequados ao consumo a que se destinam ou lhes diminuam o valor, assim como por aqueles decorrentes da disparidade, com a indicações constantes do recipiente, da embalagem, rotulagem ou mensagem publicitária, respeitadas as variações decorrentes de sua natureza, podendo o consumidor exigir a substituição das partes viciadas. § 1° Não sendo o vício sanado no prazo máximo de trinta dias, pode o consumidor exigir, alternativamente e à sua escolha: I - a substituição do produto por outro da mesma espécie, em perfeitas condições de uso; II - a restituição imediata da quantia paga, monetariamente atualizada, sem prejuízo de eventuais perdas e danos; III - o abatimento proporcional do preço."*

Alternativa "e": incorreta. A assertiva está de acordo com a previsão do artigo 49, do Código de Defesa do Consumidor, a saber: *"O consumidor pode desistir do contrato, no prazo de 7 dias a contar de sua assinatura ou do ato de recebimento do produto ou serviço, sempre que a contratação de fornecimento de produtos e serviços ocorrer fora do estabelecimento comercial, especialmente por telefone ou a domicílio. Parágrafo único. Se o consumidor exercitar o direito de arrependimento previsto neste artigo, os valores eventualmente pagos, a qualquer título, durante o prazo de reflexão, serão devolvidos, de imediato, monetariamente atualizados".*

Alternativa correta "a".

3. DA DESCONSIDERAÇÃO DA PERSONALIDADE JURÍDICA

05. (TST Juiz do Trabalho Substituto - 2023) A teoria menor da desconsideração da personalidade jurídica é aplicada quando:

a) for exigida do credor a prova de fraude ou de abuso do direito imputados ao sócio administrador da sociedade, conforme previsto no Art. 50 do Código Civil;

b) o credor comprova a existência de confusão patrimonial, desde que esta seja reconhecida por meio da obtenção ilícita de valores no patrimônio do administrador sócio da sociedade;

c) com base no Art. 50 do Código Civil, o administrador que não integra o quadro societário da empresa for pessoalmente responsabilizado pelos danos sofridos pelos credores da pessoa jurídica;

d) reconhecida a responsabilização dos sócios da pessoa jurídica, ainda que não haja insolvência da pessoa jurídica nem fraude comprovada, o patrimônio dos sócios for suficiente para pagar as dívidas dos credores daquela;

e) o consumidor demonstra o estado de insolvência do fornecedor ou a sua personalidade jurídica representa obstáculo ao ressarcimento dos seus danos, conforme o Art. 28, parágrafo 5º, do Código de Defesa do Consumidor.

COMENTÁRIOS

✪ **Nota do autor**: exige conhecimento a respeito das teorias maior e menor da desconsideração da personalidade jurídica previstas pelo ordenamento jurídico.

Alternativa "a": incorreta. A assertiva está errada, haja vista que a hipótese de exigência de prova de fraude ou abuso do direito ocorre na teoria maior da desconsideração da personalidade jurídica, conforme o artigo 50, caput, do Código Civil.

Alternativa "b": incorreta. A assertiva está errada, haja vista que a hipótese de comprovação da existência de confusão patrimonial ocorre na teoria maior da desconsideração da personalidade jurídica, conforme o artigo 50, §2º, inciso II, do Código Civil.

Alternativa "c": incorreta. A assertiva está incorreta, tendo em vista que a hipótese de responsabilização do administrador não sócio na desconsideração da personalidade jurídica ocorre nos casos de aplicação da teoria maior, nos termos do artigo 50, caput, do Código Civil.

Alternativa "d": incorreta. A assertiva está incorreta, posto que a situação mencionada é a de responsabilidade solidária dos sócios em decorrência das dívidas da empresa, o que não exige e desconsideração da personalidade jurídica.

Alternativa "e": correta. A assertiva está de acordo com a previsão do artigo 28, §5º, do Código de Defesa do Consumidor, a saber: *"(...) Também poderá ser desconsiderada a pessoa jurídica sempre que sua personalidade for, de alguma forma, obstáculo ao ressarcimento de prejuízos causados aos consumidores".*

Alternativa correta "e".

06. (TRT 1 – Juiz do Trabalho Substituto 1ª Região/2016) São hipóteses autorizadoras da desconsideração da personalidade jurídica expressamente previstas no Código de Defesa do Consumidor (Lei nº 8.078/90), EXCETO:

a) excesso de poder.

b) violação dos estatutos ou contrato social.

c) abuso de direito.

d) falência.

e) confusão patrimonial.

COMENTÁRIOS

✪ **Nota do autor**: exige conhecimento a respeito da desconsideração da personalidade jurídica prevista pelo artigo 28 do Código de Defesa do Consumidor, devendo o candidato se atentar ao pedido do enunciado da questão pela exceção dentre as hipóteses autorizadoras da desconsideração da personalidade jurídica.

Alternativa "a": incorreta. Conforme se depreende da previsão expressa do artigo 28, do Código de

Defesa do Consumidor, o excesso de poder constitui hipótese autorizadora da desconsideração da personalidade jurídica.

Alternativa "b": incorreta. Conforme se depreende da previsão expressa do artigo 28, do Código de Defesa do Consumidor, a violação dos estatutos ou contrato social constitui hipótese autorizadora da desconsideração da personalidade jurídica.

Alternativa "c": incorreta. Conforme se depreende da previsão expressa do artigo 28, do Código de Defesa do Consumidor, o abuso de direito constitui hipótese autorizadora da desconsideração da personalidade jurídica.

Alternativa "d": incorreta. Conforme se depreende da previsão expressa do artigo 28, do Código de Defesa do Consumidor, a falência constitui hipótese autorizadora da desconsideração da personalidade jurídica.

Alternativa "e": correta. A assertiva é a exceção dentre as hipóteses que viabilizam a desconsideração da personalidade jurídica previstas expressamente pelo Código de Defesa do Consumidor.

Alternativa correta "e".

---

07. (TRT - JTS 2ª RG/ 2012) Conforme Código de Defesa do Consumidor é INCORRETO afirmar:

a) O juiz poderá desconsiderar a personalidade jurídica da sociedade quando, em detrimento do consumidor, houver abuso de direito, excesso de poder, infração da lei, fato ou ato ilícito ou violação dos estatutos ou contrato social.

b) A desconsideração também será efetivada quando houver falência, estado de insolvência, encerramento ou inatividade da pessoa jurídica, provocados por má administração.

c) A defesa dos interesses e direitos dos consumidores e das vítimas poderá ser exercida em juízo individualmente, ou a título coletivo, mas a defesa coletiva não será exercida quando se tratar de interesses ou direitos individuais homogêneos assim entendidos os decorrentes de origem comum.

d) Também poderá ser desconsiderada a pessoa jurídica sempre que sua personalidade for, de alguma forma, obstáculo ao ressarcimento de prejuízos causados aos consumidores.

e) A defesa coletiva será exercida quando se tratar de interesses ou direitos difusos, assim entendidos, para efeitos deste código, os transindividuais, de natureza indivisível, de que sejam titulares pessoas indeterminadas e ligadas por circunstâncias de fato.

COMENTÁRIOS

✪ **Nota do autor**: exige conhecimento a respeito da desconsideração da personalidade jurídica prevista pelo Código de Defesa do Consumidor, devendo o candidato ficar atento ao pedido de conteúdo incorreto como gabarito da questão.

Alternativa "a": incorreta. A assertiva está de acordo com a previsão do artigo 28, *caput*, do CDC, a saber: *"o juiz poderá desconsiderar a personalidade jurídica da sociedade quando, em detrimento do consumidor, houver abuso de direito, excesso de poder, infração da lei, fato ou ato ilícito ou violação dos estatutos ou contrato social. A desconsideração também será efetivada quando houver falência, estado de insolvência, encerramento ou inatividade da pessoa jurídica provocados por má administração."*

Alternativa "b": incorreta. A assertiva está de acordo com a previsão do artigo 28, *caput*, do CDC, já mencionado no item anterior e, portanto, não é o gabarito da questão.

Alternativa "c": correta. A assertiva está incorreta no que se refere à parte que menciona que a defesa não será exercida quando se tratar de interesses ou direitos individuais homogêneos, pois contraria a previsão do artigo 81, parágrafo único, inciso III, que prevê expressamente tal hipótese.

Alternativa "d": incorreta. A assertiva está de acordo com a previsão do artigo 28, § 5º, do Código de Defesa do Consumidor, a saber: *"(...) Também poderá ser desconsiderada a pessoa jurídica sempre que sua personalidade for, de alguma forma, obstáculo ao ressarcimento de prejuízos causados aos consumidores".*

Alternativa "e": incorreta. A assertiva está de acordo com a previsão do artigo 81, parágrafo único, conforme segue: *"A defesa dos interesses e direitos dos consumidores e das vítimas poderá ser exercida em juízo individualmente, ou a título coletivo. Parágrafo único. A defesa coletiva será exercida quando se tratar de: I - interesses ou direitos difusos, assim entendidos, para efeitos deste código, os transindividuais, de natureza indivisível, de que sejam titulares pessoas indeterminadas e ligadas por circunstâncias de fato".*

Alternativa correta "c".

---

08. (TRT - 21ª RG - 2010) O art. 28 do Código de Defesa do Consumidor (CDC) prevê a desconsideração da personalidade jurídica:

a) na hipótese de encerramento da pessoa jurídica, quando provocado por má administração;

b) como dever do juiz, restringindo-se a concessão aos casos de abuso de direito, excesso de poder e infração da lei;

c) atribuindo responsabilidade solidária às sociedades integrantes dos grupos societários e às sociedades controladas;

d) atribuindo responsabilidade às sociedades coligadas apenas em caso de dolo;

e) como faculdade do juiz, aplicável quando houver estado de insolvência, encerramento ou inatividade de pessoa jurídica, sendo dispensável, nestes casos, a ocorrência da má administração.

COMENTÁRIOS

✪ **Nota do autor:** exige conhecimento a respeito da desconsideração da personalidade jurídica prevista pelo Código de Defesa do Consumidor.

Alternativa "a": correta. A assertiva está de acordo com a previsão do artigo 28, *caput*, a saber: *"o juiz poderá desconsiderar a personalidade jurídica da sociedade quando, em detrimento do consumidor, houver abuso de direito, excesso de poder, infração da lei, fato ou ato ilícito ou violação dos estatutos ou contrato social. A desconsideração também será efetivada quando houver falência, estado de insolvência, encerramento ou inatividade da pessoa jurídica provocados por má administração".*

Alternativa "b": incorreta. A assertiva está incorreta, posto que a desconsideração não é prevista como dever do juiz e deverá ser arguida pela parte interessada e também contraria o disposto pelo artigo 28, caput, do Código de Defesa do Consumidor, que prevê as hipóteses de cabimento da desconsideração da personalidade jurídica e não são restritas conforme consta nesta alternativa.

Alternativa "c": incorreta. A assertiva está incorreta porque contraria a previsão do artigo 28, § 2º, do CDC, a saber: *"as sociedades integrantes dos grupos societários e as sociedades controladas, <u>são subsidiariamente responsáveis</u> pelas obrigações decorrentes deste código".* Grifo nosso.

Alternativa "d": incorreta. A assertiva está incorreta porque contraria a previsão do artigo 28, § 4º, do CDC, conforme segue: *"as sociedades coligadas só responderão por culpa".*

Alternativa "e": incorreta. A assertiva está incorreta, tendo em vista que contraria a previsão do artigo 28, *caput*, a saber: *"o juiz poderá desconsiderar a personalidade jurídica da sociedade quando, em detrimento do consumidor, houver abuso de direito, excesso de poder, infração da lei, fato ou ato ilícito ou violação dos estatutos ou contrato social. A desconsideração também será efetivada quando houver falência, estado de insolvência, encerramento ou inatividade da pessoa jurídica provocados por má administração".*

Alternativa correta "a".

4. DAS PRÁTICAS COMERCIAIS

09. (FCC – Juiz do Trabalho Substituto 1ª Região/2015) Sobre o Código de Defesa do Consumidor (Lei nº 8.078/1990), considere:

I. É enganosa qualquer modalidade de informação ou comunicação de caráter publicitário, inteira ou parcialmente falsa ou, por qualquer outro modo, capaz de induzir em erro o consumidor a respeito da natureza, características, qualidade, quantidade, propriedades, origem, preço e quaisquer outros dados sobre produtos e serviços.

II. A publicidade é simulada por omissão quando deixar de informar sobre dado essencial do produto.

III. É abusiva, dentre outras, a publicidade discriminatória de qualquer natureza, a que explore o medo ou a superstição ou a que desrespeita valores ambientais.

IV. É abusiva a publicidade que seja capaz de induzir o consumidor a se comportar de maneira prejudicial ou perigosa à sua saúde ou segurança.

Está correto o que se afirma APENAS em

a) I e III.

b) II e III.

c) I, III e IV.

d) II e IV.

e) I, II e IV.

COMENTÁRIOS

✪ **Nota do autor:** exige conhecimento a respeito das diferenças entre as modalidades de publicidade abusiva e enganosa previstas pelo Código de Defesa do Consumidor.

Alternativa "a": incorreta. O item I está correto porque se coaduna com a previsão do artigo 37, § 1º, do Código de Defesa do Consumidor e o item III está correto porque se coaduna com a previsão do artigo 37, § 2º, do Código de Defesa do Consumidor, no entanto há mais um item correto, razão pela qual esta não é a resposta da questão.

Alternativa "b": incorreta. O item II não está certo, uma vez que em desacordo com a previsão do artigo 37, § 3º, do Código de Defesa do Consumidor, a saber: "(...) *Para os efeitos deste código, a publicidade é enganosa por omissão quando deixar de informar sobre dado essencial do produto ou serviço."*

Alternativa "c": correta. Os itens I e III estão corretos, conforme as explicações anteriores. O item IV também está correto, uma vez que se coaduna com a previsão do artigo 37, § 2º, do Código de Defesa do Consumidor.

Alternativa "e": incorreta. O item II está errado, conforme já explicado anteriormente.

Alternativa correta "c".

10. (FCC – Juiz do Trabalho Substituto 18ª Região/2014) Em relação ao Código de Defesa do Consumidor, é correto afirmar:

a) Em relação ao consumidor, os fornecedores respondem subsidiariamente pelos vícios de quantidade do produto sempre que, respeitadas as variações decorrentes de sua natureza, seu conteúdo líquido for inferior ao indicado no recipiente, na embalagem, rotulagem ou mensagem publicitária.

b) As normas consumeristas são dispositivas, em regra, visando à proteção e defesa do consumidor, em juízo e fora dele.

c) Os direitos previstos no texto legal consumerista são taxativos, dada sua natureza protetiva em face do fornecedor de produtos ou serviços.

d) Entre outras hipóteses, nas relações de consumo poderá ser desconsiderada a pessoa jurídica sempre que sua personalidade for, de alguma forma, obstáculo ao ressarcimento de prejuízos causados aos consumidores.

e) A ignorância comprovada do fornecedor sobre os vícios de qualidade por inadequação dos produtos ou serviços o exime de responsabilidade.

COMENTÁRIOS

✪ **Nota do autor:** exige conhecimento a respeito da responsabilidade por vício do produto e do serviço prevista pelo CDC, além da desconsideração da personalidade jurídica prevista pelo mesmo diploma legal.

Alternativa "a": incorreta. A assertiva contraria a previsão do artigo 19, do Código de Defesa do Consumidor, a saber: *"os fornecedores respondem solidariamente pelos vícios de quantidade do produto sempre que, respeitadas as variações decorrentes de sua natureza, seu conteúdo líquido for inferior às indicações constantes do recipiente, da embalagem, rotulagem ou de mensagem publicitária, podendo o consumidor exigir, alternativamente e à sua escolha"*. Grifo nosso.

Alternativa "b": incorreta. A assertiva está incorreta, uma vez que contraria a previsão do artigo 1º, do Código de Defesa do Consumidor, que estabelece que as normas consumeristas são de ordem pública (não dispositivas), a saber: *"o presente código estabelece normas de proteção e defesa do consumidor, de ordem pública e interesse social, nos termos dos arts. 5º, inciso XXXII, 170, inciso V, da Constituição Federal e art. 48 de suas Disposições Transitórias."*

Alternativa "c": incorreta. A assertiva está incorreta, posto que o próprio Código de Defesa do Consumidor prevê expressamente em seu artigo 7º que a previsão dos direitos não exclui outros, conforme segue: *"os direitos previstos neste código não excluem outros decorrentes de tratados ou convenções internacionais de que o Brasil seja signatário, da legislação interna ordinária, de regulamentos expedidos pelas autoridades administrativas competentes, bem como dos que derivem dos princípios gerais do direito, analogia, costumes e equidade"*.

Alternativa "d": correta. A assertiva está de acordo com a previsão expressa do artigo 28, §5º, do Código de Defesa do Consumidor, a saber: *"Também poderá ser desconsiderada a pessoa jurídica sempre que sua personalidade for, de alguma forma, obstáculo ao ressarcimento de prejuízos causados aos consumidores"*.

Alternativa "e": incorreta. A assertiva contraria a previsão do artigo 23, do Código de Defesa do Consumidor, conforme segue: *"a ignorância do fornecedor sobre os vícios de qualidade por inadequação dos produtos e serviços não o exime de responsabilidade"*.

Alternativa correta "d".

---

11. (CESPE – Juiz do Trabalho Substituto 5ª Região/2013) Acerca de publicidade empresarial, assinale a opção correta à luz do Código de Defesa do Consumidor.

a) É do MP o ônus da prova em ação civil pública por ele proposta para responsabilizar anunciante por publicidade abusiva ou enganosa, sendo aplicável a inversão se presentes os pressupostos que a justifiquem.

b) Considere que determinada agência de turismo promova a distribuição de panfletos anunciando a venda de pacotes de turismo, a preços baixos, para praias do México, nos meses de janeiro a março, mas omita que esse período corresponde à temporada de furacões na região. Nesse caso, a publicidade é considerada simulada por omissão.

c) Considere que, em jornal de circulação nacional, seja publicada, com aparência de matéria jornalística desse jornal e sem indicação de se tratar de publicidade, publicidade relativa a determinado automóvel em que esse automóvel é avaliado como excelente. Nesse caso, a referida publicidade é considerada enganosa.

d) Compete exclusivamente ao Poder Executivo impor a realização de contrapropaganda ao anunciante que tenha feito anúncio publicitário abusivo ou enganoso.

e) Considere que, em anúncio televisivo, protagonizado por médico de renome por fazer reportagens televisivas e por ser escritor, se afirme que determinado sabonete elimina 90% das bactérias presentes na pele das crianças e que se apure que, na verdade, o referido sabonete elimina apenas 10% das bactérias. Nessa situação, o anúncio é publicidade abusiva.

COMENTÁRIOS

✪ **Nota do autor:** exige conhecimento a respeito das modalidades de publicidade previstas pelo Código de Defesa do Consumidor.

Alternativa "a": incorreta. A assertiva contraria a previsão do artigo 38 do Código de Defesa do Consumidor, a saber: *"o ônus da prova da veracidade e correção da informação ou comunicação publicitária cabe a quem as patrocina"*.

Alternativa "b": incorreta. A assertiva está incorreta, tendo em vista que a hipótese narrada configura propaganda enganosa por omissão (e não simulada), conforme a previsão do artigo 37, § 3º, do Código de Defesa do Consumidor, a saber: *"para os efeitos deste* *código, a publicidade é enganosa por omissão quando deixar de informar sobre dado essencial do produto ou serviço".*

Alternativa "c": incorreta. A assertiva está incorreta, tendo em vista a hipótese narrada não configura publicidade enganosa prevista no artigo 37, § 1º, do Código de Defesa do Consumidor: *"É enganosa qualquer modalidade de informação ou comunicação de caráter publicitário, inteira ou parcialmente falsa, ou, por qualquer outro modo, mesmo por omissão, capaz de induzir em erro o consumidor a respeito da natureza, características, qualidade, quantidade, propriedades, origem, preço e quaisquer outros dados sobre produtos e serviços".*

Alternativa "d": correta. A assertiva está de acordo com a previsão das sanções administrativas, mais especificamente em seu artigo 56, inciso XII, do Código de Defesa do Consumidor, a saber: *"as infrações das normas de defesa do consumidor ficam sujeitas, conforme o caso, às seguintes sanções administrativas, sem prejuízo das de natureza civil, penal e das definidas em normas específicas: (...) II - imposição de contrapropaganda."*

Alternativa "e": incorreta. A assertiva está incorreta, haja vista que a hipótese narrada configura situação de publicidade enganosa (e não abusiva), conforme a previsão do artigo 37, §1º, a saber: *"é enganosa qualquer modalidade de informação ou comunicação de caráter publicitário, inteira ou parcialmente falsa, ou, por qualquer outro modo, mesmo por omissão, capaz de induzir em erro o consumidor a respeito da natureza, características, qualidade, quantidade, propriedades, origem, preço e quaisquer outros dados sobre produtos e serviços".*

Alternativa correta "d".

5. DA PROTEÇÃO CONTRATUAL

12. (TRT 8 – Juiz do Trabalho Substituto 8ª Região/2015) Assinale a opção INCORRETA, após a análise das afirmativas abaixo:

a) São proibidos de efetivo exercício de atividade empresarial os funcionários públicos, a não ser como acionistas ou quotistas de sociedade empresária. Também estão proibidos de exercer o comércio os militares, a não ser que tenham sido reformados, os leiloeiros, corretores e despachantes aduaneiros e, por fim, também o falido, cuja inabilitação se dá a partir da decretação da falência e até a sentença que extingue suas obrigações, ocasião em que ele fica autorizado novamente a exercer ofício empresarial, exceto se condenado por crime falimentar.

b) Nas sociedades limitadas, a responsabilidade dos sócios limita-se aos valores de suas quotas, mas todos os sócios respondem solidariamente pela integralização do capital social. Assim, nas sociedades limitadas, a responsabilidade do sócio é maior que na sociedade anônima, em que o acionista responde tão somente pela integralização de suas próprias ações, não tendo qualquer responsabilidade solidária em relação aos demais acionistas.

c) O contrato de franquia deve ser sempre escrito e assinado na presença de 2 (duas) testemunhas e terá validade independentemente de ser levado a registro perante cartório ou órgão público.

d) De acordo com a Lei nº 8.078/1990 (Defesa do Consumidor), constitui direito básico do consumidor a facilitação da defesa de seus direitos, inclusive com a inversão do ônus da prova, a seu favor, no processo civil, quando, a critério do juiz, for verossímil a alegação ou quando for ele hipossuficiente, segundo as regras ordinárias de experiência.

e) O fornecedor de serviços responde, desde que provada a existência de culpa, pela reparação dos danos causados aos consumidores por defeitos relativos à prestação dos serviços, bem como por informações insuficientes ou inadequadas sobre sua fruição e riscos.

COMENTÁRIOS

✪ **Nota do autor**: o candidato deverá ficar atento ao enunciado da questão, que pede a assertiva incorreta como gabarito da questão.

Alternativa "a": incorreta. Embora a assertiva esteja correta em seu conteúdo, uma vez que de acordo com a legislação são impedidos de exercer a atividade empresária as pessoas mencionadas, a questão pede a resposta com o conteúdo incorreto.

Alternativa "b": incorreta. Embora a assertiva esteja correta em seu conteúdo porque de acordo com a previsão do artigo 1052 do Código Civil, bem como com a previsão do artigo 1º da Lei n.º 6404/1976, não é o gabarito da questão, que pede o conteúdo incorreto.

Alternativa "c": incorreta. Embora a assertiva esteja correta em seu conteúdo, uma vez que de acordo com a previsão do artigo 6º da Lei n.º 8955/1994, a questão pede a resposta com o conteúdo incorreto.

Alternativa "d": incorreta. Embora a assertiva esteja correta em seu conteúdo, uma vez que de acordo com a previsão do artigo 6º, inciso VIII, do Código de Defesa do Consumidor, a questão pede a resposta com o conteúdo incorreto.

Alternativa "e": correta. A assertiva é o gabarito da questão, tendo em vista que o seu conteúdo está em desacordo com a previsão do artigo 14, do Código de Defesa do Consumidor, o qual preceitua: *"o fornecedor de serviços responde, <u>independentemente da existência de culpa, pela reparação dos danos causados aos consumidores por defeitos relativos à prestação</u> dos serviços, bem como por informações insuficientes ou inadequadas sobre sua fruição e riscos".* Grifo nosso.

Alternativa correta "e".

13. (FCC – Juiz do Trabalho Substituto 1ª Região/2014) Heráclito adquiriu um aparelho televisor, marca Telefunken, que deveria ter 50 polegadas, constatando porém, após dez dias, que seu tamanho real era o de 46 polegadas. Contatado o estabelecimento Ponto Morno, no qual havia comprado o produto, este limitou-se a oferecer a diferença de preço entre o televisor de 50 e o de 46 polegadas, afirmando que a responsabilidade não era sua e sim do fabricante e que oferecia aquele valor por mera liberalidade, mesmo porque a garantia da loja era de sete dias. Nessas condições, Heráclito

a) é obrigado a aceitar a oferta do Ponto Morno, abatendo o preço, não por que o estabelecimento não seja responsável solidário e sim porque o vício era insignificante e correspondia a menos de 10% do tamanho do produto, percentual mínimo para exigir sua substituição.
b) não é obrigado a aceitar o abatimento proporcional do preço, mas por já ter passado dez dias só poderá exigir a substituição do produto e não a restituição da quantia paga, tendo em vista a garantia de sete dias outorgada pelo estabelecimento, que não responde solidariamente na hipótese.
c) é obrigado a aceitar a oferta do Ponto Morno, pois já havia sido ultrapassado o prazo de garantia fixado pelo estabelecimento e, a partir daí, a responsabilidade é unicamente do fabricante do produto.
d) não é obrigado a aceitar o abatimento proporcional do preço, pois a extensão do vício compromete a característica esperada do produto, pelo que pode escolher entre substituí-lo por um aparelho de 50 polegadas reais ou pedir a restituição imediata da quantia paga, monetariamente atualizada, sem prejuízo de eventuais perdas e danos; o prazo de garantia da loja é irrelevante, diante de sua responsabilidade solidária pelo vício do bem.
e) não é obrigado a aceitar o abatimento proporcional do preço, mas terá que exigir a substituição do produto ou a restituição do valor pago diretamente do fabricante do produto, pois o estabelecimento tem responsabilidade meramente subsidiária na hipótese.

COMENTÁRIOS

Nota do autor: exige conhecimento a respeito da responsabilidade por vício do produto e do serviço prevista pelo Código de Defesa do Consumidor, bem como sobre os prazos para reclamação a respeito dos vícios aparentes.

Alternativa "a": incorreta. A assertiva está incorreta, tendo em vista que a loja não pode fazer imposição ao consumidor e não há previsão legal neste sentido, sendo que no caso houve vício do produto, cuja responsabilidade está prevista pelo artigo 18 do CDC.

Alternativa "b": incorreta. A assertiva está incorreta, haja vista que, ao contrário do que consta, no caso narrado pelo enunciado da questão a garantia está prevista pelo artigo 26, inciso II, do CDC, que estabelece o prazo de 90 dias para reclamar pelos vícios aparentes quando se tratar de produtos duráveis. Ademais, a responsabilidade do estabelecimento é solidária, conforme a previsão do artigo 18 do CDC.

Alternativa "c": incorreta. A assertiva está incorreta, conforme já explicado nos itens anteriores.

Alternativa "d": correta. A assertiva se coaduna com a previsão do artigo 18, do Código de Defesa do Consumidor, posto que no caso trata-se de vício do produto, a saber: *"os fornecedores de produtos de consumo duráveis ou não duráveis respondem solidariamente pelos vícios de qualidade ou quantidade que os tornem impróprios ou inadequados ao consumo a que se destinam ou lhes diminuam o valor, assim como por aqueles decorrentes da disparidade, com a indicações constantes do recipiente, da embalagem, rotulagem ou mensagem publicitária, respeitadas as variações decorrentes de sua natureza, podendo o consumidor exigir a substituição das partes viciadas. § 1º Não sendo o vício sanado no prazo máximo de trinta dias, pode o consumidor exigir, alternativamente e à sua escolha: I - a substituição do produto por outro da mesma espécie, em perfeitas condições de uso; II - a restituição imediata da quantia paga, monetariamente atualizada, sem prejuízo de eventuais perdas e danos; III - o abatimento proporcional do preço".*

Alternativa "e": incorreta. A assertiva está incorreta, haja vista a existência de responsabilidade solidária no caso, conforme já explicado nos itens anteriores.

Alternativa correta "d".

---

14. (FCC – Juiz do Trabalho Substituto 18ª Região/2014) No que se refere à publicidade nas relações de consumo, considere:

I. A publicidade enganosa poderá ocorrer comissivamente ou por omissão, neste caso quando deixar de informar sobre dado essencial do produto ou serviço.

II. O ônus da prova da veracidade e correção da informação ou comunicação publicitária cabe a quem as patrocina.

III. O rol que detalha as hipóteses de publicidade abusiva é taxativo e não elucidativo, tratando-se daquela discriminatória de qualquer natureza, a que incite à violência, explore o medo ou a superstição, se aproveite da deficiência de julgamento e experiência da criança, desrespeita valores ambientais, ou que seja capaz de induzir o consumidor a se comportar de forma prejudicial ou perigosa à sua saúde ou segurança.

Está correto o que consta APENAS em

a) I.
b) II e III.
c) I e II.
d) II.
e) III.

COMENTÁRIOS

✪ **Nota do autor:** exige o conhecimento a respeito das modalidades de publicidade previstas pelo Código de Defesa do Consumidor.

Alternativa "a": incorreta. Embora o item I esteja correto, pois encontra-se de acordo com a previsão do artigo 37, § 1º, do Código de Defesa do Consumidor, esta não é o gabarito da questão porque o item II também está correto, conforme veremos a seguir.

Alternativa "b": incorreta. Embora o item II esteja correto, o item III está errado, pois o rol que detalha as hipóteses de publicidade abusiva não é taxativo, conforme se verifica no artigo 37, § 2º, do Código de Defesa do Consumidor, conforme segue: *"É abusiva, dentre outras a publicidade discriminatória de qualquer natureza, a que incite à violência, explore o medo ou a superstição, se aproveite da deficiência de julgamento e experiência da criança, desrespeita valores ambientais, ou que seja capaz de induzir o consumidor a se comportar de forma prejudicial ou perigosa à sua saúde ou segurança"*. Grifo nosso.

Alternativa "c": correta. Conforme se verifica nas assertivas, apenas os itens I e II estão corretos, posto que o item I está de acordo com a previsão do artigo 37, § 1º, do Código de Defesa do Consumidor, a saber: *"É enganosa qualquer modalidade de informação ou comunicação de caráter publicitário, inteira ou parcialmente falsa, ou, por qualquer outro modo, mesmo por omissão, capaz de induzir em erro o consumidor a respeito da natureza, características, qualidade, quantidade, propriedades, origem, preço e quaisquer outros dados sobre produtos e serviços"*; enquanto o item II está de acordo com a previsão do artigo 38 do Código de Defesa do Consumidor, a saber: *"o ônus da prova da veracidade e correção da informação ou comunicação publicitária cabe a quem as patrocina"*.

Alternativa "d": incorreta. A alternativa está incorreta, conforme as explicações fornecidas nos itens anteriores.

Alternativa "d": incorreta. A alternativa está incorreta, conforme as explicações fornecidas nos itens anteriores.

Alternativa correta "c".

6. DA DEFESA DO CONSUMIDOR EM JUÍZO

15. (FCC – Juiz do Trabalho Substituto 1ª Região/2015) Acerca do tratamento dado pelo Código de Defesa do Consumidor às ações coletivas para a defesa dos interesses individuais homogêneos, considere:

I. Ressalvada a competência da justiça federal, é competente para a causa a justiça local no foro da Capital do Estado ou no do Distrito Federal, para os danos de âmbito nacional ou regional, aplicando-se as regras do Código de Processo Civil aos casos de competência concorrente.

II. Em caso de procedência do pedido, a condenação será genérica, fixando a responsabilidade do réu pelos danos causados.

III. A execução poderá ser coletiva, abrangendo as vítimas cujas indenizações já tiverem sido fixadas em sentença de liquidação, sem prejuízo do ajuizamento de outras execuções.

IV. Nesta espécie de ações coletivas a sentença fará coisa julgada ultra partes, apenas no caso de procedência do pedido, para beneficiar todas as vítimas e seus sucessores.

Está correto o que se afirma APENAS em

a) I, II e III.

b) II e III.

c) I e IV.

d) III e IV.

e) I, II e IV.

COMENTÁRIOS

✪ **Nota do autor:** exige conhecimento a respeito das ações coletivas previstas no Código de Defesa do Consumidor.

Alternativa "a": correta. O item I está correto, pois menciona a expressa previsão do artigo 93, inciso II, do Código de Defesa do Consumidor. O item II também está correto, posto que menciona a previsão do artigo 95, do Código de Defesa do Consumidor, a saber: *"em caso de procedência do pedido, a condenação será genérica, fixando a responsabilidade do réu pelos danos causados"*. O item III está correto, pois se coaduna com a previsão do artigo 98, caput, do CDC, a saber: *"a execução poderá ser coletiva, sendo promovida pelos legitimados de que trata o art. 82, abrangendo as vítimas cujas indenizações já tiveram sido fixadas em sentença de liquidação, sem prejuízo do ajuizamento de outras execuções"*. A título de esclarecimento, esta alternativa é o gabarito da questão, tendo em vista que o item IV está incorreto, uma vez que contraria o disposto pelo artigo 103, inciso III, do CDC , a saber: *"Art. 103. Nas ações coletivas de que trata este código, a sentença fará coisa julgada: (...) III - erga omnes, apenas no caso de procedência do pedido, para beneficiar todas as vítimas e seus sucessores, na hipótese do inciso III do parágrafo único do art. 81"*.

Alternativa "b": incorreta. A assertiva está incorreta, conforme a explicação anterior.

Alternativa "c": incorreta. A assertiva está incorreta, conforme a explicação mencionada na alternativa "a".

Alternativa "d": incorreta. A assertiva está incorreta, conforme a explicação mencionada na alternativa "a".

Alternativa "e": incorreta. A assertiva está incorreta, conforme a explicação mencionada na alternativa "a".

Alternativa correta "a".

Direito do Consumidor

Lucas Lehfeld

✦ DICAS

1. O CONSUMIDOR NAS RELAÇÕES DE CONSUMO

- **Conceito:** está disposto basicamente no artigo 2º, "caput" e parágrafo único, do CDC, "Consumidor é toda pessoa física ou jurídica que adquire ou utiliza produto ou serviço como destinatário final. Parágrafo único. Equipara-se a consumidor a coletividade de pessoas, ainda que indetermináveis, que haja intervindo nas relações de consumo." Além disso, há o conceito de consumidor por equiparação ou *bystander*, previsto nos artigos 17 e 29 do CDC, respectivamente: "Art. 17. Para os efeitos desta Seção, equiparam-se aos consumidores todas as vítimas do evento" e "art. 29. Para os fins deste Capítulo e do seguinte, equiparam-se aos consumidores todas as pessoas determináveis ou não, expostas às práticas nele previstas."
- **Destinatário final:** pessoa física ou jurídica que utilizará o produto ou serviço para consumo próprio. Assim, se uma pessoa adquire um produto como um intermediário de um ciclo de produção, como por exemplo calças para revendê-las, não será considerado destinatário final, e, consequentemente, consumidor.
- A partir da definição de consumidor, no *caput* do artigo 2º, surgiram duas teorias, a saber: a) **teoria finalista ou subjetiva**: é a mais restritiva. Foi adotada pelo CDC e, ao definir o que seja consumidor, apresenta uma divisão entre destinatário final fático (consumidor é o último da cadeia de consumo), e o destinatário final econômico, onde o consumidor não utiliza o produto ou serviço para o lucro, repasse ou transmissão onerosa. Dentro desta teoria, pertinente ressaltar a criação da **teoria finalista mitigada** (ou finalista aprofundada) pelo STJ, que abrandou o critério subjetivo aplicado, considerando além da destinação do produto ou serviço adquirido, o porte econômico do consumidor, notadamente no que se refere à pessoa jurídica, que em determinadas hipóteses poderá ser equiparada à condição de consumidora em razão de apresentar alguma vulnerabilidade frente ao fornecedor. Por outro lado, a segunda teoria: b) **teoria maximalista ou objetiva**, que amplia o conceito de consumidor. De acordo com esta teoria, o artigo 2º do CDC deve ser interpretado da forma mais extensiva possível, para que as normas do CDC sejam aplicadas a um número cada vez maior de relações de consumo.

Quanto aos direitos básicos do consumidor, importante a leitura do art. 6º do CDC, ressaltando-se os incisos XI, XII e XIII que foram introduzidos pela lei n.º14.181/2021.

2. DOS PRINCÍPIOS FUNDAMENTAIS DO CÓDIGO DE DEFESA DO CONSUMIDOR (CDC)

- **Integração do sistema normativo-jurídico de proteção do consumidor:** o CDC é um texto aberto, pois determina que os direitos nele previstos "não excluem outros decorrentes de tratados ou convenções internacionais de que o Brasil seja signatário, da legislação interna ordinária, de regulamentos expedidos pelas autoridades administrativas competentes, bem como dos que derivem dos princípios gerais do direito, analogia, costumes e equidade" (artigo 7º).
- **O princípio da transparência ou da confiança:** em âmbito jurídico, a informação apresenta dupla face: o dever de quem oferece o produto ou serviço de informar, e o direito do consumidor de ser informado, por ser considerado pelo CDC parte vulnerável na relação de consumo. A informação deve ser adequada e clara sobre o produto ou serviço, com especificação correta de quantidade, características, composição, qualidade e preço, bem como sobre os riscos que apresentem (artigo 6º, III e artigo 31). Deve-se, portanto, evitar a propaganda enganosa ou abusiva, conforme artigo 6º, IV, do CDC, ou mesmo fantasiosa ou exagerada do produto ou serviço, mesmo que sem a intenção de prejudicar.
- **Princípio da boa-fé objetiva:** a Política Nacional das Relações de Consumo (artigo 4º, do CDC) tem como um dos princípios a "harmonização dos interesses dos participantes das relações de consumo e compatibilização da proteção do consumidor com a necessidade de desenvolvimento econômico e tecnológico, de modo a viabilizar os princípios nos quais se funda a ordem econômica (artigo 170 da Constituição Federal), sempre com base na boa-fé e equilíbrio nas relações entre consumidores e fornecedores" (artigo 4º, III). O Princípio da boa-fé, portanto, propugna o *justo equilíbrio* nas relações negociais consumeristas, em uma correta harmonia entre as partes, em todos os momentos relativos à prestação de serviços e ao fornecimento de produtos.

Importante ressaltar a alteração trazida pela lei n.º 14.181/2021, que acrescentou dois incisos ao artigo 4º, do CDC, que trata dos princípios da defesa do consumidor, a saber: "(...) *IX - fomento de ações direcionadas à educação financeira e ambiental dos consumidores; X - prevenção e tratamento do superendividamento como forma de evitar a exclusão social do consumidor.*"

Ademais, a referida lei inseriu dois instrumentos novos para se executar a Política Nacional das Relações de Consumo no artigo 5º, do CDC, conforme segue: *"(...) VI- instituição de mecanismos de prevenção e tratamento extrajudicial e judicial do superendividamento e de proteção do consumidor pessoa natural; VII – instituição de núcleos de conciliação e mediação de conflitos oriundos de superendividamento."*

Diferença entre boa-fé objetiva (princípio consagrado no CDC) e boa-fé subjetiva:

Boa-fé Subjetiva	Boa-fé Objetiva
Plano psicológico dos agentes na relação jurídica	Plano concreto da atuação humana
Restringe-se à intenção do sujeito na relação negocial	Concretização da vontade dos sujeitos da relação no mundo exterior por meio de suas condutas

- **Momento em que se aplica o princípio da boa-fé objetiva:** Conforme o Enunciado 25 do Conselho da Justiça Federal, aprovado na I Jornada de Direito Civil em 2002, o princípio da boa-fé poderá ser aplicado pelo julgador nas fases pré-contratual e pós-contratual. Ademais, o Enunciado 26 reitera que a boa-fé objetiva é a exigência de um comportamento de lealdade dos sujeitos da relação negocial, em todas as fases do negócio.
- **Diferença entre vulnerabilidade e hipossuficiência do consumidor:**

Vulnerabilidade	Hipossuficiência
Artigo 4º, I, do CDC: atribui ao consumidor, em todas as circunstâncias, a condição de vulnerável na relação de consumo.	Artigo 6º, VIII, do CDC: O princípio da hipossuficiência, diferentemente da vulnerabilidade, refere-se a um conceito fático e não jurídico, baseado em uma disparidade ou mesmo discrepância observada no caso concreto.
A presunção é absoluta, por determinação legal (CDC, artigo 2º).	Todo consumidor é vulnerável, mas nem sempre será hipossuficiente. A hipossuficiência, na maioria dos casos, é de natureza técnica, pelo desconhecimento do consumidor em relação ao produto ou serviço adquirido. Entretanto, também "caracteriza hipossuficiência a situação jurídica que impede o consumidor de obter a prova que se tornaria indispensável para responsabilizar o fornecedor pelo dano verificado (hipossuficiência técnica)" (LISBOA, Roberto Senise. *Responsabilidade civil nas relações de consumo*. São Paulo: RT, 2001, p. 90).

3. DA QUALIDADE DE PRODUTOS E SERVIÇOS, DA PREVENÇÃO E DA REPARAÇÃO DOS DANOS

3.1. DA QUALIDADE E SEGURANÇA DOS PRODUTOS E SERVIÇOS

- **Conceito de PRODUTO** (artigo 3º, §1º): "Qualquer bem, móvel ou imóvel, material ou imaterial."
- **Conceito de SERVIÇO** (artigo 3º, §2º): "Qualquer atividade fornecida no mercado de consumo, mediante remuneração, inclusive as de natureza bancária, financeira, de crédito e securitária, salvo as decorrentes das relações de caráter trabalhista."
- Os produtos e serviços colocados no mercado de consumo **não devem acarretar riscos** à saúde ou segurança dos consumidores, **exceto os considerados normais e previsíveis em decorrência de sua natureza e fruição**, como exemplo cigarros, materiais de limpeza, utensílios domésticos (*v.g.*, facas, cortadores, liquidificadores etc.); ferramentas (furadeira, martelo, etc.). Nestes casos, os **fornecedores estarão obrigados** a dar as informações necessárias e adequadas a respeito de seu uso, bem como dos cuidados a serem tomados pelo consumidor (artigo 8º).
- **Produto industrial:** Quando se tratar de produto industrial, cabe ao fabricante prestar as informações sobre proteção à saúde e segurança do consumidor por meio de impressos que devem acompanhar o produto (Parágrafo Único).(§ 1º do art. 8º, com redação dada pela Lei n. 13.486, de 2017). Ademais, o fornecedor deverá higienizar os equipamentos e utensílios utilizados no fornecimento de produtos ou serviços, ou colocados à disposição do consumidor, e informar, de maneira ostensiva e adequada, quando for o caso, sobre o risco de contaminação (§ 2º).

3.2. DA RESPONSABILIDADE PELO FATO E VÍCIO DO PRODUTO E DO SERVIÇO

- **Diferença entre vício e fato ou defeito do produto ou serviço:**

Vício do produto ou serviço	Fato ou defeito do produto ou serviço
No **vício**, o problema está adstrito aos limites do produto ou serviço, (prejuízos intrínsecos), sem outras repercussões.	No **fato ou defeito** de um produto ou serviço, há repercussões que extrapolam os limites do bem de consumo, como a geração de danos materiais, morais e estéticos (prejuízos extrínsecos).

Vício do produto ou serviço	Fato ou defeito do produto ou serviço
O **vício** afeta a qualidade, quantidade, disparidade (com as indicações do embalagem/recipiente/rotulagem ou mensagem publicitária) do produto ou serviço, tornando-o impróprio ou inadequado para o fim que se destinava, ou lhe diminuindo o valor.	O **fato** (também denominado de **acidente de consumo**) caracteriza-se por um dano resultante de defeito do produto ou serviço.
Exemplo: televisão que após ser ligada para de funcionar em razão de mau contato da tecla liga/desliga do aparelho.	Exemplo: televisão que após ser ligada para de funcionar, explodindo e causando danos físicos ao consumidor.

- **Conceito de FORNECEDOR** (artigo 3º do CDC): "Toda pessoa física ou jurídica, pública ou privada, nacional ou estrangeira, bem como os entes despersonalizados, que desenvolvem atividade de produção, montagem, criação, construção, transformação, importação, exportação, distribuição ou comercialização de produtos ou prestação de serviços."

- **Responsabilidade do fornecedor do produto ou serviço:** nos termos dos artigos. 12 e 14, do CDC, a responsabilidade do fornecedor é **objetiva**, independentemente da existência de culpa ou dolo, sendo suficiente a verificação da existência do dano e do nexo de causalidade com o defeito ou vício do produto ou serviço.

- **EXCEÇÃO: o profissional liberal.** Cabe, no entanto, ressaltar que a própria lei consumerista traz exceção à regra da responsabilidade objetiva, ao determinar que o **profissional liberal** responderá de forma **subjetiva** pelo dano, ou seja, mediante a verificação da culpa *lato sensu* (dolo, negligência, imprudência e imperícia), nos termos do § 4º do artigo 14.

- **Observação:** no caso da responsabilidade do profissional liberal, deve-se atentar para a natureza da atividade exercida. Se for de meio, aplica-se a responsabilidade subjetiva. Entretanto, se for de resultado, há entendimento doutrinário e jurisprudencial de que responderá de forma objetiva. *Exemplo: cirurgia plástica de natureza embelezadora ou estética.*

- **Excludentes próprias de responsabilidade civil do fornecedor:**

Produtos	Serviços
O fabricante, o construtor, o produtor ou importador só não será responsabilidade quando provar (artigo 12, §3º): Que não colocou o produto no mercado (inciso I).	O fornecedor só não será responsabilizado quando provar (artigo 14, §2º): Que, tendo prestado o serviço, o defeito inexiste (inciso I).
Que, embora haja colocado o produto no mercado, o defeito inexiste (inciso II).	A culpa exclusiva do consumidor ou de terceiro (Inciso II).
A culpa exclusiva do consumidor ou de terceiro (inciso III).	

- **Solidariedade na responsabilidade civil por vício ou fato do produto ou serviço:** o CDC adota como **regra geral a solidariedade presumida entre os envolvidos no fornecimento dos produtos e na prestação de serviços.** "Tendo mais de um autor a ofensa, todos responderão solidariamente pela reparação dos danos previstos nas normas de consumo" (artigo 7º, Parágrafo Único). A Lei Consumerista rompe com a concepção dual de responsabilidade, contratual e extracontratual. Ou seja, a regra é a solidariedade, no contrato ou fora dele, quando se vislumbrar a relação de consumo (artigps. 14, 18, 19 e 20 do CDC).

- **EXCEÇÃO:** quando se tratar de **fato ou defeito do produto**, pelo disposto nos artigos. 12 e 13, ao fabricante (ou quem o substitua) a lei consumerista atribui **responsabilidade imediata** pelo dano e ao comerciante, **responsabilidade subsidiária**.

- **Prazos legais quanto à responsabilidade civil do fornecedor por vício do produto**: **30 dias** para efetuar a substituição das partes viciadas do produto (artigo 18, "caput", e §1º)

- **Observações:**

a) o **prazo** de 30 dias, por convenção entre as partes (consumidor e fornecedor), **poderá ser reduzido ou ampliado**, não podendo, no entanto, ser inferior a **7 (sete) nem superior a 180 (cento e oitenta) dias (artigo 18, §2º, 1ª parte);**

b) **Nos contratos de adesão**, cujas cláusulas são estabelecidas unilateralmente pelo fornecedor (artigo 54), a que se refere ao prazo deverá ser **convencionada em separado**, por meio de manifestação expressão do consumidor (artigo 18, §2º, 2ª parte);

c) Quando se tratar de **vício de quantidade de produto,** não há que se falar em prazo para sanar o vício pelo fornecedor, podendo o consumidor, neste caso, **exigir imediatamente, alternativamente e à sua escolha** *o abatimento proporcional do preço; ou complementação do peso ou medida; ou a substituição do produto por outro da mesma espécie, marca ou modelo, sem os aludidos vícios; ou a restituição imediata da quantia paga, monetariamente atualizada, sem prejuízo de eventuais perdas e danos* (artigo 19, I ao IV, do CDC).

3.3. DA DECADÊNCIA E DA PRESCRIÇÃO (PRAZOS E GARANTIAS)

Decadência	Prescrição
Refere-se ao *prazo para reclamar* perante o fornecedor por **vício** do produto ou serviço, nos termos do artigo 26.	Refere-se ao *prazo para ingressar com ação* **de reparação de danos** oriundos do **fato** do produto ou serviço, conforme determina o artigo 27 do CDC.
Trata-se de **garantia legal, obrigatória**, imposta por lei, a qual independe de termo expresso, vedada a exoneração do fornecedor (artigo 24).	

- **Prazos decadenciais para reclamar e prescricional para ingressar em juízo**

Direito de reclamar pelo VÍCIO do produto ou serviço – prazo decadencial (artigo 26):	Ação judicial de reparação de dano por FATO do produto ou serviço – prazo prescricional (artigo 27)
30 dias – fornecimento de serviços e de produtos não duráveis (artigo 26, I, do CDC).	5 anos
90 dias – fornecimento de serviços e de produtos duráveis (artigo 26, II, do CDC).	

- **Atenção:** os prazos de 30 (trinta) e 90 (noventa) dias não são, respectivamente, 1 (um) mês e 3 (três) meses. Deve-se levar em conta a quantidade de dias.
- **Cabe observar que o prazo decadencial, pelo § 2º, I e II do art. 26, é obstaculizado pela:**

a) reclamação (que pode ser verbal, por escrito, ou mesmo por telefone) comprovadamente formulada pelo consumidor perante o fornecedor de produtos e serviços até a resposta negativa correspondente, que deve ser transmitida de forma inequívoca;

b) instauração de inquérito civil pelo Ministério Público, até seu encerramento.

- **Qualidade dos vícios:**

Vício aparente ou de fácil constatação	Vício oculto
É aquele que se verifica pelo singelo uso e consumo do produto e do serviço.	É o que aparece somente algum ou muito tempo após o uso e/ou que, por estar inacessível ao consumidor, não pode ser constatado na utilização ordinária.
Os referidos prazos (30 ou 90 dias) começam a contar da entrega efetiva do produto, ou do final da execução do serviço (artigo 26, §1º).	O prazo decadencial inicia-se no momento em que o mesmo ficar evidenciado (artigo 26, §3º).

Vício aparente ou de fácil constatação	Vício oculto
Exemplo: *consumidor que adquire uma televisão que não sintoniza os canais.*	Exemplo: *na compra de um automóvel, detecta-se depois de seu uso, no tempo, uma irregularidade no motor de fábrica, podendo levá-lo à quebra.*

- **Produtos e serviços duráveis e não duráveis**

Produtos e Serviços Duráveis	Produtos e Serviços Não Duráveis
Produto durável é aquele que não se extingue com o seu uso, levando tempo para se desgastar (*v.g., automóvel, eletrodoméstico*).	Produto não durável é o que acaba com o seu uso. Ele se extingue, ou pelo menos vai se extinguindo (*v.g., alimentos, remédios*).
O serviço durável é o prestado de forma contínua no tempo, em razão de contrato ou por previsão legal (*v.g., plano de saúde, serviços escolares, serviços públicos*) ou se trata daquele que após a sua prestação, deixa um resultado, um produto final decorrente do serviço executado (*v.g., pintura de uma casa, serviço de buffet*).	Serviço não durável, por sua vez, é aquele que, de fato, exercem-se uma vez prestado (*v.g., hospedagem, serviço de transporte*).

- **Garantia contratual e Garantia estendida**

Garantia contratual	Garantia estendida
Artigo 50 do CDC.	Prática usual no mercado, essa modalidade de garantia contratual somente poderá ser cobrada quando efetivamente contratada, ou seja, não se presume, sob pena de responsabilização civil do fornecedor.
É uma faculdade do fornecedor.	
Uma vez oferecida, está obrigado a cumpri-la.	
Pode ser total ou parcial, desde que previamente prevista de forma expressa no contrato.	
No contrato, formaliza-se em regra no denominado "termo de garantia". (artigo 50, parágrafo único).	
Tem caráter de complementariedade em relação à garantia legal. É inadmissível a substituição da garantia legal (obrigatória, inderrogável) pela contratual. Os prazos, portanto, devem ser somados (garantia legal + garantia contratual).	

3.4. DA DESCONSIDERAÇÃO DA PERSONALIDADE JURÍDICA

- A personalidade jurídica é uma ficção, que permite a separação rígida entre os sócios e a sociedade empresária. No entanto, muitas vezes, há a utilização do manto da pessoa jurídica para o acobertamento de práticas abusivas e ilícitas. Permite-se, então, em casos especiais, a desconsideração da personalidade jurídica, a fim de alcançar a figura dos sócios e seu patrimônio. O magistrado tem o dever de desconsiderar a personalidade jurídica, sempre que esta for um óbice na reparação dos danos provocados ao consumidor.

HIPÓTESES (artigo 28, "caput"):	
Quando houver abuso de direito;	
Excesso de poder;	
Infração da lei;	
Fato ou ato ilícito;	
Violação dos estatutos ou contrato social;	
Falência, estado de insolvência, encerramento ou inatividade da pessoa jurídica provocados por má administração.	
Art. 28, § 5º. Sempre que sua personalidade for, de alguma forma, obstáculo ao ressarcimento de prejuízos causados aos consumidores.	
NÃO SE CONFUNDE COM A DESCONSIDERAÇÃO PREVISTA NO CC/2002 (teoria maior da desconsideração)! Artigo **50, CC:** "Em caso de **abuso da personalidade jurídica,** caracterizado pelo **desvio de finalidade, ou pela confusão patrimonial,** pode o juiz decidir, a requerimento da parte, ou do Ministério Público quando lhe couber intervir no processo, que **os efeitos de certas e determinadas obrigações sejam estendidos aos bens particulares dos administradores ou sócios da pessoa jurídica."**	
Tipos de sociedade:	**Responsabilidade:**
Artigo 28, §2º Sociedades integrantes dos grupos societários e sociedades controladas	Responderão **subsidiariamente** pelas obrigações decorrentes do CDC.
Artigo 28, §3º Sociedades consorciadas	Responderão **solidariamente.**
Artigo 28, §4º Sociedades coligadas	Responderão **por culpa**.

4. DAS PRÁTICAS COMERCIAIS

4.1. DA OFERTA E DA PUBLICIDADE

- A oferta, além de sua relação com o princípio da boa-fé objetiva, interage diretamente com o princípio da transparência ou da confiança (artigo 4º, "caput"; artigo 6º, III; artigos. 30 a 38). A disciplina normativa trazida pelo CDC, nesse sentido, busca tutelar o vulnerável negocial exposto ao enorme volume de informações que se encontram no mercado de consumo, muitas vezes com o propósito de seduzir o consumidor.

- **Oferta é gênero**, pois abarca qualquer forma de comunicação ou transmissão da vontade no intuito de seduzir ou atrair o consumidor para aquisição de produtos e serviços (*v.g., anúncio ou informação em vitrine, gôndolas de supermercado, periódicos, rádio, televisão, internet, mala-direta, telemarketing etc.)*. Portanto, inclui a **publicidade**, **espécie**, principal instrumento usado pelo fornecedor para disponibilizar seus bens de consumo.

- **Diferença entre publicidade e propaganda:**

Publicidade	Propaganda
Tem um objetivo comercial;	Tem fim ideológico, religioso, filosófico, político, econômico ou social;
A publicidade, além de paga, identifica seu patrocinador;	Nem sempre a propaganda identifica o seu patrocinador;
Exemplo: anúncio de preço de eletrodoméstico em vitrine de loja.	Exemplo: anúncio do Ministério da Saúde sobre a campanha de vacinação contra a gripe veiculada na televisão.

- **Publicidade enganosa e abusiva (artigo 37, §§1º e 2º)**

Publicidade Enganosa	Publicidade Abusiva
"É enganosa qualquer modalidade de informação ou comunicação de caráter publicitário, inteira ou parcialmente falsa, ou, por qualquer outro modo, mesmo por omissão, capaz de induzir em erro o consumidor a respeito da natureza, características, qualidade, quantidade, propriedade, origem, preço e quaisquer outros dados sobre produtos e serviços" (artigo 37, §1º).	"É abusiva, dentre outras a publicidade discriminatória de qualquer natureza, a que incite à violência, explore o medo ou a superstição, se aproveite da deficiência de julgamento e experiência da criança, desrespeita valores ambientais, ou que seja capaz de induzir o consumidor a se comportar de forma prejudicial ou perigosa à saúde ou segurança" (artigo 37, §2º).

- **A oferta vincula o fornecedor quanto às informações veiculadas sobre o produto ou serviço** – artigo 30 do CDC.

- **Recusa do cumprimento da oferta pelo fornecedor:** o artigo 35 da Lei consumerista determina que, se o fornecedor de produtos ou serviços recusar cumprimento à oferta, apresentação ou publicidade, o consumidor poderá, alternativamente e à sua livre escolha: I – exigir o cumprimento forçado da obrigação, nos termos da oferta, apresentação ou publicidade; II – aceitar outro produto ou prestação de serviço equivalente; e III – rescindir o contrato, com direito à restituição da quantia eventualmente antecipada, monetariamente atualizada, e a perdas e danos.

Conteúdo da oferta (artigo 31)	
Elementos substantivos	**Elementos adjetivos**
Dados mínimos dos produtos e serviços, como informações sobre suas características, qualidades, quantidade, composição, preço, prazos de validade e origem entre outros.	Qualificações relativas aos dados dos produtos e serviços, devendo ser concretadas, claras, precisas, ostensivas e em língua portuguesa, com o objetivo de facilitar a compreensão dos consumidores.
Esse rol de elementos da oferta é meramente exemplificativo e tem por objetivo facilitar ao máximo a compreensão do conteúdo pelo consumidor (*brasileiro médio*).	

- **Inversão legal do ônus da prova quanto à veracidade da publicidade:** há inversão do ônus da prova em relação à veracidade da informação publicitária, nos termos do artigo 38 do CDC. Cabe, portanto, a quem patrocina a informação ou comunicação publicitária o ônus da prova da sua veracidade e correção.
- De forma majoritária tem se entendido que o ônus da prova previsto no artigo 38 não cabe ao veículo de comunicação ou à agência, mas apenas ao patrocinador da oferta.

4.2. DAS PRÁTICAS ABUSIVAS

Práticas Abusivas vedadas pelo CDC (artigo 39, I a XIV) – rol exemplificativo:
Condicionar o fornecimento de produto ou de serviço ao fornecimento de outro produto ou serviço, bem como, sem justa causa, a limites quantitativos. Trata-se da denominada *venda casada.*
Recusar atendimento às demandas dos consumidores, na exata medida de suas disponibilidades de estoque, e, ainda, de conformidade com os usos e costumes.
Enviar ou entregar ao consumidor, sem solicitação prévia, qualquer produto, ou fornecer qualquer serviço (os serviços prestados e os produtos remetidos ou entregues ao consumidor, nessa hipótese, equiparam-se às amostras grátis, inexistindo obrigação de pagamento, conforme Parágrafo único do artigo 39).
Prevalecer-se da fraqueza ou ignorância do consumidor, tendo em vista sua idade, saúde, conhecimento ou condição social, para impingir-lhe seus produtos ou serviços.
Exigir do consumidor vantagem manifestamente excessiva.
Executar serviços sem a prévia elaboração de orçamento e autorização expressa do consumidor, ressalvadas as decorrentes de práticas anteriores entre as partes.
Repassar informação depreciativa, referente a ato praticado pelo consumidor no exercício de seus direitos.

Práticas Abusivas vedadas pelo CDC (artigo 39, I a XIV) – rol exemplificativo:
Colocar, no mercado de consumo, qualquer produto ou serviço em desacordo com as normas expedidas pelos órgãos oficiais competentes ou, se normas específicas não existirem, pela Associação Brasileira de Normas Técnicas ou outra entidade credenciada pelo Conselho Nacional de Metrologia, Normalização e Qualidade Industrial (CONMETRO).
Recusar a venda de bens ou a prestação de serviços, diretamente a quem se disponha a adquiri-los mediante pronto pagamento, ressalvados os casos de intermediação regulados em leis especiais.
Elevar sem justa causa o preço de produtos ou serviços.
Deixar de estipular prazo para o cumprimento de sua obrigação ou deixar a fixação de seu termo inicial a seu exclusivo critério.
Aplicar fórmula ou índice de reajuste diverso do legal ou contratualmente estabelecido.
Permitir o ingresso em estabelecimentos comerciais ou de serviços de um número maior de consumidores que o fixado pela autoridade administrativa como máximo. (incluído pela Lei n. 13.425/2017)
Cabe ressaltar que essa prática abusiva também caracteriza o crime previsto no art. 65 do CDC (Executar serviço de alto grau de periculosidade, contrariando determinação de autoridade compe-tente: Pena de detenção de seis meses a dois anos e multa).

A Lei nº 14.181/2021 incluiu uma nova lista de práticas abusivas, específicas para o fornecedor de produto ou serviço que envolva crédito, em seu artigo 54 G, a saber:

Condutas vedadas ao fornecedor de produto ou serviço que envolva crédito (art. 54G):
realizar ou proceder à cobrança ou ao débito em conta de qualquer quantia que houver sido contestada pelo consumidor em compra realizada com cartão de crédito ou similar, enquanto não for adequadamente solucionada a controvérsia, desde que o consumidor haja notificado a administradora do cartão com antecedência de pelo menos 10 (dez) dias contados da data de vencimento da fatura, vedada a manutenção do valor na fatura seguinte e assegurado ao consumidor o direito de deduzir do total da fatura o valor em disputa e efetuar o pagamento da parte não contestada, podendo o emissor lançar como crédito em confiança o valor idêntico ao da transação contestada que tenha sido cobrada, enquanto não encerrada a apuração da contestação
recusar ou não entregar ao consumidor, ao garante e aos outros coobrigados cópia da minuta do contrato principal de consumo ou do contrato de crédito, em papel ou outro suporte duradouro, disponível e acessível, e, após a conclusão, cópia do contrato
impedir ou dificultar, em caso de utilização fraudulenta do cartão de crédito ou similar, que o consumidor peça e obtenha, quando aplicável, a anulação ou o imediato bloqueio do pagamento, ou ainda a restituição dos valores indevidamente recebidos.

Repetição de indébito em dobro: o consumidor inadimplente, quando da cobrança de dívidas, não poderá ser exposto a ridículo, nem mesmo submetido a qualquer tipo de constrangimento ou ameaça (artigo 42 do CDC). Caso seja cobrado de forma indevida, terá direito à **repetição de indébito em dobro**, com acréscimo de juros e correção monetária, salvo na hipótese de engano justificável, quando a repetição será, portanto, simples (parágrafo único do artigo 42)

- Os **bancos de dados e cadastros de consumidores**, como SERASA, SPC etc., são entidades consideradas de caráter público (artigo 43, §4º), razão pela qual devem permitir ao consumidor o acesso às informações e dados ali existentes (artigo 43, "caput"), inclusive para a pessoa com deficiência (art. 43, §6º). "Os cadastros e dados de consumidores devem ser objetivos, claros, verdadeiros e em linguagem de fácil compreensão, não podendo conter informações negativas referentes a período superior a cinco anos" (artigo 43, §1º).
- Consumado o **prazo prescricional de 5 (cinco) anos** relativo à cobrança de débitos do consumidor, **não poderão ser fornecidas**, pelos bancos de dados e cadastros de consumidores, **quaisquer informações sobre esses débitos que possam impedir ou dificultar novo acesso ao crédito** junto aos fornecedores (artigo 43, §5º).
- Observação importante: a Lei nº 12.414/2011, originária da Medida Provisória nº 783, de 30 de dezembro de 2010, traz o chamado cadastro positivo de consumidores, com o objetivo de criar um banco de dados a respeito do adimplemento destes, visando facilitar o crédito a favor do consumidor, por exemplo, com a redução dos juros. Pertinente a menção à Lei Complementar nº 166, de 8 de abril de 2019, que alterou a LC 105/2001 e a Lei n.º 12.414/11 para dispor sobre os cadastros positivos de crédito e regular a responsabilidade civil dos operadores, definindo as formas de compartilhamento das informações sobre o adimplemento das obrigações financeiras dos cadastrados.

4.2.1. DA OBRIGATORIEDADE DO ORÇAMENTO

Itens Obrigatórios do Orçamento (Artigo 40)
Valor da mão de obra;
O preço dos materiais e dos equipamentos a serem empregados;
As condições de pagamento;
As datas de início e do término do serviço;
Esses dados são o mínimo que deve constar do orçamento. Nada impede que ele seja mais completo, com informações mais detalhadas a respeito do serviço a ser prestado.

- **Prazo de validade do orçamento:** o §1º do artigo 40 do CDC determina que "salvo estipulação em contrário, **o valor orçado terá validade pelo prazo de dez dias**, contado de seu recebimento pelo consumidor".
- O prazo, portanto, será de 10 dias, se outro não for determinado, de forma expressa, pelo fornecedor. É de sua livre decisão, desde que manifeste expressamente no próprio orçamento.
- Quanto à vinculação do fornecedor, dá-se uma vez feito o orçamento, mesmo antes da aceitação pelo consumidor. Como documento, o orçamento já obriga o fornecedor, gerando a possibilidade, inclusive, de exigência judicial pelo consumidor do seu cumprimento, com as consequências de sua negativa, como exemplo a reparação de danos.
- O §2º do artigo 40, por outro lado, disciplina o fechamento do negócio, com a transformação do orçamento em verdadeiro contrato de adesão. Assim, "uma vez aprovado pelo consumidor, o orçamento obriga os contraentes e somente pode ser alterado mediante livre negociação das partes". A alteração posterior à aprovação, portanto, será permitida apenas por meio de nova negociação, com expressa concordância do consumidor.
- **Orçamento e participação de terceiros:** o artigo 40, §3º, do CDC disciplina a participação de terceiros no serviço orçado a ser prestado. É perfeitamente possível o fornecedor se valer, para execução do serviço, de terceiros. Entretanto, o gasto com a terceirização somente poderá ser cobrado do consumidor se constar do orçamento.
- **Observação:** o **prestador de serviço responde de forma solidária** pelos danos causados **pelo terceiro**, conforme estabelece o artigo 7º, Parágrafo único; artigo 34; e artigo 25, §2º, do CDC.

5. DA PROTEÇÃO CONTRATUAL

5.1. DA REVISÃO CONTRATUAL

- A **revisão contratual está expressamente contemplada no** artigo **6º, V, do CDC**, considerando-a direito básico do consumidor. Assim, admite-se a "modificação das cláusulas contratuais que estabeleçam prestações desproporcionais ou sua revisão em razão de fatos supervenientes que as tornem excessivamente onerosas". Intimamente ligado ao equilíbrio negocial que deve ser mantido, a revisão contratual decorre de simples onerosidade excessiva ao consumidor em razão de fato superveniente.
- **Revisão contratual e a imprevisibilidade do fato superveniente:**

Código Civil (artigos. 317, 478 a 480)	CDC (artigo 6º, V)
Exige a imprevisibilidade para a revisão contratual por fato superveniente, consagrando, portanto, a **teoria da imprevisão**.	A revisão nos contratos de consumo é facilitada **não demanda o fator imprevisibilidade**, bastando a presença do **desequilíbrio negocial ou a onerosidade excessiva** decorrente **de um fato superveniente**, ou seja, novo, não existente quando da contratação original.

- **Revisão contratual vs. Resolução contratual:** a resolução do contrato é a *ultima ratio*. O Enunciado 22 do Conselho da Justiça Federal, aprovado na I Jornada de Direito Civil, determina que "a função social do contrato, prevista no artigo 421 do Novo Código Civil, constitui cláusula geral, que reforça o princípio da conservação do contrato, assegurando trocas úteis e justas".
- No CDC, o sentido da conservação contratual encontra-se no artigo 51, §2º, o qual determina que "a nulidade de uma cláusula contratual abusiva não invalida o contrato, exceto quando de sua ausência, apesar dos esforços de integração, decorrer ônus excessivo a qualquer das partes".

5.2. O DIREITO DE ARREPENDIMENTO

- "O **consumidor pode desistir do contrato**, no **PRAZO DE 7 DIAS** a contar de sua *assinatura ou do ato de recebimento do produto ou serviço*, **SEMPRE** que a **CONTRATAÇÃO** de fornecimento de produtos e serviços **OCORRER FORA DO ESTABELECIMENTO COMERCIAL**, especialmente por **telefone ou a domicílio**" (artigo 49 do CDC).
- **Limites da aplicação do direito de arrependimento**: o seu regular exercício pelo consumidor dar-se-á quando a contratação de fornecimento de produtos e serviços ocorrer **fora do estabelecimento comercial, especialmente por telefone ou a domicílio** (conhecida tradicionalmente pela *venda porta-a-porta*).
- Evidentemente, quando houve a elaboração da norma em destaque, ainda não havia se desenvolvido o comércio eletrônico pela internet ou outros meios de comunicação, devendo o referido dispositivo legal também ser aplicado a tais hipóteses.
- **Contagem do prazo:** o artigo 49 é específico: conta-se **da data da assinatura do contrato ou do ato do recebimento do produto ou serviço.** Exclui-se o dia do início e inclui-se o último dia, por aplicação supletiva do artigo 132 do Código Civil. Em seu §1º, acrescenta: "Se o dia do vencimento cair em feriado, considerar-se-á prorrogado o prazo até o seguinte dia útil".
- **Direito de arrependimento e garantias legal e contratual:** o direito de arrependimento não se confunde com as garantias legal e contratual, por isso o seu prazo é independente daqueles estipulados nas garantias do produto ou serviço.

5.3. DAS CLÁUSULAS ABUSIVAS

- Em conformidade com os princípios da função social do contrato e da boa-fé objetiva, a Lei nº 8.078/90 apresenta em seu artigo **51 rol exemplificativo ("numerus apertus") de cláusulas abusivas (pelo direito romano, denominadas "cláusulas leoninas")**, consideradas por determinação expressa nulas de pleno direito, quando presentes em contratos de consumo.

Cláusulas Abusivas (artigo 51) – ROL EXEMPLIFICATIVO:
São NULAS DE PLENO DIREITO!
Cláusulas que impossibilitem, exonerem ou atenuem a responsabilidade do fornecedor por vícios de qualquer natureza dos produtos e serviços ou impliquem renúncia ou disposição de direitos. Nas relações de consumo entre o fornecedor e o consumidor pessoa jurídica, a indenização poderá ser limitada, em situações justificáveis;
Cláusulas que subtraiam ao consumidor a opção de reembolso da quantia já paga, nos casos previstos no CDC;
Cláusulas que transfiram responsabilidades a terceiros;
Cláusulas que estabeleçam obrigações consideradas iníquas, abusivas, que coloquem o consumidor em desvantagem exagerada, ou sejam incompatíveis com a boa-fé ou a equidade;
Cláusulas que estabeleçam inversão do ônus da prova em prejuízo do consumidor;
Cláusulas que imponham representante para concluir ou realizar outro negócio jurídico pelo consumidor;
Cláusulas que deixem ao fornecedor a opção de concluir ou não o contrato, embora obrigando o consumidor;
Cláusulas que permitam ao fornecedor, direta ou indiretamente, variação do preço de maneira unilateral;
Cláusulas que autorizem o fornecedor a cancelar o contrato unilateralmente, sem que igual direito seja conferido ao consumidor;
Cláusulas que obriguem o consumidor a ressarcir os custos de cobrança de sua obrigação, sem que igual direito lhe seja conferido contra o fornecedor;
Cláusulas que autorizem o fornecedor a modificar unilateralmente o conteúdo ou a qualidade do contrato, após sua celebração;
Cláusulas que infrinjam ou possibilitem a violação de normas ambientais;
Cláusulas que estejam em desacordo com o sistema de proteção ao consumidor;

Cláusulas Abusivas (artigo 51) – ROL EXEMPLIFICATIVO:
Cláusulas que possibilitem a renúncia do direito de indenização por benfeitorias necessárias.
condicionem ou limitem de qualquer forma o acesso aos órgãos do Poder Judiciário
estabeleçam prazos de carência em caso de impontualidade das prestações mensais ou impeçam o restabelecimento integral dos direitos do consumidor e de seus meios de pagamento a partir da purgação da mora ou do acordo com os credores

A determinação legal do artigo 51 consubstancia-se em uma das mais importantes formas de **mitigação da obrigatoriedade decorrente do instrumento contratual ("**pacta sunt servanda**")**, com a redução do poder das partes em função de um dirigismo contratual (intervencionismo legal).

- **Cláusulas abusivas e reparação do dano:** a presença do abuso de direito contratual leva à ilicitude das referidas cláusulas, razão pela qual, além de serem declaradas nulas de pleno direito, podem gerar o dever de reparar, ou seja, a responsabilização civil do fornecedor ou prestador por dano provocado em razão da abusividade constatada no contrato.
- Pelo fato de as hipóteses descritas no artigo 51 serem consideradas cláusulas nulas de pleno direito (nulidade absoluta), reconhece-se a **imprescritibilidade da ação declaratória correspondente, por incidência do** artigo **169 do Código Civil**.
- Em detrimento da insanabilidade da nulidade absoluta das cláusulas abusivas, o CDC, em seu artigo **51, §2º**, consagra o **princípio da conservação contratual,** "A nulidade de uma cláusula contratual abusiva não invalida o contrato, exceto quando de sua ausência, apesar dos esforços de integração, decorrer ônus excessivo a qualquer das partes".
- "As multas de mora decorrentes do inadimplemento de obrigações no seu termo não poderão ser superiores a dois por cento do valor da prestação" (artigo 52, §1º, do CDC, com redação dada pela Lei nº 9.298/96). Se houver a liquidação antecipada do débito, total ou parcialmente, deverão ser reduzidos proporcionalmente os juros e demais acréscimentos (artigo 52, §2º).

5.4. DOS CONTRATOS DE ADESÃO

- **Conceito de contrato de adesão: de acordo com o** CDC, "contrato de adesão é aquele cujas cláusulas tenham sido aprovadas pela autoridade competente ou estabelecidas unilateralmente pelo fornecedor de produtos ou serviços, sem que o consumidor possa discutir ou modificar substancialmente seu conteúdo" (artigo 54).
- No mercado, há diversidade de exemplos dessa espécie de contrato, como o de saúde de conta-corrente, de financiamento, de empréstimo, de cartão de crédito, de fornecimento de energia elétrica, de serviços telefônicos etc. Em todos esses casos, o consumidor não discute, nem mesmo pode exigir alterações substanciais das cláusulas unilateralmente fixadas.
- **Redação do contrato de adesão:** "Os contratos de adesão escritos serão redigidos em termos claros e com caracteres ostensivos e legíveis, cujo tamanho da fonte não será inferior ao corpo doze, de modo a facilitar sua compreensão pelo consumidor" (artigo 54, §3º, do CDC). *A referida norma relaciona-se com:*

  > *Artigo 46. Os contratos que regulam as relações de consumo não obrigarão os consumidores, se não lhes for dada a oportunidade de tomar conhecimento prévio de seu conteúdo, ou se os respectivos instrumentos forem redigidos de modo a dificultar a compreensão de seu sentido e alcance.*
  >
  > *Artigo 30. Toda informação ou publicidade, suficientemente precisa, veiculada por qualquer forma ou meio de comunicação com relação a produtos e serviços oferecidos ou apresentados, obriga o fornecedor que a fizer veicular ou dela se utilizar e integra o contrato que vier a ser celebrado.*

- **Atenção:** ainda que uma ou algumas cláusulas sejam inseridas no Instrumento contratual, previamente definido, não haverá a sua descaracterização como contrato de adesão (artigo 54, §1º, do CDC).
- **Cláusula resolutória no contrato de adesão:** será válida a cláusula resolutória no contrato de adesão se não resultar em desvantagem excessiva ao consumidor e se permitir, a critério do consumidor, a escolha entre dar continuidade à relação jurídica contratada, ou dá-la por acabada (artigo 54, §2º, do CDC). O referido dispositivo, em sua parte final, ressalva os direitos do consumidor previstos no §2º do artigo 53, ou seja, a devolução das quantias pagas, descontados eventuais prejuízos e vantagem econômica auferida.

Da prevenção e tratamento do superendividamento

A lei n.º 14.181/2021 inseriu um novo capítulo no Código de Defesa do Consumidor a respeito da prevenção e tratamento do superendividamento, visando a proteção da dignidade humana do endividado no mercado.

Conceito: previsto pelo artigo 54-A, § 1º do CDC:

"entende-se por superendividamento a impossibilidade manifesta de o consumidor pessoa natural, de boa-fé, pagar a totalidade de suas dívidas de consumo, exigíveis e vincendas, sem comprometer seu mínimo existencial, nos termos da regulamentação."

Exceções: artigo 54-A, § 3º, do CDC.

As normas protetivas **não se aplicam**:
Dívidas contraídas mediante fraude ou má-fé
Dívidas oriundas de contratos celebrados dolosamente ou com o propósito de não realizar o pagamento
Dívidas que decorram da aquisição ou contratação de produtos e serviços de luxo de alto valor

Previsão de informações adicionais que devem ser prestadas no fornecimento de crédito e na venda a prazo, além daquelas previstas pelo artigo 52 do Código de Defesa do Consumidor no artigo 54-B, do CDC, a saber:

> *"No fornecimento de crédito e na venda a prazo, além das informações obrigatórias previstas no art. 52 deste Código e na legislação aplicável à matéria, o fornecedor ou o intermediário deverá informar o consumidor, prévia e adequadamente, no momento da oferta, sobre: I - o custo efetivo total e a descrição dos elementos que o compõem; II - a taxa efetiva mensal de juros, bem como a taxa dos juros de mora e o total de encargos, de qualquer natureza, previstos para o atraso no pagamento; III - o montante das prestações e o prazo de validade da oferta, que deve ser, no mínimo, de 2 (dois) dias; IV - o nome e o endereço, inclusive o eletrônico, do fornecedor; V - o direito do consumidor à liquidação antecipada e não onerosa do débito, nos termos do § 2º do art. 52 deste Código e da regulamentação em vigor. § 1º As informações referidas no art. 52 deste Código e no caput deste artigo devem constar de forma clara e resumida do próprio contrato, da fatura ou de instrumento apartado, de fácil acesso ao consumidor. § 2º Para efeitos deste Código, o custo efetivo total da operação de crédito ao consumidor consistirá em taxa percentual anual e compreenderá todos os valores cobrados do consumidor, sem prejuízo do cálculo padronizado pela autoridade reguladora do sistema financeiro. § 3º Sem prejuízo do disposto no art. 37 deste Código, a oferta de crédito ao consumidor e a oferta de venda a prazo, ou a fatura mensal, conforme o caso, devem indicar, no mínimo, o custo efetivo total, o agente financiador e a soma total a pagar, com e sem financiamento."*

A lei trouxe novas proibições na oferta de crédito ao consumidor, conforme preceitua o artigo 54-C do Código de Defesa do Consumidor, a saber:

II- indicar que a operação de crédito poderá ser concluída sem consulta a serviços de proteção ao crédito ou sem avaliação da situação financeira do consumidor;

III- ocultar ou dificultar a compreensão sobre os ônus e os riscos da contratação do crédito ou da venda a prazo;

IV- assediar ou pressionar o consumidor para contratar o fornecimento de produto, serviço ou crédito, principalmente se se tratar de consumidor idoso, analfabeto, doente ou em estado de vulnerabilidade agravada ou se a contratação envolver prêmio;

V- condicionar o atendimento de pretensões do consumidor ou o início de tratativas à renúncia ou à desistência de demandas judiciais, ao pagamento de honorários advocatícios ou a depósitos judiciais.

- Descumprimento dos deveres – art. 54-D, parágrafo único: *"o descumprimento de qualquer dos deveres previstos no caput deste artigo e nos arts. 52 e 54-C deste Código poderá acarretar judicialmente a redução dos juros, dos encargos ou de qualquer acréscimo ao principal e a dilação do prazo de pagamento previsto no contrato original, conforme a gravidade da conduta do fornecedor e as possibilidades financeiras do consumidor, sem prejuízo de outras sanções e de indenização por perdas e danos, patrimoniais e morais, ao consumidor"*.

- Definição de contratos conexos, coligados ou interdependentes – art. 54-F:

"São conexos, coligados ou interdependentes, entre outros, o contrato principal de fornecimento de produto ou serviço e os contratos acessórios de crédito que lhe garantam o financiamento quando o fornecedor de crédito:

I - recorrer aos serviços do fornecedor de produto ou serviço para a preparação ou a conclusão do contrato de crédito;

II - oferecer o crédito no local da atividade empresarial do fornecedor de produto ou serviço financiado ou onde o contrato principal for celebrado.

LEI n.º 14.690/2023 – "Programa Desenrola Brasil"

Importante ressaltar a necessidade da leitura da Lei n.º 14.690/2023, que instituiu o Programa Emergencial de Renegociação de Dívidas de Pessoas Físicas Inadimplentes, chamado "Desenrola Brasil", visando o incentivo à renegociação de dívidas de natureza privada e viabilizar a retomada do acesso ao mercado de crédito (art. 1º).

Requisitos para participação:
Devedores – pessoas físicas inscritas em cadastros de inadimplentes;
Credores – pessoas jurídicas de direito privado responsáveis pela inscrição de devedores em cadastros de inadimplentes;
Agentes financeiros – instituições financeiras criadas por lei própria ou autorizadas a funcionar pelo Banco Central do Brasil que detenham autorização para realizar operações de crédito.

A norma em questão estabeleceu diretrizes para facilitação de acesso a crédito e mitigação de riscos de inadimplemento e de superendividamento de pessoas físicas.

O programa estabelece duas faixas de renegociação:

Faixa 1 – renda até 2 salários mínimos ou inscritas no Cadastro Único com dívidas até 5 mil reais. Renegociação pela plataforma do governo federal. Parcelamento até 60 meses. Juros até 1,99% ao mês. Fundo limitado a R$ 5.000,00 por cliente. Dívida excluída do cadastro após renegociação.

Faixa 2 – renda mensal até R$20.000,00 (vinte mil reais). Prazo mínimo de 12 meses para pagamento das operações. Renegociação pela plataforma do governo federal ou nos canais indicados pelos agentes financeiros.

Observação: a supervisão do cumprimento das condições previstas pela lei caberá ao Banco Central do Brasil, que deverá acompanhar e divulgar mensalmente os dados e estatísticas relativos às operações realizadas.

As instituições autorizadas que ofereçam crédito deverão adotar medidas de educação financeira direcionadas aos consumidores visando a prevenção ao inadimplemento e ao superendividamento de pessoas físicas.

5.5. DAS SANÇÕES ADMINISTRATIVAS

As principais sanções administrativas aplicáveis às infrações das normas de defesa do consumidor, sem prejuízo das de natureza civil, penal e daquelas definidas em legislação especial, são (artigo 56, incisos I a XII):
Multa;
Apreensão do produto;
Inutilização do produto;
Cassação do registro do produto junto ao órgão competente;
Proibição de fabricação do produto;
Suspensão de fornecimento de produtos ou serviços;
Suspensão temporária de atividade;
Revogação de concessão ou permissão de uso;
Cassação de licença do estabelecimento ou de atividade;
Interdição, total ou parcial, de estabelecimento, de obra ou de atividade;
Intervenção administrativa;
Imposição de contrapropaganda.
IMPORTANTE: "As sanções previstas neste artigo serão aplicadas pela autoridade administrativa, no âmbito de sua atribuição, podendo ser aplicadas cumulativamente, inclusive por medida cautelar, antecedente ou incidente de procedimento administrativo" (parágrafo único do artigo 56).

- **Pena de Multa:** será graduada de acordo com a gravidade da infração, a vantagem auferida e a condição econômica do fornecedor, e aplicada mediante procedimento administrativo, revertendo os valores cabíveis à União para o fundo de que trata a Lei nº 7.347/1985 (Lei da Ação Civil Pública), ou para os fundos estaduais ou municipais de proteção ao consumidor nos demais casos.

6. DA DEFESA DO CONSUMIDOR EM JUÍZO

6.1. INVERSÃO DO ÔNUS DA PROVA

- A **inversão** do ônus da prova pode ser **convencional, legal ou judicial**.

Tipos de Inversão do ônus da prova	
Legal	Decorre de **acordo de vontades** entre as partes, podendo ocorre antes ou durante o processo.
Convencional	Ressalta-se que há limitações a essa inversão, conforme dispõe o artigo 373, §3º do CPC/2015: "A distribuição diversa do ônus da prova também pode ocorrer por convenção das partes, salvo quando: I – recair sobre direito indisponível da parte; II – tornar excessivamente difícil a uma parte o exercício do direito. Essa última limitação é aplicável no caso de inversão do ônus provatório diante da alegação de fato negativo indeterminado, cuja prova é denominada pela doutrina de **"prova diabólica"**. **A inversão convencional, nas relações de consumo**, pode ser observada quando da aplicação do artigo 51, VI, do CDC, em que se **considera nula de pleno direito a cláusula contratual que determine a inversão do ônus da prova em prejuízo do consumidor**.
Legal	Decorre de **previsão expressa em lei**, independentemente do caso concreto, ou mesmo de qualquer decisão judicial determinando tal inversão. **No CDC, há três momentos:** a) artigo **12, §3º:** "O fabricante, o construtor, o produtor ou importador só não será responsabilidade quando provar: I – que não colocou o produto no mercado; II – que, embora haja colocado o produto no mercado, o defeito inexiste; III – a culpa exclusiva do consumidor ou de terceiro"; b) artigo **14, §3º:** "O fornecedor de serviços só não será responsabilizado quando provar: I – que, tendo prestado o serviço, o defeito inexiste; II – a culpa exclusiva do consumidor ou de terceiro"; c) artigo **38:** "O ônus da prova da veracidade e correção da informação ou comunicação publicitária cabe a quem as patrocina".
Judicial	Caberá ao juiz aplicá-la, quando da análise, no caso concreto, do preenchimento dos requisitos legais, como no caso do artigo 6º, VIII, do CDC, regra que prevê essa possibilidade de inversão em favor do consumidor quando verossímeis as suas alegações ou quando ele for hipossuficiente, sendo possível a aplicação da inversão também nas ações coletivas consumeristas.

- **Requisitos para a inversão judicial do "onus probandi":** é direito básico do consumidor a facilitação da defesa de seus direitos, "inclusive com a inversão do ônus da prova, a seu favor, no processo civil, quando, a critério do juiz, for verossímil a alegação ou quando for ele hipossuficiente, segundo as regras ordinárias de experiências" (artigo 6º, VIII, do CDC).
- Assim, a inversão não ocorre de forma automática, mas por decisão judicial, quando se constatar o preenchimento dos requisitos legais, quais sejam: **verossimilhança da alegação ou hipossuficiência do consumidor.**

Inversão judicial do ônus da prova – requisitos legais	
Verossimilhança da alegação	**Hipossuficiência do consumidor**
A verossimilhança é a **aparência da verdade** de uma alegação feita pelo consumidor de um **fato** que **costuma ordinariamente ocorrer** (ou seja, segundo as regras ordinárias de experiências – aquilo que costuma ocorrer em situações semelhantes à alegada na demanda judicial pelo consumidor).	Pela doutrina majoritária vem considerando que essa **hipossuficiência é técnica**, sendo, portanto, **irrelevante a condição econômica dos consumidores,** já que mesmo aqueles abastados podem ter dificuldades de acesso às informações e meios para produção probatória.
Não se exige aqui para a constituição desse fato verossímil qualquer espécie de prova, a qual será somente exigida para o convencimento do juiz para a prolação de sua decisão, e não para permitir a inversão do *onus probandi*. **Observação:** Em sentido contrário, Humberto Theodoro Jr afirma ser a verossimilhança resultado de um "juízo de probabilidade extraída de material probatório de feitio indiciário, do qual se consegue formar a opinião de ser provavelmente verdadeira a versão do consumidor" (THEODORO JR, Humberto. *Direito do consumidor.* 2 ed. Rio de Janeiro: Forense, 2001, p. 135).	Deve o magistrado verificar, no caso concreto, a superioridade técnica do fornecedor, de forma que a ele seja mais fácil ou viável a produção da prova. Por isso não parece razoável a inversão do ônus da prova quando resultar ao fornecedor situação de extrema dificuldade para comprovação dos fatos alegados.

- **Momento da inversão judicial do ônus da prova – Importante!** A matéria é controvertida na doutrina e na jurisprudência. Parte da doutrina entende que a inversão judicial é no despacho saneador do processo. Outra entende que ocorre na sentença, por ser regra de julgamento (**ônus objetivo da prova**). No primeiro sentido (despacho saneador): STJ, Segunda Seção, REsp nº 802832/MG, Rel. Min. Paulo de Tarso Sanseverino, j. 13 abr. 2011, *Informativo 469.* No sentido de a inversão ocorrer no momento do julgamento do processo: STJ, Quarta Turma, AgRg no Ag nº 1028085/SP, Rel. Min. Vasco Della Giustina, Des. Convocado, j. 04 fev. 2010, DJE 16 abr. 2010.

6.2. TUTELA COLETIVA DO CONSUMIDOR

Legitimados para a defesa coletiva dos interesses e direitos dos consumidores (artigo 82, I a IV, do CDC)	Ministério Público;
	União, Estados, Municípios e Distrito Federal;
	Entidades e órgãos da Administração Pública direta ou indireta, ainda que sem personalidade jurídica, especificamente destinados à proteção dos interesses e direitos tutelados pelo CDC;
	Associações legalmente constituídas há pelo menos um ano e que incluam entre seus fins institucionais a defesa dos interesses e direitos protegidos pela Lei consumerista, dispensada a autorização assemblear.

- Cabe ressaltar que o supramencionado requisito da pré-constituição pode ser dispensado pelo juiz, quando houver manifesto interesse social evidenciado pela dimensão ou característica do dano, ou pela relevância do bem jurídico a ser tutelado (artigo 82, §1º).
- **Direitos coletivos lato sensu (artigo 81, parágrafo único, do CDC):** há três espécies de direitos coletivos *lato sensu*: **interesses ou direitos difusos; interesses ou direitos coletivos stricto sensu e interesses ou direitos individuais homogêneos.**

Direitos coletivos latu sensu (artigo 81, parágrafo único, do CDC)	
Interesses ou Direitos Difusos (artigo 81, parágrafo único, I)	"os transindividuais, de natureza indivisível, de que sejam titulares pessoas indeterminadas e ligadas por circunstâncias de fato". Neste caso, a sentença da ação coletiva fará coisa julgada *erga omnes* (contra todos), exceto se o pedido for julgado improcedente por insuficiência de provas, "hipótese em que qualquer legitimado poderá intentar outra ação, com idêntico fundamento
Interesses ou Direitos Difusos (artigo 81, parágrafo único, I)	valendo-se de nova prova, na hipótese do inciso I do parágrafo único do artigo 81" (artigo 103, I, do CDC). Exemplo de direito difuso: **meio ambiente ecologicamente equilibrado.**

Direitos coletivos latu sensu (artigo 81, parágrafo único, do CDC)	
Interesses ou Direitos Coletivos stricto sensu (artigo 81, parágrafo único, II)	"os transindividuais, de natureza indivisível de que seja titular grupo, categoria ou classe de pessoas ligadas entre si ou com a parte contrária por uma relação jurídica base" (artigo 81, Parágrafo único, II). Neste caso a sentença fará coisa julgada *ultra partes*, mas limitadamente ao grupo, categoria ou classe, salvo improcedência por insuficiência de provas (artigo 103, III). Exemplo: **consumidores segurados de plano de saúde.**
Interesses ou Direitos Coletivos individuais homogêneos (artigo 81, parágrafo único, III)	"os decorrentes de origem comum" (artigo 81, Parágrafo único, III). A sentença, neste caso, fará coisa julgada *erga omnes*, "apenas para beneficiar todas as vítimas e seus sucessores [...]" (artigo 103, III). Exemplo: **direito de indenização das vítimas de acidente aéreo.**

- Em caso de procedência do pedido da ação, a condenação será genérica, fixando a responsabilidade do réu pelos danos causados. A liquidação e a execução de sentença, por seu turno, poderão ser promovidas pela vítima e seus sucessores, assim como pelos legitimados de que trata o art. 82 (art. 97 do CDC).
- Nas ações coletivas, quando se tratar de relação consumerista, não haverá adiantamento de custas, emolumentos, honorários periciais e quaisquer outras despesas, nem condenação da associação autora, salvo comprovada má-fé, em honorários de advogados, custas e despesas (art. 87). Em caso de litigância de má-fé, a associação autora e os diretores responsáveis pela propositura da ação serão solidariamente condenados em honorários advocatícios e ao décuplo das custas, sem prejuízo da responsabilidade por perdas e danos (Parágrafo Único).

DA CONCILIAÇÃO NO SUPERENDIVIDAMENTO

A Lei nº 14.181/2021 acrescentou os artigos 104-A, 104-B e 104-C, que tratam sobre a conciliação em caso de superendividamento.

O artigo 104-A preceitua: *"a requerimento do consumidor superendividado pessoa natural, o juiz poderá instaurar processo de repactuação de dívidas, com vistas à realização de audiência conciliatória, presidida por ele ou por conciliador credenciado no juízo, com a presença de todos os credores de dívidas previstas no art. 54-A deste Código, na qual o consumidor apresentará proposta de plano de pagamento com prazo máximo de 5 (cinco) anos, preservados o mínimo existencial, nos termos da regulamentação, e as garantias e as formas de pagamento originalmente pactuadas".*

Exceções à repactuação de dívidas:
as dívidas, ainda que decorrentes de relações de consumo, oriundas de contratos celebrados dolosamente sem o propósito de realizar pagamento,
as dívidas provenientes de contratos de crédito com garantia real, de financiamentos imobiliários e de crédito rural

- pedido do consumidor para instaurar processo de repactuação não importará em declaração de insolvência civil e poderá ser repetido somente após decorrido o prazo de 2 anos, contado da liquidação das obrigações previstas no plano de pagamento homologado, sem prejuízo de eventual repactuação.

- A sentença judicial que homologar o plano terá eficácia de título executivo.

> *Art. 104B: "se não houver êxito na conciliação em relação a quaisquer credores, o juiz, a pedido do consumidor, instaurará processo por superendividamento para revisão e integração dos contratos e repactuação das dívidas remanescentes mediante plano judicial compulsório e procederá à citação de todos os credores cujos créditos não tenham integrado o acordo porventura celebrado".*

- serão considerados documentos e informações prestados em audiência;

- Prazo de 15 dias para juntada de documentos e as razões da negativa de aceder ao plano voluntário ou de renegociar.

- juiz poderá nomear administrador (prazo 30 dias).

- O plano judicial compulsório assegurará aos credores, no mínimo, o valor do principal devido, corrigido monetariamente por índices oficiais de preço, e preverá a liquidação total da dívida, após a quitação do plano de pagamento consensual previsto no art. 104-A deste Código, em, no máximo, 5 (cinco) anos, sendo que a primeira parcela será devida no prazo máximo de 180 (cento e oitenta) dias, contado de sua homologação judicial, e o restante do saldo será devido em parcelas mensais iguais e sucessivas.

Art. 104C – previsão da conciliação administrativa:

> *"Compete concorrente e facultativamente aos órgãos públicos integrantes do Sistema Nacional de Defesa do Consumidor a fase conciliatória e preventiva do processo de repactuação de dívidas, nos moldes do art. 104-A deste Código, no que couber, com possibilidade de o processo ser regulado por convênios específicos celebrados entre os referidos órgãos e as instituições credoras ou suas associações.*
>
> *§ 1º Em caso de conciliação administrativa para prevenir o superendividamento do consumidor pessoa natural, os órgãos públicos poderão promover, nas*

reclamações individuais, audiência global de conciliação com todos os credores e, em todos os casos, facilitar a elaboração de plano de pagamento, preservado o mínimo existencial, nos termos da regulamentação, sob a supervisão desses órgãos, sem prejuízo das demais atividades de reeducação financeira cabíveis. § 2º O acordo firmado perante os órgãos públicos de defesa do consumidor, em caso de superendividamento do consumidor pessoa natural, incluirá a data a partir da qual será providenciada a exclusão do consumidor de bancos de dados e de cadastros de inadimplentes, bem como o condicionamento de seus efeitos à abstenção, pelo consumidor, de condutas que importem no agravamento de sua situação de superendividamento, especialmente a de contrair novas dívidas.

7. DO SISTEMA NACIONAL DE DEFESA DO CONSUMIDOR

- **Integrantes do Sistema Nacional de Defesa do Consumidor (SNDC):** órgãos federais, estaduais, do Distrito Federal, municipais, e entidades privadas de defesa do consumidor (artigo 105 do CDC).
- **Departamento Nacional de Defesa do Consumidor: é organismo de coordenação da política do Sistema Nacional de Defesa do Consumidor.**

Atribuições (artigo 106):
Planejar, elaborar, propor, coordenar e executar a política nacional de proteção ao consumidor;
Receber, analisar, avaliar e encaminhar consultas, denúncias ou sugestões apresentadas por entidades representativas ou pessoas jurídicas de direito público ou privado;
Prestar aos consumidores orientação permanente sobre seus direitos e garantias;
Informar, conscientizar e motivar o consumidor através dos diferentes meios de comunicação;
Solicitar à polícia judiciária a instauração de inquérito policial para a apreciação de delito contra os consumidores, nos termos da legislação vigente;
Representar ao Ministério Público competente para fins de adoção de medidas processuais no âmbito de suas atribuições;
Levar ao conhecimento dos órgãos competentes as infrações de ordem administrativa que violarem os interesses difusos, coletivos, ou individuais dos consumidores;
Solicitar o concurso de órgãos e entidades da União, Estados, do Distrito Federal e Municípios, bem como auxiliar a fiscalização de preços, abastecimento, quantidade e segurança de bens e serviços;
Incentivar, inclusive com recursos financeiros e outros programas especiais, a formação de entidades de defesa do consumidor pela população e pelos órgãos públicos estaduais e municipais;
Desenvolver outras atividades compatíveis com suas finalidades.

Atribuições (artigo 106):
IMPORTANTE: "Para a consecução de seus objetivos, o Departamento Nacional de Defesa do Consumidor poderá solicitar o concurso de órgãos e entidades de notória especialização técnico-científica" (parágrafo único do artigo 106).

8. DA CONVENÇÃO COLETIVA DE CONSUMO

- **Conceito:** "As entidades civis de consumidores e as associações de fornecedores ou sindicatos de categoria econômica podem regular, por convenção escrita, relações de consumo que tenham por objeto estabelecer condições relativas ao preço, à qualidade, à quantidade, à garantia e características de produtos e serviços, bem como à reclamação e composição do conflito de consumo." (artigo 107).
- **Obrigatoriedade da convenção:** a partir do registro do instrumento no cartório (§1º do artigo 107). Somente obrigará os filiados às entidades signatárias, sendo que o fornecedor que se desligar da entidade, em data posterior ao registro do instrumento, não se exime de cumpri-la (§§ 2º e 3º do artigo 107).

9. INFRAÇÕES PENAIS NO CDC

- Artigo 61 do CDC: "Constituem crimes contra as relações de consumo previstas neste código, sem prejuízo do disposto no Código Penal e leis especiais, as condutas tipificadas nos artigos seguintes."
- Os crimes de consumo podem ser **impróprios** (acidentalmente e reflexamente de consumo) e **próprios** (aqueles propriamente de direito penal do consumidor). Os crimes de consumo próprios estão previstos, principalmente, no CDC, mas se encontram também em outros diplomas legais, como, por exemplo, no próprio Código Penal (artigo 272 – corrupção, adulteração ou falsificação de substância alimentícia ou medicinal; artigo 278 – crimes de fornecimento de substâncias nocivas à saúde pública; artigo 280 – crime de medicamento em desacordo com receita médica etc.).

✦ SÚMULAS APLICÁVEIS

DOS PRINCÍPIOS FUNDAMENTAIS DO CÓDIGO DE DEFESA DO CONSUMIDOR (CDC)

- **Súmula 297 do STJ:** O Código de Defesa do Consumidor é aplicável às instituições financeiras.
- **Súmula 469 do STJ:** Aplica-se o Código de Defesa do Consumidor aos contratos de plano de saúde.
- **Súmula 506 do STJ:** A Anatel não é parte legítima nas demandas entre a concessionária e o usuário de telefonia decorrentes de relação contratual.

- **Súmula 563 do STJ: O Código de Defesa do Consumidor é aplicável às entidades abertas de previdência complementar, não incidindo nos contratos previdenciários celebrados com entidades fechadas.**

DA QUALIDADE DE PRODUTOS E SERVIÇOS, DA PREVENÇÃO E DA REPARAÇÃO DOS DANOS

A) DA RESPONSABILIDADE POR VÍCIO DO PRODUTO E DO SERVIÇO

- **Súmula 130 do STJ:** A empresa responde, perante o cliente, pela reparação de dano ou furto de veículo ocorridos em seu estacionamento.

B) DA DECADÊNCIA E DA PRESCRIÇÃO (PRAZOS E GARANTIAS)

- **Súmula 477 do STJ:** A decadência do artigo 26 do CDC não é aplicável à prestação de contas para obter esclarecimentos sobre cobrança de taxas, tarifas e encargos bancários.

DAS PRÁTICAS COMERCIAIS

A) DA PUBLICIDADE

- **Súmula 403 do STJ:** Independe de prova do prejuízo a indenização pela publicação não autorizada de imagem de pessoa com fins econômicos ou comerciais.

B) DAS PRÁTICAS ABUSIVAS

- **Súmula 285 do STJ**: Nos contratos bancários posteriores ao CDC incide a multa moratória nele prevista.

- **Súmula 294 do STJ:** Não é potestativa a cláusula contratual que prevê a comissão de permanência, calculada pela taxa média de mercado apurada pelo Banco Central do Brasil, limitada à taxa do contrato.

- **Súmula 323 do STJ:** A inscrição do nome do devedor pode ser mantida nos serviços de proteção ao crédito até o prazo máximo de cinco anos, independentemente da prescrição da execução.

- **Súmula 359 do STJ:** Cabe ao órgão mantenedor do Cadastro de Proteção ao Crédito a notificação do devedor antes de proceder à inscrição.

- **Súmula 412 do STJ:** A ação de repetição de indébito de tarifas de água e esgoto sujeita-se ao prazo prescricional estabelecido no Código Civil.

- **Súmula 473 do STJ:** O mutuário do SFH não pode ser compelido a contratar o seguro habitacional obrigatório com a instituição financeira mutuante ou com a seguradora por ela indicada.

- **Súmula 550 do STJ:** A utilização de escore de crédito, método estatístico de avaliação de risco que não constitui banco de dados, dispensa o consentimento do consumidor, que terá o direito de solicitar esclarecimentos sobre as informações pessoais valoradas e as fontes dos dados considerados no respectivo cálculo.

C) DA COBRANÇA DE DÍVIDAS E DOS BANCOS DE DADOS E CADASTROS DE CONSUMIDRES

- **Súmula 323 do STJ:** A inscrição do nome do devedor pode ser mantida nos serviços de proteção ao crédito até o prazo máximo de cinco anos, independentemente da prescrição da execução.

- **Súmula 385 do STJ:** Da anotação irregular em cadastro de proteção ao crédito, não cabe indenização por dano moral, quando preexistente legítima inscrição, ressalvado o direito ao cancelamento.

- **Súmula 404 do STJ:** É dispensável o aviso de recebimento (AR) na carta de comunicação ao consumidor sobre a negativação de seu nome em bancos de dados e cadastros.

- **Súmula 479 do STJ:** As instituições financeiras respondem objetivamente pelos danos gerados por fortuito interno relativo a fraudes e delitos praticados por terceiros no âmbito de operações bancarias.

DA PROTEÇÃO CONTRATUAL

- **Súmula 284 do STJ:** A purga da mora, nos contratos de alienação fiduciária, só é permitida quando já pagos pelo menos 40% (quarenta por cento) do valor financiado.

- **Súmula 285 do STJ:** Nos contratos bancários posteriores ao Código de Defesa do Consumidor incide a multa moratória nele prevista.

- **Súmula 322 do STJ:** Para a repetição de indébito, nos contratos de abertura de crédito em conta corrente, não se exige a prova do erro.

- **Súmula 543 do STJ:** Na hipótese de resolução de contrato de promessa de compra e venda de imóvel submetido ao Código de Defesa do Consumidor, deve ocorrer a imediata restituição das parcelas pagas pelo promitente comprador - integralmente, em caso de culpa exclusiva do promitente vendedor/construtor, ou parcialmente, caso tenha sido o comprador quem deu causa ao desfazimento..

- **Súmula 356 do STJ:** É legítima a cobrança da tarifa básica pelo uso dos serviços de telefonia fixa.

- **Súmula 548 do STJ:** Incumbe ao credor a exclusão do registro da dívida em nome do devedor no cadastro de inadimplentes no prazo de cinco dias úteis, a partir do integral e efetivo pagamento do débito..

- **Súmula nº 563 do STJ:** O Código de Defesa do Consumidor é aplicável às entidades abertas de previdência complementar, não incidindo nos contratos previdenciários celebrados com entidades fechadas.

A) DA REVISÃO CONTRATUAL

- **Súmula 380 do STJ:** A simples propositura da ação de revisão de contrato não inibe a caracterização da mora do autor.

B) DAS CLÁUSULAS ABUSIVAS

- **Súmula 60 do STJ:** É nula a obrigação cambial assumida por procurador do mutuário vinculado ao mutuante, no exclusivo interesse deste.
- **Súmula 302 do STJ:** É abusiva a cláusula contratual de plano de saúde que limita no tempo a internação hospitalar do segurado.
- **Súmula 381 do STJ:** Nos contratos bancários, é vedado ao julgador conhecer, de ofício, da abusividade das cláusulas.
- **Súmula 407 do STJ:** É legítima a cobrança da tarifa de água, fixada de acordo com as categorias de usuários e as faixas de consumo.
- **Súmula 532 do STJ:** Constitui prática comercial abusiva o envio de cartão de crédito sem prévia e expressa solicitação do consumidor, configurando-se ato ilícito indenizável e sujeito à aplicação de multa administrativa.

DA DEFESA DO CONSUMIDOR EM JUÍZO

- **Súmula 489 do STJ:** Reconhecida a continência, devem ser reunidas na Justiça Federal as ações civis públicas propostas nesta e na Justiça estadual.
- **Súmula nº 506 do STJ:** A Anatel não é parte legítima nas demandas entre a concessionária e o usuário de telefonia decorrentes de relação contratual.
- **Súmula Vinculante 27 do STF:** Compete à Justiça estadual julgar causas entre consumidor e concessionária de serviço público de telefonia, quando a ANATEL não seja litisconsorte passiva necessária, assistente, nem opoente.
- **Súmula 643 do STF:** O Ministério Público tem legitimidade para promover ação civil pública cujo fundamento seja a ilegalidade de reajuste de mensalidades escolares.

Direito Penal

Danilo da Cunha Sousa

TABELA DE INCIDÊNCIA DE QUESTÕES

Distribuição das questões organizada por ordem didática de assuntos		
Questões	**Número de Questões**	**Peso**
1. PARTE GERAL	27	20,00%
2. PARTE ESPECIAL	105	77,78%
3. LEGISLAÇÃO EXTRAVAGANTE	3	2,22%
Total	**135**	**100%**

Direito Penal

Danilo da Cunha Sousa

✦ QUESTÕES

1. PARTE GERAL

01. FGV – 2023 – TST – Juiz do Trabalho

Quanto às excludentes de antijuridicidade, analise as afirmativas a seguir.

I. Aquele que pratica o fato para salvar de perigo iminente, que não provocou por sua vontade, direito próprio, é considerado em estado de necessidade.

II. Aquele que tem o dever legal de enfrentar o perigo não pode alegar estado de necessidade, salvo quando for razoável exigir-se o sacrifício do direito ameaçado.

III. A tese da legítima defesa da honra é inconstitucional, por contrariar os princípios constitucionais da dignidade da pessoa humana, da proteção à vida e da igualdade de gênero.

IV. Age em legítima defesa o agente de segurança pública que, usando moderadamente dos meios necessários, repele agressão atual e injusta à vítima mantida refém durante a prática de crime.

Está correto o que se afirma em:

a) somente I e II;

b) somente III e IV;

c) somente I, II e IV;

d) somente II, III e IV;

e) I,II, III e IV.

COMENTÁRIOS

Item "I": No estado de necessidade (art. 24, CP), o perigo deve ser **atual** (imediato, efetivo, real), não iminente (que ainda vai acontecer em breve).

Item "II": Não pode alegar estado de necessidade quem tinha o dever legal de enfrentar o perigo (art. 24, § 1º, CP). Nesse dispositivo, segundo doutrina majoritária, o dever é jurídico, abrangendo o dever legal (como os policiais) e o dever contratual (como os seguranças particulares contratados para protegerem o empregador).

Item "III": O STF, no julgamento do mérito da ADPF n. 779, "referendou a concessão parcial da medida cautelar para: (i) firmar o entendimento de que a **tese da legítima defesa da honra é inconstitucional**, por contrariar os princípios constitucionais da dignidade da pessoa humana (art. 1º, III, da CF), da proteção à vida e da igualdade de gênero (art. 5º, caput, da CF); (ii) conferir interpretação conforme à Constituição aos arts. 23, inciso II, e 25, caput e parágrafo único, do Código Penal e ao art. 65 do Código de Processo Penal, de modo a excluir a legítima defesa da honra do âmbito do instituto da legítima defesa e, por consequência, (iii) obstar à defesa, à acusação, à autoridade policial e ao juízo que utilizem, direta ou indiretamente, a tese de legítima defesa da honra (ou qualquer argumento que induza à tese) nas fases pré-processual ou processual penais, bem como durante o julgamento perante o tribunal do júri, sob pena de nulidade do ato e do julgamento; (iv) diante da impossibilidade de o acusado beneficiar-se da própria torpeza, fica vedado o reconhecimento da nulidade, na hipótese de a defesa ter-se utilizado da tese com esta finalidade. Por fim, julgou procedente também o pedido sucessivo apresentado pelo requerente, de forma a conferir interpretação conforme à Constituição ao art. 483, III, § 2º, do Código de Processo Penal, para entender que não fere a soberania dos veredictos do Tribunal do Júri o provimento de apelação que anule a absolvição fundada em quesito genérico, quando, de algum modo, possa implicar a repristinação da odiosa tese da legítima defesa da honra".

Item "IV": Observados os requisitos previstos no caput do art. 25 (uso moderado dos meios necessários para repelir injusta agressão, atual ou iminente, a direito seu ou de outrem), considera-se também em legítima defesa o agente de segurança pública que repele agressão ou risco de agressão a vítima mantida refém durante a prática de crimes (art. 25, parágrafo único, CP).

Alternativa correta: "b".

02. (FCC – Juiz do Trabalho Substituto 6ª Região/2015) O perdão do ofendido

a) é admissível mesmo depois que passa em julgado a sentença condenatória.

b) prejudica o direito dos outros, se concedido por um dos ofendidos.

c) não aproveita a todos, se concedido apenas a um dos querelados.

d) só é admissível se expresso.

e) exige aceitação do querelado para produzir efeito.

COMENTÁRIOS

Alternativa "a": o perdão ocorre depois de oferecida a queixa-crime e deve ser dado antes do trânsito em julgado. Depois disso, o Estado volta a ser titular da pretensão punitiva e, assim, ela se torna indisponível.

Alternativa "b": se há mais de um ofendido, o perdão de um deles não afeta o direito dos demais de dar continuidade à ação penal, pois o perdão é um ato pessoal.

Alternativa "c": a ação penal privada é indivisível e, com isso, se for concedido o perdão em relação a um dos querelados, aproveita-se aos demais.

Alternativa "d": pode haver o perdão tácito, em que o querelante e o querelado passam a ter condutas incompatíveis com o prosseguimento da ação penal.

Em 20/10/2012 empresário é surpreendido pela fiscalização frustrando direito assegurado pela legislação do trabalho em razão da jornada exaustiva imposta aos empregados, tendo ficado caracterizada a condição análoga à de escravo. No curso da ação penal, comprovou-se que o empregador lançou falsas anotações nas carteiras de trabalho dos empregados e que, em 05/05/2010, fora condenado em outro processo, pela prática de apropriação indébita de contribuições previdenciárias.

Alternativa "e": o perdão é uma forma de extinção de punibilidade. Exige-se para a sua configuração a bilateralidade, ou seja, que o querelante conceda o perdão e o querelado aceite (art. 107, V, CP).

Alternativa correta: "e".

03. (FCC – Juiz do Trabalho Substituto 1ª Região/2014) O perdão é uma forma de extinção de punibilidade. Exige-se para a sua configuração a bilateralidade, ou seja, que o querelante conceda o perdão e o querelado aceite (art. 107, V, CP). Considerando as condutas típicas do empresário, é correto afirmar que

a) ele é reincidente, pois o crime anterior é circunstância agravante do crime posterior.

b) a reincidência não se aplica ao problema, pois os tipos objetivo e subjetivo são distintos.

c) ele não é reincidente, pois cometeu o novo crime antes de transitar em julgado a sentença penal que o condenou pelo crime anterior.

d) ele é reincidente, pois cometeu o novo crime após ser condenado pelo crime anterior.

e) ele não é reincidente, pois o crime anterior teve como objeto jurídico o patrimônio da previdência social.

COMENTÁRIOS

Alternativa "a": a condenação por crime anterior não induz reincidência, se não houve o trânsito em julgado da sentença penal condenatória. Além disso, como a condenação não transitou em julgado não gera maus antecedentes, pois, para tanto, se exige o trânsito em julgado da condenação, sob pena de violação ao princípio da presunção de inocência.

Alternativa "b": a reincidência não é elemento do tipo penal. De qualquer forma, o tipo subjetivo se relaciona ao dolo ou a culpa de se conduzir de acordo com o que estabelece produzir o resultado previsto no tipo penal.

Alternativa "c": a reincidência ocorre se a pessoa que cometeu o crime, já possuía condenação transitada em julgado. No caso, não há essa informação, mas apenas que o empresário possuía uma condenação anterior, em 2010.

Alternativa "d": a reincidência pressupõe o trânsito em julgado da sentença penal condenatória.

Alternativa "e": a reincidência ocorre mesmo que a condenação transitada em julgado se relacione a crime, mesmo que de objetividade jurídica distinta da do novo crime.

Alternativa correta: "c".

04. (FCC – Juiz do Trabalho Substituto 18ª Região/2014) É causa de exclusão da tipicidade,

a) a insignificância do fato ou a sua adequação social, segundo corrente doutrinária e jurisprudencial.

b) o erro inevitável sobre a ilicitude do fato.

c) a coação moral irresistível.

d) a não exigibilidade de conduta diversa.

e) a obediência hierárquica.

COMENTÁRIOS

✪ **Nota do autor:** tipicidade é a subsunção de uma conduta a um tipo penal descrito em lei.

Alternativa "a": pelo princípio da insignificância, uma conduta é formalmente típica, mas não é materialmente típica. De acordo com o STF, são seus requisitos: (a) a mínima ofensividade da conduta do agente, (b) a nenhuma periculosidade social da ação, (c) o reduzidíssimo grau de reprovabilidade do comportamento e (d) a inexpressividade da lesão jurídica provocada (exemplo: o furto de algo de baixo valor). Já, na adequação social, o fato, a princípio é típico, mas a conduta é aceita pela sociedade, como, por exemplo, a lesão corporal culposa em um jogo de futebol, decorrente de uma conduta faltosa no jogo.

Alternativa "b": no erro inevitável sobre a ilicitude do fato, há **erro de proibição**, em que há exclusão da potencial consciência da ilicitude e, assim, exclui-se a culpabilidade (art. 21, CP).

Alternativa "c": na coação moral irresistível, a vontade do agente existe, mas de forma viciada. Assim, há exclusão da culpabilidade, não da tipicidade (art. 22, CP).

Alternativa "d": a inexigibilidade de conduta diversa afasta a reprovabilidade da conduta do agente. Logo, se trata de causa de exclusão da culpabilidade.

Alternativa "e": a obediência hierárquica pode excluir a culpabilidade, desde que a ordem não seja manifestamente ilegal (art. 22, CP).

Alternativa correta: "a".

---

05. (FCC – Juiz do Trabalho Substituto 18ª Região/2014) No que diz respeito aos estágios de realização do crime, é correto afirmar que

a) se atinge a consumação com o exaurimento do delito.

b) há arrependimento eficaz quando o agente, por ato voluntário, nos crimes sem violência ou grave ameaça à pessoa, repara o dano ou restitui a coisa até o recebimento da denúncia ou da queixa.

c) há desistência voluntária quando o agente, embora já realizado todo o processo de execução, impede que o resultado ocorra.

d) na desistência voluntária e no arrependimento eficaz o agente só responde pelos atos já praticados, se típicos.

e) a tentativa constitui circunstância atenuante.

COMENTÁRIOS

✪ **Nota do autor:** estágios de realização do crime ou *iter criminis*: cogitação, atos preparatórios, atos executivos, consumação e exaurimento.

Alternativa "a": o exaurimento é um ato posterior ao crime consumado. Assim, no crime de extorsão mediante sequestro (art. 159, CP), o crime se consuma no momento em que a vítima é privada de sua liberdade, sendo que o recebimento da vantagem é mero exaurimento.

Alternativa "b": há arrependimento **posterior** quando o agente, por ato voluntário, nos crimes sem violência ou grave ameaça à pessoa, repara o dano ou restitui a coisa até o recebimento da denúncia ou da queixa (art. 16, CP).

Alternativa "c": na desistência voluntária, o agente interrompe os atos executórios por ato voluntário (art. 15, CP).

Alternativa "d": na desistência voluntária, o agente inicia os atos de execução, mas, por vontade própria, desiste de prosseguir em sua conduta e, assim, evita a produção do resultado. No arrependimento eficaz, o agente conclui os atos de execução, mas, por ato voluntário, impede a produção do resultado. Assim, em um ou outro caso, o agente que efetua disparos de arma de fogo responde por lesão corporal, não por homicídio tentado, se o evento morte não advir (art. 15, CP).

Alternativa "e": a tentativa é **causa de diminuição de pena** a ser levada em consideração na terceira fase de aplicação da pena, pois estabelece a fração precisa de diminuição da pena (de um a dois terços – art. 14, CP). As circunstâncias atenuantes são aquelas previstas nos arts. 65 e 66, CP.

Alternativa correta: "d".

---

06. (FCC – Juiz do Trabalho Substituto 18ª Região/2014) No tocante às circunstâncias atenuantes, é correto afirmar que

a) permitem a redução da pena abaixo do mínimo previsto na lei, segundo entendimento sumulado do Superior Tribunal de Justiça.

b) incidem na terceira etapa do cálculo da pena.

c) são inaplicáveis se não previstas expressamente em lei.

d) o desconhecimento da lei, embora inescusável, pode ser empregado para atenuar a pena.

e) a reparação do dano não a configura, constituindo apenas causa geral de diminuição da pena.

COMENTÁRIOS

✪ **Nota do autor:** sobre o desconhecimento da lei, Nucci dá exemplo da Lei nº 5.700/71 que estabelece contravenção penal para quem executar o hino nacional em desconformidade com a norma técnica nela estabelecida.

Alternativa "a": nos termos do que estabelece o enunciado nº 231 das Súmulas do STJ, a incidência da circunstância atenuante não pode conduzir à redução da pena abaixo do mínimo legal.

Alternativa "b": o CP adotou o sistema trifásico de aplicação da pena (art. 68, CP). Primeira fase: fixação da pena-base de acordo com as circunstâncias judiciais do art. 59, CP; Segunda fase: leva-se em consideração as circunstâncias agravantes e atenuantes. Terceira fase: leva-se em consideração causas especiais de aumento e diminuição de pena.

Alternativa "c": pode-se reconhecer atenuante não prevista em lei, denominada de **atenuante inominada** (art. 66, CP).

Alternativa "d": no ordenamento jurídico brasileiro, o conhecimento da norma escrita por qualquer pessoa é uma presunção. Assim, não se pode justificar o cometimento do crime com o desconhecimento da lei. Contudo, é uma circunstância atenuante (art. 65, II, CP).

Alternativa "e": a reparação do dano é circunstância atenuante, se feita até antes do julgamento (art. 65, III, *b*, CP).

Alternativa correta: "d".

07. (TRT 22 – Juiz do Trabalho Substituto 22ª Região/2013) A espécie humana se desenvolve em conjunto, em sociedade, em circunstâncias determinadas e muitas vezes peculiares, inclusive com limitação de seu comportamento pela própria sociedade e pelo Estado. Com a existência das desigualdades sabidamente existentes – sociais, econômicas, culturais – a personalidade da pessoa é moldada em consonância com as oportunidades que lhe são oferecidas. Destarte, a reprovação do direito penal deve ser mais severa no que tange aos crimes praticados por indivíduos de elevado poder econômico, que se valem e abusam desta vantagem para a execução de delitos (tributários, econômicos, entre outros). Trata-se de ideia central na:

a) coculpabilidade às avessas;

b) imputação objetiva;

c) tipicidade indiciária;

d) coculpabilidade;

e) tipicidade conglobante;

COMENTÁRIOS

Alternativa "a": a coculpabilidade às avessas parte do pressuposto que pessoas em posição favoráveis na sociedade, quando cometem crime, devem sofre um grau maior de reprovabilidade.

Alternativa "b": a imputação objetiva está relacionada ao funcionalismo, teoria do crime desenvolvida por Claus Roxin. A imputação objetiva estabelece defende que a pessoa só responde pelo crime se a sua conduta resulta a **criação de um risco juridicamente desaprovado** e a realização deste risco no resultado e que este resultado esteja no âmbito de proteção da norma.

Alternativa "c": de acordo com a teoria geral do crime, a tipicidade é indiciária da ilicitude de uma conduta. A princípio, quem mata alguém (tipicidade), indiciariamente, cometeu um ilícito, o que pode ser afastado se presente uma das causas de exclusão da antijuricidade, como a legítima defesa.

Alternativa "d": a teoria da coculpabilidade defende atenuação na reprovabilidade da conduta do agente em decorrência de falhas do Estado, como na educação, saúde, desigualdade social, etc.

Alternativa "e": de acordo com a teoria da tipicidade conglobante, defendida por Eugênio Raúl Zaffaroni e José Henrique Pierangelli, o fato típico pressupõe que a conduta esteja proibida pelo ordenamento jurídico como um todo, globalmente considerado.

Alternativa correta: "a".

08. (TRT 22 – Juiz do Trabalho Substituto 22ª Região/2013) Na praia de Jerivá, interior de Pindorama, onde ainda não havia chegado o telefone celular 3G e nem a televisão, morava Josefa, uma moça portadora de deficiência mental, que não tinha o discernimento do que era certo e errado e nem tinha capacidade de agir conforme esse entendimento, mas que desempenhava normalmente suas atividades. Ajudava a mãe na cozinha e na lavagem de roupas. Ela tinha um namorado, Pedro, com quem começou a manter relações sexuais. O namoro era consentido pelos pais de Josefa, no entanto esta apareceu grávida e Pedro não quis assumir o casamento. Os pais foram à Delegacia de Jenipapo, cidade próxima, na qual o Delegado indiciou Pedro por estupro de vulnerável. Pedro disse que, diante do consentimento dos pais e do apoio da comunidade, não podia prever, nas circunstâncias, que a sua atitude era crime. A alegação de Pedro constitui qual figura de exclusão da criminalidade:

a) legítima defesa;

b) erro de proibição;

c) erro de tipo;

d) erro sobre a pessoa;

e) estado de necessidade.

COMENTÁRIOS

✪ **Nota do autor:** o erro de proibição, apesar de incidir sobre elementos da ilicitude da conduta, afasta a **culpabilidade**, pois o agente age sem a **potencial consciência da ilicitude.**

Alternativa "a": na legítima defesa, o agente repele a injusta agressão, o que não ocorre no caso em tela (art. 25, CP).

Alternativa "b": Pedro agiu em erro de proibição, pois, dada a falta de informação do local em que reside, somada à aceitação da família e da comunidade, mesmo sabendo da doença mental de Josefa, formou convicção de sua **conduta seria lícita**. Agiu sem a potencial consciência da ilicitude, logo em erro de proibição.

Alternativa "c": seria erro de tipo, se Pedro desconhecesse a doença mental de Josefa, elemento do tipo penal do crime de estupro de vulnerável (art. 217-A, § 1º, CP).

Alternativa "d": no erro sobre a pessoa, o agente visa atingir "A", mas acaba por atingir "B".

Alternativa "e": no estado de necessidade, o agente visa a afastar perigo a direito próprio ou alheio não criado por sua própria conduta (art. 24, CP)

Alternativa correta: "b".

09. (TRT 15 – Juiz do Trabalho Substituto 15ª Região/2013) A vista do ordenamento jurídico-penal brasileiro, e de acordo com a teoria finalista da ação, há crime doloso:

a) se o autor do fato, conquanto não deseje o resultado de dano ou perigo, esteja consciente de sua efetiva possibilidade e acredite poder evitá-lo;

b) se o autor do fato, conquanto não deseje o resultado de dano ou perigo, produza-o por meio de ação ou omissão voluntária, ainda que inconscientemente;

c) apenas se o autor do fato detiver, em relação aos elementos do fato típico, consciência atual (dimensão intelectiva) e intenção de produzir o resultado (dimensão volitiva);

d) imputável a pessoas jurídicas, em regime de strict liability, independentemente de participação do elemento humano;

e) se o autor do fato, conquanto não deseje o resultado de dano ou perigo, esteja consciente de sua efetiva possibilidade, resignando-se com ela.

COMENTÁRIOS

✪ **Nota do autor:** a teoria finalista da ação foi formulada na Alemanha, por Hans Welzel. Centra-se na ideia de que a conduta do agente é voltada para um fim, para um objetivo. Foi ela quem inspirou a reforma da Parte Geral do CP, em 1984.

Alternativa "a": trata-se da **culpa consciente:** o agente prevê o resultado, mas acredita sinceramente que pode evitá-lo.

Alternativa "b": um dos elementos do dolo é a representação, ou seja, a previsibilidade de que, da conduta, advirá o resultado ilícito, razão pela qual não age com dolo quem não tem essa consciência.

Alternativa "c": no dolo direto, há a representação (previsibilidade do resultado) e voluntariedade (vontade). Mas, no dolo eventual, o agente não precisa agir com vontade de produzir o resultado, bastando que aceite a sua ocorrência.

Alternativa "d": nas raízes do finalismo, não se admite que pessoa jurídica cometa crime, pois a conduta voluntária é inerente ao homem. Mas, as legislações mais modernas admitem o cometimento de crime por pessoa jurídica, como ocorre nos crimes ambientais. De qualquer forma, nos Tribunais Superiores, prevaleceu a teoria da dupla imputação, ou seja, o crime deve ser imputado à pessoa jurídica e ao diretor responsável pelo dano.

Alternativa "e": trata-se da conceituação de **dolo eventual.** Nele, o agente não quer diretamente o resultado. Mas, prevê que se manter sua conduta irá produzi-lo, o que, para ele, é indiferente.

Alternativa correta: "e".

---

10. (TRT 22 – Juiz do Trabalho Substituto 22ª Região/2013) Analise os seguintes enunciados:

I. Para a teoria finalista, formulada por Welzel, o dolo migrou da culpabilidade para a ação, deixando nesta apenas os elementos normativos, a saber: a imputabilidade, a consciência potencial da ilicitude e o erro de proibição.

II. O erro de tipo, previsto no art. 20, do Código Penal, é uma afirmação de que o dolo está na ação. A caracterização do erro de tipo afasta o dolo e torna, em consequência, o fato atípico.

III. O erro sobre a pessoa, não isenta o acusado de pena.

IV. O dolo, para a teoria finalista da ação, é natural, e, para a teoria causal, é normativo.

Escolha a opção adequada:

a) apenas I está correta;

b) II e III estão corretas;

c) II, III e IV estão corretas;

d) todas estão corretas;

e) todas estão erradas

COMENTÁRIOS

Item I: essa é a grande marca da teoria finalista da ação: o dolo e a culpa são elementos da conduta, ou seja, do **fato típico.** Já a culpabilidade, que é o juízo de reprovação, não há que se questionar o elemento subjetivo, senão elementos normativos**,** quais sejam: **a imputabilidade, a consciência potencial da ilicitude e a exigibilidade de conduta diversa do agente**.

Item II: o erro do tipo recai sobre os **elementos constitutivos do tipo penal** e, segundo o art. 20, CP, exclui o dolo, o que evidencia que este se localiza na conduta do agente, ou seja, no fato típico.

Item III: o erro sobre a pessoa não isenta o agente de pena, pois, de qualquer forma, o bem jurídico tutelado pela norma penal foi atingido, permanecendo inclusive o dolo (art. 20, § 3º, CP).

Item IV: no dolo natural (teoria finalista), há dois elementos: a consciência e a vontade; no dolo normativo (teoria causal), há os seguintes elementos: a consciência, a vontade e a consciência atual da ilicitude (que é o elemento normativo do dolo.

Alternativa correta: "c".

---

11. (TRT 22 – Juiz do Trabalho Substituto 22ª Região/ 2013) Pereirão era um sujeito odiado no povoado em que morava. Acabava festas, brigava, dava surras em pessoas, estuprava mulheres. Era um terror. Em razão disso, angariou muitos inimigos, entre eles, Nepomuceno e Nicodemos, que, apesar da semelhança dos nomes, não eram sequer parentes. Ambos queriam matar Pereirão, mas nunca fizeram prévio contato para ajustarem suas condutas. Em determinado dia, sabendo que Pereirão passava por um beco escuro para se recolher à noite, Nepomuceno e Nicodemos se armaram de armas de fogo e foram emboscar a vítima, repita-se, sem saberem da conduta um do outro. No momento em que

Pereirão passava, eles atiraram e a vítima faleceu em razão dos ferimentos causados. No caso, analisando sob o aspecto do concurso de pessoas, em qual das hipóteses eles se enquadram:

a) coautoria;

b) autoria mediata,

c) participação;

d) autoria colateral;

e) autoria ignorada

COMENTÁRIOS

Alternativa "a": não se trata de coautoria, pois não houve o liame subjetivo entre os autores dos disparos.

Alternativa "b": na autoria mediata, um imputável (autor mediato) se vale de um inimputável (autor imediato) para o cometimento do crime.

Alternativa "c": não há participação, pois, em primeiro lugar, não há o liame subjetivo entre ambos e, em segundo lugar, os dois praticaram o verbo-núcleo do tipo penal.

Alternativa "d": trata-se de autoria colateral, pois não houve o **liame subjetivo**, indispensável para a configuração do concurso de agentes. Ademais, a conduta de ambos contribuiu para o resultado morte.

Alternativa "e": autoria ignorada é conceito de processo penal e ocorre quando não se descobre quem foi o autor da infração.

Alternativa correta: "d".

---

12. (TRT 22 – Juiz do Trabalho Substituto 22ª Região/2013) Com relação à classificação do dolo, assinale a alternativa que correlaciona acertadamente as colunas abaixo:

I. dolo geral ou aberratio causae

II. dolo direto ou incondicionado

III. dolo de segundo grau

IV. dolo eventual

( ) é a vontade do agente voltada a determinado resultado, em que a eleição dos meios para alcançá-lo inclui, necessariamente, efeitos colaterais de ocorrência praticamente certa.

( ) embora o agente não queira o resultado por ele previsto, ele assume o risco de produzi-lo.

( ) o sujeito realiza uma conduta objetivando produzir determinado resultado, acreditando ter produzido o resultado almejado, pratica nova conduta, com finalidade diversa, e é nessa nova conduta que o agente produz o que buscava desde o início.

( ) o agente quer produzir o resultado por ele objetivado. Sua conduta é dirigida a uma finalidade precisa.

a) IV – III – I – II;

b) III – II – IV – I;

c) III – IV – I – II;

d II – I – III – IV;

e) I – IV – III – II.

COMENTÁRIOS

Item I: dolo geral ou *aberratio causae*: desde o início, a intenção do agente é produzir determinado resultado. Mas, ao final, a causa desse resultado é diversa daquilo inicialmente pensado por ele. Assim, a pessoa pretendia matar outra. Por isso, atira contra ela, que não morre. Imaginado que a vítima já estava morta, o sujeito ativo a joga no rio e a morte vem por afogamento, não por tiro.

Item II: dolo direto ou incondicionado: o agente quer produzir o resultado. Sua conduta é voltada para esse fim. A pessoa atira em sua vítima, porque quer matá-la.

Item III: dolo de segundo grau: é o que ocorre na seguinte hipótese: "A" quer matar "B" e coloca uma bomba no avião em que a vítima embarcou como passageiro. "A" responderá pelo homicídio de "B", como dolo de primeiro grau, e pelos dos demais passageiros, pelo dolo de segundo grau.

Item IV: dolo eventual: o agente não quer o resultado, mas assume o risco dele acontecer. Como ocorre em corridas de automóvel (racha), em que, ciente da possibilidade de matar pedestres, mas, mesmo assim, mantém-se na sua conduta e acaba por provocar a morte de uma pessoa.

Alternativa correta: "c".

---

13. (TRT 14 – Juiz do Trabalho Substituto 14ª Região/2013) Analise as proposições abaixo e após marque a alternativa correta:

I. O crime de extorsão consuma-se independentemente da obtenção da vantagem indevida.

II. A incidência da circunstância atenuante não pode conduzir à redução da pena abaixo do mínimo legal.

III. Em determinados casos, pode não existir a punibilidade do agente, ou este pode beneficiar-se de uma das causas de extinção de punibilidade, no entanto, o delito praticado persiste.

a) Apenas o item I é falso.

b) Apenas o item II é falso.

c) Apenas o item III é falso.

d) Todos os itens são verdadeiros.

e) Todos os itens são falsos.

COMENTÁRIOS

Item I: o crime de extorsão (art. 158, CP) é classificado como **formal**, ou seja, a consumação se **antecipa** com a simples exigência, mediante violência ou grave ameaça, independentemente da obtenção da vantagem indevida, que, se advir, será mero **exaurimento do crime**.

Item II: de acordo com jurisprudência consolidada, a pena só pode ser diminuída abaixo do mínimo legal em caso de **causa de aumento de pena.**

Item III: o crime é fato típico, antijurídico e culpável. A punibilidade não é elemento do crime, mas, em verdade, **pressuposto para o exercício da pretensão punitiva ou executória**. Assim, extinta a punibilidade, permanece o crime.

Alternativa correta: "d".

14. (TRT 14 – Juiz do Trabalho Substituto 14ª Região/2013) Analise as proposições abaixo e após marque a alternativa correta:

I. Para fins do Direito Penal, dolo eventual e culpa consciente possuem conceitos equivalentes, no sentido de que o agente assume o risco de produzir o resultado danoso, ou seja, mesmo visualizado a possibilidade da ocorrência do ato ilícito, não interrompe a sua ação.

II. A imprudência é uma culpa positiva "in agendo", ou seja, o agente faz o que não deve.

III. A negligência é uma forma de culpa negativa, "in ommitendo".

IV. A imperícia é a culpa técnica, em que o agente mostra-se inabilitado para o exercício de determinada profissão, embora possa estar credenciado por diploma, que é mera presunção de competência.

a) Apenas o item I é falso.
b) Apenas o item II é falso.
c) Apenas o item III é falso.
d) Apenas o item IV é falso.
e) Todos os itens são verdadeiros.

COMENTÁRIOS

✪ **Nota do autor:** a FCC, como se pode notar de suas questões, exige que o candidato decore os tipos penais.

Item I: dolo eventual e culpa consciente têm em comum o fato de que, em ambos, o agente prevê o resultado. Mas, no dolo eventual, ele pouco se importa que o resultado advenha. Já, na culpa consciente, o agente acredita sinceramente que pode evitar que o resultado aconteça.

Item II: na imprudência, a conduta do agente é positiva, ou seja, ele age de forma precipitada, sem tomar a devida precaução.

Item III: na negligência, a conduta do agente é omissiva. O resultado surge pelo fato de o agente não agir de acordo com a cautela necessária.

Item IV na imperícia, há falta de aptidão para o exercício de arte ou profissão. Como ocorre no caso de erro médico, mesmo diplomado, a pessoa não demonstra a habilidade necessária para a realização de uma cirurgia.

Alternativa correta: "a".

15. (FCC – Juiz do Trabalho Substituto 6ª Região/2013) Constituem causas de extinção da punibilidade relacionadas exclusivamente aos crimes de ação penal privada

a) o perdão do ofendido e o perdão judicial.
b) a decadência e o perdão do ofendido.
c) a renúncia e a perempção.
d) a perempção e o perdão judicial.
e) a renúncia e a decadência.

COMENTÁRIOS

✪ **Nota do autor:** as causas de extinção da punibilidade são aquelas previstas no rol do art. 107 do CP. Mas, pode haver hipóteses em outras leis, como a perempção, prevista no CPP.

Alternativa "a": o perdão do ofendido só pode ocorrer nas ações penais privadas. Já o perdão judicial é a clemência do Estado que deixa de aplicar a pena, pois as consequências do crime já foram muito graves ao autor do fato, e pode ocorrer em **ação penal pública**, como no homicídio culposo em que a vítima é filha do autor do crime (art. 121, § 5º, CP).

Alternativa "b": a decadência decorre da não apresentação da representação na ação penal **pública condicionada** ou da queixa-crime na ação penal privada, decorrido o prazo legal. O perdão do ofendido é exclusivo da ação penal privada.

Alternativa "c": a renúncia é o ato pelo qual a vítima manifesta que não tem interesse em promover a queixa-crime e, assim, iniciar a ação penal privada (arts. 104 e 107, V, CP. Já a perempção é a sanção decorrente da contumácia, da desídia, do querelante na ação penal privada já iniciada (art. 60, CPP).

Alternativa "d": a perempção pode ocorrer somente na ação penal privada. Mas, o perdão judicial pode ocorrer em ação **penal pública.**

Alternativa "e": a renúncia só pode ocorrer na ação penal privada. Mas, a decadência decorre da não apresentação da representação na ação penal **pública condicionada** ou da queixa-crime na ação penal privada, decorrido o prazo legal.

Alternativa correta: "c".

16. (FCC – Juiz do Trabalho Substituto 6ª Região/2013) No tocante à aplicação da lei penal, correto afirmar que

a) o dia do começo inclui-se no cômputo do prazo.
b) a lei penal excepcional ou temporária não se aplica ao fato praticado durante a sua vigência, se decor-

rido o período de sua duração ou cessadas as circunstâncias que a determinaram.

c) se considera praticado o crime no momento do resultado.

d) as regras gerais do Código Penal aplicam-se aos fatos incriminados por lei especial, ainda que esta disponha de modo diverso.

e) a lei posterior, que de qualquer modo favorecer o agente, aplica-se aos fatos anteriores, desde que não decididos por sentença condenatória transitada em julgado.

COMENTÁRIOS

Alternativa "a": trata-se de redação expressa do art. 10, CP. O Direito Penal, na verdade, limita a pretensão punitiva estatal e, por isso, suas regras são colocadas em benefício da pessoa, como ocorre na hipótese da contagem do prazo.

Alternativa "b": para que as leis penais temporárias e excepcionais tenham eficácia, elas têm ultra-atividade, ou seja, têm aplicação, mesmo depois de encerrada sua vigência.

Alternativa "c": o CP adotou a **teoria da atividade** para efeitos de tempo do crime: considera-se praticado o crime **no momento da ação ou omissão**, ainda que outro seja o momento do resultado (art. 4º, CP).

Alternativa "d": trata-se de princípio a resolver o conflito aparente de normas: a norma especial derroga as disposições gerais do CP (art. 12, CP).

Alternativa "e": a lei peal **não retroage, salvo para beneficiar o réu**. Assim, mesmo que já tenha havido o trânsito em julgado da sentença penal condenatória, A lei posterior, que de qualquer modo favorecer o agente, aplica-se aos fatos anteriores (art. 2º, parágrafo único, CP).

Alternativa correta: "a".

---

17. (CESPE – Juiz do Trabalho Substituto 5ª Região/2013) No que se refere às causas de exclusão de ilicitude, assinale a opção correta.

a) O consentimento do ofendido, considerado causa de exclusão de ilicitude, produz efeito se houver expressa manifestação de vontade da vítima, independentemente de o bem jurídico afetado ser disponível, ou seja, de ser bem jurídico de natureza pessoal ou patrimonial.

b) O médico que, sabendo que sua amante, grávida de um filho seu, corre risco de morrer em decorrência de complicações da gravidez, a submete a aborto, com o intuito de evitar que sua esposa tome conhecimento da gravidez, age em estado de necessidade justificante.

c) Responde por homicídio consumado, não sendo possível a alegação do estado de necessidade, o segurança que, contratado para defesa pessoal, não enfrenta cães ferozes que atacaram a pessoa que o contratou, causando-lhe a morte, já que era seu dever legal enfrentar o perigo.

d) Age impelido por estado de necessidade o bombeiro que se recusa a ingressar em prédio onde há incêndio de grandes proporções, com iminente risco de desabamento, para salvar a vida de alguém que se encontre em andar alto e que tenha poucas chances de sobreviver, dada a possibilidade de intoxicação por fumaça, se houver risco para sua própria vida.

e) Age em legítima defesa o autor de furto que, surpreendido pelo proprietário do imóvel por ele invadido, provoca-lhe lesões corporais ao se defender, com os próprios punhos, de agressão física consistente em golpe de imobilização.

COMENTÁRIOS

✪ **Nota do autor:** questão interessante que exigiu do candidato raciocínio jurídico, mais do que conhecimento puro da lei.

Alternativa "a": o consentimento do ofendido é uma causa extralegal de excludente de ilicitude, pois não se encontra no rol do art. 23, CP. Porém, só é admissível em caso de o bem jurídico for **disponível.**

Alternativa "b": para a configuração da excludente da ilicitude, exige-se o elemento **subjetivo**. No caso, o agente deve agir com a vontade de afastar o perigo ou a lesão ao bem jurídico. Assim, deve ele praticar o aborto com a vontade de evitar a morte da mulher, não pelo motivo egoístico de evitar que sua esposa saiba de seu relacionamento extraconjugal.

Alternativa "c": o dever legal que impede a invocação do estado de necessidade, segundo a corrente majoritária, **decorre diretamente de lei**, não abrangendo o dever decorrente de contrato. Assim, pode o segurança alegar estado de necessidade.

Alternativa "d": em regra, quem tem o dever legal de enfrentar o perigo não pode invocar o estado de necessidade (art. 24, § 1º, CP). No entanto, **não se exigem atos de heroísmo** e, como no caso em tela, a intervenção do bombeiro poderia ser ineficaz e, em verdade, produzir-lhe a morte, pode ele invocar o estado de necessidade.

Alternativa "e": a legítima defesa pressupõe uma **injusta agressão**. Ora, a vítima do ladrão tem uma conduta lícita, pois é ela que age na legítima defesa de seu patrimônio. Logo, o ladrão não pode agredir sua vítima, sob pena de até mesmo incidir na figura do **roubo impróprio** (art. 157, § 1º, CP).

Alternativa correta: "d".

---

18. (CESPE – Juiz do Trabalho Substituto 5ª Região/2013) Acerca dos crimes consumados e tentados, assinale a opção correta.

a) A lei prevê a tentativa imperfeita para os crimes habituais.

b) Em se tratando de crimes unissubsistentes, não há tentativa, não se aplicando, portanto, a causa de diminuição da pena prevista na Parte Geral do CP para os crimes tentados.

c) Crime consumado, sinônimo de crime exaurido, difere da tentativa em relação à conduta que percorre o iter criminis. Em se tratando de tentativa, a execução inicia-se, mas não se consuma por circunstâncias alheias à vontade do agente.

d) O iter criminis compreende etapas de cogitação, preparação, execução e consumação, sendo puníveis apenas os atos que englobem as duas últimas etapas.

e) Configura-se como falho o crime quando o processo executório é interrompido por circunstâncias alheias à vontade do agente.

COMENTÁRIOS

Nota do autor: essa questão foi anulada pela comissão examinadora.

Alternativa "a": os crimes habituais são aqueles que exigem a reiteração de condutas para a sua configuração, como o exercício ilegal da medicina. Logo, o ato isolado é indiferente ao Direito Penal, não podendo ser considerada tentativa.

Alternativa "b": a redação da alternativa está confusa. Crime unissubsistente é aquele em que a conduta não é fracionada, como na **injúria verbal**. Como a conduta não pode ser fracionada, não é possível a tentativa.

Alternativa "c": crime consumado não é sinônimo de crime exaurido. No crime consumado, o agente percorre todos os elementos do tipo penal. No crime exaurido, o crime já se encontra consumado, mas o agente continua a violar o bem jurídico, como é o caso do ladrão que vende a coisa furtada para outrem. O crime de furto já se encontrava consumado, mas o agente visa obter lucro com sua conduta.

Alternativa "d": o *iter criminis* (caminho do crime) tem as seguintes etapas: cogitação, atos preparatórios, execução, consumação e exaurimento. Os dois primeiros são indiferentes ao Direito Penal.

Alternativa "e": crime falho é sinônimo de tentativa perfeita ou acabada. É uma forma de tentativa na qual o agente esgota todos os recursos da execução, mas não consegue consumar o crime por circunstâncias alheias à sua vontade. Difere-se da tentativa imperfeita em que o agente tem a sua conduta interrompida por circunstâncias alheias à sua vontade.

Alternativa correta: "d".

---

19. (TRT 3 – Juiz do Trabalho Substituto 3ª Região/2013) Considerando o direito penal, assinale a alternativa incorreta:

a) Ainda que emancipados nos moldes da lei civil, os menores de dezoito anos são penalmente irresponsáveis, ficando sujeitos às normas estabelecidas na legislação especial.

b) Não pode alegar estado de necessidade quem tinha o dever legal de enfrentar o perigo.

c) Se o crime é cometido sob coação irresistível ou em estrita obediência a ordem, não manifestamente ilegal, de superior hierárquico, só é punível o autor da coação ou da ordem.

d) O ajuste, a determinação ou instigação e o auxílio, salvo disposição expressa em contrário, não são puníveis, se o crime não chega, pelo menos, a ser tentado.

e) Não há crime quando o agente pratica o fato em caso de necessidade; em legítima defesa; em estrito cumprimento de dever legal ou no exercício regular de direito e em razão de doença mental ou desenvolvimento mental incompleto ou retardado, desde que, ao tempo da ação ou da omissão, o agente era inteiramente incapaz de entender o caráter criminoso do fato ou de determinar-se de acordo com esse entendimento.

COMENTÁRIOS

Nota do autor: trata-se de questão que o examinador exige a resposta **incorreta**. Essa questão deveria ser anulada, pois há divergência na doutrina, conforme se expõe na alternativa "e".

Alternativa "a": a menoridade penal, que é uma garantia constitucional (art. 228, CP), parte de presunção absoluta de que a pessoa com menos de dezoito anos não tem desenvolvimento biológico suficiente para entender e se determinar de acordo com o caráter ilícito do fato.

Alternativa "b": o soldado do corpo de bombeiros durante sua atuação não pode alegar estado de necessidade, pois tem o dever de enfrentar o perigo (art. 24, § 1º, CP).

Alternativa "c": aquele que age sob coação irresistível ou em estrita obediência a ordem, não manifestamente ilegal, de superior hierárquico, **não é punível**, por conta da excludente da culpabilidade da **inexigência de conduta diversa.**

Alternativa "d": a conduta só passa a ser relevante para o direito penal a partir do momento em que o bem jurídico tutelado passa a ser atingido. **A cogitação e os atos meramente preparatórios** são indiferentes penalmente.

Alternativa "e": no estado de necessidade na legítima defesa, no estrito cumprimento do dever legal e no exercício regular de direito, não crime, pois o fato, apesar de típico, é **lícito**. Já, no que se refere à imputabilidade, exclui-se apenas a possibilidade de aplicar a pena. Assim, para a corrente dualista (crime é fato típico e antijurídico), o crime existe, mas não é possível a pena.

Para a tripartida, não existe crime, pois esse é um fato típico, antijurídico e culpável.

Alternativa correta: "e".

---

20. (TRT 3 – Juiz do Trabalho Substituto 3ª Região/2013) Na sistemática do Código Penal, são causas de extinção de punibilidade, exceto:

a) Morte do agente

b) Retroatividade de lei que não mais considera o fato como criminoso

c) Perdão aceito nos crimes de ação penal privada e ação penal pública condicionada

d) Anistia, graça ou indulto

e) Prescrição, decadência ou perempção

COMENTÁRIOS

✪ **Nota do autor:** trata-se de questão que o examinador exige a resposta **incorreta**.

Alternativa "a": a morte do agente é causa extintiva da punibilidade, pois a pena não pode passar da pessoa do condenado, cuja personalidade se extingue com o evento morte (art. 107, I, CP).

Alternativa "b": pelo fenômeno da *abolitio criminis*, extingue-se a punibilidade do agente, pois fica evidente o desinteresse do Estado em punir a pessoa (art. 107, III, CP). Além disso, a lei penal **sempre que beneficiar o réu** retroage.

Alternativa "c": o perdão do ofendido é uma forma de extinção da punibilidade do agente exclusiva da **ação penal privada** (art. 105, CP). Depende ele de aceitação do querelado e pode ocorrer em qualquer momento, exceto se já transitado em julgado a sentença penal condenatória.

Alternativa "d": anistia, graça e indulto são atos de clemência estatal e, por isso, acarretam a extinção da punibilidade (art. 107, II, CP).

Alternativa "e": a prescrição, a decadência e a perempção são institutos que, direta ou indiretamente, fazem extinguir a pretensão punitiva e, por isso, representam extinção da punibilidade (art. 107, IV, CP)

Alternativa correta: "c".

---

21. (TRT 3 – Juiz do Trabalho Substituto 3ª Região/2013) Com base no Código Penal, assinale a alternativa que não retrata fielmente "circunstâncias que sempre agravam a pena, quando não constituem ou qualificam o crime":

a) Ter o agente cometido o crime por motivo fútil ou torpe

b) Ter o agente cometido o crime contra criança, velho ou enfermo

c) Ter o agente cometido o crime quando o ofendido estava sob a imediata proteção da autoridade

d) Ter o agente cometido o crime contra ascendente, descendente, irmão, cônjuge ou companheiro

e) Ter o agente cometido o crime depois de embriagar-se propositadamente para cometê-lo

COMENTÁRIOS

✪ **Nota do autor:** trata-se de questão que o examinador exige a resposta **incorreta**.

Alternativa "a": fútil é o motivo **insignificante**, torpe, **repugnante**. Ambos fazem incidir a circunstância agravante do art. 61, II, *a*, CP.

Alternativa "b": criança, velho (na verdade, fielmente, o CP fala em **pessoa maior de sessenta anos)** e enfermo têm a capacidade de resistência diminuída e, por isso, a pena é aumentada se eles forem vítimas art. 61, II, *e*, CP.

Alternativa "c": quando o ofendido estava sob a imediata proteção da autoridade, também, uma relação de fragilidade, o que permite o reconhecimento da agravante (art. 61, II, *i*, CP).

Alternativa "d": de fato, o art. 61, II, *e*, CP enumera como circunstância agravante contra ascendente, descendente, irmão ou cônjuge. **Não faz referência ao companheiro.** Mas, como há equiparação constitucional entre companheiro e cônjuge, é, de rigor, a aplicação da agravante em caso de união estável.

Alternativa "e": se a pessoa se pôs embriagada é porque ela queria se livrar de suas amarras psicológicas e sociais e, como tem maior facilidade para cometer o crime, merece maior reprimenda pela atitude covarde (art. 61, II, *l*, CP).

Alternativa correta: "d".

---

22. (FCC – JTS 4ª RG/ 2012) Será reincidente o agente que cometer

a) novo crime depois de condenado definitivamente por crime militar próprio.

b) novo crime após haver recebido perdão judicial em processo anterior.

c) novo crime, ainda que decorridos mais de cinco anos desde a extinção da pena relativa à infração anterior.

d) contravenção penal depois de condenado definitivamente por crime comum.

e) novo crime depois de condenado definitivamente por crime político.

COMENTÁRIOS

✪ **Nota do autor:** o conceito de reincidência está previsto no art. 63 do CP e no art. 7º da Lei de Contravenções Penais.

Alternativa "a": o crime **militar não é** considerado para fins de reincidência (art. 63, II, CP).

Alternativa "b": como houve concessão de perdão judicial em relação ao primeiro crime, afastam-se os efeitos penais da primeira condenação, inclusive, para fins de reincidência.

Alternativa "c": depois de cinco anos do final do cumprimento da pena da primeira condenação, a sentença condenatória não tem mais efeito em relação à reincidência.

Alternativa "d": se uma pessoa tem condenação transitada em julgada por um crime e comete uma contravenção penal, é considerado reincidente. **Alternativa "e":** o crime **político não é** considerado para fins de reincidência (art. 63, II, CP).

Alternativa correta: "d".

---

23. (FCC – JTS 4ª RG/ 2012) Consumam-se com o resultado os crimes

a) formais e omissivos impróprios.

b) materiais e omissivos próprios.

c) materiais e de mera conduta.

d) formais e omissivos próprios.

e) omissivos impróprios e materiais.

COMENTÁRIOS

Alternativa "a": nos crimes **formais**, há, no tipo penal, a **previsão** de um **resultado naturalístico**, cuja **eclosão não é necessária** para consumação do crime, como no caso da calúnia.

Alternativa "b": nos crimes **omissivos próprios**, a omissão é **descrita no tipo legal**, não se exigindo a produção de um resultado naturalístico, como ocorre no crime de omissão de socorro.

Alternativa "c": nos crimes de **mera conduta**, no tipo penal, não há qualquer resultado naturalístico, como no reingresso de estrangeiro no território nacional.

Alternativa "d": ver comentários das alternativas "b" e "c".

Alternativa "e": crimes **materiais** são aqueles em que o tipo penal **exige a produção de um resultado naturalístico**, como o homicídio e a lesão corporal. Já os crimes **omissivos impróprios** são aqueles em que o agente se **omite**, apesar de ter o **dever jurídico** de agir, **permitindo a produção do resultado naturalístico**, como no caso da mãe que deixa de amamentar o seu filho recém-nascido, que vem a morrer.

Alternativa correta: "e".

---

24. (FCC – JTS 4ª RG/ 2012) Admitida a inexigibilidade de conduta diversa no caso de empresário que, em situação de penúria, deixa de recolher contribuições previdenciárias, a hipótese será de reconhecimento de causa supralegal de exclusão da

a) punibilidade.

b) culpabilidade.

c) tipicidade.

d) ilicitude.

e) antijuridicidade.

COMENTÁRIOS

✪ **Nota do autor:** são elementos da culpabilidade: a imputabilidade, a potencial consciência de ilicitude do fato e a exigibilidade de conduta diversa. Afastados um deles, não se tem a culpabilidade, ou seja, a reprovabilidade na conduta do agente.

Alternativa "a": a punibilidade é a **possibilidade jurídica** de se aplicar a pena a quem comete um fato típico, antijurídico e culpável. Como é afastada a culpabilidade, não se chega a se cogitar em punibilidade.

Alternativa "b": se o empresário deixa de recolher as contribuições previdenciárias, impelido por uma condição de penúria, comete um fato típico e ilícito, mas, diante da inexigibilidade de conduta diversa, sua conduta **não é reprovável**, ou seja, **sem culpabilidade**.

Alternativa "c": a **tipicidade é a subsunção** de um fato em um tipo penal. É a determinação de que aquele fato cometido pelo agente se encaixa em um fato típico. No caso, o fato é típico, pois deixar de recolher contribuição previdenciária configura o crime do art. 337-A do CP.

Alternativa "d": a **ilicitude** consiste na **inadequação** da conduta perante o ordenamento jurídico. No caso, a sonegação de contribuição previdenciária é ilícita, porque vai contra as regras do ordenamento jurídico brasileiro.

Alternativa "e": antijuricidade é sinônimo de ilicitude.

Alternativa correta: "b".

---

25. (TRT – JTS 14ª RG/ 2012) Considerando os temas relacionados ao tipo e à tipicidade penais, leia as proposições abaixo e, após, marque a única alternativa CORRETA.

I. O Supremo Tribunal Federal considera admissível continuidade delitiva entre roubo e furto porque são crimes da mesma natureza e da mesma espécie.

II. O chamado princípio da insignificância tem sido aplicado no contexto da exclusão da tipicidade penal, sendo, porém, necessária a aferição da presença de certos vetores, tais como: a mínima ofensividade da conduta do agente; a nenhuma periculosidade social da ação; o reduzidíssimo grau de reprovabilidade do comportamento; e a inexpressividade da lesão jurídica provocada, tudo isso tendo como norte a formulação teórica atual que reconhece que o caráter subsidiário do sistema penal reclama e impõe, em função dos próprios objetivos por ele visados, a intervenção mínima do Poder Público.

III. Há atipicidade da conduta, considerando-se o crime de falso testemunho, na hipótese de negativa em responder às perguntas formuladas em juízo quando, embora rotulado de testemunha, o comparecente, na verdade, encontra-se na condição de investigado, possuindo, por isso, direito constitucional ao silêncio.

a) Apenas o item I é falso.

b) Apenas o item II é falso.

c) Apenas o item III é falso.

d) Todos os itens são verdadeiros.

e) Todos os itens são falsos.

COMENTÁRIOS

✪ **Nota do autor:** tipo penal é a descrição do fato considerado crime pela lei. Tipicidade é a subsunção (o encaixe) de um fato no tipo penal.

Item I: furto e roubo tutelam o mesmo bem jurídico: o patrimônio. Contudo, **não são crimes de mesma espécie**, uma vez que previstos em tipos penais diferentes: furto (art. 155 do CP) e o roubo (art. 157 do CP). Além disso, as condutas não são semelhantes, já que, no tipo penal do roubo, o agente subtrai o bem mediante **violência ou grave ameaça,** elementos normativos que não existem no tipo penal do furto.

Item II: imagine-se uma pessoa que furto uma caixa de fósforos de um Hipermercado. A princípio, há a tipicidade, já que houve a subtração de uma coisa alheia móvel (tipo formal). No entanto, como **não houve efetivamente ofensa** ao patrimônio do Hipermercado, não houve o crime (**tipo material**). Assim, presentes outros requisitos enumerados no item, o agente é absolvido.

Item III: o direito ao silêncio decorre da garantia constitucional de que **ninguém é obrigado a fazer prova contra si mesmo.** A mera formalidade de ser tratada como testemunha, quando em verdade é investigado, não pode prevalecer sobre uma garantia constitucional, por isso, quem se encontra em tal situação, se faltar com a verdade, não comete o crime de falso testemunho.

Alternativa correta: "a".

---

26. (TRT – JTS 14ª RG/ 2012) Observando temas do Direito Penal, analise as assertivas abaixo e após marque a única alternativa CORRETA:

I. Conforme já constou em jurisprudência do Supremo Tribunal Federal, dolo eventual e culpa consciente apresentam aspecto comum, qual seja, a previsão do resultado ilícito.

II. À consumação do crime de roubo é suficiente a verificação de que, cessada a clandestinidade ou a violência, tenha o agente tido a posse da coisa subtraída, ainda que retomada logo em seguida.

III. Não se mostra necessária a apreensão e a perícia da arma de fogo empregada no roubo para comprovar o seu potencial lesivo.

a) Apenas o item I é falso.

b) Apenas o item II é falso.

c) Apenas o item III é falso.

d) Todos os itens são verdadeiros.

e) Todos os itens são falsos.

COMENTÁRIOS

Item I: de fato, tanto na culpa inconsciente, como no dolo eventual, o agente **prevê** que sua conduta pode provocar o resultado naturalístico. No entanto, na culpa consciente, o sujeito ativo acredita que **pode evitar** a ocorrência do resultado, enquanto, no dolo eventual, o agente **pouco se importa** se, de fato, com a ocorrência do resultado.

Item II: no crime de roubo, para a **consumação,** basta que o agente, mediante violência ou grave ameaça, tenha a **posse** da coisa subtraída, ainda que seja por um **breve espaço de tempo**, ainda que tal posse **não seja mansa e pacífica**.

Item III: de acordo com a jurisprudência, basta a narração da vítima de que o agente portava arma de fogo para a configuração da causa de aumento de pena do art. 157, § 2º, I, do CP. Se a arma não for encontrada, não é preciso perícia que comprove que o objeto, de fato, seja uma arma.

Alternativa correta: "d".

---

27. (TRT – JTS 15ª RG/ 2012) Aponte a alternativa CORRETA:

a) Tipicidade diz respeito à subsunção perfeita da conduta praticada pelo agente ao modelo abstrato previsto na lei penal, isto é, a um tipo penal incriminador. A tipicidade penal é formada, ainda, pela conjugação da tipicidade formal (ou legal) com a tipicidade conglobante.

b) Os tipos penais derivados que, em virtude de determinadas circunstâncias, podem aumentar ou diminuir a reprimenda, são apenas os privilegiados.

c) Quando o agente atua com dolo na conduta e dolo quanto ao resultado qualificador, diz- se crime preterdoloso; quando o agente atua com dolo na conduta e culpa com relação ao resultado diz-se crime qualificado pelo resultado.

d) Crime multitudinário é o cometido por uma multidão delinquente, geralmente, numa situação de tumulto. E a jurisprudência do STF vem se orientando no sentido de que não é admitida a narração genérica dos fatos, sem discriminação da conduta específica de cada denunciado.

e) Qualquer pessoa pode ser sujeito passivo do crime político.

COMENTÁRIOS

Alternativa "a": a tipicidade é a peça que **se encaixa perfeitamente no tipo penal**. Há a previsão legal e abstrata, uma pessoa pratica um fato que se amolda a essa previsão legal, tem-se, então, a **tipicidade**. A tipicidade, no entanto, além de ser formal, deve ser também conglobante, isto é, o fato deve ser contrário ao ordenamento jurídico como o todo e implicar **efetiva ofensa ao bem jurídico tutelado** pela norma penal. No princípio da **insignificância**, o fato é formalmente típico, mas não o é materialmente, pois o objeto jurídico não foi verdadeiramente ofendido.

Alternativa "b": há um tipo penal principal, por exemplo, no art. 155, *caput*, do CP. Os tipos penais derivados são aqueles em que há uma circunstância eleita pelo legislador que faz com que a pena em abstrato seja diminuída ou aumentada. Se diminuída, tem-se a figura do crime **privilegiado** (art. 155, § 2º, CP). Se aumentada, tem-se o crime **qualificado** (art. 155, § 4º, do CP).

Alternativa "c": no crime preterdoloso, o agente atua com **dolo** na conduta e **culpa** quanto ao resultado qualificador, como ocorre na lesão corporal seguida de morte, em que o dolo do agente é produzir a lesão corporal, mas, por culpa, causa a morte da vítima. Já, no crime qualificado pelo resultado, este é obtido tanto a título de **dolo**, como pode ocorre no latrocínio (roubo seguido de morte), quando a título de **culpa** (lesão corporal seguida de morte).

Alternativa "d": o crime multitudinário é aquele cometido em meio a um **tumulto**, provocado em multidão. Tendo-se em vista a dificuldade de se individualizar a conduta de cada um dos agentes do crime, o STF tem admitido a **denúncia genérica** nesse tipo de delito, desde que haja um **mínimo de descrição da conduta**, que permita o réu a exercer o direito de defesa.

Alternativa "e": o crime político é aquele voltado contra as instituições estruturantes do Estado Democrático de Direito. Portanto, o sujeito passivo dessa espécie de crime é a coletividade, sendo que podem ser atingidas pessoas diretamente ligadas a essa estrutura do Estado, como o Presidente da República, um parlamentar, etc.

Alternativa correta: "a".

2. PARTE ESPECIAL

2.1. CRIMES CONTRA A PESSOA

28. (TRT 1 – Juiz do Trabalho Substituto 1ª Região/2016) Com base no Código Penal, em relação aos crimes contra a liberdade pessoal e aos crimes contra o patrimônio, considera-se

a) "furto qualificado" a subtração, para si ou outrem, de coisa alheia móvel, desde que praticada por quadrilha.

b) "roubo", a subtração de coisa alheia móvel, para si ou outrem, quando praticada contra pessoa incapaz ou menor de 14 anos, presumindo-se o emprego ao menos de grave ameaça, salvo prova em contrário.

c) "constrangimento ilegal" a prática de qualquer ato que, após haver reduzido a capacidade de resistência de alguém, lhe constrange a não fazer o que a lei permite ou a fazer que ela não manda.

d) "extorsão indireta" ameaçar alguém, por palavra, escrito ou gesto, ou qualquer outro meio simbólico, de causar mal injusto e grave, com o objetivo de atingir fim ilícito que beneficie terceiro.

e) "furto de coisa comum" a subtração, para si ou para outrem, de bem móvel fungível que esteja armazenado, juntamente com outros assemelhados, em local de guarda compartilhada.

COMENTÁRIOS

Alternativa "a": o simples concurso de agentes, ou seja, a presença de dois ou mais autores do crime qualifica o furto (art. 155, § 4º, I, CP). Não se faz necessária a quadrilha.

Alternativa "b": no crime de roubo, para subtrair a coisa alheia móvel, o agente se vale de violência, grave ameaça ou qualquer meio que reduza a vítima à impossibilidade de resistência (art. 157, CP). Qualquer pessoa pode ser vítima desse crime, não somente o incapaz ou menor de 14 anos.

Alternativa "d": no crime de extorsão indireta (art. 160, CP), o agente exige ou recebe, como garantia de dívida, abusando da situação de alguém, documento que pode dar causa a procedimento criminal contra a vítima ou contra terceiro.

Alternativa "c": o crime de constrangimento ilegal está previsto no art. 146, CP. Qualquer pessoa é livre para fazer ou deixar de fazer alguma, salvo disposição legal em sentido contrário. É essa liberdade que o referido crime tutela. Pune-se quem, com violência ou grave ameaça, constrange outrem a fazer ou deixar de fazer o que não quer.

Alternativa "e": no crime de furto comum (art. 156, CP), o agente subtrai o condômino, coerdeiro ou sócio, para si ou para outrem, a quem legitimamente a detém, a coisa comum. Não se pune tal crime se a subtração de coisa comum fungível, cujo valor não excede a quota a que tem direito o agente (art. 156, § 2º, CP).

Alternativa correta: "c".

29. (TRT 4 – Juiz do Trabalho Substituto 4ª Região/2016) Considere as assertivas abaixo sobre crimes em espécie.

I. O crime de assédio sexual prescinde de prevalecer-se o agente de sua condição de superior hierárquico ou ascendência inerentes ao exercício de emprego, cargo ou função.

II. Constitui crime o recrutamento de trabalhadores, mediante fraude, com o fim de levá-los para território estrangeiro, exceto se para o trabalhador advier vantagem econômica.

III. Constitui crime de sonegação de contribuição previdenciária deixar de lançar mensalmente nos títulos próprios da contabilidade da empresa as quantias descontadas dos segurados ou as devidas pelo empregador ou pelo tomador de serviços.

Quais são corretas?

a) Apenas I

b) Apenas II

c) Apenas III

d) Apenas II e III

e) I, II e III

COMENTÁRIOS

Item I: o crime de assédio sexual se configura quando o agente constranger alguém com o intuito de obter vantagem ou favorecimento sexual, **prevalecendo-se o agente da sua condição de superior hierárquico ou ascendência** inerentes ao exercício de emprego, cargo ou função (art. 216-A, CP).

Item II: constitui crime de aliciamento para o fim de emigração recrutar trabalhadores, mediante fraude, com o fim de levá-los para território estrangeiro (art. 206, CP).

Item III: Constitui crime de sonegação de contribuição previdenciária deixar de lançar mensalmente nos títulos próprios da contabilidade da empresa as quantias descontadas dos segurados ou as devidas pelo empregador ou pelo tomador de serviços (art. 337-A, II, CP).

Alternativa correta: "c".

30. (FCC – Juiz do Trabalho Substituto 24ª Região/2015) NÃO constitui crime contra a organização do trabalho

a) atentado contra a liberdade de associação.

b) exercício de atividade com infração de decisão administrativa.

c) aliciamento para o fim de emigração.

d) redução a condição análoga à de escravo.

e) boicotagem violenta.

COMENTÁRIOS

✪ **Nota do autor:** o candidato deve ficar atento, pois o examinador exigiu a alternativa incorreta.

Alternativa "a": o crime de atentado contra a liberdade de associação (art. 199, CP) atenta contra a organização do trabalho (Título IV, Parte Especial, do CP).

Alternativa "b": o crime de exercício de atividade com infração de decisão administrativa (art. 205, CP) atenta contra a organização do trabalho (Título IV, Parte Especial, do CP).

Alternativa "c": o crime de aliciamento para o fim de emigração (art. 206, CP) atenta contra a organização do trabalho (Título IV, Parte Especial, do CP).

Alternativa "d": o crime de redução à condição análoga à de escravo (art. 149, CP) é crime contra a liberdade pessoal (Seção I, Capítulo VI, Título I, Parte Especial, do CP). Antes de ofender a organização do trabalho, ofende a dignidade da pessoa humana.

Alternativa "e": o crime de boicotagem violenta (art. 198, CP) atenta contra a organização do trabalho (Título IV, Parte Especial, do CP).

Alternativa correta: "d".

31. (FCC – Juiz do Trabalho Substituto 15ª Região/2015) Configura o crime de redução à condição análoga de escravo

a) apoderar-se de documentos do trabalhador, com o fim de retê-lo no local de trabalho.

b) constranger alguém, mediante violência ou grave ameaça, a exercer arte, ofício ou indústria.

c) constranger alguém, mediante violência ou grave ameaça, a trabalhar durante certo período ou em determinados dias.

d) aliciar trabalhadores, com o fim de levá-los de uma para outra localidade do território nacional.

e) frustrar, mediante fraude ou violência, direito assegurado pela legislação do trabalho.

COMENTÁRIOS

✪ **Nota do autor:** o crime de redução à condição análoga à de escravo é tipo misto alternativo. De modo que incide em seu tipo penal quem cometer ao menos um dos verbos-núcleo do tipo.

Alternativa "a": incide no crime de redução à condição análoga à de escravo a retenção de documentos do trabalhador, como CTPS, RG e CPF, do trabalhador com o objetivo de retê-lo no local de trabalho e, assim, impedir a sua livre locomoção (art. 149, § 1º, II, CP).

Alternativas "b" e "c": as duas hipóteses configuram crime de atentado contra a liberdade de trabalho (art. 197, CP), em que se atinge, em verdade, organização do trabalho e a livre manifestação da vontade do trabalhador em celebrar contrato de trabalho.

Alternativa "d": trata-se de figura típica do crime de aliciamento de trabalhadores de um local para outro do território nacional (art. 207, CP), que atenta contra a organização do trabalho.

Alternativa "e": trata-se de figura típica do crime de frustração de direito assegurado por lei trabalhista (art. 203, CP), que atenta contra a organização do trabalho.

Alternativa correta: "a".

---

32. (FCC – Juiz do Trabalho Substituto 6ª Região/2015) A manifestação do advogado, no exercício de sua atividade, em juízo ou fora dele, é acobertada por imunidade nos crimes de

a) difamação e desacato.

b) injúria e calúnia.

c) injúria e desacato.

d) difamação e injúria.

e) desacato e calúnia.

COMENTÁRIOS

Alternativa "a": a imunidade alcança a difamação. O Estatuto da OAB previa que a imunidade se estendia ao desacato, porém, o STF, por meio de ADI, julgou inconstitucional tal disposição.

Alternativa "b": a imunidade incide em relação à injúria. Porém, a lei não prevê a imunidade ao crime de calúnia, pois a imputação de crime é considerada fato grave, que não merece tal prerrogativa.

Alternativa "c": a imunidade alcança a injúria. O Estatuto da OAB previa que a imunidade se estendia ao desacato, porém, o STF, por meio de ADI, julgou inconstitucional tal disposição.

Alternativa "d": trata-se de disposição expressa do art. 142, I, CP. A fim de se garantir o contraditório e a ampla defesa, é imprescindível que haja liberdade de se discutir questões relativas à causa.

Alternativa "e": o Estatuto da OAB previa que a imunidade se estendia ao desacato, porém, o STF, por meio de ADI, julgou inconstitucional tal disposição. A lei não prevê a imunidade ao crime de calúnia, pois a imputação de crime é considerada fato grave, que não merece tal prerrogativa.

Alternativa correta: "d".

---

33. (FCC – Juiz do Trabalho Substituto 1ª Região/2014) No que tange à tipicidade penal, o crime praticado pelo empresário em 20/10/2012 tem por objeto jurídico

a) o abuso de autoridade.

b) o atentado contra o contrato de trabalho.

c) a saúde do trabalhador.

d) a organização do trabalho.

e) a liberdade pessoal do trabalhador.

COMENTÁRIOS

Alternativa "a": os crimes de abuso de autoridade são aqueles cometidos por funcionários públicos no exercício de suas funções. Estão eles previsto na Lei nº 4.898/65.

Alternativa "b": o crime de redução à condição análoga À de escravo, antes de ofenderem cláusulas de contrato de trabalho, ofende a dignidade da pessoa humana.

Alternativa "c": não há como negar que, em determinadas situações, a redução à condição análoga de escravo ofende a saúde do trabalhador, mas, para a configuração do crime, isso não é precisando, bastando a violação à liberdade individual.

Alternativa "d": o crime de redução à condição análoga à de escravo, antes de ofenderem organização do trabalho, ofende a dignidade da pessoa humana.

Alternativa "e": o crime de redução à condição análoga à de escravo está previsto no art. 149, CP. Trata-se de crime que ofende a liberdade pessoal do trabalhador, previsto na seção I, do Capítulo VI, do Título I, da Parte Especial do Código Penal.

Alternativa correta: "e".

---

34. (FCC – Juiz do Trabalho Substituto 1ª Região/2015) Elio, proprietário da Fazenda Leite da Mimosa, localizada em região erma e não servida por transporte regular, possui 20 empregados, que dispõem de adequadas condições para prestar o trabalho, sem excesso de jornada ou condições degradantes. Todos os trabalhadores – que recebem salários em média superiores aos praticados por outras fazendas próximas para funções semelhantes – por vontade própria, residem em confortável alojamento fornecido pelo empregador. O local mais próximo a dispor de transporte regular é o centro do Município onde está localizada a Fazenda Leite da Mimosa, 42 quilômetros distante. Para chegar ao centro do Município, os trabalhadores precisam se valer de transporte fornecido pelo proprietário da fazenda.

Elio adotou as seguintes condutas:

I. Afixou, em 10/07/2014, no alojamento dos empregados, cartaz com o seguinte dizer "Quem não cumprir a meta de colheita diária, não receberá o salário da semana e não poderá sair da fazenda.". As metas fixadas não implicavam necessidade de trabalho excessivo ou sequer de trabalho suplementar.

II. No mesmo cartaz, referindo a dois empregados que costumeiramente não atingiam suas respectivas médias, também inseriu: "e estou achando que o Arlindo e o Setembrino, que são dois molengas preguiçosos, não querem ver a família no final de semana. Se continuarem com essa vadiagem, vão ficar sem salário e de castigo na Mimosa".

III. No dia 26/07/2014, sábado, dia em que não havia prestação de trabalho na fazenda e que, por livre vontade dos trabalhadores, pela manhã, um ônibus os levaria ao centro do Município, Elio impediu que Setembrino partisse junto com os demais, afirmando que, assim, "quem sabe ele aprende". Não foi permitido a este trabalhador se valer de qualquer dos demais meios de transporte que a fazenda dispunha (motocicleta, bicicleta e automóvel).

Exclusivamente em relação aos crimes contra a liberdade pessoal, a conduta de Elio caracteriza, afora outros, acaso existentes,

a) constrangimento ilegal em relação a Setembrino e ameaça em relação a Arlindo.
b) ameaça em relação a Setembrino e constrangimento ilegal em relação a Arlindo.
c) injúria em relação a Arlindo e cárcere privado em relação a Setembrino.
d) constrangimento ilegal em relação a Arlindo e redução à condução análoga a de escravo em relação a Setembrino.
e) redução à condução análoga a de escravo em relação a Setembrino e injúria em relação a Arlindo.

COMENTÁRIOS

✪ **Nota do autor:** a questão e as alternativas se encontram muito mal formuladas. No meu entender, a alternativa "E" só pode ser considerada errada, caso se entenda que o crime de injúria não se restringiu a Arlindo, atingindo também Setembrino. Não há que se falar em eventual absorção do crime de injúria pelo de constrangimento ilegal, pois os dizeres do cartaz podem ser fracionados, podendo-se falar em concurso formal de crimes. Enfim, as possibilidades de interpretação são tantas, que podem levar a respostas diversas, levando à anulação da questão.

Alternativa "a": houve crime de constrangimento ilegal em relação a Setembrino, pois ele foi constrangido a fazer alguma coisa que não obrigado por lei, no caso dos fatos descritos no item II. Em relação a Arlindo, não se tem ameaça, mas de constrangimento ilegal pelo mesmo motivo.

Alternativa "b": não houve ameaça em relação a Setembrino, porque, efetivamente, ele foi impedido de viajar para a cidade, naquele dia.

Alternativa "c": houve crime de injúria em relação às duas vítimas, pois ambos foram chamados de moleques preguiçosos. Mas, em relação a Setembrino, não houve crime de cárcere privado, mas de redução à condição análoga a de escravo.

Alternativa "d": em relação a Arlindo, houve o crime de constrangimento ilegal (art. 149, CP), porque o autor o constrangeu a praticar ato que não era obrigado por lei, qual seja, atingir a meta de produção estabelecida pelo empregador. Em relação a Setembrino, houve crime de redução à condição análoga a de escravo (art. 149, CP), porque restringiu a sua liberdade locomoção por questão ligada ao seu trabalho.

Alternativa "e": no meu entender houve crime de injúria não só em relação a Arlindo, como em relação Setembrino, pois ambos foram chamados de moleques preguiçosos.

Alternativa correta: "d".

35. (FCC – Juiz do Trabalho Substituto 18ª Região/2014) Quanto à injúria, é correto afirmar que

a) a pena é aumentada de 1/3 se o crime é cometido contra pessoa portadora de deficiência.
b) absorve o crime de lesão corporal, se consiste em violência que, por sua natureza ou pelo meio empregado, possa ser considerada aviltante.
c) há extinção da punibilidade quando o ofendido, de forma reprovável, provocou diretamente a ofensa.
d) não responde pelo crime quem dá publicidade a conceito desfavorável emitido por funcionário público, em apreciação ou informação que preste no cumprimento de dever do ofício.
e) admissível a retratação, se verificada até o recebimento da denúncia.

COMENTÁRIOS

Alternativas "a": se a vítima é portadora de deficiência, se tem uma forma de **injúria qualificada** (art.140, § 3º, CP), em que a pena é maior do que a injúria simples. Na injúria qualificada, a pena é de reclusão, de um a três anos, e multa.

Alternativa "b": trata-se de crime de injúria real. No caso, a violência é praticada de forma a humilhar a vítima. O sujeito ativo do crime responde por injúria nos termos do art. 140, § 2º, CP, em concurso material com o crime de lesões corporais (art. 129, CP) ou contravenção penal de vias de fato.

Alternativa "c": trata-se de uma hipótese de **perdão judicial**, em que o juiz deixa de aplicar pena ao injuriador nas hipóteses em que ele é provocado de forma reprovável pelo ofendido. Neste caso, a pessoa perde o controle emocional e, assim, profere ofensas contra o seu originário agressor.

Alternativa "d": trata-se de crime de injúria contra funcionário público. Qualquer crime contra a honra cometido contra funcionário público, em que a ofensa é relacionada com essa função, tem a pena aumentada de um terço (art. 141, II, CP).

Alternativa "e": a retratação isenta o agente da pena, se for feita antes da sentença, mas apenas incide em crimes de **calúnia** e **difamação**.

Alternativa correta: "c".

36. (FCC – Juiz do Trabalho Substituto 18ª Região/2014) NÃO configura o crime de redução à condição análoga de escravo

a) submeter a vítima a trabalhos forçados ou a jornada exaustiva, sujeitando-a a condições degradantes de trabalho.
b) constranger alguém, mediante violência ou grave ameaça, a celebrar contrato de trabalho.
c) restringir, por qualquer meio, a locomoção do trabalhador em razão de dívida contraída com o empregador ou preposto.

d) cercear o uso de qualquer meio de transporte por parte do trabalhador, com o fim de retê-lo no local de trabalho.

e) manter vigilância ostensiva no local de trabalho ou se apoderar de documentos ou objetos pessoais do trabalhador, com o fim de retê-lo no local de trabalho.

COMENTÁRIOS

Alternativa "a": no crime de redução à condição análoga a de escravo, o empregador submete, ou seja, exige subjugue, domine pela força, o trabalhador a uma atividade laboral compulsiva ou a jornada de trabalho fora do estabelecido pela legislação trabalhista (art. 149, CP).

Alternativa "b": constranger alguém, mediante violência ou grave ameaça, a celebrar contrato de trabalho é crime de **atentado contra a liberdade de contrato de trabalho** (art. 198, CP).

Alternativa "c": nesse caso, cria-se um vínculo obrigatório entre trabalhador e seu empregador, fundado em dívida, muitas vezes exorbitantes, em que acaba por restringir a liberdade do trabalhador, em clara aproximação da condição escravocrata.

Alternativa "d": nos termos do art. 149, § 1º, I, a restrição de liberdade, configurada pela impossibilidade dele usar qualquer meio de transporte para se locomover, em razão de conduta do empregador, por meio de coerção, configura o crime de redução à condição análoga à de escravo.

Alternativa "e": essa conduta é tipificada no art. 149, § 1º, II, CP, em que o empregador vigia ostensivamente o trabalhador com o uso de homens armados, o que, também, restringe a liberdade e outros direitos à dignidade do trabalhador.

Alternativa correta: "b".

---

37. (TRT 8 – Juiz do Trabalho Substituto 8ª Região/2014) No que diz respeito aos crimes contra a liberdade pessoal, marque a resposta ESCORREITA:

a) Reduzir alguém a condição análoga à de escravo, quer submetendo-o a trabalhos forçados ou a jornada exaustiva, quer sujeitando-o a condições degradantes de trabalho, quer restringindo, por qualquer meio, sua locomoção em razão de dívida contraída com o empregador ou preposto. A pena é de reclusão, de três a oito anos, e multa, além da pena correspondente à violência.

b) Privar alguém de sua liberdade, mediante sequestro ou cárcere privado. A Pena é de reclusão, de um a três anos.

c) Ameaçar alguém, por palavra, escrito ou gesto, ou qualquer outro meio simbólico, de causar-lhe mal injusto e grave. A pena é de detenção, de dois a seis meses, ou multa.

d) Constranger alguém, mediante violência ou grave ameaça, ou depois de lhe haver reduzido, por qualquer outro meio, a capacidade de resistência, a não fazer o que a lei permite, ou a fazer o que ela não manda com pena de detenção, de quatro meses a um ano, ou multa.

e) Reduzir alguém a condição análoga à de escravo, quer submetendo-o a trabalhos forçados ou a jornada exaustiva, quer sujeitando-o a condições degradantes de trabalho, quer restringindo, por qualquer meio, sua locomoção em razão de dívida contraída com o empregador ou preposto. A pena é de reclusão, de quatro a oito anos, e multa, além da pena correspondente à violência.

COMENTÁRIOS

Alternativas "a" e "e": no crime de redução à condição análoga a de escravo a pena é de **reclusão, de dois a oito anos, e multa, além da pena correspondente à violência** (art. 149, CP).

Alternativa "b": sequestro e cárcere privado implicam **privação de liberdade**, mas, no segundo, há confinamento da pessoa em uma cela, enquanto, no primeiro, a liberdade de locomoção do agente é prejudicada, mas não há confinamento. A pena é de reclusão, de um a três anos (art. 148, CP).

Alternativa "c": no crime de ameaça, a pena é de **detenção, de um a seis meses, ou multa** (art. 147, CP).

Alternativa "d": no crime de constrangimento ilegal, a pena é de **detenção, de três meses a um ano, ou multa** (art. 146, CP).

Alternativa "e": o crime político é aquele voltado contra as instituições estruturantes do Estado Democrático de Direito. Portanto, o sujeito passivo dessa espécie de crime é a coletividade, sendo que podem ser atingidas pessoas diretamente ligadas a essa estrutura do Estado, como o Presidente da República, um parlamentar, etc.

Alternativa correta: "b".

---

38. (TRT 2 – Juiz do Trabalho Substituto 2ª Região/2013) Qual das figuras abaixo significam, respectivamente imputar falsamente fato definido com o crime e ofender a dignidade e o decoro. Aponte a alternativa correta.

a) calúnia e difamação.

b) injúria e calúnia.

c) injúria e difamação.

d) calúnia e injúria.

e) difamação e injúria.

COMENTÁRIOS

Alternativa "a": calúnia: imputação **falsa** de **fato** definido como crime; difamação: imputação de **fato** desonroso, que não seja crime.

Alternativa "b": injúria: imputação de **qualidade** desfavorável; calúnia: imputação **falsa** de **fato** definido como crime.

Alternativa "c": injúria: imputação de **qualidade** desfavorável; difamação: imputação de **fato** desonroso, que não seja crime.

Alternativa "d": calúnia: imputação **falsa** de **fato** definido como crime; injúria: imputação de **qualidade** desfavorável.

Alternativa "e": difamação: imputação de **fato** desonroso, que não seja crime; injúria: imputação de **qualidade** desfavorável.

Alternativa correta: "d".

---

39. (TRT 14 – Juiz do Trabalho Substituto 14ª Região/2013) Analise as proposições abaixo e após marque a alternativa correta:

I. Qualquer pessoa pode ser sujeito ativo do crime de constrangimento ilegal; quanto ao sujeito passivo, é indispensável que possua capacidade de autodeterminação.

II. O constrangimento ilegal comporta condutas dolosas e culposas.

III. Nas hipóteses de constrangimento ilegal, ficando evidenciado o objetivo econômico, haverá concurso de crimes com o de extorsão.

IV. A ameaça se diferencia do constrangimento ilegal porque neste último o agente busca uma conduta positiva ou negativa da vítima e, na ameaça, o sujeito ativo pretende tão somente atemorizar o sujeito passivo.

a) Apenas os itens I e II são verdadeiros.
b) Apenas os itens II e III são verdadeiros.
c) Apenas os itens III e IV são verdadeiros.
d) Apenas os itens I e IV são verdadeiros.
e) Apenas os itens II e IV são verdadeiros.

COMENTÁRIOS

Item I: o crime de constrangimento ilegal (art. 146, CP) é **próprio**, podendo ser cometido por qualquer pessoa. Caracteriza-se pelo fato de o agente querer que a vítima faça algo **contra a sua vontade**, motivo pelo qual deve ela ter capacidade de discernimento.

Item II: o art. 146 do CP **não prevê a forma culposa** do crime de constrangimento ilegal. Assim, este só pode ser cometido na forma **dolosa.**

Item III: neste caso, a finalidade especial de obter vantagem econômica, haverá apenas crime de **extorsão**, pois o constrangimento ilegal é meio para o agente executar o crime patrimonial, fazendo inclusive parte do tipo penal.

Item IV: é o que se infere das leituras dos arts, 146 e 147 do CP. Na ameaça, não há um objetivo específico, querendo o agente tão somente provocar temor na vítima, enquanto no constrangimento ilegal o agente visa fazer com que o ofendido faça ou deixe de fazer alguma coisa contra a sua vontade.

Alternativa correta: "d".

---

40. (TRT 14 – Juiz do Trabalho Substituto 14ª Região/2013) Analise as proposições abaixo e após marque a alternativa correta:

I. No caso do crime de calúnia, admite-se a prova da verdade, salvo se do crime imputado, embora de ação pública, o ofendido foi absolvido por sentença irrecorrível.

II. No caso do crime de injúria, admite-se a exceção da verdade somente se o ofendido for funcionário público e a ofensa for relativa ao exercício de suas funções.

III. Se a injúria consiste na utilização de elementos referentes a raça, cor, etnia, religião, origem ou a condição de pessoa idosa ou portadora de deficiência, a pena prevista é a de reclusão de um a três anos e multa.

a) Apenas o item I é falso.
b) Apenas o item II é falso.
c) Apenas o item III é falso.
d) Todos os itens são verdadeiros.
e) Todos os itens são falsos.

COMENTÁRIOS

✪ **Nota do autor:** é prudente que o candidato memorize as semelhanças e as diferenças existentes entre os crimes de calúnia, difamação e injúria.

Item I: como no crime de calúnia (art. 138, CP), o falso é elemento do tipo penal, em regra, é cabível a exceção da verdade. Não se admite a exceção da verdade nas hipóteses do art. 138, § 3º, CP, entre as quais está: se do crime imputado, embora de ação pública, o ofendido foi absolvido por sentença irrecorrível, por conta da **imutabilidade da coisa julgada em favor do réu.**

Item II: no crime de injúria, **não se admite a exceção da verdade**, pois o bem jurídico tutelado é a **honra subjetiva** da vítima, ou seja, sua autoestima.

Item III: trata-se de uma hipótese de crime de **injúria qualificada**, pois fundada em **preconceito**.

Alternativa correta: "b".

---

41. (CESPE – Juiz do Trabalho Substituto 5ª Região/2013) Com relação aos crimes contra a liberdade pessoal, assinale a opção correta.

a) O fato de a vítima consentir no seu sequestro, realizado por seu namorado, a fim de exigir certa quantia em dinheiro de seus pais, exclui a tipicidade penal, não havendo, portanto, crime de sequestro ou cárcere privado.

b) Para a consumação do crime de ameaça, exige-se a ocorrência de mal injusto à vítima.

c) A privação de liberdade de outrem, mediante sequestro ou cárcere privado, consuma-se após vinte e quatro horas do início da execução do ato.

d) O empregador que retiver a carteira de trabalho do empregado com a finalidade de fazer que ele permaneça no local de trabalho responderá pela prática do crime de constrangimento ilegal.

e) O policial que, para impedir determinada pessoa de se suicidar, usar de coação mediante violência poderá ser beneficiado com o perdão judicial.

COMENTÁRIOS

✪ **Nota do autor:** os crimes contra a liberdade pessoal são crimes contra a pessoa previstos na Seção I, do Capítulo VI, do Título I, da Parte Especial, do CP.

Alternativa "a": o crime de sequestro ou cárcere privado (art. 148, CP) pressupõe o dissenso da vítima, que não concorda com a sua privação de liberdade. A partir do momento em que a suposta vítima anui com a privação de liberdade, o fato se torna **atípico.**

Alternativa "b": no crime de ameaça, não se faz necessário que a o mal se concretize. Basta que haja a mera ameaça de um mal injusto e grave (art. 147, CP).

Alternativa "c": o tipo penal não estabelece um prazo mínimo para a configuração do crime de sequestro ou cárcere privado. A doutrina faz menção a **tempo juridicamente relevante,** o que é analisado no caso concreto, podendo ser questão de minutos.

Alternativa "d": O empregador que retiver a carteira de trabalho do empregado com a finalidade de fazer que ele permaneça no local de trabalho responderá pela prática do crime de Frustração de direito assegurado por lei trabalhista (art. 203, § 1º, II, CP).

Alternativa "e": na verdade, poderia se falar em crime de constrangimento ilegal. Mas, como o policial se valeu da violência para impedir o suicídio, a conduta é **atípica.**

Alternativa correta: "d".

---

42. (TRT 3 – Juiz do Trabalho Substituto 3ª Região/2013) Com base no Código Penal, relativamente aos crimes contra a honra, é incorreto afirmar:

a) É punível a calúnia contra os mortos.

b) O juiz pode deixar de aplicar a pena, quando o ofendido, de forma reprovável, provocou diretamente a injúria ou calúnia.

c) Em se tratando de difamação, a exceção da verdade somente se admite se o ofendido é funcionário público e a ofensa é relativa ao exercício de suas funções.

d) As ofensas irrogadas em juízo na discussão da causa, pela parte ou por seu procurador não constituem injúria ou difamação punível, mas responde pela injúria ou pela difamação quem lhes dá publicidade.

e) O querelado que, antes da sentença, se retrata cabalmente da calúnia ou da difamação, fica isento de pena.

COMENTÁRIOS

✪ **Nota do autor:** trata-se de questão que o examinador exige a resposta **incorreta.**

Alternativa "a": muito embora a personalidade se extingue com a morte, é punível a calúnia contra os mortos em decorrência do que dispõe o art. 138, § 2º, CP. Mas, no caso, as vítimas são os **familiares do morto,** interessados na preservação de sua honra.

Alternativa "b": apenas no caso de **injúria,** pode o juiz deixar de aplicar a pena, quando o ofendido, de forma reprovável, a provocou diretamente (art. 140, § 1º, CP). Trata-se de uma espécie de **perdão judicial.**

Alternativa "c": na difamação, a exceção da verdade em regra **não é admitida.** Pode, contudo, no caso do funcionário público, pois prevalece o interesse da Administração na apuração da verdade.

Alternativa "d": trata-se do disposto no art. 142, I, CP. A ofensa deve se relacionar com a causa em Juízo para que não haja o crime de injúria ou difamação. Tutelam-se o contraditório e a ampla defesa.

Alternativa "e": na retratação, o agente desdiz o que havia dito. Admite, assim, a falsidade da afirmação e reconhece que o ofendido não tem máculas em sua honra.

Alternativa correta: "b".

---

43. (TRT – JTS 3ª RG/ 2012) Leia as afirmativas abaixo e, em seguida, assinale a alternativa CORRETA:

I. São crimes contra a liberdade pessoal: o constrangimento ilegal, a ameaça, o sequestro e cárcere privado e também a redução de alguém a condição análoga à de escravo.

II. O crime de reduzir alguém à condição análoga à de escravo tem pena de 2 (dois) a 8 (oito) anos, e multa, além da pena correspondente à violência. A pena é aumentada de dois terços, se cometida contra criança e adolescente.

III. O crime de reduzir alguém à condição análoga à de escravo foi introduzido no Código Penal em 2004.

IV. A apropriação indébita só é possível em coisa alheia móvel da qual a pessoa tem a posse ou a detenção.

V. São crimes contra o patrimônio: furto, roubo, extorsão, alteração de limites, usurpação, dano, introdução ou abandono de animais em propriedade alheia, apropriação indébita e estelionato.

a) Estão corretas somente as proposições I e V.

b) Estão corretas todas as proposições.

c) Estão corretas somente as proposições I, IV e V.

d) Estão corretas somente as proposições I, II e III.

e) Estão corretas somente as proposições III, IV e V.

COMENTÁRIOS

✪ **Nota do autor:** questão que exigia do candidato conhecimento acerca do texto da lei. No entanto, o conhecimento acerca do que vem a ser **objeto jurídico**, ou seja, qual é o bem jurídico tutelado pela norma penal, auxiliaria o candidato na resposta a essa questão.

Item I: a liberdade pessoal é o objeto jurídico dos crimes previstos na Seção I, do Capítulo VI, do Título I (crimes contra a pessoa), da Parte Especial do Código Penal, e são eles o constrangimento ilegal, a ameaça, o sequestro e cárcere privado e também a redução de alguém a condição análoga à de escravo.

Item II: quando a vítima do crime de redução à condição análoga à de escravo, incide causa de aumento de pena, no montante correspondente **à metade**.

Item III: o crime de redução à condição análoga à de escravo já existia desde o início de vigência do Código Penal, porém seus dispositivos sofreram várias modificações pela Lei nº 10.803/2006, cuja vigência é desde 11 de dezembro de 2003.

Item IV: no crime de apropriação indébita, cujo bem jurídico tutelado é o patrimônio da pessoa, em um primeiro, o agente detém a posse legítima do bem. No entanto, inverte o seu ânimo e passa a possuir o bem de forma, passando a ter o bem como se fosse de sua propriedade, sem o consentimento da vítima.

Item V: o patrimônio e a posse são o objeto jurídico dos crimes previstos no Título I (crimes contra o patrimônio), da Parte Especial do Código Penal, entre os quais se encontram furto, roubo, extorsão, alteração de limites, usurpação, dano, introdução ou abandono de animais em propriedade alheia, apropriação indébita e estelionato.

Alternativa correta: "c".

---

44. (TRT – JTS 3ª RG/ 2012) Constituem crimes contra a liberdade pessoal, exceto:

a) Constrangimento ilegal.

b) Ameaça.

c) Sequestro.

d) Redução à condição análoga a de escravo.

e) Violação de domicílio.

COMENTÁRIOS

✪ **Nota do autor:** os crimes contra a liberdade pessoal estão previstos na Seção I, do Capítulo VI, do Título I (crimes contra a pessoa), da Parte Especial do Código Penal. O examinador está exigindo a alternativa errada.

Alternativa "a": o crime de constrangimento ilegal está previsto no art. 146 do CP, sendo um crime contra a **liberdade da pessoa**, previsto na **Seção I**, do Capítulo VI, do Título I (crimes contra a pessoa), da Parte Especial do Código Penal.

Alternativa "b": o crime de ameaça está previsto no art. 147 do CP, sendo um crime contra a **liberdade da pessoa**, previsto na **Seção I**, do Capítulo VI, do Título I (crimes contra a pessoa), da Parte Especial do Código Penal.

Alternativa "c": o crime de sequestro está previsto no art. 148 do CP, sendo um crime contra a **liberdade da pessoa**, previsto na **Seção I**, do Capítulo VI, do Título I (crimes contra a pessoa), da Parte Especial do Código Penal.

Alternativa "d": o crime de Redução à condição análoga a de escravo está previsto no art. 149 do CP, sendo um crime contra a **liberdade da pessoa**, previsto na **Seção I**, do Capítulo VI, do Título I (crimes contra a pessoa), da Parte Especial do Código Penal.

Alternativa "e": o crime de violação de domicílio está previsto no art. 150 do CP, sendo um crime contra a **inviolabilidade do domicílio**, previsto na **Seção II**, do Capítulo VI, do Título I (crimes contra a pessoa), da Parte Especial do Código Penal.

Alternativa correta: "a".

---

45. (FCC – JTS 4ª RG/ 2012) Nos crimes contra a honra, a exceção da verdade é cabível na

a) calúnia e na injúria, mas não na difamação.

b) difamação, se o ofendido é funcionário público e a ofensa é relativa ao exercício de suas funções.

c) calúnia, ainda que o fato seja imputado a chefe de governo estrangeiro.

d) injúria, se o ofendido é funcionário público e a ofensa é relativa ao exercício de suas funções.

e) injúria e na difamação, mas não na calúnia.

COMENTÁRIOS

✪ **Nota do autor:** exceção de verdade é o meio de defesa em que o ofensor tem a oportunidade de comprovar que o fato por ele imputado contra a suposta vítima é verdadeiro.

Alternativa "a": na **calúnia**, se o fato for verdadeiro, afasta-se a **tipicidade** da conduta, pois se exige que o agente saiba da falsidade de sua imputação, motivo pelo qual se admite em regra a exceção de verdade. Na **injúria**, como a ofensa é à honra **subjetiva**, não se **admite a exceção de verdade jamais**. Na **difamação** só se admite a exceção no caso da alternativa "b".

Alternativa "b": na **difamação**, o crime se consuma ainda que o fato imputado ao ofendido seja verdadeiro. Dessa forma, em regra, não é possível a exceção de verdade, **exceto** se o ofendido é **funcionário**

público e a ofensa se refere à sua **função pública**, já que, neste caso, prefere-se tutelar a **supremacia do interesse público**, havendo no caso uma **excludente de ilicitude.**

Alternativa "c": na **calúnia**, excepcionalmente, não se admite a exceção de verdade, como, por exemplo, no caso, do chefe de governo estrangeiro ser vítima, em nome da **relevância** do cargo ocupado pelo ofendido.

Alternativa "d": na **injúria**, como a ofensa é à honra **subjetiva**, não se **admite a exceção de verdade jamais**.

Alternativa "e": na **injúria**, como a ofensa é à honra **subjetiva**, não se **admite a exceção de verdade jamais**. Na **difamação** só se admite a exceção no caso da alternativa "b". **Na calúnia**, em regra, se **admite a exceção de verdade**.

Alternativa correta: "b".

---

46. (TRT - JTS 14ª RG/ 2012) Analise as proposições abaixo relacionadas a temas do Direito Penal e, após, marque a única alternativa CORRETA:

I. Nos termos da jurisprudência do Supremo Tribunal Federal, é da Justiça Federal a competência para julgar os crimes de redução à condição análoga à de escravo, tendo em vista que quaisquer condutas que violem não só o sistema de órgãos e instituições que preservam, coletivamente, os direitos e deveres dos trabalhadores, mas também o homem trabalhador, atingindo-o nas esferas em que a Constituição lhe confere proteção máxima, enquadram-se na categoria dos crimes contra a organização do trabalho, se praticadas no contexto de relações de trabalho.

II. O crime de difamação pressupõe, para sua concretização, a presença de fato certo e determinado a macular a honra objetiva da vítima.

III. Nos termos da jurisprudência do Supremo Tribunal Federal, a testemunha que não prestou compromisso em processo de natureza cível, por ser prima da parte, embora tenha sido advertida de que suas declarações poderiam caracterizar ilícito penal, não pode estar sujeita às penalidades do crime de falso testemunho, isso porque, em termos legais, a formalidade do compromisso integra o tipo do crime de falso testemunho.

a) Apenas o item I é falso.
b) Apenas o item II é falso.
c) Apenas o item III é falso.
d) Todos os itens são verdadeiros.
e) Todos os itens são falsos.

COMENTÁRIOS

Item I: o crime de redução à condição análoga de escravo, mais do que a organização do trabalho, implica violação a **direitos humanos da vítima**, uma vez que atinge atributos inerentes ao homem, como a liberdade de locomoção, de estabelecer contrato de trabalho, de receber renumeração pelo trabalho realizado, o que faz com que tal crime seja julgado pela Justiça Federal.

Item II: o crime de difamação ofende a **honra objetiva** da vítima. Honra objetiva é a **reputação** que a pessoa tem no **meio social** em que vive. Exige-se que o fato imputado ao agente seja **determinado**, que **não seja crime**, já que, neste caso, haveria calúnia. Configura difamação dizer que o Juiz compareceu ao Fórum embriagado na semana passada.

Item III: a formalidade do compromisso não integra o tipo do crime de falso testemunho. Quem não é obrigado pela lei a depor como testemunha, mas que se dispõe a fazê-lo e é advertido pelo Juiz, mesmo sem ter prestado compromisso, pode ficar sujeito as penas do crime de falso testemunho.

Alternativa correta: "c".

---

47. (TRT - JTS 19ª RG/ 2012) Considerando o crime de redução a condição análoga à de escravo, é INCORRETO afirmar:

a) Configura o tipo penal o ato de restringir, por qualquer meio, a locomoção do trabalhador em razão de dívida contraída com o empregador ou preposto.

b) Se o crime é praticado por motivo de preconceito de raça, cor, etnia, religião ou origem há o acréscimo de 1/3 na pena.

c) A pena prevista para este crime é reclusão, de dois a oito anos, e multa, além da pena correspondente à violência.

d) Configura o tipo penal submeter alguém a trabalhos forçados ou a jornada exaustiva ou sujeitá-lo a condições degradantes de trabalho.

e) Aquele que cerceia o uso de qualquer meio de transporte por parte do trabalhador, com o fim de retê-lo no local de trabalho, incorre nas mesmas penas do tipo penal em análise (redução à condição análoga à de escravo).

COMENTÁRIOS

✪ **Nota do autor:** o candidato deve ficar atento, pois é exigida a alternativa **incorreta.**

Alternativa "a": uma prática comum usada pelos autores do crime em comento é simular dívidas que o ofendido teria com ele, como, por exemplo, a venda de produtos higiênicos e mesmo instrumento de trabalho, privando a vítima de liberdade em decorrência dessa dívida.

Alternativa "b": a causa de aumento de pena não é de um terço, mas de **metade**.

Alternativa "c": de fato, a pena para o crime de redução à condição análoga à de escravo é de dois a oito anos, e multa, além da pena correspondente à violência (art. 149, CP).

Alternativa "d": ao contrário da escravidão, em que a pessoa era considerada produto passível de comercialização, o crime de redução à condição análoga à de escravo não precisa ter esse significado de comércio de pessoas, bastando submeter alguém a trabalhos forçados ou a jornada exaustiva ou sujeitá-lo a condições degradantes de trabalho.

Alternativa "e": trata-se de figura típica equiparada ao crime de redução à condição (art. 149, § 1º, I, CP).

Alternativa correta: "b".

---

48. (TRT – JTS 21ª RG/ 2012) José Felício, já aposentado por idade, diante das dificuldades financeiras, e sendo ainda forte, aos 50 anos de idade, aceitou proposta de emprego em fazenda de soja no interior do Estado do Mato Grosso do Sul. Chegando à fazenda, foi informado que deveria pagar as despesas de transporte do seu estado de origem até o Mato Grosso do Sul, e que o estabelecimento comercial mais próximo ficava a 85 km da fazenda, não sendo fornecido meio de transporte para lá, de modo que deveria comprar os produtos para alimentação e higiene no "armazém" da fazenda. Após três meses de trabalho, José Felício pediu demissão, mas foi informado que não poderia deixar a fazenda sem pagar a sua dívida no "armazém", em valor superior às suas verbas rescisórias. José Felício fugiu da fazenda, junto com outros empregados, sem os seus documentos, que haviam sido retidos pelo aliciador. A fiscalização do trabalho chegou à fazenda e, após libertá-los, entregou ao Promotor de Justiça os documentos dos empregados que haviam fugido. O Promotor de Justiça ofereceu denúncia:

a) por crime de frustração de direito trabalhista, tendo por sujeito ativo o aliciador e o proprietário da fazenda, em coautoria;

b) por crime de crime de frustração de direito trabalhista, tendo por sujeito ativo o proprietário da fazenda, e por crime de aliciamento de trabalhadores, o aliciador;

c) por crime de frustração de direito trabalhista, tendo por sujeito ativo o proprietário da fazenda; por crime de aliciamento de trabalhadores, o aliciador; ambos com a circunstância majorante de terem praticado o crime contra idoso;

d) por crime de aliciamento de trabalhadores, delito mais grave e com pena maior, que absorve o crime de frustração de direito trabalhista, inclusive a pena relativa à violência acaso praticada;

e) por crime de redução à condição análoga à de escravo e aliciamento de trabalhadores, tendo por sujeito ativo o aliciador e o proprietário da fazenda, em coautoria.

COMENTÁRIOS

Alternativa "a": o crime de frustração de direitos trabalhistas fica absorvido pelos outros dois delitos, uma vez que é consequência natural, notadamente, do crime de redução à condição análoga à de escravo.

Alternativa "b": em razão da **teoria monista** adotada, em regra, pela legislação penal brasileira, aliciador e fazendeiro respondem pelos mesmos crimes, quais sejam redução à condição análoga à de escravo e aliciamento de trabalhador.

Alternativa "c": em razão da **teoria monista** adotada, em regra, pela legislação penal brasileira, aliciador e fazendeiro respondem pelos mesmos crimes, quais sejam redução à condição análoga à de escravo e aliciamento de trabalhador. Além disso, a vítima não é considerada idosa, já que ainda não tem sessenta anos de idade.

Alternativa "d": o crime de frustração de direitos trabalhistas fica absorvido pelos outros dois delitos, uma vez que é consequência natural, notadamente, do crime de redução à condição análoga à de escravo.

Alternativa "e": trata-se de crime de redução à condição análoga à de escravo, uma vez que a vítima teve seu **direito de locomoção restringido** em virtude de suposta dívida contraída no armazém da fazenda. Há crime de aliciamento, tendo-se em vista que recebeu proposta de emprego em **estado diverso de sua residência**, mediante **cobrança das despesas de transporte** e, ainda, sem **garantia de retorno ao seu estado de origem**. Além disso, há concurso de agentes entre o aliciador e o proprietário da fazenda, pois ambos contribuíram de qualquer forma para a consumação dos crimes.

Alternativa correta: "e".

2.2. CRIMES CONTRA O PATRIMÔNIO

---

49. (FCC – Juiz do Trabalho Substituto 23ª Região/2015) No tocante aos crimes contra o patrimônio,

a) pratica o crime de furto de coisa comum o sócio que, para si ou para outrem, subtrai a coisa comum, a quem legitimamente a detém, ainda que se trate de coisa fungível e cujo valor não excede a quota a que tem direito.

b) a prática do crime em razão de emprego constitui causa de aumento da pena na apropriação indébita e no estelionato.

c) o delito de duplicata simulada apenas se configura quando o agente emite título que não corresponda à mercadoria vendida, em quantidade ou qualidade.

d) o crime de fraude à execução é de ação penal privada.

e) pratica o crime de apropriação indébita o agente que, mediante alienação não consentida pelo credor, defrauda a garantia pignoratícia, quando tem a posse do objeto empenhado.

COMENTÁRIOS

Alternativa "a": o parágrafo único do art. 156, CP, exclui a tipicidade do crime de furto comum, caso a coisa seja fungível e cujo valor não exceda a quota parte de que tem direito o agente.

Alternativa "b": no crime de apropriação indébita (art. 168, CP), incide a causa de aumento de pena, se o agente for empregado da vítima (art. 168, § 1º, III, CP). No estelionato, não há previsão de causa de aumento de pena em razão do emprego.

Alternativa "c": o delito de duplicata simulada se configura quando o agente emite título que não corresponda à mercadoria vendida, em quantidade ou qualidade, ou ao serviço prestado (art. 172, CP).

Alternativa "d": o crime de fraude à execução, ainda que tenha repercussão no processo civil, o que, em tese, lhe dá interesse público, é de ação penal privada, dependendo de queixa do ofendido para a ação penal (art. 179, parágrafo único, CP).

Alternativa "e": pratica crime equiparado a estelionato o agente que, mediante alienação não consentida pelo credor, defrauda a garantia pignoratícia, quando tem a posse do objeto empenhado (art. 171, § 2º, III, CP).

Alternativa correta: "d".

---

50. (FCC – Juiz do Trabalho Substituto 23ª Região/2015) Alfredo, de posse de cheque em branco do empregador, falsifica a assinatura deste no título e o utiliza na compra de determinado bem, obtendo vantagem ilícita em prejuízo do comerciante. Na hipótese, segundo entendimento sumulado do Superior Tribunal de Justiça, Alfredo responde por

a) falsificação de documento público e estelionato, em concurso material.
b) estelionato e falsificação de documento particular, em concurso formal.
c) falsificação de documento público, apenas.
d) falsificação de documento público e estelionato, em concurso formal.
e) estelionato, apenas.

COMENTÁRIOS

Alternativa "a": não há concurso material, pois, apesar de haver duas condutas e dois resultados, o crime de falsidade é absorvido pelo crime patrimonial.

Alternativa "b": o cheque, como título ao portador, é considerado documento público para fins de crime de falsidade. Além disso, o falso é absorvido pelo estelionato. E ainda assim se houvesse concurso, seria o material.

Alternativa "c": no caso, o crime de falsidade é considerado meio para o crime patrimonial e, assim, é por ele, absorvido.

Alternativa "d": seria o caso de concurso material, pois houve duas condutas: falsificação e uso do cheque. No entanto, a jurisprudência firmou entendimento no sentido de que o crime de estelionato absorve o de falsidade.

Alternativa "e": de acordo com o Enunciado nº 17 das Súmulas do STJ, o crime de falsidade é absorvido pelo estelionato. O delito contra a fé-pública é considerado meio fraudulento para obtenção da vantagem patrimonial.

Alternativa correta: "e".

---

51. (TRT 8 – Juiz do Trabalho Substituto 8ª Região/2015) Com relação aos crimes contra o patrimônio, assinale a alternativa INCORRETA:

a) O crime de furto é considerando qualificado, quando, além de outras hipóteses, é cometido com o uso de chave falsa.
b) É considerado crime, deixar de repassar à previdência social as contribuições recolhidas dos contribuintes, no prazo e forma legal ou convencional.
c) Não comete crime aquele que se apropriar de coisa alheia vinda ao seu poder, seja por erro, caso fortuito ou mesmo por força da natureza.
d) Ocorre crime de fraude à execução quando alguém aliena, desvia, destrói ou danifica bens, ou ainda simula dívidas.
e) O crime de furto ocorre quando o agente subtrai, para si ou para outrem, coisa alheia móvel, equiparando-se à coisa móvel, a energia elétrica ou qualquer outra que tenha valor econômico.

COMENTÁRIOS

✪ Nota do autor: o candidato deve ficar atento, pois o examinador exigiu a questão errada.

Alternativa "a": o uso de chave falsa facilita a subtração do bem que se encontrava protegido, o que denota maior desvalor na conduta do agente, o que faz incidir a qualificadora do art. 155, § 4º, III, CP.

Alternativa "b": trata-se de crime de apropriação indébita previdenciária com previsão no art. 168-A, CP.

Alternativa "c" – errada: trata-se de tipo penal do art. 169, CP. É dever da pessoa que acha coisa alheia nessas circunstâncias entregá-las à Autoridade Policial. Quem não o fizer, além de cometer ilícito civil, incide em crime.

Alternativa "d": a fraude à execução, além de um ilícito processual civil, é considerada crime nos termos do art. 179, CP.

Alternativa "e": o CP equipara a energia com valor econômico a coisa alheia móvel, com o que quem subtrai tal espécie de energia incide no art. 155, § 3º, CP.

Alternativa correta: "c".

52. (FCC – Juiz do Trabalho Substituto 15ª Região/2015) No que concerne aos crimes contra o patrimônio,

a) configura estelionato o ato de defraudar, mediante alienação não consentida pelo credor ou por outro modo, a garantia pignoratícia, ainda que o agente não tenha a posse do objeto empenhado.

b) o crime de extorsão alcança a consumação com a efetiva obtenção da vantagem indevida pelo agente, segundo entendimento sumulado do Superior Tribunal de Justiça.

c) é cabível o perdão judicial no dano culposo.

d) não tipifica estelionato o ato de dar em locação coisa alheia como própria.

e) configura concorrência para o crime de furto a contribuição posterior, desde que prometida anteriormente.

COMENTÁRIOS

Alternativa "a": para a configuração do crime de defraudação de penhor, é imprescindível que o sujeito ativo do crime tenha a posse do bem penhorado (art. 171, § 2º, III, CP).

Alternativa "b": o crime de extorsão (art. 168, CP) é considerado como formal e, por isso, se consuma independentemente da obtenção da vantagem, consoante Súmula nº 96 do STJ.

Alternativa "c": o crime de dano só existe na modalidade dolosa. Não existe previsão típica para o dano culposo.

Alternativa "d": trata-se de figura típica equiparada ao crime de estelionato com previsão no art. 171, § 2º, I, CP.

Alternativa "e": é partícipe aquele que instiga, investiga e auxilia o autor do fato típico a consumar a infração penal. Assim, quem auxilia o autor do furto a garantir o proveito do crime, incide no art. 155, CP, desde que haja prévia combinação entre eles. Se não houver essa prévia combinação, aquele que ajudou o autor do furto incide no crime de favorecimento real (art. 349, CP).

Alternativa correta: "e".

53. (FCC – Juiz do Trabalho Substituto 6ª Região/2015) Segundo entendimento sumulado dos Tribunais Superiores,

a) não se aplica ao crime de estelionato, em que figure como vítima entidade autárquica da Previdência Social, a qualificadora de o delito ser cometido em detrimento de entidade de direito público ou de instituto de economia popular, assistência social ou beneficência.

b) o pagamento do cheque emitido sem provisão de fundos, após o recebimento da denúncia, obsta o prosseguimento da ação penal.

c) configura-se o crime de estelionato na modalidade de emissão de cheque sem fundos ainda que não demonstrada fraude.

d) a utilização de papel-moeda grosseiramente falsificado não configura, nem mesmo em tese, o crime de estelionato.

e) quando o falso se exaure no estelionato, sem mais potencialidade lesiva, é por este absorvido.

COMENTÁRIOS

Alternativa "a": o STJ editou o Enunciado de Súmula nº 24 e firmou jurisprudência no sentido de que, se o estelionato for cometido contra entidade de previdência social (INSS), incide o disposto no art. 171, § 3º, CP.

Alternativa "b": nos termos do Enunciado nº 554 do STF, o pagamento do cheque emitido sem fundos impede o prosseguimento da ação penal se feito até o recebimento da denúncia.

Alternativa "c": consoante Súmula 246, STF, para a configuração do crime de estelionato é imprescindível que haja a fraude, que é um dos seus elementos do tipo penal.

Alternativa "d": nos termos do Enunciado de nº 73 da Súmula do STJ, se a falsidade da moeda for grosseira, afasta-se o crime de moeda falsa e fica configurado o de estelionato.

Alternativa "e": trata-se do disposto no Enunciado nº 17 das Súmulas do STJ. O fundamento jurídico desse posicionamento jurisprudencial consolidado é que o crime de falso é a fraude utilizada pelo agente para obter a vantagem patrimonial. Assim, o crime de falso é o meio para o crime de estelionato, sendo por ele absorvido, salvo se ainda houve potencialidade lesiva.

Alternativa correta: "e".

54. (TRT 23 – Juiz do Trabalho Substituto 23ª Região/2014) Joaquim é maranhense e em seu Estado natal foi contratado por Antônio para laborar como trabalhador rural 'polivalente' em sua propriedade latifundiária na cidade de Sapezal/MT, sob a promessa de receber três salários mínimos para trabalhar por meio período, além de moradia e alimentação tendo ainda pagas todas as despesas de transporte do Maranhão até o local de trabalho.

Chegando na fazenda, descobriu que toda a despesa de transporte, alimentação e moradia já estava computada para desconto no salário ainda por vir, ficando sua CTPS retida até total pagamento da dívida.

Além disso, em virtude do período de safra, a jornada de trabalho de Joaquim foi das 04h às 21h, com 15min de intervalo, todos os dias da semana, gozando folga apenas uma vez ao mês, no dia do pagamento. Na frente de trabalho (no campo) não havia instalações sanitárias, tampouco bebedouros, de modo que Joaquim e os demais trabalhadores consumiam água de um córrego próximo, o mesmo utilizado para banho dos animais da fazenda.

Ao reclamar das condições de trabalho o capataz da propriedade informou a Joaquim que se não estivesse satisfeito poderia pedir demissão, quando então seriam abatidas todas as dívidas de seu saldo rescisório. Acerca dessas informações, assinale a alternativa INCORRETA:

a) Antônio incorreu no crime de redução à condição análoga a de escravo em virtude do cerceamento da liberdade de Joaquim;

b) Antônio incorreu no crime de redução à condição análoga a de escravo em virtude das condições degradantes do trabalho;

c) Antônio incorreu no crime de aliciamento de trabalhador previsto no artigo 207 do Código Penal, por recrutar Joaquim de outro Estado da Federação mediante fraude;

d) Antônio incorreu no crime de frustração de direito assegurado por lei trabalhista em virtude da retenção do documento profissional;

e) O crime de redução à condição análoga a de escravo é lido pela doutrina como um gênero do qual são espécies o trabalho degradante e o cerceamento de liberdade.

COMENTÁRIOS

Nota do autor: o candidato deve ficar atento, pois o examinador exigiu a alternativa incorreta.

Alternativa "a": houve privação de liberdade, porque, diante das condições apresentadas, como presença de capataz e da distância entre o Maranhão e o Mato Grosso, configurando o crime de redução à condição análoga a de escravo, diante das condições indignas a que foi submetido o ofendido.

Alternativa "b": configurado o crime de redução à condição análoga a de escravo, diante das condições indignas de trabalho a que foi submetido o ofendido.

Alternativa "c": não há como negar que o trabalhador foi aliciado de forma fraudulenta para que fosse trabalhar em outro Estado-membro, o que, a princípio, configuraria o crime de aliciamento de trabalhadores de um local para outro do território nacional (art. 207, CP). Porém, esse crime foi meramente meio para o crime de redução à condição análoga de escravo (art. 149, CP), que, então, absorve aquele primeiro crime.

Alternativa "d": no caso, houve crime de frustração de direito assegurado por lei trabalhista em virtude da retenção de documento profissional na forma equiparada pelo art. 203, § 1º, II, CP.

Alternativa "e": no caso, houve trabalho degradante, por exemplo, pela jornada de trabalho que a vítima tinha que cumprir, como houve privação de liberdade, pois não havia como o ofendido sair do local, tamanhas as condições adversas que tinha para isso.

Alternativa correta: "c".

55. (FCC – Juiz do Trabalho Substituto 18ª Região/2014) No crime de apropriação indébita,

a) o dolo é antecedente à posse.

b) a ação penal é sempre pública incondicionada, independentemente da condição da vítima.

c) o Juiz pode reduzir a pena se primário o criminoso e de pequeno valor a coisa apropriada.

d) é possível o perdão judicial no caso de apropriação indébita culposa.

e) há aumento da pena quando o agente recebe a coisa em razão de emprego, mas não de profissão.

COMENTÁRIOS

Alternativa "a": o dolo é posterior à posse. Com isso, o agente tem a posse do bem de forma legítima, exercendo-a em nome de terceiro, mas, depois disso, inverte o ânimo e passa a tê-la, como sendo a posse plena.

Alternativa "b": nos crimes contra o patrimônio, em regra, a ação penal é pública incondicionada. Mas, no art. 182, CP, prevê-se que a ação penal é pública condicionada à representação nos casos em que o crime seja cometido em prejuízo do cônjuge desquitado ou judicialmente separado; de irmão, legítimo ou ilegítimo; de tio ou sobrinho, com quem o agente coabita.

Alternativa "c": trata-se da chamada **apropriação indébita privilegiada,** conforme disposto no art. 170, CP. São seus requisitos: criminoso primário e pequeno valor a coisa furtada. Consequência: o juiz pode substituir a pena de reclusão pela de detenção, diminuí-la de um a dois terços, ou aplicar somente a pena de multa (art. 155, § 2º, CP).

Alternativa "d": a apropriação indébita é crime doloso, não havendo a previsão de crime culposo.

Alternativa "e": incide causa de aumento de pena, se o agente obtém a posse em **razão de ofício, emprego ou profissão** (art. 168, § 1º, III, CP).

Alternativa correta: "c".

56. (TRT 2 – Juiz do Trabalho Substituto 2ª Região/2014) Em relação às figuras abaixo descritas, aponte a alternativa correta que corresponda com exatidão, de forma respectiva e sequencial, os crimes correspondentes: 1. subtrair o sócio, para outrem, a quem legitimamente a detém, a coisa comum; 2. constranger alguém, mediante violência com o intuito de obter indevida vantagem econômica a deixar de fazer alguma coisa; 3. exigir ou receber, como garantia de dívida, abusando da situação de alguém, documento a que pode dar causa a procedimento criminal:

a) Furto de coisa comum; constrangimento ilegal; extorsão.

b) Furto; extorsão indireta; sequestro.

c) Constrangimento ilegal; extorsão indireta; furto de coisa comum.

d) Furto de coisa comum; extorsão; extorsão indireta.

e) Furto; extorsão; extorsão mediante sequestro.

COMENTÁRIOS

Alternativa "a": 1. Trata-se de **furto de coisa comum**, pois o sócio subtraiu coisa pertencente à sociedade em favor de outrem (art. 156, CP); 2. Não se trata de constrangimento ilegal (art. 146, CP), porque há uma finalidade específica por parte do agente (obtenção de indevida vantagem econômica) e, assim, há crime de **extorsão**. 3. Não é crime de extorsão, porque a vantagem é obtida indiretamente, por meio de garantia de dívida, logo, há crime de **extorsão indireta**.

Alternativa "b": 1. Não se trata de crime de furto (art. 155, CP), pois, neste a coisa subtraída é alheia; 2. Não é crime de **extorsão indireta**, pois a **indevida vantagem econômica** foi obtida diretamente pela conduta negativa da vítima, constrangida mediante violência; 3. No crime de sequestro, que é crime contra a liberdade individual, o agente não visa obter vantagem patrimonial (art. 148, CP).

Alternativa "c": 1. No crime de constrangimento ilegal, que é um crime contra a liberdade individual, o agente não tem a finalidade de obter indevida vantagem econômica; 2. Não é crime de **extorsão indireta**, pois a **indevida vantagem econômica** foi obtida diretamente pela conduta negativa da vítima, constrangida mediante violência; 3. Não é crime de furto de coisa comum, pois houve o constrangimento ilegal e vantagem foi obtida indiretamente.

Alternativa "d": 1. Trata-se de **furto de coisa comum**, pois o sócio subtraiu coisa pertencente à sociedade em favor de outrem (art. 156, CP); 2. Trata-se de **extorsão**, pois a vítima foi constrangida, mediante violência, a deixar de fazer alguma coisa, para que o autor do fato obtenha **indevida vantagem econômica** (art. 158, CP); 3. Trata-se de **extorsão indireta**, porque o proveito econômico foi **garantia de dívida** (indireto, portanto), por meio de abuso da situação de alguém, documento a que pode dar causa a procedimento criminal (art. 160, CP).

Alternativa "e": 1. Não se trata de crime de furto (art. 155, CP), pois, neste a coisa subtraída é alheia; 2. Trata-se de **extorsão**, pois a vítima foi constrangida, mediante violência, a deixar de fazer alguma coisa, para que o autor do fato obtenha **indevida vantagem econômica** (art. 158, CP); 3. Não é crime de extorsão mediante sequestro (art. 159, CP), pois, neste, há privação de liberdade para que o autor do crime obtenha indevida vantagem econômica.

Alternativa correta: "d".

---

57. (TRT 2 – Juiz do Trabalho Substituto 2ª Região/2013) Considerando as seguintes figuras penais: 1 – furto; 2 – extorsão direta ou indireta; 3- estelionato, e, 4- roubo, observe as proposições abaixo e ao final aponte a alternativa que contenha na ordem sequencial acima, as proposituras corretas.

I. 1- subtração de coisa alheia móvel; 2- subtrair coisa alheia móvel com abuso de confiança; 3- subtrair coisa alheia móvel mediante concurso de duas pessoas; 4- subtrair coisa alheia móvel mediante violência à pessoa.

II. 1- subtração de coisa alheia móvel; 2- apropriação de coisa alheia, de que tem a posse; 3- após a subtração da coisa alheia fazer grave ameaça contra a vítima; 4- subtrair coisa alheia com abuso de confiança.

III. 1- subtração de coisa alheia móvel; 2- constranger alguém mediante grave ameaça para obter vantagem econômica; 3- obter para si ou para outrem vantagem ilícita, em prejuízo alheio induzindo-o a erro; 4- subtraída contra a pessoa, assegurando a detenção da coisa.

IV. 1- subtrair coisa alheia móvel comum, como sócio, para si ou para outrem; 2- deixar de repassar à Previdência Social as contribuições dos contribuintes; 3- deixar animais em propriedade alheia, sem consentimento de quem de direito; 4- empregar violência para deter coisa alheia.

V. 1- subtração de coisa alheia móvel; 2- receber, como garantia da dívida, abusando da situação de alguém, documento que pode dar causa a procedimento criminal contra a vítima; 3- vender, permutar, dar em pagamento coisa alheia como própria; 4- subtração de coisa móvel alheia, para si ou para outrem, mediante violência à pessoa.

Está correta a alternativa:

a) I, II e III.

b) I e IV.

c) III e V.

d) I, II e IV.

e) I e V.

COMENTÁRIOS

✪ **Nota do autor:** diante da forma com que foi estruturada a questão, acho interessante mudar um pouco a forma de comentar a questão trazendo o conceito legal e exemplo de cada um dos crimes.

Furto: art. 155, CP: subtrair, para si ou para outrem, coisa alheia móvel. Exemplo: a vítima anda tranquilamente pela rua, quando vem o sujeito ativo e subtrai a carteira que ele trazia no bolso, sem que haja violência ou grave ameaça.

Extorsão direta: art. 158, CP: constranger alguém, mediante violência ou grave ameaça, e com o intuito de obter para si ou para outrem indevida vantagem econômica, a fazer, tolerar que se faça ou deixar fazer alguma coisa. Exemplo: com o intuito de receber vantagem patrimonial, o sujeito ativo **simula** que mantém sequestrado um ente querido da vítima, que, assim, tem de pagar o falso resgate.

Extorsão indireta: art. 160, CP: exigir ou receber, como garantia de dívida, abusando da situação de alguém, documento que pode dar causa a procedimento criminal contra a vítima ou contra terceiro. Exemplo: é uma forma de chantagem: o autor do fato tem crédito a receber, mas, para garantia, recebe documento que comprove que o devedor cometeu um crime.

Estelionato: art. 171, CP: obter, para si ou para outrem, vantagem ilícita, em prejuízo alheio, induzindo ou mantendo alguém em erro, mediante artifício, ardil, ou qualquer outro meio fraudulento. Exemplo: o agente simula a venda de um produto pela *internet*. Assim, deposita o valor combinado, mas o sujeito ativo do crime, como era sua intenção desde o início do ardil, não lhe envia o produto.

Figuras equiparadas do estelionato: art. 171, § 2º, CP: entre elas está a disposição de coisa alheia como própria (art. 171, § 2º, I, CP): a vítima, induzida a erro pelo sujeito ativo do crime, aluga deste casa que não lhe pertence, mas a terceiro.

Roubo: art. 157, CP: subtrair coisa móvel alheia, para si ou para outrem, mediante grave ameaça ou violência a pessoa, ou depois de havê-la, por qualquer meio, reduzido à impossibilidade de resistência. Exemplo: a vítima caminha pela calçada, quando o sujeito ativo anuncia o assalto e a ameaça, dizendo que lhe irá agredi-la, se não lhe passar a carteira.

Alternativa correta: "c".

---

58. (TRT 2 – Juiz do Trabalho Substituto 2ª Região/2013) Observe as proposições abaixo e aponte a alternativa que só contenha figuras criminais previstas nos pontos específicos da matéria de concurso, constante do edital:

a) 1- vilipendiar cadáver ou suas cinzas; 2- reingressar no território nacional estrangeiro que de for expulso.

b) 1- submeter alguém, menor de 18 anos à prostituição; 2- ofender alguém referindo-se à sua condição religiosa.

c) 1- fazer afirmação falsa como perito; 2- inutilizar ou deteriorar coisa alheia.

d) 1- alterar, sem licença da autoridade competente, o aspecto local, especialmente protegido por lei; 2- expor a vida ou a saúde de outrem a perigo direto iminente.

e) 1- propalar, consciente da falsidade, imputação de crime a alguém; 2- violar direitos de autor e os que lhe são conexos.

COMENTÁRIOS

✪ **Nota do autor:** em negrito estão os crimes que fizeram parte do edita do concurso de ingresso na Magistratura do Trabalho do TRT/2ª Região de 2013.

Alternativa "a": vilipendiar cadáver ou suas cinzas: crime de vilipêndio a cadáver (art. 212, CP); reingressar no território nacional estrangeiro que dele for expulso; **crime de reingresso de estrangeiro expulso** (art. 318, CP).

Alternativa "b": submeter alguém, menor de 18 anos à prostituição: Favorecimento da prostituição ou outra forma de exploração sexual de vulnerável (art. 218-B, CP); ofender alguém referindo-se à sua condição religiosa: **injúria qualificada** (art. 140, § 3º, CP).

Alternativa "c": fazer afirmação falsa como perito: **crime de falso testemunha ou falsa perícia** (art. 342, CP); inutilizar ou deteriorar coisa alheia: **crime de dano** (art. 163, CP).

Alternativa "d": alterar, sem licença da autoridade competente, o aspecto local, especialmente protegido por lei: alteração de local especialmente protegido (art. 166, CP); expor a vida ou a saúde de outrem a perigo direto iminente: perigo para a vida ou saúde de outrem (art. 132, CP).

Alternativa "e": propalar, consciente da falsidade, imputação de crime a alguém: **calúnia** (art. 138, § 1º, CP); violar direitos de autor e os que lhe são conexos: violação de direito autoral (art. 184, CP).

Alternativa correta: "c".

---

59. (TRT 22 – Juiz do Trabalho Substituto 22ª Região/2013) Fulano, vizinho e amigo de longa data de Beltrano, encontra o papagaio de estimação do amigo e, com o intuito de obter uma indevida vantagem econômica como preço do 'resgate', ameaça seu vizinho dizendo: "se não me pagar a quantia 'X' o animal vai morrer". A situação narrada caracteriza:

a) furto qualificado pelo abuso de confiança;

b) extorsão;

c) ato atípico, por se tratar de animal;

d) apenas ato ilícito;

e) extorsão mediante sequestro;

COMENTÁRIOS

Alternativa "a": não se trata de furto, porque houve o emprego de grave ameaça.

Alternativa "b": a **grave ameaça**, consistente em provocar um mal injusto e grave, que, no caso, foi ameaçar matar o animal de estimação da vítima, foi feita com **a intenção de se obter vantagem patrimonial** por meio de uma conduta do próprio ofendido. Logo, houve crime de extorsão (art. 158, CP). **Alternativa "c":** o fato é típico, porque a grave ameaça é a promessa de um mal injusto e iminente. Ora, prometer matar o animal de estimação da vítima é um mal injusto e grave.

Alternativa "d": trata-se de um fato ilícito e típico, porque se encaixa no art. 158, CP.

Alternativa "e": no crime do art. 159, CP, o sequestro deve recair sobre uma pessoa determinada, não sobre um animal, como no caso em tela. E, a partir do sequestro da pessoa, exigir o resgate, a vantagem patrimonial indevida.

Alternativa correta: "b".

60. (TRT 14 – Juiz do Trabalho Substituto 14ª Região/2013) Analise as proposições abaixo e após marque a alternativa correta:

I. Quanto ao crime de estelionato, ocorre quando o agente emprega meio fraudulento, induzindo ou mantendo alguém em erro e, assim, conseguindo, para si ou para outrem, vantagem ilícita, com dano patrimonial alheio.

II. É sujeito ativo do crime de estelionato qualquer pessoa que induz ou mantém a vítima em erro, empregando meio fraudulento, a fim de obter, para si ou para outrem, vantagem ilícita em prejuízo alheio. O terceiro beneficiado pela ação delituosa, se destinatário doloso do proveito do ilícito, será considerado coautor.

III. Nos termos da notória e reiterada jurisprudência do Supremo Tribunal Federal, a fraude bilateral impede a caracterização do estelionato, porquanto o tipo penal exige a boa-fé da vítima.

a) Apenas o item I é falso.
b) Apenas o item II é falso.
c) Apenas o item III é falso.
d) Todos os itens são verdadeiros.
e) Todos os itens são falsos.

COMENTÁRIOS

Item I: o crime de estelionato (art. 171, CP) se caracteriza pelo fato de o agente obter a vantagem patrimonial em decorrência do **ardil**. A vítima, **induzida ou mantida em erro**, sofre prejuízo patrimonial em favor do autor do fato.

Item II: o crime de estelionato é **próprio**, ou seja, pode ser praticado por qualquer pessoa. Pode haver dois sujeitos ativos distintos: o que emprega o ardil e o que obtém o proveito patrimonial.

Item III: de acordo com a jurisprudência, não se exige a boa-fé da vítima para se caracterizar o crime de estelionato, já que isso não se encontra exigido no tipo penal. Ainda que de má-fé, e não raro o ofendido pauta sua conduta para obter vantagem patrimonial, haverá o crime de estelionato.

Alternativa correta: "c".

61. (TRT 8 – Juiz do Trabalho Substituto 8ª Região/2013) De Conformidade com as normas penais vigentes no ordenamento jurídico brasileiro, assinale a alternativa CORRETA:

a) Constitui crime de falso testemunho ou falsa perícia fazer afirmação falsa, ou negar ou calar a verdade como testemunha, perito, contador, tradutor ou intérprete em processo judicial, ou administrativo, inquérito policial, ou em juízo arbitral, e a pena, que é de reclusão, de um a três anos, e multa, pode ser aumentada de um sexto a um terço. Todavia, o fato deixa de ser punível se, antes da sentença no processo em que ocorreu o ilícito transitar em julgado, o agente se retrata ou declara a verdade.

b) Falsificar, no todo ou em parte, documento público, ou alterar documento público verdadeiro, tipifica o crime de falsificação de documento público, cuja pena é de reclusão, de dois a seis anos, e multa. A pena é aumentada de um quinto se o autor é funcionário público e comete o crime prevalecendo-se do cargo. Nas mesmas penas incorre quem insere ou faz inserir na Carteira de Trabalho e Previdência Social do empregado ou em documento que deva produzir efeito perante a previdência social, declaração falsa ou diversa da que deveria ter sido escrita.

c) De conformidade com as disposições da lei n. 4.898/65, no crime de abuso de autoridade, a ação penal será iniciada, independentemente de inquérito policial ou justificação, por denúncia do Ministério Público, instruída com a representação da vítima do abuso, dispondo o órgão ministerial do prazo de setenta e duas horas, contadas da data da apresentação da representação pela vítima, para oferecer denúncia contra o réu, desde que o fato narrado constitua abuso de autoridade, e nela requerendo ao Juiz a sua citação, e, bem assim, a designação de audiência de instrução e julgamento.

d) Constitui apropriação indébita previdenciária deixar de repassar à previdência social as contribuições recolhidas dos contribuintes, no prazo e forma legal ou convencional; ou deixar de recolher, no prazo legal, contribuição ou outra importância destinada à previdência social que tenha sido descontada de pagamento efetuado a segurados, a terceiros ou arrecadada do público; ou deixar de pagar benefício devido a segurado, quando as respectivas cotas ou valores já tiverem sido reembolsados à empresa pela previdência social, sendo extinta a punibilidade se, antes do início da ação fiscal, o agente, espontaneamente, declara, confessa e efetua o pagamento das contribuições, importâncias ou valores e presta as informações devidas à previdência social, na forma definida em lei ou regulamento.

e) Comete o crime de redução à condição análoga à de escravo todo aquele que reduz alguém à condição análoga à de escravo, quer submetendo-o a trabalhos forçados ou a jornada exaustiva, quer sujeitando-o a condições degradantes de trabalho, quer restringindo, por qualquer meio, sua locomoção em razão de dívida contraída com o empregador ou preposto, tipificando também o crime cercear o uso de qualquer meio de transporte por parte do trabalhador, com o fim de retê-lo no local de trabalho, sendo a pena aumentada de metade, se o crime é cometido contra criança ou adolescente ou por motivo de preconceito de raça, cor, sexo, etnia, religião ou origem.

COMENTÁRIOS

✪ **Nota do autor:** a FCC, como se pode notar de suas questões, exige que o candidato decore os tipos penais.

Alternativa "a": a pena no crime de falso testemunho é de **reclusão, de 2 (dois) a 4 (quatro) anos, e multa.**

Alternativa "b": se o agente é funcionário público, e comete o crime prevalecendo-se do cargo, ou se a falsificação ou alteração é de assentamento de registro civil, **aumenta-se a pena de sexta parte** (art. 299, parágrafo único, CP).

Alternativa "c": o prazo para o Ministério Público oferecer denúncia é de **quarenta e oito horas** (art. 13 da Lei nº 4.898/65).

Alternativa "d": trata-se da transcrição do crime de apropriação indébita previdenciária em sua forma principal, bem como de suas formas equiparadas (art. 168-A, CP). Os Tribunais Superiores fixaram entendimento que tal crime é **material**, de modo a exigir a constituição do crédito tributário após devido procedimento administrativo de lançamento. Ademais, como o Estado dá preferência à quitação do débito, o pagamento implica **extinção da punibilidade**.

Alternativa "e": a pena aumentada de metade, se o crime é cometido contra criança ou adolescente ou por motivo de preconceito de raça, cor, etnia, religião ou origem (art. 149, § 2º, CP). Se o preconceito decorrer de **sexo**, não haverá o aumento de pena.

Alternativa correta: "d".

---

62. (CESPE – Juiz do Trabalho Substituto 5ª Região/2013) Assinale a opção correta acerca dos crimes contra o patrimônio.

a) O crime de extorsão consuma-se com o recebimento de, ao menos, parte da vantagem indevida.

b) A tipificação do crime de receptação depende da prova da materialidade e da autoria do furto do produto receptado.

c) Em se tratando do crime de roubo, comprovada a existência de causas de aumento de pena, é suficiente que o juiz, ao concluir, aponte o número de majorantes que embasaram a aplicação da pena acima do patamar mínimo.

d) É punível a subtração de coisa comum fungível cujo valor não exceda a quota a que tiver direito o agente.

e) Se a vantagem ilícita decorrente da prática do furto privilegiado ou do estelionato for de pequeno valor, a pena a que for condenado o autor do crime, sendo ele réu primário, poderá ser reduzida.

COMENTÁRIOS

Alternativa "a": o crime de extorsão é classificado como **formal**. Com isso, a consumação se dá com o constrangimento, mediante violência ou grave ameaça, exercido com o fim de obter vantagem patrimonial (art. 158, CP). O advento da vantagem indevida é mero **exaurimento do crime**.

Alternativa "b": para a configuração do crime de receptação, basta a prova da materialidade do crime antecedente. Não é preciso a punição do autor do furto, por exemplo, para se punir o autor da receptação da coisa furtada. Nesse sentido, é o que dispõe o art. 180, § 4º, CP.

Alternativa "c": de acordo com a jurisprudência dos Tribunais Superiores, o aumento na terceira fase de aplicação da pena no crime de roubo circunstanciado exige fundamentação concreta, não sendo suficiente para a sua exasperação a mera indicação do número de majorantes (Súmula 443, STJ).

Alternativa "d": no crime de **furto de coisa comum,** não se pune a subtração de coisa comum fungível, cujo valor não excede a quota a que tem direito o agente (art. 156, § 2º, CP).

Alternativa "e": os crimes de furto privilegiado e estelionato privilegiado são aqueles em que o patrimônio da vítima sofre lesão de pequena monta. Esse fato, somado à primariedade do agente, possibilita a diminuição da pena (art. 155, § 2º, e art. 171, § 1º, CP).

Alternativa correta: "e".

---

63. (TRT – JTS 3ª RG/ 2012) Quanto aos denominados crimes de apropriação indébita previdenciária, analise os itens abaixo e assinale o CORRETO:

a) É facultado ao juiz deixar de aplicar a pena ou aplicar somente a de multa se o agente for primário e de bons antecedentes, na hipótese de ter promovido, após o início da ação fiscal e antes de oferecida a denúncia, o pagamento da contribuição social previdenciária, inclusive acessórios.

b) Esses crimes estão tipificados em lei especial.

c) É extinta a punibilidade se o agente declara e confessa espontaneamente todos os valores sonegados logo no início da ação fiscal.

d) Extingue-se automaticamente a punibilidade quando o agente for primário e de bons antecedentes e quando o valor das contribuições devidas, inclusive acessórios, seja igual ou inferior àquele estabelecido pela previdência social, administrativamente, como sendo o mínimo para o ajuizamento de suas execuções fiscais.

e) O crime não restará configurado se o empregador deixar de pagar benefício devido a segurado, quando as respectivas cotas ou valores já tiverem sido reembolsados à empresa pela previdência social.

COMENTÁRIOS

✪ **Nota do autor:** o crime de apropriação previdenciária está previsto no art. 168-A do CP, enumerado pelo legislador como crime contra o patrimônio, muito embora o que se visa tutelar em verdade é o INSS, ou seja, em verdade, seria mais técnico o legislador se inserisse tal conduta nos **crimes contra a Administração Pública**.

Alternativa "a": nos crimes que implique não pagamento de tributo, o Estado prefere receber o tributo devido a impor pena ao agente delituoso, motivo pelo qual há essa hipótese de perdão judicial caso haja o **pagamento** por parte daquele se apropria da contribuição previdenciária.

Alternativa "b": trata-se de crime previsto no art. 168-A do Código Penal e **não em legislação extravagante ou especial**.

Alternativa "c": para a extinção da punibilidade, não basta a mera declaração ou confissão, há de haver o **pagamento** do débito.

Alternativa "d": o simples fato de ser o agente primário e de bons antecedentes não é suficiente para haver o perdão judicial. Esse fato deve ser **cumulado** com o fato de o valor das contribuições devidas, inclusive acessórios, seja igual ou inferior àquele estabelecido pela previdência social, administrativamente, como sendo o mínimo para o ajuizamento de suas execuções fiscais ou com o fato de ter o agente promovido, após o início da ação fiscal e antes de oferecida a denúncia, o pagamento da contribuição social previdenciária, inclusive, acessórios.

Alternativa "e": se o empregador deixar de pagar benefício devido a segurado, quando as respectivas cotas ou valores já tiverem sido reembolsados à empresa pela previdência social, haverá o crime de apropriação de contribuição previdenciária (art. 168-A, § 1º, III, do CP).

Alternativa correta: "a".

---

64. (FCC – JTS 4ª RG/ 2012) Dentre os crimes contra o patrimônio, ainda que primário o agente e de pequeno valor a coisa ou o prejuízo, NÃO admite a imposição exclusiva de pena de multa

a) a receptação dolosa.

b) a apropriação indébita.

c) o dano culposo.

d) o estelionato.

e) o furto.

COMENTÁRIOS

✪ **Nota do autor:** em nome do princípio da reserva legal, os tipos penais culposos devem ter previsão própria e independente dos crimes dolosos. Nesse caso, o examinador exigiu a alternativa **incorreta.**

Alternativa "a": trata-se de crime de **receptação dolosa privilegiado**, previsto no art. 180, § 5º, segunda parte, do CP, que remete ao art. 155, § 2º, do CP.

Alternativa "b": trata-se de crime de **apropriação indébita privilegiado**, previsto no art. 168, do CP, em combinação com o art. 170, do CP, que remete ao art. 155, § 2º, do CP.

Alternativa "c": o CP apenas prevê o crime de **dano doloso**. Não se prevê o dano culposo, logo não é possível a aplicação da pena para quem, por imprudência, negligência ou imperícia, cause dano a outrem.

Alternativa "d": trata-se de crime de **estelionato privilegiado**, previsto no art. 171 § 1º, do CP, em combinação com o art. 170, do CP, que remete ao art. 155, § 2º, do CP.

Alternativa "e": trata-se de crime de **furto privilegiado**, previsto no art. 155, § 2º, do CP.

Alternativa correta: "c".

---

65. (FCC – JTS 11ª RG/ 2012) Na apropriação indébita previdenciária, se o valor das contribuições devidas, inclusive acessórios, for igual ou inferior àquele estabelecido pela previdência social, administrativamente, como sendo o mínimo para o ajuizamento de suas execuções fiscais, é facultado ao juiz, na hipótese de o agente ser primário e de bons antecedentes,

a) reduzir a pena privativa de liberdade de 1/3 a 2/3.

b) aplicar somente a pena de multa.

c) considerar o fato como circunstância atenuante e fixar a pena abaixo do mínimo legal.

d) substituir a pena de reclusão pela de detenção.

e) reduzir de metade o valor do dia-multa.

COMENTÁRIOS

Alternativa "a": não se trata de causa de diminuição da pena, mas de crime privilegiado.

Alternativa "b": trata-se da figura privilegiada do crime de apropriação indébita previdenciária, uma vez que a pena prevista, neste caso (ART. 168-A, § 3º, CP), é menor do que a do tipo fundamental (art. 168-A, CP).

Alternativa "c": não se trata de circunstância atenuante genérica, já que estas estão previstas nos arts. 61 e 62, do CP, mas de crime privilegiado.

Alternativa "d": não há essa faculdade ao juiz no caso em tela. Pode o Magistrado deixar de aplicar a pena ou aplicar pena de multa somente.

Alternativa "e": não há diminuição no valor do dia multa, mas apenas a aplicação da pena de multa, sem pena privativa de liberdade.

Alternativa correta: "b".

66. (TRT – JTS 14ª RG/ 2012) Dentre os requisitos listados abaixo marque o único que NÃO importa para caracterizar o crime de estelionato:

a) emprego de fraude (artifício, ardil, ou qualquer outro meio fraudulento);

b) vítima agir com má-fé;

c) provocação ou manutenção em erro;

d) locupletação (vantagem) ilícita;

e) lesão patrimonial de outrem.

COMENTÁRIOS

✪ **Nota do autor:** o examinador exigiu do candidato conhecimento acerca dos elementos do tipo penal do estelionato: obter, para si ou para outrem, vantagem ilícita, em prejuízo alheio, induzindo ou mantendo alguém em erro, mediante artifício, ardil, ou qualquer outro meio fraudulento (art. 171, CP).

Alternativa "a": é o emprego da **fraude** que caracteriza o estelionato, já que ela que induz ou mantém a vítima em erro.

Alternativa "b": mesmo que a vítima tenha agido com má-fé, o crime de estelionato resta configurado, se o sujeito ativo do crime a induzir ou mantê-la em erro, por meio de ardil, obtendo em razão disso indevida vantagem econômica.

Alternativa "c": no estelionato, a obtenção da vantagem econômica decorre do erro da vítima, provocado ou mantido pelo agente.

Alternativa "d": como se trata de um crime contra o patrimônio, o estelionato exige a **obtenção da vantagem econômica, em prejuízo da vítima.**

Alternativa "e": o estelionato é crime contra o patrimônio e exige, para sua consumação, a lesão patrimonial de outrem.

Alternativa correta: "b".

67. (TRT – JTS 14ª RG/ 2012) Analise as proposições abaixo relacionadas a temas do Direito Penal e, após, marque a única alternativa CORRETA:

I. Nos casos de crimes de apropriação indébita previdenciária e sonegação de contribuição previdenciária, a mera participação no quadro societário como sócio-gerente pode, em razão da figura jurídica da responsabilidade penal objetiva, significar automática responsabilização criminal, porquanto é presumível tal situação daquele que contratualmente assumiu a condição da gerência do negócio.

II. Consoante jurisprudência do Supremo Tribunal Federal, assim como ocorre quanto ao delito de apropriação indébita previdenciária, o elemento subjetivo animador da conduta típica do crime de sonegação de contribuição previdenciária é o dolo genérico, consistente na intenção de concretizar a evasão tributária.

III. Ainda que não comprovada a efetiva obtenção do parcelamento administrativo do débito fiscal, é devida a suspensão da pretensão punitiva estatal em havendo a juntada de "Recibo de Pedido de Parcelamento", independentemente de a primeira prestação ter sido ou não paga no prazo previsto no referido documento.

IV. Nos termos da jurisprudência do Supremo Tribunal Federal, o crime de apropriação indébita se consuma quando o agente se apropria de coisa alheia móvel de que tem a posse ou detenção, por isso, assim deve ser caracterizada a conduta de advogado que não repassa determinado valor ao seu constituinte, ainda que antecedido o ato de discussão a respeito do *"quantum"* devido a título de honorários advocatícios.

a) Apenas o item I é verdadeiro.

b) Apenas o item II é verdadeiro.

c) Apenas o item III é verdadeiro.

d) Apenas o item IV é verdadeiro.

e) Todos os itens são falsos.

COMENTÁRIOS

Item I: no direito penal, **não há hipótese de responsabilidade pena objetiva**. Ou seja, há de se provar que o agente agiu com **culpa ou dolo.** No caso de crimes de apropriação previdenciária, é necessário a prova de que o sócio foi quem fez a apropriação ou, ao menos, induziu, instigou ou auxiliou o administrador da empresa a fazer a conduta típica.

Item II: os crimes de apropriação indébita previdenciária e de sonegação de contribuição previdenciária **são figuras típicas dolosas**, ou seja, exige-se que o agente tenha agido com a vontade de se apropriar ou sonegar o tributo ou assumiu o risco de produzir esses resultados.

Item III: a suspensão da pretensão punitiva ocorre se houver **prova cabal do parcelamento** do débito e de que o agente pague as prestações devidas em razão do parcelamento.

Item IV: se há divergência do advogado com seu cliente acerca do *quantum* a ser pago a título de honorários, não se vislumbra o **dolo de se apropriar** na conduta do causídico, sendo assim descaracterizado o crime de apropriação indébita.

68. Alternativa correta: "b". (TRT – JTS 15ª RG/ 2012) Analise as seguintes assertivas, assinalando a alternativa INCORRETA:

a) O crime de furto (art. 155, CP) é um crime comum, tanto com relação ao sujeito ativo quanto ao sujeito passivo; doloso; material; de dano; permanente e monossubjetivo.

b) Segundo posição majoritária do STF e STJ, considera-se consumado o crime de furto com a simples posse, ainda que breve, do bem subtraído, não sendo necessária que a mesma se dê de forma mansa e pacífica, bastando que cesse a clandestinidade, ainda que por curto espaço de tempo.

c) Presente o "*animus* furandi" e sendo demonstrada a intenção de restituir o bem, descabe falar em furto de uso.

d) O objeto material do roubo é a coisa alheia móvel, bem como a pessoa sobre a qual recai a conduta praticada pelo agente, em face de sua pluralidade ofensiva.

e) O crime de roubo somente pode ser praticado dolosamente, não havendo previsão legal para a modalidade culposa. Além do dolo, a doutrina majoritária aponta outro elemento subjetivo, que lhe é transcendente, chamado especial fim de agir, caracterizado na expressão "para si ou para outrem", constante do art. 157do Código Penal.

COMENTÁRIOS

✪ **Nota do autor:** o candidato deve ficar atento, pois o examinador exigiu a resposta **incorreta.**

Alternativa "a": crime comum: **qualquer pessoa** pode ser autor e/ou vítima do crime; doloso: o agente **quer ou assume o risco de produzir o resultado**; material: o tipo exige um **resultado natural**, qual seja a diminuição do patrimônio da vítima; de dano: a vítima sofre um **prejuízo econômico**; e monossubjetivo: o furto pode ser praticado por **uma ou mais pessoas.** O gabarito trouxe que o crime de furto é permanente. No entanto, se trata de crime **instantâneo**, que se consuma com a subtração, que é um ato único; no crime permanente, a consumação se prolonga no tempo.

Alternativa "b": como se trata de crime contra o patrimônio, ou seja, que tutela a propriedade e/ou a posse da vítima sobre o bem, o crime de furto se **consuma** no momento em que o sujeito ativo tem a posse do bem, não sendo necessária que seja ela mansa e pacífica ou duradoura.

Alternativa "c": *animus furandi* é a intenção de furtar, de roubar, ou seja, de obter o patrimônio ilicitamente de outrem. No furto de uso, o agente subtrai o bem da vítima **já com a intenção de devolvê-lo**. E, assim, o faz, restituindo o bem ao seu legítimo proprietário/possuidor nas mesmas condições de uso e conservação.

Alternativa "d": objeto material é a coisa ou pessoa sobre a qual recai a conduta do autor do fato. No roubo, um bem é subtraído, logo esse bem é um objeto material. Além disso, contra a vítima, é exercida grave ameaça e/ou violência, logo essa pessoa também é objeto material do crime de roubo.

Alternativa "e": o crime de roubo só pode ser praticado mediante dolo (direito ou eventual). Não há previsão de tipo culposo. Além disso, há um elemento subjetivo (que faz parte da vontade do agente) que o fim de ter a coisa para si (*animus rem sibi habendi*).

Alternativa correta: "c".

---

69. (TRT – JTS 15ª RG/ 2012) Analise as seguintes assertivas e em seguida responda:

I. Objeto material do crime de extorsão é a pessoa contra a qual recai o constrangimento e qualquer pessoa pode figurar como sujeito ativo desse delito.

II. O crime de extorsão só pode ser praticado dolosamente, não havendo previsão para a modalidade culposa. Além do dolo, a doutrina majoritária aponta outro elemento subjetivo, que lhe é transcendente, chamado "especial fim de agir", caracterizado, "in casu", pela finalidade do agente em obter, para si ou para outrem, indevida vantagem econômica.

III. Embora seja um crime formal, a extorsão mediante sequestro também possui a natureza de delito, plurissubsistente, ou seja, aquele que pode ser desdobrado em vários atos, fracionando-se, pois, o "*iter criminis*", razão pela qual será possível a tentativa.

IV. A fé pública é o bem juridicamente protegido pelo tipo penal que prevê o delito de falsificação de documento público. O objeto material é o documento público falsificado, no todo ou em parte, ou o documento público verdadeiro que fora alterado pelo agente. Admite-se a tentativa.

V. Segundo posição majoritária do STJ, admite-se a responsabilidade penal da pessoa jurídica em crimes ambientais desde que haja a imputação simultânea do ente moral e da pessoa física que atua em seu nome ou em seu benefício.

a) Apenas as assertivas I, II e III são corretas.

b) Apenas a assertiva V é errada.

c) Apenas a assertiva IV é correta.

d) Todas as assertivas são corretas.

e) Apenas as assertivas II e III são erradas.·.

COMENTÁRIOS

Item I: assim como no roubo, a extorsão tem dois objetos materiais sobre os quais recai a conduta do agente: a **pessoa** que sofre o constrangimento, mediante **violência ou grave ameaça,** e o **bem**, mediante o qual o agente obtém **vantagem econômica.**

Item II: o crime de extorsão só pode ser praticado mediante **dolo** (direito ou eventual). Não há previsão de tipo culposo. Além disso, há um elemento subjetivo (que faz parte da vontade do agente) que o fim de ter a coisa para si (***animus rem sibi habendi***).

Item III: a extorsão mediante sequestro é crime formal, pois se consuma com a **privação da liberdade** da vítima, independentemente da obtenção da vantagem patrimonial. Trata-se de crime plurissubsistente, pois a conduta pode ser fracionada, admitindo-se a tentativa, como na hipótese de o agente não conseguir colocar a vítima dentro do carro que a levaria para o cativeiro em razão da intervenção policial.

Item IV: o crime de falsidade de documento público tem como **objeto jurídico** a fé pública, ou seja, o bem jurídico protegido é a presunção de veracidade dos documentos públicos. Já o **objeto material**, ou seja, o bem sobre o qual recai a conduta do autor do fato, é o próprio documento.

Item V: a responsabilidade penal de pessoa jurídica é medida excepcional, já que não se concebe que ela tenha vontade própria de cometer um crime. Porém, a CF/88 previu mandado de criminalização das pessoas jurídicas em decorrência da proteção do meio ambiente, direito das atuais e futuras gerações. De qualquer forma, o STJ firmou posicionamento no sentido de que a pessoa jurídica só tem responsabilidade penal se demonstrada a responsabilidade de seus administradores (princípio da dupla imputação).

Alternativa correta: "d".

---

70. (FCC – JTS 20ª RG/ 2012) No crime de apropriação indébita previdenciária, a possibilidade de o juiz deixar de aplicar a pena, se presentes determinadas situações expressamente previstas em lei, constitui hipótese de

a) renúncia.

b) absolvição imprópria.

c) indulto.

d) perdão judicial.

e) excludente legal da culpabilidade.

COMENTÁRIOS

Alternativa "a": renúncia é a forma de extinção de punibilidade por meio da qual a vítima tácita ou expressamente deixa de oferecer **queixa-crime** contra o autor de um fato criminoso.

Alternativa "b": na absolvição imprópria, o juiz reconhece que a pessoa praticou um fato típico e antijurídico, mas lhe aplica uma **medida de segurança**, tendo-se em vista a inimputabilidade do agente em decorrência de doença mental.

Alternativa "c": o indulto é uma forma de extinção de punibilidade por meio de ato da **Presidência da República** a condenados que preencham os requisitos previstos no Decreto correspondente.

Alternativa "d": o perdão judicial é a forma de extinção da punibilidade por meio da qual o Juiz, diante de um permissivo legal, como o do caso em tela, previsto no § 3º, do art. 168-A, do CP, condena o réu, mas **deixa de aplicar a pena.**

Alternativa "e": presente uma das causas de exclusão de culpabilidade, quais sejam **inimputabilidade, inexigibilidade de conduta diversa e falta de potencial conhecimento da ilicitude do fato**, o agente é isento de pena.

Alternativa correta: "d".

---

71. (FCC – JTS 20ª RG/ 2012) Quanto aos crimes contra o patrimônio, é CORRETO afirmar que

a) a fraude não precisa ser anterior à obtenção da vantagem ilícita no delito de estelionato.

b) na apropriação indébita o dolo é subsequente ao apossamento da coisa.

c) a fraude, no furto qualificado, antecede o apossamento da coisa e é a causa de sua entrega ao agente pela vítima.

d) é dispensável a fraude para a configuração do delito de estelionato na modalidade de emissão de cheque sem fundos.

e) a vítima, iludida, entrega a coisa voluntariamente no delito de extorsão.

COMENTÁRIOS

✪ **Nota do autor:** questão interessante que exigiu do candidato conhecimento acerca dos elementos dos tipos penais de crimes contra o patrimônio.

Alternativa "a": a **fraude precisa ser anterior** à obtenção da vantagem ilícita no delito de estelionato, pois ela é o meio do agente obter o ganho patrimonial em prejuízo da vítima.

Alternativa "b": no crime de apropriação indébita, em um primeiro momento, o agente tem a posse do bem licitamente. Porém, em um segundo momento, inverte essa vontade e passa a agir como se dono fosse, motivo pelo qual se diz que o dolo é subsequente. Por exemplo, uma pessoa ingressa na posse do carro por empréstimo. Findo este, não devolve o veículo e passa a agir como se dono fosse.

Alternativa "c": no furto qualificado mediante fraude, o agente emprega o ardil para que a vítima diminua a vigilância sobre o bem, momento em que aproveita para **subtrair o bem.** Já, no estelionato, a fraude é o meio direto para obtenção da vantagem patrimonial.

Alternativa "d": a **fraude é o que caracteriza o estelionato** em todas as suas formas. A própria emissão do cheque sem fundos constitui a fraude.

Alternativa "e": na extorsão, a vítima é constrangida, mediante violência ou grave ameaça, a entregar o bem ao autor do fato.

Alternativa correta: "b".

2.3. CRIMES CONTRA A ORGANIZAÇÃO DO TRABALHO

---

72. (FCC – Juiz do Trabalho/2017) Suponha que Maria, supervisora administrativa do setor de tecelagem da Empresa Júpiter, pessoal e previamente preenchia os controles de ponto dos empregados que lhe eram subordinados, com jornadas inferiores àquelas efetivamente praticadas. Determinava também que os trabalhadores apusessem, dia a dia, as respectivas assinaturas ao lado dos errôneos dados já inseridos, objetivando afastar a necessidade de pagamento de horas extras. Os empregados da empresa, dentre os quais quatro indígenas que residiam no Estado "A", haviam sido atraídos pela empresa para o Estado "B", local de desenvolvimento dos trabalhos, não lhes sendo asseguradas pela empregadora as condições previamente prometidas para retorno ao local de origem, quando ocorreu o encerramento dos pactos de emprego.

Nesse caso,

a) não se consuma a figura equiparada descrita no art. 207, §1°, parte final, do Código Penal, se os trabalhadores obtiverem por iniciativa própria os recursos para retorno ao Estado de origem, em virtude da recusa da empresa em fornecer os meios a que, para tanto, havia se comprometido desde o início do pacto de emprego.

b) no delito de frustração de direito assegurado por lei trabalhista, a existência, como empregados, de indígenas atingidos pelas condutas criminosas é causa de aumento de pena de um sexto a um terço.

c) a frustração de direito alicerçado em lei trabalhista somente pode caracterizar crime quando há violência, razão pela qual o errôneo procedimento quanto à jornada não é punível criminalmente no caso concreto.

d) não é admissível tentativa no crime de frustração de direito assegurado pela legislação trabalhista, previsto no art. 203, caput, do Código Penal.

e) incide a ação penal pública condicionada à representação nos casos de figuras equiparadas ao crime de aliciamento de trabalhadores de um local para outro do território nacional (art. 207, §1° parte final, do Código Penal).

COMENTÁRIOS

Alternativa "a": o crime do art. 207, § 1º, CP, se configura se o agente recruta a vítima e não assegura as condições de seu retorno ao local de origem (parte final), mesmo que os trabalhadores consigam por iniciativa própria condições de retorno.

Alternativa "b": mediante fraude, houve frustração de direito assegurado pela lei trabalhista (art. 203, CP), como o pagamento de horas extras, em relação ao qual há causa de aumento de pena de um sexto a um terço se a vítima é menor de dezoito anos, idosa, gestante, indígena ou portadora de deficiência física ou mental (art. 203, § 2º, CP).

Alternativa "c": o crime de frustração de direito assegurado pela lei trabalhista (art. 203, CP), exige que haja fraude ou violência. Consigno que o simples erro culposo não tipifica a conduta, exigindo-se o dolo de fraudar, como explícito no problema.

Alternativa "d": o crime de frustração de direito assegurado pela lei trabalhista (art. 203, CP) é plurissubsistente de modo que é possível o fracionamento da sua conduta

Alternativa "e": a ação penal no crime de frustração de direito assegurado pela lei trabalhista (art. 203, CP) é pública incondicionada. Pode o MP agir de ofício independentemente de provocação da vítima.

Alternativa correta: "b".

---

73. (TRT 2 – Juiz do Trabalho Substituto 2ª Região/2016) Em relação aos crimes contra a organização do trabalho, cujos tipos penais estão enunciados no Título IV da Parte Especial do Código Penal, segundo a tipologia especificamente adotada por este Código, são condutas típicas que, em tese, caracterizam crime contra a organização do trabalho:

I. "Reduzir alguém a condição análoga à de escravo, quer submetendo-o a trabalhos forçados ou a jornada exaustiva, quer sujeitando-o a condições degradantes de trabalho, quer restringindo, por qualquer meio, sua locomoção em razão de dívida contraída com o empregador ou preposto".

II. "Deixar de repassar à previdência social as contribuições recolhidas dos contribuintes, no prazo e forma legal ou convencional".

III. "Participar de suspensão ou abandono coletivo de trabalho, praticando violência contra pessoa ou contra coisa".

IV. "Exercer atividade, de que está impedido por decisão administrativa".

V. "Aliciar trabalhadores, com o fim de levá-los de uma para outra localidade do território nacional".

Responda:

a) Somente as proposições I, II e IV estão corretas.

b) Somente as proposições I, II e V estão corretas.

c) Somente as proposições II, III e V estão corretas.

d) Somente as proposições III, IV e V estão corretas

e) Todas as proposições estão corretas.

COMENTÁRIOS

Item I: trata-se de crime de Redução a condição análoga à de escravo (art. 149, CP), que é crime contra a liberdade individual.

Item II: trata-se de crime de apropriação indébita previdenciária (art. 168-A, CP), previsto no CP como crime contra o patrimônio.

Item III: trata-se de crime de paralisação de trabalho, seguida de violência ou perturbação da ordem (art. 200, CP), que é crime contra a organização do trabalho.

Item IV: trata-se de crime de exercício de atividade com infração de decisão administrativa (art. 205, CP), que é crime contra a organização do trabalho.

Item V: trata-se de crime de aliciamento de trabalhadores de um local para outro do território nacional (art. 207, CP), que é crime contra a organização do trabalho.

Alternativa correta: "d".

---

74. (TRT 1 – Juiz do Trabalho Substituto 1ª Região/2016) Sandro convence Carolina, Patrícia e Hugo, mediante o pagamento de R$ 100,00 (cem reais) por pessoa, a saírem da cidade onde moram, no Mato Grosso, para irem trabalhar como empregadas em uma fábrica localizada no interior do Amazonas. Lá chegando, os três são admitidos para exercer as mesmas tarefas, na fábrica mencionada por Sandro (sendo este, descobrem as trabalhadoras quando começam a desempenhar as suas atividades, o proprietário da fábrica).

Dizendo-se também proprietário do Armazém do Trabalhador, no primeiro dia de trabalho dos três empregados, Sandro diz que, "seria melhor para eles fazerem suas compras na minha venda" e "que isso deixaria o chefe muito feliz". Apesar de o Armazém praticar preços mais elevados e ser razoavelmente mais distante que outros estabelecimentos assemelhados, sentindo seus empregos ameaçados, Carolina e Patrícia passam a fazer as compras naquele estabelecimento, o que acaba por lhes comprometer substancialmente a renda mensal fruto do salário recebido.

Patrícia e Hugo se filiam ao sindicato que representa os interesses da categoria profissional que integram, começam a participar das atividades e se tornam dirigentes da entidade. Sistematicamente, Sandro se recusa a liberar os dirigentes para participação nas reuniões do sindicato (inclusive uma que iria deliberar acerca de paralisação das atividades em sua fábrica), mesmo tendo Patrícia e Hugo sempre se comprometido a compensar no dia seguinte as horas que deixassem de trabalhar. Na frente de testemunhas, Sandro afirma para ambos: "se vocês saírem antes serão descontados. Se repetirem, serão suspensos e se isso continuar vão ser dispensados por justa causa. A menos que tenham emprego aqui, vão acabar tendo que voltar lá para o Mato Grosso. Vocês que sabem ... Aliás, vocês são uns vagabundos de merda mesmo." No entanto, nenhum dos empregados teve o seu contrato de trabalho extinto.

Admitindo que tudo o narrado seja verdade e esteja comprovado, e com base no Código Penal, em relação aos crimes contra a organização do trabalho, Sandro praticou ao menos:

a) Atentado contra a liberdade de associação e injúria.

b) Frustração de direito assegurado por lei trabalhista e Aliciamento de trabalhadores de um local para o outro do território nacional.

c) Aliciamento de trabalhadores de um local para o outro do território nacional.

d) Atentando contra a liberdade de associação.

e) Atentado contra a liberdade de associação, Frustação de direito assegurado por lei trabalhista e injúria.

COMENTÁRIOS

Alternativa "a": embora tenha dificultado que seus empregados participassem das atividades sindicais, Sandro não se valeu de violência ou grave ameaça, conforme exige o crime de atentado contra a liberdade de associação (art. 199, CP). Pode ter ocorrido injúria (art. 140, CC), quando Sandro diz que os empregados são uns vagabundos de merda mesmo.

Alternativa "b": no crime de frustração de direito assegurado por lei trabalhista, exige-se que o agente o pratique mediante fraude ou violência (art. 203, CP). Não houve violência e a fraude se empregou para a consumação do crime de aliciamento de trabalhadores de um local para outro do território nacional na forma equiparada (art. 207, § 1º, CP), que absorve aquele primeiro.

Alternativa "c": Sandro cometeu o crime de aliciamento de trabalhadores de um local para outro do território nacional na forma equiparada (art. 207, § 1º, CP), porque: a. recrutou trabalhadores, no Mato Grosso, fora da localidade de execução do trabalho, no Amazonas, dentro do território nacional, mediante cobrança de qualquer quantia do trabalhador, ou, ainda, não assegurar condições do seu retorno ao local de origem, ao exigir que eles pagassem as contas do armazém, etc.

Alternativa "d": o crime de atentado à liberdade associação (art. 199, CP) exige grave ameaça ou violência. Não houve violência. E, ao impedir que Patrícia e Hugo participem das reuniões sindicais, o autor não se vale de grave ameaça, mas de ameaça simples.

Alternativa "e": não houve os crimes de Atentado contra a liberdade de associação e Frustação de direito assegurado por lei trabalhista. Em tese, houve o crime de injúria. Tudo conforme o exposto acima.

Alternativa correta: "c".

---

75. (FCC – Juiz do Trabalho Substituto 23ª Região/2015) Paulo, industrial do ramo de plásticos, mediante promessa de mal futuro, sério e verossímil, constrangeu Pedro, proprietário de empresa concorrente, a não adquirir de Antônio matéria-prima necessária para a fabricação de seus produtos. No caso, Paulo cometeu o crime de

a) atentado contra a liberdade de trabalho.

b) sabotagem.

c) boicotagem violenta.

d) atentado contra a liberdade de contrato de trabalho.

e) constrangimento ilegal.

COMENTÁRIOS

Alternativa "a": previsto no art. 197, CP, o crime contra a liberdade de trabalho pune aquele que constrange outrem, mediante violência ou grave ameaça, a exercer o trabalho em uma das formas previstas nos incisos I e II.

Alternativa "b": o crime de sabotagem está previsto no art. 202 do CP e consiste em danificar o estabelecimento ou as coisas nele existentes ou delas dispor com o fim de embaraçar ou impedir o curso normal do trabalho.

Alternativa "c": no art. 198, CP, há dois crimes: atentado contra a liberdade de contrato de trabalho e boicotagem violenta. Neste, o agente constrange o ofendido, mediante violência ou grave ameaça, a não fornecer a outrem ou a não adquirir de outrem, como no caso presente, matéria-prima ou produto industrial ou agrícola, com o que se ofende a organização do trabalho.

Alternativa "d": no crime de atentado contra a liberdade de contrato de trabalho, a vítima, mediante violência ou grave ameaça, é constrangida a celebrar contrato de trabalho.

Alternativa "e": o art. 198, CP, é um tipo penal especial em relação ao crime de constrangimento ilegal e, assim, pelo princípio da especialidade incide no caso proposto no problema, afastando-se o art. 146, CP.

Alternativa correta: "c".

---

76. (FCC – Juiz do Trabalho Substituto 6ª Região/2015) No delito de paralisação de trabalho, seguida de violência ou perturbação da ordem,

a) o sujeito ativo só pode ser o empregado.

b) punível a suspensão de trabalho.

c) a violência deve ser dirigida, necessariamente, contra pessoa.

d) o abandono de trabalho pode ser individual.

e) punível, apenas, o abandono de trabalho.

COMENTÁRIOS

Alternativa "a" – errada: o sujeito ativo pode ser qualquer pessoa. O tipo penal é comum, pois não exige qualquer qualidade especial do sujeito ativo do crime.

Alternativa "c" – errada: a violência pode ser dirigida contra pessoa ou contra objeto, como o maquinário da empresa.

Alternativa "d" – errada: para que se caracterize o crime, é indispensável o concurso de ao menos três pessoas. Trata-se de crime de concurso necessário.

Alternativa "e" – errada: no art. 200, CP, punem-se a paralisação e a suspensão do trabalho.

Alternativa "b" – correta: o crime de paralisação do trabalho (art. 200, CP) tem como condutas a paralisação do trabalho ou a simples suspensão.

Alternativa correta: "c".

---

77. (TRT 8 – Juiz do Trabalho Substituto 8ª Região/2014) NÃO caracteriza crime contra organização do trabalho:

a) Constranger alguém, mediante violência ou grave ameaça: I – a exercer ou não exercer arte, ofício, profissão ou indústria, ou a trabalhar ou não trabalhar durante certo período ou em determinados dias. II – a abrir ou fechar o seu estabelecimento de trabalho, ou a participar de parede ou paralisação de atividade econômica.

b) Constranger alguém, mediante violência ou grave ameaça, a celebrar contrato de trabalho, ou a não fornecer a outrem ou não adquirir de outrem matéria-prima ou produto industrial ou agrícola.

c) Constranger alguém, mediante violência ou grave ameaça, a participar ou deixar de participar de determinado sindicato ou associação profissional.

d) Participar de interrupção ou abandono coletivo de trabalho, praticando violência contra pessoa ou contra coisa.

e) Invadir ou ocupar estabelecimento industrial, comercial ou agrícola, com o intuito de impedir ou embaraçar o curso normal do trabalho, ou com o mesmo fim danificar o estabelecimento ou as coisas nele existentes ou delas dispor.

COMENTÁRIOS

✪ **Nota do autor:** o candidato deve ficar atento, pois o examinador exigiu a alternativa incorreta.

Alternativa "a": trata-se de crime de atentado contra a liberdade de trabalho (art. 197, CP).

Alternativa "b": trata-se de crime de atentado contra a liberdade de contrato de trabalho e boicotagem violenta (art. 198, CP).

Alternativa "c": trata-se de crime de atentado contra a liberdade de associação (art. 199, CP).

Alternativa "d": no crime de paralisação de trabalho, seguida de violência ou perturbação da ordem, previsto no art. 200, CP, se exige um agrupamento de **pelo menos três** pessoas, as quais **suspendem** ou abandonam o trabalho.

Alternativa "e": trata-se de crime de invasão de estabelecimento industrial, comercial ou agrícola. Sabotagem (art. 202, CP).

Alternativa correta: "d".

---

78. (TRT 3 – Juiz do Trabalho Substituto 3ª Região/2014) NÃO é correto afirmar no que concerne ao crime de aliciamento de trabalhadores de um local para outro do território nacional:

a) Configura-se o crime e incorre nas penas previstas aquele que recrutar trabalhadores fora da localidade de execução do trabalho, dentro do território nacional, mediante cobrança de qualquer quantia do trabalhador.

b) A pena prevista para o crime de aliciar trabalhadores, com o fim de levá-los de uma para outra localidade do território nacional, é de detenção de um a três anos, e multa.

c) Configura-se o crime e incorre nas penas previstas aquele que recrutar trabalhadores fora da localidade de execução do trabalho, dentro do território nacional e não assegurar condições do seu retorno ao local de origem.

d) A pena é aumentada um sexto a um terço se a vítima é analfabeta, gestante ou portadora de deficiência física ou mental.

e) A pena é aumentada de um sexto a um terço se a vítima é menor de dezoito anos, idosa, indígena.

COMENTÁRIOS

✪ **Nota do autor:** o candidato deve ficar atento, pois o examinador exigiu a alternativa incorreta.

Alternativa "a": trata-se de figura equiparada do crime de aliciamento de trabalhadores de um local para outro do território nacional, previsto no art. 207, § 1º, CP). Nesse caso, o aliciamento ocorre com o recrutamento de trabalhadores fora da localidade de execução do trabalho, dentro do território nacional, mediante cobrança de qualquer quantia do trabalhador.

Alternativa "b": de fato, a pena é de detenção de um a três anos e multa, conforme estabelece o preceito sancionador do art. 207, § 1º, CP.

Alternativa "c": nesse caso, o crime se consuma em decorrência de conduta omissiva do autor do fato que não assegura ao trabalhador meios de voltar ao seu local de origem (art. 207, § 1º, CP).

Alternativa "d": no crime de **aliciamento de trabalhadores**, a pena é aumentada de um sexto a um terço se a vítima é **menor de dezoito anos, idosa, gestante, indígena ou portadora de deficiência física ou mental** (art. 207, § 2º, CP). Se a vítima é analfabeta, não incide a causa de aumento de pena.

Alternativa "e": no crime de **aliciamento de trabalhadores**, a pena é aumentada de um sexto a um terço se a vítima é **menor de dezoito anos, idosa,** gestante**, indígena** ou portadora de deficiência física ou mental (art. 207, § 2º, CP).

Alternativa correta: "d".

---

79. (FCC – Juiz do Trabalho Substituto 18ª Região/2014) Configura o crime de boicotagem violenta

a) constranger alguém, mediante violência ou grave ameaça, a não fornecer a outrem ou não adquirir de outrem matéria-prima ou produto industrial ou agrícola.

b) participar de suspensão ou abandono coletivo de trabalho, praticando violência contra pessoa ou contra coisa.

c) constranger alguém, mediante violência ou grave ameaça, a abrir ou fechar o seu estabelecimento, ou a participar de parede ou paralisação de atividade econômica.

d) participar de suspensão ou abandono coletivo de trabalho, provocando a interrupção de obra pública ou serviço de interesse coletivo.

e) danificar estabelecimento industrial, comercial ou agrícola com o intuito de impedir ou embaraçar o curso normal do trabalho.

COMENTÁRIOS

Alternativa "a": no crime de **boicotagem**, a liberdade de trabalho da vítima é restringida, pois o sujeito ativo do crime, constrange o ofendido a não fornecer a outrem ou não adquirir de outrem matéria-prima ou produto industrial ou agrícola (art. 198, CP).

Alternativa "b": trata-se de crime de paralisação de trabalho, seguida de violência ou perturbação da ordem (art. 200, CP).

Alternativa "c": trata-se de crime de atentado contra a liberdade de trabalho (art. 197, II CP).

Alternativa "d": trata-se de crime de atentado contra a liberdade de trabalho (art. 197, II CP).

Alternativa "e": trata-se de crime de invasão de estabelecimento industrial, comercial ou agrícola. Sabotagem (art. 202, CP).

Alternativa correta: "a".

---

80. (TRT 22 – Juiz do Trabalho Substituto 22ª Região/ 2013) Aroeira era conhecido intermediador de trabalhadores na região do Bico de Tucano. Em determinado dia, ele obrigou Clemilton, mediante grave ameaça, a exercer a arte de pintor de quadros durante quinze dias do mês de janeiro. Em qual crime a conduta de Aroeira se enquadra:

a) atentado contra a liberdade de trabalho;

b) frustração de Direito assegurado por lei trabalhista;

c) aliciamento de trabalhadores de um local para outro do território nacional;

d) redução à condição análoga à de escravo;

e) figura típica assemelhada à Redução à condição análoga à de escravo.

COMENTÁRIOS

Alternativa "a": houve atentado contra a liberdade de trabalho, porque a vítima, mediante grave ameaça, foi obrigada a exercer arte de pintor (art. 197, I, CP).

Alternativa "b": o crime de frustração de direito assegurado por lei trabalhista só é cometido mediante **fraude ou violência**. Nunca por grave ameaça como no caso em tela.

Alternativa "c": no crime de aliciamento de trabalhadores de um local para outro do território nacional, o sujeito ativo do crime arregimenta pessoas para o trabalho com o fim de levá-los de uma para outra localidade do território nacional

Alternativas "d" e "e": não se pode falar em crime de redução à condição análoga a de escravo, pois não se tem notícia de uma das situações apontadas no art. 149, CP: submissão a trabalhos forçados ou a jornada exaustiva, sujeição a condições degradantes de trabalho, restrição, por qualquer meio, sua locomoção em razão de dívida contraída com o empregador ou preposto.

Alternativa correta: "a".

---

81. (TRT 22 - Juiz do Trabalho Substituto 22ª Região/2013) Durante uma disputa pela Diretoria de um determinado Sindicato, o candidato a presidente utilizou-se de violência para constranger um grupo de empregados, que não eram sindicalizados, a filiar-se ao Sindicato, aumentando assim o seu número de votos, e, consequentemente, viabilizando a sua eleição. A presente situação fática caracteriza qual crime:

a) atentado contra a liberdade de trabalho;

b) atentado contra a liberdade de associação;

c) boicotagem violenta;

d) perturbação da ordem laboral;

e) frustração de direito assegurado por lei trabalhista.

COMENTÁRIOS

Alternativa "a": o crime de atentado contra a liberdade de trabalho é consiste em atentar contra o exercício livre do trabalho nos termos do art. 197, CP.

Alternativa "b": a livre associação sindical é uma garantia constitucional (art. 8º, CF/88), tutelada pelo art. 199, CP. No caso, configurou-se tal crime porque o sujeito ativo se valeu de violência para constranger as pessoas a se filiarem ao sindicato.

Alternativa "c": o crime de boicotagem violenta consiste em constranger alguém, mediante violência ou grave ameaça, a não fornecer a outrem ou não adquirir de outrem matéria-prima ou produto industrial ou agrícola (art. 198, CP).

Alternativa "d": o crime de perturbar da ordem laboral consiste em participarem ao **menos três pessoas** de suspensão ou abandono coletivo de trabalho, praticando violência contra pessoa ou contra coisa (art. 200, CP).

Alternativa "e": o crime de frustração de direito assegurado por lei trabalhista consiste em Frustrar, mediante fraude ou violência, direito assegurado pela legislação do trabalho (art. 203, CP).

Alternativa correta: "b".

---

82. (TRT 8 - Juiz do Trabalho Substituto 8ª Região/2013) Relativamente aos crimes contra a organização do trabalho tipificados no Código Penal, é CORRETO afirmar que:

a) Configura atentado contra a liberdade de trabalho constranger alguém mediante coação ou violência a exercer ou não exercer arte, ofício, profissão ou indústria, ou a trabalhar ou não trabalhar durante certo período ou em determinados dias, ou a abrir ou fechar o seu estabelecimento de trabalho, ou a participar de parede ou paralisação de atividade econômica.

b) Tipifica o crime de paralisação de trabalho, seguida de violência ou perturbação da ordem, participar de suspensão ou abandono coletivo de trabalho, praticando violência contra pessoa ou contra coisa, sendo necessário o concurso de, pelo menos, quatro empregados para ser considerado coletivo o abandono de trabalho.

c) Comete o crime de sabotagem aquele que invadir ou ocupar estabelecimento industrial, comercial ou agrícola, com o intuito de impedir ou embaraçar o curso normal do trabalho, ou com o mesmo fim danificar o estabelecimento ou as coisas nele existentes ou delas dispor, estando sujeito a pena de reclusão, de um a três anos, e multa.

d) Nos crimes de aliciamento de trabalhadores de um local para outro do território nacional a pena é aumentada de um sexto a um terço se a vítima é menor de dezesseis anos, idosa, gestante, indígena ou portadora de deficiência física ou mental.

e) Configura o crime de frustração de direito assegurado por lei trabalhista obrigar ou coagir alguém a usar mercadorias de determinado estabelecimento, para impossibilitar o desligamento do serviço em virtude de dívida, ou impedir alguém de se desligar de serviços de qualquer natureza, mediante grave ameaça ou por meio da retenção de seus documentos pessoais ou contratuais.

COMENTÁRIOS

✪ **Nota do autor:** essa questão foi anulada pela comissão organizadora do concurso.

Alternativa "a": o tipo penal exige que o constrangimento seja mediante **grave ameaça**, que é a promessa de um mal injusto e imediato, ou **violência.** Não se pode confundir, mormente em matéria penal, coação com grave ameaça.

Alternativa "b": nos termos do art. 200, parágrafo único, para que se considere coletivo o abandono de trabalho é indispensável o concurso de, pelo menos, **três** empregados.

Alternativa "c": o art. 202, CP, é dividido em dois crimes: a. **invasão de estabelecimento industrial, comercial e agrícola**: invadir ou ocupar estabelecimento industrial, comercial ou agrícola, com o intuito de impedir ou embaraçar o curso normal do trabalho; b. **sabotagem:** com o mesmo fim danificar o estabelecimento ou as coisas nele existentes ou delas dispor. A ambos, a pena é de reclusão, de um a três anos, e multa.

Alternativa "d": Nos crimes de aliciamento de trabalhadores de um local para outro do território nacional a pena é aumentada de um sexto a um terço se a vítima é menor de **dezoito** anos, idosa, gestante, indígena ou portadora de deficiência física ou mental (art. 207, § 2º, CP).

Alternativa "e": configura o crime de frustração de direito assegurado por lei trabalhista obrigar ou coagir alguém a usar mercadorias de determinado estabelecimento, para impossibilitar o desligamento do serviço em virtude de dívida, ou impedir alguém de se desligar de serviços de qualquer natureza, mediante **coação** ou por meio da retenção de seus documentos pessoais ou contratuais (art. 203, § 1º, I e II, CP).

Alternativa correta: ver nota do autor.

---

83. (CESPE - Juiz do Trabalho Substituto 5ª Região/2013) Assinale a opção correta em relação aos crimes contra a organização do trabalho.

a) Comete o crime de redução à condição análoga à de escravo aquele que contrata trabalhadores de localidade diversa daquela onde será executado o trabalho e não assegura condições de seu retorno ao local de origem.

b) Podem ser sujeitos ativos do crime de paralisação de trabalho, seguido do crime de perturbação da ordem, tanto os empregados que participam do abandono coletivo de trabalho, com violência exercida contra coisa, quanto o empregador que paralisa as atividades empresariais para frustrar negociação coletiva, fato conhecido como *lockout*.

c) O crime de paralisação de trabalho de interesse coletivo consiste na participação de abandono coletivo de trabalho que resulte na interrupção de obra pública ou serviço de interesse coletivo, como, por exemplo, a construção de estádio de futebol com vistas à realização da Copa do Mundo de Futebol em 2014.

d) Para a consumação do crime de sabotagem agrícola, exige-se que ao menos parte da safra seja destruída, estragada ou inutilizada, admitindo-se que o dano seja causado também às máquinas e instrumentos, utensílios, matérias-primas e instalação elétrica.

e) O indivíduo que, mediante fraude consistente em falsa promessa de alto salário, recruta um dentista para trabalhar no exterior e, ao chegar ao destino, retém seu passaporte, impedindo-o de retornar ao Brasil, pratica o crime de aliciamento para o fim de emigração.

COMENTÁRIOS

Alternativa "a": incorre na mesma pena do crime de **aliciamento de trabalhadores de um local para outro do território nacional** quem recrutar trabalhadores fora da localidade de execução do trabalho, dentro do território nacional, mediante fraude ou cobrança de qualquer quantia do trabalhador, ou, ainda, não assegurar condições do seu retorno ao local de origem (art. 207, § 1º, CP).

Alternativa "b": o art. 200 do CP não restringe o sujeito ativo a empregado ou empregador. Assim, **um e outro** podem cometer o crime em comento, se a paralisação (greve ou *lockout*) afetar a organização do trabalho.

Alternativa "c": obra pública é a executada pelo próprio ente estatal. Já serviço de interesse público é o que visa atender as necessidades da população em geral, como saúde, educação, iluminação pública. A construção de estádios para a Copa do Mundo não se encaixa nesse conceito.

Alternativa "d": o crime do art. 202 do CP é crime formal. Dessa forma, não é necessário resultado naturalístico, ocorrendo a consumação com a invasão do estabelecimento agrícola com o fim de danificar o estabelecimento ou coisas nele existentes.

Alternativa "e": ocorreu o crime de frustração de direito assegurado por lei trabalhista na forma equiparada do art. 203, § 1º, II, CP). O crime de aliciamento para fim de emigração, segundo a doutrina, exige que haja ao menos **três trabalhadores recrutados.**

Alternativa correta: "b".

---

84. (FCC - Juiz do Trabalho Substituto 6ª Região/2013) O fato de a vítima ser menor de dezoito anos, idosa, gestante, indígena ou portadora de deficiência física ou mental constitui causa de aumento da pena no crime de

a) atentado contra a liberdade de contrato de trabalho.

b) atentado contra a liberdade de trabalho.

c) atentado contra a liberdade de associação.

d) frustração de direito assegurado por lei trabalhista.

e) aliciamento para o fim de imigração.

COMENTÁRIOS

✪ **Nota do autor:** a causa de aumento de pena deve ser expressamente prevista em lei e deve especificar a qual crime é cabível.

Alternativa "a": no art. 198, CP, não há previsão dessa causa de aumento de pena.

Alternativa "b": no art. 197, CP, não há previsão dessa causa de aumento de pena.

Alternativa "c": no art. 199, CP, não há previsão dessa causa de aumento de pena.

Alternativa "d": no crime de frustração de direito assegurado por lei trabalhista, a pena é **aumentada de um sexto a um terço** se a vítima é menor de dezoito anos, idosa, gestante, indígena ou portadora de deficiência física ou mental (art. 203, § 2º, CP).

Alternativa "e": no art. 206, CP (aliciamento para o fim de **emigração**), não há previsão dessa causa de aumento de pena.

Alternativa correta: "d".

85. (TRT – JTS 8ª RG/ 2012) A respeito dos crimes contra a organização do trabalho, marque a alternativa CORRETA:

a) É considerado crime de atentado contra a liberdade de associação, o ato de constranger alguém a participar ou deixar de participar de determinado sindicato ou associação profissional.

b) Incorre na mesma pena prevista para o crime de frustração do direito assegurado por lei trabalhista aquele que impedir alguém de se desligar de serviços de qualquer natureza, mediante coação ou por meio da retenção de seus documentos pessoais ou contratuais, não havendo, todavia, aumento de pena, nesta hipótese, se a vítima for indígena.

c) Incorre na mesma pena prevista para o crime de frustração de direito assegurado por lei trabalhista aquele que obrigar ou coagir alguém a usar mercadorias de determinado estabelecimento, para impossibilitar o desligamento do serviço em virtude de dívida.

d) Não é considerado crime contra a organização do trabalho o exercício de atividade de que o agente está impedido apenas por decisão administrativa.

e) O recrutamento de trabalhadores, com o fim de levá-los para território estrangeiro não é considerado crime, ainda que mediante fraude, se houver a sua anuência.

COMENTÁRIOS

✪ **Nota do autor:** nos crimes contra a organização do trabalho, o objeto jurídico tutelado pela norma penal é a **liberdade de exercício dos direitos e garantias trabalhistas.**

Alternativa "a": o constrangimento deve ser exercido mediante violência ou grave ameaça (art. 199, CP).

Alternativa "b": no crime de frustração do direito assegurado por lei trabalhista e nas figuras equiparadas incide a causa de aumento de pena se a vítima for **menor de dezoito anos, idosa, gestante, indígena ou portadora de deficiência física ou mental** (art. 203, § 2º, CP).

Alternativa "c" – correta: o trabalhador tem o direito de **celebrar o contrato de trabalho de forma livre**, com quem entender conveniente, motivo pelo qual mecanismo que **impeça essa livre escolha constitui crime**, como obrigá-lo a permanecer no mesmo emprego em razão de dívida (art. 203, § 1º, I, CP).

Alternativa "d" – errada: o exercício de atividade de que o agente está impedido apenas por decisão administrativa configura crime previsto no art. 205 do CP.

Alternativa "e" – errada: a fraude vicia a vontade do trabalhador recrutado para o trabalho no exterior, motivo pelo qual tal conduta é considerada crime (art. 206, CP).

Alternativa correta: "c".

86. (FCC – JTS 4ª RG/ 2012) NÃO constitui causa de aumento da pena no crime de aliciamento de trabalhadores de um local para outro do território nacional a circunstância de a vítima ser

a) analfabeta.

b) portadora de deficiência física.

c) menor de dezoito anos.

d) gestante.

e) indígena.

COMENTÁRIOS

Alternativa "a": as causas de aumento de pena devem ser previstas expressamente na lei, sendo que não há, nesse caso específico, previsão de que o fato de a vítima ser analfabeta como causa dessa natureza.

Alternativa "b": o fato de ser a vítima portadora de deficiência física é causa de aumento de pena enumerada no art. 207, § 2º, do CP.

Alternativa "c": o fato de ser a vítima menor de dezoito anos é causa de aumento de pena enumerada no art. 207, § 2º, do CP.

Alternativa "d": o fato de ser a vítima gestante é causa de aumento de pena enumerada no art. 207, § 2º, do CP.

Alternativa "e": o fato de ser a vítima indígena é causa de aumento de pena enumerada no art. 207, § 2º, do CP.

Alternativa correta: "a".

87. (TRT – JTS 19ª RG/ 2012) São crimes contra a organização do trabalho:

I Atentado contra a segurança de serviço de utilidade pública.

II Redução da pessoa à condição análoga à de escravo.

III Aliciamento para o fim de emigração.

IV Atentado contra a liberdade de trabalho.

V Invasão de estabelecimento industrial, comercial ou agrícola. Sabotagem.

a) Todas as proposições estão corretas.

b) Somente a proposição I está incorreta.

c) Somente as proposições II e IV e V estão corretas.

d) Somente as proposições III, IV e V estão corretas.

e) Somente as proposições II, III e IV estão corretas.

COMENTÁRIOS

✪ **Nota do autor:** os crimes contra a organização do trabalho são aqueles previstos no Título IV da Parte Especial do Código Penal e tem como objetividade jurídica a tutela dos direitos e garantias do trabalhador.

Item I: o crime de atentado contra a segurança de serviço de utilidade pública está previsto no art. 265 do CP, sendo **crime contra a segurança dos meios de comunicação e transporte e outros serviços públicos**.

Item II: o crime de redução da pessoa à condição análoga à de escravo está previsto no art. 149 do CP, sendo **crime contra a liberdade pessoal**.

Item III: o crime de aliciamento para o fim de emigração está previsto no art. 206 do CP, sendo **crime contra a organização do trabalho**.

Item IV: o crime de atentado contra a liberdade de trabalho está previsto no art. 197 do CP, sendo **crime contra a organização do trabalho**.

Item V: o crime de invasão de estabelecimento industrial, comercial ou agrícola. Sabotagem está previsto no art. 202 do CP, sendo **crime contra a organização do trabalho**.

Alternativa correta: "a".

---

88. (TRT - JTS 19ª RG/ 2012) Considerando o crime de frustração de direito assegurado por lei trabalhista, é INCORRETO afirmar:

a) A pena é de detenção de um ano a dois anos, e multa, além da pena correspondente à violência.

b) Quem impede alguém de se desligar de serviços de qualquer natureza, mediante coação ou por meio da retenção de seus documentos pessoais ou contratuais, incorre na mesma pena do tipo penal em análise.

c) A pena é aumentada de um quinto a um terço se a vítima é menor de dezoito anos, idosa, gestante, indígena ou portadora de deficiência física ou mental.

d) Configura o tipo penal o ato de frustrar, mediante fraude ou violência, direito assegurado pela legislação do trabalho.

e) Na mesma pena do tipo penal em análise incorre quem obriga ou coage alguém a usar mercadorias de determinado estabelecimento, para impossibilitar o desligamento do serviço em virtude de dívida.

COMENTÁRIOS

✪ **Nota do autor:** o examinador exige a alternativa incorreta.

Alternativa "a": trata-se da pena prevista no art. 203 do CP.

Alternativa "b": trata-se da figura equiparada prevista no art. 203, § 1º, II, do CP.

Alternativa "c": a pena é aumentada de **um sexto a um terço** se a vítima é menor de dezoito anos, idosa, gestante, indígena ou portadora de deficiência física ou mental.

Alternativa "d": os direitos trabalhistas são enumerados como fundamentais pela CF/88, motivo pelo qual merecem tutela penal, punindo-se o agente que os frustra mediante fraude.

Alternativa "e": trata-se da figura equiparada prevista no art. 203, § 1º, I, do CP.

Alternativa correta: "c".

---

89. (FCC - JTS 20ª RG/ 2012) A violência NÃO constitui elemento do crime de

a) aliciamento para fim de emigração.

b) atentado contra a liberdade de trabalho.

c) frustração de direito assegurado por lei trabalhista.

d) atentado contra a liberdade de associação.

e) frustração de lei sobre a nacionalização do trabalho.

COMENTÁRIOS

✪ **Nota do autor:** o examinador exigiu do candidato o crime em que a **violência não é um elemento do tipo penal**, ou seja, que ela não seja o meio pelo qual o agente obtenha o resultado naturalístico.

Alternativa "a": no aliciamento para fim de emigração, o agente não se vale da violência, mas da **fraude**, do engodo, do ardil, para o cometimento do crime.

Alternativa "b": no atentado contra a liberdade do trabalho, o agente constrange a vítima mediante violência ou grave ameaça.

Alternativa "c": na frustração de direito assegurado por lei trabalhista, o agente se vale da fraude ou violência.

Alternativa "d": no atentado contra a liberdade do trabalho, o agente se vale da grave ameaça ou violência.

Alternativa "e": na frustração de lei sobre a nacionalização do trabalho, o agente se vale da fraude ou violência.

Alternativa correta: "a".

---

90. (TRT - JTS 21ª RG/ 2012) Antônio dos Martírios trabalhou na empresa Enseada Eletromóveis por trinta anos, até tornar-se seu gerente. A empresa foi vendida, e os novos proprietários trouxeram um novo gerente para administrá-la. Assim, resolveram despedir Antônio dos Martírios. Porém, foram avisados, pelo advogado da empresa, sobre a existência, na convenção coletiva de trabalho da categoria, de cláusula prevendo estabilidade dos empregados no emprego, nos cinco anos que antecedem à aposentadoria. Em virtude do empecilho legal, mas não querendo a permanência do antigo empregado no cargo de gerente, a empresa determinou que não fosse atribuída nenhuma atividade a Antônio dos Martírios, colocando-o em uma sala vazia, com apenas uma cadeira, com vistas a forçá-lo a pedir demissão. Após seis meses nessas condições, Antônio dos Martírios, psicologicamente abalado, pediu demissão. A conduta da empresa, definida, no âmbito das relações de trabalho, como assédio moral, no Direito Penal constitui a figura típica de:

a) Constrangimento ilegal;
b) Atentado contra a liberdade de trabalho;
c) O assédio moral não constitui conduta penalmente punível;
d) Frustração de direito assegurado por lei trabalhista;
e) Atentado contra a liberdade de contrato de trabalho.

COMENTÁRIOS

Alternativa "a": no crime de constrangimento ilegal, a vítima é constrangida, mediante violência ou grave ameaça, ou depois de lhe haver reduzido, por qualquer outro meio, a capacidade de resistência, a não fazer o que a lei permite, ou a fazer o que ela não manda. Trata-se de tutela do **princípio da legalidade**, em que ninguém será obrigado a fazer ou deixar de fazer alguma coisa senão em virtude de lei.

Alternativa "b": no crime de atentado contra a liberdade de trabalho, o agente se vale de **violência ou grave ameaça**, o que não foi usado pelos empregadores no caso em tela.

Alternativa "c": o assédio moral não se subsume em qualquer dos tipos penais previstos na legislação brasileira. De se notar que a maioria dos crimes prevista no capítulo sobre organização do trabalho é da época de promulgação do CP, na década de 1940, quando a teoria sobre assédio moral ainda não era bem conhecida no Brasil.

Alternativa "d": no crime de frustração de direito assegurado por lei trabalhista, o agente se vale de **violência ou fraude**, o que não foi usado pelos empregadores no caso em tela.

Alternativa "e": no crime de atentado contra a liberdade de contrato de trabalho, a vítima é constrangida, **mediante violência ou grave ameaça**, a celebrar contrato de trabalho, ou a não fornecer a outrem ou não adquirir de outrem matéria-prima ou produto industrial ou agrícola.

Alternativa correta: "c".

---

91. (TRT – JTS 21ª RG/ 2012) Helenildo Guerra é dono de uma loja de venda de material de construção e emprega 14 empregados. Os empregados recebem um salário básico mais comissões sobre as vendas, mas o empregador registra em suas Carteiras de Trabalho e Previdência Social, como remuneração, exclusivamente o valor do salário básico, com o objetivo de pagar menos impostos, contribuições para a previdência social e verbas rescisórias. A conduta de Helenildo Guerra constitui crime(s):

a) de frustração de direito assegurado pela legislação trabalhista e falsificação de documento público;
b) de frustração de direito assegurado pela legislação trabalhista, que absorve o crime de falsificação de documento público;
c) contra a organização do trabalho e falsificação de documento particular;
d) de falsidade ideológica e frustração de direito trabalhista, em concurso de crimes, com a agravante de que o empregador prevaleceu-se da sua posição para infringir prejuízo ao sujeito passivo do crime;
e) de frustração de direito assegurado pela legislação trabalhista, apenas, sendo a falsificação de documento particular o meio para fraudar a legislação trabalhista.

COMENTÁRIOS

Alternativa "a": é direito dos trabalhadores que as anotações na CTPS correspondam ao real valor de sua remuneração, pois ela faz prova desse direito, inclusive com reflexos em outros, como a quantia a ser recebida a título de verbas trabalhistas. Além disso, o autor comete crime de falsidade material, pois sua conduta se subsume na figura equiparada do art. 297, § 3º, II, do CP.

Alternativa "b": não há absorção das condutas, porque os bens jurídicos tutelados são completamente distintos. O crime frustração de direitos trabalhistas tutela justamente os interesses do trabalhador, enquanto que o crime de falsidade na forma equiparada do art. 297, § 3º, II, do CP, os interesses da previdência social.

Alternativa "c": o crime frustração de direitos trabalhistas constitui crime contra a organização do trabalho. No entanto, outro crime é de falsidade material e não ideológica por força do disposto no art. 297, § 3º, II, do CP.

Alternativa "d": o crime de falsidade é material e não de falsidade ideológica.

Alternativa "e": o crime de falsidade é material e não de falsidade ideológica. Além disso, não há absorção das condutas, porque os bens jurídicos tutelados são completamente distintos.

Alternativa correta: "a".

2.4. CRIMES CONTRA A FÉ PÚBLICA

---

92. (TRT 2 – Juiz do Trabalho Substituto 2ª Região/2016) Segundo a tipologia especificamente adotada pelo Código Penal, quem omite, na folha de pagamento ou em documento de informações que seja destinado a fazer prova perante a previdência social, nome do segurado e seus dados pessoais, a remuneração, a vigência do contrato de trabalho ou de prestação de serviços, incorre nas penas correspondentes ao crime de:

a) Atentado contra a liberdade de trabalho.

b) Apropriação indébita previdenciária.

c) Falsificação de documento público.

d) Falsificação de documento particular.

e) Redução a condição análoga à de escravo.

COMENTÁRIOS

Alternativa "a": no crime de atentado contra a liberdade de trabalho, o agente constrange alguém, mediante violência ou grave ameaça: I – a exercer ou não exercer arte, ofício, profissão ou indústria, ou a trabalhar ou não trabalhar durante certo período ou em determinados dias; ou II – a abrir ou fechar o seu estabelecimento de trabalho, ou a participar de parede ou paralisação de atividade econômica:

Alternativa "b": no crime de apropriação indébita previdenciária, o agente deixa de repassar à previdência social as contribuições recolhidas dos contribuintes, no prazo e forma legal ou convencional (art. 168-A, CP).

Alternativa "c": esse crime, doutrinariamente, seria de falsidade ideológica, pois o agente que teria atribuição para confeccionar documentos não o faz com o que corresponde à realidade. Mas, por opção legislativa, tal crime foi equiparado a crime de falsidade de documento público (art. 297, § 3º, CP).

Alternativa "d": no crime de falsidade de documento particular, o agente falsifica, no todo ou em parte, documento particular ou alterar documento particular verdadeiro. No *caput* da questão, como os documentos servem para fazer prova à previdência social, são considerados públicos.

Alternativa "e": no crime de redução à condição análoga a de escravo (art. 149, CP), o agente reduz alguém a condição análoga à de escravo, quer submetendo-o a trabalhos forçados ou a jornada exaustiva, quer sujeitando-o a condições degradantes de trabalho, quer restringindo, por qualquer meio, sua locomoção em razão de dívida contraída com o empregador ou preposto.

Alternativa correta: "c".

---

93. (TRT 4 – Juiz do Trabalho Substituto 4ª Região/2016) Assinale a assertiva incorreta sobre crimes em espécie.

a) O empregador que anota dolosamente, na Carteira de Trabalho e Previdência Social de seu empregado, data de admissão diversa da verdadeira, incorre nas penas previstas para o crime de falsidade ideológica.

b) O dentista, o médico ou o psicólogo que, no exercício da profissão, dão atestado falso, incorrem nas penas previstas para o crime de falsidade ideológica.

c) O trabalhador que utiliza o atestado falso, emitido por dentista, médico ou psicólogo, comete crime de uso de documento falso.

d) O trabalhador que apresenta declaração de pobreza com informações falsas, para obtenção do benefício da justiça gratuita, não comete crime de falsidade ideológica nem de uso de documento falso.

e) O trabalhador que insere declaração falsa, em sua Carteira de Trabalho e Previdência Social, para fazer prova, para fins de aposentadoria, incorre nas penas previstas para o crime de falsificação de documento público.

COMENTÁRIOS

✪ **Nota do autor:** o examinador exigiu a alternativa errada.

Alternativa "a": trata-se de crime de falsidade ideológica, porque o empregador tem atribuição para anotar a data de admissão do empregado na CTPS, mas, no caso, anota data que não corresponde à realidade fática.

Alternativa "b": em relação ao psicólogo e ao dentista, em tese, cometem o crime de falsidade ideológica, pois o documento emitido não corresponde à realidade dos fatos. Em relação ao médico, há um crime específico: Falsidade de Atestado Médico (art. 302, CP).

Alternativa "c": quem fazer uso de qualquer documento falso, objeto material de um dos crimes previstos nos arts. 297 a 302, CP, comete o crime de uso de documento falso (art. 304, CP). O atestado falso emitido por dentista ou psicólogo é objeto material de falsidade ideológica (art. 299, CPP) e o emitido por médico é crime de atestado médico falso (art. 302, CP). O empregado que usa esses documentos incide no crime do art. 304, CP.

Alternativa "d": O STJ já decidiu ser atípica a conduta de firmar ou usar declaração de pobreza falsa em juízo, com a finalidade de obter os benefícios da gratuidade de justiça, tendo em vista a presunção relativa de tal documento, que comporta prova em contrário (RHC nº 46569/SP).

Alternativa "e": muito embora em tese tal conduta seria crime de falsidade ideológica, em tese, se configura o crime de falsidade material por força de lei (art. 297, § 3º, II, CP).

Alternativa correta: "b".

---

94. (FCC – Juiz do Trabalho Substituto 15ª Região/2015) Segundo disposição expressa da lei penal, quem insere na folha de pagamento, ou em documento de informações que seja destinado a fazer prova perante a previdência social, pessoa que não possua a qualidade de segurado obrigatório incorre nas penas cominadas ao delito de

a) sonegação de contribuição previdenciária.

b) falsificação de documento público.

c) uso de documento falso.

d) falsificação de documento particular.

e) falsidade ideológica.

COMENTÁRIOS

✪ **Nota do autor:** é constante a pegadinha nos concursos públicos. Os fatos típicos do art. 297, § 3º, I a III, CP, tecnicamente falando, seriam crime de falsidade ideológica. Porém, por opção legislativa, há crime de falsidade material.

Em 20/10/2012 empresário é surpreendido pela fiscalização frustrando direito assegurado pela legislação do trabalho em razão da jornada exaustiva imposta aos empregados, tendo ficado caracterizada a condição análoga à de escravo. No curso da ação penal, comprovou-se que o empregador lançou falsas anotações nas carteiras de trabalho dos empregados e que, em 05/05/2010, fora condenado em outro processo, pela prática de apropriação indébita de contribuições previdenciárias.

Alternativa "a": no crime de sonegação de contribuição previdenciária, o agente deixa de repassar à previdência a contribuição descontada dos vencimentos do empregado (art. 168-A, CP).

Alternativa "b": trata-se de figura equiparada ao crime de falsidade material de documento público com previsão no art. 297, § 3º, I, CP.

Alternativa "c": no crime de uso de documento falso (art. 304, CP), o agente faz uso de documento falso. Não cria a falsidade, mas apenas faz uso dele.

Alternativa "d": por equiparação legislativa, a folha de pagamento é considerada documento público, motivo pelo qual a conduta incide no art. 297, CP.

Alternativa "e": tecnicamente falando, seria crime de falsidade ideológica, pois o autor do crime tem atribuição para emitir a folha de pagamento e há divergência entre os fatos reais e o contido na folha. Mas, por equiparação legislativa, se trata de falsidade material.

Alternativa correta: "b".

---

95. (FCC – Juiz do Trabalho Substituto 1ª Região/2014) Segundo o Código Penal, a conduta do empregador de lançar anotação falsa na carteira de trabalho dos empregados pode ser tipificada como

a) estelionato.

b) fraude trabalhista.

c) falsificação de documento público.

d) falsificação de documento particular.

e) uso de documento falso.

COMENTÁRIOS

Alternativa "a": o crime de estelionato se encontra previsto no art. 171, CP, e consiste na obtenção da vantagem econômica, por meio do engodo, da fraude, em prejuízo da vítima.

Alternativa "b": não se tem notícia de crime chamado fraude trabalhista. O que mais se aproxima dessa denominação é o tipo penal previsto no art. 203, do CP, segundo o qual é típico frustrar direito trabalhista, mediante fraude.

Alternativa "c": trata-se de tipo penal previsto no art. 297, § 3º, II, do Código Penal. Por opção do legislador, essa conduta é equiparada ao crime de falsidade documental, previsto no *caput* do mesmo artigo.

Alternativa "d": o crime de falsidade de documento particular encontra previsão no art. 298, CP. Além da equiparação decorrente do art. 297, § 3, II, a CTPS é documento público por ser emitido por agente público.

Alternativa "e": o crime de uso de documento falso está previsto no art. 304, CP. No caso, o agente não fez uso da CTPS, mas apenas a falsificou e, portanto, incide no crime de falsidade documental.

Alternativa correta: "c".

---

96. (FCC – Juiz do Trabalho Substituto 1ª Região/2015) Antonio Célio, barista, faltou injustificadamente ao trabalho, nada comunicando ao empregador. Por ser reincidente, já tendo sido punido por ausências anteriores, e temendo ser dispensado por justa causa, no dia seguinte – que era destinado a sua folga – se aproveita do comparecimento à clínica médica "Saúde Real Cop" onde marcara consulta e, verificando a momentânea ausência de fiscalização, pega para si carimbo do médico responsável pela clínica. Na saída, para eliminar registro de sua presença, destrói a folha usada pela administração da clínica para controle dos pacientes que lá comparecem, documento adotado para instruir os requerimentos de pagamento por serviços prestados pela clínica a várias operadoras de plano de saúde. Em seguida, Antonio Célio vai para casa, onde elabora atestado médico que justificaria sua ausência ao trabalho, assina-o com o nome do médico constante do carimbo, além de efetuar, ele próprio, reconhecimento da firma que inserira no atestado. Por fim, dois dias após a ausência ao trabalho, Antônio Célio entrega o documento nos moldes acima ao seu empregador, solicitando que não houvesse o desconto de sua falta.

Além de outros, caso estejam presentes, configura-se a existência dos seguintes tipos penais, praticados por Antônio Célio:

a) supressão de documento, falsificação de documento particular e uso de documento falso.

b) falsificação de documento particular, falso reconhecimento de firma e furto.

c) falso reconhecimento de firma, falsidade de atestado médico e uso de documento falso.

d) falsidade de atestado médico, furto e supressão de documento.

e) furto, falsidade de reconhecimento de firma e falsidade de atestado médico.

COMENTÁRIOS

Alternativa "a": o crime de supressão de documento (art. 305, CP) ocorreu no momento em que ele destruiu a folha usada pela Administração da Clínica particular para controle de consultas; o de falsificação de documento particular (art. 298, CP), no momento em que elaborou o atestado médico para justificar a sua falta; o de uso de documento falso (art. 304, CP), no momento em que entregou o atestado falso em serviço.

Alternativa "b": o de falsificação de documento particular (art. 298, CP), no momento em que elaborou o atestado médico para justificar a sua falta; no crime de falso reconhecimento de firma (art. 300, CP), o autor é agente público que tem atribuição de reconhecer firma, o que não é o caso de Antônio, mas o reconhece, quando não seja sua; no crime de furto (art. 155, CP), há subtração de coisa alheia móvel, para si ou para outrem, fato que não ocorreu no caso presente.

Alternativa "c": no crime de falso reconhecimento de firma (art. 300, CP), o autor é agente público que tem atribuição de reconhecer firma, o que não é o caso de Antônio, mas o reconhece, quando não seja sua**; no crime de falsidade de atestado médico (art. 302, CP), o médico, que não é o caso de Antônio, dá o atestado falso;** o de uso de documento falso (art. 304, CP), no momento em que entregou o atestado falso em serviço.

Alternativa "d": no crime de falsidade de atestado médico (art. 302, CP), o médico, que não é o caso de Antônio, dá o atestado falso; no crime de furto (art. 155, CP), há subtração de coisa alheia móvel, para si ou para outrem, fato que não ocorreu no caso presente; o crime de supressão de documento (art. 305, CP) ocorreu no momento em que ele destruiu a folha usada pela Administração da Clínica particular para controle de consultas.

Alternativa "e": no crime de furto (art. 155, CP), há subtração de coisa alheia móvel, para si ou para outrem, fato que não ocorreu no caso presente; no crime de falso reconhecimento de firma (art. 300, CP), o autor é agente público que tem atribuição de reconhecer firma, o que não é o caso de Antônio, mas o reconhece, quando não seja sua; **no crime de falsidade de atestado médico (art. 302, CP), o médico, que não é o caso de Antônio, dá o atestado falso.**

Alternativa correta: "a".

---

97. (TRT 23 – Juiz do Trabalho Substituto 23ª Região/2014) Analise as proposições abaixo e assinale a alternativa INCORRETA:

a) Numa ação trabalhista acidentária foi designada perícia médica a fim de se verificar o grau de redução da capacidade laborativa do autor, o qual contratou assistente técnico que, em seu parecer lançou informações falsas sobre o laudo pericial. Nesse caso, o assistente técnico responde pelo crime de falsidade ideológica, por inserir informações falsas em documento verdadeiro;

b) Sandra é vendedora, empregada da empresa Lojas Mato Grosso a qual, por sua vez, retém as contribuições previdenciárias de Sandra, mas não as recolhe à Previdência Social, incorrendo assim, seu representante legal, no crime de apropriação indébita previdenciária;

c) Demóstenes é reclamado numa ação trabalhista e por ocasião da audiência inaugural, enquanto se davam as tratativas de acordo, folheava o processo quando disfarçadamente conseguiu retirar uma carta manuscrita por ele que comprovava o assédio sexual alegado pela autora da ação, a qual estava acostada nas últimas folhas dos autos físicos. Nesse caso, Demóstenes incorreu no crime tipificado pelo Código Penal como supressão de documento;

d) Tatiana é proprietária da empresa Varejão Norte Sul Ltda e tem por prática alterar os horários de trabalho dos empregados nos controles de ponto, registrando sempre horários de entrada posteriores e de saída anteriores aos reais, a fim de não efetuar o pagamento de horas extras. Com essa prática Tatiana incorre no crime de falsidade ideológica;

e) Joaquim, após o jogo do Brasil na copa do mundo, ficou tão decepcionado que no dia seguinte faltou ao serviço e para justificar a falta procurou um médico solicitando atestado. O médico, por sua vez, ao perceber o intuito de Joaquim se aproveitou e cobrou pelo atestado falso. No caso, estaria caracterizada a falsidade material, pois foi inserida informação falsa em documento verdadeiro. Entretanto, se Joaquim tivesse adquirido o referido atestado da secretária do médico, tendo ela própria o assinado contendo ainda o carimbo e CRM do profissional, ambos incorreram no crime de falsidade ideológica por ter sido alterada a verdade em documento falso.

COMENTÁRIOS

✪ **Nota do autor:** o candidato deve ficar atento, pois o examinador exigiu a alternativa errada.

Alternativa "a": o assistente técnico tinha atribuição para o preenchimento do laudo, porém, o fez com declarações falsas, que não correspondiam à verdade fática, motivo pelo qual responde por falsidade ideológica.

Alternativa "b": houve o crime de apropriação indébita previdenciária, pois o empregador, na posse da contribuição que deveria reverter à Previdenciária dela se apropriou, incorrendo no art. 168-A, CP.

Alternativa "c": houve crime de supressão de documento público, porque a parte omitiu documento relevante para o processo, incidindo nas penas do art. 305, CP.

Alternativa "d": houve crime de falsidade ideológica, pois Tatiana produzia documentos que não reproduziam a realidade dos fatos, pois alterava o horário de entrada e saída dos empregados, o que é juridicamente relevante para fins de direitos trabalhistas (art. 297, CP).

Alternativa "e": Joaquim, como partícipe, e o médico, como autor, cometeram o crime de **falsidade de atestado médico**, incidindo a multa do art. 302, parágrafo único, CP, em decorrência do intuito de lucro pelo médico. Se fosse a secretária a preencher o atestado, ela e Joaquim cometeriam o crime de **falsidade de documento material**, pois não têm eles atribuição para o preenchimento do documento.

Alternativa correta: "e".

---

98. (TRT 3 – Juiz do Trabalho Substituto 3ª Região/2014) No que concerne aos crimes de falsidade documental, assinale a alternativa correta:

a) Se funcionário altera documento público verdadeiro e comete tal crime prevalecendo-se do cargo, aumenta-se a pena em um terço.

b) Constitui crime falsificar, no todo ou em parte, documento público, sendo a pena a de reclusão, de três a seis anos, e multa.

c) Constitui crime dar o médico, no exercício da sua profissão, atestado falso, sendo a pena de detenção, de um mês a um ano.

d) Constitui crime certificar falsamente, em razão de função pública, fato ou circunstância que habilite alguém a isenção de ônus, sendo a pena de reclusão, de um a três anos.

e) Constitui crime ocultar, em benefício de outrem, documento particular verdadeiro, de que não podia dispor, sendo a pena a de reclusão, de dois a seis anos, e multa.

COMENTÁRIOS

Alternativa "a": no crime de falsidade de documento público, se o autor do fato for **funcionário público** a pena se aumenta de **um sexto** (art. 297, § 1º, CP).

Alternativa "b": constitui crime falsificar, no todo ou em parte, documento público, sendo a pena a de reclusão, de **dois** a seis anos, e multa (art. 297, CP).

Alternativa "c": trata-se de crime de **falsidade de atestado médico** (art. 302, CP). Trata-se de crime próprio, pois, do sujeito ativo do crime, se exige uma qualidade especial: **médico**. É o caso do médico que atesta que o paciente tem uma doença, enquanto, na verdade, não tem.

Alternativa "d": constitui crime certificar falsamente, em razão de função pública, fato ou circunstância que habilite alguém a isenção de ônus, sendo a pena de **detenção**, de **três meses a dois anos** (art. 301, § 1º, CP).

Alternativa "e": constitui crime ocultar, em benefício de outrem, documento particular verdadeiro, de que não podia dispor, sendo a pena a de reclusão, de dois a seis anos, e multa, se o documento é público, e reclusão, de um a cinco anos, e multa, se o documento é particular (art. 305, CP).

Alternativa correta: "c".

---

99. (FCC – Juiz do Trabalho Substituto 18ª Região/2014) Falsificar cartão de crédito é

a) conduta atípica.

b) falsificação de documento público.

c) falsidade ideológica.

d) falsa identidade.

e) falsificação de documento particular.

COMENTÁRIOS

Alternativas "a", "b", "c" e "d": o cartão de crédito ou de débito foi equiparado a documento particular para os fins do crime de falsidade de documento particular (art. 298, parágrafo, único, CP).

Alternativa "e": por meio da Lei nº 12.737/2012, o cartão de crédito ou de débito foi equiparado a documento particular para os fins do crime de falsidade de documento particular (art. 298, parágrafo, único, CP).

Alternativa correta: "e".

---

100. (CESPE – Juiz do Trabalho Substituto 5ª Região/2013) Assinale a opção correta com relação aos crimes de falsidade documental.

a) Comete crime de uso de documento falso o promitente vendedor de imóvel que entrega ao oficial do registro público cópia não autenticada de sua carteira de identidade civil na qual constem número de registro e filiação diversos dos constantes na carteira original.

b) De acordo com expressa previsão legal, constitui crime de falsidade ideológica a conduta de atestar ao juiz da execução penal a prestação de serviço para fins de remição de pena quando, na verdade, não houve prestação de serviço pelo condenado.

c) Comete o crime de falsidade ideológica, ou moral, aquele que presta declaração falsa sobre o valor da contribuição previdenciária devida.

d) A tipificação do crime de falso reconhecimento de firma ou letra, crime próprio com relação aos sujeitos ativo e passivo, visa tutelar a fé pública, não sendo admitida a modalidade culposa desse crime.

e) Aquele que apresenta à autoridade judicial carteira de trabalho com sua fotografia, mas na qual conste o nome de seu irmão gêmeo, pratica o crime de uso de documento falso particular.

COMENTÁRIOS

✪ **Nota do autor:**

Falsidade material	A falsidade recai sobre o aspecto externo do documento. É a rasura, por exemplo.
Falsidade ideológica	A falsidade é intrínseca, ou seja, o fato narrado no documento é falso, apesar dele ter sido emitido por pessoa que tenha competência para tanto.

Alternativa "a": a cópia não autenticada não pode ser considerado documento para fins do crime de falsidade documental.

Alternativa "b": veja-se que a conduta é atestar que o executado trabalhou, quando, em verdade, não trabalhou. Assim, o documento é **ideologicamente** falso. Dessa maneira, incidiria no art. 299, CP. Mas, por cautela, o legislador tornou isso expresso (art. 130 da Lei nº 7.210/84 – LEP).

Alternativa "c": apesar de ser tecnicamente **falsidade ideológica**, o legislador equiparou tal conduta a **falsidade material** (art. 297, § 3º, CP).

Alternativa "d": o crime do art. 300 do CP é crime próprio em relação ao sujeito ativo, pois exige que o agente tenha função pública. Já o Estado e a pessoa prejudicada, que pode ser qualquer um, pode ser sujeito passivo.

Alternativa "e": o crime de uso de documento **público** falso, pois a CTPS é um documento público, emitido pelo Estado.

Alternativa correta: "b".

---

101. (FCC – Juiz do Trabalho Substituto 6ª Região/2013) Segundo a legislação penal, aquele que, na folha de pagamento, insere ou faz inserir pessoa que não possua a qualidade de segurado obrigatório, comete o crime de

a) falsificação de documento particular.

b) falsificação de documento público.

c) atentado contra a liberdade de contrato de trabalho.

d) falsidade ideológica.

e) sonegação de contribuição previdenciária.

COMENTÁRIOS

Alternativa "a": a folha de pagamento no caso é equiparada a documento público por força de lei.

Alternativa "b": apesar de tecnicamente a falsidade ser ideológica, o crime é de falsificação de documento público por força de determinação legal no art. 297, § 3º, I, CP.

Alternativa "c": no caso, atinge-se a Previdência Social. E, ademais, no crime do art. 198, CP, a conduta do agente é constranger alguém, mediante violência ou grave ameaça, a celebrar contrato de trabalho, fato que não ocorreu no exemplo da questão.

Alternativa "d": seria falsidade ideológica, porque quem tem atribuição para inserir na folha de pagamento faz uma declaração falsa, que não representa a realizada. Mas, por força de lei, a conduta é equiparada a crime de falsidade material.

Alternativa "e": não há notícia de que houve sonegação de contribuição, mas apenas a falsificação da folha de pagamento.

Alternativa correta: "b".

---

102. (TRT – JTS 2ª RG/ 2012) Macedo, proprietário da Panificadora Sonhos Ltda., solicitou a CTPS de seu empregado Marcos para atualizações. Entretanto, agindo com dolo, Macedo tirou cópia reprográfica da carteira de trabalho e inseriu informações falsas. Dias depois, houve a rescisão do contrato de Marcos. Recebendo notificação de reclamação trabalhista movida pelo ex-empregado, Macedo juntou cópia da carteira adulterada como documento que acompanhou a defesa da empesa ré. A conduta do proprietário da empresa caracteriza crime de:

a) falsificação de documento público;

b) falsa identidade;

c) falsidade ideológica;

d) sonegação de papel ou objeto de valor probatório;

e) falsificação de papéis públicos.

COMENTÁRIOS

✪ **Nota do autor:** no crime de falsidade ideológica, o agente tem legitimidade e atribuição para a produção do documento, que é materialmente verdadeiro, mas **o conteúdo fático que expressa é falso**.

Alternativa "a": não se trata de falsificação de documento público, uma vez que não houve adulteração material do documento, mas falsidade no conteúdo, nas declarações inseridas pelo empregador na CTPS do empregado.

Alternativa "b": no crime de falsa identidade, o falso recai sobre elementos de identificação da pessoa, como nome, estado civil, profissão.

Alternativa "c": o empregador tem legitimidade para inserir dados na CTPS do empregado, porém, se essas anotações não representarem a realidade, comete-se crime de falsidade ideológica.

Alternativa "d": na sonegação de papel de valor probatório, o agente é advogado que inutiliza ou deixa de restituir aos autos papel com valor probatório.

Alternativa "e": na falsificação de papéis públicos, a conduta do agente recai sobre selos tributários, papel de crédito público, e outros tantos enumerados no art. 293 do CP, que se caracterizam de uma forma geral pelo fato de serem emitidos pelo Estado.

Alternativa correta: "c".

103. (FCC – JTS 4ª RG/ 2012) Incorre nas penas cominadas ao delito de falsificação de documento público quem

a) omite de folha de pagamento da empresa ou de documentos de informações previstos pela legislação previdenciária segurados empregado, empresário, trabalhador avulso ou trabalhador autônomo ou a este equiparado que lhe prestem serviços.

b) insere, em documento particular, declaração falsa ou diversa da que devia ser escrita, com o fim de prejudicar direito, criar obrigação ou alterar verdade sobre fato juridicamente relevante.

c) deixa de lançar mensalmente nos títulos próprios da contabilidade da empresa as quantias descontadas dos segurados ou as devidas pelo empregador ou pelo tomador de serviços.

d) insere, em documento contábil ou em qualquer outro documento relacionado com as obrigações da empresa perante a previdência social, declaração falsa ou diversa da que deveria ter constado.

e) omite, total ou parcialmente, receitas ou lucros auferidos, remunerações pagas ou creditadas e demais fatos geradores de contribuições sociais previdenciárias.

COMENTÁRIOS

Alternativa "a": a falsidade recai sobre dados de segurado obrigatório, entre os quais **não está o empresário.**

Alternativa "b": nesse caso, há crime de falsificação de **documento particular**, pois a conduta do agente incide sobre um documento particular.

Alternativa "c": trata-se de crime de **sonegação de contribuição previdenciário**, previsto no art. 337-A, **II**, do CP.

Alternativa "d": consiste o crime de falsificação de documento público, **falsificar, no todo ou em parte**, documento público, ou alterar documento público verdadeiro. No art. 297, § 3º, do CP, há as condutas equiparadas à falsidade material, entre as quais está a inserção em documento contábil ou em qualquer outro documento relacionado com as obrigações da empresa perante a previdência social, declaração falsa ou diversa da que deveria ter constado.

Alternativa "e": trata-se de crime de **sonegação de contribuição previdenciário**, previsto no art. 337-A, **III**, do CP.

Alternativa correta: "d".

104. (FCC – JTS 11ª RG/ 2012) NÃO incorre nas penas cominadas ao delito de falsificação de documento público quem

a) insere, na folha de pagamento ou documento de informações que seja destinado a fazer prova perante a previdência social, pessoa que não possua a qualidade de segurado obrigatório.

b) omite, em documento relacionado com as obrigações da empresa perante a previdência social, o nome do segurado e seus dados pessoais, a remuneração, a vigência do contrato de trabalho ou de prestação de serviços.

c) faz inserir, na Carteira de Trabalho e Previdência Social do empregado ou em documento que deva produzir efeito perante a previdência social, declaração falsa ou diversa da que deveria ter sido escrita.

d) omite, em documento público, declaração que dele devia constar, ou nele insere ou faz inserir declaração falsa ou diversa da que devia ser escrita, com o fim de prejudicar direito, criar obrigação ou alterar a verdade sobre fato juridicamente relevante.

e) insere, em documento contábil ou em qualquer outro documento relacionado com as obrigações da empresa perante a previdência social, declaração falsa ou diversa da que deveria ter constado.

COMENTÁRIOS

✪ **Nota do autor:** questão que exigia do candidato conhecimento acerca da diferença entre falsidade documental (ou material) e falsidade ideológica. O examinador exigiu a alternativa errada.

Alternativa "a": trata-se da figura típica da **equiparada** ao crime de **falsidade documental**, conforme previsão do art. 297, § 3º, I, CP.

Alternativa "b": trata-se da figura típica da **equiparada** ao crime de **falsidade documental**, conforme previsão do art. 297, § 4º, CP.

Alternativa "c": trata-se da figura típica da **equiparada** ao crime de **falsidade documental**, conforme previsão do art. 297, § 3º, II, CP.

Alternativa "d": trata-se da figura típica da **falsidade ideológica**, em que o documento é materialmente verdadeiro, sem qualquer alteração, mas o **conteúdo que expressa é falso.** A verdade não é a que o texto retrata.

Alternativa "e": trata-se da figura típica da **equiparada** ao crime de **falsidade documental**, conforme previsão do art. 297, § 3º, III, CP.

Alternativa correta: "d".

105. (TRT – JTS 15ª RG/ 2012) Aponte a alternativa CORRETA:

a) A fé pública é o bem juridicamente protegido pelo tipo penal que prevê o delito de "falsificação de documento público".

b) Para que se possa falar em desistência voluntária é preciso que, o agente já tenha ingressado na fase dos atos de execução. Caso ainda se encontre praticando atos preparatórios, sua conduta será considerada uma tentativa.

c) "falsificação de documento público" trata-se de crime comum apenas no que diz respeito ao sujeito ativo; doloso e comissivo.

d) Segundo jurisprudência dominante do STJ, o crime de "falsificação de documento público" se consuma com a efetiva falsificação ou alteração do documento, exigindo-se, ainda, para sua configuração, o uso ou a efetiva ocorrência de prejuízo.

e) Segundo entendimento do STJ, para a caracterização do delito de falsidade, necessária a demonstração de prejuízo e da potencialidade.

COMENTÁRIOS

Alternativa "a": a fé pública decorre na necessidade do homem acreditar na veracidade de certos atos do dia a dia. Tem-se, então, no crime de falsificação de documento público, tutela à presunção de veracidade que os atos da Administração Pública possuem.

Alternativa "b": a desistência voluntária e a tentativa só ocorrem se o agente passou a praticar **atos executórios**. A diferença é que, na primeira, a consumação não ocorre por vontade do agente, enquanto na tentativa por circunstâncias alheias à sua vontade. Se estiver ainda a praticar atos preparatórios, a conduta do agente **não é punível**.

Alternativa "c": o crime de falsidade de documento público é comum, porque qualquer pessoa pode ser autor desse crime, bem como qualquer pessoa também pode **ser vítima**. Trata-se de crime doloso, pois não existe a figura culposa. E é comissivo, pois o núcleo do tipo exige uma ação, qual seja falsificar ou alterar.

Alternativa "d": o crime de falsidade de documento público se consuma com a **falsificação ou a adulteração**, independentemente do uso ou qualquer consequência posterior do documento falsificado.

Alternativa "e": o crime de falsidade de documento público se consuma com a **falsificação ou a adulteração**, não sendo necessária para a consumação a existência de prejuízo efetivo, bastando o simples perigo de dano.

Alternativa correta: "a".

---

106. (TRT - JTS 19ª RG/ 2012) Quanto ao crime de falsidade de documento público, assinale a alternativa INCORRETA:

a) Configura o tipo penal falsificar, no todo ou em parte, documento público, ou alterar documento público verdadeiro. A pena é a de reclusão, de dois a seis anos, e multa.

b) Se o agente é funcionário público, e comete o crime prevalecendo-se do cargo, aumenta-se a pena de sexta parte.

c) Para os efeitos penais, equiparam-se a documento público o emanado de entidade paraestatal, o título ao portador ou transmissível por endosso, as ações de sociedade comercial e os livros mercantis. Nesse rol não se inclui o testamento particular.

d) Nas mesmas penas previstas para esse tipo penal incorre quem insere ou faz inserir na Carteira de Trabalho e Previdência Social do empregado ou em documento que deva produzir efeito perante a previdência social, declaração falsa ou diversa da que deveria ter sido escrita.

e) Também incorre nas mesmas penas previstas para esse tipo penal quem insere ou faz inserir na folha de pagamento ou em documento de informações que seja destinado a fazer prova perante a previdência social, pessoa que não possua a qualidade de segurado obrigatório.

COMENTÁRIOS

✪ **Nota do autor:** o candidato deve ficar atento, pois o examinador exigiu a resposta **incorreta.**

Alternativa "a": falsificar o documento público é criar materialmente; fabricar. Já alterar o documento público é rasurar, adicionar e excluir palavras etc.

Alternativa "b": de fato, a circunstância de ser o sujeito ativo um funcionário público, entendido como tal a pessoa com as características do art. 327 do CP, é uma causa de aumento de pena.

Alternativa "c": o testamento particular é equiparado a documento público, uma vez que é instrumento que expressa o ato de última vontade do *de cujos*.

Alternativa "d": trata-se de figura equiparada prevista no art. 297, § 3º, II, do CP.

Alternativa "e": trata-se de figura equiparada prevista no art. 297, § 3º, I, do CP.

Alternativa correta: "c".

---

107. (FCC - JTS 20ª RG/ 2012) No que concerne aos crimes de falsidade documental, é CORRETO afirmar que

a) a falsificação de testamento particular tipifica o delito de falsificação de documento público e a de duplicata o crime de falsificação de documento particular.

b) na falsidade ideológica é fraudada a própria forma do documento, alterada no todo ou em parte.

c) o estelionato se exaure no falso e é por este absorvido quando não revele mais potencialidade lesiva, segundo entendimento sumulado do Superior Tribunal de Justiça.

d) há concurso material de infrações se o agente, além de falsificar, também usar o documento fraudado, consoante pacífico entendimento dos Tribunais Superiores.

e) configura causa de aumento da pena nos delitos de falsificação de documento público e falsidade ideológica a circunstância de o agente ser funcionário público e cometer o crime prevalecendo-se do cargo.

COMENTÁRIOS

Alternativa "a": a duplicata, como título de crédito ao portador e transmissível por endosso, também é equiparado documento público para fins de crime de falsidade material.

Alternativa "b": na falsidade ideológica a forma do documento é verdadeira, o que é falso é o conteúdo do texto que o documento exprime, dissonante com a realidade fática.

Alternativa "c": na verdade, é a falsidade que é absorvida pelo estelionato, segundo a Súmula 17 do STJ. Isso porque a falsidade documental é crime meio para o cometimento do crime de estelionato. A falsidade é o elemento ardiloso usado pelo agente para obter a vantagem indevida.

Alternativa "d": não há concurso material, sendo que o crime de uso de documento falso é mero exaurimento do crime de falsidade documental. Com isso, o agente responde apenas pelo crime de falsidade documental.

Alternativa "e": de fato, a circunstância de ser o sujeito ativo um funcionário público, entendido como tal a pessoa com as características do art. 327 do CP, é uma causa de aumento de pena. A qualidade de funcionário público impõe dever maior de lealdade à Administração Pública, motivo pelo qual existe essa causa de aumento de pena.

Alternativa correta: "e".

2.5. CRIMES CONTRA A ADMINISTRAÇÃO PÚBLICA

108. FGV – 2023 – TST – Juiz do Trabalho

Maia, ao ser despedida por sua empregadora Asterope, ajuizou uma ação trabalhista em face dela e requereu o pagamento de horas extras e de adicional de insalubridade. Celeno foi nomeada como perita do juízo para verificar a existência de insalubridade e Alcione depôs como testemunha da ré na audiência de instrução.

Considerando o disposto no Código Penal, analise as afirmativas a seguir.

I. Se Alcione sabe que Maia realizava horas extras, mas nega conscientemente a verdade em seu depoimento na audiência de instrução, configura-se o crime de falso testemunho, punido com a pena de reclusão, de dois a quatro anos, e multa.

II. Se Alcione se retrata na ação trabalhista antes da sentença, o fato deixa de ser punível.

III. Se Asterope oferece dinheiro para que Celeno afirme falsamente no laudo pericial que Maia não trabalhava em condições insalubres, configura-se crime punido com reclusão, de três a quatro anos, e multa.

IV. Se Celeno aceita o suborno de Asterope e afirma falsamente no laudo pericial entregue no processo que Maia não trabalhava em condições insalubres, configura-se o crime de falsa perícia, com causa de aumento de pena de um sexto a um terço.

Está correto o que se afirma em:

a) somente I e II;

b) somente II e IV;

c) somente I, II e III;

d) somente I, III e IV;

e) I, II, III e IV.

COMENTÁRIOS

Item "I": Se a testemunha se negar a falar a verdade sobre fato juridicamente relevante ao deslinde da causa, do qual tem ciência, comete o crime de falso testemunho (art. 342, CP) , punido com a pena de reclusão, de dois a quatro anos, e multa.

Item "II": O fato (falso testemunho) deixa de ser punível se, antes da sentença no processo em que ocorreu o ilícito, o agente se retrata ou declara a verdade (art. 342, § 2º, CP).

Item "III": Dar, **oferecer** ou prometer **dinheiro** ou qualquer outra vantagem a testemunha, **perito**, contador, tradutor ou intérprete, para fazer afirmação falsa, negar ou calar a verdade em depoimento, perícia, cálculos, tradução ou interpretação constitui crime do art. 343, CP, com pena de reclusão, de três a quatro anos, e multa.

Item "IV": Se o perito elabora laudo falso, comente o crime de falso testemunho ou falsa perícia (art. 342, CP). Se o crime é cometido com o fim de obter prova destinada a produzir efeito em processo penal ou em processo civil em que for parte entidade da administração pública direta ou indireta, aumenta-se a pena de um sexto a um terço.

Alternativa correta: "e".

109. (FCC – Juiz do Trabalho/2017) José, 60 anos, gerente do empreendimento de construção Verbo, adotava a praxe empresarial de efetuar pagamento extra-folha (por fora) de parte dos salários dos empregados, com registro nos títulos de contabilidade da empresa e realização de recolhimentos previdenciários somente no que se refere aos valores consignados nos recibos principais. Verificado o panorama em ação trabalhista, o Juiz do Trabalho determinou o envio de ofício às esferas fiscal e criminal, para conhecimento e análise, sendo iniciada a ação fiscal, com notificação do lançamento do tributo. Nessa situação hipotética,

a) haverá extinção de punibilidade se José, ainda que iniciada ação fiscal, efetuar a correção interna dos livros de contabilidade antes da sentença condenatória criminal.

b) a idade de sessenta anos, na data de eventual sentença condenatória criminal, beneficiará José como circunstância atenuante da pena.

c) as condutas protagonizadas por José, embora denotem irregularidades trabalhistas, não são previstas como tipos penais.

d) há configuração da conduta típica prevista no art. 337-A, III, do Código Penal, consistente em sonegação de contribuição previdenciária.

e) o crime de sonegação de contribuição previdenciária é de natureza formal, prescindindo de resultado para sua consumação.

COMENTÁRIOS

Alternativa "a": haveria a extinção da punibilidade se a confissão espontânea ocorresse **antes** da ação fiscal (art. 337-A, § 1º, CP).

Alternativa "b": haveria atenuante se o acusado tivesse **setenta anos** na data da sentença condenatória (art. 65, I, CP).

Alternativa "c": a conduta de José caracteriza o crime de sonegação de contribuição previdenciária (art. 337-A, III, CP).

Alternativa "d": José reduziu a quantia que deveria pagar a título de contribuição previdenciária, pois omitiu dos recibos principais parte dos salários pagos aos funcionários, desconsiderando os salários lançados "por fora", com o que diminuiu a base de cálculo do tributo devido. Essa conduta caracteriza o crime de sonegação de contribuição previdenciária (art. 337-A, III, CP).

Alternativa "e": a jurisprudência dos Tribunais Superiores é no sentido de que o crime de sonegação de contribuição previdenciária (art. 337-A, CP) é **material**, ou seja, há de ser comprovado não recolhimento da contribuição devida, o que exige o devido processo administrativo-tributário que resulte no lançamento da contribuição devida.

Alternativa correta: "d".

---

110. (FCC – Juiz do Trabalho/2017) Ao assumir o exercício da titularidade da Vara do Trabalho "Z", após recém-aprovado no Concurso para ingresso na Carreira da Magistratura, deparou-se o Juiz Substituto Ângelo com multifacetado panorama. O Diretor de Secretaria Paulo, nomeado como fiel depositário de automóvel em execução trabalhista em curso na Vara, usava diariamente este veículo para locomoção pessoal. Em audiência, foi entregue petição diretamente ao Juiz Ângelo, pelo advogado Bonifácio, noticiando que Júlia, assistente da sala de audiências, por deter livre acesso à Secretaria da Vara, extraiu de autos de execução trabalhista, que não estavam sob a guarda da referida servidora, três guias de levantamento legitimamente assinadas pelo magistrado anterior, sacando e utilizando, em proveito próprio, valores que deveriam ter sido disponibilizados ao trabalhador cliente do mencionado advogado. Foi noticiado na petição também que, por deter relação afetiva extraconjugal com Júlia, casada com Pedro, e objetivando manter em segredo o relacionamento, o Diretor de Secretaria Paulo não comunicou o panorama ao magistrado antecedente, tampouco ao Tribunal. No afã de desvencilhar-se de eventual responsabilidade, por serem verídicos os fatos noticiados pelo advogado Bonifácio, Júlia protocolizou, no Setor de Distribuição da Vara, petição anônima atribuindo a autoria do suposto delito quanto às guias ao servidor Rafael, Chefe da Seção de Execução. À vista dos aspectos envolvidos, o Juiz Ângelo expediu ofícios ao Tribunal e à autoridade policial, com descrição dos fatos pertinentes, para conhecimento e adoção de providências cabíveis nas searas administrativa e penal.

No caso hipotético,

a) ao subtrair as guias de levantamento relativas a valores devidos a exequente trabalhador, que estava em autos de execução trabalhista na Vara em que atuava, Júlia praticou o crime de peculato impróprio.

b) o Diretor de Secretaria Paulo praticou o crime de peculato de uso quanto ao veículo.

c) ao utilizar os valores extraídos do feito judicial, a assistente da sala de audiências Júlia praticou o crime de excesso de exação, na modalidade prevista no §2° do art. 316 do Código Penal.

d) o Chefe da Seção de Execução Rafael foi vítima de denunciação caluniosa, sendo o uso de anonimato pelo(a) agente do crime causa de aumento da pena em um terço.

e) ao ocultar dos superiores hierárquicos o panorama de ocorrência de valores indevidamente extraídos do feito judicial e utilizados por Júlia, com base na motivação narrada, Paulo praticou a conduta de condescendência criminosa.

COMENTÁRIOS

Alternativa "a": parte da doutrina classifica o **peculato-furto** de peculato impróprio, em que o agente, mesmo não tendo a posse do bem, dinheiro ou valor, o subtrai, aproveitando-se da sua condição de funcionário público (art. 312, § 1º, CP), conduta praticada por Júlia ao subtrair as guias de pagamento da execução trabalhista.

Alternativa "b": a jurisprudência é no sentido de não se admitir o chamado peculato de uso, em que não se puniria a conduta do agente que se usa do bem e o devolve nas mesmas condições à Administração Pública. Portanto, no caso, Paulo responde pelo crime de peculato-apropriação (art. 312, CP).

Alternativa "c": Júlia cometeu o crime de peculato-furto descrito no art. 312, § 1º, CP.

Alternativa "d": não houve crime de denunciação caluniosa (art. 339, CP), pois Júlia ao protocolar a petição anônima não deu início ao procedimento de investigação, o que ocorreu por conta de iniciativa do advogado

Bonifácio. No caso, Rafael foi vítima de crime de calúnia (art. 138, CP).

Alternativa "e": Paulo cometeu o crime de prevaricação (art. 319, CP), porque deixou de praticar ato que deveria fazer de ofício por sentimento pessoal. A condescendência criminosa é tipo penal especial em relação à prevaricação, pois o sentimento que move a conduta do agente é a indulgência (art. 320, CP).

Alternativa correta: "a".

111. (TRT 4 – Juiz do Trabalho Substituto 4ª Região/2016) Considere as assertivas abaixo sobre o crime de falso testemunho.

I. O falso testemunho é crime de natureza formal, consumando-se no momento da afirmação falsa a respeito de fato jurídico relevante para o julgamento.

II. A retratação, até o trânsito em julgado da sentença, extingue a punibilidade.

III. A tentativa ocorre quando o Juiz percebe, durante a elaboração da sentença, que a testemunha ouvida em audiência faltou com a verdade e, em razão disso, desconsidera suas afirmações.

Quais são corretas?

a) Apenas I

b) Apenas II

c) Apenas III

d) Apenas I e II

e) I, II e III

COMENTÁRIOS

Item I: o crime de falso testemunho (art. 342, CP) se consuma no momento em que a testemunha falta com a verdade. Não é necessário que o Juiz seja efetivamente levado a erro, que seria o resultado material da conduta. Basta o falso que ocorre a consumação antecipada, característica dos crimes formais.

Item II: no crime de falso testemunho, há isenção de pena se a retratação for feita até a **prolação da sentença**, não o seu trânsito em julgado.

Item III: se a testemunha faltou com a verdade, o crime se consuma, mesmo que o juiz desconsidere as suas afirmações ao prolatar a sentença. Embora se admita a tentativa em crimes formais, no de falso testemunho, é de difícil configuração ou mesmo impossível, porque a conduta não é fracionável.

Alternativa correta: "a".

112. (FCC – Juiz do Trabalho Substituto 23ª Região/2015) Mediante suborno, João, ouvido como testemunha em processo trabalhista, fez afirmação falsa. No caso,

a) aquele que deu dinheiro a João para que prestasse depoimento falso não incidirá nas penas do crime de falso testemunho previsto no art. 342 do Código Penal.

b) João responderá pelo crime de falso testemunho, tal qual ocorreria se tivesse prestado o depoimento na condição de parte.

c) haverá extinção da punibilidade pela abolitio criminis se João se retratar após o trânsito em julgado da sentença no processo em que ocorreu o falso testemunho.

d) João responderá pelo crime de falso testemunho, sem aumento de pena, cabível apenas quando o crime é cometido com o fim de obter prova destinada a produzir efeito em processo penal.

e) compete à Justiça Estadual processar e julgar o crime de falso testemunho verificado.

COMENTÁRIOS

✪ **Nota do autor:** em regra, no direito penal, autor e partícipe respondem pelo mesmo tipo penal ao se seguir a teoria monista da ação. Exceções podem ser previstas na lei, em que se aplica a teoria dualista.

Alternativa "a": afasta-se a teoria monista no caso, porque há um tipo penal específico para quem suborna a testemunha a cometer o falso: art. 343, CP. Assim, aquele que deu o dinheiro responde pelo crime do art. 343, CP, enquanto João pelo crime do art. 342, CP.

Alternativa "b": a parte não responde pelo crime de falso testemunho. Não há no direito brasileiro, o crime de perjúrio cometido pela parte que comete o falso em depoimento pessoal ou interrogatório.

Alternativa "c": a extinção da punibilidade não decorre de *abolitio criminis*, que ocorre quando uma lei nova deixa de considerar determinada conduta como crime. Porém, haverá extinção da punibilidade em decorrência do que dispõe o art. 342, § 2º, CP.

Alternativa "d": há aumento de pena no crime de falso testemunho, se este decorreu de suborno, como no caso em tela, ou para fazer prova em processo criminal ou civil de que seja parte entidade da Administração Pública direta ou indireta.

Alternativa "e": como o falso ocorreu em processo trabalhista, a competência para julgamento do crime é da Justiça Federal.

Alternativa correta: "a".

113. (FCC – Juiz do Trabalho Substituto 24ª Região/2015) No que concerne aos crimes contra a Administração da Justiça, é correto afirmar que

a) constitui crime de exploração de prestígio patrocinar, direta ou indiretamente, interesse privado perante a administração pública, valendo-se da qualidade de funcionário.

b) há delito de tergiversação se o advogado ou procurador judicial, sucessivamente, passa a defender na mesma causa interesses de partes contrárias.

c) constitui crime de patrocínio infiel solicitar, exigir, cobrar ou obter, para si ou para outrem, vantagem ou promessa de vantagem, a pretexto de influir em ato praticado por funcionário público no exercício da função.

d) impedir arrematação judicial apenas constitui crime se houver fraude ou oferecimento de vantagem.

e) constitui favorecimento pessoal prestar a criminoso, fora dos casos de coautoria ou receptação, auxílio destinado a tornar seguro o proveito do crime.

COMENTÁRIOS

Alternativa "a": o crime de exploração de prestígio (art. 357, CP) é comum, não se exigindo qualquer condição especial do sujeito ativo do crime, como o de funcionário público. Assim, qualquer pessoa pode cometer tal infração penal.

Alternativa "b": trata-se de disposição expressa do art. 355, parágrafo único, do CP. O patrocínio pode ser simultâneo ou sucessivo, com o que se faz incidir a figura típica.

Alternativa "c": esse é o tipo penal do art. 332, CP, chamado de tráfico de influência. Aliás, se trata de um crime praticado contra a Administração em Geral, não só contra a Administração da Justiça.

Alternativa "d": impedir arrematação judicial constitui crime se houver violência, grave ameaça, fraude ou oferecimento de vantagem (art. 358, CP).

Alternativa "e": constitui favorecimento real prestar a criminoso, fora dos casos de coautoria ou receptação, auxílio destinado a tornar seguro o proveito do crime (art. 349, CP).

Alternativa correta: "b".

---

114. (FCC – Juiz do Trabalho Substituto 15ª Região/2015) No crime de peculato, a condição pessoal de funcionário público

a) não constitui elementar e não se comunica ao coautor ou partícipe.

b) constitui elementar, mas não se comunica, em qualquer situação, ao coautor ou partícipe.

c) não constitui elementar, comunicando-se ao coautor ou partícipe, desde que este conheça a condição daquele.

d) constitui elementar, comunicando-se ao coautor ou partícipe, desde que este conheça a condição daquele.

e) constitui elementar, comunicando-se ao coautor ou partícipe, ainda que este não conheça a condição daquele.

COMENTÁRIOS

Alternativa "a": a qualidade de funcionário público do autor do crime é elementar do tipo penal dos crimes praticados por funcionário público contra a Administração, como o peculato, e, por isso, se comunica ao coautor e ao particular.

Alternativa "b": por ser circunstância elementar do tipo penal, a condição de funcionário público se comunica ao partícipe.

Alternativas "c" e "e": trata-se de circunstância elementar do crime que se comunica ao particular, caso tenha conhecimento dessa condição.

Alternativa "d": o crime de peculato, assim como outros crimes funcionais, é próprio: só podem ser cometidos por funcionário público. Mas, o particular pode responder pelo crime como partícipe, desde que tenha ciência da qualidade de funcionário público do particular.

Alternativa correta: "d".

---

115. (FCC – Juiz do Trabalho Substituto 15ª Região/2015) Quanto aos crimes contra a administração da justiça,

a) não tipifica denunciação caluniosa dar causa à instauração de investigação policial ou de processo judicial contra alguém, imputando-lhe contravenção penal de que o sabe inocente.

b) qualquer pessoa pode ser sujeito ativo do delito de sonegação de papel ou objeto de valor probatório.

c) configura o delito de favorecimento pessoal o ato de auxiliar a subtrair-se à ação de autoridade pública autor de crime a que for cominada pena de detenção.

d) há tergiversação quando o advogado defende na mesma causa, simultaneamente, partes contrárias.

e) só o advogado pode ser sujeito ativo dos delitos de patrocínio infiel e exploração de prestígio.

COMENTÁRIOS

Alternativa "a": no crime de denunciação caluniosa (art. 339, CP), há incidência do tipo penal, mesmo que a imputação seja referente à contravenção penal. Nesse caso, porém incide causa de diminuição de pena de metade (art. 339, § 2º, CP).

Alternativa "b": o crime de sonegação de papel ou objeto de valor probatório **é próprio, porque só pode ser cometido por advogado ou procurador (art. 356, CP).**

Alternativa "c": no crime de favorecimento pessoal (art. 348, CP), o sujeito ativo auxilia autor de outro crime a se furtar à atuação da Autoridade Pública, como escondê-lo em sua casa. Caso ao crime cometido pelo foragido seja apenado com pena de detenção, haverá a figura privilegiada do art. 348, § 1º, CP.

Alternativa "d": há tergiversação quando o advogado defende na mesma causa, simultaneamente ou sucessivamente, partes contrárias (art. 355, parágrafo único, CP).

Alternativa "e": o crime de patrocínio infiel é próprio, porque só pode ser cometido por advogado ou procurador (art. 355, CP). Já o crime de exploração de prestígio é próprio, porque pode ser cometido por qualquer pessoa (art. 357, CP).

Alternativa correta: "c".

---

116. (TRT 8 – Juiz do Trabalho Substituto 8ª Região/2015) Em relação aos crimes contra a administração da justiça, consoante previsão no Código Penal, assinale a alternativa CORRETA:

a) Não é considerado crime, a autoacusação, ou seja, a comunicação perante a autoridade competente, da prática de crime inexistente ou praticado por outrem.

b) O crime de falso testemunho ou falsa perícia é considerado tipo penal, não apenas quando praticado em processo judicial, mas também no processo administrativo, inquérito policial, bem como em juízo arbitral.

c) Fazer justiça pelas próprias mãos, para satisfazer pretensão, independente de previsão legal, somente é considerado crime, se a pretensão foi ilegítima.

d) Submeter pessoa que está sob guarda ou custódia de funcionário, a vexame ou a constrangimento não autorizado em lei, não é considerado exercício arbitrário ou abuso de poder.

e) Não é considerado crime, o exercício de função, atividade, direito, autoridade ou múnus, de que foi suspenso ou privado por decisão judicial.

COMENTÁRIOS

Alternativa "a": a autoacusação falsa é considerada crime pelo art. 341, CP, porque atravanca o bom funcionamento da máquina do Estado na elucidação de crimes.

Alternativa "b": trata-se de disposição expressa do art. 342, CP. Não só em processo judicial, mas naquelas espécies de procedimento afetam o bom andamento da Justiça, enquanto reconstrução da verdade factual. Ora, não há como negar que o falso em inquérito policial, vai se refletir judicialmente.

Alternativa "c": o crime de exercício arbitrário das próprias razões (art. 345, CP) só ocorre se a pretensão do autor do fato for legítima. Com o referido crime, se impede a justiça com as próprias mãos.

Alternativa "d": trata-se de crime de abuso de autoridade previsto no art. 4º, *b*, da Lei nº 4.898/65.

Alternativa "e": trata-se de crime especial de desobediência, previsto no art. 359, CP.

Alternativa correta: "b".

---

117. (FCC – Juiz do Trabalho Substituto 6ª Região/2015) O crime de concussão

a) admite a concorrência de particular, desde que este conheça a condição de funcionário público do outro agente.

b) é de natureza formal, consumando-se com o recebimento da vantagem indevida.

c) é de natureza material, consumando-se com a efetiva exigência, independentemente do recebimento da vantagem.

d) admite modalidade culposa.

e) é de natureza formal, consumando-se com a mera solicitação da vantagem indevida.

COMENTÁRIOS

✪ **Nota do autor:** é sempre bom lembrar que os crimes contra a Administração Pública são próprios, pois se exige a condição especial do sujeito ativo, qual seja a qualidade de funcionário público. Isso não impede que o particular responda como partícipe.

Alternativa "a": o particular que induz, instiga ou auxilia o funcionário público comete o crime de concussão na qualidade de partícipe. Para tanto, deve ter ciência da qualidade de funcionário público do autor, pois isto se trata de elementar do tipo penal, consoante art. 29, CP.

Alternativas "b" e "c": de fato, se trata de crime formal e, por isso, não depende de recebimento da indevida vantagem econômica. A consumação é antecipada ao momento em que essa vantagem é exigida, mesmo que não haja recebimento da vantagem.

Alternativa "d": não há previsão de tipo culposo para o crime de concussão, mas apenas a modalidade dolosa.

Alternativa "e": a mera solicitação de vantagem consuma o crime de corrupção passiva (art. 317, CP). O crime de concussão se consuma com a exigência da indevida vantagem econômica.

Alternativa correta: "a".

---

118. (FCC – Juiz do Trabalho Substituto 1ª Região/2015) Entre os crimes tipificados contra a Administração da justiça, NÃO se inclui o

a) patrocínio simultâneo ou tergiversação.

b) exercício arbitrário ou abuso de poder.

c) fuga de pessoa presa ou submetida a medida de segurança.

d) motim de presos.

e) desacato.

COMENTÁRIOS

✪ **Nota do autor:** o candidato deve ficar atento, pois o examinador exigiu a resposta errada.

Alternativa "a": o crime de patrocínio simultâneo ou tergiversação (art. 355, parágrafo único, CP) atenta contra o bom funcionamento da Administração da Justiça.

Alternativa "b": o crime de exercício arbitrário ou abuso de poder (art. 345, CP) atenta contra o bom funcionamento da Administração da Justiça, porque se trata de Justiça pelas próprias mãos.

Alternativa "c": o crime de fuga de pessoa presa ou submetida a medida de segurança (art. 351, CP) atenta contra o bom funcionamento da Administração da Justiça, porque se trata de Justiça pelas próprias mãos.

Alternativa "d": o crime de fuga de motim de presos (art. 354, CP) atenta contra o bom funcionamento da Administração da Justiça, porque se trata de Justiça pelas próprias mãos.

Alternativa "e": o crime de desacato está previsto no art. 331, CP, e tem como objeto jurídico a Administração Pública em Geral, não somente a Administração da Justiça. Qualquer funcionário público pode ser vítima de desacato.

Alternativa correta: "e".

---

119. (FCC – Juiz do Trabalho Substituto 18ª Região/2014) No crime de exercício arbitrário das próprias razões, a ação penal é

a) sempre pública condicionada.

b) privada, se não há emprego de violência.

c) sempre privada.

d) pública condicionada, se não há emprego de violência.

e) sempre pública incondicionada.

COMENTÁRIOS

Alternativas "a" e "d": a ação penal será pública condicionada à representação, caso haja emprego de violência da qual resulte lesão corporal de natureza leve.

Alternativa "b": trata-se de ação penal privada, em regra. Porém, se for empregada violência a ação penal será pública condicionada à representação, se resultar lesão corporal de natureza leve, ou incondicionada, se a lesão for grave ou gravíssima (art. 345, parágrafo único, CP).

Alternativa "c": em regra, a ação penal será privada, exceto se houver emprego de violência por parte do autor do fato.

Alternativa "e": a ação será pública incondicionada, se houver emprego de violência da qual resulte lesão grave ou gravíssima.

Alternativa correta: "b".

---

120. (TRT 2 – Juiz do Trabalho Substituto 2ª Região/2014) Observe as proposições abaixo e ao final responda a alternativa que contenha as proposituras corretas, em que figuram, respectivamente, crimes contra a administração da justiça e contra a organização do trabalho:

I. Exigir, para si ou para outrem, direta ou indiretamente, em razão da função exercida, vantagem indevida; retardar ou deixar de praticar, indevidamente, ato de ofício para satisfazer sentimento pessoal.

II. Fazer afirmação falsa, como testemunha, perito, contador, em processo judicial; dar causa à instrumento de investigação policial contra alguém, imputando-lhe crime de que sabe inocente.

III. Ordenar operação de crédito interno, sem prévia autorização legislativa; constranger alguém mediante violência ou grave ameaça a não trabalhar, durante certo período.

IV. Acusar-se, perante autoridade, de crime inexistente ou praticado por outrem; constranger alguém mediante grave ameaça a não adquirir de outrem matéria-prima ou produto industrial agrícola.

V. Fazer justiça pelas próprias mãos, para satisfazer pretensão, embora legítima, salvo quando a lei o permite; participar de suspensão ou abandono coletivo de trabalho, provocando a interrupção de obra pública.

Está correta a alternativa:

a) I e V.

b) II e III.

c) IV e V.

d) III e IV.

e) I e II.

COMENTÁRIOS

Item I: exigir, para si ou para outrem, direta ou indiretamente, em razão da função exercida, vantagem indevida: **concussão (art. 316, CP – Crime contra a Administração em Geral)**; retardar ou deixar de praticar, indevidamente, ato de ofício para satisfazer sentimento pessoal: **prevaricação (art. 319, CP – Crime contra a Administração em Geral)**.

Item II: fazer afirmação falsa, como testemunha, perito, contador, em processo judicial: **Falso testemunho ou falsa perícia (art. 342, CP – Crime contra a Administração da Justiça)**; Dar causa à instauração de inquérito policial, de procedimento investigatório criminal, de processo judicial, de processo administrativo disciplinar, de inquérito civil ou de ação de improbidade administrativa contra alguém, imputando-lhe crime, infração ético-disciplinar ou ato ímprobo de que o sabe inocente:

Item III: Ordenar operação de crédito interno, sem prévia autorização legislativa: **Contratação de operação de crédito (art. 359-A, CP – Crime contra as Finanças Públicas)**; constranger alguém mediante violência ou grave ameaça a não trabalhar, durante certo período: **Atentado contra a liberdade de trabalho (art. 197, CP – Crime contra Organização do trabalho).**

Item IV: Acusar-se, perante autoridade, de crime inexistente ou praticado por outrem: **autoacusação falsa (art. 341, CP – Crime contra a Administração da Justiça)**; constranger alguém mediante grave ameaça a não adquirir de outrem matéria-prima ou produto industrial agrícola: **Atentado contra a liberdade de contrato de trabalho e boicotagem violenta (art. 198, CP – Crime contra Organização do trabalho)**.

Item V: Fazer justiça pelas próprias mãos, para satisfazer pretensão, embora legítima, salvo quando a lei o permite **exercício arbitrário das próprias razões (art. 345, CP – Crime contra a Administração da Justiça)**; participar de suspensão ou abandono coletivo de trabalho, provocando a interrupção de obra pública: **Paralisação de trabalho, seguida de violência ou perturbação da ordem (art. 200, CP – Crime contra Organização do trabalho)**.

Alternativa correta: "c".

---

121. (TRT 22 – Juiz do Trabalho Substituto 22ª Região/2013) Sobre o crime de falso testemunho, é CORRETO afirmar que:

a) o crime de falso testemunho é delito de mão própria, pois somente pode ser executado pela própria testemunha;

b) comete crime de falso testemunho o irmão do reclamante, mesmo não estando compromissado pelo Juiz;

c) mesmo não se observando a existência de potencial dano à administração da Justiça, comete crime de falso testemunho a testemunha que faltar com a verdade em seu depoimento;

d) o dolo do crime não exige que a testemunha tenha consciência de estar cometendo uma falsidade;

e) não cabe retratação de falso testemunho na Justiça do Trabalho;

COMENTÁRIOS

Alternativa "a": o crime de falso testemunho é **próprio**, segundo a jurisprudência dominante, pois exige a qualidade específica do sujeito ativo (ser testemunha), mas admite a participação de terceiros.

Alternativa "b": o irmão não é obrigado a depor em desfavor de seu irmão (arts. 406, I, CPC, e 206, CPP).

Alternativa "c": o crime de falso testemunho é formal, bastando para sua consumação a **potencial lesividade da conduta**. Logo, mesmo que o falso não influencie no resultado da causa, haverá o crime do art. 342, CP.

Alternativa "d": o dolo do crime de falso testemunho envolve a representação (ciência de que está mentindo) e a vontade de mentir.

Alternativa "e": a retração é possível, desde que, antes da sentença no processo em que ocorreu o ilícito, o agente se retrata ou declara a verdade, qualquer que seja o órgão jurisdicional em que tenha sido feito o falso.

Alternativa correta: "c".

---

122. (FCC – Juiz do Trabalho Substituto 6ª Região/2013) No que concerne ao crime de falso testemunho, correto afirmar que

a) o juiz, havendo indícios de que alguma testemunha fez afirmação falsa, só poderá remeter cópia do depoimento à autoridade policial para instauração de inquérito se assim o requerer a parte contrária ou o Ministério Público.

b) não interfere na pena o fato de haver sido praticado mediante suborno.

c) compete à Justiça Estadual processá-lo e julgá-lo se cometido no processo trabalhista.

d) não se configura se o agente apenas nega o que sabe.

e) não há aumento de pena se a prova for destinada a gerar efeito em juízo arbitral.

COMENTÁRIOS

✪ **Nota do autor:** em matéria de causas de aumento de pena, também, não se admite a interpretação extensiva.

Alternativa "a": se o juiz entender que há indícios do crime de falso testemunho, tem o dever de requisitar a instauração do inquérito policial, independentemente de provocação da parte ou do Ministério Público.

Alternativa "b": no crime de falso testemunho, as penas aumentam-se de um sexto a um terço, se o crime é praticado mediante **suborno** (art. 342, § 1º, CP).

Alternativa "c": como a Justiça do Trabalho é organizada pela União, compete à Justiça Federal o julgamento do crime de falso cometidos em processo trabalhista.

Alternativa "d": há crime se o agente negar a verdade nos termos do que estabelece o art. 342, *caput*, CP.

Alternativa "e": no crime de falso testemunho, as penas aumentam-se de um sexto a um terço, se cometido com o fim de obter prova destinada a produzir efeito em **processo penal, ou em processo civil em que for parte entidade da administração pública direta ou indireta** (art. 342, § 1º, CP).

Alternativa correta: "e".

---

123. (CESPE – Juiz do Trabalho Substituto 5ª Região/2013) Assinale a opção correta a respeito dos crimes contra a administração da justiça.

a) Responderá pelo crime de exercício arbitrário das próprias razões o indivíduo que cortar, até o limite divisório de seu terreno, ramos de árvore plantada no imóvel vizinho que invadam seu terreno, devendo a questão ser resolvida perante o juízo cível competente.

b) O indivíduo que emprestar motocicleta de sua propriedade para que o irmão cometa o crime de furto em uma agência bancária, de modo a auxiliá-lo na fuga, será beneficiado, na ação penal movida por favorecimento pessoal, com a isenção de pena, não respondendo, portanto, por sua conduta.

c) O crime de reingresso de estrangeiro expulso não se consuma caso a autoridade competente impeça a entrada no território nacional daquele que se encontre na fila de atendimento após o desembarque da aeronave civil de voo comercial regular, respondendo o agente, nesse caso, pela tentativa.

d) O fato de o intérprete nomeado dolosamente calar a verdade perante juízo arbitral configura crime de falso testemunho ou falsa perícia, sendo o agente punido mesmo que seja substituído por profissional que atue com maior zelo na causa.

e) Aquele que, tendo visto determinada pessoa na posse de veículo automotor furtado, informa à autoridade policial ser essa pessoa o autor do crime de furto pratica o crime de comunicação falsa de crime se restar provado que, de fato, tal pessoa era autora de crime de receptação.

COMENTÁRIOS

✪ **Nota do autor:** o crime do art. 342, CP, pode ocorrer em **processo judicial, ou administrativo, inquérito policial, ou em juízo arbitral.**

Alternativa "a": o indivíduo que cortar, até o limite divisório de seu terreno, ramos de árvore plantada no imóvel vizinho que invadam seu terreno não comete o crime de exercício arbitrário das próprias razões, porque pode fazê-lo sem intervenção do Judiciário, conforme estabelece o art. 1283, CC.

Alternativa "b": nesse caso, o agente que emprestou a motocicleta ao irmão também responde pelo crime de furto, pois auxiliou o irmão na prática do crime do art. 155, CP, conforme estabelece o art. 29 do CP.

Alternativa "c": o crime de reingresso de estrangeiro expulso é crime de **mera conduta** e, portanto, não admite tentativa. No caso, o crime se consumou no momento do desembarque.

Alternativa "d": trata-se de crime de falso testemunho ou falsa perícia, porque o intérprete tem o dever de dizer a verdade, mesmo em **juízo arbitral**, conforme art. 342, CP. O fato de outro intérprete atue com maior zelo não implica extinção da punibilidade do agente, o que só ocorre em caso de **retratação** por parte dele próprio (art. 342, § 2º, CP).

Alternativa "e": o crime de comunicação falsa de crime ocorre se a pessoa tem ciência de que o crime que comunico à Autoridade Policial **não ocorreu**. Agora, se simplesmente diz que houve furto, quando, em verdade, houve receptação, a administração da Justiça não foi violada.

Alternativa correta: "d".

124. (TRT – JTS 2ª RG/ 2012) Ernesto, após ser compromissado, prestou testemunho em reclamação trabalhista, convidado pela reclamada Alfa Serviços Ltda. No dia seguinte a audiência em que foi ouvido, Joaquim compareceu à Secretaria da Vara e solicitou a sua retratação em relação aos fatos que testemunhou, alegando estar arrependido por ter deliberadamente mentido, fazendo afirmação falsa em favor da empresa ré. Nesta situação, analisando-se o instituto da extinção de punibilidade, é CORRETO afirmar que:

a) não cabe retratação uma vez que o crime de falso testemunho se consumou no momento em que a testemunha falseou a verdade;

b) caberá retratação da testemunha a qualquer momento desde que tenha sido proferida sentença no processo trabalhista não acolhendo a tese da reclamada baseada no testemunho falso;

c) na esfera trabalhista não caberá retratação, podendo a testemunha utilizar desta faculdade no juízo criminal, antes do oferecimento da denúncia;

d) caberá retratação apenas se a testemunha tiver se arrependido antes do encerramento da audiência em que foi depor;

e) a testemunha poderá se retratar no juízo trabalhista, apenas antes de ser sentenciado o processo pelo Juiz do Trabalho.

COMENTÁRIOS

✪ **Nota do autor:** como o crime de falso testemunho visa tutelar a Administração da Justiça no que se refere à realidade dos fatos levados à lide, a **retratação** é considerada uma forma de extinção de punibilidade, pois ela reconstrói justamente a verdade fática.

Alternativa "a": de fato, o crime de falso testemunho se consuma no momento em que o agente comente o falso, mas, em nome do interesse maior na reconstituição da verdade dos fatos, **admite-se a retratação até a prolação da sentença no Juízo em que ocorreu o falso.**

Alternativa "b": a retratação cabe até a prolação da sentença pelo Juízo em que ocorreu o falso. No caso, não importa se a sentença acolheu a pretensão da reclamada ou acolheu a do reclamante, é ela, a sentença, que marca o fim do prazo para a retratação.

Alternativa "c": a retratação para a extinção da punibilidade do crime de falso testemunho deve ser até a prolação da sentença pelo Juízo em que se deu o falso, **qualquer que for a área de atuação do Juízo** (Trabalhista, Federal, Estadual, Eleitoral, etc.).

Alternativa "d": a retratação é possível **até a prolação da sentença** pelo Juízo Trabalhista em que se deu o falso.

Alternativa "e": a retratação extingue a punibilidade do agente, mas deve ser feita **no Juízo em que ocorreu o falso** testemunho **até a prolação de sentença no processo em que o falso ocorreu.**

Alternativa correta: "e".

125. (TRT – JTS 2ª RG/ 2012) Antunes, advogado da empresa reclamada Beta Metalúrgica Ltda., no curso de reclamação trabalhista onde se discute o pagamento de adicional de insalubridade, solicitou para si uma quantia em dinheiro do sócio da empresa, com pretexto de influir junto ao perito nomeado pelo Juiz do Trabalho para que fosse apresentado laudo favorável à reclamada. Antunes alegou ainda que o dinheiro também se destina ao perito judicial. A conduta de Antunes caracteriza o tipo penal de:

a) exploração de prestígio;

b) favorecimento pessoal;

c) favorecimento real;

d) fraude processual;

e) patrocínio infiel.

COMENTÁRIOS

Alternativa "a": no crime de exploração de prestígio, o agente solicita a vantagem com o pretexto de influir em ato de **um autor processual da Justiça**, como Juiz, membro do Ministério Público e perito.

Alternativa "b": no favorecimento pessoal, o agente auxilia o autor de um crime a **fugir** da ação da Autoridade estatal, como, por exemplo, escondendo o assaltante em sua casa.

Alternativa "c": no favorecimento real, o agente, fora das hipóteses de receptação ou coautoria, auxilia o autor de um crime a **tirar proveito da empreitada criminosa**, como, por exemplo, permitindo que o autor do furto esconda o carro na garagem de sua casa.

Alternativa "d": na fraude processual, há modificação do quadro probatório pelo agente que visa levar o juiz ou perito em erro.

Alternativa "e": no crime de **patrocínio infiel**, pune-se o advogado ou Procurador da Fazenda que trai os interesses da parte que representa em Juizo.

Alternativa correta: "a".

---

126. (TRT – JTS 3ª RG/ 2012) A respeito dos crimes contra a administração da justiça, assinale a alternativa CORRETA:

a) Constitui crime de exercício arbitrário das próprias razões tirar, suprimir, destruir ou danificar coisa própria, que se acha em poder de terceiro por determinação judicial ou convenção.

b) Pratica crime de favorecimento real o agente que efetivamente, auxilia a subtrair da ação da autoridade pública o autor de crime.

c) Pedro, usando de violência contra o carcereiro, promoveu a fuga de "José de Tal" que estava legalmente preso. Nessa situação, Pedro praticou o crime de evasão mediante violência contra pessoa.

d) Pratica crime de exploração de prestígio aquele que solicita vantagem a pretexto de influir em ato praticado apenas por funcionário público no exercício da função.

e) Arrebatamento de preso não é crime contra a administração da justiça.

COMENTÁRIOS

✪ **Nota do autor:** dada a relevância do funcionamento da Justiça em um regime democrático de direito, o legislador instituiu um Capítulo próprio em que prevê crimes contra a Administração de Justiça, como espécies de crime contra a Administração Pública.

Alternativa "a": o Estado tem o monopólio da jurisdição, com o que se veda a justiça pelas próprias mãos, o que traria grave desordem social, motivo pelo qual há previsão do crime de exercício arbitrário das próprias razões.

Alternativa "b": pratica crime de **favorecimento pessoal** o agente que efetivamente, auxilia a subtrair da ação da autoridade pública o autor de crime.

Alternativa "c": Pedro praticou crime de **fuga de pessoa presa ou submetida a medida de segurança**, qualificado pela violência contra o carcereiro (art. 351, § 2º, do CP).

Alternativa "d": pratica crime de exploração de prestígio aquele que solicita vantagem a pretexto de influir em ato praticado por **juiz, jurado, órgão do Ministério Público, funcionário de justiça, perito, tradutor, intérprete ou testemunha.** Veja-se que testemunha pode não ser funcionário público.

Alternativa "e": o arrebatamento de preso é crime contra a Administração da Justiça, previsto no art. 353 do CP.

Alternativa correta: "a".

---

127. (FCC – JTS 4ª RG/ 2012) No crime de sonegação de contribuição previdenciária, se o empregador não é pessoa jurídica e sua folha de pagamento mensal não ultrapassa determinado valor fixado em lei, reajustado pelos mesmos índices dos benefícios da previdência social, o juiz poderá

a) absolver o acusado.

b) aplicar somente a pena de multa.

c) deixar de aplicar a pena.

d) reduzir a pena de um terço até dois terços.

e) conceder perdão judicial.

COMENTÁRIOS

✪ **Nota do autor:** tem-se o crime privilegiado, quando o legislador prevê uma pena mais baixa, se há uma circunstância favorável ao sujeito ativo do crime, não prevista no tipo fundamental.

Alternativa "a": o juiz deve condenar o réu, ainda que menor do que a prevista para a figura fundamental.

Alternativa "b": trata-se de uma figura privilegiada, prevista no art. 337-A, § 3º, do Código Penal. Repare que a pena do § 3º é mais branda do que a do *caput*, motivo pelo qual se trata de figura privilegiada.

Alternativa "c": o juiz deve aplicar a pena nesse caso, ainda que menor do que a prevista para a figura fundamental.

Alternativa "d": não se trata de uma causa de diminuição de pena, em que o juiz diminui a pena dentro de um patamar fracionário previamente estabelecido por lei, mas de crime privilegiado em que a pena menor já é fixada pelo juiz,

Alternativa "e": o perdão judicial é uma forma de extinção de punibilidade em que o juiz condena o réu pela prática de um crime, mas deixa de aplicar a pena diante de circunstâncias previamente previstas em lei.

Alternativa correta: "b".

---

128. (FCC - JTS 4ª RG/ 2012) No tocante aos crimes contra a administração da justiça, é CORRETO afirmar que

a) tipifica o delito de autoacusação falsa o ato de acusar-se, perante a autoridade, de contravenção penal inexistente ou praticada por outrem.

b) a pena sempre deve ser aumentada se a fraude processual se destina a produzir efeito em processo civil.

c) só configura o delito de favorecimento pessoal o ato de auxiliar a subtrair-se à ação de autoridade pública autor de crime a que for cominada pena de reclusão.

d) não se tipifica o delito de coação no curso do processo se o agente, com o fim de favorecer interesse alheio, usar de violência ou grave ameaça, contra pessoa que é chamada a intervir em processo judicial.

e) a pena é aumentada de sexta parte, na denunciação caluniosa, se o agente se serve do anonimato ou de nome suposto.

COMENTÁRIOS

Alternativa "a": tipifica o delito de autoacusação falsa o ato de acusar-se, perante a autoridade, de **crime** inexistente ou praticada por outrem.

Alternativa "b": a pena sempre deve ser aumentada se a fraude processual se destina a produzir efeito em **processo penal**.

Alternativa "c": configura o delito de favorecimento pessoal o ato de auxiliar a subtrair-se à ação de autoridade pública autor de crime a que for cominada pena de reclusão ou de detenção, só que, neste caso, tem-se a figura privilegiada (art. 348, § 1º, CP),

Alternativa "d": tipifica-se o delito de coação no curso do processo se o agente, com o fim de favorecer interesse alheio, usar de violência ou grave ameaça, contra pessoa que é chamada a intervir em processo judicial.

Alternativa "e": valer-se o agente do anonimato ou de nome suposto (falso) revela personalidade do agente mais desrespeitosa em relação ao bom funcionamento dos órgãos de Justiça, motivo pelo qual a lei enumera tal circunstância como causa especial de aumento de pena (art. 339, § 1º, do CP).

Alternativa correta: "e".

---

129. (FCC - JTS 11ª RG/ 2012) A retratação do agente, antes da sentença no processo em que ocorreu o falso testemunho, é causa

a) de diminuição da pena.

b) de exclusão da culpabilidade.

c) supralegal de exclusão da ilicitude.

d) de exclusão da imputabilidade.

e) de extinção da punibilidade.

COMENTÁRIOS

✪ **Nota do autor:** tendo-se em vista que é mais interessante ao Estado que a verdade seja restabelecida do que a punição ao agente, motivo pelo qual se incentiva a retratação do agente.

Alternativa "a": na causa de diminuição de pena, a pena **é diminuída** dentro de uma fração estabelecida pela lei. No caso, o fato deixa de ser punível se houver retratação.

Alternativa "b": são causas de exclusão de culpabilidade a inimputabilidade, a inexigência de conduta diversa e a falta de potencial consciência de ilicitude, sendo que, presente ao menos uma dela, há **isenção de pena**.

Alternativa "c": causa supralegal de ilicitude é a circunstância que exclui a ilicitude da conduta do agente, mas que não é prevista em lei, como o **consentimento do ofendido**. Já, legítima defesa, estado de necessidade, estrito cumprimento do dever legal e exercício regular de direito são **causas legais de licitude**.

Alternativa "d": imputabilidade é a capacidade do agente de entender o caráter ilícito do fato e de se autodeterminar de acordo com esse entendimento. São causas de exclusão de imputabilidade a menoridade, a doença mental, desenvolvimento mental incompleto ou retardado e a embriaguez completa e involuntária.

Alternativa "e": trata-se de extinção de punibilidade, uma vez que não se pune mais o agente que se retrata **até a prolação** da sentença no processo em que houve o falso.

Alternativa correta: "e".

130. (TRT – JTS 19ª RG/ 2012) São considerados crimes contra a administração da justiça:

I Fazer afirmação falsa, ou negar ou calar a verdade como testemunha, perito, contador, tradutor ou intérprete em processo judicial, ou administrativo, inquérito policial, ou em juízo arbitral.

II Provocar a ação de autoridade, comunicando-lhe a ocorrência de crime ou de contravenção que presume não se ter verificado.

III Reingressar no território nacional o estrangeiro que dele foi expulso.

IV Usar de violência ou grave ameaça, com o fim de favorecer interesse próprio ou alheio, contra autoridade, parte, ou qualquer outra pessoa que funciona ou é chamada a intervir em processo judicial, policial ou administrativo, ou em juízo arbitral.

V Acusar-se, perante a autoridade, de crime inexistente ou praticado por outrem.

a) Todas as proposições estão corretas.

b) Somente a proposição I está incorreta.

c) Somente as proposições I e II estão incorretas.

d) Somente as proposições II e IV e V estão corretas.

e) Somente as proposições I, III, IV e V estão corretas.

COMENTÁRIOS

✪ **Nota do autor:** os crimes contra a administração da justiça são previstos no Capítulo III, do Título XI (Crimes contra a Administração Pública) do Código Penal.

Item I: trata-se do crime de falso testemunho, previsto no art. 342 do CP.

Item II: no crime de comunicação falsa de crime ou contravenção, o agente não presume, mas **sabe** não se ter verificado o fato (art. 340, CP).

Item III: trata-se do crime de reingresso de estrangeiro expulso (art. 338, CP).

Item V: trata-se do crime de coação no curso do processo (art. 344, CP).

Alternativa correta: "e".

131. (FCC – JTS 20ª RG/ 2012) Nos crimes contra a administração da justiça,

a) a pena sempre deve ser aumentada se a falsa perícia for cometida com o fim de obter prova destinada a produzir efeito em processo trabalhista.

b) é pública condicionada a ação penal no crime de exercício arbitrário das próprias razões.

c) a pena será diminuída se a imputação, na denunciação caluniosa, for de prática de contravenção penal.

d) configura o delito de favorecimento pessoal o ato de prestar a criminoso, fora dos casos de coautoria ou receptação, auxílio destinado a tornar seguro o proveito do crime.

e) só funcionário público pode ser sujeito ativo do delito de exploração de prestígio.

COMENTÁRIOS

Alternativa "a": a pena sempre deve ser aumentada se a falsa perícia for cometida com o fim de obter prova destinada a produzir efeito em **processo penal.**

Alternativa "b": é pública **incondicionada** a ação penal no crime de exercício arbitrário das próprias razões. No entanto, é **privada** se a arbitrariedade é cometida **sem violência.**

Alternativa "c": no crime de denunciação caluniosa, pune-se a imputação por **crime ou contravenção penal**. Com essa gera efeitos muito menos gravosos, seja no que tange à movimentação da máquina estatal, seja no que se refere à honra da pessoa imputada, o legislador entendeu por bem tratá-la como uma causa de diminuição de pena.

Alternativa "d": configura o delito de favorecimento pessoal o ato de prestar a criminoso **auxílio na fuga à ação da autoridade.**

Alternativa "e": qualquer pessoa pode ser sujeito ativo do delito de exploração de prestígio, sendo assim um **crime comum.**

Alternativa correta: "c".

132. (TRT – JTS 21ª RG/ 2012) Os servidores públicos Brad Pit Pão e Angelina Joli queijo, lotados no setor de depósitos judiciais do Tribunal Regional do Trabalho da 3a Região, praticaram as seguintes condutas, isoladamente: o primeiro, desviou R$ 100.000,00(cem mil reais) do total dos depósitos que se encontravam sob sua responsabilidade, destinando-os diretamente à conta bancária de sua mãe, que se encontrava enferma e hospitalizada; a segunda, sem nada saber sobre a ocorrência do desvio, exigia de alguns advogados que pediam informações sobre a efetivação de depósitos judiciais, o pagamento de R$ 200,00(duzentos) reais para fornecer os dados solicitados. Diante disso, é CORRETO afirmar que os mencionados servidores públicos incorreram nos seguintes crimes, respectivamente:

a) corrupção passiva e condescendência criminosa;

b) concussão e peculato;

c) peculato e corrupção passiva;

d) corrupção passiva e peculato;

e) peculato e concussão;

COMENTÁRIOS

Alternativa "a": Brad Pit Pão **não cometeu crime de corrupção passiva**, **não cometeu crime de cor-**

rupção passiva, porque não solicitou, recebeu ou aceitou promessa de indevida vantagem econômica, mas **desviou** verba pública em seu proveito ou de terceiro. Por sua vez, Angelina Joli Queijo **não cometeu crime de condescendência criminosa**, porque não sabia da conduta de Brad Pit Pão, o qual ainda não era seu subordinado.

Alternativa "b": Brad Pit Pão **não cometeu crime de concussão**, porque não exigiu de alguém indevida vantagem econômica. Por sua vez, Angelina Joli Queijo **não cometeu crime de peculato**, porque não desviou, se apropriou ou subtraiu verba que estava sob sua responsabilidade.

Alternativa "c": Angelina Joli Queijo **não cometeu crime de corrupção passiva**, porque não solicitou recebeu ou aceitou promessa de indevida vantagem econômica, mas **exigiu** tal vantagem, o que configura o crime de **concussão.**

Alternativa "d": Brad Pit Pão **não cometeu crime de corrupção passiva**, porque não solicitou recebeu ou aceitou promessa de indevida vantagem econômica, mas **desviou** verba pública em seu proveito ou de terceiro. Angelina Joli Queijo **não cometeu crime de peculato**, porque não desviou, se apropriou ou subtraiu verba que estava sob sua responsabilidade.

Alternativa "e": Brad Pit Pão cometeu o crime de **peculato-desvio,** uma vez que tinha acesso aos depósitos judiciais e os **desviou** para a conta-corrente de sua mãe, em proveito próprio ou alheio. Angelina Joli Queijo praticou crime de **concussão,** já que **exigia** indevida vantagem econômica dos advogados.

Alternativa correta: "e".

3. LEGISLAÇÃO EXTRAVAGANTE

133. FGV - 2023 - TST - Juiz do Trabalho

Sabina candidatou-se a uma vaga de emprego em uma escola de arte. O representante legal do empregador, assim definido na legislação trabalhista, exigiu-lhe a apresentação de teste negativo de gravidez para admissão no emprego.

Considerando o disposto na Lei nº 9.029/1995, analise as afirmativas a seguir.

I. Trata-se de prática discriminatória que constitui crime, sendo cominada a pena de detenção, de um a dois anos, e multa.

II. O sujeito ativo do crime é a pessoa física do empregador, e não o seu representante legal.

III. Não constitui crime o oferecimento pelo empregador a Sabina de serviço de planejamento familiar realizado por meio de instituição privada submetida às normas do Sistema Único de Saúde (SUS).

IV. Caso Sabina se candidatasse à vaga de emprego de modelo de modas para posar para artistas plásticos, o empregador poderia exigir a apresentação de teste negativo de gravidez para admissão.

Está correto o que se afirma em:

a) somente I;

b) somente I e III;

c) somente II e III;

d) somente II e IV;

e) I, II, III e IV.

COMENTÁRIOS

Item "I": Constitui crime: a **exigência** de **teste**, exame, perícia, laudo, atestado, declaração ou qualquer outro procedimento relativo à esterilização ou a **estado de gravidez** (art. 2º, I, Lei n. 9.029/95), com pena de detenção de um a dois anos e multa.

Item "II": As condutas criminosas previstas no art. 2º da Lei nº. 9.029/1995 têm como sujeito ativo: I - a pessoa física empregadora; II - o representante legal do empregador, como definido na legislação trabalhista; III - o dirigente, direto ou por delegação, de órgãos públicos e entidades das administrações públicas direta, indireta e fundacional de qualquer dos Poderes da União, dos Estados, do Distrito Federal e dos Municípios.

Item "III": O aconselhamento de planejamento familiar constitui crime, exceto o oferecimento de serviços e de aconselhamento ou planejamento familiar, realizados através de instituições públicas ou privadas, submetidas às normas do Sistema Único de Saúde (SUS).

Item "IV": É proibida a adoção de qualquer prática discriminatória e limitativa para efeito de acesso à relação de trabalho, ou de sua manutenção, por motivo de sexo, origem, raça, cor, estado civil, situação familiar, deficiência, reabilitação profissional, idade, entre outros, ressalvadas, nesse caso, as hipóteses de proteção à criança e ao adolescente previstas no inciso XXXIII do art. 7º da Constituição Federal.

Alternativa correta: "b"

134. (TRT 14 – Juiz do Trabalho Substituto 14ª Região/2013) Analise as proposições abaixo e após marque a alternativa correta:

I. O abuso pode ocorrer tanto por ação quanto por omissão das autoridades.

II. O particular pode responder por abuso de autoridade desde que cometa o crime juntamente com uma autoridade, ciente de que o comparsa detém essa qualidade.

III. O crime de abuso de autoridade não absorve os crimes conexos, motivo pelo qual é possível a configuração de injúria e de abuso de autoridade.

IV. Pessoas jurídicas de direito público ou privado também podem ser vítimas de abuso de autoridade, motivo pelo qual se pode afirmar que o crime de abuso de autoridade é de dupla subjetividade passiva.

a) Apenas o item I é verdadeiro.

b) Apenas o item II é verdadeiro.

c) Apenas o item III é verdadeiro.

d) Apenas o item IV é verdadeiro.

e) Todos os itens são verdadeiros.

COMENTÁRIOS

✪ **Nota do Autor: essa questão foi elaborada na vigência da antiga Lei de Abuso de Autoridade. Busca-se adaptar a questão à Nova Lei de Abuso de Autoridade (Lei n. 13.869/2019).**

Item I: o crime de abuso de autoridade pode ser praticado por ação ou omissão.

Item II: o crime de abuso de autoridade é crime próprio, pois exige do sujeito ativo a qualidade de ser agente público nos termos dos arts. 1º e 2º da Lei nº 13.869/2019. Nada impede que o particular responda pelo crime de abuso de autoridade no caso de ser partícipe nos termos dos arts. 29 e 30, CP.

Item III: como se tutelam bens jurídicos diferentes, é possível a cumulação de crime de abuso de autoridade com injúria ou outros, desde que o agente tenha o dolo de cometer o abuso de autoridade, bem como de injuriar alguém.

Item IV: as pessoas jurídicas podem ser sujeitas passivas do crime de abuso de autoridade, de acordo com as condições de sua natureza. Não pode ela ser sujeito passivo de crime de abuso de autoridade que envolva a privação de liberdade, como o art. 9º da Lei n. 13.869/2019.

Alternativa correta: "e".

135. (TRT – JTS 21ª RG/ 2012) Ana Sousa submeteu-se a entrevista com a Chefe do Setor de Recursos Humanos da empresa Aços Fortes. Foi aprovada para o cargo de Auxiliar de Marketing, e a referida Chefe orientou Ana Sousa a fazer vários exames médicos, entre eles o exame de sangue para demonstrar que não estava grávida, devendo apresentar tais exames ao médico do trabalho da empresa, durante o exame médico admissional. Ana Sousa denunciou o fato ao Ministério Público do Trabalho, solicitando anonimato. Após audiência com a empresa, foi firmado Termo de Ajustamento de Conduta, comprometendo-se a empresa a "não exigir teste, exame, perícia, laudo, atestado, declaração ou qualquer outro procedimento relativo à esterilização ou a estado de gravidez". Na semana seguinte, ao apresentar-se para o exame admissional, Ana Sousa levou o exame de gravidez, mas o médico do trabalho não solicitou a sua apresentação, tendo a considerado apta para o trabalho sem ver o documento. No caso descrito, é CORRETO afirmar:

I. Houve arrependimento eficaz;

II. Houve desistência voluntária da conduta;

III. O crime de constrangimento ilegal ocorreu, na forma tentada;

IV. O crime de exigência de atestado de gravidez (art. 2º da Lei nº 9.029/95) ocorreu na forma consumada:

a) somente a assertiva I está correta;

b) somente a assertiva II está correta;

c) somente as assertivas I e III estão corretas;

d) somente as assertivas I e IV estão corretas;

e) somente as assertivas II e IV estão corretas.

COMENTÁRIOS

Item I: houve arrependimento eficaz, porque o teste de gravidez foi requisitado, mas depois não foi usado pelo médico no exame admissional por vontade da empresa, manifestada no TAC celebrado com o MPT.

Item II: não houve desistência voluntária, porque o teste de gravidez chegou a ser requisitado.

Item III: não houve constrangimento ilegal, tendo-se em vista que não houve violência ou grave ameaça contra a vítima.

Item IV: não houve consumação do delito, porque houve a desistência voluntária, já que, ao final, o médico não exigiu o teste de gravidez.

Alternativa correta: "d".

Direito Penal

Danilo da Cunha Sousa

✦ DICAS

1. PRINCÍPIOS PENAIS E CONSTITUCIONAIS

- A concepção moderna de Direito Penal o conceitua como conjunto de normas que visam limitar a pretensão punitiva do Estado em favor dos direitos e garantias do acusado.
- A Constituição Federal estabeleceu um rol de direitos e garantias de natureza penal.
- **Princípio da reserva legal e da anterioridade**: não há crime sem lei anterior que o defina, nem pena sem prévia cominação legal.
- **Princípio da irretroatividade da norma penal**: a lei penal não retroagirá, salvo para beneficiar o réu;
- **Inafiançabilidade do crime de racismo**: a prática do racismo constitui crime inafiançável e imprescritível, sujeito à pena de reclusão, nos termos da lei;
- **Crimes Hediondos**: a lei considerará crimes inafiançáveis e insuscetíveis de graça ou anistia a prática da tortura, o tráfico ilícito de entorpecentes e drogas afins, o terrorismo e os definidos como crimes hediondos, por eles respondendo os mandantes, os executores e os que, podendo evitá-los, se omitirem.
- **Inafiançabilidade dos crimes contra a ordem constitucional e o Estado Democrático**: constitui crime inafiançável e imprescritível a ação de grupos armados, civis ou militares, contra a ordem constitucional e o Estado Democrático;
- **Princípio da intranscendência da pena**: nenhuma pena passará da pessoa do condenado, podendo a obrigação de reparar o dano e a decretação do perdimento de bens ser, nos termos da lei, estendidas aos sucessores e contra eles executadas, até o limite do valor do patrimônio transferido;
- **Princípio da individualização da pena**: a lei regulará a individualização da pena e adotará, entre outras, as seguintes: a) privação ou restrição da liberdade; b) perda de bens; c) multa; d) prestação social alternativa; e) suspensão ou interdição de direitos.
- **Princípio da vedação das penas cruéis ou humanitário**: não haverá penas: a) de morte, salvo em caso de guerra declarada, nos termos do art. 84, XIX. CF; b) de caráter perpétuo; c) de trabalhos forçados; d) de banimento; e) cruéis.
- **Princípio da individualização da execução da pena**: a pena será cumprida em estabelecimentos distintos, de acordo com a natureza do delito, a idade e o sexo do apenado.
- **Princípio da integridade física e moral do preso**: é assegurado aos presos o respeito à integridade física e moral.
- **Princípio da integridade física e moral da presa**: às presidiárias serão asseguradas condições para que possam permanecer com seus filhos durante o período de amamentação.

2. INTERPRETAÇÃO E INTEGRAÇÃO DA LEI PENAL

- A **norma penal incriminadora**, como implica restrição do direito de liberdade de ir e vir, deve ser interpretada **restritivamente**.
- **Interpretação extensiva:** busca o verdadeiro alcance da norma. O intérprete analisa um caso, a norma que regula esse caso, e procura entender qual o alcance e a elasticidade dela. A jurisprudência do STJ é no sentido de que não é admitida no direito brasileiro em face do princípio da reserva legal.
- **Interpretação analógica:** é autorizada pelo próprio legislador que, de início, estabelece a casuística e, em seguida, estabelece cláusula aberta. Exemplo: mediante paga ou promessa de recompensa, ou por **outro motivo torpe** (art. 121, § 2º, I, CP).

2.1. ANALOGIA

- Analogia é o método de **integração da norma**, em que se aplica, a uma hipótese não regulada por lei, a legislação de um caso semelhante.
- **Analogia em norma penal incriminadora ou *in malam partem***: é aquela aplicada em desfavor do réu. É **vedada em matéria penal**.
- **Analogia *in bonam partem***: é aquela aplicada em favor do réu. É **admitida em matéria penal**.
- Por exemplo: não é punido o aborto praticado por médico com o consentimento da gestante, se a gravidez for resultado de estupro. Se, em um local remoto em que não haja médico, não será punido o aborto praticado por uma enfermeira, se presentes os demais requisitos.

3. CONFLITO APARENTE DE NORMAS PENAIS

- **Conflito aparente de normas**: a um fato concreto aplica-se uma única norma. Pode ocorrer que, aparentemente, mais de uma lei pode ser aplicada a um fato, o que deve ser resolvido pelas técnicas de resolução do conflito.

Princípios	Características
Especialidade	Há uma norma especial que afasta a aplicação geral. Especial é a norma que reúne todos os elementos da norma geral, acrescidos de alguns outros denominados especializantes.
Subsidiariedade	A norma subsidiária afasta a aplicação da norma principal, ambas a tutelar o mesmo bem jurídico. Essa relação se revela pela análise do fato concreto
Consunção	A norma definidora de um crime é meio necessário ou fase normal de preparação ou execução de outro crime. Tem-se o fato anterior ou posterior impunível, porque fase preparatória ou consequência lógica para a realização do crime.

4. APLICAÇÃO DA LEI PENAL

4.1. A LEI PENAL NO TEMPO E NO ESPAÇO

- Princípio da **irretroatividade da norma penal:** a norma penal não retroage, exceto para beneficiar o réu.
- A qualquer tempo, mesmo depois de condenação transitada em julgado a sentença penal condenatória ou já extinta a punibilidade por qualquer motivo, inclusive, cumprimento de pena, a norma penal mais benéfica é aplicada.
- ***Abolitio criminis***: a norma deixa de considerar determinado fato como crime. Nesse caso, aplica-se a nova norma aos fatos ocorridos antes do início de sua vigência.
- Mas, não se aplica a lei penal posterior mais gravosa. Assim, se norma superveniente prevê penas mais severas a determinada conduta, não se aplica aos fatos ocorridos no passado, havendo ultratividade da norma penal mais benéfica, apesar de revogada.
- Exceções: **lei excepcional ou temporária**, embora decorrido o período de sua duração ou cessadas as circunstâncias que a determinaram, aplica-se ao fato praticado durante sua vigência.
- **Exemplo**: durante a guerra, promulga-se lei que incrimina o desperdício de água potável. Encerrado o evento excepcional, essa lei deixa de ter vigência e tal conduta deixa de ser considerada crime. Mesmo assim, por ser considerada lei excepcional, essa norma penal goza de ultratividade, apesar de ser norma penal mais gravosa.
- **Princípio da territorialidade:** se aplica a lei brasileira aos crimes cometidos no território nacional, ou seja, o espaço territorial em que o Brasil é soberano.

EXTENSÃO DO TERRITÓRIO NACIONAL	*i.* as embarcações e aeronaves brasileiras, de natureza pública ou a serviço do governo brasileiro, em qualquer lugar que se encontre; *ii.* as embarcações e aeronaves brasileiras, de natureza mercantil ou privada, que se achem respectivamente em alto-mar ou no espaço aéreo correspondente; *iii.* aeronaves e embarcações estrangeiras de propriedade privada, se estiverem sobre o território nacional, em aeroporto ou porto, ou no espaço aéreo ou marítimo (art. 5º, §§ 1º e 2º, do Código Penal).

- **Atenção**: se um crime é cometido em embarcação estrangeira particular, quando está em porto nacional, como o de Santos, aplica-se a lei brasileira por força do princípio da territorialidade, pois tal embarcação é considerada extensão do território nacional. Não se trata de aplicação do princípio da extraterritorialidade.
- **Princípio da extraterritorialidade**: em razão de determinadas circunstâncias, como de pessoas envolvidas ou dos bens jurídicos atingidos, aplica-se a lei brasileira, ainda que o fato tenha acontecido no exterior (art. 7º do Código Penal). É o caso de homicídio contra o Presidente da República praticado no exterior.

4.2. TEMPO E LUGAR DO CRIME

- **Tempo do crime:** art. 4º do Código Penal: adotou a teoria da **atividade**: considera-se praticado o crime no momento da ação ou da omissão, ainda que seja outro o do resultado.
- Se o agente tem 17 anos no dia em que atirou na vítima, que só veio a falecer dois meses depois, quando o autor do fato já completou 18 anos, este não responde penalmente.
- **Lugar do crime**: art. 6º do Código Penal: adotou a teoria da **ubiquidade:** considera-se praticado o crime no lugar em que ocorreu a ação ou omissão, no todo ou em parte, bem como onde se produziu ou deveria produzir o resultado.

4.3. LEI PENAL EXCEPCIONAL, ESPECIAL E TEMPORÁRIA

- **Lei excepcional:** é aquela adotada em razão de um fato extraordinário, como a guerra ou terremoto.

- **Lei temporária**: é aquela adotada durante período de tempo determinado.
- **Lei especial:** é a norma penal não prevista no Código Penal, como os crimes eleitorais do Código Eleitoral.

4.4. TERRITORIALIDADE E EXTRATERRITORIALIDADE DA LEI PENAL

A aplicação da lei penal está relacionada à soberania do Estado e, portanto, incide aos limites de seu território.

Excepcionalmente, a lei penal brasileira se aplica a fatos ocorridos no exterior.

4.5. PENA CUMPRIDA NO ESTRANGEIRO

- **Pena cumprida no estrangeiro**: é causa de **detração penal**: porque atenua a pena imposta no Brasil pelo mesmo crime, quando diversas, ou nela é computada, quando idênticas.

4.6. TRANSFERÊNCIA DE EXECUÇÃO DE PENA

- **Nenhum brasileiro será extraditado**, salvo o naturalizado, em caso de crime comum, praticado antes da naturalização, ou de comprovado envolvi-

Espécies	Características	Hipóteses	Condições
Extraterritorialidade incondicionada	A lei brasileira se aplica aos fatos praticados no exterior, independentemente de qualquer condição	os crimes: a) contra a vida ou a liberdade do Presidente da República; b) contra o patrimônio ou a fé pública da União, do Distrito Federal, de Estado, de Território, de Município, de empresa pública, sociedade de economia mista, autarquia ou fundação instituída pelo Poder Público; c) contra a administração pública, por quem está a seu serviço; d) de genocídio, quando o agente for brasileiro ou domiciliado no Brasil.	INEXISTEM
Extraterritorialidade condicionada	A aplicação da lei brasileira depende do concurso de diversas condições	I – os crimes: a) que, por tratado ou convenção, o Brasil se obrigou a reprimir; b) praticados por brasileiro; c) praticados em aeronaves ou embarcações brasileiras, mercantes ou de propriedade privada, quando em território estrangeiro e aí não sejam julgados. II- crime cometido por estrangeiro contra brasileiro fora do Brasil	a) entrar o agente no território nacional; b) ser o fato punível também no país em que foi praticado; c) estar o crime incluído entre aqueles pelos quais a lei brasileira autoriza a extradição; d) não ter sido o agente absolvido no estrangeiro ou não ter aí cumprido a pena; e) não ter sido o agente perdoado no estrangeiro ou, por outro motivo, não estar extinta a punibilidade, segundo a lei mais favorável.

mento em tráfico ilícito de entorpecentes e drogas afins, na forma da lei (art. 5º, LI, CF/88).

- Se um brasileiro nato for condenado por cometer crime na Itália, por exemplo, e estiver em território brasileiro, não poderá ser extraditado. Mas, a Itália poderá requerer que a pena seja cumprida no Brasil.

Requisitos para o cumprimento de pena	
	a) hipóteses em que couber solicitação de extradição executória;
	b) observado o princípio do non bis in idem;
	c) o condenado em território estrangeiro for nacional ou tiver residência habitual ou vínculo pessoal no Brasil;
	d) a sentença tiver transitado em julgado;
	e) a duração da condenação a cumprir ou que restar para cumprir for de, pelo menos, 1 (um) ano, na data de apresentação do pedido ao Estado da condenação;
	f) o fato que originou a condenação constituir infração penal perante a lei de ambas as partes; e
	g) houver tratado ou promessa de reciprocidade;
	h) respeitado o que determina o CP.

4.7. IRRETROATIVIDADE DA LEI PENAL

- A irretroatividade da norma penal é uma garantia constitucional: **a lei penal não retroagirá, salvo para beneficiar o réu.**
- Assim, não retroagem as normas que instituem crime, aumentam pena, criam causa de aumento de pena, etc.
- Retroagem as normas que deixam de considerar crime um determinado fato (*abolitio criminis*), diminuem pena, alteram pena de reclusão por detenção, etc.

5. TEORIA DO DELITO

- **Conceito analítico:** crime é fato **típico, antijurídico e culpável.** Embora, haja entendimento de que crime é fato típico e antijurídico, sendo a culpabilidade elemento que incide sobre a reprovabilidade da pessoa, não do fato.
- **Crimes Comuns**: É o que pode ser praticado por qualquer pessoa (lesão corporal, estelionato, furto).
- **Crimes Próprios**: São aqueles que exigem ser o agente portador de uma capacidade ou qualidade especial.
- **Crime de Mão Própria**: Distinguem-se dos delitos próprios porque estes não são suscetíveis de ser cometidos por um número limitado de pessoas, que podem, no entanto, valer-se de outras para executá-los, enquanto nos delitos de mão própria – embora passíveis de serem cometidos por qualquer pessoa – ninguém os pratica por intermédio de outrem.
- **Crimes Materiais**: Há necessidade de um resultado externo à ação, descrito na lei, e que se destaca lógica e cronologicamente da conduta.
- **Crimes Formais**: Não há necessidade de realização daquilo que é pretendido pelo agente, e o resultado jurídico previsto no tipo ocorre ao mesmo tempo em que se desenrola a conduta. A lei antecipa o resultado no tipo; por isso, são chamados crimes de conduta antecipada.
- **Crimes de Mera Conduta**: A Lei não exige qualquer resultado naturalístico, contentando-se com a ação ou omissão do agente. Não sendo relevante o resultado material, há uma ofensa (de dano ou de perigo) presumida pela lei diante da prática da conduta.
- **Crimes Comissivos**: São os que exigem, segundo o tipo penal objetivo, em princípio, uma atividade positiva do agente, um fazer. Na rixa (art. 137) será o "participar"; no furto (art. 155) o "subtrair" etc.
- **Crimes Omissivos**: São os que objetivamente são descritos com uma conduta negativa, de não fazer o que a lei determina, consistindo a omissão na transgressão da norma jurídica e não sendo necessário qualquer resultado naturalístico. Ex: Não prestar assistência a uma pessoa ferida (omissão de socorro, art. 135).
- **Crimes Comissivos por Omissão**: A omissão consiste na transgressão do dever jurídico de impedir o resultado, praticando-se o crime que, abstratamente, é comissivo. Ex: Mãe que deixa de amamentar ou cuidar do filho causando-lhe a morte.
- **Crimes Instantâneos**: É aquele que, uma vez consumado, está encerrado, a consumação não se prolonga. Isso não quer dizer que a ação seja rápida, mas que a consumação ocorre em determinado momento e não mais prossegue. Ex: Homicídio.
- **Crimes Permanentes**: A consumação se prolonga no tempo, dependente da ação do sujeito ativo. Ex: Cárcere privado (art. 148).
- **Crimes Instantâneos de Efeitos Permanentes**: Ocorrem quando, consumada a infração em dado momento, os efeitos permanecem, independentemente da vontade do sujeito ativo. Na bigamia (art. 235), não é possível aos agentes desfazer o segundo casamento.

ESCOLAS DA TEORIA GERAL DO CRIME	SÍNTESE
NATURALISMO OU CLASSICISMO	Tem como principal teórico **von Liszt**. Busca fundamento no positivismo jurídico, em que se afastam considerações éticas, sociais, políticas ou filosóficas, com subordinação exclusiva ao Direito Positivo. A conduta é o comportamento corporal (ação) que produz resultado no mundo exterior. O tipo penal e antijuridicidade são objetivos. Já a culpabilidade é subjetiva, pois, nela se situam o dolo e a culpa. Tem dificuldades em explicar os crimes omissivos, culposos, formais, de mera conduta e tentados.
NEOKANTISMO OU NEOCLASSICISMO	Tem como principais teóricos **Radbruch** e **Sauer**. Não é uma ruptura completa com o positivismo, mas busca superar o pensamento meramente formal e introduzir elementos valorativos (axiológicos) e finalísticos (teleológicos) do Direito. O tipo penal passa a ter elementos normativos (conteúdo de valor) e subjetivos. A antijuridicidade deixa de ser meramente formal, exigindo-se efetiva lesão ao bem jurídico tutelado (antijuricidade material). Já a culpabilidade continua subjetiva, pois, nela se situam o dolo e a culpa, mas se acrescenta a reprovabilidade. Tem dificuldades em explicar os crimes omissivos, formais, de mera conduta e tentados.
FINALISMO	Tem como principal teórico **Welzel**. Rompe em definitivo com o positivismo. **A ação humana** é **exercício de atividade final**. A conduta é voltada a uma finalidade previsível pelo saber humano. Com o finalismo o dolo e a culpa são deslocados para o tipo penal do injusto, enquanto a culpabilidade passa a ser meramente objetiva, consistindo em juízo de reprovabilidade. As grandes contribuições do finalismo foram introduzir a finalidade da conduta e representação (previsibilidade) do resultado, como elementos do injusto e concepção mais adequada dos tipos penais, principalmente, na distinção entre tipo culposo e tipo doloso.
FUNCIONALISMO DUALISTA	Tem como principal teórico **Roxin**. O Direito Penal não pode ser reduzido a questões meramente ontológicas, sendo que é produto de escolhas de políticas criminais, não só sob o ponto de vista da escolha dos bens jurídicos a serem tutelados por ele, como ainda como limitação constitucional do poder punitivo estatal, priorizando-se valores e princípios garantistas. À finalidade da conduta, somam-se critérios de **imputação objetiva**, em que se investiga se a conduta representa ou não uma realização típica de um **risco permitido**.
FUNCIONALISMO MONISTA	Tem como principal teórico **Jakobs**. Diferencia-se do funcionalismo dualista, porque este busca limitações fora do sistema penal, enquanto o monista defende que o sistema penal tem seus limites internamente, sem parâmetros em outras áreas do conhecimento jurídico. Para Jakobs, devem ser afastadas valorações não normativas-penais, sendo o Direito Penal um sistema fechado, o que dificulta qualquer tentativa de limitação do poder punitivo estatal, deixando de lado a tutela dos reais interesses da sociedade, para dar ênfase a interesses meramente simbólicos. Ressalta a função da pena, como mecanismo de defesa de valores da sociedade. Àqueles que negam a existência do ordenamento jurídico e do próprio Estado, como terroristas, não se merece qualquer tutela do sistema penal.

5.1. TEORIA DO TIPO. O FATO TÍPICO E SEUS ELEMENTOS

- **Fato típico**: é o fato descrito na norma penal como crime.

São elementos do fato típico	(a) Conduta; (b) Resultado; (c) Nexo de causalidade; (d) Tipicidade.

5.1.1. CONDUTA

- **Conduta**: é o comportamento humano, comissivo ou omissivo, voltado para a prática de um fato definido em lei como típico.
- **Elementos objetivos da conduta**: é a descrição da conduta pelo tipo penal. Há crimes comissivos e crimes omissivos.
- **Crimes comissivos**: descreve uma ação, uma conduta positiva. Exemplo: Provocar aborto com o consentimento da gestante.
- **Crimes omissivos**: descreve uma omissão, uma conduta negativa. Exemplo: Calar a verdade como testemunha.
- **Crimes omissivos próprios**: o fato típico é uma omissão. Por exemplo, crime de omissão de socorro.
- **Crimes omissivos impróprios**: o fato típico é uma conduta positiva, mas o resultado pode ser obtido por omissão, como, no caso, de homicídio, em que o salva-vidas deixa a vítima se afogar deliberadamente.
- Nos crimes omissivos impróprios, a conduta só é relevante para o Direito Penal, se o agente **podia e tinha o dever de evitar o resultado.**

Dever evitar o resultado em crimes omissivos	a) tenha por lei obrigação de cuidado, proteção ou vigilância; b) de outra forma, assumiu a responsabilidade de impedir o resultado; c) com seu comportamento anterior, criou o risco da ocorrência do resultado.

- **Elemento subjetivo do tipo penal**: se refere à vontade do agente. No direito penal contemporâneo, veda-se a responsabilidade penal objetiva. Só são relevantes ao direito penal as condutas culposas: dolo ou culpa em sentido estrito.
- De acordo com a teoria finalista, o **dolo** e a **culpa** são elementos da conduta.

Teorias do dolo	• **teoria da vontade:** há dolo direto quando há vontade consciente de querer praticar a infração penal; • **teoria da representação:** o agente prevê o resultado como possível e ainda assim opta por continuar a conduta (esta teoria abrange tanto o dolo eventual quanto a culpa consciente). • **teoria do consentimento ou assentimento:** há dolo quando o agente prevê o resultado como possível e ainda assim continua na prática assumindo o risco de produzi-lo.

- **Dolo direto**: é a vontade de, por meio de conduta, produzir o resultado previsto em lei como crime. Teoria da vontade.
- **Dolo eventual**: o agente não tem como finalidade a produção do resultado, mas, diante de sua conduta, assume o risco de produzi-lo, sem se importar que ele advenha. Teoria do assentimento.
- **Culpa**: é a conduta do agente que por **imprudência, negligência** ou **imperícia** produz o resultado.
- **Culpa inconsciente:** objetivamente, é previsível que a conduta vai produzir o resultado típico. Mas, em decorrência de imprudência, imperícia ou negligência, subjetivamente, o agente não prevê a produção do resultado.
- **Culpa consciente**: o agente prevê o advento do resultado típico, mas, mesmo assim, continua em sua conduta.

Dolo eventual	Culpa consciente
O agente prevê o resultado e assume o risco de produzi-lo, pouco se importando que ele advenha	O agente prevê o resultado, mas acredita sinceramente que pode evitá-lo

- **Crime preterdoloso:** preverem uma conduta inicial dolosa e um resultado adicional culposo, que justifica o agravamento da sanção.
- Exemplo: lesão corporal seguida de morte. O dolo do agente era praticar lesão corporal, mas por culpa sua a vítima falece.
- **Crime progressivo** é aquele realizado mediante um único ato ou atos que compõem único contexto. Em outras palavras, ocorre quando o agente, para alcançar um resultado mais grave, passa necessariamente por uma conduta inicial que produz um evento menos grave.
- Exemplo: para provocar o homicídio (crime mais grave), é preciso que o agente provoque lesão corporal (crime menos grave).

- A **progressão criminosa** é aquela realizada mediante dois atos, dois movimentos, ou seja, quando o agente inicia um comportamento que configura um crime menos grave, porém, ainda dentro do mesmo *inter criminis*, resolve praticar uma infração mais grave, que pressupõe a primeira.
- **Exemplo:** inicialmente, o agente visa apenas cometer crime de lesão corporal e depois muda seu intento e comete crime de homicídio, respondendo por este.

5.1.2. RELAÇÃO DE CAUSALIDADE. TEORIAS. IMPUTAÇÃO OBJETIVA

- Nexo causal é o vínculo existente entre a conduta do agente e o resultado por ela produzido.

Teorias	• **da equivalência das condições ou equivalência dos antecedentes ou *conditio sine que non***: quaisquer das condutas que compõem a totalidade dos antecedentes é causa do resultado;
Teorias	• **da causalidade adequada:** considera causa do evento apenas a ação ou omissão do agente apta e idônea a gerar o resultado; • **imputação objetiva**: para que uma conduta seja considerada causa do resultado é preciso que: 1) o agente tenha, com sua ação ou omissão, criado, realmente, um risco não tolerado nem permitido ao bem jurídico; ou 2) que o resultado não fosse ocorrer de qualquer forma, ou; 3) que a vítima não tenha contribuído com sua atitude irresponsável ou dado seu consentimento para a ocorrência do resultado.

- O CP adotou a teoria da conditio *sine qua non*, cujo problema é a possibilidade de regresso ao infinito para se determinador um evento como causa.
- Esse problema é resolvido pelo **processo de eliminação hipotética de Thyrén**: no campo mental da cogitação e suposições, o aplicador deve proceder a eliminação da conduta do sujeito ativo para concluir pela persistência ou desaparecimento do resultado. Persistindo o resultado não é causa, desaparecendo é causa.
- Nexo causal é o vínculo existente entre a conduta do agente e o resultado por ela produzido.
- O CP adotou a teoria da *conditio sine qua non*, cujo problema é a possibilidade de regresso ao infinito para se determinar um evento como causa.
- Esse problema é resolvido pelo **processo de eliminação hipotética**: no campo mental da cogitação e suposições, o aplicador deve proceder à eliminação da conduta do sujeito ativo para concluir pela persistência ou desaparecimento do resultado. Persistindo o resultado não é causa, desaparecendo é causa.
- No art. 13, § 1º, CP, que cuida de **superveniência de causa independente,** adotou-se a **teoria da causalidade adequada**.
- **Concausas:** concurso de fatores (preexistentes, concomitantes ou supervenientes) que, paralelamente ao comportamento do agente, são capazes de modificar o curso natural do resultado.

Concausas	Momento	Nexo de causalidade
Absolutamente independende	Preexistente Concomitante Superveniente	Há rompimento
Relativamente independente	Preexistente Concomitante	Não há rompimento
Relativamente independente	Superveniente	Há rompimento, se o evento posterior não se encontra na linha evolutiva esperada pela conduta do agente. Não há rompimento, se o evento posterior se encontra na linha evolutiva esperada pela conduta do agente.

5.1.3. TIPICIDADE

- Tipicidade é a subsunção (adequada) da conduta praticada pela pessoa em um tipo penal.
- A conduta só será punível se houver tipicidade formal e tipicidade material.
- **Tipicidade formal:** é a adequação da conduta ao tipo penal descrito na norma.
- **Tipicidade material:** é a conduta relevante penalmente que efetivamente violam o objeto jurídico tutelado pela norma penal.

Excluem a tipicidade	a) **PRINCÍPIO DA LESIVIDADE** - a conduta que não provoca sequer ameaça de lesão ao bem jurídico; b) **PRINCÍPIO DA INSIGNIFICÂNCIA**: a conduta que provoca uma lesão irrelevante ao bem jurídico; c) **PRINCÍPIO DA ADEQUAÇÃO SOCIAL**: a conduta que é socialmente adequada. Exemplo: furar a orelha de um bebê. d) **PRINCÍPIO DA ALTERIDADE:** a conduta que não lesa bens jurídicos de terceiros. Exemplo: o suicídio, a prostituição, a autolesão, destruição de coisa própria.

- **Requisitos do princípio da insignificância segundo o STF**: a) mínima ofensividade da conduta; b) a ausência de periculosidade social da ação; c) o reduzido grau de reprovabilidade do comportamento; d) a inexpressividade da lesão jurídica.
- "O princípio da insignificância é aplicável ao crime de contrabando de cigarros quando a quantidade apreendida não ultrapassar 1.000 (mil) maços, seja pela diminuta reprovabilidade da conduta, seja pela necessidade de se dar efetividade à repressão ao contrabando de vulto, excetuada a hipótese de reiteração da conduta, circunstância apta a indicar maior reprovabilidade e periculosidade social da ação" (Tese n. 1.143 – STJ).
- "Na espécie, trata-se de situação que não atrai a incidência excepcional do princípio da insignificância, uma vez que, apesar do valor da res furtiva não superar o percentual de 10% (dez por cento) do salário mínimo vigente à época dos fatos - 12 (doze) frascos de desodorante no valor total de R$ 127,00 (cento e vinte e sete reais), o recorrente é reincidente específico na prática de crime doloso contra o patrimônio, além disso ostenta outras anotações recentes, conforme consta na sentença e nas Certidões de Antecedentes Criminais acostadas aos autos, o que afasta o reduzido grau de reprovabilidade da conduta, não sendo possível do princípio da bagatela, demonstrando a reprovabilidade da conduta." (STJ - AgRg no REsp 1970812/SP).

6. ANTIJURICIDADE

- **Ilicitude**: a conduta do agente é contrária ao direito.
- **Excludentes de ilicitude ou de antijuricidade**: a conduta do agente é típica, ou seja, se "encaixa" em um fato descrito como crime pela lei. Mas há uma circunstância, no caso concreto, que torne essa conduta **lícita,** o que faz com que ele não responda penalmente por tal fato.
- **São excludentes de ilicitude**: legítima defesa, estado de necessidade, estrito cumprimento do dever legal e exercício regular de um direito (arts. 23 a 25 do Código Penal).
- **Legítima defesa**: Entende-se em legítima defesa quem, usando moderadamente dos meios necessários, repele injusta agressão, atual ou iminente, a direito seu ou de outrem.

Requisitos da legítima defesa	• Uso moderado; • Meios necessários; • Contra agressão atual e iminente; • Defesa de direito seu ou de outrem.

- **Legítima defesa putativa**: ocorre no caso em que o agente, por erro, reage a agressão inexistente. Há, no caso, erro de permissão e, como não há potencial consciência de ilicitude, há exclusão de culpabilidade.
- **Legítima defesa sucessiva**: ocorre no caso em que o agente reage ao excesso culposo ou doloso de quem, incialmente, se defendia contra ele. Exemplo: "A" agride "B" que, incialmente, se defende legitimamente. "B", na continuidade de sua conduta, por excesso, desfere um golpe de faca contra "A", que, legitimamente, reage a "B", quebrando-lhe o braço, no qual estava a faca.
- **Legítima defesa de legítima defesa**: é logicamente impossível, pois um dos requisitos da legítima defesa é que a agressão seja injusta. Ora, se a agressão decorre de exercício de legítima defesa, não se pode ter que ela seja injusta. Admite-se a legítima defesa contra agressão decorrente de legítima defesa putativa.
- **O Pacote Anticrime acrescentou o parágrafo único ao art. 25, CP, que estabelece que "considera-se também em legítima defesa o agente de segurança pública que repele agressão ou risco de agressão a vítima mantida refém durante a prática de crimes".**
- **Estado de necessidade**: Considera-se em estado de necessidade quem pratica o fato para salvar de perigo atual, que não provocou por sua vontade, nem podia de outro modo evitar, direito próprio ou alheio, cujo sacrifício, nas circunstâncias, não era razoável exigir-se.
- **Distinção entre legítima defesa e estado de necessidade**: em ambos, há uma reação a uma agressão ao bem jurídico. No entanto, na legítima defesa, a reação se volta contra a pessoa autora da agressão injusta, enquanto, no estado de necessidade, em regra, a reação se dá contra um objeto (um carro, um cão etc.), cujo titular não ocasionou o perigo intencionalmente. Excepcionalmente, a reação no estado de necessidade se volta contra uma pessoa, cuja conduta é lícita, porque, se fosse ilícita, haveria legítima defesa.

- **Estrito cumprimento do dever legal**: compreende as normas e princípios relativos à atuação de quem, sob comando legal, pratica conduta descrita em um tipo legal.
- Exemplo: o soldado do corpo de bombeiros que destrói a parede de uma casa (tipo do dano) para salvar a vítima. É uma conduta típica, porém lícita.
- **Exercício regular de direito**: compreende ações do cidadão comum autorizadas pela existência de direito definido em lei e condicionadas a regularidade do exercício desse direito.
- Exemplo: o proprietário que imediatamente afasta com as próprias mãos a turbação à posse do imóvel. No caso, a conduta é típica (exercício arbitrário das próprias razões), mas é lícita, porque abrigado pelo Direito Civil.

6.1. CULPABILIDADE

- **Culpabilidade**: é o juízo de reprovação que recai sobre a pessoa que cometeu um fato típico e antijurídico.
- **Excludentes de culpabilidade**: o agente comete um fato típico e antijurídico, mas, diante de uma situação que justifique a sua conduta, deixa de ser punido.
- Por exemplo, uma pessoa de quinze anos mata outra pessoa. Seu fato é típico (art. 121 do Código Penal), ilícito (não agiu em legítima defesa ou outra excludente de ilicitude), mas há uma circunstância que impede a aplicação da sanção penal, qual seja a menoridade.
- **Requisitos da culpabilidade**: imputabilidade (no que se inclui a maioridade), potencial consciência da ilicitude do fato e exigibilidade de conduta diversa.
- **Imputabilidade**: é a possibilidade jurídica de alguém ser responsabilizado penalmente.
- **O MENOR DE DEZOITO ANOS É INIMPUTÁVEL.**
- Outro fator de inimputabilidade é a doença mental, que, conforme o grau, pode tornar o agente inimputável ou imputável.

Situação pessoal do agente	Característica	Sanção penal
Imputável	**Inteiramente capaz** de entender o caráter ilícito do fato e de se autodeterminar	Pena.
Semi-imputável	**Parcialmente incapaz** de entender o caráter ilícito do fato e de se autodeterminar	Medida de segurança ou pena reduzida.
Inimputável	**Inteiramente incapaz** de entender o caráter ilícito do fato e de se autodeterminar	Medida de segurança.

EMBRIAGUEZ	CONSEQUÊNCIA
Voluntária	Não exclui a imputabilidade penal
Culposa	Não exclui a imputabilidade penal
Caso fortuito ou força maior – completa	A pessoa é considerada **inimputável**
Caso fortuito ou força maior – incompleta	A pessoa é considerada **semi-imputável**
Preordenada (a pessoa se coloca na situação de embriaguez para "ter coragem" de cometer o crime).	Não exclui a imputabilidade penal e incide a agravante do art. 61, II, l, do CP.

- **Inexigibilidade de conduta diversa**: exclui a culpabilidade, porque não se podia exigir do agente outra conduta que não fosse aquela que adotou.
- **Potencial consciência da ilicitude:** o agente tem que ter consciência de que a sua conduta é ilícita.
- **Erro de proibição:** o agente atua de modo a imaginar que está presente uma causa excludente de ilicitude, mas que em verdade não existe, como a legítima defesa putativa. Aqui a exclui a culpabilidade, porque o agente atua sem a potencial consciência da ilicitude.

6.2. CONDIÇÕES OBJETIVAS DE PUNIBILIDADE E ESCUSAS ABSOLUTÓRIAS

- **Condições objetivas de punibilidade:** são circunstâncias que não são elementos do tipo penal, mas que são pressupostos da punibilidade. Ou seja, sem elas, não há a possibilidade jurídica de aplicação ou execução da pena.
- Exemplo de c**ondição objetiva de punibilidade:** Art. 7º, § 2º, b e c, do CP.

- **Escusas absolutórias:** também conhecidas como imunidade absolutas, são circunstâncias de caráter pessoal, referente a laços familiares ou afetivos entre os envolvidos, que por razões de política criminal, o legislador houve por bem afastar a punibilidade.
- **Exemplos de escusas absolutórias:** art. 181, I e II, CP.

6.3. CONSUMAÇÃO E TENTATIVA. DESISTÊNCIA VOLUNTÁRIA E ARREPENDIMENTO EFICAZ. ARREPENDIMENTO POSTERIOR. CRIME IMPOSSÍVEL

- *Iter criminis*: é o caminho percorrido para que o crime se considere consumado.
- A conduta passa a ser relevante penalmente a partir dos atos executivos, quando o agente pratica os verbos-núcleos do tipo, como o início da subtração no furto.
- Se todos os elementos do tipo penal ocorrerem, há consumação.

INSTITUTO	DEFINIÇÃO	CONSEQUÊNCIA
TENTATIVA	o agente inicia a execução do crime, que não se consuma por **circunstâncias alheias** à **sua vontade**, como na hipótese de o agente atirar como a vítima, mas erra os tiros, ou, se acerta, esta é salva por terceiros	salvo disposição em contrário, **a pena** é **reduzida de um a dois terços.** Uma disposição em contrário: crime de evasão mediante violência contra a pessoa (art. 352 do CP), em que a tentativa de fuga mediante violência é punida com a mesma pena da fuga consumada.
DESISTÊNCIA VOLUNTÁRIA	o agente inicia a execução do crime, que não se consuma por vontade dele próprio. Por exemplo, a pessoa coloca a mão no bolso da vítima para furtar sua carteira, mas antes de ter a posse desta desiste de consumar a subtração por vontade sua.	o agente responde apenas pelos atos que já havia praticado.
ARREPENDIMENTO EFICAZ	O agente voluntariamente impede a produção do resultado.	Idem.
ARREPENDIMENTO POSTERIOR	o crime já se consumou, porém, o sujeito ativo, voluntariamente, repara o dano sofrido pela vítima. É o que ocorre no caso do furtador que devolve o dinheiro à vítima.	a pena é reduzida de um a dois terços.

- No crime impossível, o agente pratica atos de execução, mas jamais conseguiria consumar o crime por ineficácia absoluta do meio por ele empregado ou absoluta impropriedade do objeto.
- Exemplos: ineficácia absoluta do meio: ministrar farinha ao invés de veneno à vítima; absoluta impropriedade do objeto: esfaquear uma pessoa que já está morta.

7. ERRO

- **Erro de tipo:** incide sobre uma das elementares do tipo penal. O agente que age em erro de tipo não responde pelo crime, pois se exclui o dolo, salvo se houver previsão de tipo culposo para a conduta.
- **Descriminantes putativas:** As descriminantes putativas ocorrem nas hipóteses, em que o agente acredita estar amparado por uma causa legal de exclusão da antijuridicidade (descriminante) que não existe (putativa).
- O agente tem na mente que há um fato que lhe permite agir, por exemplo, em legítima defesa, mas esse fato não existe.
- Se o erro for invencível, exclui-se o dolo e a culpa.
- Se o erro for vencível, exclui-se o dolo, mas mantém-se a culpa. É a chamada **culpa imprópria.**
- **Erro determinado por terceiro:** é o erro provocado por terceiro, que induz o agente a atuar com erro.
- Nesse caso, o terceiro responde pelo crime cometido.
- **Erro sobre pessoa ou erro *in persona***: o agente com sua conduta criminosa visa certa pessoa, mas por erro de representação, acredita ser aquela em que efetivamente deseja atingir.
- Trata-se de erro acidental e, com isso, não são excluídos o dolo e a culpa, respondendo o agente pela sua conduta.
- Por exemplo, o agente mata "A" pensando que se trata de "B". Responde o agente pelo crime de homicídio, como se a vítima fosse "B".
- **Erro de proibição**: exclui a potencial consciência da ilicitude. Portanto, o fato é típico e antijurídico,

mas, se o erro for escusável, o agente é isento de pena.

- O agente atua com vontade, ou seja, dolo, portanto o primeiro requisito do fato típico punível encontra-se superado. A solução da questão se dará na culpabilidade. Esta não há, uma vez que se pratica o fato por erro quanto a antijuridicidade de sua conduta, não tem a potencial consciência da ilicitude.
- **Erro de tipo permissivo:** O Prof. Luiz Flávio Gomes salienta que se trata de uma espécie sui generis de erro, posto que não pode ser tratado como erro de tipo, já que nesse, a finalidade é a exclusão do dolo, o que não acontece em tais circunstâncias. Para o autor, o erro de tipo permissivo traz em seu bojo a fusão das consequências previstas para o erro de tipo e o erro de proibição.
- **Erro de tipo permissivo**: a) quando o erro é inevitável, impõe-se a isenção da pena, como se dá no erro de proibição; b) quando o erro se mostra vencível (evitável) ao agente será imposta a pena correspondente ao crime culposo, como ocorre nos casos de erro de tipo.

8. DO CONCURSO DE PESSOAS

- O concurso de pessoas ocorre nas hipóteses em que duas ou mais pessoas contribuem para a produção do resultado previsto em lei como crime.

Teorias do concurso de agentes	a) **Teoria monista:** dois ou mais agentes praticam condutas distintas e produzem um único resultado. Há somente um delito e cada um dos agentes respondem por esse mesmo crime. b) **Teoria dualista:** dois ou mais agentes praticam condutas diversas e produzem um único resultado. Mas, coautores e partícipes respondem por delitos diferentes. c) **Teoria pluralista:** dois ou mais agentes praticam condutas diversas, ainda que produzam um único resultado, respondem por delitos distintos.

- **No concurso de pessoas**, o Código Penal adotou a **teoria monista**. Assim, a pessoa que entra no imóvel (autor) responde pelo crime de furto, assim como aquele que ficou na rua a vigiar a chegada de terceiros (partícipe).
- Excepcionalmente, aplica-se a **teoria pluralista**. É o que ocorre no caso de disciplina do aborto, em que a gestante que pratica o aborto voluntariamente responde pelo tipo penal do art. 124, CP, enquanto o terceiro que provoca o mesmo aborto responde pelo crime do art. 126, CP.
- Em atendimento ao princípio constitucional da **individualização da pena,** cada um dos coautores e partícipes terão a pena aplicada na medida proporcional à sua contribuição para o evento.
- A participação ocorre nas hipóteses em que o sujeito ativo do crime não prática um dos verbos-núcleos do tipo penal, mas concorre de qualquer forma para a sua consumação por meio de **instigação, indução** ou **auxílio.**
- A punição do partícipe é explicada pela teoria da acessoriedade, ou seja, sua conduta é acessória à do autor do fato.
- No Brasil, se adotou o princípio da acessoriedade limitada.

Teoria da acessoriedade	Característica
Mínima	Basta que o autor tenha praticado uma conduta típica
Limitada	Basta que o autor tenha praticado uma conduta típica e antijurídica
Extrema	O autor deve ter praticado uma conduta típica, antijurídica e culpável

9. PENAS

- **Conceito de pena:** a imposição da perda ou diminuição de um bem jurídico, prevista em lei e aplicada pelo órgão judiciário, a quem praticou ilícito penal.
- A história da pena se confunde com a própria do Direito Penal como exposto acima.

Teoria ou Finalidades da pena	• **Retributiva:** a pena é uma resposta do Estado àquele que viola a norma penal; • **Preventiva:** a pena é exemplo para que outros não cometam a infração (prevenção geral), bem como o próprio autor do crime não reincida (prevenção especial); • **Ressocializadora:** durante a execução da pena, deve-se dar condições ao condenado de retornar à vida em sociedade.

- **Pena privativa de liberdade:** é a pena que implica restrição da liberdade de ir e vir e deve ser cumprida no sistema de reclusão ou detenção.

Sistema	Formas de Regime Inicial
Reclusão	Fechado, semiaberto e aberto.
Detenção	Semiaberto e aberto.

- **No sistema de reclusão,** o agente inicia o cumprimento de pena pelo regime aberto, semiaberto ou fechado.

- **No sistema de detenção,** o agente inicia o cumprimento de pena pelo regime aberto ou semiaberto, admitindo-se, porém, a **regressão** de regime semiaberto para o fechado.

Regime	Local de cumprimento	A quem é destinado
Fechado	Estabelecimento de segurança máxima ou média	**Reincidente** e primário com pena superior a 8 anos
Semiaberto	Colônia agrícola ou industrial ou estabelecimento similar	**Primário** com pena superior a quatro e não exceda oito anos
Aberto	Casa de albergado ou estabelecimento adequado	**Primário** com pena igual ou inferior a quatro anos.

- De acordo com a lei, quem comete **crime hediondo** o regime **inicial** para cumprimento de pena é o **fechado.** Mas, o STF, ao julgar o HC n. 111.840/ES, assentou que inexiste a obrigatoriedade do regime inicial fechado para os condenados por crimes hediondos e equiparados, determinando, também nesses casos, a observância do disposto no art. 33, §§ 2º e 3º, do Código Penal.
- "É admissível a adoção do regime prisional semiaberto aos reincidentes condenados a pena igual ou inferior a quatro anos se favoráveis as circunstâncias judiciais" (Súmula 269, STJ).
- Na sentença penal condenatória, o juiz fixa o regime inicial de cumprimento de pena. Mas, durante a execução, o agente está sujeito à **progressão ou regressão de regime**.
- **Pena restritiva de direitos:** são autônomas e substituem a pena privativa de liberdade, se presentes os requisitos legais do art. 44 do CP.

Espécies de pena restritiva de direitos	• prestação pecuniária; • perda de bens e valores; • limitação de fim de semana. • prestação de serviço à comunidade ou a entidades públicas; • interdição temporária de direitos; • limitação de fim de semana.
Requisitos para a aplicação de penas restritivas de direitos	• aplicada pena privativa de liberdade não superior a quatro anos e o crime não for cometido com violência ou grave ameaça à pessoa ou, qualquer que seja a pena aplicada, se o crime for culposo; • o réu não for reincidente em crime doloso;
Requisitos para a aplicação de penas restritivas de direitos	• a culpabilidade, os antecedentes, a conduta social e a personalidade do condenado, bem como os motivos e as circunstâncias indicarem que essa substituição seja suficiente.

- **O reincidente** pode ser beneficiado com pena restritiva de direitos, se **não for reincidente específico** (ou seja, não for condenado pelo mesmo crime da condenação anterior) e se a medida for socialmente recomendável.
- **Multa**: espécie de sanção penal sanção de caráter patrimonial, que se subsume na diminuição do patrimônio do condenado através de uma prestação em dinheiro.
- A pena de multa é aplicada em dias-multa. O valor do dia-multa será fixado pelo juiz não podendo ser inferior a um trigésimo do maior salário-mínimo mensal vigente ao tempo do fato, nem superior a 5 (cinco) vezes esse salário.
- O não pagamento da multa **jamais** será convertido em pena privativa de liberdade.
- Seguindo orientação do STF, o Pacote Anticrime deixou claro que a execução da pena de multa deve seguir o procedimento de execução fiscal, mas o juízo competente é o da execução penal, com legitimidade do Ministério Público para atuar no feito.
- **Cominação da pena** é a pena prevista em lei, fixada pelo legislador.
- Consiste no preceito secundário da norma penal. Exemplo: reclusão, de seis a vinte anos (art. 121, *caput*, CP).
- **Aplicação da pena** é a pena imposta pelo legislador.
- O CP, no art. 68, adotou a teoria trifásica de aplicação da pena: 1ª fase (circunstâncias judiciais), 2ª fase (agravantes e atenuantes genéricas) e 3ª fase (causas especiais de aumento e diminuição de pena).
- Circunstância atenuante genérica não pode conduzir à redução da pena abaixo do mínimo legal (Tema 158/STF).
- Na primeira e na segunda fase de aplicação da pena, o juiz não pode extrapolar o mínimo, nem o máximo da pena privativa de liberdade previstos no tipo penal, em abstrato.
- É possível, na segunda fase da dosimetria da pena, a compensação integral da atenuante da confissão espontânea com a agravante da reincidência, seja ela específica ou não. Todavia, nos casos de multirreincidência, deve ser reconhecida a preponderância da agravante prevista no art. 61, I, do Código Penal, sendo admissível a sua compensação proporcional com a atenuante da confissão espontânea, em estrito atendimento aos princípios da individualização da pena e da proporcionalidade (**TEMA 585 DE RECURSOS REPETITIVOS DO STJ**).

- Condenações criminais transitadas em julgado, não consideradas para caracterizar a reincidência, somente podem ser valoradas, na primeira fase da dosimetria, a título de antecedentes criminais, não se admitindo sua utilização para desabonar a personalidade ou a conduta social do agente. (**TEMA 1077 DE RECURSOS REPETITIVOS DO STJ**).
- A reincidência específica como único fundamento só justifica o agravamento da pena em fração mais gravosa que 1/6 em casos excepcionais e mediante detalhada fundamentação baseada em dados concretos do caso (**TEMA 1077 DE RECURSOS REPETITIVOS DO STJ**).
- Na terceira fase, em caso de diminuição de pena, ela pode ser fixada aquém do mínimo legal.
- Na terceira fase, em caso de aumento de pena, ela pode ser fixada além do mínimo legal.

Instituto	Conceito
Circunstâncias judiciais	Estão enumeradas no art. 59 do CP e devem ser valoradas pelo juiz para aplicação da pena-base
Agravantes Genéricas	Previstas nos arts. 61 e 62 do CP, são levadas em consideração pelo Juiz na 2ª fase para aumentar a pena
Atenuantes Genéricas	Previstas nos arts. 65 e 66 do CP, são levadas em consideração pelo juiz na 2ª fase para diminuir a pena
Causas especiais de aumento de pena	Previstas na Parte Geral e Especial, aumentam a pena em fração determinada por lei (art. 155, § 1º, CP)
Causa especiais de diminuição de pena	Previstas na Parte Geral e Especial, diminuem a pena em fração determinada por lei (art. 14, p.u., CP)
Qualificadoras	Circunstâncias mais graves que fazem com que o legislador preveja pena mais grave (art. 155, § 4º, CP)
Privilégios	Circunstâncias menos graves que fazem com que o legislador preveja pena mais branda (art. 155, § 2º, CP)

- **Concurso de crimes**: acontece quando o agente comete mais de um crime mediante uma ou mais ação ou omissão. No direito brasileiro, por questões de política criminal, cada forma de concurso tem uma maneira distinta no sistema de aplicação e cálculo das penas.

Instituto	Requisitos	Penas
Concurso material	Duas ou mais condutas produzem dois ou mais resultados	Cúmulo material (as penas são somadas)
Concurso formal perfeito ou próprio	Uma única conduta produz dois ou mais resultados	Cúmulo formal (considera-se apenas uma pena, a mais alta ou uma delas se iguais, acrescida de 1/6 a 1/2)
Concurso formal imperfeito ou impróprio	Uma única conduta produz dois ou mais resultados, que eram queridos pelo agente (desígnios autônomos)	Cúmulo material (as penas são somadas)
Crime continuado	Duas ou mais condutas produzem dois ou mais resultados, referentes a crimes de mesma espécie, valendo-se os agentes das mesmas condições de lugar, tempo, maneira de execução e outros semelhantes.	Cúmulo formal (considera-se apenas uma pena, a mais alta ou uma delas se iguais, acrescida de 1/6 a 2/3).
Crime continuado específico	Duas ou mais condutas produzem dois ou mais resultados, referentes a crimes de mesma espécie, dolosos contra vítimas diferentes, cometidos mediante violência ou grave ameaça, valendo-se os agentes das mesmas condições de lugar, tempo, maneira de execução e outros semelhantes.	Considera-se uma única pena, a maior ou uma delas se idênticas, até o triplo.

- **Suspensão condicional da pena** é conhecida como *sursis* e implica na imposição de medidas restritivas de direitos e na suspensão da execução da pena privativa de liberdade durante o período de prova, findo o qual, sem revogação do benefício, há extinção de punibilidade.

Pressupostos	I – o condenado **não seja reincidente** em crime doloso; II – a culpabilidade, os antecedentes, a conduta social e personalidade do agente, bem como os motivos e as circunstâncias autorizem a concessão do benefício; III – Não seja indicada ou cabível a substituição prevista no art. 44 deste Código.

- Se a condenação anterior for a pena de multa, é possível o *sursis*.

Espécies de *sursis*	• **Simples: condições estabelecidas pelo juiz** + no primeiro ano do prazo, deverá o condenado **prestar serviços à comunidade** ou submeter-se à **limitação de fim de semana** (art. 78, *caput*, e § 1º, CP). • **Especial**: em caso de reparação do dano ou na impossibilidade de fazê-lo e condições judiciais favoráveis: **condições estabelecidas pelo juiz** + a) proibição de frequentar determinados lugares; b) proibição de ausentar-se da comarca onde reside, sem autorização do juiz; comparecimento pessoal e obrigatório a juízo, mensalmente, para informar e justificar suas atividades (art. 78, *caput* e § 2º, CP).

- ***Sursis* etário:** concedido ao condenado **maior de setenta anos.**
- ***Sursis* humanitário:** concedido ao condenado por razões de saúde que justifiquem.

Regra geral	Regra do sursis etário e humanitário
• Condenação por pena privativa de liberdade não superior a **dois anos;** • Período de prova de **dois a quatro anos.**	• Condenação por pena privativa de liberdade não superior a **quatro anos**; • Período de prova de **quatro a seis anos.**

Revogação do *sursis*	Hipóteses
Obrigatória	• é condenado, em sentença irrecorrível, por crime doloso; • frustra, embora solvente, a execução de pena de multa ou não efetua, sem motivo justificado, a reparação do dano; • descumpre a condição de, no primeiro ano do prazo, prestar serviços à comunidade ou submeter-se à limitação de fim de semana.
Facultativa	• se o condenado descumpre qualquer outra condição imposta; • ou é irrecorrivelmente condenado, por crime culposo ou por contravenção, a pena privativa de liberdade ou restritiva de direitos

- **Livramento condicional** é benefício concedido ao condenado que preencher algumas condições, pelo qual **se antecipa** a liberdade daquele que cumpre pena privativa liberdade.

Requisitos	• Condenação **igual ou superior a dois anos;** • Cumprida **mais de um terço** da pena se o condenado **não for reincidente em crime doloso** e tiver **bons antecedentes;** • Cumprida **mais da metade** se o condenado for **reincidente em crime doloso;** • Comprovado: **a) bom comportamento durante a execução da pena;** **b) não cometimento de falta grave nos últimos 12 (doze) meses;** **c) bom desempenho no trabalho que lhe foi atribuído; e** **d) aptidão para prover a própria subsistência mediante trabalho honesto;** • Tenha **reparado**, salvo efetiva impossibilidade de fazê-lo, **o dano causado pela infração.**

Hipóteses específicas	Condições especiais
• Condenado por **crime doloso**, cometido com **violência ou grave ameaça** à pessoa	• Constatação de condições pessoais que façam presumir que o **liberado não voltará a delinquir.**
• Condenação por **crime hediondo, prática da tortura e terrorismo**, se o apenado não for reincidente específico em crimes dessa natureza.	• **Não reincidente específico nesses crimes:** cumprido **mais de dois terços da pena;** • **Reincidente específico nesses crimes: VEDADO** o livramento condicional.
• **arts. 33, caput e § 1º** (tráfico de drogas)**, e 34** (associação para o tráfico) **a 37 da Lei de Drogas.**	• **Não reincidente específico nesses crimes**: após o cumprimento de **dois terços da pena;** • **Reincidente específico nesses crimes: VEDADO** o livramento condicional.

Revogação do livramento condicional	Hipóteses
Obrigatória	• se o liberado vem a ser **condenado a pena privativa de liberdade, em sentença irrecorrível**: a) por crime cometido durante a vigência do benefício; b) por crime anterior, observado o disposto no art. 84 do Código Penal.

Revogação do livramento condicional	Hipóteses
Facultativa	• se o liberado deixar de cumprir qualquer das obrigações constantes da sentença; • ou for irrecorrivelmente condenado, por crime ou contravenção, a pena que não seja privativa de liberdade.

- O tempo de cumprimento das penas privativas de liberdade não pode ser superior a **40 (anos) anos (art. 75, CP).**
- Unificação de pena: incidente na execução da pena, em que se somam todas as penas a que o sentenciado foi condenado.
- Para efeitos de benefícios, como o livramento condicional e a progressão de regime, leva-se em consideração o total da pena após unificação, mesmo que a soma seja superior a quarenta anos.
- A unificação de penas não enseja a alteração da data-base para concessão de novos benefícios executórios (Tese n. 1006, STJ).

10. EFEITOS DA CONDENAÇÃO

Espécies	Efeitos
Penais	a) **Direto:** cumprimento da pena imposta; b) **Indireto:** consequências provocadas pela condenação, tais como a reincidência, os maus antecedentes, a revogação de algum benefício etc.
Extrapenais	a) **Genéricos, obrigatórios e automáticos:** **a.1)** tornar certa a **obrigação de indenizar o dano** causado pelo crime;
Extrapenais	**a.2) perda em favor da União,** ressalvado o direito da vítima e do terceiro de boa-fé, dos instrumentos do crime, quando ilícitos, do produto do delito e do proveito auferido pelo agente com a prática criminosa. **b) específicos, facultativos para o juiz e necessitam constar da sentença para valer:** **b.1) a perda de cargo, função pública ou mandato eletivo,** quando aplicada pena privativa de liberdade igual ou superior a um ano, nos crimes cometidos com abuso de poder ou violação de dever para com a administração pública, bem como quando aplicada pena de prisão superior a quatro anos em qualquer caso;

Espécies	Efeitos
Extrapenais	**b.2) a incapacidade para o exercício do poder familiar, da tutela ou da curatela nos crimes dolosos sujeitos à pena de reclu-são cometidos contra outrem igualmente titular do mesmo poder familiar, contra fi-lho, filha ou outro descendente ou contra tutelado ou curatelado;** **b.3) a inabilitação para dirigir veículos** quando usado para o cometimento de delito doloso.

- A Lei nº 13.715/2018, modificou o ECA com o fim de estabelecer no art. 23, § 2º, que A condenação criminal do pai ou da mãe não implicará a destituição do poder familiar, exceto na hipótese de condenação por crime doloso sujeito à pena de reclusão contra outrem igualmente titular do mesmo poder familiar ou contra filho, filha ou outro descendente.
- A mesma Lei nº 13.715/2018, estabeleceu como efeito da sentença penal condenatória a perda do poder familiar das seguintes hipóteses do art. 1.638, parágrafo único, do CC.

Crime contra outrem igualmente titular do mesmo poder familiar	Crime contra filho, filha ou outro descendente
a) homicídio, feminicídio ou lesão corporal de natureza grave ou seguida de morte, quando se tratar de crime doloso envolvendo violência doméstica e familiar ou menosprezo ou discriminação à condição de mulher;	a) homicídio, feminicídio ou lesão corporal de natureza grave ou seguida de morte, quando se tratar de crime doloso envolvendo violência doméstica e familiar ou menosprezo ou discriminação à condição de mulher;
b) estupro ou outro crime contra a dignidade sexual sujeito à pena de reclusão	b) estupro, estupro de vulnerável ou outro crime contra a dignidade sexual sujeito à pena de reclusão."

10.1. DO CONFISCO ALARGADO

- Trata-se de inovação trazida pelo Pacote Anticrime que visa afetar **o proveito econômico do crime.**
- Por esse instituto, **são equiparados a produto ou proveito do crime os bens correspondentes à diferença entre o valor do patrimônio do condenado e aquele que seja compatível com seu rendimento lícito.**
- **Esses bens que excedem o patrimônio do autor do fato, ainda que não demonstrado cabalmente que sejam produto ou proveito do crime, ficam sujeitos ao confisco.**

Pressupostos	condenação por infrações às quais a lei comine pena máxima superior a 6 (seis) anos de reclusão, Incompatibilidade do patrimônio com a renda lícita do autor do crime

- **O confisco deve seguir o contraditório e a ampla defesa:** pedido expresso do Ministério Público no oferecimento da denúncia; possibilidade de o denunciado demonstrar a compatibilidade do patrimônio com sua renda lícita; sentença fundamentada demonstrando o quanto o patrimônio excede à renda lícita do agente

11. MEDIDAS DE SEGURANÇA E EXECUÇÃO DAS MEDIDAS DE SEGURANÇA

- São duas as medidas de segurança: **internação** em hospital de tratamento psiquiátrico e **atendimento ambulatorial**, reservados, respectivamente, para condenados por crimes apenados com reclusão e detenção.
- Na internação de inimputável, o prazo é **indeterminado**, perdurando enquanto for constatada a periculosidade do agente, fixando-se **um prazo mínimo de um a três anos**, ao final do qual se realizará exame para aferição de **periculosidade do agente**.
- Observada a cessação de periculosidade o agente é colocado em liberdade, mas se, no prazo de um ano, praticar ato que indique que se mantém a periculosidade, a medida de segurança é restabelecida.
- O STJ e o STF firmaram jurisprudência no sentido de que o prazo máximo de internação é de **trinta anos**. Trata-se de aplicação do princípio da isonomia, pois esse é o limite de pena reservado ao imputável.
- Em caso de semi-imputável, há duas possibilidades: aplicação de **pena reduzida** de um a dois terços ou, necessitando o condenado de especial tratamento curativo, a pena privativa de liberdade pode ser substituída pela **internação**, ou **tratamento ambulatorial**, pelo prazo mínimo de um a três anos.

12. CAUSAS EXTINTIVAS DE PUNIBILIDADE

- A punibilidade é a possibilidade jurídica do Estado de aplicar sanção penal ao infrator da norma penal.
- Tem-se por extinta a punibilidade, quando um fato previsto em lei torna impossível a aplicação da sanção penal.
- **Morte:** no direito penal brasileiro, aplica-se o princípio da intranscedência da responsabilidade penal, ou seja, somente o autor do fato pode ser punido pelo crime.
- Se a extinção da punibilidade do agente for declarada com base em **certidão de** óbito **falsa**, essa decisão judicial pode ser revista, segundo entendimento jurisprudencial predominante.
- **Anistia:** é estabelecida por **lei**, que tem efeito retroativo, fazendo que se apaguem os efeitos penais do crime. Relacionada, geralmente, a crimes políticos.
- **Graça:** é concedida pelo Presidente da República, mediante provocação do interessado, e é direcionada a uma pessoa específica.
- **Indulto:** é concedida espontaneamente pelo Presidente da República e tem caráter generalizado, destinada a um grupo de sentenciados com características próprias.
- ***Abolitio criminis:*** uma lei deixa de considerar determinado fato como criminoso. É o que ocorreu com o adultério, que deixou de ser considerado crime pela Lei nº 11.106/2005. Como se trata de norma penal mais benéfica, retroage para beneficiar o agente, extinguindo a sua punibilidade.
- **Decadência** é a extinção da punibilidade decorrente da perda de direito de ação, já que o ofendido se mantém inerte e não oferece representação, no caso de ação penal pública condicionada à representação, ou queixa-crime, no caso de ação penal privada.
- Em regra, o prazo decadencial é de **seis meses** depois que se tem conhecimento de quem foi o **autor do crime**.
- **Perempção:** é a extinção da punibilidade decorrente da inércia do querelante (ofendido) na ação penal privada nos termos do art. 60, CPP.
- **Perdão judicial:** a faculdade concedida ao juiz de comprovada a prática de uma infração penal, deixar de aplicar a pena imposta pela lei, em face de justificadas circunstâncias excepcionais.
- No perdão judicial, a lei prevê que as consequências do crime já são suficientemente graves que a pena se torna desnecessária, como pode ocorrer no homicídio culposo em que a vítima é filha do autor.
- A concessão do perdão judicial depende da análise do caso concreto.
- A sentença concessiva de perdão judicial é declaratória da extinção da punibilidade, não subsistindo qualquer efeito condenatório (Súmula 18, STJ).
- **TEMA 931 – STJ:** "O inadimplemento da pena de multa, após cumprida a pena privativa de liberdade ou restritiva de direitos, não obsta a extinção da punibilidade, ante a alegada hipossuficiência do condenado, salvo se diversamente entender o juiz competente, em decisão suficientemente motivada, que indique concretamente a possibilidade de pagamento da sanção pecuniária."

12.1. DA PRESCRIÇÃO

- **Prescrição** é a extinção da punibilidade decorrente da inércia estatal que não exerce sua pretensão punitiva, que ocorre antes da sentença penal condenatória transitada em julgado, ou executória, que ocorre depois da sentença penal condenatória transitada em julgado.

Espécie	Forma de contagem	Termo Inicial	Efeitos	Modo de Ocorrência
Pretensão punitiva propriamente dita	Pega-se o máximo da pena prevista em lei	Em regra, o dia que se consumou o crime.	Apagam-se todas as consequências penais do crime, obstando desde a instauração de Inquérito Policial até a prolação de sentença penal condenatória.	Transcurso do prazo prescricional sem que tenha ocorrido um fator que o suspenda ou interrompa.
Superveniente ou intercorrente	Pega-se a pena em concreto estabelecido na sentença.	Publicação da sentença peal condenatória.	Apagam-se todas as consequências penais do crime, tirando o efeito da sentença penal condenatória, já prolatada, mas não transitada em julgado.	Transcurso do prazo prescricional entre a publicação da sentença e a intimação do réu ou a publicação da sentença e o julgamento do recurso da defesa.
Retroativa	Pega-se a pena em concreto estabelecido na sentença.	Publicação da sentença peal condenatória.	Apagam-se todas as consequências penais do crime, tirando o efeito da sentença penal condenatória, já prolatada, mas não transitada em julgado.	Conta-se para trás os eventos que suspendem ou interrompem o prazo prescricional
Executória	Pega-se a pena fixada na sentença ou acórdão condenatório transitado em julgado	Trânsito em julgado da sentença condenatória para a acusação	Impede a aplicação da pena, mas permanecem os demais efeitos penais, como reincidência, e extrapenais, como indenizatória.	Transcurso do prazo prescricional para o início ou a continuação da execução da pena

- A prescrição, depois da sentença condenatória com trânsito em julgado para a acusação ou depois de improvido seu recurso, regula-se pela pena aplicada, não podendo, em nenhuma hipótese, ter por termo inicial data anterior à da denúncia ou queixa.
- Termos iniciais para a contagem do prazo prescricional antes do trânsito em julgado da sentença penal condenatória:

Regra Geral	Data de Consumação do Crime
Tentativa	Dia em que Cessou a Atividade Criminosa
Crimes Permanentes	Dia em que Cessou a Permanência
Bigamia e falsidades de Registro Público	Dia em que o fato se tornou conhecido
Crimes contra a dignidade sexual de crianças e adolescente	Data em que a vítima completar 18 anos, salvo se a ação penal já fora proposta.

Regra Geral	Data de Consumação do Crime
A partir da vigência da Lei nº 14.344/2022	Nos crimes contra a dignidade sexual ou que envolvam violência contra a criança e o adolescente, previstos neste Código ou em legislação especial, da data em que a vítima completar 18 (dezoito) anos, salvo se a esse tempo já houver sido proposta a ação penal.

Causas de Redução do prazo prescricional à metade	a) menor de vinte e um anos na DATA DO CRIME b) maior de 70 amos na DATA DA SENTENÇA

Prescrição da pena de Multa	a) Dois anos: se a multa for a única pena aplicada ou cominada. b) Mesmo prazo da pena privativa de liberdade: se a multa for cominada ou aplicada cumulativamente com a pena privativa de liberdade.

Causas impeditivas da prescrição	I - enquanto não resolvida, em outro processo, questão de que dependa o reconhecimento da existência do crime; II - enquanto o agente cumpre pena no exterior; III - na pendência de embargos de declaração ou de recursos aos Tribunais Superiores, quando inadmissíveis; e IV - enquanto não cumprido ou não rescindido o acordo de não persecução penal.

Causas interruptivas da prescrição	I - pelo recebimento da denúncia ou da queixa; II - pela pronúncia; III - pela decisão confirmatória da pronúncia; IV - pela publicação da sentença ou acórdão condenatórios recorríveis; V - pelo início ou continuação do cumprimento da pena; VI - pela reincidência.

- **TEMA 1100 – STJ:** O acórdão condenatório de que trata o inciso IV do art. 117 do Código Penal interrompe a prescrição, inclusive quando confirmatório de sentença condenatória, seja mantendo, reduzindo ou aumentando a pena anteriormente imposta.
- Nos crimes conexos, que sejam objeto do mesmo processo, estende-se aos demais a interrupção relativa a qualquer deles.
- No caso de concurso de crimes, a extinção da punibilidade incidirá sobre a pena de cada um, isoladamente.

13. CRIMES EM ESPÉCIE

13.1. CRIMES CONTRA A PESSOA

- Apenas os crimes dolosos contra a vida são submetidos ao Tribunal do Júri: **homicídio doloso, induzimento instigação ou auxílio ao suicídio, infanticídio e aborto.**
- É possível a realização de **Tribunal do Júri na Justiça Federal**, se o crime for cometido em detrimento de bens, serviços ou interesse da União ou de suas entidades autárquicas ou empresas públicas.
- Por exemplo, é de competência da Justiça Federal o julgamento de homicídio doloso contra Policial Rodoviário Federal no exercício de suas funções.
- Os crimes de latrocínio (roubo seguido de morte) e genocídio (homicídio com a intenção de extinção de uma raça, credo ou cultura) **não são** crimes contra a vida.
- A Lei nº 13.491/2017 alterou o Código Penal Militar com o fim de estabelecer que o Militar das **Forças Armadas** que cometa crime doloso contra a vida de civil será julgado pela **JUSTIÇA MILITAR DA UNIÃO**, afastando-se a competência do Tribunal do Júri, se praticado nos contextos abaixo descritos.

cumprimento de atribuições que lhes forem estabelecidas pelo Presidente da República ou pelo Ministro de Estado da Defesa	ação que envolva a segurança de instituição militar ou de missão militar, mesmo que não beligerante;	atividade de natureza militar, de operação de paz, de garantia da lei e da ordem ou de atribuição subsidiária, realizadas em conformidade com o disposto no art. 142 da Constituição Federal e na forma dos seguintes diplomas legais: a) Código Brasileiro de Aeronáutica; b) Lei Complementar no 97/99; c) Código de Processo Penal Militar; e d) Código Eleitoral.

- A Lei nº 13.491/2017 manteve a competência do Tribunal do Júri caso o crime doloso contra civil seja cometido por **Militar Estadual**, como policial militar, ainda que presentes os mesmos requisitos acima apontados.

HOMICÍDIO

- **Homicídio** é o crime em que o agente mata alguém.
- Tutela-se no crime de homicídio a vida extrauterina. De acordo com o STJ, iniciado o trabalho de parto, é o caso de se falar em homicídio ou infanticídio, conforme o caso, não necessidade de comprovação de respiração do nascituro, pois há outas formas de comprovar o nascimento com vida" (HC n. 228.998/MG).

- **Consumação:** evento morte: no direito brasileiro, o parâmetro a ser seguido é o momento da morte encefálica nos termos da Lei nº 9.437/97.
- No **homicídio privilegiado**, o juiz deve reduzir a pena de um sexto a um terço (art. 121, § 1º, do Código Penal.
- A eutanásia pode configurar homicídio privilegiado.

Requisitos do homicídio privilegiado: basta a presença de um deles (a, b ou c) para a configuração do privilégio	a) Se o agente comete o crime impelido por motivo de relevante valor social: levam-se em consideração valores relevantes para a comunidade, com o patriotismo, a paz pública, etc. Por exemplo: assassinato do traidor da pátria. b) Se o agente comete o crime impelido por motivo de relevante valor moral: levam-se em consideração valores relevantes individuais: eutanásia. c) Se o agente comete o crime sob o domínio de violenta emoção, logo em seguida a injusta provocação da vítima: o agente está dominado, não meramente influenciado, pela injusta provocação da vítima.

- **Homicídio qualificado**: os patamares da pena prevista para o crime são maiores (pena: reclusão de 12 a 30 anos), em decorrência de circunstâncias objetivas e subjetivas, consideradas mais graves pelo legislador (art. 121, § 2º, CP).
- O homicídio qualificado é tido como hediondo pela Lei nº 8.072/90.

Qualificadoras subjetivas	Qualificadoras objetivas
Mediante paga ou promessa de recompensa ou por outro motivo torpe.	Com emprego de veneno, fogo, explosivo, asfixia, tortura ou outro meio insidioso ou cruel, ou de que possa resultar perigo comum
Por motivo fútil.	À traição, de emboscada, ou mediante dissolução ou outro recurso que dificulte ou torne impossível a defesa do ofendido.
Para assegurar a execução, a ocultação, a impunidade ou vantagem de outro crime.	Contra autoridade ou agente descrito nos arts. 142 e 144 da Constituição Federal, integrantes do sistema prisional e da Força Nacional de Segurança Pública, no exercício da função ou em decorrência dela, ou contra seu cônjuge, companheiro ou parente consanguíneo até terceiro grau, em razão dessa condição
--------	Contra menor de 14 anos

- **Feminicídio:** é o homicídio praticado contra mulher em razão dessa condição, ou seja, em razão do gênero.

Condições para reconhecimento de feminicídio	I - violência doméstica e familiar; II - menosprezo ou discriminação à condição de mulher.

- A jurisprudência do STJ é no sentido de que o feminicídio é qualificadora de **natureza objetiva e, portanto, pode ser cumulado com o motivo fútil ou torpe.**
- "(...) IV - Ressalta-se, ainda, que "esta Corte possui o entendimento segundo o qual as qualificadoras do motivo torpe e do feminicídio não possuem a mesma natureza, sendo certo que a primeira tem caráter subjetivo, ao passo que a segunda é objetiva, não havendo, assim, qualquer óbice à sua imputação simultânea" (HC n. 430.222/MG, Quinta Turma, Rel. Min. Jorge Mussi, DJe 22/3/2018, grifei). V - In casu, como bem destacado pela Corte de origem "diferentemente do alegado pela defesa, a qualificadora do feminicídio possui natureza objetiva, na medida em que está relacionada à condição de gênero feminino, enquanto a qualificadora do motivo fútil é de natureza subjetiva, pois diz respeito à pessoa do agente" (fl. 439). Portanto, inexiste constrangimento legal a ser sanado no caso dos autos." (STJ – AgRg no HC 822149 / SC).
- A vítima pode ser mulher, homossexual ou heterossexual, ou transexual, pois não se trata de identidade de sexo biológico, mas questão de gênero.
- Não se aplica em caso de homossexuais masculinos.
- Admite-se o **homicídio privilegiado-qualificado**, se a qualificadora decorrer de motivo objetivo. Assim, impelido por motivo de relevante valor social, o agente mata a vítima por meio de asfixia.
- De acordo com a jurisprudência do STF, o homicídio privilegiado-qualificado **não é considerado hediondo, pois não consta do rol taxativo do art. 1º da Lei nº 8.072/90.**
- As causas de aumento de pena no homicídio doloso vêm sendo objeto de sucessivas alterações pelo legislador, como resposta a fatos graves de repercussão social, o que implica falta de boa técnica legislativa.
- Assim, por vezes, deve-se evitar o chamado *bis in idem*. Por exemplo, caso de vítima de feminicídio maior de sessenta anos. No caso, se aplica apenas a causa de aumento do art. 121, § 7º II, CP, afastando-se a incidência da causa de aumento do art. 121, § 4º, parte final do CP.

Causas de aumento de pena no Homicídio doloso:	
Causas de aumento de pena no Homicídio doloso: a pena é aumentada de **um terço** (art. 121, § 4º, parte final, CP):	I- se o crime é praticado contra pessoa menor **de 14 (quatorze).** PS: em relação ao fato de a vítima ser menor de 14 anos, há duas correntes: a) não há mais incidência dessa causa de diminuição de pena, porque haveria "bis in idem" ante a nova qualificadora do art. 121, IX, CP; b) aplica-se a causa de aumento de pena, se há outra qualificadora, no caso concreto, além da causa etária (por exemplo, vítima menor de quatorze anos e crime praticado por envenenamento. Nesse caso, o uso do veneno serve como qualificadora, enquanto a idade menor de 14 anos serve como causa de aumento). II – Crime praticado por maior de 60 (sessenta) anos.

Causa de aumento de pena no Feminicídio:	
Causa de aumento de pena no Feminicídio: a pena é aumentada de **um terço até a metade** (art. 121, § 7º, CP):	I – durante a **gestação** ou nos **3 (três) meses posteriores ao parto;** II – contra pessoa **maior de 60 (sessenta) anos**, com **deficiência** ou portadora de **doenças degenerativas** que acarretem condição **limitante** ou de **vulnerabilidade física ou mental**; III – na **presença** física ou virtual de **descendente** ou de **ascendente da vítima**; IV – em **descumprimento** das **medidas protetivas de urgência** previstas Lei Maria da Penha.

Contra menor de 14 anos	
Contra **menor de 14 anos** é aumentada de (art. 121, § 2º-B, CP)	I – **um terço até a metade** se a vítima é pessoa com **deficiência ou com doença** que implique o aumento de sua vulnerabilidade; II – dois terços se o autor é **ascendente, padrasto ou madrasta, tio, irmão, cônjuge, companheiro, tutor, curador, preceptor ou empregador** da vítima ou por qualquer outro título tiver **autoridade** sobre ela.

Contra menor de 14 anos	
Contra **menor de 14 anos** é aumentada de (art. 121, § 2º-B, CP)	III - 2/3 (dois terços) se o crime for praticado em instituição de educação básica pública ou privada

A pena é aumentada de um terço até a metade	
A pena é aumentada de **um terço até a metade** (art. 121, § 6º, CP):	se o crime for praticado **por milícia privada,** sob o pretexto de prestação de serviço de segurança, **ou por grupo de extermínio.**

- No **homicídio culposo**, o agente provoca a morte da vítima em decorrência de inobservância do dever de cuidado, caracterizada pela imprudência, imperícia ou negligência (art. 121, § 3º, CP).
- Admite-se o perdão judicial no crime de homicídio culposo, como ocorre na hipótese em que um pai negligente acaba por causar a morte de seu próprio filho.
- O homicídio culposo na direção de veículo automotor caracteriza o crime do art. 302 do Código de Trânsito Brasileiro.

Causa de aumento de pena no Homicídio culposo:	
Causa de aumento de pena no Homicídio culposo: a pena é aumentada de **um terço** (art. 121, § 4º, parte inicial, CP):	se o crime resulta de **inobservância de regra** técnica de profissão, arte ou ofício; ou se o agente **deixa de prestar imediato socorro** à vítima, **não procura diminuir as consequências** do seu ato, ou **foge** para evitar prisão em flagrante.

Induzimento, instigação ou auxílio a suicídio ou a automutilação

- O suicídio e automutilação, por si sós, não são crime.
- Pune-se aquela pessoa que **induz** (incutir na vítima o desejo de se suicidar ou automutilar), **instiga** (reforça na vítima o desejo de se suicidar ou automutilar) ou **auxilia** (ajuda a vítima materialmente a se suicidar ou automutilar) (art. 122, CP – crime de induzimento, instigação ou auxílio ao suicídio).
- Trata-se de **tipo misto alternativo**. Assim, se o agente induz, instiga e auxilia a vítima, responde por crime único.
- No crime de induzimento, instigação ou auxílio ao suicídio, na redação original, só haveria punição se houvesse lesão corporal de natureza grave ou morte. Com a redação conferida pela Lei nº 13.968/2019, não se exige nenhum resultado lesivo. Assim, a existência de ou não de lesão e, em existindo se é de natureza leve, grave ou gravíssima, ou se houve morte, só interessa para fins de aplicação da pena.
- Portanto, se do induzimento, da instigação e do auxílio, **não resultar lesão ou resultar lesão leve**, aplica-se a pena do art. 122, "caput", CP: reclusão, de

6 (seis) meses a 2 (dois) anos. A diferença da pena entre a inexistência de lesão e a existência de lesão leve vai ser levada no momento de aplicação da pena, na fase do art. 59, CP (circunstâncias judiciais), pois a consequência do crime com lesão leve é mais grave do que a sem lesão.

- Se da automutilação ou da tentativa de suicídio resulta **lesão corporal de natureza grave ou gravíssima**, aplica-se a pena do art. 122, § 1º, CP: reclusão, de 1 (um) a 3 (três) anos (exceto nos caso do art. 122, § 6º, CP – vide comentário abaixo). A diferença da pena entre a lesão grave e a gravíssima vai ser levada no momento de aplicação da pena, na fase do art. 59, CP (circunstâncias judiciais), pois a consequência do crime com lesão gravíssima é mais grave do que a lesão grave.
- Se o suicídio se consuma ou se da automutilação resulta **morte**:, aplica-se a pena do art. 122, § 2º, CP: reclusão, de 2 (dois) a 6 (seis) anos (exceto nos caso do art. 122, § 7º, CP – vide comentário abaixo).• Atualmente, admite-se a tentativa em crimes dessa natureza.

A PENA É DUPLICADA	I - se o crime é praticado por motivo egoístico, torpe ou fútil (art. 122, § 3º, I, CP). II - se a vítima é menor ou tem diminuída, por qualquer causa, a capacidade de resistência (art. 122, § 3º, II, CP). III - se o autor é líder, coordenador ou administrador de grupo, de comunidade ou de rede virtual, ou por estes é responsável (art. 122, § 5º, CP).

- A pena é **aumentada até o dobro** se a conduta é realizada por **meio da rede de computadores, de rede social ou transmitida em tempo real**.
- **Tipo subsidiário**: não há aplicação do art. 122. § 1º, CP, se houver resultado **lesão corporal de natureza gravíssima**, caso em que se aplicam as penas do art. 129, § 2º, CP (lesão corporal gravíssima); não há aplicação do art. 122, § 2º, se houver resultado **morte**, caso em que se aplicam as penas do art. 121 do CP (homicídio).

Isso ocorre nos seguintes casos em que a vítima (art. 122, §§ 6º e 7º, CP)	a) É menor de 14 (quatorze) anos; b) por enfermidade ou deficiência mental, não tem o necessário discernimento para a prática do ato, c) por qualquer outra causa, não pode oferecer resistência

- O crime de induzimento, instigação ou auxílio a suicídio ou a automutilação realizados por meio da rede de computadores, de rede social ou transmitidos em tempo real (art. 122, caput e § 4º) passou a ser considerado hediondo pela Lei n. 14.811/2024.

INFANTICÍDIO

- No infanticídio (art. 123, CP), **a mãe**, em **estado puerperal**, provoca a morte do filho, **durante ou logo após o parto**.
- **Atenção:** o infanticídio é norma especial em relação ao homicídio, já que o sujeito ativo é a **mãe da vítima influenciada pelo estado puerperal,** ocorrendo a conduta durante ou logo após o parto.
- Se o **pai** da criança ou qualquer outra pessoa induzir, instigar ou auxiliar a mãe a cometer o crime, responde também por **infanticídio**, em decorrência da comunicação das elementares do tipo ao partícipe (art. 30, CP).

ABORTO

- Nos crimes de aborto (arts. 124 a 126, CP), a morte da vítima ocorre durante a gestação, ou seja, tutela-se a vida intrauterina.

Formas criminosas de aborto	Aborto provocado pela gestante ou com seu consentimento – art. 124, CP.
	Aborto provocado por terceiro sem o consentimento da gestante – art. 125, CP.
	Aborto provocado por terceiro com o consentimento da gestante – art. 126, CP.

- No aborto provocado por terceiro com o consentimento da gestante, há exceção à teoria monista, pois a gestante responde pelo tipo penal do art. 124, enquanto o terceiro responde pelo art. 126, ambos do CP.
- O namorado que induz a namorada a praticar o aborto em uma clínica clandestina responde pelo tipo penal do art. 124, CP (Aborto provocado pela gestante ou com seu consentimento), como **partícipe.**
- **Dissentimento presumido:** grávida não é maior de 14 anos ou é alienada ou débil mental, presume-se que não pode dar consentimento válido para realização do aborto. Dessa forma, a conduta dela não pode ser considerada típica (não responde a adolescente nessa condição por ato infracional), enquanto o autor do fato responde pelo crime do art. 126, CP.
- Permite-se o aborto praticado por médico no caso de risco de morte para a gestante, de gravidez resultante de estupro e de gravidez de feto anencefálico.
- Se o aborto for praticado por outra pessoa que não seja médico, o agente responde pelo crime, exceto, no caso de risco de morte para a gestante, se presentes os requisitos do estado de necessidade.

LESÃO CORPORAL

A. Lesão corporal dolosa

- A integridade física também é um bem jurídico tutelado constitucional e penalmente, motivo pelo qual há o crime de lesão corporal.

Leve	Grave	Gravíssima
Residual	Incapacidade para ocupações habituais por mais de 30 dias	Incapacidade permanente para o trabalho
–	Perigo de vida	Enfermidade incurável
–	Debilidade permanente de membro, sentido ou função	Perda ou inutilizarão de membro, sentido ou função
–	Aceleração de Parto	Deformidade permanente
–	–	Aborto.

- No crime de lesão corporal gravíssima em decorrência do aborto, há um crime preterdoloso, já que o agente tinha o dolo de provocar a lesão corporal, enquanto resultado aborto decorre de conduta culposa.
- No crime de lesão corporal seguida de morte, há um crime preterdoloso, já que o agente tinha o dolo de provocar a lesão corporal, enquanto resultado morte decorre de conduta culposa.

Causa de diminuição de pena na lesão corporal dolosa privilegiada	Se o agente comete o crime impelido por **motivo de relevante valor social ou moral ou sob o domínio de violenta emoção,** logo **em seguida a injusta provocação da vítima**, o juiz pode reduzir a pena de **um sexto a um terço.**

Causa de aumento de pena: **Aumenta-se a pena de 1/3 (um terço) se**	I – o crime é praticado contra pessoa menor de 14 (quatorze) ou maior de 60 (sessenta) anos; II – o crime for praticado por milícia privada, sob o pretexto de prestação de serviço de segurança, ou por grupo de extermínio.

B. Lesão corporal dolosa no ambiente doméstico

A Lei Maria da Penha alterou o art. 129, § 9º, do Código Penal, a fim de estabelecer caso de qualificadora no caso de crime de lesão corporal **leve** no âmbito doméstico e familiar.

A pena no caso de violência doméstica em caso de lesão corporal leve passa a ser de: detenção, de 3 (três) meses a 3 (três) anos.

A incidência do art. 129, § 9º, CP, ocorre independentemente se a vítima for mulher ou homem, pois o tipo penal não faz essa distinção.

Para incidência do art. 129, § 9º, o agente deve-se valer de uma das condições a seguir para a prática da violência.

Para fins do art. 129, § 9º, CP, ocorre violência doméstica, se o crime for praticado contra.	a) ascendente, descendente e irmão: não se exige nesse caso a coabitação, mas apenas a existência do grau de parentesco (Nucci); b) cônjuges ou companheiros; c) com quem o autor do fato convive ou tenha convivido; d) relações domésticas, de coabitação ou de hospitalidade.

No caso de lesão corporal de **natureza grave e gravíssima**, bem como no caso de **lesão corporal seguida de morte**, as circunstâncias do art. 129, § 9º, CP, não são qualificadoras, mas causas de aumento de pena: aumenta-se a pena em 1/3 (um terço).

Se, presentes as circunstâncias do art. 129, § 9º, CP, e sendo a vítima **portadora de deficiência**, a pena é aumentada de 1/3.

C. Lesão corporal contra autoridade

Se a lesão for praticada contra autoridade ou agente descrito nos arts. 142 e 144 da Constituição Federal, integrantes do sistema prisional e da Força Nacional de Segurança Pública, no exercício da função ou em decorrência dela, ou contra seu cônjuge, companheiro ou parente consanguíneo até terceiro grau, em razão dessa condição, a pena é aumentada de um a dois terços.

D. Lesão corporal contra mulher

Presentes os requisitos do feminicídio, há a qualificadora do art. 129, § 13, CP: Se a lesão for praticada contra a mulher, por razões da condição do sexo feminino, nos termos do § 2º-A do art. 121 deste Código: reclusão, de 1 (um) a 4 (quatro anos).

A qualificadora do art. 121, § 13, CP, se aplica apenas no caso de lesão corporal leve, pois as penas dos crimes de lesão corporal grave, gravíssima e seguida de morte são maiores do que a prevista no art. 129, § 13, CP.

O art. 121, § 13, CP, a vítima deve ser mulher. Trata-se de violência de gênero, conforme o disposto no crime de feminicídio.

Se, ao mesmo tempo, houver uma das circunstâncias do art. 129, § 9º, e uma das condições do art. 129,

§ 13, CP, aplica-se a qualificadora desse parágrafo, servindo as causas do art. 129, § 9º, como circunstância judicial desfavorável (art. 59, CP) ou circunstância agravante (art. 61, CP).

E. Lesão corporal culposa

Na lesão corporal culposa, o resultado é provocado por imprudência, negligência ou imperícia.

A gravidade da lesão não serve como qualificadora ou causa de aumento de pena, mas pode o juiz levar em consideração como circunstância judicial desfavorável (consequências do crime).

Caso a lesão corporal seja provocada na direção de veículo automotor, trata-se de crime previsto no art. 303, CTB.

Na lesão corporal culposa, admite-se o perdão judicial.

CRIMES CONTRA A HONRA

- A honra é um direito da personalidade assegurado pela Constituição Federal, pelo Pacto de San José da Costa Rica, bem como na legislação infraconstitucional, como o Código Penal, o Código Civil e o Código Eleitoral.
- **Honra subjetiva:** refere-se à autoestima, ao conceito que a própria pessoa tem de si mesmo.
- **Honra objetiva:** refere-se ao conceito que a pessoa tem no meio social em que vive.
- Para a configuração de um dos crimes contra a honra (calúnia, difamação e injúria) é indispensável que o agente tenha o propósito de ofender (**elemento subjetivo especial do tipo**).
- Se a ofensa tem motivação eleitoral, trata-se de um dos crimes contra a honra previstos no Código Eleitoral.
- O STF declarou que a Lei de Imprensa não foi recepcionada pela CF/88, motivo pelo qual se a ofensa se der por meio de veículo de comunicação, a conduta do agente se subsume em uma das figuras dos arts. 138 a 140, CP.
- Imunidade parlamentar é uma causa de exclusão da **tipicidade material.** Para as declarações ofensivas feitas no recinto do Parlamento, a inviolabilidade é absoluta. Para as declarações feitas fora do Parlamento, como à imprensa, deverá haver um nexo entre as declarações e a atividade parlamentar, podendo, assim, ser afastada a imunidade em caso de abuso.
- Pessoa jurídica pode ser vítima de calúnia (imputação falsa de crime ambiental) e difamação, mas não pode ser vítima de furto.
- **Calúnia**: imputação falsa de um **crime** a uma pessoa.
- Criança, adolescentes e doentes mentais podem ser vítimas de **calúnia**, pois, apesar de serem inimputáveis, podem praticar **fato definido como crime**, como o é o ato infracional praticado por criança e adolescente.
- A calúnia contra os mortos é punível, porém, as vítimas são os familiares do *de cujos*.

Pessoa jurídica pode ser vítima de calúnia?	Doutrina: pode ser vítima de calúnia, quando lhe imputado falsamente crime ambiental e contra a ordem econômica. Não pode em relação a outros crimês. STF e STJ: não pode. Pessoa jurídica pode ser vítima de difamação, mas não de calúnia (porque pessoa jurídica não comete crime) e injúria (honra subjetiva é exclusiva de pessoa física).

- Não há calúnia se a imputação se referir a **contravenção penal**.
- Na calúnia, admite-se, em regra, **a exceção da verdade**, meio de defesa em que o agente visa demonstrar que a imputação que fez é verdadeira.

Não se admite a exceção de verdade no crime de calúnia	a) Se o crime imputado for de ação privada, o ofendido não foi condenado por sentença irrecorrível; b) Se o ofendido for Presidente da República ou Chefe de Governo Estrangeiro; c) Se o ofendido foi absolvido por sentença transitada em julgado.

- Exceção de notoriedade: trata-se de figura prevista no art. 523 do Código de Processo Penal. Fato notório é aquele que todas ou muitas pessoas têm conhecimento. Assim, sendo o fato notório, não haverá calúnia, pois é verdadeira a imputação.
- O crime de calúnia praticado por meio de internet se consuma no local em que se encontra o responsável pela veiculação e divulgação do fato ofensivo.
- A denunciação caluniosa, em que se ofende a Administração da Justiça, por ser mais ampla, absorve a calúnia.
- Assim, a imputação falsa sobre o mesmo fato criminoso feita à Autoridade Policial, que, por causa dela, instaura Inquérito Policial, configura crime de denunciação caluniosa, não se falando em calúnia.
- **Difamação:** é a imputação recai sobre fato desonroso, fato esse que não é considerado crime.
- A imputação pode ser falsa ou verdadeira, que se consuma a difamação.
- Na difamação, a exceção de verdade só se admite se o ofendido for funcionário público e a ofensa se referir a essa qualidade.
- Se o ofendido for Presidente da República, considerado funcionário público para efeitos penais, não se admite a exceção de verdade em caso de difamação, dada a vedação expressa no crime de calúnia.

- No caso da difamação, acolhida a exceção de verdade, o fato permanece típico, porém, reconhece-se a excludente da ilicitude do **exercício regular de um direito**.
- **Na injúria,** o agente atribui à vítima uma qualidade desfavorável, um atributo negativo, a provocar abalo em sua autoestima.
- A injúria ocorre quando a vítima toma conhecimento da ofensa.

Perdão judicial na injúria	Quando houve provocação injusta pelo ofendido; No caso de retorsão imediata a uma outra injúria

- A **injúria** real: a ofensa é provocada mediante violência ou vias de fato, como, por exemplo, dar um tapa no rosto da vítima.
- No caso de haver produção de lesões corporais, haverá soma da pena da injúria com a da lesão corporal.
- Antes da Lei nº 14.532/2023, o crime de injúria racial estava previsto no art. 140, § 3º, CP, ao lado da injúria em razão de religião, da idade e o fato de a pessoa ser portadora de deficiência.
- Com a Lei nº 14.532/2023, o art. 140, § 3º, CP, passou a tratar apenas da injúria consiste na utilização de elementos referentes a **religião ou à condição de pessoa idosa ou com deficiência**. A pena prevista nesse parágrafo é de reclusão, de 1 (um) a 3 (três) anos, e multa. Trata-se forma qualificada do crime de injúria.
- Por sua vez, o chamado crime de injúria racial foi transferido para o novo art. 2º-A, da Lei nº 7.716/1989 (Lei de Racismo), conforme se vê em comentários a essa Lei.

Calúnia	Difamação	Injúria
Imputação de fato determinado.	Imputação de fato determinado.	Atribuição de uma qualidade negativa.
Fato definido como crime.	Fato ofensivo à reputação da vítima, não definido como crime.	Qualidade ofensiva à dignidade ou decoro da vítima.
Imputação é falsa	É irrelevante que a imputação seja falsa.	É irrelevante que a imputação seja falsa.
Ofensa à honra objetiva.	Ofensa à honra objetiva.	Ofensa à honra subjetiva.
Em regra, admite a exceção de verdade.	Em regra, **não** admite a exceção de verdade.	Não admite a exceção de verdade.

- Não há crime de injúria ou difamação: I - a ofensa irrogada em juízo, na discussão da causa, pela parte ou por seu procurador; II - a opinião desfavorável da crítica literária, artística ou científica, salvo quando inequívoca a intenção de injuriar ou difamar; III - o conceito desfavorável emitido por funcionário público, em apreciação ou informação que preste no cumprimento de dever do ofício.

CRIMES CONTRA A LIBERDADE PESSOAL

CONSTRANGIMENTO ILEGAL

- Ninguém será obrigado a fazer ou deixar de fazer alguma coisa senão em virtude de lei (art. 5º, II, CF/88). É essa garantia constitucional que se tutela com o crime de **constrangimento ilegal** (art. 146, CP).
- Constranger significa forçar alguém a fazer alguma coisa ou deixar de fazer alguma coisa.
- No crime de constrangimento ilegal, o agente se vale de **violência, grave ameaça ou qualquer outro meio** (como embriagar a vítima) para reduzir a capacidade da vítima para que esta pratique ou deixe de praticar ato a que não está obrigado por lei.
- Elemento subjetivo: **dolo.** Não existe a forma culposa.
- Causas de aumento da pena ao dobro: crime praticado por **mais de três pessoas** reunidas ou há emprego de **armas**.
- Se o constrangimento ilegal for cometido mediante violência, à pena do art. 146, CP, soma-se a pena correspondente da violência (como lesão corporal).

Não caracteriza constrangimento ilegal, se o constrangimento visa	I – **intervenção médica ou cirúrgica**, sem o consentimento do paciente ou de seu representante legal, se justificada por **iminente perigo de vida;** II – **impedir suicídio.**

INTIMIDAÇÃO SISTEMÁTICA (BULLYING)

- **art. 146-A, CP:** Intimidar sistematicamente, individualmente ou em grupo, mediante violência física ou psicológica, uma ou mais pessoas, de modo intencional e repetitivo, sem motivação evidente, por meio de atos de intimidação, de humilhação ou de discriminação ou de ações verbais, morais, sexuais, sociais, psicológicas, físicas, materiais ou virtuais.
- Trata-se de inovação trazida pela Lei n. 14.811/2024.
- O verbo-núcleo do tipo penal é **intimidar**, ou seja, causar medo, pavor ou apreensão; amedrontar, assustar.
- o crime pode ser cometido por uma só pessoa ou em grupo. Nesse caso, o juiz pode levar em consi-

deração como circunstância judicial desfavorável o fato de o crime ser cometido em grupo.

- **Elemento normativo do tipo:** sistematicamente. Isso implica que a conduta do agente seja reiterada, devendo o juiz, no caso concreto, analisar se houve essa reiteração suficiente para causar a intimidação à vítima.

Pena – multa, se a conduta não constituir crime mais grave.

FORMA QUALIFICADA: Intimidação sistemática virtual (cyberbullying): Se a conduta é realizada por meio da rede de computadores, de rede social, de aplicativos, de jogos on-line ou por qualquer outro meio ou ambiente digital, ou transmitida em tempo real: reclusão, de 2 (dois) anos a 4 (quatro) anos, e multa, se a conduta não constituir crime mais grave.

AMEAÇA

- No crime de **ameaça**, o mal prometido deve ser injusto e grave.
- O Mal deve ser nocivo, grave, sério e verossímil.
- O simples temor reverencial não configura o crime do art. 147, CP.
- O crime de ameaça depende de **representação** do ofendido para o início da ação penal, inclusive, no caso de violência doméstica contra a mulher.
- Meios de realizar a ameaça: **escrito, palavras, gestos ou qualquer outra meio simbólico.**
- O crime de ameaça pode ser absorvido por outro se ela for meio de praticar tal conduta, como ocorre no roubo.

PERSEGUIÇÃO

- Art. 147-A. Perseguir alguém, reiteradamente e por qualquer meio, ameaçando-lhe a integridade física ou psicológica, restringindo-lhe a capacidade de locomoção ou, de qualquer forma, invadindo ou perturbando sua esfera de liberdade ou privacidade.
- Trata-se do crime de stalking.
- "Perseguir" significa ir ao encalço, atormentar, importunar, aborrecer, de modo a ofender a liberdade e a privacidade da vítima.

Causas de aumento de pena	I – contra criança, adolescente ou idoso;
	II – contra mulher por razões da condição de sexo feminino, nos termos do § 2º-A do art. 121 deste Código;
	III – mediante concurso de 2 (duas) ou mais pessoas ou com o emprego de arma.

- As penas desse crime se aplicam cumulativamente com as da violência. Assim, se houver lesão corporal, o agente responde em concurso com o art. 129, CP.
- A ação penal é pública condicionada à representação.

VIOLÊNCIA PSICOLÓGICA CONTRA A MULHER

- art. 147-B, CP: Causar dano emocional à mulher que a prejudique e perturbe seu pleno desenvolvimento ou que vise a degradar ou a controlar suas ações, comportamentos, crenças e decisões, mediante ameaça, constrangimento, humilhação, manipulação, isolamento, chantagem, ridicularização, limitação do direito de ir e vir ou qualquer outro meio que cause prejuízo à sua saúde psicológica e autodeterminação
- A violência psicológica consiste em ameaça, constrangimento, humilhação, manipulação, isolamento, vigilância constante, perseguição contumaz e insultos.
- A violência psicológica contra a mulher já era prevista na Lei Maria da Penha, mas não consistia em um tipo penal.
- Esse crime tem natureza subsidiária, pois só tem incidência, se o fato não constituir crime mais grave.

SEQUESTRO E CÁRCERE PRIVADO

- A diferença entre **sequestro e cárcere privado** é doutrinária: no primeiro, a restrição de liberdade é menor, como a pessoa que é colocada em uma fazenda de onde não consegue sair; enquanto no segundo a segregação é maior como no caso em que uma pessoa é colocada em um cubículo de uma casa.

Qualificadoras no crime de cárcere privado e sequestro	I – se a vítima é ascendente, descendente, cônjuge ou companheiro do agente ou maior de 60 (sessenta) anos;
	II – se o crime é praticado mediante internação da vítima em casa de saúde ou hospital;
	III – se a privação da liberdade dura mais de quinze dias.
	IV – se o crime é praticado contra menor de 18 (dezoito) anos;
	V – se o crime é praticado com fins libidinosos.

- A consumação do crime de sequestro ou cárcere privado se consuma no momento em que a vítima é privada da liberdade.

- Com isso, se a finalidade for libidinosa, a consumação se dá ainda que não se pratique o ato libidinoso, basta a privação de liberdade.
- O crime de sequestro e cárcere privado cometido contra menor de 18 (dezoito) anos (art. 148, § 1º, inciso IV) passou a ser considerado hediondo pela Lei n. 14.811/2024.

REDUÇÃO À CONDIÇÃO ANÁLOGA A DE ESCRAVO

- O crime de **redução à condição análoga a de escravo** consiste na submissão de uma pessoa a uma de forma degradante, sem respeito a seus direitos mínimos inerentes à condição humana.
- Na escravidão dos negros africanos na América, exigia-se que o escravo fosse comercializado. Nesse crime, a **comercialização não se faz necessária**. Basta que a pessoa seja colocada em condição degradante e se vê aprisionada a outra.
- **Condutas:**
  (a) Submeter a vítima a **trabalhos forçados**: o trabalhador, mediante alguma forma de coerção, é submetido a trabalho contra a sua vontade;
  (b) Submeter a vítima a **jornada exaustiva**: o empregador exige, impõe ao trabalhador a jornada extra de trabalho em desacordo com a legislação trabalhista sem o pagamento de verbas devidas;
  © Sujeitar o trabalhador a **condições degradantes de trabalho:** o trabalhador é submetido a condições humilhantes de trabalho, que mais o aproximam de escravo do que homem livre. O juiz vai analisar no caso concreto se as condições são degradantes, tomando por base, inclusive, mas não exclusivamente, a legislação trabalhista;
  (d) Restringir, por qualquer meio, **sua locomoção** em razão de **dívida contraída com o empregador ou preposto:** o trabalhador tem a sua liberdade cerceada pelo empregador em razão de dívida contraída. Exemplo clássico: o empregador tem uma mercearia dentro da Fazenda e obriga que o trabalhador compre dele produtos a preços aviltantes. Contraída a dívida, o trabalhador fica impedido de sair da fazenda, enquanto não a pagar;
  (e) Cercear o uso de qualquer **meio de transporte** por parte do trabalhador, com o fim de **retê-lo no local de trabalho:** tutela-se a livre opção do trabalhador de usar meios de transporte para se ausentar do local de trabalho. Geralmente, ocorre em fazendas distantes de grandes centros urbanos, em que o empregador torne inviável o deslocamento do empregado ao retirar do local meios de transporte.;
  (f) Manter vigilância ostensiva no local de trabalho com o fim de **reter o trabalhador no local de trabalho:** o uso de vigilantes armados por si só não configura o crime, como ocorre em bancos. O crime se configurar se a manutenção dessa vigilância tem como finalidade de reter o trabalhador no local de trabalho.
  (g) Apoderar-se de documentos ou objetos pessoais do trabalhador, com o fim de **retê-lo no local de trabalho:** nesse crime a retenção de documentos do trabalhador, qualquer que seja ele, não só a CTPS, visa impedir que ele deixe o local de trabalho. Também ocorre se o emprego reter objetos pessoais doo trabalhador, como utensílios domésticos, instrumentos de trabalho.
- De acordo com recentes decisões do STJ e do STF, crime de redução à condição análoga a de escravo, além de atingir a dignidade da pessoa humana, viola a organização do trabalho, motivo pelo qual a competência para o seu julgamento é da Justiça Federal (art. 109, V-A e VI, CF/88).

Causas de aumento de pena (1/2), se o crime é cometido	I – contra **criança ou adolescente**; II – por motivo de **preconceito de raça, cor, etnia, religião ou origem**.

Tráfico de pessoas: visa tutelar a liberdade da pessoa de permanecer no local em que escolher de acordo com a sua conveniência.

Condutas criminosas (tipo penal misto alternativo: basta que o agente cometa um dos verbos. Se cometer mais de um deles, responderá por um único crime. Por exemplo: compra e aloja a mesma vítima	Agenciar; Aliciar; Recrutar; Transportar; Transferir; Comprar; Alojar; Acolher pessoa

Meios de praticar o crime	Grave ameaça; Violência; Coação; Fraude ou; Abuso

Finalidade especial: elemento subjetivo específico –I - remover-lhe **órgãos, tecidos ou partes do corpo**; –I - submetê-la a **trabalho em condições análogas à de escravo**; I–I - submetê-la a qualquer **tipo de servidão**; –V - **adoção ilegal**; ou–V - **exploração sexual**

> **Causas especiais de aumento de pena**–I - o crime for cometido por **funcionário público** no exercício de suas funções ou a pretexto de exercê-las;
>
> –I - o crime for cometido contra **criança, adolescente** ou pessoa **idosa** ou com **deficiência;**
>
> I–I - o agente se prevalecer de relações de **parentesco, domésticas, de coabitação, de hospitalidade, de dependência econômica, de autoridade ou de superioridade hierárquica inerente ao exercício de emprego, cargo ou função**; ou
>
> –V - a vítima do tráfico de pessoas for **retirada do território nacional.**

- O crime de tráfico de pessoas cometido contra criança ou adolescente (art. 149-A, caput, incisos I a V, e § 1º, inciso II) passou a ser considerado hediondo pela Lei n. 14.811/2024.

13.2. DOS CRIMES CONTRA O PATRIMÔNIO

- Nos crimes contra o patrimônio, tutelam-se a propriedade e a posse da vítima sobre um bem.

FURTO

- **Furto**: o agente subtrai coisa alheia móvel pertencente a outrem.
- Ladrão que furta ladrão comete crime de furto, mas a vítima continua sendo o proprietário ou o possuidor originário.
- Objeto material: coisa corporal com valor patrimonial.
- Coisa de valor sentimental: há entendimento da doutrina majoritária no sentido de que pode ocorrer crime de furto.
- A subtração de cheque em branco não configura crime de furto por falta de valor econômico. Mas, se o agente que subtraiu o cheque o preenche e o faz circular, comete crime de estelionato.
- A coisa deve pertencer a uma terceira pessoa.
- A coisa abandonada, portanto, não pode ser objeto de furto.
- Se o agente subtrair coisa própria que está em poder de terceiro, pode cometer crime de exercício arbitrário das próprias razões (art. 346, CP) ou furto de coisa comum (art. 156, CP).
- Furto de uso: figura atípica. Requisitos: subtração de coisa infungível, intenção de uso momentâneo e devolução imediata do bem no mesmo estágio de conservação.
- **TEMA 934 DE RECURSOS REPETITIVOS DO STJ:** O Plenário do Supremo Tribunal Federal, superando a controvérsia em torno do tema, consolidou a adoção da teoria da *apprehensio* (ou *amotio*), segundo a qual se considera **consumado o delito de furto quando, cessada a clandestinidade, o agente detenha a posse de fato sobre o bem, ainda que seja possível à vítima retomá-lo, por ato seu ou de terceiro, em virtude de perseguição imediata.** Desde então, o tema encontra-se pacificado na jurisprudência dos Tribunais Superiores.
- **TEMA 924 DE RECURSOS REPETITIVOS DO STJ:** o fato de a loja ser equipada com aparelhos de vigilância, como câmeras, alarmes, por si só, não caracteriza o crime impossível, já que, mesmo sistemas de segurança mais avançados são falíveis.
- **TEMA 1205 DE RECURSOS REPETITIVOS DO STJ:** A restituição imediata e integral do bem furtado não constitui, por si só, motivo suficiente para a incidência do princípio da insignificância.•
Furto noturno: art. 155, § 1º, CP: praticado durante o repouso noturno, que deve ser analisado de acordo com os usos e costumes do lugar. O repouso noturno no campo é diferente do repouso noturno de uma grande cidade.

TEMA 1144 DO STJ: trata de questões relacionadas ao art. 155, § 1º, CP	1. Nos termos do § 1º do art. 155 do Código Penal, se o crime de furto é praticado durante o repouso noturno, a pena será aumentada de um terço. 2. O repouso noturno compreende o período em que a população se recolhe para descansar, devendo o julgador atentar-se às características do caso concreto. 3. A situação de repouso está configurada quando presente a condição de sossego/tranquilidade do período da noite, caso em que, em razão da diminuição ou precariedade de vigilância dos bens, ou, ainda, da menor capacidade de resistência da vítima, facilita-se a concretização do crime. 4. São irrelevantes os fatos das vítimas estarem ou não dormindo no momento do crime, ou o local de sua ocorrência, em estabelecimento comercial, via pública, residência desabitada ou em veículos, bastando que o furto ocorra, obrigatoriamente, à noite e em situação de repouso.

Furto Privilegiado (art. 155, § 2º, CP)	Requisitos	Criminoso primário Pequeno valor da coisa subtraída
	Consequência	Substituição da pena de reclusão por detenção; Diminuir a pena de um sexto a dois terços ou Aplicar somente a pena de multa

- Há um escalonamento para se diferenciar o furto privilegiado do furto em que incide o princípio da insignificância. No primeiro caso, trata-se de coisa com pequeno valor (até um salário mínimo); no segundo, o valor do bem é insignificante a ponto de não ser ofendido o patrimônio da vítima da subtração.
- **Furto qualificado – art. 155, § 4º, CP:** são circunstâncias que fazem com que o preceito penal secundário seja elevado: pena – **reclusão de 02 a 08 anos e multa.**

QUALIFICADORA	CARACTERÍSTICAS
Destruição ou rompimento de obstáculo	O agente pratica uma violência contra uma coisa que protege o bem a ser subtraído: corta a cerca elétrica da casa. Exige perícia.
Com abuso de confiança	Há uma relação de confiança entre vítima e agente que facilita a subtração. A simples relação empregatícia não significa, por si só, que o empregador tenha confiança em relação ao empregado, para fins penais.
Mediante fraude	O agente utiliza um ardil para diminuir a vigilância da vítima sobre o bem e, assim, ter mais facilidade para subtrair a coisa.
Escalada	O agente entra no local em que está o bem por meio anormal e esforço imediato. Por exemplo, escalar o muro da casa.
Destreza	O agente usa uma especial habilidade para subtrair o bem, como na subtração de uma carteira do bolso da calça da vítima sem que ela perceba a ação do agente.

QUALIFICADORA	CARACTERÍSTICAS
Chave falsa	Uso de instrumento para fazer vezes de chave verdadeira, como mixa, gazua, arame, alicate.
Concurso de pessoas	Duas ou mais pessoas participam da execução do crime, seja como autores, seja como partícipes.
Veículo automotor que venha a ser transportado de um estado para outro ou para o exterior	O veículo é transportado de um Estado da Federação para outro (de SP para MG) ou para o exterior (do Brasil para o Paraguai)
Subtração for de semovente domesticável de produção, ainda que abatido ou dividido em partes no local da subtração.	Exemplo de semovente domesticável: gado. Pena de dois a cinco anos
se houver emprego de explosivo ou de artefato análogo que cause perigo comum	A pena é de reclusão de 4 (quatro) a 10 (dez) anos e multa. Trata-se de qualificadora introduzida pela Lei nº 13.654/2018. Visa o combate a furto de agências bancárias. O uso de explosivo deve causar perigo comum, ou seja, atingir de alguma forma, outros bens da coletividade, não só da agência bancária.

- A pena é de reclusão, de quatro a oito anos, e multa, se o furto mediante fraude é cometido por meio de dispositivo eletrônico ou informático, conectado ou não à rede de computadores, com ou sem a violação de mecanismo de segurança ou a utilização de programa malicioso, ou por qualquer outro meio fraudulento análogo.

Causas de aumento de pena no crime de furto mediante fraude eletrônica	I – aumenta-se de 1/3 (um terço) a 2/3 (dois terços), se o crime é praticado mediante a utilização de servidor mantido fora do território nacional;
	II – aumenta-se de 1/3 (um terço) ao dobro, se o crime é praticado contra idoso ou vulnerável.

- **TEMA 561 DE RECURSOS REPETITIVOS DO STJ: Possibilidade de reconhecimento do furto privilegiado-qualificado**: Consoante entendimento pacificado pelo julgamento do EREsp. 842.425/RS, de que relator o eminente Ministro Og Fernandes, afigura-se absolutamente "possível o reconhecimento do privilégio previsto no § 2º do art. 155 do Código Penal nos casos de furto qualificado (CP, art. 155, § 4º)", máxime se presente qualificadora de ordem objetiva, a primariedade do réu e, também, o pequeno valor da res furtiva.

- **TEMA 1087 DE RECURSOS REPETITIVOS DO STJ: Impossibilidade de reconhecimento do furto noturno-qualificado**: A causa de aumento prevista no § 1° do art. 155 do Código Penal (prática do crime de furto no período noturno) não incide no crime de furto na sua forma qualificada (§ 4°).

ROUBO

- **Roubo Próprio (art. 157, *caput*, CP)**: o agente subtrai coisa alheia móvel pertencente a outrem com o emprego de violência ou grave ameaça ou qualquer outra forma de redução de vigilância da vítima (violência imprópria).
- **TEMA 916 DE RECURSOS REPETITIVOS DO STJ:** Consuma-se o crime de roubo com a inversão da posse do bem, mediante emprego de violência ou grave ameaça, ainda que por breve tempo e em seguida a perseguição imediata ao agente e recuperação da coisa roubada, sendo prescindível a posse mansa e pacífica ou desvigiada.
- **TEMA 1171 DE RECURSOS REPETITIVOS DO STJ:** A utilização de simulacro de arma configura a elementar grave ameaça do tipo penal do roubo, subsumindo à hipótese legal que veda a substituição da pena.• **TEMA 1192 DE RECURSOS REPETITIVOS DO STJ:** O crime de roubo, praticado mediante uma única ação contra vítimas diferentes e em um mesmo contexto fático, configura o concurso formal de crimes e não um crime único, quando violados patrimônios distintos.
- **Roubo Impróprio (art. 157, § 1º, CP):** depois de subtrair o bem, para assegurar a posse e/ou impunidade, o agente pratica violência ou grave ameaça contra a vítima.
- **Roubo majorado (art. 157, § 2º, CP):** circunstância que faz o juiz aumentar a pena do agente de um terço até metade.

Circunstância	Característica
Concurso de duas ou mais pessoas	Duas ou mais pessoas participam da execução do crime, seja como autores, seja como partícipes.
A vítima está em transporte de valores	Como por exemplo, carros fortes.
Veículo automotor que venha a ser transportado de um estado para outro ou para o exterior	O veículo é transportado de um Estado da Federação para outro (de SP para MG) ou para o exterior (do Brasil para o Paraguai)
Restrição de liberdade da vítima	A restrição de liberdade da vítima deve se dar por um tempo juridicamente relevante e deve ser para executar o crime ou garantir a fuga
Se a subtração for de substâncias explosivas ou de acessórios que, conjunta ou isoladamente, possibilitem sua fabricação, montagem ou emprego	Aqui o objeto material do crime de roubo, ou seja, a coisa subtraída é substâncias explosivas ou acessórios para tal fim.
Se a violência ou grave ameaça é exercida com o emprego de arma branca	Trata-se de inovação trazida pela Lei Anticrime. Em sua redação originária o CP apenas se valia da expressão arma, no que estavam englobadas armas branca e de fogo. Com a Lei n. 13.654/2018, não se permitia mais a agravante no uso de arma branca. Houve reformatio in mellus e, com isso a norma penal retroagia. Com o Pacote Anticrime, a arma branca voltou a ser causa de aumento de pena, mas se aplicando apenas aos casos ocorridos após a sua vigência. No período entre a Lei nº 13.654/2018 e o início de vigência do Pacote Anticrime (Lei n. 13.964/2019), o emprego do uso de arma branca no crime de roubo poderia ser considerado circunstância judicial desfavorável, na fase do art. 59, CP (Tema 1110 – STJ).

- **Roubo majorado (art. 157, § 2º-A, CP):** circunstância que faz o juiz aumentar a pena do agente de 2/3: Trata-se de parágrafo introduzido pela Lei nº 13.654/2018.

Circunstância	Característica
se a violência ou ameaça é exercida com emprego de arma de fogo	Trata-se de inovação trazida pela Lei n. 13.654/2018. Essa norma não retroage aos crimes cometidos antes da vigência dessa Lei, pois se trata de norma penal mais grave. Com isso, a tais crimes, aplica-se a majorante, mas na fração de pena do art. 157, § 2º, CP.

Circunstância	Característica
se há destruição ou rompimento de obstáculo mediante o emprego de explosivo ou de artefato análogo que cause perigo comum	No caso dessa causa de aumento de pena, o agente se vale de explosivos para rompimento de obstáculo à subtração. Há incidência apenas se o uso dos explosivos cause aumento de pena.

Roubo majorado (art. 157, § 2º-B, CP): Se a violência ou grave ameaça é exercida com emprego de arma de fogo de uso restrito ou proibido, aplica-se em dobro a pena prevista no caput deste artigo.

- **Roubo qualificado: da violência empregada resulta lesão corporal de natureza grave ou morte (latrocínio).**
- **A Lei nº 13.654/2018 alterou o § 3º do art. 157, do CP, apenas para desmembrá-lo em dois incisos e para aumentar a pena do roubo seguido de lesão corporal.**

Qualificadora	Pena
Lesão corporal grave	**7 a 18 anos e multa**
Morte	**20 a 30 anos e multa**

- O latrocínio consiste na subtração do bem, bem como, no mesmo contexto, na morte da vítima, que pode se dar pela forma culposa ou pela forma dolosa.

SUBTRAÇÃO	MORTE	LATROCÍNIO
Consumada	Consumada	Consumado
Consumada	Tentada	Tentado
Tentado	Consumada	Consumado
Tentada	Tentada	Tentado

- Se há mais de uma morte, porém, um único patrimônio é subtraído, a jurisprudência do STF é no sentido de que há **um único crime de latrocínio**. O STJ entendia que havia concurso formal de crimes, mas se rendeu ao entendimento do STF (STJ - AgRg no AREsp 2.119.185-RS – Inf. 789).

EXTORSÃO

- **Extorsão (art. 158, CP)**: mediante violência ou grave ameaça, o agente constrange alguém a fazer algo, como que obtém vantagem econômica.
- Na **extorsão**, a vítima é constrangida a fazer, tolerar que se faça ou deixar de fazer alguma coisa, mediante violência ou grave ameaça, tendo o sujeito ativo do crime a finalidade de obter, para si ou para outrem, indevida vantagem econômica.
- A diferença fundamental entre roubo e extorsão se encontra **na necessidade de participação ativa** da vítima para que o agente obtenha a vantagem patrimonial.
- No roubo, a coisa desejada pelo agente está à mão e a subtração independe da colaboração da vítima. Na extorsão, a conduta ativa da vítima é imprescindível para que o sujeito ativo do crime obtenha a indevida vantagem econômica.

EXTORSÃO MEDIANTE SEQUESTRO

- **Extorsão mediante sequestro (art. 159, CP)**: a obtenção da vantagem econômica é obtida por meio da restrição de liberdade da vítima.
- Trata-se de crime complexo, pois o sequestro, por si só, é uma infração autônoma e que, praticado com o fim de obter indevida vantagem, configura o tipo penal do art. 159, CP.
- É também crime formal, pois se consuma mesmo que não haja obtenção da indevida vantagem econômica, o que vem a ser mero exaurimento da conduta.

Formas qualificadas (art. 159, § 1º, CP)	Característica
O sequestro dura mais de vinte e quatro horas	A privação de liberdade traz fortes abalos emocionais à vítima, muitas vezes confinadas em locais insalubres, sem notícias de parentes e o medo de desfecho trágico, o que justifica a qualificadora em tela
O sequestrado é menor de dezoito anos ou maior de sessenta	A vulnerabilidade das pessoas menores de dezoito e maiores de sessenta anos exige maior reprimenda. Essa circunstância deve ser abrangida pelo dolo do agente, que sabia ou devia saber de sua existência.
Crime cometido por bando ou quadrilha	Com a Lei nº 12.850/2013, o *nomen criminis* passou a ser associação criminosa, sendo necessário que, pelo menos, **três pessoas** estejam associadas com o fim específico de praticar crimes. Ou seja, não basta o mero concurso de três pessoas a praticar o sequestro, mas se exige a estabilidade da associação voltada à prática de crimes

APROPRIAÇÃO INDÉBITA

- **Apropriação Indébita (art. 168, CP)**: a posse do bem é obtida licitamente pelo agente, que, no entanto, passa a ter a coisa como sua ilicitamente. Há uma inversão da vontade do agente.

- **Mero descumprimento contratual** não configura o crime de apropriação indébita. Trata-se de mero ilícito civil.

Causas de aumento de pena	Depósito necessário: se refere ao depósito que se faz em ocasião de **calamidade pública** (art. 647, II, CC). Tutor, curador, síndico liquidatário, inventariante, testamenteiro ou depositário judicial: em decorrência da elevada função que exercem recebem bens de terceiros e devem devolvê-los. Em razão de ofício, emprego ou profissão: a pessoa recebe o bem em razão da profissão e, se não o devolver, responde pela apropriação indébita com causa de aumento de pena.

APROPRIAÇÃO PREVIDENCIÁRIA

- **Crime de apropriação indébita previdenciária**: CP, art. 168-A. No crime de apropriação indébita previdenciária, basta que o agente deixe de recolher a contribuição aos cofres da Previdência Social.
- Não é necessário que o agente vise fraudar a Previdência Social, ou que reverta o dinheiro apropriado em proveito próprio (o chamado *animus rem sibi habendi*) (STJ – 5.ª T. – REsp. 629.091 – Rel. Arnaldo Esteves Lima – DJU 24.04.2006).
- **TEMA 1166 – STJ:** O crime de apropriação indébita previdenciária, previsto no art. 168-A, § 1.º, inciso I, do Código Penal, possui natureza de delito material, que só se consuma com a constituição definitiva, na via administrativa, do crédito tributário, consoante o disposto na Súmula Vinculante n. 24 do Supremo Tribunal Federal.

ESTELIONATO

- **Estelionato (art. 171, CP)**: o agente obtém a vantagem patrimonial em detrimento de prejuízo da vítima, induzida ou mantida em erro, em decorrência de ardil.

Meios de induzimento ou manutenção em erro	Características
Artifício	É astúcia, esperteza, manobra que implica engenhosidade. Ex: o agente se faz passar como representante de uma entidade caridade respeitada na comunidade e induz o ofendido a fazer doação que, desde o início, tem a intenção de tê-la para si
Ardil	É também artifício, esperteza, embora na forma de armadilha, cilada ou estratagema. Ex: o agente prepara um local como sendo agência de veículos, vende automóvel à vítima, recebe o dinheiro, mas, antes de entrega-lo, desaparece com o dinheiro obtido.
Qualquer outro meio fraudulento	Trata-se de interpretação analógica

ESTELIONATO ELETRÔNICO: A pena é de reclusão, de quatro a oito anos, e multa, se a fraude é cometida com a utilização de informações fornecidas pela vítima ou por terceiro induzido a erro por meio de redes sociais, contatos telefônicos ou envio de correio eletrônico fraudulento, ou por qualquer outro meio fraudulento análogo.

Causas de aumento de pena no crime de estelionato eletrônico	a) considerada a relevância do resultado gravoso, aumenta-se de 1/3 (um terço) a 2/3 (dois terços), se o crime é praticado mediante a utilização de servidor mantido fora do território nacional;

CAUSA DE AUMENTO DE PENA: o estelionato é cometido em detrimento de entidade de direito público ou de instituto de economia popular, assistência social ou beneficência.

- A forma mais comum dessa modalidade de estelionato é o chamado estelionato previdenciário, praticado contra o INSS.
- Crime de estelionato previdenciário: CP, art. 171, § 3º. Não raro a Previdência Social é vítima de fraude por meio da qual uma pessoa passa a receber benefícios previdenciários.
- Classificação do estelionato previdenciário de acordo com o Prof. Rogério Sanches Cunha

Crime Permanente: caso o fraudador seja o próprio beneficiário, pois se compreende a obtenção da vantagem como produto de reiteração de condutas baseada no ato fraudulento cometido pelo próprio agente.
Instantâneo de efeitos permanentes: caso a conduta fraudulenta seja praticada em favor de terceiro que receberá o benefício indevido. Neste caso, o agente comete apenas uma conduta, da qual outra pessoa se beneficia reiteradamente (razão dos efeitos permanentes).

Continuado: caso alguém permaneça recebendo o benefício que, devido na origem, deveria ter cessado em virtude da morte do beneficiário. Em virtude das mesmas circunstâncias de tempo, local e modo de execução, considera-se como se uma obtenção de vantagem fosse continuação de outra.

- A pena aumenta-se de 1/3 (um terço) ao dobro, se o crime é cometido contra idoso ou vulnerável, considerada a relevância do resultado gravoso.

AÇÃO PENAL NO CRIME DE ESTELIONATO: REDAÇÃO DO PACOTE ANTICRIME:

Regra: ação penal pública condicionada à representação.

Exceções: ação penal pública incondicionada: se a vítima for: I - a Administração Pública, direta ou indireta; II - criança ou adolescente; III - pessoa com deficiência mental; ou IV - maior de 70 (setenta) anos de idade ou incapaz.

Retroatividade da norma que estabelece a ação penal pública condicionada à representação:

A Lei n. 13.964/2019, que conferiu à ação penal na hipótese de delito de estelionato (art. 171 do Código Penal) a natureza de ação penal pública condicionada à representação da vítima, cuja representação passou a ser exigida como condição de procedibilidade, não retroage para atingir as ações penais já instauradas (Terceira Seção do STJ, HC n. 610.201/SP).

RECEPTAÇÃO

- **Receptação própria**: o agente, adquire, recebe, transporta, conduz ou oculta, para si ou para outrem, coisa que **sabe ser produto de crime.**
- **Receptação imprópria:** o agente influencia para que terceiro, de boa-fé, a adquira, receba ou oculte a coisa que ele, sujeito ativo do crime, sabe ser produto de crime.
- **Receptação qualificada:** trata-se de crime próprio, porque o agente deve ter uma qualidade especial: comerciante, ainda que irregular ou clandestino, ou empresário.
- **Elemento subjetivo:** no tipo penal da receptação qualificação, o legislador usa a seguinte expressão: coisa que **deve saber** ser produto de crime.
- Houve entendimento de que o único dolo a incidir nesse crime seria o dolo indireto, sendo que, se o agente soubesse a origem espúria do bem, haveria crime de receptação do art. 180, *caput*, CP.
- Porém, o entendimento majoritário é no sentido de que no art. 180, § 1º, CP, também, se admite o dolo direto, ou seja, se o agente sabia a origem espúria do bem, haverá o crime de receptação qualificada.
- Ressalte-se: o elemento do tipo que torna o art. 180, § 1º, CP, especial em relação ao art. 180, *caput*, CP, é o fato de que o primeiro é **crime próprio**, pois exige-se do sujeito ativo qualidade especial, qual seja, que ele seja **comerciante ou empresário** e que o crime tenha sido cometido no exercício de tais atividades,

RECEPTAÇÃO DE ANIMAL

- Com a Lei nº 13.330/2016, passou-se a ter o seguinte tipo penal: adquirir, receber, transportar, conduzir, ocultar, terem depósito ou vender, **com a finalidade de produção ou de comercialização, semovente domesticável de produção**, ainda que abatido ou dividido em partes, que deve saber ser produto de crime (art. 180, CP).
- Veja-se que o novo tipo penal exige uma finalidade especial do agente: **produção ou comercialização.**
- Caso a pessoa cometa um dos verbos do tipo, mas visa o consumo pessoal, sua conduta não incide no novo tipo penal, podendo ser o crime de receptação comum (art. 180-A, CP).
- Além disso, o objeto material: deve ser semovente domesticável de produção, como, por exemplo, o gado.

ESCUSAS ABSOLUTÓRIAS

- **Escusa absolutória:** há isenção de pena, apesar da conduta do agente ser típica.

Isenção de pena nos crimes contra o patrimônio	**I - do cônjuge, na constância da sociedade conjugal;** **II - de ascendente ou descendente, seja o parentesco legítimo ou ilegítimo, seja civil ou natural.**

Somente se procede mediante representação, se o crime previsto neste título é cometido em prejuízo	**I - do cônjuge desquitado ou judicialmente separado;** **II - de irmão, legítimo ou ilegítimo;** **III - de tio ou sobrinho, com quem o agente coabita.**

Não se aplicam os arts. 181 e 182, CP	**I - se o crime é de roubo ou de extorsão, ou, em geral, quando haja emprego de grave ameaça ou violência à pessoa;** **II - ao estranho que participa do crime.** **III – se o crime é praticado contra pessoa com idade igual ou superior a 60 (sessenta) anos. .**

13.3. CRIMES CONTRA A ORGANIZAÇÃO DO TRABALHO

- Os crimes contra a organização do trabalho visam tutelar a **dignidade do trabalhador nas relações de trabalho**, seja sob o aspecto individual, seja sob o aspecto coletivo.
- Se o crime contra a organização do trabalho atingir o **interesse coletivo**, a competência é da **Justiça Federal**. Contudo, se atingir apenas o **interesse individual** do trabalhador ou do empregador, haverá competência da **Justiça Estadual**.
- **Atentado contra a liberdade de trabalho** (art. 197, CP): trata-se de constranger a vítima, mediante grave ameaça ou violência, a fazer ou deixar de fazer alguma coisa relacionada ao livre exercício do trabalho, seja na qualidade de trabalhador (art. 197, I, CP), seja na qualidade de empregador (art. 197, II, CP).
- **Atentado contra a liberdade de contrato de trabalho e boicotagem violenta** (art. 198, CP): trata-se de constranger a vítima, mediante grave ameaça ou violência, a fazer ou deixar de fazer alguma coisa relacionada ao livre exercício de celebração do contrato de trabalho (art. 198, primeira parte, CP), ou de impedir que a pessoa desenvolva livremente a atividade industrial ou agrícola (art. 198, segunda parte, CP).
- **Atentado contra a liberdade de associação** (art. 199, CP): trata-se de constranger a vítima, mediante grave ameaça ou violência, a se associar ou deixar de se associar a um determinado sindicato ou associação profissional.
- **Participação de trabalho, seguida de violência ou perturbação da ordem** (art. 200, CP): trata-se do exercício do *lockout*, suspensão do trabalho pelo empregador, e da greve de trabalhadores, promovida por meio de violência contra pessoa ou coisa. Como o tipo penal tem como verbo-núcleo "participar", exige-se que haja multiplicidade de pessoas a participar da paralisação, pelo menos três.
- **Paralisação de trabalho de interesse coletivo** (art. 201, CP): trata-se do exercício do *lockout*, suspensão do trabalho pelo empregador, e da greve de trabalhadores, em que há interrupção de obra pública ou serviço de interesse público. Nesse caso, há abuso do direito de greve e, portanto, deve-se analisar o tipo penal à luz da Lei de Greve (Lei nº 7.783/89). Também, se exige a participação de pelo menos três pessoas.
- **Invasão de estabelecimento industrial, comercial ou agrícola. Sabotagem** (art. 202, CP): a invasão ou a sabotagem (danificação do estabelecimento ou das coisas que ele guarnece) deve ser feita com a finalidade de impedir ou embaraçar o curso normal do trabalho.
- **Frustração de direito assegurado por lei trabalhista** (art. 203, CP): mais uma vez, a incidência da norma penal depende da conjugação com interpretação da legislação trabalhista, constitucional ou inconstitucional. Deve haver o dolo por parte do agente, sendo que o simples inadimplemento com as normas trabalhistas não implica incidência do tipo penal.
- No parágrafo primeiro, o agente não se vale de simples fraude, como no caput, mas de coação. Estranhamento, contudo, as penas previstas são as mesmas.
- Causa especial de pena: vítima menor de dezoito anos, idosa, gestante, indígena ou portadora de deficiência física ou mental.
- **Frustração da lei sobre a nacionalização do trabalho** (art. 204, CP): trata-se de norma penal em branco, porque as regras sobre nacionalização do trabalho são previstas em legislação do trabalho.
- **Exercício de atividade com infração de decisão administrativa** (art. 205, CP): o livre exercício da profissão é garantia constitucional, porém, a lei pode condicionar e limitar esse direito. Algumas profissões estão sujeitas ao controle administrativo, como, por exemplo, de seus conselhos, como o CRECI, CREA, CRM, etc., que podem impor sanções aos seus associados, como a suspensão da atividade. A inobservância dessa suspensão pode acarretar na subsunção da conduta ao crime do art. 205, CP, desde que seja feita de forma habitual.
- **Aliciamento para fim de emigração** (art. 206, CP): nesse crime, o sujeito ativo recruta (alicia, atrai), mediante fraude (falsas promessas), trabalhadores (no mínimo dois) para levá-los ao exterior.
- **Aliciamento de trabalhadores de um local para outro do território nacional** (art. 207, CP): nesse crime, o sujeito ativo alicia (recruta, atrai) trabalhadores (no mínimo dois) com o fim de levá-los de uma localidade para outra do território nacional. No caso, há violação não só a liberdade trabalhista, como ainda da liberdade de locomoção, dos sujeitos passivos do crime, que se deslocam de seu Estado de origem para outro.
- Causas especiais de aumento de pena (art. 207, CP): qualidade especial da vítima: menor de dezoito anos, idosa, gestante, indígena ou portadora de deficiência física ou mental.

13.4. CRIMES CONTRA A DIGNIDADE SEXUAL

- A Lei nº 12.015/09 provocou radical mudança no tratamento dado aos crimes sexuais. Antes se tutelavam os costumes. Agora, se tutela a dignidade sexual, ou seja, o desenvolvimento sadio da sexualidade.

ESTUPRO

- Com a nova sistemática, o crime de estupro (art. 213, CP) pode ter como sujeitos passivos **homens e mulheres**.

- Para a caracterização do crime de estupro é indispensável que a haja o dissenso por parte da vítima, ou seja, que ela não concorde com a relação sexual que só acontece em decorrência de **violência** ou **grave ameaça.**
- Consuma-se o estupro com a conjunção carnal (coito vaginal) ou com qualquer outra modalidade de ato libidinoso, como o coito anal, o sexo oral, o toque em regiões erógenas como o pênis, os seios, a própria vagina, etc.
- O condenado por estupro e atentado violento ao pudor, praticados no mesmo contexto fático e contra a mesma vítima, tem direito à aplicação retroativa da Lei 12.015/2009, de modo a ser reconhecida a ocorrência de crime único, devendo a prática de ato libidinoso diverso da conjunção carnal ser valorada na aplicação da pena-base referente ao crime de estupro (Informativo 543 do STJ).
- Recurso especial representativo de controvérsia provido para declarar a natureza hedionda dos crimes de estupro e atentado violento ao pudor praticados antes da edição da Lei nº 12.015/09, independentemente que tenham resultado lesões corporais de natureza grave ou morte. Acórdão sujeito ao regime do art. 543-C do CPC e da Resolução STJ 08/2008 (**TESE 581 DE RECURSOS REPETITIVOS DO STJ**).
- Estupro qualificado:

Art. 213, § 1º, CP: reclusão de 8 a 12 anos	• Se da conduta resulta **lesão corporal de natureza grave**. • Se a vítima é menor de 18 anos ou maior de 14 anos.
Art. 213, § 2º, CP: reclusão de 12 a 30 anos	• Se da conduta resulta morte.

ASSÉDIO SEXUAL

- **Assédio Sexual:** Trata-se de crime **próprio** porque o sujeito ativo deve ser superior hierárquico à vítima em relação de trabalho, seja no setor privado, seja no setor público.
- Não configura o crime se a relação hierárquica for de outra natureza, como familiar, de ordem religiosa ou entre professor ou aluno.

Registro não autorizado da intimidade sexual

- **Produzir, fotografar, filmar ou registrar, por qualquer meio, conteúdo com cena de nudez ou ato sexual ou libidinoso de caráter íntimo e privado sem autorização dos participantes.**
- **Elemento normativo do tipo penal: sem autorização dos participantes.**

ESTUPRO DE VULNERÁVEL

- No crime de estupro de vulnerável (art. 217-A, CP), **não são necessárias** a violência ou **grave ameaça.** Isso porque o legislador presume que as vítimas não têm capacidade de discernimento sobre o consentimento na realização do sexo. **Trata-se de presunção absoluta.**

Vulneráveis para fins sexuais	• Menor de **14 anos;** • Portador de **enfermidade ou deficiência mental,** não tem o necessário discernimento para a prática do ato; • Por qualquer **outra causa, não pode oferecer resistência**: como por exemplo, a vítima que está em completo estado de embriaguez.

- **TEMA nº 918 do Recursos Repetitivos do STJ:** Para a caracterização do crime de estupro de vulnerável previsto no art. 217-A, caput, do Código Penal, basta que o agente tenha conjunção carnal ou pratique qualquer ato libidinoso com pessoa menor de 14 anos. O consentimento da vítima, sua eventual experiência sexual anterior ou a existência de relacionamento amoroso entre o agente e a vítima não afastam a ocorrência do crime.

  Esse Tema 919 dos Recursos repetitivos do STJ ratifica o disposto no art. 217-A, § 5º, CP.
- **TEMA nº 1121 do Recursos Repetitivos do STJ:** Presente o dolo específico de satisfazer à lascívia, própria ou de terceiro, a prática de ato libidinoso com menor de 14 anos configura o crime de estupro de vulnerável (art. 217-A do CP), independentemente da ligeireza ou da superficialidade da conduta, não sendo possível a desclassificação para o delito de importunação sexual (art. 215-A do CP).
- **TEMA nº 1202 do Recursos Repetitivos do STJ:** No crime de estupro de vulnerável, é possível a aplicação da fração máxima de majoração prevista no art. 71, caput, do Código Penal, ainda que não haja a delimitação precisa do número de atos sexuais praticados, desde que o longo período de tempo e a recorrência das condutas permita concluir que houve 7 (sete) ou mais repetições.
- **Corrupção de menores:** para fins sexuais, o crime de corrupção de menores passou a ser previsto nos arts. 218-A e 218-B do CP.
- **Satisfação de lascívia mediante presença de criança ou adolescente (art. 218-A, CP):** o adolescente apenas presencia o ato sexual do autor ou de terceiro, com o fim de satisfazer a lasciva desses. **Trata-se de crime formal**: não é necessária a efetiva corrupção da criança ou adolescente.
- **Favorecimento da prostituição ou de outra forma de exploração sexual de criança ou ado-**

lescente ou de vulnerável. (art. 218-B, CP): Submeter, induzir ou **atrair** à **prostituição** ou outra forma de **exploração sexual** alguém **menor de 18 anos** ou que, por enfermidade ou deficiência mental, **não tem o necessário discernimento para a prática do ato, facilitá**-la, **impedir** ou **dificultar** que a abandone.

- na primeira parte do tipo penal, o agente introduz a vítima no mundo da prostituição, enquanto que na segunda parte ele impede ou dificulta que ela saia desse mundo.
- Trata-se de tipo penal misto alternativo, em que a prática de duas ou mais condutas implica reconhecimento de um único crime.
- O cliente de prostituição não comete crime, exceto se mantém conjunção carnal ou outro ato libidinoso com **menor de 18 anos e menor de 14 anos**, ciente dessa situação e que ela se encontre em estado de exploração sexual (art. 318-B, § 2º, I, CP).
- **ação penal:** Nos crimes do art. 213 a 218-B, CP, a ação penal é **pública condicionada** à representação.
- Exceção: a ação penal é pública **incondicionada** nos casos em que a vítima: a. é menor de dezoito anos de idade; b. é vulnerável nos termos do art. 217-A, CP.
- **LENOCÍNIO (arts. 227 e 228, CP)**: é a prestação de apoio, assistência e incentivo à vida voluptuosa de outra pessoa, dela tirando proveito. É o cafetão, rufião ou proxeneta.
- **Mediação para servir a lasciva de outrem (art. 227, CP):** o agente induz a vítima a satisfazer a lasciva de outrem. Para Nucci, se a vítima é adulta, esse tipo penal fere o princípio da intervenção mínima, pois não se viola a dignidade sexual de adulto incentivá-lo, sem qualquer ameaça ou violência, a praticar ato sexual consentido com outrem.
- **Finalidade de lucro:** aplica-se também a pena de multa.
- **Favorecimento de prostituição ou outra forma de exploração sexual (art. 228, CP):** o agente induz, atrai, impede ou dificulta que a vítima saia da prostituição ou outra forma de exploração sexual.
- Se a vítima for menor de 18 anos, aplica-se o tipo penal do art. 218-B, Código Penal, já se for maior de 18 anos, aplica-se o art. 228, CP.
- Não é necessário que o agente vise lucro, mas se tiver esse intento, além da pena privativa de liberdade,

13.4.1. NOVIDADES TRAZIDAS PELA LEI Nº 13.718/2018

a) Crime de importunação sexual

- Foi revogado o art. 61 da Lei de Contravenções Penais e importunação sexual passou a ser considerado crime, tipificado no art. 215-A, CP: Praticar contra alguém e **sem a sua anuência** ato libidinoso com o objetivo de satisfazer a própria lascívia ou a de terceiro.
- Assim, como no estupro, a vítima não dá anuência para a prática de ato libidinoso , mas, no estupro, o agente se vale de grave ameaça ou violência para a prática do ato libidinoso, enquanto que, no novo crime, o agente não se vale desses meios.
- Exemplo: o sujeito ativo se masturba nas proximidades da vítima, sem que a vítima consinta e ejacula no corpo dela.
- Se a vítima for vulnerável nos termos do art. 217-A, CP, a conduta incide neste artigo (não no art. 215-A, CP), pois a Lei nº 13.718/2018 positivou o entendimento jurisprudencial que, neste crime, é irrelevante que a vítima tenha consentido com o ato ou que já tenha praticado ato libidinoso anteriormente (art. 217, § 5º, CPb) Crime de Divulgação de cena de estupro ou de cena de estupro de vulnerável, de cena de sexo ou de pornografia
- A Lei nº 13.718/2018 introduziu o art. 218-C ao CP: Oferecer, trocar, disponibilizar, transmitir, vender ou expor à venda, distribuir, publicar ou divulgar, por qualquer me–o - inclusive por meio de comunicação de massa ou sistema de informática ou telemática -, fotografia, vídeo ou outro registro audiovisual que contenha cena de estupro ou de estupro de vulnerável ou que faça apologia ou induza a sua prática, ou, sem o consentimento da vítima, cena de sexo, nudez ou pornografia.

Objeto material	cena de estupro
	cena de estupro de vulnerável
	cena que faça apologia ou induza a sua prática
	cena de sexo, nudez ou pornografia, sem o consentimento da vítima

- Se as cenas envolverem criança e adolescente, pode-se configurar os crimes previstos no art. 241 e 241-A, ECA, conforme a conduta.

c) Irrelevância do consentimento e da experiência sexual no estupro de vulnerável: art. 217-A, CP: trata-se de norma penal explicativa que vem a positivar o entendimento consolidado na doutrina e na jurisprudência.

d) Natureza da ação penal: todos os crimes contra a liberdade sexual e crimes sexuais contra vulnerável passam a ser considerados de **ação penal pública incondicionada** (art. 225, CP).

e) Causas de aumento de pena: art. 226, CP.

Inciso	Quantum de aumento	Circunstância
I	¼ da pena	se o crime é cometido com o concurso de duas ou mais pessoas: esse inciso se aplica a todos os crimes contra a dignidade sexual, exceto estupro e estupro de vulnerável.
Inciso	**Quantum de aumento**	**Circunstância**
II	½ da pena	II - de metade, se o agente é ascendente, padrasto ou madrasta, tio, irmão, cônjuge, companheiro, tutor, curador, preceptor ou empregador da vítima ou por qualquer outro título tiver autoridade sobre ela; (Redação dada pela Lei nº 13.718, de 2018)
IV	1/3 a 2/3 da pena	Estupro coletivo: mediante concurso de dois ou mais agentes
IV	1/3 a 2/3 da pena	Estupro corretivo: para controlar o comportamento social ou sexual da vítima.

13.5. CRIMES CONTRA A PAZ PÚBLICA

- Incitação ao crime: a conduta deve ser pública, ou seja, na presença de várias pessoas que tenham acesso livre ao evento. Pode ser feito por qualquer meio de discursos, orais ou escritos. A incitação deve se referir a um crime determinado e individualizado, como, por exemplo, o agente que instiga as pessoas a matarem uma pessoa.

  Incorre na mesma pena quem incita, publicamente, animosidade entre as Forças Armadas, ou delas contra os poderes constitucionais, as instituições civis ou a sociedade. Trata-se de inovação trazida pela Lei nº 14.107/2021, que trata dos crimes contra o Estado Democrático de Direito.

- Apologia ao crime: o autor faz elogios a um crime ou ao autor do crime, porque o cometeu. O elogio deve ser com o objetivo de atingir número indeterminado de pessoas com o intuito de propagá-la.
- Associação criminosa: o tipo penal exige que a associação seja composta por no mínimo três pessoas. Portanto, se trata de crime plurissubsistente. Para a caracterização do crime, é necessário que os agentes devam estar associados com o fim específico de cometer crimes.
- Milícia privada: As milícias privadas são um fenômeno social em que ela atua em substituição ao Estado, controlando a vida da comunidade por meio de extorsões e coações, interferindo na prestação de serviços, como de água, energia, gás GLP, sinais de TV a cabo, etc. Com o crescimento desse fenômeno, a Lei nº 12.720/2012 acrescentou ao art. 288-A, CP em que se tipificou: Constituir, organizar, integrar, manter ou custear organização paramilitar, milícia particular, grupo ou esquadrão com a finalidade de praticar qualquer dos crimes previstos neste Código.

13.6. DOS CRIMES CONTRA A FÉ PÚBLICA

- Nos crimes contra a fé-pública, tutela-se a presunção de veracidade que se emana dos documentos.

Requisitos dos crimes de falsidade	Imitação da verdade;
	Dano Potencial
	Dolo

- **Moeda falsa (art. 289, CP):** consiste na fabricação de moeda falsa ou alteração do valor de moeda verdadeira.
- A moeda pode ser **metálica ou papel-moeda, nacional ou estrangeira.**
- A competência para o julgamento do crime é da **Justiça Federal**.
- É atípica a conduta de falsificar moeda que já saiu de circulação, como o cruzeiro ou cruzado.
- **Moeda falsa privilegiada (art. 289, § 2º, CP):** inicialmente, a pessoa recebe a moeda de boa-fé, sem saber da falsidade. No entanto, ao tomar conhecimento de que se trata de moeda falsa, a coloca em circulação.
- **Moeda falsa qualificada (art. 289, § 3º, CP):** trata-se de crime **próprio**, pois o sujeito ativo sempre será **funcionário público ou diretor, gerente, ou fiscal de banco de emissão que fabrica emite ou autoriza a fabricação ou emissão:**
- **Moeda falsa qualificada por equiparação (art. 289, § 4º, CP): funcionário público ou diretor, gerente, ou fiscal de banco de emissão** desvia e faz circular moeda, cuja **circulação não estava ainda autorizada**. Vê-se que a moeda não é falsa, mas sua circulação ainda não é permitida.

- **Petrechos para falsificação de moedas (art. 291, CP):** trata-se de um tipo penal **subsidiário**, pois, se o agente usa o maquinário e fabrica moeda falsa, responde apenas pelo tipo de crime de moeda falsa (art. 290, CP).
- **Falsificação de papéis públicos (art. 293, CP):** conceito de papel público: são os de feitura atribuída privativamente à administração do Estado ou a entidade de direito público cujos objetivos particulares são realizados no interesse da coletividade e que se ajustam ao programa funcional do Poder Público (Júlio Fabbrini Mirabete. *Manual de Direito Penal.* v. 3. p. 223).
- Há inúmeros papéis públicos, mas o crime só se caracterizará se a falsidade recair sobre um daqueles enumerados pelo art. 293, CP, tais como: estampilha, papel selado, papel de crédito público, etc..
- Quem falsifica vale postal incide na figura penal prevista no art. 47 da Lei nº 6.538/78, que revogou tacitamente o art. 293, III, CP.
- **Falsidade documental.**

Requisitos de um documento	Forma escrita; Valor probatório; Autor certo; Expressão de um fato ou manifestação de vontade

Não são considerados documentos
Escrito a lápis
Fotografias isoladas
Não são considerados documentos
Fotocópia não autenticada
Falsificação grosseira, facilmente perceptível

- **Falsidade material:** (arts. 297 a 298, CP) o documento ou parte dele é falso em sua estrutura. Significa formar um documento materialmente ou alterá-lo. Por exemplo, uma gráfica produz espelho de CNH ou alguém rasura o contrato.
- **Falsidade de documento público:** (art. 297, CP). Documento público: é o elaborado por funcionário público no desempenho de suas funções: escritura pública, RG, CPF, CTPS, alvará judicial, etc.
- **Documentos públicos por equiparação:** emanado de entidade paraestatal, título ao portador ou transmissível por endosso, ações da sociedade comercial, os livros mercantis e o testamento particular.
- **O particular** pode ser sujeito ativo do crime de falsidade de documento público, se fazer um documento que deveria ser elaborado por funcionário público ou adultera um documento público.
- **Causa de aumento de pena:** se o funcionário público for o autor da falsificação e se valer de sua função para cometer o crime (art. 297, § 1º, CP).
- **Crimes de falsidade de documentos relativos** à **Previdência Social:** art. 297, §§ 3º e 4º, CP: na verdade, seria falsidade ideológica, já que o que é falso é o conteúdo do documento, o fato que expressa. Mas, por falta de técnica de legislador, foi incluído no art. 297, tendo as mesmas penas deste, portanto.
- **Falsidade de documento particular:** (art. 298, CP): documento particular tem conceito residual, ou seja, é aquele que não é elaborado por funcionário público no exercício de suas funções ou não é equiparado pela lei.
- Em caso de documento público, a **Justiça Federal** será competente se o documento público for emanado de entidade ligada á União; se o documento for particular, a **justiça Federal** será competente, se a intenção do autor era causar prejuízo à União.
- A cópia autenticada de um documento particular continua particular. No entanto, se a falsificação recair precisamente sobre a autenticação, haverá falsificação de documento público.
- **Falsidade Ideológica:** (art. 299, CP) o documento é materialmente verdadeiro, emanado de quem tenha legitimidade para fazê-lo, mas o conteúdo que expressa é falso.

Condutas da falsidade ideológica	Comissivas:	Inserir declaração falsa ou desvio da que devia constar; Fazer inserir declaração falsa ou diversa da que deveria constar
	Omissivas	Omitir declaração que deveria constar

- Na falsidade ideológica, o documento pode ser público ou particular, conforme o art. 299, CP. Porém, a pena é maior se for público.
- O autor do documento pode não responder pelo crime, se não for ciente da declaração falsa. Por exemplo, "A" passou uma informação falsa a um funcionário público que produz uma certidão com esses dados falsos, sem saber desse fato. Somente, "A" responde pelo crime.
- Somente haverá crime de falsidade ideológica se o autor agir com um fim especial: **prejudicar direito, criar obrigação ou alterar a verdade sobre fato juridicamente relevante.**
- Na falsidade material, é **imprescindível o exame de corpo de delito;** enquanto falsidade ideológica não pode ser provado por perícia, já que, nesse caso, o documento é materialmente verdadeiro.

Falsidade Material	Falsidade Ideológica
Fabricação de espelho de RG em uma gráfica não autorizada para emiti-lo	Funcionário Público tem um espelho de RG verdadeiro em suas mãos e, com atribuição passa a preenchê-lo, acrescentando dados falsos
Particular tem espelho em branco de um RG verdadeiro e o preenche com dados falsos ou mesmo verdadeiro	Particular fornece dados inverídicos ao funcionário público que tem atribuição para emitir RG

- **Uso de documento falso:** (art. 304, CP): Fazer uso de um dos documentos falsos na forma dos arts. 297 a 302, CP.
- Trata-se de um tipo penal **remitido,** uma vez que faz referência a outros tipos penais para a sua configuração.
- Posição majoritária: **aquele que falsifica um documento e depois faz uso dele, só responde pelo crime de falsidade.** De acordo com essa corrente, o uso de documento falso, material ou formalmente, seria mero *post factum* impunível.
- Policiais em cumprimento de mandado de busca e apreensão domiciliar encontram o documento em uma gaveta, não há crime de uso de documento falso, pois não foi a pessoa que o apresentou, que dele fez uso.
- **Exceção:** Em uma *blitz* policial, o condutor se recusa a apresentar a **CNH**, que é falsa. Os policiais, então, fazem a busca e encontram o documento no interior do porta-luvas. Nesse caso, há crime de uso de documento público, uma vez que a **CNH** é **documento de porte obrigatório** pelos motoristas (art. 159, § 1º, CTB).
- **Finalidade especial:** fazer prova de fato relevante juridicamente.
- **Supressão de documento público**: (art. 305, CP): **destruição, supressão ou ocultação** de um documento público ou particular.
- **Falsa identidade**: (art. 307, CP): o agente não usa um documento falso, mas se identifica falsamente. Ou seja, mente em relação a um elemento de identificação, como nome, estado civil, sexo, idade, filiação, nacionalidade, etc.
- **Finalidade específica**: obter alguma vantagem ou causar prejuízo a terceiros.
- O Supremo Tribunal Federal, ao examinar o RE 640.139/DF, cuja repercussão geral foi reconhecida, entendeu que o **princípio constitucional da autodefesa não alcança aquele que atribui falsa identidade perante autoridade policial** com o objetivo de ocultar maus antecedentes, sendo, portanto, **típica a conduta praticada pelo agente. No mesmo sentido, a Tese n. 646 dos Recursos Repetitivos do STJ.**
- **Adulteração de sinal identificador de veículo:** art. 311, CP: a Lei nº 14.562/2023 passou a criminalizar adulteração de sinal identificador de veículo não categorizado como automotor, conforme se pode notar do tipo penal abaixo.
- **Conduta típica:** Adulterar, remarcar ou suprimir número de chassi, monobloco, motor, placa de identificação, ou qualquer sinal identificador de veículo automotor, elétrico, híbrido, de reboque, de semirreboque ou de suas combinações, bem como de seus componentes ou equipamentos, sem autorização do órgão competente.

Condutas equiparadas (art. 311, § 2º, CP)	I – o funcionário público que contribui para o licenciamento ou registro do veículo remarcado ou adulterado, fornecendo indevidamente material ou informação oficial; II – aquele que adquire, recebe, transporta, oculta, mantém em depósito, fabrica, fornece, a título oneroso ou gratuito, possui ou guarda maquinismo, aparelho, instrumento ou objeto especialmente destinado à falsificação e/ou adulteração de que trata o caput deste artigo; III – aquele que adquire, recebe, transporta, conduz, oculta, mantém em depósito, desmonta, monta, remonta, vende, expõe à venda, ou de qualquer forma utiliza, em proveito próprio ou alheio, veículo automotor, elétrico, híbrido, de reboque, semirreboque ou suas combinações ou partes, com número de chassi ou monobloco, placa de identificação ou qualquer sinal identificador veicular que devesse saber estar adulterado ou remarcado.

- **Causa de aumento de pena:** Se o agente comete o crime no **exercício da função pública ou em razão dela**, a pena é aumentada de um terço.
- **Forma qualificada:** Praticar as condutas de que tratam os **incisos II ou III do § 2º do artigo 311** no exercício de **atividade comercial ou industrial**. Pena: reclusão, de 4 (quatro) a 8 (oito) anos, e multa.
- Para o Superior Tribunal de Justiça, é típica a conduta de adulterar a placa de veículo automotor mediante a colocação de **fita adesiva**

Art. 311-A, CP, Fraudes em certames de interesse público

- Conduta criminosa: **Utilizar** ou **divulgar**, indevidamente, com o fim de beneficiar a si ou a outrem, ou de comprometer a credibilidade do certame, conteúdo sigiloso dos certames públicos a seguir enumerados.

- Condutas equiparadas: quem **permite ou facilita**, por qualquer meio, o acesso de pessoas não autorizadas às informações mencionadas.

Certames	
	I – concurso público;
	II – avaliação ou exame públicos;
	III – processo seletivo para ingresso no ensino superior;
	IV – exame ou processo seletivo previstos em lei.

- **Finalidade especial:** beneficiar a si ou a outrem, ou de comprometer a credibilidade do certame.
- Exemplo: alguém divulga as questões ou o gabarito do concurso antes de sua realização.
- A partir desse tipo penal, a chamada "cola", como a eletrônica, passou a ser considerada crime.
- Trata-se de crime formal, pois não se exige o efetivo benefício ou prejuízo à credibilidade do certame. Basta a conduta que vise um ou outro objetivo. Se houver o dano, há a qualificadora.

13.7. DOS CRIMES CONTRA A ADMINISTRAÇÃO PÚBLICA

- **Princípio da insignificância em crimes contra a Administração Pública: Súmula 599 do STJ: não se aplica o princípio da insignificância em crimes contra a Administração Pública.**
- Porém, o próprio STJ já afastou a incidência dessa Súmula em caso concreto, como no caso em que o prejuízo da Administração de aproximadamente R$ 25,00.
- Incide o princípio da insignificância aos crimes tributários federais e de descaminho quando o débito tributário verificado não ultrapassar o limite de R$ 20.000,00 (vinte mil reais), a teor do disposto no art. 20 da Lei n. 10.522/2002, com as atualizações efetivadas pelas Portarias 75 e 130, ambas do Ministério da Fazenda. (Tema Respetitivo 157 – STJ).

Conceito de Funcionário Público (art. 327, CP).

- Para fins penais, há um conceito de funcionário público próprio, previsto no art. 327 do Código Penal. Conceito esse que não se limita aos crimes previstos no Código, mas se estende à legislação extravagante, como a Lei nº 8.137/1990.
- O conceito abarca quem exerce transitoriamente ou sem remuneração cargo, emprego ou função. É o caso dos jurados do Tribunal do Júri.
- O modo de investidura no serviço público é indiferente. Pode ser por meio de concurso público (servidor de carreira), de eleição (prefeitos, vereadores, vice-prefeitos etc.) ou de livre nomeação (Ministros de Estado).
- Não importa se se trata de agente político (como membro de um dos Poderes ou do Ministério Público), servidor público estatutário, celetista ou ocupante de função pública.
- Estagiário no serviço público: é considerado funcionário público para efeitos penais (STJ – RHC 21951/MT – Rel. Min. Félix Fisher. DJ. 02/09/2008).
- Para fins penais: o art. 327, *caput*, do Código Penal, se aplica tanto às hipóteses em que o funcionário público é autor do crime (por exemplo, concussão, excesso de exação, corrupção passiva), quanto às hipóteses em que é vítima ao lado do Estado, da infração penal (por exemplo, desacato, desobediência e resistência). (STJ – HC nº 52.989/AC, Rel. Min. Félix Fisher, DJ. 23/05/2006)
- Funcionário público por equiparação: Art. 327, § 1º, do Código Penal.
- A expressão entidade paraestatal do art. 327, § 1º, do Código Penal, deve ser interpretada ampliativamente e deve abranger: autarquias, fundações públicas, sociedades de economia mista, empresas públicas, entidades do sistema S (SESI, SENAI, SENAC) etc.
- São equiparados a funcionários públicos os empregados das pessoas jurídicas de direito privado que mantêm contratos de concessão, permissão, autorização e convênios com o Poder Público, desde que o objeto desse contrato seja uma atividade típica da Administração Pública, como a prestação de serviços de saúde por uma Santa Casa.

II. Crimes contra Administração Pública praticados por funcionário público contra a Administração Pública em Geral

- Todos os crimes previstos entre o art. 312 e o art. 326, CP, são **crimes próprios**, ou seja, o autor do crime deve ser **funcionário público** na forma do art. 327, CP.
- **O particular** pode praticar tais crimes, desde que em concurso de agentes com o funcionário público.
- **Causa especial de aumento de pena:** funcionário público ocupante de **cargos em comissão ou de função de direção ou assessoramento.**

ARTS. 312 E 313, CP, PECULATO

- **Peculato** (arts. 312 e 313 do Código Penal). Peculato é um crime praticado por funcionário público e que visa tutelar o patrimônio da Administração e, excepcionalmente, atinge um bem particular, quando este está sob a posse ou a detenção da Administração Pública.

PECULATO DOLOSO	Peculato-apropriação Peculato-desvio Peculato-furto
PECULATO CULPOSO	

- **Peculato-apropriação**: art. 312, *caput*, 1ª parte, do Código Penal: o funcionário público, em razão da função que ocupa, tem **a posse lícita do bem público, mas passa a agir como se dono fosse do bem**. Por exemplo, o funcionário público tem a posse do computador em que trabalha e, então, resolvitevá-lo para casa, dele se apropriando.
- **Peculato-desvio**: art. 312, *caput*, 2ª parte: o funcionário público, em razão da função que ocupa, tem a posse lícita do bem público, mas desvia a sua aplicação em proveito próprio ou alheio. Por exemplo, há uma verba destinada ao pagamento pela construção da praça pública.
- **Prefeito Municipal**: não há crime de peculato, mas crime próprio, previsto no Decreto-Lei nº 201/1967 – que cuida dos crimes de responsabilidade de prefeitos.
- **Peculato-furto**: art. 312, § 1º, do Código Penal: o funcionário público, valendo-se das facilidades de sua função, subtrai (furta) ou concorre (auxilia, induz ou instigue) outrem a subtrair, para si ou para outrem, o bem da Administração Pública ou que esteja sob sua posse ou detenção.
- Nesse caso, o bem não está na posse ou detenção do funcionário-público (como ocorre no peculato-apropriação). Por exemplo, o segurança de um Banco estatal subtrai o dinheiro do caixa da agência, em que trabalha.
- **Peculato mediante erro de outrem**: agindo em erro, um particular entrega à Administração Pública um bem de expressão econômica, o funcionário público percebe o erro, mas mantém o particular nesse estado, e, ainda, se apropria do bem.
- Exemplo: agindo em erro, o particular paga R$ 2.000,00 (dois mil reais), relativa a uma multa administrativa, quando o valor seria de R$ 1.000,00 (mil reais). O funcionário público percebe o erro, mas mantém o particular dessa forma, e se apropria dos R$ 1.000,00 (mil reais).
- **Peculato culposo**: Art. 312, § 2º, do Código Penal: o agente age com culpa (negligência, imprudência ou imperícia), e, de sua conduta culposa, uma terceira pessoa se aproveita para praticar um crime contra a Administração Pública, como um furto ou um peculato, etc.

Reparação do dano no peculato culposo	**Antes da sentença irrecorrível: extinção da punibilidade;** **Depois da sentença irrecorrível: Reduz de metade a pena imposta**

- **NO PECULATO DOLOSO, APLICA-SE A REGRA DO ARREPENDIMENTO POSTERIOR (ART. 16, CP)**
- **Penas nos crimes de peculato.**

Peculato apropriação, desvio e furto	Pena - reclusão, de dois a doze anos, e multa.
Peculato culposo	Pena - detenção, de três meses a um ano.
Peculato mediante erro de outro	Pena - reclusão, de um a quatro anos, e multa.

ART. 313-A, CP, INSERÇÃO DE DADOS FALSOS EM SISTEMA DE INFORMAÇÕES

- Conduta criminosa: **Inserir** ou **facilitar** o funcionário autorizado a inserção de dados falsos, **alterar** ou **excluir** indevidamente dados corretos nos sistemas informatizados ou bancos de dados da Administração Pública com o fim de obter vantagem indevida para si ou para outrem ou para causar dano.
- Há doutrinadores que denominam esse crime de **peculato virtual**, pois a conduta do agente se assemelha ao peculato-estelionato, já que, por meio de ardil (falsificação dos sistemas de informática ou do banco de dados) ele visa obter vantagem indevida ou causar dano.
- O objeto jurídico desse crime é a fidelidade e integridade do sistema de informática e de bancos de dados da Administração Pública.
- **Finalidade especial do agente** de obter vantagem indevida para si ou para outrem ou de causar dano.
- **Consumação:** trata-se de **crime formal**, cuja consumação se dá no momento em que o agente inseri ou facilita a inserção de dados falsos ou altera ou exclui indevidamente os dados corretos, **mesmo que não obtenha a vantagem indevida para si ou para outrem** ou **cause danos.**
- **Pena:** reclusão, de 2 (dois) a 12 (doze) anos, e multa.

ART. 313-B, CP, MODIFICAÇÃO OU ALTERAÇÃO NÃO AUTORIZADA DE SISTEMA DE INFORMAÇÕES

- Conduta criminosa: **Modificar** ou **alterar** o funcionário sistema de informações ou programa de informática sem autorização ou solicitação de autoridade competente.
- Tutela-se o sistema de informações ou o sistema de informática da administração pública.

ART. 313-A, CP	ART. 313-B, CP
O agente não ingressa no sistema operacionavitaa-*are*), mas apenas falsifica os arquivos do programa.	O agente altera a própria programação, de modo a modificar o meio e modo de geração e criação de arquivos e dados.

- Não se exige obtenção de vantagem indevida ou prejuízo à administração.
- **Pena:** detenção, de três meses a dois anos, e multa.

- Caso haja prejuízo à Administração Pública ou ao administrado, **há causa de aumento de pena de um terço até a metade da pena.**

ART. 314, CP, EXTRAVIO, SONEGAÇÃO OU INUTILIZAÇÃO DE LIVRO OU DOCUMENTO

- Conduta criminosa: **Extraviar** livro oficial ou qualquer documento, de que tem a guarda em razão do cargo; sonegá-lo ou inutilizá-lo, total ou parcialmente.
- Livro Oficial pertence à Administração Pública, como, por exemplo, o livro de rol de culpados do Tribunal do Júri. O documento pode ser particular.
- Em ambas as hipóteses, o funcionário público tem a guarda em razão da função.
- **Pena: reclusão, de um a quatro anos, se o fato não constitui crime mais grave.**

ART. 315, CP, EMPREGO IRREGULAR DE VERBAS OU RENDAS PÚBLICAS

- Conduta criminosa: **Dar** às verbas ou rendas públicas aplicação diversa da estabelecida em lei.
- O sujeito ativo do presente crime, além de ser funcionário público, tem que ter a atribuição de destinar verbas ou rendas públicas.
- Algumas verbas públicas têm destinação vinculada em lei. Assim, o agente que, ao invés de aplicar a verba destinada à saúde, a aplica na educação.
- O Prefeito Municipal que pratica essa conduta incide no crime previsto no art. 1º, III, Decreto-Lei nº 201/1967
- **Pena: detenção, de um a três meses, ou multa.**

ART. 316, CP, CONCUSSÃO

- Conduta criminosa: **Exigir**, para si ou para outrem, direta ou indiretamente, ainda que fora da função ou antes de assumi-la, mas em razão dela, vantagem indevida.
- **Concussão**: O funcionário público, faz uma exigência ao particular, em que há uma **ameaça**, ao menos implicitamente, para receber vantagem indevida.
- Exemplo: o agente florestal **exige** do poluidor uma quantia em dinheiro para si, para deixar de aplicar a multa.
- O agente deve se valer da condição de funcionário público, que sequer pode ainda não estar a exercer, como no caso de nomeado, mas não empossado, ou se já aposentado.
- O crime se consuma com a **exigência**, independentemente da efetiva vantagem pretendida pelo agente. Trata-se de crime formal.
- A vantagem pode ser econômica ou de outra natureza, mas sempre tem que ser **vantagem indevida.**
- A vantagem pode ser em favor do próprio funcionário público ou de terceiro.
- **Pena - reclusão, de 2 (dois) a 12 (doze) anos, e multa. (Redação dada pela Lei nº 13.964, de 2019)**

ART. 316, §§ 1º E 2º, CP, EXCESSO DE EXAÇÃO

- Conduta criminosa: Se o funcionário **exige** tributo ou contribuição social que **sabe ou deveria saber indevido**, ou, **quando devido**, emprega na cobrança meio **vexatório ou gravoso**, que a lei não autoriza
- **Excesso de exação**: art. 316, § 1º, do Código Penal: Crime relacionado à cobrança de tributos.
- Há duas figuras. Na primeira delas, o funcionário sabe ou devia saber que o tributo é indevido, mas mesmo assim exige o seu pagamento.
- Na segunda delas, o tributo é devido, mas o funcionário público expõe o devedor a uma cobrança vexatória ou gravosa, por meio não previsto em lei.
- A cobrança de tributo não deixa de ser meio invasivo, mas está delimitada nos termos da lei. O crime ocorre se o funcionário aplica meio vexatório não previsto em lei.
- **Pena: reclusão, de 3 (três) a 8 (oito) anos, e multa.**
- Há modalidade especial de excesso de exação previsto: art. 316, § 2º, do Código Penal: o funcionário público desvia a quantia recebida indevidamente **em proveito próprio ou alheio.**
- **Pena: reclusão, de dois a doze anos, e multa.**

ART. 317, CP, CORRUPÇÃO PASSIVA

- Conduta criminosa: **Solicitar** ou **receber**, para si ou para outrem, direta ou indiretamente, ainda que fora da função ou antes de assumi-la, mas em razão dela, vantagem indevida, ou **aceitar** promessa de tal vantagem.
- **Corrupção passiva**: o funcionário público solicita, recebe ou aceita promessa de vantagem indevida.
- Na concussão, o agente **exige** a vantagem indevida, enquanto, na corrupção passiva, há mera **solicitação.**
- Não é necessário que o funcionário público receba a vantagem indevida, basta que solicite ou aceite a promessa de recompensa, para a configuração do crime de corrupção passiva, já que se trata de **crime formal.**
- O agente deve se valer da condição de funcionário público, que sequer pode ainda não estar a exercer, como no caso de nomeado, mas não empossado, ou se já aposentado.
- O crime se consuma com a **solicitação ou aceitação**, independentemente da efetiva vantagem pretendida pelo agente. Trata-se de crime formal.
- A vantagem pode ser econômica ou de outra natureza, mas sempre tem que ser **vantagem indevida.**

- A vantagem pode ser em favor do próprio funcionário público, como particular.
- **Pena: reclusão, de 2 (dois) a 12 (doze) anos, e multa.**
- **Causa de aumento de pena:** art. 317, § 1º, CP: A pena é aumentada de **um terço**, se, em consequência da vantagem ou promessa, o funcionário **retarda ou deixa de praticar** qualquer **ato de ofício** ou o **pratica infringindo dever funcional**.
- **Corrupção privilegiada:** art. 317, § 2º, CP: Se o funcionário **pratica, deixa de praticar ou retarda ato de ofício**, com infração de dever funcional, cedendo a **pedido ou influência de outrem**.
- Na corrupção privilegiada, o funcionário público não solicita, recebe vantagem indevida ou aceita promessa de indevida vantagem. Ele age em desconformidade com a lei ao atender a pedido ou influência de outrem.
- **Pena: detenção, de três meses a um ano, ou multa.**

ART. 319, CP, PREVARICAÇÃO

- Conduta criminosa: **Retardar** ou **deixar de praticar**, indevidamente, ato de ofício, ou praticá-lo contra disposição expressa de lei, para satisfazer interesse ou sentimento pessoal.
- **Prevaricação:** se o funcionário público agir de forma contrária ao que determina a lei, comete crime de prevaricação, desde que vise a satisfazer interesse ou sentimento pessoal.
- No caso de dúvida ou erro na interpretação da lei, o funcionário público não responde por prevaricação.
- Além de querer não observar o que estabelece em lei, o funcionário público age **para satisfazer interesse ou sentimento pessoal**, como o ódio, a afeição, a teimosia, o capricho, a contemplação, benefício patrimonial indireto, etc.
- **Pena: detenção, de três meses a um ano, e multa.**

ART. 319-A, CP, PREVARICAÇÃO IMPRÓPRIA OU ESPECIAL

- Conduta criminosa: **Deixar** o Diretor de Penitenciária e/ou agente público, de **cumprir seu dever** de vedar ao preso o acesso a aparelho telefônico, de rádio ou similar, que permita a comunicação com outros presos ou com o ambiente externo.
- Além da qualidade de funcionário público, o autor do crime deve ser **DIRETOR DE PENITENCIÁRIA e/ou agente público** que tenha a atribuição de impedir a comunicação de pessoas presas.
- Trata-se de crime omissivo próprio, pois a conduta descrita no tipo penal é negativa: deixar de....
- O preso pode se comunicar com o mundo exterior, como por exemplo, visitas, cartas, mas não pode por telefone e, diante de vários casos de telefone celular no interior dos presídios, cuja entrada decorria de conduta de agentes penitenciários, houve por bem o legislador a prever o crime em tela.
- Para a configuração do crime, basta que haja a entrada dos objetos descritos no tipo penal no interior do presídio, não é preciso que o preso use o aparelho. Essa entrada deve decorrer da omissão dolosa do agente público.
- **Pena: detenção, de 3 (três) meses a 1 (um) ano.**

ART. 320, CP, CONDESCENDÊNCIA CRIMINOSA

- Conduta criminosa: **Deixar** o funcionário, por indulgência, **de responsabilizar** subordinado que cometeu infração no exercício do cargo ou, quando lhe falte competência, não levar o fato ao conhecimento da autoridade competente.
- **Condescendência criminosa:** art. 320, CP: o superior hierárquico, por indulgência, deixa de tomar as medidas legais cabíveis contra o funcionário público subordinado que cometeu uma infração administrativa.
- **Indulgência:** piedade, clemência, é o motivo que leva o autor a não punir o funcionário público faltoso.
- **Pena: detenção, de quinze dias a um mês, ou multa.**

ART. 321, CP, ADVOCACIA ADMINISTRATIVA

- Conduta criminosa: **Patrocinar**, direta ou indiretamente, interesse privado perante a administração pública, valendo-se da qualidade de funcionário.
- Patrocinar significa defender, advogar.
- Nesse crime, o funcionário público defende perante a Administração interesse de um particular.
- **Pena: detenção, de um a três meses, ou multa.**
- **Pena: detenção, de três meses a um ano, além da multa,** se o interesse é ilegítimo, como cancelamento de imposto que é devido.

ART. 323 CP, ABANDONO DE FUNÇÃO

- Conduta criminosa: **Abandonar** cargo público, fora dos casos permitidos em lei.
- Abandonar significa renunciar, afastar-se, retirar-se, do cargo por **tempo relevante** e em hipótese **não autorizada em lei.**
- Não se configura o crime, se o abandono for por causa autorizada em lei, como férias, licenças, etc.
- Não precisa de haver prejuízo concreto à Administração Pública, se ocorrer a forma qualificada com pena mais gravosa.
- Também, há pena mais gravosa, se o abandono for em região de fronteira, dado os interesses de proteger a soberania do Estado nessas regiões, como Polícia Federal e Receita Federal.

- **Pena: detenção, de quinze dias a um mês, ou multa.**
- **Pena: detenção, de três meses a um ano, e multa,** se do abandono houver prejuízo para a Administração Pública.
- **Pena: detenção, de um a três anos, e multa**, se o abandono ocorrer em região de fronteira.

ART. 324, CP, EXERCÍCIO FUNCIONAL ILEGALMENTE ANTECIPADO OU PROLONGADO

- Conduta criminosa: **Entrar** no exercício de função pública antes de satisfeitas as exigências legais**, ou continuar a exercê-la**, sem autorização, depois de saber oficialmente que foi exonerado, removido, substituído ou suspenso**:**
- Nesse crime, o agente entra em exercício antes de tomar posse ou continua em exercício mesmo depois de exonerado, removido, substituído ou suspenso.
- **Pena: detenção, de quinze dias a um mês, ou multa.**

ART. 325, CP, VIOLAÇÃO DE SIGILO FUNCIONAL

- Conduta criminosa: **Revelar** fato de que tem ciência em razão do cargo e que deva permanecer em segredo, ou **facilitar-lhe** a revelação**.**
- Nesse crime, deve haver perigo ao interesse público protegido pelo segredo para a configuração do crime.
- A consumação ocorre quando o terceiro toma conhecimento do fato que estava sob segredo.

Condutas equiparadas	I – permite ou facilita, mediante atribuição, fornecimento e empréstimo de senha ou qualquer outra forma, o acesso de pessoas não autorizadas a sistemas de informações ou banco de dados da Administração Pública; II – se utiliza, indevidamente, do acesso restrito.

- Pena: detenção, de seis meses a dois anos, ou multa, se o fato não constitui crime mais grave.
- Pena: reclusão, de 2 (dois) a 6 (seis) anos, e multa, e da quebra do sigilo, houver dano à Administração Pública.

III. Dos crimes praticados por particulares contra Administração em Geral

ART. 328, CP, USURPAÇÃO DE FUNÇÃO PÚBLICA

- Conduta criminosa: **Usurpar** o exercício de função pública.
- Usurpar: o autor do crime pratica ato público como se fosse funcionário público.
- O funcionário público que pratica ato que não é de sua atribuição, mas de outro funcionário, comete o crime de usurpação.
- **Pena: detenção, de três meses a dois anos, e multa.**
- **Pena: reclusão, de dois a cinco anos, e multa.** Se do fato, o autor do crime obtém vantagem. Não só vantagem de natureza patrimonial, como de outra natureza. Essa vantagem pode ser devida ou indevida.

ART. 329, CP, RESISTÊNCIA

- Conduta criminosa: **Opor-se** à execução de ato legal, mediante violência ou ameaça a funcionário competente para executá-lo ou a quem lhe esteja prestando auxílio.
- **Resistência**: Para a caracterização do crime de resistência, o sujeito ativo deve se voltar contra **ato legal** da Administração Pública, isto é, ato praticado formal e materialmente nos termos da lei.
- O agente deve resistir mediante **violência ou grave ameaça**.
- O ato de resistência deve ser voltado contra **o funcionário público competente** para a sua prática ou contra **o particular** que, por ventura, o esteja a **auxiliá-lo**.
- Exemplo: o funcionário da empresa pública de fornecimento de água vai cortar o fornecimento por falta de pagamento, mas o particular resiste mediante violência ou grave ameaça.
- O crime se consuma mesmo que o ato administrativo seja realizado.
- Caso o ato não se realize, há uma qualificadora.
- **Pena: detenção, de dois meses a dois anos.**
- **Pena: reclusão, de um a três anos.** Se o ato, em razão da resistência, não se executa:

ART. 330, CP, DESOBEDIÊNCIA

- Conduta criminosa: **Desobedecer** a ordem legal de funcionário público.
- **Desobediência**: O particular deixa de cumprir uma ordem legal, emanada de funcionário público que tenha competência para dar tal ordem.
- Pode o funcionário público praticar crime de desobediência, desde que não se dê em descumprimento hierarquia interna, hipótese em que não há o crime em tela, podendo configurar mera infração administrativa ou, no máximo, prevaricação (STJ – ROHC nº 12.780/MS. Rel. Min. Félix Fisher. DJ. 27.05.2003).
- Na desobediência, **não há violência ou grave ameaça.**
- **TEMA 1060 – STJ:** A desobediência à ordem legal de parada, emanada por agentes públicos em contexto de policiamento ostensivo, para a prevenção e repressão de crimes, constitui conduta penalmente típica, prevista no art. 330 do Código Penal Brasileiro.

- **Pena: detenção, de quinze dias a seis meses, e multa.**

ART. 331, CP, DESACATO

- Conduta criminosa: **Desacatar** funcionário público no exercício da função ou em razão dela.
- **Desacato:** o agente, por qualquer meio, como palavras ou gestos ou escritos, humilha, ofende, desprestigia o funcionário público no exercício ou em função dela.
- O que se tutela é a dignidade da função pública, ou seja, há crime ainda que o servidor não se sinta ofendido subjetivamente.
- Se a ofensa for feita ao funcionário público ausente, haverá crime de injúria qualificada.
- A discussão exaltada entre o particular e o funcionário público **não** tipifica o crime de desacato (STJ – REsp. 13.946/PR. Rel. Min. Cid Flaquer Scartezzini. DJ. 24.06.1992).
- O Supremo Tribunal Federal declarou inconstitucional o art. 7º, § 2 ª, do Estatuto da Ordem dos Advogados do Brasil (Lei nº 8.906/1994), que tornava imune o advogado que cometia desacato no exercício de sua função (ADI nº 1127/DF. Rel. Original. Min. Marco Aurélio. Rel. para Acórdão. Min. Ricardo Lewandowski. DJ. 17.05.2006).
- O STJ firmou entendimento de que o crime de desacato não ofende o direito à liberdade expressão, consagrado no Pacto de San José da Costa Rica.
- **Pena: detenção, de seis meses a dois anos, ou multa.**

ART. 332, CP, TRÁFICO DE INFLUÊNCIA

- Conduta criminosa: **Solicitar, exigir, cobrar ou obter,** para si ou para outrem, vantagem ou promessa de vantagem, a pretexto de influir em ato praticado por funcionário público no exercício da função.
- O autor do fato pode ter ou não qualquer influência sobre o funcionário público, que o crime se consuma.
- Na verdade, essa suposta influência é mero pretexto para o agente obter a indevida vantagem, que pode ser patrimonial ou de outra natureza.
- Trata-se de crime formal, que se consuma no momento em que o agente pratica um dos verbos da conduta típica.
- Não precisa que o agente peça a influência ao funcionário público.
- **Pena: reclusão, de 2 (dois) a 5 (cinco) anos, e multa.**
- **Causa de aumento de pena:** A pena é aumentada da **metade**, se o agente **alega ou insinua** que a vantagem é também destinada ao funcionário.
- Para a incidência da causa de aumento, não é preciso que o funcionário público esteja de fato em conluio com o autor do fato. Basto alegação ou insinuação nesse sentido.

ART. 333, CP, CORRUPÇÃO ATIVA

- Conduta criminosa: **Oferecer** ou **prometer** vantagem indevida a funcionário público, para determiná-lo a praticar, omitir ou retardar ato de ofício.
- **Corrupção ativa**: o particular oferece ou promete a vantagem indevida comete crime.
- Trata-se de exceção à teoria monista, pois o funcionário público responde por corrupção passiva, enquanto o particular por corrupção ativa.

Corrupção ativa	Corrupção passiva
--------------------	Solicitar
Oferecer	Receber
Prometer	Aceitar promessa.

- **Atenção**: se o funcionário público tomar a iniciativa e solicitar a vantagem econômica, o particular **não** responde por corrupção ativa, mesmo que efetue o pagamento.
- **Finalidade específica:** o oferecimento ou a promessa de vantagem indevida tem o fim específico de determinar o funcionário público a praticar, omitir ou retardar ato de ofício.
- Trata-se de **crime formal**, Basta o oferecimento ou a promessa. Independe que o funcionário público deixe de praticar o ato de ofício.
- **Pena: reclusão, de 2 (dois) a 12 (doze) anos, e multa.**
- **Causa de aumento de pena:** A pena é aumentada de **um terço**, se, em razão da vantagem ou promessa, o funcionário **retarda ou omite ato de ofício**, ou **o pratica infringindo dever funcional**.
- Incide a causa de aumento de pena, se, em decorrência do oferecimento ou promessa, o funcionário público toma conduta contrária ao seu dever legal.

ART. 334, CP, DESCAMINHO

- Conduta criminosa: Iludir, no todo ou em parte, o pagamento de direito ou imposto devido pela entrada, pela saída ou pelo consumo de mercadoria.
- No crime de descaminho, a mercadoria tem origem lícita, mas o agente toma conduta que visa não pagar direito ou imposto devido pela entrada, saída ou consumo da mercadoria.
- A jurisprudência do STF admite a aplicação do princípio da insignificância em crime de descaminho, cujo valor de tributo não arrecado seja inferior a vinte mil reais. Porém, mesmo que o valor seja inferior a tal montante fica inviável o reconhecimento

da insignificância ante outras circunstâncias, como a habitualidade delitiva (AgRg no REsp 1.679.396/SC. Rel. Min. Félix Fischer. DJ. 12/12/2017)

- **TEMA 933 – stj:** Quando o falso se exaure no descaminho, sem mais potencialidade lesiva, é por este absorvido, como crime-fim, condição que não se altera por ser menor a pena a este cominada.

  Pena: reclusão, de 1 (um) a 4 (quatro) anos.

ART. 334-A, CP, CONTRABANDO

- Conduta criminosa: Importar ou exportar mercadoria proibida.
- Trata-se de norma penal em branco, pois o conceito de mercadoria proibida advém de outro ato normativo.
- Em regra, não cabe aplicação do princípio da insignificância em crime de contrabando.

  Pena: reclusão, de 2 (dois) a 5 (cinco) anos.

ART. 336, CP, INUTILIZAÇÃO DE EDITAL OU DE SINAL

- Conduta criminosa: **Rasgar** ou, de qualquer forma, **inutilizar ou conspurcar** edital afixado por ordem de funcionário público; **violar** ou **inutilizar** selo ou sinal empregado, por determinação legal ou por ordem de funcionário público, para identificar ou cerrar qualquer objeto.
- A Administração Pública pode fixar editais em lugares públicos, como, por exemplo, editais de citação em processos.
- Pode também colocar seus sinais em outros lugares, como, para interdição de estabelecimento comercial.
- Esses editais ou selos que são objeto material do crime.
- **Pena: detenção, de um mês a um ano, ou multa.**

ART. 337, CP, SUBTRAÇÃO OU INUTILIZAÇÃO DE LIVRO OU DOCUMENTO

- Conduta criminosa: **Subtrair,** ou **inutilizar,** total ou parcialmente, livro oficial, processo ou documento confiado à custódia de funcionário, em razão de ofício, ou de particular em serviço público.
- Na subtração, não basta que o livro oficial seja tirado do lugar. É preciso que o agente tome a coisa para si, a leve consigo, tome posse do livro.
- Na inutilização, não basta o simples risco ou a simples rasura, o livro deve se tornar inútil, não podendo mais ser usado para o seu devido fim.
- **Pena: reclusão, de dois a cinco anos, se o fato não constitui crime mais grave.**

IV. Crimes contra Administração da Justiça

- Os crimes desse capítulo tutelam a correta prestação jurisdicional.

ART. 339, CP, DENUNCIAÇÃO CALUNIOSA

Conduta criminosa: **Dar causa** à instauração de inquérito policial, de procedimento investigatório criminal, de processo judicial, de processo administrativo disciplinar, de inquérito civil ou de ação de improbidade administrativa contra alguém, imputando-lhe crime, infração ético-disciplinar ou ato ímprobo de que o sabe inocente.

Procedimentos	inquérito policial,
	procedimento investigatório criminal,
	processo judicial,
	processo administrativo disciplinar,
	inquérito civil ou;
	ação de improbidade administrativa

- O crime se consuma com o início das investigações, mesmo que não haja inquérito policial formalmente instaurado.
- O crime ocorre se o fato não ocorreu e o agente, além de mentir quanto ao fato, imputa a alguém a autoria.
- O crime ocorre se o fato ocorreu e o agente imputa falsamente a alguém a autoria.
- O envio de carta anônima dando notícia de um crime e apontando falsamente a autoria delitiva configura crime de denunciação caluniosa, se a partir dela se iniciam as investigações.
- **Pena: reclusão, de dois a oito anos, e multa.**
- **Causa de aumento de pena:** A pena é aumentada de **sexta parte,** se o agente se serve de **anonimato** ou **de nome suposto.**
- **Causa de diminuição de pena:** A pena é diminuída de **metade, se** a imputação é de prática de **contravenção.**

ART. 340, CP, COMUNICAÇÃO FALSA DE CRIME

- Conduta criminosa: **Provocar** a ação de autoridade, comunicando-lhe a ocorrência de crime ou de contravenção que sabe não se ter verificado.
- Nesse crime, o agente não imputa o fato a alguém, mas comunica à autoridade policial que houve um **crime ou contravenção penal, que não ocorreu.**
- O crime não está na simples comunicação, mas no momento em que autoridade inicia qualquer ato de investigação, ainda que não inquérito policial, se tem a consumação do crime.
- **Pena: detenção, de um a seis meses, ou multa.**

ART. 341, CP, AUTOACUSAÇÃO FALSA

- Conduta criminosa: **Acusar-se**, perante a autoridade, de crime inexistente ou praticado por outrem.
- Nesse caso, o agente se acusa falsamente como autor de um **crime**, que não ocorreu, se ocorreu, foi praticado por outra pessoa.

- **Pena: detenção, de três meses a dois anos, ou multa.**

ART. 342, CP, FALSO TESTEMUNHO OU FALSA PERÍCIA

- Conduta criminosa: **Fazer** afirmação falsa, ou **negar** ou **calar** a verdade como testemunha, perito, contador, tradutor ou intérprete em processo judicial, ou administrativo, inquérito policial, ou em juízo arbitral.
- **Falso testemunho:** se o falso é cometido no cumprimento de carta precatória, o Juízo deprecado é o competente para o julgamento do crime, pois o crime se consumou nesse local.

Sujeitos ativos	Testemunha; Perito; Contador; Tradutor; Intérprete

- O Superior Tribunal de Justiça firmou compreensão de que, apesar do crime de falso testemunho ser de mão própria, pode haver a participação do advogado no seu consentimento;
- Se a vítima mentir em Juízo, **não** comete crime de falso testemunho.
- Condutas comissivas: **Fazer** a afirmação falsa ou **negar** a verdade.
- Conduta omissiva: **Calar** a verdade.
- Fato juridicamente relevante: só o crime se o falso recair sobre fato relevante para o deslinde da causa. Se o fato for irrele-vante para a formação de convencimento da Autoridade Policial ou Judicial, não há potencialidade lesiva à Administração da Justiça.
- É pacífico o entendimento de que o crime de falso testemunho é formal, consumando-se no momento em que é feita a afirmação falsa sobre fato juridicamente relevante.
- Se o falso é cometido no cumprimento de carta precatória, o Juízo deprecado é o competente para o julgamento do crime, pois o crime se consumou nesse local.
- **Pena: reclusão, de 2 (dois) a 4 (quatro) anos, e multa.**
- **Causa de aumento de pena:** As penas aumentam-se de **um sexto a um terço,** se o crime é praticado **mediante suborno** ou se cometido com o fim de obter prova destinada a produzir efeito em **processo penal**, ou em **processo civil** em que for parte **entidade da administração pública direta ou indireta.**
- **Retratação:** o fato deixa de ser punível se, **antes da sentença no processo em que ocorreu o ilícito**, o agente se retrata ou declara a verdade.

ART. 343, CP, CORRUPÇÃO ATIVA DE TESTEMUNHA OU PERITO

- Conduta criminosa: **Dar, oferecer ou prometer** dinheiro ou qualquer outra vantagem a testemunha, perito, contador, tradutor ou intérprete, para fazer afirmação falsa, negar ou calar a verdade em depoimento, perícia, cálculos, tradução ou interpretação.
- A vantagem pode ser econômica ou de outra natureza.
- Não é preciso que a testemunha ou outro destinatário receba a vantagem basta que haja oferecimento ou promessa.
- Finalidade especial: a corrupção é para fazer afirmação falsa, negar ou calar a verdade em depoimento, perícia, cálculos, tradução ou interpretação.
- **Pena: reclusão, de três a quatro anos, e multa.**
- **Causa de aumento de pena:** As penas aumentam-se de **um sexto a um terço**, se o crime é cometido com o fim de obter prova destinada a produzir efeito **em processo penal** ou **em processo civil** em que for parte entidade da **administração pública direta ou indireta.**

ART. 344, CP, COAÇÃO NO CURSO DO PROCESSO

- Conduta criminosa: **Usar** de violência ou grave ameaça, com o fim de favorecer interesse próprio ou alheio, contra autoridade, parte, ou qualquer outra pessoa que funciona ou é chamada a intervir em processo judicial, policial ou administrativo, ou em juízo arbitral.
- Meio de coação: **violência ou grave ameaça.**
- Finalidade especial: **favorecer interesse próprio ou alheio**

Vítimas	Autoridade; Parte; Qualquer outra pessoa que funciona ou é chamada a intervir

- **Pena: reclusão, de um a quatro anos, e multa, além da pena correspondente à violência.**

A pena aumenta-se de 1/3 (um terço) até a metade se o processo envolver crime contra a dignidade sexual.

ART. 345, CP, EXERCÍCIO ARBITRÁRIO DAS PRÓPRIAS RAZÕES

- Conduta criminosa: **Fazer** justiça pelas próprias mãos, para satisfazer pretensão, embora legítima, salvo quando a lei o permite.
- O Estado tem o monopólio da prestação jurisdicional, só ele faz a Justiça.
- Então, ninguém pode fazer Justiça pelas próprias mãos, ainda que sua pretensão seja legítima.

- Por vezes, a lei autoriza que a pessoa defenda sua pretensão sem necessidade de buscar a tutela jurisdicional.
- Exemplo: O possuidor turbado, ou esbulhado, poderá manter-se ou restituir-se **por sua própria força**, contanto que o **faça logo**; os atos de defesa, ou de desforço, não podem ir além do indispensável à manutenção, ou restituição da posse (art. 1.2010, § 1º, CP)..
- **Pena: detenção, de quinze dias a um mês, ou multa, além da pena correspondente à violência.**
- **Ação penal:** em regra, se procede **mediante queixa** (ação penal privada). Se houver violência, a ação penal é pública incondicionada.

ART. 346, CP, SUBTRAÇÃO, SUPRESSÃO OU DANIFICAÇÃO DE COISA PRÓPRIA NO LEGÍTIMO PODER DE TERCEIRO

- Conduta criminosa**: Tirar, suprimir, destruir ou danificar** coisa própria, que se acha em poder de terceiro por determinação judicial ou convenção.
- Mais uma vez, o Estado tutela o monopólio da prestação jurisdicional.
- O bem pertence ao agente, mas por decisão judicial ou contrato, tal bem está na posse de outra pessoa. O dano então tira, suprimi, destrói ou danifica tal bem.
- **Pena: detenção, de seis meses a dois anos, e multa.**

ART. 347, CP, FRAUDE PROCESSUAL

- Conduta criminosa**: Inovar** artificiosamente, na pendência de processo civil ou administrativo, o estado de lugar, de coisa ou de pessoa, com o fim de induzir a erro o juiz ou o perito.

Tipo penal	a) a conduta consiste em **inovar** (mudar, alterar), b) **artificiosamente** (mediante artifício ou ardil); c) o estado de **lugar**, de **coisa** ou de **pessoa;** d) com o **fim** de **induzir a erro ou juiz ou o perito.**

- **Pena: detenção, de três meses a dois anos, e multa.**
- **Causa de aumento de pena:** Se a inovação se destina a produzir efeito em **processo penal**, ainda que **não iniciado**, as penas aplicam-se em **dobro.**

Inovação artificial em processo civil ou administrativo	Inovação artificial em processo penal
O processo já **deve ter se iniciado (pendência)**	A inovação pode ocorrer mesmo antes de iniciado o processo

ART. 357, CP, EXPLORAÇÃO DE PRESTÍGIO

- Conduta criminosa**: Solicitar ou receber** dinheiro ou qualquer outra utilidade, a pretexto de influir em juiz, jurado, órgão do Ministério Público, funcionário de justiça, perito, tradutor, intérprete ou testemunha:
- Esse crime se assemelha ao de tráfico de influência a diferença é que a suposta influência vai recair sobre **juiz, jurado, órgão do Ministério Público, funcionário de justiça, perito, tradutor, intérprete ou testemunha**.
- **Pena: reclusão, de um a cinco anos, e multa.**
- **Causa de aumento de pena:** As penas aumentam-se de **um terço,** se o agente alega ou insinua que o dinheiro ou utilidade também se destina a qualquer das pessoas referidas neste artigo.

ART. 359, CP, DESOBEDIÊNCIA A DECISÃO JUDICIAL SOBRE PERDA OU SUSPENSÃO DE DIREITO

- Conduta criminosa: **Exercer** função, atividade, direito, autoridade ou múnus, de que foi suspenso ou privado por decisão judicial.
- Há ordem judicial que proíbe ou suspende a pessoa de praticar função atividade, direito, autoridade ou múnus.
- O crime ocorre caso o agente desobedece a essa ordem judicial.
- **Pena: detenção, de três meses a dois anos, ou multa.**

IV. CRIMES EM LICITAÇÕES E CONTRATOS ADMINISTRATIVOS

Os crimes em licitações e contratos administrativos são todos dolosos e de ação penal pública incondicionada.

Nesses crimes, a pena de multa cominada aos crimes previstos neste Capítulo seguirá a metodologia de cálculo prevista neste Código e não poderá ser inferior a 2% (dois por cento) do valor do contrato licitado ou celebrado com contratação direta.

ART. 337-E, CP, Contratação direta ilegal

- Conduta criminosa: **Admitir, possibilitar ou dar causa à contratação direta fora das hipóteses previstas em lei.**
- Em regra, os contratos administrativos são precedidos de processo licitatório. Apenas, excepcionalmente, a lei autoriza contratação sem licitação. Caso haja a contratação sem licitação fora das hipóteses legais, haverá crime em tela.
- **Pena: reclusão, de 4 (quatro) a 8 (oito) anos, e multa.**

ART. 337-F, CP, Frustração do caráter competitivo de licitação

- Conduta criminosa: **Frustrar ou fraudar, com o intuito de obter para si ou para outrem vantagem decorrente da adjudicação do objeto da licitação, o caráter competitivo do processo licitatório**
- A norma penal exige o elemento subjetivo do injusto, qual seja, que o agente vise obter para si ou para outrem vantagem decorrente de adjudicação de **objeto da licitação, o caráter competitivo do processo licitatório**
- **Pena: reclusão, de 4 (quatro) a 8 (oito) anos, e multa.**

ART. 337-G, CP, Patrocínio de contratação indevida

- Conduta criminosa: **Patrocinar, direta ou indiretamente, interesse privado perante a Administração Pública, dando causa à instauração de licitação ou à celebração de contrato cuja invalidação vier a ser decretada pelo Poder Judiciário**
- Trata-se de norma especial que afasta o crime de advocacia administrativa no âmbito de processo licitatório.
- Tem-se uma condição objetiva de punibilidade: que o contrato seja invalidado por decisão do Poder Judiciário. Não há crime se a própria Administração Pública reconhecer a invalidade.
- **Pena: reclusão, de 6 (seis) meses a 3 (três) anos, e multa.**

ART. 337-H, CP, Modificação ou pagamento irregular em contrato administrativo

- Conduta criminosa: **Admitir, possibilitar ou dar causa a qualquer modificação ou vantagem, inclusive prorrogação contratual, em favor do contratado, durante a execução dos contratos celebrados com a Administração Pública, sem autorização em lei, no edital da licitação ou nos respectivos instrumentos contratuais, ou, ainda, pagar fatura com preterição da ordem cronológica de sua exigibilidade:**
- É comum na Administração Pública os aditamentos aos contratos administrativos. No caso, há crime se esse aditamento se der fora das previsões legais e das normas do edital e do contrato.
- **Pena: reclusão, de 4 (quatro) anos a 8 (oito) anos, e multa.**

ART. 337-I, CP, Perturbação de processo licitatório

- Conduta criminosa: **Impedir, perturbar ou fraudar a realização de qualquer ato de processo licitatório:**
- O processo licitatório é escalonado e há crime caso haja perturbação em qualquer uma de suas etapas.
- **Pena: detenção, de 6 (seis) meses a 3 (três) anos, e multa.**

ART. 337-J, CP, Violação de sigilo em licitação

- Conduta criminosa: **Devassar o sigilo de proposta apresentada em processo licitatório ou proporcionar a terceiro o ensejo de devassá-lo.**
- O processo licitatório tem suas fases sigilosas para se garantir a paridade entre os licitantes. Se, por qualquer meio, há quebra desse sigilo, há o crime em tela.
- **Pena: detenção, de 2 (dois) anos a 3 (três) anos, e multa.**

ART. 337-K, CP, Afastamento de licitante

- Conduta criminosa: **Afastar ou tentar afastar licitante por meio de violência, grave ameaça, fraude ou oferecimento de vantagem de qualquer tipo:**
- No crime em tela, a tentativa é punida da mesma forma que a consumação.
- No caso de violência, o agente reponde em concurso com o resultado dela, como lesão corporal.
- **Pena: detenção, de 2 (dois) anos a 3 (três) anos, e multa.**

ART. 337-L, CP, Fraude em licitação ou contrato

- Conduta criminosa: **Fraudar, em prejuízo da Administração Pública, licitação ou contrato dela decorrente.**

FORMAS DE FRAUDE:

I - entrega de mercadoria ou prestação de serviços com qualidade ou em quantidade diversas das previstas no edital ou nos instrumentos contratuais:

II - fornecimento, como verdadeira ou perfeita, de mercadoria falsificada, deteriorada, inservível para consumo ou com prazo de validade vencido

III - entrega de uma mercadoria por outra

IV - alteração da substância, qualidade ou quantidade da mercadoria ou do serviço fornecido

V - qualquer meio fraudulento que torne injustamente mais onerosa para a Administração Pública a proposta ou a execução do contrato:

- **Pena: reclusão, de 4 (quatro) anos a 8 (oito) anos, e multa.**

ART. 337-M, CP, Contratação inidônea

- Conduta criminosa: **Admitir à licitação empresa ou profissional declarado inidôneo:**
- **Pena: reclusão, de 1 (um) ano a 3 (três) anos, e multa**
- Incide na mesma pena do caput deste artigo aquele que, declarado inidôneo, venha a participar de licitação e, na mesma pena do § 1º deste artigo, aquele que, declarado inidôneo, venha a contratar com a Administração Pública.
- Conduta criminosa: **Celebrar contrato com empresa ou profissional declarado inidôneo:**

- **Pena: reclusão, de 3 (três) anos a 6 (seis) anos, e multa.**
- Há a sanção no processo licitatório da inidoneidade, quando o contratante viola regras do contrato licitatório. Há crime se o agente contratar com pessoa já declarada inidônea.

ART. 337-N, CP, Impedimento indevido

- Conduta criminosa: **Obstar, impedir ou dificultar injustamente a inscrição de qualquer interessado nos registros cadastrais ou promover indevidamente a alteração, a suspensão ou o cancelamento de registro do inscrito:**
- **Pena:** reclusão, de 6 (seis) meses a 2 (dois) anos, e multa.
- os requisitos para a participação de qualquer pessoa no processo licitatório devem ser devidamente motivados e, assim, requisitos que não atendam ao interesse público devem ser considerados injustos. Havendo o crime em tela, em caso de injusta restrição.

ART. 337-O, CP, Omissão grave de dado ou de informação por projetista

- Conduta criminosa: **Omitir, modificar ou entregar à Administração Pública levantamento cadastral ou condição de contorno em relevante dissonância com a realidade, em frustração ao caráter competitivo da licitação ou em detrimento da seleção da proposta mais vantajosa para a Administração Pública, em contratação para a elaboração de projeto básico, projeto executivo ou anteprojeto, em diálogo competitivo ou em procedimento de manifestação de interesse.**
- **Pena:** reclusão, de 6 (seis) meses a 3 (três) anos, e multa.
- Causa de aumento de pena: Se o crime é praticado com o fim de obter benefício, direto ou indireto, próprio ou de outrem, aplica-se em dobro a pena.

ART. 337-P, CP, PENA DE MULTA

A pena de multa cominada aos crimes tratados anteriormente seguirá a metodologia de cálculo prevista no Código Penal e não poderá ser inferior a 2% (dois por cento) do valor do contrato licitado ou celebrado com contratação direta.

V- DOS CRIMES CONTRA O ESTADO DEMOCRÁTICO DE DIREITO

Dos crimes contra a Soberania Nacional

Tutela-se nos crimes a seguir a soberania nacional, que é um dos fundamentos da República Federativa do Brasil (art. 1º, I, CF/88).

ART. 359-I, CP, Atentado à soberania

- Conduta criminosa: **Negociar com governo ou grupo estrangeiro, ou seus agentes, com o fim de provocar atos típicos de guerra contra o País ou invadi-lo:**
- Finalidade especial: **provocar atos típicos de guerra contra o País ou invadi-lo.**
- **Pena:** reclusão, de 3 (três) a 8 (oito) anos.
- Causa de aumento de pena: Aumenta-se a pena de metade até o dobro, se declarada guerra em decorrência das condutas previstas no caput deste artigo.
- Qualificadora: Se o agente participa de operação bélica com o fim de submeter o território nacional, ou parte dele, ao domínio ou à soberania de outro país:
- **Pena:** reclusão, de 4 (quatro) a 12 (doze) anos.

ART. 359-J, CP, Atentado à integridade nacional

- Conduta criminosa: **Praticar violência ou grave ameaça com a finalidade de desmembrar parte do território nacional para constituir país independente:**
- Objeto jurídico: **a integralidade do território nacional.**
- **Pena:** reclusão, de 2 (dois) a 6 (seis) anos, além da pena correspondente à violência.

ART. 359-K, CP, ESPIONAGEM

- Conduta criminosa: **Entregar a governo estrangeiro, a seus agentes, ou a organização criminosa estrangeira, em desacordo com determinação legal ou regulamentar, documento ou informação classificados como secretos ou ultrassecretos nos termos da lei, cuja revelação possa colocar em perigo a preservação da ordem constitucional ou a soberania nacional:**
- Figura equiparada: **quem presta auxílio a espião, conhecendo essa circunstância, para subtraí-lo à ação da autoridade pública.**
- **Pena:** reclusão, de 6 (seis) a 15 (quinze) anos.
- Forma privilegiada: Facilitar a prática de qualquer dos crimes previstos neste artigo mediante atribuição, fornecimento ou empréstimo de senha, ou de qualquer outra forma de acesso de pessoas não autorizadas a sistemas de informações:
- **Pena:** detenção, de 1 (um) a 4 (quatro) anos.
- Excludente de tipicidade: a entrega ou a publicação de informações ou de documentos com o fim de expor a prática de crime ou a violação de direitos humanos.

Dos crimes contra as Instituições democráticas

- Objeto jurídico: nos crimes a seguir, tutela-se a própria ordem constitucional democrática, instituída pela Constituição Federal de 1988.
- A regularidade do Estado Democrático de Direito é tão fundamental que basta a mera tentativa para a configuração dos tipos penais.

ART. 359-L, CP, Abolição violenta do Estado Democrático de Direito

- Conduta criminosa: **Tentar, com emprego de violência ou grave ameaça, abolir o Estado Democrático de Direito, impedindo ou restringindo o exercício dos poderes constitucionais:**
- Colocar em risco o regular funcionamento de qualquer dos Poderes da República, mediante violência ou grave ameaça, é crime contra o Estado Democrático de Direito.
- **Pena:** reclusão, de 4 (quatro) a 8 (oito) anos, além da pena correspondente à violência.

ART. 359-m, CP, GOLPE DE ESTADO

- Conduta criminosa: **Tentar depor, por meio de violência ou grave ameaça, o governo legitimamente constituído:**
- **O respeito à soberania popular, expressa nas urnas, é tutelado no presente tipo penal, de modo que se garanta o cumprimento do mandato do titular do poder regularmente empossado.**
- **Pena:** reclusão, de 4 (quatro) a 12 (doze) anos, além da pena correspondente à violência.

Dos crimes contra o funcionamento das instituições democráticas eleitorais.

Objeto jurídico: o devido processo eleitoral é uma garantia de todos os cidadãos.

ART. 359-N, CP, Interrupção do processo eleitoral

- Conduta criminosa: **Impedir ou perturbar a eleição ou a aferição de seu resultado, mediante violação indevida de mecanismos de segurança do sistema eletrônico de votação estabelecido pela Justiça Eleitoral:**
- Objeto material: **as urnas eletrônicas.**
- **Pena:** reclusão, de 3 (três) a 6 (seis) anos, e multa.

ART. 359-P, CP, VIOLÊNCIA POLÍTICA

- Conduta criminosa: **Restringir, impedir ou dificultar, com emprego de violência física, sexual ou psicológica, o exercício de direitos políticos a qualquer pessoa em razão de seu sexo, raça, cor, etnia, religião ou procedência nacional:**
- Objeto jurídico: **direitos políticos: de ser votado e de votar.**
- Meio: **emprego de violência física, sexual ou psicológica.**
- **Pena:** reclusão, de 3 (três) a 6 (seis) anos, e multa, além da pena correspondente à violência.

Dos crimes contra o funcionamento dos serviços essenciais

ART. 359-R, CP, SABOTAGEM

- Conduta criminosa: **Destruir ou inutilizar meios de comunicação ao público, estabelecimentos, instalações ou serviços destinados à defesa nacional, com o fim de abolir o Estado Democrático de Direito:**
- Não se pode confundir o crime de sabotagem do art. 202 com o do art. 359-S, ambos do CP. No primeiro caso, a sabotagem se dá no contexto de violação à organização do trabalho, de forma restrita, enquanto, no segundo, tem-se ameaça ao próprio Estado Democrático de Direito.
- **Pena:** reclusão, de 2 (dois) a 8 (oito) anos.

ART. 359-T, CP, DISPOSIÇÕES COMUNS

Não constitui crime a manifestação crítica aos poderes constitucionais nem a atividade jornalística ou a reivindicação de direitos e garantias constitucionais por meio de passeatas, de reuniões, de greves, de aglomerações ou de qualquer outra forma de manifestação política com propósitos sociais.

14. LEGISLAÇÃO EXTRAVAGANTE

14.1. CRIMES AMBIENTAIS

- Meio ambiente é o conjunto de condições, leis, influências, alterações e interações de ordem física, química e biológica que permite, abriga e rege a vida em todas essas formas.
- Os crimes ambientais podem ser cometidos por pessoas naturais e jurídicas.
- A pessoa jurídica pode responder pela prática de crime ambiental, mesmo que não sejam identificadas pessoas físicas que a compõem, como diretores etc. (STF - RE 548181).
- O baixo grau de instrução ou escolaridade do agente não exclui o crime, mas é atenuante genérica.
- Nos crimes ambientais de menor potencial ofensivo, se admite a transação penal, desde que haja prévia composição do dano ambiental, salvo em caso de comprovada impossibilidade.
- Praticar ato de abuso, maus-tratos, ferir ou mutilar animais silvestres, domésticos ou domesticados, nativos ou exóticos constitui crime. É o que ocorre nas **brigas de galo**.
- Para efeitos da norma penal-ambiental, considera-se pesca todo ato tendente de retirar grupos de **peixe, crustáceos, moluscos e vegetais hidróbios.**
- A mera **utilização** de floresta considerada área de preservação permanente constitui crime, se não observadas normas de proteção ambiental.
- Destruir **plantas de ornamentação** de logradouros públicos e em propriedade privada constitui crime ambiental.

14.2. CRIMES HEDIONDOS

- Trata-se de mandado de criminalização da Constituição Federal a previsão legal de crimes hediondos (art. 5º, XLIII, CF/88).

- Crimes equiparados a hediondos – previsão mínima da CF/88: **a tortura, o tráfico ilícito de entorpecentes e drogas afins e o terrorismo.**
- O Brasil adotou o critério legal para definição de crimes hediondos: rol taxativo previsto no art. 1º da Lei nº 8.072/90.

Rol de crimes hediondos atualizado pela Lei Anticrime	I - homicídio (art. 121), quando praticado em atividade típica de grupo de extermínio, ainda que cometido por um só agente, e homicídio qualificado (art. 121, § 2º, incisos I, II, III, IV, V, VI, VII e VIII); I-A – lesão corporal dolosa de natureza gravíssima (art. 129, § 2o) e lesão corporal seguida de morte (art. 129, § 3o), quando praticadas contra autoridade ou agente descrito nos arts. 142 e 144 da Constituição Federal, integrantes do sistema prisional e da Força Nacional de Segurança Pública, no exercício da função ou em decorrência dela, ou contra seu cônjuge, companheiro ou parente consanguíneo até terceiro grau, em razão dessa condição; II - roubo: a) circunstanciado pela restrição de liberdade da vítima (art. 157, § 2º, inciso V); b) circunstanciado pelo emprego de arma de fogo (art. 157, § 2º-A, inciso I) ou pelo emprego de arma de fogo de uso proibido ou restrito (art. 157, § 2º-B); c) qualificado pelo resultado lesão corporal grave ou morte (art. 157, § 3º); III - extorsão qualificada pela restrição da liberdade da vítima, ocorrência de lesão corporal ou morte (art. 158, § 3º); IV - extorsão mediante sequestro e na forma qualificada (art. 159, caput, e §§ 1º, 2º e 3º); V - estupro (art. 213, caput e §§ 1º e 2º); VI - estupro de vulnerável (art. 217-A, caput e §§ 1º, 2º, 3º e 4º); VII - epidemia com resultado morte (art. 267, § 1º); VII-B - falsificação, corrupção, adulteração ou alteração de produto destinado a fins terapêuticos ou medicinais (art. 273, caput e § 1º, § 1º-A e § 1º-B, com a redação dada pela Lei no 9.677, de 2 de julho de 1998). VIII - favorecimento da prostituição ou de outra forma de exploração sexual de criança ou adolescente ou de vulnerável (art. 218-B, caput, e §§ 1º e 2º). IX - furto qualificado pelo emprego de explosivo ou de artefato análogo que cause perigo comum (art. 155, § 4º-A).

Rol de crimes hediondos atualizado pela Lei Anticrime	X - induzimento, instigação ou auxílio a suicídio ou a automutilação realizados por meio da rede de computadores, de rede social ou transmitidos em tempo real (art. 122, caput e § 4º); XI - sequestro e cárcere privado cometido contra menor de 18 (dezoito) anos (art. 148, § 1º, inciso IV); XII - tráfico de pessoas cometido contra criança ou adolescente (art. 149-A, caput, incisos I a V, e § 1º, inciso II).

Consideram-se também hediondos, tentados ou consumados:	I - o crime de genocídio, previsto nos arts. 1º, 2º e 3º da Lei nº 2.889, de 1º de outubro de 1956; II - o crime de posse ou porte ilegal de arma de fogo de uso proibido, previsto no art. 16 da Lei nº 10.826, de 22 de dezembro de 2003; III - o crime de comércio ilegal de armas de fogo, previsto no art. 17 da Lei nº 10.826, de 22 de dezembro de 2003; IV - o crime de tráfico internacional de arma de fogo, acessório ou munição, previsto no art. 18 da Lei nº 10.826, de 22 de dezembro de 2003; V - o crime de organização criminosa, quando direcionado à prática de crime hediondo ou equiparado VI – os crimes previstos no Código Penal Militar, que apresentem identidade com os crimes previstos no art. 1º da Lei de Crimes Hediondos. VII - os crimes previstos no § 1º do art. 240 e no art. 241-B da Lei nº 8.069, de 13 de julho de 1990 (Estatuto da Criança e do Adolescente)."

- Os crimes de estupro e atentado violento ao pudor praticados antes da edição da Lei nº 12.015/2009, ainda que em sua forma simples, configuram modalidades de crime hediondo (Tese n. 581, STJ).

Consequências mais gravosas em caso de crime hediondo ou equiparado	I - Prazo de progressão de regime: a) 40% (quarenta por cento) da pena, se o apenado for condenado pela prática de crime hediondo ou equiparado, se for primário; b) 50% (cinquenta por cento) da pena, se o apenado for: a) condenado pela prática de crime hediondo ou equiparado, com resultado morte, se for primário, vedado o livramento condicional; b) condenado por exercer o comando, individual ou coletivo, de organização criminosa estruturada para a prática de crime hediondo ou equiparado;

Consequências mais gravosas em caso de crime hediondo ou equiparado	c - 60% (sessenta por cento) da pena, se o apenado for reincidente na prática de crime hediondo ou equiparado; d - 70% (setenta por cento) da pena, se o apenado for reincidente em crime hediondo ou equiparado com resultado morte, vedado o livramento condicional. II - Não terá direito à saída temporária a que se refere o caput deste artigo o condenado que cumpre pena por praticar crime hediondo com resultado morte. III – Prazo da prisão temporária: 30 dias com possibilidade de prorrogação; IV – Forma qualificada de associação criminosa: pena de três anos a seis anos de reclusão; V – Inaplicabilidade de concessão de anistia, graça e indulto; VI – Regime inicial fechado (Mas, de acordo com a jurisprudência, é possível a fixação de regime prisional diferente do fechado para o início do cumprimento de pena imposta ao condenado por tráfico de drogas. O STF declarou a inconstitucionalidade do § 1º do art. 2º da Lei n. 8.072/1990, com redação dada pela Lei n. 11.464/2007, afastando a obrigatoriedade do regime inicial fechado para os condenados por crimes hediondos e por aqueles a eles equiparados, como é o caso do tráfico de drogas. Precedentes citados do STF: HC 111.247-MG, DJe 12/4/2012; HC 111.840-ES, DJe 2/2/2012 ; do STJ: HC 118.776-RS, DJe 23/8/2010, e HC 196.199-RS, DJe 14/4/2011. EREsp 1.285.631-SP, Rel. Min. Sebastião Reis Junior, julgado em 24/10/2012.

- No julgamento do HC n. 111.840, o STF declarou a inconstitucionalidade do art. 2º, § 1º, da Lei de Crime Hediondos, que determina a obrigatoriedade do regime inicial fechado para condenado por crime hediondo ou equiparado, por violação ao princípio constitucional de individualização da pena. Com efeito, presentes os requisitos legais, pode ser fixado regime inicial semiaberto ou mesmo aberto. A imposição de regime inicial fechado impõe fundamentação idônea.
- É reconhecida a retroatividade do patamar estabelecido no art. 112, V, da Lei n. 13.964/2019, àqueles apenados que, embora tenham cometido crime hediondo ou equiparado sem resultado morte, não sejam reincidentes em delito de natureza semelhante (Tese n. 1084 – STJ).
- Tendo em vista a legalidade e a taxatividade da norma penal (art. 5º, XXXIX, CF), a alteração promovida pela Lei 13.964/2019 no art. 112 da LEP não autoriza a incidência do percentual de 60% (inc. VII) aos condenados reincidentes não específicos para o fim de progressão de regime. Diante da omissão legislativa, impõe-se a analogia in bonam partem, para aplicação, inclusive retroativa, do inciso V do artigo 112 (lapso temporal de 40%) ao condenado por crime hediondo ou equiparado sem resultado morte reincidente não específico (STF, Tese n. 1169).

14.3. LEI DE LAVAGEM DE DINHEIRO

- Trata-se da Lei nº 9.613/98.
- Consiste a lavagem de dinheiro nos atos de ocultar ou dissimular a natureza, origem, localização, disposição, movimentação ou propriedade de bens, direitos ou valores provenientes, direta ou indiretamente, de **infração penal.**
- O crime de lavagem de dinheiro exige uma infração penal antecedente, cujo produto será o objeto da lavagem.
- Com a Lei nº 12.683/2012, a infração penal antecedente pode ser **crime ou contravenção penal.**
- Causas especiais de aumento de pena: crime de lavagem de dinheiro praticado de forma habitual ou por crime organizado.
- Para a apuração do crime de lavagem de dinheiro, admite-se a utilização da ação controlada e da infiltração de agentes (Inovação trazida pela Lei Anticrime).

14.4. LEI DE TORTURA

- Tortura é um crime equiparado a hediondo, consistente, em síntese, no emprego de grave ameaça ou violência, que cause sofrimento físico ou mental à vítima.
- No Brasil, o funcionário público e o particular podem ser sujeito ativo do crime de tortura.
- Tortura imprópria: art. 1º, § 2º, da Lei de Tortura – **OMISSÃO DO AGENTE,** que tinha o dever de evitá-la ou puni-la.
- Crime qualificado: se da tortura resulta **morte ou lesões corporais graves ou gravíssimas.**
- **Princípio da extraterritorialidade incondicionada:** aplicação da lei brasileira, ainda que o fato tenha acontecido no exterior, mas se a vítima é brasileira ou se o agente se encontrar em local sob jurisdição brasileira.

14.5. LEI DE DROGAS

- A Lei nº 11.343/06 trouxe dois sistemas de repressão bem diferentes para quem porta a droga para consumo pessoal e para quem promove o tráfico de drogas.
- Para quem visa o consumo próprio, a Lei prevê apenas penas restritivas de direito: advertência sobre os efeitos das drogas; prestação de serviços à comu-

nidade e medida educativa de comparecimento a programa ou curso educativo.

- As penas de prestação de serviços à comunidade e medida educativa de comparecimento a programa ou curso educativo são pelo período de cinco meses, salvo se a pessoa for reincidente, quando a pena será de dez meses.
- Para determinar se a droga destinava-se a consumo pessoal, o juiz atenderá à natureza e à quantidade da substância apreendida, ao local e às condições em que se desenvolveu a ação, às circunstâncias sociais e pessoais, bem como à conduta e aos antecedentes do agente.
- Prescrevem em 2 (dois) anos a imposição e a execução das penas do crime do art. 28 da Lei nº 11.343/06.
- Já para o crime de tráfico de drogas, equiparado a hediondo, são reservadas penas privativas de liberdade e de multa bem mais elevadas.
- No crime de tráfico, a intenção do agente é disseminar a droga a terceiras pessoas, ainda que gratuitamente.
- Oferecer droga, eventualmente e sem objetivo de lucro, a pessoa de seu relacionamento, para juntos a consumirem é o crime previsto no art. 33, § 3º, Lei nº 11.343/06.
- Causa de diminuição de pena: o agente seja primário, de bons antecedentes, não se dedique às atividades criminosas nem integre organização criminosa.

TEMA 169 DOS RECURSOS REPETITIVOS DO STF: I – É inadmissível a aplicação da causa de diminuição prevista no art. 33, § 4º, da Lei 11.343/2006 à pena relativa à condenação por crime cometido na vigência da Lei 6.368/1976; II – Não é possível a conjugação de partes mais benéficas das referidas normas, para criar-se uma terceira lei, sob pena de violação aos princípios da legalidade e da separação de Poderes; III – O juiz, contudo, deverá, no caso concreto, avaliar qual das mencionadas leis é mais favorável ao réu e aplicá-la em sua integralidade.

TEMA 191 DOS RECURSOS REPETITIVOS DO STJ: É cabível a aplicação retroativa da Lei n. 11.343/2006, desde que o resultado da incidência das suas disposições, na íntegra, seja mais favorável ao réu do que o advindo da utilização da Lei 6.368/76, sendo vedada a combinação de leis.

- TEMA 600 DOS RECURSOS REPETITIVOS DO STJ: O Supremo Tribunal Federal, no recente julgamento do HC 118.533/MS, firmou entendimento de que apenas as modalidades de tráfico ilícito de drogas definidas no art. 33, caput e § 1º, da Lei nº 11.343/2006 seriam equiparadas aos crimes hediondos, enquanto referido delito na modalidade privilegiada apresentaria "contornos mais benignos, menos gravosos, notadamente porque são relevados o envolvimento ocasional do agente com o delito, a não reincidência, a ausência de maus antecedentes e a inexistência de vínculo com organização criminosa."
- TEMA 1139 DOS RECURSOS REPETITIVOS DO STJ: É vedada a utilização de inquéritos e/ou ações penais em curso para impedir a aplicação do art. 33, § 4.º, da Lei n. 11.343/06."
- No crime de associação para o tráfico de drogas, se exige estabilidade na conduta de duas ou mais pessoas voltadas para o mesmo fim, qual seja o tráfico de drogas.
- Médico, farmacêutico ou enfermeiro podem praticar o crime próprio do art. 38 da Lei nº 11.343/06.
- O art. 40 da Lei de Drogas prevê causas de aumento de pena de um sexto a dois terços, tai como:
- A infração tiver sido cometida nas dependências ou imediações de estabelecimentos prisionais, de ensino ou hospitalares, de sedes de entidades estudantis, sociais, culturais, recreativas, esportivas, ou beneficentes, de locais de trabalho coletivo, de recintos onde se realizem espetáculos ou diversões de qualquer natureza, de serviços de tratamento de dependentes de drogas ou de reinserção social, de unidades militares ou policiais ou em transportes públicos.
- Sua prática envolver ou visar a atingir criança ou adolescente ou a quem tenha, por qualquer motivo, diminuída ou suprimida a capacidade de entendimento e determinação.
- TEMA 1052 DOS RECURSOS REPETITIVOS DO STJ: Para ensejar a aplicação de causa de aumento de pena prevista no art. 40, VI, da Lei n. 11.343/2006 ou a condenação pela prática do crime previsto no art. 244-B da Lei n. 8.069/1990, a qualificação do menor, constante do boletim de ocorrência, deve trazer dados indicativos de consulta a documento hábil - como o número do documento de identidade, do CPF ou de outro registro formal, tal como a certidão de nascimento
- É pacífico na jurisprudência do STF e do STJ a inconstitucionalidade do art. 44 da Lei de Drogas no ponto em que veda a concessão de liberdade e a conversão das penas em restritivas de direitos para o crime de tráfico

14.6. ESTATUTO DA CRIANÇA E DO ADOLESCENTE

- Considera-se ato infracional a conduta descrita como **crime ou contravenção penal** praticada por criança e adolescente.
- A criança que cometer ato infracional será submetida a medias protetivas do art. 101, ECA.
- O adolescente que comete ato infracional está submetido a **medida socioeducativa e/ou protetiva.**
- Os crimes do ECA têm como objetividade jurídica a tutela dos direitos e garantias fundamentais da criança e do adolescente.

- O crime de corrupção de menores do ECA é classificado como formal e, portanto, é indiferente que o menor seja efetivamente corrompido ou que tenha passagens anteriores por atos infracionais (Tema 221 dos Recursos Repetitivos do STJ).
- Para ensejar a aplicação de causa de aumento de pena prevista no art. 40, VI, da Lei n. 11.343/2006 ou a condenação pela prática do crime previsto no art. 244-B da Lei n. 8.069/1990, a qualificação do menor, constante do boletim de ocorrência, deve trazer dados indicativos de consulta a documento hábil - como o número do documento de identidade, do CPF ou de outro registro formal, tal como a certidão de nascimento. (Tema 1052 dos Recursos Repetitivos do STJ).
- A superveniência da maioridade penal não interfere na apuração de ato infracional nem na aplicabilidade de medida socioeducativa em curso, inclusive na liberdade assistida, enquanto não atingida a idade de 21 anos. (Tema 992 dos Recursos Repetitivos do STJ).
- Os tipos penais trazidos nos arts. 241-A e 241-B do Estatuto da Criança e do Adolescente são autônomos, com verbos e condutas distintas, sendo que o crime do art. 241-B não configura fase normal, tampouco meio de execução para o crime do art. 241-A, o que possibilita o reconhecimento de concurso material de crimes. (Tema 1168v dos Recursos Repetitivos do STJ).

14.7. ESTATUTO DO DESARMAMENTO

1 – Posse irregular de arma de fogo de uso permitido (art. 12, ED): Possuir ou manter sob sua guarda arma de fogo, acessório ou munição, de uso permitido, **em desacordo com determinação legal ou regulamentar, no interior de sua residência ou dependência desta, ou, ainda no seu local de trabalho**, desde que seja o titular ou o responsável legal do estabelecimento ou empresa.

- **Trata-se de crime de perigo abstrato e de mera conduta e, portanto, segundo a jurisprudência dos Tribunais Superiores:**

  a) É **irrelevante** que haja **dano ou efetivo perigo** da posse de arma em desacordo com determinação legal;

  b) Não é necessária a realização de laudo pericial para a configuração do tipo penal. Porém, se este for feito e ficar demonstrado que a arma de fogo é ineficaz para o uso, a conduta é atípica.

  c) A arma de fogo de uso permitido **desmuniciada** não afasta os crimes de posse ou porte de arma de fogo.

  d) Princípio da insignificância: "A Sexta Turma do Superior Tribunal de Justiça, alinhando-se ao Supremo Tribunal Federal, tem entendido pela **possibilidade da aplicação do princípio da insignificância** aos crimes previstos na Lei nº 10.826/03, a despeito de serem delitos de mera conduta, afastando, assim, a tipicidade material, quando **evidenciada flagrante desproporcionalidade da resposta penal.** 2. Ainda que formalmente típica, a apreensão de apenas **5 munições na residência do réu, desacompanhada de arma de fogo, é desprovida de lesividade ao bem jurídico tutelado** (STJ – AgRg. no AREsp. N. 1.269.446/SP. Rel. Min. Nefi Cordeiro. DJ. 27/11/2018).

- Decreto nº 9.685, de 15 janeiro de 2019: trata-se de Decreto editado pelo Poder Executivo para regulamentar a posse de armas de fogo.
- Esse decreto não revogou o art. 12 do ED, pois decreto não revoga lei. Não houve abolitio criminis. Continua sendo crime a posse de arma de fogo em desacordo com determinação legal ou regulamentar.
- A norma do art. 12 do ED é norma penal em branco, pois a ocorrência do crime depende de complementação: desobediência ao que determina a lei ou o regulamento. Esse regulamento é o Decreto 5.123/2004, que foi modificado pelo Decreto n. 9.685/2019, com a finalidade de diminuir as exigências para a posse de arma de fogo.
- Um dos efeitos do Decreto n. 9.685/2019 foi a renovação automática dos registros de arma de fogo concedidos antes da sua publicação. Aqueles que estavam com o registro vencido, em tese, se fossem flagrados na posse de arma de fogo, poderiam incidir no art. 12 do ED. Porém, com a edição do Decreto n. 9.685/2019, os registros foram renovados e a situação regularizada. **Nesses casos específicos**, houve *abolitio criminis* com retroatividade da norma para beneficiar o réu.
- **Tema 650 – STF:** É incabível a aplicação retroativa do art. 30 da Lei 10.826/2003, inserido pela Medida Provisória 417/2008, para extinguir a punibilidade do delito de posse de arma de fogo de uso permitido cometido antes da sua entrada em vigor.

2 – Omissão de cautela (art. 13, ED): Deixar de observar as cautelas necessárias para impedir que **menor de 18 (dezoito) anos ou pessoa portadora de deficiência mental** se apodere de arma de fogo que esteja sob sua posse ou que seja de sua propriedade:

- **Trata-se de crime de omissivo próprio, porque a conduta descrita no tipo penal é omissiva: "Deixar de...".**
- **Trata-se de crime doloso.**
- **Elemento normativo do tipo: cautelas necessárias. O juiz no caso concreto vai analisar se o sujeito ativo deixou de observar os cuidados necessários que se espera do homem médio**

na guarda da arma em local que há menor de dezoito anos ou portador de doença mental.

- **De acordo com a doutrina, trata-se de crime de perigo concreto, devendo o menor de dezoito anos ou o deficiente mental se apodere da arma em decorrência da omissão de cautela.**

3 – **Porte ilegal de arma de fogo de uso permitido (art. 14, ED):** Portar, deter, adquirir, fornecer, receber, ter em depósito, transportar, ceder, ainda que gratuitamente, emprestar, remeter, empregar, manter sob guarda ou ocultar arma de fogo, acessório ou munição, de uso permitido, sem autorização e em desacordo com determinação legal ou regulamentar.

- **Trata-se de crime com as mesmas características do art. 12, ED, com diferença que, no art. 14, ED, o agente pratica o crime fora de sua residência ou dependência desta, ou, ainda fora do seu local de trabalho, desde que seja o titular ou o responsável legal do estabelecimento ou empresa.**

Posse de arma de fogo	Porte de arma de fogo
Conduta em manter no interior de **residência** (ou dependência desta) ou no **local de trabalho** a arma de fogo	Pressupõe que a arma de fogo esteja fora da residência ou local de trabalho

- Se o agente mantém a arma de fogo em seu local de trabalho, mas não é o titular ou o responsável legal do estabelecimento ou da empresa, responde pelo crime do art. 14, ED.
- Diante das mesmas características do crime do art. 12, ED (crime de perigo abstrato e de mera conduta), aplicam-se as mesmas disposições da jurisprudência dos Tribunais Superiores, enumeradas nos itens a, b, c e d, comentadas no art. 12, ED, acima.
- art. 14, parágrafo único, ED: o crime do art. 14, ED é inafiançável. Mas, na ADI n. 3.112, o STF declarou inconstitucional, pois não há previsão expressa nesse sentido na CF. Portanto, se trata de crime afiançável.

4 – **Disparo de arma de fogo (art. 15, ED):** Disparar arma de fogo ou acionar munição em lugar habitado ou em suas adjacências, em via pública ou em direção a ela, desde que essa conduta não tenha como finalidade a prática de outro crime.

- **Crime subsidiário:** só o crime do art. 15, ED, se a conduta não tenha como finalidade a prática de outro crime (art. 15, Estatuto do Desarmamento). Assim, quem dispara em via pública para matar alguém responde apenas pelo **crime de homicídio.**
- **art. 15, parágrafo único, ED: o crime do art. 15, ED é inafiançável. Mas, na ADI n. 3.112, o STF declarou inconstitucional, pois não há previsão expressa nesse sentido na CF. Portanto, se trata de crime afiançável.**

5 – **Posse ou porte ilegal de arma de fogo de uso restrito (art. 16, ED):** Possuir, deter, portar, adquirir, fornecer, receber, ter em depósito, transportar, ceder, ainda que gratuitamente, emprestar, remeter, empregar, manter sob sua guarda ou ocultar **arma de fogo, acessório ou munição de uso restrito**, sem autorização e em desacordo com determinação legal ou regulamentar.

- **Objeto material:** arma de fogo, acessório ou munição de **uso proibido ou restrito**. Ao contrário dos crimes dos arts. 12 e 14, em que o objeto material é o de **uso permitido**.
- **Pune-se tanto a posse, quanto o porte de arma de fogo de uso restrito ou proibido. Pode o juiz levar em conta a diferença no momento de aplicação da pena.**
- **Formas equiparadas: art. 16, § 1º, ED: exemplo: arma de fogo de uso permitido que esteja com numeração, marca ou qualquer outro sinal de identificação raspado, suprimido ou adulterado (art. 16, § 1º, IV, ED – redação dada pela Lei Anticrime).**
- **Forma qualificada: art. 16, § 2º, ED: Se as condutas descritas no caput e no § 1º deste artigo envolverem arma de fogo de uso proibido, a pena é de reclusão, de 4 (quatro) a 12 (doze) anos.**
- **Tema 596 DOS RECURSOS RETITIVOS DO STJ: É típica a conduta de possuir arma de fogo de uso permitido com numeração, marca ou qualquer outro sinal de identificação raspado, suprimido ou adulterado, praticada após 23/10/2005, pois, em relação a esse delito, a abolitio criminis temporária cessou nessa data, termo final da prorrogação dos prazos previstos na redação original dos arts. 30 e 32 da Lei n. 10.826/2003.**

6 – **Comércio ilegal de arma de fogo (art. 17, ED):** Adquirir, alugar, receber, transportar, conduzir, ocultar, ter em depósito, desmontar, montar, remontar, adulterar, vender, expor à venda, ou de qualquer forma utilizar, **em proveito próprio ou alheio, no exercício de atividade comercial ou industrial**, arma de fogo, acessório ou munição, sem autorização ou em desacordo com determinação legal ou regulamentar.

- **É permitida a comercialização de arma de fogo no território brasileiro, pois o art. 35, ED, que proibia tal atividade, foi rejeitado pela população em referendo.**
- **O crime ocorre se a comercialização é feita em desacordo com a determinação legal ou regulamentar.**
- **Trata-se de crime próprio, porque o sujeito ativo deve ser comerciante ou industrial, cujo objeto da atividade seja a comercialização ou industrialização de arma de fogo.**

- **Figura equiparada ao comércio ou indústria de arma de fogo: qualquer forma de prestação de serviços, fabricação ou comércio irregular ou clandestino, inclusive o exercido em residência.**
- **Trata-se de crime de perigo abstrato e de mera conduta.**

7 – Tráfico internacional de arma de fogo (art. 18, ED): Importar, exportar, favorecer a entrada ou saída do território nacional, a qualquer título, de arma de fogo, acessório ou munição, sem autorização da autoridade competente.

- **Nesse artigo, há atividade comercial, mas há tráfico internacional.**
- **Competência para julgamento: Justiça Federal.**

8 – Causas de aumento de pena (art. 19, ED): Nos crimes previstos nos **arts. 17 e 18** (comércio ilegal de arma de fogo e tráfico internacional de arma de fogo), a pena é aumentada da metade se a arma de fogo, acessório ou munição forem de uso proibido ou restrito.

9 – Causas de aumento de pena (art. 19, ED): Nos crimes previstos nos **arts. 14, 15, 16, 17 e 18** (Porte ilegal de arma de fogo de uso permitido**,** Disparo de arma de fogo, Posse ou porte ilegal de arma de fogo de uso restrito comércio ilegal de arma de fogo e tráfico internacional de arma de fogo), a pena é aumentada da metade se forem praticados por integrante dos órgãos e empresas referidas nos arts. 6o, 7o e 8o desta Lei.

10 – Prisão preventiva obrigatória (art. 21, ED): Os crimes previstos nos **arts. 16, 17 e 18** (Posse ou porte ilegal de arma de fogo de uso restrito comércio ilegal de arma de fogo e tráfico internacional de arma de fogo) são insuscetíveis de liberdade provisória. O STF declarou **inconstitucional** esse dispositivo na ADI **n. 3.112.**

14.8. LEI MARIA DA PENHA

Configura violência doméstica e familiar contra a mulher aquela que é decorrente do gênero, praticadas:	no âmbito da unidade doméstica, compreendida como o espaço de convívio permanente de pessoas, com ou sem vínculo familiar, inclusive as esporadicamente agregadas.
	no âmbito da família, compreendida como a comunidade formada por indivíduos que são ou se consideram aparentados, unidos por laços naturais, por afinidade ou por vontade expressa.
	no âmbito da família, compreendida como a comunidade formada por indivíduos que são ou se consideram aparentados, unidos por laços naturais, por afinidade ou por vontade expressa.

- Configura violência contra a mulher, ensejando a aplicação da Lei nº 11.340/2006, a agressão cometida por **ex-namorado que não se conformou com o fim de relação de namoro**, restando demonstrado nos autos o nexo causal entre a conduta agressiva do agente e a relação de intimidade que existia com a vítima.

> **TEMA 177 DOS RECURSOS REPETITIVOS DO STJ: 2.** Assim, a tese fixada passa a ser a seguinte: a ação penal nos crimes de lesão corporal leve cometidos em detrimento da mulher, no âmbito doméstico e familiar, é pública **incondicionada** (Redação conferida em 10/05/2017)..

> **TEMA 983 DOS RECURSOS REPETITIVOS DO STJ:** Nos casos de violência contra a mulher praticados no âmbito doméstico e familiar, é possível a fixação de valor mínimo indenizatório a título de dano moral, desde que haja pedido expresso da acusação ou da parte ofendida, ainda que não especificada a quantia, e independentemente de instrução probatória.

- **Súmula 600:** Para a configuração da violência doméstica e familiar prevista no artigo 5º da Lei n. 11.340/2006 (Lei Maria da Penha) não se exige a coabitação entre autor e vítima.
- **Súmula 589**: É inaplicável o princípio da insignificância nos crimes ou contravenções penais praticados contra a mulher no âmbito das relações domésticas.
- **Súmula 588:** A prática de crime ou contravenção penal contra a mulher com violência ou grave ameaça no ambiente doméstico impossibilita a substituição da pena privativa de liberdade por restritiva de direitos.
- A Lei nº 13.641/2018 acrescentou o crime de descumprimento de decisão judicial que defere medidas protetivas de urgência previstas na Lei Maria da Penha (art. 24-A).
- A medida descumprida pode ter sido deferida por Juízo Criminal ou Cível.
- O crime é afiançável, mas a fiança só pode ser fixada por Juiz
- A aplicação da pena do crime não exclui outras.

Inovações trazidas pela Lei n.13.827/2019 (art. 12-A da Lei Maria da Penha)

Hipótese de violência	Consequência	Autoridade competente
risco atual ou iminente à vida ou à integridade física da mulher em situação de violência doméstica e familiar, ou de seus dependentes	O agressor será imediatamente afastado do lar, domicílio ou local de convivência com a ofendida	I - pela autoridade judicial; II - pelo delegado de polícia, quando o Município não for sede de comarca; ou

Hipótese de violência	Consequência	Autoridade competente
		III - pelo policial, quando o Município não for sede de comarca e não houver delegado disponível no momento da denúncia.

- Se a medida for aplicada por Autoridade Policial ou por policial, o juiz será comunicado no prazo máximo de 24 (vinte e quatro) horas e decidirá, em igual prazo, sobre a manutenção ou a revogação da medida aplicada, devendo dar ciência ao Ministério Público concomitantemente.
- Nos casos de risco à integridade física da ofendida ou à efetividade da medida protetiva de urgência, não será concedida liberdade provisória ao preso.

14.9. LEI DE CRIME ORGANIZADO

- **Crime Organizado:** é o fenômeno social, criminológico e político, caracterizado pela extrema periculosidade e dificuldade no combate a tal crime pelas forças do Estado, motivo pelo qual implica ameaça ou lesão a direitos fundamentais e essenciais da pessoa, individualmente e coletivamente, tais como, a democracia, a paz, a vida, o patrimônio e, até mesmo, o futuro do planeta (distribuição do meio ambiente.
- **Organização criminosa**: conceituação normativa decorrente da necessidade se observar o princípio da reserva legal e apurar-se a responsabilidade penal dos seus integrantes.
- A Lei nº 12.850/2013 considera **organização criminosa a associação de 4 (quatro) ou mais pessoas** estruturalmente **ordenada** e caracterizada pela **divisão de tarefas**, ainda que informalmente, com objetivo de obter, direta ou indiretamente, **vantagem de qualquer natureza**, mediante a prática de **infrações penais cujas penas máximas sejam superiores a 4 (quatro) anos**, ou que sejam de **caráter transnacional**.
- O crime é **promover, constituir, financiar ou integrar, pessoalmente ou por interposta pessoa**, organização criminosa.
- Com o objetivo de preservar a persecução penal de organização criminosa, a mesma pena é cominada a quem embaraçar a investigação de organização criminosa.
- **Causa de aumento de pena:** se há uso de arma de fogo pela organização criminosa (até a metade).
- **Circunstância agravante:** ser o líder da organização criminosa, ainda que não participe de atos de execução.

Causas de aumento de pena (1/6 a 2/3)
I - se há participação de criança ou adolescente;
II- se há concurso de funcionário público, valendo-se a organização criminosa dessa condição para a prática de infração penal
III- se o produto ou proveito da infração penal destinar-se, no todo ou em parte, ao exterior;
IV - se a organização criminosa mantém conexão com outras organizações criminosas independentes;
V - se as circunstâncias do fato evidenciarem a transnacionalidade da organização

- Os demais tipos penais previstos na Lei nº 12.850/2013 visam tutelar os meios de obtenção de prova específicos da referida Lei.

Meio de Prova tutelado	Crime
Colaboração premiada	Revelar a identidade, fotografar ou filmar o colaborador, sem sua prévia autorização por escrito
Colaboração premiada	Imputar falsamente, sob pretexto de colaboração com a Justiça, a prática de infração penal a pessoa que sabe ser inocente, ou revelar informações sobre a estrutura de organização criminosa que sabe inverídicas:
Ação controlada e infiltração de agentes	Descumprir determinação de sigilo das investigações que envolvam a ação controlada e a infiltração de agentes.
Fornecimento de dados em geral	Recusar ou omitir dados cadastrais, registros, documentos e informações requisitadas pelo juiz, Ministério Público ou delegado de polícia, no curso de investigação ou do processo

> Jurisprudência do STJ: Colaboração premiada. Encontro fortuito de provas. Autoridade com prerrogativa de foro. Competência para homologação do acordo. Teoria do juiz aparente. A homologação de acordo de colaboração premiada por juiz de primeiro grau de jurisdição, que mencione autoridade com prerrogativa de foro no STJ, não traduz em usurpação de competência desta Corte Superior. (Informativo 612).

> Jurisprudência do STJ: Colaboração premiada. Encontro fortuito de provas. Autoridade com prerrogativa de foro. Remessa imediata dos autos ao foro prevalente. Inexistência. Usurpação de competência. Caracterização. Informativo 612.

- Conclusão: pode o Juiz de Primeiro Grau homologar a colaboração premiada, se nela houver encontro fortuito de provas relativo a autoridade com prerrogativa de foro. Mas, uma vez, encontradas tais provas, os autos devem ser enviados ao Tribunal competente imediatamente, sob pena de usurpação de competência;

- Na colaboração premiada, as tratativas são efetuadas pela Autoridade Policial ou pelo Ministério Público, cabendo ao Juiz apenas zelar pela legalidade da medida, a qual, se constatada, permite a sua homologação.
- Ação controlada: há retardamento da intervenção da Autoridade Policial em ato criminoso da organização criminosa para que tal intervenção se dê em momento mais oportuno para as investigações. Independe de autorização judicial prévia, mas deve a autoridade policial responsável enviar relatório circunstanciado da conduta.
- Infiltração de agentes: um agente policial é infiltrado na organização criminosa. Depende de prévia autorização judicial e manifestação do Ministério Público, depois de representação circunstanciada da Autoridade Policial responsável.
- Na sistemática da Lei nº 12.850/2013, o agente infiltrado não responde por eventual crime que tenha que cometer, isento de pena por inexigibilidade de conduta diversa de acordo com o caso em concreto.
- O procedimento judicial para apuração de organização criminosa a ser adotado é o ordinário previsto no CPP.
- Se o réu estiver preso, o prazo para conclusão do procedimento é de 120 dias, prorrogáveis em até igual período.

14.10. CÓDIGO DE TRÂNSITO BRASILEIRO

- Os crimes do Código de Trânsito Brasileiro (CTB) são aqueles praticados na condução de **veículo automotor em via pública**.
- **Veículo automotor**: todo veículo a motor de propulsão que circule por seus próprios meios, e que serve normalmente para o transporte viário de pessoas e coisas, ou para a tração viária de veículos utilizados para o transporte de pessoas e coisas. O termo compreende os veículos conectados a uma linha elétrica e que não circulam sobre trilhos (ônibus elétrico).
- **Via pública**: superfície por onde transitam veículos, pessoas e animais, compreendendo a pista, a calçada, o acostamento, ilha e canteiro central.
- Não comete o crime se o fato ocorreu dentro de uma garagem, ou no interior de um jardim particular, ou em um rio, no mar, etc.
- **Homicídio culposo na direção de veículo automotor:** previsto no art. 302 do CTB, trata-se do homicídio causado pelo agente na direção de veículo automotor, em decorrência de negligência, imprudência ou imperícia.
- Interessante questão surge no que se refere ao homicídio ocorrido em ambiente de disputas de automóveis não autorizadas (**rachas ou pegas**): admissível, em crimes de homicídio na direção de veículo automotor, o reconhecimento do dolo eventual, a depender das circunstâncias concretas da conduta.

Causas de aumento de pena no crime de homicídio do CTB	• não possuir Permissão para Dirigir ou Carteira de Habilitação; • praticá-lo em faixa de pedestres ou na calçada; • deixar de prestar socorro, quando possível fazê-lo sem risco pessoal, à vítima do acidente; • no exercício de sua profissão ou atividade, estiver conduzindo veículo de transporte de passageiros

Formas qualificadas: Se o agente conduz o veículo automotor	• com capacidade psicomotora alterada em razão da **influência de álcool ou de outra substância psicoativa** que determine dependência: é necessário que a ingestão de álcool ou droga tenha provocado alteração da capacidade psicomotora; • participa, em via, de corrida, disputa ou competição automobilística ou ainda de exibição ou demonstração de perícia em manobra de veículo automotor, não autorizada pela autoridade competente: é a hipótese do **racha** em que foi reconhecida modalidade culposa e a incidência do CTB, não dolosa.

- **Lesão corporal culposa na direção de veículo automotor:** trata-se do crime de lesão corporal culposa praticada na direção de veículo automotor (art. 303, CTB).
- Incidem nesse tipo penal as causas de aumento de pena do crime de homicídio culposo na direção de veículo automotor.
- Mas, não incide as formas qualificadas.
- Ação penal: em regra, a ação penal é pública condicionada à representação porque incide a Lei nº 9.099/95.
- Será de ação penal pública incondicionada nos seguintes casos do art. 291, CTB, se o agente: I – sob a influência de álcool ou qualquer outra substância psicoativa que determine dependência; II – participando, em via pública, de corrida, disputa ou competição automobilística, de exibição ou demonstração de perícia em manobra de veículo automotor, não autorizada pela autoridade competente; III – transitando em velocidade superior à máxima permitida para a via em 50 km/h (cinquenta quilômetros por hora).
- **Omissão de socorro na direção de veículo automotor:** no art. 304, CTB, pune-se o crime de omis-

são de socorro praticado pelo condutor do veículo que causou acidente em que houve vítima.

- Se quem não presta o socorro é o condutor que não causou o acidente ou se não é o condutor do veículo, como o passageiro ou um pedestre, o agente responde pelo crime do art. 135, CP.
- Se houver crime de homicídio culposo na direção de veículo automotor e omissão de socorro: o agente responde apenas pelo crime do art. 302, § 1º, III, CTB, sem incidência do art. 304, CTB, sob pena de bis in idem.
- **Fuga de responsabilidade civil ou penal:** art. 305, CTB: Afastar-se o condutor do veículo do local do sinistro, para fugir à responsabilidade penal ou civil que lhe possa ser atribuída.
- **TEMA 907/STF:** "A regra que prevê o crime do art. 305 do Código de Trânsito Brasileiro (Lei nº 9.503/97) é constitucional, posto não infirmar o princípio da não incriminação, garantido o direito ao silêncio e ressalvadas as hipóteses de exclusão da tipicidade e da antijuridicidade."
- **Embriaguez ao volante:** O crime do art. 306, CTB, incide no caso de conduzir veículo automotor com capacidade psicomotora alterada em razão da influência de álcool ou de outra substância psicoativa que determine dependência.

Caracterização da embriaguez	• Concentração igual ou superior a 6 decigramas de álcool por litro de sangue ou igual ou superior a 0,3 miligrama de álcool por litro de ar alveolar; ou • Sinais que indiquem, na forma disciplinada pelo Contran, alteração da capacidade psicomotora.

- tema 447 – STJ: O tipo penal do art. 306 do Código de Trânsito Brasileiro é formado, entre outros, por um elemento objetivo, de natureza exata, que não permite a aplicação de critérios subjetivos de interpretação, qual seja, o índice de 6 decigramas de álcool por litro de sangue. O grau de embriaguez é elementar objetiva do tipo, não configurando a conduta típica o exercício da atividade em qualquer outra concentração inferior àquela determinada pela lei, emanada do Congresso Nacional. O decreto regulamentador, podendo elencar quaisquer meios de prova que considerasse hábeis à tipicidade da conduta, tratou especificamente de 2 (dois) exames por métodos técnicos e científicos que poderiam ser realizados em aparelhos homologados pelo CONTRAN, quais sejam, o exame de sangue e o etilômetro.
- **art. 310, CTB**: Permitir, confiar ou entregar a direção de veículo automotor a pessoa não habilitada, com habilitação cassada ou com o direito de dirigir suspenso, ou, ainda, a quem, por seu estado de saúde, física ou mental, ou por embriaguez, não esteja em condições de conduzi-lo com segurança.
- **tema 901 – STJ:** É de perigo abstrato o crime previsto no art. 310 do Código de Trânsito Brasileiro. Assim, não é exigível, para o aperfeiçoamento do crime, a ocorrência de lesão ou de perigo de dano concreto na conduta de quem permite, confia ou entrega a direção de veículo automotor a pessoa não habilitada, com habilitação cassada ou com o direito de dirigir suspenso, ou ainda a quem, por seu estado de saúde, física ou mental, ou por embriaguez, não esteja em condições de conduzi-lo com segurança.

14.11. CRIMES CONTRA A ORDEM TRIBUTÁRIA

- A Lei nº 8.137/90 regulamentou os crimes contra a ordem tributária, econômica e relações de consumo.
- No capítulo I dessa lei, cuida-se dos crimes contra a ordem tributária em duas seções: Seção I dos crimes praticados por particulares; Seção II dos crimes praticados por funcionários públicos.
- Em que pese o edital do concurso de Auditor Fiscal de 2009 tenha exigido do candidato apenas os crimes da Seção II, traça-se brevíssimo comentário sobre os crimes praticados por particulares.
- Previstos nos arts. 1º e 2º, da Lei nº 8137/90, os crimes praticados por particulares contra ordem tributária se caracterizam pela sonegação fiscal dolosa praticada pelo contribuinte.
- Para a caracterização das condutas previstas no art. 1º, I a IV, da Lei nº 8.137/90, faz-se imprescindível o lançamento tributário definitivo (Súmula Vinculante nº 24 do Supremo Tribunal Federal).
- A jurisprudência do STJ é no sentido de que o **pagamento** integral do tributo, incluindo, acessórios, acarreta a extinção da punibilidade, mesmo que tal pagamento seja feito depois do trânsito em julgado da sentença penal condenatória pelo crime contra a ordem tributária (Info nº 611).
- O parcelamento do débito tributário **não é causa de extinção de punibilidade**, mas de suspensão da pretensão punitiva estatal. Somente depois de se ter o pagamento integral do débito é que se extingue a punibilidade.

CONDUTAS POR MEIO DAS QUAIS A PESSOA PRATICA A SONEGAÇÃO FISCAL
Omitir informação, ou prestar declaração falsa às autoridades fazendárias
Fraudar a fiscalização tributária, inserindo elementos inexatos, ou omitindo operação de qualquer natureza, em documento ou livro exigido pela lei fiscal
Falsificar ou alterar nota fiscal, fatura, duplicata, nota de venda, ou qualquer outro documento relativo à operação tributável

CONDUTAS POR MEIO DAS QUAIS A PESSOA PRATICA A SONEGAÇÃO FISCAL
Elaborar, distribuir, fornecer, emitir ou utilizar documento que saiba ou deva saber falso ou inexato
Negar ou deixar de fornecer, quando obrigatório, nota fiscal ou documento equivalente, relativa a venda de mercadoria ou prestação de serviço, efetivamente realizada, ou fornecê-la em desacordo com a legislação

14.12. LEI DE EXECUÇÃO PENAL

Direitos e Garantias Fundamentais da Execução Penal
Individualização da pena (art. 5º, XLVI, CF/88)
Vedação de penas cruéis, desumanas e perpétuas (art. 5º, XLVII, CF)
Cumprimento da pena em estabelecimentos prisionais distintos, de acordo com a natureza do delito, a idade e o sexo do apenado (art. 5º, XLVIII, CF/88).
Respeito à integridade física e moral do preso (art. 5º, XLIX, CF/88)
Às presidiárias, serão asseguradas condições para que possam permanecer com seus filhos durante o período de amamentação

- **Identificação de perfil genético:** os condenados por crime praticado, **dolosamente, com violência de natureza grave contra pessoa, ou por qualquer dos crimes hediondos ou equiparados a hediondo**, serão submetidos, obrigatoriamente, à identificação do perfil genético, mediante extração de DNA - ácido desoxirribonucleico, por técnica adequada e indolor.
- Constitui falta grave a recusa do condenado em submeter-se ao procedimento de identificação do perfil genético (Lei Anticrime).
- O processo de execução penal se inicia de ofício pelo Juiz, mediante expedição ode guia de recolhimento, não existindo a citação do condenado.
- **Penitenciária**: destinada ao condenado definitivamente ao cumprimento de pena em regime fechado. O preso deve ser acomodado isoladamente nas celas;
- **Colônia agrícola, industrial ou similar**: destinado ao condenado ao cumprimento de pena em regime semiaberto. É possível a acomodação coletiva;
- **Casa do albergado**: destinada ao condenado ao regime aberto. Deve se localizar no perímetro urbano e sem mecanismos que impeçam a fuga do preso, pois o regime aberto pressupõe a responsabilidade do condenado;
- **Centro de observação**: destinado à realização de exames gerais e criminológicos.
- **Hospital de custódia e tratamento psiquiátrico**: destinado ao cumprimento de pena de internação e ambulatorial ao inimputável ou semi-imputável.
- **Cadeia Pública:** destinada aos presos provisórios, devendo haver uma em cada comarca. Assim, os presos provisórios devem ficar separados dos definitivos.
- **Não se admite a progressão por salto**, que consiste na progressão do regime fechado para o aberto sem passagem pelo semiaberto.

Prazos para progressão de regime (art. 112, LEP)	
	I - 16% (dezesseis por cento) da pena, se o apenado for primário e o crime tiver sido cometido sem violência à pessoa ou grave ameaça;
	II - 20% (vinte por cento) da pena, se o apenado for reincidente em crime cometido sem violência à pessoa ou grave ameaça;
	III - 25% (vinte e cinco por cento) da pena, se o apenado for primário e o crime tiver sido cometido com violência à pessoa ou grave ameaça;
	IV - 30% (trinta por cento) da pena, se o apenado for reincidente em crime cometido com violência à pessoa ou grave ameaça;
	V - 40% (quarenta por cento) da pena, se o apenado for condenado pela prática de crime hediondo ou equiparado, se for primário;
	VI - 50% (cinquenta por cento) da pena, se o apenado for: a) condenado pela prática de crime hediondo ou equiparado, com resultado morte, se for primário, vedado o livramento condicional; b) condenado por exercer o comando, individual ou coletivo, de organização criminosa estruturada para a prática de crime hediondo ou equiparado; ou c) condenado pela prática do crime de constituição de milícia privada;

Prazos para progressão de regime (art. 112, LEP)	VII - 60% (sessenta por cento) da pena, se o apenado for reincidente na prática de crime hediondo ou equiparado; VIII - 70% (setenta por cento) da pena, se o apenado for reincidente em crime hediondo ou equiparado com resultado morte, vedado o livramento condicional.

- Em todos os casos, o apenado somente terá direito à progressão de regime se ostentar boa conduta carcerária, comprovada pelo diretor do estabelecimento, e pelos resultados do **exame criminológico**, respeitadas as normas que vedam a progressão.
- O cometimento de falta grave durante a execução da pena privativa de liberdade interrompe o prazo para a obtenção da progressão no regime de cumprimento da pena, caso em que o reinício da contagem do requisito objetivo terá como base a pena remanescente.
- **Não se admite a progressão por salto**, que consiste na progressão do regime fechado para o aberto sem passagem pelo semiaberto.
- **TEMA 20 DE RECURSOS REPETITIVOS DO STJ:** É lícito ao Juiz estabelecer condições especiais para a concessão do regime aberto, em complementação daquelas previstas na LEP (art. 115, da LEP), mas não poderá adotar a esse título nenhum efeito já classificado como pena substitutiva (art. 44 do CPB), porque aí ocorreria o indesejável bis in idem, importando na aplicação de dúplice sanção.
- A regressão ocorre nas hipóteses em que o condenado comete **fato definido como crime doloso ou falta grave.**
- Há uma graduação de faltas em **leve, média e grave**. As duas primeiras são previstas em legislação local, enquanto as graves são aquelas enumeradas taxativamente no art. 50 da LEP.
- O reconhecimento de falta grave decorrente do cometimento de fato definido como crime doloso no cumprimento da pena prescinde do trânsito em julgado de sentença penal condenatória no processo penal instaurado para apuração do fato (Tese n. 655, STJ).
- Para o reconhecimento da prática de falta disciplinar, no âmbito da execução penal, é imprescindível a instauração de procedimento administrativo pelo diretor do estabelecimento prisional, assegurado o direito de defesa, a ser realizado por advogado constituído ou defensor público nomeado. (Tese n. 652, STJ).
- 1. A prática de falta grave interrompe o prazo para a progressão de regime, acarretando a modificação da data-base e o início de nova contagem do lapso necessário para o preenchimento do requisito objetivo. 2. Em se tratando de livramento condicional, não ocorre a interrupção do prazo pela prática de falta grave. Aplicação da Súmula 441/STJ. 3. Também não é interrompido automaticamente o prazo pela falta grave no que diz respeito à comutação de pena ou indulto, mas a sua concessão deverá observar o cumprimento dos requisitos previstos no decreto presidencial pelo qual foram instituídos. (Tese n. 709, STJ).
- A prática de fato previsto como crime doloso constitui falta grave e, quando ocasionar subversão da ordem ou disciplina internas, sujeitará o preso provisório, ou condenado, nacional ou estrangeiro, sem prejuízo da sanção penal, ao regime disciplinar diferenciado.
- O RDD tem as seguintes características: I - **duração máxima de até 2 (dois) anos**, sem prejuízo de repetição da sanção por nova falta grave de mesma espécie; II - recolhimento em **cela individual**; III - **visitas quinzenais, de 2 (duas) pessoas por vez**, a serem realizadas em instalações equipadas para **impedir o contato físico e a passagem de objetos**, por pessoa da família ou, no caso de terceiro, autorizado judicialmente, com duração de 2 (duas) horas; IV - direito do preso à **saída da cela por 2 (duas) horas diárias** para banho de sol, em grupos de até 4 (quatro) presos, desde que não haja contato com presos do mesmo grupo criminoso; V - **entrevistas sempre monitoradas**, exceto aquelas com seu defensor, em instalações equipadas para impedir o contato físico e a passagem de objetos, salvo expressa autorização judicial em contrário; VI - fiscalização do **conteúdo da correspondência**; VII - participação em audiências judiciais preferencialmente por **videoconferência**, garantindo-se a participação do defensor no mesmo ambiente do preso (Redação dada pela Lei Anticrime).

Cabimento do RDD de acordo com a Lei Anticrime	I- prática de fato previsto como crime doloso constitui falta grave e, quando ocasionar subversão da ordem ou disciplina internas;
Cabimento do RDD de acordo com a Lei Anticrime	II – presos que apresentem alto risco para a ordem e a segurança do estabelecimento penal ou da sociedade; III – presos sob os quais recaiam fundadas suspeitas de envolvimento ou participação, a qualquer título, em organização criminosa, associação criminosa ou milícia privada, independentemente da prática de falta grave.

• Remição: direito do condenado de abreviar o tempo imposto em sua sentença penal, pode ocorrer mediante trabalho, estudo e, de forma mais recente, pela leitura. Remição pelo Trabalho	A remição por meio do trabalho está prevista na Lei de Execução Penal, garantindo um dia de pena a menos a cada três dias de trabalho. A remição pelo trabalho é um direito de quem cumpre a pena em regime fechado ou semiaberto. Em maio de 2015, a 3ª Seção do Superior Tribunal de Justiça (STJ) pacificou o entendimento de que o trabalho externo pode ser contado para remir a pena de condenados à prisão, e não apenas o trabalho exercido dentro do ambiente carcerário.
Remição pelo Estudo	De acordo com a legislação em vigor, o condenado que cumpre a pena em regime fechado ou semiaberto pode remir um dia de pena a cada 12 horas de frequência escolar, caracterizada por atividade de ensino fundamental, médio, inclusive profissionalizante, superior, ou ainda de requalificação profissional. De acordo com a Recomendação n. 44 do CNJ, para fins de remição por estudo, deve ser considerado o número de horas correspondente à efetiva participação do apenado nas atividades educacionais, independentemente de aproveitamento, exceto quando o condenado for autorizado a estudar fora do estabelecimento penal. Neste caso, o preso tem que comprovar, mensalmente, por meio de autoridade educacional competente, tanto a frequência, quanto o aproveitamento escolar.
Remição pela Leitura	A possibilidade de remir a pena por meio da leitura já é realidade em diversos presídios do país. De acordo com a Recomendação n. 44 do CNJ, deve ser estimulada a remição pela leitura como forma de atividade complementar, especialmente para apenados aos quais não sejam assegurados os direitos ao trabalho, educação e qualificação profissional. Para isso, há necessidade de elaboração de um projeto por parte da autoridade penitenciária estadual ou federal visando a remição pela leitura, assegurando, entre outros critérios, que a participação do preso seja voluntária e que exista um acervo de livros dentro da unidade penitenciária. Segundo a norma, o preso deve ter o prazo de 22 a 30 dias para a leitura de uma obra, apresentando ao final do período uma resenha a respeito do assunto, que deverá ser avaliada pela comissão organizadora do projeto. Cada obra lida possibilita a remição de quatro dias de pena, com o limite de doze obras por ano, ou seja, no máximo 48 dias de remição por leitura a cada doze meses.

Jurisprudência do STJ: Esta Corte Superior de Justiça possui entendimento, com fulcro no art. 126 da Lei de Execução Penal, que a remição da pena pelo trabalho somente é possível aos condenados que cumprem pena em regime fechado ou semiaberto. Precedentes. III - No regime aberto, o referido benefício somente é conferido, conforme disciplinado no parágrafo 6º do mesmo dispositivo, se há frequência em curso de ensino regular ou de educação profissional **(STJ – HC nº 413.132/RS. Rel. Min. Félix Fischer. DJ. 27/02/2018).**

- **É possível a remição de parte do tempo de execução da pena quando o condenado, em regime fechado ou semiaberto, desempenha atividade laborativa extramuros (Tese n. 917 dos Recursos Repetitivos do STJ).**
- **Desvio ou excesso de execução**: incidente instaurado para adequação da execução aos exatos termos da sentença ou da previsão legal. O desvio se caracteriza pela destinação diversa da finalidade da pena, enquanto o excesso pela aplicação abusiva do previsto em lei.
- **Saída temporária:** concedida ao preso que cumpre pena em regime semiaberto para frequência a curso supletivo profissionalizante, bem como de instrução do 2º grau ou superior, na Comarca do Juízo da Execução. O juiz pode determinar que o preso em saída temporária seja submetido ao **monitoramento eletrônico.**
- A Lei n. 14.843/2024 revogou as duas outras hipóteses para saída temporária: visita à família e participação em atividades que concorram para o retorno ao convívio social.
- Não terá direito à saída temporária ou a trabalho externo sem vigilância direta o condenado que cumpre pena por praticar **crime hediondo ou com violência ou grave ameaça contra pessoa.**
- Toda e qualquer decisão do Juízo das execuções é impugnável por agravo em execução, sem prejuízo da possibilidade de manejo de habeas corpus e mandado de segurança.
- O STF firmou entendimento no sentido de que, mesmo, a multa sendo dívida de valor, a execução deve ser promovida pelo MP, titular da ação penal pública. A legitimidade da Fazenda Pública é subsidiária, só surge em caso de inércia do MP.

14.13. LEI Nº 7.716/1989 E SUAS ALTERAÇÕES (CRIMES RESULTANTES DE PRECONCEITOS DE RAÇA OU DE COR)

- A prática do **racismo** constitui **crime inafiançável e imprescritível**, sujeito à pena de reclusão, nos termos da lei (art. 5º, XLII, CF/88).
- Para efeitos penais, considera-se racismo a discriminação ou preconceito de **raça, cor, etnia, religião ou procedência nacional.**
- Como já apontado nos comentários aos crimes contra a honra, após a Lei n. 14.532/2023, o chamado crime de injúria racial foi transferido para o novo art. 2º-A, da Lei nº 7.716/1989 (Lei de Racismo).

- Essa modificação se deve ao fato de que o legislador, tal como já entendia o STF, estabelecer que o crime de injúria racial tem a mesma natureza dos demais crimes de racismo, motivo pelo qual também é IMPRESCRITÍVEL E INAFIANÇÁVEL.
- No novo crime de injúria racial (ART. 2º-A, Lei de Racismo), há ofensa pessoal que se refere a raça, cor, etnia ou procedência nacional: Injuriar alguém, ofendendo-lhe a dignidade ou o decoro, em razão de raça, cor, etnia ou procedência nacional.
- O crime de racismo, por sua vez, está previsto no art. 20 da Lei nº 7.716/1989: Praticar, induzir ou incitar a discriminação ou preconceito de raça, cor, etnia, religião ou procedência nacional.
- A diferença entre o art. 2º-A e o art. 20, ambos da Lei da Lei nº 7.716/1898, é que a discriminação do primeiro tem caráter individual, enquanto no segundo a discriminação atinge uma coletividade de pessoas.
- Causa de aumento de pena no crime do art. 2º-A, Lei n. 7.716/1989: A pena é aumentada de metade se o crime for cometido mediante concurso de 2 (duas) ou mais pessoas.
- Qualificadoras do crime do art. 20, Lei n. 7.716/1989:
  a) Fabricar, comercializar, distribuir ou veicular símbolos, emblemas, ornamentos, distintivos ou propaganda que utilizem a cruz suástica ou gamada, para fins de divulgação do nazismo: **reclusão de dois a cinco anos e multa.**
  b) for cometido por intermédio dos meios de comunicação social, de publicação em redes sociais, da rede mundial de **computadores** ou de publicação de qualquer natureza: reclusão de dois a cinco anos e multa.
  c) for cometido no contexto de atividades esportivas, religiosas, artísticas ou culturais destinadas ao público: reclusão, de 2 (dois) a 5 (cinco) anos, e proibição de frequência, por 3 (três) anos, a locais destinados a práticas esportivas, artísticas ou culturais destinadas ao público, conforme o caso.
- Figura **equiparada** ao 20 da Lei n. 7.716/1989: obstar, impedir ou empregar violência contra quaisquer manifestações ou práticas religiosas. Nesse caso, a pena do crime de racismo será somada à pena correspondente à eventual violência.
- Os crimes previstos nos arts. 2º-A e 20 da Lei n. 7.716/1989 terão as penas aumentadas de 1/3 (um terço) até a metade, quando praticados por funcionário público, conforme definição prevista no Código Penal, no exercício de suas funções ou a pretexto de exercê-las.
- Na interpretação da Lei nº 7.716/1989, o juiz deve considerar como discriminatória qualquer atitude ou tratamento dado à pessoa ou a grupos minoritários que cause constrangimento, humilhação, vergonha, medo ou exposição indevida, e que usualmente não se dispensaria a outros grupos em razão da cor, etnia, religião ou procedência.
- No julgamento da Ação Direta de Inconstitucionalidade por Omissão nº 4733/DF, o STF reconheceu que o Legislativo está em mora em não prever **crimes homofóbicos** e, por isso, determinou a aplicação da Lei n. 7.716/1989 para esses fatos, enquanto não houver legislação a respeito.
- "Em conclusão de julgamento, o Plenário, por maioria, julgou procedentes os pedidos formulados em ação direta de inconstitucionalidade por omissão (ADO) e em mandado de injunção (MI) para reconhecer **a mora do Congresso Nacional em editar lei que criminalize os atos de homofobia e transfobia**. Determinou, também, **até que seja colmatada essa lacuna legislativa, a aplicação da Lei 7.716/1989 (que define os crimes resultantes de preconceito de raça ou de cor) às condutas de discriminação por orientação sexual ou identidade de gênero, com efeitos prospectivos e mediante subsunção**" (STF - Informativo 944).

14.14. NOVA LEI DE ABUSO DE AUTORIDADE

- A Lei n. 13.869/2019 tem como escopo a regulamentação dos crimes de abuso de autoridade, adaptando a matéria à Constituição Federal de 1988.
- O abuso de autoridade ocorre, quando o agente público comete o excesso de poder (extrapola os limites de sua competência legal) ou o desvio de poder (desvio da finalidade legal).
- Os crimes de abuso de autoridade só ocorrem se o sujeito ativo agir com DOLO.
- Em regra, também se exige a finalidade especial do agente consistente em: a) prejudicar outrem; ou b) beneficiar a si mesmo ou a terceiro; ou c) por mero capricho ou satisfação pessoal.
- Não configura crime de abuso de autoridade a divergência na interpretação de lei ou na avaliação de fatos e provas não configura abuso de autoridade. Tem-se aqui a vedação de punição ao chamado crime de hermenêutica.
- Sujeito ativo: agente público, servidor ou não, que, no exercício de suas funções ou a pretexto de exercê-las, abuse do poder que lhe tenha sido atribuído.
- No art. 2º, parágrafo único, da Lei de Abuso de Autoridade, há norma penal explicativa, da qual se extrai o conceito de agente público para fins da Lei de Abuso de Autoridade: todo aquele que exerce, ainda que transitoriamente ou sem remuneração, por eleição, nomeação, designação, contratação ou qualquer outra forma de investidura ou vínculo, mandato, cargo, emprego ou função em órgão ou entidade da "administração direta, indireta ou fundacional de qualquer dos Poderes da União, dos Estados, do Distrito Federal, dos Municípios e de Território".

Rol exemplificativo de agentes públicos da Lei de Abuso de Autoridade	I - servidores públicos e militares ou pessoas a eles equiparadas; II - membros do Poder Legislativo; III - membros do Poder Executivo; IV - membros do Poder Judiciário; V - membros do Ministério Público; VI - membros dos tribunais ou conselhos de contas.

- Os crimes de abuso de autoridade são próprios, porque se exige a qualidade de agente público do sujeito ativo, mas o particular pode responder pelo crime em tela, se em concurso de agentes com agente público.
- Sujeitos passivo: o Estado e a pessoa física ou jurídica, diretamente atingida pela conduta do agente público.
- A ação penal nos crimes de abuso de autoridade é pública incondicionada, sem prejuízo da possibilidade de haver ação penal privada subsidiária da pública, em caso de inércia do Ministério Público.

Efeitos extrapenais da sentença penal condenatória por crime de abuso de autoridade	Tornar certa a obrigação de indenizar o dano causado pelo crime	O juiz pode fixar na sentença o valor da indenização, desde que haja requerimento feito pela vítima. Nada impede que esta busque a reparação em ação cível.
	a inabilitação para o exercício de cargo, mandato ou função pública, pelo período de 1 (um) a 5 (cinco) anos	Esses efeitos são condicionados à ocorrência de reincidência em crime de abuso de autoridade e não são automáticos, devendo ser declarados motivadamente na sentença.
	a perda do cargo, do mandato ou da função pública.	

- A Lei nº 13.869/2019 traz espécies de penas restritivas de direitos a serem aplicadas em crimes de abuso de autoridade. Com isso, não se aplicam nesses crimes as penas restritivas de direitos previstas no art. 44 do Código Penal.

Penas restritivas de direitos (substitutivas da privativa de liberdade)	I - prestação de serviços à comunidade ou a entidades públicas; II - suspensão do exercício do cargo, da função ou do mandato, pelo prazo de 1 (um) a 6 (seis) meses, com a perda dos vencimentos e das vantagens;

- A responsabilidade penal é independente das responsabilidades civil e administrativa do agente público que cometera o crime de abuso de autoridade.
- Mas, a sentença penal absolutória faz efeitos nas esferas cível e administrativo se tiver como fundamento: a prova da inexistência do fato; estar provado que o acusado não concorreu para a infração penal; há certeza sobre a existência de excludente de ilicitude real ou excludente de culpabilidade.
- O procedimento para apuração dos crimes de abuso de autoridade é de acordo com o que determina o CPP, sem prejuízo de aplicação do disposto na Lei n. 9.099/95 (Lei de Juizado Especial).

✦ SÚMULAS APLICÁVEIS

STF

APLICAÇÃO DA LEI PENAL

- **STF 711.** A lei penal mais grave aplica-se ao crime continuado ou ao crime permanente, se a sua vigência é anterior à cessação da continuidade ou da permanência.

PENA

- **STF Vinculante 26**. Para efeito de progressão de regime no cumprimento de pena por crime hediondo, ou equiparado, o juízo da execução observará a inconstitucionalidade do art. 2º da Lei nº 8.072, de 25 de julho de 1990, sem prejuízo de avaliar se o condenado preenche, ou não, os requisitos objetivos e subjetivos do benefício, podendo determinar, para tal fim, de modo fundamentado, a realização de exame criminológico.
- **STF 499**. Não obsta a concessão do "sursis" condenação anterior a pena de multa.
- **STF 716**. Admite-se a progressão de regime de cumprimento da pena ou a aplicação imediata de regime menos severo nela determinada, antes do trânsito em julgado da sentença condenatória.
- **STF 717**. Não impede a progressão de regime de execução da pena, fixada em sentença não transitada em julgado, o fato de o réu se encontrar em prisão especial.
- **STF 718**. A opinião do julgador sobre a gravidade em abstrato do crime não constitui motivação idô-

nea para a imposição de regime mais severo do que o permitido segundo a pena aplicada.

- **STF 719**. A imposição do regime de cumprimento mais severo do que a pena aplicada permitir exige motivação idônea.

PRESCRIÇÃO

- **STF 146**. A prescrição da ação penal regula-se pela pena concretizada na sentença, quando não há recurso da acusação.
- **STF 497**. Quando se tratar de crime continuado, a prescrição regula-se pela pena imposta na sentença, não se computando o acréscimo decorrente da continuação.
- **STF 592**. Nos crimes falimentares, aplicam-se as causas interruptivas da prescrição, previstas no Código Penal.

TIPIFICAÇÃO PENAL

- **STF Vinculante 24**. Não se tipifica crime material contra a ordem tributária, previsto no art. 1º, incisos I a IV, da Lei nº 8.137/90, antes do lançamento definitivo do tributo.
- **STF 145.** Não há crime, quando a preparação do flagrante pela polícia torna impossível a sua consumação.
- **STF 246**. Comprovado não ter havido fraude, não se configura o crime de emissão de cheque sem fundos.
- **STF 610.** Há crime de latrocínio, quando o homicídio se consuma, ainda que não se realize o agente a subtração de bens da vítima.
- **STF 720.** O art. 309 do Código de Trânsito Brasileiro, que reclama decorra do fato perigo de dano, derrogou o art. 32 da Lei das Contravenções Penais no tocante à direção sem habilitação em vias terrestres. STJ 17. Quando o falso se exaure no estelionato, sem mais potencialidade lesiva, é por este absorvido.

EXECUÇÃO PENAL

- **STF Vinculante 9**. O disposto no artigo 127 da Lei nº 7.210/1984 (Lei de Execução Penal) foi recebido pela ordem constitucional vigente, e não se lhe aplica o limite temporal previsto no caput do artigo 58.
- **STF 611**. Transitada em julgado a sentença condenatória, compete ao juízo das execuções a aplicação de lei mais benigna.
- **STF 715.** A pena unificada para atender ao limite de trinta anos de cumprimento, determinado pelo art. 75 do Código Penal, não é considerada para a concessão de outros benefícios, como o livramento condicional ou regime mais favorável de execução

STJ

APLICAÇÃO DA LEI PENAL

- **STJ 501.** É cabível a aplicação retroativa da Lei nº 11.343/2006, desde que o resultado da incidência das suas disposições, na íntegra, seja mais favorável ao réu do que o advindo da aplicação da Lei nº 6.368/1976, sendo vedada a combinação de leis.

Extinção da punibilidade

- **STJ 18**. A sentença concessiva do perdão judicial é declaratória da extinção da punibilidade, não subsistindo qualquer efeito condenatório.
- **STJ 438**. É inadmissível a extinção da punibilidade pela prescrição da pretensão punitiva com fundamento em pena hipotética, independentemente da existência ou sorte do processo penal.

PENA

- **STJ 74**. Para efeitos penais, o reconhecimento da menoridade do réu requer prova por documento hábil.
- **STJ 171**. Cominadas cumulativamente, em lei especial, penas privativas de liberdade e pecuniária, é defeso a substituição da prisão por multa.
- **STJ 231**. A incidência da circunstância atenuante não pode conduzir à redução da pena abaixo do mínimo legal.
- **STJ 241**. A reincidência penal não pode ser considerada como circunstância agravante e, simultaneamente, como circunstância judicial.
- **STJ 269**. É admissível a adoção do regime prisional semiaberto aos reincidentes condenados a pena igual ou inferior a quatro anos se favoráveis as circunstâncias judiciais.
- **STJ 440.** Fixada a pena-base no mínimo legal, é vedado o estabelecimento de regime prisional mais gravoso do que o cabível em razão da sanção imposta, com base apenas na gravidade abstrata do delito.
- **STJ 442**. É inadmissível aplicar, no furto qualificado, pelo concurso de agentes, a majorante do roubo.
- **STJ 443.** O aumento na terceira fase de aplicação da pena no crime de roubo circunstanciado exige fundamentação concreta, não sendo suficiente para a sua exasperação a mera indicação do número de majorantes.
- **STJ 444**. É vedada a utilização de inquéritos policiais e ações penais em curso para agravar a pena-base.
- **STJ 493**. É inadmissível a fixação de pena substitutiva (art. 44 do CP) como condição especial ao regime aberto.

- **STJ 607**. A majorante do tráfico transnacional de drogas (art. 40, I, da Lei n. 11.343/2006) configura-se com a prova da destinação internacional das drogas, ainda que não consumada a transposição de fronteiras.
- **STJ 631.** A incidência da atenuante da confissão espontânea no crime de tráfico ilícito de entorpecentes exige o reconhecimento da traficância pelo acusado, não bastando a mera admissão da posse ou propriedade para uso próprio.
- **STJ 636**. A folha de antecedentes criminais é documento suficiente a comprovar os maus antecedentes e a reincidência.
- **STJ 659**. A fração de aumento em razão da prática de crime continuado deve ser fixada de acordo com o número de delitos cometidos, aplicando-se 1/6 pela prática de duas infrações, 1/5 para três, 1/4 para quatro, 1/3 para cinco, 1/2 para seis e 2/3 para sete ou mais infrações..

PRESCRIÇÃO

- **STJ 191**. A pronúncia é causa interruptiva da prescrição, ainda que o Tribunal do Júri venha a desclassificar o crime.
- **STJ 220**. A reincidência não influi no prazo da prescrição da pretensão punitiva.
- **STJ 338**. A prescrição penal é aplicável nas medidas socioeducativas.
- **STJ 415**. O período de suspensão do prazo prescricional é regulado pelo máximo da pena cominada.

TIPIFICAÇÃO PENAL

- **STJ 24**. Aplica-se ao crime de estelionato em que figure como vítima entidade autárquica da Previdência Social a qualificadora do § 3º do art. 171 do Código Penal.
- **STJ 51**. A punição do intermediador, no jogo do bicho, independe da identificação do "apostador" ou do "banqueiro".
- **STJ 73**. A utilização de papel moeda grosseiramente falsificado configura, em tese, o crime de estelionato, da competência da justiça estadual.
- **STJ 96**. O crime de extorsão consuma-se independentemente da obtenção da vantagem indevida.
- **STJ 500**. A configuração do crime do art. 244-B do ECA independe da prova da efetiva corrupção do menor, por se tratar de delito formal.
- **STJ 502**. Presentes a materialidade e a autoria, afigura-se típica, em relação ao crime previsto no art. 184, § 2º, do CP, a conduta de expor à venda CDs e DVDs "piratas".
- **STJ 511.** É possível o reconhecimento do privilégio previsto no § 2º do art. 155 do CP nos casos de crime de furto qualificado, se estiverem presentes a primariedade do agente, o pequeno valor da coisa e a qualificadora for de ordem objetiva.
- **STJ 606.** Não se aplica o princípio da insignificância a casos de transmissão clandestina de sinal de internet via radiofrequência, que caracteriza o fato típico previsto no art. 183 da Lei n. 9.472/1997.
- **STJ 645.** O crime de fraude à licitação é formal, e sua consumação prescinde da comprovação do prejuízo ou da obtenção de vantagem.
- **STJ 658.** O crime de apropriação indébita tributária pode ocorrer tanto em operações próprias, como em razão de substituição tributária.
- **STJ 664.** É inaplicável a consunção entre o delito de embriaguez ao volante e o de condução de veículo automotor sem habilitação. (TERCEIRA SEÇÃO, julgado em 8/11/2023, DJe de 13/11/2023)

EXECUÇÃO PENAL

- **STJ 40**. Para obtenção dos benefícios de saída temporária e trabalho externo, considera-se o tempo de cumprimento da pena no regime fechado.
- **STJ 192**. Compete ao juízo das execuções penais do estado a execução das penas impostas a sentenciados pela justiça federal, militar ou eleitoral, quando recolhidos a estabelecimentos sujeitos à administração estadual.
- **STJ 341**. A frequência a curso de ensino formal é causa de remição de parte do tempo de execução de pena sob regime fechado ou semiaberto.
- **STJ 439**. Admite-se o exame criminológico pelas peculiaridades do caso, desde que em decisão motivada.
- **STJ 441**. A falta grave não interrompe o prazo para obtenção de livramento condicional.
- **STJ 471**. Os condenados por crimes hediondos ou assemelhados cometidos antes da vigência da Lei nº 11.464/2007 sujeitam-se ao disposto no art. 112 da Lei nº 7.210/1984 (Lei de Execução Penal) para a progressão de regime prisional.
- **STJ 491.** É inadmissível a chamada progressão "per saltum" de regime prisional.
- **STJ 617.** A ausência de suspensão ou revogação do livramento condicional antes do término do período de prova enseja a extinção da punibilidade pelo integral cumprimento da pena.
- **STJ 631.** O indulto extingue os efeitos primários da condenação (pretensão executória), mas não atinge os efeitos secundários, penais ou extrapenais.
- **STJ 639.** Não fere o contraditório e o devido processo decisão que, sem ouvida prévia da defesa, determine transferência ou permanência de custodiado em estabelecimento penitenciário federal.
- **STJ 643.** A execução da pena restritiva de direitos depende do trânsito em julgado da condenação.

- **STJ 660.** A posse, pelo apenado, de aparelho celular ou de seus componentes essenciais constitui falta grave.
- **STJ 661.** A falta grave prescinde da perícia do celular apreendido ou de seus componentes essenciais.
- **STJ 662.** Para a prorrogação do prazo de permanência no sistema penitenciário federal, é prescindível a ocorrência de fato novo; basta constar, em decisão fundamentada, a persistência dos motivos que ensejaram a transferência inicial do preso.

ESTATUTO DO DESARMAMENTO

- **STJ 513.** A 'abolitio criminis' temporária prevista na Lei nº 10.826/2003 aplica-se ao crime de posse de arma de fogo de uso permitido com numeração, marca ou qualquer outro sinal de identificação raspado, suprimido ou adulterado, praticado somente até 23/10/2005.
- **STJ 668.** Não é hediondo o delito de porte ou posse de arma de fogo de uso permitido, ainda que com numeração, marca ou qualquer outro sinal de identificação raspado, suprimido ou adulterado.

Noções Gerais de Direito e Formação Humanística

Leandro Fernandez e Claiz Gunça

TABELA DE INCIDÊNCIA DE QUESTÕES

Distribuição das questões organizada por ordem didática de assuntos		
Questões	**Número de Questões**	**Peso**
1. DIREITOS E DEVERES FUNCIONAIS DA MAGISTRATURA	1	12,50%
2. CÓDIGO DE ÉTICA DA MAGISTRATURA NACIONAL	1	12,50%
3. FONTES DO DIREITO OBJETIVO. PRINCÍPIOS GERAIS DE DIREITO. JURISPRUDÊNCIA. SÚMULA. SÚMULA VINCULANTE	1	12,50%
4. EFICÁCIA DA LEI NO TEMPO	1	12,50%
5. RESOLUÇÕES DO CNJ SOBRE INOVAÇÕES TECNOLÓGICAS NO JUDICIÁRIO	1	12,50%
6. LGPD E PROTEÇÃO DE DADOS PESSOAIS	1	12,50%
7. AGENDA 2030 E OS 17 OBJETIVOS DE DESENVOLVIMENTO SUSTENTÁVEL	1	12,50%
8. DECLARAÇÃO UNIVERSAL DOS DIREITOS HUMANOS	1	12,50%
Total	**8**	**100%**

Noções Gerais de Direito e Formação Humanística

Leandro Fernandez e Claiz Gunça

✦ QUESTÕES

1. DIREITOS E DEVERES FUNCIONAIS DA MAGISTRATURA

01. (FGV – 2023 – TST – Juiz do Trabalho) A respeito dos direitos e deveres da magistratura, bem como a responsabilidade civil e administrativa dos magistrados, analise as afirmativas a seguir.

I. Os juízes do Trabalho substitutos que estejam em estágio probatório não poderão praticar todos os atos reservados por lei aos juízes vitalícios.

II. Os desembargadores federais do Trabalho, nomeados para a vaga reservada ao quinto constitucional (Ministério Público e Advocacia), somente terão vitaliciedade após o período de dois anos.

III. O exercício de cargo de magistério superior, público ou particular, somente será permitido ao magistrado se houver correlação de matérias e compatibilidade de horários, vedado, em qualquer hipótese, o desempenho de função de direção administrativa ou técnica de estabelecimento de ensino.

Está correto o que se afirma em:

a) somente II;
b) somente III;
c) somente I e II;
d) somente II e III;
e) I, II e III.

COMENTÁRIOS

✪ **Nota do autor:** A questão diz respeito à temática dos deveres e dos direitos da magistratura, à luz da disciplina estabelecida pela Lei Complementar n. 35/1979 (Lei Orgânica da Magistratura Nacional).

Assertiva I. Incorreta. Os juízes do Trabalho substitutos que estejam em estágio probatório podem praticar todos os atos reservados por lei aos juízes vitalícios: "Art. 22 - São vitalícios: (...) II - após dois anos de exercício: (...) c) os Juízes do Trabalho Presidentes de Junta de Conciliação e Julgamento e os Juízes do Trabalho Substitutos; (...) § 2º Os Juízes a que se refere o inciso II deste artigo, mesmo que não hajam adquirido a vitaliciedade, poderão praticar todos os atos reservados por lei aos Juízes vitalícios" (Art. 22, II, *c*, e § 1º, Lei Complementar n. 35/1979).

Assertiva II. Incorreta. No caso dos desembargadores de Tribunais Regionais do Trabalho que ingressam pelo quinto constitucional, a vitaliciedade é garantida a partir da posse: "Art. 22 - São vitalícios: I - a partir da posse: (...) d) os Ministros e Juízes togados do Tribunal Superior do Trabalho e dos Tribunais Regionais do Trabalho" (Art. 22, II, *d*, Lei Complementar n. 35/1979).

Assertiva III. Correta. "Art. 26, § 1º O exercício de cargo de magistério superior, público ou particular, somente será permitido se houver correlação de matérias e compatibilidade de horários, vedado, em qualquer hipótese, o desempenho de função de direção administrativa ou técnica de estabelecimento de ensino" (Art. 26, § 1º, Lei Complementar n. 35/1979).

Alternativa correta: "b". Somente III está correta.

2. CÓDIGO DE ÉTICA DA MAGISTRATURA NACIONAL

02. (FGV – 2023 – TST – Juiz do Trabalho) Considerando as disposições do Código de Ética da Magistratura, as disposições da Lei Orgânica da Magistratura Nacional e a Constituição da República de 1988, em relação à conduta dos magistrados, é correto afirmar que:

a) exige-se do magistrado que seja eticamente independente e que não interfira, de qualquer modo, na atuação jurisdicional de outro colega, exceto em respeito às normas legais;

b) ao magistrado, no desempenho de sua atividade, cumpre dispensar às partes igualdade de tratamento, vedada qualquer espécie de injustificada discriminação. Porém, será considerado tratamento discriminatório injustificado se a audiência for concedida a apenas uma das partes ou seu advogado, mesmo que se assegure igual direito à parte contrária, caso seja solicitado;

c) a atuação do magistrado deve ser transparente, documentando-se seus atos, sempre que possível, somente nos casos previstos em lei, de modo a favorecer sua publicidade, e considerando os casos de sigilo legal;

d) o magistrado deve comportar-se na vida privada de modo a dignificar a função, mas seu exercício da atividade jurisdicional não lhe impõe restrições e exigências pessoais distintas das acometidas aos cidadãos em geral;

e) a liberdade de convicção do magistrado permite sua participação em atividade político-partidária.

COMENTÁRIOS

✪ **Nota do autor:** A questão exige domínio do Código de Ética da Magistratura Nacional (Resolução CNJ n. 60/2008), bem como das vedações inseridas no regime jurídico da magistratura, contido na Constituição Federal e na Lei Complementar n. 35/1979 (Lei Orgânica da Magistratura Nacional). A respeito do tema das diretrizes éticas aplicáveis à magistratura, é importante conhecer, também, os "Princípios de Bangalore para a conduta judicial", instrumento de *soft law* que inspirou a elaboração do Código de Ética da Magistratura Nacional.

Alternativa "a" Certo. "Art. 4º Exige-se do magistrado que seja eticamente independente e que não interfira, de qualquer modo, na atuação jurisdicional de outro colega, exceto em respeito às normas legais" (art. 4º, Resolução CNJ n. 60/2008, Código de Ética da Magistratura Nacional).

Alternativa "b": Errado. "Art. 9º Ao magistrado, no desempenho de sua atividade, cumpre dispensar às partes igualdade de tratamento, vedada qualquer espécie de injustificada discriminação. Parágrafo único. Não se considera tratamento discriminatório injustificado: I - a audiência concedida a apenas uma das partes ou seu advogado, contanto que se assegure igual direito à parte contrária, caso seja solicitado; II - o tratamento diferenciado resultante de lei" (art. 9º, Resolução CNJ n. 60/2008, Código de Ética da Magistratura Nacional). Observe, ainda, que o Estatuto da OAB garante ao(à) advogado(a) o direito de "dirigir-se diretamente aos magistrados nas salas e gabinetes de trabalho, independentemente de horário previamente marcado ou outra condição, observando-se a ordem de chegada" (art. 7º, VIII, Lei n. 8.906/1994).

Alternativa "c": Errado. "Art. 10. A atuação do magistrado deve ser transparente, documentando-se seus atos, sempre que possível, mesmo quando não legalmente previsto, de modo a favorecer sua publicidade, exceto nos casos de sigilo contemplado em lei" (art. 10, Resolução CNJ n. 60/2008, Código de Ética da Magistratura Nacional).

Alternativa "d": Errado. "Art. 16. O magistrado deve comportar-se na vida privada de modo a dignificar a função, cônscio de que o exercício da atividade jurisdicional impõe restrições e exigências pessoais distintas das acometidas aos cidadãos em geral" (art. 16, Resolução CNJ n. 60/2008, Código de Ética da Magistratura Nacional).

Alternativa "e": Errado. "Art. 7º A independência judicial implica que ao magistrado é vedado participar de atividade político-partidária" (art. 7º, Resolução CNJ n. 60/2008, Código de Ética da Magistratura Nacional). Confira, ainda, o art. 95, parágrafo único, III, da Constituição Federal: "Art. 95, Parágrafo único. Aos juízes é vedado: (...) III - dedicar-se à atividade político-partidária". Há previsão sobre o tema, também, no art. 26, II, "c", da Lei Complementar n. 35/1979 (Lei Orgânica da Magistratura Nacional).

Alternativa correta: "a".

3. FONTES DO DIREITO OBJETIVO. PRINCÍPIOS GERAIS DE DIREITO. JURISPRUDÊNCIA. SÚMULA. SÚMULA VINCULANTE

03. (FGV – 2023 – TST – Juiz do Trabalho) "O sentido da palavra fonte relaciona-se com aquilo que origina ou produz. No plano jurídico, o estudo das fontes consiste em saber donde vem o Direito e donde dimana a juridicidade das normas" (MATA-MACHADO, Edgar de Godoi da - Elementos de Teoria Geral do Direito - Belo Horizonte: Ed. Vega, 1976, p. 213).

Ao examinar a estrutura de fontes formais e materiais do Direito, incluídas as fontes do Direito do Trabalho, no sistema jurídico brasileiro, considerando a relação entre direito objetivo e direito subjetivo, e a estrutura do processo legislativo, é correto afirmar que:

a) os debates políticos, discussões sociais, manifestações públicas da sociedade civil e outras expressões de conteúdo ideológico dos entes sociais constituem as fontes formais do Direito;

b) a jurisprudência não constitui fonte formal do Direito, caracterizando-se apenas como fonte material, pois as teses jurídicas dela decorrentes têm apenas efeito persuasivo, e não coercitivo;

c) o fenômeno da integração jurídica (preenchimento de lacunas no ordenamento jurídico/omissão da lei) não é admitido no direito positivo brasileiro, tanto como regra geral para qualquer área do Direito quanto como regra especial para o Direito do Trabalho;

d) as Emendas à Constituição da República de 1988 devem ser propostas por iniciativa de dois terços, no mínimo, dos membros da Câmara dos Deputados ou do Senado Federal, pelo presidente da República, ou por dois terços das Assembleias Legislativas das unidades da Federação, manifestando-se, cada uma delas, pela maioria relativa de seus membros;

e) a Constituição da República de 1988, as Leis Complementares, as Leis Ordinárias, as Medidas Provisórias, as Leis Delegadas, os Decretos Regulamentares do Poder Executivo e as Súmulas Vinculantes do Supremo Tribunal Federal são considerados fontes formais do Direito, por terem sua positividade relacionada com o poder legiferante do Estado.

COMENTÁRIOS

✪ **Nota do autor:** Para que respondesse à questão, o(a) candidato(a) necessita conhecer noções relativas à teoria das fontes do Direito.

Alternativa "a": Errado. Manifestações e discussões sociais, debates públicos, expressões de conteúdo ideológico oriundas de entes sociais são, ao lado de fatores históricos, econômicos e culturais, fontes materiais (não formais) do Direito. Como observado por Miguel Reale, "o que se costuma indicar com a expressão 'fonte material' não é outra coisa senão o estudo filosófico ou sociológico dos motivos éticos ou dos fatos econômicos que condicionam o aparecimento e as transformações das regras de Direito" (REALE, Miguel. *Lições Preliminares de Direito*. 27ª ed. São Paulo: Saraiva, 2002, p. 140).

Alternativa "b": Errado. Historicamente, o tema da qualificação da jurisprudência como fonte formal ou material é bastante controvertido. No entanto, ao afirmar que "as teses jurídicas dela decorrentes têm apenas efeito persuasivo, e não coercitivo", a assertiva torna-se inequivocamente incorreta. O art. 927 do CPC arrola um conjunto de pronunciamentos judiciais dotados de vinculatividade (não apenas de caráter persuasivo, portanto): "Art. 927. Os juízes e os tribunais observarão: I - as decisões do Supremo Tribunal Federal em controle concentrado de constitucionalidade; II - os enunciados de súmula vinculante; III - os acórdãos em incidente de assunção de competência ou de resolução de demandas repetitivas e em julgamento de recursos extraordinário e especial repetitivos; IV - os enunciados das súmulas do Supremo Tribunal Federal em matéria constitucional e do Superior Tribunal de Justiça em matéria infraconstitucional; V - a orientação do plenário ou do órgão especial aos quais estiverem vinculados".

Alternativa "c": Errado. A integração normativa, destinada a suprir lacunas aparentes no ordenamento jurídico, é expressamente admitida no Direito brasileiro. As lacunas no Direito podem ser normativas, ontológicas, axiológicas ou de conflito (conhecidas como antinomias). Os critérios gerais relativos à integração normativa estão estabelecidos na LINDB: "Art. 4o Quando a lei for omissa, o juiz decidirá o caso de acordo com a analogia, os costumes e os princípios gerais de direito". Há, ainda, previsão específica no âmbito do Direito do Trabalho: "Art. 8º - As autoridades administrativas e a Justiça do Trabalho, na falta de disposições legais ou contratuais, decidirão, conforme o caso, pela jurisprudência, por analogia, por equidade e outros princípios e normas gerais de direito, principalmente do direito do trabalho, e, ainda, de acordo com os usos e costumes, o direito comparado, mas sempre de maneira que nenhum interesse de classe ou particular prevaleça sobre o interesse público".

Alternativa "d": Errado. "Art. 60. A Constituição poderá ser emendada mediante proposta: I - de um terço, no mínimo, dos membros da Câmara dos Deputados ou do Senado Federal; II - do Presidente da República; III - de mais da metade das Assembleias Legislativas das unidades da Federação, manifestando-se, cada uma delas, pela maioria relativa de seus membros" (art. 60, Constituição Federal).

Alternativa "e": Certo. Todas as figuras mencionadas na assertiva (Constituição da República de 1988, as Leis Complementares, as Leis Ordinárias, as Medidas Provisórias, as Leis Delegadas, os Decretos Regulamentares do Poder Executivo e as Súmulas Vinculantes do Supremo Tribunal Federal) são consideradas fontes formais do Direito. Em relação à Súmula Vinculante, prevista no art. 103-A, da Constituição Federal, seria mais apropriado afirmar que são exemplo do poder jurígeno (aptidão para a criação de normas jurídicas), embora seus efeitos práticos sejam comparáveis com os decorrentes do poder legiferante do Estado. Se compreendida a afirmação neste sentido, a assertiva pode ser considerada correta.

Alternativa correta: "e".

4. EFICÁCIA DA LEI NO TEMPO

04. (FGV - 2023 - TST - Juiz do Trabalho) A Constituição da República de 1988 e a Lei de Introdução às Normas do Direito Brasileiro dispõem sobre as normas de vigência e eficácia das leis no tempo e o princípio da irretroatividade das leis.

Com relação a esse tema, de acordo com o disposto nas normas jurídicas brasileiras, é correto afirmar que:

a) a lei revogada se restaura por ter a lei revogadora perdido a vigência;

b) a lei posterior revoga a anterior somente quando expressamente o declare;

c) o sistema normativo brasileiro admite expressamente a hipótese de perda de vigência da lei por descumprimento reiterado;

d) mesmo depois de transitada em julgado a decisão de mérito, poderão ser deduzidas ou repelidas as alegações e as defesas que a parte poderia opor tanto ao acolhimento quanto à rejeição do pedido;

e) consideram-se adquiridos assim os direitos que o seu titular, ou alguém por ele, possa exercer, como aqueles cujo começo do exercício tenha termo prefixo, ou condição preestabelecida inalterável, a arbítrio de outrem.

COMENTÁRIOS

✪ **Nota do autor:** A questão exige conhecimento a respeito do tema da eficácia da lei no tempo, dos efeitos da revogação da lei, à luz da Lei de Introdução às Normas do Direito Brasileiro, bem como acerca de efeitos da coisa julgada, em conformidade com o Código de Processo Civil.

Alternativa "a": Errado. A repristinação apenas ocorrerá se houver expressa previsão nesse sentido: "Art. 2º, § 3º Salvo disposição em contrário, a lei revogada não se restaura por ter a lei revogadora perdido a vigência" (art. 2º, § 3º, LINDB). Atenção: não confundir com o efeito repristinatório da declaração de inconstitucionalidade em controle concentrado, que consiste na restauração da vigência de uma lei revogada em razão do reconhecimento da nulidade da lei que revogou aquela.

Alternativa "b": Errado. "Art. 2º, § 1º A lei posterior revoga a anterior quando expressamente o declare, quando seja com ela incompatível ou quando regule inteiramente a matéria de que tratava a lei anterior" (art. 2º, § 1º, LINDB).

Alternativa "c": Errado. No ordenamento jurídico brasileiro, não se admite (menos ainda de maneira expressa) a figura do *desuetudo*, isto é, a revogação da lei pelo descumprimento reiterado, pela via costumeira.

Alternativa "d": Errado. O art. 6º, § 3º, da LINDB considera "coisa julgada ou caso julgado a decisão judicial de que já não caiba recurso". Por sua vez, o art. 508 do CPC dispõe o seguinte: "Art. 508. Transitada em julgado a decisão de mérito, considerar-se-ão deduzidas e repelidas todas as alegações e as defesas que a parte poderia opor tanto ao acolhimento quanto à rejeição do pedido".

Alternativa "e": Certo. "Art. 6º, § 2º Consideram-se adquiridos assim os direitos que o seu titular, ou alguém por ele, possa exercer, como aqueles cujo começo do exercício tenha termo pré-fixo, ou condição pré-estabelecida inalterável, a arbítrio de outrem" (art. 6º, § 2º, LINDB).

Alternativa correta: "e".

5. RESOLUÇÕES DO CNJ SOBRE INOVAÇÕES TECNOLÓGICAS NO JUDICIÁRIO

05. (FGV – 2023 – TST – Juiz do Trabalho) A Resolução CNJ nº 345/2020, que dispõe sobre o Juízo 100% Digital, aborda vários temas relacionados à Gestão da Informação e de Demandas Judiciais, bem como à Gestão e Organização Judiciária. Considerando o tratamento normativo dado pelo Conselho Nacional de Justiça à matéria, é correto afirmar que:

a) as audiências e sessões no Juízo 100% Digital ocorrerão por videoconferência ou de forma presencial, quando necessário ao desenvolvimento regular do processo;

b) a existência de processos físicos em uma unidade jurisdicional impedirá a implementação do Juízo 100% Digital em relação aos processos que tramitem eletronicamente;

c) a parte demandada poderá se opor a essa escolha até sua primeira manifestação no processo, salvo no processo do trabalho, em que essa oposição deverá ser deduzida até a apresentação da defesa;

d) a qualquer tempo, o magistrado poderá instar as partes a manifestarem o interesse na adoção do Juízo 100% Digital, exceto em relação a processos anteriores à entrada em vigor dessa Resolução, importando o silêncio, após duas intimações, aceitação tácita;

e) o Juízo 100% Digital poderá se valer também de serviços prestados presencialmente por outros órgãos do Tribunal, como os de solução adequada de conflitos, de cumprimento de mandados, centrais de cálculos, tutoria, dentre outros, desde que os atos processuais possam ser convertidos em eletrônicos.

COMENTÁRIOS

✪ **Nota do autor:** Para que respondesse à questão, o(a) candidato(a) deveria conhecer a Resolução n. 345/2020 do Conselho Nacional de Justiça, que disciplina a figura do Juízo 100% Digital. Vale recordar que o art. 196 do CPC prevê a competência do CNJ e, supletivamente, dos tribunais, para "regulamentar a prática e a comunicação oficial de atos processuais por meio eletrônico e velar pela compatibilidade dos sistemas, disciplinando a incorporação progressiva de novos avanços tecnológicos". Estão inseridas nesse contexto as Resoluções sobre o Juízo 100% Digital (345/2020), sobre o cumprimento digital de ato processual e de ordem judicial (354/2020), sobre o Balcão Virtual (372/2021) e sobre o Núcleos de Justiça 4.0 (385/2021 e 398/2021), além da disciplina acerca das audiências e sessões por videoconferência e telepresenciais.

Alternativa "a": Errado. "Art. 5º As audiências e sessões no 'Juízo 100% Digital' ocorrerão exclusivamente por videoconferência. Parágrafo único. As partes poderão requerer ao juízo a participação na audiência por videoconferência em sala disponibilizada pelo Poder Judiciário" (Art. 5º, *caput*, Resolução CNJ n. 345/2020). A despeito de a assertiva ter sido considerada incorreta, é importante observar que a Resolução n. 345/2020 do CNJ admite, de maneira excepcional, a prática de atos presenciais, sem prejuízo à tramitação no regime do Juízo 100% Digital ("Art. 1º, §2º Inviabilizada a produção de meios de prova ou de outros atos processuais de forma virtual, a sua realização de modo presencial não impedirá a tramitação do processo no âmbito do 'Juízo 100% Digital').

Alternativa "b": Errado. "Art. 8º, §5º A existência de processos físicos em uma unidade jurisdicional não impedirá a implementação do "Juízo 100% Digital" em relação aos processos que tramitem eletronicamente" (Art. 8º, § 5º, Resolução CNJ n. 345/2020).

Alternativa "c": Errado. "Art. 3º, §1º A parte demandada poderá se opor a essa escolha até sua primeira manifestação no processo, salvo no processo do trabalho, em que essa oposição deverá ser deduzida em até 05 dias úteis contados do recebimento da primeira notificação" (Art. 3º, § 1º, Resolução CNJ n. 345/2020).

Alternativa "d": Errado. "Art. 3º, § 4º A qualquer tempo, o magistrado poderá instar as partes a manifestarem o interesse na adoção do "Juízo 100% Digital", ainda que em relação a processos anteriores à entrada em vigor desta Resolução, importando o silêncio, após duas intimações, aceitação tácita" (Art. 3º, § 4º, Resolução CNJ n. 345/2020).

Alternativa "e": Certo. "Art. 1º, § 3º O 'Juízo 100% Digital' poderá se valer também de serviços prestados presencialmente por outros órgãos do Tribunal, como os de solução adequada de conflitos, de cumprimento de mandados, centrais de cálculos, tutoria dentre outros, desde que os atos processuais possam ser convertidos em eletrônicos" (Art. 1º, § 3º, Resolução CNJ n. 345/2020).

Alternativa correta: "e".

6. LGPD E PROTEÇÃO DE DADOS PESSOAIS

06. (FGV – 2023 – TST – Juiz do Trabalho) A Lei Geral de Proteção de Dados - LGPD (Lei nº 13.709/2018) constitui uma complexa regulamentação sobre o tratamento de dados pessoais, inclusive nos meios digitais, por pessoa natural ou por pessoa jurídica de direito público ou privado, com o objetivo de proteger os direitos fundamentais de liberdade e de privacidade e o livre desenvolvimento da personalidade da pessoa natural.

Sobre seus dispositivos, é INCORRETO afirmar que:

a) entre os fundamentos da disciplina da proteção de dados pessoais estão o respeito à privacidade; a autodeterminação informativa; a liberdade de expressão, de informação, de comunicação e de opinião; a inviolabilidade da intimidade, da honra e da imagem; o desenvolvimento econômico e tecnológico e a inovação; a livre iniciativa, a livre concorrência e a defesa do consumidor; e os direitos humanos, o livre desenvolvimento da personalidade, a dignidade e o exercício da cidadania pelas pessoas naturais;

b) excluem-se do âmbito territorial de aplicação da LGPD, os dados pessoais provenientes de fora do território nacional e que não sejam objeto de comunicação, uso compartilhado de dados com agentes de tratamento brasileiros ou objeto de transferência internacional de dados com outro país que não o de proveniência, desde que o país de proveniência proporcione grau de proteção de dados pessoais adequado ao previsto na Lei;

c) o tratamento de dados pessoais realizado para fins exclusivos de segurança pública, defesa nacional, segurança do Estado ou atividades de investigação e repressão de infrações penais não são incluídos no âmbito de aplicação da LGPD;

d) o consentimento dado pelo titular, para o tratamento de seus dados pessoais, poderá ser por escrito ou por outro meio que demonstre a manifestação de vontade do titular, não sendo necessária cláusula destacada das demais cláusulas contratuais, quando fornecido por escrito;

e) dado pessoal sensível é aquele que trata sobre origem racial ou étnica, convicção religiosa, opinião política, filiação a sindicato ou a organização de caráter religioso, filosófico ou político, dado referente à saúde ou à vida sexual, dado genético ou biométrico, quando vinculado a uma pessoa natural.

COMENTÁRIOS

✪ **Nota do autor:** Para que respondesse à questão, o(a) candidato(a) deveria dominar conhecimentos básicos a respeito da Lei n. 13.709/2018 (Lei Geral de Proteção de Dados), relativos aos seus fundamentos, seu âmbito de incidência, conceitos, bem como a respeito da figura do consentimento.

Alternativa "a": Certo. "Art. 2º A disciplina da proteção de dados pessoais tem como fundamentos: I - o respeito à privacidade; II - a autodeterminação informativa; III - a liberdade de expressão, de informação, de comunicação e de opinião; IV - a inviolabilidade da intimidade, da honra e da imagem; V - o desenvolvimento econômico e tecnológico e a inovação; VI - a livre iniciativa, a livre concorrência e a defesa do consumidor; e VII - os direitos humanos, o livre desenvolvimento da personalidade, a dignidade e o exercício da cidadania pelas pessoas naturais" (art. 2º, Lei n. 13.709/2018).

Alternativa "b": Certo. "Art. 4º Esta Lei não se aplica ao tratamento de dados pessoais: (...) IV - provenientes de fora do território nacional e que não sejam objeto de comunicação, uso compartilhado de dados com agentes de tratamento brasileiros ou objeto de transferência internacional de dados com outro país que não o de proveniência, desde que o país de proveniência proporcione grau de proteção de dados pessoais adequado ao previsto nesta Lei" (art. 4º, IV, Lei n. 13.709/2018).

Alternativa "c": Certo. "Art. 4º Esta Lei não se aplica ao tratamento de dados pessoais: (...) III - realizado para fins exclusivos de: a) segurança pública; b) defesa nacional; c) segurança do Estado; ou d) atividades de investigação e repressão de infrações penais" (art. 4º, III, Lei n. 13.709/2018).

Alternativa "d": Errado. O consentimento é uma das denominadas bases legais para o tratamento de dados pessoais, isto é, trata-se de uma das hipóteses autorizadoras do tratamento de dados pessoais (arts. 7º, I, e 11, I, Lei n. 13.709/2018). O consentimento é a "manifestação livre, informada e inequívoca pela qual o titular concorda com o tratamento de seus dados pessoais para uma finalidade determinada" (art. 5º, XII, Lei n. 13.709/2018). Sua concessão pode ser realizada "por escrito ou por outro meio que demonstre a manifestação de vontade do titular" (art. 8º, *caput*, Lei n. 13.709/2018). Se fornecido por escrito, o termo de consentimento "deverá constar de cláusula destacada das demais cláusulas contratuais" (art. 8º, § 1º, Lei n. 13.709/2018).

Alternativa "e": Certo. "Art. 5º Para os fins desta Lei, considera-se: (...) II - dado pessoal sensível: dado pessoal sobre origem racial ou étnica, convicção religiosa, opinião política, filiação a sindicato ou a organização de caráter religioso, filosófico ou político, dado referente à saúde ou à vida sexual, dado genético ou biométrico, quando vinculado a uma pessoa natural" (art. 5º, II, Lei n. 13.709/2018).

Alternativa incorreta: "d".

7. AGENDA 2030 E OS 17 OBJETIVOS DE DESENVOLVIMENTO SUSTENTÁVEL

07. (FGV – 2023 – TST – Juiz do Trabalho) Os chefes de Estado e de Governo e altos representantes, reunidos na sede das Nações Unidas em Nova York de 25 a 27 de setembro de 2015, lançaram os novos Objetivos de Desenvolvimento Sustentável globais, a chamada Agenda 2030. Considerando a Agenda 2030 das Nações Unidas, analise os objetivos a seguir.

I. Acabar com a pobreza em todas as suas formas, em todos os lugares e alcançar a igualdade de gênero e empoderar todas as mulheres e meninas.

II. Assegurar a educação inclusiva e equitativa e de qualidade, e promover oportunidades de aprendizagem ao longo da vida para todos, bem como construir infraestruturas resilientes, promover a industrialização inclusiva e sustentável e fomentar a inovação.

III. Proteger, recuperar e promover o uso sustentável dos ecossistemas terrestres, gerir de forma sustentável as florestas, combater a desertificação, deter e reverter a degradação da terra e deter a perda de biodiversidade e também assegurar padrões de produção e de consumo sustentáveis.

Está correto o que se afirma em:

a) somente I;

b) somente II;

c) somente I e II;

d) somente II e III;

e) I, II e III.

COMENTÁRIOS

✪ **Nota do autor:** O tema "Agenda 2030 e os 17 Objetivos de Desenvolvimento Sustentável" foi inserido nos concursos da Magistratura pela Resolução CNJ n. 423/2021 do CNJ (item E.7 do Anexo VI da Resolução CNJ n. 75/2009). A Agenda 2030 é um plano de ação para as pessoas, o planeta e a prosperidade, que busca fortalecer a paz universal. Equipara-se a uma lista de tarefas a serem cumpridas pelos governos, pela sociedade civil, pelo setor privado e por todos os cidadãos na jornada coletiva para um 2030 sustentável. Trata-se de uma Agenda com objetivos e metas que estabeleçam um plano global para acabar com a pobreza, propagar o trabalho decente, proteger o meio ambiente e o clima e garantir que as pessoas, em todos os lugares, possam desfrutar de paz e de prosperidade. A Agenda 2030 indica 17 Objetivos de Desenvolvimento Sustentável, os ODS, e 169 metas, para erradicar a pobreza e promover vida digna para todos. Os 17 Objetivos são integrados e indivisíveis, e mesclam, de forma equilibrada, as três dimensões do desenvolvimento sustentável: Econômica, Social e Ambiental.

Assertiva I. Correta. A assertiva indica o ODS 1 (Acabar com a pobreza em todas as suas formas, em todos os lugares) e o ODS 5 (Alcançar a igualdade de gênero e empoderar todas as mulheres e meninas).

Assertiva II. Correta. A assertiva transcreve o ODS 4 (Assegurar a educação inclusiva e equitativa de qualidade, e promover oportunidades de aprendizagem ao longo da vida para todos) e o ODS 9 (Construir infraestruturas resilientes, promover a industrialização inclusiva e sustentável e fomentar a inovação).

Assertiva III. Correta. A assertiva menciona o ODS 15 (Proteger, recuperar e promover o uso sustentável dos ecossistemas terrestres, gerir de forma sustentável as florestas, combater a desertificação, deter e reverter a degradação da terra e deter a perda de biodiversidade) e o ODS 12 (Assegurar padrões de produção e de consumo sustentáveis).

Alternativa correta: "e". I, II e III estão corretas.

8. DECLARAÇÃO UNIVERSAL DOS DIREITOS HUMANOS

08. (FGV – 2023 – TST – Juiz do Trabalho) A Declaração Universal dos Direitos Humanos tem como um dos seus objetivos o reconhecimento da dignidade inerente a todos os membros da família humana e de seus direitos iguais e inalienáveis sendo o fundamento da liberdade, da justiça e da paz no mundo.

Considerando o texto aprovado pela Assembleia Geral das Nações Unidas (Resolução nº 217-A, III), em 10 de dezembro de 1948, é correto afirmar que:

a) as férias remuneradas e periódicas não fazem parte do direito ao repouso e ao lazer;

b) poderá haver casamento válido sem o consentimento livre dos nubentes, desde que previsto em norma legal;

c) caberá ao Estado a prioridade de direito na escolha do gênero de instrução que será ministrada a seus filhos;

d) todo ser humano tem direito a receber dos tribunais nacionais competentes remédio efetivo para os atos que violem os direitos fundamentais que lhe sejam reconhecidos pela Constituição ou pela lei;

e) todo ser humano, vítima de perseguição, tem o direito de procurar e de gozar asilo em outros países, mesmo em caso de perseguição legitimamente motivada por crimes de direito comum ou por atos contrários aos objetivos e princípios das Nações Unidas.

COMENTÁRIOS

✪ **Nota do autor:** A questão exige o conhecimento das disposições da Declaração Universal dos Direitos Humanos.

Assertiva A. Incorreta. Conforme art. 24 da DUDH, "todo ser humano tem direito a repouso e lazer, inclusive a limitação razoável das horas de trabalho e a férias remuneradas periódicas".

Assertiva B. Incorreta. De acordo com o art. 16.2 da DUDH, "O casamento não será válido senão com o livre e pleno consentimento dos nubentes". A disposição normativa não apresenta exceção.

Assertiva C. Incorreta. Compete aos pais, consoante art. 26.3 da DUDH, cujo texto assim dispõe "Os pais têm prioridade de direito na escolha do gênero de instrução que será ministrada a seus filhos".

Assertiva D. Correta. Trata-se da disposição do art. 8º da DUDH.

Assertiva E. Incorreta. Segundo art. 14.2 da DUDH, o direito de procurar e de gozar asilo em outros países "não pode ser invocado em caso de perseguição legitimamente motivada por crimes de direito comum ou por atos contrários aos objetivos e princípios das Nações Unidas".

Alternativa correta: "d".

Noções Gerais de Direito e Formação Humanística

Leandro Fernandez e Claiz Gunça

✦ DICAS

Itens do edital	tópicos no livro
A.1 - Introdução à sociologia da administração judiciária. Aspectos gerenciais da atividade judiciária (administração e economia). Gestão. Gestão de pessoas.	1.1
A.2 - Relações sociais e relações jurídicas. Controle social e o Direito. Transformações sociais e Direito.	1.2
A.3 - Direito, Comunicação Social e opinião pública.	2.1
A.4 - Conflitos sociais e mecanismos de resolução. Sistemas não judiciais de composição de litígios.	1.3
B.1 - Psicologia e Comunicação: relacionamento interpessoal, relacionamento do magistrado com a sociedade e a mídia.	2.1
B.2 - Problemas atuais da psicologia com reflexos no direito: assédio moral e assédio sexual.	2.2
B.3 - Teoria do conflito e os mecanismos autocompositivos. Técnicas de negociação e mediação. Procedimentos, posturas, condutas e mecanismos aptos a obter a solução conciliada dos conflitos.	1.3
B.4 - O processo psicológico e a obtenção da verdade judicial. O comportamento de partes e testemunhas.	2.3
C.1 - Regime jurídico da magistratura nacional: carreiras, ingresso, promoções, remoções.	3.1
C.2 - Direitos e deveres funcionais da magistratura.	3.2
C.3 - Código de Ética da Magistratura Nacional.	3.3
C.4 - Sistemas de controle interno do Poder Judiciário: Corregedorias, Ouvidorias, Conselhos Superiores e Conselho Nacional de Justiça.	3.4
C.5 - Responsabilidade administrativa, civil e criminal dos magistrados.	3.5
C.6 - Administração judicial. Planejamento estratégico. Modernização da gestão.	1.1
D.1- O conceito de Justiça. Sentido lato de Justiça, como valor universal. Sentido estrito de Justiça, como valor jurídico-político. Divergências sobre o conteúdo do conceito.	4.1
D.2 - O conceito de Direito. Equidade. Direito e Moral.	4.2
D.3 - A interpretação do Direito. A superação dos métodos de interpretação mediante puro raciocínio lógico-dedutivo. O método de interpretação pela lógica do razoável.	4.3
E.1 - Direito objetivo e direito subjetivo	5.1
E.2 - Fontes do Direito objetivo. Princípios gerais de Direito. Jurisprudência. Súmula vinculante.	5.2
E.3 - Eficácia da lei no tempo. Conflito de normas jurídicas no tempo e o Direito brasileiro: Direito Penal, Direito Civil, Direito Constitucional e Direito do Trabalho.	5.3

Itens do edital	tópicos no livro
E.4 - O conceito de Política. Política e Direito.	5.4
E.5 - Ideologias.	5.5
E.6 - A Declaração Universal dos Direitos Humanos (ONU).	5.6
E.7 – Agenda 2030 e os 17 Objetivos de Desenvolvimento Sustentável.	5.7
E.8 - Gênero e Patriarcado. Gênero e Raça. Discriminação e Desigualdades de Gênero – questões centrais. Protocolo de julgamento com perspectiva de gênero.	5.8
F.1 – 4ª Revolução industrial. Transformação Digital no Poder Judiciário. Tecnologia no contexto jurídico. Automação do processo. Inteligência Artificial e Direito. Audiências virtuais. Cortes remotas. Ciência de dados e Jurimetria. Resoluções do CNJ sobre inovações tecnológicas no Judiciário.	6.1
F.2 – Persecução Penal e novas tecnologias. Crimes virtuais e cibersegurança. Deepweb e Darkweb. Provas digitais. Criptomoedas e Lavagem de dinheiro.	6.2
F.3 – Noções gerais de contratos Inteligentes, Blockchain e Algoritmos.	6.3
F.4 – LGPD e proteção de dados pessoais.	6.4
G.1 – Função judicial e pragmatismo. Antifundacionalismo. Contextualismo. Consequencialismo. Racionalismo e Empirismo. Dialética. Utilitarismo.	7.1
G.2 – Análise econômica do direito. Conceitos fundamentais. Racionalidade econômica. Eficiência processual. Métodos adequados de resolução de conflitos e acesso à Justiça. Demandas frívolas e de valor esperado negativo. Precedentes, estabilidade da jurisprudência e segurança jurídica. Coisa Julgada.	7.2
G.3 – Economia comportamental. Heurística e vieses cognitivos. A percepção de Justiça. Processo cognitivo de tomada de decisão.	7.3
G.4 – Governança corporativa e Compliance no Brasil. Mecanismos de Combate às organizações criminosas e Lavagem de Dinheiro. Whistleblower.	7.4
H.1 – Conceitos Fundamentais do Direito da Antidiscriminação.	8.1
H.2 – Modalidades de Discriminação.	8.2
H.3 – Legislação antidiscriminação nacional e internacional.	8.3
H.4 – Conceitos Fundamentais do Racismo, Sexismo, Intolerância Religiosa, LGBTQIA+fobia.	8.4
H.5 – Ações Afirmativas.	8.5
H.6 – Direitos dos Povos indígenas e das comunidades tradicionais.	8.6

1. SOCIOLOGIA DO DIREITO

1.1. INTRODUÇÃO À SOCIOLOGIA DA ADMINISTRAÇÃO JUDICIÁRIA. ASPECTOS GERENCIAIS DA ATIVIDADE JUDICIÁRIA (ADMINISTRAÇÃO E ECONOMIA). GESTÃO. GESTÃO DE PESSOAS. ADMINISTRAÇÃO JUDICIAL. PLANEJAMENTO ESTRATÉGICO. MODERNIZAÇÃO DA GESTÃO

- **Administração judiciária e administração da justiça.** Administração judiciária é "locução que se refere ao conjunto de técnicas, institutos e arranjos institucionais relativos à organização e ao exercício das funções do Poder Judiciário"[1]. Administração da justiça abrange a "estruturação e o funcionamento das variadas instituições que integram o sistema de justiça, de acordo com os respectivos regimes jurídicos, os mecanismos de articulação entre elas e a atuação dos sujeitos envolvidos com a solução de um problema jurídico"[2].

- **Administração judiciária e organização judiciária.** Como observado por Boaventura de Sousa Santos, a "concepção da administração da justiça como uma instância política foi inicialmente propugnada pelos cientistas políticos que viram nos tribunais um subsistema do sistema político global, partilhando com este a característica de processarem uma série de *inputs* externos constituídos por estímulos, pressões, exigências sociais e políticas, e de, através de mecanismos de conversão, produzirem *outputs* (decisões) portado ras elas próprias de um impacto social e político nos restantes subsistemas"[3]. A *organização judiciária* pode ser compreendida em dois sentidos. Em um *sentido amplo*, corresponde à "ciência que estuda a organização e a atividade dos órgãos estatais e demais entes integrantes da Administração da Justiça"[4]. Em *sentido estrito*, refere-se à "ciência que estuda a organização e a atividade dos órgãos do Poder Judiciário e das entidades diretamente vinculadas, como as serventias registrais e notariais"[5].

1. DIDIER JR. Fredie; FERNANDEZ, Leandro. O Conselho Nacional de Justiça e o Direito Processual: administração judiciária, boas práticas e competência normativa. 2ª ed. São Paulo: Juspodivm, 2023, p. 29-30.
2. DIDIER JR. Fredie; FERNANDEZ, Leandro. O Conselho Nacional de Justiça e o Direito Processual: administração judiciária, boas práticas e competência normativa. 2ª ed. São Paulo: Juspodivm, 2023, p. 29-30.
3. SANTOS, Boaventura de Sousa. "Introdução à Sociologia da Administração da Justiça". Revista Crítica de Ciências Sociais, n. 21, p. 23-24.
4. SLABI FILHO, Nagib. "Administração judiciária e organização judiciária". Revista da EMERJ, v. 8, n. 29, 2005, p. 63.
5. SLABI FILHO, Nagib. "Administração judiciária e organização judiciária". Revista da EMERJ, v. 8, n. 29, 2005, p. 63.

- **Planejamento estratégico.** A Estratégia Nacional do Poder Judiciário para os anos de 2021 a 2026 está prevista na Resolução n. 325/2020 do CNJ. A Resolução estabelece como macrodesafios do Poder Judiciário os seguintes: garantia dos direitos fundamentais, fortalecimento da relação institucional do poder judiciário com a sociedade, agilidade e produtividade na prestação jurisdicional, enfrentamento à corrupção, à improbidade administrativa e aos ilícitos eleitorais, prevenção de litígios e adoção de soluções consensuais para os conflitos, consolidação dos sistema de precedentes obrigatórios, promoção da sustentabilidade, aperfeiçoamento da gestão da justiça criminal, aperfeiçoamento da gestão administrativa e da governança judiciária, aperfeiçoamento da gestão de pessoas, aperfeiçoamento da gestão orçamentária e financeira, fortalecimento da estratégia nacional de TIC e de proteção de dados. Um dos mais importantes instrumentos para a concretização do planejamento estratégico do Judiciário são as Metas Nacionais do Poder Judiciário, compreendidas como *"compromissos, realizados anualmente, dos órgãos do Poder Judiciário com o aperfeiçoamento da prestação jurisdicional, buscando aprimorar os resultados dos indicadores de desempenho dos Macrodesafios definidos nesta Resolução, sob monitoramento do CNJ"* (art. 2º, II, Resolução n. 325/2020 do CNJ). Os mecanismos de gestão participativa e democrática na elaboração das metas nacionais do Poder Judiciário e das políticas judiciárias do Conselho Nacional de Justiça estão previstos na Resolução n. 221/2016 do CNJ.

- **Modernização da gestão.** Além das ferramentas de modernização da gestão do Poder Judiciário previstas nas Resoluções n. 221/2016 e 325/2020 do CNJ, é importante conhecer a Resolução n. 370/2021, que estabelece a Estratégia Nacional de Tecnologia da Informação e Comunicação do Poder Judiciário, e a Resolução n. 395/2021, que institui a Política de Gestão da Inovação no âmbito do Poder Judiciário.

1.2. RELAÇÕES SOCIAIS E RELAÇÕES JURÍDICAS. CONTROLE SOCIAL E O DIREITO. TRANSFORMAÇÕES SOCIAIS E DIREITO

- **Relações sociais e relações jurídicas.** Nem toda relação social corresponde a uma relação jurídica. Como observado por Marcos Bernardes de Mello, "relação intersubjetiva que não constitua, ela própria, fato jurídico ou que não decorra de fato jurídico não é relação jurídica, mesmo que seja relação inter-humana"[6]. Relação jurídica é aquela "relação intersubjetiva sobre a qual a norma jurídica incidiu, juridicizando-a, bem como aquela que nasce, já

6. Mello, Marcos Bernardes de. Teoria do fato jurídico: plano da eficácia. 11ª ed. São Paulo: Saraiva, 2019, p. 160.

dentro do mundo do direito, como decorrência de fato jurídico"[7].

- **Controle social e o Direito. Transformações sociais e Direito.** Nos grupos sociais, em diferentes momentos históricos, existem variados mecanismos e instituições destinados ao controle social, como a religião, a moral e o Direito. É possível compreender, nesse contexto, "dominação" como "a probalidade de encontrar obediência para ordens específicas (ou todas) dentro de determinado grupo de pessoas"[8]. A peculiaridade do Direito, em comparação com outros mecanismos de controle de social, é a imperatividade das suas normas, acompanhada de uma estrutura estatal capaz de impor sanções pelo descumprimento dos comandos. Paralelamente, o Direito também oferece instrumentos para a transformação da realidade social, notadamente diante dos compromissos assumidos em tratados de Direitos Humanos e na Constituição Federal.

1.3. CONFLITOS SOCIAIS E MECANISMOS DE RESOLUÇÃO. SISTEMAS NÃO JUDICIAIS DE COMPOSIÇÃO DE LITÍGIOS. TEORIA DO CONFLITO E OS MECANISMOS AUTOCOMPOSITIVOS. TÉCNICAS DE NEGOCIAÇÃO E MEDIAÇÃO. PROCEDIMENTOS, POSTURAS, CONDUTAS E MECANISMOS APTOS A OBTER A SOLUÇÃO CONCILIADA DOS CONFLITOS

- **Conflito e mecanismos de resolução.** Conflitos são inerentes à convivência em sociedade[9]. Conflitos podem ser compreendidos como "conjunto de alternativas que surge da diversidade de interesses, da diversidade no enfoque dos interesses, da diversidade de avaliação das condições de enfoque, sem que se prevejam parâmetros qualificados de solução"[10]. De maneira sistemática, os conflitos podem ser solucionados por três modos: autotutela (imposição unilateral da solução), autocomposição (construção consensual da solução) ou heterocomposição (definição da solução por um terceiro).

- **Justiça multiportas**[11]. O Poder Judiciário é uma das mais relevantes instituições que promovem a solução de conflitos. Não é, porém, a única. Pode-se falar, na realidade brasileira, em um sistema de justiça multiportas, integrado por diversos sujeitos, a exemplo das câmaras privadas e públicas de conciliação e mediação, das câmaras e tribunais arbitrais, dos *dispute boards*, das *online dispute resolutions* (*ODRs*), dos tribunais administrativos, dos tribunais de contas e das agências reguladoras.

- **Negociação direta.** A negociação direta é o "processo comunicativo, baseado na persuasão, destinado à criação de consenso entre dois ou mais sujeitos em relação a interesses compartilhados, divergentes ou conflitantes"[12].

- **Conciliação e mediação.** Conciliação e mediação são modalidades de autocomposição desenvolvidas com a participação de um terceiro. O conciliador "atuará preferencialmente nos casos em que não houver vínculo anterior entre as partes, poderá sugerir soluções para o litígio, sendo vedada a utilização de qualquer tipo de constrangimento ou intimidação para que as partes conciliem" (art. 165, § 2º, CPC). Por sua vez, o mediador "atuará preferencialmente nos casos em que houver vínculo anterior entre as partes, auxiliará aos interessados a compreender as questões e os interesses em conflito, de modo que eles possam, pelo restabelecimento da comunicação, identificar, por si próprios, soluções consensuais que gerem benefícios mútuos" (art. 165, § 3º, CPC). A conciliação e a mediação são regidas pelos princípios da independência, da imparcialidade, da autonomia da vontade, da confidencialidade, da oralidade, da informalidade e da decisão informada (art. 166, CPC). A Lei n. 13.140/2015 (Lei da Mediação) arrola como princípios aplicáveis à mediação os seguintes (art. 2º): imparcialidade do mediador; isonomia entre as partes; oralidade; informalidade; autonomia da vontade das partes; busca do consenso; confidencialidade; boa-fé. As partes podem escolher, de comum acordo, o conciliador, o mediador ou a câmara privada de conciliação e de mediação (art. 168, CPC). O conciliador e o mediador ficam impedidos, pelo prazo de um ano, contado do término da última audiência em que atuaram, de assessorar, representar ou patrocinar qualquer das partes (art. 172, CPC).

- **Arbitragem.** A arbitragem é modalidade de heterocomposição não estatal. O árbitro (ou o tribunal arbitral) exerce jurisdição. Por isso, o árbitro é juiz de fato e de direito, e a sentença que proferir não fica sujeita a recurso ou a homologação pelo Poder Judiciário (art. 18, Lei n. 9.307/1996). A arbitragem é dis-

7. Mello, Marcos Bernardes de. Teoria do fato jurídico: plano da eficácia. 11ª ed. São Paulo: Saraiva, 2019, p. 160.
8. WEBER, Max. Economia e sociedade. 3ª ed. Brasília: Editora Unb, 1994, v. 1, p. 139.
9. TRINDADE, Jorge. Manual de psicologia jurídica para operadores do Direito. 6ª ed. Porto Alegre: Livraria do Advogado, 2012, p. 314.
10. FERRAZ JR. Tercio Sampaio. Introdução ao Estudo do Direito: técnica, decisão, dominação. 4ª ed. São Paulo: Atlas, 2003, p. 312.
11. Sobre o tema, amplamente, DIDIER JR., Fredie; FERNANDEZ, Leandro. Introdução à justiça multiportas: sistema de solução de problemas jurídicos e o perfil do acesso à justiça no Brasil. São Paulo: Juspodivm, 2024.
12. DIDIER JR., Fredie; FERNANDEZ, Leandro. Introdução à justiça multiportas: sistema de solução de problemas jurídicos e o perfil do acesso à justiça no Brasil. São Paulo: Juspodivm, 2024, p. 165.

ciplinada pela Lei n. 9.307/1996. A arbitragem pode ser utilizada para solucionar conflitos entre pessoas capazes relativos a direitos patrimoniais disponíveis (art. 1º, Lei n. 9.307/1996). A arbitragem poderá ser de direito (admitindo-se a escolha das regras de direito que serão aplicadas na arbitragem, desde que não haja violação aos bons costumes e à ordem pública) ou de equidade, a critério das partes (art. 2º, Lei n. 9.307/1996). As partes interessadas podem submeter a solução de seus litígios ao juízo arbitral mediante convenção de arbitragem, assim entendida a cláusula compromissória e o compromisso arbitral (art. 3º, Lei n. 9.307/1996). A cláusula compromissória é a convenção por meio da qual as partes em um contrato comprometem-se a submeter à arbitragem os litígios que possam vir a surgir, relativamente a tal contrato (art. 4º, Lei n. 9.307/1996). O compromisso arbitral é a convenção através da qual as partes submetem um litígio à arbitragem de uma ou mais pessoas, podendo ser judicial ou extrajudicial (art. 9º, Lei n. 9.307/1996).

2. PSICOLOGIA JUDICIÁRIA

2.1. DIREITO, COMUNICAÇÃO SOCIAL E OPINIÃO PÚBLICA. PSICOLOGIA E COMUNICAÇÃO: RELACIONAMENTO INTERPESSOAL, RELACIONAMENTO DO MAGISTRADO COM A SOCIEDADE E A MÍDIA

- **Opinião pública.** A expressão "opinião pública" possui múltiplos sentidos. Ela pode ser utilizada "ora como a opinião de uma classe, ora de toda a nação (opinião de todos), ora simplesmente da maioria dominante ou ainda das classes instruídas, em contraste com as massas analfabetas"[13].
- **Opinião pública, mídia e o Poder Judiciário.** Vive-se, na atualidade, um contexto de exposição pública do Poder Judiciário sem paralelo em outro momento histórico no país. Além de iniciativas do próprio Judiciário para a promoção da transparência e a aproximação da sociedade (como a Resolução n. 215/2015, sobre o acesso à informação, a Recomendação n. 74/2020, sobre a política de dados abertos no Judiciário, e projetos como a "TV Justiça"), há intensa manifestação da mídia sobre a composição, a estrutura e as decisões do Poder Judiciário. Em uma sociedade aberta de intérpretes da Constituição (Peter Häberle), é relevante que o Judiciário seja receptivo às manifestações e críticas da sociedade, veiculadas por diferentes grupos e pela mídia. Considerar a existência e o valor social de tais manifestações contribui para a legitimidade do Judiciário, que é afirmada especialmente por meio da fundamentação das suas decisões (legitimidade argumentativa), o que não se confunde com a adoção da opinião pública como critério determinante das decisões judiciais. Na relação entre opinião pública e Judiciário, duas questões assumem destaca importância: a) o papel contramajoritário do Poder Judiciário, que deve pautar suas decisões pelas diretrizes contidas no ordenamento jurídico, ainda que em sentido distinto daquele ecoado pelo "clamor social", algo particularmente importante quando em discussão temas referentes a direitos fundamentais; b) a constatação da existência de uma diferença, geralmente substancial, entre o "tempo da notícia" (exigido para a satisfação imediata do interesse social por respostas a problemas denunciados pela mídia) e o tempo do processo, necessário ao exercício regular de direitos e garantias processuais.
- **Comunicação Social e o Poder Judiciário.** A Comunicação Social é a área das Ciências Sociais dedicada ao estudo do contexto, do modo de produção e dos impactos da transmissão de informações e das interações interpessoais, notadamente pela atuação dos meios de comunicação de massa. A Resolução n. 85/2009 dispõe sobre a Comunicação Social no âmbito do Poder Judiciário. De acordo com a Resolução, as ações de Comunicação Social devem ter por objetivo: dar amplo conhecimento à sociedade das políticas públicas e programas do Poder Judiciário; divulgar, de forma sistemática, em linguagem acessível e didática, os direitos do cidadão e os serviços colocados à sua disposição pelo Poder Judiciário, em todas as suas instâncias; estimular a participação da sociedade no debate e na formulação de políticas públicas que envolvam os seus direitos; disseminar informações corretas sobre assuntos que sejam de interesse público para os diferentes segmentos sociais e que envolvam as ações do Poder Judiciário; incentivar, no âmbito dos magistrados e servidores, através da comunicação, a integração com as ações previstas nesta Resolução, de modo a garantir a eficácia dos objetivos nela colimados; promover o Poder Judiciário junto à sociedade de modo a conscientizá-la sobre a missão exercida pela Magistratura, em todos os seus níveis, otimizando a visão crítica dos cidadãos a respeito da importância da Justiça como instrumento da garantia dos seus direitos e da paz social (art. 1º). No desenvolvimento e na execução das ações de Comunicação Social, deverão ser observadas as seguintes diretrizes: afirmação dos valores e princípios da Constituição Federal; atenção ao caráter educativo, informativo e de orientação social; preservação da identidade nacional; valorização da diversidade étnica e cultural e respeito à igualdade e às questões raciais, etárias, de gênero e de orientação sexual; reforço das atitudes comportamentais que promovam o desenvolvimento humano e o respeito ao meio ambiente; valorização dos elementos simbólicos das culturas nacional e regional; vedação do uso dos meios de comunicação social para a promoção pessoal de magistrados ou servidores,

13. BONAVIDES, Paulo. Ciência Política. 10ª ed. São Paulo: Malheiros, 2000, p. 447.

em ações desvinculadas das atividades inerentes ao exercício das funções do Poder Judiciário; adequação das mensagens, linguagens e canais aos diferentes segmentos de público, utilizando sempre uma forma simplificada acessível àqueles que desconhecem as expressões típicas do universo jurídico; valorização das estratégias de comunicação regionalizadas; uniformização do uso de marcas, conceitos e identidade visual utilizados na comunicação judiciária, respeitadas aquelas inerentes aos Poderes Judiciários estaduais como os seus respectivos brasões; observância da eficiência e racionalidade na aplicação dos recursos públicos; eficiência e racionalidade na aplicação dos recursos públicos; difusão de boas práticas na área de Comunicação (art. 2º).

- **O juiz, a mídia e as redes sociais.** O art. 36, III, da LOMAN proíbe o juiz de *"manifestar, por qualquer meio de comunicação, opinião sobre processo pendente de julgamento, seu ou de outrem, ou juízo depreciativo sobre despachos, votos ou sentenças, de órgãos judiciais, ressalvada a crítica nos autos e em obras técnicas ou no exercício do magistério"*. Previsão similar está contida no art. 12 do Código de Ética da Magistratura Nacional, que também determina ao magistrado a adoção de comportamento prudente e equitativo na sua relação com os meios de comunicação social, devendo evitar comportamentos que impliquem a busca injustificada e desmesurada por reconhecimento social, mormente a autopromoção em publicação de qualquer natureza (art. 13). A Resolução n. 305/2019 do CNJ estabelece os parâmetros para o uso das redes sociais pelos membros do Poder Judiciário. Em relação ao teor das manifestações dos juízes nas redes sociais, independentemente da utilização do nome real ou de pseudônimo, recomenda-se: evitar expressar opiniões ou compartilhar informações que possam prejudicar o conceito da sociedade em relação à independência, à imparcialidade, à integridade e à idoneidade do magistrado ou que possam afetar a confiança do público no Poder Judiciário; evitar manifestações que busquem autopromoção ou superexposição; evitar manifestações cujo conteúdo, por impróprio ou inadequado, possa repercutir negativamente ou atente contra a moralidade administrativa, observada sempre a prudência da linguagem; procurar apoio institucional caso seja vítima de ofensas ou abusos (*cyberbullying*, *trolls* e *haters*), em razão do exercício do cargo; evitar expressar opiniões ou aconselhamento em temas jurídicos concretos ou abstratos que, mesmo eventualmente, possam ser de sua atribuição ou competência jurisdicional, ressalvadas manifestações em obras técnicas ou no exercício do magistério; e abster-se de compartilhar conteúdo ou a ele manifestar apoio sem convicção pessoal sobre a veracidade da informação, evitando a propagação de notícias falsas (*fake news*) (art. 3º, II). O art. 4º da Resolução n. 305/2019 do CNJ prevê como condutas vedadas aos magistrados nas redes sociais: manifestar opinião sobre processo pendente de julgamento, seu ou de outrem, ou juízo depreciativo sobre despachos, votos ou sentenças, de órgãos judiciais, ressalvada a crítica nos autos e em obras técnicas ou no exercício do magistério (art. 36, inciso III, da Loman; arts. 4º e 12, inciso II, do Código de Ética da Magistratura Nacional); emitir opinião que demonstre atuação em atividade político-partidária ou manifestar-se em apoio ou crítica públicos a candidato, lideranças políticas ou partidos políticos (art. 95, parágrafo único, inciso III, da Constituição Federal; art. 7º do Código de Ética da Magistratura Nacional); emitir ou compartilhar opinião que caracterize discurso discriminatório ou de ódio, especialmente os que revelem racismo, LGBT-fobia, misoginia, antissemitismo, intolerância religiosa ou ideológica, entre outras manifestações de preconceitos concernentes a orientação sexual, condição física, de idade, de gênero, de origem, social ou cultural (art. 3º, inciso IV, da Constituição Federal; art. 20 da Lei nº 7.716/89); patrocinar postagens com a finalidade de autopromoção ou com intuito comercial (art. 95, parágrafo único, inciso I, da Constituição Federal; art. 36, inciso I, primeira parte, da Loman; art. 13 do Código de Ética da Magistratura Nacional); receber patrocínio para manifestar opinião, divulgar ou promover serviços ou produtos comerciais (art. 95, parágrafo único, inciso IV, da Constituição Federal; art. 17 do Código de Ética da Magistratura Nacional); e associar a sua imagem pessoal ou profissional à de marca de empresas ou de produtos comerciais (art. 95, parágrafo único, inciso I, da Constituição Federal; art. 36, inciso I, primeira parte, da Loman; art. 13 do Código de Ética da Magistratura Nacional).

2.2. PROBLEMAS ATUAIS DA PSICOLOGIA COM REFLEXOS NO DIREITO: ASSÉDIO MORAL E ASSÉDIO SEXUAL

- **Violência e assédio no mundo do trabalho.** A Convenção n. 190 da Organização Internacional do Trabalho conceitua a violência e o assédio no mundo do trabalho como *"um conjunto de comportamentos e práticas inaceitáveis, ou ameaças de tais comportamentos e práticas, que se manifestam apenas uma vez ou repetidamente, que objetivam causar, causam ou são suscetíveis de causar danos físicos, psicológicos, sexuais ou econômicos, incluída a violência e o assédio em razão de gênero"*[14].

- **Assédio moral, assédio sexual e perspectiva de gênero.** Como destacado no Protocolo para Julgamento com Perspectiva de Gênero, cuja adoção pelo Poder Judiciário foi determinada pela Resolução n. 492/2023 do CNJ, há uma nítida relação

14. SANTOS, Claiz Maria Pereira Gunça dos; PAMPLONA Filho, Rodolfo. "Convenção 190 : violência e assédio no mundo do trabalho". Revista do Tribunal Regional do Trabalho da 3. Região. Belo Horizonte, v. 66, n. 101, jan./jun. 2020, p. 56.

entre a violência e o assédio no mundo do trabalho e a perspectiva de gênero: *"O ambiente de trabalho pode ser hostil em termos de gênero. A participação das mulheres em reuniões, por exemplo, é cerceada por interrupções de sua fala ("manterrupting"); por explicações desnecessárias como se elas não fossem capazes de compreender ("mansplaining"); por apropriações de suas ideias que, ignoradas quando elas verbalizam, são reproduzidas por homens, que passam a receber o crédito ("bropriating"). A moral, o comportamento e a imagem das mulheres são colocados em julgamento pelos colegas de trabalho ("slut shaming"). E, para desqualificar a sanidade mental da mulher, o/a agressor/a manipula os fatos e coloca em dúvida suas queixas ("gaslighting"). Todas estas formas de microagressões, violências ou assédios possuem um claro viés de gênero e isoladamente podem constituir meros melindres. Todavia, as microagressões, combinadas entre si ou associadas a outras condutas ("cantadas", toques inapropriados, convites insistentes, maior rigor na cobrança de metas, piadas sexistas, esvaziamento da função, desconsideração da opinião, isolamento etc.) criam um ambiente de trabalho hostil e intimidativo em termos de gênero. Nesse caso, a depender da prevalência ou não do caráter sexista da violação, pode configurar-se assédio sexual ambiental ou assédio moral"*[15].

- **Assédio moral.** A Resolução n. 351/2020 do CNJ (Política de Prevenção e Enfrentamento do Assédio Moral, do Assédio Sexual e da Discriminação) conceitua assédio moral como a *"violação da dignidade ou integridade psíquica ou física de outra pessoa por meio de conduta abusiva, independentemente de intencionalidade, por meio da degradação das relações socioprofissionais e do ambiente de trabalho, podendo se caracterizar pela exigência de cumprimento de tarefas desnecessárias ou exorbitantes, discriminação, humilhação, constrangimento, isolamento, exclusão social, difamação ou situações humilhantes e constrangedoras suscetíveis de causar sofrimento, dano físico ou psicológico"* (art. 2º, I). Por sua vez, o assédio moral organizacional é definido como o *"processo contínuo de condutas abusivas ou hostis, amparado por estratégias organizacionais e/ou métodos gerenciais que visem a obter engajamento intensivo ou excluir aqueles que a instituição não deseja manter em seus quadros, por meio do desrespeito aos seus direitos fundamentais"* (art. 2º, II).

- **Assédio sexual.** O art. 216-A do Código Penal prevê que o assédio sexual, para fins de tipificação criminal, configura-se com a conduta de constranger alguém com o intuito de obter vantagem ou favorecimento sexual, prevalecendo-se o agente da sua condição de superior hierárquico ou ascendência inerentes ao exercício de emprego, cargo ou função. Como se nota, o tipo penal limitou-se a prever a modalidade de assédio sexual por chantagem ("assédio sexual *quid pro quo*"). Para fins não penais, admite-se, inclusive em âmbito trabalhista, a possibilidade de configuração de uma segunda modalidade de assédio sexual: por intimidação ("assédio sexual ambiental"), caracterizado por *"incitações sexuais inoportunas, solicitações sexuais ou outras manifestações da mesma índole, verbais ou físicas, com o efeito de prejudicar a atuação de uma pessoa ou de criar uma situação ofensiva, hostil, de intimidação ou abuso no ambiente em que é intentado"*[16]. A Resolução n. 351/2020 do CNJ conceitua assédio sexual como a "conduta de conotação sexual praticada contra a vontade de alguém, sob forma verbal, não verbal ou física, manifestada por palavras, gestos, contatos físicos ou outros meios, com o efeito de perturbar ou constranger a pessoa, afetar a sua dignidade, ou de lhe criar um ambiente intimidativo, hostil, degradante, humilhante ou desestabilizador" (art. 2º, III).

2.3. O PROCESSO PSICOLÓGICO E A OBTENÇÃO DA VERDADE JUDICIAL. O COMPORTAMENTO DE PARTES E TESTEMUNHAS

- **Verdade e justiça.** A relação entre verdade e justiça, no contexto do processo judicial, é um dos temas clássicos do Direito Processual. O processo deve ser compreendido não apenas como um instrumento para a resolução de um conflito, mas também como um meio para uma apuração e decisão qualificada a respeito dos fatos[17]. Por isso, "ninguém se exime do dever de colaborar com o Poder Judiciário para o descobrimento da verdade" (art. 378, CPC), sendo dever das partes "expor os fatos em juízo conforme a verdade" (art. 77, I, CPC), e uma das finalidades da prova a demonstração da "verdade dos fatos em que se funda o pedido ou a defesa" (art. 369, CPC). Evidentemente, porém, não é possível buscar no processo uma verdade absoluta, categoria presente apenas na Filosofia e na Religião. Busca-se, por meio do processo, a reconstrução dos fatos da maneira mais fidedigna possível, admitindo-se, ainda, por imperativo de realização de outras finalidades e garantias processuais, a aceitação de certos fatos como verdadeiros, ainda que não tenham sido efetivamente comprovados (arts. 341 e 400, CPC, por exemplo).

- **Psicologia do testemunho.** Diversos fatores influenciam o depoimento de uma pessoa: a) a percepção dos fatos; b) a preservação da memória; c) o resgate da memória; d) o modo como deseja

15. CONSELHO NACIONAL DE JUSTIÇA. Protocolo para Julgamento com Perspectiva de Gênero. Brasília: CNJ, p. 114.

16. PAMPLONA FILHO, Rodolfo. O assédio sexual na relação de emprego. São Paulo: LTr, 2011, p. 46.

17. TARUFFO, Michele. Uma simples verdade. O juiz e a construção dos fatos. São Paulo: Marcial Pons, 2016, p. 120-146.

expressar a lembrança dos fatos; e) o modo como a pessoa é capaz de expressar a lembrança dos fatos[18]. A *percepção dos fatos* pode ser condicionada pelo nível de fadiga psíquica, pelo momento em que ocorre o fato, pelo sentido envolvido, pela tendência afetiva, por hábitos (automatismos mentais), por exemplo[19]. O *resgate da memória* pode ser afetado por emoções associadas àquela recordação, inclusive por possíveis tendências à repressão de memórias aflitivas[20]. O momento de *expressão da memória* depende de fatores como cultura, vocabulário e capacidade de descrição, por exemplo[21]. Além disso, o próprio contexto em que o depoimento é prestado pode adicionar outros elementos capazes de interferir na precisão do relato, como a formulação de perguntas indutivas, capciosas, baseadas em premissas equivocadas, além da própria postura do responsável pela condução do depoimento[22]. O ambiente e os ritos do Poder Judiciário, geralmente desconhecidos pelas testemunhas e por muitos litigantes, também podem provocar insegurança, constrangimento ou medo no depoente, o que também pode afetar a qualidade da sua narrativa[23]. Por tudo isso, no que diz respeito à prova testemunhal, a "prova de um fato nunca é o fato, mas apenas a construção memorial de um fato, aquilo que se diz sobre o que aconteceu: o produto da subjetividade de um indivíduo que testemunhou (fixou, conservou e evocou uma lembrança), acrescido da subjetividade do magistrado e cruzado pelo exame dos advogados das partes (*cross-examination*), que implica várias subjetividades em interação, ainda que encobertas pelo mito da objetividade científica das regras processuais que conformam a produção e a coleta das informações advindas de uma memória dos fatos, organizada pelos ritos procedimentais (...) e pelo tempo, pelo lugar, pela disposição espacial dos corpos (...), pela linguagem técnico-forense comum aos operadores do direito, mas estranha às testemunhas, pela ordem e pela sequência das perguntas cujas respostas são registradas e submetidas à contraprova pelo advogado da outra parte, de modo a atender os princípios constitucionais do contraditório e da ampla defesa, tecnicamente desconhecidos de quem depõe"[24].

- **Falsas lembranças.** Falsas memórias podem ter origem espontânea ou por indução de outra(s) pessoa(s). O relevante é perceber que, em relação ao indivíduo que depõe, não há uma atuação intencional de fraudar a verdade, uma vez que, para ele, os fatos relatados correspondem fidedignamente à realidade. A falsa memória não se confunde, portanto, com a mentira. As falsas lembranças também são um fenômeno distinto da memória recobrada (ou recuperada): *"a distinção resume-se ao fato de as falsas memórias serem uma crença de que um fato aconteceu sem realmente ter ocorrido, sendo que as memórias recobradas são daqueles acontecimentos que ficaram escondidos na memória durante algum tempo para serem recordados posteriormente"*[25].
- ***Rapport.*** O termo *rapport*, originado na Psicologia, refere-se ao estabelecimento de um vínculo positivo, de confiança e atenção recíprocas, entre o médico ou terapeuta e o paciente. Os três componentes essenciais do *rapport* são a atenção mútua, a positividade e a coordenação entre os sujeitos[26]. Posteriormente, a expressão passou a ser utilizada no âmbito da Psicologia Judiciária, com enfoque na relação entre o entrevistador (notadamente, o juiz) e um depoente. A existência de *rapport* entre o juiz e uma testemunha contribui significativamente para a qualidade do depoimento e para a obtenção de respostas mais completas, claras e capazes de colaborar para o esclarecimento dos fatos: "De grande utilidade para maximizar a coleta das informações é o juiz, como presidente da audiência, estabelecer um bom *rapport* com a testemunha antes de iniciar a entrevista. Além de cumprir as formalidades legais, perguntas de estilo sobre dados de identificação, parentesco, amizade ou inimizade com qualquer das partes, e o compromisso de dizer a verdade, compete ao juiz criar um ambiente acolhedor e favorável, um clima de confiança, uma vez que a testemunha se encontra em um lugar estranho, dotado de características persecutórias, onde ela sabe que irá ser posta à prova e qualquer contradição será prontamente identificada"[27].

---

18. MIRA Y LÓPEZ, Emilio. Manual de psicologia jurídica. 6ª ed. Buenos Aires: El Ateneo, 1980, p. 107.
19. MIRA Y LÓPEZ, Emilio. Manual de psicologia jurídica. 6ª ed. Buenos Aires: El Ateneo, 1980, p. 108-110.
20. MIRA Y LÓPEZ, Emilio. Manual de psicologia jurídica. 6ª ed. Buenos Aires: El Ateneo, 1980, p. 110-112.
21. MIRA Y LÓPEZ, Emilio. Manual de psicologia jurídica. 6ª ed. Buenos Aires: El Ateneo, 1980, p. 112-113.
22. MIRA Y LÓPEZ, Emilio. Manual de psicologia jurídica. 6ª ed. Buenos Aires: El Ateneo, 1980, p. 113-114.
23. TRINDADE, Jorge. Manual de psicologia jurídica para operadores do Direito. 6ª ed. Porto Alegre: Livraria do Advogado, 2012, p. 301.
24. TRINDADE, Jorge. Manual de psicologia jurídica para operadores do Direito. 6ª ed. Porto Alegre: Livraria do Advogado, 2012, p. 287.
25. TRINDADE, Jorge. Manual de psicologia jurídica para operadores do Direito. 6ª ed. Porto Alegre: Livraria do Advogado, 2012, p. 221.
26. TICKLE-DEGNEN, Linda; ROSENTHAL, Robert. "The Nature of Rapport and Its Nonverbal Correlates". Psychological Inquiry, vol. 1, n.. 4, p. 286.
27. TRINDADE, Jorge. Manual de psicologia jurídica para operadores do Direito. 6ª ed. Porto Alegre: Livraria do Advogado, 2012, p. 301.

3. ÉTICA E ESTATUTO JURÍDICO DA MAGISTRATURA NACIONAL

3.1. REGIME JURÍDICO DA MAGISTRATURA NACIONAL: CARREIRAS, INGRESSO, PROMOÇÕES, REMOÇÕES

- **Carreiras.** De acordo com o art. 92 da Constituição Federal, são órgãos do Poder Judiciário: o Supremo Tribunal Federal; o Conselho Nacional de Justiça; o Superior Tribunal de Justiça; o Tribunal Superior do Trabalho; os Tribunais Regionais Federais e Juízes Federais; os Tribunais e Juízes do Trabalho; os Tribunais e Juízes Eleitorais; os Tribunais e Juízes Militares; os Tribunais e Juízes dos Estados e do Distrito Federal e Territórios. O Poder Judiciário brasileiro pode ser dividido em Justiça Comum (Estadual e Federal) e Justiça Especializada (Eleitoral, do Trabalho e Militar).
- **Ingresso.** O ingresso na carreira ocorre no cargo de juiz substituto, mediante concurso público de provas e títulos, com a participação da Ordem dos Advogados do Brasil em todas as fases, exigindo-se do bacharel em direito, no mínimo, três anos de atividade jurídica e obedecendo-se, nas nomeações, à ordem de classificação (art. 92, I, CF). A disciplina sobre os concursos públicos para ingresso na carreira da magistratura em todos os ramos do Poder Judiciário nacional está prevista na Resolução n. 75/2009 do CNJ.
- **Promoções.** De acordo com o art. 93, II, da CF, as promoções ocorrem de entrância para entrância, alternadamente, por antiguidade e merecimento, atendidos os seguintes critérios: é obrigatória a promoção do juiz que figure por três vezes consecutivas ou cinco alternadas em lista de merecimento; a promoção por merecimento pressupõe dois anos de exercício na respectiva entrância e integrar o juiz a primeira quinta parte da lista de antiguidade desta, salvo se não houver com tais requisitos quem aceite o lugar vago; aferição do merecimento conforme o desempenho e pelos critérios objetivos de produtividade e presteza no exercício da jurisdição e pela frequência e aproveitamento em cursos oficiais ou reconhecidos de aperfeiçoamento; na apuração de antiguidade, o tribunal somente poderá recusar o juiz mais antigo pelo voto fundamentado de dois terços de seus membros, conforme procedimento próprio, e assegurada ampla defesa, repetindo-se a votação até fixar-se a indicação; não será promovido o juiz que, injustificadamente, retiver autos em seu poder além do prazo legal, não podendo devolvê-los ao cartório sem o devido despacho ou decisão. O acesso aos tribunais de segundo grau far-se-á por antiguidade e merecimento, alternadamente, apurados na última ou única entrância. A disciplina sobre os critérios para aferição do merecimento para promoção de magistrados e acesso aos tribunais de 2º grau está prevista no art. 80 e seguintes da Lei Orgânica da Magistratura Nacional (Lei Complementar n. 35/1979) e na Resolução n. 106/2010 do CNJ. Importante destacar a introdução, pela Resolução n. 525/2023, do art. 1º-A da Resolução n. 106/2010 do CNJ, visando à promoção da paridade de gênero: *"Art. 1º-A No acesso aos tribunais de 2º grau que não alcançaram, no tangente aos cargos destinados a pessoas oriundas da carreira da magistratura, a proporção de 40% a 60% por gênero, as vagas pelo critério de merecimento serão preenchidas por intermédio de editais abertos de forma alternada para o recebimento de inscrições mistas, para homens e mulheres, ou exclusivas de mulheres, observadas as políticas de cotas instituídas por este Conselho, até o atingimento de paridade de gênero no respectivo tribunal".*
- **Remoções.** A inamovibilidade é assegurada aos magistrados, salvo por motivo de interesse público (art. 95, II, CF). A remoção a pedido está prevista no art. 93, VIII-A, da CF, e observará, no que couber, o disposto nas alíneas "a", "b", "c" e "e" do inciso II do art. 93 e no art. 94 do texto constitucional. O tema também é disciplinado nos arts. 81 a 83 da LOMAN e na Resolução n. 32/2007 do CNJ. A remoção como penalidade (remoção compulsória) está prevista nos arts. 93, VIII, e 95, II, da CF. O ato de remoção do magistrado, por interesse público, fundar-se-á em decisão por voto da maioria absoluta do respectivo tribunal ou do Conselho Nacional de Justiça, assegurada ampla defesa. A remoção compulsória está disciplinada nos arts. 27 (aplicável por força do art. 46 do mesmo diploma) e 42, III, da LOMAN.
- **Permuta.** A Resolução n. 32/2009 do CNJ prevê a possibilidade de permuta, a pedido, de magistrados de igual entrância. Ante a ausência de previsão legal específica, o CNJ entendia não ser possível a remoção por permuta de magistrados pertencentes a tribunais de justiça estaduais diversos, mesmo com a concordância dos tribunais envolvidos (Pedido de Providências n. 465/2006). A Emenda Constitucional n. 130/2023 inseriu o inciso VIII-B no art. 93 da Constituição, com a seguinte previsão: *"a permuta de magistrados de comarca de igual entrância, quando for o caso, e dentro do mesmo segmento de justiça, inclusive entre os juízes de segundo grau, vinculados a diferentes tribunais, na esfera da justiça estadual, federal ou do trabalho, atenderá, no que couber, ao disposto nas alíneas "a", "b", "c" e "e" do inciso II do caput deste artigo e no art. 94 desta Constituição".*

3.2. DIREITOS E DEVERES FUNCIONAIS DA MAGISTRATURA

- **Garantias da magistratura.** O art. 95 da Constituição Federal assegura aos juízes as seguintes garantias: vitaliciedade, que, no primeiro grau, só será adquirida após dois anos de exercício, dependendo a perda do cargo, nesse período, de deliberação do tribunal a que o juiz estiver vinculado, e, nos demais casos, de sentença judicial transitada em julgado;

inamovibilidade, salvo por motivo de interesse público, na forma do art. 93, VIII, CF; irredutibilidade de subsídio, ressalvado o disposto nos arts. 37, X e XI, 39, § 4º, 150, II, 153, III, e 153, § 2º, I, CF. A disciplina das garantias da magistratura é detalhada no arts. 25 a 32 da LOMAN.

- **Prerrogativas da magistratura.** Nos termos do art. 33 da LOMAN, são prerrogativas dos juízes: ser ouvido como testemunha em dia, hora e local previamente ajustados com a autoridade ou Juiz de instância igual ou inferior; não ser preso senão por ordem escrita do Tribunal ou do Órgão Especial competente para o julgamento, salvo em flagrante de crime inafiançável, caso em que a autoridade fará imediata comunicação e apresentação do magistrado ao Presidente do Tribunal a que esteja vinculado; ser recolhido a prisão especial, ou a sala especial de Estado-Maior, por ordem e à disposição do Tribunal ou do órgão especial competente, quando sujeito a prisão antes do julgamento final; não estar sujeito a notificação ou a intimação para comparecimento, salvo se expedida por autoridade judicial; portar arma de defesa pessoal. Quando, no curso de investigação, houver indício da prática de crime por parte do magistrado, a autoridade policial, civil ou militar, remeterá os respectivos autos ao Tribunal ou órgão especial competente para o julgamento, a fim de que prossiga na investigação.

- **Vedações.** De acordo com o art. 95, parágrafo único, da Constituição Federal, aos juízes é vedado: exercer, ainda que em disponibilidade, outro cargo ou função, salvo uma de magistério; receber, a qualquer título ou pretexto, custas ou participação em processo; dedicar-se à atividade político-partidária; receber, a qualquer título ou pretexto, auxílios ou contribuições de pessoas físicas, entidades públicas ou privadas, ressalvadas as exceções previstas em lei; exercer a advocacia no juízo ou tribunal do qual se afastou, antes de decorridos três anos do afastamento do cargo por aposentadoria ou exoneração. Sobre o tema, o art. 36 da LOMAN prevê o seguinte: *"Art. 36 - É vedado ao magistrado: I - exercer o comércio ou participar de sociedade comercial, inclusive de economia mista, exceto como acionista ou quotista; II - exercer cargo de direção ou técnico de sociedade civil, associação ou fundação, de qualquer natureza ou finalidade, salvo de associação de classe, e sem remuneração; III - manifestar, por qualquer meio de comunicação, opinião sobre processo pendente de julgamento, seu ou de outrem, ou juízo depreciativo sobre despachos, votos ou sentenças, de órgãos judiciais, ressalvada a crítica nos autos e em obras técnicas ou no exercício do magistério".*

- **Deveres.** O art. 35 da LOMAN elenca dos deveres do magistrado: cumprir e fazer cumprir, com independência, serenidade e exatidão, as disposições legais e os atos de ofício; não exceder injustificadamente os prazos para sentenciar ou despachar; determinar as providências necessárias para que os atos processuais se realizem nos prazos legais; tratar com urbanidade as partes, os membros do Ministério Público, os advogados, as testemunhas, os funcionários e auxiliares da Justiça, e atender aos que o procurarem, a qualquer momento, quanto se trate de providência que reclame e possibilite solução de urgência; residir na sede da Comarca salvo autorização do órgão disciplinar a que estiver subordinado; comparecer pontualmente à hora de iniciar-se o expediente ou a sessão, e não se ausentar injustificadamente antes de seu término; exercer assídua fiscalização sobre os subordinados, especialmente no que se refere à cobrança de custas e emolumentos, embora não haja reclamação das partes; manter conduta irrepreensível na vida pública e particular. O estudo dos deveres dos juízes deve ser complementado com a análise do Código de Ética da Magistratura Nacional, que prevê parâmetros de comportamento exigidos dos magistrados.

3.3. CÓDIGO DE ÉTICA DA MAGISTRATURA NACIONAL

- **O Código de Ética da Magistratura Nacional.** A Resolução n. 60/2008 estabelece o Código de Ética da Magistratura Nacional. O diploma é inspirado no Código Modelo Ibero-Americano de Ética Judicial e nos Princípios de Bangalore de Conduta Judicial.

- **Princípios.** O Código de Ética da Magistratura Nacional consagra um conjunto de princípios que regem a atuação da magistratura no Brasil: independência, imparcialidade, conhecimento e capacitação, cortesia, transparência, segredo profissional, prudência, diligência, integridade profissional e pessoal, dignidade, honra e decoro.

- **Independência.** Exige-se do magistrado que seja eticamente independente e que não interfira, de qualquer modo, na atuação jurisdicional de outro colega, exceto em respeito às normas legais. Impõe-se ao magistrado pautar-se no desempenho de suas atividades sem receber indevidas influências externas e estranhas à justa convicção que deve formar para a solução dos casos que lhe sejam submetidos. É dever do magistrado denunciar qualquer interferência que vise a limitar sua independência. A independência judicial implica que ao magistrado é vedado participar de atividade político-partidária.

- **Imparcialidade.** O magistrado imparcial é aquele que busca nas provas a verdade dos fatos, com objetividade e fundamento, mantendo ao longo de todo o processo uma distância equivalente das partes, e evita todo o tipo de comportamento que possa refletir favoritismo, predisposição ou preconceito. Ao magistrado, no desempenho de sua atividade, cumpre dispensar às partes igualdade de tratamento, vedada qualquer espécie de injustificada discriminação. Não se considera tratamento discriminatório injustificado: a audiência concedida a apenas uma das partes ou seu advogado, contanto que se assegure igual direito à parte contrária, caso seja solicitado; o tratamento diferenciado resultante de lei.

- **Transparência.** A atuação do magistrado deve ser transparente, documentando-se seus atos, sempre que possível, mesmo quando não legalmente previsto, de modo a favorecer sua publicidade, exceto nos casos de sigilo contemplado em lei. O magistrado, obedecido o segredo de justiça, tem o dever de informar ou mandar informar aos interessados acerca dos processos sob sua responsabilidade, de forma útil, compreensível e clara. Cumpre ao magistrado, na sua relação com os meios de comunicação social, comportar-se de forma prudente e equitativa, e cuidar especialmente: para que não sejam prejudicados direitos e interesses legítimos de partes e seus procuradores; de abster-se de emitir opinião sobre processo pendente de julgamento, seu ou de outrem, ou juízo depreciativo sobre despachos, votos, sentenças ou acórdãos, de órgãos judiciais, ressalvada a crítica nos autos, doutrinária ou no exercício do magistério. O magistrado deve evitar comportamentos que impliquem a busca injustificada e desmesurada por reconhecimento social, mormente a autopromoção em publicação de qualquer natureza. Cumpre ao magistrado ostentar conduta positiva e de colaboração para com os órgãos de controle e de aferição de seu desempenho profissional.
- **Integridade profissional e pessoal.** A integridade de conduta do magistrado fora do âmbito estrito da atividade jurisdicional contribui para uma fundada confiança dos cidadãos na judicatura. O magistrado deve comportar-se na vida privada de modo a dignificar a função, cônscio de que o exercício da atividade jurisdicional impõe restrições e exigências pessoais distintas das acometidas aos cidadãos em geral. É dever do magistrado recusar benefícios ou vantagens de ente público, de empresa privada ou de pessoa física que possam comprometer sua independência funcional. Ao magistrado é vedado usar para fins privados, sem autorização, os bens públicos ou os meios disponibilizados para o exercício de suas funções. Cumpre ao magistrado adotar as medidas necessárias para evitar que possa surgir qualquer dúvida razoável sobre a legitimidade de suas receitas e de sua situação econômico-patrimonial.
- **Diligência e dedicação.** Cumpre ao magistrado velar para que os atos processuais se celebrem com a máxima pontualidade e para que os processos a seu cargo sejam solucionados em um prazo razoável, reprimindo toda e qualquer iniciativa dilatória ou atentatória à boa-fé processual. O magistrado não deve assumir encargos ou contrair obrigações que perturbem ou impeçam o cumprimento apropriado de suas funções específicas, ressalvadas as acumulações permitidas constitucionalmente. O magistrado que acumular, de conformidade com a Constituição Federal, o exercício da judicatura com o magistério deve sempre priorizar a atividade judicial, dispensando-lhe efetiva disponibilidade e dedicação. O magistrado, no exercício do magistério, deve observar conduta adequada à sua condição de juiz, tendo em vista que, aos olhos de alunos e da sociedade, o magistério e a magistratura são indissociáveis, e faltas éticas na área do ensino refletirão necessariamente no respeito à função judicial.
- **Cortesia.** O magistrado tem o dever de cortesia para com os colegas, os membros do Ministério Público, os advogados, os servidores, as partes, as testemunhas e todos quantos se relacionem com a administração da Justiça. Impõe-se ao magistrado a utilização de linguagem escorreita, polida, respeitosa e compreensível. A atividade disciplinar, de correição e de fiscalização serão exercidas sem infringência ao devido respeito e consideração pelos correicionados.
- **Prudência.** O magistrado prudente é o que busca adotar comportamentos e decisões que sejam o resultado de juízo justificado racionalmente, após haver meditado e valorado os argumentos e contra-argumentos disponíveis, à luz do Direito aplicável. Especialmente ao proferir decisões, incumbe ao magistrado atuar de forma cautelosa, atento às consequências que pode provocar. O magistrado deve manter atitude aberta e paciente para receber argumentos ou críticas lançados de forma cortês e respeitosa, podendo confirmar ou retificar posições anteriormente assumidas nos processos em que atua.
- **Sigilo profissional.** O magistrado tem o dever de guardar absoluta reserva, na vida pública e privada, sobre dados ou fatos pessoais de que haja tomado conhecimento no exercício de sua atividade. Aos juízes integrantes de órgãos colegiados impõe-se preservar o sigilo de votos que ainda não hajam sido proferidos e daqueles de cujo teor tomem conhecimento, eventualmente, antes do julgamento.
- **Conhecimento e capacitação.** A exigência de conhecimento e de capacitação permanente dos magistrados tem como fundamento o direito dos jurisdicionados e da sociedade em geral à obtenção de um serviço de qualidade na administração de Justiça. O magistrado bem formado é o que conhece o Direito vigente e desenvolveu as capacidades técnicas e as atitudes éticas adequadas para aplicá-lo corretamente. A obrigação de formação contínua dos magistrados estende-se tanto às matérias especificamente jurídicas quanto no que se refere aos conhecimentos e técnicas que possam favorecer o melhor cumprimento das funções judiciais. O conhecimento e a capacitação dos magistrados adquirem uma intensidade especial no que se relaciona com as matérias, as técnicas e as atitudes que levem à máxima proteção dos direitos humanos e ao desenvolvimento dos valores constitucionais. O magistrado deve facilitar e promover, na medida do possível, a formação dos outros

membros do órgão judicial. O magistrado deve manter uma atitude de colaboração ativa em todas as atividades que conduzem à formação judicial. O magistrado deve esforçar-se para contribuir com os seus conhecimentos teóricos e práticos ao melhor desenvolvimento do Direito e à administração da Justiça. É dever do magistrado atuar no sentido de que a instituição de que faz parte ofereça os meios para que sua formação seja permanente.

- **Dignidade, honra e decoro.** Ao magistrado é vedado procedimento incompatível com a dignidade, a honra e o decoro de suas funções. O magistrado não deve exercer atividade empresarial, exceto na condição de acionista ou cotista e desde que não exerça o controle ou gerência. É atentatório à dignidade do cargo qualquer ato ou comportamento do magistrado, no exercício profissional, que implique discriminação injusta ou arbitrária de qualquer pessoa ou instituição.

3.4. SISTEMAS DE CONTROLE INTERNO DO PODER JUDICIÁRIO: CORREGEDORIAS, OUVIDORIAS, CONSELHOS SUPERIORES E CONSELHO NACIONAL DE JUSTIÇA

- **Conselho Nacional de Justiça.** O Conselho Nacional de Justiça foi criado pela Emenda Constitucional n. 45/2004, que inseriu o art. 103-B na Constituição Federal. O CNJ é composto por quinze membros, com mandato de dois anos, admitida uma recondução, sendo: o Presidente do Supremo Tribunal Federal; um Ministro do Superior Tribunal de Justiça, indicado pelo respectivo tribunal; um Ministro do Tribunal Superior do Trabalho, indicado pelo respectivo tribunal; um desembargador de Tribunal de Justiça, indicado pelo Supremo Tribunal Federal; um juiz estadual, indicado pelo Supremo Tribunal Federal; um juiz de Tribunal Regional Federal, indicado pelo Superior Tribunal de Justiça; um juiz federal, indicado pelo Superior Tribunal de Justiça; um juiz de Tribunal Regional do Trabalho, indicado pelo Tribunal Superior do Trabalho; um juiz do trabalho, indicado pelo Tribunal Superior do Trabalho; um membro do Ministério Público da União, indicado pelo Procurador-Geral da República; um membro do Ministério Público estadual, escolhido pelo Procurador-Geral da República dentre os nomes indicados pelo órgão competente de cada instituição estadual; dois advogados, indicados pelo Conselho Federal da Ordem dos Advogados do Brasil; dois cidadãos, de notável saber jurídico e reputação ilibada, indicados um pela Câmara dos Deputados e outro pelo Senado Federal. O CNJ será presidido pelo Presidente do Supremo Tribunal Federal e, nas suas ausências e impedimentos, pelo Vice-Presidente do Supremo Tribunal Federal. Os demais membros do Conselho serão nomeados pelo Presidente da República, depois de aprovada a escolha pela maioria absoluta do Senado Federal. Compete ao Conselho o controle da atuação administrativa e financeira do Poder Judiciário e do cumprimento dos deveres funcionais dos juízes, cabendo-lhe, além de outras atribuições que lhe forem conferidas pelo Estatuto da Magistratura: zelar pela autonomia do Poder Judiciário e pelo cumprimento do Estatuto da Magistratura, podendo expedir atos regulamentares, no âmbito de sua competência, ou recomendar providências; zelar pela observância do art. 37 e apreciar, de ofício ou mediante provocação, a legalidade dos atos administrativos praticados por membros ou órgãos do Poder Judiciário, podendo desconstituí-los, revê-los ou fixar prazo para que se adotem as providências necessárias ao exato cumprimento da lei, sem prejuízo da competência do Tribunal de Contas da União; receber e conhecer das reclamações contra membros ou órgãos do Poder Judiciário, inclusive contra seus serviços auxiliares, serventias e órgãos prestadores de serviços notariais e de registro que atuem por delegação do poder público ou oficializados, sem prejuízo da competência disciplinar e correicional dos tribunais, podendo avocar processos disciplinares em curso, determinar a remoção ou a disponibilidade e aplicar outras sanções administrativas, assegurada ampla defesa; representar ao Ministério Público, no caso de crime contra a administração pública ou de abuso de autoridade; rever, de ofício ou mediante provocação, os processos disciplinares de juízes e membros de tribunais julgados há menos de um ano; elaborar semestralmente relatório estatístico sobre processos e sentenças prolatadas, por unidade da Federação, nos diferentes órgãos do Poder Judiciário; elaborar relatório anual, propondo as providências que julgar necessárias, sobre a situação do Poder Judiciário no País e as atividades do Conselho, o qual deve integrar mensagem do Presidente do Supremo Tribunal Federal a ser remetida ao Congresso Nacional, por ocasião da abertura da sessão legislativa.
- **Conselho da Justiça Federal.** O Conselho da Justiça Federal funciona junto ao Superior Tribunal de Justiça, tendo por atribuição exercer a supervisão administrativa e orçamentária da Justiça Federal de primeiro e segundo graus, como órgão central do sistema e com poderes correicionais, cujas decisões terão caráter vinculante (art. 105, § 1º, I, CF). O CJF é disciplinado pela Lei n. 11.798/2008. Integram o Conselho da Justiça Federal: o Presidente e o Vice-Presidente do Superior Tribunal de Justiça; quatro Ministros, eleitos entre os integrantes do Superior Tribunal de Justiça, juntamente com seus suplentes; os Presidentes dos Tribunais Regionais Federais, que serão substituídos em suas faltas ou impedimentos pelos respectivos Vice-Presidentes (art. 2º, Lei n. 11.798/2008).
- **Conselho Superior da Justiça do Trabalho.** O Conselho Superior da Justiça do Trabalho funciona junto ao Tribunal Superior do Trabalho, tendo por atribuição exercer a supervisão administrativa, orçamentária, financeira e patrimonial da Justiça do

Trabalho de primeiro e segundo graus, como órgão central do sistema, cujas decisões terão efeito vinculante (art. 111-A, § 2º, II, CF). O CSJT é disciplinado pela Lei n. 14.824/2024. O Conselho Superior da Justiça do Trabalho compõe-se de doze membros: o Presidente e o Vice-Presidente do Tribunal Superior do Trabalho, como membros natos; o Corregedor-Geral da Justiça do Trabalho; três Ministros do Tribunal Superior do Trabalho, eleitos pelo Tribunal Pleno; cinco Presidentes de Tribunais Regionais do Trabalho, dos quais um de cada região geográfica do País, observado o rodízio entre os Tribunais; um Juiz do Trabalho, vitalício e titular de Vara do Trabalho, eleito pelo Tribunal Pleno do Tribunal Superior do Trabalho (art. 3º, Lei n. 14.824/2024).

- **Corregedorias.** O art. 40 da LOMAN prevê que a atividade censória de Tribunais e Conselhos é exercida com o resguardo devido à dignidade e à independência do magistrado. No mesmo sentido, o art. 23 do Código de Ética da Magistratura Nacional estabelece que a atividade disciplinar, de correição e de fiscalização serão exercidas sem infringência ao devido respeito e consideração pelos correicionados. A atividade das Corregedorias destina-se à orientação e à fiscalização dos membros e serviços do Poder Judiciário, com a aplicação, quando for o caso, das sanções administrativas cabíveis. No âmbito do Conselho Nacional de Justiça, funciona a Corregedoria Nacional de Justiça. A função de Corregedor Nacional de Justiça é desempenhada pelo Conselheiro oriundo do Superior Tribunal de Justiça. Nos termos do art. 103-B, § 6º, da Constituição Federal, compete a ele: receber as reclamações e denúncias, de qualquer interessado, relativas aos magistrados e aos serviços judiciários; exercer funções executivas do Conselho, de inspeção e de correição geral; requisitar e designar magistrados, delegando-lhes atribuições, e requisitar servidores de juízos ou tribunais, inclusive nos Estados, Distrito Federal e Territórios. É importante destacar, ainda, a introdução, pela Resolução n. 548/2024, do art. 47-A no Regimento Interno do CNJ, com a seguinte redação: "*Art. 47-A No curso de qualquer processo deste Capítulo, uma vez evidenciada a prática de infração disciplinar por parte de magistrado, servidor, serventuário ou delegatário de serventia extrajudicial em que se verifique a hipótese de infração disciplinar leve, com possível aplicação de pena de advertência, censura ou disponibilidade pelo prazo de até 90 (noventa) dias, o Corregedor Nacional de Justiça poderá propor ao investigado Termo de Ajustamento de Conduta (TAC), que, uma vez aceito, será homologado pelo Corregedor Nacional de Justiça*".

- **Ouvidorias.** O art. 103-B, § 7º, da Constituição Federal prevê que a União, inclusive no Distrito Federal e nos Territórios, criará ouvidorias de justiça, competentes para receber reclamações e denúncias de qualquer interessado contra membros ou órgãos do Poder Judiciário, ou contra seus serviços auxiliares, representando diretamente ao Conselho Nacional de Justiça. As atribuições, a organização e o funcionamento das Ouvidorias dos tribunais, da Ouvidoria Nacional de Justiça estão disciplinados na Resolução n. 432/2021 do CNJ. O art. 3º do mencionado diploma prevê que as Ouvidorias constituem-se em órgãos autônomos, integrantes da alta administração dos tribunais, e essenciais à administração da Justiça. De acordo com o art. 2º da Resolução, o Ouvidor dos tribunais e seu substituto serão eleitos pelo Pleno ou Órgão Especial, para o período mínimo de 1 (um) ano e máximo de 2 (dois) anos, permitida a reeleição, sendo vedada a acumulação com cargos diretivos e de juízes auxiliares. É vedado o exercício da função de Ouvidor por mais de 4 (quatro) anos consecutivos, de modo que nova eleição do mesmo magistrado só poderá ocorrer após o transcurso do interstício do período correspondente a um mandato. São atribuições das Ouvidorias, além de outras compatíveis com suas finalidades: funcionar como espaço de participação social, colaborando com a efetivação do Estado Democrático de Direito; viabilizar o exercício dos direitos de cidadania e fomentar a participação social, auxiliando na transparência institucional e na promoção da qualidade do serviço público; promover a efetividade dos direitos humanos ao ouvir, reconhecer e qualificar as manifestações apresentadas pelos cidadãos; atuar na defesa da ética, da transparência, da eficiência da prestação do serviço público; estimular a conscientização dos usuários sobre o direito de receber um serviço público de qualidade e atuar na busca de soluções para os problemas apresentados; propor a adoção de medidas para a defesa dos direitos do usuário, em observância à legislação pertinente; receber, analisar e encaminhar às autoridades competentes as manifestações, acompanhando o tratamento até a sua efetiva conclusão perante órgão; promover a adoção de mediação e conciliação entre o usuário e o tribunal ou conselho, atuando no sentido de construir soluções pacíficas, sem prejuízo de outros órgãos competentes; e contribuir para o planejamento e para a formulação de políticas relacionadas ao desenvolvimento das atividades constantes da Lei no 13.709/2018 (art. 4º, Resolução n. 432/2021 do CNJ).

3.5. RESPONSABILIDADE ADMINISTRATIVA, CIVIL E CRIMINAL DOS MAGISTRADOS

- **Responsabilidade civil.** De acordo com o art. 40 da LOMAN e com o art. 143 do CPC, o juiz responderá, civil e regressivamente, por perdas e danos quando: no exercício de suas funções, proceder com dolo ou fraude; recusar, omitir ou retardar, sem justo motivo, providência que deva ordenar de ofício ou a requerimento da parte. As hipóteses de recusa, omissão ou retardamento injustificados somente serão verificadas depois que a parte requerer ao juiz que determine a providência e o requerimento não for apreciado no prazo de dez dias (art. 143, parágrafo único, CPC).

- **Responsabilidade penal.** Uma das hipóteses de perda do cargo do magistrado vitalício decorre de condenação em ação penal por crime comum ou de responsabilidade (art. 26, I, LOMAN). Nos termos do art. 33, II, da LOMAN, é prerrogativa do juiz não ser preso senão por ordem escrita do Tribunal ou do Órgão Especial competente para o julgamento, salvo em flagrante de crime inafiançável, caso em que a autoridade fará imediata comunicação e apresentação do magistrado ao Presidente do Tribunal a que esteja vinculado. Na hipótese de prisão antes do julgamento final, assegura-se ao magistrado a prerrogativa de ser recolhido a prisão especial, ou a sala especial de Estado-Maior, por ordem e à disposição do Tribunal ou do órgão especial competente. Quando, no curso de investigação, houver indício da prática de crime por parte do magistrado, a autoridade policial, civil ou militar, remeterá os respectivos autos ao Tribunal ou órgão especial competente para o julgamento, a fim de que prossiga na investigação (art. 33, parágrafo único, LOMAN).
- **Responsabilidade administrativa.** Nos termos do art. 41 da LOMAN, salvo os casos de impropriedade ou excesso de linguagem o magistrado não pode ser punido ou prejudicado pelas opiniões que manifestar ou pelo teor das decisões que proferir. Os juízes podem sofrer as seguintes penalidades disciplinares: advertência; censura; remoção compulsória; disponibilidade com vencimentos proporcionais ao tempo de serviço; aposentadoria compulsória com vencimentos proporcionais ao tempo de serviço; demissão (art. 42, LOMAN). A pena de advertência aplicar-se-á reservadamente, por escrito, no caso de negligência no cumprimento dos deveres do cargo. A pena de censura será aplicada reservadamente, por escrito, no caso de reiterada negligência no cumprimento dos deveres do cargo, ou no de procedimento incorreto, se a infração não justificar punição mais grave. O juiz punido com a pena de censura não poderá figurar em lista de promoção por merecimento pelo prazo de um ano, contado da imposição da pena.

4. FILOSOFIA DO DIREITO

4.1. O CONCEITO DE JUSTIÇA. SENTIDO LATO DE JUSTIÇA, COMO VALOR UNIVERSAL. SENTIDO ESTRITO DE JUSTIÇA, COMO VALOR JURÍDICO-POLÍTICO. DIVERGÊNCIAS SOBRE O CONTEÚDO DO CONCEITO

- **Direito e Justiça.** A relação entre Direito e Justiça é um dos temas tradicionais da Filosofia, da Moral e do próprio Direito. Em essência, justiça consiste em *"dar a cada um o que é seu"*, clássica formulação do Direito Romano. É possível abordar a ideia de justiça a partir de uma perspectiva subjetiva (justiça como virtude pessoal) ou objetiva (qualidade de uma instituição, legislação ou ordem jurídica)[28]. Na perspectiva subjetiva, a justiça pode ser compreendida em três sentidos: latíssimo (*"conjunto de todas as virtudes"*), lato (*"conjunto das virtudes sociais ou virtudes de relação e convivência humana"*) e estrito (*"virtude com objeto especial"*, cujo objeto é *"dar a outrem o que lhe é devido, segundo uma igualdade"*)[29].
- **Justiça comutativa, distributiva e social.** De maneira sintética, é possível visualizar três espécies ou três formulações sobre a justiça. Na justiça comutativa (corretiva ou sinalagmática), *"um particular dá a outro particular aquilo que lhe é rigorosamente devido, observada uma igualdade simples ou real"*[30]. Na justiça distributiva, *"a comunidade dá a cada um de seus membros uma participação no bem comum, observada uma igualdade proporcional ou relativa"*[31]. Na justiça social, *"os membros da sociedade dão a esta sua contribuição para o bem comum, observada uma igualdade proporcional"*[32].

4.2. O CONCEITO DE DIREITO. EQUIDADE. DIREITO E MORAL

- **Conceito de Direito.** *Direito* é termo com múltiplos significados: a) conjunto de normas jurídicas: neste sentido, direito corresponde ao ordenamento jurídico, à reunião das normas jurídicas de determinado sistema; b) direito subjetivo: aqui, direito significa uma posição jurídica ativa atribuída a um sujeito pelo ordenamento jurídico; c) justiça: é possível, também, utilizar a expressão "direito" para expressar uma das perspectivas da ideia de justiça, anteriormente examinadas; d) ramo da Ciência: neste sentido, "direito" é palavra empregada como sinônimo de Ciência do Direito, área do conhecimento; e) fato social: aqui, o Direito é compreendido como fenômeno social[33].
- **Equidade.** A equidade desempenha o "duplo papel de suprir as lacunas dos repositórios de normas, e auxiliar a obter o sentido e alcance das disposições legais. Serve, portanto, à Hermenêutica e à Aplica-

---

28. MONTORO, André Franco. Introdução à Ciência do Direito. 33ª ed. São Paulo: RT, 2016, p. 162.
29. MONTORO, André Franco. Introdução à Ciência do Direito. 33ª ed. São Paulo: RT, 2016, p. 166-168.
30. MONTORO, André Franco. Introdução à Ciência do Direito. 33ª ed. São Paulo: RT, 2016, p. 190.
31. MONTORO, André Franco. Introdução à Ciência do Direito. 33ª ed. São Paulo: RT, 2016, p. 218.
32. MONTORO, André Franco. Introdução à Ciência do Direito. 33ª ed. São Paulo: RT, 2016, p. 260.
33. MONTORO, André Franco. Introdução à Ciência do Direito. 33ª ed. São Paulo: RT, 2016, p. 60-67,

ção do Direito"[34]. É necessário distinguir julgamento com equidade de julgamento por equidade. No *julgamento com equidade*, tem-se a interpretação da lei com o propósito de realização da justiça no caso concreto, de maneira adequada às suas peculiaridades. No *julgamento por equidade*, tem-se a criação da norma jurídica a partir da percepção de justiça do julgador, o que somente é admissível nos casos autorizados por lei (CPC/15, art. 140).

- **Direito e Moral.** No período posterior à Segunda Guerra Mundial proliferaram debates jurídicos acerca das concepções da teoria do Direito e do próprio papel deste na sociedade. O pensamento positivista, estrutura paradigmática sobre a qual se desenvolvera a quase totalidade da produção jurídica do período, revelou-se absolutamente incapaz de obstar algumas das maiores atrocidades da história da humanidade. Antes, serviu-lhe, sob perspectiva formal, como instrumento de legitimação e veículo de concretização. Os fatos históricos, contudo, revelaram a insuficiência do paradigma positivista, reclamando sua superação. Precisamente neste contexto despontou aquilo que seria denominado de pós-positivismo. O pós-positivismo não corresponde a uma corrente doutrinária homogênea, mas reúne os esforços doutrinários de diversos juristas preocupados com o desenvolvimento de novos paradigmas no Direito, aptos à produção de justiça e realização da dignidade humana. A tendência observada nesse movimento – e que viria a se aprofundar nas décadas seguintes – era a de assunção de uma nova postura por parte dos aplicadores do Direito. Era crescentemente rechaçada qualquer pretensão de afastamento entre o Direito e elementos de ordem moral e axiológica, reconhecendo-se que a tarefa do jurista não pode ser reduzida à realização de subsunções e juízos de compatibilidade formal. Como observado por Robert Alexy, as conexões conceituais necessárias entre direito e moral podem ser de dois tipos: definitória ou qualificativa. Está-se diante da primeira se a uma norma ou sistema de normas, que não satisfaz certo critério moral, se nega o caráter de norma jurídica ou sistema jurídico. Já a qualificativa se configura se alguém afirma que uma norma ou sistema de normas, que não satisfaz certo critério moral, pode ser considerado como norma jurídica ou sistema jurídico, ainda que se possa afirmar que é uma norma jurídica ou sistema jurídico defeituoso por razões conceituais[35].

34. MAXIMILIANO, Carlos. Hermenêutica e Aplicação do Direito. 20ª ed. Rio de Janeiro: Forense, 2011, p. 140.
35. ALEXY, Robert. "Sobre las relaciones necesarias entre el derecho y la moral, tradução de Pablo Larrañaga". In: VÁSQUEZ, Rodolfo (Comp.). Derecho y moral. Ensayos sobre un debate contemporáneo. Barcelona: Gedisa, p. 120.

4.3. A INTERPRETAÇÃO DO DIREITO. A SUPERAÇÃO DOS MÉTODOS DE INTERPRETAÇÃO MEDIANTE PURO RACIOCÍNIO LÓGICO-DEDUTIVO. O MÉTODO DE INTERPRETAÇÃO PELA LÓGICA DO RAZOÁVEL

- **Interpretação.** Na concepção clássica, a interpretação era compreendida como um processo de descoberta do sentido e do alcance da norma jurídica. Essa concepção está historicamente associada ao brocardo latino "*in claris cessat interpretatio*" (diante da clareza do texto, não há necessidade de interpretação). Ocorre que a ideia de interpretação como "descoberta" de um sentido preexistente no texto normativo não corresponde à visão atual acerca do processo de interpretação e aplicação do Direito. Compreende-se, hoje, que não há relação de identidade entre norma e texto: a norma é sempre o produto da atividade interpretativa do sujeito, que parte do texto normativo. Reconhece-se, então, a relevância do papel do intérprete, que pode ser sistematizado de acordo com os seguintes critérios: indissociabilidade entre sujeito e objeto na atividade interpretativa; importância do reconhecimento das pré-compreensões; interpretação como reconstrução do significado do texto normativo.

- **Métodos tradicionais de interpretação do Direito.** Os denominados métodos tradicionais de interpretação do Direito podem ser assim sistematizados: *a) Gramatical (ou literal)*: exame do texto normativo mediante a aplicação das regras gramaticais, com vistas à definição do sentido literal das suas palavras; *b) Lógico*: utilização de raciocínios lógicos (indutivos e dedutivos) para a compreensão do significado do texto normativo; *c) Histórico*: análise do contexto histórico de surgimento da lei, inclusive no tocante ao desenvolvimento do processo legislativo; *d) Teleológica (finalística ou sociológica)*: compreensão do texto normativo a partir das suas finalidades, considerando a necessidade de atendimento dos anseios sociais; *e) Sistemática*: definição do sentido do texto considerando as disposições contidas em outros diplomas, respeitando a visão do ordenamento como conjunto unitário.

- **A lógica do razoável.** Após um período histórico de acentuada valorização da lógica formal no processo de compreensão e aplicação do Direito, outras correntes metodológicas passaram a sustentar a relevância do resgate de critérios como o consenso argumentativo, a dialética, a valorização do pensamento a partir do problema (vide, por exemplo as propostas teóricas de Perelman e Viehweg) e a percepção de razoabilidade do discurso jurídico e das soluções desenvolvidas a partir dele. Uma dessas propostas metodológicas é a Lógica do Razoável, sustentada por Recasén Siches. De acordo o autor, diante de um caso, o juiz deve "proceder razoavelmente, tendo consciência da realidade e do significado dos fatos, compreendendo os valores nos quais a ordem jurídica positiva se baseia, atento ao propósito da norma em causa, levando em consideração as análises complementares produzidas pelo próprio juiz em conformidade com o ordenamento jurídico"[36]. As características da lógica do razoável podem ser sintetizadas da seguinte maneira: ela é condicionada e influenciada pela realidade concreta; é impregnada de valorações (critérios estimativos ou axiológicos); essas valorações são concretas, referidas a uma situação humana real; essas valorações são a base para a identificação das finalidades que devem ser alcançadas na solução do caso; a solução do caso também é condicionada pelas possibilidades oferecidas pela realidade humana social concreta; a lógica do razoável é regida por razões de congruência ou adequação (entre a realidade social e os valores, entre os valores e as finalidades, entre finalidades e a realidade social concreta, entre as finalidades e os meios disponíveis para o seu alcance, entre as finalidades e os meios eticamente apropriados ao seu alcance, entre as finalidades e os meios eficazes para o seu alcance); a lógica do razoável é orientada pelos ensinamentos oriundos da experiência da vida e da experiência histórica[37].

5. TEORIA GERAL DO DIREITO E DA POLÍTICA

5.1. DIREITO OBJETIVO E DIREITO SUBJETIVO

- **Conceito.** A necessidade de explicitação da distinção entre Direito objetivo e direito subjetivo decorre da utilização do mesmo vocábulo ("direito") em referência a realidades, institutos ou categorias que não se confundem. O *Direito objetivo* corresponde ao "complexo de todas as normas jurídicas" de determinado ordenamento jurídico[38]. Por sua vez, o *direito subjetivo* é "uma vantagem atribuída a alguém em função da incidência de uma norma jurídica. Essa vantagem consiste em uma 'permissão normativa específica de aproveitamento de um bem'. Essa permissão para o aproveitamento de um determinado bem pode se realizar mediante uma prestação (um dar, um fazer ou não fazer) ou mediante uma sujeição (uma submissão a um poder de alterar unilateralmente a ordem jurídica)"[39]. Pontes de Miranda sintetiza o tema, ao afirmar que o "direito objetivo é a regra jurídica sobre as relações de direito e a sua eficiência, independente de qualquer subjetivação, exigibilidade ou acionabilidade", ao passo que o "direito subjetivo marca toda aquela precisão, aquela localização, aquela individualização, a que aludimos"[40].

5.2. FONTES DO DIREITO OBJETIVO. PRINCÍPIOS GERAIS DE DIREITO. JURISPRUDÊNCIA. SÚMULA VINCULANTE

- **Fontes do Direito objetivo.** O tema das fontes é uma questão essencial no Direito. Além da íntima relação com a segurança jurídica, a identificação das fontes do Direito possui inegável associação com o exercício de um poder. Trata-se, afinal, de uma decisão sobre quais atos possuem caráter normativo. Consideradas em si mesmas, as *fontes formais* do Direito são, na lição de Garcia Maynez, processos de manifestação da norma jurídica, cada um constituído por diversas etapas em que devem ser observados requisitos específicos[41]. Cada fonte formal possui, portanto, particularidades em sua consolidação e apresentação. São exemplos de fontes formais do Direito: a Constituição da República, as Leis Complementares, as Leis Ordinárias, as Medidas Provisórias, as Leis Delegadas, os Decretos Regulamentares do Poder Executivo e as Súmulas Vinculantes do Supremo Tribunal Federal. Por outro lado, manifestações e discussões sociais, debates públicos, expressões de conteúdo ideológico oriundas de entes sociais são, ao lado de fatores históricos, econômicos e culturais, *fontes materiais* (não formais) do Direito. Como observado por Miguel Reale, "o que se costuma indicar com a expressão 'fonte material' não é outra coisa senão o estudo filosófico ou sociológico dos motivos éticos ou dos fatos econômicos que condicionam o aparecimento e as transformações das regras de Direito"[42].

- **Princípios gerais de Direito.** De acordo com o art. 4º da LINDB, "quando a lei for omissa, o juiz decidirá o caso de acordo com a analogia, os costumes e os princípios gerais de direito". Como se nota, o dispositivo arrola os princípios gerais de Direito como um dos critérios para a solução de lacunas normativas. Ao fazê-lo, reproduz o modo de compreensão clássico ou tradicional a respeito do tema, que visualizavam os princípios como "ideias jurídicas

36. SICHES, Luis Recaséns. Nueva filosofia de la interpretatión del derecho. México: Editorial Porrúa, 1973, p. 247. Tradução livre do autor.
37. SICHES, Luis Recaséns. Nueva filosofia de la interpretatión del derecho. México: Editorial Porrúa, 1973, p. 258-259. Tradução livre do autor.
38. TELLES JÚNIOR, Goffredo. Iniciação na Ciência do Direito. 4ª ed. São Paulo: Saraiva, 2008, p. 105.
39. MARINONI, Luiz Guilherme; ARENHART, Sérgio Cruz; MITIDIERO, Daniel. Curso de Processo Civil. 8ª ed. São Paulo: RT, 2023, v. 1, p. 31-32.
40. MIRANDA, Francisco Cavalcanti Pontes de. Comentários ao Código de Processo Civil. Tomo I (arts. 1º a 45). Rio de Janeiro: Forense, 1979.
41. MAYNEZ, Eduardo Garcia. Introducción al Estudio del Derecho. 53ª ed. México: Editorial Porrua, 2002, p. 151.
42. REALE, Miguel. Lições Preliminares de Direito. 27ª ed. São Paulo: Saraiva, 2002, p. 140.

gerais expressas no ordenamento"[43], recusando-lhes normatividade em sentido próprio. Contemporaneamente, essa concepção está superada. Na atualidade, reconhece-se o caráter normativo dos princípios (ao lado das regras e, para alguns, também dos postulados normativos). Um dos pioneiros no estudo da contemporânea teoria dos princípios foi Ronald Dworkin. Em sentido amplo, os princípios são visualizados pelo autor numa concepção negativa: são todo "conjunto de padrões que não são regras"[44]. Os princípios considerados numa acepção mais estrita são padrões normativos que devem ser observados em razão de serem uma "exigência de justiça ou equidade ou alguma outra dimensão da moralidade"[45]. Merece destaque, também, a compreensão de Robert Alexy a respeito do tema. Para ele, as normas jurídicas podem assumir a estrutura de regras ou de princípios, uma vez que ambos consistem em juízos de dever-ser, podendo "ser formulados por meio das expressões deônticas básicas do dever, da permissão e da proibição"[46]. O autor compreende os princípios como mandamentos de otimização, que determinam que algo deve ser realizado na maior medida possível, de acordo com as possibilidades fáticas e jurídicas existentes em cada situação concreta[47]. Enquanto o comando contido numa regra, sendo esta válida e não havendo cláusula de exceção, sempre deve ser cumprido na integralidade de sua disposição (daí podem ser chamadas de mandamentos de definição ou mandamentos definitivos[48]), tal não se verifica com os princípios, cuja realização dependerá, como mencionado, dos aspectos fáticos e jurídicos pertinentes aos casos particulares. A eventual restrição decorrente das condições fáticas diz respeito à possibilidade de realização do conteúdo de certo princípio em face das circunstâncias do plano real. Já as limitações à realização de determinado princípio provenientes de condições jurídicas referem-se à potencialidade de ocorrência de conflitos com outras normas.

- **Jurisprudência.** O termo *jurisprudência* pode assumir ao menos três sentidos: a) sinônimo de Ciência do Direito; b) conjunto de decisões dos tribunais, independentemente da sua uniformidade; c) conjunto de decisões reiteradas e uniformes dos tribunais a respeito de certa matéria[49]. Historicamente, o tema da qualificação da jurisprudência como fonte formal ou material, ou, ainda, como critério utilizado para integração normativa, é bastante controvertido[50]. No entanto, na atualidade, a existência de expressa previsão atribuindo caráter vinculante a determinados pronunciamentos judiciais ou padrões decisórios (art. 927, CPC) evidencia que, ao menos em relação a eles, é necessário reconhecer a condição de fonte formal do Direito: "*Art. 927. Os juízes e os tribunais observarão: I - as decisões do Supremo Tribunal Federal em controle concentrado de constitucionalidade; II - os enunciados de súmula vinculante; III - os acórdãos em incidente de assunção de competência ou de resolução de demandas repetitivas e em julgamento de recursos extraordinário e especial repetitivos; IV - os enunciados das súmulas do Supremo Tribunal Federal em matéria constitucional e do Superior Tribunal de Justiça em matéria infraconstitucional; V - a orientação do plenário ou do órgão especial aos quais estiverem vinculados*".

- **Súmula vinculante.** O art. 103-A da Constituição Federal prevê que o Supremo Tribunal Federal poderá, de ofício ou por provocação, mediante decisão de 2/3 dos seus membros, após reiteradas decisões sobre matéria constitucional, aprovar súmula que, a partir de sua publicação na imprensa oficial, terá efeito vinculante em relação aos demais órgãos do Poder Judiciário e à Administração Pública direta e indireta, nas esferas federal, estadual e municipal, bem como proceder à sua revisão ou cancelamento, na forma estabelecida em lei. A súmula terá por objetivo a validade, a interpretação e a eficácia de normas determinadas, acerca das quais haja controvérsia atual entre órgãos judiciários ou entre esses e a administração pública que acarrete grave insegurança jurídica e relevante multiplicação de processos sobre questão idêntica (art. 103-A, § 1º, CF). Do ato administrativo ou decisão judicial que contrariar a súmula aplicável ou que indevidamente a aplicar, caberá reclamação ao Supremo Tribunal Federal que, julgando-a procedente, anulará o ato administrativo ou cassará a decisão judicial reclamada, e determinará que outra seja proferida com ou sem a aplicação da súmula, conforme o caso (art. 103-A, § 3º, CF). A edição, a revisão e o cancelamento de enunciado de súmula vinculante pelo Supremo Tribunal Federal são disciplinados pela Lei n. 11.417/2006, que estabelece como legitimados para propor a edição, revisão ou cancelamento os seguintes: o Presidente da República; a Mesa do Senado Federal; a Mesa da Câmara dos Deputados; o Procurador-Geral da República;

43. Orlando Gomes. Introdução ao Direito Civil. 9ª ed. Rio de Janeiro: Forense, 1987, p.42.
44. DWORKIN, Ronald. Levando os direitos a sério. Martins Fontes. São Paulo: 2002, p. 36.
45. DWORKIN, Ronald. Levando os direitos a sério. Martins Fontes. São Paulo: 2002, p. 36.
46. ALEXY, Robert. Teoria dos direitos fundamentais. Trad. Virgílio Afonso da Silva. São Paulo: Malheiros, 2008, p. 87.
47. ALEXY, Robert. Teoria dos direitos fundamentais. Trad. Virgílio Afonso da Silva. São Paulo: Malheiros, 2008, p. 90.
48. ALEXY, Robert. Constitucionalismo discursivo. Trad. Luís Afonso Hech. 2. ed. rev. Porto Alegre: Livraria do Advogado Editora, 2008, p. 100-101.
49. MONTORO, André Franco. Introdução à Ciência do Direito. 33ª ed. São Paulo: RT, 2016, p. 403.
50. MONTORO, André Franco. Introdução à Ciência do Direito. 33ª ed. São Paulo: RT, 2016, p. 406-407.

o Conselho Federal da Ordem dos Advogados do Brasil; o Defensor Público-Geral da União; partido político com representação no Congresso Nacional; confederação sindical ou entidade de classe de âmbito nacional; a Mesa de Assembléia Legislativa ou da Câmara Legislativa do Distrito Federal; o Governador de Estado ou do Distrito Federal; os Tribunais Superiores, os Tribunais de Justiça de Estados ou do Distrito Federal e Territórios, os Tribunais Regionais Federais, os Tribunais Regionais do Trabalho, os Tribunais Regionais Eleitorais e os Tribunais Militares[51] (art. 3º). O Município poderá propor, incidentalmente ao curso de processo em que seja parte, a edição, a revisão ou o cancelamento de enunciado de súmula vinculante, o que não autoriza a suspensão do processo (art. 3º, § 1º).

5.3. EFICÁCIA DA LEI NO TEMPO. CONFLITO DE NORMAS JURÍDICAS NO TEMPO E O DIREITO BRASILEIRO: DIREITO PENAL, DIREITO CIVIL, DIREITO CONSTITUCIONAL E DIREITO DO TRABALHO

- **Princípio da irretroatividade.** Regra geral no Direito brasileiro (CF/88, art. 5º, XXXVI; LINDB, art. 6º): efeito imediato (*ex nunc*) e não retroativo (*ex tunc*) da lei nova, que não poderá alcançar situações jurídicas consolidadas sob a égide da lei anterior.
- **Exceções.** a) Previsão expressa pelo legislador, desde que respeitados o ato jurídico perfeito, o direito adquirido e a coisa julgada (ex.: Concessão de reajuste a servidores de maneira retroativa); b) Retroatividade benigna no Direito Penal (CF, art. 5º, XL) e no Direito Tributário (CTN, art. 106).
- **Classificação da retroatividade quanto ao grau ou intensidade.** A) retroatividade máxima (grave ou restitutória): alcança atos e fatos já consumados no passado, cujos efeitos também já extinguiram-se no passado; B) retroatividade média (ou moderada): efeitos futuros (prestações vincendas) + efeitos pendentes (prestações vencidas e ainda não adimplidas); C) retroatividade mínima: apenas efeitos futuros de atos ou fato pretéritos.
- **Posição do Supremo Tribunal Federal** (ADI 493, Relator Ministro Moreira Alves, Tribunal Pleno, julgado em 25/06/1992; AI 258337 AgR, Relator Ministro Moreira Alves, Primeira Turma, julgado em 06/06/2000; ADI 1931, Relator Ministro Marco Aurélio, Tribunal Pleno, julgado em 07/02/18). A retroatividade da lei em relação a atos ou fatos consumados no passado, mesmo de grau mínimo (apenas alcançando seus efeitos futuros), ofende a Constituição, por violação do ato jurídico perfeito e do direito adquirido. A irretroatividade é a regra geral, inclusive em relação a leis de ordem pública. A Constituição Federal é dotada, em regra, de retroatividade mínima (efeitos futuros de fatos passados). Pode, entretanto, estabelecer expressamente previsões de retroatividade média ou máxima. As Constituições estaduais estão submetidas à regra do art. 5º, XXXVI, da CF/88, inclusive quanto à vedação à retroatividade mínima.
- **Direito do Trabalho.** O tema da eficácia da lei trabalhista no tempo é alvo de acentuada discussão doutrinária e jurisprudencial. A matéria será definida pelo Tribunal Superior do Trabalho sob a sistemática dos Recursos de Revista Repetitivos (Tema 23, questão jurídica discutida: "Quanto aos direitos laborais decorrentes de lei e pagos no curso do contrato de trabalho, remanesce a obrigação de sua observância ou pagamento nesses contratos em curso, no período posterior à entrada em vigor de lei que os suprime/altera?"). O art. 912 da CLT apresenta a diretriz legislativa sobre o tema: *"Art. 912. Os dispositivos de caráter imperativo terão aplicação imediata às relações iniciadas, mas não consumadas, antes da vigência desta Consolidação".* Há, também, manifestações sobre Direito Intertemporal em verbetes do TST: Súmula n. 191, III. A alteração da base de cálculo do adicional de periculosidade do eletricitário promovida pela Lei nº 12.740/2012 atinge somente contrato de trabalho firmado a partir de sua vigência, de modo que, nesse caso, o cálculo será realizado exclusivamente sobre o salário básico, conforme determina o § 1º do art. 193 da CLT; Súmula n. 441. O direito ao aviso prévio proporcional ao tempo de serviço somente é assegurado nas rescisões de contrato de trabalho ocorridas a partir da publicação da Lei nº 12.506, em 13 de outubro de 2011.

5.4. O CONCEITO DE POLÍTICA. POLÍTICA E DIREITO

- Originalmente, o termo *política* estava associado a tudo aquilo que dizia respeito aos assuntos relevantes para a *pólis*, vindo posteriormente a assumir o significado de conjunto estruturado de conhecimentos sobre os temas referentes ao Estado e, de modo mais abrangente, a atividade humana relacionada ao exercício do poder[52]. De maneira analítica, a política *"pode ser definida por: I Suas* instituições, *pelo quadro social concreto e estabelecido dentro do qual participam os atores; II Seus* recursos, *pelos meios utilizados pelos atores; III Seu* processo, *pela atividade principal à qual se consagram os atores; IV Sua* função, *pelas consequências da sua ativi-*

51. O art. 103-A, § 2º, da Constituição Federal estabelece o seguinte: "§ 2º Sem prejuízo do que vier a ser estabelecido em lei, a aprovação, revisão ou cancelamento de súmula poderá ser provocada por aqueles que podem propor a ação direta de inconstitucionalidade".

52. BOBBIO, Norberto. Dicionário de Política. Brasília: UnB, 1995, p. 954-955.

dade para a sociedade global de que faz parte. Conforme a esta tipologia geral, corresponderiam quatro definições específicas de campo de investigação da política: I Instituição: Estado ou Governo; II Recurso: Poder, Influência ou Autoridade; III Processo: 'Decision-making' ou 'Policy-formation' (formulação de decisões sobre linhas de conduta coletivas); IV Função: Resolução não violenta dos conflitos"[53].

5.5. IDEOLOGIAS

- Desde análises pretensamente descritivas a abordagens abertamente críticas, há múltiplos sentidos associados ao termo *ideologia*. É possível sistematizar esse conjunto de significados do vocábulo ideologia da seguinte maneira: *"um sistema de crenças políticas; um conjunto de ideias políticas voltadas para a ação; as ideias da classe dominante; visão de mundo de uma classe ou grupo social específico; ideias politicas que reúnem ou articulam interesses de classe ou sociais; ideias que propagam falsa consciência entre os explorados ou oprimidos; ideias que situam o indivíduo num contexto social e geram um sentimento coletivo de inclusão; um conjunto de ideias sancionadas oficialmente usado para legitimar um sistema ou regime político; uma ampla doutrina política que reivindica o monopólio da verdade; um conjunto abstrato e extremamente sistemático de ideias políticas"*[54]. O termo foi amplamente difundido a partir dos escritos de Karl Marx, que o associou ao sistema de classes, como um instrumento destinado a legitimar a opressão da classe dominante. Mais recentemente, porém, a expressão tem sido utilizada em um sentido muito mais amplo, como *"um conjunto de ideias e de valores respeitantes à ordem pública e tendo como função orientar os comportamentos políticos coletivos"*[55]. Sob essa perspectiva, uma ideologia é *"um sistema de pensamento voltado para a ação. Definidas dessa maneira, as ideologias não são nem boas nem más, nem verdadeiras nem falsas, nem abertas nem fechadas, nem libertárias nem opressoras – elas podem ser todas essas coisas"*[56].

5.6. A DECLARAÇÃO UNIVERSAL DOS DIREITOS HUMANOS (ONU)

- A Declaração Universal dos Direitos Humanos (DUDH) é um marco histórico que surgiu como resposta às violações de direitos humanos ocorridas na Segunda Guerra Mundial. O clamor por justiça e a necessidade de assegurar que as atrocidades e os abusos cometidos durante o regime nazista não se repetissem impulsionaram a criação da DUDH. Em 1946, a Comissão de Direitos Humanos das Nações Unidas foi estabelecida para redigir uma declaração que estabelecesse os direitos fundamentais de todos os indivíduos, independentemente de raça, religião, nacionalidade, sexo ou qualquer outra condição. Em 10 de dezembro de 1948, a DUDH foi adotada e proclamada em Paris pela Resolução 217 A-III da Assembleia Geral da ONU. Com fundamento na dignidade da pessoa humana, a Declaração Universal dos Direitos Humanos corresponde a um código de conduta mundial que reforça o caráter universal e indivisível dos direitos humanos, bastando a condição de ser pessoa para que se possa exigir proteção. A DUDH estabelece, portanto, um padrão mínimo para proteção dos direitos humanos a nível mundial.

5.7. AGENDA 2030 E OS 17 OBJETIVOS DE DESENVOLVIMENTO SUSTENTÁVEL

- **Desenvolvimento sustentável.** Consiste no desenvolvimento que procura satisfazer as necessidades da geração atual, sem comprometer a capacidade das gerações futuras de satisfazerem as suas próprias necessidades.

- **A ONU e o meio ambiente.** Conferência de Estocolmo (1972). Comissão Mundial sobre o Meio Ambiente e Desenvolvimento (1983). Relatório "Nosso Futuro Comum" (1987). Agenda 21 e Declaração do Rio de 1992. Declaração do Milênio (2000) e ODM. Cúpula de Desenvolvimento Sustentável (2015). Agenda 2030 para o Desenvolvimento Sustentável.

- **Agenda 2030.** A Agenda 2030 é um plano de ação para as pessoas, o planeta e a prosperidade, que busca fortalecer a paz universal. Equipara-se a uma lista de tarefas a serem cumpridas pelos governos, pela sociedade civil, pelo setor privado e por todos os cidadãos na jornada coletiva para um 2030 sustentável. Trata-se de uma Agenda com objetivos e metas que estabeleçam um plano global para acabar com a pobreza, propagar o trabalho decente, proteger o meio ambiente e o clima e garantir que as pessoas, em todos os lugares, possam desfrutar de paz e de prosperidade.

- **Agenda 2030 e os 17 ODS.** A Agenda 2030 indica 17 Objetivos de Desenvolvimento Sustentável, os ODS, e 169 metas, para erradicar a pobreza e promover vida digna para todos. Os 17 Objetivos são integrados e indivisíveis, e mesclam, de forma equilibrada, as três dimensões do desenvolvimento sustentável: Econômica, Social e Ambiental. Os 17 ODS e 169 metas estimulam a ação até o ano de 2030 em áreas de importância crucial para a humanidade e para o planeta, de modo que devem contemplar cinco

53. SCHMITTER, Philippe."Reflexões sobre o conceito de Política". Revista de Direito Público e Ciência Política, v. VIII, n. 2, p. 47-48.
54. HEYWOOD, Andrew. Ideologias políticas: do liberalismo ao fascismo. vol. 1. São Paulo: Ática, 2010, p. 19.
55. BOBBIO, Norberto. Dicionário de Política. Brasília: UnB, 1995, p. 52.
56. HEYWOOD, Andrew. Ideologias políticas: do liberalismo ao fascismo. vol. 1. São Paulo: Ática, 2010, p. 26.

dimensões críticas ou eixos de atuação: pessoas, prosperidade, planeta, parceria e paz.

- **Os 17 Objetivos de Desenvolvimento Sustentável.**
  - Objetivo 1. Acabar com a pobreza em todas as suas formas, em todos os lugares.
  - Objetivo 2. Acabar com a fome, alcançar a segurança alimentar e melhoria da nutrição e promover a agricultura sustentável.
  - Objetivo 3. Assegurar uma vida saudável e promover o bem-estar para todos, em todas as idades.
  - Objetivo 4. Assegurar a educação inclusiva e equitativa de qualidade, e promover oportunidades de aprendizagem ao longo da vida para todos.
  - Objetivo 5. Alcançar a igualdade de gênero e empoderar todas as mulheres e meninas.
  - Objetivo 6. Assegurar a disponibilidade e gestão sustentável da água e o saneamento para todos.
  - Objetivo 7. Assegurar a todos o acesso confiável, sustentável, moderno e a preço acessível à energia.
  - Objetivo 8. Promover o crescimento econômico sustentado, inclusivo e sustentável, emprego pleno e produtivo e trabalho decente para todos.
  - Objetivo 9. Construir infraestruturas resilientes, promover a industrialização inclusiva e sustentável e fomentar a inovação.
  - Objetivo 10. Reduzir a desigualdade dentro dos países e entre eles.
  - Objetivo 11. Tornar as cidades e os assentamentos humanos inclusivos, seguros, resilientes e sustentáveis.
  - Objetivo 12. Assegurar padrões de produção e de consumo sustentáveis.
  - Objetivo 13. Tomar medidas urgentes para combater a mudança do clima e os seus impactos.
  - Objetivo 14. Conservar e usar sustentavelmente os oceanos, os mares e os recursos marinhos para o desenvolvimento sustentável.
  - Objetivo 15. Proteger, recuperar e promover o uso sustentável dos ecossistemas terrestres, gerir de forma sustentável as florestas, combater a desertificação, deter e reverter a degradação da terra e deter a perda de biodiversidade.
  - Objetivo 16. Promover sociedades pacíficas e inclusivas para o desenvolvimento sustentável, proporcionar o acesso à justiça para todos e construir instituições eficazes, responsáveis e inclusivas em todos os níveis.
  - Objetivo 17. Fortalecer os meios de implementação e revitalizar a parceria global para o desenvolvimento sustentável.

- **Pacto pela Implementação dos Objetivos de Desenvolvimento Sustentável da Agenda 2030 no Poder Judiciário e Ministério Público.** Firmado pelo Conselho Nacional de Justiça, pelo Conselho Nacional do Ministério Público e pela Organização das Nações Unidas, em 2019, mediante cooperação técnica e operacional, objetiva alcançar os ODS e internalizar, difundir e implementar a Agenda 2030 da ONU. No âmbito do Poder Judiciário, a partir desse Pacto, realizou-se a indexação dos processos da Justiça brasileira aos ODS.

5.8. GÊNERO E PATRIARCADO. GÊNERO E RAÇA. DISCRIMINAÇÃO E DESIGUALDADES DE GÊNERO – QUESTÕES CENTRAIS. PROTOCOLO DE JULGAMENTO COM PERSPECTIVA DE GÊNERO

- **Conceitos fundamentais e distinções necessárias.** Três distinções conceituais são essenciais para a melhor compreensão do tema, quais sejam: sexo biológico, gênero e orientação afetivo-sexual.
- **Sexo biológico.** O sexo biológico consiste na relação entre órgãos genitais, cromossomos e hormônios de uma pessoa, de modo a corresponder ao sexo masculino (pênis, testículos e cromossomos XY), sexo feminino (vagina, ovários e cromossomos XX) ou intersexo (variações congenitais de anatomia sexual ou reprodutiva).
- **Gênero.** O gênero consiste na "construção social relativa à diversidade biológica"[57]. Desse modo, o gênero está relacionado ao conjunto de aspectos sociais e culturais da identidade, compreendendo comportamentos, preferências, interesses, formas de se vestir, interagir, andar e falar relacionadas ao homem ou à mulher. Destarte, o gênero abrange a identidade de gênero e a expressão de gênero.
- **Identidade de gênero.** Reflete o gênero com o qual a pessoa se identifica, independentemente do seu sexo biológico. "Compreendemos identidade de gênero a profundamente sentida experiência interna e individual do gênero de cada pessoa, que pode ou não corresponder ao sexo atribuído no nascimento, incluindo o senso pessoal do corpo (que pode envolver, por livre escolha, modificação da aparência ou função corporal por meios médicos, cirúrgicos ou outros) e outras expressões de gênero, inclusive vestimenta, modo de falar e maneirismos".[58]
- **Expressão de gênero.** Compreende a forma como a pessoa se expressa, se veste, age e interage na sociedade.
- **Orientação afetivo-sexual.** "Compreendemos orientação sexual como uma referência à capacidade de cada pessoa de ter uma profunda atração emocional, afetiva ou sexual por indivíduos de gênero diferente, do mesmo gênero ou de mais de um gênero, assim como ter relações íntimas e sexuais com essas pessoas".[59]

57. GOSDAL, Thereza Cristina. Direito do trabalho e relações de gênero: avanços e permanências. In: ARAÚJO, Adriane Reis de; MOURÃO, Tânia Fontenele (org.). *Trabalho da mulher*: mitos, riscos e transformação. São Paulo: LTr, 2007, p. 77.
58. PRINCÍPIOS DE YOGYAKARTA. *Princípios sobre a aplicação da legislação internacional de direitos humanos em relação à orientação sexual e identidade de gênero*. Disponível em: https://yogyakartaprinciples.org/.
59. Ibid.

- **Sexismo e discriminação sexual.** É toda exclusão, distinção, preferência ou restrição feita com base no sexo, que tenha por objeto ou resultado prejudicar ou anular o reconhecimento, gozo ou exercício pela mulher dos direitos humanos e liberdades fundamentais nos campos político, econômico, social, cultural ou em qualquer outro campo da vida pública ou privada.
- **Papéis sociais e divisão sexual do trabalho.** Designação prioritária dos homens à esfera produtiva e das mulheres à esfera reprodutiva, ocasionando, simultaneamente, a apropriação pelos homens das funções com maior valor social agregado.[60] A socialização diferenciada desde a infância reforça papéis sociais e estereótipos pertinentes a cada gênero, restringe a expressão individual, projeta-se para o trabalho produtivo e funda a divisão sexual do trabalho.[61]
- **Feminismo.** Feminismo é um movimento político, social e filosófico que luta pela igualdade de direitos e oportunidades entre homens e mulheres.
- **Patriarcalismo.** O termo remete às chamadas sociedades patriarcais, nas quais o pai teria o domínio e o poder na família e, consequentemente, sobre a mulher e filhos. Posteriormente, o termo foi adotado por teorias feministas para explicar o machismo e a condição feminina na sociedade, passando a ser conceituado como um sistema social baseado no controle dos homens sobre as mulheres.[62]
- **Machismo.** O machismo é um conjunto de atitudes, comportamentos e pensamentos que se baseiam na ideia de que os homens são superiores às mulheres. Essa crença pode levar a práticas discriminatórias e à violência de gênero em todas as esferas da sociedade.[63]
- **Ideologia de gênero**. Religiosos, políticos e conservadores utilizam a expressão para a atacar a diversidade sexual e a identidade de gênero, sob o falacioso argumento de que a "ideologia de gênero" busca anular a divisão natural entre homem e mulher, destruir a família tradicional, incentivar a educação sexual nas escolas, legitimar perversões sexuais e sexualização precoce de crianças e adolescentes.

60. KERGOAT, Danièle. Divisão sexual do trabalho e relações sociais de sexo. In: HIRATA, Helena; LABOIRE, Françoise; LE DOARÉ, Hélène; SENOTIER, Danièle (Org.). *Dicionário crítico do feminismo*. São Paulo: Editora UNESP, 2009, p. 67.
61. ARAÚJO, Adriane Reis de. Equidade de gênero no trabalho e o patriarcado: o impacto da violência contra a mulher na desigualdade salarial. In: ARAÚJO, Adriene Reis de; LOPES, Andrea Lino; GURGEL, Maria Aparecida; COELHO; Renata (Org.). *Direitos humanos no trabalho pela perspectiva da mulher*. Belo Horizonte: RTM, 2019, p. 378-379.
62. MINISTÉRIO PÚBLICO DO TRABALHO. *Conceitos fundamentais para promoção da igualdade de gênero no trabalho*. Disponível em: https://mpt.mp.br/pgt/publicacoes/cartilhas/conceitos-fundamentais-para-a-promocao-da-igualdade-de-genero-no-trabalho/@@display-file/arquivo_pdf.
63. Ibid.

No julgamento da ADPF 457, o STF entendeu que a "Lei 1.516/2015 do Município de Novo Gama – GO, ao proibir a divulgação de material com referência a ideologia de gênero nas escolas municipais, não cumpre com o dever estatal de promover políticas de inclusão e de igualdade, contribuindo para a manutenção da discriminação com base na orientação sexual e identidade de gênero".

- **Estereótipos de gênero.** Correspondem a generalizações no consciente ou inconsciente coletivo sobre atributos ou características de determinado grupo com base no gênero ao qual pertencem.
- **Julgamento sob a perspectiva de gênero.** Consiste no ato de julgar sob o prisma da equidade de gênero, com o reconhecimento da assimetria nas relações de poder e a existência de desigualdades estruturais, de forma a concretizar o princípio da igualdade.
- **Protocolo para Julgamento com Perspectiva de Gênero.** No contexto de enfrentamento da discriminação de gênero, foi confeccionado, em 2021, pelo Conselho Nacional de Justiça - CNJ, o Protocolo para Julgamento com Perspectiva de Gênero[64] , com o propósito de apresentar um guia para que os julgamentos "realizem o direito à igualdade e à não discriminação de todas as pessoas, de modo que o exercício da função jurisdicional se dê de forma a concretizar um papel de não repetição de estereótipos, de não perpetuação de diferenças, constituindo-se um espaço de rompimento com culturas de discriminação e de preconceitos".
- **Resolução 492 do CNJ.** Em 17 de março de 2023, foi editada a Resolução 492 do CNJ[65], que tornou obrigatória a observância das diretrizes do Protocolo para Julgamento com Perspectiva de Gênero pelo Poder Judiciário Brasileiro[66].
- **Estrutura do Protocolo para Julgamento com Perspectiva de Gênero.** O Protocolo para Julgamento com Perspectiva de Gênero está dividido em três partes. Na primeira parte, são apresentados os conceitos de "sexo"; "gênero", "identidade de gênero" e "sexualidade", bem como são tratadas questões centrais relacionadas à desigualdade de gênero e à relação entre o gênero e o direito. Na segunda parte, o Protocolo apresenta um guia para orientação das magistradas e dos magistrados no julgamento com a perspectiva de gênero. Há um passo a passo, com sugestões para tratamento de questões relacionadas ao processo decisório, a exemplo da aproximação com os sujeitos processuais; medidas especiais de proteção; valoração das provas e identificação de fatos; interpretação e aplicação do direito. Também são declinadas, na segunda parte do Protocolo, considerações sobre o controle de convencionalidade. A abordagem sobre o tema é de grande relevância, uma vez que consiste em ferramenta indispensável, à disposição das magistradas e dos magistrados, para realização do julgamento sob a perspectiva de gênero. Na terceira parte, são apresentadas questões de gênero específicas dos ramos da Justiça (Justiças Estadual, Justiça Federal, Justiça do Trabalho, Justiça Eleitoral e Justiça Militar), bem como questões transversais, em que há um diálogo entre mais de um ramo do Poder Judiciário.[67]
- **CNJ e perspectiva de gênero.** Buscando a concretização institucional da perspectiva de gênero, o CNJ editou a Resolução 496/2023, que prevê a paridade de gênero nas comissões examinadoras e bancas de concurso, a Resolução 525/2023, que estabelece a ação afirmativa de gênero para acesso das magistradas aos tribunais de 2º grau, bem como a Resolução 481/2022, que prescreve condições especiais de trabalho para magistradas e servidoras gestantes e lactantes.

6. DIREITO DIGITAL

6.1. 4ª REVOLUÇÃO INDUSTRIAL. TRANSFORMAÇÃO DIGITAL NO PODER JUDICIÁRIO. TECNOLOGIA NO CONTEXTO JURÍDICO. AUTOMAÇÃO DO PROCESSO. INTELIGÊNCIA ARTIFICIAL E DIREITO. AUDIÊNCIAS VIRTUAIS. CORTES REMOTAS. CIÊNCIA DE DADOS E JURIMETRIA. RESOLUÇÕES DO CNJ SOBRE INOVAÇÕES TECNOLÓGICAS NO JUDICIÁRIO

- **4ª Revolução industrial.** A Quarta Revolução Industrial, segundo Klaus Schwab, é caracterizada pela gama de novas tecnologias que estão fundindo os

64. O Protocolo, produzido pelo CNJ, tem como referência o Protocolo para "Juzgar con Perspectiva de Género", que foi elaborado pelo México em atendimento a determinações da Corte Interamericana de Direitos Humanos nos casos González y otras vs. México (Campo Algodonero), Fernández Ortega y otros vs. México e Rosendo Cantú y otra vs. México, nos quais houve a constatação de grave e sistêmica violência de gênero.
65. Antes da Resolução 492/2023 do CNJ, havia a Recomendação 128/2022 do CNJ que sugeria a adoção do Protocolo sob a Perspectiva de Gênero no âmbito do Poder Judiciário Brasileiro.
66. Convém destacar que a Resolução 423/2021, inclui o julgamento sob a perspectiva de gênero como matéria obrigatória nos concursos para magistratura ("8) Gênero e Patriarcado. Gênero e Raça. Discriminação e Desigualdades de Gênero – questões centrais. Protocolo de julgamento com perspectiva de gênero"). O referido normativo alterou a Resolução 75/2009 do CNJ, que dispõe sobre os concursos públicos para ingresso na carreira da magistratura em todos os ramos do Poder Judiciário nacional.
67. Protocolo disponível em: https://www.cnj.jus.br/wp-content/uploads/2021/10/protocolo-para-julgamento-com-perspectiva-de-genero-cnj-24-03-2022.pdf.

mundos físico, digital e biológico, impactando em todas as disciplinas, economias e indústrias, além de desafiar ideias sobre o que significa ser humano.

- **Transformação Digital no Poder Judiciário. Tecnologia no contexto jurídico. Automação do processo.** A incorporação de instrumentos tecnológicos no âmbito do Poder Judiciário é uma realidade em curso, que progressivamente transformará a administração da justiça e a compreensão de institutos tradicionais do processo. Esses instrumentos permitem desde funcionalidades simples, como a automação de rotinas cartorárias, até medidas sofisticadas, a exemplo da utilização de inteligência artificial para auxiliar processos decisórios nos tribunais. A primeira etapa relevante da incorporação de ferramentas digitais na atuação do Poder Judiciário foi a adoção do processo em autos eletrônicos. O tema encontra-se regulado nos seguintes diplomas: Lei n. 11.419/2006 (Lei do Processo Eletrônico); Resolução n. 185/2013: Sistema Processo Judicial Eletrônico – PJe; CPC/15, arts. 193/199; Resolução n. 335/2020: política pública para a governança e a gestão de processo judicial eletrônico. A Lei n. 14.129/2021 (Lei do Governo Digital), aplicável ao Poder Judiciário, também oferece importantes subsídios para o desenvolvimento do processo em autos eletrônicos.

- **Inteligência Artificial e Direito.** Na Carta Europeia de Ética sobre o Uso da Inteligência Artificial em Sistemas Judiciais, são listados quatro grupos de aplicação da IA no âmbito do Poder Judiciário: *a) Usos de IA que devem ser encorajados*: aperfeiçoamento dos mecanismos de pesquisa de jurisprudência; acesso a informações jurídicas e a modelos de requerimentos ou documentos; criação de instrumentos de avaliação de critérios quantitativos e qualitativos para aprimoramento da administração da justiça em matéria de recursos humanos e financeiros, por exemplo; *b) Usos de IA possíveis, mas que exigem cautela*: apoio na elaboração de parâmetros para a definição de valores de indenização; auxílio à utilização de meios de resolução de conflitos distintos do Judiciário, a partir da identificação de padrões decisórios e de possíveis tendências quanto ao conteúdo da decisão no caso (justiça "preditiva"), seja em autocomposição, seja em heterocomposição (como no caso de uma arbitragem online); utilização de algoritmos para identificação de locais com maiores índices de criminalidade; *c) Usos de IA que dependem de estudos científicos complementares*: mecanismos que permitam traçar o perfil decisório do juiz, com objetivo exclusivamente informativo de auxílio à tomada de decisões e para sua utilização exclusiva; predição de decisões judiciais; *d) Usos no Judiciário em relação aos quais deve haver extrema reserva*: aplicação de algoritmos para traçar o perfil de indivíduos em questões penais; disponibilização aos julgadores de informações sobre decisões de outros juízes sobre certo tema que levem em consideração apenas o critério quantitativo (ex.: percentual de procedências ou improcedências em relação a dado tipo de pedido), sem associação aos seus fundamentos.

- É possível apresentar algumas vantagens na adoção de ferramentas de IA pelo Judiciário: racionalização de diversas atividades, a exemplo de rotinas cartorárias de comunicação de atos processuais e da busca de informações referentes a bens de devedores na execução; maior celeridade; auxílio para a análise de peças processuais, a observância de precedentes vinculantes e a identificação de divergências entre órgãos fracionários de uma corte. Há, porém, também alguns riscos que devem ser considerados: violação a normas de proteção de dados pessoais, em razão da sua reutilização para finalidades divorciadas da originária; ocorrência de vieses algorítmicos discriminatórios; risco de comprometimento do contraditório, em razão da opacidade em relação ao procedimento decisório do algoritmo.

- **Audiências virtuais.** O art. 236, § 3º, do CPC contém uma previsão genérica de autorização da prática de atos processuais por meio de videoconferência ou outro recurso tecnológico de transmissão de sons e imagens em tempo real. Há, ainda, dispositivos específicos sobre a matéria: arts. 385, § 3º (depoimento pessoal), 453, § 1º (testemunhas), 461, § 2º (acareação), 937, § 4º (sustentação oral). Com base no art. 196 do CPC, há extensa regulamentação do tema pelo Conselho Nacional de Justiça, por meio das seguintes resoluções: 105/2010 (videoconferência e documentação dos depoimentos, ênfase no Processo Penal); 314/2020 (atos processuais durante a pandemia da Covid-19); 329/2020 (atos processuais por videoconferência, em processos penais e de execução penal); 330/2020 (atos processuais por videoconferência, em processos de apuração de atos infracionais e de execução de medidas socioeducativas); 337/2020 (sistemas de videoconferência no Poder Judiciário); 354/2020 (cumprimento digital de ato processual e de ordem judicial); 357/2020 (audiências de custódia por videoconferência). Regras específicas, destinadas à proteção de grupos vulneráveis, podem ser encontradas em algumas Resoluções, como a 401/2021 (pessoas com deficiência) e a 425/2021 (pessoas em situação de rua).

  É importante observar a diferença entre videoconferência e atos telepresenciais, conforme previsto no art. 2º da Resolução n. 354/2020. Na *videoconferência*, a comunicação a distância é realizada em ambientes de unidades judiciárias. Nos *atos telepresenciais*, as audiências e sessões são realizadas a partir de ambiente físico externo às unidades judiciárias.

- **Cortes remotas.** Quando se fala em cortes remotas (ou tribunais *online*), é necessário observar que essa expressão pode assumir ao menos três diferentes perspectivas ou sentidos. Em uma primeira perspectiva, diz respeito à prestação de serviços tradicionais dos tribunais em ambiente virtual. Numa segunda perspectiva, refere-se à adoção de ferramentas de ODR's (*online dispute resolution*) pelos tribunais. Em uma terceira perspectiva, está relacionada à ideia de prestação de novos serviços pelo Poder Judiciário, bem como de reformulação da sua estrutura a partir da tecnologia. Nesta terceira perspectiva, duas noções traduzem o fenômeno: a de tribunal não como lugar, mas como serviço; a de tribunal alargado ou expandido. É possível, então, visualizar novas formas de organização e funcionamento do Judiciário, como se observa no cumprimento digital de ato processual e de ordem judicial, no Juízo 100% Digital, no Núcleo de Justiça 4.0, no Balcão Virtual e no SIREC (sistema informatizado para a resolução de conflitos por meio da conciliação e mediação). Além disso, a partir de contribuições da doutrina estrangeira e de experiências de outros países, é possível visualizar o desenvolvimento de novas atividades pelo Judiciário, a exemplo do auxílio na compreensão das normas aplicáveis ao caso e das opções disponíveis para o cidadão, da orientação na elaboração de manifestações, na apresentação de argumentos e na identificação de provas relevantes e do oferecimento de alternativas à heterocomposição.

- **Ciência de dados e Jurimetria.** O termo jurimetria foi criado em 1949 por Lee Loevinger, referindo-se à aplicação de ferramentas da ciência estatística para compreensão de uma ordem jurídica. É possível elencar alguns pontos positivos na utilização da jurimetria, como: contribuir para maior previsibilidade na atuação do Judiciário, identificação clara da existência de divergências, subsídios para maior coerência na fixação de indenizações, criação de estímulos para a autocomposição, auxílio para estabelecer diretrizes para o comportamento dos atores sociais e para a definição de estratégias processuais, especialmente de litigantes habituais (ex.: arts. 19 e 19-C da Lei n.º 10.522/2002), maior controle público da figura do julgador, tutela da aparência de imparcialidade e identificação de vieses discriminatórios. Há, todavia, alguns aspectos negativos que devem ser considerados: possibilidade de ocorrência de constrangimentos para proferir decisões em determinado sentido ou de acompanhamento irrefletido de determinados posicionamentos (conhecido como risco de performatividade), *forum shopping* abusivo, falsa constatação de vieses discriminatórios, abalo à imagem da pessoa do juiz e à credibilidade da instituição em razão de associações (ideológicas, políticas) equivocadas e a criação de uma expectativa infundada de infalibilidade da jurimetria.

- **Resoluções do CNJ sobre inovações tecnológicas no Judiciário.** O Conselho Nacional de Justiça tem editado uma quantidade expressiva de Resoluções que versam sobre inovações tecnológicas no Judiciário, sendo as principais as seguintes: Resolução n. 105/2010: videoconferência; Resolução n. 185/2013: Sistema Processo Judicial Eletrônico – PJe; Resolução n. 234/2016: Diário de Justiça Eletrônico Nacional (DJEN), a Plataforma de Comunicações Processuais (Domicílio Eletrônico) e a Plataforma de Editais do Poder Judiciário; Resolução n. 317/2020: perícias em meios eletrônicos ou virtuais; Resolução n. 332/2020: Inteligência Artificial no Poder Judiciário; Resolução n. 335/2020: política pública para a governança e a gestão de processo judicial eletrônico; Resolução n. 337/2020: sistemas de videoconferência no Poder Judiciário; Resolução n. 345/2020: Juízo 100% Digital; Resolução n. 354/2020: cumprimento digital de ato processual e de ordem judicial; Resolução n. 358/2020: soluções tecnológicas para a resolução de conflitos pelo Poder Judiciário por meio da conciliação e mediação – SIREC; Resolução n. 370/2021: Estratégia Nacional de Tecnologia da Informação e Comunicação do Poder Judiciário (ENTIC-JUD); Resolução n. 372/2021: Balcão Virtual; Resoluções n. 385 e n. 398/2021: Núcleos de Justiça 4.0; Resolução n. 395/2021: Política de Gestão da Inovação no âmbito do Poder Judiciário – laboratórios de inovação; Resolução n. 465/2022: Institui o Portal de Serviços do Poder Judiciário (PSPJ), na Plataforma Digital do Poder Judiciário (PDPJ-Br), para usuários externos; Resolução n. 465/2022: Institui diretrizes para a realização de videoconferências no âmbito do Poder Judiciário; Resolução n. 469/2022: digitalização de documentos judiciais e administrativos; Resolução n. 508/2023: Pontos de Inclusão Digital do Poder Judiciário; Resolução n. 527/2023: Sisbajud.

  Merece especial destaque a Resolução n. 332/2020 do CNJ. Ela define modelo de Inteligência Artificial como o conjunto de dados e algoritmos computacionais, concebidos a partir de modelos matemáticos, cujo objetivo é oferecer resultados inteligentes, associados ou comparáveis a determinados aspectos do pensamento, do saber ou da atividade humana. A referida Resolução estabelece as seguintes diretrizes para a utilização da IA no Judiciário: respeito aos direitos fundamentais, não discriminação, publicidade e transparência, governança e qualidade, proteção de dados pessoais, e segurança. Verificada a existência de viés discriminatório de qualquer natureza ou incompatibilidade do modelo de Inteligência Artificial com os princípios previstos na Resolução, deverão ser adotadas medidas corretivas. A impossibilidade de eliminação do viés discriminatório do modelo de IA implicará a descontinuidade de sua utilização, com o consequente registro de seu projeto e as razões que levaram a tal decisão. Quanto ao *controle do usuário*, a Resolução prevê que, em relação ao usuário interno, deve ser assegurada a possibilidade de revisão da proposta de decisão e dos dados utilizados para sua elaboração, sem que haja qualquer espécie de vinculação à solução apresentada pela IA. Por sua vez, o usuário externo deve ser informado, em linguagem clara e precisa, quanto à utilização de sistema inteligente nos serviços que lhe forem prestados, devendo-se destacar o caráter não vinculante da proposta de solução apresentada pela IA, que sempre é submetida à análise da autoridade competente.

6.2. PERSECUÇÃO PENAL E NOVAS TECNOLOGIAS. CRIMES VIRTUAIS E CIBERSEGURANÇA. *DEEPWEB* E *DARKWEB*. PROVAS DIGITAIS. CRIPTOMOEDAS E LAVAGEM DE DINHEIRO

- ***Deepweb* e *Darkweb*.** Existem aspectos similares entre a *Deep Web* e a *Dark Web*: "ambas se localizam abaixo da superfície (Surface Web/Visible Web); representam mais uma camada (dobra) do ciberespaço; seus conteúdos não são indexados; possuem conteúdos com alto teor de qualidade; são consideradas como Webs invisíveis; são comumente vistas com teor sujo e ilícito; representam camadas exponenciais do ciberespaço, muito pouco acessadas em relação à superfície; são camadas/dobras distintas do ciberespaço; podem ser objetos profícuos para investigações científicas, inclusive na CI"[68]. A *Deep Web* é uma "camada exponente do ciberespaço que possui, na maioria das vezes, conteúdos não recuperáveis ou indexáveis pelos mecanismos de busca. O resultado da falta de indexação e posterior não recuperação da informação ocasiona uma quantidade significativa de conteúdos não transitáveis e, portanto, não acessados em todo o ciberespaço"[69]. Por sua vez, a *Dark Web* é uma parte da *Deep Web* que foi intencionalmente ocultada e é inacessível por meio de navegadores da *Web* padrão, permitindo anonimato quase completo, proteção contra usuários não autorizados e criptografia de pacotes de dados para impedir seu monitoramento[70]. Tais características tornam a *Dark Web* um ambiente especialmente propício para a ocorrência de crimes virtuais.

- **Provas digitais.** As provas digitais demonstram a ocorrência de atos ou fatos praticados em ambiente digital (ex.: conversa por *WhatsApp*) ou, ainda, demonstram, por meio digital, a ocorrência de atos ou fatos no mundo material (ex.: publicação de foto em rede social). São requisitos para a regularidade da utilização da prova digital: a autenticidade (certeza da autoria), a integridade (não adulteração) e a preservação da cadeia de custódia (definida pelo art. 158-A do CPP como o "conjunto de todos os procedimentos utilizados para manter e documentar a história cronológica do vestígio coletado em locais ou em vítimas de crimes, para rastrear sua posse e manuseio a partir de seu reconhecimento até o descarte"). No âmbito das provas digitais, é de grande relevância a completude dos registros de produção, acesso, processamento e acondicionamento da prova até a apresentação em juízo. Assim, para assegurar a possibilidade de sua utilização no processo, é necessário: "(i) individualizar o suporte informático que contem o dado digital útil à investigação; (ii) obter o dado digital através de técnica de interceptação, no caso de fluxo de comunicação, ou mediante o sequestro e cópia ou espelhamento do suporte em que está registrado o arquivo de dados; (iii) conservar os dados digitais obtidos e copiados em local seguro e adequado; (iv) realizar a análise dos dados obtidos – examinando exclusivamente a cópia do suporte informático – que sejam relevantes para o objeto da investigação; (v) apresentar os resultados da investigação em juízo, mediante a produção de prova pericial e eventuais esclarecimentos verbais dos peritos em audiência"[71]. Os *metadados* (informações que fornecem dados adicionais, como estruturação, descrição, armazenamento e gestão, de outros dados) contribuem para a análise da regularidade das provas digitais.

- **Criptomoedas e lavagem de dinheiro.** Um criptoativo é uma representação virtual de um direito ou conjunto de direitos, em uma plataforma *blockchain* (a figura será analisada mais adiante). As criptomoedas são uma das modalidades de criptoativos. Uma criptomoeda (*token* de pagamento, *cryptocurrency* ou *payment token*) "busca replicar as funções de moeda, notadamente de unidade de conta, meio de troca e reserva de valor"[72]. De acordo com o art. 1º da Lei n. 9.613/1998, o crime de lavagem de dinheiro, punível com pena de reclusão de 3 a 10 anos e multa, ocorre com as condutas de ocultar ou dissimular a natureza, origem, localização, disposição, movimentação ou propriedade de bens, direitos ou valores provenientes, direta ou indiretamente, de infração penal. Incorre na mesma pena quem, para ocultar ou dissimular a utilização de bens, direitos ou valores provenientes de infração penal: os converte em ativos lícitos; os adquire, recebe, troca, negocia, dá ou recebe em garantia, guarda, tem em depósito, movimenta ou transfere; importa ou exporta bens com valores não correspondentes aos verdadeiros (art. 1º, § 1º, Lei n. 9.613/1998). Também incorre na mesma pena quem utiliza, na atividade econômica ou financeira, bens, direitos ou valores provenientes de infração penal; participa de grupo, associação ou escritório tendo conhecimento de que sua atividade principal ou secundária é dirigida à prática de crimes

68. VIGNOLI, R. G.; MONTEIRO, S. D. "Deep Web e Dark Weeb similaridades e dissiparidades no contexto da Ciência da Informação". Transinformação, v. 32, 2020, p. 10-11.
69. VIGNOLI, R. G.; MONTEIRO, S. D. "Deep Web e Dark Weeb similaridades e dissiparidades no contexto da Ciência da Informação". Transinformação, v. 32, 2020, p. 3.
70. Chertoff, M.; Simon, T. "The impact of the dark web on internet governance and cyber security". Global Commission on Internet Governance Paper Series, n. 6, fev. 2015, p. 3.
71. BADARÓ, Gustavo. "Os standards metodológicos de produção na prova digital e a importância da cadeia de custódia". Boletim IBCCrim, ano 29, n. 373, p. 8.
72. COMISSÃO DE VALORES MOBILIÁRIOS. Parecer de Orientação CVM nº 40, de 11 de outubro de 2022: os criptoativos e o mercado de valores mobiliários. Disponível em: <https://conteudo.cvm.gov.br/export/sites/cvm/legislacao/pareceres-orientacao/anexos/Pare040.pdf>.

previstos na Lei de Lavagem de Dinheiro (art. 1º, § 2º, Lei n. 9.613/1998). As características da criptomoedas, desvinculadas de regulação por uma autoridade central, torna sua utilização atrativa para a realização de práticas de lavagem de dinheiro. De acordo com pesquisas, a dimensão de lavagem de dinheiro por meio da utilização de criptoativos alcançou o valor de U$ 22,2 bilhões em 2023[73].

6.3. NOÇÕES GERAIS DE CONTRATOS INTELIGENTES, *BLOCKCHAIN* E ALGORITMOS

- **Algoritmos.** Um algoritmo é um conjunto sequencial de instruções. Utilizar um algoritmo significa aplicar significa aplicar uma sucessão de ordens para alcance de determinada finalidade. Por isso, o conceito de algoritmo não é necessariamente relacionado à utilização de ferramentas de informática, notadamente modelos de inteligência artificial. Todavia, essa associação é recorrente na prática.

  Em uma realidade caracterizada pelo *Big Data*, a utilização de algoritmos em diversas áreas (política, consumo, seguros, por exemplo) pode provocar extensos impactos na vida dos indivíduos.

  Um dos temas mais complexos e delicados sobre a utilização de algoritmos é a ocorrência dos vieses algorítmicos ou da discriminação algorítmica. Os direitos de acesso, de retificação e de revisão, previstos na LGPD (arts. 18 e 20), possuem destaque no combate a tais situações.

  Outra questão importante diz respeito à opacidade de diversos tipos de algoritmos, especialmente quando o modelo de inteligência artificial em que são aplicados possui como funcionalidade o aprendizado de máquina (*machine learning*). A dificuldade para a explicação das etapas decisórias do algoritmo constitui-se, em muitos casos, em um grande problema.

  A conjugação desses dois elementos é uma preocupação constante em relação ao uso de algoritmos decisórios no Poder Judiciário. Há, porém, vários usos de algoritmos no Judiciário limitados à automatização de operações e rotinas.

- ***Blockchain.*** Tradicionalmente, em diversas relações — notadamente as de natureza financeira — a sociedade recorre à atuação de uma instituição intermediária, dotada de credibilidade, para registro das transações e controle da sua evolução. A *blockchain* é um sistema descentralizado de registros ou, em outros termos, uma cadeia de blocos de dados validados[74].

  Ela é estruturada a partir de múltiplos servidores ("nós"), dispersos no ambiente físico e virtual. Assim, dispensa-se a participação de uma instituição intermediária e centralizadora para realização do registro. Novas informações inseridas são replicadas por toda a rede. Além disso, a *blockchain* é atualizada frequentemente, observando-se sempre a preservação do encadeamento de todos os registros anteriores. Por isso, é comum falar que a plataforma *blockchain* funciona como uma espécie de livro contábil ("livro razão"), com registro sequenciado de todas as operações.

  A dispersão da informação por toda a rede e sua constante atualização tornam o esforço computacional necessário para fraudar o sistema, na prática, inalcançável. Perceba, também, que a descentralização significa que a falha ou inutilização de qualquer "nó" (ponto) da rede não prejudica o registro dos dados. A validação da inserção de um novo bloco depende da adoção de algum método de consenso entre os pontos da rede, isto é, do reconhecimento da legitimidade das informações. Em relação ao sistema em torno da *bitcoin*, essa validação é efetuada por meio da solução de um problema matemático complexo.

  As diversas espécies de *blockchains* podem ser classificadas em: públicas: informações acessíveis para visualização por qualquer pessoa; privadas: informações acessíveis para visualização por um conjunto de pessoas ou por uma instituição; permissionadas: somente sujeitos autorizados podem validar e registrar novos blocos; não permissionadas: qualquer pessoa pode participar da confirmação e do registro de novos blocos de dados.

  A partir desse quadro, é possível visualizar algumas características da *blockchain*: descentralização, segurança, imutabilidade/irreversibilidade, transparência (de acordo com a modalidade de *blockchain*) e atualização.

  Há variados usos para a tecnologia *blockchain*: criptomoedas, como o *bitcoin*; garantia da autoria e da integridade de documentos eletrônicos; expedição e verificação de autenticidade de diplomas acadêmicos); inserção e registro de dados ou documentos; registro de criações intelectuais; registro de títulos, documentos e imóveis (vide PL 2.876/2020, que propõe que todos registros efetuados pelos Registros de Imóveis e Registros de Títulos e Documentos sejam também inseridos em Sistema Eletrônico de *Blockchain* Nacional disponibilizado pelo CNJ); registro da cadeia de custódia (CPP, art. 158-A); *smart contracts*.

73. Disponível em: <https://einvestidor.estadao.com.br/criptomoedas/lavagem-dinheiro-cripto-superou-22-bilhoes/#:~:text=O%20valor%20da%20lavagem%20de,31%2C5%20bilh%C3%B5es%20de%202022>.

74. Há vasta bibliografia sobre o tema. Recomenda-se: UHDRE, Dayana de Carvalho. Blockchain, tokens e criptomoedas: análise jurídica. São Paulo: Almedina, 2021.

- ***Smart contracts* (ou contratos inteligentes).** *Smart contracts* é uma expressão criada por Nick Szabo, em 1990, que os definia como um "conjunto de promessas, especificadas em formato digital, incluindo protocolos nos quais as partes cumprem essas promessas". Trata-se de um conjunto de comandos contidos em um sistema informatizado que efetua operações programadas quando cumpridos os seus pressupostos[75].

  Um aspecto relevante dos *smart contracts* é sua autoexecutoriedade. Materializados em protocolos informatizados, sua execução ocorre imediatamente diante do cumprimento dos termos estabelecidos. Originalmente, não há associação entre *smart contracts* e *blockchain*. No entanto, essa relação se tornou frequente na atualidade, em razão da crescente utilização de plataformas *blockchain* para o registro da programação relativa ao contrato.

  São características frequentemente apontadas nos *smart contracts*: segurança, transparência no desenvolvimento da relação contratual, autonomia (desnecessidade de intervenção da parte para a execução) e registro descentralizado (no caso de sua utilização em *blockchain*).

6.4. LGPD E PROTEÇÃO DE DADOS PESSOAIS

- **Fundamentos da Lei Geral de Proteção de Dados.** Os fundamentos da proteção de dados pessoais estão previstos no art. 2º da Lei Geral de Proteção de Dados (Lei n. 13.709/2018). Os fundamentos estruturam o regime jurídico do direito fundamental à proteção de dados pessoais e orientam a interpretação da legislação. São fundamentos da proteção de dados pessoais: o respeito à privacidade; a autodeterminação informativa; a liberdade de expressão, de informação, de comunicação e de opinião; a inviolabilidade da intimidade, da honra e da imagem; o desenvolvimento econômico e tecnológico e a inovação; a livre iniciativa, a livre concorrência e a defesa do consumidor; os direitos humanos, o livre desenvolvimento da personalidade, a dignidade e o exercício da cidadania pelas pessoas naturais.

- **O direito à autodeterminação informativa.** O direito à autodeterminação informativa é um dos mais relevantes fundamentos da proteção de dados pessoais. Esse direito consiste, em síntese, na possibilidade de conhecer os aspectos relativos aos tratamentos de dados pessoais do seu titular, bem como de controlar a ocorrência de tais tratamentos, observadas as ressalvas previstas na legislação.

- **Aplicabilidade da LGPD.** A LGPD aplica-se a qualquer operação de tratamento realizada por pessoa natural ou por pessoa jurídica de direito público ou privado, independentemente do meio, do país de sua sede ou do país onde estejam localizados os dados, desde que: I - a operação de tratamento seja realizada no território nacional; II - a atividade de tratamento tenha por objetivo a oferta ou o fornecimento de bens ou serviços ou o tratamento de dados de indivíduos localizados no território nacional; ou III - os dados pessoais objeto do tratamento tenham sido coletados no território nacional (art. 3º).

  O art. 4º da LGPD prevê as hipóteses nas quais a LGPD não é aplicável: tratamento realizado por pessoa natural para fins exclusivamente particulares e não econômicos; tratamento realizado para fins exclusivamente: jornalístico e artísticos; acadêmicos, aplicando-se a esta hipótese os arts. 7º e 11 da Lei; realizado para fins exclusivos de: segurança pública; defesa nacional; segurança do Estado; ou atividades de investigação e repressão de infrações penais; provenientes de fora do território nacional e que não sejam objeto de comunicação, uso compartilhado de dados com agentes de tratamento brasileiros ou objeto de transferência internacional de dados com outro país que não o de proveniência, desde que o país de proveniência proporcione grau de proteção de dados pessoais adequado ao previsto nesta Lei.

- **Princípios aplicáveis à proteção de dados pessoais.** Os princípios regentes da proteção de dados pessoais no ordenamento jurídico brasileiro estão previstos no art. 6º da LGPD:
  - *boa-fé*: a LGPD prevê a boa-fé como cláusula geral (enunciado linguístico), como boa-fé subjetiva (convicção da regularidade da conduta, desconhecimento de vício) e como boa-fé objetiva (princípio que condiciona a interpretação, cria deveres anexos à relação jurídica e impede o exercício abusivo de direitos subjetivos);
  - *finalidade*: realização do tratamento para propósitos legítimos, específicos, explícitos e informados ao titular, sem possibilidade de tratamento posterior de forma incompatível com essas finalidades;
  - *adequação*: compatibilidade do tratamento com as finalidades informadas ao titular, de acordo com o contexto do tratamento;
  - *necessidade*: limitação do tratamento ao mínimo necessário para a realização de suas finalidades, com abrangência dos dados pertinentes, proporcionais e não excessivos em relação às finalidades do tratamento de dados;
  - *livre acesso*: garantia, aos titulares, de consulta facilitada e gratuita sobre a forma e a duração do tratamento, bem como sobre a integralidade de seus dados pessoais;
  - *qualidade dos dados*: garantia, aos titulares, de exatidão, clareza, relevância e atualização dos dados, de acordo com a necessidade e para o

---

75. UHDRE, Dayana de Carvalho. Blockchain, tokens e criptomoedas: análise jurídica. São Paulo: Almedina, 2021, p. 50 e segs.

cumprimento da finalidade de seu tratamento;

- *transparência*: garantia, aos titulares, de informações claras, precisas e facilmente acessíveis sobre a realização do tratamento e os respectivos agentes de tratamento, observados os segredos comercial e industrial;
- *segurança*: utilização de medidas técnicas e administrativas aptas a proteger os dados pessoais de acessos não autorizados e de situações acidentais ou ilícitas de destruição, perda, alteração, comunicação ou difusão;
- *prevenção*: adoção de medidas para prevenir a ocorrência de danos em virtude do tratamento de dados pessoais;
- *não discriminação*: impossibilidade de realização do tratamento para fins discriminatórios ilícitos ou abusivos;
- *responsabilização e prestação de contas*: demonstração, pelo agente, da adoção de medidas eficazes e capazes de comprovar a observância e o cumprimento das normas de proteção de dados pessoais e, inclusive, da eficácia dessas medidas.

• **Diretrizes conceituais.** O art. 5º da LGPD estabelece um rol de conceitos, com os propósitos de fixar o sentido de interpretação das normas e auxiliar o intérprete. Os conceitos são os seguintes:

- *dado pessoal*: informação relacionada a pessoa natural identificada ou identificável;
- *dado pessoal sensível*: dado pessoal sobre origem racial ou étnica, convicção religiosa, opinião política, filiação a sindicato ou a organização de caráter religioso, filosófico ou político, dado referente à saúde ou à vida sexual, dado genético ou biométrico, quando vinculado a uma pessoa natural;
- *dado anonimizado*: dado relativo a titular que não possa ser identificado, considerando a utilização de meios técnicos razoáveis e disponíveis na ocasião de seu tratamento;
- *banco de dados*: conjunto estruturado de dados pessoais, estabelecido em um ou em vários locais, em suporte eletrônico ou físico;
- *titular*: pessoa natural a quem se referem os dados pessoais que são objeto de tratamento;
- *controlador*: pessoa natural ou jurídica, de direito público ou privado, a quem competem as decisões referentes ao tratamento de dados pessoais;
- *operador*: pessoa natural ou jurídica, de direito público ou privado, que realiza o tratamento de dados pessoais em nome do controlador;
- *encarregado*: pessoa indicada pelo controlador e operador para atuar como canal de comunicação entre o controlador, os titulares dos dados e a Autoridade Nacional de Proteção de Dados (ANPD);
- *agentes de tratamento*: o controlador e o operador;
- *tratamento*: toda operação realizada com dados pessoais, como as que se referem a coleta, produção, recepção, classificação, utilização, acesso, reprodução, transmissão, distribuição, processamento, arquivamento, armazenamento, eliminação, avaliação ou controle da informação, modificação, comunicação, transferência, difusão ou extração;
- *anonimização*: utilização de meios técnicos razoáveis e disponíveis no momento do tratamento, por meio dos quais um dado perde a possibilidade de associação, direta ou indireta, a um indivíduo;
- *consentimento*: manifestação livre, informada e inequívoca pela qual o titular concorda com o tratamento de seus dados pessoais para uma finalidade determinada;
- *bloqueio*: suspensão temporária de qualquer operação de tratamento, mediante guarda do dado pessoal ou do banco de dados;
- *eliminação*: exclusão de dado ou de conjunto de dados armazenados em banco de dados, independentemente do procedimento empregado;
- *transferência internacional de dados*: transferência de dados pessoais para país estrangeiro ou organismo internacional do qual o país seja membro;
- *uso compartilhado de dados*: comunicação, difusão, transferência internacional, interconexão de dados pessoais ou tratamento compartilhado de bancos de dados pessoais por órgãos e entidades públicos no cumprimento de suas competências legais, ou entre esses e entes privados, reciprocamente, com autorização específica, para uma ou mais modalidades de tratamento permitidas por esses entes públicos, ou entre entes privados;
- *relatório de impacto à proteção de dados pessoais*: documentação do controlador que contém a descrição dos processos de tratamento de dados pessoais que podem gerar riscos às liberdades civis e aos direitos fundamentais, bem como medidas, salvaguardas e mecanismos de mitigação de risco;
- *órgão de pesquisa*: órgão ou entidade da administração pública direta ou indireta ou pessoa jurídica de direito privado sem fins lucrativos legalmente constituída sob as leis brasileiras, com sede e foro no País, que inclua em sua missão institucional ou em seu objetivo social ou estatutário a pesquisa básica ou aplicada de caráter histórico, científico, tecnológico ou estatístico;
- *autoridade nacional*: órgão da administração pública responsável por zelar, implementar e

fiscalizar o cumprimento desta Lei em todo o território nacional.

- **Bases legais para o tratamento de dados pessoais.** As bases legais são as hipóteses autorizadas na legislação para o tratamento de dados pessoais. Elas estão previstas nos arts. 7º (dados pessoais em geral), 11 (dados pessoais sensíveis) e 23 (base legal específica para a Administração Pública para o atendimento de sua finalidade pública, na persecução do interesse público, com o objetivo de executar as competências legais ou cumprir as atribuições legais do serviço público).

  As bases legais previstas nos arts. 7º e 11 são as seguintes: Consentimento (arts. 7º, inciso I, e 11, inciso I); Cumprimento de obrigação legal ou regulatória (arts. 7º, inciso II, e 11, inciso II, alínea "a"); Pela Administração Pública, para a execução de políticas públicas previstas em leis e regulamentos ou respaldadas em contratos, convênios ou instrumentos congêneres (art. 7º, inciso III). Observe que, em relação aos dados pessoais sensíveis, o tratamento apenas poderá ser realizado, com a utilização da presente base legal, quanto às políticas previstas em leis ou regulamentos (art. 11, II, "b"); Realização de estudos por órgão de pesquisa (arts. 7º, inciso IV, e 11, inciso II, alínea "c"); Execução de contrato ou de procedimentos preliminares relacionados a contrato do qual seja parte o titular, a pedido do titular dos dados (art. 7º, V). Não aplicável em relação a dados pessoais sensíveis; Exercício regular de direitos em processo judicial, administrativo ou arbitral (arts. 7º, inciso IV, e 11, inciso II, alínea "d"); Proteção da vida ou da incolumidade física do titular ou de terceiro (arts. 7º, inciso VII, e 11, inciso II, alínea "e"); Tutela da saúde, em procedimento realizado por profissionais de saúde, serviços de saúde ou autoridade sanitária (arts. 7º, inciso VIII, e 11, inciso II, alínea "f"); Legítimo interesse do controlador ou de terceiro (art. 7º, inciso IX). Não aplicável em relação a dados pessoais sensíveis; Proteção do crédito (art. 7º, inciso X). Não aplicável em relação a dados pessoais sensíveis; Prevenção à fraude e à segurança do titular, em processos de identificação e autenticação de cadastro em sistemas eletrônicos (art. 11, inciso II, alínea "g").

- **Consentimento.** O consentimento é a manifestação livre, informada e inequívoca pela qual o titular concorda com o tratamento de seus dados pessoais para uma finalidade determinada. O consentimento é uma importante base legal para o tratamento de dados pessoais, mas, como visto, não é a única — nem possui precedência sobre as demais bases legais. Deve-se observar um conjunto de regras em relação ao consentimento: Autorizações genéricas para o tratamento de dados pessoais serão nulas; Deve ser obtido a partir de informações apresentadas com transparência, clareza e forma inequívoca; Apresentação da finalidade, da forma e da duração do tratamento; Sem vício de vontade; Prestado de maneira inequívoca; Não necessariamente fornecido por escrito. Se for, deve constar em cláusula destacada. No caso de dados pessoais sensíveis, a LGPD prevê que o consentimento deve ser concedido de forma específica e destacada, para finalidades específicas (art. 11, I); A faculdade de revogação do consentimento é assegurada ao titular de dados, que poderá exercê-la a qualquer tempo, de maneira gratuita e facilitada, com direito à eliminação dos correspondentes dados, preservada a validade dos atos praticados anteriormente (LGPD, arts. 8º, § 5º, 15, inciso III, e 18, incisos VI e IX); Recai sobre o controlador o ônus de comprovar que o consentimento do titular de dados, quando cabível, foi obtido de maneira livre, informada e inequívoca em relação a uma finalidade determinada (LGPD, art. 8º, § 2º); Havendo modificação da finalidade específica do tratamento, nomeadamente quando incompatível com a finalidade a que se referiu o consentimento inicial, da sua forma ou duração, da identificação do controlador ou dos critérios para o uso compartilhado de dados pelo controlador e a respectiva finalidade, o controlador deverá informar a alteração ao titular, que poderá, nos casos de necessidade de consentimento, revogá-lo (LGPD, arts. 8º, § 6º, e 9º, § 2º).

- **Legítimo interesse.** A existência de legítimo interesse como base legal adequada para o tratamento de dados pessoais exige necessariamente a análise do caso concreto, com a realização de um tríplice juízo: finalidade, necessidade e proporcionalidade. O art. 10 da LGPD apresenta exemplos de circunstâncias que podem ser enquadradas no legítimo interesse: apoio e promoção de atividades do controlador; e proteção, em relação ao titular, do exercício regular de seus direitos ou prestação de serviços que o beneficiem, respeitadas as legítimas expectativas dele e os direitos e liberdades fundamentais, nos termos da LGPD.

- **Direitos do titular de dados pessoais.** Os direitos do titular de dados pessoais estão previstos nos arts. 9º e 17 a 22 da LGPD. São eles: a) Confirmação da existência do tratamento e acesso aos dados (finalidade específica do tratamento; forma e duração do tratamento, observados os segredos comercial e industrial; identificação do controlador; informações de contato do controlador; informações acerca do uso compartilhado de dados pelo controlador e a finalidade; responsabilidades dos agentes que realizarão o tratamento; e direitos do titular, com menção explícita aos direitos contidos no art. 18 da LGPD); b) correção de dados incompletos, inexatos ou desatualizados; c) anonimização, bloqueio ou eliminação de dados desnecessários, excessivos ou tratados em desconformidade com o disposto na LGPD; d) portabilidade dos dados a outro fornecedor de serviço ou produto, mediante requisição expressa, de acordo com a regulamentação da autoridade nacional, observados os segredos comercial e industrial; e) eliminação dos dados pessoais tratados com o consentimento do titular, exceto nas hipóteses previstas no art. 16; f) informação das entidades públicas e privadas com as quais o controlador realizou uso compartilhado de dados; g) informação sobre a possibilidade de não fornecer consentimento e sobre as consequências da negativa; h) revogação do consentimento; i) revisão de decisões tomadas unicamente com base em tratamento automatizado de dados pessoais que afetem seus interesses, incluídas as decisões destinadas a definir o seu perfil pessoal, profissional, de consumo e de crédito ou os aspectos de sua personalidade; j) Os dados pessoais referentes ao exercício regular de direitos pelo titular não podem ser utilizados em seu prejuízo.

- **Término do tratamento de dados.** O art. 15 da LGPD elenca as hipóteses de término do tratamento de dados pessoais: verificação de que a finalidade foi alcançada ou de que os dados deixaram de ser necessários ou pertinentes ao alcance da finalidade específica almejada; fim do período de tratamento; comunicação do titular, inclusive no exercício de seu direito de revogação do consentimento conforme, resguardado o interesse público; determinação da autoridade nacional, quando houver violação ao disposto na LGPD.

  O art. 16 da LGPD prevê que os dados pessoais serão eliminados após o término de seu tratamento, autorizada a conservação para as seguintes finalidades: cumprimento de obrigação legal ou regulatória pelo controlador; estudo por órgão de pesquisa, garantida, sempre que possível, a anonimização dos dados pessoais; transferência a terceiro, desde que respeitados os requisitos de tratamento de dados dispostos nesta Lei; ou uso exclusivo do controlador, vedado seu acesso por terceiro, e desde que anonimizados os dados.

- **Responsabilidade do controlador e do operador.** O controlador ou o operador que, em razão do exercício de atividade de tratamento de dados pessoais, causar a outrem dano patrimonial, moral, individual ou coletivo, em violação à legislação de proteção de dados pessoais, é obrigado a repará-lo (art. 42). O operador responde solidariamente pelos danos causados pelo tratamento quando descumprir as obrigações da legislação de proteção de dados ou quando não tiver seguido as instruções lícitas do controlador, hipótese em que o operador equipara-se ao controlador, salvo nos casos de exclusão previstos no art. 43. Os controladores que estiverem diretamente envolvidos no tratamento do qual decorreram danos ao titular dos dados respondem solidariamente, salvo nos casos de exclusão previstos no art. 43 da LGPD, isto é, quando provarem: que não realizaram o tratamento de dados pessoais que lhes é atribuído; que, embora tenham realizado o tratamento de dados pessoais que lhes é atribuído, não houve violação à legislação de proteção de dados; ou que o dano é decorrente de culpa exclusiva do titular dos dados ou de terceiro.

- **A Autoridade Nacional de Proteção de Dados (ANPD).** A Autoridade Nacional de Proteção de Dados é uma autarquia de natureza especial, com patrimônio próprio e com sede e foro no Distrito Federal. Suas competências estão previstas no art. 55-J da LGPD, sendo regulatórias, administrativas, fiscalizatórias e sancionatórias. A LGPD assegura autonomia técnica e decisória à ANPD, que é considerada instituição central de interpretação da referida legislação e do estabelecimento de normas e diretrizes para a sua implementação (art. 55-K, parágrafo único).

  A composição da ANPD é a seguinte: Conselho Diretor, órgão máximo de direção; Conselho Nacional de Proteção de Dados Pessoais e da Privacidade; Corregedoria; Ouvidoria; Procuradoria; unidades administrativas e unidades especializadas necessárias à aplicação do disposto na LGPD.

- **Sanções administrativas.** As sanções administrativas aplicáveis pela ANPD em caso de violação às normas de proteção de dados pessoais estão previstas no art. 52 da LGPD: advertência, com indicação de prazo para adoção de medidas corretivas; multa simples, de até 2% (dois por cento) do faturamento da pessoa jurídica de direito privado, grupo ou conglomerado no Brasil no seu último exercício, excluídos os tributos, limitada, no total, a R$ 50.000.000,00 (cinquenta milhões de reais) por infração; multa diária, observado o limite total indicado acima; publicização da infração após devidamente apurada e confirmada a sua ocorrência; bloqueio dos dados pessoais a que se refere a infração até a sua regularização; eliminação dos dados pessoais a que se refere a infração; suspensão parcial do funcionamento do banco de dados a que se refere a infração pelo período máximo de 6 meses, prorrogável por igual período, até a regularização da atividade de tratamento pelo controlador; suspensão do exercício da atividade de tratamento dos dados pessoais a que se refere a infração pelo período máximo de 6 meses, prorrogável por igual período; proibição parcial ou total do exercício de atividades relacionadas a tratamento de dados.

  As sanções podem ser aplicadas isolada ou cumulativamente. As sanções de multa não podem ser aplicadas ao Poder Público (art. 52, § 3º).

  As sanções de suspensão e proibição de tratamento de dados apenas serão aplicadas: após ter sido imposta ao menos uma das sanções anteriores (exceto advertência); em caso de controladores submetidos a outros órgãos e entidades com competências sancionatórias, ouvidos esses órgãos.

  O art. 52, § 1º, da LGPD estabelece critérios de dosimetria para a definição da sanção administrativa e da sua extensão: a gravidade e a natureza das infrações e dos direitos pessoais afetados; a boa-fé do infrator; a vantagem auferida ou pretendida pelo infrator; a condição econômica do infrator; a reincidência; o grau do dano; a cooperação do infrator; a adoção reiterada e demonstrada de mecanismos e procedimentos internos capazes de minimizar o dano, voltados ao tratamento seguro e adequado de dados; a adoção de política de boas práticas e governança; a pronta adoção de medidas corretivas; e a proporcionalidade entre a gravidade da falta e a intensidade da sanção.

7. PRAGMATISMO, ANÁLISE ECONÔMICA DO DIREITO E ECONOMIA COMPORTAMENTAL

7.1. FUNÇÃO JUDICIAL E PRAGMATISMO. ANTIFUNDACIONALISMO. CONTEXTUALISMO. CONSEQUENCIALISMO. RACIONALISMO E EMPIRISMO. DIALÉTICA. UTILITARISMO

- **Função judicial e pragmatismo. Antifundacionalismo. Contextualismo. Consequencialismo.** Aquilo que pode denominar de abordagem pragmática da função judicial (Pragmatismo Jurídico) abrange um conjunto de visões teóricas desenvolvidas no pensamento jurídico dos Estados Unidos da América. Essas ideias podem ser assim sintetizadas: a) *Contextualismo*: as decisões judiciais são proferidas em um contexto específico, de modo que estão inevitavelmente associadas à cultura, às práticas e ao cenário social, não podendo ser compreendidas com abstração de tais elementos[76]; b) *Antifundacionalismo*: oposição à ideia de existência de princípio ou de um conjunto definitivo de princípios (no sentido de ideias gerais), já desenvolvidos pela dogmática clássica, capazes de fundamentar as decisões judiciais[77]; c) *Instrumentalismo (ou consequencialismo)*: necessidade de consideração dos efeitos produzidos e das capacidades institucionais dos órgãos decisores na análise da adequação das decisões judiciais[78]. Assim, em síntese, aqueles que adotam o pragmatismo jurídico "enfatizam a natureza contextual do processo decisório e defendem um 'retorno da abstração ao concreto'. Em segundo lugar, eles contestam a necessidade e/ou disponibilidade de fundamentos a partir dos quais deduzir decisões jurídicas. Em terceiro lugar, o pragmatista jurídico adota uma postura instrumental em relação ao raciocínio e olha mais para o futuro e, portanto, ao mesmo tempo, desvaloriza a importância *a priori* dos conceitos jurídicos e dos precedentes considerados centrais para o modelo jurídico. Em quarto lugar, enfatiza-se a multiplicidade de perspectivas disponíveis e necessárias para acomodar o sistema"[79].

- **Racionalismo e Empirismo.** Racionalismo e empirismo agrupamentos de compreensões teóricas a respeito do modo de apreensão do conhecimento pelo ser humano – e, por consequência, acerca daquilo que se poderia considerar como um saber real, verdadeiro, autêntico. Na perspectiva do *Racionalismo*, o "conhecimento se faria por métodos ou categorias racionais que todo sujeito, por si próprio, formularia por meio do mero uso de sua razão", de modo que o "método, os paradigmas, os sistemas, as categorias, são todos construções que partem não das coisas em si, da experiência das coisas, mas sim que estão na própria idealidade humana"[80]. Na visão do *Empirismo*, o "conhecimento advém da experiência originada na percepção concreta das coisas e dos fatos", motivo pelo qual "conhecimento se faz das coisas reais, sentidas, experienciadas, não de ideias sobre as coisas – como propugnam os racionalistas –, mas das coisas e da experiência em si"[81].

- **Dialética.** Theodor Viehweg foi o responsável pelo resgate, no Direito, do raciocínio tópico. Viehweg distingue o pensamento apodítico do dialético. O primeiro, próprio das Ciências Exatas e Naturais, funda-se na lógica analítica, sendo apto a firmar conclusões através da demonstração. O pensamento dialético, por sua vez, desenvolve conclusões mediante a contraposição de argumentações retóricas, as quais partem de premissas socialmente aceitas[82]. Na visão de Viehweg, o jurista raciocina através de problemas, não mediante construções abstratas absolutamente desvinculadas da realidade dos casos concretos. Daí a importância da aplicação da tópica aristotélica ao Direito, uma vez que "se trata de uma *techne* do pensamento que se orienta para o problema"[83]. Duas noções são fundamentais na obra de Theodor Viehweg. A primeira delas é o conceito de *aporia*. Esclarece o doutrinador que *aporias* consistem em situações de difícil resolução inicial, problemas que admitem mais de uma resposta. A outra noção basilar no pensamento tópico é a de *topoi*. Estes correspondem a fórmulas de reconhecida força persuasiva, funcionando como lugares-comuns argumentativos, idôneos a produzir um consenso inicial num debate. A solução de aporias, na perspectiva de Viehweg, é

76. BUTLER, Brian E.. "Legal Pragmatism: banal or beneficial as a jurisprudential position?". Essays in Philosophy, v. 3, n. 2, 2002, p. 271.

77. BUTLER, Brian E.. "Legal Pragmatism: banal or beneficial as a jurisprudential position?". Essays in Philosophy, v. 3, n. 2, 2002, p. 272-273.

78. BUTLER, Brian E.. "Legal Pragmatism: banal or beneficial as a jurisprudential position?". Essays in Philosophy, v. 3, n. 2, 2002, p. 273.

79. BUTLER, Brian E.. "Legal Pragmatism: banal or beneficial as a jurisprudential position?". Essays in Philosophy, v. 3, n. 2, 2002, p. 281, tradução livre do autor.

80. MASCARO, Alysson Leandro. Filosofia do Direito. 5ª ed. São Paulo: Atlas, 2016, p. 130 e 131.

81. MASCARO, Alysson Leandro. Filosofia do Direito. 5ª ed. São Paulo: Atlas, 2016, p. 130 e 133.

82. VIEHWEG, Theodor. Tópica e Jurisprudência. Trad. Tércio Sampaio Ferraz Júnior. Brasília: Departamento de Imprensa Nacional, 1979, no prefácio do tradutor, p. 5.

83. VIEHWEG, Theodor. Tópica e Jurisprudência. Trad. Tércio Sampaio Ferraz Júnior. Brasília: Departamento de Imprensa Nacional, 1979, p. 33.

construída através do debate entre teses, expostas num raciocínio argumentativo e lastreadas em fórmulas amplamente aceitas socialmente. A argumentação retórica é, assim, o instrumento necessário para resolução de problemas para os quais a lógica analítica mostra-se insuficiente. Numa perspectiva de compreensão do Direito e da solução dos casos concretos próxima da apresentada por Viehweg, é importante destacar, também, a contribuição doutrinária de Chaïm Perelman. Na obra "Ética e Direito", Perelman sustenta que a lógica formal é incompatível com o raciocínio jurídico, o qual se desenvolve através de uma lógica argumentativa. Ao cumprir o dever de exposição dos motivos de sua decisão, o magistrado não procede à demonstração matemática das conclusões, mas se vale da força persuasiva de diversos argumentos, buscando convencer que sua decisão é juridicamente adequada. Não é possível, relativamente a tais argumentos, proceder a um juízo de validade formal. "Um argumento", afirma Perelman, "não é correto e coercivo ou incorreto e sem valor, mas é relevante ou irrelevante, forte ou fraco, consoante razões que lhe justificam o emprego no caso"[84]. Daí porque, nessa perspectiva, não passa de mera ilusão do Positivismo pretender reduzir o raciocínio jurídico a um silogismo. A atividade cognitiva realizada não será uma subsunção idônea a ser demonstrada de maneira irrefutável, mas necessariamente uma construção argumentativa, vinculada aos fatos, provas e qualificações jurídicas peculiares a cada caso concreto. No desenvolvimento deste raciocínio, simplesmente não é possível a exclusão de um argumento por outro, em sentido diverso, uma vez que o potencial persuasivo e a pertinência de cada um deles assumirão graus diversos no processo de convencimento. A exposição da fundamentação das conclusões volta-se para convencer um auditório universal. As decisões judiciais devem produzir consenso social, o qual é verdadeiro fator de legitimação do próprio sistema jurídico. Para tanto, o jurista deve apresentar uma série de argumentos – podendo recorrer a diversos *topoi* – aptos a persuadir o auditório da adequação do posicionamento adotado em face do sistema jurídico[85]. Os lugares-comuns argumentativos adotados funcionarão como premissas para a construção do discurso voltado a obter o convencimento do auditório. A Nova Retórica, encampada por Chaïm Perelman, reintroduz no direito a noção de "lógica do preferível", fundada na persuasão, através do discurso, da razoabilidade ou adequação de dada conclusão a um caso concreto[86]. A construção discursiva, realizada a partir de premissas argumentativas de reconhecida força persuasiva (*topoi*), de soluções jurídicas para os casos particulares significa importante avanço no sentido de uma *praxis* jurídica preocupada com elementos valorativos e de ordem moral.

- **Utilitarismo.** De acordo com a visão utilitarista, o "valor moral de uma ação, conduta, instituição ou lei deve ser julgado por sua eficácia na promoção da felicidade ('o *superavit* do prazer comparativamente à dor'), acumulada por todos os habitantes (todos os seres sencientes, em algumas versões do utilitarismo) da 'sociedade', a qual pode representar uma única nação ou o mundo inteiro"[87]. Essa visão filosófica possui uma relevante implicação institucional, pois considera que a "sociedade está ordenada de forma correta e, portanto, justa, quando suas instituições mais importantes estão planejadas de modo a conseguir o maior saldo líquido de satisfação obtido a partir da soma das participações individuais de todos os seus membros"[88].

7.2. ANÁLISE ECONÔMICA DO DIREITO. CONCEITOS FUNDAMENTAIS. RACIONALIDADE ECONÔMICA. EFICIÊNCIA PROCESSUAL. MÉTODOS ADEQUADOS DE RESOLUÇÃO DE CONFLITOS E ACESSO À JUSTIÇA. DEMANDAS FRÍVOLAS E DE VALOR ESPERADO NEGATIVO. PRECEDENTES, ESTABILIDADE DA JURISPRUDÊNCIA E SEGURANÇA JURÍDICA. COISA JULGADA

- **Análise Econômica do Direito.** A Análise Econômica do Direito consiste na aplicação ao Direito de aportes teóricos oriundos das ciências econômicas, viabilizando 1) a compreensão do ordenamento jurídico como estrutura de incentivos ao comportamento humano e 2) o esclarecimento das consequências dos comandos legais e judiciais, assumindo relevância no próprio processo de elaboração destes.
- **Análise Econômica do Direito positiva (âmbito do ser) e normativa (âmbito do dever-ser).** Na Análise Econômica do Direito positiva, o estudioso examina o conjunto de normas jurídicas existentes em dado sistema, suas consequências e sua eficiência. Por sua vez, a dimensão normativa da Análise Econômica do Direito propõe políticas públicas e alterações legislativas, a partir do estudo de suas consequências econômicas, objetivando a eficiência.

84. PERELMAN, Chaïm. Ética e Direito. São Paulo: Martins Fontes, 1996, p. 471.
85. PERELMAN, Chaïm. Ética e Direito. São Paulo: Martins Fontes, 1996, p. 493.
86. CAMARGO, Margarida Maria Lacombe. Hermenêutica e Argumentação: uma contribuição ao estudo do direito. 3. ed. rev. e atual. Rio de Janeiro: Renovar, 2003, p. 203.
87. POSNER, Richard. A Economia da Justiça. São Paulo: Martins Fontes, 2010, p. 59.
88. RAWLS, John. Uma teoria da justiça. São Paulo: Martins Fontes, 2000, p. 25.

- **Conduta racional maximizadora.** Ao escolher entre condutas possíveis, diante de um quadro de escassez, o agente racional tende a adotar o comportamento apto a promover o maior resultado possível, com o mínimo de custos. O agente racional determina suas ações de acordo com o objetivo de maximização da utilidade, diante da escassez de recursos. Ao eleger um comportamento, o sujeito racional realiza uma análise marginal, consistente na ponderação de custos e benefícios oriundos da escolha, de modo que, exemplificativamente, ele somente persistirá ou intensificará determinada atividade se os benefícios marginais revelarem-se superiores aos custos marginais.
- **Racionalidade limitada.** embora seja possível assumir, como premissa genérica, que, ao agir, as pessoas objetivam maximizar seu bem-estar, existem elementos que inviabilizam um processo absoluto de eleição da melhor alternativa, a exemplo de restrições cognitivas e assimetrias informacionais.
- **Preferências, utilidade e conduta racional maximizadora.** No processo de escolha racional da conduta maximizadora de seu bem-estar, o agente econômico atende a um conjunto de preferências, de ordem subjetiva, reputadas completas, transitivas e estáveis. A completude consiste na presunção segundo a qual, diante de opções, o agente sempre será capaz de indicar aquela que prefere. A transitividade significa que, ao ordenar suas preferências, o indivíduo manter-se-á coerente, preterindo opções que se encontrem em um nível mais baixo da escala por ele formulada em favor daquelas localizadas em um ponto mais alto. Pressupõe-se, ainda, que as preferências dos sujeitos são estáveis, como um requisito da própria lógica da análise do comportamento humano diante da necessidade de decidir.
- **Custo de oportunidade.** Assumir a existência de uma ordenação de preferências significa afirmar que, ao realizar um comportamento, o indivíduo possui consciência das alternativas desprezadas. Denomina-se de custo de oportunidade esse custo, para o agente, relativo à opção que foi rejeitada . Escolher entre condutas possíveis implica necessariamente renunciar à utilidade decorrente das demais opções, não adotadas.
- **Eficiência. Ótimo de Pareto.** Pode-se abordar a eficiência sob três diferentes perspectivas. Na primeira, ela corresponde à "maximização de ganhos e minimização de custos"[89]. Sob esta ótica, uma situação será eficiente se a única maneira de elevação dos benefícios for, também, o aumento dos custos. A segunda perspectiva lastreia-se na ideia de *melhoria de Pareto*[90], segundo a qual a modificação de um quadro será superior ao anterior estado de coisas se dela resultar benefício para ao menos um sujeito, sem gerar prejuízo para outros[91]. A nova situação é dita, nesta hipótese, mais eficiente que a prévia. Observe-se que, após sucessivas melhorias, atingir-se-á um ponto em que será impossível elevar a utilidade de certo indivíduo sem, com isto, prejudicar outros agentes. Alcança-se, neste quadro, aquilo que se denomina de *ótimo de Pareto*[92], podendo-se, também, simplesmente afirmar que esta situação é *Pareto-eficiente*. A terceira ótica corresponde à denominada *eficiência de Kaldor-Hicks*. Segundo esta formulação, há situações em que os prejuízos impostos por dada alteração podem ser objeto de uma compensação. Nestes casos, deve-se considerar uma melhoria mesmo aquelas modificações que redundem em benefícios para alguns e piora para outros, desde que haja a possibilidade de os primeiros realizarem a compensação necessária para a satisfação dos prejudicados.
- **Influência da Análise Econômica do Direito sobre os métodos de solução de conflitos e o Direito Processual.** As ideias apresentadas pela Análise Econômica do Direito são úteis para compreensão do comportamento adotado pelos agentes para a satisfação dos seus interesses, bem como das posturas que podem ser utilizadas para a solução de conflitos envolvendo esses interesses. A utilização de métodos adequados (denominação preferível, na atualidade, à terminologia "métodos alternativos") de solução de conflitos deve considerar que os agentes se comportam de acordo com a estrutura de incentivos (sanções premiais ou negativas, por exemplo), os custos de oportunidade e as possibilidades de maximização dos benefícios e redução dos custos existentes em determinado cenário. Tais elementos têm grande importância para a decisão a respeito do uso e do grau de engajamento em tentativas de conciliação e mediação e em uma arbitragem, por exemplo. Também têm grande influência em relação à decisão de utilizar o processo judicial. Por isso, o acesso à justiça e o comportamento dos litigantes no processo também podem ser compreendidos a partir da perspectiva da Análise Econômica do Direito. A estabilidade das decisões judiciais (por meio da coisa julgada, por exemplo) e da jurisprudência (a partir do sistema de precedentes) contribui para promover um ambiente de maior segurança jurídica para a tomada de decisões dos agentes, também integrando o conjunto de fatores que influenciam seu comportamento.

89. SALAMA, Bruno. O que é "Direito e Economia"?. In: TIMM, Luciano Benetti (Org.). Direito & Economia. Porto Alegre: Livraria do Advogado Editora, 2008, p. 55.
90. O autor da noção de eficiência apresentada foi Vilfredo Pareto, cientista político, advogado e economista italiano.
91. RODRIGUES, Vasco. Análise Económica do Direito: Uma Introdução. Coimbra: Almedina, 2007, p. 26.
92. PINHEIRO, Armando Castelar; SADDI, Jairo. Direito, Economia e Mercados. Rio de Janeiro: Elsevier, 2005, p. 120/121.

- **Demandas frívolas e de valor esperado negativo.** Demandas frívolas são aquelas apresentadas ao Poder Judiciário a despeito da baixa de chance de êxito. Demandas de valor esperado negativo são aquelas nas quais o custo para o ajuizamento e a condução do processo supera o possível proveito econômico decorrente do processo[93].

7.3. ECONOMIA COMPORTAMENTAL. HEURÍSTICA E VIESES COGNITIVOS. A PERCEPÇÃO DE JUSTIÇA. PROCESSO COGNITIVO DE TOMADA DE DECISÃO

- **Economia comportamental.** Nem sempre comportamentos humanos podem ser completamente justificáveis a partir de critérios típicos da denominada conduta racional, com base em uma análise completa, não emocional e coerente de custos e benefícios envolvidos. Fatores como racionalidade limitada, restrições de informações (com consequentes assimetrias informacionais), limitações na disposição à busca de dados completos sobre determinada operação, influência afetiva na tomada de decisões, restrições de memória, disposição de aguardar o decurso do tempo e contexto social interferem no processo de tomada de decisão, muitas vezes afastando-a daquela que poderia ser considerada a mais racional. A Economia comportamental é a área do conhecimento que se dedica à compreensão dos processos cognitivos de tomada de decisão e dos variados fatores que nele podem interferir.
- **Heurística e vieses cognitivos.** Heurísticas são "um procedimento simples que ajuda a encontrar respostas adequadas, ainda que geralmente imperfeitas, para perguntas difíceis"[94]. São, assim, espécies de "atalhos cognitivos". Um viés cognitivo é um "erro sistemático (não aleatório) no pensamento, no sentido de que um julgamento se desvia do que seria considerado desejável do ponto de vista das normas aceitas ou correto em termos de lógica formal"[95]. É possível apresentar alguns exemplos de vieses cognitivos: a) *viés de confirmação*: tendência de submeter novas informações ou provas a uma compreensão que possa corroborar concepções prévias do sujeito; b) *viés de trancamento*: vinculação a determinada decisão anteriormente tomada em razão da quantidade e complexidade de outras tarefas que também devem ser geridas e realizadas. Ilustrativamente, o julgador pode manifestar o viés de trancamento ao tender a manter uma decisão proferida em tutela provisória, diante de um quadro de acúmulo de processos que também exigem sua atuação; c) *viés de status quo*: rejeição à alteração de um estado de coisas quando, para sua ocorrência, for necessário empregar energia e tempo; *viés de estereótipo*: expectativa de adoção de certos comportamentos ou ideias por pessoa integrante de determinado grupo em razão de tal comportamento ou ideia ser, por algum motivo, supostamente atribuído àquele grupo; e) *efeito adesão*: viés de acompanhamento de determinado comportamento, ideia ou opinião em razão de ser compartilhado por um grande número de pessoas.

7.4. GOVERNANÇA CORPORATIVA E *COMPLIANCE* NO BRASIL. MECANISMOS DE COMBATE ÀS ORGANIZAÇÕES CRIMINOSAS E LAVAGEM DE DINHEIRO. *WHISTLEBLOWER*

- **Governança corporativa e *Compliance*.** De acordo com o Instituto Brasileiro de Governança Corporativa, a governança corporativa pode ser compreendida como o "sistema formado por princípios, regras, estruturas e processos pelo qual as organizações são dirigidas e monitoradas, com vistas à geração de valor sustentável para a organização, para seus sócios e para a sociedade em geral". De acordo com o Código das Melhores Práticas de Governança Corporativa, da mencionada instituição, os princípios da governança corporativa são: integridade, transparência, equidade, responsabilização (*accountability*) e sustentabilidade. O *compliance* pode ser compreendido como "conjunto de disciplinas, para fazer cumprir as normas legais e regulamentares, a política e as diretrizes estabelecidas para o negócio e para as atividades da instituição ou empresa, bem como evitar, detectar e tratar qualquer desvio ou inconformidade que possa ocorrer"[96]. Os programas de *compliance* são compostos de "rotinas e práticas concebidas para prevenir riscos de responsabilidade empresarial decorrentes do descumprimento de obrigações legais ou regulatórias"[97]. A Lei n. 12.846/2013 (Lei Anticorrupção) estimula a adoção de procedimentos internos de integridade (art. 7º, VIII). A figura do *programa de integridade* está disciplinada nos arts. 56 e 57 do Decreto n. 11.129/2022, que regulamenta a Lei Anticorrupção. O programa de integridade é definido como "conjunto de mecanismos e procedimentos internos de integridade, auditoria e incentivo à denúncia de irregularidades e na aplicação efetiva de códigos de ética e de conduta, políticas

93. FUX, Luiz; BODART, Bruno. Processo Civil e Análise Econômica. 2ª ed. Rio de Janeiro: Forense, p. 89.

94. KAHNEMAN, Daniel. Rápido e Devagar - duas formas de pensar. Rio de Janeiro: Objetiva, 2012, p. 127.

95. SAMSON, Alain. The Behavioral Economics Guide 2014. Disponível em: <http://www.behavioraleconomics.com>, p. 15.

96. BLOK, Marcella. Compliance e Governança Corporativa. 2ª ed. Rio de Janeiro: Freitas Bastos, 2018, p. 18.

97. CUEVA, Ricardo Villas Bôas. "Compliance e defesa da concorrência". In: CAMPILONGO, Celso; PFEIFFER, Roberto (Org.). Evolução do Antitruste no Brasil. São Paulo: Singular, 2018, p. 539.

e diretrizes, com objetivo de: prevenir, detectar e sanar desvios, fraudes, irregularidades e atos ilícitos praticados contra a administração pública, nacional ou estrangeira; e fomentar e manter uma cultura de integridade no ambiente organizacional" (art. 56).

- ***Whistleblower.*** De acordo com Maria Auxiliadora Minahim e Luíza Spínola, o "*whistleblower*, expressão que em inglês significa aquele que assopra o apito, nada mais significa que um denunciante remunerado pelas notícias das irregularidades que transmite aos setores próprios. O informante não deve desempenhar, dentro da organização à qual pertence, funções específicas de controle e investigação, já que, caso exercesse tais atribuições, seria do seu dever, da sua função, a denúncia e as providências cabíveis. Ou seja, o informante não deve ser responsável pelo setor de *compliance*. Há, ainda, uma terceira característica que integra o conceito, a qual diz respeito ao fato de que a atividade ilegal deve ter-se realizado na organização a que pertence ou pertenceu o informante"[98]. A Transparência Internacional recomenda uma série de providências em relação à atuação do *whistleblower*: "i) criação de sistemas e órgãos internos de colaboração; ii) possibilidades de encaminhar relatórios externos; iii) participação ativa do *whistleblower*, de acordo com a qual o agente denunciante deve desenvolver e acompanhar o processo (na medida de suas possibilidades); iv) mecanismos ou incentivos para estimular a colaboração; v) proteção da identidade do delator; vi) proteção ao *whistleblower* contra qualquer tipo de represália; vii) inversão do ônus da prova na comprovação da colaboração; viii) imunidade civil, penal e administrativa para o delator de boa-fé; ix) ausência de sanções na hipótese de denúncias equivocadas, se fundadas em erro honesto; x) direito a negar a participação, sem qualquer sanção ou desvantagem, o *whistleblower* pode optar por não fazer parte do processo pós-colaboração; xi) invalidação de regras particulares que obstruam os efeitos da legislação denunciante"[99]. A Lei n. 13.608/2018 (serviço telefônico de recebimento de denúncias e sobre recompensa por informações que auxiliem nas investigações policiais) assegura ao informante, nas hipóteses de sua incidência, a proteção contra ações ou omissões praticadas em retaliação ao exercício do direito de relatar, tais como demissão arbitrária, alteração injustificada de funções ou atribuições, imposição de sanções, de prejuízos remuneratórios ou materiais de qualquer espécie, retirada de benefícios, diretos ou indiretos, ou negativa de fornecimento de referências profissionais positivas (art. 4º-C).

8. DIREITO DA ANTIDISCRIMINAÇÃO

8.1. CONCEITOS FUNDAMENTAIS DO DIREITO DA ANTIDISCRIMINAÇÃO

- **Direito antidiscriminatório.** O Direito da Antidiscriminação ou Direito Antidiscriminatório consiste num subsistema do Direito Constitucional, alicerçado nos princípios que estruturam o sistema jurídico, na centralidade dos direitos fundamentais, nas leis antidiscriminatórias e nos programas de transformação social. Constitui um esquema protetivo "composto por uma série de normas que pretendem reduzir ou eliminar disparidades significativas entre grupos, um dos objetivos centrais dos textos constitucionais das sociedades democráticas". Além das normas jurídicas, também fazem parte desse esquema protetivo as decisões judiciais, as reflexões teóricas, as novas perspectivas de interpretação da igualdade, bem como a criação de mecanismos institucionais e políticas públicas destinadas à proteção e efetiva inclusão dos grupos vulneráveis.[100] O Direito Antidiscriminatório, portanto, é um esquema protetivo que veda e proíbe toda e qualquer forma de discriminação.

- **Igualdade.** A isonomia, tanto em sua acepção formal quanto material e de reconhecimento, pressupõe a igualdade de oportunidades, o respeito à dignidade, bem como o pleno e igualitário exercício dos direitos fundamentais por todos os indivíduos. O princípio da igualdade deve ser apreendido sob três dimensões: formal, material e de reconhecimento (representatividade).

- **Igualdade formal.** Consiste no tratamento igualitário dispensado a todos os indivíduos, considerando a universalidade de direitos, tendo como pressuposto a ausência de privilégios e tratamentos discriminatórios. Prevista no art. 5º, *caput*, da Constituição Federal, a igualdade formal engloba: a) igualdade perante a lei, no sentido de que a lei deve ser aplicada pelos julgadores e administradores de maneira impessoal e uniforme; e b) igualdade na lei, competindo ao legislador não criar normas discriminatórias ou que instituam tratamentos diferenciados baseados em critérios infundados.

- **Igualdade material.** Relacionada com a máxima aristotélica "devemos tratar igualmente os iguais e desigualmente os desiguais, na medida das suas desigualdades", consiste na atuação positiva contra desigualdades econômicas e sociais. Dessa forma,

98. MINAHIM, Maria Auxiliadora; SPÍNOLA, Luíza Moura Costa. "O whistleblowing como meio de obtenção de prova no direito processual penal brasileiro". Revista Eletrônica de Direito Processual – REDP. Rio de Janeiro. Ano 14. Volume 21. Número 1. Janeiro a Abril de 2020, p. 277.

99. MINAHIM, Maria Auxiliadora; SPÍNOLA, Luíza Moura Costa. "O whistleblowing como meio de obtenção de prova no direito processual penal brasileiro". Revista Eletrônica de Direito Processual – REDP. Rio de Janeiro. Ano 14. Volume 21. Número 1. Janeiro a Abril de 2020, p. 279.

100. MOREIRA, Adilson José. *Tratado de direito antidiscriminatório*. São Paulo: Editora Contracorrente, 2020, p. 50.

devem ser adotadas práticas distributivas necessárias para que pessoas em posições distintas alcancem uma situação de equidade.[101]

- **Representatividade.** Consiste em ser reconhecido, representado e respeitado na sociedade, podendo manifestar plenamente sua identidade, cultura e diferença. Relaciona-se com a concepção de mundo aberto à diversidade. Exemplo: uma menina negra liga a televisão e, ao olhar as propagandas, novelas, séries, filmes e telejornais, vê majoritariamente pessoas brancas. Ao olhar para a política e demais espaços de poder, ela também observa homens brancos e poucas pessoas negras. Ao frequentar restaurantes, lojas e repartições públicas, verifica que as pessoas negras estão em postos de trabalho de menor valor social, como vigilância e limpeza. Ela cresce com o pensamento de que mulheres negras, como ela, não ocupam e nem podem ocupar espaços de decisão e poder, postos de trabalho de gerência ou de maior valor social, nem ter protagonismo nos canais de comunicação. Portanto, ela não se vê reconhecida e representada na sociedade.
- **Igualdade de oportunidades.** Intimamente relacionado com a igualdade material, o princípio da igualdade de oportunidade está baseado na ideia de que uma sociedade só pode ser justa se todos os cidadãos tiverem as mesmas possibilidades de acesso aos direitos fundamentais e aos níveis mais básicos de bem-estar social. Nessa linha, cumpre ao Estado promover políticas afirmativas que permitam a inclusão, para que todos participem de forma efetiva da vida em sociedade, de forma a materializar a justiça social.
- **Discriminação.** A discriminação consiste no caráter infundado de uma distinção, exclusão, restrição ou preferência. A discriminação é a exteriorização de um preconceito, estigma ou estereótipo. Trata-se, portanto, do caráter infundado de um tratamento desigual.
- **Discriminação nas relações de trabalho.** De acordo com o art. 1º da Convenção 111 da Organização Internacional do Trabalho – OIT, o termo discriminação compreende "toda a distinção, exclusão ou preferência fundada na raça, cor, sexo, religião, opinião política, ascendência nacional ou origem social, que tenha por efeito destruir ou alterar a igualdade de oportunidades ou de tratamento em matéria de emprego ou profissão". Corresponde, assim, ao caráter infundado de um tratamento desigual em matéria de profissão ou emprego, tanto no acesso quanto na manutenção, ascensão ou extinção do vínculo.

8.2. MODALIDADES DE DISCRIMINAÇÃO

- **Discriminação direta**. Consiste na distinção, exclusão, restrição ou preferência perpetrada com a intenção de discriminar.
- **Discriminação indireta e Teoria do Impacto Desproporcional ("disparate impact doctrine").** Consiste em práticas aparentemente neutras, mas que geram uma distinção, exclusão, restrição ou preferência infundada. Corresponde a "toda e qualquer prática empresarial, política governamental ou semigovernamental de cunho legislativo ou administrativo, ainda que não provida de intenção discriminatória no momento de sua concepção, deve ser condenada por violação do princípio da igualdade material se, em consequência de sua aplicação, resultarem efeitos nocivos de incidência especialmente desproporcional sobre certas categorias de pessoas". Sua origem remonta ao caso Griggs x Duke Power Co. (1971), no qual funcionários negros moveram uma ação, questionando a exigência de um diploma de ensino médio ou aprovação em testes de inteligência como condição para emprego na fábrica.
- **Discriminação oculta.** Consiste na utilização de instrumentos ou mecanismos para mascarar a real intenção discriminatória.
- **Discriminação negativa**. Trata-se da modalidade clássica de discriminação: caráter infundado de um tratamento desigual.
- **Discriminação positiva**. Corresponde a medidas administrativas, legislativas ou privadas que objetivam corrigir uma situação histórico-cultural de exclusão. Como exemplo, pode-se citar a política de cotas, bem como leis e incentivos fiscais que estimulem a contratação de grupos minoritários.
- **Discriminação ilícita**. Discriminação vedada pelo ordenamento jurídico.
- **Discriminação lícita**. Discriminação permitida pelo ordenamento jurídico. Para tanto, devem ser observados os seguintes requisitos: a) Generalidade da conduta; b) Observância dos preceitos constitucionais; c) Distinção adequadamente fundamentada. Como exemplo de discriminação lícita, cita-se a contratação de atores negros para atuarem num filme histórico sobre escravidão.
- **Discriminação lícita nas relações de trabalho**. Também denominada de qualificação ocupacional de boa-fé ("Bona Fide Occupational Qualification") consiste em distinções, exclusões ou preferências fundadas em qualificações exigidas para um determinado emprego. Está prevista no art. 1.2 da Convenção 111 da OIT.
- **Discriminação na admissão**. Discriminação praticada no momento de contratação do trabalhador. Exemplo: exigência de certidão de antecedentes criminais.
- **Discriminação na manutenção**. Discriminação praticada no curso da relação de emprego. Exemplo: alocação de todos os trabalhadores com deficiência da empresa no mesmo setor.

101. MOREIRA, Adilson José. *Tratado de direito antidiscriminatório*. São Paulo: Editora Contracorrente, 2020, p. 146.

- **Discriminação na ascensão profissional**. Discriminação praticada no momento de promoção ou progressão profissional. Exemplo: prática reiterada de não seleção de mulheres e negros para os cargos de chefia e gestão da empresa. Essa prática é conhecida como "glass ceiling" ou teto de vidro, que consiste numa barreira invisível que impede a ascensão.
- **Discriminação no término do contrato**. Discriminação praticada no momento do desligamento. Exemplo: dispensa de todos os trabalhadores que retornam ao trabalho após a percepção de auxílio-doença.

8.3. LEGISLAÇÃO ANTIDISCRIMINAÇÃO NACIONAL E INTERNACIONAL

- **Legislação antidiscriminação nacional**. As disposições normativas internas que proíbem a discriminação e garantem a isonomia estão previstas na Constituição Federal, na Consolidação das Leis do Trabalho e em leis esparsas.
- **Constituição Federal** (art. 1º, 3º, 4º, II, 5º, "caput", I, XLI, XLII, art. 7º, XX, XXX, XXXI, XXXII).
- **Consolidação das Leis do Trabalho** (art. 5º, 6º, 76, 373-A, 461).
- **Legislação esparsa**.
  - Lei n.º 9.029/95 - Proíbe a exigência de atestados de gravidez e esterilização, e outras práticas discriminatórias, para efeitos admissionais ou de permanência da relação jurídica de trabalho, e dá outras providências.
  - Lei 10.741/2003 - Dispõe sobre o Estatuto da Pessoa Idosa
  - Lei n.º 11.340/2006 - Lei Maria da Penha
  - Lei n.º 12.288/2010 - Estatuto da Igualdade Racial
  - Lei n.º 12.984/2014 - Define o crime de discriminação dos portadores do vírus da imunodeficiência humana (HIV) e doentes de aids.
  - Lei n.º 13.146/2015 - Institui a Lei Brasileira de Inclusão da Pessoa com Deficiência (Estatuto da Pessoa com Deficiência)
  - Lei nº. 14.532/2023 - Tipifica como crime de racismo a injúria racial, prevê pena de suspensão de direito em caso de racismo praticado no contexto de atividade esportiva ou artística e prevê pena para o racismo religioso e recreativo e para o praticado por funcionário público.
- **Legislação antidiscriminação internacional**. Consagrado em diversos diplomas normativos internacionais, o princípio da isonomia constitui norma de "jus cogens", isto é, norma imperativa e inderrogável do Direito Internacional dos Direitos Humanos. Diversos tratados do sistema global e regional de direitos humanos garantem a igualdade e a proibição da discriminação.
  - Declaração Universal dos Direitos Humanos (art. 1º, 2º, 7º, 23).
  - Pacto Internacional dos Direitos Civis e Políticos (art. 3º, 26, 27).
  - Pacto Internacional dos Direitos Econômicos, Sociais e Culturais (art. 2º, 3º, 7º).
  - Convenção Americana de Direitos Humanos (art. 1º, 24).
  - Protocolo Adicional à Convenção Americana sobre Direitos Humanos em Matéria de Direitos Econômicos, Sociais e Culturais (art. 3º, art. 7º).
  - Convenção 100 da OIT.
  - Convenção 111 da OIT.
  - Declaração da OIT sobre os Princípios de Direitos Fundamentais (1998).
  - Declaração Sociolaboral do MERCOSUL (art. 1º, 2º, 3º, 4º).
  - Agenda 2030 da ONU.
  - Tratados internacionais específicos.
  - Sistema Global de Direitos Humanos.
  - Convenção Internacional sobre a Eliminação de Todas as Formas de Discriminação Racial (1966).
  - Convenção Internacional sobre a Eliminação de Todas as Formas de Discriminação contra a Mulher (1979).
  - Convenção Internacional sobre os Direitos das Pessoas com Deficiência (2007).
  - Sistema Regional Interamericano de Direitos Humanos.
  - Convenção Interamericana contra o Racismo, a Discriminação Racial e Formas Correlatas de Intolerância (2013).
  - Convenção de Belém do Pará (1994).
  - Convenção de Guatemala (1999).

8.4. CONCEITOS FUNDAMENTAIS DO RACISMO, SEXISMO, INTOLERÂNCIA RELIGIOSA, LGBTQIA+FOBIA

- **Raça**. De acordo com Silvio de Almeida, a "noção de raça ainda é um fator político importante, utilizado para naturalizar desigualdades e legitimar a segregação e o genocídio de grupos sociologicamente considerados minoritários".[102] Para Adilson José Moreira, "não temos raças humanas, mas processos culturais a partir dos quais categorias de classificação de seres humanos são criadas em um contexto

102. ALMEIDA, Sílvio Luiz de. *Racismo estrutural*. São Paulo: Sueli Carneiro; Editora Jandaíra, 2020, p. 31.

histórico específico".[103] O Supremo Tribunal Federal, no julgamento do HC 82.424/RS (caso Ellwanger), adotou a concepção político-social de raça.[104]

- **Racismo.** O racismo consiste em qualquer teoria, doutrina, ideologia ou conjunto de ideias que enunciam um vínculo causal entre as características fenotípicas ou genotípicas de indivíduos ou grupos e seus traços intelectuais, culturais e de personalidade, inclusive o falso conceito de superioridade racial.[105] Corresponde a "forma sistemática de discriminação que tem a raça como fundamento, e que se manifesta por meio de práticas conscientes ou inconscientes que culminam em desvantagens ou privilégios para indivíduos, a depender do grupo racial ao qual pertençam".[106] Trata-se de um "sistema de dominação que almeja reproduzir vantagens materiais e culturais para os membros do grupo racial dominante."[107]

- **Racismo estrutural.** O racismo estrutural consiste no modo como está estruturada a sociedade, por meio de um conjunto de práticas institucionais, históricas, políticas, econômicas, culturais, religiosas e interpessoais que, de forma consciente ou inconsciente, excluem grupos sociologicamente considerados minoritários e naturalizam (ou normalizam) essa exclusão. Segundo Sílvio de Almeida, o racismo estrutural é aquele que decorre "da própria estrutura social, ou seja, do modo "normal" com que se constituem as relações políticas, econômicas jurídicas e até familiares".[108]

- **Racismo institucional.** O racismo institucional corresponde ao modo como as instituições estão estruturadas, calcado, tanto na sua composição quanto na externalização das suas práticas, na exclusão de membros dos grupos raciais minoritários. "O racismo não se resume a comportamentos individuais, mas é tratado como o resultado do funcionamento das instituições, que passam a atuar em uma dinâmica que confere, ainda que indiretamente, desvantagens e privilégios com base na raça"[109] Desse modo, "as instituições são hegemonizadas por determinados grupos raciais que utilizam mecanismos institucionais para impor seus interesses políticos e econômicos".[110]

- **Racismo ambiental.** "O racismo articula-se com a segregação racial, ou seja, a divisão espacial das raças em localidades específicas". [111]

- **Racismo recreativo.** Consiste no racismo praticado em contexto ou com intuito de descontração, diversão ou recreação. Trata-se de uma "política cultural que referenda por meio do humor a ideia de que negros não são atores sociais competentes. Isso permite que pessoas brancas hostilizem minorias sociais sem perder uma imagem social positiva".[112] A Lei 14.532/2023, que tipificou como racismo o crime de injúria racial (art. 2º-A da Lei 7.716/89), prevê como causa de aumento de pena a prática do racismo recreativo (art. 20-A).

- **Injúria racial**. A Lei 14.532/2023, alterou a Lei 7.716/89, para incluir o art. 2º-A, tipificando como racismo o crime de injúria racial, nos seguintes termos: "art. 2º-A Injuriar alguém, ofendendo-lhe a dignidade ou o decoro, em razão de raça, cor, etnia ou procedência nacional. Pena: reclusão, de 2 (dois) a 5 (cinco) anos, e multa. Parágrafo único. A pena é aumentada de metade se o crime for cometido mediante concurso de 2 (duas) ou mais pessoas".

- **Discriminação racial**. A discriminação racial é qualquer distinção, exclusão, restrição ou preferência, baseada em raça, cor, descendência ou origem nacional ou étnica, em qualquer área da vida pública ou privada, cujo propósito ou efeito seja anular ou restringir o reconhecimento, gozo ou exercício, em condições de igualdade, de um ou mais direitos humanos e liberdades fundamentais. (art. 1.1 da Convenção Interamericana contra o Racismo, a Discriminação Racial e Formas Correlatas de Intolerância e art. 1º, parágrafo único, I, do Estatuto da Igualdade Racial).

- **Discriminação racial nas relações de trabalho.** Corresponde ao caráter infundado de um tratamento desigual em matéria de profissão ou emprego, tendo como fundamento a raça, cor, descendência ou origem nacional ou étnica, tanto no acesso quanto na

---

103. MOREIRA, Adilson José. *Tratado de direito antidiscriminatório*. São Paulo: Editora Contracorrente, 2020, p. 560.
104. 3. Raça humana. Subdivisão. Inexistência. Com a definição e o mapeamento do genoma humano, cientificamente não existem distinções entre os homens, seja pela segmentação da pele, formato dos olhos, altura, pelos ou por quaisquer outras características físicas, visto que todos se qualificam como espécie humana. Não há diferenças biológicas entre os seres humanos. Na essência são todos iguais. 4. Raça e racismo. A divisão dos seres humanos em raças resulta de um processo de conteúdo meramente político-social. Desse pressuposto origina-se o racismo que, por sua vez, gera a discriminação e o preconceito segregacionista.
105. Art. 1.4 da Convenção Interamericana contra o Racismo, a Discriminação Racial e Formas Correlatas de Intolerância, que, em 27 de junho de 2021, foi ratificada pelo Brasil, com base no regramento previsto no art. 5º, § 3º, da Constituição Federal, possuindo, portanto, *status* de emenda constitucional.
106. ALMEIDA, Sílvio Luiz de. *Racismo estrutural*. São Paulo: Sueli Carneiro; Editora Jandaíra, 2020, p. 32.
107. MOREIRA, Adilson José. *Tratado de direito antidiscriminatório*. São Paulo: Editora Contracorrente, 2020, p. 555.
108. ALMEIDA, Sílvio Luiz de. *Racismo estrutural*. São Paulo: Sueli Carneiro; Editora Jandaíra, 2020, p. 50.
109. Ibid., p. 37.
110. Ibid., p. 40.
111. ALMEIDA, Sílvio Luiz de. *Racismo estrutural*. São Paulo: Sueli Carneiro; Editora Jandaíra, 2020, p. 34.
112. MOREIRA, Adilson. *Racismo recreativo*. São Paulo: Sueli Carneiro; Editora Jandaíra, 2019.

manutenção, ascensão ou extinção do vínculo. Entre as principais formas de discriminação racial nas relações de labor, pode-se citar: a) dificuldade de acesso ao mercado de trabalho; b) percepção de salários inferiores; c) segregação horizontal, que consiste no exercício de atividades de menor prestígio social e menores salários para pessoas de determinada raça ou gênero (*sticky floor*); d) segregação vertical, que consiste na dificuldade de assunção de cargos de chefia, gestão, presidência ou comando por pessoas com determinada raça ou gênero (*glass ceiling*); e) assédio moral; f) assédio sexual (art. 216-A do CP); discriminação estética, em especial pelo cabelo e indumentária; g) intolerância religiosa.

- **Sexismo e discriminação sexual.** É toda exclusão, distinção, preferência ou restrição feita com base no sexo, que tenha por objeto ou resultado prejudicar ou anular o reconhecimento, gozo ou exercício pela mulher dos direitos humanos e liberdades fundamentais nos campos político, econômico, social, cultural ou em qualquer outro campo da vida pública ou privada.
- **Papéis sociais e divisão sexual do trabalho.** Designação prioritária dos homens à esfera produtiva e das mulheres à esfera reprodutiva, ocasionando, simultaneamente, a apropriação pelos homens das funções com maior valor social agregado.[113] A socialização diferenciada desde a infância reforça papéis sociais e estereótipos pertinentes a cada gênero, restringe a expressão individual, projeta-se para o trabalho produtivo e funda a divisão sexual do trabalho. [114]
- **Feminismo.** Feminismo é um movimento político, social e filosófico que luta pela igualdade de direitos e oportunidades entre homens e mulheres.
- **Patriarcalismo.** O termo remete às chamadas sociedades patriarcais, nas quais o pai teria o domínio e o poder na família e, consequentemente, sobre a mulher e filhos. Posteriormente, o termo foi adotado por teorias feministas para explicar o machismo e a condição feminina na sociedade, passando a ser conceituado como um sistema social baseado no controle dos homens sobre as mulheres.[115]
- **Machismo.** O machismo é um conjunto de atitudes, comportamentos e pensamentos que se baseiam na ideia de que os homens são superiores às mulheres. Essa crença pode levar a práticas discriminatórias e à violência de gênero em todas as esferas da sociedade.[116]
- **Discriminação sexual nas relações de trabalho.** Corresponde ao caráter infundado de um tratamento desigual em matéria de profissão ou emprego, tendo como fundamento o sexo ou o gênero. Desse modo, toda e qualquer distinção, exclusão, restrição ou preferência em matéria de emprego ou profissão que dificulte ou obstaculize o acesso e a permanência no emprego, a oportunidade de ascensão e formação profissional, a igualdade remuneratória, bem como promova a violência e o assédio, constitui discriminação Entre as principais formas de discriminação sexual nas relações de labor, pode-se citar: a) dificuldade de acesso ao mercado de trabalho; b) percepção de salários inferiores; c) segregação horizontal; d) segregação vertical; e) assédio moral; f) assédio sexual (art. 216-A do CP); g) desproteção da maternidade.
- **Segregação horizontal ("sticky floor")** A segregação horizontal, também denominada de divisão sexual do trabalho, traduz-se na designação prioritária dos homens à esfera produtiva e das mulheres à esfera reprodutiva, ocasionando, simultaneamente, a apropriação pelos homens das funções com maior valor social agregado. A divisão sexual do trabalho é regida pelo princípio da separação (existem trabalhos de homens e trabalhos de mulheres) e pelo princípio da hierarquia (trabalho de homem vale mais do que trabalho de mulher)[117], acarretando a atribuição de tarefas e lugares sociais diferentes e separados para homens e mulheres, em que a atividade masculina é mais valorizada socialmente e ocupa um papel hierárquico superior.
- **Segregação vertical ("glass ceiling").** A segregação vertical, também conhecida como teto de vidro ou "*glass ceiling*", consiste na barreira para a ascensão na carreira, em especial para o exercício de cargos de gestão, comando e decisão pelas mulheres. Essa barreira é tão sutil e transparente, mas ainda assim tão forte, que impede que as mulheres avancem na hierarquia corporativa ou institucional.[118]
- **Interseccionalidade.** Sobreposição de múltiplos fatores de opressão, dominação ou discriminação.

---

113. KERGOAT, Danièle. Divisão sexual do trabalho e relações sociais de sexo. In: HIRATA, Helena; LABOIRE, Françoise; LE DOARÉ, Hélène; SENOTIER, Danièle (Org.). *Dicionário crítico do feminismo*. São Paulo: Editora UNESP, 2009, p. 67.
114. ARAÚJO, Adriane Reis de. Equidade de gênero no trabalho e o patriarcado: o impacto da violência contra a mulher na desigualdade salarial. In: ARAÚJO, Adriene Reis de; LOPES, Andrea Lino; GURGEL, Maria Aparecida; COELHO; Renata (Org.). *Direitos humanos no trabalho pela perspectiva da mulher*. Belo Horizonte: RTM, 2019, p. 378-379.
115. MINISTÉRIO PÚBLICO DO TRABALHO. *Conceitos fundamentais para promoção da igualdade de gênero no trabalho*. Disponível em: https://mpt.mp.br/pgt/publicacoes/cartilhas/conceitos-fundamentais-para-a-promocao-da-igualdade-de-genero-no-trabalho/@@display-file/arquivo_pdf.
116. Ibid.
117. ARAÚJO, Adriane Reis de. Equidade de gênero no trabalho e o patriarcado: o impacto da violência contra a mulher na desigualdade salarial. In: ARAÚJO, Adriane Reis de; LOPES, Andrea Lino; GURGEL, Maria Aparecida; COELHO; Renata (org.). *Direitos humanos no trabalho pela perspectiva da mulher*. Belo Horizonte: RTM, 2019, p. 379.
118. MINISTÉRIO PÚBLICO DO TRABALHO. *Manual de boas práticas para promoção de igualdade de gênero*. Disponível em: <https://mpt.mp.br/pgt/publicacoes/?atuacao=coordigualdade>.

Termo desenvolvido por Kimberle Crenshaw[119], dentro do movimento das feministas negras, que se refere à sobreposição de diferentes tipos ou fatores de discriminação, como a discriminação racial e a discriminação de gênero. Exemplo: a mulher negra sofre mais discriminação do que a mulher branca, a mulher negra com deficiência, por sua vez, sofre ainda mais discriminação, pois os fatores de discrímen vão se somando. Ressalte-se que a interseccionalidade também pode ser denominada como discriminação múltipla ou agravada.

- **Transversalidade.** A transversalidade ou "gender mainstreaming" consiste na análise da discriminação nos diversos campos da vida humana. Assim, a discriminação contra a mulher deve ser examinada sob o aspecto histórico (submissão ao marido e associação a afazeres domésticos), político (falta de representatividade política: poucas mulheres nos cargos políticos, nenhuma mulher na presidência da câmara ou senado), cultural (menor ascensão de artistas mulheres), socioeconômico (maior dificuldade de acesso a bens e serviços) e , inclusive, sob o viés das relações de trabalho (desigualdade salarial, atividades de menor prestígio, poucas mulheres em cargos de presidência, comando e gestão, entre outros).

- **Assédio moral.** Conjunto de ações ou omissões, abusivas e intencionais, praticadas por meio de palavras, gestos e atitudes, que atingem a dignidade, a integridade física e mental, além de outros direitos fundamentais do trabalhador, comprometendo o exercício do labor e, até mesmo, a convivência social e familiar. De acordo com a Convenção 190 da OIT, os atos de violência e assédio no mundo do trabalho correspondem ao "conjunto de comportamentos e práticas inaceitáveis, ou ameaças de tais comportamentos e práticas, que se manifestam apenas uma vez ou repetidamente, que objetivam causar, causam ou são suscetíveis de causar danos físicos, psicológicos, sexuais ou econômicos, incluída a violência e o assédio em razão de gênero".[120]

- **Assédio sexual.** Toda conduta de natureza sexual não desejada que, embora repelida pelo destinatário, é continuamente reiterada, cerceando-lhe a liberdade sexual.[121] Podem ser identificadas duas espécies de assédio sexual: a) o assédio sexual por chantagem, no qual o assediador utiliza de sua autoridade para exercer poder sobre o assediado, exigindo favores sexuais; e b) o assédio sexual por intimidação ou assédio sexual ambiental, constituído por incitações sexuais inoportunas, verbais ou físicas, com o intuito de prejudicar a atuação de uma pessoa ou criar uma situação ofensiva, hostil e abusiva no meio ambiente de trabalho.[122]

- **Liberdade religiosa.** A liberdade religiosa compreende o direito de crer ou não crer (dimensão interna), bem com o direito de expressar sua crença ou agnosticismo (dimensão externa). Compreende, ainda, o direito de culto (adoração de divindades em rituais, cerimônias ou liturgias) e o direito de criação de organizações religiosas, consoante art. 5º, IV, VI e VIII, e art. 19, I, da Constituição Federal. A liberdade religiosa abrange, ademais, os objetos e símbolos religiosos, as práticas culturais, as indumentárias e acessórios, o ensino religioso, as datas comemorativas, assim como os locais e espaços de culto.

- **Intolerância religiosa.** Ato ou conjunto de atos ou manifestações que denotam desrespeito, rejeição ou desprezo à religião, convicção ou opinião de pessoas que professam determinada crença.

- **Discriminação religiosa.** Consiste em qualquer distinção, exclusão, restrição ou preferência baseada na religião ou convicção, que tenha como objetivo ou consequência a supressão ou limitação do reconhecimento, gozo ou exercício dos direitos humanos e liberdades fundamentais em condições de igualdade.

- **Discriminação religiosa nas relações de trabalho.** Corresponde ao caráter infundado de um tratamento desigual em matéria de profissão ou emprego, tendo como fundamento a religião, convicção ou crença do trabalhador.

- **Adaptação razoável ou dever de acomodação razoável.** São adaptações, modificações e ajustes necessários e adequados, que não acarretem ônus desproporcional e indevido, quando requeridos em cada caso, a fim de assegurar que a pessoa que professa uma religião possa gozar ou exercer, em igualdade de condições e oportunidades com as demais pessoas, todos os direitos e liberdades fundamentais.

- **Conceitos fundamentais e distinções necessárias.** Três distinções conceituais são essenciais para a me-

---

119. "A intersecionalidade sugere que, na verdade, nem sempre lidamos com grupos distintos de pessoas e sim com grupos sobrepostos. Assim, [...], ao sobrepormos o grupo das mulheres com o das pessoas negras, o das pessoas pobres e também o das mulheres que sofrem discriminação por conta da sua idade ou por serem portadoras de alguma deficiência, vemos que as que se encontram no centro – e acredito que isso não ocorre por acaso – são as mulheres de pele mais escura e também as que tendem a ser as mais excluídas das práticas tradicionais de direitos civis e humanos" (CRENSHAW, Kimberle. A intersecionalidade na discriminação de raça e gênero. Disponível em: <http://www.acaoeducativa. org.br/fdh/wp-content/uploads/2012/09/Kimberle-Crenshaw.pdf>.

120. A Convenção 190 da OIT conferiu um tratamento especial à violência e ao assédio em razão de gênero, que compreende a violência física, sexual ou psicológica perpetrada especialmente contra as mulheres, em virtude das relações de poder entre homens e mulheres, como também a violência cometida contra pessoas que não se encaixam nos papéis de gênero socialmente aceitos.

121. PAMPLONA FILHO, Rodolfo. O assédio sexual na relação de emprego. São Paulo: LTr, 2011, p. 35.

122. Ibid., p. 46.

lhor compreensão do tema, quais sejam: sexo biológico, gênero e orientação afetivo-sexual.

- **Sexo biológico.** O sexo biológico consiste na relação entre órgãos genitais, cromossomos e hormônios de uma pessoa, de modo a corresponder ao sexo masculino (pênis, testículos e cromossomos XY), sexo feminino (vagina, ovários e cromossomos XX) ou intersexo (variações congenitais de anatomia sexual ou reprodutiva).
- **Gênero.** O gênero consiste na "construção social relativa à diversidade biológica"[123]. Desse modo, o gênero está relacionado ao conjunto de aspectos sociais e culturais da identidade, compreendendo comportamentos, preferências, interesses, formas de se vestir, interagir, andar e falar relacionadas ao homem ou à mulher. Destarte, o gênero abrange a identidade de gênero e a expressão de gênero.
- **Identidade de gênero.** Reflete o gênero com o qual a pessoa se identifica, independentemente do seu sexo biológico. "Compreendemos identidade de gênero a profundamente sentida experiência interna e individual do gênero de cada pessoa, que pode ou não corresponder ao sexo atribuído no nascimento, incluindo o senso pessoal do corpo (que pode envolver, por livre escolha, modificação da aparência ou função corporal por meios médicos, cirúrgicos ou outros) e outras expressões de gênero, inclusive vestimenta, modo de falar e maneirismos".[124]
- **Cisgênero.** As pessoas cisgênero são aquelas cuja identidade de gênero coincide com o sexo biológico.
- **Transgênero.** As pessoas transgênero são aquelas que se identificam com o gênero oposto ao seu sexo biológico.
- **Queer.** É um termo da língua inglesa usado para qualquer pessoa que não se encaixe na heterocisnormatividade, ou seja, que não se identifique com o padrão binário de gênero (masculino/feminino).
- **Expressão de gênero.** Compreende a forma como a pessoa se expressa, se veste, age e interage na sociedade.
- **Crossdresser.** Comportamento de usar roupas associadas a um sexo diferente. Exemplo: homens que usam roupas, maquiagem e acessórios culturalmente associados às mulheres sem finalidade artística.[125]
- **Drag Queen.** Homem que se veste com roupas femininas para fins de trabalho artístico.
- **Drag King.** Mulher que se veste com roupas masculinas para fins de trabalho artístico.
- **Orientação afetivo-sexual.** "Compreendemos orientação sexual como uma referência à capacidade de cada pessoa de ter uma profunda atração emocional, afetiva ou sexual por indivíduos de gênero diferente, do mesmo gênero ou de mais de um gênero, assim como ter relações íntimas e sexuais com essas pessoas".[126]
- **Atualização do termo.** O termo foi atualizado, passando de LGBTQIA+ para LGBTQIAPN+.
- **Mudança de nome.** O STF, no julgamento da ADI 4275, decidiu que os transgêneros, que assim o desejarem, independentemente da cirurgia de transgenitalização ou da realização de tratamentos hormonais ou patologizantes, têm o direito à substituição de prenome e sexo diretamente no registro civil, independentemente de homologação judicial. No mesmo sentido, a Opinião Consultiva 24/2017 da Corte Interamericana de Direitos Humanos.

8.5. AÇÕES AFIRMATIVAS

- **Ações afirmativas.** São medidas administrativas, legislativas ou privadas, de caráter temporário, que objetivam corrigir uma situação histórico-cultural de exclusão e discriminação. Busca-se concretizar a isonomia, sobretudo em sua dimensão material (igualdade de oportunidades) e de reconhecimento (representatividade), como um instrumento de transformação social. Como exemplo, pode-se citar a política de cotas, bem como leis e incentivos fiscais que estimulem a contratação de grupos minoritários.
- **Importância das ações afirmativas.** As ações afirmativas buscam a concretização da isonomia, cidadania e democracia, além de ser um importante instrumento de transformação social. Objetiva, ademais, compensar as desigualdades históricas e a marginalização, reduzir as desigualdades sociais, bem como romper o círculo intergeracional da discriminação.
- **Cotas raciais.** O STF, no julgamento da ADPF 186, reconheceu a constitucionalidade das cotas raciais nas universidades públicas, nos seguintes moldes "não contraria - ao contrário, prestigia – o princípio da igualdade material, previsto no caput do art. 5º da Carta da República, a possibilidade de o Estado lançar mão seja de políticas de cunho universalista, que abrangem um número indeterminados de indivíduos, mediante ações de natureza estrutural, seja de ações afirmativas, que atingem grupos sociais determinados, de maneira pontual, atribuindo a estes certas vantagens, por um tempo limitado, de modo a permitir-lhes a superação de desigualdades decorrentes de situações históricas particulares". No julgamento da

123. GOSDAL, Thereza Cristina. Direito do trabalho e relações de gênero: avanços e permanências. In: ARAÚJO, Adriane Reis de; MOURÃO, Tânia Fontenele (org.). *Trabalho da mulher*: mitos, riscos e transformação. São Paulo: LTr, 2007, p. 77.

124. PRINCÍPIOS DE YOGYAKARTA. *Princípios sobre a aplicação da legislação internacional de direitos humanos em relação à orientação sexual e identidade de gênero.* Disponível em: https://yogyakartaprinciples.org/.

125. https://www.trt4.jus.br/portais/media-noticia/465957/manual-comunicacao-LGBTI.pdf.

126. Ibid.

ADC 41, o STF reconheceu a constitucionalidade da reserva de 20% das vagas oferecidas nos concursos públicos para cotas raciais nos certames realizados no âmbito da Administração Pública direta e indireta (Lei n.º 12.990/2014).

- **Cotas para pessoas com deficiência.** A Lei 8213/91, em seu art. 93, prevê que a empresa com cem ou mais empregados está obrigada a preencher de 2% a 5% dos seus cargos com beneficiários reabilitados ou pessoas com deficiência.

8.6. DIREITOS DOS POVOS INDÍGENAS E DAS COMUNIDADES TRADICIONAIS

- **Povos Indígenas.** São considerados indígenas os povos que descenderem de populações que habitavam o país ou uma região geográfica pertencente ao país na época da conquista ou da colonização ou do estabelecimento das atuais fronteiras estatais e que, seja qual for sua situação jurídica, conservam todas as suas próprias instituições sociais, econômicas, culturais e políticas, ou parte delas (art. 1º da Convenção 169 da OIT). Assim, os povos indígenas referem-se a grupos étnicos que possuem culturas, tradições, línguas e conhecimentos históricos que os distinguem como os habitantes originais de territórios antes da colonização ou formação de estados nacionais atuais. Eles mantêm uma relação especial com suas terras ancestrais e o ambiente natural, fundamentada não apenas em aspectos econômicos, mas também espirituais, culturais e identitários. Essa conexão profundamente enraizada com a terra é central para sua existência, cultura, bem-estar e direitos coletivos. A disciplina constitucional dos povos indígenas está prevista, principalmente, nos arts. 231 e 232 da Constituição Federal. O art. 231 determina que "são reconhecidos aos índios sua organização social, costumes, línguas, crenças e tradições, e os direitos originários sobre as terras que tradicionalmente ocupam, competindo à União demarcá-las, proteger e fazer respeitar todos os seus bens".
- **Eurocentrismo e monoculturalismo.** Consiste na busca por converter os indígenas em cidadãos titulares de direitos individuais por meio da dissolução dos seus povos, bem como pela "civilização" dos indígenas ainda não colonizados, para expandir a fronteira agrícola e impor o modo eurocêntrico de pensar e interagir em sociedade.
- **Pluriculturalismo.** Além de reconhecer os direitos indígenas, confere aos povos originários o poder de: 1) instituir suas próprias autoridades e instituições; 2) criar suas próprias normas, procedimentos e costumes; e 3) administrar a justiça e exercer as funções jurisdicionais.
- **Indígena isolado.** São indígenas que vivem em grupos desconhecidos ou de que se possuem poucos e vagos informes através de contatos eventuais com elementos da comunhão nacional (art. 4º, I, da Lei 6.001/73).
- **Indígena em vias de integração.** São indígenas em contato intermitente ou permanente com grupos estranhos, que conservam menor ou maior parte das condições de sua vida nativa, mas aceitam algumas práticas e modos de existência comuns aos demais setores da comunhão nacional (art. 4º, II, da Lei 6.001/73).
- **Indígena integrado.** São indígenas incorporados à comunhão nacional e reconhecidos no pleno exercício dos direitos civis, ainda que conservem usos, costumes e tradições característicos da sua cultura (art. 4º, III, da Lei 6.001/73).
- **Terras indígenas.** As terras tradicionalmente ocupadas pelos índios destinam-se a sua posse permanente, cabendo-lhes o usufruto exclusivo das riquezas do solo, dos rios e dos lagos nelas existentes (art. 231, § 2º, da Constituição Federal). São terras inalienáveis e indisponíveis, e os direitos sobre elas, imprescritíveis (art. 231, § 4º, da Constituição Federal).
- **Povos e Comunidades Tradicionais.** Os povos e comunidades tradicionais são grupos culturalmente diferenciados e que se reconhecem como tais, que possuem formas próprias de organização social, que ocupam e usam territórios e recursos naturais como condição para sua reprodução cultural, social, religiosa, ancestral e econômica, utilizando conhecimentos, inovações e práticas gerados e transmitidos pela tradição (art. 3º do Decreto 6040/2007, que institui a Política Nacional de Desenvolvimento Sustentável dos Povos e Comunidades Tradicionais). Em outras palavras, os povos e comunidades tradicionais são grupos culturalmente diferenciados, que possuem condições sociais, culturais e econômicas próprias, mantendo relações específicas com o território e com o meio ambiente no qual estão inseridos. A título de exemplo, podem ser citados os quilombolas, pescadores, ribeirinhos, marisqueiras, entre outros.
- **Comunidades quilombolas.** São grupos étnico-raciais, com ancestralidade africana, que possuem uma história própria de resistência à opressão e à escravidão. Originaram-se a partir da fuga de pessoas escravizadas dos engenhos e fazendas no Brasil colonial, que formaram assentamentos conhecidos como quilombos. Estes eram espaços de refúgio e resistência, onde os escravizados buscavam liberdade e autonomia, estabelecendo comunidades livres, muitas das quais sobrevivem até os dias atuais. As comunidades quilombolas são reconhecidas pela sua forte ligação com o território, o qual constitui a base de sua identidade cultural, social e econômica. A terra não é apenas um recurso para subsistência, mas também um elemento central de suas práticas culturais, tradições, religiosidade e organização social. As comunidades quilombolas estão previstas na Constituição Federal de 1988. No art. 216, § 5º, que trata sobre o patrimônio cultural brasileiro, determina-se que "ficam tombados todos os documentos e os sítios detentores de reminiscências históricas dos antigos quilombos". Já no art. 68 do Ato das Dispo-

sições Constitucionais Transitórias determina-se que "Aos remanescentes das comunidades dos quilombos que estejam ocupando suas terras é reconhecida a posse definitiva, devendo o Estado emitir-lhes os títulos respectivos".

- **Territórios Tradicionais.** Espaços necessários a reprodução cultural, social e econômica dos povos e comunidades tradicionais, sejam eles utilizados de forma permanente ou temporária, observado, no que diz respeito aos povos indígenas e quilombolas, respectivamente, o que dispõem os arts. 231 da Constituição e 68 do Ato das Disposições Constitucionais Transitórias e demais regulamentações (art. 3º do Decreto 6040/2007).

EDITORA
JusPODIVM
www.editorajuspodivm.com.br

COLOR
system

JUS3691